Willemsen/Hohenstatt/Schweibert/Seibt

Umstrukturierung und Übertragung von Unternehmen

Umstrukturierung und Übertragung von Unternehmen

Arbeitsrechtliches Handbuch

Bearbeitet von

Heinz Josef Willemsen
Nils Derksen
René Döring
Thomas Granetzny
Klaus-Stefan Hohenstatt
Thomas Müller-Bonanni
Elmar Schnitker
Ulrike Schweibert
Christoph H. Seibt
Ulrich Sittard

Gesamtredaktion

Klaus-Stefan Hohenstatt

6., überarbeitete Auflage 2021

C.H.BECK

www.beck.de

ISBN 978 3 406 75850 8

Wilhelmstraße 9, 80801 München
Druck und Bindung: Druckerei C.H. Beck, Nördlingen
(Adresse wie Verlag)

Satz: 3w+p GmbH, Rimpar
Umschlaggestaltung: C.H. Beck, Nördlingen

CO_2
neutral
chbeck.de/nachhaltig

Gedruckt auf säurefreiem, alterungsbeständigem Papier
(hergestellt aus chlorfrei gebleichtem Zellstoff)

Vorwort zur 6. Auflage

Das vorliegende arbeitsrechtliche Handbuch zur Umstrukturierung und Übertragung von Unternehmen ist inzwischen ein „Klassiker". Es behandelt eingehend und in systematischer Weise sämtliche arbeitsrechtlichen Fragestellungen im Zusammenhang mit – häufig grenzüberschreitenden – Akquisitionen und Umstrukturierungsprojekten. Von der bereits 1999 erschienenen 1. Auflage an lag den Herausgebern vor allem daran, nicht lediglich einzelne arbeitsrechtliche Aspekte „aneinander zu reihen", sondern der Praxis eine vernetzte Darstellung zur Verfügung zu stellen, die für alle in der wirtschaftsrechtlichen Beratung Tätigen als Wegweiser dienen kann. Dieses Konzept stößt seitdem auf großen Zuspruch, weshalb wir nach mehr als vier Jahren seit Erscheinen der Vorauflage das Handbuch in nunmehr sechster Auflage herausbringen.

Der Umfang des Buches ist auch bei dieser Neuauflage weiter gewachsen. Dies liegt zum einen an der dynamischen Entwicklung der Transaktions- und Umstrukturierungspraxis, die stets eine grundlegende Überarbeitung des Handbuchs erfordert. Zum anderen haben wir das Handbuch um ein ausführliches Kapitel erweitert, das die zentralen arbeitsrechtlichen Aspekte von Umstrukturierungen und Transaktionen im Insolvenzzusammenhang darstellt. Für dieses sehr praxisrelevante Thema konnten wir mit den Freshfields Anwälten Thomas Granetzny und Nils Derksen zwei neue Autoren gewinnen, die versierte Kenner der Materie und erfahrene Berater im Insolvenzumfeld sind.

Auch über das neue Kapitel zum Insolvenzrecht hinaus haben wir die Arbeit an der sechsten Auflage zum Anlass genommen, das Bearbeiterteam zu erweitern, womit wir zugleich einen behutsamen Generationswechsel einleiten. In diesem Zuge wurden Thomas Müller-Bonanni, René Doering, Ulrich Sittard sowie Thomas Granetzny in die Bearbeitung von Kapiteln mit einbezogen, die bislang alleine von den Autoren Willemsen, Hohenstatt und Schnitker bearbeitet wurden. Damit sind die Weichen gestellt, um das Handbuch und seine Fortentwicklung auch für die Zukunft auf eine erstklassige Grundlage zu stellen.

Mit der 6. Auflage steht der Praxis wieder ein aktueller Begleiter für die arbeitsrechtlichen Fragen bei Umstrukturierungen und Unternehmenskäufen zur Verfügung. Rechtsprechung und Literatur konnten bis Januar 2021 berücksichtigt werden. Allen, die uns bei der Neubearbeitung auf vielfältige Weise geholfen haben, insbesondere den wissenschaftlichen Mitarbeitern, die die Autoren unterstützt haben, sei dafür herzlich gedankt. Ein besonderer Dank gilt unserem Verlagslektor Stefan Tischler, der unser Werk von „Tag eins" an betreut und einen maßgeblichen Anteil an seinem Gelingen hat.

Düsseldorf/Hamburg/Frankfurt, im März 2021

Heinz Josef Willemsen | Klaus-Stefan Hohenstatt | Ulrike Schweibert
Christoph Seibt

Bearbeiterverzeichnis

Dr. Nils Derksen
Rechtsanwalt in Düsseldorf
Teil L

Dr. René Döring
Rechtsanwalt und Fachanwalt für Arbeitsrecht in Frankfurt
Teil J

Dr. Thomas Granetzny
Rechtsanwalt und Fachanwalt für Arbeitsrecht in Düsseldorf
Teile J, L

Prof. Dr. Klaus-Stefan Hohenstatt
Rechtsanwalt und Fachanwalt für Arbeitsrecht in Hamburg
Honorarprofessor der Bucerius Law School, Hamburg
Teile D, E, K

Dr. Thomas Müller-Bonanni LL.M.
Rechtsanwalt und Fachanwalt für Arbeitsrecht
Teil G

Dr. Elmar Schnitker
Rechtsanwalt in Köln
Teil J

Dr. Ulrike Schweibert
Rechtsanwältin und Fachanwältin für Arbeitsrecht in Frankfurt
Teile C, I

Prof. Dr. Christoph H. Seibt, LL.M. (Yale)
Rechtsanwalt und Fachanwalt für Steuerrecht in Hamburg
Honorarprofessor der Bucerius Law School, Hamburg
Teile F, K

Dr. Ulrich Sittard
Rechtsanwalt und Fachanwalt für Arbeitsrecht in Düsseldorf
Lehrbeauftragter an der Universität zu Köln
Teile D, H

Prof. Dr. Heinz Josef Willemsen
Rechtsanwalt und Fachanwalt für Arbeitsrecht in Düsseldorf
Honorarprofessor der Ruhr-Universität Bochum
Teile A, B, G, H

Inhaltsübersicht

Abkürzungsverzeichnis

aA	anderer Ansicht
aaO	am angegebenen Ort
ABl.	Amtsblatt
Abs.	Absatz
Abschn.	Abschnitt
AcP	Archiv für die civilistische Praxis
aE	am Ende
AE	Arbeitsrechtliche Entscheidungen (Zeitschrift)
AEntG	Arbeitnehmerentsendegesetz
AEUV	Vertrag über die Arbeitsweise der Europäischen Union
aF	alte Fassung
AFG	Arbeitsförderungsgesetz
AG	Aktiengesellschaft (auch Zeitschrift)
AGG	Allgemeines Gleichbehandlungsgesetz
AiB	Arbeitsrecht im Betrieb, Zeitschrift
AKRR	s. Literaturverzeichnis: *Annuß/Kühn/Rudolph/Rupp*
AktG	Aktiengesetz
allg.	allgemein
allgA	allgemeine Ansicht
Alt	Alternative
aM	anderer Meinung
amtl.	amtlich
Anh.	Anhang
Anm.	Anmerkung
AP	Arbeitrechtliche Praxis, Nachschlagewerk des Bundesarbeitsgerichts
ArbG	Arbeitsgericht
ArbGG	Arbeitsgerichtsgesetz
ArbRdG	Arbeitsrecht der Gegenwart (Zeitschrift)
Art.	Artikel
AuR	Arbeit und Recht, Zeitschrift für arbeitsrechtliche Praxis
ATV	Tarifvertrag über die Altersversorgung der Beschäftigten des öffentlichen Dienstes
Aufl.	Auflage
ausf.	ausführlich
Az.	Aktenzeichen
BAFin	Bundesanstalt für Finanzdienstleistungsaufsicht
BAG	Bundesarbeitsgericht
BAGE	Sammlung der Entscheidungen des Bundesarbeitsgerichts
BAnz	Bundesanzeiger
BB	Betriebs-Berater
BC	Zeitschrift für Bilanzierung, Rechnungswesen und Controlling
BDSG	Bundesdatenschutzgesetz
Bearb.	Bearbeiter; Bearbeitung
BeckRS	Elektronische Entscheidungsdatenbank in beck-online
beE	betriebsorganisatorisch eigenständige Einheit
Begr.	Begründung
Beil.	Beilage
bes.	besonders
BetrAV	Betriebliche Altersversorgung
BetrAVG	Gesetz zur Verbesserung der betrieblichen Altersversorgung

BetrVG	Betriebsverfassungsgesetz
BGB	Bürgerliches Gesetzbuch
BGBl.	Bundesgesetzblatt
BGH	Bundesgerichtshof
BGHZ	Entscheidungen des Bundesgerichtshofs in Zivilsachen
BilMoG	Bilanzrechtsmodernisierungsgesetz
BMJV	Bundesministerium der Justiz und für Verbraucherschutz
BPersVG	Bundespersonalvertretungsgesetz
BQG	Beschäftigungs- und Qualifizierungsgesellschaft
BR-Drs.	Drucksache des Bundesrates
BT-Drs.	Drucksache des Deutschen Bundestages
BVerfG	Bundesverfassungsgericht
BVerfGE	Sammlung der Entscheidungen des BVerfG
BVerwG	Bundesverwaltungsgericht
bzw	beziehungsweise
CCZ	Corporate Compliance Zeitschrift
CFL	Corporate Finance Law
cic.	culpa in contrahendo (Verschulden bei Vertragsschluss)
CTA	Contractual Trust Arrangement
ders.	derselbe, dieselbe
DB	Der Betrieb (Zeitschrift)
DGB	Deutscher Gewerkschaftsbund
dh	das heißt
DKKW	Kommentar zum Betriebsverfassungsgesetz (s. Literaturverzeichnis)
DKW	s. Literaturverzeichnis: *Däubler/Küttner/Wedde*
DrittelbG	Gesetz über die Drittelbeteiligung der Arbeitnehmer im Aufsichtsrat
DS-GVO	Datenschutz-Grundverordnung
DStR	Deutsches Steuerrecht (Zeitschrift)
DZWIR	Deutsche Zeitschrift für Wirtschaftsrecht
EAS	Europäisches Arbeits- und Sozialrecht, Rechtsvorschriften, Systematische Darstellungen und Entscheidungssammlung
EBRG	Gesetz über die europäischen Betriebsräte
EG	Europäische Gemeinschaften; Einführungsgesetz
Einf.	Einführung
Einl.	Einleitung
EKMP	siehe Literaturverzeichnis: *Eilers/Koffka/Mackensen/Paul*
Entsch.	Entscheidung
entspr.	entsprechend
ErfK	Erfurter Kommentar zum Arbeitsrecht (s. Literaturverzeichnis)
EStG	Einkommensteuergesetz
ESUG	Gesetz zur weiteren Erleichterung der Sanierung von Unternehmen
etc	et cetera
EU	Europäische Union
EuGH	Gerichtshof der Europäischen Gemeinschaften
EuGHE	Entscheidungen des Gerichtshofs der Europäischen Gemeinschaften
EuZA	Europäische Zeitschrift für Arbeitsrecht
EuZW	Europäische Zeitschrift für Wirtschaftsrecht
EWiR	Entscheidungen zum Wirtschaftsrecht, Zeitschrift
EWS	Europäisches Wirtschafts- und Steuerrecht (Zeitschrift)
EzA	Entscheidungen zum Arbeitsrecht

f., ff.	folgend(e)
FA	Fachanwalt für Arbeitsrecht (Zeitschrift)
FD-ArbR	Fachdienst Arbeitsrecht (online-Zeitschrift)
Fn.	Fußnote
FormB RS	Formularbuch Recht und Steuern
FS	Festschrift
GBR	Gesamtbetriebsrat
GesKR	Gesellschafts- und Kapitalmarktrecht (Zeitschrift)
GG	Grundgesetz
ggf.	gegebenenfalls
GK	Gemeinschaftskommentar (s. Literaturverzeichnis)
GmbH	Gesellschaft mit beschränkter Haftung
GmbHG	Gesetz über die Gesellschaften mit beschränkter Haftung
GmbHR	GmbH-Rundschau
GMP	s. Literaturverzeichnis: *Germelmann/Matthes/Prütting*
GRCh	Charta der Grundrechte der Europäischen Union
grdl.	grundlegend
grds.	grundsätzlich
GS	Großer Senat
GWR	Gesellschafts- und Wirtschaftsrecht (Zeitschrift)
hA	herrschende Ansicht
Halbs.	Halbsatz
HR	Human Resources
HWGNRH	Kommentar zum Betriebsverfassungsgesetz (s. Literaturverzeichnis)
HGB	Handelsgesetzbuch
hL	herrschende Lehre
hM	herrschende Meinung
HWGNRH	s. Literaturverzeichnis: *Hess/Worzalla/Glock/Nicolai//Rose/Huke*
HWK	Arbeitsrecht, Kommentar (s. Literaturverzeichnis)
IAS	International Accounting Standard
idF	in der Fassung
idR	in der Regel
iE	im Ergebnis
IG	Industriegewerkschaft
insb.	insbesondere
InsO	Insolvenzordnung
IRZ	Zeitschrift für Internationale Rechnungslegung
iSd	im Sinne des
IStR	Internationales Steuerrecht (Zeitschrift)
iSv	im Sinne von
iVm	in Verbindung mit
IWRZ	Zeitschrift für Internationales Wirtschaftsrecht
JKOS	s. Literaturverzeichnis: *Jacobs/Krause/Oetker/Schubert*
Jg.	Jahrgang
JZ	Juristenzeitung (Zeitschrift)
KAPOVAZ	Kapazitätsorientierte Arbeitszeit
KBLW	s. Literaturverzeichnis: *Kremer/Bachmann/Lutter/v. Werder*
KBR	Konzernbetriebsrat
KG	Kammergericht; Kommanditgesellschaft

KGaA	Kommanditgesellschaft auf Aktien
KK	Kölner Kommentar (s. Literaturverzeichnis)
KPB	s. Literaturverzeichnis: *Kübler/Prütting/Bork*
KR	Gemeinschaftskommentar zum Kündigungsschutzgesetz (s. Literaturverzeichnis)
K & R	Kommunikation und Recht (Zeitschrift)
krit.	kritisch
KSchG	Kündigungsschutzgesetz
KSI	Krisen-, Sanierungs- und Insolvenzberatung (Zeitschrift)
KS-InsO	Kölner Schrift zur Insolvenzordnung
KStG	Körperschaftsteuergesetz
KStR	Körperschaftsteuerrichtlinien
KTS	Zeitschrift für Insolvenzrecht
Kug	Kurzarbeitergeld
LAG	Landesarbeitsgericht
LAGE	Entscheidungen der Landesarbeitsgerichte
LFZG	Gesetz über die Fortzahlung des Arbeitsentgelts im Krankheitsfalle (Lohnfortzahlungsgesetz)
LG	Landgericht
LSG	Landessozialgericht
mAnm	mit Anmerkung
MDR	Monatsschrift für Deutsches Recht
mE	meines Erachtens
MERL	Massenentlassungsrichtlinie 98/59/EG 20.7.1998
MgVG	Gesetz über die Mitbestimmung der Arbeitnehmer bei grenzüberschreitender Verschmelzung
MiLoG	Mindestlohngesetz
MitbestBeiG	Gesetz zur Beibehaltung der Mitbestimmung beim Austausch von Anteilen und der Einbringung von Unternehmensteilen, die Gesellschaften verschiedener Mitgliedstaaten der Europäischen Union betreffen
MitbestErgG	Gesetz zur Ergänzung des Gesetzes über die Mitbestimmung der Arbeitnehmer in den Aufsichtsräten und Vorständen der Unternehmen des Bergbaus und der Eisen und Stahl erzeugenden Industrie (Montan-Mitbestimmungsergänzungsgesetz)
MitbestG	Gesetz über die Mitbestimmung der Arbeitnehmer (Mitbestimmungsgesetz)
Mitbestimmung	Die Mitbestimmung, Zeitschrift
Montan-MitbestG	Gesetz über die Mitbestimmung der Arbeitnehmer in den Aufsichtsräten und Vorständen der Unternehmen des Bergbaus und der Eisen und Stahl erzeugenden Industrie (Montan-Mitbestimmungsgesetz)
MTV	Manteltarifvertrag
MHdB ArbR	Münchener Handbuch zum Arbeitsrecht (s. Literaturverzeichnis)
MHdB GesR	Münchener Handbuch des Gesellschaftsrechts (s. Literaturverzeichnis)
MüKo	Münchener Kommentar (s. Literaturverzeichnis)
mwN	mit weiteren Nachweisen

Nachw.	Nachweise
nF	neue Fassung, neue Folge
NJ	Neue Justiz, Zeitschrift
NJOZ	Neue Juristische Online-Zeitschrift
NJW	Neue Juristische Wochenschrift
NJW-RR	NJW-Rechtsprechungs-Report Zivilrecht
Nr.	Nummer
nrkr	nicht rechtskräftig
nv	nicht veröffentlicht
NWB	Neue Wirtschaftsbriefe
NZA	Neue Zeitschrift für Arbeitsrecht
NZA-RR	NZA-Rechtsprechungs-Report
NZG	Neue Zeitschrift für Gesellschaftsrecht
NZI	Neue Zeitschrift für Insolvenzrecht
NZS	Neue Zeitschrift für Sozialrecht
o. Ä.	oder Ähnliche/s
öAT	Zeitschrift für das öffentliche Arbeits- und Tarifrecht
o. g.	oben genannt
OHG	offene Handelsgesellschaft
OLG	Oberlandesgericht
OLGR	Rechtsprechung der Oberlandesgerichte
PersR	Personalrat, Zeitschrift
PersVG	Personalvertretungsgesetz (des Landes)
PSV	Pensionssicherungsverein
RabelsZ	Zeitschrift für ausländisches und internationales Privatrecht
RAG	Reichsarbeitsgericht
RdA	Recht der Arbeit (Zeitschrift)
RDV	Recht der Datenverarbeitung (Zeitschrift)
RegE	Regierungsentwurf
RG	Reichsgericht
RGBl.	Reichsgesetzblatt
RGRK	Kommentar zur Bürgerlichen Gesetzbuch (s. Literaturverzeichnis),
RGZ	Entscheidung des Reichsgerichts in Zivilsachen
Richtl.	Richtlinien
RIW	Recht der internationalen Wirtschaft (Zeitschrift)
Rn.	Randnummer
RNotZ	Rheinische Notarzeitschrift
Rs.	Rechtssache
Rspr.	Rechtsprechung
RVG	Rechtsanwaltsvergütungsgesetz
RzK	Rechtsprechung zum Kündigungsrecht
s.	siehe
S.	Seite; Satz
SAE	Sammlung arbeitsrechtlicher Entscheidungen
SanInsFoG	Gesetz zur Fortentwicklung des Sanierungs- und Insolvenzrechts
SE	Societas Europaea
SEBG	Gesetz über die Beteiligung der Arbeitnehmer in einer europäischen Gesellschaft

SEStEG	Gesetz über steuerliche Begleitmaßnahmen zur Einführung der Europäischen Gesellschaft und zur Änderung weiterer steuerrechtlicher Vorschriften
SE-VO	Verordnung des Rates über das Statut der Europäischen Gesellschaft
SG	Sozialgericht
SGB	Sozialgesetzbuch
SGB I	Allgemeiner Teil
SGB III	Arbeitsförderung
SGB IV	Gemeinsame Vorschriften für die Sozialversicherung
SGB V	Gesetzliche Krankenversicherung
SGB VI	Gesetzliche Rentenversicherung
SGB VII	Gesetzliche Unfallversicherung
SGB X	Verwaltungsverfahren
SGB XI	Soziale Pflegeversicherung
SGG	Sozialgerichtsgesetz
SJW	Schweizerisches Jugendschriftenwerk
Slg.	Sammlung von Entscheidungen, Gesetzen etc.
sog.	so genannt(e)
SozSich	Soziale Sicherheit
SprAuG	Gesetz über die Sprecherausschüsse der leitenden Angestellten (Sprecherausschussgesetz)
SpTrUG	Gesetz über die Spaltung der von der Treuhandanstalt verwalteten Unternehmen
SPV	*Stahlhacke/Preis/Vossen*
st.	ständig
StaRUG	Gesetz über den Stabilisierungs- und Restrukturierungsrahmen für Unternehmen
str.	streitig
TSA	Transitional Service Agreement
TV	Tarifvertrag
TVG	Tarifvertragsgesetz
TzBfG	Teilzeit- und Befristungsgesetz
ua	unter anderem
uE	unseres Erachtens
UHH	Mitbestimmungsrecht (s. Literaturverzeichnis)
umstr.	umstritten
UmwG	Umwandlungsgesetz
UmwBerG	Gesetz zur Bereinigung des Umwandlungsrechts
UmwStG	Umwandlungssteuergesetz
unstr.	unstreitig
Urt.	Urteil
usw.	und so weiter
uU	unter Umständen
v.	vom; von
v. a.	vor allem
VBL	Versorgungsanstalt des Bundes und der Länder
VO	Verordnung
Vorb.	Vorbemerkung
VVaG	Versicherungsverein auf Gegenseitigkeit

WahlO	Wahlordnung; s. auch WO
WiB	Wirtschaftsrechtliche Beratung
WM	Wertpapier-Mitteilungen
WPg	Die Wirtschaftsprüfung (Zeitschrift)
WpHG	Wertpapierhandelsgesetz
WpÜG	Wertpapiererwerbs- und Übernahmegesetz
WuB	Entscheidungssammlung zum Wirtschafts- und Bankrecht
WuW	Wirtschaft und Wettbewerb (Zeitschrift)
zB	zum Beispiel
ZESAR	Zeitschrift für europäisches Sozial- und Arbeitsrecht
ZfA	Zeitschrift für Arbeitsrecht
ZGR	Zeitschrift für Gesellschaftsrecht
ZGS	Zeitschrift für das gesamte Schuldrecht
ZHR	Zeitschrift für das gesamte Handels- und Wirtschaftsrecht
Ziff.	Ziffer
ZinsO	Zeitschrift für das gesamte Insolvenzrecht
ZIP	Zeitschrift für Wirtschaftsrecht
zit.	zitiert
ZPO	Zivilprozessordnung
ZRI	Zeitschrift für Restrukturierung und Insolvenz
ZRP	Zeitschrift für Rechtspolitik
zT	zum Teil
ZTR	Zeitschrift für Tarifrecht
zZ.	zur Zeit

Literaturverzeichnis

Das Verzeichnis enthält nur übergreifende oder abgekürzte Literatur; weitere spezielle Literatur ist in Literaturübersichten vor den einzelnen Kapiteln zusammengestellt.

Ahrend/Förster/Rößler, Steuerrecht der betrieblichen Altersversorgung mit arbeitsrechtlicher Grundlegung, Loseblattwerk, Stand 44. EL 2020

Annuß/Kühn/Rudolph/Rupp, Europäisches Betriebsrätegesetz, Kommentar, 2014, zitiert: AKRR/*Bearbeiter*

Ascheid/Preis/Schmidt, Großkommentar zum Kündigungsrecht, 6. Aufl. 2021

Bachner/*Bearbeiter,* Arbeitsrecht bei Unternehmensumwandlung und Betriebsübergang, 5. Aufl. 2018, herausgegeben von *Bachner/Köstler/Matthießen/Trittin*

Bauer/Haußmann/Krieger, Umstrukturierung, 3. Aufl. 2015

Baumbach/Hopt, Kommentar zum HGB, 39. Aufl. 2020

Baumbach/Hueck, GmbH-Gesetz, 22. Aufl. 2019

Berg/Kocher/Schumann, Tarifvertragsgesetz und Arbeitskampfrecht, 7. Aufl. 2020

Beseler/Düwell/*Bearbeiter,* Betriebsübergang und Umstrukturierung von Unternehmen, 2014

Blanke/Hayen/Kunz/Carlson, Europäischen Betriebsräte-Gesetz, Kommentar, 3. Aufl. 2019

Blanpain, European Labour Law, 13. Aufl. 2021

Blomeyer/Rolfs/Otto, Betriebsrentengesetz – BetrAVG, Kommentar, 7. Aufl. 2018

Boecken, Unternehmensumwandlungen und Arbeitsrecht, 1996

Däubler/*Bearbeiter,* Tarifvertragsgesetz mit Arbeitnehmer-Entsendegesetz, Kommentar, 4. Aufl. 2016

Däubler/Bonin/Deinert, AGB-Kontrolle im Arbeitsrecht, Kommentar zu den §§ 305 bis 310 BGB, 4. Aufl. 2014

Däubler/Klebe/Wedde, Kommentar zum Betriebsverfassungsgesetz, 17. Aufl. 2020, zitiert: DKW

Dehmer, Betriebsaufspaltung, 4. Aufl. 2018;

Düwell, Betriebsverfassungsgesetz, 5. Aufl. 2018

ErfK/*Bearbeiter,* Erfurter Kommentar zum Arbeitsrecht, herausgegeben von *Müller-Glöge/Preis/Schmidt,* 20. Aufl. 2020

Erman, Handkommentar zum BGB, 16. Aufl. 2020

Fitting, Kommentar zum Betriebsverfassungsgesetz, bearbeitet von Fitting/*Engels/Schmidt/Trebinger/Linsenmaier,* 30. Aufl. 2020

Förster/Rühmann/Cisch, Betriebsrentengesetz, 15. Aufl. 2018 (jetzt: *Karst/Cisch* Betriebsrentengesetz, BetrAVG)

Wlotzke/Wißmann/Koberski/Kleinsorge, Mitbestimmungsgesetz, Kommentar, 5. Aufl. 2017

Galperin/Löwisch, Betriebsverfassungsgesetz, Kommentar, 6. Aufl. 1982

Gamillscheg, Band I, Kollektives Arbeitsrecht, Band I, 1997

Gamillscheg, Band II, Kollektives Arbeitsrecht, Band II, 2008

Gaul, Das Arbeitsrecht der Betriebs- und Unternehmensspaltung, 1. Aufl. 2014

Germelmann/Matthes/Prütting, Arbeitsgerichtsgesetz, Kommentar, 9. Aufl. 2017, zitiert: GMP

GK/*Bearbeiter,* Gemeinschaftskommentar zum Betriebsverfassungsgesetz, Bd. I, 11. Aufl. 2018

Habersack/Drinhausen, SE-Recht, 2. Aufl. 2016

Habersack/Henssler, Mitbestimmungsrecht, 4. Aufl. 2018

Hanau, Arbeitsrechtliche Folgen der Umstrukturierung, 1997

Hess/Worzalla/Glock/Nicolai/Rose/Huke, Kommentar zum Betriebsverfassungsgesetz, 10. Aufl. 2018, zitiert: HWGNRH

Höfer, Gesetz zur Verbesserung der betrieblichen Altersversorgung, Bd. I, Arbeitsrecht, Loseblatt-Kommentar, 2015

v. Hoyningen- Huene/Linck, Kündigungsschutzgesetz, 16. Aufl. 2019 (jetzt: *Linck/Krause/Bayreuther*)
Hromadka/Maschmann/ Wallner, Der Tarifwechsel, 1996
Hromadka/Sieg, Sprecherausschussgesetz, Kommentar, 4. Aufl. 2017
Hüffer, Aktiengesetz, 14. Aufl. 2020
HWK/*Bearbeiter,* Arbeitsrecht, Kommentar, herausgegeben von *Henssler/Willemsen/Kalb,* 9. Aufl. 2020
Immenga/Mestmäcker, Wettbewerbsrecht, 6. Aufl. 2019
Jacobs/Krause/Oetker/Schubert, Tarifvertragsrecht, 3. Aufl. 2013, zitiert: JKOS
Kallmeyer, Umwandlungsgesetz, 7. Aufl. 2020
Kempen/Zachert, Tarifvertragsgesetz, Kommentar, 5. Aufl. 2014
Kittner/Däubler/ Zwanziger, Kündigungsschutzrecht, 9. Aufl. 2014
KK-AktG/*Bearbeiter,* Kölner Kommentar zum Aktiengesetz, 3. Aufl. 2010
KK-UmwG/*Bearbeiter,* Kölner Kommentar zum Umwandlungsgesetz, herausgegeben von *Dauner-Lieb* und *Simon,* 2009
KR/*Bearbeiter,* Gemeinschaftskommentar zum Kündigungsschutzgesetz und zu sonstigen kündigungsschutzrechtlichen Vorschriften, 12. Aufl. 2019
Kremer/Bachmann/Lutter/v. Werder, Deutscher Corporate Governance Kodex, 8. Aufl. 2021
Kübler/Prütting/Borg, InsO-Kommentar zur Insolvenzordnung, Stand 83. Aktualisierung 2020
Küttner, Personalbuch 2016, 27. Aufl. 2020, herausgegeben von *Röller*
Löwisch KSchG, Kommentar zum Kündigungsschutzgesetz, 11. Aufl. 2018
Löwisch SprAuG, Kommentar zum Sprecherausschutzgesetz, 2. Aufl. 1994
Löwisch/Kaiser, Betriebsverfassungsgesetz, 7. Aufl. 2019
Löwisch/Rieble, Tarifvertragsgesetz, Kommentar, 4. Aufl. 2017
Lutter, Umwandlungsgesetz, Kommentar, 6. Aufl. 2019
Lutter/Hommelhoff, GmbH-Gesetz, Kommentar, 20. Aufl. 2019
Lutter/Hommelhoff/Teichmann, SE-Kommentar, 2. Aufl. 2015
Maunz/Dürig, Kommentar zum Grundgesetz, Loseblatt, Stand 2020
MHdB ArbR/*Bearbeiter,* Münchener Handbuch zum Arbeitsrecht in zwei Bänden, herausgegeben von *Richardi/Wlotzke,* 4. Aufl. 2019
MHdB GesR/*Bearbeiter,* Münchener Handbuch des Gesellschaftsrechts in sechs Bänden, 6. Aufl. 2020ff.
MüKoBGB/*Bearbeiter,* Münchener Kommentar zum BGB, 8. Aufl. 2018ff.
MüKoAktG/*Bearbeiter,* Münchener Kommentar zum Aktiengesetz, 5. Aufl. 2019, herausgegeben von *Goette/Habersack*
MüKoHGB/*Bearbeiter,* Münchener Kommentar zum Handelsgesetzbuch, 4. Aufl. 2016ff., herausgegeben von *Karsten Schmidt*
MüKoInsO/*Bearbeiter,* Münchener Kommentar zur Insolvenzordnung, 4. Aufl. 2019, herausgegeben von *Kirchhof/Eidenmüller/Stürner*
Palandt, Kommentar zum BGB, 79. Aufl. 2020
Picot, Unternehmenskauf und Restrukturierung, 4. Aufl. 2013
Picot/Schnitker, Arbeitsrecht bei Unternehmenskauf und Restrukturierung, 2001
Preis, Der Arbeitsvertrag. Handbuch der Vertragsgestaltung, 5. Aufl. 2015
Preis/Sagan, Europäisches Arbeitsrecht, 2. Aufl. 2019
Raiser, Mitbestimmungsgesetz nebst Wahlordnung, Kommentar, 5. Aufl. 2009
RGRK/*Bearbeiter,* Kommentar zur Bürgerlichen Gesetzbuch, herausgegeben von Reichsgerichtsräten und Bundesrichtern, 12. Aufl. 1975–1999
Richardi/Bearbeiter, Betriebsverfassungsgesetz mit Wahlordnung, 16. Aufl. 2018
Rieder, Betriebsübergang, 1994
Rowedder/Schmidt-Leithoff/Bearbeiter, GmbH-Gesetz, Kommentar, 6. Aufl. 2017
Sagasser/Bearbeiter, Umwandlungen, 5. Aufl. 2017
Schaub, Arbeitsrechtshandbuch, 18. Aufl. 2019

Schaub/Schindele, Kurzarbeit, Massenentlassung, Sozialplan, 3. Aufl. 2011
K. Schmidt/Lutter, Aktiengesetz, Kommentar, herausgegeben von *K. Schmidt/Lutter,* 4. Aufl. 2019
Schmitt/Hörtnagl/Stratz, Umwandlungsgesetz, Umwandlungssteuergesetz, 9. Aufl. 2020
Scholz/Bearbeiter, Kommentar zum GmbH-Gesetz in drei Bänden, 12. Aufl. 2018 ff.
Schwedhelm, Die Unternehmensumwandlung, Verschmelzung, Spaltung, Formwechsel, Einbringung, 9. Aufl. 2019
Seibt, Beck'sches Formularbuch Mergers & Acquisitions, 3. Aufl. 2018
Sieg/Maschmann, Unternehmensumstrukturierung aus arbeitsrechtlicher Sicht, 3. Aufl. 2020
Soergel, Bürgerliches Gesetzbuch, 13. Aufl. 2000 ff.
Spindler/Stilz, Kommentar zum Aktiengesetz, 4. Aufl. 2019
Stahlhacke/Preis/Vossen, Kündigung und Kündigungsschutz im Arbeitsverhältnis, 11. Aufl. 2015
Staudinger, Kommentar zum BGB, 18. Aufl. 2018 ff.
Stege/Weinspach/Schiefer, Betriebsverfassungsgesetz, Kommentar, 9. Aufl. 2002
Thüsing/Braun, Tarifrecht, Handbuch, 2. Aufl. 2016
Tschöpe, Anwalts-Handbuch Arbeitsrecht, 11. Aufl. 2019
Widmann/Mayer/Bearbeiter, Umwandlungsrecht, Loseblatt, Stand: 2020
Wiedemann, Tarifvertragsgesetz, Kommentar, 8. Aufl. 2019
Wieland, Recht der Firmentarifverträge, 1998

A. Einführung

1 Das bekannte Bonmot, wonach das einzig Beständige der Wandel sei, gilt zweifelsohne auch für die rechtliche und tatsächliche Verfassung moderner Wirtschaftsunternehmen. Es vergeht kein Tag, an dem nicht in der Presse über die Fusion, Reorganisation, Veräußerung, Sanierung oder – im ungünstigsten Fall – Insolvenz namhafter Firmen berichtet wird. Letztendlich stellen alle diese Vorgänge Maßnahmen der Marktanpassung dar; eine freie Marktwirtschaft ist nicht denkbar ohne die Fähigkeit der beteiligten Unternehmen, sich nicht nur in ihrem externen Verhalten, sondern auch hinsichtlich ihrer internen Struktur auf veränderte Marktverhältnisse einzustellen. Es gehört indes zu den Errungenschaften einer *sozialen* Marktwirtschaft, dass die von solchen Veränderungen betroffenen Arbeitnehmer nicht bloßes Objekt derartiger Marktprozesse, sondern mit eigenen Rechtspositionen ausgestattet sind, und zwar sowohl auf individualrechtlicher Grundlage (Inhalt und Bestandsschutz von Arbeitsverhältnissen) wie auch auf kollektivrechtlicher Ebene (Betriebsverfassung, Tarifrecht, Unternehmensmitbestimmung).

Durch die bei jeder größeren Umstrukturierungsmaßnahme festzustellende Verzahnung von Gesellschafts-, Unternehmens- und Arbeitsrecht wird die Komplexität derartiger Gestaltungsaufgaben in der Praxis deutlich erhöht. Ähnlich wie das Steuerrecht übt das Arbeitsrecht einen in jedem Falle maßgeblichen, unter Umständen sogar prägenden Einfluss auf solche unternehmerischen Anpassungsprozesse aus. Sie lassen sich mit dem herkömmlichen Rüstzeug des allgemeinen Zivil- und Gesellschaftsrechts in der Regel nicht mehr angemessen und vollständig bewältigen, sondern erfordern auch eine spezifisch arbeitsrechtliche Expertise.

2 Mit dem vorliegenden Werk werden die arbeitsrechtlichen Aspekte von Unternehmensumstrukturierungen und -übertragungen umfassend und systematisch zusammenhängend dargestellt. Obwohl es sich nach Ausrichtung und materiellem Schwerpunkt um ein *arbeitsrechtliches* Handbuch handelt, wird sein Aufbau und Inhalt nicht durch abstrakte arbeitsrechtliche Kategorien, sondern durch diejenigen konkreten Fragestellungen und Gestaltungsaufgaben geprägt, die sich für den Praktiker im Vorfeld, bei der konkreten Planung und schließlich bei der Durchführung von Umstrukturierungsmaßnahmen (im weitesten Sinne) ergeben. Dabei soll keineswegs nur der Arbeitsrechtsspezialist angesprochen werden, der Antwort auf eine bestimmte Detailfrage sucht; primäres Ziel dieses Buches ist es vielmehr, *allen* in der wirtschaftsrechtlichen Beratung Tätigen, gleich welcher Profession, einen möglichst zuverlässigen Überblick über die zum Teil tief greifende Durchdringung zivil- und gesellschaftsrechtlicher Transaktionen und Umstrukturierungsprozesse durch arbeitsrechtliche Regelungsinhalte zu vermitteln.

3 Dieser Zielsetzung entspricht es, wenn das erste große Kapitel (B) dieses Buches sich nicht sogleich mit arbeitsrechtlichen Einzelproblemen befasst, sondern zunächst eine „Generalrevision" der *Gestaltungsformen der Umstrukturierung und ihrer arbeitsrechtlichen Relevanz* vornimmt. Wer sich dem Thema nicht von der arbeitsrechtlichen, sondern von der zivil- und gesellschaftsrechtlichen Seite nähern will, findet in diesem Kapitel nicht nur den erforderlichen systematischen Zusammenhang zu „seinem" Rechtsgebiet, sondern zugleich auch einen *Wegweiser* durch die anschließende Behandlung der großen Einzelthemen.

4 Diese beginnt mit den – bereits im Vorfeld einer beabsichtigten Umstrukturierung zu beachtenden – *Beteiligungsrechten der Organe der Betriebsverfassung bei der Umstrukturierung* (Kapitel C). Eine falsche Weichenstellung in diesem Bereich, die typischerweise auf unzureichender Beherrschung des komplizierten Instrumentariums der §§ 111 ff. BetrVG (Mitbestimmung des Betriebsrats bei Betriebsänderungen) beruht, kann die Durchführung des Umstrukturierungsvorhabens unter Umständen insgesamt in Frage stellen. Angesichts der Verpflichtung zum Versuch eines *Interessenausgleichs* sowie zur Aufstellung eines *Sozialplans* hat die Durchführung von Betriebsänderungen *transaktionsähnlichen Charakter,* und zwar sowohl was die Komplexität der zu behandelnden rechtlichen, wirtschaftlichen und strategi-

schen Fragen angeht wie auch was die *finanziellen Konsequenzen* für das jeweilige Unternehmen betrifft. Es ist daher dringend erforderlich, diese Materie nicht als „isoliertes" Arbeitsrecht, sondern – ebenso wie § 613a BGB (Betriebsübergang) – als konstitutiven Bestandteil des Unternehmens- und Wirtschaftsrechts zu begreifen.

5 Die Auswirkungen der Unternehmensumstrukturierung auf die Organe der Betriebsverfassung (Kapitel D) stellen zwar der Materie nach „reines" Arbeitsrecht dar. Dennoch müssen sie zumindest als (mehr oder weniger erwünschter) Nebeneffekt einer vorgesehenen Umstrukturierungsmaßnahme ebenfalls bereits im Stadium der (Vor-)Planung mit in den Blick genommen werden. Unbedachte Eingriffe in bewährte betriebsverfassungsrechtliche Strukturen können den Erfolg von Umstrukturierungen ebenso gefährden wie eine nicht von vornherein mitbedachte Vervielfältigung von Mitbestimmungsgremien, etwa im Zuge von Ausgliederungen. Die Schwierigkeiten von Unternehmen im Umgang mit ihren Betriebsräten haben im Übrigen dazu geführt, dass Veränderungen der Betriebsratsstruktur mitunter nicht nur als Folge, sondern sogar als eigentliches Ziel solcher Umstrukturierungsmaßnahmen aufgefasst werden.

6 Entsprechendes gilt auch und erst recht für die *Auswirkungen der Umstrukturierung auf Tarifverträge und Betriebsvereinbarungen* (Kapitel E). Als Antwort auf die vielbeklagte mangelnde Flexibilität der Flächentarifverträge wird in der Praxis häufig die Flucht *in* eine andere Tarifzuständigkeit oder auch *aus* jeglicher Tarifbindung im Wege der *Ausgliederung* von Betriebsteilen gesucht. Hier erlangt daher die Erkenntnis besondere Relevanz, dass das Arbeitsrecht längst nicht mehr nur Nebenaspekt umfassender Umstrukturierungsprozesse ist, sondern durchaus sogar ihr *Motor* sein kann. Für neue Impulse, aber auch für erhebliche Verunsicherung habent in diesem Zusammenhang die Entscheidungen des EuGH in Sachen *Alemo-Herron*[1] und *Asklepios*[2]geführt, so dass wichtige Zweifelsfragen weiterhin ihrer abschließenden Klärung harren. Dies gilt auch für die zahlreichen Probleme, die solche Umstrukturierungen in Bezug auf das Schicksal von *Betriebsvereinbarungen* aufwerfen.

7 Von ähnlicher rechtspolitischer Brisanz, wenngleich juristisch weitaus eindeutiger bestimmbar sind die Auswirkungen der Umstrukturierung auf die *Unternehmensmitbestimmung* (Kapitel F). Der Streit um die Sinnhaftigkeit insbesondere der paritätischen Mitbestimmung hält bis in die jüngste Zeit an und hat unter dem Aspekt einer weltweit konkurrenzfähigen *Corporate Governance* zusätzliche Impulse erhalten. Für die Praxis interessante Gestaltungsmöglichkeiten werden insoweit durch die Umwandlung in eine Europäische Aktiengesellschaft (SE) sowie grenzüberschreitende Verschmelzungen eröffnet. Das Kapitel zeigt die bestehenden Optionen der Mitbestimmungsgestaltung praxisnah und unter Verwendung zahlreicher Übersichten auf. Auch die jüngste Entwicklung in der Rechtsprechung zur Berücksichtigung von Arbeitnehmern ausländischer Betriebe bei den jeweils maßgeblichen Schwellenwerten[3] wurde berücksichtigt.

8 Die inzwischen auch jedem Gesellschaftsrechtler bestens geläufige Bestimmung des *§ 613a BGB – Betriebsübergang* – steht im Zentrum des Kapitels G. . Die Irrungen und Verwirrungen, die das Verständnis des § 613a BGB seit seinem Inkrafttreten im Jahre 1972 negativ begleiten, waren Anlass, unbeschadet der auch für dieses Kapitel maßgeblichen Praxisorientierung die Funktion, rechtspolitische Bedeutung sowie verfassungsrechtliche Bewertung des § 613a BGB vorab zusammenhängend zu beleuchten (G II), bevor sodann auf seine tatbestandlichen Voraussetzungen (G III) und seine Rechtsfolgen (G IV) näher eingegangen wird. Zu letzteren gehören unter anderem die zahlreichen, bislang ungeklärten Fragen in Bezug auf die Unterrichtungspflicht des Arbeitgebers (Abs. 5) und das Widerspruchsrecht des Arbeitnehmers (Abs. 6), welches sich als echte „Transaktionsbremse"

---

[1] EuGH 18.7.2013 – C-426/11, NZA 2013, 835; dazu der Vorlagebeschluss des BAG an den EuGH v. 17.6.2015 – 4 AZR 61/14, NZA 2016, 373.

[2] EuGH 27.4.2017 -C 680/15 und C-681/15, NZA 2017,571; dazu die Folgeentscheidung des BAG v. 30.8.2017 – 4 AZR 95/14, NZA 2018,255.

[3] S. dazu das „Erzberger"-Urteil des EuGH v. 18.7.2017 – C-566/15, NZG 2017, 949 Nr. 1 sowie den Vorlagebeschluss des KG v. 16.10.2015 – 14 W 89/15, NZG 2015, 1311.

erweisen kann. Die trotz massiver Kritik in ständiger Rechtsprechung vom Bundesarbeitsgericht vertretene These, dass selbst kleine Fehler im Unterrichtungsschreiben den Beginn der Monatsfrist für die Ausübung des Widerspruchsrechts verhindern, kann sich nicht nur für die betroffenen Unternehmen, sondern auch für ihre Berater als verhängnisvoll erweisen. Insgesamt ist festzustellen, dass infolge des Spannungsverhältnisses zur Judikatur des EuGH die Auslegung des § 613a BGB sowohl auf der Tatbestands- als auch auf der Rechtsfolgenseite äußerst unübersichtlich geworden ist und verlässliche Prognosen über den Ausgang streitiger Verfahren oftmals unmöglich erscheinen.

Die anschließend behandelten *kündigungsrechtlichen Fragen* (Kapitel H) hängen einerseits 9 mit § 613a BGB, insbesondere dessen Absatz 4, eng zusammen, weisen aber zum anderen auch deutlich darüber hinaus, weil Umstrukturierungen in der Praxis keineswegs notwendigerweise mit einem Wechsel des Rechtsträgers verbunden sind, sondern sich häufig innerhalb ein und desselben Unternehmens vollziehen. Es kann allerdings bei diesem Thema nicht darum gehen, den bereits vorhandenen Kommentaren und Handbüchern zum Recht der (betriebsbedingten) Kündigung ein weiteres allgemeines Kompendium hinzuzufügen. Vielmehr besteht die Konzeption dieses Kapitels darin, die Grundelemente des Rechts der betriebsbedingten Kündigung (H I) zu den Auswirkungen der Umstrukturierung auf den Kündigungsschutz (H II) in Beziehung zu setzen. Hier gelten ähnliche Überlegungen wie zu den Konsequenzen in Bezug auf Betriebsratsstruktur und Geltung von Betriebsvereinbarungen und Tarifverträgen, nämlich dass es ein schwerwiegender *Kunstfehler* auf Seiten des juristischen Beraters sein kann, Veränderungen des durch die Umstrukturierung bedingten arbeitsrechtlichen Bezugsrahmens nicht frühzeitig aufzuzeigen und gegebenenfalls geeignete Gestaltungsalternativen zu entwickeln. Hiervon systematisch zu trennen sind diejenigen kündigungsrechtlichen Probleme, die sich *bei* der Umstrukturierung, also im Zuge ihrer personellen Umsetzung, typischerweise ergeben und die – getrennt nach unternehmensinterner und unternehmensübergreifender Umstrukturierung – anschließend unter Einbindung des „Kündigungsverbots" nach *§ 613a Abs. 4 BGB* dargestellt werden (H III).

Die gestalterische Quintessenz aus den vorausgegangenen Überlegungen zieht das Kapi- 10 tel I zur *Harmonisierung und Änderung von Arbeitsbedingungen im Zuge der Unternehmensumstrukturierung.* Es behandelt – im sachlichen Anschluss an die Ausführungen in Kapitel E zum „Schicksal" von Tarifverträgen und Betriebsvereinbarungen – zunächst die Gestaltungsinstrumente und -optionen, die dem Arbeitgeber zur Verfügung stehen, um *individualvertraglich* geregelte Arbeitsbedingungen den künftigen Verhältnissen und Anforderungen nach erfolgter Umstrukturierung anzupassen. Die Praxis steht hier oftmals vor erheblichen Schwierigkeiten, weil der Ausspruch von (Massen-)Änderungskündigungen aus verschiedenen Gründen in der Regel kein geeignetes Mittel zur Erreichung dieses Zieles ist, so dass auf andere einseitige oder einvernehmliche Gestaltungsmöglichkeiten zurückgegriffen werden muss (Kapitel I. II). Aber auch in Bezug auf ursprünglich *qua* Betriebsvereinbarung oder Tarifvertrag geregelte Arbeitsbedingungen kann sich ein Änderungs- oder Harmonisierungsbedarf ergeben, weil nach Durchführung der Umstrukturierung innerhalb eines Betriebs oder Unternehmens zunächst unterschiedliche Arbeitsbedingungen gelten (Kapitel I. III und IV).

Aktualisiert und ergänzt wurde das Kapitel J: *Grundlagen der betrieblichen Altersversorgung.* 11 Die systematische Stellung innerhalb des Buches ist dadurch bedingt, dass es sich um eine *Querschnittsmaterie* handelt, in der gewissermaßen sämtliche Einzelthemen nochmals fokussiert zusammentreffen. Um auch hier den umwandlungsspezifischen Bezug zu erhalten und eine unnötige Aufblähung des Stoffes zu vermeiden, wurde, wo sinnvoll, auf andere Kapitel des Buches bzw. auf das allgemeine Schrifttum zum BetrAVG verwiesen. Damit aber andererseits die Darstellung der Folgen von Umstrukturierungsmaßnahmen auf die betriebliche Altersversorgung aus sich heraus verständlich bleibt und auch der nicht in dieser Spezialmaterie bewanderte Praktiker Zugang zu den spezifischen Fragestellungen findet, war es gleichwohl unverzichtbar, diesen eine Darstellung der *Grundlagen der betriebli-*

chen Altersversorgung (J II) voranzustellen. Das Kapitel zeichnet sich neben der Vermittlung des notwendigen Grundlagenwissens vor allem auch dadurch aus, dass es nicht nur die rechtlichen, sondern auch die – für die *Due Diligence* so bedeutsamen – *betriebswirtschaftlichen Aspekte* der jeweils zu berücksichtigenden Versorgungsverpflichtungen und die Möglichkeiten ihrer *Änderung oder Einschränkung für die Zukunft* aufzeigt. Den pensionsrechtlichen Aspekten der *Due Diligence* wird im Übrigen ein eigener Abschnitt (J X) gewidmet.

12 Den Brückenschlag zur Transaktionsberatung vollzieht das Kapitel K zum Arbeitsrecht beim Unternehmenskauf. Damit wird, soweit ersichtlich zum ersten Mal, der Überschneidungsbereich zwischen gesellschafts- bzw. unternehmensrechtlicher Beratung und der arbeitsrechtlichen Flankierung von Transaktionen systematisch vernetzt und aus der Perspektive sowohl des M&A- wie auch des arbeitsrechtlichen Experten dargestellt. Das Kapitel enthält zahlreiche praktische Hinweise unter anderem zur Durchführung der arbeitsrechtlichen *Due Diligence,* die in den Kontext der Gewährleistungsregeln beim Unternehmenskauf gestellt wird, und erläutert in Form einer tabellarischen Darstellung die arbeitsrechtlichen Faktoren für die Wahl der Transaktionsstruktur.

13 . Besondere rechtliche und wirtschaftliche Rahmenbedingungen sind bei Umstrukturierungen im Zuge einer *Unternehmensinsolvenz* zu beachten. Eine grundlegende Neuerung der nunmehrigen 6. Auflage besteht darin, dass die damit zusammenhängenden Fragestellungen erstmals umfassend in einem eigenen Kapitel (L) systematisch dargestellt werden. Nach einer Einführung in die insolvenzrechtlichen Grundlagen (L II und III) werden die arbeitsrechtlichen Besonderheiten bei der Restrukturierung in der Insolvenz ausführlich behandelt (L IV). Von erheblicher Relevanz in der arbeits – und insolvenzrechtlichen Beratung sind zudem die aus der *Erwerberperspektive* zu beachtenden spezifischen rechtlichen und taktischen Aspekte sowie die wesentlichen Unterschiede im Verhältnis zu einer „normalen“ M&A-Transaktion. Ihnen wird in einem eigenen Unterkapitel L V zur übertragenden Sanierung besondere Aufmerksamkeit gewidmet. Es steht – leider- zu erwarten, dass die in diesem Kapitel behandelten Szenarien durch die im Jahre 2020 weltweit ausgebrochene *Pandemie* und deren noch nicht absehbaren wirtschaftlichen und sozialen Folgen auf lange Sicht ihre besondere Aktualität und Brisanz behalten werden

14 Den Verfassern dieses Handbuchs ist bewusst, dass kaum je ein Leser es vollständig „von vorne nach hinten“ durcharbeiten wird. Sie gehen davon aus, dass die detaillierte Gliederung selbsterklärend ist, auch wenn sie nicht immer den herkömmlichen, arbeitsrechtlich motivierten Darstellungsmustern entspricht. Daneben wird der Zugang zu den einzelnen Teilen des Buches insbesondere dem gesellschaftsrechtlich orientierten Benutzer auch durch das „Generalkapitel“ B eröffnet, so dass der Einstieg im Sinne einer Matrix gewissermaßen von zwei Seiten erfolgen kann. Schließlich soll dem eiligen Leser das Auffinden bestimmter Stellen durch das *Stichwortverzeichnis* in Verbindung mit dem Randnummernsystem erleichtert werden.

Das vorliegende Buch versteht sich in allererster Linie als praxisorientierter Wegweiser durch das Arbeitsrecht der Umstrukturierung und Übertragung von Unternehmen. Dieser Zielsetzung entspricht die Konkretisierung bzw. Ergänzung der behandelten Themen durch Fallbeispiele, Übersichten und Checklisten. Wenn zugleich eine wissenschaftlich vertiefte Durchdringung des zu behandelnden Stoffes angestrebt wurde, bedeutet dies keineswegs einen Widerspruch. In der Praxis kann sich nur bewähren, was kritischer Hinterfragung durch Rechtsprechung und Wissenschaft standhält.

Die Autoren hoffen, diesem – zugegebenermaßen hohen – Anspruch auch in der Neuauflage gerecht geworden zu sein.

B. Gestaltungsformen der Unternehmensumstrukturierung/-übertragung und ihre arbeitsrechtliche Relevanz

Übersicht

Ausgewählte Literatur zu Teil B:

Arens/Spieker, Umwandlungsrecht, 1996; *Assmann/Bachner,* Individualarbeits- und kollektivrechtliche Auswirkungen des neuen Umwandlungsgesetzes, NJW 1995, 2881; *Bachner/Köstler/Matthießen/Trittin,* Arbeitsrecht bei Unternehmensumwandlung und Betriebsübergang, 4. Aufl. 2012; *Bärwaldt/Hasselbrink,* Umstrukturierungen in laufenden Vergabeverfahren – eine Bestandsaufnahme aus umwandlungsrechtlicher Perspektive, ZIP 2013, 1889; *Bauer,* Arbeitsrechtliche Chancen und Risiken bei Umstrukturierungen aus anwaltlicher Sicht, NZA-Beilage 1/2009, 5; *Bauer/Haussmann/Krieger,* Umstrukturierung, 3. Aufl. 2015; *Bechtold/Bosch/Brinker/Hirsbrunner,* EG-Kartellrecht, 3. Aufl. 2014; *Beck/Klar, Asset Deal* versus *Share Deal* – Eine Gesamtbetrachtung unter expliziter Berücksichtigung des Risikoaspekts, DB 2007, 2819 *Blanke/Fedder,* Privatisierung: ein Rechtshandbuch für die Verwaltungspraxis, Personal- wie Betriebsräte und deren Berater, 2. Aufl. 2010; *Boecken,* Unternehmensumwandlungen und Arbeitsrecht, 1996; *Däubler,* Investorenvereinbarung als Kollektivvertrag?, in: Festschrift für Klaus Bepler zum 65. Geburtstag, 2012, S. 61 ff.; *Deinert,* Arbeitsrechtliche Rahmenbedingungen und Folgen nationaler und transnationaler Umstrukturierungen von Betrieben und Unternehmen in Deutschland, RdA 2001, 368; *Dzida,* Arbeitsrecht im Umwandlungsgesetz – weitere Fragen aus Sicht der Praxis, in : Festschrift für Heinz Josef Willemsen zum 65. Geburtstag, 2018, 95; *Engelmeyer,* Die Informationsrechte des Betriebsrats und der Arbeitnehmer bei Strukturänderungen, DB 1996, 2542; *Gaul,* Das Arbeitsrecht der Betriebs- und Unternehmensspaltung, 2002; *Göpfert/Rottmeier,* Business Judgment bei Standort- und Beschäftigungszusagen, ZIP 2014, 1259; *Götze,* „Gelatine" statt „Holzmüller" – Zur Reichweite ungeschriebener Mitwirkungsbefugnisse der Hauptversammlung, NZG 2004, 585; *Gottwald/Haas,* Insolvenzrechtshandbuch, 6. Aufl. 2020; *Grobys,* Arbeitsrechtliche Aspekte des Wertpapiererwerbs- und Übernahmegesetzes, NZA 2002, 1; *Groeger* (Hrsg.), Arbeitsrecht im Öffentlichen Dienst, 3. Aufl. 2020; *Hanau,* Arbeitsrechtliche Folgen der Umstrukturierung, in: Hromadka (Hrsg.), Arbeitsrecht und Beschäftigungskrise, 1997, S. 82 ff.; *Hanau/Becker,* Arbeitsrechtliche Probleme der Privatisierung öffentlicher Dienstleistungen, 1980; *Henssler,* Die neue Rolle der Gewerkschaften bei Restrukturierungen und Massenentlassungen, in: Festschrift für Rolf Wank zum 70. Geburtstag, 2014, S. 137 ff.; *Hölters* (Hrsg.), Handbuch Unternehmenskauf, 9. Aufl. 2019; *Joost,* Arbeitsrechtliche Angaben im Umwandlungsvertrag, ZIP 1995, 976; *ders.,* Arbeitsrecht im Umwandlungsgesetz, in: Preis/Willemsen (Hrsg.), Umstrukturierung von Betrieb und Unternehmen im Arbeitsrecht (1999), S. 61 ff.; *Kämmerer/Veil* (Hrsg.) Übernahme- und Kapitalmarktrecht in der

Reformdiskussion, 2013; *Kiefner/Brügel*, Der umwandlungsrechtliche Squeeze-out, AG 2011, 525; *Kocher/Sudhof*, Die Unternehmensumwandlung im Streik, NZA 2013, 875; *Krieger*, Beteiligungsrechte des Betriebsrats bei der Einführung von Matrixstrukturen im Konzern, in: Festschrift für Heinz Josef Willemsen zum 65. Geburtstag, 2018, 269; *Krieger/Terhorst*, Absprachen zwischen Arbeitgeber und Betriebsrat über künftige Betriebsänderungen, NZA 2014, 689; *Kuhn/A. Willemsen*, Gestaltungsspielräume bei Tarifsozialplänen, NZA 2012, 593; *Lelley/Fendura*, Beteiligung des Europäischen Betriebsrats bei grenzüberschreitender Betriebsänderung, DB 2014, 2771; *Lutter* (Hrsg.), Verschmelzung, Spaltung, Formwechsel nach neuem Umwandlungsrecht und Umwandlungssteuerrecht, Kölner Umwandlungsrechtstage, 1995; *Lutter/Hommelhoff*, Europäische Gesellschaft, 2005; *Maiß/Pauken*, Mitwirkungsrechte des Europäischen Betriebsrats bei grenzüberschreitenden Betriebsänderungen, BB 2013, 1589; *Manz/Mayer/Schröder*, Europäische Aktiengesellschaft SE, 3. Aufl. 2018; *Moll*, Personalführung durch Dritte, in: Festschrift zum 70. Geburtstag von Rolf Wank, 2014, S. 375 ff.; *Müller, C.*, Die Berufsfreiheit des Arbeitgebers – Einwirkung des Art. 12 GG auf das Individual- und Kollektivarbeitsrecht, 1996; *Müller, Klaus J.*, Die Zuleitung des Verschmelzungsvertrages an den Betriebsrat nach § 5 III UmwG, DB 1997, 713; *Müller-Bonanni/Mehrens*, Arbeitsrechtliche Rahmenbedingungen funktionaler Konzernsteuerungsmodelle, ZIP 2010, 2228; *Nagel/Hopfe*, Informationspflichten beim Kontrollerwerb an nicht-börsennotierten Gesellschaften und der Schutz von Betriebs- und Geschäftsgeheimnissen, ZIP 2010, 817; *Ohl*, Der Sozialplan, 1977; *Picot*, Unternehmenskauf und Restrukturierung, 4. Aufl. 2013; *Quander*, Betriebsinhaberwechsel bei Gesamtrechtsnachfolge, 1990; *Reinhard*, Betriebsverfassungsrechtliche Mitbestimmung in der Matrix, in: Festschrift für Heinz Josef Willemsen zum 65. Geburtstag, 2018, 377; *Rieble*, Kompensation der Betriebsspaltung durch den Gemeinschaftsbetrieb mehrerer Unternehmen (§ 322 UmwG), in: Festschrift für Günter Wiese, 1998, S. 493 ff.; *ders.*, „Blitzaustritt" und tarifliche Vorbindung, RdA 2009, 280; *ders.*, Betriebsführungsvertrag als Gestaltungsinstrument, NZA 2010, 1145; *Sagasser/Bula/Brünger*, Umwandlungen, 5. Aufl. 2017; *Schipp*, Arbeitsrechtliche Probleme bei der Privatisierung öffentlicher Einrichtungen, NZA 1994, 865; *Scholz/Buchner*, Überleitung der Beschäftigungsverhältnisse bei den Verbänden, Die Krankenversicherung 2007, 77; *Schröder/Falter*, Die Unterrichtung des Wirtschaftsausschusses bei Unternehmensübernahmen nach Inkrafttreten des Risikobegrenzungsgesetzes, NZA 2008, 1097; *Schwegler*, Kündigungsverzicht durch „Betriebsvereinbarungen" einer öffentlich-rechtlichen Anstalt: Irrungen und Wirrungen, in: Festschrift für Heinz Josef Willemsen zum 65. Geburtstag, 2018, 491; *Seibt*, Arbeitsrechtliche Aspekte des Wertpapiererwerbs- und Übernahmegesetzes, DB 2002, 529; *ders.*, Corporate Reputation Management: Rechtsrahmen für Geschäftsleiterhandeln; *ders.*, Rechtsposition und Einflussmöglichkeiten der Betriebsverfassungsorgane bei WpÜG-Übernahmeverfahren, in Festschrift für Heinz Josef Willemsen zum 65. Geburtstag, 2018, 509; *Seibt/Wunsch*, Investorenvereinbarungen bei öffentlichen Übernahmen, Der Konzern 2009, 195; *Seibt/Wollenschläger*, Trennungs-Matrixstrukturen im Konzern, AG 2013, 229; *Seiter*, Betriebsinhaberwechsel, 1980; *Semler/Volhard*, Arbeitshandbuch für Unternehmensübernahmen, Band 1, 2001; *Sieg/Maschmann*, Unternehmensumstrukturierung aus arbeitsrechtlicher Sicht, 2. Aufl. 2010; *Stamer*, Zuständigkeitsfragen bei Umstrukturierungen, in: Festschrift für Heinz Josef Willemsen zum 65. Geburtstag, 2018, 541; *Teichmann*, Bestandsschutz für die Mitbestimmung bei Umwandlung in eine SE, ZIP 2014, 1049; *Trittin/Gilles*, Mitbestimmungsbeibehaltung nach Umstrukturierung, RdA 2011, 46; *Veil*, Aktuelle Probleme im Ausgliederungsrecht, ZIP 1998, 361; *Weiler*, „Die Spaltung zu Null" als Mittel der Umstrukturierung von Unternehmen, NZG 2013, 1326; *Willemsen*, Arbeitnehmerschutz bei Betriebsänderungen im Konkurs, 1980; *ders.*, Arbeitsrechtliche Aspekte der Reform des Umwandlungsrechts, RdA 1993, 133; *ders.*, Arbeitsrecht im Umwandlungsgesetz: Zehn Fragen aus der Sicht der Praxis, NZA 1996, 791; *ders.*, Die Beteiligung des Betriebsrats im Umwandlungsverfahren, RdA 1998, 23; *ders.*, Arbeitsrechtliche Fragen der Privatisierung und Umstrukturierung öffentlicher Rechtsträger, in: Festschrift 50 Jahre Bundesarbeitsgericht, 2004, S. 287 ff.; *Wisskirchen/Bissel/Dannhorn*, Vermeidung der unternehmerischen Mitbestimmung aus arbeitsrechtlicher Sicht, DB 2007, 2258; *Wlotzke*, Arbeitsrechtliche Aspekte des neuen Umwandlungsrechts, DB 1995, 40; *Wollburg/Gehling*, Umgestaltung des Konzerns – Wer entscheidet über die Veräußerung von Beteiligungen einer Aktiengesellschaft?, in: Festschrift für Otfried Lieberknecht zum 70. Geburtstag, 1997, S. 133 ff.; *Wollenschläger/von Harbou*, Arbeitsrechtliche Fragen bei Privatisierungs und Outsourcingmaßnahmen in öffentlichen Krankenhäusern, NZA 2005, 1136.

1 Das Thema dieses Buches bewegt sich an der Grenze zwischen Unternehmens- und Arbeitsrecht. Es knüpft einerseits an die bekannten zivil- und gesellschaftsrechtlichen Möglichkeiten der Änderung von Unternehmensstrukturen an, ohne diese selbst im Einzelnen darstellen zu wollen.[1] Andererseits versteht es sich auch nicht als allgemeines Kompendium des Individual- und Kollektivarbeitsrechts,[2] das erschöpfende Antwort auf jede arbeitsrechtliche Frage geben wollte, die gelegentlich einer Umstrukturierungsmaßnahme relevant werden könnte. Gegenstand der nachfolgenden Darstellung sind vielmehr die *spezi-*

[1] S. dazu aus dem gesellschaftsrechtlichen Schrifttum zB *K. Schmidt* Gesellschaftsrecht, 4. Aufl. 2002, S. 359 ff.; *Arens/Spieker*, Umwandlungsrecht, 1996; *Ballreich*, Fallkommentar zum Umwandlungsrecht, 6. Aufl. 2019; *Schwedhelm*, Die Unternehmensumwandlung, 9. Aufl. 2019; *Sagasser/Bula/Brünger* Umwandlungen, 5. Aufl. 2017.

[2] Zum Begriff vgl. nur MHdB ArbR/*Fischinger* § 4 Rn. 6 ff.

fisch arbeitsrechtlichen Aspekte, die durch Strukturveränderungen im Unternehmen oder in seinem Gesellschafterkreis berührt werden, und die weit reichenden Folgen, die sie für den Bestand oder Inhalt der Arbeitsverhältnisse, die Existenz oder Nichtexistenz von Betriebsräten, Weitergeltung von Tarifverträgen und Betriebsvereinbarungen, die betriebliche Altersversorgung oder die Unternehmensmitbestimmung auslösen können.

Die *erste* systematisch zu beleuchtende Frage wird daher sein, bei *welcher* Art von Ein- 2
griffen in die bzw. Änderungen der bisherigen rechtlichen und/oder wirtschaftlichen Verhältnisse eines Unternehmens derartige arbeitsrechtliche Implikationen überhaupt zu gewärtigen sind. Für den mit einer konkreten Umstrukturierungsmaßnahme befassten zivilrechtlichen Praktiker wird es nämlich von erheblicher Bedeutung sein, ob er es mit einem rein gesellschaftsrechtlichen Vorgang zu tun hat, der allein mit den vertrauten Mitteln des allgemeinen Zivil-, Gesellschafts- und gegebenenfalls Steuerrechts abgewickelt werden kann, oder ob spezifisch arbeitsrechtliche Gesichtspunkte ins Spiel kommen, die eine entsprechend erweiterte Prüfung des jeweiligen Projekts sowohl aus juristischer wie auch aus strategischer Sicht angeraten erscheinen lassen.

Man kann sich die Fragestellung verdeutlichen, indem man Strukturveränderungen *im* bzw. *am* Unternehmen verschiedenen Ebenen zuordnet, nämlich der rein gesellschaftsrechtlichen Ebene, der rein arbeitsrechtlichen Ebene sowie einer Zwischenebene, auf der beide Rechtskreise einander überschneiden.

(rein) gesellschaftliche Ebene

„Zwischenebene" = Unternehmensebene
(Überschneidungsbereich)

(rein) arbeitsrechtliche Ebene

Die rein gesellschaftsrechtliche Ebene umfasst dabei solche Veränderungen, die die 3
Rechtsverhältnisse der Gesellschafter und ihrer Organe untereinander sowie das rechtliche Verhältnis des Unternehmens zu anderen Rechtsträgern, insbesondere **Konzerngesellschaften,** betreffen, ohne dass dadurch gleichzeitig die tatsächliche Binnenstruktur des Unternehmens im Sinne der durch sachliche und materielle Betriebsmittel sowie durch die vorhandene Belegschaft definierten betrieblichen Organisation[3] tangiert wird. Umgekehrt spielen Vorgänge, die die tatsächliche **Betriebsorganisation** augenscheinlich verändern (Beispiel: Stilllegung einer Betriebsabteilung), die gesellschaftsrechtlichen Verhältnisse jedoch unangetastet lassen, sich auf der rein arbeitsrechtlichen Ebene ab.

Schwieriger und komplexer stellen sich – wie oftmals bei dem Versuch einer juristischen Kategorisierung – die **Grenz- und Überschneidungsfälle** dar, die sich wiederum in zwei Untergruppen aufteilen lassen: zum einen nämlich in solche, in denen **gelegentlich** einer gesellschaftsrechtlichen Veränderung zugleich betriebliche Umstrukturierungen vorgenommen werden (Beispiel: Der Erwerber von 75% der Gesellschaftsanteile besteht auf einem umfassenden Personalabbau) und andererseits solche, in denen gesellschafts-

[3] Wegen der arbeitsrechtlichen Definition des Betriebsbegriffs ist auf die Ausführungen in → D Rn. 3 und 69ff. zu verweisen. Im Unterschied dazu meint Unternehmen im arbeitsrechtlichen Sinne die rechtliche und organisatorische Einheit, mit der der Unternehmer seine wirtschaftlichen Ziele verfolgt. Ein Unternehmen kann durchaus mehrere Betriebe haben, aber ein Rechtsträger (jedenfalls in Form einer juristischen Person) immer nur ein Unternehmen, vgl. *Fitting* BetrVG § 1 Rn. 228. Zu den unterschiedlichen arbeitsrechtlichen Fragestellungen bei Umstrukturierungen von Betrieben einerseits und Unternehmen andererseits vgl. *Bauer* NZA. Beil. 1/2009, 5; *Deinert* RdA 2001, 368.

rechtliche und betriebliche Veränderungen im Sinne einer **einheitlichen Maßnahme** miteinander verzahnt sind (Beispiel: Ausgliederung einer künftig eigenständig geführten Betriebsabteilung in eine unmittelbar zuvor gegründete Tochtergesellschaft).

Für die zutreffende Erfassung der durch die Umstrukturierung ausgelösten arbeitsrechtlichen Implikationen ist des weiteren danach zu **unterscheiden,** ob diese mit einem **Rechtsträgerwechsel** auf Seiten des Unternehmens verbunden ist, der zu einem entsprechenden **Arbeitgeberwechsel** in Bezug auf das einzelne Arbeitsverhältnis führt. Ist dies der Fall, sind stets sowohl die Unternehmens- wie auch die arbeitsrechtliche Ebene betroffen (Überschneidungsbereich); findet kein Rechtsträger- und Arbeitgeberwechsel statt, spielt sich die relevante Änderung in der Regel entweder auf der rein gesellschaftsrechtlichen oder auf der rein arbeitsrechtlichen (= Betriebs-)Ebene ab.

4 Dass derartige Unterteilungen nicht reine Gedankenspielerei sind, liegt für den ständig mit Umstrukturierungsfragen befassten Praktiker auf der Hand. Es ist daher lohnenswert, vor einer Detaildarstellung der mit Umstrukturierungsvorhaben üblicherweise verbundenen arbeitsrechtlichen Probleme die vielfältigen Erscheinungsformen der Unternehmensumstrukturierung zunächst auf ihre arbeitsrechtliche Relevanz abzuklopfen. Dabei wird der Begriff „Umstrukturierung" bewusst weit gefasst und hierunter **jede juristisch relevante Veränderung am und im Unternehmen** subsumiert, die nicht zum laufenden Geschäftsbetrieb gehört, sondern den rechtlichen Status und/oder die tatsächlichen Organisationsstrukturen des Unternehmens sowie die Rechtsstellung seiner Gesellschafter, Organe und/oder der Arbeitnehmer und ihrer gesetzlichen Vertretungen berührt.

Die nachfolgende Übersicht über die (so verstandenen) Umstrukturierungsarten soll nicht nur als Checkliste für die (vorhandene oder zu verneinende) arbeitsrechtliche Relevanz von Umstrukturierungsvorhaben, sondern zugleich als erster Wegweiser durch die sich hieran anknüpfenden Betrachtungen in den einzelnen Kapiteln dieses Buches dienen.

I. Rein gesellschaftsrechtliche Vorgänge

1. Gesellschafterwechsel/Anteilsveräußerung/Anteilstausch

a) Grundsatz: fehlende arbeitsrechtliche Relevanz

5 Der Austausch eines oder mehrerer Gesellschafter in einer Personen- oder Kapitalgesellschaft gehört eindeutig zu denjenigen Vorgängen, die im Sinne der vorstehenden Unterteilung der rein gesellschaftsrechtlichen Ebene zuzuordnen sind. Bei wirtschaftlicher Betrachtung kann er aber die Interessen der Arbeitnehmer mindestens in demselben Maße berühren wie direkt auf die Arbeitsplätze abzielende Veränderungen.

Beispiel B 1:

A ist in dritter Generation Alleingesellschafter der C-GmbH, eines traditionsreichen, im Zentrum einer aufstrebenden Stadt gelegenen Familienunternehmens mit 150 Beschäftigten. Er beabsichtigt den Verkauf sämtlicher Anteile an einen „stadtbekannten" Spekulanten (B), dem offensichtlich in erster Linie an dem äußerst wertvollen Betriebsgrundstück gelegen ist. Der Betriebsrat verlangt die Aufnahme einer „Fortführungsklausel" in den Anteilsveräußerungsvertrag sowie die Aufstellung eines Sozialplans für den Fall, dass es innerhalb von fünf Jahren nach dem Verkauf zu einer Verlegung oder gar Stilllegung des Betriebes kommen sollte.

6 Die Übertragung sämtlicher Anteile von A auf B *(Share Deal)* lässt die rechtliche Identität des Unternehmensträgers (C-GmbH) wie auch des Unternehmens selbst unberührt. Der Arbeitgeber bleibt mithin rechtlich derselbe (*kein* Fall von § 613a BGB!),[4] mag die

[4] So ausdrücklich BAG 14.8.2007 – 8 AZR 803/06, NZA 2007, 1428 Rn. 16; 23.3.2017 – 8 AZR 91/15,

Veränderung auf Gesellschafterebene für die Arbeitnehmer aus wirtschaftlicher Sicht auch noch so dramatisch erscheinen.[5] Die Gestaltung des **Anteilskaufvertrages** geht, da auf rein gesellschaftsrechtlicher Ebene liegend, den Betriebsrat nichts an; sie ist dem Zugriff des Betriebsverfassungsgesetzes entzogen.[6] Dementsprechend bestehen (etwaige) Informations-, Beratungs- und Mitbestimmungsrechte des Betriebsrats auch nicht gegenüber den Gesellschaftern, sondern (allenfalls) gegenüber dem zur Außenvertretung befugten Gesellschaftsorgan, dh bei der Aktiengesellschaft gegenüber dem Vorstand (§ 78 AktG), bei der GmbH gegenüber der Geschäftsführung (§ 35 Abs. 1 GmbHG), bei der offenen Handelsgesellschaft gegenüber dem bzw. den vertretungsberechtigten Gesellschafter(n) (§§ 114, 125 HGB), bei der (GmbH & Co.) Kommanditgesellschaft gegenüber dem oder den Komplementär(en) (§§ 164, 170 HGB).[7] Gegenstand der an die vorgenannten Adressaten gerichteten Beteiligungsrechte des Betriebsrats sind indes – auch hier wirkt sich die **Trennung zwischen gesellschaftsrechtlicher und arbeitsrechtlicher Ebene** aus – grundsätzlich nicht etwa die Veränderungen in den Beteiligungsverhältnissen als solche, sondern (nur) diejenigen **konkreten betrieblichen (organisatorischen) Veränderungen,** die das für die Geschäftsführung zuständige Organ *infolge* des Gesellschafterwechsels durchzuführen gedenkt. Erweiterte Informations- und Mitwirkungsrechte zugunsten der Arbeitnehmer und ihrer Vertretungen gibt es nur für den Sonderbereich der öffentlichen Kaufangebote an Aktionäre börsennotierter Gesellschafter nach dem WpÜG (→ Rn. 10 ff.).[8]

Im Ausgangsfall **B 1** wird die Geschäftsführung der C GmbH jedoch mit Recht darauf 7
verweisen, dass sie auf den Gesellschafterwechsel keinen Einfluss habe[9] und es daher zumindest so lange, wie dieser noch nicht vollzogen sei, seitens der Geschäftsführung auch keine *Planung* für weiter gehende betriebliche Veränderungen gebe. Die Forderung des Betriebsrats nach Aufstellung eines Sozialplans ist daher nicht nur verfrüht, sondern ihr fehlt mangels Planung einer Betriebsänderung im Sinne der §§ 111 ff. BetrVG[10] auch jeder arbeitsrechtliche Anknüpfungspunkt.

Das zu **Beispiel B 1** Ausgeführte würde sinngemäß gelten, wenn sich der Gesellschafterwechsel bei einer Personengesellschaft im Wege der **An- bzw. Abwachsung** (§§ 736, 738 BGB, dazu auch → F Rn. 101) vollzöge, die den unmittelbaren Übergang des Gesellschaftsanteils im Wege der Gesamtrechtsnachfolge ohne die Notwendigkeit von Einzelübertragungen zur Folge hat. An der Identität der Gesellschaft und des von ihr geführten Unternehmens ändert sich somit auch hier nichts; erst recht bleibt die betriebliche Organisationsstruktur unberührt. Scheidet allerdings der vorletzte Gesellschafter aus, geht das Gesellschaftsvermögen im Wege der Anwachsung auf den einzigen verbliebenen Gesellschafter als neuen Unternehmensträger über.[11] Hiermit ist ein Arbeitgeberwechsel iSv § 613a BGB verbunden (→ G Rn. 235).

Arbeitsrechtliche Relevanz kann ein (reiner) Gesellschafterwechsel allerdings **indirekt** 7a
erlangen, wenn Arbeitsverträge (insbesondere von Vorstandsmitgliedern/Geschäftsführern oder anderen Führungskräften) eine sog. ***Change of Control*-Klausel** (dazu auch → H Rn. 161) enthalten. Diese sieht typischerweise ein Sonderkündigungsrecht des Organmitglieds bzw. des Arbeitnehmers und die Zahlung einer Abfindung bei (näher defi-

NZA 2017, 981; 27.4.2017 – 8 AZR 859/15, AP Nr. 469 zu § 613a BGB. Zu den Einzelheiten einer Betriebsübernahme nach § 613a BGB → G Rn. 31 ff.

[5] Vgl. dazu auch BAG 12.7.1990 – 2 AZR 39/90, NZA 1991, 63, wonach es auch nicht auf den mit der Person des ausscheidenden Gesellschafters verbundenen „Ruf der Firma" ankommt.

[6] Vgl. *Hess*/Worzalla/Glock/Nicolai/Rose/Huke BetrVG § 106 Rn. 73.

[7] S. dazu auch *Fitting* BetrVG § 1 Rn. 328 iVm *Fitting* BetrVG § 5 Rn. 327 ff.

[8] Hierzu ausf. *Seibt* FS Willemsen, 2018, 509.

[9] Dies gilt selbst dann, wenn A alleiniger Geschäftsführer der C-GmbH wäre, da er den Verkauf der GmbH-Anteile nicht in seiner Funktion als Geschäftsführer, sondern als Gesellschafter vornimmt.

[10] S. zu den einzelnen Arten von Betriebsänderungen ausführlich → C Rn. 27 ff.

[11] Vgl. Palandt/*Sprau* BGB § 738 Rn. 1a; *K. Schmidt* Gesellschaftsrecht, 4. Aufl. 2002, S. 336, 1319; *Seibt* FS Röhricht, 2005, 603 (604); zur Anwendung des § 613a BGB im letzten Fall vgl. LAG Köln 14.5.2001 – 2 Sa 1054/00, MDR 2001, 1175; HWK/*Willemsen* BGB § 613a Rn. 191 mwN.

nierten) wesentlichen Veränderungen des Gesellschafterkreises vor. Bei Vorständen einer börsennotierten AG empfiehlt der DCGK, die Abfindung zu begrenzen. Nicht selten werden derartige Vertragsklauseln auch noch unmittelbar vor einem sich abzeichnenden Gesellschafterwechsel *(Share Deal)* vereinbart. Wegen ihrer uU weit reichenden unternehmenspolitischen und finanziellen Konsequenzen sollte derartigen *Change of Control*-Klauseln bei der *Due Diligence* (dazu näher → K Rn. 22ff.) besondere Aufmerksamkeit gewidmet werden.

Unmittelbare arbeitsrechtliche Relevanz erlangt der Gesellschafterwechsel *(Share Deal)* dagegen, wenn er zur Begründung oder zur Beendigung von **Konzernverhältnissen** führt, sowie unter Umständen auch dann, wenn er mit einer Änderung der **Rechtsform** des Unternehmensträgers einhergeht. Im ersten Fall können sich Veränderungen sowohl im Bereich des Betriebsverfassungs- wie auch des Rechts der Unternehmensmitbestimmung ergeben (dazu → Rn. 31ff. und → F Rn. 37ff.); im zweiten Fall kommen uU gravierende Veränderungen bei der **Unternehmensmitbestimmung** in Betracht (→ Rn. 18ff. und → F Rn. 69ff.).

b) Inhaltlich begrenzte Informationspflicht gegenüber dem Wirtschaftsausschuss

8 Bereits der Gesetzgeber des Betriebsverfassungsgesetzes 1972 hat erkannt, dass es wesentliche Vorgänge ober- bzw. außerhalb der arbeitsrechtlichen Ebene geben kann, die angesichts ihrer *wirtschaftlichen* Tragweite trotz fehlenden (direkten) Bezuges zur betrieblichen Ebene die Interessen der Arbeitnehmer zumindest langfristig gesehen erheblich berühren können. Dazu gehört, wie das obige **Beispiel B 1** zeigt, auch der Gesellschafterwechsel, weil die **Sicherheit der Arbeitsplätze** entscheidend von der Bonität, Reputation und Seriosität, Integration in politisch-wirtschaftliche Beziehungen (Investitionskontrollecht!) und nicht zuletzt den strategischen Zielen des neuen Gesellschafters abhängen kann (Extremfall: Aufkauf sämtlicher Anteile eines Konkurrenzunternehmens, um es schnellstmöglich zu liquidieren). Damit die Arbeitnehmer und ihre Vertretungen sich auf solche sich abzeichnenden Veränderungen auf Unternehmensebene frühzeitig einstellen können, schreibt das Betriebsverfassungsgesetz in § 106 für alle Unternehmen mit in der Regel mehr als 100 Beschäftigten[12] die Bildung eines **Wirtschaftsausschusses** vor, der die Aufgabe hat, „wirtschaftliche Angelegenheiten" mit dem Unternehmer[13] zu beraten und den Betriebsrat zu unterrichten.

Bereits eine erste Durchsicht des Katalogs der relevanten Gegenstände (§ 106 Abs. 3 Nr. 1–10 BetrVG) zeigt, dass hier der Grundsatz, wonach betriebsverfassungsrechtliche Beteiligungsrechte sich nur auf betriebliche, nicht auf allgemeine unternehmerische Vorgänge und Veränderungen beziehen, teilweise durchbrochen wird, etwa indem auch die „wirtschaftliche und finanzielle Lage des Unternehmens" (§ 106 Abs. 3 Nr. 1 BetrVG) oder die Absatzlage (§ 106 Abs. 3 Nr. 2 BetrVG), also seine Stellung am Markt, in den Kreis der mit dem Wirtschaftsausschuss zu beratenden Gegenstände einbezogen werden. Für die Praxis besonders wichtig ist der allgemeine **Auffangtatbestand** des § 106 Abs. 3 Nr. 10 BetrVG, der im Sinne einer Generalklausel alle „sonstige(n) Vorgänge und Vorhaben" aufführt, „welche die Interessen der Arbeitnehmer des Unternehmens wesentlich berühren können".

9 Nach herrschender Meinung ist diese Formulierung weit genug gefasst, um auch für die Arbeitnehmer wesentliche Vorgänge auf (rein) gesellschaftsrechtlicher Ebene wie die Veräußerung von Geschäftsanteilen einer GmbH umfassen zu können (s. dazu

[12] Bei Unternehmen mit weniger als 101 Beschäftigten findet § 106 BetrVG keine Anwendung, und der Betriebsrat kann auch nicht selbst die Rechte eines Wirtschaftsausschusses beanspruchen (str., vgl. GK/*Oetker* § 106 Rn. 45 mwN zum Streitstand), → C Rn. 481.

[13] Bezeichnenderweise benutzt das BetrVG im Zusammenhang mit den „wirtschaftlichen Angelegenheiten" nicht den Terminus „Arbeitgeber", sondern „Unternehmer", weil es hier eben auch um solche Vorgänge geht, die sich nicht auf der arbeitstechnischen, sondern der unternehmerischen und gesellschaftsrechtlichen Ebene abspielen.

→ C Rn. 491).[14] Der 1. Senat des BAG geht sogar noch einen Schritt weiter und bezieht in die Unterrichtungspflicht gegenüber dem Wirtschaftsausschuss auch die Mitteilung ein, „ob im Zusammenhang mit der Abtretung der Geschäftsanteile Absprachen über die künftige Geschäftsführung und Geschäftspolitik erfolgt sind".[15] Gleichzeitig macht er aber auch deutlich, wo die Grenzen für eine ohnehin nur ausnahmsweise vorgesehene Beteiligung der betriebsverfassungsrechtlichen Organe hinsichtlich solcher gesellschaftsrechtlichen Vorgänge liegen:

„Der notarielle Vertrag über die Veräußerung der Gesellschaftsanteile betrifft das Verhältnis zwischen dem bisherigen und dem neuen Gesellschafter. Es handelt sich hierbei nicht um eine Unterlage des Unternehmens, die nach § 106 Abs. 2 BetrVG dem Wirtschaftsausschuss vorzulegen ist."[16]

Anknüpfungspunkt und Gegenstand der Beteiligung des Wirtschaftsausschusses ist also, 10
genau betrachtet, nicht der gesellschaftsinterne Vorgang der Anteilsveräußerung als solcher (wäre dies die „wirtschaftliche Angelegenheit" im Sinne von § 106 Abs. 1 BetrVG, müsste konsequenterweise gemäß § 106 Abs. 2 BetrVG auch der entsprechende notarielle Vertrag vorgelegt werden), sondern die dadurch bedingte **Veränderung in der Zusammensetzung des Gesellschafterkreises,** die ihrerseits mittel- oder sogar kurzfristig Einfluss auf die Unternehmenspolitik und -strategie haben kann.

Seit dem Inkrafttreten des Risikobegrenzungsgesetzes vom 12. 8. 2008 (BGBl. I S. 1666) bedarf es allerdings des Rekurses auf den Auffangtatbestand des § 106 Abs. 3 Nr. 10 BetrVG nicht mehr, wenn der Anteilskauf sich als **Übernahme des Unternehmens** darstellt. Im Zuge dieses Gesetzes wurde nämlich eine Nr. 9a in den Katalog der wirtschaftlichen Angelegenheiten in § 106 Abs. 3 BetrVG eingefügt. Danach ist der Wirtschaftsausschuss – und bei seinem Fehlen gemäß § 109a BetrVG nF der Betriebsrat – zu beteiligen bei der „Übernahme des Unternehmens, wenn hiermit der **Erwerb der Kontrolle** verbunden ist". Die Regelung lehnt sich an die übernahmerechtlichen Vorschriften des WpÜG (dazu sogleich unten) an und soll sicherstellen, dass die Belegschaften nicht börsennotierter Unternehmen in gleicher Weise über eine Unternehmensübernahme wie die Arbeitnehmer börsennotierter Unternehmen unterrichtet werden.[17] Dementsprechend sieht nunmehr § 106 Abs. 2 S. 2 BetrVG vor, dass zu den erforderlichen, dem Wirtschaftsausschuss vorzulegenden Unterlagen in dem Falle des Absatzes 3 Nr. 9a „insbesondere die **Angabe über den potentiellen Erwerber** und dessen **Absichten** im Hinblick auf die künftige Geschäftstätigkeit des Unternehmens sowie die sich daraus ergebenden **Auswirkungen auf die Arbeitnehmer**" gehören. Wegen aller weiteren Einzelheiten wird auf die Darstellung in → C Rn. 485 ff. verwiesen. Wichtig ist, dass § 106 Abs. 3 Nr. 9a für alle Unternehmen unabhängig davon gilt, in welcher Rechtsform sie geführt werden und unabhängig davon, ob es sich um ein börsennotiertes Unternehmen handelt oder nicht. In Bezug auf letztere ist allerdings das bereits mehrere Jahre vor der Einfügung von § 106 Abs. 3 Nr. 9a BetrVG erlassene WpÜG zusätzlich zu beachten, welches dem zuständigen Betriebsrat (nicht dem Wirtschaftsausschuss) und ggf. den Arbeitnehmervertretern im Aufsichtsrat besondere Beteiligungsrechte vor allem im Falle des (beabsichtigten) Kontrollerwerbs einräumt.

---

[14] Vgl. BAG 22. 1. 1991 – 1 ABR 38/89, NZA 1991, 649; LAG Düsseldorf 29. 3. 1989 – 4 TaBV 182/88, DB 1989, 1088. *Fitting* BetrVG § 106 Rn. 131; GK/*Oetker* BetrVG § 106 Rn. 104; DKW/*Däubler* BetrVG § 106 Rn. 90; HWK/*Willemsen/Lembke* BetrVG § 106 Rn. 83.

[15] BAG NZA 1991, 649, 1. Leitsatz.

[16] BAG NZA 1991, 649, 2. Leitsatz.

[17] Vgl. *Fitting* BetrVG § 106 Rn. 82, unter Hinweis auf die Gesetzesbegründung; zum Ganzen *Schröder/Falter* NZA 2008, 1097; *Nagel/Hopfe* ZIP 2010, 817; HWK/*Willemsen/Lembke* BetrVG § 106 Rn. 81a ff.

c) Informations- und Mitwirkungsrechte bei öffentlichen Angeboten nach dem WpÜG[18]

11 Einen wesentlichen Vorgang ober- bzw. außerhalb der arbeitsrechtlichen Ebene mit erheblicher Relevanz für die Interessen der Arbeitnehmer hat der Gesetzgeber zum 1.1.2000 mit dem Wertpapiererwerbs- und Übernahmegesetz (WpÜG)[19] für öffentliche Angebote zum Erwerb von Aktien an börsennotierten Unternehmen bzw. für den Kontrollerwerb über börsennotierte Unternehmen geregelt. Ausweislich der Begründung zum Regierungsentwurf und des Berichts des federführenden BT-Finanzausschusses sollen durch das WpÜG ua „rasche, umfassende Informationen und Transparenz für die Anteilseigner der Zielgesellschaft und deren **Arbeitnehmer,** auch durch Abgabe einer begründeten Stellungnahme des Vorstandes zu dem Angebot, in die auch die Position der Arbeitnehmer aufzunehmen ist“[20], gewährleistet werden (Transparenz- und Informationsgrundsatz). Dessen doppelter Adressatenkreis ist Ausdruck des **Stakeholder-Gedankens,** demzufolge bei Aktienerwerben und Unternehmensübernahmen nicht nur die Interessen der Aktionäre geschützt werden müssen, sondern auch diejenigen anderer *Stakeholder,* wie insbesondere der Arbeitnehmer der Zielgesellschaft. Dies hielt der Gesetzgeber insbesondere deshalb für notwendig, weil Unternehmensübernahmen für die **Arbeitnehmer der Zielgesellschaft** wegen der einer Übernahme häufig nachfolgenden Umstrukturierung weit reichende Folgen haben können. Vor diesem Hintergrund hat der Gesetzgeber zum Schutz der Arbeitnehmer und der betriebsverfassungsrechtlichen Organe eine Reihe von arbeitsrechtlichen Begleitvorschriften erlassen, die seinerzeit zum Teil rechtliches Neuland darstellten.[21] Der Gesetzgeber hat zum Schutz der Arbeitnehmerinteressen fünf Regelungstopoi verwendet, um den Schutz der Arbeitnehmer der Zielgesellschaft und ihrer Vertretungen abzusichern, nämlich durch

i) die Pflicht des Bieters, in seiner Angebotsunterlage auch Angaben über seine Absichten im Hinblick auf „den Sitz und den Standort wesentlicher Unternehmensteile (…), die Arbeitnehmer und deren Vertretungen (…) und wesentliche Änderungen der Beschäftigungsbedingungen einschließlich der insoweit vorgesehenen Maßnahmen“ zu machen (§ 11 II 3 Nr. 2 WpÜG);
ii) Informationspflichten des Vorstandes gegenüber den Arbeitnehmern bzw. dem zuständigen Betriebsrat betreffend die Mitteilung des Bieters, die Entscheidung über die Abgabe eines öffentlichen Erwerbsangebots getroffen zu haben (§ 10 V 2 WpÜG), betreffend die von der BaFin gebilligte und hiernach veröffentliche Angebotsunterlage (§ 14 IV 2 WpÜG);
iii) ein Stellungnahme*recht* der Arbeitnehmer bzw. des zuständigen Betriebsrates zur Angebotsunterlage des Bieters (neben der Stellungnahme*pflicht* des – in der Regel mit Arbeitnehmervertretern besetzten – Aufsichtsrats) (§ 27 II WpÜG);
iv) die Zuordnung gewisser, auf das Erwerbsangebot bezogener Geschäftsleitungsmaßnahmen zum – in der Regel mit Arbeitsnehmervertretern besetzten – Aufsichtsrat (§ 33 I 2 Var. 3 WpÜG); sowie
v) die zwingende Besetzung des 15-köpfigen Beirates bei der BaFin mit zwei Vertretern der Arbeitnehmer, um auch bei der behördlichen Überwachungstätigkeit die Arbeitnehmerbelange institutionell abzusichern (§ 5 I 2 Nr. 4, III WpÜG).

Der **Vorstand des Zielunternehmens** ist verpflichtet, den zuständigen Betriebsrat oder, sofern ein solcher nicht besteht, unmittelbar die Arbeitnehmer zu informieren über

[18] Dazu ausführlich *Seibt* FS Willemsen, 2018, 509.

[19] Gesetz zur Regelung von öffentlichen Angeboten zum Erwerb von Wertpapieren und von Unternehmensübernahmen vom 20.12.2001, Art. 1, BGBl. 2001 I 3822, zuletzt geändert durch Gesetz vom 30.7. 2009, BGBl. I 2479.

[20] Beschlussfassung und Bericht des Finanzausschusses, BT-Drs. 14/7477, 54; vgl. auch Begründung RegE-WpÜG, Vorblatt Ziff. II sowie A. Allgemeiner Teil, Zi II 2, BT-Drs. 14/7034, 1, 29.

[21] Hierzu ausführlich *Seibt* DB 2002, 529; *Grobys* NZA 2002, 1.

- die **Entscheidung** des Bieters zur Abgabe eines Angebots auf Erwerb von Wertpapieren (§ 10 Abs. 5 S. 2 WpÜG),
- die **Angebotsunterlage** des Bieters, in der bestimmte Angaben über die Auswirkungen des Angebots auf die Arbeitnehmer und ihre Vertretungen sowie die Beschäftigungsbedingungen enthalten sein müssen (§ 14 Abs. 4 S. 2, § 35 Abs. 2 S. 2 iVm § 11 Abs. 2 S. 3 Nr. 2 WpÜG) und
- die **Stellungnahme** des **Vorstands und des Aufsichtsrats** des Zielunternehmens zum Angebot des Bieters, einschließlich der Angaben zu den arbeitnehmerrelevanten Auswirkungen des Aktienerwerbs (§ 27 Abs. 3 S. 2 WpÜG). Auf Grund einer Gesetzesänderung vom 5.1.2007 (BGBl. I S. 10) besteht hinsichtlich der beiden ersten Punkte nunmehr auch eine entsprechende Verpflichtung des **Bieters** gegenüber dessen Arbeitnehmern bzw. Arbeitnehmervertretern (§ 10 Abs. 5 S. 3, § 14 Abs. 4 S. 3 WpÜG).

Darüber hinaus sind Vorstand und Aufsichtsrat des Zielunternehmens verpflichtet, eine etwaige Stellungnahme des zuständigen **Betriebsrats** bzw. der Arbeitnehmer der eigenen Stellungnahme beizufügen und diese zu veröffentlichen (§ 27 Abs. 2 WpÜG), womit inzident jenen das Recht eingeräumt wird, eine eigene Stellungnahme zu dem Angebot des Bieters zu entwickeln und veröffentlichen zu lassen.[22] Der WpÜG-Gesetzgeber ist im Hinblick auf die arbeitnehmerschützenden Informationspflichten über den durch das Umwandlungsgesetz verankerten Standard (dazu → C Rn. 436 ff.) in mehrfacher Hinsicht hinausgegangen (insbesondere erweiterter inhaltlicher Umfang der Informationspflichten sowie die Pflichtigkeit unmittelbar gegenüber Arbeitnehmern bei Fehlen eines Betriebsrats), obwohl der vom WpÜG erfasste Sachverhalt, nämlich der Erwerb von Wertpapieren einer AG oder KGaA (also ein Gesellschafterwechsel), von der arbeitsrechtlichen Intensität hinter den im Umwandlungsrecht geregelten Umwandlungsformen zurückbleibt.[23] Das Auseinanderfallen der arbeitnehmerschützenden Regelung im Übernahmerecht einerseits und im Umwandlungsrecht andererseits ist auch misslich, weil beide Rechtsmaterien bei einem einheitlichen Vorgang (Wertpapiererwerb durch Verschmelzung oder Spaltung) durchaus parallel Anwendung finden und es dann zeitliche und verfahrenstechnische Abstimmungsprobleme gibt.[24] Im übrigen ist wegen der Beteiligungsrechte des Betriebsrats nach dem WpÜG auf die Darstellung in → C Rn. 475 zu verweisen.

Auf Grund einer späteren Gesetzesnovelle ist auch der Vorstand des **Bieters** verpflichtet, die Angebotsunterlage ebenso *seinem* zuständigen Betriebsrat bzw. bei dessen Fehlen unmittelbar *seinen* Arbeitnehmern unverzüglich nach ihrer Veröffentlichung zu übermitteln (§ 14 Abs. 4 S. 3 WpÜG). Die Angebotsunterlage selbst muss aber auch die Absichten des Bieters im Hinblick auf seine eigene Geschäftstätigkeit sowie deren arbeitnehmerbezogenen Auswirkungen darstellen (§ 11 Abs. 2 S. 3 Nr. 2 WpÜG). 11a

Werden im Gefolge des Aktienerwerbs bzw. der Unternehmensübernahme auch **Änderungen auf Betriebsebene** bei der Zielgesellschaft vorgenommen, gilt in gleicher Weise wie beim Zusammentreffen der umwandlungsrechtlichen Informationspflichten mit Beteiligungsrechten des Betriebsrats nach §§ 111 ff. BetrVG die Trennungstheorie (→ Rn. 6 sowie → C Rn. 469): Die allgemeinen arbeitsrechtlichen Bestimmungen und Grundsätze finden keine Anwendung auf den unternehmensrechtlichen Vorgang; das WpÜG enthält insoweit also abschließende arbeitsrechtliche Begleitvorschriften. Die WpÜG-Vorschriften verdrängen allerdings auch nicht die allgemeinen arbeitsrechtlichen Regeln und Grundsätze bei den der Unternehmensübernahme etwa nachfolgenden Umstrukturierungsmaßnahmen.[25] Zu den Handlungsmöglichkeiten der **Betriebsräte** in diesem Zusammenhang → Rn. 148a ff. 11b

[22] Zur seltenen Praxis HWK/*Seibt* WpÜG Rn. 20.
[23] Hierzu ausführlich *Seibt* DB 2002, 529 (531).
[24] Hierzu *Seibt/Heiser* ZHR 2001, 466.
[25] So auch *Seibt* DB 2002, 529.

d) Ergebnis

12 Zusammengefasst ist somit festzuhalten: Die rein gesellschaftsrechtliche Ebene, dh die Gestaltung der Rechtsbeziehungen der Gesellschafter untereinander, ist dem Zugriff arbeitsrechtlicher Beteiligungsrechte grundsätzlich (mit den genannten Ausnahmen) entzogen. Individualarbeitsrechtlich ist sie grundsätzlich schon deshalb irrelevant, weil Veränderungen auf Gesellschafterebene die Identität des Unternehmens als Arbeitgeber unberührt lassen, vertragsrechtlich gesehen mithin überhaupt keine Veränderung eintritt. Will ein Arbeitnehmer – was insbesondere bei **Führungskräften** praktisch relevant werden kann – sich vor den uU weit reichenden wirtschaftlichen Folgen eines Gesellschafterwechsels schützen, muss er sich für diesen Fall im Anstellungsvertrag entsprechende Kündigungsrechte und Abfindungsansprüche vorbehalten.[26]

Nur der Vollständigkeit halber ist anzumerken, dass ein sich abzeichnender oder bereits erfolgter Gesellschafterwechsel – selbstverständlich – auch den **mitbestimmten Aufsichtsrat** einer Kapitalgesellschaft beschäftigen kann. Die dortige Mitbestimmung von Arbeitnehmervertretern ist jedoch nicht arbeitsrechtlicher, sondern gesellschaftsrechtlicher Natur, da sich die Mitwirkungsrechte durch die Zugehörigkeit zu den gesellschaftsrechtlichen Aufsichtsorganen vermitteln.[27] Hiervon zu unterscheiden sind mögliche Auswirkungen des Gesellschafterwechsels auf das **Mitbestimmungsstatut** selbst, welche in → F Rn. 20ff. dargestellt werden.

2. Neubesetzung von Unternehmensorganen/Abschluss eines Betriebsführungsvertrags

13 Zu den rein gesellschaftsinternen Vorgängen gehören auch die Bestellung und Abberufung von Organvertretern der Kapitalgesellschaften (SE, AG, GmbH, KGaA) nach den einschlägigen gesetzlichen Bestimmungen (§ 84 AktG, § 46 Nr. 5 GmbHG). Auch hier gilt, dass eine etwaige Mitwirkung von Arbeitnehmervertretern im mitbestimmten Aufsichtsrat (vgl. § 31 MitbestG, § 4 DrittelbG, jeweils in Verbindung mit § 84 AktG) *gesellschaftsrechtlicher* Natur ist. Aus der Perspektive des Arbeitsrechts ist der personelle Austausch innerhalb von Unternehmensorganen in aller Regel ein **neutraler Vorgang,** da die entsprechenden Bestimmungen stets an das Organ als solches und nicht an den jeweiligen Amtsinhaber anknüpfen. Daher ändert sich an der „Organisation des Betriebs“ im Sinne von § 111 S. 2 Nr. 4 BetrVG beispielsweise selbst dann nichts, wenn im Zuge eines umfassenden Revirements nahezu die gesamte Geschäftsführung personell ausgetauscht wird; andererseits kann es sehr wohl eine Änderung der Betriebsorganisation in dem vorstehenden Sinne darstellen, wenn einzelne Abteilungen ohne Wechsel der hierfür jeweils zuständigen Geschäftsführer grundlegend umstrukturiert werden. Allerdings kann der Wechsel des Komplementärs zu **Änderungen beim unternehmensmitbestimmungsrechtlichen Status** führen, zB bei der Ersetzung einer natürlichen Person als alleinigem Komplementär einer KG durch eine Kapitalgesellschaft oder durch Einsatz ausländischer Kapitalgesellschaften.[28]

14 Auch **individualarbeitsrechtlich** gesehen ist ein Wechsel in der Besetzung der Geschäftsführung bzw. des Vorstands – von den unmittelbar Betroffenen abgesehen – in aller Regel ohne Belang. Einen Rechtsanspruch nachgeordneter Mitarbeiter auf Beibehaltung

---

[26] Dazu → Rn. 7a; in der AG-Praxis haben Gesellschafter versucht, dies als Abwehrmechanismus gegen unfreundliche Übernahmen zu instrumentalisieren (sog. *„golden parachutes“*). Sie sind aktienrechtlich an §§ 84, 87, 113 AktG (Angemessenheit) und ggf. am verbandsrechtlichen Neutralitätsgebot (§ 76 Abs. 1 AktG) bzw. übernahmerechtlichen Vereitelungsverbot (§ 33 WpÜG) zu überprüfen. Vgl. ferner *Michalski* AG 1997, 152 (160). Allgemein zu sog *Change-of-Control*-Klauseln s. Deutscher Corporate Governance Kodex idF v. 16.12.2019, Buchstabe G.14..

[27] Vgl. *K. Schmidt,* Gesellschaftsrecht, 4. Aufl. 2002, S. 835; *Raiser*/Veil/Jacobs, Mitbestimmungsgesetz, Einl. Rn. 62ff.; BVerfG 1.3.1979 – 1 BvR 532/77, BVerfGE 50, 290.

[28] Hierzu ausführlich → F Rn. 21ff., 61.

des bisherigen Führungspersonals gibt es selbstverständlich nicht. Eine Vertragsklausel, mit der sich eine Kapitalgesellschaft gegenüber ihren Arbeitnehmern verpflichten würde, gegen deren Willen keinen personellen Austausch innerhalb des Vertretungsorgans vorzunehmen, wäre im Zweifel nichtig.[29]

Personelle Veränderungen innerhalb des gesetzlichen Vertretungsorgans können allerdings in bestimmten Fällen **Reflexwirkungen** auf der individualarbeitsrechtlichen Ebene erzeugen, etwa wenn ein leitender Angestellter fristlos mit der Begründung kündigt, ihm sei die Zusammenarbeit mit der neuen Geschäftsführung wegen eines tief greifenden persönlichen Zerwürfnisses unzumutbar, oder die bisherige Vorstandssekretärin geltend macht, sie sei aufgrund ihres Arbeitsvertrages nur zur Unterstützung eines bestimmten, namentlich festgelegten Vorstandsmitglieds verpflichtet. 15

Für den **Betriebsrat** ergeben sich bei personellem Austausch von Unternehmensorganen keine entsprechenden „Angriffspunkte". Er ist auch nicht etwa berechtigt, die Zusammenarbeit mit einem bestimmten, ihm nicht genehmen Geschäftsführer oder Vorstandsmitglied abzulehnen, weil dies ein eklatanter Verstoß gegen das Verbot der vertrauensvollen Zusammenarbeit nach § 2 Abs. 1 BetrVG[30] wäre, womit der Betriebsrat seinerseits ein Absetzungsverfahren nach § 23 Abs. 1 und 2 BetrVG riskieren würde. Ebenso abwegig wäre es, aus diesem Gebot eine Verpflichtung der Anteilseignerseite abzuleiten, Neubesetzungen von Vertretungsorganen zuvor mit dem Betriebsrat abzustimmen. 16

Aus dem Betriebsverfassungsrecht (§§ 2 Abs. 1, 106 Abs. 3 Nr. 10) lässt sich lediglich eine Verpflichtung auf Unternehmensseite entnehmen, den **Betriebsrat/Wirtschaftsausschuss** über einen unmittelbar bevorstehenden oder bereits erfolgten personellen Wechsel in der Geschäftsführung zu **unterrichten,** was in der Praxis ohnehin eine Selbstverständlichkeit sein dürfte. 17

Der Vollständigkeit halber ist anzumerken, dass das Recht des Betriebsrats, nach § 104 BetrVG die „Entfernung betriebsstörender Arbeitnehmer" zu verlangen, sich *nicht* auf Organvertreter bezieht, weil diese nach § 5 Abs. 2 Nr. 1 BetrVG nicht Arbeitnehmer im Sinne des Gesetzes sind. Der Betriebsrat ist daher darauf verwiesen, bei Übergriffen einzelner Organvertreter oder des Geschäftsführungsorgans als solchem ggf. das „Zwangsverfahren" nach § 23 Abs. 3 BetrVG vor dem zuständigen Arbeitsgericht einzuleiten.[31]

Zu einer Neubesetzung von Führungsfunktionen jedenfalls im funktionalen Sinne kann es schließlich durch den Abschluss eines **Betriebsführungsvertrags** kommen. Insoweit ist die Unterscheidung zwischen „echter" und „unechter" Betriebsführungsvereinbarung relevant (dazu auch → G Rn. 77 ff.). Bei ersterer bleibt die Eigentümergesellschaft Vertragsarbeitgeberin ihrer Arbeitnehmer, so dass es sich um einen Vorgang allein auf der gesellschaftsrechtlichen Ebene handelt, so lange nicht infolge des Betriebsführungsvertrags konkrete betriebliche Strukturen verändert werden. Dagegen führt die sog. unechte Betriebsführung – ähnlich wie die **Betriebsverpachtung** – zu einem **Arbeitgeberwechsel** iSv § 613a BGB, da der Betriebsführer bei dieser Variante die betriebliche Leitungsmacht im eigenen Namen ausübt und somit **Betriebsinhaber** wird.[32] Für beide Formen von Betriebsführungsverträgen gilt, dass der Wirtschaftsausschuss über ihren Abschluss nach § 106 Abs. 3 Nr. 10 BetrVG zu unterrichten ist; hingegen löst der Übergang des Betriebs auf den Betriebsführer nach § 613a Abs. 1 S. 1 BGB als solcher noch nicht die Mitbestimmungsrechte des Betriebsrats nach §§ 111 ff. BetrVG aus.[33] 17a

[29] Dies widerspräche dem Grundsatz der freien Abberufbarkeit, vgl. dazu etwa MHdb GesRIII/*Diekmann* § 42 Rn. 42, bzw. den zwingenden gesetzlichen Kompetenzzuweisungen an die Organe, vgl. etwa § 84 Abs. 3 AktG. Zu Business Combination Agreements vgl. *Seibt* in Kämmerer/Veil S. 105 ff.

[30] S. dazu allgemein *Fitting* BetrVG § 2 Rn. 15 ff.; GK/*Franzen* BetrVG § 2 Rn. 11; Hess/Worzalla/Glock/Nicolai/*Rose*/Huke BetrVG § 2 Rn. 43; DKW/*Berg* BetrVG § 2 Rn. 4.

[31] Wegen der Einzelheiten vgl. *Fitting* BetrVG § 23 Rn. 49; GK/*Oetker* BetrVG § 23 Rn. 143 ff.; Hess/Worzalla/Glock/Nicolai/Rose/*Huke* BetrVG § 23 Rn. 61; DKW/*Dornberger* BetrVG § 23 Rn. 109.

[32] Vgl. *Rieble* NZA 2010, 1145 (1147) sowie → G Rn. 78.

[33] → C Rn. 79 sowie *Rieble* aaO, 1148.

3. Änderungen des Gesellschaftsvertrags einschließlich Formwechsel

18 Da der Gesellschaftsvertrag das Verhältnis der Gesellschafter (Anteilseigner) untereinander betrifft, sind Änderungen grundsätzlich der rein gesellschaftsrechtlichen Ebene zuzuordnen.[34] Allerdings können sich Änderungen des Gesellschaftsvertrages auf die „Binnenstruktur" des Unternehmens auswirken, etwa wenn der Unternehmensgegenstand geändert, erweitert oder eingeschränkt wird *und* dies mit einer beträchtlichen Änderung des tatsächlichen Geschäftsgegenstandes einhergeht.

Beispiel B 2:

Die S-GmbH betreibt ein Speditionsunternehmen. Nach § 2 des Gesellschaftervertrages ist Gegenstand des Unternehmens „die Spedition und der Transport von Gütern aller Art im Nah- und Fernverkehr". Die Geschäftsführung hat mit einem Wettbewerber über den „Verkauf" der Fernverkehrslizenzen für 15 Lkws verhandelt und beabsichtigt, die Geschäftstätigkeit künftig auf diejenige einer reinen Spedition ohne eigenen Fuhrpark zu beschränken. Es ist daher eine Gesellschafterversammlung einberufen worden, in der über die künftige Beschränkung des Geschäftsgegenstands Beschluss gefasst werden soll. Der Betriebsrat erfährt hiervon und fürchtet um die Arbeitsplätze von insgesamt 25 Lkw-Fahrern. Er beantragt daher sowohl beim Arbeitsgericht wie auch vor dem Landgericht den Erlass einer einstweiligen Verfügung, mit welcher der Gesellschafterversammlung untersagt werden soll, die Änderung des Gesellschaftszwecks zu beschließen, bevor die Verhandlungen über einen Interessenausgleich/Sozialplan gemäß §§ 111 ff. BetrVG abgeschlossen sind.

19 Auch wenn Veränderungen auf gesellschaftsrechtlicher Ebene, wie das vorstehende Beispiel zeigt, durchaus auf die (arbeitsrechtliche) Betriebsebene „durchzuschlagen" vermögen, bleiben sie dennoch dem Einfluss des Arbeitsrechts, insbesondere des kollektiven Arbeitsrechts, grundsätzlich entzogen. Im vorliegenden Fall scheitert der Antrag des Betriebsrats schon daran, dass Adressat sämtlicher Mitwirkungs- und Mitbestimmungsrechte (hier: nach § 111 ff. BetrVG) innerhalb einer Kapitalgesellschaft *ausschließlich* das zur gesetzlichen (Außen-) Vertretung befugte Organ, also die Geschäftsführung bzw. der Vorstand ist.[35] Ebenso zum Scheitern verurteilt sind daher die in der Praxis gelegentlich vorkommenden Versuche von Betriebsräten, mittels Anträgen auf Erlass von einstweiligen Verfügungen gegen die mit konkreten Vorhaben befassten **Aufsichts- oder Beiräte** bereits auf gesellschaftsrechtlicher Ebene auf ihrer Ansicht nach negative Veränderungen für die Belegschaft Einfluss zu nehmen.[36]

20 Die Trennung zwischen gesellschaftsrechtlicher und arbeitsrechtlicher Ebene wirkt sich allerdings auch im *umgekehrten Sinne* aus: Die Geschäftsführung der S-GmbH kann sich im Ausgangsfall nicht hinter dem Gesellschafterbeschluss „verstecken", sondern sie muss über seine **Umsetzung auf betrieblicher Ebene** (zB Stilllegung des Betriebsteils Fuhrpark) wie bei jeder anderen, nicht durch einen Gesellschafterbeschluss initiierten Betriebsänderung verhandeln. Ihr allein obliegt auch die Verpflichtung zur rechtzeitigen Information des Betriebsrats nach § 111 S. 1 Hs. 1 BetrVG, die gemäß § 121 BetrVG mit Bußgeld bis zu EUR 10.000,– bewehrt ist. Bei Mitwirkung anderer Gesellschaftsorgane (Gesellschafterversammlung, Aufsichtsrat, Beirat) stellt sich typischerweise die Frage nach dem Zeit-

---

[34] Eine – wenn auch in ihren praktischen Auswirkungen wenig bedeutsame – Ausnahme ergibt sich aus § 3 S. 1 iVm § 2 Abs. 1 S. 2 Nr. 1 NachwG, wonach Änderungen der *Firma* den Arbeitnehmern schriftlich mitzuteilen sind.

[35] Vgl. → Rn. 6.

[36] So hat beispielsweise der Gesamtbetriebsrat der Deutschen Seereederei Rostock (DSR) im Jahre 1993 versucht, den bevorstehenden Verkauf der Flotte an einen inländischen Investor durch eine einstweilige Verfügung zu stoppen, die sich gegen den Aufsichtsrat der DSR und die Treuhandanstalt richten sollte. Nachdem das Arbeitsgericht dem Antrag zunächst ohne mündliche Verhandlung stattgegeben hatte, wurde die einstweilige Verfügung im Widerspruchsverfahren aufgehoben (ArbG Rostock 3 BV Ga 1/93); das LAG Mecklenburg-Vorpommern hat diese Entscheidung bestätigt (5 Ta 101/93).

punkt der *rechtzeitigen* Information des Betriebsrats durch das zuständige Vertretungsorgan auf Arbeitgeberseite (vor oder nach Beschluss der Gesellschafterversammlung bzw. des Aufsichts- oder Beirats; dazu → C Rn. 141 ff.).

Einen gesetzlich besonders geregelten Spezialfall der Änderung des Gesellschaftsvertrages stellt der Formwechsel nach §§ 190–304 UmwG dar.[37] Diese Art der Unternehmensumwandlung, die nicht zu einem Rechtsträgerwechsel des Unternehmens führt, gehört ebenfalls zu den (rein) gesellschaftsrechtlichen Vorgängen und löst als solche (noch) keine Beteiligungsrechte des Betriebsrats aus; allerdings ist der **Wirtschaftsausschuss** nach § 106 Abs. 2 Nr. 10 BetrVG zu informieren (dazu allgemein → C Rn. 482 ff.). Des Weiteren ist beim Formwechsel die Verpflichtung zur Darstellung der **Folgen für die Arbeitnehmer und ihre Vertretungen** gemäß § 194 Abs. 1 Nr. 7 sowie zur **Zuleitung** des Entwurfs des Umwandlungsbeschlusses an den Betriebsrat gemäß § 194 Abs. 2 UmwG zu beachten (vgl. dazu im Einzelnen → C Rn. 439 ff.). Unmittelbare Folgen auch im arbeitsrechtlichen Sinne hat der Formwechsel allerdings bei einem damit verbundenen Wechsel bzw. Wegfall des gesetzlichen **Mitbestimmungsregimes** (dazu → F Rn. 69 ff.) sowie bei einem Wechsel von einer öffentlich-rechtlichen zu einer privatrechtlichen Rechtsform **(Privatisierung)** und umgekehrt, weil sich dann auch das maßgebliche Vertretungssystem auf **Betriebsebene** (Personalvertretung versus Betriebsverfassung) **ändert.**[38] Bei der Umwandlung eines Unternehmensträgers in eine **SE** kommt es ebenfalls zu einer Änderung des Vertretungssystems auf Betriebsebene insofern, als hierdurch – falls keine anderweitige Vereinbarung zustande kommt – kraft Gesetzes (§§ 22, 23 SEBG) ein **SE-Betriebsrat** zu errichten ist (dazu auch → D Rn. 258 ff.).

4. Gründung und Erwerb von Tochtergesellschaften und sonstigen Beteiligungen

a) Problemstellung

Im arbeitsrechtlichen Schrifttum bislang kaum beleuchtet ist die Frage, inwieweit von Arbeitnehmerseite – auch hier von der Mitbestimmung auf Unternehmensebene im Aufsichtsrat abgesehen – frühzeitig auf den Erwerb neuer Unternehmen durch den bisherigen Arbeitgeber Einfluss genommen werden kann. Sie stellt sich aus der Sicht von Betriebsräten und Gewerkschaften insbesondere dann, wenn durch den Hinzuerwerb die **Sicherheit der bereits vorhandenen Arbeitsplätze** akut gefährdet ist oder zumindest gefährdet erscheint. 21

Beispiel B 3:

Die Z-GmbH ist ein am Markt sehr erfolgreicher, wegen seines Produktdesigns höchst angesehener Hersteller von Büroaccessoires. Die überwiegend noch aus Handarbeit bestehende Produktion ist jedoch hoffnungslos veraltet. Die Geschäftsführung beabsichtigt den Kauf eines nur 35 km entfernten Konkurrenzunternehmens (K-GmbH) im Wege der Übernahme sämtlicher Gesellschaftsanteile. Die K-GmbH wäre ohne weiteres in der Lage, mit ihren fortschrittlichen Produktionseinrichtungen nach einer gewissen Umstellungsphase die Herstellung der Z-Produkte ohne wesentliche Erweiterung des bei der K-GmbH beschäftigten Personals zu übernehmen.

b) Grundsatz: Freiheit der unternehmerischen Investitionsentscheidung

Klar ist zunächst, dass weder der Kauf von Anteilen an einer bereits bestehenden Kapitalgesellschaft noch deren Gründung *für sich betrachtet* arbeitsrechtliche Relevanz aufweisen. Die Investition in dritte Unternehmen ist eine typische **Frage der Unternehmens- und** 22

---

[37] S. dazu etwa die Kommentierung von Kallmeyer/*Meister/Klöcker/Berger* UmwG.

[38] Dazu → Rn. 85 ff.

Geschäftspolitik, auf die die Arbeitnehmer allenfalls mittels ihrer Repräsentation im mitbestimmten Aufsichtsrat – soweit vorhanden – Einfluss zu nehmen vermögen. Bei bedeutenderen Erwerbsvorgängen ist darüber hinaus der **Wirtschaftsausschuss** gemäß § 106 Abs. 3 Nr. 10 BetrVG zu unterrichten[39], und zwar unabhängig von der jeweiligen rechtlichen Grundlage (zB auch bei Erwerb von Beteiligungen durch Verschmelzung). Beabsichtigt ein Unternehmen **(Bieter)**, ein **Angebot zum Erwerb von Wertpapieren einer börsennotierten Zielgesellschaft** nach § 10 WpÜG abzugeben, hat es seinen Wirtschaftsausschuss grundsätzlich vor der Entscheidung darüber zu unterrichten, wenn der Anteilserwerb die Interessen der Arbeitnehmer des Bieterunternehmens wesentlich beeinträchtigen kann.[40] Von einer solchen möglichen Interessenbeeinträchtigung ist auch im **Beispiel B 3** auszugehen. Auch wenn der Erwerb der Anteile an der K-GmbH sich außerhalb des WpÜG vollzieht, ist die Z-GmbH daher zu einer vorherigen Information ihres Wirtschaftsausschusses verpflichtet. Im Übrigen gilt aber, dass die Gründung und der Erwerb von (weiteren) Unternehmen – im vorliegenden Fall durch Übernahme sämtlicher Geschäftsanteile – zu den durch **Art. 12 Abs. 1 GG** geschützten Betätigungsfreiheiten gehört, in die nicht mittels arbeitsrechtlicher Regulierung eingegriffen werden darf.[41]

23 Aus **individualarbeitsrechtlicher Sicht,** dh der Perspektive des Einzelarbeitnehmers, spielt es grundsätzlich auch keine Rolle, in welcher Weise der Arbeitgeber sein (zB aus den Erträgen des Unternehmens erwirtschaftetes) Kapital verwendet, ob er hierfür also zB Immobilien, Wertpapiere oder weitere Unternehmensbeteiligungen erwirbt. Es gehört zum allgemeinen Lebensrisiko des Arbeitnehmers, dass sich sein Arbeitgeber durch Fehlinvestitionen ruinieren oder – umgekehrt – nach erfolgreicher Akquisition weiterer Unternehmen aus seinem bisherigen Betätigungsfeld zurückziehen kann. Dies gilt grundsätzlich in gleicher Weise für mittelständische Unternehmen wie für Großkonzerne; Schutz auf der Ebene des Individualvertrages ist jedenfalls nicht zu erwarten.

c) „Schnittstellenproblematik" zur (geplanten) Betriebsänderung im Sinne von §§ 111 ff. BetrVG

24 Differenzierter stellen sich die Dinge dagegen aus der Sicht des **Kollektivarbeitsrechts,** insbesondere derjenigen des **Betriebsrats,** dar. Zwar geht auch ihn die Frage, „was der Unternehmer mit seinem Geld macht", grundsätzlich nichts an. Die Trennung zwischen gesellschafts- bzw. unternehmensrechtlicher und arbeitsrechtlicher Ebene (vgl. → Rn. 2 ff.) wirkt sich auch hier aus: Solange die Gründung oder der Erwerb einer Tochtergesellschaft den Bestand und die Organisation des bereits vorhandenen Unternehmens und seiner Betriebe unberührt lässt, ist die Schwelle zur arbeitsrechtlichen Ebene nicht überschritten. Dies wird typischerweise zumindest immer dann der Fall sein, wenn es sich (etwa im Zuge einer heute wieder etwas häufiger vorkommenden Diversifikationspolitik) um einen **branchenfremden** Hinzuerwerb handelt (Beispiel: Ein Unternehmen der Automobilindustrie kauft ein Telekommunikationsunternehmen).

25 Schwieriger wird die Beurteilung, wenn – wie im **Beispiel B 3** – mit dem Hinzuerwerb offensichtlich strategische Ziele verfolgt werden, die zumindest auf mittlere Sicht direkte Auswirkungen auf Organisation, Größe und – im negativsten Falle – den **Bestand** bereits vorhandener Betriebe oder Betriebsteile erwarten lassen. So ist es im Ausgangsfall gut nachvollziehbar, wenn der Betriebsrat nicht tatenlos zusehen will, wie durch den Hinzuerwerb eines produktionstechnisch gesehen leistungsfähigeren, dazu noch örtlich benachbarten Konkurrenzunternehmens für die Arbeitnehmerseite vollendete Tatsachen geschaffen werden.

---

39 Vgl. dazu HWK/*Willemsen/Lembke* BetrVG § 106 Rn. 83. § 106 Abs. 3 Nr. 9a ist nicht einschlägig, weil er die Information des Wirtschaftsausschusses des *Zielunternehmens* betrifft.

40 HWK/*Willemsen/Lembke* aaO; zu den insiderrechtlichen Grenzen und ihrer Bewältigung in der Praxis *Seibt* FS Willemsen, 2018, 509 (522 ff.); s. dazu auch → Rn. 11 ff.

41 S. dazu *C. Müller* S. 21 ff. und *passim*.

26 Eine Chance zur Einflussnahme auf der arbeitsrechtlichen Ebene bereits in diesem frühen Stadium der Unternehmensakquisition hat der Betriebsrat jedoch nur, wenn er nachweisen (!) kann, dass die Geschäftsführung mit dem Hinzuerwerb die konkrete Planung einer bestimmten Betriebsänderung verbindet, weil dann der Betriebsrat bereits im so genannten **Planungsstadium** nach §§ 111 ff. BetrVG zu beteiligen ist.[42] Die Beteiligung hat dann nicht den Hinzuerwerb als solchen (Kauf von GmbH-Anteilen), sondern seine **konkreten Folgen auf der Betriebsebene** zum Gegenstand. Lebensnah formuliert: Fällt dem Betriebsrat der Z-GmbH im **Beispiel B 3** zufällig ein Strategiepapier der Geschäftsführung in die Hände, in dem die Stilllegung des bisherigen Betriebs als zwingende Folge des Hinzuerwerbs der K-GmbH dargestellt und hierfür bereits ein detaillierter Zeitplan entwickelt wird, kann er zwar gleichwohl den Erwerb der K-GmbH nicht verhindern; er hat aber das Recht, bereits im Vorfeld (!) der Akquisition von der Z-GmbH als Erwerberin Verhandlungen über einen Interessenausgleich und Sozialplan im Hinblick auf die damit auch nach Auffassung der Geschäftsleitung zwingend verbundenen Folgen für die Existenz des bisherigen Betriebes der Z-GmbH zu fordern.[43]

27 Der oben geschilderte Fall wird in der Praxis die **Ausnahme** bleiben. Die mit einer Unternehmensakquisition verbundenen strategischen Ziele sind – jedenfalls aus der Perspektive des Betriebsrats – in aller Regel zu **diffus,** um ihre künftigen Auswirkungen auf der Ebene des oder der bereits vorhandenen Betriebe bereits als konkret geplante Betriebsänderung einem der Tatbestände des § 111 S. 2 BetrVG zuordnen zu können. Die – grundsätzlich zur Darlegung ihrer Absichten verpflichtete[44] – Geschäftsführung wird sich wahrheitsgemäß oder jedenfalls unwiderlegbar dahingehend einlassen, dass sie nach Vollzug der Akquisition zunächst die weitere Marktentwicklung beobachten und erst nach etwa zwei bis drei Jahren über die mögliche Nutzung von Synergieeffekten nachdenken und ggf. entscheiden werde. Selbst wenn jedoch offensichtlich sein sollte, dass die Neuakquisition isoliert betrachtet völlig sinnlos wäre und zu kurzfristig zu bereinigenden Überkapazitäten führt, verbleiben in der Regel auf **betrieblicher Ebene** mehrere Möglichkeiten der Realisierung von Synergieeffekten, zB Zusammenlegung zu einem einheitlichen Betrieb mit Personalabbau anstelle der vollständigen Zerschlagung eines der Betriebe, so dass von der hinreichend **konkreten Planung** einer **bestimmten,** im Katalog des § 111 BetrVG aufgeführten Betriebsänderung, zB Stilllegung eines Betriebs (Satz 2 Nr. 1), Betriebsverlegung (Satz 2 Nr. 2) oder Zusammenschluss mit anderen Betrieben (Satz 2 Nr. 3), noch nicht die Rede sein kann.[45] Der Betriebsrat muss dann abwarten, bis sich die Planung der Geschäftsleitung – ggf. erst nach dem Hinzuerwerb – derart verdichtet hat, dass nunmehr die rein gesellschaftsrechtliche Ebene überschritten ist und eine **konkrete Betriebsänderung** innerhalb des erwerbenden Unternehmens (als wirtschaftliche Folge der Neuakquisition) bevorsteht.

28 Die Trennung zwischen gesellschaftsrechtlicher und arbeitsrechtlicher Ebene wirkt sich in dieser Konstellation dergestalt aus, dass die Z-GmbH zwar die K-GmbH ohne Beteiligung des Betriebsrats erwerben kann, die konkrete Nutzung von Synergieeffekten auf betrieblicher Ebene aber so lange zurückstellen muss, bis die Verhandlungen über einen Interessenausgleich abgeschlossen bzw. endgültig gescheitert sind.[46] Letztere müssen sich, um

[42] Zu der Notwendigkeit, den Betriebsrat bereits im „Planungsstadium" über eine bevorstehende Betriebsänderung nach § 111 BetrVG zu beteiligen, sowie zum Inhalt der Unterrichtungs-, Beratungs- und Verhandlungspflichten im Einzelnen → C Rn. 128 ff.

[43] Eine weitere, hier nicht zu vertiefende Frage ist, inwieweit der Betriebsrat bei dieser Konstellation den Vollzug des Erwerbs der Anteile an der K-GmbH – etwa durch Antrag auf Erlass einer einstweiligen Verfügung – bis zum Abschluss der Verhandlungen über einen Interessenausgleich verhindern könnte; dazu im Einzelnen → C Rn. 362 ff.

[44] → C Rn. 150.

[45] § 111 S. 1 und 2 BetrVG setzen voraus, dass der Unternehmer eine bestimmte, in dem Katalog aufgeführte Betriebsänderung plant; es reicht nicht, wenn mehr oder weniger feststeht, dass es in nächster Zeit zu „irgendeiner" in § 111 S. 2 aufgeführten Betriebsänderung kommen wird; dazu → C Rn. 137.

[46] Zu den Verfahrensschritten im Einzelnen vgl. → C Rn. 140 ff.

es noch einmal hervorzuheben, stets auf eine konkrete Betriebsänderung (Stilllegung, Verlegung, Zusammenschluss) beziehen, deren „Identifikation" alleinige Sache des Managements ist.

29 Besondere Fragestellungen ergeben sich in diesem Zusammenhang, wenn ein Unternehmen **„durch Umwandlung"** (dazu → Rn. 69 ff.) **erworben** wird, etwa indem im **Beispiel B 3** die K-GmbH auf eine bereits bestehende Tochtergesellschaft der Z-GmbH verschmolzen würde. Hier besteht wegen der Verpflichtung zur Angabe arbeitsrechtlicher Folgen im Umwandlungsvertrag (zB § 5 Abs. 1 Nr. 9 UmwG) ebenfalls eine Schnittstellenproblematik zu § 111 ff. BetrVG, auf die in → Rn. 94 ff. gesondert eingegangen wird.

Des Weiteren kommt bei übertragenden Umwandlungen die gesetzliche Unterrichtungspflicht gegenüber den Arbeitnehmern nach § 613a Abs. 5 BGB ins Spiel (dazu → G Rn. 210 ff.). Auf den reinen *Share Deal* ist diese Bestimmung dagegen ebenso wenig wie das Widerspruchsrecht gemäß § 613a Abs. 6 BGB (dazu → G Rn. 147 ff.) anwendbar.

Ähnliches gilt beim Erwerb eines börsennotierten Unternehmens durch ein öffentliches Kaufangebot, da hier jedenfalls der Bieter (= Erwerber) im Vorhinein seine Absichten im Hinblick auf die „künftige Geschäftstätigkeit der Zielgesellschaft, insbesondere (…) die Arbeitnehmer und deren Vertretungen (…) und wesentliche Änderungen der Beschäftigungsbedingungen einschließlich der insoweit vorgesehenen Maßnahmen" in der Angebotsunterlage zu veröffentlichen hat.[47] Durchaus häufig finden sich in einer dem Kontrollerwerb manchmal begleitenden Zusammenschlussvereinbarung (*Business Combination Agreement,* BCA) weitergehende Informationen und Regelungen mit Bezug zu den betroffenen Arbeitsverhältnissen.[48]

d) Ergebnis

30 Die vorstehenden Betrachtungen haben gezeigt, dass die Gründung bzw. der Erwerb von Tochtergesellschaften und sonstigen Beteiligungen grundsätzlich Bestandteil der „arbeitsrechtsfreien" Investitionspolitik des Unternehmens ist. Es existiert aber in der Praxis unter Umständen eine Schnittstellenproblematik zur geplanten Betriebsänderung im Sinne von §§ 111 ff. BetrVG, insbesondere wenn die Akquisition **Komplementärcharakter** zu bereits vorhandenen unternehmerischen (betrieblichen) Aktivitäten hat. Ob es sich in derartigen Fällen zum Zeitpunkt der Akquisition selbst lediglich um einen rein gesellschafts- und unternehmensrechtlichen Vorgang handelt oder die Schwelle zur Zwischenebene (Überschneidungsbereich, vgl. → Rn. 2) bereits überschritten ist, hängt entscheidend davon ab, inwieweit sich die unternehmerische Planung bereits zu **konkreten Folgemaßnahmen** auf betrieblicher Ebene (mit unmittelbaren Auswirkungen auf die dort vorhandenen Arbeitsplätze) **verdichtet** hat.

5. Konzernierung/Einführung einer Holdingstruktur/Beendigung von Konzernverhältnissen

a) Kein Arbeitnehmereinfluss auf die Konzernbildung

31 Konzerne (Vertragskonzerne oder faktische Konzerne) entstehen in der Praxis hauptsächlich durch Erwerb von **Mehrheitsbeteiligungen** an anderen Unternehmen, **Gründung von Tochtergesellschaften** und **Umstrukturierung von Unternehmen,** letzteres insbesondere mit den Mitteln des Umwandlungsrechts (dazu → Rn. 75 ff.). Der im **Beispiel B 3** (→ Rn. 21) geschilderte Fall ist zugleich ein solcher der Konzernbildung durch Er-

---

[47] § 11 Abs. 2 S. 3 Nr. 2 WpÜG; hierzu *Seibt* DB 2002, 529 (532). Nach § 27a WpHG besteht darüber hinaus eine Mitteilungspflicht bereits bei jeglichem Erwerb einer Beteiligung von 10% der Stimmrechte aus Aktien börsennotierter Unternehmen, ua im Hinblick auf die damit verfolgten strategischen Ziele (vgl. § 27a Abs. 1 S. 3 Nr. 1–4 WpHG).

[48] Hierzu *Seibt* FS Willemsen, 2018, 509 ff.; zu Inhalten eines BCA zB *Seibt* in Kämmerer/Veil S. 105 ff.

werb einer Mehrheitsbeteiligung, da davon auszugehen ist, dass die K-GmbH nach Erwerb sämtlicher Anteile durch die Z-GmbH unter deren einheitliche Leitung im Sinne von § 18 Abs. 1 AktG gestellt wird; hierfür spricht im übrigen auch die „doppelte" **Vermutung** der §§ 17 Abs. 2, 18 Abs. 1 S. 3 AktG.

Auch für die Konzernbildung gilt, dass sie ein rein **gesellschaftsrechtlicher,** dem Ein- 32
fluss des Arbeitsrechts entzogener Vorgang ist, wenn und solange sie sich ausschließlich auf der Ebene des Unternehmens und seines Rechtsträgers, nicht jedoch auf der Ebene des oder der Betriebe im Sinne arbeitstechnischer Organisationseinheiten auswirkt. Der Abschluss eines Beherrschungs- und Gewinnabführungsvertrages (§§ 291 ff. AktG) unterliegt damit ebenso wenig wie die Bildung eines faktischen Konzerns im Sinne von §§ 311 ff. AktG der betrieblichen Mitbestimmung; eine Einflussnahme von Arbeitnehmerseite kann auch hier allenfalls auf der Ebene der Unternehmensmitbestimmung erfolgen, etwa wenn der Abschluss eines Beherrschungs- und Gewinnabführungsvertrags dem **mitbestimmten Aufsichtsrat** zur Zustimmung vorgelegt wird[49] (dazu auch → Rn. 53).

Insbesondere das Betriebsverfassungsrecht enthält keine Regelung in Bezug auf die Bil- 33
dung von Konzernen, sondern knüpft hieran lediglich bestimmte **Folgeregelungen,** als deren wichtigste die – in das Ermessen der beteiligten Betriebsräte gestellte – Bildung eines **Konzernbetriebsrats** zu erwähnen ist (vgl. §§ 54 ff. BetrVG; zu den Voraussetzungen im Einzelnen vgl. → D Rn. 122 ff.). Auch für die erstmalige Bildung bzw. künftige Zusammensetzung eines **Europäischen Betriebsrats** (dazu im Einzelnen → D Rn. 234 ff.) kann die Bildung von Konzernen (im Gesetz über Europäische Betriebsräte – EBRG – „Unternehmensgruppen" genannt) erhebliche Folgewirkungen auslösen. Der Erwerb von (wesentlichen) Mehrheitsbeteiligungen sowie der Abschluss von Unternehmensverträgen ist darüber hinaus dem **Wirtschaftsausschuss** nach § 106 Abs. 3 Nr. 10 BetrVG mitzuteilen, ferner auch den (Gesamt-)Betriebsräten der beteiligten Unternehmen, damit diese hieraus im Hinblick auf die Bildung eines Konzernbetriebsrats die notwendigen Konsequenzen ziehen können.[50] Ferner kann die Konzernbildung oder Konzernauflösung erhebliche Auswirkungen auf den **unternehmensmitbestimmungsrechtlichen Status** der beteiligten Unternehmen haben (dazu → F Rn. 33 ff.).

Die erstmalige Bildung einer Konzernstruktur stellt demgegenüber noch **keinen Fall** 34
einer Betriebsänderung im Sinne von § 111 BetrVG dar, solange sie nicht zugleich mit konkreten Änderungen auf der betrieblichen Ebene verbunden ist.

Beispiel B 4:

An der T-GmbH sind die X-AG, die Y-GmbH sowie der Privatmann P jeweils zu einem Drittel beteiligt. Die X-AG beabsichtigt die Übernahme der Anteile der Y-GmbH sowie des P im Wege des Anteilskaufs und den anschließenden Abschluss eines Beherrschungs- und Gewinnabführungsvertrages mit der T-GmbH. Der Betriebsrat der T-GmbH wehrt sich hiergegen „mit Händen und Füßen", da er erhebliche Nachteile für die Belegschaft befürchtet, wenn sich die X-AG die T-GmbH erst einmal „einverleibt" hat.

Das Beispiel zeigt, dass – entgegen einer in der Praxis mitunter anzutreffenden Auffassung – keineswegs sämtliche Änderungen, die „wesentliche Nachteile für die Belegschaft oder erhebliche Teile der Belegschaft zur Folge haben können", zugleich Betriebsänderungen im Sinne von §§ 111 ff. BetrVG sind mit der Folge, dass der Betriebsrat Verhandlungen über einen Interessenausgleich und/oder die Aufstellung eines Sozialplans verlangen könnte. Unabhängig von dem Streit darüber, ob der „Katalog" der Betriebsänderungen in § 111 S. 2 BetrVG abschließenden Charakter hat oder nicht (dazu → C Rn. 20), muss es

---

[49] Zur Zustimmungspflichtigkeit von Unternehmensverträgen auf Seiten der Hauptversammlung vgl. BGH 16.11.1981 – II ZR 150/80, NJW 1982, 933; BGH 5.4.1993 – II ZR 238/91, NJW 1993, 1976; *Timm* DB 1980, 1201; MHdb GesRIV/*Krieger* § 71 Rn. 14 mwN.

[50] Zu dem diesbezüglichen Auskunftsanspruch des Gesamtbetriebsrats bzw. Betriebsrats vgl. DKW/*Wenckebach* BetrVG § 54 Rn. 13.

sich jedenfalls um eine Veränderung auf **betrieblicher Ebene** handeln, dh es müssen die Organisation des Betriebs, seiner Anlagen oder der Betriebszweck betroffen sein. Das wäre in **Beispiel B 4** etwa der Fall, wenn zugleich mit der Konzernierung der T-GmbH eine grundlegende Veränderung der Berichtslinien, der Zusammensetzung und des Aufbaus der einzelnen Abteilungen und/oder ein größerer Personalabbau in wesentlichen Betriebsteilen (zB Buchhaltung, EDV) verbunden wäre. Dagegen stellt allein der Umstand, dass die T-GmbH nach der Konzernierung den wirtschaftlichen Interessen der X-AG untergeordnet ist und ihre Geschäftsführer auch nachteiligen Weisungen des Vorstands der X-AG unterworfen sind, keinen tauglichen Anknüpfungspunkt für eine Mitwirkung oder gar Mitbestimmung des Betriebsrats dar. Dieser muss sich vielmehr darauf beschränken, die Interessen der von ihm vertretenen Belegschaft nach der Konzernbildung – etwa bei späterer Durchführung von Betriebsänderungen – und ggf. durch die Initiierung eines **Konzernbetriebsrats** nach §§ 54 ff. BetrVG zur Geltung zu bringen.

b) Einführung einer Holdingstruktur

35 Während somit bei **Hinzuerwerb neuer Beteiligungen** in der Regel weder der (Gesamt-) Betriebsrat des (künftig) beherrschenden noch derjenige des (künftig) abhängigen Unternehmens über Möglichkeiten der rechtlich gesicherten Einflussnahme verfügt, kann sich die Situation anders darstellen, wenn ein bisher einheitliches Unternehmen **aufgespalten** wird in der Weise, dass für die einzelnen Sparten (Divisionen) jeweils rechtlich eigenständige Gesellschaften gebildet werden und der bisherige Unternehmensträger als „Obergesellschaft" nur noch zentrale Leitungs- und Verwaltungskompetenzen (mit entsprechenden Stabsstellen für Finanzen und Controlling, Personal, IT usw.) ausübt.[51] Mit der Schaffung einer derartigen Holdingstruktur geht in aller Regel eine **Reorganisation** innerhalb der bisherigen operativen Gesellschaft (Änderung des Betriebszwecks gemäß § 111 S. 3 Nr. 4 BetrVG!) einher,[52] so dass der Betriebsrat bereits *vor* einer solchen Umstrukturierung nach §§ 111 BetrVG zu beteiligen ist. Dies gilt insbesondere für die Einführung einer sog. **funktionalen Konzernsteuerung,** bei der unmittelbar über die rechtlichen Grenzen der Konzernunternehmen hinweg Weisungen an Mitarbeiter der nachgeordneten Gesellschaften erteilt werden; in diesem Fall kann auch auf der Ebene dieser nachgeordneten Unternehmen und Betriebe eine Betriebsänderung iSv § 111 BetrVG vorliegen.[53]

36 Erschöpft sich die Bildung einer Holdingstruktur allerdings allein in der gesellschaftsrechtlichen Neuordnung ohne Änderung der Verhältnisse auf der betrieblichen Ebene der beteiligten Gesellschaften, liegt wiederum eine arbeitsrechtlich neutrale Umstrukturierung vor:

Beispiel B 5:

A und B sind zu je 50 % an der A-GmbH und der B-GmbH beteiligt. Sie beschließen, ihre Beteiligungen in eine allein zum Zwecke der Bündelung gegründete C-GmbH als künftige Holdinggesellschaft einzubringen.

Solange sich die Holding auf das Halten der Beteiligungen beschränkt und an sie keine operativen Funktionen von der A-GmbH oder der B-GmbH „abgetreten" werden, handelt es sich um einen rein gesellschaftsrechtlichen Vorgang, so dass eine vorherige Einschaltung der Betriebsräte der betroffenen Unternehmen nicht erforderlich ist.

---

[51] Zu den steuerlichen Aspekten derartiger Holding-Strukturen vgl. Picot/*Eilers/Rödding,* 3. Aufl. 2004, Teil V Rn. 272 ff.

[52] Zum Begriff → C Rn. 67 ff.

[53] Vgl. BAG 26.10.2004 – 1 AZR 493/03, ZIP 2005, 272; LAG Hamm 26.2.2007 – 10 TaBVGa 3/07, NZA-RR 2007, 469; ausführlich zu den arbeitsrechtlichen Rahmenbedingungen funktionaler Konzernsteuerungsmodelle *Müller-Bonanni/Mehrens* ZIP 2010, 2228; *Seibt/Wollenschläger* AG 2013, 228; zur Personalführung durch Dritte *Moll* FS Wank, 2014, 375.

c) Beendigung von Konzernverhältnissen

Was unter → Rn. 31 ff. zu der arbeitsrechtlichen Relevanz von Konzernierungsmaßnahmen ausgeführt wurde, gilt entsprechend auch für den *actus contrarius* der Beendigung von Konzernverhältnissen, die ihre rechtliche Ursache etwa in der **Kündigung von Unternehmensverträgen** oder dem **Ausscheiden des Unternehmens** aus dem bisherigen konzern- und gesellschaftsrechtlichen Verbund haben mag. 37

Beispiel B 6:

Die M-GmbH, ein Unternehmen der metallverarbeitenden Industrie mit mehreren Niederlassungen, hat ihre frühere zentrale Entwicklungsabteilung vor einigen Jahren in eine 100 %ige Tochtergesellschaft, die E-GmbH, eingebracht. Der Betriebsrat der E-GmbH ist in dem bei der M-GmbH gebildeten Konzernbetriebsrat vertreten. Angeblich um den Einfluss der Arbeitnehmervertretungen bei der E-GmbH zurückzudrängen, beschließt die M-GmbH, insgesamt 75 % ihrer Anteile im Wege des Management-Buy-Out (MBO) auf die drei künftigen Gesellschafter-Geschäftsführer der E-GmbH zu übertragen und sich selbst auf die Rolle einer Minderheitsgesellschafterin mit gewissen Sperrminoritäten zurückzuziehen.

Wenn die E-GmbH die einzige Beteiligungsgesellschaft der M-GmbH sein sollte, entfallen mit deren Ausscheiden aus dem Konzernverbund automatisch kraft Gesetzes die Voraussetzungen für die Bildung eines Konzernbetriebsrats bei der M-GmbH, so dass dieser aufgelöst wird, ohne dass es hierfür eines besonderen Beschlusses der beteiligten Betriebsräte bedürfte (dazu → D Rn. 133). Trotz dieser unverkennbaren arbeitsrechtlichen Konsequenz bleibt der Vorgang der Dekonzernierung als solcher ebenso wie die Konzernbildung dem Einfluss des Betriebsrats entzogen.

Anders liegt der Fall auch hier wieder (nur), wenn mit der gesellschaftsrechtlichen eine **organisatorische Entflechtung** auf Betriebsebene einhergeht, was beispielsweise der Fall sein kann, wenn im Zusammenhang mit der Trennung bislang im Sinne von §§ 15 ff. AktG verbundener Unternehmen in größerem Umfang eine **Neuzuordnung von Personal** (etwa in Stabsbereichen) erforderlich werden sollte; diese konkreten arbeitsrechtlichen Folgen unterliegen dann ihrerseits den **Mitwirkungsrechten** des bzw. der beteiligten Betriebsräte gemäß §§ 111 ff. BetrVG sowie darüber hinaus der **Mitbestimmung** bei Versetzungen gemäß §§ 99 ff. BetrVG. 38

6. Exkurs: Gründung einer Europäischen Gesellschaft (SE)[54]

a) Rechtsgrundlagen

Eine Europäische Gesellschaft (SE-Societas Europaea) mit Sitz in Deutschland kann bei der Umstrukturierung eines Unternehmens als in Betracht zu ziehende Alternative relevant werden. Rechtliche Grundlage ist die am 8. 10. 2004 in Kraft getretene EU-Verordnung über das Statut der Europäischen Gesellschaft (SE-VO)[55] und auf nationaler Ebene das Gesetz zur Einführung der Europäischen Gesellschaft (SEEG),[56] welches am 29. 12. 2004[57] in Kraft getreten ist. In der SE-VO ist primär die Gründung einer SE geregelt, gem. Art. 9 der SE-VO gilt ergänzend das Recht des Sitzstaates der künftigen SE. Im deutschen Recht gehören dazu vor allem das SEEG, bestehend aus dem Gesetz zur Ausführung der SE-VO (SE-Ausführungsgesetz – SEAG) und dem Gesetz über die Beteiligung der Arbeitnehmer in der europäischen Gesellschaft (SE-Beteiligungsgesetz – SEBG). 38a

[54] Dazu ergänzend → F Rn. 173 ff.

[55] Verordnung (EG) Nr. 2157/2001 des Rates über das Statut der Europäischen Gesellschaft (SE) vom 8. 10. 2001, ABl. EG 2001 L 294, 1.

[56] Gesetz vom 22. 12. 2004, BGBl. I S. 3675.

[57] Vgl. Art. 9 SEEG.

Durch letzteres ist die Richtlinie über die Beteiligung der Arbeitnehmer in der SE[58] in nationales Recht umgesetzt worden. Mit der Gründung einer SE können insbesondere die folgenden **Ziele** verfolgt werden:

- Flexibilisierung der Unternehmensmitbestimmung
- Verkleinerung des Aufsichtsrats
- Internationalisierung der Arbeitnehmervertretung (dazu auch → F Rn. 174).

b) Vier originäre Möglichkeiten zur Gründung einer SE

38b In der SE-VO sind zur Gründung einer SE vier originäre Gründungswege vorgesehen:

1. Gründung einer SE durch Verschmelzung von Aktiengesellschaften aus verschiedenen Mitgliedsstaaten (Art. 2 Abs. 1, Art. 17–31 SE-VO).
2. Gründung einer Holding-SE durch Aktiengesellschaften oder GmbH aus verschiedenen Mitgliedsstaaten oder mit einer Tochtergesellschaft oder Zweigniederlassung in einem anderen Mitgliedstaat (Art. 2 Abs. 2, Art. 32–34 SE-VO).
3. Gründung einer gemeinsamen Tochter-SE durch zwei oder mehr juristische Personen des öffentlichen oder privaten Rechts, wenn mindestens zwei Gründungsgesellschaften dem Recht verschiedener Mitgliedstaaten unterliegen oder eine dem Recht eines anderen Mitgliedstaats unterliegende Tochtergesellschaft oder eine Zweigniederlassung in einem anderen Mitgliedstaat haben (Art. 2 Abs. 3, Art. 35, 36 SE-VO).
4. Umwandlung einer Aktiengesellschaft in eine SE im Wege des Formwechsels (Art. 2 Abs. 4, Art. 37 SE-VO).

Zudem kann auch eine bereits bestehende SE gem. Art. 3 Abs. 2 SE-VO eine oder mehrere Tochtergesellschaften in der Rechtsform der SE errichten (sog. sekundäre Errichtung einer SE). Der normalerweise für die Gründung einer SE erforderliche Mehrstaatenbezug wird dann dadurch ersetzt, dass eine SE selbst als Gründerin auftritt. Die einzelnen Gründungserfordernisse, die bei der Gründung einer deutschen Tochter-SE vorliegen müssen, ergeben sich aus Art. 15 Abs. 1 SE-VO iVm §§ 23ff. AktG. Die primären Gründungsmöglichkeiten nach Art. 2 Abs. 1 – Abs. 4 SE-VO und die abgeleitete oder sekundäre Gründung nach Art. 3 Abs. 2 SE-VO sind abschließend[59] (*numerus clausus* der Gründungsmöglichkeiten). Hinsichtlich der weiteren Einzelheiten und der tatsächlich erfolgten SE-Gründungen ist auf → F Rn. 173ff. zu verweisen.

Daneben tritt die Möglichkeit der Umwandlung in eine SE unter Verwendung einer bereits ohne Durchführung eines Arbeitnehmerbeteiligungsverfahrens gegründete **Vorrats-SE,** indem die Anteile der Gründungsgesellschaft in diese (arbeitnehmerlose) Vorrats-SE eingebracht werden und die Gründungsgesellschaft anschließend auf die Vorrats-SE verschmolzen wird. **Umstritten** ist dabei, ob die erstmalige Aufnahme der Geschäftstätigkeit durch die Vorrats-SE die **Pflicht zur Durchführung** eines Arbeitnehmerbeteiligungsverfahrens iSd §§ 4ff. SEBG auslöst (entsprechend der allgemeinen Gründungsvoraussetzung für eine SE gem. Art. 12 Abs. 2 SE-VO). Nach der wohl herrschenden Ansicht, die auch das OLG Düsseldorf[60] vertritt, muss in diesem Fall ein Arbeitnehmerbeteiligungsverfahren durchgeführt werden, wobei teilweise auf §§ 4ff. SEBG analog[61] und teils auf eine entsprechende Anwendung von § 18 Abs. 3 SEBG[62] abgestellt wird. Nach der Gegenansicht[63] kommt eine entsprechende Anwendung des § 18 Abs. 3 SEBG bzw. der §§ 4ff. SEBG nicht in Betracht, da diese Vorschriften ein abgeschlossenes System bildeten. Nur wenn die Voraussetzungen des § 18 Abs. 3 SEBG erfüllt seien, sei ein Verfahren bei erstmaliger Aufnahme der Geschäftstätigkeit durchzuführen. Die bloße Aktivierung

---

[58] Richtlinie 2001/86/EG vom 8.10.2001, ABl. EG 2001 L 294, 22.
[59] Vgl. *Oechsler* NZG 2005, 697 (698).
[60] OLG Düsseldorf 30.3.2009 – I-3 Wx 248/08, DNotZ 2009, 699.
[61] *Schubert* ZESAR 2006, 340 (344ff.); Lutter/Hommelhoff/Teichmann/*Oetker* SEBG § 1 Rn. 19.
[62] *Casper/Schäfer* ZIP 2007, 653 (658); *Feuerborn* in Kölner Kommentar zum AktG, SEBG § 18 Rn. 50, 53.
[63] *Kiem* in Kölner Kommentar zum AktG, SE-VO Art. 12 Rn. 52.

der Vorratsgesellschaft stelle jedoch nicht zwangsläufig eine strukturelle Änderung der SE iSv § 18 Abs. 3 SEBG dar, die geeignet sei, die Beteiligungsrechte der Arbeitnehmer zu mindern. **Umstritten** ist weiter, ob der Abschluss des Arbeitnehmerbeteiligungsverfahrens auch **Voraussetzung** für die **Eintragung der für die Aktivierung erforderlichen Satzungsänderungen** (zB wegen Verschmelzung auf die Vorrats-SE) ist.[64] Gegen die Einordnung als Eintragsvoraussetzung wird zu Recht angeführt, dass nicht das Registergericht, sondern die Arbeits- bzw. Zivilgerichte im Rahmen eines Statusverfahrens für die Prüfung zuständig seien, ob ein Arbeitnehmerbeteiligungsverfahren nach § 18 Abs. 3 SEBG durchgeführt werden müsse.[65] Folgt man dieser Auffassung, kann durch die Nutzung einer Vorrats-SE der **Gründungsvorgang beschleunigt** werden.

c) Grundzüge der Arbeitnehmerbeteiligung in der SE

aa) Gründung einer SE durch Verschmelzung. (1) Eintragungsvoraussetzungen 38c **der SE.** Gem. Art. 12 Abs. 2 SE-VO kann die SE bei den originären Gründungsformen erst dann in das Register eingetragen werden, wenn die Leitungsorgane der an der Verschmelzung beteiligten Gesellschaften mit dem sog. besonderen Verhandlungsgremium eine **Vereinbarung über die Beteiligung der Arbeitnehmer** abgeschlossen haben (Art. 4 SE-Beteiligungsrichtlinie iVm § 21 SEBG) oder das besondere Verhandlungsgremium mit qualifizierter Mehrheit beschlossen hat, keine Verhandlungen aufzunehmen bzw. diese abzubrechen (Art. 3 Abs. 6 SE-Beteiligungsrichtlinie iVm § 16 SEBG) oder die Verhandlungsfrist abgelaufen ist (Art. 5 SE-Beteiligungsrichtlinie iVm § 20 SEBG), ohne dass es zum wirksamen Abschluss einer Vereinbarung über die Beteiligung der Arbeitnehmer gekommen ist.[66] Ist eine Vereinbarung über die Beteiligung der Arbeitnehmer trotz ordnungsgemäßer Durchführung des Arbeitnehmerbeteiligungsverfahrens nicht zustande gekommen, kann das Registergericht dennoch die Eintragung vornehmen, da dann regelmäßig die Auffangregelung des Art. 7 SE-Beteiligungsrichtlinie greift[67] (§§ 22 Abs. 1 Nr. 2, 34 SEBG).

(2) Das besondere Verhandlungsgremium. Die §§ 4ff. SEBG sehen vor, dass auf Sei- 38d ten der Arbeitnehmer ein besonderes Verhandlungsgremium zu bilden ist. Dieses hat die Aufgabe, „eine schriftliche Vereinbarung über die Beteiligung der Arbeitnehmer in der SE abzuschließen" (vgl. § 4 Abs. 1 S. 2 SEBG). Die **Leitungsorgane** der an der SE-Gründung unmittelbar beteiligten Gesellschaften haben die Arbeitnehmervertretungen und Sprecherausschüsse in der Gesellschaft sowie in deren Tochtergesellschaften und Betrieben schriftlich zur **Bildung des Verhandlungsgremiums** aufzufordern (§ 4 Abs. 1 S. 1 SEBG) und über das Gründungsvorhaben zu informieren (§ 4 Abs. 2 SEBG);[68] sofern eine Arbeitnehmervertretung nicht existiert, erfolgt die Information gegenüber den Arbeitnehmern direkt (§ 4 Abs. 2 S. 2 SEBG). Auf den **Sprecherausschuss der leitenden Angestellten** übertragen bedeutet dies, dass bei Fehlen eines Sprecherausschusses die leitenden Angestellten direkt zu informieren sind.[69]

Gem. § 4 Abs. 2 S. 3 SEBG hat die **Information** unaufgefordert und unverzüglich nach Offenlegung des Verschmelzungsplans, des Gründungsplans für eine Holding-Gesellschaft, des Umwandlungsplans oder nach Abschluss der Vereinbarung eines Plans zur Gründung einer Tochtergesellschaft zu erfolgen. Denkbar ist auch, das Beteiligungsverfah-

---

[64] Bejahend: *Schubert* aaO, 348.

[65] Vgl. *Casper/Schäfer* ZIP 2007, 653 (658); *Wissmann* FS Richardi, 2007, 841 (851); *Feuerborn* Kölner Kommentar zum AktG, SEBG § 18 Rn. 55 – gegen die Einordnung als Eintragungsvoraussetzung.

[66] Vgl. für „arbeitnehmerlose" (Tochter-)SE: AG Hamburg 28.6.2005 – 66 AR 76/05; dazu *Seibt* ZIP 2005, 2248.

[67] Manz/Mayer/Schröder/*Schröder* SE-VO Art. 26 Rn. 14.

[68] Es empfiehlt sich, aus Beweisgründen die Information in der Textform des § 126b BGB vorzunehmen, vgl. *Seibt/Reinhard* Der Konzern 2005, 407 (417).

[69] Kallmeyer/*Marsch-Barner*/*Wilk* Anhang Rn. 68; Lutter/Hommelhoff/Teichmann/*Oetker* SEBG § 4 Rn. 21.

ren der Arbeitnehmer bereits abzuschließen, bevor der Verschmelzungsplan offen gelegt wird.[70] Der **Mindestinhalt**[71] der Information nach § 4 Abs. 2 SEBG ergibt sich aus dem Katalog des § 4 Abs. 3 SEBG. Demnach ist die Arbeitnehmerseite insbesondere über Identität und Struktur der beteiligten Gesellschaften, der betroffenen Tochtergesellschaften gem. § 2 Abs. 4 SEBG und der betroffenen Betriebe und deren Verteilung auf die Mitgliedstaaten (§ 4 Abs. 3 Nr. 1 SEBG) und die in diesen Gesellschaften und Betrieben bestehenden Arbeitnehmervertretungen (§ 4 Abs. 3 Nr. 2 SEBG) zu informieren. Anzugeben ist zudem die Zahl der in einem Mitgliedsstaat beschäftigten Arbeitnehmer (§ 4 Abs. 3 Nr. 3 SEBG) und die Zahl der Arbeitnehmer, denen Mitbestimmungsrechte in den Organen dieser Gesellschaften zustehen (§ 4 Abs. 3 Nr. 4 SEBG).

Für jeden Mitgliedsstaat, in dem die beteiligten Gesellschaften oder betroffenen Tochtergesellschaften Arbeitnehmer beschäftigen, wird jeweils ein **Mitglied für das besondere Verhandlungsgremium** gewählt oder bestellt (§ 5 Abs. 1 S. 1 SEBG). Entfallen auf einen Mitgliedsstaat gemessen an der Gesamtzahl der in allen Mitgliedsstaaten beschäftigten Arbeitnehmer mehr als 10%, 20%, 30% usw der Gesamtarbeitnehmerzahl in den Mitgliedstaaten, so erhöht sich gem. § 5 Abs. 1 S. 2 SEBG die Zahl der Mitglieder entsprechend um jeweils ein weiteres Mitglied für den entsprechenden Mitgliedstaat. Wird die SE durch **Verschmelzung** gegründet, muss sichergestellt sein, dass die Arbeitnehmer der Gesellschaften, die infolge der Verschmelzung ihre eigene Rechtspersönlichkeit verlieren, in dem besonderen Verhandlungsgremium durch mindestens ein Mitglied vertreten sind (§ 5 Abs. 2 SEBG). Die Wahl bzw. Bestellung der Mitglieder des besonderen Verhandlungsgremiums erfolgt nach dem nationalen Recht des jeweiligen Mitgliedstaats, auf den Mitglieder im besonderen Verhandlungsgremium entfallen. **Wählbar** sind im Inland Arbeitnehmer der beteiligten und betroffenen (Tochter-)Gesellschaften und betroffenen Betriebe sowie Gewerkschaftsvertreter; für jedes Mitglied ist ein Ersatzmitglied zu wählen (§ 6 Abs. 2 SEBG). Sofern in dem besonderen Verhandlungsgremium mehr als zwei Mitglieder aus dem Inland vertreten sind, ist jedes dritte inländische Mitglied ein **Gewerkschaftsvertreter,** welcher auf Vorschlag einer in den inländischen beteiligten oder betroffenen Gesellschaften vertretenen Gewerkschaft gewählt wird (§§ 6 Abs. 3, 8 Abs. 1 S. 2 SEBG). **Leitende Angestellte** sind unter den inländischen Mitgliedern nur dann gem. § 6 Abs. 4 SEBG zwingend im besonderen Verhandlungsgremium vorgesehen, wenn mehr als sechs Mitglieder des Gremiums aus dem Inland stammen.

Der siebte inländische Sitz entfällt in diesem Fall zwingend auf einen leitenden Angestellten, der auf Vorschlag der Sprecherausschüsse oder – bei Fehlen eines Sprecherausschusses – der leitenden Angestellten unmittelbar zu wählen ist (§ 8 Abs. 1 S. 5 und 6 SEBG).

Die Wahl bzw. Bestellung der Mitglieder des besonderen Verhandlungsgremiums soll innerhalb von zehn Wochen nach der in § 4 Abs. 2 und Abs. 3 SEBG vorgeschriebenen Information erfolgen (vgl. § 11 Abs.1 S. 1 SEBG). Die Bildung des besonderen Verhandlungsgremiums vollzieht sich nach den §§ 4 ff. SEBG in den folgenden vier wesentlichen Schritten:

- Aufforderung zur Bildung des besonderen Verhandlungsgremiums und Information über das SE-Gründungsverhalten gegenüber den Arbeitnehmern bzw. ihren Vertretungen in allen einzubeziehenden Mitgliedstaaten (§ 4 SEBG).
- Wahl bzw. Bestellung der relevanten Zahl an Mitgliedern des besonderen Verhandlungsgremiums in den Mitgliedstaaten nach dem jeweils einschlägigen Recht; Wahl der auf das Inland entfallenden Mitglieder im besonderen Verhandlungsgremium:
  - Einberufung des Wahlgremiums (§§ 8 Abs. 1 S. 1, 9 Abs. 1 SEBG) bzw. im Fall der Urwahl gem. § 8 Abs. 7 SEBG Wahl eines Wahlvorstands;

[70] *Seibt/Reinhard* Der Konzern 2005, 407 (417); *Vossius* ZIP 2005, 741 (747) Fn. 73; zum Vorteil eines solchen Vorgehens s. Kallmeyer/*Marsch-Barner/Wilk* Anhang Rn. 69.

[71] Vgl. die Formulierung in § 4 Abs. 3 SEBG: „Insbesondere".

- Wahl der Mitglieder des besonderen Verhandlungsgremiums durch das Wahlgremium (§ 10 SEBG) bzw. bei Fehlen einer Arbeitnehmervertretung durch die Arbeitnehmer im Inland unmittelbar (§ 8 Abs. 7 SEBG), jeweils – sofern einschlägig – unter Berücksichtigung von Wahlvorschlagsrechten vertretener Gewerkschaften und ggf. von Sprecherausschüssen bzw. leitenden Angestellten.

- Unverzüglich nach Benennung aller gewählten bzw. bestellten Mitglieder des besonderen Verhandlungsgremiums (oder nach Ablauf der Zehn-Wochen-Frist des § 11 Abs. 1 S. 1 SEBG zur Wahl bzw. Bestellung der Mitglieder) Einladung zur konstituierenden Sitzung des besonderen Verhandlungsgremiums durch die Leitungsorgane der an der SE-Gründung beteiligten Gesellschaften (§ 12 Abs. 1 S. 1 SEBG).
- Konstituierende Sitzung des besonderen Verhandlungsgremiums mit Wahl eines Vorsitzenden und mindestens zweier Stellvertreter (§ 12 Abs. 1 S. 2 SEBG).

(3) Zusammenarbeit von besonderem Verhandlungsgremium und Leitungsorgan. 38e
Das Gesetz sieht in § 13 Abs. 1 SEBG als Ergebnis der Verhandlungen idealiter den Abschluss einer **schriftlichen Vereinbarung** über die Beteiligung der Arbeitnehmer an der SE (zu deren Inhalt s. § 21 SEBG) an. Die Beteiligungsvereinbarung hat zwingend entweder die Bildung eines SE-Betriebsrates (§ 21 Abs. 1 SEBG) oder die Festlegung eines alternativen Verfahrens zur Unterrichtung und Anhörung vorzusehen (§ 21 Abs. 2 SEBG). Von besonderer Bedeutung ist zudem die Vereinbarung der Mitbestimmung auf Unternehmensebene (dazu → F Rn. 176), die jedoch nicht zwingend Bestandteil einer Beteiligungsvereinbarung ist (vgl. § 21 Abs. 3 SEBG).

Wenn bis zum Ende der gesetzlichen Verhandlungsfrist[72] **keine Vereinbarung** über die Arbeitnehmerbeteiligung zustande kommt oder die Parteien dies vereinbaren, greifen die gesetzlichen Auffangregelungen der §§ 22ff. SEBG über den SE-Betriebsrat kraft Gesetzes und der §§ 34ff. SEBG über die Mitbestimmung kraft Gesetzes. Diese Auffangregelungen haben besondere praktische Bedeutung, weil sie den Verhandlungsrahmen beider Seiten maßgeblich bestimmt (dazu auch → F Rn. 177ff.).

Schließlich kann das besondere Verhandlungsgremium beschließen, keine Verhandlungen aufzunehmen oder bereits aufgenommene Verhandlungen abzubrechen (§ 16 Abs. 1 SEBG). Gem. § 22 Abs. 1 Nr. 2 SEBG findet dann die Regelung des § 22 SEBG keine Anwendung, stattdessen gilt für die SE das Gesetz über die Europäischen Betriebsräte (§ 16 Abs. 1 S. 3 SEBG). Wird ein Beschluss iSd § 16 Abs. 1 SEBG gefasst, so findet eine Arbeitnehmerbeteiligung im Aufsichts- bzw. Verwaltungsorgan der SE nicht statt (§§ 16 Abs. 2 S. 2, 34 Abs. 1 iVm 22 Abs. 1 Nr. 2 SEBG).

(4) Mitbestimmung der Arbeitnehmer im Aufsichts- bzw. Verwaltungsorgan kraft 38f
Gesetzes. Greift die Auffangregelung des § 22 SEBG, so richtet sich die Mitbestimmung der Arbeitnehmer im Aufsichts- oder Verwaltungsorgan der SE nach den §§ 35–38 SEBG. Kommt es zur Gründung einer SE durch Umwandlung, bleibt die Regelung zur Mitbestimmung – richtigerweise nur in Bezug auf den Arbeitnehmervertreteranteil im Aufsichts- bzw. Verwaltungsorgan[73] – erhalten, die in der Gesellschaft vor der Umwandlung bestanden hat (§ 35 Abs. 1 SEBG). Dieses **„Einfrieren"** des „Ist-Mitbestimmungsniveaus"[74] lässt sich, insbesondere bei geplanter Expansion, aus Unternehmenssicht **strategisch nutzen** (dazu → F Rn. 177ff.). Im Falle der Gründung einer SE durch Verschmelzung greift die Mitbestimmung kraft Gesetzes nur ein, wenn die Voraussetzungen des § 34 Abs. 1 Nr. 2a SEBG erfüllt sind. Demnach muss bereits vor der Eintragung der SE in einer oder mehreren der beteiligten Gesellschaften zumindest eine Form der Mitbe-

[72] Diese beträgt gem. § 20 Abs. 1 SEBG grundsätzlich 6 Monate, kann aber auf 1 Jahr verlängert werden (§ 20 Abs. 2 SEBG).
[73] Vgl. *Jacobs* MüKoAktG/SEBG § 35 Rn. 9.
[74] Zum Streitstand bei der Frage nach Ist- oder Soll-Zustand als Vergleichsregime → Rn. 178ff.

stimmung bestanden und sich auf mindestens 25% der Arbeitnehmer aller beteiligten Gesellschaften (einschließlich der Tochtergesellschaften) erstreckt haben. Bei Nichterfüllung des Quorums kann das besondere Verhandlungsgremium eine Mitbestimmung kraft Gesetzes durch einen entsprechenden Beschluss herbeiführen (§ 34 Abs. 1 Nr. 2b SEBG). Die Zahl der Arbeitnehmervertreter bemisst sich nach dem höchsten Anteil an Arbeitnehmervertretern, der in den Organen der beteiligten Gesellschaften (dh Gründungsgesellschaften) vor der Eintragung der SE bestanden hat (§ 35 Abs. 2 SEBG).

Der bei der Auffangregelung kraft Gesetzes errichtete SE-Betriebsrat verteilt die den Arbeitnehmern zustehende Sitze im Aufsichts- oder Verwaltungsorgan auf die Mitgliedsstaaten, in denen Vertreter der Arbeitnehmer zu wählen oder zu bestellen sind (§ 36 Abs. 1 S. 1 SEBG). Die Verteilung auf die Mitgliedstaaten richtet sich nach dem gem. dem d'Hondtschen Höchstzahlenverfahren zu bestimmenden Anteil der in den einzelnen Mitgliedstaaten beschäftigten Arbeitnehmer der SE, ihrer Tochtergesellschaften und Betriebe (§ 36 Abs. 1 S. 2 SEBG) im Verhältnis zur Gesamtzahl der Arbeitnehmer in allen Mitgliedstaaten. Können dabei nicht alle Mitgliedstaaten, in denen Arbeitnehmer beschäftigt sind, berücksichtigt werden, hat der SE-Betriebsrat den letzten zu verteilenden Sitz nach seinem Ermessen einem bisher unberücksichtigten Mitgliedstaat zuzuweisen („zwingende Internationalisierung", § 36 Abs. 1 S. 3 SEBG). Die Ermittlung der auf das Inland entfallenden Arbeitnehmervertreter des Aufsichts- oder Verwaltungsorgans erfolgt analog der Wahl der inländischen Mitglieder des besonderen Verhandlungsgremiums durch ein Wahlgremium, welches sich aus den Arbeitnehmervertretungen der SE, ihrer Tochtergesellschaften und Betriebe zusammensetzt (§ 36 Abs. 3 S. 1 SEBG). Die abschließende Wahl der Arbeitnehmervertreter erfolgt gem. § 36 Abs. 4 SEBG durch die Hauptversammlung der SE, die jedoch an die Vorschläge des jeweils zuständigen Wahlkörpers auf Arbeitnehmerseite gebunden ist.

38g **bb) Gründung einer SE durch Umwandlung.** Für die Umwandlung sind in Ergänzung zu den oben dargestellten Einzelheiten des Verfahrens zur Arbeitnehmerbeteiligung bei der Gründung einer SE durch Verschmelzung **mehrere Besonderheiten** zu berücksichtigen. § 21 Abs. 6 SEBG statuiert einen **Bestandsschutz** hinsichtlich des Ausmaßes der Arbeitnehmerbeteiligung in der Gesellschaft, die in eine SE umgewandelt werden soll. Die Vereinbarung über die Beteiligung der Arbeitnehmer muss in Bezug auf alle Komponenten dieser Beteiligung zumindest das gleiche Ausmaß gewährleisten, das auch in der formwechselnden Gesellschaft bestand. Eine **Verkleinerung** des Aufsichtsrats (unter Beibehaltung des bisherigen Paritätsverhältnisses) ist hingegen **möglich.**[75]

Eine **„Flucht aus der Mitbestimmung"** soll auch dadurch verhindert werden, dass das besondere Verhandlungsgremium die Verhandlungen nach § 16 Abs. 3 SEBG nicht abbrechen kann, wenn den Arbeitnehmern der umzuwandelnden Gesellschaft Mitbestimmungsrechte zustehen.

Im Fall der Gründung einer SE durch Umwandlung ist die **Auffangregelung** zur Mitbestimmung kraft Gesetzes gem. § 35 Abs. 1 SEBG **nicht von weiteren Voraussetzungen abhängig.** Sie greift schon dann ein, wenn vor der Umwandlung Regelungen über die Arbeitnehmermitbestimmung im Aufsichts- oder Verwaltungsorgan bestanden (§ 34 Abs. 1 Nr. 1 SEBG).

d) Sonstige arbeitsrechtliche Relevanz

38h Neben den bereits angesprochenen Folgen für das Mitbestimmungsregime auf Unternehmensebene kann die Gründung einer SE weitergehende arbeitsrechtliche Folgen auslösen, die von der Art der jeweiligen Gründung abhängen. Arbeitsrechtlich neutral sind – von

[75] HWK/*Hohenstatt/Dzida* SEBG Rn. 37; *Seibt* in Lutter/Hommelhoff S. 78; *Hohenstatt/Müller-Bonanni* in Habersack/Drinhausen SEBG § 21 Rn. 32; *Teichmann* ZIP 2014, 1049 (1055); s. dazu auch den Vorlagebeschluss BAG 18.8.2020 – 1 ABR 43/18, NZA 2021, 287.

den oben beschriebenen mitbestimmungsrechtlichen Aspekten abgesehen – in der Regel die Gründung einer Holding-SE sowie die Umwandlung einer AG in eine SE im Wege des Formwechsels. Demgegenüber löst die Gründung einer SE durch Verschmelzung von Aktiengesellschaften verschiedener Mitgliedsstaaten ähnliche Rechtsfolgen und arbeitsrechtliche Fragestellungen aus, wie sie unter → Rn. 82ff. für übertragende Umwandlungen nach dem UmwG dargestellt werden. Zur **grenzüberschreitenden Verschmelzung/Spaltung** → F Rn. 147ff.

II. Rein arbeitsrechtliche Vorgänge

Den rein gesellschaftsrechtlichen Vorgängen stehen nach der hier vorgenommenen Sys- 39
tembildung[76] die rein arbeitsrechtlichen Maßnahmen gegenüber, die sich allein auf der Ebene des Betriebs als arbeitstechnischer Organisationseinheit[77] ereignen und die rechtliche Struktur des Unternehmens sowie die Eigentumsverhältnisse hieran unberührt lassen. Es handelt sich also – rechtlich gesehen – um Veränderungen *im* Unternehmen, nicht *am* Unternehmen.[78] Querverbindungen zum Unternehmens- und Gesellschaftsrecht können sich hier allenfalls „am Rande" ergeben, etwa wenn eine umfassende Rationalisierungsmaßnahme auf Grund einer entsprechenden Satzungsregelung oder eines Gesellschafterbeschlusses der vorherigen Zustimmung durch die Gesellschafterversammlung oder ein Aufsichtsgremium (Aufsichtsrat, Beirat) bedarf oder das Unternehmen infolge eines größeren Personalabbaus unter die Mindestgröße von regelmäßig mehr als 2000 Arbeitnehmern für die Anwendbarkeit des Mitbestimmungsgesetzes fällt. Von solchen punktuellen Aspekten abgesehen gilt jedoch als Grundsatz, dass die nachfolgend dargestellten, rein arbeitsrechtlichen Maßnahmen keine gesellschaftsrechtlichen Implikationen auslösen, sondern **allein mit den Mitteln des Individual- und Kollektivarbeitsrechts abzuwickeln** sind.

1. Personalabbau/Massenentlassung

In wirtschaftlichen Drucksituationen gilt der uU drastische Abbau von Belegschaftskapazi- 40
täten – von Gewerkschaften und Politikern häufig kritisiert – als „Mittel der ersten Wahl", um einen jedenfalls mittelfristigen Kostensenkungseffekt zu erzielen und das Unternehmen vor weiteren Verlusten zu bewahren oder gar vor der Insolvenz zu retten. Nahezu tägliche Presseberichte, auch über die zumeist freundliche Reaktion der Börsen, legen hiervon ein beredtes Zeugnis ab. Der Personalabbau erweist sich ua deshalb als ein flexibles Anpassungsinstrument, weil die „Personalhoheit" nach deutschem Gesellschaftsrecht beim Vorstand bzw. der Geschäftsführung liegt, so dass selbst Massenentlassungen in der Regel nicht der Zustimmung der Anteilseigner bedürfen.[79] Zum anderen ist der Personalabbau – im Gegensatz etwa zur Veräußerung oder Stilllegung ganzer Betriebe – nicht irreversibel, sondern kann nach wirtschaftlicher Wiedererstarkung des Unternehmens gegebenenfalls wieder rückgängig gemacht werden, indem entsprechende **Neueinstellungen** erfolgen. Diese kommen allerdings den zuvor entlassenen Arbeitnehmern in der Regel nicht mehr zugute; einen **Anspruch auf Wiedereinstellung** erkennt die Rechtsprechung nur ausnahmsweise an.[80]

---

[76] → Rn. 2ff.
[77] Zum Betriebsbegriff → D Rn. 3.
[78] Vgl. zu diesem Begriffspaar *Willemsen* RdA 1996, 791 (792).
[79] Zu denkbaren Ausnahmen auf Grund von Zustimmungsvorbehalten Hachenburg/*Mertens* GmbHG § 35 Rn. 56 und § 37 Rn. 17; Scholz/*U.H. Schneider/S.H. Schneider* GmbHG § 37 Rn. 10, sowie → Rn. 53.
[80] Dazu im Einzelnen → G Rn. 75, 121, H 135 mwN.

41 Der Politik eines unbekümmerten, an der augenblicklichen Wirtschaftslage orientierten *Hire and Fire* wird indes durch das deutsche Arbeitsrecht – im teilweisen Gegensatz zu anderen europäischen Rechtsordnungen – in mehrfacher Hinsicht ein Riegel vorgeschoben. Zu erwähnen sind in diesem Zusammenhang insbesondere der dem einzelnen Arbeitnehmer zugute kommende, mithin individualarbeitsrechtliche **Kündigungsschutz** nach dem Kündigungsschutzgesetz sowie – auf kollektivarbeitsrechtlicher Ebene – die Verpflichtung zur Verhandlung über einen **Interessenausgleich** sowie zur Aufstellung eines (zumeist sehr kostenintensiven) **Sozialplans** nach §§ 111 ff. BetrVG. Schließlich sind der Vollständigkeit halber noch zu erwähnen der besondere gesetzliche bzw. (hM) tarifliche Kündigungsschutz für bestimmte Arbeitnehmergruppen (zB schwerbehinderte oder ältere Arbeitnehmer) sowie die **Anzeigepflicht nach** §§ 17 ff. KSchG bei Massenentlassungen. Hier können sich **Fehler** bei der Abwicklung als besonders **verhängnisvoll** erweisen, wie der Fall ***Air Berlin*** gezeigt hat.[81] Das hohe Kündigungsschutzniveau in Deutschland hat dazu geführt, dass vor allem Großunternehmen einen größeren Personalabbau oftmals nur noch unter Verzicht auf betriebsbedingte Kündigungen, also in erster Linie durch Aufhebungsvereinbarungen und Nutzung der „natürlichen Fluktuation" durchführen **(„sozialverträglicher Personalabbau").** Vergangene Wirtschafts- und Finanzkrisen (wie zuletzt in 2008/2009, aber auch nun in 2020/2021) haben zudem eine deutliche Tendenz der Unternehmen erkennen lassen, zu Gunsten von (auch längerfristiger) **Kurzarbeit** auf Entlassungen ganz zu verzichten und so ihre personelle Basis für die Zeit nach einer wirtschaftlichen Erholung zu sichern.

42 Während der **individuelle Kündigungsschutz** bei betriebsbedingten Kündigungen bereits *von der ersten Kündigung an* zu beachten ist, sofern der betroffene Betrieb mehr als fünf bzw. zehn Arbeitnehmer beschäftigt (vgl. § 23 Abs. 1 KSchG), liegen die Dinge beim **kollektivarbeitsrechtlichen Schutz** vor Personalabbau und Massenentlassungen komplizierter. Hier sind nach dem Gesetz jeweils bestimmte **Schwellenwerte** maßgeblich, hinsichtlich derer im Einzelnen auf die Darstellung unter → C Rn. 227 verwiesen wird. Diesen Schwellenwerten kommt in der Praxis eine ganz besondere Bedeutung deshalb zu, weil es in Deutschland – wiederum im Gegensatz zu anderen europäischen Ländern[82] – keinen Grundsatz gibt, wonach eine betriebsbedingte, also allein aus der Verantwortungssphäre des Unternehmens herrührende Entlassung stets eine Abfindungszahlung an den gekündigten Arbeitnehmer nach sich ziehen müsste; hieran hat sich auch durch die Einfügung des § 1a in das KSchG nichts geändert (dazu → H Rn. 6a). Es ist also möglich, Entlassungen kleineren Umfangs ohne finanzielle Folgeleistung vorzunehmen, sofern die Kündigung, da betriebsbedingt, sozial gerechtfertigt im Sinne von § 1 Abs. 1 KSchG ist und – falls relevant – die Grundsätze der Sozialauswahl nach § 1 Abs. 3 KSchG ausreichend gewahrt wurden; wegen der Einzelheiten wird auf die zusammenhängende Darstellung unter → H Rn. 17 ff. Bezug genommen. Erst wenn sich der Personalabbau als **Betriebsänderung** im Sinne von § 111 BetrVG darstellt, kommen Mitbestimmungsrechte des Betriebsrats in Betracht, die insbesondere die Aufstellung eines Sozialplans zur Folge haben können.[83]

43 Der Personalabbau ist mithin in jedem Falle arbeitsrechtlich relevant; die **Intensität der Regelungs- und Schutzdichte** hängt jedoch maßgeblich von der Anzahl der betroffenen Arbeitsverhältnisse in Relation zur Gesamtbelegschaft des Betriebes ab, wobei sich insbesondere Probleme ergeben können, wenn ein beabsichtigter **größerer Personalabbau** auf der Zeitachse **„gestreckt"** wird.[84] Durch den in Deutschland besonders ausgeprägten

---

[81] Beispielhaft und instruktiv BAG 14.5.2020 – 6 AZR 235/19, NZA 2020, 1091.

[82] zB sieht Art. 531.b Estatuto de los Trabajadores eine Pflicht des spanischen Arbeitgebers vor, dem Arbeitnehmer zusammen mit dem Kündigungsschreiben eine Abfindung zu übergeben; vgl. hierzu und zu der Situation in Frankreich, Italien, Österreich, den Niederlanden und Großbritannien *Leising* StBW 2010, 236 (237 ff.).

[83] Zu den insoweit relevanten Tatbeständen im Einzelnen → C Rn. 227.

[84] Dazu im Einzelnen → C Rn. 22 ff.

individuellen Kündigungsschutz sowie die Verpflichtung zur Aufstellung eines Sozialplans bei größerem Personalabbau wird eine Personalpolitik, die „von der Hand in den Mund lebt", zwar nicht völlig unterbunden, aber doch wesentlich verteuert. Dementsprechend wird in der Literatur die Auffassung vertreten, die nach einem Sozialplan in der Regel zu zahlenden Entlassungsabfindungen seien „der Preis für den leichtfertigen Umgang mit der menschlichen Arbeitskraft" oder eine „Sanktion für schlechte Unternehmerleistung".[85] Gleich, ob man dem folgen will oder nicht:[86] Der – rein arbeitsrechtliche – Vorgang eines umfassenden Personalabbaus löst in der Praxis regelmäßig ein ganzes Bündel weit reichender, im übrigen **rückstellungspflichtiger finanzieller Folgelasten** aus, die eine sorgfältige Analyse der jeweils relevanten individual- und kollektivarbeitsrechtlichen, darüber hinaus sozialversicherungsrechtlichen Rahmenbedingungen erfordern, noch bevor der Betriebsrat über das entsprechende Vorhaben informiert oder gar mit dem Ausspruch erster Kündigungen begonnen wird. Dies gilt auch für alle weiteren nachstehend aufgeführten, rein arbeitsrechtlichen Strukturveränderungen.

2. Organisationsänderungen auf betrieblicher Ebene

Ebenfalls eine Umstrukturierung *im,* nicht *am* Unternehmen im rechtlichen Sinne stellen 44
solche Änderungen dar, welche die Arbeits- und Organisationsabläufe innerhalb des Unternehmens und seiner einzelnen Betriebe betreffen, die rechtliche Unternehmensstruktur jedoch unberührt lassen. Das Spektrum derartiger tatsächlicher Veränderungen ist denkbar weit: Es reicht von der **Versetzung** einiger weniger Arbeitnehmer von einer Betriebsabteilung in eine andere bis hin zu durchgreifenden Rationalisierungs- und Sanierungsprozessen, bei denen die gesamte bisherige Unternehmensorganisation „von oben nach unten umgekrempelt" wird und nach deren Durchführung das Unternehmen ein völlig neues Gesicht aufweist. Solche umfassenden Umstrukturierungen der Unternehmensorganisation sind in der Praxis häufig, wenngleich nicht zwingend, mit einer größeren Personalreduzierung verbunden.

Das Arbeitsrecht reagiert auf derartige innerbetriebliche Organisationsveränderungen – ähnlich wie beim Personalabbau – **differenziert** je nach der **Intensität** des geplanten Eingriffs: Handelt es sich um **kleinere Maßnahmen,** die – allenfalls – Auswirkungen auf einige wenige Arbeitsverhältnisse haben, gelangt lediglich ein auf den einzelnen Arbeitnehmer bezogenes Schutzinstrumentarium zum Einsatz: Dieser kann sich gegen eine **Versetzung** möglicherweise mittels einer arbeitsgerichtlichen Feststellungsklage zur Wehr setzen mit der Begründung, dass die Zuweisung des neuen Arbeitsplatzes nicht mehr durch seinen Arbeitsvertrag gedeckt sei und damit außerhalb des arbeitgeberseitigen **Direktionsrechts** liege (vgl. dazu näher → H Rn. 21). Bei Organisationsänderungen stellt sich oftmals die sehr konfliktträchtige Frage, ob diese sich aus der Sicht des betroffenen Arbeitnehmers noch **im Rahmen** seines **Arbeitsvertrags** bewegen (was von dem dort geregelten Inhalt der geschuldeten Tätigkeit und etwaigen Versetzungsvorbehalten abhängt) oder ob die Maßnahme **de facto** auf eine **Vertragsänderung** hinausläuft. Im ersteren Fall kann die einseitige Änderung noch durch das arbeitgeberseitige Direktionsrecht gedeckt sein, während sie im letzteren Fall gegenüber dem einzelnen Arbeitnehmer nur nach vorheriger Änderung des Vertragsinhalts umgesetzt werden kann.[87] Sollte der Arbeitgeber aus diesem Grund bereits eine **Änderungskündigung** ausgesprochen haben (vgl.

[85] Vgl. *Ohl* S. 6.

[86] Zu Rechtsnatur und Zweck von Sozialplanansprüchen ausführlich *Willemsen,* Arbeitnehmerschutz, S. 176 (210ff.) mwN; *ders.* RdA 2013, 166.

[87] In der Praxis versucht man dieses Erfordernis bisweilen zu unterlaufen, indem die Organisationsänderung einseitig umgesetzt wird in der Hoffnung, dass die Arbeitnehmer sie akzeptieren und es so zu einer konkludenten Änderung des Vertragsinhalts kommt. Inwieweit dies gelingt, hängt ua von dem Vertragsinhalt (Schriftformklausel etc) sowie der Dauer einer widerspruchslosen Hinnahme des neuen Zustands ab.

dazu → H Rn. 5), kann der Arbeitnehmer hiergegen binnen drei Wochen nach Zugang eine Änderungsschutzklage gemäß §§ 1, 2 KSchG erheben. Zusätzlicher Schutz kann dem einzelnen Arbeitnehmer dadurch zuteil werden, dass der **Betriebsrat** – entweder in seinem persönlichen Interesse oder im Interesse der Gesamtbelegschaft – einer vorgesehenen Versetzung nach § 99 Abs. 2 BetrVG aus einem der dort abschließend aufgeführten Gründe **seine Zustimmung verweigert** (dazu → C Rn. 392 ff.). Bei **Änderungskündigungen** kommt darüber hinaus ein Betriebsratswiderspruch gemäß § 102 Abs. 3 BetrVG in Betracht.

45 Stellt sich die vorgesehene Organisationsänderung auf Betriebsebene dagegen als **„grundlegend"** dar, gibt das Arbeitsrecht dem Betriebsrat von vornherein das wesentlich einschneidendere und kostenträchtige Instrument der **Mitbestimmung bei Betriebsänderungen** gemäß §§ 111 ff. BetrVG an die Hand, indem § 111 S. 2 Nr. 4 BetrVG als mitbestimmungspflichtige Betriebsänderung ausdrücklich auch die „grundlegende Änderung der Betriebsorganisation, des Betriebszwecks oder der Betriebsanlagen" aufführt. Für die Praxis besonders wichtig ist zu wissen, dass nach der Rechtsprechung des Bundesarbeitsgerichts der Betriebsrat bei Vorliegen einer Betriebsänderung im Sinne von § 111 S. 2 BetrVG Verhandlungen über einen **Interessenausgleich und Sozialplan** selbst dann verlangen kann, wenn von Unternehmensseite konkrete Nachteile für einzelne Arbeitnehmer (zB Kündigungen, Herabgruppierungen usw) weder beabsichtigt noch absehbar sind.[88] Bereits die reine Organisationsänderung kann daher, sofern „grundlegend", weitgehende Beteiligungsrechte des Betriebsrats auslösen. Wegen der Einzelheiten ist auf die Darstellung unter → C Rn. 67 ff. zu verweisen.

45a Eine nach wir vor aktuelle Relevanz haben in der Praxis in dem vorliegenden Zusammenhang die Einführung und Anpassung von **Matrixstrukturen,** zumeist in international strukturierten Konzernen,[89] bei denen es sich häufig, aber nicht zwingend um eine **Betriebsänderung** im Sinne von § 111 BetrVG handelt. Die entscheidende Frage ist vielmehr auch hier, inwieweit die Organisationsänderung auf die betriebliche Ebene „durchschlägt" und ob eine solche Veränderung „grundlegend" ist. Nicht selten fehlt es bereits an der erstgenannten Voraussetzung, weil die Berichtswege und sonstigen Organisationsstrukturen unterhalb der Geschäftsführungsebene unverändert bleiben. Sind hingegen derartige Veränderungen zu verzeichnen, kommt es auf deren Ausmaß und Intensität an.[90] In einem solchen Fall ist des Weiteren zu prüfen, ob sich durch die Änderung der betrieblichen Strukturen die bisherige Abgrenzung von Betrieben oder Betriebsteilen und damit die Zusammensetzung der betriebsverfassungsrechtlichen **Vertretungsgremien** ändert. S. dazu → D Rn. 22.

Eine noch größere Aktualität kommt, maßgeblich bestimmt durch die herrschenden VUCA-Rahmenbedingungen[91] und durch die jetzt spezifischen Herausforderungen der Covid-19 oder **Corona-Pandemie,** der Einführung bzw. Erweiterung sog. **agiler Arbeitsmethoden** zu. Dazu gehört insbesondere die Verlagerung von Arbeiten in das **Home Office,** welche eine Vielzahl von arbeitsrechtlichen Fragestellungen aufwirft, bezüglich derer auf die Darstellung in → C Rn. 76 verwiesen werden kann. Unter dem bereits erwähnten Schlagwort des agilen Arbeitens gab es jedoch bereits zuvor Bestrebungen zur Flexibilisierung der Arbeitswelt, etwa durch Einführung von **Netzwerkorganisationen, Bildung interdisziplinärer Teams** und/oder **sich selbst organisierender Projektgruppen.** Zur näheren Erläuterung und wegen der arbeitsrechtlichen Folgewirkungen ist auf → C Rn. 68 zu verweisen.

---

[88] Vgl. BAG 16.6.1987 – 1 ABR 41/85, DB 1987, 1842, unter B II 2c) der Gründe.

[89] Zur Relevanz von Matrixstrukturen zB *Seibt/Wollenschläger* AG 2013, 229; *Seibt* DB 2018, 237 (244); These 16)

[90] S. zum Ganzen *Krieger* FS Willemsen, 2018, 269; *Reinhard* FS Willemsen, 2018, 377.

[91] VUCA als Abkürzung von *Volatility, Uncertainty, Complexity* und *Ambiguity.* Zu den rechtlichen Folgen, insbesondere den Verpflichtungen der Geschäftsleitungen siehe *Seibt* DB 2018, 237; zuvor bereits *Seibt* DB 2016, 1978.

3. Teilung, Verschmelzung und Verlegung von Betrieben und Betriebsteilen

Eine betriebsübergreifende, aber nicht notwendig unternehmens- und gesellschaftsrechtliche Relevanz erlangt eine Organisationsänderung, die in der organisatorischen Zusammenfassung oder – als *actus contrarius* – Trennung von organisatorischen Teil- oder Untereinheiten („Betriebsteil") und der dadurch bedingten Bildung neuer bzw. neu zusammengesetzter Betriebseinheiten besteht. Charakteristikum derartiger Betriebsverschmelzungen und -teilungen ist mithin, dass durch sie nicht lediglich die interne Organisationsstruktur des bisherigen Betriebs (unter Beibehaltung seiner Identität) geändert wird, sondern dass entweder *von außen* ein ganzer Betrieb oder zumindest ein Betriebsteil hinzukommt und mit dem aufnehmenden Betrieb verschmolzen wird oder – umgekehrt – ein bislang bestehender Betrieb einen mehr oder weniger geschlossenen Teil seiner bisherigen Organisation *nach außen* abgibt. „Außen" in dem vorbeschriebenen Sinne kann durchaus **unternehmensintern** zu verstehen sein; es muss sich also nicht zwangsläufig um die Übertragung von Unternehmensteilen auf einen anderen Rechtsträger handeln, wie das nachfolgende **Beispiel B 7** illustrieren mag: 46

Beispiel B 7:

Die A GmbH unterhält am Standort X ein Fachhandelsgeschäft für Gaststätten- und Hotelbedarf mit eigener Lager- und Versandabteilung. Auf Grund der besseren Verkehrsanbindung soll die Lager- und Versandabteilung mit ca. 70 Arbeitnehmern ausgegliedert und in ein neu bezogenes, ca. 35 Kilometer entferntes Gebäude verlagert werden.

An der Identität des Unternehmens und seines Rechtsträgers ändert sich in dem Beispielsfall auch bezogen auf den auszugliedernden Betriebsteil nichts. Der Vorgang ist mithin unternehmens- und gesellschaftsrechtlich neutral, da er sich innerhalb ein und desselben Unternehmens abspielt. Tangiert ist dagegen die betriebliche, insbesondere betriebsverfassungsrechtliche Ebene, und zwar in mehrfacher Hinsicht: Die (hier: rein organisatorische, nicht rechtliche) Ausgliederung und – gleichzeitig – räumliche Verlegung eines wesentlichen[92] Betriebsteils stellt eine nach § 111 S. 2 Nr. 2 (Verlegung) und Nr. 3 (Spaltung) mitbestimmungspflichtige **Betriebsänderung** (→ C Rn. 49 ff.) dar, und der bisherige einheitliche Betriebsrat für die A-GmbH am Standort X verliert möglicherweise seine Zuständigkeit für die organisatorisch und räumlich ausgegliederte Lager- und Versandabteilung. Letzteres hängt allerdings von weiteren Vorfragen ab, wie etwa dem tatsächlichen Grad der organisatorischen Verselbständigung bzw. der „räumlich weiten Entfernung" des ausgelagerten Betriebsteils im Sinne von § 4 S. 1 Nr. 1 und 2 BetrVG.[93] Trotz Entstehung eines neuen Betriebs im betriebsverfassungsrechtlichen Sinne wird der abgebende Betrieb seine Identität[94] und damit auch seinen Betriebsrat behalten, allerdings reduziert um die Zuständigkeit für die durch Ausgliederung aus dem Betrieb ausgeschiedenen Arbeitnehmer der Lager- und Versandabteilung.[95]

Individualarbeitsrechtlich werfen die Betriebsverschmelzung und -teilung insbesondere dann Probleme auf, wenn sie mit einer **räumlichen Verlagerung** von Arbeitsplätzen einhergehen und die Arbeitnehmer nach ihrem **Arbeitsvertrag** zur Erbringung ihrer geschuldeten Arbeitsleistung nur am bisherigen Betriebssitz verpflichtet sind. Die – ohnehin bei jeder Verlegung des gesamten Betriebs oder von wesentlichen Betriebsteilen zu beachtende – Mitbestimmung des Betriebsrats nach § 111 S. 2 Nr. 2 in Verbindung mit § 112 47

[92] Wobei hier unterstellt werden soll, dass das Kriterium der „Wesentlichkeit" iSv § 111 S. 2 Nr. 2 BetrVG erfüllt ist; wegen der Einzelheiten → C Rn. 18 ff.

[93] Ausführlich zu den Auswirkungen der Unternehmensumstrukturierung auf die Betriebsverfassung unter → D Rn. 14 ff., 53 ff.

[94] Zu der Voraussetzung der Erhaltung der Betriebsidentität für den Fortbestand eines Betriebsratsamtes → D Rn. 68 ff.

[95] Im Ergebnis ebenso *Fitting* BetrVG § 1 Rn. 211 mwN; zur etwaigen Notwendigkeit von Betriebsratsneuwahlen gemäß § 13 Abs. 2 Nr. 1 BetrVG → D Rn. 50.

BetrVG (Interessenausgleich, Sozialplan) vermag ein Defizit bezüglich des arbeitgeberseitigen Direktionsrechts nicht zu beheben. Enthält der Arbeitsvertrag mithin keinen Versetzungsvorbehalt und ist auch das individuelle Einverständnis des Arbeitnehmers nicht zu erlangen, bleibt dem Arbeitgeber nur der – in der Praxis dornenreiche – Weg der **Änderungskündigung** (dazu → H Rn. 5).

48 **Zusammenfassend** ist somit festzuhalten: Die Teilung, Verschmelzung und räumliche Verlegung von Betrieben und Betriebsteilen sind jeweils rein arbeitsrechtliche Vorgänge, wenn und soweit sie sich innerhalb ein und desselben Unternehmens (Rechtsträgers) vollziehen. Ihre arbeitsrechtliche Relevanz ergibt sich insbesondere, aber nicht ausschließlich,[96] aus §§ 111 ff. BetrVG, aus möglichen Auswirkungen auf Bestand und Anzahl der Betriebsräte sowie – nicht zuletzt – aus individualarbeitsrechtlichen Umsetzungsproblemen.

Nicht mehr auf die Ebene des einzelnen Unternehmens(trägers) beschränkt bleiben die Teilung und Verschmelzung von Betrieben demgegenüber, wenn mit ihnen die Übertragung eines Betriebsteils auf einen anderen Rechtsträger (Betriebsinhaberwechsel im Sinne von § 613a BGB) verbunden ist. Derartige **Übertragungsvorgänge,** die sich sowohl innerhalb wie auch außerhalb des Umwandlungsgesetzes vollziehen können, werden nachfolgend unter → Rn. 55 ff. (Misch- und Überschneidungstatbestände) zusammenfassend dargestellt.

4. Betriebsstilllegung/-teilstilllegung

49 Die vollständige **Aufgabe des Betriebszwecks** unter gleichzeitiger **Auflösung der Betriebsorganisation** auf Grund eines ernstlichen und endgültigen Willensentschlusses des Unternehmers für unbestimmte, nicht nur vorübergehende Zeit[97] stellt sicherlich die radikalste Betriebsänderung im Sinne der §§ 111 ff. BetrVG dar, da sie, soweit keine anderweitigen Arbeitsplätze im Unternehmen oder – ausnahmsweise – im Konzern[98] zur Verfügung stehen, mit der Auflösung sämtlicher Arbeitsverhältnisse verbunden ist. Allerdings tritt die Beendigung der Arbeitsverhältnisse nicht bereits mit der Betriebsstilllegung als solcher, sondern erst mit der Kündigung der Arbeitsverhältnisse und dem Ablauf der Kündigungsfrist ein; eine außerordentliche Kündigung nach § 626 BGB ist in der Regel nicht sachlich gerechtfertigt, da dem Arbeitgeber angesichts des ihm obliegenden Beschäftigungsrisikos das Abwarten der ordentlichen Kündigungsfrist zuzumuten ist.[99] *Vor* Ausspruch von betriebsbedingten Kündigungen ist der Betriebsrat nach §§ 111 ff. BetrVG zu beteiligen (Interessenausgleich, Sozialplan) und nach § 102 BetrVG anzuhören. Die **Wirksamkeit** der schließlich ausgesprochenen Kündigungen hängt allerdings lediglich von der **ordnungsgemäßen Betriebsratsanhörung nach § 102 BetrVG,** nicht von der vorherigen Durchführung von Verhandlungen über einen Interessenausgleich und Sozialplan ab.[100] Die vollständige Einstellung der betrieblichen Tätigkeit beinhaltet im übrigen eine **unternehmerische Grundentscheidung,** die nach ständiger Rechtsprechung des BAG durch die Arbeitsgerichte nicht auf ihre Zweckmäßigkeit und Angemessenheit überprüft werden kann.[101]

---

[96] Ergänzend hingewiesen sei beispielsweise auf die Mitbestimmung des Betriebsrats bei Versetzungen gem. §§ 99 ff. BetrVG (dazu → C Rn. 392 ff.) sowie auf die Auswirkungen im Bereich der Unternehmensmitbestimmung infolge Unter- oder Überschreitens der relevanten Schwellenwerte (dazu → F Rn. 185).

[97] So nach hM die Definition der Betriebsstilllegung; vgl. BAG 22.11.2005 – 1 AZR 407/04, NZA 2006, 736 Rn. 32; *Fitting* BetrVG § 111 Rn. 65; DKW/*Däubler* BetrVG § 111 Rn. 49; *Hess*/Worzalla/Glock/Nicolai/Rose/Huke BetrVG § 111 Rn. 103 mwN.

[98] Zur – lediglich im Ausnahmefall zu bejahenden – konzernbezogenen Wirkungsweise des Kündigungsschutzes vgl. → H Rn. 38 ff.

[99] Vgl. BAG 8.10.1957 – 3 AZR 136/55, DB 1958, 83; BAG 28.3.1985 – 2 AZR 113/84, NZA 1985, 559; Palandt/*Weidenkaff* BGB § 626 Rn. 55.

[100] Dazu näher → C Rn. 397.

[101] Wegen der stark eingeschränkten Prüfungskompetenz der Arbeitsgerichte bei unternehmerischen Grundlagenentscheidungen im Einzelnen → H Rn. 7 ff. Zur Zulässigkeit von Arbeitskämpfen in diesem Zusammenhang → Rn. 148d.

Wichtig ist in dem vorliegenden Zusammenhang, dass die **Betriebsstilllegung** als solche **noch keine Liquidation des Unternehmens** bedeutet. Dies folgt zum einen daraus, dass ein Unternehmen im Rechtssinne durchaus mehrere Betriebe haben kann,[102] so dass mit der Stilllegung eines Betriebs nicht zwangsläufig der gesamte *Unternehmensgegenstand* (und erst recht nicht der Unternehmenszweck) obsolet wird, zum anderen daraus, dass die Liquidation eines Unternehmens (oder – genauer – seines Rechtsträgers) stets einen entsprechenden gesellschaftsrechtlichen *Liquidationsbeschluss* voraussetzt (vgl. für die Personenhandelsgesellschaft § 131 Abs. 1 Nr. 2 (ggf. iVm § 161 Abs. 2) HGB, für die Kapitalgesellschaft § 262 Abs. 1 Nr. 2 AktG, § 60 Abs. 1 Nr. 2 GmbHG). Dieser kann schon deshalb nicht mit dem Beschluss zur Betriebsstilllegung gleichgesetzt werden, weil für letzteren in der Regel das jeweilige Geschäftsführungsorgan (Vorstand, Geschäftsführung) zuständig ist, während die Kompetenz für den Liquidationsbeschluss nach den vorstehend zitierten Bestimmungen unentziehbar bei der Gesellschafter- bzw. Hauptversammlung liegt. Somit trifft es zu, dass die Betriebsstilllegung ein rein arbeitsrechtlicher Vorgang ist, wenngleich sie mit der Unternehmensliquidation (dazu näher → Rn. 65 ff.) zeitlich mehr oder weniger einhergehen kann. 50

Bei der bloßen **Betriebsteilstilllegung** kommt schon *ex definitione* eine gleichzeitige Unternehmensliquidation nicht in Betracht, es sei denn, dass der verbleibende Restbetrieb auf einen anderen Rechtsträger übertragen wird (siehe zu diesem Fall auch → Rn. 66). Im Übrigen gilt für ihre arbeitsrechtliche Relevanz im Wesentlichen das zur (vollständigen) Betriebsstilllegung Ausgeführte, sofern es sich um die Stilllegung eines *wesentlichen* Betriebsteils handelt.[103] Individualarbeitsrechtlich ist die Betriebsteilstilllegung in der Regel komplizierter, weil eben nicht alle betrieblichen Arbeitsplätze entfallen und daher die Notwendigkeit einer **Sozialauswahl**[104] unter den zu kündigenden Arbeitnehmern nach § 1 Abs. 3 KSchG besteht.

Abgrenzungsprobleme ergeben sich schließlich zwischen Betriebs*stilllegung* einerseits und Betriebs*veräußerung* im Sinne von **§ 613a BGB** andererseits, wobei Einigkeit darüber besteht, dass beide Begriffe als arbeitsrechtliche Kategorien einander ausschließen,[105] soweit es sich um zeitlich und sachlich einheitliche Vorgänge handelt: Bei der Betriebsübernahme kommt es gerade nicht zur Aufgabe des bisherigen Betriebszwecks, sondern zu seiner Fortsetzung durch den neuen Betriebsinhaber, was allerdings nicht ausschließt, dass dieser *nach* erfolgtem Betriebsübergang den übernommenen Betrieb stillegt.[106] Als besonders schwierig kann sich die Abgrenzung zwischen Betriebsstilllegung und Betriebsübergang erweisen, wenn nach der vom Arbeitgeber bereits beschlossenen und durch Kündigung der Arbeitsverhältnisse bereits (weitgehend) vollzogenen Betriebsstilllegung doch noch ein Käufer für die Betriebsanlagen gefunden wird.[107] 51

5. Betriebsübergang nach § 613a BGB als arbeitsrechtliche Regelung mit unternehmensrechtlichem Einschlag

Der Betriebsinhaberwechsel nach § 613a BGB kann nur unter erheblichen Vorbehalten in die Gruppe der rein arbeitsrechtlichen Vorgänge eingeordnet werden. Zwar handelt es sich bei der Norm des § 613a BGB, die den – zwingenden – Übergang der Arbeitsverhältnisse auf den neuen Inhaber des durch Rechtsgeschäft übertragenen Betriebs oder Betriebsteils anordnet,[108] unzweifelhaft um eine arbeitsrechtliche, nicht um eine gesellschaftsrechtliche 52

[102] Dazu → Rn. 3 Fn. 3.
[103] Dazu näher → C Rn. 35.
[104] Dazu → H Rn. 17 ff.
[105] *Hess*/Worzalla/Glock/Nicolai/Rose/Huke BetrVG § 111 Rn. 144; *Fitting* BetrVG § 111 Rn. 67; *Willemsen* RdA 1991, 204 (210) sowie → G Rn. 74.
[106] Vgl. BAG 29.11.1988 – 3 AZR 250/87, NZA 1989, 425; Soergel/*Raab* BGB § 613a Rn. 21.
[107] Dazu → H Rn. 134 ff.
[108] Dazu im Einzelnen → G Rn. 123.

Regelung, da die Rechtsnachfolge in die Arbeitsverhältnisse nicht auf einem gesellschaftsrechtlichen Organisationsakt, sondern auf der – in die Kompetenz des jeweiligen Vertretungsorgans fallenden – **Einzelveräußerung** eines Betriebs oder Betriebsteils beruht. Auch ist zu beachten, dass § 613a BGB nach seinem Wortlaut an die Veräußerung eines *Betriebs* oder *Betriebsteils,* nicht an die Veräußerung des *Unternehmens* anknüpft; auf die Bedeutung dieser Unterscheidung wird an anderer Stelle hingewiesen.[109] Gleichwohl sind die Grenzen zwischen Unternehmens- und Betriebsveräußerung fließend, was bereits daraus erhellt, dass ein Betrieb stets zumindest einen (in der Regel wesentlichen) **Teil des Unternehmensvermögens** bildet. Besonders augenfällig wird die begriffliche und wirtschaftliche Überschneidung von Unternehmen und Betrieb, wenn ein Unternehmen lediglich über einen einzigen Betrieb verfügt; in diesem Fall sind Unternehmen und Betrieb praktisch identisch;[110] die Betriebsveräußerung ist mithin – zumindest wirtschaftlich gesehen – zugleich eine Unternehmensveräußerung.

53 Von der Unternehmensveräußerung lässt sich jedoch gewiss nicht sagen, dass es sich um einen rein arbeitsrechtlichen Vorgang handele. Sie kann (außerhalb des Anwendungsbereiches des Umwandlungsgesetzes) in dreierlei Hinsicht gesellschaftsrechtliche Bedeutung haben, nämlich insoweit, als für die Übertragung von unternehmensbezogenen Vermögensteilen im Wege von Einzelrechtsübertragungen die Kompetenz der Anteilsinhaber eröffnet wird. Zunächst ist bei Aktiengesellschaften – bei anderen Rechtsformen ist die dogmatische Herleitung zwar umstritten, aber das Beteiligungserfordernis auch gegeben – anerkannt, dass die Entscheidungskompetenz zwingend den Anteilsinhabern bei Verträgen zukommt, welche die Verpflichtung zur Übertragung des im Wesentlichen ganzen Gesellschaftsvermögens enthalten (vgl. § 179a AktG).[111] Darüber hinaus ist bei solchen Geschäftsführungsmaßnahmen einer Unternehmens- bzw. Betriebsveräußerung die **Entscheidungsprärogative der Anteilsinhaber** eröffnet, wenn hierdurch der satzungsmäßig betriebene Unternehmensgegenstand der Gesellschaft dauerhaft „unterschritten" oder „überschritten" wird.[112] Das ist beispielsweise dann der Fall, wenn mit der Unternehmens- bzw. Betriebsveräußerung ein im statutarischen Unternehmensgegenstand genannter Geschäftsbereich vollständig aufgegeben wird. Schließlich sind die Gesellschafter zur Entscheidung über Geschäftsführungsmaßnahmen nach der sog. **Holzmüller-Rechtsprechung** des BGH zwingend aufgerufen, wenn diese Maßnahme „so tief in die Mitgliedsrechte der [Anteilsinhaber] und deren im Anteilseigentum verkörpertes Vermögensinteresse eingreift, dass die [Geschäftsleitung] vernünftigerweise nicht annehmen kann, [sie] dürfte sie in ausschließlich eigener Verantwortung treffen, ohne die [Versammlung der Anteilsinhaber] zu beteiligen".[113] Diese zunächst vom BGH für das Aktienrecht entwickelte und auf § 119 Abs. 2 AktG gestützte Entscheidung enthält nach allgemeiner Meinung einen verallgemeinerungsfähigen, dh auch für sonstige Gesellschaftsformen geltenden Grundsatz.[114] Allerdings hat der BGH die „Holzmüller-Doktrin" mit zwei Urteilen vom 26.4. 2004 **(„Gelatine")[115] präzisiert und eingeschränkt:** Unter Aufgabe der Herleitung aus

[109] → D Rn. 2ff.

[110] Ebenso *Fitting* BetrVG § 1 Rn. 229.

[111] Vgl. *Seibt* in K. Schmidt/Lutter AktG, § 179a Rn. 4; zur KG: BGH 9.1.1995 – I ZR 24/94, NJW 1995, 596, mAnm *Grunewald* JZ 1995, 577; Großkommentar HGB/*Habersack* HGB § 126 Rn. 16; zur GmbH: BGH 8.1.2019 – II ZR 364/18 (keine analoge Anwendung, dennoch Erfordernis eines Gesellschafterbeschlusses auch ohne Satzungsgrundlage, NZG 2019, 505); Hachenburg/*Ulmer* GmbHG § 53 Rn. 38; Baumbach/Hueck/*Zöllner/Noack,* 22. Aufl. 2019, GmbHG § 53 Rn. 12.

[112] Hierzu *Wollburg/Gehling* FS Lieberknecht, 1997, 133 (136ff.); Hüffer/*Koch* AktG § 179 Rn. 9a; *Groß* AG 1994, 266 (268).

[113] BGH 25.2.1982 – II ZR 174/80, BGHZ 83, 122 (133), NJW 1982, 1703 (Holzmüller); Hüffer/*Koch* AktG § 119 Rn. 16 mwN auch zur Instanzrechtsprechung; *Sieger/Hasselbach* AG 1999, 241; *Wollburg/Gehling* FS Lieberknecht, 1997, 133; *K. Schmidt,* Gesellschaftsrecht, S. 878ff.; *Lutter* FS Stimpel, 1985, 825ff.; *ders.* FS Fleck, 1988, 169; *Hübner* FS Stimpel, 1985, 791ff.; *Rehbinder* ZGR 1983, 92; *Zimmermann/Pentz* FS W. Müller, 2001, 151ff.

[114] Vgl. statt vieler *K. Schmidt,* Gesellschaftsrecht, 4. Aufl. 2002, S. 374.

[115] II ZR 155/02 und II ZR 154/02, NZG 2004, 571 und NZG 2004, 575.

§ 119 Abs. 2 AktG plädiert der 2. Senat des BGH nunmehr für eine „offene Rechtsfortbildung“. Danach kann eine im Gesetz nicht ausdrücklich vorgesehene Mitwirkung der Hauptversammlung bei Geschäftsführungsmaßnahmen des Vorstands „… nur in **engen Grenzen,** nämlich dann in Betracht kommen, wenn sie an die **Kernkompetenz** der Hauptversammlung, über die Verfassung der Gesellschaft zu bestimmen, rühren und in ihren Auswirkungen einem Zustand nahezu entsprechen, der allein durch eine Satzungsänderung herbeigeführt werden kann“.[116] Für die Veräußerung eines **Betriebs bzw. Betriebteils** durfte die **Schwelle** erst bei einer Größenordnung von 75 bzw. 80% des Gesellschaftsvermögens überschritten sein.[117]

Der Betriebsübergang kann demzufolge allenfalls soweit er sich auf kleinere unternehmerische Teileinheiten bezieht (insbesondere auf nicht „lebensnotwendige“ Betriebe und Betriebsteile) als rein arbeitsrechtlicher Vorgang[118] aufgefasst werden. Erstreckt sich die Betriebsübernahme dagegen auf das gesamte Gesellschaftsvermögen oder zumindest wesentliche Teile hiervon, ist bereits die Grenze zu den nachfolgend zu behandelnden Misch- und Überschneidungstatbeständen überschritten. Von daher kann § 613a BGB somit durchaus als Bestandteil des – in Deutschland bekanntlich nicht einheitlich geregelten – **Unternehmensrechts**[119] aufgefasst werden: Es handelt sich um eine gesetzlich angeordnete **Sonderrechtsnachfolge** in die bestehenden Arbeitsverhältnisse im Falle der rechtlichen Ausgliederung des Unternehmens oder von organisatorischen Teileinheiten. 54

Dem Betriebsübergang bzw. Betriebsteilübergang liegt typischerweise ein *„Asset Deal“*, also die rechtsgeschäftliche Übertragung von Vermögensgegenständen auf einen anderen Rechtsträger, zugrunde. Er löst eine Reihe zT höchst komplexer rechtlicher Folgen aus, die in dem jeweiligen Sachzusammenhang dargestellt werden (s. zu den **individualrechtlichen Folgen** → G Rn. 122ff. und 170ff.; zum **Widerspruchsrecht** der Arbeitnehmer → G Rn. 147ff.; zur **Unterrichtungspflicht** auf Arbeitgeberseite → G Rn. 210ff.; zu den Folgen für **Tarifverträge** und **Betriebsvereinbarungen** → E Rn. 2ff. und 111ff.; zu den Auswirkungen im Bereich der **betrieblichen Altersversorgung** → J Rn. 423ff.). 54a

Sollen diese Folgen vermieden werden, bietet sich uU der *Share Deal* als Alternative an (dazu auch → Rn. 119), auf den § 613a BGB weder direkt noch analog Anwendung findet.

III. Misch- und Überschneidungstatbestände

Für die hier als solche bezeichneten Misch- und Überschneidungstatbestände ist charakteristisch, dass eine Umstrukturierung auf gesellschaftsrechtlicher Ebene **zugleich** arbeitsrechtliche Veränderungen nach sich zieht. Anders als bei den rein arbeitsrechtlichen Vorgängen erfolgen die arbeitsrechtlichen Maßnahmen in der Regel nicht „um ihrer selbst willen“ (Beispiel: Personalabbau, Stilllegung von Betriebsteilen, Betriebsverlegung), sondern sind Folgen eines gesellschaftsrechtlichen Umstrukturierungsprozesses. Als legislatorische Hauptanwendungsfälle derartiger gesellschaftsrechtlich, häufig auch steuerrechtlich motivierter Umstrukturierungen mit mehr oder minder zwangsläufigen arbeitsrechtlichen 55

[116] II ZR 155/02, aaO, unter III 2a) bb) der Gründe; zur Verfassungsmäßigkeit dieser Rspr. BVerfG (3. Kammer des Ersten Senats) 7.9.2011 – 1 BvR 1460/10, ZIP 2011, 2094.

[117] Vgl. *Götze* NZG 2004, 585; Hüffer/*Koch* AktG § 119 Rn. 18.

[118] Daneben ist – selbstverständlich – der allgemeine zivilrechtliche Aspekt bedeutsam, der sich beim so genannten *Asset Deal* (wie über § 453 Abs. 1 BGB auch beim *Share Deal*) bekanntlich nach den Bestimmungen des Kaufrechts (§§ 433ff. BGB) richtet, vgl. dazu *Seibt/Reiche* DStR 2002, 1135 und DStR 2002, 1181 (insbesondere zum Unternehmenskauf nach der Schuldrechtsreform); *Stengel/Scholderer* NJW 1994, 158 (159); Picot/*Picot* § 1 Rn. 98.

[119] Zum Begriff des Unternehmensrechts sowie seinem Verhältnis zum Gesellschaftsrecht vgl. *Wiedemann,* Gesellschaftsrecht Bd. 1, 1980, 20.

Konsequenzen haben seit Inkrafttreten des **Umwandlungsgesetzes**[120] sicherlich die dort geregelten Umwandlungsarten zu gelten. Die Betrachtung griffe jedoch zu kurz und ginge zu einem erheblichen Teil an der Unternehmens- und Vertragspraxis vorbei, wenn sie nicht auch die klassischen Formen der Unternehmensumstrukturierung einschließlich der Fälle der Unternehmensliquidation und -insolvenz, mit in den Blick nähme. Diese sollen daher zunächst dargestellt werden.

1. Außerhalb des Umwandlungsgesetzes

a) Ausgliederung von Unternehmensaktivitäten (Betrieben oder Betriebsteilen) in neu gegründete oder bereits bestehende (Konzern-)Gesellschaften

56 **aa) Wahlfreiheit zwischen Spaltung/Ausgliederung nach UmwG und Einzelrechtsübertragung.** Vor Inkrafttreten des UmwG bestand die praktisch einzige[121] Möglichkeit der **Unternehmensteilung** darin, dass die jeweils auszugliedernden Teile des Unternehmensvermögens durch **Einzelrechtsübertragung** in bereits existierende oder eigens zu diesem Zweck gegründete Tochter- oder Schwestergesellschaften eingebracht wurden.

Beispiel B 8:

Die C-GmbH betreibt ein Unternehmen der chemischen Industrie, das sich im Wesentlichen in die Bereiche Einkauf, Produktion, Vertrieb und Verwaltung (Organisation, Buchhaltung, EDV, Personal) aufgliedert. Die Produktion soll nunmehr „rechtlich verselbständigt" werden. Zu diesem Zweck gründet die C-GmbH als 100%ige Anteilseignerin die P-GmbH, in welche die C-GmbH im Wege eines entsprechenden Veräußerungs- und Übertragungsvertrages ihr gesamtes auf die Produktion entfallendes Betriebsvermögen einbringt (Sachgründung bzw. Sachkapitalerhöhung).

57 Wirtschaftlich betrachtet entspricht das Ergebnis des vorstehenden Beispielsfalles demjenigen einer Ausgliederung zur Neugründung im Sinne von § 123 Abs. 3 Nr. 2 UmwG.[122] Rechtlich vollzieht sich die Umstrukturierung dagegen **vollständig außerhalb des Anwendungsbereichs des Umwandlungsgesetzes,** da dieses die – nach wie vor mögliche – Teilung von Unternehmen im Wege der Singularsukzession (Einzelrechtsnachfolge) gerade nicht regelt und regeln soll.[123] Für die notwendigen Übertragungsvorgänge sind mithin diejenigen zivilrechtlichen Vorschriften maßgeblich, die auch bei einer Übertragung von Gegenständen des Gesellschaftsvermögens auf beliebige Dritte Anwendung finden würden.

58 Insbesondere müssen hinsichtlich der dinglichen Übertragung das sachenrechtliche **Spezialitätsprinzip**[124] sowie ganz generell alle besonderen **Formvorschriften,** insbesondere

---

[120] Vom 28.10.1994 (BGBl. I 3210, ber. BGBl. 1999 I 428), im Hinblick auf die EU-Verschmelzungsrichtlinie geändert durch das Zweite Gesetz zur Änderung des Umwandlungsgesetzes sowie mitbestimmungsrechtlich ergänzt durch das MgVG, → F Rn. 165.

[121] Wenn man von der zuvor bereits in einigen Spezialgesetzen vorgesehenen Möglichkeit der Spaltung absieht; vgl. insbesondere das Gesetz über die Spaltung der von der Treuhandanstalt verwalteten Unternehmen (SpTrUG) vom 5.4.1991, BGBl. 1991 I 854 idF v. 4.12.2004, BGBl. 2004 I 3166.

[122] Dazu → Rn. 77.

[123] Unstr.; vgl. *Kallmeyer* ZIP 1994, 1746 (1747, 1749); *H. Schmidt* in Lutter (Hrsg.), Kölner Umwandlungsrechtstage, 59, 65. Streitig ist allerdings, ob das UmwG auf Übertragungsvorgänge außerhalb seines Anwendungsbereichs „ausstrahlt"; vgl. Lutter/*Bayer* Einleitung I Rn. 57ff.; *Engelmeyer* AG 1999, 263 (264) mwN; *Reichert* ZHR Beiheft 68 (1999), 25ff.; *Priester* ZHR 1999, 187; *Bungert* NZG 1998, 367; *Trittin/Gilles* RdA 2011, 46 (47). Dass gleichwohl in der Praxis der Versuch unternommen wird, Umstrukturierungen im Wege der Einzelrechtsübertragung den strengen Formvorschriften des UmwG zu unterwerfen, zeigt der dem Urteil des LG Hamburg 21.1.1997 – 402 O 122/96 (Wünsche AG), DB 1997, 516, zugrunde liegende Sachverhalt. Das Landgericht hat dieses Ansinnen zu Recht zurückgewiesen.

[124] Vgl. BGH 24.6.1958 – VIII ZR 205/57, BGHZ 28, 16 (20), NJW 1958, 1133; BGH 13.6.1956 – IV ZR 24/56, BGHZ 21, 52 (56) = NJW 1956, 1315; Erman/*W. Bayer* § 929 Rn. 3; vgl. auch Picot/*Picot* § 4 Rn. 31.

nach § 311b Abs. 1 BGB, beachtet werden (was allerdings gegenüber der Spaltung/Ausgliederung insoweit kein Erschwernis bedeutet, als diese insgesamt gemäß § 125 iVm § 6 UmwG notarieller Beurkundung bedarf). Dennoch bleibt die **Quasi-Spaltung** oder **Quasi-Ausgliederung** im Wege der Einzelübertragung eine interessante Alternative, weil sie oftmals mit einem deutlich niedrigeren Aufwand verbunden ist als die Abspaltung oder Ausgliederung nach dem Umwandlungsgesetz. Der Verzicht auf die durch das Umwandlungsgesetz eröffneten Gestaltungsmöglichkeiten muss auch nicht zwingend mit **steuerlichen Nachteilen** verbunden sein.[125] Gerade in Anbetracht der erheblichen Erschwernisse und Risiken, die das Umwandlungsgesetz bei Durchführung der dort geregelten Umwandlungen aus arbeitsrechtlicher Sicht mit sich bringen kann,[126] muss jeweils vor einer Ausgliederung von Unternehmensteilen **sorgfältig geprüft** werden, welcher der in Betracht kommenden Gestaltungsvarianten unter zivil-, steuer- und – nicht zuletzt – arbeitsrechtlichen Aspekten der Vorzug einzuräumen ist. In Anbetracht der differenziert ausgestalteten Beteiligungsrechte des Betriebsrats bzw. Gesamtbetriebsrats sowie weiterer, zum Teil erheblicher arbeitsrechtlicher Unterschiede muss diese Weichenstellung in jedem Falle bereits **vor erstmaliger Unterrichtung** der Arbeitnehmervertretung erfolgen. Wegen der uU notwendigen Einbeziehung der **Anteilseigner** ist auf die Ausführungen zur „Holzmüller"- und „Gelatine"-Rechtsprechung des BGH (→ Rn. 53) zu verweisen.

bb) Arbeitsrechtliche Konsequenzen der Einzelrechtsübertragung. (1) Betriebsübergang nach § 613a BGB. Werden die für die Fortführung eines Betriebs oder Betriebsteils notwendigen Vermögenswerte durch Einzelrechtsgeschäfte *(Asset Deal)* auf einen neuen Inhaber übertragen, der damit den bisherigen Betriebszweck weiterverfolgt, tritt dieser nach § 613a Abs. 1 S. 1 BGB in alle zu diesem Zeitpunkt bestehenden und zu dem übertragenden Betrieb bzw. Betriebsteil gehörenden Arbeitsverhältnisse ein.[127] Dabei reicht es für den Übergang des betriebsnotwendigen Vermögens unstreitig aus, wenn dieses dem neuen Betriebsinhaber im Wege eines Miet-, Leih- oder Pachtverhältnisses auf Zeit zur Nutzung überlassen wird.[128] 59

Hinsichtlich der Voraussetzungen des § 613a BGB, insbesondere bezüglich der Anforderungen an einen Betriebsteil sowie Art und Umfang der für einen Betriebsübergang notwendigen Betriebsmittel, sei auf die zusammenfassende Darstellung unter → G Rn. 31 ff. verwiesen. Bei Ausgliederung von betrieblichen Teilaktivitäten innerhalb von Unternehmensgruppen (Konzernen) sind diese Fragen in der Praxis allerdings weniger relevant, da von der aufnehmenden Gesellschaft im Zweifel eine geschlossene Organisation oder Teilorganisation übernommen und fortgeführt wird;[129] die – unveränderte – Fortführung der bestehenden Arbeitsverhältnisse ist außerdem in derartigen Fällen eine aus Arbeitgebersicht weitaus eher akzeptierte Folge, da eben kein „fremdes" Personal übernommen werden muss. Andererseits sind die im Rahmen von § 613a BGB durchaus möglichen **Widersprüche** von Arbeitnehmern gegen den Übergang ihres Arbeitsverhältnisses[130] weniger wahrscheinlich, wenn es lediglich konzernintern zu einem Wechsel des Arbeitgebers kommt. Unabhängig davon ist in jedem Falle eine **schriftliche Information** der Arbeitnehmer über den Grund und die Folgen des Betriebsübergangs nach **§ 613a Abs. 5 BGB** erforderlich, da anderenfalls die Monatsfrist für die Ausübung des Widerspruchsrechts nach 60

[125] Vgl. *Schaumburg* in Lutter (Hrsg.), Kölner Umwandlungsrechtstage, 329, 335.
[126] Dazu → C Rn. 480 ff., 488 ff. sowie *Willemsen* NZA 1996, 791 (803); ders. RdA 1998, 23.
[127] Vgl. zu diesem „Gleichlauf von Arbeitsplatz und Arbeitsverhältnissen" *Willemsen* RdA 1993, 133 (136).
[128] Vgl. zB BAG 25.2.1981 – 5 AZR 991/78, DB 1981, 1140; 27.4.1995 – 8 AZR 197/94, NZA 1995, 1155; 11.12.1997 – 8 AZR 426/94, NZA 1998, 532; 20.6.2002 – 8 AZR 459/01, NZA 2003, 318 (321).
[129] Vgl. zu diesem Wesensmerkmal des Betriebsübergangs *Willemsen* RdA 1991, 204 (210).
[130] Dazu → G Rn. 147 ff.

Abs. 6 nicht zu laufen beginnt. Ein diesbezügliches Versäumnis kann für den bisherigen Arbeitgeber unter Umständen fatale Folgen haben.[131]

Aus kollektivarbeitsrechtlicher Sicht sind insbesondere Änderungen hinsichtlich des Bestandes und der Zusammensetzung von **Betriebsräten** (dazu → D Rn. 8, 49 ff.) sowie die Weitergeltung bzw. Ablösung von **Kollektivvereinbarungen** (→ E Rn. 1 ff.) bedeutsam.

61 **(2) Betriebsänderung nach §§ 111 ff. BetrVG.** Die Teilung von Unternehmen durch Ausgliederung einzelner Aktivitäten in andere (Konzern-) Gesellschaften *kann* unter bestimmten Voraussetzungen eine sozialplanpflichtige Betriebsänderung darstellen. Wegen der – verhältnismäßig komplizierten – Einzelheiten ist auf die Darstellung in → C Rn. 57 ff. zu verweisen.

b) „Verschmelzung" von Unternehmen durch Einbringung von Einzelvermögenswerten *(Assets)* in die aufnehmende Gesellschaft

62 **aa) Betriebsübergang nach § 613a BGB.** Möglich bleibt auch nach Inkrafttreten des Umwandlungsgesetzes als spiegelbildlicher Fall zu der oben beschriebenen Ausgliederung im Wege der Einzelrechtsübertragung die **Quasi-Fusion** durch Einbringung der Aktiva und Passiva in einen anderen Rechtsträger gegen Gewährung von Anteilen an diesem; eine Gestaltung, die insbesondere bei grenzüberschreitenden Sachverhalten praktische Relevanz erlangt hatte[132] und vom deutschen Gesetzgeber mittelbar anerkannt wurde[133] (dazu auch → F Rn. 103, 157 ff.). Ebenso wie bei der Unternehmensteilung (Quasi-Spaltung) muss auch hier zunächst jeweils das Vorliegen eines **Betriebsübergangs** nach § 613a BGB geprüft werden, dessen Voraussetzungen bei einem vollständigen Zusammenschluss zweier Unternehmen stets erfüllt sein werden. Bei „Verschmelzung" mit einem **ausländischen Unternehmen** ist allerdings zu beachten, dass für die Anwendung des § 613a BGB internationalprivatrechtlich das für das jeweilige Arbeitsverhältnis geltende **Vertragsstatut** maßgeblich ist; auf das für den Kauf- oder Einbringungsvertrag selbst maßgebliche Recht kommt es mithin nicht an.[134] Führt die Quasi-Verschmelzung zu einer Betriebs- oder Betriebsteilverlagerung von einem inländischen zu einem ausländischen Unternehmen, ist § 613a BGB somit anwendbar, im umgekehrten Falle dagegen nicht. Erklärt ein Arbeitnehmer allerdings bereits vor der Betriebsveräußerung, er sei nicht bereit, das Arbeitsverhältnis am künftigen Betriebssitz im Ausland fortzusetzen, so kann ihm bereits der Betriebsveräußerer aus betriebsbedingten Gründen kündigen, wenn er selbst keine Beschäftigungsmöglichkeit für den Arbeitnehmer mehr hat.[135].

63 Entsprechendes wird nach der BAG-Rechtsprechung zu gelten haben, wenn eine „Verschmelzung" innerhalb der Bundesrepublik mit einem **Wechsel des Arbeitsortes** verbunden ist und der Arbeitnehmer, dessen Arbeitsvertrag lediglich die Beschäftigung am bisherigen Arbeitsort vorsieht, sich definitiv und endgültig weigert, seine Tätigkeit am Betriebssitz des aufnehmenden Unternehmens fortzusetzen (zum grds. Vorrang der Änderungskündigung allerdings → H Rn. 31). Hiervon sachlich zu unterscheiden ist die **Ausübung des Widerspruchsrechts** durch den Arbeitnehmer, die unabhängig von den künftigen Arbeitsbedingungen von vornherein den Übergang des Arbeitsverhältnisses nach § 613a BGB verhindert. Nach der zitierten, in der Folgezeit nicht bestätigten früheren Rechtsprechung des BAG[136] soll allerdings die Weigerung, im Falle einer Betriebsverlagerung anlässlich eines Betriebsübergangs am künftigen Betriebssitz tätig zu werden, in ihren

---

[131] Dazu → G Rn. 228 ff.

[132] Vgl. *Bogenschütz* IStR 2000, 609.

[133] Vgl. Lutter/*Drygala* UmwG § 1 Rn. 52; vgl. auch Widmann/Mayer/*Heckschen* UmwG § 1 Rn. 24.

[134] Vgl. BAG 26.5.2011 – 8 AZR 37/10, NZA 2011, 1143 (1146 f.) sowie die weiteren Nachweise in → G Rn. 46a; wie hier auch Hölters/*von Steinau-Steinrück/Thees* V Rn. 5.24; vgl. Semler/Volhard/*Gach* § 27 Rn. 50. Zur grenzüberschreitenden Verschmelzung ausführlich → F Rn. 157 ff.

[135] BAG 20.4.1989, NZA 1990, 32, 2. Leitsatz.

[136] BAG 20.4.1989. aaO.

praktischen Auswirkungen der Ausübung des Widerspruchs gleichkommen, woran aber heute nicht mehr festgehalten werden kann.

bb) Betriebsänderung nach §§ 111 ff. BetrVG. Die Quasi-Verschmelzung zweier oder mehrerer Unternehmen *kann,* muss aber nicht zwangsläufig eine Betriebsänderung nach §§ 111 ff. BetrVG zur Folge haben. Entscheidend ist, ob es hierbei auch zu einer Fusion von Betrieben, also zu einer **organisatorischen Verschmelzung** bestehender arbeitstechnischer Einheiten kommt (Zusammenschluss von Betrieben im Sinne von § 111 S. 2 Nr. 3 BetrVG; dazu im Einzelnen → C Rn. 53). Trifft dies zu, muss zunächst das Verfahren nach §§ 111 ff. BetrVG hinsichtlich des Interessenausgleichs vollständig durchlaufen werden (→ C Rn. 137 ff.), bevor die Verschmelzung auf betrieblicher Ebene vollzogen werden darf. Der Abschluss des zivilrechtlichen Einbringungsvertrages ist hiervon allerdings nicht abhängig; insoweit gilt das zum Verhältnis zwischen Umwandlungs- und Betriebsverfassungsrecht (→ Rn. 94 ff.) Ausgeführte entsprechend. 64

c) Liquidation/Eröffnung des Insolvenzverfahrens

aa) Liquidation. Durch den Liquidationsbeschluss der Gesellschafter wird der Gesellschaftszweck von einem wirtschaftlich-werbenden zu einem abwickelnden umgewandelt.[137] Es handelt sich mithin zunächst um einen rein gesellschaftsrechtlichen Vorgang. Zu einem Überschneidungstatbestand im Sinne der hier vorgenommenen Einteilung wird die Unternehmensliquidation jedoch dann, wenn die für den Auflösungsbeschluss zuständigen (vgl. § 131 Abs. 1 Nr. 2 HGB, § 262 Abs. 1 Nr. 2 AktG, § 60 Abs. 1 Nr. 2 GmbHG) Gesellschafter, was jedenfalls bei der Personengesellschaft und der GmbH häufig der Fall sein wird, mit der Auflösung der Gesellschaft zugleich die kurzfristige Einstellung sämtlicher betrieblicher Aktivitäten beschließen. Vor und bei Durchführung dieses Beschlusses haben die hierfür zuständigen **Liquidatoren** (§ 146 HGB, § 265 AktG, § 66 GmbHG) selbstverständlich alle einschlägigen arbeitsrechtlichen Regelungen zu beachten. Ein **Sonderarbeitsrecht für Unternehmensliquidationen** außerhalb des Insolvenzverfahrens **gibt es nicht.** Dementsprechend ist völlig unstreitig, dass auch bei Betriebsstilllegungen im Zuge der Auflösung von Personen- oder Kapitalhandelsgesellschaften die Mitbestimmung des Betriebsrats bei Betriebsänderungen nach §§ 111 ff. BetrVG uneingeschränkt Anwendung findet. Es muss insbesondere ein **Sozialplan** aufgestellt werden, wenn das betroffene *Unternehmen (!)* über mehr als 20 regelmäßig beschäftigte Arbeitnehmer sowie der betroffene Betrieb über einen Betriebsrat verfügt. 65

Zu beachten ist allerdings, dass die Auflösung des Unternehmensträgers **nicht zwangsläufig eine Betriebsänderung** nach §§ 111 ff. BetrVG nach sich ziehen muss. Die Verwertung des Gesellschaftsvermögens kann auch in der Weise erfolgen, dass ein Betrieb oder mehrere Betriebe *en bloc* auf einen Dritten oder einen an der Auseinandersetzung beteiligten Gesellschafter übertragen werden.[138] In diesem Fall liegt keine Betriebsstilllegung im Sinne von § 111 S. 2 Nr. 1 BetrVG, sondern ein **Betriebsübergang** nach § 613a BGB vor.[139] Angesichts der grundlegenden arbeitsrechtlichen Unterschiede zwischen Betriebsstilllegung einerseits und Betriebsveräußerung andererseits wird es sich in der Praxis oftmals empfehlen, den gesellschaftsrechtlichen Liquidationsbeschluss so zu fas- 66

[137] Vgl. *K. Schmidt,* Gesellschaftsrecht S. 313.

[138] Sog übertragende Auflösung (MotoMeter-Methode = Übertragung auf Mehrheitsgesellschafter), „faktischer Squeeze-Out" (im Gegensatz zum Squeeze-Out iSd §§ 327a ff. AktG, dem Ausschluss von Minderheitsaktionären einer AG durch Beschluss der Hauptversammlung und dem umwandlungsrechtlichen Squeeze-out nach § 62 UmwG; zu letzteren s. *Kiefner/Brügel* AG 2011, 525); hierzu *Henze* ZIP 1995, 1473; ders. FS Boujong, 1996, 233 ff.; *Lutter/Drygala* FS Kropf, 1997, 101 ff.; zur Verfassungsmäßigkeit BVerfG 23.8.2000 – 1 BvR 68/95, DB 2000, 1905 (MotoMeter) sowie 30.5.2007 – 1 BvR 390/04, DStR 2007, 1177. Zur Zulässigkeit der Veräußerung des Unternehmens im Zuge der Liquidation allgemein OLG Stuttgart 20.12.1968 – 2 U 140/68, NJW 1969, 1493.

[139] Dazu, dass der Betriebsübergang als solcher keine Betriebsänderung iSv § 111 BetrVG ist, → C Rn. 79.

sen, dass die konkrete Art seiner Durchführung den Liquidatoren, bei einer Kapitalhandelsgesellschaft mithin dem gesetzlichen Vertretungsorgan (Vorstand, Geschäftsführer), vorbehalten bleibt. Beschränkt sich der Liquidationsbeschluss dementsprechend auf die rein gesellschaftsrechtliche Ebene, bleibt seine konkret-betriebsbezogene Umsetzung also dem für die Liquidation zuständigen Gesellschaftsorgan vorbehalten, handelt es sich zunächst um eine arbeitsrechtlich neutrale Maßnahme, über die angesichts ihrer erheblichen wirtschaftlichen Tragweite aber in jedem Falle der **Wirtschaftsausschuss** – falls vorhanden – nach § 106 Abs. 3 Nr. 1 und 10 BetrVG **rechtzeitig und umfassend** informiert werden muss (dazu näher → C Rn. 476 ff.). Die wesentlich weiter gehenden **Beteiligungsrechte des Betriebsrats,** insbesondere nach §§ 111 ff. BetrVG, sind dagegen erst dann einschlägig, wenn der bzw. die Liquidatoren konkrete betriebsbezogene Maßnahmen, insbesondere die Betriebsstilllegung oder -teilstilllegung, planen.

67 **bb) Eröffnung des Insolvenzverfahrens.** Bei der Eröffnung des Insolvenzverfahrens, die bei Handelsgesellschaften kraft zwingenden Rechts zu deren Auflösung führt (vgl. § 131 Abs. 1 Nr. 3 (ggf. iVm § 161 Abs. 2) HGB; § 262 Abs. 1 Nr. 3 AktG; § 60 Abs. 1 Nr. 4 GmbHG), stellt sich die Rechtslage grundsätzlich vergleichbar dar. Weder der Antrag auf Verfahrenseröffnung noch die Verfahrenseröffnung selbst lösen Beteiligungsrechte des Betriebsrats aus, wenn man von der auch hier erforderlichen **Unterrichtung des Wirtschaftsausschusses** nach § 106 Abs. 3 Nr. 1 BetrVG[140] absieht. Während die Eröffnung des Insolvenzverfahrens außer im Falle der Eigenverwaltung iSv § 270 Abs. 1 S. 1 InsO zu einer Kompetenzverlagerung hinsichtlich der Ausübung von Arbeitgeberfunktionen auf den Insolvenzverwalter führt (§ 80 InsO), **bleiben** die **Arbeitnehmervertretungen** (Betriebsrat, Gesamtbetriebsrat) unverändert **im Amt** und behalten grundsätzlich auch gegenüber dem Insolvenzverwalter ihre betriebsverfassungsrechtlichen Beteiligungsbefugnisse. Auch die bestehenden Arbeitsverhältnisse müssen – jedenfalls zunächst – „massewirksam" fortgeführt werden.[141]

Mit der Eröffnung des Insolvenzverfahrens sind jedoch eine Reihe von zum Teil tief greifenden Einschnitten des Gesetzgebers sowohl in den individual- wie auch in den kollektivrechtlichen Bestandsschutz der Arbeitsverhältnisse verbunden.[142] Hinzu kommt, dass auch die **Befriedigung von Arbeitnehmeransprüchen** auf Gehalt, Sozial- und sonstige Leistungen nunmehr einer spezifisch insolvenzrechtlichen Verteilungsordnung unterliegt. Insoweit hat bereits die Verfahrenseröffnung als solche **unmittelbare arbeitsrechtliche Relevanz.**[143]

68 Trotz dieser unverkennbaren, nicht nur wirtschaftlichen, sondern auch rechtlichen Nachteile für die Arbeitnehmer verbleibt es auch unter Geltung der Insolvenzordnung bei dem Grundsatz, dass die Eröffnung des Insolvenzverfahrens als solche noch **keine Betriebsänderung** im Sinne von §§ 111 ff. BetrVG ist.[144] Demzufolge braucht ein Arbeitgeber, der einen entsprechenden Antrag zu stellen gedenkt, nicht zuvor den Betriebsrat nach §§ 111 ff. BetrVG zu beteiligen. Anders stellt sich die Rechtslage nur dann dar, wenn noch im unmittelbaren Vorfeld des Insolvenzeröffnungsverfahrens konkrete Betriebsänderungen durchgeführt werden sollen.[145] Ansonsten scheidet aber eine Verhandlungspflicht des die Einleitung des Insolvenzverfahrens beantragenden Arbeitgebers über einen Interessenausgleich oder Sozialplan schon deshalb aus, weil er mit der Verfahrenseröffnung das Verwal-

---

140 HWK/*Willemsen/Lembke* BetrVG § 106 Rn. 58; *Fitting* BetrVG § 106 Rn. 54; *Willemsen,* Arbeitnehmerschutz S. 33 ff. mwN.

141 Dazu und zu den insolvenzrechtlichen Besonderheiten s. ErfK/*Müller-Glöge* Einf. InsO Rn. 37 ff.

142 Dazu → H Rn. 162 und → C Rn. 192a ff.

143 Zu dem mit Wirkung ab 1.3.2012 eingeführten Insolvenzplanverfahren nach §§ 217 ff. InsO vgl. → L Rn. 232 ff. sowie Uhlenbruck/*Lüer/Streit* InsO Vorb. zu §§ 217–269 Rn. 1 ff.; zu seinen Folgen für den Sozialplan in der Insolvenz Gottwald/*Bertram/Künzel* InsR-HdB § 106 Rn. 150.

144 Vgl. → C Rn. 28; *Hess*/Worzalla/Glock/Nicolai/Rose/Huke BetrVG § 111 Rn. 136 sowie die umfangreichen weiteren Nachweise bei *Willemsen,* aaO, S. 33 Fn. 29.

145 Vgl. *Willemsen,* aaO, S. 32.

tungs- und Verfügungsrecht über sein Vermögen verliert und demzufolge gar nicht der richtige Verhandlungspartner für den Betriebsrat hinsichtlich solcher Betriebsänderungen ist, deren Realisierung erst im Laufe des Insolvenzverfahrens erfolgt.[146] Dies gilt allerdings nicht im Falle der **Eigenverwaltung** gem. § 270 InsO; hier bleibt die Zuständigkeit des Schuldners/Arbeitgebers für arbeitsrechtliche Maßnahmen erhalten.[147]

Zusammenfassend ist mithin festzuhalten, dass bereits die Insolvenzeröffnung als solche arbeitsrechtliche Auswirkungen hat, wenngleich die einzelnen Arbeitsverhältnisse und die vorhandenen Arbeitnehmervertretungen zunächst unverändert bestehen bleiben. Die Beteiligungsrechte des Betriebsrats hinsichtlich konkreter Betriebsänderungen kommen dagegen in der Regel erst *nach* der Verfahrenseröffnung zum Tragen. Wegen aller weiterer Einzelheiten in diesem Zusammenhang wird auf Kap. L verwiesen.

2. Innerhalb des Umwandlungsgesetzes

a) Regelungsgegenstand

Wie die vorstehenden Ausführungen gezeigt haben, fällt keineswegs jede Unternehmensumstrukturierung unter den Begriff der Umwandlung im Sinne des Umwandlungsgesetzes. Der gesetzliche Umwandlungsbegriff ist vielmehr in zweifacher Hinsicht begrenzt: Zum einen **formal** dadurch, dass das Umwandlungsgesetz einen ***numerus clausus* der Umwandlungsmöglichkeiten** festschreibt,[148] hinsichtlich der Umwandlungstypen somit analogiefeindlich ist (vgl. § 1 Abs. 2 UmwG).[149] In **sachlicher** Hinsicht ergibt sich eine Eingrenzung dadurch, dass der übertragenden Umwandlung nach dem Umwandlungsgesetz das legislatorische Konzept einer **(partiellen) Gesamtrechtsnachfolge** zugrunde liegt. **Übertragende Umwandlung** meint alle gesetzlich geregelten Umwandlungsfälle, mit denen notwendigerweise eine Vermögensübertragung verbunden ist,[150] mithin die Verschmelzung, Spaltung und Vermögensübertragung, **nicht** aber den **Formwechsel.**[151] Gesamtrechtsnachfolge (Universalsukzession) bezeichnet herkömmlicherweise im Gegensatz zur Einzelrechtsnachfolge einen Übertragungsvorgang, der ohne besonderen, auf die einzelnen Vermögensgegenstände gerichteten Übertragungsakt kraft Gesetzes stattfindet.[152] Als Prototyp einer übertragenden Umwandlung kann die **Verschmelzung** gelten, in deren Folge gemäß § 20 Abs. 1 Nr. 1 das Vermögen des übertragenden Rechtsträgers einschließlich der Verbindlichkeiten auf den übernehmenden Rechtsträger übergeht. Das eigentlich Neuartige am Umwandlungsgesetz von 1994 war und ist, dass erstmals auch ein **Teil** des Gesellschaftsvermögens einer übertragenden Umwandlung und damit einer **partiellen Gesamtrechtsnachfolge** zugänglich gemacht wird, nämlich im Wege der Spaltung (§ 123 Abs. 1 und 2) bzw. Ausgliederung (§ 123 Abs. 3).[153] 69

---

[146] *Willemsen,* aaO, S. 32.

[147] BAG 14.5.2020 – 6 AZR 235/19, NZA 2020, 1091 (Air Berlin/Lufthansa).

[148] Vgl. Schmitt/Hörtnagl/*Hörtnagl* UmwG § 1 Rn. 62; Kallmeyer/*Kallmeyer* UmwG § 1 Rn. 16.

[149] *Neye* in Lutter (Hrsg.), Kölner Umwandlungsrechtstage, 1, 6; *K. Schmidt* FS Kropff, 1997, 260 Davon zu unterscheiden ist die Frage der Analogiefähigkeit einzelner Vorschriften des Umwandlungsgesetzes in Bezug auf Umstrukturierungen außerhalb seines Anwendungsbereichs (vgl. Widmann/Mayer/*Heckschen* UmwG § 1 Rn. 397 ff., 406); dazu auch → Rn. 57 und 120. Im Folgenden sind Paragraphen ohne Gesetzesangabe solche des UmwG.

[150] Zu dieser systematischen Unterteilung Lutter/*Bayer* Einleitung I Rn. 50; *Ganske* WM 1993, 1117 (1120).

[151] Zu den einzelnen Umwandlungstypen → Rn. 73 ff.

[152] Vgl. Schmitt/Hörtnagl/*Winter* UmwG § 20 Rn. 23 sowie UmwG § 1 Rn. 22. Zu den dogmatischen Grundlagen der Universalsukzession im Umwandlungsrecht *K. Schmidt* AcP 191 (1991), 495 ff.; *Heidenhain* ZIP 1995, 801 ff.; *Mertens* AG 1994, 66, sowie aus arbeitsrechtlicher Sicht *Boecken* ZIP 1994, 1087; *ders.* Unternehmensumwandlungen Rn. 54 ff.; *Willemsen* RdA 1993, 133 (134).

[153] Dazu im Einzelnen → Rn. 75 ff. Auf die Vermögens(-teil)übertragung ist hier nicht näher einzugehen; dazu → Rn. 78; zu den Unterschieden zwischen partieller Gesamtrechtsnachfolge und Einzelrechtsübertragung s. Lutter/*Lieder* § 123 Rn. 24 ff.

70 Die erstmals für das Umwandlungsgesetz eingeführte Möglichkeit, lediglich Teile eines Unternehmens bzw. Betriebs auf **gesellschaftsrechtlichem Wege** und nicht durch ein Bündel von Einzelrechtsgeschäften geschlossen auf einen anderen Rechtsträger[154] zu übertragen, hat auch aus arbeitsrechtlicher Sicht die Landschaft der Unternehmensumstrukturierung nachhaltig verändert. Spielten sich Umstrukturierungsvorgänge zuvor mehr oder weniger getrennt auf gesellschaftsrechtlicher bzw. arbeitsrechtlicher Ebene ab, sind beide Regelungsbereiche durch das Umwandlungsgesetz an verschiedenen Stellen regelungstechnisch miteinander verwoben worden, was die generelle Frage nach dem Verhältnis zwischen Umwandlungsgesetz und allgemeinen arbeitsrechtlichen Bestimmungen aufwirft.[155] Ohne Kenntnis der Grundstrukturen und Prinzipien des Umwandlungsgesetzes, das wiederum nicht aus sich heraus, sondern nur eingebettet in das Gesellschaftsrecht erklärt und verstanden werden kann, ist die Durchführung einer Unternehmensumstrukturierung auch bezüglich der arbeitsrechtlichen Aspekte nicht mehr möglich; umgekehrt setzt jede Umwandlung erst recht auch in Zukunft eine qualifizierte arbeitsrechtliche Beratung voraus.[156]

Im Folgenden sollen der Aufbau des Umwandlungsgesetzes und die einzelnen Umwandlungsarten kurz dargestellt werden; im übrigen ist hinsichtlich der Einzelheiten auf das umfangreiche umwandlungsrechtliche Schrifttum[157] zu verweisen.

b) Gesetzesaufbau/Umwandlungsarten

71 Das Umwandlungsgesetz ist in acht Teile (gemäß traditioneller Terminologie „Bücher" genannt) untergliedert. Das Erste, lediglich aus einem einzigen Paragraphen (§ 1) bestehende Buch enthält den bereits erwähnten *numerus clausus* der zulässigen Umwandlungsarten: Verschmelzung, Spaltung (Aufspaltung, Abspaltung, Ausgliederung), Vermögensübertragung und Formwechsel. Zur Vermeidung von Missverständnissen sei allerdings auch in diesem Zusammenhang darauf hingewiesen, dass das Umwandlungsrecht nur als ein „Angebot des Gesetzgebers"[158] an die Praxis zu verstehen ist, Unternehmensumstrukturierungen mithin auch künftig durch Auflösung oder Neugründung, Einzelrechtsübertragung usw erfolgen können. Auf solche Vorgänge finden die Bestimmungen des Umwandlungsgesetzes keine Anwendung.

72 In den folgenden vier Büchern werden die einzelnen Umwandlungsarten näher geregelt (Verschmelzung: §§ 2–122; Spaltung: §§ 123–173; Vermögensübertragung: §§ 174–189; Formwechsel: §§ 190–304), wobei das Gesetz einer gewissen Baukastentechnik folgt.[159] Während das Sechste (Spruchverfahren, §§ 305–312) und Siebte Buch (Strafvorschriften und Zwangsgelder, §§ 312–316) im vorliegenden Zusammenhang eher von untergeordneter Bedeutung sind, enthält das – insofern grob irreführend – mit „Übergangs- und Schlussvorschriften" überschriebene Achte Buch in **§§ 322–325** wichtige **arbeitsrechtliche Bestimmungen,** auf die nachfolgend bei der Darstellung der arbeitsrechtlichen Aspekte von Unternehmensumstrukturierungen in dem jeweiligen Sachzusammenhang aus-

[154] Rechtsträger im Sinne des Umwandlungsrechts bedeutet jede rechtstechnische Einheit, die Träger von Rechten und Pflichten sein kann; vgl. zum Begriff Schmitt/Hörtnagl/*Hörtnagl* UmwG § 1 Rn. 2.

[155] Dazu im Einzelnen → Rn. 88 ff.

[156] Vgl. *Willemsen* NZA 1996, 791 (792, 803).

[157] Vgl. außerdem die Kommentare zum Umwandlungsgesetz von *Kallmeyer* (Hrsg.); *Lutter* (Hrsg.); *Schmitt/Hörtnagl; Goutier/Knopf/Tulloch; Widmann/Mayer;* Kölner Kommentar zum Umwandlungsgesetz sowie *Sagasser/Bula/Brünger,* Umwandlungen, 5. Aufl. 2017; *Lutter* (Hrsg.), Kölner Umwandlungsrechtstage, 1995; *Neye,* Handbuch der Unternehmensumwandlung, 2. Aufl. 2001; *Schwedhelm,* Unternehmensumwandlung, 7. Aufl. 2012; *Claussen,* Gesamtnachfolge und Teilnachfolge, 1995; *Boecken,* Unternehmensumwandlungen und Arbeitsrecht, 1996; *Voigt,* Umwandlung und Schuldverhältnis, 1997; *Schöne,* Spaltung unter Beteiligung von GmbH, 1998.

[158] So wörtlich *Neye* in Lutter (Hrsg.), Kölner Umwandlungsrechtstage, 1, 7; in diesem Sinne auch *Zöllner* ZGR 1993, 334 (337); *Kallmeyer* ZIP 1994, 1746 (1749); *Veil* ZIP 1998, 361 (366).

[159] *Neye,* aaO, 8.

führlich einzugehen sein wird.[160] Im Zuge der Reform des Betriebsverfassungsgesetzes im Jahre 2001 wurden zwei Kernregelungen dieses „Umwandlungsarbeitsrechts", nämlich § 321 UmwG aF (Übergangsmandat) und § 322 Abs. 1 UmwG aF (Vermutung zugunsten eines Gemeinschaftsbetriebs nach Spaltung) legislatorisch verallgemeinert und als § 21a bzw. § 1 Abs. 2 Nr. 2 in das BetrVG neu eingefügt[161].

Die die einzelnen Umwandlungsarten regelnden Bücher des Umwandlungsgesetzes sind ihrerseits jeweils unterteilt in einen Allgemeinen und einen Besonderen Teil. Im letzteren werden nach dem bereits erwähnten Baukastenprinzip weitere Ausdifferenzierungen sowohl hinsichtlich des Umwandlungstyps als auch der jeweils beteiligten Rechtsträger vorgenommen. Auf Grund der vielfältigen Kombinationsmöglichkeiten ergeben sich laut der Begründung zum Regierungsentwurf insgesamt **119 Umwandlungsvarianten.**[162] Ungeachtet dieses beeindruckenden Variantenreichtums ist es für das Verständnis der gesellschafts- und arbeitsrechtlichen Zusammenhänge ausreichend, die **Grundtypen der Umwandlung** nach dem Umwandlungsgesetz kurz vorzustellen.

aa) Verschmelzung. Der im zweiten Buch geregelte Vorgang der Verschmelzung war be- 73
reits dem vor 1994 geltenden Recht hinlänglich bekannt. Dabei **übertragen** ein oder mehrere Rechtsträger unter **Auflösung ohne Abwicklung** ihr Vermögen als Ganzes auf einen anderen, schon bestehenden **(Verschmelzung durch Aufnahme)** oder aus diesem Anlass neugegründeten Rechtsträger **(Verschmelzung durch Neugründung).** Zum Ausgleich erhalten die Anteilsinhaber des übertragenden Rechtsträgers Anteile oder Mitgliedschaften am übernehmenden oder neuen Rechtsträger, § 2.

Es gibt also einen oder mehrere übertragende Rechtsträger, der bzw. die mit der Eintragung der Verschmelzung ins Handelsregister erlöschen (§ 20 Abs. 1 Nr. 2), und einen übernehmenden oder neuen Rechtsträger, der das Vermögen des übertragenden Rechtsträgers übernimmt, und zwar im Wege der **Gesamtrechtsnachfolge** (§ 20 Abs. 1 Nr. 1).

Ausgangssituation vor Verschmelzung durch Aufnahme 74

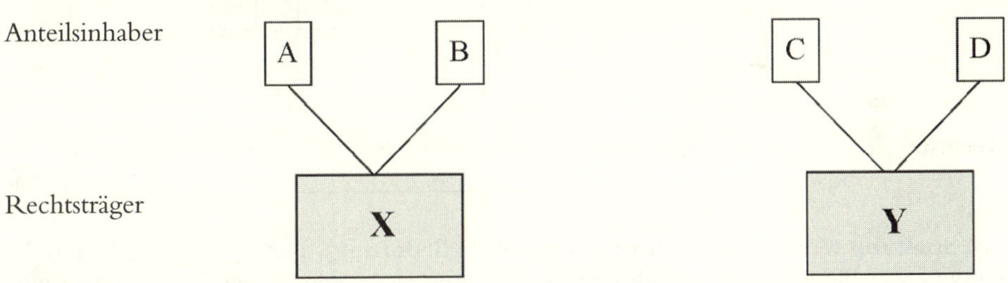

[160] S. zu § 322 → H Rn. 147, zu § 323 Abs. 1 → H Rn. 150, zu § 323 Abs. 2 → G Rn. 138 ff.; zu § 324 → Rn. 90; zu § 325 Abs. 1 → F Rn. 78, 100, 105, 118 ff.

[161] Zum Übergangsmandat gemäß § 21a BetrVG Kallmeyer/*Willemsen* UmwG Vor § 322 Rn. 19.

[162] Vgl. BT-Drs. 12/6699, 75; *Ganske* WM 1993, 1117; *Bartodziej* ZIP 1994, 580.

Situation nach Verschmelzung durch Aufnahme

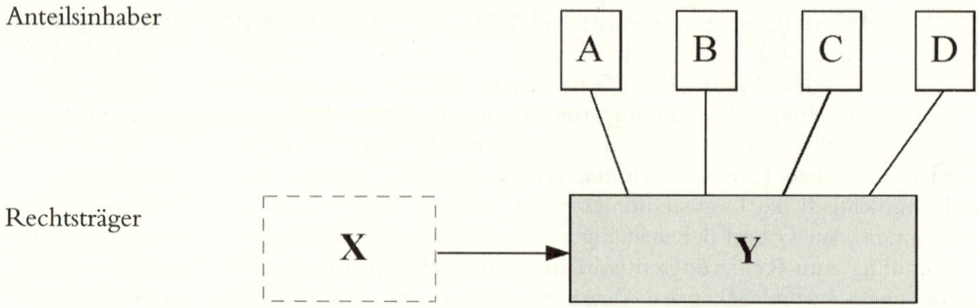

Ausgangsituation vor Verschmelzung durch Neugründung

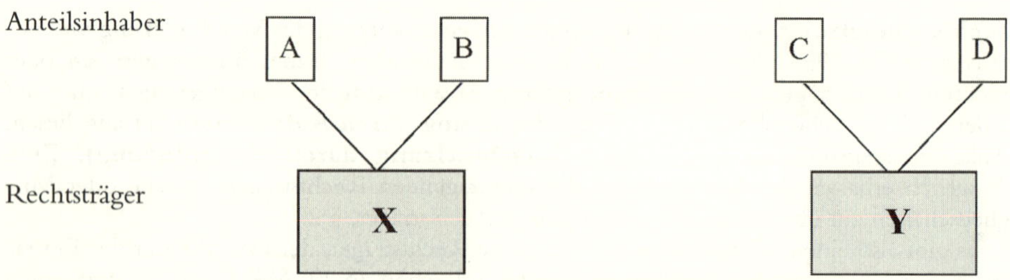

Situation nach Verschmelzung durch Neugründung

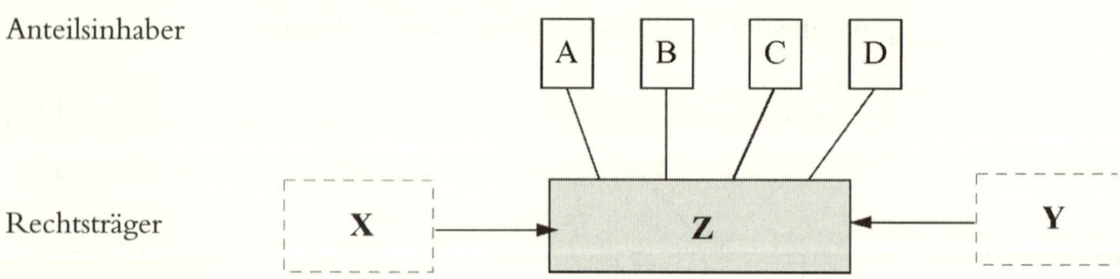

75 **bb) Spaltung (Aufspaltung, Abspaltung, Ausgliederung).** Das eigentliche Novum des UmwG war die generelle Einführung der Spaltung als eigenständiges gesellschaftsrechtliches Gestaltungsinstrument, nachdem es dieses Rechtsinstitut zunächst im Wesentlichen nur für die von der Treuhandanstalt verwalteten Unternehmen in den neuen Bundesländern gegeben hatte.[163] Die gesetzlich normierten drei „Spielarten“ der Spaltung, nämlich die Aufspaltung, Abspaltung und Ausgliederung, unterscheiden sich wie folgt:

Die **Aufspaltung** (§ 123 Abs. 1) ist gewissermaßen der Fall einer „Verschmelzung durch Neugründung rückwärts“: Der sich aufspaltende Rechtsträger überträgt sein gesamtes Vermögen jeweils auf mehrere andere Rechtsträger (übernehmende Rechtsträger) gegen Gewährung von Anteilen oder Mitgliedschaften dieses übernehmenden Rechtsträgers an die Anteilsinhaber des übertragenden Rechtsträgers.[164] Die sich aufspaltende Gesellschaft wird aufgelöst und erlischt mit Eintragung der Aufspaltung im Handelsregister (§ 131 Abs. 1 Nr. 2).

---

[163] Vgl. Gesetz zur Spaltung der von der Treuhandanstalt verwalteten Unternehmen vom 5.4.1991 – SpTrUG; BGBl. 1991 I S. 854 idF v. 4.12.2004, BGBl. 2004 I 3166.

[164] Zur Ausnahme der „Spaltung zu Null“ bei konzerninternen Umstrukturierungen s. *Weiler* NZG 2013, 1326.

Ausgangssituation vor Aufspaltung

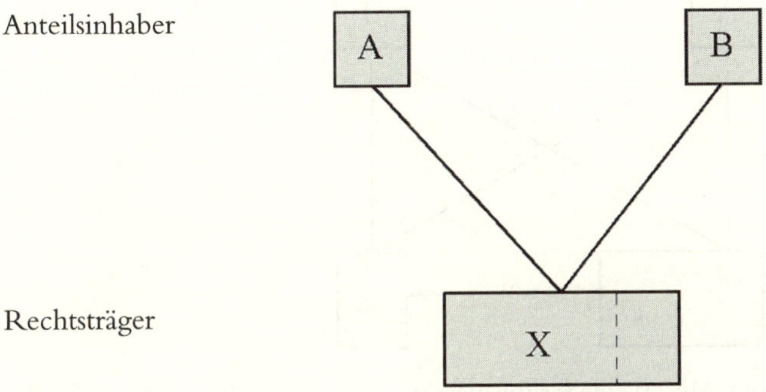

Situation nach Aufspaltung

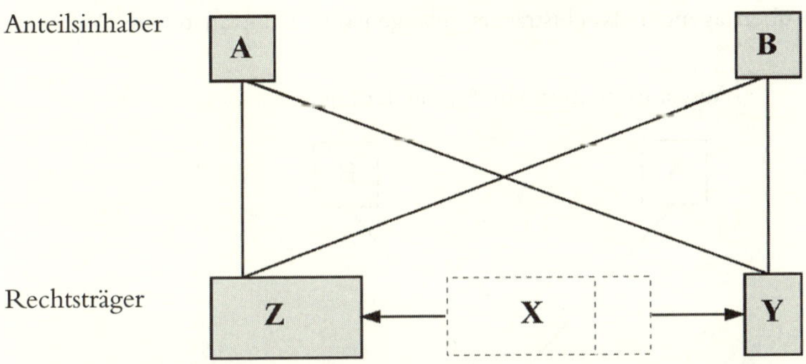

Für die Praxis bedeutsamer ist allerdings die **Abspaltung** (§ 123 Abs. 2). Rechtstechnisch gesehen entspricht sie der Aufspaltung, allerdings mit dem wesentlichen Unterschied, dass der übertragende Rechtsträger nur einen Teil seines Vermögens – in der Regel wird es sich dabei um einen oder mehrere Betriebe oder Betriebsteile handeln – überträgt und dementsprechend nicht aufgelöst wird, sondern bestehen bleibt. Die Abspaltung kann daher gewissermaßen als „Verschmelzung zur Aufnahme rückwärts" bezeichnet werden. 76

Ausgangssituation vor Abspaltung

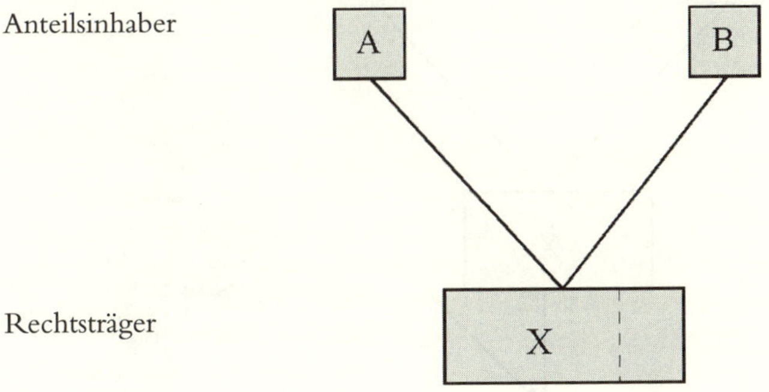

Situation nach Abspaltung

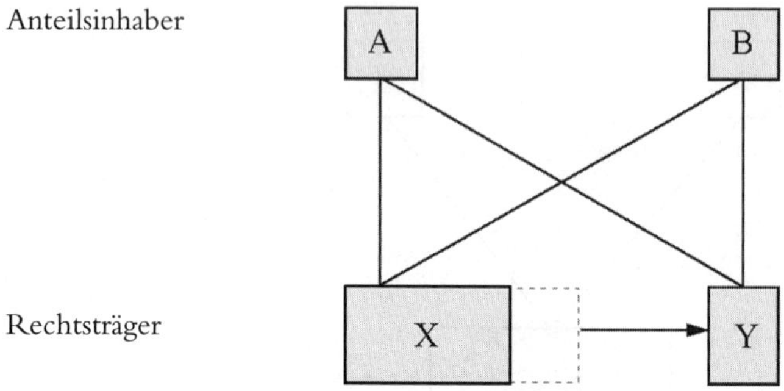

77 Die **Ausgliederung** (§ 123 Abs. 3) wiederum gleicht in ihrer rechtlichen Struktur der Abspaltung, allerdings mit dem wesentlichen Unterschied, dass die als Gegenwert gewährten Anteile oder Mitgliedschaften an dem übernehmenden Rechtsträger unmittelbar in das Vermögen des übertragenden Rechtsträgers gelangen und nicht an dessen Anteilsinhaber:

Ausgangssituation vor Ausgliederung

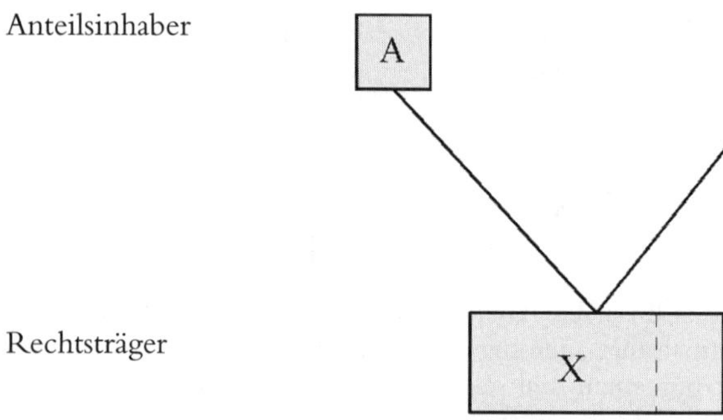

Situation nach Ausgliederung

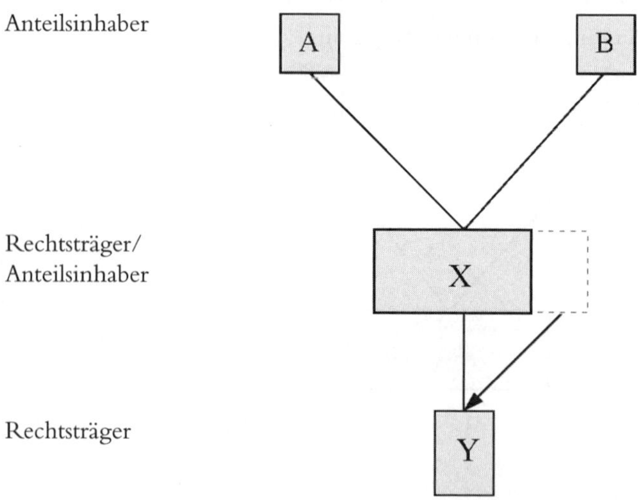

Man kann den Unterschied zwischen Abspaltung und Ausgliederung auch dahingehend formulieren, dass die Abspaltung *horizontal,* die Ausgliederung dagegen *vertikal* wirkt. Dementsprechend sind der bzw. die übernehmenden Rechtsträger bei der Abspaltung Schwester-, bei der Ausgliederung Tochtergesellschaften des übertragenden Rechtsträgers (Unternehmens).

Die Vermögensübertragung ist im Grunde genommen nichts anderes als eine auf die 78 besonderen Verhältnisse öffentlich-rechtlicher Rechtsträger zugeschnittene Unterart der Verschmelzung (bei Vollübertragung, vgl. § 174 Abs. 1) bzw. der Spaltung (bei Teilübertragung, vgl. § 174 Abs. 2). Der eigentliche Unterschied besteht in der an den übertragenden Rechtsträger zu erbringenden Gegenleistung: An die Stelle der Gewährung von Anteilen oder Mitgliedschaften an dem übernehmenden Rechtsträger tritt die Gewährung einer sonstigen Gegenleistung, in der Regel in Form von Geld. Der Grund für diese Hilfskonstruktion ist in der besonderen Struktur des aufnehmenden Rechtsträgers zu sehen, bei dem es sich gemäß § 175 stets nur um die öffentliche Hand, öffentlich-rechtliche Versicherungsunternehmen oder Versicherungsvereine auf Gegenseitigkeit handeln kann. Da diese nicht über ein in Anteile zerlegtes Kapital verfügen, kommt ein Anteilstausch nicht in Betracht.[165] Bei der in §§ 174ff. geregelten Vermögensübertragung handelt es sich stets um das **Gegenstück zur Privatisierung** (öffentliche Hand als aufnehmender Rechtsträger). Für die praktisch wesentlich bedeutsamere **Privatisierung von Regie- und Eigenbetrieben** der öffentlichen Hand hält das Umwandlungsgesetz demgegenüber das Institut der **Ausgliederung** bereit, wobei der Kreis der potentiell aufnehmenden Rechtsträger auf Personenhandelsgesellschaften, Kapitalgesellschaften oder eingetragene Genossenschaften begrenzt wird; für eine Aufnahme zur Neugründung kommen nur Kapitalgesellschaften oder eingetragene Genossenschaften in Betracht (vgl. § 168).

dd) Formwechsel. Der im Fünften Buch (§§ 190–304) geregelte Formwechsel unterscheidet sich von allen anderen Umwandlungsarten dadurch, dass **keine Vermögensübertragung** stattfindet. Dementsprechend bestimmt § 202 Abs. 1 Nr. 1, dass nach dem Formwechsel der Rechtsträger in der in dem **Umwandlungsbeschluss** bestimmten Rechtsform **weiter besteht;** seine **Identität** ändert sich somit nicht.[166] Das Vermögen des formwechselnden Rechtsträgers ist nach dem Formwechsel Vermögen des Rechtsträgers neuer Rechtsform.[167] 79

In § 191 Abs. 1 sind die als „Umwandlungskandidaten" in Betracht kommenden Rechtsträger, in Abs. 2 die Rechtsformen, *in die* umgewandelt werden kann, abschließend[168] aufgeführt: Im Unterschied zum früher geltenden Recht wird für die Änderung der Rechtsform die Unterscheidung zwischen der formwechselnden und der übertragenden Umwandlung im Sinne der früheren Terminologie aufgegeben, indem alle derartigen Umwandlungsfälle als Formwechsel **unter Wahrung der Identität der Gesellschaft** behandelt werden.[169] Nach der Vorstellung des Gesetzgebers bleibt also beim Wechsel von einer **Personenhandels- in eine Kapitalgesellschaft** (§ 214) sowie im umgekehrten Fall (§ 226) der bisherige Rechtsträger bestehen; lediglich das „Rechtskleid" ändert sich. Diese gesetzgeberische Grundentscheidung hat erwartungsgemäß die Diskussion um die Annäherung der Personengesellschaft (Gesamthandsgemeinschaft) an die juristische Person neu

[165] Vgl. *Neye,* aaO, 10.

[166] Vgl. Begründung zum Regierungsentwurf, BT-Drs. 12/6699, 71, 72; *Ganske* WM 1993, 1117 (1119); *Lüttge* NJW 1995, 417 (422).

[167] Lutter/*Hoger* UmwG § 202 Rn. 7; *ders.* Vor § 190 Rn. 2; vgl. auch Widmann/Mayer/*Vossius* UmwG § 202 Rn. 19, 25; *Lüttge,* aaO, 423.

[168] Vgl. Lutter/*Hoger* § 190 Rn. 9ff.

[169] Lutter/*Hoger* UmwG Vor § 190 Rn. 1 und 3; *Neye* in Lutter (Hrsg.), Kölner Umwandlungsrechtstage, 1, 11; Kallmeyer/*Meister/Klöcker/Berger* UmwG § 190 Rn. 6, mit Verweis auf Begründung zum Regierungsentwurf, BT-Drs. 12/6699, 136.

belebt.[170], wobei der Bundesgerichtshof im Sinne der Rechtsfähigkeit der (Außen-)Gesellschaft bürgerlichen Rechts Position bezogen hat.[171]

Neben der Ausgliederung (→ Rn. 78) ist auch der Formwechsel ein wichtiges Instrument zur Privatisierung ehedem öffentlich-rechtlicher Unternehmen, da **Körperschaften und Anstalten öffentlichen Rechts** (vgl. § 191 Abs. 1 Nr. 6) in Personen- oder Kapitalgesellschaften umgewandelt werden können. In Betracht kommt auch eine **Kombination** von Ausgliederung und Formwechsel.[172]

c) Verfahrensablauf

80 Das Umwandlungsgesetz sieht für die dort geregelten Umwandlungsarten einen jeweils weitgehend ähnlichen Verfahrensablauf vor, der sich mit einer gewissen Vergröberung[173] wie folgt beschreiben lässt:

Erste Stufe:

Abschluss eines (notariellen) Vertrages oder – bei Entstehung neuer Rechtsträger anlässlich einer Spaltung – Aufstellung eines Plans seitens des bzw. der gesetzlichen Vertretungsorgane(s) des bzw. der beteiligten Rechtsträger(s) als Rechtsgrundlage für die Vermögensübertragung;[174] bei Formwechsel statt dessen: Entwurf des Umwandlungsbeschlusses.[175] Für alle hier erwähnten Verträge bzw. Entwürfe ist jeweils ein bestimmter **gesetzlicher Mindestinhalt** vorgeschrieben.[176] Aus **arbeitsrechtlicher Sicht** besonders wichtig: Angabe der „Folgen" der jeweiligen Umwandlung „für die Arbeitnehmer und ihre Vertretungen sowie die insoweit vorgesehenen Maßnahmen";[177] bei Spaltung/Ausgliederung ferner „die genaue Bezeichnung und Aufteilung … der übergehenden Betriebe und Betriebsteile unter Zuordnung zu den übernehmenden Rechtsträgern".[178]

Zweite Stufe:

Unterrichtung der Anteilsinhaber der beteiligten Rechtsträger seitens des gesetzlichen Vertretungsorgans durch einen besonderen **Bericht** über die Einzelheiten der geplanten Umwandlung unter Beifügung des Umwandlungsvertrages bzw. -entwurfs.[179] Aus **arbeitsrechtlicher Sicht** besonders wichtig: „Zuleitung" des Vertrags oder seines Entwurfs spätestens einen Monat vor Beschlussfassung der Anteilseigner an den zuständigen Betriebsrat jedes beteiligten Rechtsträgers.[180]

Dritte Stufe:

(Unter Umständen:) Prüfung des Verschmelzungsvertrages, Spaltungsvertrages/-plans bzw. Umwandlungsbeschlusses (bei Formwechsel) durch unabhängige Sachverständige.[181]

---

[170] Vgl. *Raiser* AcP 194 (1994), 495; *Lüttge* NJW 1995, 417 (422).

[171] BGH 29.1.2001 – II ZR 331/00, NJW 2001, 1056; BGH 18.2.2002 – II ZR 331/00, NJW 2002, 1207; dazu statt vieler *K. Schmidt* NJW 2001, 993.

[172] So geschehen im Falle der Westdeutsche Landesbank Girozentrale (Anstalt öffentlichen Rechts), die nach Ausgliederung eines Teiles ihres Vermögens auf die (neu gegründete) Landesbank NRW in eine AG umgewandelt wurde; vgl. Gesetz vom 2.7.2002 (GVBl. NW 2002, S. 284). Diese Umwandlung erfolgte allerdings nicht nach dem UmwG, sondern – was § 168 zulässt – durch Landesgesetz.

[173] Ein detaillierteres Schema findet sich bei Lutter/*Bayer* Einleitung I Rn. 63.

[174] Für Verschmelzung: §§ 4ff.; für Spaltung: § 126 (Spaltungs- und Übernahmevertrag bei Spaltung zur Aufnahme); § 136 (Spaltungsplan bei Spaltung zur Neugründung).

[175] Vgl. § 192 Abs. 1 S. 3.

[176] Vgl. § 5 Abs. 1 (für Verschmelzung), § 126 Abs. 1 (für Spaltung), § 194 Abs. 1 (für Formwechsel).

[177] Vgl. § 5 Abs. 1 Nr. 9, § 126 Abs. 1 Nr. 11, § 194 Abs. 1 Nr. 7.

[178] § 126 Abs. 1 Nr. 9.

[179] § 8 (Verschmelzungsbericht); § 127 (Spaltungsbericht); § 192 (Umwandlungsbericht).

[180] Vgl. § 5 Abs. 3, 126 Abs. 3, 194 Abs. 2.

[181] Vgl. §§ 44, 48, 60, 78, 81, 100, 176ff., 225, 259. Wie die Prüfung durchzuführen ist, ergibt sich aus §§ 9–12 (ggf. iVm §§ 125, 176ff.).

Vierte Stufe:

Beschluss der Anteilsinhaber über die Umwandlung, in der Regel mit der für Satzungsänderungen erforderlichen Mehrheit.[182] Notarielle Beurkundung des Beschlusses (obligatorisch)[183]. Soweit besondere Rechte einzelner Anteilsinhaber durch die Umwandlung berührt werden, ist deren Zustimmung erforderlich.[184]

Fünfte Stufe:

Anmeldung und **Eintragung** der Umwandlung im Handelsregister[185] **mit konstitutiver Wirkung.**[186] Arbeitsrechtlich besonders relevant: **Nachweis der Zuleitung** des Umwandlungsvertrages/-beschlusses bzw. seines Entwurfs an den bzw. die zuständigen Betriebsräte ist **zwingende Eintragungsvoraussetzung.**[187] Ohne den entsprechenden Nachweis muss der Registerrichter daher die Eintragung der Umwandlung ablehnen.[188] 80a

Insbesondere auch für das Arbeitsrecht ist mithin wesentlich, dass die Universalsukzession des übernehmenden Rechtsträgers bei Verschmelzung und Spaltung in alle Gegenstände des Aktiv- und Passivvermögens nicht bereits durch den Verschmelzungsvertrag bzw. Spaltungsvertrag/-plan eintritt, sondern erst mit der Eintragung in das Handelsregister. Der so genannte **Umwandlungsstichtag** hat demgegenüber nur Bedeutung für den Wechsel der **Rechnungslegung**[189] und damit insbesondere auch für das Steuerrecht. Er kann gemäß § 17 Abs. 2 auf einen höchstens acht Monate vor der Anmeldung zum Handelsregister liegenden Stichtag auch mit steuerlicher Wirkung zurückbezogen werden.[190] Eine zivil-, insbesondere arbeitsrechtliche **Außenwirkung** kommt dem Umwandlungsstichtag dagegen **nicht** zu.[191]

d) Arbeitsrechtliche Relevanz

aa) Umwandlungsgesetz als rechtsformspezifisches Unternehmensrecht. Trotz ihres unbestreitbar innovativen Charakters stellen diejenigen Bestimmungen des Umwandlungsgesetzes, die zwingend die Darstellung bestimmter arbeitsrechtlicher Mindestinhalte in den Umwandlungsverträgen bzw. -beschlüssen sowie die Zuleitung an die zuständigen Arbeitnehmervertretungen vorschreiben, im legislatorischen Gesamtkontext eher eine Randerscheinung dar, deren praktische Relevanz freilich nicht unterschätzt werden darf (und die auch Vorbildfunktion für neue Gesetzesregelungen und „freiwillige" Berichte zu anderen Strukturmaßnahmen hat). Auch die in den Schlussbestimmungen „versteckten" arbeitsrechtlichen Regelungen (§§ 322–325) ändern nichts daran, dass das Umwandlungsgesetz in erster Linie ein **gesellschaftsrechtliches Gesetz** ist, das zugleich, da die beteiligten Rechtsträger in aller Regel, wenn auch nicht zwingend,[192] erwerbswirtschaftlich orientiert sind, rechtsformspezifisches Unternehmensrecht enthält.[193] 81

---

[182] Für Verschmelzung: § 13 Abs. 1; für Spaltung: § 125 iVm § 13 Abs. 1; für Formwechsel: § 193.

[183] Für Verschmelzung: § 13 Abs. 3; für Spaltung: § 125 iVm § 13 Abs. 3; für Formwechsel: § 193 Abs. 3.

[184] Vgl. §§ 13, 50, 51, 56, 78, 125, 128, 193, 217, 233, 240, 241, 242, 252, 262, 275, 284, 303.

[185] Für Verschmelzung: §§ 16ff.; für Spaltung: §§ 129ff., ggf. ergänzt durch § 125 iVm § 16ff.; für Formwechsel: § 198.

[186] Vgl. § 20 Abs. 1 (bei Verschmelzung); § 131 Abs. 1 (bei Spaltung); § 202 Abs. 1 (bei Formwechsel).

[187] Vgl. § 17 Abs. 1 (Verschmelzung); § 125 iVm § 17 Abs. 1 (Spaltung); § 199 (Formwechsel).

[188] Vgl. AG Duisburg 4.1.1996 – 23 HRB 4942, 23 HRB 5935, GmbHR 1996, 372; vgl. auch Kallmeyer/*Willemsen* UmwG § 5 Rn. 60; Lutter/*Decher* UmwG § 17 Rn. 2.

[189] Vgl. § 5 Abs. 1 Nr. 6, wo der „Verschmelzungsstichtag" definiert wird als „Zeitpunkt, von dem an die Handlungen der übertragenden Rechtsträger als für Rechnung des übernehmenden Rechtsträgers vorgenommen gelten"; entsprechend für den Spaltungsstichtag § 126 Abs. 1 Nr. 6.

[190] Zu den steuerlichen Aspekten vgl. Lutter/*Schumacher* Anhang 1 nach § 122 m Rn. 25.

[191] Vgl. auch *Willemsen* NZA 1996, 791 (794).

[192] Das Gesetz verwendet durchgängig den Oberbegriff „Rechtsträger" und spricht nicht von Unternehmensträger, um deutlich zu machen, dass es in der Regel nicht darauf ankommt, ob ein Unternehmen im betriebswirtschaftlichen und rechtlichen Sinne betrieben wird; vgl. *Neye,* aaO, 7; Schmitt/Hörtnagl/*Hörtnagl* UmwG § 1 Rn. 2.

[193] Ebenso *Boecken* Rn. 19: „Zuförderst spezifisches Organisationsrecht für Unternehmen".

82 **bb) Änderung der Vermögenszuordnung bei übertragender Umwandlung; Abgrenzung zum reinen Formwechsel.** Veränderungen an der rechtlichen Organisationsstruktur des Unternehmens wirken sich oftmals auch auf die Rechtsbeziehungen des Unternehmens zu seinen Arbeitnehmern (individualrechtliche Ebene) sowie zu den Organen der kollektiven Interessenvertretung der Arbeitnehmer (Betriebsräte, Gesamtbetriebsräte, Konzernbetriebsrat, Europäischer Betriebsrat) und schließlich unter bestimmten Voraussetzungen auch auf die Mitbestimmung der Arbeitnehmer im Aufsichtsrat aus. Die Intensität dieser arbeitsrechtlichen Folgewirkungen hängt allerdings davon ab, ob die Umwandlung **Veränderungen in der Vermögenszuordnung** mit sich bringt, was bei den so genannten **übertragenden Umwandlungen,** dh bei Verschmelzung, Spaltung (mit allen Untervarianten – Auf-, Abspaltung, Ausgliederung –) sowie bei der Vermögensübertragung im Sinne von §§ 174, *nicht* jedoch beim bloßen **Formwechsel** der Fall ist. Bei letzterem beschränken sich die „Folgen für die Arbeitnehmer und ihre Vertretungen" (vgl. § 194 Abs. 1 Nr. 7) in der Regel auf etwaige Änderungen des Mitbestimmungsstatuts.[194]

83 **cc) Arbeitsrechtliche Auswirkungen übertragender Umwandlungen.** Sowohl die Verschmelzung wie auch die Spaltung führen angesichts der mit ihnen zwangsläufig verbundenen Übertragung mindestens eines Teils des Vermögens nach den Regeln der (partiellen) Gesamtrechtsnachfolge[195] zu einer Verschiebung nicht nur des gesellschaftsrechtlichen, sondern häufig auch des arbeitsrechtlichen Bezugsrahmens. Dies zeigt sich bereits daran, dass die übertragende Umwandlung hinsichtlich der hiervon nicht zwingend, aber in der Regel erfassten **Betriebe** bzw. **Betriebsteile** zu einem **Arbeitgeberwechsel** führt, da die Arbeitsverhältnisse ebenso wie alle sonstigen Dauerschuldverhältnisse auf den übernehmenden Rechtsträger übergehen.[196] Inwieweit dies auch für Kollektivvereinbarungen (Tarifverträge, Betriebsvereinbarungen) gilt, ist eine noch gesondert zu klärende Frage.[197] Darüber hinaus sind Umwandlungen nach dem Umwandlungsgesetz in der Praxis oftmals lediglich der rechtliche Nachvollzug vorgelagerter unternehmerisch-operativer Entscheidungen wie zB der Nutzung von **Synergieeffekten** nach Erwerb weiterer Unternehmen, Einführung von **Profitcenter-Strukturen,** Vorbereitung eines Unternehmensteils für **Joint Ventures** oder spätere Veräußerungen *(Carve Out)*, strategische Allianzen etc. In derartigen Fällen ist die rechtliche Umwandlung typischerweise eingebettet in eine umfassende **Änderung der tatsächlichen (operativen) Unternehmensstrukturen,** welche die Frage einer entsprechenden Anpassung der betriebsverfassungsrechtlichen Struktur sowie eines möglichen Beteiligungsrechts der zuständigen Arbeitnehmervertretung(en) hinsichtlich der Strukturveränderung selbst aufwirft. Schließlich ist aus arbeitsrechtlicher Sicht zu fragen, inwieweit infolge einer umwandlungsbedingten (tatsächlichen) Unternehmensumstrukturierung die Sicherheit der Arbeitsplätze beeinträchtigt ist, wie es um den inhaltlichen Schutz der bestehenden Arbeitsverhältnisse steht und inwieweit bereits endgültig erdiente Ansprüche der Arbeitnehmer wie rückständiger Lohn und betriebliche Rentenansprüche haftungsrechtlich gesichert sind.

---

[194] Dazu im Einzelnen → F Rn. 69ff. Nach zutreffender Auffassung des OLG Naumburg (6.2.1997 – 7 U 236/96, AG 1998, 430) ist die Umwandlung einer AG in eine GmbH nicht allein deshalb rechtsmissbräuchlich, weil sie zur Beeinträchtigung der Mitbestimmung der Arbeitnehmer führt (vgl. auch → F Rn. 78).

[195] → Rn. 69.

[196] Wobei noch der Klärung bedarf, auf welcher rechtlichen Grundlage – partielle Gesamtrechtsnachfolge nach UmwG oder § 613a BGB – der Übergang vonstatten geht, dazu → Rn. 90ff.

[197] Dazu → Rn. 104.

Zusammenfassend lassen sich die arbeitsrechtlichen Auswirkungen von übertragenden 84
Unternehmensumwandlungen mithin unterteilen in

- arbeitsvertragliche Konsequenzen (Übergang von Arbeitsverhältnissen; Inhaltsschutz);
- kollektivvertragliche Konsequenzen (Weitergeltung bzw. Nichtweitergeltung von Tarifverträgen und Betriebsvereinbarungen);
- betriebsverfassungsrechtliche Konsequenzen[198] (Fortbestand oder Untergang bzw. Neubildung von Betriebsräten, Gesamtbetriebsräten, Konzernbetriebsrat, Europäischer Betriebsrat); Beteiligung von Betriebsräten an der Umwandlung selbst;
- kündigungsrechtliche Konsequenzen;
- haftungsrechtliche Konsequenzen[199] und schließlich
- mitbestimmungsrechtliche Konsequenzen (Änderung des Mitbestimmungsstatuts; Erlöschen oder Kontinuität des bisherigen Aufsichtsrats).

An der arbeitsrechtlichen Relevanz jedweder übertragenden Umwandlung kann mithin kein Zweifel bestehen. Es stellt sich freilich die weitere Frage, ob das für Unternehmensumstrukturierungen außerhalb des Umwandlungsgesetzes gebräuchliche arbeitsrechtliche Instrumentarium auf übertragende Umwandlungen ohne weiteres angewandt werden kann oder ob das Umwandlungsgesetz insoweit als *lex specialis* zumindest teilweise **verdrängende Wirkung** entfaltet; des Weiteren, inwieweit das Umwandlungsrecht uU sogar auf Umstrukturierungsfälle außerhalb seines unmittelbaren Anwendungsbereichs **auszustrahlen** vermag. In diesem Zusammenhang ist insbesondere zu klären, wie sich die betriebsverfassungsrechtlichen Regelungen über **Betriebsänderungen** (§§ 111 ff. BetrVG) angesichts ihrer sachlichen Nähe zu den im UmwG geregelten Umwandlungsfällen verhalten (dazu nachfolgend unter → Rn. 88 ff. und 94 ff.).

3. Besonderheiten der Privatisierung und Umstrukturierung öffentlicher Rechtsträger

a) Gestaltungsmittel und -spielräume

Für die Privatisierung bislang in öffentlich-rechtlicher Rechtsform (Körperschaft, Anstalt 85
des öffentlichen Rechts) geführter Unternehmen stehen grundsätzlich alle bisher erörterten Gestaltungsformen zur Verfügung. So kann beispielsweise eine bislang als Anstalt öffentlichen Rechts geführte Geschäftsbank unter Beibehaltung ihrer Identität formwechselnd in eine Aktiengesellschaft umgewandelt werden.[200] Auf **formwechselnde Umwandlungen** von Körperschaften und Anstalten des öffentlichen Rechts sind die §§ 190–213 UmwG indes nur anzuwenden, soweit sich aus dem jeweils maßgeblichen Landesrecht nichts Abweichendes ergibt (§ 302 S. 1 UmwG). Dieses – somit vorrangige – Landesrecht bestimmt auch, wer an der durch Umwandlung entstehenden Kapitalgesellschaft als Anteilsinhaber beteiligt wird (§ 302 S. 2 UmwG). Bleibt nach der Privatisierung die öffentliche Hand alleinige Anteilseignerin, spricht man von einer **„formalen" Privatisierung.** Diese kann durchaus lediglich ein Zwischenstadium sein, in dessen Gefolge die An-

[198] Zu den Auswirkungen auf das Amt des Betriebsrats/Gesamtbetriebsrats/Konzernbetriebsrats eingehend Kallmeyer/*Willemsen* UmwG Vor § 322 Rn. 14 ff. sowie → D Rn. 1 ff.

[199] Besonders umstritten war lange Zeit die Möglichkeit einer Ausgliederung von Pensionsverbindlichkeiten ohne Zustimmung der Anspruchsberechtigten und des PSV; dazu → J Rn. 237, 583.

[200] Zum Formwechsel → Rn. 79. So zB geschehen bei der Umwandlung der WestLB Anstalt öffentlichen Rechts in eine AG durch Gesetz vom 2.7.2002, GVBl. NW 2002, S. 284, § 8. Allerdings erfolgte dieser Formwechsel ausschließlich durch Landesgesetz, die Vorschriften des 1. Teils des Fünften Buches des Umwandlungsgesetzes werden für nicht anwendbar erklärt (§ 8 Abs. 4). Vgl. zu dieser Thematik auch *Schuster* FS Bezzenberger, 2000, 757 ff. Ein weiteres Beispiel für eine derartige formwechselnde Umwandlung – hier unmittelbar kraft Bundesgesetzes – stellt § 212 Abs. 1 SGB V dar. Hier wurden – abweichend von § 301 Abs. 1 UmwG – mit Wirkung zum 1.1.2009 Körperschaften des öffentlichen Rechts (Bundesverbände der Krankenkassen) in Gesellschaften bürgerlichen Rechts umgewandelt; s. dazu *Scholz/Buchner* Die Krankenversicherung 2007, 77.

teile an einen oder mehrere Privatinvestoren veräußert werden, was dann zur **„materiellen" Privatisierung** führt. Somit kommt auch der *Share Deal* (vgl. → Rn. 6) als Transaktionsgrundlage in Betracht, sofern die entsprechende Aktivität von den öffentlichen Eigentümern bereits zuvor in privatrechtlicher Form (AG, GmbH) betrieben wurde.

Als weiteres Privatisierungsinstrument steht die **Ausgliederung** zur Verfügung.[201] Allerdings sind die diesbezüglichen Bestimmungen des Umwandlungsgesetzes nicht ohne weiteres anwendbar, weil auch hier als Besonderheit der **Primat des öffentlichen Rechts** gilt. § 168 UmwG lässt zwar die Ausgliederung von sog. **Regiebetrieben und Eigenbetrieben** (zB Krankenhäuser[202]) der öffentlichen Hand (Kommunen oder Kommunalverbände) in bestimmte privatrechtliche Rechtsträger (insbesondere AG, GmbH, eingetragene Genossenschaft) zu, stellt dies aber ausdrücklich unter den **Vorbehalt abweichender Regelungen** durch Bundes- oder Landesrecht.

85a Die bundes- bzw. landesgesetzlichen Regelungen können nicht nur die **Zulässigkeit** der Ausgliederung, sondern auch deren **Ausgestaltung im Einzelnen** betreffen.[203] Dieser Gesichtspunkt ist auch für die arbeitsrechtliche Gestaltung von Privatisierungen von erheblicher Tragweite. Der Gesetzesvorbehalt in § 168 UmwG ermöglicht es nämlich, in einem speziellen **Privatisierungsgesetz** die Voraussetzungen und Rechtsfolgen der Ausgliederung abweichend von den ansonsten zwingenden Regelungen des Umwandlungsgesetzes zu bestimmen. So muss beispielsweise das die Ausgliederung regelnde Landesgesetz die arbeitsrechtlichen Pflichtangaben nach § 126 Abs. 1 Nr. 11 und deren Zuleitung an den Betriebs-/Personalrat nach § 126 Abs. 3 UmwG nicht beinhalten.[204] Auch können die **Haftungsfolgen** abweichend vom allgemeinen Umwandlungsrecht (zB §§ 133, 134 UmwG) geregelt werden.

85b Fraglich ist, ob auch **§ 324 UmwG** und der darin enthaltene Hinweis auf **§ 613a BGB** durch Landesgesetz „abbedungen" werden kann. Das BAG hat in einem Urteil vom 8.5.2001 mit Bezug auf die Ausgliederung des Landesbetriebes Krankenhäuser Hamburg die Zulässigkeit eines landesrechtlichen (!) Ausschlusses von § 613a BGB bejaht,[205] allerdings handelte es sich dabei nicht um einen Privatisierungsfall, sondern um die Übertragung auf einen anderen Träger öffentlichen Rechts (gemeinnützige Anstalt). Für das Berliner Bäder-Anstaltsgesetz vom 25.9.1995 (GVBl. S. 617) hat der 8. Senat des BAG dagegen den Grundsatz **„Bundesrecht bricht Landesrecht"** (Art. 31 GG) herangezogen und einen gegen § 613a BGB verstoßenden landesrechtlichen Ausschluss des Widerspruchsrechts (dazu → G Rn. 147 ff.) für unwirksam erklärt.[206] Allerdings greift der Vorrang des § 613a BGB bereits seinem **Wortlaut** nach nur bei einem **rechtsgeschäftlichen Übergang** (dazu im Einzelnen → G Rn. 41 ff.), so dass man argumentieren könnte, dass für Betriebsübergänge kraft Landesgesetzes Gestaltungsfreiheit bestehe. Der Ausschluss **gesetzlicher Betriebsübergänge** von der Anwendung des § 613a BGB ist auch durchaus mit dem Europäischen Recht vereinbar.[207] Der 8. Senat des BAG scheint dies jedenfalls bisher im

---

[201] Solche Fälle betreffen zB die BAG-Urteile v. 25.5.2000 – 8 AZR 416/99, NZA 2000, 1115 (Kreiskrankenhaus), 25.1.2001 – 8 AZR 336/00, NZA 2001, 840 (Berliner Bäderbetriebe) und vom 8.5.2001 – 9 AZR 95/00, NZA 2001, 1200 (Landesbetrieb Krankenhäuser Hamburg).

[202] Dazu LAG Düsseldorf 5.6.2003 – 11 (1) Sa 1/03, NZA-RR 2004, 255; bestätigt durch BAG 22.2.2005 – 3 AZR 499/03 (A), NZA 2005, 639; *Würzburg/von Harbou* NZA 2005, 1081.

[203] Vgl. Lutter/*H. Schmidt* UmwG § 168 Rn. 17.

[204] Umstritten ist, ob ohne bundes- oder landesrechtliche Sonderregelung eine Informationspflicht nach dem UmwG gegenüber dem Personalrat des übertragenden Rechtsträgers besteht; verneinend *H. Schmidt,* aaO, Vor § 168 Rn. 11 mwN in Rn. 10 Fn. 2 im Hinblick darauf, dass § 126 Abs. 3 UmwG nur von der Zuleitung an den *Betriebsrat* spricht. Soweit im Privatisierungsgesetz nicht anderweitig vorgesehen, muss jedoch im Falle der Ausgliederung zur Aufnahme eine Zuleitung des Ausgliederungsvertrages bzw. seines Entwurfs an den Betriebsrat des *aufnehmenden* (privaten) Rechtsträgers erfolgen; ebenso *H. Schmidt,* aaO, Rn. 11.

[205] 8.5.2001, NZA 2001, 1200.

[206] 25.1.2001, NZA 2001, 840.

[207] So ausdrücklich BAG 2.3.2006 – 8 AZR 124/05, NZA 2006, 848 (Stiftung Oper Berlin); dazu *Kirmse* NZA 2006, 3325, krit. *Willemsen* NJW 2007, 2065 (2074).

Grundsatz ebenso zu sehen und hat mit Bezug auf das erwähnte Berliner Bäder-Anstaltsgesetz die gleichwohl bejahte Geltung des § 613a BGB daraus abgeleitet, dass der Landesgesetzgeber eine **Verpachtungskonstruktion** gewählt habe, die die Voraussetzungen eines Rechtsgeschäfts im Sinne von § 613a BGB erfülle.[208] Zur Verunsicherung dürfte allerdings seine Bemerkung beitragen, selbst bei einem (rein) gesetzlichen Betriebsübergang liege „eine Auslegung entsprechend § 613a BGB nahe"; in dieselbe Richtung weist das Urteil vom 31.1.2019 (dazu → G Rn. 42).[209] Diese nicht überzeugend begründete These steht im diametralen Widerspruch zu der bereits erwähnten Entscheidung des 9. BAG-Senats vom 8.5.2001, wo zutreffend auf den eindeutigen Gesetzeswortlaut des § 613a BGB abgestellt und dessen Anwendung bei *unmittelbarer* (!) gesetzlicher Übertragung des Betriebsvermögens von einem öffentlich-rechtlichen Rechtsträger auf einen anderen abgelehnt wird.[210]

Mit der Nichtanwendung des § 613a BGB auf gesetzlich angeordnete Betriebsübergänge ist aber noch nicht ohne weiteres die Frage entschieden, ob das jeweilige Bundes- oder Landesgesetz **ohne Verstoß gegen höherrangiges Recht** (insbesondere Art. 12 Abs. 1 GG) von der Einräumung eines Widerspruchsrechts entsprechend § 613a Abs. 6 BGB absehen darf. Eine Entscheidung des 8. Senats vom 18.12.2008,[211] die dies bejaht hatte, ist vom Bundesverfassungsgericht mit Urteil vom 25.1.2011 aufgehoben worden.[212] Zwar sei die Vorschrift des § 613a Abs. 6 BGB – so das BVerfG – nicht verfassungsrechtlich geboten. Wenn aber das eine Privatisierung regelnde oder zumindest vorzubereitende (Landes-)Gesetz überhaupt keine Möglichkeit biete, den **Fortbestand** der Arbeitsverhältnisse zum Land **geltend machen zu können,** stelle dies eine **unverhältnismäßige Beschränkung** der durch Art. 12 Abs. 1 GG geschützten **Interessen der betroffenen Arbeitnehmer** an der Beibehaltung des gewählten Vertragspartners dar. Dem Landesgesetzgeber wurde aufgegeben, eine diesem Interesse entsprechende Neuregelung zu treffen. Auch wenn dem Landesgesetzgeber dabei „Regelungsalternativen" zugestanden werden, läuft die Entscheidung doch wohl darauf hinaus, dass Privatisierungsgesetze zumindest im **Kern** ein Widerspruchsrecht iSv § 613a Abs. 6 BGB vorsehen müssen.

Erfolgt die Privatisierung mit den Mitteln des **Umwandlungsrechts,** insbesondere der 85c **Ausgliederung** nach § 123 Abs. 3 UmwG, ergibt sich bereits aus § 324 UmwG die uneingeschränkte Anwendbarkeit des § 613a BGB. Insoweit unterliegt keinem Zweifel, dass bisheriger Inhaber eines Betriebs auch eine Person des öffentlichen Rechts sein kann.[213] Ebenso wenig steht es dem Betriebsübergang nach § 613a BGB entgegen, wenn die Privatisierung lediglich „formaler" Natur ist (sog. Organisationsprivatisierung),[214] weil der bisherige öffentliche Rechtsträger sämtliche Anteile an der übernehmenden Gesellschaft hält.[215] Allerdings erfasst § 613a BGB von seinem Anwendungsbereich her nur privatrechtliche Dienstverhältnisse, **nicht** solche von **Beamten.**[216]

Schließlich kann § 613a BGB auch außerhalb des Umwandlungsgesetzes als **Privatisie-** 85d **rungsinstrument** eingesetzt werden. Eine solche Gestaltung ist beispielsweise gegeben, wenn ein städtisches Wasserwerk, ein bisher als kommunaler Regiebetrieb geführtes Theater oder die Kantinenbetriebe einer Stadtverwaltung an private Investoren verkauft oder verpachtet werden. Selbst wenn der Abschluss des jeweils zugrunde liegenden Rechtsgeschäfts durch ein landesrechtliches Privatisierungsgesetz zwingend **vorgeschrieben** ist, an-

---

208 25.1.2001, NZA 2001, 840.
209 BAG, aaO, unter III. 4. der Gründe. Anders BAG 2.3.2006, NZA 2006, 848.
210 NZA 2001, 1200.
211 8 AZR 692/07, BeckRS 2009, 67989.
212 1 BvR 1741/09, NZA 2011, 400.
213 So ausdrücklich zB BAG 27.4.2000 – 8 AZR 260/99, BeckRS 2000, 30784558 (Truppenübungsplatz), und BAG 25.5.2000 – 8 AZR 416/99, NZA 2000, 1115 (Kreiskrankenhaus).
214 Vgl. zur Terminologie *Hanau/Becker* S. 30ff.; *Gaul* S. 291.
215 So ausdrücklich BAG 25.5.2000, aaO.
216 Vgl. HWK/*Müller-Bonanni* BGB § 613a Rn. 226.

dert dies nichts an dem Betriebsübergang „kraft Rechtsgeschäfts" im Sinne von § 613a BGB.[217]

85e Auch der Abschluss eines **öffentlichen-rechtlichen Vertrags** zwischen öffentlicher Hand und privatem übernehmenden Rechtsträger stellt ein Rechtsgeschäft im Sinne von § 613a BGB dar.[218] Nach einer freilich zweifelhaften Entscheidung des BAG vom 27.4. 2000[219] soll sogar der auf öffentlich-rechtlicher Vereinbarung beruhende Übergang militärischer Einrichtungen von einem Hoheitsträger auf einen anderen (konkret: von den US-Streitkräften auf die Bundesrepublik Deutschland) einen Betriebsübergang im Sinne von § 613a BGB darstellen. Damit geht das BAG noch über die Vorgaben der EU-Betriebsübergangsrichtlinie hinaus.[220]

85f Besondere Komplikationen, auch in arbeitsrechtlicher Hinsicht, können sich ergeben, wenn das maßgebliche **öffentliche Recht** die Übertragung der bisher von einem öffentlich-rechtlichen Rechtsträger wahrgenommenen Aufgabe als solche auf einen privaten Investor gar **nicht zulässt,** was insbesondere bei den so genannten **kommunalen Pflichtaufgaben** der Fall ist.[221] Hier kommt nur eine so genannte **Teilprivatisierung** in Betracht, bei der die öffentliche Aufgabe als solche bei der Kommune verbleibt, sie die Aufgabenerfüllung künftig jedoch gemeinsam mit einem Privaten (Investor) wahrnimmt. Derartigen Teilprivatisierungen, die unter anderem im Bereich der Wasserversorgung, Abfallentsorgung und Abwasserbeseitigung praktiziert werden, liegt oftmals ein **Betriebsführungsmodell** zugrunde: Die öffentlich-rechtliche Verantwortung und gebührenrechtliche Abrechnung verbleibt bei der Gemeinde ebenso wie das Eigentum einschließlich Neuinvestitionen an den jeweiligen Anlagen, während der Private (GmbH, AG) gegen ein entsprechendes Dienstleistungsentgelt den Betrieb der jeweiligen Anlagen übernimmt; er untersteht dabei einem Kontroll-, Informations- und Weisungsrecht der Gemeinde. Beim sogenannten **Betreibermodell** wird der Investor dagegen selbst Inhaber der Anlagen, führt also bestimmte Aufgaben (ebenfalls gegen Entgelt) selbst durch, während die öffentlich-rechtliche Verantwortung einschließlich der Abrechnung auch hier bei der Gemeinde verbleibt, die sich gegenüber dem Betreiber daher entsprechende Kontroll- und Weisungsrechte vorbehalten muss.[222] Ob ein solcher Betriebsführungsvertrag zum Übergang der Arbeitsverhältnisse nach § 613a BGB führt, hängt von seiner näheren Ausgestaltung ab.[223] Entsprechendes gilt, wenn die jeweilige Aufgabe (zB Wasserversorgung) von dem privaten Betreiber auf die zuständige Kommune oder den sonstigen öffentlich-rechtlichen Rechtsträger (zurück-)übertragen werden soll (sog. **Rekommunalisierung**).

Auch die rein **verwaltungsinterne Umstrukturierung,** etwa die Ausgliederung bestimmter Einheiten einer Gemeinde auf einen anderen (zB kommunalen) Rechtsträger, vermag erhebliche arbeitsrechtliche Folgen auszulösen, insbesondere, wenn sie zu einem Betriebsübergang oder Betriebsteilübergang im Sinne des § 613a BGB führt (s. dazu auch nachfolgend → Rn. 86).

b) Arbeitsrechtliche Folgen

86 **aa) bei verwaltungsinterner Umstrukturierung.** Bei verwaltungsinterner Umstrukturierung von Regie- oder Eigenbetrieben[224] verbleiben die im Rahmen von Arbeitsverhält-

---

[217] So ausdrücklich BAG 25.1.2001 – 8 AZR 336/00, NZA 2001, 840 (Berliner Bäderbetriebe).
[218] Vgl. BAG 7.9.1995 – 8 AZR 928/93, NZA 1996, 424; *Gaul,* Das Arbeitsrecht der Betriebs- und Unternehmensspaltung, S. 251 mwN.
[219] BeckRS 2000, 30784558.
[220] S. dazu HWK/*Willemsen* BGB § 613a Rn. 26.
[221] Vgl. dazu Blanke/Fedder/*Sterzel* Teil 2 Rn. 305.
[222] Blanke/Fedder/*Sterzel* Teil 2 Rn. 306.
[223] Dazu → G Rn. 77 ff.
[224] Zur Terminologie Blanke/Fedder/*Sterzel* Teil 2 Rn. 291 ff.; der Unterschied besteht letztlich darin, dass der Eigenbetrieb wirtschaftlich verselbständigt ist, während der Regiebetrieb zur allgemeinen Verwaltung gehört und lediglich nach wirtschaftlichen Gesichtspunkten verwaltet wird.

nissen Beschäftigten[225] unter dem „Regime“ des öffentlichen Dienstrechts. Das gilt sowohl für die (in der Regel durch Tarifvertrag geregelten) Arbeitsbedingungen als auch für das gesetzliche System der betrieblichen Mitbestimmung, die ausschließlich an die **Rechtsform** des jeweiligen Trägers anknüpft. Insoweit folgt aus der klaren „Zuständigkeitsabgrenzung“ des **§ 130 BetrVG,** dass auch für Organisationseinheiten mit wirtschaftlicher Zielsetzung ausschließlich das Personalvertretungsrecht des öffentlichen Dienstes gilt, wenn und solange sie unmittelbar einem öffentlich-rechtlichem Rechtsträger (zB Land, Gemeinde) zugeordnet oder ihrerseits in öffentlich-rechtlicher Rechtsform organisiert sind (zB Anstalten oder Körperschaften des öffentlichen Rechts). Die einschlägigen Personalvertretungsgesetze des Bundes bzw. der Länder sehen eine Beteiligung der jeweiligen Personalvertretung(en) bei grundlegenden Umstrukturierungen vor.[226]

Individualrechtarbeitsrechtlich kann die verwaltungsinterne Umstrukturierung einen 86a **Betriebsübergang** bzw. **Betriebsteilübergang** im Sinne von § 613a BGB darstellen und somit zu einem gesetzlichen Arbeitgeberwechsel führen. Ob es sich bei der zu übertragenen Einheit um einen Betrieb oder einen Betriebsteil im Sinne von § 613a BGB handelt, ist dabei ausschließlich anhand des von der Rechtsprechung des EuGH entwickelten Kriteriums zu entscheiden, wonach es sich um eine „wirtschaftliche Einheit“ handeln muss, die unbeschadet des Übergangs auf einen anderen Rechtsträger ihre **Identität** bewahrt.[227] Dementsprechend reicht eine bloße so genannte Funktionsnachfolge in der öffentlichen Verwaltung zur Auslösung der Rechtsfolgen des § 613a BGB nicht aus.[228] Auf Behörden und sonstige Dienststellen, die **hoheitliche Tätigkeiten** ausüben, ist § 613a BGB **nicht anwendbar.**[229] Andererseits steht das **Fehlen einer Gewinnerzielungsabsicht** oder einer „kapitalistischen“ Wertschöpfung der Anwendung des Betriebs- bzw. Betriebsteilbegriffs im Sinne von § 613a BGB nicht entgegen. Entscheidend ist nach Auffassung des EuGH vielmehr, dass die jeweilige Tätigkeit **wirtschaftlichen Charakter** hat.[230] Das BAG hat dies inzwischen bestätigt und selbst den Betrieb eines Truppenübungsplatzes als wirtschaftliche Tätigkeit aufgefasst.[231] Ebenso hat das BAG bei der Übertragung ehemaligen DDR-Rundfunkvermögens auf den Mitteldeutschen Rundfunk (MDR),[232] dem durch Verwaltungsvereinbarung geregelten Übergang einer Schule von einem öffentlich-rechtlichen Rechtsträger auf einen anderen[233] sowie bei einem Jugendwohnheim als Einrichtung der Erziehungshilfe[234] das Vorliegen einer wirtschaftlichen Einheit bejaht. Unabhängig hiervon steht es jedenfalls dem Bundesgesetzgeber frei, die entsprechende Anwendung des § 613a BGB auf Umstrukturierungen öffentlicher Rechtsträger anzuordnen.[235]

Stellt die verwaltungsinterne Umstrukturierung einen Betriebsübergang im Sinne von 86b § 613a BGB dar richten sich auch ihre weiteren arbeitsrechtlichen Folgen nach dieser Bestimmung, zB im Hinblick auf das Widerspruchsrecht (Abs. 6) und die Fortgeltung kollektiv-rechtlich geregelter Arbeitsbedingungen (Abs. 1 Sätze 2–4). Insoweit ist auf die Ausführungen in Teil G bzw. E dieses Buches sinngemäß zu verweisen. Für Tarifverträge folgt

225 Auf die Rechtsverhältnisse von Beamten ist in diesem Zusammenhang nicht näher einzugehen.

226 Vgl. § 78 Abs. 1 Nr. 2 BPersVG; auf Landesebene zB § 88 Abs. 1 Nr. 30 HambPersVG: „Der Personalrat hat (...) mitzubestimmen bei der Auflösung, Einschränkung, Erweiterung, Verlegung und Zusammenlegung von Dienststellen oder wesentlichen Teilen von ihnen“.

227 Dazu im Einzelnen → G Rn. 33 ff.; ausführlich zur Frage, ob öffentliche Betriebe eine „wirtschaftliche Einheit“ darstellen, *Willemsen* FS 50 Jahre Bundesarbeitsgericht, 2004, 287 (291 ff.).

228 S. dazu (Verwaltung/Funktionsnachfolge) insbesondere BAG 26.6.1997 – 8 AZR 426/95, NZA 1997, 1228.

229 Vgl. HWK/*Willemsen* BGB § 613a Rn. 24 ff. mwN; sowie → G Rn. 36.

230 EuGH 26.9.2000 – C-175/99 (Mayeur), NZA 2000, 1327; weitere Nachweise → G Rn. 15, 36.

231 27.4.2000 – 8 AZR 260/99, nv. S. auch BAG 26.3.2015 – 2 AZR 783/13, BeckRS 2015, 68832 Rn. 22, für das Facility Management der Britischen Streitkräfte.

232 20.3.1997 – 8 AZR 856/95, NZA 1997, 1225.

233 BAG 7.9.1995 – 8 AZR 928/93, NZA 1996, 424.

234 BAG 23.9.1999 – 8 AZR 750/98, BeckRS 1999, 30780910.

235 So zB geschehen in § 213 Abs. 1 S. 2 SGB V im Zuge der Organisationsreform der Krankenkassenverbände.

diese „Analogie" bereits aus dem Gesetzeswortlaut; für **Dienstvereinbarungen** (die im öffentlichen Dienst an die Stelle von Betriebsvereinbarungen treten) entspricht die sinngemäße Anwendung des § 613a Abs. 1 S. 2–4 BGB der – soweit ersichtlich – ganz herrschenden Meinung.[236] Auch der Rechtsgrundsatz, wonach Betriebsvereinbarungen bei Aufrechterhaltung der so genannten Betriebsidentität ihren kollektivrechtlichen Geltungsanspruch behalten (dazu → E Rn. 6ff.), ist auf Dienstvereinbarungen im Rahmen verwaltungsinterner Umstrukturierungen entsprechend anwendbar.[237]

Inwieweit der **Personalrat** bzw. **Gesamtpersonalrat** bei Umstrukturierungen öffentlich-rechtlicher Unternehmen (ohne gleichzeitige Privatisierung) im Amt bleibt, entscheidet sich allein nach den einschlägigen bundes- und landesgesetzlichen Regelungen, die im Gegensatz zu § 21a BetrVG (dazu → D Rn. 74ff.) ein allgemeines Übergangsmandat zugunsten des Personalrats nicht vorsehen. Ist ein solches, etwa bei der Ausgliederung bestimmter Geschäftsbereiche auf eine neugegründete Anstalt öffentlichen Rechts, gewollt, empfiehlt sich daher eine entsprechende Normierung durch ausdrückliche (landes-)gesetzliche Regelung.[238]

87 **bb) bei Privatisierung.** Ein gesondertes Arbeitsrecht der Privatisierung gibt es in Deutschland nicht. Ihre Rechtsfolgen sind daher in dem systematischen Zusammenhang des jeweils gewählten Gestaltungsinstruments – ausschließliche gesetzliche Regelung, Umwandlung nach Umwandlungsgesetz, *Share Deal* oder einzelvertragliche Übertragung oder Verpachtung ehedem in öffentlich-rechtlicher Trägerschaft geführter Betriebe oder Betriebsteile – zu bestimmen. Dabei kommt, ebenso wie bei der verwaltungsinternen Umstrukturierung, der Frage der Anwendbarkeit des § 613a BGB im Hinblick auf die individualrechtlichen Folgen eine zentrale Bedeutung zu. Insoweit ist auf die Ausführungen in Teil G dieses Buches (insbesondere → G Rn. 148ff.) Bezug zu nehmen. Entsprechendes gilt für kündigungsrechtliche Fragen im Zusammenhang mit der Privatisierung, für die ebenfalls die allgemeinen gesetzlichen Bestimmungen gelten (siehe dazu Kapitel H).

Spezifische Regelungsprobleme ergeben sich darüber hinaus im Bereich der **betrieblichen Altersversorgung,** da die Versorgungssysteme des öffentlichen Dienstes allenfalls unter großen Schwierigkeiten in einem privatisierten Unternehmen fortgeführt werden können.[239]

87a Hinsichtlich der **kollektivrechtlichen Aspekte** ist die Schnittstelle zwischen den Systemen des öffentlichen und denjenigen des Privatrechts höchst unzureichend ausgebildet. Sofern sie sich mit der Privatisierung überhaupt explizit befassen, beschränken sich die einschlägigen Personalvertretungsgesetze auf die Normierung von Mitbestimmungs- bzw. Mitwirkungsrechten der Personalräte, welche die Privatisierung indes nicht verhindern können.[240] Eindeutig ist des Weiteren, dass **nach** dem Übergang eines Betriebs oder Betriebteils (in der Terminologie der Personalvertretungsgesetze: „Dienststellen") auf einen privaten Rechtsträger – gleich auf welchem „technischen" Wege – das **Personalvertre-**

---

[236] Vgl. *Hanau/Becker* S. 99ff.; Blanke/Fedder/*Baden* Teil 5 Rn. 259 mwN.

[237] Vgl. BVerwG 5.6.2003 – 6 P 1.03, AP Nr. 84 zu § 75 BPersVG; *Hanau/Becker,* aaO; *Frohner* PersR 1995, 108ff.; auf die parallele Fragestellung im Fall einer Privatisierung wird noch gesondert einzugehen sein (dazu → Rn. 87b).

[238] Ein Beispiel hierfür ist Art. 1 § 5 des Gesetzes zur Neuregelung der Rechtsverhältnisse der öffentlich-rechtlichen Kreditinstitute in Nordrhein-Westfalen.

[239] Dazu → J Rn. 630ff.

[240] Vgl. § 72 Abs. 4 Nr. 22 LPVG NW; § 81 Abs. 1 HessPersVG (ausdrücklich bezogen auf Privatisierung). Andere Personalvertretungsgesetze sehen demgegenüber nur allgemein eine Beteiligung der Personalvertretungen bei Auflösung, Einschränkung, Verlegung oder Zusammenlegung von Dienststellen oder wesentlichen Teilen von ihnen vor (§ 78 Abs. 1 Nr. 2 BPersVG; § 88 Abs. 1 Nr. 30 HambPersVG; § 90 Nr. 4 PersVG Berlin); s. dazu auch *Schipp,* Arbeitsrecht und Privatisierung, 1996, Rn. 270ff.; ders. NZA 1994, 865.

tungsrecht nicht mehr anwendbar ist und stattdessen das Betriebsverfassungsgesetz gilt.[241]

Sowohl die Personalvertretungsgesetze als auch das BetrVG schweigen sich jedoch darüber aus, wie sich ein derartiger **Systemwechsel** auf das Mandat gewählter Personalräte und den Bestand sowie das weitere Schicksal von Dienstvereinbarungen auswirkt.[242] Ob insoweit die in Kapitel D und E beschriebenen Folgen hinsichtlich eines **Übergangsmandats** (→ D Rn. 74 ff.) sowie hinsichtlich einer kollektiv-rechtlichen Fortgeltung von Betriebsvereinbarungen im Falle des Fortbestands der so genannten **Betriebsidentität** (→ E Rn. 6) im Wege der Analogie übertragbar sind, ist in der einschlägigen arbeitsrechtlichen Literatur höchst umstritten. Insbesondere das „gewerkschaftsnahe" Schrifttum plädiert sowohl für ein Übergangsmandat des Personalrats bei Privatisierung[243] bis zur Wahl eines Betriebsrats nach dem BetrVG in Analogie zu § 21a BetrVG bzw. § 321 UmwG (der zugunsten des allgemeinen Übergangsmandats nach § 21a BetrVG inzwischen aufgehoben wurde, vgl. → D Rn. 74) als auch für eine – unbefristete! – kollektivrechtliche Fortgeltung von bisherigen Dienstvereinbarungen als Betriebsvereinbarungen,[244] die also jedenfalls bei Fortbestehen der Betriebsidentität nicht gemäß § 613a Abs. 1 S. 2 BGB statisch und auf Inhaltsnormen beschränkt fortgelten, sondern als „Normenverträge" insgesamt weiter bestehen sollen. 87b

Angesichts der grundlegenden Systemunterschiede zwischen Personalvertretung einerseits und Betriebsverfassung andererseits sowie vor dem Hintergrund der Neuregelung des Übergangsmandats – nur – für den Bereich der Betriebsverfassung in § 21a BetrVG fehlt es indessen an einer planwidrigen Regelungslücke,[245] die zu einer derartigen Rechtsfortbildung legitimieren könnte (dazu auch → D Rn. 96). Im Zuge der **Post- und Bahnreform**[246] hat der Bundesgesetzgeber ein Übergangsmandat der Personalräte spezialgesetzlich normiert (vgl. § 25 PostPersG, § 15 DBGrG). Auch die Landesgesetzgeber dürften zur Regelung eines Übergangmandats für ihren Bereich legitimiert sein, solange der Bund von seiner konkurrierenden Gesetzgebungszuständigkeit (Art. 72 Abs. 1 GG), von den vorgenannten punktuellen Ausnahmen abgesehen, keinen Gebrauch macht.[247] Dies gilt auch für die Anordnung der Fortgeltung von Dienstvereinbarungen als Betriebsvereinbarungen.[248] Systematisch betrachtet handelt es sich wegen § 130 BetrVG und der Maßgeblichkeit der „Zielrechtsform" des neuen Rechtsträgers um eine **betriebsverfassungsrechtliche,** nicht um eine personalvertretungsrechtliche Materie.[249] Es wäre daher Sache des Bundesgesetzgebers, die „Ablösung" der Personalvertretung durch die Betriebsverfassung im Zuge der Privatisierung – etwa durch Ergänzung des § 130 BetrVG – zu regeln. 87c

In der Praxis wird gelegentlich versucht, die bestehende Regelungslücke durch **Tarifvertrag** oder **Dienstvereinbarung** zu schließen. Auch wenn derartige Vereinbarungen *de facto* ihre befriedende Wirkung entfalten mögen, ist ihre rechtliche Zulässigkeit dennoch 87d

---

[241] Dies ergibt sich bereits aus der oben erwähnten „Zuständigkeitsabgrenzung" in § 130 BetrVG; s. dazu auch Blanke/Fedder/*Baden* Teil 5 Rn. 217; Richardi/*Annuß* BetrVG § 130 Rn. 3, sowie BAG 9.2.1982 – 1 ABR 36/80, DB 1982, 1414; zu tarifrechtlichen Fragen bzgl. Tarifverträgen und betrieblicher Altersversorgung *Willemsen* FS 50 Jahre Bundesarbeitsgericht, 2004, 287 (307 ff.).

[242] Zu möglichen Besonderheiten in Bremen, Hamburg und Sachsen-Anhalt vgl. Blanke/Fedder/*Baden* Teil 5 Rn. 228. Allgemein zu den Gestaltungsspielräumen für die Überleitung der Arbeitnehmervertretungen *Kast/Freihube* DB 2004, 2530.

[243] So zB Blanke/Fedder/*Baden* Teil 5 Rn. 229; aA *Boecken,* Unternehmensumwandlung und Arbeitsrecht, Rn. 366.

[244] Blanke/Fedder/*Baden* Teil 5 Rn. 260; vgl. auch *Frohner* PersR 1995, 108; *Roetteken* PersR 1995, 151.

[245] So zutreffend LAG Köln 10.3.2000 – 13 TaBV 9/00, NZA-RR 2001, 423; 11.2.2002 – 4 TaBV 2/00, NZA-RR 2001, 87.

[246] Zur Bahnreform und ihren arbeitsrechtlichen Problemen s. *Meyer* RdA 2001, 157.

[247] Ebenso Blanke/Fedder/*Baden* Teil 5 Rn. 257. Eine solche landesrechtliche Regelung findet sich im WestLB-Privatisierungsgesetz, und zwar sowohl hinsichtlich des Übergangmandats (Art. 1 §§ 5, 12) als auch hinsichtlich der Fortgeltung von Dienstvereinbarungen als Betriebsvereinbarungen (Art. 1 § 13).

[248] IE ebenso Groeger/*Steffek,* Arbeitsrecht im Öffentlichen Dienst, § 29 Rn. 178.

[249] Zutreffend Blanke/Fedder/*Baden* Teil 5 Rn. 258.

zweifelhaft.[250] Auch § 3 BetrVG (dazu → D Rn. 149 ff.) stellt hierfür keine ausreichende Rechtsgrundlage dar.[251] Entsprechendes gilt für die kollektiv-rechtliche Fortgeltung von Dienstvereinbarungen als Betriebsvereinbarungen. Ohne Zweifel **zulässig** ist es jedoch, vor der Privatisierung geltende Dienstvereinbarungen sogleich nach der Neukonstituierung eines Betriebsrates inhaltsgleich **als Betriebsvereinbarungen neu abzuschließen.** Dies ist der sicherste Weg, die nach wie vor ungelösten Fragen und ungeklärten Risiken bezüglich des Schicksals solcher Dienstvereinbarungen bei Privatisierung zu vermeiden; zugleich kann ein solcher Neuabschluss dazu genutzt werden, die oftmals notwendigen inhaltlichen Anpassungen vorzunehmen.

4. Grenzüberschreitende Umstrukturierungen

87e Insoweit wird auf die zusammenfassende Darstellung in → C Rn. 474 und → F Rn. 147 ff. verwiesen.

IV. Verhältnis der Regelungen des Umwandlungsgesetzes zu den allgemeinen arbeitsrechtlichen Bestimmungen

1. Verhältnis zu § 613a BGB

a) Notwendigkeit eines Gleichlaufs von Arbeitsplatz und Arbeitsverhältnis auch bei umwandlungsbedingtem Betriebsübergang

88 Die erste und für das Verständnis der arbeitsrechtlichen Konsequenzen von übertragenden Umwandlungen wohl wichtigste Schlüsselfrage betrifft das Verhältnis der dem Umwandlungsgesetz zugrunde liegenden Universalsukzession des übernehmenden Rechtsträgers zu der bereits mit dem BetrVG 1972[252] in das BGB eingefügten Rechtsnorm des § 613a BGB. Die durch § 613a Abs. 1 BGB angeordnete Rechtsfolge – Übergang aller Arbeitsverhältnisse kraft Gesetzes bei rechtsgeschäftlicher Übertragung eines Betriebs oder Betriebsteils – scheint überflüssig zu sein, wenn derselbe Betrieb oder Betriebsteil im Wege der Universalsukzession auf den neuen Inhaber übergeht und dieser mithin schon auf Grund der wesentlich umfassenderen Nachfolge in das gesamte Aktiv- und Passivvermögen auch in die bestehenden Arbeitsverhältnisse eintreten muss. Daraus sowie aus dem Tatbestandsmerkmal „durch Rechtsgeschäft" in § 613a BGB hat die herrschende Meinung vor Inkrafttreten des Umwandlungsgesetzes von 1994 geschlossen, dass **§ 613a BGB** auf den Tatbestand der Einzelrechtsnachfolge **(Singularsukzession)** zugeschnitten und **begrenzt** sei.[253] Es ist das Verdienst von *Karsten Schmidt,* frühzeitig aus gesellschaftsrechtlicher Sicht auf die Unhaltbarkeit dieser These in Bezug auf die durch das Umwandlungsgesetz

[250] Für die Zulässigkeit von Übergangsmandaten durch Tarifvertrag oder Dienstvereinbarung dagegen Blanke/Fedder/*Baden* Teil 5 Rn. 242.

[251] Dies dürfte auch der Auffassung der (Instanz-)Gerichte entsprechen; s. dazu *Kast/Freihube* DB 2004, 2530 (2533) mwN.

[252] Die Einfügung in das BGB erfolgte durch § 122 BetrVG, dazu ausführlich → G Rn. 3.

[253] Vgl. *Bauer,* Unternehmensveräußerung und Arbeitsrecht, 1983, 116 ff.; auch noch nach Inkrafttreten des Umwandlungsgesetzes Hölters/*von Steinau-Steinrück/Thees* Teil II, Rn. 6.10; *Commandeur* S. 28; *Quander* mit zahlreichen weiteren Nachw. auf S. 13 Fn. 35; vgl. auch *Seiter* S. 146. Das BAG hat sich bis zum Inkrafttreten des UmwG nur in einer einzigen Entscheidung (4.12.1974 – 5 AZR 75/74, DB 1975, 695) eher beiläufig zur Anwendung des § 613a BGB im Falle einer gesellschaftsrechtlichen Gesamtrechtsnachfolge (konkret: Verschmelzung zweier Genossenschaften gemäß §§ 93a ff. GenG) geäußert und sie ohne Begründung bejaht. Nach Inkrafttreten des UmwG hat das BAG eindeutig für die Anwendbarkeit des § 613a BGB auf Sachverhalte des Umwandlungsrechts Position bezogen (zB 25.5.2000 – 8 AZR 416/99; NZA 2000, 1115); vgl. auch Hölters/*von Steinau-Steinrück/Thees* Teil II, Rn. 6.76.

geregelten Fälle der „Universalsukzession kraft Rechtsgeschäfts“[254] hingewiesen zu haben. Der *Verfasser* hat sodann in einem Referat vor dem Umwandlungssymposion des Instituts der Wirtschaftsprüfer (IdW) am 8./9.10.1992 zu dem damaligen Referentenentwurf dargelegt, dass aus arbeitsrechtlicher Sicht zwingend die Anwendbarkeit des § 613a BGB zumindest auf diejenigen Umwandlungsarten geboten sei, bei denen eine Zuordnung der Arbeitsverhältnisse zu verschiedenen Rechtsträgern in Betracht komme. Er hat dies begründet mit dem § 613a BGB immanenten Prinzip des **Gleichlaufs zwischen Arbeitsplatz und Arbeitsverhältnis;** ein vom konkreten Betrieb oder Betriebsteil losgelöstes, „abstraktes“ Arbeitsverhältnis wäre praktisch schutzlos gestellt.[255]

Eben ein derartiges „Auseinanderdriften“ von Betrieben/Betriebsteilen einerseits sowie den (bisher) dazugehörigen Arbeitsverhältnissen andererseits wäre aber namentlich in den Spaltungsfällen möglich und aus reiner Arbeitgebersicht uU sogar erstrebenswert gewesen, wenn das Umwandlungsgesetz – wie es der Referentenentwurf[256] noch vorsah – die Zuordnung von Arbeitsverhältnissen bei Auf- und Abspaltung sowie Ausgliederung in das **freie Belieben** der beteiligten Rechtsträger gestellt hätte: Es wäre im Rahmen einer für den Spaltungsvertrag bzw. -plan bestehenden Zuordnungsfreiheit beispielsweise möglich gewesen, die „schlechten“ arbeitsrechtlichen Risiken gezielt auf eine demnächst zu liquidierende Gesellschaft überzuleiten, und zwar unabhängig davon, ob diese auch den Betrieb oder Betriebsteil, dem diese Arbeitsverhältnisse bisher zugeordnet waren, im Rahmen des Spaltungsvertrages/-plans mit übernimmt. Wäre es bei dieser Aussage des Referentenentwurfs für das Umwandlungsgesetz geblieben, hätte dies nicht nur einen Bruch mit dem Prinzip der (für den Arbeitgeber einseitig zwingenden) Zuordnung von Arbeitsverhältnissen bei Betriebs(teil)übergang nach § 613a BGB bedeutet, das durch die im Umwandlungsgesetz neu geregelten Instrumente der Auf-, Abspaltung und Ausgliederung leicht hätte unterlaufen werden können, sondern es wären auch die Vorgaben der EG-Richtlinie vom 14.2.1977 über die Wahrung von Ansprüchen der Arbeitnehmer bei Übergang von Unternehmen, Betrieben und Betriebsteilen[257] evident missachtet worden. 89

b) Bestätigung des Vorrangs von § 613a BGB durch § 324 UmwG

Es verwundert daher letztlich nicht, wenn der Gesetzgeber – offenbar auch auf Druck der Gewerkschaften[258] – die Konzeption der freien Zuordnung von Arbeitsverhältnissen in Umwandlungsfällen nicht nur fallen gelassen, sondern in § 324 UmwG sogar im Gegenteil ausdrücklich festgeschrieben hat, dass § 613a BGB „durch die Wirkungen der Eintragung einer **Verschmelzung, Spaltung oder Vermögensübertragung unberührt**“ bleibt. 90

Obwohl eine etwas klarere Regelung sicher erwünscht gewesen wäre,[259] ist nunmehr eindeutig, dass auch der Übergang von Betrieben oder Betriebsteilen in den Fällen der Verschmelzung, Spaltung oder Vermögensübertragung, also bei allen Formen der übertra-

---

[254] So der Titel der grundlegenden Untersuchung von *K. Schmidt* AcP 191 (1991), 495.

[255] *Willemsen* in IdW (Hrsg.), Reform des Umwandlungsrechts, 1993, 105 (109ff.); ders. RdA 1993, 133 (136).

[256] S. dazu die Zitate aus dem Referentenentwurf und seiner Begründung bei *Willemsen,* aaO (IdW), 111, 112 und 112 Fn. 19.

[257] 77/187 EWG, inzwischen neu gefasst durch Richtlinie 98/50/EG, ABl. Nr. L 201 v. 17.7.1998, abgedruckt in NZA 1998, 1211; nunmehr ohne inhaltliche Veränderungen neu verkündet als Richtlinie 2001/23/EG vom 12.3.2001, ABl. Nr. L 082 vom 22.3.2001, S. 16ff., abgedruckt im Anhang.

[258] *Neye,* seinerzeit zuständiger Abteilungsleiter im BMJ, spricht in seiner Darstellung des Gesetzgebungsverfahrens (in *Lutter,* Umwandlungsrechtstage, S. 17) zurückhaltend von „vielfältigen Sorgen der Gewerkschafter und der Sozialpolitiker“, denen mit § 324 UmwG „Rechnung getragen“ worden sei. Vgl. ferner ders. ZIP 1994, 917 (919): „Entsprechend dem von Gewerkschaftsseite bei der Anhörung vom 20. April 1994 geäußerten Wunsch“ sei die Vorschrift erst auf Grund der Beratung im Rechtsausschuss in das Gesetz aufgenommen worden.

[259] Ebenso *Wlotzke* DB 1995, 40 (42); *Freitag,* Einfluss von § 4 BetrVG auf Spaltungen, 1998, S. 34; *Heinze* ZfA 1997, 1 (12).

genden Umwandlung, ein solcher kraft Rechtsgeschäfts im Sinne von § 613a Abs. 1 BGB ist.[260] Allerdings muss in jedem konkreten Einzelfall **geprüft** werden, ob tatsächlich ein „geschlossener" **Betrieb** oder zumindest **Betriebsteil** im Rahmen der Umwandlung etc übertragen wird; hiervon abzugrenzen ist die Übertragung lediglich einzelner Vermögensgegenstände oder auch einzelner Arbeitsverhältnisse eines solchen Betriebs oder Betriebsteils, welche die Anwendbarkeit des § 613a BGB nicht zu begründen vermag.[261]

91 Rechtstechnisch handelt es sich also um eine Rechts***grund***-, nicht um eine Rechts*folgen*verweisung.[262] Weiterhin stellt § 324 UmwG klar, dass § 613a BGB – insbesondere dessen Abs. 1 – nicht etwa durch die gesellschaftsrechtliche Universalsukzession verdrängt wird, die grundsätzlich auch Arbeitsverhältnisse erfasst.[263] Es ist vielmehr genau *umgekehrt:* Soweit § 613a BGB nach seinem Tatbestand eingreift, findet die Rechtsnachfolge des übernehmenden Rechtsträgers in die an den Betrieb bzw. Betriebsteil „gebundenen" Arbeitsverhältnisse **ausschließlich nach dieser Norm als *lex specialis*** statt, und jede anderweitige Zuordnung der Arbeitsverhältnisse im Umwandlungsvertrag bleibt wirkungslos.[264] § 324 UmwG erfüllt damit die Funktion einer **Kollisionsnorm,** die den Vorrang der arbeitsplatzgebundenen Überleitung der Arbeitsverhältnisse vor einer umwandlungsvertraglichen (und damit in das freie Belieben der beteiligten Rechtsträger gestellten) Zuordnung von Arbeitsverhältnissen gewährleistet.

c) Notwendigkeit der Unterscheidung zwischen arbeitsrechtlicher und umwandlungsrechtlicher Übertragung von Arbeitsverhältnissen

92 Hieraus folgt für die Praxis, dass zwischen der arbeitsrechtlichen Übertragung von Arbeitsverhältnissen nach § 613a BGB einerseits und der umwandlungsrechtlichen Übertragung andererseits angesichts der höchst unterschiedlichen Ausgestaltung streng unterschieden werden muss,[265] wie das nachfolgende **Beispiel B 9**[266] zeigt:

Beispiel B 9:

Die P-GmbH betreibt ein Pharmaunternehmen, bestehend aus den Abteilungen Herstellung, Forschung/Entwicklung, Marketing/Vertrieb und Allgemeine Verwaltung. Im Zuge der Abspaltung soll laut Spaltungsplan die Marketing- und Vertriebsabteilung in eine neugegründete GmbH (V-GmbH) eingebracht werden. Weiterhin ist vorgesehen, dass zur Unterstützung des dortigen Vertriebspersonals fünf Chemiker aus der (bei der P-GmbH verbleibenden) Forschungs- und Entwicklungsabteilung von der V-GmbH mit übernommen werden sollen.

93 Der Übergang der Arbeitsverhältnisse der in der Marketing- und Vertriebsabteilung beschäftigten Arbeitnehmer vollzieht sich hier ausschließlich nach § 613a Abs. 1 BGB, so dass auch alle hieran geknüpften weiteren Rechtsfolgen wie das von der Rechtsprechung des BAG entwickelte und mittlerweile in § 613a Abs. 6 BGB kodifizierte **Widerspruchs-**

---

[260] IE ebenso die nunmehr ganz hM, vgl. nur zB BAG, aaO (Fn. 253), Sagasser/Bula/Brünger/*Schmidt* § 6 Rn. 3; Schmitt/Hörtnagl/*Langner* UmwG § 324 Rn. 1; *Bauer/Lingemann* NZA 1994, 1057 (1061); *Boecken* ZIP 1994, 1087 (1089); *ders.*, Unternehmensumwandlungen und Arbeitsrecht, Rn. 63 ff.; *Däubler* RdA 1995, 136 (139); HWK/*Willemsen* BGB § 613a Rn. 187; *Lutter* S. 297 (319); *Kreßel* DB 1995, 925 (928); *Mertens* AG 1994, 66 (73); *Schaub* FS Wlotzke, 103 (104 ff.); *Willemsen* NZA 1996, 791 (798); *Wlotzke* DB 1995, 40 (42); *Freitag,* aaO, S. 35 ff.

[261] Vgl. zu dieser – in der Praxis schwierigen – Unterscheidung → G Rn. 64 ff.

[262] Vgl. BAG 25.5.2000 – 8 AZR 416/99, NZA 2000, 1115; Schmitt/Hörtnagl/*Langner* UmwG § 324 Rn. 1; Kallmeyer/*Willemsen* UmwG § 324 Rn. 2; aA (Rechts*folgen*verweisung) *Salje* RdA 2000, 126.

[263] Ebenso *Boecken* Rn. 65; *Däubler* RdA 1995, 136 (139, 141); *Kallmeyer* ZIP 1994, 1746 (1757).

[264] Im Ergebnis ebenso BAG 19.10.2017 – 8 AZR 63/16, NZA 2018, 970 Rn. 26; *Boecken,* aaO, Rn. 68; ders. ZIP 1994, 1087 (1091); *Kallmeyer,* aaO; Kallmeyer/*Willemsen,* aaO, Rn. 3.

[265] Diesem, bereits seit der 1. Aufl. vertretenen Konzept hat sich der 8. Senat des BAG angeschlossen, vgl. BAG 19.10.2017 – 8 AZR 63/16, NZA 2018, 970.

[266] Vgl. auch Kallmeyer/*Willemsen* UmwG § 324 Rn. 57.

recht der Arbeitnehmer,[267] die **Überleitung/Ablösung von Tarifverträgen und Betriebsvereinbarungen** nach § 613a Abs. 1 S. 2–4 BGB[268], die **Unterrichtungspflicht** des Arbeitgebers gemäß § 613a Abs. 5 BGB sowie das **„Kündigungsverbot"** nach § 613a Abs. 4 BGB zur Anwendung gelangen.[269] Eine vorherige **Zustimmung** der Arbeitnehmer zum Übergang ihres Arbeitsverhältnisses ist also insoweit *nicht* erforderlich. Anders stellt sich die Rechtslage dagegen in Bezug auf die für den Marketing/Vertriebsbereich vorgesehenen Chemiker dar. Zwar kann der Spaltungsplan – losgelöst von § 613a BGB, der mangels Übertragung der Forschungs- und Entwicklungsabteilung insoweit gerade *nicht* gilt – die Übertragung auch dieser Arbeitsverhältnisse auf die neugegründete V-GmbH vorsehen. Aus § 613 S. 2 BGB folgt jedoch, dass es bei einer solchen, **rein spaltungsrechtlichen Überleitung von Arbeitsverhältnissen** der – vorherigen oder nachträglichen – **Zustimmung** der betroffenen Arbeitnehmer bedarf, da der Anspruch auf die Dienstleistung „im Zweifel" nicht übertragbar ist[270]. Eine fehlende Zustimmung lässt sich in diesen Fällen auch nicht durch die Zuordnung in einem Interessenausgleich nach § 323 Abs. 2 UmwG ersetzen.[271] Stimmt der Arbeitnehmer zu, erfolgt der Übergang seines Arbeitsverhältnisses außerhalb von § 613a BGB, und es kann sich allenfalls die Frage einer *analogen* Anwendung insbesondere des § 613a Abs. 1 S. 2–4 BGB stellen.[272]

Wegen der weiteren Probleme, welche die durch § 324 UmwG angeordnete Geltung des § 613a BGB bei Unternehmensumwandlungen aufwirft, insbesondere zur Bedeutung des **Widerspruchsrechts** gemäß 613a Abs. 6 BGB bei **Erlöschen** des übertragenden Rechtsträgers sowie zu den **Haftungsfragen,** ist auf die systematische Darstellung zu § 613a BGB in → G Rn. 157 ff. zu verweisen. Dasselbe gilt für die Frage **mehrfacher** Betriebsübergänge, etwa im Zuge sog. **Kettenübertragungen** (→ G Rn. 117).

2. Verhältnis zu §§ 111 ff. BetrVG

a) Umwandlung als rechtlicher, Betriebsänderung als tatsächlicher Vorgang

Der richtige Umgang mit dem arbeitsrechtlichen Instrumentarium aus Anlass von Unter- 94
nehmensumstrukturierungen setzt voraus, dass man sich Klarheit über das Verhältnis zwischen der *Umwandlung* im Sinne des Umwandlungsgesetzes einerseits und der *Betriebsänderung* im Sinne der §§ 111 ff. BetrVG verschafft. Bei ersterer handelt es sich um eine gesellschaftsrechtliche, bei letzterer um eine arbeitsrechtliche Kategorie. Damit allein ist allerdings für die Unterscheidung beider Bereiche in der Praxis noch nicht allzu viel gewonnen. Größeren Aufschluss vermittelt dagegen eine *teleologische* Betrachtung: Das Umwandlungsgesetz dient als gesellschaftsrechtliche Kodifikation primär dem Schutz der Gesellschafter und der Gesellschaftsgläubiger bei ***rechtlichen*** Veränderungen am Unternehmen – also auch der Arbeitnehmer, soweit sie in *dieser* Rolle betroffen sind –; die betriebsverfassungsrechtlichen Regelungen über Betriebsänderungen gewähren dagegen der Belegschaft kollektiven Schutz bei ***tatsächlichen*** Veränderungen der betrieblichen Organisationsstruktur. Anders gewendet: Umwandlungen ereignen sich auf *Unternehmens-,* Betriebsänderungen dagegen auf *Betriebs*ebene.

---

[267] Dazu allgemein → G Rn. 147 ff.

[268] Dazu ausführlich → E Rn. 2 ff.

[269] Zu der – umstrittenen – Frage, ob dies auch für die Haftungsregelung nach § 613a Abs. 2 BGB gilt, vgl. → G Rn. 204 ff.

[270] Im Ergebnis ebenso BAG 19.10.2017 – 8 AZR 63/16, NZA 2018, 370, Rn. 27 ff.; *Boecken* ZIP 1994, 1087 (1092); *ders.* Unternehmensumwandlungen Rn. 100 ff.; *Däubler* RdA 1995, 136 (142); Schmitt/Hörtnagl/*Langner* UmwG Vor § 322 Rn. 2 ff..

[271] BAG 19.10.2017 – 8 AZR 63/16, NZA 2018, 370, Rn. 47 ff.; zur Bedeutung dieser Entscheidung vgl. → G Rn. 137, 142 sowie HWK/*Willemsen,* BGB § 613a Rn. 189 und *Hohenstatt* FS Karsten Schmidt, 2019, 495.

[272] Vgl. auch Kallmeyer/*Willemsen* UmwG § 324 Rn. 57.

b) Phänomen der sich teilweise überschneidenden Kreise

95 Hieraus erhellt, dass es sich um zwei gedanklich strikt zu trennende Bereiche handelt. Daran ändert auch der Umstand nichts, dass das Umwandlungsgesetz in einigen arbeitsrechtlich relevanten Detailregelungen – insbesondere § 322 und § 323 UmwG[273] – auf konkrete, tatsächliche Veränderungen auf der Betriebsebene abstellt. Die Richtigkeit dieser Trennung lässt sich auch phänomenologisch nachweisen anhand des Satzes, dass **keinesfalls jede Umwandlung** nach dem Umwandlungsgesetz **zugleich eine Betriebsänderung** im Sinne der §§ 111 ff. BetrVG enthält und dass umgekehrt **keinesfalls jede Betriebsänderung zugleich eine Umwandlung** im Sinne des Umwandlungsgesetzes ist. Es handelt sich bildlich gesprochen um zwei eigenständige, sich nur teilweise überschneidende Kreise,[274] wie die nachfolgenden Beispiele zeigen werden:

96 **Beispiel B 10:**

Die G-GmbH befasst sich mit der Herstellung technischer Gase. Sie erwirbt im Zuge der „Marktbereinigung" sämtliche Anteile an der H-GmbH, die ein kleines Wettbewerbsunternehmen betreibt und unmittelbar nach dem Anteilserwerb auf die G-GmbH als aufnehmende Gesellschaft verschmolzen wird. Der etwa 150 Kilometer vom Sitz der G-GmbH gelegene Betrieb der (im Zuge der Verschmelzung untergegangenen) H-GmbH bleibt unverändert bestehen.

Beispiel B 11:

Wie **Beispiel B 10;** jedoch wird unmittelbar nach der gesellschaftsrechtlichen Verschmelzung der Betrieb der H-GmbH stillgelegt; ein Teil der Maschinen und des Personals wird von der G-GmbH übernommen, dem Rest der Belegschaft betriebsbedingt gekündigt.

Beispiel B 12:

Ausgangssituation wie im **Beispiel B 10;** jedoch wird von einer Verschmelzung der H-GmbH auf die G-GmbH abgesehen. Nach Erwerb der Gesellschaftsanteile durch die G-GmbH kommt es zu den in **Beispiel B 11** beschriebenen Veränderungen.

Das Beispiel B 10 beschreibt einen rein gesellschaftsrechtlichen Umwandlungsfall, das Beispiel B 12 eine rein arbeitsrechtliche Betriebsänderung.[275] Der Zusammenschluss von *Unternehmen* einerseits und von *Betrieben* andererseits muss streng unterschieden werden, wie auch der differenzierte Sprachgebrauch des Gesetzgebers in § 111 S. 2 Nr. 3 BetrVG einerseits („Zusammenschluss mit anderen Betrieben") und in § 106 Abs. 3 Nr. 8 BetrVG andererseits („Zusammenschluss … von Unternehmen *oder* Betrieben") zeigt. Dass beide Kategorien zusammentreffen *können* (aber nicht *müssen*), belegt das Beispiel B 11. Es gibt einen **Überschneidungsbereich** zwischen Umwandlungs- und Betriebsverfassungsrecht, nämlich dann, wenn die **unternehmensrechtliche Veränderung** mit einer solchen der **betriebsorganisatorischen Strukturen** einhergeht.[276] Derartige Überschneidungsfälle werden besonders häufig bei der **Unternehmensspaltung** auftreten, wenngleich auch hier gilt, dass rein gesellschaftsrechtliche Umwandlungen nicht den Tatbestand der Betriebsänderung im Sinne von § 111 BetrVG erfüllen:

---

[273] S. dazu und zur zwischenzeitlich in § 21a BetrVG aufgegangenen und daher aufgehobenen Bestimmung des § 321 UmwG aF zum Übergangsmandat im Fall der Spaltung im Einzelnen → Rn. 103.

[274] Vgl. auch die Darstellung bei *Willemsen* NZA 1996, 791 (795), sowie die zusammenfassende Grafik in → Rn. 100.

[275] Dabei mag hier offen bleiben, ob es sich tatsächlich um eine Betriebsstilllegung bei der H-GmbH handelt oder um einen Betriebsübergang iSv § 613a BGB von der H-GmbH auf die G-GmbH mit gleichzeitiger Betriebsverlegung und -verschmelzung iSv § 111 S. 2 Nr. 2 und 3 BetrVG.

[276] Im Ergebnis ebenso *Boecken* Rn. 352; *Fitting* BetrVG § 111 Rn. 59; *Willemsen* NZA 1996, 791 (795).

Beispiel B 13: 97

Die K-AG gliedert die Gastronomiebereiche ihrer Kaufhäuser in eine bereits bestehende Tochtergesellschaft, die R-GmbH, aus (Ausgliederung zur Aufnahme im Sinne von § 123 Abs. 3 Nr. 1 UmwG). Die ausgegliederten Restaurants erhalten eine eigenständige Leitung, die in allen arbeitsrechtlich relevanten Angelegenheiten (Abschluss von Arbeitsverträgen, Betriebsvereinbarungen, Tarifverträgen usw) autonom agiert.

Hier stellt die Unternehmensaufspaltung zugleich eine Betriebsaufspaltung im Sinne von § 111 S. 3 Nr. 3 BetrVG dar, zumindest wenn man unterstellt, dass es sich bei den Gastronomiebereichen – bezogen auf die einzelnen Kaufhäuser – jeweils um *wesentliche* Betriebsteile im Sinne von § 111 BetrVG handelt[277]. Anders läge es wiederum nur, wenn sich die Ausgliederung in einer Veränderung der rechtlichen Zuordnung der Restaurantbereiche erschöpfen würde, ihre organisatorische Zugehörigkeit zu den Kaufhausbetrieben jedoch erhalten bliebe.[278]

98 Auch das Umwandlungsgesetz selbst spricht den hier erörterten Überschneidungsbereich teilweise unmittelbar an, etwa in § 126 Abs. 1 Nr. 9, wo von der Zuordnung „der übergehenden Betriebe und Betriebsteile" im Spaltungsvertrag die Rede ist, oder – noch deutlicher – im damaligen, nun gestrichenen und durch § 21a BetrVG ersetzten § 321 Abs. 1 UmwG aF, wo mit Bezug auf die Spaltung eines Rechtsträgers ein Übergangsmandat des Betriebsrats bei „Spaltung eines Betriebs" geregelt wurde.[279] Dennoch – oder besser: gerade deshalb – verbleibt es dabei, dass **Fusion und Spaltung** auf **Unternehmensebene** einerseits und auf **Betriebsebene** andererseits deutlich unterschieden und getrennt werden müssen. Nur so lassen sich Fehler in der Beratung mit unter Umständen weit reichenden Folgen zuverlässig vermeiden.[280]

c) Zusammenfassung: Verhältnis der Kategorien Unternehmensumstrukturierung, Unternehmensumwandlung, Betriebsänderung

99 Wie die vorstehenden Ausführungen gezeigt haben, stellen Unternehmensumwandlungen nach dem Umwandlungsgesetz und Betriebsänderungen nach dem BetrVG unterschiedliche, in der Realität nur teilweise zusammentreffende Phänomene dar. Das Modell der sich nur teilweise überschneidenden Kreise trifft im übrigen auch auf das Verhältnis der Betriebsänderung nach §§ 111 ff. BetrVG zur Unternehmensumstrukturierung zu. Zwar wird jede Betriebsänderung, die nach § 111 BetrVG ja bereits einen ganzen Betrieb oder zumindest wesentliche Teile desselben erfassen muss, stets eine Unternehmensumstrukturierung im Sinne der hier zugrunde gelegten – weiten – Definition beinhalten;[281] jedoch lässt sich dieser Satz *nicht* umkehren, da Umstrukturierungen vom BetrVG nur dann als Betriebsänderungen „anerkannt" werden, wenn einer der in § 111 S. 2 BetrVG enumerativ[282] aufgezählten Tatbestände (Betriebs(teil)stilllegung, Betriebsverlegung, grundlegende Änderung der Betriebsorganisation etc) erfüllt ist. Ganz Ähnliches gilt für das Verhältnis zwischen Unternehmensumstrukturierung und Unternehmensumwandlung im Sinne des Umwandlungsgesetzes: Jede Umwandlung nach dem Umwandlungsgesetz ist zugleich eine Unternehmensumstrukturierung, aber längst nicht jede Unternehmensumstrukturierung erfüllt auch zugleich einen der im Umwandlungsgesetz abschließend geregelten Umwand-

[277] Zu der – umstrittenen – Frage, ob die Betriebsspaltung iSv § 111 S. 3 Nr. 3 BetrVG die Betroffenheit eines wesentlichen Betriebsteils voraussetzt, → C Rn. 61, 124 (Problematik der „Bagatellausgründung").

[278] Es würde sich dann um den Fall eines Gemeinschaftsbetriebes mehrerer rechtlich selbständiger Unternehmen handeln; dazu ausführlich → D Rn. 18.

[279] Dazu ausführlich → D Rn. 74 ff.

[280] Zu den damit verbundenen taktischen Problemen → Rn. 141 ff., 149.

[281] Dazu → Rn. 4.

[282] Zum abschließenden Charakter dieser Aufzählung → C Rn. 20.

lungstatbestände. Dies folgt bereits daraus, dass das Umwandlungsgesetz die „klassischen" Modelle der Unternehmensumstrukturierung weitgehend unangetastet gelassen hat.[283]

100 **Zusammenfassend** lässt sich somit das – nur – teilweise ineinander greifende Verhältnis der vorstehend behandelten drei Kategorien wie folgt veranschaulichen:

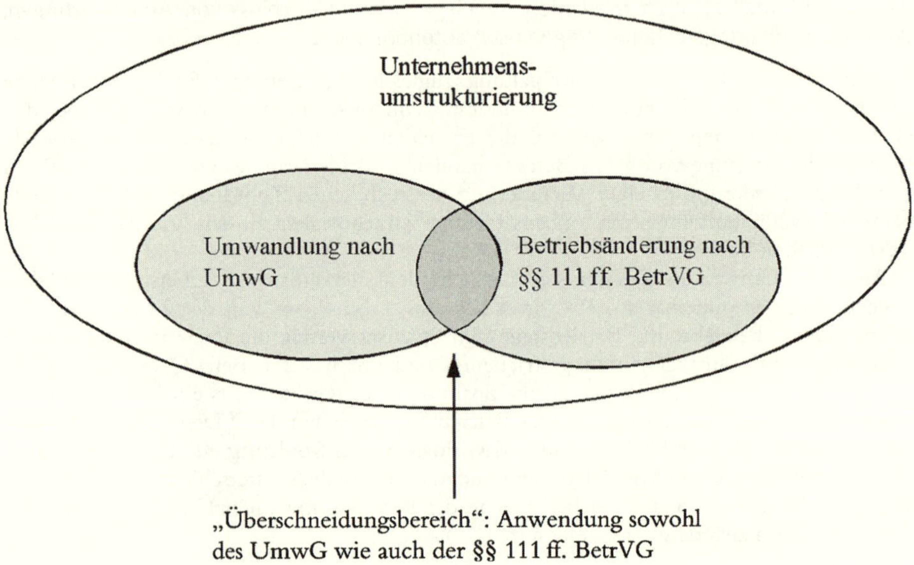

Umwandlungen nach dem Umwandlungsgesetz und Betriebsänderungen nach §§ 111 ff. BetrVG sind also **„Teilmengen"** der Unternehmensumstrukturierung, die sich nur partiell überschneiden. Es gibt demzufolge **vier Typen** von Unternehmensumstrukturierungen, nämlich solche die

(1) weder unter das Umwandlungsgesetz noch unter §§ 111 ff. BetrVG fallen (zB Einführung einer Holdingstruktur durch Anteilsübertragung ohne Veränderung auf betrieblicher Ebene, vgl. **Beispiel B 5**)

(2) zwar unter das Umwandlungsgesetz, nicht aber unter §§ 111 ff. BetrVG fallen (zB Verschmelzung unter Beibehaltung der Betriebsstruktur des verschmolzenen Unternehmens, **Beispiel B 10**)

(3) zwar unter §§ 111 ff. BetrVG, nicht aber unter das Umwandlungsgesetz fallen (zB Stilllegung eines Betriebs nach Erwerb sämtlicher Anteile am Unternehmen, **Beispiel B 12**)

(4) sowohl unter das Umwandlungsgesetz wie auch unter §§ 111 ff. BetrVG fallen (zB Betriebsstilllegung im Zuge der Unternehmensverschmelzung, **Beispiel B 11**).

101 Die aus gesellschafts- und arbeitsrechtlicher Sicht schwierigsten Fragen wirft naturgemäß wegen der Überschneidung beider Bereiche die Variante (4) auf. Treffen Umwandlungen nach dem Umwandlungsgesetz und Betriebsänderungen nach § 111 BetrVG aufeinander, gewährt der Gesetzgeber dem bzw. den beteiligten Betriebsräten auf *beiden* Ebenen Informations- bzw. Beteiligungsrechte, die sich in ihrer Intensität erheblich voneinander unterscheiden und deren Verhältnis zueinander vom Gesetz nicht beantwortet wird. Den sich hieraus ergebenden Fragen soll im Zusammenhang mit den Beteiligungsrechten des Betriebsrats bei Unternehmensumstrukturierungen nachgegangen werden.[284]

---

[283] → Rn. 56 ff. und 62 ff.

[284] → C Rn. 119 ff., 436 ff.

3. Verhältnis zum betriebsverfassungsrechtlichen Organisationsrecht (Bildung von Betriebsräten/Gesamtbetriebsräten/Konzernbetriebsräten)

a) Grundsatz: Betriebsverfassungsrechtliches Organisationsrecht als allgemeine Grundlage

Wie die Ausführungen unter → D Rn. 14ff. zeigen, können Veränderungen der Unternehmensstruktur sich unmittelbar auf den Bestand und die Zusammensetzung von Betriebsräten, Gesamt- und Konzernbetriebsräten auswirken. Soweit es den Fortbestand der Betriebsräte betrifft, ist dabei jeweils entscheidend, ob der Betrieb (im Sinne einer funktional-arbeitstechnischen Einheit) seine bisherige **Identität** beibehält;[285] für die erstmalige Bildung bzw. den Wegfall von Gesamt- bzw. Konzernbetriebsräten kommt es auf die **künftige Anzahl der Betriebe** des Unternehmens bzw. auf die **Entstehung oder die Aufhebung von Konzernverhältnissen** an.[286] 102

Um das Verhältnis zwischen Umwandlungsgesetz und betriebsverfassungsrechtlichem Organisationsrecht richtig zu verstehen, ist zunächst festzustellen, dass das Umwandlungsgesetz auf den vorhandenen Prinzipien des Betriebsverfassungsgesetzes hinsichtlich der Bildung und Zusammensetzung von Arbeitnehmervertretungen aufbaut, zur Beurteilung der diesbezüglichen Konsequenzen einer Verschmelzung oder Spaltung[287] also zunächst die allgemeinen betriebsverfassungsrechtlichen Regeln herangezogen werden müssen. Allein diese entscheiden – vorbehaltlich der nachfolgend noch zu behandelnden umwandlungsspezifischen Besonderheiten – darüber, ob trotz der Umwandlung der Betriebsrat (Gesamt-, Konzernbetriebsrat) weiter im Amt bleibt, neu gewählt werden muss oder „ersatzlos" untergeht. Insbesondere dann, wenn die Spaltung zur Entstehung eines **Gemeinschaftsbetriebs**[288] führt, bleibt sie für die Existenz des bisherigen Betriebsrats möglicherweise folgenlos.[289]

b) Ablösung des § 321 UmwG aF durch § 21a BetrVG

Zu den (auch) für Umwandlungen besonders bedeutsamen allgemeinen betriebsverfassungsrechtlichen Grundsätzen zählt die Regelung des § 21a BetrVG, die ein zeitlich befristetes **Übergangsmandat** des Betriebsrats bei einer anlässlich der Spaltung eines Rechtsträgers durchgeführter **Betriebsspaltung** (Abs. 1) bzw. **Zusammenfassung von Betrieben oder Betriebsteilen** (Abs. 2) vorsieht (wegen der Einzelheiten → D Rn. 74ff.). Die frühere unsystematische[290] Verankerung dieser Bestimmung im Umwandlungsgesetz (§ 321 UmwG aF) ist, wie bereits oben (→ Rn. 72 und 98) erwähnt, zugunsten einer allgemeinen, nicht mehr nur auf Umwandlungsfälle begrenzten Regelung in BetrVG aufgehoben worden. Da das Umwandlungsgesetz sich zu den Auswirkungen der Unternehmensumwandlung auf die betriebsverfassungsrechtlichen Organe und ihre Zusammensetzung nicht äußert – was im Hinblick auf seinen *unternehmens*rechtlichen Bezug (→ Rn. 81) nur folgerichtig ist – verbleibt es im übrigen auch in Umwandlungsfällen bei den allgemeinen betriebsverfassungsrechtlichen Grundsätzen. Dies wird ausdrücklich bestätigt durch § 21a Abs. 3 BetrVG, der die Absätze 1 und 2 im Sinne einer – an sich nicht zwingend gebotenen – Klarstellung auch für die Spaltung oder Zusammenlegung von Betrieben/Betriebsteilen im Zusammenhang mit einer **Betriebsveräußerung** oder einer **Umwandlung** für **anwendbar** erklärt. 103

[285] Im Einzelnen → D Rn. 51ff.
[286] Dazu → D Rn. 97ff.
[287] Beim Formwechsel wird die Fragestellung nicht relevant werden, da sich hierdurch an der Organisation des bzw. der Betriebe bereits *per definitionem* nichts ändert.
[288] Dazu ausführlich → D Rn. 18ff.
[289] Vgl. Kallmeyer/*Willemsen* UmwG Vor § 322 Rn. 24.
[290] S. dazu bereits die Kritik auf der Grundlage des damaligen Referentenentwurfs von *Willemsen* RdA 1993, 133 (139).

4. Verhältnis zum Recht der Kollektivvereinbarungen (Tarifverträge und Betriebsvereinbarungen)

a) § 324 UmwG in Verbindung mit § 613a Abs. 1 S. 2–4 BGB als Auffangregelung

104 Durch § 324 UmwG ist klargestellt, dass im Falle der Verschmelzung, Spaltung und Vermögensübertragung (auch) § 613a Abs. 1 S. 2–4 BGB Anwendung finden, die das Schicksal von Tarifverträgen und Betriebsvereinbarungen im Falle eines Betriebsübergangs zum Gegenstand haben. Danach gelten die bisherigen Normen von Tarifverträgen und Betriebsvereinbarungen nach einem Betriebsübergang fort, indem sie zum Inhalt des Arbeitsverhältnisses zwischen Arbeitnehmer und neuem Betriebsinhaber werden und für **ein Jahr nach Betriebsübergang** nicht zum Nachteil des Arbeitnehmers geändert werden dürfen. Die Regelung basiert auf der EG-Richtlinie 77/187 EWG über den Betriebsübergang vom 14.2.1977[291] und gibt Anlass zu zahlreichen Zweifelsfragen, denen an anderer Stelle nachgegangen wird.[292] Für das Verständnis und die praktische Handhabung ist wichtig, dass es sich bei der gemäß § 324 UmwG auch im Umwandlungsfall anwendbaren Bestimmung des § 613a Abs. 1 S. 2–4 BGB lediglich um eine **Auffangregelung** handelt. Eine solche ist erforderlich, weil die Mitgliedschaft des (bisherigen) Arbeitgebers in einem **Arbeitgeberverband** und damit auch die Bindung an einen **Verbandstarifvertrag** *nicht* automatisch kraft Gesamtrechtsnachfolge auf den neuen Rechtsträger übergeht[293], derartige Tarifverträge also nicht ohne weiteres als solche weitergelten.[294] Daraus folgt aber umgekehrt, dass es der Regelung des § 613a Abs. 1 S. 2–4 BGB *nicht* bedarf, wenn die bisherigen Tarifverträge kollektivrechtlich auf der bisherigen Grundlage weitergelten. Dies kann insbesondere dann der Fall sein, wenn es sich um einen **Firmentarifvertrag** handelt[295] oder – im Falle des **Verbandstarifvertrages** – wenn der neue Rechtsträger demselben Arbeitgeberverband wie der bisherige Rechtsträger angehört oder beitritt. Bei einer solchen kollektivrechtlichen Fortgeltung findet § 613a Abs. 1 S. 2–4 BGB keine Anwendung.[296]

105 Entsprechendes gilt auch für **Betriebsvereinbarungen.** Behält der Betrieb nach der Verschmelzung oder Spaltung des Rechtsträgers seine Identität bei, ändert sich seine arbeitstechnisch-organisatorische Zusammensetzung also nicht oder nur unwesentlich, gelten nach der Rechtsprechung des BAG alle Betriebsvereinbarungen gegen den neuen Betriebsinhaber (Rechtsträger) normativ weiter.[297] **Gesamtbetriebsvereinbarungen** gelten nach inzwischen gefestigter Rechtsprechung des BAG bei einem identitätswahrenden Betriebsübergang nunmehr als Einzelbetriebsvereinbarungen fort.[298] Es ist mithin vor Anwendung des § 613a Abs. 1 S. 2–4 BGB (auf Grund der Verweisung in § 324 UmwG) stets vorrangig zu prüfen, ob die Regelungen eines Tarifvertrages oder einer Betriebsvereinbarung bereits nach allgemeinen Grundsätzen unverändert weitergelten.[299]

---

291 ABl. EG vom 5.3.1977, L 61, 26; inzwischen abgelöst durch Richtlinie vom 12.3.2001, ABl. EG L 82, 16, abgedruckt im Anhang.
292 S. dazu ausführlich Teil E.
293 Vgl. BAG 13.7.1994 – 4 AZR 555/93, NZA 1995, 479; Wiedemann/*Oetker* TVG § 3 Rn. 260 sowie → E Rn. 116.
294 BAG 5.10.1993 – 3 AZR 586/92, NZA 1994, 848; 13.7.1994, aaO.
295 Ebenso Lutter/*Sagan* UmwG § 324 Rn. 23 sowie BAG 24.6.1998 – 4 AZR 208/97, NZA 1998, 1346. Wegen der Einzelheiten → E Rn. 116ff.
296 Allgemeine Meinung, vgl. nur MHdB ArbR/*Wank* § 142 Rn. 216, 173.
297 Vgl. nur BAG 5.5.2015 – 1 AZR 763/13, DB 2015, 2096; 15.1.2002 – 1 AZR 58/01, NZA 2002, 1034 sowie → E Rn. 6ff.
298 Grundlegend BAG 18.9.2002 – 1 AZR 54/01, NZA 2003, 670; zu Einzelheiten s. → E Rn. 75ff.
299 Dazu auch → E Rn. 75ff., 91ff.

b) Kollektivarbeitsrechtliche Folgen als „Pflichtangaben" im Sinne von § 5 Abs. 1 Nr. 9, § 126 Abs. 1 Nr. 11 UmwG

Eine „Querverbindung" zwischen dem Recht der Kollektivvereinbarungen und dem Umwandlungsrecht ergibt sich schließlich daraus, dass die Auswirkungen der Umwandlung auf bestehende Tarifverträge und Betriebsvereinbarungen zu den „Pflichtangaben" des Verschmelzungsvertrages bzw. Spaltungsvertrages/-plans nach § 5 Abs. 1 Nr. 9, § 126 Abs. 1 Nr. 11 UmwG gehören.[300] Dies macht es unabweisbar, die Konsequenzen in Bezug auf die Fortgeltung von Kollektivvereinbarungen bereits im Vorfeld einer Umwandlung sorgfältig zu prüfen und gegebenenfalls gezielt zu planen (etwa im Hinblick auf die Frage des Beitritts des aufnehmenden Rechtsträgers zu dem jeweils zuständigen Arbeitgeberverband oder den Abschluss „vorbereitender" Betriebsvereinbarungen durch den neuen Rechtsträger, durch welche die lediglich nach § 613a Abs. 1 S. 2 BGB weitergeltenden Betriebsvereinbarungen des bisherigen Rechtsträgers abgelöst werden sollen).[301] Nicht allein wegen der Offenlegungspflicht nach § 5 Abs. 1 Nr. 9, § 126 Abs. 1 Nr. 11 UmwG empfiehlt es sich mithin, die (kollektiv-) arbeitsrechtlichen Folgen der Umwandlung mindestens ebenso sorgfältig zu bedenken wie ihre gesellschafts-, steuer-, bilanz- sowie kartellrechtlichen[302] Konsequenzen. 106

5. Verhältnis zum allgemeinen Kündigungsschutz

a) Grundsatz: Parallelität

Auch hinsichtlich des allgemeinen Kündigungsschutzes nach dem Kündigungsschutzgesetz hat der Gesetzgeber des Umwandlungsgesetzes in den „Übergangs- und Schlussbestimmungen" des Achten Buches umwandlungsspezifische Sonderregelungen geschaffen, und zwar mit § 322 und – insbesondere – § 323 Abs. 1 UmwG. 107

Auch hier gilt jedoch zunächst, dass die umwandlungsrechtlichen Sonderregelungen an das allgemeine Arbeitsrecht anknüpfen, dieses also nicht etwa verdrängen, sondern lediglich teilweise ergänzen. Die Frage etwa, ob einem Arbeitnehmer wegen spaltungs- oder verschmelzungsbedingten Wegfalls seines Arbeitsplatzes **betriebsbedingt gekündigt** werden kann, beantwortet sich mithin primär nach den von der Rechtsprechung und Literatur zu § 1 KSchG entwickelten Grundsätzen.[303] Auch die Regelungen über **Massenentlassungen** (§ 17ff. KSchG) finden uneingeschränkt Anwendung; dasselbe gilt für den besonderen Kündigungsschutz zugunsten bestimmter Arbeitnehmergruppen (etwa für Betriebsratsmitglieder gemäß §§ 15ff. KSchG; schwerbehinderte Menschen gemäß §§ 85ff. SGB IX; werdende Mütter gemäß § 9 MuSchG).

Über § 324 UmwG ist schließlich auch das **Verbot von Kündigungen** wegen eines Betriebsübergangs gemäß § 613a Abs. 4 BGB zu beachten.[304] Dies gilt allerdings nur für solche Arbeitsverhältnisse, deren Übergang nach § 613a BGB und nicht rein umwandlungsrechtlich erfolgt.[305]

---

300 Ebenso *Joost* ZIP 1995, 984.

301 S. dazu auch Kallmeyer/*Willemsen* § 324 Rn. 26.

302 Zum Steuer- und Bilanzrecht sowie Kartellrecht → Rn. 134ff. und → Rn. 138ff.

303 Dazu näher → H Rn. 1ff.

304 Unstreitig; vgl. Kallmeyer/*Willemsen* § 324 Rn. 21; Widmann/Mayer/*Wälzholz* UmwG § 324 Rn. 80ff.; *Willemsen* NZA 1996, 791 (799); *Wlotzke* DB 1995, 40 (43). Allgemein zum Verhältnis zwischen UmwG und § 613a BGB → Rn. 88ff.

305 S. aber *Boecken* Rn. 271, sowie Sagasser/Bula/Brünger/*Schmidt* § 6 Rn. 21 und 47, die § 613a Abs. 4 BGB auf umwandlungsrechtlich übergehende Arbeitsverhältnisse analog anwenden wollen, was aber entbehrlich erscheint, weil es dort, wo § 613a BGB ohnehin nicht gilt, insoweit auch nichts zu umgehen gibt. Zur Unterscheidung zwischen arbeitsrechtlichem und umwandlungsrechtlichem Übergang der Arbeitsverhältnisse → Rn. 92.

b) Begrenzte Reichweite des Kündigungsverbots nach § 324 UmwG in Verbindung mit § 613a Abs. 4 BGB

108 Aus § 324 UmwG in Verbindung mit § 613a Abs. 4 BGB folgt, dass die Umwandlung *als solche* eine (betriebsbedingte) Kündigung, gleich ob durch den übertragenden oder den übernehmenden Rechtsträger ausgesprochen, nicht zu rechtfertigen vermag; eine allein auf das Fehlen der Bereitschaft zur unveränderten Übernahme der Arbeitsverhältnisse gestützte Kündigung wäre ohne weiteres nichtig (Verbotsnorm im Sinne von § 134 BGB).[306] Zulässig sind dagegen Kündigungen „aus anderen Gründen" im Sinne von § 613a Abs. 4 S. 2 BGB, insbesondere also aus dringenden betrieblichen Erfordernissen im Sinne von § 1 Abs. 2 KSchG, gegebenenfalls unter Beachtung der Grundsätze der Sozialauswahl (§ 1 Abs. 3 und 4 KSchG).

109 Auch hier gilt: Das Umwandlungsgesetz knüpft an rechtliche, das Kündigungsschutzgesetz an tatsächliche Veränderungen im Unternehmen bzw. Betrieb an. Allein die Veränderung der rechtlichen Unternehmensstrukturen ist für die betriebsbedingte Kündigung von Arbeitsverhältnissen weder ausreichend noch überhaupt erforderlich; entscheidend sind die konkreten Veränderungen auf Betriebsebene, und zwar entweder der vollständige Wegfall von Arbeitsplätzen, der zum Ausspruch betriebsbedingter **Beendigungskündigungen** im Sinne von § 1 Abs. 2 KSchG berechtigen kann, oder zumindest die Veränderung von Arbeitsbedingungen, die unter Umständen eine **Änderungskündigung** zu rechtfertigen vermögen (beispielsweise bei räumlicher Verlagerung von Arbeitsplätzen anlässlich einer Unternehmensspaltung).

110 Obwohl somit das Kündigungsschutzgesetz im Gegensatz zum Umwandlungsgesetz auf der konkret-betrieblichen (arbeitsplatzbezogenen) Ebene ansetzt, kann es – ähnlich wie im Verhältnis zum Recht der Betriebsänderungen nach §§ 111 ff. BetrVG – zu **Überschneidungen** kommen, bei denen beide Kategorien jedenfalls tatsächlich miteinander verwoben sind, wie das nachfolgende **Beispiel B 14** demonstrieren soll:

Beispiel B 14:

Die P-GmbH verfügt über einen Verlag mit 60 Mitarbeitern sowie eine Druckerei mit ca. 550 überwiegend gewerblichen Arbeitnehmern. Der Druckereibetrieb wird in ein anderes in der Unternehmensgruppe bereits bestehendes Druckunternehmen, die D-GmbH, ausgegliedert. Infolge der Ausgliederung des Druckbetriebs bei der P-GmbH mindert sich der Arbeitsanfall in der bei ihr verbleibenden Buchhaltung erheblich; von den bisher dort eingesetzten, nunmehr überzähligen acht Arbeitnehmern kann die D-GmbH allenfalls drei übernehmen, da sie bereits über eine eigene, entsprechend eingerichtete Buchhaltungsabteilung verfügt und sich auf Grund der Übernahme der Druckerei von P und deren Zusammenlegung mit der vorhandenen Druckerei von D gewisse Synergieeffekte ergeben.

111 Hier ist zunächst – wie in allen Umwandlungsfällen! – zu klären, ob die Arbeitsverhältnisse der Mitarbeiter in der Buchhaltung gemäß § 613a Abs. 1 BGB auf die D-GmbH übergehen. Dagegen könnte sprechen, dass die Buchhaltungsabteilung als solche bei der P-GmbH bestehen bleibt, ein Betriebs*teil*übergang insoweit also auf die D-GmbH nicht stattfindet. Selbst wenn man jedoch **entgegen** der neueren Rechtsprechung des BAG diejenigen Buchhaltungsmitarbeiter, die bisher *schwerpunktmäßig* für den Druckbereich gearbeitet haben, gemäß § 613a BGB auf die D-GmbH übergehen „lässt",[307] ist damit lediglich verbunden, dass allein der Umstand der Ausgliederung sowie die daraus resultierende (Gesamt-) Rechtsnachfolge des aufnehmenden Rechtsträgers für sich betrachtet kein Grund zur betriebsbedingten Kündigung ist. § 613a Abs. 4 S. 1 BGB erschöpft sich also auch in Umwandlungsfällen in der – eher schlichten – Aussage, dass die vom Gesetzgeber

---

[306] Im Ergebnis ebenso *Boecken* Rn. 264 ff. Zu weiteren Einzelheiten der „Kündigung wegen Betriebsübergangs" → H Rn. 86 ff.

[307] S. zu der Frage, wie Arbeitnehmer in „übergreifenden" Bereichen im Rahmen von § 613a BGB zuzuordnen sind, → G Rn. 134 ff.

angeordnete Rechtsnachfolge nicht durch eine zu ihrer Vermeidung ausgesprochene Kündigung unterlaufen werden darf (Umgehungsverbot).[308] Keinen Schutz bietet die Norm dagegen vor tatsächlichen **Verschlechterungen der Beschäftigungssituation,** mögen diese auch durch die Umwandlung – wie in dem vorstehenden Beispiel – mehr oder weniger zwangsläufig verursacht worden sein. Ob und unter welchen Voraussetzungen (insbesondere: Verpflichtung zur Sozialauswahl?) die D-GmbH im Falle einer unterstellten Anwendung des § 613a BGB als aufnehmende Gesellschaft die überzähligen Arbeitsverhältnisse kündigen kann, richtet sich allein nach § 1 KSchG. § 613a Abs. 4 BGB steht jedenfalls nicht entgegen, da der durch die Zusammenfassung der Betriebe bewirkte Synergieeffekt als tatsächliches Beschäftigungshindernis ein anderer Grund im Sinne von § 613a Abs. 4 S. 2 BGB ist.

Zusammenfassend lässt sich somit feststellen: § 324 Abs. 1 UmwG in Verbindung mit 112
§ 613a Abs. 4 BGB gewährt einen höchst eingeschränkten Bestandsschutz der Arbeitsverhältnisse lediglich insofern, als allein die *rechtliche* Umwandlung nicht zum Anlass für eine (betriebsbedingte) Kündigung genommen werden darf. Vor tatsächlichen Veränderungen der Beschäftigungsgrundlage und damit verbundenen Gefährdungen der Arbeitsplatzsicherheit schützt die Regelung hingegen nicht.

c) § 323 Abs. 1 UmwG als umwandlungsspezifische Bestandsschutznorm

Allerdings hat der Gesetzgeber des Umwandlungsgesetzes mit dessen § 323 Abs. 1 („Kün- 113
digungsrechtliche Stellung“) eine spezifisch umwandlungsrechtliche Bestandsschutznorm geschaffen, deren Bedeutung und Reichweite – wie angesichts des unklaren Gesetzeswortlauts nicht anders zu erwarten – äußerst umstritten ist. Von dieser Regelung lässt sich jedenfalls nicht behaupten, dass sie sich lediglich in einer arbeitsrechtlichen Absicherung der Gesamtrechtsnachfolge erschöpfe; ihre Tragweite und praktische Bedeutung soll im Zusammenhang mit dem Kündigungsschutz bei Unternehmensumstrukturierungen näher beleuchtet werden.[309] Nur soviel sei bereits an dieser Stelle vorweggenommen: Auch § 323 Abs. 1 UmwG schützt nicht vor tatsächlichen Beeinträchtigungen der Arbeitsplatzsicherheit anlässlich von Unternehmensumwandlungen, sondern konserviert lediglich für einen begrenzten Zeitraum die **arbeitsrechtlichen Rahmenbedingungen,** innerhalb derer sich ein umwandlungsbedingter Personalabbau vollziehen kann.

Nur der Vollständigkeit halber ist in dem vorliegenden Zusammenhang schließlich § 322 UmwG zu erwähnen, der unter bestimmten Voraussetzungen eine (widerlegbare) Vermutung für das Vorliegen eines einheitlichen Betriebes im kündigungsschutzrechtlichen Sinne begründet. Da die Reichweite des Kündigungsschutzgesetzes auch von der Betriebsabgrenzung abhängen kann, handelt es sich um eine weitere spezifisch umwandlungsbedingte Ergänzung des allgemeinen Bestandsschutzes, die ebenfalls im Zusammenhang mit den allgemeinen kündigungsrechtlichen Fragen näher erläutert werden soll.[310]

6. Verhältnis zu sonstigen arbeitsrechtlichen Bestimmungen

Die Frage, wie sich das Umwandlungsrecht zu den in §§ 322 ff. UmwG nicht gesondert 114
angesprochenen arbeitsrechtlichen Regelungskomplexen verhält, ist schnell beantwortet: Wenn schon bei denjenigen Fragestellungen, wo sich Umwandlungsrecht und Arbeitsrecht jedenfalls thematisch überschneiden, von einer grundsätzlichen **Trennung bzw. Parallelität** beider Rechtskreise auszugehen ist, muss dies folgerichtig erst recht für diejenigen Bereiche gelten, in denen sich Umwandlungsrecht und Arbeitsrecht eher zufällig begegnen,

---

[308] Dazu ausführlich *Willemsen* ZIP 1983, 411 (413); zustimmend BAG 26.5.1983 – 2 AZR 477/81, DB 1983, 2691. Dazu auch → H Rn. 89.
[309] Dazu → H Rn. 150 ff.
[310] Dazu → H Rn. 147 ff.

etwa für die Frage, unter welchen Voraussetzungen im Zuge der Verschmelzung neue EDV-Systeme eingeführt werden können, die zur Überwachung von Verhalten oder Leistung der Arbeitnehmer geeignet sind (§ 87 Abs. 1 Nr. 6 BetrVG) oder inwieweit der Arbeitgeber wegen umwandlungsbedingter organisatorischer Mehrbelastung die Ableistung von Überstunden individual- und kollektivarbeitsrechtlich (§ 87 Abs. 1 Nr. 3 BetrVG) verlangen kann. Auf derartige Fragen, die sich lediglich *anlässlich* einer Unternehmensumstrukturierung stellen (können), aber deswegen keine spezifische Behandlung erfahren und nach den Regeln des allgemeinen Arbeitsrechts zu behandeln sind, braucht daher nicht mehr näher eingegangen zu werden.[311]

V. Strategische Aspekte aus Unternehmenssicht

115 Die Analyse der arbeitsrechtlichen Relevanz von Unternehmensumstrukturierungen und die dabei erörterten Fallbeispiele haben gezeigt, dass es, je nachdem auf welcher Ebene die jeweilige Veränderung ansetzt, eine erhebliche Spannbreite zwischen rein gesellschaftsrechtlichen Umstrukturierungen einerseits sowie rein arbeitsrechtlichen Umstrukturierungen andererseits gibt. Auch bei den dazwischen liegenden Misch- und Überschneidungstatbeständen hängen der Umfang der arbeitsrechtlichen Folgewirkungen und – damit in der Regel verbunden – die Intensität der betriebsratsseitigen Beteiligungsrechte ganz entscheidend von der konkreten Ausgestaltung der jeweiligen Umstrukturierung ab. Selbst für die durch das Umwandlungsgesetz geregelten Umwandlungstypen gibt es somit kein Standardschema hinsichtlich der arbeitsrechtlichen Konsequenzen und ihrer Abwicklung. Erst recht entzieht sich insoweit die auch nach Inkrafttreten des Umwandlungsgesetzes verbleibende Möglichkeit der „klassischen" Umstrukturierung durch Einzelübertragung von Vermögensgegenständen einer generalisierenden Behandlung.

116 Dieser Befund macht nicht nur die Komplexität der für jeden Umstrukturierungsfall separat zu prüfenden Fragestellungen deutlich, sondern er offenbart zugleich den **erheblichen Gestaltungsspielraum,** der den Unternehmen und ihren Organen auch und insbesondere in Bezug auf die arbeitsrechtlichen Folgewirkungen von Umstrukturierungen verbleibt. Unternehmensumstrukturierungen können sogar ganz gezielt eingesetzt werden, *um* bestimmte, aus Unternehmersicht gewünschte arbeitsrechtliche Folgen herbeizuführen. Die sich hieraus ergebenden strategischen Aspekte sollen nachfolgend nur kurz angedeutet werden; auf sie wird bei der Darstellung der Einzelfragen noch zurückzukommen sein.

1. Bei Prämisse: Minimierung arbeitsrechtlicher Risiken

a) Freiheit gesellschaftsrechtlicher Gestaltung versus arbeitsrechtliche Grenzen

117 Die Thematik soll anhand eines kurzen Beispiels verdeutlicht werden:

Beispiel B 15:

Die X-AG ist daran interessiert, das Unternehmen der Y-GmbH zu erwerben. Diese produziert und vertreibt in ihrem Betrieb am Standort S Aluminiumprofile und Aluminiumfensterrahmen. Da die X-AG selbst Aluminiumprofile am ca. 180 Kilometer entfernten Standort O herstellt, möchte sie diese Aktivitäten nach Hinzuerwerb des entsprechenden Geschäftszweigs von der Y-GmbH in eine neu gegründete Z-GmbH einbringen. Die Herstellung von Aluminiumfensterrahmen soll in der im Konzernbereich der X-AG bereits bestehenden F-GmbH zusammengefasst werden. Sowohl bei der X-AG wie auch bei der Y-GmbH und der F-GmbH bestehen Betriebsräte.

[311] Dazu bereits → Rn. 1.

Man könnte diese Gestaltungsaufgabe in der Weise lösen, dass die von der X-AG gegründete Z-GmbH im Wege des ***Asset Deals*** sämtliche Vermögensgegenstände bezüglich der Herstellung und des Vertriebs von Aluminiumprofilen von der Y-GmbH käuflich erwirbt und ein entsprechender Kaufvertrag zwischen der Y-GmbH und der F-GmbH bezüglich der Fensterherstellung geschlossen wird. Ebenso wäre denkbar, dass die X-AG zunächst die **Anteile** an der Y-GmbH erwirbt und diese sodann im Wege der **Aufspaltung** ihren Geschäftsbereich Aluminiumprofile auf die Z-GmbH, den Geschäftsbereich Aluminiumfenster auf die F-GmbH überträgt (Aufspaltung durch Neugründung bzw. durch Aufnahme gemäß § 123 Abs. 1 Nr. 1 bzw. 2 in Verbindung mit Abs. 4 UmwG). Schließlich wäre auch denkbar, nach Erwerb sämtlicher Anteile an der Y-GmbH durch die X-AG den Geschäftsbereich Aluminiumfensterproduktion im Wege der Einzelrechtsübertragung in die F-GmbH einzubringen und sodann die Produktion und den Vertrieb von Aluminiumprofilen bei der X-AG – ebenfalls im Wege der Einzelrechtsübertragung – auf die Y-GmbH zu übertragen, wodurch dann die – kostenträchtige – Gründung einer neuen Tochtergesellschaft (Z-GmbH) entfiele. Alternativ könnten die vorgenannten Übertragungsvorgänge auch im Wege der **Abspaltung** (§ 123 Abs. 2) bzw. **Ausgliederung** (§ 123 Abs. 3 UmwG) erfolgen (gegen entsprechende Kapitalerhöhung[312] bei den aufnehmenden Rechtsträgern F-GmbH und Y-GmbH). 118

Man sieht also, dass mit dem gesellschaftsrechtlichen Gestaltungsinstrumentarium bei Erwerb und Umstrukturierung von Unternehmen in vielfältiger Weise „gespielt" werden kann. Insbesondere wenn keine Interessen außenstehender (Minderheits-)Gesellschafter zu berücksichtigen sind und – bei Kapitalgesellschaften – das Interesse der Gesellschaftsgläubiger an der Kapitalerhaltung (wie etwa im Falle des bloßen Aktiventauschs[313]) nicht tangiert ist, besteht aus gesellschaftsrechtlicher Sicht bei Beachtung der entsprechenden Formalien weitgehende Handlungs- und Gestaltungsfreiheit.[314] Es gehört allerdings seit jeher zum Allgemeingut der wirtschaftsrechtlichen Beratungs- und Kautelarpraxis, dass der zivilrechtlichen Gestaltungsfreiheit durch die jeweils auszulösenden **steuerrechtlichen Folgen** von vornherein zwingende ökonomische Grenzen gesetzt sind. Ebenso wie sich bei der Unternehmensumstrukturierung eine „Geldvernichtung" durch die Wahl steuerschädlicher Modelle verbietet, sofern derselbe oder zumindest ein weitgehend vergleichbarer wirtschaftlicher Erfolg durch anderweitige, steuerlich „schonendere" Gestaltungen erzielt werden kann,[315] muss bei der Wahl des „richtigen" Umstrukturierungsmodells mit mindestens gleicher Priorität auf die **arbeits-, insbesondere betriebsverfassungs-, tarif- und mitbestimmungsrechtlichen Konsequenzen** Bedacht genommen werden. Mehr noch: Das Arbeitsrecht kann sich angesichts seines Charakters als – zumeist – zwingendes Schutzrecht im Einzelfall als regelrechte **„Umstrukturierungs- und Sanierungsbremse"** erweisen. Inhalt und Intensität des zum Einsatz gelangenden Schutzrechts hängen wiederum maßgeblich – ähnlich wie im Steuerrecht – von der gewählten zivilrechtlichen Konstruktion ab.

b) Asset Deal versus Share Deal

Insoweit erfolgt, wie das **Beispiel B 15** zeigt, bereits eine wesentliche Weichenstellung bei der Entscheidung zwischen *Asset Deal* einerseits und *Share Deal* (Anteilsverkauf) andererseits: Während die Einbringung eines Betriebs oder Betriebsteils durch Einzelrechtsübertragung in einen anderen Rechtsträger stets die Anwendung des **§ 613a BGB** auslöst, ist 119

[312] Zur Erforderlichkeit einer Kapitalerhöhung beim übernehmenden Rechtsträger vgl. Lutter/*Lieder* UmwG § 123 Rn. 38ff.; Sagasser/Bula/Brünger/*Sagasser* § 18 Rn. 16ff., 189.

[313] Getauscht werden zB bei der Ausgliederung die auf die aufnehmende Gesellschaft übertragenen Vermögenswerte gegen die gesellschaftsrechtliche Beteiligung des ausgliedernden Rechtsträgers; vgl. Sagasser/Bula/Brünger/*Sagasser* § 18 Rn. 18, 21.

[314] Zum Einsatz der Unternehmensumwandlung im Zuge von Tarifauseinandersetzungen und Arbeitskämpfen vgl. *Rieble* RdA 2009, 280 (283); *Kocher/Sudhof* NZA 2013, 875.

[315] Dazu auch → Rn. 134ff.

dies bei der Anteilsübertragung gerade *nicht* der Fall, weil der Arbeitgeber nur im wirtschaftlichen, nicht jedoch im rechtlichen Sinne wechselt.[316] Insbesondere dann, wenn der Erwerber in hohem Maße an der Übernahme einer möglichst geschlossenen Belegschaft interessiert ist und/oder der Veräußerer befürchten muss, durch Sozialplanabfindungszahlungen an dem Übergang ihrer Arbeitsverhältnisse nach § 613a BGB **widersprechende**[317] Arbeitnehmer mit hohen, durch den Kaufpreis nicht hinreichend kompensierten Folgekosten belastet zu werden, kann sich der *Share Deal* als das gebotene Gestaltungsmittel erweisen. Wie die Betrachtungen zur arbeitsrechtlichen Relevanz von Unternehmensumstrukturierungen gezeigt haben, sind die arbeitsrechtlichen Implikationen bei der (reinen) Anteilsveräußerung überhaupt am geringsten.[318]

c) „Klassische" versus umwandlungsrechtliche Unternehmensaufspaltung

120 Der reine Anteilskauf scheidet freilich als Gestaltungsmittel aus, wenn lediglich *Teile* eines Unternehmens bzw. Betriebs auf einen anderen Rechtsträger übertragen werden sollen, da das Gesellschaftsvermögen durch die Anteile jeweils nur ideell und nicht real „zerlegt" wird. Seit Inkrafttreten des Umwandlungsgesetzes zum 1. 1. 1995 muss sich der im Bereich M & A tätige Jurist zwischen zwei Gestaltungsmöglichkeiten entscheiden, nämlich der „klassischen" Einzelrechtsübertragung einerseits und der Auf- bzw. Abspaltung oder Ausgliederung nach dem Umwandlungsgesetz andererseits.[319] Die Unterschiede sind – auch – aus arbeitsrechtlicher Sicht beträchtlich. Zwar findet in *beiden* Fällen § 613a BGB grundsätzlich Anwendung (bei der Singularsukzession schon nach dem Gesetzeswortlaut, bei der partiellen Universalsukzession nach dem Umwandlungsgesetz[320] jedenfalls über § 324 UmwG[321]); jedoch hält das Umwandlungsrecht, wie die vorausgegangene Darstellung ergeben hat, insbesondere im Bereich des Kündigungsrechts[322] spezifische Regelungen bereit, deren bewusste Auslösung durch die Wahl dieses Umstrukturierungsinstruments im Einzelfall sehr wohl bedacht sein will. Auch der nach wie vor unklare und damit unter Umständen risikoträchtige Umfang der **arbeitsrechtlichen Pflichtangaben** im Sinne von § 5 Abs. 1 Nr. 9 und § 126 Abs. 1 Nr. 11 UmwG[323], sowie die Verpflichtung zur – fristgebundenen – Zuleitung des Umwandlungsvertrags bzw. seiner Entwürfe an den bzw. die Betriebsräte nach § 5 Abs. 3, § 126 Abs. 3 UmwG[324] sollte zumindest mit in die Überlegungen einbezogen werden, wenn es darum geht, im Sinne einer **Gesamtabwägung** zwischen der Auf-/Abspaltung bzw. Ausgliederung einerseits und der klassischen Einzelrechtsübertragung andererseits zu entscheiden. Bei letzterer finden die vorgenannten, im Umwandlungsgesetz enthaltenen Sonderregelungen nach zutreffender, aber teilweise bestrittener Auffassung keine Anwendung.[325] Dasselbe gilt für den Sonderfall der personengesellschaftsrechtlichen **An- und Abwachsung,** die zu einer Gesamtrechtsnachfolge **außerhalb** des Umwandlungsgesetzes führt.[326]

---

[316] Dazu auch → Rn. 6.

[317] Zum Widerspruchsrecht der Arbeitnehmer beim Betriebsübergang vgl. → G Rn. 147 ff.

[318] → Rn. 6. Einen Überblick über die rechtlichen und ökonomischen Implikationen geben *Beck/Klar* DB 2007, 2819.

[319] S. dazu *Engelmeyer* AG 1999, 263 (264). Abzulehnen ist die Auffassung des LG Karlsruhe 6. 11. 1997 – O 43/97 KfH I, DB 1998, 120, wonach Schutzvorschriften des UmwG zugunsten der Aktionäre auf Ausgliederungen durch Einzelrechtsübertragungen entsprechend anwendbar sein sollen; dagegen auch *Bungert* NZG 1998, 367; differenzierend Lutter/*Bayer* UmwG Einleitung I Rn. 57 ff.

[320] Zum Begriff vgl. → Rn. 69.

[321] → Rn. 90.

[322] Vgl. → Rn. 113 – erweiterter Kündigungsschutz nach § 322 und § 323 Abs. 1 UmwG.

[323] Dazu → Rn. 80 und → Rn. 158; zu den Einzelheiten → C Rn. 446 ff.

[324] Dazu → C Rn. 439 ff.

[325] Dazu → Rn. 57.

[326] Vgl. dazu auch aus steuerrechtlicher Sicht Lutter/*Schumacher* Anhang 1 nach UmwG § 122 m Rn. 3 und 124, sowie → Rn. 7; → G Rn. 235; *Seibt* FS Röhricht, 2005, 603 ff.

Zu § 321 UmwG aF (Übergangsmandat) war **umstritten,** ob diese Regelung auf die Spaltung bzw. Zusammenlegung von Betrieben außerhalb des Umwandlungsgesetzes Anwendung findet. Diesen Streit hat der Reformgesetzgeber des Betriebsverfassungsgesetzes beigelegt, indem er ein allgemeines Übergangsmandat des Betriebsrats in § 21a BetrVG heutiger Fassung verankert hat, welches auch in Umwandlungsfällen gilt (§ 21a Abs. 3 BetrVG). Insoweit spielt die Unterscheidung zwischen Umwandlung und Einzelrechtsübertragung keine Rolle mehr. Dadurch sowie durch die **Pflicht** zur **Unterrichtung der Arbeitnehmer nach § 613a Abs. 5 BGB** (dazu → G Rn. 210 ff.) sind die Unterschiede zwischen beiden Gestaltungsvarianten zwar in wesentlichen Punkten **nivelliert** worden; sie bleiben gleichwohl auch in Zukunft bedeutsam.

d) „Große" versus „kleine" betriebsverfassungsrechtliche Lösung (Betriebsspaltung versus Gemeinschaftsbetrieb)

Noch viel schwerer wiegt allerdings aus arbeitsrechtlicher Sicht die Frage, ob durch die 121 konkret beabsichtigte Umstrukturierung die Rechtsfolgen der §§ 111 ff. BetrVG (Betriebsänderung) ausgelöst werden bzw. ausgelöst werden sollen und wie sich diese auf **Bestand und Zusammensetzung von Betriebsräten** auswirkt. Hierbei handelt es sich – neben der Frage der Anwendbarkeit des § 613a BGB – um die aus strategischer Sicht wichtigste arbeitsrechtliche Weichenstellung überhaupt. Ihre Tragweite wird insbesondere daran deutlich, dass bei **Vorliegen einer (geplanten) Betriebsänderung** im Sinne von § 111 BetrVG

- eine rechtzeitige, umfassende, bußgeldbewehrte **Information** des bzw. der (Gesamt-) Betriebsräte der betroffenen Betriebe erfolgen muss (§ 111 S. 1 in Verbindung mit § 121 BetrVG (Bußgeldrahmen bis EUR 10.000));
- der Betriebsrat die Aufnahme von Verhandlungen über einen **Interessenausgleich** (§ 112 Abs. 1–3 BetrVG), gegebenenfalls bis hin zur Einigungsstelle, verlangen kann;
- der Arbeitgeber mit der Durchführung der Betriebsänderung **nicht beginnen darf,** sofern nicht ein beiderseits unterschriebener Interessenausgleich vorliegt oder die Verhandlungen hierüber vor der Einigungsstelle endgültig gescheitert sind (§ 112 Abs. 2 und 3 BetrVG);
- der Arbeitgeber mit der Sanktion des **Nachteilsausgleichs** nach § 113 Abs. 3 BetrVG 122 und – wenn man einer sehr umstrittenen, im Ergebnis fragwürdigen Auffassung folgt – mit dem Erlass einer **einstweiligen Unterlassungsverfügung** durch das zuständige Arbeitsgericht auf entsprechenden Antrag des Betriebsrats hin rechnen muss, wenn er ohne Vorliegen eines Interessenausgleichs bzw. ohne dessen vorheriges Scheitern vor der Einigungsstelle die geplante Betriebsänderung durchführt (insbesondere durch Ausspruch von Kündigungen) bzw. durchzuführen versucht;[327]
- der Betriebsrat in jedem Fall – gegebenenfalls auch noch nachträglich – die Aufstellung eines **Sozialplans** verlangen kann,[328] der insbesondere **Abfindungszahlungen** an entlassene Arbeitnehmer vorsehen und leicht eine finanzielle Größenordnung von mehreren Millionen Euro erreichen kann.

Der zuletzt genannte Punkt sollte allerdings nicht zu der Fehleinschätzung verleiten, 123 dass das zeit- und kostenaufwendige Verfahren nach §§ 111 ff. BetrVG etwa nur Anwendung fände, wenn die Unternehmensumstrukturierung in absehbarer Weise die **Freisetzung** von Arbeitnehmern in größerem Umfang zur Folge hat. Das Gesetz und die Rechtsprechung des BAG beziehen vielmehr auch **beschäftigungsneutrale Veränderungen** der Betriebsorganisation oder des Betriebszwecks in den Kreis der mitbestimmungspflichtigen Tatbestände nach §§ 111 ff. BetrVG ein. Insbesondere die organisatorische Herauslösung eines wesentlichen Betriebsteils aus dem bisherigen betrieblichen Zusammenhang

[327] Zu den Einzelheiten → C Rn. 366; kritisch zu dieser Auslegung des § 112 BetrVG *Hohenstatt/Willemsen* S. 205 ff.

[328] Dazu im Einzelnen → C Rn. 219.

wurde bereits vor Inkrafttreten des Umwandlungsgesetzes von der Rechtsprechung des BAG und der herrschenden Meinung in der Literatur, auch wenn dadurch kein einziger Arbeitsplatz verloren geht, unter den Tatbestand des § 111 BetrVG (hier: Satz 3 Nr. 4) subsumiert.[329] Diese Auffassung hat durch die ausdrückliche Erwähnung der **Betriebsspaltung** in § 111 S. 3 **Nr. 3** BetrVG eine gesetzliche Bestätigung gefunden.[330]

124 Für den mit Unternehmensumstrukturierungen befassten Juristen oder sonstigen Berater besteht mithin die erhebliche Gefahr, unter Umständen unbewusst die Rechtsfolgen der §§ 111 ff. BetrVG mit ihren weit reichenden Konsequenzen – möglicherweise bis hin zu einer erfolgreichen Blockadepolitik des Betriebsrats – auszulösen. Dies macht es zwingend erforderlich, sich bereits frühzeitig über die mit der Umstrukturierung verbundenen bzw. – wegen der Erschwernisse gemäß §§ 111 ff. BetrVG – gerade zu *vermeidenden* Konsequenzen auf Betriebsebene vertraut zu machen. Insbesondere dann, wenn sich das umzustrukturierende Unternehmen derartige arbeitsrechtliche Komplikationen, etwa wegen der damit verbundenen Verzögerung, gar nicht leisten kann, muss eine Gestaltung gefunden werden, die auf derartige Veränderungen auf Betriebsebene – jedenfalls zunächst – verzichtet.

125 In dem obigen **Beispiel B 15** wäre also zu überlegen, ob die einheitliche Betriebsorganisation der Y-GmbH schon jetzt „zerschlagen" werden muss (was zwangsläufig die Anwendung der §§ 111 ff. BetrVG unter dem Gesichtspunkt der Spaltung eines Betriebs im Sinne von § 111 S. 3 Nr. 3 BetrVG sowie die Entstehung jeweils separater Betriebsräte am Standort S[331] zur Folge hätte) oder ob sich die unternehmerischen Ziele der Akquisition auch dann verwirklichen lassen, wenn man es für den Standort S der Y-GmbH bei den bisherigen betrieblichen und betriebsverfassungsrechtlichen Strukturen belässt. Dass die dort vorhandenen beiden Sparten künftig jeweils anderen Unternehmen (Z-GmbH bzw. F-GmbH) zugeordnet sein sollen, steht einem solchen „schonenden" arbeitsrechtlichen Konzept nicht zwingend entgegen, weil das Betriebsverfassungsrecht die Figur des **gemeinsamen Betriebs rechtlich selbständiger Unternehmen** bereithält.[332] Der (gegebenenfalls auch nur einstweilige) Verzicht auf die organisatorische Spaltung eines Betriebs, verbunden mit der bewussten Herbeiführung eines solchen **Gemeinschaftsbetriebs** im Sinne des § 1 Abs. 2 BetrVG und der BAG-Rechtsprechung, ist aus Unternehmenssicht häufig ein **probates strategisches Mittel,** um weit reichenden Mitbestimmungsforderungen der beteiligten Betriebsräte und Gewerkschaften, insbesondere in Bezug auf die Unterlassung der jeweiligen Maßnahme bis zum Abschluss eines Interessenausgleichs und die Aufstellung eines Sozialplans, zuvorzukommen.

126 Es dürfte sich von selbst verstehen, dass vor einer solchen Entscheidung eine umfassende Abwägung sämtlicher nicht nur arbeitsrechtlicher, sondern insbesondere auch unternehmens- und personalpolitischer Aspekte zu erfolgen hat. Insbesondere der mit Betriebsaufspaltungen häufig verfolgte **Profitcenter-Gedanke** kann durch solche arbeitsrechtlich motivierten (Zwischen-) Lösungen empfindliche Einschränkungen erfahren. Erst recht kann sich die Beibehaltung eines einheitlichen Betriebes mit allen sich daran knüpfenden Konsequenzen nicht nur für das Betriebsverfassungs-, sondern insbesondere auch für das **Kündigungsrecht**[333] verbieten, wenn die Ausgliederung eines Betriebsteils (zB des Warenlagers eines Produktionsunternehmens) zugleich mit der Ausgliederung von Unternehmensaktivitäten auf Drittunternehmen als Auftragnehmer verbunden ist, also vor allem in

[329] Vgl. BAG 16.6.1987 – 1 ABR 41/85, NZA 1987, 671; vgl. ferner die Literaturnachweise bei DKW/ *Däubler* BetrVG § 111 Rn. 130.

[330] Diese Ergänzung des Gesetzestextes ist durch Art. 13 Nr. 2 des Umwandlungsbereinigungsgesetzes vom 28.10.1994, BGBl. 1994 I S. 3210, erfolgt. Dazu auch → C Rn. 57.

[331] Zu den Folgen der Betriebsspaltung für Existenz und Zusammensetzung von Betriebsräten → D Rn. 50 ff., 74 ff.

[332] Dazu ausführlich → D Rn. 18 ff.

[333] Insbes. wegen der damit verbundenen „übergreifenden" Sozialauswahl; dazu → H Rn. 38.

den Fällen des **Outsourcings.**[334] Hier wird der Auftraggeber in aller Regel eine fortbestehende Zuständigkeit des Betriebsrats des auftraggebenden Unternehmens für die zu übernehmenden Aktivitäten (Lager, Logistik, EDV, Kantine etc) nicht akzeptieren können. Bei der **Beteiligung Dritter** – also etwa auch im Falle der Bildung von **Joint-Venture-Unternehmen** – muss mithin bei der arbeitsrechtlichen Gestaltung stets von vornherein auch deren Interessenlage mit in den Blick genommen werden. Um späteren Missverständnissen oder gar rechtlichen Auseinandersetzungen vorzubeugen, ist es unabdingbar, bei allen Unternehmensumstrukturierungen mit Drittbeteiligung die wesentlichen arbeits-, insbesondere betriebsverfassungsrechtlichen Konsequenzen und die diesbezügliche interne Verantwortlichkeit (etwa in Bezug auf Verfahrenskosten oder die Kosten für die Aufstellung von Sozialplänen) zum **Gegenstand der vertraglichen Vereinbarungen** zu machen.

e) Nichtjuristische (aber gleichwohl wichtige) Aspekte: Mitarbeitermotivation, Betriebsfrieden und Kommunikation

Wer sich regelmäßig mit Unternehmensumstrukturierungen befasst, weiß allerdings auch, 127 dass allein mit einem sorgfältig geplanten, ja unter Umständen sogar spitzfindigen rechtlichen Konzept allein eine wirklich erfolgreiche Umgestaltung (oder erforderlichenfalls sogar: Reorganisation im Sinne der Sanierung) von Unternehmen nicht zu bewältigen ist. Die, wie die obigen Ausführungen gezeigt haben, stets mit einzubeziehende arbeitsrechtliche Komponente darf die Sicht insbesondere des Beraters nicht auf eine abstrakt-juristische Kognitionsebene verengen, sondern muss vielmehr gerade umgekehrt den Blick für die **realen personalpolitischen** und **betriebspsychologischen** Konsequenzen des jeweils ins Auge gefassten Handlungs- und Regelungsmodells öffnen. So kann etwa die Ausgliederung bestimmter Unternehmensaktivitäten in eine rechtlich und organisatorisch eigenständige Gesellschaft trotz der damit verbundenen arbeitsrechtlichen Vorteile für das Unternehmen (zB in Bezug auf die Anwendung von Tarifverträgen, Umfang der Sozialauswahl bei betriebsbedingten Kündigungen etc) sich letztlich als betriebswirtschaftlicher Misserfolg erweisen, wenn sie zu einer Demotivierung der Belegschaft oder zur Abwanderung von Führungs- und Schlüsselkräften führt, etwa weil die Ausgliederung dort als „Startschuss“ für eine anschließende Veräußerung der betreffenden Sparte verstanden wird. Selbst bislang sehr kooperative und am Unternehmenswohl orientierte Betriebsräte können zur – von innen oder von außen veranlassten – Radikalisierung neigen, wenn sie den Eindruck gewinnen, dass durch eine „trickreiche“ gesellschafts- und arbeitsrechtliche Gestaltung grundlegende Umstrukturierungsprozesse an ihnen vorbei durchgeführt werden sollen. Es kann nicht nur dem inneren Betriebsfrieden, sondern auch der Reputation des Unternehmens in der Öffentlichkeit, gegenüber Investoren und Finanzgebern sowie gegenüber Lieferanten und Kunden erheblichen Schaden zufügen, wenn über dieses wegen der von der Belegschaft und dem Betriebsrat nicht mitgetragenen Reorganisation wochen- oder gar monatelang in den (traditionellen und/oder sozialen) Medien diskutiert wird[335].

Oftmals stellt sich im übrigen auch die Frage, ob es wirklich Sinn macht, umfassende 128 Restrukturierungsprozesse im Interesse der – einstweiligen – Vermeidung weiterreichender arbeitsrechtlicher Konsequenzen in mehrere Stufen zu zerlegen, wenn dies zwangsläufig zu einer mehrjährigen Unruhe und Verunsicherung in der Belegschaft führen muss. Schließlich will bedacht sein, dass selbst unbeabsichtigte, scheinbar lediglich Nebeneffekte bildende Verschlechterungen des Status quo, wie etwa der Wegfall der bisherigen Tarifbindung,[336] der Wechsel in eine **mitbestimmungsfreie oder mitbestimmungsreduzierte Rechtsform,** das Unterschreiten der für die Unternehmensmitbestimmung jeweils rele-

[334] Dazu auch → C Rn. 106 ff.

[335] Zum Corporate Reputation Management *Seibt* DB 2015, 171; *ders.* DB 2018, 237 (238 – These 3, 239 – These 4)

[336] Dazu ausführlich → E Rn. 112 ff.

vanten Grenzwerte von regelmäßig mehr als 500 bzw. 2000 Arbeitnehmern[337] oder der für die **Freistellung von Betriebsratsmitgliedern** maßgeblichen Belegschaftsgröße im Sinne von § 38 BetrVG infolge einer Unternehmens- bzw. Betriebsaufspaltung von Arbeitnehmer-, Betriebsrats- und/oder Gewerkschaftsseite als offener und gezielter Affront (miss-)verstanden werden können. Sofern derartige Konsequenzen tatsächlich nicht beabsichtigt oder hinsichtlich der mit der Unternehmensumstrukturierung verfolgten Ziele allenfalls sekundärer Natur sind, *kann* es sich empfehlen, sie gegebenenfalls durch **freiwillige Übergangsregelungen** oder **Ersatzlösungen** (wie zB die Errichtung eines freiwilligen Aufsichtsrates oder eines Beirats unter Arbeitnehmerbeteiligung) abzumildern.

Nicht zuletzt die Tagespresse liefert Anschauungsmaterial für juristisch durchaus „saubere“, unternehmenspolitisch und betriebspsychologisch dagegen unsensible und daher mitunter sehr riskante Umgestaltungen unternehmerischer und betrieblicher Strukturen. Dies soll hier nicht im einzelnen erörtert und kommentiert werden; vielmehr geht es nur darum aufzuzeigen, dass eine Abschätzung dieser Folgen und die Erarbeitung geeigneter Konzepte zu ihrer Vermeidung oder mindestens Abmilderung ein ebenso wichtiger Teil der strategischen Planung sind wie die zutreffende Erfassung der zu Gebote stehenden juristischen Gestaltungsmöglichkeiten und ihrer arbeitsrechtlichen Folgen selbst.

Zusammengefasst lässt sich die Problematik wohl am besten dahingehend auf den Punkt bringen, dass die richtige Kommunikation der vorgesehenen Strukturveränderungen sowohl nach innen (Arbeitnehmer, Betriebsrat, Gewerkschaft) wie auch nach außen (Geschäftspartner, Behörden, Öffentlichkeit, Presse) ein den Erfolg jeder Unternehmensumstrukturierung wesentlich mitentscheidender Faktor ist: Gerade heute sind wesentliche M&A- und Umstrukturierungsprozesse in der Regel Multi-Stakeholder-Prozesse, die eine interessengruppenspezifische Kommunikation und ggf. auch „freiwillige“ Zusagen verlangen.[338] Diesen Faktor zu vernachlässigen kann sich der gesellschafts- und arbeitsrechtliche Berater auf Unternehmensseite nicht erlauben. Er sollte im Gegenteil sicherstellen, in diese **Kommunikationsstrategien** von vornherein mit **einbezogen** zu werden. Erfahrungsgemäß fehlen der unternehmenseigenen Kommunikationsstelle nämlich in der Regel der Überblick und die Sensibilität in Bezug auf die vielfältigen juristischen und betriebspolitischen Implikationen von Verlautbarungen im Zusammenhang mit laufenden Verhandlungen über betriebliche Umstrukturierungsprozesse. Wird eine **Kommunikationsagentur** eingeschaltet, sollte auch mit dieser frühzeitig zusammengearbeitet werden. Schließlich ist jeweils zu erwägen, im Sinne einer **vertrauensbildenden Maßnahme** derartige Verlautbarungen vorab **mit dem Betriebsrat abzustimmen** oder sie ihm wenigstens vor ihrer Veröffentlichung zukommen zu lassen.[339]

2. Bei Prämisse: Minimierung gesellschaftsrechtlicher Auswirkungen

129 Vor allem in Unternehmen mit einem größeren, nicht homogenen Gesellschafterkreis sind einer Ausweichstrategie in Richtung auf arbeitsrechtlich neutrale oder doch zumindest weniger „aufwendige“ Lösungen durch Konzentration der entsprechenden Vorgänge auf Gesellschaftsebene (zB Verkauf aller Gesellschaftsanteile, Verschmelzung usw) mitunter natürliche Grenzen gesetzt. Hier kann sich sogar die *umgekehrte* Fragestellung ergeben, nämlich wie das Erfordernis der – unter Umständen nicht zu erlangenden – Mitwirkung aller Gesellschafter bzw. einer qualifizierten Gesellschaftermehrheit durch allein in die Zuständigkeit des Geschäftsführungsorgans fallende Maßnahmen „umgangen“ werden kann, selbst wenn dies nur um den Preis arbeitsrechtlicher Erschwernisse zu erreichen ist. Im

[337] Vgl. § 1 MitbestG, § 1 Abs. 1 Nr. 1 und Nr. 3 DrittelbG; vgl. auch → F Rn. 85, 109 ff. Zu gezielten Strategien der Mitbestimmungsvermeidung vgl. *Wisskirchen/Bissels/Dannhorn* DB 2007, 2258.

[338] Hierzu zB *Seibt,* KölnKomm. WpÜG, 3. Aufl. 2021, Anh. 18 [Investitionskontrolle] Rn. 70; zum Multi-Stakeholder-Prozess bei WpÜG-Verfahren *Seibt* FS Willemsen, 2018, 509 (510 f.)

[339] Ebenso *Bauer/Haußmann/Krieger* Teil 1 B 95.

Beispiel B 15 könnte etwa der Erwerb sämtlicher Anteile an der Y-GmbH an der Existenz eines nicht verkaufsbereiten Minderheitsgesellschafters scheitern. Je nachdem wie hoch dessen Anteil im Hinblick auf eine gesetzliche oder satzungsrechtliche Sperrminorität ist, wäre zu überlegen, ob sich die X-AG mit dem Erwerb der Anteilsmehrheit an der Y-GmbH begnügt und anschließend durch Ausübung ihrer (faktischen) konzernrechtlichen Leitungsmacht deren Geschäftsführung anweist, die angestrebte Einbringung der beiden Geschäftsbereiche (oder wenigstens eines davon) in die Z- bzw. F-GmbH im Wege der Einzelübertragung *(Asset Deal)* vorzunehmen. Letzteres wird allerdings nur gelingen, wenn der Minderheitsgesellschafter nicht in der Lage ist, einen trotz grundsätzlicher Zuständigkeit der Geschäftsführung unter Umständen erforderlichen Beschluss der Gesellschafterversammlung[340] zu torpedieren. Wer derartige Ausweichstrategien vorschlägt, muss sich also zunächst mit den konzern- und gesellschaftsrechtlichen Verhältnissen vertraut machen.

Insbesondere bei **kleineren Ausgliederungsmaßnahmen** wird sich allerdings häufig 130 der ***Asset Deal*** als das Mittel der ersten Wahl herausstellen. Wer lediglich an einem Teil des Unternehmens interessiert ist, wird nicht allein deshalb sämtliche Anteile kaufen, um die Anwendbarkeit des § 613a BGB und der §§ 111 ff. BetrVG (bei dem veräußernden Unternehmen) zu vermeiden. Der Weg über die umwandlungsrechtliche Abspaltung oder Ausgliederung wird sich oftmals verbieten – nicht nur wegen der hierfür erforderlichen satzungsändernden Quoren in der Gesellschafter- bzw. Hauptversammlung (bei der Personengesellschaft grundsätzlich Einstimmigkeit, vgl. § 43 Abs. 1 UmwG; bei GmbH, AG und KGaA mindestens 75% der abgegebenen Stimmen, vgl. § 50 Abs. 1, § 65 Abs. 1 S. 1 UmwG), sondern vor allem wegen des damit verbundenen Zeit- und Kostenaufwands. So wäre es geradezu abwegig, die Hauptversammlung einer großen Publikums-AG mit der Ausgliederung der Werkskantine in eine Catering-Gesellschaft zu befassen.

Es ist mithin jeweils die Aufgabe des Wirtschaftsjuristen, im Koordinatensystem von Gesellschafts- und Arbeitsrecht das jeweils passende Umstrukturierungsinstrument zu finden. Insbesondere das Vorhandensein nicht kooperationswilliger Gesellschafter kann zu Lösungen unterhalb der gesellschaftsrechtlichen Ebene zwingen, die unter Umständen ein entsprechendes Mehr an arbeitsrechtlichen Konsequenzen zur Folge haben (Beispiel: *Asset Deal* statt *Share Deal*).

3. Arbeitsrechtlich motivierte Umstrukturierungen; Auswirkungen auf betriebsverfassungsrechtliche Organe, Tarifverträge, Betriebsvereinbarungen

In der arbeitsrechtlichen Beratung von Unternehmen ist durchaus nicht nur in Einzelfällen 131 die Tendenz zu beobachten, dass die arbeitsrechtlichen Aspekte nicht lediglich als mehr oder weniger willkommene Konsequenz einer unter anderen unternehmerischen Gesichtspunkten geplanten Umstrukturierung betrachtet werden, sondern die eigentliche **Triebfeder** für beabsichtigte Veränderungen der Unternehmens- und Betriebsstruktur bilden. Die Anlässe, gerade *wegen* arbeitsrechtlicher Motive über eine Unternehmensumstrukturierung nachzudenken, sind inzwischen recht vielgestaltig und sollen anhand folgender typischer Beispiele illustriert werden:

Beispiel B 16:

In einem Betrieb, der aus 300 gewerblichen Mitarbeitern in der Produktion und 200 Angestellten in Verwaltung und Vertrieb besteht, wird der Betriebsrat völlig von den gewerblichen Mitarbeitern dominiert. Aus diesem Grunde hat es sich in der Vergangenheit mehrfach als unmöglich erwiesen, für den kaufmännischen Bereich zu angemessenen Lösungen etwa im Bereich der Arbeitszeit und der variablen, leistungsorientierten Vergütung zu ge-

[340] S. zu dieser „Holzmüller-Konstellation" → Rn. 53.

langen. Das Unternehmen denkt daher über die Ausgliederung des Vertriebs in eine rechtlich und organisatorisch eigenständige Einheit nach in der Hoffnung, dass der hierfür zu bildende Betriebsrat sich gegenüber den Unternehmensbelangen aufgeschlossener erweisen wird. Alternativ wird auch die Ausgliederung der Produktion in eine Produktions-GmbH erwogen.

Beispiel B 17:
Ein mittelständischer Unternehmer kommt mit dem Betriebsrat eines neu hinzu erworbenen, etwa 40 Kilometer entfernten Unternehmens einfach nicht zurecht. Er plant daher, wesentliche Bereiche des erworbenen Unternehmens auszugliedern, an den Standort seines Firmensitzes zu verlagern und dort unter einheitlicher Leitung mit seinem (Stamm-) Betrieb zusammenzufassen, zu dessen Betriebsrat er ein traditionell gutes Verhältnis hat.

Beispiel B 18:
Ein Unternehmen der chemischen Industrie ist nicht länger bereit, für seine im Bereich Transport und Logistik tätigen, inzwischen rund 250 Mitarbeiter (LKW-Fahrer, Packer, Lagermitarbeiter usw) die hohen Löhne nach den einschlägigen Chemie-Tarifverträgen zu zahlen. Es soll daher eine eigene Transport- und Logistik-GmbH gegründet werden, die Mitglied des regional zuständigen Arbeitgeberverbandes für das Speditions- und Lagereigewerbe wird und die nach § 613a BGB übernommenen Mitarbeiter nach den hierfür einschlägigen Tarifverträgen entlohnt.

132 Man sollte derartige, jedenfalls bei vordergründiger Betrachtung in erster Linie arbeitsrechtlich motivierte Umstrukturierungen nicht vorschnell als Versuche zur **Umgehung**[341] von Schutzrechten der Arbeitnehmer geißeln. Eine solche Betrachtung wäre nicht nur deshalb schief, weil es weder ein juristisches noch ein rechtsethisches Gebot gibt, herkömmliche Unternehmensstrukturen im Interesse des einmal erreichten arbeitnehmerseitigen Schutzniveaus aufrechtzuerhalten, noch ein Verbot, Unternehmensstrukturen gerade *wegen* der damit verbundenen arbeitsrechtlichen Vorteile für den Arbeitgeber zu verändern; eine allein auf das Arbeitsrecht fixierte Betrachtungsweise würde vielmehr auch übersehen, dass sich hinter dem Wunsch nach Veränderungen der arbeitsrechtlichen Rahmenbedingungen durch Umstrukturierung häufig tiefergreifende Struktur- und Führungsprobleme verbergen, deren Lösung letztlich auch im Interesse der Belegschaft liegen muss.

133 Naturgemäß kommt dem arbeitsrechtlichen Berater bei solchen Umstrukturierungen, deren eigentliches Ziel die Veränderung arbeitsrechtlicher Rahmenbedingungen ist, eine besonders hohe Verantwortung zu. Zwar dürfte sich der aus der Steuerberatung analog entlehnte Satz, dass jede unternehmerische Strukturentscheidung, die allein aus arbeitsrechtlichen Gründen getroffen werde, im Zweifel falsch sei, nicht in allen Fällen bewahrheiten. Gleichwohl ist zweifellos eine besondere Vorsicht am Platze, wenn ein Unternehmen allein wegen akuter Schwierigkeiten mit dem Betriebsrat oder den im Betrieb vertretenen Gewerkschaften eine Änderung seiner rechtlichen und/oder organisatorischen Strukturen anstrebt. Wenn sich allerdings zeigt, dass diese Schwierigkeiten *gerade* in der nicht oder nicht mehr sachgemäßen Unternehmens- und Betriebsstruktur ihre Ursache haben, etwa weil zu viel Ungleiches in einem organisatorischen Verbund zusammengefasst ist, was etwa in den **Beispielen B 16 und B 18** der Fall sein mag, kann die „nur“ zur Erzielung arbeitsrechtlicher Veränderungen vorgenommene Umstrukturierung auch betriebswirtschaftlich und unternehmenspolitisch sinnvoll erscheinen.

Lediglich ergänzend ist anzumerken, dass die unter Umständen weit reichenden Auswirkungen auf betriebsverfassungsrechtliche Organe, Tarifverträge, Betriebsvereinbarungen usw selbstverständlich auch bei allen sonstigen Umstrukturierungsmaßnahmen zu beachten sind, deren eigentlicher Beweggrund gerade *nicht* in der Erzielung solcher Veränderungen,

[341] Ausführlich zum Gestaltungsspielraum bei Reorganisationsmaßnahmen und zum Gesichtspunkt der Gesetzesumgehung *Gaul,* Das Arbeitsrecht der Betriebs- und Unternehmensspaltung, Schluss Rn. 78 ff.

sondern auf „übergeordneten" unternehmenspolitischen Erwägungen beruht. So kann es sich unter Umständen wirtschaftlich geradezu verheerend auswirken, wenn ein Unternehmen durch Ausgliederung eines bestimmten Teilbereichs in die Zuständigkeit eines anderen Tarifvertrages oder einer anderen Gewerkschaft wechselt, weil nunmehr der branchenmäßige Schwerpunkt – gemessen an der Zahl der beschäftigten Arbeitnehmer – in einem anderen Wirtschaftssektor liegt. Wegen der Auswirkungen der Unternehmensumstrukturierung auf **Tarifverträge** und **Betriebsvereinbarungen** sowie der damit verbundenen strategischen Aspekte ist generell auf die Ausführungen unter → E Rn. 2ff. zu verweisen.

4. Steuerliche Aspekte

Dass als weitere Dimension stets auch das Steuerrecht mit einzubeziehen ist, versteht sich von selbst und braucht im vorliegenden Zusammenhang nicht weiter vertieft zu werden. Bemerkenswert erscheint allerdings die aus häufiger Befassung mit Umstrukturierungsmaßnahmen gewonnene Erkenntnis, dass Arbeitsrecht und Steuerrecht oftmals *antagonistisch* wirken, die Erzielung steuerlicher Vorteile also häufig nur um den Preis arbeitsrechtlicher Nachteile möglich ist und umgekehrt. So mag etwa die Entstehung einer **gewerbe- und körperschaftsteuerrechtlichen Organschaft**[342] (vgl. § 2 Abs. 2 S. 2 GewSG, §§ 14ff. KStG) wegen der damit verbundenen Saldierungsmöglichkeit von Gewinnen und Verlusten auf der Ebene der Organträgergesellschaft durchaus erstrebenswert erscheinen; da sie eine finanzielle Eingliederung in das beherrschende Unternehmen erfordert und den Abschluss eines Gewinnabführungsvertrages voraussetzt (vgl. § 14 Abs. 1 KStG, § 2 Abs. 2 S. 2 GewStG), wird damit allerdings zugleich die Möglichkeit der Bildung eines **Konzernbetriebsrats** (§§ 54ff. BetrVG) sowie uU erstmals die **Unternehmensmitbestimmung** nach dem MitbestG oder dem DrittelbG eröffnet. Allerdings ist der Konflikt zwischen Arbeitsrecht und Steuerrecht im Bereich **gewerbe- und körperschaftsteuerlicher Organschaften** gegenüber der Rechtslage vor der Unternehmenssteuerreform 2001[343] durch den Wegfall der Voraussetzungen der wirtschaftlichen und organisatorischen Eingliederung der Organgesellschaft in das Unternehmen des Organträgers wesentlich entschärft: Früher erwies sich die Argumentation gegenüber den beteiligten Betriebsräten, diese Konstruktion sei lediglich „aus steuerlichen Gründen gewählt" worden, in Wirklichkeit handele es sich bei der Organträgergesellschaft um eine „funktionslose Holding", aus steuerlicher Sicht als äußerst kontraproduktiv.[344] Nunmehr qualifizieren sich auch Gewerbebetriebe kraft Rechtsform und damit auch bloß vermögensverwaltende Holding-Unternehmen in der Rechtsform der Kapitalgesellschaft als Organträgergesellschaft. Es genügt für derartige Organträgergesellschaften, wenn sich diese auf die Verwaltung von Beteiligungen beschränken und nur eine Tochtergesellschaft mehrheitlich besitzen.[345] Schließlich will bedacht sein, dass die zur steuerlichen Anerkennung der Körperschaft und gewerbesteuerlichen Organschaft nicht mehr erforderliche, faktisch aber häufig vorliegende vollständige wirtschaftliche Eingliederung in die Organträgergesellschaft und Unterordnung unter *deren* unternehmerische Interessen unter dem Aspekt des – sowohl im Grundsatz wie auch hinsichtlich seiner Einzelheiten freilich umstrittenen – sog. **Bemessungsdurchgriffs** unter bestimmten, noch darzustellenden Voraussetzungen[346] erhebliche Auswirkungen auf die Dotierung eines bei der eingegliederten Gesellschaft gegebenenfalls künftig aufzustel- 134

[342] Zu ihren Voraussetzungen nach den Änderungen durch das Gesetz zur Fortentwicklung des Unternehmenssteuerrechts (BGBl. 2001 I 3858) vgl. zB *Krebühl* DStR 2002, 1241.

[343] Durch das Unternehmenssteuerfortentwicklungsgesetz vom 24.12.2001, BGBl. I 3858.

[344] Vgl. Abschnitt 50 KStR 1995. Nach dieser (mittlerweile gegenstandslosen) Verwaltungsanweisung fehlte es an einer wirtschaftlichen Eingliederung in den Gewerbebetrieb der Holdinggesellschaft, wenn diese lediglich als nur vermögensverwaltende Holding ohne Einfluss auf die operative Tätigkeit der Beteiligungsgesellschaften fungierte.

[345] Frotscher/Drüen/*Frotscher* KStG § 14 Rn. 20; *Krebühl* DStR 2002, 1241 (1243).

[346] Vgl. dazu → C Rn. 325ff.

lenden **Sozialplans** haben kann. Abweichend von der körperschaft- und gewerbesteuerlichen Organschaft ist bei der umsatzsteuerlichen Organschaft weiterhin Voraussetzung, dass die Organgesellschaft in das Unternehmen des Organträgers wirtschaftlich und organisatorisch eingegliedert ist (§ 2 Abs. 2 Nr. 2 UStG).

135 Friktionen zwischen Arbeits- und Steuerrecht können sich auch bei der sogenannten **Teilbetriebsproblematik** ergeben. Die attraktive Möglichkeit der steuerneutralen Buchwertfortführung bei bestimmten Umwandlungen bzw. Einbringungen von Unternehmensteilen unter Vermeidung der (steuerwirksamen) Aufdeckung stiller Reserven hängt davon ab, dass es sich jeweils handelt um einen „mit einer gewissen Selbständigkeit ausgestatteten, organisch geschlossenen Teil des Gesamtbetriebs, der für sich allein lebensfähig ist" (**Teilbetrieb** im Sinne von § 16 Abs. 1 Nr. 1 EStG[347]). Dies gilt auch und insbesondere bei einem Vermögensübergang infolge Aufspaltung, Abspaltung oder Teilübertragung (vgl. § 15 iVm §§ 11–13 UmwStG), aber auch bei Einbringungsvorgängen (§§ 20, 24 UmwStG). Die bloße Übertragung von Einzelgegenständen, denen die „organische Geschlossenheit" im Sinne der finanzgerichtlichen Rechtsprechung fehlt, reicht also gerade *nicht* aus, um das oftmals im Vordergrund aller steuerrechtlichen Überlegungen stehende Privileg der Fortführung zu Buchwerten zu begründen.

136 Der steuerliche Berater wird daher zu einer Gestaltung tendieren, bei welcher der *Asset Deal* bzw. die Spaltung oder Ausgliederung[348] so umfassend konzipiert wird, dass hinsichtlich der zu übertragenden Vermögenswerte in Bezug auf ihre wirtschaftliche Selbständigkeit und organische Geschlossenheit von Seiten der Finanzbehörde nicht mehr ernsthafte Zweifel erhoben werden können, da ein Verfehlen dieser Kriterien geradezu verheerende finanzielle Konsequenzen haben könnte. Die *arbeitsrechtliche* Beratung und Gestaltung kann dagegen in die genau entgegengesetzte Richtung laufen, nämlich durch Übertragung nur einiger weniger „lebloser" Vermögensgegenstände *ohne* organisatorischen Verbund im Sinne eines Betriebsteils die Anwendung des § 613a BGB und damit die Verpflichtung zur Übernahme von Arbeitnehmern zu vermeiden.[349]

137 Diese wenigen Hinweise sollten genügen, um deutlich zu machen, dass in Umstrukturierungsfällen arbeitsrechtliche und steuerrechtliche Beratung Hand in Hand miteinander erfolgen und **wechselseitig abgestimmt** werden müssen, um unliebsame Überraschungen auszuschließen. Dies kann durchaus zu einer Rationalisierung insbesondere der arbeitsrechtlichen Beratung führen, weil die Befassung mit zwar arbeitsrechtlich „originellen", steuerrechtlich dagegen inakzeptablen Lösungswegen entfällt oder bereits frühzeitig beendet werden kann.[350] Ebenso kann aber durchaus auch umgekehrt eine steuerlich sehr attraktive Lösung zu verwerfen sein, wenn sie mit nicht hinnehmbaren Konsequenzen – etwa für die Aufstellung späterer Sozialpläne in sanierungsbedürftigen Unternehmen – verbunden ist.

5. Kartell- und vergaberechtliche Aspekte

138 Leicht übersehen werden, da für den Arbeitsrechtler relativ fern liegend, schließlich auch kartellrechtliche Gesichtspunkte. Bei Betriebsübertragungen auf Dritte sollten ebenso wie

[347] Zur Definition des Teilbetriebs iSd Einkommensteuerrechts vgl. Schmidt/*Wacker* EStG § 16 Rn. 140 ff. mwN aus der Rechtsprechung; ferner – speziell für Umwandlungsfälle – Sagasser/Bula/Brünger/*Schöneberger/Bultmann* § 20 Rn. 48; Lutter/*Schumacher* UmwG Anhang § 151 Rn. 11; *Herzig/Förster* DB 1995, 338; *Sistermann,* FAZ v. 11.1.2012, S. 19, zu teilweisen Unterschieden zwischen dem Teilbetriebsbegriff des § 16 EStG einerseits und dem der §§ 15 und 20 UmwStG andererseits.

[348] Zum Teilbetriebserfordernis als „Spaltungsbremse" vgl. *Herzig/Förster,* aaO.

[349] Zur Abgrenzung zwischen Übertragung eines Betriebsteils iSv § 613a BGB einerseits und von Einzelgegenständen andererseits → G Rn. 36, 71.

[350] Eine große Rolle kann in diesem Zusammenhang auch die steuerliche „Nutzung" von Verlustvorträgen spielen; vgl. § 8c KStG; zur Schadensersatzpflicht des Steuerberaters für ungünstige Vertragsgestaltung bei Verschmelzung vgl. BGH 5.12.1996 – IX ZR 61/96, NJW 1997, 1001.

bei Verschmelzungen die nationalen ebenso wie die europäischen Regelungen zur **Fusionskontrolle** (§§ 35 ff. GWB; „EG-Fusionskontrollverordnung"[351]) mitbedacht werden. Der der Fusionskontrolle zugrunde liegende Zusammenschlussbegriff erfasst keineswegs nur den Anteils- oder Stimmrechtserwerb, sondern auch den Vermögenserwerb *(Asset Deal)*, vgl. § 37 Abs. 1 Nr. 1 GWB. Wenn ernsthaft mit der späteren **Untersagung des Zusammenschlusses** durch das Bundeskartellamt oder gar – bei Großfusionen – durch die EU- Kommission[352] gerechnet werden muss, kann sich ein vorheriger **Vollzug** von Zusammenschlussvorhaben[353] (auch) aus arbeitsrechtlicher Sicht als äußerst problematisch erweisen. Die zivilrechtlich schwebende Unwirksamkeit von Rechtsgeschäften, die gegen das (vorläufige) kartellrechtliche Vollzugsverbot bei anmeldepflichtigen (§ 39 Abs. 2 GWB; dies sind alle Zusammenschlüsse iSd § 37 GWB) Zusammenschlussvorhaben verstoßen,[354] ändert nämlich nichts an einem Übergang der Arbeitsverhältnisse nach § 613a BGB, wenn der Erwerber bereits die „arbeitsrechtliche Leitungsmacht" übernommen hat.[355] Eine vom Bundeskartellamt nachträglich angeordnete Entflechtung[356] (§ 41 Abs. 3 GWB) kann mithin arbeitsrechtlich erhebliche Schwierigkeiten verursachen, da es hierzu eines erneuten Betriebsübergangs (mit Pflicht des Arbeitgebers zur Unterrichtung der Arbeitnehmer und Widerspruchsrecht der Arbeitnehmer, § 613a Abs. 5 und 6 BGB!)[357] bedarf. Ähnliche Themen kündigen sich im sehr dynamisch fortentwickelnden **Investitionskontrollrecht (AWG/AWV)** an, das seit 2020 auch ein Vollzugsverbot bei anmeldepflichtigen Erwerbsvorgängen regelt.[358]

Gewisse Berührungspunkte zwischen Arbeits- und Kartellrecht sind schließlich auch bei 139
der Frage der **kartellrechtlichen Zulässigkeit von Wettbewerbsverboten** anlässlich eines Unternehmenskaufs zu beobachten: Nach der herrschenden kartellrechtlichen Auffassung sind derartige Nebenbestimmungen zu einem Unternehmenskaufvertrag mit § 1 GWB bzw. Art. 101 Abs. 1 AEUV vereinbar, wenn und soweit sie lediglich dazu dienen, die „Früchte des Erwerbs" zu sichern.[359] Entscheidende Parameter hierfür sowie für die Dauer einer zulässigen Bindung des Veräußerers (idR maximal 5 Jahre) sind wiederum die **Übertragung des Good Will und des Know How,**[360] beides Kriterien, die für die Bejahung eines Betriebsübergangs iSv § 613a BGB entscheidende Bedeutung erlangen kön-

---

[351] Verordnung (EG) Nr. 139/2004 des Rates v. 20.1.2004, ABl. EG 2004 Nr. L 24, 1; bis 30.4.2004 galt die alte Fusionskontrollverordnung (FKVO) v. 21.12.1989, Corrigendum v. 21.9.1990, ABl. EG 1990 Nr. L 257, 13 mit Änderungen durch Verordnung v. 30.6.1997, ABl. EG 1997 Nr. L 180, 1, Corrigendum v. 13.12.1998, ABl. EG 1998 Nr. L 40, 17; zur europäischen Fusionskontrolle Picot/*Hahn* § 11 Rn. 3 ff.

[352] Vgl. Art. 1 Abs. 2 und 3 EG-Fusionskontrollverordnung.

[353] Zum (vorläufigen) Vollzugsverbot anmeldepflichtiger Zusammenschlussvorhaben vgl. § 41 Abs. 1 GWB; Art. 7 Abs. 1, 2, sowie Art. 8 Abs. 5 lit. a EG-Fusionskontrollverordnung; Sagasser/Bula/Brünger/*Werner* § 7 Rn. 42 ff.

[354] Vgl. BGH 31.10.1978 – KVR 3/77, WuW/E BGH 1556 „Weichschaum III"; Hölters/*Röhling* Teil II, Rn. 7.165. Weitere Nachweise bei Immenga/Mestmäcker/*Thomas* GWB § 41 Rn. 6.

[355] Dazu, dass § 613a BGB auch bei einem zivilrechtlich unwirksamen Rechtsgeschäft eingreift, vgl. BAG 6.2.1985 – 5 AZR 411/83, NZA 1985, 735; zur „arbeitsrechtlichen Leitungsmacht" auch → G Rn. 38; HWK/*Willemsen* BGB § 613a Rn. 64.

[356] Zum Begriff vgl. *Röhling* in Hölters Teil II, Rn. 7.204 ff. und 225 ff.; zum Auflösungsverfahren Immenga/Mestmäcker/*Thomas* GWB § 41 Rn. 132 ff.

[357] Dazu → G Rn. 147 ff. und 210 ff.

[358] Hierzu zB *Seibt* in KölnKomm WpÜG, 3. Aufl. 2021, Anh. 18 [Investitionskontrolle].

[359] Vgl. zum Erfordernis der funktionalen Notwendigkeit des Wettbewerbsverbotes BGH 27.5.1986 – KZR 32/84, ZIP 1986, 1489 (1491); BGH 19.10.1993 – KZR 3/92, WM 1994, 220 (223).

[360] Vgl. zum Europ. Kartellrecht die Bekanntmachung der Kommission über Einschränkungen des Wettbewerbs, die mit der Durchführung von Unternehmenszusammenschlüssen unmittelbar verbunden und für diese notwendig sind, ABl. EG 2005, Nr. C 56, 24: „[…] 20. Wird zusammen mit dem Unternehmen sowohl der Geschäftswert als auch das Know-how übertragen, sind Wettbewerbsverbote bis zu drei Jahren gerechtfertigt"; zu Ausnahmefällen, in denen längere Fristen gerechtfertigt sein können vgl. *Bechtold/Bosch/Brinker/Hirsbrunner* Anh. M Fn. 22; Picot/*Picot* § 4 Rn. 496.

nen.[361] Hier ergibt sich also ein ähnlicher Abstimmungsbedarf für die Argumentation wie in Bezug auf die steuerlichen Fragen.

139a **Vergaberechtliche Aspekte** können ua dann eine Rolle spielen, wenn sich ein sog. **Bieterunternehmen** in einer **Umstrukturierung** befindet. Hier ist umstritten, ob ein Bieterunternehmen, das als übertragender Rechtsträger an einer Verschmelzung beteiligt ist, von einem laufenden Vergabeverfahren ausgeschlossen werden muss.[362] Da insoweit zumindest eine gewisse Rechtsunsicherheit besteht, muss auch dieser Gesichtspunkt bei der Entscheidung über eine Umstrukturierung, zumindest aber bei ihrem „Timing", bedacht werden.

6. Zusammenfassung

140 Insbesondere nach Einführung der Rechtsinstitute der Spaltung und Ausgliederung durch das Umwandlungsgesetz sind der gesellschaftsrechtlichen Freiheit in Bezug auf die Umstrukturierung von Unternehmen kaum noch Grenzen gesetzt. Ähnlich wie das Steuerrecht kann sich jedoch das Arbeitsrecht sowohl als „Bremse" wie auch als „Katalysator" für Umstrukturierungen erweisen: als „Bremse", weil die Umstrukturierung möglicherweise nur um den Preis kosten- und zeitaufwendiger Mitbestimmungsverfahren, insbesondere nach §§ 111 ff. BetrVG (Interessenausgleich, Sozialplan) zu realisieren ist, deren Aufwand nicht lohnt oder nicht verantwortet werden kann; als „Katalysator", weil die Umstrukturierung auch neue unternehmerische und personalpolitische **Chancen** zu eröffnen vermag, zB in Bezug auf die Ablösung nicht mehr passender Kollektivverträge durch neue, auf die jeweilige Unternehmenseinheit besser zugeschnittene Regelungswerke. Insbesondere der zuletzt genannte Aspekt tritt in der arbeitsrechtlichen Beratung von Unternehmen immer mehr in den Vordergrund und kann im Einzelfall – auch gegenüber dem Steuerrecht – eine dominierende Bedeutung erlangen. Stets sollte in allen diesen Fällen die arbeitsrechtliche Begleitung derartiger Maßnahmen als Teil einer umfassenden wirtschafts- und steuerrechtlichen Beratung verstanden werden und mit dieser abgestimmt sein.

VI. Strategische Aspekte aus Betriebsrats- und Arbeitnehmersicht

141 Während sich Unternehmen und ihre Leitungen stets um eine Anpassung ihrer Organisation an die Erfordernisse des Wettbewerbs bemühen müssen und die notwendigen Prozesse und deren Ergebnisse daher tendenziell von vornherein als positiv empfunden werden, ist die Haltung von Arbeitnehmern und deren Vertretungen in der Praxis eher durch **Beharrungstendenzen** bezüglich des einmal erreichten Status quo gekennzeichnet. Zwar mangelt es ihnen in der Regel – insbesondere in wirtschaftlichen Krisenzeiten – nicht an der Einsicht in die Notwendigkeit von Veränderungen. Das betriebsverfassungsrechtliche **Gebot der vertrauensvollen Zusammenarbeit** (§ 2 BetrVG) ändert indes nichts daran, dass es im Sinne einer antagonistischen Interessen- und Rollenverteilung in der Regel als ausschließliche Aufgabe des Managements angesehen wird, die dort als unabdingbar angesehen Schritte und Maßnahmen gegen den – jedenfalls äußeren – Widerstand von Belegschaft und Betriebsrat durchzusetzen. Oftmals liegen die Wurzeln für die grundsätzliche Ablehnung sich anbahnender Veränderungsprozesse jedoch tiefer: Jede bevorstehende größere Veränderung der Unternehmens- und Betriebsstrukturen kann aus Arbeitnehmer- und Betriebsratssicht als **Angriff** auf das in der Vergangenheit oftmals mühsam Erreichte

[361] Dazu → G Rn. 64 ff. („Sieben-Punkte-Katalog" des EuGH).

[362] S. zum Meinungsstand *Bärwaldt/Hasselbrink* ZIP 2013, 1889, unter Hinweis auf OLG Düsseldorf 18.10. 2006 – VII-Verg 30/06, NZBau 2007, 254.

empfunden werden; ein Eindruck, der noch erheblich verstärkt wird, wenn das Unternehmen insoweit – entweder aus generellem Misstrauen oder sachlichen Zwängen, etwa wegen der Beteiligung außenstehender, auf Diskretion bestehender Dritter – eine defensive Informationspolitik betreibt.

Daher ist es in der Praxis nicht selten zu beobachten, dass bevorstehende oder jedenfalls erwartete grundlegende Veränderungen der Unternehmens- und Betriebsstrukturen mit Auswirkungen auf die Beschäftigungssituation und/oder Sicherheit der Arbeitsplätze insbesondere in der „Frühphase" mit allen zu Gebote stehenden Mitteln bekämpft werden, die von klassischen juristischen Instrumenten wie dem Antrag auf Erlass einstweiliger Verfügungen über die Besetzung oder Blockade von Betrieben (mitunter in dem rechtlichen Gewand einer tage- oder gar wochenlangen Betriebsversammlung!)[363] bis hin zur Abhaltung ökumenischer Gottesdienste vor den Werkstoren des von der Schließung bedrohten Betriebs reicht.[364] Wer derartige Szenarien nach Möglichkeit vermeiden will, muss sich auch in die Lage der anderen Seite versetzen können und frühzeitig diejenigen „Knackpunkte" erkennen, welche die Haltung der Arbeitnehmer und ihrer Vertretungen zu den angestrebten Veränderungen voraussichtlich wesentlich beeinflussen werden.

1. Möglichkeit der Einflussnahme vor endgültiger Entscheidung über die Umstrukturierung

Für den Betriebsrat wird es bei anstehenden Umstrukturierungsprozessen oder gar einer 142
sich abzeichnenden Veräußerung ganzer Betriebe von zentraler Bedeutung sein, nicht als *Verlierer* dazustehen, der den ausschließlich von Seiten der Anteilseigner und des Managements vorgegebenen Schritten nur noch „hinterherläuft". Wer weiß, unter welchen Druck die Arbeitnehmervertreter geraten können, wenn sie ihrer Wählerschaft nicht glaubhaft vermitteln können, auf als bedrohlich empfundene Prozesse aktiv Einfluss zu nehmen, wird nicht davon überrascht sein, wenn ein oberflächlich oder gar hinhaltend informierter Betriebsrat zu dem mitunter überzogenen Mittel der einstweiligen Verfügung gegen die Maßnahme selbst greift. In der Praxis erweisen sich solche Verfahren, die sich im Einzelfall aus *Arbeitgebersicht* durchaus als Bedrohung darstellen können (etwa, wenn die Einführung einer neuen Informationstechnik im Zuge der Reorganisation des Unternehmens gestoppt werden soll)[365] häufig nur als ein Vehikel, um den Arbeitgeber für bislang unzureichende Informationspolitik zu „bestrafen". Dem entspricht es, wenn Betriebsräte, die frühzeitig in Umstrukturierungsprozesse mit einbezogen werden, weitaus weniger von solchen prozessualen Möglichkeiten Gebrauch machen. Entsprechendes gilt für einen evtl. bestehenden **Europäischen Betriebsrat** – EBR – (dazu auch → C Rn. 518 ff.),[366] auch wenn sich in der Praxis die arbeitnehmerseitigen Strategien wegen der weiterreichenden Beteiligungsrechte idR auf die nationalen Betriebsräte konzentrieren. So hat das LAG Köln in einer (rechtskräftigen) Entscheidung vom 8.9.2011 einen **Unterlassungsanspruch des EBR**

---

[363] Ein derartiges Szenario entwickelte sich zB bei der seinerzeit geplanten Schließung des Traktorenwerks Neuß der *J.I. Case* GmbH im Jahre 1993. Der Betriebsrat beantragte den Erlass einer einstweiligen Verfügung sowohl gegen betriebsbedingte Kündigungen wie auch gegen die Verlagerung der Produktion und führte eine in das „Gewand" einer Betriebsversammlung gekleidete tagelange Betriebsbesetzung durch. S. zu den sonstigen Gegenmaßnahmen des Betriebsrats und ihrer Zulässigkeit *Bauer/Haußmann/Krieger,* Umstrukturierung, S. 353 ff.

[364] Der Verfasser hat selbst erlebt, dass die Belegschaft eines süddeutschen Unternehmens, deren Hauptverwaltung im Zuge des Erwerbs der Aktienmehrheit an der ausländischen Muttergesellschaft durch einen Wettbewerber an dessen norddeutschen Sitz verlegt werden sollte, dies mit derartiger kirchlicher Unterstützung zu verhindern suchte.

[365] Zum Unterlassungsanspruch des Betriebsrats im Rahmen von § 87 Abs. 1 Nr. 6 BetrVG vgl. BAG 3.5.1994 – 1 ABR 24/93, NZA 1995, 40; *Hanau* NZA 1996, 841; *Fitting* BetrVG § 87 Rn. 596 ff.

[366] Zur Beteiligung des EBR bei grenzüberschreitender Betriebsänderung vgl. *Lelley/Feindura* DB 2014, 2771.

bei Verletzung seiner Unterrichtungs- und Anhörungsrechte im Falle einer beabsichtigten **Betriebsstilllegung verneint.**[367]

a) nach Betriebsverfassungsgesetz

143 Juristische *sedes materiae* für Zeitpunkt und Umfang der Informationspflichten gegenüber dem Betriebsrat sind in der Regel §§ 90, 91 BetrVG (Unterrichtungs- und Beratungsrechte des Betriebsrats in Angelegenheiten, die sich auf die technische und organisatorische Gestaltung der Arbeitsplätze, des Arbeitsablaufs und der Arbeitsumgebung auswirken können), §§ 92, 92a (Personalplanung/Beschäftigungssicherung) sowie insbesondere § 111 BetrVG (Informations- und Beratungsrecht bei Betriebsänderungen). In allen genannten Fällen verlangt das Gesetz eine „rechtzeitige und umfassende" Unterrichtung der Betriebsräte über ***„geplante"*** Maßnahmen. Da Betriebsräten und Gewerkschaften aus den dargelegten Gründen an einer möglichst frühzeitigen Einschaltung gelegen sein muss, nimmt es nicht wunder, wenn insbesondere das gewerkschaftlich orientierte Schrifttum für eine möglichst weit nach vorn gezogene zeitliche Allokation der Informations- und Beratungspflicht plädiert. So heißt es in dem Kommentar zum BetrVG von *Däubler/Klebe/Wedde* zu § 111 BetrVG, es sei zwar „eindeutig", dass der Betriebsrat an bloßen *Vorüberlegungen* nicht partizipieren müsse; dem Unternehmer stehe es frei, von sich aus abzuklären, ob überhaupt Handlungsbedarf bestehe; nehme man aber das Gebot einer „rechtzeitigen" Information ernst, müsse man den Unternehmer für verpflichtet ansehen, den Betriebsrat bereits dann einzuschalten, „… wenn nach Ansicht des Unternehmens mehr für als gegen die Vornahme einer Betriebsänderung spricht". Je früher der Betriebsrat beteiligt werde, umso eher sei eine „sozial verträgliche Lösung erreichbar".[368]

144 Auch wenn die Rechtsprechung dem – wie noch näher aufzuzeigen sein wird – nicht folgt und die Informations- und Beratungsrechte des Betriebsrats erst *nach* Abschluss des unternehmerischen Abwägungsprozesses einsetzen lässt,[369] kann es sich gleichwohl *auch* aus Unternehmersicht im Einzelfall empfehlen, den **Betriebsrat** (zB durch Mitgliedschaft in unternehmensseitig gebildeten Arbeitsgruppen) über das vom Gesetz Geforderte hinaus bereits an dem **Planungsprozess** als solchem zu **beteiligen.** Diese Möglichkeit sollte insbesondere dann erwogen werden, wenn die Umstrukturierung auf eine Verbesserung der Effizienz und Leistungsfähigkeit des Betriebs abzielt, die anschließend von der Belegschaft aktiv und möglichst motiviert umgesetzt, zumindest aber mitgetragen werden muss. Es hat sich gezeigt, dass eine flächendeckende Änderung der Organisationsabläufe, die mit der Neubestimmung von Arbeitsinhalten und/oder Versetzungen für eine Vielzahl von Mitarbeitern verbunden ist, sich zwar juristisch, aber kaum praktisch umsetzen lässt, ja sich im Extremfall für das Unternehmen sogar als existenzbedrohend erweisen kann, wenn nicht die Arbeitnehmer und ihre Vertretungen diese Umgestaltungsprozesse mittragen und ihre Notwendigkeit akzeptieren. Daher handeln Unternehmen, die, sobald sie **Unternehmensberatungen** „ins Haus holen", ihre Betriebsräte unterrichten und später an Workshops mit Führungskräften und sonstigen Mitarbeitern zumindest zeitweilig teilnehmen lassen, keinesfalls aus rein altruistischen Motiven.

145 Schwieriger gestaltet sich die frühzeitige Beteiligung der Arbeitnehmervertreter naturgemäß, wenn die Umstrukturierung zu einem erheblichen **Personalabbau** oder gar zur **Einstellung** ganzer Betriebe oder Betriebsteile führen soll. Hier werden sich auch die Betriebsräte in aller Regel – von echten Sanierungsfällen abgesehen – sehr schwer tun, an den entsprechenden Vorüberlegungen aktiv mitzuwirken. Darüber hinaus ergibt sich aus

[367] LAG Köln 8.9.2011 – 13 Ta 267/11, ZIP 2011, 2121; ebenso LAG Baden-Württemberg 12.10.2015 – 9 TaBV 2/1, NZA-RR 2016, 358, m. Anm. *Monz/Sittard;* zum Streitstand auch → C Rn. 522. Zu den Mitwirkungsrechten des EBR bei grenzüberschreitenden Betriebsänderungen *Maiß/Pauken* BB 2013, 1589.

[368] DKW/*Däubler* § 111 Rn. 162.

[369] Dazu → C Rn. 141 ff.

Unternehmenssicht das Dilemma, dass ein frühzeitiges Bekanntwerden der entsprechenden Pläne zu einem rapiden Motivationsverlust innerhalb der *gesamten* Belegschaft führen kann, insbesondere solange nicht feststeht und daher nur gerüchteweise diskutiert wird, wen es letztendlich treffen werde. Da man der Verschwiegenheit von Betriebsratsmitgliedern trotz der gesetzlichen Sanktion des § 79 Abs. 1 BetrVG nicht traut, entschließen sich Geschäftsleitungen oftmals zu einem Hinausschieben der Information des Betriebsrats auf den nach dem Gesetz spätestmöglichen Zeitpunkt. In einer derartigen, ohnehin angespannten Situation entsteht leicht ein Klima gegenseitigen **Misstrauens,** etwa wenn einzelne **Maschinen stillgelegt** oder bestimmte **Fertigungsaufträge** in ein anderes Werk des Unternehmens **umgeleitet werden.** Hier wird der Betriebsrat – auch um ein Signal gegenüber Arbeitgeber und Belegschaft zu setzen – den Antrag auf Erlass einer einstweiligen Verfügung beim Arbeitsgericht erwägen müssen, dessen Erfolgsaussichten allerdings je nach Gerichtsbezirk höchst unterschiedlich sind.[370] Ein Unternehmen, das solche Eskalationen vermeiden will, sollte auf derart sensible Maßnahmen vor einer Beteiligung des Betriebsrats entweder von vornherein verzichten oder dem Betriebsrat jedenfalls schlüssig erklären, dass und aus welchen Gründen es sich nicht um die Schaffung „vollendeter Tatsachen" im Hinblick auf die derzeit geplanten Maßnahmen handelt.

Eindeutig **zu spät** erfolgt die Information und Beteiligung des Betriebsrats jedenfalls 146
dann, wenn das Unternehmen in Bezug auf die „geplante" Betriebsänderung bereits **irreversible Fakten** geschaffen hat. Beispiele: Die Betriebsanlagen werden (zB während der Werksferien oder an einem verlängerten Wochenende) abgebaut und abtransportiert; bei geplantem **Outsourcing** werden mit dem Auftragnehmer bereits langfristige Verträge abgeschlossen; wegen weiterer Fälle auch → C Rn. 140 ff.

Im wohl krassesten Fall, nämlich dem **Ausspruch von Kündigungen** ohne vorherige Information und Beratung nach §§ 111 ff. BetrVG, muss der Betriebsrat allerdings zwangsläufig mindestens eine Woche vorher „vorgewarnt" werden, da ohne seine *vorherige* Anhörung nach § 102 BetrVG die später ausgesprochenen Kündigungen ohne weiteres nichtig und damit gegenstandslos wären. Die Gegenwehr des Betriebsrats kann hier – außer in dem bereits erwähnten Antrag auf Erlass einer einstweiligen Verfügung – insbesondere darin bestehen, dass er jeder oder doch den meisten Kündigungen **nach § 102 Abs. 3 BetrVG widerspricht;** der frist- und ordnungsgemäß erhobene Widerspruch hat nach § 102 Abs. 5 BetrVG zur Folge, dass der betreffende Arbeitnehmer bis zum rechtskräftigen Abschluss eines sich anschließenden Kündigungsschutzprozesses und insoweit unabhängig von dessen Ausgang (!) **weiterbeschäftigt und weiterbezahlt werden muss.** Allerdings ist zu beachten, dass diese durchaus scharfe Waffe des Betriebsrats nur wirkt, wenn der Widerspruch aus einem der in § 102 Abs. 3 BetrVG *abschließend* aufgeführten Gründe (ua Verletzung der Grundsätze der Sozialauswahl nach § 1 Abs. 3 KSchG) erhoben wurde;[371] die Begründung, dass der Arbeitgeber mit dem vorzeitigen Ausspruch der Kündigungen gegen seine Pflichten aus §§ 111 ff. BetrVG verstoße, reicht also *nicht* aus. Gut beratene Betriebsräte wissen diese Hürde jedoch in der Regel zu nehmen und können durch **„Massenwidersprüche"** nach § 102 Abs. 3 BetrVG die ursprünglich für einen Personalabbau veranschlagten Kosten empfindlich in die Höhe treiben. Dies sollte auf Unternehmensseite im Sinne einer sorgfältigen **Risikoanalyse** bedacht werden, bevor Maßnahmen ohne erforderliche Beteiligung des Betriebsrats durchgeführt oder Interessenausgleich- und Sozialplanverhandlungen wegen „überzogener" Forderungen des Betriebsrats ergebnislos abgebrochen werden.

---

[370] Dazu → C Rn. 366. Zu der Möglichkeit von Absprachen zwischen Arbeitgeber und Betriebsrat über künftige Betriebsänderungen *Krieger/Terhorst* NZA 2014, 689.

[371] Vgl. *Fitting* BetrVG § 102 Rn. 71; DKW/*Bachner* § 102 Rn. 190; zu den Voraussetzungen → C Rn. 399; zur Möglichkeit der Entbindung von der Weiterbeschäftigungspflicht → C Rn. 400.

b) nach Umwandlungsgesetz

147 Bei Umwandlungen nach dem Umwandlungsgesetz ergibt sich für die Betriebsräte eine weitere, gesetzlich verankerte Informationsquelle daraus, dass nach § 5 Abs. 3, § 126 Abs. 3 bzw. § 194 Abs. 2 UmwG der Umwandlungsvertrag, -beschluss, -plan bzw. der Entwurf desselbigen spätestens einen Monat vor Beschlussfassung der Anteilsinhaber dem Betriebsrat jedes beteiligten Rechtsträgers zugeleitet werden muss sowie daraus, dass dieser Vertrag bzw. Beschluss nach § 5 Abs. 1 Nr. 9, § 126 Abs. 1 Nr. 11 bzw. § 194 Abs. 1 Nr. 7 UmwG jeweils die „Folgen für die Arbeitnehmer und ihre Vertretungen sowie die insoweit vorgesehenen Maßnahmen" aufzuzeigen hat. Auch wenn über Inhalt und Reichweite dieser Angaben erheblicher Streit besteht,[372] eröffnen sie dem Betriebsrat jedenfalls die Möglichkeit, bei etwaigen Unklarheiten gegenüber dem zuständigen Vertretungsorgan gezielte Fragen zu stellen und sich auf diese Weise für anstehende Verhandlungen nach §§ 111 ff. BetrVG frühzeitig sachkundig zu machen.[373] Sofern die entsprechenden Angaben im Umwandlungsvertrag offenkundig unvollständig sind, kann der Betriebsrat sogar versuchen, durch einen entsprechenden **Hinweis an den Registerrichter** die **Eintragung** der Verschmelzung, Spaltung oder des Formwechsels in das Handelsregister zu **verhindern.**[374] **Abzulehnen** ist allerdings die Möglichkeit des Betriebsrats, durch Antrag auf Erlass einer **einstweiligen Verfügung** den Vollzug der Verschmelzung oder Spaltung als solcher zu blockieren, weil es sich im Verhältnis zu §§ 111 ff. BetrVG um zwei völlig verschiedene und getrennte Verfahren handelt.[375] Ebenso wenig sind Betriebsratsmitglieder als solche befugt, einen Umwandlungsbeschluss **anzufechten.**[376]

148 „Kreative" Betriebsräte von börsennotierten Gesellschaften könnten allerdings auf den Gedanken kommen, sich durch rechtzeitigen **Erwerb** einer oder mehrerer **Aktien** ein Teilnahme-, Frage- und Rederecht (und damit auch ein Anfechtungsrecht!) in derjenigen Hauptversammlung zu sichern, die nach § 13 Abs. 1, § 125 in Verbindung mit § 13 Abs. 1 bzw. § 193 UmwG über die Umwandlung Beschluss zu fassen hat. Generell sollten indes die durch das Umwandlungsgesetz geschaffenen Informationsinstrumente des Betriebsrats von *beiden* Seiten nicht als Aufforderung zur Konfrontation, sondern zur frühzeitigen **Konsultation** in Bezug auf die Arbeitnehmerseite besonders berührende Fragen, vor allem die Auswirkungen auf die bestehenden Betriebsräte, Betriebsvereinbarungen und Tarifverträge, begriffen und praktiziert werden. Wenn dies geschieht, wird auch der Betriebsrat kein Interesse mehr daran haben, die Arbeitgeberseite in der Anteilseignerversammlung oder sonstigen unternehmensinternen Gremien (zB im Aufsichtsrat) „vorzuführen".

c) nach Wertpapiererwerbs- und Übernahmegesetz

148a Bei geplanten öffentlichen Kaufangeboten für sowie Übernahmen börsennotierte(r) Unternehmen werden die Betriebsräte oder, sofern diese nicht bestehen sollten, die Arbeitnehmer über den Vorstand durch die Angebotsunterlage **informiert** über **„die Absichten des Bieters im** Hinblick auf die künftige Geschäftstätigkeit der Zielgesellschaft, insbesondere (…) die Arbeitnehmer und deren Vertretungen (…) und **wesentliche Änderungen der Beschäftigungsbedingungen** einschließlich der insoweit vorgesehenen

---

[372] Dazu → C Rn. 446 ff.

[373] Dazu, dass die Pflichten des Unternehmens gegenüber dem Betriebsrat nach UmwG und §§ 111 ff. BetrVG nebeneinander stehen, bereits → Rn. 94 ff. Zum Zusammenhang zwischen Zuleitungspflicht nach § 5 Abs. 3 bzw. § 126 Abs. 3 UmwG und Mitbestimmung nach §§ 111 ff. BetrVG vgl. auch *Willemsen* NZA 1996, 791 (798); ders. RdA 1998, 23 (30).

[374] Zu den Folgen unvollständiger oder unrichtiger Angaben im Verschmelzungs- bzw. Spaltungsvertrag vgl. Kallmeyer/*Willemsen* UmwG § 5 Rn. 57; Lutter/*Drygala* UmwG § 5 Rn. 156; Schmitt/Hörtnagl/*Winter* UmwG § 5 Rn. 89, sowie → C Rn. 460 ff.

[375] Vgl. *Willemsen* NZA 1996, 791 (798); Kallmeyer/*Willemsen* UmwG § 5 Rn. 56; aA *Bachner* NJW 1995, 2881 (2886); zur Problematik auch → C Rn. 463.

[376] OLG Naumburg 6.2.1997 – 7 U 236/96, AG 1998, 430.

Maßnahmen“ (§ 11 Abs. 2 S. 3 Nr. 2 WpÜG).[377] Mit dieser Informationsverpflichtung soll – ausweislich der Gesetzesbegründung – bereits im Vorfeld der Übernahme eine sozialverträgliche Durchführung arbeitnehmerrelevanter Maßnahmen erleichtert werden.[378]

Die Bundesanstalt für Finanzdienstleistungsaufsicht (BaFin) überwacht im Rahmen ihrer Zuständigkeit, dass der Bieter die Angebotsunterlage nach Maßgabe von § 11 WpÜG erstellt. Enthält die Angebotsunterlage Pflichtangaben nicht oder verstoßen die in der Angebotsunterlage enthaltenen Angaben offensichtlich gegen Vorschriften des WpÜG oder einer WpÜG-Rechtsverordnung, so untersagt die Bundesanstalt das Angebot (§ 15 Abs. 1 WpÜG). Darüber hinaus kann die Bundesanstalt zur Einhaltung der übernahmerechtlichen Vorschriften alle Anordnungen treffen, die geeignet und erforderlich sind, Missstände, welche die ordnungsgemäße Durchführung des Verfahrens beeinträchtigen oder erhebliche Nachteile für den Wertpapiermarkt bewirken können, zu beseitigen oder zu verhindern (§ 4 Abs. 1 S. 3 WpÜG). Allerdings nimmt die BaFin die ihr zugewiesenen Aufgaben und Befugnisse nach § 4 Abs. 2 WpÜG ausschließlich im öffentlichen Interesse (Schutz der Funktionsfähigkeit der Wertpapiermärkte) wahr.[379] Demgemäß vermitteln auch weder § 4 Abs. 1 S. 3 noch § 15 Abs. 1 WpÜG nach herrschender Auffassung einen Drittschutz, so dass insbesondere Aktionäre der Zielgesellschaft (und erst recht Arbeitnehmer oder Betriebsräte der Zielgesellschaft) keinen öffentlich-rechtlichen Anspruch auf ein Einschreiten der BaFin geltend machen können.[380] Aus demselben Grund scheiden auch Schadenersatzansprüche von Aktionären oder Arbeitnehmern gegen den Bieter aus § 823 Abs. 2 BGB iVm § 11 WpÜG sowie Unterlassungsansprüche des Betriebsrats bzw. von Arbeitnehmern gegen eine Fortführung des Angebots[381] aus.

Allerdings sieht § 12 Abs. 1 WpÜG – den Vorschriften zur börsengesetzlichen Prospekthaftung in §§ 45, 46 BörsG nachgebildet – eine Grundlage für **Schadenersatzansprüche** für diejenigen Aktionäre vor, die das Angebot des Bieters angenommen haben, wenn die „für die Beurteilung des Angebots wesentlichen Angaben der Angebotsunterlage unrichtig oder unvollständig“ sind.[382] Ob auch fehlerhafte oder unvollständige „arbeitsrechtliche“ Angaben nach § 11 Abs. 2 S. 3 Nr. 2 WpÜG „wesentlich“ iSv § 12 Abs. 1 S. 1 WpÜG sein können, wird man nur im Einzelfall nach dem Maßstab eines durchschnittlichen, verständigen Anlegers[383] entscheiden können. Im Regelfall wird das allerdings nicht der Fall sein.[384] 148b

Das Bundesministerium für Arbeit und Sozialordnung (BMA) hat im Gesetzgebungsverfahren darauf hingewiesen, dass den Betriebsräten oder den Arbeitnehmern des Zielunternehmens zwar keine direkten Ansprüche gegenüber dem Bieter zukämen, allerdings der zuständige Betriebsrat die Möglichkeit habe, mit dem Vorstand Vereinbarungen zur Vermeidung oder Abmilderung entstehender Nachteile zu treffen, zB verbindliche Vereinba- 148c

---

377 Zu Einzelfragen über den arbeitsrechtlichen Inhalt der Angebotsunterlage *Seibt* DB 2002, 529 (533). Zum Ganzen auch → Rn. 11.

378 Vgl. Begründung zum RegE-WpÜG zu § 11 Abs. 1, BT-Drs. 14/7034, 41; vgl. *Seibt* DB 2002, 529 (532).

379 Vgl. Begründung RegE-WpÜG zu § 4 Abs. 2, BT-Drs. 14/7034, 36.

380 Vgl. *Seibt/Heiser* ZHR 2001, 466 (484); jüngst OLG Frankfurt 18.11.2019 – WpÜG 3/19, NZG 2020, 116 (kein vorläufiger Rechtsschutz für Konzernbetriebsrat bei OSRAM Licht AG gegen Übernahmeangebot von ams AG); dazu *Stiegler* EWiR 2020, 267; *Bulgrin/Danwerth* BB 2020, 327.

381 Zu Unterlassungsansprüchen des Betriebsrats gegen mitbestimmungswidrige Maßnahmen ausführlich → C Rn. 363, 366ff., 391 mwN.

382 Hierzu *Hamann* ZIP 2001, 2249 (2255).

383 Vgl. Assmann/Lenz/Ritz/*Assmann* VerkProspG § 13 Rn. 25; Schäfer/*Hamann* BörsG §§ 45, 46 nF Rn. 31; *Hamann* ZIP 2001, 2249 (2256).

384 Der Gesetzessystematik in § 11 Abs. 2 ist bereits eine Differenzierung zwischen wesentlichen Angaben (S. 2) und ergänzenden Angaben (S. 3) zu entnehmen. Darüber hinaus werden die arbeitsrechtlichen Angaben nach Maßgabe von § 11 Abs. 2 S. 3 Nr. 2 WpÜG selten für die Entscheidung des Aktionärs, ob das Angebot angenommen werden sollte, wesentliche Bedeutung haben. Zum Wesentlichkeitsmaßstab s. auch Begründung RegE-WpÜG zu § 12 Abs. 1, BT-Drs. 14/7034, 42.

rungen zur Beschäftigungssicherung, an die dann auch der Bieter gebunden ist.[385] Der Vorstand unterliegt allerdings beim Abschluss solcher Betriebsvereinbarungen den sich aus § 33 Abs. 1 WpÜG und § 93 Abs. 1 S. 1 AktG (Gesellschaftsinteresse!) ergebenden Grenzen. Weicht der Bieter nach erfolgreicher Übernahme von seinen Angaben betreffend die Arbeitnehmer in der Angebotsunterlage ab und werden dadurch Arbeitnehmer entlassen oder erleiden andere wirtschaftliche Nachteile, so greifen nach ministerieller Auffassung ausschließlich die Schutzregelungen des BetrVG ein, insbesondere die Regelungen über Interessenausgleich und Sozialplan.[386]

d) nach Tarifvertragsgesetz; Sozialplantarifvertrag und Einbindung der Belegschaft

148d Eine relativ neue und hinsichtlich ihrer Zulässigkeit noch nicht endgültig ausdiskutierte Möglichkeit der Einflussnahme von Arbeitnehmerseite auf unternehmerische Restrukturierungsentscheidungen und -maßnahmen stellt schließlich die – soweit notwendig, durch Arbeitskampf oder Arbeitskampfdrohung unterstützte – Forderung nach Abschluss eines sog. **Sozialplantarifvertrags** dar (dazu ausführlich → C Rn. 342 ff.). Diese zielt jedenfalls bei vordergründiger Betrachtung darauf ab, über den gesetzlichen Sozialplan nach § 112 Abs. 1 BetrVG hinausgehend die **Folgen** von unternehmerischen Entscheidungen, insbesondere Betriebsstilllegungen, abzumildern, kann aber wegen der damit verbundenen wirtschaftlichen Belastung die geplante Maßnahme extrem **verteuern** oder gänzlich **verhindern.** Wegen dieser, uU gezielt und bewusst in Kauf genommenen Möglichkeit, die **unternehmerische Gestaltungsfreiheit** durch Auferlegung tarifvertraglicher Folgelasten **zu „erdrosseln"**, aber auch wegen des Spannungsverhältnisses zu dem gesetzlichen Konzept der §§ 111 ff. BetrVG, ist die Zulässigkeit solcher, durch Streik erzwungener Sozialplan-Tarifverträge vielfach in Zweifel gezogen worden.[387] Die Rechtsprechung der Arbeits- und Landesarbeitsgerichte hat dagegen bisher, solange die Tarifforderung und der Arbeitskampf sich nicht unmittelbar gegen die unternehmerische Entscheidung als solche richteten, sondern der Abmilderung ihrer Folgen dienen sollten, den Erlass einstweiliger Verfügungen gegen derartige Arbeitskämpfe abgelehnt.[388] Unzulässig sind dagegen nach überwiegender Auffassung (nur) solche Arbeitskämpfe, die der Intensität nach die eigentliche Unternehmensentwicklung (zB Betriebsstilllegung) nicht nur erschweren, sondern gezielt faktisch blockieren.[389]

Damit haben Betriebsräte die Möglichkeit, im Falle geplanter Betriebsänderungen iSv § 111 BetrVG „zweispurig" zu verfahren, nämlich zum einen, ihre gesetzliche Mitwirkungsrechte nach § 111 BetrVG auszuüben (Verhandlungen über Interessenausgleich und Sozialplan) und zum anderen die zuständige Gewerkschaft um Unterstützung durch einen „flankierenden" **Sozialplan-Tarifvertrag** zu bitten. Diese Strategie ist unter anderem bei der Stilllegung des Haushaltsgerätewerks von AEG in Nürnberg durch die (schwedische) Alleingesellschafterin Elektrolux erprobt worden. Sie ist im Hinblick auf das Paritätsgebot bei Arbeitskämpfen keinesfalls unbedenklich, **vom 1. Senat des BAG** aber in dem ähnlich gelagerten Fall der Heidelberger Druckmaschinen **gebilligt** worden.[390]

Solange der Gesetzgeber sich nicht dazu entschließt, das Verhältnis von betrieblicher Mitbestimmung nach § 111 BetrVG einerseits und der tariflichen Einflussnahme auf Be-

---

[385] Vgl. Stellungnahme Ausschuss für Arbeit und Sozialordnung, abgedruckt in Beschlussempfehlung und Bericht des Finanzausschusses, BT-Drs. 14/7477, 65.

[386] aaO.

[387] Vgl. aus der Literatur *Bauer/Krieger* NZA 2004, 1019, *Hohenstatt/Schramm* DB, 2004, 2214, jeweils mwN; *Kuhn/A. Willemsen* NZA 2012, 593. Ausführlich zur Thematik *Henssler* FS Wank, 2014, 137.

[388] Vgl. LAG Schleswig-Holstein 27.3.2003 – 5 Sa 137/03, NZA-RR 2003, 592; LAG Niedersachsen 2.6. 2004 – 7 Sa 819/04, NZA-RR 2005, 200; Hess. LAG 2.2.2006 – 9 Sa 915/05, BeckRS 2006, 41396.

[389] *Henssler* FS Wank, 2014, 137 (143, 156), auch zu den europarechtlichen Aspekten.

[390] BAG 24.4.2007 – 1 AZR 252/06, NZA 2007, 987; s. zum Ganzen auch *Thüsing/Ricken* JbArbR 42 (2005), 112; *Willemsen/Stamer* NZA 2007, 413.

triebsänderungen andererseits gesetzlich zu regeln,[391] ist somit zu erwarten, dass sich in vielen Fällen die Verhandlungen zwischen der Arbeitgeber- und Arbeitnehmerseite zumindest auch auf die tarifvertragliche Ebene verlagern werden. Dabei ist zu bedenken, dass es im Tarifvertragsrecht – anders als in der Betriebsverfassung, wo die Einigungsstelle gegebenenfalls verbindlich über einen Sozialplan entscheidet (§ 112 Abs. 4 S. 1 BetrVG) – keine **Zwangsschlichtung** gibt, was zu einer langandauernden Auseinandersetzung um die jeweilige Betriebsänderung und ihre wirtschaftlichen und sozialen Folgen führen kann. Aus der Sicht des jeweils beteiligten Betriebsrats muss daher jeweils sorgfältig **abgewogen** werden, ob er es (zB bei einer geplanten vollständigen Stilllegung) auf eine solche langandauernde Auseinandersetzung ankommen lässt, die zudem nicht von ihm selbst, sondern **von der zuständigen Gewerkschaft geführt wird** oder ob er – zB im Interesse der Erhaltung der verbleibenden Arbeitsplätze – den Weg einer möglichst schnellen Lösung über die Einigungsstelle vorzieht. In der **Praxis** wird inzwischen oftmals so verfahren, dass die zuständige Gewerkschaft gegenüber dem Unternehmen zu einem frühen Zeitpunkt die Forderung nach Abschluss eines Sozialplantarifvertrages erhebt, sodann aber zunächst das Ergebnis der Verhandlungen über einen Interessenausgleich und Sozialplan abwartet, in denen sie wiederum auf Seiten des Betriebsrats auftritt.[392] Dadurch stehen die betriebsverfassungsrechtlichen Verhandlungen einschließlich eines etwaigen Einigungsstellenverfahrens *de facto* unter Arbeitskampfdruck. Eine derartige Kombination von Streik bzw. Streikandrohung und gesetzlich angeordneter Zwangsschlichtung im Rahmen von § 76 BetrVG erscheint höchst bedenklich und sollte durch eine **Aussetzung des betriebsverfassungsrechtlichen Mitbestimmungsverfahrens** aufgelöst werden.[393] Es ist aber verständlich, dass Gewerkschaft und Betriebsräte sich diese, durch die Rechtsprechung des 1. BAG-Senats ermöglichte „Doppelstrategie" zunutze machen. Lässt sich die Arbeitgeberseite hierauf ein, muss sie allerdings darauf achten, dass in ein abschließendes Verhandlungsergebnis jeweils auch die andere Seite (Betriebsrat bei Sozialplantarifvertrag, Gewerkschaft bei Sozialplan nach § 112 BetrVG) eingebunden wird, um Nachforderungen auf der jeweils anderen „Ebene" zu vermeiden. Ebenso muss durch **Anrechnungsklauseln** sichergestellt werden, dass es nicht zu ungerechtfertigten Doppelansprüchen der Arbeitnehmer kommt → C Rn. 346).

Das Unternehmen wird aus Gründen der Gleichbehandlung und der Betriebspolitik **148e**
daran interessiert sein, die Ergebnisse eines Sozialplantarifvertrags möglichst auch auf die **nicht gewerkschaftlich** organisierten Arbeitnehmer zu übertragen. Dieses Ziel kann durch Abschluss einer **gleichlautenden (freiwilligen) Betriebsvereinbarung** iSv § 88 BetrVG (bei entsprechender Zulassung durch den Tarifvertrag nach § 77 Abs. 3 S. 2 BetrVG) oder durch Übernahme der tariflichen Regelungen in den Sozialplan nach § 112 BetrVG erreicht werden. Der Gewerkschaft wird aber vielfach umgekehrt daran gelegen sein, ihren Mitgliedern einen **Vorteil** im Vergleich zu Nichtorganisierten, etwa in Form von erhöhten **Abfindungszahlungen** oder **Sonderboni bei Restrukturierungen,** zu verschaffen. In Betracht kommen ferner ein besonderer Kündigungsschutz und/oder eine Erhöhung des sog. Transferkurzarbeitergeldes (nur) für Gewerkschaftsmitglieder. Wegen der Zulässigkeit derartiger Privilegien ist auf die Rechtsprechung und Literatur zu den sog. tariflichen **Differenzierungsklauseln** sowie auf → C Rn. 347 zu verweisen.[394] Sollen sowohl tarifvertragliche als auch betriebsverfassungsrechtliche Regelungen getroffen werden,

---

391 Entsprechende Forderungen sind in der Literatur bereits erhoben, bisher vom Gesetzgeber jedoch nicht aufgegriffen worden.

392 Zu der umgekehrten Variante – erst Tarifvertrag, dann Interessenausgleich – vgl. *Bauer/Haußmann/Krieger* Teil 2 c Rn. 33.

393 *Willlemsen/Stamer,* aaO, 416ff.; aA *Fitting* BetrVG §§ 112, 112a, Rn. 190. S. zum Ganzen auch → C Rn. 346; gegen die hier vertretene Ansicht wohl auch *Bauer/Haußmann/Krieger* Teil 2 c Rn. 32.

394 S. dazu BAG 21.5.2014 – 4 AZR 50/13, NZA 2015, 115; 15.4.2015 – 4 AZR 796/13, NZA 2015, 1388; speziell zu Gewerkschafts-Boni bei Restrukturierung s. *Lelley/Becker* BB 2015, 1397 mwN; Zu den Gestaltungsgrenzen eines Tarifsozialplans s. auch *Willemsen* RdA 2013, 166 (175).

ist das **Gebot der Rechtsquellenklarheit** zu beachten, da andernfalls die **Unwirksamkeit** des jeweils Vereinbarten droht.[395]

148f Neben der zuständigen Gewerkschaft möchten Betriebsräte mitunter auch die **Belegschaft** selbst in die Verhandlung oder zumindest deren Ergebnis einbeziehen. Nicht selten wird die Zustimmung zu einem gefundenen Kompromisspaket von der „finalen“ Absegnung durch ein Votum der vom Betriebsrat vertretenen Arbeitnehmer abhängig gemacht. Das ist aus rechtlicher Sicht jedenfalls dann unbedenklich, wenn es sich lediglich um eine **vorbereitende Maßnahme** für den eigentlichen Abschluss des Interessenausgleichs und/oder Sozialplans, ggf. in Verbindung mit einem sozialplanähnlichen Tarifvertrag, handelt. **Größte Vorsicht** ist jedoch geboten, wenn das Inkrafttreten der jeweiligen Vereinbarung **unmittelbar** im Sinne einer aufschiebenden Bedingung von einem positiven **„Plebiszit“** der Belegschaft abhängig gemacht werden soll. Nach einem – freilich nicht unumstrittenen – Beschluss des 1. BAG-Senats vom 28.7.2020 können die Betriebsparteien nämlich die normative Geltung einer von ihnen geschlossenen Betriebsvereinbarung nicht an ein Zustimmungsquorum der Normunterworfenen binden. Die unzulässige Verbindung des Inkrafttretens einer Betriebsvereinbarung mit dem Erreichen einer bestimmten Zustimmungsquote bewirke die **Gesamtunwirksamkeit** der Betriebsvereinbarung.[396] Zur Begründung verweist das Gericht auf die zwingende Wirkung des § 77 Abs. 4 Satz 1 BetrVG sowie einen Verstoß gegen das „betriebsverfassungsrechtliche Strukturprinzip der autonomen, durch regelmäßige demokratische Wahl legitimierten Repräsentanz der Belegschaft durch den Betriebsrat.[397] Der Betriebsrat und jeder betroffene Arbeitnehmer können sich auf die Unwirksamkeit der Vereinbarung auch und gerade dann berufen, wenn das notwendige Quorum erreicht wurde.

Die Entscheidung mag angesichts des vom Gericht selbst herangezogenen Demokratiegedankens nicht leicht nachvollziehbar sein. Die **Praxis** ist aber gut beraten, von derartigen Zustimmungskonstruktionen abzusehen. Die dagegen vom BAG geltend gemachten Einwendungen dürften sich zudem auf Tarifverträge übertragen lassen.

Zulässig dürfte es hingegen sein, das Inkrafttreten eines Sozialplans oder einer sonstigen Betriebsvereinbarung davon abhängig zu machen, dass eine bestimmte Anzahl von Arbeitnehmern die notwendige **individualrechtliche Zustimmung** – z. B zu einem außergerichtlichen Vergleich oder einer Änderung von Versorgungsansprüchen – erteilt. Der Abschluss einer **Betriebsvereinbarung** ist nämlich, wie der 1. Senat ebenfalls festgestellt hat, **nicht *per se* bedingungsfeindlich.**[398] Zudem ist Gegenstand der Zustimmung in diesem Falle nicht die Betriebsvereinbarung selbst, sondern eine außerhalb dieser abgeschlossenen Regelung. Dementsprechend hält es der Senat auch für unbedenklich, die Wirksamkeit einer Betriebsvereinbarung an die Bedingung des Inkrafttretens eines **Firmentarifvertrages** zu knüpfen. Bei letzterem kann es sich somit auch um einen **Tarifsozialplan** handeln.

2. Erhaltung versus Zerstörung betriebsverfassungsrechtlicher Einheiten

149 Nicht nur aus Eigeninteresse, sondern vor allem wegen der unter Umständen weit reichenden Folgen für die Arbeitnehmer wird der Betriebsrat ein besonderes Augenmerk auf die betriebsverfassungsrechtlichen Konsequenzen der bevorstehenden Umstrukturierung für seinen Fortbestand sowie für den Fortbestand weiterer Gremien (zB Gesamtbetriebsrat) zu richten haben. Was hierzu aus Unternehmenssicht ausgeführt wurde,[399] gilt natürlich – wenngleich mit in der Regel umgekehrtem Vorzeichen – auch für Betriebsräte und Ge-

[395] BAG 26.2.2020 – 4 AZR 48/19, NZA 2020, 1122.
[396] BAG 28.7.2020 – 1 ABR 4/19, BeckRS 2020, 19788.
[397] BAG 28.7.2020 – 1 ABR 4/19, BeckRS 2020, 19788, Rn. 25ff.
[398] BAG 28.7.2020 – 1 ABR 4/19, BeckRS 2020, 19788, Rn. 19.
[399] Dazu → Rn. 115ff.

werkschaften. Ihr Bestreben wird darauf gerichtet sein, eine „Zerschlagung“ gewachsener betriebsverfassungsrechtlicher Einheiten jedenfalls dann zu verhindern, wenn es hierfür **keine plausible betriebswirtschaftliche Erklärung** gibt, so dass sich der Verdacht einer gezielten, ganz oder zumindest überwiegend arbeitsrechtlich motivierten Maßnahme aufdrängt. Zwar kann der Betriebsrat auch in derartigen Fällen die juristische Aufteilung des Unternehmens (zB im Wege der Abspaltung oder Ausgliederung nach dem Umwandlungsgesetz) *als solche* nicht verhindern; er wird aber darauf hinarbeiten, dass die **tatsächliche Organisation** des Betriebes, insbesondere im Hinblick auf die Führung in den der Mitbestimmung nach dem BetrVG unterliegenden Personalangelegenheiten, möglichst erhalten bleibt, so dass die Vermutung für den gemeinsamen Betrieb gemäß § 1 Abs. 2 BetrVG (vormals: § 322 Abs. 1 UmwG aF)[400] zum Zuge kommt.[401] Die Arbeitgeberseite gerät dann leicht in eine Art „Zwickmühle“: Entweder sie lässt sich auf einen derartigen Gemeinschaftsbetrieb ein, was den unveränderten Fortbestand des bisherigen Betriebsrats auch nach der Spaltung bzw. Ausgliederung zur Folge hat, oder sie argumentiert im Sinne einer *auch* betriebsorganisatorischen Auf- bzw. Abspaltung, die dann aber nur um den Preis des zeitaufwendigen und kostenträchtigen Verfahrens nach §§ 111 ff. BetrVG erreichbar ist.

Unter Umständen werden sich hier im Verhandlungswege auch **Kompromisslösungen** herauskristallisieren, etwa indem zeitlich begrenzt bis zum nächsten turnusmäßigen Termin für Betriebsratswahlen das Vorliegen eines „Interims-Gemeinschaftsbetriebes“ vereinbart wird. In solchen Fällen gelangt dann nicht das Übergangsmandat nach § 21a Abs. 1 S. 1 BetrVG (vormals: § 321 UmwG aF)[402] zum Einsatz, sondern der Betriebsrat behält, solange die nunmehr rechtlich verselbständigten Betriebsteile als Gemeinschaftsbetrieb fortgeführt werden, seine „volle“ Zuständigkeit. Allerdings bedeutet eine derartige diplomatische Lösung, dass die tatsächliche, dh organisatorische Trennung unter Umständen lediglich aufgeschoben, der eigentliche Konfliktstoff also nur auf Zeit ausgesetzt wird. Der Betriebsrat wird daher im Einzelfall sorgfältig abzuwägen haben, ob es aus Arbeitnehmersicht wirklich Sinn macht, die organisatorische Trennung auf diese Weise hinauszuzögern, wenn sie aus betriebswirtschaftlicher Sicht logisch erscheint und damit langfristig ohnehin (wohl) nicht aufgehalten werden kann. Er wird diese schwierige Abwägungsentscheidung insbesondere vor dem Hintergrund treffen müssen, dass sich die wirtschaftlichen Rahmenbedingungen bis zur späteren Durchführung eines Verfahrens nach §§ 111 ff. BetrVG, insbesondere im Hinblick auf die **Dotierung eines Sozialplans,** möglicherweise zu seinen Ungunsten verschoben haben können. 150

Schließlich sei bereits an dieser Stelle darauf hingewiesen, dass **§ 3 BetrVG** eine weit gehende **Flexibilisierung** der betriebsverfassungsrechtlichen Strukturen ermöglicht, die im Wege entsprechender Kollektivvereinbarungen auch und gerade im Zusammenhang mit Strukturveränderungen genutzt werden können (dazu im Einzelnen → D Rn. 149 ff.). Auch diese Gestaltungsoptionen (zB Vereinbarung eines unternehmenseinheitlichen Betriebsrats nach erfolgter Betriebsspaltung) kann der Betriebsrat seinerseits aktiv in die Verhandlungen einbringen.

3. Auswirkungen der Umstrukturierung auf die Arbeitsplatzsicherheit und Kompensationsmöglichkeiten

Auch und gerade dann, wenn die von Unternehmensseite geplante Umstrukturierung nicht mit einer Personalreduzierung verbunden ist, wird der Betriebsrat ein besonderes Augenmerk auf **mittelbare Verschlechterungen** der Arbeitsplatzsicherheit werfen müssen, wie die nachfolgenden Beispiele illustrieren sollen: 151

[400] Vgl. Regierungsbegründung zum BetrVG ReformG, BT-Drs. 14/5741, 53.
[401] Dazu im Einzelnen → D Rn. 23 ff., 35.
[402] Vgl. BT-Drs. 14/5741, 53; *Rieble* NZA 2002, 233; *Leßmann/Liersch* DStR 2001, 1302 (1308).

Beispiel B 19:

Die C-GmbH, ein Unternehmen der pharmazeutischen Industrie, teilt ihrem Betriebsrat mit, dass sie die Produktion „aus operativen und steuerlichen Erwägungen" in eine neugegründete, 100%-ige Tochtergesellschaft (P-GmbH) einbringen wolle. Mitbestimmungspflichtige Entscheidungen im Bereich der personellen und sozialen Angelegenheiten sollten künftig allein von der Geschäftsführung der neuen Produktions-GmbH getroffen werden.

Beispiel B 20:

Die T-AG, ein Unternehmen der Touristikbranche, beabsichtigt, einen Teil ihres Vertriebs rechtlich und organisatorisch in eine Joint Venture-Gesellschaft (J-GmbH) auszugliedern, die sie gemeinsam mit einem großen Reiseveranstalter (R-GmbH) gegründet hat und in die die R-GmbH ihrerseits einen Teil ihres Vertriebspersonals einbringt. Trotz der Synergieeffekte ist – wie beide Unternehmen gegenüber ihren Betriebsräten versichern – ein Personalabbau derzeit nicht geplant, da man auf weiteren Umsatzzuwachs hoffe.

Im **Beispiel B 19** könnte sich hinter der zunächst recht harmlos anmutenden Verselbständigung des Produktionsbereichs die Vorbereitung des Verkaufs dieser Aktivitäten, zB an einen Lohnfertiger, verbergen. Ist die rechtliche und organisatorische Ausgliederung in eine selbständige Einheit erst einmal vollzogen, stellt die anschließende Übertragung sämtlicher Anteile an der Produktions-GmbH auf einen außenstehenden Dritten jedenfalls aus arbeitsrechtlicher Sicht nur noch ein „Kinderspiel" dar.[403] Sobald die C-GmbH die Produktion aber nicht mehr auf eigene Rechnung betreibt und eine eventuelle, in aller Regel zeitlich befristete Abnahmegarantie zugunsten der P-GmbH abgelaufen ist, hindert die C-GmbH nichts daran, sich nach einem preiswerteren Lieferanten – etwa im Ausland – umzusehen und der P-GmbH sämtliche Aufträge zu entziehen. Die nach § 613a BGB auf die P-GmbH übergegangenen Arbeitnehmer aus der Produktion sind dann unter Umständen schutzlos betriebsbedingten Kündigungen ausgesetzt, da der ersatzlose Wegfall des einzigen Auftrages für die P-GmbH unzweifelhaft ein ausreichender Grund für die Stilllegung des Betriebs und Kündigung sämtlicher Arbeitsverhältnisse gemäß § 1 KSchG ist. Der **EuGH** versucht neuerdings, dieser Gefährdung von Arbeitsplätzen im Wege der Übertragung von Betrieben und Betriebsteilen auf einen unzureichend ausgestatteten Erwerber mit dem **Einwand des Gestaltungsmissbrauchs** zu begegnen.[404]

152 Einer zumindest im Ergebnis ähnlichen Gefährdung sind die auf eine andere Gesellschaft übergeleiteten Arbeitnehmer auch im **Beispiel B 20** ausgesetzt. Zwar ist das Risiko, dass die neugegründete Vertriebsgesellschaft ihre Aktivitäten zu einem späteren Zeitpunkt infolge „Auftragsentzugs" einstellt, naturgemäß deutlich geringer. Trotz der gegenteiligen Beteuerungen von Seiten der beteiligten Unternehmen ist es jedoch durchaus wahrscheinlich, dass in absehbarer Zeit die mit dem Joint Venture typischerweise angestrebten Synergieeffekte sich auch auf der Personalseite auswirken werden. Die erst spätere Realisierung derartiger Anpassungsmaßnahmen kann sich für die in die Joint Venture-Gesellschaft überwechselnden Vertriebsmitarbeiter der T-AG als äußerst nachteilig, zumindest aber als sehr riskant erweisen, weil eine spätere, im Rahmen betriebsbedingter Kündigungen vorzunehmende **Sozialauswahl** nach § 1 Abs. 3 KSchG sich nur noch auf die – allesamt im Vertrieb tätigen – Mitarbeiter der J-GmbH bezöge. Es hilft den früheren Mitarbeitern der T-AG dann also nichts mehr, wenn dort – etwa im Bereich der allgemeinen Verwaltung – ein nach Alter und Betriebszugehörigkeit weniger schutzwürdiger Arbeitnehmer beschäftigt ist, dessen Arbeitsplatz einer der in die J-GmbH gewechselten Mitarbeiter ohne weiteres übernehmen könnte. Andererseits befinden sich die früheren Mitarbeiter der T-AG nach Überleitung ihrer Arbeitsverhältnisse in die J-GmbH hinsichtlich einer späteren Sozialauswahl nunmehr in Konkurrenz zu dem ebenfalls in die J-GmbH übergewechselten

[403] Dazu → Rn. 6ff.

[404] EuGH 13.6.2019 – c-66a/17 *(Ellenika Nafpigeia)*, NZA 2019, 889 Rn. 49; s. dazu näher → G Rn. 81a.

Personal der R-GmbH. Demzufolge kann sich selbst ein langjährig bei der T-AG tätiger Vertriebssachbearbeiter keineswegs sicher sein, trotz seiner hohen sozialen Schutzwürdigkeit nach Alter und Dienstjahren nicht unter Umständen doch einer späteren Personalreduzierung bei der J-GmbH zum Opfer zu fallen.

All dies zeigt, dass die Betriebsräte sich insbesondere dann einer hohen Verantwortung 153
ausgesetzt sehen (müssen), wenn die ihnen von Unternehmensseite vorgestellte Umstrukturierung jedenfalls vordergründig betrachtet noch keine personellen Konsequenzen nach sich zieht. Die beiden Ausgangsbeispiele verdeutlichen zugleich, dass § 613a BGB, obwohl er bei Aufteilung eines Unternehmens qua Einzelübertragung ebenso wie – über § 324 UmwG – bei Spaltung und Ausgliederung nach dem Umwandlungsgesetz zur Anwendung gelangt, keinesfalls die Funktion einer Beschäftigungsgarantie zu erfüllen vermag, da er **Kündigungen des Übernehmers/Erwerbers aus wirtschaftlichen Gründen** („andere" Gründe im Sinne von § 613a Abs. 4 S. 2 BGB)[405] durchaus zulässt. Ein Betriebsrat, der sich dessen bewusst ist, wird daher nicht unter allen Umständen auf § 613a BGB beharren, sondern konstruktiv an Lösungen mitarbeiten (oder sogar auf solche aktiv hinwirken), die Arbeitnehmern, deren Arbeitsplätze nach Lage der Dinge ohnehin nicht auf Dauer gesichert wären, ein Ausscheiden (insbesondere im Rahmen von Aufhebungsverträgen) gegen Zahlung von Abfindungen ermöglicht, die noch vom bisherigen Arbeitgeber zu leisten sind, oder die diese Option – etwa im Rahmen freiwilliger Sozialplanregelungen – für eine gewisse Zeit nach dem Betriebsübergang noch offen halten. Dies ist von geradezu essentieller Bedeutung, wenn es sich bei den aufnehmenden Gesellschaften um neugegründete Unternehmen im Sinne von § 112a Abs. 2 BetrVG handelt, die während der ersten **vier Jahren** nach ihrer Gründung von der **Sozialplanpflicht** bei Betriebsänderungen **befreit** sind, sofern nicht die **„Rückausnahme"** des § 112 Abs. 2 S. 2 BetrVG (unternehmens- bzw. konzerninterne Umstrukturierung) greift (dazu → C Rn. 221 ff.).

Eine weitere Möglichkeit, negative Effekte einer Umstrukturierung und/oder eines Ei- 153a
gentümerwechsels auf die Arbeitsplatzsicherheit zu kompensieren, besteht in der – von der Arbeitnehmerseite häufig geforderten – Abgabe von **Standort- oder Beschäftigungsgarantien,** wie sie jüngst etwa im Zusammenhang mit der geplanten Übernahme von Kaiser's-Tengelmann-Filialen durch Edeka diskutiert wurden.[406] In Betracht kommen entsprechende Vereinbarungen durch **Tarifvertrag** oder **Betriebsvereinbarung,** aber auch sog. **Investorenvereinbarungen,** die auf der gesellschaftsrechtlichen Ebene ansetzen. Die rechtlichen Einzelheiten und Voraussetzungen hierfür sind allerdings noch nicht abschließend geklärt;[407] umstritten ist auch, welche Rechtsqualität derartigen Vereinbarungen zukommt.[408] Betriebsräte können die Forderung nach solchen Garantien, die idR mit dem Verzicht auf den Ausspruch betriebsbedingter Kündigungen verbunden sind, oftmals dann mit Erfolg erheben, wenn es sich dabei um eine arbeitgeberseitige Gegenleistung für Zugeständnisse der Arbeitnehmerseite, etwa im Hinblick auf eine neue Vergütungs- oder Arbeitszeitstruktur handelt. Inwieweit eine Geschäftsführung sich hierauf einlassen darf, ist eine Frage der sog. **Business Judgement Rule** (§ 93 Abs. 1 S. 2 AktG).[409]

4. Auswirkungen der Umstrukturierung auf Tarifverträge und Betriebsvereinbarungen

Durch Veränderungen der Unternehmensstruktur unmittelbar tangiert werden können 154
schließlich auch die bestehenden Kollektivverträge (Tarifverträge und Betriebsvereinbarun-

[405] Dazu näher → H Rn. 96 ff.
[406] Vgl. etwa FAZ 2.9.2015, 18; s. zu der Thematik auch *Schwegler* FS Willemsen, 2018, 491.
[407] Zur Investorenvereinbarung *Däubler* FS Bepler, 2012, 61; *Seibt/Wunsch* Der Konzern 2009, 195.
[408] Vgl. zu einem tariflichen Zustimmungsvorbehalt für Outsourcing-Maßnahmen BAG 26.1.2011 – 4 AZR 159/09, NZA 2011, 808.
[409] Ausführlich *Göpfert/Rottmeier* ZIP 2014, 1259.

gen). Hier lässt sich als *Faustformel* formulieren, dass bloße Veränderungen des wirtschaftlichen Eigentums am Unternehmen – insbesondere in Form der Anteilsübertragung – die bestehenden Kollektivvereinbarungen unberührt lassen, während die Ausgliederung von Betrieben oder Betriebsteilen ebenso wie jede Form der übertragenden Umwandlung[410] aus Arbeitnehmersicht die Gefahr einer lediglich statisch konzipierten Weitergeltung von Tarifverträgen und Betriebsvereinbarungen gemäß § 613a Abs. 1 S. 2–4 BGB[411] in sich bergen. Es erweist sich also erneut die Richtigkeit der These, dass bloße Veränderungen auf Gesellschafterebene die arbeitsrechtliche Position von Arbeitnehmern und Betriebsräten am wenigsten beeinträchtigen. Gleichwohl wird es für Betriebsräte und Gewerkschaften solchenfalls in der Regel kein realistisches Ziel sein, das unternehmerische Konzept im Sinne eines reinen *Share Deals* zu beeinflussen, ganz abgesehen davon, dass dieser im Falle einer geplanten Ab- oder Aufspaltung unternehmerischer Aktivitäten ohnehin keine geeignete Alternative beinhaltet.[412]

155 Die Regelung des § 613a Abs. 2–4 BGB ist im Übrigen so kompliziert, dass jeder betroffene Betriebsrat gut daran tut, sich zunächst – gegebenenfalls mit anwaltlicher oder gewerkschaftlicher Hilfe – einen sorgfältigen Überblick über die zur Verfügung stehenden Optionen zu verschaffen. Im Hinblick auf Betriebsvereinbarungen wird vor allem zu klären sein, ob durch die Umstrukturierung neue, zunächst betriebsratslose Betriebe entstehen und ob gegebenenfalls das Übergangsmandat nach § 21a BetrVG[413] zum Einsatz gelangt. Der „abgebende" Betriebsrat hat im Rahmen des Übergangsmandats die Möglichkeit, die bisher geltenden Betriebsvereinbarungen inhaltsgleich auch für die von der Abspaltung/Ausgliederung betroffenen Betriebsteile abzuschließen und zu diesem Zweck unter Umständen sogar die Einigungsstelle anzurufen.[414] Da die normative Wirkung einer neu abgeschlossenen Betriebsvereinbarung nach § 613a Abs. 1 S. 3 BGB gegenüber der bloßen Nachbindung an die früher beim Veräußerer bestehende Betriebsvereinbarung gemäß § 613a Abs. 1 S. 2 BGB vorgeht, kann der Betriebsrat auf diese Weise eine Verbesserung des kollektiven Schutzes erreichen, die insbesondere auch *neu eintretenden* Arbeitnehmern zugute kommt. Allerdings ist zu beachten, dass der Betriebsrat nach dem Gesetz diese Rechte erst *mit* der Entstehung des Übergangsmandats nach § 21a Abs. 1 S. 1 BetrVG, also erst nach vollzogener Spaltung bzw. Ausgliederung, wahrnehmen kann. Gleichwohl dürfte es zulässig sein, die betreffenden Betriebsvereinbarungen bereits im **Vorgriff** auf eine solche, konkret und unmittelbar bevorstehende Spaltung mit Übergangsmandat nach § 21a Abs. 1 S. 1 BetrVG abzuschließen, sofern dies auf freiwilliger Basis geschieht.[415]

156 In Bezug auf **Tarifverträge** wird zunächst die Tarifzuständigkeit[416] in Bezug auf das bzw. die aufnehmende(n) Unternehmen zu klären sein; diese Frage ist bekanntlich von der Tarifgebundenheit im Sinne von § 3 TVG scharf zu unterscheiden. In vielen Fällen wird sich ergeben, dass der ausgegliederte Betrieb bzw. Betriebsteil künftig in den fachlichen Geltungsbereich eines anderen Tarifvertrags fallen wird (Beispiele: Ausgliederung der Logistik eines metallverarbeitenden Unternehmens, der Kantine eines Unternehmens der chemischen Industrie, des Vertriebs eines Möbelherstellers). Wenn diese Tarifverträge aus der Sicht des Arbeitgebers günstiger sind, wird er dafür Sorge tragen, dass der jeweilige (neue) Rechtsträger, der die ausgegliederten Aktivitäten übernimmt, Mitglied des zuständigen Arbeitgeberverbandes wird. Hiergegen ist auch aus Arbeitnehmer- und Gewerkschaftssicht an sich wenig einzuwenden, da es grundsätzlich ihrem Interesse entspricht, es

---

410 Zum Begriff → Rn. 69.
411 Wegen der Einzelheiten → E Rn. 136 ff.
412 Bereits → Rn. 130.
413 Dazu → Rn. 103.
414 Diese Befugnis ergibt sich daraus, dass das Übergangsmandat für seine Dauer grundsätzlich ein vollwertiges Mandat ist; vgl. Kallmeyer/*Willemsen* UmwG Vor § 322 Rn. 36; *Fitting* BetrVG § 21a Rn. 20; sowie → D Rn. 74 ff.
415 Diese Frage ist allerdings bislang nicht hinreichend geklärt.
416 Zum Begriff vgl. Wiedemann/*Oetker* TVG § 2 Rn. 61 ff.

auch künftig mit einem organisierten und damit tarifgebundenen Arbeitgeber zu tun zu haben. Es stellt sich für Betriebsräte und Gewerkschaften dann aber unter Umständen die „Gewissensfrage", ob sie den betroffenen Arbeitnehmer zum Übertritt in die nunmehr zuständige Gewerkschaft (im Falle der Ausgliederung eines Vertriebs also etwa in die ver.-di) raten sollen, was gemäß § 613a Abs. 1 S. 3 BGB die **sofortige normative Geltung** der entsprechenden Tarifverträge zur Folge hätte, auch soweit diese (zB in Bezug auf das Lohnniveau) deutlich ungünstiger sind als die bisherige tarifliche Ordnung. Raten sie dagegen von einem solchen Gewerkschaftsübertritt ab, sind die Arbeitnehmer – jedenfalls bei Fehlen einer sog. dynamischen Verweisungsklausel in ihren Arbeitsverträgen – auf die lediglich **statische Fortgeltung** der bisher anwendbaren Tarifverträge nach § 613a Abs. 1 S. 2 BGB verwiesen.[417]

Angesichts dieses Dilemmas werden Betriebsräte und Gewerkschaften möglicherweise 157 daran interessiert sein, die Entstehung eines neuen, separaten Betriebs mit eigenem tarifrechtlichen Schicksal von vornherein ganz zu vermeiden. Als Vehikel für die Beibehaltung der bisherigen tariflichen Ordnung trotz rechtlicher Ausgliederung von Unternehmensaktivitäten kommt uU wiederum der **gemeinschaftliche Betrieb** mehrerer rechtlich selbständiger Unternehmen in Betracht, der bereits im Zusammenhang mit dem Schicksal von Betriebsräten bei Umstrukturierungen erörtert wurde.[418] Gelingt es nämlich in derartigen Fällen, die **organisatorische Einheit** trotz rechtlicher Verselbständigung einzelner Unternehmensteile zu erhalten, bleibt der Betrieb auch im tarifrechtlichen Sinne als Einheit bestehen; die bisherige Tarifzuständigkeit ändert sich also nicht.[419] Ob die Arbeitgeberseite zu einer derartigen Lösung bereit ist, wird sich erst im Laufe von Verhandlungen klären lassen; erzwingbar (etwa im Zuge von Sozialplanverhandlungen) ist sie jedenfalls nicht.

Zu einer frühzeitigen Klärung dieser, aus Arbeitnehmer- und Gewerkschaftssicht zen- 158 tralen Fragen trägt bei Umwandlungen nach dem Umwandlungsgesetz die Regelung bei, wonach die „Folgen für die Arbeitnehmer und ihre Vertretungen sowie die insoweit vorgesehenen Maßnahmen" Teil des jeweiligen Umwandlungsvertrages, -beschlusses bzw. des diesbezüglichen Plans sind (vgl. § 5 Abs. 1 Nr. 9, § 126 Abs. 1 Nr. 11, § 194 Abs. 1 Nr. 7 UmwG). Es muss also angegeben werden, ob sich infolge der Umwandlung an den tariflichen Verhältnissen etwas ändert und, wenn ja, ob der bzw. die übernehmenden Rechtsträger unmittelbar nach Wirksamwerden der Umwandlung tarifgebunden sein werden oder nicht. Die Betriebsräte, denen die entsprechenden Verträge/Beschlüsse bzw. ihre Entwürfe spätestens einen Monat vor der Beschlussfassung der Anteilseigner zuzuleiten sind (vgl. § 5 Abs. 3, § 126 Abs. 3, § 194 Abs. 2 UmwG), sollten die entsprechenden Angaben daher besonders sorgfältig prüfen und gegebenenfalls auf ihre Vervollständigung drängen (zu dem Erfordernis einer Neuzuleitung bei wesentlichen Änderungen vgl. → C Rn. 445).

Wegen der Tragweite dieses Themas, unter anderem auch hinsichtlich der Existenz und Bedeutung **vertraglicher Bezugnahmeklauseln** auf bestehende Tarifverträge, ist auf die umfassende Darstellung in → E Rn. 186 ff. zu verweisen.

5. Zusammenfassung

Bevorstehende Umstrukturierungen werden aus Arbeitnehmer- und Betriebsratssicht in 159 der Regel als Bedrohung des erworbenen Status quo empfunden. Daher wird ihre Verhandlungsstrategie oftmals dahin gehen, die arbeits-, insbesondere betriebsverfassungsrecht-

[417] Dazu ausführlich → E Rn. 136 ff. Seit der Vereinigung verschiedener großer Einzelgewerkschaften zur „Dienstleistungsgewerkschaft" ver.di kommt es allerdings in der Praxis immer häufiger zu einer von Anfang an kollektivrechtlichen Geltung der „neuen" Flächentarifverträge, weil ver.di angesichts der großen Spannbreite der vertretenen Branchen auch für den künftigen Geschäftszweig des ausgegliederten Betriebs tarifzuständig ist.

[418] → Rn. 125.

[419] Damit ist freilich noch nicht gesichert, dass der Übernehmer seinerseits an den TV iSv § 3 Abs. 1 TVG gebunden ist; dazu im Einzelnen → E Rn. 111 ff.

lichen, kündigungsschutzrechtlichen und tarifrechtlichen Konsequenzen auf ein Minimum zu reduzieren. Als Vehikel hierfür bietet sich unter Umständen die von der arbeitsgerichtlichen Rechtsprechung entwickelte und in § 1 Abs. 1 S. 2 BetrVG inzwischen auch gesetzlich anerkannte Figur des **Gemeinschaftsbetriebes** mehrerer rechtlich selbständiger Unternehmen an. Die Arbeitgeberseite wird dieses „Ei des Kolumbus" möglicherweise als Interimslösung, selten dagegen als endgültige Regelung akzeptieren, weil sie den mit der Umstrukturierung verfolgten Zielen (zB Bildung von Profitcenter-Strukturen) eher zuwiderläuft. Die Einflussmöglichkeiten der Betriebsräte sind insoweit gering, weil sie die Beibehaltung einheitlicher Betriebe im Sinne des Betriebsverfassungs- und Tarifrechts nicht erzwingen können. Umso mehr werden sie sich darum bemühen müssen, durch geschicktes Verhandeln (gegebenenfalls im Wege der **„Paketbildung"**) vermittelnde Lösungen zu finden (zB freiwillige, zeitlich befristete Kündigungsbeschränkungen; Vereinbarung dynamischer Fortgeltung von Tarifverträgen; Verlängerung des Übergangsmandates auf 12 Monate gemäß § 21a Abs. 1 S. 4 BetrVG). Bedeutet die Umstrukturierung zumindest mittelfristig gesehen eine erhebliche Gefährdung der Arbeitsplatzsicherheit, werden die Betriebsräte möglicherweise von sich aus darauf drängen müssen, dass den betroffenen Arbeitnehmern die Option eines Ausscheidens gegen Abfindungszahlung eröffnet wird. Auch die Gründung einer **Transfergesellschaft** (Beschäftigungs- und Qualifizierungsgesellschaft – BQG) kann ein probates Mittel sein, einem drohenden Qualifikations- oder Arbeitsplatzverlust entgegenzuwirken (dazu → C Rn. 277 ff.).

C. Beteiligungsrechte der Organe der Betriebsverfassung bei der Unternehmensumstrukturierung

Übersicht

1 Einen Schwerpunkt bei der Planung, Vorbereitung und Durchführung von Unternehmensumstrukturierungen bilden in der Praxis die diversen Beteiligungsrechte der Organe der Betriebsverfassung. Die **Beteiligungsrechte** umfassen sowohl Mitwirkungs- als auch Mitbestimmungsrechte. Während unter dem Begriff der **Mitwirkungsrechte** Informations-, Vorschlags-, Anhörungs- und Beratungsrechte zusammengefasst werden, sind **Mitbestimmungsrechte** durch Zustimmungserfordernisse oder Zustimmungsverweigerungsrechte des Betriebsrats gekennzeichnet. Auch wenn es sich bei Mitwirkungsrechten um die schwächste Form der Beteiligungsrechte handelt, so spielen sie doch in der Praxis eine erhebliche Rolle. Denn es sind gerade die umfassenden Informationsrechte der Betriebsverfassungsorgane, die die Grundlage ihrer Mitbestimmungsrechte bilden.

Neben der Frage, welche Beteiligungsrechte zu wahren sind, ist bereits in der Planungsphase einer Unternehmensumstrukturierung zu klären, welche **Organe der Betriebsverfassung** an dem Verfahren zu beteiligen sind. Hierbei kann es sich um die örtlichen Betriebsräte, den Gesamt- oder Konzernbetriebsrat sowie den Wirtschaftsausschuss handeln. Schließlich sind die Rechte eines etwa gebildeten Sprecherausschusses zu wahren. Wird nicht das nach den gesetzlichen Bestimmungen zuständige Gremium beteiligt, so besteht die Gefahr, dass die Beteiligungsrechte als nicht gewahrt angesehen werden.

Vor diesem Hintergrund wird in der folgenden Analyse der Beteiligungsrechte der Betriebsverfassungsorgane bei Unternehmensumstrukturierungen zwischen den jeweils zuständigen Organen und den unterschiedlichen Beteiligungsrechten differenziert.

I. Voraussetzungen der Beteiligungsrechte des Betriebsrates bei Betriebsänderungen gemäß § 111 BetrVG

Ausgewählte Literatur zu Abschnitt I: 2

Annuß, Mitwirkung und Mitbestimmung der Arbeitnehmer im Regierungsentwurf eines Gesetzes zur Reform des BetrVG, NZA 2001, 367; *Baeck/Diller,* Die Teilbarkeit von Betriebsänderungen, NZA 1997, 689; *Bauer,* Aktuelle Probleme des Personalabbaus im Rahmen von Betriebsänderungen, DB 1994, 217; *Bauer,* Neues Spiel bei der Betriebsänderung und der Beschäftigungssicherung, NZA 2001, 375; *Boecken,* Unternehmensumwandlung und Arbeitsrecht, 1996; *Bitsch,* Betriebsverfassungsrechtliche Auskunftsansprüche im Konzern, NZA-RR 617; *Bork,* Arbeitnehmerschutz bei Betriebsaufspaltung, BB 1989, 2181; *Däubler,* Interessenausgleich und Sozialplan bei der Einführung von Bildschirmgeräten, DB 1985, 2297; *ders.,* Eine bessere Betriebsverfassung? Der Referentenentwurf zur Reform des BetrVG, AuR 2001, 1; *ders.,* Die veränderte Betriebsverfassung, – Erste Anwendungsprobleme –, AuR 2001, 285; *ders.,* Probleme beim Übergang zum neuen Betriebsverfassungsrecht, DB 2001, 1669; *Engels,* Gesellschaftsaufspaltung als eine die Beteiligungsrechte des Betriebsrats auslösende Betriebsänderung iSd §§ 111ff. BetrVG, DB 1979, 2227; *Engels/Trebinger/Löhr-Steinhaus,* Regierungsentwurf eines Gesetzes zur Reform des Betriebsverfassungsgesetzes, DB 2001, 532; *Engelmeyer,* Die Informationsrechte des Betriebsrats und der Arbeitnehmer bei Strukturänderungen, DB 1996, 2542; *Erich,* Betriebsnachfolge als Betriebsänderung im Sinne des § 111 BetrVG?, DB 1980, 255; *Fuhlrott,* BAG ändert Rechtsprechung zur Berücksichtigung von Leiharbeitnehmern, GWR 2013, 332; *Haas/Hoppe,* Neue Spielregeln zur Berücksichtigung von Leiharbeitnehmern bei der Berechnung der Schwellenwerte im BetrVG, NZA 2013, 294; *Hanau,* Denkschrift zu dem Regierungsentwurf eines Gesetzes zur Reform des Betriebsverfassungsgesetzes, RdA 2001, 65; *Heinze,* Nichtsozialplanpflichtige Betriebsänderung, NZA 1987, 41; *ders.,* Das Arbeitsrecht in der Insolvenz, NZA 1999, 57; *Heither,* Betriebsänderungen (§ 111 BetrVG) in der Rechtsprechung des Bundesarbeitsgerichts, ZIP 1985, 513; *Henssler,* Aufspaltung, Ausgliederung und Fremdvergabe, NZA 1994, 294; *Hunold,* Die wichtigsten arbeitsrechtlichen Rahmenbedingungen bei Einführung von lean production, NZA 1993, 723; *Jaeger,* Die Betriebsaufspaltung durch Ausgliederung einzelner Betriebsteile als sozialplanpflichtige Betriebsänderung, BB 1988, 1036; *Knorr,* Der Sozialplan im Widerstreit der Interessen, 1995; *Konzen,* Unternehmensaufspaltung und Organisationsänderung im Betriebsverfassungsrecht, 1996; *Konzen,* Der Regierungsentwurf des Betriebsverfassungsreformgesetzes, RdA 2001, 76; *Lakies,* Insolvenz und Betriebsänderung, BB 1999, 206; *Lerch/Weinbrenner,* Auskunftsanspruch des Wirtschaftsausschusses bei Konzernbezug, NZA 2013, 355; *Leßmann/Liersch,* Die Novelle des Betriebsverfassungsgesetzes, DStR 2001, 1302; *Lingemann,* Betriebsänderungen nach den neuen BetrVG, NZA 2002, 934; *Lingemann/Göpfert,* Outsourcing als Betriebsänderung, NZA 1997, 1325; *Linsenmeier/Kiel,* Der Leiharbeitnehmer in der Betriebsverfassung – „Zwei-Komponenten-Lehre" und normzweckorientierte Gesetzesauslegung, RdA 2014, 135; *Löwisch,* Betriebsverfassung in der Wirtschaft der Gegenwart, – Überlegungen zur Reform des Betriebsverfassungsrechts –, DB 1999, 2209; *ders.,* Änderung der Betriebsverfassung durch das Betriebsverfassungsreformgesetz, BB 2001, 1734; BB 2001, 1790; *ders.,* Auswirkungen des Betriebsverfassungsrechts-Reformgesetz auf Mitwirkung und Mitbestimmung des Betriebsrats, Sonderbeilage zur NZA 24/2001, 40; *Ludwig/Glau,* Betriebsänderung und gewillkürte Betriebsstruktur – Worauf es in der Praxis ankommt!, BB 2019, 309; *Manske/Labrow,* Bestimmung des wesentlichen Betriebsteils im Kleinbetrieb, ArbRAktuell 2009, 175; *Matthes,* Betriebsänderungen in wesentlichen Betriebsteilen, in Festschrift für Dieter Gaul zum 70. Geburtstag, 1992, S. 397; *ders.,* Betriebsübergang und Betriebsteilübergang als Betriebsänderung, NZA 2000, 1073; *Meyer,* Sozialplangestaltung bei nachträglichem Betriebsübergang, NZA 2000, 297; *Meyer/Röger,* Mitbestimmung des Betriebsrates bei Bagatellausgründungen: Auf die Größe kommt es nicht an?, BB 2009, 894; *Mosig,* „Wahlberechtigte" Leiharbeitnehmer müssen gezählt werden!, Leiharbeitnehmer – Interessausgleich beim Entleiher, NZA 2012, 1411; *Neef,* Betriebsübergang und Betriebsänderung, NZA 1994, 97; *Oltmanns/Fuhlrott,* Desk-Sharing & Coworking-Spaces: Arbeitsrechtliche Besonderheiten zweier „moderner Arbeitsformen", NZA 2018, 1225; *Plander,* Umstrukturierungen und Änderungen der Arbeitsorganisation als Gegenstände der Betriebsverfassung, NZA 2000, 393; *Richardi/Annuß,* Neues Betriebsverfassungsgesetz: Revolution oder strukturwahrende Reform?, DB 2001, 41; *Röder/Baeck,* Interessenausgleich und Sozialplan, 5. Aufl. 2016; *Salje,* Betriebsaufspaltung und Arbeitnehmerschutz, NZA 1988, 449; *Schiefer,* Namensliste gemäß § 1 Abs. 5 KSchG, DB 2009, 2546; *Schindeler,* Lean production und Mitbestimmung des Betriebsrats, BB Beil. 15/1993, 14; *Schrader,* Übergangsregelungen zum Konkursrecht, NZA 1997, 70; *Seel,* Betriebsänderungen – Pflichten und Strategien des Arbeitgebers, MDR 2010, 7; *Sowka,* Betriebsverfassungsrechtliche Probleme der Betriebsaufspaltung, DB 1988, 1318; *Steffan,* Die Rechtsprechung des BAG zur Mitbestimmung bei Betriebsänderungen nach §§ 111ff. BetrVG, NZA-RR 2000, 337; *Schulz,* Betriebsänderungen während einer Betriebsratswahl, BB 2017, 949; Temming, Für einen Paradigmenwechsel in der Sozialplanrechtsprechung, Konsequenzen des Verbots der Altersdiskriminierung, RdA 2009, 205; *Tschöpe,* Leiharbeitnehmer als Arbeitnehmer des Entleiherbetriebs bei Betriebsänderungen?, NJW 2012, 2161; *Valgolio,* Sozialplanabfindung bei auslaufender Befristung, AuR 2020, 165; *Warrikoff,* Die Stellung der Arbeitnehmer nach der neuen Insolvenzordnung, BB 1994, 2338; *Wellenhofer-Klein,* Just-In-Time-Produktion und betriebsverfassungsrechtliche Mitbestimmung, DB 1997, 978; *Willemsen,* Arbeitnehmerschutz bei Betriebsänderungen im Konkurs, 1980; *ders.,* Zur Befreiung neugegründeter Unternehmen von der Sozialplanpflicht,

DB 1990, 1405; *ders.*, Arbeitsrecht im Umwandlungsgesetz – Zehn Fragen aus der Sicht der Praxis, NZA 1996, 791; *Wlotzke*, Arbeitsrechtliche Aspekte des neuen Umwandlungsrechts, DB 1995, 40.

3 Beteiligungsrechte des Betriebsrates bestehen hinsichtlich sog. sozialer (§§ 87–91 BetrVG), personeller (§§ 92–104 BetrVG) und wirtschaftlicher Angelegenheiten (§§ 106–113 BetrVG).

In der Planungsphase einer Unternehmensumstrukturierung stehen zunächst die **Beteiligungsrechte des Betriebsrates in wirtschaftlichen Angelegenheit** im Zentrum des Interesses. Gerade diese Beteiligungsrechte haben vielfach entscheidenden Einfluss auf die Ausgestaltung, den Umfang und die zeitliche Abfolge der Unternehmensumstrukturierung, da sie sowohl für die Restrukturierungskosten als auch für den zeitlichen Ablauf der Maßnahme maßgebende Faktoren sind. Ob eine unternehmerische Entscheidung im Einzelfall eine Betriebsänderung iSd § 111 BetrVG nach sich zieht, die die Pflicht zum Versuch eines Interessenausgleichs und ggf. auch zur Aufstellung eines Sozialplanes begründet, kann in vielen Fällen ein schwerwiegender Gesichtspunkt in der Entscheidungsfindung und Planung sein. Entsprechendes gilt für das Vorliegen einer Massenentlassung, die ein Konsultationsverfahren nach § 17 KSchG auslöst, das sehr fehleranfällig sein kann.

Demgegenüber werden die **Beteiligungsrechte des Betriebsrates in personellen und sozialen Angelegenheiten** in aller Regel erst im Rahmen der Umsetzung der geplanten Maßnahmen ins Kalkül einbezogen. Dies bedeutet allerdings nicht, dass die Beteiligungsrechte des Betriebsrates gemäß §§ 87–91 BetrVG und §§ 92–104 BetrVG für den wirtschaftlichen Erfolg einer Unternehmensumstrukturierung nicht gleichwohl von erheblicher Wichtigkeit sein können. So ist es beispielsweise denkbar, dass der Betriebsrat im Rahmen der Kündigungsanhörung von seinem Widerspruchsrecht gemäß § 102 Abs. 5 BetrVG Gebrauch macht und dadurch während des Laufs von Kündigungsschutzprozessen einen Weiterbeschäftigungsanspruch der betroffenen Mitarbeiter begründet. Die finanzielle Entlastung durch die Reduktion der Personalkosten kann so möglicherweise erst Monate oder Jahre nach dem vorgesehenen Beendigungstermin eintreten, selbst wenn sich die Kündigungen letztlich als sozial gerechtfertigt erweisen sollten. Auch kann ein durch den Einsatz eines EDV-Systems bedingter Rationalisierungseffekt unter Umständen dadurch verzögert werden, dass der Betriebsrat sich der Einführung des neuen Systems widersetzt, ein Mitbestimmungsrecht nach § 87 Abs. 1 Nr. 6 BetrVG reklamiert und die Einigungsstelle anruft. Bereits diese beiden Beispiele zeigen, dass es für eine ordnungsgemäße und umfassende Planung einer Unternehmensumstrukturierung durchaus von Bedeutung sein kann, neben den Beteiligungsrechten des Betriebsrates in wirtschaftlichen Angelegenheiten auch dessen Beteiligungsrechte in personellen und sozialen Fragen zu berücksichtigen.

1. Allgemeine Voraussetzungen der Beteiligungsrechte bei Betriebsänderungen

4 Die allgemeinen Voraussetzungen für das Eingreifen der Beteiligungsrechte des Betriebsrates bei Betriebsänderungen ergeben sich aus § 111 S. 1 BetrVG. Danach beziehen sich die Beteiligungsrechte gemäß §§ 111 ff. BetrVG nur auf Unternehmen mit in der Regel mehr als 20 wahlberechtigten Arbeitnehmern, in denen Betriebsänderungen geplant sind, die wesentliche Nachteile für die Belegschaft oder erhebliche Teile der Belegschaft zur Folge haben können. Bereits die Prüfung des Vorliegens dieser Voraussetzungen bringt eine Fülle von Einzelproblemen mit sich, die angesichts der Bedeutung der Beteiligungsrechte des Betriebsrates bei Betriebsänderungen, namentlich der daraus resultierenden Interessenausgleichs- und Sozialplanpflicht, für die Planung von Unternehmensumstrukturierungen von großer praktischer Relevanz sind.

a) Unternehmensgröße

Im Zuge der Novellierung des Betriebsverfassungsgesetzes konnte einer der Streitpunkte, der in diesem Zusammenhang Rechtsprechung und Literatur bereits seit geraumer Zeit beschäftigt hat, zwar beseitigt werden. Auch die nunmehrige Regelung wirft allerdings zum Teil neue Fragen auf. 5

Während es vor der Reform des Betriebsverfassungsrechts auf die Größe des Betriebes bzw. dessen regelmäßige Beschäftigtenzahl ankam, hat sich der Gesetzgeber in 2001 entschlossen, auf die Unternehmens- anstatt auf die Betriebsebene abzustellen.[1] Hierdurch soll sichergestellt werden, dass kleinere und damit wirtschaftlich weniger potente Unternehmen von der uU kostenintensiven Verpflichtung zur Beteiligung des Betriebsrats bei Betriebsänderungen befreit bleiben. Die maßgebliche Grenze ist seit 2001 die Beschäftigung von **in der Regel mehr als 20 wahlberechtigten Arbeitnehmern im Unternehmen.** Mit dieser überwiegend begrüßten Neuerung[2] wurde sowohl die Entscheidung des BVerfG zu der Parallelproblematik der Kleinbetriebsklausel des § 23 Abs. 1 KSchG[3] als auch der im Anschluss daran ergangenen Entscheidung des BAG zu § 111 S. 1 BetrVG aF Rechnung getragen.[4] In beiden Fällen sind die Gerichte zu dem Ergebnis gelangt, dass die Normen verfassungskonform dahingehend auszulegen seien, dass nur solche Unternehmen sich darauf berufen können, die insgesamt und unabhängig von der Anzahl ihrer Betriebe nicht mehr als 20 Arbeitnehmer beschäftigen.[5]

Auch wenn die Argumentation in der Gesetzesbegründung durchaus nachvollziehbar erscheint, so ist den Kritikern des Wechsels vom betriebsbezogenen auf den unternehmensbezogenen Schwellenwert zuzugestehen, dass der Gesetzgeber auf halbem Wege stehen geblieben ist, als er den Wechsel nur in Bezug auf den Anwendungsbereich des § 111 BetrVG, nicht aber in Bezug auf das Vorliegen einer Betriebsänderung vollzogen hat. Bezüglich der Frage, ob eine beteiligungspflichtige Betriebsänderung vorliegt, ist weiterhin auf die betrieblichen Gegebenheiten abzustellen. Dies hat zur Folge, dass in Kleinbetrieben größerer Unternehmer bereits die Entlassung weniger Arbeitnehmer Verpflichtungen des Arbeitgebers gemäß §§ 111 ff. BetrVG nach sich zieht. Ob dies tatsächlich, wie von *Annuß* vertreten, im Hinblick auf den Gleichbehandlungsgrundsatz verfassungsrechtliche Probleme aufwirft,[6] mag dahinstehen. Jedenfalls ist es zutreffend, dass dadurch, dass der Gesetzgeber in § 111 S. 1 BetrVG zwar unternehmensbezogene Schwellenwerte einführt, es aber bei der Feststellung, ob eine Betriebsänderung iSd § 111 S. 3 BetrVG vorliegt, bei einer betriebsbezogenen Betrachtung belässt, ein Systembruch herbeigeführt wurde, der in Zukunft zahlreiche Auslegungs- und Bewertungsfragen aufwerfen wird.[7] 6

Entsteht der Eindruck, dass Betriebe mit weniger als 21 Arbeitnehmern rechtlich verselbständigt wurden, um sie dem Anwendungsbereich des § 111 S. 1 BetrVG zu entziehen, kann dies die Frage aufwerfen, ob ein **Berechnungsdurchgriff im Konzern** bei der Ermittlung des Schwellenwerts des § 111 S. 1 BetrVG notwendig ist.[8] *Däubler* vertritt insoweit die Auffassung, §§ 111 ff. BetrVG müsse im Falle von Kleinunternehmen größerer Konzerne entsprechend Anwendung finden, da der Gesetzgeber insoweit eine Lücke gelassen habe und im Hinblick auf die wirtschaftliche Belastbarkeit der Unternehmen auf 7

[1] Vgl. BT-Drs. 14/5741, 51; *Fitting* BetrVG § 111 Rn. 19; BAG 9.11.2010 – 1 AZR 708/09, NZA 2011, 466.

[2] Vgl. *Däubler* AuR 2001, 1 (6); DGB-Stellungnahme NZA 2001, 135; *Hanau* RdA 2001, 65 (68); *Konzen* RdA 2001, 76 (92); *Löwisch* DB 1999, 2209 (2210).

[3] BVerfG 27.1.1998 – 1 BvL 15/87, NZA 1998, 470.

[4] BAG 8.6.1999 – 1 AZR 831/98, NZA 1999, 1168.

[5] In einer früheren Entscheidung vom 17.10.1989 hatte das BAG allerdings noch die gegenteilige Auffassung vertreten, vgl. BAG, 1 ABR 80/88, NZA 1990, 443. Jedoch ging es in diesem Fall nur um den einzigen Betrieb eines Unternehmens, das insgesamt nicht mehr als 20 Arbeitnehmer beschäftigte.

[6] NZA 2001, 367 (369).

[7] Vgl. hierzu auch *Bauer* NZA 2001, 375 (376); kritisch auch *Lingemann* NZA 2002, 934 (935).

[8] Vgl. hierzu *Kittner* NZA 1998, 731 (732); *Bepler* AuR 1997, 54 (58); so auch die Forderung von *Däubler* AuR 2001, 285 (291); DKW/*Däubler* BetrVG § 111 Rn. 34.

die Verhältnisse im Konzern abzustellen sei.[9] Dies erscheint freilich wenig überzeugend, da der Gesetzgeber in Kenntnis dieser Problematik gleichwohl auf die Unternehmensgröße abgestellt hat, ohne den Fall einer engen Konzernanbindung zu regeln. Die Annahme einer planwidrigen Lücke erscheint demnach nicht gerechtfertigt.[10]

8 Probleme können auch die Fälle aufwerfen, in denen **ausländische Großunternehmen** in der Bundesrepublik weniger als 21 Arbeitnehmer beschäftigten. Auch hier lässt sich schließlich argumentieren, dass die notwendige wirtschaftliche Potenz des Unternehmens auch dann besteht, wenn in der Bundesrepublik Deutschland weniger als 21 Arbeitnehmer regelmäßig beschäftigt werden.

Beispiel C 1:

Ein großes französisches Versicherungsunternehmen beabsichtigt, in der Bundesrepublik ein Vertriebsnetz aufzubauen und will zunächst ein auf zwei Jahre angelegtes Pilotprojekt im Rheinland starten, um den Markt zu erforschen. Zu diesem Zweck sollen 15 Mitarbeiter bei einer deutschen Niederlassung des französischen Versicherungsunternehmens angestellt werden. Im Zusammenhang mit der durchzuführenden Risikoanalyse soll geklärt werden, ob bei Scheitern des Projekts Sozialplanabfindungen zu zahlen sind.

Auch wenn im **Beispiel C 1** das französische Versicherungsunternehmen weit mehr als 20 Arbeitnehmer beschäftigt, so steht doch das Territorialitätsprinzip, wonach der räumliche Geltungsbereich des Betriebsverfassungsgesetzes auf den Geltungsbereich des Grundgesetzes beschränkt ist, der Anwendbarkeit des § 111 BetrVG entgegen.[11] Auch stellt § 111 S. 1 BetrVG explizit auf die Zahl der wahlberechtigten Arbeitnehmer ab, wodurch Arbeitnehmer im Ausland, die nicht ausnahmsweise einem Betrieb in Deutschland zugeordnet sind, ausgeschlossen sind. Umgekehrt bedeutet das, dass in den Fällen, in denen ein Unternehmen mit Sitz im Ausland in Deutschland mehr als 10 wahlberechtigte Arbeitnehmer beschäftigt und hier über eine Betriebsstruktur verfügt, § 111 BetrVG zu beachten ist. Es gelten die entsprechenden Grundsätze wie bei der Bildung eines Wirtschaftsausschusses.[12]

Beispiel C 2:

Das Projekt des Versicherungsunternehmens erweist sich als erfolgreich und bereits nach einem Jahr fällt die Entscheidung, in der Bundesrepublik weitere 4 Vertriebszentralen mit jeweils ca. 15 Mitarbeitern aufzubauen. Es ist beabsichtigt, insgesamt fünf Tochtergesellschaften zu gründen, die mit den Vertriebsaktivitäten betraut werden.

9 Nach dem Wortlaut des § 111 S. 1 BetrVG bestünde im Falle einer Schließung in keiner der Tochtergesellschaften die Verpflichtung, ein Interessenausgleichsverfahren durchzuführen bzw. einen Sozialplan zu erstellen. Auch wenn hinter den Tochtergesellschaften ein wirtschaftlich potenter Konzern stehen mag, so würde das Gesetz überstrapaziert, wollte man in Analogie zu der oben zitierten Rechtsprechung des BVerfG und des BAG die Regelung verfassungskonform dahingehend auslegen, dass bei der Prüfung des Vorliegens der Schwellenwerte eine konzernweite Betrachtung anzustellen ist.[13] Dies gilt umso mehr, als der Gesetzgeber es *einerseits* in der Hand gehabt hätte, eine entsprechende Regelung im Zuge der Betriebsverfassungsreform mit aufzunehmen. *Andererseits* würde dies dem Prinzip der Selbständigkeit juristischer Personen, das nur ganz ausnahmsweise aufgebrochen werden sollte, entgegenstehen. Der bei der Novellierung des BetrVG in 2001 befürchtete Trend hin zu einer Atomisierung juristischer Personen zur Vermeidung der Interessenaus-

[9] Vgl. DKW/*Däubler* BetrVG § 111 Rn. 34; ähnlich *Fischer* AiB 2001, 568.
[10] So im Ergebnis auch Düwell/*Steffan* BetrVG § 112 Rn. 5.
[11] BAG 9.10.1997 – 2 AZR 64/97, NZA 1998, 141; vgl. hierzu aA DKW/*Däubler* BetrVG § 111 Rn. 35; *Schmidt* NZA 1998, 169.
[12] Vgl. ErfK/Kania BetrVG § 106 Rn. 2; Fitting BetrVG § 106 Rn. 20.
[13] So im Ergebnis auch *Löwisch* BB 2001, 1790 (1797), *ders.* in NZA-Beil. 24/2001, 40 (46); DKW/*Däubler* BetrVG § 111 Rn. 34.

gleichs- und Sozialplanpflichtigkeit von Betriebsänderungen konnte bislang nicht beobachtet werden.[14]

Problematisch ist schließlich, wie zukünftig die Fälle bewertet werden, in denen zwar 10
ein Unternehmen weniger als 21 Arbeitnehmer beschäftigt, jedoch mit einem weiteren (Klein-) Unternehmen einen **Gemeinschaftsbetrieb** gebildet hat, in dem insgesamt mehr als 20 Arbeitnehmer beschäftigt sind.

Beispiel C 3:
In einer Kleinstadt in Bayern schließen sich im Jahr 2008 die jeweils größte ortsansässige Steuerberatungs- und Wirtschaftsprüfergesellschaft zu einer Bürogemeinschaft zusammen. Kurz nach dem Umzug wählen die Beschäftigten der beiden Büros (die Steuerberatungsgesellschaft hat 15 Mitarbeiter, die Wirtschaftsprüfungsgesellschaft 25 Mitarbeiter) einen gemeinsamen Betriebsrat. Nachdem in 2014 der Inhaber der Steuerberatungsgesellschaft verstirbt, entschließen sich dessen Erben, diese zu schließen und alle Mitarbeiter zu entlassen. Die Wirtschaftsprüfungsgesellschaft zieht in ein anderes Büro um. Der Betriebsrat verlangt die Einleitung des Verfahrens nach §§ 111 ff. BetrVG.

Bezüglich § 111 S. 1 BetrVG aF hat das BAG die Auffassung vertreten, dass in den Fällen, in denen mehrere Unternehmen einen gemeinsamen Betrieb bilden, für die Frage der Beschäftigtenzahl gemäß § 111 S. 1 BetrVG auf die Gesamtzahl der im Gemeinschaftsbetrieb beschäftigten Arbeitnehmer abzustellen sei.[15] Nach dem mit der Betriebsverfassungsreform vollzogenen Paradigmenwechsel steht dem der Wortlaut des § 111 S. 1 BetrVG entgegen. Im Hinblick darauf wird die Auffassung vertreten, im Fall eines Gemeinschaftsbetriebes mehrerer Unternehmen dürfe die Beschäftigtenzahl zukünftig nicht mehr addiert werden, es müsse vielmehr für jedes der beteiligten Unternehmen getrennt geprüft werden, ob die Voraussetzungen des § 111 S. 1 BetrVG vorliegen. Nur wenn und soweit dies der Fall sei, kämen Beteiligungsrechte des Betriebsrats gemäß §§ 111 ff. BetrVG in Betracht.[16] Dies würde in obigem **Beispiel C 3** dazu führen, dass zwar bezüglich der Mitarbeiter der Wirtschaftsprüfungsgesellschaft aufgrund der Betriebsverlegung ein Interessenausgleich zu verhandeln und ggf. ein Sozialplan zu erstellen wäre. Die von dem Verlust ihres Arbeitsplatzes betroffenen Mitarbeiter der Steuerberatungsgesellschaft hätten jedoch keinen Anspruch auf eine Sozialplanabfindung.

Däubler[17] hält dieser am Wortlaut orientierten Argumentation die Entscheidung des 11
BAG zu § 106 BetrVG entgegen, wonach ein Wirtschaftsausschuss bei einem gemeinsamen Betrieb mehrerer Unternehmen auch dann zu bilden ist, wenn diese für sich allein die Zahl von mehr als 100 Arbeitnehmern nicht erreichen.[18] Diese Argumentation vermag nicht zu überzeugen. Denn das BAG hat seine Entscheidung seinerzeit maßgeblich auf die Notwendigkeit der Schließung einer planwidrigen Gesetzeslücke gestützt, die daraus resultierte, dass dem Gesetzgeber die Fallgestaltung des Gemeinschaftsbetriebes nicht bekannt war. Im Hinblick darauf, dass der Gesetzgeber nunmehr in § 1 Abs. 2 BetrVG selbst den Gemeinschaftsbetrieb ausdrücklich anerkannt hat, gleichwohl aber keine entsprechende klarstellende Regelung in § 111 S. 1 BetrVG oder an anderer Stelle vorgesehen hat, kann

---

[14] Vgl. hierzu auch *Hanau* NJW 2001, 2513 (2518).

[15] Vgl. BAG 11.11.1997 – 1 ABR 6/97, NZA 1998, 723.

[16] Vgl. *Bauer/Göpfert/Haußmann/Krieger,* Umstrukturierung, 2 A Rn. 13; ErfK/*Kania* BetrVG § 111 Rn. 5; HWGNRH-*Hess* BetrVG § 111 Rn. 32; *Lingemann* NZA 2002, 934 (937); *Löwisch* BB 2001, 1790 (1797); *Annuß* in Richardi BetrVG § 111 Rn. 26; Richardi/*Annuß* DB 2001, 41 (45) und *Annuß* NZA 2001, 367 (369) gehen sogar noch einen Schritt weiter und vertreten die Auffassung, in dem oben beschriebenen Fall bestünden auch dann keine Beteiligungsrechte gemäß § 111 BetrVG, wenn eines der an dem Gemeinschaftsbetrieb beteiligten Unternehmen mehr als 20 Arbeitnehmer beschäftige; schließlich zweifelt auch *Wißmann* NZA 2001, 409 (411), an dem Bestand der bisherigen Rechtsprechung des BAG zu dieser Frage; aA ferner LAG Berlin 23.1.2003 – 18 TaBV 2141/02, NZA-RR 2003, 477; GK/*Oetker* BetrVG § 111 Rn. 15 will § 111 BetrVG im Gemeinschaftsbetrieb mit mehr als 20 Arbeitnehmern analog anwenden;

[17] Vgl. AuR 2001, 285 (291); DKW/*Däubler* BetrVG § 111 Rn. 33.

[18] Vgl. BAG 1.8.1990 – 7 ABR 91/88, NZA 1991, 643.

von einer planwidrigen Gesetzeslücke nicht mehr ausgegangen werden.[19] Auch die Auffassung, wonach in den Fällen, in denen eines der am Gemeinschaftsbetrieb beteiligten Unternehmen mehr als 20 Arbeitnehmer beschäftigt, zwar ein Interessenausgleich bezogen auf den gesamten Betrieb zu versuchen ist, der Sozialplan jedoch nur die Beschäftigten des Unternehmens mit mehr als 20 Arbeitnehmern erfassen darf,[20] erscheint mit dem Wortlaut des § 111 BetrVG nur schwer vereinbar, auch wenn die Ratio der Norm für diese Lösung sprechen mag. Eine Trennung der Beteiligungsrechte bzgl. Interessenausgleich und Sozialplan ist dort nicht vorgesehen. Schließlich überzeugt auch die Anlehnung an die Rechtsprechung des BAG zu Anhörungen zu personellen Einzelmaßnahmen gemäß § 99 BetrVG in Gemeinschaftsbetrieben nicht. Die Begründung, warum in diesen Fällen auf die Beschäftigtenzahl im Gemeinschaftsbetrieb abgestellt wird, kann auf die Beteiligungsrechte gemäß §§ 111, 112 BetrVG nicht übertragen werden.[21]Berücksichtigt man die Rechtsnatur der Zusammenarbeit zweier Unternehmen im Rahmen eines Gemeinschaftsbetriebes, so erscheint es jedenfalls in bestimmten Fallkonstellationen aber gleichwohl geboten, bei der Prüfung der Anwendungsvoraussetzungen des § 111 S. 1 BetrVG auf die Gesamtzahl der regelmäßig Beschäftigten im Gemeinschaftsbetrieb abzustellen.[22] Jedenfalls in den Fällen, in denen die am Gemeinschaftsbetrieb beteiligten Unternehmen sowohl im Innen- als auch im Außenverhältnis eine BGB-Gesellschaft bilden, ist Anknüpfungspunkt für die Beteiligungsrechte des Betriebsrats gemäß § 111 BetrVG der Gemeinschaftsbetrieb. Ob die Voraussetzungen einer GbR tatsächlich vorliegen, bedarf allerdings im Einzelfall einer kritischen Prüfung.[23] Es muss demnach auch im **Beispiel C 3** kritisch untersucht werden, ob die Steuerberatungs- und Wirtschaftsprüfungsgesellschaft im Rahmen einer GbR, oder aber nur als Interessengemeinschaft zusammengearbeitet haben, ohne eine gesellschaftsrechtlich relevante Verbindung im Innen- und Außenverhältnis eingehen zu wollen.

11a Wurden Betriebe mehrerer Unternehmen im Zuge einer Vereinbarung nach § 3 Abs. 1 BetrVG zu einer neuen betriebsverfassungsrechtlichen Organisationseinheit zusammengefasst, gelten sie nach § 3 Abs. 5 BetrVG zwar als ein Betrieb iSd. BetrVG. Dies ändert aber nichts an der rechtlichen Selbständigkeit der beteiligten Unternehmen, so dass auch in diesen Fällen bei der Frage, ob der Schwellenwert des § 111 S. 1 BetrVG überschritten ist, auf das einzelne beteiligte Unternehmen abzustellen ist.

12 Abgrenzungsschwierigkeiten wirft des Weiteren die Frage auf, ob in den von der Umstrukturierungsmaßnahme betroffenen Unternehmen **in der Regel mehr als 20 wahlberechtigte Arbeitnehmer** beschäftigt sind.

Dies beginnt bereits mit der **Berechnung der Zahl der wahlberechtigten Arbeitnehmer.** Berücksichtigt werden insoweit grundsätzlich nur Arbeitnehmer im Sinne des Betriebsverfassungsgesetzes, dh Arbeiter und Angestellte einschließlich der zu ihrer Berufsausbildung Beschäftigten (§ 5 Abs. 1 BetrVG). Ob es sich bei den Arbeitnehmern um Teilzeit- oder Vollzeitbeschäftigte handelt, oder ob diese befristet oder unbefristet eingestellt sind, ist irrelevant. Zwar ist die Gleichsetzung von Teilzeit- und geringfügig Beschäftigten

---

[19] So auch *Löwisch* BB 2001, 1790 (1797).

[20] So Düwell/*Steffan* BetrVG § 111 Rn. 14; *Fitting* BetrVG § 111 Rn. 23; HWK/*Hohenstatt/Willemsen* BetrVG § 111 Rn. 16; aA *Annuß* in Richardi BetrVG § 111 Rn. 26.

[21] Vgl. BAG 29.9.2004 – 1 ABR 39/03, NZA 2005, 420; *Wißmann* FS zum 25jährigen Bestehen des DAV, 1037.

[22] aA *Hopfe,* Der gemeinsame Betrieb in der Insolvenz eines beteiligten Unternehmens, Berlin 2007, S. 221, der im Falle eines gemeinsamen Außenauftritts zweier Unternehmen davon auszugehen scheint, dass damit die GbR sogleich Arbeitgeber der beiden Belegschaften wird. Dies ist zu weitgehend, da es durchaus Fallkonstellationen geben mag, in denen die an einem Gemeinschaftsbetrieb beteiligten Unternehmen jeweils Arbeitgeber bleiben (wollen), gleichwohl aber im Innen- und Außenverhältnis (zB gegenüber ihren Kunden) als GbR auftreten.

[23] Vgl. zu der nicht einfachen Unterscheidung DKW/*Trümner* § 1 Rn. 173 mwN; eine gesellschaftsrechtlich relevante Verbindung in Form einer BGB-Gesellschaft im Falle von Gemeinschaftsbetrieben für möglich hält auch MHdB ArbR/*Richardi* § 24 Rn. 42; demgegenüber vertritt *Richardi* in der Kommentierung zum BetrVG die Auffassung, ein gemeinsamer Betrieb zweier Unternehmen begründe grundsätzlich kein eigenes Unternehmen, vgl. *Richardi* in Richardi BetrVG § 1 Rn. 81.

mit Vollzeitbeschäftigten im Hinblick auf den im Teilzeit- und Befristungsgesetz zum Ausdruck gebrachten Willen der Förderung von Teilzeitarbeit schwerlich vereinbar. Der Gesetzgeber hat jedoch insoweit keinen Auslegungsspielraum gelassen. Bei der Prüfung der Überschreitung des Schwellenwertes im Sinne des § 111 BetrVG grundsätzlich unberücksichtigt bleiben hingegen der in § 5 Abs. 2 und 3 BetrVG genannte Personenkreis sowie etwaige freie Mitarbeiter.[24]

Die bislang streitige Frage, ob auch gemäß § 7 S. 2 BetrVG wahlberechtigte **Leiharbeitnehmer** zu berücksichtigen sind, hat das BAG am 18.10.2011 entschieden.[25] Nach dieser Entscheidung sind Leiharbeitnehmer ebenso wie eigene Arbeitnehmer bei der Feststellung der Unternehmensgröße mitzuzählen, wenn sie zu den „in der Regel" Beschäftigten gehören. Zudem ist in § 14 Abs. 2 S. 4 AÜG mit Wirkung vom 1.4.2017 ausdrücklich angeordnet, dass Leiharbeitnehmer bei der Ermittlung des Schwellenwerts zu berücksichtigen sind. Das BAG argumentiert sowohl mit dem Wortlaut der Norm als auch mit dem Zweck des Schwellenwertes, der kleinere Unternehmen vor einer wirtschaftlichen Überforderung schützen soll. Hierbei, so das BAG, mache es aber für die Einschätzung der Leistungsfähigkeit eines Unternehmens keinen Unterschied, ob ein Unternehmen eigenes Personal oder Leiharbeitnehmer beschäftige, da auch Leiharbeitnehmer entsprechende Personalkosten verursachen.[26] Die an dieser Rechtsprechung zT geäußerte Kritik ist nach Einführung des § 14 Abs. 2 S. 4 AÜG obsolet. Hier ordnet der Gesetzgeber ausdrücklich an, dass Leiharbeitnehmer bei der Ermittlung der Schwellenwerte zu berücksichtigen sind.[27]

Mehr als 20 wahlberechtigte Arbeitnehmer sind demnach in einem Unternehmen beschäftigt, wenn mindestens 21 Arbeitnehmer, die das 18. Lebensjahr vollendet haben (§ 7 BetrVG), tatsächlich dort arbeiten. Maßgeblich ist hierbei allerdings nicht die Zahl der Beschäftigten an einem bestimmten Stichtag, sondern die Anzahl derjenigen Arbeitnehmer, die **in der Regel in dem Unternehmen beschäftigt** sind. Abzustellen ist demnach auf diejenige Personalstärke, die im Allgemeinen für das Unternehmen kennzeichnend ist. Auch wenn die Zahl der Beschäftigten unter 21 gesunken ist, jedoch feststeht, dass die Arbeitnehmerzahl in absehbarer Zeit wieder auf über 20 ansteigen wird, gelangt § 111 BetrVG zur Anwendung.[28] Umgekehrt ist § 111 BetrVG dann nicht einschlägig, wenn ein Unternehmen, das jahrelang 20 Arbeitnehmer beschäftigt, zur Durchführung von Renovierungs- und Aufräumarbeiten befristet Mitarbeiter anstellt. Spitzen- und Talsituationen bleiben außer Betracht. Im Übrigen ist der maßgebliche Zeitpunkt für die Feststellung der Belegschaftsstärke der Zeitpunkt, an dem der Arbeitgeber den Entschluss fasst, eine bestimmte Betriebsänderung vorzunehmen und somit zur Einbindung des Betriebsrats verpflichtet ist.[29]

Problematisch wird die Frage nach dem „Normalbestand" dann, wenn ein Unternehmen sich seit geraumer Zeit in einer Krisensituation befindet und fortlaufend Personal abbaut.

---

[24] Vgl. zum Arbeitnehmerbegriff allgemein DKW/*Trümner* BetrVG § 5 Rn. 9ff. mwN; *Fitting* BetrVG § 5 Rn. 15; speziell zu dem Schwellenwert des § 111 BetrVG: GK/*Oetker* BetrVG § 111 Rn. 22ff. mwN; *Fitting* BetrVG § 111 Rn. 25.

[25] 1 AZR 335/10, NZA 2012, 221.

[26] Zustimmend auch DKW/*Däubler* BetrVG § 111 Rn. 36; *Fitting* BetrVG § 111 Rn. 25; *Fuhlrott* GWR 2013, 332; *Linsenmaier/Kiel* RdA 2014, 135 (148).

[27] Vgl. hierzu *Mosig* NZA 2012, 1411; ausführlich *Haas/Hoppe* NZA 2013, 294, die im Ergebnis allerdings nicht von einer Änderung der Rechtsprechung ausgehen.

[28] Vgl. DKW/*Däubler* BetrVG § 111 Rn. 37; *Fitting* BetrVG § 111 Rn. 27; GK/*Oetker* BetrVG § 111 Rn. 30.

[29] Vgl. BAG 10.12.1996 – 1 ABR 43/96, NZA 1997, 733; DKW/*Däubler* BetrVG § 111 Rn. 38; *Annuß* in Richardi BetrVG § 111 Rn. 24.

13 **Beispiel C 4:**

Eine Tankstelle mit einer Großwaschanlage liegt aufgrund einer geänderten Verkehrsführung seit Januar 1998 nicht mehr an einer Zufahrtstraße zur Autobahn. Der Umsatz bricht abrupt um 60 % ein. Daraufhin entschließt sich der Eigentümer, 20 der insgesamt 30 Beschäftigten zu entlassen und den Autowaschservice zu schließen. Im April 1998 werden ein Interessenausgleich und Sozialplan unterzeichnet. Als nach ca. einem Jahr die Tankstelle aufgrund der Verkehrsführung immer noch keine Gewinne abwirft, fasst der Eigentümer den Entschluss, das Unternehmen ganz zu schließen. Die 10 verbliebenen Mitarbeiter werden entlassen. Der Betriebsrat verlangt, dass auch die letzten 10 Mitarbeiter Abfindungen nach dem alten Sozialplan erhalten.

Wird etwa die Belegschaft aufgrund einer geplanten Betriebseinschränkung auf unter 20 Arbeitnehmer reduziert und wird im Anschluss daran der Entschluss gefasst, das Unternehmen nunmehr vollständig zu schließen, so stellt die reduzierte Belegschaftszahl nach einer Entscheidung des BAG vom 8.6.1989 den Normalstand dar.[30] In der Literatur wird demgegenüber zum Teil die Ansicht vertreten, dass der Betriebsrat in derartigen Fällen auch bei der zweiten **„Entlassungswelle"** nach §§ 111 ff. BetrVG zu beteiligen ist.[31] Hat sich das Erscheinungsbild des Unternehmens vor Beginn der zweiten „Entlassungswelle" geändert und hat sich das Unternehmen auf einer niedrigeren Basis konsolidiert, so kann dem jedoch nicht gefolgt werden.[32] So verhält es sich im **Beispiel C 4.** Zum Zeitpunkt der ersten Personalreduktion im April 1998 war die Betriebsschließung nicht geplant. Erst nachdem der zweite Versuch des Unternehmers gescheitert war und sich auch die Tankstelle als defizitär erwiesen hat, wurde der weitere Personalabbau durchgeführt. Zu diesem Zeitpunkt lagen die Voraussetzungen für ein Mitbestimmungsrecht des Betriebsrates jedoch nicht mehr vor, da in dem Unternehmen keine 20 Arbeitnehmer mehr beschäftigt waren. Daher kann der Betriebsrat ein Mitbestimmungsrecht nicht reklamieren.[33]

b) Existenz eines Betriebsrates

14 Zwar erscheint es als Selbstverständlichkeit, dass Grundvoraussetzung für das Bestehen von Beteiligungsrechten des Betriebsrates bei Betriebsänderungen die Existenz eines solchen Gremiums ist. Demgemäß kommt weder der Belegschaft insgesamt noch der Mehrheit der Beschäftigten im Falle der Nichtexistenz eines Betriebsrats eine Auffangzuständigkeit zu. Dies hat der BAG in einer Entscheidung vom 21.9.1999 nochmals ausdrücklich klargestellt. Dort heißt es: *„Der Ausschluss der Arbeitnehmer eines Betriebes ohne gewählten Betriebsrat aus dem Geltungsbereich des § 111ff. BetrVG entspricht der Grundentscheidung des Gesetzgebers zur Betriebsverfassung. Haben die Arbeitnehmer die Wahl eines Betriebsrats versäumt, so hat es damit sein Bewenden."* Etwas anderes ergibt sich nach der zutreffenden Auffassung des BAG auch nicht aus dem Gleichheitssatz, da es dieser gerade nicht gebiete, Versäumnisse der Arbeitnehmer auszugleichen.[34] Gleichwohl gibt es Fallgestaltungen, die gerade in Bezug auf die Existenz eines Betriebsrats schwierige Abgrenzungsfragen aufwerfen:

15 So ist es bezüglich der Tatbestandsvoraussetzung der Existenz eines Betriebsrates problematisch, wie in den Fällen zu verfahren ist, in denen sich erst **im Zuge der Umstrukturierungsmaßnahme ein Betriebsrat konstituiert** hat. Gemäß § 21 S. 2 BetrVG besteht ein Betriebsrat mit Bekanntgabe des Wahlergebnisses.

---

[30] Vgl. BAG 8.6.1989 – 2 AZR 624/88, NZA 1990, 224; bestätigend BAG 10.12.1996 – 1 ABR 43/96, NZA 1997, 733.

[31] Vgl. DKW/*Däubler* BetrVG § 111 Rn. 37.

[32] Vgl. BAG 9.5.1995 – 1 ABR 51/94, NZA 1996, 166; zu der Beurteilung von „Entlassungswellen" vgl. auch *Baeck/Diller* NZA 1997, 689; Düwell/*Steffan* BetrVG § 111 Rn. 13; *Fitting* BetrVG § 111 Rn. 28 f. und ausführlich → Rn. 22; Düwell/*Spirolke* BetrVG § 111 Rn. 4.

[33] Ausführlich zu der Problematik einer mehrstufigen Betriebsänderung → Rn. 22 ff.

[34] BAG 21.9.1999 – 9 AZR 912/98, NZA 2000, 662; vgl. hierzu auch *Wendeling-Schröder* DB 2002, 206 (208).

Beispiel C 5:

Einem Betreiber von Lebensmittelgroßmärkten bietet sich die Gelegenheit, ein verkehrsgünstig gelegenes, großzügig geschnittenes Fabrikgebäude am Rande eines Wohngebietes in der Großstadt F anzumieten. Im Hinblick auf die räumlich unzureichende Situation und die schlechte Lage des bereits bestehenden Großmarktes in F plant die Gesellschaft die Verlegung des Marktes vom Nordende der Stadt in das neue Gebäude im Süden. Als sich dies in der Belegschaft herumspricht, wird dort die Wahl eines Betriebsrates eingeleitet. Nachdem der Betriebsrat gewählt worden war, begehrt er von der Geschäftsleitung die Aufnahme von Verhandlungen zum Abschluss eines Interessenausgleiches und Sozialplanes aufgrund der geplanten Betriebsverlegung. Die Geschäftsleitung lehnt dies unter Hinweis darauf ab, dass die Verlagerung bereits vor der Betriebsratswahl geplant war. Einen Monat später entschließt sich die Geschäftsleitung infolge unerwarteter Schwierigkeiten bezüglich der für den Umbau erforderlichen Baugenehmigung, den Markt nicht zu verlagern, sondern zu schließen. Der bestehende Großmarkt im Nordende der Stadt ist aufgrund der schlechten Verkehrsanbindung und der unzureichenden räumlichen Verhältnisse nicht profitabel.

In der Entscheidung vom 20.4.1982[35] hat das BAG die Auffassung vertreten, jedenfalls dann, wenn **bis zum Abschluss des Planungsstadiums** und auch noch **bei Beginn der Durchführung der Betriebsänderung** kein Betriebsrat bestehe, könne eine Betriebsänderung ohne den Versuch eines Interessenausgleichs und den Abschluss eines Sozialplans durchgeführt werden. Dies wurde damit begründet, dass sich die Kalkulationsgrundlage für eine Betriebsänderung andernfalls nachträglich erheblich verändern würde, was dem Arbeitgeber nicht zuzumuten sei.[36] Wichtig ist in diesem Kontext, dass das BAG eine Differenzierung zwischen der Pflicht zum Versuch eines Interessenausgleichs und dem Abschluss eines Sozialplans ablehnt. Zwar wird anerkannt, dass Fälle denkbar sind, in denen ein Sozialplan erst nach der Durchführung einer Betriebsänderung, etwa im Rahmen eines Einigungsstellenverfahrens, zustande kommt. Gleichzeitig wird aber festgestellt, dass die Pflicht zum Versuch eines Interessenausgleichs mit dem Betriebsrat und die erzwingbare Aufstellung eines Sozialplans in einem systematischen und auch funktionalen Zusammenhang stehen. Hieraus zieht das BAG die Schlussfolgerung, dass auch dann keine Pflicht zum Abschluss eines Sozialplans bestehe, wenn ein Betriebsrat bis zum Abschluss des Planungsstadiums und bei Beginn der Durchführung der Betriebsänderung noch nicht gewählt sei, sich ein solcher jedoch zu einem späteren Zeitpunkt konstituiere.

Einer späteren Entscheidung des BAG kann entnommen werden, dass es für die Frage des Bestehens von Beteiligungsrechten nicht notwendigerweise erforderlich ist, dass zum Zeitpunkt der Wahl des Betriebsrates bereits mit der Durchführung der Betriebsänderung begonnen worden ist. Der 10. Senat führt in der Entscheidung vom 28.10.1992 aus, *„Beteiligungsrechte des Betriebsrates und damit die Pflicht des Arbeitgebers, den Betriebsrat zu beteiligen, entstehen in dem Moment, in dem sich derjenige Tatbestand verwirklicht, an den das Beteiligungsrecht anknüpft. Das ist bei den Beteiligungsrechten des Betriebsrates nach §§ 111ff. BetrVG die geplante Betriebsänderung. Eine solche geplante Betriebsänderung liegt dann vor, wenn der Arbeitgeber aufgrund abgeschlossener Prüfungen und Vorüberlegungen grundsätzlich zu einer Betriebsänderung entschlossen ist. Von diesem Zeitpunkt an hat er den Betriebsrat zu unterrichten und die so geplante Betriebsänderung mit ihm zu beraten (…). Besteht zu diesem Zeitpunkt kein Betriebsrat im Betrieb, so können auch Beteiligungsrechte des Betriebsrates an der geplanten Betriebsänderung nicht gegeben sein.“* Hieraus ist zu entnehmen, dass nach der vom BAG vertretenen Ansicht die geplante Betriebsänderung noch nicht ganz oder teilweise umgesetzt sein muss, um Beteiligungsrechte des sich konstituierenden Betriebsrates auszuschließen. Auch stellt das BAG

---

[35] 1 ABR 3/80, BB 1982, 1423.

[36] Vgl. BAG 20.4.1992, aaO zu II. 4. (b) der Gründe. Ausdrücklich hiervon abweichend ArbG Reutlingen 29.10.1998 – 3 (1) BV 7/98, BeckRS 1998, 30826538.

in der zitierten Entscheidung klar, dass sich aus dem Betriebsverfassungsgesetz keine Verpflichtungen des Arbeitnehmers entnehmen lasse, mit einer an sich beteiligungspflichtigen Maßnahme so lange zuzuwarten, bis im Betrieb ein funktionsfähiger Betriebsrat vorhanden ist.[37]

16 Dem ist zuzustimmen, denn es ist letztlich alleine Sache der Belegschaft, dafür Sorge zu tragen, dass rechtzeitig ein Betriebsrat gebildet wird. Tut sie dies nicht oder nicht rechtzeitig, so muss sie die daraus resultierenden Nachteile hinnehmen. Auch ist es dem Unternehmen nicht zuzumuten, mit einer beteiligungspflichtigen Maßnahme zuzuwarten, bis in einem Betrieb ein funktionsfähiger Betriebsrat besteht. Soweit sich ein Betriebsrat im Einzelfall darauf beruft, ein Arbeitgeber habe sich bewusst und rechtsmissbräuchlich vor der ihm bekannten Konstituierung des Betriebsrates zur Durchführung einer Betriebsänderung entschlossen, trägt er die volle Beweislast. Das BAG weist zu Recht darauf hin, dass es keinen allgemeinen Erfahrungssatz dahingehend gibt, dass Betriebe nur deswegen stillgelegt werden, weil dort ein Betriebsrat gewählt werden soll.[38]

Nach alledem ist **maßgeblicher Zeitpunkt** für die Begründung von Beteiligungsrechten der **Abschluss der unternehmerischen Planungsphase.**[39] Hat sich zu diesem Zeitpunkt noch kein Betriebsrat konstituiert, bestehen keine Beteiligungsrechte. *Däubler* will insoweit auf die Bekanntmachung des Wahlausschreibens abstellen, da ab diesem Zeitpunkt kein schutzwürdiges Vertrauen des Arbeitgebers mehr bestehe.[40] Die Argumentation ist zwar nicht unbedingt überzeugend, in der Praxis ist allerdings damit zu rechnen, dass eine unternehmerische Entscheidung, die erst nach Bekanntmachung eines Wahlausschreibens verkündet und dokumentiert wird, Risiken birgt. Hier mag es – abhängig von den konkreten Umständen des Einzelfalls – Gerichte geben, die in der Abwägung durchaus ein Beteiligungsrecht des noch zu wählenden Betriebsrats sehen. Mit Blick auf etwaige Ansprüche aus § 113 BetrVG sollte hier eine sorgfältige Risiko-Nutzen-Analyse angestellt werden.

Ist die Planung noch im Fluss oder ändert ein Unternehmen beispielsweise nach der erstmaligen Konstituierung eines Betriebsrates nochmals *grundlegend* das Konzept der Restrukturierungsmaßnahme, so ist der neu gebildete Betriebsrat allerdings zu beteiligen. Dieser Grundsatz gilt sowohl bezüglich der Pflicht zum Versuch eines Interessenausgleichs als auch bezüglich der Aufstellung eines Sozialplans. Insoweit gehen die Beteiligungsrechte Hand in Hand. Die Instanzgerichte lassen gelegentlich Tendenzen erkennen, doch nicht auf den Abschluss der Planungsphase, sondern auf den Beginn der Durchführung der Betriebsänderung abstellen zu wollen. So hat das LAG Saarland in einem Beschluss vom 14.5.2003[41] unter Berufung auf die gewichtigen Argumente, die gegen die BAG-Rechtsprechung zum Teil ins Feld geführt werden, eine Einigungsstelle eingesetzt, obwohl der Betriebsrat, der den Antrag stellte, erst nach Bekanntgabe der Stilllegungsabsicht und nach Ausspruch der betriebsbedingten Kündigungen gewählt worden war. Mit dem Argument, dass die Einleitung des Wahlverfahrens dem Arbeitgeber zuvor bereits avisiert worden war, hielt das Gericht die Einigungsstelle iSd § 100 ArbGG nicht für offensichtlich unzuständig. Das LAG Hessen führt in einer Entscheidung vom 15.10.2013 aus, als Beginn der Durch-

[37] Vgl. BAG 28.10.1992 – 10 ABR 75/91, NZA 1993, 420.

[38] Vgl. BAG 28.10.1992, aaO zu II. 2 (d) der Gründe.

[39] So auch *Bauer* DB 1994, 217; *Fitting* BetrVG § 111 Rn. 33; GK-*Oetker* BetrVG § 111 Rn. 36; HWK/*Hohenstatt/Willemsen* BetrVG § 111 Rn. 60; *Annuß* in Richardi BetrVG § 111 Rn. 27; *Schulz* BB 2017, 949, 950; *Seel* MDR 2010, 7; aA DKW/*Däubler* BetrVG § 111 Rn. 154; *Röder/Baeck* S. 9; kritisch zur BAG-Rechtsprechung *Kaushaar* AuR 2000, 245, unter Berufung auf eine Entscheidung des ArbG Reutlingen 29.10.1998 – 3 (1) BV 7/98, BeckRS 1998, 30826538.

[40] Vgl. DKW/*Däubler* § 111 Rn. 155, der auf die Bekanntmachung des Wahlausschreibens abstellt; aM *Schulz* BB 2017, 949, 950.

[41] 2 TaBV 7/03, NZA-RR 2003, 639.

führung einer Betriebsänderung sei nicht bereits die Bekanntgabe des Stilllegungsbeschlusses des Arbeitgebers anzusehen.[42]

Legt man die Rechtsprechung des BAG bei der Beurteilung der Rechtslage im obigen **Beispiel C 5** zugrunde, so ergibt sich folgendes Bild: Würde das Unternehmen, wie zunächst geplant, den Markt vom Norden der Stadt in den Süden verlagern, müsste der Betriebsrat nur beteiligt werden, wenn zum Zeitpunkt der Fassung des Verlegungsbeschlusses bereits das Wahlverfahren abgeschlossen gewesen wäre. Andernfalls wäre eine Beteiligung nicht erzwingbar. Insoweit gilt, worauf *Bauer* zu Recht verweist, „wer zu spät kommt, den bestraft das Leben."[43] Da der Betriebsrat zum Zeitpunkt der Fassung des Stilllegungsbeschlusses bereits bestand, kann diese Betriebsänderung nur unter Beteiligung des Betriebsrates vorgenommen werden. Insoweit kommt der Arbeitgeber mit seiner Umplanung zu spät.

Ist ein Betrieb **betriebsratslos,** muss der Arbeitgeber dennoch die Beteiligungsrecht 17
gemäß § 111 BetrVG wahren, wenn die geplante Betriebsänderung gemäß § 50 Abs. 1 BetrVG in die **originäre Zuständigkeit des Gesamtbetriebsrats** fällt und ein solcher besteht.

Beispiel C 6:

Die Baumarkt GmbH unterhält deutschlandweit 17 Baumärkte, in denen jeweils ca. 50 Mitarbeiter beschäftigt sind. Eine Unternehmensberatung erteilt den Gesellschaftern nach Abschluss ihrer Untersuchungen den Rat, defizitäre Bereiche zu schließen. Aufgrund der schwierigen Lagersituation und des hohen Pflegeaufwandes entschließt sich die Baumarkt GmbH schließlich, deutschlandweit die den Baumärkten angegliederten Gartencenter zu schließen und das dortige Personal zu entlassen. Der Gesamtbetriebsrat, der mit dem Unternehmen einen Interessenausgleich und Sozialplan verhandelt, ist der Auffassung, der Sozialplan gelte auch für diejenigen Arbeitnehmer, die in betriebsratslosen Baumärkten beschäftigt sind.

Plant ein Unternehmen in mehreren Betrieben eine Betriebsänderung, fällt das in die originäre Zuständigkeit des Gesamtbetriebsrats. Damit sind mit dem Gesamtbetriebsrat auch für betriebsratslose Betriebe Verhandlungen über einen Interessenausgleich zu führen.[44] Die entsprechende Regelung in **§ 50 Abs. 1 S. 1 Hs. 1 BetrVG** ist im Zuge der Reform des Betriebsverfassungsgesetzes in 2001 eingeführt worden.

In der Praxis kann diese Situation durchaus Probleme aufwerfen. So muss in derartigen Fällen abschließend geklärt werden, ob eine originäre Zuständigkeit des Gesamtbetriebsrats gemäß § 50 Abs. 1 S. 1 BetrVG besteht.[45] Der bislang häufig gewählte Ausweg über eine zumindest „hilfsweise" erklärte Beauftragung gemäß § 50 Abs. 2 BetrVG ist jedenfalls dann verschlossen, wenn der Arbeitgeber sich nicht ohnedies bereit erklärt, unabhängig von der Kompetenzfrage eine abzuschließende Gesamtbetriebsvereinbarung auf die Betroffenen aller Betriebe zu erstrecken.[46] Ferner kann es dann zu schwer vermittelbaren Ergebnissen führen, wenn zwar eine originäre Zuständigkeit des Gesamtbetriebsrats für den Interessenausgleich, nicht aber für den Sozialplan gegeben ist.[47] In derartigen Fallkonstellationen würde der Gesamtbetriebsrat für den betriebsratslosen Betrieb zwar einen Interessenausgleich, nicht aber einen Sozialplan verhandeln können.

---

[42] 4 TaBV 138/13, BeckRS 2014, 70926 unter fehlerhafter Berufung auf eine BAG-Entscheidung vom 30.5. 2006 – 1 AZR 25/05, NZA 2006, 1122 Rn. 19. Da in dem zur Entscheidung anstehenden Fall aber keinesfalls nur der Stilllegungsbeschluss, der den Abschluss der Planungsphase kennzeichnet, sondern auch echte Umsetzungshandlungen vorlagen, war diese Frage letztlich aber nicht entscheidungserheblich.

[43] *Bauer* DB 1994, 217.

[44] Vgl. *Fitting* BetrVG § 111 Rn. 33; GK-*Oetker* BetrVG § 111 Rn. 39; *Annuß* in Richardi BetrVG § 111 Rn. 29.

[45] Vgl. → Rn. 373ff.

[46] Vgl. hierzu auch *Picot/Schnitker* Teil II Rn. 30.

[47] Vgl. hierzu → Rn. 377.

c) Wesentliche Nachteile für die Belegschaft

18 Beteiligungsrechte des Betriebsrates gemäß § 111 ff. BetrVG werden nur ausgelöst, wenn die geplante Betriebsänderung „wesentliche Nachteile für die Belegschaft oder erhebliche Teile der Belegschaft" mit sich bringen kann. Der Betriebsrat ist demnach nicht an jeder wirtschaftlichen Maßnahme des Unternehmens im weitesten Sinne zu beteiligen, sondern nur an solchen Maßnahmen, durch die die organisatorische Einheit des Betriebes, die Betriebsmittel, der Betriebszweck oder die in der Belegschaft zusammengefassten Arbeitnehmer eine gewichtige Änderung erfahren.[48]

In § 111 S. 3 Nr. 1–5 BetrVG sind exemplarisch Fallkonstellationen aufgeführt, die als Betriebsänderung gelten. Aus der Formulierung von § 111 S. 3 Eingangssatz BetrVG wird zu Recht geschlossen, dass in allen dort genannten Fällen die Möglichkeit eines „wesentlichen Nachteils" gemäß § 111 S. 1 BetrVG fingiert wird. Dies hat zur Folge, dass das **Vorliegen eines wesentlichen Nachteiles** dann nicht gesondert geprüft werden muss, wenn einer der **Katalogtatbestände** des § 111 S. 3 BetrVG erfüllt ist.[49] Der Gesetzgeber hat insoweit unterstellt, dass bei Durchführung der in § 111 S. 3 BetrVG genannten wirtschaftlichen Maßnahmen stets nachteilige Folgen für die Arbeitnehmer eintreten können.

19 Ebenfalls ergibt sich aus dem Wortlaut klar, dass es nicht Voraussetzung einer Betriebsänderung im Sinne des § 111 BetrVG ist, dass **wesentliche Nachteile tatsächlich eintreten** werden; es ist vielmehr ausreichend, wenn der Eintritt dieser Nachteile nicht ausgeschlossen werden kann. Einer konkreten Prüfung, ob und gegebenenfalls welche Nachteile eintreten können, bedarf es daher im Rahmen der Feststellung des Vorliegens einer Betriebsänderung nicht. Die in § 111 BetrVG erwähnten wesentlichen Nachteile werden erst im Rahmen des Abschlusses eines Sozialplans relevant.[50] Während im Rahmen eines Sozialplanes gemäß § 112 Abs. 1 S. 2 BetrVG nur konkrete wirtschaftliche Nachteile der von der Betriebsänderung betroffenen Arbeitnehmer ausgeglichen werden, genügen alle möglichen drohenden Beeinträchtigungen, um eine Verpflichtung zur Unterrichtung und Beratung (§ 111 BetrVG) sowie zum Versuch eines Interessenausgleichs (§ 112 Abs. 1 S. 1 BetrVG) auszulösen. Auch solche Beeinträchtigungen, wie beispielsweise die Einschränkung innerbetrieblicher Aus- und Fortbildungsmöglichkeiten, die Auflösung bestehender Fahrgemeinschaften, psychische Belastungen durch zusätzliche Kontrollen, Qualifikationsverluste, sog. Leistungsverdichtung etc werden in der Literatur als ausreichend angesehen, um die Notwendigkeit des Abschlusses eines Interessenausgleiches zu begründen.[51] Demgegenüber wird für den Abschluss eines Sozialplans der Nachweis konkreter wirtschaftlicher Nachteile vorausgesetzt.[52]

20 Nach wie vor kontrovers diskutiert wird die Frage, ob der **Katalog der beteiligungspflichtigen Betriebsänderungen** im Sinne des § 111 BetrVG **abschließend** ist, oder aber, ob auch andere Fälle von Betriebsänderungen denkbar sind, in denen Beteiligungsrechte des Betriebsrates bestehen. Das BAG hat diese Frage bislang ausdrücklich offen gelassen, hat jedoch festgestellt, dass nicht jede wirtschaftliche Maßnahme mitbestimmungspflichtig sei, sondern nur eine solche, die eine Änderung des Betriebes zum Gegenstand habe.[53] Im Hinblick darauf, dass die Katalogtatbestände des § 111 S. 3 Nr. 1–5 BetrVG denkbar weit gefasst sind und kaum Fallgestaltungen denkbar sind, die nicht unter einen

---

[48] Vgl. hierzu *Richardi* NZA 1984, 177.

[49] Vgl. BAG 26.10.1982 – 1 ABR 11/81, DB 1983, 1766; BAG 17.8.1982 – 1 ABR 40/80, DB 1983, 344; BAG 27.6.1995 – 1 ABR 62/94, NZA 1996, 164 (166); BAG 18.3.2008 – 1 ABR 77/06, NZA 2008, 957; BAG 9.10.2010 – 1 AZR 708/09, NZA 2011, 466; DKW/*Däubler* BetrVG § 111 Rn. 44; GK/*Oetker* BetrVG § 111 Rn. 100 ff.; *Fitting* BetrVG § 111 Rn. 42; *Annuß* in Richardi BetrVG § 111 Rn. 46; *Röder/Baeck* S. 53; *Seel* MDR 2010, 7 (8); aM LAG Rheinland-Pfalz 10.9.2009 – 11 TaBV 13/09, BeckRS 2009, 74675.

[50] Vgl. BAG 23.4.1985 – 1 ABR 3/81, NZA 1985, 628; BAG 17.8.1982, aaO; BAG 27.6.1995 – 1 ABR 62/94, NZA 1996, 164 (166).

[51] Vgl. GK/*Oetker* BetrVG § 111 Rn. 183H mwN.

[52] Vgl. *Röder/Baeck* S. 46; vgl. auch → Rn. 229 ff.

[53] Vgl. BAG 17.2.1981 – 1 ABR 101/78, DB 1981, 1190.

der in Nummer 1–5 aufgeführten Tatbestände fallen, gleichwohl aber wesentliche Nachteile für erhebliche Teile der Belegschaft mit sich bringen können, erscheint die Streitfrage eher theoretischer Natur.[54] Da es jedoch angesichts der finanziellen Last eines Sozialplans für Unternehmen von außerordentlicher Wichtigkeit ist, bereits in der Planungsphase Gewissheit darüber zu haben, ob es sich bei dem Vorhaben um eine beteiligungspflichtige Betriebsänderung handelt, wäre es gleichwohl im Interesse der Rechtssicherheit und Rechtsklarheit zu begrüßen, wenn durch das BAG klargestellt würde, dass es sich bei den Katalogtatbeständen des § 111 S. 3 BetrVG um eine abschließende Aufzählung der Fälle beteiligungspflichtiger Betriebsänderungen handelt. Dies wäre sachlich gerechtfertigt, da der Gesetzgeber in § 111 S. 3 BetrVG gerade nicht durch die Einfügung des Begriffs „insbesondere" deutlich gemacht hat, dass es sich bei der Auflistung um eine beispielhafte, nicht abschließende Aufzählung handelt.[55] Zudem wurde auch im Zuge der BetrVG-Reform davon abgesehen, den Katalogtatbestand des § 111 S. 3 BetrVG durch eine Generalklausel zu öffnen.

aa) Erhebliche Teile der Belegschaft. Was die Intensität der durch die Betriebsänderung verursachten Nachteile anbelangt, so muss es sich um **wesentliche Nachteile** zumindest **für erhebliche Teile der Belegschaft** handeln.[56] Die Frage des erheblichen Nachteils für die Belegschaft war insbesondere in den Fällen einer Betriebsänderung durch einen reinen Personalabbau von außerordentlicher Relevanz. Hier hat die Rechtsprechung **in Anlehnung an § 17 KSchG**, der die Anzeigepflicht bei Massenentlassungen regelt, Richtwerte entwickelt, die zwischenzeitlich allgemein anerkannt sind. Im Hinblick darauf, dass die unveränderte Zugrundelegung der Staffelung des § 17 Abs. 1 S. 1 KSchG bei Großbetrieben zu sachlich nicht gerechtfertigten Ergebnissen führen würde, hat das BAG die Staffelung insoweit modifiziert. Anders als in § 17 Abs. 1 S. 1 KSchG vorgesehen, sind daher bei Betrieben mit 600 und mehr Mitarbeitern wesentliche Teile der Belegschaft von einer Maßnahme nur betroffen, wenn mindestens 5% der Belegschaft beeinträchtigt sind. Dies hat zur Folge, dass beispielsweise in einem Betrieb mit 2000 Mitarbeitern nach der BAG-Rechtsprechung 100 Mitarbeiter, nicht aber, wie bei unmittelbarer Anwendung des § 17 Abs. 1 S. 1 KSchG der Fall, 30 Mitarbeiter als erheblicher Teil der Belegschaft zu betrachten sind.[57] 21

Das BAG hat sich in der Entscheidung vom 9.11.2010 auch zu der umstrittenen Frage[58] positioniert, wann ein erheblicher Teil der Belegschaft in **Kleinbetrieben** betroffen ist. § 17 Abs. 1 S. 1 KSchG gibt hierfür keinen Anhaltspunkt. Unter Hinweis auf die Ausgestaltung der Staffelung in § 17 Abs. 1 S. 1 KSchG wird vertreten, dass die Relevanzschwelle bei 30% überschritten ist.[59] Andere Autoren sind unter Hinweis auf § 112a Abs. 1 Nr. 1 BetrVG der Auffassung, es müssten jeweils mindestens 6 Arbeitnehmer nachteilig betroffen sein.[60] *Lingemann* geht umgekehrt davon aus, dass nur dann eine Beteiligungspflicht in Betracht komme, wenn eine Maßnahme durchgeführt werde, die unabhängig von der Zahl der Betroffenen eine Betriebsänderung begründe.[61] Das BAG vertritt die Auffassung, dass in Kleinbetrieben mit bis zu 20 Arbeitnehmern eine Betriebsänderung

[54] So auch *Fitting* BetrVG § 111 Rn. 44.
[55] Ebenso HWGNR/*Hess* BetrVG § 111 Rn. 47 ff.; *Knorr,* Der Sozialplan im Widerstreit der Interessen, 23; *Annuß* in Richardi BetrVG § 111 Rn. 42; aM DKW/*Däubler* BtrVG § 111 Rn. 46 mwN zum Meinungsstreit.
[56] Zur Darlegungslast siehe BAG 31.5.2007 – 2 AZR 254/06, NZA 2007, 1307.
[57] Vgl. BAG 2.8.1983 – 1 AZR 516/81, DB 1983, 2776; BAG 6.12.1988 – 1 ABR 47/87, NZA 1989, 399; BAG 7.8.1990 – 1 AZR 445/89, NZA 1991, 113.
[58] Vgl. zu dem Stand in der Instanzrechtsprechung *Manske/Labrow* ArbRAktuell 2009, 175.
[59] So *Annuß* in Richardi BetrVG § 111 Rn. 74; *Gillen/Vahle* NZA 2005, 1387; *Manske/Labrow* ArbRAktuell 2009, 175.
[60] Vgl. DKW/*Däubler* § 111 Rn. 72. Zum Teil wird auch auf 3 Arbeitnehmer abgestellt, vgl. GK/*Oetker* § 111 Rn. 138 iVm Rn. 114.
[61] NZA 2002, 934 (936).

nur angenommen werden kann, wenn hiervon mindestens sechs Arbeitnehmer betroffen sind.[62]

Konkret bestimmt sich demnach der erhebliche Teil der Belegschaft wie folgt:

Betriebsgröße	erhebliche Teile der Belegschaft
Bis 20 Arbeitnehmer	6 Arbeitnehmer
21 bis 59 Arbeitnehmer	6 Arbeitnehmer
60 bis 499 Arbeitnehmer	entweder 10 vH der Arbeitnehmer oder mehr als 25 Arbeitnehmer
500 bis 599 Arbeitnehmer	30 Arbeitnehmer
600 und mehr Arbeitnehmer	Fünf vH der Arbeitnehmer

Diese Richtwerte wird man auch bei allen anderen Arten von Betriebsänderungen als Anhaltspunkt dafür zugrunde legen können, ob erhebliche Teile der Belegschaft betroffen sind.[63]

Maßgeblicher Bezugspunkt für die Feststellung der Wesentlichkeit im obigen Sinne ist die Belegschaft des Betriebs. Wurden auf der Grundlage des § 3 BetrVG mittels Tarifvertrag oder Betriebsvereinbarung Betriebe neu zugeschnitten, so gelten diese gemäß § 3 Abs. 5 BetrVG als Betriebe iSd Betriebsverfassungsgesetzes. Dies kann in der Praxis bei anstehenden Betriebsänderungen für die Beschäftigten gravierende Folgen haben. Hat beispielsweise ein Unternehmen mit 550 Mitarbeitern, das insgesamt 20 Filialen in Deutschland mit je 10 bis 20 Mitarbeitern betreibt, auf der Grundlage eines Tarifvertrags einen unternehmensweiten Betriebsrat, so wäre die Schließung einer Filiale mit nur 15 Mitarbeitern ohne weiteres möglich. Ein erheblicher Teil der Belegschaft wäre erst ab 25 betroffenen Mitarbeitern erreicht, ein Schwellenwert, der bei nur Schließung einer Filiale nicht erreicht werden kann. Diese Auswirkung einer Vereinbarung nach § 3 BetrVG sollten die Parteien, die entsprechende Vereinbarungen abschließen, stets bedenken.[64]

22 **bb) Sachlich und zeitlich einheitliche Maßnahmen.** Maßgebend für das Erreichen der **sog. Relevanzschwelle** ist regelmäßig nicht die Anzahl der von der Maßnahme betroffenen Arbeitnehmer, sondern die **Gesamtzahl der Arbeitnehmer,** die von dem Vorhaben **voraussichtlich betroffen** sein werden. Insbesondere ist der in § 17 Abs. 1 S. 1 KSchG vorgesehene Zeitraum von 30 Kalendertagen nicht maßgebend.[65]

Sowohl nach der Rechtsprechung des BAG[66] als auch nach ganz überwiegender Auffassung in der Literatur[67] kommt dem Verfahren nach §§ 111 ff. BetrVG eine Steuerungsfunktion zu. Hierdurch soll sichergestellt werden, dass ein Unternehmer vor Durchführung einer für die Belegschaft regelmäßig einschneidenden Betriebsänderung sorgfältig deren Notwendigkeit abwägt und nicht leichtfertig bzw. übereilt vorgeht. Ob mehrere voneinander zeitlich oder sachlich unabhängige Maßnahmen bei der Beurteilung der Wesentlichkeit der hieraus resultierenden Beeinträchtigungen als einheitliche Maßnahme anzusehen sind, hängt demnach davon ab, ob ihnen eine **einheitliche Planungsentscheidung** des Arbeitgebers zugrunde liegt, oder ob es sich um zwei voneinander unabhängige

[62] BAG 9.11.2010 – 1 AZR 708/09, NZA 2011, 466.

[63] *Fitting* BetrVG § 111 Rn. 48 mwN.

[64] Vgl. so auch LAG Köln 3.3.2008 – 14 TaBV 83/07, BeckRS 2008, 53991; DKW/*Trümner* BetrVG § 3 Rn. 197; *Fitting* BetrVG § 3 Rn. 77; GK/*Franzen* BetrVG § 3 Rn. 61.

[65] Vgl. BAG 22.5.1979 – 1 AZR 848/76, DB 1979, 1897.

[66] Vgl. BAG 22.5.1979 – 1 ABR 17/77, BB 1979, 1501; BAG 20.4.1982 – 1 ABR 3/80, BB 1982, 1423; BAG 28.10.1992 – 10 ABR 75/91, NZA 1993, 420.

[67] Vgl. *Röder/Baeck* S. 15 f.; *Baeck/Diller* NZA 1997, 689 (690) mwN.

Maßnahmen handelt, die lediglich zufällig zeitlich im Zusammenhang stehen bzw. sachlich gleichartig sind.[68]

Bei der Beurteilung der Frage, wie in Fällen zeitlich gestreckter, mithin mehrstufiger Maßnahmen bzw. mehrerer sachlich unterscheidbarer Maßnahmen zu verfahren ist, kann es zu erheblichen Abgrenzungsschwierigkeiten kommen. 23

Beispiel C 7:

Die C-GmbH beschäftigt 450 Arbeitnehmer und ist in erheblichen wirtschaftlichen Schwierigkeiten, da einer ihrer Großkunden unvorhergesehen den Auftrag nicht verlängert hat. Ca. 25 % der Produktionskapazitäten liegen brach. Nach zweimonatiger erfolgloser Bemühung, einen neuen Abnehmer zu finden, entschließt sich die Geschäftsleitung zum Abbau von ca. 20 % des Personals. Mit dem Betriebsrat wird ein Interessenausgleich und Sozialplan verhandelt. Nach weiteren sechs Monaten ist auch in einer anderen Produktlinie aufgrund eines weiteren unvorhergesehenen Auftragsrückgangs ein Personalüberhang entstanden, es sollen weitere 22 Arbeitnehmer entlassen werden. Der Betriebsrat verlangt die Verhandlung eines neuen Interessenausgleichs sowie die Zahlung von Abfindungen gemäß dem bestehenden Sozialplan. Die Geschäftsleitung lehnt dies unter Berufung auf die Nichterfüllung der Schwellenwerte des § 17 KSchG ab.

In dem **Beispiel C 7** war das Unternehmen aufgrund einer letztlich unvorhersehbaren Entwicklung gezwungen, das Personal wiederholt im Laufe eines Jahre zu reduzieren. Ist nicht von Anfang an geplant, den Personalstand sukzessive über ein Jahr hinweg um die Hälfte zu reduzieren, sondern erfolgt die Personalreduktion immer nur als Reaktion auf unerwartete wirtschaftliche Schwierigkeiten, namentlich einen nicht vorhersehbaren weiteren Auftragsrückgang, so wird man hierin keine insgesamt einheitliche wirtschaftliche Maßnahme sehen können. Der Personalabbau ist dann nur insoweit beteiligungspflichtig, als jede einzelne Entlassungswelle die oben genannten Schwellenwerte überschreitet.[69] Anders verhält es sich hingegen, wenn einer zeitlich auseinander gezogenen Betriebsänderung eine einheitliche Planung zugrunde liegt und die einzelnen Entlassungswellen nur zufällig zeitlich auseinander fallen.

Beispiel C 8: 24

Eine Schiffswerft mit 800 Mitarbeitern hat mit starkem Wettbewerb aus den USA und Asien zu kämpfen. Die Hoffnungen auf einen Großauftrag haben sich Anfang des Jahres 1999 zerschlagen, so dass in den Auftragsbüchern nur noch wenige Aufträge stehen. Das Unternehmen entschließt sich daher, einen Teil des Personals jeweils schrittweise nach Abarbeitung der Restaufträge zu entlassen. Nach der Planung soll es zu drei Entlassungswellen innerhalb eines Zeitraums von zwei Jahren kommen, von denen jeweils ca. 25 bis 30 Mitarbeiter betroffen sein werden. In einem letzten Schritt wird sodann die verbleibende Belegschaft entlassen.

Sobald es sich aufgrund der Planung um eine **wirtschaftlich und sozial einheitliche Maßnahme** handelt, muss diese nach Auffassung des BAG auch einheitlich beurteilt werden.[70] Hierbei sind an die **Einheitlichkeit der Planung** keine allzu strengen Anforderungen zu stellen. Es genügt, wenn der Unternehmer einen Rahmen für eine bevorstehende Betriebsänderung absteckt und die Detailfragen vor Eintritt der nächsten Durchführungsstufe klärt.[71] Auch wenn der Unternehmer Anfang 1999 noch nicht im Einzelnen festge-

---

[68] Vgl. hierzu ausführlich BAG 28.3.2006 – 1 ABR 5/05, NZA 2006, 932; vgl. auch *Lingemann* FD-ArbR 2006, 198108; *Baeck/Diller* NZA 1997, 689 (690) mwN.

[69] Vgl. LAG Köln 21.2.1997 – 11 Sa 271/96, NZA-RR 1998, 24; LAG Thüringen 22.7.1998 – 6/4 Sa 216/97, NZA-RR 1999, 309; *Baeck/Diller* NZA 1997, 689 (691).

[70] Vgl. BAG 22.5.1979 – 1 ABR 17/77, DB 1979, 1896; BAG 2.8.1983 – 1 AZR 516/81, DB 1983, 2776; BAG 28.3.2006 – 1 ABR 5/05, NZA 2006, 932;

[71] Vgl. hierzu ausführlich *Baeck/Diller* NZA 1997, 689 (691).

legt hat, wie viele Arbeitnehmer letztlich zu den er in dem **Beispiel C 8** einen Rahmen für einen stufenweisen Personalabbau abgesteckt. Wollte man im Hinblick auf diese noch nicht bis ins letzte Detail ausgearbeitete Planung argumentieren, der Unternehmer habe noch nicht abschließend geplant, wie der Personalabbau sich nach Durchführung der ersten Stufe darstellen wird, weshalb die einzelnen Schritte jeweils isoliert zu betrachten sind, wäre dies lebensfremd. Richtig ist vielmehr, die Planung als Einheit zu betrachten und bei der Beurteilung der Frage, ob von der Maßnahme erhebliche Teile der Belegschaft betroffen sein werden, auf die Gesamtzahl der von dem Personalabbau voraussichtlich in Zukunft betroffenen Arbeitnehmer abzustellen.

Handelt es sich um sachlich unterscheidbare Maßnahmen, ist ebenfalls zu prüfen, inwieweit die Planung der beiden Maßnahmen miteinander im Zusammenhang steht.

25 **Beispiel C 9:**

Eine Privatbank in Frankfurt/Main, die 170 Mitarbeiter beschäftigt, entschließt sich, die wenigen Privatkundenkonten, die es noch gibt, zu schließen. Hierdurch werden 14 Arbeitsplätze frei, die betroffenen Mitarbeiter werden gekündigt. Zudem wird die Depotverwaltung und Anlageberatung für Privatkunden eingestellt. Die hiervon betroffenen 11 Mitarbeiter sollen ebenfalls entlassen werden. Um weitere Kostenersparnisse zu erzielen und die Bank wieder in die Gewinnzone zu bringen, plant die Bank zudem die Fremdvergabe der personalintensiven Wartung der EDV-Anlage sowie der Gebäudereinigung.

Im **Beispiel C 9** handelt es sich bei dem vorgesehenen Maßnahmekatalog zwar um sachlich abgrenzbare Entscheidungen. Stellt man eine **Gesamtbetrachtung** an, so ergibt sich jedoch, dass diese miteinander gleichwohl verknüpft sind. So verfolgt die Bank *zum einen* mit sämtlichen Maßnahmen ein **einheitliches Ziel,** namentlich die Wiederherstellung der Wirtschaftlichkeit der Bank. Wäre es aufgrund der wirtschaftlichen Situation des Unternehmens nicht geboten, so hätte sich die Bank nicht zur Fremdvergabe der Reinigungsarbeiten und der EDV-Wartung entschlossen. Ebenso verhält es sich bezüglich der Abteilungsschließungen. *Zum anderen* liegt dem Maßnahmenkatalog eine **einheitliche Planungs- und Entscheidungsphase** zugrunde, die die sachliche Verklammerung der Entscheidung ebenfalls indiziert. Soweit *Baeck/Diller* die Auffassung vertreten, eine Gesamtbetrachtung eines Maßnahmenkatalogs sei dann nicht gerechtfertigt, wenn die Maßnahmen zwar einheitliche allgemein-wirtschaftliche Ursachen hätten, nicht aber aus betriebswirtschaftlich-organisatorischen Gründen oder aufgrund anderer äußerer Umstände notwendigerweise miteinander verbunden seien,[72] kann dem nicht gefolgt werden. Dies würde dazu führen, dass in Fällen von Unternehmenssanierungen, in denen zahlreiche Maßnahmen eingeleitet werden, die einander nicht wechselseitig bedingen, jede Maßnahme für sich daraufhin zu untersuchen wäre, ob durch sie ein erheblicher Teil der Belegschaft nachteilig betroffen sein kann. Auch wenn durch eine Unternehmenssanierung eine Vielzahl von Arbeitnehmern nachteilig betroffen wäre, wäre es denkbar, dass ein Interessenausgleich und Sozialplan nicht verhandelt werden müsste.

Eine getrennte Betrachtung zeitgleich durchgeführter unternehmerischer Maßnahmen kommt nur dann in Betracht, wenn diese weder in sachlicher Hinsicht (äußerer Anlass, organisatorische, betriebliche oder technische Gründe) noch im Hinblick auf die damit verfolgten Ziele miteinander im Zusammenhang stehen, sondern tatsächlich nur aufgrund eines bloßen **Zufalls** in einem zeitlichen Zusammenhang stehen.

26 In den Fällen, in denen Betriebsänderungen, wie beispielsweise ein Personalabbau oder umfangreiche Versetzungen innerhalb weniger Wochen oder Monate durchgeführt werden, spricht nach Auffassung des BAG **eine tatsächliche Vermutung für eine einheitliche unternehmerische Planung.** Soweit sich ein Unternehmen darauf beruft, es handle sich nicht um eine erhebliche Teile der Belegschaft betreffende Betriebsänderung, muss es

[72] Vgl. *Baeck/Diller* NZA 1997, 689 (693).

folglich darlegen, dass die vorgenommene Maßnahme nicht Bestandteil eines unternehmerischen Gesamtkonzeptes ist.[73] Damit wird den Unternehmen, die die Notwendigkeit der einheitlichen Planungsentscheidung nutzen wollen, um das Verfahren nach §§ 111ff. BetrVG zu vermeiden, der Missbrauch zumindest stark erschwert.[74] Bei welchem Zeitraum man von einer Vermutung einer einheitlichen unternehmerischen Planung ausgehen kann, wird man der Einzelfallbetrachtung überlassen müssen. Die im Schrifttum diskutierten Fristen von drei bis sechs Monaten[75] erscheinen sehr schematisch und nur schwerlich zu begründen.

2. Die einzelnen Betriebsänderungen im Sinne des § 111 S. 3 BetrVG

In dem Katalog des § 111 S. 3 BetrVG sind die wirtschaftlichen Entscheidungen von Unternehmen umschrieben, die sich nach dem Willen des Gesetzgebers als beteiligungspflichtige Betriebsänderungen darstellen, sofern die oben dargelegten allgemeinen Voraussetzungen für die Beteiligungsrechte des Betriebsrates in wirtschaftlichen Angelegenheiten erfüllt sind. Für die Praxis ist letztlich von entscheidender Bedeutung, *ob* eine geplante Unternehmensumstrukturierung[76] im Ergebnis Beteiligungsrechte des Betriebsrates gemäß §§ 111ff. BetrVG auslöst. Sowohl für die vor jeder Unternehmensumstrukturierung anzustellende Kostenplanung als auch für die Erstellung eines Zeitplanes ist es von außerordentlicher Wichtigkeit, ob die Maßnahme nur mit oder auch ohne Beteiligung des Betriebsrates durchgeführt werden kann. Unter welchen Tatbestand des § 111 BetrVG die vorgesehene Maßnahme letztlich fällt, spielt hingegen in aller Regel nur eine untergeordnete Rolle. Dies ist nur dann anders, wenn an den konkreten Tatbestand des § 111 BetrVG noch weitere Rechtsfolgen geknüpft sind. Als Beispiel mag insoweit der Fall eines reinen Personalabbaus dienen, der aufgrund der Regelung in § 112a Abs. 1 BetrVG uU rechtliche Besonderheiten mit sich bringt.[77] 27

a) Betriebsstillegung

Die für die Belegschaft einschneidendste Betriebsänderung, zu der sich ein Unternehmen entschließen kann, ist die **Betriebsstilllegung.** Die Stilllegung eines Betriebs im Sinne des § 111 S. 3 Nr. 1 BetrVG setzt die **Auflösung der zwischen Arbeitgeber und Arbeitnehmer bestehenden Betriebs- und Produktionsgemeinschaft** voraus.[78] Daraus ergibt sich, dass für die Betriebsstilllegung im Wesentlichen zwei Voraussetzungen erfüllt sein müssen. Dies ist *zum einen* der unternehmerische Entschluss, den verfolgten Betriebszweck auf unbestimmte Zeit einzustellen. *Zum anderen* bedarf es der Auflösung der Einheit der den Betrieb gestaltenden Organisation. Hierbei steht die Weiterbeschäftigung weniger Arbeitnehmer zur Bewältigung von Abwicklungsarbeiten der Annahme einer Stilllegung nicht entgegen.[79] Die Endgültigkeit einer Betriebsstilllegung wird auch nicht dadurch in Frage gestellt, dass noch Aufträge, die vor dem Stilllegungsbeschluss eingegangen sind, aber 28

---

[73] Vgl. BAG 6.6.1978 – 1 AZR 95/75, DB 1978, 1650; auf die Bedeutung des zeitlichen Zusammenhangs stellt auch das LAG Thüringen in einer Entscheidung v. 22.7.1998 – 6/4 Sa 216/97, NZA-RR 1999, 309 ab.

[74] Vgl. zu der Missbrauchsproblematik *Baeck/Diller* NZA 1997, 689 (692).

[75] Vgl. hierzu *Baeck/Diller* NZA 1997, 689 (696), *Gillen/Vahle* NZA 2005, 1385 (1388).

[76] Zu den verschiedenen Formen der Unternehmensumstrukturierungen vgl. → B Rn. 5ff.

[77] Vgl. hierzu → Rn. 226.

[78] Vgl. BAG 27.9.1984 – 2 AZR 309/83, NZA 1985, 463; BAG 19.6.1991 – 2 AZR 127/91, NZA 1991, 891; BAG 9.2.1994 – 2 AZR 781/93, NZA 1994, 612; BAG 27.6.1995 – 1 ABR 62/94, NZA 1996, 164 (165).

[79] Vgl. BAG 23.4.1980 – 5 AZR 49/78, BB 1981, 1335; BAG 14.10.1982 – 2 AZR 568/80, DB 1983, 2635.

erst danach abgerufen wurden, abgearbeitet und infolgedessen einige Arbeitnehmer über den Ablauf der individuellen Kündigungsfristen hinaus weiterbeschäftigt werden.[80]

Obiger Definition ist zu entnehmen, dass die Betriebsstilllegung auf einen ernstlichen und endgültigen Entschluss des Unternehmens beruhen muss, den Betrieb für unbestimmte Zeit und nicht etwa nur vorübergehend stillzulegen. Das BAG fordert jedoch nicht das Vorliegen eines (wirksamen) Beschlusses des für die Auflösung der Gesellschaft zuständigen Organs.[81] Dennoch ist es in der Praxis empfehlenswert, zu gegebener Zeit die Beschlüsse zur Dokumentation der Unternehmerentscheidung einzuholen. **Betriebsunterbrechungen,** die etwa auf Naturkatastrophen oder andere äußere Einflüsse zurückzuführen sind, reichen demgegenüber nicht aus, um eine Betriebsstilllegung zu begründen.[82] Dies gilt auch für die Fälle, in denen der Betrieb etwa aufgrund des Verlusts des einzigen Auftrags nicht fortgeführt werden kann und faktisch stillsteht. Ähnlich verhält es sich bei pandemiebedingt behördlich angeordneten Schließungen von Hotels, Restaurants und Einzelhandelsgeschäften. Hier liegt erst dann eine beteiligungspflichtige Betriebsänderung vor, wenn der Unternehmen den Betrieb auf Dauer stilllegen will. So wird man es etwa auch beurteilen müssen, wenn aufgrund äußerer Umstände, beispielsweise der Kündigung des Mietvertrags, die Betriebsstätte nicht mehr genutzt werden kann und geräumt werden muss. Solange der Unternehmen nicht die Absicht hegt, den Betrieb infolge dessen dauerhaft zu schließen, liegt keine Betriebsstilllegung vor.[83] Interessant ist in diesem Kontext auch die sehr weitgehende Entscheidung des BAG vom 7.11.2017, in dem es im Rahmen eines Insolvenzszenarios um die Situation einer Spielbank ging. Hier hat das BAG festgestellt, dass weder die faktische Einstellung des Spielbetriebs, der Wegfall der erforderlichen Lizenz noch die Freistellung des Personals bereits eine Umsetzung der Betriebsstilllegung begründen. Dies war erst mit Ausspruch betriebsbedingter Kündigungen der Fall.[84]

Im Zusammenhang mit Betriebsunterbrechungen müssen auch die Fälle Erwähnung finden, in denen von vornherein die Betriebsschließung lediglich für einen bestimmten Zeitraum geplant ist, bzw. in denen ein Betrieb von Anfang an nur für einen vorübergehenden Zeitraum geführt wird. So ist es bezüglich so genannter Kampagne- und Saisonbetriebe ebenso wie bezüglich Abwicklungsgesellschaften anerkannt, dass in Ermangelung eines entsprechenden Stilllegungsentschlusses eine beteiligungspflichtige Betriebsänderung im Sinne des § 111 S. 3 Nr. 1 BetrVG nicht vorliegt, wenn der Betrieb unterbrochen bzw. eingestellt wird.[85] Auch die **Eröffnung eines Insolvenzverfahrens** ist nicht mit einem Stilllegungsentschluss gleichzusetzen. Hier besteht ohne weiteres die Möglichkeit, dass der Insolvenzverwalter sich zur Fortführung des Betriebs bis zu seiner Veräußerung entschließt.[86]

29 **Beispiel C 10:**

Die A-GmbH, ein Unternehmen der Automobilzulieferindustrie, verliert ihren wichtigsten Auftrag, da der Automobilhersteller B sich entschließt, Bremsen zukünftig aus Spanien zu beziehen. Da ein anderer Auftraggeber nicht in Sicht ist und die Verluste aufgrund der mangelnden Auslastung der Produktionskapazitäten zu hoch sind, spricht die A-GmbH

---

80 Vgl. LAG Hamm 24.10.2007 – 2 Sa 922/07, BeckRS 2008, 52383.

81 Vgl. BAG 11.3.1998 – 2 AZR 414/97, NZA 1998, 879; BAG 5.4.2000 – 23 AZR 696/99, NZA 2001, 949.

82 Vgl. hierzu die Entscheidung des BAG 16.6.1987 – 1 AZR 528/85, NZA 1987, 858, in der festgestellt wurde, dass ein Arbeitgeber, der nach einem Brand von der durch Tarifvertrag eingeräumten Möglichkeit Gebrauch macht, alle Arbeitnehmer unter Einräumung eines Anspruchs auf Wiedereinstellung für die Zeit nach Beseitigung der Brandschäden fristlos zu kündigen, keinen Entschluss zur Betriebsstilllegung fasst.

83 Vgl. BAG 16.12.2011 – 8 AZR 692/10, NZA-RR 2012, 570; LAG Berlin-Brandenburg 7.11.2016 – 1 TaBV 1310/16, BeckRS 2016, 111901.

84 1 AZR 186/16, NZA 2018, 464.

85 GK/*Oetker* BetrVG § 111 Rn. 79; *Knorr* § 4 Rn. 18; vgl. auch LAG München 15.2.1989 – 7 TaBV 34/88, NZA 1990, 288.

86 Vgl. *Annuß* in Richardi BetrVG § 111 Rn. 35, 64; *Knorr* § 4 Rn. 19.

nach Abschluss eines Interessenausgleiches und Sozialplanes mit dem Betriebsrat gegenüber allen Beschäftigten des Werkes betriebsbedingte Kündigungen aus und stellt sie während des Laufs der Kündigungsfrist frei. Etwa einen Monat nach Ausspruch der Kündigungen und vor der Beendigung der Mehrzahl der Arbeitsverhältnisse wendet sich der Chefeinkäufer des Automobilherstellers B wieder an die A-GmbH und fragt an, ob diese zukünftig wieder Bremsen liefern könne. Die A-GmbH entschließt sich, dieses Angebot zu akzeptieren, kündigt die Mitgliedschaft im Arbeitgeberverband und stellt zum Zwecke der Wiederaufnahme der Produktion sechs Monate nach der Betriebsschließung neue Mitarbeiter zu untertariflichen Löhnen ein. Der Betriebsrat vertritt die Auffassung, sämtliche Kündigungen sowie der Interessenausgleich und Sozialplan seien obsolet. Die A-GmbH habe lediglich ihre Personalkosten senken wollen, eine ernsthafte Stilllegungsabsicht habe zu keinem Zeitpunkt bestanden.

Wie das **Beispiel C** 10 zeigt, kann die Feststellung, ob ein **ernstlicher Stilllegungsentschluss** vorliegt, in der Praxis erhebliche Schwierigkeiten aufwerfen. Dies gilt insbesondere für die Fälle, in denen sich ein Unternehmen nach Fassung des Stilllegungsentschlusses und Ausspruch der Kündigungen aller Arbeitsverhältnisse etwa aufgrund von veränderten Rahmenbedingungen entschließt, den Betrieb nunmehr doch in der bisherigen oder auch in einer geänderten Form aufrechtzuerhalten bzw. wieder aufzunehmen. Werden Kündigungen gar nur vorsorglich im Hinblick auf einen erwarteten, aber noch nicht sicheren Auftragsverlust ausgesprochen, fehlt es an dem ernstlichen Stilllegungsbeschluss.[87] Hier ist große Vorsicht geboten. Die Rechtsprechung stellt bei der Prüfung der Frage, ob eine Betriebsstilllegung vorliegt, darauf ab, ob zusätzlich zu dem Stilllegungsentschluss mit der Durchführung der Stilllegung auch tatsächlich begonnen wurde. Dies wird damit begründet, dass die Ernsthaftigkeit des Stilllegungsbeschlusses für sich betrachtet nicht feststellbar ist. Wurde mit der Durchführung der Stilllegung bereits begonnen, so sollen die Durchführungsmaßnahmen die Ernsthaftigkeit des Stilllegungsentschlusses indizieren.[88] In der Entscheidung vom 16. 6. 1987[89] führt das BAG aus, in der Regel sei die Kündigung aller Arbeitsverhältnisse ein sicheres Anzeichen dafür, dass ein Betrieb stillgelegt wird, sofern nicht deren Wiedereinstellung für einen späteren Zeitpunkt ausdrücklich vereinbart wurde.

Allerdings ist auch bei Zugrundelegung dieser Rechtsprechung Vorsicht geboten. Der 30
Ausspruch der Kündigungen der Arbeitsverhältnisse begründet für sich gesehen keinesfalls zwingend die Stilllegungsabsicht. Trifft ein Unternehmen parallel zu dem Kündigungsausspruch nachweislich Vorkehrungen, den Betrieb nach Wirksamwerden der Kündigungen mit einer neuen Belegschaft fortzuführen, so stellt sich dies als **Scheinstilllegung** dar.[90] Herbeigeführt werden soll in diesen Fällen keine Betriebsstilllegung, sondern lediglich eine Betriebsunterbrechung, um auf diese Weise die Neueinstellung von Personal zu geänderten Arbeitsbedingungen zu ermöglichen. Ob die betriebsbedingten Kündigungen im Beispiel C 10 Bestand haben, hängt entscheidend davon ab, ob der Nachweis eines ernsthaften Stilllegungsentschlusses gelingt. Der Umstand, dass neue Mitarbeiter zu schlechteren Bedingungen nach einem Verbandsaustritt angestellt wurden, könnte hierbei als Indiz für eine Umgehungsabsicht der A-GmbH gewertet werden. Sollte dem Unternehmer der Nachweis eines ernsthaften Stilllegungsentschlusses zum Zeitpunkt des Kündigungsausspruchs gelingen, so bedeutet dies allerdings noch keinesfalls, dass er damit den erwünschten Austausch der Belegschaft vollziehen kann. Nach einer Reihe von Entscheidungen des BAG aus dem Jahre 1997 kommt den betroffenen Arbeitnehmern in einem solchen Fall ein **Wiedereinstellungsanspruch** zu, sofern der Unternehmer noch während des Laufs der Kündigungsfrist von der geplanten Stilllegung Abstand nimmt und im Hinblick auf die Beendigung der Ar-

[87] Vgl. DKW/*Däubler* BetrVG § 111 Rn. 54.
[88] Vgl. hierzu auch LAG Rheinland-Pfalz 10. 12. 2009 – 10 Sa 328/09, BeckRS 2010, 67548.
[89] 1 ABR 41/85, NZA 1987, 671.
[90] Vgl. DKW/*Däubler* BetrVG § 111 Rn. 55; *Knorr* § 4 Rn. 16.

beitsverhältnisse nicht bereits anderweitige Dispositionen getroffen hat.[91] Letzteres könnte in obigem Beispiel C 10 in Betracht kommen. Das Verhältnis von **Betriebsstilllegung** und **Betriebsveräußerung** ist im Einzelnen in → Rn. 102 dargelegt.

31 Von besonderer Bedeutung ist des Weiteren die zum Teil schwierige Abgrenzung zwischen einer **Betriebsstilllegung** und einer **Betriebsverlegung** im Sinne des § 111 S. 2 Nr. 2 BetrVG. Stellt sich eine Betriebsverlegung faktisch als Betriebsstilllegung dar, so kann das Unternehmen gegenüber den betroffenen Arbeitnehmern Beendigungskündigungen aussprechen, andernfalls ist es auf den Ausspruch von Änderungskündigungen beschränkt. Zudem endet das Betriebsratsamt zwar im Falle einer Betriebsstilllegung, nicht aber im Fall einer Betriebsverlegung.[92] Der Regelungsinhalt des abzuschließenden Sozialplans ist demgemäß jeweils unterschiedlich, weshalb bereits im Rahmen des Versuchs eines Interessenausgleichs und der Verhandlung über einen Sozialplan eine entsprechende Abgrenzung vorgenommen werden sollte.

Beispiel C 11:

Der A-Konzern unterhält verschiedene Betriebe in Deutschland, die Elektronikbauteile produzieren. Aufgrund des wachsenden Kostendrucks entschließt sich der Konzern dazu, den Betrieb in Mannheim einzustellen und die gesamten Produktionsmittel an eine französische Tochtergesellschaft zu veräußern, die sodann mit neuen Arbeitnehmern im Elsass die Elektronikbauteile produziert und an den A-Konzern zur weiteren Verwendung liefert. Mit dem Betriebsrat soll ein Interessenausgleich und Sozialplan zur Vorbereitung der Betriebsstilllegung in Mannheim verhandelt werden. Der Betriebsrat vertritt die Auffassung, bei der vorgesehenen Maßnahme handele es sich nicht um eine Betriebsstilllegung, sondern um eine Betriebsverlagerung, wobei zunächst die Arbeitsverhältnisse gemäß § 613a BGB auf den Betriebserwerber übergehen. In dem Sozialplan sollen daher für diejenigen Arbeitnehmer, die einem Wechsel nach Frankreich zustimmen, Fahrtkostenzuschüsse etc vereinbart werden.

Nach einer Entscheidung des BAG vom 12.2.1987[93] geht die Identität eines Betriebs verloren, wenn sich ein beträchtlicher Teil der Arbeitnehmer weigert, an einem anderen Ort weiterzuarbeiten. Da die betriebliche Organisation wesentlich durch die Belegschaft geprägt ist, stellt sich eine Verlagerung des Betriebs an einen anderen Ort unter Zurücklassung der Belegschaft faktisch als Betriebsschließung dar.[94] Dies ist in den Fällen von erheblicher praktischer Relevanz, in denen ein Unternehmen bzw. der Erwerber eines Betriebs plant, den Betrieb an einen weit entfernten Ort in der Bundesrepublik oder gar ins Ausland zu verlagern. Ist davon auszugehen, dass der ganz überwiegende Teil der Belegschaft eines Betriebs nicht bereit ist, zukünftig in einem entfernten Ort in Deutschland oder gar im Ausland seine Arbeitsleistung zu erbringen, so führt dies nach der Rechtsprechung des BAG zu einer Auflösung der Betriebsgemeinschaft und damit zu einer Betriebsstilllegung.

32 Plant nun nicht der bisherige Arbeitgeber, sondern der Erwerber der Betriebsmittel die **Verlagerung des Betriebs ins Ausland,** so muss dies nach den dargelegten Grundsätzen zur Folge haben, dass die Arbeitsverhältnisse nicht gemäß § 613a BGB auf diesen übergehen, sondern aufgrund der **Betriebsstilllegung** von dem Veräußerer gekündigt werden können.[95] Dessen ungeachtet hat das BAG in seiner Entscheidung vom 20.4.1989[96] den

[91] Vgl. BAG 27.2.1997 – 2 AZR 302/96, NZA 1997, 761; BAG 6.8.1997 – 7 AZR 557/96, NZA 1998, 254; BAG 13.11.1997 – 8 AZR 295/95, NZA 1998, 251; BAG 4.12.1997 – 2 AZR 140/97, NZA 1998, 701; ausführlich hierzu *Nägele* BB 1998, 1686.

[92] Vgl. *Annuß* in Richardi BetrVG § 111 Rn. 65.

[93] 2 AZR 247/86, NZA 1988, 170.

[94] Vgl. auch BAG 6.11.1959 – 1 AZR 329/58, DB 1960, 267; aus der Literatur: DKW/*Däubler* BetrVG § 111 Rn. 89; GK/*Oetker* BetrVG § 111 Rn. 136; *Fitting* BetrVG § 111 Rn. 82; *Röder/Baeck* S. 54.

[95] Zur Frage, ob bei einer Veräußerung ins Ausland im Hinblick auf das Territorialitätsprinzip überhaupt eine Anwendbarkeit des § 613a BGB in Betracht kommt *Freudner* NZA 1999, 1184.

[96] 2 AZR 431/88, NZA 1990, 32.

Eindruck erweckt, als gingen die Arbeitsverhältnisse derjenigen Arbeitnehmer, die der Verlagerung ihrer Arbeitsplätze an einen anderen Arbeitsort zustimmen, gemäß § 613a BGB auf den Erwerber über. Das BAG führt aus, nur wenn der Arbeitnehmer bereits vor der Betriebsveräußerung erkläre, zu der Fortsetzung des Arbeitsverhältnisses an einem anderen Ort nicht bereit zu sein, könne der Betriebsveräußerer betriebsbedingt kündigen. Bringe die Betriebsveräußerung eine solche Verlagerung mit sich, dass die Arbeitsleistung nur nach einer Änderung des Arbeitsvertrages erbracht werden muss, so müsse der leistungsunwillige Arbeitnehmer demjenigen gleichgestellt werden, der dem Übergang seines Arbeitsverhältnisses widerspricht.[97]

Diese Rechtsprechung ist widersprüchlich und bedarf angesichts der großen praktischen 33
Bedeutung, die diese Fallgestaltungen zwischenzeitlich erlangt haben, dringend einer Klarstellung. Zutreffend ist zunächst, dass zum Zwecke der Abgrenzung einer Betriebsverlegung von einer Betriebsstilllegung auf die Aufrechterhaltung der betrieblichen Organisation und der Betriebsgemeinschaft abzustellen ist. Erklärt sich der Großteil der Belegschaft nicht bereit, zukünftig an einem anderen Ort, unter Umständen auch im Ausland, zu arbeiten, so ist sowohl die organisatorische Einheit als auch die Betriebsgemeinschaft zerschlagen. Von einer Fortführung des Betriebs durch den Erwerber in der bisherigen Form an einer neuen Produktionsstätte – und damit von einer Betriebsverlagerung – kann daher nicht mehr die Rede sein. Handelt es sich aber nicht um eine Betriebsverlagerung, sondern um eine Betriebsstilllegung im Sinne des § 111 S. 2 Nr. 1 BetrVG, so ist der Übergang der Arbeitsverhältnisse gemäß § 613a BGB ausgeschlossen. Wie bereits dargelegt, können in diesen Fällen die Arbeitsverhältnisse aufgrund des Stilllegungsentschlusses des Veräußerers wirksam gekündigt werden, da die Grundlage für den Übergang der Arbeitsverhältnisse gemäß § 613a BGB entfallen ist. Dies schließt dann aber auch aus, dass ein einzelner Arbeitnehmer, der der Verlagerung seines Arbeitsplatzes positiv gegenübersteht, sich erfolgreich auf § 613a BGB berufen kann.[98]

Ausgehend von dieser Sichtweise sollte im **Beispiel C 11** zunächst durch eine entsprechende Befragung der Belegschaft geklärt werden, ob und gegebenenfalls in welchem Umfange diese der Verlagerung der Arbeitsplätze zustimmt. In eindeutigen Fällen kann auch eine entsprechende Prognose angestellt werden. Schwierigkeiten treten dann auf, wenn nicht die überwältigende Mehrheit, sondern lediglich ein erheblicher Teil der Belegschaft sich der Verlagerung der Arbeitsplätze widersetzt. Hier gilt es zu entscheiden, ob trotz einer maßgeblichen Reduktion der Belegschaft um beispielsweise 40% bis 50% noch von einem Erhalt der Betriebsgemeinschaft gesprochen werden kann. Diese Frage ist einer pauschalen Antwort nicht zugänglich. Insbesondere verbietet sich eine schematische, an Prozentsätzen orientierte Betrachtung. Man wird vielmehr im Einzelfall zu prüfen haben, welche Bedeutung der Belegschaft für die Betriebsidentität zukommt. Indikator hierfür sind beispielsweise der Ausbildungsstand und die Fluktuation des Personals.[99]

Zwar wird in den Fällen einer **Betriebsverlegung ins Ausland** in aller Regel eine 34
tatsächliche Vermutung für eine Betriebsstilllegung sprechen, da sich jedenfalls der überwiegende Teil der Belegschaft nach der Lebenserfahrung nicht zu dem notwendigen Umzug bereitfinden wird. Einer Belegschaftsbefragung, ob der Verlagerung zugestimmt wird, bedarf es dann nicht. Die tatsächliche Vermutung ist jedoch erschüttert, wenn die Verlagerung ins nahe Grenzgebiet erfolgt, so dass es ohne weiteres möglich ist, weiterhin den privaten Lebensmittelpunkt in der Bundesrepublik aufrechtzuerhalten.

Haben mehrere Unternehmen aufgrund einer Vereinbarung nach § 3 Abs. 1 BetrVG ihre Betriebe zusammengefasst und eine eigene betriebsverfassungsrechtliche Einheit gebil-

---

[97] BAG 20.4.1989, aaO unter II 3. (b) der Gründe.

[98] Vgl. zu diesem gesamten Themenkomplex ausführlich *Feudner* NZA 1999, 1184.

[99] Vgl. DKW/*Däubler* BetrVG § 111 Rn. 89; ebenso argumentiert das BAG, wenn es um die Frage geht, wann in betriebsmittelarmen Branchen die Voraussetzungen für einen Betriebsübergang iSd § 613a BGB aufgrund der fortgesetzten Beschäftigung eines wesentlichen Teils der Belegschaft erfüllt sind, vgl. hierzu BAG 11.12.1997 – 8 AZR 729/96, NZA 1998, 534 unter I 2b) der Entscheidungsgründe.

det, so liegt eine Betriebsstilllegung iSd. § 111 des § 111 S. 2 Nr. 1 BetrVG nur vor, wenn alle Teile des nach § 3 Abs. 5 BetrVG fingierten Betriebs stillgelegt werden. Die Stilllegung nur eines der beteiligten Betriebe genötigt insoweit nicht.[100]

b) Stilllegung wesentlicher Betriebsteile

35 Nach § 111 S. 3 Nr. 1 BetrVG liegt eine interessenausgleichs- und sozialplanpflichtige Betriebsänderung nicht nur im Falle einer Stilllegung des gesamten Betriebs vor, sondern es kann bereits die Stilllegung eines **wesentlichen Betriebsteils** genügen. Wann ein Betriebsteil als wesentlich anzusehen ist, kann in der Praxis erhebliche Abgrenzungsprobleme aufwerfen.

Wie oben ausgeführt, werden im Falle des Vorliegens einer der Tatbestände des § 111 S. 3 Nr. 1–5 BetrVG grundsätzlich wesentliche Nachteile für die Belegschaft oder erhebliche Teile der Belegschaft fingiert.[101] Gerade der Umstand, dass in § 111 S. 3 Nr. 1 BetrVG nochmals ausdrücklich auf die Wesentlichkeit des von der Stilllegung betroffenen Betriebsteils abgestellt wird, macht jedoch deutlich, dass hier eine Prüfung dieser Voraussetzungen im Einzelfall unabdingbar ist. Eine Fiktion dahingehend, dass jeder organisatorisch und funktionell abgrenzbare Betriebsteil sich als wesentlich darstellt, würde der vom Gesetzgeber ausdrücklich vorgesehenen Einschränkung dieses Tatbestandes nicht ausreichend Rechnung tragen.[102] Daher ist im Falle einer eventuellen Teilstilllegung regelmäßig eine zweistufige Prüfung vorzunehmen. *Erstens* ist zu untersuchen, ob es sich bei dem stillgelegten Bereich um einen Betriebsteil im Sinne des Gesetzes handelt. *Zweitens* muss festgestellt werden, ob sich dieser als wesentlich für den von der Maßnahme betroffenen Betrieb darstellt.

36 Der **Begriff des Betriebsteils** ist nicht gleichzusetzen mit dem der Betriebsabteilung im herkömmlichen Sinne.[103] Für einen Betriebsteil im Sinne des § 111 S. 2 Nr. 1 BetrVG wird nach herrschender Meinung gerade nicht gefordert, dass es sich um einen abgeschlossenen und organisatorisch selbständigen Teil des Betriebs handelt. Vielmehr genügt es für die Annahme eines Betriebsteils, wenn es sich hierbei um eine organisatorische Untergliederung des Gesamtbetriebes handelt, mit dem ein Teilzweck innerhalb des betrieblichen Gesamtzweckes verfolgt wird.[104] Es genügt mithin eine betriebswirtschaftlich-technologische Abgrenzbarkeit innerhalb einer einheitlichen Betriebsorganisation.[105]

37 Bei der Frage, wann ein Betriebsteil als **wesentlich** anzusehen ist, gibt es zwei mögliche Ansatzpunkte: *Zum einen* kann darauf abgestellt werden, wie hoch der Anteil der in dem Betriebsteil beschäftigten Belegschaft an der Gesamtbelegschaft ist. *Zum anderen* ist es denkbar, die Wesentlichkeit danach zu beurteilen, welche wirtschaftliche oder funktionelle Bedeutung der Betriebsteil für den Gesamtbetrieb hat.

38 **Beispiel C 12:**

Ein privates Sanatorium beschäftigt 610 Arbeitnehmer und hat bislang eine eigene Kantine mit 19 und eine Wäscherei mit 20 Arbeitnehmern unterhalten. Im Hinblick darauf, dass die Sanatoriumsgäste zunehmend den Wunsch äußern, unter Verzicht auf die Halbpension in einem benachbarten Restaurant zu essen, entschließt sich der Sanatoriumsbetreiber zur Schließung der Kantine. Da die Maschinen der Wäscherei vollständig veraltet und reparaturbedürftig sind, jedoch kein Geld für Investitionen zur Verfügung steht, wird zudem die Wäscherei geschlossen. Die Wäsche wird zukünftig zu mehreren am Ort ansässigen Wäschereien gegeben, bis Geld für Neuinvestitionen vorhanden ist.

---

[100] Vgl. ErfK/*Kania* BetrVG § 111 Rn. 13; *Kania/Trebeck* BB 2014, 1595; *Ludwig/Glau* BB 2019, 309 (311).
[101] Hierzu → Rn. 18.
[102] Vgl. hierzu GK/*Oetker* BetrVG § 111 Rn. 138, 116ff.
[103] DKW/*Däubler* BetrVG § 111 Rn. 64; *Fitting* BetrVG § 111 Rn. 69.
[104] GK/*Oetker* BetrVG § 111 Rn. 114; HWK/*Hohenstatt/Willemsen* § 111 Rn. 24f.; *Röder/Baeck* S. 53.
[105] *Annuß* in Richardi BetrVG § 111 Rn. 82; *Knorr* § 4 Rn. 23.

In Rechtsprechung und Literatur besteht weitgehend Einigkeit über die Möglichkeit, den **Begriff der Wesentlichkeit** über eine **quantitative Abgrenzung** zu bestimmen. Als wesentlich sieht das BAG demnach die Stilllegung eines Betriebsteils dann an, wenn in dem betreffenden Bereich ein **erheblicher Teil der Gesamtbelegschaft** beschäftigt ist, wobei dies immer dann der Fall sein soll, wenn die **Schwellenwerte des § 17 Abs. 1 KSchG** erfüllt sind und in dem Betriebsteil **mindestens 5 % der Gesamtbelegschaft** tätig ist.[106] *De facto* bedeutet dies, dass mehr als fünf Arbeitnehmer in dem betroffenen Betriebsteil beschäftigt sein müssen, wenn in dem Betrieb 21 bis 59 Arbeitnehmer tätig sind. Beschäftigt der Betrieb 60 bis 499 Arbeitnehmer, so müssen mehr als 25 Arbeitnehmer oder 10 % der Belegschaft in dem betroffenen Betriebsteil arbeiten. Bei einer Betriebsgröße von 500 bis 600 Arbeitnehmern müssen mindestens 30 Arbeitnehmer in dem betroffenen Betrieb tätig sein. In Großbetrieben mit über 600 Arbeitnehmern liegt die von der Rechtsprechung entwickelte Relevanzschwelle bei 5 % der Belegschaft.[107]

Problematisch ist nun, dass in dem im **Beispiel C 12** skizzierten Fall zwar sowohl in der 39
Kantine als auch in der Wäscherei jeweils weniger als 5 % der Belegschaft tätig waren, so dass sich die beiden Betriebsteile daher nach der herkömmlichen quantitativen Abgrenzung bei jeweils isolierter Betrachtungsweise nicht als wesentlich darstellen. Gleichwohl wird von der gesamten Stilllegungsmaßnahme ein wesentlicher Teil der Belegschaft betroffen. Erschwerend kommt hinzu, dass der geplanten Betriebsänderung eine **einheitliche Planungsentscheidung** des Arbeitgebers zugrunde liegt.[108] Auch wenn die Wäscherei und der Kantinenbetrieb sachlich nicht miteinander verknüpft sind, so folgt aus der einheitlichen Planung des Unternehmens eine Verklammerung der beiden Entscheidungen, die eine Gesamtbetrachtung erforderlich macht. Dem kann auch nicht entgegengehalten werden, dass die beiden Maßnahmen auch getrennt voneinander durchgeführt werden können bzw. nicht durch einen einheitlichen äußerlichen Anlass verursacht wurden.[109] Die notwendige Verklammerung der beiden Maßnahmen erfolgt aus der zeitlich und sachlich einheitlichen unternehmerischen Entscheidung. Zudem wäre es sachlich nicht zu rechtfertigen, wenn zwar ein reiner Personalabbau, nicht aber ein Personalabbau aufgrund der Stilllegung zweier für sich betrachtet (quantitativ) nicht wesentlicher Betriebsteile interessenausgleichs- und sozialplanpflichtig wäre.[110] Daher wird man in dem **Beispiel C 12** im Ergebnis ebenfalls das Vorliegen einer Betriebsänderung annehmen müssen.

Beispiel C 13: 40

Der Möbelhersteller Landhausmöbel GmbH beschäftigt in Garching insgesamt 350 Mitarbeiter, ua unterhält er eine Designabteilung für moderne Landhausmöbel mit 20 Mitarbeitern. Aufgrund des unverwechselbaren Stils der Möbel ist das Unternehmen sehr erfolgreich. Als der Alleingesellschafter sich zur Ruhe setzt, wird das Unternehmen verkauft. Der Erwerber, ein anderer Möbelhersteller, will das Werk in Garching zukünftig nur noch zur Produktion seiner in einem anderen Werk entworfenen Modelle (Trendmöbel, Bausatzsysteme) nutzen, die Designabteilung wird geschlossen.

Ob ein Betriebsteil, in dem kein erheblicher Teil der Belegschaft im obigen Sinne beschäftigt ist, als wesentlich im Sinne des § 111 S. 3 Nr. 1 BetrVG angesehen werden kann,

[106] Vgl. BAG 6.6.1978 – 1 AZR 95/75, DB 1978, 1650; BAG 21.10.1980 – 1 AZR 145/79, DB 1981, 698; BAG 7.8.1990 – 1 AZR 445/89, NZA 1991, 113; BAG 22.1.2004 – 2 AZR 111/02, NJOZ 2005, 5103; sowie die Ausführungen in → Rn. 22.

[107] Vgl. auch die Übersicht in → Rn. 21; DKW/*Däubler* BetrVG § 111 Rn. 64; *Fitting* BetrVG § 111 Rn. 75 jeweils mwN.

[108] Vgl. hierzu → Rn. 22.

[109] Eine aA vertreten insoweit *Baeck/Diller* NZA 1997, 689 (693), die davon ausgehen, dass immer dann, wenn verschiedenartige Maßnahmen zeitgleich durchgeführt werden, eine Gesamtbetrachtung der Auswirkungen der Maßnahmen nicht angestellt werden darf, sofern diese nicht in einem betriebswirtschaftlich-organisatorischen oder sonst notwendigen Zusammenhang stehen.

[110] Vgl. hierzu → Rn. 25.

ob also **neben der quantitativen Bestimmung der Wesentlichkeit** auch **eine qualitative Bestimmung** möglich ist,[111] ist nach wie vor umstritten. Das BAG hat dies bislang nicht abschließend entschieden. Zwar hat es wiederholt auf eine qualitative Abgrenzung abgestellt, in dem es untersucht hat, ob dem Betriebsteil eine „wesentliche Bedeutung innerhalb der betrieblichen Gesamtorganisation"[112] oder eine „erhebliche Bedeutung" für den Gesamtbetrieb und die Erfüllung seines arbeitstechnischen Zweckes[113] zukommt. Im Ergebnis wurde jedoch in den Fällen, in denen kein erheblicher Teil der Belegschaft von der Stilllegung betroffen war, in denen also die Schwellenwerte des § 17 KSchG bzw. die 5%-Grenze nicht überschritten war, die Wesentlichkeit des Betriebsteiles regelmäßig negiert. So wurde beispielsweise die Reinigungsabteilung eines Druckereibetriebes mit 1.769 Arbeitnehmern, in der 39 Arbeitnehmer tätig waren, nicht als wesentlicher Betriebsteil angesehen.[114] Auch die Stilllegung eines Betriebsteils, in dem ein Vorprodukt hergestellt wird,[115] sowie die Schließung eines Krankenhauslabors[116] oder einer einzelnen Filiale[117] soll sich nicht (zwingend) als wesentlich darstellen.

In der Literatur wird gleichwohl zum Teil die Auffassung vertreten, die Wesentlichkeit eines Betriebsteils sei auch dann zu bejahen, wenn von der Folge einer Stilllegung eines Betriebsteils die Arbeitnehmer des gesamten Betriebs nachteilig betroffen sein könnten. Dies soll immer dann der Fall sein, wenn der Betriebsteil in produktionstechnischer und wirtschaftlicher Hinsicht für den Bestand und die Entwicklung des Betriebs von erheblicher Bedeutung ist.[118] Dem wird im Wesentlichen entgegengehalten, das Abstellen auf die wirtschaftlichen und unternehmerischen Zwecke oder die funktionelle Bedeutung des Betriebsteils innerhalb der Organisation bzw. die Relevanz für den wirtschaftlichen, produktionstechnischen Status sei jeweils zu vage.

41 Auch wenn die Bedenken bezüglich der Abgrenzungsschwierigkeiten zweifelsohne tragen, so ist dennoch zu berücksichtigen, dass es zahlreiche Fälle geben kann, in denen zwar kein erheblicher Teil der Belegschaft im obigen Sinne in dem stillgelegten Betriebsteil beschäftigt ist, dies jedoch aufgrund der herausgehobenen Bedeutung dieses Betriebsteils für den Gesamtbetrieb erhebliche Nachteile für die gesamte Belegschaft mit sich bringen kann. Im Hinblick auf den Schutzzweck des § 111 BetrVG wird man hier annehmen müssen, dass der Betriebsrat ungeachtet der Anzahl der dort beschäftigten Arbeitnehmer immer dann zu beteiligen ist, wenn der betroffene Betriebsteil für das Unternehmen von besonderer Bedeutung ist. Dies wäre im obigen **Beispiel C 13** ein bedenkenswerter Ansatz. Zudem ist zu berücksichtigen, dass für den Fall, dass es für die Wesentlichkeit des Betriebsteils ausschließlich auf die Zahl der betroffenen Arbeitnehmer ankommen soll, dem Tatbestand der Betriebseinschränkung durch Verringerung der sachlichen Leistungsfähigkeit gegenüber dem Tatbestand der Betriebseinschränkung durch Verringerung der personellen Leistungsfähigkeit, dh dem reinen Personalabbau, keine praktisch eigenständige Bedeutung mehr zukäme.[119] Dann wäre jede Stilllegung eines wesentlichen Betriebsteils zugleich eine Betriebseinschränkung aufgrund der Verringerung der personellen Leistungs-

---

[111] So zB das LAG Düsseldorf 5.3.2009 – 5 Sa 1626/08, BeckRS 2009, 66422; Revision zurückgewiesen durch BAG 9.11.2010 – 1 AZR 345/09, BeckRS 2011, 70664.

[112] Vgl. BAG 6.6.1978 – 1 AZR 95/75, DB 1978, 1650.

[113] Vgl. BAG 6.12.1988 – 1 ABR 47/87, DB 1989, 883; ähnlich auch BAG 19.1.1999 – 1 AZR 342/98, NZA 1999, 949.

[114] Vgl. BAG 6.12.1988 – 1 ABR 47/87, DB 1989, 883.

[115] Vgl. BAG 7.8.1990 – 1 AZR 445/89, NZA 1991, 113; BAG 27.6.2002 – 2 AZR 489/01, NZA 2002, 1304.

[116] Vgl. BAG 7.8.1990 – 1 AZR 445/89, NZA 1991, 113; BAG 27.6.2002 – 2 AZR 489/01, NZA 2002, 1304.

[117] Vgl. BAG 3.4.2008 – 2 AZR 879/06, NZA 2008, 1060; anders BAG 22.9.2005 – 2 AZR 36/05, BeckRS 2008, 56078, wo eine Filiale aufgrund der Umstände des Einzelfalles als eigener Betrieb gewertet wurde.

[118] *Fitting* BetrVG § 111 Rn. 70; *Knorr* § 4 Rn. 27; ohne ausdrückliche Stellungnahme hierzu: DKW/*Däubler* BetrVG § 111 Rn. 63; *Hunold* BB 1984, 2275 (2278); *Röder/Baeck* S. 53.

[119] MHdB ArbR/*Leder* § 345 Rn. 20.

fähigkeit des gesamten Betriebs. Der Tatbestand der Teilbetriebsstilllegung hätte keinerlei eigenständige Bedeutung.[120]

Besteht ein Betrieb auf Basis einer Vereinbarung nach § 3 Abs. 1 BetrVG ist bei der Frage, ob von einer Stilllegung ein wesentlicher Betriebsteil betroffen ist, bei die Prüfung der Wesentlichkeit stets auf Basis des nach § 3 Abs. 5 BetrVG fingierten Betriebes anzusetzen.[121]

c) Einschränkung des Betriebes oder eines wesentlichen Betriebsteils

Eine Betriebseinschränkung setzt nach der Rechtsprechung des BAG voraus, dass die „Leistungsfähigkeit" des Betriebs herabgesetzt wird, wobei ohne Bedeutung ist, „ob die Verminderung der Leistungsfähigkeit durch Außerbetriebsetzung von Betriebsanlagen oder durch Personalreduzierung erfolgt."[122] Da Voraussetzung die **dauerhafte Einschränkung der Leistungsfähigkeit** des Betriebs ist, stellen sich Betriebseinschränkungen, die auf betriebstypischen, dh **saisonal bedingten Schwankungen** basieren oder durch die Beendigung eines ungewöhnlichen Großauftrages verursacht werden, nicht als beteiligungspflichtige Betriebseinschränkungen dar. Dies gilt auch für die bloße Produktionseinschränkung infolge eines Auftragsrückgangs mit der Folge des **Abbaus von Überstunden,** der **Einführung von Kurzarbeit** oder der **Verhängung eines Einstellungsstopps.**[123] In Zweifelsfällen ist zu prüfen, ob die Einschränkung auf Dauer oder wenigstens auf nicht absehbare Zeit angelegt ist.[124] Nur dann erscheint es gerechtfertigt, das aufwendige Verfahren gemäß §§ 111 ff. BetrVG durchzuführen. Dies gilt umso mehr, als bei der aufgrund äußerer Anlässe veranlassten Einführung von Kurzarbeit regelmäßig nicht absehbar ist, wie lange sie anhalten wird. Solange der Wille des Unternehmens jedoch dahin geht, wieder zum Normalzustand zurückzufinden, liegt keine geplante Betriebsänderung so. So verhielt es sich beispielsweise bei der zT großflächigen Einführung von Kurzarbeit im Zusammenhang mit der Corona-Pandemie im Frühjahr 2020 in der Reisebranche. Auch wenn die Phase der faktischen Betriebseinschränkung länger andauerte als erwartet und gewünscht, konnte so lange nicht von einer geplanten Betriebsänderung ausgegangen werden, wie der Wille der Unternehmen bestand, wieder zur ursprünglichen Auslastung zurückzukehren. Zu berücksichtigen ist insoweit auch, dass die Belange der Belegschaft bei lediglich vorübergehenden Betriebseinschränkungen bereits durch das Mitbestimmungsrecht des Betriebsrates nach § 87 Abs. 1 Nr. 2 und 3 BetrVG hinreichend geschützt sind.[125] 42

Eine Betriebseinschränkung liegt ferner nicht vor, wenn die **Betriebsanlagen vorübergehend nicht mehr voll ausgenutzt** werden bzw. wenn die Maßnahme der Betriebseinschränkung einen **Betriebszweck** betrifft, dessen Verfolgung von vornherein nur auf eine **begrenzte Dauer** angelegt war.[126] Zur Frage, ob die Auslagerung bestimmter Funktionen auf eine Fremdfirma sich als Betriebseinschränkung darstellt, wird in dem Abschnitt „Outsourcing" eingehend Stellung genommen.[127] 43

Trotz der mittlerweile umfangreichen Rechtsprechung zu § 111 BetrVG gibt es immer noch Fallgestaltungen, deren Qualifizierung als Betriebseinschränkung zumindest nicht leicht fällt.

---

[120] Vgl. *Hunold* BB 1984, 2275 (2278).
[121] Vgl. *Ludwig/Glau* BB 2019, 309 (310); ErfK/*Kania* BetrVG § 111 Rn. 13.
[122] Vgl. BAG 22.5.1979 – 1 ABR 17/77, DB 1979, 1896; BAG 7.8.1990 – 1 AZR 445/89, NZA 1991, 113.
[123] Vgl. hierzu im Einzelnen die Darstellung bei *Knorr* § 4 Rn. 32; GK/*Oetker* BetrVG § 111 Rn. 82 ff.; *Fitting* BetrVG § 111 Rn. 71 f.; *Annuß* in Richardi BetrVG § 111 Rn. 69.
[124] Vgl. BAG 22.5.1979 – 1 AZR 848/76, DB 1979, 1897.
[125] Vgl. DKW/*Däubler* BetrVG § 111 Rn. 59; GK/*Oetker* BetrVG § 111 Rn. 88.
[126] Vgl. LAG Hamm 1.2.1977 – 3 TaBV 38/76, DB 1977, 1099; *Kleinebrink/Commandeur* NZA 2007, 113 (114).
[127] Vgl. → Rn. 106.

44 **Beispiel C 14:**

Eine Großspedition ist beauftragt, für ein Versandhaus deutschlandweit die Auslieferungen vorzunehmen. Aufgrund der umfangreichen Schwierigkeiten, die die Spedition aufgrund von Lenkzeit- und Arbeitszeitverstößen mit ihren Betriebsräten hat, entschließt sie sich, insbesondere in ländlichen Gebieten, wo große Entfernungen bei einer gleichzeitig geringen Zahl von Stopps zurückzulegen sind, zur Vergabe bestimmter Zustellgebiete an kleinere, lokal angesiedelte Speditionen. Diesen lokalen Speditionen wird weder ein Teil des Fuhrparks veräußert, noch übernehmen diese Personal. Die frei werdenden LKWs werden als Ersatzfahrzeuge eingesetzt. Die Fremdvergabe wird nur in dem Umfange durchgeführt, wie dies die natürliche Fluktuation der LKW-Fahrer erlaubt. Nach sechs Monaten hat sich die Belegschaft um 13 % reduziert.

Auch wenn in dem **Beispiel C 14** auf der Hand liegt, dass die Spedition durch die Vergabe von Aufträgen den Umfang ihrer eigenen betrieblichen Aktivitäten eingestellt hat, wenn sie sich der überschüssigen Fahrzeuge entledigen würde, so kann die Beurteilung schwieriger ausfallen, wenn die Fahrzeuge anderweitig eingesetzt werden können und sich lediglich der Kundenkreis verkleinert. Hier wird es maßgeblich darauf ankommen, welchen Stellenwert die Zahl der zu bedienenden Kunden für den Betrieb einnimmt. Anders als dies im produzierenden Gewerbe der Fall ist, gehen im Dienstleistungsgewerbe Betriebseinschränkungen nicht notwendigerweise mit dem Abbau von Betriebsmitteln oder der Einschränkung der Leistungsfähigkeit einher. Daher ist in diesen Fällen stets sorgfältig zu prüfen, ob sich aus der Verkleinerung des betrieblichen Wirkungskreises für die verbleibende Belegschaft tatsächlich erhebliche Nachteile ergeben können. Dies wird in der Praxis kaum denkbar sein. Führt die schrittweise Verkleinerung des Betriebs und des Personalstamms zu der Verkleinerung des Betriebsrates bzw. zu der Nichtanwendbarkeit der §§ 111 ff. BetrVG wegen des Absenkens des Personalbestandes auf unter 20 Mitarbeiter, so begründet dies keinen wesentlichen Nachteil iSd Gesetzes für die verbleibende Belegschaft. Hierbei handelt es sich um eine gesetzlich vorgeschriebene Rechtsfolge.[128]

45 Die früher höchst kontrovers diskutierte Frage, ob es sich bei einem **reinen Personalabbau** um eine Betriebseinschränkung im Sinne des § 111 S. 3 Nr. 1 BetrVG handelt, ist zwischenzeitlich vom Gesetzgeber positiv beantwortet worden. In § 112a Abs. 1 S. 1 BetrVG ist ausdrücklich der Fall geregelt, dass eine geplante Betriebsänderung im Sinne des § 111 S. 2 Nr. 1 BetrVG „allein in der Entlassung von Arbeitnehmern" besteht. Der Gesetzgeber hat damit die ständige Rechtsprechung des BAG bestätigt.[129] Eine beteiligungspflichtige Betriebseinschränkung durch reinen Personalabbau liegt nach BAG allerdings nur vor, wenn **ein erheblicher Teil der Belegschaft** betroffen ist. Das BAG stellt in ständiger und weitgehend unangefochtener Rechtsprechung bei der Frage des Vorliegens eines erheblichen Personalabbaus auf die in § 17 Abs. 1 KSchG vorgesehenen Zahlen und Prozentangaben ab, in der die Anzeigepflicht bei Massenentlassung geregelt ist. Allerdings erachtet das BAG im Falle von Großbetrieben eine Betriebseinschränkung erst dann als gegeben, wenn mindestens 5% der Belegschaft entlassen werden.[130] Nach dieser Rechtsprechung liegt bei einem reinen Personalabbau eine Betriebsänderung erst dann vor, wenn

1. in Betrieben mit in der Regel von mehr als 20 und weniger als 60 Arbeitnehmern mehr als fünf Arbeitnehmer,
2. in Betrieben mit in der Regel von mindestens 60 und weniger als 500 Arbeitnehmern 10% der im Betrieb regelmäßig beschäftigten Arbeitnehmer oder aber mehr als 25 Arbeitnehmer,

---

[128] Vgl. hierzu → Rn. 291.

[129] Vgl. BAG 6.12.1988 – 1 ABR 47/87, NZA 1989, 399.

[130] Vgl. BAG 2.8.1983 – 1 AZR 516/81, DB 1983, 2776; BAG 7.8.1990 – 1 AZR 445/89, NZA 1991, 113 (114); BAG 28.3.2006 – 1 ABR 565, NZA 2006, 932; BAG 9.11.2010 – 1 ABR 708/09, NZA 2011, 466.

3. in Betrieben mit in der Regel mindestens 500 Arbeitnehmer mindestens 30 Arbeitnehmer,
4. in Betrieben mit in der Regel mehr als 600 Arbeitnehmer mindestens 5 % der Belegschaft ausscheiden.[131] Wird Personal in Kleinbetrieben mit weniger als 20 Arbeitnehmern abgebaut, bedarf es nach der Entscheidung des BAG vom 9.11.2010 mindestens eines Abbaus von 6 Arbeitnehmern, um Beteiligungsrechte nach § 111 BetrVG auszulösen.[132] Bei diesen obigen Zahlenwerten handelt es sich allerdings nur um Richtwerte. Durch die geringfügige Unterschreitung der Schwellenwerte ist das Vorliegen einer Betriebsänderung nicht ausgeschlossen.[133]

Bei der Prüfung der Erfüllung der Schwellenwerte zählen grundsätzlich alle Arbeitnehmer mit, die aus betriebsbedingten Gründen gekündigt werden bzw. aus betriebsbedingten Gründen aus dem Arbeitsverhältnis ausscheiden. Gemäß § 112a Abs. 1 S. 2 BetrVG ist es auch als Entlassung zu werten, wenn ein Arbeitnehmer aufgrund eines **Aufhebungsvertrages** aus Gründen, die in der Betriebsänderung liegen, aus dem Arbeitsverhältnis ausscheidet.[134] Nichts anderes gilt, wenn der Arbeitgeber den Arbeitnehmer veranlasst, von sich aus zu kündigen, um die Erfüllung obiger Schwellenwerte zu verhindern. Denn auch diese Kündigungen sind kausal auf die Betriebsänderung zurückzuführen.[135] Veräußert ein Unternehmen einen Betriebsteil und führt die dort erfüllte Aufgabe selbst nicht mehr fort, so können die Schwellenwerte auch dadurch erfüllt werden, dass eine hinreichende Zahl von Mitarbeitern dem Betriebsübergang widerspricht und sodann betriebsbedingt gekündigt werden muss.[136] Problematisch ist, ob bzw. in welchen Fällen Arbeitnehmer bei der Ermittlung von Schwellenwerten zu berücksichtigen sind, die lediglich **Änderungskündigungen** erhalten sollen. Hier wird zT vertreten, es sei darauf abzustellen, ob diese zumindest unter Vorbehalt das Änderungsangebot annehmen. Wenn dies der Fall ist, seien sie nicht zu berücksichtigen.[137] Eine Gegenansicht will alle von Änderungskündigungen betroffene Arbeitnehmer mitzählen,[138] was im Ergebnis dazu führt, dass auch bei Massenänderungskündigungen, die beispielsweise nur geringfügige Vertragsanpassungen zum Ziel haben, eine Betriebsänderung vorliegen würde. Beide Meinungen erscheinen wenig überzeugend. Will ein Arbeitgeber mit Änderungskündigungen beispielsweise die Absenkung der Arbeitszeit um 10 Stunden wöchentlich bei vielen Beschäftigten durchsetzen, ist dies auf eine Einschränkung des Betriebes gerichtet. Unabhängig davon, ob Arbeitnehmer das Änderungsangebot annehmen oder ablehnen, wird die Kapazität des Betriebs eingeschränkt. Zielt die Änderungskündigung beispielsweise darauf ab, Beschäftigte auf einen anderen Arbeitsplatz in einem anderen Betriebsteil zu versetzen, verhält es sich ebenso. Umgekehrt weiß der Arbeitgeber bei der Planung von Versetzungen auf andere, ggf. geringer vergütete Arbeitsplätze in dem gleichen Betriebsteil, die er mittels Änderungskündigungen durchsetzen will, nicht, ob und ggf. in welchem Umfange die Beschäftigten die Angebote annehmen. Wollte man darauf abstellen, wie viele Beschäftigte das Angebot tatsächlich ausschlagen und bei Rechtmäßigkeit der Änderungskündigung aus dem Arbeits- 46

---

[131] Vgl. hierzu → Rn. 21 und zur neueren Rechtsprechung die Nachweise bei GK/*Oetker* BetrVG § 111 Rn. 94f.

[132] 1 ABR 708/09, NZA 2011, 466; vgl. hierzu auch GK/*Oetker* BetrVG § 111 Rn. 102; *Fitting* BetrVG § 111 Rn. 75a.

[133] Vgl. BAG 7.8.1990 – 1 AZR 445/89, NZA 1991, 113 (114); BAG 19.7.2012 – 2 AZR 353/11, NZA 2013, 86 Rn. 17 spricht von „Richtschnur". Vgl. hierzu auch DKW/*Däubler* BetrVG § 111 Rn. 69; GK/*Oetker* BetrVG § 111 Rn. 99.

[134] Vgl. BAG 23.8.1988 – 1 AZR 276/87, NZA 1989, 31; vgl. auch DKW/*Däubler* BetrVG § 111 Rn. 77; *Fitting* BetrVG § 111 Rn. 78, GK/*Oetker* § 111 Rn. 107.

[135] Vgl. BAG 4.7.1989 – 1 ABR 35/88, NZA 1990, 280 (281); *Knorr* § 4 Rn. 40; *Wlotzke* NZA 1984, 217.

[136] Vgl. BAG 10.12.1996 – 1 AZR 290/96, NZA 1997, 787; HWK/*Hohenstatt/Willemsen* § 111 Rn. 31; *Fitting* BetrVG § 111 Rn. 78; *Annuß* in Richardi BetrVG § 111 Rn. 138.

[137] Vgl. *Fitting* BetrVG § 111 Rn. 79; so wohl auch HWK/*Hohenstatt/Willemsen* BetrVG § 111 Rn. 31.

[138] Vgl. *Annuß* in Richardi BetrVG § 111 Rn. 77; *Gillen/Vahlen* NZA 2005, 1385 (1389); eingeschränkt DKW/*Däubler* BetrVG § 111 Rn. 79, der nur dann die Arbeitnehmer nicht mitzählen will, wenn sie das Angebot uneingeschränkt annehmen.

verhältnis ausscheiden, so wüsste man erst nach Abschluss der Kündigungsschutzprozesse, ob eine Betriebsänderung vorliegt.

Maßgeblich für das Vorliegen eines Beteiligungsrechts des Betriebsrats nach § 111 BetrVG ist nun aber regelmäßig nicht, wie die Reaktion der Beschäftigten tatsächlich ausfällt, sondern die Planung des Arbeitgebers.[139] Stellt man auch bei der Beurteilung von Änderungskündigungen hierauf ab, so lässt sich das Dilemma am ehesten auflösen. Da ein vorausschauender Arbeitgeber in seine Planung auch die voraussichtlich eintretende Entwicklung mit einbezieht, kommt man hiermit auch zu praktikablen und fairen Ergebnissen. Will der Arbeitgeber in dem o. g. Beispiel daher zwar die Arbeitsbedingungen verschlechtern, die Beschäftigten aber im Betrieb halten, sollte man die Änderungskündigungen unberücksichtigt lassen. In dem Fall der angestrebten Reduktion der Kapazität durch Stundenabsenkung sind sie demgegenüber zu berücksichtigen.

Interessant ist die Frage, wie die Entscheidung des Arbeitgebers zu bewerten ist, frei werdende Arbeitsplätze nicht mehr mit eigenem Personal zu besetzen, sondern etwa Fremdpersonal einzusetzen oder die Aufträge von einem Subunternehmer abarbeiten zu lassen. Nutzt das Unternehmen lediglich die **natürliche Fluktuation** aus ohne die Beschäftigten aktiv zu Austritten zu motivieren, wird man hierin keine beteiligungspflichtige Einschränkung des Betriebs sehen können. Es wird gerade kein aktiver Personalabbau durchgeführt.[140] Auch der Abbau von Leiharbeitnehmern, die aufgrund von Auftragsrückgang oÄ nicht mehr benötigt werde, stellt sich nicht als beteiligungspflichtige Einschränkung des Betriebs dar. Zwar sind Leiharbeitnehmer nach § 14 Abs. 2 S. 4 AÜG zwischenzeitlich bei der Prüfung von Schwellenwerten zu berücksichtigen. Sie sind aber typischerweise zur Abdeckung vorübergehender Auftragsspitzen oder eines Personalmangels eingestellt und gehören insoweit nicht zu der nach § 111 BetrVG geschützten Belegschaft. Sie können in der Regel jederzeit ausgetauscht oder abgebaut werden, ohne dass hierdurch für sich betrachtet eine Betriebsänderung ausgelöst wird.[141] Es mag seltene Ausnahmefälle geben, wo Betriebe in massivem Umfang mit Leiharbeitnehmern arbeiten und durch das Abmelden einer sehr hohen Zahl von Leiharbeitnehmern faktisch die Leistungsfähigkeit des Betriebs – ähnlich wie bei dem Verkauf von Betriebsmitteln – gravierend nkt wird. Hier wird man die Umstände des Einzelfalls berücksichtigen müssen und insbesondere zu prüfen haben, ob und in welchem Zeitraum die Leiharbeitnehmer ggf. auch mit Blick auf die ggf. erforderliche Qualifikation wieder ersetzt werden können.

Nicht zu berücksichtigen sind nach obigen Grundsätzen bei der Feststellung des Vorliegens der Schwellenwerte Arbeitnehmer, die aus **verhaltens- und personenbedingten Gründen** aus dem Arbeitsverhältnis ausscheiden, Arbeitnehmer, die ohne hierzu aufgrund betriebsbedingter Gründe veranlasst zu sein, selbst kündigen, Arbeitnehmer, deren Arbeitsverhältnis **infolge Fristablaufs** endet und Arbeitnehmer, die Aufhebungsverträge in Form von **Vorruhestandsvereinbarungen** abschließen. Hier ist nach Auffassung des BAG das Ausscheiden nicht vom Arbeitgeber veranlasst.[142]

47 Auch wenn die vom BAG vorgenommene Differenzierung im Regelfall zu zutreffenden Ergebnissen führen wird, so ist es doch denkbar, dass **ausnahmsweise** auch **personen- oder verhaltensbedingte Kündigungen** oder das **Auslaufen befristeter Verträge** bei der Prüfung der Überschreitung der dargelegten Relevanzschwelle von Bedeutung sein können. Dies wird immer dann der Fall sein, wenn der Ausspruch verhaltens- oder perso-

---

[139] Hierauf stellt auch *Annuß* zutreffend ab, zieht aber im Ergebnis nicht die richtigen Schlüsse, vgl. *Annuß* in Richardi BetrVG § 111 Rn. 77.

[140] So auch LAG Berlin-Brandenburg 7.11.2016 – 1 TaBV 1310/16, BeckRS 2016, 111901.

[141] LAG Hessen 13.3.2018 – 4 TaBVGa 32/18, BeckRS 2018, 10913; ArbG Darmstadt 14.2.2018 – 5 BVGa 3/18, NZA 2018, 885; *Ludwig/Hinze*, NZA 2018, 841.

[142] Vgl. BAG 23.8.1988 – 1 AZR 276/87, NZA 1989, 31; BAG 8.11.1988 – 1 AZR 687/87, NZA 1989, 278; *Bauer/Röder* NZA 1985, 204; *Fitting* BetrVG § 111 Rn. 80; GK/*Oetker* BetrVG § 111 Rn. 110f.; *Heither* ZIP 1985, 513 (518); *Knorr* § 4 Rn. 42; *Annuß* in Richardi BetrVG § 111 Rn. 78; *Scherer* NZA 1985, 768.

nenbedingter Kündigungen sowie die unplanmäßige Nichtverlängerung befristeter Verträge **Bestandteil eines unternehmerischen Konzeptes** zur Reduktion des Personalbestandes sind. Ausschlaggebend kann letztlich nicht das im Einzelfall zur Reduktion des Personalbestandes gewählte Mittel, sondern nur das von dem Unternehmen verfolgte Ziel sein.[143] So wird man beispielsweise in Fällen, in denen das Unternehmen bisher bestehende leidensgerechte Arbeitsplätze für leistungsgeminderte Beschäftigte im Zuge einer Reorganisation streicht, jedoch mit Versetzungen auf andere Arbeitsplätze aufgrund personenbedingter Gegebenheiten scheitert, von betriebsbedingten Kündigungen ausgehen müssen. Auch ist es zu einfach gedacht, das Auslaufen von Befristungen regelmäßig bei der Frage der Überschreitung der Schwellenwerte für eine Betriebsänderung unberücksichtigt zu lassen.[144] Denn verhält es sich so, dass ein Unternehmen regelmäßig einen hohen Anteil an befristet Beschäftigten hat, die es dann nach Ablauf der sachgrundlosen Befristung, liegen keine besonderen Umstände in Person oder Verhalten des Arbeitnehmers vor, typischerweise übernimmt, ist es nicht fernliegend, vom Abbau von Dauerarbeitsplätzen auszugehen, wenn aufgrund einer unternehmerischen Entscheidung keine Entfristungen mehr durchgeführt werden. Hier kann man, sprechen die konkreten Umstände des Einzelfalls dafür, uU durchaus eine Entscheidung zu einer Einschränkung des Betriebs sehen, so dass die Beschäftigte, deren Arbeitsverhältnisse aufgrund der entsprechenden unternehmerischen Entscheidung nicht mehr verlängert werden, bei der Frage eines etwaige Personalabbaus bzw. einer Betriebseinschränkung mit zu berücksichtigen sind.[145] Dies gilt allerdings nicht, wenn die Arbeitsverhältnisse aus anderen Gründen nicht entfristet worden wären.[146]

Die Probleme, die im Falle eines **stufenweisen Personalabbaus** entstehen können, wurden bereits in → Rn. 22ff. erörtert. Ob bei einem mehrstufigen Personalabbau innerhalb eines längeren Zeitraums die Voraussetzungen für eine Betriebsänderung erfüllt sind, weil hiervon insgesamt ein erheblicher Teil der Belegschaft betroffen ist, oder ob nur auf die einzelnen Wellen des Personalabbaus abzustellen ist, hängt davon ab, ob der Maßnahme eine einheitliche unternehmerische Planung zugrunde liegt.[147]

Im Rahmen der Feststellung der Beteiligungspflichtigkeit eines reinen Personalabbaus nach § 111 BetrVG ist **§ 112a Abs. 1 BetrVG** von großer Bedeutung. Dort ist geregelt, dass in all den Fällen, in denen eine **geplante Betriebsänderung „allein in der Entlassung von Arbeitnehmern"** besteht, es sich also nicht um eine sonstige Betriebsänderung im Sinne des § 111 S. 3 BetrVG handelt, ein Sozialplan nur bei der Erfüllung höherer als in § 17 KSchG vorgesehener Schwellenwerte durch Anrufung einer Einigungsstelle erzwingbar ist. Daraus folgt, dass in **Fällen eines Personalabbaus** grundsätzlich zwischen **drei Konstellationen** zu unterscheiden ist: 48

1. Werden weniger als in § 17 Abs. 1 KSchG vorgesehene Arbeitnehmer entlassen, so ist der Personalabbau mitbestimmungsfrei, dh Interessenausgleich und Sozialplan sind nicht zu verhandeln. Betriebsbedingte Kündigungen können ausgesprochen werden, ohne dass Sozialplanabfindungen zu zahlen sind.
2. Werden die Grenzen des § 17 Abs. 1 KSchG überschritten, so ist zwischen den Fällen eines reinen Personalabbaus und denjenigen zu unterscheiden, in den mit dem Personalabbau weitere Betriebsänderungen iSd § 111 S. 3 BetrVG einhergehen: Liegt ein reiner Personalabbau vor, erreicht der Personalabbau jedoch nicht die in § 112a BetrVG vorgesehenen Schwellenwerte, so hat der Betriebsrat zwar Unterrichtungs- und Beratungsrechte nach § 111 BetrVG und der Arbeitgeber hat mit dem Betriebsrat einen Interessenausgleich und Sozialplan zu verhandeln. Kommt eine Einigung nicht zustande, so kann der Betriebsrat jedoch den Abschluss eines Sozialplans nicht durch Anrufung

[143] Vgl. DKW/*Däubler* BetrVG § 111 Rn. 80; *Matthes* FS Gaul, 1997, 399.
[144] So geschieht es aber vielfach unter Verweis auf die Entscheidung des BAG 2.8.1981 – 1 AZR 516/81, NJW 1984, 1781.
[145] Vgl. so zutreffend *Valgolio* AuR 2020, 165.
[146] Vgl. *Fitting* BetrVG § 111 Rn. 80.
[147] Vgl. hierzu ausführlich → Rn. 24.

der Einigungsstelle erzwingen. Die Schwellenwerte des § 112a Abs. 1 BetrVG sind im Vergleich zu § 17 KSchG etwa doppelt so hoch. Geht mit dem Personalabbau zugleich eine Einschränkung der Betriebsanlagen oder eine andere Betriebsänderung einher, so kann der Arbeitgeber einen Sozialplan durch Anrufung der Einigungsstelle unabhängig von dem Erreichen der Schwellenwerte des § 112a Abs. 1 BetrVG erzwingen.[148]

3. Werden im Rahmen des vorgesehenen Personalabbaus die Grenzen des § 112a Abs. 1 Nr. 1–4 BetrVG überschritten, so kann der Betriebsrat den Abschluss eines Sozialplans nach § 112 Abs. 4 und 5 BetrVG durch Anrufung der Einigungsstelle unabhängig davon erzwingen, ob mit dem Personalabbau noch weitere Betriebsänderungen verbunden sind.

Die mit der Regelung des § 112a Abs. 1 BetrVG im Zusammenhang stehenden Probleme sind im Einzelnen in → Rn. 226ff. erörtert.

d) Betriebsverlegung

49 Gemäß § 111 S. 3 Nr. 2 BetrVG handelt es sich bei der Verlegung eines ganzen Betriebs ebenso wie bei der Verlegung wesentlicher Betriebsteile um eine Betriebsänderung. Eine **Betriebsverlegung** liegt vor, wenn die örtliche Lage des Betriebs oder eines wesentlichen Betriebsteiles nicht nur geringfügig verändert wird.[149] Lediglich im Falle von Betrieben, die schon aufgrund des verfolgten **Betriebszweckes nicht ortsgebunden** sind, wie zum Beispiel ein Tourneetheater oder eine Wanderbaustelle, begründet die Änderung der räumlichen Lage der Betriebsstätte keine Betriebsänderung.[150] Dies folgt daraus, dass sich hier die Ortsveränderung als permanenter Zustand darstellt, der von § 111 BetrVG nach Sinn und Zweck nicht erfasst werden soll.

Beispiel C 15:

Die S-Bank in Berlin unterhält eine Filiale direkt am Ausgang des Bahnhofs Friedrichstraße. Die Bank erwirbt auf der anderen Seite der Schienentrasse ein neues Bürogebäude, in das die Mitarbeiter nach dessen Renovierung umziehen sollen. Das Bürogebäude ist ca. 800 m Luftlinie von der bisherigen Filiale entfernt. Aufgrund von Bauarbeiten besteht jedoch für die Dauer von mindestens zwölf Monaten keine Möglichkeit, von dort aus direkt zu dem neuen Bürogebäude zu gelangen. Die Mitarbeiter müssen vielmehr einen ca. zwanzigminütigen Fußweg hinnehmen. Da sich auch die Zahl der zur Verfügung stehenden kostenlosen Parkplätze zukünftig auf die Hälfte reduzieren wird, verlangt der Betriebsrat die Verhandlungen eines Interessenausgleichs sowie den Abschluss eines Sozialplans.

50 **Geringfügige räumliche Veränderungen,** wie beispielsweise den Umzug eines Betriebs in ein auf der gegenüberliegenden Straßenseite gelegenes Gebäude, genügen nicht zur Begründung einer Betriebsverlegung im Sinne des § 111 S. 3 Nr. 2 BetrVG. Gefordert wird vielmehr eine zumindest nicht unerhebliche Veränderung der räumlichen Situation dergestalt, dass den Arbeitnehmern hieraus tatsächlich Nachteile erwachsen können.[151] Dies wird vom BAG beispielsweise für den Fall angenommen, dass ein Betrieb an einen 4,3 km entfernten Ort verlegt wird.[152] Das LAG Köln hat das nicht für ausgeschlossen gehalten, wenn ein Betrieb zwar nur 350 m verlegt wird, jedoch der bisherige Parkplatz entfällt.[153] Das erscheint sehr weitgehend, weil es offensichtlich an der Wesentlichkeit fehlt.

---

[148] Vgl. → Rn. 228.

[149] Vgl. BAG 17.8.1982 – 1 ABR 40/80, DB 1983, 344; *Fitting* BetrVG § 111 Rn. 81; HWGNRH/*Hess* BetrVG § 111 Rn. 200; *Annuß* in Richardi BetrVG § 111 Rn. 91.

[150] Vgl. DKW/*Däubler* BetrVG § 111 Rn. 90; *Annuß* in Richardi BetrVG § 111 Rn. 94; GK/*Oetker* BetrVG § 111 Rn. 135.

[151] Vgl. DKW/*Däubler* BetrVG § 111 Rn. 87; HWGNRH/*Hess* BetrVG § 111 Rn. 200; HWK/*Hohenstatt/Willemsen* § 111 Rn. 35.

[152] Vgl. BAG 17.8.1982 – 1 ABR 40/80, DB 1983, 344; ein ähnlich gelagerter Sachverhalt lag der Entscheidung des LAG Frankfurt 28.10.1986 – 4 TaBV 13/86, BeckRS 1986, 30447708, zugrunde.

[153] 27.10.2016 – 7 TaBV 54/16, BeckRS 2016, 115616.

Hierbei soll es nicht darauf ankommen, ob die Verlegung innerhalb einer Großstadt mit guten Verkehrsverbindungen oder aber in eine andere politische Gemeinde erfolgt. Auch die arbeitsvertragliche Situation, namentlich ein etwaiges Recht des Arbeitgebers, die Arbeitnehmer im Rahmen des Direktionsrechtes anzuweisen, in der neuen Betriebsstätte tätig zu werden, wirkt sich auf die rechtliche Würdigung der Maßnahme im Rahmen des § 111 BetrVG nicht aus.[154] Ob tatsächliche Nachteile entstehen können, ist in jedem Einzelfall unter Berücksichtigung der konkreten Umstände zu prüfen. So zeigt das **Beispiel C 15,** wo trotz der nur geringen räumlichen Verlagerung für die Mitarbeiter nicht unerhebliche Nachteile entstehen, dass etwa eine festgelegte Mindestdistanz, die eingehalten sein muss, um von einer Betriebsverlegung auszugehen, der Lebenswirklichkeit nicht gerecht werden würde.

Die Voraussetzungen für das Vorliegen eines wesentlichen Betriebsteils wurden im Einzelnen bereits in → Rn. 35ff. erörtert. Die dortigen Ausführungen gelten entsprechend für die **Verlegung eines wesentlichen Betriebsteiles.** Auch wurde bereits auf die **Abgrenzung von Betriebsverlegung und Betriebsstilllegung** ausführlich eingegangen.[155] Es wurde insbesondere dargelegt, dass sich in den Fällen, in denen ein wesentlicher Teil der Belegschaft an dem neuen Arbeitsort nicht weiterbeschäftigt wird, etwa weil die Mehrzahl der Arbeitnehmer sich nicht bereitfindet, einen Umzug – eventuell sogar ins Ausland – auf sich zu nehmen, eine Betriebsverlegung als Betriebsstilllegung darstellen kann. Dies ist immer dann der Fall, wenn der Betrieb, bedingt durch die Verlagerung und den Personalaustausch, seine Identität verliert.[156] 51

Interessant ist in diesem Kontext auch die Frage, ob bzw. in welchen Fällen die Entscheidung, Nachfolgeprodukte nicht mehr an bisherigen Produktionsstandorten in Deutschland, sondern an einem anderen (günstigeren) Produktionsstandort im Ausland herstellen zu lassen, als Betriebsänderung zu bewerten ist.[157] Das LAG Baden-Württemberg hat hierzu die Auffassung vertreten, die bloße Entscheidung, ein Nachfolgeprodukt in einem im Ausland gelegenen Betrieb des Unternehmens bzw. eines anderen Konzernunternehmens herstellen zu wollen, stelle noch keine geplante Betriebsänderung bezüglich des inländischen Werkes dar, da es sich insoweit lediglich um eine unternehmens- bzw. konzernbezogene Planung handele. Erst wenn bezüglich des inländischen Standorts ein Personalabbau geplant sei, sei dort der Betriebsrat einzubinden. Schließlich bestehe die Möglichkeit, den Produktionsausfall in der Zukunft anders als durch einen Personalabbau zu kompensieren.[158] 52

e) Zusammenschluss und Spaltung von Betrieben

Seit der am 1.1.1995 in Kraft getretenen Neufassung des § 111 S. 2 Nr. 3 BetrVG ist nunmehr nicht nur der Fall des Zusammenschlusses von Betrieben, sondern auch der Fall der Spaltung von Betrieben als Betriebsänderung anzusehen. Die Änderung des Betriebsverfassungsgesetzes erfolgte seinerzeit im Zusammenhang mit der Verabschiedung des Umwandlungsgesetzes. 53

aa) Zusammenschluss von Betrieben. Was den **Zusammenschluss von Betrieben** anbelangt, so sind hier grundsätzlich **zwei Formen** zu unterscheiden:[159] So ist es denkbar, dass zwei bislang selbständige Betriebe zu einer neuen Einheit verbunden werden. Es entsteht ein **neuer Betrieb mit einer eigenen Identität,** es erfolgt mithin ein **echter Zusammenschluss.** Hiervon zu unterscheiden ist der Fall, dass ein bestehender Betrieb einen anderen Betrieb aufnimmt. Auch bei einer derartigen **Eingliederung** handelt es sich

[154] So stellvertretend für viele DKW/*Däubler* BetrVG § 111 Rn. 87; *Fitting* BetrVG § 111 Rn. 81.
[155] Vgl. hierzu → Rn. 31ff.
[156] Vgl. zur Identitätslehre → D Rn. 68ff.
[157] Sowohl eine Betriebsverlegung als auch eine Einschränkung könnte ein Ansatzpunkt sein.
[158] Vgl. LAG Baden-Württemberg 27.9.2004 – 4 TaBV 3/04, NZA-RR 2005, 195 unter Aufhebung des Beschlusses des ArbG Stuttgart 15.7.2004 – 21 BV 175/04, NZA-RR 2004, 537.
[159] Vgl. zu den denkbaren Fallkonstellationen ausführlich, → D Rn. 55.

um einen interessenausgleichs- und sozialplanpflichtigen Zusammenschluss im Sinne des § 111 S. 3 Nr. 3 BetrVG. Es entsteht jedoch kein neues organisatorisches Gebilde, sondern der aufnehmende Betrieb behält seine Organisation unverändert bei.[160]

Echter Zusammenschluss

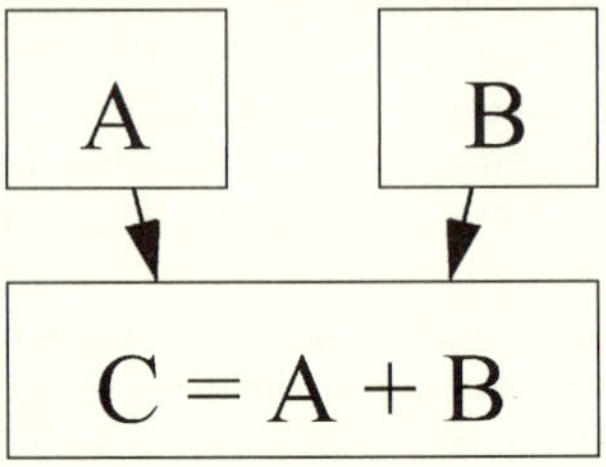

Eingliederung

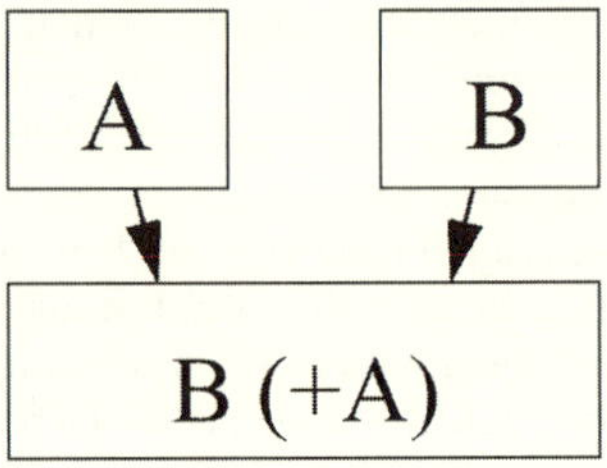

Auch wenn die Differenzierung dieser beiden Formen der Zusammenlegung sich nicht auf die Interessenausgleichs- und Sozialplanpflichtigkeit selbst auswirkt, da beide Erscheinungsformen gleichermaßen von § 111 S. 3 Nr. 3 BetrVG erfasst werden, ist die Unterscheidung durchaus von praktischer Relevanz. Dies deshalb, weil nach herrschender Meinung im Falle eines echten Betriebszusammenschlusses ein betriebliches Gebilde mit einer neuen Identität entsteht, für das sodann auch ein neuer Betriebsrat zu wählen ist.[161]

54 Wichtig ist, dass es bei der Beurteilung des Vorliegens einer Betriebsänderung gemäß § 111 S. 3 Nr. 3 BetrVG – wie auch bei allen anderen Katalogtatbeständen des § 111 S. 3 BetrVG – **alleine auf die betriebliche Ebene** ankommt. Fusionieren zwei Unternehmen und ändert sich also nur die gesellschaftsrechtliche Struktur, ohne dass zugleich die betriebliche Situation angetastet wird, so liegt eine Betriebsänderung regelmäßig nicht vor.[162] Werden jedoch zwei Betriebe zusammengeschlossen, ohne dass zugleich die gesellschaftsrechtliche Struktur angetastet wird, so liegt regelmäßig eine Betriebsänderung vor. Ob es sich hierbei um die Betriebe eines oder mehrerer Unternehmen handelt, ist für den Tatbestand des § 111 S. 3 Nr. 3 BetrVG unbeachtlich. Allerdings ist zu berücksichtigen, dass der Zusammenschluss zweier Betriebe rechtlich selbständiger Unternehmen zu einem einheitlichen Betrieb zumindest einen einheitlichen Leitungsapparat in sozialen und personellen Angelegenheiten erfordert.[163] Hierdurch entsteht ein Gemeinschaftsbetrieb.[164]

Es ist grundsätzlich davon auszugehen, dass sich der Zusammenschluss zweier Betriebe, sei es in der Form der Eingliederung, sei es in der Form eines echten Zusammenschlusses, **für die Belegschaft beider Betriebe** als interessenausgleichs- und sozialplanpflichtige

[160] Vgl. zu dieser Unterscheidung auch DKW/*Däubler* BetrVG § 111 Rn. 93; *Fitting* BetrVG § 111 Rn. 84; HWGNRH/*Hess* BetrVG § 111 Rn. 204; GK/*Oetker* BetrVG § 111 Rn. 142f.

[161] Vgl. → D Rn. 66.

[162] Vgl. DKW/*Däubler* BetrVG § 111 Rn. 95; *Fitting* BetrVG § 111 Rn. 83.

[163] Vgl. zu den Voraussetzungen eines gemeinsamen Betriebs zweier Unternehmen → D Rn. 18ff.

[164] Vgl. GK/*Oetker* BetrVG § 111 Rn. 144.

Betriebsänderung darstellt. Werden mehrere Betriebe eines Unternehmens zusammengeschlossen, so ist allerdings zu prüfen, ob nicht der Gesamtbetriebsrat anstelle der Betriebsräte der betroffenen Betriebe zuständig ist.[165] *Däubler* ist grundsätzlich darin zuzustimmen, dass in den Fällen, in denen Betriebe verschiedener Unternehmen zusammengeschlossen werden, zur Sicherung eines aus Fairnessgründen gebotenen einheitlichen Verhandlungsergebnisses **Viererverhandlungen** zwischen den beiden betroffenen Betriebsräten als Repräsentanten der Belegschaften und den beiden Unternehmensleitungen zweckmäßig sein können.[166] Nur so kann gewährleistet werden, dass den von dem Zusammenschluss betroffenen Arbeitnehmern eine einheitliche Behandlung zuteilwird. Dies gilt allerdings dann nicht, wenn der Zusammenschluss für die Belegschaft eines Betriebs zusätzliche Belastungen, wie etwa eine Betriebsverlegung, die Stilllegung eines Betriebsteils oder eine andere erhebliche Betriebsänderung, nach sich zieht. Hier unterscheiden sich die im Interessenausgleich zu regelnden Fragen sowie die Nachteile, die es im Rahmen des Sozialplans auszugleichen gilt, so erheblich voneinander, dass eine einheitliche Verhandlung nicht interessengerecht erscheint. Dies kann auch dann der Fall sein, wenn die wirtschaftliche Situation der beteiligten Unternehmen erheblich differiert, so dass die jeweilige Verhandlungsgrundlage eine vollständig andere ist.

Umstritten ist, ob § 111 S. 3 Nr. 3 BetrVG auch den Fall erfasst, dass **selbständige Betriebsteile** gemäß § 4 BetrVG oder gar nur **unselbständige Betriebsteile** zusammengeschlossen werden. Anders als in den anderen Tatbeständen des § 111 S. 3 BetrVG sind in § 111 S. 3 Nr. 3 BetrVG „wesentliche Betriebsteile“ nicht ausdrücklich erwähnt. Der herrschenden Meinung ist darin zuzustimmen, dass von dem Tatbestand des § 111 S. 3 Nr. 3 BetrVG gleichwohl der Fall des Zusammenschlusses von Betriebsteilen und Kleinstbetrieben im Sinne des § 4 BetrVG erfasst wird.[167] Liegen die in § 4 Abs. 1 S. 1 BetrVG formulierten Voraussetzungen vor, so sind Betriebsteile nach dem Willen des Gesetzgebers als selbständige Betriebe zu behandeln. Es ist nicht einzusehen, warum der Betriebsbegriff des Betriebsverfassungsgesetzes im Rahmen des § 111 BetrVG nicht zur Anwendung gelangen sollte. Demnach liegt gemäß § 111 S. 3 Nr. 3 BetrVG eine Betriebsänderung vor, wenn ein selbständiger Betriebsteil mit dem Hauptbetrieb oder einem dritten Betrieb zusammengeschlossen wird. 55

Ob § 111 S. 3 Nr. 3 BetrVG auch für die Fälle gilt, in denen **unselbständige Betriebsteile** beispielsweise mit dem Hauptbetrieb zusammengeschlossen werden, erscheint hingegen fraglich. Zum Teil wird vertreten, § 111 S. 3 Nr. 3 BetrVG müsse jedenfalls entsprechend Anwendung finden, wenn unselbständige Betriebsteile zweier Betriebe, die sich jeweils als für den Betrieb wesentlich darstellen, zusammengeschlossen werden.[168] Dem kann nicht gefolgt werden. Eine analoge Anwendung wäre allenfalls dann geboten, wenn insoweit eine Regelungslücke bestünde. Die Fälle, in denen wesentliche Betriebsteile ausgegliedert und in einen anderen Betriebsteil eingegliedert bzw. mit einem anderen Betrieb oder Betriebsteil zusammengeschlossen werden, stellen sich jedoch bereits deshalb als Betriebsänderungen im Sinne des § 111 BetrVG dar, weil damit regelmäßig eine Einschränkung des Betriebs oder wesentlicher Betriebsteile gemäß § 111 S. 3 Nr. 1 BetrVG sowie möglicherweise auch eine grundlegende Änderung der Betriebsorganisation oder des Betriebszwecks für den abgebenden ebenso wie für den aufnehmenden Betrieb gemäß § 111 S. 3 Nr. 4 BetrVG verbunden sein wird. Zudem kann auch der Tatbestand der Spaltung eines Betriebes erfüllt sein. Ein Bedürfnis für eine Analogie besteht daher schon unter praktischen Gesichtspunkten nicht.[169] 56

[165] Vgl. hierzu ausführlich → Rn. 373ff.

[166] Vgl. DKW/*Däubler* BetrVG § 111 Rn. 96.

[167] Vgl. DKW/*Däubler* BetrVG § 111 Rn. 93; *Fitting* BetrVG § 111 Rn. 85; GK/*Oetker* BetrVG § 111 Rn. 140.

[168] Vgl. DKW/*Däubler* BetrVG § 111 Rn. 94.

[169] Im Ergebnis ebenso *Fitting* BetrVG § 111 Rn. 85; GK/*Oetker* BetrVG § 111 Rn. 148; HWK/*Hohenstatt/Willemsen* § 111 Rn. 43.

Wird aufgrund eines Tarifvertrags oder einer Betriebsvereinbarung nach § 3 Abs. 1 Nr. 1 bis 3 BetrVG eine neue betriebsverfassungsrechtliche Organisationseinheit gebildet, löst dies keine Beteiligungsrechte nach § 111 BetrVG aus. Es entsteht in einem solchen Fall ein nach § 3 Abs. 5 BetrVG fingierter Betrieb, eine organisatorische Änderung und eine Neustrukturierung der Betriebe geht damit gerade nicht automatisch einher.[170]

57 **bb) Spaltung von Betrieben.** Wie bereits ausgeführt, hat der Tatbestand der Spaltung von Betrieben erst mit dem am 1.1.1995 in Kraft getretenen Umwandlungsbereinigungsgesetz Aufnahme in § 111 S. 3 BetrVG gefunden. Da zuvor bereits weitgehend anerkannt war, dass sich eine Betriebsspaltung unter dem Gesichtspunkt der grundlegenden Änderung der Betriebsorganisation oder des Betriebszwecks als Betriebsänderung darstellen kann, hat der neue Tatbestand eher den Charakter einer Klarstellung als den Charakter einer Erweiterung der Rechte des Betriebsrates.[171] Das Vorliegen einer Betriebsspaltung kommt bei einer nur oberflächlichen Betrachtungsweise in einer **Vielzahl von Fallkonstellationen** in Betracht: Ein Unternehmen entschließt sich, Vertrieb oder Verwaltung abzutrennen und in eine neue Gesellschaft auszugliedern; ein bestimmter Produktionszweig, der nicht zu der Produktpalette des Unternehmens passt, wird von einer selbständigen Gesellschaft fortgeführt, wobei eine neue Gesellschaft gegründet und auf diese der auszugliedernde Produktionszweig des Unternehmens im Wege eines so genannten *asset deals* übertragen wird; das Unternehmen wird nach den Vorschriften des Umwandlungsgesetzes gespalten, sei es in Form der Aufspaltung, der Abspaltung oder der Ausgliederung; ein Unternehmen entschließt sich, eine Betriebsabteilung zukünftig organisatorisch selbständig zu führen; ein Unternehmen spaltet sich entweder im Rahmen eines *asset deals* oder durch eine Spaltung nach dem Umwandlungsgesetz in eine Betriebs- und eine Besitzgesellschaft auf, wobei die Betriebsmittel von der Besitzgesellschaft, deren einziger Zweck die Anlagen- und Vermögensverwaltung ist, der vermögenslosen Betriebsgesellschaft zur Nutzung überlassen werden und die Arbeitsverhältnisse gemäß § 613a BGB auf die weitgehend vermögenslose Betriebsgesellschaft übergehen.

58 Nach dem Wortlaut des § 111 S. 3 Nr. 3 BetrVG liegt eine Betriebsänderung nur in den Fällen einer **Betriebsspaltung** vor. Wie sich diese auf das **Unternehmen** auswirkt, ob mithin zugleich eine **Änderung der gesellschaftsrechtlichen Struktur** vorliegt, ist demgegenüber **unbeachtlich.** Im Hinblick darauf ist immer dann, wenn eine Betriebsänderung iSd § 111 S. 3 Nr. 3 BetrVG in Betracht kommt, genauestens zu analysieren, ob sich – neben etwaigen gesellschaftsrechtlichen Veränderungen – tatsächlich zumindest auch Veränderungen auf der betrieblichen Ebene ergeben. Bei genauer Betrachtung der oben exemplarisch aufgezählten typischen Lebenssachverhalte können sich folgende Konstellationen ergeben:

(1) mit einer Unternehmensspaltung geht eine Betriebsspaltung einher;
(2) es liegt eine reine Betriebsspaltung vor;
(3) es liegt eine reine Unternehmensspaltung vor.

Während bei den ersten beiden Fallkonstellationen der Versuch eines Interessenausgleich unternommen werden muss, ist dies bei dem Vorliegen einer reinen Unternehmensspaltung gerade nicht der Fall. Hier bleibt die Betriebsstruktur unverändert, eine Betriebsänderung liegt demnach nicht vor.

[170] Vgl. *Fitting* BetrVG § 111 Rn. 84; GK/*Franzen* BetrVG § 3 Rn. 62; *Ludwig/Glau* BB 2019, 309 (311); DKW/*Däubler* BetrVG § 111 Rn. 93 meint zwar, mit einer Vereinbarung nach § 3 BetrVG könne auch ein Zusammenschluss einhergehen, dies dürften aber seltende Ausnahmefälle sein, die tatsächlich nur eintreten, wenn es zu organisatorischen Änderungen kommt.

[171] So ausdrücklich auch BAG 10.12.1996 – 1 ABR 32/96, DB 1997, 1416.

(1) Unternehmens- und Betriebsspaltung

59

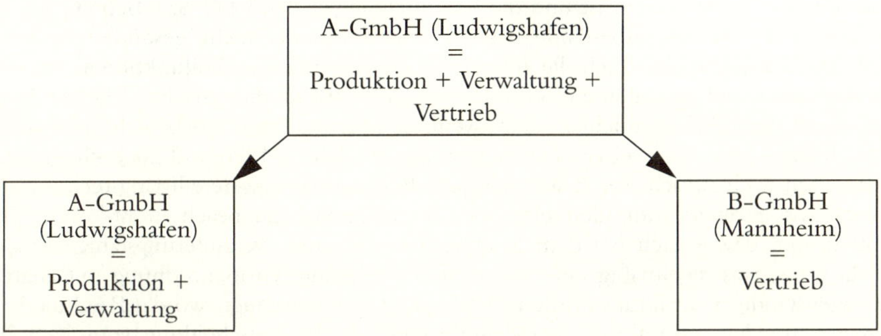

Beispiel C 16:

Die A-GmbH produziert Elektrogeräte für die Nutzung in Privathaushalten. Im Hinblick auf verstärkte Absatzschwierigkeiten entschließt sich die A-GmbH, ihre Vertriebsbemühungen zu intensivieren und verstärkt das Mittel des Direktvertriebes einzusetzen. Auf Anraten der Steuerabteilung wird diese Vertriebsoffensive zum Anlass genommen, den gesamten, am Hauptbetrieb in Ludwigshafen ansässigen Vertriebsbereich in eine neu zu gründende Gesellschaft auszugliedern. Der Vertrieb wird in Mannheim in einem repräsentativen Bürogebäude untergebracht. Der Vertriebschef erhält weit gehende Kompetenzen und kann zukünftig selbständig den Vertrieb leiten.

Obiges **Beispiel C 16** skizziert den Fall einer **„unternehmerischen Zellteilung“**,[172] die **zum Zwecke einer Funktionsaufspaltung** durchgeführt wird.[173] *Henssler* bezeichnet derartige Fälle zur besseren Unterscheidbarkeit als Ausgliederung.[174] Wie bereits ausgeführt, ist für das Vorliegen einer die Mitwirkungsrechte des Betriebsrates auslösenden Betriebsänderung letztlich die Frage entscheidend, ob sich die Unternehmensspaltung auch auf betrieblicher Ebene auswirkt. Da in **Beispiel C 16** die Unternehmensspaltung mit einer faktischen Ausgliederung des Vertriebs aus dem bisherigen Betrieb in Ludwigshafen einhergeht, liegen die Voraussetzungen einer Betriebsänderung iSd § 111 BetrVG vor. Nach außen wird die Betriebsspaltung dadurch dokumentiert, dass der Vertrieb auch räumlich von der Produktionsstätte abgetrennt wird. Der Betriebsrat muss von dem Unternehmer vor Durchführung der Betriebsspaltung beteiligt werden.

In derartigen Ausgliederungsfällen sind in der Regel nicht nur die Voraussetzungen ei- 60
ner Betriebsspaltung iSd § 111 S. 3 Nr. 3 BetrVG erfüllt. Geht die Funktionsspaltung einher mit einer organisatorischen Änderung der bisherigen betrieblichen Einheit, so kann sich die Maßnahme auch schon aufgrund der **grundlegenden Änderung der Betriebsorganisation** oder aufgrund der **Einschränkung des Betriebszweckes** als Betriebsänderung im Sinne des § 111 BetrVG darstellen.[175] Auch ist es denkbar, dass mit der Funktionsaufspaltung eine **Verlegung** eines bisherigen Betriebsteils einhergeht, was ebenfalls das Vorliegen einer Betriebsänderung gemäß § 111 S. 3 Nr. 2 BetrVG begründet. Auf die Frage, ob zudem die Voraussetzungen einer Betriebsspaltung gemäß § 111 S. 3 Nr. 3 BetrVG erfüllt sind, kommt es dann nicht mehr entscheidend an. Letzteres wird regelmäßig der Fall sein, wenn der ausgegliederte Teilbetrieb an einen anderen Ort verlegt wird. So verhält es sich im Übrigen auch in **Beispiel C 16.**

Ein **Sonderproblem** in diesem Zusammenhang ist die Frage, ob auch die Abspaltung 61
kleiner, unselbständiger Betriebsteile gemäß § 111 S. 3 Nr. 3 BetrVG, mithin eine **„Baga-**

[172] Vgl. *Reichold* ZIP 1988, 551 (552).
[173] Zu dieser Fallkonstellation vgl. auch *Bork* BB 1989, 2181; *Konzen,* Unternehmensaufspaltung, S. 50.
[174] Vgl. *Henssler* NZA 1994, 294 (295) mwN.
[175] Vgl. BAG 16.6.1987 – 1 ABR 41/85, NZA 1987, 671.

tellausgründung", als Betriebsänderung zu qualifizieren ist. Da § 111 S. 3 Nr. 3 BetrVG keinen Hinweis darauf enthält, dass nur die Abspaltung wesentlicher Betriebsteile als Betriebsänderung zu betrachten ist und die Voraussetzungen des § 111 S. 1 BetrVG bei Vorliegen eines der Katalogtatbestände des § 111 S. 3 BetrVG nicht gesondert zu prüfen sind,[176] ist es denkbar, dass auch die Abspaltung untergeordneter Teilfunktionen ein Interessenausgleichs- und ggf. auch ein Sozialplanverfahren erforderlich macht.[177] Dieser Auffassung scheint das BAG zuzuneigen, auch wenn es über die Frage noch nicht ausdrücklich zu entscheiden hatte. In zwei Entscheidungen aus den Jahren 1996 und 2008 klingt jedoch an, dass auch nach Ansicht des BAG nicht jede Betriebsspaltung Beteiligungsrechte auslöst, sondern dass insoweit zumindest eine sog. Bagatellgrenze zu beachten ist.[178] Das BAG spricht davon, dass es sich bei dem Spaltprodukt um eine „veräußerungsfähige Einheit" handeln muss, was regelmäßig eine wirtschaftlich relevante Größenordnung mit abgrenzbarer eigenständiger Struktur erfordert.[179] Was die Frage anbelangt, wo das BAG die Bagatellgrenze ansiedelt, ist aufgrund der Ausführungen in der Entscheidung vom 18.3.2008 davon auszugehen, dass sich das Gericht hier nicht an § 17 KSchG orientiert, sondern an einen weit niedrigeren Wert denkt. In dem zu entscheidenden Fall ging es um eine Abteilung, in der nur ca. 2,5% der Belegschaft beschäftigt war, was das BAG dennoch nicht an der Aussage hinderte, dass dies auch die im Rahmen des § 111 S. 3 Nr. 3 BetrVG zu beachtende Bagatellgrenze übersteige. Das Beteiligungsrecht des Betriebsrats wurde dennoch negiert, weil durch die Spaltung nicht zwei neue Einheiten entstanden sind, sondern weil sich die Maßnahme darin erschöpft, „die betriebliche Tätigkeit des Betriebsteils zu beenden, ohne dass dessen Substrat erhalten bliebe". Insoweit ging das BAG in Ermangelung zweier Spaltprodukte von einer Stilllegung und nicht von einer Spaltung aus.[180]

Auch wenn der Entscheidung aufgrund der Besonderheit, dass es nicht zu einer Betriebsspaltung (und einem Teilbetriebsübergang), sondern zu einer Stilllegung kam, im Ergebnis zuzustimmen ist, erscheint der Ansatz, Abspaltungen von kleinsten Teilen eines Betriebs für beteiligungspflichtig zu halten, während zugleich die Stilllegung entsprechend kleiner Betriebsteile beteiligungsfrei sein soll, nicht nachvollziehbar und widersprüchlich. Schließlich sind die Folgen der Abspaltung eines Betriebsteils, der nicht im Entferntesten an die Schwellenwerte des § 17 KSchG heranreicht, aufgrund des Bestands der Arbeitsverhältnisse der Betroffenen regelmäßig wesentlich einschneidender als die Stilllegung des Betriebsteils, die in Kündigungen mündet. Auch vermag das Argument des BAG, „eine Spaltung betreffe anders als eine Teilbetriebsstilllegung regelmäßig nicht nur den stillgelegten Teil, sondern den ganzen Betrieb", nicht zu überzeugen. Wäre in dem vom BAG zu entscheidenden Fall die Anzeigeproduktion nicht stillgelegt und fremdvergeben, sondern per Betriebsteilübergang an einen Dritten übertragen worden, hätte das den verbleibenden Betrieb in keiner Weise anders oder gar intensiver betroffen.

Nach der hier vertretenen Auffassung ist der Betriebsrat bei Abspaltung ebenso wie bei einer Stilllegung nur dann zu beteiligen, wenn es sich um einen wesentlichen Betriebsteil handelt.[181] Insoweit ist eine teleologische Reduktion der Norm geboten.[182] Alternativ kann die hier vertretene Auslegung des § 111 S. 3 Nr. 3 BetrVG auch damit begründet werden, dass das Vorliegen der Katalogtatbestände des § 111 BetrVG zwar die Erheblich-

---

[176] Vgl. → Rn. 18.

[177] Vgl. DKW/*Däubler* BetrVG § 111 Rn. 100; *Annuß* in Richardi BetrVG § 111 Rn. 102a; *Fitting* § 111 Rn. 87; GK/*Oetker* § 111 Rn. 150; aM ErfK/*Kania* § 111 Rn. 16; *Meyer/Röger* BB 2009, 894.

[178] BAG 10.12.1996 – 1 ABR 32/96, NZA 1997, 898; 18.3.2008 – 1 ABR 77/06, NZA 2008, 957; aM LAG Bremen 21.10.2004 – 3 Sa 77/04, NZA-RR 2005, 140, das meint, auf die Größe des Spaltprodukts komme es nicht an.

[179] BAG 10.12.1996, aaO.

[180] Vgl. BAG 18.3.2008, aaO.

[181] Vgl. im Ergebnis auch LAG Rheinland Pfalz 10.9.2009 – 11 TaBV 13/09, BeckRS 2009, 74675; vgl. auch ErfK/*Kania* BetrVG § 111 Rn. 16; *Willemsen* NZA 1996, 791 (797); *Meyer/Röger* BB 2009, 894.

[182] So auch *Lingemann/Göpfert* NZA 1997, 1325 (1326); zur Ausgliederung von Teil- und Hilfsfunktionen vgl. auch → Rn. 106 ff.

keit der möglicherweise drohenden Nachteile indiziert, es jedoch regelmäßig erforderlich ist, dass hiervon auch erhebliche Teile der Belegschaft betroffen sein können, was sich nach den modifizierten Schwellenwerten des § 17 KSchG richtet.[183]

(2) Reine Betriebsspaltung

62

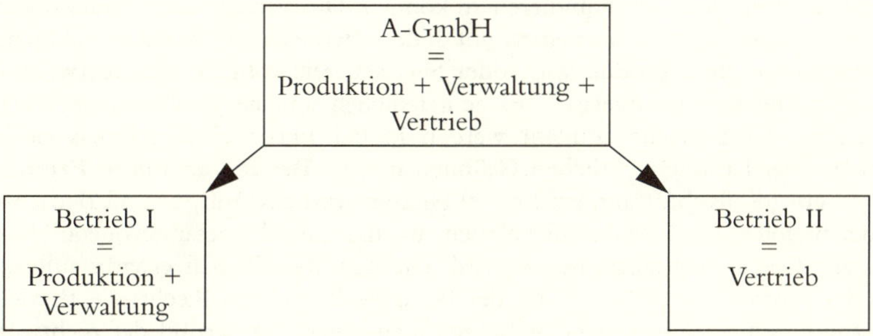

Beispiel C 17:

Die A-GmbH will in obigem **Beispiel 16** zwar keine neue Vertriebsgesellschaft gründen, sie beabsichtigt jedoch, den Vertriebsbereich insgesamt organisatorisch zu verselbständigen und ihm eine eigenständige Position im Unternehmen einzuräumen. Der Vertrieb wird daher aus der Hauptverwaltung in Ludwigshafen ausgegliedert und in Mannheim unter der Leitung eines neu eingestellten Vertriebsleiters, der mit großen Kompetenzen ausgestattet wird, fortgeführt.

Im **Beispiel C 16** kommt es nicht zu einer Unternehmensaufspaltung, wohl aber, sofern die bislang einheitliche Ausübung der organisatorischen Leitungsmacht im Betrieb in Ludwigshafen aufgebrochen wird, zu einer Betriebsspaltung. Da zudem die Voraussetzungen einer Betriebsverlagerung erfüllt sind und demnach für die Betroffenen wirtschaftliche Nachteile entstehen können, muss die A-GmbH nicht nur einen Interessenausgleich versuchen, sondern auch einen Sozialplan aufstellen.

(3) Reine Unternehmensspaltung

63

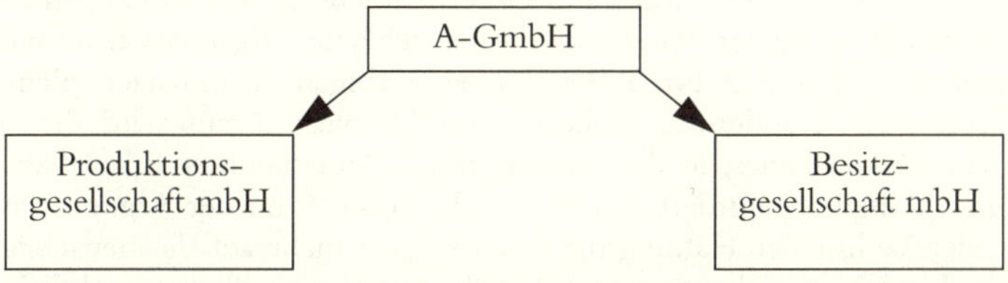

Da eine Unternehmensspaltung nicht notwendigerweise eine Betriebsspaltung nach sich ziehen muss, ist es denkbar, dass ungeachtet einer Unternehmensspaltung die Voraussetzungen einer Betriebsänderung nicht erfüllt sind.[184] Würde sich im obigen **Beispiel C 16** im Zuge der Ausgliederung des Vertriebes in eine Vertriebsgesellschaft an den Leitungsstrukturen und den organisatorischen und räumlichen Gegebenheiten nichts ändern, würden also die Mitarbeiter der Produktions- und der Vertriebsgesellschaften nach wie vor in personellen und sozialen Angelegenheiten einer einheitlichen Leitungsmacht unterstehen, so würde sich die Spaltung in eine Vertriebs- und Produktionsgesellschaft nicht als Be-

[183] Vgl. → Rn. 21.
[184] Vgl. hierzu auch *Buchner* GmbHR 1997, 434 (440); *Plander* NZA 2000, 393 (396).

triebsänderung darstellen. In einem solchen Fall würde der Betrieb ungeachtet der Unternehmensspaltung unverändert fortbestehen und es entstünde ein **Gemeinschaftsbetrieb mehrerer Unternehmen.**[185] Dass ungeachtet der Unternehmensaufspaltung die betriebliche Einheit erhalten bleibt, kommt in der Praxis durchaus häufig vor.

64 Im Rahmen des verbreiteten *profit-center* Konzepts zeichnet sich die Tendenz ab, einzelne **Unternehmenssparten rechtlich zu verselbständigen,** um sie erforderlichenfalls mit überschaubaren Verlusten liquidieren zu können. Der Verlust eines Produktionszweiges wirkt sich auf diese Weise nicht negativ auf andere Bereiche aus. Bei der rechtlichen Verselbständigung einzelner Produktions- oder Servicebereiche bleibt typischerweise die betriebliche Organisation unangetastet. Es geht lediglich um die gesellschaftsrechtliche Verselbständigung der Bereiche. Zudem werden in der Praxis Unternehmen vielfach aus steuerlichen oder haftungsrechtlichen Gründen in eine **Besitz- und eine Produktions- bzw. Betriebsgesellschaft** aufgespalten.[186] Hierbei wird das Anlage- und Betriebsvermögen in der bestehenden Gesellschaft belassen, wohingegen das gesamte operative Geschäft in eine neue Gesellschaft ausgegliedert wird. Die neue Gesellschaft erwirbt aufgrund entsprechender vertraglicher Abreden mit der Besitzgesellschaft das Recht, die Betriebsmittel gegen Zahlung eines entsprechenden Entgeltes zu nutzen. Aufgrund der rechtsgeschäftlichen Nutzungsrechte an den Betriebsmitteln gehen die Arbeitsverhältnisse gemäß § 613a BGB mit allen Rechten und Pflichten auf die neue Betriebsgesellschaft über. Diese weitgehend vermögenslose Betriebsgesellschaft ist damit der neue Arbeitgeber und Anspruchsgegner der gesamten Belegschaft.

Da sich in der Praxis die Fälle der reinen Unternehmensaufspaltung häufen, hat der Gesetzgeber sich entschlossen, in § 322 Abs. 1 UmwG eine widerlegbare Vermutung aufzunehmen, wonach in den Fällen, in denen ungeachtet einer Unternehmensspaltung die bisherige Organisation der Betriebe nicht geändert wird, von einer gemeinsamen Fortführung des Betriebes durch die beteiligten Unternehmen auszugehen ist. Wird der Betrieb als Gemeinschaftsbetrieb fortgeführt, so bleibt der Betriebsrat weiterhin im Amt. Hierbei handelt es sich nicht um ein Übergangsmandat, sondern um ein originäres und dauerhaftes Mandat.[187] Die Arbeitsverhältnisse der betroffenen Arbeitnehmer gehen zwar gemäß § 613a BGB auf die neue Gesellschaft über, eine Betriebsänderung iSd § 111 S. 3 Nr. 3 BetrVG liegt aber nicht vor.

65 Im Hinblick auf die Vermögenslosigkeit der Betriebsgesellschaft wird in der Literatur vielfach problematisiert, dass den Arbeitnehmern durch den **Verlust der Haftungsmasse wesentliche Nachteile im Sinne des § 111 S. 1 BetrVG** drohen. Daher soll ungeachtet der Tatsache, dass sich die Aufspaltung des Unternehmens in eine Besitz- und Betriebsgesellschaft regelmäßig in keiner Weise auf die betriebliche Organisation auswirkt, mithin der Tatbestand des § 111 S. 3 Nr. 3 BetrVG nach obigen Grundsätzen nicht erfüllt ist, gleichwohl eine Betriebsänderung vorliegen. Im Hinblick darauf wird die vorsorgliche Aufstellung eines Sozialplanes, in dem der bisherige Arbeitnehmer Bürgschafts- und Garantieerklärungen abgibt, gefordert.[188] Dem ist das BAG[189] mit der Argumentation entgegengetreten, der Verlust der Haftungsmasse wirke sich nicht auf die betriebliche Einheit aus. Vielmehr handele es sich insoweit lediglich um eine gesellschaftsrechtliche Veränderung, vor der § 111 BetrVG nicht schützen wolle. Das Betriebsverfassungsrecht sei hierfür nicht das geeignete Instrument. In der Entscheidung vom 10.12.1996[190] bekräftigt das BAG diese Sichtweise nochmals und führt aus, nach § 112 Abs. 1 S. 2 BetrVG seien nur

---

185 Vgl. *Bork* BB 1989, 2181 (2185); *Fitting* BetrVG § 1 Rn. 86; *Sowka* DB 1988, 1318; vgl. zu den Voraussetzungen eines Gemeinschaftsbetriebes ausführlich → D Rn. 18ff.

186 Vgl. *Konzen* S. 55; *Loritz* RdA 1987, 65 (77); *Röder/Baeck* S. 64; *Wendeling-Schröder* AiB 1987, 180.

187 Vgl. hierzu *Bauer* DB 1994, 217 (220); *Röder/Baeck* S. 65f.; *Sowka* DB 1988, 1318 (1319).

188 Vgl. *Engels* DB 1979, 2227; *Kittner,* Anmerkung zu BAG 17.2.1981 – 1 ABR 101/78, DB 1981, 1190; *Salje* NZA 1988, 449 (451); *Simon* ZfA 1987, 311 (323).

189 Vgl. BAG 17.2.1981 – 1 ABR 101/78, DB 1981, 1190.

190 Vgl. BAG 10.12.1996 – 1 ABR 32/96, NZA 1997, 898.

solche Nachteile auszugleichen, die den Arbeitnehmern infolge der geplanten Betriebsänderung entstehen. Die Verringerung der Haftungsmasse ergebe sich nicht aus einer Betriebsänderung, sondern aus dem rechtsgeschäftlichen Übergang des Betriebs auf einen neuen Betriebsinhaber. Hierbei handele es sich mithin um eine Folge des Schuldnerwechsels, nicht aber der Spaltung des Betriebes.

Zunächst ist festzuhalten, dass nach den oben dargelegten Grundsätzen, wonach eine ausschließlich gesellschaftsrechtliche Änderung der Unternehmensstruktur keine Betriebsspaltung im Sinne des § 111 S. 3 Nr. 3 BetrVG begründet, in derartigen Fällen eine Interessenausgleichs- und Sozialplanpflicht dogmatisch nicht begründbar ist. Zudem ist zu berücksichtigen, dass die Frage der Haftung des Betriebsveräußerers in den Fällen des Betriebsübergangs in § 613a Abs. 2 BGB vom Gesetzgeber ausdrücklich geregelt worden ist. Hätte man dort den Betriebsveräußerer grundsätzlich weiter gehend verpflichten bzw. im Hinblick auf die Haftungsrisiken eine generelle Sozialplanpflichtigkeit der Betriebsveräußerung begründen wollen, so hätte diese Möglichkeit bestanden. Es entspricht jedoch gerade der herrschenden Meinung sowohl in der Rechtsprechung als auch in der Literatur, dass ein Betriebsübergang für sich betrachtet keine Betriebsänderung begründet.[191]

Grundsätzlich sind Nachteile, die durch den Wechsel des Betriebsinhabers verursacht 66
werden, nicht im Rahmen eines Sozialplanes auszugleichen, sondern gegebenenfalls mittels **zivil- und haftungsrechtlicher Instrumentarien** zu kompensieren.[192] Hierzu können beispielsweise die Grundsätze des Gesellschafts und Konzernhaftungsrechts dienen.[193] Zudem hat der Gesetzgeber in § 134 UmwG die in Rede stehende haftungsrechtliche Problematik bei der Aufspaltung von Unternehmen nach dem Umwandlungsgesetz in Besitz- und Betriebsgesellschaften ausdrücklich geregelt. Nach dieser Vorschrift haftet die Gesellschaft, auf die das Anlagevermögen im Wesentlichen übertragen wurde, auch für die Forderungen der Arbeitnehmer der Betriebsgesellschaft als Gesamtschuldner, die binnen fünf Jahren nach dem Wirksamwerden der Spaltung aufgrund der §§ 111–113 BetrVG begründet wurden. Danach sind die Ansprüche der Arbeitnehmer einer vermögenslosen Betriebsgesellschaft aus Sozialplänen bzw. deren Ansprüche auf Nachteilsausgleich nach § 113 BetrVG für die Dauer von fünf Jahren nach der Spaltung im Sinne des Umwandlungsgesetzes gesichert. Damit hat der Gesetzgeber gerade den Bedenken Rechnung getragen, die seitens der Vertreter der Auffassung, auch die Aufspaltung eines Unternehmens in eine Besitz- und Betriebsgesellschaft stelle sich als sozialplanpflichtige Betriebsänderung dar, geäußert wurden. Den dort vorgetragenen Argumenten, wonach im Rahmen eines Sozialplanes eine Haftungserweiterung festgeschrieben werden müsse, um die Belange der Arbeitnehmer abzusichern, wurde demnach durch Einführung einer erweiterten zivilrechtlichen Haftungsnorm Rechnung getragen. Allerdings ist zu konzedieren, dass in den Fällen der Unternehmensspaltung, die nicht nach dem Umwandlungsgesetz vollzogen werden, im Grundsatz keine Nachhaftung stattfindet. Die Problematik kann ggf. im Krisenfall nachträglich nur gelöst werden, wenn die (engen) Voraussetzungen für eine Durchgriffshaftung nach allgemeinen Grundsätzen vorliegen.[194]

f) Grundlegende Änderung der Betriebsorganisation, des Betriebszwecks oder der Betriebsanlagen

Der Tatbestand des § 111 S. 3 Nr. 4 BetrVG, wonach Fälle der grundlegenden Änderung 67
der Betriebsorganisation, des Betriebszweckes oder der Betriebsanlagen als Betriebsänderungen zu qualifizieren sind, ist auf den ersten Blick sehr weit gefasst. Bei der Interpretation der Norm ist daher zu berücksichtigen, dass sowohl die Betriebsorganisation als auch der Betriebszweck und die Betriebsanlagen fortlaufend Änderungen unterworfen sind. Ein

[191] Vgl. hierzu → Rn. 79.
[192] So auch *Bork* BB 1989, 2181 (2184); *Jaeger* BB 1988, 1036 (1039).
[193] Vgl. *Bork* BB 1989, 2181 (2185); *Röder/Baeck* S. 68 mwN.
[194] Vgl. hierzu → Rn. 325ff.

Betrieb ist ein dynamisches Gebilde, das sich fortentwickelt und hinsichtlich der Organisation und der Arbeitsabläufe regelmäßig nicht auf einem Status quo verharrt. Vor diesem Hintergrund stellt sich das Erfordernis der **grundlegenden Änderung** als Korrektiv dar und eröffnet die Möglichkeit, routinemäßige Änderungen und Fortentwicklungen unbeachtet zu lassen.[195] Grundlegend ist die Änderung nur dann, wenn sie erhebliche nachteilige Auswirkungen auf die Belegschaft oder erhebliche Teile der Belegschaft haben kann.[196] Das wird regelmäßig nur bei einschneidenden Änderungen der Betriebsorganisation, des Betriebszweckes oder der Betriebsanlagen der Fall sein. Fortlaufende Maßnahmen zur Verbesserung der betrieblichen Abläufe etc. reichen hingegen ebenso wenig aus wie der routinemäßige Austausch technischer Anlagen.[197] Lässt sich nicht zweifelsfrei beurteilen, ob eine Änderung als grundlegend qualifiziert werden kann, so ist auch hier, ebenso wie bezüglich der übrigen Katalogtatbestände des § 111 S. 3 BetrVG, darauf abzustellen, ob die Zahl der von der Maßnahme betroffenen Arbeitnehmer die im Rahmen des § 111 BetrVG modifizierten Schwellenwerte des § 17 KSchG übersteigt.[198] Ist dies der Fall, so indiziert dies den grundlegenden Charakter der Maßnahme.

Häufig werden gerade bei Reorganisationsmaßnahmen Änderungen in mehreren Schritten und über einen längeren Zeitraum hinweg vollzogen. So verhält es sich beispielsweise bei der Einführung „flacherer" Hierarchien, *lean production* oder der Einführung von Gruppenarbeit.[199] Auch die Einführung neuer Informationstechnologien erfolgt regelmäßig nicht innerhalb weniger Tage, sondern in mehreren Etappen.[200] Bei derartigen Fallgestaltungen spricht regelmäßig eine tatsächliche Vermutung dafür, dass diese Entwicklung auf einer Gesamtplanung beruht,[201] so dass nicht die einzelnen Schritte der technischen und organisatorischen Innovation, sondern das ins Auge gefasste Ziel daraufhin zu untersuchen ist, ob es sich um eine Betriebsänderung handelt.[202]

68 Unter dem Begriff der **Betriebsorganisation** ist die Art und Weise, wie Menschen und Betriebsanlagen koordiniert werden, um den gewünschten arbeitstechnischen Zweck zu erreichen, zu verstehen.[203] Von einer grundlegenden Änderung der Betriebsorganisation kann daher bei der vollständigen Änderung des Betriebsablaufs, der Abteilungsstrukturen sowie der Zuständigkeiten und Unterstellungsverhältnisse gesprochen werden.[204] In der Vergangenheit gab es eine Reihe von typischen Beispielen für eine potentiell neue Betriebsorganisation:

- Zentralisierungs- oder Dezentralisierungsmaßnahmen sowie die Einführung „flacherer" Hierarchien,[205]
- Einführung von Großraumbüros, Gruppenarbeit und so genannter *Just-in-time*-Produktion[206]
- Outsourcing von Primärfunktionen und Vergabe so genannter Sekundärfunktionen (zB Bewachung, Kantine, Reinigung) an Drittunternehmen,[207]
- *lean production,* dh Reduktion der Fertigungstiefe.[208]

---

[195] Vgl. *Knorr* § 4 Rn. 61.
[196] Vgl. BAG 26.10.1982 – 1 ABR 11/81, DB 1983, 1766; BAG 18.3.2008 – 1 ABR 77/06, NZA 2008, 957.
[197] Vgl. LAG Hamm 30.5.2008 – 10 TABVGa 9/08, BeckRS 2008, 55454; siehe ferner *Röder/Baeck* S. 67; vgl. auch *Plander* NZA 2000, 393 (397) mwN.
[198] Vgl. BAG 26.10.1982, aaO; vgl. zu den Schwellenwerten im einzelnen → Rn. 21.
[199] Vgl. zu diesen Fallgestaltungen im einzelnen *Hunold* NZA 1993, 723 (724).
[200] Ausführlich hierzu *Däubler* DB 1985, 2297 (2299).
[201] Vgl. *Däubler* DB 1985, 2297 (2299); MHdB ArbR/*Matthes* § 268 Rn. 43.
[202] Vgl. hierzu ausführlich → Rn. 24.
[203] Vgl. DKW/*Däubler* BetrVG § 111 Rn. 105; entsprechende Beispiele aus der Praxis finden sich auch bei *Plander* NZA 2000, 393 (397).
[204] Vgl. hierzu *Fitting* BetrVG § 111 Rn. 92;
[205] Vgl. *Fitting* BetrVG § 111 Rn. 92; *Knorr* § 4 Rn. 62; *Röder/Baeck* S. 57.
[206] Vgl. hierzu insbesondere *Hunold* NZA 1993, 723 (724); *Wellenhofer-Klein* DB 1997, 978.
[207] Vgl. BAG 18.11.2003 – 1 AZR 637/02, NZA 2004, 741; dieser Aspekt ist näher beleuchtet in → Rn. 106.
[208] Vgl. hierzu *Hunold* NZA 1993, 723.

Auch die Einführung einer **Matrixorganisation** kann sich als wesentliche Änderung der Betriebsorganisation darstellen, wobei dies häufig auch mit der Neustrukturierung der Betriebe einhergeht.[209] Ein neuere Erscheinungsform, bei der das Vorliegen einer Änderung der Betriebsorganisation diskussionswürdig ist, ist die Einführung sog. **agiler Arbeitsmethoden.** Hierbei geht es um die Abschaffung der klassisch hierarchischen Unternehmensorganisation, die durch neu kreierte Teams oder auch sog. Squads ersetzt werden. Diese Einheiten organisieren und verwalten sich selbst und sind regelmäßig cross-funktional zusammengesetzt. Damit entfallen bisherige feste Berichtslinien und werden durch eine besondere Form der Netzwerkorganisation ersetzt. Eine weit verbreitete Arbeitsmethode ist *Scrum*.[210] Handelt es sich um eine grundlegende Maßnahme, wird man das als Änderung der Betriebsorganisation, aber uU auch als Einführung neuer Arbeitsmethoden nach § 111 S. 3 Nr. 5 BetrVG qualifizieren können.

In jedem Einzelfall bedarf es der genauen Untersuchung, ob die mit Maßnahmen wie der Einführung von ***Just-in-Time***-Produktion, ***lean production*** oder **agiler Arbeitsmethoden** einhergehenden Änderungen auch tatsächlich so grundlegend sind, dass sie wesentliche Nachteile für die Belegschaft oder erhebliche Teile der Belegschaft nach sich ziehen können. Nur dann stellt sich die Neuerung auch als Betriebsänderung dar. Unterzieht man beispielsweise den Fall der Einführung einer *Just-in-Time*-Produktion aus Sicht des Lieferanten einer näheren Betrachtung, so ergibt sich folgendes Bild: Bei der *Just-in-Time*-Produktion handelt es sich um eine auf die Fertigung des Abnehmers genau abgestimmte Anlieferung von Zulieferteilen. Dem Zulieferer werden hierbei von dem Endprodukthersteller regelmäßig genaue Vorgaben gemacht und es wird ihm bezüglich der Lieferzeiten, der Produktionsmengen und der Durchführung der Produktion eine extreme Flexibilität abverlangt. Dies hat zur Folge, dass ein Zulieferer, der eine entsprechende Verpflichtung eingeht, gezwungen ist, seine Organisation ganz auf die des Abnehmers einzustellen, die Arbeitsabläufe mit denjenigen des Abnehmers zu synchronisieren und auf den dauerhaften Wechsel von Arbeitsvolumen und Intensität eingestellt zu sein. Die Einführung einer solchen Produktionstechnik geht regelmäßig einher mit dem Einsatz so genannter CAD- oder CAM-Systeme, dh einer computergesteuerten Produktionsweise, durch die zwischen Zulieferer und Abnehmer eine Online-Verbindung ermöglicht wird, die es dem Abnehmer erlaubt, jederzeit auf die Produktion Einfluss zu nehmen. Da dies faktisch darauf hinaus läuft, dass einzelne Betriebsfunktionen von dem Abnehmer ferngesteuert werden können bzw. der Zulieferer einen nicht unerheblichen Teil seiner Autonomie verliert, steht der grundlegende Charakter einer solchen Organisationsänderung bzw. der Änderung der betrieblichen Abläufe außer Zweifel.[211] 69

Ähnlich wird man die Einführung **agiler Arbeitsmethoden** beurteilen müssen, wenn diese nicht nur singuläre Bereiche, sondern relevante Betriebsteile bzw. Organisationseinheiten betrifft. Hier verändern sich die Art der Zusammenarbeit, die Hierarchie- und Berichtsebenen so signifikant, dass sich dies erheblich auf die täglichen Abläufe und Verantwortlichkeiten der Mitarbeiter auswirkt.[212]

Demgegenüber wird man die Einführung des Konzeptes der *Balanced Scorecard,* bei dem es sich um einen bestimmten unternehmerischen „Denkrahmen“ oder ein Denkkonzept handelt,[213] nicht unter einen der Katalogtatbestände des § 111 S. 3 BetrVG, insbesondere auch nicht unter § 111 S. 3 Nr. 4 BetrVG fassen können. Es fehlt in diesem Fall an einem ausreichend konkreten Bezug zu einer geplanten Betriebsänderung, auch wenn es nicht ausgeschlossen ist, dass aus der Einführung des neuen Konzepts BSC letztlich Betriebsän-

[209] Vgl hierzu *Bachner* NZA 2019, 134, 141.
[210] Vgl. hierzu *Günther/Böglmüller* NZA 2019, 417; *Schulze/Volk* ArbRAktuell 2019, 404; *Sittard/Müller* ArbRB 2019, 31; *Hoffmann-Remy* DB 2018, 2757.
[211] Vgl. so auch *Wellenhofer-Klein* DB 1997, 978 (979).
[212] So auch *Schulze/Volk* ArbRAktuell 2019, 404 (406 f.); *Günther/Böglmüller* NZA 2019, 417 (423).
[213] Vgl. die Erläuterung mwN bei *Däubler* DB 2000, 2270.

derungen resultieren.[214] Abzulehnen ist es auch, die Einführung von Englisch als neue Betriebssprache als Fall des § 111 S. 3 Nr. 4 BetrVG zu qualifizieren.[215]

70 Von dem Tatbestand der **Änderung des Betriebszwecks** werden Änderungen des arbeitstechnischen, nicht aber des wirtschaftlichen Zweckes erfasst.[216] Eine grundlegende Änderung des Betriebszweckes ist nicht nur dann anzunehmen, wenn der bisherige Betriebszweck nicht mehr weiterverfolgt und vollständig von einem neuen Betriebszweck ersetzt wird. Es genügt vielmehr auch, wenn der bisherige Betriebszweck zu einem erheblichen Teil nicht mehr weiterverfolgt oder aber der bereits vorhandene Betriebszweck um einen weiteren arbeitstechnischen Zweck erweitert wird. Geändert wird ein Betriebszweck demnach dann, wenn er durch einen anderen ersetzt wird, der Unternehmer den arbeitstechnischen Zweck durch einen weiteren ergänzt oder wenn er von mehreren arbeitstechnischen Zwecksetzungen einen aufgibt.[217]

In welchen Konstellationen eine Änderung des Betriebszwecks vorliegen kann, soll anhand einiger Beispiele anschaulich gemacht werden: Wird die ursprüngliche Motorrad- auf eine Kraftwagenproduktion umgestellt oder wird die Produktion von Motorrädern eingestellt und nur noch eine Reparaturwerkstatt fortgeführt, so wird man die Voraussetzungen des § 111 S. 3 Nr. 4 BetrVG als erfüllt ansehen müssen. Hingegen soll es nach Ansicht des BAG nicht genügen, wenn ein Schlachthof nicht mehr Schweine, Rinder und Kälber schlachtet, sondern seine Schlachtungen auf Schweine beschränkt.[218] Ferner soll es nicht ausreichen, wenn ein Autohersteller sich zukünftig auf die Produktion von umweltfreundlichen Autos und Elektroautos beschränkt. Demgegenüber hat das BAG die Einführung von Spielautomaten in einem Kasino, in dem bislang nur herkömmlich am Spieltisch gespielt werden konnte, als Betriebsänderung angesehen. Hierbei, so wird ausgeführt, handele es sich um die Verfolgung eines zusätzlichen, neuen Betriebszweckes. Im Bereich der Dienstleistungsbetriebe ändere sich der Betriebszweck, wenn andere als die bisherigen Dienstleistungen angeboten werden sollen.[219] In einer Entscheidung vom 16.6.1987[220] hatte sich das BAG mit der Frage zu befassen, ob die Ausgliederung der Produktion, Entwicklung und Konstruktion eines Unternehmens in eine neue Gesellschaft als Betriebsänderung nach § 111 S. 3 Nr. 4 BetrVG zu qualifizieren ist. Da der Tatbestand der Spaltung von Betrieben erst durch Art. 13 UmwBerG eingeführt wurde, konnte seinerzeit auf § 111 S. 3 Nr. 3 BetrVG nicht abgehoben werden. Das BAG kam zu dem Ergebnis, die Spaltung des Unternehmens in eine Produktions- und Verwaltungsgesellschaft, die zugleich mit der tatsächlichen Spaltung der Betriebe einherging, stelle sich sowohl als grundlegende Änderung der Betriebsorganisation als auch als grundlegende Änderung des Betriebszweckes dar. Wörtlich wird dort ausgeführt: „Eine Änderung des Betriebszweckes setzt nicht nur voraus, dass ein Betriebszweck völlig aufgegeben und an seiner Stelle ein neuer Betriebszweck verfolgt wird. Der Zweck des Betriebs kann sich auch ändern, wenn wesentliche arbeitstechnische Zwecke nicht weiterverfolgt werden."[221] Hieraus folgt, dass sich gerade in den Fällen des Outsourcing von Primärfunktionen das Vorliegen einer Betriebsänderung vielfach auch aus der damit einhergehenden Einschränkung des Betriebszweckes ergibt. Bei der Fremdvergabe von Sekundärfunktionen (zB Kantine, Bewachung)

---

[214] Vgl. hierzu *Däubler* DB 2000, 2270 (2275).

[215] Vgl. zu dieser Problematik *Diller/Powietzka* DB 2000, 718 (722).

[216] Vgl. BAG 17.12.1985 – 1 ABR 78/83, NZA 1986, 804.

[217] Vgl. BAG 16.6.1987 – 1 ABR 41/85, NZA 1987, 671; das LAG Düsseldorf hat demgemäß in einer Enscheidung vom 20.4.2016 – 4 TaBV 70/15, BeckRS 2016, 71599 die Schließung einer Forschungs- und Entwicklungsabteilung als Änderung des Betriebszwecks qualifiziert.

[218] Vgl. BAG 28.4.1993 – 3 AZR 313/93, NZA 1994, 807.

[219] Vgl. BAG 17.12.1985 – 1 ABR 78/83, NZA 1986, 804. Demgegenüber soll nach Auffassung des LAG Hessen 9.4.1998 – 5 TaBV 140/97, NZA-RR 1999, 526, in der Einführung des Pokerspiels in einer Spielbank keine Betriebsänderung iSd § 111 S. 3 Nr. 4 oder Nr. 5 BetrVG liegen.

[220] 1 ABR 41/85, NZA 1987, 671.

[221] BAG 16.6.1987, aaO unter II 2. (b) der Gründe.

wird es demgegenüber an der Aufgabe eines wesentlichen arbeitstechnischen Zwecks des Betriebs fehlen. Im Einzelnen wird hierauf noch in → Rn. 106 ff. eingegangen.

Betriebsanlagen sind nach allgemeinem Verständnis zunächst alle technischen Hilfsmittel eines Unternehmens, die im Arbeitsprozess Verwendung finden, nicht zur Veräußerung bestimmt sind und die die Struktur des Produktions- und Leistungsprozesses bestimmen.[222] Der Begriff der Betriebsanlagen ist hierbei weit auszulegen. So werden beispielsweise Betriebsstätten, Einrichtungen, Maschinen und Arbeitsgeräte, EDV-Anlagen, Datensichtgeräte, spezielle Computer-Software zur computergestützten Konstruktion, Mikroprozessoren etc. erfasst.[223] Aber auch wenn ein Unternehmen einen Austausch oder eine Modifikation von Betriebsanlagen im Sinne obiger Definition beabsichtigt, impliziert dies noch keinesfalls das Vorliegen einer „grundlegenden Änderung der Betriebsanlagen" im Sinne des § 111 S. 3 Nr. 4 BetrVG. Nach der Entscheidung des BAG vom 26. 10. 1982[224] erschließt sich die Frage, ob in einem konkreten Fall diese Voraussetzungen erfüllt sind, erst im Rahmen einer **zwei- bzw. dreistufigen Prüfung:**[225] 71

Der **erste Prüfungsschritt** bezieht sich auf das Vorliegen einer **Änderung von Betriebsanlagen.** Nach Auffassung des BAG setzt dies voraus, dass die sächlichen Betriebsmittel, auf die sich die Änderungen beziehen, im Verhältnis zu den Anlagen des gesamten Betriebs und damit für das betriebliche Gesamtgeschehen von erheblicher Bedeutung sind.[226] Denn das Gesetz verlange, so das BAG, eine Änderung *der* Betriebsanlagen und nicht eine Änderung von irgendwelchen Betriebsanlagen. Die Betriebsanlage, auf die sich die Änderung beziehe, müsse „von erheblicher Bedeutung für das betriebliche Gesamtgeschehen" sein. Ist ein erheblicher Teil der Belegschaft von der Änderung betroffen, so indiziere dies im Zweifel auch die erhebliche Bedeutung der neuen Anlagen für den Gesamtbetrieb. Dabei könne zur Feststellung, wann ein erheblicher Teil der Belegschaft betroffen sei, auch an die Rechtsprechung des 1. Senats zur Betriebseinschränkung im Sinne von § 111 S. 3 Nr. 1 BetrVG angeknüpft werden. Konkret bedeutet dies, dass die Zahlenstaffel des § 17 KSchG mit der Einschränkung maßgeblich ist, dass bei Betrieben mit mehr als 600 Arbeitnehmern mindestens 5 % der Belegschaft als erheblich angesehen werden. 72

Ergibt eine solche Prüfung, dass die zu installierenden neuen Anlagen für das betriebliche Gesamtgeschehen „von erheblicher Bedeutung" sind, so muss im Rahmen des **zweiten Prüfungsschrittes** festgestellt werden, ob es sich dabei um eine **„grundlegende" Änderung der Betriebsanlagen** handelt. Das BAG hat in der zitierten Entscheidung vom 26. 10. 1982 geprüft, „(…) ob die zu installierenden Bildschirmgeräte gegenüber den bisher eingesetzten Betriebsmitteln technisch etwas wesentlich Andersartiges darstellen." In einer Entscheidung vom 18. 3. 2008 führt das BAG aus, es komme entscheidend darauf an, ob die Änderung einschneidende Auswirkungen auf den Betriebsablauf, die Arbeitsweise oder die Arbeitsbedingungen der Arbeitnehmer habe.[227] 73

Liegt hiernach eine grundlegende Änderung der Betriebsanlagen vor, so indiziert dies ohne weiteres die Möglichkeit des Eintritts wesentlicher Nachteile für die Belegschaft oder erheblicher Teile der Belegschaft. Es bedarf dann nach Auffassung des BAG nicht weiter der Prüfung der Frage, ob und gegebenenfalls welche konkreten wirtschaftlichen Nachteile (zB in Form von Versetzungen oder Entlassungen) für die Belegschaft zu erwarten sind. Mit anderen Worten: Stellt sich die technische Neuerung als gravierend, also quasi als „Sprung in eine andere Welt" dar, so indiziert dies ohne weiteres die Möglichkeit des

[222] Vgl. DKW/*Däubler* BetrVG § 111 Rn. 107; GK/*Oetker* BetrVG § 111 Rn. 154; *Annuß* in Richardi BetrVG § 111 Rn. 114.
[223] Beispiele finden sich bei *Knorr* § 4 Rn. 64 ff.; das LAG Hamm 9. 2. 2009 – 10 TaBV 3/09, BeckRS 2010, 72243, hat ferner die Umflottung von Flugzeugmustern als Betriebsänderung iSd § 111 S. 3 Nr. 4 BetrVG aufgefasst.
[224] 1 ABR 11/81, DB 1983, 1766.
[225] So auch die Analyse von *Richardi* in der Urteilsanmerkung zu AP Nr. 10 und 11 zu § 111 BetrVG.
[226] aaO unter II 2. (b) der Gründe.
[227] 1 ABR 77/06, NZA 2008, 957 Rn. 22.

Entstehens **wesentlicher Nachteile** für die Belegschaft. Werden hingegen beispielsweise lediglich abgenutzte Maschinen durch Maschinen einer neuen Generation ersetzt, sind die Voraussetzungen des § 111 S. 3 Nr. 4 BetrVG nicht erfüllt.[228]

74 Soweit sich in Einzelfällen nach qualitativen Gesichtspunkten nicht zweifelsfrei beurteilen lässt, ob es sich um technische Neuerungen von erheblicher Bedeutung handelt, muss in einem **dritten Prüfungsschritt** auf das Ausmaß der nachteiligen Auswirkungen der Änderung auf die betroffenen Mitarbeiter abgestellt werden. Nach Auffassung des BAG ist dann zu fragen, ob sich für die betroffenen Arbeitnehmer aus der Änderung der Betriebsanlagen **wesentliche Nachteile** ergeben können. Denn der Begriff „grundlegend", so wird ausgeführt, sei auch vor dem Hintergrund des sozialen Schutzgedankens des § 111 BetrVG zu verstehen. Das Ausmaß der nachteiligen Folgen der Änderung für die Belegschaft sei deshalb im Zweifelsfalle ein wichtiger Anhaltspunkt für die Beantwortung der Frage, ob eine Änderung der Betriebsanlagen grundlegend sei.[229] Abschließend sei darauf verwiesen, dass für die Frage, ob eine grundlegende Änderung der Betriebsanlagen vorliegt, stets auf die Verhältnisse des einzelnen Betriebs und nicht etwa des Gesamtunternehmens abzustellen ist.[230]

75 Der vereinzelt vertretenen Meinung, wonach der Umstand, dass der Arbeitgeber den Betriebsrat bei der Planung technischer Anlagen bereits nach § 90 Nr. 2 und 3 BetrVG zu beteiligen hat, das Beteiligungsrecht nach § 111 BetrVG verdrängt,[231] kann nicht gefolgt werden. Die **Beteiligungsrechte des Betriebsrates nach §§ 90 und 111 BetrVG** bestehen **nebeneinander,** da hiermit jeweils andere Ziele verfolgt werden. Während Ziel des § 90 BetrVG die menschengerechte Gestaltung des Arbeitsplatzes, der Arbeitsabläufe und der Arbeitsumgebung ist, geht es bei § 111 BetrVG um die Erzielung eines Interessenausgleichs, mithin um das „ob" und „wie" der Maßnahme, und gegebenenfalls um den Abschluss eines Sozialplanes.

g) Einführung neuer Arbeitsmethoden und Fertigungsverfahren

76 Der Katalogtatbestand des § 111 S. 3 Nr. 5 BetrVG überschneidet sich mit § 111 S. 3 Nr. 4 BetrVG. Insbesondere die grundlegende Änderung der Betriebsanlagen geht häufig mit der Einführung neuer Arbeitsmethoden und Fertigungsverfahren einher, so dass vielfach beide Tatbestände erfüllt sind. Der Unterschied der beiden Formen der Betriebsänderung liegt darin, dass es nach § 111 S. 3 Nr. 4 BetrVG auf technische Änderungen der Betriebsmittel, nach § 111 S. 3 Nr. 5 BetrVG jedoch auf die Gestaltung der Arbeit selbst ankommt.[232] Der Begriff der **Arbeitsmethoden** meint die Art und Weise, in der menschliche Arbeitskraft für den Betriebszweck nutzbar gemacht wird. Das BAG definiert den Begriff der Arbeitsmethode als die jeweilige Art, eine Arbeit systematisch abzuwickeln. Darunter sollen die Strukturierung des Arbeitsablaufs des einzelnen Arbeitnehmern, die des Arbeitsablaufs zwischen den Arbeitnehmern sowie der Einsatz technischer Hilfsmittel fallen.[233] Demnach sind alle Maßnahmen, die auf den veränderten und insbesondere effizienteren Einsatz von Arbeitnehmern sowie die rationellere Gestaltung von Arbeitsabläufen gerichtet sind, unter diesem Gesichtspunkt zu prüfen. So wird man beispielsweise die Umstellung von Einzel- auf Fließbandfertigung, die Einführung von Gruppenarbeit, EDV-ge-

[228] Vgl. *Fitting* BetrVG § 111 Rn. 95; HWGNRH/*Hess* § 111 Rn. 230; GK/*Oetker* § 111 Rn. 162; *Röder/Baeck* S. 58; ähnlich das LAG Niedersachsen 8.6.2007 – 1 TaBV 27/07, BeckRS 2007, 46077, nach dem die Ergänzung der Software um ein Programm zur Unterstützung der bisherigen Arbeitsabläufe nicht ausreichend ist, um eine grundlegende Änderung von Betriebsanlagen anzunehmen.
[229] Vgl. BAG aaO unter II 2. (c) der Gründe; vgl. auch DKW/*Däubler* BetrVG § 111 Rn. 108f.; *Fitting* BetrVG § 111 Rn. 95.
[230] Vgl. BAG 6.12.1983 – 1 AZR 43/81, DB 1984, 775.
[231] So aber HWGNRH/*Hess* BetrVG § 111 Rn. 231; wie hier BAG 26.10.1982 – 1 ABR 11/81, DB 1983, 1766; *Fitting* BetrVG § 111 Rn. 95.
[232] Vgl. hierzu auch *Röder/Baeck* S. 58.
[233] BAG 22.3.2016 – 1 ABR 12/14, NZA 2016, 894 Rn. 18.

stützter Verwaltung und Bildschirmarbeit darunter fassen können. Auch wird vertreten, dass die Einführung von Teilzeitarbeit und so genannter kapazitätsorientierter Arbeitszeit sich als Einführung neuer Arbeitsmethoden darstellt.[234] Dies erscheint allerdings zumindest in den Fällen problematisch, in denen ohne weiterführende Organisationsänderung Vollzeit- durch Teilzeitarbeitsplätze ersetzt werden. Soweit ein Betrieb sog. agile Arbeitsmethoden einführt, kann dies, je nach Ausgestaltung, auch eine neue Arbeitsmethode nach § 111 S. 3 Nr. 5 BetrVG sein.[235] Diskussionswürdig ist auch die Frage, wie die Einführung sog. *Desk-Sharing & Coworking-Spaces* zu bewerten ist. Wir flächendeckend eingeführt, dass die Beschäftigten keine persönliche Arbeitsplätze mehr haben, sondern sich täglich neu einen freien Arbeitsplatz suchen müssen, ggf. auch unterbrochen von Homeoffice-Tagen, ist es nicht fernliegend, dies als neue Arbeitsmethode zu bewerten. Geht dies noch mit einer Umgestaltung der Arbeitsumgebung in der Form einher, dass statt bisheriger Einzelbüros Großraumbüros mit mobile Arbeitsplätzen geschaffen werden, kann dies auch durchaus mit regelungsbedürftigen Nachteilen, jedenfalls aber Veränderungen einhergehen, die auf die neue Arbeitsorganisation zurückzuführen sind.[236]

Demgegenüber handelt es sich bei **Fertigungsverfahren** um die technischen Metho- 77
den zur Herstellung der Produkte.[237] Die Einführung neuer Fertigungsverfahren wird in aller Regel mit der Änderung der Betriebsanlagen einhergehen. Maßstab für die **Neuheit der Arbeits- und Fertigungsmethoden** ist nicht die generelle Situation beispielsweise in der Branche. Es kommt vielmehr ausschließlich darauf an, ob der Arbeitgeber sich in dem in Rede stehenden Betrieb bereits dieser Methode bedient.[238] Indiz dafür, ob eine **grundlegende Änderung** vorliegt, ist auch hier wieder die Zahl der betroffenen Arbeitnehmer.[239] Wichtig ist in diesem Kontext, dass gerade bei der Änderung von Arbeitsmethoden und Fertigungsverfahren vielfach noch weitere Beteiligungsrechte des Betriebsrates zu berücksichtigen sind. In Betracht kommen insoweit insbesondere die erzwingbaren Mitbestimmungsrechte nach §§ 87 Abs. 1 Nr. 6, Nr. 10 und Nr. 11, 90 BetrVG.

3. Besondere Erscheinungsformen der Umstrukturierung von Betrieben und Unternehmen und Beteiligungsrechte des Betriebsrates

In der Praxis gibt es eine Vielzahl häufig auftretender, typischer Erscheinungsformen der 78
Umstrukturierung von Betrieben und Unternehmen, die auf den ersten Blick keinem der Katalogtatbestände des § 111 S. 3 BetrVG unterfallen. Dies gilt beispielsweise für die Veräußerung von Betrieben oder Betriebsteilen, die Fremdvergabe von Teil- oder Hilfsfunktionen sowie die Veränderung der Betriebs- oder Unternehmensstruktur. Da bloße gesellschaftsrechtliche Veränderungen nicht ausreichen, um eine Betriebsänderung iSd § 111 BetrVG zu begründen, und da gesellschaftliche Veränderungen nicht notwendigerweise mit betrieblichen Umstrukturierungen einhergehen, muss regelmäßig sorgfältig geprüft werden, ob einer der Katalogtatbestände des § 111 S. 3 BetrVG erfüllt ist.

a) Betriebsveräußerung

In Fällen der Veräußerung von Betrieben oder Betriebsteilen muss regelmäßig sehr genau 79
der konkret in Rede stehende Einzelfall betrachtet werden, bevor festgestellt werden kann, ob hierdurch Beteiligungsrechte des Betriebsrates gemäß §§ 111 ff. BetrVG ausgelöst werden.

[234] Vgl. *Röder/Baeck* S. 59; eingehend *Klevemann* AiB 1996, 156.
[235] Vgl. hierzu → Rn. 68.
[236] Vgl. *Oltmanns/Fuhlrott* NZA 2018, 1225.
[237] BAG 22.3.2016 – 1 ABR 12/14, NZA 2016, 894 Rn. 20.
[238] Vgl. *Fitting* BetrVG § 111 Rn. 100; *Knorr* § 4 Rn. 69.
[239] Vgl. BAG 6.12.1983 – 1 AZR 43/81, DB 1984, 775.

aa) Veräußerung eines Betriebes in seiner Gesamtheit

Beispiel C 18:

Die erfolgreiche A-GmbH produziert an mehreren Standorten in der Bundesrepublik Verpackungsmaterialien aus Papier und Wellpappe. Lediglich in einem Betrieb in Freiburg stellt die A-GmbH Verpackungsmaterial aus Kunststoff her. Da dieser Betrieb, in dem ca. 150 Mitarbeiter beschäftigt sind, unrentabel ist, veräußert die A-GmbH den gesamten Betrieb im Wege eines sog. *asset deals* an die B-GmbH.

Der **bloße Betriebsinhaberwechsel,** der nicht mit Änderungen der betrieblichen Strukturen oder erheblichen organisatorischen Änderungen verbunden ist, begründet keine Betriebsänderung. Die Gewerkschaften konnten sich im Zuge der BetrVG-Reform mit ihrer Forderung, dies in § 111 BetrVG festzuschreiben, nicht durchsetzen.[240] Die Belange der von dem Betriebsübergang betroffenen Arbeitnehmer sind in diesen Fällen durch § 613a BGB hinreichend geschützt.[241] Würde es sich im **Beispiel C 18** um einen selbständigen Betrieb handeln, dessen Struktur, Organisation und Abläufe sich durch die Ausgliederung aus dem Verbund der Betriebe der A-GmbH nicht erheblich verändern würden, so würde die Veräußerung der Betriebsmittel an die B-GmbH keine Beteiligungsrechte des Betriebsrates nach §§ 111ff. BetrVG auslösen. Dies würde selbst dann gelten, wenn zu befürchten stünde, dass die B-GmbH den Betrieb nicht in der bisherigen Form fortführen, sondern erhebliche Rationalisierungsmaßnahmen oÄ vornehmen möchte. Hier könnte mit der Beteiligung des Betriebsrates durch den Betriebserwerber zugewartet werden, bis die Planung hinreichend konkret ist, um eine Beteiligung des Betriebsrates auszulösen.

80 Der zum Teil vertretenen Auffassung, wonach sich ein Wechsel des Betriebsinhabers regelmäßig als Betriebsänderung darstellt, da damit **möglicherweise eine Verringerung der Haftungsmasse** verbunden sein kann, kann nicht gefolgt werden.[242] Solange sich der Wechsel des Betriebsinhabers in keiner Weise auf die betriebliche Ebene auswirkt und die betrieblichen Strukturen unangetastet bleiben, besteht kein Anhaltspunkt für das Vorliegen einer Betriebsänderung. Zweck eines Interessenausgleichs und Sozialplans ist nicht die Minimierung von Haftungsrisiken. Hierfür gibt es gesonderte zivil- bzw. haftungsrechtliche Normen, wie zB § 613a Abs. 2 BGB, § 134 UmwG sowie die Grundsätze der Durchgriffshaftung im Konzern, die die Arbeitnehmer vor unbilligen Nachteilen schützen sollen.[243]

81 **bb) Betriebsänderungen im Zuge der Betriebsveräußerung.** Auch wenn ein Wechsel des Betriebsinhabers an sich keine Betriebsänderung im Sinne des § 111 BetrVG darstellt, wird es doch in der Praxis vielfach so sein, dass mit dem Betriebsinhaberwechsel Maßnahmen einhergehen, die eine Betriebsänderung begründen. Erfolgt einhergehend mit einer Betriebsveräußerung etwa eine Betriebsverlagerung oder plant der Betriebserwerber eine Personalreduktion, so kann hieraus bei Vorliegen der Voraussetzungen des § 111 S. 3 BetrVG eine Interessenausgleichs- und Sozialplanpflichtigkeit resultieren. Auch wenn ein Wechsel des Betriebsinhabers zunächst keine Betriebsänderung begründet, ist es also keineswegs ausgeschlossen, dass **anlässlich eines Betriebsübergangs** eine **Betriebsände-**

---

[240] Vgl. hierzu *Fischer* NZA 2000, 167 (172); vgl. zu dem Reformvorschlag des DGB auch *Tamm* AuR 2000, 408.

[241] Vgl. ständige Rechtsprechung des BAG 24.7.1979 – 1 AZR 219/77, DB 1980, 164; BAG 4.12.1979 – 1 AZR 843/76, DB 1980, 743; BAG 17.2.1981 – 1 ABR 101/78, DB 1981, 1190; BAG 17.3.1987 – 1 ABR 47/85, DB 1987, 1540; *Annuß* in Richardi BetrVG § 111 Rn. 124; *Fitting* BetrVG § 111 Rn. 50; *Hanau* ZfA 1974, 99; *Matthes* NZA 2000, 1073; *Neef* NZA 1994, 97. Dies ist auch mit den Verfahren der Betriebsübergangsrichtlinie 77/187 EWG zu den Beteiligungsrechten des Betriebsrates grundsätzlich vereinbar, vgl. *Oetker* NZA 1998, 1193, vgl. ausführlich zu § 613a BGB Kapitel G.

[242] So aber: DKW/*Däubler* BetrVG § 111 Rn. 125f.; zur hM vgl. *Annuß* in Richardi BetrVG § 111 Rn. 124 mwN.

[243] Vgl. hierzu → Rn. 325ff., 330f. und BAG 10.12.1996 – 1 ABR 32/96, DB 1997, 1416.

rung erfolgt.[244] Sowohl der Betriebsveräußerer als auch der Betriebserwerber können im Zusammenhang mit der Betriebsveräußerung Betriebsänderungen planen. Regelmäßig ist derjenige verpflichtet, die Beteiligungsrechte des Betriebsrates gemäß § 111 ff. BetrVG zu wahren, der die Betriebsänderung plant und durchführt.[245] Insoweit sind eine Vielzahl von Fallkonstellationen denkbar:

(1) Planung und Durchführung der Betriebsänderung durch den Veräußerer

Beispiel C 19: 82

Im **Beispiel C 18** beabsichtigt die B-GmbH, zukünftig nicht mehr in zwei Schichten, sondern nur noch in einer Schicht zu produzieren. Sie will sich jedoch weder mit den Personalabbaukosten noch mit dem organisatorischen Aufwand belasten. Sie teilt der A-GmbH daher mit, den Betrieb in Freiburg nur erwerben zu wollen, wenn dort nur noch 100 Arbeitnehmer beschäftigt sind. Die A-GmbH ist bereit, den Personalabbau durchzuführen.

In der Praxis kommt es häufig vor, dass der Erwerber dem Veräußerer auferlegt, den Betrieb **vor der Veräußerung** zu reorganisieren und Personal abzubauen.[246] Auch ist es nicht selten, dass sich der Veräußerer zu Umstrukturierungsmaßnahmen entschließt, um den Betrieb für den Erwerber attraktiv zu machen.[247] Auch wenn der Veräußerer bei der Planung einer Betriebsänderung nicht im unmittelbar eigenen Interesse bzw. sogar nach den Wünschen eines Erwerbers handelt, ist er verpflichtet, mit dem Betriebsrat den Versuch eines Interessenausgleichs zu unternehmen, wenn die Voraussetzungen einer Betriebsänderung erfüllt sind und die Betriebsänderung noch vor der Übernahme des Unternehmens durch einen Dritten geplant und ggf. auch durchgeführt werden soll. Die aus den §§ 111 ff. BetrVG folgenden Pflichten sind nach dem Willen des Gesetzgebers immer von dem jeweiligen Arbeitgeber bzw. Unternehmer zu erfüllen, auch wenn wirtschaftlich ein Dritter die Betriebsänderung forciert, plant oder gar anordnet. Plant der Veräußerer den Betriebsübergang und führt ihn auch durch, so ist er demnach nach den allgemeinen Grundsätzen verpflichtet, mit dem Betriebsrat einen Interessenausgleich und Sozialplan zu verhandeln.

Problematisch sind die Fälle, in denen ein Unternehmer aufgrund wirtschaftlicher 83
Schwierigkeiten den Entschluss fasst, den Betrieb stillzulegen und im Hinblick darauf bereits Kündigungen ausspricht, zu einem späteren Zeitpunkt aber gleichwohl noch einen Erwerber für den Betrieb findet. Ist der Erwerber bereit, den Betrieb fortzuführen und unterbreitet den Arbeitnehmern entsprechende Weiterbeschäftigungsangebote, so wird sich der Veräußerer vielfach nicht mehr an dem bereits abgeschlossenen Sozialplan festhalten lassen wollen.

Beispiel C 20:

Im **Beispiel C 18** sucht die A-GmbH monatelang einen Erwerber. Im August 1998 entschließt sie sich schließlich, den Betrieb stillzulegen, verhandelt einen Interessenausgleich und Sozialplan und spricht Kündigungen zum 31. 12. 1998 aus. Mitte November 1998 findet sich überraschend doch noch ein Käufer, der den Betrieb fortführen will.

Auch wenn die A-GmbH die Schließung des Betriebes geplant und diese auch in einem Interessenausgleich festgeschrieben hat, besteht keine Verpflichtung, diese auch durchzuführen. Der Interessenausgleich entfaltet insoweit, was im Einzelnen in → Rn. 193 ff. erläutert ist, keine bindende Wirkung. Daher ist der Erwerber nicht gehindert, von der ursprüngli-

[244] Vgl. so auch BAG 4. 12. 1979 – 1 AZR 843/76, DB 1980, 743; *Annuß* in Richardi BetrVG § 111 Rn. 128; *Fitting* BetrVG § 111 Rn. 51; HWK/*Hohenstatt/Willemsen* BetrVG § 111 Rn. 53; *Neef* NZA 1994, 97; *Meyer* NZA 2018, 900 (901).

[245] Vgl. stellvertretend DKW/*Däubler* BetrVG § 111 Rn. 127; *Röder/Baeck* S. 61.

[246] Vgl. zur sog. Veräußererkündigung auf Erwerberkonzept → H Rn. 107 ff.

[247] Vgl. zur sog. Sanierungskündigung des Betriebsveräußerers → H Rn. 96 ff.

chen Planung des Veräußerers abzuweichen und den Betrieb fortzuführen. Er kann den bereits gekündigten Arbeitnehmern daher die Fortsetzung der Arbeitsverhältnisse anbieten, was er regelmäßig durch die Erklärung zum Ausdruck bringen wird, die Kündigung zurücknehmen zu wollen.

84 Nach der Rechtsprechung des BAG[248] sind nun aber mit dem Ausspruch der betriebsbedingten Kündigungen Ansprüche aus dem Sozialplan bereits entstanden. Da es sich bei einem Sozialplan um eine Betriebsvereinbarung handelt, die gemäß § 77 Abs. 2 BetrVG unmittelbar und zwingend auf das Arbeitsverhältnis einwirkt, ist dieser Anspruch auch grundsätzlich unantastbar. Das BAG hat bislang lediglich eine Ausnahme von diesem Grundsatz für die Fälle anerkannt, in denen die **Geschäftsgrundlage** des Sozialplans **entfallen** ist.[249] In der Entscheidung vom 28.8.1996 hat der 10. Senat des BAG[250] sogar ausdrücklich festgestellt, dass die Geschäftsgrundlage des für eine Betriebsstilllegung vereinbarten Sozialplans dann entfallen kann, wenn alsbald nach Ausspruch der Kündigungen im Hinblick auf eine geplante Betriebsstilllegung der Betrieb von einem Dritten übernommen wird, der sich bereitfindet, die Arbeitsverhältnisse zu den bisherigen Bedingungen fortzuführen. Hier, so führt das BAG aus, ist der Sozialplan, der Ausgleich für den Verlust der Arbeitsplätze schaffen soll, den veränderten Umständen anzupassen. Eine Anpassung hat allerdings nur zu erfolgen, wenn und soweit dem Arbeitgeber das Festhalten an dem Sozialplan nach Treu und Glauben nicht mehr zugemutet werden kann.[251] Bei der Anpassung des Sozialplans wird in den Fällen einer Betriebsveräußerung allerdings immer zu berücksichtigen sein, dass die gekündigten Arbeitnehmer nicht verpflichtet sind, einer Fortsetzung ihres Arbeitsverhältnisses mit dem Erwerber zuzustimmen. Es ist denkbar, so das BAG,[252] dass die betroffenen Arbeitnehmer in Einzelfällen beachtliche und vernünftige Gründe haben, das Arbeitsverhältnis mit dem Erwerber nicht fortsetzen zu wollen und statt dessen eine Abfindung aus dem Sozialplan verlangen. Im Hinblick darauf führt die Pflicht zur Anpassung des Sozialplans auch keinesfalls zum Wegfall jeglicher Ansprüche auf eine Abfindung wegen des Verlustes des Arbeitsplatzes.[253]

85 **(2) Planung der Betriebsänderung durch den Veräußerer, Durchführung der Betriebsänderung durch den Erwerber.** Plant der Veräußerer die Reorganisation des Betriebes und schließt mit dem Betriebsrat einen Interessenausgleich und Sozialplan ab, ohne jedoch vor dem Betriebsübergang die Maßnahmen umzusetzen, so stellt sich die Sach- und Rechtslage unkompliziert dar, wenn der Erwerber die in dem Interessenausgleich beschriebene **Maßnahme planmäßig umsetzt.**

Beispiel C 21:

Der Unternehmer U betreibt in Gießen eine gut eingeführte Kfz-Werkstatt mit einem Gebrauchtwagenhandel. Er will sich aus Altersgründen zur Ruhe setzen. Da der Gebrauchtwagenbereich bereits seit geraumer Zeit defizitär ist und sich im Fall einer Veräußerung als Belastung erweisen könnte, verhandelt U mit dem Betriebsrat einen Interessenausgleich, betreffend die Schließung des Gebrauchtwagenhandels, und vereinbart für die zu kündigenden Arbeitnehmer einen Sozialplan. Mit dem Ausspruch der Kündigungen wartet er jedoch zu, bis er einen Interessenten gefunden hat, da er diesem die Entscheidung über das Vorgehen überlassen will. Die R-GmbH, die in Deutschland bereits 27 Kfz-Reparaturwerkstätten unterhält, erwirbt den Betrieb von U in Gießen und spricht die Kündigungen der

[248] Vgl. BAG 13.12.1994 – 3 AZR 357/94, NZA 1996, 139; BAG 28.8.1996 – 10 AZR 886/95, NZA 1997, 109 (110).
[249] Vgl. insbesondere BAG 10.8.1994 – 10 ABR 61/93, NZA 1995, 314; BAG 17.2.1981 – 1 AZR 290/78, DB 1981, 1414; vgl. auch *Winderlich* BB 1994, 2483 (2488).
[250] 10 AZR 886/95, NZA 1997, 109.
[251] Vgl. BAG 28.8.1996 – 10 AZR 886/95, NZA 1997, 109.
[252] Vgl. BAG 28.8.1996 – 10 AZR 886/95, NZA 1997, 109.
[253] Vgl. hierzu → Rn. 338ff.

Mitarbeiter der Gebrauchtwagenabteilung aus. Der verhandelte Kaufpreis wurde um die Sozialplanabfindungen reduziert.

Probleme können in derartigen Fällen entstehen, wenn der noch mit dem Betriebsveräußerer verhandelte Sozialplan im Hinblick auf die wirtschaftlich schwierige Situation des Veräußerers einen geringen Dotierungsrahmen aufweist und der **Betriebsrat** von dem Betriebserwerber eine **Verbesserung der wirtschaftlichen Rahmenbedingungen des Personalabbaus** verlangt. Da der Erwerber uneingeschränkt in die Arbeitgeberstellung des Veräußerers eintritt und die Betriebsveräußerung, wie dargelegt, keine Betriebsänderung im Sinne des § 111 BetrVG ist, die den vereinbarten Interessenausgleich gegenstandslos machen würde, sind die getroffenen Vereinbarungen grundsätzlich für beide Parteien verbindlich. Es besteht **keine Verpflichtung des Erwerbers,** den bereits mit dem Veräußerer verhandelten und abgeschlossenen **Sozialplan höher zu dotieren.**[254] Ist bereits zum Zeitpunkt der Interessenausgleichs- und Sozialplanverhandlungen bekannt, dass der Betrieb veräußert wird, so ist es daher aus Betriebsratssicht wichtig, dass bei der Beurteilung der „wirtschaftlichen Vertretbarkeit" der Sozialplanleistungen zumindest auch die Verhältnisse des Erwerbers berücksichtigt werden.[255] Nicht überzeugend erscheint demgegenüber die Sichtweise von *Däubler,* wonach sich die wirtschaftliche Vertretbarkeit von Sozialplanleistungen regelmäßig nach den Verhältnissen des solventeren Partners bestimmen soll.[256]

Schwierigkeiten können zudem auftreten, wenn der **Erwerber** sich entschließt, **von den Maßnahmen abzuweichen,** die in dem zwischen dem Veräußerer und dem Betriebsrat vereinbarten Interessenausgleich beschrieben sind. Bleibt die Betriebsidentität erhalten und tritt der Erwerber in die Arbeitgeberstellung des Veräußerers ein, so ist er grundsätzlich gleichermaßen durch einen vor der Betriebsveräußerung geschlossenen Interessenausgleich und Sozialplan gebunden wie der Veräußerer. Hat der Veräußerer bereits vor dem Betriebsübergang Kündigungen ausgesprochen und damit auf individualrechtlicher Ebene die geplante Betriebsänderung zumindest durch Abgabe einseitiger Willenserklärungen eingeleitet, so kann der Erwerber dies jedenfalls ohne Zustimmung der betroffenen Arbeitnehmer nicht mehr rückgängig machen. Da es sich bei Kündigungserklärungen um einseitige Willenserklärungen handelt, die mit dem Zugang bei dem Empfänger Wirkung entfalten, ist der Erwerber nach erfolgtem Betriebsübergang hieran gebunden. Es bleibt lediglich die Möglichkeit, mit den einzelnen Arbeitnehmern die Fortsetzung der Arbeitsverhältnisse zu vereinbaren. Finden diese sich hierzu nicht bereit, so scheiden sie gegen Zahlung der entsprechenden Abfindungen gemäß Sozialplan aus dem Arbeitsverhältnis aus. Eine Änderung des Sozialplans kommt, wie oben dargelegt, nur in Betracht, sofern ausnahmsweise die Voraussetzungen eines Wegfalls der Geschäftsgrundlage erfüllt sind.[257] Sind Kündigungen seitens des Veräußerers noch nicht ausgesprochen worden und will der Erwerber etwa im Hinblick auf die Sozialplankosten den in dem Interessenausgleich beschriebenen Personalabbau nicht vornehmen, so ist fraglich, ob er gleichwohl hierzu verpflichtet ist. Noch problematischer ist der Fall, in dem der Veräußerer in einem Interessenausgleich Folgeregelungen getroffen hat, die den Arbeitgeber beispielsweise verpflichten, über eine bestimmte Zahl von Kündigungen hinaus für eine bestimmte Dauer keine weiteren Arbeitsplätze abzubauen. Hier stellt sich die Frage, ob der Erwerber an die Arbeitsplatzgarantie, die der Veräußerer abgegeben hat, gebunden ist, ob also die Regelungen des Interessenausgleichs für ihn verbindlich sind. Die Beantwortung dieser 86

[254] Vgl. hierzu auch *Knorr* § 4 Rn. 99, ebenso → H Rn. 118.
[255] In diese Richtung geht auch die Argumentation von *Bauer* DB 1994, 217 (221); vgl. zur wirtschaftlichen Vertretbarkeit → Rn. 320 ff.
[256] DKW/*Däubler* BetrVG § 111 Rn. 127.
[257] Vgl. ausführlich → Rn. 340.

Frage hängt ab von der umstrittenen **Bindungs- und Normwirkung des Interessenausgleichs.**[258]

87 Geht man mit der herrschenden Auffassung davon aus, dass ein Interessenausgleich jedenfalls bezüglich der dort beschriebenen geplanten Betriebsänderung keine erzwingbare Bindungswirkung hat und dass ihm auch keine normative Wirkung zukommt, sondern seine Einhaltung alleine über den Nachteilsausgleichsanspruch gemäß § 113 BetrVG sichergestellt werden kann, so kann der Erwerber eines Betriebes von einer von dem Betriebsveräußerer geplanten und mit dem Betriebsrat vereinbarten Betriebsänderung wieder Abstand nehmen und ist nicht gezwungen, diese umzusetzen.[259] Er steht insoweit nicht schlechter, aber auch nicht besser als der Veräußerer. Entschließt sich der Erwerber ungeachtet des vom Veräußerer vereinbarten Interessenausgleichs und Sozialplans, keine Betriebsänderung vorzunehmen, ist dies demnach folgenlos. Beabsichtigt er jedoch, die vom Veräußerer geplante Betriebsänderung zu modifizieren und andere Maßnahmen zu ergreifen, so resultiert hieraus neuerlich die Verpflichtung, einen Interessenausgleich und gegebenenfalls auch einen Sozialplan mit dem Betriebsrat zu verhandeln. Der Dotierungsrahmen des neu abzuschließenden Sozialplanes wird sich in diesen Fällen nach den Vermögensverhältnissen des Erwerbers richten. Etwas komplizierter gestaltet sich die Situation, wenn der Veräußerer mit dem Betriebsrat in dem Interessenausgleich oder im Zusammenhang mit diesem beispielsweise in einer gesonderten Betriebsvereinbarung eine **verbindlich ausgestaltete Folgeregelung** getroffen hat.[260] Da der Erwerber als neuer Arbeitgeber in die Rechtsstellung des Veräußerers eintritt, ist er in der gleichen Weise an Abreden mit dem Betriebsrat gebunden, wie dies der Veräußerer war. Haben die Betriebspartner vor dem Betriebsübergang eine verbindlich ausgestaltete Folgeregelung getroffen, so verpflichtet dies auch den Erwerber als Rechtsnachfolger. Festzuhalten bleibt daher, dass sich weit reichende Zusagen von Arbeitgebern betreffend die zukünftige betriebliche Struktur, personelle Situation oÄ ebenso wie großzügig dotierte Sozialpläne als Hindernis bei der Veräußerung von Betrieben erweisen können, soweit sie sich für einen potentiellen Erwerber als Belastung darstellen.

88 **(3) Planung und Durchführung der Betriebsänderung durch den Erwerber.** Plant der Betriebserwerber eine Betriebsänderung nach dem Erwerb eines Betriebs und setzt diese sodann um, so ist er zur Verhandlung eines Interessenausgleichs und Sozialplans verpflichtet. Dieser in der Praxis zweifelsohne häufigste Fall ist rechtlich unproblematisch.[261] Unklar ist lediglich, ob der Betriebserwerber bereits vor dem Betriebsübergang die Interessenausgleichs- und Sozialplanverhandlungen mit dem Betriebsrat aufnehmen bzw. die Aufnahme der Verhandlungen verlangen kann. Im Hinblick darauf, dass der Erwerber zu diesem Zeitpunkt noch nicht in der Arbeitgeberposition ist, besteht aus eigenen Rechten ein entsprechender Verhandlungsanspruch nicht. Denkbar ist höchstens eine Bevollmächtigung durch den Veräußerer. Ist der Betriebsrat damit einverstanden, so spricht auch nichts dagegen, wenn zwischen ihm und dem künftigen Arbeitgeber unter der aufschiebenden Bedingung des Betriebsübergangs ein Interessenausgleich- und Sozialplan abgeschlossen wird.[262] Nur so kann letztlich sichergestellt werden, dass eine geplante Betriebsänderung unmittelbar nach dem Betriebsübergang umgesetzt werden kann.

89 Zu beachten ist, dass es im Hinblick auf die Regelung des **§ 112a Abs. 2 BetrVG** ungeachtet der hierdurch hinzunehmenden zeitlichen Verzögerung für den Erwerber von Vorteil sein kann, wenn er mit der Verhandlung eines Interessenausgleichs und Sozialplans zuwartet, bis der Betriebsübergang vollzogen ist und nicht bereits den Veräußerer die Verhandlungen mit dem Betriebsrat führen lässt. Denn nach § 112a Abs. 2 BetrVG kann die

[258] Vgl. → Rn. 201 ff.
[259] Vgl. hierzu ausführlich → Rn. 206 ff.
[260] Vgl. zu den Voraussetzungen verbindlicher Folgeregelungen ausführlich → Rn. 204.
[261] Vgl. hierzu auch → H Rn. 101 ff.
[262] Vgl. *Neef* NZA 1994, 97 (100).

Einigungsstelle nicht gemäß § 112 Abs. 4 und 5 BetrVG über einen Sozialplan abschließend entscheiden, wenn hiervon ein **Unternehmen in den ersten vier Jahren nach seiner Gründung** betroffen ist.[263] Handelt es sich bei dem Erwerber eines Betriebes um ein neu gegründetes Unternehmen, so kann mithin die Erzwingbarkeit des Sozialplans ausgeschlossen und damit die Verhandlungsposition insgesamt gestärkt werden, wenn nicht der Veräußerer, sondern erst der Erwerber die Verhandlungen mit dem Betriebsrat führt.

cc) Veräußerung von Betriebsteilen. Neben den Fallkonstellationen, in denen mit dem Inhaberwechsel eine Betriebsänderung einhergeht, da entweder der Veräußerer den Betrieb vor dem Betriebsübergang umstrukturiert, um einen Erwerber zu finden bzw. einen entsprechenden Kaufpreis zu erzielen, oder der Erwerber den Betrieb durch Umstrukturierung wie der wettbewerbsfähig machen will, kann bei der Veräußerung nur eines Betriebsteils eine Betriebsänderung im Sinne des § 111 BetrVG vorliegen. Auch bei der **Veräußerung von Betriebsteilen** orientiert sich die Frage, inwieweit dies die Verhandlung von Interessenausgleich und Sozialplan erfordert, an den Auswirkungen auf betrieblicher Ebene. Rein gesellschaftsrechtliche Umstrukturierungen, die die betriebliche Organisation unangetastet lassen, genügen regelmäßig nicht zur Erfüllung der Tatbestandsvoraussetzungen einer Betriebsänderung gemäß § 111 S. 3 BetrVG. 90

Bei der Prüfung des Vorliegens einer interessenausgleichs- und sozialplanpflichtigen Betriebsänderung im Falle einer Teilbetriebsveräußerung wird regelmäßig sorgfältig zu prüfen sein, ob von der hieraus resultierenden Änderung der betrieblichen Situation **ein wesentlicher Betriebsteil bzw. eine wesentlicher Teil der Belegschaft betroffen ist.** Wie dargelegt, erfordern die Katalogtatbestände des § 111 S. 3 BetrVG in der Regel, dass jedenfalls in den Fällen, in denen sich die Erheblichkeit der Maßnahme nicht bereits aus deren Natur erschließt, hiervon zumindest ein wesentlicher Teil der Belegschaft betroffen sein muss. Wann ein wesentlicher Teil der Belegschaft betroffen ist, orientiert sich nach der Rechtsprechung des BAG an den Schwellenwerten des § 17 KSchG, wobei bei Betrieben mit über 500 Arbeitnehmern zumindest 5% der Belegschaft betroffen sein müssen.[264] In den Fällen einer Teilbetriebsveräußerung kann sich das Vorliegen einer Betriebsänderung aus mehreren der in § 111 S. 3 BetrVG enthaltenen Katalogtatbestände ergeben. Folgende typische Fallgestaltungen spielen in der Praxis vielfach eine Rolle: 91

(1) Fallkonstellation 1: Rein gesellschaftsrechtliche Umstrukturierung

Beispiel C 22: 92

Die A-GmbH, die ca. 700 Arbeitnehmer beschäftigt, entschließt sich, ihre gesamten Betriebsanlagen, Betriebsmittel, Grundstücke etc. auf eine neugegründete Gesellschaft zu übertragen. Diese Gesellschaft, bei der lediglich drei Mitarbeiter der Finanzbuchhaltung, eine Sekretärin und ein Geschäftsführer tätig sein sollen, verpachtet sodann das Betriebsgrundstück und die Betriebsanlagen etc. an die A-GmbH, die den Betrieb fortführt.

Im Falle der **Aufspaltung** eines Unternehmens **in eine Betriebs- und eine Besitzgesellschaft** bleiben die betrieblichen Strukturen regelmäßig unberührt. Die Abspaltung eines marginalen Teils der Verwaltung ist sowohl unter Berücksichtigung quantitativer als auch qualitativer Gesichtspunkte nicht als wesentlich anzusehen,[265] so dass die Voraussetzungen des § 111 S. 3 Nr. 3 BetrVG in aller Regel nicht erfüllt sein werden. Auch werden durch die Übertragung der wirtschaftlichen Werte auf eine Besitzgesellschaft weder der Betrieb eingeschränkt noch der Betriebszweck oder die Organisation des Betriebs gravierend geändert. Betriebszweck ist nach wie vor die Produktion bestimmter Güter bzw. die Erbringung bestimmter Dienstleistungen. In den Fällen der vielfach steuer- oder haftungs-

[263] Vgl. → Rn. 234ff.
[264] Vgl. hierzu → Rn. 21.
[265] Vgl. hierzu → Rn. 61.

rechtlich motivierten Aufspaltung eines Unternehmens in eine Besitz- und eine Betriebsgesellschaft liegen mithin die Voraussetzungen einer Betriebsänderung regelmäßig nicht vor. Dies wurde im Einzelnen bereits in → Rn. 64 dargelegt.

(2) Fallkonstellation 2: Veräußerung eines Teilbetriebes bei Aufrechterhaltung eines gemeinschaftlichen Betriebes

93 **Beispiel C 23:**

Die A-GmbH stellt in ihrem Betrieb in Augsburg sowohl Küchengeräte für Privathaushalte als auch für Großküchen her. Wegen der unterschiedlichen Vertriebsstruktur entschließt sich die A-GmbH, beide Produktlinien jeweils als rechtlich selbständige *profit center* fortzuführen. Hierdurch soll die wirtschaftliche Eigenständigkeit dieser Sparten gestärkt werden. Die Produktionsanlagen für Großküchengeräte werden auf die B-GmbH, die auch das Vertriebsnetz übernimmt, übertragen. Die Arbeitnehmer werden von dem Betriebsübergang gemäß § 613a BGB unterrichtet. Im Übrigen gibt es keine Veränderungen.

Wird ein Betriebsteil veräußert, so gehen zunächst die Arbeitsverhältnisse der dort beschäftigten Arbeitnehmer gemäß § 613a BGB auf den neuen Arbeitgeber über. Wie dargelegt, begründet der Übergang der Arbeitnehmer für sich betrachtet keine Betriebsänderung.[266] Gehen nun, wie im **Beispiel C 23,** mit der Ausgliederung einer Produktlinie auf ein selbständiges Unternehmen keinerlei Änderungen auf betrieblicher und organisatorischer Ebene einher, wird der Betrieb mithin im Wesentlichen in der bisherigen Art und Weise fortgeführt, so besteht kein Anhaltspunkt für eine Betriebsänderung im Sinne des § 111 BetrVG. In derartigen Fällen ist allerdings immer kritisch zu prüfen, ob der Betrieb tatsächlich einer einheitlichen Leitungsmacht untersteht, ob also die Voraussetzungen eines Gemeinschaftsbetriebes zweier rechtlich selbständiger Unternehmen vorliegen.[267] Ist das der Fall, so stellt sich die Veräußerung eines Teilbetriebes nicht als mitbestimmungspflichtige Betriebsänderung dar. Beteiligungsrechte des Betriebsrates nach § 111 BetrVG bestehen nicht. Da der Betrieb als Gemeinschaftsbetrieb fortgeführt wird, bleibt der gewählte Betriebsrat weiterhin im Amt.[268] Probleme können lediglich bezüglich des Gesamtbetriebsrates entstehen. Hier kann es fraglich sein, ob der Betriebsrat des Gemeinschaftsbetriebes zukünftig Mitglieder in zwei Gesamtbetriebsräte entsenden kann, sofern in beiden Unternehmen ein Gesamtbetriebsrat gebildet ist.[269] Ähnliche Fragen können sich bezüglich des Konzernbetriebsrates stellen.[270]

(3) Fallkonstellation 3: Veräußerung eines Teilbetriebes und selbständige Fortführung des Teilbetriebes durch den Erwerber

94 **Beispiel C 24:**

Die X-AG beschäftigt 2.000 Arbeitnehmer und hat bisher ihre Kantine selbst bewirtschaftet. Sie entschließt sich, die Kantine zukünftig von einem anderen Unternehmen betreiben zu lassen, und verpachtet diese an die Y-GmbH. Die Y-GmbH übernimmt die 40 in der Kantine beschäftigten Mitarbeiter.

Wird ein Teilbetrieb veräußert und von dem Erwerber am gleichen Ort in eigener Regie fortgeführt, so entstehen zwei getrennte Betriebe. In dem **Beispiel C 24** ist davon auszugehen, dass die Y-GmbH die Kantine der X-AG als eigenständigen Betrieb fortführt, dh die dortigen Mitarbeiter unterstehen zukünftig insbesondere in personellen und sozialen Fragen der Leitungsmacht der Y-GmbH. Sie sind nicht mehr in den Betrieb der X-

---

[266] Vgl. hierzu → Rn. 79.
[267] Vgl. hierzu → Rn. 63.
[268] Vgl. → D Rn. 17 ff.
[269] Vgl. hierzu → D Rn. 100 ff.
[270] Vgl. hierzu → D Rn. 122.

AG eingegliedert, auch wenn sich an den äußeren räumlichen Verhältnissen nichts ändert. In derartigen Fallkonstellationen ist zwischen den **Auswirkungen auf den Gesamtbetrieb** *einerseits* sowie den **Auswirkungen auf die von der Maßnahme konkret betroffenen Beschäftigten** *andererseits* zu unterscheiden. Was **die Belegschaft in ihrer Gesamtheit** anbelangt, so ist im Falle der Veräußerung eines Teilbetriebs zu prüfen, ob die Maßnahme wesentliche Nachteile mit sich bringen kann, was dann der Fall wäre, wenn einer der Katalogtatbestände des § 111 S. 3 BetrVG erfüllt wäre. Das BAG hat klargestellt, dass der Übergang eines Betriebsteils auf einen neuen Betriebsinhaber gemäß § 613a Abs. 1 BGB mit weiteren Maßnahmen des Arbeitgebers verbunden sein kann, die Organisation und Zweck des ursprünglichen Betriebes grundlegend ändern und deshalb eine Betriebsänderung im Sinne von § 111 S. 3 BetrVG darstellen. Die Anwendbarkeit des § 111 BetrVG wird demnach nicht durch § 613a BGB ausgeschlossen.[271]

Die Veräußerung von Betriebsteilen kann zunächst eine **Betriebseinschränkung im Sinne des § 111 S. 3 Nr. 1 BetrVG** mit sich bringen.[272] Dies ist allerdings nur dann der Fall, wenn die mit der Veräußerung eines Betriebsteils einhergehende Verringerung der Betriebsmittel oder die Einschränkung der Beschäftigtenzahl, beides Indikatoren für eine Betriebseinschränkung,[273] für den Betrieb wesentlich sind. In § 111 S. 3 Nr. 1 BetrVG ist ausdrücklich von der **Einschränkung von wesentlichen Betriebsteilen** die Rede. Wie ausgeführt, liegt ein wesentlicher Betriebsteil vor, wenn es sich um eine betriebswirtschaftlich oder technologisch abgrenzbare organisatorische Einheit innerhalb des Gesamtbetriebes handelt, die entweder für den Gesamtbetrieb eine erhebliche wirtschaftliche oder funktionelle Bedeutung hat oder aber in der erhebliche Teile der Belegschaft beschäftigt sind.[274] Letzteres ist der Fall, wenn die Schwellenwerte des § 17 KSchG erfüllt und in dem Betriebsteil mindestens 5% der Gesamtbelegschaft beschäftigt sind. Das ist im obigen **Beispiel C 24** nicht der Fall. 95

In Betracht kommt in Fällen der Veräußerung eines Betriebsteils, der sodann von dem Erwerber eigenständig fortgeführt wird, ferner das Vorliegen einer **Betriebsspaltung im Sinne des § 111 S. 3 Nr. 3 BetrVG.** Wie oben ausgeführt,[275] liegt eine mitbestimmungspflichtige Betriebsspaltung regelmäßig in Fällen einer so genannten Funktionsaufspaltung vor. Führt die Veräußerung eines Teilbetriebes dazu, dass die von dem Teilbetrieb erfüllte Funktion zukünftig eigenständig fortgeführt wird, und betrifft die Abspaltung **einen für den bisherigen Betrieb wesentlichen Betriebsteil,** so stellt sich dies als Fall der beteiligungspflichtigen Betriebsspaltung im Sinne des § 111 S. 3 Nr. 3 BetrVG dar. Aus der sozialen Schutzfunktion des § 111 S. 1 BetrVG folgt, dass Betriebsänderungen dadurch charakterisiert sind, dass sie wesentliche Nachteile für die Belegschaft oder erhebliche Teile der Belegschaft zur Folge haben können. Ist aber von einer Betriebsspaltung nur ein insgesamt geringfügiger Teil der Belegschaft betroffen und handelt es sich bei dem abgespaltenen bzw. veräußerten Betriebsteil auch nicht um einen aufgrund der besonderen Bedeutung für den Betriebszweck und den Unternehmenserfolg wesentlichen Betriebsteil, so wird man nach der hier vertretenen Auffassung unter Berücksichtigung von Sinn und Zweck des § 111 BetrVG davon ausgehen müssen, dass dann kein Fall der beteiligungspflichtigen Betriebsspaltung vorliegt.[276] Das BAG sieht das jedoch anders und will lediglich Fälle der sog. Bagatellausgründung vom Anwendungsbereich des § 111 S. 3 Nr. 3 BetrVG ausnehmen, wobei selbst eine Abteilung, in der nur 2,5% der Beschäftigten tätig sind, nicht als unterhalb der Bagatellgrenze angesehen wird.[277] Im **Beispiel C 24** sind von der 96

[271] Vgl. BAG 21.10.1980 – 1 AZR 145/79, DB 1981, 698; BAG 16.6.1987 – 1 ABR 41/85, NZA 1987, 671.

[272] DKW/*Däubler* BetrVG § 111 Rn. 130; *Heither* ZIP 1985, 514.

[273] BAG 28.4.1993 – 10 AZR 38/92, NZA 1993, 1142.

[274] Vgl. → Rn. 37ff.

[275] Vgl. hierzu → Rn. 57ff.

[276] Vgl. hierzu → Rn. 61.

[277] Vgl. hierzu ausführlich → Rn. 61.

Fremdvergabe der Kantine lediglich 2% der Belegschaft betroffen. Auch handelt es sich bei der Kantine unter qualitativen Gesichtspunkten nicht um einen wesentlichen Betriebsteil. Während davon auszugehen ist, dass das BAG die Fremdvergabe der Kantine bei gleichzeitiger Durchführung eines Betriebsteilübergangs als mitbestimmungspflichtig ansehen würde, wäre umgekehrt klar, dass eine Stilllegung der Kantine kein Verfahren nach § 111 BetrVG auslösen würde. Konsequenz dieser Situation ist, dass immer dann, wenn ein Unternehmen bei derartigen Maßnahmen Probleme mit dem Betriebsrat erwartet und diese schnell umsetzen möchte, einer Stilllegung gegenüber der Ausgliederung durch Betriebsteilübergang der Vorzug zu geben ist. Das ist Konsequenz der in sich widersprüchlichen Rechtsprechung des BAG.

97 Im Fall der Veräußerung eines Betriebsteiles ist schließlich zu prüfen, ob sich die Maßnahme für die Belegschaft des Ursprungsbetriebes unter dem rechtlichen Gesichtspunkt der **grundlegenden Änderung der Betriebsorganisation, des Betriebszweckes oder der Betriebsanlagen** als Betriebsänderung darstellt, **§ 111 S. 3 Nr. 4 BetrVG.** Die Veräußerung eines Betriebsteils wird für sich gesehen nicht zu einer grundlegenden Änderung der Betriebsorganisation führen, wenn der verbleibende Betriebsteil im Wesentlichen in der bisherigen Form fortgeführt werden kann. In besonders gelagerten Fällen ist es aber durchaus denkbar, dass aus der Veräußerung eines Betriebsteiles eine grundlegende Organisationsänderung resultiert. Hiervon wird man beispielsweise dann ausgehen können, wenn ein Unternehmen in eine Produktions- und Verwaltungsgesellschaft aufgespalten und die Verwaltungsgesellschaft, was eine Ausnahme sein wird, sodann auch tatsächlich als organisatorisch selbständiger Betrieb weitergeführt wird.[278] Da hier ein reiner Produktionsbetrieb verbleibt, wird man nicht umhin können, aufgrund der grundlegenden Organisationsänderung einen Interessenausgleich und Sozialplan mit dem Betriebsrat zu verhandeln.

98 Eine **wesentliche Änderung des Betriebszwecks** ist regelmäßig in den Fällen zu prüfen, in denen eine bestimmte, bisher in dem Betrieb selbst erfüllte Funktion zukünftig von dem Betriebserwerber selbständig, dh in eigener organisatorischer Regie, wahrgenommen wird. Hierbei spielt es eine große Rolle, dass nach der Rechtsprechung des BAG die Änderung des Betriebszwecks keinesfalls die völlige Aufgabe des bisherigen und die Verfolgung eines neuen Betriebszweckes erfordert. Es genügt vielmehr, wenn ein bislang verfolgter wesentlicher arbeitstechnischer Zweck nicht mehr weiterverfolgt wird.[279] Da der Tatbestand des § 111 S. 3 Nr. 4 BetrVG eine grundlegende Änderung des Betriebszwecks erfordert, ist zu beachten, dass nicht jede Aufgabe eines jemals verfolgten Betriebszwecks genügt. Vielmehr ist es erforderlich, dass es sich um eine nicht nur marginale Veränderung handelt. Die Erheblichkeit richtet sich hierbei zunächst nach qualitativen Gesichtspunkten, dh es ist auf die Bedeutung des jeweiligen Betriebszweckes für den Erfolg und die Funktionsfähigkeit des gesamten Betriebes abzustellen.[280] Lässt sich nicht zweifelsfrei beurteilen, ob eine grundlegende Änderung des Betriebszweckes vorliegt, ist aufgrund der sozialen Schutzfunktion des § 111 BetrVG darauf abzustellen, wie viele Mitarbeiter des Betriebes von der aus der Veräußerung des Betriebsteiles resultierenden Änderung des Betriebszweckes betroffen sind. Werden hiervon mehr Mitarbeiter als gemäß den Schwellenwerten des § 17 KSchG, mindestens jedoch 5% der Belegschaft erfasst, so wird man von einer grundlegenden Änderung ausgehen können.[281]

99 Im **Beispiel C 24** ergibt sich weder aus der Anzahl der betroffenen Mitarbeiter noch aus dem Umstand, dass die X-AG zukünftig nicht mehr in eigener Regie eine Kantine betreibt, eine grundlegende Änderung des Betriebszweckes. *Zum einen* ist es bereits fraglich, ob es sich bei der Betriebskantine überhaupt um einen wesentlichen Betriebsteil han-

[278] Vgl. BAG 16.6.1987 – 1 ABR 41/85, NZA 1987, 671.
[279] Vgl. BAG 16.6.1987, aaO unter II 2. (b) der Gründe; vgl. auch → Rn. 70.
[280] Vgl. DKW/*Däubler* BetrVG § 111 Rn. 106.
[281] Vgl. BAG 26.10.1982 – 1 ABR 11/81, DB 1983, 1766; DKW/*Däubler* BetrVG § 111 Rn. 109; *Heither* ZIP 1985, 520.

deln kann.[282] *Zum anderen* erfüllt eine Betriebskantine lediglich eine Hilfsfunktion, die im Verhältnis zu dem in dem Betrieb verfolgten Hauptzweck immer eine untergeordnete, mithin keine grundlegende Rolle spielen kann. Der Tatbestand des § 111 S. 3 Nr. 4 BetrVG wird im Falle der Fremdvergabe bestimmter Teilfunktionen daher regelmäßig nur in Betracht kommen, wenn es sich hierbei um so genannte Primärfunktionen und nicht um bloße Hilfs- oder Sekundärfunktionen handelt.[283]

Der Übergang eines Betriebsteils auf einen neuen Betriebsinhaber kann verbunden sein mit weiteren Maßnahmen des Veräußerers oder des Erwerbers, die **für die von dem Betriebsübergang betroffenen Arbeitnehmer** wesentliche Nachteile mit sich bringen können. Dies ist etwa dann der Fall, wenn der veräußerte Betriebsteil von dem Erwerber an einen anderen Ort verlagert, Personal abgebaut oder der Betriebszweck grundlegend geändert wird. Auch kommt eine Eingliederung des Betriebsteils in einen bereits bestehenden Betrieb in Betracht. Hier ist fraglich, ob darauf eine Pflicht zum Abschluss eines Interessenausgleichs und Sozialplans im Ursprungsbetrieb gestützt werden kann bzw. welcher Betriebsrat für die Wahrung der Belange der von der Maßnahme betroffenen Mitarbeiter zuständig ist. 100

Beispiel C 25:

Die A-GmbH in Sindelfingen, die 120 Arbeitnehmer beschäftigt, veräußert aufgrund wirtschaftlicher Schwierigkeiten eine ihrer Produktionsstraßen und Produktlinien an die B-GmbH. Die B-GmbH will die Produktion in den neuen Bundesländern fortführen. Daher spricht die A-GmbH noch vor der Veräußerung gegenüber den 55 betroffenen Arbeitnehmern Änderungskündigungen aus. Der Betriebsrat der A-GmbH protestiert.

Soweit **der Veräußerer des Betriebsteils** über die bloße Betriebseinschränkung, Betriebsspaltung oder Änderung des Betriebszwecks hinaus, die jeweils die Ursprungsbelegschaft in ihrer Gesamtheit betreffen, **Betriebsänderungen plant, die sich auf den veräußerten Betriebsteil beziehen,** ist der Betriebsrat des Ursprungsbetriebes zu beteiligen. Allerdings kommt eine solche Konstellation nur dann in Betracht, wenn der Veräußerer einen Betriebsteil vor dem Betriebsübergang reorganisiert, umstrukturiert oder beispielsweise einen Personalabbau durchführt. Dies ist im **Beispiel C 25** der Fall, da die A-GmbH die Änderungskündigungen vor der Veräußerung ausspricht. Der Umstand, dass nicht der A-GmbH, sondern der B-GmbH als Betriebserwerber an der Versetzung der Arbeitnehmer gelegen ist, ist unbeachtlich.

Problematisch ist die Situation hingegen, wenn der **Erwerber eine weitere Betriebsänderung,** etwa eine Betriebsverlagerung, **plant und durchführt,** ohne dass der Veräußerer hiervon im Einzelnen Kenntnis hat. In derartigen Fällen ist es dem Veräußerer nicht möglich, einen Interessenausgleich zu versuchen oder einen Sozialplan aufzustellen. Nachdem die Arbeitsverhältnisse auf ihn übergegangen sind, treffen diese Pflichten den Erwerber. Dann kommt es entscheidend darauf an, ob der Betriebsrat des Ursprungsbetriebes auch nach der Veräußerung von dem Erwerber die Verhandlung eines Interessenausgleichs und Sozialplans verlangen kann, ob er also für die Belegschaft des veräußerten Betriebsteils noch ein Übergangsmandat gemäß § 21a Abs. 1 S. 1 BetrVG hat, oder ob die von der Maßnahme betroffenen Arbeitnehmer etwa aufgrund einer Eingliederung in einen bestehenden Betrieb von einem anderen Betriebsrat repräsentiert werden. Ist letzteres der Fall und handelt es sich bei dem aufnehmenden Betrieb im Verhältnis zu dem übernommenen Betriebsteil um einen sehr großen Betrieb, bei dem die neu hinzugekommene Belegschaft kaum nennenswert ins Gewicht fällt, so ist es denkbar, dass die „Wesentlichkeitsgrenze" durch die von dem Erwerber geplante Maßnahme nicht überschritten wird. Auch wenn sich die Maßnahme vor dem Betriebsübergang noch ohne weiteres als Betriebsänderung 101

[282] Vgl. BAG 21.10.1980 – 1 AZR 145/79, DB 1981, 698 unter I 1. (b) (BB) Gründe, das dies allerdings offen lässt.
[283] Vgl. hierzu → Rn. 106ff.

dargestellt hätte, ist es daher möglich, dass dies nach dem Arbeitgeber- bzw. Betriebswechsel nicht mehr der Fall ist, so dass die betroffenen Mitarbeiter leer ausgehen. In der Praxis kann die skizzierte Problematik letztlich nur dadurch gelöst werden, dass der Veräußerer bereits einen Sozialplan aufstellt, der auch zukünftige Nachteile erfasst, die die Arbeitnehmer, die in dem veräußerten Betriebsteil arbeiten, erleiden werden bzw. erleiden könnten. Veräußerer und Erwerber können dann über die Kaufpreisgestaltung oder eine interne Kostenübernahmevereinbarung einen Ausgleich schaffen. Erzwingbar ist ein derartiger Sozialplan allerdings nicht.

dd) Betriebsveräußerung und Betriebsstilllegung

102 Beispiel C 26:

Die A-GmbH, ein Zulieferer der Automobilindustrie, hat in den vergangenen Jahren aufgrund des hohen Kostendrucks ausschließlich Verluste gemacht. Die A-GmbH entschließt sich daher zur Stilllegung, verhandelt einen Interessenausgleich und Sozialplan und kündigt allen Mitarbeitern. Nachdem die Mehrzahl der Arbeitsverhältnisse beendet ist, findet sich ein Erwerber für die Produktionsmittel und führt die Produktion unter neuem Namen und mit einer neuen Belegschaft fort, deren Löhne weit unter denjenigen der Stammbelegschaft der A-GmbH liegen.

Schwierige Abgrenzungsfragen können sich ergeben, wenn ein Unternehmen sich zunächst entschließt, einen unrentablen Betrieb stillzulegen, sodann aber einen Erwerber findet, der den Betrieb übernimmt. Hier stellt sich die Frage, ob es sich um den Fall einer Betriebsstilllegung handelt oder vielmehr die Arbeitsverhältnisse gemäß § 613a BGB auf den Erwerber übergehen, ohne dass es eines Interessenausgleichs und Sozialplans im Hinblick auf die Stilllegung bedarf. Die Abgrenzung muss jedoch in jedem Fall getroffen werden, da sich eine Betriebsstilllegung und ein Betriebsübergang gegenseitig ausschließen.[284]

Abgesehen von den Fällen, in denen eine Stilllegung tatsächlich nur vorgespiegelt werden soll, spielt die **Abgrenzung** zwischen einer **tatsächlich geplanten Betriebsstilllegung** und einer **Scheinstilllegung** eine erhebliche Rolle, wenn sich ein Unternehmen zur Betriebsstilllegung entschließt, jedoch nach dem Ausspruch der betriebsbedingten Kündigungen einen Käufer für die Produktions- und sonstigen Betriebsmittel findet, der sodann den Betrieb im Wesentlichen unverändert fortführt. Eine Betriebsveräußerung stellt sich grundsätzlich nicht als Betriebsstilllegung dar. Vielmehr gehen die Arbeitsverhältnisse gemäß § 613a BGB auf den Erwerber über, der sodann den Betrieb fortführen oder, sollte er dies wünschen, auch schließen kann. Erfolgt die **Betriebsveräußerung** nun aber erst **nach der Umsetzung des Stilllegungsentschlusses,** so gehen die durch betriebsbedingte Kündigung rechtswirksam beendeten Arbeitsverhältnisse nicht mehr gemäß § 613a BGB auf den Erwerber über. Da für die Beurteilung der sozialen Rechtfertigung einer betriebsbedingten Kündigung auf die Situation zum Zeitpunkt des Kündigungsausspruchs abzustellen ist, sind die im Hinblick auf die geplante Betriebsstilllegung ausgesprochenen Kündigungen sozial gerechtfertigt, auch wenn der Betrieb *de facto* von einem Erwerber fortgeführt wird.[285]

103 Hier ist allerdings *zum einen* zu berücksichtigen, dass nach Auffassung des BAG in den Fällen, in denen der Erwerber „alsbald" nach der Stilllegung des Betriebes die Produktion wieder aufnimmt, eine **tatsächliche Vermutung** gegen die ernsthafte Absicht des Veräußerers spricht, seinen Betrieb stillzulegen.[286] Um diese tatsächliche Vermutung zu entkräften, obliegt dem Veräußerer der Nachweis, den Kontakt zu dem Erwerber erst nach erfolgter Stilllegung hergestellt zu haben. Offen gelassen hat das BAG, welcher Zeitraum

[284] Vgl. BAG 13.11.1997 – 8 AZR 375/96, NZA 1998, 249; 26.8.1999 – 8 AZR 718/98, NZA 2000, 144; 16.5.2002 – 8 AZR 319/01, NZA 2003, 93.

[285] BAG 28.4.1988 – 2 AZR 623/87, NZA 1989, 265.

[286] BAG 22.5.1985 – 5 AZR 173/84, NZA 1985, 773; 12.2.1987 – 2 AZR 247/86, NZA 1988, 170.

zwischen der Betriebsstilllegung und der Fortführung des Betriebes durch einen Dritten liegen muss, ohne dass die tatsächliche Vermutung einer Scheinstilllegung eingreift. *Zum anderen* wird diskutiert, den gekündigten Mitarbeitern einen **Wiedereinstellungsanspruch gegenüber dem Betriebserwerber** zuzugestehen.[287] Die Versuche, einen solchen Wiedereinstellungsanspruch dogmatisch zu begründen, sind mannigfaltig. So wird vielfach mit der Fürsorgepflicht, dem Gedanken der Wiedergutmachung, Treu und Glauben und Vertrauensschutzgesichtspunkten argumentiert.[288] Das BAG musste sich in der Entscheidung vom 27.2.1997 mit einer ähnlich gelagerten Frage auseinander setzen. Dort war zu entscheiden, wie zu verfahren ist, wenn ein Arbeitnehmer im Hinblick auf eine ursprünglich geplante Betriebsstilllegung gekündigt wird, sich jedoch vor Ablauf der Kündigungsfrist unerwartet ein Erwerber findet, der den Betrieb fortführt.[289] Der Zweite Senat hat dem Arbeitnehmer einen Anspruch auf Fortsetzung des Arbeitsverhältnisses zugebilligt, sofern der Arbeitgeber mit Rücksicht auf die Wirksamkeit der Kündigung noch keine Dispositionen getroffen hat und ihm die Fortsetzung des Arbeitsverhältnisses zugemutet werden kann. Hergeleitet wurde dieser Anspruch aus Treu und Glauben gemäß § 242 BGB. Wie der 7. Senat des BAG sich hierzu stellt, ist allerdings noch nicht abschließend entschieden.[290]

Festzuhalten bleibt demnach, dass ungeachtet der dogmatisch korrekten Grundlage ein Wiedereinstellungsanspruch nach dem bisherigen Stand der Rechtsprechung im Regelfall nur dann als begründet angesehen wird, wenn die betriebsbedingten Kündigungsgründe noch vor Ablauf der Kündigungsfrist entfallen sind und für den gekündigten Arbeitnehmer noch keine Ersatzkraft eingestellt wurde. Hieran vermag auch der Umstand nichts zu ändern, dass der Betriebsveräußerer mit dem Betriebsrat vor Ausspruch der Kündigungen und vor der Veräußerung im Hinblick auf die geplante Schließung einen Interessenausgleich und Sozialplan abgeschlossen hat. Eine weiter gehende Fassung des Wiedereinstellungsanspruchs würde in unzulässiger Weise in die unternehmerische Entscheidung und deren Planbarkeit eingreifen und zu einer unausgewogenen Risikoverteilung führen. Demnach haben im **Beispiel C 26** nur diejenigen Arbeitnehmer gegen den Erwerber einen Anspruch auf Wiedereinstellung, deren Arbeitsverhältnisse zum Zeitpunkt des Betriebsübergangs noch nicht beendet waren. Zudem muss der Wiedereinstellungsanspruch geltend gemacht worden sein, bevor der Erwerber neues Personal fest angestellt hat. Dies gilt allerdings dann nicht, wenn es sich nachweislich um eine Scheinstilllegung handelte, da es hier an einer entsprechenden Stilllegungsabsicht zum Zeitpunkt des Kündigungsausspruchs fehlt. In diesem Fall sind sämtliche Kündigungen sozial ungerechtfertigt und die Arbeitsverhältnisse gehen gemäß § 613a BGB auf den Erwerber über.

ee) Betriebsübergang ohne Veräußerung. Eine ähnliche Problematik wie im Falle ei- 104
ner Betriebsveräußerung nach erfolgtem Stilllegungsbeschluss stellt sich immer dann, wenn Ungewissheit über das (zukünftige) Vorliegen der Voraussetzungen eines Betriebsübergangs gemäß § 613a BGB besteht. Nach der Rechtsprechung des BAG,[291] die auf die Rechtsprechung des EuGH zurückgeht,[292] kann ein Betriebsübergang auch dann vorliegen, wenn der neue Auftragnehmer eines Dienstleistungsauftrages einen nach Zahl und Sachkunde wesentlichen Teil des Personals des früheren Auftragnehmers zur Erledigung der nunmehr ihm übertragenen Aufgaben anstellt. Konsequenz dieser neueren Rechtsprechung ist, dass es letztlich allein von dem neuen Auftragnehmer abhängt, ob er im Falle einer **sog. Funktionsnachfolge** die Rechtsfolgen des § 613a BGB auslöst. Der bisherige Auftragnehmer hingegen hat auf die Frage, ob ein Betriebsübergang vorliegt, regelmäßig keinen

[287] Vgl. hierzu ausführlich mwN → G Rn. 75, 121.
[288] ErfK/*Preis* BGB § 613a Rn. 163 ff.; KR/*Rachor* KSchG § 1 Rn. 37. .
[289] BAG 27.2.1997 – 2 AZR 160/96, NZA 1997, 757.
[290] BAG 6.8.1997 – 7 AZR 557/96, NZA 1998, 254; vgl. hierzu auch *Meyer* NZA 2000, 298 (300).
[291] Vgl. hierzu BAG 17.7.1997 – 8 AZR 156/95, NZA 1997, 1050, sowie → G Rn. 47 ff.
[292] Vgl. EuGH 11.3.1997 – C-13/95 (Ayse Süzen), NZA 1997, 433, sowie → G Rn. 31.

Einfluss, da er zu dem neuen Auftragnehmer in keinerlei Rechtsbeziehung steht. Der bisherige Auftragnehmer muss daher eine **Prognoseentscheidung** dahingehend treffen, ob er auf den Übergang der mit dem bisherigen Auftrag befassten Arbeitnehmer auf den neuen Auftragnehmer gemäß § 613a BGB setzt, oder aber den Abbau des durch den Auftragsverlust entstandenen Personalüberhangs einleitet und ggf. im Hinblick auf eine Betriebseinschränkung oder gar -stilllegung mit dem Betriebsrat in Interessenausgleichs- und Sozialplanverhandlungen eintritt.

Beispiel C 27:

Das Bewachungsunternehmen SicherheitTotal GmbH verliert seinen Auftrag, für die Sicherheit in den U-Bahn-Stationen einer deutschen Großstadt zu sorgen, mit Wirkung zum 30.4.2002. Einer der Konkurrenten hat im Zuge einer Neuausschreibung des Auftrages von der Stadt den Auftrag erhalten, ab dem 1.5.2002 den Sicherheitsdienst zu stellen. Auf Nachfrage des Betriebsrats der Fa. SicherheitTotal GmbH erklärt der neue Auftragnehmer, höchstenfalls an einem kleineren Teil des Personals der Fa. SicherheitTotal GmbH interessiert zu sein. Jedem Mitarbeiter der Fa. SicherheitTotal GmbH stehe es frei, sich auf die neuen Arbeitsplätze zu bewerben. Der Betriebsrat verlangt die Aufnahme von Interessenausgleichs- und Sozialplanverhandlungen aufgrund der bevorstehenden Betriebsstilllegung. Die Fa. SicherheitTotal GmbH lehnt dies ab, weil sie vermutet, dass der neue Auftragnehmer am Ende doch wesentliche Teile des Personals übernimmt und so die Voraussetzungen eines Betriebsübergangs vorliegen.

Die Problematik in dem **Beispiel C 27** besteht darin, dass weder der Betriebsrat noch der Arbeitgeber mit Gewissheit sagen können, ob die Voraussetzungen eines Betriebsübergangs vorliegen werden und somit eine Betriebsänderung nicht durchgeführt wird, oder aber ob eine Betriebsstilllegung erfolgen muss und alle Beschäftigten zu kündigen sind. Da maßgeblicher Ansatzpunkt für die Beteiligungsrechte des Betriebsrats jedoch die Planung des Arbeitgebers ist, bestehen so lange Beteiligungsrechte gemäß §§ 111 ff. BetrVG nicht, wie der Arbeitgeber selbst keine Betriebsstilllegung plant, sondern von einem Betriebsübergang ausgeht. Konsequenz hieraus ist umgekehrt, dass der Arbeitgeber in diesem Fall auch an dem zumindest vorsorglichen Ausspruch von Kündigungen gehindert ist.

105 In all den Fällen, in denen das Vorliegen eines Betriebsübergangs noch ungewiss ist, da letztlich Dritte durch ihr Handeln in der Zukunft erst darüber entscheiden, ob die Voraussetzungen des § 613a BGB vorliegen, erscheint es zur Vermeidung kostenintensiver Verzögerungen sachgerecht, zumindest vorsorglich mit dem Betriebsrat Verhandlungen über einen Interessenausgleich aufzunehmen, einen vorsorglichen Sozialplan abzuschließen und sodann die erforderlichen Kündigungen auszusprechen. Das BAG hat demgemäß auch ausdrücklich die **Möglichkeit des Abschlusses eines vorsorglichen Sozialplans** in derartigen Fallkonstellationen anerkannt.[293] Nicht richtig ist, dass nach Auffassung des BAG in Fällen der Ungewissheit über das Vorliegen eines Betriebsübergangs der Arbeitgeber zum Abschluss eines Sozialplans und zur Verhandlung eines Interessenausgleichs verpflichtet ist.[294] Dem Arbeitgeber obliegt es vielmehr, eine entsprechende Prognose anzustellen und nur in den Fällen, in denen er (vorsorglich) durch den Ausspruch von Kündigungen eine Betriebsstilllegung oder -einschränkung vorbereiten will, muss er die Beteiligungsrechte des Betriebsrats gemäß §§ 111 ff. BetrVG wahren.

Um Probleme für den Fall soweit als möglich vorzubeugen, dass doch noch die Voraussetzungen eines Betriebsübergangs im Falle einer Funktionsnachfolge von dem neuen Auftragnehmer herbeigeführt werden, sollte diese Möglichkeit bereits im Interessenausgleich und Sozialplan alternativ berücksichtigt werden. Andernfalls stellen sich schwierige Fragen

[293] Vgl. BAG 1.4.1998 – 10 AZR 17/97, NZA 1998, 769; vgl. hierzu auch → Rn. 224.
[294] So aber *Meyer* NZA 2000, 298 (300); vgl. hierzu auch *Matthes* NZA 2000, 1073 (1077).

nach dem Wegfall der Geschäftsgrundlage oder der Möglichkeit der fristlosen Kündigung eines bereits abgeschlossenen Sozialplans.[295]

b) Fremdvergabe von Hilfs- und Teilfunktionen

Konzepte wie die Verringerung der Produktionstiefe sowie die Konzentration auf den eigentlichen Unternehmenszweck durch Outsourcing und Fremdvergabe von unternehmerischen Aufgaben erleben bereits seit Jahren einen Boom. In der Praxis gibt es im Wesentlichen zwei typische Erscheinungsformen: *Zum einen* ist ein Trend zur Auslagerung von Hilfsfunktionen, wie zB der Bewachung des Betriebsgeländes, des Versandes, der Reinigung des Gebäudes etc. zu beobachten. In diesen Fällen wird ein auf die jeweiligen Aufgaben spezialisiertes Unternehmen im Rahmen eines Werk- oder Dienstvertrages mit der Erledigung betraut. Typischerweise verfügt das beauftragte Unternehmen über eine bereits bestehende Organisation und versorgt eine Vielzahl von Betrieben mit der entsprechend spezialisierten Leistung. Dies wird im Folgenden als **Fremdvergabe von Hilfs- oder Sekundärfunktionen** bezeichnet. *Zum anderen* werden aber auch zunehmend eng mit dem Betriebszweck verzahnte Tätigkeiten auf Werk- oder Dienstvertragsbasis an Drittunternehmen vergeben. Beispiele hierfür sind die Fertigung bestimmter Vor- oder Teilprodukte durch Dritte in den Räumlichkeiten des Auftraggebers, die Beauftragung Dritter mit der Herstellung erforderlicher Konstruktionen oder Software sowie den Einkauf bestimmter Vor- oder Teilprodukte zur anschließenden Montage. Hierbei handelt es sich um die Fremdvergabe von **Teil- oder Primärfunktionen.** 106

Das **Motiv** der Unternehmen für die Fremdvergabe von Hilfs- und Teilfunktionen ist 107
in der Regel die Senkung der Kosten des Auftraggebers.[296] Eine Kostenreduktion kann beispielsweise aus einer Reduktion der fixen Betriebskosten des Auftraggebers, einer erhöhten Effizienz aufgrund der Spezialisierung des Auftragnehmers sowie einem geringeren Lohnniveau der Beschäftigten des Auftragnehmers resultieren. Letzteres ergibt sich vielfach aus einer anderen oder fehlenden Tarifbindung des Auftragnehmers. Neben diesen betriebswirtschaftlichen Motiven, die in der Regel hinter der Fremdvergabe von Hilfs- und Teilfunktionen stehen, ist es aber auch denkbar, dass hiermit die unternehmerische Handlungsfreiheit gegenüber dem Betriebsrat erweitert werden soll. So kann es für ein Unternehmen, das beispielsweise in einem für den Unternehmenserfolg wichtigen Bereich fortlaufend Konflikte mit dem Betriebsrat austrägt oder aber in bestimmten Abteilungen ohne längere Arbeitszeiten bzw. fortwährende Überstunden nicht zu Rande kommt, erwägenswert sein, diese problematischen Bereiche entweder in eine Tochtergesellschaft und zugleich in einen eigenständigen Betrieb auszugliedern oder an Drittunternehmen zu vergeben. Soweit sich in Analysen der Motive von Outsourcing der Hinweis findet, dies könne auch dadurch motiviert sein, dass man sicherstellen wolle, die Grenzen für bestimmte Mitbestimmungsrechte des Betriebsrates, etwa für die Mitbestimmung in wirtschaftlichen Angelegenheiten (20 Arbeitnehmer) oder die Errichtung eines Wirtschaftsausschusses (100 Arbeitnehmer), nicht zu überschreiten, ist dies kaum realistisch. Zwar mag es zutreffen, dass es sich aus Unternehmersicht als wünschenswerter Nebeneffekt darstellt, wenn durch die Fremdvergabe bestimmter Tätigkeits- und Aufgabenbereiche Schwellenwerte für bestimmte Mitbestimmungsrechte unterschritten werden. Letztlich werden aber angesichts des mit der Fremdvergabe von Teil- und Hilfsfunktionen verbundenen organisatorischen Aufwandes primär wirtschaftliche und organisatorische Motive für eine Fremdvergabe von Hilfs- und Teilfunktionen ausschlaggebend sein.

Aus **Sicht der Betriebsräte** sind Outsourcing-Maßnahmen vielfach deshalb **nicht** 108
wünschenswert, weil hierdurch der ausgelagerte Bereich nicht mehr ihrem Einflussbereich untersteht und, sollte sich hierdurch die Mitarbeiterzahl erheblich reduzieren, unter Umständen Neuwahlen erforderlich werden oder bestimmte Beteiligungsrechte, die von

[295] Vgl. hierzu BAG 28.8.1996 – 10 AZR 886/95, NZA 1997, 109; vgl. insbesondere → Rn. 340.
[296] Zu den Motiven für eine Fremdvergabe *Hunold* NZA 1990, 461.

der Belegschaftsstärke abhängen, entfallen. Auch der Umstand, dass hierdurch geschützte Dauerarbeitsplätze im Unternehmen entfallen, ist von entscheidender Bedeutung. Besonders virulent wird das Interesse des Betriebsrates, einer Fremdvergabe entgegenzusteuern, immer dann, wenn hiervon der Kern oder zumindest eine Hauptbereich der unternehmerischen Aktivitäten betroffen ist. Dies deshalb, weil dann der verbleibende Rest, für sich betrachtet, unter Umständen nicht mehr lebensfähig ist und das Wohl und Wehe des Betriebes von Dritten abhängt. Werden betriebliche Hilfsfunktionen an Dritte vergeben, wie zB die Kantine an einen professionellen Kantinenbetreiber, und kommt dort ein Tarifvertrag zur Anwendung, der die Mitarbeiter des ausgegliederten Betriebsteils insgesamt schlechterstellt, als sie bislang standen, so besteht zudem die Gefahr des Entstehens einer Zwei-Klassen-Belegschaft, ein Umstand, dem Betriebsräte in der Regel entgegenwirken wollen. Die Gegenüberstellung der widerstreitenden Interessen von Unternehmen und Betriebsrat zeigen, dass gerade im Bereich der Fremdvergabe zukünftig verstärkt Konfliktpotential bezüglich der Frage besteht, ob es sich hierbei um mitbestimmungspflichtige Tatbestände handelt. Das Betriebsverfassungsgesetz sieht nun aber nicht vor, dass der Fall der Fremdvergabe von Teil- oder Hilfsfunktionen *per se* mitbestimmungspflichtig ist. Es ist daher in jedem Einzelfall sorgfältig zu prüfen, ob Mitbestimmungsrechte des Betriebsrates in personellen, sozialen und wirtschaftlichen Angelegenheiten aufgrund der Fremdvergabe von Aufgaben und Funktionen, die ehemals von Mitarbeitern des Unternehmens erfüllt wurden, bestehen.

aa) Fremdvergabe von Hilfsfunktionen

109 Beispiel C 28:

Die X-AG, die ca. 2000 Beschäftigte hat, entschließt sich, ihren Fuhrpark zu veräußern und Transporte von diversen Fremdspeditionen durchführen zu lassen. Die vorhandenen Lkws werden auf dem Gebrauchtwagenmarkt veräußert. Es werden mit fünf Spediteuren Rahmenverträge abgeschlossen, die sodann im Bedarfsfalle durch entsprechende Einzelaufträge ergänzt werden. Da die 35 Fahrer und Mechaniker entlassen werden sollen, protestiert der Betriebsrat.

Bei der Frage, ob sich die Fremdvergabe von Hilfsfunktionen als interessenausgleichs- und sozialplanpflichtige Betriebsänderung darstellt, kommt es zwar regelmäßig auf die Umstände des Einzelfalls an. Gleichwohl wird man sagen können, dass die Fremdvergabe von Hilfsfunktionen in der überwiegenden Zahl der Fälle nicht unter **§ 111 S. 3 Nr. 1 BetrVG** fällt. Denn *zum einen* werden in Bereichen wie der Gebäudereinigung, dem Kantinenbetrieb oder dem Fuhrpark, also in **Bereichen klassischer Hilfsfunktionen,** in der Regel **keine erheblichen Teile der Belegschaft** beschäftigt sein. Selbst wenn die Fremdvergabe mit dem Ausspruch betriebsbedingter Kündigungen einhergeht, stellt sich die Maßnahme bei isolierter Betrachtung daher nicht als wesentliche Betriebseinschränkung dar. *Zum anderen* ist zu berücksichtigen, dass Bereiche wie der Fuhrpark oder die Gebäudereinigung regelmäßig nicht als wesentliche Betriebsteile zu qualifizieren sind, da sie für den Betrieb als Ganzes weder in quantitativer noch in qualitativer Hinsicht von entscheidender Bedeutung sind.[297] Das entspricht auch der bisherigen Rechtsprechung des BAG, das zwar nicht ausdrücklich ausgeschlossen hat, dass sich die Wesentlichkeit eines Betriebsteils aus seiner Bedeutung für den Betrieb als Ganzes, mithin aus qualitativen Gesichtspunkten ergeben kann. In all den Fällen, in denen das BAG über die Fremdvergabe von Hilfsfunktionen entscheiden musste, wurde das Vorliegen einer Betriebseinschränkung jedoch mangels **Wesentlichkeit des betroffenen Betriebsteiles** abgelehnt.[298]

110 Auch andere Tatbestände des § 111 BetrVG werden bei der Fremdvergabe von Hilfsfunktionen kaum erfüllt sein. Zwar ließe sich argumentieren, der Betrieb werde durch die

[297] Vgl. hierzu → Rn. 38ff.; vgl. auch *Walle* NZA 1999, 518 (520).
[298] Vgl. hierzu ausführlich → Rn. 40.

Vergabe von Hilfsfunktionen gespalten, ein Teil des Betriebes werde ausgegliedert, so dass die Voraussetzungen des **§ 111 S. 3 Nr. 3 BetrVG** erfüllt sind. Da der Fuhrpark und eine Organisationseinheit aber gerade nicht übergeleitet, sondern stillgelegt wird, scheidet eine Spaltung iSd § 111 S. 3 Nr. 3 BetrVG aus. Das BAG hat in der Entscheidung vom 18.3. 2008 klargestellt, dass eine teilweise Stilllegung eines Betriebs und eine Spaltung sich ausschließen. Vielmehr ist zu prüfen, ob es sich um eine Änderung der Betriebsorganisation iSv § 111 S. 3 Nr. 4 BetrVG handeln kann.[299] Dies hängt davon ab, ob die Änderung eine einschneidende Auswirkung auf den Betriebsablauf, die Arbeitsweise oder die Arbeitsbedingungen der Arbeitnehmer hat. Aufgrund der bloßen Hilfsfunktion der Abteilung sind diese Voraussetzungen im **Beispiel C 28** nicht erfüllt, dies gilt auch für die grundlegende Einschränkung des Betriebszwecks.

bb) Fremdvergabe von Teilfunktionen

Beispiel C 29: 111

Die X-AG, ein Unternehmen der Automobilindustrie, beschließt, die Fertigungstiefe zukünftig erheblich zu reduzieren und die gesamten Zubehörteile für die Auspuff- und Vergaseranlagen sowie Katalysatoren von Drittunternehmen zu beziehen. In dem Werk, in dem diese Teile bisher produziert werden, entfallen hierdurch ca. 12 % der Arbeitsplätze.

Im Gegensatz zur Fremdvergabe von Hilfsfunktionen stellt sich das Outsourcing von Teilfunktionen vielfach so dar, dass die Aufgaben nicht mehr räumlich innerhalb des Betriebes ausgeführt werden, sondern Drittunternehmen die Leistungen an einem anderen Ort erbringen. Es ist jedoch gleichwohl auch denkbar, dass Arbeiten an Drittunternehmen übertragen werden, die diese dann im Betrieb des Auftraggebers ausführen.

Anders als bei der Vergabe von Hilfsfunktionen ist die Beteiligung des Betriebsrats gemäß § 111 BetrVG bei der Fremdvergabe von Teil- bzw. so genannter Primärfunktionen durchaus die Regel. Dies ist darauf zurückzuführen, dass in diesen Fällen sehr häufig erhebliche Teile der Belegschaft betroffen sind, so dass die Voraussetzungen der **Einschränkung von wesentlichen Betriebsteilen** gemäß § 111 S. 3 Nr. 1 BetrVG sowie der **Betriebsspaltung** gemäß § 111 S. 3 Nr. 3 BetrVG erfüllt sein können. Wie bereits ausgeführt, richtet sich das Vorliegen einer Betriebseinschränkung danach, ob die Schwellenwerte des § 17 KSchG erfüllt sind, wobei mindestens 5% der Belegschaft von der Maßnahme betroffen sein müssen. Da im obigen **Beispiel C 29** 12% der Belegschaft von der Maßnahme betroffen ist, sind die Voraussetzungen einer Betriebsänderung erfüllt. Sind von der Fremdvergabe keine wesentlichen Belegschaftsteile betroffen, so muss gleichwohl sorgfältig geprüft werden, ob der in Rede stehende Betriebsteil für den Erfolg des Betriebs insgesamt von herausragender Bedeutung ist. Dies wird man, wie oben eingehend begründet, jedenfalls bei Abteilungen mit Schlüsselfunktionen annehmen können.[300]

Soweit es um die Auslagerung von Primär- und nicht von Sekundärfunktionen geht, 112
kommt zudem eine damit verbundene grundlegende Änderung des **Betriebszwecks** oder eine grundlegende Änderung der **Betriebsorganisation** in Betracht. Auch die **Einführung neuer Fertigungsverfahren und Arbeitsmethoden** kann Ansatzpunkt für eine Betriebsänderung sein, wenn beispielsweise die Fertigungstiefe des Betriebes drastisch verringert wird. Dies ist der Fall, wenn ein Betrieb, in dem bislang alle erforderlichen Bauteile für das Endprodukt hergestellt wurden, dazu übergeht, alle Bauteile bei Drittunternehmen zu beziehen, um diese sodann lediglich noch zu montieren.[301] Eine Wandlung von einem Produktions- zu einem bloßen Montagebetrieb wird man als Betriebsänderung im Sinne des § 111 S. 5 Nr. 5 BetrVG ansehen müssen. Letztlich ist aber auch in den Fällen der Fremdvergabe von Primärfunktionen jeder Einzelfall einer genauen Prüfung zu unter-

[299] BAG 18.3.2008 – 1 ABR 77/06, NZA 2008, 957; vgl. hierzu auch → Rn. 61.
[300] Vgl. → Rn. 40.
[301] Vgl. hierzu → Rn. 76.

ziehen. Eine pauschale Aussage dahingehend, dass hier immer eine Betriebsänderung im Sinne des § 111 BetrVG vorliegt bzw. eine Betriebsänderung ausgeschlossen ist, wäre nicht gerechtfertigt.

112a Interessant ist auch eine Fallkonstellation, über die das LAG Hamm zu entscheiden hatte.[302] Hier hat der Betriebsrat sich notwendiger Wochenendarbeit widersetzt. Das Unternehmen hat daraufhin Fremdpersonal mit diesen (zusätzlichen) Arbeiten betraut. Damit wurde weder in die bestehende Arbeitsorganisation eingegriffen, noch wurde die Belegschaft durch die Fremdvergabe in der Weise beeinträchtigt, dass der bisher bestehende Betrieb eingeschränkt wurde. Damit wurde zutreffend festgestellt, dass die Vorrausetzungen für eine Betriebsänderung nicht vorliegen.

c) Änderung der Betriebsstruktur

113 Es gibt im Wesentlichen die folgenden Möglichkeiten, die Struktur eines Betriebes zu verändern:
- Innerbetriebliche Neuorganisation,
- Zusammenschluss von Betrieben und Betriebsteilen,
- Eingliederung von Betrieben und Betriebsteilen,
- Ausgliederung von Betriebsteilen.

aa) Innerbetriebliche Neuorganisation. Innerbetriebliche Neuorganisationsmaßnahmen können die unterschiedlichsten Erscheinungsformen haben. **Beteiligungsrechte des Betriebsrates** gemäß § 111 BetrVG bestehen hier insbesondere dann, wenn es sich um eine grundlegende Änderung der Betriebsorganisation (§ 111 S. 3 Nr. 4 BetrVG) oder um die Einführung grundlegend neuer Arbeitsmethoden oder Fertigungsverfahren (§ 111 S. 3 Nr. 5 BetrVG) handelt. Die Voraussetzungen hierfür wurden im Einzelnen bereits oben in → Rn. 67, 76 dargelegt. Entscheidend ist jedenfalls, dass nicht jede marginale Organisationsänderung genügt, sondern dass es sich tatsächlich um strukturell bedeutsame Änderungen handeln muss, die sich zudem entweder auf einen wesentlichen Teil der Belegschaft auswirken oder aus anderen Gründen qualitativ von gravierender Bedeutung sind. In den vergangenen Jahren haben insbesondere Maßnahmen im Zusammenhang mit der **Einführung der sog. *lean production*** von sich Reden gemacht. Zwar verbirgt sich hinter diesem Schlagwort kein geschlossenes Management-Konzept, sondern vielmehr eine Vielzahl unterschiedlicher Management-Prinzipien.[303] Gleichwohl umschreiben die Begriffe *lean production* oder *lean management* typisierte Maßnahmen, die sich vielfach als Betriebsänderung darstellen.[304] Ähnlich verhält es sich mit **agilen Arbeitsformen,** die auf die Abschaffung von Hierarchien hinauslaufen und eine neue Form der cross-funktionalen Zusammenarbeit in Teams mit sich bringen.[305]

114 Allerdings ist eine generelle Aussage dahingehend, dass sämtliche der genannten Erscheinungsformen des Wirtschaftslebens sich regelmäßig als Betriebsänderung darstellen, nicht möglich. Es ist vielmehr sorgfältig und im Einzelfall zu prüfen, ob hiervon ein wesentlicher Teil der Belegschaft betroffen ist bzw. ob die damit einhergehenden organisatorischen Änderungen oder Änderungen der Arbeitsmethoden qualitativ so erhebliche Auswirkungen haben, dass sie sich als Betriebsänderung iSd § 111 S. 3 Nr. 4 oder Nr. 5 BetrVG darstellen. Dies kann beispielsweise bei der Abschaffung von Führungsebenen zweifelhaft sein, da hiervon *einerseits* nur eine geringfügige Zahl von Mitarbeitern, darunter möglicherweise auch vom Betriebsrat nicht vertretene leitende Angestellte, unmittelbar betroffen ist. *Andererseits* wirkt sich dies auf die Belegschaft insgesamt meist nicht spürbar aus. Betrachtet man demgegenüber die **Einführung von Gruppenarbeit,** so spricht die

---

[302] Urt. v. 14.10.2016 – 13 TaBVGa 8/16, BeckRS 2016, 74886.
[303] Vgl. hierzu *Hunold* NZA 1993, 723.
[304] Vgl. hierzu *Hunold,* aaO; *Schindele* BB Beil. 15/1993, 14 (16), vgl. hierzu → Rn. 68.
[305] Vgl. hierzu → Rn. 68.

Tatsache, dass von der Gruppenarbeit ein Großteil der Arbeitnehmer betroffen sein wird und ihrer Einführung häufig ein langer und uU aufwendiger Schulungsprozess sowie eine entsprechende Testphase vorausgeht, bereits dafür, dass es sich hierbei um eine grundlegende Organisationsänderung handelt.[306] Zudem kann sich dies auch aus den meist erheblichen Veränderungen der Arbeitsabläufe für die konkret betroffenen Arbeitnehmer ergeben. Im Übrigen folgt nun aus dem neu eingefügten § 87 Abs. 1 Nr. 13 BetrVG, dass dem Betriebsrat bei der Durchführung der Gruppenarbeit ein erzwingbares Mitbestimmungsrecht zukommt.[307] In der Einführung der Gruppenarbeit sind die Unternehmen vorbehaltlich der Wahrung etwaiger Mitbestimmungsrechte gemäß §§ 111 ff. BetrVG allerdings nach wie vor frei.[308]

bb) Zusammenschluss von Betrieben und Betriebsteilen. Werden zwei Betriebe zusammengeschlossen, so stellt sich dies gemäß § 111 S. 3 Nr. 1 BetrVG regelmäßig als **Betriebsänderung** dar. Ausführungen hierzu finden sich in → Rn. 53 ff. Des Weiteren kann mit einer solchen Maßnahme eine **grundlegende Änderung der Organisation** der betroffenen Betriebe oder die Änderung, dh **Ausweitung des Betriebszwecks,** verbunden sein. Schließlich erfolgen Betriebszusammenschlüsse häufig zu dem Zweck, entstehende Synergieeffekte auszunutzen und können daher zu einem erheblichen Personalabbau, dh zu einer **Betriebseinschränkung** im Sinne des § 111 S. 3 Nr. 1 BetrVG, führen. 115

All diese Gesichtspunkte begründen eine Pflicht des Arbeitgebers, mit dem Betriebsrat einen Interessenausgleich- und Sozialplan zu verhandeln. Schwierigkeiten können lediglich insoweit entstehen, als unklar ist, **mit welchem Betriebsrat** die Verhandlungen zu führen sind bzw. ob und gegebenenfalls welcher Betriebsrat nach erfolgtem Zusammenschluss der Betriebe im Amt bleibt. Bei der Frage, mit welchem Betriebsrat Verhandlungen zu führen sind, ist danach zu differenzieren, wo die Betriebsänderung durchgeführt wird und für wen sich die Maßnahme als Betriebsänderung darstellt. Die Einzelheiten sind in → Rn. 371 ff. erörtert. Soweit aus dem Zusammenschluss weitere Betriebsänderungen, wie zB ein Personalabbau oder grundlegende organisatorische Änderungen, resultieren, werden diese in dem neuen, dh dem Nachfolgebetrieb, durchgeführt. Ein etwaiger Interessenausgleich und Sozialplan ist demgemäß grundsätzlich mit dem für diesen Betrieb zuständigen Betriebsrat zu verhandeln. Hierbei kann es sich sowohl um den Betriebsrat eines der an dem Zusammenschluss beteiligten Betriebe als auch um den neu gewählten Betriebsrat des Nachfolgebetriebes handeln. Die Einzelheiten der hiermit im Zusammenhang stehenden Probleme und die Auswirkungen eines Betriebszusammenschlusses auf die Betriebsräte sind ebenfalls ausführlich in → D Rn. 64 ff. dargestellt.

cc) Eingliederung von Betriebsteilen und Betrieben. Wie dargelegt, stellt sich die Eingliederung eines Betriebes in einen anderen Betrieb auch dann **als Zusammenschluss im Sinne des § 111 S. 3 Nr. 3 BetrVG** dar, wenn der eingegliederte Betrieb seine Identität verliert und in dem aufnehmenden Betrieb aufgeht. Ob auch die **Eingliederung von Betriebsteilen** unter dem rechtlichen Gesichtspunkt des Zusammenschlusses von Betrieben nach § 111 S. 3 Nr. 3 BetrVG als Betriebsänderung zu qualifizieren ist, ist hingegen umstritten, da die Norm Betriebsteile nicht erwähnt. Wie ausgeführt,[309] wird man § 111 S. 3 Nr. 3 BetrVG auf selbständige Betriebsteile, für die ein Betriebsrat gewählt wurde, anwenden können. Eine Ausdehnung des Tatbestandes des Zusammenschlusses von Betrieben im Wege der Analogie auf Fälle des Zusammenschlusses unselbständiger Betriebsteile ist jedoch nicht geboten, da insoweit keine Regelungslücke besteht.[310] 116

306 Vgl. DKW/*Däubler* § 111 Rn. 105; *Fitting* § 111 Rn. 92; *Hunold* NZA 1993, 723 (724).
307 Vgl. *Däubler* AuR 2001, 1 (7); *Engels/Trebinger/Löhr-Steinhaus* DB 2001, 532 (540).
308 Vgl. Gaul/*Boewer/Gaul* Aktuelles AR 2001, 1 (23); *Hanau* NJW 2001, 2513 (2518); *Leßmann/Liersch* DStR 2001, 1302 (1310); *Löwisch* BB 2001, 1790 (1792).
309 Vgl. → Rn. 55.
310 Vgl. → Rn. 56.

Wird aus einem Betrieb ein Betriebsteil ausgegliedert und in einen anderen Betriebsteil eingegliedert, so kann sich dies für den abgebenden Betrieb unter dem rechtlichen Gesichtspunkt der **Betriebseinschränkung,** der **grundlegenden Änderung der Betriebsorganisation und/oder des Betriebszwecks** als Betriebsänderung darstellen. Ob dies letztlich der Fall ist, hängt davon ab, ob von der Maßnahme ein wesentlicher Betriebsteil bzw. ein erheblicher Teil der Belegschaft betroffen ist. Ist dies nicht der Fall, so bedarf es nicht der Verhandlung eines Sozialplans und Interessenausgleichs. Für den aufnehmenden Betrieb gilt entsprechendes. Auch hier kann die Eingliederung eines Betriebsteils zu einer grundlegenden organisatorischen Änderung oder zu einer Änderung des Betriebszweckes führen. Liegen die Voraussetzungen nicht vor, so besteht im Hinblick auf den Schutzzweck des § 111 BetrVG auch hier kein Bedarf, einen Interessenausgleich und Sozialplan abzuschließen. Dem steht auch nicht entgegen, dass aus dem Zusammenschluss betrieblicher Einheiten vielfach ein Personalabbau resultiert. Denn sollte dies aufgrund entsprechender Synergieeffekte der Fall sein, so ist der Betriebsrat des aufnehmenden Betriebes ohnehin nach Maßgabe des § 111 S. 3 Nr. 1 BetrVG bei Erreichen der entsprechenden Schwellenwerte zu beteiligen.

117 **dd) Ausgliederung von Betriebsteilen.** Ist von einer Ausgliederung von Betriebsteilen eine erhebliche Zahl von Arbeitnehmern betroffen, so stellt sich die Ausgliederung als **Betriebseinschränkung** iSd § 111 S. 3 Nr. 1 BetrVG dar. Die Erheblichkeit der betroffenen Arbeitnehmerzahl richtet sich hierbei wiederum nach den Schwellenwerten des § 17 KSchG, wobei zumindest 5% der Belegschaft in dem ausgegliederten Betriebsteil beschäftigt sein müssen.[311] Auch wenn die Schwellenwerte nicht erreicht sind, kann sich die Maßnahme in besonders gelagerten Fällen aufgrund der Bedeutung des ausgegliederten Betriebsteils für den Betrieb insgesamt als Betriebsänderung darstellen. Handelt es sich um einen Betriebsteil, der eine wirtschaftlich relevante Einheit darstellt und eine abgrenzbare organisatorische Struktur aufweist, so können ferner die Voraussetzungen einer **Betriebsspaltung** iSd § 111 S. 3 Nr. 3 BetrVG erfüllt sein.[312]

118 Geht die Ausgliederung mit einer räumlichen Veränderung einher, so kann es sich zudem um **die Verlegung wesentlicher Betriebsteile** im Sinne des § 111 S. 3 Nr. 2 BetrVG handeln. Schließlich ist in derartigen Fällen zu prüfen, inwieweit mit der Ausgliederung des Betriebsteiles grundlegende Änderungen der Betriebsorganisation oder des Betriebszweckes einhergehen.[313] Auch unter diesem Gesichtspunkt kann eine Verpflichtung zur Verhandlung eines Interessenausgleichs und Sozialplans begründet sein.

d) Änderung der Unternehmensstruktur nach dem Umwandlungsgesetz

119 Das Betriebsverfassungsrecht knüpft grundsätzlich an den Betrieb als arbeitstechnische Organisationseinheit an. Das Unternehmen als rechtliche und wirtschaftliche Einheit hingegen ist nur ausnahmsweise Anknüpfungspunkt der Beteiligungsrechte des Betriebsrates. Zwar ist seit der BetrVG-Novelle Voraussetzung für die Beteiligungsrechte gemäß §§ 111 ff. BetrVG, dass ein Unternehmen mit in der Regel mehr als 20 wahlberechtigten Arbeitnehmern betroffen ist. Maßgeblicher Anknüpfungspunkt für das Vorliegen einer Betriebsänderung, die sodann konkrete Beteiligungsrechte auslöst, ist aber nach wie vor die betriebliche Ebene. Bleibt der jeweilige Betrieb als Organisationseinheit unberührt, so lösen Änderungen in der rechtlichen Zuordnung des Betriebsvermögens in aller Regel keine Beteiligungsrechte des Betriebsrates aus. Beteiligungsrechte nach den Vorschriften des Betriebsverfassungsgesetzes erfordern regelmäßig, dass mit der rechtlichen auch eine organisatorische Umstrukturierung des Unternehmens einhergeht, die auf die betriebliche Ebene durchschlägt. Ausnahmen bestehen in Einzelfällen lediglich insoweit, als unter be-

---

[311] Vgl. → Rn. 45.
[312] Vgl. hierzu → Rn. 57 ff.
[313] Vgl. → Rn. 49, 67 ff.

stimmten Voraussetzungen Informations- und Unterrichtungsrechte bestehen, die allerdings zum Teil auch nicht unmittelbar dem Betriebsrat, sondern dem Wirtschaftsausschuss gemäß § 106 BetrVG zustehen.

Das **Umwandlungsgesetz** regelt Strukturveränderungen am Unternehmen, nicht aber 120
Strukturveränderungen im Unternehmen.[314] Umwandlungen nach dem Umwandlungsgesetz können Vermögensübergänge im Wege der Gesamtrechtsnachfolge, der Sonderrechtsnachfolge oder den Wechsel der Rechtsform mit sich bringen.[315] Das Umwandlungsgesetz kennt insgesamt **vier Umwandlungsformen:**

- die Verschmelzung (§§ 2–122 UmwG),
- die Spaltung (§§ 123–173 UmwG),
- die Vermögensübertragung (§§ 174–189 UmwG),
- den Formwechsel (§§ 190–304 UmwG).

Für die arbeitsrechtliche Beratung und für die Feststellung, ob und gegebenenfalls in welcher Weise der Betriebsrat vor und während der Unternehmensumstrukturierung zu beteiligen ist, bedarf es regelmäßig zunächst der Feststellung, auf welche Weise und auf welcher Ebene Veränderungen im Unternehmen durchgeführt werden. Werden hier die Weichen falsch gestellt, so können sich hieraus gravierende Fehler ergeben, die unter Umständen nur schwer korrigierbar sind. Denn während sich beispielsweise die Beteiligungsrechte des Betriebsrates im Falle eines *asset deals* ausschließlich aus dem Betriebsverfassungsgesetz ergeben, sind im Umwandlungsgesetz Vorschriften enthalten, die **besondere Unterrichtungsrechte des Betriebsrates** begründen. Die Unterrichtungsrechte des Betriebsrates nach dem Umwandlungsgesetz bestehen neben den Beteiligungsrechten des Betriebsrates nach den Vorschriften des Betriebsverfassungsgesetzes.[316] Dies folgt zwanglos daraus, dass die jeweiligen Rechte des Betriebsrates nicht deckungsgleich sind und die §§ 106, 111 BetrVG durch Art. 13 UmwBerG ergänzt wurden.[317] Eine Ergänzung der betriebsverfassungsrechtlichen Beteiligungsrechte des Betriebsrates durch das Umwandlungsrechtsbereinigungsgesetz wäre nicht zu vereinbaren mit der gesetzgeberischen Intention, im Umwandlungsgesetz die Beteiligungsrechte des Betriebsrates abschließend für die Fälle der Verschmelzung, der Spaltung und des Formwechsels zu regeln. Hinzu kommt, dass es sich bei den Informationsrechten gemäß §§ 5 Abs. 1 Nr. 9, 126 Abs. 1 Nr. 11 und 194, Abs. 1 Nr. 7 UmwG um rein gesellschaftsrechtliche Regelungen handelt, die von ihrer Konzeption her schon keinerlei Außenwirkung dergestalt haben, dass hierdurch Individualrechte von Arbeitnehmern begründet oder Beteiligungsrechte des Betriebsrats nach dem Betriebsverfassungsgesetz beschränkt werden sollen.[318]

Auch wenn den Betriebsräten im Umwandlungsgesetz zusätzliche Informations- und 121
Unterrichtungsrechte eingeräumt wurden, so liegt der Schwerpunkt der Kompetenzen der betrieblichen Interessenvertretung der Arbeitnehmer in Fällen der Umwandlung nach dem Umwandlungsgesetz nach wie vor im Bereich des Betriebsverfassungsgesetzes. Denn nur nach den Vorschriften des Betriebsverfassungsgesetzes ist der Arbeitgeber verpflichtet, einen Interessenausgleich mit dem Betriebsrat zu versuchen bzw. einen Sozialplan zur Milderung der durch die Umwandlung etwaig hervorgerufenen wirtschaftlichen Nachteile zu vereinbaren. Das Umwandlungsgesetz hingegen beschränkt sich auf Informationsrechte. Die besonderen Beteiligungsrechte des Betriebsrats nach dem Umwandlungsgesetz und ihr Verhältnis zu §§ 111 ff. BetrVG sind im Einzelnen in → Rn. 436 ff. dargestellt. Ob es sich bei einer geplanten Unternehmensumwandlung nach dem Umwandlungsgesetz um eine

---

[314] Vgl. *Willemsen* NZA 1996, 791 (796).
[315] Vgl. *Kallmeyer* ZIP 1994, 1746 (1747).
[316] Allgemeine Auffassung, vgl. stellvertretend *Bauer/Lingemann* NZA 1994, 1057 (1063); *Engelmeyer* DB 1996, 2542; *Joost* ZIP 1995, 976 (977); *Willemsen* NZA 1996, 791 (795); *Wlotzke* DB 1995, 41 (45); vgl. hierzu ausführlich → Rn. 353 ff.
[317] Vgl. *Boecken* Rn. 342.
[318] Vgl. *Joost* ZIP 1995, 976 (985); *Priester* in Umwandlungsrechtstage (1995), 99, 114; *Willemsen* NZA 1996, 791 (795, 797).

interessenausgleichs- und sozialplanpflichtige Betriebsänderung handelt, richtet sich ausschließlich nach § 111 BetrVG. Im Zusammenhang mit der Verabschiedung des Umwandlungsgesetzes wurde § 111 S. 3 Nr. 3 BetrVG dahingehend ergänzt, dass nunmehr auch die „Spaltung von Betrieben" als Betriebsänderung zu qualifizieren ist.[319] Dies hat aber nicht zur Folge, dass damit zugleich alle Fälle der Spaltung nach dem Umwandlungsgesetz unter § 111 BetrVG zu subsumieren sind. Gerade aus dem Umstand, dass der Wirtschaftsausschuss gemäß § 106 Abs. 3 Nr. 8 BetrVG, eine ebenfalls durch das sog. Umwandlungsrechtsbereinigungsgesetz ergänzte Vorschrift, sowohl über die Spaltung von Betrieben als auch von Unternehmen zu unterrichten ist, dokumentiert, dass es nicht die Intention des Gesetzgebers war, alle Spaltungsfälle dem Beteiligungsrecht des Betriebsrates nach §§ 111 ff. BetrVG zu unterstellen. Getreu dem aus § 111 BetrVG folgenden Grundsatz sind daher auch in Fällen der Unternehmensumwandlung nach dem Umwandlungsgesetz nur solche Umstrukturierungen interessenausgleichs- und sozialplanpflichtig, die eine **Veränderung der Betriebsstruktur** zur Folge haben. Eine **bloße Veränderung der Unternehmensstruktur** löst auch im Falle der Umwandlung eines Unternehmens nach dem Umwandlungsgesetz mithin **keine Beteiligungsrechte** aus. Ein anderes Ergebnis wäre sowohl systemwidrig als auch mit dem Wortlaut des § 111 S. 3 Nr. 3 BetrVG nicht vereinbar. Wie sich dies in der Praxis auswirkt, zeigen folgende Beispiele:

122 **Beispiel C 30:**

Die B-GmbH wird mit der A-GmbH als aufnehmendes Unternehmen verschmolzen. Die beiden Unternehmen haben bislang in Berlin einen Gemeinschaftsbetrieb geführt. Hieran ändert sich auch durch die Verschmelzung nichts.

Nur wenn sich die Änderung der Unternehmensstruktur auf der betrieblichen Ebene fortsetzt, kann sich dies als Betriebsänderung darstellen. Geht mit einer **Verschmelzung zweier Unternehmen** zugleich eine **Verschmelzung der bisher organisatorisch selbständigen Betriebe** einher, so können die Voraussetzungen einer Betriebsänderung, etwa in Form einer Betriebsverlegung iSd § 111 S. 3 Nr. 2 BetrVG, einem Zusammenschluss von Betrieben iSd § 111 S. 3 Nr. 3 BetrVG oder einer grundlegenden Organisationsänderung bzw. einer Änderung des Betriebszwecks iSd § 111 S. 3 Nr. 4 BetrVG vorliegen. Es ist aber gleichermaßen denkbar, dass – wie im obigen **Beispiel C 30** – die Verschmelzung zweier Unternehmen die betriebliche Ebene unangetastet lässt. Dann ist der Betriebsrat nur nach den Vorschriften des Umwandlungsgesetzes zu informieren. Weiter gehende Beteiligungsrechte nach §§ 111 ff. BetrVG kommen ihm nicht zu.

123 **Beispiel C 31:**

Die X-AG hat einen Betrieb in Berlin mit 1.000 Arbeitnehmern. Eine der dortigen Produktionslinien soll im Wege der Ausgliederung gemäß § 123 Abs. 3 UmwG auf die B-GmbH, eine Joint venture-Gesellschaft mit der Y-AG, übertragen werden. Die B-GmbH wird diese Produktionslinie dann in eigener Regie fortführen. Es erfolgt eine organisatorische Abtrennung dieses Betriebsteils von dem Betrieb der X-AG.

Bereits vor der Ergänzung des § 111 S. 3 Nr. 3 BetrVG durch das Umwandlungsrechtsbereinigungsgesetz war in Fällen wie dem obigen eine Interessenausgleichs- und Sozialplanpflicht begründet, sofern von der Ausgliederung wesentliche Betriebsteile betroffen waren und damit eine **grundlegende Änderung der Betriebsorganisation und des Betriebszwecks** einherging.[320] Auch konnten in Fällen der Betriebsspaltung die Voraussetzungen des § 111 S. 3 Nr. 1 BetrVG (Einschränkung von wesentlichen Betriebsteilen)

---

[319] Vgl. zu Art. 13 UmwBerG *Bauer/Lingemann* NZA 1994, 1057 (1063); *Willemsen* NZA 1996, 791 (797); *Wlotzke* DB 1995, 40 (47).

[320] Vgl. hierzu → Rn. 67; insbesondere BAG 16.6.1987 – 1 ABR 41/85, NZA 1987, 671; *Wlotzke* DB 1995, 40 (47).

erfüllt sein.[321] Die Ergänzung des § 111 S. 3 Nr. 3 BetrVG um den Tatbestand der Betriebsspaltung hat daher für die Praxis keine allzu große Bedeutung, auch wenn man die darin enthaltene Signalwirkung nicht unterschätzen sollte. Hierdurch ist nun klargestellt, dass gerade auch in Fällen der Spaltung von Betrieben eine Beteiligung des Betriebsrates erforderlich ist.[322]

Problematisch sind, wie bereits erwähnt,[323] hierbei allerdings die Fälle, in denen ledig- 124
lich **unwesentliche Betriebsteile,** etwa eine Kantine, ein Betriebskindergarten oÄ von einem Unternehmen abgespalten und organisatorisch verselbständigt werden. Hier wird in der Literatur die Frage diskutiert, ob entsprechend dem Wortlaut des § 111 S. 3 Nr. 3 BetrVG in jedem Fall eine Betriebsänderung vorliegt, da es sich um einen Fall der Betriebsspaltung handelt, oder ob es einer teleologischen Reduktion des § 111 S. 3 Nr. 3 BetrVG dahingehend bedarf, nur solche Betriebsspaltungen als interessenausgleichs- und sozialplanpflichtig anzusehen, die **wesentliche Betriebsteile** betreffen bzw., im nächsten Schritt, **wesentliche Nachteile für die Belegschaft** mit sich bringen können. Wie ausgeführt,[324] sprechen die besseren Argumente dafür, § 111 S. 3 Nr. 3 BetrVG so zu lesen, als sei dort von der **Abspaltung wesentlicher Betriebsteile** die Rede. Andernfalls wäre *zum einen* § 111 S. 3 Nr. 3 BetrVG der einzige Fall, in dem auch marginale Änderungen der betrieblichen Struktur, dh Veränderungen, die nur einen unwesentlichen Teil der Belegschaft betreffen, Beteiligungsrechte des Betriebsrates nach § 111 ff. BetrVG auslösen. *Zum anderen* kann nur so das widersprüchliche Ergebnis vermieden werden, dass der Betriebsrat zwar bei der Abspaltung eines unwesentlichen Betriebsteils, nicht aber bei der für die Arbeitnehmer regelmäßig gravierenderen Stilllegung eines solchen Betriebsteiles ein Mitwirkungsrecht gemäß §§ 111 ff. BetrVG hat.

Beispiel C 32: 125

Die Saubermann GmbH betätigt sich im Bereich des Bewachungs- und Gebäudereinigungsgewerbes und betreibt sog. *Facility Management.* Insgesamt unterhält die S-GmbH getrennt nach Geschäftsbereichen 30 Betriebe in Deutschland und beschäftigt 13.000 Mitarbeiter. Der Geschäftsbereich Gebäudereinigung ist – im Gegensatz zu den anderen Bereichen – stark defizitär. Um zu vermeiden, dass für den Fall der denkbaren Schließung des Geschäftsbereichs ein großzügiger Sozialplan abgeschlossen werden muss, entschließt sich der Alleingesellschafter Saubermann zur Abspaltung der „guten" Geschäftsbereiche Bewachungsgewerbe und *Facility Management.* Der Betriebsrat des Geschäftsbereichs Gebäudereinigung durchschaut den Zweck der Maßnahme und fragt an, was zu tun ist.

Da die betrieblichen Strukturen durch die Abspaltung der „guten" Geschäftsbereiche unangetastet bleiben, besteht im **Beispiel 31** keinerlei Ansatzpunkt für eine Beteiligung des Betriebsrates gemäß §§ 111 ff. BetrVG. Reine Unternehmensspaltungen stellen sich nicht als Betriebsänderung dar. Dem Betriebsrat bleibt nur die Möglichkeit, strikt auf die Einhaltung der Beteiligungsrechte nach dem Umwandlungsgesetz zu achten. Das Betriebsverfassungsgesetz eröffnet keine Ansatzpunkte, die faktischen Folgen der Abspaltung zu mildern. Es ließe sich noch eine Vielzahl von Beispielen finden, in den zwar eine Umwandlung nach dem Umwandlungsgesetz erfolgt, die zudem für die Mitarbeiter mit wirtschaftlichen Nachteilen verbunden sein können, gleichwohl aber nicht die Anforderungen an eine Betriebsänderung iSd § 111 BetrVG erfüllen. Umgekehrt ist es aber auch denkbar, dass zeitgleich mit der Durchführung einer Umstrukturierung auf Unternehmensebene die betriebliche Organisation verändert und eine Interessenausgleichs- und Sozialplanpflicht begründet wird. Letztlich ist es daher unumgänglich, in jedem Einzelfall genau zu prüfen, ob die Voraussetzungen des § 111 BetrVG vorliegen.

---

[321] Vgl. *Willemsen* RdA 1993, 133 (139); *Wlotzke* DB 1995, 40 (47).
[322] Vgl. *Willemsen* NZA 1996, 791 (796).
[323] Vgl. → Rn. 61.
[324] Vgl. → Rn. 61.

e) Betriebsänderung in der Insolvenz

126 Der Umstand, dass ein Unternehmen insolvent und das **Insolvenzverfahren eröffnet** wird, erfüllt **nicht** bereits die **Voraussetzungen einer Betriebsänderung** im Sinne des § 111 BetrVG und löst folglich auch noch nicht die entsprechenden Beteiligungsrechte des Betriebsrates aus.[325] Dem kann auch nicht entgegengehalten werden, aus dem Antrag auf Insolvenzeröffnung ergebe sich unter Berücksichtigung der damit zusammenhängenden Ziele und Folgen, dass der Unternehmer entschlossen sei, eine Änderung des Unternehmensgegenstandes sowie des Zwecks und Ziels des Unternehmens von einem wirtschaftlich-werbenden in einen wirtschaftlich-verwaltendes Unternehmen vorzunehmen. Es ist durchaus denkbar, dass der Insolvenzverwalter sich zur zeitweisen Fortführung des Unternehmens entschließt bzw. einen Erwerber findet, der den Betrieb unverändert fortführt. Mit der Eröffnung des Insolvenzverfahrens tritt der Insolvenzverwalter an die Stelle des Unternehmers. Es ist daher abzuwarten, ob dieser eine konkrete Betriebsänderung plant. Im Hinblick darauf, dass ein insolventes Unternehmen regelmäßig dringend sanierungsbedürftig ist und vielfach sogar ganz oder zum Teil stillgelegt werden muss, folgt auf die Eröffnung des Insolvenzverfahrens zwar in der Mehrzahl der Fälle eine Betriebsänderung im Sinne des § 111 BetrVG.[326] Dies führt jedoch nicht dazu, dass bereits vor dem Antrag auf Eröffnung des Insolvenzverfahrens der Betriebsrat beteiligt werden müsste.[327]

127 Ist das Insolvenzverfahren eröffnet und **plant der Insolvenzverwalter eine Betriebsänderung,** so gelten bezüglich der Frage, ob bzw. wann der Betriebsrat gemäß §§ 111, 112 BetrVG zu beteiligen ist, die **allgemeinen Regeln.** Die Beteiligung des Betriebsrats im Falle einer Insolvenz des Unternehmens erübrigt sich auch nicht etwa deshalb, weil die Arbeitsverhältnisse mit der Eröffnung des Insolvenzverfahrens automatisch enden. § 113 InsO regelt, dass die Arbeitsverhältnisse durch die Insolvenz in ihrem Bestand unangetastet bleiben und vom Insolvenzverwalter gegebenenfalls unter Beachtung insolvenzspezifischer Regelungen gekündigt werden können.[328] Aus § 122 InsO folgt, dass der **Insolvenzverwalter** im Falle einer Betriebsänderung in vollem Umfange die **Unterrichtungspflichten gegenüber dem Betriebsrat** erfüllen muss.[329] Dies ergab sich bereits aus dem Gesetz über den Sozialplan im Konkurs, das am 1.1.1999 durch die Insolvenzordnung abgelöst worden ist.[330] Allerdings gelten aufgrund der zum Teil bereits am 1.10.1996 in Kraft getretenen neuen Insolvenzordnung nunmehr einige **verfahrenstechnische Besonderheiten,** die es dem Insolvenzverwalter gestatten, die Betriebsänderung zügig durchzuführen und das Insolvenzverfahren zum Abschluss zu bringen.[331]

II. Inhalt der Beteiligungsrechte des Betriebsrates bei Betriebsänderungen gemäß §§ 111, 112 BetrVG

128 **Ausgewählte Literatur zu Teil C Abschnitt II:**
Ahrendt, Zum Bemessungsdurchgriff beim Sozialplan, RdA 2012, 340; *Bauer,* Aktuelle Probleme des Personalabbaus im Rahmen von Betriebsänderungen, DB 1994, 217; *Bauer/Göpfert,* Beschleunigtes Interessenausgleichsverfahren, DB 1997, 1464; *Bayreuther,* Konsolidierungstarifvertrag und freiwilliger Sozialplan als Regelungsinstrumente in der Unternehmenskrise, NZA 2010, 378; *Benecke,* Die Kosten der Beratung des Betriebsrats, NZA 2018, 1361; *Berenz,* Aktuelle Probleme im Sozialplanrecht – Die Regelung des § 112 V BetrVG, NZA 1993, 538; *Bergmann,* Finanzielle Haftung von Betriebsratsmitgliedern, NZA 2013, 57; *Bis-*

[325] Vgl. *Fitting* BetrVG § 111 Rn. 39; GK/*Oetker* BetrVG § 111 Rn. 73, 180; *Annuß* in Richardi BetrVG § 111 Rn. 36; *Willemsen,* Arbeitnehmerschutz, 26.
[326] Vgl. *Warrikoff* BB 1994, 2338 (2339).
[327] Vgl. so auch BAG 18.11.2003 – 1 AZR 30/03, NZA 2004, 220.
[328] Vgl. *Schrader* NZA 1997, 70; *Warrikoff* BB 1994, 2338.
[329] Vgl. BAG 18.11.2003 – 1 AZR 30/03, NZA 2004, 220; *Fitting* BetrVG § 111 Rn. 106; BetrVG § 1 Rn. 239. Vg. hierzu auch → Kapitel L.
[330] Vgl. zu der alten Rechtslage BAG 6.5.1986 – 1 AZR 553/84, NZA 1986, 800.
[331] Hierzu ausführlich → L Rn. 139ff.

sels/Wisskirchen, Sozialverträglicher Personalabbau durch den Einsatz von Transfergesellschaften, NZI 2009, 865; *Bissels/Jordan/Wisskirchen,* Sozialverträglicher Personalabbau durch den Einsatz von Transfergesellschaften, NZI 2009, 865; *Boemke/Tietze,* Insolvenzarbeitsrecht und Sozialplan, DB 1999, 1389; *Bonanni,* Der gemeinsame Betrieb mehrerer Unternehmen, 2003; *Bork,* Arbeitnehmerschutz bei Betriebsaufspaltung, BB 1989, 2181; *Bovensiepen,* Die Vermittlungstätigkeit des Landesarbeitsamtes nach § 112 Abs. 2 des Betriebsverfassungsgesetzes, RdA 1975, 288; *Brecht-Heitzmann,* Verhinderung von Betriebsstilllegungen durch Sozialtarifvertrag?, NJW 2007, 3617; *Brors,* Wann ist die Altersdiskriminierung nach der Rechtsprechung des EuGH gerechtfertigt, RdA 2012, 346; *Deininger/Stierand,* Dotierung des Sozialplans bei der Teilbetriebsstilllegung, Zur wirtschaftlichen Vertretbarkeit des Sozialplanvolumens, NZA 2019, 420; *dies.,* Dotierung des Sozialplans bei Teilbetriebsstilllegung, Bemessungsdurchgriff im Konzern und gerichtliche Überprüfung des Spruchs der Einigungsstelle, NZA 2017, 489; *Domning/Krasshöfer,* Die Restriktion des § 112 V Nr. 3 BetrVG bei der Ermittlung des Sozialplanvolumens in der Praxis, NZA 2019, 822; Drukarczyk, Zum Problem der „wirtschaftlichen Vertretbarkeit" von Sozialplänen, RdA 1986, 115; *Eisemann,* Sozialplan „zero"?, NZA 2019, 81; *Fischer,* Der Spruch der Einigungsstelle – Folgen einer Teilunwirksamkeit, NZA 1997, 1017; *Franzen,* Freistellung des Betriebsrats von Kosten eines Rechtsanwalts für das Führen von Interessenausgleichs- und Sozialplanverhandlungen, RdA 2017, 386; *Friedemann,* Das Verfahren vor der Einigungsstelle für Interessenausgleich und Sozialplan, 1997; *Fuhlrott,* Zwischengeschaltete Transfergesellschaft zur Vermeidung von Betriebsübergängen, NZA 2012, 549; *Gagel,* SGB II/III, Loseblattkommentar, Stand 1.12.2020; *Gaul,* Gestaltungsspielraum bei Sozialplanabfindungen, DB 1998, 1513; *ders.,* Die wichtigsten Änderungen im Arbeits- und Sozialversicherungsrecht nach der Bundestagswahl, DB 1998, 2467; *ders.,* Neue Felder des Arbeitskampfes: Streikmaßnahmen zur Erzwingung eines Tarifsozialplans, RdA 2009, 13; *Gaul/Bonanni/Otto,* Hartz III: Veränderte Rahmenbedingungen für Kurzarbeit, Sozialplanzuschüsse und Transfermaßnahmen, DB 2003, 2386; *Gaul/Otto,* Aktuelle Aspekte im Zusammenhang mit Beschäftigungsgesellschaften, NZA 2004, 1301; *Göpfert/Brune,* Moderne Führungsinstrumente auf dem arbeitsrechtlichen Prüfstand, NZA-Beilage 2018, 87; *Göpfert/Krieger,* Wann ist die Anrufung der Einigungsstelle bei Interessenausgleichs- und Sozialplanverhandlungen zulässig?, NZA 2005, 254; *Göpfert/Seier,* Die „Transformations-Einigungsstelle": Inhalt und Grenzen eines „Qualifizierungs-Sozialplans", NZA 2019, 588; *Göpfert/Wenzler,* Erzwingbarer „Qualifzierungs"-Sozialplan?, NZA 2020, 15; *Hanau,* Probleme der Mitbestimmung des Betriebsrats über den Sozialplan, ZfA 1974, 89; *Heinz/Schmidt-De Caluwe/Scholz,* SGB III Großkommentar, 7. Aufl. 2021; *Heinze,* Nichtsozialplanpflichtige Betriebsänderung, NZA 1987, 41; *ders.,* Das Arbeitsrecht der Insolvenzordnung, NZA 1999, 57; *Hesse,* Das Scheitern des Interessenausgleichs in der Einigungsstelle, in: FS zum 25jährigen Bestehen der Arbeitsgemeinschaft Arbeitsrecht im DAV, 2006, S. 879; *Heuer/Janka,* Wie erklärt der Arbeitgeber das Scheitern der Interessenausgleichsverhandlungen in der Einigungsstelle?, NZA 2020, 1521; *Hohenstatt,* Der Interessenausgleich in einem veränderten Umfeld, NZA 1998, 846; *Hohenstatt,* Sozialplanansprüche befristet Beschäftigter aus Gleichbehandlung?, NZA 2016, 1446; *Hopfe,* Der gemeinsame Betrieb in der Insolvenz eines beteiligten Unternehmens, Berlin 2007; *v. Hoyningen-Huene,* Die wirtschaftliche Vertretbarkeit von Sozialplänen, RdA 1996, 102; *Hümmerich,* Gesetzesnovelle zu § 98 ArbGG – ein Schildbürgerstreich?, Betrieb 1998, 1133; *Jacobs/Malorny,* Die Zulässigkeit von starren Höchstbegrenzungsklauseln in Sozialplänen, NZA 2018, 557; *Jaeger,* Die Betriebsaufspaltung durch Ausgliederung einzelner Betriebsteile als sozialplanpflichtige Betriebsänderung, BB 1988, 1036; *Jaeger/Steinbrück,* Persönliche Haftung von Betriebsratsmitgliedern für Beraterhonorare, NZA 2013, 410; *Joost,* Arbeitsrechtliche Angaben im Umwandlungsvertrag, ZIP 1995, 976; *Junker,* Sozialplanansprüche im Konzern, ZIP 1993, 1599; *Kania/Joppich,* Der Interessenausgleich und sein Scheitern, NZA 2005, 749; *Knorr,* Der Sozialplan im Widerstreit der Interessen, 1995; *Krieger/Arnold,* Rente statt Abfindung: Zulässigkeit des Ausschlusses älterer Arbeitnehmer von Sozialplanleistungen, NZA 2008, 1153; *Krieger/Fischinger,* Umstrukturierung mit Hilfe von Beschäftigungs- und Qualifizierungsgesellschaften, NJW 2007, 2289; *Krieger/Terhorst,* Absprachen zwischen Arbeitgeber und Betriebsrat über künftige Betriebsänderungen, NZA 2014, 689; *Kruip,* Betriebsrentenanpassung und Sozialplandotierung in Konzern und Umwandlung, 1997; *Kuhn/Willemsen,* Gestaltungsspielräume bei Tarifsozialplänen, NZA 2012, 593; *Küttner,* Unterschiedliche Abfindungen in Sozialplänen wegen Personalabbaus nach der Rechtsprechung des Bundesarbeitsgerichts, in: Festschrift für Stahlhacke, 1998, 289; *Lakies,* Insolvenz und Betriebsänderung, BB 1999, 206; *Langner/Widhammer,* Abgrenzung zwischen Vorbereitungshandlung und Betriebs(teil). Stillgang, NZA 2011, 430; *Lembke,* Umstrukturierung in der Insolvenz unter Einschaltung einer Beschäftigungs- und Qualifizierungsgesellschaft, BB 2004, 773; *Lindemann/Dannhorn,* Erstreikung von Tarifsozialplänen – Friedenspflicht bei Rationalisierungsschutzabkommen?, BB 2008, 1226; *Lingemann,* Betriebsänderungen nach dem neuen BetrVG, NZA 2002, 934; *Lipinski/Ferme,* Erstreikbarkeit von Tarifsozialplänen zulässig – Erste Gedanken zu Gegenmaßnahmen der Arbeitgeberseite, DB 2007, 1250; *Loritz,* Die „Neugründung" eines Unternehmens und die Befreiung von der Sozialplanpflicht nach § 112a II BetrVG, NZA 1993, 1105; *Löwisch,* Das Arbeitsrechtliche Beschäftigungsförderungsgesetz, NZA 1996, 1009; *ders.,* Die Flankierung von Sozialplänen durch die Bundesanstalt für Arbeit (§§ 254 ff. SGB III); *ders.,* Der arbeitsrechtliche Teil des so genannten Korrekturgesetzes, BB 1999, 102; *Lutter* (Hrsg.), Kölner Umwandlungsrechtstage, 1995; *Manske,* Das Teilnahmerecht des BR-Beraters an den Verhandlungen zwischen Arbeitgeber und Betriebsrat über den Abschluss eines Interessenausgleichs/Sozialplans, in: FS zum 25jährigen Bestehen der Arbeitsgemeinschaft Arbeitsrecht im DAV, 2006, S. 953; *Matthes,* Mitbestimmung des Betriebsrats bei Betriebsänderungen, DB 1972, 286; *ders.,* Rechtsfragen zum Interessenausgleich, in: FS für Wlotzke, 1996, 393; *Meinel,* Zur Beschleunigung des Interessenausgleichsverfahrens durch das Arbeitsrechtliche Beschäftigungsförderungsgesetz, DB 1997, 170; *Melot de Beauregard,* Voraussetzungen für die Freistellung eines Betriebsrats von Rechtsanwaltskosten, DB 2017, 1332;

Mengel, Umwandlungen im Arbeitsrecht, 1994; *Mengel/Ullrich,* Erstear praktische Erfahrungen mit dem neuen Recht der Beschäftigungs- und Qualifizierungsgesellschaften, BB 2005, 1109; *Meyer,* Abänderung von Sozialregelungen, NZA 1995, 974; *ders.,* Dauersozialplan als neuartige Regelungsform des Sozialplans, NZA 1996, 239; *ders.,* Zuschüsse zu Sozialplänen nach § 254ff. SGB III, NZA 1998, 403, 513; *ders.,* Neue Förderinstrumente zur Begleitung von Personalanpassungsmaßnahmen, BB 2004, 490; *Meyer/Röger,* Freiwillige vor? Rechtliche und strategische Aspekte von Freiwilligenprogrammen beim Personalabbau, NZA-RR 2011, 393; *Mohr,* Altersdifferenzierungen im Sozialplan nach deutschem und eruopäischem Recht – Zugleich ein Beitrag zur (teleologischen) Auslegung von Sozialplänen, RdA 2010, 44; *Molkenbur/Schulte,* Rechtscharakter und – wirkungen des Interessenausgleichs, DB 1995, 269; *Mückl,* Neue Spielregeln für Transfermaßnahmen und Kurzarbeitergeld – Der Entwurf eines Beschäftigungschancengesetzes, ArbRAktuell 2010, 515; *Mückl/Polzer,* DB 2018, 2177; *Müller,* (Zusatz-)Vereinbarungen mit Betriebsräten – an der Grenze zur Begünstigung und Benachteiligung?, ArbRAktuell 2019, 575; *Müller-Buruttau,* Die Einigungsstelle, BB 2019, 2676 und 2932; BB 2020, 116; *Neef,* Die Neuregelung des Interessenausgleichs und ihre praktischen Folgen, NZA 1997, 65; *Neef/Schrader,* Betriebsübergang und Sozialplanregelung, NZA 1998, 804; *Oelkers,* Altersdiskriminierung bei Sozialplänen – Viel Lärm um nichts, NJW 2008, 614; *Oetker,* Die Hinzuziehung eines Beraters bei Betriebsänderungen – Der neue § 111 S. 2 BetrVG; *Oetker,* Der sachkundige Arbeitnehmer als Auskunftsperson des Betriebsrats, NZS 2003, 1233; *Pletke,* Der Vertreter des Betriebsrats bei Verhandlungen mit dem Arbeitgeber, ArbRAktuell 2018, 518; *Raif,* Personalabbau und Transfergesellschaft, ArbRAktuell 2009, 225; *Pils,* Umgehung von § 613a BGB durch Einsatz einer Transfergesellschaft, NZA 2013, 125; *Richter/Riem,* Ganz oder gar nicht – zu den Rechtsfolgen von Teilnamenslisten, NZA 2011, 1254; *Ricken,* Freistellungen gefährden Förderung von Transfermaßnahmen, NZA 2011, 556; *Riesenhuber,* Turboprämien – Abfindung bei Verzicht auf Kündigungsschutzklage in Sozialplan und Betriebsvereinbarung, NZA 2005, 1100; *Rockstroh/Polduwe,* Neuregelung der Berücksichtigung von Abfindungen beim Arbeitslosengeld, DB 1999, 529; *Roden,* Nachmals: Wie „absolut" ist die Grenze des § 123 I InsO?, NZA 2009, 659; *Rolfs,* Arbeitsrechtliche Aspekte des neuen Arbeitsförderungsrechts, NZA 1998, 17; *Röder/Gebert,* Technologischer Wandel und Betriebsänderung – Bringen Industrie 4.0 und E-Mobilität den „Qualifizierungssozialplan"?, NZA 2017, 1289; *Röder/Baeck,* Interessenausgleich und Sozialplan, 5. Aufl. 2016; *Röger/Tholuck,* Der erzwungene Sozialplan bei Betriebsspaltungen (§ 134 UmwG) und Konzernverbindungen, NZA 2012, 294; *Rose/Grimmer,* Die Stellung des Beraters nach § 111 S. 2 BetrVG, DB 2003, 1790; *Schaub,* Fragen zur Haftung bei Betriebs- und Unternehmensaufspaltung, NZA 1989, 5; *ders.,* Arbeitsrecht in der Insolvenz, DB 1999, 217; *Schaub/Schindele,* Kurzarbeit-Massenentlassung-Sozialplan, 3. Aufl. 2011; *Schiefer,* Gesetz zur Korrektur in der Sozialversicherung und zur Sicherung der Arbeitnehmerrechte, DB 1999, 48; *Schindele,* Grundsätzliches zum Transfersozialplan, ArbRAktuell 2013, 512; *Schnitzler,* Betriebsverlagerung – Sozialrechtliche Flankierung durch die Bundesagentur für Arbeit, NZA-Beil. 2012, 17; *Schrader,* Übergangsregelungen zum Konkursrecht, NZA 1997, 70; *ders.,* Der arbeitsrechtliche Gleichbehandlungsgrundsatz im Sozialplan, Betrieb 1997, 1714; *Schütte,* Transfergesellschaft und Einigungsstelle, NZA 2013, 249; *Schulz/Pfrang,* Reichweite und Grenzen von Auskunfts- und Informationsansprüchen des Betriebsrats, BB 2018, 1396; *Schwarzburg,* Wie „absolut" ist die Grenze des § 123 I InsO? – Die Anwendbarkeit des § 123 I InsO in (faktischen) Konzernsituationen, NZA 2009, 176; *Schweibert,* Alter als Differenzierungskriterium in Sozialplänen, in: Arbeitsgemeinschaft Arbeitsrecht, Festschrift zum 25-jährigen Jubiläum, Bonn 2006; *dies.,* Berechnungsdurchgriff im Konzern zum Zwecke der Sozialplanfinanzierung – Schimäre oder reale Chance? NZA 2016, 321; *Spengler/Hahn/Pfeiffer,* Betriebliche Einigungsstelle – Anträge, Verfahren, Musterbetriebsvereinbarungen, 2. Aufl. 2019; *Steffan,* Die Rechtsprechung des BAG zur Mitbestimmung bei Betriebsänderungen nach §§ 111 BetrVG, NZA-RR 2000, 337; *Temming,* Ein Paradigmenwechsel in der Sozialplanrechtsprechung, Konsequenzen des Verbots der Altersdiskriminierung, RdA 2008, 205; *Thum,* Neue Spielregeln für die Zwischenschaltung von Transfergesellschaften?, BB 2013, 1525; *Uhl/Polloczek,* Sozialplandotierung im Konzern – Adieu Berechnungsdurchgriff?, DStR 2010, 1481; *Valgolio,* Sozialplanabfindung bei auslaufender Befristung, AuR 2020, 165; *Voelzke,* Das Eingliederungschancengesetz – neue Regeln für das Arbeitsförderungsrecht, NZA 2012, 177; *Vogt,* Betriebsrentenanpassung und Berechnungsdurchgriff im Konzern, NZA 2013, 1250; *Warrikoff,* Die Stellung der Arbeitnehmer nach der neuen Insolvenzordnung, BB 1994, 2338; *Weber/Burmester,* Die Ermessensentscheidung der Einigungsstelle bei Sozialplänen und ihre arbeitsgerichtliche Überprüfbarkeit, BB 1995, 2268; *Weber/Ehrich,* Die aktuelle Rechtsprechung des Bundesarbeitsgerichts zur Gleichbehandlung bei Sozialplanabfindungen, BB 1997, 1530; *Welkoborsky,* Transferleistungen für betriebliche Restrukturierungen – veränderte Bedingungen durch Hartz III –, NZS 2004, 509; *Wenning-Morgenthaler,* Die Einigungsstelle, 8. Aufl. 2019; *Willemsen,* Zulässigkeit und Grenzen der Pauschalierung von Sozialplanabfindungen, ZIP 1981, 1058; *ders.,* Zur Befreiung neugegründeter Unternehmen von der Sozialplanpflicht (§ 112a Abs. 2 BetrVG), DB 1990, 1405; *ders.,* Sinn und Grenzen des gesetzlichen Sozialplans, RdA 2013, 166; *Willemsen/Hohenstatt,* Zur umstrittenen Bindungs- und Normwirkung des Interessenausgleichs, NZA 1997, 345; *Willemsen/Stamer,* Erstreickbarkeit tariflicher Sozialpläne: Die Wiederherstellung der Arbeitskampfparität, NZA 2007, 413; *Wißmann,* Das schwierige Miteinander von Interessenausgleich und Sozialplan, in FS zum 25jährigen Bestehen der Arbeitsgemeinschaft Arbeitsrecht im DAV, 2006, S. 1037; *Zange,* Diskriminierung bei der Berechnung einer Sozialplanabfindung, NZA 2013, 601; *Zwanziger,* Der Interessenausgleich – betriebliches Regelungsinstrument oder Muster ohne kollektiven Wert?, BB 1998, 477.

Ist eine Betriebsänderung geplant und besteht ein Betriebsrat, so ist es neben der detaillierten betriebs- und personalwirtschaftlichen Planung der vorgesehenen Veränderungen von außerordentlicher Wichtigkeit, auch die zeitliche Abfolge sowie die gegenüber dem Betriebsrat zu erfüllenden Informations- und Beratungspflichten in die Überlegungen mit einzubeziehen. Ein **Unternehmer** sollte bereits im Stadium der ersten Überlegungen berücksichtigen, dass ihm die Mitbestimmungsrechte des Betriebsrates nicht nur Transparenz abverlangen und zu inhaltlichen Auseinandersetzungen mit dem Betriebsrat zwingen, sondern auch zeitliche Verzögerungen mit sich bringen können. Um ein solches Vorhaben erfolgreich umzusetzen, ist es demnach geboten, bereits zu Beginn einen strategischen Ablaufplan zu entwickeln, der *zum einen* den zeitlichen Vorgaben und Interessen des Unternehmens, *zum anderen* aber auch den gesetzlichen Anforderungen der §§ 111 ff. BetrVG Rechnung trägt. Umgekehrt ist das zeitliche Moment und eine frühzeitige strategische Planung auch für den **Betriebsrat** vielfach von großem Interesse. Ergibt sich aus der dem Betriebsrat vorgetragenen Planung des Arbeitgebers, dass dieser zeitlich unter Druck ist, etwa weil die geplante Kostenersparnis nur bei zügiger Umsetzung der Betriebsänderung zu erzielen ist, so verbessert sich die Verhandlungsposition des Betriebsrates. Ein klug taktierender Betriebsrat wird es verstehen, das Zeitmoment in seiner Verhandlungsstrategie zu berücksichtigen, um so für die von ihm vertretene Belegschaft insgesamt ein vertretbares Ergebnis zu erzielen.

1. Einführung in die Struktur der Beteiligungsrechte des Betriebsrates bei Betriebsänderungen

Die Lektüre der §§ 111 ff. BetrVG gibt nur eingeschränkt Aufschluss über die Pflichten eines Unternehmers im Falle einer geplanten Betriebsänderung. Zwar heißt es in § 111 S. 1 BetrVG, der Unternehmer habe den Betriebsrat rechtzeitig und umfassend zu unterrichten und die geplanten Betriebsänderungen mit diesem zu beraten. Über die Intensität dieser Unterrichtungs- und Beratungspflicht lässt sich dem Wortlaut der Norm allerdings nichts entnehmen. Ferner folgt auch nicht unmittelbar aus § 111 BetrVG, sondern erst aus § 112 BetrVG, dass das Ziel der Unterrichtung und Beratung des Betriebsrates die Herstellung eines sog. Interessenausgleichs zwischen Unternehmer und Betriebsrat ist. 129

Bei einem **Interessenausgleich** handelt es sich um die schriftlich niedergelegte Vereinbarung zwischen Unternehmen und Betriebsrat über die geplante Betriebsänderung. Dort wird demnach das Ob, Wann und Wie der Durchführung der Betriebsänderung festgeschrieben. Als Herzstück der Beteiligungsrechte des Betriebsrates bei Betriebsänderungen hat sich in der Vergangenheit gleichwohl nicht der Interessenausgleich, sondern der Sozialplan erwiesen.[332] Im **Sozialplan** wird geregelt, auf welche Weise die wirtschaftlichen Nachteile, die die Arbeitnehmer aufgrund der Betriebsänderung erleiden, durch den Arbeitgeber ausgeglichen bzw. gemildert werden.[333]

Die Beteiligungsrechte des Betriebsrates bei Betriebsänderungen sind durch ein wesentliches **Grundprinzip** gekennzeichnet: Zwar muss der Arbeitgeber den **Versuch** unternehmen, mit dem Betriebsrat einen **Interessenausgleich** über die Betriebsänderung zu erzielen. Gelingt dies nicht, so ist der Unternehmer nach Durchlaufen des vom Gesetzgeber vorgeschriebenen Interessenausgleichsverfahrens jedoch frei, die Maßnahme in der von ihm geplanten Form umzusetzen. Mit anderen Worten, der Betriebsrat hat **Informations- und Konsultationsrechte bezüglich der Betriebsänderung,** jedoch **keine echten Mitbestimmungsrechte.** Anders verhält es sich bezüglich des Sozialplans. Besteht eine sozialplanpflichtige Maßnahme, so entscheidet, kommt eine Einigung zwischen Betriebsrat und Unternehmer nicht zustande, die Einigungsstelle verbindlich über die Aus- 130

[332] Vgl. hierzu → Rn. 218 ff.
[333] Vgl. hierzu → Rn. 243.

gestaltung des Sozialplans. Im Gegensatz zu einem Interessenausgleich ist der **Sozialplan** demnach durch den Betriebsrat **erzwingbar.** Die für die Dauer und auch das Ergebnis des Verfahrens nach §§ 111, 112 BetrVG entscheidende Frage ist, wann ein Unternehmer den Versuch eines Interessenausgleichs, vor dessen Abschluss die Betriebsänderung nicht durchgeführt werden darf, unternommen hat. In der vor dem 1.10.1996 und seit dem 1.1.1999 geltenden Gesetzesfassung der §§ 111ff. BetrVG gab bzw. gibt es keine Regelung, die präzise beschreibt, welche Anforderungen an den Versuch eines Interessenausgleichs gestellt werden. In § 112 Abs. 2 BetrVG heißt es lediglich, dass Unternehmer und Betriebsräte im Falle der Nichteinigung den Vorstand der Bundesagentur für Arbeit oder die Einigungsstelle anrufen können. Eine klare Regelung, ob zur Anrufung des Vorstands der Bundesagentur für Arbeit oder der Einigungsstelle eine Verpflichtung besteht bzw. nach welchem Zeitraum sie vorgenommen werden kann oder muss, fehlt. Gleichwohl vertritt das BAG die Auffassung, dass ein Interessenausgleich erst dann als versucht gilt, wenn der Arbeitgeber den Betriebsrat umfassend informiert, mit ihm beraten und, sollte eine Einigung nicht zustande kommen, ggf. den Vorstand der Bundesagentur für Arbeit um Vermittlung ersucht sowie ein Einigungsstellenverfahren durchlaufen hat.[334]

a) Traditioneller Verfahrensverlauf

131 Ungeachtet der Tatsache, dass ein Interessenausgleich nicht erzwingbar ist, der Betriebsrat demnach die Durchführung der Betriebsänderung in der seitens des Unternehmers geplanten Form im Ergebnis nicht verhindern kann, verstehen es viele Betriebsräte, das Interessenausgleichsverfahren taktisch zu ihrem Vorteil zu nutzen. Dies geschieht häufig dadurch, dass die Verhandlungen über den Abschluss eines Interessenausgleichs soweit als möglich verzögert werden, um den Zeitdruck, der vielfach auch mit einem finanziellen Druck auf den Arbeitgeber einhergeht, so zu erhöhen, dass der Arbeitgeber schließlich im Interesse einer baldigen Einigung zu großzügigen Zugeständnissen bei der Dotierung des Sozialplanes bereit ist. Hierdurch gelingt es den Betriebsräten in vielen Fällen, Sozialpläne zu erstreiten, die in dieser Form in einem Einigungsstellenverfahren kaum durchsetzbar wären.[335]

Beispiel C 33:

Der amerikanische X-Konzern hat den Entschluss gefasst, seine deutsche Tochtergesellschaft zu liquidieren und die Produktion nach Polen zu verlagern. In Polen wurde bereits ein Unternehmen aufgekauft, das über die notwendigen Produktionseinrichtungen verfügt, so dass nunmehr die Schließung des Betriebes der X-GmbH so schnell wie möglich erfolgen soll. Jeder weitere Monat kostet den Konzern zusätzlich EUR 1 Mio. Der Betriebsrat beginnt die Verhandlungen zu verschleppen, signalisiert jedoch, im Falle einer großzügigen Dotierung des Sozialplans zu einem schnellen Abschluss bereit zu sein.

In derartigen Fällen bleibt den Unternehmern vielfach nur die Möglichkeit, unter Berücksichtigung der Kostensituation zwischen einem schnellen und meist teuren Sozialplanabschluss und der Fortsetzung der Verhandlungen zu wählen. Dies gilt jedenfalls dann, wenn sie weitgehend unvorbereitet und ohne durchdachte Verhandlungsstrategie dem Betriebsrat gegenübertreten. Das Dilemma, in dem sich die Unternehmen dann befinden, lautet „Zeit oder Geld".[336] Selbst bei guter Vorbereitung der Verhandlungen mit dem Betriebsrat ist es vielfach schwierig für Unternehmer, mit der skizzierten Betriebsratsstrategie umzugehen. Gerade der Umstand, dass das BAG vom Arbeitgeber die Anrufung der Einigungsstelle verlangt, bevor der Versuch eines Interessenausgleichs als gescheitert angesehen werden kann, wurde und wird seitens der Unternehmer als große Belastung empfunden.

[334] Vgl. BAG 18.12.1984 – 1 AZR 176/82, NZA 1985, 400; vgl. ausführlich hierzu → Rn. 179.
[335] Vgl. hierzu *Neef* NZA 1997, 65 (66).
[336] So richtig *Neef* NZA 1997, 65 (66). Vgl. hierzu auch *Röder/Baeck* S. 23.

Dies hängt damit zusammen, dass Betriebsräte vielfach alles unternehmen, um dem Arbeitgeber bei der Anrufung der Einigungsstelle Steine in den Weg zu legen. So wird zunächst gerne behauptet, es seien noch keine hinreichenden Informationen erteilt worden, so dass man noch gar nicht in Interessenausgleichsverhandlungen mit dem Arbeitgeber eintreten könnte. Bevor dies nicht erledigt sei, könne der Arbeitgeber die Verhandlungen nicht für gescheitert erklären und die Einigungsstelle anrufen. Ruft der Arbeitgeber dann doch irgendwann die Einigungsstelle an, kooperiert der Betriebsrat nicht, sondern zwingt den Arbeitgeber, die Einigungsstelle gerichtlich einsetzen zu lassen. Wird dieses Verfahren sodann auch noch über zwei Instanzen geführt, kann erheblich Zeit verstrichen sein, bevor überhaupt die Einigungsstelle erstmals tagt.

Dieses Dilemma kann man zwar nicht gänzlich vermeiden, geht man jedoch gut vorbereitet und planvoll in die Verhandlungen, sollte es im Grundsatz gelingen, das Verfahren in angemessener Zeit und lösungsorientiert zu einem guten Ende zu bringen.[337]

Soweit ein Arbeitgeber bereit ist, sich **über die Mitbestimmungsrechte des Betriebsrates hinwegzusetzen** und die Betriebsänderung auch ohne Abschluss des Interessenausgleichsverfahrens umzusetzen, ist dies letztlich auch kein praktikabler Ausweg aus der Misere. *Erstens* muss er die vom Gesetzgeber in § 113 BetrVG vorgesehene **Sanktion des Nachteilsausgleichs** in seine wirtschaftliche Kalkulation miteinbeziehen. Es muss zwar eingeräumt werden, dass sich der sog. Nachteilsausgleichsanspruch im Falle des betriebsverfassungswidrigen Verhaltens des Unternehmers in der Praxis zuweilen als stumpfes Schwert erweist. Denn die von den Gerichten festgesetzten Abfindungen liegen vielfach unter den Ansprüchen aus den Sozialplänen, auf die ein Nachteilsausgleichsanspruch in aller Regel angerechnet wird.[338] Die mit Nachteilsausgleichsansprüchen einhergehende Prozessflut sowie die damit verbundene negative Publicity sind jedoch bereits für sich genommen nicht erstrebenswert. *Zweitens* – das wiegt *de facto* noch schwerer – haben die Betriebsräte zumindest in einigen LAG-Bezirken in der Bundesrepublik gute Aussichten, gegen den Arbeitgeber eine **einstweilige Unterlassungsverfügung** zu erwirken und ihn so an der Umsetzung der Betriebsänderung vor der Durchführung eines Einigungsstellenverfahrens zu hindern.[339] *Drittens* muss damit gerechnet werden, dass bei unzureichender Information eine **Geldbuße gemäß § 121 BetrVG** nach einer entsprechen den Anzeige durch den Betriebsrat gegen den Unternehmer verhängt wird. 132

b) Phasen der Betriebsratsbeteiligung

Der Betriebsrat hat gemäß § 111 S. 1 BetrVG zunächst Anspruch darauf, über geplante Betriebsänderungen rechtzeitig und umfassend unterrichtet zu werden. Ferner ist mit ihm die geplante Betriebsänderung zu beraten. Aus §§ 112, 113 BetrVG lässt sich sodann entnehmen, dass die Unterrichtung und Beratung mit dem Betriebsrat darauf abzielt, mit ihm einen Interessenausgleich über die Ausgestaltung der Betriebsänderung herbeizuführen. Neben dem Versuch der Herbeiführung eines Interessenausgleichs ist es gemeinsame Aufgabe der Betriebspartner, eine Einigung über den Ausgleich oder die Milderung der wirtschaftlichen Nachteile, die den Arbeitnehmern infolge der geplanten Betriebsänderung entstehen, zu erzielen. Gelingt eine solche im Rahmen freier Verhandlungen nicht, so entscheidet die Einigungsstelle gemäß § 112 Abs. 4 BetrVG über die Aufstellung des Sozialplans. Bei dem skizzierten Verfahren handelt es sich um ein komplexes Geflecht von Pflichten und Aufgaben, die die Betriebspartner zu bewältigen haben. Der Versuch, das Verfahren in einzelne, klar voneinander abtrennbare **Phasen** zu unterteilen und diese nacheinander abzuarbeiten, ist in der Praxis häufig nicht mit absoluter Stringenz zu realisieren. 133

[337] Vgl. *Hohenstatt* NZA 1998, 846 (847).
[338] Vgl. *Hohenstatt* NZA 1998, 846 (847).
[339] Vgl. hierzu → Rn. 366ff.

134 So können beispielsweise die **Unterrichtungsphase** und **Beratungsphase** vielfach nicht klar voneinander getrennt werden, da beide einander wechselseitig bedingen. So ist ein Betriebsrat, um mit dem Unternehmer eine geplante Betriebsänderung beraten zu können, zwar zunächst auf Informationen angewiesen, wird aber, wenn er auf der Grundlage der erteilten Informationen die Beratungen aufnimmt, vielfach wieder seinen Unterrichtungsanspruch reklamieren, da sich aus der Beratung heraus weiterer Informationsbedarf entwickelt. Zudem lassen sich das **Interessenausgleichsverfahren** und das **Verfahren zur Aufstellung eines Sozialplans** zwar vom Regelungszweck her klar abgrenzen. Da aber *zum einen* der Inhalt des Sozialplans von dem Inhalt des Interessenausgleichs bzw. der Ausgestaltung der Betriebsänderung abhängt und *zum anderen* der Betriebsrat häufig einer geplanten Betriebsänderung durch Unterzeichnung eines Interessenausgleichs nur dann zustimmen wird, wenn der Sozialplan für ihn akzeptabel ist, sind beide Verfahren eng miteinander verknüpft. Gerade diese Verquickung von Unterrichtung und Beratung sowie der enge sachliche Zusammenhang zwischen Interessenausgleich und Sozialplan begründen die Komplexität des Verfahrens nach §§ 111, 112 BetrVG. Auch wenn in der Praxis die verschiedenen Phasen eng miteinander verwoben sind, erscheint es zum besseren Verständnis hilfreich, die einzelnen Komponenten des Verfahrens einer getrennten Betrachtung zu unterziehen:

135 Die Grundlage für konstruktive und auch zügige Verhandlungen mit dem Betriebsrat über eine geplante Betriebsänderung und deren Folgen für die Arbeitnehmer ist zunächst, dass der Unternehmer dem Betriebsrat eine durchdachte und nachvollziehbar konzeptionierte Betriebsänderung präsentieren kann. Bevor überhaupt der erste Kontakt mit dem Betriebsrat aufgenommen wird, sollte in einer ersten Phase durch den Unternehmer ein Konzept für die Betriebsänderung erarbeitet werden. Auf der Grundlage der Ergebnisse dieser **Konzeptionsphase** ist es sodann regelmäßig ohne großen Aufwand möglich, den Betriebsrat über die geplante Betriebsänderung, die Beweggründe sowie die Auswirkungen auf die Arbeitnehmer zu unterrichten. Diese **Unterrichtungsphase** geht sodann in der Regel nahtlos in eine **Beratungsphase** über. Es ist auch denkbar, dass die Unterrichtungs- und Beratungsphase zumindest partiell parallel verlaufen, da vielfach bereits in der ersten Unterrichtung in die Diskussion über die geplante Betriebsänderung eingetreten wird. Gegenstand der Beratungsphase ist in aller Regel zweierlei: die Ausgestaltung der Betriebsänderung und die Herbeiführung eines Interessenausgleichs sowie der Abschluss eines Sozialplans. Beide Vereinbarungen sind eng miteinander verwoben bzw. bedingen einander. So wird ein Betriebsrat selbst dann, wenn er die Betriebsänderung für vernünftig oder gar zwingend erachtet, in der Regel einem Interessenausgleich erst dann zustimmen, wenn ein Kompromiss bezüglich des Sozialplans gefunden wurde. Umgekehrt wird es regelmäßig das Petitum der Unternehmer sein, nur dann zum Abschluss eines Sozialplans bereit zu sein, wenn der Betriebsrat im Gegenzug der geplanten Betriebsänderung durch Unterzeichnung eines Interessenausgleichs zustimmt. Nur in wenigen Fällen ist diese **Wechselwirkung zwischen Interessenausgleich und Sozialplan** aufgehoben.[340]

136 **Schaubild C 3:**

A.	Konzeptionsphase – Vorplanung, Brain-Storming – Konzeption einer Betriebsänderung – Analyse der rechtlichen und tatsächlichen Situation
B.	Unterrichtungsphase – Erstinformation des Betriebsrates, Aushändigung von Unterlagen – Stellungnahmsfrist für Nachfragen zu den Unterlagen – Vereinbarung einer Reihe von Verhandlungsterminen

[340] Vgl. hierzu → Rn. 220ff.

Fließender Übergang	
C.	Beratungsphase – freie Verhandlungen zwischen Arbeitgeber und Betriebsrat – Beratung der Betriebsänderung – IdR Verhandlung des Sozialplanes – ggf. Vermittlungsversuch durch den Vorstand der Bundesagentur für Arbeit – ggf. Anrufung der Einigungsstelle – Abschluss eines Sozialplans, evtl. Vereinbarung eines Interessenausgleichs
D.	Durchführungsphase – Beteiligung des Betriebsrates gemäß §§ 99, 102 ff. BetrVG – Massenentlassungsanzeige gemäß § 17 KSchG – Ausspruch von Kündigungen, Änderungskündigungen etc.

2. Konzeptionsphase

Bevor der Betriebsrat in die Planungen der Betriebsänderung eingebunden wird, muss der 137
Unternehmer in einer Konzeptionsphase ausarbeiten, welche unternehmerischen Maßnahmen er für geboten erachtet, wie diese umgesetzt werden sollen und wie sie sich auf die Belegschaft im Einzelnen auswirken.

In der Praxis ist häufig festzustellen, dass in dieser für den Erfolg der Betriebsänderung durchaus weichenstellenden Phase nicht ausreichend sorgfältig bzw. unter zu großem Zeitdruck gearbeitet wird. Die Fehler, die Unternehmern hier unterlaufen, beschränkten sich keinesfalls darauf, dass sie sich vor Aufnahme von Verhandlungen mit dem Betriebsrat nicht kundig machen, welche Pflichten sie im Einzelnen haben und wie sie die Verhandlungen strategisch und taktisch klug anlegen. Vielmehr liegt in den Fällen, in denen Interessenausgleichs- und Sozialplanverhandlungen aus dem Ruder laufen, ein häufiger Fehler auch darin, dass die Betriebsänderung nicht hinreichend konzeptioniert ist. Fehlt es aber an den erforderlichen Vorarbeiten für eine ordnungsgemäße und umfassende Information des Betriebsrates, so kann dies gravierende Verzögerungen des Verfahrens mit sich bringen. Ein Unternehmen, das vor der Durchführung einer geplanten Betriebsänderung einen Betriebsrat beteiligen muss, sollte daher bereits zu einem sehr frühen Zeitpunkt die Maßnahme und deren Konsequenzen im Einzelnen durchdacht haben und kann nicht, wie vielfach der Fall, erst im Zuge der Durchführung der Betriebsänderung entscheiden, wie mit auftretenden personellen und organisatorischen Problemen zu verfahren ist. Die Anforderungen, die das Betriebsverfassungsgesetz insoweit an Unternehmer, deren Weitsichtigkeit und Vorstellungsvermögen stellt, sind durchaus hoch.

In der **Phase der Konzeption und Planung einer denkbaren Betriebsänderung** 138
geht es weniger darum, wie irrigerweise häufig angenommen, im Einzelnen statistisches Material bezüglich der wirtschaftlichen Situation des Unternehmens und zur Untermauerung der geplanten Maßnahme zusammenzutragen. Vielmehr müssen die **Argumente für die Betriebsänderung,** deren **konkrete Ausgestaltung** und die **Folgen für die Arbeitnehmer** nachvollziehbar aufbereitet werden. Ist ein Unternehmen jedoch nicht in der Lage, im Einzelnen darzulegen, welche Arbeitsplätze beispielsweise im Falle eines geplanten Querschnittpersonalabbaus entfallen sollen, wie die Arbeiten zukünftig verteilt werden sollen und welche organisatorischen Änderungen vorgesehen sind, um den Personalabbau zu kompensieren, sondern beschränkt sich die Planung nur darauf, Personal zu reduzieren, so wird es zwangsläufig bereits bei der ersten Kontaktaufnahme mit dem Betriebsrat, namentlich in der Unterrichtungsphase, zu Schwierigkeiten kommen.

Angesichts dieser Problematik kann nicht häufig genug betont werden, dass, bevor eine Involvierung des Betriebsrates in die Überlegungen des Unternehmers erwogen wird, diese zumindest in einem solchen Maße konkretisiert sein müssen, dass der Unternehmer in der Lage ist, dem Betriebsrat nicht nur zu erläutern, was er tun will und warum, sondern auch zu welchen konkreten Auswirkungen dies für die Belegschaft voraussichtlich führen wird. Erst wenn eine Konzeption für die Betriebsänderung steht, die sich sowohl auf organisatorisch-personelle Bereiche als auch auf betriebswirtschaftliche und ggf. produktionstechnische Fragen erstreckt, sollte daher an den nächsten Schritt, die Einbeziehung des Betriebsrates, gedacht werden. Aus Sicht der Betriebsräte erscheint es ebenfalls begrüßenswert, wenn der Unternehmer, bevor er die mit der Aufnahme von Interessenausgleichs- und Sozialplanverhandlungen regelmäßig verbundene Aufregung im Betrieb hervorruft, ein in sich **schlüssiges Konzept** erarbeitet hat. Betriebsräte beklagten vielfach zu Recht, dass sie den Eindruck haben, die tatsächliche konzeptionelle Arbeit werde erst in bzw. begleitend zu den Interessenausgleichsverhandlungen gemacht.

Im Falle komplexer Betriebsänderungen ist es zudem empfehlenswert, für den Betriebsrat **schriftliches Informationsmaterial** zusammenzustellen, dem die Begründung der Betriebsänderung, deren Inhalt sowie die Auswirkungen auf die Belegschaft zu entnehmen ist. Ist gegen die Betriebsänderung Widerstand zu erwarten, so ist es zudem empfehlenswert, bereits frühzeitig, nach Möglichkeit vor der ersten Unterrichtung des Betriebsrates, einen **Rechtsberater** hinzuziehen, der mit den Informationspflichten etc vertraut ist und gemeinsam mit dem Unternehmen eine Verhandlungsstrategie entwickelt. In der Praxis hat es sich auch vielfach als hilfreich erwiesen, den Betriebsrat bereits in einer frühen Phase mit ausgearbeiteten **Entwürfen zu Interessenausgleich und Sozialplan** zu konfrontieren. Damit hat man eine Grundlage für zügige Verhandlungen geschaffen.

139 **Checkliste für die Konzeptionsphase:**

1. Erarbeitung einer Beschreibung der geplanten Betriebsänderung
2. Analyse der personellen und wirtschaftlichen Folgen der Betriebsänderung
3. Erarbeitung von Vorschlägen zur Bewältigung der personellen Auswirkungen der Betriebsänderung (Kündigungen, Versetzungen, Frühpensionierungen, Umschulungsmaßnahmen)
4. Zusammenstellung der maßgeblichen Argumente für die Betriebsänderung
5. Ausarbeitung eines Zeitplans für die Durchführung der Betriebsänderung
6. Erarbeitung einer Verhandlungsstrategie gegenüber dem Betriebsrat
7. Erstellung eines Interessenausgleichsentwurfs
8. Ausarbeitung des Entwurfs eines Sozialplans

3. Unterrichtungsphase

140 Nachdem die Fristregelung des § 113 Abs. 3 S. 2 und 3 BetrVG durch das arbeitsrechtliche Korrekturgesetz vom 19.12.1998 ersatzlos gestrichen wurde, kommt der **rechtzeitigen und umfassenden Unterrichtung des Betriebsrats** über die geplante Betriebsänderung zwar nicht mehr eine so zentrale Bedeutung zu wie in der Zeit vom 1.10.1996 bis 31.12.1998. Seinerzeit wurden die Fristen für die zeitlich limitierte Beratungsphase erst nach ordnungsgemäßer Unterrichtung in Lauf gesetzt. Die rechtzeitige und umfassende Unterrichtung des Betriebsrats ist aber nach wie vor unerlässlich. *Zum einen* setzt der Unternehmer sich bei Verstößen gegen die Verpflichtung der Gefahr aus, gemäß § 113 Abs. 3 S. 1 BetrVG auf Zahlung von Nachteilsausgleich in Anspruch genommen zu werden, wenn er den Betriebsrat nachweislich zu spät oder nicht ausreichend unterrichtet und damit seine Pflichten aus § 111 S. 1 BetrVG verletzt hat. *Zum anderen* belastet er von vornherein die Verhandlungsatmosphäre, wenn er den Betriebsrat zu spät bzw. nicht hinreichend von seinen Plänen in Kenntnis setzt. Ein derartiges Verhalten führt dann auch regelmäßig zu Verzögerungen, weil der Betriebsrat sich zu Nachfragen und der Einforderung weiterer Informationen genötigt sieht.

a) Rechtzeitige Unterrichtung

Im Hinblick darauf, dass § 111 S. 1 BetrVG den Unternehmer verpflichtet, den Betriebsrat 141
rechtzeitig zu unterrichten, stellt sich zunächst die Frage, wo der **Übergang** zwischen der Konzeptionsphase und der Vorbereitungsphase liegt, dh, wann eine **Unterrichtung noch rechtzeitig bzw. schon verspätet** ist.

Beispiel C 33:

Der bisherige Alleininhaber einer deutschlandweiten Konditoreikette verstirbt. Seine Erben wollen das Geschäft veräußern. Eine Fastfood-Kette unterbreitet ein attraktives Angebot. Es ist geplant, die Konditoreien zu schließen und in den Geschäftsräumen Fastfood-Restaurants zu eröffnen. Die Belegschaft, bei denen es sich um erfahrene Konditoreifachverkäufer und Konditoren handelt, soll entlassen werden. Die Erben rufen eine Gesellschafterversammlung ein und beschließen, das Angebot der Fastfood-Kette anzunehmen. Der Kaufvertrag wird unterzeichnet. Vereinbarungsgemäß informieren die Erben den Betriebsrat und die Belegschaft über die bevorstehenden Kündigungen. Der Betriebsrat hält die Unterrichtung für verspätet.

Bei der Frage, wann eine Unterrichtung des Betriebsrates über eine geplante Betriebsänderung noch rechtzeitig erfolgt ist und wann diese als verspätet angesehen werden muss, besteht naturgemäß ein Spannungsfeld zwischen den Belangen des Unternehmens einerseits und des Betriebsrates andererseits. Das BAG vertritt die Auffassung, ein Unternehmer habe den Betriebsrat **so früh wie möglich** über die geplanten Maßnahmen zu unterrichten. Der Versuch eines Interessenausgleichs müsse noch zu einem Zeitpunkt unternommen werden, zu dem der Plan noch nicht abschließend feststehe und insbesondere **noch nicht verwirklicht** sei. Dies gebiete der soziale Schutzcharakter der §§ 111 ff. BetrVG.[341] Eine Unterrichtung soll nach Auffassung des BAG jedoch nicht deshalb verspätet erfolgt sein (und damit Nachteilsausgleichsansprüche auslösen), weil vor der Einbindung des Betriebsrats die Gesellschafterversammlung einen Beschluss über Art und Inhalt der Betriebsänderung gefasst hat. Dies gilt jedenfalls dann, wenn ungeachtet des Gesellschafterbeschlusses noch keine Maßnahmen zur Umsetzung des Stilllegungsbeschlusses ergriffen worden sind.[342] Zur Begründung weist das BAG zutreffend darauf hin, dass auch bei Vorliegen eines derartigen Gesellschafterbeschlusses zur Schließung eines Betriebs die Geschäftsleitung weder tatsächlich noch rechtlich gehindert ist, die Vorstellungen und Vorschläge des Betriebsrats an die Gesellschafterversammlung weiterzuleiten und mit dieser zu verhandeln.[343] In einer Entscheidung vom 14.4.2015 hat das BAG[344] ausdrücklich klargestellt, dem Arbeitgeber sei es nicht verwehrt, ohne vorherige Beteiligung des Betriebsrats Entschlüsse zu einer Betriebsänderung zu fassen. Er dürfe ohne Beteiligung des Betriebsrats nur nicht mit deren Umsetzung beginnen. § 111 BetrVG sichere kein Mitbestimmungsrecht des Betriebsrats an der unternehmerischen Entscheidung, sondern nur bei deren Umsetzung. In zwei Entscheidungen vom 18.7.2017[345] und vom 20.2.2018[346] stellt das BAG unmissverständlich klar, dass auch die tatsächliche Einstellung der betrieblichen Tätigkeit noch keine unumkehrbare Maßnahme sein muss. Dies gilt etwa dann, wenn sie dem Fehlen von Aufträgen geschuldet ist. Denn solange die betriebliche Tätigkeit grundsätzlich wieder aufgenommen werden kann, ist die Stilllegung nicht unumkehrbar erfolgt. In dem zugrundeliegenden Fall, in dem es um einen Call-Center ging, hat das BAG es selbst als unschädlich angesehen, dass Hardware an den Leasinggeber zurückgegeben und

341 Vgl. BAG 17.9.1974 – 1 AZR 16/74, DB 1974, 2207; BAG 14.9.1976 – 1 AZR 784/75, DB 1977, 309.
342 BAG 20.11.2001 – 1 AZR 97/01, NZA 2002, 992, unter I 1c) der Entscheidungsgründe.
343 BAG 30.3.2004 – 1 AZR 7/03, NZA 2004, 931.
344 1 AZR 794/13, NZA 2015, 1147 Rn. 4.
345 1 AZR 546/15, NZA 2017, 1618.
346 1 AZR 531/15, BeckRS 2018, 7911.

der Mietvertrag gekündigt worden war. Zudem war unbeanstandet geblieben, dass Arbeitnehmer freigestellt worden waren, da dies zunächst widerruflich erfolgt ist.[347] Schließlich wurde klargestellt, dass auch der Umstand, dass die Auftragsvergabe, die durch die Muttergesellschaft gesteuert wurde, zwischenzeitlich anderweit erfolgt ist, keinen Verstoß gegen § 111 BetrVG begründet. Das BAG stellt unter Berufung auf die Entscheidung vom 14.4. 2015[348] nochmals ausdrücklich klar, dass es für eine generelle (gegenseitige) Zurechnung von Maßnahmen konzernzugehöriger Unternehmen im Rahmen der §§ 111ff. BetrVG an einer rechtlichen Grundlage fehlt.[349]

Ausgehend von dieser Rechtsprechung kann festgehalten werden, dass *einerseits* die Unterrichtung nicht erst zu einem Zeitpunkt erfolgen darf, zu dem eine **Einwirkungsmöglichkeit auf die Entscheidung** des Unternehmens nicht mehr besteht, etwa weil mit der Durchführung der Betriebsänderung bereits begonnen wurde. *Andererseits* ist Voraussetzung für eine sinnvolle Unterrichtung, dass das Unternehmen eine **Konzeption der Betriebsänderung erarbeitet** hat, die vorbehaltlich der Zustimmung des Betriebsrates grundsätzlich umsetzungsfähig ist.[350] An bloßen Gedankenspielen und **Vorüberlegungen** muss der Betriebsrat hingegen **nicht beteiligt** werden.[351]

142 Bei der Anwendung der oben skizzierten Grundsätze wird man regelmäßig sehr genau die konkreten Umstände des Einzelfalls berücksichtigen müssen. So wird sich die Kündigung eines Pachtvertrags für das einzige Betriebsgelände uU bereits als irreversible Maßnahme zur Umsetzung der Betriebsänderung darstellen, während die Kündigung eines Lieferantenvertrags unschädlich sein mag, weil die Rohstoffe beispielsweise jederzeit anderweit eingekauft werden können. Auch die lediglich vorbereitende Einleitung der Anhörung des Betriebsrats nach §§ 99, 102 BetrVG oder einer Massenentlassungsanzeige ist kein irreversibler Schritt hin zur Umsetzung der Betriebsänderung. Beginnt das Unternehmen aber vor Abschluss des Interessenausgleichsverfahrens damit, mit Arbeitnehmern einer zu schließenden Abteilung Aufhebungsverträge abzuschließen und ist dies allein durch die geplante Schließung veranlasst, so wird klar gegen die Verpflichtung aus § 111 BetrVG verstoßen.[352]

143 Im Zuge der Auslegung der Vorschriften der **Massenentlassungsrichtlinie** 98/59/EG hat der **EuGH** die Anforderungen an die Rechtzeitigkeit der Konsultation deutlich enger gefasst. Nach Auffassung des EuGH muss das Konsultationsverfahren bereits durchgeführt sein, bevor eine strategische oder betriebswirtschaftliche Entscheidung getroffen wurde, die den Arbeitgeber zwingt, Massenentlassungen ins Auge zu fassen. Dies soll auch dann gelten, wenn die Entscheidung nicht vom Arbeitgeber, sondern von der Konzernmutter getroffen wurde und wenn zwar das „Ob" der Massenentlassung, nicht aber das „Wie" feststeht. Diese Auffassung wird mit dem Zweck des Konsultationsverfahrens begründet, den Arbeitnehmervertretern die Möglichkeit einer möglichst weitgehenden und effektiven Beteiligung an Entscheidungsprozessen zu eröffnen.[353] Auch wenn die Rechtsprechung nicht unmittelbar auf § 111 BetrVG zu übertragen ist, ist zu bedenken, dass jedenfalls bei Vorliegen einer Betriebsänderung, die zugleich in eine Massenentlassung mündet, der Betriebsrat auch nach § 17 Abs. 3 KSchG zu beteiligen ist. Dies hat rechtzeitig iSd obigen Rechtsprechung des EuGH zu erfolgen. In derartigen Fällen sollte der Arbeitgeber strikt darauf achten, bei der idR gemeinsam oder in engem zeitlichem Zusammenhang durchgeführten

[347] BAG 18.7.2017, aaO Rn 40f.; BAG 20.2.2018, aaO Rn. 30f.
[348] 7.11.2017 – 1 AZR 186/16 NZA 2018, 464 Rn. 23.
[349] BAG 20.2.2018, aaO Rn. 33.
[350] *Fitting* BetrVG § 111 Rn. 107; *Röder/Baeck* S. 9.
[351] Vgl. BAG 28.10.1992 – 10 ABR 75/91, NZA 1993, 420; LAG Düsseldorf 27.8.1985 – 16 TaBV 52/85, NZA 1986, 371; LAG Hamm 27.10.2008 – 10 TaBV 141/08, BeckRS 2009, 53972; so auch DKW/*Däubler* BetrVG § 111 Rn. 162 mwN.
[352] Vgl. zur Bewertung der unterschiedlichen Fallkonstellationen ausführlich *Langner/Widhammer* NZA 2011, 430 mwN.
[353] Vgl. EuGH 10.9.2009 – C-44/08, NZA 2009, 1083; vgl. ausführlich hierzu auch → Rn. 418.

Konsultation des Betriebsrats gemäß §§ 111 BetrVG, 17 Abs. 3 KSchG den Betriebsrat so frühzeitig zu informieren, dass den Anforderungen des EuGH Rechnung getragen wird.[354]

Generell erscheint es demnach ratsam darauf zu achten, dass auch in Konzernobergesellschaften nicht verfrüht Grundsatzbeschlüsse gefasst werden. Nach der Rechtsprechung des BAG zu § 111 BetrVG schaden zwar derzeit einschlägige Beschlüsse von Organen der Gesellschaft nicht, vorsorglich sollte allerdings sichergestellt werden, dass sie zumindest unter dem Vorbehalt der Wahrung der Beteiligungsrechte des Betriebsrats gefasst werden. Im **Beispiel C 33** besteht das Risiko, dass sich die von der Massenentlassung betroffenen Arbeitnehmer auf eine nach der EuGH-Rechtsprechung verspätete Konsultation des Betriebsrats berufen. Wäre der Beschluss zumindest unter dem Vorbehalt der ordnungsgemäßen Beteiligung des Betriebsrats getroffen worden, würde sich das Problem nicht stellen.

Ein anderes Thema ist, dass ein Interessenausgleich nach der Rechtsprechung des BAG 144
auch nicht abstrakt und generell für künftige Fälle im Voraus abgeschlossen werden kann. Das BAG geht hierbei davon aus, dass der Betriebsrat mit dem Abschluss eines „vorsorglichen Interessenausgleichs", der sich gerade nicht auf eine konkret geplante Betriebsänderung bezieht, in unzulässiger Weise auf sein Beteiligungsrecht gemäß §§ 111, 112 BetrVG verzichten würde. Der Gesetzgeber hält es für unabdingbar, dass der Betriebsrat im Falle von Betriebsänderungen die Möglichkeit hat, auf die Gestaltung im Rahmen des Interessenausgleichsverfahrens Einfluss zu nehmen.[355] Kommt es gleichwohl zum Abschluss eines „vorsorglichen Interessenausgleichs", so läuft das Unternehmen Gefahr, in Ermangelung der ordnungsgemäßen Wahrung der Beteiligungsrechte des Betriebsrats gemäß § 113 Abs. 3 BetrVG auf Nachteilsausgleich in Anspruch genommen zu werden.[356] Im Zuge der Einführung des **§ 92a BetrVG** wurde zT die Auffassung vertreten, der Zeitpunkt, zu dem betriebliche Verhandlungen zur Regelung nachteiliger Folgen betrieblicher Umstrukturierungsprozesse zu beginnen haben, wurde vorverlegt.[357] Zwar ist es zutreffend, dass nun die Betriebsräte den Arbeitgebern unabhängig vom Vorliegen einer Betriebsänderung Vorschläge zur Sicherung und Förderung der Beschäftigung unterbreiten können. Auch muss der Arbeitgeber sich mit den Vorschlägen auseinandersetzen und kann diese nur begründet abweisen. Hierdurch hat der Betriebsrat es jedoch nicht in der Hand, gegen den Willen des Betriebsrats ein Interessenausgleichsverfahren oder gar einen „kleinen Sozialplan" zu erzwingen. Beides ist nur möglich, wenn die Voraussetzungen einer Betriebsänderung iSd § 111 BetrVG tatsächlich vorliegen.

Im **Beispiel C 33** handelt es sich bei der zum Zeitpunkt der erstmaligen Unterrichtung 145
bereits erfolgten Veräußerung der Gesellschaftsanteile nicht um eine Betriebsänderung,[358] so dass mit dem Vollzug der geplanten Betriebsänderung noch nicht begonnen worden war. Dies folgt auch daraus, dass die Veräußerung der Gesellschaftsanteile von dem Arbeitgeber selbst gar nicht beeinflusst werden kann. Dem Betriebsrat gegenüber ist aber nur der Arbeitgeber, nicht hingegen der oder die Gesellschafter verantwortlich. Zwar ist damit zu rechnen, dass der neue Gesellschafter die geplante Betriebsänderung durchführt. Dies ist aber letztlich regelmäßig der Fall, wenn ein Arbeitgeber eine Betriebsänderung plant. Auch wenn das Schicksal der Konditoreibetriebe aufgrund des Gesellschafterwechsels faktisch besiegelt ist, wurde mit der Betriebsänderung durch die Unterzeichnung des Kaufvertrages demnach formal noch nicht begonnen, so dass der Betriebsrat sich mit seinem Einwand der nicht rechtzeitigen Unterrichtung nicht wird durchsetzen können.

---

354 Vgl. hierzu → Rn. 418 ff.

355 Vgl. BAG 19.1.1999 – 1 AZR 342/98, NZA 1999, 949; ebenso BAG 26.8.1997 – 1 ABR 12/97, NZA 1998, 216.

356 Vgl. hierzu auch den Sachverhalt, der der Entscheidung des BAG v. 19.1.1999, aaO, zugrunde lag. Im Gegensatz zu einem „vorsorglichen Interessenausgleich" ist ein „vorsorglicher Sozialplan" möglich, vgl. hierzu → Rn. 221 ff.

357 So *Wendeling-Schröder/Welkoborsky* NZA 2002, 1370.

358 Vgl. hierzu → Rn. 79.

146 **Beispiel C 34:**

Die Muttergesellschaft der A-GmbH teilt der Geschäftsführung der A-GmbH am 1.2.2012 mit, es sei beschlossen worden, den Betrieb in Köln zu schließen. In Polen seien innerhalb der letzten 6 Monate Produktionskapazitäten aufgebaut worden, um das nach Auslaufen der aktuellen Produktreihe zu fertigende Nachfolgeprodukt dort zu produzieren. Es sei beabsichtigt, in Polen zum 1.6.2012 in Serie zu gehen, so dass die Produktion in Köln voraussichtlich Ende August eingestellt werden könne. Die Geschäftsleitung der A-GmbH wurde durch diese Wendung überrascht und nimmt nunmehr die Verhandlungen mit dem Betriebsrat auf. Nach Ausspruch der Kündigung verklagen alle Mitarbeiter die A-GmbH auf Zahlung von Nachteilsausgleich.

Während bislang häufig bei derartigen Fallkonstellationen ein Risiko gesehen wurde, dass aufgrund einer verspäteten Unterrichtung des Betriebsrats Nachteilsausgleichsansprüche ausgelöst werden können,[359] wird man dies im Lichte der BAG-Entscheidungen, in denen die Fassung eines Gesellschafterbeschlusses betreffend eine Betriebsänderung als unschädlich angesehen wurde,[360] anders zu beurteilen haben. Schließlich kann es keinen Unterschied machen, ob die Geschäftsleitung in die Planungen mit eingebunden war, oder ob die Planungen von dem Gesellschafter ausgehen. In beiden Fällen ist es jedenfalls so lange, wie mit der Umsetzung noch nicht begonnen wurde, sowohl theoretisch als auch praktisch vorstellbar, dass die Geschäftsführung während oder nach den Verhandlungen mit dem Betriebsrat über dessen Position Rückmeldung an die Gesellschafter geben und hierdurch eine Modifikation der Planung veranlassen. Im **Beispiel C 34** wurde zwar mit dem Aufbau der erforderlichen Produktionskapazitäten in Polen bereits Fakten geschaffen. Diese wurden jedoch nicht vom Arbeitgeber, sondern einer anderen Konzerngesellschaft, dh einem Dritten geschaffen und sind daher unbeachtlich. Eine ähnliche Fallkonstellation lag dem LAG Baden-Württemberg zur Entscheidung vor.[361] Hier war auf Unternehmens- bzw. Konzernebene entschieden worden, die Produktion bezüglich eines Nachfolgeprodukts nach Portugal zu verlagern, der Arbeitgeber hatte jedoch noch keine konkrete Planungen über die Auswirkung dieser Entscheidung auf den Betrieb, in dem das Produkt bislang hergestellt wurde, angestellt. Der Betriebsrat wollte im Rahmen eines Verfahrens nach § 98 ArbGG eine Einigungsstelle einsetzen lassen. Unter Aufhebung der erstinstanzlichen Entscheidung des ArbG Stuttgart[362] hat das LAG Baden-Württemberg zutreffend festgestellt, dass die unternehmens- und konzernbezogene Planung über die Produktionsverlagerung noch keine Entscheidung über eine Betriebsänderung beinhaltet. Ein Interessenausgleichsverfahren könne erst verlangt werden, wenn der Arbeitgeber auch eine *konkrete* Planung bezüglich der Auswirkungen der Entscheidung, Nachfolgeprodukte im Ausland herzustellen, anstelle. Klar weist hier auch das BAG in einer Entscheidung vom 14.4.2015 die Richtung. Hier hatte eine Konzerngesellschaft einen Dienstleistungsauftrag gekündigt. Infolge dessen hat dann der Arbeitgeber die Stilllegung des Betriebs eingeleitet. Auch hier hat das BAG bestätigt, dass dem Arbeitgeber, den die Pflichten gemäß § 111 BetrVG treffen, die Handlung der Konzerngesellschaft nicht zuzurechnen sind, so dass die Unterrichtung nach erfolgter Kündigung des Dienstleistungsauftrags völlig ausreichend war.[363] Würde man hier zu einem anderen Ergebnis kommen, würde man dem Betriebsrat ein Initiativrecht zubilligen, mit Hilfe dessen bereits frühzeitig Entscheidungen über betriebliche Auswirkungen von Marktentwicklungen, Konzernentscheidungen etc. erzwun-

---

[359] Vgl. hierzu in der 3. Aufl. Rn. C 142 mwN.

[360] Vgl. BAG 20.11.2001 – 1 AZR 97/01, NZA 2002, 992; BAG 30.3.2004 – 1 AZR 7/03, NZA 2004, 931; BAG 14.4.2015 – 1 AZR 794/13, BeckRS 2015, 69306; vgl. hierzu auch zustimmend *Annuß* in Richardi BetrVG § 111 Rn. 147; aM DKW/*Däubler* BetrVG § 111 Rn. 162; GK/*Oetker* § 111 Rn. 205; ErfK/*Kania* BetrVG § 111 Rn. 22.

[361] 27.9.2004 – 4 TaBV 3/04, NZA-RR 2005, 195.

[362] 15.7.2004 – 21 BV 175/04, NZA-RR 2004, 537.

[363] 1 AZR 794/13, BeckRS 2015, 69306 Rn. 6.

gen werden könnten.[364] Dem steht freilich die unternehmerische Entscheidungsfreiheit, die auch § 111 BetrVG nicht antastet, diametral entgegen.

Derartige Fallkonstellationen spielen gerade in **internationalen Konzernen,** in denen die Konzernspitze die maßgeblichen unternehmerischen Entscheidungen uU ohne vorherige Einbindung der lokalen Geschäftsführung trifft, eine durchaus bedeutsame Rolle. Letztlich wird die lokale Geschäftsleitung vor vollendete Tatsachen gestellt. Solange der Arbeitgeber selbst jedoch nicht aktiv die Umsetzung der Betriebsänderung vor Einbindung des Betriebsrats betrieben hat, besteht kein Anhaltspunkt dafür, ihm eine nicht rechtzeitige Beteiligung des Betriebsrats zur Last zu legen. In der Konsequenz kommen daher im Lichte der neueren Rechtsprechung des BAG in derartigen Fallkonstellationen auch keine Nachteilsausgleichsansprüche der Betroffenen in Betracht. 147

Hiergegen kann auch nicht eingewandt werden, dass das herrschende Unternehmen, das Entscheidungen bezüglich des Arbeitgebers *de facto* fällt, den Betriebsrat des beherrschten Unternehmens hätte beteiligen müssen. Zwar wird in der Literatur zum Teil die Auffassung vertreten, bei einem **Konzernverhältnis** mit einer „besonders engen" Anbindung müsse die Konzernspitze direkt einstehen.[365] Im Hinblick darauf, dass der Gegenpart des Betriebsrates nur der „Arbeitgeber" bzw. „Unternehmer" ist, erscheint diese Sichtweise dogmatisch jedoch kaum begründbar.[366] Da im Falle der Unterlassung der rechtzeitigen Unterrichtung verhängte Sanktionen zumindest mittelbar auch gegenüber der Konzernspitze wirken, ist es nicht erforderlich, eine dogmatisch fragwürdige Durchgriffshaftung zu konstruieren. Das BAG hat sich demgemäß in einer Entscheidung aus dem Jahre 1991 bereits klar dagegen ausgesprochen, dem Betriebsrat unmittelbare Ansprüche gegen die Konzernmutter zuzubilligen.[367]

Ungeklärt ist ferner, ob die Einwendung der Geschäftsleitung gegen einen gerichtlich geltend gemachten Informationsanspruch des Betriebsrats, sie verfüge selbst nicht über die erforderlichen Informationen, erfolgversprechend ist. Dies wäre dann nicht der Fall, wenn man dem Betriebsrat insoweit nicht nur einen Auskunfts-, sondern auch einen **Beschaffungsanspruch** gegen das Unternehmen zubilligen wollte. Dies wird überwiegend unter Hinweis darauf abgelehnt, dass nach den Grundsätzen des Betriebsverfassungsrechts der Arbeitgeber prinzipiell nur Informationen weiterzuleiten hat, die ihm selbst zur Verfügung stehen.[368] Dies ist insoweit zutreffend, als nach den Regelungen des BetrVG alleine das Unternehmen auskunftspflichtig ist, nicht aber die Konzernmutter. Zudem muss, verfügt der Arbeitgeber nicht über die relevanten Informationen, der Einwand der Unmöglichkeit gelten. Dies mag ausnahmsweise dann anders sein, wenn er wiederum einen Auskunftsanspruch gegen einen Dritten hat, der leicht zu realisieren ist. Dies ist aber regelmäßig im Konzerninnenverhältnis aber nicht der Fall, kann nur gegenüber Dienstleistern oder Kunden einmal denkbar sein.[369] Abgesehen davon muss der Arbeitgeber auch Unterlagen, die ihm gar nicht zur Verfügung stehen, nicht eigens herstellen.[370] Zudem muss auch im Betriebsverfassungsrecht der allgemeine Grundsatz gelten, wonach Unmögliches nicht zu leisten ist. Da ein abhängiges Unternehmen gegen die Konzernobergesellschaft regelmäßig keine Auskunfts- oder Unterrichtungsansprüche hat, ist es zur Befriedigung der rechtzeitigen Unterrichtungs- und Beratungsrechte des Betriebsrats objektiv gar nicht in der Lage, zeigt sich die Konzernobergesellschaft nicht ihrerseits kooperativ.[371] 148

[364] So zutreffend *Rieble* NZA 2004, 1029.
[365] DKW/*Däubler* BetrVG § 111 Rn. 160; *Fitting* BetrVG § 111 Rn. 104; *Windbichler* S. 339.
[366] So auch *Diller/Powietzka* DB 2001, 1034 (1036); *Annuß* in Richardi BetrVG § 111 Rn. 146.
[367] BAG 15.1.1991 – 1 AZR 94/90, NZA 1991, 681.
[368] *Fitting* BetrVG § 111 Rn. 113; ErfK/*Kania* BetrVG § 111 Rn. 23; *Diller/Powietzka* DB 2001, 1034 (1035); *Bitsch* NZA-RR 2015, 617, vierte These; *Schulz/Pfrang* BB 2018, 1396 (1397); aM *Lerch/Weinbrenner* NZA 2013, 355.
[369] Vgl. ausführlich zu der Diskussion *Bitsch* NZA-RR 2015, 617, vierte These; aM *Lerch/Weinbrenner* NZA 2013, 355.
[370] Vgl. BAG 7.8.1986 – 6 ABR 77/83, NZA 1987, 134.
[371] So auch *Diller/Powietzka* DB 2001, 1034 (1035).

149 Ungeklärt ist nach wie vor die Frage, wie **Fälle** zu bewerten sind, die ein **Unternehmen zu unverzüglicher Reaktion** zwingen. Zu denken ist hier etwa an eine Naturkatastrophe oder eine unvorhersehbare behördliche Betriebsstilllegung sowie an den Fall einer unerwarteten und plötzlichen Insolvenz, die die sofortige Einstellung des Betriebes erfordert, um weiter gehenden Schaden abzuwenden. Hier wird zwar die Auffassung vertreten, eine verspätete Unterrichtung sei hinzunehmen, die Beteiligungsrechte des Betriebsrates seien nach § 111 BetrVG lediglich sobald wie möglich zu wahren. In der Konsequenz ist der Unternehmer dadurch jedoch noch nicht von Nachteilsausgleichsansprüchen gemäß § 113 BetrVG freigestellt, da Tatbestandsvoraussetzung für einen Nachteilsausgleichsanspruch nach der Rechtsprechung des BAG und der überwiegend in der Literatur vertretenen Auffassung nicht das Verschulden des Arbeitgebers an dem Verstoß gegen die Pflichten aus § 111 BetrVG ist.[372] Zum Teil wird vertreten, ein Gericht müsse bei der Bemessung der Höhe der Nachteilsausgleichsansprüche berücksichtigen, wenn ein Arbeitgeber sein mitbestimmungswidriges Verhalten nicht zu verantworten habe.[373] Im Hinblick darauf, dass der Wortlaut des § 113 BetrVG hierfür keinerlei Anhaltspunkte gibt, ist diese Sichtweise problematisch. Man wird in derartigen Fällen vielmehr prüfen müssen, ob ein zwingender Grund iSd § 113 Abs. 1 BetrVG den Unternehmer daran gehindert hat, den Beteiligungsrechten des Betriebsrats Rechnung zu tragen.[374]

b) Umfassende Unterrichtung

150 Neben der rechtzeitigen Unterrichtung kommt es auch maßgeblich darauf an, ob die Unterrichtung umfassend war.[375]

Erfahrungsgemäß vertreten **Betriebsräte** häufig die Auffassung, sie seien am Ende der ersten Informationsveranstaltung noch längst **nicht ausreichend unterrichtet.** Sie konfrontieren den Arbeitgeber nach der ersten Information mit einem üppigen Fragenkatalog, den dieser dann, um nur keinen Fehler zu begehen, in mühevoller und häufig auch zeitintensiver Kleinarbeit abzuarbeiten beginnt. Demgegenüber wird seitens der **Unternehmer** die Auffassung favorisiert, eine umfassende Unterrichtung liege bereits dann vor, wenn dem Betriebsrat die geplante Maßnahme in groben Umrissen skizziert und die Motive für die Entscheidung dargelegt worden seien. Solange die Unterrichtung nicht offensichtlich unzureichend sei, seien die Anforderungen erfüllt.[376]

151 Beide Positionen sind im Hinblick auf die jeweilige Interessenlage verständlich, bilden jedoch Extrempole, die so kaum mit dem Willen des Gesetzgebers und der *ratio* des § 111 S. 1 BetrVG vereinbar sein dürften. Der Betriebsrat soll durch die Unterrichtung in die Lage versetzt werden, die geplante Betriebsänderung und ihre Auswirkungen für die Belegschaft zu erfassen und die Gründe des Unternehmers nachvollziehen zu können. Ausgehend von dieser Informationsbasis soll der Betriebsrat mit dem Unternehmer sodann Verhandlungen über denkbare Alternativen, mildere Formen oder zeitliche Modifikationen führen können. Um dieser Aufgabe gerecht zu werden, sind dem Betriebsrat die Informationen in einer für ihn verständlichen Formen übersichtlich darzustellen, ohne dass er beispielsweise über die der Planung zugrundeliegende betriebswirtschaftliche Analysen etc. aufzuklären ist. So geht es beispielsweise nicht an, dass der Betriebsrat detaillierter über die Hintergründe etc einer geplanten Betriebsänderung unterrichtet wird als die Mitglieder des Aufsichtsrates. Es muss letztlich ein Mittelweg gewählt werden, der den Bedürfnissen beider Betriebspartner, mithin dem Informationsinteresse des Betriebsrates *einerseits*

---

[372] Vgl. BAG 17.9.1974 – 1 AZR 16/74, DB 1974, 2207; BAG 29.11.1983 – 1 AZR 523/82, DB 1984, 724.

[373] Hierzu → Rn. 353.

[374] Vgl. hierzu ausführlich → Rn. 353ff.

[375] Vgl. hierzu allgemein DKW/*Däubler* BetrVG § 111 Rn. 163; *Fitting* BetrVG § 111 Rn. 111; GK/*Oetker* BetrVG § 111 Rn. 196; *Annuß* in Richardi BetrVG § 111 Rn. 150.

[376] Vgl. *Meinel* DB 1997, 170 (171), der für einen derartigen „Evidenzmaßstab" eintritt.

und dem Beschleunigungs- und Rechtssicherheitsinteresse des Unternehmers *andererseits* Rechnung trägt.

Was das **Informationsinteresse des Betriebsrates** anbelangt, so wird man es nicht 152 zuletzt im Hinblick auf den Wortlaut des § 111 S. 1 BetrVG genügen lassen müssen, wenn der Unternehmer den Betriebsrat in der Weise über die von ihm geplante Betriebsänderung informiert, dass er offen legt,

(1) **welche Maßnahmen** im Einzelnen vorgesehen sind,
(2) **welche Motive** und Gründe für das Vorhaben bestehen,
(3) **in welcher Weise** sich die geplante Maßnahme auf das Unternehmen und die Belegschaft voraussichtlich kurz-, mittel- und ggf. langfristig auswirken wird und
(4) **in welchem Zeitrahmen** die Maßnahme umgesetzt werden soll.[377]

Hierbei sollte man sich vergegenwärtigen, dass Gegenstand der Unterrichtungspflicht die konkret *geplante* Betriebsänderung ist. Es ist daher auf den **Unternehmerhorizont** abzustellen, dh, maßgeblich sind die Motive und subjektiven Vorstellungen des Unternehmers von der Betriebsänderung.[378] Das LAG Hamm beschreibt dies in einer Entscheidung vom 5.3.1986 instruktiv wie folgt: *„Die Pflicht zur umfassenden Unterrichtung bedeutet, dass der Arbeitgeber neben einer detaillierten Darstellung der beabsichtigten Maßnahme ihre Gründe und die Auswirkungen auf die Belegschaft erschöpfend anzugeben hat, weil es sonst dem Betriebsrat nicht möglich ist, zu der geplanten Betriebsänderung Stellung zu nehmen und darüber zu entscheiden, ob und wie ein Interessenausgleich durchgeführt werden kann. (…) Das Informationsrecht aus § 111 BetrVG soll den Betriebsrat in die Lage versetzen, die Planung des Arbeitgebers nachzuvollziehen. (…) Das bedeutet zugleich, dass der Betriebsrat auch nur Anspruch auf Unterrichtung über die Fakten hat, die der Arbeitgeber selbst seiner Planung zugrunde gelegt hat (…). Der Betriebsrat kann nicht solche Angaben verlangen, die für den Arbeitgeber bei seiner Entscheidung keine Rolle gespielt haben und die in der gewünschten Form nicht ohne weiteres vorhanden sind, sondern möglicherweise erst noch erstellt werden müssen.“*[379] Wichtig ist, dass sich der Unterrichtungs- und Beratungsanspruch auf die konkret geplante Betriebsänderung beschränkt. Es geht nicht darum, wirtschaftliche Entscheidungen, die in der Vergangenheit getroffen wurden, nochmals nachvollziehbar zu machen oder gar auf ihre Zweckmäßigkeit hin zu überprüfen.[380]

Soweit in der Literatur die Auffassung vertreten wird, der Unternehmer müsse auch im Einzelnen darlegen, welche **Alternativen** er im Rahmen der Konzeptionierung der nunmehr geplanten Betriebsänderung erwogen habe,[381] kann dem nur eingeschränkt gefolgt werden. Sollte es so sein, dass ein Unternehmer ernsthaft alternative Vorgehensweisen geprüft und diese im Rahmen einer Gesamtabwägung zugunsten der nunmehr geplanten Betriebsänderung verworfen hat, so mag er den Betriebsrat hierüber insoweit informieren, als er die Argumente, die für die letztlich gewollte Variante sprechen, präsentiert. Bereits diese Argumente geben dem Betriebsrat einen Einblick, welche Gesichtspunkte für den Unternehmer ausschlaggebend waren, ohne dass nunmehr im Einzelnen die Notwendigkeit besteht, den Betriebsrat tatsächlich über alle Erwägungen zu unterrichten, die im Rahmen der Konzeptionsphase angestellt wurden. Erfolgte jedoch die Entscheidung des Unternehmers für ein bestimmtes Konzept losgelöst von etwa bestehenden Alternativen, so erscheint es weder notwendig noch sachgerecht, den Unternehmer zu verpflichten, den Betriebsrat im Einzelnen über einen Weg in Kenntnis zu setzten, der sich jedenfalls aus Sicht des Unternehmens als Sackgasse erwiesen hat. Es steht dem Betriebsrat aber selbstverständlich im Rahmen der sich an die Unterrichtungsphase anschließenden Beratungsphase frei, denkbare Alternativen mit dem Unternehmer zu diskutieren.[382]

---

[377] Ähnlich auch *Bauer/Göpfert* DB 1997, 1464 (1468).
[378] *Hohenstatt* NZA 1998, 846 (847).
[379] 12 TaBV 164/85, NZA 1986, 651.
[380] Vgl. LAG Berlin-Brandenburg 8.12.2017 – 6 TaBVGa 1484/17, BeckRS 2017, 1040299 Rn. 81.
[381] *Fitting* BetrVG § 111 Rn. 111; ebenso wohl auch *Bauer/Göpfert* DB 1997, 1464 (1468), GK/*Oetker* BetrVG § 111 Rn. 197.
[382] So auch *Hohenstatt* NZA 1998, 846 (847).

153 Hat der Betriebsrat zu der ihm vorgestellten Planung noch Fragen und fordert **ergänzende Informationen** an, so bedeutet dies noch nicht notwendigerweise, dass der Unternehmer, ist der Informationsbedarf des Betriebsrates gerechtfertigt, damit noch nicht seinen Pflichten gemäß § 111 S. 1 BetrVG ausreichend Rechnung getragen hat. Insoweit ist zwischen den **Unterrichtungspflichten** nach § 111 S. 1 BetrVG und den **Informationsrechten** des Betriebsrates gemäß § 80 Abs. 2 S. 1 BetrVG zu unterscheiden. Nach § 80 Abs. 2 S. 1 BetrVG hat der Betriebsrat Anspruch auf Erteilung der zur Durchführung seiner Aufgaben erforderlichen Informationen. Beziehen sich die Fragen des Betriebsrates beispielsweise auf Aspekte, die der Planung des Unternehmers nicht zugrundlagen, ist deren Beantwortung für die bevorstehenden Beratungen aber gleichwohl von Bedeutung, so folgt die Unterrichtungspflicht zwar nicht unmittelbar aus § 111 S. 1 BetrVG, uU jedoch aus § 80 Abs. 2 S. 1 BetrVG. Diese Differenzierung spielte eine Rolle, als es nach der Fristenregelung des § 113 Abs. 3 S. 2 BetrVG maßgeblich darauf ankam, wann der Unternehmer vollständig unterrichtet hatte, so dass mit den Beratungen begonnen werden konnte. Nachdem § 113 Abs. 3 S. 2 und 3 BetrVG ersatzlos gestrichen wurde, ist die Differenzierung zwischen dem auf § 111 S. 1 BetrVG und § 80 Abs. 2 S. 1 BetrVG gestützten Informationsanspruch nicht mehr von großem praktischem Interesse. Zwar wird vereinzelt vertreten, die Anrufung der Einigungsstelle sei verfrüht, wenn der Betriebsrat noch nicht ausreichend informiert sei.[383] Dass ein Arbeitsgericht die Einsetzung einer Einigungsstelle wegen unzureichender Information des Betriebsrats verweigert, dürfte allerdings kaum vorkommen, da die Informationspflicht sich, wie dargelegt, auf die vom Arbeitgeber geplante Betriebsänderung – und nicht auf alle sonstigen Aspekte – bezieht und da das Gericht gemäß § 100 ArbGG eine offensichtliche Unzuständigkeit der Einigungsstelle begründen müsste.

In der Praxis sollte darauf geachtet werden, dass dem Betriebsrat sämtliche (erheblichen) **Unterlagen** zur Verfügung gestellt werden, die für den Unternehmer Entscheidungsgrundlage waren. Dies bedeutet, dass beispielsweise Gutachten von Unternehmensberatern, Wirtschaftsprüferberichte, Marktanalysen etc. vorzulegen sind, sofern sie für die unternehmerische Entscheidung von Bedeutung waren.[384] Es macht sich im Zweifelsfall nicht bezahlt, hier Informationen zurückzuhalten.

154 Bei der Auswahl der vorzulegenden Unterlagen ist es allerdings aus Unternehmersicht ratsam, dass es sich um auch für betriebswirtschaftliche Laien nachvollziehbare Unterlagen handelt. Wird der Betriebsrat etwa mit komplexen Analysen und Empfehlungen eines Unternehmensberaters konfrontiert, so provoziert dies förmlich die Forderung nach einem Sachverständigen sowie den Einstieg in eine meist unerquickliche Diskussion über den Wert und die Substanz der Ergebnisse des Beraters. Vorzugswürdig ist es daher, gerade in den Fällen, in denen sich in einem Unternehmen ein Unternehmensberater aufgehalten und einen Abschlussbericht angefertigt hat, von diesem *erstens* die Erstellung eines nachvollziehbaren Kurzberichts zu verlangen. Zwar ist der Unternehmer nicht verpflichtet, für den Betriebsrat neue Unterlagen erstellen zu lassen oder noch nicht vorhandene Auswertungen anzufertigen.[385] Gleichwohl erscheint es gerade in Fällen hoch komplexer Maßnahmen empfehlenswert, dem Betriebsrat eine **nachvollziehbare und transparente Darstellung der Planung** zukommen zu lassen, die erforderlichenfalls mit entsprechenden Anlagen untermauert werden kann. Hier lohnt im Zweifelsfall die Mühe, gesondertes Präsentationsmaterial für den Betriebsrat zu erstellen. *Zweitens* sollte der Unternehmer gegenüber dem Betriebsrat die geplante Betriebsänderung nicht primär auf die Analyse bzw. die Erkenntnisse und Empfehlungen des Unternehmensberaters stützen, sondern eine **eigenständige unternehmerische und strategische Entscheidung** treffen, die lediglich

[383] Vgl. DKW/*Däubler* § 112 Rn. 13.

[384] Vgl. *Bauer/Göpfert* DB 1997, 1464 (1469); *Seel* MDR 2010, 7 (9).

[385] Vgl. BAG 9.7.1991 – 1 ABR 45/90, NZA 1992, 275; LAG Hamm 5.3.1986 – 12 TaBV 164/85, NZA 1986, 651.

durch die Empfehlungen und Ergebnisse der Unternehmensberatung untermauert wird. Damit fokussiert sich die spätere Diskussion mit dem Betriebsrat nicht auf den Gehalt und die Wertigkeit der Analyse des Unternehmensberaters, sondern auf die eigenständige unternehmerische Entscheidung. Zudem kann ggf. ganz auf die Vorlage des Gutachtens verzichtet werden, sofern dieses nicht die Entscheidungsgrundlage für die weitere Planung ist.

Werden vom Betriebsrat Unterlagen angefordert, die der Unternehmer von sich aus 155
nicht vorgelegt hat, so stellt sich die Frage, inwieweit eine **Vorlagepflicht** besteht. Grundsätzlich muss der Unternehmer all diejenigen Unterlagen vorlegen, die er auch seiner Entscheidungsfindung zugrunde gelegt hat.[386] Fordert der Betriebsrat weiter gehende Unterlagen an und stehen diese erkennbar in einem Sachzusammenhang zu der geplanten Betriebsänderung, so muss der Unternehmer gemäß **§ 80 Abs. 2 S. 2 BetrVG** auch diese Unterlagen vorlegen, sofern er über sie verfügt und sie konkret das in Rede stehende Unternehmen betreffen. Nicht verlangt werden kann jedoch die erstmalige Erstellung von Unterlagen sowie die Vorlage von Unterlagen, die in keinerlei Sachzusammenhang zu der geplanten Betriebsänderung stehen. *Bauer/Göpfert* weisen zu Recht darauf hin, dass der Betriebsrat im Zusammenhang mit einer geplanten Betriebsänderung **keinen allgemeinen Auskunfts- oder Ausforschungsanspruch** betreffend die wirtschaftliche Situation des Unternehmens hat.[387]

§ 111 S. 1 BetrVG sieht keine besondere **Form der Unterrichtung** vor. Sie kann 156
folglich auch mündlich erfolgen.[388] Da der Betriebsrat jedoch ohnedies gemäß § 80 Abs. 2 BetrVG die Vorlage der erforderlichen Unterlagen verlangen kann, erscheint eine **schriftliche** Information gleichwohl empfehlenswert.[389]

Während des Unterrichtungsverfahrens, das einen zunächst einseitigen Charakter hat, kann der Betriebsrat regelmäßig die **Einschaltung eines Sachverständigen** gemäß § 80 Abs. 3 BetrVG noch nicht verlangen.[390] Nichts anderes kann für einen **Berater** gemäß § 111 S. 2 BetrVG gelten. Zur bloßen Entgegennahme von Informationen wird grundsätzlich kein sachverständiger Rat benötigt. Ist der Sachverhalt jedoch so komplex, dass dem Betriebsrat ein Verständnis der geplanten Umstrukturierung sowie eine ordnungsgemäße Beratung der geplanten Maßnahme mit dem Arbeitgeber ohne externe Unterstützung nicht möglich ist, so wird man dem Betriebsrat sinnvollerweise bereits zu Beginn der Unterrichtungsphase einen Sachverständigen bzw. Berater zubilligen müssen.[391] Um unnötige Verzögerungen zu vermeiden, sollte in derartigen Fällen der Sachverständige bzw. Berater bereits zur Unterrichtung hinzugezogen werden.[392] Dies ist insbesondere dann sinnvoll, wenn es sich bei dem Sachverständigen um einen Rechtsberater handelt. Schon unter Praktikabilitätsgesichtspunkten wird der Arbeitgeber andernfalls in den Beratungen mit dem Betriebsrat die bereits erteilten Informationen wiederholen müssen, ein Vorgang, der mühselig sein kann und zur Verzögerung der Verhandlungen führt.[393]

---

[386] So auch *Bauer/Göpfert* DB 1997, 1464 (1469); DKW/*Däubler* BetrVG § 111 Rn. 163.

[387] DB 1997, 1464 (1469).

[388] Vgl. *Fitting* BetrVG § 111 Rn. 112.

[389] Vgl. stellvertretend *Annuß* in Richardi BetrVG § 111 Rn. 151; *Löwisch* RdA 1997, 83.

[390] Vgl. BAG 17.3.1987 – 1 ABR 59/85, NZA 1987, 747; *Bauer/Göpfert* DB 1997, 1469.

[391] Vgl. zur Erforderlichkeit der Einschaltung eines Sachverständigen auch → Rn. 169; so auch *Fitting* BetrVG § 111 Rn. 122.

[392] Zu einem noch früheren Zeitpunkt ist jedoch die Einschaltung eines Sachverständigen bzw. Beraters gemäß §§ 80 Abs. 3, 111 S. 2 BetrVG nicht zu gestatten, vgl. so auch *Annuß* in Richardi BetrVG § 111 Rn. 53; aA DKW/*Däubler* BetrVG § 111 Rn. 175, der die Auffassung vertritt, eine Hinzuziehung sei bereits möglich, wenn der Arbeitgeber eine Betriebsänderung plant, ohne den Betriebsrat zu unterrichten.

[393] Sollte sich ein Unternehmen bereit erklären, einen Rechtsberater des Betriebsrates bereits in der Unterrichtungsphase zu beteiligen, so sollte allerdings zu Beginn klargestellt werden, dass dies nur unter dem Vorbehalt gilt, dass dieser auch innerhalb eines umgrenzten Zeitraums bereit ist, an einer entsprechenden Zusammenkunft teilzunehmen, da andernfalls eine unnötige Verzögerung droht.

4. Beratungsphase

157 Wie dargelegt, gehen die Unterrichtungs- und Beratungsphase **fließend ineinander über.** In der Praxis stellt sich dies regelmäßig so dar, dass Arbeitgeber und Betriebsrat nach der ersten Unterrichtung über die Betriebsänderung weitere Verhandlungstermine vereinbaren. Der Betriebsrat sollte aufgefordert werden, zur Vorbereitung des nächsten Zusammentreffens rechtzeitig schriftlich oder auch mündlich ergänzende Fragen an den Arbeitgeber heranzutragen, so dass sie von diesem beantwortet werden können. In der Regel entwickelt sich aus den Fragen bzw. aufgrund der Informationen, die der Betriebsrat erhält, bereits eine erste Diskussion über die Maßnahme, über denkbare Alternativen etc. Eine strikte Trennung, die zuweilen von Verhandlungsführern der Betriebsräte angestrebt wird, ist realitätsfremd und würde auch die Dynamik, mit der sich die Gespräche zwischen Arbeitgeber und Betriebsrat in der Regel entwickeln, behindern.

a) Inhalt der Beratungsphase

158 In der Beratungsphase werden zwei Ziele verfolgt: *Zum einen* soll ein **Interessenausgleich** zwischen den Belangen des Unternehmens und des Betriebsrats vorbereitet bzw. herbeigeführt werden. Hierbei geht es in erster Linie darum festzuschreiben, ob, wann und in welcher Form die vom Unternehmer geplante Betriebsänderung durchgeführt werden wird.[394] *Zum anderen* wird im Rahmen der Beratungsphase in der Regel auch bereits der Inhalt des **Sozialplans,** durch den die wirtschaftlichen Nachteile der Betriebsänderung für die Beschäftigten gemildert werden sollen, verhandelt.[395]

Soweit zwischen der **Unterrichtung- bzw. Informationsphase** und einer sich daran anschließenden **Beratungs- oder Verhandlungsphase** differenziert wird,[396] ist dies in der Praxis nicht durchzuhalten und auch theoretisch kaum begründbar. Ist die Unterrichtungsphase abgeschlossen und ist dem Betriebsrat bekannt, welche Betriebsänderung der Unternehmer plant, so nehmen die Parteien idR unverzüglich Beratungen über die Ausgestaltung der Betriebsänderung, mögliche Alternativszenarien bzw. die Ausgestaltung des Sozialplanes auf. Damit befinden sich die Parteien bereits mitten in den Interessenausgleichs- und Sozialplanverhandlungen. Während der Betriebsrat versuchen wird, so viele Arbeitsplätze wie möglich zu sichern, wird es das Bestreben des Unternehmens sein, die geplante Maßnahme in der vorgesehenen Form und möglichst zügig umzusetzen. Im Folgenden soll daher nicht ausdrücklich zwischen Beratungs- und Verhandlungsphase unterschieden werden. Vielmehr sind diese Phasen als das zu betrachten, was sie tatsächlich sind: ein einheitlicher Vorgang.

159 Obwohl es sich bei Interessenausgleich und Sozialplan um unterschiedliche Regelungen handelt, gibt es in den Beratungen zwischen Arbeitgeber und Betriebsrat in der Regel keine klare Trennung zwischen den beiden Regelungskomplexen und insbesondere keine zeitliche Zäsur.[397] Aufgrund der **Wechselwirkung von Interessenausgleich und Sozialplan** hat sich in der Praxis vielmehr eine **parallele Verhandlungsführung** etabliert und auch bewährt. Hierdurch ist es dem Betriebsrat frühzeitig möglich, sich auf die Aushandlung des Sozialplans zu konzentrieren, ohne bereits seine Zustimmung zu der Betriebsänderung geben zu müssen. Geraten die Sozialplanverhandlungen ins Stocken, so kann umgekehrt der Arbeitgeber den Versuch unternehmen, den Betriebsrat durch Zugeständnisse bezüglich der geplanten Betriebsänderung zum Einlenken zu bewegen. Gerade die Wechselwirkung von Interessenausgleich und Sozialplan eröffnet den Parteien Gestaltungsmög-

[394] Vgl. BAG 9.7.1985 – 1 AZR 323/83, NZA 1986, 100; BAG 27.10.1987 – 1 ABR 9/86, NZA 1988, 203; ferner DKW/*Däubler* BetrVG §§ 112, 112a Rn. 3, 20; *Fitting* BetrVG §§ 112, 112a Rn. 13; *Annuß* in Richardi BetrVG § 112 Rn. 15.

[395] Vgl. zum Zweck eines Sozialplans *Annuß* in Richardi BetrVG § 112 Rn. 15.

[396] So *Röder/Baeck* S. 9ff.; *Annuß* in Richardi BetrVG § 111 Rn. 150ff.

[397] So auch DKW/*Däubler* BetrVG §§ 112, 112a Rn. 2.

lichkeiten, die verschlossen blieben, müsste zunächst der Interessenausgleich versucht worden sein, bevor mit den Sozialplanverhandlungen begonnen werden kann.[398]

Eine **zeitlich getrennte Verhandlung von Interessenausgleich und Sozialplan** ist allerdings nicht ausgeschlossen und kann in besonders gelagerten Fällen durchaus interessengerecht bzw. notwendig sein. Plant ein Unternehmen zwar eine Betriebsänderung, besteht jedoch keine Verpflichtung, einen Sozialplan zu verhandeln, da es sich um einen reinen Personalabbau unterhalb der in § 112a Abs. 1 BetrVG genannten Schwellenwerte handelt oder weil das Unternehmen gemäß § 112a Abs. 2 BetrVG von der Sozialplanpflicht befreit ist, so muss letztlich nur ein Interessenausgleich versucht werden.[399] Ist der Unternehmer unter starkem Zeitdruck, kann es sich allerdings auch hier als (wirtschaftlich) günstiger erweisen, einem freiwilligen Sozialplan zuzustimmen, als mit der Umsetzung der Betriebsänderung bis zum Ende eines uU mehrmonatigen Interessenausgleichsverfahrens zuzuwarten. Eine getrennte Verhandlung von Interessenausgleich und Sozialplan kommt auch dann in Betracht, wenn für den Betrieb bereits ein Sozialplan mit einer längeren Laufzeit abgeschlossen wurde und nunmehr nur noch über die Ausgestaltung der Betriebsänderung mit dem Betriebsrat gesprochen werden muss.[400] Schließlich ist es aber auch vorstellbar, dass ein Betriebsrat sich darauf kapriziert, eine Betriebsänderung nach Möglichkeit zu verhindern bzw. an einem Sozialplan wenig interessiert ist. Letzteres kann interessengerecht sein, wenn das Unternehmen nicht mehr über ausreichende Mittel verfügt, einen angemessenen Sozialplan zu dotieren.

Schließlich ist bereits seit geraumer Zeit zu beobachten, dass die **Interessenausgleichs-** 160
verhandlungen sowie die konkreten Beratungen über die Umsetzung und Ausgestaltung der Betriebsänderung an Bedeutung gewinnen und **in das Zentrum der Beratungen** rücken.[401] War früher bei Betriebsräten das Prinzip *„dulde und liquidiere"* verbreitet, so zeichnet sich aufgrund der wirtschaftlichen und rechtlichen Rahmenbedingungen mehr und mehr die Tendenz ab, Interessenausgleichsverhandlungen wieder ernsthaft zu führen. Dies hängt *zum einen* mit der Arbeitsmarktlage zusammen, die es den gekündigten Arbeitnehmern erschwert, im Erwerbsleben wieder auf vergleichbarem Niveau Fuß zu fassen. Hinzu kommt, dass aufgrund der zwischenzeitlich allerdings rückgängig gemachten Änderungen im Arbeitsförderungsrecht sowie der Abfindungsbesteuerung Sozialplanabfindungen an Attraktivität verloren haben. Daher sind Betriebsräte mehr und mehr darum bemüht, geplante Betriebsänderungen zu hinterfragen und durch zum Teil phantasievolle Gestaltungen und Alternativvorschläge (befristeter Verzicht der Belegschaft auf Jahressonderzahlungen, Einführung flexibler Arbeitszeitmodelle, Verlängerung der Wochenarbeitszeit ohne Lohnausgleich etc.) zumindest eine Einschränkung anstehender Entlassungen zu erreichen. *Zum anderen* sind es aber auch vielfach die Unternehmen selbst, die einen Schwerpunkt auf die Interessenausgleichsverhandlungen legen. Das kann gelegentlich motiviert sein durch das Ziel, eine Namensliste zum Interessenausgleich gemäß § 1 Abs. 5 KSchG zu vereinbaren. Auch kann es für ein Unternehmen interessant sein, das Instrument der Transfergesellschaft zu nutzen, um den Personalabbau möglichst im Konsens durchzuführen und die Maßnahme weitgehend sozial abzufedern. Im Hinblick auf die Arbeitsmarktsituation versuchen Unternehmen zudem, anstehende Betriebsänderungen mit Standort- oder Arbeitsplatzgarantien für die Zukunft zu verknüpfen, um so einen zügigen und akzeptablen Sozialplanabschluss zu erzielen.[402] Dadurch, dass in Interessenausgleichen zunehmend nicht nur die konkret geplanten Betriebsänderungen geregelt wird, sondern auch zukunftsweisende Vereinbarungen getroffen werden, gewinnen diese gegenüber Sozialplänen in der Praxis zunehmend an Bedeutung.

---

[398] Hierzu *Wißmann,* FS zum 25jährigen Bestehen des DAV, 1037 ff.
[399] Vgl. hierzu → Rn. 226, 234.
[400] Vgl. hierzu → Rn. 221.
[401] Vgl. *Fitting* BetrVG §§ 112, 112a Rn. 14.
[402] Vgl. hierzu → Rn. 195.

161 Die **Wechselwirkung zwischen Interessenausgleich und Sozialplan** und die Art und Weise, in der die Parteien die Verhandlungen und Beratungen strukturieren, birgt dann Brisanz, wenn der Betriebsrat gegen eine geplante Betriebsänderung keine Einwände erhebt bzw. keine sachlich begründeten Einwände erheben kann.

Beispiel C 35:

Die F-GmbH, ein traditionsreiches Familienunternehmen, unterhält zwei Betriebe in Deutschland, einen Betrieb in Ludwigshafen und einen Betrieb bei München. In dem Münchener Betrieb werden chemische Substanzen hergestellt, die von dem Hauptkunden, der Fa. B., nicht mehr benötigt werden. Die Fa. B. bezieht den Grundstoff aus Tunesien um ein Vielfaches billiger. Der Geschäftsführer F unterrichtet den Betriebsrat von der Entwicklung und kündigt die Betriebsschließung an. Der Betriebsrat erklärt, auch er sehe keinen Ausweg, hoffe jedoch, dass sich F zur Zahlung von großzügigen Abfindungen bereitfinde. Dies sei schließlich Unternehmensstil. Einen Interessenausgleich will der Betriebsrat jedoch erst unterschreiben, wenn ein entsprechender Sozialplan unterzeichnet ist.

Auch wenn dieses Verhalten sicherlich auf Arbeitgeberseite Widerspruch auslösen mag, ist es rechtlich nicht zu beanstanden.[403] Es ist Ausdruck der Balance of Power, die sich in der Praxis zwischen den Betriebsparteien etabliert hat. Hierbei ist folgendes zu beachten:
162 *Zum einen* ist der Betriebsrat nicht verpflichtet, einen Interessenausgleich abzuschließen. Der Arbeitgeber kann über die Anrufung der Einigungsstelle seine unternehmerische Planung auch ohne Zustimmung des Betriebsrats zur Umsetzung bringen.

Zum anderen ist gegen die ausdrückliche Verknüpfung von Interessenausgleich und Sozialplan durch den Betriebsrat auch sachlich nichts einzuwenden. Letztlich bedeutet dies nur, dass der Betriebsrat sich unter der Bedingung, dass die wirtschaftlichen Nachteile der betroffenen Arbeitnehmer angemessen ausgeglichen werden, mit einer Durchführung der Betriebsänderung in der geplanten Form einverstanden erklärt. Wird der Sozialplan aus Sicht des Betriebsrates nicht ausreichend dotiert, so behält er sich entsprechende Alternativvorschläge für die Betriebsänderung in den Interessenausgleichsverhandlungen vor bzw. lehnt die gesamte Maßnahme ab. Dies hat zur Folge, dass der Unternehmer mit der Durchführung der Maßnahme bis zum Abschluss des Interessenausgleichsverfahrens zuwarten muss. Umgekehrt muss der Arbeitgeber sich auch nicht erpressen lassen. Schließlich kann er, erachtet er die Forderungen des Betriebsrats mit Blick auf seine wirtschaftliche Leistungsfähigkeit für überzogen, ggf. über einen Einigungsstellenspruch einen Sozialplan erzwingen, der dieser äußeren Belastungsgrenze Rechnung trägt. Die Belastungsgrenze mag ihm im Einzelfall zu hoch erscheinen, aber sie entspricht der Rechtslage. Dem kann auch nicht entgegengehalten werden, dass das Unternehmen aufgrund des Effekts „Zeit ist Geld" zu einem frühzeitigen Abschluss des Sozialplans (ohne Einigungsstellenspruch) genötigt wird. Schließlich ist der Mittelabfluss aufgrund der Remanenzkosten für das überzählige Personal bis zur Entscheidung einer Einigungsstelle bei der wirtschaftlichen Belastbarkeit des Unternehmens zu berücksichtigen. Wird dies in den Verhandlungen transparent gemacht, mag der Betriebsrat seine Blockadestrategie uU sogar nochmals überdenken.

Schließen die Parteien hingegen vor der Durchführung der Betriebsänderung nur einen Sozialplan ab, ohne auch einen Interessenausgleich zu unterzeichnen, so wird man im Regelfall davon ausgehen können, dass darin zugleich ein Interessenausgleich liegt und Einigkeit über den Abschluss des Verfahrens besteht.[404] Dies gilt lediglich dann nicht, wenn bereits vor Bekanntgabe der konkret in Rede stehenden Betriebsänderung ein vorsorglicher

---

[403] So auch GK/*Oetker* BetrVG §§ 112, 112a Rn. 39f.; *Annuß* in Richardi BetrVG § 112 Rn. 24; jeweils mwN.

[404] Ebenso BAG 20.4.1994 – 10 AZR 186/93, NZA 1995, 89; vgl. auch *Fitting* BetrVG § 111 Rn. 24; *Annuß* in Richardi BetrVG § 112 Rn. 26.

Sozialplan aufgestellt wurde.[405] In derartigen Fällen ist das Interessenausgleichsverfahren in der gewohnten Weise durchzuführen.

b) Verfahren

163 Nach der Konzeption des Gesetzgebers beginnen die Parteien Beratungen über einen Interessenausgleich und Sozialplan zunächst in sog. freien Verhandlungen. Erst wenn diese freien Verhandlungen zu keinem Ergebnis führen, eröffnet der Gesetzgeber die Möglichkeit, sich der Hilfe Dritter zu bedienen. Hierbei haben die Betriebspartner die Wahl, ob sie zunächst den Vorstand der Bundesagentur für Arbeit um Vermittlung ersuchen wollen. Geschieht dies nicht oder bleibt der Vermittlungsversuch ergebnislos, so können Unternehmer oder Betriebsrat die Einigungsstelle anrufen. Kann im Rahmen der freien Verhandlungen eine Einigung nicht erzielt werden, so stellt sich das Interessenausgleichs- und Sozialplanverfahren demnach als zwei- bzw. dreistufiges Verfahren dar:

Schaubild C 4:

I. Stufe	Freie Verhandlungen zwischen Unternehmer und Betriebsrat
II. Stufe	Vermittlung des Vorstands der Bundesagentur für Arbeit auf Antrag einer Partei
III. Stufe	Einigungsstellenverfahren auf Antrag einer Partei

164 **aa) Freie Verhandlungen.** Der **Verlauf der freien Verhandlungen** ist **nicht reglementiert.** Insoweit sind die Verhandlungspartner Herr des Verfahrens und es liegt in ihrer Hand, ob es ihnen gelingt, sachgerechte und vernünftige Verhandlungen zu führen, die in einem Kompromiss münden. Von entscheidender Bedeutung wird hierbei letztlich sein, ob es gelingt, durch Sachlichkeit und Fachkompetenz auf beiden Seiten des Verhandlungstisches eine fruchtbare Arbeitsatmosphäre und Kompromissbereitschaft zu erzielen. Gerade hierbei können erfahrene externe Berater den Parteien behilflich sein. Darin und in dem Bemühen, die Parteien darüber aufzuklären, wie ein Kompromiss unter Berücksichtigung der Usancen der Branche und der wirtschaftlichen Gegebenheiten vernünftigerweise aussehen könnte, liegt die primäre Aufgabe externer Berater. Zuweilen wird dies verkannt, und externe Berater wecken bei ihrer Partei überzogene Erwartungen.

165 **(1) Form und Dauer der freien Verhandlungen.** Was die **Form und den Ablauf der Verhandlungen** auf dem Weg zum Abschluss eines Interessenausgleichs- und eines Sozialplanes anbelangt, so gibt es keine allgemeinverbindlichen Regeln, sondern bestenfalls Erfahrungswerte und Vorgehensweisen, die sich bewährt haben. Als Initiator der Verhandlungen ist der Unternehmer regelmäßig für deren Organisation verantwortlich.

Es sollte zunächst darauf geachtet werden, dass die Verhandlungen in einer **ruhigen, angenehmen Atmosphäre** stattfinden. Je nach Bedarf kann es sich als hilfreich erweisen, **technische Hilfsmittel,** wie z. Bsp. einen Overheadprojektor, PC, Drucker, Kopierer etc. bereitzuhalten. Wird dies gewünscht, so sollten dem Betriebsrat die zur schnellen Berechnung von Sozialplanabfindungen etc. erforderlichen Daten sowie ggf. auch geeignete Hard- und Software zu Beginn der Verhandlungen zur Verfügung gestellt werden. Gibt es schon arbeitgeberseitige Berechnungen, so dient es im Zweifelsfall dem zügigen Fortgang der Verhandlungen, wenn diese nebst den Programmen etc. dem Betriebsrat zur Verfügung gestellt werden. Hierbei ist allerdings darauf zu achten, dass dem Betriebsrat nur solche Berechnungen zur Verfügung gestellt werden, die sich mit den arbeitgeberseitigen Vorstellungen betreffend die Ausgestaltung des Sozialplans decken und nicht über das dem Betriebsrat unterbreitete Angebot hinausgehen. Andernfalls könnte bei dem Betriebsrat von vornherein der Eindruck entstehen, der Arbeitgeber sei zu höheren Sozialplanabfin-

[405] Vgl. BAG 29.11.1983 – 1 AZR 523/82, DB 1984, 724.

dungen bereit. Zudem sollte festgelegt werden, wer für die jeweilige Verhandlungskommission der Ansprechpartner ist, wer Informationen weiterleitet und an wen der Unternehmer bzw. der Betriebsrat Entwürfe und andere Unterlagen schicken kann. Gerade in den Fällen, in denen unter hohem Zeitdruck verhandelt werden muss, ist es wichtig, unnötige Reibungsverluste zu vermeiden.

Im beiderseitigen Interesse liegt es schließlich, wenn bereits zu Beginn der Beratungsphase nach Möglichkeit zwei bis drei weitere **Verhandlungstermine vereinbart bzw. blockiert werden.** In der Praxis erweist es sich oft als außerordentlich hinderlich, wenn aufgrund starker terminlicher Beanspruchung gerade auch der externen Berater kurzfristig keine Termine zur Fortsetzung der Verhandlungen gefunden werden können. Besteht auf Seiten des Unternehmens Zeitdruck und sollen die Verhandlungen alsbald zum Abschluss kommen, so ist es ratsam, sich zumindest einmal wöchentlich mit dem Betriebsrat zu Verhandlungen zusammenzufinden. Hierbei sollten die Verhandlungen von beiden Parteien sorgfältig vorbereitet werden. Die Vorbereitung kann beispielsweise darin bestehen, **Entwürfe für Interessenausgleich- und Sozialpläne vorzulegen bzw. kontinuierlich zu überarbeiten,** Alternativvorschläge zu entwickeln oder Berechnungen für den Sozialplan anzustellen. Da häufig im Anschluss an eine Verhandlungsrunde zunächst eine interne Abstimmung innerhalb der Verhandlungsdelegationen erforderlich ist, neuerlich Vorbereitungsarbeiten anfallen und ein interner Meinungsbildungsprozess in Gang kommen und abgeschlossen werden muss, wird es umgekehrt nur in besonders dringlichen Fällen sinnvoll sein, innerhalb einer Woche mehr als ein bis zwei Verhandlungstermine anzuberaumen.

166 Was die **Dauer der Verhandlungen** bzw. die Anzahl der Verhandlungsrunden anbelangt, so gibt es ebenfalls keine generelle Antwort. In dem einen Fall mag es angebracht sein, dass die Betriebspartner im Rahmen freier Verhandlungen viermal zusammentreffen, in einem anderen Fall sind zehn Treffen notwendig. Verlaufen die Verhandlungen fruchtlos und wird deutlich, dass eine Kompromisslösung nicht zu erzielen sein wird, so hat es jede Partei in der Hand, die Verhandlungen uU bereits nach dem ersten Treffen für gescheitert zu erklären und die Einigungsstelle anzurufen.[406] Es gilt das Prinzip der subjektiven Determination, ob Verhandlungen zum Erfolg führen können oder nicht. *Däubler* vertritt die Auffassung, die Anrufung der Einigungsstelle sei verfrüht, wenn der Betriebsrat noch nicht ausreichend informiert wurde.[407] Demgemäß wird auch in vielen Verhandlungen stereotyp damit gedroht, dass die Unterrichtungsphase noch nicht abgeschlossen sei und man demgemäß das Verfahren noch nicht scheitern lassen könne. Diese Auffassung erscheint nicht tragfähig. Schließlich hat ein Arbeitsgericht, einigen sich die Betriebsparteien nicht auf die Einsetzung einer Einigungsstelle, im Rahmen des Einsetzungsverfahrens nach § 100 ArbGG nur die Möglichkeit, den Antrag bei offensichtlicher Unzuständigkeit der Einigungsstelle zurückzuweisen. Dies setzt aber ein fehlendes Beteiligungsrecht voraus und gibt dem Gericht nicht die Möglichkeit darüber zu entscheiden, ob die Parteien mit einem ernsthaften Willen zur Einigung und ausreichend verhandelt haben. Ob und ggf. wann Unternehmer oder Betriebsrat das Verfahren für gescheitert erklären, hängt demgemäß vornehmlich von der jeweiligen Interessenlage sowie taktischen Erwägungen ab.[408] Verweigert eine Partei die Verhandlungen vollständig, so kann die jeweils andere Partei sie sogleich für gescheitert erklären. Ein solches Vorgehen kann sich für den Betriebsrat uU als sehr nachteilig erweisen, da er damit dem Arbeitgeber den schnellen Weg in die Einigungsstelle eröffnet.[409] Dies gilt sogar dann, wenn der Betriebsrat sich im laufenden Bestellungsverfahren eines besseren besinnt und Verhandlungsbereitschaft signalisiert.[410]

---

[406] Vgl. GK/*Oetker* § 111 Rn. 250f.; *Müller/Boruttau* BB 2019, 2932 unter Verweis auf Instanzrechtsprechung.
[407] BetrVG §§ 112, 112a Rn. 13.
[408] Vgl. zu der Thematik auch *Hesse,* FS zum 25jährigen Bestehen des DAV, S. 879ff.
[409] Vgl. zutreffend *Göpfert/Krieger* NZA 2005, 254 (258).
[410] Vgl. LAG Baden-Württemberg 16.10.1991 – 12 TaBV 10/91, NZA 1992, 186 (187).

(2) Teilnehmer der freien Verhandlungen. Eine nicht unerhebliche Rolle spielt schließlich in den freien Verhandlungen, wie sich die **Verhandlungsdelegationen** zusammensetzen: 167

Die **Unternehmen** lassen sich in den Verhandlungen vielfach von ihrem Arbeitsdirektor bzw. ihrem Personalleiter sowie einem Rechtsberater vertreten. Bei dem Rechtsberater kann es sich um einen Vertreter des Arbeitgeberverbandes oder einen spezialisierten Rechtsanwalt handeln. Verfügen der Arbeitsdirektor bzw. Personalleiter nicht über ausreichende Entscheidungskompetenzen oder Sachkunde bezüglich der geplanten Betriebsänderung, so ist es sinnvoll, noch einen weiteren Unternehmensvertreter zu den Verhandlungen hinzuzuziehen. Handelt es sich um ein mittelständisches Unternehmen, so kann es sich hierbei um den Geschäftsführer persönlich handeln, andernfalls um einen entsprechend informierten und kompetenten Vertreter der Geschäftsleitung. Dieser Unternehmensvertreter sollte insbesondere in der Lage sein, mit dem Betriebsrat die Gründe für die Betriebsänderung, etwaige Alternativvorschläge etc. sachkundig zu diskutieren. Im Übrigen ist darauf zu achten, dass die Unternehmensvertreter über einen ausreichenden Verhandlungsspielraum verfügen und entsprechende Entscheidungs- und Abschlusskompetenzen mitbringen. Zwar mag es Fälle geben, wo der Umstand, dass der Verhandlungsführer des Unternehmens nicht über die notwendigen Entscheidungskompetenzen verfügt, gezielt als taktisches Verhandlungsmittel eingesetzt werden kann. Immer dann, wenn einem Unternehmer an einer zügigen Einigung gelegen ist, sollte aber zumindest sichergestellt werden, dass durch telefonische Rückfrage bei den Entscheidungsträgern erforderlichenfalls doch kurzfristig eine Entscheidung und ein Verhandlungsabschluss herbeigeführt werden kann.

Die erste Frage, die es zu Beginn der freien Verhandlungen innerhalb des **Betriebsratsgremiums** zu klären gilt, ist, ob der Betriebsrat in voller Stärke an den Verhandlungen teilnehmen will, oder ob lediglich ein Ausschuss in die Verhandlungen entsandt wird. Für beide Vorgehensweisen sprechen gute Argumente. So ist es *einerseits* sowohl für das Betriebsratsgremium selbst als auch für die Verhandlungsdelegation des Unternehmens außerordentlich anstrengend und vielfach auch ineffizient, wenn zu viele Betriebsratsmitglieder an den Verhandlungen teilnehmen. Die Obergrenze für eine fruchtbare Verhandlung liegt bei ca. fünf bis sieben Betriebsratsmitgliedern. Andererseits stellt es sich für den Verhandlungsausschuss des Betriebsrates vielfach als sehr schwer dar, gegenüber den Betriebsratskollegen, die nicht an den Verhandlungen teilgenommen haben und weder die Argumentation des Unternehmers noch die Entwicklung mitverfolgen konnten, Überzeugungsarbeit zu leisten. Führt ein Ausschuss des Betriebsrates die Verhandlungen, so birgt dies für den Unternehmer das Risiko, dass ein möglicherweise mühsam erzielter Kompromiss vom gesamten Betriebsratsgremium nicht genehmigt wird. 168

Konfliktträchtig war in der Vergangenheit vielfach die Frage, ob und ggf. welchen **Rechtsberater bzw. Sachverständigen** der Betriebsrat gemäß § 80 Abs. 3 BetrVG zu den Verhandlungen hinzuziehen kann.[411] Der Gesetzgeber wollte im Zuge des Betriebsverfassungsrechts- Reformgesetzes durch die Einfügung zweier Neuregelungen diesen Streit in der Praxis entschärfen: So hat der Arbeitgeber dem Betriebsrat gemäß § 80 Abs. 2 S. 3 BetrVG *zum einen* sachkundige Arbeitnehmer als Auskunftspersonen zur Verfügung zu stellen. *Zum anderen* ist den Betriebsräten in Unternehmen mit mehr als 300 Arbeitnehmern gemäß § 111 S. 2 BetrVG nunmehr gestattet, zu ihrer Unterstützung einen Berater hinzuziehen. Die Neuregelungen haben letztlich eine Vielzahl neuer Fragen aufgeworfen. Für die Praxis sehr hilfreich war insoweit die Entscheidung des BAG vom 14.12.2016[412], die, auch wenn man nicht mit allem einverstanden sein mag, jedenfalls eine klare Struktur vorgibt. Danach stellt sich die Situation wie folgt dar: 169

[411] Vgl. hierzu *Manske,* FS zum 25jährigen Bestehen des DAV, S. 953 (958).
[412] 7 ABR 8/15, NZA 2017, 514.

- Benötigt der Betriebsrat sachverständigen Rat, kann er nach § 80 Abs. 3 BetrVG nach näherer Vereinbarung mit dem Arbeitgeber einen Sachverständigen hinzuziehen, soweit dies zur ordnungsgemäßen Erfüllung seiner Aufgaben erforderlich ist.
- Nach § 111 S. 2 BetrVG kann der Betriebsrat dies in Unternehmen mit mehr als 300 Arbeitnehmern bei Betriebsänderungen auch ohne vorherige Vereinbarung mit dem Arbeitgeber tun. Allerdings ist auch hier eine Erforderlichkeitsprüfung anzustellen.
- Schließlich, und auch das hat das BAG in der Entscheidung vom 14.12.2016 klargestellt,[413] kann der Betriebsrat, ist insoweit eine Unterstützung erforderlich, einen Rechtsanwalt damit beauftragen, für ihn Verhandlungen über einen Interessenausgleich und einen Sozialplan mit dem Arbeitgeber zu führen. Der Kostenerstattungsanspruch richtet sich in diesem Fall nach § 40 Abs. 1 BetrVG.

170 **(a) Sachverständige gemäß § 80 Abs. 3 BetrVG.** Gemäß § 80 Abs. 3 BetrVG kann der Betriebsrat nach näherer Vereinbarung mit dem Arbeitgeber Sachverständige hinzuziehen, soweit dies zur ordnungsgemäßen Erfüllung seiner Aufgaben erforderlich ist. **Nicht erforderlich** ist die Hinzuziehung eines Sachverständigen beispielsweise in der Phase bloßer Konzepte und Vorüberlegungen[414] oder in Fällen, in denen sich der Betriebsrat die fehlende Sachkunde kostengünstiger als durch die Beauftragung eines Sachverständigen verschaffen kann.[415] Die Mitglieder des Betriebsrats haben sich insbesondere um die selbstständige Aneignung der notwendigen Kenntnisse zu bemühen und gegebenenfalls weitere, ihnen vom Arbeitgeber gebotene Möglichkeiten zur Unterrichtung durch sachkundige Mitarbeiter des Betriebs oder des Unternehmens zu nutzen. Hierbei darf der Betriebsrat eine vom Arbeitgeber angebotene Unterrichtung durch einen sachkundigen Arbeitnehmer nicht mit dem pauschalen Hinweis ablehnen, Angestellte könnten per se nicht als neutral oder objektiv angesehen werden.[416]

Wichtig ist, dass zwischen Sachverständigen nach § 80 Abs. 3 BetrVG und Beratern zu differenzieren ist, die den Betriebsrat in den Verhandlungen unterstützen. Oder, wie *Franzen* zutreffend formuliert, es ist zu differenzieren zwischen dem Hinzukaufen externen Wissens und der Externalisierung der Verhandlungsführung.[417] Aufgabe eines Sachverständigen im Sinne von § 80 Abs. 3 BetrVG ist es ausschließlich, die fehlende Sachkunde des Betriebsrats zu ersetzen. Es geht darum, dem Betriebsrat Kenntnisse zu vermitteln, die ihn in die Lage versetzen, die Verhandlungen mit dem Arbeitgeber (selbst) zu führen.[418]

171 Die Vereinbarung, die der Betriebsrat mit dem Arbeitgeber vor der Beauftragung eines Sachverständigen treffen muss, bezieht sich auf die Modalitäten seiner Beauftragung, dh der Person, des Honorars, des Zeitpunkts und des Aufgabenkreises.[419] Hält der Arbeitgeber die **Einschaltung eines Sachverständigen** nicht für **erforderlich** und verweigert deshalb die Einigung über die Modalitäten seiner Beauftragung, so muss der Betriebsrat den Arbeitgeber zunächst vor den Arbeitsgerichten verklagen bzw. in Eilfällen eine entsprechende einstweilige Verfügung erwirken.[420] Die Notwendigkeit, vor Einschaltung eines Sachverständigen zunächst eine Einigung mit dem Arbeitgeber herbeiführen bzw. im Verweigerungsfalle eine gerichtliche Entscheidung erwirken zu müssen, wird von den Betriebsräten in der Praxis vielfach aufgrund des damit verbundenen Zeitaufwandes beklagt. Dies war letztlich auch einer der Gründe, warum der Gesetzgeber sich veranlasst sah, zu-

---

[413] NZA 2017, 514 Rn. 11.
[414] Vgl. LAG Hamm 8.8.2008 – 10 TaBV 21/08, BeckRS 2008, 57191.
[415] Vgl. BAG 16.11.2005 – 7 ABR 12/05, NZA 2006, 553; LAG Hamm 22.2.2008 – 10 TaBVGa 3/08, BeckRS 2008, 53298.
[416] Vgl. BAG 26.2.1992 – 7 ABR 51/90, NZA 1993, 423; BAG 16.11.2005 – 7 ABR 12/05, NZA 2006, 553; LAG Hamm 22.2.2008 – 10 TaBVGa 3/08, BeckRS 2008, 53298.
[417] RdA 2017, 386.
[418] BAG 14.12.2016 – 7 ABR 8/15, NZA 2017, 514 Rn. 14 mwN.
[419] Vgl. BAG 19.4.1989 – 7 ABR 87/87, NZA 1989, 936; BAG 26.2.1992 – 7 ABR 51/90, NZA 1993, 86; vgl. hierzu insgesamt *Benecke* NZA 2018, 1361.
[420] Vgl. LAG Hamm 22.2.2008 – 10 TaBVGa 3/08, BeckRS 2008, 53298; *Fitting* BetrVG § 80 Rn. 94.

mindest für größere Unternehmen eine Sonderregelung zu schaffen, die dieses Verfahren vermeiden hilft.[421] Selbst wenn die Betriebsparteien sich über die Erforderlichkeit der Hinzuziehung eines Sachverständigen einig sind, kann die Zustimmung des Arbeitgebers daran scheitern, dass er die Honorarvorstellungen des Sachverständigen für nicht angemessen erachtet. Hier ist künftig bei der Frage der Erforderlichkeit der Kosten ebenfalls die Vorgabe des BAG in der Entscheidung vom 14.12.2016 zu beachten, wonach die Vereinbarung eines Stundenhonorars bei einem Rechtsanwalt grundsätzlich nicht erforderlich ist, sofern sie zu höheren als den gesetzlichen Gebühren führt.[422]

Möchte ein Betriebsrat neben oder anstelle eines Sachverständigen, der ihm bei den 172
Verhandlungen mit dem Unternehmen zur Seite steht und ihn primär rechtlich berät, einen **Sachverständigen für betriebswirtschaftliche oder technische Fragen** hinzuziehen, so ist die Erforderlichkeit der Beauftragung des Sachverständigen häufig hoch umstritten. Dies gilt erst Recht, wenn es um die Hinzuziehung eines Soziologen als Sachverständigen geht.[423] Die Unternehmer wollen vielfach verhindern, dass beispielsweise ein betriebswirtschaftlicher Sachverständiger zur Analyse des Geschäftsberichts, der Bilanzen oder beispielsweise einer Empfehlung eines Unternehmensberaters eingesetzt wird. Dies wird allerdings dann nicht gelingen, wenn aufgrund der Schwierigkeit der Materie ein Sachverständiger eingeschaltet werden muss, um dem Betriebsrat die fehlenden fachlichen Kenntnisse zu vermitteln, so dass er seine Aufgaben sachgerecht erfüllen kann.[424]

Beispiel C 36:

Die A-GmbH, die sich mit Gentechnologie beschäftigt, will ihre Produktion erweitern und lässt ein Gutachten erstellen, in dem die Rahmenbedingungen für die Genehmigungsfähigkeit der geplanten Produktionsanlagen an dem bisherigen Betriebssitz in Köln mit denjenigen in den Niederlanden verglichen wird. Das detaillierte und 150 Seiten starke Gutachten einer international tätigen Anwaltskanzlei kommt zu dem Ergebnis, dass das Genehmigungsverfahren in den Niederlanden mit mehr Erfolgsaussichten und zügiger betrieben werden kann. Die Muttergesellschaft der A-GmbH entscheidet nach Vorlage einer Zusammenfassung der Ergebnisse in englischer Sprache, den Betrieb in die Niederlande zu verlagern. Ein maßgeblicher Grund hierfür ist allerdings nicht das Gutachten, sondern die Annahme, dass dort die Rahmenbedingungen für Investitionen (einschließlich der arbeitsrechtlichen Regelungen) insgesamt unternehmerfreundlicher sind. In den Verhandlungen mit dem Betriebsrat über die Betriebsverlagerung ins Ausland legt der Geschäftsführer der A-GmbH das Rechtsgutachten vor. Der Betriebsrat möchte einen auf derartige Genehmigungsverfahren spezialisierten Rechtsanwalt als Sachverständigen beauftragen.

Je verständlicher und besser aufbereitet die dem Betriebsrat im Rahmen der Informationsphase zur Verfügung gestellten Unterlagen sind, desto geringer ist die Gefahr, dass sich die Beiziehung eines Sachverständigen als erforderlich erweist. Hat ein Unternehmensberater eine für den Betriebsrat nicht nachvollziehbare Analyse angefertigt, so ist die Hinzuziehung eines Sachverständigen dann erforderlich, wenn der Unternehmer seine geplante Betriebsänderung auf diese Analyse stützt. Liegen der Planung jedoch einfache strategische und unternehmerische Überlegungen zugrunde und hat das Gutachten des Unternehmensberaters hierfür bestenfalls einen Anstoß gegeben, so ist dessen Verständnis für die Beurteilung der arbeitgeberseits geplanten Betriebsänderung nicht zwingend als erforderlich anzusehen.

[421] So ist in der Gesetzesbegründung zum Betriebsverfassungsrechts-Reformgesetz ausdrücklich von dem „zeitaufwendigen Verfahren bei der Hinzuziehung von Sachverständigen nach § 80 Abs. 3 BetrVG" die Rede, vgl. BT-Drs. 14/1541, 52; vgl. hierzu auch *Lingemann* NZA 2002, 934 (938).

[422] Vgl hierzu ausführlich unten hierzu → Rn. 174.

[423] Vgl. hierzu ebenfalls kritisch *Hadyk* ArbRAktuell 2018, 497.

[424] Vgl. BAG 26.2.1992 – 7 ABR 51/90, NZA 1993, 86.

Demnach hat ein Unternehmer es durch die Darstellung seiner Planung und Motive zumindest partiell selbst in der Hand, ob er dem Betriebsrat zur Erläuterung und Überprüfung der geplanten Maßnahme die Einschaltung eines betriebswirtschaftlichen oder sonstigen Sachverständigen bewilligen muss. In obigem **Beispiel C 36** wäre es ein verhandlungstaktischer Fehler, wenn der Geschäftsführer der A-GmbH die geplante Betriebsverlagerung ins Ausland mit den genehmigungsrechtlichen Rahmenbedingungen begründen würde. Dies würde es erforderlich machen, dass der Betriebsrat seinerseits einen Sachverständigen beauftragt, um die Aussagen des offenkundig hoch komplexen Gutachtens zu überprüfen und verständlich zu machen. Würde die Verlagerungsentscheidung jedoch darauf gestützt, dass die Muttergesellschaft aus strategischen Gründen den Betrieb aus Deutschland heraus in die Niederlande verlegen muss, so wird die Bedeutung des Gutachtens für die geplante Maßnahme reduziert und eine Beauftragung eines Sachverständigen durch den Betriebsrat wäre nicht mehr erforderlich.

173 **(b) Berater gemäß § 111 S. 2 BetrVG.** Vor dem Hintergrund der Erkenntnis, dass es bei Unternehmensumstrukturierungen häufig um hochkomplizierte Fragestellungen geht, hat der Gesetzgeber es für geboten erachtet, dem Betriebsrat einen vereinfachten Zugriff auf externen Sachverstand zu eröffnen. Nur so kann nach Auffassung des Gesetzgebers sichergestellt werden, dass der Betriebsrat in die Lage versetzt wird, *„die Auswirkungen einer geplanten Betriebsänderung rasch zu erfassen und in kurzer Zeit mit Hilfe eines externen Sachverstands fundierte Alternativvorschläge vor allem für eine Beschäftigungssicherung so rechtzeitig zu erarbeiten, dass er auf die Entscheidung des Arbeitgebers noch Einfluss nehmen kann."*[425] Obwohl diese Begründung für alle von Betriebsänderungen betroffenen Unternehmen gleichermaßen Gültigkeit hat, wurde die Möglichkeit der erleichterten Hinzuziehung eines Beraters auf Unternehmen mit mehr als 300 Arbeitnehmern beschränkt.

Weder der neu in das BetrVG eingefügte Begriff des Beraters, der nicht erläutert wird und dessen Inhalt diffus bleibt,[426] noch die Differenzierung nach großen und kleineren Unternehmen in § 111 S. 2 BetrVG vermögen zu überzeugen. So ist nicht verständlich, warum nicht, wie sonst, auf die Zahl der in der Regel beschäftigten wahlberechtigten Arbeitnehmer abgestellt wird.[427] Hier wird allgemein von einem Redaktionsversehen ausgegangen. Auch ist die Frage der Relevanzschwelle im Gemeinschaftsbetrieb, wie so oft, nicht geklärt.[428] Nachvollziehbarer wäre es gewesen, unter Bezugnahme auf § 80 Abs. 3 BetrVG die Einschaltung von Sachverständigen zu gestatten und diese wiederum von der Art der geplanten Betriebsänderung bzw. deren Komplexität abhängig zu machen.[429] Des Weiteren lässt der Gesetzgeber die Betriebspartner im Ungewissen darüber, in welcher Weise die Kostenübernahme für die Berater erfolgen soll;

So ist *erstens* jedenfalls nach dem Wortlaut unklar, ob entsprechend der sonst üblichen Grundsätze nur Beraterkosten erstattet werden, die als erforderlich oder notwendig anzusehen sind,[430] oder ob die Erforderlichkeit der Einschaltung eines Beraters im Zusammenhang mit einer geplanten Betriebsänderung in Unternehmen mit mehr als 300 Arbeitneh-

---

[425] BT-Drs. 14/5741, 52.

[426] Vgl. hierzu insbesondere *Oetker* NZA 2002, 465 (467).

[427] Vgl. *Bauer* NZA 2001, 375 (376) und *Lingemann* NZA 2002, 934 (938), so auch HWK/*Hohenstatt/Willemsen* BetrVG § 111 Rn. 67; *Fitting* BetrVG § 111 Rn. 118.

[428] Vgl. *Annuß* NZA 2001, 367 (369); *Lingemann* NZA 2002, 934 (938); *Oetker* NZA 2002, 465 (466); *Fitting* BetrVG § 111 Rn. 118.

[429] Kritisch bezüglich des neuen Begriffs des Beraters und dessen Bedeutung auch *Bauer* NZA 2001, 375 (376); *Leßmann/Liersch* DStR 2001, 1302 (1307). Es wird hierbei insbesondere beklagt, dass unklar bleibt, ob hierunter nur Angehörige anerkannter Beratungsberufe, wie zB Rechtsanwälte, Steuerberater und Wirtschaftsprüfer, oder auch sonstige Berater fallen.

[430] Diese Auffassung vertreten HWK/*Hohenstatt/Willemsen* BetrVG § 111 Rn. 70; *Annuß* in Richardi BetrVG § 111 Rn. 53; *Leßmann/Liersch* DStR 2001, 1302 (1307); *Natzel* NZA 2001, 872; *Oetker* NZA 2002, 465 (469) mwN; etwas modifiziert, im Ergebnis jedoch ähnlich *Hanau* NJW 2001, 2513 (2517) und wohl auch *Jaeger/Steinbrück* NZA 2013, 401.

mern generell unterstellt werden kann.[431] Das LAG Hamm konnte diese Frage in einer Entscheidung vom 26.8.2005 zwar dahinstehen lassen, hat jedoch klar eine Präferenz für die Notwendigkeit zu erkennen gegeben, auf das Kriterium der Notwendigkeit und Erforderlichkeit der Beratungskosten nicht verzichten zu wollen.[432] Der BGH hat in einer Entscheidung, in der es um die Haftung des Betriebsrats für Beraterhonorare ging, die Notwendigkeit der Erforderlichkeit allerdings klar bejaht.[433] Damit schließt sich der BGH der wohl überwiegenden Auffassung an, wobei die Erforderlichkeit sowohl in Bezug auf die Beratung selbst als auch die Höhe des vereinbarten Honorars zu prüfen ist. Allerdings stellt der BGH klar, dass die Grenze der Erforderlichkeit im Interesse der Funktions- und Handlungsfähigkeit des Betriebsrats nicht zu eng zu ziehen ist.[434] Hier wäre es eine angemessene Erleichterung für die mit dem Haftungsrisiko gegenüber dem Berater belasteten Betriebsräte, bei nachgewiesenem Vorliegen einer Betriebsänderung die Erforderlichkeit zu vermuten. Der Arbeitgeber mag dann ggf. darlegen, warum die Beratung ausnahmsweise nicht erforderlich war. Hierbei ist zu berücksichtigen, dass der Betriebsrat nach der derzeitigen Rechtslage keine Möglichkeit hat, sich bei Einschaltung eines Beraters nach § 111 S. 2 BetrVG gegenüber dem Arbeitgeber gegen die Folgen einer Fehleinschätzung abzusichern. Dies kann er insbesondere nicht im Wege eines einstweiligen Verfügungsverfahrens.[435]

Zweitens muss geklärt werden, in welcher Höhe Beraterkosten erstattet werden müssen. Ausgehend von einem Geschäftsbesorgungsverhältnis ist im Zweifel gemäß § 612 Abs. 2 BGB die übliche Vergütung geschuldet. Bei der Einschaltung eines Rechtsanwalts kann grundsätzlich unterstellt werden, dass eine Abrechnung auf der Basis des RVG angemessen und erforderlich ist. Hier besteht die Schwierigkeit allerdings darin, dass Rechtsanwälte in der Praxis aufgrund der Unwägbarkeiten hinsichtlich des Streitwerts und aufgrund des Umstandes, dass der Verfahrensgegenstand und damit der Streitwert zu Beginn der Mandatierung vielfach nicht im Ansatz bekannt sind, den Abschluss einer Honorarvereinbarung auf Stundenbasis verlangen. Dies allerdings ist ein risikoreiches Unterfangen, sollte es zu einem höheren Honorar als nach den gesetzlichen Gebühren geschuldet führen. Das BAG hat in der Entscheidung vom 14.12.2016 klargestellt, dass der Betriebsrat die Vereinbarung eines Stundenhonorars, das zu höheren als den gesetzlichen Gebühren führt, grundsätzlich nicht für erforderlich halten darf. Die Ausnahmefälle sind zwar durchaus beachtlich, aber es bleibt für den Betriebsrat, der das Mandat erteilt, das Risiko einer Fehleinschätzung.[436] Dieses Risiko kann der Betriebsrat an der Stelle aber, folgt er dem Vorschlag von *Pletke,* dadurch abfedern, dass er in die Vereinbarung mit dem beratenden Anwalt einen Haftungsausschluss aufnehmen lässt[437] bzw. den Anwalt bezüglich der Prüfung der Erforderlichkeit seiner Kosten in die Pflicht nimmt.

Noch schwieriger wird es mit der Bestimmung des erforderlichen Honorars bei anderen Beratern. Hier wird man auf marktübliche Stundensätze abstellen müssen, einen anderen Anhaltspunkt gibt es nicht. Da eine vorherige Abstimmung mit dem Arbeitgeber nicht zwingend geboten ist, gibt es in der Praxis hier umfangreiches Streitpotential.[438]

---

[431] So *Däubler* AuR 2001, 285 (286); DKW/*Däubler* BetrVG § 111 Rn. 177; im Grundsatz ähnlich *Löwisch* BB 2001, 1790 (1798), der allerdings bei mutwilliger Hinzuziehung eines Beraters einen Verstoß gegen den Grundsatz der vertrauensvollen Zusammenarbeit sieht und dem Arbeitgeber ein Vorgehen gemäß § 23 Abs. 1 BetrVG anheimstellt. Vgl. auch *Fitting* BetrVG § 111 Rn. 123, eine Prüfpflicht des Betriebsrats annimmt.

[432] 10 TaBV 152/04, ZIP 2005, 2269 (2270).

[433] 25.10.2012 – III ZR 266/11, NZA 2012, 1382.

[434] aaO erster Leitsatz und Rn. 25, 29.

[435] Vgl. hierzu ausführlich *Mückl/Polzer* DB 2018, 2177; vgl. zu dem Themenkomplex auch *Benecke* NZA 2018, 1361.

[436] aaO 4. Leitsatz und Rn. 30f.; ausführlich hierzu → Rn. 174.

[437] ArbRAktuell 2018, 518 (520).

[438] Vgl. zu den möglichen Sichtweisen GK/*Oetker* BetrVG § 111 Rn. 230; *Leßmann/Liersch* DStR 2001, 1302 (1307); *Löwisch* BB 2001, 1790 (1798); *Lingemann* NZA 2002, 934 (939); *Däubler* AuR 2001, 285 (286); *Jaeger/Steinbrück* NZA 2013, 401.

Drittens kann Streit über die Frage entstehen, ob § 111 S. 2 BetrVG nur die Einschaltung eines oder auch mehrerer Berater gestattet. Für letzteres könnte der Umstand sprechen, dass umfangreiche Umstrukturierungen sehr facettenreich sein können und neben rechtlichen z. Bsp. auch betriebswirtschaftliche oder technische Fragestellungen aufwerfen, zu deren Beantwortung oder auch nur Verständnis der Betriebsrat unterschiedliche Spezialisten benötigt.[439] Dieser Sichtweise hat sich ungeachtet des Wortlauts das LAG Hamm angeschlossen.[440] Geht man richtigerweise davon aus, dass auch die Einbindung mehrerer Berater nur erfolgen kann, wenn sie notwendig und erforderlich ist, gibt es keine gute Möglichkeit, Missbrauch vorzubeugen.

Beispiel C 37:

Das Unternehmen easyflug betreibt an den Berliner Flughäfen Tegel und Schönefeld für zahlreiche Airlines die Abfertigungsdienste. 2 Jahre vor dem geplanten Umzug in den neuen Flughafen BBI richtet easyflug Arbeitsgruppen ein und fordert den Betriebsrat auf, Vertreter zu entsenden, um ihn bereits frühzeitig in die Umzugsplanung einzubinden. Der Betriebsrat lehnt dies ab, verlangt die Aufnahme von Interessenausgleichs- und Sozialplanverhandlungen und will auf Basis von § 111 S. 2 BetrVG einen Rechtsberater hinzuziehen.

In dem **Beispiel C 37** geht es nicht nur um die Frage der Erforderlichkeit der Hinzuziehung eines Rechtsberaters, die man in einem derart frühen (Vor-)Planungsstadium sicherlich wird stellen müssen. Es wird auch zu prüfen sein, ob überhaupt schon Beteiligungsrechte nach § 111 BetrVG bestehen. Zwar ist aufgrund äußerer Gegebenheiten klar, dass es voraussichtlich in 2 Jahren zu einer Betriebsverlagerung kommen wird. Es ist jedoch unklar, wie dies geschehen soll, da die erforderlichen Planungen noch gar nicht durchgeführt sind, so dass § 111 S. 2 BetrVG als Rechtsgrundlage für die Beauftragung des Sachverständigen ausscheiden muss. Handelt es sich nur um interne Vorplanungen in Arbeitsgruppen auf technischer Ebene, erscheint die Hinzuziehung eines Rechtsberaters nach § 80 Abs. 3 BetrVG ebenfalls nicht erforderlich. Der Betriebsrat kann, wenn überhaupt, auf interne Ressourcen verwiesen werden.

174 **(c) Rechtsanwalt zur Verhandlungsführung.** Wie ausgeführt, besteht die Möglichkeit, dass der Betriebsrat zur Unterstützung bei der Verhandlungsführung einen Rechtsanwalt hinzuzieht. Im Vorfeld ist eine zweistufige Prüfung anzustellen: Auf der ersten Stufe ist zu prüfen, ob die Hinzuziehung des Anwalts selbst erforderlich ist. Auf der zweiten Stufe ist über die Erforderlichkeit der hierdurch entstehenden Kosten zu entscheiden.[441] Maßstab ist jeweils § 40 Abs. 1 BetrVG.

Bei der Prüfung auf der ersten Stufe ist nach den Leitlinien des BAG zu berücksichtigen, dass Betriebsänderungen vielfach schwierige Rechtsfragen und Regelungsgegenstände aufwerfen. Gibt es kein Betriebsratsmitglied, das über den notwendigen juristischen Sachverstand verfügt, wird man die Unterstützung für erforderlich erachten können. Eine Indizwirkung für die Erforderlichkeit kann auch daran gesehen werden, wenn der Arbeitgeber sich seinerseits durch einen Rechtsanwalt oder eine andere fachkundige Person vertreten lässt.[442] Die Prüfung auf der zweiten Stufe ist komplexer und anspruchsvoller. Hier geht die Vorgabe des BAG dahin, dass der Arbeitgeber nur solche Honorarkosten nach § 40 Abs. 1 BetrVG übernehmen muss, die der Betriebsrat für erforderlich halten durfte. Der Betriebsrat hat eine Interessenabwägung anzustellen und muss bei mehreren

[439] Vgl. zu dieser Diskussion *Bauer* NZA 2001, 375 (376); *Däubler* AuR 2001, 285 (286); *Lingemann* NZA 2002, 934 (939).

[440] Vgl. 26.8.2005 – 10 TaBV 152/04, ZIP 2005, 2269; aA HWK/*Hohenstatt/Willemsen* BetrVG § 111 Rn. 70; *Rose/Grimmer* DB 2003, 1790 (1791).

[441] Vgl. BAG 14.12.2016 – 7 ABR 8/15, NZA 2017, 514; *Franzen* RdA 2017, 386; *Melot de Beauregard* DB 2017, 1332; *Pletke* ArbRAktuell 2018, 518; *Schindele* ArbRAktuell 2018, 23.

[442] BAG 14.12.2016, aaO Rn. 26; *Pletke* ArbRAktuell 2018, 518; *Franzen* RdA 2017, 386 (387).

gleich geeigneten Möglichkeiten die kostengünstigere Variante wählen. Stundenhonorar, die zu höheren als den gesetzlichen Gebühren führen, darf der Betriebsrat grundsätzlich nicht für erforderlich halten. Es gibt von diesem Grundsatz folgende Ausnahmen:

- Der Arbeitgeber ist explizit mit der Honorarvereinbarung einverstanden.
- Der Arbeitgeber hat in vergleichbaren Fällen in der Vergangenheit entsprechende Honorarvereinbarungen stets akzeptiert.
- Es findet sich aufgrund der Spezialität der Materie kein geeigneter und fachkundiger Anwalt, der günstigere Konditionen akzeptiert.

Liegt keine Ausnahme vor, besteht die Hauptschwierigkeit darin, die Höhe des gesetzlichen Honoraranspruchs festzulegen. Mit welchen Unwägbarkeiten das verbunden ist, zeigt anschaulich die Entscheidung des LAG Niedersachsen,[443] das nach Zurückverweisung durch das BAG zu prüfen hatte, welcher Honoraranspruch sich bei Zugrundelegung der gesetzlichen Gebührenordnung ergibt. Es ist weder dem Betriebsrat noch dem beratenden Anwalt zu Beginn einer Beratung über eine komplexe Betriebsänderung auch nur im Ansatz möglich, eine Abschätzung hinsichtlich des möglichen Honorarvolumens zu machen. Dies zum einen deshalb, weil der Sachverhalt meist offen ist und sich ggf. auch fortwährend verändert. Zum anderen sind aber auch die Regeln der Bemessung des Streitwerts alles andere als unumstritten, so dass hier ein extrem weiteres Feld für Auseinandersetzungen besteht. Genau dieser Umstand ist der Grund, warum in der Praxis Anwälte derartige Beratungsmandate über Zeithonorar abrechnen, um eine dem Aufwand und der Haftung angemessene Vergütung zu erhalten und nicht in eine langwierige rechtliche Auseinandersetzung über die Streitwertbemessung hineingezogen zu werden. Dies geschieht, obwohl eine Abrechnung über gesetzliche Gebühren insbesondere bei großen Restrukturierungen sicherlich zuweilen deutlich attraktiver wäre.[444]

Für die Praxis erscheint es sowohl aus Sicht der eingeschalteten Berater als auch aus Sicht der Betriebsräte, denen auch an langwierigen Rechtsstreitigkeiten nicht gelegen sein dürfte, sinnvoll, bei Einschaltung eines Beraters nach Möglichkeit eine Abstimmung mit dem Arbeitgeber vorzunehmen, wobei diese sich insbesondere auf die Kosten erstrecken sollte. Damit aber ist der vom Gesetzgeber mit der Einführung des § 111 S. 2 BetrVG erhoffte Vereinfachungs- und Beschleunigungseffekt wieder hinfällig. Dies gilt umso mehr, als ein nach § 111 S. 2 BetrVG hinzugezogener Berater nur im Rahmen des Interessenausgleichsverfahrens, dessen Gegenstand die Betriebsänderung ist, und nicht im Rahmen der Sozialplanverhandlungen für den Betriebsrat tätig werden kann.[445]

Die Rat gilt umso mehr nach der Entscheidung des BGH vom 25.10.2012, in der festgestellt wurde, dass Betriebsratsmitglieder, die ein Beratungsunternehmen auf der Basis des § 111 S. 2 BetrVG beauftragen, ohne dass dies erforderlich wäre, entsprechend § 179 BGB haften.[446]

Aber auch aus Sicht des Arbeitgebers ist es nicht ratsam, dem Betriebsrat eine kompetente und effiziente Beratungsleistung vorzuenthalten. Das gilt nicht für die Unterstützung bei konkreten rechtlichen Fragestellungen, sondern auch für die Verhandlungsführung insgesamt, da es jedenfalls nicht der Beschleunigung dient, wenn der Betriebsrat sich außerhalb der Verhandlungen fortwährend Unterstützung holen muss und in den Verhandlungen selbst damit häufig nicht reaktions- und entscheidungsfähig ist.

[443] 25.7.2017 – 11 TaBV 34/17, BeckRS 2017, 133959.

[444] Vgl. *Pletke* ArbRAktuell 2018, 518 (520).

[445] Vgl. *Oetker* NZA 2002, 465 (469); *Rose/Grimmer* DB 2003, 1790 (1794); LAG München 24.6.2010 – 2 TaBV 121/09, juris; ist einmal die Einigungsstelle angerufen, kann der Berater nicht mehr nach § 111 S. 2 BetrVG, sondern nur noch nach Vereinbarung mit dem Arbeitgeber (§ 80 Abs. 3 BetrVG) hinzugezogen werden.

[446] III ZR 266/11, NZA 2012, 1382; vgl. ausführlich zu dieser Entscheidung und den Haftungsrisiken der Betriebsräte *Bergmann* NZA 2013, 57; *Jaeger/Steinbrück* NZA 2013, 401; Anm. *Weller* GWR 2013, 31; Anm. *Hoppe* ArbRAktuell 2012, 619.

175 **(d) Auskunftsperson gemäß § 80 Abs. 2 S. 3 BetrVG.** Der Vollständigkeit halber sei schließlich noch auf die Möglichkeit der Beiziehung einer Auskunftsperson gemäß § 80 Abs. 2 S. 3 BetrVG verwiesen. Auch wenn dies im Rahmen der Interessenausgleichs- und Sozialplanverhandlungen selbst keine allzu große Rolle mehr spielen wird, so ist doch damit zu rechnen, dass der Betriebsrat insbesondere im Vorfeld einer Betriebsänderung, namentlich in der Unterrichtungs- und Beratungsphase das nunmehr in § 80 Abs. 2 S. 3 BetrVG verankerte Recht, auch internen Sachverstand zu nutzen, für sich fruchtbar machen wird. Dadurch eröffnet sich dem Betriebsrat eine weitere Informationsquelle. Der Arbeitgeber kann hier allerdings steuernd eingreifen, da er Gegenstand und Umfang der Befragung steuern kann, auch wenn er nicht an der Befragung teilnehmen darf.[447] Der Nutzwert von Auskunftspersonen erscheint jedoch, bezieht man die bisherigen praktischen Erfahrungen mit dieser Norm in die Betrachtung mit ein, durchaus begrenzt.[448] Für den Arbeitgeber ist wichtig zu wissen, dass diese Norm bzw. das Recht des Betriebsrats, eine Auskunftsperson hinzuzuziehen, ihn nicht von der Verpflichtung enthebt, den Betriebsrat vorab umfassend und rechtzeitig über die geplanten Maßnahmen zu unterrichten.

176 **(3) Ergebnis der freien Verhandlungen.** Was das Ergebnis der freien Verhandlungen anbelangt, so sind die unterschiedlichsten Konstellationen denkbar:

Schaubild C 5:

Variante 1:	Interessenausgleich und Sozialplan (+)	Ende des Verfahrens; Durchführung der Betriebsänderung
Variante 2:	Interessenausgleich (–), Sozialplan (+)	Sozialplan enthält inzident den Interessenausgleich; Ende des Verfahrens; Durchführung der Betriebsänderung
Variante 3:	Interessenausgleich (+), Sozialplan (–)	a) Anrufung der Einigungsstelle wg. Sozialplan; Durchführung der Betriebsänderung b) Durchführung der Betriebsänderung
Variante 4:	Interessenausgleich und Sozialplan (–)	a) Anrufung der Einigungsstelle wg. Interessenausgleich und Sozialplan b) Anrufung der Einigungsstelle wg. Interessenausgleich, Einstellung der Verhandlungen über den Sozialplan c) Anrufung der Einigungsstelle wg. Interessenausgleich, Fortführung der freien Verhandlungen wg. Sozialplan

Anmerkung: Beiden Parteien steht es frei, die Einigungsstelle anzurufen. Sie haben jedoch auch die Möglichkeit, vor Anrufung der Einigungsstelle den Vorstand der Bundesagentur für Arbeit um Vermittlung zu ersuchen.

Das Schaubild zeigt, dass die möglichen Ergebnisse nach der Durchführung bzw. dem Scheitern freier Verhandlungen vielfältig sind. Nicht alle der dargestellten denkbaren Varianten kommen allerdings in der Praxis häufig vor. So wird es zu der in **Variante 2** beschriebenen Konstellation regelmäßig nur dann kommen, wenn den Betriebspartnern nicht bekannt ist, dass sie nicht nur den Sozialplan, sondern auch den Interessenausgleich schriftlich niederlegen und unterschreiben müssen. Besteht nun aber Einigkeit über den Inhalt des Sozialplanes, so besteht regelmäßig auch Einigkeit darüber, dass der Unternehmer die geplante Betriebsänderung in der vorgesehenen Form durchführen kann. Daher geht das BAG in derartigen Fällen auch davon aus, dass ein Interessenausgleich herbeigeführt wurde.[449] **Variante 3a)** wird in der Praxis ebenfalls eher selten vorkommen, da ein

[447] Vgl. BAG 20.1.2015 – 1 ABR 25/13, NZA 2015, 696.

[448] *Vgl. Oetker* NZA 2003, 1233 (1239); *Jaeger/Steinbrück* NZA 2013, 401 gehen davon aus, dass in der Informationsphase eine Priorität auf einer betriebsinternen Beratung liegt.

[449] Vgl. BAG 20.4.1994 – 10 AZR 186/93, NZA 1995, 89, vgl. hierzu auch unter → Rn. 162.

taktisch kluger Betriebsrat idR keinen Interessenausgleich unterzeichnen und damit dem Unternehmer die Möglichkeit zur Durchführung der Betriebsänderung eröffnen wird, bevor nicht der Sozialplan vereinbart ist. Eine Ausnahme ist denkbar, wenn der Betriebsrat durch die Unterzeichnung des Interessenausgleichs von dem Unternehmen weiteren Schaden abwenden will. **Variante 3b und 4b)** kommen in Betracht, wenn es sich zwar um eine Betriebsänderung iSd § 111 BetrVG handelt, aufgrund der Regelung des § 112a Abs. 1 und 2 BetrVG ein Sozialplan jedoch nicht erzwingbar ist. Erklärt der Unternehmer, zum freiwilligen Abschluss eines Sozialplans nicht bereit zu sein, so erübrigt sich die Anrufung der Einigungsstelle bezüglich des Sozialplans. Schließlich ist auch **Variante 4c)**, wonach zwar die Einigungsstelle wegen des Interessenausgleichs, nicht aber wegen des Sozialplans angerufen wird, nicht der Regelfall. Gleichwohl kann auch ein solches Vorgehen gerechtfertigt sein, wenn beispielsweise weit gehende Einigkeit über den Inhalt des Sozialplans, nicht aber über die Betriebsänderung erzielt wurde. Auch ist es denkbar, dass die Einigungsstelle von beiden Parteien einvernehmlich nur bezüglich des Interessensausgleichs angerufen wird, um zunächst eine streitige Rechtsfrage, beispielsweise die Zuständigkeit der Einigungsstelle, durch diese klären zu lassen.

bb) Vermittlung des Vorstands der Bundesagentur für Arbeit. Wie oben ausgeführt, 177
können beide Parteien im Falle des Scheiterns der freien Verhandlungen den Vorstand der Bundesagentur für Arbeit um Vermittlung ersuchen. Eine Verpflichtung zur Einleitung des Vermittlungsverfahrens besteht jedoch für keine Partei, das **Verfahren ist fakultativ.**[450]

Fraglich ist, ob das Vermittlungsverfahren vor dem Vorstand der Bundesagentur für Arbeit die Anrufung der Einigungsstelle durch eine Partei hindert. In der Literatur wird überwiegend vertreten, Unternehmer und Betriebsrat seien gemäß § 2 Abs. 1 BetrVG verpflichtet, an dem Vermittlungsverfahren vor dem Vorstand der Bundesagentur für Arbeit teilzunehmen, wenn die jeweils andere Partei diesen um Vermittlung gebeten hat.[451] Hierfür spricht auch § 121 InsO, der ausdrücklich regelt, dass beide Parteien einem Vermittlungsversuch des Vorstands der Bundesagentur für Arbeit zustimmen müssen.[452] Im Hinblick darauf, dass ein Einlassungszwang nicht besteht, soll nach Auffassung von *Richardi* allerdings keine Partei verpflichtet sein, sich auf einen Vermittlungsversuch einzulassen, wenn er diesen nicht für erfolgversprechend erachtet. Durch Anrufung der Einigungsstelle werde dokumentiert, dass der Vermittlungsversuch aus Sicht einer Partei ergebnislos verlaufen ist.[453] Diese Argumentation ist nicht unbestritten. Es wird auch die Auffassung vertreten, während eines Vermittlungsversuchs des Vorstands der Bundesagentur für Arbeit sei die Anrufung der Einigungsstelle ausgeschlossen.[454] Dem kann nicht gefolgt werden. Steht etwa aufgrund des bisherigen Verhandlungsverlaufs oder der stark divergierenden Positionen fest, dass eine Einigung nicht erzielt werden kann oder ist der Unternehmer unter starkem Zeitdruck und kann sich eine weitere Verzögerung nicht leisten, so ist es, da die Parteien Herr des Verfahrens sind, sein Recht, einen Vermittlungsversuch des Vorstands der Bundesagentur für Arbeit abzulehnen und sogleich die Einigungsstelle anzurufen. Alles andere würde die Parteien zu einem rein formalistischen Verfahren zwingen, dem von vornherein der Erfolg versagt wäre.[455]

Im Hinblick darauf, dass dieser Aspekt nach wie vor umstritten ist und höchstrichterliche Rechtsprechung hierzu noch nicht besteht, sollten Unternehmen in der Praxis gleichwohl vorsichtig agieren und sich nach Möglichkeit zunächst zumindest formal auf den

[450] Vgl. *Fitting* BetrVG §§ 112, 112a Rn. 29; GK/*Oetker* BetrVG §§ 112, 112a Rn. 294; *Annuß* in Richardi BetrVG § 112 Rn. 219.
[451] Vgl. *Fitting* BetrVG §§ 112, 112a Rn. 31 mwN.
[452] Vgl. → Rn. 192a ff.
[453] So *Annuß* in Richardi BetrVG § 112 Rn. 220; *Bovensiepen* RdA 1975, 288 (290).
[454] Vgl. GK/*Oetker* BetrVG §§ 112, 112a Rn. 295.
[455] So auch LAG Niedersachsen 30.1.2007 – 1 TaBV 106/06, BeckRS 2009, 59315; LAG Rheinland Pfalz 25.10.2010 – 10 TaBV 44/10, BeckRS 2011, 68008.

Vermittlungsversuch einlassen. Ist absehbar, dass dieser nicht zum Erfolg führen wird, kann der Versuch für gescheitert erklärt werden. Das Scheitern des Vermittlungsversuches kann eine der Parteien feststellen, hierzu bedarf es keines Einvernehmens zwischen den Betriebspartnern und dem Vorstand der Bundesagentur für Arbeit.[456] Dies ergibt sich schon daraus, dass es sich lediglich um ein freiwilliges Vermittlungsverfahren und nicht um eine Zwangsschlichtung handelt.

178 **cc) Anrufung der Einigungsstelle.** Kommt eine Einigung über den Interessenausgleich und/oder den Sozialplan nicht zustande, so können sowohl der Unternehmer als auch der Betriebsrat nach § 112 Abs. 2 S. 2 BetrVG die Einigungsstelle anrufen. Die Parteien haben die Wahl, ob sie die Einigungsstelle zum Zwecke der Herbeiführung der Einigung über einen Interessenausgleich und Sozialplan oder nur zur Herbeiführung einer Einigung über Interessenausgleich oder Sozialplan anrufen. Beides ist rechtlich zulässig.[457] Im Regelfall wird es allerdings sinnvoll sein, für das Interessenausgleichs- und Sozialplanverfahren eine Einigungsstelle zu etablieren. Dies gilt insbesondere dann, wenn der Betriebsrat die Herbeiführung des Interessenausgleichs – wie häufig der Fall – vom Abschluss eines Sozialplans abhängig macht.[458] In bestimmten Fallkonstellationen bedarf es der Anrufung der Einigungsstelle allerdings nur wegen des Interessenausgleichs oder des Sozialplans. Der folgenden Übersicht sind die verschiedenen denkbaren Fallkonstellationen zu entnehmen:

Schaubild C 6:

Fallkonstellation 1:	
Anrufung der Einigungsstelle wg. Interessenausgleich und Sozialplan	Regelfall

Fallkonstellation 2:	
Anrufung der Einigungsstelle nur wg. Interessenausgleich	**1. es besteht bereits ein verbindlicher (vorsorglicher) Sozialplan 2. die Parteien wollen nur das Vorliegen einer Betriebsänderung klären lassen 3. ein Sozialplan über ist nicht erzwingbar (§ 112a BetrVG).**

Fallkonstellation 3:	
Anrufung der Einigungsstelle nur wg. Sozialplan	1. der Interessenausgleich ist bereits hergestellt 2. die Betriebsänderung wurde ohne den Versuch eines Interessenausgleichs durchgeführt.

179 **(1) Verpflichtung zur Anrufung der Einigungsstelle.** Ob der Unternehmer verpflichtet ist, die Einigungsstelle anzurufen, will er vermeiden, dass er in Ermangelung eines ausreichenden Versuchs eines Interessenausgleichs von den nachteilig betroffenen Arbeitnehmern gemäß § 113 Abs. 3 BetrVG in Anspruch genommen wird, war lange Zeit umstritten Seit der Entscheidung des BAG vom 18.12.1984 ist jedoch klargestellt, dass ein Unternehmer, der Ansprüche auf Nachteilsausgleich vermeiden will, das für einen Versuch einer Einigung über einen Interessenausgleich vorgesehene Verfahren voll ausschöpfen

[456] *Annuß* in Richardi BetrVG § 112 Rn. 219 f.; GK/*Oetker* BetrVG §§ 112, 112a Rn. 294; *Fitting* BetrVG §§ 112, 112a Rn. 31; vgl. auch LAG Niedersachsen 30.1.2007 – 1 TaBV 106/06, BeckRS 2009, 59315; LAG Rheinland-Pfalz 25.10.2010 – 10 TaBV 44/10, BeckRS 2011, 68008.
[457] Vgl. so auch *Fitting* BetrVG §§ 112, 112a Rn. 34; *Annuß* in Richardi BetrVG § 112 Rn. 226.
[458] Vgl. *Annuß* in Richardi BetrVG § 112 Rn. 226.

muss. Dies kann, ist eine Einigung mit dem Betriebsrat nicht möglich und wird dieser nicht seinerseits initiativ, nach Auffassung des BAG nur in der Weise geschehen, dass der Unternehmer die Einigungsstelle anruft, um dort einen Interessenausgleich zu versuchen.[459]

Es ist nicht zu erwarten, dass das BAG von dieser Auffassung abweichen wird. Auch 180
wenn man Zweifel haben kann, ob die Argumentation des BAG stichhaltig ist, da § 112 Abs. 2 S. 2 BetrVG *zum einen* nur davon spricht, dass Unternehmer oder Betriebsrat die Einigungsstelle anrufen können und *zum anderen* § 113 Abs. 3 BetrVG keine klaren Anforderungen an den „Versuch eines Interessenausgleichs" stellt, sind die Unternehmen in der Praxis daher gut beraten, vor Durchführung der Betriebsänderung ein Einigungsstellenverfahren durchzuführen. Lediglich in besonders gelagerten Ausnahmefällen, namentlich dann, wenn der Betriebsrat sich kategorisch weigert, in Verhandlungen einzutreten bzw. sich faktisch aufgelöst hat, mag man das Risiko eingehen, auf die Anrufung der Einigungsstelle zu verzichten.[460] Selbst dann, wenn der Betriebsrat erklärt, auf ein Einigungsstellenverfahren verzichten zu wollen bzw. gegen die Maßnahme keine Einwände zu haben, sollte man im Hinblick auf das Schriftformerfordernis durchsetzen, dass ein kurzer Interessenausgleich formuliert wird.[461] Hierbei genügt die Feststellung, dass beide Parteien die Betriebsänderung diskutiert haben und keine Einigungsmöglichkeit sehen.

Hierbei mag es ein Trost sein, dass selbst dann, wenn das BAG von seiner Rechtsprechung abrücken und die Anrufung der Einigungsstelle durch den Unternehmer nicht mehr verlangen würde, eine erhebliche Verfahrensbeschleunigung nicht zu erwarten wäre.[462] Da nach § 112 Abs. 2 S. 2 BetrVG auch dem Betriebsrat ein Initiativrecht zukommt, würden Betriebsräte zukünftig ihrerseits die Einigungsstelle anrufen. Der Unternehmer wäre gehalten, die vom Betriebsrat vorgeschlagene Besetzung der Einigungsstelle zu akzeptieren, ist ihm an einer schnellen Durchführung des Verfahrens gelegen. Angesichts dieser Situation ist es von besonderer Bedeutung, dass ein Unternehmen, das eine Betriebsänderung plant, gut vorbereitet in die Verhandlungen geht. Kristallisiert sich heraus, dass dem Betriebsrat an einer Verzögerung gelegen ist, so sollte erwogen werden, zügig die Einigungsstelle anzurufen, um das Verfahren zu beschleunigen. Gerade die Erfahrungen aus der Zeit der Geltung der Fristenregelung des § 113 Abs. 3 S. 2 und 3 BetrVG haben gezeigt, dass Verhandlungen über eine Betriebsänderung auch innerhalb eines knapp bemessenen Zeitraums erfolgreich geführt werden können.

(2) Formale Anforderungen an die Anrufung der Einigungsstelle. Die Anrufung der 181
Einigungsstelle erfolgt in der Weise, dass eine Partei die Verhandlungen gegenüber der anderen Partei für gescheitert erklärt und – sollte nicht bereits eine ständige Einigungsstelle gemäß § 76 Abs. 1 S. 2 BetrVG etabliert sein – einen konkreten Vorschlag über die Errichtung einer Einigungsstelle unterbreitet.[463] Dies bedeutet, dass sowohl die Person des Einigungsstellenvorsitzenden als auch die Anzahl der Beisitzer für jede Seite bezeichnet werden müssen. Zudem muss der Antrag erkennen lassen, über welchen Sachverhalt eine Entscheidung der Einigungsstelle gewünscht wird.[464] Dies bedeutet konkret, dass klargestellt sein muss, ob die Einigungsstelle wegen Meinungsverschiedenheiten über den Inhalt eines Interessenausgleichs und Sozialplans angerufen wird oder nur zur Regelung eines der Aspekte.

---

[459] Vgl. BAG 18.12.1984 – 1 AZR 176/82, NZA 1985, 400.

[460] Vgl. hierzu *Kania/Joppich* NZA 2005, 749 (750); vgl. zum Schriftformerfordernis unten → Rn. 200 mwN.

[461] Vgl. hierzu BAG 26.10.2004 – 1 AZR 493/03, NZA 2005, 237.

[462] Dieser Hinweis findet sich richtigerweise bereits in der Entscheidung des BAG vom 18.12.1984 – 1 AZR 176/82, NZA 1985, 400.

[463] *Annuß* in Richardi BetrVG § 112 Rn. 230; *Spengler/Herbert* in Spengler/Hahn/Pfeiffer § 2 Rn. 15 ff.

[464] Vgl. *Fitting* BetrVG § 76 Rn. 12, 28 f.; *Spengler/Herbert* aaO § 3 Rn. 2 ff.

Gemäß § 76 Abs. 5 S. 1 BetrVG wird die Einigungsstelle auf Antrag einer Partei nur tätig, wenn der Spruch der Einigungsstelle die Einigung zwischen Arbeitgeber und Betriebsrat ersetzt.[465] Ist dies nicht der Fall, so bedarf es gemäß § 76 Abs. 6 BetrVG eines Antrags beider Parteien, um ein Einigungsstellenverfahren ins Leben zu rufen. Zwar sind nach der Konzeption des Gesetzgebers nur Sozialpläne erzwingbar. Ein Interessenausgleich kann durch den Spruch einer Einigungsstelle nicht hergestellt werden. Da § 112 Abs. 2 S. 2 BetrVG eine Spezialregelung enthält, kann die Einigungsstelle jedoch auch bezüglich eines Interessenausgleichs von nur einer Partei angerufen werden. Zu beachten ist, dass aufgrund der skizzierten Regelung des § 76 Abs. 6 BetrVG in den in § 112a BetrVG genannten Fällen gegen den Willen des Unternehmers ein Einigungsstellenverfahren bezüglich der Ausgestaltung des Sozialplans nicht durchgeführt werden kann.

182 **(3) Besetzung der Einigungsstelle.** Die Besetzung der Einigungsstelle ist in § 76 Abs. 2 BetrVG geregelt. Danach besteht die Einigungsstelle aus einem Vorsitzenden, auf dessen Person sich beide Parteien einigen müssen, sowie der jeweils gleichen Anzahl von Beisitzern, die von Betriebsrat und Arbeitgeber bestellt werden.

In der Praxis hat es sich bewährt, als **Einigungsstellenvorsitzenden** einen Arbeitsrichter zu benennen. Es ist jedoch auch möglich, eine andere unparteiische Person für den Vorsitz vorzuschlagen.[466] Es gibt auch mehr und mehr Mediatoren, die derartige Aufgaben gerne und gut übernehmen, darunter eine Reihe erfahrender ehemaliger Arbeitsrichter. Neben der Neutralität ist bei der Auswahl des Einigungsstellenvorsitzenden von Bedeutung, dass er über die erforderliche Rechts- und Fachkenntnis verfügt und nach Möglichkeit Einigungsstellenpraxis mitbringt. Konkret bedeutet dies, dass er mit der zum Teil schwierigen betriebsverfassungsrechtlichen Materie vertraut sein und über verfahrensrechtliches und verhandlungstaktisches Geschick verfügen sollte.[467]

Es kommt immer wieder vor, dass eine Einigung über den Vorsitzenden nicht erzielt werden kann. Dies kann *erstens* seinen Grund darin haben, dass der Kandidat bekanntermaßen eine besondere Sympathie für Betriebsrats- oder Arbeitgeberpositionen mitbringt oder aufgrund seiner Person für die anstehende Aufgabe nicht geeignet erscheint (polarisierender Charakter, vorbelastet durch andere Verfahren, zeitlich zu stark beansprucht). *Zweitens* ist es denkbar, dass ein Unternehmen die Durchführung eines Einigungsstellenverfahrens deshalb ablehnt, weil nach seiner Auffassung die Voraussetzungen für eine Betriebsänderung iSd § 111 BetrVG nicht vorliegen und Beteiligungsrechte des Betriebsrates nicht bestehen. *Drittens* steht die Ablehnung eines von einer Partei vorgeschlagenen Einigungsstellenvorsitzenden aber auch vielfach nur damit im Zusammenhang, dass das Verfahren verzögert werden soll. Die bloße Ablehnung eines bestellten Vorsitzenden ohne Mitteilung nachvollziehbarer Gründe ist jedoch unzureichend.[468]

183 Besteht seitens einer Partei Interesse an einer zügigen Durchführung eines Einigungsstellenverfahrens, so ist es in jedem Fall sinnvoll, eine Person als Einigungsstellenvorsitzenden vorzuschlagen, die üblicherweise sowohl aus Arbeitgeber- als auch aus Betriebsratssicht kompromissfähig ist. Ist der Rechtsberater mit den lokalen Gegebenheiten nicht vertraut und ist ihm deshalb nicht ohnedies bekannt, wer sich in dem Gerichtsbezirk als kompetenter und neutraler Kandidat erwiesen hat, so sollten vorab bei der Gewerkschaft bzw. dem Arbeitgeberverband oder aber einem in Einigungsstellenfragen erfahrenen lokal ansässigen Rechtsanwalt Erkundigungen eingeholt werden. Im Übrigen hat es sich in der Praxis auch bewährt, dort, wo aufgrund der Geschäftsverteilung der Arbeitsgerichte regelmäßig eine bestimmte Kammer mit den Klagen gegen ein Unternehmen befasst ist, den

[465] Vgl. insgesamt auch *Müller-Boruttau* BB 2019, 2932 (2933).
[466] Vgl. *Fitting* BetrVG § 76 Rn. 23; *Wenning-Morgenthaler* Rn. 95 ff.
[467] Vgl. hierzu auch *Fitting* BetrVG § 76 Rn. 24; ausführlich *Wenning-Morgenthaler* Rn. 101 f.
[468] LAG Nürnberg 2.7.2004 – 7 TaBV 19/04, NZA-RR 2005, 100; LAG Hamm 10.9.2007 – 10 TaBV 85/07, BeckRS 2007, 49039; ErfK/*Koch* ArbGG § 100 Rn. 5 mwN.

Vorsitzenden der zuständigen Kammer anzusprechen. Auch wenn dieser in der Regel als Einigungsstellenvorsitzender nicht in Betracht kommen wird, so wird er vielfach schon im eigenen Interesse, dh zur Vermeidung eines Bestellungsverfahrens bzw. einer Sozialplananfechtung, einen kompetenten und fähigen Kollegen zu benennen wissen. Im Übrigen kann es sich als hilfreich erweisen, sich bereits frühzeitig für den Fall der Erforderlichkeit eines Einigungsstellenverfahrens auf einen Einigungsstellenvorsitzenden sowie die Beisitzerzahl zu einigen. Vor Entstehung des Mitbestimmungskonflikts kann gemeinhin leichter eine vernünftige und sachgerechte Einigung über die Besetzung einer Einigungsstelle erzielt werden.[469] Gibt es in einem Unternehmen eine ständige Einigungsstelle, ist die unter Beschleunigungsgesichtspunkten zweifelsohne optimal.

Was die **Zahl der Beisitzer** anbelangt, so wird in der Literatur gemeinhin davon ausgegangen, dass ein bis drei Beisitzer pro Partei angemessen sind. Die Zahl der Beisitzer soll hierbei von der Komplexität der Materie abhängen. Die Landesarbeitsgerichte gehen von einer Regelbesetzung von zwei Beisitzern aus, die erhöht werden kann, wenn es der Regelungsgegenstand erfordert.[470] Auch wenn der Auffassung zugestimmt werden kann, dass eine größere Zahl von Beisitzern zur Erschwernis der Verhandlungen führt und daher nach Möglichkeit ein größeres Gremium vermieden werden sollte, so zeigt die Erfahrung, dass gerade in Interessenausgleichs- und Sozialplanverhandlungen, die regelmäßig mit Schwierigkeiten tatsächlicher und rechtlicher Art verbunden sind, eine mit weniger als zwei Beisitzern besetzte Einigungsstelle kaum arbeitsfähig ist. Im Gegenteil, hier hat es sich im Interesse eines kompetenten und effizienten Verhandlungsgremiums auf beiden Seiten durchaus bewährt, Einigungsstellen mit zwei bis drei Beisitzern zu besetzen. Während die Betriebsräte in der Regel den Betriebsratsvorsitzenden und seinen Stellvertreter sowie einen Rechtsberater in die Einigungsstelle entsenden, wird die Arbeitgeberseite vielfach von dem Geschäftsführer oder Personalleiter, einem weiteren sachkundigen Verhandlungsführer sowie einem Rechtsberater repräsentiert. 184

Im Übrigen ist zu bedenken, dass ein in der Einigungsstelle erarbeiteter Kompromiss von dem Betriebsratsgremium bzw. der Geschäftsleitung genehmigt werden muss. Um die Chancen hierfür zu steigern, sollte auf Arbeitgeberseite ein entsprechend kompetenter und mit weit gehenden Vollmachten ausgestatteter Vertreter des Unternehmens an den Einigungsstellenverhandlungen teilnehmen. Der Betriebsrat muss sicherstellen, dass erforderlichenfalls kurzfristig ein beschlussfähiges Gremium zusammentreten kann. Hierauf hat der Unternehmer schon im eigenen Interesse zu achten.

(4) Gerichtliches Bestellungsverfahren gemäß § 99 ArbGG. Kommt eine Einigung über den Einigungsstellenvorsitzenden sowie die Zahl der Beisitzer trotz aller Bemühungen nicht zustande, so muss diejenige Partei, die die Einigungsstelle angerufen hat, gemäß § 76 Abs. 2 S. 2 u. 3 BetrVG ein **sog. Bestellungsverfahren** einleiten. Nach § 99 ArbGG entscheidet das Arbeitsgericht über die Besetzung der Einigungsstelle, dh es benennt einen Einigungsstellenvorsitzenden und bestimmt im Streitfall die Zahl der Beisitzer. Es ist zu empfehlen, dass der Antragsteller den von ihm gewünschten Einigungsstellenvorsitzenden benennt und etwas zur Begründung seiner Eignung vorträgt. Unerlässlich ist es, den Regelungsgegenstand der Einigungsstelle genau zu bezeichnen, so dass klar ist, für welchen Regelungsbereich sie eingesetzt werden soll.[471] Schwer zu entscheiden ist in der Praxis häufig die Frage, wie man am besten den von der eigenen Partei gewünschten Vor- 185

[469] Dieses Vorgehen schlägt *Friedemann* Rn. 412a, vor. Wichtig ist, dass in einem solchen Fall eine Liste mit zwei bis drei potentiellen Einigungsstellenvorsitzenden erstellt wird, um sicherzustellen, dass eine Einigungsstelle auch dann zügig durchgeführt werden kann, wenn ein potentieller Vorsitzender verhindert ist.

[470] Vgl. zB LAG München 15.7.1991 – 4 TaBV 27/91, NZA 1992, 185; LAG Baden-Württemberg 16.10. 1991 – 12 TaBV 10/91, NZA 1992, 186; LAG Niedersachsen 7.8.2007 – 1 TaBV 63/07, BeckRS 2007, 47241; LAG Hamm 6.9.2010 – 10 TaBV 51/10, BeckRS 2010, 74041; vgl. auch *Pfeiffer* in Spengler/Hahn/Pfeiffer § 4 Rn. 83ff.; *Wenning-Morgenthaler* Rn. 136ff.

[471] Vgl. ErfK/*Koch* ArbGG § 100 Rn. 2.

sitzenden durchsetzt. Es besteht immer die Gefahr, dass die Gegenseite Zweifel an dem gewünschten Kandidaten äußert, die das zuständige Gericht veranlassen, einen anderen Vorsitzenden zu bestellen. Die Landesarbeitsgerichte stellen unterschiedliche Anforderungen an die zur Ablehnung eines benannten Vorsitzenden vorzutragende Begründung.[472] Teilweise wird vertreten, die Gerichte seien zunächst an den Antrag der Partei gebunden und könnten hiervon nur bei Vorliegen sachlicher Argumente abweichen. Andere Gerichte meinen, sie seien in der Entscheidung, wer als Vorsitzender eingesetzt werde, völlig frei.[473] In jedem Fall gilt der Grundsatz, dass man eher im Vorteil sein dürfte, wenn man selbst einen Antrag nach § 100 ArbGG stellt, da man dann in der Position ist, einen Vorsitzenden vorzuschlagen und nicht einen einmal unterbreiteten Vorschlag durch mehr oder weniger zweifelhafte Argumente abwehren muss (sog. Müller- oder Windhundprinzip).[474] Im schlimmsten Fall unterbreitet das Gericht dann einen Gegenvorschlag, wobei hier stets Gelegenheit zur Stellungnahme gegeben werden muss.

Das Verfahren ist ein beschleunigtes Verfahren. Zum einen entscheidet der Vorsitzende gemäß § 99 Abs. 1 S. 1 ArbGG alleine. Zum anderen sind die Einlassungs- und Ladungsfristen auf 48 Stunden abgekürzt. Schließlich schreibt das Gesetz vor, das der Bestellungsbeschluss innerhalb von zwei Wochen nach Eingang des Antrags zugestellt werden soll; innerhalb von vier Wochen muß er zugestellt werden. Da gegen den Beschluss in erster Instanz die Beschwerde zum Landesarbeitsgericht zugelassen ist, kann ein gerichtliches Bestellungsverfahren ungeachtet der Beschleunigungsvorschriften durchaus zu erheblichen zeitlichen Verzögerungen führen. Schöpft beispielsweise der Betriebsrat die Beschwerdefrist von zwei Wochen voll aus und wird der Beschluss des Arbeitsgerichts erst nach vier Wochen zugestellt, können bis zur rechtskräftigen Einsetzung der Einigungsstelle ohne weiteres 8 bis 10 Wochen vergehen. Erschwerend wirkt hierbei auch, dass es für das Verfahren beim LAG keine Höchstfristen mehr gibt, so dass hier alles von der Verfahrensführung des Vorsitzenden abhängt.[475] Im Beschwerdeverfahren ist der Prüfungsmaßstab nach zT vertretener Auffassung in der Weise beschränkt, dass das LAG die Ermessensentscheidung des Arbeitsgerichts nur überprüfen und keine neue Entscheidung treffen darf.[476] Rechtsmittel gegen die Entscheidung des LAG gibt es nicht.

186 Begründet eine Partei die Ablehnung der von der Gegenseite vorgeschlagenen Einigungsstellenbesetzung mit der **Unzuständigkeit der Einigungsstelle,** etwa weil sie der Auffassung ist, es liege keine Betriebsänderung iSd § 111 BetrVG vor, so kann das Arbeitsgericht diesen Einwand nur berücksichtigen, wenn sich die Einigungsstelle als offenkundig unzuständig erweist. Die Hürde liegt hoch. Dies ist regelmäßig nur dann der Fall, wenn bei fachkundiger Beurteilung durch das Gericht sofort zu erkennen ist, dass die beizulegende Streitigkeit nicht den mitbestimmungspflichtigen Angelegenheiten des Betriebsverfassungsgesetzes zuzuordnen ist.[477] Auch wenn es eine gefestigte Rechtsprechung gibt, die gegen eine Zuständigkeit spricht, kann es an einer offensichtlichen Unzuständigkeit fehlen, wenn diese Rechtsprechung mit beachtlicher Kritik in Frage gestellt wird.[478] Das LAG Köln hat selbst in einer Fallkonstellation, in der es um die Verlegung eines Betriebs um 350 m ging, keine offensichtliche Unzuständigkeit der Einigungsstelle erkennen können.[479]

---

[472] Vgl. hierzu *Wenning-Morgenthaler* Rn. 109 mwN zur Rechtsprechung.

[473] Vgl. zu dieser Rechtsprechung ausführlich *Müller-Boruttau* BB 2019, 2932 (2934).

[474] Vgl. *Wenning-Morgenthaler* Rn. 110 mwN; Müller-Boruttau BB 2019, 2932 (2934).

[475] Vgl. *Pfeiffer* in Spengler/Hahn/Pfeiffer § 4 Rn. 101.

[476] Vgl. *Wenning-Morgenthaler* Rn. 89 ff. mwN; *Pfeiffer* in Spengler/Hahn/Pfeiffer § 4 Rn. 101.

[477] Vgl. LAG Hamburg 7.3.1985 – 1 TaBV 1/84, NZA 1985, 604; LAG Düsseldorf 4.11.1988 – 17 (6) TaBV 114/88, NZA 1989, 146; LAG Rheinland-Pfalz 29.1.2008 – 3 TaBV 66/07, BeckRS 2008, 51641; LAG Düsseldorf 19.8.2008 – 9 TaBV 87/08, BeckRS 2008, 56538; LAG Hamm 6.9.2010 – 10 TaBV 51/10, BeckRS 2010, 74041; LAG Rheinland-Pfalz 9.11.2016 – 7 TaBV 22/16, BeckRS 2016, 110822; *Friedemann* Rn. 435.

[478] Vgl. LAG Niedersachsen 19.12.2010 – 1 TaBV 112/12, BeckRS 2013, 66028.

[479] 27.10.2016 – 7 TaBV 54/16, Beck RS 2016, 115616; vgl. auch Besprechung von *Gragert* ArbRAktuell 2017, 150

Gelegentlich kommt es auch vor, dass ein Antrag daran scheitert, dass eine Betriebsänderung noch gar nicht hinreichend konkret geplant ist oder es offenkundig an der Zuständigkeit des antragstellenden Gremiums (Betriebsrat, Gesamtbetriebsrat, Konzernbetriebsrat) mangelt.[480]

Die Einigungsstelle ist daneben offensichtlich unzuständig, wenn die betriebliche Maßnahme bereits umgesetzt worden ist. Denn Gegenstand eines Interessenausgleichsverfahrens kann nur eine in der Zukunft liegende Maßnahme sein. Ist eine Betriebsänderung bereits durchgeführt, ist für einen Interessenausgleich kein Raum mehr.[481] Ein Antrag gemäß § 98 ArbGG ist demgemäß abzuweisen, wenn zum Zeitpunkt der Entscheidung des Gerichts beispielsweise die Kündigungen ausgesprochen und etwaige Kündigungsschutzprozesse bereits abgeschlossen wurden bzw. die Kündigungen unanfechtbar geworden sind. Besteht für den Arbeitgeber keine sinnvolle Möglichkeit mehr, die Betriebsänderung nach Verhandlungen mit dem Betriebsrat zu modifizieren bzw. zu unterlassen, so geht folglich auch ein Antrag nach § 98 ArbGG ins Leere und ein Einigungsstellenverfahren könnte seinen Zweck nicht mehr erfüllen. Etwas anders gilt lediglich dann, wenn ungeachtet der Missachtung der Beteiligungsrechte des Betriebsrats bezüglich des Interessenausgleichs ein Sozialplan erzwingbar ist.[482]

Für die Prüfung der Frage, ob die Einigungsstelle offensichtlich unzuständig ist, ist auf **187**
den Sachverhalt abzustellen, wie er sich zum Zeitpunkt der Anhörung bzw. Entscheidung darstellt.[483]

Beispiel C 38:

Das Motorenwerk in H. wurde von einem amerikanischen Konzern übernommen. Seit der Übernahme gibt es Gerüchte, dass das Werk geschlossen und die Maschinen nach Polen verbracht werden sollen, wo der amerikanische Konzern bereits weitere Produktionsanlagen hat. Die Gerüchte werden durch entsprechende Mutmaßungen einiger Managementmitglieder gestützt, die den Plan torpedieren wollen. Der Druck in der Belegschaft auf den Betriebsrat, gegen die vermutete Maßnahme etwas zu unternehmen, wächst. Nachdem der Geschäftsführer es ablehnt, mit dem Betriebsrat über die angeblichen Pläne zu sprechen, beantragt dieser die Einsetzung einer Einigungsstelle beim Arbeitsgericht zur Verhandlung über einen Interessenausgleich.

Das **Beispiel C 38** mag auf den ersten Blick ungewöhnlich erscheinen, da de facto hier der Betriebsrat, der eine Verlagerung gerade vermeiden will, den Arbeitgeber zur Aufnahme von Interessenausgleichsverhandlungen darüber zwingen will. Dennoch kommen in der Praxis derartige Konstellationen gelegentlich vor, wenn der Betriebsrat entweder so schnell als möglich Klarheit über den Planungsstand erlangen will oder aber dem Druck der Belegschaft, aktiv zu werden, nicht mehr standhalten kann. Der Betriebsrat geht mit einer solchen Vorgehensweise allerdings ein nicht unerhebliches Risiko ein, da der Arbeitgeber hier ohne weiteres darlegen könnte, dass eine Verlagerung geplant ist und damit eine zeitliche Verzögerung der Maßnahme durch den Betriebsrat nicht mehr gelingen kann. Bleibt streitig, ob bzw. wie weit die Planung für eine Betriebsänderung gediehen ist, muss

[480] Vgl. hierzu die Fallkonstellation, die der Entscheidung des LAG Berlin-Brandenburg 16.11.2018 – 6 TaBV 1496/18, BeckRS 2018, 38219 zugrunde lag.

[481] Vgl. BAG 28.3.2006 – 1 ABR 5/05, NZA 2006, 932; LAG Berlin-Brandenburg 19.8.2009 – 26 TaBV 1185/09, BeckRS 2010, 74503; LAG Köln 3.3.2008 – 14 TaBV 83/07, BB 2008, 1570; LAG Hamm 8.3.2010 – 10 TaBV 1/10, BeckRS 2010, 70221; zur Problematik einer stufenweisen Durchführung der Betriebsänderung siehe LAG Berlin-Brandenburg 19.8.2009 – 26 TaBV 1185/09, BeckRS 2010, 74503; LAG Niedersachsen 12.1.2010 – 1 TaBV 73/09, BeckRS 2010, 66553.

[482] Vgl. LAG Nürnberg 21.8.2001 – 6 TaBV 24/01, NZA-RR 2002, 138; vgl. so auch LAG Köln 27.7.2020 – 9 TaBV 27/20, BeckRS 27/20, 19028.

[483] Vgl. LAG Berlin-Brandenburg 19.8.2009, aaO.

das Gericht eine Beweisaufnahme durchführen und von Amts wegen ermitteln.[484] Die Offensichtlichkeitsprüfung betrifft alleine die Rechtsfrage, ob die geplante Maßnahmen als Betriebsänderung zu qualifizieren ist.

188 Wenn es dem Betriebsrat darum geht, eine Betriebsänderung zu verzögern, wird er in dem Bestellungsverfahren möglicherweise argumentieren, die Einigungsstelle sei (noch) nicht einzusetzen, weil der Arbeitgeber nicht (ernsthaft) verhandelt habe und weil er keine ausreichenden Informationen über die geplante Maßnahme zur Verfügung gestellt habe. Um sicherzustellen, dass der Betriebsrat mit einer solchen Argumentation, die in der Regel nur der weiteren Verzögerung dient, nicht durchdringt, muss in der Antragschrift sorgfältig dargelegt werden, dass für den Antrag ein **Rechtsschutzinteresse** besteht. Dies erfordert, dass die Gegenpartei entweder den Eintritt in Verhandlungen abgelehnt hat, oder aber, dass nach Möglichkeit tatsächlich Verhandlungen mit einem ernsthaften Einigungswillen geführt wurden. Die Einschätzung, wann ernsthaft geführte Verhandlungen gescheitert sind, obliegt jedoch jeder Partei alleine; maßgeblich ist insoweit die subjektive Sicht.[485] Daher kann es auch Fallkonstellationen geben, in denen kein Verhandlungstermin stattgefunden hat, eine Partei aber gleichwohl zu der Einschätzung gelangt, die Verhandlungen seien gescheitert. Dies ist etwa dann der Fall, wenn die ggf. schriftlich ausgetauschten Positionen extrem weit auseinanderliegen und der Betriebsrat sich beispielsweise einer Terminvereinbarung durch immer neue Ausreden entzieht. Wenn der Arbeitgeber hier zu der Einschätzung kommt, freie Verhandlungen außerhalb eines Einigungsstellenverfahrens sind nicht erfolgversprechend, steht es ihm frei, die Einigungsstelle sogleich anzurufen.[486]

Eine bestimmte Mindestanzahl von Verhandlungstagen ist nicht vorgeschrieben. Es kommt auf die konkreten Umstände des Einzelfalls an. Hat der Betriebsrat beispielsweise über Wochen verzögert, in seiner Kommunikation nach außen erkennen lassen, dass er die Maßnahme grundsätzlich verhindern will, sich Terminvereinbarungen entzogen und macht dann in der ersten Verhandlung deutlich, dass es ihm im Kern weiter um eine Verhinderung oder Verzögerung der Maßnahme geht, kann das Unternehmen bereits hier die Einigungsstelle anrufen und das Verfahren für gescheitert erklären. Hier vermag dem Betriebsrat auch der häufig stereotyp vorgetragene Einwand, es lägen nicht alle Informationen vor, nicht zu helfen, da diese ggf. im Einigungsstellenverfahren nachgereicht werden können.[487]

189 Konsequenz des eingeschränkten Prüfungsmaßstabes des Arbeitsgerichts im Bestellungsverfahren ist, dass der Arbeitgeber in Zweifelsfällen zunächst in ein (teures) Einigungsstellenverfahren gezwungen werden kann. Erst im Rahmen des Einigungsstellenverfahrens wird dann im Einzelnen geprüft, inwieweit die Voraussetzungen für ein Beteiligungsrecht des Betriebsrates gemäß § 111 BetrVG erfüllt sind. Die Einigungsstelle muss daher zu Beginn ihrer Verhandlungen zunächst über ihre eigene Zuständigkeit befinden.[488] Hierbei ist sie nicht an das Ergebnis einer etwa vorausgegangenen, ohnedies eingeschränkten gerichtlichen Prüfung gebunden. Kommt der Einigungsstellenvorsitzende zu dem Ergebnis, dass die Voraussetzungen für eine Betriebsänderung nicht vorliegen oder etwa ein Sozialplan nach den Regelungen des § 112a BGB nicht erzwingbar ist, so hat die Einigungsstelle ihre Unzuständigkeit in einem förmlichen Beschluss festzustellen.[489]

---

[484] Vgl. ErfK/*Koch* ArbGG § 100 Rn. 4; LAG Düsseldorf 10.12.1997 – 12 TaBV 61/97, NZA-RR 1998, 319; LAG Düsseldorf 21.8.1987 – 9 TaBV 132/86, NZA 1988, 211; aM LAG Berlin 5.12.2001 – 7 TaBV 71/01, NZA-RR 2002, 586.

[485] Vgl. hierzu LAG Niedersachsen 7.12.1998 – 1 TaBV 74/98, BeckRS 1998, 30464645; LAG Hamm 9.8. 2004 – 10 TaBV 81/04, AP Nr. 14 zu § 98 ArbGG; LAG Hessen 17.4.2007 – 4 TaBV 59/07, BeckRS 2007, 45077; LAG Rheinland Pfalz 8.3.2012 – 11 TaBV 12/12, BeckRS 2013, 68204.

[486] Vgl. hierzu auch *Steinau-Steinrück/Jöris* NJW-Spezial 2019, 370.

[487] Vgl. LAG Hessen 17.4.2007, aaO.

[488] Ständige Rechtsprechung seit BAG 22.1.1980 – 1 ABR 48/77, DB 1980, 1895.

[489] Vgl. *Müller-Boruttau* BB 2019, 2932 (2936); *Friedemann* Rn. 403.

Die Parteien haben allerdings auch die Möglichkeit, die Zuständigkeit der Einigungsstelle zunächst dahingestellt sein zu lassen und die **Verhandlungen auf freiwilliger Basis** aufzunehmen. Damit bleibt im Verlaufe der anstehenden Verhandlungen für alle Beteiligten ein größerer Aktionsradius und Raum für kreative Lösungen. Selbst wenn es beispielsweise denkbar ist, dass die geplante Betriebsänderung sich gemäß § 112a BetrVG als nicht sozialplanpflichtige Maßnahme darstellt, ist es möglich, dass ein Unternehmen im Interesse des Betriebsfriedens und aufgrund sozialer Erwägungen durchaus bereit ist, einen moderaten Sozialplan zu akzeptieren. Steht ein derartiger, für beide Parteien akzeptabler Sozialplan am Ende der Verhandlungen in der Einigungsstelle, so kommt es auf deren Zuständigkeit letztlich nicht mehr an. Schließlich kann es in Fällen, die rechtlich sehr komplex, jedoch nicht eilig sind, in Betracht kommen, das Einigungsstellenverfahren einvernehmlich auszusetzen, bis das Arbeitsgericht die Zuständigkeitsfrage im Rahmen eines Beschlussverfahrens geklärt hat.[490] Im Hinblick auf den Zeitdruck, unter dem Verhandlungen über Interessenausgleich und Sozialplan regelmäßig geführt werden müssen, wird dies jedoch nur in seltenen Ausnahmefällen für beide Parteien akzeptabel sein.

(5) Kosten des Einigungsstellenverfahrens. Die Pflicht des Arbeitgebers zur Tragung der Kosten der Einigungsstelle ist in § 76a Abs. 1 BetrVG geregelt. Von Bedeutung sind in diesem Zusammenhang in erster Linie die **Honorare,** die an den **Einigungsstellenvorsitzenden sowie außerbetriebliche Beisitzer** zu zahlen sind. Betriebsangehörige Beisitzer haben gemäß § 76a Abs. 2 BetrVG keinen Anspruch auf eine gesonderte Vergütung, sie sind vom Arbeitgeber für die Dauer ihrer Beisitzertätigkeit lediglich bezahlt von der Arbeit freizustellen. Finden die Einigungsstellensitzungen außerhalb der regulären Arbeitszeit statt, so besteht ein Anspruch auf Freizeitausgleich, hilfsweise auf Mehrarbeitsvergütung.[491] Einen Honoraranspruch nach § 76 Abs. 3 BetrVG haben neben dem Vorsitzenden sämtliche außerbetrieblichen Beisitzer, mithin auch ein von einer Partei als Beisitzer benannter Rechtsanwalt oder ein Gewerkschaftsvertreter. Es ist allerdings umstritten, ob dies auch dann gilt, wenn der Betriebsrat unter Kostengesichtspunkten verpflichtet gewesen wäre, einen betriebsangehörigen Beisitzer zu bestellen.[492] 190

Die **Höhe des Vorsitzenden- und Beisitzerhonorars** ist weitgehend ungeregelt. Die in § 76a BetrVG avisierte Rechtsverordnung des Bundesministers für Arbeit und Sozialordnung, in der Höchstsätze festgelegt werden sollen, ist nach wie vor nicht verabschiedet. Im Gegensatz zu der Situation vor 1989 richtet sich die Vergütung von Einigungsstellenvorsitzenden und außerbetrieblichen Beisitzern zwischenzeitlich insbesondere nach dem Zeitaufwand, der Schwierigkeit der Streitigkeit sowie dem Verdienstausfall. Ausdrücklich heißt es in § 76a Abs. 4 S. 4 BetrVG, dass die Vergütung der Beisitzer niedriger zu bemessen ist als die des Vorsitzenden.

In der Praxis ist es üblich, das Einigungsstellenhonorar für den Vorsitzenden nach Stunden- oder Tagessätzen zu bemessen, wobei die Stundensätze vielfach zwischen EUR 200,– und EUR 400,– und die Tagessätze ca. zwischen EUR 2.000,– und EUR 4.000,– und höher liegen.[493] Gelegentlich werden auch Pauschalhonorare vereinbart, die sich bei komplexen Restrukturierungen durchaus auf EUR 50.000,– und mehr belaufen können.[494] Das macht für ein Unternehmen, das an einer schnellen Lösung interessiert ist, uU auch wirtschaftlich Sinn. Es sollte allerdings darauf geachtet werden, dass die Verhältnismäßigkeit nicht aus dem Blick gerät. Eine feste Regel lässt sich jedenfalls nicht aufstellen, insbesondere gibt es Abweichungen nach oben. Das Beisitzerhonorar beträgt nach ständiger

[490] So *Friedemann* aaO.
[491] Vgl. *Fitting* BetrVG § 76a Rn. 12 mwN; *Müller-Boruttau* DB BB 2020, 116.
[492] Vgl. ablehnend BAG 24.4.1996 – 7 ABR 40/95, NZA 1996, 1171; DKW/*Berg* BetrVG § 76a Rn. 23; aA *Bauer/Röder* DB 1989, 224; GK/*Kreutz* BetrVG § 76a Rn. 30.
[493] Vgl. hierzu auch *Röder/Baeck* S. 26; DKW/*Berg* BetrVG § 76a Rn. 31; *Fitting* BetrVG § 76a Rn. 24 mwN.
[494] Vgl. *Müller-Boruttau* BB 2020, 116f.

Rechtsprechung des BAG 7/10 des Vorsitzendenhonorars.[495] Wird ein Rechtsanwalt als Beisitzer in einer Einigungsstelle tätig, hat er vorbehaltlich einer abweichenden Vereinbarung nur Anspruch auf 7/10 der Vergütung des Vorsitzenden. Es ist allerdings möglich und in der Praxis auch üblich, mit dem das Unternehmen umfassend beratenden Anwalt eine Honorarvereinbarung unabhängig von der Vergütung des Vorsitzenden zu schließen. Da meist die Vertreter der Arbeitgeber die Strukturierungsarbeit leisten, die Entwürfe fertigen und fortlaufend anpassen und nicht zuletzt für ihre Beratungsleistung in der Haftung stehen, ist diese Praxis nicht zu beanstanden.

191 **(6) Ablauf, Funktion und Ergebnis des Einigungsstellenverfahrens.** Die Funktion der Einigungsstelle besteht in erster Linie darin, die Parteien an einen Interessenausgleich heranzuführen bzw. bezüglich der Ausgestaltung des Sozialplanes einen Kompromiss zu erzielen. Daher darf es zunächst nicht das Bestreben des Einigungsstellenvorsitzenden sein, in den Verhandlungen eine streitige Entscheidung vorzubereiten; vielmehr muss es ihm in der **ersten Phase** des Einigungsstellenverfahrens darum gehen, die Probleme sowie die Interessenlage beider Parteien herauszuarbeiten, mögliche Kompromisslösungen auszuloten und die Parteien gegebenenfalls zu einer von beiden Seiten getragenen Einigung zu bewegen. Demgemäß heißt es in § 112 Abs. 3 S. 2 BetrVG auch ausdrücklich, die Einigungsstelle habe eine **Einigung der Parteien zu versuchen.** Zu diesem Zweck können beide Parteien gemäß § 112 Abs. 3 S. 1 BetrVG zu Beginn der Verhandlungen Vorschläge über die Beilegung der Meinungsverschiedenheiten, dh konkret über die Ausgestaltung eines Interessenausgleichs und Sozialplans unterbreiten.[496]

Ebenso ist es aber auch denkbar, dass der Einigungsstellenvorsitzende selbst einen Vorschlag für die Ausgestaltung eines Interessenausgleichs und Sozialplans ausarbeitet und diesen den Parteien zur Genehmigung vorlegt.[497] Verbindlichen Charakter hat ein derartiger Vorschlag jedoch nicht.

Um ein Einigungsstellenverfahren erfolgreich zu betreiben, ist es für beide Parteien von außerordentlicher Wichtigkeit, gut vorbereitet in das Verfahren zu gehen. Wer bereits Entwürfe über mögliche Vereinbarungen vorlegen kann und denkbare Kompromisslösungen ausgearbeitet hat, hat in der Regel eine bessere Verhandlungsposition als derjenige, der sich auf die Abwehr von Vorschlägen beschränkt. Idealerweise wird zur Vorbereitung des Einigungsstellenverfahrens ein schriftlicher Vorschlag ausgearbeitet, der erforderlichenfalls zur Abstimmung gestellt werden kann. Berücksichtigt dieser Vorschlag auch die Belange der Gegenseite, so erhöht dies dessen Chance, als Kompromisslösung angenommen zu werden.

192 Gelingt es den Parteien und dem Einigungsstellenvorsitzenden, einen Kompromiss zu finden, so ist dieser schriftlich niederzulegen und vom Einigungsstellenvorsitzenden, dem Unternehmensvertreter sowie dem Betriebsratsvorsitzenden zu unterschreiben. Erst wenn eine Einigung nicht gelingt, kann die Einigungsstelle in einer **zweiten Phase** bezüglich des **Sozialplanes** von dem Instrument der **Zwangsschlichtung** Gebrauch machen und durch einen sog. Spruch den Inhalt des Sozialplanes festschreiben. Dies ergibt sich aus § 112 Abs. 4 BetrVG.[498]

Anders verhält es sich bezüglich des **Interessenausgleichs.** Nach dem Willen des Gesetzgebers ist hier eine **Zwangsschlichtung ausgeschlossen.**[499] Demgemäß ist in § 112 Abs. 4 BetrVG auch nur davon die Rede, dass der Spruch der Einigungsstelle die Einigung

[495] Vgl. BAG 12.2.1992 – 7 ABR 20/91, NZA 1993, 605; BAG 27.7.1994 – 7 ABR 10/93, NZA 1995, 545; siehe auch *Friedemann* Rn. 628, 664.

[496] Vgl. hierzu ausführlich *Hunold* NZA 1999, 785 (789). GK/*Oetker* BetrVG §§ 112, 112a Rn. 306ff.

[497] So auch *Annuß* in Richardi BetrVG § 112 Rn. 236; vgl. auch *Hunold* NZA 1999, 785 (789).

[498] Vgl. *Hunold* NZA 1999, 785 (789).

[499] Vgl. zum Verbot der Zwangsschlichtung bezüglich des Interessenausgleichs durch die Einigungsstelle BAG 17.9.1991 – 1 ABR 23/91, NZA 1992, 227; *Annuß* in Richardi BetrVG § 112 Rn. 238.

zwischen Betriebsrat und Arbeitgeber bezüglich der Aufstellung eines Sozialplanes ersetzt. Es war lange Zeit umstritten, ob das Scheitern eines Interessenausgleichs durch die Einigungsstelle in einer verfahrensbeendenden Entscheidung festgestellt werden muss. Wäre dies der Fall, bedürfte es einer Stimmenmehrheit, die ggf. nur mit der Stimme des Vorsitzenden zu erlangen wäre.[500] Dem hat das BAG in der Entscheidung vom 16.8.2011 eine Absage erteilt.[501] Hier wird ausgeführt, allein entscheidend sei, dass der Verhandlungsanspruch des Betriebsrats betreffend den Interessenausgleich in dem Einigungsstellenverfahren erfüllt werde. Die Einigungsstelle habe insoweit lediglich eine moderierende Funktion. Danach kann jede Partei für sich entscheiden, ob sie die bestehenden Meinungsverschiedenheiten für unauflöslich hält oder die Verhandlungen fortsetzen möchte. Allerdings, und das ist der Wermutstropfen, trägt damit auch ein Unternehmen, dass die Interessenausgleichsverhandlungen in einem Einigungsstellenverfahren für gescheitert erklärt, das Risiko, dass in einem etwaigen Nachteilsausgleichsverfahren gemäß § 113 BetrVG festgestellt wird, er habe sich nicht ausreichend mit dem Betriebsrat argumentativ auseinandergesetzt. Ferner besteht das Risiko, dass sichergestellt sein muss, dass das Einigungsstellenverfahren ordnungsgemäß durchgeführt wird. Dies bedeutet insbesondere, dass die Mitglieder der Einigungsstelle in der entscheidenden Sitzung, in der das Scheitern erklärt werden soll, jedenfalls ordnungsgemäß geladen sind. Hierauf sollte die Partei, die ein Scheitern ggf. anstrebt – das dürfte regelmäßig die Arbeitgeberseite sein – während des Verfahrensverlaufs immer explizit achten. Will man diese Risiken vermeiden, sind eine Einigung oder jeden falls ein einvernehmliches Scheitern vorzugswürdig.[502]

5. Interessenausgleich

a) Inhalt eines Interessenausgleichs

Interessenausgleich und Sozialplan gehen zwar in aller Regel miteinander einher, haben 193
aber unterschiedliche Regelungsinhalte und -aufträge. Eine klare gesetzliche Regelung, was Inhalt eines Interessenausgleichs ist, besteht nicht. Gleichwohl besteht Einigkeit darüber, dass in einem Interessenausgleich zwischen Arbeitgeber und Betriebsrat in erster Linie zu regeln ist, **ob, wie** und **wann** eine geplante Betriebsänderung durchgeführt werden soll.[503] Es wird demnach im Einzelnen in sog. **Organisations- bzw. Durchführungsregelungen** festgelegt, welche Änderungen der Unternehmer vornehmen wird, wie sich dies auf die Belegschaft auswirkt und in welcher Zeitabfolge die Betriebsänderung umgesetzt wird.[504] Darüber hinaus kann ein Interessenausgleich jedoch auch **sog. Folgeregelungen** enthalten, die über Art, Umfang und Ablauf der Betriebsänderung hinausgehen und die Belange der verbleibenden Belegschaft, die nicht unmittelbar von der Betriebsänderung tangiert wird, betreffen. Typische Folgeregelungen sind Standort- oder Arbeitsplatzgarantien.[505] Schließlich finden sich in der Praxis nicht selten Vereinbarungen in einem Interessenausgleich, die sich auf eigenständige Mitbestimmungsrechte des Betriebs-

[500] DKW/*Däubler* BetrVG §§ 112, 112a Rn. 13 mwN; LAG Nürnberg 19.11.2009 – 7 Sa 186/09, juris, das Scheitern der Verhandlungen über einen Interessenausgleich könne nur von der Einigungsstelle gemäß § 76 Abs. 3 BetrVG festgestellt werden; die Feststellung allein durch den Vorsitzenden genügt hiernach nicht.

[501] 1 ARZ 44/10, NJOZ 2012, 498.

[502] Vgl. auch *Fitting* BetrVG §§ 112, 112a Rn. 42; vgl. auch *Heuer/Janko* NZA 2020, 1521 (1524).

[503] BAG 9.7.1985 – 1 AZR 323/83, NZA 1986, 100; BAG 27.10.1987 – 1 ABR 9/86, NZA 1988, 203.

[504] Zu diesem Terminus *Willemsen/Hohenstatt* NZA 1997, 346; *Annuß* in Richardi BetrVG § 112 Rn. 18 ff.; *Matthes* FS Wlotzke, 1996, 393 (397).

[505] Zwar ist es zutreffend, wenn *Willemsen/Hohenstatt* NZA 1997, 346 (347) und *Meyer* BB 2001, 882 (883) darauf hinweisen, dass eine Abgrenzung von Organisations- und Folgeregelungen aufgrund der Vielzahl „janusköpfiger Vereinbarung" nicht immer gelingen kann, dies erscheint jedoch auch nicht erforderlich. Bei derartigen Kategorisierungen kann es regelmäßig nur darum gehen, das Verständnis für denkbare Inhalte eines Interessenausgleichs zu erleichtern.

rates beziehen bzw. diese sogar erweitern. So ist es beispielsweise vorstellbar, dass zur Vermeidung eines noch weiter gehenden Stellenabbaus im Interessenausgleich eine flexible Jahresarbeitszeitregelung oder Kurzarbeit für bestimmte Abteilungen festgeschrieben wird, oder dass dort bereits eine Liste der zu kündigenden Arbeitnehmer festgelegt und demgemäß bereits des Anhörungsverfahren gemäß § 102 BetrVG durchgeführt wird.[506] Auch wenn derartige Regelungen formal Aufnahme in einen Interessenausgleich finden, so vermag dies nichts an der Tatsache zu ändern, dass damit Mitbestimmungs- oder Beteiligungsrechte des Betriebsrats gewahrt werden und dass es sich hierbei um eigenständige Vereinbarungen mit entsprechender eigenständiger rechtlicher Wirkung handelt, die an sich nur „zufällig" im Interessenausgleich enthalten sind.

Während es in dem Interessenausgleich primär um die geplante Betriebsänderung selbst geht, sind Maßnahmen zum Ausgleich und zur Milderung der wirtschaftlichen Nachteile der Betriebsänderung Gegenstand des Sozialplans. Es gilt der Grundsatz, dass sämtliche Vereinbarungen zwischen den Betriebspartnern im Zusammenhang mit der Betriebsänderung, die nicht dem Ausgleich wirtschaftlicher Nachteile der von der Betriebsänderung nachteilig betroffenen Arbeitnehmer dienen, in den Interessenausgleich gehören.[507] Um eine klare Abgrenzung zwischen den Regelungsgegenständen von Interessenausgleich und Sozialplan zu erleichtern, sollten nach Möglichkeit zwei getrennte Vereinbarungen abgeschlossen werden. Eine klare Abgrenzung der Inhalte von Interessenausgleich und Sozialplan ist deshalb erforderlich, weil die beiden Regelungsformen unterschiedliche Rechtswirkungen haben. Es kann daher von entscheidender Bedeutung sein, ob eine Regelung Bestandteil des Sozialplans, der unmittelbar und zwingend gilt, oder aber des Interessenausgleichs ist bzw. sein muss.[508] Fassen die Betriebspartner Interessenausgleich und Sozialplan gleichwohl in einem Dokument zusammen, so führt dies nicht zur (Form-)Unwirksamkeit der Vereinbarung.[509] Es muss jedoch durch Auslegung ermittelt werden, welche Regelungsinhalte welchem Vereinbarungstypus zuzuordnen sind. Dies kann erhebliche Probleme aufwerfen.

194 Steht am Ende des Interessenausgleichsverfahrens eine **Einigung der Parteien,** so kann diese darin bestehen, dass
- die Betriebsänderung in der vom Arbeitgeber geplanten Form umgesetzt wird;
- der Arbeitgeber von der geplanten Betriebsänderung Abstand nimmt oder
- die geplante Betriebsänderung in einer modifizierten Form durchgeführt wird.

Ein Arbeitgeber wird sich im Regelfall nicht vollständig von der geplanten Betriebsänderung abbringen lassen, jedoch einige Zugeständnisse hinsichtlich Qualität, Quantität und zeitlicher Abfolge der geplanten Betriebsänderung machen. Typische Zugeständnisse, die am Ende von Interessenausgleichsverhandlungen stehen können und vielfach in **sog. Folgeregelungen** einfließen, sind beispielsweise
- die zeitliche Verschiebung der geplanten Betriebsänderung;
- die stufenweise Durchführung der geplanten Betriebsänderung;
- die Erklärung, den Personalabbau sozial verträglich, dh unter Ausnutzung der natürlichen Fluktuation sowie durch den Abschluss von Aufhebungsverträgen durchführen zu wollen;
- die Vereinbarung von Umschulungs- und Fortbildungsmaßnahmen zur Erweiterung von Versetzungsmöglichkeiten;
- die Einführung von Kurzarbeit anstelle des Ausspruchs betriebsbedingter Kündigungen;
- die Übernahme von Teilen der Belegschaft durch sog. Beschäftigungsgesellschaften.[510]

---

[506] Hierauf weist *Meyer* BB 2001, 882 zu Recht hin.
[507] DKW/*Däubler* BetrVG §§ 112, 112a Rn. 20, spricht insoweit von der Subtraktionsmethode.
[508] Vgl. zu den Rechtswirkungen → Rn. 201 ff., 337 ff.
[509] BAG 20.4.1994 – 10 AZR 186/93, NZA 1995, 89; *Annuß* in Richardi BetrVG § 112 Rn. 30.
[510] Vgl. hierzu auch *Fitting* BetrVG §§ 112, 112a Rn. 19 ff.; DKW/*Däubler* BetrVG §§ 112, 112a Rn. 20 f.; *Annuß* in Richardi BetrVG § 112 Rn. 18 ff.

Im Zuge der andauernden Rationalisierungs- und Konzentrationswelle der letzten Jahre ist zu beobachten, dass über die Betriebsänderung hinausgehende sog. Folgeregelungen im Rahmen der Interessenausgleichsverhandlungen in der Praxis zunehmend an Bedeutung gewinnen.[511] Auch kommt es vermehrt vor, dass die Betriebsparteien nicht im Detail die konkrete Betriebsänderung regeln, sondern den Prozess und die Umsetzung einer noch zu entwickelnden Betriebsänderung vereinbaren.[512] Die Betriebsräte sind verstärkt darum bemüht, im Falle zwingender Personaleinschnitte für die verbleibende Belegschaft zumindest eine befristete Arbeitsplatzsicherheit zu erstreiten. Gehen die Forderungen der Betriebsräte mit der unternehmerischen Planung zum Zeitpunkt des Abschlusses der Vereinbarung konform, so ist festzustellen, dass die Unternehmen den Betriebsräten hier vielfach entgegenkommen, sofern die Betriebsräte ihrerseits Zugeständnisse bei der Ausgestaltung des Sozialplanes oder der (zeitlichen) Umsetzung der Betriebsänderung machen.

Um der nach einer Betriebsänderung verbleibenden Belegschaft oder zumindest Teilen hiervon die Gewähr einer zukünftigen Weiterbeschäftigung zu geben, können verschiedene Regelungen in Betracht gezogen werden. So kann ein Unternehmen für einen bestimmten Zeitraum auf den Ausspruch von betriebsbedingten Kündigungen gänzlich verzichten **(Kündigungsverzicht)**, es kann, was nicht ganz so weitgehend ist, mit dem Betriebsrat eine Mindestbeschäftigtenzahl vereinbart werden **(Arbeitsplatzgarantie)**, oder aber das Unternehmen verpflichtet sich, den Betrieb für einen bestimmten Zeitraum ganz oder teilweise nicht stillzulegen, bestimmte Abteilungen nicht zu verlagern oder bestimmte Kernfunktionen, die für den Fortbestand des Unternehmens von Bedeutung sind, nicht aufzugeben **(Standortgarantie)**. 195

Auch wenn es als positiv zu bewerten ist, dass der Interessenausgleich mehr und mehr aus dem Schatten des Sozialplans heraustritt, so ist in der Praxis Vorsicht geboten, was Forderungen des Betriebsrates anbelangt, langfristige Arbeitsplatz- oder Standortgarantien abzugeben oder gar einen Kündigungsverzicht zu erklären. Zwar mag die Abgabe entsprechender Zusicherungen zum Zeitpunkt des Abschlusses des Interessenausgleichs in Anbetracht der mittel- und langfristigen unternehmerischen Planung als probates und zudem preiswertes Mittel erscheinen, um die gewünschte Betriebsänderung schnell und mit vertretbaren Kosten umzusetzen. Schon innerhalb weniger Monate können sich jedoch die Rahmenbedingungen derart geändert haben, dass sich Folgeregelungen im Interessenausgleich zum Mühlstein für das Unternehmen entwickeln. Unabhängig von der hoch umstrittenen rechtlichen Bindungswirkung eines Interessenausgleichs,[513] erweist es sich als außerordentlich schwierig, sich von einer einmal gegebenen Zusage vorzeitig wieder zu lösen. Gelingt dies überhaupt, so kann dies mit hohen Kosten verbunden sein. Vor Abgabe einer **Standort-, Arbeitsplatz- oder sonstigen Beschäftigungsgarantie** sollte daher immer sorgfältig geprüft werden, inwieweit die Einhaltung der Abrede gewährleistet ist und ob die vorgesehene Befristung ausreichende Sicherheit bietet. Hier sollte auch bedacht werden, dass sich derartige Zusagen an Betriebsräte, die in gutem Glauben der Durchführbarkeit gemacht werden, uU dann als Hemmnis erweisen können, wenn das Unternehmen verkauft oder mit einem anderen Unternehmen verschmolzen werden soll. Kommt es zu einem Gesellschafterwechsel, so können kurz- oder mittelfristige Planungen von Unternehmen vielfach in kürzester Zeit zur Makulatur werden, so dass Zusagen gegenüber dem Betriebsrat nicht mehr eingehalten werden können. Da aber das Unternehmen als Arbeitgeber Vertragspartner des Betriebsrates ist und auch ein neuer Gesellschafter an Zusagen aus früherer Zeit gebunden ist, können sich erhebliche Probleme ergeben. Bevor daher weit reichende, die mittel- oder langfristige Entwicklung des Unternehmens tangierende Zusagen gegenüber dem Betriebsrat gemacht werden, sollte demnach in jedem Fall zuvor eine Abstimmung mit den Gesellschaftern und, sollte dies bereits absehbar

[511] Vgl. auch *Willemsen/Hohenstatt* NZA 1997, 345 (346).
[512] Vgl. *Krieger/Terhorst* NZA 2014, 689 zum sog. Modell des prozessorientierten Interessenausgleichs.
[513] Vgl. hierzu → Rn. 201 ff.

sein, mit den zukünftigen Gesellschaftern erfolgen. Hieran muss auch der Betriebsrat interessiert sein.

196 Nicht nur der Betriebsrat, sondern auch die Unternehmen legen einen zunehmend gesteigerten Wert auf die Interessenausgleichsverhandlungen. So ist es verstärkt das Bestreben von Unternehmen, durch entsprechende Vereinbarungen mit dem Betriebsrat die mit einem Personalabbau verbundenen Risiken zu minimieren und die Akzeptanz der Kündigungen zu erhöhen. Ein Instrument, das der Gesetzgeber den Unternehmen mit dem Gesetz zu Reformen am Arbeitsmarkt vom 24.12.2003 wieder zur Verfügung gestellt hat, ist die **Vereinbarung einer Namensliste iSd § 1 Abs. 5 KSchG** als Bestandteil des Interessenausgleichs. Eine der Gründe für diese Kehrtwende des Gesetzgebers mag der Umstand gewesen sein, dass sich die Namensliste als Möglichkeit entpuppt hat, die Betriebsparteien zu ernsthaften Verhandlungen der geplanten Betriebsänderung zu motivieren. Hat der Arbeitgeber keinerlei Anlass, mit dem Betriebsrat in ernsthafte Diskussionen über die Betriebsänderung einzutreten, so besteht zwangsläufig die Gefahr, dass die Interessenausgleichsverhandlungen eher als Farce empfunden werden und sich die Parteien nahezu exklusiv auf die Sozialplangestaltung konzentrieren.

Zudem eröffnet **§ 1 Abs. 4 KSchG** den Betriebsparteien die Möglichkeit, in einer Betriebsvereinbarung festzulegen, welche sozialen Gesichtspunkte gemäß § 1 Abs. 3 KSchG zu berücksichtigen und wie diese im Verhältnis zueinander zu bewerten sind. Alternativ können auch entsprechende tarifliche Regelungen getroffen werden. Besteht eine derartige Vereinbarung zwischen Betriebsrat und Arbeitgeber bezüglich **Auswahlrichtlinien,** so kann im Falle betriebsbedingter Kündigungen die soziale Auswahl gekündigter Arbeitnehmer – ebenso wie bei den Namenslisten gemäß § 1 Abs. 5 aF KSchG – nur auf grobe Fehlerhaftigkeit hin überprüft werden.[514] Allerdings ist in der Praxis zu bedenken, dass bei der Vereinbarung verbindlicher Auswahlrichtlinien der Arbeitgeber gezwungen ist, diese auch schematisch anzuwenden. Geschieht dies nicht, erleichtert dies dem Arbeitnehmer sogar den Nachweis der Fehlerhaftigkeit der Sozialauswahl.

197 Bislang standen die Unternehmen nach Abschluss von Interessenausgleichs- und Sozialplanverhandlungen vielfach vor dem Problem, dass der gewünschte Erfolg der Betriebsänderung dann nicht eintreten würde, wenn der erforderliche Personalabbau unter strikter Berücksichtigung der Grundsätze der Sozialauswahl durchgeführt wird. Entschloss sich das Unternehmen bei der Durchführung der Sozialauswahl, auch die betrieblichen Belange und die individuelle Leistung der Mitarbeiter zu berücksichtigen, so sah es sich in den folgenden Kündigungsschutzprozessen vor die Wahl gestellt, entweder hohe zusätzliche Abfindungen zu zahlen oder aber den Prozess zu verlieren. Selbst dann, wenn sich ein Unternehmer bei der Sozialauswahl vermeintlich korrekt verhalten hat, war mit etwaigen Kündigungsschutzklagen ein nicht unerhebliches Risiko verbunden. Dieses Dilemma kann mit Hilfe der Namensliste nach § 1 Abs. 5 KSchG entschärft werden. Dies gelingt allerdings nur, wenn auch sämtliche formellen und materiellen Voraussetzungen ordnungsgemäß erfüllt sind.[515] Auch kann es hilfreich sein, Auswahlrichtlinien nach § 1 Abs. 4 KSchG festzuschreiben und auf deren Grundlage sodann die erforderliche Sozialauswahl durchzuführen. Hierdurch wird zwar nicht, wie im Falle der Namenslisten gemäß § 1 Abs. 5 KSchG, die Vermutung begründet, dass die Kündigungen durch dringende betriebliche Erfordernisse bedingt sind. Die mit der Sozialauswahl verbundenen Risiken sind aber gleichwohl reduziert, da diese nur noch auf grobe Fehlerhaftigkeit hin überprüft werden kann. Auch das kann sich bei komplexen Restrukturierungen als erheblicher Vorteil bei der Umsetzung der Maßnahmen erweisen.

198 Ist ein Betriebsrat bereit, an der Erstellung einer entsprechenden Auswahlrichtlinien mitzuwirken, etwa weil auch er die mit einer ordnungsgemäßen Sozialauswahl verbundenen Probleme erkennt und an einer Arbeitsplatzsicherung interessiert ist, so kann es für ein

[514] Vgl. hierzu *Löwisch* BB 1999, 102 (103); *Schiefer* DB 1999, 48 (49), vgl. hierzu auch → H Rn. 27.
[515] Vgl. hierzu → Rn. 214ff.

Unternehmen durchaus interessant sein, dem Betriebsrat im Gegenzug in den Sozialplanverhandlungen entgegenzukommen. Da der Betriebsrat nicht gezwungen werden kann, einer entsprechenden Auswahlrichtlinie zuzustimmen, diese aber gleichwohl für den Arbeitgeber von erheblichem Wert sein kann, stärkt dies die Verhandlungsposition der Betriebsräte.

Interessant ist, dass entgegen der ursprünglichen Vermutungen und der anfänglichen Skepsis in der Praxis verhältnismäßig häufig von dem Instrument der Namensliste Gebrauch gemacht wurde. Betriebsräte sind der Argumentation der Unternehmen, wonach der Erfolg der geplanten Betriebsänderung sichergestellt werden muss, häufig durchaus zugänglich, verstehen es allerdings umgekehrt, ihre Zugeständnisse in diesem Punkt für eine höhere Dotierung des Sozialplanes oder ein Entgegenkommen in Fragen der Zukunftssicherung der verbleibenden Arbeitsplätze zu nutzen.[516] Auch Auswahlrichtlinien gemäß § 1 Abs. 4 KSchG können im Rahmen von Interessenausgleichsverhandlungen eine nicht unerhebliche Rolle spielen und beiderseits auf große Akzeptanz stoßen.

Ähnliche Möglichkeiten wie § 1 Abs. 5 aF KSchG und § 1 Abs. 4 KSchG eröffnet 199
§ 323 Abs. 2 UmwG. Nach dieser Regelung können in einem Interessenausgleich diejenigen Arbeitnehmer namentlich bezeichnet werden, die nach einer Verschmelzung, Spaltung oder Vermögensübertragung iSd UmwG einem bestimmten Betrieb oder Betriebsteil zugeordnet werden sollen. Die Zuordnung ist bei einem solchen Vorgehen durch das Arbeitsgericht nur auf grobe Fehlerhaftigkeit hin überprüfbar.[517] In die gleiche Richtung geht schließlich auch **§ 125 InsO.** Nach dieser Vorschrift wird für den Fall, dass Betriebsrat und Insolvenzverwalter im Rahmen eines Interessenausgleichs in einer Namensliste die zu kündigenden Arbeitnehmer festschreiben, zum einen das Vorliegen dringender betrieblicher Erfordernisse für die Kündigung vermutet, zum anderen ist die Sozialauswahl nur eingeschränkt überprüfbar.[518] Dadurch können die mit dem Ausspruch betriebsbedingter Kündigungen regelmäßige verbundene Risiken im Insolvenzverfahren erheblich reduziert werden.

b) Form des Interessenausgleichs

Ein Interessenausgleich muss gemäß § 112 Abs. 1 S. 1 BetrVG schriftlich niedergelegt und 200
von dem Unternehmer bzw. dessen Vertreter und dem Betriebsrat unterschrieben werden. Kommt der Interessenausgleich nicht bereits in den freien Verhandlungen, sondern erst im Rahmen des Einigungsstellenverfahrens zustande, so ist der Interessenausgleich gemäß § 112 Abs. 3 S. 3 BetrVG zusätzlich von dem Einigungsstellenvorsitzenden zu unterzeichnen. Die Unterzeichnung durch den Einigungsstellenvorsitzenden ist jedoch keine Wirksamkeitsvoraussetzung. Das Schriftformerfordernis dient nicht dem Übereilungsschutz, sondern soll Zweifel über den Inhalt der getroffenen Regelung ausschließen helfen.[519] Nach der Rechtsprechung des BAG ist dem Schriftformerfordernis auch Genüge getan, wenn auf genau bezeichnete andere schriftliche Regelungen verwiesen wird.[520] Abzuraten ist von der elektronischen Form gemäß §§ 126 Abs. 3, 126a BGB, da das vielfach nicht für ausreichend erachtet wird.[521] Ist die **Schriftform** nicht beachtet, so ist der Interessenausgleich gemäß § 125 Abs. 1 BGB nichtig bzw. nicht rechtsverbindlich.[522] Auch wenn dies im Gesetz nicht ausdrücklich verlangt wird und daher Interessenausgleich und Sozialplan

[516] Vgl. zur Namensliste *Preis* DB 1998, 1614 (1619); *Löwisch* BB 1999, 102 (104).

[517] Vgl. Kallmeyer/*Willemsen* § 324 Rn. 58; *Wlotzke* DB 1995, 40 (45); *Hohenstatt* NZA 1998, 846 (852) mwN. Vgl. hierzu im einzelnen → H Rn. 147 ff.

[518] Vgl. hierzu *Heinze* NZA 1999, 57 (58); *Lakies* BB 1999, 206 (207); *Schrader* NZA 1997, 70 (73); *Warrikoff* BB 1994, 2338 (2341) mwN.

[519] So auch *Fitting* BetrVG §§ 112, 112a Rn. 24; *Annuß* in Richardi BetrVG § 112 Rn. 27.

[520] BAG 14.11.2006 – 1 AZR 40/06, NZA 2007, 339.

[521] So auch *Fitting* BetrVG §§ 112, 112a Rn. 24; GK/*Oetker* BetrVG §§ 112, 112a Rn. 48; *Annuß* in Richardi BetrVG § 112 Rn. 27.

[522] Vgl. *Annuß* in Richardi BetrVG § 112 Rn. 28.

in einer Urkunde, wie in der Praxis häufig der Fall, zusammengefasst werden können, ist es aus Gründen der Rechtsklarheit vorzuziehen, den Interessenausgleich in einer gesonderten Urkunde niederzulegen. Ein lediglich mündlich vereinbarter Interessenausgleich bietet dem Arbeitgeber regelmäßig keinen hinreichenden Schutz, nicht auf einen Nachteilsausgleich in Anspruch genommen zu werden. Die herrschende Meinung hält eine derartige mündliche Absprache nicht für ausreichend.[523]

Der Betriebsrat muss, will er einem Interessenausgleich zustimmen, zunächst einen entsprechenden **Beschluss** fassen. Er kann diese Aufgabe nicht an einen Ausschuss delegieren. Dies folgt anerkanntermaßen auch für den Interessenausgleich aus § 27 Abs. 2 S. 2 BetrVG.[524] Für das Betriebsratsgremium unterzeichnet gemäß § 26 Abs. 2 S. 1 BetrVG der Vorsitzende oder sein Stellvertreter den Interessenausgleich. Da der Betriebsratsvorsitzende sowie ein etwa vom Betriebsrat gewähltes Verhandlungsgremium nur im Rahmen der von der Mehrheit der Betriebsratsmitglieder gefassten Beschlüsse agieren dürfen, sollte für den Fall, dass die Verhandlungen auf Betriebsratsseite nur von einigen Beauftragten geführt werden, sichergestellt sein, dass der Betriebsrat in eiligen Fällen erforderlichenfalls auch kurzfristig zur Beschlussfassung zusammentreten kann. Dies gilt auch für Einigungsstellenverfahren, an denen der Betriebsrat regelmäßig nicht in voller Stärke teilnimmt. Ein Arbeitgeber wird das zur Erzielung eines Kompromisses erforderliche letzte Zugeständnis regelmäßig nur dann zu machen bereit sein, wenn er sicher sein kann, dass damit auch unverzüglich eine Einigung erzielt werden kann. Umgekehrt wird ein Betriebsrat es kaum hinnehmen, eine Vereinbarung nur vorbehaltlich der Zustimmung der Geschäftsleitung abzuschließen, wenn es sich hierbei um einen schmerzlichen Kompromiss handelt. Gerade im Endstadium der Verhandlungen muss daher aufgrund der strengen Formvorschriften darauf geachtet werden, dass jede Partei erforderlichenfalls voll handlungsfähig ist.

Gelegentlich stellt sich das Problem, dass die Betriebsparteien zwar einen Sozialplan abschließen und unterzeichnen, nicht jedoch noch ein gesondertes mit „Interessenausgleich" überschriebenes Dokument aufsetzen und unterzeichnen. Hier kann sich die Frage stellen, ob möglicherweise der Sozialplan den Interessenausgleich mit einschließt. Das BAG geht davon aus, dass es durchaus möglich ist, dass eine nicht ausdrücklich mit Interessenausgleich überschriebene schriftliche Vereinbarung, die der von den Betriebspartnern Regelungen betreffend den Ausgleich wirtschaftlicher Nachteile der von der Betriebsänderung betroffenen Arbeitnehmer getroffen werden, zugleich auch eine Einigung darüber enthalten kann, ob und wie die Maßnahme durchgeführt werden kann. Folglich kann eine formal als „Sozialplan" bezeichnete Vereinbarung zugleich den Abschluss eines Interessenausgleichs beinhalten, sofern hierin auch Regelungen über das Ob und Wie der Betriebsänderung getroffen werden.[525]

c) Wirkung und Rechtsnatur des Interessenausgleichs

201 Bislang entsprach es der herrschenden Auffassung, dass es sich bei dem Interessenausgleich um eine **kollektive Vereinbarung besonderer Art** handelt, die zwar bindende Wirkung entfaltet, gleichwohl aber nicht mit einer Betriebsvereinbarung iSd § 77 Abs. 4 BetrVG gleichzusetzen ist.[526] Insbesondere sollen Arbeitnehmer aus dem Interessenausgleich keine

---

[523] BAG 26.10.2004 – 1 AZR 493/03, NZA 2005, 237; DKW/*Däubler* §§ 112, 112a Rn. 18; *Fitting* BetrVG §§ 112, 112a Rn. 24; *Kania/Joppich* NZA 2005, 749 (751).

[524] Vgl. DKW/*Däubler* BetrVG §§ 112, 112a Rn. 19.

[525] Vgl. BAG 17.9.1991 – 1 ABR 23/91, NZA 1992, 227; BAG 20.4.1994 – 10 AZR 186/93, NZA 1995, 89; BAG 19.1.1999 – 1 AZR 342/98, NZA 1999, 949.

[526] Vgl. BAG 28.8.1991 – 7 ABR 72/90, NZA 1992, 41; *Röder/Baeck* S. 24; MHdB ArbR/*Matthes*, 1. Aufl., § 352 Rn. 16; *Fitting/Auffarth/Kaiser/Heither*, 17. Aufl., BetrVG §§ 112, 112a Rn. 8; GK/*Oetker* BetrVG §§ 112, 112a Rn. 72ff.; *Annuß* in Richardi BetrVG § 112 Rn. 35; *Sieg/Maschmann* Unternehmensumstrukturierung Rn. 507; differenzierend LAG Berlin-Brandenburg 4.6.2010 – 13 Sa 832/10, BeckRS 2010, 72685; *Seel* MDR 2010, 7 (9).

normativen Ansprüche herleiten können.[527] Durch einen Beitrag von *Matthes,* der zwischenzeitlich die Auffassung vertritt, der Interessenausgleich entfalte normative Wirkung,[528] wurde die Diskussion neu entfacht. Auch wenn, soweit ersichtlich, niemand dieser sehr weit gehenden Ansicht folgt, wonach ein Interessenausgleich ebenso wie eine Betriebsvereinbarung individualrechtliche Ansprüche begründet, hat sich in der Diskussion herauskristallisiert, dass eine beachtliche Zahl von Autoren dem Betriebsrat zumindest einen kollektivrechtlichen Durchführungsanspruch zubilligen.[529] So wird vertreten, der Arbeitgeber sei nicht nur in der Weise an den Interessenausgleich gebunden, dass er im Falle der Nichteinhaltung der getroffenen Abrede gemäß § 113 Abs. 1 BetrVG Nachteilsausgleichsansprüche der betroffenen Arbeitnehmer erfüllen muss. Vielmehr könne auch der Betriebsrat als Vertragspartner des Arbeitgebers von diesem die Einhaltung der Vereinbarung verlangen. Dieses Verlangen sei erforderlichenfalls im Rahmen eines Beschlussverfahrens durchsetzbar. Diese Sichtweise widerspricht der vom BAG in der Entscheidung vom 28.8.1991 geäußerten Auffassung, wonach der Interessenausgleich zwar bindend sein soll, im Falle der Abweichung von dem Interessenausgleich allerdings lediglich die Sanktion des § 113 Abs. 1 BetrVG eingreife.[530]

aa) Normative Wirkung des Interessenausgleichs?

Beispiel C 39: 202

Ein Lederwarenfabrikant in Offenbach sieht sich aufgrund der schlechten wirtschaftlichen Lage gezwungen, die Handtaschenproduktion einzustellen. Er will sich zukünftig auf hochwertige Aktentaschen, Koffer etc. spezialisieren. Mit dem Betriebsrat werden Verhandlungen bezüglich des Personalabbaus geführt. Der Betriebsrat will dem angebotenen Sozialplan nur zustimmen, wenn das Unternehmen während der kommenden zwei Jahre auf den Ausspruch von betriebsbedingten Kündigungen verzichtet. Ein entsprechender Interessenausgleich wird unterzeichnet.

Die von *Matthes* vertretene Ansicht, wonach dem Interessenausgleich **normative Wirkung** zukommen soll, ist weder mit dem Gesetzeswortlaut noch mit der ratio des § 112 BetrVG vereinbar. *Zum einen* ist in § 112 Abs. 1 S. 3 BetrVG ausdrücklich nur davon die Rede, dass dem Sozialplan die Wirkung einer Betriebsvereinbarung zukommt. *Zum anderen* wäre die Regelung des § 113 Abs. 1 BetrVG, die im Falle der Abweichung von einem Interessenausgleich den betroffenen Arbeitnehmern Anspruch auf einen sog. Nachteilsausgleich gibt, hier überflüssig.[531] Ergäbe sich aufgrund der normativen Wirkung des Interessenausgleichs ein individualrechtlicher Anspruch auf Erfüllung der getroffenen Vereinbarung, so bestünde beispielsweise im Falle einer interessenausgleichswidrigen Kündigung ein Weiterbeschäftigungsanspruch. Die Kündigung wäre bereits aufgrund des Verstoßes gegen die zwischen Arbeitgeber und Betriebsrat im Rahmen des Verfahrens nach § 112 BetrVG getroffene Abrede unwirksam. Dass das gerade nicht gewollt war, folgt aus § 113 BetrVG. Entschließt sich das Unternehmen im **Beispiel C 38** daher nach Ablauf eines Jahres gleichwohl zum Ausspruch weiterer betriebsbedingter Kündigungen, so sind diese nicht unwirksam. Die Betroffenen können jedoch Nachteilsausgleichsansprüche gemäß § 113 Abs. 1 BetrVG geltend machen.

---

527 BAG 20.4.1994 – 10 AZR 186/93, NZA 1995, 89; 14.11.2006 – 1 AZR 40/06, NZA 2007, 339.

528 FS Wlotzke, 1996, 393 (396); vgl. auch MHdB ArbR/*Matthes,* 3. Aufl., § 269 Rn. 36.

529 Vgl. DKW/*Däubler* BetrVG §§ 112, 112a Rn. 23ff.; *Molkenbur/Schulte* DB 1995, 269 (271); *Buschmann* BB 1983, 511; *Zwanziger* BB 1998, 477 (478); differenzierend *Fitting* BetrVG §§ 112, 112a Rn. 45.

530 7 ABR 72/90, NZA 1992, 41; vgl. *Bauer* DB 1994, 217 (221); *Willemsen/Hohenstatt* NZA 1997, 345 (349).

531 Vgl. so auch *Zwanziger* BB 1998, 477.

203 **Beispiel C 40:**

Da der Betriebsrat sicherstellen will, dass der Unternehmer sich an den vereinbarten Kündigungsverzicht hält, besteht er in den Verhandlungen darauf, dass der Interessenausgleich ausdrücklich als freiwillige Betriebsvereinbarung bezeichnet wird. Der Unternehmer wird von seinem Rechtsberater darauf hingewiesen, dass dies eine stärkere Bindung mit sich bringt als der Abschluss eines Interessenausgleichs, unterzeichnet die Vereinbarung jedoch gleichwohl. Nach einem Jahr entschließt sich der Unternehmer entgegen der ursprünglichen Planung, den Betrieb stillzulegen und spricht, nachdem die Verhandlungen mit dem Betriebsrat erfolglos waren, betriebsbedingte Kündigungen aus. Zahlreiche Mitarbeiter klagen auf Fortzahlung der Vergütung für zumindest ein weiteres Jahr.

Bezeichnen die Betriebspartner einen Interessenausgleich ausdrücklich als **Betriebsvereinbarung,** so ist zu differenzieren: Soweit der Interessenausgleich Regelungen enthält, die sich auf die Durchführung der geplanten Betriebsänderung beziehen und demnach typischerweise Inhalt eines Interessenausgleiches sind, kann die Bezeichnung der Vereinbarung als „Betriebsvereinbarung" nicht zur Folge haben, dass diese nunmehr auch die Rechtswirkungen einer Betriebsvereinbarung entfaltet.[532] Andernfalls würde die offenkundige gesetzgeberische Wertung, wonach nur der Sozialplan die Wirkung einer Betriebsvereinbarung haben soll, konterkariert. Demnach kann die in einem Interessenausgleich idR enthaltene Beschreibung der geplanten Betriebsänderung und der Durchführungsschritte sowie die Beschreibung des Umfangs des Personalabbaus sowie der insoweit erforderlichen personellen und sozialen Maßnahmen eine unmittelbare und zwingende Wirkung gemäß § 77 Abs. 4 BetrVG nicht entfalten. Die Mitarbeiter können aus dem Interessenausgleich keine einklagbaren Ansprüche herleiten, sie sind bei Verstößen gegen den Interessenausgleich auf Nachteilsausgleichsansprüche gemäß § 113 BetrVG beschränkt.[533]

204 Enthält der Interessenausgleich nun aber Regelungen, die über die Durchführungsregelungen bezüglich der Betriebsänderung hinausgehen und den Mitarbeitern weiter gehende Ansprüche einräumen sollen **(sog. Folgeregelungen)**, so kann sich aus der Bezeichnung der Vereinbarung als Betriebsvereinbarung dann ein unmittelbarer und zwingender Anspruch für die Mitarbeiter ergeben, wenn es sich um eine **freiwillige Betriebsvereinbarung iSd § 88 BetrVG** handelt.[534] § 88 BetrVG enthält keine abschließende Aufzählung, sondern eröffnet den Betriebspartnern eine umfassende Regelungskompetenz, die auch über den Bereich der sozialen Angelegenheiten hinausgeht.[535] Dies begründet der Große Senat des BAG in der Entscheidung vom 7.11.1989[536] ua damit, dass die Grenzen zwischen sozialen, personellen (§§ 92ff. BetrVG) und wirtschaftlichen Angelegenheiten (§§ 106ff. BetrVG) fließend sind.

So ist es zum Beispiel denkbar, dass die Betriebspartner regeln, dass der Arbeitgeber befristet keine betriebsbedingten Kündigungen ausspricht oder Mitarbeiter nicht in einen anderen Betrieb versetzt.[537] Wird diese Vereinbarung aus Anlass einer Betriebsänderung und daher zusammen mit den Durchführungsregelungen betreffend die Betriebsänderung in dem Interessenausgleich getroffen, bringen die Parteien durch die Bezeichnung der Ver-

---

[532] So auch *Meyer* BB 2001, 882 (883) und *Annuß* in Richardi BetrVG § 112 Rn. 45, der darauf abstellt, dass rechtlich bindende Vereinbarungen im Organisationsbereich nicht möglich sind, da es sich insoweit um eine Domäne der Unternehmerfreiheit handelt.

[533] Dass derartige Nachteilsausgleichsansprüche in der Praxis häufig nicht von großem Wert sind, da sie nach der Rechtsprechung des BAG auf Sozialplanansprüche angerechnet werden, steht auf einem anderen Blatt, vgl. BAG 13.6.1989 – 1 AZR 819/87, NZA 1989, 894; ausführlich hierzu → Rn. 291ff.

[534] Vgl. auch *Annuß* in Richardi BetrVG § 111 Rn. 46; *Wißmann* FS zum 25jährigen Bestehen des DAV, S. 1037 (1040).

[535] Vgl. *Fitting* BetrVG § 88 Rn. 2; DKW/*Berg* BetrVG § 88 Rn. 1, 4; aA GK/*Gutzeit* BetrVG § 88 Rn. 10; *Richardi* in Richardi BetrVG § 88 Rn. 3.

[536] GS 3/85, NZA 1990, 816.

[537] Derartige Regelungen werden auch von den Gegnern der Auffassung, § 88 BetrVG verleihe eine umfassende Regelungskompetenz und sei nicht nur auf soziale Angelegenheiten beschränkt, für zulässig erachtet, vgl. GK/*Gutzeit* BetrVG § 88 Rn. 11, 12.

einbarung als Betriebsvereinbarung aber gleichwohl zum Ausdruck, dass diese unmittelbare und zwingende Wirkung entfalten soll, so bestehen keine grundsätzlichen Bedenken gegen die verbindliche Wirkung der Vereinbarung.

Beispiel C 41: 205

In obigem Beispiel vereinbaren die Betriebspartner nicht den generellen Ausschluss betriebsbedingter Kündigungen, sondern die Fortführung des Betriebes in Offenbach für die Dauer von zwei Jahren. Um zu verhindern, dass mehr als 50 Mitarbeiter aufgrund der Betriebseinschränkung ihren Arbeitsplatz verlieren, wird zudem festgeschrieben, dass die Arbeitszeit der Beschäftigten zukünftig nur noch 30 Stunden pro Woche ohne Lohnausgleich betragen soll. Die tarifliche Arbeitszeit liegt bei 35 Stunden.

Wie das Beispiel C 41 zeigt, ist es wichtig, bei dem Abschluss freiwilliger Betriebsvereinbarungen im Zusammenhang mit Interessenausgleichsverhandlungen genauestens zu prüfen, inwieweit es *einerseits* der Intention der Parteien entspricht, den hiervon erfassten Mitarbeitern unmittelbare Ansprüche einzuräumen. Dies wird dann nicht der Fall sein, wenn kein Kündigungsverzicht, sondern lediglich eine Standortgarantie oder eine Mindestbeschäftigtenzahl in der Betriebsvereinbarung festgeschrieben wird. Enthält die Betriebsvereinbarung keine Inhaltsnorm, so kommt eine zwingende Wirkung nicht in Betracht. *Andererseits* ist kritisch zu hinterfragen, ob die Betriebspartner durch die Vereinbarung ihre Regelungskompetenz überschritten haben. Ist dies der Fall, beispielsweise weil die Vereinbarung in keinem Zusammenhang mehr zu den Aufgaben des Betriebsrates in personellen, sozialen und wirtschaftlichen Angelegenheiten steht oder weil gegen Tarifverträge oder Gesetze verstoßen oder in Grundrechte in unzulässiger Weise eingegriffen wird, so ist die Abrede ganz oder teilweise unwirksam.[538] So verhält es sich bezüglich der von den Betriebspartnern vereinbarten Reduktion der Wochenarbeitszeit, die die Regelungskompetenz der Parteien gemäß § 77 Abs. 3 BetrVG überschreitet.

Festzuhalten bleibt demnach, dass dem **Interessenausgleich keine normative Wirkung** zukommt, es sei denn, dort sind neben den Durchführungsregelungen auch **Folgeregelungen** enthalten und die Betriebspartner haben die Vereinbarung ausdrücklich als **freiwillige Betriebsvereinbarung** ausgestaltet. Ist dies geschehen, muss durch Auslegung der Vereinbarung ermittelt werden, inwieweit diese unmittelbare und zwingende Wirkung entfaltet.[539] Soweit dies der Fall ist, kann die Regelung nach Maßgabe des § 77 Abs. 5 BetrVG gekündigt werden.

bb) Kollektivrechtlicher Durchführungsanspruch des Betriebsrates? Ausgehend von der Annahme, dass dem Interessenausgleich grundsätzlich keine normative Wirkung zukommt, ist nun fraglich, ob und ggf. inwieweit dem Betriebsrat gegenüber dem Arbeitgeber ein **Durchführungsanspruch** zusteht und vice versa. 206

Mit der Behauptung, der Gesetzgeber habe durch die Einführung der **Sanktionsregelung des § 113 Abs. 1 BetrVG abschließend** geregelt, wie im Falle des Verstoßes gegen einen Interessenausgleich zu verfahren ist, wird der kollektivrechtliche Durchführungsanspruch abgelehnt.[540] Zwar mag es zutreffen, dass der Gesetzgeber Verstöße gegen die Mitbestimmungsrechte des Betriebsrates gemäß §§ 111 ff. BetrVG nur durch Nachteilsausgleichsansprüche gemäß § 113 BetrVG sanktionieren und dem Betriebsrat keine weiter gehenden Ansprüche gegen den Arbeitgeber einräumen wollte.[541] Ist in einem Interessen-

[538] Vgl. zu den Grenzen der Regelungskompetenzen der Betriebspartner im Rahmen freiwilliger Betriebsvereinbarungen gemäß § 88 BetrVG *Fitting* BetrVG § 88 Rn. 4; *Richardi* in Richardi BetrVG § 88 Rn. 7 mwN.

[539] Vgl. zustimmend *Meyer* BB 2001, 882 (884); im Ergebnis so auch HWK/*Hohenstatt/Willemsen* BetrVG § 112 Rn. 25.

[540] Vgl. GK/*Oetker* BetrVG §§ 112, 112a Rn. 82 ff.; *Annuß* in Richardi BetrVG § 112 Rn. 46.

[541] Vgl. zu der Diskussion bezüglich des Unterlassungsanspruchs des Betriebsrates gegen den Unternehmer bei mitbestimmungswidrigem Vorgehen → Rn. 366 ff.

ausgleich lediglich niedergeschrieben, welche Betriebsänderung der Unternehmer plant und wie diese durchzuführen ist, so reicht die Sanktionsdrohung des § 113 BetrVG auch völlig aus. Haben die Parteien aber in einem Interessenausgleich Regelungen getroffen, die über die Beschreibung der Durchführung der Betriebsvereinbarung hinausgehen und den Unternehmer unmittelbar gegenüber dem Betriebsrat zu bestimmten Handlungen oder Unterlassungen verpflichten sollen, so ist nicht ersichtlich, wieso § 113 BetrVG einem kollektivrechtlichen Durchführungsanspruch des Betriebsrats gegen den Unternehmer entgegenstehen sollte. Dies gilt insbesondere dann, wenn es sich um Vereinbarungen handelt, deren Einhaltung durch die drohende Sanktion des § 113 Abs. 1 BetrVG schon deshalb nicht gewährleistet sein kann, weil den Arbeitnehmern im Falle des Verstoßes gegen die Abrede keine unmittelbaren oder messbaren wirtschaftlichen Nachteile entstehen. Dies mögen folgende Beispiele verdeutlichen:

207 **Beispiel C 42:**

Ein Unternehmen, das sich mit der Entwicklung und Produktion biologischer Pflanzenschutzmittel befasst, verlagert seinen Betrieb um 50 km in einen anderen Ort, da dort bessere Produktionsbedingungen bestehen. Zudem wird ein Teil der Produktion stillgelegt, so dass 150 Mitarbeiter entlassen werden. Der Betriebsrat erklärt sich bereit, der Betriebsverlagerung und Teilstilllegung sowie einem moderaten Sozialplan zuzustimmen, sofern der Unternehmer im Gegenzug die Zusicherung abgibt, an dem neuen Standort eine größere und besser ausgestattete Entwicklungsabteilung aufzubauen und zu diesem Zweck 20 neue Entwicklungsingenieure einzustellen. Dem Betriebsrat geht es darum, dass die Zukunft des Unternehmens langfristig gesichert wird. Die Einzelheiten der Konzeption der zukünftigen Entwicklungsabteilung werden in dem Interessenausgleich festgeschrieben.

Wäre eine Nichterfüllung der getroffenen Abrede nur über § 113 Abs. 1 BetrVG sanktioniert, so könnte sich der Unternehmer *de facto* ohne weiteres über die Vereinbarung hinwegsetzen. Ein messbarer wirtschaftlicher Nachteil, der auf die Nichterfüllung der Abrede zurückzuführen ist, würde keinem der derzeit in dem Unternehmen Beschäftigten entstehen.

Beispiel C 43:

In obigem Beispiel muss der Unternehmer zudem einen Querschnittpersonalabbau im Bereich der Verwaltung durchführen. Um die mit der Sozialauswahl verbundenen Risiken zu minimieren, will er mit dem Betriebsrat eine Auswahlrichtlinie gemäß § 1 Abs. 4 KSchG erstellen. Der Betriebsrat erklärt sich hierzu schließlich bereit, nachdem der Arbeitgeber zugesichert hat, den Betriebsrat vor Abschluss betriebsbedingt motivierter Aufhebungsvereinbarungen mit Mitarbeitern zukünftig zu konsultieren. Der Betriebsrat will verhindern, dass ein schleichender weiterer Personalabbau eintritt, ohne dass er hierauf Einfluss nehmen kann.

Auch die vereinbarte Erweiterung der Mitbestimmungsrechte des Betriebsrats in personellen Angelegenheiten wäre ohne Relevanz, wären Verstöße gegen die im Rahmen eines Interessenausgleichs getroffene Abrede nur über § 113 BetrVG sanktioniert.

208 Es stellt sich im Hinblick auf § 113 Abs. 1 BetrVG auch keinesfalls als **Systembruch** dar, wenn der Betriebsrat die mit dem Arbeitgeber getroffenen Abreden unmittelbar durchsetzen kann.[542] Das BAG geht in ständiger Rechtsprechung davon aus, dass der Betriebsrat zwar dann gegen den Arbeitgeber keinen Durchführungsanspruch hat, wenn durch eine Betriebsvereinbarung normative Ansprüche der Arbeitnehmer begründet werden.[543] Hat der Arbeitgeber sich gegenüber dem Betriebsrat in einer Betriebsvereinbarung direkt zu einer bestimmten Handlung oder Unterlassung verpflichtet, ohne dass dadurch

[542] So aber *Willemsen/Hohenstatt* NZA 1997, 345 (348).

[543] In diesen Fällen, so das BAG, sind die Arbeitnehmer gehalten, ihre Anspruch direkt gegenüber dem Arbeitgeber geltend zu machen, vgl. BAG 17.10.1989 – 1 ABR 75/88, NZA 1990, 441; BAG 10.6.1986 – 1 ABR 59/84, NZA 1987, 28 bezüglich der Durchführung von Tarifverträgen.

normative Ansprüche des Arbeitnehmers begründet werden, so billigt das BAG dem Betriebsrat jedoch einen Durchführungs- oder Unterlassungsanspruch gegenüber dem Arbeitgeber zu.[544] Für Verpflichtungen, die Betriebsrat und Unternehmen im Rahmen eines Interessenausgleichs vereinbart haben, kann bezüglich des Durchführungsanspruchs im Grundsatz nichts anderes gelten. Der Unterschied zwischen Betriebsvereinbarung und Interessenausgleich besteht insoweit lediglich in der Wirkung der Abrede gegenüber den Arbeitnehmern: während eine Betriebsvereinbarung normative Wirkung entfaltet und der Arbeitnehmer hieraus erwachsende Ansprüche gegen den Arbeitgeber klageweise geltend machen kann, kann ein Arbeitnehmer bei Verstößen gegen den Interessenausgleich lediglich Nachteilsausgleichsansprüche gemäß § 113 BetrVG geltend machen.

Schließlich vermag auch der Einwand nicht zu überzeugen, eine verbindliche Wirkung 209 des Interessenausgleichs führe zu einem nicht akzeptablen Eingriff in die **unternehmerische Entscheidungsfreiheit,** die nach dem Willen des Gesetzgebers unangetastet bleiben solle.[545] Zwar ist es richtig, dass gerade die Ausgestaltung des Interessenausgleichsverfahrens zeigt, dass der Gesetzgeber dem Betriebsrat nicht die Möglichkeit einräumen wollte, gegen den Willen des Unternehmens in die unternehmerische Planung einzugreifen. Gleichwohl wird dem Betriebsrat aber das Recht zugesprochen, mit dem Unternehmer über wirtschaftliche Fragen zu beraten und mit ihm eine Vereinbarung über das Ob, Wie und Wann der Betriebsänderung zu treffen. Damit ist klar, dass immer dann, wenn der Unternehmer sich im Rahmen des gesetzlich vorgeschriebenen Verfahrens zu Kompromissen mit dem Betriebsrat bezüglich der geplanten Betriebsänderung bereit erklärt, etwa weil die seitens des Betriebsrates vorgebrachten Argumente sachgerecht sind oder weil es sich bei wirtschaftlicher Betrachtung als kostengünstiger erweist, dem Betriebsrat entgegenzukommen, diese im Rahmen eines Interessenausgleichs auch vertraglich vereinbart werden können. Ebenso wie ein Unternehmer Verträge mit anderen Teilnehmern am Wirtschaftsleben abschließen und sich damit jahrelangen Bindungen unterwerfen kann, ist es sein Recht, entsprechende Verpflichtungen gegenüber dem Betriebsrat einzugehen.[546] Wenn man sich in diesem Kontext schon auf die unternehmerische Entscheidungsfreiheit und Art. 12 und Art. 14 GG berufen will, so kann dies nur zur Begründung des Rechts des Unternehmers geschehen, mit dem Betriebsrat entsprechende verbindliche und daher auch durchsetzbare Abreden zu treffen, und nicht zu dem Zweck, dem Unternehmer dieses Recht abzusprechen. Es würde geradezu auf eine Entmündigung der Betriebspartner hinauslaufen, wollte man ihnen die Möglichkeit nehmen, im Rahmen eines Interessenausgleichs verbindliche Vereinbarungen über die Durchführung und die Folgen einer Betriebsänderung sowie wirtschaftliche Sachverhalte zu treffen.

Die Ausgestaltung von Interessenausgleich und Sozialplan hängen oft unmittelbar von- 210 einander ab. Ist ein Unternehmen – wie in obigem Beispiel – bereit, im Rahmen eines Interessenausgleichs zu garantieren, dass ein bestimmtes Produkt weiterhin in dem von einem Personalabbau aktuell betroffenen Standort produziert werden wird, so ist es denkbar, dass sich der Betriebsrat zügiger zur Unterzeichnung eines Interessenausgleichs bereitfindet. Muss der Betriebsrat dann erleben, dass der Unternehmer sich über die getroffene Abrede ohne weiteres hinwegsetzen kann, wäre die **Wechselwirkung** zwischen Sozialplan und Interessenausgleich **gestört.** Betriebsräte würden sich in Zukunft auf keine derartige Regelung mehr mit Unternehmen einlassen, was letztlich auch den Unternehmen zum Nachteil gereichen würde. Damit wäre es den Betriebspartnern unmöglich, kreative, innovative Lösungen für bestehende Probleme verantwortlich zu erarbeiten und zu vereinbaren. Chancen, die die Betriebsparteien zur vernünftigen Konfliktlösung haben, blieben

[544] BAG 24.2.1987 – 1 ABR 18/85, NZA 1987, 639; BAG 10.11.1987 – 1 ABR 55/86, NZA 1988, 255; BAG 28.9.1988 – 1 ABR 41/87, NZA 1989, 184.
[545] So aber *Willemsen/Hohenstatt* NZA 1997, 345 (350).
[546] Vgl. *Zwanziger* BB 1998, 477 (479); zustimmend auch *Meyer* BB 2001, 882 (885).

ungenutzt; die durch eine Verknüpfung von Sozialplan und Interessenausgleich bestehenden Gestaltungsmöglichkeiten der Arbeitgeber entfielen.[547]

Wie die Betriebspartner mit den aufgezeigten rechtlichen Gestaltungsmöglichkeiten umgehen, steht in ihrer Macht. Wie bereits oben ausgeführt, sollte mit längerfristigen Verpflichtungen gegenüber dem Betriebsrat, die die unternehmerische Gestaltungsfreiheit einschränken, außerordentlich zurückhaltend verfahren werden.[548] Auch für Betriebsräte ist es nicht immer wünschenswert, derartige Vereinbarungen zu treffen, da sie damit in die Pflicht und Verantwortung für den unternehmerischen Erfolg genommen werden. Sollten gleichwohl Vereinbarungen getroffen werden, die die unternehmerische Gestaltungsfreiheit in Zukunft beschränken, so sollten **Befristungen** oder **Kündigungsmöglichkeiten** sowie **Anpassungsvorbehalte** oder **auflösende Bedingungen** für den Fall der Veränderung der wirtschaftlichen Rahmenbedingungen etc. aufgenommen werden.[549]

211 **Beispiel C 44:**

Ein Pharmaunternehmen führte im Jahre 1995 einen umfangreichen Personalabbau durch. In dem Interessenausgleich hat das Unternehmen sich gegenüber dem Betriebsrat verpflichtet, die Produktion eines am Markt sehr erfolgreichen Blutgerinnungsmittels fortzuführen und nicht an das Werk der Muttergesellschaft in Canada abzugeben. Nachdem sich herauskristallisiert hat, dass das Blutgerinnungsmittel schwerste Nebenwirkungen auslösen kann, wird 1998 schließlich die Arzneimittelzulassung in Deutschland zurückgenommen, die Produktion muss eingestellt werden. Der Betriebsrat konsultiert einen Rechtsanwalt und will wissen, ob und ggf. welche Möglichkeiten bestehen, gegen das Unternehmen vorzugehen. Von den 300 Beschäftigten müssen aufgrund der Stilllegung der Produktion nur 3 Mitarbeiter entlassen werden.

Will ein Unternehmer eine in einem Interessenausgleich oder einer freiwilligen Betriebsvereinbarung getroffene Abrede modifizieren oder will er sich hieran nicht mehr gebunden fühlen, ohne Nachteilsausgleichsansprüche gemäß § 113 Abs. 1 BetrVG oder andere Sanktionen zu riskieren, so kann er zunächst die Verhandlungen mit dem Betriebsrat aufnehmen, um eine **einvernehmliche Änderung** herbeizuführen. Nur soweit durch eine für die Beschäftigten nachteilige Änderung einer freiwilligen Betriebsvereinbarung in bereits entstandene Ansprüche der Beschäftigten eingegriffen wird, bestehen Bedenken. Im Übrigen sind die Betriebspartner befugt, einvernehmlich die getroffene Abrede zu modifizieren. Der Betriebsrat hat als Sachwalter der Belange der Gesamtbelegschaft die Kompetenz, den Arbeitgeber aus einmal erteilten Zusagen wieder zu entlassen. Kann eine einvernehmliche Lösung nicht erzielt werden, so kann der Unternehmer, steht eine neuerliche Betriebsänderung iSd § 111 BetrVG in Rede, die **Einigungsstelle anrufen.**

212 Will ein Unternehmer von einer freiwilligen Betriebsvereinbarung abweichen, so besteht vorbehaltlich einer anderweitigen Vereinbarung die Möglichkeit, diese gemäß §§ 88, 77 Abs. 5 BetrVG unter Einhaltung einer Kündigungsfrist von 3 Monaten zu kündigen. Enthält ein Interessenausgleich zwar zahlreiche Folgeregelungen, jedoch keine Angaben zur Geltungsdauer oder Kündigungsmöglichkeit, so ist unter **analoger Anwendung von § 77 Abs. 5 BetrVG** ebenfalls eine **ordentliche Kündigung** der Vereinbarung zu erwägen.[550] Dies gilt insbesondere dann, wenn diese unbefristet abgeschlossen wurde. Im Hinblick darauf, dass das Bestehen eines Kündigungsrechts in Analogie zu § 77 Abs. 5 BetrVG nicht gesichert ist, wird es in derartigen Fällen zweifelsohne zu Auseinandersetzungen kommen. Schon deshalb sollte bei Abschluss der Vereinbarung nach Möglichkeit eine Kündigungsklausel aufgenommen werden.

[547] So auch *Zwanziger* BB 1998, 477 (479).
[548] Vgl. hierzu → Rn. 195.
[549] So auch *Meyer* BB 2001, 882 (886).
[550] Vgl. hierzu auch *Meyer* BB 2001, 882 (886).

Ändern sich die wirtschaftlichen oder sonstigen Rahmenbedingungen, auf deren Grundlage der Unternehmer der getroffenen Abrede zugestimmt hat, grundlegend, so ist schließlich zu erwägen, ob der Unternehmer sich unter Berufung auf die Grundsätze des **Wegfalls der Geschäftsgrundlage** von der Vereinbarung lossagen kann. So verhält es sich im Beispiel C 44. Aufgrund des unvorhersehbaren Entzugs der Arzneimittelzulassung ist das Unternehmen zur Einstellung von Vertrieb und Produktion des Medikaments gezwungen und muss aufgrund des Wegfalls der Geschäftsgrundlage die mit dem Betriebsrat getroffene Abrede nicht mehr einhalten.

Zusammenfassend bleibt Folgendes festzuhalten: 213

(1) **Durchführungsregelungen** in einem Interessenausgleich begründen in der Regel keinen einklagbaren Anspruch des Betriebsrats gegen den Unternehmer. Etwas anders gilt nur dann, wenn die Parteien dies in dem Interessenausgleich ausdrücklich so vorgesehen haben.

(2) **Folgeregelungen,** in denen sich der Unternehmer gegenüber dem Betriebsrat verpflichtet, nach Durchführung der Betriebsänderung bestimmte Vereinbarungen einzuhalten (zB Arbeitsplatzgarantie, Garantie einer Mindestbeschäftigtenzahl, Kündigungsverzicht, Erweiterung von Mitbestimmungsrechten), begründen idR einen kollektivrechtlichen Durchführungsanspruch. Um die Intention der Parteien zu ermitteln, bedarf es jedoch im Einzelfall einer sorgfältigen Auslegung der Vereinbarung.

(3) Bezeichnen die Parteien den Interessenausgleich als **freiwillige Betriebsvereinbarung** und bringen zum Ausdruck, dass die Arbeitnehmer aus der Vereinbarung unmittelbare Rechte herleiten sollen, so haben die Beschäftigten gemäß §§ 88 iVm 77 Abs. 4 BetrVG aus der Betriebsvereinbarung einklagbare Ansprüche. Auch insoweit bedarf es einer sorgfältigen Auslegung der getroffenen Abrede.

d) Sonderfall: Namensliste als Bestandteil des Interessenausgleichs

In der Praxis hat es sich als nicht immer einfach erwiesen, die formellen und materiellen Anforderungen an eine Namensliste iSd § 1 Abs. 5 KSchG zu erfüllen. Es gibt daher immer wieder Fälle, in denen Unternehmen, die viel Energie und Verhandlungsaufwand auf die Vereinbarung einer Namensliste verwandt haben, in Kündigungsschutzprozessen enttäuscht werden. Um derartiges zu vermeiden, sollte daher stets sorgfältig geprüft werden, ob in dem konkreten Fall eine Namensliste iSd § 1 Abs. 5 KSchG überhaupt rechtswirksam vereinbart werden kann und wie dies formell ordnungsgemäß zu geschehen hat.[551] 214

Beispiel C 45:

Die Brauerei Naturfroh plant die Entlassung von Beschäftigten. Darüber hinaus sollen Altersteilzeitverträge abgeschlossen und befristete Verträge nicht verlängert werden. Ob die Schwellenwerte für eine Betriebsänderung iSd § 111 BetrVG überschritten sind, ist nicht ganz klar. Als der Betriebsrat die Vereinbarung einer Namensliste anbietet, erklärt sich der Geschäftsführer zur Unterzeichnung eines großzügigen Sozialplans bereit. In den folgenden Kündigungsschutzprozessen erklärt der Richter, er halte die Namensliste für unbeachtlich. Der Geschäftsführer ist entsetzt und fühlt sich betrogen.

Die erste Voraussetzung, die erfüllt sein muss, will man sich erfolgreich auf die Rechtswirksamkeit einer Namensliste berufen, ist das **Vorliegen einer Betriebsänderung iSd § 111 BetrVG.**[552] In materieller Hinsicht ist der Arbeitgeber für das Vorliegen einer Betriebsänderung in vollem Umfang darlegungs- und beweispflichtig. Gelingt der Nachweis

---

[551] Siehe dazu beispielhaft LAG Rheinland-Pfalz 3.4.2009 – 9 Sa 695/08, BeckRS 2009, 66476.

[552] Vgl. *Fitting* BetrVG §§ 112, 112a Rn. 52; DKW/*Däubler* BetrVG §§ 112, 112a Rn. 30; *Gaul* BB 2004, 2686; *Däubler* NZA 2004, 177 (183); *Quecke* RdA 2004, 86 (90); *Schiefer* DB 2009, 2546; aA *Thüsing/Wege* BB 2005, 213 (214).

nicht, greift die Vermutungswirkung des § 1 Abs. 5 KSchG nicht ein.[553] Auch wenn die Betriebsparteien einvernehmlich von einer Betriebsänderung ausgehen, ist dies irrelevant und im Ergebnis nicht hilfreich. In Fällen, die in der Grauzone angesiedelt sind, kann es höchstens hilfreich sein, wenn in dem Interessenausgleich die Argumente für eine Betriebsänderung und die daraus folgende Wertung der Betriebspartner dargelegt werden. Im Gesetz gibt es keinen Anhaltspunkt dafür, dass eine Namensliste nur bei sozialplanpflichtigen Betriebsänderungen vereinbart werden kann. Es mag daher Fälle geben, wo gemäß § 112a BetrVG ein Sozialplan nicht erzwungen werden kann, gleichwohl aber eine rechtswirksame Namensliste vereinbart wird.[554]

215 Da nach § 118 Abs. 1 BetrVG die §§ 111–113 BetrVG nur insoweit anzuwenden sind, als sie dem Ausgleich und der Milderung wirtschaftlicher Nachteile für die Arbeitnehmer infolge von Betriebsänderungen regeln, können in diesem Bereich keine Interessenausgleiche abgeschlossen werden. Dies gilt gemäß § 118 Abs. 2 BetrVG gleichermaßen für Religionsgemeinschaften. Vor diesem Hintergrund entspricht es des herrschenden Meinung, dass Tendenzbetriebe und Religionsgemeinschaften selbst dann die Vereinbarung einer Namensliste mit den Rechtsfolgen des § 1 Abs. 5 KSchG verwehrt ist, wenn die Betriebsparteien dies übereinstimmend wünschen und der Arbeitgeber sich zum Abschluss eines Interessenausgleichs bereit erklärt.[555] Vor diesem Hintergrund ist es derzeit für Tendenzbetriebe nicht ratsam, um eine Namensliste durchzusetzen große Zugeständnisse bei den Sozialplanverhandlungen zu machen. Insoweit sollte abgewartet werden, ob die Rechtsprechung die Auffassung der herrschenden Meinung bestätigt, oder den Parteien insoweit Gestaltungsfreiheit einräumt.

Schließen die Parteien nicht ausdrücklich einen Interessenausgleich, sondern nur einen Sozialplan ab und fügen diesem eine Namensliste an, so kann dies genügen, wenn das „Ob" und „Wie" der Betriebsänderung hinreichend beschrieben ist. Allerdings ist dies bei einem durch einen Spruch der Einigungsstelle aufgestellten Sozialplan nicht vorstellbar, da eine Namensliste – ebenso wie ein Interessenausgleich – nicht erzwingbar ist.[556]

216 Die Namensliste muss diejenigen Arbeitnehmer aufführen, die aufgrund der Betriebsänderung zu kündigen sind. Die Arbeitnehmer müssen **eindeutig identifiziert** werden können. Eine Positivliste mit den Beschäftigten, die im Unternehmen verbleiben, ist nicht ausreichend.[557] Wird der Interessenausgleich um einen Vorbehalt der nachträglichen Änderung der Namensliste durch die Betriebsparteien ergänzt, soll ebenfalls die Vermutungswirkung entfallen.[558] Problematisch sind Listen, die den Personalabbau nur teilweise abbilden. So hat das BAG in der Entscheidung vom 17.3.2016 klargestellt, dass es nicht ausreicht, wenn die Namensliste sich nur auf einen Teil der abzubauenden Stellen bezieht.[559] Dies wird damit begründet, das der Betriebsrat sich mit der Zustimmung zu einer Namensliste einen entsprechend großen Einfluss auf die Betriebsänderung in ihrer Gesamtheit erkauft. Dann müsse er im Gegenzug aber auch mit entscheiden, welche Mitarbeiter von der Maßnahme letztlich betroffen sind. Ob es demgegenüber möglich ist, wirksam den Personalabbau mit Namensliste in Wellen zu vereinbaren, hat das BAG noch

---

553 Vgl. BAG 31.5.2007 – 2 AZR 254/06, NZA 2007, 1307.

554 Vgl. LAG Brandenburg 13.10.2005 – 9 Sa 205/05, DB 2006, 52.

555 Vgl. *Fitting* BetrVG §§ 112, 112a Rn. 53; *Quecke* RdA 2004, 86 (90); *Annuß* in Richardi BetrVG § 112 Rn. 22a; aA ErfK/*Kania* BetrVG § 118 Rn. 18; *Thüsing/Wege* BB 2005, 213 (215).

556 Vgl. *Däubler* NZA 2004, 183.

557 Nach BAG 26.3.2009 – 2 AZR 296/07, NZA 2009, 1151, hat die Aufnahme von Arbeitnehmern in die Namensliste, die nicht zur Kündigung anstehen, sogar ausdrücklich zu unterbleiben; vgl. auch *Quecke* RdA 2004, 86 (91); aA *Schiefer* DB 1998, 927.

558 Vgl. ArbG Stuttgart 25.2.2010 – 9 Ca 416/09, NZA-RR 2010, 350.

559 2 AZR 182/15, NZA 2016, 1072 Rn. 33. Vgl zu der Thematik generell *Richter/Riem* NZA 2011, 1254 mwN; vgl. auch DKW/*Däubler* BetrVG §§ 112, 112a Rn. 31; *Gaul* BB 2004, 2686 (2688); aA *Matthes* RdA 1999, 178; *Piehler* NZA 1998, 970 (972); kritisch gesehen, aber im Ergebnis offen gelassen von BAG 26.3.2009 – 2 AZR 296/07, NZA 2009, 1151.

offen gelassen.[560] Das LAG Niedersachsen hatte demgegenüber entschieden, dass Teil-Namenslisten jedenfalls dann eine ausreichende Basis für die Rechtswirkungen des § 1 Abs. 5 KSchG sind, wenn der durch die Namensliste erfasste Bereich so deutlich abgrenzbar von dem nicht erfassten Bereich ist, dass die Sozialauswahl nicht beeinflusst werden kann.[561] Diese Rechtsprechung dürfte nun obsolet sein.

Zwar ist es nicht zwingend erforderlich, zusätzlich zu den Namen Angaben zu machen, es erscheint jedoch sachgerecht sicherzustellen, dass in dem Interessenausgleich die Gründe für die Kündigungen umrissen und ein Bild von der unternehmerischen Entscheidung gezeichnet wird. Diese Ausführungen können dann die Grundlage für die nach § 1 Abs. 5 KSchG vermuteten dringenden betrieblichen Erfordernisse sein. Führt die Vereinbarung in einer Namensliste zu einer Abweichung von einer sonst geltenden Auswahlrichtlinie, muss dies die Namensliste nicht zwingend grob fehlerhaft machen. Das BAG vertritt hier die Auffassung, dass sich die Namensliste im Grundsatz als speziellere Regelung gegenüber der Auswahlrichtlinie durchsetzt.[562]

Ein möglicher Verstoß gegen das Verbot der Altersdiskriminierung bei der Aufstellung der Namensliste hat nicht die „Unwirksamkeit" der Namensliste und des Interessenausgleichs insgesamt zur Folge. Er kann allenfalls zur groben Fehlerhaftigkeit der Sozialauswahl im Sinne von § 1 Abs. 5 S. 2 KSchG führen.[563]

Weitere Voraussetzung für die Rechtmäßigkeit der Namensliste ist, dass **die zuständigen Organe** sie vereinbart haben. Während es nahe liegt anzunehmen, dass das Betriebsratsgremium, das auch den Interessenausgleich abschließen muss, die Namensliste zu vereinbaren hat,[564] hält *Fischer* hier getrennte Zuständigkeiten für gegeben. Unter Hinweis darauf, dass personelle Einzelmaßnahmen und Fragen der Sozialauswahl immer in den Zuständigkeitsbereich der lokalen Betriebsräte fallen, hält er vom Gesamtbetriebsrat vereinbarte Namenslisten jedenfalls dann für nicht wirksam, wenn der Gesamtbetriebsrats sich zur Begründung seiner Zuständigkeit auf eine originäre Zuständigkeit gemäß § 50 Abs. 1 BetrVG und nicht auf eine Delegation nach § 50 Abs. 2 BetrVG stützt.[565] Die Argumente erscheinen im Ergebnis nicht überzeugend, da sie die Tatsache unberücksichtigt lassen, dass der Gesetzgeber in § 1 Abs. 5 KSchG die Namensliste als Bestandteil des Interessenausgleichs geregelt hat.[566] Hinzu kommt, dass nach Auffassung von *Fischer* im Ergebnis auch dann keine Namensliste bzgl. eines betriebsratslosen Betriebs vereinbart werden könnte, wenn der Gesamtbetriebsrat für die Betriebsänderung originär zuständig ist. Damit würden die Beschäftigen betriebsratsloser Betriebe im Ergebnis besser gestellt, weil sie zwar von dem Sozialplan profitieren würden, im Übrigen aber anders zu behandeln wären, als die Beschäftigten in Betrieben mit Betriebsrat.[567] 217

Die Namensliste muss **schriftlich** abgefasst und entweder **Teil des Interessenausgleichs** oder mit diesem **verbunden** sein. §§ 125, 126 BGB finden Anwendung.[568] Ist die Namensliste separat erstellt, muss sie formell zum Gegenstand des Interessenausgleichs gemacht werden. Sie kann von den Parteien als Bestandteil des Interessenausgleichs bezeichnet und gesondert unterzeichnet oder fest mit dem unterzeichneten Interessenausgleich verbunden sein.[569]

560 NZA 2016, 1072 Rn. 37.

561 Vgl. LAG Niedersachsen 23.10.2014 – 5 Sa 423/14, BeckRS 2015, 65066; 22.1.2015 – 5 Sa 1013/14, BeckRS 2015, 66549.

562 Vgl. BAG 24.10.2013 – 6 AZR 854/11, NZA 2014, 46.

563 Vgl. BAG 5.11.2009 – 2 AZR 676/08, NZA 2010, 457.

564 Ebenso LAG Berlin-Brandenburg 16.7.2010 – 13 Sa 758/10, BeckRS 2010, 74552.

565 Vgl. *Fischer* BB 2004, 1001 (1003).

566 Vgl. so auch *Ohlendorf/Salomon* NZA 2006, 131; *Zimmer/Repp* FA 2005, 259.

567 Vgl. hierzu auch *Ohlendorf/Salomon* NZA 2006, 131 (135).

568 Vgl. BAG 7.5.1998 – 2 AZR 536/97, NZA 1998, 1110; BAG 12.5.2010 – 2 AZR 551/08, DB 2010, 2454.

569 Vgl. BAG 7.5.1998, aaO; BAG 6.12.2001 – 2 AZR 422/00, NZA 2002, 999; BAG 21.1.2004 – 2 AZR 111/02, NZA 2006, 64; BAG 12.5.2010, aaO; GK/*Oetker* BetrVG §§ 112, 112a Rn. 62f. mwN;

Ein Interessenausgleich kann auch noch nach seinem Abschluss zeitnah um eine Namensliste ergänzt werden.[570] Bis zu welchem Zeitpunkt eine „zeitnahe" Ergänzung des Interessenausgleichs vorliegt, lässt sich nicht anhand starrer Regelfristen bestimmen. Entscheidend sind die Umstände des Einzelfalles, wie etwa die fortdauernden Verhandlungen der Betriebsparteien über die Erstellung einer Namensliste.

Die Voraussetzungen einer Namensliste nach § 125 InsO und § 323 Abs. 2 UmwG sind weitgehend identisch.

6. Sozialplan

218 In Sozialplänen werden gemäß § 112 Abs. 1 S. 2 BetrVG Vereinbarungen betreffend den **Ausgleich oder die Milderung wirtschaftlicher Nachteile,** die durch Betriebsänderungen entstehen, getroffen. Dies bedeutet, dass dort die wirtschaftlichen Verpflichtungen, die ein Unternehmen im Zusammenhang mit einer Betriebsänderung, namentlich mit einem Personalabbau trifft, festgeschrieben werden. Bei Unternehmensumstrukturierungen kommt dem Sozialplan demnach eine ganz zentrale Rolle zu. Wie ein Sozialplan ausgestaltet ist bzw. ausgestaltet werden kann, richtet sich zunächst danach, ob es sich um einen erzwingbaren oder einen freiwilligen Sozialplan handelt bzw. ob der Sozialplan aufgrund freier Verhandlungen der Parteien oder durch den Spruch der Einigungsstelle zustande gekommen ist.

a) Formen von Sozialplänen

219 **aa) Erzwingbare Sozialpläne.** Sozialpläne sind **grundsätzlich erzwingbar,** wenn der Unternehmer eine Betriebsänderung plant oder durchführt und dies wirtschaftliche Nachteile für die Belegschaft mit sich bringen kann.[571] Die Erzwingbarkeit eines Sozialplans bedeutet, dass der Betriebsrat die Aufstellung eines Sozialplans erforderlichenfalls auch gegen den Willen des Unternehmers durch Anrufung der Einigungsstelle veranlassen kann. Dies ergibt sich aus § 112 Abs. 4 BetrVG, wonach die Einigungsstelle in den Fällen, in denen eine Einigung zwischen den Parteien nicht zustande kommt, über die Aufstellung des Sozialplans entscheidet. Der Spruch der Einigungsstelle, so heißt es ausdrücklich, ersetzt dann die Einigung zwischen Arbeitgeber und Betriebsrat. Hieran vermag auch der Umstand nichts zu ändern, dass der Unternehmer möglicherweise unter Missachtung der Beteiligungsrechte des Betriebsrates gemäß §§ 111 ff. BetrVG die geplante Betriebsänderung schon durchgeführt hat oder aber das Interessenausgleichsverfahren erfolglos abgeschlossen wurde. Liegen die Voraussetzungen für einen erzwingbaren Sozialplan vor, so kann dieser auch noch **nachträglich** vereinbart bzw. durch Spruch der Einigungsstelle aufgestellt werden.[572] Dem Unternehmer kommt insbesondere **kein Wahlrecht** zwischen der Aufstellung eines Sozialplans und Nachteilsausgleichsansprüchen gemäß § 113 BetrVG zu.[573]

220 **bb) Freiwillige Sozialpläne.** Es gibt drei Fallkonstellationen, bei deren Vorliegen Sozialpläne **ausnahmsweise nicht erzwingbar** sind:

- der Unternehmer plant keine konkrete Betriebsänderung, dh die Voraussetzungen des § 111 BetrVG liegen (noch) nicht vor, der Betriebsrat will aber gleichwohl für den möglicherweise eintretenden Fall zukünftiger Betriebsänderungen einen **vorsorglichen Sozialplan** oder einen **Rahmensozialplan** abschließen;

---

als feste Verbindung ist das „Anheften" zu empfehlen, eine Büroklammer reicht nicht aus; vgl. daneben *Schiefer* DB 2009, 2546; *Seel* MDR 2010, 7 (9).

570 Vgl. BAG 26.3.2009 – 2 AZR 296/07, NZA 2009, 1151.

571 Vgl. hierzu → Rn. 129 ff.

572 Vgl. BAG 15.10.1979 – 1 ABR 49/77, DB 1980, 549.

573 Vgl. DKW/*Däubler* BetrVG §§ 112, 112a Rn. 65; *Annuß* in Richardi BetrVG § 112 Rn. 67.

- der Unternehmer plant einen **reinen Personalabbau,** die in § 112a Abs. 1 BetrVG vorgesehenen Schwellenwerte sind jedoch nicht überschritten;
- der Unternehmer plant **innerhalb der ersten vier Jahre nach Gründung des Unternehmens** eine Betriebsänderung, § 112a Abs. 2 BetrVG.

Liegen die beschriebenen Voraussetzungen vor, so kann der Spruch der Einigungsstelle eine Einigung der Parteien nicht ersetzen. Nichts anderes gilt im Übrigen in allen Fällen, in denen zwar Maßnahmen ergriffen werden sollen, die für die Arbeitnehmer nachteilig sind, jedoch die Voraussetzungen einer Betriebsänderung nicht vorliegen.

(1) Vorsorgliche Sozialpläne, Rahmen- und Dauersozialpläne. Es gibt Fälle, in denen der Unternehmer zwar akut keine Betriebsänderung plant, gleichwohl aber einen vorsorglichen Sozialplan bzw. einen Rahmensozialplan für zukünftige Betriebsänderungen abschließt.[574] Während in einem **vorsorglichen Sozialplan** konkret und abschließend die Konditionen festgelegt werden, zu denen Arbeitnehmer im Falle einer Betriebsänderung aus dem Arbeitsverhältnis ausscheiden, steckt ein **Rahmensozialplan** idR nur die Leitlinien für einen künftigen Sozialplan ab.[575] Denkbar ist auch, dass die Betriebspartner einen **Dauersozialplan** vereinbaren, der unabhängig von einer konkreten Betriebsänderung unbefristet oder für eine bestimmte Dauer Abfindungsregelungen für sämtliche betriebsbedingt gekündigten Arbeitnehmer vorsieht.[576] 221

Aus **Unternehmersicht** kommt ein vorsorglicher Sozialplan dann in Betracht, wenn davon ausgegangen werden kann, dass in absehbarer Zukunft möglicherweise mehrere Betriebsänderungen bzw. zumindest in nicht unerheblichem Umfange betriebsbedingte Kündigungen anstehen. Ein vorsorglicher Sozialplan hat *einerseits* den Vorteil, dass der Unternehmer bei der Planung der Betriebsänderung bereits eine verlässliche Kalkulationsgrundlage zur Berechnung der Umstrukturierungskosten hat. *Andererseits* schafft die Existenz eines vorsorglichen Sozialplans Vertrauen in die soziale Absicherung und gibt den Beschäftigten ggf. einen normativen Anspruch.[577] Des Weiteren kommt ein vorsorglicher Sozialplan in Betracht, wenn der Eintritt einer Betriebsänderung noch ungewiss ist. Dies ist typischerweise dann der Fall, wenn Unklarheit darüber besteht, ob ein Dritter wesentliche Teile des Personals gemäß § 613a Abs. 1 BGB übernimmt, oder ob er dies ablehnt und somit ein erheblicher Personalabbau oder gar eine Betriebsstilllegung erforderlich wird.[578] Das BAG hat in der Entscheidung vom 1.4.1998 ausdrücklich anerkannt, dass bei Ungewissheit über das Vorliegen eines Betriebsübergangs bzw. einer (Teil-)Betriebsstilllegung die Betriebspartner vorsorglich für den Fall, dass kein Betriebsübergang gegeben ist, einen Sozialplan vereinbaren können.[579] Auch dann, wenn zwar ein Betriebsübergang geplant ist, wenn aber mit dem Widerspruch erheblicher Teile der Belegschaft gegen den Betriebsübergang sowie der Notwendigkeit zum anschließenden Ausspruch betriebsbedingter Kündigungen zu rechnen ist, kann der Abschluss eines vorsorglichen Sozialplans zur Gewinnung einer Planungs- und Kalkulationsgrundlage im Interesse des Unternehmens sein. In einer Entscheidung vom 22.3.2016 hatte da BAG sich mit einer Fallkonstellation zu beschäftigen, bei der ungewiss war, ob sie in einer mitbestimmungspflichtigen Betriebsänderung mündet. Es ging um die Ein- und Durchführung eines Systems zur Optimierung von Arbeitsprozessen. Auch hier wurde festgehalten, dass ein Sozialplan nur bei Vorliegen einer Betriebsänderung erzwingbar ist, ein vorsorglicher Sozialplan hingegen

[574] Vgl. hierzu auch *Annuß* in Richardi BetrVG § 112 Rn. 63; *Fitting* BetrVG §§ 112, 112a Rn. 99; DKW/*Däubler* BetrVG §§ 112, 112a Rn. 194ff.; *Krieger/Terhorst* NZA 2014, 689 (690).

[575] Vgl. DKW/*Däubler* BetrVG §§ 112, 112a Rn. 194ff.; *Annuß* in Richardi BetrVG § 112 Rn. 63ff.; GK/*Oetker* BetrVG §§ 112, 112a Rn. 144.

[576] Hierzu ausführlich *Meyer* NZA 1996, 239 (242).

[577] Vgl. hierzu auch BAG 17.4.2012 – 1 AZR 119/11, NZA 2012, 1240.

[578] Vgl. hierzu ausführlich → Rn. 102ff.; das Besondere an dieser Fallkonstellation ist allerdings, dass die Relevanz des Sozialplans unter der Bedingung steht, dass die Voraussetzungen für einen Betriebsübergang nicht vorliegen, vgl. hierzu *Annuß* in Richardi BetrVG § 112 Rn. 66; *Meyer* NZA 2000, 297 (299) mwN.

[579] BAG 1.4.1998 – 10 AZR 17/97, NZA 1998, 768.

nicht.[580] Will man vermeiden, mit dem Betriebsrat fortlaufend in zeit- und uU auch kostenintensive Sozialplanverhandlungen eintreten zu müssen, kann sich ein **Dauersozialplan** als attraktiv erweisen. Auch ein **Rahmensozialplan,** der die Eckpunkte einer zukünftigen Sozialplanregelung festschreibt, erleichtert die Verhandlung eines späteren Sozialplanes. Zudem kann einem Unternehmen daran gelegen sein, einen freiwilligen Dauersozialplan abzuschließen, wenn ein Personalabbau geplant ist, der zwar die Voraussetzungen des § 111 BetrVG nicht erfüllt, gleichwohl aber Abfindungen gezahlt werden sollen, etwa um die Akzeptanz der Kündigungen zu erhöhen und risikobehaftete Kündigungsschutzprozesse zu vermeiden.[581]

222 **Betriebsräten** wird an Dauersozialplänen jedenfalls dann gelegen sein, wenn dort festgeschrieben ist, dass anspruchsberechtigt nicht nur Mitarbeiter sind, deren Arbeitsplätze im Rahmen einer Betriebsänderung iSd § 111 BetrVG betriebsbedingt abgebaut werden, sondern sämtliche Arbeitnehmer, die innerhalb der Geltungsdauer des Dauersozialplans betriebsbedingt ihren Arbeitsplatz verlieren. Zuweilen erklären sich Unternehmen mit derartigen Regelungen einverstanden, sei es, weil sie sich von dem Betriebsrat in anderen Bereichen Zugeständnisse erhoffen, sei es aus sozialen Gründen oder aus Gründen der Gleichbehandlung. Zudem geben Dauersozialpläne – ebenso wie vorsorgliche Sozialpläne und Rahmensozialpläne – dem Betriebsrat und der Belegschaft das Gefühl der sozialen Absicherung, ein Umstand, der vielfach auch die Interessenausgleichsverhandlungen erleichtert.

Vorsorgliche Sozialpläne und Dauersozialpläne gewinnen aufgrund der skizzierten Interessenlage in der Praxis zunehmend an Bedeutung. Warum sich derartige Vereinbarungen für beide Betriebspartner als sinnvoll und wünschenswert erweisen können, wird in dem folgenden Beispiel nochmals verdeutlicht.

223 Beispiel C 46:

Ein Pharma- und Chemiekonzern plant, seine Aktivitäten zukünftig auf das Kerngeschäft zu beschränken und will diejenigen Geschäftsbereiche, die nicht dem Bereich Pharmaka zuzuordnen ist, veräußern. Zu diesem Zweck werden die einzelnen zu veräußernden Geschäftsbereiche zunächst in selbständige Tochtergesellschaften ausgegliedert. In den Verhandlungen mit Interessenten stellt die Konzernleitung fest, dass der Umstand, dass etwaige Restrukturierungskosten für Interessenten regelmäßig nicht kalkulierbar sind, sich als Veräußerungshindernis erweist. Daher tritt die Konzernleitung an den Konzernbetriebsrat mit der Bitte heran, einen vorsorglichen Sozialplan abzuschließen, der für alle zu veräußernden Konzerngesellschaften verbindlich ist. Der Konzernbetriebsrat, der von den Einzelbetriebsräten beauftragt ist, erklärt, hierzu nur bereit zu sein, wenn bereits jetzt eine feste Laufzeit von fünf Jahren in dem Sozialplan festgeschrieben wird. Der Konzernbetriebsrat will damit sicherstellen, dass sich ein etwaiger Erwerber nicht durch Kündigung des vorsorglichen Dauersozialplans den Verpflichtungen entziehen kann.

Wichtig ist, dass weder vorsorgliche noch Dauer- oder Rahmensozialpläne erzwingbar sind; insoweit fehlt es an den Voraussetzungen für das Verfahren nach §§ 111 BetrVG, dh am Vorliegen einer konkreten Betriebsänderung. Verhandeln die Betriebspartner gleichwohl über einen derartigen Sozialplan, so kann die Einigungsstelle gemäß § 76 Abs. 6 BetrVG nur im beiderseitigen Einvernehmen angerufen werden.[582] Besteht ein vorsorglicher Sozialplan oder ein Dauersozialplan, in dem abschließend festgeschrieben ist, wie die durch eine Betriebsänderung entstehenden wirtschaftlichen Nachteile auszugleichen sind, so führt dies nicht zur Entbehrlichkeit des Interessenausgleichsverfahrens.[583] Der Betriebsrat

[580] 1 ABR 12/14, NZA 2016, 894.
[581] Vgl. *Krieger/Terhorst* NZA 2014, 689 (691).
[582] Vgl. *Fitting* BetrVG §§ 112, 112a Rn. 99.
[583] Vgl. BAG 29.11.1983 – 1 AZR 523/82, DB 1984, 724; BAG 26.8.1997 – 1 ABR 12/97, NZA 1998, 216; BAG 19.1.1999 – 1 AZR 342/98, NZA 1999, 949.

verbraucht sein Mitbestimmungsrecht bezüglich der Betriebsänderung gemäß §§ 111 ff. BetrVG nicht automatisch dadurch, dass er bezüglich einer in groben Umrissen schon abschätzbaren Betriebsänderung einen Sozialplan in Form einer freiwilligen Betriebsvereinbarung aufstellt. Mit anderen Worten, auch dann, wenn die Parteien sich aufgrund einer vorsorglich getroffenen Vereinbarung bereits über zu zahlende Abfindungen etc. einig sind, muss der Unternehmer mit dem Betriebsrat vor Durchführung einer Betriebsänderung **einen Interessenausgleich versuchen;** andernfalls setzt er sich Nachteilsausgleichsansprüchen gemäß § 113 BetrVG und uU auch Unterlassungsansprüchen des Betriebsrates aus.[584]

Das BAG hat die **Zulässigkeit von vorsorglichen Sozialplänen** ausdrücklich anerkannt und stützt seine Auffassung auf die umfassende, sich aus §§ 77 Abs. 3, 88 BetrVG ergebende Regelungskompetenz der Betriebspartner.[585] Zudem setzt sich der Erste Senat in dieser Entscheidung erstmals mit der umstrittenen Frage auseinander, inwieweit ein vorsorglich abgeschlossener Sozialplan in der Weise **Sperrwirkung** entfaltet, dass der Betriebsrat aus Anlass einer konkret anstehenden Betriebsänderung nicht neuerlich den Abschluss eines Sozialplans verlangen kann. Eine Reihe von Autoren vertreten die Auffassung, ein vorsorglicher Sozialplan könne keine Sperrwirkung entfalten, da dies einem unzulässigen Verzicht auf künftige Mitbestimmungsrechte gleichkäme.[586] Dieser Argumentation hat das BAG richtigerweise eine Absage erteilt und darauf hingewiesen, dass *zum einen* ein Verzicht auf die Ausübung des Mitbestimmungsrechts nicht vorliege, da das Mitbestimmungsrecht bereits durch den in der Regel auf Initiative des Betriebsrats erfolgten – Sozialplanabschluss ausgeübt wurde. *Zum anderen* gehe es nicht an, dass ein vorsorglicher Sozialplan nur eine Partei, nämlich die Arbeitgeberseite binde. Andernfalls erhalte ein vorsorglicher Sozialplan den Charakter einer Mindestregelung und wäre damit ein für die betriebliche Praxis untaugliches Instrument.[587] 224

Auch wenn dem grundsätzlich zuzustimmen ist, so ist doch in der Praxis der Abschluss eines vorsorglichen Sozialplans nicht ohne Risiko und sollte daher sorgfältig erwogen werden:[588] Zum einen ist zu bedenken, dass nach der Rechtsprechung des BAG ein vorsorglicher Sozialplan dann keine Sperrwirkung entfalten soll, wenn zum Zeitpunkt seines Abschlusses die bevorstehenden Betriebsänderungen noch völlig im Ungewissen liegen.[589] Da diese Einschränkung nicht ausreichend präzisiert ist, kann es sich im Einzelfall als schwierig erweisen, über das Bestehen einer Sperrwirkung zu entscheiden.[590] Zum anderen ist davon auszugehen, dass die Gerichte eine Sperrwirkung nur dann anerkennen, wenn der vorsorgliche Sozialplan auch von dem für die *konkrete* Betriebsänderung zuständigen Gremium abgeschlossen wurde. Hat nun aber ein für die Umrissen absehbare Betriebsänderung zuständige Konzern- oder Gesamtbetriebsrat einen vorsorglichen Sozialplan abgeschlossen und kommt ein Gericht nach Überprüfung zu dem Ergebnis, dass die schlussendlich konkret durchzuführende Betriebsänderung eine auf einen bestimmten Standort begrenzte Maßnahme ist bzw. aufgrund der lokalen Besonderheiten ein Sozialplan mit dem Einzelbetriebsrat abzuschließen ist,[591] so besteht das Risiko, dass das Unternehmen sich nachträg-

[584] Vgl. *Annuß* in Richardi BetrVG § 112 Rn. 64; DKW/*Däubler* BetrVG §§ 112, 112a Rn. 195; *Meyer* NZA 1996, 239 (240); *Fitting* BetrVG §§ 112, 112a Rn. 99; ErfK/*Kania* BetrVG §§ 112, 112a Rn. 15; *Wenning-Morgenthaler* Rn. 1088.

[585] Vgl. BAG 26.8.1997 – 1 ABR 12/97, NZA 1998, 216; ebenso BAG 19.1.1999 – 1 AZR 342/98, NZA 1999, 949; BAG 17.4.2012 – 1 AZR 119/11, NZA 2012, 1240.

[586] So insbesondere *Däubler* NZA 1985, 545 (546); DKW/*Däubler* BetrVG §§ 112, 112a Rn. 195; Richardi/*Annuß* in Richari BetrVG § 112 Rn. 64 mwN.

[587] BAG 19.1.1999 – 1 A 7 R B 42/98, NZA 1995, 949.

[588] So auch HWK/*Hohenstatt*/*Willemsen* BetrVG § 112 Rn. 31.

[589] Vgl. BAG 26.8.1997 – 1 ABR 12/97, NZA 1998, 216.

[590] Hierauf verweist auch *Meyer,* Anmerkung zu BAG 19.1.1999 – 1 AZR 342/98, NZA 1999, 949 und stellt vor diesem Hintergrund die vom BAG betonte Befriedungsfunktion vorsorglicher Sozialpläne in Frage.

[591] Vgl. hierzu BAG 23.10.2002 – 7 ABR 55/01, NZA 2003, 1360 und → Rn. 376, 381.

lich nicht auf die Sperrwirkung berufen kann. Eine Vereinbarung, die sich letztlich nur als unverbindliche Mindestregelung erweist, kann aber kaum im Interesse eines Arbeitgebers liegen, zumal in den Verhandlungen mit den lokalen Betriebsräten mit Nachforderungen zwingend zu rechnen ist. Will man diesem Risiko vorbeugen, so sollte sichergestellt sein, dass Konzern- oder Gesamtbetriebsrat auf der Basis einer entsprechenden Beauftragung durch die Einzelbetriebsräte handeln, die auch den Abschluss von verbindlichen Sozialplanregelungen für zukünftig noch zu konkretisierende Betriebsänderungen einschließen.

225 Besteht ein Rahmen- oder Dauersozialplan, entschließen die Betriebsparteien sich aber, für eine konkret anstehende Betriebsänderung dennoch einen neuen Sozialplan abzuschließen, so können die betroffenen Arbeitnehmer Ansprüche grundsätzlich nur aus dem neuen Sozialplan herleiten. Es gilt das Ablösungsprinzip. Ist dies zu ihrem Nachteil, ist dies hinzunehmen, sofern nicht gegen die Grundsätze der Verhältnismäßigkeit und des Vertrauensschutzes verstoßen wird. So verhielt es sich auch in dem der Entscheidung des BAG vom 17.2.2012 zugrundeliegenden Sachverhalt.[592] Letzteres kann allerdings nur dann der Fall sein, wenn in bestehende Besitzstände eingegriffen wird, was nicht der Fall ist, wenn die Maßnahme bei Abschluss des neuen (spezielleren) Sozialplans noch nicht umgesetzt ist.[593]

226 **(2) Sozialpläne bei reinem Personalabbau unterhalb der Schwellenwerte des § 112a Abs. 1 BetrVG.** Wie oben bereits ausgeführt, war die Frage, ob auch Fälle eines reinen Personalabbaus als Betriebsänderung iSd § 111 BetrVG zu qualifizieren sind, bis zur Einführung des § 112a BetrVG durch das Beschäftigungsförderungsgesetz 1985 umstritten.[594] Da § 112a Abs. 1 S. 1 BetrVG ausdrücklich den Fall regelt, dass eine geplante Betriebsänderung im Sinne des § 111 S. 3 Nr. 1 BetrVG allein in der Entlassung von Arbeitnehmern besteht, steht nunmehr unzweifelhaft fest, dass es sich bei einem reinen Personalabbau um einen Fall der Betriebseinschränkung gemäß § 111 S. 3 Nr. 1 BetrVG handeln kann.[595] Dies ist jedoch nicht der entscheidende Gesichtspunkt. Entscheidend ist vielmehr, dass in § 112a Abs. 1 S. 1 BetrVG geregelt ist, dass in den Fällen, in denen eine geplante Betriebsänderung allein in der Entlassung von Arbeitnehmern besteht, es sich also nicht zugleich noch um eine sonstige Betriebsänderung iSd § 111 S. 3 BetrVG handelt, ein Sozialplan nur bei der Überschreitung bestimmter Schwellenwerte durch Anrufung der Einigungsstelle erzwingbar ist. Dies bedeutet, dass es Fälle geben kann, in denen zwar eine Betriebsänderung iSd § 111 BetrVG vorliegt, ein Sozialplan gleichwohl aber nicht erzwingbar ist.

227 Die unterschiedlichen Schwellenwerte stellen sich im Einzelnen wie folgt dar:

Anforderungen an eine Betriebseinschränkung iSd § 111 S. 3 Nr. 1 BetrVG durch einen reinen Personalabbau:

Betriebsgröße	Schwellenwert[596]
21 bis 59 Arbeitnehmer	mindestens 6 Arbeitnehmer
60 bis 499 Arbeitnehmer	mindestens 10 % der Beschäftigten oder mehr als 25 Arbeitnehmer
500 bis 599 Arbeitnehmer	mindestens 30 Arbeitnehmer
600 und mehr Arbeitnehmer	mindestens 5 % der Belegschaft

[592] 1 AZR 119/11, NZA 2012, 1240.
[593] Vgl. BAG 19.2.2008 – 1 AZR 1004/06, NZA 2008, 719.
[594] Vgl. hierzu unter → Rn. 45.
[595] Vgl. hierzu unter → Rn. 45.
[596] Vgl. → Rn. 45.

Anforderungen an einen erzwingbaren Sozialplan bei reinem Personalabbau gemäß § 112a Abs. 1 S. 1 BetrVG:

Betriebsgröße	Schwellenwert
21 bis 59 Arbeitnehmer	20 % der Belegschaft, *aber* mindestens 6 Arbeitnehmer
60 bis 249 Arbeitnehmer	20 % der Belegschaft *oder* mindestens 37 Arbeitnehmer
250 bis 499 Arbeitnehmer	15 % der Belegschaft *oder* mindestens 60 Arbeitnehmer
500 und mehr Arbeitnehmer	10 % der Belegschaft, *aber* mindestens 60 Arbeitnehmer

Im Hinblick darauf, dass § 112a Abs. 1 S. 1 BetrVG nur in den Fällen einschlägig ist, in 228
denen es sich um einen reinen Personalabbau handelt, muss in der Praxis, will man sich auf die mangelnde Erzwingbarkeit eines Sozialplans berufen, immer sorgfältig geprüft werden, ob die geplante Betriebsänderung sich tatsächlich auf die Entlassung von Arbeitnehmern beschränkt. Der Personalabbau ist ein Unterfall der Betriebseinschränkung gemäß § 111 S. 3 Nr. 1 BetrVG.[597] Während von einer **Betriebseinschränkung** immer dann die Rede ist, wenn die Leistungsfähigkeit des Betriebes, namentlich dessen technische Kapazität, auf Dauer eingeschränkt wird, bezeichnet der Begriff des **Personalabbaus** den Fall, dass zwar die sächlichen Betriebsmittel unangetastet bleiben, der Personalstamm aber dauerhaft und in beträchtlichem Umfang reduziert wird.[598] Legt man dies zugrunde, so wird deutlich, dass Fälle der Betriebsstilllegung niemals von § 112a Abs. 1 S. 1 BetrVG erfasst werden, da hier die organisatorische Einheit des Betriebes aufgelöst wird.[599] Bei Betriebseinschränkungen hängt die Anwendbarkeit des § 112a Abs. 1 S. 1 BetrVG entscheidend davon ab, ob neben dem Abbau des Personals auch die betrieblichen Kapazitäten, etwa durch Veräußerung von Betriebsmitteln, Reduktion der Produktions- oder Verkaufsflächen etc., verringert werden.[600] Bleiben die betrieblichen Kapazitäten unverändert und wird lediglich Personal abgebaut, um etwa den Personalbestand an das reduzierte Auftragsvolumen anzupassen, so ist § 112a Abs. 1 S. 2 BetrVG einschlägig. Hieran vermag auch der Umstand nichts zu ändern, dass parallel andere Reorganisationsmaßnahmen im Unternehmen durchgeführt werden, die Versetzungen oÄ mit sich bringen.[601] Das BAG hat dies in seiner Entscheidung vom 28.3.2006 nochmals weiter präzisiert und ausgeführt. Nach der Gesetzessystematik und dem Sinn und Zweck des § 112a Abs. 1 BetrVG stehe der Umstand, dass der Arbeitgeber neben dem Personalabbau weitere Maßnahmen durchführt, der Anwendbarkeit des § 112a Abs. 1 BetrVG nicht entgegen. Erst wenn weitere Maßnahmen allein oder zusammen mit dem Personalabbau eine Betriebsänderung darstellen, ist § 112a Abs. 1 BetrVG unanwendbar.[602] Umgekehrt bedeutet das, dass zu prüfen ist, ob ohne den Personalabbau eine Betriebsänderung vorläge. Dies ist nicht schon bei den mit dem Personalabbau einhergehenden Organisationsänderungen oder jedem Abbau einzelner Betriebsmittel der Fall.[603]

[597] Vgl. hierzu → Rn. 45.
[598] Vgl. BAG 22.5.1979 – 1 ABR 17/77, DB 1979, 1896; BAG 7.8.1990 – 1 AZR 445/89, NZA 1991, 113.
[599] Vgl. *Annuß* in Richardi BetrVG § 112a Rn. 4; *Fuhlrott* ArbRAktuell 2011, 109.
[600] Vgl. *Annuß* in Richardi BetrVG § 112a Rn. 3 f.; GK/*Oetker* BetrVG §§ 112, 112a Rn. 319.
[601] Vgl. hierzu auch die Entscheidung des LAG Nürnberg 6.12.2004 – 9 TaBV 9/04, NZA-RR 2005, 375.
[602] Vgl. BAG 28.3.2006 – 1 ABR 5/05, NZA 2006, 932.
[603] Vgl. *Lingemann* FD-ArbR 2006, 193108.

Beispiel C 47:

Ein Familienunternehmen, das seit mehreren Generationen Spielzeug und Weihnachtsschmuck erzeugt, muss sich aufgrund des wachsenden Konkurrenzdrucks aus Asien von der nicht mehr lohnenden Herstellung von Weihnachtsschmuck trennen. Die Maschinen werden verschrottet, ein Teil der ohnedies baufälligen Gebäude abgerissen. Die in diesem Bereich beschäftigten 30 Mitarbeiter des insgesamt 200 Mitarbeiter zählenden Betriebes müssen betriebsbedingt gekündigt werden. Der Betriebsrat verlangt den Abschluss eines Sozialplans, der Geschäftsführer lehnt dies unter Hinweis auf die schlechte finanzielle Situation des Unternehmens und § 112a Abs. 1 S. 1 BetrVG ab.

Da im Beispiel C 44 nicht nur Personal abgebaut, sondern auch Produktionskapazitäten eingeschränkt werden, kann sich der Unternehmer nicht auf die fehlende Erzwingbarkeit des Sozialplans berufen. Anders stellt sich die Situation im folgenden Beispiel dar:

229 **Beispiel C 48:**

Die internationale Fluglinie N-Airlines unterhält in Deutschland einen Call-Center mit insgesamt 70 Mitarbeitern. Dort werden die Reservierungen für sämtliche Passagiere in Österreich, der Schweiz und Deutschland vorgenommen. Aufgrund der hohen Kosten entschließt sich die N-Airlines in dem Call-Center Personal abzubauen. Während es bislang dem Service-Ziel entsprach, Anrufe innerhalb von 10 bis 15 Sekunden entgegenzunehmen, soll es nunmehr ausreichend sein, wenn Anrufe binnen 30 Sekunden entgegengenommen werden können. Durch die Hinnahme der Service-Verschlechterung können insgesamt 10 Stellen abgebaut werden.

Im Beispiel C 48 beschränkt sich die Maßnahme tatsächlich auf einen reinen Personalabbau. Weder ändert sich der Betriebszweck, noch wird ein Teil des Betriebes eingestellt. Da der Schwellenwert des § 112a Abs. 1 S. 1 Nr. 3 BetrVG nicht erfüllt ist, ist ein Sozialplan nicht erzwingbar.

Die denkbaren Fallkonstellationen sowie die erforderlichen Prüfungsschritte zur Ermittlung der Konsequenzen für die Sozialplanpflichtigkeit eines Personalabbaus sind in dem folgenden Schaubild nochmals systematisch dargestellt:

Schaubild C 7: 230

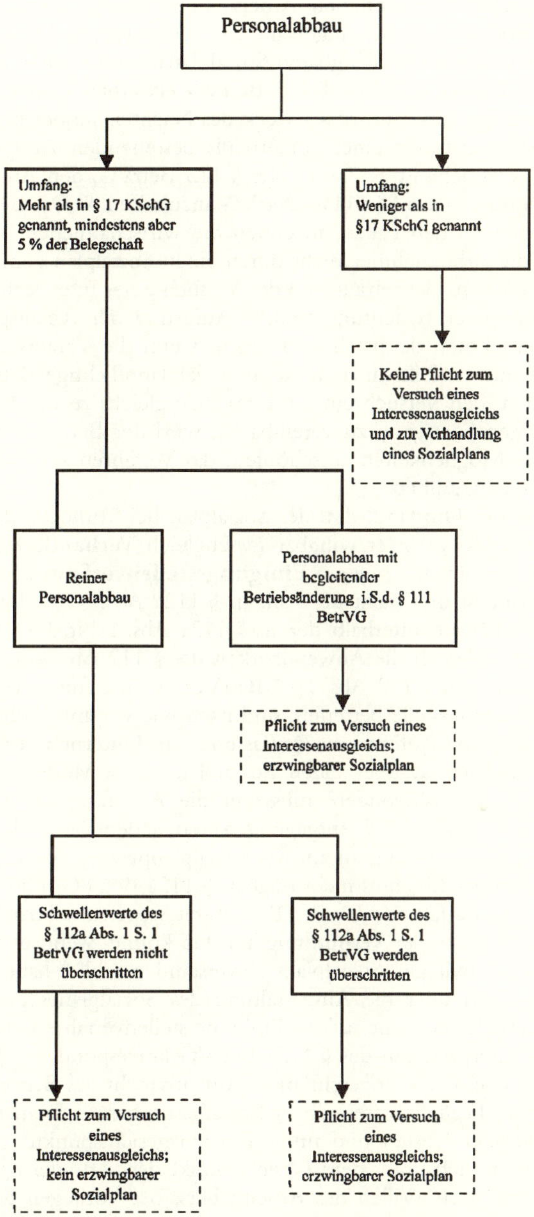

Wichtig ist, dass § 112a Abs. 1 BetrVG nur die Erzwingbarkeit eines Sozialplanes, nicht aber das **Erfordernis des Versuchs eines Interessenausgleichs** einschränkt. Auch wenn die Voraussetzungen des § 112a Abs. 1 BetrVG nicht erfüllt sind und § 112 Abs. 4 und 5 BetrVG nicht zur Anwendung gelangt, so dass die Einigungsstelle im Konfliktfall nicht durch Spruch entscheiden kann, so ist der Arbeitgeber gleichwohl verpflichtet, bei Vorliegen der Voraussetzungen des § 111 BetrVG mit dem Betriebsrat den Versuch eines Inter- 231 essenausgleichs zu unternehmen.[604] Soweit dieser Versuch unterbleibt, haben die von der Betriebsänderung nachteilig betroffenen Arbeitnehmer einen gesetzlichen Nachteilsausgleichsanspruch.[605] Hiergegen wird eingewandt, es sei widersprüchlich, wenn ein Arbeitnehmer zwar einerseits keinen erzwingbaren Sozialplananspruch habe, andererseits aber einen Nachteilsausgleichsanspruch nach § 113 BetrVG erwerben könne.[606] Dieser Einwand ist nicht stichhaltig, da er verkennt, dass Zweck des Nachteilsausgleichsanspruchs nicht die Gewährung eines Surrogats für einen andernfalls bestehenden Abfindungsanspruch aus dem Sozialplan ist. Vielmehr ist es Zweck des § 113 BetrVG, den Arbeitgeber zur Erfüllung seiner Verpflichtungen aus §§ 111 ff. BetrVG anzuhalten.[607] Das BAG weist zutreffend darauf hin, dass gerade in den Fällen, in denen die wirtschaftlichen Nachteile einer Betriebsänderung für die Arbeitnehmer nicht durch einen Sozialplan gemildert werden können, die Beratung mit dem Betriebsrat und der Versuch eines Interessenausgleichs mit dem Betriebsrat von besonderer Bedeutung sind.[608] Aufgrund der Rechtsprechung des BAG muss sich ein Unternehmen demnach auch dann, wenn die Voraussetzungen des § 112a Abs. 1 S. 1 BetrVG nicht erfüllt sind und keine sozialplanpflichtige Betriebsänderung vorliegt, darauf einstellen, den Versuch eines Interessenausgleichs zu unternehmen. Um doch noch einen freiwilligen Sozialplan zu vereinbaren, wird der Betriebsrat gerade in derartigen Fällen sämtliche Möglichkeiten ausschöpfen, das Verfahren zu verzögern oder Druck auf das Unternehmen auszuüben.

Umstritten ist, ob der Umstand, dass der Sozialplan bei Vorliegen der Voraussetzungen des § 112a Abs. 1 BetrVG nicht erzwingbar ist, zugleich **Verhandlungen der Betriebspartner** über einen Sozialplan sowie ein **Einigungsstellenverfahren** obsolet macht.

232 Nach dem Wortlaut ist dies nicht der Fall. In § 112a Abs. 1 S. 1 BetrVG wird für den Fall, dass der Personalabbau unterhalb der in § 112a Abs. 1 Nr. 1–4 BetrVG genannten Schwellenwerte liegt, lediglich die Anwendbarkeit des § 112 Abs. 4 und 5 BetrVG ausgeschlossen. Die Regelung in § 112 Abs. 1–3 BetrVG, die die freien Verhandlungen sowie die Anrufung der Einigungsstelle betreffen, sind nach wie vor anwendbar. Unter Berufung hierauf vertreten zahlreiche Autoren die Auffassung, ein Unternehmer sei auch dann verpflichtet, mit dem Betriebsrat über einen Sozialplan zu verhandeln, wenn ein Fall des § 112a BetrVG vorliege. Insbesondere müsse er die Anrufung der Einigungsstelle dulden.[609] Dem wird von *Willemsen*[610] entgegengehalten, jedenfalls in den Fällen, in denen ein Unternehmer sich von Anfang an auf das Sozialplanprivileg des § 112a BetrVG berufen habe, sei ein derartiges Ergebnis nicht tragbar. § 112a BetrVG müsse eine teleologische Reduktion dahingehend erfahren, dass der Betriebsrat wegen des Sozialplans nur dann die Einigungsstelle zum Zwecke der Vermittlung anrufen könne, wenn er sich im Prinzip mit der Aufstellung eines freiwilligen Sozialplans einverstanden erklärt habe und Meinungsverschiedenheiten nur noch über die Ausgestaltung des Sozialplanes bestehen. Andernfalls müsse sich der Unternehmer nicht auf ein Einigungsstellenverfahren einlassen. Eine derartige eingeschränkte Interpretation des § 112a BetrVG korrespondiere im Übrigen mit der Rechtsprechung des BAG zum eingeschränkten Initiativrecht des Betriebsrates gemäß § 87 Abs. 1 Nr. 10 BetrVG bezüglich freiwilliger Sozialleistungen.[611] Dem ist im Interesse der Vermeidung überflüssiger Kosten und unter Effizienzgesichtspunkten zuzustimmen. Zudem ist der Betriebsrat auch unter dem Gesichtspunkt der vertrauensvollen Zusammenarbeit gehalten, den erklärten Willen des Arbeitgebers, bei Vorliegen der Voraussetzungen

[604] Vgl. BAG 8.11.1988 – 1 AZR 687/87, NZA 1989, 278.
[605] Vgl. BAG 8.11.1988, aaO; *Röder/Baeck* S. 29; *Willemsen* DB 1990, 1405.
[606] Hierzu insbesondere *Heinze* NZA 1987, 41 (50).
[607] Zum Sanktionscharakter des Nachteilsausgleichsanspruchs BAG 22.5.1979 – 1 AZR 848/76, DB 1979, 1897, vgl. → Rn. 349.
[608] Vgl. BAG 8.11.1988 – 1 AZR 687/87, NZA 1989, 278, unter II 2b) und c) der Gründe.
[609] Vgl. DKW/*Däubler* BetrVG §§ 112, 112a Rn. 79; *Annuß* in Richardi BetrVG § 112a Rn. 2; *Scherer* NZA 1985, 764 (768); *Heinze* NZA 1987, 41 (50) mwN.
[610] Vgl. *Willemsen* DB 1990, 1405 (1413).
[611] Vgl. *Willemsen* aaO.

des § 112a BetrVG einen Sozialplan nicht abschließen zu wollen, zu akzeptieren. In der Praxis allerdings ist dies nur von eingeschränktem Wert. Wie dargelegt, kann der Betriebsrat die Einigungsstelle zumindest wegen des Versuchs eines Interessenausgleichs anrufen und kann daher, sollte dies sein Bestreben sein, Druck auf den Arbeitgeber ausüben. Hinzu kommt, dass der Betriebsrat in der Regel behaupten wird, es liege kein Fall des § 112a BetrVG vor, so dass die Einigungsstelle als Vorfrage zunächst über ihre Zuständigkeit zu entscheiden hat.

Auch wenn ein Sozialplan gemäß § 112a BetrVG nicht erzwingbar ist, so willigen Unternehmen vielfach in den Abschluss eines freiwilligen Sozialplans ein. Die fehlende Erzwingbarkeit des Sozialplans wird von den Unternehmen nicht selten eher als Instrument zur Stärkung der eigenen Verhandlungsposition, denn als Instrument zur endgültigen Vermeidung von Sozialplankosten genutzt. Diese Entwicklung mag zu einem nicht unerheblichen Teil auch damit zusammenhängen, dass den Unternehmen vielfach mehr an einer schnellen als an einer kostenfreien Regelung eines Personalabbaus gelegen ist. Das Interessenausgleichsverfahren ist zeitintensiv, und betriebsbedingte Kündigungen sind häufig besonders risikobehaftet, wenn den Betroffenen keinerlei Abfindung gezahlt wird. In diesen Fällen steigt die Klagehäufigkeit, Abfindungen können insoweit ihren Befriedungseffekt nicht entfalten. Vor diesem Hintergrund bevorzugen viele Unternehmen selbst dann, wenn sie hierzu nicht verpflichtet sind, die zügige Vereinbarung eines Interessenausgleichs und eines freiwilligen Sozialplans. 233

Hinzu kommt, dass die Regelung des **§ 112a Abs. 1 BetrVG sozialpolitisch und unter Gleichheitsgesichtspunkten** als **problematisch** empfunden wird. Auch in der juristischen Diskussion wird kritisiert, dass durch die Einführung des § 112a BetrVG in der Praxis schwerlich akzeptable Ergebnisse erzielt werden.[612] Während Arbeitnehmer, die von Entlassungen betroffen sind, die zugleich mit dem Abbau von Produktionskapazitäten einhergehen, einen durchsetzbaren Anspruch auf eine Abfindung aus einem Sozialplan haben, sollen Arbeitnehmer, die von einem reinen Personalabbau betroffen sind, nur dann Anspruch auf eine Abfindung haben, wenn es sich um einen drastischen Personalabbau handelt. Da die mit dem Verlust des Arbeitsplatzes verbundenen Folgen für die Arbeitnehmer in beiden Fällen gleich groß sind, ist die Differenzierung zwischen einem reinen Personalabbau und anderen Betriebsänderungen zumindest problematisch.

(3) Sozialpläne neugegründeter Unternehmen gemäß § 112a Abs. 2 BetrVG. Aufgrund der Ausnahmeregelung des § 112a Abs. 2 S. 1 BetrVG entfällt die Sozialplanpflicht in den ersten vier Jahren nach Gründung eines Unternehmens. Dies bedeutet zunächst, dass neugegründete Unternehmen, die Arbeitnehmer anstellen und einen Betrieb neu eröffnen, vier Jahre nach der Aufnahme ihrer Erwerbstätigkeit iSd § 138 der Abgabenordnung im Falle notwendiger Betriebsänderungen keinen Sozialplan aufstellen müssen. Diese fehlende Sozialplanpflichtigkeit während der ersten vier Jahre soll die unternehmerische Initiative stärken und Unternehmensgründungen erleichtern.[613] 234

Dass § 112a Abs. 2 S. 1 BetrVG immer dann einschlägig ist, wenn ein neugegründetes Unternehmen einen oder mehrere **Betriebe neu aufbaut** und sodann während der ersten vier Jahre nach Aufnahme der Erwerbstätigkeit Personal abbauen muss, steht außer Zweifel. Weniger eindeutig ist hingegen, wie zu verfahren ist, wenn ein bereits **länger als vier Jahre bestehendes Unternehmen** seine Aktivitäten erweitert und einen **neuen Betrieb** gründet. Der Umstand, dass der Gesetzgeber in § 112a Abs. 2 BetrVG das Sozialplanprivileg lediglich von dem Alter des Unternehmens abhängig macht und nicht etwa, was auch denkbar gewesen wäre, an die Schaffung neuer Arbeitsplätze anknüpft, spricht dafür, in den Fällen, in denen ein bestehendes Unternehmen einen neuen Betrieb eröffnet, das Unternehmen nur dann von der Sozialplanpflicht zu befreien, wenn es noch keine

612 Vgl. *Bauer* DB 1994, 217 (227).
613 Zu Sinn und Zweck der Ausnahmeregelung *Willemsen* DB 1990, 1405 (1407).

vier Jahre erwerbstätig ist.[614] In Anbetracht des vom Gesetzgeber mit der Regelung verfolgten Zwecks und der Gesetzesmaterialien ist mit dem BAG davon auszugehen, dass die Vorschrift an das **Bestehen des Unternehmens** und **nicht an das Bestehen des Betriebes** anknüpft.[615] Unternehmen, die bereits länger als vier Jahre bestehen, gleichwohl aber einen neuen Betrieb gründen, sind demnach nicht von der Sozialplanpflicht befreit. Hätte der Gesetzgeber dies gewünscht, so hätte er die Befreiung von der Sozialplanpflichtigkeit an die Schaffung neuer Arbeitsplätze knüpfen müssen.[616] In folgendem Beispiel C 49 kann sich der Unternehmer demnach nicht auf § 112a Abs. 2 BetrVG berufen, obwohl er einen Not leidenden Betrieb gerettet und zahlreiche Arbeitsplätze erhalten hat:

235 **Beispiel C 49:**

Ein etablierte Parkettgroßhandel P-GmbH in Hamburg erfährt, dass die Firma S in Buxtehude, die seit zwei Jahren mit Türen und Beschlägen handelt, in finanziellen Schwierigkeiten ist. Da dies eine gute Ergänzung des Geschäftsbereichs wäre, nimmt die P-GmbH mit der S-GmbH Gespräche auf und erwirbt schließlich den Geschäftsbetrieb der Fa. S. Nachdem die P-GmbH den Geschäftsbetrieb der Fa. S sechs Monate in Buxtehude fortgeführt hat, entschließt sie sich, die beiden Betriebe in Hamburg zusammenzulegen und dort ein neues Großhandelszentrum zu eröffnen. Wegen der Betriebsverlegung tritt sie in Verhandlungen mit dem Betriebsrat ein, der den Abschluss eines Sozialplans verlangt. Die P-GmbH vertritt die Auffassung, ein Sozialplan müsse nicht aufgestellt werden, da der Betrieb, den sie übernommen hat, noch keine vier Jahre besteht.

Die Sozialplanpflichtigkeit der Betriebsverlagerung hätte die Fa. P-GmbH vermeiden können, wenn sie den Geschäftsbetrieb der Not leidenden S-GmbH nicht in ihr Unternehmen, sondern in eine neu gegründete Gesellschaft eingebracht hätte. Da die S-GmbH zum Zeitpunkt des Erwerbs noch keine vier Jahre bestand, wäre zudem auch der Erwerb der Gesellschaftsanteile in Betracht gekommen, ohne dass der Sozialplan sofort erzwingbar gewesen wäre.

Umstritten ist, ob das Sozialplanprivileg auch dann gilt, wenn ein neugegründetes Unternehmen einen Betrieb übernimmt, der bereits seit mehr als vier Jahren besteht. So verhält es sich in folgendem Beispiel C 50.

236 **Beispiel C 50:**

Die Charter-Fluggesellschaft Holiday AG will zukünftig auch Pauschalreisen selbst anbieten. Sie schaut sich am Markt um und entschließt sich zum Erwerb des traditionsreichen Reiseveranstalters Happy-Tours. Happy-Tours verfügt über ein eigenes Vertriebsnetz in Form von ca. 10 Reisebüros. Im Hinblick darauf, dass auch die Holiday AG über ein Vertriebsnetz verfügt, sollen 6 der 10 Reisebüros geschlossen werden. Nun stellt sich die Frage, ob die Holiday-AG den Geschäftsbetrieb der Happy-Tours direkt erwerben und in ihr Unternehmen eingliedern oder in Form einer selbständigen und neu zu gründenden Gesellschaft mit beschränkter Haftung weiterbetreiben soll.

Zum Teil wird die Auffassung vertreten, ein Wegfall der Sozialplanpflichtigkeit im Falle des **Erwerbes eines älteren Betriebes durch ein neugegründetes Unternehmen** sei mit dem Grundgedanken des § 613a Abs. 1 BGB nicht vereinbar. Mit dem Wechsel des Betriebsinhabers dürfe keine Verschlechterung der rechtlichen Position einhergehen. Der Wegfall der Sozialplanpflichtigkeit im Falle von Betriebsänderungen stelle sich als gravie-

---

[614] Vgl. *Willemsen* DB 1990, 1405 (1406).

[615] Vgl. *Fitting* BetrVG §§ 112, 112a Rn. 107; DKW/*Däubler* BetrVG §§ 112, 112a Rn. 74; *Annuß* in Richardi BetrVG § 112a Rn. 13; *Heinze* NZA 1987, 41 (49); *Willemsen* DB 1990, 1405 (1407); *Wlotzke* NZA 1984, 217; *Otto* ZfA 1985, 74.

[616] So zutreffend BAG 13.6.1989 – 1 ABR 14/88, NZA 1989, 974; 22.2.1995 – 10 ABR 21/95, NZA 1995, 699.

render wirtschaftlicher Nachteil dar.[617] Das BAG folgt dieser Sichtweise nicht. Es erkennt allerdings zweierlei an. Zum einen gibt es in den Fällen, in denen eine Neugründung nur zu dem Zweck erfolgt, Betriebe aufzukaufen, um sie anschließend stillzulegen, kein Sozialplanprivileg.[618] Dies hat das BAG in der Entscheidung vom 27.6.2006 nochmals ausdrücklich bestätigt und ausgeführt. Der Arbeitnehmer besitze hinsichtlich der Erzwingbarkeit eines Sozialplans keine rechtlich gefestigte Anwartschaft. Schließlich könne er auch nicht gewährleisten, dass das Unternehmen weiterhin mehr als 20 Arbeitnehmer beschäftige oder die Belegschaft einen Betriebsrat wähle. Ausdrücklich bestätigte das BAG auch die Richtlinienkonformität und Verfassungsgemäßheit dieses Normverständnisses.[619] Zum anderen besteht eine Verpflichtung, die Beschäftigten in dem Unterrichtungsschreiben nach § 613a Abs. 5 Nr. 3 BGB über eine Sozialplanprivilegierung des neuen Inhabers hinzuweisen. Die fehlende Unterrichtung über diesen Gesichtspunkt führt dazu, dass die Widerspruchsfrist erst mit Ablauf des Privilegierungszeitraums von 4 Jahren seit Gründung der Gesellschaft bzw. Aufnahme der Erwerbstätigkeit beginnt.[620]

Im Ergebnis ist dem BAG zuzustimmen. Der Gesetzgeber wollte ausdrücklich neugegründete Unternehmen privilegieren.[621] Die nachteiligen Folgen, die für die Beschäftigten mit einem Betriebsübergang auf ein neugegründetes Unternehmen bezüglich der Sozialplanpflichtigkeit verbunden sein können, ergeben sich unmittelbar aus dem Gesetz und begründen daher keinen Verstoß gegen § 613a Abs. 1 BGB. Der Umstand, dass einem Arbeitnehmer vor dem Übergang für den Fall einer Betriebsänderung Sozialplanansprüche zugestanden hätten, ist kein verfestigter individualrechtlicher Anspruch, der gemäß § 613a Abs. 1 BGB auf den neuen Arbeitgeber übergehen kann.[622] In obigem Beispiel steht der Umstand, dass die Betriebe der Happy-Tours bereits vier Jahre bestehen, der Berufung auf § 112a Abs. 2 S. 1 BetrVG demnach nicht entgegen. Aus arbeitsrechtlicher Sicht sollte der Erwerb von Happy-Tours daher in der Weise strukturiert sein, dass sämtliche Betriebe in eine neugegründete Gesellschaft eingebracht werden.

In **§ 112a Abs. 2 S. 2 BetrVG** hat der Gesetzgeber eine **Ausnahme von der Ausnahme** der Befreiung von der Sozialplanpflicht vorgesehen. Danach soll ein neugegründetes Unternehmen dann nicht von der Sozialplanpflicht befreit sein, wenn die Neugründung im **Zusammenhang mit einer rechtlichen Umstrukturierung von Unternehmen und Konzernen** steht, das neugegründete Unternehmen also rechtlich mit bestehenden Unternehmen verflochten ist.[623] Durch diese Ausnahme soll sichergestellt werden, dass Unternehmen durch bloße gesellschaftsrechtliche Umstrukturierungen nicht in den Genuss des Sozialplanprivilegs kommen.[624] Damit wird einer breit angelegten Flucht aus der Sozialplanpflicht vorgebeugt. 237

In der Gesetzesbegründung sind bereits einige Beispiele für den bewusst weit und unpräzise formulierten Ausnahmetatbestand genannt. Danach fallen unter § 112a Abs. 2 S. 2 BetrVG

- die Verschmelzung von Unternehmen auf ein neugegründetes Unternehmen;
- die Umwandlung auf ein neugegründetes Unternehmen;
- die Auflösung eines Unternehmens und Übertragung seines Vermögens auf ein neugegründetes Unternehmen;
- die Aufspaltung eines Unternehmens auf mehrere neugegründete Unternehmen;

[617] Vgl. so DKW/*Däubler* BetrVG §§ 112, 112a Rn. 75 mwN.
[618] Vgl. BAG 13.6.1989 – 1 ABR 14/88, NZA 1989, 974.
[619] Vgl. BAG 27.6.2006 – 1 ABR 18/05, NZA 2007, 106.
[620] Vgl. BAG 15.12.2016 – 8 AZR 612/15, NZA 2017, 783; vgl. hierzu auch *Greiner/Pionteck* RdA 2020, 169.
[621] Vgl. *Annuß* in Richardi BetrVG § 112a Rn. 15; *Willemsen*, Anm. zu BAG AP Nr. 3 zu § 112a BetrVG; *ders.* DB 1990, 1405 (1406); *Loritz* NZA 1993, 1109; *Heinze* NZA 1987, 41 (49).
[622] Vgl. BAG 10.12.1996 – 1 ABR 32/96, NZA 1997, 898; zustimmend auch HWK/*Hohenstatt/Willemsen* BetrVG § 112a Rn. 7.
[623] Vgl. *Fitting* BetrVG §§ 112, 112a Rn. 112.
[624] Vgl. *Annuß* in Richardi BetrVG § 112a Rn. 17.

– die Abspaltung von Unternehmensteilen auf neugegründete Tochtergesellschaften.[625] Zwischenzeitlich standen aber auch andere Fallkonstellationen zur Entscheidung an, bei denen die Befreiung von der Erzwingbarkeit eines Sozialplanes im Hinblick auf die wirtschaftliche Verflechtung zwischen dem neugegründeten Unternehmen und dem bisherigen Arbeitgeber abgelehnt wurde. So hat das BAG entschieden, dass ein Sozialplan im Falle einer Umwandlung eines Unternehmens in ein Unternehmen anderer Rechtsform mit erweitertem Unternehmenszweck erzwingbar ist,[626] wenn der Gesellschafter einer KG eine GmbH gründet und dieser den bisherigen Geschäftsbetrieb der KG überträgt.[627] Zudem ist ein Sozialplan nach Auffassung des BAG erzwingbar, wenn zwei Unternehmen ihre Betriebe auf ein neugegründetes Gemeinschaftsunternehmen übertragen, das sodann die Betriebe fortführt.[628]

238 Durch sämtliche Beispiele für den Anwendungsbereich des § 112a Abs. 2 S. 1 BetrVG zieht sich als Grundprinzip der rote Faden, dass neugegründeten Unternehmen, die lediglich bestehende unternehmerische Aktivitäten älterer Unternehmen in einer neuen Rechtsform fortführen, ohne dass sich Änderungen bezüglich der Konzernanbindung ergeben, eine Berufung auf das Sozialplanprivileg verwehrt ist. Hieraus folgt umgekehrt, dass Unternehmen oder Konzerne, die sich entschließen, im Bereich eines *neuen* Geschäftsfeldes tätig zu werden, dann von der Sozialplanpflicht während der ersten vier Jahre ihrer Aktivitäten ausgenommen werden, wenn sie zu diesem Zweck ein neues Unternehmen gründen. Zwar besteht hier nach wie vor eine Konzern- oder Unternehmensanbindung. Es handelt sich jedoch nicht, wie in der Ausnahme von der Ausnahme des § 112a Abs. 2 S. 2 BetrVG vorgesehen, um eine bloße gesellschaftsrechtliche Umstrukturierung. Insbesondere werden nicht bereits vorhandene Unternehmensteile lediglich anders angebunden, sondern die unternehmerischen Aktivitäten werden erweitert.[629] Würde sich die Charter-Fluggesellschaft in obigem **Beispiel C 50** entschließen, die Reisebürokette nicht in ihr Unternehmen einzugliedern, sondern von einer selbständigen und neugegründeten Tochtergesellschaft betreiben zu lassen, so bestünde während der ersten vier Jahre der Geschäftsaktivitäten demnach keine Sozialplanpflicht. Die Konzernanbindung ist insoweit nicht schädlich, da es sich bei dem Pauschalreise-Geschäft für die Charterfluggesellschaft um ein neues Geschäftsfeld handelt.

239 **(4) Freiwillige Abfindungsregelungen.** Schließlich gibt es häufig die Fälle, in denen die Voraussetzungen einer Betriebsänderung nicht vorliegen bzw. in denen ein Betriebsrat nicht besteht, der Arbeitgeber aber gleichwohl den Arbeitnehmern, die ihren Arbeitsplatz verlieren, eine Abfindung zahlen will. Vielfach werden auch in diesen Fällen Regeln aufgestellt, nach denen die Abfindungen sich bemessen sollen. Sobald der Arbeitgeber sich entschließt in einheitlicher Weise gegenüber den Beschäftigten zu verfahren und nicht jeweils individuelle Lösungen verhandelt, hat er bei der Ausgestaltung den Gleichbehandlungsgrundsatz bzw. bestehende Diskriminierungsverbote zu beachten. Willkürliche oder gar diskriminierende Ungleichbehandlungen sind unzulässig.

Dies bedeutet aber nicht, dass der Arbeitgeber auch verpflichtet ist, Mitarbeitern, die Kündigungsschutzklage erheben, für den Fall, dass ihre Klage erfolglos bleibt, eine Abfindung nach den selbst aufgestellten Regeln zu zahlen. Das BAG hat in einer Entscheidung vom 3.5.2006[630] ausdrücklich festgestellt, dass der Arbeitgeber weder gegen den arbeits-

---

[625] Sämtliche dieser Beispiele werden in der Gesetzesbegründung genannt, BT-Drs. 10/2102, 28; vgl. hierzu auch *Fitting* BetrVG §§ 112, 112a Rn. 112; *Annuß* in Richardi BetrVG § 112a Rn. 17.

[626] Vgl. BAG 22.2.1995 – 10 ABR 23/94, NZA 1995, 697.

[627] Vgl. BAG 22.2.1995 – 10 ABR 21/94, NZA 1995, 699.

[628] Vgl. BAG 22.2.1995 – 10 ABR 23/94, NZA 1995, 697.

[629] Vgl. LAG Köln 5.4.2012 – 7 TaBV 9/12, BeckRS 2013, 69793; *Willemsen* DB 1990, 1405 (1408); *Annuß* in Richardi BetrVG § 112a Rn. 18; GK/*Oetker* BetrVG §§ 112, 112a Rn. 334; *Loritz* NZA 1993, 1105 (1111).

[630] NZA 2006, 1420, BB 2006, 2758.

rechtlichen Gleichbehandlungsgrundsatz noch gegen das Maßregelungsverbot verstößt, wenn er die Zahlung einer **freiwilligen Abfindung** davon abhängig macht, dass der Arbeitnehmer gegen die Kündigung nicht gerichtlich vorgeht. Allerdings muss für den Arbeitnehmer aufgrund der Regelung klar erkennbar sein, dass er die Wahl zwischen Abfindung und Klageerhebung hat.

Auch ist es zulässig, in einem Tarifvertrag Abfindungsansprüche von der Nichterhebung einer Kündigungsschutzklage abhängig zu machen. Das BAG geht hierbei davon aus, dass die Betriebspartner, bestehen derartige tarifliche Regelungen, ungeachtet dessen einen Sozialplan gemäß §§ 111, 112 BetrVG abschließen müssen, wenn eine Betriebsänderung geplant ist.[631]

(5) Betriebsvereinbarungen zu Turboprämien, Freiwilligenprogramme. Zunehmende Bedeutung erlangen in der Praxis Turboprämienregelungen und Freiwilligenprogramme jedweder Art. Es hat sich als sehr vorteilhaft erwiesen, neben den Sozialplanleistungen Zusatzleistungen für Arbeitnehmer vorzusehen, die einer einvernehmlichen Beendigung ihres Arbeitsverhältnisses zustimmen. Die für die Unternehmen damit verbundenen Vorteile liegen auf der Hand. Sie können sich mit klar kalkulierbaren Mitteln für einen in der Regel beachtlichen Kreis von Mitarbeitern Rechtssicherheit erkaufen. Auch sind derartige Regelungen in Situationen von zentraler Bedeutung, in denen der Weg zu betriebsbedingten Kündigungen, etwa aufgrund der Unkündbarkeit von Mitarbeitern oder der Zusage gegenüber dem Betriebsrat, den Personalabbau nur im Konsens vorzunehmen, verbaut ist. So haben sich in der Praxis eine Vielzahl von Modellen entwickelt, die helfen können, Personalabbaumaßnahmen weitgehend geräuschlos umzusetzen. Instruktiv ist insoweit die Darstellung von *Meyer/Röger* zu den zu beobachtenden Erscheinungsformen, wie zB dem „offenen Angebotsverfahren", dem „selektiven Angebotsverfahren", dem „eingeschränkten Angebotsverfahren", einer „Leistungsträgerliste", dem Prinzip der „doppelten Freiwilligkeit", dem „Anspracheverfahren", dem „Ringtauschverfahren" und dem „vorgeschalteten Freiwilligenprogramm".[632] 240

Besteht die Verpflichtung, einen Sozialplan aufzustellen, so kann nach der Rechtsprechung des BAG eine **Turboprämie,** die nur an Arbeitnehmer gezahlt wird, die einer einvernehmlichen Beendigung des Arbeitsverhältnisses zustimmen, zugesagt werden, sofern hierdurch der Abfindungsanspruch aus dem Sozialplan unberührt bleibt und die Turboprämie nicht in rechtsmissbräuchlicher Weise ausgestaltet ist.[633] Wichtig ist, dass derartige Turbo- oder Sonderprämien nicht in dem Sozialplan, sondern in einer gesonderten freiwilligen Betriebsvereinbarung nach § 88 BetrVG geregelt sind. Auch muss nach der Rechtsprechung des BAG sichergestellt sein, dass die Betriebsparteien die durch den Arbeitsplatzverlust entstehenden Nachteile bereits durch den Sozialplan angemessen ausgeglichen haben.[634] Dies folgt daraus, dass Sozialplanleistungen, die die durch den Arbeitsplatzverlust entstehenden Nachteile mildern sollen, nicht von dem Verzicht auf eine Kündigungsschutzklage abhängig gemacht werden dürfen. Dies würde dem Gleichbehandlungsgrundsatz widersprechen. Das BAG führt in der Entscheidung vom 31.5.2005 aus, es könne eine Umgehung vorliegen, wenn der Sozialplan keine angemessene Abmilderung der wirtschaftlichen Nachteile vorsehe oder wenn *„greifbare Anhaltspunkte für die Annahme bestehen, dem ‚an sich' für den Sozialplan zur Verfügung stehenden Finanzvolumen seien zum Nachteil der von der Betriebsänderung betroffenen Arbeitnehmer Mittel entzogen und funktions-*

[631] Vgl. BAG 6.12.2006 – 4 AZR 798/05, NZA 2007, 821; vgl. hierzu auch *Bayreuther* NZA 2010, 378.
[632] NZA-RR 2011, 393; zu den Formen eines einvernehmlichen Personalabbaus sehr umfassend und instruktiv auch *Däubler* NZA 2010, 10; vgl. auch *Pauken* ArbRAktuell 2016, 400.
[633] BAG 18.5.2010 – 1 AZR 187/09, NZA 2010, 1304; 31.5.2005 – 1 AZR 254/04, NZA 2005, 997; eine Klageverzichtsprämie hält auch das LAG Nürnberg für zulässig, 16.1.2018 – 6 Sa 39/17, BeckRS 2018, 16284; vgl. hierzu *Riesenhuber* NZA 2005, 1100; → Rn. 264.
[634] Vgl. BAG 18.5.2010 – 1 AZR 189/09, NZA 2010, 1304.

widrig im ‚Bereinigungsinteresse' des Arbeitgebers eingesetzt worden."[635] Die in der Praxis spannende Frage besteht nun darin, wie man feststellen will, ob die für die Finanzierung des Sozialplans notwendigen Mittel quasi für die Finanzierung von Turboprämien zweckentfremdet wurden. In der Literatur werden hier unterschiedliche Ansätze diskutiert. *Benecke* spricht davon, dass die Sozialplanabfindung mindestens 2,5 bis 3mal höher sein muss als die Turboprämie.[636] *Annuß* hingegen meint, es müsse genügen, dass die Turboprämie die Sozialplanabfindung nicht erheblich übersteigt.[637] Das LAG Schleswig-Holstein hat in einer Entscheidung vom 27.7.2015 die Auffassung vertreten, dass ein Sozialplan, der 1,5 Gehälter pro Beschäftigungsjahr vorsehe, nicht unterdotiert sei.[638] Es sei daher unproblematisch, quasi als **Klageverzichtsprämie** weitere 0,5 Gehälter zuzusagen. Dem wird man ohne weiteres zustimmen können. Unentschieden blieb in dem Verfahren allerdings leider die spannende Frage, ob ein Arbeitgeber, der eine solche Prämie auslobt, ein Mitbestimmungsrecht des Betriebsrats nach § 87 Abs. 1 Nr. 10 BetrVG eröffnet. Da dies jedenfalls nicht fernliegend ist, ist jeder Arbeitgeber, der ein solches Freiwilligenprogramm auflegt, gut beraten, dies mit dem Betriebsrat zu vereinbaren.

Man wird diese Frage nicht mit einer pauschalen Formel beantworten können. Stehen für einen Sozialplan mit Blick auf die Belastungsgrenze des Unternehmens nur wenig Mittel zur Verfügung und reichen diese bereits nicht oder kaum aus, um einen angemessenen Nachteilsausgleich zu gewährleisten, kann die teilweise Nutzung dieser Mittel zur Finanzierung einer großzügigen Turboprämienregelung uU zu einer unzulässigen Mittelverschiebung führen. Entscheidet die Einigungsstelle im Spruchwege über den Sozialplan, wäre diese ggf. wegen Verstoßes gegen § 112 Abs. 5 BetrVG anfechtbar. Nehmen allerdings die Betriebsparteien einvernehmlich eine Aufteilung knapper Mittel vor und schließen zusätzlich zu einem Sozialplan eine freiwillige Betriebsvereinbarung ab, so ist der Bestand dieser Regelungen aufgrund des weitgehenden Ermessensspielraums der Betriebsparteien im Grundsatz gesichert.[639] Es bleibt dann die Frage, ob die Differenzierung zwischen Mitarbeitern, die einer Beendigung ihres Arbeitsverhältnisses zustimmen, und denjenigen, die ihre Rechte durch Erhebung einer Kündigungsschutzklage wahren, so gravierend ist, dass man dies als Verstoß gegen den Gleichbehandlungsgrundsatz ansehen muss. Im Ergebnis lässt sich festhalten, dass je großzügiger ein Sozialplan dotiert ist, je unkritischer sind entsprechend großzügige Turboprämienregelungen und umgekehrt. Sieht der Sozialplan beispielsweise schon Abfindungen von deutlich über einem Gehalt pro Beschäftigungsjahr vor und mildert die Nachteile damit substantiell, erscheint es unkritisch, diese Abfindungsleistung beispielsweise gegenüber freiwillig austretenden Mitarbeitern um 50% zu erhöhen.

Will ein Unternehmen vor Abschluss eines Interessenausgleichs und Sozialplans einen freiwilligen Personalabbau durchführen, kann dies vielfältige Probleme aufwerfen, die es zu bedenken gilt. So ist zunächst festzuhalten, dass dies, nimmt das Programm den Umfang einer Betriebsänderung an, nur nach dem Versuch eines Interessenausgleichs statthaft ist. Andernfalls könnte der Betriebsrat versuchen eine Unterlassung zu erwirken. Es sollte in derartigen Fällen daher zunächst ein Interessenausgleich verhandelt werden, der dann ergänzt wird um ein dem Ausspruch betriebsbedingter Kündigungen vorgeschaltetes Freiwilligenprogramm. Es ist auch ratsam, die Konditionen des Programms mit dem Betriebsrat zu vereinbaren, sei es, um dem Mitbestimmungsrecht nach § 112 BetrVG Rechnung zu tragen, sei es um dem Streit vorzubeugen, ob derartige Programme, die außerhalb einer Betriebsänderung durchgeführt werden, als freiwillige Leistungen nach § 87 Abs. 1 Nr. 10

---

[635] 1 AZR 254/04, NZA 205, 997.

[636] BB 2006, 938 (942); zustimmend DKW/*Däubler* BetrVG §§ 112, 112a Rn. 86.

[637] Besprechung des Urteils des BAG v. 31.5.2005, RdA 2006, 378.

[638] 3 TaBV 3/16, BeckRS74523; Anmerkung von *Geißler* ArbRAktuell 2017, 78.

[639] So auch *Annuß* RdA 2006, 378 (380); die Ermessensgrenzen des § 112 Abs. 5 BetrVG gelten für frei verhandelte Sozialpläne nicht, vgl. *Annuß* in Richardi BetrVG § 112 Rn. 82 mwN.

BetrVG mitbestimmungspflichtig sind.[640] Schließlich ist zu beachten, dass derartige Programme, sehen sie letztlich sozialplanähnliche Leistungen vor, ebenfalls dem Gleichbehandlungsgrundsatz Rechnung tragen müssen, Diskriminierungsverbote zu beachten haben etc. Zu guter Letzt ist zu erwähnen, dass freiwillig abgeschlossene, aber auf Initiative des Arbeitgebers abgeschlossene Aufhebungsverträge im Rahmen des § 17 KSchG zu berücksichtigende Entlassungen sind, so dass hier bei anschließenden Kündigungen höchste Vorsicht geboten ist.[641]

b) Zweck von Sozialplänen

Während es bei der Herstellung eines Interessenausgleichs darum geht, nach Möglichkeit 241 wirtschaftliche Nachteile für die Beschäftigten nicht entstehen zu lassen, ist es der Zweck des Sozialplans, unvermeidliche wirtschaftliche Nachteile, die durch die Betriebsänderung herbeigeführt werden, auszugleichen oder zumindest zu mildern. Ob bei der Bemessung der Ausgleichsmaßnahmen eine rückwärtsgerichtete Betrachtung oder eine zukunftsorientierte Sichtweise sachgerecht ist, ist umstritten. Die Vertreter der **sog. Entschädigungstheorie** gehen davon aus, dass sich der Verlust des Arbeitsplatzes als solcher bereits als wirtschaftlicher Nachteil darstellt.[642] Demgegenüber wird die Auffassung vertreten, es gehe bei Sozialplanleistungen nicht primär um den Ausgleich für in der Vergangenheit begründete Besitzstände, sondern um Leistungen, die erforderlichenfalls zur Überbrückung zukünftiger Notsituationen dienen, mithin Vorsorgecharakter haben.[643] Dieser **Überbrückungs- oder Vorsorgetheorie** hat sich das BAG, obwohl es anfänglich eine vermittelnde Meinung vertreten hat,[644] zwischenzeitlich angeschlossen.[645] Das BAG hat klargestellt, bei Sozialplanleistungen handele es sich nicht um Entschädigungen für den Verlust des Arbeitsplatzes.[646] Die Einigungsstelle überschreite daher ihr Ermessen, wenn sie für alle infolge einer Betriebsänderung entlassenen Arbeitnehmer ohne Unterschied Abfindungen festsetze, deren Höhe sich allein nach der Dauer der Beschäftigung und dem letzten Monatsgehalt richte.[647] Jüngere Entscheidungen sind insoweit noch deutlicher. Hier wird ausdrücklich ausgeführt, dass Sozialpläne eine zukunftsgerichtete Ausgleichs- und Überbrückungsfunktion haben. Die in ihnen vorgesehenen Leistungen stellen demnach kein zusätzliches Entgelt für die in der Vergangenheit geleisteten Dienste dar, sondern sollen künftige wirtschaftliche Nachteile ausgleichen oder mildern.[648]

Soweit in der Vergangenheit Zweifel an dem Zweck von Sozialplanleistungen bestanden, hat der Gesetzgeber diese Zweifel durch die Einfügung des § 112 Abs. 5 BetrVG durch das Beschäftigungsförderungsgesetz 1985 ausgeräumt. § 112 Abs. 5 BetrVG stellt Ermessensrichtlinien auf, die die Einigungsstelle ihrer Entscheidung über die Aufstellung eines Sozialplans zugrundelegen muss. Gemäß § 112 Abs. 5 S. 2 Nr. 1 und 2 BetrVG hat die Einigungsstelle die durch die Betriebsänderung in der Zukunft konkret entstehenden Nachteile auszugleichen und hierbei insbesondere die Aussichten der Arbeitnehmer auf dem Arbeitsmarkt sowie etwaige anderweitige Beschäftigungsmöglichkeiten zu berücksichtigen. Die Regelung ist ein klarer Ausfluss der Vorsorgetheorie. Damit ist klargestellt, dass der Sozialplan vom Zeitpunkt der Betriebsänderung aus betrachtet nicht vergangenheits-,

---

640 Vgl. hierzu LAG Schleswig-Holstein 27.7.2016 – 3 TaBV 3/16, BeckRS 2016, 74523.

641 Vgl. umfassend zu der Problemlage *Däubler* NZA 2020, 10; *Pauken* ArbR Aktuell 2016, 400.

642 Vgl. *Richardi*, Sozialplan und Konkurs, 1975, 13; *Heinze* DB 1974, 1814 (1817).

643 Vgl. *Wiedemann/Willemsen*, Anm. zu BAG AP Nr. 3 zu § 112 BetrVG; DKW/*Däubler* BetrVG §§ 112, 112a Rn. 80; *Willemsen* ZIP 1981, 1058 (1059); *Annuß* in Richardi BetrVG § 112 Rn. 52, 56.

644 Vgl. Entscheidung des GS 13.12.1978 – GS 1/77, DB 1979, 261.

645 In der Entscheidung des BAG v. 28.10.1992 – 10 AZR 129/92, NZA 1993, 717, ist bereits ausdrücklich davon die Rede, der Sozialplan diene als Überbrückungshilfe bis ein neues Arbeitsverhältnis begründet sei.

646 BAG 5.10.2000 – 1 AZR 48/00, NZA 2001, 849; 9.11.1994 – 10 AZR 281/94, NZA 1995, 644.

647 Vgl. BAG 14.9.1994 – 10 ABR 7/94, NZA 1995, 440.

648 Vgl. nur BAG 30.9.2008 – 1 AZR 684/07, NZA 2009, 386; 26.5.2009 – 1 AZR 198/08, NZA 2009, 849; 20.4.2010 – 1 AZR 988/08, NZA 2010, 1018.

sondern **zukunftsorientiert** ist.[649] Eine Entschädigung für den Verlust des Arbeitsplatzes unabhängig vom Entstehen wirtschaftlicher Nachteile ist daher nicht zu gewähren. Auch der im Zuge der Reform des BetrVG im Jahre 2001 neu eingefügte § 112 Abs. 5 S. 2 Nr. 2a BetrVG zielt darauf ab sicherzustellen, dass Sozialpläne nicht mehr als „reines Abfindungsinstrument, sondern vorrangig als Mittel zur Schaffung neuer Beschäftigungsperspektiven"[650] genutzt werden. Um mit Hilfe von Sozialplänen den von einer Betriebsänderung und von dem Verlust des Arbeitsplatzes bedrohten Arbeitnehmern nach Möglichkeit zu einer Anschlussbeschäftigung zu verhelfen, hat der Gesetzgeber der Einigungsstelle mit der Neuregelung aufgegeben, bei ihrer Entscheidung über die Aufstellung eines Sozialplans insbesondere die im SGB III vorgesehenen Förderungsmöglichkeiten zur Vermeidung von Arbeitslosigkeit zu berücksichtigen. Auch dies bestätigt den Überbrückungs- und Vorsorgezweck von Sozialplänen. Schließlich spricht auch die Regelung in § 10 S. 3 Nr. 6 AGG eindeutig dafür, dass Zweck des Sozialplans der Ausgleich von in der Zukunft prognostisch entstehenden Nachteilen ist.[651]

242 Ungeachtet des von dem Gesetzgeber zwischenzeitlich klar dokumentierten Vorsorgecharakters von Abfindungen muss eingeräumt werden, dass in der Praxis der **Entschädigungsgedanke** noch immer eine erhebliche Rolle spielt.[652] Dies mag auch damit zusammenhängen, dass eine solche Herangehensweise bei frei vereinbarten Abfindungen, etwa bei unwirksamen Kündigungen oder Maßnahmen, die unterhalb der Sozialplanpflichtigkeit liegen, weit verbreitet ist. Frei vereinbarte Sozialpläne sehen regelmäßig Abfindungen vor, die sich unter Berücksichtigung der Betriebszugehörigkeit, des Einkommens und ggf. noch des Alters errechnen[653] und somit nach den Vorstellungen der Betriebspartner *de facto* eine Entschädigung für den vermeintlich erdienten Besitzstand gewähren. Die Vereinbarung von Transferregelungen in Sozialplänen ist noch immer die Ausnahme. Erfolgt sie doch, wird sie häufig nur als ergänzendes Beiwerk betrachtet. Da die Betriebspartner bei der einvernehmlichen Ausgestaltung von Sozialplänen in den Grenzen des § 75 BetrVG frei sind, darüber zu entscheiden, welche Nachteile, die der Verlust des Arbeitsplatzes mit sich bringt, durch eine Abfindung ausgeglichen werden sollen,[654] ist dies im Grundsatz auch nicht zu beanstanden. Die Betriebspartner sind an die Ermessensrichtlinien des § 112 Abs. 5 BetrVG nicht gebunden.[655] Sie haben nach der Rechtsprechung einen erheblichen Gestaltungsspielraum, wie sie Sozialplanabfindung bemessen möchten.[656] Nach dem Inkrafttreten des AGG ist jedoch zu beachten, dass die Gestaltung von Sozialplänen in diskriminierungsfreier Weise zu geschehen hat. Eine undifferenzierte Berücksichtigung des Lebensalters unter Hinweis auf den Entschädigungsgedanken wird demnach in Zukunft mit erheblichen Risiken verbunden sein. Ob dies zu einer Anpassung der Sozialplanpraxis führen wird und ein Wandel in zur Ausrichtung der Sozialplanleistungen an den zu erwartenden Nachteilen, bleibt abzuwarten, ist allerdings zu empfehlen.[657] Dies bedeutet allerdings nicht, dass keine Unterscheidungen nach dem Alter mehr getroffen werden können. Auch wenn ein Sozialplan, der durch den Spruch einer Einigungsstelle aufgestellt wurde, pauschalierte Abfindungen vorsieht, die unter Berücksichtigung von Alter und Betriebszu-

---

649 Vgl. so bereits *Willemsen* ZIP 1981, 1058 (1059) mwN.

650 So die Gesetzesbegründung, vgl. BT-Drs. 14/5741, 52.

651 Vgl. hierzu ausführlich *Mohr* RdA 2010, 44 (45).

652 Vgl. ebenso *Fitting* BetrVG §§ 112, 112a Rn. 122; DKW/*Däubler* BetrVG §§ 112, 112a Rn. 82, der ausdrücklich betont, die Kontroverse über die Vergangenheits- oder Zukunftsorientierung sei von relativer geringer praktischer Bedeutung; ähnlich *Annuß* in Richardi BetrVG § 112 Rn. 56; *Temming* RdA 2008, 205 (206), nimmt eine „friedliche Koexistenz" der beiden Zwecke an und fordert eine Neubelebung der Diskussion.

653 Vgl. hierzu → Rn. 254.

654 Vgl. so die stRspr. des BAG, vgl. BAG 29.11.1978 – 5 AZR 553/77, DB 1979, 795; BAG 9.11.1994 – 10 AZR 281/94, NZA 1995, 644; BAG 13.11.1996 – 10 AZR 340/96, NZA 1997, 390; BAG 11.11. 2008 – 1 AZR 475/07, NZA 2009, 210.

655 Vgl. *Fitting* BetrVG § 112 Rn. 134ff.; *Annuß* in Richardi BetrVG § 112 Rn. 56, 82.

656 Vgl. BAG 26.9.2017 – 1 AZR 137/15, BeckRS 2017, 134468.

657 Vgl. hierzu ausführlich → Rn. 304ff.

gehörigkeit berechnet werden, begründet dies noch nicht die Ermessensfehlerhaftigkeit des Sozialplans. Die Erfahrung zeigt, dass Mitarbeiter, die eine lange Betriebszugehörigkeit aufweisen und entsprechend älter sind, auch regelmäßig mehr Schwierigkeiten auf dem Arbeitsmarkt haben als jüngere Mitarbeiter.[658] Daher ist es auch unter dem Überbrückungs- und Vorsorgegesichtspunkt gerechtfertigt, älteren Mitarbeitern höhere Leistungen zukommen zu lassen als den erst kurz im Unternehmen Beschäftigten.[659]

c) Inhalt von Sozialplänen

§ 112 Abs. 1 S. 2 BetrVG ist zu entnehmen, dass Sozialpläne dem **Ausgleich oder der Milderung der wirtschaftlichen Nachteile** dienen, die den Arbeitnehmern infolge der geplanten Betriebsänderung entstehen. Wie bereits ausgeführt, gelten die Vorgaben in § 112 Abs. 5 BetrVG bezüglich der Ermessenausübung durch die Einigungsstelle ausdrücklich nur für diese, nicht aber für die Betriebspartner im Rahmen eines frei vereinbarten Sozialplans.[660] Es entspricht der ständigen Rechtsprechung des BAG, dass die Betriebspartner bei der Aufstellung eines Sozialplans in den Grenzen von Recht und Billigkeit gemäß § 75 BetrVG frei sind, darüber zu entscheiden, welche Nachteile der von einer Betriebsänderung betroffenen Arbeitnehmer sie in welchem Umfange ausgleichen oder mildern wollen.[661] Sie können bei ihrer Regelung von einem Nachteilsausgleich auch gänzlich absehen oder nach der Vermeidbarkeit der Nachteile unterscheiden.[662] Auf die unterschiedlichen Schranken der Regelungsbefugnis der Betriebspartner im Rahmen eines frei vereinbarten Sozialplans einerseits und der Einigungsstelle im Rahmen eines erzwungenen Sozialplans andererseits wird noch im Einzelnen einzugehen sein.[663] 243

Da im Grundsatz nur **wirtschaftliche Nachteile** ausgleichsfähig sind, kann der Ausgleich immaterieller Nachteile in einem Sozialplan nicht erzwungen werden.[664] *Däubler* weist zu Recht darauf hin, dass weitgehend ungeklärt ist, wann wirtschaftliche Nachteile vorliegen und wann es sich um immaterielle, mithin im Rahmen eines Sozialplans grundsätzlich nicht ausgleichsfähige Nachteile handelt.[665] Man wird davon ausgehen müssen, dass es sich bei wirtschaftlichen Nachteilen um Nachteile handelt, die sich vermögensrechtlich auswirken, also in irgendeiner Form bezifferbar sind. Verliert ein Mitarbeiter seinen Arbeitsplatz und wird arbeitslos bzw. findet nur noch einen weniger adäquaten Arbeitsplatz, so entsteht ihm hierdurch zweifelsohne ein wirtschaftlicher Nachteil. Ebenso verhält es sich, wenn ein Arbeitnehmer aufgrund einer Organisationsänderung auf einen geringer vergüteten Arbeitsplatz versetzt wird oder aufgrund einer Betriebsverlegung einen längeren Anfahrtsweg hat. Auch dann, wenn sich das Leistungs- und Gegenleistungsverhältnis im Rahmen des Arbeitsverhältnisses zum Nachteil des Arbeitnehmers verschiebt, kann von einem wirtschaftlichen Nachteil gesprochen werden. All diese Einbußen können in Sozialplänen durch einmalige oder turnusmäßige finanzielle Zuwendungen ausgeglichen bzw. gemildert werden. Im Hinblick darauf, dass die Betriebspartner bei der Aufstellung von Sozialplänen in den Grenzen von Recht und Billigkeit frei sind, steht es ihnen selbstverständlich auch frei, immaterielle Nachteile im Rahmen von Sozialplänen auszugleichen. 244

Wichtig ist in diesem Kontext, dass die Betriebspartner und auch die Einigungsstelle **nicht verpflichtet** sind, *alle* denkbaren wesentlichen oder gar unwesentlichen **Nachteile auszugleichen.** Es kann vielmehr zwischen verschiedenen Nachteilen differenziert wer- 245

[658] So der zutreffende Hinweis von *Fitting* BetrVG §§ 112, 112a Rn. 137.
[659] Vgl. → Rn. 304.
[660] Vgl. so stellvertretend für viele *Annuß* in Richardi BetrVG § 112 Rn. 82.
[661] Vgl. BAG 29.11.1978 – 5 AZR 553/77, DB 1979, 795; BAG 28.9.1988 – 1 ABR 23/87, NZA 1989, 186; BAG 13.11.1996 – 10 AZR 340/96, NZA 1997, 390.
[662] Vgl. BAG 25.10.1983 – 1 AZR 260/82, DB 1984, 725; BAG 20.4.1994 – 10 AZR 323/93, NZA 1995, 489; BAG 19.7.1995 – 10 AZR 85/94, NZA 1996, 271.
[663] Vgl. hierzu → Rn. 294ff., 310ff.
[664] Vgl. *Fitting* BetrVG §§ 112, 112a Rn. 118; *Annuß* in Richardi BetrVG § 112 Rn. 84.
[665] DKW/*Däubler* BetrVG § 112 Rn. 80.

den. Auch können ggf. bestimmte Arbeitnehmergruppen von Ausgleichsleistungen ganz oder teilweise ausgeschlossen werden, solange und soweit durch die vorgenommene Differenzierung nicht gegen den arbeitsrechtlichen Gleichbehandlungsgrundsatz oder ein Diskriminierungsverbot verstoßen wird.[666] So kann ein Sozialplan beispielsweise Sonderregelungen vorsehen für Arbeitnehmer, die ein zumutbares Arbeitsplatzangebot ablehnen, oder für Arbeitnehmer, die aufgrund einer Eigenkündigung oder einem Aufhebungsvertrag aus dem Arbeitsverhältnis ausscheiden.[667]

Soweit einzelne Arbeitnehmer durch die Betriebsänderung **Vorteile** haben (zB durch verkürzte Anfahrtswege zum Arbeitsplatz oder einen besseren Anschluss an öffentliche Verkehrsmittel bei einer Betriebsverlagerung), können diese bei der Bemessung des Ausgleichs für Nachteile berücksichtigt werden. Es ist demnach eine Gesamtbetrachtung anzustellen.[668] Ergibt sich für bestimmte Arbeitnehmergruppen bei einer Bilanzierung von Vor- und Nachteilen, dass die Maßnahme sich für diese überwiegend positiv darstellt, so kann auf einen Ausgleich ganz verzichtet werden.

246 Mit dem Argument, der **Sozialplan** sei **kein Mittel zur Sanierung des Unternehmens,** wird vertreten, der Sozialplan dürfe den **Arbeitnehmern nicht zum Nachteil** gereichen, insbesondere dürfe hierdurch nicht in bereits entstandene Ansprüche der Arbeitnehmer eingegriffen werden.[669] Ausgeschlossen sein sollen beispielsweise Lohnkürzungen, Verkürzungen der Kündigungsfrist oder der Eingriff in unverfallbare Anwartschaften auf betriebliche Altersversorgung.[670] Betriebliche Interessen an der Erhaltung der eingearbeiteten Belegschaft rechtfertigen keine Differenzierung bei der Höhe der Sozialplanabfindung.[671] Dem ist zwar im Ergebnis zuzustimmen, die Begründung ist jedoch zumindest irreführend. Die Betriebspartner dürfen auch in frei vereinbarten Sozialplänen nur Regelungen treffen, die im Bereich ihrer Regelungskompetenz liegen. Die Betriebspartner haben unabhängig von der Frage des Rechtscharakters ihrer Vereinbarung als erzwingbarer, frei vereinbarter oder durch die Einigungsstelle aufgestellter Sozialplan grundsätzlich nicht die Kompetenz, in individualvertragliche oder tarifliche Ansprüche einzugreifen.[672] Stehen Ansprüche in Rede, die auf einer Betriebsvereinbarung basieren, so können die Betriebsparteien Änderungen vornehmen, soweit hierdurch nicht in bereits entstandene Ansprüche eingegriffen wird. Besondere Schranken sind zudem bei Eingriffen in Rentenanwartschaften zu beachten.[673] Zudem können die Betriebspartner beispielsweise vereinbaren, dass in bestimmten Abteilungen keine Überstunden zu leisten sind bzw. Kurzarbeit eingeführt wird, um Entlassungen zu vermeiden. Insoweit ist durchaus der Abschluss eines „Sanierungssozialplans“ denkbar, wobei die entsprechenden Regelungen etwa zu Absenkung von freiwilligen Sozialleistungen rechtssystematisch in entsprechend eigenständige Betriebsvereinbarungen aufgenommen werden sollten. Diese können ggf. in den Kontext einer Beschäftigungssicherungsvereinbarung oÄ gestellt werden, wobei es sich hierbei faktisch um einen Interessenausgleich handelt, wenn der Arbeitgeber im Gegenzug beispielsweise auf Teile des geplanten Personalabbaus verzichtet.

Auch wenn Zweck des Sozialplans nicht sein mag, die Sanierung eines Unternehmens durch Erleichterung etwa eines Personalabbaus voranzutreiben, ist dies doch in Kombina-

---

[666] Vgl. hierzu BAG 19.7.1995 – 10 AZR 85/94, NZA 1996, 271; BAG 31.7.1996 – 10 AZR 45/96, NZA 1997, 165.

[667] Vgl. hierzu im Einzelnen auch → Rn. 297.

[668] Vgl. *Annuß* in Richardi BetrVG § 112 Rn. 85 mwN.

[669] Vgl. *Annuß* in Richardi BetrVG § 112 R. 89; nach Ansicht des LAG Köln 4.6.2009 – 7 Sa 1410/08, BeckRS 2010, 65375, dient ein Sozialplan auch nicht dazu, Anreize zu schaffen, um das Verhalten von Arbeitnehmern in eine bestimmte Richtung zu lenken.

[670] Vgl. DKW/*Däubler* BetrVG §§ 112, 112a Rn. 84; *Annuß* in Richardi BetrVG § 112 Rn. 89; *Fitting* BetrVG §§ 112, 112a Rn. 124.

[671] BAG 6.11.2007 – 1 AZR 960/06, NZA 2008, 232.

[672] Etwas anderes gilt nur dann, wenn die Voraussetzungen einer sog. ablösenden Betriebsvereinbarung vorliegen.

[673] Vgl. hierzu → J Rn. 708 ff.

tion mit tariflichen Vorschriften möglich. So hat das BAG eine Regelung in einem Tarifvertrag, wonach abgekürzte Kündigungsfristen gelten, wenn die Arbeitnehmer bei Beendigung des Arbeitsverhältnisses Ansprüche aus einem Sozialplan geltend machen können, als rechtswirksam angesehen. Dies, so das BAG, sei von der Regelungsbefugnis der Tarifvertragsparteien gedeckt und verstoße auch nicht gegen den allgemeinen Gleichbehandlungsgrundsatz.[674]

Auch ist es denkbar, dass die Betriebsparteien vereinbaren, eine in einer Betriebsvereinbarung geregelte freiwillige Leistung abzuschaffen oder zu reduzieren, um im Gegenzug eine bestimmte Zahl von Arbeitsplätzen zu erhalten. Dieser „Deal" ist jedoch nicht in dem Sozialplan abzubilden, sondern bezüglich der Arbeitsplätze in der modifizierten Planung im Interessenausgleich zu regeln und bzgl. der freiwilligen Leistung in einer gesonderten Betriebsvereinbarung. Der Sozialplan ist auch nicht der geeignete Ort, um Regelungen zu treffen, die beispielsweise der Aufrechterhaltung des Geschäftsbetriebs bis zu einer Betriebsstillegung dienen. So hat das BAG zwar materiell keine grundsätzlichen Einwendungen gegen die Regelung einer **Treueprämie** für Mitarbeiter, die bis zur Schließung einer Abteilung ihre Arbeitsleistung voll erbringen, diese sollte jedoch Gegenstand einer gesonderten freiwilligen Betriebsvereinbarung sein und hinsichtlich des Geltungsbereichs etc. eigenen Regeln folgen.[675]

aa) Gestaltung von Abfindungsregelungen für den Verlust des Arbeitsplatzes. 247
Kommt es aufgrund der Betriebsänderung zum Verlust des Arbeitsplatzes, so sehen Sozialpläne in aller Regel die Zahlung von Abfindungen vor. Ob und in welcher Höhe die Betriebspartner eine Abfindung für den Verlust des Arbeitsplatzes festlegen, steht grundsätzlich in ihrem **freien Ermessen.**[676] Die Einigungsstelle muss sich demgegenüber bei der Gestaltung der Abfindungsregelungen an die Vorgaben des § 112 Abs. 5 BetrVG halten. Inwieweit dies zu Beschränkungen führt, wird im Einzelnen in → Rn. 310ff. erläutert.

Da zum Zeitpunkt des Abschlusses des Sozialplans regelmäßig noch nicht bekannt ist, welche konkreten Nachteile die Arbeitnehmer durch die Betriebsänderung erleiden, basiert die **Höhe der Abfindungen** in der Regel auf einer **Prognose der Nachteile,** die den Arbeitnehmern durch die Betriebsänderung entstehen. Die Prognose kann nur durch eine typisierende Betrachtungsweise angestellt werden und führt in der Praxis zu **pauschalierten Abfindungsleistungen.**[677] Aber auch hier sollte auf die voraussichtlich tatsächlich eintretenden **Nachteile für die jeweilige Beschäftigtengruppe** abgestellt werden. Eine ‚one fits all' Regel gibt es in dieser Form nicht.

Es ist dennoch nach wie vor gang und gäbe, sowohl in frei vereinbarten Sozialplänen als auch in von einer Einigungsstelle aufgestellten Sozialplänen primär pauschalierte Abfindungsleistungen vorzusehen, deren Höhe sich an Parametern wie der Beschäftigungsdauer, dem Alter, dem Einkommen und bestenfalls besonderen sozialen Umständen wie Schwerbehinderung, Kinder etc. orientierte. Insbesondere in Fällen, in denen die zur Verfügung stehenden Mittel sehr knapp sind, macht es jedoch Sinn, genauer auf die tatsächlich entstehenden Nachteile abzustellen und die Mittel zielgerichteter einzusetzen. Leider ist in der Praxis hier in der Regel ein großer Widerstand der Betriebsräte festzustellen, die vielfach auf einer „Gießkannenverteilung" bestehen und insbesondere Sonderleistungen für besonders benachteiligte Arbeitnehmergruppen (zu Lasten des Budgets für die Gesamtbelegschaft) ablehnen. Dies rührt meist daher, dass sich die Betriebsräte für derartige Sonderregelungen gegenüber der Belegschaft rechtfertigen müssen. Da es zwischenzeitlich zum

---

[674] BAG 24.10.2019 – 2 AZR 158/18, NZA-RR 2020, 199; Anm. von *Winzer* ArbRAktuell 2020, 170.

[675] BAG 9.12.2010 – 1 AZR 406/13, NZA 2015, 557.

[676] So die ständige Rechtsprechung, vgl. BAG 29.11.1978 – 5 AZR 553/77, DB 1979, 795; BAG 9.11.1994 – 10 AZR 281/94, NZA 1995, 644; BAG 13.11.1996 – 10 AZR 340/96, NZA 1997, 390.

[677] Vgl. hierzu *Fitting* BetrVG §§ 112, 112a Rn. 135; zu Zulässigkeit und Grenzen der Pauschalierung von Sozialplanabfindungen vgl. *Willemsen* ZIP 1981, 1058.

Allgemeinwissen abhängig Beschäftigter gehört, dass Abfindungen in Abhängigkeit von Alter, Betriebszugehörigkeit und Gehalt pauschal kalkuliert werden, ist dies für Betriebsräte oft eine große Herausforderung. Ablehnend stehen Betriebsräte häufig auch Regelungen gegenüber, die Beschäftigtengruppen, die erkennbar keine oder nur geringe Nachteile haben, gegenüber der sonstigen Standardbehandlung schlechter stellen. Es ist aufgrund der skizzierten allgemeinen Erwartungshaltung auch hier nicht leicht zu vermitteln, dass es beispielsweise nicht hinnehmbar ist, rentennahen Arbeitnehmern Standardabfindungen zuzubilligen und sie damit de facto besser zu stellen, als sie bei Fortsetzung des Arbeitsverhältnisses bis zum Renteneintritt gestanden hätten.

248 **(1) Gesetzliche Rahmenbedingungen für Sozialplanleistungen.** Die Rahmenbedingungen für Abfindungszahlungen sind für die Ausgestaltung von Sozialplänen von großer Bedeutung. Daher müssen die Betriebspartner bei der Verhandlung von Sozialplänen sowohl die steuerliche als auch die sozialversicherungsrechtliche Behandlung von Abfindungszahlungen im Blick behalten.

249 **(a) Steuerliche Behandlung von Abfindungszahlungen.** Sozialplanleistungen sind als Einkünfte aus nichtselbständiger Tätigkeit iSd § 19 Abs. 1 S. 1 Nr. 1 EStG grundsätzlich zu versteuern.[678] Die bis Ende 2005 geltenden steuerlichen Privilegien von Abfindungsleistungen sind weitgehend entfallen. An die Stelle der früher geltenden Steuerfreibeträge und des halben Steuersatzes ist eine komplizierte Regelung getreten, derzufolge außerordentliche Einkünfte auf Antrag nicht mit dem vollen Steuersatz besteuert werden, sondern progressionsschwächend behandelt werden. Diese sog. **Fünftelungsmethode** gestaltet sich wie folgt:

250 Die Einkommensteuer, die sich für das reguläre Jahreseinkommen ohne Berücksichtigung der außerordentlichen Einkünfte, dh der Abfindung, berechnet, wird der Einkommensteuer gegenübergestellt, die sich bei Versteuerung des regulären Jahreseinkommens zuzüglich eines Fünftels der Abfindung errechnet. Zur Ermittlung der tatsächlich zu entrichtenden Einkommensteuer wird die Differenz der beiden errechneten Beträge verfünffacht. Die so ermittelte Einkommensteuer ist sodann in einer Summe – und nicht etwa über fünf Jahre verteilt – zu entrichten. Durch die Regelung des § 34 EStG soll verhindert werden, dass es aufgrund der Zusammenballung von laufend bezogenen und außerordentlichen, nicht regelmäßig erzielbaren Einkünften in einem Jahr zu einer verschärften Progressionswirkung kommt. Daher kommt eine Besteuerung nach § 34 EStG auch nur dann in Betracht, wenn die Einkünfte in einem Veranlagungszeitraum zufließen, dh wenn eine Zusammenballung vorliegt. Dies sollte man bei der Gestaltung des Sozialplans im Blick behalten. Will man etwa eine Regelung aufnehmen, wonach sich die Abfindung nachträglich erhöht, wenn der Mitarbeiter nachweist, 6 Monate nach seinem Ausscheiden noch arbeitslos zu sein, so ist die steuerliche Auswirkung im Blick zu behalten. Der BFH macht von dem Erfordernis der Zusammenballung der Abfindungszahlung in einem Veranlagungszeitraum nur in sehr engen Grenzen Ausnahmen. Eine solche Ausnahme soll möglich sein, wenn ein Sozialplan nachträglich die Aufstockung von bereits erfolgten Abfindungszahlungen vorsieht, die dann erst in einem späteren Veranlagungszeitraum zufließen.[679] Allerdings darf die in einem anderen Veranlagungszeitraum gezahlte Zusatzleistung aus dem Sozialplan aufgrund ihrer im Verhältnis geringen Höhe die Zusammenballung der Hauptleistung nicht in Frage stellen. Bei einem Anteil von weniger als 50% der Hauptentschädigung soll die Grenze noch nicht überschritten sein.[680]

---

[678] *Fitting* §§ 112, 112a Rn. 203; GK/*Oetker* § 112 Rn. 492ff.; *Annuß* in Richardi BetrVG § 112 Rn. 195ff.

[679] BFH 21.1.2004 – XI R 33/02, BB 2004, 1202.

[680] Vgl. hierzu GK/*Oetker* BetrVG §§ 112, 112a Rn. 491 mwN zur BFH-Rechtsprechung und einem BMF-Schreiben vom 1.11.2013.

Die Vorteile, die nach der alten Regelung insbesondere diejenigen Steuerpflichtigen genossen haben, deren laufende Einkünfte ohnehin schon der Spitzensteuerbelastung unterlagen, sind insgesamt bescheiden. Von der Fünftelungsmethode profitieren insbesondere diejenigen Arbeitnehmer, deren laufende Einkünfte sehr niedrig sind, die jedoch außerordentliche Einkünfte bis zu ca. EUR 12.500,– bei Ledigen bzw. EUR 25.000,– bei zusammenveranlagten Ehegatten erhalten. Hier kommt es aufgrund der Fünftelungsmethode zu einem Ausgleich der Progressionswirkung, der sich ähnlich günstig auswirkt wie nach § 34 EStG aF. Angesichts der Beschneidung der bisherigen steuerlichen Privilegierung von Abfindungszahlungen haben pauschalierte Abfindungszahlungen an Attraktivität verloren. Daher kann überlegt werden, ob nicht wiederkehrende Unterstützungsleistungen des Arbeitgebers, die sich an den nach der Beendigung des Arbeitsverhältnisses konkret eintretenden Nachteilen orientieren, einer Abfindungszahlung im herkömmlichen Sinne vorzuziehen sind.[681]

(b) Sozialversicherungsrechtliche Behandlung von Abfindungszahlungen. Auf 251
Leistungen, die Arbeitnehmer als Entschädigung für den Verlust des Arbeitsplatzes erhalten, müssen **keine Sozialabgaben** entrichtet werden.[682] Gleichwohl haben sozialversicherungsrechtliche Vorschriften auf die Gestaltung von Personalabbaumaßnahmen erheblichen Einfluss. Hierbei geht es allerdings im Schwerpunkt um die Frage, wie bei einvernehmlichen, gleichwohl arbeitgeberinitiierten Vertragsbeendigungen vorzugehen ist. Die Gestaltung von Sozialplänen wird durch die derzeit geltenden Regelungen kaum beeinträchtigt. Nach einer wechselvollen Reformgeschichte[683] stellt sich die Rechtslage zzt. wie folgt dar:

Nach **§ 158a SGB III** ruht der Anspruch auf Arbeitslosengeld, wenn der Arbeitslose 252
wegen der Beendigung des Arbeitsverhältnisses Anspruch auf eine sog. Entlassungsentschädigung hat und das Arbeitsverhältnis ohne Einhaltung der Kündigungsfrist endet. Sozialplanleistungen gelten als Entlassungsentschädigungen im Sinne dieser Vorschrift.[684] Da diese Regelung aber nur eingreift, wenn das Vertragsverhältnis unter Nichteinhaltung der für den Arbeitgeber geltenden Kündigungsfrist endet, und die Arbeitnehmer nicht gezwungen sind, sich auf eine vorzeitige Beendigung des Vertragsverhältnisses einzulassen, spielt sie bei Betriebsänderungen praktisch keine erhebliche Rolle. Auf die Sozialplangestaltung hat sie dementsprechend auch keinen Einfluss.

Nach **§ 159 SGB III** wird eine Sperrzeit für die Dauer von in der Regel 12 Wochen 253
verhängt, wenn ein Arbeitnehmer eine Eigenkündigung ausspricht, einen Aufhebungsvertrag oder, was nach wie vor Anlass zu Auseinandersetzungen gibt, einen Abwicklungsvertrag unterzeichnet. Wird eine Sperrzeit verhängt, verkürzt sich die Anspruchsdauer bei einer 12-wöchigen Sperrzeit mindestens um ein Viertel der Anspruchsdauer, § 148 Abs. 1 Nr. 4 SGB III. Keine Sperrzeit soll hingegen das bloße Unterlassen einer Klageerhebung auslösen,[685] so dass ein Arbeitnehmer, der nach Erhalt einer betriebsbedingten Kündigung eine Sozialplanabfindung beansprucht, im Grundsatz nicht fürchten muss, nach § 159 SGB III sanktioniert zu werden. Ein rein passives Verhalten des Arbeitnehmers, wie beispielsweise die Nichterhebung einer (möglichen) Kündigungsschutzklage, soll keine „Lösung des Arbeitsverhältnisses" darstellen. Schließt der Arbeitnehmer jedoch innerhalb der 3-Wochen-Frist eine Abwicklungsvereinbarung und erhält er hierfür eine Vergünstigung, löst dies nach der Rechtsprechung des BSG eine Sperrzeit aus.[686] Vor diesem Hintergrund

---

[681] Vgl. hierzu → Rn. 260.

[682] Vgl. BSG 21.2.1990 – 12 RK 20/88, NZA 1990, 751; BAG 9.11.1988 – 4 AZR 433/88, NZA 1989, 271.

[683] Vgl. hierzu die 4. Aufl. C Rn. 251.

[684] BSG 29.8.1991, SozR 3–4100 § 117 Nr. 6; 29.1.2001 – B 7 AL 62/99 R, NZA-RR 2002, 441.

[685] BSG 25.4.2002 – B 11 AL 89/01 R, NZA-RR 2003, 162; vgl. hierzu auch *Giesen/Besgen* NJW 2004, 185; *v. Steinau-Steinrück/Hurek* ZIP 2004, 1486; ErfK/*Rolfs* SGB III § 159 Rn. 9.

[686] BSG 18.12.2003 – B 11 AL 35/03 R, NZA 2004, 661; zu dieser Entscheidung *Bauer/Krieger* NZA 2004, 640; *Böcken/Hümmerich* DB 2004, 2046 mwN.

ist es sachgerecht und fördert einvernehmliche Beendigungen, wenn neben den Sozialplanansprüchen für diejenigen Arbeitnehmer, die auf eine Klageerhebung verzichten, in einer gesonderten Betriebsvereinbarung einen Anspruch auf eine Zusatzprämie („Turboprämie") verankert wird. Damit können die Mitarbeiter, die sich passiv verhalten, die Turboprämie verlangen. Des Abschlusses einer Aufhebungs- oder Abwicklungsvereinbarung, die ggf. Sperrzeiten auslöst, bedarf es jedoch nicht. Schließt der Arbeitnehmer eine dreiseitige Vereinbarung und wechselt in die Transfergesellschaft, hat er nach Ablauf eines Jahres nicht mehr mit Nachteilen zu rechnen.[687]

254 **(2) Pauschalierte Abfindungsleistungen.** In der Praxis wird die Höhe der Abfindungszahlungen in aller Regel nach wie vor mit Hilfe einer pauschalierenden Regelung berechnet. Pauschalierte Abfindungszahlungen richten sich in der Höhe meist nach der Dauer der Betriebszugehörigkeit, dem Lebensalter und der Höhe des Bruttomonatsgehalts.[688] Die Betriebsparteien sind allerdings nicht verpflichtet, sich innerhalb eines Sozialplans auf *eine* Berechnungsformel zu beschränken. Vielmehr gehört es zu ihrem Gestaltungsspielraum, verschiedene Formeln zu kombinieren.[689] Auch wenn keine allgemeinverbindlichen Angaben bezüglich der **Abfindungshöhe** gemacht werden können, da diese je nach Branche stark variiert, kann als **grober Richtwert** davon ausgegangen werden, dass Abfindungen *je nach Alter* des betroffenen Arbeitnehmers **zwischen einem halben und einem vollen Bruttomonatsgehalt pro Beschäftigungsjahr,** in besonders gelagerten Fällen auch deutlich darüber liegen. Während im produzierenden Gewerbe gelegentlich auch Sozialpläne aufgestellt werden, die deutlich unterhalb der beschriebenen Bandbreite liegen, zeichnet sich im gehobenen Dienstleistungsbereich, insbesondere bei Banken und Versicherungen, ein Trend ab, wonach nicht selten die Grenzen von einem Bruttomonatsgehalt deutlich überschritten wird. Ob dies mit der wirtschaftlichen Situation der Unternehmen bzw. der zuweilen schlechten Lage am Arbeitsmarkt zusammenhängt, oder aber dadurch verursacht wird, dass vielfach versucht wird, mit Hilfe attraktiver Abfindungszahlungen einen reibungslosen Personalabbau durchzusetzen, lässt sich letztlich nicht abschließend beurteilen. Es ist zu vermuten, dass alle genannten Faktoren eine Rolle spielen und insgesamt in einzelnen Branchen zu einem in der Tendenz steigenden Abfindungsniveau geführt haben.

255 Arbeitet man im Rahmen eines Sozialplans mit der **Standardformel**

Betriebszugehörigkeit × Bruttomonatsgehalt × Faktor

so ist dies allerdings nicht ohne Risiko. Das BAG hat in einer Entscheidung vom 14.9. 1994[690] klargestellt, dass eine Einigungsstelle, die für alle infolge einer Betriebsänderung entlassenen Arbeitnehmer pauschale Abfindungen festsetzt, deren Höhe sich *ausschließlich* nach der Dauer der Betriebszugehörigkeit und dem Monatsverdienst richtet, ihr Ermessen überschreitet. Ein Sozialplan, der auf der obigen Standardformel basiert, ohne weitere Differenzierungen nach Alter und anderen besonderen sozialen Umständen vorzunehmen, erscheint zudem auch im Hinblick auf die Grundsätze von Recht und Billigkeit und die von den Betriebspartnern zu berücksichtigenden Maßstäben des § 75 BetrVG problematisch. Auch wenn ein Sozialplan nicht von der Einigungsstelle aufgestellt, sondern von den Betriebspartnern frei vereinbart wird, ist es daher nicht empfehlenswert, die Abfindungen allein noch obiger Standardformel zu berechnen. Zwar haben die Betriebsparteien nach der Rechtsprechung des BAG einen großen Ermessensspielraum, da sie insbesondere in der Entscheidung welche Nachteile der von einer Betriebsänderung betroffenen Arbeitnehmer

[687] Vgl. hierzu → Rn. 274.
[688] Vgl. hierzu *Annuß* in Richardi BetrVG § 112 Rn. 91; DKW/*Däubler* BetrVG §§ 112, 112a Rn. 163ff.
[689] Vgl. BAG 26.5.2009 – 1 AZR 198/08, NZA 2009, 849.
[690] 10 ABR 7/94, NZA 1995, 440; bestätigend BAG 12.11.2002 – 1 AZR 632/01, NZA 2003, 1287.

sie ausgleichen wollen und in welchem Umfange dies geschehen soll, frei sind. Gleichwohl sind auch dann einige grundlegenden Prinzipien der Fairness zu beachten, wobei die Anforderungen hier regelmäßig nicht sehr streng sind.[691]

Im Hinblick auf die Notwendigkeit zumindest der Einbeziehung des Alters bei der pauschalierten Abfindungsberechnung bedienen sich die Betriebspartner auch nach Inkrafttreten des AGG zur Bemessung der Abfindung bislang häufig einer **dreigliedrigen Formel:** 256

[Alter × Betriebszugehörigkeit × Bruttomonatsgehalt]: Divisor

Ist beispielsweise ein Divisor von 50 vereinbart und handelt es sich um einen 50 Jahre alten Mitarbeiter, der 10 Jahre im Unternehmen beschäftigt war, so steht diesem eine Abfindung in Höhe von 10 Monatsgehältern zu. Ein 30-jähriger Mitarbeiter mit der gleichen Betriebszugehörigkeit hätte demgegenüber nur Anspruch auf 6 Monatsgehälter. Anders ausgedrückt: Während bei einem Divisor 50 der 50jährige 1,0 Gehälter pro Beschäftigungsjahr erhält, erhält ein 40jähriger nur 0,8 und ein 30jähriger nur 0,6 Gehälter pro Beschäftigungsjahr. Da diese Berechnungsweise ältere und langjährige Mitarbeiter überproportional gegenüber jüngeren Mitarbeitern bevorzugt, wird gelegentlich zum Ausgleich ein **Sockel- oder Grundbetrag** festgelegt, der zusätzlich zu dem flexiblen Abfindungsbestandteil allen Mitarbeitern gleichermaßen gezahlt wird. Ob dies sachgerecht ist, hängt im Einzelfall von der Belegschaftsstruktur ab. Zugleich kann erwogen werden, eine Kappungsgrenze vorzusehen. Ähnlich wie in § 10 KSchG können die Betriebspartner eine Maximalabfindung vereinbaren.[692] Ist eine Kappungsgrenze nicht durchsetzbar, will man aber gleichwohl vermeiden, dass die langjährigen und älteren Mitarbeiter überproportional aus dem Sozialplantopf bedient werden, so kann erwogen werden, Abfindungsbeträge, die sich aus der vereinbarten Formel errechnen und über einen bestimmten Höchstbetrag hinausgehen, nur noch zu einem bestimmten Prozentsatz an die Mitarbeiter auszuzahlen. Dadurch kann erreicht werden, dass beispielsweise ab dem zwanzigsten Beschäftigungsjahr jedes weitere Beschäftigungsjahr bei der Abfindungsberechnung nicht mehr voll zu Buche schlägt, die Abfindung insoweit also zumindest anteilig abgeschmolzen wird.

Auch wenn die skizzierte Praxis auch nach Inkrafttreten des AGG im wesentlichen Bestand hat, muss zukünftig sorgfältig geprüft werden, ob die jeweils präferierte Gestaltung der Sozialplanleistungen im Hinblick auf das **Verbot der Altersdiskriminierung** weiter aufrecht erhalten werden kann.[693]

In der Bestimmung der **Berechnungsweise** der Dauer der Betriebszugehörigkeit, des Alters oder der Höhe des Monatsgehalts sind die Betriebspartner, soweit hierdurch nicht der Gleichheitssatz oder Diskriminierungsverbote verletzt werden,[694] grundsätzlich frei. So ist etwa eine Sozialplanregelung, wonach grundsätzlich auf das zuletzt erzielte Monatsgehalt bei der Bemessung der Abfindung abzustellen ist, und nur bei Arbeitnehmern, bei denen sich erst in den letzten Jahren vor Abschluss des Sozialplans die Arbeitszeit verändert hat, ein nach dem durchschnittlichen Beschäftigungsgrad während der gesamten Betriebszugehörigkeit ermitteltes Monatsgehalt zugrunde zu legen ist, nicht zu beanstanden.[695] Schwieriger stellt sich dies allerdings dar, wenn es um Beschäftigungsunterbrechungen oder Teilzeit aufgrund bzw. während der Elternzeit geht.[696] 257

In dem Sozialplan sollte stets präzise definiert sein, wie sich die Parameter für die Abfindungsberechnung definieren. Knüpft ein Sozialplan für die Berechnung von Abfindungen an das Durchschnittsentgelt „vor dem Kündigungstermin" an, so soll nach der Rechtspre-

691 Ständige Rechtsprechung des BAG 19.10.1999 – 1 AZR 838/98, NZA 2000, 732; 31.7.1996 – 10 AZR 45/96, NZA 1997, 165.
692 Vgl. hierzu ausführlich → Rn. 307.
693 Vgl. hierzu ausführlich → Rn. 302.
694 Vgl. hierzu → Rn. 294 ff.
695 Vgl. BAG 22.9.2009 – 1 AZR 316/08, BB 2010, 640.
696 Vgl. hierzu → Rn. 301.

chung des BAG entsprechend dem allgemeinen arbeitsrechtlichen Sprachgebrauch der Tag des Ablaufs der Kündigungsfrist maßgeblich sein.[697] Fehlt es an einer Definition des Bruttomonatsgehalts, können Unklarheiten bezüglich der Berücksichtigung von Provisionen, Jahressonderzahlungen und Sachleistungen etc. entstehen.[698] Stellt ein Sozialplan für die Bemessung der Abfindung wegen des Verlustes des Arbeitsplatzes ua auf die Dauer der Betriebszugehörigkeit ab, ohne näher zu erläutern, welche Zeiten hierbei zu berücksichtigen sind, wird man ohne weiteres den gesamten rechtlichen Bestand des Arbeitsverhältnisses, mithin auch die Jahre, in denen das Arbeitsverhältnisses beispielsweise aufgrund von Elternzeit ruhte, berücksichtigen müssen.[699] Eine ausdrückliche Regelung, wonach Elternzeit bei der Berechnung der Betriebszugehörigkeit unberücksichtigt zu bleiben hat, wäre nach der Entscheidung des BAG vom 12.11.2002 ohnehin rechtsunwirksam, da sie gegen Art. 6 I, II GG verstoßen würde.[700] Ist in einem Sozialplan nichts anderes geregelt, ist für die Berechnung der Betriebszugehörigkeit auf die rechtlich ununterbrochene Dauer des Arbeitsverhältnisses abzustellen. Vordienstzeiten bleiben unberücksichtigt.[701] Letztlich ist es im Hinblick darauf, dass Mitarbeiter, die ihren Arbeitsplatz verlieren, nicht besser gestellt werden sollten, als wenn sie weiterbeschäftigt werden würden, erwägenswert, die Abfindungen in der Höhe auf den Umfang der Einbußen zu begrenzen, die der Mitarbeiter bis zum Bezug von Altersrente aufgrund des Verlustes des Arbeitsplatzes voraussichtlich hinnehmen muss. Das BAG hat in der Entscheidung vom 14.2.1984[702] ausdrücklich festgestellt, dass es nicht gegen Recht und Billigkeit verstößt, wenn die Betriebspartner in einem Sozialplan Ausgleichsleistungen für ältere Arbeitnehmer nach den mit hoher Wahrscheinlichkeit zu erwartenden tatsächlichen Nachteilen bemessen und für jüngere Arbeitnehmer einen pauschalen Ausgleich in Form von Abfindungszahlungen vorsehen, deren Höhe sich an der Dauer der Betriebszugehörigkeit und dem Bruttomonatsgehalt orientiert. Diesen an den tatsächlichen Nachteilen orientierten Ansatz hat das BAG in neueren Entscheidungen auch im Lichte des Verbots der Altersdiskriminierung bestätigt.[703] Denkbar ist zudem, den älteren Mitarbeitern anstelle einer Sozialplanabfindung eine **Rente** zukommen zu lassen oder aber neben oder anstelle einer Abfindung Langzeitarbeitslosen **Überbrückungsgelder** zu zahlen.[704] Inwieweit dies unter steuerlichen und sozialversicherungsrechtlichen Gesichtspunkten sinnvoll ist, sollte allerdings regelmäßig sorgfältig geprüft werden. Zudem ist zu berücksichtigen, dass derartige Rentenzahlungen nicht insolvenzgesichert sind.[705]

258 Zusätzlich zu der Abfindung, die sich meist nach den oben beschriebenen Faktoren berechnet, sehen Sozialpläne häufig **Zuschläge für besondere Belastungen** der Arbeitnehmer vor, etwa Unterhaltspflichten[706] oder eine bestehende Schwerbehinderung.

Neben der oben dargelegten zweigliedrigen Standardformel, die nur das Einkommen und die Beschäftigungsdauer berücksichtigt, sowie der dreigliedrigen Formel, die Alter, Betriebszugehörigkeit und Einkommen berücksichtigt, wurde in der Praxis ein drittes System, die sog. **Punktwertmethode,** entwickelt, die eine differenzierte, am Einzelfall orientierte Abfindungsbemessung zulässt. Danach stellen die Betriebspartner ein Punktesche-

---

[697] BAG 17.11.1998 – 1 AZR 147/98, NZA 1999, 609.
[698] Vgl. DKW/*Däubler* BetrVG §§ 112, 112a Rn. 164.
[699] Vgl. LAG Hessen 19.5.1998 – 4 Sa 773/97, NZA-RR 1999, 366.
[700] 1 AZR 632/01, NZA 2003, 1287; BAG 21.10.2003 – 1 AZR 407/02, NZA 2004, 559.
[701] Vgl. BAG 13.3.2007 – 1 AZR 262/08, BeckRS 2007, 44727.
[702] Vgl. 1 AZR 574/82, NZA 1984, 201; ebenso BAG 26.7.1988 – 1 AZR 156/87, NZA 1989, 25.
[703] Vgl. BAG 30.9.2008 – 1 AZR 684/07, NZA 2009, 386; BAG 26.5.2009 – 1 AZR 198/08, NZA 2009, 849; vgl. ausführlich → Rn. 302ff.
[704] Vgl. *Annuß* in Richardi BetrVG § 112 Rn. 95; DKW/*Däubler* BetrVG §§ 112, 112a Rn. 167; zu der Frage der Zulässigkeit von Differenzierungen nach dem Alter vgl. auch → Rn. 302.
[705] *Däubler* regt bei wirtschaftlichen Schwierigkeiten eines Unternehmens eine dingliche Sicherung an, vgl. DKW/*Däubler* BetrVG §§ 112, 112a Rn. 167.
[706] Nach der Rspr. des BAG sind die Betriebspartner aus Praktikabilitätsgründen berechtigt, die Zahlung von Kinderzuschlägen von der Eintragung der Kinder in die Lohnsteuerkarte abhängig zu machen, vgl. BAG 12.3.1997 – 10 AZR 648/96, NZA 1997, 1058; LAG Brandenburg 8.5.2002 – 5 Sa 703/01, NZA-RR 2003, 424; LAG Hamm 15.3.2006 – 18 Sa 14/06, NZA-RR 2006, 572.

ma auf, in dem im Einzelnen die Anzahl der Punkte festgelegt wird, die die von Kündigungen betroffenen Beschäftigten für ihr Lebensalter, die Betriebszugehörigkeit, Unterhaltsverpflichtungen, Schwerbehinderung und andere besondere soziale Umstände erhalten sollen.[707] Das zur Verfügung stehende Sozialplanvolumen wird sodann durch die Gesamtzahl der sich für die betroffenen Arbeitnehmer errechnenden Punktezahl dividiert. Hieraus errechnet sich der Punktewert, der wiederum Grundlage für den Sozialplananspruch ist.[708] Dieses System hat zwar den Vorteil, dass die Parteien die Sozialdaten der Mitarbeiter nach ihren eigenen Vorstellungen gewichten können. Es ist jedoch sehr komplex und macht es erforderlich, dass zwischen den Parteien vornehmlich über einen Sozialplantopf und nicht über die Abfindungshöhe im Einzelfall verhandelt wird.

Soweit hierdurch nicht Recht und Billigkeit oder der Gleichbehandlungsgrundsatz ver- 259
letzt werden, können die Betriebspartner auch ganz oder teilweise **von der Festlegung** von Abfindungen **absehen** bzw. **bestimmte Beschäftigtengruppen** von Abfindungsleistungen **ausnehmen.** Von der Rechtsprechung anerkannt ist inzwischen, dass Arbeitnehmer dann von Abfindungszahlungen ausgenommen werden können, wenn sie einen gleichwertigen Arbeitsplatz erhalten.[709] Dies basiert auf der Vorstellung, dass es in derartigen Fällen nicht mehr der Vorsorge durch den Arbeitgeber bzw. der Überbrückungsunterstützung bedarf. Auch kann darauf verzichtet werden, Abfindungszahlungen für Arbeitnehmer vorzusehen, die das Angebot eines gleichwertigen bzw. zumutbaren Arbeitsplatzes ablehnen.[710] Von besonderer Bedeutung sind derartige Klauseln in der Praxis in den Fällen, in denen ein Arbeitnehmer ohne sachlichen Grund dem Übergang seines Arbeitsverhältnisses widerspricht und in Ermangelung einer Weiterbeschäftigungsmöglichkeit von dem Betriebsveräußerer sodann betriebsbedingt gekündigt werden muss.[711] Ausgenommen werden können schließlich unter bestimmten Voraussetzungen auch Mitarbeiter, die das Arbeitsverhältnis durch Eigenkündigung oder Unterzeichnung einer Aufhebungsvereinbarung beenden.[712]

(3) Sonstige Ausgleichsleistungen für den Verlust des Arbeitsplatzes. Neben pau- 260
schalierten Abfindungszahlungen sind eine Vielzahl anderweitiger Regelungen in Sozialplänen denkbar, die ebenfalls geeignet sind, die wirtschaftlichen Nachteile, die Arbeitnehmern durch den Verlust ihres Arbeitsplatzes entstehen, zu mildern. Der Phantasie sind insoweit nahezu keine Grenzen gesetzt.[713] Es kann daher bestenfalls **exemplarisch** dargestellt werden, welche Möglichkeiten der Sozialplangestaltung es neben der Vereinbarung pauschalierter Abfindungsleistungen gibt:

In Sozialplänen sind Regelungen verbreitet, die Arbeitnehmern Ansprüche und Leistungen des Arbeitgebers zubilligen, auf die sie aufgrund der arbeitgeberseits veranlassten Beendigung des Arbeitsverhältnisses keinen Anspruch mehr erwerben können. Als **Kompensation für den Verlust von Vergütungsansprüchen** kann beispielsweise vereinbart werden, dass Arbeitnehmer, die während des laufenden Kalenderjahres ausscheiden, noch ganz oder teilweise Anspruch auf Urlaubs- oder Weihnachtsgeld, eine Jahresabschlusszahlung oder einen Jubiläumsbonus haben. Auch kann vorgesehen werden, dass Ansprüche auf betriebliche Altersversorgung vorzeitig vertraglich unverfallbar gestellt oder insgesamt erhöht werden. Zudem finden sich häufig Regelungen, wonach Arbeitnehmer auch nach

[707] Vgl. hierzu BAG 22.5.1979 – 1 ABR 17/77, DB 1979, 1896; BAG 23.4.1985 – 1 ABR 3/81, NZA 1985, 628; BAG 27.10.1987 – 1 ABR 9/86, NZA 1988, 203.

[708] Vgl. hierzu *Fitting* BetrVG §§ 112, 112a Rn. 263; DKW/*Däubler* BetrVG §§ 112, 112a Rn. 166.

[709] Vgl. hierzu BAG GS 13.12.1978 – GS 1/77, DB 1979, 261; BAG 19.6.1996 – 10 AZR 23/96, NZA 1996, 562; BAG 22.3.2005 – 1 AZR 3/04, NZA 2005, 831.

[710] Vgl. BAG 25.10.1983 – 1 AZR 260/82, DB 1984, 725; vgl. hierzu auch *Annuß* in Richardi BetrVG § 112 Rn. 104; im Einzelnen → Rn. 298.

[711] Vgl. hierzu → Rn. 299.

[712] Hierzu im Einzelnen → Rn. 297.

[713] Beispiele finden sich bei *Annuß* in Richardi BetrVG § 112 Rn. 95; *Fitting* BetrVG §§ 112, 112a Rn. 141; DKW/*Däubler* BetrVG §§ 112, 112a Rn. 168 ff.; *Schaub/Schindele* Rn. 597.

ihrem Ausscheiden noch Anspruch auf den verbilligten Bezug von Waren- oder Dienstleistungen haben.

Beispiel C 51:

Die Holiday Air, eine britische Charter-Fluggesellschaft, hat sich entschlossen, den Direktvertrieb in der Bundesrepublik einzustellen und schließt daher ihre vier Verkaufsbüros in Deutschland. In dem Sozialplan wird vereinbart, dass die Mitarbeiter, die ihren Arbeitsplatz verlieren, in den kommenden beiden Jahren noch Anspruch auf den verbilligten Erwerb von Flugscheinen haben.

Derartige Regelungen sind allerdings unter steuerlichen Gesichtspunkten nicht unproblematisch. Die Besteuerung nach der Fünftelungsmethode auf Antrag des Arbeitnehmers gemäß §§ 24, 34 EStG ist gefährdet, wenn ein Mitarbeiter in einem anderen Veranlagungszeitraum noch Entschädigungsleistungen des Arbeitgebers im Zusammenhang mit der Beendigung des Arbeitsverhältnisses erhält. In diesen Fällen kann das Finanzamt zu dem Ergebnis kommen, dass die für das Vorliegen steuerprivilegierter außerordentlicher Einkünfte erforderliche Zusammenballung der Einkünfte nicht gegeben ist.[714]

261 **bb) Gestaltung von Transferregelungen zur Beschäftigungssicherung (Transfersozialplan).** Neben oder anstelle von Abfindungsregelungen ist es denkbar, dass die Betriebspartner Regelungen in den Sozialplan aufnehmen, durch die es den von der Betriebsänderung betroffenen Arbeitnehmern erleichtert werden soll, Arbeitslosigkeit zu vermeiden oder zumindest zügig zu überwinden. Zu denken ist in diesem Kontext an die unterschiedlichsten Regelungen:

So kann beispielsweise vorgesehen werden, dass Arbeitnehmern, die keinen gleichwertigen Arbeitsplatz finden und in ihrem neuen Beschäftigungsverhältnis finanzielle Einbußen oder andere Nachteile hinnehmen müssen, **befristete Unterstützungsleistungen** gewährt werden. Denkbar sind befristete Beihilfen zum Lebensunterhalt, Fahrtkostenzuschüsse sowie die Erstattung notwendiger Umzugskosten.

Beispiel C 52:

In einem strukturschwachen Gebiet im Schwarzwald schließt die einzige Fabrik im Umkreis von 80 km; die Arbeitnehmer werden entlassen. Der Sozialplan enthält eine Regelung, wonach diejenigen Arbeitnehmer, die innerhalb eines Jahres eine andere Anstellung finden, für die Dauer von einem Jahr ab der Aufnahme ihrer Tätigkeit bei dem neuen Arbeitgeber Anspruch auf Fahrtkosten- und Umzugskostenerstattung haben und zudem etwaige Lohneinbußen ersetzt erhalten.

Hilfreich sein können auch Regelungen betreffend die Kostenübernahme für ein Bewerbungstraining, die Übernahme von Bewerbungs- und Vorstellungskosten, die Übernahme der Kosten für eine Outplacementberatung, die Durchführung von Qualifizierungsmaßnahmen während des Laufs der Kündigungsfrist oder nach Beendigung des Arbeitsverhältnisses sowie Unterstützungsleistungen zur Existenzgründung.

Beispiel C 53:

Ein Unternehmen in Freiburg, das sich mit der Herstellung von Präzisionswerkzeugen befasst, wird geschlossen, da es dem Konkurrenzdruck aus dem Ausland nicht mehr standhalten kann. Im benachbarten Elsass haben sich kurz zuvor zwei neue Unternehmen angesiedelt, die Feinwerktechniker und Mechaniker suchen. Mit dem Betriebsrat wird vereinbart, dass der Arbeitgeber allen Facharbeitern einen dreimonatigen Intensivsprachkurs sowie ein Bewerbungstraining anbietet. In dem Sozialplan wird zudem festgeschrieben, dass diese Mitarbeiter Anspruch auf einen Fahrtkostenzuschuss nach Frankreich sowie einen Gehalts-

[714] Vgl. hierzu *Bauer,* Aufhebungsverträge VII. Rn. 1 ff.; *Offerhaus* DB 1993, 651; vgl. hierzu auch → Rn. 234.

zuschuss haben, der etwaige Gehaltseinbußen für die Dauer von zwei Jahren ausgleicht. Für alle übrigen Mitarbeiter werden pauschalierte Abfindungen vorgesehen.

262 In der Praxis als relevant haben sich insbesondere die Maßnahmen erwiesen, die von der Agentur für Arbeit gefördert werden. Um zu vermeiden, dass Sozialpläne ein reines Abfindungsinstrument im Sinne von „dulde und liquidiere“ bleiben, hat der Gesetzgeber schon vor geraumer Zeit Anreize geschaffen, Sozialpläne als Mittel zur Schaffung von Beschäftigungsperspektiven zu nutzen. So wurde mit dem Inkrafttreten des SGB III zum 1.1. 1998 ein Instrumentarium zur Förderung beschäftigungswirksamer Sozialpläne eingeführt. Der Gesetzgeber wollte mit den §§ 254ff. SGB III die Betriebspartner motivieren, in Sozialplänen nicht nur pauschalierte Abfindungen für die Arbeitnehmer vorzusehen, sondern die von den Unternehmen zur Dotierung der Sozialpläne zur Verfügung gestellten Finanzmittel für **beschäftigungswirksame Maßnahmen** einzusetzen.[715] Mit dem strukturellen Kurzarbeitergeld gemäß §§ 175ff. SGB III wurde eine Leistung eingeführt, die Phasen der Arbeitslosigkeit nach Möglichkeit ganz vermeiden helfen sollte. Damit wurde auch die Intention des Betriebsverfassungsgesetzes unterstützt, wonach Sozialplanleistungen nicht der Entschädigung der Arbeitnehmer, sondern der Vorsorge und der Überbrückung von Arbeitslosigkeit dienen sollen.[716] Zudem sollte hierdurch ein Anreiz geschaffen werden, der in § 2 SGB III neu aufgenommenen besonderen Verantwortung auch der Arbeitgeber für den Arbeitsmarkt Rechnung zu tragen.[717]

263 Mit dem am 1.1.2004 in Kraft getretenen **3. Gesetz für moderne Dienstleistungen am Arbeitsmarkt**[718] wurden die Förderungsinstrumente im Zusammenhang mit betrieblich veranlassten Umstrukturierungsmaßnahmen neu gestaltet. An die Stelle der Förderung beschäftigungswirksamer Sozialpläne gemäß §§ 254ff. SGB III bzw. der Zahlung von Strukturkurzarbeitergeld gemäß §§ 175ff. SGB III ist nun eine **Förderung der Teilnahme an sog. Transfermaßnahmen** gemäß § 216a SGB III sowie die Zahlung von sog. **Transfer-Kurzarbeitergeld** gemäß § 216b SGB III getreten. Ziel dieses Regelungsinstrumentariums ist es, bei drohender Arbeitslosigkeit eine Vermittlung einer Anstellung, dh eine sog. Job-to-Job Vermittlung zu ermöglichen.[719] Im Gegensatz zur früheren Rechtslage besteht seit 2004 ein Rechtsanspruch auf die Förderinstrumente, die dadurch kalkulierbarer geworden sind. Die Förderung ist zudem so ausgestaltet, dass sie nach Möglichkeit nicht mehr als Krücke zur Finanzierung von Frühverrentungsmodellen dienen kann. Mit Wirkung zum 1.1.2011 ist das **Gesetz für bessere Beschäftigungschancen am Arbeitsmarkt** (Beschäftigungsförderungsgesetz) in Kraft getreten, das auch einige punktuelle Änderungen hinsichtlich der Transferleistungen gemäß § 216a und § 216b SGB III enthält. Zu den wesentlichen Neuerungen zählt dabei eine stärkere Kontrolle der Fördermaßnahmen sowie die **verpflichtende Beratung mit der Arbeitsagentur** vor dem Abschluss eines Interessenausgleichs oder Sozialplans. Diese Regelungen wurden mit dem Eingliederungschancengesetz vom 20.12.2011 (BGBl. 2011 I 2854) in die **§§ 110, 111 SGB III** überführt.[720]

264 **(1) Transfermaßnahmen gemäß § 110 SGB III.** Eine Förderung nach § 110 SGB III setzt zunächst voraus, dass ein Arbeitnehmer infolge einer **Betriebsänderung** von Arbeitslosigkeit bedroht ist. Maßgebend ist demnach zunächst das Vorliegen einer geplanten Betriebsänderung gemäß § 111 BetrVG, wobei es gemäß § 110 Abs. 1 S. 3 SGB III weder auf die Anwendbarkeit des Betriebsverfassungsgesetzes noch auf die Betriebsgröße ankom-

---

[715] Vgl. hierzu *Rolfs* NZA 1998, 17 (20); allgemein hierzu auch *Merkel* AiB 2002, 499.
[716] So zu Recht *Meyer* NZA 1998, 403.
[717] Diese Vorschrift hat eine breite Diskussion ausgelöst, vgl. hierzu stellvertretend *Bepler* AuR 1999, 219; *Rolfs* NZA 1998, 17 (18) mwN.
[718] BGBl. 2003 I 2848.
[719] Zu dieser Gesetzesänderung *Gaul/Bonanni/Otto* DB 2003, 2386; *Mengel/Ullrich* BB 2005, 1109; *Meyer* BB 2004, 490.
[720] Vgl. hierzu *Voelzke* NZA 2012, 177.

men soll. Dies eröffnet die Fördermöglichkeit auch für Kleinbetriebe und für privatrechtlich organisierte Betriebe und Unternehmen der öffentlichen Hand (§ 110 Abs. 3 S. 3 SGB III) sowie der Wohlfahrtsverbände[721] (zB Caritasverbände); auf das Bestehen eines Betriebsrats kommt es nicht an.[722] Wo genau die Relevanzschwelle für Kleinbetriebe mit weniger als 20 Arbeitnehmern liegt, ist offen. Die frühere Regelung in § 175 Abs. 1 S. 2 SGB III, wonach in Betrieben mit nicht mehr als 20 Arbeitnehmern mindestens für 20% der Belegschaft durch das Kurzarbeitergeld Entlassungen vermieden werden können, ist aufgehoben. Hieraus nun zu schließen, es gäbe keinen Schwellenwert mehr,[723] erscheint jedoch nicht vertretbar. Es sollte entsprechend der Rechtsprechung des BAG eine Betroffenheit von mindestens 6 Arbeitnehmern vorliegen[724] Die Arbeitsagentur setzt in ihrer „Geschäftsanweisung Transferleistungen" bei Betrieben mit beispielsweise 19 Beschäftigten jedoch die Betroffenheit von wenigstens 6 der Beschäftigten voraus (dh ca. 30%).[725] Eine Förderungsmöglichkeit ist auch dann eröffnet, wenn zwar die Schwellenwerte des § 17 KSchG überschritten sind, im Falle eines reinen Personalabbaus nach § 112a Abs. 1 BetrVG nicht aber die dortigen Schwellenwerte. Denn § 112a BetrVG stellt nur erhöhte Anforderungen an die Erzwingbarkeit eines Sozialplans, nicht aber an die Verpflichtung zum Versuch eines Interessenausgleichs (und damit an das Vorliegen einer Betriebsänderung).[726]

265 **Von Arbeitslosigkeit bedroht** sind hierbei Arbeitnehmer, die gemäß § 17 SGB III alsbald mit der Beendigung der Beschäftigung rechnen müssen und danach voraussichtlich arbeitslos sein werden. Dies kann sich aus einer Nennung in einer Namensliste zum Interessenausgleich, einer eingeleiteten Betriebsratsanhörung, der Benennung in einer Massenentlassungsanzeige oder auch aus der Art der Maßnahme (Betriebsstilllegung) ergeben.[727] Der Umstand, dass ein Arbeitnehmer für den Wechsel in eine Beschäftigungs- und Qualifizierungsgesellschaft vorgesehen ist, steht einer Bedrohung mit Arbeitslosigkeit nicht entgegen.[728] Wurde Arbeitnehmern bereits vor dem Eintritt in die betriebsorganisatorisch eigenständige Einheit gekündigt, können sie von der Förderung von Transfermaßnahmen profitieren, solange die Arbeitslosigkeit nicht tatsächlich eintritt. Nach der Geschäftsanweisung der Bundesagentur für Arbeit für Transferleistungen ist jedoch vom Eintritt einer die Teilnahme an Fördermaßnahmen ausschließenden Arbeitslosigkeit auszugehen, wenn ein Arbeitnehmer auf Grund einer unwiderruflichen Freistellung, die einvernehmlich erfolgt ist, aus dem Betrieb ausgeschieden ist. Dem soll der Umstand, dass das Entgelt während der Freistellung fortgezahlt wird, nicht entgegenstehen.[729] Vor diesem Hintergrund ist davon abzuraten, Arbeitnehmer, die Fördermaßnahmen erhalten sollen, unwiderruflich freizustellen oder sie unüberlegt zu früh zu kündigen.

Problematisch können allerdings die Fälle sein, in denen Arbeitnehmer aufgrund gesetzlicher, tariflicher oder sonstiger Regelungen **unkündbar** sind und die Regelung über den Kündigungsschutz keine Öffnungsklausel enthält, die eine Kündigung unter bestimmten Voraussetzungen ermöglicht (Genehmigung einer Aufsichtsbehörde, der Tarifparteien oder im Rahmen eines Interessenausgleichs/Sozialplans). Sobald der Status der Unkündbarkeit

[721] Arbeitnehmer kirchlicher und kirchennaher Einrichtungen sind gem. § 118 Abs. 2 BetrVG ausdrücklich von der Anwendung des BetrVG ausgeschlossen, sollen aber wie andere Arbeitnehmer auch Transferleistungen in Anspruch nehmen können; vgl. BA, Transferleistungen: Beratungs- und Interpretationshilfen zur Rechtsanwendung, Stand 05/2006, Ziffer 2.3, S. 6.

[722] Vgl. HWK/*Peters-Lange* SGB III §§ 110, 111, 111a Rn. 3, 5.

[723] So wohl *Welkoborsky* NZS 2004, 509 (510).

[724] Vgl. hierzu → Rn. 21 mwN; so auch *Lembke* BB 2004, 773 (779).

[725] Arbeitsagentur, Geschäftsanweisungen Kurzarbeitergeld (§§ 95–111 und 133, 134 SGB III), Stand: 20.12. 2018, S. 7, Abschnitt 10.5.1.; vgl. auch ErfK/*Rolfs* SGB III § 110 Rn. 6; Gagel/*Klein* SGB III § 110 Rn. 17.

[726] So auch *Gaul/Bonanni/Otto* DB 2003, 2386 (2387); *Lembke* BB 2004, 773 (779); *Mengel/Ullrich* BB 2005, 1109 (1110); *Meyer* BB 2004, 490 (491); ErfK/*Rolfs* SGB III § 110 Rn. 6; Gagel/*Klein* SGB III § 110 Rn. 17.

[727] Vgl. GK/*Oetker* BetrVG §§ 112, 112a Rn. 521; ErfK/*Rolfs* SGB III § 110 Rn. 9.

[728] Vgl. HWK/*Peters-Lange* SGB III §§ 110, 111, 111a Rn. 4 mwN.

[729] Vgl. hierzu *Ricken* NZA 2011, 556.

erreicht ist, besteht insoweit ein Bestandsschutz, der auch durch einen späteren Tarifvertrag bzw. eine nachfolgende Betriebsvereinbarung nur unter engen Voraussetzungen abgeändert werden kann. Allerdings ist auch die außerordentliche Kündigung kündigungsbeschränkter Arbeitnehmer (unter Einhaltung einer sozialen Auslauffrist) ausnahmsweise möglich.[730] Aufgrund dessen können die Mitarbeiter, die aufgrund eines Tarifvertrags oder aus anderen Gründen ordentlich unkündbar sind, nicht *per se* von der Förderung ausgeschlossen werden.[731]

Arbeitnehmer, die lediglich eine **rechtswidrige Kündigung** hinnehmen, sind im Übrigen nicht von der Förderung ausgeschlossen. Dies gilt jedenfalls dann, wenn die Unwirksamkeit der Kündigung nicht offensichtlich ist.[732] Viel diskutiert werden in der Praxis Modelle, in denen in Anlehnung an das Lemgoer Modell eine Transfergesellschaft nur zwischengeschaltet wird, um einen Betriebsübergang zu vermeiden. Hierbei geht es im Kern zwar in der Regel um die Frage, ob die Aufhebungsverträge aufgrund einer Umgehung der Rechtsfolgen des § 613a BGB unwirksam sind.[733] Diese Praxis könnte aber auch daran scheitern, dass tatsächlich keine Arbeitslosigkeit droht, wenn den Mitarbeitern bereits eine Weiterbeschäftigung bei einem Betriebserwerber zugesagt wurde. Dies wäre dann relevant, wenn die Mitarbeiter, um gerade dem Vorwurf der Umgehung des § 613a BGB vorzubeugen, nicht nur, wie häufig der Fall, 30 Minuten in der Transfergesellschaft verweilen, sondern mehrere Wochen. Hier käme es auf die Förderungswürdigkeit an, die allerdings scheitern könnte, erlangt die Agentur für Arbeit Kenntnis von der von vornherein geplanten Anschlussbeschäftigung bei einem Erwerber. 266

Seit dem 1.1.2011 besteht eine **gesetzliche Beratungspflicht** (§ 110 Abs. 1 S. 1 Nr. 1 SGB III). Die Betriebsparteien sind verpflichtet, sich bereits **im Vorfeld einer Entscheidung** über den Abschluss eines Interessenausgleichs/Sozialplans durch die Arbeitsagentur beraten zu lassen. Es handelt sich dabei um eine eigenständige Förderungsvoraussetzung, deren Nichteinhaltung zur Ablehnung der Förderung führt.[734] Die Beratungspflicht wurde bei ihrer Einführung durchaus kritisiert und als Eingriff in die Verhandlungsautonomie der Betriebsparteien verstanden. Diese Befürchtung hat sich in der Praxis nicht bewahrheitet, da die Bundesagentur hier in der Regel zurückhaltend agiert, ihre Unterstützung anbietet und nicht aktiv in die Verhandlungen eingreift.[735] Es schadet jedoch nicht, wenn sich die Betriebsparteien im Vorfeld des Beratungsgesprächs bereits dem Grunde nach über Art und Umfang der Betriebsänderung und mögliche Maßnahmen zum Nachteilsausgleich verständigen, solange die endgültige Entscheidung noch offen bleibt. Im Gegensatz zum früheren freiwilligen Beratungsangebot (§ 110 Abs. 4 SGB III aF) soll die Beratungspflicht im Vorfeld die Wiedereingliederung der betroffenen Arbeitnehmer erleichtern, indem zB vor Abschluss eines Sozialplans auf etwaige integrationshemmende Maßnahmen in den Entwürfen des Interessenausgleichs/Sozialplans hingewiesen wird und die Vorteile vermittlungsfördernder Elemente (zB sukzessives Abschmelzen von Aufstockungsbeträgen, degressiv gestaffelte Abfindungsbeträge, Sprinterprämie bei schneller Vermittlung u.Ä.) rechtzeitig erläutert werden können. Die Hinweise der Arbeitsagentur sind für die Betriebsparteien nicht verbindlich, sie können jedoch Anhaltspunkte dafür bieten, ob seitens der Arbeitsagentur Bedenken bestehen hinsichtlich der Förderungsmöglichkeit selbst, oder 267

---

[730] BAG 17.9.1998 – 2 AZR 419/97, NJW 1999, 1275; BAG 10.5.2007 – 2 AZR 626/05, NZA 2007, 1278; vgl. hierzu auch *Mengel/Ullrich* BB 2005, 1109 (1110); *Meyer* BB 2004, 490 (491); *Welkoborsky* NZS 2004, 509 (511).

[731] Vgl. hierzu LSG Baden Württemberg 1.8.2012 – L 3 AL 3581/11, NZS 2012, 956; Arbeitsagentur, Geschäftsanweisung Kurzarbeitergeld, Abschnitt 12.3.3; ErfK/*Rolfs* SGB III § 110 Rn. 10; HWK/*Peters-Lange* SGB III § 110, 111, 111a Rn. 4.

[732] Vgl. GK/*Oetker* BetrVG §§ 112, 112a Rn. 522 mwN; ErfK/*Rolfs* SGB III § 110 Rn. 11; Gagel/*Bepler* SGB III § 110 Rn. 35.

[733] Vgl. zu der Diskussion *Fuhlrott* NZA 2012, 549; *Pils* NZA 2013, 125; *Raif/Ginal* GWR 2013, 1; *Thum* BB 2013, 1525.

[734] Arbeitsagentur, Geschäftsanweisungen Kurzarbeitergeld, Abschnitt 10.4.

[735] Vgl. *Schnitzler* NZA-Beil. 2012, 17 (18).

hinsichtlich der Erforderlichkeit und Angemessenheit von Maßnahmekosten. Die Arbeitsagentur erstellt einen Beratungsvermerk, der von den Gesprächsteilnehmern unterzeichnet wird und auch dem Nachweis der rechtzeitig erfolgten Beratung dient.

268 Förderungswürdig sind nur Transfermaßnahmen, die **von Dritten durchgeführt** werden. Entscheidend ist hierbei, dass es sich um einen selbständigen Rechtsträger handelt. Eine gesellschaftsrechtliche Verbindung mit dem Arbeitgeber ist hingegen nicht schädlich. Die Auswahl des Dritten obliegt den Betriebspartnern.[736] Der Dritte muss ein System der Qualitätssicherung anwenden, die notwendigen Voraussetzungen in räumlicher und personeller Hinsicht erfüllen und der Agentur für Arbeit von den Maßnahmen und den Erfolgen berichten (§ 320 Abs. 4a SGB III). Eine Förderung ist ausgeschlossen, wenn eine Anschlussbeschäftigung beim Arbeitgeber bzw. in einem anderen Unternehmen des Konzerns angestrebt wird (§ 110 Abs. 3 SGB III). Diese Regelung beugt Missbrauch vor. Von Missbrauch ist auszugehen, wenn ein Arbeitgeber von vornherein eine Weiterbeschäftigung der Arbeitnehmer nach einer Qualifizierung plant.[737] So verhält es sich uU auch, wenn die Weiterbeschäftigung nach Zwischenschaltung der Transfergesellschaft durch einen Erwerber geplant wird.[738]

269 **Förderungsfähig** sind beispielsweise folgende Maßnahmen:

- Maßnahmen zur Feststellung der Leistungsfähigkeit, der Arbeitsmarktchancen und des Qualifikationsbedarfs der Arbeitnehmer (Profiling);
- Maßnahmen, die gezielte Hilfe bei Bewerbungen und Stellensuchen durch ein Bewerbungs- und Orientierungsseminar bieten;
- Outplacementberatung;
- Kurzqualifizierungsmaßnahmen;
- Maßnahmen der arbeitsplatzbezogenen Qualifizierung;
- Praktika;
- Fortsetzung der Ausbildung bei Auszubildenden;
- Existenzgründungsberatung;
- Einstellungszuschüsse für Arbeitsverhältnisse bei anderen Arbeitgebern.[739]

Grundsätzlich ist es empfehlenswert, sich mit der zuständigen Agentur für Arbeit bzgl. der konkreten Förderungsfähigkeit der angedachten Maßnahme abzustimmen.

270 Die Förderung besteht in der Zahlung eines Zuschusses in Höhe von **50% der erforderlichen und angemessenen Maßnahmekosten,**[740] höchstens jedoch EUR 2.500,– je geförderten Arbeitnehmer. Durch die Begrenzung der Förderung auf 50% der Maßnahmekosten wird ein Anreiz für den Arbeitgeber geschaffen, seinerseits einen namhaften Beitrag zu leisten, wenn er den maximalen Zuschuss für seine Beschäftigten erzielen will. Konkret bedeutet dies, dass, will der Arbeitgeber den **Maximalzuschuss in Höhe von EUR 2.500, –** erhalten, er die Fördermaßnahmen ebenfalls mit EUR 2.500,– bezuschussen muss.

Ungeklärt ist die Behandlung von Zuschüssen durch Dritte, etwa Zuschüsse aus regionaler Wirtschaftsförderung oder europäischen Förderprogrammen wie dem Europäischen Sozialfonds. Die Arbeitsagentur bestimmt Maßnahmekosten als die Kosten, die dem Arbeitgeber tatsächlich entstehen, so dass Zuschüsse Dritter die gesamten Maßnahmenkosten mindern und von vornherein abzuziehen sind.[741] Andere wollen die gesamten Kosten der Maßnahme zugrunde legen und etwaige Zuschüsse Dritter vom Eigenanteil des Arbeitge-

---

[736] Vgl. *Meyer* BB 2004, 490 (491); HWK/*Peters-Lange* SGB III §§ 110, 111, 111a Rn. 6; ErfK/*Rolfs* SGB III § 110 Rn. 23.

[737] Vgl. ErfK/*Rolfs* SGB III § 110 Rn. 27; Gagel/*Klein* SGB III § 110 Rn. 53.

[738] Vgl. → Rn. 264.

[739] Vgl. ErfK/*Rolfs* SGB III § 110 Rn. 21; *Kopp* NZS 1997, 457; *Mengel/Ullrich* BB 2005, 1109 (1110) mwN; *Welkoborsky* NZS 2004, 509 (512).

[740] § 110 Abs. 1 S. 2 SGB III.

[741] § 110 Abs. 2 SGB III.

bers in Abzug zu bringen.[742] Für diesen Ansatz spricht, dass in § 110a Abs. 2 SGB III nicht mehr von den aufzuwendenden, sondern lediglich von den erforderlichen und angemessenen Maßnahmekosten die Rede ist. Zudem wäre das Erfordernis einer angemessenen Eigenbeteiligung des Arbeitgebers (§ 110 Abs. 1 S. 2 SGB III) unnötig, wenn ohnehin nur eine paritätische Teilung der Kosten in Betracht kommt. Das spricht dafür, Zuschüsse Dritter nicht von den Maßnahmekosten abzuziehen. In diesem Fall muss der Arbeitgeber sich jedoch gleichwohl angemessen an den Maßnahmekosten beteiligen. Eine Förderung durch die Arbeitsagentur kommt daher nur in Betracht, solange weiterhin ein angemessener Eigenanteil durch den Arbeitgeber geleistet wird. Die genaue Höhe einer angemessenen Eigenbeteiligung ist nicht geregelt, es muss sich jedoch um eine spürbare Belastung des Arbeitgebers handeln.

Im Hinblick darauf, dass die Bezuschussung für die einzelnen Arbeitnehmer individuell erfolgt, ist es nicht möglich, Zuschüsse für eine Gruppe von Arbeitnehmern einzusetzen bzw. nicht verbrauchte Gelder umzusteuern.[743] Erstattet werden zudem nur tatsächlich entstandene Maßnahmenkosten. Sonstige Kosten des Arbeitgebers für die Bereitstellung von eigenen Räumen oder Kosten für eigenes Verwaltungspersonal unterfallen nicht den Maßnahmenkosten und werden nicht in die Förderung einbezogen. Die Begrenzung des Zuschusses auf *erforderliche* und *angemessene* Maßnahmenkosten erfolgte durch das Beschäftigungsförderungsgesetz mit Wirkung ab dem 1.1.2011. Maßnahmenkosten sind erforderlich, wenn keine günstigere Maßnahme verfügbar ist, durch die das verfolgte Ziel gleichermaßen erreicht werden kann.[744] Unter dem Gesichtspunkt der Angemessenheit erfolgt eine Prüfung der Verhältnismäßigkeit zwischen dem verfolgten Ziel und den hierfür eingesetzten Mitteln.[745] Der Arbeitgeber darf durch die Förderung auch **nicht von eigenen Verpflichtungen entlastet** werden (§ 110 Abs. 3 S. 2 SGB III). Eine unspezifische Zusage des Arbeitgebers, Transfermaßnahmen zu finanzieren, ohne zugleich auf das Erfordernis der Förderung durch die Arbeitsagentur hinzuweisen, kann daher zum Ausschluss von einer Förderung führen. Die Förderleistungen sind gemäß § 324 Abs. 1 SGB III grundsätzlich vor Beginn der Maßnahme zu beantragen. Der förmliche Antrag auf Förderung ist unter Vorlage der Vereinbarung, aus der sich der Anspruch der Arbeitnehmer auf die Fördermaßnahme ergibt, zu stellen. Hierbei kann es sich um einen Sozialplan oder aber auch eine andere kollektivrechtliche oder individualvertragliche Vereinbarung handeln.[746]

(2) Transferkurzarbeitergeld gemäß § 111 SGB III. Das früher in §§ 175ff. SGB III 271
geregelte Strukturkurzarbeitergeld wurde zum 1.1.2004 durch das sog. Transferkurzarbeitergeld abgelöst. Erste Voraussetzung für die Inanspruchnahme von Transferkurzarbeitergeld ist nach § 111 Abs. 1 Nr. 1 SGB III, dass die Arbeitnehmer von einem **dauerhaften unvermeidbaren Arbeitsausfall** mit Entgeltausfall betroffen sind. Hiervon ist auszugehen, wenn ein Betrieb die aufgebauten Arbeitskapazitäten auf absehbare Zeit nicht mehr benötigt und Beschäftigungsmöglichkeiten infolge einer Betriebsänderung entfallen. Der Begriff der Unvermeidbarkeit ist irrführend. Er berechtigt die Agentur für Arbeit nicht zur Überprüfung der unternehmerischen Entscheidung, die den Entlassungen zugrunde liegen.[747] Ebenso wie bei den Transfermaßnahmen besteht seit dem 1.1.2011 auch für das Transferkurzarbeitergeld eine **gesetzliche Beratungspflicht** (§ 216b Abs. 1 Nr. 4 SGB III bzw. heute § 111 Abs. 1 Nr. 4 SGB III). Die Betriebsparteien sind verpflichtet, sich bereits **vor einer Entscheidung** über die Inanspruchnahme von Transferkurzarbeitergeld und vor Abschluss eines Interessenausgleichs/Sozialplans durch die Arbeitsagentur beraten zu

[742] Gagel/*Bepler* SGB III § 110 Rn. 72.
[743] Vgl. *Mengel/Ullrich* BB 2005, 1109 (1111).
[744] BT-Drs. 17/1945, 15.
[745] BT-Drs. 17/1945, 15.
[746] Vgl. BT-Drs. 15/1515, 91; GK/*Oetker* BetrVG §§ 112, 112a Rn. 550.
[747] So zutreffend *Gaul/Otto* NZA 2004, 1301 (1306).

lassen; anderenfalls droht die Ablehnung der Förderung. Insoweit gelten die Ausführungen zu § 110 SGB III entsprechend.[748]

Durch den Verweis des § 111 Abs. 2 auf § 110 Abs. 1 S. 3 SGB III ist zudem klargestellt, dass es zur Erlangung des Transferkurzarbeitergeldes genügt, wenn die Voraussetzungen des § 111 BetrVG vorliegen. Weder muss ein Betriebsrat gewählt sein, noch muss es sich um ein Unternehmen mit in der Regel mehr als zwanzig wahlberechtigten Arbeitnehmern handeln.[749] Soll Transferkurzarbeitergeld in Anspruch genommen werden, ist das aufgrund einer Betriebsänderung abzubauende Personal zur Vermeidung von Entlassungen und zur Verbesserung von Eingliederungschancen in einer **betriebsorganisatorisch eigenständigen Einheit** (beE) zusammenzufassen. Zielrichtung der beE ist die organisatorische Abtrennung der betroffenen Arbeitnehmer von dem verbleibenden Personal. Eine beE kann in dem bisherigen Betrieb als rechtlich unselbständige Organisationseinheit, oder aber bei einem selbständigen Rechtsträger gebildet werden.[750] Im Hinblick darauf, dass es darum geht, eine möglichst zügige Vermittlung zu ermöglichen und einen gewissen Handlungsdruck aufzubauen, ist es regelmäßig empfehlenswert, die beE als rechtlich selbständige Einheit zu führen und das Personal in eine **sog. Beschäftigungs- und Qualifizierungsgesellschaft oder Transfergesellschaft** zu überführen.[751] Wichtig ist, dass es nicht mehr erforderlich ist, dass eine erhebliche Zahl von Arbeitnehmern in einer beE zusammengefasst ist. Auch eine kleine Zahl von Beschäftigten kann eine beE bilden bzw. in eine Beschäftigungs- und Qualifizierungsgesellschaft überführt werden. Es genügt, wenn in der Ausgangslage eine Betriebsänderung vorliegt, die erhebliche Teile der Beschäftigten betrifft.[752] Die Überführung hat mittels einer dreiseitigen Vereinbarung zwischen Arbeitgeber, Arbeitnehmer und Beschäftigungs- und Qualifizierungsgesellschaft zu erfolgen.[753]

272 Allgemein wird angenommen, dass die angedachte Verweildauer in einer beE die geltende Kündigungsfrist überschreiten muss. Andernfalls, so wird argumentiert, kann hierdurch eine Entlassung nicht vermieden werden.[754] Eine Verpflichtung, die betroffenen Arbeitnehmer unmittelbar mit Beginn der Kündigungsfrist in die beE zu überführen, besteht allerdings nicht.[755] Zur Vermeidung eines Missbrauchs ist ein Anspruch auf Transferkurzarbeitergeld ausgeschlossen, wenn die Arbeitnehmer nur vorübergehend in einer beE zusammengefasst sind, um anschließend wieder im Betrieb, Unternehmen oder Konzern des ursprünglichen Arbeitgebers eingesetzt zu werden (§ 111 Abs. 8 SGB III). Kritisch können auch Fallkonstellationen sein, in denen Personal in einer Transfergesellschaft lediglich – uU sogar nur für eine juristische Sekunde – „geparkt" wird, um es dann beispielsweise an einen Betriebserwerber zu vermitteln. Die Problematik liegt hier dann allerdings, jedenfalls bei nur kurzfristigem Verbleib in der Transfergesellschaft, nicht bei der Förderfähigkeit, sondern bei der Umgehung des § 613a BGB.[756]

273 Zu den zum 1.1.2011 neu eingeführten betrieblichen Voraussetzungen zählt (1) das **Erfordernis einer hinreichenden Organisation und Mittelausstattung der beE,** die den angestrebten Vermittlungserfolg erwarten lässt, sowie (2) die **Verwendung eines Systems zur Qualitätssicherung** (§ 111 Abs. 3 Nr. 3 und 4 SGB III). Beide Voraussetzungen sollen sicherstellen, dass die beE in der Lage ist, ihre Eingliederungsaufgabe zu erfül-

---

[748] Vgl. → Rn. 265.
[749] Vgl. hierzu → Rn. 263.
[750] Vgl. *Gaul/Bonanni/Otto* DB 2003, 2386 (2388); *Bissels/Jordan/Wisskirchen* NZI 2009, 865 (866); *Fitting* BetrVG §§ 112, 112a Rn. 241.
[751] Vgl. *Meyer* BB 2004, 490 (493); GK/*Oetker* BetrVG §§ 112, 112a Rn. 557; ausführlicher zu den Vorteilen einer Beschäftigungs- und Qualifzierungsgesellschaft vgl. → Rn. 274.
[752] Vgl. *Welkoborsky* NZS 2004, 509 (514).
[753] Vgl. hierzu im einzelnen → Rn. 284.
[754] Vgl. *Schindele* ArbRAktuell 2013, 512, der rät, die Verweildauer die Kündigungsfrist stets um mindestens einen Monat überdauern zu lassen; HWK/*Peters-Lange* SGB III §§ 110, 111, 111a Rn. 15.
[755] So auch *Gaul/Otto* NZA 2004, 1301 (1307).
[756] Vgl. hierzu → Rn. 264.

len. Die beE muss daher über ausreichende finanzielle Mittel und, falls erforderlich, auch eine Insolvenzsicherung (Bürgschaft, Aval etc.) verfügen. Das System zur Qualitätssicherung muss der Arbeitsagentur vorab, zB im Rahmen der gesetzlichen Beratung, erläutert werden. Zudem soll innerhalb von sechs Monaten nach Ende der Maßnahmen die Zufriedenheit der Teilnehmer und des ehemaligen Arbeitgebers erhoben werden und zusammen mit Beratungsinhalten, Aktivitäten, Vermittlungserfolgen und Verbleibquote an die Arbeitsagentur und den ehemaligen Arbeitgeber weitergeleitet werden, um so die Transparenz und die Vergleichbarkeit der Maßnahmen zu erhöhen. Zudem wurde als Instrument der Qualitätssicherung eine sog. Transfermappe eingeführt, die dem Nachweis der Aktivitäten aller Beteiligten dient. Die Gesetzesbegründung sieht vor, dass ein Betreuungsschlüssel von 1:50 gewährleistet wird, dass nur qualifizierte Berater eingesetzt werden sollen, und dass Anreizsysteme zur frühzeitigen Arbeitsaufnahme eingesetzt werden.[757]

Die **persönlichen Voraussetzungen** sind erfüllt, wenn der Arbeitnehmer von Arbeitslosigkeit bedroht ist, was sich nach § 17 SGB III beurteilt. Zudem muss der Arbeitnehmer eine versicherungspflichtige Beschäftigung fortsetzen oder diese im Anschluss an eine Berufsausbildung aufnehmen und er darf nicht vom Kurzarbeitergeld ausgeschlossen sein (§ 111 Abs. 4 SGB III). Seit dem 1.1.2011 muss sich der Arbeitnehmer zudem bereits **vor Überleitung** in die beE aus Anlass der Betriebsänderung **arbeitsuchend melden** (§ 111 Abs. 4 Nr. 4 SGB III). Unverzüglich nach dieser Meldung hat die Arbeitsagentur mit dem Arbeitnehmer eine **Potentialanalyse** durchzuführen und dabei die für die Vermittlung erforderlichen beruflichen und persönlichen Merkmale sowie Fähigkeiten und Eignungen zu ermitteln. Mit Einverständnis des Betroffenen übermittelt die Arbeitsagentur das Ergebnis der Potentialanalyse an den Arbeitgeber bzw. Transferanbieter. Wenn die Daten der Potentialanalyse mit Einverständnis des Betroffenen übermittelt wurden, entfällt die Verpflichtung des Arbeitnehmers zur Teilnahme an einer Maßnahme zur Feststellung der Eingliederungsaussichten **(sog. Profiling)**, vgl. § 111 Abs. 4 Nr. 4 SGB III. Die Potentialanalyse bzw. das Profiling basieren auf der Vorstellung, dass eine Förderung mit der Zahlung von Transferkurzarbeitergeld nur sinnvoll ist, wenn auch ein Vermittlungshemmnis besteht.[758] Andernfalls ist ein sofortiger Wechsel in eine Anschlussbeschäftigung anzustreben. Daher haben die Potentialanalyse bzw. das Profiling grundsätzlich vor Eintritt in die beE zu erfolgen. Ist eine Feststellung der Eingliederungsaussichten trotz der Hilfe der zuständigen Agentur für Arbeit nicht möglich, muss dies gemäß § 111 Abs. 4 Nr. 4 SGB innerhalb eines Monats nach der Überleitung nachgeholt werden. Das Profiling dient der Aktivierung der Arbeitnehmer und soll ihnen helfen festzustellen, wie ihre Vermittlungsaussichten am Arbeitsmarkt sind bzw. verbessert werden können. Auch wenn sich ein Arbeitnehmer als gut vermittelbar erweist, kann er sich für einen Wechsel in eine Beschäftigungs- und Qualifizierungsgesellschaft entscheiden. Die Feststellung der Eingliederungsaussichten muss zwar durchgeführt werden, ein bestimmtes Ergebnis ist aber nicht Voraussetzung für eine Förderung gemäß § 111 SGB III.[759] 274

Eine Förderung mit Transferkurzarbeitergeld verlangt dem Arbeitgeber gemäß § 111 Abs. 7 SGB III weitergehendes Engagement ab: so muss der Arbeitgeber während des Bezugs von Transferkurzarbeitergeld **Vermittlungsvorschläge unterbreiten** und geeignete **Qualifizierungsmaßnahmen anbieten.** Als geeignet gelten insbesondere **Maßnahmen gemäß der Anerkennungs- und Zulassungsverordnung – Weiterbildung (AZWV).** Die Arbeitsagentur ist bei der Festlegung der Maßnahmen gemäß § 111 Abs. 7 S. 4 SGB III zu beteiligen. Dies hat anders als nach § 177 Abs. 1 S. 2 SGB III aF nicht erst nach 6 Monaten, sondern unmittelbar ab Eintritt der Arbeitnehmer in die beE zu erfolgen. Diese Regelung soll sicherstellen, dass die Beschäftigungs- und Qualifizierungsgesellschaften nicht mehr als „Verschiebebahnhof“ bzw. abgefederter Übergang in die Rente angesehen 275

[757] Gesetzesbegründung, BT-Drs. 17/1945, 15.
[758] Gesetzesbegründung, BT-Drs. 15/1515, 92; vgl. auch ErfK/*Rolfs* SGB III § 111 Rn. 21.
[759] Vgl. *Welkoborsky* NZS 2004, 509 (515).

werden.[760] Arbeitgeber und Arbeitnehmer müssen nach der Konzeption des Gesetzgebers vielmehr aktiv an einer möglichst raschen Vermittlung mitwirken. Der Arbeitgeber kann seinen Verpflichtungen insoweit allerdings durch Beauftragung einer professionellen Beschäftigungs- und Qualifizierungsgesellschaft nachkommen, die für ihn die Vermittlung sog. Schnupperbeschäftigungen, die Organisation von Bewerbungstrainings und Outplacementberatungen etc. übernimmt. Kommt ein Arbeitgeber seinen Verpflichtungen nicht nach, droht der Entzug der Förderung.[761] Durch die in § 111 Abs. 9 SGB III festgeschriebene Unterrichtungspflicht des Arbeitgebers ist sichergestellt, dass die Agentur für Arbeit die notwendigen Informationen zur Beurteilung der Aktivitäten des Arbeitgebers bzw. der Beschäftigungs- und Qualifizierungsgesellschaft erhält. Werden die Aufgaben auf eine Beschäftigungs- und Qualifizierungsgesellschaft übertragen, so ist es ratsam, ihr vertraglich auch diese Informationspflichten aufzuerlegen.[762]

Der dauerhafte Arbeitsausfall ist der Agentur für Arbeit anzuzeigen (§ 111 Abs. 6 SGB III). Zuständig ist die Agentur für Arbeit, in deren Bezirk der Betrieb, der Entlassungen durchführt, seinen Sitz hat. Der Sitz einer etwaigen externen Beschäftigungs- und Qualifizierungsgesellschaft ist demgegenüber irrelevant.[763]

276 Seit 2004 ist der **Bezug des Transferkurzarbeitergeldes** auf **12 Monate** beschränkt. Eine Verlängerungsmöglichkeit besteht nicht. Anlass für diese Kürzung war einerseits der Wille, dem Einsatz von Beschäftigungs- und Qualifizierungsgesellschaften als Instrument der Frühverrentung effektiv einen Riegel vorzuschieben.[764] Andererseits kann aber auch davon ausgegangen werden, dass die Vermittlungschancen nach 12 Monaten deutlich sinken, so dass das Ziel, einen nahtlosen Transfer in einen anderes Arbeitsverhältnis zu ermöglichen, dann nur in seltenen Fällen noch erreicht werden kann. Bezüglich der Förderdauer ist zu berücksichtigen, dass diese für die beE einheitlich 12 Monate beträgt, mithin mit der Errichtung der beE und nicht mit dem Eintritt eines Arbeitnehmers in die beE beginnt.[765] Werden daher einzelne Arbeitnehmer erst zu einem späteren Zeitpunkt in die beE integriert, so verkürzt sich für diese die maximale Förderungsdauer entsprechend. Will man dies vermeiden, so bleibt nur die Möglichkeit, bei einem Personalabbau in Wellen mehrere beEs bei einem Arbeitgeber bzw. innerhalb einer Beschäftigungs- und Qualifizierungsgesellschaft zu bilden. In diese können zeitlich versetzt dann diejenigen Arbeitnehmer überführt werden, die von Entlassungen betroffen sind.[766] Die **Höhe des Transferkurzarbeitergeldes** richtet sich nach den allgemeinen Bestimmungen für Kurzarbeitergeld und beträgt demnach gemäß § 178 SGB III 60 bzw. 67% der Nettoentgeltdifferenz.[767]

277 **(3) Qualifizierungs- und Beschäftigungsgesellschaften. (a) Vor- und Nachteile.** Das Instrument der Überleitung der Belegschaft in Qualifizierungs- und Beschäftigungsgesellschaften erweist sich gegenüber den nach wie vor weit verbreiteten Abfindungssozialplänen häufig als im allseitigen Interesse:

Für die **betroffenen Arbeitnehmer** stellt sich die Situation wie folgt dar:

- Ihnen wird durch einen Wechsel in eine Qualifizierungs- und Beschäftigungsgesellschaft in der Regel eine echte Chance zum (nahtlosen) Transfer in ein anderes Arbeitsverhältnis sowie zur Vermeidung der Arbeitslosigkeit eröffnet. Dies ist allerdings nur möglich, wenn die Qualifizierungs- und Unterstützungsmaßnahmen ernsthaft betrieben werden und sich die Überleitung in die Qualifizierungs- und Beschäftigungsgesellschaft nicht

---

[760] Vgl. hierzu *Gaul/Bonanni/Otto* DB 2003, 2386 (2389).
[761] Vgl. *Meyer* BB 2004, 490 (494).
[762] So der zutreffende Hinweis von *Mengel/Ullrich,* 2005, 1109 (1111).
[763] BT-Drs. 15/1515, 92; *Welkoborsky* NZS 2004, 509 (515).
[764] BT-Drs. 15/1515, 92.
[765] Vgl. *Mengel/Ullrich* BB 2004, 1109 (1111).
[766] Vgl. HWK/*Peters-Lange* SGB III §§ 110, 111, 111a Rn. 14.
[767] Vgl. *Gaul/Otto* NZA 2004, 1301 (1307); *Lembke* BB 2004, 773 (782); *Welkoborsky* NZS 2004, 509 (516).

nur als „Verschiebebahnhof" darstellt. Die Regelungen in §§ 110, 111 SGB III sind insoweit als positiv zu bewerten, da sie auf die Beteiligten Druck ausüben, ernsthafte Vermittlungs- und Qualifizierungsbemühungen anzustellen. Auch unter psychologischen Gesichtspunkten ist es für vom Arbeitsplatzverlust bedrohte Arbeitnehmer häufig besser zu ertragen, in eine Qualifizierungs- und Beschäftigungsgesellschaft zu wechseln.[768] Allerdings muss hier auch seitens der Betriebsräte häufig zunächst Überzeugungsarbeit geleistet werden, da die jahrelange Praxis reiner Abfindungssozialpläne in den Belegschaften zu einer ausgeprägten Erwartungshaltung bezüglich der Abfindungshöhen geführt hat, die es zunächst zu überwinden gilt.

- Für die Arbeitnehmer, die keine realistische Vermittlungschance am Arbeitsmarkt haben, bietet die Transfergesellschaft uU eine **Brücke in die Rente,** jedenfalls aber wird die Zeit der sozialen Absicherung durch Transfergesellschaft und Arbeitslosengeld zumindest um bis zu 12 Monate verlängert, was mit Blick auf das dann nur noch zur Verfügung stehende Arbeitslosengeld II entscheidend sein kann. Hierbei ist wichtig, dass sich das Arbeitslosengeld nach dem Ausscheiden aus der Transfergesellschaft nicht nach der Höhe der während der Zeit in der Transfergesellschaft erhaltenen (reduzierten) Vergütung, sondern nach der Höhe des Entgelts, das der Arbeitnehmer ohne den Arbeitsausfall erhalten hätte (§ 151 Abs. 3 Nr. 1 SGB III), richtet. Maßgeblich für die Berechnung des Arbeitslosengeldanspruchs ist demnach das im dreiseitigen Vertrag als „Bezugsbasis" vereinbarte Entgelt, das auch der Berechnung des Transferkurzarbeitsentgelts zugrunde gelegt wird. Dies ist nach der Entscheidung des BSG vom 4.7.2012 höchstrichterlich geklärt.[769] Vor diesem Hintergrund ist es allerdings wichtig, dass die Betriebsparteien bei der Definition der „Bezugsbasis" alle relevanten Vergütungsbestandteile berücksichtigen.
- Ob sich Zeiten in einer Transfergesellschaft nachteilig auf einen etwaig angestrebten Be- 278
zug von **Altersrente für besonders langjährig Versicherte** auswirkt, hängt von der zeitlichen Lage ab. Nach § 51 Abs. 3a SGB VI werden auf die für den Rentenanspruch zu erfüllende Wartezeit von 45 Jahren zwar Zeiten des Bezugs von Entgeltersatzleistungen der Arbeitsförderung angerechnet, soweit sie Pflichtbeitragszeiten oder Anrechnungszeiten sind. Bezieht ein Arbeitnehmer Transferkurzarbeitergeld, handelt es sich hierbei um Entgeltersatzleistungen der Arbeitsförderung.[770] Nach § 51 Abs. 3a Hs. 2 SGB VI werden Zeiten des Bezugs von Entgeltersatzleistungen der Arbeitsförderung in den letzten zwei Jahren vor Rentenbeginn jedoch nicht berücksichtigt, es sei denn, der Bezug von Entgeltersatzleistungen der Arbeitsförderung ist durch eine Insolvenz oder vollständige Geschäftsaufgabe des Arbeitgebers bedingt. Vor diesem Hintergrund ist davon auszugehen, dass jedenfalls in den Fällen, in denen das Arbeitsverhältnis nicht aufgrund einer Betriebsschließung endet, auch ein Wechsel in die Transfergesellschaft nicht hilft, die notwendige Wartezeit bis zur Rente mit 63 zu überbrücken. Der vom DGB vorgeschlagene Weg, dass die Mitarbeiter weiterhin in einem geringfügigen Beschäftigungsverhältnis verbleiben, da dann eine Anrechnung auf die Wartezeiten nach § 51 Abs. 3a Nr. 1 SGB IV erfolgen kann,[771] erscheint zweifelhaft und mit dem Normzweck nicht vereinbar.[772]
- Arbeitnehmer, die sich entschließen ein Aufhebungsangebot anzunehmen, obwohl sie persönlich nicht von Kündigung bedroht wären, und so einem anderen Arbeitnehmer den Arbeitsplatz sichern („Ringtausch"), müssen, wenn sie zunächst in eine Transferge-

---

[768] *Lembke* BB 2004, 773 spricht insoweit von der Vermeidung des „Stigmas" der Arbeitslosigkeit.

[769] B 11 AL 3/11 R, NZA-RR 2013, 103; bestätigt BSG 6.3.2013 – B 11 AL 1/12 R, NZS 2013, 594; vgl. auch Gagel/*Rolfs* § 150 Rn. 63 mwN zur zuvor abweichenden Rechtsprechung der Instanzgerichte. *Bissels/Jordan/Wisskirchen* NZI 2009, 865 (869). die noch auf das bei dem Arbeitgeber vor dem Wechsel in die Transfergesellschaft bezogenen Entgelt abstellen will.

[770] Kassler Kommentar/*Gürtner* SGB IV § 51 Rn. 10; BeckOK/*Kreikebohm/Jassat* SGB IV § 51 Rn. 6c; *Ruppelt* in Küttner, Personalhandbuch, Rente mit 63, Rn. 19.

[771] Info Recht vom 10.7.2014.

[772] Vgl. auch *Schindele* ArbRAktuell 2014, 379; *Kreitner* in Küttner Personalhandbuch 2020, Rente mit 63 Rn. 7; *Thüsing* FAZ v. 17.6.2014.

sellschaft wechseln, nicht mit Sperr- und Ruhezeiten bei einem etwaig nach dem Ausscheiden aus der Transfergesellschaft notwendigen Arbeitslosengeldbezug rechnen. Dies gilt jedenfalls dann, wenn zum Zeitpunkt des notwendigen Arbeitslosengeldbezugs die Beendigung des Arbeitsverhältnisses bereits ein Jahr zurückliegt (§ 158 Abs. 2 SGB III).[773]

279 Auch wenn mit Transfersozialplänen im Vergleich zu reinen Abfindungssozialplänen häufig höhere Kosten verbunden sind, so stellt sich die Überleitung des von Betriebsänderungen betroffenen Personals in Qualifizierungs- und Beschäftigungsgesellschaften auch **für Unternehmen** vielfach als **vorteilhaft** dar:

- Wechseln viele Arbeitnehmer im Wege einer dreiseitigen Vereinbarung in eine Transfergesellschaft, besteht insoweit kein Risiko durch Kündigungsschutzklagen. Je attraktiver die Transfergesellschaft ausgestaltet ist, desto mehr Arbeitnehmer werden das Angebot annehmen und auf Kündigungsschutzklagen verzichten. Im Falle eines Querschnittspersonalabbaus, der komplexe Fragen bei der Sozialauswahl aufwirft, kann dies von entscheidender Bedeutung sein. Dies gilt umso mehr, als Arbeitnehmer, die freiwillig in eine Transfergesellschaft wechseln, anders als bei Aufhebungs- oder Abwicklungsvereinbarungen nicht mit sozialversicherungsrechtlichen Nachteilen zu rechnen haben, was deren Bereitschaft im Zweifel fördert.[774]
- Nicht zu unterschätzen ist schließlich auch der positive Effekt eines Transfers von Teilen der Belegschaft in eine Qualifizierungs- und Beschäftigungsgesellschaft im Vergleich zu einer Massenentlassung in die Arbeitslosigkeit sowohl auf den **Betriebsfrieden** als auch auf das **Image des Unternehmens** in der Öffentlichkeit.[775] Letzteres spielt insbesondere für Großunternehmen zunehmend eine Rolle.
- Schließlich halten sich die Kosten einer Transfergesellschaft in den Fällen, in denen ein Unternehmen die Arbeitnehmer bereits während der Kündigungsfrist nicht weiter beschäftigten kann, in Grenzen, wenn die Arbeitnehmer unverzüglich nach Abschluss der dreiseitigen Vereinbarung in die Transfergesellschaft wechseln und hierdurch quasi ihre Kündigungsfristen mit einbringen. Die insoweit andernfalls anfallenden Entgeltfortzahlungskosten können zur teilweisen Finanzierung der Transfergesellschaft genutzt werden.

280 **(b) Interne oder externe betriebsorganisatorisch eigenständige Einheit (beE)?** Die Schaffung einer betriebsorganisatorisch eigenständigen Einheit (beE) **innerhalb des bestehenden Unternehmens** und die dortige Zusammenfassung des zu entlassenden Personals ist zwar rechtlich eine denkbare Alternative zur Überleitung des Personals in eine Beschäftigungs- und Qualifizierungsgesellschaft, gleichwohl ist diese Vorgehensweise **nicht empfehlenswert.** Dies ist bereits deshalb der Fall, weil eine Befristung eines ursprünglich unbefristeten Arbeitsverhältnisses eines sachlichen Grundes bedarf. Ob der Wechsel in eine beE den Anforderungen an einen sachlichen Grund genügt, mag bezweifelt werden.[776] Auch der Abschluss eines Aufhebungsvertrages zu einem weit in der Zukunft und lang nach Ablauf der geltenden Kündigungsfrist liegenden Termin birgt das Risiko, keine Bestandskraft zu haben. Bekanntlich sind auch derartige Abreden an den Grundsätzen über die Wirksamkeit einer Befristung zu messen.[777] Schließlich ist auch eine erst zum Ablauf der Förderungszeit ausgesprochene Kündigung problematisch, da dann keine Gewissheit besteht, dass der Arbeitnehmer keine Kündigungsschutzklage erhebt. Gerade das aber soll und kann ua durch einen Wechsel in eine Beschäftigungs- und Qualifizierungsgesellschaft

---

[773] Vgl. BSG 6.3.2013 – B 11 AL 1/12, NZS 2013, 594; *Bissels/Jordan/Wisskirchen* NZI 2009, 865 (869).

[774] Vgl. hierzu auch *Gaul/Kliemt* NZA 2000, 674; *Lingemann* NZA 2002, 934 (940); vgl. zu den sozialversicherungsrechtlichen Nachteilen → Rn. 251 ff.

[775] So auch *Buchner/Schindele* NZA 1999, 130 (136); *Gaul/Otto* NZA 2004, 1301 (1303); *Lembke* BB 2004, 773.

[776] So auch *Gaul/Otto* NZA 2004, 1301 (1303).

[777] *Gaul/Otto* NZA 2004, 1301 (1303).

vermieden werden.[778] Zu guter Letzt besteht das Risiko, dass nicht vermittelte Arbeitnehmer Wiedereinstellungsansprüche geltend machen, wenn sich nach Durchführung des Personalabbaus wieder Beschäftigungsmöglichkeiten eröffnen.[779]

Auch für die Beschäftigten ist ein Wechsel in die beE gegenüber einem Wechsel in ein Beschäftigungs- und Qualifizierungsgesellschaft keinesfalls von Vorteil. So ist es beispielsweise denkbar, dass sie, schließen sie im Hinblick auf die beE einen Aufhebungsvertrag mit ihrem Arbeitgeber ab, eine Sperrzeit nach § 159 SGB III auferlegt bekommen. Geschieht dies unter Nichteinhaltung der Kündigungsfristen, droht zudem das Ruhen des Arbeitslosengeldanspruchs gemäß § 158a SGB III. All dies zeigt, dass Personal, das von Entlassungen betroffen ist und für das eine Förderung nach § 111 SGB III vorgesehen ist, nach Möglichkeit in eine externe, dh rechtlich selbständige Beschäftigungs- und Qualifizierungsgesellschaft überführt werden sollte. Ob es sich hierbei um eine Konzerngesellschaft oder die Gesellschaft eines externen Anbieters handelt, bleibt dem Unternehmen überlassen.

In der Praxis entscheiden sich Unternehmen ganz überwiegend dafür, keine eigene Gesellschaft zu gründen, sondern die Dienstleistung eines professionellen Anbieters in Anspruch zu nehmen. Dafür spricht, dass derartige Anbieter, die mittlerweile am Markt zahlreich vertreten sind, häufig über ein eigenes gutes Netzwerk für Vermittlungsleistungen und Qualifizierungsleistungen verfügen.

Bei der Suche nach einem derartigen Anbieter kann man bei der örtlichen Agentur für Arbeit, der zuständigen Gewerkschaft bzw. dem Arbeitgeberverband oder auch anderen Unternehmen, die hier schon Erfahrungen sammeln konnten, Erkundigungen einziehen. Vielfach werden auch die Betriebsräte proaktiv Vorschläge unterbreiten. Hier besteht in der Regel eine Präferenz für eine der zahlreichen gewerkschaftsnahen Anbieter. 281

(c) **Finanzielle Ausstattung der Transfergesellschaft.** Wie konkret eine Beschäftigungs- und Qualifizierungsgesellschaft finanziell ausgestattet wird, ist letztlich eine Verhandlungssache. Typischerweise wird jedoch so vorgegangen, dass im Rahmen eines Sozialplans die Bedingungen, zu denen die dorthin überführten Arbeitnehmer tätig werden, festgeschrieben werden. Hierbei sind folgende Leistungsbestandteile zu regeln: 282

- Voraussetzung für den Wechsel eines Arbeitnehmers in die Transfergesellschaft ist durch vorherigen Durchführung eines **Profilings,** § 111 Abs. 4 Nr. 4b) SGB III. Wird dies im Rahmen einer Transferagentur durch einen externen Dienstleistung vor dem Wechsel in die Transfergesellschaft durchgeführt, wird diese Maßnahme gemäß der Regelung in § 110 Abs. 2 SGB III mit 50%, höchstens jedoch mit EUR 2.500,– gefördert.[780]
- Zu vereinbaren ist die Höhe des **Qualifizierungsbudgets,** das der Arbeitgeber der Transfergesellschaft zur Finanzierung entsprechender Maßnahmen zur Verfügung stellt. Dieses Budget wird pro Kopf eingezahlt, wird aber von der Transfergesellschaft nach Bedarf eingesetzt. Besteht bei einem Mitarbeiter nur geringer Qualifizierungsbedarf bzw. wird er schnell vermittelt, stehen die Gelder für die in der Transfergesellschaft verbleibenden Mitarbeiter zur Verfügung. Häufig vereinbart man Beträge von EUR 1.000 bis 4.000 pro Arbeitnehmer.
- 2016 wurde mit dem AWStG § 111a SGB III eingeführt[781] und ist an die Stelle der Regelungen über den Europäischen Sozialfonds getreten. Gegenstand der Regelung ist die Förderung beruflicher Weiterbildung im Rahmen von Transfermaßnahmen. Diese Regelungen wurden mit dem Gesetz zur Förderung der beruflichen Weiterbildung im Strukturwandel und zur Weiterentwicklung der Ausbildungsförderung vom 20.5. 2020[782] nochmals erheblich verbessert. Nach der Neufassung sind nunmehr Förderun-

[778] Vgl. → Rn. 274.
[779] Vgl. *Gaul/Otto* NZA 2004, 1301 (1303).
[780] Vgl. *Schindele* ArbRAktuell 2013, 512 (513): *Schnitzler* NZA-Beil. 2012, 17 (18).
[781] BGBl I 1710.
[782] BGBl. I 1044.

gen von Beschäftigten durch Qualifizierungsmaßnahmen unabhängig von Alter und bisheriger Qualifikation möglich. Die Begrenzungen aus der bisherigen Regelung, wonach es um die Förderung von Beschäftigten ohne Berufsabschluss bzw. ab dem 45. Lebensjahr ging, sind damit aufgehoben. Nach der nunmehr geltenden Regelung kann die Agentur für Arbeit während des Bezugs von Transferkurzarbeitergeld Maßnahmen der beruflichen Weiterbildung durch Übernahme der Weiterbildungskosten fördern. Voraussetzung ist, dass der Arbeitgeber 50% der Lehrgangskosten trägt. In Betrieben mit weniger als 250 Beschäftigten reduziert sich der vom Arbeitgeber zur tragende Mindestanteil auf 25%, § 111a Abs. 3 SGB III. In § 111a Abs. 2 SGB III ist zudem geregelt, dass Maßnahmen unter bestimmten Voraussetzungen auch dann noch gefördert werden können, wenn sie über das Ende der Verweildauer in der Transfergesellschaft hinausgehen. Dies ist eine attraktive Regelung, da sie auch die Förderung längerer Berufsbildungsmaßnahmen erlaubt, die innerhalb der maximal 12monatigen Verweildauer in der Transfergesellschaft nicht beendet werden könnten.[783]

- Wichtiger Regelungspunkt ist die **Verweildauer** in der Transfergesellschaft. Transferkurzarbeitergeld wird maximal für die Dauer von 12 Monaten gewährt. Wird ein längerer Verbleib in der Transfergesellschaft vereinbart, muss der Arbeitgeber hierfür die vollen Kosten tragen. Demgemäß finden sich heute nur noch selten Vereinbarungen mit längeren Laufzeiten als 12 Monate. Es hat sich vielmehr als vernünftig erwiesen, mindestens eine Verweildauer von 6 Monaten vorzusehen und sodann, ist es nicht finanzierbar, allen Mitarbeitern bis zu 12 Monate zuzubilligen, die Verweildauer nach Betriebszugehörigkeit bzw. Dauer der Kündigungsfrist oder auch nach Alter zu staffeln.
- Während der Zeit in der Transfergesellschaft erhalten die Mitarbeiter **Transferkurzarbeitergeld,** das sich je nach Unterhaltspflichten auf 60% bzw. 67% der sog. Nettoentgeltdifferenz beläuft, §§ 105, 106 SGB III. Die Parteien sollten in der dreiseitigen Vereinbarung die Höhe der Bezugsbasis für das Kug definieren. Hierbei ist unklar, ob neben den bisherigen monatlichen Bezügen auch etwaig fest vereinbarte Einmalzahlungen ratierlich mit einberechnet werden können. Hiergegen spricht die Regelung in § 106 Abs. 1 S. 4 SGB III.[784] Sollte man eine abweichende Regelung planen, sollte das vorab mit der Agentur für Arbeit abgestimmt werden. Diese lässt sich ohnedies in der Regel die Vereinbarungen zur Prüfung vorlegen.
- Es ist üblich, den Mitarbeitern einen sog. **Aufstockungsbetrag** zum Transferkurzarbeitergeld zuzusagen. Die Parteien sind grundsätzlich frei in der Vereinbarung der Höhe, allerdings sollte keine Aufstockung auf über 90% erfolgen, da dies sonst von der Agentur als fehlender Vermittlungsanreiz gewertet werden könnte.[785] In der Praxis finden sich in den allermeisten Vereinbarungen Aufstockungen auf 80%. Wichtig ist, dass in dem Sozialplan bzw. der dreiseitigen Vereinbarung präzise definiert wird, wie sich der Aufstockungsbetrag bemisst bzw. welche Vergütungsbestandteile zugrunde gelegt werden. Dies kann insbesondere bei gewerblichen Arbeitnehmern, die in ihrer aktiven Beschäftigungszeit hohe Nacht-, Sonn- und Feiertagszuschläge, Schichtzulagen etc. erhalten haben, von entscheidender Bedeutung sein. Auch muss klar geregelt werden, ob und ggf. in welchem Umfang Jahressonderleistungen oÄ von der Transfergesellschaft gewährt werden.
- Im Hinblick darauf, dass während des **Urlaubs- sowie für Feiertage** kein Kug gezahlt wird, hat der Arbeitgeber für diese Tage die Vergütung voll im vereinbarten Umfang zu tragen. Dies ist der Grund, warum in der Regel nur der gesetzliche Mindesturlaub von 20 Tagen zugesagt wird.[786]

---

[783] Vgl. hierzu BeckOK SozR/*Bieback* SGB III § 111a Rn. 1ff.; Heinz/Schmidt-De Caluwe/Scholz/*Baar/Mutschler* SGB III § 111a Rn. 4ff.
[784] Gagel/*Bieback* SGB III § 106 Rn. 24; HWK/*Peters-Lange* SGB III § 106 Rn. 2.
[785] *Schindele* ArbRAktuell 2013, 512 (514).
[786] *Schindele* ArbRAktuell 2013, 512 (514).

- Schließlich trägt der Arbeitgeber während der Zeit der Kurzarbeit sowohl den **Arbeitgeber- als auch den Arbeitnehmeranteil zur Sozialversicherung** bezogen auf beispielsweise 80% des Bruttoentgelts. Dieser Kostenblock ist durchaus erheblich.
- Sinnvoll und von der Agentur für Arbeit gewünscht sind schließlich Regelungen, die einen Anreiz für Arbeitnehmer schaffen, sich frühzeitig in eine Beschäftigung vermitteln zu lassen. Hier ist es üblich, eine **Mobilitäts- oder Sprinterprämie** in Höhe eines Anteils der bei vorzeitigem Austritt eingesparten Remanenzkosten oder Pauschalen für jeden Monat des vorzeitigen Austritts zu vereinbaren. Allerdings verlangen die Anbieter der Transfergesellschaften in der Regel auch eine Prämie bei vorzeitiger Vermittlung, so dass der Arbeitgeber hierdurch, verteilt er die eingesparten Kosten auf die Arbeitnehmer und die Transfergesellschaft, hiervon keinen oder nur einen geringen Vorteil hat.

Neben den Leistungen, die die Arbeitnehmer erhalten, sind vom Arbeitgeber auch die Beratungs- und Verwaltungskosten der Transfergesellschaft zu tragen. In der Gesamtkalkulation kann man davon ausgehen, dass die Kosten der Transfergesellschaft sich in etwa auf die der Gehaltskosten belaufen, die man für die Hälfte der Verweildauer aufwenden muss. Will man als Unternehmen eine 12monatige Verweildauer in einer Transfergesellschaft mit üblicher Ausstattung (Aufstockung auf 80%, gesetzlicher Mindesturlaub etc.) finanzieren, wird man als grobe Richtgröße demnach mit etwa einem halben Jahresgehalt an Kosten pro Mitarbeiter rechnen können. Soweit Kündigungsfristen mit eingebracht werden, reduzieren sich die Kosten um die sonst ohnehin entstehenden Gehaltsfortzahlungskosten während der Kündigungsfristen. 283

Da die Kosten einer Transfergesellschaft durchaus substantiell sind, wird häufig intensiv gerungen um die Frage, ob bei der Ausgestaltung der Sozialplanleistungen zwischen Arbeitnehmern, die in die Transfergesellschaft wechseln und Arbeitnehmern, die direkt ausscheiden, differenziert werden kann. Unternehmen argumentieren durchaus nachvollziehbar, dass es schon unter Gerechtigkeitsgesichtspunkten angemessen ist, den Arbeitnehmern, die die Leistungen der Transfergesellschaft in Anspruch nehmen, einen Eigenbeitrag abzuverlangen. Dies soll häufig durch eine Kürzung der Sozialplanabfindung in Abhängigkeit von der Verweildauer realisiert werden. Die Erfahrung zeigt, dass Betriebsräte häufig der Idee eines Eigenbeitrags sehr ablehnend gegenüberstehen. Selbst wenn es gelingt, eine entsprechende Abrede in dem Sozialplan zu verankern, ist zudem damit zu rechnen, dass die Mitarbeiter, sollte der Eigenbeitrag nicht nur eher symbolischer Natur sein, sich zT sogar gegen den Wechsel in die Transfergesellschaft entscheiden, nur um die volle Abfindung zu erhalten. Dies mag mit Blick auf die Leistungen, die sie von der Transfergesellschaft zu erwarten haben, irrational sein, sollte aber bei den Verhandlungen bedacht werden.

(d) Umsetzung der Maßnahme. Eine Überleitung von Personal in eine Beschäftigungs- und Qualifizierungsgesellschaft ist ein durchaus komplexer Vorgang. Folgende Schritte sind hierbei erforderlich: 284

Zunächst müssen auch bei einem solchen Vorgehen vorab die **Rechte des Betriebsrats** gewahrt werden. Ob ein erforderlicher Personalabbau mittels Entlassungen realisiert wird, oder ob das Personal ganz oder teilweise in eine Beschäftigungs- und Qualifizierungsgesellschaft übergeleitet wird, vermag an dem Vorliegen einer Betriebsänderung nichts zu ändern. Das richtige Vorgehen ist daher, nach ersten Vorgesprächen zwischen den Betriebsparteien die verpflichtende Beratung mit der Arbeitsagentur durchzuführen (216a Abs. 1 Nr. 1 bzw. 216b Abs. 1 Nr. 4 SGB III) und dann im Rahmen des **Interessenausgleichs** die Einrichtung einer beE bzw. Beauftragung einer Beschäftigungs- und Qualifizierungsgesellschaft sowie Zeitpunkt und Vorgehen bezüglich der Überführung des Personals in diese Einrichtung zu regeln. Die Frage der Ausgestaltung der wirtschaftlichen Rahmenbedingungen bei einem Wechsel in die Beschäftigungs- und Qualifizierungsgesellschaft muss Bestandteil des **Sozialplans** sein.[787] Besteht kein Betriebsrat bzw. ist er nicht zuständig, da das Unternehmen weniger als 21 Arbeitnehmer beschäftigt, so können die entsprechenden Regelungen einzelvertraglich oder in einer freiwilligen Betriebsvereinbarung getroffen werden.

285 Errichtet der Arbeitgeber keine beE, sondern will das Personal in eine Beschäftigungs- und Qualifizierungsgesellschaft überführen, so geschieht dies häufig mittels **dreiseitigem Vertrag,** denkbar sind aber auch zwei getrennte Verträge.[788] Das bestehende Arbeitsverhältnis ist aufzuheben und zugleich ein neues Arbeitsverhältnis mit der Beschäftigungs- und Qualifizierungsgesellschaft zu begründen. Da gemäß § 17 Abs. 1 S. 2 KSchG auch einvernehmliche Beendigungen des Arbeitsverhältnisses als Entlassungen gelten, muss auch in einem solchen Fall eine **Massenentlassungsanzeige** gemacht werden. Das neue Arbeitsverhältnis, das mit der Beschäftigungs- und Qualifizierungsgesellschaft begründet wird, wird regelmäßig befristet abgeschlossen. Die Befristung kann sachgrundlos gemäß § 14 Abs. 2 TzBfG erfolgen. Ist es erforderlich, das Vertragsverhältnis zu verlängern, weil etwa die Agentur für Arbeit zunächst keine Förderung für 12 Monate gewährt hat, so ist darauf zu achten, dass die Verlängerung vor Ablauf des zu verlängernden Vertrages erfolgt und sich zeitlich unmittelbar an den vorangegangenen Vertrag anschließt.[789] In jedem Fall sollte der Vertrag unter die Bedingung der Gewährung von Fördermitteln durch die Agentur für Arbeit gestellt werden. In den Arbeitsvertrag ist ferner aufzunehmen, dass „Kurzarbeit Null" gearbeitet wird, der Arbeitnehmer aber verpflichtet ist, an Qualifizierungsmaßnahmen teilzunehmen, ein „Schnupperarbeitsverhältnis" einzugehen und ggf. auch einer Entleihe zuzustimmen.[790] Schließlich ist zu regeln, dass das Personal mit einer kurzen Ankündigungsfrist bei erfolgreicher Vermittlung jederzeit aus dem Arbeitsverhältnis ausscheiden kann.

286 Der skizzierten Vorgehensweise, dh dem Transfer der Arbeitsverhältnisse zu einer Beschäftigungs- und Qualifizierungsgesellschaft mittels dreiseitigem Vertrag und der Vereinbarung schlechterer Arbeitsbedingungen steht auch § 613a BGB nicht entgegen. Zweck der Beschäftigung der Arbeitnehmer in einer Beschäftigungs- und Qualifizierungsgesellschaft ist alleine deren Qualifizierung und möglichst zügige Vermittlung in eine andere Arbeitsstelle. Die Beschäftigungs- und Qualifizierungsgesellschaft führt demnach den Betrieb des Arbeitgebers weder ganz noch in Teilen fort. Demgemäß fehlt es an einer grundlegenden Voraussetzung für einen Betriebsübergang nach § 613a BGB.[791] Probleme kann es in diesem Kontext nur geben, wenn die Beschäftigungs- und Qualifizierungsgesellschaft als „Zwischenstation" auf dem Weg zu einer Auffanggesellschaft genutzt wird. In Fällen, in denen es um die Sanierung insolventer Unternehmen geht, wird dieser Weg gelegentlich genutzt. Das prominenteste Beispiel hierfür ist sicherlich Bremer Vulkan.[792] Das BAG hat hierzu entschieden, dass der Aufhebungsvertrag wegen Gesetzesumgehung nur dann nichtig ist, wenn zugleich mit dem Abschluss des Aufhebungsvertrages ein neues Arbeitsverhältnis mit der Auffanggesellschaft als Betriebsübernehmer vereinbart oder zumindest verbindlich in Aussicht gestellt wird. Die in jüngster Zeit hierzu ergangenen Entscheidungen zeigen jedoch eine kritische Grundhaltung des BAG gegenüber derartigen Konstrukten.[793] Hier wird man im Einzelfall sehr sorgfältig den zugrundeliegenden Sachverhalt prüfen müssen, um zu beurteilen, ob eine Umgehung des § 613a BGB vorliegt.

---

787 So auch *Lembke* BB 2004, 773 (775).

788 Vgl. *Lembke* BB 2004, 773 (775).

789 So der zutreffende Hinweis von *Gaul/Otto* NZA 2004, 1301 (1303).

790 Vgl. hierzu *Lembke* BB 2004, 773 (775).

791 So auch BAG 10.12.1998 – 8 AZR 324/97, NZA 1999, 422; die Rechtsprechung wurde bestätigt in einer Entscheidung vom 18.8.2006, BB 2006, 665; vgl. auch ErfK/*Kania* BetrVG §§ 112, 112a Rn. 37c.

792 BAG 10.12.1998, NZA 1999, 422.

793 Vgl. BAG 25.10.2012 – 8 AZR 572/11, NZA 2013, 203; 25.10.2012 – 8 AZR 572/11, BeckRS 2013, 65736; *Fuhlrott* NZA 2012, 549; *Pils* NZA 2013, 125; *Raif/Ginal* GWR 2013, 1; *Thum* BB 2013, 1525.

(4) Erzwingbarkeit eines Transfersozialplans. Ob bzw. unter welchen Voraussetzungen die Einrichtung einer beE bzw. die Überführung von Personal in eine Beschäftigungs- und Qualifizierungsgesellschaft im Rahmen eines **Einigungsstellenverfahrens** erzwingbar ist, ist umstritten.[794] 287

Ausgangspunkt der Überlegungen muss zunächst sein, dass es das erklärte Ziel des Gesetzgebers ist dafür Sorge zu tragen, dass **Sozialplanmittel** verstärkt **zur Schaffung von Beschäftigungsperspektiven** für die vom Verlust des Arbeitsplatzes bedrohten Arbeitnehmer eingesetzt werden und der Sozialplan nicht mehr als reines Abfindungsinstrument genutzt wird. Zu diesem Zweck sollen Sozialplanmittel beispielsweise für Maßnahmen der inner- und außerbetrieblichen Qualifizierung, der Förderung der Anschlusstätigkeit bei einem anderen Arbeitgeber sowie der Vorbereitung einer selbständigen Existenz des Arbeitnehmers eingesetzt werden.[795] Vorbild dieses Ansatzes ist das in der Chemischen Industrie entwickelte Modell des sog. „Transfer-Sozialplans".[796] Mit Blick auf diese gesetzgeberische Zielsetzung ist festzuhalten, dass eine Einigungsstelle im Grundsatz gehalten ist, Maßnahmen zur Vermeidung von Arbeitslosigkeit zu ergreifen. So kann eine Einigungsstelle vorbehaltlich der Wahrung der Ermessensgrenzen in § 112 Abs. 5, insbesondere Nr. 3 BetrVG einen Arbeitgeber in dem Sozialplan verpflichten, genügend **finanzielle Mittel** zur Verfügung zu stellen, um den Mitarbeitern nach dem Auslaufen ihrer individuellen Kündigungsfrist einen Wechsel in eine (externe) Transfergesellschaft für die Dauer eines Jahres zu ermöglichen.

Probleme kann es jedoch geben, wenn durch die geplante Vorgehensweise in die unternehmerische Entscheidungsfreiheit eingegriffen wird. Dies ist beispielsweise dann der Fall, wenn in dem Sozialplan festgeschrieben werden soll, dass zur Durchführung von (innerbetrieblichen) Qualifizierungsmaßnahmen eine (interne) beE zu bilden ist und die Arbeitsverhältnisse nicht zu dem ursprünglich vorgesehenen Termin enden, sondern befristet fortgeführt werden sollen. Derartige Maßnahmen können nicht Gegenstand eines Sozialplans, sondern nur eines Interessenausgleichs sein, da sie konkret die geplante Betriebsänderung und damit die unternehmerische Entscheidungsfreiheit tangieren. Die Einigungsstelle hat jedoch anerkanntermaßen nicht die Kompetenz, in die unternehmerische Entscheidungsfreiheit einzugreifen. Demgemäß ist ein Interessenausgleich gerade nicht erzwingbar.[797] Wenn hiergegen eingewandt wird, der Gesetzgeber habe in Kenntnis des Unterschiedes zwischen Interessenausgleich und Sozialplan im Hinblick auf das Ziel der Eingliederung Arbeitsloser in § 112 Abs. 5 S. 2 Nr. 2a BetrVG nun einmal eine gegenläufige Entscheidung getroffen,[798] so erscheint dies jedenfalls in dieser Allgemeinheit nicht überzeugend. Die in der Gesetzesbegründung aufgeführten Regelungsbeispiele für Förderungsmöglichkeiten sind nämlich grundsätzlich typische Sozialplanregelungen. Der Umstand, dass zudem der Fall der „innerbetrieblichen Qualifizierung" erwähnt wird, rechtfertigt für sich betrachtet noch nicht den Schluss, der Gesetzgeber wolle im Rahmen des § 112 Abs. 5 S. 2 Nr. 2a BetrVG von dem Prinzip Abstand nehmen, dass der Unternehmer über Art, Umfang und Zeitpunkt der Betriebsänderung bei Beachtung der Verpflichtung zum Versuch eines Interessenausgleichs selbst entscheiden kann. Es erscheint vielmehr naheliegend, dass der Gesetzgeber schlicht übersehen hat, dass eine derartige Regelung einen Eingriff in die unternehmerische Entscheidungsfreiheit mit sich bringen kann. Hierfür spricht im Übrigen auch der Umstand, dass in dem im Zuge der BetrVG-Novelle ebenfalls neu eingefügten § 92a BetrVG dem Betriebsrat gerade kein erzwingbares Mitbestimmungs- bzw. Initiativrecht bezüglich Maßnahmen der Beschäftigungssicherung eingeräumt wurde. Der

[794] Eine gute Zusammenfassung des Diskussionsstands findet sich bei *Schütte* NZA 2013, 249.

[795] Vgl. BT-Drs. 14/5741, 52.

[796] Vgl. BT-Drs. 14/5741, 52; zu dem Modell des Transfer-Sozialplans *Wolff* NZA 1999, 622.

[797] Vgl. hierzu *Bauer* NZA 2001, 375 (378); *Annuß* in Richardi BetrVG § 112 Rn. 163; HWK/*Hohenstatt/Willemsen* BetrVG § 112 Rn. 73.

[798] So *Bepler* AuR 1999, 219 (226); DKW/*Däubler* BetrVG §§ 112, 112a Rn. 249; vgl. auch die Argumentation von *Schütte* NZA 2013, 249.

Betriebsrat hat insoweit lediglich einen Vorschlags- und Erörterungsrecht und kann Maßnahmen der Beschäftigungssicherung, die ggf. der Vermeidung andernfalls erforderlicher Betriebsänderungen dienen, nicht erzwingen. Wollte man der Einigungsstelle nunmehr aber gestatten, Maßnahmen der Beschäftigungssicherung in den Sozialplan aufzunehmen, die die unternehmerische Entscheidungsfreiheit beeinträchtigen bzw. die geplante Betriebsänderung gegen den erklärten Willen des Arbeitgebers modifizieren, so würde dies einen klaren Wertungswiderspruch begründen.

288 Festzuhalten bleibt jedoch, dass Förderungsmöglichkeiten zur Vermeidung von Arbeitslosigkeit, **soweit sie lediglich zu wirtschaftlichen Belastungen des Unternehmens führen und nicht die geplante Betriebsänderung selbst beeinträchtigen,** im Rahmen des Einigungsstellenverfahrens erzwingbar sind.[799] Tangieren sie hingegen die geplante Betriebsänderung, so sind sie nur mit Zustimmung des Arbeitgebers realisierbar. Letzteres ist regelmäßig der Fall, wenn das zu entlassende Personal gemäß § 111 SGB III in eine interne betriebsorganisatorisch eigenständige Einheit überführt werden soll. In diesem Fall würde das Personal, anders als aufgrund der unternehmerischen Entscheidung vorgesehen, noch für bis zu 12 Monate länger im Arbeitsverhältnis verbleiben. Geht es um die Überleitung des Personals in eine Beschäftigungs- und Qualifizierungsgesellschaft, so geht dies nur dann nicht ohne Zustimmung des Arbeitgebers, wenn die Überleitung unverzüglich und nicht erst nach Ablauf der Kündigungsfristen erfolgen soll. Durch einen Spruch der Einigungsstelle kann einem Unternehmen nicht zwangsweise das Personal vorenthalten werden, das es noch zur Aufrechterhaltung seines Betriebs benötigt.

289 Es gibt auch Fälle, in denen zwar der Arbeitgeber, nicht aber der Betriebsrat der Einrichtung einer Transfergesellschaft zustimmt. Die Gründe hierfür können vielfältig sein. So könnte die Ursache darin liegen, dass der Betriebsrat nicht damit einverstanden ist, dass bei knappen Ressourcen Teile für die Finanzierung einer Transfergesellschaft aufgewendet werden. Auch ist es denkbar, dass der Betriebsrat die Belegschaft zu einer Klagekampagne gegen die Kündigungen veranlassen möchte, was zum Scheitern verurteilt wäre, wenn viele Arbeitnehmer das Angebot, in eine Transfergesellschaft zu wechseln, annehmen. Welche Gründe der Betriebsrat für sein Tun auch haben mag, rechtlich besteht keine Veranlassung für die Einigungsstelle, bei Einverständnis des Arbeitgebers aufgrund der Ablehnung des Betriebsrats die Errichtung einer Transfergesellschaft im Spruchwege abzulehnen. Zwar ist es zutreffend, dass es auch keine Verpflichtung gibt, eine Transfergesellschaft einzurichten, da es sich bei § 112 Abs. 5 Nr. 2a BetrVG nur um eine Soll-Vorschrift handelt.[800] Gibt es aber gute Argumente für die Notwendigkeit von Transfermaßnahmen, kann die Einigungsstelle frei entscheiden, ob sie ungeachtet der Verweigerungshaltung des Betriebsrats diesen Weg beschreitet.

289a **cc) Qualifizierungs-Sozialplan als neue Gestaltungsform.** In den letzten Jahren wurde insbesondere von *Göpfert* viel für die Idee von Qualifizierungs-Sozialplänen anstelle von Abfindungssozialplänen geworben.[801] Ausgangspunkt dieser Überlegung ist die durch den technologischen Wandel verursache tiefgreifende Veränderung der Arbeitswelt, die vielfach zu der Notwendigkeit führt, bestehende Anforderungsprofile an die Beschäftigten und die bestehende Struktur von Arbeitsplätzen grundlegend anzupassen. Anstatt, so der Denkansatz, Beschäftigte mit hohen Abfindungen aus dem Arbeitsleben zu nehmen und mühsam und ggf. mit hohen Kosten neues Fachpersonal auszubilden und zu rekrutieren, sollte die vorhandene Belegschaft, die aufgrund von Veränderungen in den Arbeitsprozessen und

[799] Vgl. DKW/*Däubler* BetrVG § 112 Rn. 256; *Annuß* in Richardi BetrVG § 112 Rn. 163; HWK/*Hohenstatt/Willemsen* BetrVG § 112 Rn. 73; zustimmend auch *Lembke* BB 2004, 773 (775); aM *Fitting* BetrVG § 112 Rn. 278, der aber meint, dem Arbeitgeber könne es auferlegt werden, die notwendigen finanziellen Mittel zur Verfügung zu stellen.

[800] So auch *Schütte* NZA 2013, 249 (251).

[801] Vgl. hierzu *Göpfert/Giese* NZA 2016, 463; *Göpfert/Brune* NZA Beilage 2018, 87; *Göpfert/Seier* NZA 2019, 588; *Göpfert/Wenzler* NZA 2020, 15.

Anforderungsprofilen vom Arbeitsplatzverlust bedroht ist, im Rahmen von Qualifizierungs-Sozialplänen im Arbeitsprozess gehalten werden.

Das erscheint jedenfalls dann sinnvoll, wenn aufgrund von Veränderungsprozessen zwar die bisherigen Arbeitsplätze entfallen, zugleich aber neue Arbeitsplätze mit veränderten Anforderungsprofilen entstehen.[802] Geradezu zwingend erscheint die Weiterverfolgung dieses Ansatzes, wenn die zugrundeliegende Annahme, wonach 42% der Beschäftigten in Deutschland in Berufen mit hoher Automatisierungswahrscheinlichkeit tätig sind und daher ein Umbau der Arbeitswelt bevorsteht, im Ansatz zutrifft.[803] Vor diesem Hintergrund ist auch die im Weißbuch Arbeiten 4.0 des BMAS herausgearbeitete Forderung nach verbindlichen Qualifizierungsangeboten einzuordnen.[804]

Zunächst ist festzuhalten, dass es zwar keinen generellen gesetzlichen Anspruch der Beschäftigten gegen ihren Arbeitgeber auf Durchführung und Finanzierung einer Weiterbildungsmaßnahme im Hinblick auch technologisch bedingte Veränderungen der Arbeitsplatzanforderungen gibt. Allerdings muss ein Arbeitgeber, entfällt ein Arbeitsplatz in der bisherigen Form aufgrund technologischer Entwicklungen und entstehen Arbeitsplätze mit neuem Anforderungsprofil, diese im Rahmen einer betriebsbedingten Änderungskündigung anbieten, sofern die Weiterbeschäftigung des Arbeitnehmers nach zumutbaren Umschulungs- und Fortbildungsmaßnahmen möglich ist, § 1 Abs. 2 S. 3 KSchG. Auch sieht § 102 Abs. 3 Nr. 4 BetrVG ein Widerspruchsrecht des Betriebsrats im Falle von Kündigungen vor, wenn eine zumutbare Umschulungs- und Fortbildungsmaßnahme Kündigungen vermeiden hilft.[805]

Führt beispielsweise die Änderung der Betriebsorganisation oder der Betriebsanlagen gemäß § 111 S. 3 Nr. 4 BetrVG oder die Einführung neuer Arbeitsmethoden gemäß § 111 S. 3 Nr. 5 BetrVG zum Wegfall von Arbeitsplätzen, entstehen aber zeitgleich, wenn auch ggf. weniger, neue Arbeitsplätze mit verändertem Anforderungsprofil, ist es nicht nur naheliegend und sozialpolitisch vernünftig, sondern auch rechtlich notwendig, jedenfalls Teilen der Stammbelegschaft ggf. nach Durchführung erforderlicher Qualifizierungsmaßnahmen die neuen Arbeitsplätze anzubieten. Neben dem Arbeitsplatzerhalt und dem Erhalt von Fachkräften im Betrieb hat dies uU auch einen Einspareffekt in der Form, dass anstelle von im Zweifel sehr hohen Abfindungszahlungen nur Qualifizierungskosten anfallen.[806]

Inhalt eines Qualifizierungs-Sozialplans kann es demnach sein, das sog. *Skill-Set* der 289b
Mitarbeiter durch Fort- und Weiterbildungsmaßnahmen an grundlegend geänderte betriebliche Anforderungen anzupassen (sog. *Re-Qualifizierung*), ihnen ggf. auch die Fähigkeit zu vermitteln, generell anspruchslosere Aufgaben zu erfüllen (sog. *De-Skilling*) oder sie so weiterzuentwickeln, dass sie grundlegend neuen Qualifikations-Profilen entsprechen (sog. *Up-Skilling*).[807] Hierbei wird man beachten müssen, dass die Beschäftigten zwar arbeitsvertraglich verpflichtet sind, sich so weiterzubilden, dass sie weiterhin in der Lage sind, ihre arbeitsvertraglich geschuldete Tätigkeit zu erbringen. Erforderlichenfalls können sie demgemäß von dem Arbeitgeber dahingehend angewiesen werden, an entsprechenden Weiterbildungsmaßnahmen teilzunehmen.[808] Entstehen aber neue Arbeitsplätze mit neuen Anforderungsprofilen, auf die die Beschäftigten nicht per Direktionsrecht versetzt werden können, können bzw. müssen diese über Änderungskündigungen angeboten werden. Hier kommt dann ggf. der Qualifizierungs-Sozialplan ins Spiel, der regelt, das die Beschäftigten

[802] Vgl. dazu *Kleinbrink* DB 2017, 1713

[803] Vgl hierzu näher *Röder/Gebert* NZA 2017, 1289 mwN; hierzu auch *Göpfert/Brune* NZA-Beilage 2018, 87.

[804] Abrufbar unter: www.bmas.de/DE/Service/Medien/Publikationen/a883-weissbuch.html („Weiterbildungsoffensive und ein Recht auf Weiterbildung").

[805] Vgl. hierzu *Röder/Gebert* NZA 2017, 1289, 1290.

[806] Vgl. hierzu *Röder/Gebert* NZA 2017, 1289, 1291.

[807] Vgl. so die Clusterung von *Göpfert/Wenzler* NZA 2020, 15, 16.

[808] Vgl. hierzu *Göpfert/Brune* NZA-Beilage 2018, 87, 89; *Groß/Gressel* DB 2016, 2355, 2356; *Kleinebrink* DB 2018, 254, 258.

auf Kosten des Arbeitgebers für die entsprechende Tätigkeit qualifiziert werden, anstatt mit einer Abfindung aus dem Arbeitsverhältnis auszuscheiden. Zwar kann man in einem solchen Sozialplan entsprechende Qualifizierungsmaßnahmen regeln und ggf. auch bestimmen, dass die Mitarbeiter bei Ablehnung der Änderungsangebote keine oder nur eine geringe Sozialplanabfindung für den Verlust des Arbeitsplatzes erhalten. Eine Verpflichtung zur Annahme des Änderungsangebots hingegen ist nicht regelbar.

289c Offen ist nun, ob bzw. in welcher Form Qualifizierungs-Sozialpläne **erzwingbar** sind. Hier wird regelmäßig auf eine Entscheidung des BAG vom 17.9.1991 verwiesen,[809] in der für die Beteiligungsrechte nach §§ 111, 112 BetrVG festgestellt wurde, dass Umschulungspflichten nicht Gegenstand eines erzwingbaren Sozialplans sein können. Das wurde in dem Fall seinerzeit damit begründet, dass Umschulungsverpflichten nicht dem Ausgleich oder der Milderung vorhandener Nachteile dienen würden, sondern diese bereits vorgelagert vermeiden sollen. Das Ziel der Nachteilsvermeidung sei aber kein Regelungsgegenstand des Sozialplans, sondern des Interessenausgleichs, der so gerade nicht erzwingbar sei.[810] Das ist für diese Fallkonstellation zutreffend. Auch steht außer Frage, dass ein Unternehmen nicht gezwungen werden kann, entgegen seiner Planung neue Arbeitsplätze zu schaffen, um diese nach Qualifizierungsmaßnahmen mit Alt-Beschäftigten zu besetzen. Auch kann der Betriebsrat nicht gegen den Willen des Arbeitgebers durchsetzen, dass neue Arbeitsplätze so zugeschnitten werden, dass die Stamm-Belegschaft darauf qualifiziert werden kann. Sieht das unternehmerische Konzept und die geplante Betriebsänderung aber vor, dass neue Arbeitsplätze entstehen, auf die Teile der Stammbelegschaft nach etwas aufwändigeren Qualifizierungsmaßnahmen ggf. im Wege einer Änderungskündigung versetzt werden können, kann ein ggf. auch über eine Einigungsstelle erzwingbarer Sozialplan regeln, dass der Arbeitgeber die Qualifizierungsmaßnahmen während der Arbeitszeit anstelle einer Abfindungsleistung finanzieren muss. Es muss dann nur sichergestellt sein, dass aufgrund der Durchführung der Maßnahmen selbst die Betriebsänderung an sich – weder in materieller noch in zeitlicher Hinsicht – verändert werden muss.[811] Das ist nach der Rechtslage nicht erzwingbar.

290 **cc) Regelungen zum Ausgleich sonstiger Nachteile bei Erhalt des Arbeitsplatzes.** Führt die Betriebsänderung nicht (nur) zu Kündigungen, sondern bringt sie auch **Versetzungen oder andere Veränderungen** für die Beschäftigten mit sich, können in dem Sozialplan auch Leistungen zum Ausgleich oder zur Milderung hieraus etwa entstehender wirtschaftlicher Nachteile vorgesehen werden. Bei einer **Betriebsverlagerung** sind befristete Fahrgelderstattungen, Trennungsentschädigungen, die Vergütung von Reisezeit als Arbeitszeit, Mietzuschüsse und Umzugskostenbeihilfen etc. weit verbreitet.[812] Bringen Versetzungen auf andere Arbeitsplätze zudem **Herabstufungen in der tariflichen Eingruppierung** mit sich, so regeln Sozialpläne vielfach die stufenweise Abschmelzung der Gehälter oder enthalten eine befristete Beschäftigungsgarantie.[813] Häufig finden sich hierzu aber auch Regelungen in Rationalisierungsschutzabkommen, die es zu beachten gilt. Auch kann es geboten sein, den Mitarbeitern, die sich mit einer Versetzung auf einen anderen Arbeitsplatz einverstanden erklären, Weiterbildungsmaßnahmen zu finanzieren, so dass sie den dortigen Anforderungen entsprechen können. Um einen Anreiz zu bieten, einen geringer vergüteten, anders gearteten oder weit entfernt liegenden Arbeitsplatz anzunehmen,

[809] Vgl. *Göpfert/Brune* NZA –Beilage 2018, 87, 92; *Röder/Gebert* NZA 2017, 1289, 1290.

[810] 1 ABR 23/91, NZA 1992, 227 (229).

[811] Wohl auch offen für den Gedanken eines erzwingbaren Qualifizierungs-Sozialplans *Göpfert/Brune* NZA-Beilage 2018, 87 (94), die ausführen, es sei allenfalls eine Frage der Zeit, bis über eine Einigungsstelle ein Qualifizierungs-Sozialplan erzwungen wird. Kritisch ErfK/*Kania* BetrVG §§ 112, 112a Rn. 37; *Annuß* in Richardi BetrVG § 112 Rn. 163.

[812] Vgl. zu denkbaren Regelungsinhalten ausführlich DKW/*Däubler* BetrVG §§ 112, 112a Rn. 170ff.; *Annuß* in Richardi BetrVG § 112 Rn. 96; *Knorr* S. 75; *Ohl*, Der Sozialplan, 93; *Vogt*, Sozialpläne in der betrieblichen Praxis, 174.

[813] Vgl. DKW/*Däubler* BetrVG §§ 112, 112a Rn. 175.

sehen zahlreiche Sozialpläne zudem vor, dass diejenigen Mitarbeiter, die sich auf ein solches Angebot einlassen, ihren Abfindungsanspruch nicht verlieren, wenn sie sich nach einer Erprobungsphase von sechs bis zwölf Monaten entscheiden, den Arbeitsplatz doch aufgeben zu wollen. In den Fällen, in denen in Sozialplänen Leistungen für diejenigen Arbeitnehmer aufgenommen werden müssen, die zwar ihren Arbeitsplatz nicht verlieren, jedoch andere wirtschaftliche Nachteile aufgrund der Betriebsänderung erleiden, erweist sich in den Verhandlungen der Betriebsparteien neben der Höhe der Ausgleichs- oder Übergangsleistungen insbesondere die Frage der **Leistungsdauer** als problematisch. Während die Arbeitgeber die Leistungen unter Verweis auf die Regelung des § 113 Abs. 2 BetrVG in der Regel auf maximal zwölf Monate beschränken wollen, verlangen Betriebsräte häufig Ausgleichsleistungen für die Dauer von 24 Monaten und mehr. Zwar sieht § 113 Abs. 2 BetrVG vor, dass Unternehmer, die von einem Interessenausgleich abweichen bzw. die Mitbestimmungsrechte des Betriebsrates in wirtschaftlichen Angelegenheiten missachten, nur zum Ausgleich wirtschaftlicher Nachteile für die Dauer von 12 Monaten verpflichtet sind. Hieraus folgt für Sozialpläne jedoch keine Begrenzung der Leistungsdauer. *Zum einen* steht es in freien Verhandlungen ohnedies im Ermessen der Betriebspartner, ob und in welchem Umfang sie wirtschaftliche Nachteile ausgleichen wollen. *Zum anderen* ist auch die Einigungsstelle bei der Aufstellung eines Sozialplans nicht an die Grenzen gebunden, die der Gesetzgeber in § 113 BetrVG für Nachteilsausgleichsansprüche vorgesehen hat. Dies folgt aus § 112 Abs. 5 BetrVG und ist bezüglich der Abfindungshöhen vom BAG bereits ausdrücklich klargestellt worden.[814]

dd) Kausalität zwischen der Betriebsänderung und wirtschaftlichen Nachteilen. In § 112 Abs. 1 S. 2 BetrVG ist ausdrücklich davon die Rede, dass der Sozialplan wirtschaftliche Nachteile ausgleichen und mildern soll, die den Arbeitnehmern infolge der Betriebsänderung entstehen. Demnach bedarf es eines **kausalen Zusammenhangs zwischen den ausgleichspflichtigen Nachteilen und der Betriebsänderung.** Wurde ein Sozialplan aus Anlass einer Betriebsänderung aufgestellt, so haben nur diejenigen Arbeitnehmer Ansprüche aus dem Sozialplan, die Nachteile aufgrund der dem Sozialplan zugrundeliegenden Betriebsänderung erleiden. Werden demgegenüber Mitarbeiter betriebsbedingt gekündigt, ohne dass ein sachlicher Zusammenhang zu der Betriebsänderung besteht, haben diese in Ermangelung des Bestehens eines Kausalzusammenhangs zwischen der Betriebsänderung und den wirtschaftlichen Nachteilen keine Ansprüche aus dem Sozialplan.[815] 291

Die **Kausalität** zwischen der Betriebsänderung und dem wirtschaftlichen Nachteil hat das BAG in seiner Entscheidung vom 10.12.1996 bezüglich der **Verringerung der Haftungsmasse** bei dem Betriebserwerber sowie dessen **befristete Befreiung von der Sozialplanpflicht** nach § 112a Abs. 2 BetrVG **verneint.**[816] Das BAG hat ausdrücklich klargestellt, dass der Verlust der Aussicht auf eine Sozialplanabfindung durch die Übertragung eines Betriebes oder Betriebsteils auf ein neugegründetes Unternehmen gemäß § 112a Abs. 2 BetrVG Folge der entsprechenden gesetzlichen Regelung und nicht der Betriebsänderung sei. Die Betriebsänderung bestehe in derartigen Fällen in der Betriebsspaltung oder Organisationsänderung, nicht aber in dem Betriebsinhaberwechsel, durch den die Sozialplanpflicht gemäß § 112a Abs. 2 BetrVG entfalle.[817] Damit hat das BAG der zT vertretenen Auffassung, wonach ein im Zusammenhang mit einer Betriebsausgliederung aufgestellter Sozialplan entsprechende Bürgschafts- und Garantieverpflichtungen des bisherigen

[814] Vgl. hierzu BAG 27.10.1987 – 1 ABR 9/86, NZA 1988, 203; BAG 22.2.1995 – 10 ABR 23/94, NZA 1995, 697.

[815] Vgl. LAG Hamm 30.7.1997 – 18 Sa 429/97, NZA-RR 1998, 261. Wie weit die Kausalität – auch in zeitlicher Hinsicht – reichen kann, zeigt der Fall der der Entscheidung des LAG Düsseldorf vom 9.10. 2019 zugrunde lag, 4 Sa 134/19, BB 2019, 3000.

[816] Vgl. BAG 10.12.1996 – 1 ABR 32/96, NZA 1997, 898; aA DKW/*Däubler* BetrVG §§ 112, 112a Rn. 75.

[817] Vgl. BAG, aaO, unter II 2c BB) der Entscheidungsgründe.

Betriebsinhabers vorsehen müsse, nach denen dieser im Falle einer etwaigen Einschränkung oder Stilllegung des ausgegliederten Betriebsteils für die dann fällig werdenden Abfindungsansprüche der betroffenen Arbeitnehmer einstehen müsse,[818] eine klare Absage erteilt.[819] Dies ist zu begrüßen, da sich der Betriebsinhaberwechsel für sich betrachtet anerkanntermaßen nicht als Betriebsänderung darstellt, so dass daraus resultierende Veränderungen nicht ausgleichspflichtig sein können.[820]

Nach dieser für die Praxis bedeutsamen BAG-Entscheidung steht nun fest, dass jedenfalls ein durch Spruch der Einigungsstelle aufgestellter Sozialplan Nachteile, die den Arbeitnehmern nicht unmittelbar durch die Betriebsänderung, sondern aufgrund entsprechender gesetzlicher Regelungen entstehen, nicht ausgeglichen oder gemildert werden können. Dieser Grundsatz spielt noch in zahlreichen anderen Fällen eine bedeutsame Rolle:

Beispiel C 54:

Das Warenhaus K in Würzburg mit ca. 50 Beschäftigten hat bislang eine Cafeteria in eigener Regie betrieben. Die Cafeteria soll nunmehr verpachtet, und von dem Pächter als eigenständiger Betrieb fortgeführt werden. Die Arbeitsverhältnisse von 6 Mitarbeitern des Warenhauses gehen gemäß § 613a Abs. 1 BGB auf den Pächter über. Durch den Arbeitgeberwechsel findet nicht mehr der (bessere) Firmentarifvertrag des Warenhauses, sondern der Tarifvertrag für das Hotel- und Gaststättengewerbe Anwendung. Zudem verlieren die betroffenen Arbeitnehmer, da sich hierunter drei Teilzeitbeschäftigte befinden, gemäß § 23 KSchG ihren Kündigungsschutz. Der Betriebsrat des Warenhauses fordert die Aufstellung eines Sozialplanes, in dem die von dem Betriebsübergang betroffenen Mitarbeiter dafür entschädigt werden,

a) dass der Betriebsrat in dem neuen Betrieb keine Mitbestimmungsrechte in wirtschaftlichen Angelegenheiten mehr haben wird;
b) dass die Mitarbeiter ihren Kündigungsschutz verlieren;
c) dass der auf das Arbeitsverhältnis anwendbare Tarifvertrag zu einer Verschlechterung der Arbeitsbedingungen führt.

292 **Verlieren Arbeitnehmer** aufgrund des durch die Betriebsänderung verursachten Personalabbaus **potentielle Sozialplanansprüche,** da die Zahl der regelmäßig Beschäftigten des Betriebes unter 21 Arbeitnehmer absinkt, resultiert dieser Nachteil nicht aus der Betriebsänderung, dh der Einschränkung oder Spaltung des Betriebes, sondern daraus, dass der Gesetzgeber die Sozialplanpflichtigkeit von Betriebsänderungen an bestimmte Mindestbeschäftigtenzahlen geknüpft hat. Liegen die Voraussetzungen einer Betriebsänderung iSd § 111 BetrVG nicht vor, sinkt die Zahl der regelmäßig Beschäftigten aber gleichwohl unter 21, verliert der Betriebsrat ebenfalls seine Beteiligungsrechte gemäß §§ 111 ff. BetrVG, ohne dass die Mitarbeiter hierfür einen Ausgleich erhalten. Dies kann nicht anders sein, wenn die Reduktion der Belegschaft im Zusammenhang mit einer Betriebsänderung steht.[821]

Nichts anderes kann im Übrigen dann gelten, wenn der Personalabbau zum **Verlust des Kündigungsschutzes** führt, weil nach Durchführung der Betriebsänderung die Voraussetzungen des § 23 Abs. 1 S. 2 KSchG erfüllt sind. Den Betriebspartnern steht es aller-

[818] Vgl. so *Engels* DB 1979, 2227 (2232); *Wendeling-Schröder* AiB 1983, 58 (60); *Kittner*, Anm. zu BAG AP Nr. 9 zu § 111 BetrVG.

[819] Das BAG räumt lediglich ein, dass eine Verpflichtung besteht, die betroffenen Beschäftigten im Zuge des Betriebsübergangs über die Sozialplanprivilegierung des neuen Inhabers aufzuklären, 16.12.2016 – 8 AZR 612/15, NZA 2017, 783; vgl. auch → Rn. 236.

[820] Ebenso LAG Frankfurt 12.2.1985 – 4 TaBV 70/83, DB 1985, 1999 (2002); *Annuß* in Richardi BetrVG § 112 Rn. 87; *Jaeger* BB 1988, 1036 (1039); *Bork* BB 1989, 2181 (2185).

[821] Vgl. so auch *Jaeger* BB 1988, 1036 (1040); zustimmend *Annuß* in Richardi BetrVG § 112 Rn. 87.

dings frei, entsprechende mittelbare Nachteile im Rahmen eines frei vereinbarten Sozialplans auszugleichen.[822]

Kommt es im Zusammenhang mit einem Betriebsübergang gemäß § 613a Abs. 1 S. 3 BGB zu einem **Wechsel des anwendbaren Tarifvertrages,** so kann sich dies zwar im Einzelfall durchaus nachteilig auswirken und zu einer erheblichen Verschlechterung der Arbeitsbedingungen führen. Auch in derartigen Fällen verhält es sich allerdings so, dass die Verschlechterung der Arbeitsbedingungen Ausfluss der gesetzlichen Regelung in § 613a Abs. 1 S. 3 BetrVG ist.[823] Im **Beispiel C 54** wird der Betriebsrat sich daher mit keiner seiner Forderungen durchsetzen können.

ee) Begünstigter Personenkreis. Der Sozialplan kann nur für die **von der Betriebsänderung nachteilig betroffenen Arbeitnehmer** gelten, die der Belegschaft des Betriebes angehören.[824] Es gibt keinen Anspruch darauf, von einer einem Interessenausgleich und Sozialplan zugrunde liegenden Betriebsänderung betroffen zu sein.[825] Allerdings soll es auch möglich sein, Leistungen aus einem Sozialplan zu beanspruchen, auch wenn der Arbeitnehmer zum Zeitpunkt des Zugangs der Kündigung nicht mehr dem Betrieb angehört, für den der Sozialplan abgeschlossen wurde.[826] Umgekehrt können Arbeitnehmer, die durch Vermittlung des Arbeitgebers einen neuen Arbeitsplatz finden, aus dem Kreis der Begünstigten ausgeschlossen werden.[827] Gleiches gilt für Arbeitnehmer, die in einem Gemeinschaftsbetrieb lediglich von dem einem zum anderen Arbeitgeber wechseln.[828] Regelmäßig werden auch Arbeitnehmer, denen aus einem in ihrer Person oder ihrem Verhalten liegenden Grund fristgemäß oder aus wichtigem Grund fristlos gekündigt wird, aus dem Anwendungsbereich des Sozialplans ausgenommen. Dies ist ohne weiteres zulässig, da es insoweit regelmäßig an der Kausalität zwischen Betriebsänderung und Verlust des Arbeitsplatzes fehlt.[829] Dies gilt allerdings in den Fällen nicht, in denen beispielsweise aufgrund einer betrieblich veranlassten Neugestaltung des Anforderungsprofils eine bestimmte Gruppe von Arbeitnehmern die veränderte Tätigkeit nicht ausüben können, etwa weil sie nun mit schwerem Heben, Tragen, Ziehen verbunden ist. Hier ist die Ursache für die fehlende Weiterbeschäftigungsmöglichkeit die Umgestaltung der Arbeitsabläufe und der betrieblich veranlasste Neuzuschnitt der Arbeitsplätze. 293

Neue Impulse hat die Diskussion über den typischerweise vereinbarten Abfindungsausschluss für Beschäftigte, deren Arbeitsverhältnisse aufgrund eines **Auslaufens der Befristung** enden, durch die Rechtsprechung des EuGH zum spanischen Recht erhalten. Der EuGH hatte darüber zu befinden, ob eine spanische Regelung, wonach befristete Beschäftigte keinen oder nur einen reduzierten Abfindungsanspruch haben, gegen unionsrechtliche Vorgaben nach § 4 Nr. 1 der Rahmenvereinbarung im Anhang der RL 1999/70/EG verstößt, wonach schlechtere Behandlungen von befristet Beschäftigten ohne sachlichen Grund untersagt sind.[830] Auch wenn man die Entscheidung des EuGH aufgrund unterschiedlicher Ausgangslagen im Sachverhalt so nicht wird übertragen können, zeigen doch die dort angestellten Überlegungen, dass nicht ohne weiteres – wie in der Praxis vielfach üblich – und stereotyp davon ausgegangen werden kann, dass befristet Beschäftigte man- 293a

---

[822] Vgl. so ausdrücklich BAG 10.12.1996 – 1 ABR 32/96, NZA 1997, 898.

[823] Vgl. hierzu auch die Ausführungen des BAG in der Entscheidung vom 5.2.1997 – 10 AZR 553/96, NZA 1998, 158 bezüglich der Zumutbarkeit der Weiterbeschäftigung bei dem Betriebserwerber im Falle eines Tarifwechsels gemäß § 613a Abs. 1 S. 3 BGB.

[824] Vgl. hierzu ausführlich DKW/*Däubler* BetrVG §§ 112, 112a Rn. 88ff.

[825] Vgl. BAG 14.6.2017 – 10 AZR 308/15, BeckRS 2017, 123905.

[826] Vgl. LAG Hamburg 13.5.2020 – 7 Sa 146/19, BeckRS 2020, 13151; LAG Hamburg 4.9.2019 6 Sa 19/19, BeckRS 2019, 34107; LAG Hamburg 5.2.2020 – 7 Sa 89/19, BeckRS 2020, 13129.

[827] BAG 22.3.2005 – 1 AZR 3/04, NZA 2005, 831.

[828] BAG 26.8.2008 – 1 AZR 346/07, NJW 2009, 698.

[829] Zu dem eher selten auftretenden Problem personenbedingter Kündigungen, die letztlich durch die Betriebsänderung veranlasst sind, *Müller* BB 2001, 255.

[830] EuGH 14.9.2016 – C-596/14 *(Ana de Diego Porras/Miniterio de Defensa)*, NZA 2016, 1193.

gels Kausalität aus dem Anwendungsbereich von Sozialplänen ausgenommen werden können. Zwar mag es zutreffen, dass die Arbeitsverhältnisse aufgrund des Auslaufens der Befristung enden. Das ist aber vordergründig argumentiert, wenn es sich tatsächlich so verhält, dass die Arbeitsverhältnisse, hätte der Arbeitgeber nicht den Abbau der befristeten Arbeitsplätze aus betriebsbedingten Kündigungen im Sinn, verlängert worden wären.[831] Legen die Betriebsparteien den Geltungsbereich des Sozialplans fest, sind sie daher gut beraten, genau die Kausalität des Auslaufens der Befristungen nachzuvollziehen. Nur in den Fällen, in denen tatsächlich oder mit einer gewissen Wahrscheinlichkeit davon auszugehen ist, dass die Verträge aus anderen als betriebsbedingten Gründen im Kontext der Betriebsänderung nicht entfristet worden wären, können befristet Beschäftigte ohne weiteres vom Anwendungsbereich des Sozialplans ausgenommen werden.[832] Fallen befristet Beschäftigte aufgrund bestehender Kausalität unter den Sozialplan, bedeutet das allerdings nicht zwangsläufig, dass ihnen 1:1 die Leistungen zuzubilligen sind, die unbefristet Beschäftigte erhalten. Hier mag es gute Gründe für Sonderregelungen geben, die dann auch nach § 4 Abs. 2 TzBfG gerechtfertigt sein können. Die Betriebsparteien haben einen weiten Ermessensspielraum.

Letztlich auch wegen fehlender Kausalität waren einem Arbeitnehmer vom BAG Ansprüche zu verwehren, der zunächst eine Änderungskündigung unter Vorbehalt angenommen und dann das Arbeitsverhältnis aufgrund eines gerichtlichen Vergleichs beendet hat. Schließlich hätte der Arbeitnehmer weiterhin in dem Unternehmen tätig bleiben können.[833]

Wird zu einem späteren Zeitpunkt ein höher dotierter Sozialplan infolge einer zweiten eigenständigen organisatorischen Betriebsänderung abgeschlossen, hat der von einer Betriebsänderung betroffene Arbeitnehmer nur Anspruch auf Leistungen aus demjenigen Sozialplan, von dessen Betriebsänderung er auch betroffen ist.[834]

293b Im Hinblick darauf, dass der Betriebsrat kein Mandat für **leitende Angestellte** hat, werden diese von einem Sozialplan nicht erfasst.[835] Eine Verpflichtung des Arbeitgebers aus dem Gleichbehandlungsgrundsatz, leitende Angestellte den übrigen Beschäftigten gleichzustellen, besteht nicht.[836] Dies würde auch im Widerspruch stehen zu der Vorschrift des § 32 Abs. 2 S. 2 SprAuG, wonach dem Sprecherausschuss lediglich das Recht zukommt, mit dem Arbeitgeber Maßnahmen zum Ausgleich und zur Milderung wirtschaftlicher Nachteile zu beraten. Einen Sozialplan kann der Sprecherausschuss für leitende Angestellte nicht erzwingen.[837] Gleichwohl können Sprecherausschuss und Arbeitgeber nach § 28 Abs. 2 S. 1 SprAuG die unmittelbare und zwingende Geltung des Inhaltes der von ihnen vereinbarten Richtlinien durch eine auf diese Wirkung gerichtete Vereinbarung herbeiführen. Ist im Rahmen eines Sozialplans davon die Rede, dass dieser auch für die leitenden Angestellten „gilt" und ist er vom Sprecherausschuss mit unterzeichnet, kann sich seine Geltung auch auf die leitenden Angestellten erstrecken.[838]

Dagegen besteht keine Verpflichtung, Arbeitnehmer eines betriebsratslosen Betriebes Leistungen nach einem für einen anderen Betrieb aufgestellten Sozialplan zukommen zu lassen. Dies folgt bereits daraus, dass es sich bei den Sozialplanleistungen nicht um freiwillige Leistungen des Arbeitgebers handelt.[839]

---

[831] Vgl. hierzu *Hohenstatt* NZA 2016, 1446; *Schmitz* NZA-RR 2020, 281 (290) mwN.
[832] Vgl. so auch *Valgolio* AuR 2020, 165.
[833] BAG 13.12.2005 – 1 AZR 551/04, NZA 2006, 1430.
[834] Vgl. BAG 23.3.2010 – 1 AZR 981/08, NJOZ 2010, 1946.
[835] Vgl. *Annuß* in Richardi BetrVG § 112 Rn. 74; DKW/*Däubler* BetrVG §§ 112, 112a Rn. 92; *Seel* MDR 2010, 241.
[836] Vgl. BAG 16.7.1985 – 1 AZR 206/81, NZA 1985, 713; anders noch BAG 31.1.1979 – 5 AZR 454/77, DB 1979, 1039.
[837] Vgl. *Annuß* in Richardi BetrVG § 112 Rn. 75.
[838] Vgl. dazu BAG 10.2.2009 – 1 AZR 767/07, NZA 2009, 970; vgl. auch → Rn. 504.
[839] LAG Köln 26.4.2005 – 9 (12) Sa 1486/04, BeckRS 2006, 43317.

Zu der Frage, wie gegenüber Mitarbeitern zu verfahren ist, die ihr Arbeitsverhältnis mit Blick auf eine kommende Betriebsänderung selbst kündigen, vgl. → Rn. 297.

d) Schranken der Regelungsbefugnis der Betriebspartner

Wie oben bereits erwähnt,[840] sind die Betriebspartner bei der Aufstellung eines Sozialplans nicht an die Ermessensrichtlinien des § 112 Abs. 5 BetrVG gebunden, sondern müssen nur die in **§ 75 BetrVG** niedergelegten **Grenzen von Recht und Billigkeit** beachten. Die für die Einigungsstelle aufgestellten Ermessengrenzen in § 112 Abs. 5 BetrVG finden auf Vereinbarungen der Betriebsparteien keine Anwendung.[841] Demgemäß sind sie weitgehend frei darüber zu entscheiden, welche Nachteile der von einer Betriebsänderung betroffenen Arbeitnehmer sie in welchem Umfange ausgleichen wollen.[842] Die Regelungsschranke des § 75 BetrVG reduziert sich in der Praxis im Wesentlichen auf das **Gebot der Gleichbehandlung bzw. das Diskriminierungsverbot** sowie das Verbot sachfremder Differenzierungen sowie auf das Maßregelungsverbot.[843] Aufgrund des arbeitsrechtlichen Gleichbehandlungsgrundsatzes ist es den Betriebspartnern untersagt, einzelne Arbeitnehmer oder Arbeitnehmergruppen gegenüber anderen willkürlich ungleich zu behandeln, wobei von einer willkürlichen Ungleichbehandlung immer dann auszugehen ist, wenn im Wesentlichen gleich gelagerte Fälle ohne sachlichen Grund oder aus sachfremden Erwägungen unterschiedlich behandelt werden. Sachfremd sind Differenzierungsgründe, wenn es für die unterschiedliche Behandlung keine billigenswerten Gründe gibt.[844] 294

Stellt sich eine Klausel im Sozialplan aufgrund eines Verstoßes gegen den Gleichbehandlungsgrundsatz als rechtswidrig dar, so hat dies die Nichtigkeit der unzulässigen Differenzierung zur Folge. Die zu Unrecht von einer Sozialplanleistung ausgeschlossenen Arbeitnehmer haben Anspruch auf die Leistung, die ihnen nach dem Sozialplan ohne die unzulässige Differenzierung zu gewähren wäre. Es erfolgt demnach eine Angleichung nach oben.[845] Unzulässige Differenzierungen in einem Sozialplan können, werden sie von den betroffenen Arbeitnehmern erfolgreich beanstandet, demnach zu einer erheblichen Vergrößerung des von dem Unternehmen kalkulierten Sozialplanvolumens führen.[846] Nach ständiger Rechtsprechung des BAG kann die Angemessenheit der finanziellen Belastung durch einen Sozialplan nicht mit Hilfe einer Inhaltskontrolle im Individualprozess überprüft werden.[847] Führt eine aufgrund eines Verstoßes gegen § 75 BetrVG notwendige Korrektur des Sozialplans zu einer Ausdehnung des vereinbarten Finanzvolumens, so ist diese hinzunehmen, solange nur einzelne Arbeitnehmer benachteiligt werden und die Korrektur im Verhältnis zum Gesamtvolumen des Sozialplans nicht „ins Gewicht fällt".[848] Maßgeblich soll hierbei nicht die Zahl der betroffenen Arbeitnehmer, sondern das Verhältnis der finanziellen Mehrbelastung zum Gesamtvolumen des Sozialplans sein.[849] Konkret hat das BAG eine Ausdehnung des Sozialplanvolumens um 1,7% für hinnehmbar gehalten.[850] Wo 295

---

840 Vgl. hierzu → Rn. 243.

841 *Annuß* in Richardi BetrVG § 112 Rn. 82.

842 Vgl. hierzu stellvertretend für die ständige Rechtsprechung BAG 28.9.1988 – 1 ABR 23/87, NZA 1989, 186; BAG 30.11.1994 – 10 AZR 578/93, NZA 1995, 492.

843 Vgl. hierzu *Fitting* BetrVG §§ 112, 112a Rn. 139; DWWK/*Däubler* BetrVG §§ 112, 112a Rn. 94ff.; *Schrader* DB 1997, 1714; *Gaul* DB 1998, 1513; *Küttner* FS Stahlhacke, 1998, 17; *Seel* MDR 2010, 241 (242).

844 Vgl. stellvertretend BAG 25.11.1993 – 2 AZR 324/93, NZA 1994, 788; BAG 25.4.1995 – 3 AZR 446/94, NZA 1996, 84.

845 Vgl. BAG 17.4.1996 – 10 AZR 606/95, NZA 1996, 1113; *Weber/Ehrich* BB 1997, 1530 (1536); *Schrader* DB 1997, 1714; DKW/*Däubler* BetrVG §§ 112, 112a Rn. 112 mwN.

846 *Schweibert* FS 25 Jahre ARGE Arbeitsrecht im DAV, 2006, 1003.

847 Vgl. BAG 17.2.1981 – 1 AZR 290/78, BB 1981, 1092; 12.11.2002 – 1 AZR 632/01, NZA 2003, 1287.

848 Vgl. BAG 26.6.1990 – 1 AZR 263/88, NZA 1991, 111; 12.11.2002 – 1 AZR 632/01, NZA 2003, 1287.

849 Vgl. BAG 21.10.2003 – 1 AZR 407/02, NZA 2004, 559.

850 Vgl. NZA 2004, 559.

die Grenze des Akzeptablen verlaufen soll, wurde allerdings offen gelassen und wird letztlich eine Frage des konkreten Einzelfalls sein, die auch unter Berücksichtigung der wirtschaftlichen Belastbarkeit des Unternehmens zu beantworten sein wird. Das LAG Hamburg hat in einer Entscheidung vom 30.6.2006 jedenfalls die Auffassung vertreten, dass eine Mehrbelastung von mehr als einem Viertel nicht mehr hinnehmbar sei und damit eine Zahlungsklage abgewiesen.[851] Das LAG München hat eine Mehrbelastung von 10–15% höheren Leistungen für die Hälfte der Arbeitnehmer als nicht mehr tragbar angesehen.[852]

Im Hinblick darauf ist es gerade aus Unternehmersicht ratsam, Sozialpläne von vornherein so zu strukturieren, dass sich den Maßstäben des § 75 BetrVG Rechnung tragen. Andernfalls kann sich die Betriebsänderung erheblich verteuern. Enthält ein Sozialplan Regelungen, die einer gerichtlichen Überprüfung nicht standhalten, so reduziert sich das damit verbundene finanzielle Risiko in der Praxis für das betroffene Unternehmen allerdings immer dann erheblich, wenn auf die Arbeitsverhältnisse eine tarifliche Ausschlussfrist Anwendung findet. Nach der Rechtsprechung des BAG müssen auch Ansprüche auf eine einmalige Abfindung aus einem Sozialplan anlässlich der Beendigung des Arbeitsverhältnisses innerhalb der tariflichen Ausschlussfrist geltend gemacht werden.[853]

296 **aa) Allgemeiner Gleichbehandlungsgrundsatz.** Nach der Rechtsprechung des BAG können die Betriebspartner bei der Festlegung der Höhe der Sozialplanleistungen **nach der Schwere der Nachteile sowie nach deren Vermeidbarkeit** differenzieren.[854] Treffen die Betriebspartner im Hinblick darauf unterschiedliche Regelungen und handelt es sich hierbei um sachlich beachtenswerte Gründe, so sind Differenzierungen grundsätzlich zulässig. Die Gerichte hatten in der Vergangenheit bereits häufig Anlass über Sozialplanregelungen zu befinden, die Mitarbeitergruppen schlechter stellen. Es gab aber auch Fälle, in denen einzelne Mitarbeitergruppen bevorzugt wurden, ein Umstand, der ebenfalls zur Unwirksamkeit führen kann. Dies gilt insbesondere für die Privilegierung für Betriebsratsmitglieder, die bereits als Begünstigung gemäß § 78 S. 2 BetrVG untersagt ist. Allerdings ist es hier häufig sehr schwierig, eine klare Trennlinie zu ziehen. Während Regelungen in Aufhebungsverträgen, mit denen man Betriebsräten faktisch ihren besonderen Kündigungsschutz abkauft, unter bestimmten Umständen zulässig sein mögen,[855] ist bei Regelungen in Sozialplänen, die Betriebsratsmitglieder im Hinblick darauf Zusatzleistungen zubilligen, Vorsicht geboten. Hiervon sollte Abstand genommen werden. Die Betriebsratsmitglieder mögen sich auf ihren Sonderkündigungsschutz berufen oder, haben sie ihn in dem konkreten Fall nicht bzw. wollen sie ihn nicht geltend machen, haben sie sich mit den Leistungen zu bescheiden, die alle anderen Beschäftigten auch bekommen.[856]

297 **(1) Eigenkündigungen und Aufhebungsverträge.** Klauseln, die Arbeitnehmer, die das Arbeitsverhältnis durch **Eigenkündigung oder den Abschluss eines Aufhebungsvertrages** beenden, generell von Sozialplanansprüchen ausnehmen, sind unwirksam. Dies begründet das BAG damit, dass die Tatsache der Eigenkündigung bzw. des Aufhebungsvertrages für sich genommen noch nichts darüber aussagt, ob die Beendigung auf der geplanten Betriebsänderung beruht. Wurde der Ausspruch der Eigenkündigung bzw. der Abschluss der Aufhebungsvereinbarung durch den Arbeitgeber mit Blick auf die geplante Betriebsänderung veranlasst, so wäre es unbillig, die betroffenen Arbeitnehmer von jegli-

---

[851] 6 Sa 18/06, BeckRS 2006, 43314.
[852] 27.3.2014 – 3 SA 106/13, BeckRS 2014, 71928.
[853] Vgl. BAG 30.11.1994 – 10 AZR 79/94, NZA 1995, 643; BAG 27.3.1996 – 10 AZR 668/95, NZA 1996, 986.
[854] Vgl. BAG 15.1.1991 – 1 AZR 80/90, NZA 1991, 692.
[855] Vgl. BAG 21.3.2018 – 7 AZR 590/16, NZA 2018, 1019.
[856] Vgl. hierzu LAG Düsseldorf 13.9.2001 – 11 (4) Sa 906/01, BB 2002, 306; ArbG Nürnberg 27.1.1997 – 12 Ca 7897/96, BeckRS 1997, 30766607; *Müller* ArbRAktuell 2019, 575 (577).

chen Sozialplanansprüchen auszunehmen.[857] Es ist aber davon auszugehen, dass Mitarbeiter, die ihr Arbeitsverhältnis selbst kündigen, einen geringeren Ausgleichsbedarf haben, so dass für diesen Personenkreis eine reduzierte Abfindung vereinbart werden kann.[858] Von einer **arbeitgeberseitigen Veranlassung** könne allerdings nur dann die Rede sein, wenn der Arbeitgeber dem Arbeitnehmer die geplante Betriebsänderung darlege und ihn dadurch konkret dazu bestimme, selbst zu kündigen oder einen Aufhebungsvertrag zu schließen, um einer andernfalls vorhersehbaren Arbeitgeberkündigung zuvorzukommen.[859] Die betriebsbedingte Kündigung von anderen Arbeitnehmern rechtfertigt dabei noch nicht die Annahme, dass auch der eigene Arbeitsplatz entfällt.[860] Nicht als „arbeitgeberseitig veranlasst" angesehen werden kann demnach auch eine Eigenkündigung, die „vorzeitig" ausgesprochen wird, dh zu einem früheren Beendigungszeitpunkt als dies durch die Betriebsänderung geboten gewesen wäre.[861] Bestand hinsichtlich des zeitlichen Rahmens der Umsetzung der Betriebsänderung im Zeitpunkt der Kündigung des Arbeitnehmers noch keine abgeschlossene Planung, kann somit nicht davon ausgegangen werden, dass die Kündigung vom Arbeitgeber veranlasst wurde.[862] Sieht ein Sozialplan vor, dass den betroffenen Arbeitnehmern der Wegfall des Arbeitsplatzes langfristig anzukündigen ist, besteht bei vor der arbeitgeberseitigen Ankündigung ausgesprochenen Eigenkündigungen kein Sozialplananspruch.[863] Erst recht besteht kein Anspruch auf Sozialplanleistungen, wenn die Weiterbeschäftigung einer bestimmten Gruppe von Arbeitnehmern explizit geregelt ist. Wer dennoch eine Eigenkündigung ausspricht, geht leer aus, er fällt bereits nicht unter den Geltungsbereich des Sozialplans.[864]

Als zulässig angesehen wurde ferner eine Regelung, wonach Arbeitnehmer nur dann Anspruch auf eine Sozialplanabfindung bei Eigenkündigung haben, wenn der Arbeitgeber nicht binnen einer bestimmten Frist widerspricht und die Fortsetzung des Arbeitsverhältnisses anbietet.[865]

Da die Arbeitnehmer, die ihr Arbeitsverhältnis vor Ausspruch der betriebsbedingten Arbeitgeberkündigung selbst kündigen bzw. eine Aufhebungsvereinbarung unterzeichnen, hiervon in aller Regel einen Vorteil haben, kann es allerdings gerechtfertigt sein, für diese Fälle eine gekürzte Abfindung in dem Sozialplan vorzusehen.[866]

Auch ist es möglich, Arbeitnehmern, die aufgrund einer Eigenkündigung ausscheiden, nur dann Sozialplanleistungen zu gewähren, wenn ihnen zuvor ein unzumutbares Arbeits-

---

[857] Vgl. BAG 20.5.2008 – 1 AZR 203/07, NZA-RR, 2008, 636; BAG 19.6.1996 – 10 AZR 23/96, NZA 1997, 562; BAG 20.4.1994 – 10 AZR 323/93, NZA 1995, 489; vgl. auch LAG Hessen 21.3.2000 – 4 Sa 730/99, NZA-RR 2001, 252; LAG Köln 12.1.2001 – 11 (10) Sa 866/00, NZA-RR 2001, 372; LAG Köln 19.12.2001 – 7 Sa 577/01, DB 2002, 538; LAG Hamm 18.12.2008 – 15 Sa 1097/08, BeckRS 2009, 55977.

[858] Vgl. BAG 1.2.2011 – 1 AZR 417/09, NJOZ 2011, 1261.

[859] Vgl. BAG 10.2.2009 – 1 AZR 767/07, NZA 2009, 970; BAG 15.5.2007 – 1 AZR 370/06, ZIP 2007, 1575; so auch *Schrader* DB 1997, 1714 (1715); *Gaul* DB 1998, 1513 (1514); *Küttner* FS Stahlhacke, 1998, 308; *Annuß* in Richardi BetrVG § 112 Rn. 107; *Fitting* BetrVG §§ 112, 112a Rn. 163.

[860] LAG Rheinland-Pfalz 25.7.2007 – 7 Sa 206/07, BeckRS 2007, 47310; vgl. daneben LAG Schleswig-Holstein 20.7.2007 – 3 TaBVGa 1/07, NZA-RR 2008, 244.

[861] Vgl. BAG 1.2.2011 – 1 AZR 472/09, BeckRS 2011, 72860; BAG 12.4.2011 – 1 AZR 507/09, BeckRS 2011, 75397; LAG Hessen 11.2.2009 – 6/13 Sa 746/08, BeckRS 2011, 71525 (Revision eingelegt unter Aktenzeichen 1 AZR 472/09); LAG Köln 1.4.2009 – 9 Sa 21/09, BeckRS 2009, 68315 (Revision eingelegt unter Aktenzeichen 1 AZR 507/09); LAG Köln 18.6.2009 – 7 Sa 1247/08, BeckRS 2010, 65336 (Revision eingelegt unter Aktenzeichen 1 AZR 755/09); ebenso im Hinblick auf leitende Angestellte BAG 10.2.2009 – 1 AZR 767/07, NZA 2009, 970. Zur vertragswidrigen vorzeitigen Kündigung unter Nichteinhaltung der Kündigungsfrist vgl. LAG Rheinland-Pfalz 13.2.2019 – 7 Sa 380/18.

[862] Vgl. LAG Köln 2.1.2009 – 6 Sa 828/08, BeckRS 2010, 73972.

[863] Vgl. BAG 15.3.2011 – 1 AZR 808/09, NZA 2011, 944.

[864] Vgl. LAG Köln 29.11.2018 – 7 Sa 364/18, BeckRS 2018, 45345.

[865] Vgl. BAG 20.5.2008 – 1 AZR 203/07, NZA-RR, 2008, 636; BAG 6.8.2002 – 1 AZR 247/01, NZA 2003, 449.

[866] Vgl. BAG 11.8.1993 – 10 AZR 558/92, NZA 1994, 139; BAG 24.11.1993 – 10 AZR 311/93, NZA 1994, 716; BAG 13.11.1996 – 10 AZR 340/96, NZA 1997, 390; LAG Köln 2.11.1999 – 13 Sa 477/99, NZA-RR 2000, 193.

platzangebot gemacht wurde. Dies deshalb, weil anzunehmen ist, dass ein vorzeitig kündigender Arbeitnehmer durch die Betriebsänderung keine (oder nur geringe) Nachteile erleidet.

Im Hinblick auf diese Rechtsprechung sollte ein Unternehmer jedenfalls bis zum Abschluss des Interessenausgleichsverfahrens und bis zum Beginn der Durchführung der Betriebsänderung nach Möglichkeit davon Abstand nehmen, in Betriebsversammlungen oder im Rahmen persönlicher Gespräche den Mitarbeitern mitzuteilen, dass sie ihren Arbeitsplatz verlieren werden. Andernfalls haben auch diejenigen Arbeitnehmer Anspruch auf eine Abfindung aus dem Sozialplan, die vor Beginn der Durchführung der Betriebsänderung gekündigt haben und darlegen können, dass sie damit der bereits angekündigten Arbeitgeberkündigung zuvorgekommen sind. Soweit der Betriebsrat gleichwohl auf der Durchführung einer Betriebsversammlung und der Information der Beschäftigten über die Planung des Arbeitgebers besteht, sollte seitens des Unternehmens ausdrücklich klargestellt werden, dass die Verhandlungen noch nicht abgeschlossen sind und dass derzeit nicht abschließend feststeht, ob und ggf. wer seinen Arbeitsplatz verlieren wird. Zudem hat es sich als hilfreich erwiesen, ausdrücklich festzustellen, dass diejenigen Mitarbeiter, die gleichwohl vor Abschluss der Verhandlungen und vor Beginn der Durchführung der Betriebsänderung ihren Arbeitsplatz kündigen, einen etwaigen Anspruch auf eine Abfindung aus dem Sozialplan nicht haben werden. So kann vorzeitigen Austritten von Arbeitnehmern vorgebeugt werden, die zu betrieblichen Schwierigkeiten führen können.

298 **(2) Vermittlung eines anderen Arbeitsplatzes.** Als zulässig wird es ferner angesehen, wenn Mitarbeiter, die durch **Vermittlung des Arbeitgebers** einen **neuen Arbeitsplatz** finden, ganz oder teilweise von den Sozialplanleistungen ausgeschlossen werden.[867] Da die Arbeitnehmer, die eine unmittelbare Anschlussbeschäftigung finden, weniger Nachteile haben als diejenigen Arbeitnehmer, die in die Arbeitslosigkeit gehen, fügt sich diese Sichtweise nahtlos in obige Grundsätze ein. Der Begriff der Vermittlung ist dabei in einem weiten Sinne zu verstehen.[868] Er erfordert ein arbeitgeberseitiges Handeln, das sich dahingehend auswirkt, dass ein Arbeitsverhältnis mit einem Dritten begründet wird. Das Handeln kann beispielsweise in der Veräußerung von Betriebsteilen an Dritte gesehen werden, es erfasst aber auch andere Fälle des Tätigwerdens des Arbeitgebers. Interessengerecht ist in derartigen Fällen eine Regelung, wonach Arbeitnehmer, denen ein anderer Arbeitsplatz vermittelt wird, nur einen Abfindungsanspruch haben, sofern sie den Arbeitsplatz innerhalb einer bestimmten Frist ohne Verschulden wieder verlieren,[869] etwa durch eine arbeitgeberseitige Kündigung während der Probezeit.[870] Unter dem Gesichtspunkt der Vermeidbarkeit von Nachteilen ist es zudem gerechtfertigt, wenn Arbeitnehmer, die einen ihnen angebotenen **zumutbaren anderen Arbeitsplatz** ablehnen, von Sozialplanansprüchen ganz oder teilweise ausgenommen werden.[871] Allerdings muss in diesen Fällen sichergestellt sein, dass der Arbeitnehmer sich der Auswirkung seiner Ablehnung bewusst ist.[872] Wann ein Arbeitsplatz als zumutbar anzusehen ist, richtet sich in erster Linie nach den Regelungen in dem Sozialplan,[873] hilfsweise jedoch nach den allgemeinen Grundsätzen von Treu

---

[867] Vgl. BAG 19.6.1996 – 10 AZR 23/96, NZA 1997, 562; BAG 22.3.2005 – 1 AZR 3/04, NZA 2005, 831; LAG Rheinland-Pfalz 25.2.2010 – 10 Sa 384/09, BeckRS 2010, 67986; zustimmend *Schrader* DB 1997, 1714 (1718); *Gaul* DB 1998, 1513 (1517).

[868] Vgl. dazu BAG 8.12.2009 – 1 AZR 801/08, NZA 2010, 351.

[869] Vgl. hierzu auch die Vorschläge von *Kraushaar* BB 2000, 1622 (1623).

[870] Vgl. BAG 8.12.2009 – 1 AZR 801/08, NZA 2010, 351.

[871] Vgl. LAG Berlin-Brandenburg 19.2.2012 – 26 Sa 1671/14, BeckRS 2015, 68953.

[872] Vgl. LAG Köln 4.12.2000 – 8 Sa 914/00, NZA-RR 2001, 306. In dieser Entscheidung wird auch klargestellt, dass einem Arbeitnehmer, der jede Weiterbeschäftigungsmöglichkeiten kategorisch abgelehnt hat, ein formales Weiterbeschäftigungsangebot nicht unterbreitet werden muss.

[873] Das BAG erkennt an, dass die maßgeblichen Kriterien für die Bestimmung der Zumutbarkeit eines Arbeitsplatzangebots in dem Sozialplan selbst festgelegt werden können, vgl. BAG 8.12.2015 – 1 AZR 595/14, NZA 2016, 767 Rn. 30; BAG 6.11.2007 – 1 AZR 960/06, NZA 2008, 232; BAG 28.9.1988 –

und Glauben.[874] Ein Arbeitsplatz ist danach dann als zumutbar anzusehen, wenn er den Fähigkeiten und Kenntnissen des Arbeitnehmers entspricht.[875] Innerhalb bestimmter Grenzen kann ein Arbeitsplatz selbst dann als zumutbar gelten, wenn er mit einem Ortswechsel oder Gehaltseinbußen verbunden ist. Insoweit hat sich zwischenzeitlich eine umfangreiche Rechtsprechung entwickelt.[876] In einer Entscheidung vom 18.4.1996[877] hat das BAG sogar das Angebot einer 75%-Stelle als zumutbar angesehen.[878] Die Betriebsparteien sind auch nicht aufgrund der Wertungen von Art. 6 GG gezwungen, Arbeitnehmer wegen ihrer familiären Bindungen zu bevorzugen, können jedoch hierauf Rücksicht nehmen.[879]

(3) Widersprüche gegen einen Betriebsübergang. Ähnlich wie die Fälle der Ableh- 299
nung eines zumutbaren Arbeitsplatzes durch den Arbeitnehmer werden von der Rechtsprechung die Fälle bewertet, in denen ein Arbeitnehmer **dem Übergang seines Arbeitsverhältnisses** gemäß § 613a Abs. 1 BGB **widerspricht** und in Ermangelung einer anderweitigen Beschäftigungsmöglichkeit von dem Betriebsveräußerer gekündigt werden muss.[880] Selbst dann, wenn der Sozialplan nicht ausdrücklich die einem Betriebsübergang widersprechenden Arbeitnehmer von Sozialplanabfindungen ausschließt, sondern nur für den Fall der Ablehnung eines zumutbaren anderweitigen Arbeitsplatzangebotes ein Entfallen der Abfindung vorsieht, haben diese keinen Anspruch auf eine Abfindung. Das BAG begründet dies in seiner Entscheidung vom 5.2.1997[881] damit, dass in aller Regel davon auszugehen sei, dass der betroffene Arbeitnehmer im Falle eines Betriebsübergangs auf einem zumutbaren Arbeitsplatz weiterbeschäftigt werde. Das **Vorliegen eines Betriebsübergangs indiziere die Zumutbarkeit der Weiterbeschäftigung** bei dem Betriebserwerber.[882] Da der Arbeitnehmer im Falle eines Betriebsübergangs einen angestammten Arbeitsplatz regelmäßig behalte, bestehe kein Anlass, ihm gleichwohl im Falle des Widerspruchs eine Abfindung zu zahlen. Der Arbeitgeberwechsel stelle ebenso wenig wie ein durch § 613a Abs. 1 S. 3 BGB hervorgerufener Wechsel des anwendbaren Tarifvertrages einen sachlichen Grund für die Ablehnung des Arbeitsplatzangebotes dar.[883] Empfehlenswert ist ungeachtet dessen aber regelmäßig in den Sozialplan unmittelbar aufzunehmen, dass widersprechende Arbeitnehmer, sollten sie in der Folge betriebsbedingt gekündigt werden, von Abfindungsansprüchen ausgeschlossen sind.[884]

Ein sachlicher Grund für einen Widerspruch wurde anerkannt, wenn der Betriebserwerber sich weigerte, den Mitarbeiter weiter zu beschäftigen.[885] Somit soll in den Fällen, in denen der Betriebserwerber ankündigt, einen Arbeitnehmer nach dem Betriebsübergang kündigen zu wollen, im Falle eines Widerspruchs des Arbeitnehmers gegen den Betriebsübergang ein Abfindungsanspruch aus dem Sozialplan bestehen, da durch den Betriebsübergang der Arbeitsplatz gerade nicht erhalten werden kann.[886] Fehlt es an einer Regelung in dem Sozialplan betreffend die unterschiedliche Behandlung von Mitarbei-

---

1 ABR 23/87, NZA 1989, 186; BAG 27.10.1987 – 1 ABR 9/86, NZA 1988, 203; vgl. auch *Fitting* BetrVG §§ 112, 112a Rn. 159; *Annuß* in Richardi BetrVG § 112 Rn. 104.

874 Vgl. hierzu *Gaul* DB 1998, 1513 (1516).

875 Vgl. hierzu BAG 26.10.1995 – 6 AZR 928/94, NZA 1996, 547; BAG 18.4.1996 – 6 AZR 607/95, DB 1997, 781.

876 Vgl. hierzu die Darstellung von *Küttner* FS Stahlhacke, 1998, 301 mwN.

877 BAG 18.4.1996 – 6 AZR 607/95, DB 1997, 781.

878 Vgl. hierzu ausführlich *Gaul* DB 1998, 1513 (1516).

879 BAG 6.11.2007 – 1 AZR 960/06, NZA 2008, 232.

880 Vgl. hierzu ausführlich *Neef/Schrader* NZA 1998, 804 (806); *Fitting* BetrVG §§ 112, 112a Rn. 161; *Annuß* in Richardi BetrVG § 112 Rn. 104.

881 BAG 5.2.1997 – 10 AZR 553/96, NZA 1998, 158.

882 Kritisch hierzu *Fitting* BetrVG §§ 112, 112a Rn. 158; *Hamm* AiB 1998, 54.

883 BAG 5.2.1997, aaO.

884 Vgl. BAG 24.5.2012 – 2 AZR 62/11, NZA 2013, 277.

885 Vgl. BAG 10.11.1993 – 4 AZR 184/93, NZA 1994, 892; BAG 24.11.1993 – 4 AZR 407/92, NZA 1994, 564.

886 Vgl. hierzu auch *Neef/Schrader* NZA 1998, 804 (807).

tern, die aufgrund eines vorausgegangenen Widerspruchs gegen einen Betriebsübergang erfolgen muss, und ist auch der Fall der Ablehnung eines zumutbaren Arbeitsplatzangebotes in dem Sozialplan nicht geregelt, so haben jedoch nach einer Entscheidung des BAG v. 15. 12. 1998 auch die dem Betriebsübergang widersprechenden Arbeitnehmer einen ungeschmälerten Sozialplananspruch.[887] Es ist daher von Wichtigkeit, dass entsprechende Regelungen Aufnahme in den Sozialplan finden.[888] Im Übrigen ist es rechtmäßig zu erachten, Arbeitnehmer, deren Arbeitsverhältnis gemäß § 613a Abs. 1 BGB auf einen anderen Arbeitgeber übergeht, von sämtlichen Sozialplanleistungen auszuschließen. Insoweit fehlt es an einem ausgleichspflichtigen Nachteil, den die Arbeitnehmer erleiden.[889]

300 Werden jedoch Arbeitnehmer von Sozialplanansprüchen ausgeschlossen, deren Arbeitsverhältnis aufgrund einer bereits zuvor von dem bisherigen Arbeitgeber ausgesprochenen Kündigung endet, so erleiden diese dieselben Nachteile wie Arbeitnehmer, deren Arbeitsverhältnis zum selben Termin ohne vorherigen Betriebsübergang endet. Ihnen können daher in einem Sozialplan Abfindungsansprüche nicht vorenthalten werden. Dies gilt auch dann, wenn sie es unterlassen haben, einen möglichen Fortsetzungs- oder Wiedereinstellungsanspruch durchzusetzen.[890] Bestimmungen in einem Sozialplan, die Ansprüche auf Abfindung wegen Verlusts des Arbeitsplatzes davon abhängig machen, dass der Arbeitnehmer wegen eines möglicherweise vorliegenden Betriebsübergangs den vermuteten Betriebserwerber erfolglos auf Feststellung des Übergangs seines Arbeitsverhältnisses verklagt hat, sind regelmäßig unwirksam.[891] Sieht ein Sozialplan einen Ausschluss betriebsbedingter Kündigungen vor, soll dies jedoch nicht für Mitarbeiter gelten, die zuvor dem Übergang ihres Arbeitsverhältnisses auf einen Betriebserwerber widersprochen haben, verstößt dies nach der Auffassung des LAG Berlin Brandenburg gegen den Gleichbehandlungsgrundsatz.[892]

301 **(4) Stichtagsregelungen.** Vielfach sehen Sozialpläne Regelungen vor, wonach nur solche Arbeitnehmer Ansprüche aus dem Sozialplan geltend machen können, deren Arbeitsverhältnis nach einem bestimmten Stichtag betriebsbedingt gekündigt wurde bzw. die nach einem bestimmten Stichtag ihrerseits das Arbeitsverhältnis gekündigt oder einen Aufhebungsvertrag geschlossen haben. Derartige Stichtagsregelungen sind nach der Rechtsprechung unter zwei Gesichtspunkten **grundsätzlich zulässig:** *Zum einen* ist es denkbar, dass der Arbeitgeber bis zum Beginn der Betriebsänderung einen ordnungsgemäßen Betriebsablauf sicherstellen muss. *Zum anderen* sind die Betriebspartner frei, darüber zu entscheiden, welche wirtschaftlichen Nachteile sie ausgleichen wollen. Gehen sie im Rahmen einer typisierten Betrachtung davon aus, dass derjenige, der sein Arbeitsverhältnis vor einem bestimmten Stichtag selbst kündigt, dies im Hinblick auf einen neuen Arbeitsplatz tut, so ist dies nicht zu beanstanden.[893] Das BAG betont aber, dass an Stichtage anknüpfende Differenzierungen bei Grund und Höhe von Abfindungsansprüchen nach dem Zweck des Sozialplans sachlich gerechtfertigt sein müssen.[894] Der Zweck eines Sozialplans besteht darin, die durch eine Betriebsänderung den Arbeitnehmern drohenden wirtschaftlichen

[887] BAG 15.12.1998 – 1 AZR 332/98, NZA 1999, 667.
[888] Vgl. zur Entwicklung der Rechtsprechung *Neef/Schrader* NZA 1998, 804 (806).
[889] Vgl. hierzu ausführlich *Neef/Schrader* NZA 1998, 804 (806).
[890] Vgl. BAG 22.11.2005 – 1 AZR 458/04, NZA 2006, 220 (222).
[891] Vgl. BAG 22.7.2003 – 1 AZR 575/02, BB 2004, 2022.
[892] 10.2.2015 – 7 Sa 1619/14, BeckRS 2015, 66006.
[893] Vgl. zu dieser Frage BAG 9.11.1994 – 10 AZR 281/94, NZA 1995, 644; BAG 8.3.1995 – 5 AZR 69/93, NZA 1995, 675; BAG 19.2.2008 – 1 AZR 1004/06, NZA 2008, 719; 20.4.2010 – 1 AZR 988/08, NZA 2010, 1018; LAG Hamburg 16.11.2016 – 3 Sa 43/16, BeckRS 2016, 132282; LAG Köln 27.10.2016 – 7 Sa 213/16, BeckRS 132997; vgl. auch *Gaul* DB 1998, 1513 (1516); *Schrader* DB 1997, 1714 (1717); *Weber/Ehrich* BB 1997, 1530 (1532). Das LAG Köln hat in einer Entscheidung v. 2.11.1999 – 13 Sa 477/99, NZA-RR 2000, 193, festgestellt, dass in einem Sozialplan für Arbeitnehmer, die anlässlich einer Betriebsänderung durch Eigenkündigung früher ausscheiden, geringere Abfindungen vereinbart werden können.
[894] Vgl. BAG 19.2.2008 – 1 AZR 1004/06, NZA 2008, 719.

Nachteile auszugleichen oder abzumildern. Betriebliche Interessen, etwa an der Erhaltung einer eingearbeiteten und qualifizierten Belegschaft, sind nicht geeignet, Differenzierungen bei der Höhe von Sozialplanabfindungen zu rechtfertigen.[895] Ihnen kann nur durch andere Leistungen im Rahmen von freiwilligen Betriebsvereinbarungen Rechnung getragen werden.

Gegen Regelungen, die als Stichtag die Unterzeichnung des Interessenausgleichs vorsehen, bestehen grundsätzlich keine Einwände.[896]

In einer Entscheidung vom 11. 2. 1998[897] hat das BAG schließlich auch eine Regelung gebilligt, derzufolge Arbeitnehmern, die sich zu einem späteren Zeitpunkt als andere Arbeitnehmer mit der einvernehmlichen Beendigung ihres Arbeitsverhältnisses unter Nichteinhaltung der vereinbarten Kündigungsfrist bereit erklärt haben, eine die Sozialplanabfindung erhöhende Bonuszahlung zustehen sollte. Das BAG hat zur Rechtfertigung der Ungleichbehandlung bezüglich der Abfindungshöhe damit argumentiert, dass die erst durch die Bonusregelung zum Abschluss einer Aufhebungsvereinbarung motivierten Arbeitnehmer *zum einen* weniger Zeit gehabt hätten, sich auf den Verlust des Arbeitsplatzes einzustellen und ggf. ein neues Anstellungsverhältnis zu begründen. *Zum anderen* wurde zur sachlichen Rechtfertigung der Ungleichbehandlung angeführt, dass diejenigen Arbeitnehmer, die kurzfristig einer Beendigung unter Nichteinhaltung der Kündigungsfrist zustimmten, weiter gehende sozialversicherungsrechtliche Nachteile hinzunehmen hätten, die denjenigen Beschäftigten, die bereits zu Beginn der Kampagne und unter Einhaltung ihrer Kündigungsfrist einer Aufhebung zugestimmt hätten, nicht entstehen würden.

Spannend sind mehrere Entscheidungen des BAG zu einer ursprünglich tariflichen Regelung in einem Tarifsozialplan, der zwischen verschiedenen Gruppen von Gewerkschaftsmitgliedern differenzierte.[898] Danach sollten später in die Gewerkschaft eingetretene Beschäftigte geringere Leistungen erhalten. Die Regelung, die im Kern von den Betriebsparteien übernommen wurde, wurde als mit dem Gleichbehandlungsgrundsatz vereinbar angesehen, da die Betriebsparteien nicht zwischen Gewerkschaftsmitgliedern und Nicht-Mitgliedern differenziert haben, sondern nur die niedrigeren Leistungen für später eingetretene Gewerkschaftsmitglieder nach dem Tarifvertrag in den Sozialplan übernommen haben. Da die Besserstellung bestimmter Gewerkschaftsmitglieder über den Sozialtarifvertrag, so die Argumentation des BAG, nicht zu einer Auszehrung des Sozialplantopfes führte und da es den Betriebsparteien freisteht, in ihren Sozialplan nur das niedrigere Leistungsniveau – das aber noch immer angemessen erschien – zu übernehmen, blieb der Sozialplan unbeanstandet.

bb) Verbot der Geschlechterdiskriminierung. Dass Männer und Frauen bei der Gestaltung von Sozialplänen nicht unterschiedlich behandelt werden, versteht sich von selbst. 302
Ob beispielsweise Teilzeitkräfte im Vergleich zu Vollzeitkräften unterschiedlich behandelt werden dürfen, oder aber ob es sich hier um eine mittelbare Diskriminierung handelt, bedarf jedoch im Einzelfall einer sorgfältigen Prüfung. Nach einer Entscheidung des BAG vom 28. 10. 1992[899] ist es unter dem Gesichtspunkte der mittelbaren Diskriminierung nicht grundsätzlich unzulässig, bei der Festlegung der Abfindungen zwischen **Teilzeit- und Vollzeitkräften** zu differenzieren, wenn den Teilzeitkräften entsprechend ihrer Arbeitszeit anteilig die gleichen Leistungen zufließen wie Vollzeitbeschäftigten. So sollen beispielsweise Kinderzuschläge an Teilzeitbeschäftigte entsprechend dem Anteil ihrer Arbeitszeit im Verhältnis zu Vollzeitarbeitnehmern gezahlt werden können.[900] Eine differenzierte Be-

[895] Vgl. BAG 6. 11. 2007 – 1 AZR 960/06, NZA 2008, 232.
[896] So *Schrader* DB 1997, 1714 (1717).
[897] 10 AZR 22/97, NZA 1998, 895.
[898] Vgl. BAG 15. 4. 2015 – 4 AZR 796/13, BeckRS 2015, 68179 Rn. 64 ff.; 13. 4. 2016 – 4 AZR 8/14, BeckRS 2016, 73063; 6. 7. 2016 – 4 AZR 52/14, BeckRS 2016, 74814.
[899] 10 AZR 129/92, NZA 1993, 717.
[900] LAG Bremen 27. 4. 2006 – 3 Sa 229/05, NZA-RR 2007, 68.

handlung von Teilzeitkräften soll nach Ansicht des BAG auch dann möglich sein, wenn eine Teilzeitkraft, die jahrelang einer Vollzeittätigkeit nachging, aus dem Sozialplan gleichwohl nur Anspruch auf eine anteilig reduzierte Abfindung hat.[901] Denn Abfindungsleistungen sind keine Zuwendungen für die in der Vergangenheit geleistete Betriebstreue, sondern eine Überbrückungshilfe.[902] Umgekehrt hat das BAG es im Hinblick auf den weiten Spielraum, den die Betriebspartner bei der Beurteilung der wirtschaftlichen Nachteile einer Betriebsänderung und der Ausgestaltung der darauf gerichteten Ausgleichsmaßnahmen haben, ebenfalls für zulässig erachtet, wenn bei der Bemessung einer Sozialplanabfindung Zeiten der Teilzeit- und der Vollzeitbeschäftigung anteilig berücksichtigt werden.[903]

302a Als unzulässig ist es anzusehen, bei der Berechnung von Betriebszugehörigkeitszeiten Zeiten von **Elternzeit** unberücksichtigt zu lassen, sofern die Höhe der Abfindung sich nach der Anzahl der Beschäftigungsjahre richtet.[904] Über § 75 Abs. 1 S. 1 BetrVG wirkt auch Art. 6 GG in die Grundsätze von Recht und Billigkeit und somit in die Gestaltungsfreiheit der Betriebspartner ein. Derartige Regelungen in Sozialplänen sind regelmäßig nachteilig für Frauen. Das BAG hat in seiner Entscheidung vom 22. 9. 2009 allerdings auch klargestellt, dass es nach dem Zweck eines Sozialplans nicht zu beanstanden sei, wenn für die Bestimmung der Abfindung auf das zuletzt bezogene Entgelt abgestellt werde. Dies soll auch dann gelten, wenn eine Mitarbeiterin aufgrund von Elternzeit vor der rechtlichen Beendigung des Arbeitsverhältnisses in Teilzeit gearbeitet hat.[905] Zur Begründung wird angeführt, dass auch der Gesetzgeber in § 10 Abs. 3 KSchG und § 113 Abs. 1 Hs. 2 BetrVG auf die zuletzt gezahlten Monatsverdienste abstellt und dass es keine Pflicht gebe, Arbeitnehmer, die mit Kindern in einer häuslichen Gemeinschaft leben, gegenüber kinderlosen Arbeitnehmern zu bevorzugen.[906] Seit der EuGH Entscheidung *Christel Meerts/Proost NV*[907] wird jedoch vielfach die Auffassung vertreten, dass für die Berechnung der Abfindung eines Arbeitnehmers, der während des Erziehungsurlaubs gekündigt wird, auf das fiktive Vollzeitgehalt und nicht auf die bei Teilzeitarbeit reduzierte Vergütung abzustellen ist.[908] Dies folgt nach der hier vertretenen Auffassung jedoch nicht zwingend aus der EuGH-Entscheidung. Denn der EuGH begründet seine Entscheidung im Kern damit, dass nach § 2 Nr. 6 der Rahmenvereinbarung über den Elternurlaub die Rechte, die Arbeitnehmer zu Beginn des Elternurlaubs erworben haben, bis zum Ende des Elternurlaubs bestehen bleiben müssen. Anders als in Belgien erwirbt ein Arbeitnehmer aber während der Dauer seines Arbeitsverhältnisses in Deutschland nicht bereits einen Sozialplananspruch. Dieser entsteht erst mit Abschluss des Sozialplans bzw. dem Ausspruch der Kündigung und richtet sich in der Höhe dann auch nicht nach irgendwelchen, in der Vergangenheit verdienten Ansprüchen, sondern dient nach ständiger BAG-Rechtsprechung allein dem Ausgleich von in der Zukunft entstehenden Nachteilen. Vor diesem Hintergrund erscheint es aufgrund der EuGH-Rechtsprechung keinesfalls zwingend, in Sozialplänen für Arbeitnehmer, die während der Elternzeit in Teilzeit arbeiten, per se auf die fiktive Vollzeitvergütung abzustellen.

Dies könnte aber aus einem anderen Gesichtspunkt mit Blick auf den Gleichbehandlungsgrundsatz notwendig werden. Denn stellt man stets auf die zum Zeitpunkt der recht-

[901] Vgl. auch BAG 14. 8. 2001 – 1 AZR 760/00, NZA 2002, 451; so auch die einhellige Meinung in der Literatur, vgl. *Schrader* DB, 1997, 1714 (1718); *Weber/Ehrich* BB 1997, 1530 (1535).

[902] Vgl. hierzu → Rn. 226.

[903] BAG 14. 8. 2001 – 1 AZR 760/00, NZA 2002, 451.

[904] Vgl. BAG 12. 11. 2002 – 1 AZR 58/02, NZA 2003, 1287; BAG 21. 10. 2003 – 1 AZR 407/02, NZA 2004, 559.

[905] 1 AZR 316/08, BeckRS 2009, 74073 zu § 112 BetrVG unter Verweis auf die vorangegangene Rechtsprechung BAG 20. 1. 2009 – 1 AZR 740/07, NZA 2009, 495.

[906] So auch BAG 6. 11. 2007 – 1 AZR 960/06, NZA 2008, 232.

[907] 22. 10. 2009 – C-116/08, NZA 2010, 29.

[908] Vgl. *Fitting* BetrVG §§ 112, 112a Rn. 157; ErfK/*Kania* BetrVG §§ 112, 112a Rn. 25; *Lingemann* NJW 2010, 1585; *Görg* ArbRAktuell 2014, 31; so auch LAG Niedersachsen 27. 6. 2013 – 7 Sa 696/12, BeckRS 2013, 73706.

lichen Beendigung gezahlte Vergütung ab, würde dies Mitarbeiter, die in Elternzeit sind und nicht arbeiten, gegenüber den Müttern und Vätern bevorzugen, die während der Elternzeit in Teilzeit arbeiten. Mit diesem Argument hat das LAG Niedersachsen seine Entscheidung begründet, wonach Arbeitnehmerinnen, die von ihrem Recht Gebrauch machen, während der Elternzeit in sehr geringem Umfang Teilzeit zu arbeiten, deshalb gegenüber denjenigen, die während der Elternzeit gar nicht arbeiten, ungerechtfertigt benachteiligt werden.[909] Das BAG hat die Entscheidung zwar im Ergebnis, nicht aber in der Begründung bestätigt.[910] Dies gelingt durch eine Auslegung des Sozialplans, der vorschreibt, dass während des Ruhens des Arbeitsverhältnisses das Vollzeitgehalt zugrunde zu legen ist und der Interpretation, dass dies auch für Mitarbeiter gilt, die während der Elternzeit in Teilzeit arbeiten. Das BAG folgt dem auch in der Entscheidung vom 15.5. 2018, in der es ausführt, dass für die Berechnung einer Sozialplanabfindung bei Arbeitnehmern, die sich in Elternzeit befinden, dasjenige Bruttomonatsgrundgehalt maßgebend ist, welches ihnen nach den bestehenden vertraglichen Vereinbarungen für die Beschäftigung ohne Elternzeit zustehen würde. Dies soll jedenfalls dann gelten, wenn für die Berechnung der Sozialplanabfindung alleine auf das Bruttomonatsgrundgehalt eines einzelnen Referenzmonats abgestellt wird.[911]

Als unzulässige Geschlechterdiskriminierung hat es das LAG Hessen angesehen, wenn 302b ein Sozialplan einen Kinderzuschlag nur für Kinder vorsieht, die in der Lohnsteuerkarte eingetragen sind. Dies, so die Begründung, diskriminiere Frauen, da diese häufiger als Männer die Lohnsteuerklasse V wählen und damit trotz bestehender Unterhaltspflichten keinen Kinderzuschlag erhalten können.[911a]

cc) Verbot der Altersdiskriminierung. Seit dem Inkrafttreten des AGG gilt ein Verbot 303 der Diskriminierung wegen des Alters, und dies nicht nur in der Weise, dass ältere Arbeitnehmer vor Benachteiligungen gegenüber jüngeren Arbeitnehmer geschützt sind, sondern auch in der Form, dass nunmehr auch Benachteiligungen jüngerer Arbeitnehmer gegenüber älteren Arbeitnehmern – eben jede Differenzierung nach dem Alter – verpönt ist.[912] Dieses Verbot der Altersdiskriminierung hat auch in § 75 Abs. 1 S. 2 BetrVG seinen Niederschlag gefunden. Die zuvor geltende Bestimmung, wonach die Betriebsparteien lediglich darauf zu achten hatten, dass Arbeitnehmer nicht wegen Überschreitung bestimmter Altersstufen benachteiligt werden, ist entfallen. Die Neuregelung erfolgte in Umsetzung der Vorgaben der Richtlinie 2000/78/EG des Rates vom 27.11.2000 zur Festlegung eines allgemeinen Rahmens für die Verwirklichung der Gleichbehandlung in Beschäftigung und Beruf.[913]

Im Lichte der Tatsache, dass das Lebensalter bei der Sozialplangestaltung bislang nicht nur ein anerkanntes, sondern unter bestimmten Voraussetzungen im Lichte des Zwecks der Sozialplanleistungen sogar ein notwendiges Differenzierungskriterium darstellte, wurde anfänglich viel diskutiert, ob die jahrzehntelange Praxis der Sozialplangestaltung im Lichte des Verbots der Altersdiskriminierung überdacht werden muss.[914] Letztendlich haben jedoch die langjährig eingeübten Regelungsmechanismen, namentlich die Abfindungskalkulation in Abhängigkeit von Alter und Betriebszugehörigkeit, Sonderregelungen für rentennahe Mitarbeiter und die Vereinbarung von Höchstbegrenzungsklauseln einer rechtlichen Überprüfung auch nach Inkrafttreten des AGG Stand gehalten.

---

909 27.6.2013 – 7 Sa 696/12, BeckRS 2013, 73706; zustimmend *Görg* ArbRAktuell 2014, 31.
910 BAG 5.5.2015 – 1 AZR 435/13, BeckRS 2015, 71004.
911 1 AZR 20/17, NZA 2018, 1198; vgl. *Fitting* BetrVG § 112 Rn. 157.
911a LAG Hessen v. 28.10.2020 – 18 Sa 22/20, BeckRS 2020, 35854.
912 Vgl. hierzu *Fitting* BetrVG §§ 112, 112a Rn. 150ff.; ErfK/*Schlachter* AGG § 1 Rn. 12; *Bauer/Krieger* AGG § 1 Rn. 45; Däubler/Bertzbach/*Eichenhofer* AGG § 1 Rn. 89.
913 ABl. EG 2000 L 303, 16.
914 Vgl. dazu ausführlich die Beiträge von *Mohr* RdA 2010, 44; *Oelkers* NJW 2008, 614; *Temming* RdA 2008, 205; *Schweibert* in Arbeitsgemeinschaft Arbeitsrecht FS zum 25-jährigen Jubiläum, 2006, 1001 (1006).

304 **(1) Alter als zulässiger Faktor bei der Abfindungsberechnung.** Dies ist darauf zurückzuführen, dass nach § 10 AGG unterschiedliche Behandlungen wegen des Alters weiterhin zulässig sind, wenn sie durch ein legitimes Ziel gerechtfertigt sind und sich die Mittel zur Erreichung des Ziels als angemessen und erforderlich darstellen. Ausdrücklich möglich sein sollen nach § 10 S. 3 Nr. 6 AGG Differenzierungen von Leistungen in Sozialplänen, wenn die Parteien eine nach Alter oder Betriebszugehörigkeit gestaffelte Abfindungsregelung geschaffen haben, in der die wesentlich vom Alter abhängenden Chancen auf dem Arbeitsmarkt durch eine verhältnismäßig starke Betonung des Lebensalters erkennbar berücksichtigt worden sind. Das BAG hat in der Entscheidung vom 26.5.2009 festgestellt, dass § 10 S. 3 Nr. 6 AGG, der derartige differenzierte Regelungsmöglichkeiten eröffnet, von Art. 6 der Richtlinie 2000/78/EG gedeckt und daher im Grundsatz europarechtskonform ist.[915] Auch könnte die Regelung als Ausprägung des Art. 7 der Richtlinie verstanden werden, wonach die unterschiedliche Behandlung von Beschäftigten in Abhängigkeit von ihrem Alter und/oder ihrer Betriebszugehörigkeit zulässig sein kann, da hiermit Benachteiligungen verhindert bzw. ausgeglichen werden können.[916]

Der EuGH hat die Sichtweise des BAG und die bisherige Sozialplanpraxis in Deutschland, nach der Abfindungen unter Berücksichtigung von Alter und Betriebszugehörigkeit bemessen werden, in der *Odar*-Entscheidung vom 6.12.2012 ebenfalls im Grundsatz bestätigt.[917] Er hat explizit anerkannt, dass der mit Sozialplanleistungen verfolgte Zweck, den vom Arbeitsplatzverlust betroffenen Arbeitnehmern einen Ausgleich für die in der Zukunft zu erwartenden Nachteile zu gewähren[918], legitim ist und dass dieser Zweck als Ausnahme vom Grundsatz des Verbots der Altersdiskriminierung Ungleichbehandlungen rechtfertigen kann. Damit, so *Willemsen* zutreffend, hat der EuGH der sog. Überbrückungstheorie „europarechtliche Weihen" erteilt.[919] Auch hat der EuGH anerkannt, dass den Sozialpartnern ein weiter Ermessensspielraum nicht nur bei der Entscheidung über die Verfolgung eines bestimmten sozial- und beschäftigungspolitischen Ziels, sondern auch bei der Festlegung der für seine Erreichung geeigneten Mittel eingeräumt werden durfte.[920] Dieser Ermessensspielraum wurde in dem konkreten Fall nicht dadurch überschritten, dass man für rentennahe Arbeitnehmer im Hinblick auf die Altersrente geringere Sozialplanleistungen vorgesehen hat.[921]

305 **(2) Verbot der Altersdiskriminierung und praxisübliche Formeln.** Ausgehend von Regelung in § 10 S. 3 Nr. 6 AGG sowie der Rechtsprechung des BAG und des EuGH steht zwischenzeitlich fest, dass die von den Betriebsparteien in der Praxis in der Regel vereinbarten Formeln, namentlich die Standardformel *Betriebszugehörigkeit x Bruttomonatsgehalt x Faktor*[922] oder die dreigliedrige Formel *(Betriebszugehörigkeit x Alter x Bruttomonatsentgelt) : Divisor*[923] im Grundsatz rechtlichen Bestand haben. Zwar bringen diese üblichen Sozialplanformeln, die auf Alter und Betriebszugehörigkeit abstellen, zunächst einmal eine unmittelbare bzw. mittelbare Ungleichbehandlung mit sich[924] Denn de facto werden da-

---

[915] Vgl. BAG 26.5.2009 – 1 AZR 198/08, NZA 2009, 849; vgl. hierzu auch *Oelkers* NJW 2008, 614; *Mohr* RdA 2010, 44 (47); *Krieger/Arnold* NZA 2008, 1153 (1156).

[916] Vgl. hierzu *Schweibert* in Arbeitsgemeinschaft Arbeitsrecht FS zum 25-jährigen Jubiläum, 2006, 1001 (1006). Ähnlich auch *Lingemann/Gotham* NZA 2007, 663 (664), Schleusener/Suckow/Voigt/*Voigt* AGG § 10 Rn. 57.

[917] 6.12.2012 – C-152/11, NZA 2012, 1435.

[918] Vgl. zur Überbrückungs- und Vorsorgetheorie des BAG → Rn. 226.

[919] RdA 2013, 166 (168); vgl. auch die Bewertung von *Zange* NZA 2013, 601.

[920] EuGH 6.12.2012 – C-152/11, NZA 2012, 1435, Rn. 47; zu der EuGH Rechtsprechung vor der Odar-Entscheidung ausführlich *Brors* RdA 2012, 346; *Grünberger* EuZA 2011, 171.

[921] Mit dieser Entscheidung sind die Befürchtungen, die es diesbezüglich nach der Andersen-Entscheidung (EuGH 12.10.2010 – R. C-499/08, NZA 2010, 1341) gab, ausgeräumt. Vgl. hierzu *Wißmann* RdA 2011, 181 (184); *Willemsen* RdA 2013, 166 (168) mwN.

[922] → Rn. 255.

[923] → Rn. 256.

[924] Vgl. stellvertretend BAG 26.5.2009 – 1 AZR 198/09, NZA 2009, 849.

durch jüngere Arbeitnehmer gegenüber Älteren benachteiligt. Es wird jedoch mittlerweile allgemein davon ausgegangen, dass derartige differenzierende Formeln im Hinblick auf größere Vermittlungsprobleme langjähriger bzw. älterer Beschäftigter am Arbeitsmarkt sachlich gerechtfertigt bzw. sogar notwendig sind.[925]

Das BAG begründet dies damit, dass es in Bezug auf die Standardformel, die die Abfindungshöhe von der **Betriebszugehörigkeit** abhängig macht, von dem Ermessensspielraum der Betriebsparteien gedeckt sei, wenn diese typisierend davon ausgehen, dass sich mit der Dauer der Betriebszugehörigkeit die Qualifikation des Arbeitnehmers zunehmend auf die spezifischen Bedürfnisse des Beschäftigungsbetriebs verengt, wodurch die Chancen auf dem Arbeitsmarkt abnehmen. Auch sei die Linearität der Steigerung der Abfindungshöhe mit zunehmender Betriebszugehörigkeit nicht zu beanstanden.[926] Zwar mag man bei genauer Betrachtung Zweifel haben, ob es auch bei einer typisierenden Betrachtung tatsächlich zutreffend ist, dass mit jedem Jahr der Betriebszugehörigkeit die Chancen auf dem Arbeitsmarkt abnehmen. Vielmehr mag es auch Fälle geben, in denen sich Berufserfahrung bei der Vermittlung in ein neues Arbeitsverhältnis als zwingend erforderlich erweist.[927] Es ist nun aber mit Blick auf die Entwicklung, die die Rechtsprechung des BAG seit Inkrafttreten des AGG insoweit genommen hat, nicht davon auszugehen, dass dies in der Praxis nochmals ernsthaft in Frage gestellt wird, so dass die übliche Standardformel ohne Bedenken weiter eingesetzt werden kann.

So verhält es sich auch mit der Divisorformel, bei der die Abfindungshöhe nicht nur von der Dauer der Betriebszugehörigkeit, sondern **zusätzlich** noch unmittelbar vom **Alter** abhängt, so dass sich das Alter doppelt abfindungserhöhend auswirkt und der Effekt kumuliert.[928] Denn das BAG weist diesbezüglich darauf hin, dass mit steigendem Alter die Gefahr längerer Arbeitslosigkeit statistisch nachweisbar zunimmt, so dass ein erhöhter Überbrückungsbedarf besteht.[929] Dieses Argument erscheint – anders als die Begründung der sich per se verschlechternden Vermittelbarkeit mit jedem Jahr der Betriebszugehörigkeit – jedenfalls bei der derzeitigen Arbeitsmarktlage durchaus überzeugend.

Sollte sich der Arbeitsmarkt in Zukunft auch für ältere Arbeitnehmer völlig anders entwickeln, wäre dies dann aber auch der Ansatzpunkt, jedenfalls bei im Rahmen von Einigungsstellen verhandelten Sozialplänen auf eine entsprechende Absenkung der Sozialplanabfindungen zu drängen.

(3) Sonderregelungen für rentennahe Jahrgänge. Haben Mitarbeiter unmittelbar im Anschluss an die Beendigung des Arbeitsverhältnisses oder im Anschluss an den Bezug von Arbeitslosengeld I einen Anspruch auf Altersruhegeld oder Leistungen wegen Erwerbsunfähigkeit aus der gesetzlichen Rentenversicherung, so konnten sie vor Inkrafttreten des AGG gänzlich von Abfindungsleistungen ausgeschlossen werden.[930] Dies hat sich nicht verändert.[931] Das BAG hat in der Entscheidung vom 7.5.2019 – insoweit abweichend von der Vorinstanz[932] – explizit bestätigt, dass der Ausschluss von Arbeitnehmern, die nach dem Ausscheiden oder einem möglichen Bezug von Arbeitslosengeld I eine gekürzte oder **306**

[925] So auch *Bauer/Krieger* AGG § 10 Rn. 52.

[926] BAG 26.5.2009 – 1 AZR 198/08, NZA 2009, 849 Rn. 24.

[927] Vgl. hierzu die 4. Aufl. Rn. C 263a; *Schweibert* aaO; *Lingemann/Gotham* NZA 2007, 663 (664).

[928] Vgl. hierzu auch BAG 23.3.2010 – 1 AZR 832/08, NZA 2010, 774 Rn. 30, das von einer überproportionalen Begünstigung älterer Arbeitnehmer durch die Divisorformel spricht.

[929] Vgl. BAG 12.4.2011 – 1 AZR 764/09, NZA 2011, 988; BAG 12.4.2011 – 1 AZR 743/09, NZA 2011, 985.

[930] Vgl. BAG 26.7.1988 – 1 AZR 156/87, NZA 1989, 25; BAG 31.7.1996 – 10 AZR 45/96, NZA 1997, 165; BAG 30.9.2008 – 1 AZR 684/07, NZA 2009, 386; BAG 26.5.2009 – 1 AZR 198/08, NZA 2009, 849; LAG Köln 25.11.1998 – 7 Sa 654/98, NZA-RR 1999, 588; LAG Rheinland-Pfalz 26.10.2001 – 3 Sa 916/01, DB 2002, 1167.

[931] Vgl. BAG 23.3.2010 – 1 AZR 832/08, NZA 2010, 774; BAG 26.3.2013 – 1 AZR 857/11, DB 2013, 1792.

[932] LAG Hamburg 16.11.2017 – 7 TaBV 3/17. Das LAG hat die Auffassung vertreten, dass die Regelung bezüglich Beschäftigten, die nur Anspruch auf gekürzte Altersrente haben, zu beanstanden ist.

ungekürzte Altersrente in Anspruch nehmen können, von den in einem Sozialplan vorgesehenen Leistungen aber eine unmittelbare Benachteiligung wegen des Alters bewirkt. Dies ist nach Auffassung des BAG aber gerechtfertigt, sofern der Ausschluss angemessen und erforderlich ist. Bei der Verhältnismäßigkeitsprüfung sind die Ausgestaltung des Sozialplans im Übrigen sowie die zur Verteilung zur Verfügung stehenden Mittel zu berücksichtigen.[933] Dies gilt selbst dann, wenn die betroffenen Arbeitnehmer zwar nicht unmittelbar nach dem Bezug von Arbeitslosengeld I rentenberechtigt sind, aber eine Abfindung erhalten, die so bemessen ist, dass sie die wirtschaftlichen Nachteile ausgleichen bzw. mildern kann, die die Arbeitnehmer in der Zeit nach der Erfüllung ihres Arbeitslosengeldanspruchs bis zum frühestmöglichen Bezug einer Altersrente erleiden.[934] Folgende Regelungen wurden in den letzten Jahren gerichtlich bestätigt:

- Mitarbeiter, die älter als 59 Jahre sind, erhalten anstelle einer Abfindung gemäß Formel (Faktor 1,36) für jeden Monat bis zum 63. Lebensjahr einen Betrag von EUR 1700 zuzüglich einer Pauschalen von EUR 20.000.[935]
- Die sich gemäß Formel errechnende Abfindung reduziert sich für Mitarbeiter, die nach ihrem 60. Lebensjahr ausscheiden, für jeden Monat nach Vollendung des 60. Lebensjahres um 1/60stel.[936]
- Mitarbeiter erhalten nach vollendetem 62. Lebensjahr lediglich noch eine Mindestabfindung von zwei Bruttomonatsverdiensten.[937]
- Ab dem 58. Lebensjahr erhalten Mitarbeiter bis zum frühestmöglichen Renteneintritt 85% ihrer Nettobezüge unter Anrechnung des voraussichtlichen Arbeitslosengeldes für 24 Monate zuzüglich eines pauschalen Zuschlags.[938]
- Ältere Arbeitnehmer können von der Zahlung einer Sprinterprämie für freiwillige Austritte ausgenommen werden.[939]

Auch wenn es zwischenzeitlich in der Rechtsprechung anerkannt ist, dass Sonderregelungen für ältere Arbeitnehmer zulässig sind, wird in der Praxis über derartige Regelungen regelmäßig intensiv gerungen. Um nicht das Risiko einzugehen, dass sich rentennahe Arbeitnehmer mit einer Standardabfindung gemäß Formel faktisch bei einem Verlust des Arbeitsplatzes insbesondere auch unter Berücksichtigung der zu erwartenden Sozialleistungen (ggf. Leistungen einer Transfergesellschaft, Arbeitslosengeld I, Altersrente) finanziell besser stellen, als sie bei Fortsetzung des Arbeitsverhältnisses gestanden hätten, ist es insbesondere unter Berücksichtigung der Belange jüngerer Beschäftigter und der Verteilungsgerechtigkeit jedoch wichtig, mit zunehmender Rentennähe Sonderregelungen betr. abschmelzender Leistungen zu vereinbaren.[940] Dies ist im Übrigen insbesondere dann zwingend, wenn aufgrund der wirtschaftlichen Lage des Unternehmens nur ein begrenzter Topf für den Sozialplan zur Verfügung steht. Im Rahmen eines Einigungsstellenspruchs muss im Übrigen auch deshalb dafür Sorge getragen werden, dass Abfindungsleistungen für rentennahe Beschäftigte nicht zu einer Überversorgung führen, weil dies vom Zweck des Sozialplans, zukünftig tatsächlich entstehende Nachteile abzumildern bzw. auszugleichen, nicht mehr gedeckt wäre. Damit wäre der Einigungsstellenspruch stets anfechtbar. Das BAG hat mehrfach festgestellt, dass die Obergrenze für die Bemessung der Sozialplanleistungen durch die Einigungsstelle gemäß § 1112 Abs. 5 S. 1 BetrVG der Ausgleich der mit der Betriebsänderung verbundenen wirtschaftlichen Nachteile ist.[941] Bei der Prüfung, welche Nachteile insbesondere rentennahen Beschäftigten durch den Verlust des Arbeitsplatzes entstehen,

---

933 1 ABR 54/17, NZA 2019, 1295.
934 BAG 23.3.2010 – 1 AZR 832/08, NZA 2010, 774.
935 BAG 26.5.2009 – 1 AZR 198/08, NZA 2009, 849.
936 BAG 23.3.2010 – 1 AZR 832/08, NZA 2010, 774.
937 BAG 26.3.2013 – 1 AZR 857/11, DB 2013, 1792.
938 BAG 9.12.2014 – 1 AZR 102/13, NZA 2015, 365.
939 LAG Berlin-Brandenburg 2.9.2011 – 6 Sa 1225/11, BeckRS 2011, 77436.
940 *Willemsen* spricht insoweit von dem Gebot einer innerbetrieblichen Verteilungsgerechtigkeit, das gemäß § 75 Abs. 1 BetrVG auch bei frei vereinbarten Sozialplänen zu beachten sei, RdA 2013, 166 (170).
941 BAG 24.8.2004 – 1 ABR 23/03, NZA 2005, 302; BAG 6.5.2003 – 1 ABR 11/02, NZA 2004, 108.

wird man auch die zu erwartenden Sozialleistungen, insbesondere also Arbeitslosengeld I und ggf. den vorzeitigen Rentenbezug berücksichtigen müssen.[942]

In der Praxis wird häufig gestritten, ob man in der typisierten Betrachtungsweise davon ausgehen kann, dass Mitarbeiter rentennaher Jahrgänge auch dann vorzeitig Altersrente in Anspruch nehmen, wenn dies mit einer Rentenkürzung, die ggf. bis zu 18% betragen kann, verbunden ist. Auch wenn sich diese Diskussion durch die Möglichkeit des vorzeitigen (ungekürzten) Rentenbezugs bei besonders langjährigen Versicherten entschärft hat, bleibt die Grundsatzfrage. Die Betriebsparteien haben einen breiten Ermessensspielraum, welche Nachteile sie in welcher Weise ausgleichen wollen und wie der Ausgleich zu bemessen ist. Es ist daher letztlich eine Frage der Verteilungsgerechtigkeit, wie man insbesondere bei begrenzten Mitteln hier vorgehen möchte. Fest steht lediglich, dass bei der Prüfung etwaiger Nachteile, Sozialleistungen in die Betrachtung mit einzubeziehen sind. Ob die Betriebsparteien bzw. eine Einigungsstelle mit Blick auf die zur Verfügung stehenden Mittel und die insgesamt auszugleichenden Nachteile unterstellt, dass auch gekürzte Altersrente in Anspruch genommen wird, evtl. sogar einen Ausgleich für die Rentenkürzungen gewährt oder aber bei der Berechnung des Nachteilsausgleichs nur auf die Inanspruchnahme ungekürzter Altersrente abstellt, ist eine Frage, die in ihrem Ermessen liegt.

(4) Höchstbegrenzungsklauseln. Höchstbegrenzungsklauseln für Abfindungen wegen 307
des Verlustes des Arbeitsplatzes sind weiterhin **grundsätzlich zulässig.**[943] Zwar werden hierdurch meist ausschließlich, jedenfalls aber überwiegend ältere Arbeitnehmer, die nach den üblichen Formeln mit zunehmendem Alter und Betriebszugehörigkeit überproportional ansteigende Abfindungsansprüche haben, nachteilig betroffen.[944] Dies ist jedoch im Hinblick auf den Nachteilsausgleich, der ab einem gewissen Punkt erreicht ist (sog. Sättigungspunkt), sachlich zu rechtfertigen. Die konkrete Ausgestaltung liegt im Ermessen der Betriebsparteien bzw. der Einigungsstelle. Auch bestehen keine Bedenken, wenn die Betriebspartner vereinbaren, die Abfindungsbeträge, die die vereinbarte Höchstgrenze übersteigen, an alle Mitarbeiter gleichmäßig zu verteilen, wenn aufgrund der Arbeitslosenquote der Region zu befürchten steht, dass auch jüngere Mitarbeiter langfristig arbeitslos werden.[945] Der Sozialplan sollte im Ergebnis allerdings dem Umstand Rechnung tragen, dass ältere Arbeitnehmer schlechtere Vermittlungschancen am Arbeitsmarkt haben. Dient die Höchstbegrenzungsklausel dann dazu, das zur Verfügung stehende (begrenzte) Sozialplanvolumen in angemessener Weise an die nachteilig Betroffenen zu verteilen, so bestehen im Grundsatz gegen Höchstbegrenzungsklauseln auch nach Inkrafttreten des AGG zu Recht keine Bedenken.[946] Eine andere Auffassung vertreten *Jacobs/Malorny* jedenfalls in Bezug auf starre Höchstbegrenzungsklauseln, wie beispielsweise einer Maximalabfindung von 24 Gehältern. Sie sehen hier eine Verstoß gegen das Diskriminierungsverbot, der zudem zu einer Anpassung nach oben führt, auch wenn damit die für den Sozialplan aufzuwendenden Mittel insgesamt deutlich höher sind.[947] Diese Argumentation ist nicht überzeugend und insbesondere in den Fällen nicht tragfähig, in denen die Betriebsparteien aufgrund der Ermessensgrenzen und der wirtschaftlichen Rahmenbedingungen nur begrenzte Mittel zur Verteilung zur Verfügung hatten. Hier besteht nun einmal ein großer Ermessensspielraum, den die Betriebsparteien nicht überschreiten, wenn sie älteren und langjährig Beschäftigten immerhin noch 24 Monatsgehälter an Abfindung zukommen lassen.

---

[942] So auch *Willemsen* RdA 2013, 166 (172); in diese Richtung weist auch das BAG in der Entscheidung vom 26.3.2012 – 1 AZR 813/11, NZA 2013, 921 Rn. 25.

[943] BAG 2.10.2007 – 1 AZR 793/07, NZA 2008, 848; 21.7.2009 – 1 AZR 566/08, NZA 2009, 1107; vgl. hierzu auch *Willemsen* RdA 2013, 166 (171); *Zange* NZA 2013, 601 (604).

[944] Vgl. hierzu die Analyse von *Jacobs/Malorny* NZA 2018, 557 (558).

[945] BAG 23.8.1988 – 1 AZR 276/87, NZA 1989, 31; BAG 19.10.1999 – 1 AZR 838/98, NZA 2000, 732.

[946] Vgl. LAG Köln 7.11.2007 – 3 Sa 203/07, BeckRS 2008, 51130; *Bauer/Krieger* AGG § 10 Rn. 54; *Krieger/Arnold* NZA 2008, 1153 (1154); *Schweibert* aaO 1011.

[947] *Jacobs/Malorny* NZA 2018, 557 ff.

308 **dd) Verbot der Diskriminierung Schwerbehinderter.** Der EuGH hat bereits in seiner Entscheidung vom 6.12.2012festgestellt, dass es gegen das Verbot der Diskriminierung Schwerbehinderter verstößt, wenn in einem Sozialplan bei der Regelung für rentennahe Mitarbeiter bei Schwerbehinderten, die aufgrund ihrer Schwerbehinderung vorzeitig in Rente gehen können, ein finanzieller Ausgleich nur bis zu diesem (vorgezogenen) Zeitpunkt des Renteneintritts gewährt wird. Der Argumentation, wonach diese differenzierte Behandlung durch den Überbrückungszweck des Sozialplans gerechtfertigt sei, ist der EuGH nicht gefolgt. Er hat vielmehr die Auffassung vertreten, dass man habe berücksichtigen müssen, dass Schwerbehinderte generell größere Schwierigkeiten im Arbeitsleben haben.[948] Diese Sicht hat der EuGH in einer Entscheidung des Falls *Surjit Tingh Bedi/ Bundesrepublik Deutschland* vom 19.9.2018 nochmal bestätigt. Hier ging es um eine tarifliche Regelung einer sog. Überbrückungsbeihilfe, die ebenfalls an den Zeitpunkt des möglichen Bezugs einer Altersrente anknüpfte. Auch hier sah der EuGH eine klare Diskriminierung wegen Schwerbehinderung durch Tarifvertrag, da sich ein vermeintlicher Vorteil – der frühere Rentenbezug für Schwerbehinderung – zu einem Nachteil, der schlechteren wirtschaftlichen Absicherung verkehrte.[949] Das BAG ist dem in der Entscheidung vom 16.7.2019 gefolgt und hat anerkannt, dass eine Sozialplanregelung, die zur Berechnung der Höhe der Abfindung auf den „frühestmöglichen" Bezug einer gesetzliche Rente abstellt, eine mittelbare Benachteiligung schwerbehinderter Menschen bewirkt.[950] Im Ergebnis ist das BAG zu der Auffassung gelangt, dass auch bei Schwerbehinderten als Zeitpunkt für die Berechnung der Zeitpunkt des frühestmöglichen Rentenbezugs bei nicht schwerbehinderten Beschäftigten zugrunde zu legen ist.[951]Man ist der Praxis gut beraten, der Rechtsprechung des EuGH bereits bei der Sozialplangestaltung zu folgen und die Kostenkalkulation auf der Basis vorzunehmen.

309 **ee) Maßregelungsverbot.** Im Hinblick auf das in **§ 612a BGB** normierte Maßregelungsverbot ist es nach der Rechtsprechung des BAG unzulässig, wenn ein Sozialplan Arbeitnehmer deshalb benachteiligt, weil sie von ihren Rechten Gebrauch machen. So darf ein Sozialplan nicht vorsehen, dass diejenigen Mitarbeiter, die Kündigungsschutzklage erheben, keinen Abfindungsanspruch haben.[952] Es darf lediglich eine Fälligkeitsregelung aufgenommen werden, wonach die Abfindung erst nach rechtskräftiger Beendigung eines etwaigen Kündigungsschutzverfahrens bzw. einer entsprechenden Klagerücknahme ausgezahlt wird.[953] Auch wenn das BAG diese Rechtsprechung nicht aufgegeben hat, so hat es doch in der Entscheidung vom 31.5.2005 eine interessante Gestaltungsalternative eröffnet.[954] Nach dieser Entscheidung soll es in den Fällen, in denen ein Unternehmen einen den Erfordernissen des § 112 Abs. 1 S. 2 BetrVG genügenden Sozialplan aufgestellt hat, möglich sein, im Rahmen einer freiwilligen Betriebsvereinbarung nach § 88 BetrVG zusätzliche Leistungen für Arbeitnehmer vorzusehen, die von der Möglichkeit zur Erhebung einer Kündigungsschutzklage keinen Gebrauch machen. Zur Begründung verweist das BAG zutreffend darauf, dass der Zweck einer solchen Vereinbarung, dem Arbeitgeber

948 C-152/11, NZA 2012, 1435 Rn. 66ff.;

949 C-312/17, NZA 2018, 1268. Vorlagebeschluss des LAG Hamm 28.3.2017 – 14 Sa 312/16, BeckRS 121996; vgl. hierzu *Husemann* EuZA 2018, 373.

950 1 AZR 842/16, NZA 2019, 1432.

951 Vgl. *Fuhlrott/Hoppe* ArbRAktuell 2020, 4, 6. Dies entspricht auch schon länger der Instanzrechtsprechung, vgl. LAG Köln 13.9.2019, NZA-RR 2019, 176; LAG Hamm 24.8.2017 – 11 Sa 360/17, ArbRAktuell 2018, 262.

952 Vgl. BAG 20.12.1983 – 1 AZR 424/82, NZA 1984, 53; BAG 20.6.1985 – 2 AZR 427/84, NZA 1986, 258; BAG 31.5.2005 – 1 AZR 254/04, NZA 2005, 997.

953 Vgl. BAG 20.6.1985 – 2 AZR 427/84, NZA 1986, 258.

954 1 AZR 254/04, DB 2005, 1744, anders noch die Vorinstanz LAG Schleswig-Holstein 20.4.2004 – 5 Sa 539/03, NZA-RR 2005, 30; bestätigt von BAG 18.5.2010 – 1 AZR 187/09, NZA 2010, 1304; vgl. hierzu auch → Rn. 239.

Planungssicherheit zu verschaffen, legitim sei.[955] Auch sei es, was § 1a KSchG zeige, nicht unzulässig, für die Arbeitnehmer Anreize zu schaffen, auf die Ergebung von Kündigungsschutzklagen zu verzichten. Auch wenn diese Entscheidung interessante Gestaltungsmöglichkeiten eröffnet, um die Zahl von Kündigungsschutzklagen einzudämmen, so muss gleichwohl in der Praxis größte Sorgfalt darauf verwandt werden, dass man keine Angriffsfläche dafür bietet, dass de facto doch gegen das Maßregelungsverbot verstoßen wird, da der eigentliche Sozialplan nicht ausreichend dotiert ist (vgl. hierzu ausführlich → Rn. 240).

e) Ermessensschranken der Einigungsstelle gemäß § 112 Abs. 5 BetrVG

Ebenso wie die Betriebspartner ist die Einigungsstelle bei der Aufstellung eines Sozialplans 310
durch einen auf Antrag einer Partei erfolgenden Spruch zunächst an Recht und Gesetz, namentlich die Grenzen von Recht und Billigkeit iSd § 75 BetrVG, gebunden.[956] Nach § 76 Abs. 5 S. 3 BetrVG fasst die Einigungsstelle ihre Beschlüsse unter angemessener Berücksichtigung der Belange des Betriebs und der betroffenen Arbeitnehmer nach billigem Ermessen. Diese sehr allgemein formulierten Ermessensgrenzen hat der Gesetzgeber in § 112 Abs. 5 BetrVG für den Fall der Aufstellung eines Sozialplans durch die Einigungsstelle konkretisiert. So heißt es zunächst in § 112 Abs. 5 S. 1 BetrVG, die Einigungsstelle habe bei ihrer Entscheidung über die Aufstellung eines Sozialplans *einerseits* die **Belange der betroffenen Arbeitnehmer** zu berücksichtigen, müsse jedoch *andererseits* auch die **wirtschaftliche Vertretbarkeit ihrer Entscheidung für das Unternehmen** beachten. In § 112 Abs. 5 S. 2 Nr. 1–3 BetrVG werden sodann die Aspekte, die bezüglich der Belange der Arbeitnehmer sowie der wirtschaftlichen Vertretbarkeit des Sozialplans für das Unternehmen von Bedeutung sind, nochmals konkretisiert.

Nach der Vorstellung des Gesetzgebers muss die Einigungsstelle demnach einen Sozial- 311
plan erstellen, der den sozialen Belangen der Arbeitnehmer im Hinblick auf die durch die Betriebsänderung verursachten wirtschaftlichen Nachteile Rechnung trägt. Zugleich ist der Sozialplan allerdings in seinem Umfange begrenzt durch die wirtschaftliche Vertretbarkeit, dh die Finanzierbarkeit für das Unternehmen. Von der Einigungsstelle wird mithin eine durchaus schwierige Interessenabwägung und ein Ausbalancieren der wechselseitigen Belange erwartet. Gelingt dies der Einigungsstelle nach Auffassung von Arbeitgeber und Betriebsrat nicht, so können diese die Überschreitung der Grenzen des Ermessens innerhalb von zwei Wochen nach Zuleitung des Beschlusses der Einigungsstelle beim Arbeitsgericht geltend machen. Im Rahmen der gerichtlichen **Anfechtung des Beschlusses der Einigungsstelle** wird sodann die Beachtung der Ermessensgrenzen des § 112 Abs. 5 BetrVG geprüft. Allerdings steht dem **Arbeitsgericht keine allgemeine Zweckmäßigkeitskontrolle,** sondern lediglich eine **Rechtskontrolle** zu.[957] Das Arbeitsgericht darf sein Ermessen nicht an die Stelle des Ermessens der Einigungsstelle setzen.[958] Ergeben sich Verstöße gegen die Ermessensgrenzen, so stellt das Arbeitsgericht die Unwirksamkeit des Spruchs der Einigungsstelle fest, und diese muss, kommt es nicht zu einer inhaltlichen Einigung zwischen den Betriebspartnern, ihre Arbeit wieder aufnehmen. Je nach den Umständen des Einzelfalls kann sich der von der Einigungsstelle aufgestellte Sozialplan ganz oder teilweise als unwirksam erweisen. Ob eine Teilunwirksamkeit in Betracht kommt, hängt nach der Auffassung des BAG davon ab, ob die verbleibende Regelung

[955] Dieser Gedanke findet sich im Übrigen auch in einer weiteren Entscheidung des BAG, in der es um freiwillige Abfindungsregelungen des Arbeitgebers ging, von denen Mitarbeiter, die Kündigungsschutzklage erhoben, ausgenommen bleiben sollten, vgl. BAG 15.2.2005 – 9 AZR 116/04, NZA 2005, 1117.

[956] Vgl. ständige Rechtsprechung des BAG, BAG 28.9.1988 – 1 ABR 23/87, NZA 1989, 186; BAG 14.9.1994 – 10 ABR 7/94, NZA 1995, 440.

[957] Vgl. hierzu stellvertretend für viele *Fitting* BetrVG § 76 Rn. 138 mwN.

[958] Vgl. DKW/*Berg* BetrVG § 76 Rn. 147; *Fitting* BetrVG § 76 Rn. 161; *Maschmann* in Richardi BetrVG § 76 Rn. 136, BetrVG § 112 Rn. 138, 244; GK/*Jacobs* BetrVG § 76 Rn. 177; *Weber/Burmester* BB 1995, 2268 (2271).

noch ein sinnvolles und in sich geschlossenes Ganzes darstellt.[959] Soweit sich der Sozialplan als unwirksam erwiesen hat, muss die Einigungsstelle in der vorherigen Zusammensetzung erneut zusammentreten und die hierdurch entstandene Regelungslücke schließen.[960] Das Einigungsstellenverfahren ist mithin fortzusetzen. ZT wird diskutiert, ob die Einigungsstelle von sich aus tätig werden kann oder von einer Partei angerufen werden muss.[961] Diese Diskussion erscheint wenig praxisrelevant, da die interessierte Partei im Zweifel ohnehin aktiv werden wird. Was die Ermessensgrenzen selbst anbelangt, so ist zu unterscheiden zwischen den in § 112 Abs. 5 S. 2 Nr. 1 und Nr. 2 BetrVG konkretisierten Belangen der von der Betriebsänderung nachteilig betroffenen Arbeitnehmern, der im Zuge der BetrVG-Novelle vom 23.7.2001[962] neu aufgenommenen Verpflichtung zur Berücksichtigung der Förderungsmöglichkeiten zur Vermeidung von Arbeitslosigkeit nach dem SGB III (§ 112 Abs. 5 S. 2 Nr. 2a BetrVG) sowie der wirtschaftlichen Vertretbarkeit der Entscheidung der Einigungsstelle, die in § 112 Abs. 5 S. 2 Nr. 3 BetrVG näher umschrieben ist:

312 **aa) Berücksichtigung der Belange der betroffenen Arbeitnehmer** (§ 112 Abs. 5 S. 2 Nr. 1 BetrVG). § 112 Abs. 5 S. 2 Nr. 1 BetrVG bezieht sich nach dem Wortlaut insbesondere auf wirtschaftliche Nachteile, die Arbeitnehmern entstehen können, die ungeachtet der Betriebsänderung weiterbeschäftigt werden, und schreibt vor, dass zum Ausgleich dieser Nachteile Leistungen vorgesehen werden sollen, die den Gegebenheiten des Einzelfalls Rechnung tragen. Wirtschaftliche Nachteile bestehen nach dieser Norm insbesondere in Einkommensminderungen, dem Wegfall von Sonderleistungen oder dem Verlust von Anwartschaften auf betriebliche Altersversorgung, Umzugskosten oder erhöhten Fahrtkosten.[963] Auch wenn § 112 Abs. 5 S. 2 Nr. 1 BetrVG nicht ausdrücklich den Fall des Verlustes des Arbeitsplatzes anspricht, gilt das Gebot der Berücksichtigung der Gegebenheiten des Einzelfalls gleichermaßen für die Festlegung von Abfindungszahlungen.[964]

313 **(1) Ober- und Untergrenze eines Sozialplans.** Das BAG hat in der sog. Rheuma-Klinik-Entscheidung sowie in der sog. Hamburger-Hafen-Entscheidung zur Obergrenze für die Bemessung der Sozialplanleistungen im Rahmen einer Ermessensentscheidung der Einigungsstelle Stellung genommen.[965] Danach stellt der für den vollständigen **Ausgleich der wirtschaftlichen Nachteile** benötigte Leistungsumfang den höchstmöglichen Sozialplanbedarf dar. Die sozialen Belange der Arbeitnehmer rechtfertigen aus Sicht des BAG in keinem Fall höhere Leistungen, als sie ein vollständiger Ausgleich aller wirtschaftlichen Nachteile verlangt.[966] Umgekehrt wird es aber auch als notwendig erachtet, dass ein Sozialplan zumindest eine **„spürbare Entlastung"** von den mit der Betriebsänderung verbundenen Nachteilen mit sich bringt.[967] Dies soll die Untergrenze für die Dotierung eines Sozialplans bilden. Hierbei sollen sich aus Sicht des BAG weder die Ober- noch die Untergrenze des Sozialplans etwa unter Anlehnung an § 1a Abs. 2 KSchG oder § 10 KSchG

---

959 Vgl. BAG 28.4.1981 – 1 ABR 53/79, DB 1981, 1882; BAG 28.7.1981 – 1 ABR 79/79, DB 1981, 2621; BAG 30.8.1995 – 1 ABR 4/95, NZA 1996, 218; BAG 26.8.2008 – 1 ABR 16/07, NZA 2008, 1187; BAG 9.11.2010 – 1 ABR 75/09, NZA-RR 2011, 354; ebenso *Fitting* BetrVG § 76 Rn. 160; GK/*Jacobs* BetrVG § 76 Rn. 9; DKW/*Berg* BetrVG § 76 Rn. 153; aA *Fischer* NZA 1997, 1017.

960 Vgl. BAG 30.1.1990 – 1 ABR 2/89, NZA 1990, 571; DKW/*Berg* BetrVG § 76 Rn. 152; *Fitting* BetrVG § 76 Rn. 162; GK/*Jacobs* BetrVG § 76 Rn. 178; *Richardi* in Richardi BetrVG § 76 Rn. 138.

961 Vgl. hierzu *Maschmann* in Richardi BetrVG § 76 Rn. 138 mwN.

962 BGBl. I S. 1852.

963 Eine Übersicht über mögliche Nachteile gibt *Berenz* NZA 1993, 538.

964 Vgl. so BAG 14.9.1994 – 10 ABR 7/94, NZA 1995, 440; vgl. auch *Annuß* in Richardi BetrVG § 112 Rn. 149; *Fitting* BetrVG §§ 112, 112a Rn. 261.

965 Vgl. BAG 6.5.2003 – 1 ABR 11/02, NZA 2004, 108; BAG 24.8.2004 – 1 ABR 23/03, NZA 2005, 302; ausführliche Analyse der Entscheidungen *Hohenstatt/Stamer* DB 2005, 2410.

966 BAG 6.5.2003, aaO; BAG 24.8.2004, aaO.

967 Vgl. BAG 24.8.2004, aaO; BAG 7.5.2019 – 1 ABR 54/17, NZA 2019, 1295 Rn. 21; LAG Berlin 18.10.2018 – 21 TaBV 1372/17, BeckRS 2018, 38162.

schematisch bestimmen lassen.[968] Der Ausgleichs- und Milderungsbedarf soll sich vielmehr an der konkreten Situation orientieren. Die wirtschaftliche Vertretbarkeit des so ermittelten Ausgleichsbedarfs spielt in diesem Kontext noch keine Rolle, sondern kann lediglich als zusätzliche Ermessensgrenze die Entscheidung der Einigungsstelle beeinflussen.[969]

Lassen sich Ober- und Untergrenze eines Sozialplans nun aber in Anlehnung an andere gesetzliche Bestimmungen nicht betragsmäßig klar fixieren, so stellt sich die Frage, wie diese jeweils zu ermitteln sind. Das BAG führt in diesem Kontext lediglich aus, dass ein Sozialplan dann unterdotiert sei, wenn er keine oder jedenfalls keine substantielle Minderung der für die Arbeitnehmer entstehenden Nachteile mit sich bringt. Abfindungszahlungen, die es den Arbeitnehmern erlauben, für ca. 9 Monate den Einkommensverlust durch die Arbeitslosigkeit auszugleichen, wurden als so ausreichend bewertet, dass man von einer substantiellen Milderung der Nachteile ausgehen kann. In dem konkreten Fall entsprach dies einem Faktor von 0,15 bis 0,32 pro Beschäftigungsjahr und war damit verhältnismäßig niedrig.[970] Demgegenüber hält das LAG Berlin-Brandenburg einen durch die Abfindungszahlung ermöglichten Überbrückungszeitraum von ca. 6,5 Monaten nicht für ausreichend, wobei darauf abgestellt wird, dass dieser Zeitraum niedriger ist als die typischerweise zu erwartende Dauer der Arbeitslosigkeit.[971] Ein Sozialplan, der die Nachteile nicht zumindest substantiell mindert, kann durch eine Einigungsstelle nach Auffassung des BAG nur festgelegt werden, wenn dies die wirtschaftlichen Verhältnisse des Unternehmens nicht anders erlauben. Dies bedeutet im Ergebnis, dass maßgeblich für die Dotierung eines Sozialplans die auszugleichenden Nachteile sind, und dass die **wirtschaftliche Leistungsfähigkeit des Unternehmens** nur in besonders gelagerten Extremfällen **als Korrektiv** heranzuziehen ist.[972]

Wann genau eine unzulässig Überdotierung eines Sozialplans vorliegt, ist ebenfalls nicht generell und mathematisch zu bewerten, sondern eine Frage des Einzelfalls. Das BAG stellt den Leitsatz auf, dass ein Arbeitgeber, der den Sozialplan wegen Überdotierung anfechten will, darlegen muss, dass „dessen Regelungen zu einer Überkompensation der eingetretenen Nachteile führen und deshalb schon die Obergrenze des § 112 Abs. 1 S. 2 BetrVG" verletzt.[973] Das zuweilen vertretene Argument, wonach ein Abfindungsfaktor 0,5 angesichts der gesetzlichen Wertung des § 1a KSchG als angemessene Kompensation für den Nachteil des Arbeitsplatzverlustes angesehen werden kann,[974] erscheint im Grundsatz durchaus erwägenswert, auch wenn es besonders gelagerte Ausnahmefälle geben mag, in denen sich das nicht aus ausreichend erweist. Auch ist der Ansatz, wonach die sozialen Belange es im Regelfall nicht erfordern, die Grenzen des Nachteilsausgleichs nach § 113 Abs. 1 BetrVG iVm § 10 KSchG zu überschreiten, nicht von der Hand zu weisen.[975] Zwar ist die Begründung nicht ganz überzeugend, wonach man andernfalls den unredlichen Arbeitgeber, der Mitbestimmungsrechte missachtet, gegenüber dem redlichen Arbeitgeber besser stellen würde. Denn auch in den Fällen, in denen Nachteilsausgleichsansprüche bestehen, bleibt ein Sozialplan erzwingbar und kann, erachtet die Einigungsstelle das für geboten, höhere Abfindungen vorsehen. Gleichwohl ist § 10 KSchG sicherlich ein Orientierungspunkt für einen jedenfalls angemessenen Nachteilsausgleich.

(2) Bestimmung der Ober- und Untergrenze durch eine Prognoseentscheidung. 314
Die Problematik dieser abstrakten Rechtssätze besteht in der Praxis darin, dass zum Zeit-

[968] Ungeachtet dessen wird zum Teil vertreten, dass jedenfalls eine Abfindung in Anlehnung an § 1a KSchG regelmäßig eine angemessene Kompensation darstellt, vgl. so *Uhl/Polloczek* DStR 2010, 1481 (1483).
[969] BAG 6.5.2003, aaO; BAG 24.8.2004, aaO.
[970] BAG 24.8.2004, aaO.
[971] 18.10.2018 – 21 TaBV 1372/17, BeckRS 2018, 38162 Rn. 65.
[972] Vgl. ausführlich hierzu *Hohenstatt/Stamer* DB 2005, 2410.
[973] BAG 24.8.2004, aaO, B III 2c) dd) der Entscheidungsgründe.
[974] Vgl. *Uhl/Polloczek* DStR 2010, 1481 (1483).
[975] Vgl. *Annuß* in Richardi BetrVG § 112 Rn. 165; zustimmend *Deininger-Stierand* NZA 2017, 420.

punkt der Erstellung eines Sozialplans noch nicht bekannt ist, welche konkreten Nachteile entstehen werden. Im Hinblick darauf ist es unabänderlich, dass auch die Einigungsstelle eine **pauschalisierende Prognose** erstellt und den Sozialplan so ausgestaltet, dass er den typischerweise aufgrund der Betriebsänderung für die im Unternehmen verbleibenden Mitarbeiter zu erwartenden Nachteilen Rechnung trägt.[976] Hierbei muss der Sozialplan nicht alle möglicherweise entstehenden Nachteile mildern oder ausgleichen. Hier kommt der Einigungsstelle ein Ermessen zu und es kann zwischen verschiedenen Nachteilen, deren Vermeidbarkeit etc. unterschieden werden.[977] Die Einigungsstelle verfügt sowohl über einen tatsächlichen Beurteilungsspielraum darüber, welche Nachteile typischerweise entstehen, als auch über einen normativen Gestaltungsspielraum zur Regelung der letztlich auszugleichenden Nachteile.[978] Allerdings ist soweit wie möglich den Umständen des Einzelfalls und typischen sozialen Belangen der Beschäftigten Rechnung zu tragen. Die Punktwertmethode trägt diesen Anforderungen, wie bereits oben ausgeführt, bei der Bemessung von Abfindungen am ehesten Rechnung, auch wenn sie sehr kompliziert ist und in der Praxis daher keine große Rolle spielt.[979] Selbstverständlich kann die Berechnung der Abfindung auch auf der Grundlage einer anderen Formel erfolgen, so lange die Einigungsstelle nicht für alle aufgrund der Betriebsänderung entlassenen Arbeitnehmer pauschal Abfindungen festsetzt, deren Höhe sich allein nach dem Monatseinkommen und der Dauer der Beschäftigung bemisst,[980] sondern auch dem Alter, besonderen Umständen wie dem Bestehen einer Schwerbehinderung, einer unzureichenden Qualifikation oder der Dauer der Arbeitslosigkeit Rechnung trägt.[981] Wie unter → Rn. 302ff. ausgeführt, sind auch nach Inkrafttreten des AGG das Alter und die Betriebszugehörigkeit zu berücksichtigende Faktoren bei der Bemessung von Abfindungen, da sie die Vermittelbarkeit auf dem Arbeitsmarkt häufig maßgeblich beeinflussen.

315 **bb) Berücksichtigung der Aussichten auf dem Arbeitsmarkt** (§ 112 Abs. 5 S. 2 Nr. 2 BetrVG). In § 112 Abs. 5 S. 2 Nr. 2 BetrVG, der sich ebenfalls mit den sozialen Belangen der von einer Betriebsänderung Betroffenen auseinander setzt, ist ausdrücklich festgeschrieben, dass die Einigungsstelle die **Aussichten der betroffenen Arbeitnehmer auf dem Arbeitsmarkt** berücksichtigen muss. Will man eine halbwegs solide Prognose anstellen, so wird man sich daraus mit den jeweils unterschiedlich zu bewertenden Aussichten der betroffenen Beschäftigtengruppen auf dem Arbeitsmarkt auseinanderzusetzen haben. Während es in einzelnen Regionen, wie beispielsweise in Ostdeutschland, insbesondere für Berufseinsteiger besonders schwierig sein kann, beruflich einen Wechsel zu bewerkstelligen, mag es bei Mitarbeitern mit besonders gesuchten Qualifikationen absehbar sein, dass sie unverzüglich, jedenfalls aber innerhalb weniger Wochen wieder einen gleichwertigen Arbeitsplatz finden. Schüttet man nun – in Anlehnung an bestehende Traditionen in vielen Unternehmen – das Füllhorn in allen Fällen gleichermaßen aus, so kann es auch bei pauschalierter Betrachtung uU zu einer offenkundigen Überversorgung kommen. So erscheint es fragwürdig, ob der ein oder andere Sozialplan, der in den letzten Jahren geschlossen wurde, wäre er durch einen Einigungsstellenspruch zustande gekom-

---

[976] Vgl. *Fitting* BetrVG §§ 112, 112a Rn. 256; *Annuß* in Richardi BetrVG § 112 Rn. 151; *Berenz* NZA 1993, 538 (539); *Willemsen* ZIP 1981, 1058.

[977] Vgl. BAG 24.8.2004, aaO; hierzu auch *Deininger-Stierand* NZA 2017, 420 (421).

[978] Vgl. BAG 20.1.2009 – 1 AZR 740/07, NZA 2009, 485; zu den Grundsätzen vgl. auch *Eisemann* NZA 2019, 81 (82).

[979] Vgl. hierzu → Rn. 243 und *Fitting* BetrVG §§ 112, 112a Rn. 263.

[980] Vgl. BAG 14.9.1994 – 10 ABR 7/94, NZA 1995, 440.

[981] Das BAG hat in seiner Entscheidung vom 22.2.1995 – 10 ABR 23/94, NZA 1995, 697, die Auffassung vertreten, den Gegebenheiten des Einzelfalls sei Rechnung getragen worden, wenn die Sozialplanabfindung nach der Formel Lebensalter x Betriebszugehörigkeit x Bruttomonatseinkommen und einem durch die Länge der Unternehmenszugehörigkeit bestimmten Divisor von 60 bzw. 120 berechnet und durch eine Höchstbegrenzungsklausel begrenzt wird und ferner Unterhaltsverpflichtungen und Schwerbehinderung durch Zuschläge ausgeglichen werden. Vgl. hierzu auch *Weber/Burmester* BB 1995, 2268 (2269).

men, unter diesem Gesichtspunkt einer gerichtlichen Überprüfung hätte standhalten können. Da die Arbeitsmarktlage bereits derzeit in einigen Branchen sehr gut ist und künftig aufgrund des zu erwartenden Arbeitskräftemangel generell mit einer schnelleren Vermittlung entlassender Arbeitnehmer in neue Stellen zu rechnen ist, sollte hierauf mit einer Anpassung des Abfindungsniveaus reagiert werden. Dies gilt jedenfalls für die Wirtschaftszweige, in denen freigesetzte Arbeitnehmer nur noch eine kurze Phase der Umorientierung benötigen, bevor sie wieder eine Anstellung gefunden haben.

Festzuhalten bleibt, dass auch zur Vermeidung einer unzulässigen Diskriminierung wegen des Alters die Aussichten auf dem Arbeitsmarkt eine zunehmend wichtige Rolle bei der Sozialplangestaltung spielen. Schließlich sind nach § 10 S. 3 Nr. 6 AGG nach Alter gestaffelte Abfindungsregelungen insoweit zulässig, als sie vom Alter abhängige Chancen am Arbeitsmarkt berücksichtigen.[982]

(1) Berücksichtigung des Angebots einer zumutbaren Beschäftigung auf einem anderen Arbeitsplatz. 316 Auch dem Gesichtspunkt der Vermeidbarkeit der Nachteile soll die Einigungsstelle Rechnung tragen, indem sie Arbeitnehmer, die zumutbare Arbeitsplatzangebote in demselben Betrieb oder in einem anderen Betrieb des Unternehmens oder eines zum Konzern gehörenden Unternehmens ablehnen, von Leistungen aus dem Sozialplan ausschließen. Wann ein Arbeitsplatzangebot als zumutbar anzusehen ist, steht grundsätzlich im Ermessen der Einigungsstelle.[983] Der Gesetzgeber hat lediglich vorgegeben, dass eine möglich Weiterbeschäftigung an einem anderen Ort für sich allein noch nicht die Unzumutbarkeit der Weiterbeschäftigung begründet, § 112 Abs. 5 S. 2 Nr. 2 S. 2 Hs. 2 BetrVG. Nach allgemeiner Auffassung muss ein Arbeitsplatz, um zumutbar zu sein, nicht in jeder Hinsicht gleichartig sein, sondern es genügt seine **annähernde Gleichwertigkeit in finanzieller und beruflicher Hinsicht.** Wichtig ist, dass die Zumutbarkeit eines anderweitigen Arbeitsplatzangebotes auch dadurch hergestellt werden kann, dass damit verbundene finanzielle Einbußen im Rahmen des Sozialplans gemäß § 112 Abs. 5 S. 2 Nr. 1 BetrVG ausgeglichen werden.[984] Die Zumutbarkeitsregelungen in § 140 SGB III sind im Rahmen des § 112 Abs. 5 S. 2 Nr. 2 BetrVG nicht maßgebend.[985] Dies ist nun auch vom BAG ausdrücklich klargestellt worden.[986] § 140 SGB III findet auf die Ausgestaltung von Sozialplänen weder unmittelbar noch mittelbar Anwendung. Die Einigungsstelle muss die Frage der Zumutbarkeit selbst definieren. Hält sie es für angemessen, sich hierbei in einzelnen Punkten an den Wertungen in § 140 SGB III zu orientieren, erscheint dies vertretbar.[987] Führt die Annahme des Arbeitsplatzangebotes zu einem Arbeitgeberwechsel, so muss dieser unter Anerkennung der Vordienstzeiten bzw. Fortgeltung des Kündigungsschutzes erfolgen, andernfalls ist das Arbeitsplatzangebot nicht notwendigerweise zumutbar iSd § 112 Abs. 5 S. 2 Nr. 2 S. 2 BetrVG.[988] Im Hinblick darauf, dass die Einigungsstelle gemäß § 112 Abs. 5 S. 2 Nr. 2 S. 1 BetrVG die Aussichten der betroffenen Arbeitnehmer auf dem Arbeitsmarkt zu berücksichtigen hat, kann sie jedoch auch das Angebot eines anderen Arbeitsplatzes durch ein Konzernunternehmen oder einen Dritten ohne Anerkennung der Vordienstzeiten als abfindungsmindernd oder, hält sie dies für angemessen, abfindungsausschließend berücksichtigen.[989]

---

[982] Vgl. → Rn. 302ff.
[983] Vgl. BAG 27.10.1987 – 1 ABR 9/86, NZA 1988, 203.
[984] So zutreffend *Fitting* BetrVG §§ 112, 112a Rn. 271.
[985] So *Fitting* BetrVG §§ 112, 112a Rn. 270; HWK/*Hohenstatt/Willemsen* § 112 Rn. 68; *Annuß* in Richardi BetrVG § 112 Rn. 157 mwN zur älteren Rechtsprechung, aA *Löwisch* BB 1985, 1200 (1205).
[986] Vgl. BAG 6.11.2007 – 1 AZR 960/06, NZA 2008, 232.
[987] Vgl. so *Weber/Burmester* BB 1995, 2268 (2269); *Berenz* NZA 1993, 538 (541).
[988] So schon in der amtlichen Begründung, BT-Drs. 10/2102, 27; vgl. hierzu auch *Berenz* NZA 1993, 538 (541).
[989] Vgl. BAG 28.9.1988 – 1 ABR 23/87, NZA 1989, 186; vgl. auch LAG Berlin-Brandenburg, 26 Sa 1671/14, BeckRS 2015, 68953; hierzu auch *Fitting* BetrVG §§ 112, 112a Rn. 267; GK/*Oetker* BetrVG §§ 112, 112a Rn. 472.

(2) Bewertung des Widerspruchs gegen einen Betriebsübergang

317 Beispiel C 55:

Die Not leidende K-GmbH, die Kunststoffteile produzierte und 2500 Mitarbeiter beschäftigt, beschließt, 200 Produktionsmitarbeiter zu entlassen und ihren gesamten Fuhrpark sowie die Kantine zukünftig nicht mehr selbst zu betreiben, sondern an entsprechende Fachfirmen zu vergeben. Die Spedition, die den Fuhrpark übernimmt, sowie der neue Kantinenbetreiber erklären sich zur Übernahme der in den jeweiligen Abteilungen beschäftigten Mitarbeiter ohne Anerkennung einer Rechtspflicht zu unveränderten Arbeitsbedingungen bereit. Die Einigungsstelle stellt einen Sozialplan auf, der unabhängig von dem Vorliegen einer Weiterbeschäftigungsmöglichkeit bei dem Betriebserwerber Abfindungsansprüche für den Fall des betriebsbedingten Arbeitsplatzverlusts begründet. Zahlreiche Mitarbeiter widersprechen dem Betriebsübergang und verlangen eine Abfindung aus dem Sozialplan.

In den Fällen, in denen die Arbeitsverhältnisse der Betroffenen aufgrund von § 613a Abs. 1 BGB bzw. aufgrund eines entsprechenden Angebots eines Dritten zu unveränderten Bedingungen fortgeführt werden, ist es als ermessensfehlerhaft anzusehen, wenn ein von einer Einigungsstelle aufgestellter Sozialplan auch denjenigen Arbeitnehmern Abfindungsansprüche in voller Höhe zubilligt, die dem **Betriebsübergang ohne triftigen Grund widersprochen** bzw. das Arbeitsplatzangebot nicht angenommen haben. Dies folgt aus der Regelung des § 112 Abs. 5 S. 2 Nr. 2 BetrVG[990] und aus der Rechtsprechung des BAG betreffend die Gewährung von Sozialplanabfindungen für Mitarbeiter, die einem Betriebsübergang widersprechen. Das BAG hat mittlerweile in mehreren Entscheidungen deutlich zum Ausdruck gebracht, dass es nicht zu beanstanden ist, wenn Mitarbeiter, die dem Übergang ihres Arbeitsverhältnisses ohne triftigen Grund widersprechen, von Leistungen aufgrund eines Sozialplans oder eines Tarifvertrages zur Milderung der mit der Kündigung verbundenen Nachteile ausgeschlossen sind.[991] Zutreffend weist das BAG darauf hin, dass ein Arbeitnehmer, dessen Arbeitsplatz aufgrund einer Betriebs- oder Betriebsteilveräußerung an sich erhalten werden konnte, mit seinem Widerspruch den Verlust des Arbeitsplatzes bewusst in Kauf nehme. Wenn ein solcher Arbeitnehmer nunmehr keine Leistungen aus einem Sozialplan bzw. einem Tarifvertrag erhalte, so führe dies nicht zu einer Verletzung seiner Berufsfreiheit, deren Ausfluss das Widerspruchsrecht sei. Das Widerspruchsrecht des Arbeitnehmers, das hierdurch nicht beschnitten werde, verlange nicht, dass der Arbeitnehmer für die durch den Widerspruch selbst herbeigeführten wirtschaftlichen Nachteile einen finanziellen Ausgleich erhalte.[992] Einen triftigen Grund für den Widerspruch sieht das BAG beispielsweise dann als gegeben an, wenn ein zumutbarer anderer Arbeitsplatz bei dem Betriebsübernehmer nicht zur Verfügung steht, da auch der Betriebserwerber das Arbeitsverhältnis gekündigt hätte.[993] Nur dann, wenn der Widerspruch aus objektiven, im Zusammenhang mit dem Betrieb, der Person oder dem Verhalten des neuen Arbeitgebers stehenden Gründen erfolgt, die zudem den Anforderungen des § 9 Abs. 1 S. 1 KSchG an einen Auflösungsantrag eines Arbeitnehmers entsprechen, erachtet das BAG es als vertretbar, dem Arbeitnehmer einen Sozialplananspruch zukommen zu lassen.[994] Da der Sozialplan in obigem Beispiel dem Umstand des Bestehens zumutbarer frei-

[990] Vgl. zu dieser Problematik *Jäger* BB 1988, 1036; *Neef/Schrader* NZA 1998, 804 (806); sowie die Ausführungen unter → Rn. 302.

[991] Vgl. BAG 10.11.1993 – 4 AZR 184/93, NZA 1994, 892; BAG 5.2.1997 – 10 AZR 553/96, NZA 1998, 158; BAG 12.7.2007 – 2 AZR 448/05, NZA 2008, 425.

[992] Vgl. BAG 10.11.1993, aaO, unter III 1c) der Entscheidungsgründe.

[993] Vgl. auch BAG 5.2.1997, aaO, unter I) der Entscheidungsgründe.

[994] Vgl. hierzu BAG 10.11.1993, III 1c) der Entscheidungsgründe. Diese Rechtsprechung steht im Einklang mit der Rechtsprechung des BAG zu einer eingeschränkten Sozialauswahl im Falle von betriebsbedingten Kündigungen nach dem Widerspruch eines Arbeitnehmers gegen einen Betriebsteilübergang, vgl. ua BAG 18.3.1999 – 8 AZR 190/98, NZA 1999, 870.

er Arbeitsplätze nicht Rechnung trägt, und ungeachtet der Begründung im Einzelfall den Mitarbeitern, die dem Übergang ihres Arbeitsverhältnisses widersprechen, einen Sozialplananspruch zubilligt, könnte dieser erfolgreich angefochten werden.

Beispiel C 55a: 318

Im **Beispiel C 55** erklärt die Spedition vor der Auslagerung, nur ca. 60 % der Beschäftigten der K-GmbH übernehmen zu wollen. Darüber hinaus weist K darauf hin, dass sie tarifgebunden sei und der gültige Tarifvertrag zu Einbußen im Vergleich zu dem bisher gültigen Haustarifvertrag führen werde. Daraufhin widersprechen nahezu alle Beschäftigten der K-GmbH und verlangen eine Abfindung aus dem Sozialplan.

Hat die K-GmbH in Beispiel C 54 die Mitarbeiter des Fuhrparks davon in Kenntnis gesetzt, dass die Voraussetzungen eines Betriebsübergangs vorliegen und die Spedition sämtliche Mitarbeiter übernehmen muss, so ist es fraglich, ob die Ankündigung der Spedition, nur 60% der Mitarbeiter weiterbeschäftigen zu wollen, einen Widerspruch begründen kann. Zwar scheint das BAG hier der Auffassung zuzuneigen, dass die Arbeitnehmer in derartigen Fällen dem Betriebsübergang widersprechen dürfen, ohne Sozialplanansprüche zu gefährden. Steht jedoch zum Zeitpunkt des Betriebsübergangs noch nicht fest, welche Mitarbeiter ihren Arbeitsplatz verlieren werden, und besteht zumindest eine gute Aussicht, dass ein Großteil der Beschäftigten ihren Arbeitsplatz nach dem Betriebsübergang behalten werden, so ist es problematisch, sämtlichen Mitarbeitern, die gleichwohl dem Übergang widersprechen, Sozialplanansprüche zukommen lassen zu wollen. Hier würde der Betriebsveräußerer das volle wirtschaftliche Risiko tragen, und der Betriebserwerber könnte sich leicht durch entsprechende Ankündigungen seinen Verpflichtungen aus § 613a Abs. 1 BGB entziehen. Dies ist insbesondere in den Fällen problematisch, in denen zwischen dem bisherigen Arbeitgeber und dem neuen Arbeitgeber keine vertragliche Beziehung besteht, etwa weil ein Dienstleistungsauftrag einem Unternehmer entzogen und einem anderen Unternehmen erteilt wird. Was die **Anwendbarkeit eines anderen Tarifvertrages** anbelangt, so hat das BAG in seiner Entscheidung vom 5. 2. 1997[995] klargestellt, dass die aus der Regelung des § 613a Abs. 1 S. 3 BGB resultierenden etwaig nachteiligen Änderungen der Arbeitsbedingungen keinen triftigen Grund für den Widerspruch darstellen. Dadurch dass die Arbeitsverhältnisse beim Betriebserwerber gemäß § 613a Abs. 1 S. 3 BetrVG durch einen anderen – ungünstigeren – Tarifvertrag geregelt werden, werde der Arbeitsplatz bei dem Betriebserwerber noch nicht unzumutbar. Auch begründe der Umstand, dass der Betrieb oder ein Betriebsteil von einem anderen Unternehmen fortgeführt werde, für sich gesehen nicht die Unzumutbarkeit des Arbeitsplatzangebotes.

Es wird allerdings durchaus auch vertreten, dass es etwa dann an der Zumutbarkeit fehlt, wenn ein Arbeitnehmer gemäß § 613a BGB in ein bekanntermaßen wirtschaftlich angeschlagenes Unternehmen wechseln soll.[996]

cc) Berücksichtigung der Förderungsmöglichkeiten zur Vermeidung von Arbeitslosigkeit (§ 112 Abs. 5 S. 2 Nr. 2a BetrVG). Im Zuge der BetrVG-Novelle wurde in § 112 Abs. 5 S. 2 Nr. 2a BetrVG eine Neuregelung eingefügt, durch die die Einigungsstelle verpflichtet wird, bei der Aufstellung eines Sozialplans die Förderungsmöglichkeiten zur Vermeidung von Arbeitslosigkeit, die im SGB III vorgesehen sind, zu berücksichtigen. Dies bedeutet zwar nicht, dass zwingend von entsprechenden Förderungsmöglichkeiten gemäß §§ 216a, 216b SGB III Gebrauch gemacht werden muss. Derartige Förderungsmöglichkeiten müssen jedoch zumindest in Betracht gezogen werden, will man den Vorwurf vermeiden, ermessensfehlerhaft gehandelt zu haben.[997] In diesem Kontext wird man in der Regel verlangen können, dass die Einigungsstelle – sollte dies nicht bereits im Vorfeld geschehen 319

[995] 10 AZR 553/96, NZA 1998, 158 (160).
[996] So DKW/*Däubler* BetrVG §§ 112, 112a Rn. 138.
[997] Vgl. GK/*Oetker* BetrVG §§ 112, 112a Rn. 479; HWK/*Hohenstatt/Willemsen* BetrVG § 112 Rn. 72.

sein – Förderungsmöglichkeiten prüft und, sollten die Fördervoraussetzungen grundsätzlich gegeben und der Arbeitgeber zu entsprechenden Mitwirkungshandlungen bzgl. der Ausgestaltung seiner Betriebsänderung bereit sein, eine Beratung durch die Agentur für Arbeit in Anspruch nehmen.[998] Liegen die Voraussetzungen für eine Förderung hingegen nicht vor, wird man auch nicht verlangen können, dass die Einigungsstelle sich hiermit eingehend beschäftigt.[999]

Erklärtes Ziel des Gesetzgebers ist es dafür Sorge zu tragen, dass **Sozialplanmittel** verstärkt **zur Schaffung von Beschäftigungsperspektiven** für die vom Verlust des Arbeitsplatzes bedrohten Arbeitnehmer eingesetzt werden und der Sozialplan nicht mehr als reines Abfindungsinstrument genutzt wird. Zu diesem Zweck sollen Sozialplanmittel beispielsweise für Maßnahmen der inner- und außerbetrieblichen Qualifizierung, der Förderung der Anschlusstätigkeit bei einem anderen Arbeitgeber sowie der Vorbereitung einer selbständigen Existenz des Arbeitnehmers eingesetzt werden.[1000] In Betracht kommen insbesondere Regelungen über die Übernahme von Bewerbungskosten (§ 45 SGB III), Trainingsmaßnahmen (§ 48 SGB III), Mobilitätshilfen (§§ 53 SGB III), Überbrückungsgeld (§ 57 SGB III) sowie Maßnahmen zur Förderung der beruflichen Weiterbildung (§§ 77 ff. SGB III). Vorbild dieses Ansatzes ist das in der Chemischen Industrie entwickelte Modell des sog. „Transfer-Sozialplans".[1001]

Umstritten ist nun, ob sämtliche denkbaren Maßnahmen zur Vermeidung von Arbeitslosigkeit über ein Einigungsstellenverfahren erzwingbar sind und mithin ggf. auch gegen den erklärten Willen des Arbeitgebers oder – was selten vorkommen wird – gegen den Willen des Betriebsrats festgeschrieben werden können. Nach der hier vertretenen Auffassung ist die Erzwingbarkeit des Transfersozialplans regelmäßig gegeben, wenn und soweit hierdurch nicht in die unternehmerische Entscheidungsfreiheit eingegriffen wird.[1002]

320 **dd) Berücksichtigung der wirtschaftlichen Vertretbarkeit des Sozialplans** (§ 112 Abs. 5 S. 2 Nr. 3 BetrVG). Gemäß § 112 Abs. 5 S. 2 Nr. 3 BetrVG hat die Einigungsstelle bei der Bemessung des Gesamtbetrages der Sozialplanleistungen darauf zu achten, dass der **Fortbestand des Unternehmens** oder die nach Durchführung der Betriebsänderung **verbleibenden Arbeitsplätze nicht gefährdet** werden. Angesichts der Unterschiedlichkeit der Konstellationen sah sich der Gesetzgeber außerstande, eine **verbindliche Obergrenze** für individuelle Abfindungen vergleichbar der in § 113 BetrVG iVm § 10 KSchG oder § 123 InsO enthaltenen Höchstbegrenzung vorzuschreiben.[1003] Eine zahlenmäßige Höchstbegrenzung für die einzelnen Abfindungen lässt sich nach der Rechtsprechung des BAG demnach auch nicht aus einer analogen Anwendung des §§ 113 Abs. 1 BetrVG iVm 10 KSchG herleiten.[1004] Allerdings wird zT die Auffassung vertreten, im Regelfall sei anzunehmen, dass die sozialen Belange der Arbeitnehmer es nicht erfordern, dass die Einigungsstelle bei der Aufstellung des Sozialplans die für den Nachteilsausgleichsanspruch vorgesehenen Grenzen überschreitet.[1005] Dies ist insoweit nachvollziehbar, als der Gesetzgeber den in § 113 BetrVG gesteckten Rahmen für einen Nachteilsausgleich grundsätzlich ausreichend erachtet.

Konsequenz einer fehlenden gesetzlichen Höchstbegrenzung des Sozialplanvolumens ist, dass bei der Planung von Betriebsänderungen eine Kalkulation der voraussichtlich anfal-

---

[998] Vgl. *Löwisch* BB 2001, 1790 (1798); *Gaul/Otto* NZA 2004, 1301 (1304).
[999] Vgl. zu den Fördervoraussetzungen → Rn. 262 ff.
[1000] Vgl. BT-Drs. 14/5741, 52.
[1001] Vgl. BT-Drs. 14/5741, 52; zu dem Modell des Transfer-Sozialplans *Wolff* NZA 1999, 622.
[1002] Vgl. hierzu ausführlich → Rn. 287.
[1003] Vgl. *Fitting* BetrVG §§ 112, 112a Rn. 282; GK/*Oetker* BetrVG §§ 112, 112a Rn. 442; DKW/*Däubler* BetrVG §§ 112, 112a Rn. 151; *Annuß* in Richardi BetrVG § 112 Rn. 165.
[1004] Vgl. so ausdrücklich BAG 27.10.1987 – 1 ABR 9/86, NZA 1988, 203; BAG 22.2.1995 – 10 ABR 23/94, NZA 1995, 697; BAG 6.5.2003 – 1 ABR 11/02, NZA 2004, 108.
[1005] So *Annuß* in Richardi BetrVG § 112 Rn. 165 unter Hinweis auf *Reuter/König* AG 1978, 325 (330); *Deininger-Stierand* NZA 2017, 420 (421); so ähnlich GK/*Oetker* BetrVG §§ 112, 112a Rn. 488.

lenden Kosten verlässlich nicht vorgenommen werden kann. Das Unternehmen kann lediglich unter Berücksichtigung der Ausgestaltung etwaiger früherer Sozialpläne des Betriebes, anderer Sozialpläne der Branche sowie der bestehenden Erwartungshaltung des Betriebsrates eine **Kostenschätzung** anstellen, die allerdings regelmäßig **keine verlässliche Kalkulationsgrundlage** darstellen kann. Insbesondere ist es nicht möglich, eine *worst case*-Betrachtung anzustellen und auf dieser Grundlage die maximalen Sozialplankosten zu errechnen. Wie oben ausgeführt,[1006] bildet die absolute Obergrenze für einen Sozialplan der **Ausgleich der wirtschaftlichen Nachteile** der Arbeitnehmer. Da der Ausgleichsbedarf jedoch in der Regel nicht mittels einer mathematischen Formel zu ermitteln ist, sondern zunächst eine Prognoseentscheidung anzustellen ist, die notwendigerweise unterschiedlich ausfallen kann, kann auch nicht das maximal denkbare Sozialplanvolumen zweifelsfrei kalkuliert werden. Gerade dieser Aspekt wird in der Praxis von Unternehmen stark kritisiert, da ihnen damit eine vernünftige Planungsgrundlage bei der Erarbeitung von Umstrukturierungsmodellen fehlt. Insbesondere ausländische Unternehmen stören sich vielfach an dieser **Rechtsunsicherheit** mehr, als an den letztendlich entstehenden Sozialplankosten.

(1) Ermessensgrenzen der Einigungsstelle bzgl. der Bewertung der wirtschaftlichen Vertretbarkeit. Nach dem Willen des Gesetzgebers ist die Einigungsstelle bei der Aufstellung eines Sozialplanes neben dem Ziel des Ausgleichs der wirtschaftlichen Nachteile durch die **wirtschaftliche Potenz des Unternehmens** bzw. die verfassungsrechtlich gewährleistete unternehmerische Betätigungsfreiheit sowie die Eigentumsgarantie begrenzt. Die wirtschaftliche Vertretbarkeit der Entscheidung der Einigungsstelle hat gegenüber den Belangen der Arbeitnehmer eine Korrekturfunktion und gibt „die äußerste Grenze der Sozialplanleistung vor".[1007] Durch die das Ermessen der Einigungsstelle begrenzende Regelung des § 112 Abs. 5 S. 2 Nr. 3 BetrVG, die das Gebot der wirtschaftlichen Vertretbarkeit gemäß § 112 Abs. 5 S. 1 BetrVG konkretisiert, soll sichergestellt werden, dass ein Unternehmen nicht aufgrund der nicht erfüllbaren Sozialplanverpflichtungen seine Aktivitäten einstellen bzw. sein Eigenkapital erhöhen muss.[1008] Das BAG geht davon aus, dass die **Grenzen für das Ermessen der Einigungsstelle** bezüglich der wirtschaftlichen Vertretbarkeit der Entscheidung **sehr weit** sind. In der Entscheidung vom 17.10.1989[1009] heißt es ausdrücklich, bei der Bemessung des Gesamtbetrages der Sozialplanleistungen sei nur darauf zu achten, dass der Fortbestand des Unternehmens oder die nach Durchführung der Betriebsänderung verbleibenden Arbeitsplätze nicht gefährdet werden. Auch durch einen von der Einigungsstelle aufgestellten Sozialplan könne also ein Arbeitgeber in einem ganz erheblichen Maße gegen seinen Willen so belastet werden, dass dies für die Ertragskraft des Unternehmens einschneidend sei. In der sog. Rheuma-Klinik-Entscheidung vom 6.5.2003[1010] führt das BAG aus, das Gesetz sehe auch einschneidende Belastungen des Unternehmens durch einen Sozialplan „bis an den Rand der Bestandsgefährdung" als möglich an.[1011] Dies bedeutet aber gleichwohl nicht, dass der Sozialplan den Fortbestand des Unternehmens und damit die übrigen Arbeitsplätze ernsthaft gefährden darf. Konkret für berücksichtigungsbedürftig hält das BAG bei der Beurteilung der wirtschaftlichen Lage nicht nur die Aktiva und Passiva, sondern auch die Liquiditätslage, eine etwaige bilanzielle Überschuldung oder eine nicht mehr vertretbare Schmälerung des Eigenkapitals.[1012] 321

[1006] Vgl. → Rn. 313.
[1007] So das BAG in der sog. Rheuma-Klinik-Entscheidung v. 6.5.2003 – 1 ABR 11/02, NZA 2004, 108; vgl. auch → Rn. 313.
[1008] So zutreffend *Annuß* in Richardi BetrVG § 112 Rn. 166; *Berenz* NZA 1993, 538 (542).
[1009] 1 ABR 80/88, NZA 1990, 443.
[1010] 1 ABR 11/02, NZA 2004, 108.
[1011] Kritisch bezüglich der sehr weitreichenden Formulierung *Deininger-Stierand* NZA 2017, 420 (425).
[1012] Vgl. BAG 15.3.2011 – 1 ABR 97/09, NZA 2011, 1112 Rn. 21; hierzu auch *Eisemann* NZA 2019, 81 (83); vgl. auch → Rn. 323b.

Auch wird vertreten, dass geplante Investitionen zur Disposition gestellt werden können. Ist es jedoch zwingend notwendig, dass ein Unternehmen in neue Technologien investiert, um wettbewerbsfähig zu bleiben, so handelt eine Einigungsstelle ermessensfehlerhaft, wenn das festgelegte Sozialplanvolumen die erforderlichen Mittel aufzehrt.[1013] Dies ist jedenfalls dann der Fall, wenn durch unterlassene Investitionen Arbeitsplätze absehbar gefährdet werden. Zwar mag man verlangen können, dass sich das Unternehmen mit dem notwendigen Kapital am Kapitalmarkt versorgt. Dies setzt jedoch voraus, dass eine entsprechende Möglichkeit überhaupt besteht, dh dass das Unternehmen noch über genügend Sicherheiten etc. verfügt, um eine finanzierende Bank zu finden.[1014]

Steht eine Existenzbedrohung durch den Sozialplan zu befürchten bzw. wird er behauptet, muss die Einigungsstelle sich ggf. sachverständiger Hilfe zur Aufklärung der Situation bedienen.[1015] Stellt sich heraus, dass ein Unternehmen kurz vor der Insolvenz steht, muss der Sozialplan sich gegebenenfalls an § 123 InsO orientieren.[1016] Wichtig ist in der Praxis, dass ein Unternehmen, will es sich auf die fehlende wirtschaftliche Potenz zur Finanzierung des angedachten Sozialplans berufen, dies schlüssig darlegen muss.[1017] Schon im eigenen Interesse sollte daher frühzeitig Transparenz hergestellt werden, da man sonst mit diesem Einwand scheitern wird.

322 In der Rheuma-Klinik-Entscheidung hat das BAG neuerlich bestätigt, dass im Rahmen der zur Ermittlung der wirtschaftlichen Vertretbarkeit anzustellenden Interessenabwägung auch das **Verhältnis zwischen Einsparungen und Sozialplankosten** von Relevanz sein kann.[1018] Das BAG meint, die Sozialplankosten seien jedenfalls dann vertretbar, wenn sie die aufgrund der Betriebsänderung im ersten Kalenderjahr erzielten Einsparungen aufzehren. Dies soll allerdings keine Höchstgrenze sein. *Däubler* meint demgegenüber, es sei auch nicht zu beanstanden, wenn sich die geplante Betriebsänderung unter Berücksichtigung der Sozialpankosten erst nach einem längeren Zeitraum, etwa nach zwei Jahren, positiv auswirke.[1019]

Da die Entscheidung über die Dotierung des Sozialplans eine stets im Lichte der drohenden Nachteile und der konkreten wirtschaftlichen Lage des Unternehmens zu treffende Einzelfallentscheidung ist, erscheint es nach der hier vertretenen Auffassung wenig zielführend, die Einspareffekte als Basis für eine Formel für die Ermittlung des zulässigen Sozialplanvolumens heranzuziehen.[1020] Plant ein Unternehmen, das kurz vor dem Konkurs steht, beispielsweise eine Sanierungsmaßnahme, durch die zwar innerhalb der kommenden zwei Jahre erhebliche Einsparungen erzielt werden können, die jedoch die außerordentlich kritische wirtschaftliche Situation des Unternehmens kurz- bis mittelfristig nicht lösen vermag, weil zunächst der Schuldenabbau ansteht, würde ein an den Einsparungen während der kommenden beiden Jahre orientierter Sozialplan gleichwohl den Fortbestand des Unternehmens gefährden. Umgekehrt geht es auch nicht an, einen Sozialplan nur deshalb üppig auszustatten, weil es entsprechend hohe Einspareffekte gibt, wenn dies zu einer Überkompensation der von Entlassung betroffenen Arbeitnehmern führt. Zu guter Letzt ist *Hohenstatt/Stamer*[1021] darin zu folgen, wenn sie darauf verweisen, die Einsparungseffekte einer Betriebsänderung dürfen auch deshalb kein maßgeblicher Faktor zur Bestimmung des Sozialplanvolumens sein, weil dann der wirtschaftliche Ausgleich der Nachteile bei

[1013] Vgl. hierzu ausführlich *Deininger-Stierand* NZA 2017 420 (428).
[1014] Vgl. *Deininger-Stierand* NZA 2017, 420 (428 f.).
[1015] So auch *Fitting* BetrVG §§ 112, 112a Rn. 284; HWK/*Hohenstatt/Willemsen* BetrVG § 112 Rn. 76; *Annuß* in Richardi BetrVG § 112 Rn. 167 mwN; *Domning/Krasshöfer* NZA 2019, 822 (823).
[1016] HWK/*Hohenstatt/Willemsen* BetrVG § 112 Rn. 76.
[1017] Vgl. hierzu den Sachverhalt, der der Entscheidung des BAG v. 22.1.2012 – 1 ABR 85/11, NZA-RR 2013, 409, zugrunde lag.
[1018] 6.5.2003, aaO; so bereits BAG 27.10.1987 – 1 ABR 9/86, NZA 1988, 203.
[1019] So DKW/*Däubler* BetrVG §§ 112, 112a Rn. 154; zustimmend *Eisemann* NZA 2019, 81 (82).
[1020] Kritisch auch *Deininger-Stierand* NZA 2017, 420 (424 f.).
[1021] DB 2005, 2410 (2413).

fragwürdigen und wenig Erfolg versprechenden Betriebsänderungen geringer ausfallen müssten als bei besonders effizienten Umstrukturierungen.

Eine für alle Fälle gleichermaßen gültige Formel zur Bestimmung der wirtschaftlichen Zumutbarkeit von Sozialplänen gibt es nicht. Es bedarf immer einer **Einzelfallentscheidung.**[1022] Nach der bisherigen Rechtsprechung des BAG bleibt aber der Eindruck, dass ein Sozialplan nur in besonders gelagerten Fällen als wirtschaftlich nicht vertretbar zu qualifizieren sein wird. § 112 Abs. 5 S. 2 Nr. 3 BetrVG hat insoweit lediglich eine Korrekturfunktion.[1023] Die Versuche einiger Autoren, den Sozialplanbedarf anhand von Formeln zu ermitteln und diese sodann ins Verhältnis zu der ebenfalls durch entsprechende Formeln zu ermittelnden wirtschaftlichen Vertretbarkeit für das Unternehmen zu setzen,[1024] sind nicht überzeugend und basieren immer auf Annahmen, die den Gegebenheiten des Einzelfalls nicht Rechnung tragen und auch keine Stütze im Gesetz finden. Letztlich wird eine Einigungsstelle auf der Basis der wechselseitigen Verhandlungspositionen der Parteien, den branchenspezifischen Besonderheiten und Usancen und unter Berücksichtigung besonderer wirtschaftlicher Belastungen des Unternehmens über das Sozialplanvolumen entscheiden. Bezüglich der wirtschaftlichen Vertretbarkeit wird die Einigungsstelle es als **sozialplanmindernde Faktoren** zu berücksichtigen haben, wenn das Unternehmen fortwährend Verlust macht, mit nachhaltigen und erheblichen finanziellen Schwierigkeiten zu kämpfen hat, seinen Kreditrahmen ausgeschöpft hat oder gar zu einem subventionierten Wirtschaftszweig zählt. **Sozialplanerhöhend** kann sich die positive wirtschaftliche Situation eines Unternehmens demgegenüber nicht auswirken, da Maßstab für die Sozialplanbemessung allein die auszugleichenden Nachteile sind. In der Praxis wird man gleichwohl nicht ignorieren können, dass Unternehmen, die hohe Gewinne machen, über substantielle Vermögenswerte verfügen und bei denen sich auch in Zukunft eine positive wirtschaftliche Entwicklung abzeichnet, mit entsprechend hohen Forderungen konfrontiert werden. Solange der Sozialplan die Belastungsgrenze nicht überschreitet, kann er dem auch nicht erfolgreich entgegentreten. 323

Die Umstände des Einzelfalls können demnach dazu führen, dass das Ermessen der Einigungsstelle aufgrund der fehlenden wirtschaftlichen Leistungsfähigkeit des Unternehmens so reduziert ist, dass die Aufstellung eines Sozialplans vollständig unterbleibt. Dieses in der Literatur als **„Sozialplan Null"** oder „Sozialplan zero"[1025] behandelte Phänomen ist zwar nicht unumstritten. Soweit ersichtlich wurde eine solche Vorgehensweise in zwei Fällen von Landesarbeitsgerichten gebilligt.[1026] Auch von der Rechtsprechung des BAG sollte das gedeckt sein, da auch das BAG es für denkbar hält, dass man nach Prüfung der unteren Grenze gänzlich von einem Nachteilsausgleich absieht.[1027] Zwar argumentiert das BAG regelmäßig, wirtschaftliche Schwierigkeiten entbänden Unternehmen nicht von der Notwendigkeit, Belastungen durch einen Sozialplan auf sich zu nehmen. Sogar in der Insolvenz seien Betriebsänderungen gemäß § 123 InsO sozialplanpflichtig.[1028] Daraus lässt sich aber gerade nicht schließen, dass es vom Ermessen der Einigungsstelle gedeckt ist, wenn die aus ihrem Spruch resultierenden wirtschaftlichen Belastungen aus einem Sozialplan zur Insolvenz des Unternehmens führen würde. Denn das BAG hat auch entschieden, dass eine absolute Ermessensgrenze dort zu ziehen ist, wo Sozialplanverbindlichkeiten zu einer Illiquidität, bilanziellen Überschuldung oder einer nicht mehr vertretbaren Schmälerung des Eigenkapitals führen.[1029] In einer solchen Konstellation kann ein Nachteilsaus- 323a

---

1022 Vgl. so auch *Domning/Krasshöfer* NZA 2019, 822.
1023 Vgl. *v. Hoyningen-Huene* RdA 1996, 102 (103).
1024 Vgl. so der Versuch von *v. Hoyningen-Huene* RdA 1986, 102 (110, 115); vgl. zu der Problematik auch *Drukarczyk* RdA 1986, 115.
1025 *Eisemann* NZA 2019, 81 ff.
1026 LAG Düsseldorf 26.22.2017 – 17 TaBV 86/01, BeckRS 2009,72528; LAG München 13.4.2007 – 11 TaBV 91/06, BeckRS 2009, 61894.
1027 Vgl. BAG 24.8.2004 – 1 ABR 23/09, NZA 2005, 302.
1028 Vgl. stellvertretend BAG 22.1.2013 – 1 ABR 85/11, NZA-RR 2013, 409.
1029 Vgl. BAG 22.1.2013 – 1 ABR 85/11, NZA-RR 2013, 409 Rn. 18.

gleich tatsächlich aus wirtschaftlichen Gründen nicht erfolgen.[1030] Dies wird teilweise unter Hinweis auf die Insolvenzordnung, die auch bei insolventen Unternehmen einen Sozialplan in Höhe von bis zu zweieinhalb Gehältern pro Mitarbeiter vorsieht, in Frage gestellt. Es wird argumentiert, das müsse auch bei insolvenznahen Konstellationen möglich sein. Bei drohender Insolvenz könne die Dotierung eines Sozialplans angelehnt an die Regelungen in der InsO begrenzt werden.[1031] Hier wird zweierlei nicht bedacht: Zum einen geht es um Fallkonstellationen, in denen aufgrund des Sozialplans ein Unternehmen insolvent wird. Zum anderen ist es keineswegs ausgemacht, dass das dann insolvente Unternehmen in der Lage ist, im Rahmen der gesetzlichen Obergrenze des § 123 InsO überhaupt einen Sozialplan zu bedienen.

323b Betrachtet man die 3 vom BAG in der Rechtsprechung herausgestellten Indikatoren für eine fehlende wirtschaftliche Vertretbarkeit, namentlich die (1) Illiquidität des Unternehmens, (2) die bilanzielle Überschuldung und (3) die nicht mehr vertretbare Schmälerung des Eigenkapitals näher, stellt sich die Situation wie folgt dar:

Was die **Liquiditätslage** anbelangt, ist maßgeblicher Zeitpunkt für die Beurteilung der Situation zunächst zwar der Zeitpunkt der Aufstellung des Sozialplans, allerdings muss die Einigungsstelle ihre Entscheidung mit Blick auf die künftig zu erwartende Entwicklung treffen.[1032] Es bedarf also einer **Prognose,** bei der ggf. Sachverständige zur Unterstützung hinzuzuziehen sind. Es ist demnach eine Prognose für die ordnungsgemäße Fortführbarkeit des Unternehmens (*„going concern"*) anzustellen. Hierbei sind künftig fällig werdende Verbindlichkeiten zu berücksichtigen. Hier ist ähnlich wie im Falle einer drohenden Zahlungsunfähigkeit gemäß § 18 InsO vorzugehen. Würde ein Sozialplan zur Illiquidität führen, wäre also ein Fall der drohenden Zahlungsunfähigkeit gegeben, wäre die Aufstellung eines entsprechenden Sozialplans ermessensfehlerhaft. Es ist demnach nicht erforderlich, dass diese Situation schon zum Zeitpunkt der Aufstellung des Sozialplans eingetreten ist.[1033]

Ähnlich ist es zu beurteilen, wenn die Maßnahme in einer **bilanziellen Überschuldung,** dh einer sog. formellen Überschuldung führen würde. Das BAG stellt insoweit auf die buchmäßige Überschuldung ab und fordert nicht das Vorliegen einer insolvenzrechtlichen Überschuldung.[1034] Dies erklärt sich daraus, dass schon in derartigen Fallkonstellationen letztlich eine Insolvenz droht.[1035]

Am schwierigsten ist die Bestimmung des Vorliegens einer **nicht mehr vertretbaren Schmälerung des Eigenkapitals.** Dies resultiert daraus, dass es – mit Ausnahme der regulierten Märkte in der Finanzindustrie – keine allgemeingültigen Aussage oder gar gesetzlichen Vorgaben zu einer ausreichenden Eigenkapitalausstattung gibt. Demgemäß finden sich auch wenig Anhaltspunkte und Fallbeispiele. *Deininger-Stierand* versucht sich in einer Standortbestimmung und führt aus, von einer unzureichenden Eigenkapitalausstattung sei im Falle einer Unterbilanz auszugehen, dh in den Fällen, in denen in der Unternehmensbilanz ein Verlust nicht mehr durch offene Rücklagen abzudecken ist und das Grund- bzw. Stammkapital zumindest teilweise aufgezehrt wird.[1036] Eine Absage erteilt *Deininger-Stierand* der Überlegung, dass in Anlehnung an die Rechtsprechung des BAG zur Rentenanpassungspflicht nach § 16 BetrVG schon dann von einer unzureichenden Eigenkapitalausstattung auszugehen ist, wenn die Eigenkapitalrendite die vom BAG aufgezeigten Schwellenwerte (1 % über der Umlaufrendite öffentlicher Anleihen) nicht übersteigt.[1037]

[1030] So auch *Domning/Krasshöfer* NZA 2019, 822.
[1031] aA *Eisemann* NZA 2019, 81, 85 f.; in der Tendenz zustimmend ErfK/*Kania* BetrVG §§ 112, 112a Rn. 38.
[1032] BAG 6.5.2003 – 1 ABR 11/02, NZA 2004, 108.
[1033] Vgl. instruktiv *Deininger-Stierand* NZA 2017, 420, 423.
[1034] BAG 15.3.2011 – 1 ABR 97/09, NZA 2011, 1112 Rn. 22.
[1035] Vgl. *Deininger-Stierand* NZA 2017, 420, 422 f.
[1036] NZA 2017, 420 (424).
[1037] NZA 2017, 420 (424).

Streitig ist regelmäßig auch, welche Relevanz die **Höhe der Rückstellungen** für die Sozialplandotierung hat. Die Rückstellungen sind regelmäßig vorsorglich für ungewisse Verbindlichkeiten in der Zukunft zu bilden. Der Betrag kann demnach nicht zwingend damit gleichgesetzt werden, welches Sozialplanvolumen am Ende von dem Unternehmen für angemessen und vertretbar erachtet wird bzw. welches Volumen eine Einigungsstelle festsetzen kann.[1038] Es handelt sich vielmehr um einen durch eine Prognoseentscheidung ermittelten Betrag. Will man vermeiden, dass der Betriebsrat – was regelmäßig geschieht – und ihm folgend auch der Einigungsstellenvorsitzende mit dem Argument, das Unternehmen erachte ein Sozialplanvolumen jedenfalls in Höhe der gebildeten Rückstellungen für wirtschaftlich vertretbar iSd § 112 Abs. 5 S. 2 Nr. 3 BetrVG, für einen letztlich wirtschaftlich nicht vertretbaren bzw. schmerzhaften Sozialplan plädieren, so sollte der Rückstellungsansatz von vornherein mit Bedacht gewählt werden.[1039] 323c

(2) Beurteilungsgrundlage bei Sozialplänen im Gemeinschaftsbetrieb. Auch in einem **Gemeinschaftsbetrieb** mehrerer Unternehmen stellt sich die Frage, ob sich die für die Bemessung des Sozialplans zu berücksichtigende wirtschaftliche Vertretbarkeit nach der Leistungsfähigkeit des jeweiligen Vertragsarbeitgebers richtet, oder aber ob auf die wirtschaftlichen Verhältnisse aller am Gemeinschaftsbetrieb beteiligten Unternehmen abzustellen ist. In § 112 BetrVG wird der gemeinsame Betrieb nicht erwähnt. Das BAG hat sich einer Beantwortung bislang enthalten und diese Frage ausdrücklich offen gelassen.[1040] Mit der wohl herrschenden Auffassung im Schrifttum ist jedoch davon auszugehen, dass die wirtschaftlichen Verhältnisse des jeweiligen (Vertrags-)Arbeitgebers bei der Bemessung des für seine Arbeitnehmer abzuschließenden Sozialplans maßgeblich sind und demnach für jedes der am Gemeinschaftsbetrieb beteiligten Unternehmen eine gesonderte Betrachtung vorzunehmen ist.[1041] Dies gilt jedenfalls für über die Einigungsstelle erzwungene Sozialpläne.[1042] Außerhalb des Einigungsstellenverfahrens bleibt es der Disposition der Betriebsparteien überlassen, einen gemeinsamen Sozialplan mit allen den Gemeinschaftsbetrieb führenden Arbeitgebern zu verhandeln.[1043] Wird ein Sozialplan vor der Einigungsstelle erzwungen, ist Adressat der Verhandlungen und gleichzeitig Schuldner der sich aus dem Sozialplan ergebenen Verpflichtungen jedoch der einzelne Vertragsarbeitgeber.[1044] Das BAG hat ausdrücklich klargestellt, dass es den einen Gemeinschaftsbetrieb führenden Unternehmen nicht verwehrt sei, in Sozialplänen gesamtschuldnerische Verbindlichkeiten einzugehen, dass sie hierzu jedoch nicht verpflichtet sind.[1045] In der Konsequenz kann es daher auch nur auf die Leistungsfähigkeit des Vertragsarbeitgebers für die Beurteilung der wirtschaftlichen Vertretbarkeit des Sozialplans ankommen, da er die Sozialplanleistungen im Anschluss zu erfüllen hat. Die Gegenansicht,[1046] die insoweit auf die Leistungsfähigkeit aller Unternehmen innerhalb des Gemeinschaftsbetriebes abstellen will, ist nicht überzeugend. Insbesondere das Argument, dass ein gemeinsamer Sozialplan automatisch eine gesamtschuldnerische Haftung aller Rechtsträger des Gemeinschaftsbetriebes nach sich ziehe 324

[1038] Vgl. HWK/*Hohenstatt/Willemsen* BetrVG § 112 Rn. 74; aM DKW/*Däubler* BetrVG §§ 112, 112a Rn. 155, zustimmend *Eisemann* NZA 2019, 81 (83) unter Berufung auf BAG 6.5.2003 – 1 ABR 11/02, NZA 2004, 108, das sich allerdings hierzu nicht klar äußert, sondern über einen Fall zu entscheiden hatte, in dem die Sozialplankosten die Rückstellungen überstiegen.

[1039] So auch *Hohenstatt/Stamer* DB 2005, 2410 (2413).

[1040] BAG 11.11.1997 – 1 ABR 6/97, NZA 1998, 723; BAG 12.11.2002 – 1 AZR 632/01, NZA 2003, 676.

[1041] Vgl. *Fitting* BetrVG §§ 112, 112a Rn. 259; HWK/*Hohenstatt/Willemsen* BetrVG § 112 Rn. 74; *Annuß* in Richardi BetrVG § 112 Rn. 144, 168; *Gaul* DB 2004, 1498 (1503); *Bonanni* S. 182; *Hopfe* S. 237.

[1042] Unter Umständen kann dies sogar zur Errichtung mehrerer Einigungsstellen für den Abschluss der gesonderten Sozialpläne führen, vgl. *Fitting* BetrVG §§ 112, 112a Rn. 131; *Gaul* NZA 2003, 695.

[1043] Vgl. hierzu BAG 12.11.2002 – 1 AZR 632/01, NZA 2003, 676.

[1044] *Fitting* BetrVG §§ 112, 112a Rn. 131; *Gaul* NZA 2003, 695.

[1045] BAG 12.11.2002 – 1 AZR 632/01, NZA 2003, 676.

[1046] *Gaul* DB 2004, 1498 (1503); *ders.* NZA 2003, 695 (700); *Trümner* BB 2002, 1425 (1427) unter II c cc); DKW/*Däubler* BetrVG §§ 112, 112a Rn. 152.

und damit konsequenterweise auf die wirtschaftlichen Möglichkeiten aller Unternehmen abzustellen sei, lässt sich so nicht verifizieren. Vielmehr hat das BAG festgestellt, dass gemeinsame Sozialpläne sowohl mit als auch ohne gesamtschuldnerische Haftung ausgestaltet sein können – ist eine Gesamtschuld beabsichtigt, so muss diese ausdrücklich zwischen den Parteien vereinbart werden.[1047] Die Möglichkeit, auf freiwilliger und einvernehmlicher Basis einen gemeinsamen, gesamtschuldnerischen Sozialplan im Gemeinschaftsbetrieb zu verhandeln, lässt jedoch die grundsätzlich alleinige Schuldnereigenschaft des Vertragsarbeitgebers bei einem erzwingbaren Sozialplan vor der Einigungsstelle unberührt. Die besseren Argumente sprechen deshalb für die Maßgeblichkeit der wirtschaftlichen Situation des Vertragsarbeitgebers.

325 **(3) Berechnungsdurchgriff im Konzern.** Nach dem Wortlaut des § 112 Abs. 5 S. 1 BetrVG kommt es bei der wirtschaftlichen Vertretbarkeit der Entscheidung der Einigungsstelle auf die **Vertretbarkeit für das Unternehmen** an. Damit ist klargestellt, dass sich der Arbeitgeber nicht darauf berufen kann, ein von der Einigungsstelle aufgestellter Sozialplan führe dazu, dass der von der Betriebsänderung betroffene *Betrieb* auf Jahre hinaus nicht mehr wirtschaftlich arbeiten könne bzw. defizitär sei.[1048]

Ist das Unternehmen, das eine Betriebsänderung plant, Teil eines Konzerns, so stellt sich die Frage, ob und ggf. inwieweit die **wirtschaftliche Lage der Konzernunternehmen** bei der Beurteilung der wirtschaftlichen Vertretbarkeit eines Sozialplans für das Unternehmen eine Rolle spielen kann. Ein Berechnungsdurchgriff innerhalb des Konzerns ist in § 112 Abs. 5 BetrVG nicht vorgesehen. Zwar ergibt sich aus § 112 Abs. 5 S. 2 Nr. 2 BetrVG ein gewisser Konzernbezug, da Weiterbeschäftigungsmöglichkeiten im Konzern Berücksichtigung finden sollen. Eine ausdrückliche Regelung, dass zum Zwecke der Ermittlung der wirtschaftlichen Vertretbarkeit des Sozialplans für ein Unternehmen die wirtschaftliche Situation des Konzerns zu berücksichtigen ist, gibt es jedoch nicht. Man kann sogar umgekehrt argumentieren und anführen, dass der Umstand, dass sowohl in § 112 Abs. 5 S. 1 als auch in Abs. 5 S. 2 Nr. 3 BetrVG nur auf die wirtschaftliche Vertretbarkeit für das Unternehmen bzw. den Fortbestand des Unternehmens abgestellt wird, das Abstellen auf die wirtschaftliche Leistungsfähigkeit des Konzerns von vornherein verbietet. Demgemäß hat das BAG auch zutreffend festgestellt, die wirtschaftliche Vertretbarkeit iSd § 112 Abs. 5 S. 1 BetrVG richte sich grundsätzlich auch dann nach den wirtschaftlichen Verhältnissen des Arbeitgebers, wenn dieser einem Konzern angehöre.[1049] Von diesem Grundsatz sind nur Ausnahmen möglich, wenn es für den Zugriff auf das Vermögen der Konzernmutter oder einer anderen Konzerngesellschaft **außerhalb des BetrVG eine Rechtsgrundlage** gibt. Und selbst wenn es eine solche Rechtsgrundlage für einen Zugriff auf das Vermögen einer Konzerngesellschaft zur Finanzierung eines Sozialplans gibt, kann dieser Zugriff nur erfolgen, wenn

- die Sozialplanleistungen, die mit Rücksicht auf die wirtschaftlichen Verhältnisse des Unternehmens gewährt werden könnten, geringer sind als für eine substantielle Milderung der Nachteile nötig und
- wenn das von der Einigungsstelle beschlossene Gesamtvolumen des Sozialplans die wirtschaftlichen Verhältnisse des Unternehmens überschreitet.[1050]

Im Umkehrschluss bedeutet dies, dass eine Einigungsstelle nur dann einen Berechnungsdurchgriff in Betracht ziehen kann, wenn der Arbeitgeber nicht in der Lage ist, eine **substantielle Milderung der Nachteile der Arbeitnehmer** zu finanzieren bzw. die von der Einigungsstelle für notwendig erachteten Ausgleichsleistungen zu erbringen.[1051]

[1047] BAG 12.11.2002 – 1 AZR 632/01, NZA 2003, 676; vgl. auch *Fitting* BetrVG §§ 112, 112a Rn. 131.
[1048] Vgl. *Annuß* in Richardi BetrVG § 112 Rn. 144; *Fitting* BetrVG §§ 112, 112a Rn. 257.
[1049] BAG 15.3.2011 – 1 ABR 97/09, NZA 2011, 1112 Rn. 20.
[1050] BAG 24.8.2004 – 1 ABR 23/03, NZA 2005, 302; BAG 15.3.2011 – 1 ABR 97/09, NZA 2011, 1112; vgl. hierzu auch *Deininger-Stierand* NZA 2019, 489; *Schweibert* NZA 2016, 321.
[1051] Vgl. hierzu auch → Rn. 313.

Auch in der Literatur wird überwiegend die Auffassung vertreten, dass unter bestimmten Voraussetzungen die wirtschaftliche Situation des Konzerns bei der Dotierung des Sozialplans Beachtung finden muss.[1052] Zur Begründung wird ausgeführt, dass es nicht angehe, wenn bei der Bemessung der Sozialplanleistungen auf die Leistungsfähigkeit von Konzernunternehmen keine Rücksicht genommen werden könne, obwohl nach allgemeinen zivilrechtlichen Haftungsgrundsätzen eine Konzerngesellschaft für Verbindlichkeiten des Arbeitgebers einstehen muss.[1053] Das BAG habe bezüglich der vergleichbaren Problematik der Betriebsrentenanpassung gemäß § 16 BetrAVG entschieden, dass bei der Feststellung der wirtschaftlichen Leistungsfähigkeit des Unternehmens immer dann auf die wirtschaftliche Lage des Konzerns abzustellen sei, wenn das Unternehmen wirtschaftlich eng mit dem Konzern verbunden sei.[1054] Diese Rechtsprechung sei gleichermaßen bei der Beurteilung der wirtschaftlichen Vertretbarkeit eines Sozialplans iSd § 112 Abs. 5 S. 1 BetrVG zu beachten. Kritische Stimmen gibt es insoweit nur wenige.[1055]

(a) Durchgriff bei Beherrschungs- und Gewinnabführungsvertrag. Anerkannt ist, 326
dass bei Bestehen eines **Beherrschungsvertrags** ein Durchgriff gerechtfertigt sein kann. Allerdings hat die hierzu ergangene Rechtsprechung eine wechselvolle Geschichte. So hat das BAG zunächst angenommen, dass im Falle eines Beherrschungs- oder Gewinnabführungsvertrags eine tatsächliche Vermutung dafür spreche, dass das wirtschaftliche Handeln der Tochter durch die Konzernmutter bestimmt werde und es deshalb in der Regel auf die wirtschaftliche Lage der Konzernobergesellschaft ankomme, sofern das herrschende Unternehmen die Konzernleitungsmacht in einer Weise ausgeübt hat, die keine angemessene Rücksicht auf die Belange der abhängigen Gesellschaft genommen hat.[1056] In einer Entscheidung vom 26. 9. 2009, die sich – wie auch die vorherige Rechtsprechung – auf eine Anpassungsentscheidung gemäß § 16 BetrAVG bezog, hat der 3. Senat eine Wende vollzogen und entschieden, dass bei einer Anpassungsentscheidung nach § 16 BetrAVG während des Bestehens eines Beherrschungsvertrags **ohne weitere Voraussetzung** ein Berechnungsdurchgriff auf die herrschende Gesellschaft erfolgt. Des Nachweises einer – bislang kumulativ geforderten – Verwirklichung sog. konzerntypischer Gefahren sollte es zukünftig nicht mehr bedürfen. Das BAG hat dies damit begründet, dass das herrschende Unternehmen gemäß § 302 AktG zur Verlustübernahme verpflichtet sei und dies auch nicht durch den Nachweis abwenden könne, dass die Verluste nicht auf die Ausübung seiner Leitungsmacht zurückzuführen seien. Ein Beherrschungsvertrag führe daher faktisch zu einer „Fusion auf Zeit", das abhängige Unternehmen verliere seine Selbständigkeit. Daher führe das Bestehen eines Beherrschungsvertrags ausnahmslos zu einem Berechnungsdurchgriff.[1057]

Von dieser Rechtsprechung hat sich das BAG mit Blick auf die vielfach geäußerte Kritik, wonach hierdurch das gesellschaftsrechtliche Trennungsprinzip durchbrochen werde, zwischenzeitlich wieder distanziert. In der Entscheidung vom 10. 3. 2015 heißt es nun, bei Bestehen eines Beherrschungsvertrags erfolge ein **Berechnungsdurchgriff** auf die wirt-

---

[1052] Vgl. DKW/*Däubler* BetrVG §§ 112, 112a Rn. 186ff.; *Annuß* in Richardi BetrVG § 112 Rn. 146; *Fitting* BetrVG §§ 112, 112a Rn. 258; *Ahrendt* RdA 2012, 340; *Henssler* NZA 1994, 913 (922); *Röger/Tholuck* NZA 2012, 294; *Schaub* NZA 1989, 5 (7); *v. Hoyningen-Huene* RdA 1986, 102 (111); vgl. auch *Kruip* S. 49, 59 und 95; *Giese* FS Wissmann, 314 (325).

[1053] So insbesondere DKW/*Däubler* BetrVG §§ 112, 112a Rn. 187; *v. Hoyningen-Huene* RdA 1986, 102 (113), vgl. zum Meinungsstand *Annuß* in Richardi BetrVG § 112 Rn. 145.

[1054] Vgl. BAG 14. 12. 1993 – 3 AZR 519/93, NZA 1994, 551; vgl. ferner BAG 28. 4. 1992 – 3 AZR 244/91, NZA 1993, 72.

[1055] Vgl. *Junker* ZIP 1993, 1599 (1605); *Lipinski/Meyer* DB 2003, 1846; *Uhl/Polloczek* DStR 2010, 1481.

[1056] Vgl. BAG 14. 2. 1989 – 3 AZR 191/87, NZA 1989, 844; BAG 4. 10. 1994 – 3 AZR 910/93, NZA 1995, 368.

[1057] BAG 26. 5. 2009 – 3 AZR 369/07, NZA 2010, 641, insbesondere Rn. 30; vgl. zu dieser Entwicklung *Schlewing* RdA 2010, 364; *Vogt* NZA 2013, 1250 (1252); *Ahrendt* RdA 2012, 340 (342); kritisch Anmerkung von *Schnitker* zu AP BetrAVG § 16 Nr. 73.

schaftliche Lage des Unternehmens, wenn sich die durch den Beherrschungsvertrag begründete **Gefahrenlage verwirklicht** habe. In Abweichung zur ursprünglichen Rechtsprechung soll es nun aber genügen, wenn der Versorgungsempfänger nachweist, dass ein Beherrschungsvertrag besteht und zudem darlegt, dass sich die dem Beherrschungsvertrag immanente Gefahrenlage verwirklicht hat. Sodann sei es Sache des Arbeitgebers darzulegen und ggf. zu beweisen, dass sich seine wirtschaftliche Lage infolge der Weisungen des herrschenden Unternehmens nicht in erheblichem Umfang verschlechtert hat.[1058]

Legt man diese Rechtsprechung für die Frage des Bemessungsdurchgriffs im Rahmen der Sozialplandotierung zugrunde, so wird man auch hier grundsätzlich davon ausgehen können, dass der Betriebsrat, will er im Rahmen eines Einigungsstellenverfahrens mit einem Berechnungsdurchgriff argumentieren, zunächst nur auf das Bestehen eines Beherrschungsvertrags abstellen muss. Es ist dann Sache des Arbeitgebers darzulegen, dass es keine Eingriffe des herrschenden Gesellschafters gab, die zu einer Verschlechterung der wirtschaftlichen Situation geführt haben. Gelingt dies nicht, so kann bei der Dotierung des Sozialplans auch das Vermögen des beherrschenden Unternehmens mit einbezogen werden. Im Hinblick darauf, dass in den vorliegenden Fallkonstellationen der Betriebsrat beteiligt ist, der regelmäßig Einblicke in die wirtschaftlichen Gegebenheiten hat, wird allerdings auch vertreten, dass man – anders als bei den Betriebsrentnern – an das Vorbringen des Arbeitgebers keine hohen Anforderungen stellen muss, da der Betriebsrat selbst zu etwaigen schädlichen Einflüssen vortragen kann.[1059]

Wurde ein **Beherrschungsvertrag beendet,** ist es denkbar, dass der Betriebsrat unter Berufung auf § 303 Abs. 1 AktG Gläubigerschutz für die Befriedigung von Ansprüchen verlangt. Dies ist nach der Konzeption der Norm möglich, wenn es um die Absicherung von Forderungen geht, die begründet wurden, bevor die Eintragung der Vertragsbeendigung an das Handelsregister bekannt gemacht wurde. Nun verhält es sich zunächst so, dass Ansprüche auf Abfindungszahlungen aus einem Sozialplan erst mit Ausspruch der Kündigung entstehen.[1060] Zu diesem Zeitpunkt wird der Sozialplan – ggf. unter Berücksichtigung der wirtschaftlichen Leistungsfähigkeit des herrschenden Unternehmens – aber in der Regel schon abgeschlossen sein. Ob der Betriebsrat sich darauf berufen kann, dass das ehemals beherrschende Unternehmen mit Blick auf den Rechtsgedanken des § 303 Abs. 1 AktG auch dann noch nachhaftet, wenn vor Eintragung der Beendigung des Beherrschungsvertrags im Handelsregister Verhandlungen zum Abschluss des Sozialplans aufgenommen wurden, erscheint demgegenüber fraglich. Dem Problem sollte man in der Praxis vorsorglich ggf. dadurch begegnen, dass die Beendigung des Beherrschungsvertrags, ist sie geplant, bereits im Handelsregister eingetragen ist, bevor mit den Sozialplanverhandlungen begonnen wird.[1061]

327 **(b) Berechnungsdurchgriff im qualifiziert faktischen Konzern – eine Rechtsfigur aus der Vergangenheit.** In seiner älteren Rechtsprechung hat das BAG einen Berechnungsdurchgriff des Weiteren dann für gerechtfertigt gehalten, wenn

- das herrschende Unternehmen die Geschäfte des beherrschten Unternehmens dauernd und umfassend geführt hat und
- die Leitungsmacht dauerhaft und umfassend in einer Weise ausgeübt hat, die keine angemessene Rücksicht auf die eigenen Belange der abhängigen Gesellschaft nimmt.[1062]

Ob eine dauernde und umfassende Ausübung der Leitungsmacht auch weiterhin als Kriterium zu verlangen ist, um einen Berechnungsdurchgriff auf die Konzernebene zu be-

---

[1058] BAG 10.3.2015 – 3 AZR 739/13, NZA 2015, 1187; vgl. hierzu die Anmerkung von *Diller* ArbRAktuell 2015, 308; BGH hat sich dem explizit angeschlossen, vgl. BGH 27.9.2016 – II ZR 57/15, NJW-RR 2016, 1372; *Domning/Krasshöfer* NZA 2019, 822 (824).

[1059] Vgl. *Deininger-Stierand* NZA 2017, 489 (491).

[1060] Vgl. so auch die Überlegungen von *Ahrendt* RdA 2012, 340 (342).

[1061] Vgl. *Schweibert* NZA 2016, 321 (323).

[1062] Vgl. BAG 14.12.1993 – 3 AZR 519/93, NZA 1994, 551.

gründen, ist mit Blick auf die Entwicklung der BGH-Rechtsprechung zum qualifiziert faktischen Konzern jedoch äußerst fraglich geworden. Mit der Bremer Vulkan Entscheidung[1063] hat der BGH die Figur des qualifiziert faktischen Konzerns als Voraussetzung für eine Durchgriffshaftung aufgegeben und anstelle dessen eine **allgemeine Missbrauchshaftung** implementiert: Als Haftungsgrund wird nun nicht mehr die für den Konzern charakteristische Leitung der abhängigen Gesellschaft herangezogen, sondern es wird maßgeblich auf einen objektiven Missbrauch der herrschenden Gesellschafterstellung abgestellt, der zu einer Beeinträchtigung der Interessen der abhängigen Gesellschaft führt.[1064] Nach der vom BGH in den Entscheidungen *Trihotel* und *Gamma* weiterentwickelten Grundsätzen soll es nur dann zu einer **Existenzvernichtungshaftung** gemäß § 826 BGB kommen, wenn

- ein kompensationsloser Eingriff vorliegt, der gezielt zu betriebsfremden Zwecken Vermögenswerte entzieht, die die Gesellschaft an sich zur Begleichung ihrer Verbindlichkeiten benötigt, und wenn
- der Eingriff vom Vorsatz des Gesellschafter getragen ist, wobei dolus eventualis ausreichend ist.[1065]

Die Anforderungen an die Gesellschafterhaftung sind hoch, bloße Managementfehler beim Betrieb des Gesellschaftsunternehmens reichen gerade nicht aus.[1066]

Auf Grundlage dieser Rechtsprechung wird in der arbeitsrechtlichen Literatur vertreten, dass man auch die nur für kurze Zeit oder einzelfallbezogen ausgeübte Leitungsmacht des beherrschenden Unternehmens als ausreichend ansehen müsse, sofern diese zu einer Verletzung der Eigeninteressen der abhängigen Gesellschaft führe.[1067] In seiner Entscheidung vom 14.12.2004 hat das BAG bereits anklingen lassen, dass es zukünftig ebenfalls im Falle eines „existenzvernichtenden Eingriffs" in ein Unternehmen durch die Gesellschafterin von deren Gesellschafterhaftung ausgehen werde.[1068] In der Entscheidung vom 15.3.2011 heißt es sogar, es spreche viel dafür, den vom BGH entwickelten Schadensersatzanspruch wegen Existenzvernichtungshaftung bei Beurteilung der Vermögenslage der Gesellschaft und der daran anknüpfenden wirtschaftlichen Vertretbarkeit eines Sozialplans zu berücksichtigen.[1069] Allerdings musste das BAG nicht abschließend entscheiden, ob es die Rechtsprechung des BGH insoweit auch auf die Frage der Haftung für betriebsverfassungsrechtliche Ansprüche überträgt.

Der BGH ist in den Entscheidungen *Trihotel* und *Gamma* davon abgerückt, die Gesellschafter den Gläubigern gegenüber unmittelbar haften zu lassen, sondern sieht nunmehr einen Schadensersatzanspruch der Gesellschaft gegenüber ihren Gesellschaftern vor, die die Gläubiger ggf. pfänden müssen.[1070] Dieser Ansatz, der gerade keine Durchgriffshaftung mehr erlaubt, ist grundlegend neu und bedeutet eine Abwendung von der Rechtsfigur der Haftung im qualifiziert faktischen Konzern.

(c) Schadensersatzanspruch aufgrund eines existenzvernichtenden Eingriffs

Beispiel C 56: 328

Ein französischer Lebensmittel-Konzern hat im Jahre 2007 das Catering-Unternehmen einer großen Fluggesellschaft aufgekauft und weiterentwickelt. Nach umfangreichen Investitionen hat das Catering-Unternehmen an 5 Flughäfen in Deutschland große Betriebe aufgebaut. An vier Flughäfen verfügte das Unternehmen über Produktionsstätten, die in

1063 BGH 17.9.2001 – II ZR 178/99, NJW 2001, 3622.

1064 Einen Überblick über die Entwicklung der BGH-Rechtsprechung geben *Wilhelm* NJW 2003, 175; *Altmeppen* NJW 2002, 321; *Benecke* BB 2003, 1190; vgl. auch *Annuß* in Richardi BetrVG § 54 Rn. 25.

1065 BGH 16.7.2007 – II ZR 3/04, DStR 2007, 1586; BGH 28.4.2008 – II ZR 264/06, NJW 2008, 2437.

1066 BGH 13.12.2004 – II RZ 256/02, DStR 2005, 340; BGH NJW 2008, 2437.

1067 So *Gaul* DB 2004, 1498, 1502.

1068 1 AZR 504/03, NZA 2005, 818.

1069 1 ABR 97/09, NZA 2011, 1112 Rn. 36 mit Verweis auf *Fitting* BetrVG §§ 112, 112a Rn. 258.

1070 Vgl. hierzu *Uhl/Polloczek* DStR 2010, 1481 (1484).

unternehmenseigenen Immobilien untergebracht waren, am Flughafen in Frankfurt wurde lediglich eine Großküche gepachtet. In 2014 hat sich der Konzern entschlossen, alle Betriebe in Deutschland wirtschaftlich eigenständig zu führen und in eigene GmbHs zu überführen (Fly & Dine Frankfurt GmbH etc.). Die GmbHs wurden von der Fly & Dine GmbH geführt und ggf. koordiniert. Die Fly & Dine GmbH ist auch weiterhin Eigentümerin der Immobilien und hält alle Aufträge mit den Fluggesellschaften. Nach einem Lebensmittelskandal in dem Betrieb in Frankfurt sieht sich der Konzern gezwungen, die Aufträge alle Star Alliance-Gesellschaften in Frankfurt von der Tochtergesellschaft abzuziehen und fremd zu vergeben, um die Kundenbeziehung zu stabilisieren. In den Sozialplanverhandlungen argumentiert die Gesellschaft, keine Mittel zur Dotierung des Sozialplans zu haben. Der Betriebsrat verlangt, dass die Fly & Dine GmbH als Holding den Sozialplan finanziert und argumentiert mit dem dort vorhandenen weitgehend lastenfreien Immobilienvermögen.

Voraussetzung für eine Haftung nach den Grundsätzen der Existenzvernichtungshaftung als besondere Fallgruppe der vorsätzlich sittenwidrigen Schädigung iSd § 826 BGB ist, dass ein Gesellschafter der Tochtergesellschaft **vorsätzlich Vermögen entzieht,** das diese für die Erfüllung von Verbindlichkeiten benötigt. Demgegenüber genügt das bloße Unterlassen einer hinreichenden Kapitalausstattung einer GmbH durch ihren Gesellschafter nicht. Der BGH hat eindeutig klargestellt, der GmbH-Gesellschafter sei grundsätzlich nicht verpflichtet, der GmbH ein – gegebenenfalls sogar „mitwachsendes" – Finanzpolster zur Verfügung zu stellen, falls die Gesellschaft hinsichtlich ihres am Geschäftsumfang gemessenen finanziellen Bedarfs zu niedrig ausgestattet sei. Vielmehr sei der Gesellschafter in seiner „Finanzierungsentscheidung" grundsätzlich frei, bei Erkenntnis einer finanziellen Krisensituation die Gesellschaft in dem dafür vorgesehenen gesetzlichen Verfahren zu liquidieren.[1071]

Voraussetzung für einen Anspruch aus existenzvernichtendem Eingriff ist demnach ein Fall der „Ausplünderung" von Gesellschaftsvermögen.[1072] Der Gesellschafter muss demnach seine Leitungsmacht missbraucht haben, ohne auf die Belange des abhängigen Unternehmens ausreichend Rücksicht genommen zu haben. Derartiges kann sich ergeben, wenn einer Gesellschaft aktiv Vermögen entzogen wurde, ohne eine hinreichende Kompensation vorzunehmen, wenn einer Gesellschaft unprofitable oder verlustbringende Aufträge zugewiesen werden, so dass ein erfolgreiches Wirtschaften schlechterdings nicht mehr möglich ist.

Kündigt ein Gesellschafter bestehende Aufträge oder verweigert er etwa Investitionen, so dass die Gesellschaft Geschäftschancen nicht für sich nutzen kann, so kann dies nie ein existenzvernichtender Eingriff sein.[1073] Denn weder Dienstleistungsaufträge noch künftige Geschäftschancen sind Vermögenswerte iSd Rechtsprechung, die Gläubigern als Haftungsmasse dienen können. Dies ergibt sich daraus, dass ein Dienstleistungsauftrag ähnlich wie eine Geschäftschance keinen konkreten Wert hat und der Zwangsvollstreckung nicht zugänglich ist. In was sollte man auch hier vollstrecken? Demgemäß werden Aufträge oder der potentielle Wert eines künftigen Auftrags auch nicht bilanziert.

Der BGH hat in einem Fall, in dem es darum ging, dass ein Gesellschafter die Beendigung der Vertragshändlertätigkeit einer Tochtergesellschaft veranlasst hat, hierzu folgendes festgestellt:

„(...) Daneben kommt eine Haftung nach § 826 BGB wegen vorsätzlicher und sittenwidriger Schädigung in Betracht. (...) Zu ihrer Erfüllung reicht es nicht aus, dass der Bekl. die Vertragshändlertätigkeit der Z beendet und die für eine nachhaltige Fortführung des Unternehmens erforderlichen Investitionen unterlassen, insbesondere den Standort des Unternehmens nicht an eine günstigere Stelle verlegt hat. Seine persönliche Haftung kommt erst in Betracht, wenn er außerdem Vermögenswerte

[1071] Vgl. BGH 28.4.2008 – II ZR 264/06, NJW 2008, 2437; vgl. auch BAG 15.3.2011, aaO Rn. 35.
[1072] Vgl. auch BGH 16.7.2007 – II ZR 3/04, NJW 2007, 2689.
[1073] Vgl. *Schweibert* NZA 2016, 321 (325).

von der Z auf die E-GmbH übergeleitet hat, ohne dass dafür eine angemessene Vergütung gezahlt worden ist."[1074]

Im **Beispiel C 56** war der Entzug der Aufträge gerechtfertigt, da andernfalls auch die Aufträge an den anderen Flughäfen gefährdet gewesen wären. Dies ist nicht auf mangelnde Rücksichtnahme zurückzuführen. Auch hat sich die Gesellschafterin hierdurch in keiner Weise bereichert. Im Übrigen ist ein Auftragsentzug, wie dargelegt, kein Vermögensentzug, da weder Aufträge noch Geschäftschancen sich als Vermögenswerte darstellen. Auch im Zuge der Ausgliederung und rechtlichen Verselbständigung Fly & Dine Frankfurt GmbH ist ihr kein Vermögen – etwa Immobilienvermögen – entzogen worden. Anders als ihre Schwestergesellschaften hatte die Frankfurter Gesellschaft zu keinem Zeitpunkt eigenes Immobilienvermögen, sondern musste Pachtzins für ihre Großküche entrichten.

Dennoch ist es fraglich, ob in einer Situation, in der die Gesellschaft **noch nicht insolvent** ist, dem Betriebsrat der Durchgriff auf das entzogene Immobilienvermögen zur Finanzierung des Sozialplans überhaupt eröffnet sein kann.[1075] Nach der Rechtsprechung des BGH kommt es zu einer Existenzvernichtungshaftung erst, wenn die beherrschte Gesellschaft ihre Gläubiger infolge der Insolvenz nicht mehr bedienen kann. Zuvor soll eine Haftung ausscheiden. Das BAG führt demgemäß aus: *„Die Existenzvernichtungshaftung ist damit nunmehr eine Verhaltenshaftung des Gesellschafters. Schutzobjekt des neuen Haftungskonzepts ist das Gesellschaftsvermögen als solches. Geschützt wird das Überlebensinteresse der Gesellschaft gegen Eingriffe der Gesellschafter. Die Haftung des Gesellschafters setzt unter anderem den Entzug von Vermögenswerten, die fehlende Kompensation oder Rechtfertigung des Vermögensentzugs* ***und die dadurch hervorgerufene Insolvenz der Gesellschaft oder deren Vertiefung voraus.***"[1076] Verhält es sich aber so, dass ein Schadensersatzanspruch der Gesellschaft gegen den Gesellschafter wegen existenzvernichtendem Eingriff erst besteht, wenn der Fall der Existenzvernichtung in Form der Insolvenz eingetreten ist, so ist die gesamte Haftungsfigur für Zwecke der Sozialplangestaltung vor Eintritt einer Insolvenz unbrauchbar.[1077] Dies wird regelmäßig übersehen, wenn argumentiert wird, dass der Schadensersatzanspruch gegen die Konzernobergesellschaft aus existenzvernichtendem Eingriff zum Vermögen der Gesellschaft gehört und demgemäß bei der Dotierung des Sozialplans berücksichtigt werden kann.[1078] 329

Ein etwaiger Anspruch gegen den Gesellschafter aus einem existenzvernichtenden Eingriff hilft den Beschäftigten nach Eröffnung der Insolvenz in der Regel nicht weiter. Denn mögliche Sozialplanansprüche sind nach § 123 Abs. 1 InsO in der Höhe auf maximal zweieinhalb Monatsverdienste begrenzt. Ansatzpunkte, diesen Grundsatz aufzuweichen, gibt es nach der hier vertretenen Auffassung nicht.[1079]

Vor diesem Hintergrund bleibt abzuwarten, ob das BAG die Rechtsprechung des BGH zur Haftung aufgrund existenzvernichtendem Eingriff unverändert übernimmt und damit dem Berechnungsdurchgriff aufgrund vermögensschädigendem Verhalten mit Blick auf die Sozialplandotierung **vor einer Insolvenz** den Boden entzieht, oder ob sich das BAG entschließt, die Rechtsprechung des BGH dahingehend zu modifizieren, dass auch dann von dem Gesellschafter, der in schädigender Weise auf das Vermögen der Tochtergesellschaft zugegriffen und hierdurch eine existenzbedrohende Situation herbeigeführt hat, in entsprechendem Umfang Unterstützung bei der Dotierung des Sozialplans vor der Insolvenz verlangt werden kann. Gegen eine Rechtsprechungsänderung spricht, dass damit von her-

[1074] BGH 13.12.2004 – II ZR 206/02, NJW-RR 2005, 335.

[1075] Über dieses Problem wird vielfach hinweggesehen, vgl. *Domning/Krasshöfer* NZA 2019, 822 (824).

[1076] BAG 15.1.2013 – 3 AZR 638/10, NZA 2014, 87 Rn. 35.

[1077] Vgl. *Ahrendt* RdA 2012, 340 (345); *Schweibert* NZA 2016, 321 (325). Dem ist auch das LAG Berlin-Brandenburg gefolgt, 18.10.2018 – 21 TaBV 1372/17, BeckRS 2018, 38162 Rn. 79ff. Dies gilt entsprechend für die Frage der Anpassung nach § 16 BetrAVG. Ist die Gesellschaft in Insolvenz, tritt der PSV in die Versorgungsverpflichtungen ein, vgl. Schnitker in Anmerkung zu BAG AP BetrAVG § 16 Nr. 73; *Cisch/Kruip* NZA 2010, 540 (542) bezogen auf § 16 BetrAVG; *Vogt* NZA 2013, 1250 (1253); *Schlewing* RdA 2010, 364 (367).

[1078] Vgl. *Fitting* BetrVG §§ 112, 112a Rn. 258a.

[1079] Vgl. hierzu ausführlich → Rn. 347.

kömmlichen Haftungsgrundsätzen und der wohl begründeten Rechtsprechung des BGH abgewichen werden müsste, was die Anrufung des Großen Senats erforderlich machen würde. Hierfür würde sprechen, dass andernfalls der Eintritt der Existenzvernichtung – und damit auch mit einiger Wahrscheinlichkeit der Vernichtung aller Arbeitsplätze – abgewartet werden muss, ohne dass die Arbeitnehmer hiervon in Bezug auf die Ausstattung des Sozialplans in irgendeiner Weise profitieren können. Dies mag man sozialpolitisch beklagenswert finden, ist aber dogmatisch mit Blick auf die Rechtslage nicht anders darstellbar.

Solange das BAG diese Frage hinsichtlich der Tatbestandsvoraussetzungen und auch hinsichtlich der Rechtsfolgen nicht geklärt hat, wird es einer Einigungsstelle schwer fallen, bei der Dotierung des Sozialplans unter Berufung auf die BGH-Rechtsprechung einen wie auch immer gearteten Bemessungsdurchgriff zu begründen. Selbst wenn sittenwidrige Eingriffe erkennbar vorliegen, stehen entsprechende Forderungen der Betriebsräte auf tönernen Füssen.

330 **(d) Bemessungsdurchgriff gemäß § 134 UmwG.** § 134 UmwG regelt, dass im Falle einer Aufspaltung eines Unternehmens in eine Anlage- und Besitzgesellschaft die Anlagegesellschaft auch für die Forderungen der Arbeitnehmer der Betriebsgesellschaft aus §§ 111–113 BetrVG haften, sofern der Betriebsgesellschaft weiterhin die zur Fortführung des Betriebs notwendigen Betriebsmittel von der Anlagengesellschaft zur Nutzung überlassen werden. Die Einstandspflicht des Ausgangsrechtsträgers endet nach 5 Jahren. Grundgedanke dieser Sonderregelung des Umwandlungsrechts ist es, in den Fällen, in denen die Aufspaltung von Unternehmen zu einer Verringerung der Haftungsmasse für die Beschäftigten führt, diesen zumindest befristet die Haftungsmasse zu erhalten.

Das BAG hat in seiner Entscheidung vom 15.3.2011[1080] ausdrücklich bestätigt, dass die Norm über ihren Wortlaut hinaus nicht nur eine Haftung der Anlagegesellschaft für die darin genannten Ansprüche der Arbeitnehmer der Betriebsgesellschaft begründet, sondern *„auch einen Bemessungsdurchgriff bei der Aufstellung eines Sozialplans für die Betriebsgesellschaft“* erlaubt.[1081] Dies wird aus der Ratio der Regelung des § 134 UmwG abgeleitet. Können in einem Sozialplan aufgrund der fehlenden wirtschaftlichen Belastbarkeit des Unternehmens keine angemessenen Abfindungsregelungen festgeschrieben werden, hilft auch die über § 134 UmwG durchsetzbare Haftung der Anlagengesellschaft für Sozialplanansprüche der Arbeitnehmer nichts. Daher ist es nachvollziehbar, wenn das BAG bei Vorliegen der Voraussetzungen des § 134 UmwG hierauf auch einen Bemessungsdurchgriff stützen will.[1082]

Nach der Gesetzesbegründung soll die Vorschrift einer „Flucht aus der Haftung“ entgegenwirken (BT-Drs. 12/6699, 122). Ausgangspunkt ist hierbei die Überlegung, dass es nicht hingenommen werden soll, dass die Haftungsmasse für die Beschäftigten dadurch geschmälert oder auf ein Minimum reduziert wird, dass „die zur Führung eines Betriebs notwendigen Vermögensteile im Wesentlichen“ bei der Anlagegesellschaft verbleiben, während die Betriebsgesellschaft die zur Fortführung des Betriebs notwendigen Vermögensteile nur noch nutzen kann (vgl. § 134 Abs. 1 S. 2 UmwG).

331 Das BAG hat hierzu klargestellt, dass der Bemessungsdurchgriff nach § 134 Abs. 1 UmwG nicht unbeschränkt, sondern der **Höhe nach auf die bei der Spaltung entzogenen Vermögensteile** beschränkt ist. Nur soweit die wirtschaftliche Leistungsfähigkeit durch die Trennung von Betriebs- und Anlagevermögen verringert wird, kann eine erweiterte Bemessungsgrundlage in Betracht kommen.[1083] Wörtlich heißt es in der Entscheidung: „Allein an diesen Vorgang und nicht an die Herauslösung aus einem wirtschaftlich leistungsfähigen Rechtsträger knüpft § 134 Abs. 1 UmwG die Einstandspflicht der Anlagegesellschaft (BT-Dr 12/6699, S. 122). Dem muss auch die Bestimmung des Umfangs des

[1080] 1 ABR 97/09, NZA 2011, 1112.

[1081] BAG 15.3.2011, aaO, Rn. 28.

[1082] So auch Semler/Stengel/*Seulen* UmwG § 134 Rn. 41; *Domning/Krasshöfer* NZA 2019, 822 (824); aA Kallmeyer/*Willemsen* UmwG § 134 Rn. 19.

[1083] Vgl. hierzu auch *Deininger-Stierand* NZA 2017, 489 (490); *Schweibert* NZA 2016, 321 (326).

Berechnungsdurchgriffs bei der Festlegung des Sozialplanvolumens Rechnung tragen. Dieser kann sich deshalb nur auf den Wert des der jeweiligen Betriebsgesellschaft entzogenen Anlagevermögens beziehen. Nur insoweit ist ein Bemessungsdurchgriff nach dem Regelungszweck gerechtfertigt.“[1084]

Als betriebsnotwendiges Vermögen sind (1) alle Bestandteile des materiellen und immateriellen Anlage- und Umlaufvermögens anzusehen, (2) die für die Erreichung des Betriebszwecks unverzichtbar sind.[1085] Bei Anlagevermögen iSd § 134 UmwG handelt es sich typischerweise um Produktionsanlagen, Immobilien, gewerbliche Schutzrechte, ggf. auch um Hard- und Software. Umlaufvermögen können Rohstoffe, Handelswaren etc. sein. Da es bei der Norm um die Entziehung von Haftungsmasse geht, sind hierbei nur Vermögenswerte von Relevanz, die Gegenstand der Zwangsvollstreckung sein können.[1086] Bei der Bestimmung, welches Vermögen für den Betriebszweck unverzichtbar ist, ist auf den Betriebszweck des abgespaltenen Unternehmens und nicht auf den (ursprünglichen) Betriebszweck des Ausgangsunternehmens abzustellen.[1087] Wenn man die Haftungsnorm konsequent zu Ende denkt, dürften tatsächlich nur die Beschäftigten, die zum Zeitpunkt des Wirksamwerdens der Spaltung bereits in einem Anstellungsverhältnis standen, davon profitieren. So gesehen müsste die Einigungsstelle zweierlei Sozialpläne aufstellen.[1088] Mit Blick auf die praktische Schwierigkeit quasi zwei Sozialplantöpfe zu bilden, erscheint dies kaum umsetzbar. Dies ist nur dann anders zu bewerten, wenn der Arbeitgeber aus eigener Kraft keinerlei Mittel für einen Sozialplan zur Verfügung stellen kann. Dann gingen die nach der Spaltung eingestellten Mitarbeiter leer aus.

Beispiel C 56a:

In dem **Beispiel C 56** erfolgt die rechtliche Verselbständigung der einzelnen Cateringbetriebe durch eine Abspaltung nach dem UmwG bei Verbleib der Immobilien (soweit vorhanden) als Anlagevermögen in der Fly & Dine GmbH. Der Betriebsrat verlangt nun unter Berufung auf § 134 UmwG, dass die Einigungsstelle das Immobilienvermögen der Muttergesellschaft berücksichtigt.

Ähnlich wie in dem der Entscheidung des BAG vom 15.3.2011[1089] zugrundeliegenden Sachverhalt, ist im **Beispiel C 56** mit der Abspaltung zwar das Betriebsvermögen einiger Cateringgesellschaften bei der Muttergesellschaft verblieben, nicht aber das Betriebsvermögen der Frankfurter Gesellschaft, da diese auch bereits vor der Abspaltung die Großküche nur gepachtet hatte. Die Fly & Dine Frankfurt GmbH kann nun aber nicht unter Berufung auf § 134 UmwG den Zugriff auf die Immobilien verlangen, die für den Betrieb ihrer Schwestergesellschaften notwendig sind.

Das BAG hat klargestellt, dass **§ 134 Abs. 1 UmwG für alle Arten der Spaltung** iSd. 332
§ 123 UmwG gilt, dh für eine Aufspaltung (§ 123 Abs. 1 UmwG), eine Abspaltung (§ 123 Abs. 2 UmwG) und die Ausgliederung (§ 123 UmwG).[1090] Däubler vertritt darüber hinaus die Auffassung, **§ 134 UmwG** sei **analog** anzuwenden, wenn eine Aufspaltung oder Abspaltung im Wege einer Einzelrechtsnachfolge realisiert wird.[1091] Dem kann in Übereinstimmung mit der ganz herrschenden Meinung nicht gefolgt werden, da es im UmwG ein

[1084] BAG 15.3.2011, aaO, Rn. 32.

[1085] Vgl. hierzu ua Kallmeyer/*Willemsen* UmwG § 134 Rn. 7; Semler/Stengel/*Seulen* UmwG § 134 Rn. 12 mwN.

[1086] *Maier-Reimer/Seulen* aaO, Rn. 12.

[1087] Vgl. hierzu das instruktive Beispiel in Kallmeyer/*Willemsen* UmwG § 134 Rn. 8, zustimmend Semler/Stengel/*Seulen* UmwG § 134 Rn. 11.

[1088] Vgl. *Röger/Tholuck* NZA 2012, 294 (297); *Deininger-Stierand* NZA 2017, 489 (490); aM ErfK/*Oetker* UmwG § 134 Rn. 6; *Lutter/Schwab* UmwG § 134 Rn. 74.

[1089] aaO, Rn. 32.

[1090] BAG 15.3.2011, aaO Rn. 26; vgl. auch *Ahrendt* RdA 2012, 340 (342); *Fitting* BetrVG §§ 112, 112a Rn. 257; *Fuhlrott* ArbRAktuell 2011, 581; *Röger/Tholuck* NZA 2012, 294.

[1091] *Däubler* RdA 1995, 136 (146).

besonderes Haftungssystem gibt, was nicht einfach auf andere Konstruktionen übertragen werden kann.[1092]

333 **(e) Bemessungsdurchgriff aufgrund der Lehre der verpassten Geschäftschancen.** Gelegentlich findet der Begriff der Haftung aufgrund des Eingriffs in Geschäftschancen Eingang in die Diskussion.[1093] Das klingt insbesondere dann an, wenn einer Gesellschaft von dem Gesellschafter Aufträge gekündigt werden oder die Mittel verweigert werden, um Geschäftschancen zu realisieren.

Die Geschäftschancenlehre des BGH untersagt es dem Geschäftsführer einer Gesellschaft eine der Gesellschaft bereits zugeordnete Geschäftschance für sich selbst zu nutzen.[1094] Die Geschäftschancenlehre steht als eigenständiges Rechtsinstitut neben einem Wettbewerbsverbot und wurde aus der Treuepflicht entwickelt.[1095] Die Geschäftschancenlehre besagt, dass es dem Geschäftsführer ohne ausdrückliche Erlaubnis nicht gestattet ist, im Geschäftszweig der Gesellschaft Geschäfte für eigene Rechnung zu tätigen oder tätigen zu lassen oder den Vollzug bereits von der Gesellschaft abgeschlossener Verträge durch Abwicklung auf eigene Rechnung oder in sonstiger Weise zu beeinträchtigen oder zu vereiteln. Der Geschäftsführer darf Geschäftschancen demnach nicht für sich, sondern nur für die Gesellschaft ausnutzen und hat ihr, wenn er hiergegen verstößt, einen dadurch entstandenen Schaden zu ersetzen.

Dieses Rechtsinstitut hilft bei der Frage des Bemessungsdurchgriffs auf Vermögenswerte des Gesellschafters nicht weiter. Wie oben ausgeführt, kann im Fall eines existenzvernichtenden Eingriffs nur auf unberechtigterweise entzogene Vermögenswerte zugegriffen werden. Geschäftschancen sind aber – ebenso wenig wie bestehende Dienstleistungsaufträge – Vermögenswerte.

334 **(f) Bemessungsdurchgriff aufgrund der regelmäßigen Zuführung von Finanzmitteln.** Schwierige Situationen entstehen oft in den Fällen, in denen ein Konzern über lange Zeit hinweg – ohne dass eine entsprechende vertragliche Verpflichtung besteht – die Verluste einer Konzerngesellschaft ausgleicht. Dies kann geschehen, um eine rufschädigende Insolvenz zu vermeiden, Kunden, die konzernweit von Bedeutung sind, im Konzern eine Dienstleistung günstig anzubieten, um die Kundenbeziehung zu stärken etc.

Entschließt sich dann der Gesellschafter, den Verlustausgleich einzustellen und wird dann im Rahmen des Einigungsstellenverfahrens festgestellt, dass ohne Unterstützung der Muttergesellschaft keine ausreichenden Mittel zur Dotierung eines Sozialplans vorhanden sind, wird der Ruf nach einer Durchgriffshaftung laut. Da in derartigen Fällen in der Regel kein Ansatzpunkt für einen existenzvernichtenden Eingriff besteht oder eine Haftung nach § 134 UmwG nicht in Betracht kommt, stellt sich die Frage, ob aus dem Verhalten in der Vergangenheit eine Verpflichtung zur angemessenen Dotierung eines Sozialplans resultiert.

335 Eine solche Verpflichtung könnte in einer **sog. Patronatserklärung** für alle künftigen Ansprüche gegen die Gesellschaft liegen. Eine solche Patronatserklärung ist ein Rechtsgeschäft und begründet die Rechtspflicht des Patrons, bei dem es sich in der Regel um den Gesellschafter handelt, für bestimmte oder sämtliche Verbindlichkeiten der Tochtergesellschaft einzutreten. Zweck einer solchen Patronatserklärung ist regelmäßig, die Leistungsfähigkeit des Schuldners zu verbessern, ggf. sogar die Insolvenz abzuwenden.[1096]

Anders als eine sog. weiche Patronatserklärung resultiert aus einer harten Patronatserklärung eine rechtliche Eintrittspflicht. Wem gegenüber und welche Forderungen der Patron

---

[1092] Vgl. hierzu Kallmeyer/*Willemsen* UmwG § 134 Rn. 6; Semler/Stengel/*Seulen* UmwG § 134 Rn. 4; *Wardenbach* in Henssler/Strohn, UmwG § 134 Rn. 2.
[1093] Vgl. DKW/*Däubler* BetrVG §§ 112, 112a Rn. 189.
[1094] Vgl. zB BGH 4.12.2012 – II ZR 159/10, NJW-RR 2013, 363.
[1095] BGH 8.5.1989 – II ZR 229/88, NJW 1989, 2687.
[1096] Vgl. hierzu *Maier-Reimer/Etzbach* NJW 2011, 1110.

zu erfüllen hat, muss jedoch im Einzelfall auf der Basis der konkreten Ausgestaltung der Patronatserklärung festgestellt werden. Wird etwa eine solche Erklärung von dem Gesellschafter gegenüber eine Lieferanten abgegeben, so hat der Gesellschafter dessen Forderung zu erfüllen, es besteht aber kein Ansatzpunkt, auf eine solche Patronatserklärung gestützt eine bessere Dotierung eines Sozialplans durchzusetzen. Wird demgegenüber von dem Gesellschafter der Tochtergesellschaft unmittelbar zugesichert, die Gesellschaft so auszustatten, dass sie ihre finanziellen Verpflichtungen gegenüber Dritten erfüllen kann (sog. konzerninterne Patronatserklärung), so wird man zu prüfen haben, ob es diese Zusicherung auch rechtfertigt, einen Sozialplan besser zu dotieren, als dies die wirtschaftliche Situation der Gesellschaft erlaubt. Dies ist eine Auslegungsfrage, wird aber eher nur in Ausnahmefällen anzunehmen sein.[1097]

Zusammenfassend bleibt festzuhalten, dass eine Patronatserklärung nur unter folgenden Voraussetzungen in einem Einigungsstellenverfahren den Zugriff auf das Vermögen des abgebenden Gesellschafters eröffnet:

- Es muss sich um eine harte Patronatserklärung handeln, die Ansprüche begründen kann;
- die Patronatserklärung muss dem Arbeitgeber (nicht einem Dritten) Ansprüche auf finanzielle Unterstützungsleistungen des Gesellschafters gewähren (konzerninterne Patronatserklärung) und
- die Erklärung muss schließlich auch Ansprüche auf eine bessere Sozialplandotierung einschließen.[1098]

Selbst wenn eine solche Patronatserklärung vorliegt, kann diese in der Regel gekündigt werden. Die Zulässigkeit einer derartigen Erklärung mit jederzeitigem Kündigungsrecht hat der BGH ausdrücklich anerkennt.[1099] So führt er aus: „Die Parteien einer sogenannten harten Patronatserklärung, in der sich die Patronin entweder [...] intern gegenüber einer Konzerntochtergesellschaft oder extern gegenüber einem Gläubiger dieser Gesellschaft rechtsverbindlich zur finanziellen Absicherung verpflichtet [...], können in Ausübung der ihnen zustehenden Privatautonomie ein ex nunc wirkendes Kündigungsrecht der Patronin vereinbaren."[1100]

Denkbar ist es auch, dass aufgrund anderer Finanzierungsinstrumente, wie etwa der 336
Teilnahme der Gesellschaft an einem **Cash-Pooling-System** der faktische Zugriff auf Gelder von Konzerngesellschaften eröffnet ist.[1101] Hier wird man im Einzelfall sehr genau analysieren müssen, ob es von der vertraglichen Vereinbarung gedeckt ist, dass die Gesellschaft zur Finanzierung eines Sozialplans Zugriff auf die Mittel im Cash-Pool nehmen kann, ob das Cash-Pooling zum Zeitpunkt des Abschlusses eines Sozialplans noch besteht bzw. ob dies zuvor mit Wirkung für die Zukunft beendet werden kann bzw. worden ist. Im Grundsatz ist davon auszugehen, dass keine Verpflichtung besteht, einer Tochtergesellschaft zur Finanzierung eines Sozialplans weiterhin über ein Cash-Pooling Zugriff auf das Vermögen von Konzerngesellschaften zu eröffnen.[1102] Gleichwohl sollte man hier in der Praxis bei notleidenden Gesellschaften im Konzernverbund schon vor Aufnahme der Sozialplanverhandlungen prüfen, ob mit Blick auf ein etwaiges Cash-Pooling Handlungsbedarf besteht.

f) Rechtsnatur und Rechtswirkung von Sozialplänen

In § 112 Abs. 1 S. 4 BetrVG heißt es ausdrücklich, der **Sozialplan** habe die **Wirkung** 337
einer Betriebsvereinbarung. Im Hinblick auf diese Rechtsfolgenverweisung sowie im Hinblick darauf, dass in § 112 Abs. 1 S. 5 BetrVG die Anwendbarkeit des § 77 Abs. 3

[1097] Vgl. auch die Fallkonstellation bei BAG 29.9.2010 – 3 AZR 427/10, NZA 2011, 1416; vgl. auch *Schweibert* NZA 2016, 321 (323f.).
[1098] Vgl. hierzu *Ahrendt* RdA 2012, 340 (343); Anm. v. *Schnitker* in Anm. zu BAG AP BetrAVG § 16 Nr. 73.
[1099] BGH 20.9.2010, II ZR 296/08, NJW 2010, 3442.
[1100] BGH, aaO, Rn. 17.
[1101] Allgemein zum Cash-Pooling System *Kiethe* DStR 2005, 1573; *Morsch* NZG 2003, 97.
[1102] Vgl. *Schweibert* NZA 2016, 321 (324).

BetrVG auf Sozialpläne ausdrücklich ausgeschlossen ist, wird die Auffassung vertreten, bei Sozialplänen handele es sich um Betriebsvereinbarungen besonderer Art.[1103] Ob Sozialpläne nun als Betriebsvereinbarungen oder solche besonderer Art zu bezeichnen sind, ist im Ergebnis nicht erheblich. Wichtig ist lediglich, dass **Sozialpläne** aufgrund der Rechtsfolgenverweisung in § 112 Abs. 1 S. 4 BetrVG gemäß § 77 Abs. 4 BetrVG **unmittelbare und zwingende Wirkung** entfalten, so dass Arbeitnehmer hieraus einklagbare Rechte ableiten und auf Ansprüche aus einem Sozialplan nicht bzw. nur mit Zustimmung des Betriebsrats verzichten können.[1104] Wird darüber gestritten, ob die Anspruchsvoraussetzungen eines Sozialplans vorliegen, können die Parteien dies rechtswirksam durch einen Tatsachenvergleich auch in der Weise regeln, dass der Beschäftigte geringere Zahlungen als im Sozialplan vorgesehen erhält. Dreht sich der Rechtsstreit hingegen um eine Rechtsfrage, steht einer vergleichsweisen Beilegung des Streits § 77 Abs. 4 S. 2 BetrVG entgegen. Hier ist Vorsicht geboten.[1105] Sozialpläne sind als Betriebsvereinbarungen besonderer Art wegen ihrer normativen Wirkung wie Tarifverträge auszulegen.[1106] Für alle Arten von Sozialplänen gilt dabei, dass sie als normative Vorschriften dem rechtsstaatlichen Bestimmtheitsgebot unterliegen. Lassen die Regelungen – und sei es nach entsprechender Auslegung – keine klare Inhaltsbestimmung zu bzw. lässt sich nicht genau entnehmen, welchen exakten Umfang der beschlossene Ausgleich oder die Milderung der Nachteile hat, haben sie ihr Ziel verfehlt und bleiben normativ wirkungslos.[1107]

Abweichungen von einem Sozialplan sind nur insoweit möglich, als sie sich für den Arbeitnehmer als günstiger erweisen oder als der Betriebsrat dem nach § 77 Abs. 4 S. 2 BetrVG zustimmt.[1108] Das BAG hat in seiner Entscheidung vom 27.1.2004, in dem ein Günstigkeitsvergleich zwischen einer einmaligen Abfindungszahlung aufgrund eines Sozialplans und einer einzelvertraglichen Aufhebungsvereinbarung mit einer Überleitung in eine Qualifizierungs- und Beschäftigungsgesellschaft anzustellen war, offen gelassen, ob Leistungen Dritte (wie das Transferkurzarbeitergeld) in den Günstigkeitsvergleich einzubeziehen sind. Es wurde aber klar herausgearbeitet, dass in allen Fällen, in denen nicht zweifelsfrei feststellbar ist, dass die einzelvertraglichen Abweichungen für die Arbeitnehmer günstiger sind, der zwingende Anspruch aus dem Sozialplan bestehen bleibt.[1109] Sozialplanansprüche unterliegen im übrigen nicht der zweijährigen Verjährungsfrist des § 196 Abs. 1 BGB, sondern der **regelmäßigen Verjährungsfrist** von 30 Jahren nach § 195 BGB.[1110]

Die verbindliche Wirkung von Sozialplänen wird auch dadurch unterstrichen, dass § 112 Abs. 1 S. 1 BetrVG vorschreibt, dass Sozialpläne schriftlich abgeschlossen werden müssen. Da der in § 77 Abs. 3 BetrVG enthaltene Tarifvorbehalt, wonach Arbeitsentgelte und sonstige Arbeitsbedingungen, die durch Tarifvertrag geregelt sind oder üblicherweise geregelt werden, nicht Gegenstand einer Betriebsvereinbarung sein können, für Sozialpläne nicht gilt, ist klargestellt, dass tarifliche Rationalisierungsschutzabkommen oÄ dem Abschluss von Sozialplänen nicht entgegenstehen. Die Betriebspartner sind demnach in ihrer Regelungsmacht durch Tarifverträge, die Abfindungszahlungen für den Fall rationalisierungs- oder betriebsbedingter Kündigungen vorsehen, nicht beschränkt.[1111] Zu beach-

[1103] Vgl. BAG 27.8.1975 – 4 AZR 454/74, DB 1975, 2138; BAG 25.3.2003 – 1 AZR 335/02, NZA 2004, 64; BAG 26.5.2009 – 1 AZR 198/08, NZA 2009, 849; GK/*Oetker* BetrVG §§ 112, 112a Rn. 15; *Schaub/Schindele* Rn. 571.

[1104] Vgl. BAG 17.10.1989 – 1 ABR 75/88, NZA 1990, 441; hierzu HWK/*Hohenstatt/Willemsen* BetrVG § 112 Rn. 79.

[1105] Vgl. BAG 25.4.2017 – 1 AZR 714/15, NZA 2017, 1467; Anm. von *Krieger* ArbRAktuell 2017, 464.

[1106] Umfangreiche Nachweise zur ständigen Rechtsprechung finden sich in GK/*Oetker* BetrVG §§ 112, 112a Rn. 163f.; *Annuß* in Richardi BetrVG § 112 Rn. 174.

[1107] BAG 26.5.2009 – 1 ABR 12/08, NZA-RR 2009, 588.

[1108] *Annuß* in Richardi BetrVG § 112 Rn. 176; *Fitting* BetrVG §§ 112, 112a Rn. 180; GK/*Oetker* BetrVG §§ 112, 112a Rn. 161; *Leinemann* ZIP 1989, 552 (557).

[1109] BAG 27.1.2004 – 1 AZR 148/03, NZA 2004, 667.

[1110] BAG 30.10.2001 – 1 AZR 65/01, NZA 2002, 449.

[1111] GK/*Oetker* BetrVG §§ 112, 112a Rn. 174; *Annuß* in Richardi BetrVG § 112 Rn. 178 mwN.

ten ist allerdings, dass sich das Verhältnis von tariflichen Abfindungsansprüchen und Ansprüchen aus einem Sozialplan nach dem Günstigkeitsprinzip bestimmt; der Sozialplan kann daher tarifliche Ansprüche nicht reduzieren, sondern bestenfalls ergänzen.[1112] Um Problemen vorzubeugen, sollte darauf geachtet werden, dass immer dann, wenn ein Rationalisierungsschutzabkommen Anwendung findet, in den Sozialplan eine entsprechende Anrechnungsklausel aufgenommen wird.[1113] Wie schnell hier Fehler passieren können, zeigt auch die Entscheidung des BAG vom 19.7.2016,[1114] wonach ein Arbeitgeber, der sich im Sozialplan verpflichtet hat, nach § 1a KSchG berechnete Abfindungen zu zahlen, diese Abfindung doppelt zahlen muss, wenn er ohne Anrechnungsklausel in den Kündigungsschreiben einen Hinweis nach § 1a KSchG aufnimmt. In Ermangelung eines Anrechnungshinweises ergibt sich der doppelte Anspruch insoweit aus dem jeweils unterschiedlichen Leistungszweck.[1115]

In der Praxis finden sich insbesondere bei weitreichenden Standortsicherungsvereinbarungen, die von Betriebsrat und Gewerkschaften gemeinsam mit dem Arbeitgeber ausgehandelt wurden, Vereinbarungen, die sowohl von Betriebsrat als auch Gewerkschaft unterzeichnet sind. Hier ist Vorsicht geboten, da das BAG entschieden hat, dass in den Fällen, in denen die Normurheberschaft der Vereinbarung nicht klar erkennbar ist, die Vereinbarung weder als Tarifvertrag noch als Betriebsvereinbarung Wirksamkeit entfalten könne.[1116] Auch wenn die Vereinbarung bei Unklarheit ggf. auch nur in Teilen unwirksam sein kann, ist dies doch ein Risiko, das weder Gewerkschaft noch Betriebsrat mit Blick auf die Bedeutsamkeit derartiger Vereinbarungen hinnehmen sollten. Es ist daher sinnvoll, dem Praxisrat zu folgen und besser zwei, ggf. auch inhaltsgleiche Vertragsdokumente auszufertigen.[1117]

g) Kündigung und Abänderung von Sozialplänen

Unter welchen Voraussetzungen ein einmal abgeschlossener Sozialplan gekündigt oder abgeändert werden kann, ist nach wie vor problematisch: 338

Beispiel C 56b:

Ein bereits seit geraumer Zeit wirtschaftlich angeschlagenes Bauunternehmen mit 450 Beschäftigten soll mit Wirkung zum 31.12.1998 stillgelegt werden. Mit dem Betriebsrat wird ein Interessenausgleich und Sozialplan verhandelt, die Kündigungen werden ausgesprochen. Ca. 2 Wochen nach Ausspruch der Kündigungen findet sich überraschenderweise doch noch ein Käufer für einen Großteil der Betriebsmittel, der zudem bereit ist, sämtliche Beschäftigte des Bereichs Hoch- und Tiefbau, insgesamt 200 Mitarbeiter, zu unveränderten Bedingungen weiter zu beschäftigen. Der Betriebsrat schließt mit dem Arbeitgeber einen neuen Sozialplan ab, der für die Mitarbeiter des Betriebsteils Hoch- und Tiefbau für den Fall, dass sie das Arbeitsplatzangebot ablehnen, nur noch einen um 50 % reduzierten Abfindungsanspruch vorsieht.

Es besteht Einigkeit, dass die Betriebspartner einen Sozialplan **einvernehmlich aufheben** und durch einen anderen ersetzen können. Im Verhältnis von Betriebsvereinbarungen zueinander gilt das Ablöseprinzip,[1118] so dass die ablösende Vereinbarung auch dann Wirk-

[1112] GK/*Oetker* BetrVG §§ 112, 112a Rn. 181; *Annuß* in Richardi BetrVG §§ 112, 112a Rn. 181.
[1113] *Fitting* BetrVG §§ 112, 112a Rn. 183.
[1114] 2 AZR 536/15, NZA 2017, 121.
[1115] Vgl. Anm. von *Olbertz* GWR 2017, 62; *Brodtrück* ArbRAktuell 2017, 19.
[1116] BAG 15.4.2008 – 1 AZR 86/07, NZA 2008, 1074.
[1117] So DKW/*Däubler* BetrVG §§ 112, 112a Rn. 63.
[1118] Vgl. BAG 24.3.1981 – 1 AZR 805/78, DB 1981, 2178; BAG 10.8.1994 – 10 ABR 61/93, NZA 1995, 314; BAG 2.10.2007 – 1 AZR 815/06, NZA-RR 2008, 242; BAG 19.2.2008 – 1 AZR 1004/06, NZA 2008, 719; DKW/*Däubler* BetrVG §§ 112, 112a Rn. 202; *Fitting* BetrVG §§ 112, 112a Rn. 214; *Annuß* in Richardi BetrVG § 112 Rn. 183.

samkeit entfaltet, wenn sie sich für die Arbeitnehmer als ungünstiger darstellt.[1119] Da durch Sozialpläne unmittelbare und zwingende Ansprüche von Arbeitnehmern begründet werden, kann durch eine einvernehmliche Abänderung oder Beendigung von Sozialplänen allerdings nicht in bereits entstandene Ansprüche von Arbeitnehmern eingegriffen werden.[1120] Zudem sind die Grenzen des Vertrauensschutzes und der Verhältnismäßigkeit zu beachten.[1121] Ansprüche auf eine Abfindung aus einem Sozialplan entstehen mit Ausspruch der Kündigung. Da eine Kündigung als einseitige Willenserklärung nicht zurückgenommen werden kann, kann der Anspruch auf eine Abfindung im **Beispiel C 56b** auch nicht durch ein Weiterbeschäftigungsangebot beseitigt werden. Insoweit bedarf es der Annahme des Angebots durch den Arbeitnehmer. Etwas anderes mag ausnahmsweise dann gelten, wenn die Betriebspartner sich eine Änderung des Sozialplans für bestimmte Fälle ausdrücklich vorbehalten haben, so dass das Vertrauen der Arbeitnehmer in die Bestandskraft ihrer Ansprüche nicht schützenswert ist.[1122] Ähnlich wird die Sachlage zu beurteilen sein, wenn aufgrund einer unvorhergesehenen Entwicklung die Geschäftsgrundlage des Sozialplans entfallen ist.[1123] Im **Beispiel C 56b** wäre dies ein denkbarer Ansatzpunkt, um ungekürzte Sozialplanansprüche derjenigen Mitarbeiter, die das Arbeitsplatzangebot ablehnen, abzuwehren. Ebenso kommt eine rückwirkende Änderung zum Nachteil der Mitarbeiter in Betracht, wenn eine genaue Berechnung der Abfindung noch nicht möglich ist.[1124] In diesem Fall ist noch kein schutzwürdiges Vertrauen der Arbeitnehmer auf einen bestimmten Umfang der Sozialplanleistung entstanden.

339 **Beispiel C 57:**

Ein Fahrradfabrikant vereinbart mit dem Betriebsrat im Jahre 1995 einen vorsorglichen Sozialplan für den Fall, dass auch in den kommenden Jahren am Ende der Saison Personal abgebaut werden muss. Der Sozialplan ist unbefristet. Mitte 1998 zeichnet sich ab, dass das Unternehmen im dritten Jahr Verluste hinnehmen muss, der Fabrikant entschließt sich daher, die Produktion stillzulegen. Da die Erfüllung der Abfindungsansprüche aus dem bisherigen Sozialplan ihn zur Anmeldung des Konkurses zwingen würde, kündigt der Fabrikant den Sozialplan mit Wirkung zum 31.12.1998 und fordert den Betriebsrat zur Aufnahme von Verhandlungen über den Abschluss eines Interessenausgleichs und Sozialplans auf. Nachdem die Interessenausgleichsverhandlungen endgültig gescheitert sind, werden im März 1999 betriebsbedingte Kündigungen ausgesprochen. Ende März 1999 wird durch Spruch der Einigungsstelle ein neuer Sozialplan mit erheblich reduziertem Volumen aufgestellt.

Mit der Entscheidung vom 10.8.1994[1125] hat das BAG klargestellt, dass ein Sozialplan, ist nicht ausdrücklich etwas Gegenteiliges vereinbart, **nicht ordentlich kündbar** ist. Eine Ausnahme hiervon wird jedoch im Falle von **Dauerregelungen** für angemessen gehalten. Hier will das BAG § 77 Abs. 5 BetrVG zu Anwendung bringen, sofern es sich um Bestimmungen handelt, nach denen ein bestimmter wirtschaftlicher Nachteil durch auf bestimmte oder unbestimmte Zeit laufende Leistungen ausgeglichen oder gemildert werden soll. Hinter dieser Entscheidung steht der Gedanke, dass Sozialpläne in aller Regel aus Anlass einer bestimmten Betriebsänderung abgeschlossen werden, so dass bereits der Schutzzweck

[1119] So ausdrücklich BAG 10.8.1994 – 10 ABR 61/93, NZA 1995, 314 sowie BAG 5.10.2000 – 1 AZR 48/00, NZA 2001, 849.

[1120] Vgl. BAG 10.8.1994, aaO, unter II 3a) der Entscheidungsgründe; *Annuß* in Richardi BetrVG § 112 Rn. 183.

[1121] BAG 5.10.2000 – 1 AZR 48/00, NZA 2001, 849; BAG 19.2.2008 – 1 AZR 1004/06, NZA 2008, 719.

[1122] So auch *Meyer* NZA 1995, 974 (977), der es allerdings generell für möglich hält, dass die Betriebspartner durch eine entsprechende ablösende Vereinbarung in bereits entstandene Ansprüche der Arbeitnehmer eingreifen.

[1123] Vgl. hierzu unter → Rn. 340.

[1124] Vgl. BAG 2.10.2007 – 1 AZR 815/06, NZA-RR 2008, 242.

[1125] 10 ABR 61/93, NZA 1995, 314; vgl. hierzu auch *Annuß* in Richardi BetrVG §§ 112 Rn. 185 mwN.

des Sozialplans, eine einmalige Betriebsänderung sozial zu flankieren und wirtschaftlich abzufedern, für einen immanenten Kündigungsausschluss spricht.[1126] Da im obigen Beispiel der Sozialplan nicht aus Anlass einer konkreten Betriebsänderung abgeschlossen wurde, steht seiner ordentliche Kündigung nach der Rechtsprechung des BAG nichts entgegen. Soweit ausnahmsweise die Kündigung eines Sozialplans zulässig ist, wirkt dieser gemäß § 77 Abs. 6 BetrVG nach, sofern der Sozialplan erzwingbar war. Lagen hingegen die Voraussetzungen des § 112a BetrVG vor oder handelte es sich um einen vorsorglichen Sozialplan bzw. einen Dauersozialplan, mithin um Regelungen, die bereits in Ermangelung einer geplanten Betriebsänderung nicht erzwingbar waren, so entsteht keine **Nachwirkung** gemäß § 77 Abs. 6 BetrVG.[1127] So verhält es sich auch im **Beispiel C 57.** Aber auch dann, wenn der Sozialplan nach seiner Kündigung nachwirken würde, bestünden keine Bedenken, den Sozialplan für die Mitarbeiter zu modifizieren. Durch die Kündigung des Sozialplans hat der Arbeitgeber zum Ausdruck gebracht, nicht mehr an der bisherigen Regelung festhalten zu wollen. Folglich ist das Vertrauen der Arbeitnehmer, Abfindungen nach der alten Sozialplanformel zu erhalten, nach dem Ablauf der Kündigungsfrist nicht schützenswert.

Ob bzw. unter welchen Voraussetzungen ein ordentlich nicht kündbarer Sozialplan **außerordentlich gekündigt** werden kann, hatte das BAG bislang noch nicht zu entscheiden. 340 In der zitierten Entscheidung vom 10.8.1994 wurde lediglich klargestellt, dass der Umstand, dass ein Unternehmen aufgrund des Eintritts unvorhergesehener Entwicklungen nicht mehr zur Erfüllung der aus dem Sozialplan erwachsenden Verpflichtungen in der Lage ist, nicht ausreicht, eine fristlose Kündigung eines Sozialplans zu begründen.[1128] Dem liegt der zutreffende Gedanke zugrunde, dass der Schuldner einer Geldschuld für seine Leistungsfähigkeit einzustehen hat. Auch in der Literatur ist die Diskussion um die Voraussetzungen für die Wirksamkeit einer außerordentlichen Kündigung eines Sozialplans nicht sehr weit gediehen. Im Wesentlichen fokussieren sich die Autoren, die eine fristlose Kündigung für möglich halten, auf die Annahme, eine außerordentliche Kündigung könne dann in Betracht kommen, wenn die Umstände, die mit dem Abschluss des Sozialplans einhergingen, sich so wesentlich geändert haben, dass einem Betriebspartner nicht mehr zugemutet werden kann, weiter an der Vereinbarung festzuhalten. Eine klare **Abgrenzung der fristlosen Kündigung** zu dem Fall des **Wegfalls der Geschäftsgrundlage** ist bei dieser Sichtweise allerdings nicht mehr möglich.[1129] Im Übrigen ist zu berücksichtigen, dass auch eine außerordentliche Kündigung eines erzwingbaren Sozialplans, sollte sie denn wirksam sein, im Hinblick auf die Nachwirkung gemäß § 77 Abs. 6 BetrVG und den Vertrauensschutz den Sozialplan nicht rückwirkend zu beseitigen vermag.[1130] Die Betriebsparteien können in diesem Fall allerdings die Einigungsstelle wieder erneut mit dem Sozialplan befassen, um insoweit ggf. eine ablösende Regelung herbeizuführen.[1131]

Beispiel C 58:

Ein Hersteller von Schmuck- und Silberwaren in Pforzheim ist wirtschaftlich in großer Bedrängnis und nimmt Verhandlungen mit dem Betriebsrat über den Abbau von ca. 20 % des Personals auf. Der Betriebsrat erklärt sich nach intensiven Verhandlungen mit einem für die zu kündigenden Mitarbeiter außerordentlich bescheidenen Sozialplan einverstanden, der befristet für die Dauer von 3 Jahren abgeschlossen wird. Im Gegenzug investiert der Unternehmer die am Sozialplan eingesparten Mittel in neue Maschinen. Bereits nach einem hal-

---

1126 Vgl. hierzu die Darstellung des Meinungsstands in der Literatur bei *Meyer* NZA 1995, 974 (977).

1127 Vgl. *Annuß* in Richardi BetrVG § 112 Rn. 184; *Fitting* BetrVG §§ 112, 112a Rn. 216; aM DKW/*Däubler* BetrVG §§ 112, 112a Rn. 203.

1128 Vgl. BAG 10.8.1994 – 10 ABR 61/93, NZA 1995, 314.

1129 Vgl. *Meyer* NZA 1995, 974 (978) mwN.

1130 *Annuß* in Richardi BetrVG § 112 Rn. 186 scheint von der Möglichkeit einer außerordentlichen Kündigung auszugehen, verweist aber auf eine etwaig bestehende Nachwirkung.

1131 Vgl. *Annuß* in Richardi BetrVG § 112 Rn. 187.

ben Jahr fällt die Entscheidung, das Unternehmen zu schließen und sämtliche Mitarbeiter zu entlassen. Für die Betriebsstilllegung wird ein neuer Sozialplan mit höheren Abfindungen vereinbart. Die Mitarbeiter, die von dem Querschnittspersonalabbau betroffen waren und zzt. des Abschlusses des neuen Sozialplans noch nicht aus dem Unternehmen ausgeschieden sind, verlangen Abfindungen nach der für sie günstigeren Formel. Der Betriebsrat unterstützt diese Forderung und weist darauf hin, dass man sich für diese Mitarbeiter nur im Interesse des Erhalts der übrigen Arbeitsplätze mit einem derart unzureichenden Sozialplan einverstanden erklärt habe.

Das BAG erkennt an, dass in den Fällen, in denen die **Geschäftsgrundlage eines Sozialplans in Wegfall** gerät und einem der Betriebspartner das Festhalten an dem Sozialplan mit dem bisherigen Inhalt nach Treu und Glauben nicht mehr zuzumuten ist, dieser Sozialplan von den Betriebspartnern den veränderten tatsächlichen Umständen angepasst werden kann.[1132] Die Geschäftsgrundlage soll entfallen, wenn die Betriebspartner bei Abschluss eines Sozialplans über die Höhe der für die Finanzierung des Sozialplans zur Verfügung stehenden Mittel im Irrtum waren.[1133] Auch hat das BAG anerkannt, dass Mitarbeiter, für die im Hinblick auf ein Sanierungskonzept für das Unternehmen ein gering dotierter Sozialplan vereinbart wurde, Abfindungen aus einem kurze Zeit später für die Betriebsstilllegung vereinbarten besser dotierten Sozialplan verlangen können. Dies wurde allerdings nicht auf den Wegfall der Geschäftsgrundlage, sondern auf § 75 BetrVG gestützt.[1134] In einer Entscheidung vom 28.8.1996[1135] hat das BAG schließlich den Wegfall der Geschäftsgrundlage für den Fall anerkannt, dass alsbald nach Ausspruch der Kündigungen aufgrund einer geplanten Betriebsstilllegung der Betrieb von einem Dritten übernommen wird, der sich zur Fortführung der Arbeitsverhältnisse bereitfindet. Im Hinblick darauf, dass den Mitarbeitern nunmehr zumutbare Arbeitsplätze angeboten werden können, hat sich nach Ansicht des BAG eine der wesentlichen Voraussetzungen des von den Betriebspartnern vereinbarten Sozialplans grundlegend geändert. Bei einer Analyse der den Entscheidungen des BAG zugrundeliegenden Sachverhalte ergibt sich folgendes Bild:

341 Der **Wegfall der Geschäftsgrundlage** kommt *zum einen* in Betracht, wenn beide Parteien bei Abschluss des Sozialplans über die Höhe der für den Sozialplan zur Verfügung stehenden **Finanzmittel im Irrtum** waren. Dies ist sowohl dann zutreffend, wenn die Parteien irrigerweise von einem zu niedrigen als auch einem zu hohen Budget ausgegangen sind. *Zum anderen* kann den Betriebspartnern ein Festhalten an dem Sozialplan nicht mehr zugemutet werden, wenn sich die **tatsächlichen Grundlagen so erheblich geändert** haben, dass die Betriebspartner, hätten sie die erst nach Abschluss des Sozialplans eingetretene Entwicklung berücksichtigen können, den Sozialplan grundsätzlich anders strukturiert oder gar von ihm abgesehen hätten. Das Besondere an dem Wegfall der Geschäftsgrundlage ist der Umstand, dass damit der vereinbarte Sozialplan nicht völlig gegenstandslos wird, sondern **an die veränderten Verhältnisse angepasst werden muss.**[1136] Kommen die Betriebspartner in neuen Sozialplanvereinbarungen nicht zu einem Ergebnis, so muss die Anpassung von der Einigungsstelle vorgenommen werden.[1137] Hierbei ist von Bedeutung, dass das BAG die Befugnis der Betriebspartner anerkennt, anlässlich

[1132] Vgl. BAG 24.3.1981 – 1 AZR 805/78, DB 1981, 2178; BAG 10.8.1994 – 10 ABR 61/93, NZA 1995, 314.

[1133] Vgl. BAG 17.2.1981 – 1 AZR 290/78, DB 1981, 1414; ebenso BAG 10.8.1994 – 10 ABR 61/93, NZA 1995, 314.

[1134] Vgl. BAG 9.12.1981 – 5 AZR 549/79, DB 1982, 908.

[1135] 10 AZR 886/95, NZA 1997, 109.

[1136] Vgl. DKW/*Däubler* BetrVG §§ 112, 112a Rn. 204; *Fitting* BetrVG §§ 112, 112a Rn. 219; *Annuß* in Richardi BetrVG § 112 Rn. 187.

[1137] Vgl. *Meyer* NZA 1995, 974 (979); *Keßler* BB 1995, 1242; *Fitting* BetrVG §§ 112, 112a Rn. 221.

der Anpassung des Sozialplans an die neuen Verhältnisse bereits entstandene Ansprüche der Arbeitnehmer zu ihren Lasten zu modifizieren.[1138]

Im **Beispiel C 56** ist dadurch, dass einer großen Zahl von Mitarbeitern überraschenderweise zumutbare Arbeitsplätze angeboten werden können und auch angeboten wurden, die Geschäftsgrundlage des alten Sozialplans zumindest zum Teil entfallen. Dem haben die Parteien durch Abschluss eines modifizierten Sozialplans Rechnung getragen. In derartigen Fällen muss mit dem BAG davon ausgegangen werden, dass das Vertrauen der Arbeitnehmer auf Zahlung der ursprünglich vorgesehen Abfindung insoweit nicht schützenswert ist, als die Geschäftsgrundlage des ursprünglichen Sozialplans entfällt. Nachträgliche nachteilige Änderungen sind daher zulässig und wirksam. Zusammenfassend bleibt festzuhalten, dass angesichts der noch unpräzisen Konturen der Voraussetzungen für eine Kündigung von Sozialplänen jedenfalls bei Sozialplänen mit längerer Laufzeit ratsam ist, Kündigungsregelungen aufzunehmen. Zudem sollte in den Fällen, in denen eine gravierende Änderung der Sachlage denkbar ist, in den Sozialplan eine Vorbehaltsregelung aufgenommen werden.[1139] Dies gilt insbesondere dann, wenn nicht ausgeschlossen werden kann, dass doch noch ein Erwerber für den ansonsten stillzulegenden Betrieb zu finden ist.

h) Verhältnis von Sozialplan und Tarifsozialplan

Die Frage nach der Erstreikbarkeit sog. Tarifsozialplänen gegenüber Unternehmen, die ak- 342
tuell eine Betriebsänderung planen, gehörte viele Jahre zu einer der zentralen Fragen des kollektiven Arbeitsrechts. Die Diskussion wurde durch die von der IG Metall entwickelte Strategie des „Doppelten Sozialplans" entfacht.[1140] In 2007 hat das BAG sich eindeutig für die Erstreikbarkeit von Tarifsozialplänen entschieden.[1141]

In Tarifsozialplänen werden typischerweise die Ansprüche von Arbeitnehmern geregelt, die einem Personalabbau zum Opfer fallen. Im Unterschied zu Rationalisierungsschutzabkommen und ähnlichen Vereinbarungen ist Anlass für den Abschluss eines Tarifsozialplans allerdings regelmäßig eine konkrete Betriebsänderung und die sich daraus für die Arbeitnehmer ergebenden Nachteile. Damit konkurrieren Tarifsozialpläne faktisch mit den Bestimmungen von Sozialplänen.[1142] Da im Falle von Betriebsänderungen zunächst primär die Beteiligungsrechte des Betriebsrats gemäß §§ 111 ff. BetrVG zu wahren sind, finden sich Unternehmen, die mit einer derartigen Forderung der Gewerkschaft konfrontiert sind, zunächst in einer sehr unangenehmen „Sandwichposition", in der von zwei Seiten Verhandlungsdruck ausgeübt werden kann. Während der Betriebsrat an ein klar geregeltes Verfahren gebunden ist und auch im Falle der Erzwingbarkeit eines Sozialplans gesetzliche Grenzen bezüglich der Dotierung zu beachten sind, hat die Gewerkschaft mit dem Streikrecht ein massives Druckmittel, ohne an die Schranken des § 112 Abs. 4 Nr. 3 BetrVG gebunden zu sein. Zudem ist die Gewerkschaft auch unabhängig vom Vorliegen einer Betriebsänderung jederzeit und quasi präventiv in der Lage den Abschluss eines Tarifsozialplans zu fordern und ggf. durchzusetzen.[1143]

aa) Erstreikbarkeit eines Tarifsozialplans. Ob die Gewerkschaft ihre Forderung durch- 343
setzen kann, hängt letztlich vom Organisationsgrad der Belegschaft und von den Aussichten ab, diese zu mobilisieren. Während dies bei kleiner Betriebsänderung kaum funktionieren wird, stellt sich dies bei politisch ohnehin umstrittenen Verlagerungen ins Ausland

---

[1138] Vgl. BAG 10.8.1994 – 10 ABR 61/93, NZA 1995, 314; BAG 28.8.1996 – 10 AZR 886/95, NZA 1997, 109; vgl. auch die Anm. von *Keßler* BB 1995, 1242.

[1139] Das BAG hat zwischenzeitlich ausdrücklich den Abschluss vorsorglicher Sozialpläne bei unsicherer Tatsachengrundlage anerkannt; BAG 1.4.1998 – 10 AZR 17/97, NZA 1998, 768.

[1140] Vgl. *Bauer/Krieger* NZA 2004, 1019.

[1141] 24.7.2007 – 1 AZR 252/06, NZA 2007, 987.

[1142] Vgl. zum Unterschied zwischen Rationalisierungsschutzabkommen und Sozialtarifverträgen *Nicolai* RdA 2006, 33.

[1143] Vgl. LAG Hamm 2.7.2017 – 12 Ta 373/17, BeckRS 373/17; Anm. *Eisele* ArbRAktuell 2018, 25.

oder bei einer Maßnahme, die die gesamten oder großen Teile der Belegschaft betrifft, anders dar. Dies zeigen prominente Beispiele aus der Vergangenheit.[1144]

Während das LAG Schleswig-Holstein,[1145] das LAG Niedersachsen[1146] und das LAG Hessen[1147] gemeinsam mit einigen Stimmen in der Literatur[1148] die Auffassung vertreten haben, dass Streiks zur Durchsetzung von Tarifsozialplänen nicht per se rechtswidrig sind, haben einige Autoren dagegen gehalten und derartige Arbeitskampfmaßnahmen als tarif- bzw. betriebsverfassungsrechtlich unzulässig eingestuft.[1149] Zur Begründung wurde im Wesentlichen ausgeführt, dass Forderungen nach verlängerten Kündigungsfristen, Abfindungszahlungen und Qualifizierungsmaßnahmen zwar grundsätzlich Gegenstand eines Tarifvertrages sein können, jedoch dann nicht rechtmäßig sind, wenn sie im Zusammenhang mit einer konkret geplanten Betriebsänderung erhoben werden. Dies, so wurde argumentiert, folge bereits daraus, dass die §§ 111 ff. BetrVG die Vorgehensweise bei Betriebsänderungen abschließend regeln. Ferner würden andernfalls Eingriffe in die verfassungsrechtlich geschützte Unternehmerfreiheit erfolgen, da bestreikte Arbeitgeber, werden sie mit völlig überzogenen Abfindungsforderungen konfrontiert, vielfach gezwungen sein könnten, von der geplanten Betriebsänderung wieder Abstand zu nehmen. Nichts anderes werde auch mit den überzogenen Forderungen bezweckt, ein Umstand, der Arbeitskampfmaßnahmen von vornherein unzulässig mache.

Das BAG ist dieser durchaus überzeugenden Argumentation nicht gefolgt. In seiner Entscheidung vom 24. 4. 2007 wurde die Frage, ob Gewerkschaften parallel zu Interessensausgleichs- und Sozialplanverhandlungen einen sogenannten Tarifsozialplan erstreiken können, klar zugunsten der Gewerkschaften entschieden.[1150] Es wurde zudem ausdrücklich festgestellt, dass die Gewerkschaften mit dem Streik auch sehr weitgehende Tarifforderungen verfolgen können. Eine gerichtliche Kontrolle bezüglich des Umfangs und der Angemessenheit der Streikforderung soll es nicht geben. Dem folgen auch die Instanzgerichte.[1151]

344 **bb) Strategie zur Abwehr eines exzessiven Tarifsozialplans.** Nachdem nun das BAG entschieden hat, dass derartige Tarifforderungen nicht per se unzulässig und auch auf deren Durchsetzung gerichtete Arbeitskampfmaßnahmen im Grundsatz nicht zu beanstanden sind, stellt sich die Frage, wie sich Unternehmen, denen ein derartiges Szenario droht, zukünftig am besten aufstellen können:

Bereits im ersten Planungsstadium einer Betriebsänderung sollte zukünftig die Möglichkeit ins Kalkül mit einbezogen werden, dass die im Betrieb vertretene Gewerkschaft die Forderung nach dem Abschluss eines Tarifsozialplans stellt. Einer solchen Forderung kann nur dann unter Hinweis auf die **Friedenspflicht** erfolgreich entgegengetreten werden, wenn der Arbeitgeber bzw. der Arbeitgeberverband, zu dem eine Mitgliedschaft besteht, bereits einem Tarifvertrag zur Regelung der Folgen von betriebsbedingten Kündigungen abgeschlossen haben.[1152] Vor diesem Hintergrund kann sich die Existenz von Rationalisie-

---

[1144] Genannt seien an dieser Stelle exemplarisch AGE, Infineon und Heidelberger Druck.

[1145] 27. 3. 2003 – 5 Sa 137/03, NZA-RR 2003, 592.

[1146] 2. 6. 2004 – 7 Sa 819/04, NZA-RR 2005, 200.

[1147] 2. 2. 2006 – 9 Sa 915/95, BeckRS 2006, 41 396.

[1148] *Kühling/Bertelsmann* NZA 2005, 1017; *Lobinger* RdA 2006, 12; *Paschke/Ritschel* AuR 2007, 110; mit Einschränkungen auch *Fischinger* NZA 2007, 310.

[1149] Vgl. hierzu insbesondere *Hohenstatt/Schramm* DB 2004, 2214; *Bauer/Krieger* NZA 2004, 1019; *Nicolai* RdA 2006, 33; *Willemsen/Stamer* NZA 2007, 413.

[1150] BAG 24. 4. 2007 – 1 AZR 252/06, NZA 2007, 987; dazu *Brecht-Heitzmann* NJW 2007, 3617; siehe ferner zu der Bewertung des Risikos eines solchen Streiks *Bauer/Haußmann/Krieger* Rn. 34 ff.

[1151] Vgl. LAG Hessen 16. 7. 2018 – 16 SaGa 933/18, BeckRS 2018, 27887; Anm. *Schindele* ArbRAktuell 2018, 619 ; LAG Baden-Württemberg 20. 2. 2019 – 4 Sa 40/18, BeckRS 2019, 5464, Anm. *Weinbrenner* öAT 2019, 127; Anm. *Raif* ArbRAktuell 2019, 231.

[1152] Bestätigt von LAG Berlin-Brandenburg 28. 9. 2007 – 8 Sa 916/07, BeckRS 2008, 53654; vgl. auch *Lipinski/Ferme* DB 2007, 1250 (1251); *Rieble* RdA 2005, 200 (202); *Mohnke* AuA 2006, 238 (239); *Gaul* RdA 2008, 13 (15); *Lindemann/Dannhorn* BB 2008, 1226 (1227).

rungsschutzabkommen oder ähnlichen Vereinbarungen, die in der Praxis bislang eher ein Schattendasein geführt haben, als sehr nützlich und vorteilhaft erweisen.[1153] Nicht ausreichend ist demgegenüber das Bestehen einer Tarifbindung durch eine Mitgliedschaft im Arbeitgeberverband.[1154]

Auch der **vorsorgliche Abschluss entsprechender Tarifverträge** könnten eine gangbare Lösung für Arbeitgeber zu sein, um der Streikgefahr mit all seinen Auswirkungen zu entgehen. Dies gilt insbesondere in solchen Branchen, die durch Streiks im besonderen Maße verletzlich sind.

Wird eine Betriebsänderung konkret, ist die Gewerkschaft an die Friedenspflicht gebunden. Dies hat für die Arbeitgeberseite den **Vorteil,** dass Streiks vermieden werden können. Die **Nachteile** liegen umgekehrt allerdings auch auf der Hand. *Zum einen* sind zukünftig auch dann Abfindungen zu zahlen, wenn eine Personalabbau unterhalb der Schwellenwerte für eine Betriebsänderung durchgeführt werden soll. *Zum anderen* wirkt das in einem Tarifsozialplan festgeschriebene Abfindungsniveau faktisch wie eine Mindestabfindung. Dies folgt daraus, dass im Verhältnis von Sozialplan und Tarifvertrag das Günstigkeitsprinzip des § 4 Abs. 3 TVG greift.[1155] Würde man nur Gewerkschaftsmitgliedern Leistungen aus dem Tarifvertrag zubilligen, würde dies eine Beitrittswelle zur Gewerkschaft auslösen.

Des Weiteren könnte erwogen werden, in Vorbereitung von Betriebsschließungen oder anderer einschneidender Maßnahmen die **gesellschaftsrechtliche Struktur zu optimieren.** Ist beispielsweise ein zu schließender Betrieb in einer eigenständigen und auch nicht über einen Ergebnisabführungsvertrag mit der Muttergesellschaft verbundenen Gesellschaft, so hätte auch der großzügigste Tarifsozialplan wenig Effekt, wenn die Gesellschaft schlicht nicht über die Mittel zu dessen Finanzierung verfügen. Würde dennoch ein teurer Tarifsozialplan erstreikt, würde dies uU sogar zu Insolvenz des Unternehmens führen. Der Zwang zur Beachtung der wirtschaftlichen Leistungsfähigkeit, der in § 112 Abs. 5 Nr. 3 BetrVG für Sozialpläne gesetzlich vorgeschrieben ist, könnte auf diese Weise auch die Forderungen der Gewerkschaften nach einem Tarifsozialplan auf ein realistisches Maß begrenzen. Allerdings gilt dies dann nicht, wenn damit gerechnet werden muss, dass die Konzernmutter den unmäßigen Tarifsozialplan finanziert, weil sie aus übergeordneten Gründen (wie beispielsweise der Ruf des Unternehmens im Markt, Schutz von Kundenbeziehungen) eine Insolvenz der Tochter vermeiden möchte. Schließlich ist zu bedenken, dass uU auch die Konzernmutter direkt bestreikt und damit unter Druck gesetzt werden kann. So hat das LAG Baden-Württemberg entschieden, dass eine Tarifforderung, die darauf gerichtet ist, dass ein Dritter Leistungen erbringen soll, dann nicht rechtswidrig sein muss, wenn es sich bei dem Dritten um den Hauptgesellschafter des Arbeitgebers handelt.[1156]

cc) Reaktion auf die Forderung nach einem Tarifsozialplan. Besteht keine Möglich- 345
keit, unter Berufung auf die Friedenspflicht die Forderung nach einem Tarifsozialplan erfolgreich abzuwenden, so müssen Unternehmen, die befürchten ggf. bestreikt zu werden, andere Maßnahmen ergreifen. Hier könnte folgendes erwogen werden:

Zunächst ist es dringend anzuraten, **Vorbereitungen zur Abwehr eines Streiks** bzw. seiner nachteiligen Folgen zu treffen. Konkret kommt insoweit je nach Branche eine Produktion auf Vorrat, das Anlernen von kurzfristig verfügbarem Ersatzpersonal, die Schaffung der Möglichkeit der Verlagerung von Arbeiten an andere Standorte bzw. ins Ausland in

[1153] Beispiele aus der Praxis finden sich bei *Lipinski/Ferme* DB 2007, 1250 (1251).

[1154] BAG 10.12.2002 – 1 AZR 96/02, NZA 2003, 734; *Bauer/Krieger* NZA 2004, 1019 (1021).

[1155] BAG 6.12.2006 – 4 AZR 798/05, NZA 2007, 821 (824); BAG 11.7.1995 – 3 AZR 1064/94, NZA 1996, 264; *Fitting* BetrVG §§ 112, 112a Rn. 183.

[1156] 20.2.2019 – 4 Sa 40/18, BeckRS 2019, 5464; Anm. *Weinbrenner* öAT 2019, 127; Anm. *Raif* ArbRAktuell 2019, 231. Bereits die Vorentscheidung des ArbG Pforzheim 5.4.2018 – 3 Ca 208/17, BeckRS 2018, 11642 war stark kritisiert worden, vgl. *Willemsen/Mehrens* NZA 2018, 1382.

Betracht. Je längerfristig man derartig präventive Maßnahmen vorbereitet, desto leichter wird es ggf. sein, diese nicht bekannt werden zu lassen.

Auch sollte mit den Gewerkschaften, wird die Forderung nach einem Tarifsozialplan aufgestellt, in **ernsthafte Verhandlungen** eingetreten werden. Parallel hierzu sind die Verhandlungen nach §§ 111 ff. BetrVG zügig fortzuführen.[1157] Gelingt kurzfristig der Abschluss eines Interessenausgleichs und eines auskömmlichen Sozialplans, wird uU das Interesse an einer Erzwingung eines Tarifsozialplans erlahmen. Lehnt die Gewerkschaft letztlich ihrerseits ernsthafte Verhandlungen ab und geht unmittelbar zu einem Arbeitskampf über, liegt es auf der Hand, dass es letztlich um die Verhinderung der Maßnahme, nicht aber um den Abschluss eines Tarifsozialplans geht. In diesem Fall kann ungeachtet der Entscheidung des BAG nach wie vor erwogen werden, gerichtliche Schritte gegen die Gewerkschaft unter Hinweis auf die Verletzung des ultima ratio Gebots einzuleiten.[1158]

346 Schließlich ist zu erwägen, im Falle von Arbeitskampfmaßnahmen dem Vorschlag von *Willemsen/Stamer* zu folgen und die **Beteiligungsrechte des Betriebsrats** nicht mehr oder nur noch eingeschränkt zu beachten und die geplante Betriebsänderung während des Streiks für den Tarifsozialplan umzusetzen[1159]. Die Missachtung von Beteiligungsrechten des Betriebsrats während eines Arbeitskampfs ist nach der Rechtsprechung des BAG insoweit ohne weiteres möglich, als es um Beteiligungsrechte bei personellen Einzelmaßnahmen wie Einstellungen, Versetzungen und Entlassungen geht.[1160] Ist es beispielsweise notwendig, zur Milderung der Streikfolgen Leiharbeitnehmer oder Personal aus einem anderen Betrieb einzustellen, so muss hierzu der Betriebsrat nicht gehört werden. Ist der Streik rechtswidrig und wird Personal fristlos gekündigt, bedarf es ebenfalls keiner Anhörung nach § 102 BetrVG. *Willemsen/Stamer* und *Gaul* vertreten darüber hinaus allerdings auch die Auffassung, dass während eines Arbeitskampfes zur Durchsetzung eines Tarifsozialplans die Spruchkompetenz der Einigungsstelle gemäß § 112 Abs. 4 BetrVG suspendiert ist und die Betriebsänderung umgesetzt werden kann, bevor das Interessenausgleichsverfahren abgeschlossen ist.[1161] Letzteres ist insbesondere dann von großer Bedeutung, wenn der Betriebsrat parallel zu den Arbeitskampfmaßnahmen durch eine Verzögerung der Interessenausgleichsverhandlungen Druck auf den Arbeitgeber ausübt.

Im Hinblick darauf, dass durch die Erstreikbarkeit von Tarifsozialplänen tatsächlich die Arbeitskampfparität gestört ist, erscheint dieser Ansatz berechtigt. Hat ein Unternehmen, das bestreikt wird, die Möglichkeit, durch Ausspruch der Kündigungen die Betriebsänderung unverzüglich umzusetzen, so kann es hierdurch zumindest die Lohnfortzahlungskosten bis zur Schließung bzw. die Fortschreibung der Verluste reduzieren. Allerdings sollten bei einem solchen Vorgehen dennoch vor Ausspruch der Kündigungen vorsorglich Betriebsratsanhörungen nach § 102 BetrVG durchgeführt werden, will man nicht die Unwirksamkeit der Kündigungen riskieren.[1162] Gleiches gilt für die Durchführung des Verfahrens zur Massenentlassungsanzeige gemäß § 17 KSchG, auch wenn man an sich im Hinblick auf die Arbeitskampfparität auf die Konsultation des Betriebsrats wird verzichten können. Will man dem Risiko vorbeugen, dass die Agentur für Arbeit die Anzeige aufgrund des Fehlens der Konsultation des Betriebsrats nach § 17 Abs. 2 KSchG für unzureichend erachtet bzw. dass die Kündigungen deshalb unwirksam sind, so sollte gleichwohl das Konsultationsverfahren durchgeführt werden. Aufgrund der klaren Fristenregelung in § 17 Abs. 3 S. 3 KSchG hat der Betriebsrat hier ohnehin keine Verzögerungsmöglichkeiten.

[1157] So zutreffend *Lipinski/Ferme* DB 2007, 1250 (1251).

[1158] Zu der Anforderung an die Verhandlungen und das Scheitern BAG 21.6.1988 – 1 AZR 651/86, NZA 1988, 846.

[1159] *Willemsen/Stamer* NZA 2007, 413 (416); siehe ferner *Gaul* RdA 2008, 13 (21).

[1160] Vgl. BAG 10.2.1988 – 1 ABR 39/86, NZA 1988, 549; 22.12.1980 – 1 ABR 76/79, DB 1981, 578; BVerfG 7.4.1997 – 1 BvL 11/96, NZA 1997, 773.

[1161] *Willemsen/Stamer* NZA 2007, 413 (416); *Gaul* RdA 2008, 13 (22).

[1162] So auch *Lipinski/Ferme* DB 2007, 1250 (1252).

Eine solche Vorgehensweise dürfte in der Praxis allerdings nur in besonders gelagerten Fällen ernsthaft in Betracht kommen, da damit zu rechnen ist, dass dadurch die Kampfbereitschaft der Gewerkschaften und ihrer Mitglieder eher gestärkt wird.

Lässt es sich letztlich nicht verhindern, dass zusätzlich zum Sozialplan ein Sozialtarif abgeschlossen wird, ist dringen darauf zu achten, entsprechende **Anrechnungsregelungen** aufzunehmen. Nur so können kumulative Leistungen rechtssicher vermieden werden.[1163]

dd) Erweiterte Regelungsmöglichkeiten eines Tarifsozialplans. Für einen Tarifsozial- 347
plan gelten die Grenzen, die das BetrVG den Betriebsparteien bei der Ausgestaltung von Sozialplänen setzt, grundsätzlich nicht.[1164] Danach sind Regelungen wie der Überforderungsschutz für Unternehmen oder das Verbot der Überversorgung, die aus § 112 BetrVG folgen, für Tarifvertragsparteien nicht verbindlich. Zwar besteht auch bei Tarifverträgen eine Bindung an höherrangiges Recht, wie beispielsweise die Diskriminierungsverbote, der Gleichbehandlungsgrundsatz etc. Das ändert aber nichts an dem Umstand, dass die Tarifvertragsparteien einen gegenüber den Betriebspartnern deutlich erweiterten Gestaltungsspielraum haben.

Kommt es zum Abschluss eines Tarifsozialplans, der nur für tarifgebundene Arbeitnehmer unmittelbar und zwingend gilt, werden in der Praxis häufig mit den Betriebsräten Vereinbarungen geschlossen, mit denen die Regelungen des Tarifsozialplans für alle Beschäftigten des Betriebs übernommen werden (sog. Erstreckungsvereinbarung).[1165] Hier kann sich die Frage stellen, ob Regelungsbestandteile des Tarifsozialplans, die eine Überprüfung an den Maßstäben des § 112 BetrVG nicht standhalten, zwar für Gewerkschaftsmitglieder, nicht aber für nicht organisierte Arbeitnehmer des Betriebs gelten. Hierfür spricht, dass Anspruchsgrundlage der nicht gewerkschaftlich organisierten Beschäftigten der Sozialplan ist. Das BAG hat in seiner Entscheidung vom 12.4.2011 dieses Problem nicht gesehen bzw. nicht thematisiert, obwohl es eine Regelung eines durch Betriebsvereinbarung in Bezug genommenen Tarifsozialplan zu überprüfen hatte. Allerdings war die Frage auch nicht entscheidungserheblich, da die Regelung des Tarifsozialplans auch die Überprüfung an den Maßstäben des BetrVG standgehalten hat. *Kuhn/Willemsen* vertreten die Auffassung, bei derartigen Erstreckungsbetriebsvereinbarungen sei nur die Erstreckungsklausel am Maßstab des BetrVG zu messen, nicht aber die inhaltlich 1:1 übernommenen Regelungen aus dem Tarifsozialplan. Diese Sichtweise erscheint insoweit problematisch, da auf diese Weise die besonderen Schranken der §§ 75, 112 BetrVG, die die Betriebsparteien bei der Gestaltung von Sozialplänen zu beachten haben, damit für alle Beschäftigten ausgehebelt werden können. Es bleibt abzuwarten, wie das BAG sich hierzu positioniert.

III. Sicherung und Durchsetzbarkeit der Beteiligungsrechte des Betriebsrates gemäß §§ 111 ff. BetrVG

Ausgewählte Literatur zu Abschnitt III: 348

Bauer/Göpfert, Beschleunigtes Interessenausgleichsverfahren, Betrieb 1997, 1464; *Bauer/Krieger,* Unterlassungsanspruch bei Betriebsänderungen – Rückenwind für die Betriebsräte aus Brüssel?, BB 2010, 53; *Bengelsdorf,* Unzulässigkeit einer Untersagungsverfügung bei Betriebsänderungen, Betrieb 1990, 1233 und 1282; *Buschmann,* Der vergessene Interessenausgleich, BB 1983, 510; *Ehrich,* Einstweilige Verfügung gegen betriebsbedingte Kündigungen, BB 1993, 356; *Fauser/Nacken,* Die Sicherung des Unterrichtungs- und Beratungsanspruchs des Betriebsrats aus §§ 111, 112 BetrVG – Unter besonderer Berücksichtigung gemeinschaftsrechtlicher Vorgaben, NZA 2006, 1136; *Grambow,* Einstweiliger Rechtsschutz im Betriebsverfassungsrecht, BB 2017, 1909; *Gruber,* der abgeleitete Unterlassungsanspruch – Ein Instrument der Sicherung des

[1163] *Lipinsky/Ferme* aaO; *Bauer/Krieger* NZA 2004, 1019 (1023).

[1164] Vgl. *Kuhn/Willemsen* NZA 2012, 593; *Willemsen* RdA 2013, 166 (175).

[1165] So war es in dem der Entscheidung des BAG vom 12.4.2011 – 1 AZR 505/09, NZA 2011, 1302, zugrundeliegenden Sachverhalt.

Unterrichtungs- und Beratungsanspruchs des Betriebsrats, NZA 2011, 1011; *Hohenstatt,* Der Interessenausgleich in einem veränderten rechtlichen Umfeld, NZA 1996, 864; *Küttner,* Unterschiedliche Abfindungen in Sozialplänen wegen Personalabbaus nach der Rechtsprechung des Bundesarbeitsgerichts, in: Festschrift für Stahlhacke, 1989, S. 289ff.; *Leuchten/Lipinski,* Die Anrechnung des Nachteilsausgleichs auf die Sozialplanabfindung nach der Massenentlassungsrichtlinie 98/59/EG; *Lipinski/Reinhardt,* Kein Unterlassungsanspruch des Betriebsrats bei Betriebsänderungen – auch nicht bei Berücksichtigung der Richtlinie 2002/14/EG, NZA 2009, 1184; *Matthes,* Rechtsfragen zum Interessenausgleich, FS für Otfried Wlotzke zum 70. Geburtstag, 1996, S. 393ff.; *Neef,* Die Neuregelung des Interessenausgleichs und ihre praktischen Folgen, NZA 1997, 65; *Raif,* Das totale Chaos: Unterlassungsanspruch des Betriebsrats bei Betriebsänderungen, ArbRAktuell 2010, 236; *Reuther,* Verrechnbarkeit von Sozialplanabfindung und Nachteilsausgleich, NZA 2019, 759; *Salamon/Stechow,* Planung und Durchführung einer Betriebsänderung während der Beteiligung des Betriebsrats, NZA 20016, 85; *Schäfer,* Zum Nachteilsausgleich bei Betriebsänderungen, AuR 1982, 120; *Steffan,* Die Rechtsprechung des BAG zur Mitbestimmung bei Betriebsänderungen nach §§ 111ff. BetrVG, NZA-RR 2000, 337; *Sura,* Das Gebot der Rechtsquellenklarheit (auch) bei Betriebsvereinbarungen mit verschiedenen Betriebsverfassungsorganen – Après nous le déluge?, ArbRAktuell 2018, 275; *Trittin,* Der Unterlassungsanspruch des Betriebsrats zur Sicherung seiner Mitbestimmungsrechte gemäß §§ 90, 111, 112 BetrVG, Betrieb 1983, 230; *Völksen,* Unterlassungsanspruch des Betriebsrats bei interessenausgleichspflichtigen Betriebsänderungen – Entscheidungshilfe aus Erfurt? RdA 2010, 354; *Walker,* Zum Unterlassungsanspruch des Betriebsrats bei Betriebsänderungen, FA 2008, 290; *Werner,* Die Zuständigkeitsverteilung der Betriebsrats-Gremien, NZA-RR 2019, 1.

Das Betriebsverfassungsgesetz sieht in § 113 BetrVG vor, dass ein Unternehmer, missachtet er die Mitbestimmungsrechte des Betriebsrates bei Betriebsänderungen, den hiervon betroffenen Arbeitnehmern den entstandenen Nachteil ausgleichen muss. Ob neben dieser Sanktion auf individualrechtlicher Ebene zudem Verstöße gegen das Mitbestimmungsrecht des Betriebsrates gemäß §§ 111, 112 BetrVG auch kollektivrechtlich sanktioniert sind, namentlich ob der Betriebsrat dem Arbeitgeber gerichtlich untersagen lassen kann, eine Betriebsänderung ohne seine vorherige Beteiligung durchzuführen, ist demgegenüber umstritten.

1. Individualrechtliche Sicherung der Beteiligungsrechte durch Nachteilsausgleichsansprüche gemäß § 113 BetrVG

349 Weicht ein Unternehmer von einem Interessenausgleich ab oder führt er eine geplante Betriebsänderung durch, ohne zuvor einen Interessenausgleich versucht zu haben, so haben die Arbeitnehmer, denen aufgrund der Abweichung bzw. der Betriebsänderung ein Nachteil entsteht, gemäß § 113 BetrVG Anspruch auf einen entsprechenden finanziellen Ausgleich. Werden Arbeitnehmer aufgrund der Abweichung von dem Interessenausgleich bzw. der geplanten Betriebsänderung entlassen, so haben sie Anspruch auf eine Abfindung, deren Höhe sich nach § 10 KSchG bestimmt. Erleiden sie hingegen einen anderen Nachteil, so hat der Unternehmer diesen gemäß § 113 Abs. 2 BetrVG bis zu einer Dauer von 12 Monaten auszugleichen. Mit § 113 BetrVG verfolgt der Gesetzgeber einen doppelten Zweck: *Zum einen* soll die Wahrung der Beteiligungsrechte des Betriebsrates durch den Unternehmer sichergestellt werden, *zum anderen* sollen die Arbeitnehmer, denen durch eine unter Missachtung der Beteiligungsrechte des Betriebsrats durchgeführte Betriebsänderung ein Nachteil entsteht, einen entsprechenden Ausgleich erhalten.[1166] Der Nachteilsausgleich hat demnach sowohl (individualrechtlichen) **Sanktions- als auch Kompensationscharakter.**[1167]

a) Voraussetzungen von Nachteilsausgleichsansprüchen

350 Ein Anspruch auf einen Nachteilsausgleich setzt zunächst die Abweichung von einem Interessenausgleich ohne zwingenden Grund (§ 113 Abs. 1 BetrVG) oder aber die Missachtung der Beteiligungsrechte des Betriebsrats gemäß §§ 111ff. BetrVG (§ 113 Abs. 3 Betr-

[1166] Vgl. die Begründung des Regierungsentwurfs, BT-Drs. VI/1786, 55.
[1167] Vgl. so auch *Annuß* in Richardi BetrVG § 113 Rn. 2.

VG) voraus. Nur wenn eine der beiden Voraussetzungen erfüllt ist, rechtfertigt dies die Sanktion des Verhaltens des Unternehmers. Des Weiteren ist erforderlich, dass der Arbeitnehmer entlassen wurde oder andere wirtschaftliche Nachteile erleidet. Ist dies nicht der Fall, so erübrigt sich in Ermangelung eines Kompensationserfordernisses die Gewährung eines etwaigen Nachteilsausgleichs.

aa) Abweichen von einem Interessenausgleich. Haben die Betriebspartner in einem 351
Interessenausgleich festgelegt, in welchem Umfang und in welcher Weise die geplante Betriebsänderung durchgeführt werden wird, so ist der Unternehmer hieran gebunden. Zwar ist er nicht verpflichtet, die geplante Betriebsänderung auch tatsächlich in der im Interessenausgleich vorgesehenen Form durchzuführen. Den Arbeitnehmern fehlt es insoweit an einem Schutzbedürfnis. Er kann mithin davon absehen, die Betriebsänderung zu realisieren.[1168] Entschließt er sich jedoch, was dem Regelfall entspricht, zur Durchführung der Betriebsänderung, so muss er dies grundsätzlich in der im Interessenausgleich vorgesehenen Form tun. **Abweichungen von der** im Interessenausgleich **festgeschriebenen Planung** sind lediglich insoweit **sanktionslos** möglich, als hieraus **keine** über den Interessenausgleich hinausgehenden **Nachteile für die Beschäftigten** entstehen. Will der Unternehmer sicherstellen, dass ihm keine Nachteilsausgleichsansprüche gemäß § 113 Abs. 1 BetrVG drohen, so ist er für den Fall, dass sich nach Erzielung eines Interessenausgleichs Änderungen an der Planung ergeben, die z. Bsp. dazu führen, dass mehr Mitarbeiter als geplant ihren Arbeitsplatz verlieren oder versetzt werden, gehalten, mit dem Betriebsrat nochmals in Interessenausgleichsverhandlungen einzutreten. Tut er das nicht und setzt sich über den Interessenausgleich hinweg, so hat er jedenfalls dann Nachteilsausgleichsansprüche gemäß § 113 Abs. 1 BetrVG zu befürchten, wenn es für die Abweichung von dem Interessenausgleich keinen zwingenden Grund gab.[1169]

Im Hinblick darauf, dass insbesondere Reorganisationsmaßnahmen, die mit einem Querschnittspersonalabbau einhergehen, häufig in ihrer konkreten praktischen Ausprägung nur schwer prognostizierbar sind, ist es empfehlenswert, die Maßnahmen in einem Interessenausgleich nicht in jedem Detail, sondern er umrisshaft zu beschreiben. So sollte, ist der Betriebsrat einverstanden, eher mit Bandbreiten bzw. Zahl der betroffenen Arbeitnehmer und den voraussichtlichen Zeitpunkt der Umsetzung gearbeitet werden. Andernfalls nimmt man sich jede Flexibilität in der Umsetzung, die aber aufgrund sich ändernder Umstände vielfach zwingend erforderlich ist.

Beispiel C 58:

Die Techno AG leidet zunehmend unter Auftragsmangel und will daher nach Abarbeitung des Auftragsbestandes die Abteilung, die sich mit der Konstruktion von Kraftwerksturbinen befasst, schließen. Zwei Monate nach Unterzeichnung des Interessenausgleichs, in dem festgeschrieben ist, in welchem Umfange und auf welche Weise in den kommenden zwei Jahren Personal abgebaut werden wird, entfallen die beiden bedeutendsten Entwicklungsaufträge für Turbinen überraschend ersatzlos. Da die Aufträge 80 % der Kapazitäten der Entwicklungsabteilung für die kommenden zwei Jahre in Anspruch genommen hätten, entschließt sich die Techno AG, die Versetzungen und betriebsbedingten Kündigungen nunmehr doch vorzuziehen.

Nach dem Willen des Gesetzgebers entstehen Nachteilsausgleichsansprüche dann nicht, 352
wenn die Abweichung von dem Interessenausgleich aufgrund zwingender Gründe erfor-

[1168] Vgl. DKW/*Däubler* BetrVG § 113 Rn. 6; GK/*Oetker* BetrVG § 113 Rn. 28; *Kleinebrink* NZA-RR 2005, 281 (287).

[1169] Zwar wird immer wieder betont, die Abweichung vom Interessenausgleich sei keine neue Betriebsänderung, faktisch können Nachteilsausgleichsansprüche jedoch nur vermieden werden, wenn der Betriebsrat zu der veränderten Planung erneut angehört wird, vgl. *Fitting* BetrVG § 113 Rn. 10; GK/*Oetker* BetrVG § 113 Rn. 27; *Annuß* in Richardi BetrVG § 113 Rn. 10.

derlich war. Es ist hierbei jedoch zu beachten, dass die Anforderungen hieran außerordentlich hoch sind. So gehen Rechtsprechung und Literatur davon aus, dass zwingende Gründe nur dann vorliegen, wenn diese erst **nach Abschluss des Interessenausgleichs entstanden oder erkennbar geworden** sind[1170] und wenn dem Unternehmer zur Abwendung einer unmittelbar drohenden Gefahr oder aufgrund einer **zwingend erforderlichen Anpassung an eine neue Situation** praktisch keine andere Wahl bleibt, als die ursprüngliche Planung zu modifizieren.[1171] Ein zwingender Grund für eine Abweichung von dem Interessenausgleich ist anzunehmen, wenn dem Unternehmer aufgrund einer neuen Gesetzeslage, einer unvorhergesehenen Kreditsperre, einem plötzlichen Wegbrechen von Absatzmärkten etc. die Fortführung des Betriebes bis zum Abschluss eines neuerlichen Interessenausgleichsverfahrens nicht mehr zugemutet werden kann.[1172] Die Anforderungen ähneln denjenigen des Wegfalls der Geschäftsgrundlage. Im **Beispiel C 59** wird man nur dann annehmen können, dass das Abweichen von dem Interessenausgleich aus zwingenden Gründen geboten war, wenn dem Unternehmer der Nachweis gelingt, dass das Durchführen eines neuerlichen Interessenausgleichsverfahrens vor Ausspruch der Kündigungen so gravierende wirtschaftliche Folgen gehabt hätte, dass beispielsweise die Erfüllung der Sozialplanansprüche gefährdet gewesen wäre oder gar ein Konkurs nicht mehr hätte abgewendet werden können. Die Anforderungen, die an einen zwingenden Grund zu stellen sind, sind mithin hoch.

353 **bb) Missachtung der Beteiligungsrechte.** Ein Fall von Missachtung von Beteiligungsrechten gemäß § 113 Abs. 3 BetrVG liegt nicht nur dann vor, wenn ein Unternehmer den Betriebsrat vor Durchführung einer Betriebsänderung überhaupt nicht konsultiert. Es genügt vielmehr auch, dass er vor Abschluss des Interessenausgleichsverfahrens unumkehrbare Schritte einleitet, die in die Umsetzung der Betriebsänderung münden. Auch sind Fällen denkbar, in denen der Unternehmer die Anforderungen an einen ausreichenden Versuch eines Interessenausgleichs nicht erfüllt, weil er beispielsweise den Betriebsrat nicht rechtzeitig oder nicht umfassend von der geplanten Betriebsänderung unterrichtet hat, die Interessenausgleichsverhandlungen abbricht, ohne ein Einigungsstellenverfahren durchzuführen, oder sich generell weigert, mit dem Betriebsrat Verhandlungen aufzunehmen.

Beispiel C 59a:

Eine Konzerngesellschaft K GmbH lässt bisher die Kunststoffteile, die sie für die von ihr gefertigten Rückhaltesysteme (Sitzgurte, Kindersitze etc.) benötigt, von der Schwestergesellschaft S GmbH fertigen. Die S GmbH hat keine weiteren Kunden. Im Zuge einer europaweit durchgeführten Effizienz- und Kostenanalyse entschließt sich die K GmbH die Spritzgussteile künftig von einem konzernfremden Unternehmen aus Ungarn zu beziehen und kündigt den Vertrag gegenüber der Schwestergesellschaft mit Wirkung zum Ende des Monats. Die Geschäftsführung tritt mit dem Betriebsrat in Verhandlungen über eine Betriebsschließung ein, da sie keine Möglichkeit sieht, am Markt andere Aufträge zu generieren. Die Verhandlungen ziehen sich über 3 Monate hin. Schließlich stellt sie, da keine Beschäftigungsmöglichkeiten mehr bestehen, 90 % der Beschäftigten zunächst widerruflich von der Pflicht zur Arbeitsleistung frei. Bereits mit dem Ende des Produktionsvertrags hat die S GmbH zudem auf Wunsch der K GmbH alle Werkzeuge für die Spritzgussteile an den neuen Lieferanten nach Ungarn geliefert und veräußert. Nach 4 Monaten schließen die Betriebsparteien einen Sozialplan ab, der orientiert an der InsO im Schnitt 2,5 Gehälter pro Mitarbeiter an Abfindungen vorsieht. Ca. 50 % der Mitarbeiter klagen nach Erhalt der Kündigungen auf Nachteilsausgleich gemäß § 113 BetrVG.

[1170] Vgl. BAG 17.9.1974 – 1 AZR 16/74, DB 1974, 2207.

[1171] Vgl. *Fitting* BetrVG § 113 Rn. 8; GK/*Oetker* BetrVG § 113 Rn. 29ff.; *Annuß* in Richardi BetrVG § 113 Rn. 13; DKW/*Däubler* BetrVG § 113 Rn. 5.

[1172] Weitere Beispiele finden sich bei *Annuß* in Richardi BetrVG § 113 Rn. 16.

In dem Beispielsfall 59a ist die entscheidende Frage, ob bzw. durch welche Handlung die S GmbH ggf. unumkehrbare Maßnahmen zur Umsetzung der geplanten Betriebsschließung ergriffen hat. Nach der Rechtsprechung des BAG haben die Arbeitgeber hier einen sehr weiteren Spielraum. So sollten beispielsweise keine unumkehrbaren Maßnahmen vorliegen, wenn

- ein Konzernunternehmen den alleinigen Auftrag kündigt, da hier nicht der Arbeitgeber selbst handelt,[1173]
- ein Gesellschafterbeschluss über eine Stilllegung gefasst wird, da dieser wieder abänderbar ist,[1174]
- Mietverträge gekündigt werden, sofern ggf. neuer Mietraum beschafft werden kann,[1175]
- Mitarbeiter nur widerruflich freigestellt werden, da es keine Beschäftigungsmöglichkeit mehr gibt,[1176]
- vorbereitende Maßnahmen, wie die Erstattung einer Massenentlassungsanzeige, die Kündigungsanhörung gemäß § 102 BetrVG, die Einreichung von Anträgen beim Integrationsamt durchgeführt werden.[1177]

Stellt ein Unternehmer hingegen die gesamte Belegschaft unwiderruflich frei, veräußert relevante Betriebsmittel, so dass der Betrieb schlicht nicht fortgeführt werden kann, kündigt zwingend notwendige Lieferverträge, ohne diese ggf. wieder reaktivieren zu können, oder, das ist der eindeutigste Fall, kündigt die Mitarbeiter, löst er Nachteilsausgleichsansprüche aus. Hierbei muss er sich grundsätzlich Handlungen Dritter nicht zurechnen lassen.[1178]

Beispiel C 59b:

Während eines Herbststurms stürzt ein nicht ausreichend gesicherter Baukran des Bauunternehmers U auf ein von ihm errichtetes Gebäude und zerstört zudem fünf Luxuslimousinen auf dem Parkplatz des benachbarten Autohauses. Es ist insgesamt ein Schaden von ca. 1 Mio. DM entstanden. Die Versicherung tritt für den Schaden nicht ein, da U seit geraumer Zeit die Versicherungsprämien nicht mehr entrichtet hat. Um zumindest einen Teil der Arbeitsplätze zu retten, entschließt sich der Bauunternehmer, 50 % der Bauarbeiter sofort ordentlich zu kündigen. Die übrigen Beschäftigten hofft er, bis zum Eintritt einer Besserung seiner wirtschaftlichen Lage weiterbeschäftigten zu können. Diese Maßnahme war erforderlich, da er andernfalls Konkurs hätte anmelden müssen. Den Betriebsrat hat er zwar vor Ausspruch der Kündigungen angehört, jedoch nicht den Versuch eines Interessenausgleichs unternommen. Gleichwohl hat der Betriebsrat zugesichert, keine Einwände gegen das Vorgehen zu haben.

Missachtet ein Unternehmer die Beteiligungsrechte des Betriebsrats vollständig, so ist es fraglich, ob er sich ebenfalls durch einen Hinweis auf das **zwingende Erfordernis** der Durchführung der Betriebsänderung **exkulpieren** kann. Nach Auffassung des BAG verweist § 113 Abs. 3 S. 1 BetrVG für den Fall, dass ein Unternehmer eine Betriebsänderung durchführt, ohne zuvor einen Interessenausgleich zu versuchen, nur auf die Rechtsfolgen des § 113 Abs. 1 und Abs. 2 BetrVG.[1179] Die Rechtsfolgenverweisung erstreckt sich wiederum nicht auf die Exkulpationsmöglichkeit der Abweichung von einem Interessenausgleich bei Vorliegen eines zwingenden Grundes. Das Nichtvorliegen eines zwingenden Grundes für die Abweichung von dem Interessenausgleich soll vielmehr Tatbestandsvoraussetzung für einen Nachteilsausgleichsanspruch und nicht die

---

[1173] BAG 14.4.2015 – 1 AZR 794/13, NZA 2015, 1147.
[1174] BAG 30.5.2006 – 1 AZR 25/05, NZA 2006, 1122.
[1175] BAG 14.4.2015 – 1 AZR 794/13, NZA 2015, 1147.
[1176] BAG 14.4.2015 – 1 AZR 794/13, NZA 2015, 1147; 30.5.2006 – 1 AZR 25/05, NZA 2006, 1122.
[1177] BAG 14.4.2015 – 1 AZR 794/13, NZA 2015, 1147.
[1178] Vgl. hierzu *Salamon/Stechow* NZA 2016, 85, 87.
[1179] BAG 18.12.1984 – 1 AZR 176/82, NZA 1984, 400; 17.9.1974 – 1 AZR 16/74, DB 1974, 2207.

Rechtsfolge sein.[1180] Das BAG hat ausdrücklich festgestellt, dass auch dann ein Interessenausgleich zu versuchen ist, wenn Maßnahmen geplant sind, die durch die wirtschaftliche Situation „diktiert" werden.[1181] Begründet wird dies damit, dass im Rahmen eines Interessenausgleichsverfahrens mit dem Betriebsrat nicht nur über das Ob, sondern auch über das Wie der Betriebsänderung zu verhandeln ist. Besteht allerdings erkennbar im Rahmen eines Einigungsstellenverfahrens kein Verhandlungsspielraum mehr bezüglich der konkreten Ausgestaltung der Betriebsänderung, wäre das Verfahren daher lediglich eine leere Formalie, so will auch das BAG an der strikten Auslegung des § 113 Abs. 3 BetrVG nicht festhalten.[1182]

Dem wird entgegengehalten, es sei nicht akzeptabel, wenn ein Unternehmer auch dann Nachteilsausgleichsansprüche erfüllen müsse, wenn er, hätte er zuvor den Versuch eines Interessenausgleichs unternommen, aufgrund der zwischenzeitlich eingetretenen Ereignisse in jedem Fall gezwungen worden wäre, von dem Interessenausgleich abzuweichen.[1183]

354 Der Wortlaut des § 113 Abs. 3 BetrVG ist nicht eindeutig. Der Hinweis in § 113 Abs. 3 BetrVG, wonach die Absätze 1 und 2 entsprechend gelten, schließt nicht notwendigerweise die Berücksichtigung des Sonderfalls des Bestehens zwingender Gründe für die Nichtbeachtung der Beteiligungsrechte aus. Auch ist es nicht überzeugend, wenn darauf hingewiesen wird, die Gewährung von Nachteilsausgleichsansprüchen dürfe nicht vom Bestehen eines etwaigen Verschuldens des Unternehmers abhängen.[1184] Ob den Unternehmer ein **Verschulden** an der eingetretenen Situation trifft, hat mit der Frage nach dem Bestehen eines zwingenden Grundes für die Nichteinhaltung der Beteiligungsrechte des Betriebsrates nichts gemein. So ist es beispielsweise denkbar, dass der Unternehmer für die Umstände, die das sofortige Handeln erforderlich machen, durchaus verantwortlich zeichnet, gleichwohl aber ein zwingender Grund besteht, die Betriebsänderung sofort und unter Missachtung der Beteiligungsrechte des Betriebsrates durchzuführen. So könnte es sich im **Beispiel C 60** verhalten, wenn der Unternehmer aufgrund einer unzureichenden Sicherung des Krans den Unfall zu verantworten hat, der ihn nunmehr zu sofortigem Handeln zwingt. Berücksichtigt man dies, so ist es sachlich nicht zu rechtfertigen, den Unternehmer in den Fällen, in denen er aufgrund eines zwingenden sachlichen Grundes von einem Interessenausgleich abweicht, von Nachteilsausgleichsansprüchen freizustellen, ihm diese aber aufzuerlegen, wenn ihn gleichermaßen zwingende Gründe an der Durchführung des Interessenausgleichsverfahrens vor der Durchführung der Betriebsänderung hindern. Die Fälle, in denen dem Unternehmer schlichtweg jeder Handlungsspielraum fehlt, über die Wahrung der Beteiligungsrechte frei zu entscheiden, müssen gleichbehandelt werden.

355 Soweit die Vertreter der Auffassung, die Exkulpationsmöglichkeit des Vorliegens eines zwingenden Grundes könne im Rahmen des § 113 Abs. 3 BetrVG nicht zur Anwendung gelangen, das so erzielte Ergebnis dadurch abzumildern suchen, dass die bestehenden äußeren Zwänge bei der Festlegung der Höhe des Nachteilsausgleichsanspruchs berücksichtigt werden,[1185] ist dies entlarvend. Es zeigt, dass auch sie sich der besonderen Umstände, die den Unternehmer zu dem Gesetzesverstoß veranlasst haben, nicht verschließen können. Eine gesetzliche Grundlage für eine derartige Lösung ist allerdings nicht ersichtlich. Im Ergebnis bleibt festzuhalten, dass das Vorliegen zwingender Gründe für die Missachtung der Beteiligungsrechte vor Durchführung der Betriebsänderung den Unternehmer gleichermaßen exkulpieren kann, wie das Vorliegen zwingender Gründe für das Abwei-

[1180] Vgl. *Fitting* BetrVG § 113 Rn. 13; GK/*Oetker* BetrVG § 113 Rn. 36.
[1181] BAG 22.7.2003 – 1 AZR 541/02, NZA 2004, 93.
[1182] BAG 23.1.1979 – 1 AZR 64/76, DB 1979, 1139; 18.12.1984 – 1 AZR 176/82, NZA 1984, 400; 31.10.1995 – 1 AZR 372/95, NZA 1996, 499.
[1183] So *Annuß* in Richardi BetrVG § 113 Rn. 25; *ders.*, Anm. zu BAG, AP Nr. 8 zu § 72 BetrVG.
[1184] Vgl. BAG 4.12.1979 – 1 AZR 843/76, DB 1980, 743; BAG 29.11.1983 – 1 AZR 523/82, DB 1984, 724; *Fitting* BetrVG § 113 Rn. 16; *Annuß* in Richardi BetrVG § 113 Rn. 28.
[1185] Vgl. *Fitting* BetrVG § 113 Rn. 30; *Schäfer* AuR 1982, 123; vgl. auch → Rn. 357.

chen von einem Interessenausgleich. Um dieses Tatbestandsmerkmal nicht zum Einfallstor für die Aushöhlung des § 113 BetrVG werden zu lassen, muss jedoch strikt auf die restriktive Interpretation des Begriffs der zwingenden Gründe geachtet werden.

cc) Entlassungen oder andere wirtschaftliche Nachteile und Kausalität. Neben dem 356
Vorliegen eines Verstoßes des Unternehmers gegen die Beteiligungsrechte des Betriebsrates erfordert ein Nachteilsausgleichsanspruch gemäß § 113 BetrVG, dass aufgrund des Abweichens vom Interessenausgleich oder einer ohne Einhaltung des Beteiligungsverfahrens durchgeführten Betriebsänderung **Arbeitnehmer entlassen** werden oder **andere wirtschaftliche Nachteile,** beispielsweise durch eine Versetzung auf einen geringer vergüteten Arbeitsplatz, erleiden. Unter den Begriff der Entlassung fallen hierbei nicht nur der Ausspruch arbeitgeberseitiger betriebsbedingter Kündigungen, sondern auch Eigenkündigungen oder der Abschluss von Aufhebungsvereinbarungen.[1186] Zudem ist von entscheidender Bedeutung, dass die Missachtung des Interessenausgleichs bzw. der Beteiligungsrechte **kausal** für die eingetretenen Nachteile der Arbeitnehmer sind. Abweichungen von einem Interessenausgleich sind demnach solange sanktionslos möglich, wie hierdurch keine Arbeitnehmer nachteilig betroffen werden bzw. wie es sich um Nachteile handelt, die auch bei ordnungsgemäß durchgeführtem Verfahren entstanden wären.[1187] Instruktiv ist insoweit ein vom LAG Bremen entschiedener Fall: Hier hatte ein Arbeitnehmer dem Übergang seines Arbeitsverhältnisses widersprochen und wurde daraufhin betriebsbedingt gekündigt. Obwohl der Betriebsübergang im Zusammenhang mit einer Abspaltung des veräußerten Betriebsteils stand und der Arbeitgeber in Bezug auf die Betriebsänderung keinen Interessenausgleich versucht hat, wurde ein Nachteilsausgleichsanspruch des gekündigten Arbeitnehmers verneint, da die Kündigung keine „spaltungsbedingte“ Folge war. Der Kausalzusammenhang war, so die zutreffende Argumentation, durch die Spaltung unterbrochen.[1188] Derartige Fälle sind allerdings dann anders zu beurteilen, wenn die Anzahl der nach Widerspruch (oder aus sonstigen Gründen) zu kündigenden Arbeitnehmern für sich betrachtet die Grenze einer Betriebsänderung für sich überschreitet. Ignoriert der Arbeitgeber dann die Beteiligungsrechte des Betriebsrats nach §§ 111 BetrVG, so besteht die notwendige Kausalität.[1189]

Vom Nachteilsausgleichsanspruch profitieren im Übrigen solche Arbeitnehmer nicht, die nicht unmittelbar von der Abweichung vom Interessenausgleich nachteilig betroffen sind. Haben die Betriebsparteien in einem Interessenausgleich Folgeregelungen für die Organisation getroffen und werden diese nicht umgesetzt, so können Arbeitnehmer, die hierdurch beispielsweise in ihrer Karriereentwicklung Nachteile erleiden, keine Ansprüche aus § 113 BetrVG herleiten.[1190]

b) Höhe der Nachteilsausgleichsansprüche

Was die Höhe der Nachteilsausgleichsansprüche anbelangt, so richtet sich diese im Falle 357
der **Entlassung** von Arbeitnehmern nach der Regelung des **§ 10 KSchG.** Danach kann das Arbeitsgericht im Falle einer entsprechenden Klage eine Abfindung in Höhe von bis zu 12 Monatsgehältern festsetzen. Ist der Mitarbeiter bereits 50 Jahre alt und bestand das Arbeitsverhältnis mindestens 15 Jahre, so erhöht sich die Maximalabfindung auf 15 Monatsverdienste. Hat er das fünfundfünfzigste Lebensjahr vollendet und war 20 Jahre im Unternehmen beschäftigt, so können bis zu 18 Monatsgehälter als Abfindung festgesetzt werden. Durch diese Vorgaben ist das Gericht gehalten, die **Abfindung unter Berück-**

[1186] *Fitting* BetrVG § 113 Rn. 21; GK/*Oetker* BetrVG § 113 Rn. 65; DKW/*Däubler* BetrVG § 113 Rn. 17.
[1187] *Kleinebrink* NZA-RR 2005, 281 (288).
[1188] LAG Bremen 21.10.2004 – 3 Sa 77/04, NZA-RR 2005, 140.
[1189] So der Sachverhalt, der der Entscheidung des BAG v. 10.12.1996 – 1 AZR 290/96, NZA 1997, 787 zugrunde lag; vgl. hierzu auch GK/*Oetker* BetrVG § 113 Rn. 77.
[1190] BAG 22.1.2013 – 1 AZR 873/11, NJOZ 2013, 1944.

sichtigung des Alters, der Betriebszugehörigkeit und des Gehalts festzusetzen, es kann jedoch auch die besonderen Umstände des Einzelfalls berücksichtigen.[1191] Nicht zu beachten sind die wirtschaftlichen Verhältnisse des Unternehmens, da die Regelung Sanktionscharakter hat.[1192] Daher ist die Flucht in den Gesetzesverstoß gerade für wirtschaftlich angeschlagene Unternehmen, die sich auf ihre fehlende wirtschaftliche Leistungsfähigkeit berufen könnten, in der Regel keine sinnvolle Alternative, da sie so mit deutlich höheren Zahlungen rechnen müssen. Kann das Unternehmen die Ansprüche gemäß § 113 BetrVG nicht erfüllen, kann dies bis zur Insolvenz führen. Etwas anderes gilt nur, wenn nach konzernrechtlichen Gründen ein Dritter haftet, was nur selten der Fall sein dürfte.[1193] Wichtig ist, dass auch Unternehmen in der Insolvenz in voller Höhe haften.[1194] Da es sich bei Nachteilsausgleichsansprüchen um Masseverbindlichkeiten handelt, kann dies ggf. zur Massearmut führen. Berücksichtigungsfähig sind insbesondere die Aussichten des betroffenen Arbeitnehmers auf dem Arbeitsmarkt sowie eine etwaige Anschlussbeschäftigung.[1195] Demgegenüber soll es nach Auffassung des BAG nicht zulässig sein, einem Arbeitnehmer, der nach dem Widerspruch gegen einen Betriebsübergang entlassen wird, entsprechend der Regelung in § 112 Abs. 5 S. 2 Nr. 2 BetrVG nur eine reduzierte Abfindung zuzusprechen, da er einen zumutbaren anderen Arbeitsplatz abgelehnt hat. Dem steht aus Sicht des BAG der Sanktionszweck des § 113 Abs. 3 BetrVG entgegen.[1196] Auch wenn die Gerichte in der Bemessung der Abfindung nach § 10 KSchG weitgehend frei sind, so hat sich zwischenzeitlich eine Praxis dahingehend entwickelt, den Arbeitnehmern in Abhängigkeit von ihrem Alter und ihren Aussichten auf dem Arbeitsmarkt pro Beschäftigungsjahr einen Betrag in Höhe von einem halben bis zu einem vollen Bruttomonatsgehalt zuzusprechen. Die Abfindungspraxis entspricht zwar nicht in allen Landesarbeitsgerichtsbezirken dieser Faustformel,[1197] gleichwohl ist sie zumindest grober Anhaltspunkt für die Kalkulation potentieller Kosten im Falle von Verstößen gegen §§ 111, 112 BetrVG. Wie bereits erwähnt, soll bei der Festlegung von Nachteilsausgleichsansprüchen berücksichtigt werden, inwieweit der Unternehmer seinen betriebsverfassungsrechtlichen Pflichten zuwidergehandelt hat.[1198] Befand sich ein Unternehmer in einer Zwangslage, ohne dass dies bereits als zwingender Grund iSd § 113 Abs. 1 BetrVG angesehen werden konnte, so soll dies zu einer Milderung der Sanktion führen.

Lehnt man es entgegen der hier vertretenen Auffassung ab, bei Vorliegen zwingender Gründe für das Unterlassen des Versuchs eines Interessenausgleichs ganz von einem Nachteilsausgleichsanspruch abzusehen, so ist diese Lösung zwar im Ergebnis zu begrüßen. Gleichwohl erscheint sie im Hinblick darauf, dass hierdurch die Hintertür zu einem nebulösen Verschuldensgedanken eröffnet wird, der keinerlei Grundlage im Gesetz findet, dogmatisch nicht überzeugend. Ebenso wenig, wie es auf den Grad des Verschuldens des Unternehmers an der Missachtung der Beteiligungsrechte ankommen kann, kann es im Übrigen auf eine nachträgliche Zustimmung oder Genehmigung der Vorgänge durch den Betriebsrat ankommen. Abzustellen ist demnach ausschließlich auf das objektive Vorliegen

---

1191 Vgl. BAG 13.6.1989 – 1 AZR 819/87, NZA 1989, 894.

1192 BAG 20.11.2001 – 1 AZR 97/01, NZA 2002, 992; 22.7.2003 – 1 AZR 541/02, NZA 200, 93; 7.11.2017 – 1 AZR 186/16, NZA 2018, 646 Rn. 35; DKW/*Däubler* BetrVG § 113 Rn. 20; *Fitting* BetrVG § 113 Rn. 30.

1193 Vgl. GK/*Oetker* BetrVG § 113 Rn. 82, vgl. hierzu → Rn. 325 ff.

1194 BAG 22.7.2003 – 1 AZR 541/02, NZA 200, 93; *Fitting* BetrVG § 113 Rn. 31.

1195 Vgl. BAG 13.6.1989, aaO; BAG 22.2.1983 – 1 AZR 360/81, DB 1983, 1447.

1196 Vgl. BAG 19.1.1999 – 1 AZR 342/98, NZA 1999, 949.

1197 So liegen die Abfindungen im LAG-Bezirk Nürnberg beispielsweise deutlich darunter.

1198 Vgl. BAG 20.11.2001 – 1 AZR 97/01, NZA 2002, 992; 4.12.2002 – 10 AZR 113/02, NZA 2003, 665; 7.11.2017 – 1 AZR 186/16, NZA 2018, 464 Rn. 35; 12.2.2019 – 1 AZR 279/17, NZA 2019, 719 Rn. 16; LAG Nürnberg 21.9.2009 – 6 Sa 808/08, BeckRS 2009, 73039; LAG Rheinland-Pfalz 15.1.2008 – 3 Sa 634/07, BeckRS 2008, 52949; DKW/*Däubler* BetrVG § 113 Rn. 19; GK/*Oetker* BetrVG § 113 Rn. 95; *Fitting* BetrVG § 113 Rn. 30; *Schäfer* AuR 1982, 123.

einer Verletzung der Beteiligungsrechte gemäß §§ 111, 112 BetrVG sowie das Ausmaß der den Beschäftigten hierdurch entstehenden Nachteile.

Werden Arbeitnehmer nicht entlassen, sondern erleiden infolge der Abweichung von dem Interessenausgleich oder infolge der Missachtung der Beteiligungsrechte **andere wirtschaftliche Nachteile,** so sind diese gemäß § 113 Abs. 2 BetrVG für die **Dauer von 12 Monaten** auszugleichen. Zu denken ist hier beispielsweise an erhöhte Fahrtkosten durch Versetzungen oder eine Reduzierung des Monatsgehalts durch Einsatz auf einem geringer vergüteten Arbeitsplatz.

c) Verhältnis von Nachteilsausgleichsansprüchen und Sozialplanansprüchen

Beispiel C 60: 358

Ein Unternehmen der Textilbranche will insgesamt 200 der 500 Beschäftigten entlassen und einen Teil der Produktion nach Tunesien verlagern. Um den nächst möglichen Kündigungstermin zu wahren, spricht das Unternehmen während der laufenden Interessenausgleichsverhandlungen ohne Zustimmung des Betriebsrates die Kündigungen aus. Der Betriebsrat hat nach weiteren harten Verhandlungen ein Einsehen und stimmt einem Sozialplan zu, in dem den gekündigten Mitarbeitern eine Abfindung von ca. 25 % eines Bruttomonatsgehalts pro Beschäftigungsjahr zugesagt wird. Ca. 50 % der betroffenen Mitarbeiter erheben Kündigungsschutzklage und beantragen hilfsweise einen Nachteilsausgleichsanspruch gemäß § 113 Abs. 3 S. 1 BetrVG festzusetzen.

Die unter wirtschaftlichen Gesichtspunkten spannendste Frage bezüglich § 113 BetrVG besteht in dem Verhältnis von Nachteilsausgleichsansprüchen und den Ansprüchen der Beschäftigten aus einem Sozialplan. Zunächst ist festzuhalten, dass Ansprüche auf Nachteilsausgleich und Ansprüche aus einem Sozialplan nebeneinander bestehen können, der Unternehmer hat **kein Wahlrecht** zwischen Sozialplan und Nachteilsausgleich.[1199] Wie ausgeführt, kann der Betriebsrat auch dann noch einen Sozialplan durch Spruch der Einigungsstelle erzwingen, wenn der Versuch eines Interessenausgleichs gescheitert ist bzw. der Arbeitgeber sich über das Mitbestimmungsrecht des Betriebsrats zunächst hinweggesetzt hat.[1200] Das **Nebeneinander von Nachteilsausgleichs- und Sozialplanansprüchen** muss sich aber nicht notwendigerweise für den Arbeitnehmer positiv auswirken. Nach der Rechtsprechung des BAG sind Ansprüche aus § 113 BetrVG auf Ansprüche aus einem Sozialplan anzurechnen, ohne dass es einer entsprechenden Vereinbarung der Parteien bedarf.[1201] Dies gilt, was das BAG in einer mit Spannung erwarteten Entscheidung am 12. 2. 2019 festgestellt hat, auch wenn, wenn die Kündigung im Rahmen einer Massenentlassung ausgesprochen wurde und der Arbeitgeber seine Konsultationspflicht gemäß § 17 Abs. 2 KSchG verletzt hat.[1202]Das BAG begründet dieses Ergebnis im Wesentlichen mit dem jedenfalls in großen Teilen identischen Zweck einer Sozialplanabfindung und eines Nachteilsausgleichs. Wie auch die Sozialplanabfindung, so die Argumentation, dient der Anspruch nach § 113 BetrVG auf einen Ausgleich der Nachteile, die der Arbeitnehmer ohne Beachtung der Mitbestimmungsrechte des Betriebsrats durchgeführten Maßnahme erleidet. Es handele sich nicht um eine bußgeldähnliche Verpflichtung mit Strafcharakter, sondern um eine Entscheidung für den nicht hinreichenden Versuch eines Interessenausgleichs, der Entlassung hätte vermeiden können.[1203] Aufgrund dieser gleich gerichteten Zweckrichtigung erlischt mit der Zahlung der Sozialplanabfindung gemäß § 362 Abs. 1 BGB der Anspruch auf Nachteilsausgleich. Entsprechendes gilt umgekehrt, und zwar ohne

[1199] Vgl. BAG 15.10.1979 – 1 ABR 49/77, DB 1980, 549; *Küttner* FS Stahlhacke, 1998, 289 (304).
[1200] Vgl. *Fitting* BetrVG §§ 112, 112a Rn. 98; DKW/*Däubler* BetrVG §§ 112, 112a Rn. 65.
[1201] Vgl. BAG 13.12.1978 – GS 1/77, DB 1979, 261; BAG 15.10.1979 – 1 ABR 49/77, DB 1980, 549; BAG 20.11.2001 – 1 AZR 97/01, NZA 2002, 992; zustimmend GK/*Oetker* BetrVG § 113 Rn. 107; *Annuß* in Richardi BetrVG § 113 Rn. 65, § 112 Rn. 203.
[1202] 1 AZR 279/17, NZA 2019, 719.
[1203] NZA 2019, 719.

ausdrückliche Tilgungsbestimmung. Dies ist nur dann nicht der Fall, wenn die Betriebsparteien im Sozialplan eine Anrechnung explizit ausschließen.[1204]

359 Bedingt durch die **automatische Anrechenbarkeit von Nachteilsausgleichsansprüchen** auf Sozialplanleistungen wirken sich Nachteilsausgleichsansprüche in der Praxis für die Unternehmen jedenfalls dann nicht nachteilig aus, wenn der Sozialplan ohnedies großzügig dotiert ist. Gerade dieser Umstand, der den Sanktionscharakter der Nachteilsausgleichsansprüche leer laufen lässt, bietet Anlass zur **Kritik** an dieser Rechtsprechung.[1205] Es wird insbesondere vorgetragen, der Umstand, dass sich eine Verletzung der Beteiligungsrechte durch ein Unternehmen in der Praxis aufgrund der automatischen Anrechnung vielfach als „Nullsummenspiel" darstelle, mache es für den Unternehmer wirtschaftlich unattraktiv, vor der Betriebsänderung langwierige Verhandlungen mit dem Betriebsrat zu führen.[1206] Zudem wurden vielfach Zweifel an der ausreichenden Sanktion einer nicht ordnungsgemäßen Beteiligung der Arbeitnehmervertreter im Falle von Massenentlassungen nach den Regelung der Massenentlassungsrichtlinie 92/56/EWG angemeldet.[1207] In Art. 5a der Richtlinie 92/56/EWG heißt es ausdrücklich, dass die Mitgliedstaaten dafür Sorge zu tragen hätten, den Arbeitnehmervertretern und den Arbeitnehmern administrative und/oder gerichtliche Verfahren zur Durchsetzung der Verpflichtungen des Unternehmers aus der Richtlinie zur Verfügung zu stellen. Aufgrund der automatischen Anrechenbarkeit von Nachteilsausgleichsansprüchen auf Sozialplanansprüche, so die Argumentation, seien **Verstöße gegen die Beteiligungsrechte** des Betriebsrates im Falle von Massenentlassungen derzeit **nicht ausreichend sanktioniert.** Vor dem Hintergrund, dass der EuGH ausdrücklich klargestellt habe, dass Abfindungen, die ohnehin gewährt würden, keine hinreichende Sanktion darstellen,[1208] bestünde keine ausreichend abschreckende Wirkung.[1209] Dies hat das LAG Hessen und das LAG Rheinland-Pfalz bewogen, die Verrechenbarkeit von Sozialplanabfindungen und Nachteilsausgleichsansprüchen als europarechtswidrig abzulehnen.[1210] Das BAG hat in der Entscheidung vom 12.2.2019 nun klargestellt, dass sich die Anrechenbarkeit im Wege der Erfüllungswirkung des gezahlten Nachteilsausgleichs auf den Sozialplananspruch – ebenso wie umgekehrt – nicht im Hinblick auf die RL 98/59/EG des Rates vom 20.7.1998 zur Angleichung der Rechtsvorschriften der Mitgliedstaaten über Massenentlassungen (MERL) verbietet. Denn die Sanktion der Unwirksamkeit der Kündigung bei Missachtung der Konsultationspflichten ist eine hinreichende Sanktion im Sinne von Art. 4 MERL.[1211] Diese Frage war in vorangegangenen Entscheidung stets offen gelassen worden.[1212] Damit ist das BAG der Vorinstanz des LAG Berlin-Brandenburg gefolgt.[1213]

360 Zwar mag es zutreffend sein, dass sich Nachteilsausgleichsansprüche in der Praxis zT als stumpfes Schwert erweisen. Europarechtswidrig ist die Regelung dennoch nicht.[1214] *Leuchten/Lipinski* weisen zu Recht darauf hin, dass weder die Richtlinie 98/59/EG noch eine andere Richtlinie im Falle einer Massenentlassung einen Sozialplan verlangen.[1215] Billigt der nationale Gesetzgeber nun aber Arbeitnehmern bei Massenentlassungen unter be-

[1204] Vgl. Orientierungssatz 1.

[1205] Vgl. DKW/*Däubler* BetrVG §§ 112, 112a Rn. 125; *Küttner* FS Stahlhacke, 1998, 289 (304); ErfK/*Kania* BetrVG § 113 Rn. 2; GK/*Oetker* BetrVG § 113 Rn. 109.

[1206] Vgl. *Küttner* aaO.

[1207] Vgl. *Hanau* NZA 1996, 841 (845); *Wißmann* RdA 1998, 221 (227); ausführlich *Leuchten/Lipinski* NZA 2003, 1361 mwN.

[1208] EuGH 8.6.1994 – C-383/92, BeckEuRS 1994, 203915.

[1209] Vgl. *Hanau* NZA 1996, 841 (845).

[1210] Vgl. LAG Hessen 17.2.2006 – 17 Sa 1305/05, BeckRS 2011, 65125; LAG Rheinland-Pfalz 24.9.2007 – 5 Sa 277/07, BeckRS 2008, 51643.

[1211] 1 AZR 279/17, NZA 2019, 719 Rn. 17 ff.

[1212] BAG 20.11.2001 – 1 ARZ 97/01, NZA 2002, 992; 16.5.2007 – 8 AZR 693/06, NZA 2007, 1296.

[1213] 29.3.2017 – 4 Sa 1619/16, BeckRS 2017, 121394; ebenso LAG Schleswig-Holstein 11.5.2001 – 5 Sa 66/01.

[1214] So auch *Reuther* NZA 2019, 759; *Winzer* ArbRAktuell 2019, 145.

[1215] NZA 2003, 1361 (1364); ebenso *Ferme/Lipinski* NZA 2006, 937 (943).

stimmten Voraussetzungen eine zusätzlich Leistung in Form einer Sozialplanabfindung zu und werden diese Ansprüche nach nationalem Recht mit Nachteilsausgleichsansprüchen verrechnet, die ein unzureichendes oder unterbliebenes Konsultationsverfahren sanktionieren sollen, so ist dies nicht europarechtswidrig. Erfolgte keine Anrechnung, so wären die Arbeitnehmer durch Sozialplan- und Nachteilsausgleichsansprüche vielmehr doppelt begünstigt, ein Umstand, den die in Rede stehende Rechtlinie gerade nicht verlangt.

Im Übrigen darf nicht übersehen werden, dass es im Normalfall für ein Unternehmen bereits abschreckend wirkt, Gefahr zu laufen, dass sämtliche Mitarbeiter Klage vor dem Arbeitsgericht erheben und sich ihr Recht auf eine Kompensation erstreiten. Derartige Massenverfahren sind regelmäßig mit nicht unerheblichen Kosten und Mühen verbunden und bereits vor diesem Hintergrund nicht sehr erstrebenswert. Zudem ist es keinesfalls zutreffend, dass Nachteilsausgleichsansprüche regelmäßig niedriger sind als Sozialplanansprüche. Gerade im produzierenden Gewerbe liegt das Niveau der Sozialplanabfindungen häufig unterhalb der von Arbeitsgerichten auf der Grundlage des § 10 KSchG üblicherweise festgelegten Abfindungsansprüche. Zudem sind Nachteilsausgleichsansprüche immer dann von herausragender Bedeutung, wenn Betriebsräte ihren Aufgaben nicht ausreichend Rechnung tragen und keinen Sozialplan erstreitet. Hier erlaubt § 113 Abs. 3 BetrVG den Beschäftigten, ihre Rechte zu sichern.

In der Praxis von großer Bedeutung ist, dass die **dreiwöchige Klagefrist** für Kündi- 361
gungsschutzklagen auf Nachteilsausgleichsansprüche **keine Anwendung** findet. Steht dem eine tarifliche Verfallfrist nicht entgegen, so verjähren Ansprüche aus § 113 BetrVG innerhalb von 3 Jahren gemäß §§ 195, 199 BGB und können entsprechend lange gerichtlich geltend gemacht werden.[1216] Da Nachteilsausgleichsansprüche nicht unverzichtbar sind, kann es sich daher im Interesse der Rechtssicherheit empfehlen, mit den Beschäftigten Aufhebungsverträge abzuschließen, die eine allgemeine Abgeltungsklausel enthalten und somit weiteren Ansprüchen entgegenstehen.[1217] Das BAG hat bestätigt, dass Nachteilsausgleichsansprüche zur Disposition der anspruchsberechtigten Arbeitnehmer stehen und damit anders als Sozialplanabfindungen ohne Zustimmung des Betriebsrats verzichtbar sind. Voraussetzung ist allerdings, dass der Nachteilsausgleichsanspruch zum Zeitpunkt der Verzichtserklärung bereits bestand.[1218] Ein Verzicht zu einem Zeitpunkt, zu dem die Wahrung der Beteiligungsrechte des Betriebsrats noch möglich gewesen wäre, ist demgegenüber nicht möglich, da andernfalls die Sanktionswirkung des § 113 Abs. 3 BetrVG gefährdet wäre und das Unternehmen sich von seinen Pflichten gemäß §§ 111, 112 BetrVG freikaufen könnte.

2. Kollektivrechtliche Sicherung der Beteiligungsrechte des Betriebsrates

Ob und ggf. welche Möglichkeiten der Betriebsrat hat, eigeninitiativ die Wahrung seiner 362
Beteiligungsrechte zu sichern, ist nach wie hoch umstritten. Neben der Regelung des § 113 BetrVG, die den von einer Betriebsänderung nachteilig betroffenen Arbeitnehmern im Falle des Verstoßes gegen die Beteiligungsrechte des Betriebsrates individualrechtliche Ansprüche einräumt, findet sich in den §§ 111 ff. BetrVG keine ausdrückliche Regelung, betreffend die (kollektivrechtliche) Durchsetzbarkeit der Beteiligungsrechte des Betriebsrates. Da die einzelnen Arbeitnehmer in der Entscheidung darüber, ob sie überhaupt Nachteilsausgleichsansprüche geltend machen wollen, frei sind und in der Praxis gebündelter Druck auf den Arbeitgeber häufig nicht ausgeübt wird, wird vielfach für erforderlich erachtet, dem Betriebsrat ein Instrument an die Hand zu geben, das ihm die Möglichkeit eröffnet, bereits im Vorfeld einer Betriebsänderung Druck auf den Arbeitgeber auszuüben, um die Wahrung seiner Beteiligungsrechte zu erzwingen.

[1216] Vgl. *Fitting* BetrVG § 113 Rn. 48; *Annuß* in Richardi BetrVG § 113 Rn. 62 f.
[1217] Vgl. *Annuß* in Richardi BetrVG § 113 Rn. 64.
[1218] BAG 30.3.2004 – 1 AZR 7/03, NZA 2004, 931.

Beispiel C 61:

Der Geschäftsführer des Bewachungsunternehmens Security in Düsseldorf betrachtet die Existenz eines Betriebsrates in seinem Betrieb als überflüssige Last und ignoriert den Betriebsrat weitgehend. Nachdem er einen größeren Auftrag Anfang 1997 verloren hat, kündigt er ca. 15 % der Belegschaft, ohne den Betriebsrat zu beteiligen. Ebenso verfährt er ein halbes Jahr später, als ein weiterer Auftrag nicht verlängert wird. Als ein dritter Auftrag ebenfalls zu entfallen droht, meldet sich der Betriebsrat im Vorfeld zu Wort und verlangt für den Fall eines geplanten weiteren Personalabbaus Interessenausgleichsverhandlungen. Der Unternehmer U reagiert nicht und kündigt weitere 20 % der Belegschaft.

a) Verfahren nach § 23 Abs. 3 BetrVG

363 Im Hinblick darauf, dass der Arbeitgeber im **Beispiel C 62** offensichtlich in hartnäckiger Weise die Beteiligungsrechte des Betriebsrates ignoriert, ist zunächst daran zu denken, gegen den Arbeitgeber ein **Verfahren nach § 23 Abs. 3 BetrVG** einzuleiten. Nach dieser Vorschrift kann der Betriebsrat im Falle eines **groben Verstoßes** des Arbeitgebers gegen seine Verpflichtungen aus dem Betriebsverfassungsgesetz beim Arbeitsgericht beantragen, ihm aufzugeben, bestimmte Handlungen zu unterlassen, vorzunehmen oder ihre Vornahme zu dulden. Im Falle der Zuwiderhandlung des Arbeitgebers gegen eine solche ihm vom Arbeitsgericht im Rahmen eines sog. **Erkenntnisverfahrens** rechtskräftig auferlegte Pflicht wird er auf Antrag vom Arbeitsgericht nach vorheriger Androhung zu einem Ordnungsgeld von bis zu EUR 10.000, – verurteilt bzw. es wird ihm ein entsprechendes Zwangsgeld auferlegt. Die Festsetzung von Ordnungs- oder Zwangsgeld erfolgt im Rahmen des **Vollstreckungsverfahrens.**

364 Als **grober Verstoß** iSd § 23 Abs. 3 BetrVG kann in gravierenden Fällen ein einmaliger Vorfall genügen. In der Regel wird man jedoch eine dauerhafte Missachtung von Unterrichtungs- und Beteiligungsrechten des Betriebsrates bzw. einen fortgesetzten und hartnäckigen Verstoß des Arbeitgebers gegen das Gebot der vertrauensvollen Zusammenarbeit verlangen müssen.[1219] Auch wenn sich im Falle zahlreicher und regelmäßiger Verstöße die Ordnungs- bzw. Zwangsgelder zu einer gravierenden wirtschaftlichen Belastung für den Arbeitgeber entwickeln können, so ist ein Verfahren nach § 23 Abs. 3 BetrVG nicht sehr hilfreich, wenn es um die Wahrung der Beteiligungsrechte des Betriebsrates nach §§ 111, 112 BetrVG geht. *Erstens* ist es erforderlich, dass der Arbeitgeber in grober Weise gegen seine Pflichten verstößt. Ein einmaliger oder gar erstmaliger Verstoß reicht regelmäßig nicht aus. *Zweitens* muss vor der Verhängung von Ordnungsgeldern zunächst ein Erkenntnisverfahren durchgeführt werden. *Drittens* sichert § 23 Abs. 3 BetrVG die Beteiligung des Betriebsrates nur in künftigen Fällen, gibt mithin keinen Anspruch auf Rückgängigmachung einer bereits durchgeführten Betriebsänderung.[1220] *Viertens* und letztens ist umstritten, ob der Betriebsrat den Antrag auf Erlass einer einstweiligen Verfügung auf § 23 Abs. 3 BetrVG stützen kann.[1221] Hiergegen wird vorgebracht, der bereits begangene Verstoß des Arbeitgebers gegen seine betriebsverfassungsrechtlichen Pflichten könne zwar möglicherweise der Anlass für den Erlass einer einstweiligen Verfügung sein, um durch eine vorläufige Zwischenregelung eine bestehende Rechtsposition des Betriebsrates zu sichern. Der insoweit in Betracht kommende Verfügungsanspruch ergebe sich jedoch nicht aus § 23

1219 Vgl. hierzu aus der Rspr. BAG 16.7.1991 – 1 ABR 69/90, NZA 1992, 70; 14.11.1989 – 1 ABR 87/88, NZA 1990, 357; 18.4.1985 – 6 ABR 19/85, NZA 1986, 783; vgl. ferner zu den Anforderungen an einen groben Verstoß DKW/*Dornberger* BetrVG § 23 Rn. 203 ff.; ausführlich *Thüsing* in Richardi BetrVG § 23 Rn. 96 mwN.

1220 *Annuß* in Richardi BetrVG § 111 Rn. 167.

1221 Gegen die Möglichkeit einer einstweiligen Verfügung *Thüsing* in Richardi BetrVG § 23 Rn. 105; *Fitting*, 21. Aufl. 2002, BetrVG § 23 Rn. 74 mwN; aA neuerdings *Fitting* BetrVG § 23 Rn. 76; GK/*Oetker* BetrVG § 23 Rn. 193; DKW/*Dornberger* BetrVG § 23 Rn. 105; *Heinze* DB 1983, Beil. Nr. 9, 23; *Raab* ZfA 1997, 183 (189); *Trittin* DB 1983, 230 (232).

Abs. 3 BetrVG, sondern aus einer anderen Rechtsgrundlage.[1222] Die Instanzgerichte entscheiden diese Frage unterschiedliche, eine einheitliche Linie der Rechtsprechung hat sich noch nicht herausgebildet.[1223]

b) Ordnungswidrigkeit gemäß § 121 BetrVG

Neben einem Verfahren nach § 23 Abs. 3 BetrVG droht einem Unternehmen für den Fall einer unterlassenen, wahrheitswidrigen, unvollständigen oder verspäteten Unterrichtung nach § 111 BetrVG gemäß § 121 BetrVG eine Geldbuße bis zu 10.000,– Euro. Allerdings sind derartige Ordnungswidrigkeitsverfahren in der Praxis kaum geeignet, Unternehmen an Verstößen gegen die Beteiligungsrechte der Betriebsräte gemäß § 111 BetrVG zu hindern. 365

c) Unterlassungsanspruch des Betriebsrates

Aufgrund der aus den genannten Gründen im Falle der Missachtung der Beteiligungsrechte gemäß § 111 BetrVG als unzureichend empfundenen Regelung des § 23 Abs. 3 BetrVG wird bereits seit Jahren eine intensive Diskussion um die Frage geführt, ob der Betriebsrat dem Arbeitgeber im Wege der **einstweiligen Verfügung** untersagen lassen kann, eine geplante Betriebsänderung bis zum Abschluss des Interessenausgleichsverfahrens gemäß §§ 111, 112 BetrVG durchzuführen. Diese Diskussion hat durch die Ergänzung des § 113 Abs. 3 BetrVG mit dem arbeitsrechtlichen Beschäftigungsförderungsgesetz vom 27.9.1996 neue Nahrung erhalten. Vielfach wurde der Umstand, dass der Gesetzgeber sich darauf beschränkt hat, die intendierte Abkürzung der Verhandlungsfristen ausschließlich im Rahmen des individualrechtlichen Nachteilsausgleichsverfahrens gemäß § 113 BetrVG zu regeln, als Indiz dafür gewertet, dass die Regelung des § 113 BetrVG abschließend ist. Der Gesetzgeber, so die Argumentation, habe schließlich in Kenntnis der mit Vehemenz geführten Diskussion auf die Regelung eines kollektivrechtlichen Unterlassungsanspruchs während des Laufs der Verhandlungsfristen verzichtet.[1224] Dieses Argument lässt sich nun gleichermaßen im Hinblick darauf fruchtbar machen, dass der Gesetzgeber auch im Zuge der umfassenden BetrVG-Reform in 2001 von einer Regelung eines Unterlassungsanspruchs Abstand genommen hat.[1225] 366

Auch wenn die Diskussion bereits jahrelang geführt wird, so stehen sich nach wie vor **zwei unversöhnliche** Lager gegenüber, die – was sich in der Praxis als außerordentlich misslich erweist – zudem auch die Instanzgerichte spalten. Teilweise führt das verworrene Meinungsbild sogar zu unterschiedlichen Auffassungen verschiedener Kammern eines Landesarbeitsgerichts. Während Unternehmen in den Landesarbeitsgerichtsbezirken **Frankfurt,**[1226] **Hamburg,**[1227] **Hamm,**[1228] **Berlin,**[1229] **Thüringen**[1230] und **München** (6. Kam-

---

[1222] So *Thüsing* in Richardi BetrVG § 23 Rn. 186.

[1223] Eine einstweilige Verfügung auf der Grundlage des § 23 Abs. 3 BetrVG erlassen haben LAG Düsseldorf 16.5.1990 – 12 TaBV 9/90, NZA 1991, 29; LAG Köln 22.2.1985 – 6 TaBV 5/85, LAGE § 23 BetrVG 1972 Nr. 4; LAG Köln 19.3.2004 – 8 TaBV 13/04, BeckRS 2004, 41350; LAG Schleswig-Holstein 9.8. 2007 – 4 TaBVGa 2/07, NZA-RR 2007, 639; ablehnend demgegenüber LAG Hamm 4.2.1977 – 3 TaBV 75/76, EzA § 23 BetrVG 1972 Nr. 5; LAG Niedersachsen 5.6.1987 – 12 TaBV 17/87, LAGE § 23 BetrVG 1972 Nr. 11; LAG Rheinland-Pfalz 30.4.1986 – 2 TaBV 17/86, DB 1986, 1629; LAG Nürnberg 31.8.2005 – 6 TaBV 41/05, LAGE § 23 BetrVG 2001 Nr. 4.

[1224] Vgl. *Bauer/Göpfert* DB 1997, 1467 (1470); *Hohenstatt* NZA 1998, 846 (850); *Reiserer* DB 1998, 2269 (2272).

[1225] Vgl. *Lipinski/Melms* BB 2002, 2226 (2229).

[1226] Vgl. hierzu die Entscheidungen des LAG Hessen 21.9.1982 – 4 TaBVGa 94/82, DB 1983, 613; 30.8. 1984 – 4 TaBVGa 113/84, DB 1985, 178 (179); 19.1.2010 – 4 TaBVGa 3/10, NZA-RR 2010, 187 – zu beachten ist, dass das LAG Hessen von einem zeitlich begrenzten Verfügungsanspruch ausgeht.

[1227] Vgl. LAG Hamburg 13.11.1981 – 6 TaBV 9/81, DB 1982, 1522; 8.6.1983 – 6 TaBV 9/83, DB 1983, 2368; 5.2.1986 – 4 TaBV 12/85, DB 1986, 598; 26.6.1997 – 6 TaBV 5/97, NZA-RR 1997, 296; 20.8.2002 – 6 Sa 95/01, BeckRS 2002, 30860299.

mer)[1231] damit rechnen müssen, dass eine beantragte **einstweilige Unterlassungsverfügung** vom Arbeits- bzw. Landesarbeitsgericht **erlassen** wird, wenn der Betriebsrat glaubhaft machen kann, dass der Arbeitgeber eine geplante Betriebsänderung ohne seine Beteiligung durchführen will bzw. durchführt, bestehen in den Landesarbeitsgerichtsbezirken **Köln,**[1232] **Düsseldorf,**[1233] **Baden-Württemberg,**[1234] **Schleswig-Holstein,**[1235] **Niedersachsen,**[1236] **München,**[1237] **Nürnberg,**[1238] **Sachsen-Anhalt**[1239] und **Rheinland-Pfalz**[1240] gute Chancen, dass ein entsprechender **Antrag** bereits aus Rechtsgründen **abgewiesen** wird.[1241] Einigkeit besteht allerdings dahingehend, dass eine Unterlassungsverfügung nicht ergehen kann, wenn die Maßnahme bereits umgesetzt ist.[1242] Dann geht der Antrag des Betriebsrats ins Leere, weshalb es in bestimmten Fallkonstellationen zu einem Wettlauf kommen kann.

Das BAG hatte bisher keine Möglichkeit, bezüglich dieser Streitfrage eine klare Position zu beziehen, da in einstweiligen Verfügungsverfahren der Instanzenzug bereits bei den Landesarbeitsgerichten sein Ende findet.[1243] Allerdings enthält eine Entscheidung des BAG vom 26.7.2005[1244] einen Hinweis darauf, dass das Gericht einem Unterlassungsanspruch eher ablehnend gegenübersteht. Dort führt das BAG aus, einem Arbeitgeber drohe für den Fall der Verletzung des § 95 Abs. 1 BetrVG „anders als etwa in Fällen des § 102 BetrVG (§ 102 Abs. 1 S. 3 BetrVG) oder des § 111 BetrVG (§ 113 Abs. 3 BetrVG) keine Sanktionen". Mit diesem Argument begründet der 1. Senat sodann den allgemeinen Unterlassungsanspruch bei Verletzung des § 95 Abs. 1 BetrVG.[1245]

Liegen nach Auffassung des Arbeitgebers die Voraussetzungen für eine Betriebsänderung nicht vor und soll im Hinblick darauf jedem Risiko des Erlasses einer einstweiligen Verfü-

---

[1228] Vgl. LAG Hamm 28.8.2003 – 13 TaBV 127/08, NZA-RR 2004, 80; 21.8.2008 – 13 TaBVGa 16/08, BeckRS 2008, 57206; 28.6.2010 – 13 Ta 372/10, BeckRS 2010, 72270; 17.2.2015 – 7 TaBVGa 1/15, NZA-RR 2015, 247.

[1229] Vgl. LAG Berlin 7.9.1995 – 10 TaBV 5 und 9/95, NZA 1996, 1284; LAG Berlin-Brandenburg 25.6.2008 – 15 TaBVGa 1145/08, BeckRS 2010, 72634; 22.3.2016 – 11 TaBVGa 374/16, BeckRS 2016, 126492.

[1230] Vgl. LAG Thüringen 18.8.2003 – 1 Ta 104/03, ZIP 2004, 1118; 26.9.2000 – 1 TaBV 14/2000, LAGE § 111 BetrVG Nr. 17.

[1231] 22.12.2008 – 6 TaBVGa 6/08, BeckRS 2009, 74014.

[1232] Vgl. LAG Köln 30.4.2004 – 5 Ta 166/04, NZA-RR 2005, 199; 27.5.2009 – 2 TaBVGa 7/09, BeckRS 2009, 66807.

[1233] Vgl. LAG Düsseldorf 14.11.1983 – 12 TaBV 88/83, DB 1984, 511; 19.11.1996 – 8 TaBV 80/96, DB 1997, 1286.

[1234] Vgl. LAG Baden-Württemberg 28.8.1985 – 2 TaBV 8/85, DB 1986, 805; offen gelassen 17.5.1996 – 6 TaBV 4/96, AiB 1996, 492; wieder eindeutig gegen einen Unterlassungsanspruch 21.10.2009 – 20 TaBVGa 1/09, BeckRS 2010, 66550.

[1235] In der Entscheidung v. 20.7.2007 – 3 TaBVGa 1/07, NZA-RR 2008, 244 tendiert die 3. Kammer allerdings zur Annahme eines Unterlassungsanspruchs, lässt die Frage im Ergebnis aber offen.

[1236] Vgl. LAG Niedersachsen 29.11.2002 – 12 TaBV 111/02, BB 2003, 1337; aA ist die 17. Kammer, 4.5.2007 – 17 TaBVGa 57/07, BeckRS 2007, 45980.

[1237] Vgl. LAG München 24.9.2003 – 5 TaBV 48/03, NZA-RR 2004, 536 (mit Ausnahme der 6. Kammer, die in einer Entscheidung vom 22.12.2008 – 6 TaBVGa 6/08, BeckRS 2009, 74014, einen Unterlassungsanspruch bejaht).

[1238] Vgl. LAG Nürnberg 9.3.2009 – 6 TaBVGa 2/09, BeckRS 2009, 69297.

[1239] Vgl. LAG Sachsen-Anhalt 30.11.2004 – 11 TaBV 18/04, BeckRS 2005, 40126.

[1240] Vgl. LAG Rheinland-Pfalz 28.3.1989 – 6 TaBV 6/89, LAGE § 111 BetrVG Nr. 10; 5.2.2010 – 6 TaBVGa 5/09, BeckRS 2010, 68206; 27.8.2014 – 4 TaBVGa 4/14, BeckRS 2015, 65728; 7.12.2017 – 5 TaBVGa 3/17, BeckRS, 140037.

[1241] Siehe zur (ebenfalls uneinheitlichen) Rechtsprechung der Arbeitsgerichte die Nachweise bei GK/*Oetker* BetrVG § 111 Rn. 271.

[1242] LAG Rheinland-Pfalz 13.10.2016 – 6 TaBVGa 2/16, BeckRS 2016, 74414; 22.3.2018 – 4 TaBV 20/17, BeckRS 2018, 17613.

[1243] Vgl. *Lipinski/Melms* BB 2002, 2226 (2227).

[1244] 1 ABR 29/04, NZA 2005, 1372.

[1245] Vgl. hierzu auch *Walker* FA 2008, 290 (291); *Lipinski/Reinhardt* NZA 2009, 1184 (1186); *Jacobs/Bürger* SAE 2006, 256 (259), die auch aus der Entscheidung des BAG 28.8.1991 – 7 ABR 72/90, NZA 1992, 41, einen entsprechenden Hinweis ableiten wollen.

gung vorgebeugt werden, so ist es ratsam, zur Abwehr einer entsprechenden einstweiligen Verfügung eine **Schutzschrift** einzureichen. So kann jedenfalls sichergestellt werden, dass das Gericht die Argumente des Arbeitgebers bei seiner Entscheidung berücksichtigen kann und eine mündliche Verhandlung anberaumt.[1246]

Die Vertreter der **Auffassung,** dem Betriebsrat stehe bei Nichtbeachtung der §§ 111, 367
112 BetrVG gegen den Arbeitgeber **ein im Wege der einstweiligen Verfügung durchsetzbarer Unterlassungsanspruch zu,** argumentieren regelmäßig damit, dass andernfalls das Beteiligungsrecht des Betriebsrates ausgehöhlt werde. Da eine Betriebsänderung ohne Durchführung des Interessenausgleichs nicht unwirksam sei, sondern allenfalls die Rechtsfolgen des § 113 BetrVG auslöse, komme zur Sicherung des Mitbestimmungsrechts des Betriebsrates bei Betriebsänderungen nur ein Unterlassungsanspruch im Rahmen des einstweiligen Verfügungsverfahrens in Betracht.[1247] Andernfalls werde der Zweck des Mitbestimmungsrechts, dem Betriebsrat eine Beratung der geplanten Betriebsänderung und die Darlegung der Position und der Interessen der Arbeitnehmer zu ermöglichen, vereitelt. Nachteilsausgleichsansprüche gemäß § 113 BetrVG seien nicht geeignet, die Wahrung der Beteiligungsrechte der Betriebsräte zu sichern, da jeder Arbeitnehmer frei darüber entscheiden könne, ob er seine individualrechtlichen Ansprüche geltend machen wolle. § 113 BetrVG ergänze daher bestenfalls den Unterlassungsanspruch des Betriebsrates, schließe diesen aber nicht aus.[1248] Schließlich habe das Bundesarbeitsgericht in der Entscheidung vom 3.5.1994 anerkannt, dass dem Betriebsrat ein allgemeiner Unterlassungsanspruch gegen den Arbeitgeber zustehe, wenn anders die Wahrnehmung seiner Beteiligungsrechte nicht gesichert werden können.[1249] Dieser **Argumentation wird entgegengehalten,** dass das BAG einen allgemeinen Unterlassungsanspruch nur im Falle einer Verletzung der Mitbestimmungsrechte aus § 87 anerkannt hat. Das BAG hat in seiner Entscheidung vom 23.6.2009 nun auch einen Unterlassungsanspruch bei personellen Einzelmaßnahmen abgelehnt.[1250]Im Unterschied zu den Beteiligungsrechten des Betriebsrats in wirtschaftlichen Angelegenheiten habe der Betriebsrat bezüglich der Tatbestände des § 87 Abs. 1 BetrVG ein erzwingbares Mitbestimmungsrecht dergestalt, dass im Streitfalle die Einigungsstelle verbindlich über die zu regelnde Materie entscheiden könne. Die vom BAG aufgestellten Grundsätze bezüglich des allgemeinen Unterlassungsanspruchs seien daher nicht auf die Fälle der Betriebsänderung übertragbar.[1251]

Der Versuch von *Schmädicke,*[1252] das Vorliegen eines Verfügungsgrundes mit dem Argument der Rechtsunsicherheit über das Bestehen eines Verfügungsanspruchs in Abrede zu stellen, dürfte demgegenüber in der Auseinandersetzung keine große Bedeutung gewinnen. Schließlich ist nicht nachzuvollziehen, warum die Möglichkeit, dass ein Gericht aus Rechtsgründen einen Verfügungsanspruch ablehnt, den Verfügungsgrund zum Wegfall bringen soll.[1253]

Dem ist insoweit zuzustimmen, als es nach der gesetzgeberischen Konzeption der 368
§§ 111ff. BetrVG dem Arbeitgeber letztlich tatsächlich freisteht, die geplante Betriebsänderung in der von ihm gewünschten Form umzusetzen. Der Betriebsrat hat lediglich ei-

[1246] Vgl. hierzu *Ehler* BB 2000, 978.

[1247] Vgl. *Fitting* BetrVG § 111 Rn. 138; DKW/*Däubler* BetrVG §§ 112, 112a Rn. 52ff.; *Matthes* FS Wlotzke, 1996, 393 (404); *Buschmann* BB 1983, 510; *Derleder* AuR 1995, 17; *Zwanziger* BB 1998, 477 (480); *Fauser/Nacken* NZA 2006, 1136.

[1248] Vgl. *Fitting* BetrVG § 111 Rn. 137; *Matthes* FS Wlotzke, 1996, 393 (404).

[1249] BAG 3.5.1994 – 1 ABR 24/93, NZA 1995, 40.

[1250] 1 AZR 23/08, NZA 2009, 1430; vgl. hierzu auch *Völksen* RdA 2010, 354 (361).

[1251] Vgl. GK/*Oetker* BetrVG § 111 Rn. 284 mwN; *Grambow* BB 2017, 1909 (1911); HWK/*Hohenstatt/Willemsen* BetrVG § 111 Rn. 80; *Annuß* in Richardi BetrVG § 111 Rn. 168; *Bauer* DB 1994, 217; *Bauer/Göpfert* DB 1997, 1464; *Bauer* NZA-Beil. 2009, 5 (8); *Bengelsdorf* DB 1990, 1233, 1282; *Ehrich* BB 1993, 356; *Gillen/Vahle* NZA 2005, 1385 (1392); *Hohenstatt* NZA 1998, 846 (850); *Hümmerich/Spirolke* BB 1996, 1986; *Lipinski/Melms* BB 2002, 2226; *Neef* NZA 1997, 68; *Raif* ArbRAktuell 2010, 236; *Röder/Baeck* BB 1996, Beil. 17, 24; *Völksen* RdA 2010, 354 (361); *Walker* FA 2008, 290.

[1252] NZA 2004, 295.

[1253] So zutreffend *Fauser/Nacken* NZA 2006, 1136 (1140).

nen Unterrichtungs- und Verfahrensanspruch, jedoch kein echtes Mitbestimmungsrecht. Ob die Sicherung des Verfahrensanspruchs des Betriebsrat eine – wenn auch zeitlich begrenzte – Blockade einer geplanten Betriebsänderung zu rechtfertigen vermag, obwohl der Gesetzgeber sich im Hinblick auf Art. 14 GG dafür entschieden hat, dem Unternehmer im Fall von Betriebsänderungen freie Hand zu lassen, erscheint bereits fragwürdig. Bedenkt man des Weiteren, dass der Gesetzgeber die Rechtsfolge der Missachtung der Beteiligungsrechte des Betriebsrates gemäß §§ 111, 112 BetrVG in § 113 BetrVG ausdrücklich geregelt hat, so erscheint die Auffassung, wonach dem Betriebsrat gegen den Arbeitgeber gleichwohl ein Unterlassungsanspruch im Zusammenhang mit Betriebsänderungen zusteht, nicht vertretbar. In diesem Kontext wird zu Recht darauf verwiesen, dass es an einer ausdrücklichen gesetzlichen Regelung der Folgen der Missachtung der Mitbestimmungsrechte des Betriebsrates im Rahmen des § 87 BetrVG fehlt – ein weiterer Gesichtspunkt, der die unkritische Übertragung des für § 87 BetrVG anerkannten allgemeinen Unterlassungsanspruchs auf Verstöße gegen §§ 111, 112 BetrVG problematisch erscheinen lässt. Zu guter Letzt ist zu berücksichtigen, dass Regelungen, die unter Missachtung des Mitbestimmungsrechts des Betriebsrates im Bereich sozialer Angelegenheiten gemäß § 87 Abs. 1 BetrVG getroffen werden, unwirksam sind.[1254] Dies verhält sich anders, wenn ein Arbeitgeber unter Missachtung der Beteiligungsrechte des Betriebsrates eine Betriebsänderung durchführt. Der Gesetzgeber hat hier bewusst davon Abstand genommen, den Arbeitgeber in seiner unternehmerischen Handlungs- und Entscheidungsfreiheit einzuschränken. Da ein seitens des Betriebsrates im Wege der einstweiligen Verfügung durchsetzbarer Unterlassungsanspruch zu einer (befristeten) Einschränkung der unternehmerischen Freiheit führt, steht ein solcher im klaren Widerspruch zur Konzeption der §§ 111 ff. BetrVG. Sollte der Gesetzgeber zu der Auffassung gelangen, dass die Gewährung des Verfahrungsanspruchs ohne entsprechenden Unterlassungs- bzw. Durchführungsanspruch unbefriedigend ist, so bedarf es der Aufnahme einer entsprechenden Regelung in §§ 111 ff. BetrVG. Dies ist bislang nicht geschehen, obwohl diese Frage in der Vergangenheit nahezu bei jeder Novellierung des BetrVG, zuletzt bei der großen BetrVG-Reform 2001, sehr wohl diskutiert wurde.

369 Ein Unterlassungsanspruch kann schließlich auch nicht unmittelbar aus **Art. 8 Abs. 1 der EG-Richtlinie über Information und Anhörung 2002/14/EG** hergeleitet werden. Nach dieser Richtlinie, deren Umsetzungsfrist 23.3.2005 abgelaufen ist, müssen die Mitgliedstaaten zwar für den Fall der Nichteinhaltung der Rechte auf Information und Anhörung „geeignete Maßnahmen" vorsehen, dh dafür sorgen, dass es geeignete Verwaltungs- und Gerichtsverfahren gibt, mit deren Hilfe die Erfüllung der sich aus dieser Richtlinie ergebenden Verpflichtungen durchgesetzt werden können. Der Gesetzgeber hat sich entschieden, § 113 BetrVG und § 121 BetrVG als Sanktion bei Nichtwahrung der Informations- und Konsultationsrechte vorzusehen. Dies ist grundsätzlich vom Ermessen des Gesetzgebers bei der Umsetzung der Richtlinie gedeckt, da sie gerade keine konkreten Sanktionen vorschreibt.[1255] Schließlich wird den Mitgliedstaaten in der Richtlinie ein Regelungsspielraum und damit die Entscheidung darüber eingeräumt, wie sie dafür Sorge tragen möchten, die Durchsetzbarkeit der Richtlinie sicherzustellen. Wenn nun die Gerichte in unmittelbarer Anwendung der Richtlinie einen Unterlassungsanspruch begründen würden, würde dies in die Kompetenz des Gesetzgebers eingreifen.[1256] Im Übrigen

---

[1254] Vgl. zur sog. Theorie der Wirksamkeitsvoraussetzung BAG GS 3.12.1991 – GS 1/90, NZA 1992, 749; BAG 3.5.1994 – 1 ABR 24/93, NZA 1995, 40.

[1255] Vgl. so auch *Bauer/Krieger* BB 2010, 53 (54); *Grambow* BB 2017, 1909, 1912; *Raif* ArbRAktuell 2010, 236; *Lipinski/Reinhardt* NZA 2009, 1184 (1188); so auch LAG Baden-Württemberg 21.10.2009 – 20 TaBVGa 1/09, BeckRS 2010, 66550.

[1256] So zutreffend auch LAG Rheinland-Pfalz 24.11.2004 – 9 TaBV 29/04, BeckRS 2005, 42161; LAG Köln 27.5.2009 – 2 TaBVGa 7/09, BeckRS 2009, 66807; LAG Nürnberg 9.3.2009 – 6 TaBVGa 2/09, BeckRS 2009, 69297; LAG Baden-Württemberg 21.10.2009 – 20 TaBVGa 1/09, BeckRS 2010, 66550; aA LAG München 22.12.2008 – 6 TaBVGa 6/08, BeckRS 2009, 74014, dessen 6. Kammer (in Abweichung zu der stRspr. der anderen Kammern) einen Unterlassungsanspruch aufgrund der Richtlinie an-

würde es auch zu weit gehen, in Fällen, in denen der Arbeitgeber den Betriebsrat informiert und mit ihm beraten hat, einen Unterlassungsanspruch auf Art. 8 der Richtlinie 2002/14/EG zu stützen. Denn in einem solchen Fall wurde den Anforderungen der Richtlinie bereits Rechnung getragen. Diese enthält weder die Verpflichtung, einen Interessenausgleich zu versuchen, ein Einigungsstellenverfahren durchzuführen noch einen Sozialplan abzuschließen.[1257]

Im **Beispiel C 61** hat der Betriebsrat demnach nur die Möglichkeit, ein Verfahren nach 370
§ 23 Abs. 3 BetrVG gegen den Arbeitgeber einzuleiten und diesen aufgrund der Ordnungswidrigkeit gemäß § 121 BetrVG anzuzeigen. Da sich der Betrieb in Düsseldorf befindet, wird ein Antrag auf Erlass einer einstweiligen Verfügung, um den Ausspruch weiterer Kündigungen zu stoppen, aller Voraussicht nach keine Aussicht auf Erfolg haben. Da die Maßnahmen des Unternehmens sich jedoch als Massenentlassung darstellen, können sich aber die von der Kündigung betroffenen Arbeitnehmer auf die Unwirksamkeit der Kündigung berufen. Hat der Arbeitgeber auch nach § 17 Abs. 3 KSchG den Betriebsrat nicht ordnungsgemäß konsultiert, steht das wohl effektivste Sanktionsmittel, die Berufung auf die Unwirksamkeit der Kündigung, zur Verfügung.

Interessant kann uU allerdings auch der Ansatz sein, den die Personalvertretung Kabine der Air Berlin verfolgt hat. Sie hat im Wege der einstweiligen Verfügung die Herausgabe bestimmter Informationen sowie die Unterlassung der Verfügung über die Flugzeuge angestrebt. Das LAG Berlin-Brandenburg hat hier einen Verfügungsanspruch gesehen und argumentiert, der Unterrichtungs- und Beratungsanspruch sei ein eigenständiger Anspruch der Personalvertretung, der auch eilbedürftig sei. Im Ergebnis ist die Personalvertretung allerdings daran gescheitert, dass das Gericht den Verfügungsanspruch nach Prüfung der vorgelegten Unterlagen mit dem Argument der Erfüllung der Ansprüche abgewiesen hat.[1258] Die Argumentation ist insoweit erstaunlich, als die Entscheidungsgründe offenkundig machen, dass es im Rahmen eines Eilverfahrens, das nur eine kursorische Prüfung erlaubt, an sich nicht angehen kann, finale Entscheidungen über das Bestehen von derartigen Ansprüchen bzw. deren Erfüllung zu treffen. Darauf läuft dieser Ansatz, der vermutlich Schule machen wird, allerdings hinaus.[1259]

Besteht die Möglichkeit, über die Ausgestaltung der Betriebsänderung Einfluss auf die Zuständigkeit des Arbeitsgerichts bzw. Landesarbeitsgerichts zu nehmen, das über eine Unterlassungsverfügung entscheidet, und muss aus Sicht des Unternehmens ggf. in Kauf genommen werden, sich über die Beteiligungsrechte des Betriebsrats hinwegzusetzen, so mag dies ein bedenkenswerter Aspekt sein. So könnte beispielsweise eine unternehmensweit geplante Restrukturierung zunächst auf einen Betrieb beschränkt bleiben, wenn hier besondere Eile besteht und man annehmen kann, dass das dortige Arbeitsgericht keine Unterlassungsverfügung erlassen würde.[1260] Umgekehrt kann es unter diesem Gesichtspunkt auch Argumente geben, eine Betriebsänderung unternehmensweit anzulegen, um die Zuständigkeit des Gesamtbetriebsrats zu begründen. Allein diese Überlegung, die im Einzelfall freilich hilfreich sein kann, zeigt, wie inakzeptabel die derzeitige Rechtslage ist und wie sehr eine Vereinheitlichung der Situation im Bundesgebiet Not tut.

---

nimmt; in der Tendenz auch LAG Schleswig-Holstein 20.7.2007 – 3 TaBVGa 1/07, NZA-RR 2008, 244 (245); so auch *Gruber* NZA 2011, 1011. Überzeugend widerlegt wird dieser Ansatz von *Bauer/Krieger* BB 2010, 53; *Lipinski/Reinhardt* NZA 2009, 1184 (1187); ähnlich auch *Walker* FA 2008, 290 (292); vgl. auch *Völksen* RdA 2010, 354 (361).

1257 So der zutreffende Hinweis von *Bauer/Krieger* BB 2010, 53 (54).

1258 8.12.2017 – 6 TaBVGa, BeckRS 2017, 140299; vgl. hierzu auch LAG Berlin-Brandenburg 19.6.2014 – 7 TaBVGa 1219/14, BeckRS 2014, 71664.

1259 Vgl. hierzu auch *Fitting* BetrVG § 111 Rn. 138 mwN; *Grambow* BB 2017, 1909 (1911).

1260 So der zutreffende Hinweis von *Lipinski/Melms* BB 2002, 2226 (2228).

IV. Zuständigkeit für die Wahrnehmung der Beteiligungsrechte gemäß §§ 111 ff. BetrVG

Ausgewählte Literatur zu Abschnitt IV:
Behrens/Kramer, Die Beauftragung des Gesamtbetriebsrats, Betrieb 1994, 94; *Ehrich,* Die Zuständigkeit des Gesamtbetriebsrats nach § 50 Abs. 1 BetrVG und ihre Bedeutung für die betrieblichen Beteiligungsrechte, ZfA 1993, 427; *Kliemt/Teusch,* Widerruf der Beauftragung des Gesamtbetriebsrats nach § 50 Abs. 2 BetrVG: Taktische Waffe im laufenden Mitbestimmungsprozess? In: Festschrift 100 Jahre Betriebsverfassungsrecht, 2020, S. 323 ff.; *Lunk,* Die originäre Zuständigkeit des Gesamtbetriebsrats gemäß § 50 Abs. 1 S. 1 BetrVG – eine kritische Bestandsaufnahme der Fallgruppen, NZA 2013, 233; *Röder/Baeck,* Interessenausgleich und Sozialplan, 2. Aufl. 1996; *Röder/Gragert,* Mitbestimmungsrechte bei Untätigkeit eines zuständigen Gesamt- bzw. Konzernbetriebsrats am Beispiel von Betriebsänderungen, Betrieb 1996, 1674; *Knorr,* Sozialplan im Widerstreit der Interessen, 1995.

371 Gemäß § 47 Abs. 1 BetrVG muss in allen Unternehmen, in denen mehrere Betriebsräte bestehen, ein **Gesamtbetriebsrat** gebildet werden. Dieser setzt sich zusammen aus Mitgliedern der örtlichen Betriebsräte, die von diesen in den Gesamtbetriebsrat entsandt wurden. Im Unterschied dazu besteht keine Verpflichtung zur Bildung eines **Konzernbetriebsrates.** Besteht ein Konzernverbund und sind in den konzernangehörigen Unternehmen Gesamtbetriebsräte bzw. Betriebsräte gebildet, so können diese Gremien durch einen entsprechenden Beschluss gemäß § 54 Abs. 1 BetrVG einen Konzernbetriebsrat etablieren. Gemäß § 54 Abs. 1 S. 2 BetrVG müssen die beschlussfassenden Gesamtbetriebsräte bzw. Betriebsräte (§ 54 Abs. 2 BetrVG) zumindest 50% der Belegschaft repräsentieren. Sowohl einem etwa gebildeten Gesamtbetriebsrat als auch einem Konzernbetriebsrat kommen im Rahmen ihrer Zuständigkeit die gleichen Beteiligungsrechte zu wie den örtlichen Betriebsräten. Mit anderen Worten: Liegen die Voraussetzungen für eine beteiligungspflichtige Betriebsänderung vor und sind Gesamt- oder Konzernbetriebsrat für die zu regelnde Materie aufgrund der Kompetenzverteilung des Betriebsverfassungsgesetzes zuständig, so hat der Arbeitgeber mit diesen einen Interessenausgleich und Sozialplan zu verhandeln. Im Rahmen von Unternehmensumstrukturierungen stehen weder dem Gesamt- noch dem Konzernbetriebsrat zusätzliche Beteiligungsrechte zu, die hier Erwähnung finden müssten. Die Wahrnehmung der Beteiligungsrechte im Falle der Unternehmensumstrukturierung, namentlich der Beteiligungsrechte im Falle einer Betriebsänderung gemäß § 111 BetrVG, obliegt nach der Kompetenzordnung des Betriebsverfassungsrechtes zwar grundsätzlich den einzelnen Betriebsräten. Wann immer betriebsübergreifende oder gar unternehmensweite Maßnahmen geplant sind, ist der Gesamtbetriebsrat zu Verhandlungen berufen.[1261] Zuweilen kommt auch die Zuständigkeit des Konzernbetriebsrates in Betracht. Die intensiv geführte Diskussion um die Frage, ob im Falle der Zuständigkeit des Gesamt- bzw. Konzernbetriebsrats betriebsratslose Betriebe oder Unternehmen ebenfalls von entsprechenden Gesamtbetriebsvereinbarungen, Sozialplänen etc. erfasst werden, hat der Gesetzgeber im Zuge der Reform des Betriebsverfassungsrechts nunmehr entschieden. Gemäß §§ 50 Abs. 1 Hs. 2, 58 Abs. 1 Hs. 2 BetrVG erstreckt sich die Zuständigkeit des Gesamt- und Konzernbetriebsrats nunmehr auch auf Betriebe und Unternehmen, in denen kein Betriebsrat gewählt wurde. Wie oben unter Rn. 17 im Einzelnen ausgeführt, ist es vor diesem Hintergrund umso bedeutsamer festzustellen, ob ein Gesamt- oder Konzernbetriebsrat aufgrund originärer Zuständigkeit zur Verhandlung eines Interessenausgleichs und Sozialplans berufen ist, oder ob diese Gremien lediglich aufgrund einer entsprechenden Beauftragung gemäß §§ 50 Abs. 2, 58 Abs. 2 BetrVG handeln. Im letzteren Fall erstrecken sich entsprechende Vereinbarungen des Gesamt- bzw. Konzernbetriebsrats nämlich nicht auf betriebsratslose Betriebe bzw. Unternehmen, im ersten Fall jedoch sehr wohl. Vor diesem Hintergrund ist die **Abgrenzung der Zuständigkeiten** der Einzelbetriebsräte, Gesamtbetriebsräte und Konzernbetriebsräte außerordentliche **praxisrelevant.**

[1261] Vgl. DKW/*Deinert* BetrVG § 50 Rn. 112 ff.; *Fitting* BetrVG § 50 Rn. 59; *Röder/Baeck* S. 4 f.

Der Vollständigkeit halber sei darauf hingewiesen, dass der Betriebsrat gemäß **§ 28a BetrVG** in Betrieben mit mehr als 100 Arbeitnehmern mit der Mehrheit der Stimmen seiner Mitglieder bestimmte Aufgaben auf **Arbeitsgruppen** übertragen kann. Ist eine entsprechende Übertragung im Zuge einer Rahmenvereinbarung mit dem Arbeitgeber erfolgt, so kann die Arbeitsgruppe mit dem Arbeitgeber im Rahmen der ihr übertragenen Aufgaben auch entsprechenden Vereinbarungen abschließen. Der Gesetzgeber hat jedoch die Übertragungsmöglichkeiten auf Arbeitsgruppen gemäß § 28a Abs. 1 S. 2 BetrVG dahingehend eingeschränkt, dass die Aufgaben, deren Regelung der Arbeitsgruppe übertragen werden, im Zusammenhang mit den von der Arbeitsgruppe zu erledigenden Tätigkeiten stehen müssen. Schon in den Gesetzesmaterialen wurde klargestellt, dass die Aufgaben folglich in einem inneren Zusammenhang mit den von der Arbeitsgruppe zu erledigenden Tätigkeiten stehen müssen. Dies soll beispielsweise bei der Übertragung von Regelungsbefugnissen im Zusammenhang mit Arbeitszeitfragen, Pausenregelungen, der Urlaubsplanung, der Arbeitsgestaltung, Gruppenarbeit und ähnlichen tätigkeits- und aufgabenbezogenen Sachverhalten der Fall sein. Ausdrücklich als **unzulässig** angesehen wird es jedoch, „dass der Betriebsrat zB bei einer Betriebsänderung dem davon betroffenen Arbeitsbereich die Beteiligungsrechte nach §§ 111 ff. überträgt."[1262] Dies erscheint auch im Hinblick darauf zutreffend, dass die Legitimationsbasis einer Arbeitsgruppe, über Fragen von Betriebsänderungen etc. mit dem Arbeitgeber Vereinbarungen zu treffen, schon im Hinblick darauf nicht ausreichend erscheint, dass Betriebsänderungen regelmäßig die Belange des gesamten Betriebes bzw. Unternehmens auf die ein oder andere Weise tangieren und sich selbst dann, wenn nur Arbeitnehmer einer bestimmten Abteilung ihre Arbeitsplätze verlieren, für die gesamte Belegschaft als wichtig erweisen. 372

1. Zuständigkeit des Gesamtbetriebsrates

Gemäß **§ 50 Abs. 1 BetrVG** ist der Gesamtbetriebsrat für die Behandlung von Angelegenheiten zuständig, **die das Gesamtunternehmen oder mehrere Betriebe betreffen** und die nicht durch die einzelnen Betriebsräte innerhalb der Betriebe geregelt werden können. Neben dieser originären Zuständigkeit kennt das Gesetz eine Zuständigkeit kraft Delegation. Danach können ein oder mehrere örtliche Betriebsräte den Gesamtbetriebsrat gemäß § 50 Abs. 2 BetrVG beauftragen, für sie Beteiligungsrechte wahrzunehmen. Die Zuständigkeit des Gesamtbetriebsrates **kraft Delegation gemäß § 50 Abs. 2 BetrVG** wird durch einen Beschluss des Betriebsrates begründet, wobei die Mehrheit der Betriebsratsmitglieder der Kompetenzübertragung zustimmen muss. Die Übertragung bedarf der Schriftform, muss einen konkret umschriebenen Bereich betreffen und erfordert, dass die dem Gesamtbetriebsrat zur Regelung übertragenen Angelegenheiten in der Zuständigkeit des übertragenden Betriebsrats bzw. der übertragenden Betriebsräte fällt.[1263] Die Übertragung ganzer Tätigkeitsbereiche ist nicht zulässig.[1264] Der Betriebsrat hat zudem die Wahl, ob er dem Gesamtbetriebsrat eine bestimmte Angelegenheit **zur selbständigen Erledigung** übertragen will, mithin dem Gesamtbetriebsrat auch Entscheidungsbefugnisse einräumen will, oder aber lediglich die Verhandlungen in die Hände des Gesamtbetriebsrates legen und sich die Entscheidungsbefugnis vorbehalten will. Es wird vertreten, dass die Betriebsräte dem Gesamtbetriebsrat keine verbindlichen Richtlinien auferlegen können. Da die Betriebsräte sich ohnehin eine Entscheidungsbefugnis vorbehalten können, ist dies auch nicht notwendig. Zudem würde es für den Arbeitgeber erhebliche Rechtsunsicherheiten mit sich bringen, da er prüfen müsste, ob der Gesamtbetriebsrat noch im Rahmen 373

[1262] BT-Drs. 14/5741, 40.
[1263] BAG 17.3.2015 – 1 ABR 49/13, BeckRS 2015, 68902.
[1264] Vgl. BAG 26.1.1993 – 1 AZR 303/92, NZA 1993, 714; DKW/*Deinert* BetrVG § 50 Rn. 134 f.; *Fitting* BetrVG § 50 Rn. 65.

der Richtlinien handelt.[1265] Erklärt sich der Betriebsrat hierzu nicht ausdrücklich, ist **im Regelfall** davon auszugehen, dass die **Verhandlungs- und Entscheidungsbefugnis** übertragen worden ist.[1266] Dies wird man demgegenüber nicht für die Frage unterstellen können, ob die Delegation an den Gesamtbetriebsrat auch dessen Recht einschließt, die Zuständigkeit für die Frage an den Konzernbetriebsrat weiterzureichen (sog. Durchgangsdelegation). Hier wird man eine explizite Erklärung verlangen müssen.[1267]

374 **Beispiel C 62:**

A-GmbH unterhält zwei Betriebe und entschließt sich, um wettbewerbsfähig zu bleiben, in beiden Betrieben die Personalkosten zu senken. Die zu diesem Zweck in den Betrieben geplanten Maßnahmen sind unterschiedlich, erfüllen aber jeweils die Voraussetzungen einer Betriebsänderung iSd § 111 BetrVG. Beide Betriebsräte beschließen, den Gesamtbetriebsrat mit den Verhandlungen eines Interessenausgleichs und Sozialplans zu beauftragen. Als sich herauskristallisiert, dass innerhalb des Gesamtbetriebsrates eine Einigung über die Verhandlungsstrategie und Vorgehensweise gegenüber dem Arbeitgeber nicht erzielt werden kann, entzieht einer der Betriebsräte dem Gesamtbetriebsrat das Verhandlungsmandat und fordert den Geschäftsführer auf, zukünftig direkt mit ihm Verhandlungen zu führen. Aufgrund des eingetretenen Zeitablaufs und der weit fortgeschrittenen Verhandlungen will der Geschäftsführer dies nicht akzeptieren.

Nach ganz überwiegend vertretener Meinung steht es dem Betriebsrat jederzeit frei, die **Beauftragung des Gesamtbetriebsrats zu widerrufen.** Einer Begründung hierfür bedarf es nicht. Es ist jedoch ein schriftlicher Mehrheitsbeschluss erforderlich.[1268] Dem wird von *Behrens/Kramer* entgegengehalten, es bedürfe einer **sachlichen Rechtfertigung des Widerrufes,** da der Betriebsrat andernfalls durch ein „Ping-Pong-Spiel" mit dem Gesamtbetriebsrat die Verhandlungen mit dem Arbeitgeber unendlich verzögern könne, was insbesondere bei Interessenausgleichsverhandlungen inakzeptabel sei. Dies gebiete bereits der Grundsatz der vertrauensvollen Zusammenarbeit gemäß § 2 Abs. 1 BetrVG.[1269] Insbesondere nachdem die bis Ende 1998 geltende Fristregelung bezüglich der Verhandlungspflichten des Arbeitgebers in § 113 Abs. 3 BetrVG wieder gestrichen wurde, ist die von *Behrens/Kramer* heraufbeschworene Gefahr durchaus realistisch. Da das Gesetz einen dogmatisch überzeugenden Ansatzpunkt für die Einschränkung der Widerrufsmöglichkeit der Beauftragung des Gesamtbetriebsrats jedoch nicht bietet, kann einem Arbeitgeber, der in Verhandlungen mit einem beauftragten Gesamtbetriebsrat über eine geplante Betriebsänderung eintritt, nur geraten werden, vor Aufnahme der Verhandlung auf Vorlage eines Betriebsratsbeschlusses zu drängen, der eine **unwiderrufliche Beauftragung** vorsieht. Ein rechtliches Druckmittel steht dem Arbeitgeber insoweit allerdings nicht zur Verfügung.[1270] Der Gesamtbetriebsrat ist gehalten, die übertragenen Aufgaben zu erfüllen. Man wird ihm höchstenfalls bei Vorliegen sachlicher Gründe zubilligen können, die Delegation abzulehnen. Derartige Gründen können beispielsweise formale Fehler bei der Beauftragung oder eine rechtsmissbräuchliche bzw. schikanöse Beauftragung sein.[1271]

375 Gemäß § 50 Abs. 1 BetrVG müssen kumulativ **zwei Voraussetzungen** erfüllt sein, bevor die **originäre Zuständigkeit des Gesamtbetriebsrates** begründet ist: *Zum einen* muss es sich um eine Regelungsmaterie handeln, die das **Unternehmen in seiner Gesamtheit,** zumindest aber zwei Betriebe gleichermaßen betrifft. *Zum anderen* muss die

1265 Vgl. *Fitting* BetrVG § 50 Rn. 68; aA GK/*Kreutz/Franzen* BetrVG § 50 Rn. 76.
1266 Vgl. *Fitting* BetrVG § 50 Rn. 68 mwN; *Behrens/Kramer* DB 1994, 94.
1267 Vgl. dazu *Werner* NZA-RR 2019, 1 (3).
1268 Vgl. DKW/*Deinert* BetrVG § 50 Rn. 144; *Fitting* BetrVG § 50 Rn. 72; *Annuß* in Richardi BetrVG § 50 Rn. 62; *Werner* NZA-RR 2019, 1 (3).
1269 *Behrens/Kramer* DB 1994, 94 (95).
1270 Vgl. *Annuß* in Richardi BetrVG § 50 Rn. 65.
1271 Vgl. *Annuß* in Richardi BetrVG § 50 Rn. 63; für ein weitgehendes Ablehnungsrecht *Rieble* RdA 2005, 26 (31).

Angelegenheit **notwendigerweise einheitlich zu regeln** sein. Dies wiederum ist typischerweise für folgende drei Fälle anerkannt:
(1) Regelungen auf betrieblicher Ebene sind objektiv unmöglich,
(2) es besteht ein zwingendes Erfordernis für eine unternehmenseinheitliche oder betriebsübergreifende Regelung oder
(3) eine betriebliche Regelung ist subjektiv unmöglich, da der Arbeitgeber eine freiwillige Leistung nur einheitlich zu gewähren bereit ist.[1272]

Nach der Rechtsprechung des BAG ist der Begriff des „Nichtregelnkönnens" so zu verstehen, dass aufgrund der Regelungsmaterie ein zwingendes Erfordernis für eine unternehmenseinheitliche Regelung besteht.[1273] Dies kann sich aus technischen oder rechtlichen Gründen ergeben.[1274]Bloße Zweckmäßigkeitserwägungen reichen nicht aus.[1275]

Beispiel C 63: 376

Ein Unternehmen, das sich mit der Herstellung von Präzisionswerkzeugen befasst, beabsichtigt, in den Betrieben in Aschaffenburg und Celle vollautomatische Produktionsmaschinen einzuführen. Hierdurch kann ein Viertel des Personals in der Produktion abgebaut werden. Das Unternehmen nimmt Verhandlungen mit dem Gesamtbetriebsrat auf, an deren Ende eine Vereinbarung steht, in der festgeschrieben wird, dass die neuen Maschinen nur in dem Betrieb in Aschaffenburg eingeführt werden. In dem Betrieb in Celle soll die Produktion noch für weitere 3 Jahre mit den bisherigen (personalintensiven) Maschinen aufrechterhalten und sodann erst umgestellt werden. Als Gegenleistung wird dort ein arbeitgeberfreundliches Flexibilisierungsmodell eingeführt. Die Belegschaft des Aschaffenburger Betriebes ist erbost und vertritt die Auffassung, die getroffene Vereinbarung sei unbeachtlich, da der Gesamtbetriebsrat nicht zuständig sei. Ein Verhandlungsmandant wurde dem Gesamtbetriebsrat von den Einzelbetriebsräten unstreitig zu keinem Zeitpunkt erteilt.

Eine originäre Zuständigkeit des Gesamtbetriebsrates wird bezüglich der **Beteiligungsrechte bei wirtschaftlichen Angelegenheiten** in Rechtsprechung[1276] und Schrifttum[1277] dann angenommen, wenn die geplante Maßnahme sich nicht nur auf einen Betrieb des Unternehmens, sondern auf mehrere Betriebe auswirkt und deshalb eine einheitliche Regelung notwendig ist. Wichtig ist in diesem Kontext *zum einen,* dass bei der Prüfung der originären Zuständigkeit im Zusammenhang mit Betriebsänderungen ggf. zwischen Interessenausgleichs- und Sozialplanverhandlungen differenziert werden. So folgt aus der Zuständigkeit des Gesamtbetriebsrats zum Abschluss des Interessenausgleichs keinesfalls zwingend seine Zuständigkeit für den Abschluss des Sozialplans.[1278] *Zum anderen* beurteilt sich die nicht nach der letztlich realisierten Maßnahme, sondern danach, wie die Maßnahme seitens des Unternehmens ursprünglich geplant war. Denn in dem Planungsstadium muss das Unternehmen entscheiden, ob Verhandlungen mit dem Gesamtbetriebsrat oder aber den örtlichen Betriebsräten aufgenommen werden sollen. Soweit das Vorhaben zu einem späteren Zeitpunkt eine Gestalt annimmt, die die Zuständigkeit des Gesamtbetriebsrates

---

[1272] Vgl. hierzu BAG 9.12.2003 – 1 ABR 49/02, NZA 2005, 234; BAG 26.4.2005 – 1 AZR 76/04, NZA 2005, 892; BAG 10.10.2006 – 1 ABR 59/05, NZA 2007, 523; BAG 23.3.2010 – 1 ABR 82/08, NZA 2001, 642; DKW/*Deinert* BetrVG § 50 Rn. 34 mwN; *Fitting* BetrVG § 50 Rn. 24.

[1273] Vgl. BAG 23.9.1975 – 1 ABR 122/73, DB 1976, 58.

[1274] Vgl. *Fitting* BetrVG § 50 Rn. 22 mwN.

[1275] Vgl. BAG 26.1.1993 – 1 AZR 303/92, NZA 1993, 714.

[1276] Vgl. hierzu BAG 17.2.1981 – 1 AZR 290/78, DB 1981, 1414; BAG 20.4.1994 – 10 AZR 186/93, NZA 1995, 89; BAG 24.1.1996 – 1 AZR 542/95, NZA 1996, 1107; BAG 7.7.2011 – 6 AZR 248/10, NZA 2011, 1108; BAG 20.9.2010 – 6 AZR 155/11, NZA 13, 32.

[1277] Vgl. *Annuß* in Richardi BetrVG § 50 Rn. 37; *Fitting* BetrVG § 50 Rn. 59; DKW/*Deinert* BetrVG § 50 Rn. 112; GK/*Kreutz* BetrVG § 50 Rn. 38; *Röder/Baeck* S. 4f.

[1278] So ausdrücklich BAG 11.12.2001 – 1 AZR 193/01, NZA 2002, 688; 3.5.2006 – 1 ABR 15/05, NZA 2007, 1245.

nicht mehr begründen würde, ist dies unschädlich.[1279] Da im **Beispiel C 64** zum Zeitpunkt der Planung der Betriebsänderung die originäre Zuständigkeit des Gesamtbetriebsrats bestand, ist der Umstand, dass nach Abschluss der Verhandlungen keine unternehmenseinheitliche Betriebsänderung mehr durchgeführt werden soll, unbeachtlich.

377 Von der originären Zuständigkeit des Gesamtbetriebsrates für den Abschluss bzw. den Versuch eines **Interessenausgleich** wird man demnach beispielsweise ausgehen können, wenn

- mehrere Betriebe eines Unternehmens gespalten[1280] oder zusammengelegt werden,[1281]
- alle oder mehrere Betriebe eines Unternehmens ganz oder teilweise stillgelegt werden,[1282]
- eine bisher auf betrieblicher Ebene bestehende organisatorische Einheit (zB die Buchhaltung) zukünftig in einem Betrieb zentral zusammengefasst werden oder
- unternehmensweit eine neue einheitliche Fertigungstechnik eingeführt werden soll, die zudem auf einer Vernetzung der Systeme zwischen den Betrieben beruht.[1283]

Die originäre Zuständigkeit des Gesamtbetriebsrats für den Abschluss eines Sozialplans soll nach der Rechtsprechung des BAG nicht automatisch der Zuständigkeit für den Interessenausgleich folgen, sondern bedarf einer gesonderten Begründung.[1284] Dies führt in der Praxis zu misslichen Verhandlungssituationen, da bei Zuständigkeit der örtlichen Betriebsräte bei unternehmensweiten Betriebsänderungen häufig ein Wettkampf um die besten Verhandlungsergebnisse entsteht. Zwar erscheint es nachvollziehbar, dass in den Fällen, in denen sich eine Betriebsänderung zwar unternehmensweit auswirkt, aber nur in einem Betrieb Nachteile für die Beschäftigten entstehen, die es auszugleichen gilt, der lokale Betriebsrat für den Sozialplan, nicht aber für den Interessenausgleich zuständig ist. In allen anderen Fällen, in denen für die Beschäftigten mehrerer Betriebe Sozialplanregelungen gefunden werden müssen, sprechen gute Argumente dafür, dass der Gesamtbetriebsrat aufgrund der Klammerwirkung der unternehmensweiten Planung sowie mit Blick darauf, dass der Sozialplan von einem Unternehmen zu finanzieren ist, originär zuständig ist.[1285] Sollte dies zweifelhaft sein, wird es auch häufig im Interesse der Betriebsräte liegen, die Verhandlung des Sozialplans an den Gesamtbetriebsrat zu delegieren. Nicht selten verfügt der Gesamtbetriebsrat über ein größeres Verhandlungsgewicht und mehr Erfahrung.[1286] Abgesehen davon wird auch den Betriebsräten an einer rechtssicheren Lösung gelegen sein, so dass die Delegation jedenfalls vorsorglich erfolgen kann.

378 Anerkannt ist dies für die Fälle, in denen eine Betriebsänderung Teil eines unternehmensweiten Sanierungskonzepts ist und der Erfolg des Sanierungskonzepts beispielsweise auch von der Einhaltung eines bestimmten Sozialplanvolumens abhängt. Hier bedarf es auch bezüglich des Sozialplans einer unternehmenseinheitlichen Regelung.[1287] Der bloße Umstand, dass im Zuge einer unternehmensweiten Sanierung die Arbeitnehmer einzelner Betriebe aufgrund unterschiedlicher Aussichten am Arbeitsmarkt etc. unterschiedlich betroffen sein können, soll nach zT vertretener Auffassung die Zuständigkeit des Gesamtbe-

---

[1279] Vgl. BAG 24.1.1996 – 1 AZR 542/95, NZA 1996, 1107; BAG 11.12.2001 – 1 AZR 193/01, NZA 2002, 688; ebenso *Röder/Gragert* DB 1996, 1674.

[1280] Vgl. LAG Düsseldorf 19.8.2008 – 9 TaBV 87/08, BeckRS 2008, 56538.

[1281] Vgl. BAG 24.1.1996, aaO.

[1282] Vgl. BAG 17.2.1981 – 1 AZR 290/78, DB 1981, 1414; ähnlich LAG Berlin 22.6.1998 – 9 TaBV 3/98, NZA-RR 1999, 34; vgl. auch BAG 23.10.2002 – 7 ABR 55/01, NZA 2003, 1360.

[1283] Weitere Beispiele hierfür finden sich bei DKW/*Deinert* § 50 Rn. 112; *Röder/Baeck* S. 5.

[1284] Vgl. BAG 11.12.2001 – 1 AZR 193/01, NZA 2002, 688; BAG 23.10.2002 – 7 ABR 55/01, NZA 2003, 1360, BAG 3.5.2006 – 1 ABR 15/05, NZA 2007, 1245; BAG 18.7.2017 – 1 ABR 59/15, NZA 2017, 1615.

[1285] Vgl. so auch *Annuß* in Richardi BetrVG § 50 Rn. 37a; *Lunk* NZA 2013, 233 (237).

[1286] Vgl. zutreffend *Werner* NZA-RR 2019, 1 (3).

[1287] Vgl. hierzu BAG 11.12.2001 – 1 AZR 193/01, NZA 2002, 688; vgl. ferner LAG Niedersachsen 14.11.2001, AuR 2002, 78.

triebsrats für den Abschluss des Sozialplans in Frage stellen.[1288] Dies erscheint nicht überzeugend, da auch der Gesamtbetriebsrat unterschiedliche regionale oder subjektive Betroffenheiten berücksichtigen kann. Abgelehnt hat das BAG auch die Überlegung, wonach der bloße Umstand, dass eine Maßnahme im Zuge eines unternehmensweiten Sanierungskonzepts getroffen wird bzw. dass die Mittel von einem Arbeitgeber zur Verfügung gestellt werden müssen, eine Zuständigkeit des Gesamtbetriebsrats begründet.[1289] Etwas anderes soll dann gelten, wenn ein unternehmensweites Sanierungskonzept nur auf der Grundlage eines bestimmten, auf das gesamte Unternehmen bezogenen Sozialplanvolumens realisiert werden kann.[1290]

2. Zuständigkeit des Konzernbetriebsrates

Die Ausführungen bezüglich der originären Zuständigkeit des Gesamtbetriebsrates im Verhältnis zu den örtlichen Betriebsräten gelten entsprechend für die Zuständigkeit des Konzernbetriebsrates.[1291] Gemäß **§ 58 Abs. 1 BetrVG** ist der Konzernbetriebsrat immer dann ausschließlich zuständig, wenn es sich um eine Betriebsänderung handelt, die den Konzern oder mehrere Konzernunternehmen betrifft und nicht durch die einzelnen Gesamtbetriebsräte innerhalb ihrer Unternehmen geregelt werden kann. Ferner besteht auch hier die Möglichkeit der **Beauftragung des Konzernbetriebsrates** durch den oder die Gesamtbetriebsräte, **§ 58 Abs. 2 BetrVG.** Auch hier versteht es sich von selbst, dass der Gesamtbetriebsrat nur Kompetenzen übertragen kann, die ihm nach dem BetrVG auch zukommen.[1292] Wichtig zu wissen ist zudem, dass der Konzernbetriebsrat, ist er vom Gesamtbetriebsrat beauftragt, an dessen Stelle verhandelt. Sein Verhandlungspartner bleibt aber gleichwohl das Unternehmen, für das die Regelung gelten soll.[1293] 379

Beispiel C 64:

Der Einzelhandelskonzern X betreibt deutschlandweit Drogeriemärkte mit angeschlossenen chemischen Reinigungen. Aus historischen Gründen bestehen insgesamt fünf Gesellschaften, die über die Bundesrepublik verteilt die Drogeriemärkte betreiben. Die Konzernspitze beschließt, sich von den Reinigungen zu trennen, und veräußert diese an eine Reinigungskette, die die Reinigungen selbständig weiterbetreibt. Wie in zahlreichen anderen Fällen auch, will die Konzernspitze den Konzernbetriebsrat beteiligen.

Während es in der Praxis häufig vorkommt, dass die **originäre Zuständigkeit** des Gesamtbetriebsrates im Falle von unternehmensweit oder unternehmenseinheitlich durchgeführten Betriebsänderungen begründet ist, ist dies **bezüglich Konzernbetriebsräten eher der Ausnahmefall.** Denn zur Begründung der originären Zuständigkeit des Konzernbetriebsrates ist es erforderlich, dass Betriebe mehrerer Unternehmen eines Konzerns betroffen sind und dass es sich zudem um Betriebsänderungen handelt, die nicht unternehmensintern geregelt werden können, sondern konzernweit geregelt werden müssen. Diese Anforderungen sind hoch, da der Gesetzgeber der dezentralen Interessenvertretung den Vorrang einräumen wollte. Denkbar ist die originäre Zuständigkeit des Konzernbetriebsrates beispielsweise, wenn

- sich verschiedene Unternehmen eines Konzerns zusammenschließen und ihre Betriebe zusammenlegen,[1294]

[1288] Vgl. so wohl ArbG Mannheim 2.7.1987 – 5 BV 4/87, NZA 1987, 682; ferner auch DKW/*Deinert* BetrVG § 50 Rn. 114; kritisch ebenfalls *Röder/Gragert* DB 1996, 1674 (1675), Anm. 14.

[1289] Vgl. BAG 15.1.2002 – 1 AZR 58/01, NZA 2002, 1034.

[1290] Vgl. BAG 3.5.2006 – 1 ABR 15/05, DB 2006, 2410.

[1291] Vgl. BAG 20.12.1995 – 7 ABR 8/95, NZA 1996, 945; DKW/*Wenckebach* BetrVG § 58 Rn. 12; *Fitting* BetrVG § 58 Rn. 10.

[1292] Vgl. → Rn. 373.

[1293] BAG 17.3.2015 – 1 ABR 49/13, BeckRS 2015, 68902.

[1294] Vgl. *Fitting* BetrVG § 58 Rn. 15; *Annuß* in Richardi BetrVG § 58 Rn. 15.

- im Rahmen eines konzernweiten Personalabbaus Mitarbeiter einzelner Konzernunternehmen von anderen Konzernunternehmen übernommen werden sollen,[1295]
- in mehreren Betrieben eines Konzerns, die produktionstechnisch miteinander verknüpft sind, eine neue Fertigungstechnik eingeführt wird,
- konzernweit ein neues Rechnungswesen mit entsprechender Vernetzung eingeführt wird.[1296]

380 Auch im obigen **Beispiel C 64** spricht vieles für die originäre Zuständigkeit des Konzernbetriebsrates. Die betroffenen Betriebe, die sämtlichst einem Konzern angehören, sind jeweils in gleicher Weise von einer Betriebsspaltung sowie einer Einschränkung des Betriebszwecks betroffen. Folglich ist der Interessenausgleich zwischen dem herrschenden Unternehmen und dem Konzernbetriebsrat zu versuchen.[1297] Bezüglich des Sozialplans wird man demgegenüber nach der Rechtsprechung nur in Ausnahmefällen von der originären Zuständigkeit des Konzernbetriebsrats ausgehen können.[1298]

Soweit die originäre Zuständigkeit eines Konzernbetriebsrates in Betracht kommt, sollte immer kritisch geprüft werden, ob die Zuständigkeit des Konzernbetriebsrates nicht nur deshalb wünschenswert erscheint, weil die der Betriebsänderung zugrundeliegende Entscheidung auf Konzernebene und nicht auf Unternehmensebene getroffen wurde. Denn alleine der Umstand, dass die einer Betriebsänderung zugrundeliegende Entscheidung auf Konzernebene getroffen wird, reicht gerade nicht aus, die Zuständigkeit des Konzernbetriebsrates zu begründen.[1299] Auch bloße Zweckmäßigkeitserwägungen, wie etwa das Koordinierungsinteresse der Konzernspitze, ist keine hinreichende Begründung. Es ist vielmehr erforderlich, dass sich die auf Konzernleitungsebene getroffenen Entscheidungen planmäßig einheitlich auf mehrere Betriebe mehrerer Konzernunternehmen auswirken, mit der Folge, dass die Mitbestimmung auf Betriebs- oder Unternehmensebene leer laufen würde und deshalb ein konzernweiter Interessenausgleich und Sozialplan erforderlich ist.[1300]

Interessant ist die Frage, was in den seltenen Fällen zu tun ist, in denen zwar eine originäre Zuständigkeit des Konzernbetriebsrats besteht, ein solcher aber nicht gebildet wurde. Anders als der Gesamtbetriebsrat, der gemäß § 47 Abs. 1 BetrVG zwingend zu bilden ist, ist die Errichtung eines Konzernbetriebsrats freiwillig, § 54 Abs. 1 BetrVG. In Ermangelung eines Über-/Unterordnungsverhältnisses zwischen den Gremien kann nicht davon ausgegangen werden, dass bei Nichtbestehen eines Konzernbetriebsrats dessen Mitbestimmungsrecht an den Gesamtbetriebsrat oder die lokalen Betriebsräte zurückfällt. Das bedeutet in der Konsequenz, dass die mitbestimmungspflichtige Maßnahme von dem Konzern mitbestimmungsfrei umgesetzt werden kann.[1301] Dies kann gerade bei Betriebsänderungen weitreichende Konsequenzen haben.

3. Vorgehensweise bei unklaren Kompetenzverhältnissen

381 Wie die obigen Ausführungen zeigen, kann es im Einzelfall durchaus zweifelhaft sein, ob die lokalen Betriebsräte oder aber der Gesamt- bzw. der Konzernbetriebsrat für die Verhandlung von Interessenausgleich und Sozialplan zuständig sind. Auch kann es vorkommen, dass sich ein Gremium fälschlicherweise zur Verhandlung eines Interessenausgleichs und Sozialplanes berufen fühlt oder aber sein Tätigwerden im Hinblick auf die vermeintliche Zuständigkeit eines anderen Gremiums ablehnt. In all diesen Fällen stellt sich *zum*

[1295] Vgl. *Martens* ZfA 1973, 297.
[1296] Vgl. weitere Beispiele bei *Röder/Baeck* S. 6.
[1297] Vgl. *Fitting* BetrVG § 58 Rn. 15.
[1298] Vgl. hierzu → Rn. 378.
[1299] So *Fitting* BetrVG § 58 Rn. 15.
[1300] Vgl. DKW/*Wenckebach* BetrVG § 58 Rn. 16.
[1301] Vgl. *Fitting* BetrVG § 50 Rn. 47; *Werner* NZA-RR 2019, 1 (4).

einen die Frage, wie zu verfahren ist, wenn das zuständige Gremium die Verhandlungen nicht aufzunehmen bereit ist bzw. wenn ein unzuständiges Gremium Verhandlungen verlangt. *Zum anderen* ist klärungsbedürftig, welche Rechtsfolgen es haben kann, wenn – aus welchen Gründen auch immer – Interessenausgleich und Sozialplan mit einem unzuständigen Gremium verhandelt werden. Wenn der Gesamtbetriebsrat mit Billigung der örtlichen Betriebsräte die Verhandlungen an sich zieht, ist dies zwar in der Praxis vielfach unproblematisch. Hier wird man im Zweifelsfall von einer Beauftragung gemäß § 50 Abs. 2 BetrVG ausgehen können bzw. die örtlichen Betriebsräte können durch entsprechende Beschlussfassung nachträglich den erforderlichen Auftrag erteilen, so dass sich die Zuständigkeit des Gesamtbetriebsrat aus der Delegation ergibt.[1302] Zweifelsfragen können sich dann lediglich bezüglich der Geltung von Interessenausgleich und Sozialplan für betriebsratslose Betriebe ergeben.[1303]

Probleme gibt es nun aber regelmäßig in den Fällen, in denen der Gesamtbetriebsrat 382
zwar tätig wird, dieses Tätigwerden aber weder von allen zuständigen Betriebsräten gebilligt wird noch auf der Grundlage des § 50 Abs. 1 BetrVG gerechtfertigt ist.

Beispiel C 65:

Die Vino GmbH unterhält 20 Weinhandlungen, die in Deutschland hochwertige Weine verkauft und dem Kunden neben intensiver Beratung die Möglichkeit zu entsprechenden Weinproben bietet. Das unternehmerische Konzept ist zwar erfolgreich, der Inhaber will jedoch zur Steigerung seines Bekanntheitsgrades eine große Filiale in Berlin umstellen auf einen gehobenen Weinsupermarkt. Aufgrund des reduzierten Beratungsbedarfs muss allerdings in der betroffenen Filiale ein Viertel des Personals abgebaut werden. Dem Gesamtbetriebsrat wird das neue unternehmerische Konzept vorgestellt. Dieser äußert sich sehr positiv. Er unterzeichnet einen Interessenausgleich und Sozialplan. Der von der Maßnahme betroffene Einzelbetriebsrat ist jedoch entsetzt und vertritt die Auffassung, der Gesamtbetriebsrat sei hierzu nicht befugt gewesen.

Nach der Rechtsprechung des BAG hat der Arbeitgeber nur dann einen **ordnungsgemäßen Versuch eines Interessenausgleichs** unternommen, wenn er die entsprechenden Verhandlungen mit dem jeweils betriebsverfassungsrechtlich zuständigen Organ geführt hat.[1304] Als Konsequenz hieraus trägt der Arbeitgeber, der mit dem falschen Gremium einen Interessenausgleich versucht, zunächst einmal das **Risiko,** gemäß § 113 BetrVG auf Zahlung von Nachteilsausgleich in Anspruch genommen zu werden. Der Arbeitgeber wird bei Verhandlungen mit dem **unzuständigen Gremium** grundsätzlich so behandelt, als habe er **gar keinen Interessenausgleich versucht.** Diese Sichtweise begründet das BAG mit dem Hinweis, der Arbeitgeber habe es andernfalls in der Hand, sich das genehmste Organ als Verhandlungspartner auszusuchen. Da die Zuständigkeitsverteilung zwischen Betriebsrat und Gesamtbetriebsrat nicht zur Disposition des Arbeitgebers stehe, sei dies nicht akzeptabel.[1305] Dies hat im **Beispiel C 66** zur Konsequenz, dass die Vino GmbH die Betriebsänderung erst durchführen kann, wenn sie mit dem örtlich zuständigen Betriebsrat einen Interessenausgleich versucht hat. Auch wenn man dem im Grundsatz zustimmen kann, so ist es doch von entscheidender Bedeutung, dass von der vom BAG aufgestellten Regel entsprechende Ausnahmen zu machen sind.

[1302] Eine nachträgliche Beauftragung bzw. Genehmigung ist zulässig, vgl. DKW/*Deinert* BetrVG § 50 Rn. 125.

[1303] Vgl. hierzu → Rn. 371, 17.

[1304] Vgl. BAG 24.1.1996 – 1 AZR 542/95, NZA 1996, 1107; siehe auch BAG 17.3.2010 – 7 AZR 706/08, NZA 2010, 1144, das einen mit einem rechtlich nicht existenten Gremium abgeschlossenen Sozialplan für nicht existent erachtet.

[1305] BAG NZA 1996, 1107.

383 **Beispiel C 66:**

Im obigen **Beispiel C 65** vertritt der Betriebsrat der Filiale Berlin die Auffassung, der Arbeitgeber müsse mit dem Gesamtbetriebsrat verhandeln, da er mit der geplanten Aktion unternehmensweite Ziele verfolge. Der Gesamtbetriebsrat erklärt sich zu Verhandlungen bereit. Nach Abschluss des Verfahrens klagt ein gekündigter Arbeitnehmer auf Gewährung eines Nachteilsausgleichs gemäß § 113 BetrVG. Das Gericht stimmt dem Arbeitnehmer darin zu, dass der örtliche Betriebsrat zuständig gewesen wäre.

Das BAG hat in der Entscheidung vom 24.1.1996 die Notwendigkeit anerkannt, **Ausnahmen** von der oben dargestellten Grundregel zuzulassen und hierzu Folgendes ausgeführt: Sofern die Zuständigkeitsverteilung Schwierigkeiten mit sich bringt, ist der Arbeitgeber zwar verpflichtet, auf eine Klärung der Zuständigkeit hinzuwirken. Dies kann er wahlweise im Rahmen eines Einigungsstellenverfahrens oder eines arbeitsgerichtlichen Beschlussverfahrens tun.[1306] Da dies gerade im Kontext von Betriebsänderungen regelmäßig zu zeitaufwändig sein dürfte, ist dies in der Regel keine geeignete Lösung. Vertreten die involvierten Betriebsräte entgegen der tatsächlichen Rechtslage zumindest überwiegend die Auffassung, eine Zuständigkeit des Gesamtbetriebsrates sei nicht begründet, sondern die Verhandlungen seien mit den örtlichen Betriebsräten zu führen, so könne es dem Unternehmen nicht zugemutet werden, zunächst eine gerichtliche Klärung dieser Streitfrage herbeizuführen. Vielmehr genüge das Unternehmen in derartigen Fällen seiner Pflicht, den Versuch eines Interessenausgleichs zu unternehmen, auch dann, wenn es auf der Grundlage der Aussage der beteiligten Betriebsräte und des Gesamtbetriebsrats mit den örtlichen Betriebsräten die Verhandlungen führe. Dann aber bestehe keine Gefahr, Nachteilsausgleichsansprüchen ausgesetzt zu sein. Das BAG geht schließlich noch einen Schritt weiter: Können die Arbeitnehmervertretungen sich nicht einigen und nimmt das Unternehmen daraufhin mit einem verhandlungsbereiten Gremium die Gespräche auf, so stellt sich dies ebenfalls als Versuch eines Interessenausgleichs iSd § 113 BetrVG dar.[1307] In Anbetracht der Tatsache, dass bei der Planung von Betriebsänderungen regelmäßig ein nicht unerheblicher Zeitdruck herrscht, der den Arbeitgeber zu zügigem Verhandeln mit dem Betriebsrat zwingt, ist es dem Arbeitgeber in der Tat nicht zuzumuten, zur Klärung der streitigen Zuständigkeitsfrage zunächst ein zeitraubendes Beschlussverfahren anzustrengen. Auch geht es nicht an, dem Arbeitgeber das Risiko einer unzutreffenden rechtlichen Würdigung der ohnedies nur unscharf abgegrenzten Zuständigkeitsbereiche von Einzel-, Gesamt- und Konzernbetriebsrat aufzubürden. Insgesamt ist daher der vom BAG in der Entscheidung vom 24.1.1996 gefundenen pragmatischen Lösung zuzustimmen.

384 **Beispiel C 67:**

Die Vino GmbH gerät in wirtschaftliche Schwierigkeiten und plant die Schließung von 4 ihrer 20 Weinhandlungen in Deutschland. Da der Gesamtbetriebsrat die Aufnahme von Verhandlungen ablehnt, tritt die Vino GmbH mit den örtlichen Betriebsräten der zu schließenden Weinhandlungen in Verhandlungen ein und schließt schließlich mit diesen jeweils identische Vereinbarungen ab.

Hoch umstritten ist nach wie vor die Frage, wie zu verfahren ist, wenn dem Gesamtbetriebsrat zwar gemäß § 50 Abs. 1 BetrVG die originäre Zuständigkeit zur Verhandlung eines Interessenausgleichs und Sozialplanes zukommt, er diese jedoch nicht ausübt und sich weigert, Verhandlungen aufzunehmen. Im Schrifttum wird zum Teil die Auffassung vertreten, den **örtlichen Betriebsräten** komme eine **Primärzuständigkeit** dergestalt zu, dass sie eine regelungsbedürftige Frage auch dann mit dem Arbeitgeber verbindlich regeln können, wenn dem Gesamtbetriebsrat zwar eine originäre Zuständigkeit zukomme, dieser jedoch hiervon keinen Gebrauch mache. Mit anderen Worten, werde der Gesamtbetriebs-

[1306] Vgl. *Werner* NZA-RR 2019, 1 (5) mwN.
[1307] BAG NZA 1996, 1107.

rat nicht tätig, so falle das Beteiligungsrecht an die örtlichen Betriebsräte zurück.[1308] Nach einer anderen Auffassung schließen sich die Zuständigkeit des Gesamtbetriebsrates und die der örtlichen Betriebsräte denknotwendig wechselseitig aus (sog. **Theorie der Zuständigkeitstrennung**).[1309]

Das BAG geht davon aus, dass die Zuständigkeitsfrage nicht zur Disposition der Betriebspartner bzw. der Betriebsräte steht. Dies wird damit begründet, dass zwar im Gesetz die Möglichkeit der Delegation der Zuständigkeit von den Betriebsräten auf den Gesamtbetriebsrat, nicht aber umgekehrt vorgesehen sei. Deshalb sei die in § 50 Abs. 1 BetrVG festgelegte Zuständigkeitsverteilung zwischen den örtlichen Betriebsräten und dem Gesamtbetriebsrat zwingend und könne weder durch Tarifvertrag noch durch Betriebsvereinbarung abbedungen werden.[1310] Diese Argumentation ist überzeugend, da die originäre Zuständigkeit des Gesamtbetriebsrates nur dann begründet ist, wenn eine Regelung mit den Einzelbetriebsräten nicht möglich ist. Daraus folgt zwangsläufig, dass die Zuständigkeit bei Nichtausübung der Beteiligungsrechte nicht an die Einzelbetriebsräte zurückfallen kann.[1311] 385

Für die hier in Rede stehende Frage des Verhältnisses der Zuständigkeit von Gesamtbetriebsrat bzw. Konzernbetriebsrat und Einzelbetriebsräten bei Betriebsänderungen kommt es letztlich auf die Entscheidung des dargestellten Streites nicht an. Bei Betriebsänderungen ist die Besonderheit zu berücksichtigen, dass der Arbeitgeber lediglich gehalten ist, im Rahmen seines Initiativrechtes mit der zuständigen Arbeitnehmervertretung Verhandlungen aufzunehmen und einen Interessenausgleich *zu versuchen,* will er vermeiden, gemäß § 113 BetrVG in Anspruch genommen zu werden. Hält der Arbeitgeber die Zuständigkeit des Gesamtbetriebsrates für begründet, weigert sich dieser jedoch, Interessenausgleichsverhandlungen aufzunehmen, so stellt sich dies bereits als ein – wenn auch fehlgeschlagener – Versuch zu Interessenausgleichsverhandlungen dar. Lässt sich der Arbeitgeber in dieser Situation darauf ein, mit den Einzelbetriebsräten zu verhandeln, so kann ihm dies – wie oben ausgeführt[1312] – nach der Rechtsprechung des BAG nicht zum Nachteil gereichen. Lehnt er aber umgekehrt Verhandlungen mit den Einzelbetriebsräten ab und fordert den objektiv und originär zuständigen Gesamtbetriebsrat zu entsprechenden Interessenausgleichsverhandlungen auf, so ist dies als Versuch iSd § 113 BetrVG zu werten.[1313] Auch *Röder/Gragert* weisen in diesem Kontext darauf hin, dass der Arbeitgeber für die Durchführung der geplanten Betriebsänderung gerade nicht, wie im Bereich der erzwingbaren Mitbestimmungsrechte des § 87 BetrVG, die Zustimmung des Betriebsrates benötigt, sondern nur einen Versuch unternehmen muss. Der insoweit bestehende Unterschied manifestiert sich insbesondere in der Tatsache, dass ein Interessenausgleich nicht durch den Spruch der Einigungsstelle herbeigeführt werden kann. Für einen hinreichenden Versuch eines Interessenausgleiches zur Abwendung von Nachteilsausgleichsansprüchen ist es dem Arbeitgeber auch nicht zuzumuten, die Einigungsstelle anzurufen, sofern sich der Gesamtbetriebsrat kategorisch weigert, an dem Verfahren überhaupt mitzuwirken. Dies folgt, wie *Röder/Gragert* darlegen,[1314] bereits aus dem im Zivilrecht anerkannten Rechtsgedanken, wonach im Falle einer ernsthaften und endgültigen Leistungsverweigerung keine Nachfristsetzung erforderlich ist. Im Hinblick auf die weit reichenden Folgen eines etwa unzureichenden Versuchs eines Interessenausgleichs und im Hinblick darauf, dass diese Sichtweise in der Rechtsprechung, soweit ersichtlich, bislang noch keine Bestätigung gefunden 386

[1308] Zu dem Problem GK/*Kreutz/Franzen* BetrVG § 50 Rn. 19.

[1309] Vgl. ErfK/*Koch* BetrVG § 50 Rn. 2; *Fitting* BetrVG § 50 Rn. 9; HWK/*Hohenstatt/Dzida* BetrVG § 50 Rn. 2; *Annuß* in Richardi BetrVG § 50 Rn. 44f.; *Ehrich* ZfA 1993, 427 (430).

[1310] Vgl. BAG 24.1.1996 – 1 AZR 542/95, NZA 1996, 1107; 11.12.2001 – 1 AZR 193/01, NZA 2002, 688; 21.1.2003 – 3 AZR 30/02, NZA 2003, 992; 9.12.2003 – 1 ABR 49/02, NZA 2005, 234.

[1311] Vgl. hierzu im einzelnen *Ehrich* ZfA 1993, 427 (430); *Röder/Gragert* DB 1996, 1674 (1676).

[1312] Vgl. → Rn. 382.

[1313] Vgl. *Röder/Gragert* DB 1996, 1674 (1677); zustimmend auch HWK/*Hohenstatt/Dzida* BetrVG § 50 Rn. 6.

[1314] Vgl. *Röder/Gragert* DB 1996, 1674 (1677).

hat, sollten Unternehmen in einer solchen Situation aus Gründen der Rechtssicherheit jedoch gleichwohl die Einigungsstelle anrufen, sofern der originär zuständige Gesamtbetriebsrat die Aufnahme von Verhandlungen verweigert. Die Einigungsstelle hat sodann als Vorfrage auch die Kompetenzen zu klären.

386a Sind die Kompetenzverhältnisse unklar oder haben sich die Parteien darauf geeinigt, eine gemeinsame Regelung zu treffen, ist höchste Vorsicht geboten. Nach der Entscheidung des BAG vom 26.9.2017 gilt das für Vereinbarungen zwischen Arbeitgeber, Betriebsräten und Gewerkschaften entwickelte **Gebot der Rechtsquellenklarheit** nun auch für **gemischte Vereinbarungen,** die etwa gemeinsam mit Betriebsräten, Gesamtbetriebsräten und Konzernbetriebsräten getroffen werden.[1315] Das BAG vertritt hier die Auffassung, aus dem Vertragstext müsse sich zweifelsfrei ergeben, wer Urheber der jeweiligen Bestimmung ist und in welchem Verhältnis die Vereinbarungen zueinander stehen. Zwar führte das in dem zu entscheidenden Fall nicht zur Unwirksamkeit der Regelung und es konnte dahinstehen, dass dies so zu bewerten sein kann. Es ist aber bei derartigen Konstellationen, in denen mehrere Parteien handelnd für den Arbeitgeber und ggf. den Konzern auf der einen und handelnd für den Betriebsrat, den Gesamtbetriebsrat und/oder den Konzernbetriebsrat auf der anderen Seite unterzeichnen, regelmäßig klarzustellen, welche Teile der Vereinbarung welche Rechtsnatur – Betriebs-/Gesamtbetriebs-/Konzernbetriebsvereinbarung – haben sollen und auf welcher Grundlage der Zuständigkeit – originäre Zuständigkeit oder Delegation – die Regelungen gestützt werden.

386b Schwierig sind schließlich die Konstellationen, in denen der zuständige Betriebsrat zunächst den Gesamtbetriebsrat beauftragt, diesem aber im Laufe des Verfahrens die **Kompetenz entzieht.** Hier stellt sich die Frage, ob der Betriebsrat den erlangen Verhandlungs- oder Verfahrensstatus gegen sich gelten lassen muss. *Kliemt/Teusch* haben hier einen interessanten Argumentationsansatz entwickelt und dargelegt, dass der Gesamtbetriebsrat im Falle der Beauftragung als Stellvertreter des Betriebsrats tätig wird. Wird dem Gesamtbetriebsrat die Vertretungsmacht entzogen, tritt zwar der Betriebsrat wieder in das Verfahren ein, das muss der Arbeitgeber hinnehmen. Der Betriebsrat muss jedoch all das gegen sich gelten lassen, was die Betriebsparteien bis zu seinem Wiedereintritt ggf. bereits erreicht haben. Ist ein Antrag nach § 100 ArbGG gegen den Gesamtbetriebsrat anhängig, tritt der Betriebsrat in das Verfahren ist. Ist die Einigungsstelle bereits gebildet, gilt dies gleichermaßen. Dieser Ansatz überzeugt und führt dazu, dass der Entzug der Beauftragung, der gelegentlich als Druckmittel eingesetzt wird, die Verhandlungen und den Entscheidungsprozess zwar faktisch etwas verzögern wird, rechtlich kann das Verfahren damit aber nicht lahmgelegt werden und insbesondere kann nicht erzwungen werden, dass die Verhandlungen wieder von vorne beginnen.[1316]

4. Vorgehensweise bei Verhandlungen mit einem im BetrVG nicht vorgesehenen Organ

387 **Beispiel C 68:**

Die Techno AG spaltet sich in insgesamt 4 Gesellschaften, entsprechend der vier Geschäftssparten, auf. Da zwei Sparten jeweils der Automobilzulieferindustrie zuzuordnen sind, über die gleiche Kundenstruktur verfügen und räumlich verbunden sind, wird mit dem ehemaligen Gesamtbetriebsrat vereinbart, für diese beiden Gesellschaften einen Gesamtbetriebsrat (statt zwei getrennter Gesamtbetriebsräte) zu errichten. Dieser Gesamtbetriebsrat schließt sodann mit dem Unternehmen einen Sozialplan ab. Als die wirtschaftliche Situation problematisch wird, berufen sich die Geschäftsführer der beiden Gesellschaften darauf, der Sozi-

---

[1315] 1 AZR 717/15, NZA 2018, 803.
[1316] Vgl. *Kliemt/Teusch* FS 100 Jahre Betriebsverfassungsrecht, 2020, 323ff.

alplan sei nicht verbindlich, da der sog. Gesamtbetriebsrat unter Missachtung der Vorschriften des BetrVG gebildet wurde.

Das BAG hat in seiner Entscheidung vom 17.3.2010[1317] klargestellt, dass ein Sozialplan, der mit einem betriebsverfassungsrechtlich nicht existenten Gremium abgeschlossen wurde, keine kollektivrechtlichen Ansprüche der Arbeitnehmer zu begründen vermag. Daraus kann wiederum gefolgert werden, dass ein Arbeitgeber, der ein solches Gremium im Falle einer Betriebsänderung beteiligt, seinen Pflichten aus §§ 111, 112 BetrVG nicht nachgekommen, sondern Nachteilsausgleichsansprüchen ausgesetzt ist. Für die betroffenen Arbeitnehmer kann sich das allerdings als sehr problematisch erweisen, da das BAG ferner davon ausgeht, ein solcher Sozialplan könne im Regelfall nicht in eine Gesamtzusage umgedeutet werden, da Gesamtzusagen andere Rechtswirkungen haben als ein Sozialplan. Vor diesem Hintergrund ist es wichtig, dass in Fällen, in denen die Parteien ein Gremium jenseits der betriebsverfassungsrechtlich vorgegebenen Strukturen gründen, dieses Gremium dann nicht zu beteiligen ist, wenn es um Mitbestimmungsrechte geht.[1318]

V. Sonstige Beteiligungsrechte des Betriebsrates

Ausgewählte Literatur zum Abschnitt V: 388

Angerer/Geibel/Süßmann, Wertpapiererwerbs- und Übernahmegesetz (WpÜG), 3. Aufl. 2017; *Appel,* Die „Junk"-Entscheidung des EuGH zur Massenentlassung – Nur eine Aufforderung an den Gesetzgeber?, DB 2005, 1002; *Bachner,* Individualarbeits- und kollektivrechtliche Auswirkungen des neuen Umwandlungsgesetzes, NJW 1995, 2881; *Bader,* Die Anhörung des Betriebsrats – eine Darstellung anhand der neueren Rechtsprechung, NZA-RR 2000, 57; *Baeck/Winzer,* Die Massenentlassungsanzeige – ein nicht zu unterschätzendes Risiko, NZG 2014, 1053; *Bauer/Krieger/Powietzka,* Geänderte Voraussetzungen für Massenentlassungen nach der „Junk"-Entscheidung des EuGH?, DB 2005, 445; *Bauer/Röder,* Aufhebungsverträge bei Massenentlassungen und bei Betriebsänderungen, NZA 1985, 202; *Benecke/Groß,* Der europäische Betriebsbegriff, EuZW 2015, 506; *Becker,* Die EG-Richtlinie zur Angleichung des Massenkündigungsschutzes, NJW 1976, 2057; *Berscheid,* Massenentlassung und Einhaltung von Kündigungsterminen, ZIP 1987, 1512; *Bissels/Fuchs,* Aktuelles Arbeitsrecht in Krise und Insolvenz, NZI 2020, 362; *Bitter,* Zum Umfang und Inhalt der Informationspflicht des Arbeitgebers gegenüber dem Betriebsrat bei der betriebsbedingten Kündigung insbesondere bei der Sozialauswahl, NZA Beil. 3/1991, 16; *Boecken,* Der Übergang von Arbeitsverhältnissen bei Spaltung nach dem neuen Umwandlungsrecht, ZIP 1994, 1087; *Boemke,* Das arbeitsrechtliche Zustimmungsersetzungsverfahren nach § 99 Abs. 4 BetrVG, ZfA 1992, 473; *Dimsic,* Fehler im Massenentlassungsverfahren, NJW 2016, 901; *Dornbusch/Wolff,* Paradigmenwechsel bei Massenentlassunge, BB 2005, 885; *Drygala,* Die Reichweite der arbeitsrechtlichen Angaben im Verschmelzungsvertrag, ZIP 1996, 1365; *Düwell,* Umwandlung von Unternehmen und arbeitsrechtliche Folgen, NZA 1996, 393; *Dzida/Hohenstatt,* BAG schafft Klarheit bei Massenentlassungen, DB 2006, 1897; *dies.,* Beteiligungsverfahren bei Massenentlassungen: Welcher Betriebsrat ist zuständig?, NJW 2012, 27; *Engelmeyer,* Die Informationsrechte des Betriebsrats und der Arbeitnehmer bei Strukturänderungen, DB 1996, 2542; *Ferme/Lipinski,* Änderung der Rechtsprechung des BAG bei Massenentlassungen – Systemwandel im individuellen und kollektiven Arbeitsrecht, NZA 2006, 937; *Forst,* Informationspflichten bei der Massenentlassung, NZA 2009, 294; *Forst,* Neues aus Luxemburg zur Massenentlassung, NZA 2010, 144; *Franzen,* Betriff der Entlassung nach der Massenentlassungsrichtlinie, NZA 2016, 26; *Fuhlrott,* Fehlende Unterrichtung des Betriebsrats über die Berufsgruppen der Arbeitnehmer in Massenentlassungen bei Kündigung aller Arbeitnehmer heilbar, GWR 2016, 425; *Ginal/Raif,* Über die Hürden: Fehler bei Massenentlassung vermeiden, ArbRAktuell 2013, 94; *Grobys,* Arbeitsrechtliche Aspekte des Wertpapiererwerbs- und Übernahmegesetzes, NZA 2002, 1; *Grünberger,* Nachweisgesetz und Änderung des Kündigungsschutzgesetzes, NJW 1995, 2809; *Hanau,* Der neue Erste Senat, NZA 1996, 841; *Hausch,* Arbeitsrechtliche Pflichtangaben nach dem UmwG (Teil 1), RNotZ 2007, 308; *Heinz,* Fehler- und Gefahrenquellen im Umfang mit leitenden Angestellten – Worauf Arbeitgeber achten sollten, BB 2019, 2868; *Heinze,* Übertragung und Umwandlung von Unternehmen, ZfA 1997, 1; *Hinrichs,* Probleme des Konsultationsverfahrens bei Massenentlassungen, AuR 2019, 348; *Hintzen,* Bis hierher und nicht weiter – Der Unterlassungsanspruch des Betriebsrats, ArbRAktuell 2014, 610; *Hohenstatt/Naber,* Organmitglieder und Massenentlassungen – Die Balkaya-Entscheidung des EuGH und ihre Folgen, EuZA 2016, 22; *Holler,* Konturierung des Begriffs der „Entlassung" nach dem § 17 KSchG, NZA 2019, 291; *Hölters* (Hrsg.), Handbuch des Unternehmens- und Beteiligungskaufs, 9. Aufl. 2019; *Hümmerich,* Verfestigte Rechtsprechung zur Betriebsratsanhörung gemäß § 102 BetrVG, RdA 2000, 345; *Hunold,* Die Rechtsprechung zur Mitbestimmung des Betriebsrats bei Versetzun-

[1317] 7 AZR 706/08, NJOZ 2010, 1831.
[1318] Vgl. *Sura* ArbRAktuell 2018, 275; *Günther* ArbRAktuell 2018, 162.

gen, NZA-RR 2001, 617; *Imping,* Massenentlassung – Begriff des den Arbeitgeber beherrschenden Unternehmens, IWRZ 2018, 266; *Jares/Fuchs,* Massenentlassungen in Konzernsachverhalten – Die Hürden des Konsultationsverfahrens, NZA 2020, 1071; *Joost,* Arbeitsrechtliche Angaben im Umwandlungsvertrag, ZIP 1995, 976; *Johnson,* Gutes Timing ist alles – Zur Massenentlassungsanzeige bei Aufhebungsverträgen, BB 2019, 1909; *Kleinebrink/Commandeur,* Der „neue" Betriebsbegriff bei Massenentlassungen und dessen Folgen, NZA 2015, 853; *Klumpp,* Der EuGH und die Massenentlassung – Zeit für „Junk II"?, NZA 2006, 703; *Kortmann/Brungs,* Stolpersteine bei der Massenentlassungsanzeige, ArbRAktuell 2017, 355; *Krieger,* Verbrauch der Massenentlassungsanzeige durch Ausspruch einer Kündigung, ArbRAktuell 2016, 164; *Krieger/Ludwig,* Das Konsultationsverfahren bei Massenentlassungen – Praktischer Umgang mit einem weitgehend unbekannten Wesen, NZA 2010, 919; *Lelley,* Anzeigepflichtige Entlassungen und Massenentlassungsanzeige – vom BAG neu justiert, DB 2013, 2564; *Lembke/Oberwinter,* Massenentlassungen zwei Jahre nach „Junk" – Eine Bestandsaufnahme, NJW 2007, 721; *Lindemann/Trebeck,* Aktuelles zur Massenentlassung im Konzern, ArbRAktuell 2011, 214; *Lingemann/Steinhauser,* Der Kündigungsschutzprozess in der Praxis – Weiterbeschäftigungsanspruch, NJW 2014, 3765; *dies.,* Alte und neue Fallen beim Ausspruch von Kündigungen – Massenentlassungsanzeige, NJW 2017, 2245; *Ludwig/Hinze,* Das Massenentlassungsanzeigenverfahren – häufige Fehler und Vermeidungsstrategien, NZA 2020, 694; *Lunk/Hildebrand,* GmbH-Geschäftsführer und Massenentlassungen, NZA 2016, 129; *Lutter* (Hrsg.), Verschmelzung, Spaltung, Formwechsel nach neuem Umwandlungsrecht und Umwandlungssteuerrecht, Kölner Umwandlungstage, 1995; *Marek,* Die Weiterbeschäftigung im Kündigungsschutzverfahren nach § 102 Abs. 5 BetrVG – ein steiniger Weg?, BB 2000, 2042; *Marschall,* Neuregelung der Anzeigepflicht bei Massenentlassungen, DB 1978, 981; *Matthes,* Verfahrensrechtliche Fragen im Zusammenhang mit Beteiligungsrechten des Betriebsrats bei personellen Einzelmaßnahmen, DB 1989, 1285; *Mauer,* Gestaltung von Betriebsvereinbarungen nach § 102 Abs. 6 BetrVG, BB 2000, 2518; *Melchior,* Die Beteiligung von Betriebsräten an Umwandlungsvorgängen aus Sicht des Handelsregisters, GmbHR 1996, 833; *Mengel,* Umwandlungen im Arbeitsrecht, 1997; *Moll/Katerndahl,* Zum Verhältnis zwischen Interessenausgleichs- und Massenentlassungsverfahren, RdA 2013, 159; *Morgenbrodt,* Der Arbeitnehmerbegriff des Massenentlassungsrechts, ZESAR 2017, 17; *Mückl,* Unwirksam, weil auslegungsbedürftig? – Die Stellungnahme des Betriebsrats nach § 17 III 2 KSchG als Stolperstein für eine wirksame Massenentlassungsanzeige?, ArbRAktuell 2011, 238; *Mückl/Stamer,* Unterrichtung in Textform bei Massenentlassungen, GWR 2017, 86; *Mückl/Vielmeier,* Die richtige Durchführung des Massenentlassungsverfahrens, NJW 2017, 2956; *Mückl/Wittek,* Aktualisierte Spielregeln bei Massenentlassungen, BB 2020, 1332; *Müller, Klaus J.,* Die Zuleitung des Verschmelzungsvertrages an den Betriebsrat nach § 5 Abs. 3 Umwandlungsgesetz, Betrieb 1997, 713; *Neye,* Umwandlungsgesetz/Umwandlungssteuergesetz, RWS-Dokumentation 17, 2. Aufl. 1995; *Nicolai,* Neue Regeln für Massenentlassungen?, NZA 2005, 206; *Niklas/Koehler,* Vermeidung von Problemen bei Massenentlassungsanzeigen, NZA 2010, 913; *Raab,* Individualrechtliche Auswirkungen der Mitbestimmung des Betriebsrats gemäß §§ 99, 102 BetrVG, ZfA 1995, 479; *Reinhard,* Rechtsfolgen fehlerhafter Massenentlassungen, RdA 2007, 207; *Sagasser/Bula,* Umwandlungen, 1995; *Schäfer,* Leitfaden zum neuen Umwandlungsrecht, 1996; *Schiefer,* Gesetz zur Anpassung arbeitsrechtlicher Bestimmungen an das EG-Recht, DB 1995, 1910ff.; *Schmidt/Wilkening,* Reformbedarf im Rahmen von Massenentlassungen – Umformulierung von § 17 KSchG, NZA-RR 2017, 168; *Schöne,* Die Spaltung unter Beteiligung von GmbH gemäß § 124ff. UmwG, 1998; *Schramm/Kuhnke,* Das Zusammenspiel von Interessenausgleichs- und Massenentlassungsanzeigeverfahren, NZA 2011, 1071; *Schreiber,* Probleme der Mitbestimmung bei personellen Einzelmaßnahmen, RdA 1987, 257; *Schubert/Schmitt,* Durchführung von Massenentlassungen bei einer Mehrzahl von Arbeitnehmervertretungen im Betrieb – offene Fragen des Massenentlassungsrechts, ZESAR 2020, 53; *Seibt,* Arbeitsrechtliche Aspekte des Wertpapiererwerbs- und Übernahmegesetzes, DB 2002, 529; *Seidel/Wagner,* Aktuelle Probleme bei der Massenentlassung, BB 2018, 692; *Seiter,* Betriebsinhaberwechsel, 1980; *Sittard/Knoll,* Neujustierungen im Recht der Massenentlassung, BB 2013, 2041; *Spelge,* Die Gewährung von Massenentlassungsschutz im Europäischen Mehrebenensystem – Eine unlösbare Aufgabe?, RdA 2018, 297; *dies.,* Die Massenentlassungsrichtlinie – Vom Schattendasein zum Hot Spot des Kündigungsschutzrechts, EuZA 2018, 67; *dies.,* Das Konsultationsverfahren als Teil des Massenentlassungsschutzes – Labyrinth ohne Ausweg?, NZA-Beilage 2017, 108; *Steinhauser/Lingemann,* Der Kündigungsschutzprozess in der Praxis – Weiterbeschäftigungsanspruch, NJW 2015, 844; *Temming,* Schutz vor Massenentlassungen: Wann wird ein Arbeitgeber von einem anderen Unternehmen iSv Art. 2 Abs. 4 RL 98/59/EG beherrscht?, RdA 2019, 299; *von Bernuth,* Anzeige- und Konsultationspflichten bei Massenentlassungen in Wellen, DB 2017, 1027; *von Steinau-Steinrück/Bertz,* Die Handhabbarkeit des Massenentlassungsverfahrens, NZA 2017, 145; *Weiss,* Die europäische Regelung der Massenentlassung, RdA 1992, 367; *Wissmann,* Probleme bei der Umsetzung der EG-Richtlinie über Massenentlassungen in deutsches Recht, RdA 1998, 221; *Willemsen,* Arbeitsrechtliche Aspekte der Reform des Umwandlungsrechts, RdA 1993, 133; *ders.,* Arbeitsrecht im Umwandlungsgesetz: Zehn Fragen aus der Sicht der Praxis, NZA 1996, 791; *ders.,* Die Beteiligung des Betriebsrats im Umwandlungsverfahren, RdA 1998, 23; *Wlotzke,* Arbeitsrechtliche Aspekte des neuen Umwandlungsrechts, DB 1995, 40; *Zwarg/Alles,* Fallstricke bei der Massenentlassungsanzeige – ausgewählte aktuelle Probleme, DB 2014, 2287.

Neben den Beteiligungsrechten gemäß §§ 111, 112 BetrVG stehen dem Betriebsrat im Falle von Unternehmensumstrukturierungen uU noch eine Vielzahl weiterer Beteiligungsrechte zu, die zum Teil im Betriebsverfassungsgesetz, zum Teil aber auch in anderen Gesetzen, namentlich im Kündigungsschutzgesetz sowie im Umwandlungsgesetz, geregelt sind.

1. Sonstige umstrukturierungsrelevante Beteiligungsrechte des Betriebsrates nach dem Betriebsverfassungsgesetz

Auch wenn das Betriebsverfassungsgesetz dem Betriebsrat bezüglich vielerlei Entscheidungen und Maßnahmen des Arbeitgebers Beteiligungsrechte einräumt, die im Zuge von Unternehmensumstrukturierungen von Bedeutung sein können, so handelt es sich bei den Beteiligungsrechten des Betriebsrats in personellen Angelegenheiten zweifelsohne um die praktisch bedeutsamsten Regelungen. Zwar ist es in Einzelfällen auch denkbar, dass eine Unternehmensumstrukturierung bzw. eine Betriebsänderung mit Maßnahmen einhergehen, die Mitbestimmungsrechte des Betriebsrats in sozialen Angelegenheiten gemäß § 87 BetrVG auslösen. Dies wird jedoch eher der Ausnahmefall sein, da primäre Folge von Unternehmensumstrukturierungen in der Regel Veränderungen im personellen Bereich, namentlich Versetzungen, Umgruppierungen und Änderungs- bzw. Beendigungskündigungen sein werden. 389

a) Mitbestimmungsrechte des Betriebsrates bei sozialen Angelegenheiten gemäß § 87 BetrVG

Spielen Mitbestimmungsrechte des Betriebsrats gemäß § 87 BetrVG um Zuge einer Umstrukturierung gleichwohl einmal eine gewichtige Rolle, so kann der Arbeitgeber die geplante Maßnahme nur durchführen, wenn er hierüber **mit dem Betriebsrat zuvor eine Einigung** erzielt hat. 390

Beispiel C 69:

Die D Bank AG führt ein neues EDV-System sowie eine neue Telefonanlage ein. Die Telefonanlage erfasst die Nummern der aus- und eingehenden Gespräche sowie die Gesprächsgebühren. Durch das neue EDV-System sowie die Telefonanlage entfallen zahlreiche Arbeitsplätze in der Telefonzentrale, der EDV-Abteilung sowie den Sekretariaten. Mit dem Betriebsrat wurde ein Interessenausgleich erfolglos versucht, ein Sozialplan wurde durch die Einigungsstelle aufgestellt. Gleichwohl vertritt der Betriebsrat die Auffassung, die Telefonanlage dürfe ohne seine ausdrückliche Zustimmung nicht in Gebrauch genommen werden.

Da es sich bei der geplanten Einführung der Telefondatenerfassung um eine sog. technische Überwachungseinrichtung iSd § 87 Abs. 1 Nr. 6 BetrVG handelt,[1319] kann im **Beispiel C 69** die geplante Maßnahme erst durchgeführt werden, wenn der Betriebsrat ihr zugestimmt hat. Kommt eine Einigung zwischen Betriebsrat und Arbeitgeber über die mitbestimmungspflichtige Angelegenheit nicht zustande, so **entscheidet gemäß § 87 Abs. 2 BetrVG die Einigungsstelle.** Der Spruch der Einigungsstelle ersetzt sodann die Einigung zwischen Arbeitgeber und Betriebsrat, ist mithin verbindlich. Im Unterschied zu den Beteiligungsrechten des Betriebsrats bei Betriebsänderungen gemäß §§ 111, 112 BetrVG, wo der Arbeitgeber mit dem Betriebsrat lediglich einen Interessenausgleich über die geplante Betriebsänderung zu versuchen hat, im Falle der Nichteinigung jedoch die Maßnahme wie geplant durchführen kann, kommt dem Betriebsrat bezüglich **sozialer Angelegenheiten** gemäß § 87 BetrVG demnach ein **echtes Mitbestimmungsrecht** zu. Der Arbeitgeber kann ohne Einvernehmen mit dem Betriebsrat bzw. ohne einen entsprechenden Einigungsstellenspruch die Maßnahme nicht durchführen. Hieran vermag im **Beispiel C 1** auch der Umstand nichts zu ändern, dass die Einführung der neuen Telefonanlage

[1319] Vgl. BAG 27.5.1986 – 1 ABR 48/84, NZA 1986, 643.

Bestandteil einer umfassenden Betriebsänderung ist. Die unterschiedlichen Beteiligungsrechte des Betriebsrats nach den Vorschriften des Betriebsverfassungsgesetzes bestehen nebeneinander und schließen einander nicht aus.

391 Führt ein Unternehmen eine nach § 87 BetrVG mitbestimmungspflichtige Maßnahme gegen den Willen des Betriebsrats bzw. ohne dessen vorherige Zustimmung bzw. einen entsprechenden Einigungsstellenspruch durch, so hat dies **sowohl kollektiv- als auch individualrechtliche Konsequenzen.** So billigt das BAG dem Betriebsrat zwischenzeitlich ausdrücklich einen **Unterlassungsanspruch gegen den Arbeitgeber** im Falle mitbestimmungswidrigen Verhaltens zu.[1320] Auch kann der Betriebsrat dem Arbeitgeber gerichtlich aufgeben lassen, bereits durchgeführte Maßnahmen wieder rückgängig zu machen.[1321] Des Weiteren ist eine mitbestimmungswidrig durchgeführte Maßnahme nach der **Theorie der Wirksamkeitsvoraussetzung** unwirksam, dh der einzelne Arbeitnehmer muss hierauf gestützte Anweisungen nicht befolgen; nachteilige Folgen können ihm aus einer entsprechenden Verweigerungshaltung nicht erwachsen.[1322] Angesichts der Tatsache, dass dem Betriebsrat bei sozialen Angelegenheiten gemäß § 87 BetrVG ein erzwingbares Mitbestimmungsrecht zukommt und angesichts der weit reichenden Konsequenzen von Verstößen gegen § 87 BetrVG, sollte daher bereits in der Planungsphase einer Unternehmensumstrukturierung bzw. einer Betriebsänderung sorgfältig geprüft werden, ob diese Mitbestimmungsrechte des Betriebsrats gemäß § 87 Abs. 1 BetrVG auslöst. Ist dies der Fall, weil einer der Katalogtatbestände des § 87 Abs. 1 Nr. 1–12 BetrVG erfüllt ist, so sollte dieses Problem möglichst frühzeitig angesprochen werden. Kommt eine Einigung der Parteien über einen Interessenausgleich und Sozialplan nicht zustande und muss ohnedies ein Einigungsstellenverfahren durchgeführt werden, erscheint es im Interesse einer zügigen Entscheidung sowie im Hinblick auf den bestehenden Sachzusammenhang ratsam, dass sich die angerufene Einigungsstelle auch mit der mitbestimmungspflichtigen sozialen Angelegenheit befasst und ggf. eine Entscheidung hierüber trifft. Ist die Einigungsstelle mit den anstehenden Aufgaben überlastet, so kann zeitlich parallel ein zweites Einigungsstellenverfahren eingeleitet werden. Das Vorgehen der Bank im **Beispiel C 69** war insoweit taktisch unklug. Auch wenn die Betriebsänderung aufgrund des bereits erfolgten Versuchs eines Interessenausgleichs durchgeführt werden kann, muss mit der Einführung der Telefonanlage bzw. der Telefondatenerfassung zugewartet werden, bis hierüber eine Einigung mit dem Betriebsrat erzielt wird bzw. ein Einigungsstellenspruch vorliegt.

b) Mitbestimmungsrechte des Betriebsrates bei personellen Einzelmaßnahmen gemäß § 99 BetrVG

392 Gemäß § 99 Abs. 1 BetrVG ist der Betriebsrat vor jeder Einstellung, Eingruppierung, Umgruppierung und Versetzung von dem Arbeitgeber im Einzelnen zu unterrichten.

Der Begriff der Einstellung ist sehr weit gefasst. Das BAG stellt nach einer Änderung seiner Rechtsprechung nicht mehr auf den Abschluss des Arbeitsvertrags, sondern auf die tatsächliche Eingliederung in den Betrieb ab. Diese soll vorliegen, wenn eine Person zusammen mit den schon im Betrieb beschäftigten Arbeitnehmern den arbeitstechnischen Zweck des Betriebs durch weisungsgebundene Tätigkeit zu verwirklichen sucht. Demnach kann auch der Wechsel eines Arbeitnehmers von einem Betrieb in einen anderen Betrieb des Unternehmens eine Einstellung sein. Auch der Einsatz von Leiharbeitskräften, mit denen gerade kein Arbeitsvertrag besteht, ist als Einstellung zu qualifizieren. Selbst wenn die Rechtsprechung hier einigermaßen unscharf ist, wird man davon ausgehen können, dass in

---

[1320] Vgl. BAG 3.5.1994 – 1 ABR 24/93, NZA 1995, 40; anders noch in BAG 22.2.1983 – 3 AZR 499/80, DB 1983, 1926; BAG 17.5.1983 – 1 ABR 21/80, DB 1983, 1986; vgl. hierzu auch *Fitting* BetrVG § 23 Rn. 99, BetrVG § 87 Rn. 596 mwN; *Hintzen* ArbRAktuell 2014, 610.

[1321] Vgl. DKW/*Klebe* BetrVG § 87 Rn. 392; *Fitting* BetrVG § 87 Rn. 597; *Richardi* in Richardi BetrVG § 87 Rn. 139.

[1322] stRspr. des BAG, vgl. BAG GS 3.12.1991 – GS 2/90, NZA 1992, 749; BAG 3.5.1994 – 1 ABR 24/93, NZA 1995, 40.

den Fällen, in denen **keine eigenständige Arbeitgeberentscheidung** getroffen wird, sondern die (Re-)Integration in den Betrieb aufgrund gesetzlicher Vorschriften erfolgt, keine Einstellung vorliegt. So soll bei Wiederaufnahme eines ruhenden Arbeitsverhältnisses[1323] oder auch beim **Übergang des Arbeitsverhältnisses** im Wege des Betriebsübergangs keine Einstellung vorliegen.[1324]

Richtig ist, dass der Arbeitgeber in den Fällen, in denen es zu einem reinen Betriebsübergang kommt, keine eigenständige Entscheidung in Bezug auf den konkret betroffenen Arbeitnehmer trifft.

Beispiel C 70:

Die Spezialhändler und Werkstattbetreiber Autofreunde GmbH hat wirtschaftliche Schwierigkeiten. Sie vereinbart mit ihrem Konkurrenten Fahrerglück GmbH, dass dieser die Werkstatt nebst Kundschaft übernimmt. Hierbei handelt es sich im Wesentlichen um Wartungskunden für Oldtimer. Es kommt zu einem Betriebsübergang, der zur Folge hat, dass zu den derzeit 20 Werkstattmitarbeitern der Fahrerglück GmbH weitere 15 Arbeitnehmer der Autofreunde GmbH hinzukommen. Ca. 3 Monate nach dem Betriebsübergang entschließt sich die Fahrerglück GmbH zur Verlagerung der erworbenen Werkstatt und führt die beiden Mitarbeitergruppen zusammen.

Durch den Betriebsübergang selbst kommt es bei der Fahrerglück GmbH nicht zu einer Einstellung von Beschäftigten, da dieser kraft Gesetzes ausgelöst wird. Solange es nicht zu einer Ablösung etwa von Tarifverträgen kommt, die eine neue Eingruppierung nach sich zieht, besteht auch kein Anlass, den Betriebsrat insoweit zu beteiligen. Würden einzelne ehemalige Beschäftigte der Autofreunde GmbH in den Betrieb der Fahrerglück GmbH versetzt, bestünde kein Zweifel, dass der Betriebsrat des aufnehmenden Betriebs und des abgebenden Betriebs[1325] nach § 99 BetrVG zu beteiligen wäre. Schließlich wird dem Mitarbeiter ein anderer Tätigkeitsbereich zugewiesen. Wird die Werkstatt der ehemaligen Autofreunde GmbH an einen anderen Ort verlegt, ohne dass die Organisation hiervon betroffen wird, besteht jedoch kein Anlass für eine Beteiligung nach § 99 BetrVG, weil die bisherigen Arbeitsbereiche der Beschäftigten unangetastet bleiben.[1326] Maßgeblich ist demnach die Frage, ob die Verlagerung identitätswahrend erfolgt. Erst in dem Moment, in dem zwei Organisationen zusammengeführt werden, die Arbeit neu organisiert und den Mitarbeitern im Zuge der Integration neue Aufgaben zugewiesen werden, besteht Anlass zu einer Beteiligung nach § 99 BetrVG. Würden in dem **Beispiel C 70** etwa in der neuen Großwerkstatt der Fahrerglück GmbH neue Teams für einzelne Oldtimertypen zusammengestellt, wäre der Betriebsrat gemäß § 99 BetrVG auch dann zu beteiligen, wenn zuvor eine Beteiligung nach § 111 BetrVG erfolgt ist. Ist eine Zusammenlegung der Betriebe absehbar, ist es demnach ratsam, auch diese Themen im Rahmen der Interessenausgleichsverhandlungen aufzugreifen und abzuarbeiten.

Das Beispiel zeigt, dass man bei Vorliegen eines Betriebsübergangs sowie bei der Zusammenlegung von Betrieben sehr genau prüfen muss, ob überhaupt Ansatzpunkte für Beteiligungsrechte der Betriebsräte nach § 99 BetrVG vorliegen. Diese können sich aus der Zuweisung neuer Arbeitsbereiche, räumlichen Veränderungen oder auch einer geänderten Eingruppierung ergeben. Automatisch lösen jedoch weder Betriebsübergänge noch Zusammenlegung von Betrieben Rechte des Betriebsrats nach § 99 BetrVG aus.

[1323] Vgl. hierzu auch *Fitting* BetrVG § 99 Rn. 44; ErfK/*Kania* BetrVG § 99 Rn. 6; HWK/*Ricken* BetrVG § 99 Rn. 17.

[1324] Vgl. hierzu BAG 7.11.1975 – 1 ABR 78/74, BeckRS 9998, 150071; ErfK/*Kania* BetrVG § 99 Rn. 6; *Fitting* BetrVG § 99 Rn. 46; *Thüsing* in Richardi BetrVG § 99 Rn. 48.

[1325] Etwas anderes gilt nur dann, wenn die Versetzung auf Wunsch des Arbeitnehmers erfolgt, vgl. *Fitting* BetrVG § 99 Rn. 171 mwN.

[1326] Vgl. zu derartigen Fallkonstellationen *Fitting* § 99 BetrVG 144, ErfK/*Kania* BetrVG § 99 Rn. 14; mwN; hierzu auch BAG 27.6.2006 – 1 ABR 35/05, NZA 2006, 1289.

393 Ist eine Maßnahme nach § 99 BetrVG beteiligungspflichtig, so kann der Betriebsrat gemäß § 99 Abs. 2 BetrVG die Zustimmung zu der personellen Einzelmaßnahme unter Berufung auf bestimmte, in § 99 Abs. 2 Nr. 1–6 BetrVG enumerativ aufgezählte Gründe verweigern. Erteilt der Betriebsrat seine Zustimmung, so kann der Arbeitgeber die geplante personelle Maßnahme – im Rahmen des individualvertraglich Zulässigen – durchführen. Gemäß § 99 Abs. 3 S. 2 BetrVG kann der Arbeitgeber die Maßnahme zudem dann durchführen, wenn der Betriebsrat innerhalb einer Woche nach Unterrichtung durch den Arbeitgeber nicht schriftlich unter Berufung auf einen der Zustimmungsverweigerungsgründe des § 99 Abs. 2 BetrVG seine Zustimmung verweigert hat. Lässt der Betriebsrat die Wochenfrist verstreichen, kommt es zu einer Zustimmungsfiktion. Wird die Zustimmung lediglich pauschal verweigert, ohne dass der Betriebsrat dies begründet, bzw. steht die Begründung für die Zustimmungsverweigerung in keinerlei Zusammenhang zu einem der Katalogtatbestände des § 99 Abs. 2 BetrVG, so ist die Zustimmungsverweigerung unbeachtlich.[1327] Nach Ablauf einer Woche seit der Anhörung gilt die Zustimmung auch in diesen Fällen als erteilt.

Beispiel C 71:

Die KB-GmbH hat im Jahre 1996 mit dem Betriebsrat im Zuge einer Betriebsänderung eine Betriebsvereinbarung abgeschlossen, derzufolge der Betrieb in Köln bis zum 31.12.1999 nicht nach Bonn verlagert und dort mit einem anderen Betrieb des Unternehmens zusammengelegt werden darf. Anfang 1999 spitzt sich die wirtschaftliche Situation des Unternehmens zu und es soll eine Abteilung, in der ca. 20 % der Belegschaft beschäftigt ist, von Köln nach Bonn verlagert werden. Nach Durchführung des Verfahrens nach §§ 111, 112 BetrVG fordert die KB-GmbH diejenigen Arbeitnehmer, in deren Arbeitsvertrag ein Versetzungsvorbehalt enthalten ist, zur Fortführung ihrer Tätigkeit in Bonn auf. Der Betriebsrat widerspricht den Versetzungen unter Berufung auf die Betriebsvereinbarung aus dem Jahre 1996.

Verweigert der Betriebsrat die Zustimmung zu einer Versetzung und beruft er sich, wie im Beispiel C 70, zur Begründung unter Angabe konkreter Umstände auf einen der Katalogtatbestände des § 99 Abs. 2 BetrVG, so ist der Arbeitgeber gehalten, die **Ersetzung der Zustimmung gemäß § 99 Abs. 4 BetrVG** beim Arbeitsgericht zu beantragen. Das Arbeitsgericht prüft sodann im Rahmen eines Beschlussverfahrens, ob der Betriebsrat die Zustimmung zu der personellen Einzelmaßnahme aus den von ihm vorgetragenen Gründen im Hinblick auf die Katalogtatbestände des § 99 BetrVG zu Recht verweigert hat.[1328] Kommt das Arbeitsgericht zu dem Ergebnis, dass die seitens des Betriebsrats vorgetragenen Gründe nicht stichhaltig waren, wird es die Zustimmung erteilen, der Arbeitgeber kann die geplante Maßnahme durchführen. Der Betriebsrat kann im Rahmen des Beschlussverfahrens nach Auffassung des BAG keine Zustimmungsverweigerungsgründe nachschieben.[1329] Kommt das Arbeitsgericht hingegen, wie im **Beispiel C 71** zu erwarten, zu dem Ergebnis, dass der Betriebsrat der Maßnahme zu Recht widersprochen hat, so wird es dem

[1327] Vgl. zur unbegründeten Zustimmungsverweigerung BAG 18.7.1978 – 1 ABR 43/75, DB 1978, 2322; BAG 21.11.1978 – 1 ABR 91/76, DB 1979, 749; wird die Zustimmungsverweigerung zwar begründet, lässt die Begründung es jedoch nicht als möglich erscheinen, dass eine der in § 99 Abs. 2 BetrVG abschließend genannten Zustimmungsverweigerungsgründe geltend gemacht wird, so ist dies nach Ansicht des BAG unbeachtlich, vgl. BAG 26.1.1988 – 1 AZR 531/86, NZA 1988, 476; 11.6.2002 – 1 AZR 390/01, NZA 2003, 226; vgl. ferner *Thüsing* in Richardi BetrVG § 99 Rn. 294; *Hunold* NZA-RR 2001, 617 (626).

[1328] Vgl. BAG 3.7.1984 – 1 ABR 74/82, NZA 1984, 191; BAG 15.4.1986 – 1 ABR 55/84, NZA 1986, 755.

[1329] Vgl. BAG 3.7.1984 – 1 ABR 74/82, NZA 1984, 191; BAG 15.4.1986 – 1 ABR 55/84, NZA 1986, 755; 10.8.1993 – 1 ABR 22/93, NZA 1994, 187; BAG 17.11.2010 – 7 ABR 120/09, NZA-RR 2011, 415; BAG 23.1.2019 – 4 ABR 56/17, BeckRS 2019, 5455; *Boemke* ZfA 1992, 473; aA *Fitting* BetrVG § 99 Rn. 291, der eine Konkretisierung und das Nachschieben bislang unbekannter Gründe für möglich hält; ähnlich DKW/*Bachner* BetrVG § 99 Rn. 187; *Schreiber* RdA 1987, 257 (262).

Antrag des Arbeitgebers nicht stattgeben und dieser muss von der geplanten Maßnahme Abstand nehmen.

Demnach ist es denkbar, dass der Arbeitgeber eine geplante Betriebsänderung auch nach Erfüllung seiner Pflichten aus §§ 111, 112 BetrVG nicht (sofort) durchführen kann, wenn der Betriebsrat den zur Umsetzung der Betriebsänderung erforderlichen personellen Einzelmaßnahmen berechtigt widerspricht. Gehen mit einer Betriebsänderung eine Vielzahl personeller Einzelmaßnahmen gemäß § 99 BetrVG einher und ist absehbar, dass der Betriebsrat insoweit Einwände grundsätzlicher Art erheben wird, so sollte der insoweit bestehende Konflikt nach Möglichkeit frühzeitig im Rahmen der Interessenausgleichs- und Sozialplanverhandlungen geklärt werden. Im obigen **Beispiel C 71** wäre es daher notwendig gewesen, vorab die Betriebsvereinbarung aus dem Jahre 1996 einvernehmlich zu modifizieren. 394

Beispiel C 72:

Die Werbeagentur P. muss die Jugendstilvilla, in der sie residiert, aufgrund von Einsturzgefahr dringend renovieren lassen. Während der geplanten Renovierungsphase von zwei Jahr sollen die Büroräume in eine leer stehende Kaserne verlagert werden. Die Buchhaltung, in der 10 Mitarbeiter beschäftigt sind, soll auf dem Kasernenhof in Wohncontainern untergebracht werden. Das Verfahren nach §§ 111, 112 BetrVG ist abgeschlossen, der Betriebsrat verweigert jedoch bezüglich der Versetzung der 10 Buchhaltungsmitarbeiter unter Berufung auf Vorschriften der Arbeitsstättenverordnung die Zustimmung. Er erklärt, keine Einwände zu haben, wenn die Container von der Geschäftsleitung bezogen werden.

Verweigert der Betriebsrat die Zustimmung und leitet der Arbeitgeber gemäß § 99 Abs. 4 BetrVG ein Zustimmungsversetzungsverfahren ein, so ist es ihm gleichwohl nicht gestattet, die personellen Maßnahmen unverzüglich durchzuführen. Vielmehr muss er den Ausgang des Zustimmungsersetzungsverfahrens, das ohne weiteres mehrere Monate oder gar Jahre in Anspruch nehmen kann, abwarten. Ist der Arbeitgeber aufgrund einer **besonderen Dringlichkeit der personellen Einzelmaßnahme** gezwungen, diese bereits vor Abschluss des Zustimmungsersetzungsverfahrens durchzuführen, so gibt ihm **§ 100 BetrVG** ein entsprechendes Instrumentarium an die Hand. Da es sich bei § 100 BetrVG um einen Sonderregelung für Dringlichkeitsfälle handelt, besteht allerdings nicht die zusätzliche Möglichkeit, die personelle Maßnahme im Wege der einstweiligen Verfügung vorläufig durch das Arbeitsgericht genehmigen zu lassen.[1330]

Gemäß § 100 Abs. 1 BetrVG kann der Arbeitgeber die **personelle Maßnahme** auch dann **vorläufig durchführen,** wenn der Betriebsrat seine Zustimmung verweigert bzw. sich hierzu noch nicht geäußert hat, sofern dies aus sachlichen Gründen dringend erforderlich ist. Geschieht dies, so muss der Arbeitgeber den Betriebsrat allerdings unverzüglich von der vorläufigen Durchführung der personellen Maßnahme in Kenntnis setzen. Akzeptiert der Betriebsrat die besondere Dringlichkeit bzw. äußert er sich hierzu nicht, so kann der Arbeitgeber bis zum Abschluss des Zustimmungsersetzungsverfahrens die Maßnahme vorläufig aufrechterhalten. Würde im **Beispiel C 72** der Betriebsrat gegen die Durchführung des Umzuges in die vorgesehenen Räumlichkeiten aufgrund der Einsturzgefahr der bisherigen Büroräume keine Einwände erheben, nachdem er von den besonderen Umständen in Kenntnis gesetzt worden ist, so könnten den Buchhaltungsmitarbeitern die Container zugewiesen werden, bis im Rahmen des Zustimmungsersetzungsverfahrens geklärt worden wäre, ob die dortigen Arbeitsplätze gegen Regelungen der Arbeitsstättenverordnung verstoßen. Nur wenn der Betriebsrat das dringende Erfordernis der Maßnahme bestreitet und dies dem Arbeitgeber wiederum unverzüglich mitteilt, muss der Arbeitgeber weitere Schritte unternehmen. Gemäß **§ 100 Abs. 2 S. 2 BetrVG** darf ein Arbeitgeber in einem solchen Fall die vorläufige personelle Maßnahme nur aufrechterhalten, wenn er in- 395

[1330] Vgl. DKW/*Bachner* § 100 Rn. 241; *Fitting* BetrVG § 99 Rn. 284, BetrVG § 100 Rn. 1; *Thüsing* in Richardi BetrVG § 100 Rn. 1 mwN.

nerhalb von drei Tagen beim Arbeitsgericht die Ersetzung der Zustimmung des Betriebsrats und die Feststellung beantragt, dass die Maßnahme aus sachlichen Gründen dringend erforderlich war. Ersetzt das Arbeitsgericht die Zustimmung des Betriebsrats zu der personellen Einzelmaßnahme, so kann die Maßnahme vom Arbeitgeber aufrechterhalten werden. Lehnt es hingegen die Zustimmungsersetzung ab, so ist die Maßnahme binnen zwei Wochen nach Rechtskraft der Entscheidung aufzuheben. Eine nachträgliche oder gleichzeitige Entscheidung des Arbeitsgerichts über den Feststellungsantrag wird vom BAG aufgrund der durch die Entscheidung über den Zustimmungsersetzungsantrag eingetretene Erledigung des Feststellungsantrags nicht für erforderlich erachtet.[1331] Etwas anderes soll nur dann gelten, wenn offensichtlich ist, dass der Arbeitgeber kein Recht zur vorläufigen Durchführung der Maßnahme hat. Dann kann das Arbeitsgericht den Feststellungsantrag vorab abweisen. Dies hat zur Folge, dass die vorläufige Maßnahme binnen zwei Wochen nach Rechtskraft der Entscheidung unabhängig von der Berechtigung des Betriebsrats zur Zustimmungsverweigerung gemäß § 99 Abs. 2 BetrVG aufgehoben werden muss.[1332]

396 Da man im **Beispiel C 72** von einer Dringlichkeit der Versetzung wird ausgehen müssen, hängt der Ausgang des Verfahrens letztlich davon ab, ob die Arbeitsplätze in den Wohncontainern den Anforderungen der Arbeitsstättenverordnung Rechnung tragen. Ist dies der Fall, kann die Maßnahme aufrechterhalten werden, andernfalls müssen die Parteien zügig eine Kompromisslösung finden. § 100 Abs. 3 S. 1 BetrVG schreibt vor, dass die Maßnahme im Falle der Ablehnung des Antrags durch das Arbeitsgericht binnen zwei Wochen nach Rechtskraft der Entscheidung aufzuheben ist. Missachtet ein Arbeitgeber die Rechte des Betriebsrats aus § 99 BetrVG, so kann dieser gemäß **§ 101 BetrVG** beim Arbeitsgericht beantragen, dem Arbeitgeber aufzugeben, die personelle Maßnahme aufzuheben. Eine entsprechende Verpflichtung zur Aufhebung einer personellen Maßnahme kann ggf. durch die Verhängung von Zwangsgeld durchgesetzt werden. Ein **mitbestimmungswidriges Verhalten** des Arbeitgebers ist demnach **kollektivrechtlich sanktioniert.** Im Falle eines groben Verstoßes des Arbeitgebers gegen Mitbestimmungsrechte des Betriebsrats kommt zudem die Einleitung eines Verfahrens nach § 23 Abs. 3 BetrVG in Betracht.[1333] Der Betriebsrat kann dem Arbeitgeber jedoch im Hinblick auf die Sondernorm des § 101 BetrVG nicht gerichtlich auferlegen lassen, die Zustimmung gemäß § 99 Abs. 1 BetrVG zu einer personellen Einzelmaßnahmen nachzuholen.[1334]

Neben der kollektivrechtlichen Sanktion mitbestimmungswidrigen Verhaltens gemäß §§ 101, 23 Abs. 3 BetrVG sind **mitbestimmungswidrige personelle Einzelmaßnahmen** auch **individualrechtlich sanktioniert.** Fehlt beispielsweise die Zustimmung des Betriebsrats zu einer Versetzung und wurde auch deren vorläufige Durchführung nicht gemäß § 100 BetrVG beantragt, so braucht der Arbeitnehmer der entsprechenden Anordnung des Arbeitgebers nicht nachkommen. Hierbei kommt es nicht darauf an, ob der Arbeitnehmer individualvertraglich verpflichtet ist, der Anweisung Folge zu leisten. Das betriebsverfassungswidrige Verhalten des Arbeitgebers gibt dem Arbeitnehmer insoweit ein Leistungsverweigerungsrecht, da das Mitbestimmungsrecht bei der Versetzung auch dem Schutz der betroffenen Arbeitnehmer dient.[1335] Anders verhält es sich nach Auffassung des BAG allerdings bei Einstellungen. Hier dient das Mitbestimmungsrecht nicht in erster Linie dem Schutz des neuen Mitarbeiters, sondern der vorhandenen Belegschaft. Ein Leistungsverweigerungsrecht soll demnach nur in Betracht kommen, wenn der Betriebsrat sich auf die Verletzung seines Mitbestimmungsrechts beruft und die Aufhebung der Einstellung

---

1331 Vgl. BAG 19.6.1984 – 1 ABR 65/82, BB 1985, 658; BAG 18.10.1988 – 1 ABR 36/87, NZA 1989, 183.

1332 Vgl. *Thüsing* in Richardi BetrVG § 100 Rn. 49; kritisch zur Rspr. des BAG *Fitting* § 100 Rn. 18 mwN.

1333 Vgl. BAG 17.3.1987 – 1 ABR 65/85, NZA 1987, 786; *Thüsing* in Richardi BetrVG § 101 Rn. 4.

1334 Vgl. BAG 20.2.2001 – 1 ABR 30/00, NZA 2001, 1033.

1335 Vgl. BAG 26.1.1988 – 1 AZR 531/86, NZA 1988, 476; ErfK/*Kania* BetrVG § 99 Rn. 46; *Thüsing* in Richardi BetrVG § 99 Rn. 334; *Raab* ZfA 1995, 479.

verlangt.[1336] Zusammenfassend bleibt festzuhalten, dass ein Unternehmer, plant er im Rahmen einer Umstrukturierungsmaßnahme in größerem Umfange personelle Einzelmaßnahmen, nach Möglichkeit frühzeitig eine Einigung mit dem Betriebsrat hierüber erzielen sollte. Stehen ihm keine besonderen Dringlichkeitsgründe zur Seite und muss er aufgrund der Verweigerung der Zustimmung durch den Betriebsrat ein Zustimmungsversetzungsverfahren einleiten, so kann dies, wird das Verfahren über zwei oder gar drei Instanzen geführt, mehrere Jahre in Anspruch nehmen.

c) Mitbestimmungsrechte des Betriebsrates bei Kündigungen gemäß § 102 BetrVG

Die Beteiligungsrechte des Betriebsrats bei Kündigungen gemäß § 102 BetrVG sind im 397
Vergleich zu den Beteiligungsrechten in sozialen und personellen Angelegenheiten schwächer ausgestaltet. Nach der Konzeption des § 102 BetrVG ist der Betriebsrat zwar vor Ausspruch jeder Kündigung zu hören. Auch kann er, hat er gegen eine ordentliche Kündigung Bedenken, diese dem Arbeitgeber binnen einer Frist von einer Woche schriftlich mitteilen. Widerspricht der Betriebsrat der Kündigung, so kann der Arbeitgeber aber gleichwohl das Arbeitsverhältnis wirksam kündigen. Der Durchführung eines Einigungsstellenverfahrens bedarf es vor Ausspruch einer wirksamen Kündigung ebenso wenig wie der Ersetzung der Zustimmung des Betriebsrats durch das Arbeitsgericht.[1337] Auch wenn das Beteiligungsrecht des Betriebsrats bei Kündigungen demnach verhältnismäßig schwach ausgestaltet ist, hat es in der Praxis gleichwohl eine große Bedeutung. Dies hängt damit zusammen, dass die **Anforderungen,** die das BAG **an eine ordnungsgemäße Betriebsratsanhörung** stellt, **außerordentlich hoch** sind. Dies gilt insbesondere für betriebsbedingte Kündigungen, die mit einer Sozialauswahl einhergehen. Hier sind dem Betriebsrat nicht nur die Sozialdaten der zu kündigenden Mitarbeiter, sondern sämtlicher vergleichbaren Mitarbeiter mitzuteilen.[1338] Im Falle von Massenentlassungen gilt dies ebenso.[1339] Insbesondere genügt es auch nicht für eine ordnungsgemäße Anhörung gemäß § 102 BetrVG, wenn sich Betriebsrat und Arbeitgeber im Rahmen des Interessenausgleichsverfahrens auf eine Liste der zu kündigenden Arbeitnehmer einigen.[1340] Für einen juristisch nicht geschulten Arbeitgeber ist es außerordentlich schwierig, den Anforderungen der Rechtsprechung in vollem Umfange zu genügen. Da § 102 Abs. 1 S. 2 BetrVG vorschreibt, dass eine ohne Anhörung des Betriebsrats ausgesprochene Kündigung unwirksam ist, und da nach Auffassung des BAG eine unzureichende Betriebsratsanhörung einer fehlenden Betriebsratsanhörung gleichsteht,[1341] scheitern Kündigungen nicht selten bereits an dieser Hürde. Erschwerend kommt hinzu, dass eine abschließende Stellungnahme des Betriebsrats zur Kündigung oder gar eine ausdrückliche (nachträgliche) Zustimmung des Betriebsrats eine unzureichende Betriebsratsanhörung nicht zu heilen vermag.[1342] Der Arbeitgeber hat hier nur die Möglichkeit, nochmals eine Betriebsratsanhörung durchzuführen und die Kündi-

1336 Vgl. BAG 5.4.2001 – 2 AZR 580/99, NZA 2001, 893; *Thüsing* in Richardi BetrVG § 99 Rn. 329.

1337 Ausnahmsweise ist es allerdings denkbar, dass aufgrund einer entsprechenden tariflichen Regelung oder einer Betriebsvereinbarung gemäß § 102 Abs. 6 BetrVG die Zustimmung des Betriebsrats zu arbeitgeberseitigen Kündigungen erforderlich ist. Vgl. zur Zulässigkeit derartiger Tarifnormen BAG 21.6.2000 – 4 AZR 379/99, NZA 2001, 271; vgl. zu Betriebsvereinbarungen gemäß § 102 Abs. 6 BetrVG *Mauer* BB 2000, 2518.

1338 Vgl. BAG 29.3.1984 – 2 AZR 429/83, NZA 1984, 169; vgl. eingehend *Bitter* NZA Beil. 3/1991, 16; vgl. zu den Anforderungen auch *Hümmerich* RdA 2000, 345 (349).

1339 Vgl. BAG 16.9.1993 – 2 AZR 267/93, NZA 1994, 311; vgl. ferner *Fitting* BetrVG § 102 Rn. 30; DKW/*Bachner* BetrVG § 102 Rn. 104.

1340 Vgl. BAG 20.5.1999 – 2 AZR 532/98, DB 2000, 148.

1341 Vgl. grundlegend BAG 4.8.1975 – 2 AZR 266/74, DB 1975, 2184; BAG 1.4.1976 – 2 AZR 179/75, DB 1976, 1241; ausführlich BAG 16.9.1993 – 2 AZR 267/93, NZA 1994, 311; vgl. ferner *Fitting* BetrVG § 102 Rn. 56; DKW/*Bachner* BetrVG § 102 Rn. 253; *Thüsing* in Richardi BetrVG § 102 Rn. 128.

1342 Vgl. BAG 28.9.1978 – 2 AZR 2/77, DB 1979, 1135; BAG 28.2.1974 – 2 AZR 455/73, DB 1974, 1294. Stimmt der Betriebsrat einer Kündigung vorbehaltlos zu, so können sich allerdings unter besonderen Voraussetzungen Ausnahmen ergeben, vgl. BAG 16.3.1978 – 2 AZR 424/76, DB 1978, 1454.

gung zu wiederholen. Mit dem Gesetz zu Reformen des Arbeitsmarktes vom 24.12. 2003[1343] hat der Gesetzgeber § 4 Abs. 1 KSchG dahingehend ergänzt, dass nunmehr auch eine unzureichende oder fehlende Betriebsratsanhörung innerhalb von 3 Wochen nach Zugang der Kündigung geltend zu machen ist. Vor dieser Gesetzesänderung konnte dies auch noch zu einem späteren Zeitpunkt erfolgen, was große Rechtsunsicherheit zur Folge hatte.[1344]

398 **Beispiel C 73:**

Der Großhandelsunternehmer U sieht sich aufgrund eines drastischen Umsatzeinbruchs gezwungen, in nahezu allen Abteilungen Personal abzubauen. Mit dem Betriebsrat wird ein Interessenausgleich und Sozialplan verhandelt. Der Sozialplan ist großzügig dotiert, im Gegenzug stimmt der Betriebsrat ohne nähere Information in dem Interessenausgleich sämtlichen Kündigungen zu.

Auch wenn der Betriebsrat mit der Vorgehensweise des Arbeitgebers einverstanden war und den Kündigungen ausdrücklich zugestimmt hat, können die gekündigten Arbeitnehmer bereits aufgrund der offenkundig unzureichenden Betriebsratsanhörung die Kündigungen zu Fall bringen. In einem solchen Fall müssen die Betriebspartner, sind sie sich über den Personalabbau im Grundsatz einig, gleichwohl ein ordnungsgemäßes Anhörungsverfahren durchführen. Zwar besteht nicht die Notwendigkeit, die Betriebsratsanhörung gemäß § 102 BetrVG schriftlich durchzuführen.[1345] Es muss aber zumindest sichergestellt werden, dass der im Prozess darlegungs- und beweisbelastete Arbeitgeber[1346] nachweisen kann, dass er den Betriebsrat ordnungsgemäß unterrichtet hat. Zu diesem Zweck sollte dem Betriebsrat zumindest eine Übersicht über sämtliche Sozialdaten der zu kündigenden und in die Sozialauswahl einbezogenen Mitarbeiter nebst der Kündigungsfristen und -termine zur Verfügung gestellt werden. Die Informationen über die Kündigungsgründe sowie die der Sozialauswahl zugrundeliegenden Überlegungen können sodann ggf. für alle zu kündigenden Arbeitnehmer gemeinsam erteilt werden.

Wie bereits erwähnt, macht der **Widerspruch des Betriebsrats gegen eine Kündigung** diese nicht unwirksam. Beruft sich der Betriebsrat im Falle einer geplanten ordentlichen Kündigung allerdings innerhalb der einwöchigen Stellungnahmsfrist auf einen der in § 102 Abs. 3 Nr. 1–5 BetrVG aufgeführten Widerspruchsgründe und erhebt der von der Kündigung betroffene Arbeitnehmer sodann Kündigungsschutzklage gemäß § 4 KSchG, so muss der Arbeitgeber diesen gemäß **§ 103 Abs. 5 S. 1 BetrVG** nach Ablauf der Kündigungsfrist bis zum rechtskräftigen Abschluss des Rechtsstreits zu unveränderten Arbeitsbedingungen weiterbeschäftigen, sofern der Arbeitnehmer dies verlangt. Dieser **betriebsverfassungsrechtliche Weiterbeschäftigungsanspruch** ist bedeutsam, da ein Arbeitnehmer jedenfalls während eines erstinstanzlichen Kündigungsschutzverfahrens in der Regel keinen Weiterbeschäftigungsanspruch gegen den Arbeitgeber über die Kündigungsfrist hinaus hat. Der Große Senat des BAG vertritt die Auffassung, dass im Regelfall bis zu einem der Kündigungsschutzklage stattgebenden erstinstanzlichen Urteil die Ungewissheit über den Ausgang des Kündigungsschutzverfahrens ein schützenswertes Interesse des Arbeitgebers an der Nichtbeschäftigung des gekündigten Arbeitnehmers begründet.[1347] Liegen die Voraussetzungen eines auf § 102 Abs. 5 S. 1 BetrVG gestützten Weiterbeschäftigungsanspruchs vor, kann ein Arbeitnehmer demnach entgegen der Regel Weiterbeschäftigung und damit auch Vergütung über den Kündigungstermin hinaus verlangen. Damit

[1343] BGBl. I S. 3002.

[1344] Vgl. 4. Aufl. Rn. C 397.

[1345] Dies gilt auch für komplexe Kündigungssachverhalte, vgl. BAG 6.2.1997 – 2 AZR 168/96, NZA 1997, 877; vgl. hierzu auch *Bader* NZA-RR 2000, 57 (58) mwN.

[1346] Vgl. BAG 19.8.1975 – 1 AZR 613/74, DB 1975, 2138; BAG 7.11.1975 – 1 AZR 74/74, DB 1976, 248.

[1347] Vgl. BAG GS 27.2.1985 – GS 1/84, NZA 1985, 702; *Steinhauser/Lingemann* NJW 2015, 844.

ist der Arbeitgeber selbst für den Fall des Obsiegens in dem Kündigungsschutzverfahren wirtschaftlich nicht unerheblich belastet.[1348]

Wichtig ist nun, dass neben der Notwendigkeit eines fristgerecht und schriftlich erklärten Widerspruchs auch **materielle Anforderungen** an einen ordnungsgemäßen Widerspruch gestellt werden. Danach muss ein Widerspruch sich auf einen der in § 102 Abs. 3 BetrVG genannten Gründe beziehen und durch die Angabe konkreter Tatsachen begründet werden.[1349] Die Ausführungen des Betriebsrats müssen es folglich zumindest als möglich erscheinen lassen, dass einer der in § 102 Abs. 3 BetrVG genannten Widerspruchsgründe vorliegt. Dies muss zudem mit der positiven Behauptung widerspruchsbegründender Tatsachen untermauert werden. Ein bloßer pauschaler Hinweis auf eine unzureichende Sozialauswahl oder anderweitige Beschäftigungsmöglichkeiten genügt demnach nicht. Das BAG hat wiederholt klargestellt, dass der Betriebsrat konkret darlegen muss, auf welchem freien Arbeitsplatz eine Weiterbeschäftigung des zu kündigenden Arbeitnehmers in Betracht kommt.[1350] Insoweit bestehen ähnliche Anforderungen wie an eine beachtliche Zustimmungsverweigerung gemäß § 99 Abs. 2 BetrVG.[1351] Bei den in § 102 Abs. 3 BetrVG aufgezählten Widerspruchsgründen handelt es sich in erster Linie um Aspekte, die bei dem Ausspruch betriebsbedingter Kündigungen von Relevanz sein können. So kann der Betriebsrat der Kündigung widersprechen, wenn 399

1. der Arbeitgeber bei der Auswahl des zu kündigenden Arbeitnehmers soziale Gesichtspunkte nicht oder nicht ausreichend berücksichtigt hat,
2. die Kündigung gegen eine Richtlinie nach § 95 BetrVG verstößt,
3. der zu kündigende Arbeitnehmer an einem anderen Arbeitsplatz im selben Betrieb oder in einem anderen Betrieb des Unternehmens weiterbeschäftigt werden kann,
4. die Weiterbeschäftigung des Arbeitnehmers nach zumutbaren Umschulungs- oder Fortbildungsmaßnehmen möglich ist oder
5. eine Weiterbeschäftigung des Arbeitnehmers unter geänderten Vertragsbedingungen möglich ist und der Arbeitnehmer sein Einverständnis hiermit erklärt hat.

Sämtliche **Widerspruchsgründe** haben einen **kollektiven Einschlag.**[1352] Da es für einen begründeten Widerspruch des Überblicks über die Gegebenheiten im Betrieb und im Unternehmen bedarf, über die regelmäßig nur der Betriebsrat verfügt, kann die Begründung eines Widerspruchs durch den Betriebsrat für den Arbeitnehmer in einem Kündigungsschutzprozess regelmäßig sehr hilfreich sein. Da der Arbeitgeber dem Arbeitnehmer, widersprich der Betriebsrat der Kündigung, gemäß § 102 Abs. 4 BetrVG eine Abschrift der Stellungnahme des Betriebsrats zuleiten muss, kommt dem Betriebsratswiderspruch neben dem daraus uU resultierenden Weiterbeschäftigungsanspruch gemäß § 102 Abs. 5 BetrVG gerade im Falle angreifbarer betriebsbedingter Kündigungen eine nicht unerhebliche Bedeutung zu.

Im Hinblick auf die erheblichen wirtschaftlichen Konsequenzen, die der betriebsverfassungsrechtliche Weiterbeschäftigungsanspruch für den Arbeitgeber haben kann, hat der Gesetzgeber in **§ 102 Abs. 5 S. 2 BetrVG** die Möglichkeit vorgesehen, den Arbeitgeber bei Vorliegen im Einzelnen normierter Voraussetzungen **von der Weiterbeschäftigungspflicht zu entbinden.** 400

1348 Vgl. zum Weiterbeschäftigungsanspruch *Lingemann/Steinhauser* NJW 2014, 3765.

1349 Vgl. hierzu LAG Hamburg 29.10.1975 – 5 Sa 92/75, BB 1976, 184; LAG Düsseldorf 5.1.1976 – 9 Sa 1604/75, DB 1976, 1065; LAG München 17.8.1994 – 5 Sa 679/94, LAGE § 102 BetrVG Nr. 18 Beschäftigungspflicht; LAG München 16.8.1995 – 9 Sa 543/95, LAGE § 102 BetrVG Nr. 22 Beschäftigungspflicht; ferner DKW/*Bachner* BetrVG § 102 Rn. 204; *Fitting* BetrVG § 102 Rn. 71; mwN; *Mareck* BB 2000, 2042 (2043).

1350 BAG 17.6.1999 – 2 AZR 608/98, BB 1999, 2090; BAG 11.5.2000 – 2 AZR 54/99, DB 2000, 1969.

1351 Vgl. hierzu → Rn. 392.

1352 Vgl. so auch *Fitting* BetrVG § 102 Rn. 73.

Beispiel C 74:

Die Fa. B & Söhne steht unter starkem wirtschaftlichem Druck. Um einen Konkurs abzuwenden, entschließt sich der Inhaber B, 30 % der Belegschaft abzubauen. Unter Hinweis auf die schwierige wirtschaftliche Situation einigen sich die Betriebspartner zügig auf einen Interessenausgleich und Sozialplan und B will die Kündigungen aussprechen. Da der Betriebsrat mit der angestellten Sozialauswahl nicht einverstanden ist, widerspricht er jedoch mit ausführlicher Begründung ca. der Hälfte der ordentlichen Kündigungen. Die betroffenen Mitarbeiter erheben Klage beim Arbeitsgericht und begehren über den Kündigungstermin hinaus die Weiterbeschäftigung. Die Fa. B & Söhne kann die sich daraus ergebenden Kosten nicht tragen und berät sich mit seinem Anwalt.

In § 102 Abs. 5 S. 2 BetrVG ist geregelt, dass der Arbeitgeber sich durch einstweilige Verfügung von der Pflicht gemäß § 102 Abs. 5 S. 1 BetrVG zur Weiterbeschäftigung nach Ablauf der Kündigungsfrist durch das Arbeitsgericht befreien lassen kann, wenn
1. die Klage des Arbeitnehmers keine hinreichende Aussicht auf Erfolg bietet oder mutwillig erscheint,
2. die Weiterbeschäftigung des Arbeitnehmers zu einer unzumutbaren wirtschaftlichen Belastung des Arbeitgebers führen würde oder
3. der Widerspruch des Betriebsrats offensichtlich unbegründet war.

401 Da es sich bei den Kündigungen im **Beispiel C 74** um dringend notwendige Sanierungsmaßnahmen handelt und im Falle einer Weiterbeschäftigungspflicht die Insolvenz des Unternehmens nicht mehr abgewendet werden könnte, bestehen hier gute Aussichten, vom Arbeitsgericht von der Weiterbeschäftigungspflicht entbunden zu werden. Gleichwohl ist zu berücksichtigen, dass es sich nach dem Willen des Gesetzgebers bei Vorliegen der Voraussetzungen des § 102 Abs. 5 S. 1 BetrVG bei der Weiterbeschäftigungspflicht um den Regelfall handelt, so dass die Anforderungen an eine Entbindung nach § 102 Abs. 5 S. 2 BetrVG grundsätzlich hoch sind. Ferner muss der Arbeitgeber den Verfügungsanspruch und den Verfügungsgrund in dem Verfahren glaubhaft machen. Um sich nicht des Verfügungsgrundes zu begeben, sollte ein entsprechender Antrag regelmäßig zeitnah nach Zugang des Weiterbeschäftigungsbegehrens des gekündigten Arbeitnehmers gestellt werden, auch wenn der Antrag selbst nicht fristgebunden ist.[1353]

Gerade in Fällen eines umfassenden Personalabbaus, wo Weiterbeschäftigungsansprüche das hiermit angestrebte Ziel konterkarieren könnten, ist es nach alle dem wichtig, es nach Möglichkeit zu einer entsprechenden Situation erst gar nicht kommen zu lassen. Bereits im Rahmen des Interessenausgleichsverfahrens sollte demnach versucht werden, von dem Betriebsrat das Zugeständnis zu erlangen, den beabsichtigten Kündigungen nicht bzw. nicht begründet zu widersprechen. Verweigert der Betriebsrat ohne nähere Begründung die Zustimmung zu den Kündigungen bzw. lässt er die einwöchige Stellungnahmsfrist verstreichen, so ist dies im Hinblick auf einen etwaigen Weiterbeschäftigungsanspruch nach § 102 Abs. 5 S. 1 BetrVG unschädlich. Umgekehrt beschneidet der Betriebsrat durch ein solches Vorgehen auch nicht die Rechte der von ihm vertretenen Arbeitnehmer. Auch wenn der Betriebsrat der Kündigung nicht begründet widerspricht, steht es diesen frei, Kündigungsschutzklage zu erheben. Sollten sie mit der Kündigungsschutzklage erstinstanzlich erfolgreich sein, steht ihnen nach der Rechtsprechung des BAG ohnedies ein Weiterbeschäftigungsanspruch zu.[1354] Festzuhalten bleibt, dass das Beteiligungsrecht des Betriebsrats bei Kündigungen gemäß § 102 BetrVG zwar im Vergleich zu den Beteiligungsrechten nach §§ 87, 99, 111, 112 BetrVG schwach ausgestaltet ist. Der Betriebsrat kann den Arbeitgeber lediglich durch einen begründeten Widerspruch gegen die Kündigungen Probleme bereiten, da hier ein weitreichender Weiterbeschäftigungsanspruch der gekündigten Arbeitnehmer über den Kündigungstermin hinaus droht. Gleichwohl spielt die Betriebs-

[1353] Vgl. *Mareck* BB 2000, 2042 (2044).
[1354] Vgl. hierzu → Rn. 398.

ratsanhörung in der Praxis eine große Rolle, da die Anforderungen, die insoweit an den Arbeitgeber gestellt werden, sehr hoch sind. Ist die Betriebsratsanhörung unterblieben bzw. fehlerhaft, so hat dies die Unwirksamkeit der Kündigung zur Folge. Dies ist eine Sanktion mit gravierenden wirtschaftlichen und tatsächlichen Folgen.

2. Besondere Beteiligungsrechte des Betriebsrates bei Massenentlassungen

Ein weiteres Beteiligungsrecht des Betriebsrats, das im Falle von Unternehmensumstrukturierungen Beachtung finden muss, ist in **§ 17 Abs. 2 KSchG** geregelt. Nach dieser Vorschrift hat der Arbeitgeber, beabsichtigt er eine gemäß § 17 Abs. 1 KSchG anzeigepflichtige Massenentlassung vorzunehmen, den Betriebsrat rechtzeitig hierüber zu unterrichten und muss sodann die Massenentlassung der Agentur für Arbeit anzeigen. Diese besondere Unterrichtungs- und Beratungspflicht wurde aufgrund der Richtlinie zur Angleichung der Rechtsvorschriften der Mitgliedstaaten über Massenentlassungen 75/129/EWG vom 17.2. 1975[1355] in § 17 KSchG aufgenommen.[1356] Eine Konkretisierung der Unterrichtungspflichten ist mit dem Gesetz zur Anpassung arbeitsrechtlicher Bestimmungen an das EG-Recht vom 20.7.1995 erfolgt. Hintergrund waren insoweit die weiter gehenden Anforderungen der Richtlinie 92/56/EWG vom 24.6.1992 zur Angleichung der Rechtsvorschriften der Mitgliedstaaten über Massenentlassungen,[1357] denen der deutsche Gesetzgeber Rechnung tragen musste.[1358] Die jüngste Massenentlassungsrichtlinie 98/59/EG datiert 20.7.1998 (nachfolgend: MERL).[1359] 402

Das BAG ist ebenso wie die Arbeitsverwaltung über Jahre hinweg davon ausgegangen, dass der Begriff der Entlassung iSd §§ 17, 18 KSchG nicht den Ausspruch der Kündigung, sondern den Zeitpunkt der rechtlichen Beendigung des Arbeitsverhältnisses bezeichnet. Eine Massenentlassungsanzeige musste demnach erfolgen, wenn eine bestimmte Anzahl von Arbeitsverhältnissen innerhalb von 30 Kalendertagen endete.[1360] Der EuGH hat in der sog. „Junk"-Entscheidung vom 27.1.2005[1361] eine überraschende Wende herbeigeführt und klargestellt, dass die Kündigungserklärung des Arbeitgebers das Ereignis sei, das als „Entlassung" iSd Richtlinie 98/59/EG gelte. Damit hat der EuGH in Deutschland ein kleines Erdbeben ausgelöst.[1362] Da der Gesetzgeber die dadurch entstandene Verwirrung und Ungereimtheiten nicht aufgelöst hat, herrschte über einen Zeitraum von mehr als einem Jahr große Konfusion über die Frage, wie nun im Falle von Massenentlassungen vorzugehen ist. Die in der Literatur verbreiteten Ratschläge gingen vielfach dahin, vorsorglich sowohl vor Ausspruch der Kündigungen als auch neuerlich vor Eintritt der Entlassungen die Massenentlassung anzuzeigen.[1363] Dies war zweifelsohne ein unhaltbarer Zustand. Das BAG hat in der Entscheidung vom 23.3.2006[1364] etwas Klarheit in die verworrene Situation gebracht, auch wenn die Systematik der §§ 17, 18 KSchG auf der Basis des geänderten Verständnisses des Entlassungsbegriffs nicht mehr schlüssig und sinnvoll ist. 403

Es ist nun kurz gefasst von Folgendem auszugehen: Plant der Arbeitgeber einen Personalabbau, so muss er auf der Basis der Belegschaftsstärke zum Zeitpunkt der beabsichtigten 404

[1355] Abl. 1975, L 48, 29.

[1356] Vgl. hierzu *Becker* NJW 1976, 2057; *Weiss* RdA 1992, 367; zur geschichtlichen Entwicklung *Schaub/Schindele* Rn. 297 ff.; siehe auch Anlage II.

[1357] Abl. EG Nr. L 245/3, abgedr. in RdA 1992, 387.

[1358] Vgl. hierzu *Grünberger* NJW 1995, 2809; *Schiefer* DB 1995, 1910; *Weiss* RdA 1992, 369.

[1359] Abl. EG 1998 L 225, 16.

[1360] Vgl. BAG 24.10.1996 – 2 AZR 895/95, NZA 1997, 373.

[1361] – C-188/03, DB 2005, 454.

[1362] *Spelge* spricht von einem „Urknall" des Massenentlassungsschutzes, EuZA 2018, 67 (71).

[1363] Vgl. zu der umfangreichen Diskussion ua *Appel* DB 2005, 1002; *Bauer/Krieger/Powietzka* DB 2005, 445; *Dornbusch/Wolff* BB 2005, 885; *Ferme/Lipinski* NZA 2006, 937; *Jacobs/Naber* SAE 2006, 61; *Nicolai* NZA 2005, 206; *Osnabrügge* NJW 2005, 1093, jeweils mwN.

[1364] 2 AZR 343/05, NZA 2006, 971; ebenso BAG 13.7.2006 – 6 AZR 198/06, NZA 2007, 25.

Kündigungen prüfen, ob die Schwellenwerte des § 17 Abs. 1 KSchG überschritten sind und ob eine anzeigepflichtige Massenentlassung vorliegt. Ist dies der Fall, so hat er hierüber zunächst den Betriebsrat (§ 17 Abs. 2 KSchG) und dann die Agentur für Arbeit zu unterrichten (§ 17 Abs. 3 KSchG). Der Betriebsrat hat eine Stellungnahme zu der geplanten Massenentlassung abzugeben, die der Agentur für Arbeit vom Arbeitgeber zuzuleiten ist. Gibt der Betriebsrat keine Stellungnahme ab, muss der Arbeitgeber nachweisen, dass er ordnungsgemäß informiert und konsultiert hat und kann im Grundsatz frühestens 2 Wochen später die Anzeige einreichen. Der Arbeitgeber ist daher gut beraten, das Verfahren von Beginn an gut zu dokumentieren. Denn sowohl eine unterbliebene oder unzureichende Konsultation als auch eine unterbliebene oder unzureichende Anzeige machen die Kündigungen unwirksam. Nach Einreichung der Massenentlassungsanzeige können die Kündigungen ausgesprochen werden. Gemäß § 18 Abs. 1 KSchG werden anzeigepflichtige Massenentlassungen nicht vor Ablauf eines Monats nach Eingang der Anzeige bei der Agentur für Arbeit wirksam, sofern das Arbeitsamt dem nicht ausdrücklich zustimmt. Im Einzelfall kann die Agentur für Arbeit sogar bestimmen, dass die Entlassungen nicht vor Ablauf von zwei Monaten nach Eingang der Anzeige wirksam werden (§ 18 Abs. 2 KSchG). Diese Sperrfrist wirkt sich wie eine gesetzliche Mindestkündigungsfrist aus und hat de facto nur noch bei kurzen Kündigungsfristen praktische Relevanz. Die Entlassungen müssen innerhalb von 90 Tagen durchgeführt werden (§ 18 Abs. 4 KSchG), andernfalls ist, liegen die Voraussetzungen für eine Massenentlassung neuerlich vor, das Verfahren zu wiederholen.

Bei alle dem ist, was die Thematik noch komplexer und für die beratenden Anwälte gefahrgeneigter macht, nicht der betriebsverfassungsrechtliche, sondern der **unionsrechtliche Betriebsbegriff** zugrunde zu legen. Damit kann nicht davon ausgegangen werden, dass immer in den Einheiten, in denen ein Betriebsrat gewählt ist, der richtige Anknüpfungspunkt für den Betrieb iSd § 17 KSchG ist. Vielmehr verhält sich so, dass es bei der Frage, ob eine Massenentlassungskonsultation durchzuführen und eine Anzeige einzureichen ist, eine andere Ausgangslage besteht als bei der Frage, ob die Voraussetzungen für eine Betriebsänderung gegeben sind. Bei der Analyse, bei welcher Organisationseinheit von einem Betrieb im Sinne der MERL auszugehen ist, sollte erhebliche Sorgfalt an den Tag gelegt werden. Sowohl eine unzureichende oder unterbliebene Massenentlassungskonsultation – insbesondere auch die Konsultation des falschen Gremiums – als auch eine unterbliebene oder unzutreffende Anzeige können bekanntlich zur Unwirksamkeit der Kündigungen führen. Demgemäß ist es bei der Planung und Umsetzung einer Massenentlassung **von großer Wichtigkeit,** auch das Konsultationsverfahren gemäß § 17 Abs. 2 KSchG – ggf. neben dem Verfahren nach §§ 111, 112 BetrVG – sorgfältig vorzubereiten und durchzuführen. Gerade in Kündigungsschutzprozessen werden unzureichende Massenentlassungsanzeigen bzw. Konsultationsverfahren zunehmend zu **teuren Stolpersteinen.**

a) Anzeigepflichtige Massenentlassungen gemäß § 17 Abs. 1 KSchG

405 Um anzeigepflichtige Massenentlassungen gemäß § 17 Abs. 1 KSchG handelt es sich, wenn der Arbeitgeber

1. in Betrieben mit in der Regel mehr als 20 und weniger als 60 Arbeitnehmern mehr als 5 Arbeitnehmer,
2. in Betrieben mit in der Regel mindestens 60 und weniger als 500 Arbeitnehmern 10% der im Betrieb regelmäßig beschäftigten Arbeitnehmer oder aber mehr als 25 Arbeitnehmer,
3. in Betrieben mit in der Regel mindestens 500 Arbeitnehmern mindestens 30 Arbeitnehmer

innerhalb von 30 Kalendertagen entlässt.

aa) Betriebsbegriff iSd MERL. Für die Prüfung der Frage, ob eine Massenentlassung vorliegt, kommt es nun ausschließlich auf das Verhältnis der in der Regel im Betrieb Beschäftigten zu der Anzahl der zu kündigenden Arbeitnehmer an. Die Frage, wie viele Beschäftigte ein **Betrieb** hat, ist demnach von zentraler Bedeutung. Schließlich kann, ermittelt man die Zahl der Beschäftigten unzutreffend, eine Massenentlassungsanzeige fälschlicherweise unterbleiben, was die Unwirksamkeit aller Kündigungen zur Folge hat.[1365] 406

Beispiel C 75:

Eine internationale Anwaltskanzlei beschäftigt in Köln in schicke Räumlichkeiten in der Innenstadt 175 Mitarbeiter, vor den Toren der Stadt hat sie zudem in einem Gewerbegebiet Büroräumlichkeiten angemietet, in denen Mitarbeiter untergebracht sind, die zentral für alle Standorte in Deutschland die Buchhaltung, das Marketing, die Personalverwaltung etc. erledigen. Dort sind 55 Beschäftigte tätig. Der Managing Partner des Standorts Köln ist für das Dienstleistungszentrum, das nur 10 Autominuten entfernt ist, mit verantwortlich. Ferner gibt es noch einen Director General Administration für Deutschland. Nachdem zwei Jahre in Folge die Ergebnisse der deutschen Standorte erheblich hinter den Ergebnissen der Büros in England und den USA zurückgeblieben sind und der Kostendruck steigt, wird entschieden, die Buchhaltung und weitere administrative Funktionen in Deutschland aufzugeben und zukünftig aus einem Vorort von London heraus erledigen zu lassen. Hier unterhält die Kanzlei bereits ein großes Dienstleistungszentrum. Demgemäß sollen in Köln 40 Mitarbeiter gekündigt und die verbleibenden 15 Mitarbeiter in die Innenstadt versetzt werden. Es ist geplant, den Personalabbau im Abstand von 2 Monaten in 2 Wellen á 20 Beschäftigte vorzunehmen, weil ein aufwändiges Massenentlassungsanzeigenverfahren vermieden werden soll. Die Überlegung ist, dass man bei einer Gesamtbeschäftigtenzahl am Standort Köln von 230 Mitarbeitern damit jeweils unter dem Schwellenwert des § 17 Abs. 1 Nr. 2 KSchG von 10 % bleibt.

Bis vor wenigen Jahren war es anerkannt, dass der Betriebsbegriff gemäß § 17 KSchG mit dem betriebsverfassungsrechtlichen Betriebsbegriff deckungsgleich ist. Das BAG führte ausdrücklich aus: *„Der Begriff des Betriebs in § 17 KSchG entspricht dabei dem in §§ 1, 4 BetrVG."*[1366] Dies mag zwar nach wie vor in der Mehrzahl der Fälle zutreffen, hat aber nicht in allen Fällen Bestand. Der Betriebsbegriff des § 17 KSchG, der auf die MERL zurückgeht, ist nach der Rechtsprechung des EuGH als unionsrechtlicher Begriff autonom, einheitlich und gemeinschaftsrechtlich auszulegen.[1367] Er kann nicht anhand von Rechtsvorschriften der Mitgliedstaaten bestimmt werden, sondern er ist in der Unionsrechtsordnung einheitlich.[1368] Soweit das BAG in früheren Entscheidungen zumindest auch ein nationales Begriffsverständnis zugrunde gelegt hat, hat es sich hiervon in der viel beachteten Entscheidung vom 13.2.2020, in der es um die Kündigungen der Air Berlin Mitarbeiter ging, explizit verabschiedet.[1369] Zu berücksichtigen ist allerdings, dass alleine die nationalen Gerichte zu entscheiden haben, ob eine bestimmte Einheit die Voraussetzungen des Betriebsbegriffs iSd. MERL erfüllt.[1370] 407

Nach dem **unionsrechtlichen Betriebsbegriff** gibt es keine hohen organisatorischen Anforderungen an die erforderliche Leitungsstruktur. Der EuGH fordert eine unterscheidbare Einheit von einer gewissen Dauerhaftigkeit und Stabilität, die zur Erledigung einer 408

1365 Vgl. zu den Rechtsfolgen → Rn. 434.

1366 BAG 28.6.2012 – 6 AZR 780/10, NZA 2012, 1029 Rn. 41 mwN zur stRspr.

1367 EuGH 30.4.2015, NZA 2015, 601 – USDAW und Wilson; vgl. zur europarechtskonformen Auslegung Gallner/Mestwerdt/Nägele/*Pfeiffer* KSchG § 17 Rn. 16; Linck/Krause/Bayreuther/*Bayreuther* KSchG § 17 Rn. 13f.; ErfK/*Kiel* KSchG § 17 Rn. 11.

1368 Vgl. EuGH 13.5.2015 – C-392/13 – Rabal Canas Rn. 42; so auch *Spelge* RdA 2018, 297 (299); *Spelge* EuZA 2018, 677; Gallner/Mestwerdt/Nägele/*Pfeiffer* § 17 KSchG Rn. 16; ErfK/*Kiel* § 17 KSchG Rn. 11; *Mückl/Wittek* BB 2020, 1332 (1333f.); *Dimsic* NJW 2016, 901 (903).

1369 6 AZR 146/19, ZA 2020, 1006, explizit Rn. 32;

1370 Vgl. hierzu BAG 13.2.2020 – 6 AZR 146/19, NZA 2020, 1006 Rn. 34.

der mehrerer Aufgaben bestimmt ist und über eine Gesamtheit von Arbeitnehmern sowie über technische Mittel und eine organisatorische Struktur zur Erfüllung dieser Aufgaben verfügt. Der Betrieb ist die Einheit, der die Arbeitnehmer zur Erfüllung ihrer Aufgaben angehören. Umgekehrt ist es nicht erforderlich, dass die Einheit rechtlich, wirtschaftlich, finanziell, verwaltungsmäßig oder technologisch autonom ist. Sie muss daher auch keine Leitung haben, die selbständig Massenentlassungen vornehmen kann. Es genügt, wenn die Leitung für die ordnungsgemäße Durchführung von Arbeiten Sorge trägt, den Gesamtbetrieb und die Einrichtungen kontrolliert und technische Probleme im Sinne einer Aufgabenkoordination lösen kann.[1371] Nicht relevant ist demgegenüber, ob die Leitung eine Massenentlassungsanzeige erstatten kann oder ob eine wie auch immer geartete Autonomie besteht.[1372]

409 Legt man dies zugrunde, so wird man in allen Fällen, in denen Betriebe iSd § 1 BetrVG bestehen, insbesondere in den Fällen, in denen in Unternehmen nur einen Betrieb hat, davon ausgehen können, dass es sich um eine Einheit iSd MERL handelt. Schwieriger wird es bei komplexeren Strukturen. Hier kann man ggf. auch zu unterschiedlichen Ergebnissen gelangen, legt man den betriebsverfassungsrechtlichen und den unionsrechtlichen Betriebsbegriff zugrunde.[1373] Denn der unionsrechtliche Betriebsbegriff ist weiter. Er verlangt weder eine Leitungsfunktion vor Ort bezüglich personeller und sozialer Einzelmaßnahmen noch ist die örtliche Entfernung zum Hauptbetrieb von Relevanz.[1374] Probleme können daher insbesondere bei **Betriebsteilen** iSd § 4 Abs. 1 BetrVG entstehen:

409a So ist der in **§ 4 Abs. 1 S. 1 Nr. 1 BetrVG** geregelte Fall, dass ein Betriebsteil schon dadurch als selbständig anzusehen ist, dass er räumlich weit vom Hauptbetrieb entfernt liegt, in der EuGH-Rechtsprechung nicht vorgesehen.

409b In den Fällen des **§ 4 Abs. 1 S. 1 Nr. 2 BetrVG** bedarf es, um betriebsverfassungsrechtlich von einem eigenständigen Betrieb auszugehen, neben einem eigenen arbeitstechnischen Zweck einer eigenständigen Organisation. Nach der Rechtsprechung des BAG soll es hierbei genügen, wenn der Betriebsteil über eine Leitung verfügt, die in der Lage ist, die Arbeitgeberfunktionen in den wesentlichen Bereichen der betrieblichen Mitbestimmung wahrzunehmen, ohne dass es eines umfassenden Leitungsapparates bedarf.[1375] Der EuGH hat derartige Anforderungen an die Leitung nicht, so dass davon auszugehen ist, dass das BAG an eine eigenständige Organisation iSd § 4 Abs. 1 S. 1 Nr. 2 BetrVG höhere Anforderungen stellt, als der EuGH an eine Einheit iSd MERL.[1376] Verhält sich das so, wird man immer dann, wenn nach der Rechtsprechung des BAG die Anforderungen an einen nach § 4 Abs. 1 S. 1 Nr. 2 BetrVG selbständigen Betriebsteil erfüllt sind, davon ausgehen können, dass es sich auch im unionsrechtlichen Sinne um einen Betrieb handelt. Umgekehrt ist das aber nicht zwingend der Fall. Demgemäß mag es Fälle geben, in denen ein sog. einfacher Betriebsteil unionsrechtlich in Bezug auf die Massenentlassung – anders als nach dem BetrVG – als ein eigenständiger Betrieb anzusehen ist.[1377]

409c Nach dem Unionsrecht kommt es zudem auf die räumliche Entfernung gerade nicht an. Einfache Betriebsteile nach **§ 4 Abs. 2 BetrVG,** die dem Hauptbetrieb zugeordnet

---

[1371] Vgl. hierzu EuGH 13.5.2015 – C-392/1, NZA 2015, 669, Rn. 44ff, Rabal Canas; 30.4.2015 – C-80/14, NZA 2015, 601, Rn. 47ff, USDAW und Wilson; 13.5.2015 – C-182/13 NZA 2015, 731, Rn. 26, Lytlle; 15.2.2007 – C-270/05, NZA 2007, 319, Rn. 31f., Athinkaiki Chartopoiia.

[1372] So die EuGH-Rechtsprechung in EuGH 30.4.2015 – C-80/14, NZA 2015, 601, USDAW und Wilson; EuHG 15.2.2007 – C-270/05, NZA 2007, 319 – Athinaiki Chartopoiia; ebenso EuGH 13.5.2015 – C 182/13, NZA 2015, 731, Lyttle ua gegen Bonarché; EuGH 13.5.2015 – C-392/13, NZA 2015, 669, Canes gegen Nexea; vgl. so ausdrücklich *Kleinebrink/Comandeur* NZA 2015, 853 (855); *Zwarg/Alles* DB 2014, 2287.

[1373] Vgl. *Jares/Fuchs* NZA 2020, 1071 (1074).

[1374] Vgl. *Jares/Fuchs* aaO; *Spelge* RdA 2018, 297 (299).

[1375] Vgl. hierzu BAG 21.7.2004 – 7 ABR 57/03, NZA-RR 2005, 671; BAG 17.1.2007 – 7 ABR 63/05, NZA 2007, 703; BAG 9.12.2012 – 7 ABR 38/08, NZA 2010, 906.

[1376] Vgl. so *Kleinebrink/Commandeur* NZA 2015, 853 (856); *Zwarg/Alles* DB 2014, 2287.

[1377] Vgl. hierzu *Dimsic* NJW 2016, 901 (902).

sind, weil sie in räumlich nah und nicht eigenständig sind, wird man daher uU unionsrecht als eigenständig behandeln müssen.[1378]

Dieser Ansatz hat zur Konsequenz, dass gerade bei Filialen, in denen es der Filialleitung vor Ort an den notwendigen Kompetenzen fehlt, um einen Betrieb iSd. BetrVG zu begründen, diese unionsrechtlich aber durchaus als eigenständiger Betrieb anzusehen sind mit der Folge, dass sie häufig keinen Massenentlassungsschutz genießen, da sie nicht mehr als 20 Arbeitnehmer beschäftigen.[1379]

Zudem kann in den Fällen, in denen die Voraussetzungen eines selbständigen Betriebs- 409d
teils gemäß § 4 Abs. 1 S. 1 BetrVG vorliegen, die Belegschaft jedoch gemäß **§ 4 Abs. 1 S. 2 BetrVG** beschlossen hat, an der Wahl des Betriebsrats im Hauptbetrieb teilzunehmen, bei der Frage der Massenentlassung nicht auf die Einheit abgestellt werden, in der der Betriebsrat gewählt wurde.

Unterstellt man, dass in dem **Beispiel C 75** weder die Anforderungen an eine räumlich weite Entfernung noch an eine eigenständige Organisation erfüllt sind, so wären die beiden Standorte in Köln als ein Betrieb anzusehen. Nach dem unionsrechtlichen Betriebsbegriff erscheint es jedoch fraglich, ob man bei dem geplanten Personalabbau das Dienstleistungszentrum nicht als eigenständige Einheit wird ansehen müssen. Die Kanzlei wäre in jedem Fall gut beraten, wenn sie vorsorglich eine Massenentlassungsanzeige bezogen auf das Dienstleistungszentrum durchführen würde. Generell wird man hier mit Beachtung des Grundsatzes „Lieber zu viel als zu wenig" am besten fahren.[1380]

Für die Praxis wichtig ist, dass durch Tarifvertrag oder Betriebsvereinbarung **gemäß § 3** 410
Abs. 1, 2 BetrVG gebildete Organisationseinheiten für die Frage der Einheit iSd MERL nicht relevant sein können.[1381] Zwar gibt es hierzu bislang keine explizite höchstrichterliche Entscheidung. Nach den vom EuGH aufgestellten Grundsätzen ist jedoch davon auszugehen.[1382] Die MERL ist nicht tarifdispositiv, die Regelung in § 3 Abs. 5 S. 1 BetrVG kann insoweit nicht durchschlagen. Es muss demnach in den Fällen, in denen die betriebsverfassungsrechtlichen Organisationseinheiten jenseits der Vorgaben des BetrVG bzw. der tatsächlichen Betriebsstrukturen von den Parteien zugeschnitten wurden, im Falle einer Massenentlassung jeweils sehr sorgfältig geprüft werden, in welchen „Einheiten" die Arbeitnehmer beschäftigt sind, um ausgehend hiervon das Vorliegen einer Massenentlassung zu bestimmen.

Schwierig zu beantworten ist schließlich mittlerweile auch die Frage, ob die bisherige 411
Rechtsprechung des BAG, wonach auch nach § 17 KSchG bei **Gemeinschaftsbetrieben** zweier Unternehmen auf die Gesamtzahl der Beschäftigten im Betrieb unabhängig von ihrer Unternehmenszugehörigkeit abzustellen ist,[1383] im Lichte der EuGH-Rechtsprechung aufrecht erhalten werden kann. *Kleinebrink/Commandeur* meinen, dies sei nicht der Fall, da regelmäßig davon auszugehen sei, dass auch im Gemeinschaftsbetrieb die beteiligten Unternehmen ihre Arbeitnehmer in einer Einheit im Sinne der MERL zusammengefasst haben.[1384] Dies erscheint in dieser allgemeinen Form zwar nicht überzeugend, da es keinesfalls immer so sein wird, dass die beiden Teile des Gemeinschaftsbetriebs über eine auch nach der Rechtsprechung des EuGH erforderliche Leitung verfügen. Es entspricht vielmehr gerade der Charakter eines Gemeinschaftsbetriebs, dass die Unternehmen *eine*

[1378] Vgl. *Spelge* RdA 2018, 297 (299).

[1379] So zutreffend *Jares/Fuchs* NZA 2020, 1071 (1074); *Spelge* RdA 2018, 297 (299).

[1380] So zutreffend *Zwarg/Alles* DB 2014, 2287.

[1381] Vgl. KR/*Weigand* KSchG § 17 Rn. 37; ErfK/*Kiel* KSchG § 17 Rn. 6; *Kleinebrink/Commandeur* NZA 2015, 853; aM HWK/*Molkenbur* KSchG § 17 Rn. 7

[1382] Vgl. so auch *Spelge* RdA 2018, 297, 300; ebenso *Kleinebrink/Commandeur* NZA 2015, 853 (856); ErfK/*Kiel* § 17 KSchG Rn. 10; *Jares/Fuchs* NZA 2020, 1071 (1075).

[1383] Vgl. BAG 14.8.2007 – 8 AZR 1043/06, NZA 2007, 1431 Rn. 35; LAG Niedersachsen 18.12.2013 – 12 Sa 335/13, ZIP 2014, 696; so auch Linck/Krause/Bayreuther/*Bayreuther* KSchG § 17 Rn. 19; KR/*Weigand* KSchG § 17 Rn. 31; HWK/*Molkenbur* KSchG § 17 Rn. 7; Linck/Krause/Bayreuther/*Bayreuther* KSchG § 17 Rn. 19.

[1384] *Kleinebrink/Commandeur* NZA 2015, 853 (857).

einheitliche Leitung in personellen und sozialen Angelegenheiten etablieren. Allerdings wird man im Einzelfall genau prüfen müsse, ob die im Gemeinschaftsbetrieb beteiligten Unternehmen nicht doch Untereinheiten gebildet haben, die die Anforderungen des EuGH an eine Leitung erfüllen.[1385] Dies wird beispielsweise dann der Fall sein, wenn im Gemeinschaftsbetrieb verbundenen Unternehmen jeweils über eigene Geschäftsführungen mit Entscheidungsmacht in kaufmännisch/technisch/organisatorischen Angelegenheiten verfügen. Im Zweifel ist es schon aus Gründen der Vorsorge ratsam, für beide Varianten Konsultations- und Anzeigeverfahren durchzuführen.

412 **bb) Anzahl der in der Regel Beschäftigten, maßgeblicher Zeitpunkt.** Bei der Bestimmung der Zahl der in der Regel beschäftigten Arbeitnehmer zählen sowohl alle Arbeitnehmer, Praktikanten, Volontäre und leitenden Angestellten[1386] als auch der oder die Geschäftsführer. Letzteres hat der EuGH in der viel beachteten *Balkaya-Entscheidung* festgestellt.[1387] Die Rechtsprechung ist auf Kritik gestoßen, die insbesondere mit Blick darauf, dass ungewiss bleibt, ob nun der Betriebsrat zur Kündigung von Geschäftsführern zu konsultieren ist, obwohl er sie nicht vertritt, nachvollziehbar ist. Auch ist nicht erkennbar, wie mit Gesellschafter-Geschäftsführern umgegangen werden soll.[1388] Ob auch befristet Beschäftigte bei der Bestimmung der Zahl der in der Regel Beschäftigten zu berücksichtigen sind, hängt davon ab, ob sie im Normalfall oder nur ausnahmsweise dort tätig. Besetzen sie Dauerarbeitsplätze, wird man sie berücksichtigen müssen.[1389] Es ist noch nicht höchstrichterlich entschieden, ob auch Leiharbeitnehmer zur berücksichtigen sind. Da sie in einem Anstellungsverhältnis zu einem anderen Arbeitgeber stehen, spricht die Ratio der MERL zwar nicht dafür. Mit Blick auf die Rechtsfolge der möglichen Unwirksamkeit der Kündigungen ist es jedoch ratsam, beide Varianten durchzuprüfen und, sollte es einen Unterschied machen, vorsorglich eine Massenentlassungskonsultation und –anzeige vorzunehmen.[1390]

412a **Maßgeblicher Zeitpunkt** für die Bestimmung der Anzahl der Beschäftigten im Betrieb ist hierbei nicht, wie nach der alten Rechtsprechung des BAG noch der Fall, die Zahl der Beschäftigten zum Zeitpunkt des Austritts der gekündigten Arbeitnehmer aus dem Arbeitsverhältnis, sondern die Beschäftigtenzahl zum Zeitpunkt der Kündigungen bzw. die im Normalfall beschäftigten Arbeitnehmer.[1391]

412b Ist ein **Personalabbau in Stufen** geplant, wird man auf die Personalstärke zum Zeitpunkt der „normalen Betriebstätigkeit" abstellen müssen.[1392] Schwankt der Personalbestand über das Jahr, so ist auf den für den Betrieb typischen Personalbestand abzustellen. Dies muss nicht notwendigerweise der Jahresdurchschnitt sein.[1393] In der Konsequenz bedeutet das, dass es möglich ist, einen Personalabbau bewusst in Wellen zu planen und so zu stre-

1385 Vgl. *Kleinebrink/Commander* aaO; *Freckmann/Hendricks* BB 2018, 1205, 1206; *Jares/Fuchs* NZA 2020, 1071, 1075; *Schuster* FD-ArbR 2020, 432180; aM ErfK/*Kiel* § 17 KSchG Rn. 6.

1386 Vgl. hierzu *Heinz* BB 2019, 2868, 2871.

1387 9.7.2015 – Rs. C-229/14, NZA 2015, 861.

1388 Vgl. *Lunk/Hildebrand* NZA 2016, 129; *Hohenstatt/Naber* EuZA 2016, 22 (27); *Morgenbrodt* ZESAR 2017, 17.

1389 Vgl. EuGH 11.11.2015 – C-422/14, NZA 2015, 1441 Rn. 31 ff.; hierzu *Franzen* NZA 2016, 26 (27); *Lingemann/Steinhauser* NJW 2017, 2245 (2246).

1390 Vgl. so auch *Lingemann/Steinhauser* NJW 2017, 2245, 2246; *Seidel/Wagner* BB 2018, 692 (693); allerdings sind sie nicht als Entlassungen zu berücksichtigen, sondern nur bei der Zahl der in der Regel Beschäftigten im Betrieb einzubeziehen.

1391 Vgl. *Bauer/Krieger/Powietzka* DB 2005, 445; *Dzida/Hohenstatt* DB 2006, 1897 (1900); *Lembke/Oberwinter* NJW 2007, 721 (723); ErfK/*Kiel* KSchG § 17 Rn. 11; Linck/Kause/Bayreuther/*Bayreuther* KSchG § 17 Rn. 30.

1392 Vgl. BAG 24.2.2005 – 2 AZR 207/04, NZA 2005, 766; BAG 9.6.2016 – 6 AZR 638/15, NZA 2016, 1202 Rn. 14; KR/*Weigand* KSchG § 17 Rn. 45; ErfK/*Kiel* § 17 KSchG Rn. 11; *Freckmann/Hendricks* BB 2018, 1205, 1208; *Niklas/Koehler* NZA 2010, 913.

1393 Vgl. BeckOK ArbR/*Volkening* KSchG § 17 Rn. 10; ErfK/*Kiel* KSchG § 17 Rn. 11; *Ludwig/Hinze* NZA 2020, 694 (695).

cken, dass die Schwelle für eine Massenentlassung innerhalb von 30 Tagen nicht überschritten wird.[1394] Denn die Schwellenwerte, die überschritten werden müssten, bleiben bei allen Wellen unverändert.[1395] Wichtig ist, dass im Falle eines Personalabbaus in Wellen ein einheitliches Konsultationsverfahren durchgeführt werden kann; gibt es allerdings später Änderungen, muss das Verfahren wiederholt werden.[1396] Einer erneuten Anzeige bedarf es nach § 18 Abs. 4 KSchG nur, wenn die Entlassungen nicht innerhalb von 90 Tagen nach dem Ende der Sperrfrist erklärt werden.[1397]Zu beachten ist schließlich, dass für den Fall, dass innerhalb der 30-Tages-Frist eine Kündigung, die bereits angezeigt und ausgesprochen war, nochmals erklärt werden soll, neuerlich eine Anzeige zu stellen ist. Das BAG führt hierzu aus, das Gestaltungsrecht der Kündigung sei durch seine Ausübung verbraucht. Auch wenn die neuerliche Kündigung im Zusammenhang mit dem Sachverhalt steht, der zur Massenentlassung führt, muss nochmals eine Anzeige gestellt werden.[1398] Alternativ kann allerdings auch mit dem Ausspruch der Kündigungen bis zum Ablauf der 30-Tages-Frist zugewartet werden.

Liegt der Arbeitgeber mit den Entlassungen innerhalb der relevanten Zeiträume jeweils unter den genannten Schwellenwerten, so treffen ihn die Pflichten aus § 17 KSchG auch dann nicht, wenn er die Schwelle für eine anzeigepflichtige Massenentlassung nur knapp unterschreitet und ggf. die Entlassungen streckt. Dies hat das BAG ausdrücklich bestätigt und argumentiert, dass es keine Umgehung der Anzeigepflicht gemäß § 17 KSchG ist, wenn man die Entlassungen über einen längeren Zeitraum verteilt, zumal ein solches Vorgehen arbeitsmarktpolitisch sogar verträglicher sei.[1399] Es ist allerdings zu beachten, dass mit dem Ausspruch jeder Kündigung die 30-Tages-Frist neu zu laufen beginnt.[1400] Maßgeblich für den Beginn der Frist ist hierbei nicht das Datum der Kündigung, sondern der Zugang der Kündigungserklärung.[1401] Auch dann, wenn es sich um eine beteiligungspflichtige Betriebsänderung gemäß § 111 BetrVG handelte, ist es demnach denkbar, dass die Voraussetzungen des § 17 Abs. 1 KSchG nicht erfüllt sind.

Beispiel C 76:

Die A-GmbH will im Zuge der Stilllegung eines Teils der Produktion 50 der insgesamt 300 Arbeitnehmer entlassen. Ein Interessenausgleich und Sozialplan wurde abgeschlossen. Aufgrund der Kündigungsfristen werden 15 Arbeitnehmer am 15.6., weitere 20 am 25.7. und die verbleibenden 15 Arbeitnehmer am 30.8. gekündigt. Alle scheiden zum 30.9. aus.

Da innerhalb eines Zeitraums von 30 Kalendertagen aufgrund der **zeitlichen Streckung der Entlassungen** zu keinem Zeitpunkt 10% der Belegschaft bzw. 25 Arbeitnehmer gekündigt wurden, besteht im Beispiel C 76 keine Anzeigepflicht gemäß § 17 KSchG. Gleichwohl waren die Voraussetzungen einer Betriebsänderung gemäß § 111 BetrVG erfüllt. Das **Beispiel C 76** zeigt, dass es gerade in den Fällen, in denen die zu kündigenden Arbeitnehmer unterschiedlich lange Kündigungsfristen haben, lohnenswert sein kann, eine genaue Zeitplanung mit gestaffelten Kündigungen aufzustellen, um zu prüfen, ob so Massenentlassungen iSd § 17 KSchG von vornherein vermieden werden können. Allerdings ist bei einem solchen Vorgehen darauf zu achten, die Sozialauswahl 412c

[1394] Vgl. BAG 26.1.2017 – 6 AZR 442/16, NZA 2017, 577 Rn. 25; *von Bernuth* DB 2017, 1027; *Jares/Fuchs* NZA 2020, 1071, 1074.
[1395] Vgl. *Spelge* EuZA 2018, 67, 68; *von Bernuth* DB 2017, 1027 (1028).
[1396] Vgl. BAG 9.6.2016 – 6 AZR 638/15, NZA 2016, 1202; *Jares/Fuchs* NZA 2020, 1071 (1074), *von Bernuth* DB 2017, 1027 (1028).
[1397] Vgl. BAG 9.6.2016, aaO; vgl. hierzu auch BAG 17.3.2016 – 2 AZR 182/15, NZA 2016, 1072.
[1398] Vgl. BAG 20.1.2016 – 6 AZR 601/14, NZA 2016, 490; vgl. Anm. *Krieger* ArbRAktuell 2016, 164.
[1399] Vgl. BAG 25.4.2013 – 6 AZR 49/12, BeckRS 2013, 70060; früher schon BAG 6.12.1973 – 2 AZR 10/73, DB 1974, 119; *Berscheid* ZIP 1987, 1513; *Lelley* DB 2013, 2564, *von Bernuth* DB 2017, 1027 (1028).
[1400] Vgl. ErfK/*Kiel* KSchG § 17 Rn. 17.
[1401] Vgl. BAG 26.1.2017 – 6 AZR 442/16, NZA 2017, 577; *Holler* NZA 2019, 291 (293).

ordnungsgemäß durchzuführen, da am wenigsten schutzwürdige Arbeitnehmer grundsätzlich zuerst zu kündigen sind.[1402]

413 **cc) Entlassungen iSd § 17 KSchG.** Für Entlassungen iSd § 17 KSchG in Betracht kommen neben Arbeitnehmern einschließlich leitenden Angestellten auch Geschäftsführer. Dies ist seit der *Balkaya-Entscheidung* des EuGH zu beachten.[1403] Die Beendigung eines Einsatzes im Entleihbetrieb ist nicht als Entlassung iSd MERL anzusehen.[1404] Leiharbeitnehmer stehen nicht in einem Arbeitsverhältnis zum Entleiher.

Der Begriff der Entlassung bezeichnet, wie ausgeführt, nach der Junk-Entscheidung des EuGH und der darauf folgenden Rechtsprechung des BAG den **Ausspruch der Kündigungen** und nicht die tatsächliche Beendigung der Arbeitsverhältnisse.[1405] Zwar mag es gute Argumente dafür geben, dass unter Berücksichtigung des Wortlauts und der Systematik der §§ 17, 18 KSchG die vom BAG vorgenommene richtlinienkonforme Auslegung an sich nicht möglich ist.[1406] Im Hinblick darauf, dass das BAG dies nun so entschieden hat und dass die Praxis sich mit dieser Entscheidung wird arrangieren müssen, erscheint es allerdings müßig, diese Diskussion weiter zu vertiefen.

Was unter den **Begriff der Entlassung** fällt, dh welche Beendigungstatbestände bei der Berechnung der Entlassungen zu berücksichtigen sind und welche Fallgestaltungen außen vor bleiben können, kann sich im Einzelfall als schwierig erweisen.[1407] Aufgrund des Zwecks des § 17 KSchG ist zunächst davon auszugehen, dass sämtlich Entlassungen, die zu einer Belastung des Arbeitsmarktes führen und auf die sich das Arbeitsamt einstellen muss, bei Überschreitung der Schwellenwerte des § 17 Abs. 1 KSchG anzeigepflichtig sind. Anders als in Art. 1 Abs. 1a der Richtlinie 75/129/EWG sind nach dem Wortlaut des § 17 KSchG unter Entlassungen nicht nur Entlassungen zu verstehen, deren Gründe nicht in der Person des Arbeitnehmers liegen. Daher wird angenommen, § 17 Abs. 1 KSchG erfasse unabhängig vom Kündigungsgrund *alle* Entlassungen, mithin **personen-, verhaltens- und betriebsbedingte** Entlassungen.[1408]

414 Ausdrücklich **ausgenommen** hiervon sind gemäß § 17 Abs. 4 KSchG allerdings **fristlose Entlassungen.** Ob hierunter auch die Fälle zu fassen sind, in denen der Arbeitgeber aufgrund bestehender Unkündbarkeitsregelungen das Arbeitsverhältnis nur außerordentlich kündigen kann, gleichwohl aber eine soziale Auslauffrist wahrt, ist streitig. Dies ist beispielsweise bei der **außerordentlichen Kündigung tariflich unkündbarer Arbeitnehmer** im Falle einer Betriebsstilllegung von Relevanz. Hier wird *einerseits* argumentiert, derartige außerordentliche Kündigungen seien gemäß § 17 Abs. 4 KSchG nicht anzeigepflichtig. Der Umstand, dass der Arbeitgeber den Betroffenen eine soziale Auslauffrist einräume, dürfe ihm nicht zum Nachteil gereichen.[1409] *Andererseits,* und das erscheint überzeugender, spricht der Umstand, dass diese mit einer sozialen Auslauffrist außerordentlich gekündigten Arbeitnehmer gleichermaßen dem Arbeitsmarkt zur Verfügung stehen, für

---

1402 Vgl. *Bauer/Krieger/Powietzka* DB 2005, 445 (446).

1403 Vgl. hierzu → Rn. 412 mwN.

1404 Vgl. *Seidel/Wagner* BB 2018, 692, 693; *Mückl/Vielmeier* NJW 2017, 2956.

1405 Vgl. EuGH 21.1.2005 – C-188/03, DB 2005, 454; BAG 23.3.2006 – 2 AZR 343/05, NZA 2006, 971; vgl. → Rn. 403.

1406 Gegen eine richtlinienkonforme Auslegung haben sich ausgesprochen: LAG Hamm 12.8.2005 – 7 Sa 721/05, NZA-RR 2006, 135; 8.7.2005 – 7 Sa 512/05, NZA-RR 2005, 578; LAG Berlin 27.4.2005 – 17 Sa 2646/04, NZA-RR 2005, 412; LAG Köln 10.5.2005 – 1 Sa 1510/04, BB 2005, 1860; für eine richtlinienkonforme Auslegung: LAG Köln 25.2.2005 – 11 Sa 767/04, NZA-RR 2005, 470; LAG Niedersachsen 11.8.2005 – 6 Sa 2279/04, NZA-RR 2005, 522.

1407 Siehe ausführlich zum Begriff *Schaub/Schindele,* Kurzarbeit-Massenentlassung-Sozialplan, Rn. 341 ff.

1408 Vgl. BAG 8.6.1989 – 2 AZR 624/88, NZA 1990, 224; ErfK/*Kiel* KSchG § 17 Rn. 12; HWK/*Molkenbur* KSchG § 17 Rn. 13 f.; Linck/Krause/Bayreuther/*Bayreuther* KSchG § 17 Rn. 35 ff.; KR/*Weigand* KSchG § 17 Rn. 74.

1409 Vgl. so KR/*Weigand* KSchG § 17 Rn. 56; HWK/*Molkenbur* KSchG § 17 Rn. 14.

ihre Berücksichtigungsfähigkeit im Rahmen des § 17 Abs. 1 KSchG.[1410] Aufgrund der *ratio* des § 17 Abs. 1 KSchG und zur Vermeidung von Risiken mit Blick auf die Rechtsfolgen einer unterlassenen oder fehlerhaften Massenentlassungsanzeige sollten derartige Kündigungen beachtet werden.

Beispiel C 77:

Nach dem Erwerb der Anteile an einem Biotechunternehmen mit Sitz in München entschließt sich der Erwerber, den Betrieb des Biotechunternehmens an den eigenen Firmensitz in der Nähe von Nürnberg zu verlagern. Alle Mitarbeiter erhalten eine Änderungskündigung mit dem Angebot, sich nach einer Schnupperphase von bis zu 3 Monaten zu entscheiden, ob sie einem Umzug nach Nürnberg zustimmen.

Grundsätzlich sind auch **Änderungskündigungen** in die Berechnung mit einzubeziehen. Dies folgt auch aus der Entscheidung des EuGH v. 11.11.2015.[1411] Zum Zeitpunkt des Kündigungsausspruchs ist regelmäßig nicht bekannt, ob das Änderungsangebot angenommen, oder ob die Änderungskündigung zu einer Beendigung des Arbeitsverhältnisses führen wird. So ist in dem **Beispiel C 77** damit zu rechnen, dass möglicherweise alle Arbeitnehmer das Angebot, von München nach Nürnberg zu wechseln, ablehnen. Daher müssen Änderungskündigungen bei der Prüfung einer Massenentlassung grundsätzlich Berücksichtigung finden.[1412] Will man eine Massenentlassung vermeiden, so könnte lediglich versucht werden, das Änderungsangebot zu befristen, um nach Ablauf der Frist nochmals eine Bestandsaufnahme über die dann verbleibenden Kündigungen zu machen. Bei Einräumung der dreiwöchigen Mindestfrist kann noch innerhalb der 30-Tage-Frist des § 17 Abs. 1 KSchG entschieden werden, ob eine Massenentlassungsanzeige erforderlich ist.[1413] 415

Völlig unwägbar und verschwommen wird der Entlassungsbegriff, wenn man die Rechtsprechung des EuGH in dem Verfahren *Pujante Rivera* betrachtet.[1414] Zwar ist der EuGH nicht der Auffassung gefolgt, wonach bereits **erhebliche einseitige Verschlechterungen der Arbeitsbedingungen** als indirekte Entlassungen eine Konsultations- und Anzeigepflicht auslösen kann.[1415] Das Gericht meint aber, dass Entlassungen auch dann vorliegen, wenn der Arbeitnehmer das Arbeitsverhältnis in Reaktion auf eine einseitige Verschlechterung der Arbeitsbedingungen von sich aus beendet. Von einer einseitigen Verschlechterung könnte demnach im Fall der Ausübung von Widerrufsvorbehalten, Versetzungen in Ausübung des Direktionsrechts, Entgeltkürzungen auf Basis eines Sanierungstarifvertrags auszugehen sein.[1416] Denkt man das in letzter Konsequenz durch, müsste der Erwerber in obigem Beispiel gestatten, die Arbeitsverträge die örtliche Versetzung der Beschäftigten per Direktionsrecht, mit Blick darauf, dass damit zu rechnen ist, dass viele Mitarbeiter nicht bei Nürnberg tätig sein möchten, sondern ihr Arbeitsverhältnis infolge der Versetzung selbst kündigen, eine Massenentlassungskonsultation und –anzeige durchführen. Wenn *Franzen* demgegenüber meint, nach deutschem Recht könne es keine wesentlichen Vertragsänderungen ohne Änderungskündigungen geben,[1417] ist das so nicht zutref- 415a

---

[1410] So *Bauer/Röder* NZA 1985, 202 Fn. 7; *Johnson* BB 2019, 1909 (1910); Linkc/Krause/Bayreuther/*Bayreuther* KSchG § 17 Rn. 35 ff.

[1411] EuGH 11.11.2015 – C-422/14, BeckRS 2015, 81682.

[1412] Vgl. BAG 6.11.1982 – 4 AZR 158/90, NZA 1982, 2839; *Bauer/Krieger/Powietzka* DB 2005, 445 (446); *Dzida/Hohenstatt* DB 2006, 1897 (1900); ErfK/*Kiel* KSchG § 17 Rn. 15; HWK/*Molkenbur* KSchG § 17 Rn. 14; KR/*Weigand* KSchG § 17 Rn. 64; *Niklas/Koehler* NZA 2010, 913, *Spelge* EuZA 2018, 67 (71).

[1413] So zutreffend *Lembke/Oberwinter* NJW 2007, 721 (723); fraglich erscheint demgegenüber, ob quasi rückwirkend Heilung eintreten kann, wenn zwar zum Zeitpunkt des Kündigungsausspruchs eine Massenentlassung vorlag, nicht aber bei Ausscheiden der Arbeitnehmer, da eine hinreichende Zahl von Änderungsangeboten angenommen wurden, vgl. hierzu *Dzida/Hohenstatt* DB 2006, 1897 (1900).

[1414] 11.11.2015 – C-433/14 Rn. 50, 52 – Pujante Rivera, NZA 2015, 1441.

[1415] Diese Auffassung hatte die Generalanwältin Kokott vertreten, Schlussantrag 3.9.2015 EuGH – C 422/15 Rn. 49 – Pujante Pivera.

[1416] Vgl. hierzu *Spelge* EuZA 2018, 67 (71).

[1417] NZA 2016, 26 (28).

fend. Vor diesem Hintergrund hat die Entscheidung des EuGH in Sachen *Punjante Rivera* durchaus erhebliche praktische Relevanz.[1418]

416 Gemäß § 17 Abs. 1 S. 2 KSchG stehen Entlassungen andere Beendigungen des Arbeitsverhältnisses gleich, sofern diese **vom Arbeitgeber veranlasst** werden. Durch diese Regelung hat der Gesetzgeber die zuvor lediglich aus Sinn und Zweck des § 17 KSchG hergeleitete Auffassung der Rechtsprechung und Literatur bestätigt, wonach es bei der Beurteilung des Vorliegens einer Entlassung nicht auf den konkreten Beendigungstatbestand, sondern darauf ankommt, wodurch die Beendigung veranlasst wurde.[1419] Unstreitig ist, dass arbeitgeberseits veranlasst **Aufhebungsverträge** als Entlassungen iSd § 17 Abs. 1 KSchG gelten.[1420] Dies gilt auch dann, wenn der Aufhebungsvertrag das Arbeitsverhältnis vor Ablauf der Kündigungsfrist beendet.[1421] Dies ist allerdings uU dann anders zu beurteilen, wenn ein Arbeitnehmer auf eigenen Wunsch vorzeitig aus dem Arbeitsverhältnis ausscheidet, etwa weil er eine attraktive Anschlussbeschäftigung – ggf. auch konzernintern – gefunden hat. Hier fehlt es an einem vom Arbeitgeber veranlassten Aufhebungsvertrag, auch wenn er ggf. zu einem späteren Zeitpunkt Kündigungen ausgesprochen hätte.[1422] Nach der Entscheidung des BAG v. 19.3.2015 ist allerdings nicht gewiss, dass das BAG dem auch folgt. Hier hatte das BAG Entlassungen auch dann angenommen, wenn Beschäftigte vorzeitig und einvernehmlich ausgeschieden sind, um in einer anderen Einheit als freier Mitarbeiter tätig zu werden. Es wurde abgesehen von der Unsicherheit der Tätigkeit als freier Mitarbeiter auch damit argumentiert, dass im Vorfeld der Maßnahme unklar war, ob es zu Anschlussbeschäftigungen kommen werde.[1423] Festzuhalten bleibt, dass es in der Praxis ratsam ist, vor einem **Freiwilligenprogramm,** bei dem ungewiss ist, wie viele Beschäftigte die Angebote annehmen, eine Massenentlassungsanzeige einzureichen. Dies gilt insbesondere in den Fällen, in denen nach Abschluss des Freiwilligenprogramms innerhalb von 30 Tagen eine Massenentlassung durch Kündigungen geplant ist.[1424] Allerdings wird man sich bei einem Freiwilligenprogramm mit der Problematik konfrontiert sehen nicht zu wissen, welche Arbeitnehmer und wie viele ausscheiden. Hier bleibt nur die Möglichkeit einer Schätzung, oder man nimmt hin, dass die Aufhebungsverträge ggf. nachträglich in ihrer Wirksamkeit in Frage gestellt werden können (was faktisch kein relevantes Risiko sein dürfte) und zeigt vor Ausspruch von Kündigungen nur den künftigen Abbau an. Nach dem derzeitigen Stand der Rechtsprechung sind infolge einer unterlassenen Anzeige von Massenentlassungen nur die Kündigungen unwirksam, die nicht angezeigt wurden. Die angezeigten Entlassungen bleiben hiervon unberührt.[1425]

416a Noch ungeklärt ist, ob Arbeitnehmer, die in eine **Transfergesellschaft wechseln,** im Rahmen des § 17 Abs. 1 KSchG zu berücksichtigen sind. Hiervon ist – schon aus Gründen der Vorsorge, aber auch unter Berücksichtigung der Ratio der Norm – auszugehen. Zum einen schließen auch diese Arbeitnehmer veranlasst durch den Arbeitgeber einen Aufhebungsvertrag. Zum anderen stehen sie ebenfalls dem Arbeitsmarkt zur Verfügung, da es gerade das Ziel des Wechsels in die Transfergesellschaft ist, sie möglichst zügig wieder in ein Arbeitsverhältnis zu vermitteln. Es ist bedauerlich, dass das BAG diese Frage in seiner Entscheidung vom 28.6.2012[1426] offengelassen und nur festgestellt hat, dass jedenfalls die Arbeitnehmer, bei denen zum Zeitpunkt der Massenentlassungsanzeige noch nicht feststeht, ob sie in die Transfergesellschaft wechseln, zu berücksichtigen sind. Das LAG Baden-Württemberg hält den Abschluss von dreiseitigen Verträgen zur Überleitung in eine Trans-

---

1418 AM *Mückl/Vielmeier* NJW 2017, 2956 (2957).

1419 Vgl. hierzu BAG 6.12.1973 – 2 AZR 10/73, DB 1974, 119; Linck/Krause/Bayreuther/*Bayreuther* KSchG § 17 Rn. 43 mwN; zu der Neuregelung *Grünberger* NJW 1995, 2812; *Schiefer* DB 1995, 1913.

1420 Vgl. KR/*Weigand* KSchG § 17 Rn. 66; Linck/Krause/Bayreuther/*Bayreuther* KSchG § 17 Rn. 45.

1421 BAG 19.3.2012 – 8 AZR 2015, BeckRS 2015, 70521.

1422 Vgl. so auch *Kortmann/Brungs* ArbRAktuell 2017, 355 (356).

1423 8 AZR 119/14, AP Nr. 464 zu § 613a BGB.

1424 Vgl. *Lingemann/Steinhauser* NJW 2017, 2245 (2246).

1425 Vgl. hierzu → Rn. 435.

1426 6 AZR 780/10, NZA 2012, 1029 Rn. 40.

fergesellschaft für anzeigepflichtig, was überzeugend erscheint.[1427] Daher sollte man in der Praxis auch in den Fällen, in denen die Arbeitnehmer ohne Ausspruch einer Kündigung direkt dreiseitige Vereinbarungen unterzeichnen, um in die Transfergesellschaft zu wechseln, bis zur Klärung dieser Frage durch das BAG diese Beschäftigte als Entlassene berücksichtigen.[1428] Entsprechendes gilt, wenn Arbeitnehmer aufgrund eines dreiseitigen Vertrags zu einer Konzerngesellschaft wechseln.[1429]

Bisher entsprach es auch der herrschenden Meinung, dass eine Entlassung iSd § 17 417 Abs. 1 KSchG auch bei einer **Eigenkündigung** des Arbeitnehmers vorliegt, sofern die Kündigung nur arbeitgeberseits veranlasst wurde. Eine arbeitgeberseitige Veranlassung hat man beispielsweise angenommen, wenn der Arbeitnehmer lediglich einer bereits angekündigten arbeitgeberseitigen betriebsbedingten Kündigung zuvorkommen wollte. Ob dies weiterhin richtig sein kann, wird zum Teil unter Hinweis darauf bezweifelt, dass Anknüpfungspunkt für die Verpflichtungen aus §§ 17, 18 KSchG nicht mehr die Beendigung des Arbeitsverhältnisses, sondern die Willenserklärung des Arbeitgebers sei.[1430] Maßgeblich für die Berücksichtigung von Eigenkündigungen muss weiterhin die Frage sein, ob dem Arbeitgeber die Kündigung kausal zuzurechnen ist.[1431] Dies lehnt das BAG dann ab, wenn es sich um eine Eigenkündigung handelt, die nach einem bloßen Hinweis des Arbeitgebers auf die unsichere Lage des Unternehmens ausgesprochen wurden. Da der Arbeitgeber idR auf den Zeitpunkt des Kündigungsausspruchs keinen Einfluss hat, kann dies bezüglich der Planbarkeit der Massenentlassungen für den Arbeitgeber allerdings zukünftig nicht unerhebliche Probleme aufwerfen.[1432] An der erforderlichen Kausalität fehlt es auch dann, wenn ein Arbeitsverhältnis aufgrund des **Auslaufens eines befristeten Vertrages** endet.[1433] Dies hat auch der EuGH bestätigt.[1434] Endet das Arbeitsverhältnis nicht unerwartet, sondern ist das Ende bereits mit Abschuss des Arbeitsvertrags bestimmbar, handelt es sich nicht um eine Entlassung iSd MERL.[1435] Endet ein Arbeitsverhältnis aufgrund des **Erreichens des Rentenalters** oder schließt ein Arbeitnehmer einen **Vorruhestandsvertrag,** so stehen die Betroffenen dem Arbeitsmarkt nicht mehr zur Verfügung, so dass auch hier nicht von einer Entlassung auszugehen ist.[1436]

Zwischenzeitlich muss man sich darauf einstellen, dass auch dann Entlassungen iSd 417a MERL vorliegen können, **bevor Kündigungen ausgesprochen oder Aufhebungsverträge abgeschlossen** werden. Hier gibt es eine Reihe von Fallkonstellationen, die diskutiert werden:

So hat das BAG in Umsetzung der Vorgaben des BVerfG entschieden, dass im Falle von **Elternzeit** bereits der Zeitpunkt, an dem der Arbeitgeber den **Antrag auf Erteilung der behördlichen Genehmigung** stellt, als Entlassung iSd. § 17 KSchG anzusehen ist.[1437] Begründet wird dies damit, dass es nicht angehe, diesem Mitarbeiterkreis, dessen Sonderkündigungsschutz bei vollständigen Betriebsstilllegungen bereits abgesenkt sei, auch noch der Schutz des § 17 KSchG zu verwehren.[1438] Auch wenn aus dieser Entscheidung wieder eine Reihe praktischer Probleme resultieren[1439] und sie dogmatisch schwer nachvollziehbar

---

[1427] 23.10.2013 – 10 Sa 32/13, NZA-RR 2014, 192 (194); zustimmend auch *Dimsic* NJW 2016, 901 (902).
[1428] Vgl. so auch *Mückl/Wittek* BB 2020, 1332.
[1429] Vgl. *Seidel/Wagner* BB 2018, 692 (693); *Kortmann/Brungs* ArbRAktuell 2017, 355 (356).
[1430] *Dzida/Hohenstatt* DB 2006, 1897 (1900).
[1431] Vgl. KR/*Weigand* KSchG § 17 Rn. 62.
[1432] Hierzu *Dzida/Hohenstatt* DB 2006, 1897 (1900).
[1433] Vgl. zu diesen Fällen ErfK/*Kiel* KSchG § 17 Rn. 13; Linck/Krause/Bayreuther/*Bayreuther* KSchG § 17 Rn. 46; KR/*Weigand* KSchG § 17 Rn. 71 mwN; *Seidel/Wagner* BB 2018, 692, 693.
[1434] 13.5.2014 – C-392/13, EuZW 2015, 521, vgl. hierzu auch *Franzen* NZA 2016, 26. Allerdings zählen befristet Beschäftigte bei der Berechnung der Betriebsgröße mit.
[1435] Vgl. auch *Benecke/Groß* EuZW 2015, 506.
[1436] ErfK/*Kiel* KSchG § 17 Rn. 14; KR/*Weigand* KSchG § 17 Rn. 69; *Krieger/Ludwig* NZA 2010, 922; vgl. auch *Johnson* BB 2019, 1909, 1910.
[1437] 26.1.2017 – 6 AZR 442/16, NZA 2017, 577 (580).
[1438] Vgl. BVerfG 8.6.2016 – 1 BvR 3634/13, NZA 2016, 939, 940f.
[1439] Vgl. hierzu *Mückl/Vielmeier* NJW 2017, 2956 (2957).

ist, wird man sich in der Praxis darauf einstellen müssen, künftig nicht nur bei Beschäftigten in der Elternzeit, sondern auch bei andere Beschäftigten mit Sonderkündigungsschutz, für die vorab eine behördliche Genehmigung einzuholen ist, zu beachten, dass bzgl. der Massenentlassung auf den Zeitpunkt der Antragstellung bei der Behörde abzustellen ist. Demgemäß sind sie in die Anzeige einzubeziehen.[1440] Leider blenden sowohl das BVerfG als auch das BAG aus, dass die Mitarbeiter mit Sonderkündigungsschutz, stellt man nur auf den Kündigungszeitpunkt ab, hierdurch keinesfalls (nur) Nachteile erfahren. Schließlich wird ein Arbeitgeber, der für sie keine Massenentlassung angezeigt hat, schon zum Erhalt der Wirksamkeit der Kündigung auch in den Fällen, in denen er die behördliche Zustimmung frühzeitig erhält, mit dem Ausspruch der Kündigung bis zum Ende der 30-Tages-Frist zuwarten. Das sollte Nachteilsausgleich oder Vorteil genug sein. Es ist wohl auch diese Schieflage, die *Spelge* dazu veranlasst die Auffassung zu vertreten, es fehle nur dann an der Gleichwertigkeit von Sonderkündigungsschutz mit dem Massenentlassungsschutz, wenn die Zustimmung der Behörde zur Kündigung trotz Sonderkündigungsschutz regelhaft erfolgt. Eben dies ist bei Betriebsstilllegungen der Fall, nicht aber in anderen Fallkonstellationen.[1441] Solange die Frage nicht höchstrichterlich geklärt ist, sollte jedoch schon aus Gründen der Vorsorge bei geplanten Entlassungen von Beschäftigten mit Sonderkündigungsschutz auf das Datum der Antragstellung bei der zuständigen Behörde abgestellt werden.

417b Streitig ist, wann im Falle von **Aufhebungsverträgen** von Entlassungen auszugehen ist. Nach normalen zivilrechtlichen Grundsätzen kann kein Zweifel daran bestehen, dass dies nicht bereits mit Unterbreitung eines Aufhebungsangebots, sondern erst mit Annahme des Angebots der Fall ist.[1442] Da dies aber zeitlich auseinanderfallen kann, muss man dies bei Planung der Maßnahme mit Blick auf die 30-Tages-Frist berücksichtigen. Überraschend war die Entscheidung des LAG Baden-Württemberg, wonach nicht die Abgabe bzw. der Zugang der Kündigungserklärung, sondern der Moment der Unterzeichnung der Kündigungserklärung relevant sein soll.[1443] Eine Kündigung, die vom Arbeitgeber vor Zugang der Anzeige der Massenentlassung bei der Agentur für Arbeit unterzeichnet worden ist, sollte danach unwirksam sein. Diese Entscheidung wurde zu Recht als abwegig bezeichnet.[1444] Das BAG hat demgemäß auch in der Entscheidung vom 13.6.2019 bestätigt, dass der Umstand, dass der Arbeitgeber zum Zeitpunkt es Eingangs der Massenentlassungsanzeige bei der Agentur für Arbeit zur Kündigung bereits entschlossen war und die Kündigungsschreiben unterzeichnet hat, der Wirksamkeit der Massenentlassungsanzeige nicht entgegensteht.[1445]

417c Stellt ein Unternehmen ungeachtet des einerseits durchgeführten Personalabbaus andererseits neue Mitarbeiter ein und entlastet hierdurch den Arbeitsmarkt, so entfällt auch dann nicht die Anzeigepflicht, wenn bei **Saldierung der Entlassungen** und Neueinstellungen die Schwellenwerte des § 17 Abs. 1 KSchG innerhalb eines Zeitraums von 30 Kalendertagen nicht mehr überschritten werden. Denn der Umstand, dass das Unternehmen neue Arbeitnehmer einstellt, vermag an der Tatsache nichts zu ändern, dass das Arbeitsamt aufgrund der Massenentlassung zahlreiche Vermittlungen vornehmen muss.[1446]

In den Fällen, in denen die Anzahl der Kündigungen, Aufhebungsverträgen und beachtlichen Eigenkündigungen nur knapp unterhalb der Schwellenwerte des § 17 Abs. 1

[1440] Vgl. *Mückl/Vielmeier* NJW 2017, 2956 (2957); *Mückl/Wittek* BB 2020, 1332; *Seidel/Wagner* BB 2018, 692 (695).

[1441] RdA 2018, 297, 301.

[1442] Vgl. *Mückl/Wittek* BB 2020, 1332; *Seidel/Wagner* BB 2018, 692 (694); *Lembke/Oberwinter* NJW 2007, 721, 723; *Johnson* BB 2019, 1909 (1910) hält die Frage für offen.

[1443] 21.8.2018 – 21 Sa 1534/18, NZA-RR 2019, 24 (26).

[1444] Vgl. so ausdrücklich *Mückl/Wittek* BB 2020, 1332 (1333); so auch *Holler* NZA 2019, 291.

[1445] 6 AZR 459/18, NZA 2019, 1638 (1640).

[1446] Vgl. BAG 13.3.1969 – 2 AZR 157/68, DB 1969, 1298; *Berscheid* ZIP 1987, 1513; KR/*Weigand* KSchG § 17 Rn. 78; Linck/Krause/Bayreuther/*Bayreuther* KSchG § 17 Rn. 53; *Niklas/Koehler* NZA 2010, 913; *Lelley* DB 2013, 2564; aA *Löwisch* KSchG § 17 Rn. 36.

KSchG liegen oder in den Fällen, in denen mehrere Kündigungswellen durchgeführt werden, um eine Massenentlassungsanzeigepflicht zu vermeiden, ist zu empfehlen, den Zeitpunkt des Zugangs der Kündigungen bzw. der Unterzeichnung der Aufhebungsvereinbarungen sorgfältig zu dokumentieren.[1447] Andernfalls kann es sich als schwierig erweisen, im Prozess nachzuweisen, dass kein Fall des § 17 KSchG vorlag.

b) Unterrichtungs- und Beratungsrechte des Betriebsrates gemäß § 17 Abs. 2 KSchG

Gemäß § 17 Abs. 2 S. 1 KSchG ist der Arbeitgeber verpflichtet, den Betriebsrat im Falle 418 einer anzeigepflichtigen Massenentlassung gemäß § 17 Abs. 1 KSchG rechtzeitig insbesondere **zu unterrichten** über

1. die Gründe für die geplanten Entlassungen,
2. die Zahl und die Berufsgruppen der zu entlassenden Arbeitnehmer,
3. die Zahl und die Berufsgruppen der in der Regel beschäftigten Arbeitnehmer,
4. den Zeitraum, in dem die Entlassungen vorgenommen werden sollen,
5. die vorgesehenen Kriterien für die Auswahl der zu entlassenden Arbeitnehmer,
6. die für die Berechnung etwaiger Abfindungen vorgesehenen Kriterien.[1448]

Die Unterrichtung hat **schriftlich** zu erfolgen und die Durchschrift des Unterrichtungsschreibens ist der Agentur für Arbeit gemäß § 17 Abs. 3 S. 1 KSchG zuzuleiten. Das BAG hat in der Entscheidung vom 22. 9. 2016 anerkannt, dass die Textform gemäß § 126b BGB ausreicht und damit der Praxis eine lange ersehnte Erleichterung gebracht.[1449] Zuvor war das stets offen geblieben.[1450] Auch wenn damit klargestellt ist, dass es genügt, die Unterrichtung per Fax oder E-Mail durchzuführen, ist es von zentraler Bedeutung, diese in dieser Form schriftlich zu dokumentieren. Auch wenn zwischenzeitlich klargestellt ist, dass der Betriebsrat durch eine Erklärung, ordnungsgemäß unterrichtet worden zu sein, etwaige Fehler in der Unterrichtung und Konsultation heilen kann, ist es zum einen nicht sicher, dass der Betriebsrat eine solche Erklärung abgibt. Zum anderen können zwar Fehler geheilt werden, ob dies aber auch für ein vollständiges Unterlassen gilt, erscheint fraglich.[1451]

Seit der Entscheidung des BAG vom 7. 7. 2011[1452] kann als geklärt angesehen werden, 419 dass im Grundsatz dasjenige **Betriebsratsgremium,** das nach dem Kompetenzverteilungssystem des BetrVG für einen Interessenausgleich zuständig ist, auch im Rahmen des Verfahrens nach § 17 Abs. 2 KSchG zu konsultieren ist. Es wäre schließlich inkonsequent, wenn man beispielsweise den Gesamtbetriebsrat bezüglich einer unternehmensweiten Betriebsänderung nach § 111 BetrVG aufgrund seiner originären Zuständigkeit einbinden würde, vor einer Massenentlassung dann aber ein Konsultationsverfahren mit den örtlichen Betriebsräten durchführen müsste.[1453] Im Grundsatz ist demnach der örtliche Betriebsrat zuständig, sofern nicht ausnahmsweise der Gesamt- und ggf. auch der Konzernbetriebsrat originär zuständig ist. Dass der Konzernbetriebsrat ggf. zuständig sein kann, ist zwar noch nicht höchstrichterlich entschieden.[1454] Es ist jedoch nicht erkennbar, warum dies, liegen die Voraussetzungen für eine originäre Zuständigkeit mit Blick auf die Massenentlassung

---

[1447] So auch *Dzida/Hohenstatt* DB 2006, 1897 (1900).

[1448] Zum Inhalt der Unterrichtung im Einzelnen Linck/Krause/Bayreuther/*Bayreuther* KSchG § 17 Rn. 94 ff.; KR/*Weigand* KSchG § 17 Rn. 60; *Krieger/Ludwig* NZA 2010, 919 (921).

[1449] Vgl. *Mückl/Stamer* GWR 2017, 86.

[1450] Vgl. BAG 18.1.2012 – 6 AZR 407/10, NZA 2012, 817; BAG 20.9.2012 – 6 AZR 155/11, NZA 2013, 32 Rn. 58.

[1451] Hierzu → Rn. 422 mwN

[1452] 6 AZR 248/10, NZA 2011, 1108; so auch BAG 13.12.2012 – 6 AZR 752/11, NJOZ 2013, 1232 Rn. 44.

[1453] Hierzu ausführlich *Dzida/Hohenstatt* NJW 2012, 27 (30); *Lelley* DB 2013, 2564 (2566); vgl. auch *Jares/Fuchs* NZA 2020, 1071, 1075; *Schubert/Schmitt* ZESAR 2020, 53 (54); *Lingemann/Steinhauser* NJW 2017, 3694.

[1454] Vgl. BAG 22.11.2012 – 2 AZR 371/11, NZA 2013, 32 Rn. 41.

vor, nicht der Fall sein sollte.[1455] Insoweit ist es richtig von einem Gleichlauf der Zuständigkeiten zu sprechen. Vorsicht ist allerdings geboten, wenn ein Gesamt- oder Konzernbetriebsrat auf der Basis einer Delegation agiert. Hier sollte stets vorab geklärt werden, ob sich die Delegation auch auf das Konsultationsverfahren gemäß § 17 Abs. 2 KSchG erstreckt.[1456] In Zweifelsfällen ist es zudem ratsam alle in Frage kommenden Gremien zu konsultieren.[1457]

Wichtig ist, dass neben dem Betriebsrat ggf. auch tarifliche gebildete Arbeitnehmervertretungen nach § 3 Abs. 1 Nr. 1 und 2 BetrVG das zuständige Arbeitnehmervertretungsorgan sein können. Dies hat das BAG explizit so anerkannt.[1458] Demgegenüber hat das BAG der Idee, es müsse auch die **Schwerbehindertenvertretung** nach § 17 Abs. 2 KSchG beteiligt werden, eine Absage erteilt.[1459] Es spricht allerdings viel dafür, dass ein etwaig bestehender **Sprecherausschuss** einzubinden ist.[1460]

420 Die **Unterrichtungspflicht** trifft grundsätzlich den **Arbeitgeber.** In § 17 Abs. 3a KSchG, der durch das EG-Anpassungsgesetz vom 20.7.1995 aufgenommen wurde, ist ausdrücklich klargestellt, dass sich der Arbeitgeber seinen Pflichten nicht dadurch einziehen kann, dass er darauf verweist, dass nicht er selbst, sondern ein ihn **beherrschendes Unternehmen** die Entlassungsentscheidung getroffen hat. Auch wenn der Arbeitgeber in einem Konzernverbund steht und von einem anderen Unternehmen beherrscht wird, muss er dafür Sorge tragen, dass er die gegenüber dem Betriebsrat und Agentur für Arbeit bestehenden Pflichten erfüllen kann.[1461] Andernfalls hat er die ihm daraus erwachsenden nachteiligen Folgen zu tragen. Dies kann sich in der Praxis als schwierig darstellen, da nicht immer ohne weiteres gewährleistet ist, dass ein beherrschtes Unternehmen als der nach § 17 KSchG verpflichteter Arbeitgeber über die notwendigen Informationen verfügt. Daher ist es positiv, dass der EuGH dem Versuch, den Begriff des beherrschenden Unternehmens iSd MERL auf Konstellationen der lediglich faktischen Beherrschung auszudehnen, Einhalt geboten hat. So heißt es in der Entscheidung zu der Rechtssache *Bichat,* unter einem den Arbeitgeber beherrschenden Unternehmen sie nur ein Unternehmen zu verstehen, das mit dem Arbeitgeber durch Beteiligungen an dessen Gesellschaftskapital oder durch andere rechtliche Verbindungen verbunden ist, die es ihm ermöglichen, einen bestimmenden Einfluss in den Entscheidungsorganen des Arbeitgebers auszuüben und ihn zu zwingen, Massenentlassungen in Betracht zu ziehen oder vorzunehmen. Ein rein tatsächlicher bzw. vertraglich abgesicherter Einfluss soll demgegenüber nicht genügen.[1462] Ausgehend hiervon sind Einflussnahmemöglichkeiten über Darlehns- und Lizenzverträge oÄ unbeachtlich, Mehrheitsbeteiligungen hingegen beachtlich. Auch erscheint nicht ausgeschlossen, dass aktienrechtliche Beherrschungsverträge ungeachtet einer nicht ausreichenden Anteilseignerquote ausreichend sind, um eine Beherrschung iSd MERL zu begründen.[1463]

Beispiel C 78:

Die deutsche Tochtergesellschaft eines französischen Konzerns erhält von dem Konzern die Vorgabe, innerhalb eines Jahres die Personalkosten um 10 %, die Sachkosten um 15 % zu

[1455] Zu dieser Diskussion vgl. *Schubert/Schmitt* ZESAR 2020, 53 (54); *Schmidt/Wilkening* NZA-RR 2017, 168 mwN.

[1456] So zutreffend *Dzida/Hohenstatt* NJW 2012, 27 (28).

[1457] Vgl. *Lingemann/Steinhauser* NJW 2017, 3694; *Ludwig/Hinze* NZA 2020, 694; *Jares/Fuchs* NZA 2020, 1071 (1075); *Schmidt/Wilkening* empfehlen sogar, grundsätzlich jede Ebene des Betriebsrats einzubeziehen, NZA-RR 2017, 169 (173).

[1458] 13.2.2020 – 6 AZR 146/19, NZA 2020, 1006; vgl. hierzu *Schubert/Schmitt* ZESAR 2020, 53 (55).

[1459] Vgl. hierzu ausführlich Rn. 519 mwN.

[1460] Vgl. hierzu ausführlich Rn. 518 mwN.

[1461] Vgl. EuGH 10.9.2009 – C-44/08, NZA 2009, 1083; Linck/Krause/Bayreuther/*Bayreuther* KSchG § 17 Rn. 21; KR/*Weigand* KSchG § 17 Rn. 150; *Schiefer* DB 1995, 1910 (1913).

[1462] 7.8.2018 – C-61/71, NZA 2018, 1051 (1053); vgl. hierzu ausführlich *Temming* RdA 2019, 299; *Imping* IWRZ 2018, 266;

[1463] Vgl. hierzu *Mückl/Wittek* BB 2020, 1332 (1335).

senken. Da eine Bindung an einen Tarifvertrag besteht und keine übertarifliche Vergütung bezahlt wird, steht außer Frage, dass die Kostenreduktion im Personalbereich nur durch einen Personalabbau erreicht werden kann. Nach einer internen Analyse entschließt sich die Geschäftsführung, das Lager an einen Dienstleister zu vergeben. Damit können 4 % der Belegschaft abgebaut werden. Ferner sollen im Kundenservice, im Marketing und weiteren kleineren Bereichen die fehlenden 6 % entlassen werden. Sobald die Planung konkretisiert ist, tritt das Unternehmen mit dem Betriebsrat in Interessenausgleichs- und Sozialplanverhandlungen ein. Nach Abschluss des Interessenausgleichs bereitet das Unternehmen die Betriebsratsanhörungen gemäß § 102 BetrVG vor und stellt fest, dass aufgrund der Kündigungsfristen und des Abbauplans eine Massenentlassung unvermeidlich ist. Der Betriebsrat wird daher gemäß § 17 Abs. 2 S. 1 BetrVG schriftlich unterrichtet. Der Betriebsrat nimmt zu der geplanten Entlassung nicht mehr gesondert Stellung, da er sich im Rahmen der Interessenausgleichsverhandlungen schon geäußert hat. Nach Ablauf von 2 Wochen wird die Massenentlassungsanzeige unter Vorlage einer Glaubhaftmachung über die Unterrichtung des Betriebsrats und Darlegung des Stands der Beratungen gemäß § 17 Abs. 3 S. 3 BetrVG eingereicht.

Geht man nun davon aus, dass der Betriebsrat erstmals 2 Wochen vor Erstattung der Massenentlassungsanzeige konkret über die anstehende Massenentlassung unterrichtet wurde, so könnten Zweifel daran bestehen, ob dies rechtzeitig iSd § 17 Abs. 2 S. 1 BetrVG war. Schließlich hatte das Unternehmen bereits viel früher Kenntnis von den bevorstehenden Kündigungen. Zudem waren zu einem noch früheren Zeitpunkt entsprechende Überlegungen von der Konzernmutter angestellt worden.

Aus § 17 Abs. 3 S. 2 KSchG folgt nun aber, dass eine (vollständige) Unterrichtung des 421
Betriebsrats als **rechtzeitig** anzusehen ist, wenn sie **mindestens zwei Wochen vor der Erstattung der Massenentlassungsanzeige** an das Arbeitsamt erfolgt.[1464] Es ist allerdings fraglich, ob diese Sicht der Dinge mit Blick auf die Vorgaben der MERL künftig Bestand haben kann:

Der EuGH hat in einer Entscheidung vom 10. 9. 2009[1465] (Keskusliitto) ausgeführt, der Arbeitgeber müsse (schon) dann ein Konsultationsverfahren nach den Bestimmungen der Massenentlassungsrichtlinie 98/59 einleiten, wenn er erwägt, Massenentlassungen vorzunehmen oder einen Plan für Massenentlassungen aufstellt. Nur dann, wenn die Konsultation *vor* einer Entscheidung durchgeführt werde, bestehe noch die Möglichkeit, die Massenentlassung zu vermeiden bzw. ihre Folgen zu mildern. Wörtlich führt der EuGH aus, das Verfahren müsse *„zu dem Zeitpunkt eröffnet worden sein, zu dem eine strategische oder betriebswirtschaftliche Entscheidung getroffen wurde, die ihn zwingt, Massenentlassungen ins Auge zu fassen oder zu planen.“*[1466] Hieran, und das ist in dieser Klarheit neu, vermag weder der Umstand, dass die Entscheidung von der Konzernmutter getroffen wurde, noch der Umstand, dass noch nicht über alle Fragen der Durchführung entschieden wurde, etwas zu ändern. Verhält es sich aber so, muss in dem Zeitpunkt, in dem die Konzernmutter und/oder der Arbeitgeber selbst über eine Massenentlassung nachdenken, mit dem Konsultationsverfahren begonnen werden. Allerdings wird man nicht erwarten können, dass die Konsultation beginnt, bevor die betriebswirtschaftliche und strategische Entscheidung nicht hinreichende Konturen angenommen hat.[1467] Mit der Konsultation kann im Ergebnis demnach nicht zugewartet werden, bis alle gemäß § 17 Abs. 2 S. 1 BetrVG zu gebenden Informationen vorliegen. Denn schließlich wird man beispielsweise häufig erst sehr spät im Prozess – uU sogar erst nach Abschluss des Interessenausgleichs – wissen, wie viele

[1464] Vgl. KR/*Weigand* KSchG § 17 Rn. 92; *Forst* NZA 2009, 294; siehe ferner zum Beginn der Unterrichtungspflicht EuGH 10. 9. 2009 – C-44/08, NZA 2009, 1083.

[1465] C-44/08, NZA 2009, 1083.

[1466] EuGH 10. 9. 2009 – C-44/08, Keskusliitto, NZA 2009, 1083 Rn. 48.

[1467] *Dimsic* NJW 2016, 901 (904); vgl. hierzu auch *Schubert/Schmitt* ZESAR 2020, 53 (57); *Lingemann/Steinhauser* NJW 2017, 3694; *Hinrichs* AuR 2019, 348; *Jares/Fuchs* NZA 2020, 1071 (1076).

Arbeitnehmer welcher Berufsgruppe (§ 17 Abs. 2 S. 1 Nr. 2 KSchG) wann entlassen werden sollen. Aus dieser Situation heraus hat der EuGH in der Entscheidung *Keskusliitto* die logische Konsequenz gezogen und festgestellt, dass der **Beginn der Konsultation** nicht davon abhängen kann, ob der Arbeitgeber bereits in der Lage ist, den Arbeitnehmervertretern alle erforderlichen Informationen zu liefern.[1468] Dem hat sich das BAG angeschlossen und klargestellt, dass **die Auskünfte im Verlauf und nicht unbedingt im Zeitpunkt der Eröffnung der Konsultation** zu erteilen sind. Demgemäß hat der Arbeitgeber die Möglichkeit und die Pflicht, die Auskünfte im Laufe des Verfahrens zu vervollständigen.[1469] Daher ist es ratsam, mit der Konsultation vor Abschluss der verfeinerten Planungen und damit, liegt eine Betriebsänderung vor, auch ggf. vor Abschluss eines Interessenausgleichs zu beginnen, will man dem Risiko einer unwirksamen Konsultation und einer infolgedessen unwirksamen Massenentlassungsanzeige vorbeugen.[1470] Dies wird häufig zu einem Zeitpunkt sein, zu dem man noch kein klares Bild davon ab, ob es tatsächlich innerhalb von 30 Kalendertagen zu einer Massenentlassung kommen wird. Da es aber nicht schadet, eine Konsultation einzuleiten, die sich im Ergebnis als unnötig erweist, sollte auch das nicht abschrecken. Ungeachtet der Frage, wann mit der Konsultation begonnen wurde bzw. wird, sollten nach Abschluss nochmals alle Informationen zusammenfassend und schriftlich übermittelt werden. Zu diesem Zeitpunkt wird es auch möglich sein, die Informationen komplett zu geben, da dann feststehen muss, welche Arbeitnehmer von welchen Berufsgruppen mit welchen Kündigungsfristen zu welchen Terminen abgebaut werden sollen. Verspätet ist, um auch das zur Abgrenzung zu verdeutlichen, die Konsultation jedenfalls dann, wenn der Arbeitgeber bereits unumkehrbare Fakten geschaffen hat. Der Spielraum ist insoweit allerdings, wie vom BAG im Zusammenhang mit Nachteilsausgleichsansprüchen entschieden, durchaus beachtlich.[1471]

Klargestellt hat das BAG in der Entscheidung zu Air Berlin, dass in den Fällen, in denen mehrere Gremien zu konsultieren sind – etwa neben der Personalvertretung Cockpit und Kabine ein Betriebsrat und ggf. noch ein Sprecherausschuss – die Konsultation nicht einheitlich und gemeinsam durchzuführen ist. Man kann hier durchaus mit unterschiedlichen Geschwindigkeiten agieren, muss aber das andere Gremium jeweils vollständig unterrichtet halten.[1472]

422 Neben der Unterrichtungspflicht ist in § 17 Abs. 2 S. 2 KSchG eine **Beratungspflicht** vorgesehen. Insbesondere ist der Arbeitgeber gehalten, mit dem Betriebsrat die Möglichkeiten zu beraten, Entlassungen zu vermeiden oder einzuschränken und ihre Folgen zu mildern bzw. hierüber zu verhandeln.[1473] Primäres Ziel der Beratungen ist es, sich über Zahl und Reihenfolge der zu Kündigenden zu verständigen bzw. Entlassungen durch Versetzungen oÄ zu vermeiden. In Betracht kommen auch Vorschläge zur Beschäftigungssicherung gemäß § 92a BetrVG und die Überführung der Arbeitnehmer in eine Transfergesellschaft.[1474] Ebenso wie im Rahmen des Interessenausgleichsverfahrens gemäß §§ 111, 112 BetrVG ist der Arbeitgeber hierbei letztlich frei, die Maßnahme wie geplant durchzuführen. Er muss demnach mit dem Betriebsrat keinen Konsens herstellen,[1475] aber die Beratungen zumindest abgeschlossen haben, bevor er die Arbeitsverträge der von der Mas-

---

[1468] aaO Rn. 54; vgl. zu der Problematik auch *Schramm/Kuhnke* NZA 2011, 1071 (1072); *Lindemann/Trebeck* ArbRAktuell 2011, 214 (215).

[1469] BAG 20.9.2012 – 6 AZR 155/11, NZA 2013, 32 Rn. 53.

[1470] Vgl. hierzu auch *Forst* NZA 2010, 144 (147); *Krieger/Ludwig* NZA 2010, 919 (923).

[1471] Vgl. *Dimsic* NJW 2016, 901 (904); *Mückl/Wittek* BB 2020, 1232 (1336); *Jares/Fuchs* NZA 2020, 1071 (1076); *Spelge* EuZA 2018, 67, 81; Vgl. hierzu → Rn. 353.

[1472] 13.2. 2020–6 AZR 146/19, NZA 2020, 1006 Rn. 67 mwN; vgl. auch *Schubert/Schmitt* ZESAR 2020, 53 (57).

[1473] BAG 21.3.2013 – 2 AZR 60/12, NZA 2013, 966 Rn. 15.

[1474] KR/*Weigand* KSchG § 17 Rn. 101.

[1475] BAG 21.5.2008 – 8 AZR 84/07, NZA 2008, 753.

senentlassung betroffenen Arbeitnehmer kündigt.[1476] Hierbei besteht mittlerweile auch Klarheit, dass das BAG keine Durchführung des Einigungsstellenverfahrens verlangt; freie Beratungen genügen.[1477] Die Durchführung des Konsultationsverfahrens ist **Wirksamkeitsvoraussetzung** für eine ordnungsgemäße Massenentlassungsanzeige.[1478] Wichtig ist, dass es sich bei dem in § 17 Abs. 2 KSchG geregelten Konsultationsverfahren und der in § 17 Abs. 1, 3 KSchG geregelten Anzeigepflicht um getrennt durchzuführende Verfahren handelt. Die ordnungsgemäße Durchführung beider Verfahren stellt jeweils für sich ein Wirksamkeitserfordernis dar, weshalb jeweils bis zum Schluss der mündlichen Verhandlung ggf. Mängel in beiden Verfahren zu rügen sind.[1479] Es genügt daher nicht, im Kündigungsschutzverfahren Verstöße gegen §§ 17 ff KSchG zu rügen, es muss deutlich gemacht werden, dass sowohl das Konsultations- als auch das Anzeigeverfahren gerügt wird.[1480]

Für eine entsprechende Sanktionierung der unterbliebenen Beratung spricht bereits der 423 Umstand, dass die Richtlinie 92/56/EWG vom 24.6.1992 entsprechende Sanktionierungsmöglichkeiten im Falle der Missachtung der Beteiligungsrechte der Arbeitnehmervertreter verlangt.[1481] Wichtig ist, dass die Beratungen ggf. nochmals durchzuführen sind, nachdem der Betriebsrat mit allen notwendigen Informationen versorgt wurde. So hat das BAG in seiner Entscheidung vom 26.2.2015 ausgeführt, der Arbeitgeber werde auf die abschießende Unterrichtung eines Reaktion des Betriebsrats erbitten und abwarten müssen. Leider hat das BAG sich nicht klar dahingehend geäußert, ab wann der Beratungsanspruch als erfüllt angesehen werden kann. Es ist davon die Rede, dass der Betriebsrat sich *„binnen zumutbarer Frist"* äußern müsse.[1482] Erfreulich klar ist demgegenüber die Entscheidung des BAG vom 22.9.2016, in der klargestellt wird, dass der Arbeitgeber das Konsultationsverfahren nach § 17 Abs. 2 KSchG als beendet ansehen kann, wenn der Betriebsrat keine weitere Verhandlungsbereitschaft über Maßnahmen zur Vermeidung oder Einschränkung der Massenentlassung erkennen lässt. Allerdings muss der Arbeitgeber zuvor, und das wiederum kann vermintes Gelände sein, den Betriebsrat vollständig unterrichtet und ihm alle zweckdienlichen Auskünfte erteilt haben.[1483] Im Hinblick auf § 17 Abs. 3 S. 3 BetrVG wird man aber weiterhin davon ausgehen können, dass nach (abschließender) Unterrichtung die Massenentlassungsanzeige auch ohne Stellungnahme des Betriebsrats nach Ablauf von zwei Wochen eingereicht werden kann.[1484] Allerdings ist es stets vorzugswürdig, vom Betriebsrat eine abschließende Stellungnahme zu erlangen. Ist der Stellungnahme zu entnehmen, dass der Betriebsrat seinen Beratungsanspruch als erfüllt ansieht, können etwaige Fehler bei der Unterrichtung des Betriebsrats nach § 17 Abs. 2 KSchG geheilt werden.[1485] Zudem muss in diesem Fall die 2-Wochen-Frist des § 17 Abs. 3 S. 3 BetrVG nicht abgewartet werden.[1486]

[1476] Vgl. EuGH 27.1.2005 – C-188/03, NJW 2005, 1099; siehe zu der Frage, ab welchem Zeitpunkt das Konsultationsverfahren abgeschlossen ist, den Beitrag von *Krieger/Ludwig* NZA 2010, 919 (922).

[1477] Vgl. BAG 21.5.2008 – 8 AZR 84/07, NZA 2008, 753 (757); BVerfG 25.2.2010 – 1 BVR 230/09, NZA 2010, 439 (443); vgl. auch *Krieger/Ludwig* NZA 2010, 919 (922).

[1478] So BAG 21.3.2013 – 2 AZR 60/12, NZA 2013, 966 Rn. 19; vgl. auch KR/*Weigand* KSchG § 17 Rn. 105; *ErfK/Kiel* KSchG § 17 Rn. 36; *Krieger/Ludwig* NZA 2010, 919 (921); *Schramm/Kuhnke* NZA 2011, 1071 (1074), aM *Sittard/Knoll* BB 2013, 2041.Vgl. zu den Rechtsfolgen einer unwirksamen Massenentlassungsanzeige → Rn. 434.

[1479] So BAG 20.1.2016 – 6 AZR 601/14, NZA 2016, 490 Rn. 16; *Krieger* ArbRAktuell 2016, 164.

[1480] Vgl. *Hinrichs* AuR 2019, 348.

[1481] Vgl. hierzu *Wißmann* RdA 1998, 221 (226); auf die Problematik der unzureichenden Sanktionierung weist auch *Hanau* NZA 1996, 841 (845), hin.

[1482] BAG 26.2.2015 – 2 AZR 955/13, NZA 2015, 881 Rn. 29.

[1483] 2 AZR 276/16, NZA 2017, 175; vgl. Anm. von *Bauer* ArbRAktuell 2016, 478; *Mückl/Stamer* GWR 2017, 86.

[1484] KR/*Weigand* KSchG § 17 Rn. 145; dies folgt auch aus der Entscheidung des BAG v. 9.6.2016 – 6 AZR 405/15, NZA 2016, 1198 Rn. 36.

[1485] Vgl. BAG 9.6.2016 – 6 AZR 405/15, NZA 2016, 1198 Rn. 31 f.; *Moll/Katerndahl* RdA 2018, 57; Anm. *Krieger* ArbRAktuell 2016, 306; *Fuhlrott* GWR 2016, 425; *Seiwerth* SAE 2017, 17.

[1486] Vgl. BAG 9.6.2016 – 6 AZR 405/15, NZA 2016, 1198 Rn. 36.

Wichtig ist allerdings, dass nicht alle Fehler zwingend geheilt sind, es kommt auf die besonderen Umstände an. Man wird nicht davon ausgehen können, dass der Unterrichtungs- und Beratungsanspruch vollständig zur Disposition der Betriebsparteien steht.[1487] Daher ist davon zu warnen, auf jegliche schriftliche Unterrichtung zu verzichten und darauf zu setzen, dass der Betriebsrat quasi einen Freifahrtschein abgibt.

424 In der Praxis gehen Massenentlassungen häufig mit Betriebsänderungen einher. Daher liegt der Fokus zunächst auf den Interessenausgleichsverhandlungen und es war üblich, die Verfahren nach § 17 Abs. 2 KSchG nach Möglichkeit zu erledigen, in dem man bei Unterzeichnung eines Interessenausgleichs durch Aufnahme einer entsprechenden Klausel den Betriebsrat die Durchführung des Verfahrens lapidar bestätigen lässt. Diese verbreitete Vorgehensweise ist zwischenzeitlich durchaus risikobehaftet, da hierbei häufig die Anforderungen des § 17 Abs. 2 KSchG nur unzureichend erfüllt werden. So hält das BAG es zwar für zulässig, die **Pflichten aus § 17 Abs. 2 S. 2 KSchG und § 111 BetrVG gleichzeitig zu erfüllen.** Dies muss auch für **§ 102 BetrVG** gelten.[1488] Wichtig ist jedoch, dass nach der BAG-Rechtsprechung bei einer solchen Vorgehensweise stets hinreichend klargestellt sein muss, **welchen Pflichten** der Arbeitgeber zeitgleich nachkommen will. So muss, um ein Verfahren nach § 17 Abs. 2 KSchG einzuleiten, für den Betriebsrat erkennbar sein, dass die Absicht besteht, eine Massenentlassung vorzunehmen.[1489] Auch muss, und das wird zum Zeitpunkt des Abschlusses des Interessenausgleichs bei komplexen Betriebsänderungen vielfach gar nicht möglich sein, eine den Anforderungen des § 17 Abs. 2 KSchG entsprechende Information vorliegen. Daher ist es fehlerhaft und leichtsinnig, mit dem Abschluss des Interessenausgleichs- und Sozialplanverfahren von der Erledigung der Massenentlassungskonsultation auszugehen. Davor kann nur gewarnt werden.[1490]

c) Stellungnahme des Betriebsrates zur Massenentlassung gemäß § 17 Abs. 3 KSchG

425 Gemäß § 17 Abs. 3 S. 2 KSchG ist der Anzeige, die der Arbeitgeber der Agentur für Arbeit von der Massenentlassung zu erstatten hat, die **Stellungnahme des Betriebsrats** beizufügen. Wie der Betriebsrat sich zu der Massenentlassung äußert bzw. äußern soll, ist im Gesetz nicht geregelt. Aufgrund von Sinn und Zweck der Regelung wird man allerdings davon ausgehen müssen, dass der Betriebsrat der Agentur für Arbeit insbesondere mitteilen sollte, ob und ggf. welche **Bedenken gegen die geplante Maßnahme** bestehen und welche **Alternativen** es nach seinem Dafürhalten zu der Vorgehensweise des Arbeitgebers gibt.[1491] Das BAG verlangt, dass sich die Stellungnahme auf die angezeigten Kündigungen beziehen und eine abschließende Meinungsäußerung des Betriebsrats zu den Kündigungen enthalten muss.[1492] Die Stellungnahme muss zwar schriftlich, aber nicht zwingend in einem eigenständigen Schriftstück niedergelegt sein. Daher ist anerkannt, dass sie auch **Teil eines Interessenausgleichs** sein kann. Hier ist allerdings Vorsicht geboten, da sich aus der Stellungnahme ergeben muss, dass der Betriebsrat sich **abschließend** mit den geplanten Kündigungen befasst hat.[1493] Hiervon ist bei einem Interessenausgleich mit Namensliste nach der Rechtsprechung auszugehen, es ist aber auch möglich, dass ein Interessenaus-

---

[1487] So zutreffend *Moll/Katerndahl* RdA 2018, 57 (60); *Dimsic* NJW 2016, 901 (905); *Spelge* NZA-Beil. 2017, 108, 110.

[1488] *Lelley* DB 2013, 2564 (2566).

[1489] BAG 26.2.2015 – 2 AZR 955/13, NZA 2015, 881; BAG 21.3.2013 – 2 AZR 60/12, NZA 2013, 966 Rn. 15 mwN zur Rechtsprechung.

[1490] Vgl. *Hinrichs* AuR 2019, 348; *Jares/Fuchs* NZA 2020, 1071 (1077); *Lingemann/Steinhauser* NJW 2017, 3694 (3696).

[1491] Vgl. KR/*Weigand* KSchG § 17 Rn. 144; Linck/Krause/Bayreuther/*Bayreuther* KSchG § 17 Rn. 94a; ErfK/*Kiel* KSchG § 17 Rn. 25.

[1492] BAG 28.6.2012 – 6 AZR 780/10, NZA 2012, 1029.

[1493] Vgl. BAG 21.3.2012 – 6 AZR 596/10, NZA 2012, 1058; BAG 22.11.2012 – 2 AZR 371/11, NZA 2013, 845.

gleich ohne Namensliste eine derartige abschließende Stellungnahme enthält.[1494] Die geforderte abschließende Meinungsäußerung liegt auch dann vor, wenn der Betriebsrat sich eindeutig dahingehend äußert, keine Stellung nehmen zu wollen.[1495] *Moll/Katerndahl* arbeiten in ihrem Aufsatz aus 2013 gut heraus, welche verschiedenen denkbaren Stellungnahmen es geben kann und geben auch wertvolle Formulierungshinweise. Auch wenn es nur ein Indiz sein mag, dass der Betriebsrat gemäß § 17 Abs. 2 S. 1 KSchG ordnungsgemäß unterrichtet wurde, wird man es als hilfreich ansehen können, wenn der Betriebsrat dies in seiner Stellungnahme bestätigt.[1496]

Die Beifügung der Stellungnahme des Betriebsrats ist **grundsätzlich Wirksamkeitsvoraussetzung für eine ordnungsgemäße Anzeige,** sie kann nach Auffassung des BAG zwar auch nachgereicht werden.[1497] Dies ist jedoch bis zur Klärung der vom BVerfG aufgeworfenen Frage, ob diese Auffassung europarechtskonform ist, nicht ratsam.[1498] Wird die Stellungnahme des Betriebsrats nachgereicht, so läuft die Sperrfrist gemäß § 18 Abs. 1 KSchG erst ab diesem Zeitpunkt. Kann die Stellungnahme des Betriebsrats nicht beigefügt werden, weil der Betriebsrat noch keine abgegeben hat bzw. keine abgeben will, so steht dies gemäß § 17 Abs. 3 S. 3 KSchG **ausnahmsweise** der Wirksamkeit der Anzeige nicht entgegen, wenn der Arbeitgeber glaubhaft machen kann, dass er den Betriebsrat mindestens zwei Wochen vor Erstattung der Anzeige unterrichtet hat. Eine Glaubhaftmachung kann beispielsweise durch Vorlage einer entsprechenden Empfangsbestätigung oder Abgabe einer eidesstattlichen Versicherung erfolgen. Gelingt eine Glaubhaftmachung, so hat dies zur Konsequenz, dass die Sperrfrist des § 18 Abs. 1 KSchG mit dem Zugang der Anzeige bei der Agentur für Arbeit zu laufen beginnt. 426

d) Vorgehen bei fehlender Stellungnahme des Betriebsrates zur Massenentlassung gemäß § 17 Abs. 3 KSchG

In der Praxis als schwierig kann es sich erweisen, wenn der Betriebsrat nicht abschließend Stellung nimmt bzw. unklar ist, ob es sich überhaupt um eine Stellungnahme handelt. Hier gibt es drei Varianten: 427

aa) Fehlende Stellungnahme, passive Haltung des Betriebsrats. Äußert sich der Betriebsrat in dem gesamten Verfahren nicht, kann der Arbeitgeber nach ordnungsgemäßer und vollständiger Unterrichtung gemäß § 17 Abs. 2 Satz 1 Hs. 1 bis 6 KSchG und nach Aufforderung zur Beratung gemäß § 17 Abs. 2 S. 2 KSchG die Massenentlassungsanzeige nach Ablauf von 2 Wochen einreichen. Allerdings muss der Agentur für Arbeit gemäß § 17 Abs. 3 S. 3 KSchG glaubhaft gemacht werden, dass er den Betriebsrat mindestens zwei Wochen vor Erstattung der Anzeige nach Abs. 2 S. 1 unterrichtet hat und muss erläutern, dass keine Stellungnahme des Betriebsrats vorliegen bzw. keine Beratungen stattgefunden haben. 427a

bb) Ablehnende Haltung des Betriebsrats, fehlende Stellungnahme. Gibt der Betriebsrat keine Stellungnahme ab, kann grundsätzlich gemäß aa) verfahren werden. Allerdings ist zu beachten, dass die Agentur für Arbeit, nimmt der Betriebsrat eine ablehnende Haltung ein, über den Stand der Beratungen zu informieren ist. Zu diesem Zweck sollte der Arbeitgeber wahlweise die Stellungnahmen des Betriebsrats aus dem Verfahren beifügen, auch wenn diese nicht abschließend sein mögen. Dies gilt auch für Stellungnahmen, 427b

---

[1494] BAG 21.3.2012 – 6 AZR 596/10, NZA 2012, 105.

[1495] BAG 28.6.2012 – 6 AZR 780/10, NZA 2012, 1029; vgl. auch *Mückl* ArbRAktuell 2011, 238 (239); *Moll/Katerndahl* RdA 2013, 159 (165).

[1496] Vgl. hierzu *Moll/Katerndahl* RdA 2013, 159 (165).

[1497] Vgl. BAG 21.5.2008 – 8 AZR 84/07, NZA 2008, 753.

[1498] Vgl. BVerfG 25.2.2010 – 1 BVR 230/09, NZA 2010, 439; vgl. hierzu auch *Krieger/Ludwig* NZA 2010, 919 (928); *Niklas/Koehler* NZA 2010, 913 (917); *Schramm/Kuhnke* NZA 2011, 1071, *Schubert/Schmitt* ZESAR 2020, 53 (60).

die sich allgemein auf die Betriebsänderung und nicht zwingend auf die Massenentlassung beziehen. Hier besteht die Schwierigkeit in der Praxis in der Auswahl der sinnvollerweise vorzulegenden Unterlagen. In streitigen Fällen gibt es häufig umfangreiche Korrespondenz, zahlreiche Entwürfe von Vereinbarungen etc., die zwischen den Parteien ausgetauscht wurden. Hier wird es schwer sein zu beurteilen, welche Teile der Korrespondenz sinnvollerweise der Agentur für Arbeit vorzulegen sind. Das BAG versucht dadurch Erleichterung zu verschaffen, in dem es die Möglichkeit eröffnet, ersatzweise den Beratungsstand zusammenfassend darzustellen.[1499] Hier ist allerdings darauf zu achten, dass die Darstellung objektiv und nicht irreführend erfolgt.

Um hier Risiken vorzubeugen, ist es empfehlenswert, gerade in streitigen Fällen, in denen der Betriebsrat sich einer abschließenden Stellungnahme verweigert und der Arbeitgeber in einem Einigungsstellenverfahren den Versuch des Interessenausgleichs für gescheitert erklären muss, um die Maßnahmen umsetzen zu können, wie folgt vorzugehen: Es sollte neben der Glaubhaftmachung und der Vorlage der schriftlichen Unterrichtung des Betriebsrats eine Zusammenfassung des Streitstandes und Beifügung inhaltlich relevanter Stellungnahmen und Äußerungen betreffend die Massenentlassung erfolgen. Führt dies im Ergebnis dazu, dass der Agentur für Arbeit ein umfangreiches Konvolut an Informationen übermittelt werden muss, ist dies die Konsequenz aus dem Umstand, dass man zur Vermeidung des Risikos der Unwirksamkeit der Kündigung vernünftigerweise lieber zu viel als zu wenig informiert.

427c **cc) Abbruch der Beratungen trotz fortbestehendem Beratungsbedarfs des Betriebsrats.** Schließlich kann es auch vorkommen, dass der Betriebsrat nach Unterrichtung und Aufforderung zur Beratung eine Blockade- und/oder Verzögerungshaltung einnimmt. Für diese Fälle hat das BAG in der Entscheidung vom 22.9.2016 festgehalten, dass der Arbeitgeber, lässt der Betriebsrat keine Bereitschaft für zielführende Verhandlungen erkennen, den Konsultationsanspruch als erfüllt ansehen darf.[1500] Ausdrücklich wird darauf hingewiesen, dass es keine absolute Verhandlungsmindestdauer gibt, dass es dem Arbeitgeber im Rahmen seiner Beurteilungskompetenz frei steht zu entscheiden, wann er den Beratungsanspruch des Betriebsrats als erfüllt ansieht. Besteht aus Sicht des Arbeitgebers keinen Ansatz für weitere, zielführende Verhandlungen, können diese beendet werden. Entsprechendes soll gelten, wenn binnen „zumutbarer Frist“ keine Reaktion auf die Aufforderungen zu Beratungen erfolgt.[1501]

Im Prinzip greift das BAG hier auf die Grundsätze zurück, die zum Scheitern des Versuchs eines Interessenausgleichs entwickelt wurden. Allerdings steht seit der Entscheidung vom 16.5.2007 fest, dass im Rahmen der Massenentlassungskonsultation kein Einigungsstellenverfahren durchgeführt werden muss, hier kann der Arbeitgeber direkt für gescheitert erklären.[1502] Allerdings, und hier liegt das Risiko in der Praxis, muss gewährleistet sein, dass die Unterrichtung zuvor ordnungsgemäß und vollständig erfolgt ist.

e) Massenentlassungsanzeige an die Agentur für Arbeit

428 Die Anzeige an die Agentur für Arbeit hat schriftlich zu erfolgen. Zuständig ist die Agentur für Arbeit, in deren Bezirk der von der Massenentlassung betroffene Betrieb liegt.[1503] Bestehen Zweifel daran, ob es sich bei einem Betriebsteil um einen Betrieb iSd § 17 KSchG handelt, oder ob er einem Hauptbetrieb zuzuordnen ist, sollten vorsorglich bei

---

[1499] Vgl. BAG 22.9.2016 – 2 AZR 276/16, NZA 2017, 175 Rn. 24.

[1500] Vgl. BAG 22.9.2016 – 2 AZR 276/16, NZA 2017, 175 Rn. 50ff.

[1501] So bereits BAG 26.2.2015 – 2 AZR 955/13, NZA 2015, 881 Rn. 29; ähnlich BAG 16.5.2007 – 8 AZR 693/06, NZA 2007, 1296 Rn. 42.

[1502] BAG 16.5.2007 – 8 AZR 693/06, NZA 2007, 1296 Rn. 43.

[1503] Vgl. APS/*Moll* KSchG § 17 Rn. 96; ErfK/*Kiel* KSchG § 17 Rn. 28; *v. Hoyningen-Huene* KSchG § 17 Rn. 91; *Schaub/Schindele,* Kurzarbeit-Massenentlassung-Sozialplan, Rn. 381; *Niklas/Koehler* NZA 2010, 913 (916).

allen potentiell zuständigen Agenturen für Arbeit Anzeigen eingereicht werden. Insbesondere bei Unternehmen mit Filialstrukturen oder verschiedenen Standorten sowie bei einer gewillkürten Betriebsstruktur nach § 3 BetrVG ist dies zu empfehlen.[1504] Hier kann es typischerweise vorkommen, dass der betriebsverfassungsrechtliche Betriebsbegriff und der unionsrechtliche Betriebsbegriff divergieren.[1505] Schließlich genügt die Erstattung der Anzeige bei einer nicht zuständigen Behörde nicht den Anforderungen an eine ordnungsgemäße Anzeige.[1506] Auch ein bestandskräftiger Verwaltungsakt, der die Zulässigkeit der Entlassungen zu einem bestimmte Zeitpunkt feststellt, hindert die Gerichte nicht daran, die Unwirksamkeit der Massenentlassungsanzeige etwa wegen Verkennung des Betriebsbegriffs oder Einreichung der Anzeige bei einer falschen Behörde festzustellen.[1507]

Wichtig ist allerdings, dass in den Fällen, in denen die Anzeige bei mehreren Agenturen eingereicht wird, vollständige und zutreffende Angaben zu den für die örtliche Zuständigkeit möglicherweise relevanten Umständen gemacht werden und der Arbeitgeber auf die mehrfache Einreichung explizit hinweist. Es ist nach Auffassung des BAG dann Sache der Behörden, sich über die örtliche Zuständigkeit abzustimmen.[1508] Vor diesem Hintergrund sollte bei unklaren Kompetenzverhältnissen mit der Massenentlassungsanzeige immer die Mehrfacheinreichung transparent gemacht und die Gründe hierfür erläutert werden.

Es ist zu empfehlen, sich der von der Agentur für Arbeit entwickelten Formulare zu bedienen, die diese auch im Internet zur Verfügung stellt.[1509] Dadurch ist sichergestellt, dass keine notwendige Angabe vergessen wird. Wurde die Anzeige ordnungsgemäß abgegeben, können bei Vorliegen der sonstigen Voraussetzungen die Kündigungen ausgesprochen werden.[1510] Konkret bedeutet dies, dass die Anhörung des Betriebsrats nach § 102 BetrVG durchgeführt sein muss und, will der Arbeitgeber Nachteilsausgleichsansprüche vermeiden, das Verfahren nach §§ 111, 112 BetrVG abgeschlossen sein muss. Ist letzteres nicht der Fall, führt dies jedoch nicht zu einer Unwirksamkeit der Anzeige. Auch löst ein Verstoß gegen § 17 KSchG keinen Nachteilsausgleichsanspruch aus.[1511] Der Auffassung, wonach die Kündigung erst nach Ablauf der Sperrfrist und innerhalb der Freifrist des § 18 Abs. 4 KSchG ausgesprochen werden kann, kann nicht gefolgt werden.[1512] Die Kündigungen können allerdings nicht vor Ablauf der Sperrfrist des § 18 Abs. 1, 2 KSchG wirksam werden.[1513] In der Konsequenz bedeutet dies, dass, sollte die Agentur für Arbeit die Sperrfrist nicht abkürzen oder ganz aufheben, bei Arbeitnehmern mit kurzen Kündigungsfristen bei Massenentlassungen de facto eine verlängerte Kündigungsfrist gilt.[1514]

Was es nach der *Junk*-Entscheidung mit der Freifrist des § 18 Abs. 4 KSchG auf sich hat, 429
ist zweifelhaft. Die besseren Argumente sprechen zwar dafür, dass diese Regelung schlicht obsolet, weil sinnentleert ist.[1515] Nach der Entscheidung des BAG v. 23.2.2010[1516] ist davon auszugehen, dass der Arbeitgeber in den Fällen, in denen er die Kündigung ausgesprochen hat, nicht mehr aktiv werden muss. Lässt er die Freifrist verstreichen und will dann die Kündigung aussprechen, ist dies jedoch, liegen neuerlich die Voraussetzungen

---

[1504] Vgl. *Bissels/Fuchs* NZI 2020, 362, 363; *Ludwig/Hinze* NZA 2020, 694, 699.
[1505] Hierzu → Rn. 406ff.
[1506] Vgl. BAG 13.2.2020 – 6 AZR 146/19, NZA 2020, 1006 Rn. 78.
[1507] Vgl. BAG 28.6.2012 – 6 AZR 780/10, NZA 2012, 1029, 1035ff.; NZA 2015, 881, 884; NZA 2013, 966, 969; vgl. hierzu auch *Bissels/Fuchs* NZI 2020, 362, 363; *Schmidt/Wilkening* NZA-RR 2017, 169, 175.
[1508] BAG 22.9.2016 – 2 AZR 276/16, NZA 2017, 175 Rn. 70ff.
[1509] Abrufbar im Formular-Downloadbereich unter www.arbeitsagentur.de.
[1510] 2 AZR 268/08, NZA 2010, 944; vgl. auch Linck/Krause/Bayreuther/*Bayreuther* KSchG § 17 Rn. 122.
[1511] Vgl. BAG 30.3.2004 – 1 AZR 7/03, NZA 2004, 931 (934); hierzu auch *Ferme/Lipinski* NZA 2006, 937 (943).
[1512] Zur Diskussion Linck/Krause/Bayreuther/*Bayreuther* KSchG § 18 Rn. 1 mwN.
[1513] Vgl. LAG Hamm 14.10.2007 – 2 Sa 977/02, BeckRS 2008, 52383.
[1514] So auch *Bauer/Krieger/Powietzka* DB 2005, 445 (447); *Dzida/Hohenstatt* DB 2006, 1897 (1900); *Lembke/Oberwinter* NJW 2007, 721 (726) mwN.
[1515] *Dzida/Hohenstatt* DB 2006, 1897 (1900); *Lembke/Oberwinter* NJW 2007, 721 (726).
[1516] 2 AZR 268/08, NZA 2010, 944.

einer Massenentlassung nach § 17 Abs. 1 KSchG vor, erst nach einer neuerlichen Massenentlassungsanzeige möglich.[1517]

f) Verhältnis der §§ 17, 18 KSchG zu anderen Beteiligungsrechten

430 Die **Unterrichtungs- und Beratungsrechte** des Betriebsrats gemäß § 17 Abs. 2 KSchG bestehen **neben sonstigen Beteiligungsrechten.** Will ein Arbeitgeber eine anzeigepflichtige Massenentlassung durchführen, so wird er den Betriebsrat zuvor in der Regel bei Vorliegen einer Betriebsänderung gemäß §§ 111 ff. BetrVG beteiligen müssen.[1518] Auch ist er verpflichtet, den Betriebsrat gemäß § 102 BetrVG vor Ausspruch der Kündigungen anzuhören. Diese Beteiligungsrechte werden der Unterrichtungs- und Beratungspflicht gemäß § 17 Abs. 2 KSchG idR zeitlich vorgelagert sein,[1519] schließen aber die Beteiligung nach § 17 Abs. 2 KSchG nicht automatisch mit ein. Dies bedeutet allerdings nicht, dass der Arbeitgeber diese nicht miteinander verbinden kann.[1520] Geschieht dies, sollte der Arbeitgeber allerdings darauf achten, in dem Anhörungsschreiben ausdrücklich darauf hinzuweisen.

Die Diskussion darüber, ob das Konsultationsverfahren nach § 17 Abs. 2 KSchG zugleich ein abgeschlossenes Interessenausgleichs- und Sozialplanverfahren verlangt,[1521] ist wenig nachvollziehbar. Weder der Wortlaut der Richtlinie noch deren Ratio sprechen dafür, dass darin die Durchführung eines Zwangsschlichtungsverfahren vorgeschrieben sein soll. Der Begriff der Konsultation schließt gerade nicht den Zwang zu einer Einigung ein.[1522] Es genügt vielmehr, wenn die Betriebspartner die Massenentlassung beraten. Die Beratungen sind abgeschlossen, wenn der Arbeitgeber den Arbeitnehmern über die geplante Maßnahme gemäß § 17 Abs. 2 KSchG schriftlich Auskunft erteilt hat und der Betriebsrat Zeit und Gelegenheit hatte, konstruktive Vorschläge zur Möglichkeit der Vermeidung oder Beschränkung der Massenentlassung zu machen. Nach Durchführung dieses Verfahrens und Ablauf der Zwei-Wochen-Frist des § 17 Abs. 3 S. 3 KSchG kann die Anzeige erstattet werden. Dies hat das BAG in seiner Entscheidung vom 21. 5. 2008[1523] auch ausdrücklich bestätigt. Danach ist jetzt klargestellt, dass zwar ein vor der „Entlassung" abgeschlossener Interessenausgleich die Beratungspflicht nach § 17 Abs. 2 S. 2 KSchG erfüllt, dass aber aus der Konsultationspflicht des § 17 Abs. 2 S. 2 KSchG keine Pflicht zur Verständigung über den Umfang und die Folgen der Massenentlassung abzuleiten ist. Demnach muss weder eine Einigung mit dem Betriebsrat erfolgt sein, noch muss das Einigungsstellenverfahren gemäß § 112 Abs. 2 BetrVG im Falle der Nichteinigung der Parteien über den Interessenausgleich durchgeführt worden sein. Etwas anderes folgt auch nicht aus der Massenentlassungsrichtlinie 98/59/EG.[1524]

431 Unter Praktikabilitätsgesichtspunkten bietet es sich vielfach an, die Verfahren nach §§ 17, 18 KSchG und §§ 111, 112 BetrVG bzw. § 102 BetrVG zu verbinden.[1525] Das BAG hat dies ausdrücklich klargestellt, weist aber darauf hin, dass stets hinreichend deut-

---

[1517] Linck/Krause/Bayreuther/*Bayreuther* KSchG § 18 Rn. 22.

[1518] Anders ist die Situation, wenn in einem DB mit mehr als 600 Arbeitnehmern zwar mehr als 30 Arbeitnehmer, aber weniger als 5% betroffen sind, vgl. *Reinhard* RdA 2007, 207 (211).

[1519] Nach *Forst* NZA 2009, 294, muss die Anhörung nach § 102 Abs. 1 BetrVG jedenfalls vor Ausspruch der Kündigung erfolgen, die Information nach § 111 BetrVG muss so rechtzeitig erfolgen, dass Einwände des Betriebsrats bei der Entscheidungsfindung noch berücksichtigt werden können.

[1520] Vgl. KR/*Weigand* KSchG § 17 Rn. 114.

[1521] Vgl. hierzu den Vorlagebeschluss des ArbG Berlin 21.2.2006 – 79 Ca 22399/05, NZA 2006, 739; ausführlich dazu *Klumpp* NZA 2006, 703; der Vorlagebeschluss wurde allerdings wieder zurückgenommen.

[1522] Vgl. *Bauer/Krieger/Powietzka* DB 2005, 445 (447); *Ferme/Lipinski* NZA 2006, 937 (942); *Dzida/Hohenstatt* DB 2006, 1897 (1900); Klumpp NZA 2006, 703 (705); *Lembke/Oberwinter* NJW 2007, 721 (724); *Krieger/Ludwig* NZA 2010, 919 (922); *Niklas/Koehler* NZA 2010, 913 (915).

[1523] BAG 21.5.2008 – 8 AZR 84/07, NZA 2008, 753 (757).

[1524] Vgl. so bestätigend auch das BVerfG 25.2.2010 – 1 BVR 230/09, NZA 2010, 439 (442); zustimmend *Krieger/Ludwig* NZA 2010, 919 (922); *Niklas/Koehler* NZA 2010, 913 (915).

[1525] Vgl. KR/*Weigand* KSchG § 17 Rn. 114.

lich sein muss, dass und welche Verfahren gleichzeitig durchgeführt werden.[1526] Insbesondere ist es denkbar, unmittelbar in dem Interessenausgleich aufzunehmen, dass die Informationen im Rahmen des Interessenausgleichsverfahrens und die dort erfolgten Beratungen die Voraussetzungen des § 17 Abs. 2 KSchG erfüllen und dass der Interessenausgleich die Stellungnahme des Betriebsrats nach § 17 Abs. 3 S. 2 KSchG ersetzt bzw. als solche zu werten ist.[1527] Dies setzt allerdings einen zeitlichen Gleichlauf des Verfahrens und ein sehr sorgfältiges Vorgehen voraus.[1528]

Die geänderte Rechtsprechung zu §§ 17, 18 KSchG wirkt sich maßgeblich auf den Verfahrensablauf aus: Die Massenentlassungsanzeige und die vorgeschaltete Beratung mit dem Betriebsrat müssen durchgeführt sein, bevor Kündigungen ausgesprochen oder Aufhebungsverträge abgeschlossen werden. Da zudem vor Ausspruch der Kündigungen der Betriebsrat gemäß § 102 BetrVG zu beteiligen ist, wird man nach Einreichung der Massenentlassungsanzeige mit den Kündigungen noch eine weitere Woche zuwarten müssen, sofern man sich nicht für eine zeitgleiche Durchführung des Verfahrens entschieden hat. Es besteht kein Erfordernis, vor Einreichung der Massenentlassungsanzeige auch das Verfahren nach §§ 111, 112 BetrVG abgeschlossen haben zu müssen. Ggf. können die Verfahren nach § 17 KSchG, §§ 111, 112 BetrVG daher auch parallel laufen. Ist dies der Fall, sollte jedoch in der Kommunikation mit dem Betriebsrat aus Beweisgründen stets klargestellt werden, in welchem Verfahren man welche Schritte unternimmt. Insbesondere für den Lauf der 2-Wochen-Frist des § 17 Abs. 3 S. 3 KSchG ist dies von zentraler Bedeutung. 432

Betrachtet man nun im Lichte der EuGH-Rechtsprechung und der Ausgestaltung des § 17 KSchG die Situation, sollte wie folgt vorgegangen werden: 433

- Zeichnet sich eine Massenentlassung als mögliches Szenario ab, sollte der Betriebsrat hierzu konsultiert werden. Der Betriebsrat sollte insbesondere dann, wenn zeitgleich eine Einbindung nach § 111 BetrVG erfolgt, **ausdrücklich** darauf hingewiesen werden, dass die Unterrichtung und **Konsultation (zumindest auch) nach § 17 KSchG** erfolgt.[1529]
- Soll die Massenentlassung schließlich umgesetzt werden, sollten **alle nach § 17 Abs. 2 Nr. 1 erforderlichen Informationen** spätestens 2 Wochen vor der geplanten Einreichung der Massenentlassungsanzeige bei der Agentur für Arbeit (ggf. nochmals) **schriftlich** beim Betriebsrat eingereicht werden.
- Mit der schriftlichen Unterrichtung des Betriebsrats sollte diesem unabhängig davon, wie ausführlich zuvor verhandelt wurde und ob ggf. sogar ein Interessenausgleich abgeschlossen wurde, nochmals ausdrücklich eine **Beratung zu der geplanten Massenentlassung angeboten** werden bzw., sollte der Betriebsrat dies wünschen, mit ihm eine Beratung durchgeführt werden. Dies ist nur dann entbehrlich, wenn im Rahmen des Interessenausgleichsverfahrens vom Betriebsrat bereits eine hinreichende Stellungnahme abgegeben wurde. Hier sind die Anforderungen hoch.[1530]
- Die Anhörung des Betriebsrats gemäß § 102 BetrVG kann, ist die Zeit knapp, ggf. auch zeitgleich mit den Beratungen nach § 17 Abs. 2 KSchG erfolgen.[1531] Besteht kein Zeitdruck, ist es schon aus psychologischen Gründen ratsam, zunächst das Konsultationsverfahren abzuschließen, bevor die Anträge nach § 102 BetrVG eingereicht werden. Aber es scheint auch nicht ausgeschlossen, dass erfolgreich argumentiert wird, dass die Kon-

[1526] BAG 18.1.2012 – 6 AZR 407/36, NZA 2012, 817; BAG 21.3.2013 – 2 AZR 60/12, NZA 2013, 966 Rn. 15.

[1527] *Dornbusch* BB 2005, 885.

[1528] Vgl. → Rn. 424.

[1529] BAG 26.2.2015 – 2 AZR 955/13, NZA 2015, 881; so auch *Baeck/Winzer/Kramer* NZG 2014, 1053.

[1530] Vgl. → Rn. 425.

[1531] Vgl. → Rn. 431, hierzu auch BAG 18.1.2012 – 6 AZR 407/10, NZA 2012, 817; offen BAG 21.3.2013 – 2 AZR 60/12, NZA 2013, 966 Rn. 15; aA *Ginal/Raif* ArbRAktuell 2013, 94, die meinen, es sei gänzlich unzulässig, vor Einreichung der Massenentlassungsanzeige die Betriebsratsanhörung nach § 102 BetrVG einzuleiten, kritisch auch ErfK/*Kiel* KSchG § 17 Rn. 26.

sultation, wird schon die Anhörung nach § 102 BetrVG eingereicht, nur noch pro forma durchgeführt wird.[1532] Diesem Risiko sollte man sich nicht ohne Not aussetzen.

g) Rechtsfolgen eines Verstoßes gegen die Beteiligungsrechte des Betriebsrates gemäß § 17 KSchG

434 Für die Praxis von entscheidender Bedeutung ist, welche **Rechtsfolgen** ein Verstoß gegen die aufgezeigten Beteiligungsrechte des Betriebsrats gemäß § 17 Abs. 2 und Abs. 3 S. 2 und 3 BetrVG hat.[1533] Eine eindeutige gesetzliche Regelung findet sich hierzu nicht. Ebenso wenig ist geregelt, welche Rechtsfolgen eine gänzlich unterbliebene Massenentlassungsanzeige hat. Das BAG hat bis zur *Junk*-Entscheidung des EuGH seit Jahren eine klare Linie vertreten. Danach waren die **Kündigungen,** die unter Verletzung des § 17 KSchG erfolgten, unwirksam, wenn der Arbeitnehmer sich auf den Gesetzesverstoß berief.[1534] Der Betriebsrat konnte aus der Missachtung seiner Beteiligungsrechte keinerlei Ansprüche herleiten. Da die Unwirksamkeit der Kündigung nur eintrat, wenn der betroffene Arbeitnehmer sich ausdrücklich hierauf berief, hatte er die Wahl, ob er die Kündigung akzeptieren wollte. Seit der Junk-Entscheidung geht die wohl überwiegende Meinung davon aus, dass Kündigungen, die unter Missachtung des § 17 KSchG ausgesprochen wurden, unwirksam sind.[1535] Dies wurde vom BAG zwischenzeitlich unter Berufung auf § 134 BGB bestätigt.[1536] Auch hat das BAG mehrfach entschieden, dass ein Unterlassen des Konsultationsverfahrens ebenso wie das Unterlassen der Beifügung einer Stellungnahme des Betriebsrats gemäß § 17 Abs. 3 S. 2 KSchG zur Unwirksamkeit der Massenentlassungsanzeige führt.[1537] Dies gilt nur dann nicht, wenn der Betriebsrat keine abschließende Stellungnahme vorgelegt hat und der Arbeitgeber gemäß § 17 Abs. 3 S. 3 BetrVG vorgeht.

Die grundsätzliche Rechtsfolge der Unwirksamkeit der Kündigung bei einer unterlassenen Anzeige nach § 17 KSchG bzw. bei einem unterlassenen Konsultationsverfahren begründet das BAG zutreffend damit, dass nach der neuen Rechtslage die Anzeige *vor* Kündigungsausspruch zu erfolgen hat und dass es sich bei der MERL sowie § 17 KSchG um ein Arbeitnehmerschutzgesetz handelt. Will man den eingetretenen Fehler heilen und die Anzeige wiederholen, muss folglich auch die Kündigung neuerlich ausgesprochen werden. Auch ein Verwaltungsakt der Arbeitsverwaltung nach § 18 Abs. 1 oder 2 KSchG ist nicht geeignet, eine unwirksame Anzeige zu heilen.[1538] Dies verhält sich nur dann anders, wenn der Arbeitgeber *vor* Ausspruch der Kündigungen Verstöße gegen § 17 KSchG heilt.[1539] Hiergegen wird man nichts einwenden können.

435 Noch nicht ganz klar ist das Bild, wie die Fälle zu bewerten sind, in denen die Anzeige inhaltlich fehlerhaft oder unzureichend ist bzw. in denen das Konsultationsverfahren Fehler aufweist. Dies liegt daran, dass es hier nahezu unendlich viele Fallkonstellationen geben kann. Was die Anforderungen an die Anzeige gemäß § 17 Abs. 2 KSchG anbelangt, so hat

---

1532 Vgl. so der zutreffende Hinweis in ErfK/*Kiel* KSchG § 17 Rn. 26.

1533 Siehe dazu ausführlich den Beitrag von *Reinhard* RdA 2007, 207 und *Niklas/Koehler* NZA 2010, 913 (917).

1534 Vgl. hierzu stellvertretend für viele Entscheidungen BAG 6.12.1973 – 2 AZR 10/73, DB 1974, 119; BAG 31.7.1986 – 2 AZR 594/85, NZA 1987, 587; BAG 4.3.1993 – 2 AZR 551/92, NZA 1993, 840.

1535 So *Appel* DB 2005, 1002 (1003); ErfK/*Kiel* KSchG § 17 Rn. 35; *Bauer/Krieger/Powietzka* DB 2005, 445 (448); *Lembke* BB 2007, 161 (162); *Lembke/Oberwinter* NJW 2007, 721 (727); *Nicolai* NZA 2005, 206; *Osnabrügge* NJW 2005, 1093 (1095); *Reinhard* RdA 2007, 207 (208); KR/*Weigand* KSchG § 17 Rn. 158; aA *Ferme/Lipinski* ZIP 2005, 593 (597).

1536 BAG 22.11.2012 – 2 AZR 371/11, NZA 2013, 845 Rn. 37ff.; BAG 13.12.2012 – 6 AZR 752/11, NJOZ 2013, 1232 Rn. 60; BAG 21.3.2013 – 2 AZR 601/12, NZA 2013, 966 Rn. 19.

1537 BAG 28.6.2012 – 6 AZR 780/10, NZA 2012, 1029 Rn. 52; BAG 22.11.2012 – 2 AZR 371/11, NZA 2013, 845; BAG 13.12.2012 – 6 AZR 752/11, NJOZ 2013, 1232 Rn. 64.

1538 BAG NZA 2012, 1029.

1539 Sonderfragen können zudem entstehen, wenn die Agentur für Arbeit eine Entscheidung bezüglich der Verkürzung oder Verlängerung der Sperrfrist getroffen hat und damit die Anzeige als rechtmäßig anerkennt bzw. ein sog. Negativattest erteilt. Auch sind Fälle denkbar, in denen die Schwellenwerte nachträglich unterschritten werden. Vgl. hierzu *Lembke/Oberwinter* NJW 2007, 721 (728).

das BAG in einem Fall bereits festgestellt, dass der bloße Umstand, dass die Anzahl der zu entlassenden Arbeitnehmer in der Anzeige zu niedrig angegeben war, nicht dazu führt, dass die Kündigungen aller Mitarbeiter unwirksam werden. Es sollen sich in einem solchen Fall mit Blick auf den Zweck der Norm lediglich diejenigen Arbeitnehmer auf den Fehler berufen können, die nicht von der Massenentlassungsanzeige erfasst waren.[1540] Hieraus kann man wiederum schließlich, dass nicht jede fehlerhafte oder unzureichende Information gleich die Unwirksamkeit der gesamten Anzeige zur Folge hat. Es wird eine Einzelfallprüfung anzustellen sein. Eine generelle diesbezügliche Verfahrensregel hat das BAG bislang jedenfalls nicht aufgestellt.[1541] Aber mit Blick auf diese Argumentation hat das LAG Hamm entschieden, dass ein Verstoß gegen § 17 Abs. 3 S. 1 KSchG (Weiterleitung einer Abschrift der Mitteilung an den Betriebsrat an die Agentur für Arbeit) nicht zur Unwirksamkeit der Kündigung führt.[1542]

Welche Anforderungen an das Konsultationsverfahren zu stellen sind, ist ebenfalls noch nicht abschließend geklärt.[1543] Hier wird man aber nach dem bisherigen Stand der Rechtsprechung annehmen müssen, dass der Betriebsrat jedenfalls alle wesentlichen Informationen schriftlich erhalten haben muss bzw. eine entsprechende Bestätigung hierüber abgibt, und dass ihm zumindest die Beratung über die geplante Massenentlassung ernsthaft angeboten worden sein muss. Ob jeder kleine Unterrichtungsfehler, jede Unschärfe in den Angaben beispielsweise betr. die betroffenen Berufsgruppen oÄ das Konsultationsverfahren sogleich unwirksam machen, erscheint demgegenüber mit Blick auf den Zweck des § 17 KSchG fraglich. Der Betriebsrat muss auf der Basis der übermittelten Informationen in der Lage sein, mit dem Arbeitgeber qualifiziert über die geplante Maßnahme zu beraten. Ist dies gewährleistet, sollten kleinere Unschärfen das Konsultationsverfahren nicht beeinträchtigen.

Festzuhalten bleibt, dass eine unterlassene Massenentlassungsanzeige sowie ein unterbliebenes Konsultationsverfahren zur Nichtigkeit der Kündigung nach § 134 BGB führt. Ist die Anzeige zwar gestellt worden bzw. das Verfahren zwar durchgeführt worden, haben sich hier aber Fehler eingeschlichen, wird man prüfen müssen, ob dies das Verfahren und damit die Kündigung mit Blick auf den Zweck des § 17 KSchG unwirksam macht. Dies ist, handelt es sich um gravierende Verstöße, durchaus denkbar. Hieraus resultiert, dass der Arbeitgeber, lässt er die notwendige Sorgfalt im Zusammenhang mit der Massenentlassung vermissen, ein **durchaus hohes Risiko** trägt, dass hieraus die **Unwirksamkeit der Kündigungen** resultiert. Allerdings können sich Arbeitnehmer hierauf nur berufen, wenn sie gemäß § 4 KSchG innerhalb von drei Wochen ab Zugang der Kündigung Kündigungsschutzklage erhoben haben.[1544] Sie haben dann bis zum Schluss der mündlichen Verhandlung Gelegenheit, den Verstoß gegen § 17 KSchG zu rügen.[1545]

3. Umwandlungsgesetz und besondere Beteiligungsrechte des Betriebsrats im Verhältnis zu §§ 111 ff. BetrVG

a) Unzureichende Abstimmung zwischen Gesellschafts- und Arbeitsrecht

Regelungsgegenstand und legislatorische Zielsetzung des am 1.1.1995 in Kraft getretenen 436
Umwandlungsgesetzes sind bereits an anderer Stelle beschrieben worden.[1546] Hierdurch

[1540] BAG 28.6.2012 – 6 AZR 780/10, NZA 2012, 1029 Rn. 50.
[1541] Vgl. hierzu auch BAG 18.1.2012 – 6 AZR 407/10, NZA 2012, 817 Rn. 36, das die Frage offen lässt.
[1542] LAG Hamm 13.1.2015 – 7 Sa 900/14, BeckRS 2015, 65831.
[1543] Vgl. BAG 21.3.2013 – 2 AZR 601/12, NZA 2013, 966 Rn. 26; vgl. hierzu auch *Lelley* DB 2013, 2564 (2566).
[1544] Die Rechtmäßigkeit dieser Einschränkung wurde vom EuGH am 16.7.2009 – C-12/08, BeckRS 2009, 70825, bestätigt; vgl. auch *Forst* NZA 2010, 144 (145); ErfK/*Kiel* KSchG § 17 Rn. 39.
[1545] Vgl. KR/*Weigand* KSchG § 17 Rn. 164; ErfK/*Kiel* KSchG § 17 Rn. 39.
[1546] → B Rn. 69 ff.

wird die Wirksamkeit gesellschaftsrechtlicher Umwandlungsvorgänge an die **Darstellung** arbeitsrechtlicher **Mindestinhalte** in den jeweiligen Umwandlungsverträgen geknüpft, und zwar für die Verschmelzung in § 5 Abs. 1 Nr. 9, für die Spaltung in § 126 Abs. 1 Nr. 11 und für den Formwechsel in § 194 Abs. 1 Nr. 7 UmwG.[1547] Der *gesamte* Vertrag bzw. sein Entwurf muss spätestens einen Monat vor Beschlussfassung der Anteilseigner jedes beteiligten Rechtsträgers dem zuständigen **Betriebsrat** dieses Rechtsträgers **zugeleitet** werden (§ 5 Abs. 3, § 126 Abs. 3, § 194 Abs. 2 UmwG), was dem Registergericht bei Anmeldung der Verschmelzung bzw. sonstiger Umwandlung nachzuweisen ist (§ 17 Abs. 1 UmwG). Diese umwandlungsspezifischen Beteiligungsrechte des Betriebsrats müssen im Zusammenhang mit den arbeitsrechtlichen Sondervorschriften gemäß §§ 322–325 UmwG gesehen werden.[1548]

437 Angesichts ihrer direkten Einbindung in den Umwandlungsprozess als solchen bedeutete die obligatorische Darstellung arbeitsrechtlicher Mindestinhalte nach § 5 Abs. 1 Nr. 9, § 126 Abs. 1 Nr. 11 und § 194 Abs. 1 Nr. 7 UmwG in Verbindung mit der jeweiligen Zuleitungspflicht an den Betriebsrat (§ 5 Abs. 3, § 126 Abs. 3, § 194 Abs. 2 UmwG) bei ihrer Einführung einen erheblichen **Eingriff** des Gesetzgebers in das bislang auf die Ebene der beteiligten Rechtsträger und ihrer Anteilseigner bezogene und beschränkte Gesellschafts- und Unternehmensrecht.[1549] Spezifische Probleme können sich in der Praxis daraus ergeben, dass die umwandlungsrechtliche „Beteiligung" des Betriebsrats nach der Konzeption des UmwG völlig beziehungslos **neben** den allgemeinen Beteiligungs- und Mitbestimmungsrechten des Betriebsrats – insbesondere nach §§ 111 ff. BetrVG – zu stehen scheint. Dabei zeigen gerade die §§ 322–325 UmwG, dass umwandlungsrechtliche Vorgänge durchaus mit Veränderungen auf der kollektiv- wie auch individualarbeitsrechtlichen Ebene verbunden sein können, die ihrerseits schon nach allgemeinem Arbeitsrecht Mitwirkungsrechte des Betriebsrats auszulösen vermögen. Dies gilt in Anbetracht ihrer sachlichen Nähe zu Umwandlungsvorgängen insbesondere für die Beteiligung nach §§ 111 ff. BetrVG. Den insoweit bestehenden Abstimmungsbedarf hat der Gesetzgeber des Umwandlungsgesetzes offenbar noch nicht einmal zur Kenntnis genommen. In den Gesetzesmaterialien findet sich zum Verhältnis zwischen umwandlungsrechtlicher und betriebsverfassungsrechtlicher Beteiligung des Betriebsrats kein einziger Hinweis. In der **Gesetzesbegründung** zu § 5 Abs. 1 Nr. 9 UmwG heißt es lediglich allgemein, dass durch die Darstellung der durch die Verschmelzung eintretenden individual- und kollektivrechtlichen Änderungen im Verschmelzungsvertrag „… insbesondere den Arbeitnehmervertretungen … eine frühzeitige Information über die Verschmelzung und die durch sie bewirkten Folgen für die Arbeitnehmer zur Verfügung gestellt werden (soll), um bereits im Vorfeld des Verschmelzungsvorgangs seine möglichst sozialverträgliche Durchführung zu erleichtern". Die Regelung diene „somit auch dem sozialen Frieden".[1550]

438 Auf Grund der fehlenden Abstimmung zwischen umwandlungsrechtlicher und betriebsverfassungsrechtlicher Beteiligung des Betriebsrats stellt sich insbesondere die Frage, inwieweit die umwandlungsrechtliche Unterrichtung des Betriebsrats über die „Folgen für die Arbeitnehmer und die insoweit vorgesehenen Maßnahmen" auf die **Beteiligungsrechte des Betriebsrats nach §§ 111 ff. BetrVG** auszustrahlen vermag, mit dieser möglicherweise sogar direkt verzahnt ist.[1551] Angesichts der vom Gesetzgeber geschaffenen Gemengelage zwischen Gesellschafts- und Arbeitsrecht haben Betriebsräte wiederholt versucht, mittels eines Antrags auf Erlass einer einstweiligen Verfügung im arbeitsrechtlichen Be-

[1547] Zu den einzelnen Umwandlungsarten vgl. die Darstellung in → B Rn. 71 ff.
[1548] Auf die §§ 322–325 UmwG wird in diesem Buch jeweils in dem entsprechenden systematischen Zusammenhang eingegangen werden; vgl. insbesondere → B Rn. 90; → G Rn. 138 ff.; → H Rn. 145 ff.
[1549] Vgl. zu der seinerzeitigen, inzwischen relativierten Kritik an diesem „Fremdkörper" bei Lutter/*Drygala* § 5 Rn. 85; ferner *Willemsen* NZA 1996, 791 (796, 798).
[1550] Vgl. Begründung RegE BT-Drs. 12/6699 S. 82.
[1551] Vgl. dazu insbesondere *Bachner* NJW 1995, 2881 einerseits und *Willemsen* NZA 1996, 791 (796); *ders.* RdA 1998, 23 (25) andererseits.

schlussverfahren gegen gesellschaftsrechtliche Umwandlungsvorgänge vorzugehen.[1552] Dabei wird zum Teil geltend gemacht, dass der dem Betriebsrat gemäß § 5 Abs. 3 UmwG zugeleitete Entwurf des Verschmelzungsvertrages (bzw. der sonstigen Umwandlungsverträge) hinsichtlich der arbeitsrechtlichen Folgen unrichtig oder unvollständig sei und deshalb die geplante Umwandlung – auch hinsichtlich ihrer betriebsbezogenen Folgen – nicht durchgeführt werden dürfe. Damit ist jede Unternehmensumstrukturierung, die sich nach den Regelungen des Umwandlungsgesetzes vollziehen soll, neben den stets zu beachtenden gesellschafts- und steuerrechtlichen Aspekten künftig auch einer spezifisch **„arbeitsrechtlichen Gefahrenlage"** ausgesetzt (dazu → Rn. 460 ff.). Es bedarf daher vor jeglichem Umwandlungsvorhaben sorgfältiger Klärung, welchen (Mindest-) Inhalt die sog. arbeitsrechtlichen Pflichtangaben nach Umwandlungsrecht aufweisen müssen, welchem Betriebsrat bzw. welchen Betriebsräten die entsprechenden Entwürfe zuzuleiten sind und wie sich die Beteiligung des Betriebsrats im Schnittfeld der umwandlungsrechtlichen und betriebsverfassungsrechtlichen Verfahrensregelungen darstellt.

b) Anforderungen an eine ordnungsgemäße umwandlungsrechtliche Unterrichtung über die „Folgen für die Arbeitnehmer und ihre Vertretungen" (§ 5 Abs. 1 Nr. 9 in Verbindung mit Abs. 3, § 126 Abs. 1 Nr. 11 in Verbindung mit Abs. 3, § 194 Abs. 1 Nr. 7 in Verbindung mit Abs. 2 UmwG)

aa) Formale Anforderungen: Rechtzeitige Zuleitung des Umwandlungsvertrages/ Entwurfs an den „zuständigen" Betriebsrat. Auf die funktionelle Verknüpfung der arbeitsrechtlichen Pflichtangaben im Umwandlungsvertrag mit der jeweiligen Zuleitungspflicht nach § 5 Abs. 3, § 126 Abs. 3 und § 194 Abs. 2 UmwG wurde bereits hingewiesen. Je nachdem, ob die Beschlussfassung der Anteilseigner der beteiligten Rechtsträger vor oder nach Abschluss des jeweiligen Umwandlungsvertrages erfolgt, muss entweder der Vertrag selbst oder sein Entwurf dem zuständigen Betriebsrat[1553] jedes beteiligten Rechtsträgers zugeleitet werden (vgl. zB § 5 Abs. 3 in Verbindung mit § 13 Abs. 3 S. 2 Alternative 2 in Verbindung mit § 4 Abs. 2 UmwG für die Verschmelzung). Damit soll der zuständigen Arbeitnehmervertretung die Möglichkeit gegeben werden, etwaige Einwendungen gegen die Verschmelzung oder sonstige Umwandlung rechtzeitig geltend zu machen sowie gegebenenfalls auf Änderungen hinzuwirken.[1554] Die **fristgebundene** (dazu → Rn. 443) Vorlagepflicht betrifft unstreitig den **gesamten Vertrag** einschließlich **Anlagen**[1555] und nicht etwa nur die arbeitsrechtlichen Angaben, bei Verschmelzung (Spaltung, Ausgliederung) durch bzw. zur Neugründung wegen § 37 UmwG auch den Gesellschaftsvertrag der aufnehmenden Gesellschaft.[1556] Sie ist dadurch umwandlungsrechtlich sanktioniert, dass der **Nachweis der rechtzeitigen Zuleitung** des Umwandlungsvertrages oder seines Entwurfs an den bzw. die zuständige(n) Betriebsräte gemäß § 17 Abs. 1 UmwG eine **notwendige Anlage** der Anmeldung zum Handelsregister und damit **Eintragungsvoraussetzung** ist.[1557] 439

(1) Zuständiger Betriebsrat. Angesichts der außerordentlichen Tragweite etwaiger formaler Fehler bei der Zuleitung an die zuständige Arbeitnehmervertretung ist den betriebsverfassungsrechtlichen Kompetenzregelungen, welche die Arbeitsteilung zwischen (Einzel-) Betriebsräten, Gesamtbetriebs- und Konzernbetriebsräten regeln, auch und gerade 440

[1552] So geschehen im Falle der Verschmelzung der *Clouth AG* auf die *Continental AG*. Das ArbG Köln hat den Antrag des Betriebsrats mangels Darlegung einer *Betriebsänderung* zurückgewiesen; vgl. 2.6.1997 – 15 BV Ga 12/97.

[1553] Zur Zuleitung an einen nach § 3 BetrVG durch Tarifvertrag oder Betriebsvereinbarung gebildeten Betriebsrat s. *Dzida* GmbHR 2009, 459 (462).

[1554] *Kallmeyer* ZIP 1994, 1746 (1757).

[1555] Vgl. OLG Naumburg 17.3.2003 – 7 Wx 6/02, GmbHR 2003, 1433.

[1556] Vgl. Kallmeyer/*Willemsen* UmwG § 5 Rn. 74; *Schroer* in Semler/Stengel § 5 UmwG Rz. 141.

[1557] Weitere Einzelheiten bei Lutter/*Drygala* UmwG § 5 Rn. 150.

bei der Vorbereitung von Umwandlungsvorhaben größte Aufmerksamkeit zu widmen. *Welchem* Betriebsrat oder genauer: *welchen* Betriebsräten auf Seiten der beteiligten Rechtsträger der Verschmelzungs- oder sonstige Umwandlungsvertrag bzw. der Entwurf zuzuleiten ist, ergibt sich nämlich aus den allgemeinen arbeitsrechtlichen Bestimmungen.[1558] Die **Zuleitung** an den betriebsverfassungsrechtlich **unzuständigen Repräsentanten** ist rechtlich unbeachtlich und kann sich daher als **Eintragungshindernis** erweisen. Hat ein Unternehmen einen **Gesamtbetriebsrat,** ist dieser zuständig, weil alle Umwandlungsvorhaben unternehmensbezogen sind.[1559] Umstritten ist dagegen, ob bei konzernweiten Umwandlungen – wie beispielsweise der Verschmelzung von zwei verbundenen Unternehmen – der **Konzernbetriebsrat** gemäß § 58 Abs. 1 BetrVG richtiger Adressat der Zuleitung des Umwandlungsvertrages ist.[1560] Hiervon scheint zwar der Rechtsausschuss des Bundestages im Rahmen des Gesetzgebungsverfahrens ausgegangen zu sein;[1561] einer rechtlichen Nachprüfung hält diese Auffassung jedoch nicht stand. Gegen sie spricht nicht nur bereits der klare Wortlaut der entsprechenden gesetzlichen Bestimmungen („Betriebsrat *dieses* Rechtsträgers"), sondern auch der Gesetzeszweck einer unternehmensnahen Repräsentation der Arbeitnehmer im Umwandlungsverfahren.[1562] Bei Umwandlungen innerhalb eines Konzerns, die mehrere konzernzugehörige Unternehmen betreffen, reicht daher die Zuleitung des Vertrages bzw. seines Entwurfs an den Konzernbetriebsrat nicht aus, um die Monatsfrist in Gang zu setzen;[1563] es muss vielmehr eine Vorlage gegenüber den Betriebsräten bzw. Gesamtbetriebsräten der einzelnen Unternehmen erfolgen. Angesichts der derzeit noch bestehenden Rechtsunsicherheit in dieser, für die Praxis eminent wichtigen Frage empfiehlt sich allerdings eine vorsorgliche **Übersendung** an **alle in Betracht kommenden Betriebsräte,** bei Bestehen eines Konzernbetriebsrats also ergänzend zu der Unterrichtung der Einzel- bzw. Gesamtbetriebsräte eine vorsorgliche Übersendung auch an diesen. Eine Zuständigkeit des **Europäischen Betriebsrats** kommt hingegen nicht in Betracht.[1564]

441 **(2) Rechtslage bei Fehlen eines Betriebsrats.** Ist in einem Unternehmen, das in eine Umwandlung nach dem Umwandlungsgesetz involviert ist, **kein Betriebsrat** gewählt, so ergibt sich bereits aus der Natur der Sache, dass der Umwandlungsvertrag auch keinem solchen Gremium zugeleitet werden kann. Die Zuleitungspflicht geht insoweit ins Leere.[1565] Auch besteht keine hilfsweise Verpflichtung des Rechtsträgers zur Zuleitung an die von der Umwandlung betroffenen Arbeitnehmer. In den einschlägigen Vorschriften des Umwandlungsgesetzes, wie beispielsweise in § 5 Abs. 3 UmwG, ist ausdrücklich von einer Zuleitungspflicht *an den Betriebsrat* die Rede. Abgesehen davon, dass der Wortlaut eine entsprechende Auslegung verbietet, ist auch zu berücksichtigen, dass Zweck der Zuleitung

1558 Ebenso Begründung des Rechtsausschusses, BT-Drs. 12/7850 S. 142; Lutter/*Drygala* UmwG § 5 Rn. 144. Zur Zuleitung an einen nach § 3 BetrVG durch Tarifvertrag oder Betriebsvereinbarung gebildeten Betriebsrat s. *Dzida* GmbHR 2009, 459 (462); *Schroer* in Semler/Stengel § 5 UmwG Rz. 142.

1559 Zutreffend *Boecken* Rn. 333; *Engelmeyer* DB 1996, 2542 (2545); Lutter/*Drygala* UmwG § 5 Rn. 144; *Wlotzke* DB 1995, 40 (45); differenzierend *Hausch* RNotZ 2007, 308 (312); aA *Blechmann* NZA 2005, 1143 (1147). Zu der Sondersituation, dass pflichtwidrig kein Gesamtbetriebsrat gebildet wurde, vgl. *Dzida* GmbHR 2009, 459 (460).

1560 Bejahend *Engelmeyer,* aaO; *Joost* ZIP 1995, 976 (985); *Melchior* GmbHR 1996, 833 (835); aA Kallmeyer/*Willemsen* UmwG § 5 Rn. 76; Lutter/*Drygala* UmwG § 5 Rn. 144; *Schroer* in Semler/Stengel § 5 UmwG Rz. 142; differenzierend *K.J. Müller* DB 1997, 713 (715).

1561 Vgl. dessen Begründung BT-Drs. 12/7850 S. 142 Nr. 1, wo es heißt, „in der Regel" werde zuständiger Betriebsrat ausschließlich der Gesamtbetriebsrat oder der Konzernbetriebsrat (§§ 50, 58 BetrVG) sein.

1562 Zutreffend *Boecken* Rn. 334; vgl. auch *Däubler* RdA 1995, 136 (138).

1563 Im Ergebnis ebenso *Boecken,* aaO; Kallmeyer/*Willemsen* UmwG § 5 Rn. 76; Lutter/*Drygala* UmwG § 5 Rn. 144; aA *Engelmeyer* DB 1996, 2542 (2545).

1564 Ebenso *Bungert/Leyendecker-Langner* ZIP 2014, 1112 (1115).

1565 Vgl. *Hausch* RNotZ 2007, 308 (315); *Joost* ZIP 1995, 976 (985); *Mengel* Umwandlungen im Arbeitsrecht, S. 337; *K.J. Müller* DB 1997, 713 (716); *Willemsen* RdA 1998, 23 (32); aA *Pfaff* BB 2002, 1604 (1608): Aushang am „Schwarzen Brett".

die Wahrung der Mitbestimmungsrechte des Betriebsrats durch frühzeitige Information und nicht etwa die Information der einzelnen Arbeitnehmer ist. Soweit die Arbeitnehmer ihre Interessen vertreten wissen wollen, steht es ihnen frei, einen Betriebsrat zu wählen. Die Mitbestimmungsrechte nach dem Betriebsverfassungsgesetz können sie auch nicht anstelle des Betriebsrats ausüben.[1566] Gegen eine Zuleitungspflicht gegenüber den Arbeitnehmern spricht schließlich auch der Rückschluss aus § 122e S. 2 UmwG (→ Rn. 474).

Fraglich ist, wie vorzugehen ist, wenn kein Gesamtbetriebsrat gebildet wurde, obwohl gemäß § 47 Abs. 1 BetrVG eine entsprechende Verpflichtung bestanden hätte. Hier wird man zwar grundsätzlich davon ausgehen können, dass die Zuleitungspflicht entfällt, da die Zuständigkeit nicht an die Betriebsräte zurückfällt.[1567] Vorsorglich erscheint es aber dennoch sinnvoll, in einem solchen Fall die Zuleitung an die Betriebsräte vorzunehmen, und sei es nur, um Diskussionen über eine unterlassende Unterrichtung vorzubeugen.[1568] Entsprechendes gilt, wenn ein Konzernbetriebsrat zuständig sein sollte, aber nicht gebildet ist.

In der Praxis ist es bei **Fehlen eines Betriebsrats** erforderlich, dem **Registerrichter** 442
gegenüber einen entsprechenden **Nachweis** zu erbringen. Das Amtsgericht Duisburg verlangt hierfür eine **eidesstattliche Versicherung** der gesetzlichen Vertreter über das Nichtbestehen eines Betriebsrats, welche innerhalb der **Achtmonatsfrist** des § 17 Abs. 2 S. 4 UmwG beigebracht werden müsse.[1569] Diese ersetzt den gemäß § 17 Abs. 1 UmwG erforderlichen Nachweis über die rechtzeitige Zuleitung an den Betriebsrat. Entgegen der Ansicht von *Joost*[1570] müssen auch in dieser Konstellation im Umwandlungsvertrag die entsprechenden **Angaben über die Folgen für die Arbeitnehmer** gemacht werden, allerdings naturgemäß ohne diejenigen, die sich auf die Vertretung der Arbeitnehmer beziehen.[1571] Eine teleologische Einschränkung, wie sie von *Joost* befürwortet wird, scheitert bereits am klaren Gesetzeswortlaut. Der Praxis kann auch nicht empfohlen werden, sich hinsichtlich der Eintragungsfähigkeit von Umwandlungsverträgen in diesem Punkt einem vermeidbaren Risiko auszusetzen. Daher sind die arbeitsrechtlichen Pflichtangaben auch bei Fehlen einer Arbeitnehmervertretung stets erforderlich. Eine **Ausnahme** gilt nur bei **arbeitnehmerlosen** Gesellschaften.[1572] Ist nur der übertragende Rechtsträger arbeitnehmerlos, sind dennoch die Folgen für die Arbeitnehmer des aufnehmenden Rechtsträgers darzustellen.[1573]

(3) Monatsfrist: Verzichtbarkeit; Nachweis; Einfluss von Änderungen des Umwandlungsvertrages. 443
Nach §§ 5 Abs. 3, 126 Abs. 3, 194 Abs. 2 UmwG müssen die gesellschaftsrechtlichen Verträge oder ihre Entwürfe **spätestens einen Monat** vor der Versammlung der Anteilseigner jedes beteiligten Rechtsträgers, die über die Zustimmung zu dem gesellschaftsrechtlichen Vertrag beschließen soll, den zuständigen Betriebsräten der betroffenen Rechtsträger zugeleitet werden. Da es sich bei der Monatsfrist um eine gesetzliche Frist handelt, richtet sich die Berechnung nach §§ 187 ff. BGB.[1574] Im Hinblick auf den Schutzzweck der Norm, nämlich die Gewährleistung einer möglichst frühzeitigen In-

[1566] So im Ergebnis auch *Engelmeyer* DB 1996, 2542 (2545); *Joost* ZIP 1995, 976 (985) mwN; *K. J. Müller* DB 1997, 713 (716).
[1567] Fitting § 50 BetrVG Rn. 10.
[1568] *Schroer* in Semler/Stengel § 5 UmwG Rn. 142.
[1569] Vgl. AG Duisburg 4.1.1996 – 23 HRB 4942, 5935, GmbHR 1996, 372. Diese Auffassung erscheint jedoch zu eng; s. dazu Kallmeyer/*Willemsen* UmwG § 5 Rn. 79 mwN.
[1570] *Joost* ZIP 1995, 976 (985).
[1571] Im Ergebnis ebenso *Boecken* Rn. 336; Kallmeyer/*Willemsen* UmwG § 5 Rn. 79; Lutter/*Drygala* UmwG § 5 Rn. 145 f.; *Willemsen* RdA 1998, 23 (26).
[1572] S. dazu LG Stuttgart 29.3.1996 – 4 KfH T 1/96, DNotZ 1996, 701; Lutter/*Drygala* UmwG § 5 Rn. 145 (Fn. 439).
[1573] Vgl. OLG Düsseldorf 15.5.1998 – 3 Wx 156/98, NZA 1998, 766 (767); *Hausch* RNotZ 2007, 396 (405).
[1574] S. zu den Einzelzeiten Kallmeyer/*Willemsen* UmwG § 5 Rn. 77; *Schroer* in Semler/Stengel § 5 UmwG Rn. 144.

formation des Betriebsrats über die Folgen der Umwandlung für die Arbeitnehmer, ist eine **frühere Zuleitung** des Vertrages bzw. des Entwurfs an den Betriebsrat **unschädlich.**[1575] **Unklar ist,** ob der Betriebsrat auf die **Einhaltung der Monatsfrist verzichten** kann oder ob es sich insoweit um eine zwingende gesetzliche Mindestfrist handelt. Dies wird in der Praxis insbesondere bei kleineren Umwandlungsvorhaben, die weder für den Betriebsrat noch für die Belegschaft relevante Folgen nach sich ziehen und möglichst unkompliziert und zügig durchgeführt werden sollen, von Bedeutung sein. Auch wenn sich die Möglichkeit des Verzichts auf die Einhaltung der Monatsfrist durch den Betriebsrat nicht unmittelbar aus dem Gesetz ergibt, so bestehen hiergegen im Hinblick auf den Schutzzweck der Norm keine Bedenken. Durch die Monatsfrist soll dem Betriebsrat Gelegenheit gegeben werden, sich mit den arbeitsrechtlichen Folgen der Umwandlung vertraut zu machen. Benötigt er hierzu nicht die volle ihm zur Verfügung stehende Zeit, so steht es in seinem Ermessen, hierauf zu verzichten.[1576] Für den Verzicht ist wegen § 17 Abs. 1 UmwG **Schriftform** erforderlich.

444 **Nicht verzichten** kann der Betriebsrat aber auf die **Zuleitung** des Verschmelzungsvertrages, Spaltungsvertrages oder des Umwandlungsbeschlusses **als solche.**[1577] Damit würde der Schutzzweck des Informationsrechts, den Betriebsrat über die individual- und kollektivrechtlichen Folgen der Umwandlung zu unterrichten, um die sozialverträgliche Durchführung zu gewährleisten, nicht mehr gewahrt, da es dem Betriebsrat dann insgesamt an der notwendigen Kenntnis fehlt.[1578] Ähnlich wie bei den Beteiligungsrechten des Betriebsrats gemäß §§ 99, 102 BetrVG wird man daher zu dem Ergebnis gelangen müssen, dass zwar die vom Gesetzgeber vorgeschriebene Mindestfrist einvernehmlich verkürzt werden, nicht aber auf das Unterrichtungs- oder Beteiligungsrecht generell verzichtet werden kann. Der im Hinblick auf § 17 Abs. 1 UmwG notwendige **Nachweis** der Einhaltung der Monatsfrist sollte zweckmäßigerweise durch ein schriftliches, datiertes **Empfangsbekenntnis** des jeweiligen Betriebsratsvorsitzenden oder – (nur) im Falle der Verhinderung – seines Stellvertreters geführt werden.[1579] Die Entgegennahme durch ein „beliebiges" Betriebsratsmitglied reicht indes nicht aus, um die Monatsfrist in Gang zu setzen, da § 26 Abs. 3 S. 2 BetrVG die Passivvertretung des Betriebsrats eindeutig regelt.[1580] Der Vertrag bzw. Entwurf geht in einem solchen Fall dem Betriebsrat als Gremium erst mit Kenntniserlangung durch den Betriebsratsvorsitzenden bzw. den Betriebsrat als solchen zu.

445 Bisher noch nicht hinreichend geklärt ist die Frage, wie zu verfahren ist, wenn sich nach Zuleitung des Entwurfs an den Betriebsrat noch **Änderungen an dem Vertrag** ergeben. Hier wäre es zum einen denkbar, die nochmalige Zuleitung zu fordern, wobei die Monatsfrist erneut zu laufen begänne. Andererseits ist es aber auch vertretbar, nur in besonders gelagerten Fällen, namentlich, wenn es sich um für den Betriebsrat und die Belegschaft relevante Änderungen des Vertrags handelt, eine wiederholte Zuleitung zu verlangen. Während es nicht praktikabel erscheint, wenn der Betriebsrat nach erfolgter Zuleitung des Entwurfs über jede marginale Änderung erneut unterrichtet werden müsste mit der Folge, dass die Monatsfrist wieder in Gang gesetzt würde, ist es auch nicht akzep-

---

[1575] *Engelmeyer* DB 1996, 2542 (2544).

[1576] So auch OLG Naumburg 17.3.2003 – 7 Wx 6/02, BB 2003, 2756; LG Stuttgart 11.4.2000 – 4 KfH T 17 u. 18/99, GmbHR 2000, 622; Widmann/*Mayer* UmwG § 5 Rn. 259, 266; *Hausch* RNotZ 2007, 308 (315); *Melchior* GmbHR 1996, 833 (837); *K. J. Müller* DB 1997, 713 (717); *Pfaff* DB 2002, 686; Kallmeyer/*Willemsen* UmwG § 5 Rn. 77b; *Willemsen* RdA 1998, 23 (33); Lutter/*Drygala* UmwG § 5 Rn. 148.

[1577] OLG Naumburg 17.3.2003 – 7 Wx 6/02, BB 2003, 2756; *Pfaff* DB 2002, 686; aA Widmann/*Mayer* UmwG § 5 Rn. 266; *Stohlmeier* BB 1999, 1394 (1396).

[1578] Ablehnend gegenüber einem generellen Verzicht auch *Hausch* RNotZ 2007, 308 (314); *Melchior* GmbHR 1996, 833 (835); *K. J. Müller* DB 1997, 713 (717); Kallmeyer/*Willemsen,* aaO; *Willemsen* RdA 1998, 23 (33); Lutter/*Drygala* UmwG § 5 Rn. 148.

[1579] Vgl. Kallmeyer/*Willemsen* UmwG § 5 Rn. 74. Zu weiteren Nachweismöglichkeiten s. Lutter/*Drygala* UmwG § 5 Rn. 150.

[1580] Wegen weiterer Einzelheiten vgl. *Fitting* BetrVG § 26 Rn. 38.

tabel, gänzlich auf eine wiederholte Unterrichtung nach einer Vertragsänderung zu verzichten. Erklärte man nachträgliche Vertragsänderungen generell für unbeachtlich, würde die Zuleitungspflicht zur bloßen Formalie degradiert, da es nur noch darauf ankäme, dem Betriebsrat irgendeinen, möglichst standardisierten Entwurf zu übersenden. Die wirklichen Folgen für die Arbeitnehmer, die für den Betriebsrat von Relevanz sind, könnten dann erst kurz vor der Verschmelzung etc. in den Vertrag zum Zwecke der Eintragung aufgenommen werden, ohne dass es einer erneuten rechtzeitigen Betriebsratsinformation bedürfte und der Betriebsrat die Möglichkeit hätte, die aus seiner Sicht erforderlichen Schritte einzuleiten. Angesichts dieser Situation wird man, was im Übrigen auch seine Bestätigung in den Gesetzesmaterialien findet,[1581] davon ausgehen müssen, dass der Betriebsrat in Fällen von Änderungen des Vertragstextes immer dann zu unterrichten ist, wenn sich diese **konkret auf die Beschreibung der Folgen der Umwandlung für die Arbeitnehmer oder ihre Vertretungen beziehen** oder **sonst** in irgendeiner Form **wesentlich** sind.[1582] Solange allerdings zu dieser Frage keine gefestigte Rechtsprechung vorliegt, ist der Praxis auch insoweit zu besonderer Vorsicht zu raten. Wird der ursprüngliche Verschmelzungs- oder sonstige Umwandlungsvertrag durch weitere Urkunden **ergänzt,** sind diese ebenfalls zuzuleiten. Erst die Zuleitung aller Urkunden setzt die Monatsfrist des § 5 Abs. 3 (§ 126 Abs. 3, § 194 Abs. 2) UmwG in Gang.[1583]

446 **bb) Materielle Anforderungen: Darstellung der „Folgen für die Arbeitnehmer und ihre Vertretungen" sowie der „insoweit vorgesehenen Maßnahmen".** Nach dem Wortlaut des § 5 Abs. 1 Nr. 9 UmwG muss der Verschmelzungsvertrag Angaben über die **Folgen der Verschmelzung** für die Arbeitnehmer und ihre Vertretungen sowie die insoweit vorgesehenen Maßnahmen enthalten. Die Unterrichtungspflicht bezüglich der anderen Umwandlungsformen ist jeweils entsprechend ausgestaltet (§ 126 Abs. 1 Nr. 11, § 194 Abs. 1 Nr. 7 UmwG). Die nachfolgenden Ausführungen beziehen sich in erster Linie auf die Verschmelzung[1584] und die Spaltung; beim reinen Formwechsel (§§ 190ff. UmwG) werden sich – ggf. mit Ausnahme einer Veränderung hinsichtlich der Unternehmensmitbestimmung (→ F Rn. 69ff.) – in der Regel keine weiteren, gesondert darzustellenden Folgen für die Arbeitnehmer und ihre Vertretungen ergeben.

446a Das **Fehlen eines Betriebsrats** bei dem bzw. den beteiligten Rechtsträger(n) macht die Darstellung im Übrigen nicht entbehrlich.[1585] **Nicht** von der Darstellungspflicht **umfasst** werden die Arbeitsverhältnisse bei **Tochtergesellschaften** der beteiligten Rechtsträger.[1586] Darüber hinaus ist die Darstellungspflicht auf die Arbeitnehmer **inländischer Betriebe** und deren Vertretungen begrenzt, so dass sich die Angaben **nicht** auf im **Ausland** tätige Arbeitnehmer erstrecken müssen, die nicht von einem nach dem BetrVG gebildeten Betriebsrat repräsentiert werden.[1587]

447 **(1) „Unmittelbare" Folgen (Primärfolgen).** Über Inhalt und Reichweite dieser Darstellungspflicht besteht in der Literatur ein bis heute nicht vollständig gelöster Meinungsstreit. Unstreitig ist allerdings, dass jedenfalls die unmittelbaren, durch die Verschmelzung und andere Umwandlungsformen verursachten Folgen aufgezeigt werden müssen. Richtigerweise sollte man hier, wie an anderer Stelle dargelegt,[1588] von arbeitsrechtlichen Primär-

[1581] Vgl. die Auffassung des Rechtsausschusses (BT-Drs. 12/7850 S. 142 Nr. 1) „unwesentliche" Änderungen lösen keine erneute Zuleitungspflicht aus.
[1582] In diesem Sinne auch OLG Naumburg 6.2.1997 – 2 U 236/96, DB 1997, 466; *Hausch* RNotZ 2007, 308 (316); *K.J. Müller* DB 1997, 713 (714); Kallmeyer/*Willemsen* UmwG § 5 Rn. 78; *Willemsen* RdA 1998, 23 (33); aA offenbar *Priester* in Lutter, Umwandlungsrechtstage, S. 99, 116.
[1583] Ausführlich OLG Naumburg 17.3.2003 – 7 Wx 6/02, BB 2003, 2756.
[1584] Zur grenzüberschreitenden Verschmelzung s. Kallmeyer/*Willemsen* UmwG § 122c Rn. 15ff.
[1585] S. dazu Kallmeyer/*Willemsen* UmwG § 5 Rn. 49, 79 mwN sowie → Rn. 442.
[1586] *Dzida/Schramm* NZG 2008, 521 (522); Kallmeyer/*Willemsen* UmwG § 5 Rn. 49.
[1587] HWK/*Willemsen* UmwG § 5 Rn. 1; *Bungert/Leyendecker-Langner* ZIP 2014, 1112.
[1588] Vgl. *Willemsen* RdA 1998, 23 (27).

folgen sprechen, die sich bei einer an den oben beschriebenen Zielen der arbeitsrechtlichen Darstellungspflicht orientierten Auslegung wiederum auf zwei Bereiche erstrecken und limitieren lassen, nämlich

- auf solche Folgen, die sich, ohne dass es insoweit noch weiterer Entscheidungen der an der Umwandlung beteiligten Rechtsträger bedarf, in arbeitsrechtlicher Hinsicht allein schon aus der (rechtlichen) Umwandlung als solcher ergeben (arbeitsrechtliche **Primärfolgen kraft rechtlichen Zusammenhangs**);
- solche Folgen für die Arbeitnehmer, die sich zwar nicht aus der Unternehmensumwandlung (Verschmelzung, Spaltung) als solcher ergeben, hinsichtlich derer sich die am Umwandlungsvertrag beteiligten Rechtsträger aber nach der Konzeption des Umwandlungsgesetzes notwendigerweise bereits bei Abschluss des Umwandlungsvertrages eine abschließende Meinung bilden müssen (arbeitsrechtliche **Primärfolgen kraft direkten Sachzusammenhangs**).

448 In die erste Kategorie (arbeitsrechtliche Pflichtangaben kraft rechtlichen Zusammenhangs) gehören alle im Wege „schlichter" rechtlicher Subsumtion ableitbaren Folgen, insbesondere in Bezug auf die **Überleitung von Arbeitsverhältnissen** gemäß § 613a Abs. 1 BGB in Verbindung mit § 324 UmwG, Fortbestand oder Wegfall einer bestehenden **Tarifbindung** einschließlich der Wirkung etwaiger **Bezugnahmeklauseln** auf Tarifverträge, Fragen der weiteren Anwendbarkeit von **Betriebsvereinbarungen** auf normativer Rechtsgrundlage oder (lediglich) auf Grund Nachbindung gemäß § 613a Abs. 1 S. 2 BGB (einschließlich etwaiger Ablösung gemäß § 613a Abs. 1 S. 3 und 4 BGB), Änderungen der **betriebsverfassungsrechtlichen Struktur** kraft Gesetzes (zB Wegfall eines Gesamtbetriebsrats, Möglichkeit der Bildung eines Konzernbetriebsrats), etwaige Auswirkungen auf den gesetzlichen **Kündigungsschutz** sowie Änderungen in Bezug auf das **Mitbestimmungsstatut.**[1589] Zweifelhaft ist dagegen, ob auch die **Haftungsfolgen** nach §§ 20, 22 UmwG (bei Verschmelzung) und nach §§ 133, 134 UmwG (bei Spaltung) unter diese Kategorie fallen. Hier wird man zu unterscheiden haben: Soweit die Arbeitnehmer wie „beliebige" Gläubiger betroffen sind (also bei §§ 20, 22 und § 133 UmwG), handelt es sich nicht um spezifisch arbeitsrechtliche Folgen; anders wird man dies allerdings bei der speziell auf bestimmte Arbeitnehmeransprüche zugeschnittenen Haftungsnorm des § 134 UmwG beurteilen müssen. Da dies in der umwandlungsrechtlichen Literatur allerdings umstritten ist, **empfiehlt** sich die vorsorgliche **Darstellung aller umwandlungsrechtlichen Haftungsfolgen.** Soweit daneben § 613a Abs. 2 BGB überhaupt anwendbar ist,[1590] wird auch dies darzustellen sein. Eine Darstellung der dem einzelnen Arbeitnehmer zustehenden **Gestaltungsrechte** (Widerspruch bzw. außerordentliche Kündigung, dazu → G Rn. 147 ff., 157 ff.) ist hingegen nicht erforderlich.[1591]

449 Etwas schwieriger stellt sich die Abgrenzung hinsichtlich der **„kraft direkten Sachzusammenhangs"** zu den Pflichtangaben gehörenden Themenkreise dar. Auch hier kommt man jedoch zu praktikablen Ergebnissen, wenn man sich an den Regelungen des Umwandlungsgesetzes selbst orientiert, also fragt, welche sich aus der Sicht von Arbeitnehmern und Betriebsräten ergebenden Fragen der Gesetzgeber im Zusammenhang mit Unternehmensumwandlungen für klärungsbedürftig gehalten hat. Insoweit geben insbesondere die arbeitsrechtlichen Sonderregelungen in §§ 322–325 UmwG Aufschluss. Sie zeigen nämlich, dass **Veränderungen der Betriebsstruktur** im direkten zeitlichen und sachlichen Gefolge von *Unternehmens*umwandlungen ganz offensichtlich vom „Einzugsbereich" des Umwandlungsgesetzes miterfasst werden. Insbesondere dann, wenn im Zuge einer **Spaltung** lediglich einzelne **Betriebsteile** im Rahmen von § 126 Abs. 1 Nr. 9

[1589] Vgl. zu den möglichen sog. unmittelbaren Folgen der Verschmelzung Bachner/*Bachner* § 4 Rn. 296 ff.; *Boecken* Rn. 321 ff.; *Engelmeyer* DB 1996, 2542; *Joost* ZIP 1995, 976 (979); Kallmeyer/*Willemsen* vor § 322 Rn. 2 (auch zu den weiteren Umwandlungsarten), Rn. 94; Lutter/*Drygala* UmwG § 5 Rn. 88; *Willemsen* RdA 1998, 23 (27).

[1590] Zum Verhältnis zwischen § 613a Abs. 2 BGB und umwandlungsrechtlicher Haftung → G Rn. 204 ff.

[1591] Ebenso *Henssler* FS Kraft, 1998, 219 (228); *Simon* in Semler/Stengel UmwG § 5 Rn. 86.

UmwG einem anderen Rechtsträger zugeordnet werden sollen, stellt sich die Frage, ob der jeweilige Betriebsteil zugleich mit seiner rechtlichen Ausgliederung auch aus dem organisatorischen Zusammenhang mit dem bisherigen (Gesamt)Betrieb herausgelöst werden oder dort bis auf weiteres verbleiben soll. Im letzteren Fall handelt es sich um die Rechtsfigur des betriebsverfassungsrechtlichen **Gemeinschaftsbetriebs** mehrerer rechtlich selbständiger Rechtsträger,[1592] dessen Vorhandensein – jedenfalls nach der Rechtsprechung des Bundesarbeitsgerichts – das Vorliegen einer, gegebenenfalls auch konkludent abzuschließenden, so genannten Führungsvereinbarung erfordert; § 1 Abs. 2 Nr. 2 BetrVG stellt hierfür eine gesetzliche **Vermutung** auf, während § 322 UmwG die Folgen des **Gemeinschaftsbetriebs** auf das Kündigungsschutzrecht erstreckt.[1593] Der bzw. die an einer Spaltung beteiligt(en) Rechtsträger kommen somit gar nicht umhin, im Zusammenhang mit der rechtlichen Zuordnung von Betrieben bzw. Betriebsteilen auch eine Entscheidung über deren betriebsverfassungsrechtlichen Status unmittelbar *nach* vollzogener Spaltung oder sonstigen Umwandlungen zu treffen. Dies spricht dafür, die Auswirkungen auf die betriebsverfassungsrechtliche Struktur zu den „unmittelbaren" Folgen bzw. – im Sinne der hier bevorzugten Diktion – zu den „Primärfolgen kraft Sachzusammenhangs" zu zählen, was zudem dem Gesetzeswortlaut Rechnung trägt („Folgen für die Arbeitnehmer und ihre Vertretungen").

Gefordert ist mithin eine Beschreibung desjenigen betriebsverfassungsrechtlichen Zustands, wie er sich **entsprechend der Planung** bei Abschluss des Umwandlungsvertrages bzw. Verabschiedung seines Entwurfs für die Zeit nach der Verschmelzung bzw. Spaltung ergibt. Haben sich die an einer Spaltung beteiligten Rechtsträger beispielsweise dahingehend verständigt, die nach der Spaltung verschiedenen Rechtsträgern zugeordneten Betriebsteile eines bislang einheitlichen Betriebs künftig als betriebsverfassungsrechtlichen **Gemeinschaftsbetrieb** zu führen, ist hierauf im Spaltungsvertrag/-plan hinzuweisen. Damit steht zugleich fest, dass es eines **Übergangsmandats** im Sinne von § 21a BetrVG nicht bedarf.[1594] Soll dagegen die rechtliche Trennung eines Betriebsteils von dem bestehenden Rechtsträger mit einer gleichzeitigen organisatorischen Ausgliederung aus dem bisherigen betrieblichen Verbund einhergehen, muss hierauf und auf die sich daraus ergebenden Folgen im Hinblick auf das Übergangsmandat des „abgebenden" Betriebsrats nach § 21a BetrVG hingewiesen werden.[1595] 450

(2) Angabe auch aller „mittelbaren" Folgen (Sekundärfolgen)? Der seitens des Gesetzgebers leider sehr vage gefasste Wortlaut von § 5 Abs. 1 Nr. 9 UmwG bzw. der entsprechenden Bestimmungen zu den anderen Umwandlungsarten lässt durchaus eine Interpretation zu, wonach auch solche arbeitsrechtlich relevanten, tatsächlichen Veränderungen (zB ein größerer Personalabbau, Zusammenfassung von Verwaltungen oder Produktionseinheiten auf Grund von Synergieeffekten) hierzu gehören, die zwar nicht direkte rechtliche Folge der gesellschaftsrechtlichen Umwandlung als solcher sind, sich jedoch als mehr oder minder logische **Konsequenz** des der jeweiligen Umwandlung zugrunde liegenden **unternehmerischen Konzepts** erweisen. So werden Verschmelzungen typischerweise im Hinblick auf hierdurch erwartete **Synergieeffekte** vorgenommen; unternehmerisches Motiv für Spaltungen/Ausgliederungen können zB die Bildung von eigenständigen **Profitcentern** (mit eigenen arbeitsrechtlichen, insbesondere tarifvertraglichen Strukturen), die **Umstrukturierung innerhalb eines Konzerns** sowie die **Vorbereitung einer späteren Betriebs(teil)veräußerung** (carve out) sein. Für die Arbeitnehmer und ihre Vertretungen ist es naturgemäß von erheblichem Interesse, von solchen tatsächlichen Folgen für Bestand und Sicherheit der Arbeitsplätze möglichst frühzeitig Kenntnis zu erlangen, die 451

[1592] Dazu → D Rn. 18ff.
[1593] S. dazu Kallmeyer/*Willemsen* UmwG § 322 Rn. 2, 9.
[1594] Vgl. dazu und zu weiteren Einzelheiten Kallmeyer/*Willemsen* UmwG vor § 322 Rn. 34; zum Übergangsmandat des Betriebsrats nach § 21a BetrVG auch → D Rn. 74ff.
[1595] Zu der Beteiligung des Betriebsrats gemäß §§ 111ff. BetrVG wegen Betriebsspaltung → Rn. 57ff.

durch die Umwandlung als solche zwar noch nicht herbeigeführt werden, aber auf Grund des hinter ihr jeweils stehenden unternehmerischen Konzepts für den **weiteren Verlauf mehr oder weniger wahrscheinlich** sind. Dies gilt naturgemäß erst recht für solche tatsächlichen Folgen der Umwandlung, die im Zeitpunkt des Abschlusses des Umwandlungsvertrages bzw. im Zeitpunkt des Umwandlungsbeschlusses seitens des vertretungsberechtigten Unternehmensorgans bereits **endgültig und konkret geplant** sind.

452 Um die Notwendigkeit einer Einbeziehung derartiger, so genannter „mittelbarer" Folgen in den Verschmelzungs- bzw. Spaltungsvertrag ist in der Literatur ein heftiger Meinungsstreit entbrannt, dessen außerordentliche praktische Relevanz angesichts der Vorlagepflicht gegenüber dem Registergericht und dessen Prüfungskompetenz im Rahmen von § 17 UmwG evident ist.[1596] Die Vertreter der „großen Lösung" meinen, dass zu den Pflichtangaben im Sinne von § 5 Abs. 1 Nr. 9 (§ 126 Abs. 1 Nr. 11, § 194 Abs. 1 Nr. 7) UmwG stets auch die **tatsächlichen Folgen** auf Arbeitnehmerseite gehörten, wie etwa andere Anfahrtswege bei einer mit der Umwandlung verbundenen Betriebsstättenverlegung oder eine durch die Umwandlung als solche zwar noch nicht eintretende, aber für den weiteren Verlauf bereits geplante und mit der Umwandlung bezweckte **Personalreduzierung,** ferner auch solche Vorhaben, durch welche Nachteile der Arbeitnehmer ausgeglichen oder die bisherige Organisation den neuen, nach der Umwandlung bestehenden Gegebenheiten angepasst werden sollen.[1597] Teilweise wird die Einbeziehung lediglich mittelbarer Folgen auch aus dem zweiten Teil des § 5 Abs. 1 Nr. 9 UmwG abgeleitet **(„sowie die insoweit vorgesehenen Maßnahmen").** So vertritt *Wlotzke* die Auffassung, aus der Formulierung „sowie die insoweit zu treffenden Maßnahmen" sei zu schließen, dass hier auch die weiteren Folgen nach der Umwandlung gemeint seien, zB falls nach einer Verschmelzung die Verwaltungen der bisher mehreren Unternehmen zusammengelegt werden sollten und wie dann der damit verbundene Personalabbau sozialverträglich gestaltet werden solle (Abfindung bei Entlassung, Versetzung, Umschulung, sonstige Ausgleichsleistungen). Solche und weitere Folgen sowie dafür vorzusehende Maßnahmen seien „jedenfalls insoweit anzugeben, als sie **abzusehen** sind, besonders wenn sie sich aus den *wirtschaftlichen Erwägungen* für die Umwandlung ergeben."[1598]

453 Die Vertreter der Auffassung, wonach mittelbare Folgen *nicht* in den Verschmelzungsvertrag aufzunehmen sind, argumentieren demgegenüber primär mit der Gesetzessystematik und Praktikabilitätserwägungen. So wird vielfach darauf verwiesen, der Katalog des § 5 Abs. 1 UmwG enthalte neben den *essentialia negotii* lediglich unabdingbare Grundinformationen. Ein weit interpretierter Folgenbegriff in § 5 Abs. 1 Nr. 9 UmwG sowie in §§ 126 Abs. 1 Nr. 11, 194 Abs. 1 Nr. 7 UmwG, für die Entsprechendes gelte, stehe hierzu im Widerspruch und führe zu einer **Überfrachtung des Vertragstextes** sowie zu einer Ungleichgewichtung.[1599]

454 Aus der Existenz der besonderen betriebsverfassungsrechtlichen Beteiligungsrechte des Betriebsrats bei Betriebsänderungen gemäß §§ 111 ff. BetrVG ergibt sich ein entscheidender Hinweis für die Beantwortung der Frage der Einbeziehung lediglich mittelbarer Folgen in den Verschmelzungs- oder sonstigen Umwandlungsvertrag. Die dort geregelte Beteiligung des Betriebsrats im Hinblick auf einen **Interessenausgleich und Sozialplan** setzt erst ein, wenn entsprechende Betriebsänderungen von Unternehmerseite **konkret**

[1596] Ausführliche Darstellung des Streitstands auch bei *Hausch* RNotZ 2007, 308 (320).

[1597] Vgl. zB *Bachner* NJW 1995, 2881 (2886); *Engelmeyer* DB 1996, 2542; *Fitting* BetrVG § 1 Rn. 249; *Grunewald* in Lutter, Umwandlungsrechtstage, S. 19, 22; *Joost* ZIP 1995, 976 (979); *Mengel* S. 339; Widmann/*Mayer* Einführung UmwG Rn. 199: Angabe aller möglichen (!) Folgen einer Umwandlung; aA insbesondere *A. Drygala* ZIP 1996, 1365 (1368); *Hausch* RNotZ 2007, 308 (323); Lutter/*Drygala* UmwG § 5 Rn. 105; Kallmeyer/*Willemsen* UmwG § 5 Rn. 51; *Willemsen* RdA 1998, 23 (26); offengelassen von OLG Düsseldorf 15.5.1998 – 3 Wx 156/98, NZA 1998, 766 = EWiR § 5 UmwG 1/98 *Willemsen/Th. Müller.*

[1598] Vgl. *Wlotzke* DB 1995, 40 (45) (Hervorhebungen diesseits); ihm folgend *Fitting* BetrVG § 1 Rn. 169.

[1599] Vgl. *A. Drygala* ZIP 1996, 1365 (1368); Lutter/*Drygala* UmwG § 5 Rn. 107; *K.J. Müller* DB 1997, 713 (714).

geplant sind.[1600] Eine solche konkrete Planung liegt erst dann vor, wenn sich der Unternehmer zu der betreffenden Betriebsänderung – vorbehaltlich der noch zu erfolgenden Beteiligung des Betriebsrats – bereits **definitiv entschlossen** hat.[1601] Wie bereits an anderer Stelle (→ B Rn. 94 ff.) dargelegt, sind Unternehmensumwandlungen iSd Umwandlungsgesetzes zwar nicht notwendigerweise mit Betriebsänderungen iSv §§ 111 ff. BetrVG verbunden; das hinter der jeweiligen Umwandlung stehende unternehmerische Konzept wird jedoch sehr häufig grundlegende Veränderungen auf Betriebsebene – uU allerdings erst zu einem wesentlich späteren Zeitpunkt – zur mehr oder weniger zwangsläufigen Konsequenz haben. Der grundlegende Einwand gegen die sog. „große Lösung" (Einbeziehung auch aller mittelbarer Folgen in den Umwandlungsvertrag) besteht darin, dass sie, konsequent zu Ende gedacht, *de jure* und *de facto* zu einer **Vorverlagerung** der betriebsverfassungsrechtlichen Beteiligung nach §§ 111 ff. BetrVG in den gesellschaftsrechtlichen Umwandlungsvorgang führen würde.[1602] Damit würden jedoch Unternehmensumwandlungen nicht nur in der Praxis unzumutbar verzögert, sondern angesichts der Beteiligungsrechte des Betriebsrats nach §§ 111 ff. BetrVG auch ein rechtlicher Zwang geschaffen, zunächst das gesamte Verfahren nach §§ 111 ff. BetrVG (Versuch eines Interessenausgleichs, Aufstellung eines Sozialplans) zu durchlaufen, bevor in dem Verschmelzungs- oder sonstigen Umwandlungsvertrag die geforderten Angaben bezüglich der „Folgen für die Arbeitnehmer und die insoweit vorgesehenen Maßnahmen" gemacht werden könnten.

(3) Differenzierte Lösung: Angabe nur der bei Umwandlung bereits konkret 455
geplanten Sekundärfolgen. Richtigerweise wird man hinsichtlich der Einbeziehung der sog. mittelbaren Folgen daher wie folgt zu differenzieren haben:[1603] Liegt hinsichtlich dieser Folgen vor Abschluss des Umwandlungsvertrages bereits eine **konkrete Planung** der beteiligten Rechtsträger vor, muss insoweit ohnehin – und zwar vor Inkrafttreten dieser Maßnahmen wie Zusammenlegung oder Spaltung von Betrieben (§ 111 S. 3 Nr. 3 BetrVG), Personalabbau, Betriebsverlegung usw – eine Beteiligung des Betriebsrats nach §§ 111 ff. BetrVG erfolgen. Ist diese Beteiligung bei Abschluss des Umwandlungsvertrages in Form eines unterzeichneten Interessenausgleichs/Sozialplans bereits **abgeschlossen,** genügt es, im Umwandlungsvertrag auf die erzielte Einigung mit dem Betriebsrat Bezug zu nehmen,[1604] und zwar unter deren **Beifügung.**[1605] Sind die Verhandlungen über den Interessenausgleich dagegen **gescheitert,** reicht es aus, dem Umwandlungsvertrag bzw. seinem Entwurf den Text des Interessenausgleichs beizufügen, wie er zuletzt den Verhandlungen mit dem Betriebsrat zu Grunde gelegen hat, verbunden mit der Ankündigung, dass nach Scheitern der Verhandlungen nunmehr nach diesem Entwurf verfahren werde. Sind dagegen die Verhandlungen mit dem Betriebsrat zum Zeitpunkt der Beschlussfassung der Anteilsinhaber über den Umwandlungsvertrag bzw. seinen Entwurf **noch nicht abgeschlossen,** genügt es ebenfalls, unter Bezugnahme auf die arbeitgeberseitigen Entwürfe des Interessenausgleichs und Sozialplans die sich aus der Sicht des Unternehmens für die Arbeitnehmer ergebenden (tatsächlichen) Folgen anzugeben, verbunden mit dem Hinweis darauf, dass die Verhandlungen mit dem Betriebsrat noch nicht abgeschlossen seien. Der betriebsverfassungsrechtliche – nicht umwandlungsrechtliche – Vollzug ist dann allerdings erst nach Unterzeichnung des Interessenausgleichs bzw. dem endgültigen Scheitern der diesbezüglichen Verhandlungen vor der Einigungsstelle (vgl. §§ 112 Abs. 2 und 3 BetrVG)

[1600] Vgl. BAG 14.9.1976 – 1 AZR 784/75, DB 1977, 309; GK/*Oetker* BetrVG § 111 Rn. 203; *Fitting* BetrVG § 111 Rn. 108, *Richardi* BetrVG § 111 Rn. 145; vgl. → Rn. 140 ff.
[1601] Vgl. *Fitting* BetrVG § 111 Rn. 108; GK/*Oetker* BetrVG § 111 Rn. 203.
[1602] Dazu ausführlich *Willemsen* RdA 1998, 23 (26).
[1603] S. dazu auch *Willemsen* RdA 1998, 23 (27).
[1604] Vgl. *Willemsen* RdA 1998, 23 (36).
[1605] Ein bloßer Verweis genügt nicht; vgl. *Hausch* RNotZ 2007, 308 (327).

zulässig.[1606] In allen vorgenannten Fällen gilt zudem, dass **nur über solche Folgen** zu unterrichten ist, für die die Verschmelzung oder sonstige Umwandlung der **maßgebliche Anlass** ist.[1607]

456 Liegt dagegen im Zeitpunkt der Beschlussfassung über den Umwandlungsvertrag bzw. seinen Entwurf **noch keine konkrete Planung** bezüglich einer Betriebsänderung im Sinne von §§ 111 ff. BetrVG oder sonstigen tatsächlichen Veränderungen auf Betriebsebene vor, kann aus § 5 Abs. 1 Nr. 9 UmwG (bzw. den entsprechenden Vorschriften für die anderen Umwandlungsarten) keine Verpflichtung der beteiligten Rechtsträger abgeleitet werden, bereits im Rahmen des Verschmelzungs- (bzw. sonstigen Umwandlungs-) Vertrags detaillierte Angaben in Bezug auf künftige personelle und organisatorische Folgewirkungen der Umwandlung zu machen. Eine solche „vorgezogene" Darstellungspflicht wäre mit der Eigenständigkeit und Unabhängigkeit der Mitwirkungsrechte des Betriebsrats insbesondere gemäß §§ 111 ff. BetrVG unvereinbar und hätte für die betroffenen Betriebsräte und Arbeitnehmer auch nur einen **höchst begrenzten Informationswert,** da ihnen mit Angaben wie „es kann nicht ausgeschlossen werden, dass" oder „es muss für die weitere Folgezeit damit gerechnet werden, dass" wenig gedient wäre. Wer demgegenüber die so genannte „große Lösung" vertritt, müsste, konsequent zu Ende gedacht, stets die vorherige, *vollständige* Durchführung des Verfahrens nach §§ 111 ff. BetrVG fordern, wenn das der Umwandlung zugrunde liegende wirtschaftliche Konzept spätere tatsächliche, für die Arbeitnehmer nachteilige Folgen erwarten lässt. Ein derart weit reichender Eingriff in die unternehmerische Dispositionsfreiheit kann jedoch § 5 Abs. 1 Nr. 9 UmwG (sowie den entsprechenden Vorschriften für die anderen Umwandlungsarten) nicht entnommen werden und ist auch durch die Schutzfunktion der arbeitsrechtlichen Pflichtangaben nicht geboten. Sind nämlich die von einer Umwandlung betroffenen Betriebe und Betriebsteile einschließlich der dort befindlichen Arbeitsverhältnisse ordnungsgemäß auf jeweils neue Rechtsträger übergeleitet worden und liegen die betriebsverfassungsrechtlichen Vertretungsverhältnisse im Zeitpunkt des Wirksamwerdens der Umwandlung (gegebenenfalls unter Einbeziehung des Übergangsmandats gemäß § 21a BetrVG) fest, ist der Schutz der Arbeitnehmer vor *weitergehenden* Veränderungen auf Betriebsebene, insbesondere vor einem größeren Personalabbau oder der Einschränkung oder Stilllegung von Betrieben oder Betriebsteilen über die §§ 111 ff. BetrVG, in gleicher Weise sichergestellt wie bei entsprechenden Vorgängen außerhalb des Umwandlungsgesetzes. Selbst wenn derartige Sekundärfolgen bei Abschluss des Verschmelzungs- bzw. Spaltungsvertrags bereits mehr oder weniger absehbar oder aus betriebswirtschaftlicher Sicht sogar zwangsläufig sein sollten, können sich die an einer Spaltung bzw. Verschmelzung beteiligten Rechtsträger darauf verständigen, dass der Umwandlungsvertrag lediglich die rechtliche Neuzuordnung von Betrieben und Betriebsteilen sowie die sich daraus künftig ergebenden konkreten betriebsverfassungsrechtlichen Strukturen regelt, während die **Planung und Durchführung weiter gehender Anpassungsprozesse** insbesondere in personeller Hinsicht innerhalb der neu geschaffenen rechtlichen und betriebsverfassungsrechtlichen Strukturen den sodann hierfür zuständigen und verantwortlichen Leitungen der einzelnen Betriebe überlassen wird.[1608] Es stellt mithin eine **zulässige Unternehmerentscheidung** dar, die betriebsbezogene Planung zunächst auf die Primärfolgen zu beschränken und dadurch die umwandlungsrechtliche Darstellungspflicht zu begrenzen. Die bloße **Absehbarkeit** oder **Wahrscheinlichkeit** tatsächlicher, mittelbarer Folgen (Sekundärfolgen) für die **Zeit nach der Umwandlung reicht** demgegenüber **nicht aus,** um eine Darstellungspflicht zu begründen.[1609] Im Übrigen ist die Darstellung (auch) der mittelbaren Folgen auf die Arbeitneh-

---

[1606] Vgl. *Willemsen* RdA 1998, 23 (36); zur Verpflichtung des Unternehmers, das Verfahren zum Versuch eines Interessenausgleichs vollständig durchzuführen, vgl. → Rn. 179; zur Frage eines Unterlassungsanspruchs des Betriebsrats → Rn. 366 ff.

[1607] Vgl. Kölner KommUmwG/*Hohenstatt*/*Schramm* § 5 Rn. 146.

[1608] S. dazu auch Kallmeyer/*Willemsen* UmwG § 5 Rn. 56; *Willemsen* RdA 1998, 23 (28).

[1609] aA *Fitting* BetrVG § 1 Rn. 252; Bachner/*Bachner* § 4 Rn. 300; *Wlotzke* DB 1995, 40 (45).

mer bzw. Arbeitnehmervertreter der an der Verschmelzung oder sonstigen Umwandlung beteiligten Rechtsträger beschränkt, erstreckt sich also **nicht auf andere Konzernunternehmen.**[1610] Besondere Darstellungsfragen können sich bei **mehrstufiger Verschmelzung („Kettenverschmelzung")** ergeben.[1611]

c) Rechtscharakter der arbeitsrechtlichen Pflichtangaben nach § 5 Abs. 1 Nr. 9, § 126 Abs. 1 Nr. 11, § 194 Abs. 1 Nr. 7 UmwG

Die – in der Literatur zum Teil als Systembruch bezeichnete[1612] – Einbeziehung arbeits- 457
rechtlicher (Mindest-) Inhalte in den Umwandlungsvertrag wirft die weitere Frage nach der Funktion und rechtsdogmatischen Bedeutung der jeweiligen umwandlungsvertraglichen Angaben über die „Folgen für die Arbeitnehmer und ihre Vertretungen sowie die insoweit vorgesehenen Maßnahmen" auf. Auf Grund der obigen Ausführungen[1613] zur Bedeutung der Beteiligung des Betriebsrats nach §§ 111 ff. BetrVG dürfte zunächst klar sein, dass Angaben zur künftigen Betriebsstruktur im Verschmelzungs- bzw. Spaltungsvertrag keinesfalls die bei Betriebsänderung eingreifenden Mitbestimmungsrechte des Betriebsrats nach §§ 111 ff. BetrVG beeinträchtigen oder diese gar „verbrauchen" können. Selbst ein Schweigen des Betriebsrats auf derartige Ausführungen in dem ihm zugeleiteten Umwandlungsvertrag bzw. Entwurf eines solchen kann nach der hier vertretenen **„Trennungstheorie"** (dazu auch unter → Rn. 469 ff.) keine Rechtsfolgen in Bezug auf seine betriebsverfassungsrechtliche Position auslösen. Der fehlende Erklärungsgehalt einer widerspruchslosen Kenntnisnahme seitens des Betriebsrats folgt bereits daraus, dass er an dem Umwandlungsvorgang überhaupt **nicht rechtsgeschäftlich beteiligt** ist; auch aus der – einseitigen – Zuleitung nach § 5 Abs. 3, § 126 Abs. 3 und § 194 Abs. 2 UmwG ergibt sich eine solche rechtsgeschäftliche Einbindung des Betriebsrats in den Umwandlungsvorgang selbst nicht.

Daraus folgt, dass die arbeitsrechtlichen Pflichtangaben für den jeweils beteiligten Be- 458
triebsrat lediglich Informationscharakter (**Berichtscharakter**[1614]) haben; sie sollen ihm die sachgerechte Wahrnehmung seiner betriebsverfassungsrechtlichen Rechte anlässlich einer Verschmelzung, Spaltung oder sonstigen Umwandlung erleichtern, nicht jedoch diese ersetzen oder präjudizieren. Die entsprechenden Angaben im Umwandlungsvertrag sind mithin in der Regel **rein deskriptiv;**[1615] sie geben als Wissenserklärung lediglich die Auffassung der am Umwandlungsvertrag beteiligten Rechtsträger zu den tatsächlichen und rechtlichen Folgen für die Arbeitnehmer und ihre Vertretungen wieder, ohne diese selbst mit rechtlicher Außenwirkung zu gestalten. Diese Folgen – nicht nur auf kollektiv-, sondern auch auf individualarbeitsrechtlicher Ebene – treten nach dem insoweit maßgeblichen objektiven (Arbeits-)Recht außerhalb des Umwandlungsvertrages ein und werden somit nicht Inhalt der vertraglichen Gestaltung.[1616]

Demzufolge haben die arbeitsrechtlichen Pflichtangaben lediglich eine **Hilfsfunktion:** Sie sollen die Orientierung hinsichtlich der oftmals komplexen arbeitsrechtlichen Konsequenzen einer Umwandlung – man denke etwa an die Auswirkungen auf den Bestand und die Zusammensetzung von Betrieben, Konzern-, Gesamt- und Einzelbetriebsräten, Fortgeltung von Tarifverträgen, Betriebsvereinbarungen, Mitbestimmung, Kündigungsschutz etc. – erleichtern und den Betriebsrat frühzeitig auf einen betriebsverfassungsrecht-

---

[1610] Ebenso Kölner KommUmwG/*Hohenstatt/Schramm* § 5 Rn. 147.
[1611] S. dazu Kölner KommUmwG/*Hohenstatt/Schramm* § 5 Rn. 206 sowie → G Rn. 117.
[1612] Dazu → Rn. 437.
[1613] Vgl. → Rn. 454.
[1614] Auf den Informationszweck weist ausdrücklich die Begründung zum Regierungsentwurf, BT-Drs. 12/6699 hin.
[1615] Im Ergebnis ebenso *Joost* ZIP 1995, 976 (978); Kallmeyer/*Willemsen* UmwG § 5 Rn. 49; *Mengel* S. 350; *Willemsen* NZA 1996, 791 (796); Kölner KommUmwG/*Hohenstatt/Schramm* § 5 Rn. 21, auch zu möglichen Ausnahmen.
[1616] Vgl. Kallmeyer/*Willemsen* aaO; ebenso *Joost* ZIP 1995, 976.

lichen Mitbestimmungsbedarf, etwa im Hinblick auf eine im Zuge der Spaltung oder Verschmelzung geplanten Ausgliederung von Betriebsteilen, hinweisen **(Warneffekt),** dienen mithin lediglich der zusätzlichen Absicherung einer ohnehin in aller Regel parallel dazu bestehenden betriebsverfassungsrechtlichen Informationspflicht (insbesondere gegenüber dem Wirtschaftsausschuss nach § 106 Abs. 2 in Verbindung mit Abs. 3 Nr. 8, 9 und 10 oder gegenüber dem Betriebsrat nach § 111 S. 1 in Verbindung mit S. 3 Nr. 3 und 4 BetrVG). Ob dieser **Pleonasmus umwandlungs- und betriebsverfassungsrechtlicher Informationspflichten** rechtspolitisch sinnvoll ist, soll hier nicht weiter erörtert werden.[1617]

459 Die Frage, ob aus den arbeitsrechtlichen Angaben im Umwandlungsvertrag **Individualansprüche** der jeweils betroffenen Arbeitnehmer erwachsen (zB, wenn es im Rahmen der arbeitsrechtlichen Pflichtangaben heißt, dass anlässlich der Verschmelzung keine betriebsbedingten Kündigungen erfolgen sollen), ist auf Grund des soeben konstatierten reinen Berichtscharakters der entsprechenden Angaben **grundsätzlich zu verneinen.** Sie werden demzufolge weder unmittelbar noch im Wege eines Vertrages zugunsten Dritter im Sinne des § 328 BGB Inhalt der vertraglichen Rechtsstellung des Arbeitnehmers, dem somit keine eigenen Erfüllungsansprüche erwachsen.[1618] Auch eine Umdeutung die Belegschaft kollektiv begünstigender Erklärungen im Spaltungsvertrag, zB dass trotz Unterschreitens der Schwellenwerte des § 23 KSchG bei den aufnehmenden Gesellschaften dort dauerhaft – über § 323 Abs. 1 UmwG hinaus – der Kündigungsschutz nach dem Kündigungsschutzgesetz erhalten bleiben solle, in eine so genannte arbeitsrechtliche Gesamtzusage kommt nicht in Betracht, da der Umwandlungsvertrag nur *inter partes* wirkt und es daher in aller Regel an einem entsprechenden Erklärungs- und Verpflichtungswillen des Arbeitgebers gegenüber der Belegschaft fehlen wird. Will der Betriebsrat mithin sicherstellen, dass es insoweit nicht nur bei rechtlich unverbindlichen Ankündigungen verbleibt, muss er auf ihre rechtliche Umsetzung – etwa im Wege einer freiwilligen **Betriebsvereinbarung** gemäß § 88 BetrVG – dringen. Schließlich wird auch die Rechtsposition des Arbeitgebers gegenüber dem **Betriebsrat** durch die arbeitsrechtlichen Angaben im Umwandlungsvertrag allenfalls tatsächlich, nicht jedoch rechtlich präjudiziert. Wird dort etwa ausgeführt, dass dem Betriebsrat des zu spaltenden Unternehmens hinsichtlich eines bestimmten, hiervon betroffenen Betriebsteils ein Übergangsmandat gemäß § 21a BetrVG zustehe, erweist sich dies jedoch im Nachhinein als unzutreffend (etwa wegen Absinkens der Beschäftigtenzahl in diesem Betriebsteil unter die Grenze des § 1 BetrVG), ist der Arbeitgeber nicht daran gehindert, sich hierauf zu berufen. Entsprechendes gilt für eine Fortsetzung von Rechten des Betriebsrats nach § 325 Abs. 2 UmwG[1619] sowie Aussagen über die (spätere) Aufstellung eines Sozialplans und dessen Dotierung. All dies zeigt, dass sowohl Arbeitnehmer wie auch Betriebsrat sich **außerhalb des Umwandlungsvertrages rechtlich absichern** müssen, wenn es nicht bei dem reinen Berichtscharakter bzw. der Ankündigungsfunktion der arbeitsrechtlichen Angaben verbleiben soll.

d) Rechtsfolgen unzureichender umwandlungsrechtlicher Unterrichtung

460 **aa) Prüfungsrecht des Registerrichters?** Von erheblicher praktischer Relevanz ist die – im Gesetz nicht unmittelbar beantwortete – Frage, ob der mit dem Antrag auf Eintragung einer Verschmelzung, Spaltung oder eines Formwechsels befasste Registerrichter im Rahmen von § 17 (gegebenenfalls in Verbindung mit § 125 bzw. § 199 UmwG) lediglich das Vorhandensein der arbeitsrechtlichen Angaben im Umwandlungsvertrag als solcher sowie des vorgeschriebenen Nachweises über die Zuleitung an den zuständigen Betriebsrat zu

[1617] Eindeutig verneinend zB *A. Drygala* ZIP 1996, 1365 (1368); Lutter/*Drygala* UmwG § 5 Rn. 85.

[1618] Im Ergebnis ebenso *Boecken* Rn. 317 Fn. 25, der es allerdings für möglich hält, dem Arbeitnehmer in dem jeweiligen Umwandlungsrechtsgeschäft bzw. dessen Entwurf konkrete Ansprüche einzuräumen; vgl. ferner *Joost* ZIP 1995, 976 (985); *Mengel* S. 35 *Willemsen* NZA 1996, 791 (796). Entgegen der Ansicht von *Grunewald* in Lutter, Umwandlungsrechtstage, S. 19, 24, kommt auch die Gewährung eines Schadensersatzanspruchs aus § 823 Abs. 2 BGB nicht in Betracht.

[1619] Ebenso *Mengel* S. 350.

prüfen hat **(formelles Prüfungsrecht)** oder ob er darüber hinausgehend die Eintragung der Verschmelzung, Spaltung oder des Formwechsels auch wegen zwar vorhandener, aber inhaltlich unzureichender bzw. unrichtiger Angaben über die „Folgen für die Arbeitnehmer und ihre Vertretungen sowie die insoweit vorgesehenen Maßnahmen" ablehnen kann **(materielles Prüfungsrecht).** Gegen ein vollumfängliches Prüfungsrecht des Registerrichters spricht allerdings bereits der Berichtscharakter der arbeitsrechtlichen Pflichtangaben nach § 5 Abs. 1 Nr. 9, § 126 Abs. 1 Nr. 11, § 194 Abs. 1 Nr. 7 UmwG.[1620]

Eine eingehende **Schlüssigkeitsprüfung** widerspräche nicht nur der rechtsdogmatischen Einordnung dieser Angaben als reine Wissenserklärung, sondern würde angesichts der oftmals erheblichen tatsächlichen und rechtlichen **Komplexität** der arbeits-, insbesondere betriebsverfassungsrechtlichen und tarifvertragsrechtlichen Folgen größerer Umwandlungsvorhaben ihre praktische Durchführung erheblich verzögern, wenn nicht gar vereiteln. Eine Berechtigung oder Verpflichtung des Registerrichters, die arbeitsrechtlichen Angaben im Verschmelzungs- oder Spaltungsvertrag bzw. Umwandlungsvertrag auf ihre **Plausibilität** und Stichhaltigkeit zu überprüfen, ist daher zu **verneinen.**[1621] Er kann die Eintragung daher selbst dann nicht ablehnen, wenn ihm die materielle Unrichtigkeit „offensichtlich" zu sein scheint. Mit einer Unterscheidung zwischen „offensichtlichen" und „weniger offensichtlichen" Mängeln wäre der Praxis ohnehin kaum geholfen.[1622] Der Registerrichter kann die Eintragung demzufolge **nur ablehnen,** wenn die **arbeitsrechtlichen Angaben** nach § 5 Abs. 1 Nr. 9, § 126 Abs. 1 Nr. 11, § 194 Abs. 1 Nr. 7 UmwG entweder **völlig fehlen** oder **wesentliche Teilbereiche überhaupt nicht abgedeckt** sind.[1623] Als „wesentlich" in diesem Sinne sind alle oben als solche bezeichneten arbeitsrechtlichen Primärfolgen der Umwandlung anzusehen; der Registerrichter hat also festzustellen, ob die arbeitsrechtlichen Pflichtangaben kraft rechtlichen Zusammenhangs und kraft direkten Sachzusammenhangs im Umwandlungsvertrag enthalten sind.[1624] Erforderlich ist insoweit indes nicht eine ins Detail gehende Darstellung aller sich ergebenden Fragen im Sinne eines juristischen Gutachtens,[1625] sondern eine kurz gefasste Mitteilung des **Ergebnisses** hinsichtlich der einschlägigen Punkte wie Überleitung bzw. Ablösung von Tarifverträgen und Betriebsvereinbarungen, Weitergeltung des Kündigungsschutzes, Änderung oder Fortbestand der Betriebsstruktur, des Mitbestimmungsstatuts etc. Auch wenn aus dem Fehlen von Angaben zu bestimmten Komplexen nicht stets und ohne weiteres auf die Unvollständigkeit des Umwandlungsvertrages geschlossen werden kann, empfiehlt es sich zur Vermeidung von Verfahrensverzögerungen, im Sinne einer **Negativerklärung** den Nichteintritt entsprechender Folgen ausdrücklich zu konstatieren.[1626] 461

bb) Anfechtbarkeit des Umwandlungsvertrages wegen unrichtiger arbeitsrechtlicher Angaben? Im gesellschaftsrechtlichen Schrifttum ist umstritten, ob unvollständige oder unrichtige Angaben im Rahmen von § 5 Abs. 1 Nr. 9 (bzw. § 126 Abs. 1 Nr. 11, § 194 Abs. 1 Nr. 7) UmwG zur Anfechtbarkeit oder gar Nichtigkeit des Verschmelzungs- 462

[1620] Vgl. → Rn. 458.

[1621] Gegen ein materielles Prüfungsrecht des Registerrichters auch Schmitt/Hörtnagl/*Stratz* UmwG § 5 Rn. 106; *Engelmeyer* DB 1996, 2542 (2544); Kallmeyer/*Willemsen* UmwG § 5 Rn. 58; Lutter/*Decher/Hoger* UmwG § 194 Rn. 32; *Willemsen* NZA 1996, 791 (796); anders für offensichtlich unrichtige Angaben *Joost* ZIP 1995, 976 (986); *jedenfalls* für ein formelles Prüfungsrecht OLG Düsseldorf 15.5.1998 – 3 Wx 156/98, NZA 1998, 766, EWiR § 5 UmwG 1/98 *(Willemsen/Th. Müller).*

[1622] Vgl. auch *Willemsen* RdA 1998, 23 (33).

[1623] Ebenso Kölner KommUmwG/*Hohenstatt/Schramm* § 5 Rn. 214. Für ein weitergehendes Prüfungsrecht im Hinblick auf rechtlich nicht mehr vertretbare Angaben *Hausch* RNotZ 2007, 396 (408).

[1624] Zur Systematik → Rn. 447 ff. Für ein Ablehnungsrecht des Registergerichts *jedenfalls* bei Fehlen jeder nachvollziehbaren Darstellung der arbeitsrechtlichen Folgen OLG Düsseldorf aaO.

[1625] Dagegen auch *Joost* ZIP 1995, 976 (986).

[1626] Vgl. auch Kallmeyer/*Willemsen* UmwG § 5 Rn. 59. Gegen eine Interpretation unterlassener Angaben als Negativerklärung: OLG Düsseldorf 15.5.1998 (Fn. 1446).

oder sonstigen Umwandlungsbeschlusses führen.[1627] Der reine Berichtscharakter dieser Angaben sowie ihr ausschließlicher Arbeitnehmerschutzzweck sprechen gegen eine solche Anfechtungsmöglichkeit. Unabhängig hiervon ist eine Anfechtungsbefugnis des bzw. der betroffenen **Betriebsräte** in ihrer Eigenschaft als betriebsverfassungsrechtliches Organ in jedem Fall zu **verneinen.**[1628] Die Anfechtungsproblematik kann daher in dem hier interessierenden Zusammenhang allenfalls dann praktische Bedeutung erlangen, wenn ein Betriebsratsmitglied oder sonstiger Arbeitnehmer Anteile (insbesondere in Form von Aktien) an dem umzuwandelnden Unternehmen erwirbt.[1629]

463 **cc) Durchsetzung umwandlungsrechtlicher „Ansprüche" des Betriebsrats im arbeitsrechtlichen Beschlussverfahren?** Die jeweils im Umwandlungsgesetz geregelte Verpflichtung zur Zuleitung des Umwandlungsvertrages bzw. seines Entwurfs an den zuständigen Betriebsrat (§ 5 Abs. 3, § 126 Abs. 3, § 194 Abs. 2 UmwG) hat ihre Rechtsgrundlage ausschließlich im Umwandlungsrecht. Sie ist **nicht** – wie etwa die Unterrichtungspflicht nach §§ 106, 111 BetrVG – **betriebsverfassungsrechtlicher Natur.** Zudem ist sie – wie dargelegt – ausreichend dadurch sanktioniert, dass bei völligem Fehlen einer solchen Zuleitung sowie bei Zuleitung eines erkennbar hinsichtlich der arbeitsrechtlichen Angaben unvollständigen Umwandlungsvertrages bzw. -beschlusses eine Eintragung der Umwandlung in das Handelsregister nicht erfolgen kann. Der **Betriebsrat** kann den **Handelsregisterrichter** auf evidente **Lücken** in den arbeitsrechtlichen Pflichtangaben **hinweisen.** Dieser muss dann gegebenenfalls eine entsprechende Ergänzung *vor* Eintragung veranlassen.[1630] Mangels betriebsverfassungsrechtlicher Qualität der entsprechenden Verpflichtung kommt dagegen eine Durchsetzung umwandlungsrechtlicher Informationsansprüche des Betriebsrats im arbeitsrechtlichen Beschlussverfahren – auch über § 23 Abs. 3 BetrVG – nicht in Betracht.[1631]

e) Verhältnis zwischen umwandlungsrechtlicher Beteiligung des Betriebsrats und Unterrichtung der Arbeitnehmer nach § 613a Abs. 5 BGB

464 § 613a Abs. 5 BGB schreibt für den Fall eines Betriebsübergangs eine **individuelle Unterrichtung** der Arbeitnehmer durch die beteiligten Arbeitgeber über Zeitpunkt, Grund und Folgen des Betriebsübergangs für die Arbeitnehmer vor.[1632] Da übertragende Umwandlungen (→ B Rn. 82) zwar nicht zwangsläufig, aber oftmals mit einem oder mehreren Betriebs(teil)übergängen iSv § 613a BGB einhergehen, **tritt** in diesen Fällen **neben** die arbeitsrechtlichen Pflichtangaben im Umwandlungsvertrag die **Informationspflicht** nach § 613a Abs. 5 BGB,[1633] wobei unbedingt auf die Konsistenz der jeweiligen Ausführungen zu achten ist. Eine wechselseitige Verdrängung der jeweiligen Bestimmungen kommt schon deshalb nicht in Betracht, weil der Adressatenkreis (Betriebsrat/einzelner Arbeitnehmer) verschieden ist und zudem die inhaltliche Ausgestaltung der jeweiligen „Pflichtangaben" ebenfalls voneinander abweicht.

[1627] Bejahend: *Engelmeyer* DB 1996, 2542 (2544); *Mengel* S. 349; *Hausch* RNotZ 2007, 396 (406); verneinend: Kallmeyer/*Willemsen* UmwG § 5 Rn. 57; Lutter/*Priester* UmwG § 126 Rn. 79; Lutter/*Hoger* UmwG § 194 Rn. 33, in Verbindung mit UmwG § 195 Rn. 19; Widmann/*Mayer* UmwG § 5 Rn. 203.
[1628] OLG Naumburg 6.2.1997 – 7 U 236/96, DB 1997, 466.
[1629] Vgl. dazu auch → B Rn. 148.
[1630] Vgl. *Mengel* S. 349.
[1631] aA *Mengel* S. 347; *Herbst* AiB 1995, 5 (8). Zu sonstigen möglichen Sanktionen (zB nach § 313 UmwG) *Willemsen* RdA 1998, 23 (34).
[1632] S. zu dieser Regelung im Einzelnen → G Rn. 210ff.
[1633] Vgl. Kallmeyer/*Willemsen* UmwG § 324 Rn. 30.

f) Verhältnis zwischen umwandlungsrechtlicher und betriebsverfassungsrechtlicher Beteiligung des Betriebsrats

aa) Unterscheidung zwischen Unternehmensumwandlung und Betriebsänderung (insbesondere Unternehmens- versus Betriebsspaltung). Wie die Überlegungen in → Rn. 453 ff. gezeigt haben, ist die Frage der Reichweite der arbeitsrechtlichen Pflichtangaben im Umwandlungsvertrag eng verzahnt mit derjenigen nach dem Verhältnis zwischen umwandlungsrechtlicher und betriebsverfassungsrechtlicher Beteiligung des Betriebsrats, wobei im Mittelpunkt des Interesses die Informations-, Beratungs- und Mitbestimmungsrechte nach §§ 111 ff. BetrVG im Falle von **Betriebsänderungen** stehen. Um das systematische Verhältnis beider Regelungsbereiche zu beleuchten, ist es zunächst erforderlich, sich die in Betracht kommenden Konkurrenzen anhand praktischer Konstellationen zu vergegenwärtigen. Insoweit ist zunächst auf die zusammenfassende Darstellung in → B Rn. 95 ff., insbesondere die **Beispiele B 10 bis B 13,** zu verweisen. Wie dort dargelegt wurde, handelt es sich bei der Umwandlung im Sinne des Umwandlungsgesetzes einerseits und der Betriebsänderung im Sinne der §§ 111 ff. BetrVG andererseits um zwei eigenständige, sich lediglich teilweise überschneidende „Rechtskreise" (vgl. dazu die grafische Darstellung in → B Rn. 100 sowie die dortige Auflistung der vier Typen von Unternehmensumstrukturierungen). Demnach ist nicht jede Unternehmensumwandlung zugleich eine Betriebsänderung im Sinne der §§ 111 ff. BetrVG, und umgekehrt gibt es eine große Zahl von Betriebsänderungen, die sich vollständig außerhalb des Umwandlungsgesetzes vollziehen, selbst wenn es sich dabei zugleich um eine Umstrukturierung des gesamten Unternehmens handeln sollte. Letzteres ist Ausfluss des **reinen Optionscharakters** der umwandlungsrechtlichen Umstrukturierungsinstrumente: Sie eröffnen der Praxis zusätzliche Gestaltungsmöglichkeiten unter Ausnutzung des Prinzips der (partiellen) Gesamtrechtsnachfolge,[1634] ohne den schon bisher möglichen Weg der rechtsgeschäftlichen Einzelübertragung von Unternehmen oder Betrieben bzw. einzelner Teile hiervon in irgendeiner Weise einzuschränken.[1635] Hinzu kommt, dass im Überschneidungsbereich, also etwa im Falle der Verschmelzung zweier Unternehmen *und* ihrer Betriebe, die Beteiligungsrechte des Betriebsrats auf umwandlungsrechtlicher Ebene (§ 5 Abs. 1 Nr. 9 in Verbindung mit der Zuleitungspflicht nach Abs. 3 UmwG) *einerseits* und betriebsverfassungsrechtlicher Ebene (§ 111 S. 3 Nr. 3 BetrVG – Zusammenschluss mit anderen Betrieben –) mit der hieran anknüpfenden Verpflichtung zum Versuch eines Interessenausgleichs und zur Aufstellung eines Sozialplans gemäß § 112 BetrVG *andererseits* sowohl nach Inhalt wie auch nach Intensität höchst unterschiedlich ausgestaltet sind. Entsprechendes gilt auch für die – bei jeder Unternehmensumwandlung erforderliche – Unterrichtung des Wirtschaftsausschusses gemäß § 106 BetrVG. All dies spricht eindeutig dafür, dass umwandlungsrechtliche und betriebsverfassungsrechtliche Beteiligung des Betriebsrats (bzw. Wirtschaftsausschusses) **nebeneinander stehen** und die hierfür erforderlichen Voraussetzungen jeweils **separat geprüft** werden müssen.[1636] 465

Zwar wurden den Betriebsräten, wie dargelegt, im Umwandlungsgesetz zusätzliche Informationsrechte eingeräumt. Der **Schwerpunkt** der Kompetenzen der betrieblichen Interessenvertretung der Arbeitnehmer in Fällen der Umwandlung nach dem Umwandlungsgesetz liegt aber nach wie vor im Bereich des **Betriebsverfassungsgesetzes.** Denn nur nach den Vorschriften des Betriebsverfassungsgesetzes ist der Arbeitgeber verpflichtet, einen **Interessenausgleich** mit dem Betriebsrat zu versuchen bzw. einen **Sozialplan** zur Milderung der durch die Umwandlung etwa hervorgerufenen wirtschaftlichen Nachteile zu vereinbaren. Der **Betriebsrat** hat somit bei Unternehmensumwandlungen **nur dann** eine **relativ starke Position,** wenn diese zugleich mit einer **Betriebsänderung** im Sinne von §§ 111 ff. BetrVG **verbunden** sind. Ob es sich bei einer geplanten Unternehmens- 466

1634 Vgl. zum Begriff → B Rn. 69.

1635 Unstr.; vgl. nur Lutter/*Lutter/Drygala* UmwG § 1 Rn. 52.

1636 Im Ergebnis ebenso *Boecken* Rn. 342; *Fitting* BetrVG § 1 Rn. 250; *Mengel* S. 367.

umwandlung nach dem Umwandlungsgesetz um eine interessenausgleichs- oder sozialplanpflichtige Betriebsänderung handelt, richtet sich ausschließlich nach §§ 111 ff. BetrVG. Im Zusammenhang mit der Verabschiedung des Umwandlungsgesetzes wurde § 111 S. 3 Nr. 3 BetrVG dahingehend ergänzt, dass nunmehr auch die **„Spaltung von Betrieben“** als Betriebsänderung zu qualifizieren ist.[1637] Dies hat aber nicht zur Folge, dass damit zugleich *alle* Fälle der Spaltung nach dem Umwandlungsgesetz unter §§ 111 ff. BetrVG zu subsumieren wären. Gerade der Umstand, dass der **Wirtschaftsausschuss** gemäß § 106 Abs. 3 Nr. 8 BetrVG, einer ebenfalls durch das sog. Umwandlungsrechtsbereinigungsgesetz ergänzten Vorschrift, sowohl über die Spaltung von *Betrieben* als auch von *Unternehmen* zu unterrichten ist, dokumentiert, dass es nicht die Intention des Gesetzgebers war, *alle* Spaltungsfälle dem Beteiligungsrecht des Betriebsrats nach §§ 111 ff. BetrVG zu unterstellen. Entsprechend dem aus § 111 BetrVG folgenden Grundsatz sind daher auch in Fällen der Unternehmensumwandlung nach dem Umwandlungsgesetz nur solche Umstrukturierungen interessenausgleichs- und sozialplanpflichtig, die eine **Veränderung der Betriebsstruktur** zur Folge haben. Eine bloße **Veränderung der Unternehmensstruktur** löst auch im Falle der Umwandlung eines Unternehmens nach dem Umwandlungsgesetz mithin keine Beteiligungsrechte aus. Ein anderes Ergebnis wäre sowohl systemwidrig als auch mit dem Wortlaut des § 111 S. 3 Nr. 3 BetrVG nicht vereinbar.

467 Beispiel C 76:

Die B-GmbH wird auf die A-GmbH als aufnehmendes Unternehmen verschmolzen. Die beiden Betriebe der Gesellschaft in Berlin und Hamburg werden unverändert in bisheriger Weise fortgeführt.

Nur wenn sich die Änderung der Unternehmensstruktur auf der betrieblichen Ebene fortsetzt, kann sich dies als Betriebsänderung darstellen. Aber auch hier ist jeweils sorgfältig zu prüfen, ob in dem konkreten Fall die Voraussetzungen des §§ 111 ff. BetrVG erfüllt sind.

Beispiel C 77:

Die X-AG hat einen Betrieb in Berlin mit 1.000 Arbeitnehmern. Eine der dortigen Produktionslinien soll im Wege der Ausgliederung gemäß § 123 Abs. 3 UmwG auf die B-GmbH, eine Joint Venture-Gesellschaft mit der Y-AG, übertragen werden. Die B-GmbH wird diese Produktionslinie dann in eigener Regie fortführen; es erfolgt eine organisatorische Abgrenzung dieses Betriebsteils von dem Betrieb der X-AG.

Bereits vor der Ergänzung des § 111 S. 3 Nr. 3 BetrVG durch das UmwBerG war in Fällen wie dem obigen eine Interessenausgleichs- und Sozialplanpflicht begründet, sofern von der Ausgliederung wesentliche Betriebsteile betroffen waren und damit eine grundlegende Änderung der Betriebsorganisation und des Betriebszwecks einherging.[1638] Auch konnten in Fällen der Betriebsspaltung die Voraussetzungen des § 111 S. 3 Nr. 1 BetrVG (Einschränkung von wesentlichen Betriebsteilen) erfüllt sein.[1639] Die Ergänzung des § 111 S. 3 Nr. 3 BetrVG um den Tatbestand der Betriebsspaltung hat daher für die Praxis keine allzu große Bedeutung, auch wenn man die darin enthaltene Signalwirkung nicht unterschätzen sollte. Hierdurch ist nun klargestellt, dass gerade auch in Fällen der Spaltung von Betrieben eine Beteiligung des Betriebsrats erforderlich ist.[1640]

[1637] Vgl. zu Art. 13 UmwBerG *Bauer/Lingemann* NZA 1994, 1057 (1063); *Willemsen* NZA 1996, 791 (797); *Wlotzke* DB 1995, 40 (47).

[1638] Vgl. hierzu → Rn. 60; insbesondere BAG 16.6.1987 – 1 ABR 41/85, NZA 1987, 671; *Wlotzke* DB 1995, 40 (47).

[1639] Vgl. *Willemsen* RdA 1993, 133 (139); *Wlotzke* DB 1995, 40 (47).

[1640] Vgl. *Willemsen* NZA 1996, 791 (796).

Problematisch sind, wie bereits erwähnt[1641] hierbei allerdings die Fälle sog. **„Bagatellausgliederungen“**, in denen lediglich **unwesentliche Betriebsteile,** etwa eine Kantine, die Elektrowerkstatt oder sonstige kleinere Einheiten von einem Unternehmen abgespalten und organisatorisch verselbständigt werden. Hier wird in der Literatur die Frage diskutiert, ob entsprechend dem Wortlaut des § 111 S. 3 Nr. 3 BetrVG in jedem Fall eine Betriebsänderung vorliegt, da es sich um einen Fall der Betriebsspaltung handelt, oder ob es einer **teleologischen Reduktion** des § 111 S. 3 Nr. 3 BetrVG dahingehend bedarf, nur solche Betriebsspaltungen als interessenausgleichs- und sozialplanpflichtig anzusehen, die **wesentliche Betriebsteile** betreffen bzw. wesentliche Nachteile für die Belegschaft mit sich bringen können. Wie ausgeführt,[1642] sprechen die besseren Argumente dafür, § 111 S. 3 Nr. 3 BetrVG so zu lesen, als sei dort von der Abspaltung wesentlicher Betriebsteile die Rede. Anderenfalls wäre zum einen § 111 S. 3 Nr. 3 BetrVG der einzige Fall, in dem auch unwesentliche Änderungen der betrieblichen Struktur, dh Veränderungen, die nur einen unwesentlichen Teil der Belegschaft betreffen, Beteiligungsrechte des Betriebsrats nach §§ 111 ff. BetrVG auslösen. Zum anderen kann nur so das widersprüchliche Ergebnis vermieden werden, dass der Betriebsrat zwar bei der Abspaltung eines unwesentlichen Betriebsteils, nicht aber bei der für die Arbeitnehmer regelmäßig gravierenderen Stilllegung eines solchen Betriebsteils ein Mitwirkungsrecht gemäß §§ 111 ff. BetrVG hat. Trotz dieser Einwände nimmt das **BAG** jedoch die **Anwendbarkeit** von § 111 S. 3 Nr. 3 BetrVG auch bei sog. **Bagatellausgliederungen** an.[1643] 468

bb) Kein umwandlungsrechtliches Vollzugsverbot bei Verletzung betriebsverfassungsrechtlicher Beteiligungsrechte des Betriebsrats („Trennungstheorie“). Über das kategoriale und rechtssystematische Nebeneinander der umwandlungsrechtlichen und betriebsverfassungsrechtlichen Beteiligung dürfte im arbeitsrechtlichen Schrifttum weitgehend Konsens bestehen. Sowohl rechtsdogmatisch wie auch rechtspolitisch höchst umstritten ist dagegen, ob in dem so genannten „Überschneidungsbereich“, also im Falle von *Unternehmens*umwandlungen mit gleichzeitiger *Betriebs*änderung, die betriebsverfassungsrechtlichen Beteiligungsrechte des Betriebsrats derart auf die gesellschaftsrechtliche Ebene auszustrahlen vermögen, dass, solange nicht die betriebsverfassungsrechtliche Beteiligung des Betriebsrats, insbesondere durch Abschluss der Verhandlungen über einen **Interessenausgleich** oder deren endgültiges Scheitern ordnungsgemäß abgeschlossen sind, der gesellschaftsrechtliche Vollzug der Umwandlung nicht erfolgen darf. Sichergestellt werden soll ein solches **Vollzugsverbot** durch (obligatorische) Ablehnung des Eintragungsantrages seitens des zuständigen Registergerichts[1644] und/oder durch eine im arbeitsgerichtlichen Beschlussverfahren auf Antrag des Betriebsrats ergehende einstweilige Verfügung, mittels derer den Vertretungsorganen der beteiligten Rechtsträger die Zuleitung der umwandlungsrechtlichen Verträge bzw. ihrer Entwürfe an das Registergericht zum Zwecke der Eintragung bis zum Abschluss des Interessenausgleichsverfahrens untersagt wird.[1645] 469

Dieser Auffassung kann schon im Hinblick auf die **Kompetenzabgrenzung zwischen Arbeits- und freiwilliger Gerichtsbarkeit** nicht gefolgt werden.[1646] Sie hielte im Übrigen einer rechtlichen Überprüfung allenfalls stand, wenn und soweit die in Rede stehende Betriebsänderung (zB die Abspaltung eines wesentlichen Betriebsteils) mit der Eintragung der Umwandlung selbst vollzogen würde. Dies wird zwar in der Tat von einem Teil des Schrifttums[1647] behauptet, erweist sich aber bei näherem Hinsehen als unzutreffend. Auch dann, wenn bisher einem einheitlichen Rechtsträger zugehörige **Betriebsteile** im Rah- 470

[1641] Vgl. → Rn. 61.
[1642] Vgl. → Rn. 61.
[1643] BAG 18.3.2008 – 1 ABR 77/06, NZA 2008, 957.
[1644] Bachner/*Bachner* § 4 Rn. 314.
[1645] Bachner/*Bachner* § 4 Rn. 312.
[1646] Vgl. auch *Willemsen* NZA 1996, 791 (798).
[1647] Bachner/*Bachner* § 4 Rn. 314; *Mengel* S. 367.

men des Spaltungs- oder Ausgliederungsvertrages gemäß § 126 Abs. 1 Nr. 9 UmwG vermögensrechtlich **verschiedenen übernehmenden Rechtsträgern zugeordnet** werden, hat dies **nicht automatisch** auch eine entsprechende **betriebsorganisatorische Neuordnung** zur Folge, wie sie für das Betriebsverfassungsrecht allein maßgeblich ist. Selbst im Falle einer mit der Unternehmensspaltung zeitlich und sachlich verknüpften Teilung von Betrieben sind über die rechtliche Vermögenszuordnung hinaus weitere Maßnahmen erforderlich, um eine für das Betriebsverfassungsgesetz relevante Betriebsspaltung im Sinne von § 111 S. 3 Nr. 3 BetrVG herbeizuführen.[1648] Unterbleiben diese, wie etwa die räumliche Separierung des betreffenden Betriebsteils, Bildung einer eigenständigen Leitung in den der sozialen und personellen Mitbestimmung des Betriebsrats unterliegenden Angelegenheiten,[1649] ändert sich die Organisation des Betriebs im Zuge der Unternehmensspaltung also nicht, folgt aus der – nach richtigem Verständnis nur klarstellenden[1650] – Vorschrift des **§ 1 Abs. 2 Nr. 2 BetrVG,** dass es sich auch nach der Spaltung/Ausgliederung um einen einheitlichen, wenn auch künftig rechtlich verschiedenen Unternehmen zugeordneten Betrieb im Sinne des Betriebsverfassungsgesetzes **(Gemeinschaftsbetrieb)** handelt. Zwar stellt das Gesetz für diese Konstellation lediglich eine entsprechende **Vermutung** auf. Dies ist aber insofern irreführend, als eine Spaltung des Ausgangsbetriebes ohne Veränderung seiner Organisation begrifflich und sachlich ausgeschlossen ist; fehlt es an einer solchen Änderung der tatsächlichen Leitungs- und Organisationsverhältnisse, steht der gemeinsame Betrieb endgültig fest, und die Möglichkeit einer Widerlegung der Vermutung läuft ins Leere.[1651] Die – für das BetrVG allein maßgebliche – organisatorische Aufspaltung des Ausgangsbetriebes setzt in den hier erörterten Überschneidungsfällen somit weiter gehende, auf die Betriebsorganisation bezogene Veränderungen voraus, wie gerade die im vorliegenden Fall unmittelbar relevante Bestimmung des § 1 Abs. 2 Nr. 2 BetrVG belegt. Gegen *diese* mag sich der Betriebsrat, sofern man ihm im Rahmen der §§ 111ff. BetrVG überhaupt bei Verletzung des Beteiligungsrechts einen **Unterlassungsanspruch** zugesteht (dazu → Rn. 366ff.), mit dem Mittel der einstweiligen Verfügung im arbeitsrechtlichen Beschlussverfahren wenden.[1652] Ein Durchgriff eines solchen betriebsverfassungsrechtlichen Unterlassungsanspruchs auf die Ebene der gesellschaftsrechtlichen Umwandlung kommt dagegen in Ermangelung einer entsprechenden rechtlichen Verknüpfung der umwandlungsrechtlichen Vermögenszuordnung mit der betriebsverfassungsrechtlichen Leitungs- und Organisationsstruktur nicht in Betracht; es gilt vielmehr auch hier das **Trennungsprinzip.**[1653]

471 **cc) Schlussfolgerungen in Bezug auf die zeitliche Abfolge des Verfahrens. (1) Umwandlung vor Durchführung einer Betriebsänderung.** Wie oben (→ Rn. 456) dargelegt, ist es in die **unternehmerische Autonomie** der an einer Verschmelzung/Spaltung beteiligten Unternehmensorgane gestellt, ob die unternehmensbezogene (rechtliche) Umstrukturierung sogleich mit einer solchen auf Betriebsebene gekoppelt werden oder ob sich die Umwandlung (zunächst) auf die Herbeiführung der neuen Gesellschaftsstruktur und die damit verbundene Neuzuordnung des Gesellschaftsvermögens beschränken soll. Im letzteren Falle ist der Betriebsrat zwar selbstverständlich umwandlungsrechtlich – durch Zuleitung des Umwandlungsvertrages bzw. seines Entwurfs – zu beteiligen; die Durchführung des Verfahrens nach §§ 111ff. BetrVG ist in dieser Konstellation indes *vor* Durchführung der Um-

[1648] Insoweit zutreffend *Mengel* S. 68.
[1649] Zur Relevanz dieser Kriterien für das Vorliegen getrennter Betriebe bzw. eines sog. Gemeinschaftsbetriebs → D Rn. 18ff.
[1650] Vgl. zur „Vorgängervorschrift" des § 322 Abs. 1 UmwG *Boecken* Rn. 395, 401.
[1651] Vgl. dazu → D Rn. 34.
[1652] Vgl. zum Meinungsstand die Nachweise bei *Willemsen* NZA 1996, 791 (797), Fn. 44, sowie LAG Düsseldorf 19.11.1996 – 8 TaBV 80/96, DB 1997, 1286; vgl. hierzu ferner *Löwisch* RdA 1997, 80 (84) sowie → Rn. 366ff.
[1653] Vgl. zum Ganzen auch *Willemsen* RdA 1998, 23 (29, 34).

wandlung selbst dann nicht erforderlich, wenn spätere Veränderungen auf Betriebsebene angesichts des mit der Verschmelzung/Spaltung verfolgten unternehmerischen Konzepts mehr oder weniger wahrscheinlich oder aus betriebswirtschaftlicher Sicht sogar zwingend sein sollten. Allein der Umstand, dass sich die an einer Verschmelzung oder Spaltung beteiligten Unternehmensorgane zwar nicht rechtlich, wohl aber unter Umständen wirtschaftlich in Bezug auf eine *nach* der Umwandlung durchzuführende Betriebsänderung (zB Personalabbau, Zusammenlegung von Betrieben etc.) präjudizieren, zwingt nicht dazu, die Verhandlungen über einen Interessenausgleich/Sozialplan bereits vor der gesellschaftsrechtlichen Umwandlung aufzunehmen und zu Ende zu führen. Wollte man anders entscheiden, würde dies im praktischen Ergebnis eine Obliegenheit der beteiligten Unternehmensorgane begründen, sich hinsichtlich der konkret-betriebsbezogenen Folgen (etwa eines größeren Personalabbaus infolge der Entstehung von Synergieeffekten) bereits vor Durchführung der Umwandlung festzulegen; *de facto* wird es aber häufig vorkommen, dass in dieser Phase hinsichtlich solcher konkret-betriebsbezogenen Konsequenzen noch keine abschließende Festlegung erfolgen kann bzw. soll, vielmehr noch in **Alternativmodellen** gedacht wird. Wie bereits dargelegt wurde, entspricht es indes nicht der Konzeption des Umwandlungsgesetzes noch derjenigen der §§ 111 ff. BetrVG, den Arbeitgeber zu einer Entscheidung über die konkreten betriebsbezogenen Folgen einer Unternehmensumwandlung zu einem Zeitpunkt zu zwingen, zu dem er diese noch gar nicht für spruchreif erachtet.

Auch außerhalb des Umwandlungsgesetzes ist im Übrigen eine Vielzahl von Konstella- 471a
tionen vorstellbar, in denen Veränderungen auf unternehmens-/gesellschaftsrechtlicher Ebene weit reichende Konsequenzen für Sicherheit und Bestand der vorhandenen Arbeitsplätze haben können, etwa der Hinzuerwerb einer neuen Tochtergesellschaft mit ähnlichem oder gleichem Produktionsprogramm, die Veräußerung der Anteilsmehrheit an einen Wettbewerber oder die Einbringung eines notleidenden Betriebs in eine kapitalschwache neue Gesellschaft. In all diesen Fällen sind die beteiligten Unternehmensorgane nicht gehindert, zunächst die gesellschaftsrechtliche Umstrukturierung herbeizuführen und erst danach, *vor* Herbeiführung von Veränderungen auf Betriebsebene, das hierfür vorgesehene Verfahren nach §§ 111 ff. BetrVG einzuleiten und durchzuführen. Es ist nicht erkennbar, warum dies in den Umwandlungsfällen nach dem Umwandlungsgesetz anders zu beurteilen sollte, durch das die Möglichkeiten der rechtlichen Umstrukturierung von Unternehmen lediglich verbessert, nicht jedoch erschwert werden sollen. Die Parteien des Verschmelzungs- oder Spaltungsvertrages können die (späteren) **betrieblich-personellen Konsequenzen** also einstweilen **zurückstellen.** Es mag in derartigen Fällen zur Vermeidung „faktischer Vertrauenstatbestände" ratsam sein, im Umwandlungsvertrag auf die **Möglichkeit** solcher späterer Veränderungen hinzuweisen;[1654] rechtlich zwingend sind solche sog. **„Globalangaben"** indes nicht.[1655]

(2) Umwandlung mit zeitgleicher Betriebsänderung. Anders stellt sich die Rechtslage 471b
dar, wenn die beteiligten Unternehmen zeitgleich und parallel zu der beabsichtigten Verschmelzung oder Spaltung/Ausgliederung auch die betrieblichen Strukturen neu ordnen wollen. Soll etwa die Aufspaltung zur Neugründung (§ 123 Abs. 1 Nr. 2 UmwG) eines bisher einheitlichen Unternehmens Y mit den Betriebsteilen A, B und C in der Weise erfolgen, dass mit dem Wirksamwerden der Aufspaltung (dh der Eintragung ins Handelsregister) nicht nur drei neue Gesellschaften, sondern drei separate Betriebe entstehen, so **plant** die Geschäftsführung von Y bereits vor Durchführung der Umwandlung eine **Betriebsspaltung** im Sinne von § 111 S. 3 Nr. 3 BetrVG. Das Verfahren zum **Versuch eines Interessenausgleichs** muss in diesem Falle abgeschlossen sein, bevor die Aufspaltung in das Handelsregister eingetragen wird, **wenn** zeitgleich mit deren Wirksamwerden auch

[1654] In diesem Sinne expressis verbis § 7 Abs. 3 des Ausgliederungs- und Übernahmevertrages der *Dinckelacker Brauerei AG* und der *Gebr. Greiner AG Hindenburgbau,* BAnz. 1996, 4685.
[1655] Vgl. dazu auch Kallmeyer/*Willemsen* UmwG § 5 Rn. 51.

die Betriebsspaltung in Kraft treten soll; anderenfalls stellt nämlich die betriebsorganisatorische Spaltung des bisher einheitlichen Betriebs von Y (die, wie in → Rn. 470 ausgeführt, nur durch die Änderung tatsächlich-konkreter Leitungsstrukturen erfolgen kann) eine Verletzung der Beteiligungsrechte des Betriebsrats dar (die freilich für die gesellschaftsrechtliche Wirksamkeit der Umwandlung unerheblich ist; dazu auch → Rn. 469). Für die **Praxis** bedeutet dies, dass die Verhandlungen über einen Interessenausgleich so rechtzeitig aufgenommen werden müssen, dass im vorgesehenen Zeitpunkt der Eintragung der Spaltung (bzw. Verschmelzung) die Verhandlungen über einen Interessenausgleich – ggf. auch vor der Einigungsstelle – abgeschlossen sind. Anderenfalls darf die *betriebsverfassungsrechtliche* Spaltung erst zu einem entsprechend späteren Zeitpunkt durchgeführt werden. Es handelt sich also auch in dieser Konstellation **nicht um ein Eintragungshindernis,** sondern um eine betriebsverfassungsrechtliche Verpflichtung des Unternehmens, bei gewollter **Synchronität** von Unternehmens- und Betriebsspaltung das Verfahren nach §§ 111 ff. BetrVG entsprechend zu gestalten.

471c **(3) Vermeidung von Verfahrensverzögerungen durch (einstweilige) Beibehaltung betrieblicher Strukturen.** Da Umwandlungsvorhaben in der Praxis oftmals unter einem erheblichen Zeitdruck stehen, muss mithin aus planerisch-strategischer Sicherheit eine Entscheidung darüber getroffen werden, ob im Sinne einer **„ganzheitlichen Lösung"** sogleich mit der gesellschaftsrechtlichen Umwandlung eine entsprechende Anpassung der betrieblichen Strukturen erfolgen oder ob im Sinne eines **Zwei-Schritte-Konzepts** zunächst die Überleitung in die neue **gesellschaftsrechtliche Zielstruktur** durchgeführt und erst anschließend mit dem Betriebsrat im Rahmen der §§ 111 ff. BetrVG über sich daraus im weiteren Verlauf ergebenden **Änderungen auf betrieblich-personeller Ebene** verhandelt werden soll. Die „ganzheitliche Lösung" hat den Vorteil, dass sie die Ungewissheit auf Seiten der Arbeitnehmer und des Betriebsrats darüber, wie es nach der Verschmelzung bzw. Spaltung weitergehen soll, vermeidet und durch die frühzeitige Offen- und Festlegung der weiter gehenden betrieblichen und personellen Konsequenzen einschließlich vorgesehener Kompensationen (Sozialplan) die **Akzeptanz** des Umwandlungsvorhabens auf Seiten der Belegschaft möglicherweise erhöht. Das Zwei-Stufen-Modell bietet sich dagegen an, wenn entweder für eine Beteiligung des Betriebsrats nach §§ 111 ff. BetrVG vor Vollziehung der gesellschaftsrechtlichen Umwandlung ohnehin nicht mehr genügend Zeit verbleiben würde – in diesem Zusammenhang gewinnt die Acht-Monats-Frist des § 17 Abs. 2 S. 4 UmwG besondere Bedeutung – oder wenn die organisatorisch-personellen Konsequenzen der Verschmelzung oder Spaltung/Ausgliederung **noch gar nicht abschließend feststehen,** etwa die sich abzeichnenden Synergieeffekte einer Verschmelzung auf Unternehmensebene zunächst über eine gewisse Zeit nach ihrem Wirksamwerden in der Praxis ermittelt werden sollen.

472 Während im Falle einer **Verschmelzung** die Anwendung der §§ 111 ff. BetrVG bis auf weiteres dadurch vermieden werden kann, dass hinsichtlich der betrieblichen Strukturen zunächst „alles beim alten bleibt", das aufnehmende Unternehmen den bzw. die neu hinzugekommenen Betrieb(e) also als selbständige betriebsverfassungsrechtliche Einheiten zumindest einstweilen weiterführt, liegen die Dinge bei der **Spaltung/Ausgliederung** insoweit komplizierter. Hier lässt sich, wie oben (→ Rn. 470) ausgeführt wurde, die Verpflichtung zum Versuch eines Interessenausgleichs bereits *vor* der gesellschaftsrechtlichen Umwandlung nur dann vermeiden, wenn die an der Spaltung/Ausgliederung beteiligten Rechtsträger sich auf die Bildung eines sog. betriebsverfassungsrechtlichen **Gemeinschaftsbetriebs** verständigen, was nach dem Gesetz (§ 1 Abs. 2 Nr. 2 BetrVG) bereits dann vermutet wird, wenn anlässlich der Spaltung die „Organisation des gespaltenen Betriebs nicht geändert" wird. Obwohl es daher genau genommen gar keiner rechtsgeschäftlichen Vereinbarung mehr bedarf, sollte in diesem Falle aus Gründen der Klarstellung im Spaltungsvertrag/-plan ausdrücklich festgehalten werden, dass die hieran beteiligten Rechtsträger nach Wirksamwerden der Spaltung einen solchen Gemeinschaftsbetrieb füh-

ren werden. Angesichts der **Präponderanz der faktischen Verhältnisse,** wie sie § 1 Abs. 2 Nr. 2 BetrVG vorsieht, ist hierfür allerdings erforderlich, dass nach Wirksamwerden der Planung für die „Spaltprodukte" eine **einheitliche, zentrale Leitung** in allen der Mitbestimmung des Betriebsrats, insbesondere **in sozialen und personellen Angelegenheiten,** installiert bzw. beibehalten wird. In der Praxis dürfte es hierfür erforderlich, aber auch ausreichend sein, wenn die bisherige betriebliche Leitungsinstanz – in der Regel die Personalabteilung –, die vor der Spaltung den Einsatz des Personals steuerte und als Verhandlungspartner des Betriebsrats fungierte, diese Aufgabe auch nach der Spaltung zentral für alle an der Spaltung beteiligten Rechtsträger ausübt. Die Figur des einheitlichen Betriebs mehrerer rechtlich selbständiger Unternehmen ist mithin in der Praxis ein **probates Mittel,** um im Falle der Spaltung/Ausgliederung jedenfalls bis auf weiteres den Tatbestand einer *Betriebs*spaltung im Sinne von § 111 S. 3 Nr. 3 BetrVG mit den sich hieraus ergebenden Verpflichtungen bezüglich des Versuchs eines Interessenausgleichs und der Aufstellung eines Sozialplans zu vermeiden (dazu auch → B Rn. 149).[1656]

g) Abschließende Bewertung

Wie sich nach alledem gezeigt hat, liegt der **Schwerpunkt** der Beteiligungsrechte des Be- 473
triebsrats bei Umstrukturierungen, auch soweit es sich um solche im Rahmen des Umwandlungsgesetzes handelt, nach wie vor eindeutig im Bereich des **Betriebsverfassungsgesetzes** und dort wiederum bei den Regelungen über die Beteiligung des Betriebsrats bei **Betriebsänderungen** gemäß §§ 111 ff. BetrVG. Da das hieraus resultierende **„Faustpfand"** des Betriebsrats infolge der Streichung der zwischenzeitlich in das Gesetz eingefügten Zwei- bzw. Dreimonatsfrist nach § 113 Abs. 3 S. 2 und 3 BetrVG aF seine praktische Tragweite in vollem Umfang zurückerhalten hat, bedarf es zur Vermeidung unliebsamer Überraschungen im Zuge von Umwandlungsvorhaben stets sorgfältiger Prüfung, ob sich die Unternehmensumwandlung nicht möglicherweise gleichzeitig als Betriebsänderung (etwa in der Form der Betriebsspaltung) darstellt. Umgekehrt kann es aus Sicht des Unternehmens ein erheblicher strategischer Fehler sein, dem Betriebsrat bei einer reinen Unternehmensumwandlung ohne Veränderung der betrieblichen Strukturen die Mitbestimmungsrechte gemäß §§ 111 ff. BetrVG zuzugestehen. Die konsequente Einhaltung des vorstehend beschriebenen „Trennungsprinzips" zwischen beiden Bereichen spielt mithin für die erfolgreiche Durchführung von Umstrukturierungsvorhaben eine zentrale Rolle.[1657]

h) Grenzüberschreitende Verschmelzung

Für die grenzüberschreitende Verschmelzung findet sich eine Entsprechung zu § 5 Abs. 1 474
Nr. 9 UmwG in **§ 122e UmwG** mit der Maßgabe, dass die entsprechenden Angaben im **Verschmelzungsbericht** der an der Verschmelzung beteiligten (inländischen) Gesellschaft zu erfolgen haben. Dieser ist den Anteilsinhabern sowie dem zuständigen **Betriebsrat** oder, falls es keinen Betriebsrat gibt, den **Arbeitnehmern** der an der grenzüberschreitenden Verschmelzung beteiligten Gesellschaft spätestens einen Monat vor der Versammlung der Anteilsinhaber, die nach § 13 UmwG über die Zustimmung zum Verschmelzungsplan beschließen soll, „zugänglich" zu machen; ein Anspruch auf **Zuleitung** besteht hier also nicht.[1658] Im Gegensatz zu § 5 Abs. 3 UmwG (→ Rn. 441) ist hier also eine „Ersatzinformation" an die einzelnen Arbeitnehmer bei Fehlen eines Betriebsrats vorgesehen.

Im Übrigen stellen sich wegen der Einzelheiten, insbesondere in Bezug auf die Anforderungen an den Inhalt der Unterrichtung, dieselben Fragen wie bei § 5 Abs. 1 Nr. 9

[1656] In diesem Sinne wurde beispielsweise bei der Ausgliederung des Geschäftsbereichs Papier, Büro- und Schreibwaren aus der *Herlitz AG* verfahren (BAnz. 1996, 6246).
[1657] Vgl. dazu auch *Willemsen* NZA 1996, 791 (796).
[1658] Kallmeyer/*Marsch-Barner/Wilk* UmwG § 122e Rn. 5.

UmwG. Insoweit gelten die dazu oben (→ Rn. 446ff.) dargelegten Grundsätze entsprechend.[1659] Beschäftigt die Gesellschaft **keine Arbeitnehmer,** genügt ein entsprechender Hinweis.

4. Besondere Beteiligungsrechte des Betriebsrats nach dem WpÜG

a) Zielsetzung des WpÜG

475 Mit dem zum 1.1.2002 in Kraft getretenen **Wertpapiererwerbs- und Übernahmegesetz** (WpÜG) wurden in erster Linie Grundsätze für ein geordnetes **Verfahren zum Erwerb von Gesellschaften, die an einem organisierten Markt zugelassen sind,** geschaffen (§ 1 WpÜG). Neben einem fairen Verfahren stand jedoch auch die Gewährleistung umfassender Information und Transparenz im Vordergrund, wobei diese Informationen auch den betroffenen Arbeitnehmern bzw. deren Vertretern zur Verfügung gestellt werden sollen.[1660] Im Wesentlichen wurden **drei Instrumente zum Schutz der Arbeitnehmer** im WpÜG verankert: (1) Informationspflichten der Geschäftsleitungsorgane gegenüber den Arbeitnehmern bzw. deren Vertretern sowie das Recht der Arbeitnehmer des Zielunternehmens, im Rahmen der Stellungnahme des Vorstandes der Zielgesellschaft (§ 27 WpÜG) ihren Standpunkt darzustellen,[1661] (2) die Zuordnung bestimmter Maßnahmen in den Zuständigkeitsbereich des regelmäßig mit Arbeitnehmervertretern besetzten Aufsichtsrates (§ 33 Abs. 2 S. 4 WpÜG)[1662] sowie (3) die Besetzung des Beirates der BaFin mit zwei Vertretern der Arbeitnehmer (§ 5 Abs. 1 Nr. 4, Abs. 3 WPÜG).[1663]

b) Die Informationspflichten der Geschäftsleitungsorgane gegenüber den Arbeitnehmern bzw. deren Vertretern

475a Die im WpÜG geregelten Informationspflichten zielen nicht auf die Erweiterung oder Einschränkung individueller oder kollektiver Beteiligungsrechte aufgrund anderer Rechtsvorschriften ab; sie sollen lediglich für eine ausreichende Information der betroffenen Arbeitnehmer sorgen, damit diese bzw. ihre Vertreter mögliche Beteiligungsrechte rechtzeitig wahrnehmen können.[1664] Der Vorstand des Zielunternehmens muss den Betriebsrat zunächst unverzüglich **über** die Entscheidung des Bieters zur **Abgabe eines Angebotes informieren** (§ 10 Abs. 5 S. 2 WpÜG). Die Frage der Zuständigkeit des Betriebsrats hängt von der Struktur der Zielgesellschaft ab. Handelt es sich um das herrschende Unternehmen eines Konzerns (§ 18 AktG) und besteht ein Konzernbetriebsrat, ist dieser zuständig.[1665] Bei mehreren Betrieben eines Unternehmens ist der Gesamtbetriebsrat gem. § 50 Abs. 1 BetrVG für die Entgegennahme der Information zuständig. Soweit kein Gesamtbetriebsrat gebildet ist, müssen die örtlichen Betriebsräte informiert werden. Soweit überhaupt kein Betriebsrat gebildet ist, sind die Arbeitnehmer direkt zu informieren. Eine bestimmte Form der Information schreibt das Gesetz nicht vor. Aus Nachweisgründen empfiehlt es sich jedoch, die Information schriftlich durchzuführen. Für eine Information der Arbeitnehmer soll auch ein Aushang, etwa am schwarzen Brett, genügen, soweit alle Mitarbeiter die Möglichkeit haben, von dem Aushang Kenntnis zu nehmen.[1666]

Darüber hinaus muss der Vorstand die Angebotsunterlagen des Bieters an den Betriebsrat weiterleiten (§ 14 Abs. 4 S. 2 WpÜG). Die Angebotsunterlagen müssen **Informatio-**

[1659] Kallmeyer/*Marsch-Barner/Wilk* UmwG § 122e Rn. 8.
[1660] Vgl. BT-Drs. 14/7034, S. 1, S. 29.
[1661] Vgl. BT-Drs. 14/7034, S. 29, S. 52.
[1662] Weiterführend Angerer/Geibel/Süßmann/*Brandi* WpÜG § 33 Rn. 92.
[1663] Vgl. dazu *Seibt* DB 2002, 529.
[1664] Vgl. dazu *Grobys* NZA 2002, 1; *Liebers/Erren/Weiß* NZA 2009, 1063 (1064).
[1665] Vgl. BT-Drs. 14/7034, 4; zur Zuständigkeit Angerer/Geibel/Süßmann/*Geibel/Louven* WPüG § 10 Rn. 82ff.
[1666] Vgl. dazu *Grobys* NZA 2002, 1.

nen über die Auswirkungen des Angebots auf die Arbeitnehmer und ihre Vertretungen sowie die Beschäftigungsbedingungen enthalten (§ 11 Abs. 2 S. 3 Nr. 2 WpÜG). Insbesondere sind Ausführungen auch über die mittelbaren Folgen der Übernahme für die Arbeitsverträge, Tarifverträge, Betriebsvereinbarungen, die Struktur der betriebsverfassungsrechtlichen Organe und die Unternehmensmitbestimmung zu machen.[1667] Die Absichten und die geplanten Vorhaben müssen zum Zeitpunkt der Unterrichtung vollständig aufgeführt sein, soweit diese ein konkretes Planungsstadium erreicht haben.[1668] Es handelt sich jedoch lediglich um Absichten, so dass mit der Angabe keine Bindung gegenüber den Arbeitnehmern verbunden ist. Die Angaben sollen den Arbeitnehmern vielmehr als Informationsgrundlage dienen und die frühzeitige Geltendmachung eigener Beteiligungsrechte ermöglichen.[1669] Allerdings sollten die Bieter schon im Hinblick auf die mögliche Haftung (§ 12 WPüG) um richtige und vollständige Information bemüht sein.[1670]

Die Möglichkeit zur **Darstellung des Standpunktes der Arbeitnehmer in der öffentlichen Stellungnahme** des Vorstandes der Zielgesellschaft wird durch § 27 Abs. 2 WpÜG sichergestellt. Danach muss der Vorstand seiner öffentlichen Stellungnahme zum Angebot eine Stellungnahme des Betriebsrates bzw. der Arbeitnehmer beifügen, soweit eine solche übermittelt wurde. Dadurch sollen die Wertpapierinhaber nicht nur über die Position des Vorstands, sondern auch über die Haltung der Beschäftigten zu dem Übernahmeangebot informiert werden.[1671] Aufgrund der Pflicht des Vorstandes zur unverzüglichen Veröffentlichung seiner Stellungnahme sollte der Vorstand bereits bei Übermittlung der Angebotsunterlagen des Bieters an die Arbeitnehmer mit dem zuständigen Betriebsrat abklären, ob und wann eine Stellungnahme der Arbeitnehmerseite zu erwarten ist.[1672] Die Abgabe einer Stellungahme durch den Betriebsrat ist ein wichtiges Instrument der politischen Einflussnahme auf die geplante Übernahme, da diese Stellungnahme mit zu veröffentlichen ist. Hierdurch kann unter Umständen mehr Einfluss ausgeübt werden, als im Rahmen förmlicher Beteiligungsrechte.

Die **verspätete oder unterlassene Unterrichtung** kann allgemeine Sanktionen des WpÜG nach sich ziehen, etwa die Verhängung eines Bußgeldes (§ 60 Abs. 1 Nr. 2b) WpÜG) bzw. die Einleitung aufsichtsrechtlicher Maßnahmen (§ 4 Abs. 1 S. 3 WpÜg). Spezielle arbeitsrechtliche Sanktionen sind hingegen nicht vorgesehen; insbesondere findet § 23 Abs. 3 BetrVG aufgrund des speziellen Rechtscharakters des WpÜG (Schutz der Aktionärsinteressen und des Kapitalmarktes) keine Anwendung.[1673] Auch hier ist allerdings zu beachten, dass das Abweichen eines Bieters von veröffentlichten Plänen zum Nachteil der Arbeitnehmer sich in vielen Fällen politisch als nicht darstellbar erweist, so dass letztlich der durch die Veröffentlichungspflicht erzeugte Druck vielfach eine korrekte Darstellung und Unterrichtung zwingend erforderlich macht.

VI. Beteiligungsrechte sonstiger Organe der Betriebsverfassung

Ausgewählte Literatur zum Abschnitt VI: 476

Bauer, Rechte und Pflichten der Sprecherausschüsse und ihrer Mitglieder, NZA Beil. 1/1989, 20; *Bayreuther,* Der neue Kündigungsschutz schwerbehinderter Arbeitnehmer nach § 95 II SGB IX, NZA 2017, 87; *Bitsch,* Betriebsverfassungsrechtliche Auskunftsansprüche im Konzern, NZA-RR 2015, 617; *Bösche/Grimberg,* Vorlage des Wirtschaftsprüferberichts an den Wirtschaftsausschuss, AuR 1987, 133; *Buchner,* Das Gesetz zur Ände-

1667 Vgl. Angerer/Geibel/Süßmann/*Geibel/Süßmann* WPüG § 11 Rn. 28 ff.

1668 Vgl. dazu *Grobys* NZA 2002, 1 (5) unter Verweis auf umwandlungsrechtliche Vorschriften (die Angabe arbeitsrechtlicher Folgen etwa im Verschmelzungsvertrag.

1669 Vgl. dazu *Grobys* NZA 2002, 1.

1670 Vgl. *Vogt/Bedkowksi* NZG 2008, 725.

1671 Vgl. BT-Drs. 14/7034, 5.

1672 Vgl. BT-Drs. 14/7034, 5.

1673 Vgl. dazu *Grobys* NZA 2002, 1 (6) unter Verweis auf den Meinungsstand zu den umwandlungsrechtlichen Vorschriften.

rung des Betriebsverfassungsgesetzes, über Sprecherausschüsse der leitenden Angestellten und zur Sicherung der Montan-Mitbestimmung, NZA Beil. 1/1989, 2; *Conze,* Zur Beteiligung der Schwerbehindertenvertretung vor der Kündigung eines schwerbehinderten Menschen, öAT 2018, 27; *Dänzer/Vanotti,* Rechte und Pflichten des Sprecherausschusses, DB 1990, 41; *Engels/Müller,* Regierungsentwurf eines Gesetzes über Europäische Betriebsräte, DB 1996, 981; *Engels/Natter,* Die geänderte Betriebsverfassung, BB Beil. 8/1989, S. 1; *Frahm/Schmeisser,* Die rechtzeitige Unterrichtung des Wirtschaftsausschusses bei einer Unternehmensübernahme gemäß § 106 Abs. 3 Nr. 9a BetrVG, ArbRAktuell 2014, 456; *Gaul,* Das neue Gesetz über die Europäischen Betriebsräte, NJW 1996, 3378; *Hohenstatt,* Der Europäische Betriebsrat und seine Alternativen, EuZW 1995, 169; *Hohenstatt/Kröpelin/Bertke,* NZA 2011, 1313; *Hommelhoff,* Abschlussprüfer-Bericht an den Wirtschaftsausschuss, ZIP 1990, 218; *Lerch/Weinbrenner,* Auskunftsanspruch des Wirtschaftsausschusses bei Konzernbezug, NZA 2013, 355; *Liebers/Erren/Weiß,* Die Unterrichtungspflichten des Risikobegrenzungsgesetzes und der Geheimnisgefährdungstatbestand im transaktionsbegleitenden Arbeitsrecht, NZA 2009, 1063; *Lingemann/Steinhauser,* Fallen beim Ausspruch von Kündigungen – Anhörung der Schwerbehindertenvertretung, NJW 2017, 1369; *Ludwig/Kemna,* Betriebsänderung und Beteiligung der Schwerbehindertenvertretung, NZA 2019, 1547; *Löw,* Arbeitsrechtliche Regeln im Risikobegrenzungsgesetz, DB 2008, 758; *Mühlmann,* Beteiligung der Schwerbehindertenvertretung bei Kündigungen durch den Arbeitgeber, NZA 2017, 884; *Nagel/Hopfe,* Informationspflichten beim Kontrollerwerb an nicht-börsennotierten Gesellschaften und der Schutz von Betriebs- und Geschäftsgeheimnissen, ZIP 2010, 917; *Oetker/Lunk,* Der Betriebsrat – ein Ersatzorgan für den Wirtschaftsausschuss, DB 1990, 2320; *Salamon,* Der Wirtschaftsausschuss bei einem Gemeinschaftsbetrieb im Unternehmen, NZA 2017, 891; *Sandmann,* Die Euro-Betriebsrats-Richtlinie 94/45/EG, 1996; *Schröder/Falter,* Die Unterrichtung des Wirtschaftsausschusses bei Unternehmensübernahmen nach Inkrafttreten des Risikobegrenzungsgesetzes, NZA 2008, 1097; *Schubert,* Durchführung von Massenentlassungen bei einer Mehrzahl von Arbeitnehmervertretungen im Betrieb – offene Fragen des Massenentlassungsrechts, ZESAR 2020, 53; *Thüsing,* Beteiligungsrechte von Wirtschaftsausschuss und Betriebsrat bei Unternehmensübernahmen, ZIP 2008, 106; *Vogt,* Zur Vorlagepflicht von Unterlagen bei der Erteilung wirtschaftlicher Informationen an den Wirtschaftsausschuss und den Betriebsrat, BB 1978, 1125; *Vogt/Bedkowski,* Risikobegrenzungsgesetz – Arbeitsrechtliche Auswirkungen auf M&A-Transaktionen, NZG 2008, 725.

Neben den Beteiligungsrechten des Betriebsrates sind im Rahmen bzw. bei der Vorbereitung von Unternehmensumstrukturierungen auch noch Beteiligungsrechte anderer Organe der Betriebsverfassung, namentlich des Wirtschaftsausschusses, des Sprecherausschusses und ggf. auch des Europäischen Betriebsrates zu berücksichtigen. Diese entstehen zum Teil zeitgleich, zum Teil aber auch vor den oben skizzierten Beteiligungsrechten des Betriebsrates.

1. Beteiligungsrechte des Wirtschaftsausschusses

477 Bei dem Wirtschaftsausschuss handelt es sich zwar um ein Gremium, dem in der Praxis durchaus große Bedeutung zukommt. Gleichwohl ist der Wirtschaftsausschuss bei formaler Betrachtungsweise lediglich ein **unselbständiges Hilfsorgan des Betriebsrates.**[1674] So werden die Mitglieder des Wirtschaftsausschusses gemäß § 107 Abs. 2 S. 1 BetrVG vom Betriebsrat bestimmt und können jederzeit abberufen werden (§ 107 Abs. 2 S. 3 BetrVG). Ferner besteht die Hauptaufgabe des Wirtschaftsausschusses gemäß § 106 Abs. 1 S. 2 BetrVG darin, wirtschaftliche Angelegenheiten mit dem Unternehmer zu beraten und sodann den Betriebsrat zu unterrichten. Damit hat der Wirtschaftsausschuss eine Mittlerfunktion. Zudem ist die primäre Voraussetzung für sein Bestehen die Existenz eines Betriebs- bzw. Gesamtbetriebsrates. Sobald das Mandat des Betriebs- oder Gesamtbetriebsrates entfällt, entfällt auch der Wirtschaftsausschuss.[1675] Der Wirtschaftsausschuss steht mit hin nicht als selbständiges Organ der Betriebsverfassung neben dem Betriebs- bzw. Gesamtbetriebsrat, sondern hängt unmittelbar von dessen Existenz ab. Entfallen allerdings die Voraussetzungen für die Bildung eines Wirtschaftsausschusses, weil die Beschäftigtenzahl unter 100

[1674] Vgl. BAG 18.7.1978 – 1 ABR 43/75, BB 1978, 1777; BAG 18.11.1980 – 1 ABR 31/78, DB 1981, 1240; BAG 1.8.1990 – 7 ABR 91/88, NZA 1991, 643.
[1675] Vgl. DKW/*Däubler* BetrVG § 106 Rn. 17.

sinkt, so endet die Amtszeit des Wirtschaftsausschusses auch dann, wenn die Amtszeit des Betriebsrats noch fortbesteht.[1676]

Die Besonderheit des Wirtschaftsausschusses ist *erstens* darin zu sehen, dass sein Wirkungskreis auf Unternehmens- und nicht auf Betriebsebene liegt. *Zweitens* ist er nur in Unternehmen mit einer bestimmten Mindestgröße zu errichten und *drittens* können in den Wirtschaftsausschuss nicht nur von der Belegschaft gewählte Vertreter, sondern auch andere sachkundige Personen berufen werden.

a) Voraussetzungen für die Errichtung eines Wirtschaftsausschusses

Ein Wirtschaftsausschuss ist in allen **Unternehmen mit in der Regel mehr als einhundert ständig beschäftigten Arbeitnehmern** zu bilden, sofern zumindest in einem Betrieb des Unternehmers ein Betriebsrat gewählt ist. Bei der Berechnung der Beschäftigtenzahl sind alle Arbeitnehmer des Unternehmens einschließlich der Auszubildenden zu berücksichtigen. Leitende Angestellte zählen nicht mit.[1677] Wie viele Arbeitnehmer konkret von einem Betriebsrat repräsentiert werden, ist dabei unbeachtlich.[1678] Maßgeblich ist zudem nicht die konkrete Zahl der an einem bestimmten Stichtag tätigen Arbeitnehmer, sondern es bedarf einer Einschätzung, wie viele Arbeitnehmer ein Unternehmen in der Vergangenheit beschäftigt hat und in der Zukunft voraussichtlich beschäftigen wird.[1679] Dies folgt aus dem **Tatbestandsmerkmal „in der Regel"**. Streitig ist, was unter **dem Begriff der „ständigen" Beschäftigung** zu verstehen ist. In der Vergangenheit wurde hier auf das Bestehen auf Dauer angelegter, mithin unbefristeter Anstellungsverhältnisse abgestellt.[1680] Dies wird den zwischenzeitlich eingetretenen Entwicklungen in der Arbeitswelt nicht mehr gerecht. Richtigerweise muss man auf die zu erfüllende Arbeitsaufgabe abstellen. Handelt es sich bei dem Arbeitsplatz um eine dauerhaft zu besetzenden Stelle, die von dem Unternehmen beispielsweise aufgrund der Vorschriften des Beschäftigungsförderungsgesetzes fortlaufend nur mit befristet angestellten Arbeitnehmern besetzt wird, so handelt es sich bei diesen Arbeitnehmern gleichwohl um ständig Beschäftigte iSd § 106 Abs. 1 S. 1 BetrVG. Nichts anderes gilt bei einer lediglich vorübergehenden Besetzung eines ständigen Arbeitsplatzes mit Leiharbeitnehmern. Auch das BAG hat nun entschieden, dass idR im Entleihbetrieb beschäftigte Arbeitnehmer bei den Schwellenwerten des § 9 Abs. 1 BetrVG mitzählen. Damit zählen sie auch im Rahmen von § 106 BetrVG mit.[1681] Nur dort, wo Arbeitnehmer befristet eingestellt oder Leiharbeitnehmer kurzfristig eingesetzt werden, um eine vorübergehende Sonderaufgabe zu erfüllen, ist es gerechtfertigt, diese bei der Berechnung der Beschäftigtenzahl iSd § 106 Abs. 1 S. 1 BetrVG nicht zu berücksichtigen. Entscheidend ist demnach nicht, ob und ggf. wie viele Belegschaftsmitglieder unbefristet angestellt sind, sondern es kommt bei der Berechnung der in der Regel ständig beschäftigten Arbeitnehmer darauf an, wie viele Arbeitsplätze auf Dauer bestehen.[1682] Andernfalls wäre es in Grenzfällen *de facto* der Disposition des Unternehmens überlassen, ob ein Wirtschaftsausschuss zu errichten wäre.[1683] Eine verstärkt auf befristete Beschäftigung ausgerichtete Personalpolitik hätte für die Belegschaft den weiteren negativen Effekt, dass von der Unternehmensgröße abhängige Beteiligungsrechte beschnitten würden. 478

1676 Vgl. BAG 7.4.2004 – 7 ABR 41/03, NZA 2005, 311.

1677 Vgl. hierzu im Einzelnen DKW/*Däubler* BetrVG § 106 Rn. 5 mwN; GK/*Oetker* BetrVG § 106 Rn. 31 mwN.

1678 Vgl. DKW/*Däubler* BetrVG § 106 Rn. 8; *Fitting* BetrVG § 106 Rn. 16.

1679 Vgl. DKW/*Däubler* BetrVG § 106 Rn. 8 mwN.

1680 Vgl. *Richardi* BetrVG § 1 Rn. 126; *Annuß* in Richardi BetrVG § 106 Rn. 11 mwN; GK/*Franzen* BetrVG § 1 Rn. 100f.

1681 BAG 13.3.2012 – 7 AZR 69/11, NZA 2013, 789.

1682 So im Ergebnis auch DKW/*Däubler* BetrVG § 106 Rn. 11; *Fitting* BetrVG § 1 Rn. 360ff.; LAG Berlin 6.12.1989 – 2 TaBV 6/89, DB 1990, 538 (539); vgl. → Rn. 5.

1683 So zu Recht DKW/*Däubler* BetrVG § 106 Rn. 11.

479 Problematisch können die Fälle sein, in denen **zwei oder mehrere Unternehmen einen gemeinsamen Betrieb** führen. Hier stellt sich die Frage, ob und ggf. bei welchem Unternehmen die in dem Gemeinschaftsbetrieb beschäftigten Arbeitnehmer mitzuzählen sind und wo ein Wirtschaftsausschuss zu bilden ist. Für den Fall, dass zwei oder mehrere Unternehmen einen Gemeinschaftsbetrieb führen, ohne zugleich andere Betriebe zu haben, in denen ein Betriebsrat bzw. Gesamtbetriebsrat sowie ein Wirtschaftsausschuss besteht, vertritt das BAG bislang die Auffassung, der Betriebsrat des Gemeinschaftsbetriebes könne in analoger Anwendung des § 106 Abs. 1 BetrVG auch dann einen Wirtschaftsausschuss bilden, wenn keines der beteiligten Unternehmen für sich betrachtet in der Regel ständig mehr als einhundert Arbeitnehmer beschäftigt.[1684] Zur Begründung der analogen Anwendung von § 106 Abs. 1 BetrVG führt das BAG aus, die Errichtung des Wirtschaftsausschusses diene der Erfüllung der Betriebsratsaufgaben. Mit der Konzeption der §§ 106ff. BetrVG wäre es unvereinbar, würde man einem Betriebsrat allein deshalb das Recht zur Errichtung eines Wirtschaftsausschusses versagen, weil die gesellschaftsrechtliche Struktur in einer Weise gestaltet ist, dass mehrere selbständige Rechtsträger jeweils nicht mehr als einhundert Arbeitnehmer beschäftigen, obwohl der Gemeinschaftsbetrieb die Voraussetzungen des § 106 Abs. 1 S. 1 BetrVG erfüllt.[1685] Haben die den Gemeinschaftsbetrieb führenden Unternehmen weitere Betriebe und sind in den Unternehmen Wirtschaftsausschüsse gebildet, so kann nach Auffassung des BAG der Betriebsrat des Gemeinschaftsbetriebes jedoch keinen Wirtschaftsausschuss bilden, sondern ist an der Bildung der Wirtschaftsausschüsse in den beiden Unternehmen zu beteiligen.[1686] Dies erscheint grundsätzlich überzeugend, weil *zum einen* gemäß § 107 Abs. 2 BetrVG der Wirtschaftsausschuss von dem Betriebs- oder Gesamtbetriebsrat auf Unternehmensebene zu bilden ist. *Zum anderen* besteht in diesen Fällen keine gesetzliche Regelungslücke, die es durch eine Analogie zu schließen gilt. Hier wird den Belangen der Belegschaft des Gemeinschaftsbetriebes dadurch Rechnung getragen, dass jeweils auf Unternehmensebene Wirtschaftsausschüsse gebildet werden, die die Belegschaftsinteressen wahren. Bemerkenswert ist in diesem Kontext noch, dass die Belegschaft des Gemeinschaftsbetriebes bei der Ermittlung der Zahl der regelmäßig Beschäftigten konsequenterweise bei allen beteiligten Unternehmen zu berücksichtigen ist. Mit anderen Worten: die gesamte Belegschaft des Gemeinschaftsbetriebes ist jedem Unternehmen zuzurechnen, und zwar unabhängig davon, mit welchem Unternehmen die Arbeitsverhältnisse bestehen.[1687]

Auch wenn die Argumentation des BAG bislang überzeugend erschien, so muss nach der BetrVG-Novelle kritisch überprüft werden, ob man diese Sichtweise nach wie vor aufrechterhalten kann. Nach Ansicht von Richardi/*Annuß*[1688] ist dies deshalb nicht der Fall, weil der Gesetzgeber zwischenzeitlich durch die Anfügung des § 1 Abs. 1 S. 2 BetrVG sowie die Regelungen in §§ 47 Abs. 9, 55 Abs. 3 BetrVG klar zu erkennen gegeben hat, dass ihm die Problematik des Gemeinschaftsbetriebes geläufig ist und entsprechende Regelungen von Streitfragen vorgenommen hat. Gleichwohl hat er von einer entsprechenden Regelung im Zusammenhang mit § 106 BetrVG abgesehen. Da sich umgekehrt den Materialien sowie der geführten Diskussion im Vorfeld nicht entnehmen lässt, dass der Gesetzgeber bewusst eine Regelung der Frage unterlassen hat, erscheint es gleichwohl sachlich nicht gerechtfertigt, von der bisherigen Sichtweise abzurücken. Der Umstand, dass eine Regelungslücke nicht geschlossen wurde, rechtfertigt nicht zwangsläufig die Annahme, dass dies nach dem Willen des Gesetzgebers unterbleiben sollte, um die Regelungslü-

---

1684 Vgl. BAG 1.8.1990 – 7 ABR 91/88, NZA 1991, 643.

1685 Vgl. BAG aaO, II 2c) der Gründe; zustimmend ua DKW/*Däubler* BetrVG § 106 Rn. 20; ausführlich zur Problematik *Salamon* NZA 2017, 891.

1686 Vgl. BAG 1.8.1990 – 7 ABR 91/88, NZA 1991, 643.

1687 Vgl. DKW/*Däubler* BetrVG § 106 Rn. 20; *Fitting* BetrVG § 106 Rn. 18.

1688 Vgl. BetrVG § 106 Rn. 8.

cke bestehen zu lassen. Dementsprechend hält auch das BAG weiter daran fest, dass bei Gemeinschaftsbetrieben zweier Unternehmen die Beschäftigtenzahl zu addieren ist.[1689]

480 Bezüglich **grenzüberschreitender Unternehmen** besteht in Literatur und Rechtsprechung weitgehend Einigkeit darüber, dass auch in den Fällen, in denen ein Unternehmen zwar seinen Sitz im Ausland hat, im Inland jedoch mehr als einhundert Arbeitnehmer beschäftigt und die inländischen Betriebe zudem einer einheitlichen organisatorischen Leitung unterstehen, ein Wirtschaftsausschuss zu bilden ist.[1690] Fehlt es an einer solchen einheitlichen organisatorischen Leitung der Betriebe in Deutschland, so kann nach der hier vertretenen Auffassung nichts anderes gelten. Denn der Wirtschaftsausschuss ist, wie ausgeführt, lediglich Hilfsorgan des Betriebs- bzw. Gesamtbetriebsrats, seine Bildung kann über die in § 106 Abs. 1 S. 1 BetrVG ausdrücklich geregelten Anforderungen hinaus nicht an engere Voraussetzungen geknüpft werden. Sobald ein Betriebs- oder Gesamtbetriebsrat existiert und sobald die sonstigen Voraussetzungen des § 106 Abs. 1 S. 1 BetrVG erfüllt sind, besteht keine Veranlassung, die Bildung des Wirtschaftsausschusses abzulehnen.[1691] **Problematisch** ist lediglich die Frage, ob bei der **Berechnung der Beschäftigtenzahlen** nur die in der Bundesrepublik beschäftigten Mitarbeiter berücksichtigt werden können, oder aber, ob auf die von dem Unternehmen insgesamt beschäftigte Mitarbeiterzahl abzustellen ist. Hier sind die Auffassungen geteilt. Während ein Teil der Literatur die Ansicht vertritt, aufgrund des Territorialitätsprinzips dürfe man nur die im Inland beschäftigten Arbeitnehmer berücksichtigen,[1692] wird dem von anderen Autoren entgegengehalten, § 106 Abs. 1 S. 1 BetrVG spreche ausdrücklich von den „im Unternehmen" beschäftigten Arbeitnehmern.[1693] Bedenkt man, dass der Wirtschaftsausschuss ein Hilfsorgan des Betriebs- bzw. Gesamtbetriebsrates ist und dass die Kompetenzen der Betriebsräte sich auf die im Anwendungsbereich des Betriebsverfassungsgesetzes beschäftigten Arbeitnehmer beschränken, so scheint es grundsätzlich nicht gerechtfertigt, auch die im Ausland beschäftigten Arbeitnehmer des Unternehmens bei der Berechnung der Beschäftigtenzahl zu berücksichtigen. Dies würde faktisch dazu führen, dass auch die kleinsten Niederlassungen großer ausländischer Unternehmen, in denen ein Betriebsrat gewählt wurde, einen Wirtschaftsausschuss bilden könnten, obwohl es gerade die Intention des Gesetzgebers war, nur solchen Betriebs- und Gesamtbetriebsräten einen Wirtschaftsausschuss zur Seite zu stellen, die eine Mindestzahl von Arbeitnehmern repräsentieren.

481 Kontrovers diskutiert wird schließlich auch die Frage, ob **in Unternehmen mit höchstens einhundert Arbeitnehmern** die Unterrichtungs- und Beratungsrechte des § 106 Abs. 2 BetrVG anstelle des Wirtschaftsausschusses dem **Betriebsrat** zustehen. Das BAG hat in der Entscheidung vom 5.2.1991 mit klaren Worten die Auffassung abgelehnt, der Betriebsrat könne die Rechte des Wirtschaftsausschusses gemäß § 106 Abs. 2 BetrVG ausüben. Zur Begründung dieser Auffassung, die von den Instanzgerichten[1694] und der Literatur[1695] weitgehend geteilt wird, hat sich das BAG auf den Wortlaut des § 106 Abs. 2 BetrVG berufen, der die Informations- und Beratungsrechte nur dem Wirtschaftsausschuss einräumt.[1696] Das BAG hat allerdings betont, der Betriebsrat habe gleichwohl Anspruch auf Unterrichtung über wirtschaftliche Angelegenheiten, soweit dies zur Durchführung seiner

---

[1689] BAG 29.9.2004 – 1 ABR 39/03, NZA 2005, 420.

[1690] So *Annuß* in Richardi BetrVG § 106 Rn. 14; *Fitting* BetrVG § 106 Rn. 20; BAG 1.10.1974 – 1 ABR 77/73, DB 1975, 453; BAG 31.10.1975 – 1 ABR 4/74, DB 1976, 295; aM DKW/*Däubler* BetrVG § 106 Rn. 29, der keine einheitliche Leitung im Inland für notwendig erachtet.

[1691] So auch in der Tendenz *Annuß* in Richardi BetrVG § 106 Rn. 13.

[1692] So ua *Fitting* BetrVG § 106 Rn. 20; GK/*Oetker* BetrVG § 106 Rn. 24; MHdB ArbR/*Joost* § 231 Rn. 10, *Annuß* in Richardi BetrVG § 106 Rn. 13.

[1693] So insbesondere DKW/*Däubler* BetrVG § 106 Rn. 23, 29.

[1694] Vgl. LAG Köln 8.9.1987 – 11 TaBV 32/87, NZA 1988, 210; LAG Hamm 13.2.1990 – 13 TaBV 113/89, AuR 1990, 296; LAG Düsseldorf 14.2.1990 – 12 TaBV 123/89, DB 1990, 2479.

[1695] Vgl. DKW/*Däubler* BetrVG § 106 Rn. 25f.; *Fitting* BetrVG § 106 Rn. 21; GK/*Oetker* BetrVG § 106 Rn. 45; *Oetker/Lunk* DB 1990, 2320 (2321).

[1696] 5.2.1991 – 1 ABR 24/90, NZA 1991, 645.

konkreten Aufgaben erforderlich sei. Dies folge aus § 80 Abs. 2 BetrVG.[1697] Nach der Gegenmeinung tritt in Unternehmen mit weniger als 101 Arbeitnehmern der Betriebsrat an die Stelle des Wirtschaftsausschusses, da der Betriebsrat als Hauptorgan keine schwächere Rechtstellung als das von ihm gebildete Hilfsorgan haben dürfe.[1698] Dem ist entgegenzuhalten, dass nach dem Willen des Gesetzgebers die weit gefassten Informations- und Beratungspflichten des Unternehmens gegenüber dem Wirtschaftsausschuss nur im Falle einer bestimmten Unternehmensgröße bestehen sollen. Es handelt sich bei dem Umstand, dass der Betriebsrat in kleineren Unternehmen keinen allgemeinen Anspruch auf Unterrichtung über die wirtschaftliche Situation des Unternehmens hat, gerade nicht um eine planwidrige Regelungslücke, die eine Analogie erfordern würde. Denn die Unterrichtungs- und Beteiligungsrechte des Betriebsrates in wirtschaftlichen Angelegenheiten waren in der Historie regelmäßig Gegenstand intensiver und höchst kontroverser Auseinandersetzungen.[1699] Es kann daher keinesfalls angenommen werden, der Gesetzgeber sei sich nicht darüber im Klaren gewesen, dass die Rechte des Wirtschaftsausschusses in kleineren Unternehmen, in denen ein solcher nicht gebildet werden kann, von dem Betriebsrat nicht wahrgenommen werden können. Unabhängig davon ist es jedoch zutreffend, dass Betriebsräte, soweit dies eine ordnungsgemäße Ausübung ihres Amtes erfordert, einen Anspruch auf Unterrichtung über wirtschaftliche Angelegenheiten des Unternehmens aus § 80 Abs. 2 BetrVG herleiten können. Allerdings muss hier der Betriebsrat jeweils den konkreten Aufgabenbezug nachweisen, um sein Informationsbegehren zu begründen. Das BAG weist zu Recht darauf hin, § 106 BetrVG sei nicht *lex specialis* gegenüber § 80 Abs. 2 BetrVG.[1700] Dies folgt schon daraus, dass der Betriebsrat gemäß § 80 Abs. 2 BetrVG keinen generellen Unterrichtungsanspruch bezüglich wirtschaftlicher Angelegenheiten hat, sondern die Informationen von dem Arbeitgeber nur verlangen kann, wenn er sie zur Erfüllung konkreter betriebsverfassungsrechtlicher Aufgaben benötigt.[1701] So hat der Betriebsrat beispielsweise kein allgemeines Einsichtsrecht in die Jahresbilanz oder den Jahresabschlussbericht des Wirtschaftsprüfers.[1702]

b) Begriff der „wirtschaftlichen Angelegenheiten" iSd § 106 Abs. 2 BetrVG

482 Gemäß § 106 Abs. 2 BetrVG hat der Unternehmer den Wirtschaftsausschuss umfassend über die wirtschaftlichen Angelegenheiten des Unternehmens zu unterrichten sowie die sich daraus ergebenden Auswirkungen auf die **Personalplanung**[1703] darzustellen. Während der Betriebsrat gemäß § 92 Abs. 1 BetrVG von dem Arbeitgeber ganz konkret über die gegenwärtige und künftige Personalplanung für den Betrieb zu unterrichten ist, bezieht sich die Unterrichtungspflicht gegenüber dem Wirtschaftsausschuss auf die allgemeine Personalplanung des Unternehmens bzw. dessen Vorstellungen bezüglich der Auswirkungen der wirtschaftlichen Entwicklung auf die personelle Situation und ist damit eher allgemeiner Art.[1704] Der **Begriff der wirtschaftlichen Angelegenheiten** wird in **§ 106 Abs. 3 BetrVG** erläutert. Bei dieser Norm handelt es sich im doppelten Sinne um eine **Generalklausel:**[1705] *Zum einen* ist der Katalog der aufgeführten wirtschaftlichen Angelegenheiten nicht abschließend, sondern lediglich exemplarisch zu verstehen, da die Auflistung mit „insbesondere" eingeleitet wird. *Zum anderen* stellen sich gemäß § 106 Abs. 3 Nr. 10 Betr-

---

[1697] Vgl. BAG, aaO, II 1) der Gründe.
[1698] Diese Auffassung vertreten im Ergebnis *Bösche-Moderegger/Grimberg* AuR 1990, 298; *Mayer* AuR 1991, 14; *Wendeling-Schröder* AiB 1986, 226 (228).
[1699] Vgl. hierzu ausführlich *Oetker/Lunk* DB 1990, 2320 (2321) mwN zur Entstehungsgeschichte.
[1700] Vgl. BAG 5.2.1991 – 1 ABR 24/90, NZA 1991, 645.
[1701] So auch DKW/*Däubler* BetrVG § 106 Rn. 26.
[1702] Vgl. BAG 5.2.1991 – 1 ABR 24/90, NZA 1991, 645; LAG Köln 8.9.1987 – 11 TaBV 32/87, NZA 1988, 210.
[1703] Zum Begriff der Personalplanung vgl. GK/*Oetker* BetrVG § 106 R. 64; *Fitting* BetrVG § 106 Rn. 36.
[1704] Vgl. hierzu DKW/*Däubler* BetrVG § 106 Rn. 58; MHdB ArbR/*Joost* § 231 Rn. 45.
[1705] So die ganz hM, vgl. stellvertretend *Fitting* BetrVG § 106 Rn. 48; DKW/*Däubler* BetrVG § 106 Rn. 66.

VG auch alle „sonstigen Vorgänge und Vorhaben, welche die Interessen der Arbeitnehmer des Unternehmens wesentlich berühren können", als wirtschaftliche Angelegenheiten dar. Soweit aus der Formulierung des § 106 Abs. 3 Nr. 10 BetrVG versucht wird abzuleiten, dass alle wirtschaftlichen Angelegenheiten iSd § 106 Abs. 3 BetrVG die Interessen der Arbeitnehmer wesentlich berühren müssen,[1706] kann dem nicht gefolgt werden.[1707] Zwar besteht bei den in § 106 Abs. 3 Nr. 1–9 BetrVG aufgeführten wirtschaftlichen Angelegenheiten regelmäßig die Möglichkeit, dass sie sich auf die Belange der Belegschaft auswirken. Anhaltspunkte dafür, dass tatsächliche Auswirkungen auf die Arbeitnehmerbelange Voraussetzung für das Vorliegen einer wirtschaftlichen Angelegenheit im Sinne des Gesetzes ist, bestehen jedoch nicht.

aa) Tatbestände des § 106 Abs. 3 Nr. 1–9 BetrVG. Gemäß § 106 Abs. 3 Nr. 1 BetrVG hat der Unternehmer den Wirtschaftsausschuss über die **wirtschaftliche und finanzielle Lage des Unternehmens** zu unterrichten. Hieraus folgt, dass der Wirtschaftsausschuss nicht nur Anspruch auf die **Erläuterung des Jahresabschlusses gemäß § 108 Abs. 5 BetrVG** hat.[1708] Vielmehr ist der Wirtschaftsausschuss fortlaufend über die jeweilige wirtschaftliche und finanzielle Entwicklung des Unternehmens auf dem Laufenden zu halten. Mit dieser generalklauselartig gefassten Norm wurde die Grundlage für einen umfassenden Informationsanspruch des Wirtschaftsausschusses geschaffen, der sich erstreckt auf Daten der Gewinn- und Verlustrechnung, die Kapitalstruktur, die Liquiditätsentwicklung, Steuerpflichten, Rücklagen und Rückstellungen, die Kostensituation in den verschiedenen Unternehmenssparten, Auftragslage und -entwicklung, Investitionspolitik, mittel- und langfristige Unternehmensziele etc. Der Wirtschaftsausschuss ist ferner davon in Kenntnis zu setzen, wenn das Unternehmen die Stellung eines Konkurs- oder Vergleichsantrages plant.[1709] 483

Zu unterrichten ist der Wirtschaftsausschuss des Weiteren über die **Produktions- und Absatzlage** (§ 106 Abs. 3 Nr. 2 BetrVG). Unter Produktionslage versteht man die Auslastung der Kapazitäten, die Höhe der Lagerbestände, den Personalbedarf, den Bedarf an Roh- und Hilfsstoffen etc. Der Begriff der Absatzlage beschreibt insbesondere die Marktbeziehungen des Unternehmens, die Vertriebssituation sowie die Absatzchancen.[1710] Auch wenn dies dem Wortlaut nicht ausdrücklich zu entnehmen ist, so hat der Wirtschaftsausschuss eines Dienstleistungsunternehmens Anspruch auf eine entsprechende Unterrichtung über die Umsatzentwicklung etc.[1711] Die Pflicht zur Unterrichtung über das **Produktions- und Investitionsprogramm** (§ 106 Abs. 3 Nr. 3 BetrVG) umfasst die Mitteilung der geplanten Produktarten und -zahlen sowie die vorgesehene Bereitstellung von Finanzmitteln zur Erneuerung, Ergänzung und Erweiterung von Betriebsmitteln. Soweit es sich um ein Dienstleistungsunternehmen handelt, gilt dies entsprechend für Art und Umfang der Dienstleistungen. Unter dem Begriff der **Rationalisierungsvorhaben** (§ 106 Abs. 3 Nr. 4 BetrVG) versteht man die Absicht, die vorhandenen Ressourcen zukünftig mittels technischer oder organisatorischer Änderungen effizienter zu nutzen.[1712] Hiervon werden insbesondere Maßnahmen zur verstärkten Automatisierung und Mechanisierung erfasst. Der Begriff der **Fabrikations- und Arbeitsmethoden** (§ 106 Abs. 3 Nr. 5 BetrVG) umschreibt technische Herstellungsverfahren bei der Produktion sowie die Form des Einsatzes menschlicher Arbeitskraft, etwa Fließbandarbeit und Gruppenarbeit.[1713] Die **Einführung** 484

[1706] Vgl. HWGNRH/*Hess* BetrVG § 106 Rn. 45.

[1707] Ebenso *Fitting* BetrVG § 106 Rn. 50; GK/*Oetker* BetrVG § 106 Rn. 58; DKW/*Däubler* BetrVG § 106 Rn. 66 mwN.

[1708] Vgl. zum Verhältnis dieser beiden Normen *Oetker* NZA 2001, 689 (691).

[1709] Vgl. hierzu insgesamt DKW/*Däubler* § 106 Rn. 69; GK/*Oetker* BetrVG § 106 Rn. 70; *Annuß* in Richardi BetrVG § 106 Rn. 41.

[1710] Vgl. *Fitting* BetrVG § 106 Rn. 55; *Annuß* in Richardi BetrVG § 106 Rn. 42ff.

[1711] Vgl. *Fitting* BetrVG § 106 Rn. 55.

[1712] Vgl. hierzu *Annuß* in Richardi BetrVG § 106 Rn. 45.

[1713] Vgl. DKW/*Däubler* BetrVG § 106 Rn. 77.

neuer Arbeitsmethoden stellt sich zugleich als Betriebsänderung dar, sofern es sich hier um einen grundlegenden Vorgang handelt (§ 106 S. 2 Nr. 5 BetrVG).[1714] Im Zuge der BetrVG-Novelle neu eingefügt wurde die Verpflichtung, den Wirtschaftsausschuss auch über **Fragen des betrieblichen Umweltschutzes** zu unterrichten (§ 106 S. 2 Nr. 5a BetrVG). Diese Ergänzung hielt der Gesetzgeber im Hinblick darauf für geboten, dass der Umweltschutz für Unternehmen nicht nur zT erhebliche Kosten verursacht, sondern auch die wirtschaftliche Situation der Unternehmen insgesamt und damit auch die dortigen Arbeitsplätze beeinflusst.[1715] Gemäß § 106 Abs. 3 Nr. 6 BetrVG ist der Wirtschaftsausschuss des Weiteren über die **Einschränkung oder Stilllegung von Betrieben oder Betriebsteilen** zu unterrichten. Zwar gleicht die Formulierung annähernd derjenigen des § 111 S. 2 Nr. 1 BetrVG.[1716] Anders als dort vorgesehen, ist der Wirtschaftsausschuss jedoch von jeder Betriebseinschränkung und Stilllegung von Betriebsteilen zu unterrichten. Auf die Größe oder Bedeutung des in Rede stehenden Betriebsteils kommt es nicht an. Auch ist es unbeachtlich, ob in dem Betrieb mindestens 20 Arbeitnehmer beschäftigt sind oder ob den betroffenen Arbeitnehmern aufgrund der Maßnahme erhebliche Nachteile drohen.[1717] Auch die Tatbestände des § 106 Abs. 3 Nr. 7 und Nr. 8 BetrVG, wonach der Wirtschaftsausschuss über die **Verlegung von Betrieben und Betriebsteilen** sowie über den **Zusammenschluss und die Spaltung von Unternehmen und Betrieben** zu unterrichten ist, entsprechen zu einem großen Teil Betriebsänderungen iSd § 111 S. 2 Nr. 2 und Nr. 3 BetrVG. Dies gilt allerdings ebenfalls mit der Einschränkung, dass es sich in den Fällen des § 106 Abs. 3 Nr. 7 und Nr. 8 BetrVG nicht um wesentliche Betriebsteile handeln muss, dass in den betroffenen Betrieben keine 20 Arbeitnehmer beschäftigt sein und dass aufgrund der Maßnahmen keine erheblichen Nachteile für die Arbeitnehmer drohen müssen. Zudem ist der Wirtschaftsausschuss auch von einer Unternehmensspaltung, die sich nicht auf der betrieblichen Ebene auswirkt, in Kenntnis zu setzen. Damit unterscheiden sich § 106 Abs. 3 Nr. 8 BetrVG und § 111 S. 2 Nr. 3 BetrVG in einem wesentlichen Punkt voneinander, obwohl beide Regelungen erst durch das Umwandlungsrechtsbereinigungsgesetz Aufnahme in das Betriebsverfassungsgesetz gefunden haben. Schließlich ähnelt auch der Katalogtatbestand des § 106 Abs. 3 Nr. 9 BetrVG, wonach der Wirtschaftsausschuss über **Änderungen der Betriebsorganisation oder des Betriebszwecks** zu unterrichten ist, den Katalogtatbestand des § 111 S. 2 Nr. 4 BetrVG. Anders als nach § 111 S. 2 Nr. 4 BetrVG bedarf es allerdings keiner grundlegenden Änderung. Auch fehlt der Hinweis auf die Änderung von Betriebsanlagen. Da die Änderung von Betriebsanlagen von § 106 Abs. 3 Nr. 3–5 sowie von der beschränkten Generalklausel des § 106 Abs. 3 Nr. 10 BetrVG erfasst wird, führt dies jedoch nicht zu einer Begrenzung des Informationsanspruchs des Wirtschaftsausschuss gegenüber den Rechten des Betriebsrates im Falle einer Betriebsänderung.[1718]

485 **bb) Tatbestand des § 106 Abs. 3 Nr. 9a BetrVG.** Umstritten war lange Zeit die Frage, ob auch **Vorgänge auf der Gesellschafterebene,** wie beispielsweise das Hinzutreten oder der Austausch eines Gesellschafters als wirtschaftliche Angelegenheiten iSd § 106 Abs. 3 BetrVG zu qualifizieren sind. Dies wurde zum Teil unter Hinweis darauf abgelehnt, Angelegenheiten, die die rechtlichen Grundlagen und Strukturen des Unternehmens betreffen, würden von § 106 Abs. 3 BetrVG nicht erfasst. So handele es sich hierbei um Angelegenheiten der Inhaber des Unternehmens, nicht aber um eine Angelegenheit des Unternehmens.[1719]

1714 Vgl. → Rn. 76ff.
1715 Vgl. BT-Drs. 14/1541, 51.
1716 Vgl. → Rn. 42ff.
1717 Vgl. DKW/*Däubler* BetrVG § 106 Rn. 82.
1718 Vgl. DKW/*Däubler* BetrVG § 106 Rn. 85.
1719 So beispielsweise *Annuß* in Richardi BetrVG § 106 Rn. 57 mwN.

Es muss unterschieden werden zwischen (1) der Veräußerung bzw. Übertragung von Gesellschaftsanteilen, die zu einem Kontrollerwerb führen, und (2) Veränderungen auf Gesellschafterebene, die keinen Kontrollerwerb nach sich ziehen, sowie Betriebsübergängen im Rahmen eines Erwerbs von Betriebsmitteln (asset deal). Die erste Fallkonstellation ist im WPüG und in § 106 Abs. 3 Nr. 9a BetrVG geregelt, die übrigen Fälle können unter den Auffangtatbestand des § 106 Abs. 3 Nr. 10 BetrVG fallen.

486 Kommt es zu einem **Kontrollerwerb bei einer börsennotierten Gesellschaft,** so greifen die speziellen Vorschriften des WpÜG. Danach trifft den Vorstand der Zielgesellschaft die Pflicht, den Betriebsrat bzw. die Arbeitnehmer über die Abgabe des öffentlichen Angebotes zu informieren und die vom Bieter zu erstellenden Angebotsunterlagen, die auch Angaben zu wesentlichen Änderungen der Beschäftigungsbedingungen und vorgesehenen Maßnahmen enthalten müssen, an den Betriebsrat weiterzuleiten (vgl. hierzu → Rn. 466).[1720]

487 Hinsichtlich des **Kontrollerwerbs an nicht börsennotierten Gesellschaften** war die Rechtslage früher nicht eindeutig geregelt. Nach der Rechtsprechung des BAG sollte der Wirtschaftsausschuss nur im Falle der Veräußerung sämtlicher Geschäftsanteile bzw. im Falle eines Betriebsübergangs zu unterrichten sein.[1721] Um diese Lücke zu schließen und vergleichbare Informationspflichten auch für nicht-börsennotierte Gesellschaften zu begründen, wurde am 18.8.2008 mit dem **Risikobegrenzungsgesetz** in **§ 106 Abs. 3 Nr. 9a BetrVG** eine neue Informationspflicht zugunsten des Wirtschaftsausschusses eingeführt. Sofern ein solcher nicht gebildet ist, greift eine subsidiäre Informationspflicht zugunsten des Betriebsrates, **§ 109a BetrVG.** Der Wirtschaftsausschuss der Zielgesellschaft ist über die (bevorstehende) Übernahme zu unterrichten, soweit mit ihr ein Kontrollerwerb verbunden ist. Zusätzlich stellt der in diesem Zusammenhang eingefügte **§ 106 Abs. 2 S. 2 und 3 BetrVG** klar, dass das Unternehmen dem Wirtschaftsausschuss alle Unterlagen vorzulegen hat, die Angaben über den potentiellen Erwerber und dessen Absichten sowie die damit verbundenen Auswirkungen auf die Arbeitnehmer enthalten, auch für den Fall eines Bieterverfahrens.

488 In diesem Zusammenhang sind jedoch noch viele Punkte unklar. Zunächst ist nicht festgelegt, wann ein **Kontrollerwerb** tatsächlich vorliegt. Der Schwellenwert von 30%, den § 29 Abs. 2 WpÜG für börsennotierte Gesellschaften vorsieht, soll zwar gemäß der Gesetzesbegründung[1722] auch bei nicht börsennotierten Gesellschaften für einen Kontrollerwerb genügen. Diese Annahme ist jedoch nicht näher begründet und mit dem Wortlaut des Gesetzes wohl nicht vereinbar, da regelmäßig mehr als 50% der Gesellschaftsanteile erforderlich sind, um eine Gesellschaft zu kontrollieren.[1723] Bei börsennotierten Gesellschaften genügt allein aufgrund der nicht vollständigen Hauptversammlungspräsenz in der Regel eine Mehrheit von 30% der Gesamtzahl aller Stimmen, um die praktische Mehrheit in der Hauptversammlung und somit die Kontrolle iSd § 17 Abs. 2 AktG auszuüben.[1724] Da ohne öffentliche Hauptversammlung diese Vermutung nicht herangezogen werden kann, verbietet sich für nicht-börsennotierte Gesellschaften ein Rückgriff auf die Regelungen zu börsennotierten Gesellschaften. Ein zwingender Grund für eine starre Schwelle unterhalb der üblichen Kontrollmehrheit ist auch nicht ersichtlich, und da der Gesetzeswortlaut den Kontrollerwerb als Voraussetzung für eine Informationspflicht ausdrücklich vorsieht, liegt es nahe, auf die jeweiligen Anforderungen an die Stimmrechtsmehrheiten nach der Satzung abzustellen. In der Regel wird man daher nur bei dem Erwerb von

[1720] Vgl. § 10 Abs. 5, § 11 Abs. 2 S. 3 Nr. 2 und § 14 Abs. 4 WpÜG.

[1721] Vgl. BAG 22.1.1991 – 1 ABR 38/89, NZA 1991, 649; vgl. hierzu auch *Liebers/Erren/Weiß* NZA 2009, 1063.

[1722] Vgl. BT-Drs. 16/7483, 15.

[1723] Vgl. *Schröder/Falter* NZA 2008, 1097 (1099); *Frahm/Schmeisser* ArbRAktuell 2014, 456 (457).

[1724] *Fitting* BetrVG § 106 Rn. 82f.

mehr als 50% der Anteile von einem Kontrollerwerb ausgehen können.[1725] Der indirekte Kontrollerwerb, insbesondere der Erwerb der Kontrolle über ein herrschendes Unternehmen, fällt nach dem Wortlaut nicht unter § 106 Abs. 3 Nr. 9a BetrVG. Es gibt auch keinen Grund, § 106 Abs. 3 Nr. 9a BetrVG in dieser Hinsicht besonders weit auszulegen.[1726]

489 Der vorgeschriebene **Zeitpunkt der Unterrichtung** ist ebenfalls umstritten. Die übliche Abgrenzung, nach der eine Information dann rechtzeitig erfolgt ist, wenn noch keine endgültige Entscheidung getroffen ist und der Wirtschaftsausschuss noch Einfluss auf die Entscheidung des Unternehmers nehmen kann, hilft insofern nicht weiter, als der Vorstand bzw. die Geschäftsführung des Zielunternehmens bei einer Veräußerung von Gesellschaftsanteilen des Zielunternehmens regelmäßig keine Entscheidungen treffen.[1727] In der Gesetzesbegründung ist davon die Rede, dass der Wirtschaftsausschuss über *„potentielle Erwerber"* zu unterrichtet ist.[1728] Diese Begrifflichkeit unterscheidet sich klar von den Begriffen Interessenten, Bietern oÄ In der frühen Phase eines Verkaufsprozesses, etwa bei Abgabe von Interessensbekundungen, der Versendung von Informationsmemoranden bzw. der Teilnahme an einer Due Diligence ist in aller Regel offen, ob ein Interessent oder Bieter zum potentiellen Erwerber wird. Dies wird sich meist erst ergeben, wenn ein verbindliches Angebot vorliegt. Zwar verhält es sich uU auch nach Vorlage eines oder mehrerer verbindlicher Angebote häufig so, dass noch nicht alle Informationen betreffend den Erwerber, seine Absichten etc. gegeben werden können,[1729] so dass eine Unterrichtung auch zu diesem Zeitpunkt noch verfrüht sein kann.[1730] Häufig wird aber der Zeitpunkt der Vorlage verbindlicher Angebote der richtige Zeitpunkt für die Information des Wirtschaftsausschusses sein, da er hier noch vor Abschluss der Vertragsverhandlungen seinen Sicht der Dinge einbringen kann. Jedenfalls verspätet wird die Unterrichtung des Wirtschaftsausschusses sein, wenn sie erst nach Vertragsunterzeichnung erfolgt.[1731] Umgekehrt erscheint es jedenfalls verfrüht, wie etwa von *Däubler* gefordert,[1732] eine Unterrichtung bei bloßer Interessenbekundung oder der Aufforderung zur Abgabe von Angeboten durch das Versenden von Informationsmemoranden durchzuführen. Letztlich gibt es keinen generellen Zeitpunkt, zu dem in allen Fällen zu unterrichten ist. Es kommt auch hier auf die konkreten Umstände des Verkaufsprozesses an.[1733]

490 Fraglich ist, wie das Unternehmen, das nach § 106 Abs. 2 BetrVG allein verpflichtet ist, diese Pflichten erfüllen soll, wenn es nicht über die **notwendigen Informationen** verfügt.[1734] Diese Frage hat der Gesetzgeber unbeantwortet gelassen und sich offensichtlich darauf verlassen, dass Bieter das Unternehmen bei der Erfüllung seiner Pflichten schon im Eigeninteresse unterstützen werden bzw., dass die Geschäftsleitung der Zielgesellschaft idR eng in den Prozess eingebunden ist.[1735] In der Tat wird man einem am Erwerb interessierten Unternehmen regelmäßig raten können, ungeachtet der fehlenden gesetzlichen Verpflichtung, bei einer umfassenden und ordnungsgemäßen Unterrichtung des Betriebsrats das Zielunternehmen zu unterstützen, schon um eine atmosphärische Störung im Vorfeld zu vermeiden.[1736]

[1725] *Vogt/Bedkowski* NZG 2008, 725 (728); ErfK/*Kania* § 106 Rn. 16a; GK-BetrVG/*Oetker* § 106 Rn. 97f.; DKW/*Däubler* BetrVG § 106 Rn. 88; aM *Fitting* BetrVG § 106 Rn. 86, wobei auch insoweit Ausnahmen möglich sein sollen.

[1726] GK-BetrVG/*Oetker* § 106 Rn. 101 mit weiteren Nachweise.

[1727] So zutreffend auch *Liebers/Erren/Weiß* NZA 2009, 1063 (1066).

[1728] BT-Drs. 16/9821, 8. Hierauf verweisen auch *Liebers/Erren/Weiß* NZA 2009, 1063 (1066).

[1729] Vgl. so auch *Frahm/Schmeisser* ArbRAktuell 2014, 456 (458).

[1730] *Liebers/Erren/Weiß* NZA 2009, 1063 (1066).

[1731] *Frahm/Schmeisser* ArbRAktuell 2014, 456 (458); *Fitting* BetrVG § 106 Rn. 103; *Liebers/Erren/Weiss* NZA 2009, 1063 (1067).

[1732] DKW/*Däubler* BetrVG § 106 Rn. 88.

[1733] *Fitting* BetrVG § 106 Rn. 103.

[1734] Vgl. hierzu → Rn. 150ff.

[1735] So *Fitting* BetrVG § 106 Rn. 94.

[1736] Vgl. hierzu *Vogt/Bedkowski* NZG 2008, 725 (728); *Liebers/Erren/Weiß* NZA 2009, 1063 (1066).

Ein ähnliches Dilemma besteht bezüglich der **Beratungspflicht.** Da das Unternehmen nicht über einen Kontrollwechsel entscheidet, läuft die Beratungspflicht ins Leere, wenn sich nicht Gesellschafter und potentieller Erwerber kooperativ zeigen.

Was den Umfang der Informationspflicht anbelangt, so hat das LAG Baden-Württemberg mit guter Begründung und wünschenswerter Klarheit herausgearbeitet, dass gegenüber dem Wirtschaftsausschuss keine Pflicht zur Vorlage des Kaufvertrags über die Gesellschaftsanteile besteht.[1737] In dem zugrundeliegenden Fall war dem Wirtschaftsausschuss vorab mitgeteilt worden, dass der Vertrag keine Absprachen betreffend die Geschäftsführung enthält und somit mit Blick auf die Belange der Beschäftigten keine relevanten Regelungen enthalte.

cc) Tatbestand des § 106 Abs. 3 Nr. 10 BetrVG. Bei dem letzten Katalogtatbestand des 491
§ 106 Abs. 3 BetrVG, wonach der Wirtschaftsausschuss über alle **sonstigen Vorgänge und Vorhaben** zu unterrichten ist, welche Interessen der Arbeitnehmer des Unternehmens **wesentlich berühren** können, handelt es sich um eine **begrenzte Generalklausel.** Durch § 106 Abs. 3 Nr. 10 BetrVG soll sichergestellt werden, dass der Wirtschaftsausschuss von allen Vorgängen in Kenntnis gesetzt wird, die für das Unternehmen und die Arbeitnehmer von Belang sein können. Hiervon erfasst werden beispielsweise Informationen über die wirtschaftliche Entwicklung der Branche, über die Kooperation mit anderen Unternehmen, über Maßnahmen der öffentlichen Hand sowie Stand und Ergebnis bedeutsamer gerichtlicher Auseinandersetzungen.[1738]

Das BAG hat klargestellt, dass der Wirtschaftsausschuss stets lediglich über die wirtschaftliche und finanzielle Lage des Unternehmens zu unterrichten ist, in dem er gebildet ist, nicht aber über die wirtschaftliche und finanzielle Lage des dieses beherrschenden Unternehmens.[1739] Dies wird zum einen mit dem klaren Wortlaut des § 106 Abs. 2 S. 1 BetrVG begründet, zum anderen aber auch systematisch hergeleitet. Dem vom LAG Berlin-Brandenburg noch für denkbar erachteten Informationsbeschaffungsanspruch im Konzernverbund wurde damit eine Absage erteilt.[1740]

Umstritten war die Frage, ob auch **Vorgänge auf der Gesellschafterebene,** wie beispielsweise das Hinzutreten oder der Austausch eines Gesellschafters, Unterrichtungspflichten auslösen. Das ist in § 106 Abs. 3 Nr. 9a BetrVG nun ausdrücklich geregelt. Unabhängig davon mag es Fälle geben, wo Änderungen, die sich auf Gesellschafterebene abspielen, so bedeutsam sind, dass sie eine Unterrichtung erforderlich machen. Beispiele sind Kooperationen mit einem Wettbewerber, die Vorbereitung einer Fusion oÄ Im Übrigen können Veräußerung des Betriebes oder wesentlicher Betriebsteile an einen Dritten im Rahmen eines asset deals etc. als wirtschaftliche Angelegenheiten iSd § 106 Abs. 3 BetrVG zu qualifizieren sein. Maßgeblich ist hierbei jeweils, ob die Interessen der Arbeitnehmer erheblich berührt sein können, was etwa bei einem Arbeitgeberwechsel in der Regel offenkundig ist.

Umgekehrt wird man aber auch davon ausgehen müssen, dass der Wirtschaftsausschuss des Erwerbers zu unterrichten ist, denn der Hinzukauf eines Wettbewerbers kann die Belange der Belegschaft durchaus betreffen.[1741] Der Wirtschaftsausschuss ist daher über die Tatsache der Veräußerung bzw. den Erwerb von Geschäftsanteilen ebenso zu unterrichten wie über die Veräußerung bzw. den Erwerb von Betriebsmitteln, die einen Betriebsübergang gemäß § 613a BGB nach sich ziehen kann. Er ist zu informieren über Name und

[1737] LAG Baden-Württemberg 9.10.2013 – 10 TaBV 2/13, BeckRS 2014, 67294.

[1738] Weitere Beispiele hierzu finden sich bei *Fitting* BetrVG § 106 Rn. 131; DKW/*Däubler* BetrVG § 106 Rn. 89.

[1739] 1 ABR 35/18, NZA 2020, 531; hierzu auch Anm. von *Arnold* ArbRAktuell 2020, 175; *Fuhlrott* GWR 2020, 165.

[1740] 19.7.2018 – 21 TaBV 33/18, NZA-RR 2018, 604; kritische Anm. von *Schindele* ArbRAktuell 2018, 509.

[1741] Vgl. HWK/*Willemsen*/*Lembke* BetrVG § 106 Rn. 83.

Anschrift des Erwerbers und, soweit dies dem Unternehmer bekannt ist, über dessen unternehmerisches Konzept und die daraus möglicherweise resultierenden Konsequenzen für die Arbeitsplätze.[1742]

c) Unterrichtungs- und Beratungspflicht des Arbeitgebers

492 Ist ein Wirtschaftsausschuss gebildet, so besteht seine Aufgabe gemäß **§ 106 Abs. 1 S. 2 BetrVG** darin, **mit dem Unternehmer wirtschaftliche Angelegenheiten zu beraten** und sodann den Betriebsrat hierüber zu unterrichten. Die Beratung wirtschaftlicher Angelegenheiten mit dem Unternehmer dient der Vorbereitung der erforderlichen unternehmerischen Entscheidungen. Zwar hat der Wirtschaftsausschuss keine Möglichkeit, inhaltlich auf die Entscheidung einzuwirken, er hat jedoch Anspruch darauf, mit dem Unternehmer das Für und Wider einer noch zu treffenden Entscheidung zu diskutieren.[1743] Über diesen Meinungsaustausch kann einerseits erreicht werden, dass der Unternehmer die Einwände des Wirtschaftsausschusses bei seiner Entscheidung berücksichtigt. Andererseits kann aber auch das Verständnis des Wirtschaftsausschusses für die wirtschaftlichen Probleme des Unternehmens geweckt werden. Gemäß **§ 106 Abs. 2 BetrVG** ist es die **Pflicht des Unternehmers,** den Wirtschaftsausschuss **rechtzeitig und umfassend** über die wirtschaftlichen Angelegenheiten des Unternehmens **zu unterrichten.** Im Gegensatz zu den anderen Beteiligungsrechten ist Schuldner des Unterrichtungsanspruchs nicht der Arbeitgeber, sondern der Unternehmer. Durch diese unterschiedliche Begriffswahl wird nochmals betont, dass es bei den in § 106 Abs. 2 BetrVG verankerten Rechten um die Situation des Unternehmens in seiner Gesamtheit und nicht nur um die betriebliche Situation geht.[1744]

493 Adressat der Verpflichtung ist das Unternehmen.[1745] Soweit es sich um eine juristische Person handelt, wird diese vertreten von den Geschäftsführern bzw. von dem Vorstand. Ansprüche gegenüber den Gesellschaftern des Unternehmens hingegen bestehen nach § 106 BetrVG hingegen nicht.[1746] Der Gesellschafter, der seine Anteile an der Zielgesellschaft veräußert, ist von der Unterrichtungspflicht hingegen nicht betroffen. Insbesondere besteht keine den §§ 10, 14 WpÜG vergleichbare Verpflichtung des Erwerbers[1747] oder des veräußernden Gesellschafters, Informationen an die Geschäftsleitung des Zielunternehmens weiterzuleiten. Auch ein Durchgriff des Informationsanspruchs des Wirtschaftsausschusses auf den oder die Gesellschafter kann es nicht geben, selbst wenn es in der Praxis durchaus vorkommt, dass Arbeitnehmervertreter einer Zielgesellschaft sich direkt an den Erwerber wenden und Informationen verlangen. Zwar mag es zu praktisch unbefriedigenden Ergebnissen führen, wenn etwa die Geschäftsführung des Unternehmens keine Kenntnis von den Veräußerungsabsichten der Gesellschafter hat oder wenn die Gesellschafter die Verkaufsverhandlungen ohne Einbeziehung der Geschäftsführung des Unternehmens führen, so dass diese über potentielle Erwerber und deren Absichten etc. nicht unterrichtet ist. Nach dem klaren Wortlaut des § 106 BetrVG besteht der Informationsanspruch des Wirtschaftsausschusses jedoch nur gegenüber dem Unternehmen. Die Unterrichtungspflicht in § 106 BetrVG soll nur die **Informationsparität** zwischen Unternehmer und Wirtschaftsausschuss sicherstellen, daher muss die Geschäftsleitung des Zielunternehmens nur solche Informationen weitergeben, über die sie selbst verfügt.[1748] Die Grenze der Informationspflicht ist stets der tatsächliche Kenntnisstand des Unterneh-

[1742] Vgl. hierzu DKW/*Däubler* BetrVG § 106 Rn. 90; *Fitting* BetrVG § 106 Rn. 131.

[1743] Vgl. DKW/*Däubler* BetrVG § 106 Rn. 35 ff.

[1744] Vgl. hierzu DKW/*Däubler* BetrVG § 106 Rn. 39 ff. mwN; *Fitting* BetrVG § 106 Rn. 28 ff.; HWK/*Willemsen/Lembke* BetrVG § 106 Rn. 31.

[1745] DKW/*Däubler* BetrVG § 106 Rn. 39.

[1746] Zustimmend *Annuß* in Richardi § 106 Rn. 57.

[1747] DKW/*Däubler* BetrVG § 106 Rn. 87.

[1748] Vgl. *Fitting* BetrVG § 106 Rn. 34; GK/*Oetker* BetrVG § 106 Rn. 121, 126.

mens.[1749] Es besteht keine Informationsbeschaffungspflicht, zumal die Geschäftsleitung des Zielunternehmens darauf angewiesen ist, dass ihr der Veräußerer oder der Erwerber freiwillig Informationen überlässt.[1750] Hinzu kommt, dass sich Geschäftsleitung und Wirtschaftsausschuss selbst bei voller Einbindung kaum sinnvoll beraten könnten, da keiner der beiden über Entscheidungsbefugnisse verfügt und die Information daher nur zu einer „wohlinformierten Ohnmacht“[1751] führt. Im Übrigen erscheint die Diskussion über etwaigen Informations-Durchgriffsanspruch gegen beispielsweise die Konzernmutter ohne Grundlage. Zum einen sieht das BetrVG explizit nur das Unternehmen als den Verpflichteten vor. Eine Rechtsgrundlage gegenüber einem Dritten, mag es sich bei diesem auch um die Konzernmutter handeln, die Einfluss auf wichtige Entscheidungen nimmt, ist schlechterdings nicht erkennbar. Die Argumentation von *Lerch/Weinbrenner* vermag insoweit nicht zu überzeugen.[1752] Zum anderen können auch die Rechtsinstitute, die ggf. im Rahmen von Sozialplanverhandlungen einen Haftungsdurchgriff ermöglichen, hier nicht weiterhelfen. Diese sind auf spezielle Ausnahmefälle zugeschnitten, die sehr eng gefasst sind. Ferner lösen sie, nimmt man beispielsweise den Fall des existenzvernichtenden Eingriffs, schlicht Schadensersatzansprüche der Gesellschaft gegen die Muttergesellschaft aus, die der Insolvenzverwalter geltend zu machen hat.[1753] Demgemäß kann hierauf kein Auskunftsanspruch des Wirtschaftsausschusses bzw. des Betriebsrats gestützt werden.[1754]

Der Unternehmer muss seinen Pflichten aus § 106 Abs. 2 BetrVG **unaufgefordert** 494
nachkommen, dh der Wirtschaftsausschuss muss die Informationen etc. nicht ausdrücklich einfordern.[1755] Dies ist zu beherzigen, da die Verletzung der Unterrichtungspflicht gemäß § 121 BetrVG eine Ordnungswidrigkeit darstellt. Die Frage, wann es sich um eine **rechtzeitige Unterrichtung** handelt, richtet sich nach dem Zweck der Unterrichtungspflicht.[1756] Wirtschaftliche Angelegenheiten sollen zunächst zwischen Unternehmer und Wirtschaftsausschuss beraten werden. Sodann hat der Wirtschaftsausschuss die Aufgabe, den Betriebsrat gemäß § 108 Abs. 4 BetrVG zu unterrichten. Hieraus ergibt sich, dass eine Unterrichtung *zum einen* jedenfalls dann nicht mehr rechtzeitig ist, wenn sie den Wirtschaftsausschuss vor vollendete Tatsachen stellt, ihm mithin lediglich bereits getroffene Entscheidungen übermittelt oder gar Mitteilung von bereits umgesetzten Maßnahmen gemacht werden. Denn in diesem Fall bedarf es keiner Beratung mehr, diese ist obsolet geworden.[1757] Vor der Unterrichtung des Wirtschaftsausschusses darf demnach das zuständige Unternehmensorgan noch keinen entsprechenden Entschluss gefasst haben. *Zum anderen* wird es in vielen Fällen notwendig sein, den Wirtschaftsausschuss vor dem Betriebsrat einzubinden, denn der Wirtschaftsausschuss kann andernfalls seine Übermittlungspflicht gemäß § 108 Ab. 3 BetrVG gegenüber dem Betriebsrat nicht mehr rechtzeitig erfüllen. Zu weitgehend erscheint es jedoch, eine gemeinsame Unterrichtung von Betriebsrat und Wirtschaftsausschuss über eine an stehende Betriebsänderung bereits als nicht mehr rechtzeitig anzusehen.[1758] Schließlich wäre es formalistisch, vom Arbeitgeber eine zeitversetzte Unterrichtung zu verlangen, obwohl er im Rahmen der anstehenden Interessenausgleichsverhandlungen den Betriebsrat in gleicher Weise über seine Überlegungen und die wirtschaftlichen Gründe hierfür unterrichten muss. Daher muss es zumindest möglich sein, die Unterrichtung des Betriebsrats vorzuziehen und dann zeitgleich mit der Unterrichtung des

[1749] GK/*Oetker* BetrVG § 106 Rn. 126.
[1750] Vgl. hierzu → Rn. 148.
[1751] *Thüsing* ZIP 2008, 10.
[1752] *Lerch/Weinbrenner* NZA 2013, 355 (359).
[1753] Vgl. zu dieser komplexen Materie → Rn. 325 ff.
[1754] Vgl. so auch im Ergebnis auch zutreffend *Bitsch* NZA 2015, 617.
[1755] Vgl. DKW/*Däubler* BetrVG § 106 Rn. 56; *Fitting* BetrVG § 106 Rn. 29.
[1756] Vgl. BAG 14.9.1976 – 1 AZR 784/75, DB 1977, 309.
[1757] Vgl. BAG 11.7.2000 – 1 ABR 43/99, NZA 2001, 402; ebenso *Forst* NZA 2009, 294; Sieg/Maschmann Unternehmensumstrukturierung Rn. 472.
[1758] So aber wohl DKW/*Däubler* BetrVG § 106 Rn. 43; *Fitting* BetrVG § 106 Rn. 30.

Wirtschaftsausschusses durchzuführen.[1759] Dieser Ansatz von *Willemsen/Lembke* ist pragmatisch und für die Praxis gut geeignet.

495 Auch die Frage, was sich hinter dem Erfordernis der **umfassenden Unterrichtung** verbirgt, erschließt sich über den Zweck der Unterrichtungspflicht. Der Wirtschaftsausschuss soll durch die rechtzeitige Unterrichtung in die Lage versetzt werden, wirtschaftliche Angelegenheiten mit dem Unternehmer zu beraten. Um eine Materie ernsthaft beraten zu können, bedarf es eines jeweils gleichmäßigen Wissens- und Kenntnisstandes. Hieraus wird der **Grundsatz der Informationsparität**[1760] hergeleitet, der in der Praxis dazu führt, dass der Wirtschaftsausschuss Anspruch auf eine klare, verständlich aufbereitete und überschaubare Darstellung der wirtschaftlichen Situation hat.[1761] Hierbei sind Umfang, Gründe und mögliche Auswirkungen wirtschaftlich relevanter Maßnahmen des Unternehmens zu erläutern und getrennt voneinander darzustellen.[1762] Demnach genügt der Unternehmer seiner Pflicht aus § 106 Abs. 2 BetrVG gerade nicht, wenn er ungefiltert und ohne entsprechend nachvollziehbare Aufbereitung umfangreiche und detaillierte Wirtschaftsdaten weitergibt. Vielmehr muss er dem Wirtschaftsausschuss deren Bedeutung und Relevanz erläutern und darf sich nicht einfach mit der Übergabe von großen Mengen unübersichtlichen Papiers begnügen, dh, er darf den Wirtschaftsausschuss nicht mit Informationen „zuschütten".

496 Von besonderer Bedeutung ist die Pflicht des Unternehmers, dem Wirtschaftsausschuss die **erforderlichen Unterlagen** vorzulegen. Um welche Unterlagen es sich hierbei handelt, richtet sich nach der jeweils in Rede stehenden wirtschaftlichen Angelegenheit iSd § 106 Abs. 3 BetrVG. Vorzulegen sind beispielsweise der Jahresabschluss,[1763] der Wirtschaftsprüferbericht,[1764] Bilanzen, Gewinn- und Verlustrechnungen sowie Betriebs- und Produktionsstatistiken.[1765] Wird die Vorlagepflicht streitig, so ist im Einzelfall zu prüfen, ob die Kenntnis der Dokumente für den Wirtschaftsausschuss erforderlich ist, um die wirtschaftliche Angelegenheit fundiert mit dem Unternehmer beraten zu können.

497 Das Unternehmen ist nur verpflichtet, existierende oder leicht herstellbare Unterlagen vorzulegen. In § 106 Abs. 2 S. 2 BetrVG ist ausdrücklich geregelt, dass im Falle eines Kontrollwechsels nach § 106 Abs. 3 Nr. 9a BetrVG **Unterlagen über den potentiellen Erwerber und dessen Absichten** im Hinblick auf die künftige Geschäftstätigkeit sowie die sich daraus ergebenden Auswirkungen auf die Arbeitnehmer vorzulegen sind. Dies ist in zweierlei Hinsicht problematisch: Zum einen ist es ein Bruch mit dem Grundsatz, dass Unterlagen für den Wirtschaftsausschuss nicht erstellt werden müssen. Zum anderen wird übersehen, dass das Unternehmen nur insoweit verpflichtet werden kann, als es auch über diese Informationen verfügt.[1766] Denn **§ 106 Abs. 2 S. 2 BetrVG** verpflichtet weder den Erwerber noch verschiedene Bieter oder den Gesellschafter, sondern nur das Unternehmen selbst.[1767] Demgemäß ist die Entscheidung des BAG, wonach der Wirtschaftsausschuss nicht die Vorlage des Vertrags zur Veräußerung der Geschäftsanteile verlangen kann, der (nur) das Innenverhältnis zwischen ehe maligem und neuem Gesellschafter regelt, weiterhin gültig.[1768] § 106 Abs. 2 S. 2 BetrVG eröffnet gerade keinen Zugriff auf Informationen

---

[1759] Vgl. HWK/*Willemsen/Lembke* BetrVG § 106 Rn. 34.
[1760] So DKW/*Däubler* BetrVG § 106 Rn. 47.
[1761] Vgl. hierzu auch BAG 17.3.1987 – 1 ABR 59/85, NZA 1987, 747.
[1762] So auch DKW/*Däubler* BetrVG § 106 Rn. 48.
[1763] So BAG 8.8.1989 – 1 ABR 61/88, NZA 1990, 150.
[1764] So BAG aaO; LAG Berlin 13.7.1988 – 1 TaBV 3/88, BB 1989, 147; vgl. hierzu *Bösche/Grimberg* AuR 1987, 133; *Hommelhoff* ZIP 1990, 218.
[1765] Zahlreiche Beispiele finden sich bei DKW/*Däubler* BetrVG § 106 Rn. 52; GK/*Oetker* BetrVG § 106 Rn. 133f. mwN; vgl. ferner *Vogt* BB 1978, 1125.
[1766] Vgl. *Thüsing* ZIP 2008, 107.
[1767] Vgl. hierzu auch → Rn. 485.
[1768] BAG 22.1.1991 – 1 ABR 38/89, NZA 1991, 649.

betreffend die wirtschaftlichen Angelegenheiten Dritter, namentlich des Gesellschafters, der Interessenten und des Erwerbers.[1769]

Ob aus der Pflicht zur **Vorlage der Unterlagen** folgt, dass diese dem Wirtschaftsausschuss **dauerhaft oder vorübergehend zur Verfügung zu stellen sind** bzw. ob es geduldet werden muss, dass der Wirtschaftsausschuss hiervon **Abschriften anfertigt,** war lange Zeit umstritten. Hintergrund der zahlreichen hierüber geführten Rechtsstreitigkeiten war das Bemühen der Unternehmen, dem Wirtschaftsausschuss so wenig wie möglich Detailinformationen zukommen zu lassen. Dieses Bemühen wird beispielsweise deutlich an Fällen, in denen ein Unternehmen sich auf den Standpunkt stellt, Einsichtnahme in die Unterlagen ausschließlich nur während der Ausschuss-Sitzungen und in Anwesenheit eines Vertreters des Unternehmens gewähren zu wollen. In der Entscheidung vom 20.11.1984 hat das BAG den Rahmen für die Vorlagepflichten der Unternehmen abgesteckt.[1770] Das BAG hat in dieser Entscheidung einen Mittelweg zwischen den beiden Extrempolen, dh der Vorlage der Unterlagen nur in Anwesenheit eines Unternehmensvertreters einerseits und dem Anspruch auf dauerhafte Überlassung von Kopien andererseits, gesucht. Ausgangspunkt der gefundenen Kompromisslösung war der Umstand, dass die „Vorlage" der Unterlagen sich schon begrifflich von einem „zur Verfügung stellen" einerseits und dem „Einblick gewähren" andererseits unterscheidet. Ferner stellt das BAG bei der Interpretation des insoweit unpräzisen Wortlauts des § 106 Abs. 2 BetrVG auf den Normzweck ab und betont, es sei zu berücksichtigen, dass der Wirtschaftsausschuss ua mittels der Unterlagen in die Lage versetzt werden solle, mit dem Unternehmer wirtschaftliche Angelegenheiten zu beraten.[1771] Vor diesem Hintergrund billigt das BAG dem Wirtschaftsausschuss das Recht zu, sich auf die Sitzungen gründlich vorzubereiten, was auch eine Vertiefung in die zu beratende Materie erfordern kann. Was im Einzelfall an Vorbereitung erforderlich ist, das soll nach Ansicht des BAG von den Angelegenheiten abhängen, die mit dem Unternehmer zu beraten sind. Handelt es sich um komplexe wirtschaftliche Sachverhalte, die eine eingehende Analyse erfordern, so kann der Unternehmer durchaus verpflichtet sein, Unterlagen mit umfangreichen Daten und Zahlen schon vor der Sitzung vorzulegen. Zudem kann er verpflichtet sein, diese Unterlagen den Mitgliedern zur Vorbereitung der Sitzung zeitweise zu überlassen, dh diese aus der Hand zu geben. Die Mitglieder des Wirtschaftsausschusses haben jedoch kein Recht, sich von den überlassenen Unterlagen ohne Zustimmung des Unternehmers Abschriften anzufertigen. Sie sind vielmehr auf die Möglichkeit beschränkt, sich zur Gedankenstütze Notizen anzufertigen. Auch wenn diese Rechtsprechung in der Literatur stark umstritten ist und nahezu alle denkbaren Auffassungen betreffend Umfang und Form der Vorlagepflicht vertreten werden,[1772] so ist es in der Praxis geboten, sich an dem vom BAG abgesteckten Rahmen zu halten und sodann in jedem Einzelfall eine sachgerechte Lösung zu finden.[1773] 498

Sowohl die in § 106 Abs. 2 BetrVG enthaltene Unterrichtungspflicht als auch die Pflicht zur Vorlage von Unterlagen bestehen nur, soweit dadurch nicht **Betriebs- und Geschäftsgeheimnisse des Unternehmens gefährdet** werden. Nach dem klaren Wortlaut dieses Ausnahmetatbestandes genügt allein der Umstand, dass es sich bei einer bestimmten wirtschaftlichen Angelegenheit um ein Betriebs- oder Geschäftsgeheimnis handelt, nicht, um das Unterrichtungsrecht des Wirtschaftsausschusses einzuschränken. Gegen die gegenteilige Auffassung ist einzuwenden, dass andernfalls ein Großteil der wirtschaftlichen Angelegenheiten ausgenommen und somit das Informations- und Beratungsrecht 499

[1769] So auch ErfK/*Kania* BetrVG § 106 Rn. 6a BetrVG mwN; *Thüsing* ZIP 2008, 106 (107).

[1770] 1 ABR 64/82, NZA 1985, 432.

[1771] BAG 20.11.1984 – 1 ABR 64/82, NZA 1985, 432.

[1772] Vgl. zu dem Meinungsspektrum DKW/*Däubler* BetrVG § 106 Rn. 49; *Fitting* BetrVG § 106 Rn. 40ff.; GK/*Oetker* BetrVG § 106 Rn. 137ff. mwN.

[1773] Siehe etwa zu der Frage, ob der Arbeitgeber verpflichtet ist, dem Wirtschaftsausschuss den Unternehmenskaufvertrag vorzulegen *Bauer/Göpfert/Haußmann/Krieger,* Umstrukturierung, 4. Aufl., Rn. 19.

faktisch stark aufgeweicht wäre.[1774] Zudem würde eine so weit gehende Interpretation der Norm in einem unauflösbaren Widerspruch zu § 79 Abs. 2 BetrVG stehen, wonach auch Mitglieder des Wirtschaftsausschusses der (strafbewehrten) Pflicht zur Geheimhaltung von Betriebs- und Geschäftsgeheimnissen unterliegen.[1775] Vor diesem Hintergrund ist davon auszugehen, dass die Unterrichtung nur dann verweigert werden kann, wenn die Gefahr besteht, dass es sich entweder um eine für das Unternehmen herausragend bedeutsame und in besonderem Maße geheimhaltungsbedürftige Tatsache handelt, oder wenn in der Person eines oder mehrerer Mitglieder besondere Gefährdungsgründe liegen.[1776] Zwar folgt die erste Fallkonstellation nicht unmittelbar aus dem Wortlaut. Im Hinblick auf die vom Gesetzgeber intendierte Sicherstellung des Geheimnisschutzes scheint diese aber gleichwohl gerechtfertigt. Die zweite Fallkonstellation wird nur ganz ausnahmsweise und bei Vorliegen konkreter Anhaltspunkte begründbar sein, da, wie ausgeführt, die Mitglieder des Wirtschaftsausschusses ebenso wie die von dem Wirtschaftsausschuss zu informierenden Betriebsratsmitglieder gemäß § 79 BetrVG der Geheimhaltung unterliegen. Nicht gefolgt werden kann der Auffassung von *Joost,* wonach die Verweigerung der Information auch damit begründet werden kann, dass die Gefahr der unbefugten Offenbarung mit der Zahl der Informierten steigt.[1777] Damit würde die Unterrichtungspflicht zu stark ausgehöhlt.

500 Streitig ist, ob die Unterrichtung des Wirtschaftsausschusses unter Hinweis darauf verweigert werden kann, dass es sich um **Insiderinformationen nach dem WpHG** handelt. Zwar wird es sich bei Insiderinformationen idR um Geschäftsgeheimnisse handeln. Die Weitergabe dieser Informationen ist allerdings nach § 14 Abs. 1 Nr. 2 WpHG nicht per se unbefugt, da eine entsprechende gesetzliche Verpflichtung zur Information des Wirtschaftsausschusses besteht.[1778] Zudem genügt, wie ausgeführt, zur Verweigerung von Informationen an den Wirtschaftsausschuss nicht allein das Vorliegen von Geschäftsgeheimnissen, sondern es bedarf eines offenkundigen Gefährdungspotentials. Da die Vertreter des Wirtschaftsausschusses mit Erlangung der Informationen selbst zu Insidern werden und damit mit Sanktionen nach dem WpHG bedroht sind, wird man ein solches Gefährdungspotential nicht ohne weiteres unterstellen können.[1779] Allerdings sollten die Mitglieder des Wirtschaftsausschusses mit Nachdruck auf ihre Pflichten nicht nur aus dem BetrVG, sondern auch nach dem WpHG hingewiesen werden.[1780]

501 Handelt es sich nicht um die Übernahme eines börsennotierten Unternehmens, sondern geht es nur um den Kontrollwechsel bezüglich eines nicht börsennotierten Unternehmens, ist die Situation bezüglich des Geheimhaltungsinteresses noch problematischer. Auch hier kann es häufig für den Erfolg der Verkaufsgespräche oder der Strategie von entscheidender Bedeutung sein, dass der Verkauf bis zum Vertragsabschluss geheim bleibt. Gelingt dies nicht, können sowohl dem Zielunternehmen als auch den potentiellen Erwerbern hieraus wirtschaftliche Schäden erwachsen.[1781] Soweit es sich bei der geplanten Transaktion um ein Geschäfts- und Betriebsgeheimnis der Zielgesellschaft handelt und im Übrigen dargelegt werden kann, dass – etwa aufgrund von Erfahrungen in der Vergangenheit – die Vertraulichkeit bei Unterrichtung des Wirtschaftsausschusses und des Betriebsrats gefährdet ist, mag das Unternehmen berechtigterweise die Pflichten aus § 106 Abs. 2 BetrVG nicht oder nur verspätet erfüllen können.[1782] *Nagel/Hopfe* haben nun aber zutreffend

[1774] So auch DKW/*Däubler* BetrVG § 106 Rn. 62; *Fitting* BetrVG § 106 Rn. 43ff.; *Annuß* in Richardi BetrVG § 106 Rn. 34; GK/*Oetker* BetrVG § 106 Rn. 144.

[1775] Vgl. zu dem Begriff des Betriebs- und Geschäftsgeheimnisses DKW/*Buschmann* BetrVG § 79 Rn. 7.

[1776] Vgl. *Fitting* BetrVG § 106 Rn. 45.

[1777] Vgl. *Hommelhoff* ZIP 1990, 218 (219); MHdB ArbR/*Joost* § 231 Rn. 56.

[1778] Vgl. GK/*Oetker* BetrVG § 106 Rn. 142; HWK/*Willemsen/Lembke* BetrVG § 106 Rn. 32; *Kappes* NJW 1995, 2832; *Schleifer/Kliemt* DB 1995, 2214 (2216).

[1779] So aber *Röder/Marten* NZA 2005, 268 (272).

[1780] Zum Schutz von Betriebs- und Geschäftsgeheimnissen beim Kontrollerwerb an nicht-börsennotierten Gesellschaften vgl. *Nagel/Hopfe* ZIP 2010, 817.

[1781] Vgl. *Liebers/Erren/Weiß* NZA 2009, 1063 (1069).

[1782] Vgl. hierzu instruktiv *Liebers/Erren/Weiß* NZA 2009, 1063 (1069).

herausgearbeitet, dass das Betriebsverfassungsrecht **Geheimnisse Dritter,** die an der geplanten Transaktion beteiligt sind, nicht schützt.[1783] Insoweit weist das Gesetz eine Lücke auf. Ist der Geheimnisschutz aber nicht gewährleistet, müssen letztlich die Dritte, deren Geheimnisse es zu wahren gilt, dafür sorgen, dass das Unternehmen hiervon keine Kenntnis erlangt. Das steht dem angestrebten Prozess der offenen Kommunikation und des Informationsaustauschs entgegen.

Zusammenfassend bleibt festzuhalten, dass der Begriff der wirtschaftlichen Angelegenheiten iSd § 106 Abs. 3 BetrVG ausgesprochen weit gefasst ist. Aus diesem Grund ist es in der Praxis regelmäßig nicht erforderlich, einen Lebenssachverhalt präzise einem der exemplarisch aufgeführten Katalogtatbestände zuzuordnen. Auch wenn es zum Teil Überschneidungen zwischen wirtschaftlichen Angelegenheiten iSd § 106 Abs. 3 BetrVG und Betriebsänderungen iSd § 111 S. 2 BetrVG gibt, so sind die Informationspflichten des Unternehmens gegenüber dem Wirtschaftsausschuss doch erheblich umfangreicher und weiter gefasst als diejenigen gegenüber dem Betriebs- oder Gesamtbetriebsrat gemäß § 111 BetrVG. Dies ist von der ratio der Vorschrift auch gedeckt, da es dem Gesetzgeber im Rahmen der §§ 106ff. BetrVG darum ging, den Betriebsrat bzw. den Wirtschaftsausschuss ab einer bestimmten Unternehmensgröße fortlaufend und regelmäßig über alle wirtschaftlichen Entwicklungen unterrichtet zu halten und die Arbeitnehmervertreter hierdurch in die Unternehmenspolitik mit einzubeziehen. Dort, wo ein Wirtschaftsausschuss gebildet wurde, ist dieser faktisch vor jeder wirtschaftlich bedeutsamen Maßnahme, insbesondere vor jeder Unternehmensumstrukturierung, zu unterrichten. Auch dann, wenn die Voraussetzungen für eine beteiligungspflichtige Betriebsänderung gemäß § 111 BetrVG nicht erfüllt sind, ist demnach die Arbeitnehmervertretung zu involvieren und hat sodann die Möglichkeit, auf der Grundlage der ihr begebenen Informationen eigenständig das Bestehen etwaig weiter gehende Beteiligungsrechte zu prüfen. Da der Wirtschaftsausschuss kontinuierlich über die wirtschaftliche Entwicklung, die Marktentwicklung etc. unterrichtet sein muss, wird sich eine geplante Betriebsänderung oder eine andere umfassende Umstrukturierung vielfach für ihn schon im Vorfeld abzeichnen. 502

d) Sicherung und Durchsetzbarkeit der Beteiligungsrechte des Wirtschaftsausschusses

Soweit es im Zusammenhang mit der Unterrichtung des Wirtschaftsausschusses zu Schwierigkeiten kommt, ist die Konfliktlösung zum Teil der Einigungsstelle, zum Teil aber auch den Arbeitsgerichten zugewiesen. *Joost* ist darin zuzustimmen, dass die Zuständigkeitsabgrenzung nicht sehr geglückt ist und in der Praxis zu zahlreichen Problemen führen kann.[1784] Gemäß § 109 BetrVG **entscheidet die Einigungsstelle,** sofern entgegen dem Verlangen des Wirtschaftsausschusses Auskunft über wirtschaftliche Angelegenheiten des Unternehmens **nicht, nicht rechtzeitig oder nur ungenügend erteilt** wird und Unternehmer und Betriebsrat eine Einigung nicht erzielen können. Dies soll auch dann gelten, wenn sich das Auskunftsverlangen auf regelmäßig wiederkehrende Informationen erstreckt.[1785] Mit dieser Vorschrift hat der Gesetzgeber der Einigungsstelle auch die **Primärzuständigkeit über Rechtsfragen** eingeräumt. Dies geschah, um Auseinandersetzungen über möglicherweise sensible Informationen und Unternehmensdaten innerhalb des Unternehmens zu halten. Die internsten Angelegenheiten der Unternehmensleitung sollen nach Möglichkeit einer betriebs- oder unternehmensinternen Regelung zugeführt werden.[1786] Hieraus folgt, dass die Einigungsstelle anzurufen ist, sofern der Wirtschaftsausschuss behauptet, nicht, nicht rechtzeitig oder ungenügend informiert worden zu sein. 503

[1783] ZIP 2010, 817.
[1784] Vgl. MHdB ArbR/*Joost* § 231 Rn. 118.
[1785] Vgl. BAG 17.12.2019 – 1 ABR 35/18, NZA 2020, 531; Anm. *Arnold* ArbRAktuell 2020, 175.
[1786] Vgl. BT-Drs. I/3585, 15, Ausschussbericht zum Entwurf des BetrVG 1952, das in § 70 eine gleichlautende Regelung enthielt.

Dem Betriebsrat bzw. dem Gesamtbetriebsrat ist es verwehrt, unter Umgehung der Einigungsstelle die Informationsansprüche direkt gerichtlich geltend zu machen.[1787] Streitigkeiten, die typischerweise vor der Einigungsstelle ausgetragen werden, sind Auseinandersetzungen über die Gefährdung von Betriebs- und Geschäftsgeheimnissen bzw. über die Berechtigung des Unternehmens zur Auskunftsverweigerung,[1788] über Meinungsverschiedenheiten betreffend die Erläuterung des Jahresabschlusses gemäß § 108 Abs. 5 BetrVG[1789] sowie über das Einsichtsrecht in bestimmte Unterlagen bzw. die Vorlagepflicht des Unternehmens.[1790] Die Einigungsstelle prüft hierbei als Vorfrage ihre Kompetenz, dh sie prüft, ob sich das streitige Auskunftsverlangen auf eine wirtschaftliche Angelegenheit iSd § 106 Abs. 3 BetrVG bezieht.[1791] Allerdings schließt dies nicht die Möglichkeit aus, diese Vorfrage durch das Arbeitsgericht im Rahmen eines Beschlussverfahrens prüfen zu lassen. Lehnt ein Unternehmen beispielsweise unter Hinweis darauf, die begehrte Auskunft betreffe keine wirtschaftliche Angelegenheit iSd § 106 Abs. 3 BetrVG, die Errichtung einer Einigungsstelle ab, so entscheidet das Arbeitsgericht im Beschlussverfahren gemäß § 100 ArbGG, ob die Einigungsstelle offensichtlich unzuständig ist. Auch wenn die Parteien nur abstrakt über die Frage streiten, ob eine wirtschaftliche Angelegenheit vorliegt und die Zuständigkeit des Wirtschaftsausschusses begründet ist, ist hierüber im Rahmen des Beschlussverfahrens von dem Arbeitsgericht zu entscheiden.[1792] Zu beachten ist hierbei allerdings, dass nicht der Wirtschaftsausschuss selbst ein Verfahren einleiten kann, sondern dessen Rechte immer von dem Betriebsrat bzw. dem Gesamtbetriebsrat wahrgenommen werden.[1793] Allerdings muss der Wirtschaftsausschuss vor Einleitung eines Verfahrens einen ordnungsgemäßen Beschluss fassen.[1794] Der Wirtschaftsausschuss ist als Hilfsorgan des Betriebsrates weder antragsberechtigt noch beteiligungsbefugt.[1795] Auch im Rahmen des Einigungsstellenverfahrens bzw. der vorausgehenden Vergleichsgespräche agiert nicht der Wirtschaftsausschuss, sondern, was sich dem Wortlaut des § 109 BetrVG klar entnehmen lässt, der Betriebsrat. Die Einigungsstelle ist demnach auch von dem Betriebs- bzw. Gesamtbetriebsrat anzurufen.[1796] Geht es hingegen darum, ob ein Wirtschaftsausschuss zu bestellen ist, ist nicht die Einigungsstelle, sondern das Arbeitsgericht zuständig.[1797]

504 **Problematisch** ist der Umstand, dass die Einigungsstelle im Rahmen des § 109 BetrVG ausnahmsweise nicht über Regelungs-, sondern **über Rechtsfragen zu entscheiden** hat. Zwar ist der Einigungsstellenspruch nicht vollstreckbar. Der Unternehmer ist jedoch gemäß § 77 Abs. 1 BetrVG verpflichtet, die durch den Spruch der Einigungsstelle getroffene Regelung durchzuführen. Unterlässt er dies, so kann sich dies als grober Pflichtverstoß gemäß § 23 Abs. 3 BetrVG darstellen bzw. wird gemäß § 121 BetrVG als Ordnungswidrigkeit geahndet. Will der Betriebs- oder der Gesamtbetriebsrat die Erfüllung der in dem Einigungsstellenspruch enthaltene Auskunftsverpflichtung erzwingen, so kann er ein

[1787] Vgl. BAG 8.8.1989 – 1 ABR 61/88, NZA 1990, 150; LAG Frankfurt 1.9.1988 – 12 TaBV 46/88, DB 1988, 2519.

[1788] Vgl. BAG 8.8.1989 – 1 ABR 61/88, NZA 1990, 150; OLG Karlsruhe 7.6.1985, NZA 1985, 570; LAG Köln 14.1.2004 – 8 TaBV 72/03, NZA-RR 2005, 32; *Annuß* in Richardi BetrVG § 109 Rn. 6; DKW/*Däubler* BetrVG § 109 Rn. 4; GK/*Oetker* BetrVG § 109 Rn. 12.

[1789] Vgl. LAG Düsseldorf 13.3.1978 – 21 TaBV 3/78, DB 1978, 1695.

[1790] Vgl. BAG 8.8.1989 – 1 ABR 61/88, NZA 1990, 150; LAG Düsseldorf, aaO; GK/*Oetker* BetrVG § 109 Rn. 9.

[1791] Vgl. DKW/*Däubler* BetrVG § 109 Rn. 3; *Annuß* in Richardi BetrVG § 109 Rn. 11.

[1792] Vgl. BAG 17.9.1991 – 1 ABR 74/90, NZA 1992, 418; BAG 11.7.2000 – 1 ABR 43/99, NZA 2001, 402; *Fitting* BetrVG § 109 Rn. 2.

[1793] Vgl. BAG 8.8.1989 – 1 ABR 61/88, NZA 1990, 150; BAG 22.1.1991 – 1 ABR 38/89, NZA 1991, 649.

[1794] Vgl. LAG Schleswig-Holstein 24.11.2016 – TaBV 14/16, BeckRS 2016, 74959; LAG Düsseldorf 26.2.2016 – 4 TaBV 8/16, BeckRS 2016, 67519; *Annuß* in Richardi BetrVG § 109 Rn. 11; *Fitting* BetrVG § 109 Rn. 6.

[1795] Vgl. BAG aaO; MHdB ArbR/*Joost* § 231 Rn. 120.

[1796] Vgl. *Fitting* BetrVG § 109 Rn. 6.

[1797] LAG Hessen 1.8.2006 – 4 TaBV 111/06, BeckRS 2007, 40546.

arbeitsgerichtliches Beschlussverfahren einleiten und beantragen, das Unternehmen zu verpflichten, die gemäß dem Einigungsstellenspruch zu gewährende Auskunft zu erteilen.[1798] Sofern das Arbeitsgericht dem Antrag stattgibt, ist der Beschluss gemäß §§ 85 Abs. 1 ArbGG, 888 ZPO vollstreckbar.

505 In welchem Ausmaß das Arbeitsgericht im Rahmen eines solchen Beschlussverfahrens den Einigungsstellenspruch überprüfen kann, war lange Zeit umstritten. Während die ganz herrschende Meinung in der **Literatur** die Auffassung vertrat, die Entscheidung der Einigungsstelle unterliege der **vollen gerichtlichen Überprüfung,** § 76 Abs. 5 S. 4 BetrVG sei mithin hier nicht anwendbar,[1799] hat das BAG in der Entscheidung vom 8.8.1989 zunächst zu erkennen gegeben, sich dieser Meinung nicht anschließen zu wollen, ohne hierüber allerdings abschließend zu befinden.[1800] Das **BAG** berief sich zur Begründung der **nur eingeschränkten Überprüfbarkeit** des Einigungsstellenspruchs gemäß § 76 Abs. 5 S. 4 BetrVG darauf, es sei gerade Zweck des § 109 BetrVG, den Betriebspartnern selbst die Streitentscheidung über sensible Unternehmensdaten zu überlassen. Der Einigungsstellenspruch unterliege daher nur hinsichtlich der Zuständigkeit der Einigungsstelle, dh bezüglich der Frage, ob überhaupt eine wirtschaftliche Angelegenheit in Rede stehe, der vollen gerichtlichen Überprüfung. Im Übrigen sei der Spruch der Einigungsstelle nur bei Überschreitung der zulässigen Ermessensgrenzen aufzuheben, was insbesondere auch für Geschäfts- und Betriebsgeheimnisse gelte. Das BAG begründet seine Auffassung im Wesentlichen mit Praktikabilitätserwägungen. Es führt aus, Sinn und Zweck des Unterrichtungsanspruchs des Wirtschaftsausschusses sei die Möglichkeit der Einflussnahme auf wirtschaftliche Entscheidungen des Unternehmens. Sofern der Einigungsstellenspruch gerichtlich voll überprüfbar sei, bestehe die Gefahr, dass er erst nach dem Durchlaufen sämtlicher Instanzen auch realisiert werden könne. Bis dahin habe sich der Unterrichtungsanspruch jedoch durch Zeitablauf zweifelsohne von selbst erledigt.[1801] Diese Auffassung hat das BAG zwischenzeitlich ausdrücklich aufgegeben und in der Entscheidung vom 11.7. 2000 anerkannt, dass der Spruch der Einigungsstelle auf der Basis des § 109 BetrVG bezüglich Rechtsfragen einer vollen Rechtskontrolle unterliegt. Hierbei soll die Frage, ob eine Gefährdung von Betriebs- oder Geschäftsgeheimnissen droht, eine Rechtsfrage sein, die demgemäß einer Überprüfung durch die Arbeitsgerichte uneingeschränkt zugänglich ist.[1802]

506 Im Übrigen besteht Einigkeit darüber, dass Unterrichtungs- und Beratungsansprüche des Wirtschaftsausschusses nicht im Wege der einstweiligen Verfügung durchgesetzt werden können. Dem Betriebsrat bleibt nur die Möglichkeit, gegen den Arbeitgeber nach § 23 Abs. 3 BetrVG vorzugehen oder ihn wegen einer Ordnungswidrigkeit nach § 121 Abs. 1 BetrVG anzuzeigen.[1803]

2. Beteiligungsrechte des Sprecherausschusses

507 In **Betrieben mit mindestens 10 leitenden Angestellten** iSd § 5 Abs. 3 BetrVG können gemäß § 1 Abs. 1 SprAuG Sprecherausschüsse der leitenden Angestellten gewählt werden. In Abweichung zu den Vorschriften des Betriebsverfassungsgesetzes kommt die Bildung eines Sprecherausschusses allerdings nur in Betracht, wenn die **Mehrheit der leitenden Angestellten** dies ausdrücklich wünscht, § 7 Abs. 2 SprAuG. Hat ein Betrieb weniger als 10 leitende Angestellte, gelten diese als leitende Angestellte des räumlich nächst-

[1798] Vgl. BAG 8.8.1989 – 1 ABR 61/88, NZA 1990, 150.
[1799] Vgl. DKW/*Däubler,* 7. Aufl., BetrVG § 109 Rn. 14.
[1800] Vgl. BAG 8.8.1989 – 1 ABR 61/88, NZA 1990, 150.
[1801] BAG, aaO, II 2b aa) der Gründe.
[1802] BAG 11.7.2000 – 1 ABR 43/99, NZA 2001, 402; aA LAG Köln in der erstinstanzlichen Entscheidung vom 13.7.1999 – 13 (10) TaBV 5/99, BeckRS 1999, 31012425.
[1803] Vgl. *Liebers/Erren/Weiß* NZA 2009, 1063 (1068); *Vogt/Bedkowski* NZG 2009, 725 (729).

gelegenen Betriebes desselben Unternehmens. Gemäß § 20 Abs. 1 SprAuG besteht allerdings auch die Möglichkeit, statt eines Sprecherausschusses auf Betriebsebene einen **Unternehmenssprecherausschuss** zu etablieren. Voraussetzung hierfür ist, dass das Unternehmen mehrere Betriebe hat, dass die Mehrheit der leitenden Angestellten dies wünscht und dass dem Unternehmen insgesamt mindestens 10 leitende Angestellte angehören. Anders als Sprecherausschuss sowie Gesamt- und Konzernsprecherausschuss bestehen Sprecherausschuss und Unternehmenssprecherausschuss allerdings nicht nebeneinander, sondern schließen einander aus. Gemäß § 25 Abs. 1 SprAuG vertritt der Sprecherausschuss die Belange der leitenden Angestellten. Aus dieser allgemeinen Aufgabenbeschreibung folgen allerdings noch keine unmittelbaren Kompetenzen des Gremiums. Vielmehr ergeben sich diese erst aus den weiteren Vorschriften des dritten Teils des Sprecherausschussgesetzes.[1804] Im Falle von Unternehmensumstrukturierungen interessiert in besonderem Maße, welche **Mitwirkungsrechte** dem Sprecherausschuss **bei wirtschaftlichen Angelegenheiten** zukommen. Bei der Planung, Vorbereitung sowie Entscheidung über die Durchführung einer Betriebsänderung ist es von besonderer Bedeutung, ob und ggf. auf welche Weise der Sprecherausschuss zu beteiligen ist, ob mit dem Sprecherausschuss ebenso wie mit dem Betriebsrat der Versuch eines Interessenausgleichs zu unternehmen sowie ein Sozialplan abzuschließen ist oder ob leitende Angestellte ohne eine Abfindung gekündigt werden können. All diese Fragen bezüglich der Mitwirkungsrechte des Sprecherausschusses in wirtschaftlichen Angelegenheiten sind in § 32 SprAuG geregelt. Während Abs. 1 der Norm eine allgemeine Unterrichtungspflicht begründet, regelt Abs. 2 die Befugnisse des Sprecherausschusses im Falle von Betriebsänderungen iSd § 111 BetrVG.

a) Allgemeine Unterrichtungspflicht bezüglich wirtschaftlicher Angelegenheiten gemäß § 32 Abs. 1 SprAuG

508 Gemäß § 32 Abs. 1 S. 1 SprAuG hat der Unternehmer den Sprecherausschuss mindestens einmal im Kalenderhalbjahr über die wirtschaftlichen Angelegenheiten des Betriebs und des Unternehmens zu unterrichten. Dies gilt allerdings nicht in Tendenzbetrieben gemäß § 118 BetrVG. Der Begriff der wirtschaftlichen Angelegenheiten bestimmt sich nach § 106 Abs. 3 BetrVG.[1805] Durch diese unmittelbar gegenüber dem Sprecherausschuss bestehende Unterrichtungspflicht hat der Gesetzgeber sich gegen die nahe liegende Lösung entschieden, dem Sprecherausschuss das Recht zur Entsendung eines Mitgliedes in den Wirtschaftsausschuss einzuräumen. Auch wurde Abstand genommen von der Bildung eines Hilfsgremiums des Sprecherausschusses ähnlich dem Wirtschaftsausschuss gemäß § 106 Abs. 1 BetrVG, das ausschließlich mit wirtschaftlichen Angelegenheiten befasst ist. Anders als der Betriebsrat hat der Sprecherausschuss bezüglich wirtschaftlicher Angelegenheiten daher unmittelbare Informationsrechte. Zu berücksichtigen ist ferner, dass solche allgemeinen Unterrichtungspflichten keinesfalls nur bestehen, wenn, wie in § 106 Abs. 1 BetrVG vorgesehen, das Unternehmen eine bestimmte Mindestgröße erreicht hat, sondern sobald ein Sprecherausschuss gewählt ist. Da Voraussetzung für die Wahl eines Sprecherausschusses jedoch die Beschäftigung von mindestens 10 leitenden Angestellten im Betrieb bzw. Unternehmen ist, sind die Mitwirkungs- und Informationsrechte nach dem Sprecherausschussgesetz in der Praxis gleichwohl nicht weiter gehender als nach dem Betriebsverfassungsgesetz.[1806] Es ist vielmehr davon auszugehen, dass *de facto* immer dann, wenn ein Sprecherausschuss oder ein Unternehmenssprecherausschuss gewählt ist, das Unternehmen mehr als einhundert Arbeitnehmer beschäftigt und somit die Voraussetzungen für die Bildung eines Wirtschaftsausschusses erfüllt sind.

509 Aus dem Umstand, dass sich die Unterrichtungspflicht ausdrücklich auf die **wirtschaftlichen Angelegenheiten des Betriebs und des Unternehmens** erstreckt, während in

[1804] So die allgemeine Meinung, vgl. *Bauer* NZA Beil. 1/1989, 20 (26); *Buchner* NZA Beil. 1/1989, 2 (16).
[1805] Vgl. hierzu → Rn. 486ff.
[1806] So auch ErfK/*Oetker* SprAuG § 32 Rn. 5.

§ 106 Abs. 2 BetrVG nur von einer Unterrichtung über die wirtschaftlichen Angelegenheiten des Unternehmens die Rede ist, ergeben sich in der Praxis keine Konsequenzen. Grund hierfür mag der Umstand sein, dass der Sprecherausschuss auf Betriebsebene gebildet ist, während der Wirtschaftsausschuss ein auf Unternehmensebene etabliertes Gremium darstellt.[1807] Gleichwohl gibt es eine Reihe von **Unterschieden** zwischen den **Rechten des Wirtschaftsausschusses und des Sprecherausschusses,** die durchaus von Relevanz sind. Zu nennen ist hierbei zunächst der Umstand, dass der Wirtschaftsausschuss monatlich einmal zusammentreten soll (§ 108 Abs. 1 BetrVG), der Sprecherausschuss hingegen lediglich „mindestens einmal im Kalenderhalbjahr" (§ 32 Abs. 1 S. 1 SprAuG) zu unterrichten ist, wobei der Unternehmer den genauen Zeitpunkt nach seinem Ermessen bestimmen kann.[1808] Allerdings wird angenommen, es bestünde auch außerhalb des gesetzlichen Turnus eine Unterrichtungspflicht, denn nach § 25 Abs. 2 S. 1 SprAuG ist der Sprecherausschuss zur Durchführung seiner Aufgaben rechtzeitig und umfassend zu unterrichten.[1809] Ferner besteht für das Unternehmen, anders als im Falle eines Wirtschaftsausschusses, nach dem Wortlaut des § 32 Abs. 1 S. 1 SprAuG keine Pflicht zur Beratung.[1810] Allerdings wird auch hier angenommen, der Sprecherausschuss könne sein Initiativrecht nach § 25 Abs. 1, § 28 SprAuG ausüben und so Beratungen mit dem Unternehmen führen.[1811] Schließlich folgt aus § 32 Abs. 1 SprAuG ausdrücklich keine Verpflichtung zur Vorlage der erforderlichen Unterlagen, wie sie in § 106 Abs. 2 BetrVG normiert ist. Allerdings wird eine Pflicht zur Vorlage der Unterlagen vielfach aus § 25 Abs. 2 S. 2 SprAuG abgeleitet.[1812] Dem wird man jedenfalls für die Fälle zustimmen können, in denen die Informationen gemäß § 32 Abs. 1 SprAuG ohne Vorlage der Unterlagen aufgrund ihrer Komplexität nicht verständlich wären.

b) Beteiligungsrechte bei Betriebsänderungen gemäß § 32 Abs. 2 SprAuG

Über geplante Betriebsänderungen, die Nachteile für leitende Angestellte zur Folge haben 510
können, ist der Sprecherausschuss gemäß § 32 Abs. 2 S. 1 SprAuG rechtzeitig und umfassend zu unterrichten. Zwar verweist § 32 Abs. 2 S. 1 SprAuG bezüglich des Begriffs der Betriebsänderung auf § 111 BetrVG. Daraus folgt aber nicht, dass ein Beteiligungsrecht des Sprecherausschusses nur besteht, wenn in dem in Rede stehenden Betrieb ein **Betriebsrat gewählt** ist.[1813] Denn Sprecherausschuss und Betriebsrat sind voneinander unabhängige Organe und der Sprecherausschuss hat allein die Belange der leitenden Angestellten wahrzunehmen. **Problematisch** ist hingegen die Frage, ob in dem Betrieb, wie in § 111 S. 1 BetrVG vorgesehen, **mehr als 20 wahlberechtigte Arbeitnehmer** beschäftigt sein müssen. Die Vertreter der Auffassung, auch § 32 Abs. 2 S. 1 SprAuG setze einen Betrieb mit mehr als 20 Arbeitnehmern voraus, berufen sich darauf, dass § 111 BetrVG in seiner Gesamtheit in Bezug genommen ist. Zudem sind sie der Auffassung, dass andernfalls Fallkonstellationen denkbar seien, in denen zwar nicht dem Betriebsrat, wohl aber dem Sprecherausschuss ein Beteiligungsrecht bei Betriebsänderungen zukomme.[1814] Dem ist *erstens* entgegenzuhalten, dass es kaum denkbar ist, dass die Voraussetzungen für die Wahl eine Sprecherausschusses, nämlich die Beschäftigung von 10 leitenden Angestellten im Betrieb erfüllt sind, der Betrieb aber gleichwohl nicht die Mindestgröße von 20 Arbeitnehmern hat. Eine Diskrepanz kann sich ausnahmsweise dann ergeben, wenn nach den oben skizzierten Grundsätzen ein Unternehmenssprecherausschuss gewählt wurde und in dem in

---

[1807] Vgl. ErfK/*Oetker* SprAuG § 32 Rn. 4.
[1808] Vgl. ErfK/*Oetker* SprAuG § 32 Rn. 6.
[1809] Vgl. ErfK/*Oetker* SprAuG § 32 Rn. 6; HWK/*Annuß* SprAuG § 32 Rn. 5.
[1810] Vgl.HWK/*Annuß* SprAuG § 32 Rn. 8; ErfK/*Oetker* SprAuG § 32 Rn. 6.
[1811] Vgl. ErfK/*Oetker* SprAuG § 32 Rn. 6; HWK/*Annuß* SprAuG § 32 Rn. 4.
[1812] Diese Auffassung vertreten ua *Hromadka/Sieg* SprAuG § 32 Rn. 52; HWK/*Annuß* SprAuG § 32 Rn. 7.
[1813] So auch *Oetker* ZfA 1990, 43 (75); aA; *Engels/Natter* BB Beil. 8/1989, 1 (32); *Löwisch* SprAug § 32 Rn. 54.
[1814] Vgl. *Engels/Natter* BB Beil. 8/1989, 1 (32); *Hromadka/Sieg* SprAuG § 32 Rn. 56.

Rede stehenden Betrieb nur einige wenige leitende Angestellte beschäftigt sind. Hier ist es denkbar, dass bei einer Betriebsänderung zwar der Unternehmenssprecherausschuss Beteiligungsrechte hat, nicht aber der örtliche Betriebsrat. *Zweitens* ist zu berücksichtigen, dass die Beteiligungsrechte des Sprecherausschusses und des Betriebsrates nicht Hand in Hand gehen müssen, da die beiden Gremien unabhängig voneinander bestehen. *Drittens* wird zwar in § 32 Abs. 2 S. 1 BetrVG auf den gesamten Tatbestand des § 111 BetrVG verwiesen, ohne zwischen § 111 S. 1 und S. 2 BetrVG zu differenzieren. Die Verweisung bezieht sich jedoch ausdrücklich auf den Begriff der Betriebsänderung und nicht auf die sonstigen Voraussetzungen für das Vorliegen eines Beteiligungsrechtes des Betriebsrates gemäß § 111 S. 1 BetrVG.[1815]

511 Im Gegensatz zum Betriebsrat hat ein Sprecherausschuss im Falle einer geplanten Betriebsänderung keinen Anspruch auf eine Beratung mit dem Unternehmen. Insbesondere muss auch **kein Versuch eines Interessenausgleichs** unternommen werden.[1816] Gemäß § 32 Abs. 2 S. 1 SprAuG ist der Sprecherausschuss lediglich über geplante Betriebsänderungen iSd § 111 BetrVG, die auch wesentliche Nachteile für leitende Angestellte mit sich bringen können, **rechtzeitig und umfassend zu unterrichten.** Dem Arbeitgeber steht es aber selbstverständlich frei, den Sprecherausschuss in die Planung stärker einzubinden. Der Begriff der **Betriebsänderung** bestimmt sich nach § 111 BetrVG, dh es muss einer der **Katalogtatbestände des § 111 S. 2 BetrVG** erfüllt sein.[1817] Anders als im Falle der Prüfung von Beteiligungsrechten des Betriebsrates wird jedoch das Drohen von Nachteilen bei dem Vorliegen eines der Katalogtatbestände des § 111 S. 2 BetrVG nicht vermutet.[1818] Vielmehr folgt aus dem Wortlaut des § 32 Abs. 2 S. 1 SprAuG ausdrücklich, dass die Betriebsänderung **wesentliche Nachteile für die leitenden Angestellten** zur Folge haben können muss. Diese Abweichung zu § 111 S. 1 BetrVG ist deshalb sinnvoll, weil leitende Angestellte von einer Betriebsänderung iSd § 111 S. 2 BetrVG nicht notwendigerweise nachteilig betroffen sein müssen. Ohne das Korrektiv des möglichen Bestehens von Nachteilen für leitende Angestellte müsste der Sprecherausschuss über *jede* Betriebsänderung unterrichtet werden, ein Umstand, der dem Schutzzweck des Unterrichtungsrechts nicht entsprechen würde.[1819] Es ist daher im Einzelfall zu prüfen, ob aufgrund der geplanten Betriebsänderung die Möglichkeit der Beeinträchtigung der leitenden Angestellten besteht. Relevante Beeinträchtigungen bzw. wirtschaftliche Nachteile sind hierbei insbesondere Entlassungen, Gehaltseinbußen und Versetzungen.[1820]

512 Bezüglich des **Zeitpunktes und des Umfanges der Unterrichtungspflicht** kann auf die Ausführungen zum Inhalt der Unterrichtungspflicht gegenüber Betriebsräten verwiesen werden.[1821] Auch wenn in § 32 Abs. 2 SprAuG keine besondere Pflicht zur Vorlage von Unterlagen enthalten ist, so folgt doch aus § 25 Abs. 2 S. 2 SprAuG, dass der Arbeitgeber dem Sprecherausschuss auf dessen Verlangen hin die zum Verständnis der geplanten Betriebsänderung erforderlichen Unterlagen vorlegen muss.[1822] Festzuhalten bleibt, dass der Sprecherausschuss von dem Unternehmen nicht die Beratung über das Ob und Wie der geplanten Betriebsänderung, mithin nicht den Versuch eines Interessenausgleichs verlangen kann. Im Vergleich zu den Beteiligungsrechten des Betriebsrates sind die Rechte des Sprecherausschusses aber auch noch ein einem weiteren Punkt schwächer ausgestaltet: Im Falle einer Betriebsänderung kann der **Sprecherausschuss den Abschluss eines Sozialplanes für leitende Angestellte nicht erzwingen.** § 32 Abs. 2 S. 2 BetrVG sieht lediglich vor, dass das Unternehmen über Maßnahmen zum Ausgleich oder zur Milderung der

---

[1815] So im Ergebnis auch MHdB ArbR/*Francke* § 312 Rn. 110; *Oetker* ZfA 1990, 43 (75).
[1816] Vgl. MHdB ArbR/*Francke* § 312 Rn. 116.
[1817] Vgl. zu dem Inhalt von § 111 S. 2 BetrVG, im einzelnen → Rn. 27 ff.
[1818] Vgl. hierzu → Rn. 18.
[1819] Vgl. *Hromadka/Sieg* § 32 Rn. 73; MHdB ArbR/*Francke* § 312 Rn. 112.
[1820] Vgl. MHdB ArbR/*Francke* § 312 Rn. 114.
[1821] Vgl. → Rn. 140 ff.
[1822] So auch *Hromadka/Sieg* SprAuG § 32 Rn. 77; MHdB ArbR/*Francke* § 312 Rn. 102.

durch die geplante Betriebsänderung entstehenden wirtschaftlichen Nachteile zu beraten hat. Eine Verpflichtung zur Gewährung eines Nachteilsausgleichs, mithin zum Abschluss eines Sozialplanes für leitende Angestellte, besteht hingegen nicht.[1823] Diese Regelung entspricht im Ergebnis einer Entscheidung des BAG vom 16.7.1985, wonach der Arbeitgeber nach dem arbeitsrechtlichen Gleichbehandlungsgrundsatz nicht verpflichtet ist, den leitenden Angestellten ebenso wie den von einem Sozialplan begünstigten Arbeitnehmern eine Abfindung für den Verlust des Arbeitsplatzes zu zahlen.[1824] Nach einer älteren Entscheidung des BAG vom 31.1.1979 soll es allerdings möglich sein, dass Arbeitgeber und Betriebsrat durch Vertrag zu Gunsten Dritter die leitenden Angestellten in den Kreis der Abfindungsberechtigten einbeziehen.[1825] Dies wird man jedenfalls in den Fällen, in denen in einem Betrieb ein Sprecherausschuss etabliert ist, für zweifelhaft halten müssen. Denn dort ist der Sprecherausschuss der allein berufene Vertreter der Belange der leitenden Angestellten. Der Betriebsrat hat keine Regelungskompetenz.[1826] Will der Arbeitgeber auch leitenden Angestellten eine Sozialplanabfindung oÄ zukommen lassen, so kann er mit dem Sprecherausschuss eine **(freiwillige) Sprechervereinbarung gemäß § 28 Abs. 2 SprAuG** abschließen. Eine solche Sprechervereinbarung wirkt unmittelbar und zwingend auf die Arbeitsverhältnisse der leitenden Angestellten ein, unterscheidet sich mithin nicht von einem Sozialplan nach dem Betriebsverfassungsgesetz. Der Inhalt einer solchen Sprechervereinbarung kann demjenigen eines Sozialplanes entsprechen. Auch eine freiwillige Sprechervereinbarung unterliegt einer gerichtlichen Billigkeitskontrolle und muss daher ua den Anforderungen des Gleichbehandlungsgrundsatzes Rechnung tragen.[1827] Der Prüfungsmaßstab der Wahrung des Gleichbehandlungsgrundsatzes beschränkt sich allerdings, worauf nochmals verwiesen werden soll, auf die Gruppe der leitenden Angestellten, ein Vergleich mit den anderen Arbeitnehmern ist nicht anzustellen.

Ebenso wie auch nach den Regelungen des Betriebsverfassungsgesetzes[1828] ist auch nach 513
den Vorschriften des Sprecherausschussgesetzes im Falle von Betriebsänderungen zunächst die **Primärzuständigkeit des Sprecherausschusses,** der auf Betriebsebene gebildet wurde, begründet.[1829] Handelt es sich bei der geplanten Betriebsänderung nun aber um eine unternehmenseinheitliche Maßnahme bzw. um eine Maßnahme, von der mindestens zwei Betriebe des Unternehmens betroffen sein können, so ist der **Gesamtsprecherausschuss** gemäß § 18 Abs. 2 SprAuG zuständig. Zudem besteht die Möglichkeit, dass der örtlich zuständige Sprecherausschuss seine Kompetenz an den Gesamtsprecherausschuss delegiert. (§ 18 Abs. 2 SprAuG). Im Unterschied zum Betriebsverfassungsrecht stellt das Sprecherausschussgesetz allerdings in § 18 Abs. 2 S. 3 SprAuG ausdrücklich klar, dass die Beauftragung des Gesamtsprecherausschusses jederzeit unter Einhaltung der in § 18 Abs. 2 S. 1 SprAuG vorgeschriebenen Form widerrufen werden kann. Damit ist für das Sprecherausschussgesetz der im Betriebsverfassungsrecht schwelende Streit entschieden, ob der Widerruf der Beauftragung des Gesamtbetriebsrates eines sachlichen Grundes bedarf.[1830] Bezüglich der Zuständigkeit des **Konzernsprecherausschusses** gilt gemäß § 23 SprAuG das Entsprechende.[1831]

[1823] Vgl. *Buchner* NZA Beil. 1/1989, 2 (18); *Hromadka/Sieg* SprAuG § 32 Rn. 83; HWK/*Annuß* SprAuG § 32 Rn. 8; MHdB ArbR/*Francke* § 312 Rn. 116.

[1824] 1 AZR 206/81, NZA 1985, 713.

[1825] 5 AZR 454/77, DB 1979, 1039. Diese Entscheidung wurde vom 1. Senat in der Entscheidung vom 16.7.1985 zum Teil aufgehoben. Allerdings geht auch der 1. Senat in der Entscheidung vom 16.7.1985 offenkundig davon aus, dass Betriebsrat und Arbeitgeber die leitenden Angestellten auf freiwilliger Basis durch den Sozialplan begünstigen können.

[1826] Vgl. *Dänzer-Vanotti* DB 1990, 41 (46); DKW/*Däubler* BetrVG § 112 Rn. 92.

[1827] Vgl. zum Inhalt eines möglichen „Sozialplans" für leitende Angestellte *Hromadka/Sieg* SprAuG § 32 Rn. 80ff.; MHdB ArbR/*Francke* § 312 Rn. 118.

[1828] Vgl. hierzu → Rn. 371ff.

[1829] Vgl. MHdB ArbR/*Francke* § 312 Rn. 119 mwN.

[1830] Vgl. hierzu → Rn. 374.

[1831] Vgl. hierzu auch die Ausführungen betreffend die Kompetenzen des Konzernbetriebsrates, → Rn. 379.

c) Sicherung und Durchsetzbarkeit der Beteiligungsrechte des Sprecherausschusses

514 Für Streitigkeiten betreffend die Beteiligungsrechte des Sprecherausschusses ist gemäß §§ 2a Abs. 1 Nr. 2, Abs. 2, 80 ff. ArbGG das arbeitsgerichtliche Beschlussverfahren eröffnet.[1832] Bezüglich der Möglichkeiten der Durchsetzung der Rechte des Sprecherausschusses im einstweiligen Verfügungsverfahren gemäß § 85 Abs. 2 ArbGG iVm §§ 935, 940 ZPO gelten die allgemeinen Grundsätze.[1833] Die Problematik wurde ausführlich in → Rn. 307 ff. behandelt.

d) Beteiligung des Sprecherausschusses bei Massenentlassungen?

515 Ob auch er Sprecherausschuss gemäß § 17 Abs. 2 KSchG zu einer Massenentlassung zu konsultieren ist, ist nach wie vor nicht abschließend geklärt. Hierfür spricht der Umstand, dass der Betriebsrat leitende Angestellte nicht vertritt, dass nach § 2 MERL jedoch eine Beteiligung von Arbeitnehmervertretern verlangt wird. Auch leitende Angestellte sind Arbeitnehmer im Sinne dieser Regelung. Insoweit ist es notwendig, § 17 Abs. 2 KSchG im Wege der teleologischen Reduktion unionsrechtskonform auszulegen.[1834] Umgekehrt kann argumentiert werden, dass § 17 Abs. 2 KSchG eine Konsultationspflicht nach dem insoweit eindeutigen Wortlaut nur für Betriebsräte, nicht hingegen für Sprecherausschüsse regelt.[1835] Das LAG Berlin-Brandenburg hat die Auffassung vertreten, auch Sprecherausschüsse seien zu beteiligten.[1836] Das BAG hat dies zwar nicht explizit bestätigt, sondern ist in Bezug auf die Schwerbehindertenvertretung, die das LAG ebenfalls als Adressat des § 17 Abs. 2 KSchG angesehen hat, ausgeführt, diese sei nicht zu beteiligen, da die Schwerbehinderten auch vom Betriebsrat mit vertreten werden. Allerdings erwähnt das BAG in der Entscheidung vom 13. 2. 2020 ausdrücklich, für den Fall, das *„mehrere Arbeitnehmervertretungen für verschiedene Beschäftigtengruppen – wie bspw. vorliegend die PV Cockpit und die PV Kbilno oder wie der Sprecherausschuss – gewählt sind,“* das Konsultationsverfahren nicht gemeinsam und gleichlaufend, sondern getrennt durchgeführt werden kann.[1837] Im Umkehrschluss ist daher davon auszugehen, dass auch das BAG es für notwendig erachtet, den Sprecherausschuss zu beteiligen, da die leitenden Angestellten sonst außen vor blieben. Es sollte daher vorsorglich, ist ein Sprecherausschuss gewählt, auch insoweit eine Konsultation nach § 17 Abs. 2 KSchG durchgeführt werden.[1838]

3. Beteiligungsrechte der Schwerbehindertenvertretung

Mit dem Bundesteilhabegesetz (BTHG), das am 23. 12. 2016 verabschiedet wurde, wurden auch die Beteiligungsrechte des Sprecherausschusses in Teilen erheblich gestärkt. Daher tut man gut daran, bei Planung und Umsetzung von Restrukturierungsmaßnahmen auch die Schwerbehindertenvertretung rechtzeitig einzubeziehen.

a) Beteiligungsrechte der Schwerbehindertenvertretung bei Betriebsänderungen und Massenentlassungen

516 § 178 Abs. 2 S. 1 SGB IX sieht vor, dass der Arbeitgeber die Schwerbehindertenvertretung in allen Angelegenheiten, die einen einzelnen oder die schwerbehinderten Menschen als Gruppe berühren, unverzüglich und umfassend zu unterrichten und vor einer Entschei-

---

[1832] Vgl. *Hromadka/Sieg* SprAuG § 32 Rn. 100; MHdB ArbR/*Francke* § 312 Rn. 121.
[1833] Vgl. *Hromadka/Sieg* SprAuG § 32 Rn. 100; MHdB ArbR/*Francke* § 312 Rn. 121.
[1834] Für eine Beteiligungspflicht des Sprecherausschusses MHdB-*Spelge* § 121 Rn. 91; *Krieger/Ludwig* NZA 2019, 919, 923; *Wißmann* RdA 1998, 221 (224).
[1835] Vgl. ErfK/*Kiel* KSchG § 17 Rn. 19d f.
[1836] 11. 7. 2019 – 21 Sa 2100/18, BeckRS 2019, 22969 Rn. 71.
[1837] 6 AZR 146/19, NZA 2020, 1006 Rn. 69.
[1838] So auch schon *Krieger/Ludwig* NZA 2010, 919 (923) mwN.

dung anzuhören hat. Die Durchführung oder Vollziehung einer solchen Entscheidung ist ohne die Einbindung der Schwerbehindertenvertretung auszusetzen, die Beteiligung ist innerhalb von sieben Tagen nachzuholen.

In der betrieblichen Praxis akzeptieren Unternehmen häufig im Falle von Interessenausgleichsverhandlungen die Teilnahme eines Schwerbehindertenvertreters. Gelegentlich werden die Schwerbehindertenvertreter auch aktiv zur Teilnahme aufgefordert. Auch wenn das im Zweifel sicherlich nichts schaden wird, besteht hierzu in der Regel keine Verpflichtung. Zum einen folgt aus §§ 111 ff. BetrVG schon deshalb keine entsprechende Verpflichtung, weil dort nur die Rechte des Betriebsrats geregelt sind. Eine gesonderte Verpflichtung aus § 111 BetrVG abzuleiten, ist auch nicht notwendig, da der Betriebsrat alle Arbeitnehmer – demnach auch etwaig schwerbehinderte Arbeitnehmer – vertritt. Werden von einer Maßnahme schwerbehinderte Menschen oder ihnen gleichgestellte Menschen in keiner Weise anders berührt als nicht schwerbehinderte Beschäftigte, besteht kein Ansatzpunkt für eine Zuständigkeit der Schwerbehindertenvertretung. Die Schwerbehindertenvertretung ist, so sieht das auch das BAG, nur zuständig, wenn Schwerbehinderte als einzelne oder als Gruppe in spezifischer Weise betroffen sind und deren Interessen tangiert sein mögen.[1839] Es ist schwer vorstellbar, dass bei der Planung einer Betriebsänderung diese Voraussetzungen erfüllt sind. Anders verhält es sich bei daraus resultierenden personellen Einzelmaßnahme. An denen ist die Schwerbehinderungsvertretung zu beteiligen. Demgemäß haben Schwerbehindertenvertreter, auch wenn das in der Praxis häufig anders gehandhabt wird, gemäß § 178 Abs. 4 SGB IX auch kein Teilnahmerecht an Verhandlungen zwischen Arbeitgeber und Betriebsrat. Das Teilnahmerecht beschränkt sich auf Betriebsratssitzungen.[1840]

Große Aufregung ist entstanden, als das LAG Berlin-Brandenburg in einer Entscheidung vom 11.7.2019 betreffend die Kündigung von Air Berlin Mitarbeitern die Auffassung vertreten hat, die Massenentlassungskonsultation hätte sich auf die Schwerbehindertenvertretung erstrecken müssen.[1841] Das BAG hat mit seiner Entscheidung 13.2.2020 den Spuk beendet und festgestellt, die Schwerbehindertenvertretung sei auch bei unionsrechtskonformem Verständnis des § 17 Abs. 2 KSchG kein Gremium, das konsultiert werden müsse. Begründet wird dies damit, dass nicht die MERL festlegt, welches Gremium zu konsultieren sei, sondern den Mitgliedsstaaten sei gemäß Art. 1 Abs. 1 Buchst. B der MERL ein weiter Ermessensspielraum eingeräumt worden, welches Gremium zu konsultieren sei. Da die Gruppe der Schwerbehinderten auch durch den Betriebsrat repräsentiert sei, bestehen keine Bedenken; eine „doppelte Repräsentanz" sei durch die MERL gerade nicht gefordert.[1842]

b) Beteiligungsrechte der Schwerbehindertenvertretung bei Kündigungen

Mit dem Bundesteilhabegesetz (BTGH) wurde mit Wirkung zum 30.12.2016 eingeführt, 517
dass die Kündigung eines schwerbehinderten oder gleichgestellten Menschen, die ohne eine vorherige *„unverzügliche und umfassende Unterrichtung"* der Schwerbehindertenvertretung ausgesprochen wird, unwirksam ist. Hierbei ist – wie auch bei der Anhörung nach § 102 BetrVG – die Anhörungspflicht nicht erst dann zu beachten, wenn nach Ablauf von 6 Monaten die Zustimmung des Integrationsamts zur Kündigung einzuholen ist (§ 173 Abs. 1 S. 1 Nr. 1 SGB IX), sondern in allen Fällen.[1843] Fraglich ist, welche Auswirkungen es hat, wenn der Arbeitgeber zum Zeitpunkt des Kündigungsausspruchs keine Kenntnis

[1839] Vgl. BAG 17.8.2019 – 9 ABR 83/09, NZA 2010, 1431; 26.1.2017 – 8 AZR 736/15, NZA 2017, 854; vgl. hierzu auch *Ludwig/Kemna* NZA 2019, 1547 (1548); *Pahlen* in Neumann/Pahlen/Greiner/Winkler/Jakob SGB IX § 178 Rn. 14; *Brose* in Rolfs/Giesen/Kreikebohm/Udsching SGB IX § 178 Rn. 22.

[1840] Vgl. LAG München 14.11.2008 – 5 TaBV 36/08, BEckRS 2009, 67469; *Pahlen* in Pahlen/Greiner/Winkler/Jakob SGB IX § 178 Rn. 14.

[1841] 21 Sa 2100/18, NZA-RR 2019, 640; vgl. hierzu *Ludwig/Kemna* NZA 2019, 1547.

[1842] 6 AZR 146/19, NZA 2020, 1006, Rn. 64 f.; so auch *Schubert/Schmitt* ZESAR 2020, 53 (55).

[1843] Vgl. *Bayreuther* NZA 2017, 87; *Conze* öAT 2018, 27; *Lingemann/Steinhauser* NJW 2017, 1369; .

von der Schwerbehinderung hat. Hier überlässt der Gesetzgeber die Lösung – wie so oft – der Rechtsprechung. Die Meinungen in der Literatur gehen aktuell klar dahin, die Rechtsprechung des BAG zum Zustimmungserfordernis des Integrationsamts entsprechend anzuwenden, was folgendes bedeutet:

Eine Anhörung der Schwerbehindertenvertretung ist nicht notwendig, wenn der Arbeitgeber die Schwerbehinderung nicht kannte, diese nicht offensichtlich war und der Arbeitnehmer ihm diese auch nicht innerhalb von 3 Wochen mitgeteilt hat. Letzteres soll dann nicht möglich sein, wenn der Arbeitnehmer zuvor die Frage nach einer Schwerbehinderung verneint hat.[1844]

Auch wenn der Wortlaut dies nicht zwingend erfordert, ist ein Arbeitgeber gut beraten, wenn er sich bei der Ausgestaltung der Anhörung an den Anforderungen nach § 102 BetrVG orientiert. Es ist anerkannt, dass jedenfalls dann, wenn die Anforderungen erfüllt sind, auch die Anhörung der Schwerbehindertenvertretung ordnungsgemäß ist.[1845] Keine abschließende Klarheit besteht derzeit darüber, in welchem Verhältnis die Anhörungspflicht nach § 178 Abs. 2 SGB IX und der Antrag auf Zustimmung zur Kündigung beim Integrationsamt stehen. Da § 178 Abs. 2 S 1 SGX IX verlangt, dass die Schwerbehindertenvertretung unverzüglich und umfassend zu unterrichten und vor der Entscheidung anzuhören ist, sollte schon aus Gründen der Vorsorge die Anhörung der Schwerbehindertenvertretung mindestens zeitgleich mit der Anhörung des Betriebsrats und vor Einreichung des Antrags auf Zustimmung zur Kündigung beim Integrationsamt erfolgen. Auch wenn bei der Betriebsratsanhörung anerkannt ist, dass diese erst nach Abschluss des Integrationsamtsverfahren durchgeführt werden kann, erscheint das Risiko, dass das Integrationsamt die Zustimmung zur Kündigung schon mangels Anhörung der Schwerbehindertenvertretung verweigert, beachtlich. Ob es genügt, die Anhörung der Schwerbehindertenvertretung und den Antrag beim Integrationsamt zeitgleich einzureichen, ist umstritten. Es mag sein, dass es Fallkonstellationen geben mag, wo argumentiert werden kann, dass der Arbeitgeber auch bei zeitgleicher Einreichung der Anträge noch „unverzüglich" handelt.[1846] Das Risiko, mit diesem Argument zu scheitern, sollte allerdings, lässt die Terminlage es zu, nach Möglichkeit vermieden werden. Vorsorglich sollte die Schwerbehindertenvertretung und er Betriebsrat daher zeitgleich angehört und erst im Anschluss das Integrationsamt eingeschaltet werden.[1847]

§ 178 Abs. 2 SGB IX lässt auch ungeregelt, was es bedeutet, die Schwerbehindertenvertretung anzuhören. Auch fehlt eine Regelung entsprechend § 102 Abs. 2 BetrVG dazu, innerhalb welcher Frist die Schwerbehindertenvertretung sich ggf. äußern kann. Ungeachtet dessen wird allgemein vertreten, in einer solchen Situation müsse man „die Flucht nach vorne" antreten und § 102 Abs. 2 BetrVG analog anwenden.[1848] Da dies jedoch nicht gesetzlich klar geregelt ist, sollte man der Schwerbehindertenvertretung in der Praxis mit der Anhörung eine explizite Frist entsprechend in in § 102 Abs. 2 BetrVG vorgesehenen Fristen zur Stellungnahme setzen.

4. Beteiligungsrechte des Europäischen Betriebsrates

518 Ist nach den Regeln der **Richtlinie 2009/38/EG v. 6.5.2009**[1849], die durch das **Europäische Betriebsräte-Gesetz** in Deutschland umgesetzt ist[1850], ein Europäischer Be-

[1844] Vgl. ErfK/*Rolfs* § 178 SGB IX Rn. 8; *Bayreuther* NZA 2017, 87; *Lingemann/Steinhauser* NJW 2017, 1369.
[1845] Vgl. *Bayreuther* NZA 2017, 87 (89); *Conze* öAT 2018, 27 (28); *Lingemann/Steinhauser* NZW 2017, 1369 (1370); ErfK/*Rolfs* § 178 SGB IX Rn. 9 mwN
[1846] So die Argumentation von *Mühlmann* NZA 2017, 884 (886).
[1847] So auch die Tendenz von *Lingemann/Steinhauser* NJW 2017, 1369, 1370.
[1848] So ausdrücklich ErfK/*Rolfs* § 178 SGB IX Rn. 10; *Bayreuther* NZA 2017, 87 (90); entsprechend *Conze* öAT 2018, 27 (28); *Mühlmann* NZA 2017, 884 (887); *Kleinebrink* DB 2017, 126 (129); *Richter* ArbR-Aktuell 2017, 84 (86).
[1849] Die Richtlinie hat die Richtlinie 94/45/EG v. 22.9.1994 abgelöst.

triebsrat kraft Gesetzes errichtet worden oder haben die Parteien eine Vereinbarung über grenzübergreifende Unterrichtung und Anhörung gemäß §§ 17 ff. EBRG bzw. gemäß § 41 EBRG getroffen, so sind im Falle einer Unternehmensumstrukturierung auch insoweit Beteiligungsrechte zu wahren. In welchen Fällen gemeinschaftsweit tätige Unternehmen oder Unternehmensgruppen in den Anwendungsbereich des EBRG fallen, ist im Einzelnen in → D Rn. 249 ff. erläutert. Nach den Vorschriften des EBRG haben die hiervon erfassten Unternehmen und Unternehmensgruppen ein großes Maß an Gestaltungsfreiheit, was die Umsetzung der dort vorgeschriebenen grenzüberschreitenden Unterrichtung und Anhörung anbelangt. So kann diese *zum einen* auf der Grundlage der Regelungen der §§ 21 ff. EBRG durch Errichtung eines sog. **Europäischen Betriebsrates kraft Gesetzes** erfolgen. *Zum anderen* lässt es das EBRG aber auch zu, dass gemeinschaftsweit tätige Unternehmen bzw. gemeinschaftsweit tätige Unternehmensgruppen mit einem gemäß §§ 8 ff. EBRG gebildeten besonderen Verhandlungsgremium **freie Vereinbarungen über die grenzübergreifende Unterrichtung und Anhörung** treffen. Hinzu kommt, dass gemäß § 41 EBRG die wenigen gesetzlichen Beschränkungen, die das EBRG den Parteien bei der Gestaltung der freien Vereinbarungen über die grenzübergreifende Unterrichtung und Anhörung auferlegen, dann nicht zur Anwendung kommen, wenn bereits vor dem 22. 9. 1996 auf der Grundlage von Art. 13 der Richtlinie 94/45/EG eine Vereinbarung über eine grenzübergreifende Unterrichtung und Anhörung getroffen wurde.[1851]

Sofern ein gemeinschaftsweit tätiges Unternehmen bzw. eine Unternehmensgruppe 519
eine freiwillige Vereinbarung abgeschlossen hat, richten sich die **Beteiligungsrechte der auf europäischer Ebene** etablierten Arbeitnehmervertretung ausschließlich nach dieser Vereinbarung. Nur in den Fällen, in denen die gemeinschaftsweit tätigen Unternehmen oder Unternehmensgruppen den Abschluss einer Vereinbarung ablehnen bzw. in denen eine Vereinbarung nicht zustande kommt, greifen die subsidiären Regelungen der §§ 21 ff. EBRG ein und es ist ein Europäischer Betriebsrat kraft Gesetzes zu errichten. Die Zuständigkeiten und Mitwirkungsrechte Europäischer Betriebsräte kraft Gesetzes sind in §§ 29 ff. EBRG **abschließend** geregelt. Im Hinblick auf die Vorteile, die eine freiwillige Vereinbarung über eine grenzübergreifende Unterrichtung und Anhörung bieten,[1852] haben seit Verabschiedung der Richtlinie 94/45/EG eine beachtliche Zahl von gemeinschaftsweit tätigen Unternehmen und Unternehmensgruppen diesen Weg gewählt.[1853]. Die Anwendbarkeit der subsidiären Vorschriften der §§ 21 ff. EBRG dürfte sich daher als Ausnahmeerscheinung darstellen. Vor diesem Hintergrund sind die Regelungen der §§ 29 ff. EBRG bislang nicht von nennenswerter praktischer Relevanz. Ein kursorischer Überblick über die Struktur der Beteiligungsrechte eines Europäischen Betriebsrats erscheint daher ausreichend.

a) Grenzüberschreitende Angelegenheiten

520 Grundvoraussetzung für das Bestehen von Beteiligungsrechten eines Europäischen Betriebsrates kraft Gesetzes ist gemäß **§ 1 Abs. 2 S. 1 EBRG** zunächst, dass es sich um eine grenzüberschreitende Angelegenheit handelt. Hiervon ist auszugehen, wenn das gemeinschaftsweit tätige Unternehmen insgesamt oder **mindestens zwei Betriebe oder zwei Unternehmen in verschiedenen Mitgliedstaaten** betroffen sind. Handelt es sich um ein gemeinschaftsweit tätiges Unternehmen bzw. eine Unternehmensgruppe, deren zentrale Leitung ihren Sitz nicht innerhalb der Europäischen Gemeinschaft hat, auf die aber das EBRG gleichwohl Anwendung findet, weil sich die nachgeordnete Leitung oder der

[1850] Zuletzt mit den Änderungen vom 7. 12. 2011.
[1851] Vgl. zu den verschiedenen Gestaltungsmöglichkeiten → D Rn. 238 ff.
[1852] Vgl. hierzu *Willemsen/Hohenstatt* NZA 1995, 399; *Wirmer* DB 1994, 2134; *Sandmann* WiB 1996, 415.
[1853] Vgl. hierzu *Blanpain/Schmidt/Schweibert,* Europäisches Arbeitsrecht, 2. Aufl. Rn. 653 ff. mwN; statistische Informationen finden sich bei DKW/*Däubler* Vorb. EBRG Rn. 25 mwN.

Vertreter der zentralen Leitung im Inland befindet, so ist der Europäische Betriebsrat gemäß § 1 Abs. 2 S. 2 EBRG nur zuständig, wenn es sich um eine Angelegenheit handelt, die sich auf das Hoheitsgebiet der Mitgliedstaaten erstreckt. Andernfalls fehlt es an dem grenzübergreifenden Charakter der Angelegenheit.

Beispiel C 80:

Der deutsche Automobilkonzern V. AG beabsichtigt, die Produktion eines Kleinwagens in Spanien einzustellen und diese nach Südamerika zu verlagern. Die V AG vertritt die Auffassung, hierbei handele es sich nicht um eine grenzübergreifende Angelegenheit.

521 Ob der Europäische Betriebsrat nur zu beteiligen ist, wenn die Maßnahme sich unmittelbar in zwei Mitgliedstaaten auswirkt, oder ob es ausreichend ist, wenn in einem Mitgliedstaat eine unternehmerische Entscheidung getroffen wird, die sich auf Betriebe oder Unternehmen in einem anderen Mitgliedstaat auswirken, ist umstritten. Für die erste Variante spricht der Wortlaut des § 1 Abs. 2 S. 1 EBRG. Dort heißt es ausdrücklich, es müsse sich um Angelegenheiten handelt, die mindestens zwei Betriebe oder zwei Unternehmen in verschiedenen Mitgliedstaaten betreffen. Wird in einem Mitgliedstaat lediglich die Entscheidung getroffen, ist dieser hierdurch noch nicht betroffen. Dem wird entgegengehalten, dass ein Europäischer Betriebsrat auch dann eingebunden werden soll, wenn die Unternehmensspitze der gemeinschaftsweit operierenden Unternehmensgruppe eine Entscheidung betreffend Mitarbeiter in einem anderen Mitgliedstaat trifft, da es sich damit schon über eine länderübergreifende Angelegenheit handelt. Diese Argumentation kann sich auf den Erwägungsgrund 16 der Richtlinie stützen, wonach zur Feststellung eines länderübergreifenden Charakters einer Angelegenheit sowohl der Umfang ihrer möglichen Auswirkung als auch die betroffene Leistungs- und Vertretungsebene berücksichtigt werden soll. Auch in der Gesetzesbegründung zu dem Zweiten EBRG-Änderungsgesetz ist nachzulesen, dass es sich dann um grenzüberschreitende Angelegenheit handelt, *„wenn Entscheidungen der zentralen Leitung, die sich auf die Arbeitnehmer in gemeinschaftsweit tätigen Unternehmen oder Unternehmensgruppen auswirken, außerhalb des Mitgliedstaates getroffen werden, in dem sie beschäftigt sind.“*[1854] So gesehen wird man davon ausgehen können, dass etwa in Fällen, in denen eine französische Konzernzentrale entscheidet, einen Betrieb in Spanien zu schließen, der Europäische Betriebsrat einzubinden ist.[1855] Insbesondere dann, wenn ggf. auch hätte entschieden werden können, dass anstelle des Betriebs in Spanien ein Betrieb in Italien geschlossen werden soll, ist das sehr gut nachvollziehbar. Kommt es allerdings zu einer Betriebsschließung in Frankreich, kann daraus nicht abgeleitet werden, dass aufgrund der Entscheidung einer europaweit zuständigen Konzernleitung dennoch der Europäische Betriebsrat einzubinden ist. Dann fehlt es gerade an einer konkreten – wenn auch nur mittelbaren – Betroffenheit eines zweiten Mitgliedsstaats.

b) Regelmäßige Unterrichtung und Anhörung

522 § 29 Abs. 1 EBRG[1856] regelt, dass die zentrale Leitung den Europäischen Betriebsrat **einmal im Kalenderjahr** über die Entwicklung der Geschäftslage und die Perspektiven des gemeinschaftsweit tätigen Unternehmens oder der gemeinschaftsweit tätigen Unternehmensgruppe unter rechtzeitiger Vorlage der erforderlichen Unterlagen **zu unterrichten und ihn anzuhören** hat. Hierbei ist der Europäische Betriebsrat gemäß § 29 Abs. 2 EBRG insbesondere zu unterrichten über

1. die Struktur des Unternehmens oder der Unternehmensgruppe sowie die wirtschaftliche und finanzielle Lage,

---

[1854] BT-Drs. 17/4808, 9.

[1855] Vgl. so DKW/*Däubler* EBRG § 1 Rn. 4; HWK/*Giesen* EBRG Rn. 67; *Hohenstatt/Kröpelin/Bertke* NZA 2011, 1313 (1314); *Franzen* EuZA 2010, 180 (181); aM noch in der Vorauflage.

[1856] Vor Inkrafttreten des Zweiten Änderungsgesetzes v. 7.12.2011 war die Regelung in § 32 EBRG enthalten.

2. die voraussichtliche Entwicklung der Geschäfts-, Produktions- und Absatzlage,
3. die Beschäftigungslage und ihre voraussichtliche Entwicklung,
4. Investitionen (Investitionsprogramme),
5. grundlegende Änderungen der Organisation,
6. die Einführung neuer Arbeits- und Fertigungsverfahren,
7. die Verlegung von Unternehmen, Betrieben oder wesentlichen Betriebsteilen sowie Verlagerungen der Produktion,
8. Zusammenschlüsse oder Spaltungen von Unternehmen oder Betrieben,
9. die Einschränkung oder Stilllegung von Unternehmen, Betrieben oder wesentlichen Betriebsteilen,
10. Massenentlassungen.

Der **Katalog der Unterrichtungs- und Anhörungsgegenstände** umfasst in Nr. 1–4 zunächst allgemeine wirtschaftliche Informationen, die denjenigen ähneln, über die gemäß § 106 Abs. 3 BetrVG auch der Wirtschaftsausschuss zu unterrichten ist. Die Tatbestände von Nr. 5–11 betreffen hingegen geplante unternehmerische Maßnahmen, die den in § 111 S. 2 BetrVG aufgelisteten verschiedenen Betriebsänderungen entsprechen.[1857] Im Falle der Umstrukturierung von gemeinschaftsweit tätigen Unternehmen und Unternehmensgruppen werden primär die Fälle des § 29 Abs. 2 Nr. 5–11 EBRG einschlägig sein. Da die dortigen Tatbestände sehr weitgehend denjenigen des § 111 S. 2 BetrVG ähneln, kann insoweit auf die Ausführungen zum Begriff der Betriebsänderung verwiesen werden.[1858] Der Auffassung von *Gaul,*[1859] wonach § 29 EBRG (bzw. der frühere § 32 EBRG) nicht voraussetzt, dass es sich bei den in § 29 Abs. 2 EBRG beschriebenen Maßnahmen um länderübergreifende Vorhaben handelt, kann nicht gefolgt werden. Zwar ist es zutreffend, dass § 29 EBRG keine entsprechenden Anforderungen aufstellt. Die Regelung ist jedoch nur einschlägig, wenn die Angelegenheit von der allgemeinen Zuständigkeitsregel des § 1 Abs. 2 EBRG erfasst wird und grenzüberschreitend ist.[1860]

Bei § 29 EBRG handelt es sich um eine **turnusmäßige Unterrichtungs- und Anhörungspflicht.** Nach der Norm ist die zentrale Leitung daher nicht verpflichtet, den Europäischen Betriebsrat jeweils rechtzeitig vor Durchführung einer in § 29 Abs. 2 Nr. 5–11 EBRG beschriebenen Umstrukturierungsmaßnahme zu beteiligen. Sie muss lediglich jährlich unter rechtzeitiger Vorlage der erforderlichen Unterlagen den Europäischen Betriebsrat unterrichten und ihn hierzu anschließend anhören. Die Unterlagen benötigt der Europäische Betriebsrat, um sich für die Sitzungen mit der zentralen Leitung angemessen vorbereiten und informieren zu können.[1861] 523

Sowohl in der Richtlinie **2009/38/EG** (§ 1 Abs. IV und V) als auch in dem Zweiten Änderungsgesetz (§ 1 Abs. 4, 5 EBRG) findet sich mittlerweile eine Definition der Begriffe Unterrichtung und Anhörung. Im Ergebnis läuft die Präzisierung nun darauf hinaus, dass nicht nur Informationen gegeben werden sollen, sondern dass die Beteiligten in einen echten Dialog eintreten sollen. Dies bedeutet zwar weiterhin keinen Einigungszwang, erfordert aber echte Beratungen.[1862]

Es gibt allerdings insoweit einen logischen Bruch, als die Anhörung nach § 1 Abs. 5 S. 1 EBRG zu einem Zeitpunkt erfolgen muss, die es den Arbeitnehmervertretern ermöglicht, innerhalb einer angemessenen Frist zu den vorgeschlagenen Maßnahmen, die Gegenstand der Anhörung sind, eine Stellungnahme abzugeben. Dies passt nicht zu der Vorgabe, nur turnusmäßig über die in § 29 Abs. 1 EBRG aufgelisteten Themen zu unterrichten. Im Hinblick auf die Regelung in § 30 EBRG, die in Abgrenzung zur turnusmäßigen Unter-

---

[1857] Vgl. *Engels/Müller* DB 1996, 981 (986); DKW/*Bachner* EBRG § 29 Rn. 4; *Müller* EBRG § 32 Rn. 4; *Sandmann* S. 214.
[1858] So auch *Müller* EBRG § 32 Rn. 15, vgl. hierzu → Rn. 27 ff.
[1859] *Gaul* NJW 1996, 3378 (3383).
[1860] Vgl. so auch HWK/*Giesen* EBRG Rn. 104; vgl. hierzu auch → Rn. 509.
[1861] Vgl. hierzu *Müller* EBRG § 32 Rn. 2.
[1862] Vgl. zum Begriff der Anhörung HWK/*Giesen* EBRG Rn. 14, DKW/*Däubler* EBRG § 1 Rn. 11 ff.

richtung und Anhörung gemäß § 29 EBRG eine „rechtzeitige“ Unterrichtung bei außergewöhnlichen Umständen verlangt, wird man davon ausgehen können, dass im Rahmen der turnusmäßigen Unterrichtung auch über in der Vergangenheit liegende und abgeschlossene Entwicklungen berichten kann, sofern es sich hier nicht um Maßnahmen handelt, die ein gesondertes Verfahren nach § 30 EBRG erforderlich machen.

c) Außerordentliche Unterrichtung und Anhörung

524 Neben der Pflicht zur turnusmäßigen Unterrichtung und Anhörung des Europäischen Betriebsrats ist die zentrale Leitung gemäß § 30 EBRG verpflichtet, den Europäischen Betriebsrat über außergewöhnliche Umstände oder Entscheidungen, die erhebliche Auswirkungen auf die Interessen der Arbeitnehmer haben, **ad hoc zu unterrichten.** Als **außergewöhnliche Umstände und Entscheidungen,** die eine derartige ad hoc-Unterrichtung erforderlich machen, gelten hierbei insbesondere

1. die Verlegung von Unternehmen, Betrieben oder wesentlichen Betriebsteilen,
2. die Stilllegung von Unternehmen, Betrieben oder wesentlichen Betriebsteilen,
3. Massenentlassungen.

Bei der Auslegung der in § 30 EBRG verwandten Begriffe wie Unternehmen, Betrieb und Betriebsteil sowie Verlegung und Stilllegung wird man auf das Betriebsverfassungsgesetz zurückgreifen können. Massenentlassungen liegen vor, wenn die Schwellenwerte des § 17 KSchG überschritten sind, wobei die Auslegung richtlinienkonform zu erfolgen hat[1863] Es ist allerdings auch hier darauf zu achten, dass gegenüber einem Europäischen Betriebsrat eine Beteiligungspflicht nur besteht, wenn es sich auch um eine grenzüberschreitende Angelegenheit iSd § 1 Abs. 2 EBRG handelt. Die bloße Tatsache, dass es in einem Mitgliedstaat zu Massenentlassungen kommt, genügt zur Begründung ans Beteiligungsrecht des Europäischen Betriebsrats nicht.

Im Falle der Planung derartiger Maßnahmen ist der Arbeitgeber verpflichtet, den Europäischen Betriebsrat **rechtzeitig unter Vorlage der erforderlichen Unterlagen** zu unterrichten und auf Verlangen anzuhören. Zudem hat der Europäische Betriebsrat gemäß § 27 Abs. 1 S. 2 EBRG das Recht, eine Sitzung durchzuführen und zu dieser einzuladen. Weiter gehende Verpflichtungen, wie etwa diejenige zum Abschluss einen Sozialplans oÄ, bestehen nicht. Als rechtzeitig wird man eine Unterrichtung und Anhörung immer dann ansehen können, wenn die zentrale Leitung ggf. die Bedenken oder Vorschläge des Europäischen Betriebsrats noch berücksichtigen kann.[1864] Dies bedeutet, dass eine Unterrichtung vor der Durchführung der Maßnahme und nach Abschluss der internen Planungsphase erfolgen muss.[1865] § 1 Abs. 7 EBRG stellt nunmehr ausdrücklich klar, dass der Europäische Betriebsrat **spätestens gleichzeitig mit den nationalen Vertretungsgremien** der Arbeitnehmer zu unterrichten und anzuhören ist. In der Praxis bietet es sich gerade bei streng vertraulichen Planungen, die nicht vorzeitig publik werden dürfen, an, die Unterrichtung der nationalen Gremien und des Europäischen Betriebsrats tatsächlich in enger zeitlicher Abfolge, wenn nicht sogar parallel durchzuführen. Es ist allerdings zu beachten, dass vertreten wird, dass eine ordnungsgemäße Anhörung in komplexen Angelegenheiten nur erfolgen kann, wenn dem Europäischen Betriebsrat rechtzeitig vor der Anhörung die notwendigen Unterlagen übermittelt wurden, so dass er sich vorbereiten kann. Vor dem Hintergrund wird es jedenfalls bei komplexen Restrukturierungsmaßnahmen nicht damit getan sein, den Europäischen Betriebsrat zu einer Sitzung oder einer Telefonkonferenz einzuladen, eine Power Point Präsentation zu halten und im Anschluss die Themen mit ihm zu beraten.[1866]

[1863] Vgl. DKW/*Bachner* EBRG § 30 Rn. 2.

[1864] Vgl. *Engels/Müller* DB 1996, 981 (987); *Forst* NZA 2009, 294 (295); ausführlich hierzu *Blanke/Rose* RdA 2008, 65.

[1865] Vgl. DKW/*Bachner* EBRG § 30 Rn. 5.

[1866] Vgl. hierzu die Ausführungen des LAG Köln, 13 Ta 267/11, BB 2012, 197 Rn. 27.

525 Umstritten ist die Frage, ob der zentralen Leitung durch eine **einstweilige Verfügung gemäß** § 85 Abs. 2 ArbGG iVm §§ 935, 940 ZPO untersagt werden kann, bis zum Abschluss des Verfahrens gemäß § 30 EBRG die geplante Maßnahme durchzuführen.[1867] Wäre dies der Fall, so könnten beispielsweise durch eine gerichtliche Untersagungsverfügung zumindest zeitweise Betriebsstilllegungen, Massenentlassungen etc. untersagt werden. Entsprechendes ist in Frankreich bereits mehrfach geschehen. So wurde beispielsweise Renault[1868] und Panasonic[1869] in 1997 bzw. 1998 untersagt, geplante Schließungen bzw. Produktionsverlagerungen durchzuführen, bevor der Europäische Betriebsrat nicht ordnungsgemäß beteiligt ist. Während einerseits damit argumentiert wird, dass andernfalls eine Wahrung der Beteiligungsrechte nicht sichergestellt werden könne, wird andererseits darauf verwiesen, dass ein derartiger Unterlassungsanspruch weit über das Beteiligungsrecht hinausgehe und eine gesetzliche Grundlage vermissen lasse. Der Betriebsrat kann – anders als nach §§ 111, 112 BetrVG – von der zentralen Leitung nicht den Versuch eines Interessenausgleichs, sondern lediglich eine Anhörung verlangen. Selbst wenn man für das Interessenausgleichsverfahren der Auffassung folgen wollte, hier bestehe ein Unterlassungsanspruch, kann dies daher nicht ohne weiteres für ein Unterrichtungs- und Anhörungsverfahren nach § 30 EBRG gelten. Die Diskussion über den Unterlassungsanspruch hat mit dem Zweiten Änderungsgesetz zum EBRG neue Nahrung bekommen, da der Gesetzgeber in Kenntnis der Streitfragen davon abgesehen hat, eine entsprechende Regelung aufzunehmen. Vielmehr hat er es dabei belassen, in § 45 EBRG eine Geldbuße festzusetzen. Und dies, obwohl den Mitgliedstaaten in der Richtlinie aufgegeben wurde, deren Einhaltung sicherzustellen. Hat aber nun der deutsche Gesetzgeber dennoch keine Regelung ähnlich der Vorschrift in § 23 Abs. 3 BetrVG aufgenommen oder sonst einen Unterlassungsanspruch verankert, worauf will man dann einen solchen Anspruch stützen. Demgemäß haben das LAG Köln[1870] sowie das Arbeitsgericht Köln[1871] jeweils den Erlass einer einstweiligen Verfügung schon aus Rechtsgründen zutreffend abgelehnt. Dem ist das LAG Baden-Württemberg gefolgt.[1872]

Bedenkt man nun, dass jedenfalls in Deutschland bei Betriebsänderungen regelmäßig ein langwieriges Verfahren mit dem Betriebsrat durchzuführen ist, ist dies die Erklärung, warum das etwaige Bestehen oder Nichtbestehen eines Unterlassungsanspruchs des Europäischen Betriebsrats in Deutschland praktisch nicht von großem Interesse ist. Schließlich bleibt in der Regel ausreichend Zeit, um, hat man die Vorgehensweise gut geplant, die Rechte des Europäischen Betriebsrats vor der Umsetzung der Maßnahme zu wahren.

VII. Checkliste

526 Aus den obigen Ausführungen wird ersichtlich, dass die Beteiligungsrechte, die ein Unternehmer zu wahren hat, plant er eine Umstrukturierung seines Unternehmens, außerordentlich umfassend und vielschichtig sein können. Darüber hinaus führt die Beteiligung der unterschiedlichen Gremien uU zu einer erheblichen zeitlichen Beanspruchung und ggf. auch zu einer Verzögerung der Umstrukturierungsmaßnahmen. Es sollte daher, will man nachteilige Folgen aufgrund einer unterlassenen oder unzureichenden Beteiligung vermeiden, bereits im ersten Planungsstadium folgende Prüfung angestellt werden:

1867 Für einen Unterlassungsanspruch sprechen sich aus; DKW/*Däubler* Vorb. EBRG Rn. 23; § 1 Rn. 16; DKW/*Bachner* EBRG § 29 Rn. 2; *Lorenz/Zumfelde* RdA 1998, 168 (171); aA *Müller* EBRG § 33 Rn. 6; HWK/*Giesen* EBRG Rn. 111 mwN zum Diskussionsstand; vgl. hierzu auch → Rn. 366ff.

1868 Cour d'Appel de Versailles 7.5.1997 – Urt. Nr. 308, Reg. Nr. 2780/97, AuR 1997, 301.

1869 Tribunal de Grande Instance Bobigny 4.5.1998 – 4538/98, nv.

1870 LAG Köln 8.9.2011 – 13 Ta 267/11, BB 2012, 197 mit einer Anmerkung von *Heckelmann/Wolff*, die das Urteil begrüßen.

1871 ArbG Köln 25.5.2012 – 5 BV 208/11, BeckRS 2012, 71403.

1872 12.10.2015 – 9 TaBV 267/11, AiB 2012, 126.

1. Identifizierung etwaig bestehender Beteiligungsrechte

a) Besteht eine Unterrichtungspflicht gemäß § 106 BetrVG gegenüber dem Wirtschaftsausschuss?
b) Besteht eine Unterrichtungspflicht gemäß § 32 EBRG gegenüber dem Europäischen Betriebsrat oder aufgrund der Vereinbarung über grenzübergreifende Unterrichtung und Anhörung?
c) Ist der Betriebsrat oder Gesamtbetriebsrat gemäß § 111 BetrVG über eine bevorstehende Betriebsänderung zu unterrichten? Ist gemäß §§ 111, 112 BetrVG ein Interessenausgleich zu versuchen?
d) Ist ein Sozialplan gemäß §§ 112, 112a BetrVG aufzustellen?
e) Ist der Europäische Betriebsrat gemäß § 33 EBRG oder aufgrund einer freiwilligen Vereinbarung über grenzübergreifende Unterrichtung und Anhörung über außergewöhnliche Umstände zu unterrichten?
f) Bestehen sonstige Beteiligungsrechte des Betriebsrats nach dem Betriebsverfassungsgesetz, namentlich
   – Mitbestimmungsrechte gemäß § 87 BetrVG;
   – Mitbestimmungsrechte gemäß § 99 BetrVG;
   – Mitbestimmungsrechte gemäß § 102 BetrVG.
g) Bestehen Beteiligungsrechte gemäß § 17 Abs. 2 KSchG bezüglich einer bevorstehenden Massenentlassung?
h) Bestehen besondere Beteiligungsrechte des Betriebsrats nach dem Umwandlungsgesetz?
i) Bestehen besondere Beteiligungsrechte des Betriebsrats nach dem WpÜG?
j) Ist der Sprecherausschuss gemäß § 32 Abs. 1 SprAuG zu beteiligen?

2. Ermittlung des voraussichtlichen Zeitaufwandes

527 Der voraussichtliche Zeitaufwand, der für die Wahrung etwa bestehender Beteiligungsrechte erforderlich sein wird, lässt sich nicht immer präzise vorhersagen. Es gibt jedoch eine Reihe von Beteiligungsrechten, für die ein bestimmter Zeitrahmen vorgegeben ist, so dass insoweit eine präzise Zeitplanung möglich und auch sinnvoll erscheint. Hierzu zählen insbesondere die Beteiligungsrechte gemäß §§ 99, 102 BetrVG, § 17 Abs. 2 KSchG sowie nach den Vorschriften des Umwandlungsgesetzes. In allen übrigen Fällen, namentlich bei dem Versuch eines Interessenausgleichs, lässt sich der erforderliche Zeitaufwand jedenfalls dadurch begrenzen, dass der Unternehmer gut vorbereitet die Verhandlungen mit dem zuständigen Gremium beginnt und diese zügig vorantreibt.

3. Erstellung eines Ablaufplans zur Erfüllung der verschiedenen Beteiligungsrechte der Organe der Betriebsverfassung

528 Gerade in Fällen komplexer Umstrukturierungen, die vielfältige Beteiligungsrechte der Organe der Betriebsverfassung auslösen, ist es sinnvoll, bereits im Planungsstadium einen möglichst detaillierten Ablaufplan aufzustellen, in dem die unterschiedlichen Beteiligungsrechte sowie etwa einzuhaltende Fristen Berücksichtigung finden. Hier wird sich zeigen, dass einige Beteiligungsrechte sich zeitlich und auch inhaltlich überschneiden. Ein derartiger Ablaufplan erleichtert daher nicht nur die Übersicht über die notwendigen Schritte, sondern erlaubt es auch, den mit der Wahrung der Beteiligungsrechte verbundenen Aufwand möglichst gering zu halten.

D. Auswirkungen der Unternehmensumstrukturierung auf die Organe der Betriebsverfassung

Übersicht

Ausgewählte Literatur:

Annuß, Grundfragen des gemeinsamen Betriebs, NZA-Sonderheft 2001, 12; *Annuß/Hohenstatt*, Betriebsidentität und Sozialauswahl beim gemeinsamen Betrieb, NZA 2004, 420; *A. Bonanni*, Der gemeinsame Betrieb mehrerer Unternehmen, Diss., Köln, 2003; *Däubler*, Der Gemeinschaftsbetrieb im Arbeitsrecht, Festschrift für Albrecht Zeuner zum 70. Geburtstag, 1994, S. 19; *Däubler/Bepler*, Das neue Tarifeinheitsrecht, 2015; *Engels*, Das BAG und die Matrixstruktur, NZA 2020, 699; *Franzen*, Die EU-Richtlinie 2009/38/EG über Europäische Betriebsräte, EuZA Bd. 3 (2010), 180; *B. Gaul*, Das Arbeitsrecht der Betriebs- und Unternehmensspaltung, 2002; *Giesen/Rixen*, Tarifeinheits-Reparaturgesetz: Was regelt der neue § 4a II 2 TVG?, NZA 2019, 577; *Haag*, Umstrukturierung und Betriebsverfassung, 1996; *Hanau/Wackerbarth*, Der Konzernrat nach § 3 BetrVG nF, Festschrift für Peter Ulmer, 2003, S. 1.303; *Hohenstatt/Dzida*, Die „maßgeschneiderte" Betriebsverfassung – Der neue § 3 BetrVG, DB 2001, 2.498; *Hohenstatt/Kröpelin/Bertke*, Die Novellierung des Gesetzes über Europäische Betriebsräte (EBRG): Handlungsbedarf bei freiwilligen Vereinbarungen? NZA 2011, 1.313; *Hopfe*, Der gemeinsame Betrieb, 2006; *Hoppe/Uechtritz/Reck*, Handbuch Kommunale Unternehmen, 3. Aufl. 2012; *Jacobs*, Tarifeinheit und Tarifkonkurrenz, 1999; *Junker*, Neues zum Europäischen Betriebsrat, RdA 2002, 32; *Kaiser*, Sprecherausschüsse für leitende Angestellte: Organisation, Aufgaben und Mitwirkungsrechte, 1995; *Konzen*, Unternehmensaufspaltungen und Organisationsänderungen im Betriebsverfassungsrecht, 1986; *Kramer*, Rechtsfragen des Sprecherausschußgesetzes, 1993; *Kreutz*, Gemeinsamer Betrieb und einheitliche Leitung, Festschrift für Reinhard Richardi zum 70. Geburtstag, 2007, S. 637; *Krieger*, Beteiligungsrechte des Betriebsrats bei der Einführung von Matrixstrukturen im Konzern, Festschrift für Heinz Josef Willemsen zum 65. Geburtstag, 2018, 269; *Linsenmaier*, Identität und Wandel – zur Entstehung von Übergangsmandaten nach § 21 a BetrVG, RdA 2017, 128; *Löwisch*, Misslungene Reparatur des Tarifeinheitsgesetzes, RdA 2019, 169; *Lunk*, Übergangs- und Restmandate – eine Zwischenbilanz, Festschrift für Heinz Josef Willemsen zum 65. Geburtstag, 2018, 299; *Mengel*, Umwandlungen im Arbeitsrecht, 1997; *Müller-Bonanni*, Der Betriebsinhaberwechsel im Rahmen des Umwandlungsgesetzes, 2004; *Plander*, Der Betrieb als Verhandlungsobjekt im Betriebsverfassungs- und sonstigen Arbeitsrecht, NZA 2002, 483; *Preis/Willemsen* (Hrsg.), Umstrukturierung von Betrieb und Unternehmen im Arbeitsrecht, 1999; *Rademacher*, Der Europäische Betriebsrat, 1996; *Reinhard*, Betriebsverfassungsrechtliche Mitbestimmung in der Matrix, Festschrift für Heinz Josef Willemsen zum 65. Geburtstag, 2018, 377; *Richardi*, Konzernzugehörigkeit eines Gemeinschaftsunternehmens nach dem Mittbestimmungsgesetz, 1977; *Rieble*, Kompensation der Betriebsspaltung durch den Gemeinschaftsbetrieb mehrerer Unternehmen (§ 322 UmwG), Festschrift für Günther Wiese, 2000, S. 453; *Rieble*, Das Übergangsmandat nach § 21a BetrVG, NZA 2002, 233; *Röder/Powietzka*, Gesamt- und Konzernbetriebsräte in internationalen Konzernunternehmen, DB 2004, 542; *Rolf*, Unternehmensübergreifende Betriebsratsstruktur gemäß § 3BetrVG, 2004; *Salamon*, Der Gesamtbetriebsrat in unternehmensübergreifenden Spartenorganisationen, NZA 2018, 143; *Sandmann*, Die Euro-Betriebsratsrichtlinie 94/45/EG, 1996; *Schönhöft/Wertz*, Die Bildung eines Gesamtbetriebsrats bei Unternehmen, die ausschließlich Träger von Gemeinschaftsunternehmen sind, RdA 2010, 100; *Schweibert*, Gewillkürter Gemeinschaftsbetrieb als zulässige Gestaltungsform? Festschrift für Heinz Josef Willemsen zum 65. Geburtstag, 2018, 499; *Stöckel*, Das Amt des Betriebsrats nach Umstrukturierungen, Diss., Berlin, 2011; *Theisen/Wenz*, Die Europäische Aktiengesellschaft, 2. Aufl. 2005; *Thüsing*, Vereinbarte Betriebsratsstrukturen, ZIP 2003, 693; *Thüsing/Forst*, Konzernweite Strukturierung von Organen der Betriebsverfassung, Konzern 2010, 1; *Weiss/Raffler*, Auswirkungen von Restrukturierungen auf den Betriebsrat, Festschrift für Sebastian Spiegelberger zum 70. Geburtstag, 2009, S. 944; *Willemsen/Hohenstatt*, Erstreckung des Übergangsmandats auf bislang betriebsratslose Einheiten?, DB 1997, 2609; *Windbichler*, Arbeitsrecht im Konzern, 1989.

I. Einleitung

Bei der Planung und Durchführung von Änderungen der Unternehmensstruktur[1] und beim Unternehmenskauf verdienen die hierdurch möglicherweise eintretenden Änderungen auf der Ebene der betriebsverfassungsrechtlichen Organisation besonderes Augenmerk. 1

[1] Unternehmensumstrukturierungen; zum Begriff → B Rn. 2ff.

Unter steuerrechtlicher oder operativer Zielsetzung durchgeführte Umstrukturierungen können – ungewollt, unbemerkt oder aber als durchaus erwünschter Nebeneffekt – zu veränderten Zuordnungen betrieblicher Einheiten zu bestehenden Betriebsräten, insbesondere zum **Entzug oder zur Bündelung von Zuständigkeiten** führen, ebenso zur Bildung oder zum Wegfall eines **Gesamt- oder Konzernbetriebsrats oder** zu Änderungen im Hinblick auf grenzübergreifende Unterrichtungs- und Anhörungsverfahren (Stichwort: Europäischer bzw. SE-Betriebsrat). Derlei Veränderungen können aus unternehmerischer Sicht von so entscheidender Bedeutung sein, dass sich Arbeitgeber aufgrund rein **betriebsverfassungsrechtlicher Erwägungen** zur Durchführung von Umstrukturierungen entschließen oder aber, im Gegenteil, derlei Maßnahmen wegen der damit einhergehenden betriebsverfassungsrechtlichen Konsequenzen ganz oder teilweise unterlassen. Oft genug ist aber bei konzerninternen Umstrukturierungen die Änderung der betriebsverfassungsrechtlichen Struktur nicht nur eine Nebenfolge, sondern Teil der Umstrukturierungsstrategie. Wenn zB in einem Konzern bislang getrennte Vertriebseinheiten zur besseren Steuerung zusammengefasst werden, führt dies oft zu neuen Betriebsstrukturen, die sich unmittelbar auf den Bestand und die Zuständigkeit von Betriebsräten auswirken.

Insbesondere das „Schicksal" des Amtes bestehender Betriebsräte und Veränderungen hinsichtlich deren (räumlicher) Zuständigkeit berühren stets brisante bzw. „politische" Aspekte und sind mit dem Betriebsfrieden eng verknüpft. Die sorgfältige Analyse dieser Konsequenzen gehört daher zwingend zu einer **professionellen Umstrukturierungskonzeption.**

2 Indessen sind eine ganze Reihe von Konstellationen denkbar, bei denen **Änderungen** auf der Unternehmensebene **ohne betriebsverfassungsrechtliche Auswirkungen** bleiben. Dies liegt im Wesentlichen daran, dass die Ebenen des Unternehmens einerseits und des Betriebes andererseits im Arbeitsrecht generell und insbesondere im Betriebsverfassungsrecht streng voneinander zu unterscheiden sind. Das Betriebsverfassungsrecht ist vom Grundsatz her **betriebsbezogen** strukturiert, so dass Änderungen allein auf der **Ebene des Unternehmens** im Wesentlichen **ohne Auswirkungen** auf die betriebsverfassungsrechtliche Struktur bleiben.[2] Dies gilt jedenfalls für das „Schicksal" des im örtlichen Betrieb bestehenden Betriebsrates, dem in der betriebsverfassungsrechtlichen Praxis regelmäßig – insbesondere im Vergleich zum Gesamt- und Konzernbetriebsrat – ausschlaggebende Bedeutung zukommt. Aber auch ein Unternehmensverkauf, also der sog. Share Deal, hat auf Ebene des örtlichen Betriebsrats und des Gesamtbetriebsrats keine Auswirkungen, weil nicht nur der Betrieb, sondern auch der Rechtsträger, der Bezugspunkt des Gesamtbetriebsrats ist, bestehen bleibt.

3 Unter dem **Betrieb** iSd Betriebsverfassungsrechts versteht das Bundesarbeitsgericht und ihm folgend die herrschende Meinung die **organisatorische Einheit,** innerhalb derer ein Arbeitgeber allein oder mit seinen Arbeitnehmern mit Hilfe von technischen und immateriellen Mitteln bestimmte arbeitstechnische Zwecke fortgesetzt verfolgt.[3] Auch wenn sich der klassische Betriebsbegriff vereinzelt Kritik ausgesetzt sieht[4] und von der Lehre im Sinne eines teleologischen Verständnisses fortentwickelt worden ist,[5] besteht Konsens jedenfalls insoweit, dass es sich beim Betrieb um eine **organisatorische Kategorie** handelt und im Betriebsverfassungsrecht denjenigen Ort beschreibt, an dem Arbeitnehmer zur

[2] Zur Unterscheidung zwischen (rein) gesellschaftsrechtlichen, (rein) arbeitsrechtlichen (betriebsbezogenen) und Maßnahmen im Überschneidungsbereich ausführlich unter → B Rn. 2ff.; im Zusammenhang mit der Mitbestimmung bei Betriebsänderungen s. auch → C Rn. 63; vgl. auch BAG 10.12.1996 – 1 ABR 32/96, NZA 1997, 898 unter B II. 1a) der Gründe.

[3] Vgl. die Nachweise bei *Fitting* BetrVG § 1 Rn. 93; vgl. zum Betriebsbegriff bei sog. Matrixstrukturen *Kort* NZA 2013, 1318 (1321).

[4] Vgl. *Joost,* Betrieb und Unternehmen als Grundbegriffe im Arbeitsrecht, 1988, S. 94.

[5] Vgl. MHdB ArbR/*Richter* § 24 Rn. 15; *Richardi/Maschmann* in Richardi BetrVG § 1 Rn. 19; *Preis* RdA 2000, 257 (269).

Wahrnehmung ihrer Mitwirkungs- und Mitbestimmungsrechte einen Betriebsrat wählen können.[6]

Der Begriff des **Unternehmens** indessen knüpft auch im Betriebsverfassungsrecht „an die in den handelsrechtlichen Gesetzen (AktG, SEAG, GmbHG, HGB) für das Unternehmen vorgeschriebenen Rechts- und Organisationsformen an".[7] Das Unternehmen kann mit dem jeweiligen **Rechtsträger** des Betriebes bzw. der Betriebe gleichgesetzt werden.[8] Dies macht deutlich, dass sich Betrieb und Unternehmen auch im Hinblick auf ihre jeweilige Zwecksetzung unterscheiden: der Betrieb dient einem **arbeitstechnischen Zweck,** das Unternehmen dem dahinter stehenden **wirtschaftlichen Zweck.**[9] 4

Im Folgenden sollen die betriebsverfassungsrechtlichen Auswirkungen von Unternehmensumstrukturierungen wie folgt systematisiert werden. Zunächst sind diejenigen Veränderungen auf Unternehmensebene zu beschreiben, die **ohne** Auswirkungen auf die betriebsverfassungsrechtliche Struktur insgesamt oder jedenfalls auf den örtlichen Betriebsrat bleiben (nachfolgend unter II.). Im Vordergrund stehen sodann diejenigen Veränderungen, die die betriebsverfassungsrechtliche Organisation auf der Ebene des örtlichen Betriebes berühren. Insofern soll dahingehend differenziert werden, ob die Umstrukturierung dazu führt, dass bisher einheitlich organisierte Betriebe **geteilt bzw. gespalten** werden (III.) oder ob – im Gegenteil – Umstrukturierungen damit verbunden sind, dass bislang getrennte Betriebe oder Betriebsteile zu einer betriebsverfassungsrechtlichen Einheit zusammengefügt **(Zusammenschluss von Betrieben)** werden (IV.). 5

Diese Systematisierung, die bewusst auf den einzelnen Betrieb als die entscheidende betriebsverfassungsrechtliche Kategorie abstellt, lässt zunächst diejenigen Veränderungen außer Acht, die sich hinsichtlich der Bildung, der Beibehaltung oder des Wegfalls von **Gesamt- und Konzernbetriebsräten** sowie im Hinblick auf den **Europäischen bzw. SE-Betriebsrat** ergeben. Diese Auswirkungen sind jeweils gesondert zu untersuchen (siehe in diesem Kapitel unter VI. und IX.). Gleiches gilt für die ebenfalls gesondert behandelten Auswirkungen von Umstrukturierungen auf die **Sprecherausschüsse leitender Angestellter,** auf den **Wirtschaftsausschuss** und schließlich im Zusammenhang mit den im BetrVG enthaltenen **Schwellenwerten/Zahlengrenzen** (hierzu unter VIII). Die Möglichkeiten, die betriebsverfassungsrechtliche Struktur durch **Vereinbarungslösungen** zu modifizieren (§ 3 BetrVG), werden im Kapitel VII aufgegriffen. Insbesondere soll der Frage nachgegangen werden, wie sich Umstrukturierungen auf betriebsverfassungsrechtliche Strukturen, die auf vom Gesetz abweichenden Vereinbarungen beruhen, auswirken. Im Übrigen wird untersucht, ob bzw. wie das in § 3 BetrVG vorgesehene Instrumentarium zur Optimierung einer Umstrukturierung eingesetzt werden kann.

II. Auf die Unternehmensebene beschränkte Umstrukturierungen

Die hier behandelten Konstellationen fallen nur teilweise unter die Kategorie **„rein gesellschaftsrechtliche Vorgänge"**, die bereits im Rahmen einer ersten Systematisierung der verschiedenen Formen der Unternehmensumstrukturierung herausgearbeitet wurde, andere sind dem **Überschneidungsbereich**[10] zuzuordnen. Die Trennungslinien verlaufen bei der spezifisch auf die betriebsverfassungsrechtliche Struktur ausgerichteten Betrachtung, wie sie hier erforderlich ist, partiell abweichend. 6

---

[6] Vgl. MHdB ArbR/*Richter* § 24 Rn. 17.
[7] BAG 23.8.1989 – 7 ABR 39/88, NZA 1990, 863.
[8] Vgl. *Fitting* BetrVG § 1 Rn. 89; instruktiv zum Begriff des Unternehmens im Betriebsverfassungsrecht BAG 13.6.1985 – 2 AZR 452/84, NZA 1986, 600 unter A II. 2. a) der Gründe.
[9] BAG 3.12.1954 – 1 ABR 7/54, NJW 1955, 277; *Richardi/Maschmann* in Richardi BetrVG § 1 Rn. 18.
[10] Vgl. → B Rn. 2ff.

So ist etwa die Übertragung eines gesamten Betriebes auf ein anderes Unternehmen *(Asset Deal)* durchaus als Misch- und Überschneidungstatbestand im Sinne der im Kapitel B entwickelten Systematik anzusehen,[11] da sowohl unternehmensbezogen als auch von arbeitsrechtlicher Relevanz – insbesondere hinsichtlich des damit verbundenen Betriebsübergangs gem. § 613a BGB. Dennoch bleibt die Maßnahme – wie sogleich noch zu zeigen sein wird – hinsichtlich des Bestandes eines im betreffenden Betrieb gewählten Betriebsrates ohne Auswirkungen, solange der Betrieb seine organisatorische Eigenständigkeit behält.

1. Veränderungen auf Gesellschafterebene *(„Share Deal")*[12]

7 **Beispiel D 1:**

Die A-GmbH unterhält (lediglich) einen Betrieb, in dem ein Betriebsrat besteht. Die Gesellschafter der A-GmbH veräußern die Gesellschaftsanteile an die B-GmbH, die ihrerseits bereits einen Betrieb – an einem anderen Ort – betreibt. Die Organisation der beiden Betriebe soll sich durch die Transaktion nicht verändern.

Der beschriebene Vorgang bleibt für die Arbeitnehmer der A-GmbH arbeitsrechtlich weitgehend[13] ohne Auswirkungen. Die A-GmbH als Rechtsträger des Betriebes bleibt individualrechtlich Partei der Arbeitsverträge und Arbeitgeber der Belegschaft. Es hat sich lediglich ein **Wechsel hinsichtlich der Gesellschafter** der A-GmbH vollzogen, während der **Rechtsträger** des A-Betriebes in Gestalt der A-GmbH **unverändert** fortbesteht.[14] Da die neue Gesellschafterin der A-GmbH über den Anteilserwerb hinaus **keine organisatorischen Veränderungen** bei der erworbenen Gesellschaft veranlasst (weshalb auch keine Betriebsänderung nach § 111 BetrVG vorliegt), insbesondere der Betrieb der A-GmbH **nicht** mit dem der B-GmbH **zusammengelegt** wird, bleibt der Betrieb der A-GmbH als Anknüpfungspunkt für betriebsverfassungsrechtliche Zuordnungen unverändert, so dass der dort bestehende Betriebsrat bis zum Ablauf der regulären Amtszeit amtiert.[15]

2. *„Asset Deal"* hinsichtlich eines gesamten Betriebes[16]

8 **Beispiel D 2:**

Die A-GmbH (s. vorstehendes Bsp. D 1) veräußert ihren Betrieb mittels Übertragung sämtlicher Vermögensgegenstände an die B-GmbH (Einzelrechtsübertragung), die wiederum keine organisatorischen Veränderungen hinsichtlich ihres eigenen und des „übernommenen" Betriebes vornimmt.

Dieser Fall unterscheidet sich von der Anteilsübertragung *(Share Deal)* individualrechtlich in entscheidender Weise dahingehend, dass die B-GmbH als Rechtsfolge eines Betriebsüberganges iSv **§ 613a Abs. 1 S. 1 BGB** in die Stellung des Arbeitgebers der bisher zur A-GmbH gehörenden Arbeitnehmer eintritt.[17] So vielfältig und kompliziert die damit verbundenen individual- und kollektivrechtlichen Fragen sein mögen, führt auch diese Konstellation **nicht** zu **organisatorischen Änderungen der Betriebsverfassung** auf

[11] Vgl. → B Rn. 2.
[12] Vgl. → B Rn. 5 ff.
[13] Ein *Share Deal* kann insbesondere auf das Entstehen bzw. die Zusammensetzung eines Konzernbetriebsrates sowie auf die Unternehmensmitbestimmung Einfluss haben; unter → Rn. 122 ff. sowie → F Rn. 20.
[14] Sog. rein gesellschaftsrechtlicher Vorgang. Vgl. → B Rn. 6.
[15] Vgl. DKW/*Buschmann* BetrVG § 21 Rn. 36; GK/*Kreutz* BetrVG § 21a Rn. 85.
[16] Vgl. → B Rn. 59.
[17] Siehe zum Betriebsübergang Kap. G.

der Ebene des übertragenen Betriebes. Dieser bleibt bestehen.[18] Ebenso trifft dies auf den dort gewählten Betriebsrat zu,[19] welcher sein Regelmandat fortführt.[20] Widersprechen Arbeitnehmer dem Betriebsübergang gem. § 613a Abs. 6 S. 1 BGB, so hat dies keine Auswirkungen auf das Mandat des Gremiums. Lediglich die Gremienzusammensetzung kann aufgrund des aus dem Widerspruch einzelner Betriebsratsmitglieder resultierenden Amtsverlusts Veränderungen erfahren.[21] Ferner ist der übergegangene Betriebsrat für die im Wege des Widerspruchs beim Veräußerer verbliebenen Arbeitnehmer nicht mehr zuständig.[22] Hinsichtlich deren Belange besteht mangels Betriebsspaltung oder -zusammenlegung auch kein Übergangsmandat gem. § 21a BetrVG.[23] Der Schutzzweck der Norm, das Betriebsratsmandat bei Verlust der Betriebsidentität zu regeln,[24] ist nicht tangiert.[25] Der Betrieb besteht beim Erwerber – im Zweifel unverändert – fort. Aus diesem Grund kann auch kein Restmandat gem. § 21b BetrVG angenommen werden.[26] Auch eine Analogie zu § 21b BetrVG scheidet aus: Die Norm schützt vor Vertretungsverlust infolge einer Betriebsstilllegung, und nicht vor den Folgen des individuellen Verlassens von Arbeitnehmern oder Betriebseinheiten.[27] Für in dieser Situation oft unvermeidbare betriebsbedingte Kündigungen heißt dies, dass der „übergehende" Betriebsrat nicht mehr nach § 102 BetrVG anzuhören ist, aber regelmäßig auch kein anderer Betriebsrat existiert, der anzuhören wäre.

Dass weder ein Übergangs- noch ein Restmandat besteht gilt auch bei einem Massenwiderspruch[28] einer Vielzahl von Arbeitnehmern.[29] Eine hohe Zahl individuell widersprechender Arbeitnehmer lässt dogmatisch keine Auswirkung auf die betriebsverfassungsrechtliche Struktur zu; es bleibt dabei, dass der Veräußerer keinen Betrieb für die widersprechenden Arbeitnehmer unterhält, sondern regelmäßig „nur noch" deren Arbeitsverhältnisse fortbestehen. Etwas anderes würde dann gelten, wenn durch die Vielzahl der Widersprüche der beabsichtigte Betriebsübergang scheitert und sich die Betriebsidentität[30] beim Betriebserwerber nicht fortsetzt. Nur dann würde der Betriebsrat beim Veräußerer fortbestehen. Eine andere Bewertung kann ebenfalls geboten sein, wenn die widersprechenden Arbeitnehmer aufgrund im Rahmen des Asset Deals verein-

[18] BAG 5.2.1991 – 1 ABR 32/90, NZA 1991, 639 (641); BAG 27.7.1994 – 7 ABR 37/93, NZA 1995, 222 (224); BAG 11.10.1995 – 7 ABR 17/95, NZA 1996, 495; BAG 9.12.2008 – 1 ABR 75/07, NZA 2009, 254; *Fitting* BetrVG § 1 Rn. 161, BetrVG § 21 Rn. 34; HWGNRH/*Worzalla* BetrVG § 21 Rn. 29; *Thüsing* in Richardi BetrVG § 21 Rn. 28; Sieg/Maschmann Unternehmensumstrukturierung Rn. 441.

[19] Im Unterschied zum *Share Deal* im Bsp. D 1 betreibt die B-GmbH jedoch zukünftig zwei Betriebe, so dass ein Gesamtbetriebsrat zu errichten ist (§ 47 Abs. 1 BetrVG), soweit auch im bisherigen Betrieb der B-GmbH ein Betriebsrat besteht; vgl. zum Gesamtbetriebsrat unter → Rn. 98 ff.

[20] BAG 11.10.1995 – 7 ABR 17/95, NZA 1996, 495; *Fitting* BetrVG § 21 Rn. 34.

[21] *Fitting* BetrVG § 1 Rn. 212; vgl. ErfK/*Koch* BetrVG § 24 Rn. 5.

[22] BAG 24.9.2015 – 2 AZR 562/14, NZA 2016, 366; BAG 8.5.2014 – 2 AZR 1005/12, BB 2015, 60 (62); hierzu *Niklas* DB 2015, 685; BAG 24.5.2005 – 8 AZR 398/04, NZA 2005, 1302 (1307); *Fitting* BetrVG § 102 Rn. 20b; *Nicolai* BB 2006, 1162.

[23] BAG 8.5.2014 – 2 AZR 1005/12, BB 2015, 60 (63); *Hidalgo/Kobler* NZA 2014, 290; *Moll/Ersfeld* DB 2011, 1108.

[24] *Fitting* BetrVG § 21a Rn. 9; *Hidalgo/Kobler* NZA 2014, 290; vgl. *Thüsing* in Richardi BetrVG § 21a Rn. 2; kritisch GK/*Kreutz* BetrVG § 21a Rn. 2.

[25] BAG 8.5.2014 – 2 AZR 1005/12, BB 2015, 60 (63); *Hidalgo/Kobler* NZA 2014, 290.

[26] BAG 8.5.2014 – 2 AZR 1005/12, BB 2015, 60 (63); *Hidalgo/Kobler* NZA 2014, 290 (291); *Moll/Ersfeld* DB 2011, 1108 (1109); *Nicolai* BB 2006, 1162; vgl. *Fitting* BetrVG § 102 Rn. 20b.

[27] BAG 8.5.2014 – 2 AZR 1005/12, BB 2015, 60 (63); *Hidalgo/Kobler* NZA 2014, 290 (291); *Moll/Ersfeld* DB 2011, 1108 (1109).

[28] Fraglich ist bereits, wann ein solcher vorliegen sollte. So macht es zB keinen Sinn, bei der Bewertung eines Belegschaftsteils auf die Kriterien der Betriebsidentität (→ Rn. 68 ff.) abzustellen. Vielmehr handelt es sich beim Begriff des Massenwiderspruchs um ein Phänomen des Individualarbeitsrechts, welches anhand der Maßgaben des § 242 BGB zu betrachten ist (vgl. nur BAG 20.5.2010 – 8 AZR 734/08, NZA 2010, 1295); vgl. zum Begriff HWK/*Müller-Bonanni* § 613a BGB Rn. 352.

[29] *Hidalgo/Kobler* NZA 2014, 290 (291); *Moll/Ersfeld* DB 2011, 1108; ebenso scheinbar *Fitting* BetrVG § 102 Rn. 20b; kritisch allerdings *Fitting* BetrVG § 1 Rn. 213; aA LAG Rheinland-Pfalz 18.4.2005 – 2 TaBV 15/05, NZA-RR 2005, 529.

[30] Vgl. → Rn. 68 ff.

barter Transition Services, also im Rahmen temporärer Dienstleistungen des Veräußerers für den Erwerber, weiter vom Veräußerer eingesetzt werden. Dann kann auf Veräußererseite eine neue betriebliche Organisation entstehen, die dann ein Übergangsmandat des „übergehenden" Betriebsrats nach § 21a BetrVG zur Folge hat.

Eine Besonderheit für das Betriebsratsmandat gilt schließlich dann, wenn der Betriebserwerber nicht mehr unter den **Anwendungsbereich des BetrVG** fällt (Übernahme durch Körperschaft, Anstalt oder Stiftung des **öffentlichen Rechts** oder durch **kirchlichen Rechtsträger** bzw. eine der Kirche zugeordnete karitative Einrichtung); in diesem Fall endet das Betriebsratsamt mit dem Vollzug der Übernahme.[31] Ggf. kann ein Personalrat nach dem jeweils anwendbaren Personalvertretungsrecht oder eine Mitarbeitervertretung gemäß dem jeweiligen internen Mitarbeitervertretungsrecht der Kirche gebildet werden. Ein Übergangsmandat des bisher zuständigen Betriebsrates ist für diese Konstellation nicht vorgesehen; ein solches anzunehmen wäre unvereinbar mit dem durch Art. 140 GG iVm Art. 137 Abs. 3 WRV verfassungsrechtlich garantierten Selbstordnungs- und Selbstverwaltungsrecht der Kirchen.[32] Auch ein Übergangsmandat der Mitarbeitervertretung im aufnehmenden Träger lässt sich nicht herleiten.[33]

3. Formwechsel (§§ 190 ff. UmwG)[34]

9 Beim Formwechsel bleibt die **rechtliche und wirtschaftliche Identität** des **Unternehmens** erhalten. Es ändert sich lediglich die Rechtsform und damit die rechtliche Struktur des Unternehmens.[35] Während der Formwechsel insbesondere für den Bereich der **Unternehmensmitbestimmung** zu einschneidenden Veränderungen führen kann,[36] sind mit ihm **betriebsverfassungsrechtlich keine Veränderungen** verbunden, da die betriebsverfassungsrechtliche Organisation nicht an eine bestimmte Rechtsform des jeweiligen Unternehmens geknüpft ist.[37]

Hinsichtlich der „Folgen des Formwechsels für die Arbeitnehmer und die Arbeitnehmervertretungen sowie die insoweit vorgesehenen Maßnahmen" (§ 194 Abs. 1 Nr. 7 UmwG), die im Umwandlungsbeschluss, der dem Betriebsrat zuzuleiten ist, mitzuteilen sind, kann man sich daher im Hinblick auf die betriebsverfassungsrechtlichen Folgen mit der lapidaren Feststellung begnügen, dass keine Veränderungen ersichtlich sind.[38]

4. Verschmelzung[39] (ohne Änderungen auf der betrieblichen Ebene)

10 **Beispiel D 3:**

Die A-GmbH (s. Bsp. D 1) wird als übertragender Rechtsträger als Ganzes auf die B-GmbH (übernehmender Rechtsträger) verschmolzen, wobei die Betriebe weiterhin eigenständig geführt werden.

---

[31] *Thüsing* in Richardi BetrVG § 21 Rn. 29; kritisch DKW/*Buschmann* BetrVG § 21 Rn. 37.

[32] Vgl. BAG 9.2.1982 – 1 ABR 36/80, NJW 1982, 1894; siehe auch die – wenig überzeugenden – Hilfsüberlegungen bei DKW/*Buschmann* BetrVG § 21 Rn. 37, der in nicht eindeutigen Fällen das Vertrauen des Betriebsrates in den Fortbestand seines Amtes schützen möchte.

[33] So aber HWK/*Reichold* BetrVG § 21 Rn. 13; NKBetrVG/*Düwell* § 21 Rn. 31 aE wie hier *Rieble* NZA 2002, 233 (235); vgl. zu den teilweise vergleichbaren Fragestellungen bei Privatisierungen → Rn. 96.

[34] Siehe zum Formwechsel bereits → B Rn. 20, 79.

[35] BAG 18.12.2008 – 8 AZR 660/07, AP BGB § 613a Nr. 366, Rn. 40; Kallmeyer/*Willemsen* UmwG § 324 Rn. 3; ErfK/*Oetker* UmwG § 190 Rn. 1; *Wlotzke* DB 1995, 40.

[36] Siehe zur Unternehmensmitbestimmung unter Kap. F.

[37] Vgl. DKW/*Buschmann* BetrVG § 21 Rn. 35; *Fitting* BetrVG § 21 Rn. 35; *Thüsing* in Richardi BetrVG § 21 Rn. 31.

[38] Kallmeyer/*Willemsen* UmwG § 194 Rn. 58; KK-UmwG/*Petersen* § 194 Rn. 23.

[39] Vgl. → B Rn. 73.

In diesem Fall der Verschmelzung durch Aufnahme (§ 2 Nr. 1 UmwG) findet für die bislang der A-GmbH zugehörenden Arbeitnehmer ein **Arbeitgeberwechsel** statt (§ 324 UmwG iVm § 613a Abs. 1 S. 1 BGB).[40] Arbeitgeber sowohl des bisherigen Betriebes der B-GmbH als auch des Betriebes der A-GmbH ist nunmehr die B-GmbH. Da indes auf der **Ebene der Betriebe keine Veränderungen** geplant sind und diese insbesondere **nicht** zu einem neuen Betrieb – es kommt gerade nicht zu einer Betriebszusammenlegung nach § 111 S. 3 Nr. 3 BetrVG – **zusammengeschlossen** werden, bleiben die in den jeweiligen Betrieben bestehenden Betriebsräte im Amt.[41]

Eine betriebsverfassungsrechtlich identische Konstellation entsteht bei der Verschmelzung im Wege der Neugründung (§ 2 Nr. 2 UmwG), wenn die bisherigen Betriebe getrennt bleiben.[42]

5. Spaltung[43] (ohne Änderungen auf der betrieblichen Ebene)

Die Spaltung iSd **Umwandlungsgesetzes** (vgl. §§ 123 ff.) betrifft die Übertragung von 11
Vermögenteilen als Gesamtheit auf bestehende oder neu gegründete Rechtsträger gegen Gewährung von Anteilen oder Mitgliedschaften an die Anteilsinhaber des übertragenden Rechtsträgers oder an den übertragenden Rechtsträger selbst. § 123 UmwG unterscheidet zwischen der Aufspaltung, der Abspaltung und der Ausgliederung.

Hier geht es demnach um die **Spaltung des Unternehmens,** die von der **Spaltung des Betriebs** (vgl. § 111 S. 3 Nr. 3 BetrVG) streng zu unterscheiden ist (siehe aber die Einbeziehung der Unternehmensspaltung in § 106 Abs. 3 Nr. 8 BetrVG). Beide Phänomene **können** durch ein und dieselbe Maßnahme auftreten; zwingend ist dies indessen nicht. Die Spaltung von Unternehmen ist häufig nicht mit der Spaltung von Betrieben verbunden; in diesen Fällen treten daher betriebsverfassungsrechtlich – jedenfalls auf der Ebene der einzelnen Betriebe – keine Veränderungen ein.[44] Dies gilt insbesondere dann, wenn die Unternehmensspaltung in der Weise vorgenommen wird, dass jeweils nur Betriebe als Ganzes auf andere Rechtsträger übertragen werden; dann ergeben sich in den einzelnen Betrieben keine betriebsverfassungsrechtlichen Änderungen.

Beispiel D 4:

Die A-GmbH betreibt einerseits einen in München belegenen Betrieb, zum anderen hält sie eine ganze Reihe von Industriebeteiligungen. Die Beteiligungen sollen auf eine gesonderte Gesellschaft übertragen werden. Sie werden daher auf die B-GmbH abgespalten (§ 123 Abs. 2 UmwG).

In dieser Konstellation findet zwar eine Unternehmensspaltung gemäß § 123 UmwG statt. Mit einer Betriebsspaltung kann dies indessen von vornherein nicht verbunden sein, da der gesamte Betrieb der A-GmbH bei dieser Gesellschaft verbleibt. Das Ergebnis wäre – bezogen auf den Betrieb – identisch, wenn dieser in Gänze der B-GmbH zugewiesen würde. Auch in dieser Konstellation bleibt die organisatorische Einheit gewahrt, die die Grundlage für den Fortbestand des Betriebsratsamtes darstellt.

Selbst dann, wenn sich die Unternehmensspaltung nicht entlang der betrieblichen 12
Strukturen vollzieht, kann es in den einzelnen Betrieben zu einer betriebsverfassungsrechtlichen Kontinuität kommen. **§ 1 Abs. 2 Nr. 2 BetrVG,** der § 322 Abs. 1 UmwG aF

[40] Hierzu näher unter → B Rn. 88 ff.

[41] *Thüsing* in Richardi BetrVG § 21 Rn. 28; *Fitting* BetrVG § 21 Rn. 35; KK-UmwG/*Hohenstatt/Schramm* § 5 Rn. 167.

[42] In beiden Fällen führt die Verschmelzung dazu, dass nunmehr innerhalb eines Unternehmens zwei Betriebe bestehen und dass gem. § 47 BetrVG ein Gesamtbetriebsrat zu errichten ist; vgl. → Rn. 98 ff.

[43] Siehe zur Spaltung schon unter → B Rn. 75 ff.

[44] BAG 10.12.1996 – 1 ABR 32/96, NZA 1997, 898 (899); vgl. DKW/*Buschmann* BetrVG § 21 Rn. 34; *Fitting* BetrVG § 1 Rn. 254 sowie BetrVG § 111 Rn. 88; *Gaul,* Betriebsspaltung, § 27 Rn. 4; HWK/*Reichold* BetrVG § 21 Rn. 13; *Weiss/Raffler* FS Spiegelberger, 2009, 944 (946).

nachgebildet ist, sieht nämlich eine **gesetzliche Vermutung** zugunsten eines **gemeinsamen Betriebes mehrerer Unternehmen** vor, wenn „die Spaltung eines Unternehmens zur Folge hat, dass von einem Betrieb ein oder mehrere Betriebsteile einem an der Spaltung beteiligten anderen Unternehmen zugeordnet werden, ohne dass sich dabei die Organisation des betroffenen Betriebs wesentlich ändert.“[45]

13 **Beispiel D 5:**

Die A-GmbH spaltet sich in der Weise, dass die „zur Führung eines Betriebes notwendigen Vermögensteile“ (§ 134 Abs. 1 S. 1 UmwG) auf die neu gegründete B-GmbH übertragen werden. Die Tätigkeit der B-GmbH beschränkt sich auf die Verwaltung dieser Vermögensteile (Anlagegesellschaft), während der A-GmbH „diese Vermögensteile bei der Führung des Betriebes zur Nutzung überlassen werden (Betriebsgesellschaft)“.

Diese Konstellation weist insoweit bedeutende Besonderheiten auf, als **§ 134 UmwG** ein spezielles Haftungsregime für den Fall der Spaltung in eine Anlage- und in eine Betriebsgesellschaft vorsieht. Für Ansprüche der Arbeitnehmer aus §§ 111–113 BetrVG besteht eine gesamtschuldnerische Haftung der Anlage- und der Betriebsgesellschaft, und zwar für die Dauer von fünf Jahren nach dem Wirksamwerden der Spaltung, auch wenn diese Ansprüche erst während dieses Zeitraums *begründet* werden.[46] Für Versorgungsverbindlichkeiten, die vor der Spaltung begründet wurden, gilt ebenfalls die verschärfte Haftung gemäß § 134 Abs. 1, 3 UmwG (siehe § 134 Abs. 2 UmwG).[47] Für den Bestand des bei der A-GmbH amtierenden Betriebsrats bleibt die Spaltung indessen ohne Auswirkungen, da der Betrieb nach wie vor **einheitlich geführt** wird und sich an den bisherigen Leitungsstrukturen nichts geändert hat. Auch insoweit gilt die Vermutung des § 1 Abs. 2 Nr. 2 BetrVG,[48] wonach bei einer unveränderten Organisation des Betriebes nach einer Spaltung von einem gemeinsamen Betrieb auszugehen ist, mit der Folge, dass der dort bestehende Betriebsrat im Amt bleibt.

III. Die Spaltung von Betrieben

14 Wurden vorstehend unter II. diejenigen Unternehmensumstrukturierungen dargestellt, die primär auf der Unternehmensebene angesiedelt sind, sollen im Folgenden Maßnahmen behandelt werden, in deren Verlauf es zur Spaltung eines oder mehrerer bestehender Betriebe kommt.

Die Spaltung von Betrieben ist 1995 im Zuge der Neufassung des Umwandlungsrechts als zusätzlicher Tatbestand in § 111 S. 3 BetrVG **(Betriebsänderung)** unter Ziffer 3 eingefügt worden. Zuvor war die Betriebsspaltung allerdings bereits unter den Begriff der grundlegenden Änderung der Betriebsorganisation (§ 111 S. 3 Nr. 4 BetrVG) gefasst und damit ebenfalls als Betriebsänderung angesehen worden.[49] Die Betriebsspaltung setzt daher die **Durchführung der in den §§ 111, 112 BetrVG** (Interessenausgleich und ggf. Sozialplan) vorgesehenen Verfahren voraus.[50] Somit bestehen für die Durchführung einer Betriebsspaltung wichtige kollektivrechtliche Voraussetzungen. Dies darf indessen nicht den Blick dafür verstellen, dass die Betriebsspaltung auch zu einschneidenden Veränderungen bezüglich der betriebsverfassungsrechtlichen Organisation führt. Mit der Spaltung des Betriebs entstehen **mehrere voneinander getrennte organisatorische Einheiten,** die je-

[45] Vgl. zu dieser Vorschrift ausführlich unter → Rn. 30ff.
[46] Vgl. → G Rn. 204 sowie KK-UmwG/*Hohenstatt/Schramm* § 134 Rn. 21.
[47] Vgl. hierzu Kallmeyer/*Willemsen* UmwG § 134 Rn. 20; KK-UmwG/*Hohenstatt/Schramm* § 134 Rn. 24 sowie hier unter → G Rn. 204.
[48] Siehe zu dieser Vorschrift genauer unter → Rn. 30ff.
[49] *Annuß* in Richardi BetrVG § 111 Rn. 96; HWK/*Hohenstatt/Willemsen* (3. Aufl.) BetrVG § 111 Rn. 5.
[50] Vgl. hierzu → C Rn. 57ff.

weils für sich Anknüpfungspunkt für die Bildung eines Betriebsrats gemäß § 1 BetrVG sein können.

1. Mögliche Gestaltungsformen

Die Spaltung eines Betriebs kann auf organisatorischen Maßnahmen beruhen, die die **Ebene des agierenden Rechtsträgers nicht berühren.**[51] In diesen Fällen wird man nicht von der Umstrukturierung eines Unternehmens, sondern allenfalls von einer **betrieblichen Umstrukturierung**[52] sprechen können. 15

Beispiel D 6:

Ein Druckereibetrieb, der bisher sämtliche Abteilungen räumlich und organisatorisch zusammengefasst betrieben hat, verlegt einen Teil der Verwaltung und den Vertrieb in die nächstgelegene Großstadt (§ 111 S. 3 Nr. 2 und 3 BetrVG), wobei die „ausgegliederten" Abteilungen von einer eigenständigen Leitung geführt werden sollen.

Eine solche Entscheidung kann auf dem Bestreben nach größerer Kundennähe beruhen oder von dem Ziel einer – auch betriebsverfassungsrechtlichen – Trennung der Produktionseinheiten einerseits und der Verwaltung andererseits getragen sein. In dieser Konstellation kann unter noch zu untersuchenden Voraussetzungen ein eigenständiger Betrieb entstehen, der sich der Zuständigkeit des bisher einheitlichen Betriebsrates entzieht. Die Unternehmensebene **kann,** muss aber in diesem Fall nicht berührt sein.[53] Die betriebsverfassungsrechtliche Eigenständigkeit des „Verwaltungsbetriebes" im vorgenannten Beispiel hängt nämlich nicht davon ab, ob die „ausgegliederte" Einheit nach wie vor dem bisherigen Unternehmensträger zugeordnet bleibt oder sich der bisherige Arbeitgeber für eine **Auf-, Abspaltung oder eine Ausgliederung gemäß § 123 UmwG** entscheidet oder ob er die entsprechenden Vermögensgegenstände im Wege der **Einzelrechtsübertragung** auf eine (neue) „Verwaltungsgesellschaft" überträgt. In der Praxis gehen Bemühungen um die Verselbstständigung betrieblicher Einheiten allerdings zumeist mit deren **Übertragung auf eigenständige Rechtsträger** einher, insbesondere dann, wenn die Verselbstständigung nicht nur auf betriebsorganisatorischen Erwägungen beruht, sondern darüber hinaus **tarifrechtliche Zielsetzungen** hinzukommen. Soll etwa der bisher für den Betrieb einheitlich anwendbare Tarifvertrag für bestimmte Arbeitnehmergruppen keine Anwendung mehr finden, kann dieses Ziel häufig leichter über eine rechtliche Verselbständigung mittels Umwandlung oder Einzelrechtsübertragung verwirklicht werden.[54] Nur über einen Rechtsträgerwechsel ist auch eine Ablösung von Tarifverträgen und Betriebsvereinbarungen über § 613a Abs. 1 S. 3 BGB möglich.

An die Voraussetzungen und Folgen einer Betriebsspaltung ist auch im Fall des **Unternehmenskaufs** (im untechnischen Sinn), nämlich beim so genannten *Asset Deal* zu denken. 16

Beispiel D 7:

Die A-GmbH betreibt ein Produktionswerk, das sich mit der Herstellung von Gütern zweier Produktsparten befasst. Die Produktionsmittel für die Produktsparte 1 sollen an die B-GmbH veräußert werden, die ihrerseits beabsichtigt, die Herstellung auf dem bisherigen Betriebsgelände der A-GmbH fortzusetzen.

Dieser *Asset Deal* kann zur Folge haben, dass auf dem Betriebsgelände der A-GmbH zwei betriebsverfassungsrechtlich **getrennte Betriebe** entstehen, die jeweils für sich An-

[51] *Fitting* BetrVG § 111 Rn. 86; HWK/*Hohenstatt/Willemsen* BetrVG § 111 Rn. 39.
[52] Siehe auch unter der Kategorie „rein arbeitsrechtliche Vorgänge" unter → B Rn. 39 ff.
[53] Vgl. *Fitting* BetrVG § 111 Rn. 86; HWK/*Hohenstatt/Willemsen* BetrVG § 111 Rn. 39.
[54] Vgl. hierzu ausführlich unter → E Rn. 168 ff.

knüpfungspunkt für einen bestehenden bzw. zu bildende Betriebsräte wären. Ebenso ist aber denkbar, dass die beteiligten Unternehmen eine **Vereinbarung** dahingehend treffen, dass der bisher **einheitliche Betrieb** durch eine gemeinsame Leitung fortgeführt wird und sich demnach hinsichtlich der Organisation des Betriebs keine wesentlichen Änderungen ergeben. Im letzteren Fall spricht man von einem gemeinsamen Betrieb mehrerer Unternehmen **(Gemeinschaftsbetrieb).**

17 Die Frage, ob die mehreren Rechtsträgern zugeordneten Bereiche auch jeweils eigenständige Betriebe im Sinne des BetrVG darstellen oder ob über die Unternehmensgrenzen hinweg ein Gemeinschaftsbetrieb besteht, stellt in der betriebsverfassungsrechtlichen Praxis einen häufigen Streitpunkt dar.[55] Dies gilt insbesondere dann, wenn die beteiligten Rechtsträger einem Konzern zugehören und die maßgeblichen betrieblichen Einheiten ursprünglich einen einheitlichen Betrieb darstellten. Die Figur des Gemeinschaftsbetriebes stellt in gewisser Weise ein Gegengewicht der Arbeitnehmerseite zu der grundsätzlichen Freiheit des Arbeitsgebers dar, durch Umstrukturierungen die betriebsverfassungsrechtliche Struktur zu verändern. Vom Arbeitgeber geplante Betriebsspaltungen, die eigentlich zur Aufsplittung der betriebsverfassungsrechtlichen Strukturen führen sollen, werden betriebsverfassungsrechtlich „neutralisiert“, wenn es dem Arbeitgeber nicht gelingt, die gesetzliche Vermutung gemäß § 1 Abs. 2 Nr. 2 BetrVG zu widerlegen und das Vorliegen mehrerer eigenständiger Betriebe zu belegen.[56] Umgekehrt kann sich die Figur des Gemeinschaftsbetriebes dafür eignen, die betriebsverfassungsrechtlichen Implikationen einer Unternehmensspaltung zu minimieren, indem nämlich durch die Bildung eines Gemeinschaftsbetriebs der Tatbestand einer Betriebsspaltung (§ 111 S. 3 Nr. 3 BetrVG) und damit die Notwendigkeit zeitraubender Interessenausgleichverhandlungen vermieden wird.[57] Wegen dieser besonderen strategischen Bedeutung sollen die für den Gemeinschaftsbetrieb maßgeblichen Kriterien im Folgenden besonders eingehend dargestellt werden.

2. Organisatorische Voraussetzungen einer betriebsverfassungsrechtlich „wirksamen“ Betriebsspaltung (Abgrenzung vom Gemeinschaftsbetrieb)

a) Der Gemeinschaftsbetrieb in der Rechtsprechung des Bundesarbeitsgerichts

18 Eine Spaltung des Betriebes liegt dann *nicht* vor, wenn die aus gesellschaftsrechtlichen Veränderungen hervorgehenden Unternehmen – etwa im Fall einer Spaltung nach dem Umwandlungsgesetz – ihrerseits keine eigenständigen Betriebe bilden, sondern der bislang einheitliche Betrieb auch nach der Umstrukturierung – nunmehr als gemeinsamer Betrieb mehrerer Unternehmen – als Einheit fortgeführt wird.[58] Der Gemeinschaftsbetrieb bildet daher gewissermaßen den **Gegenpol zur Betriebsspaltung.**

Das Bundesarbeitsgericht hat schon frühzeitig anerkannt, dass mehrere Unternehmen einen gemeinsamen Betrieb haben können.[59] In § 1 Abs. 2 BetrVG ist die Rechtsfigur des gemeinsamen Betriebs seit dem Betriebsverfassungsreformgesetz 2001 normiert.

Ein Gemeinschaftsbetrieb kann auch durch einen privaten Arbeitgeber gemeinsam mit einer Körperschaft oder Anstalt des öffentlichen Rechts gebildet werden.[60] Die Figur des Gemeinschaftsbetriebs spielt nicht nur auf betriebsverfassungsrechtlicher Ebene eine wich-

[55] *Rieble* FS Wiese, 2000, 30, spricht von einer „Institution“ des modernen Arbeitsrechts.
[56] Vgl. BAG 18.10.2000 – 2 AZR 494/99, NZA 2001, 321.
[57] Vgl. *Rieble* FS Wiese, 1998, 453 (464); *Willemsen* RdA 1998, 23 (30).
[58] So auch *Maschmann* NZA-Beil. 2009, 32 (36).
[59] Siehe bereits BAG 5.7.1957 – 2 AZR 86/55, DB 1957, 898.
[60] BAG 24.1.1996 – 7 ABR 10/95, NZA 1996, 1110 (1113); die Anwendbarkeit des BetrVG soll sich aus der privatrechtlichen Trägerschaft (BGB-Gesellschaft) des Gemeinschaftsbetriebes ergeben; vgl. auch BVerwG 13.6.2001 – 6 P 8/00, NZA 2003, 115 (117); BAG 16.4.2008 – 7 ABR 4/07, NZA-RR 2008, 583 Rn. 30.

tige Rolle,[61] sondern ist auch kündigungsschutzrechtlich von erheblicher Bedeutung.[62] In § 322 UmwG hat dies seinen gesetzlichen Niederschlag gefunden.[63]

Im Betriebsverfassungsrecht werden materiell dieselben Anforderungen an das Bestehen eines Gemeinschaftsbetriebes gestellt wie im Kündigungsrecht.[64] Ein Gemeinschaftsbetrieb wird nach § 1 Abs. 2 Nr. 1 BetrVG vermutet, wenn zur Verfolgung arbeitstechnischer Zwecke die Betriebsmittel sowie die Arbeitnehmer von den Unternehmen gemeinsam eingesetzt werden (s. zur Vermutungswirkung → Rn. 23 ff.). Das BAG nimmt einen gemeinsamen Betrieb an, wenn „die beteiligten Unternehmen einen **einheitlichen Leitungsapparat zur Erfüllung der** in der organisatorischen Einheit zu verfolgenden **arbeitstechnischen Zwecke** geschaffen haben. Insbesondere müssen die Arbeitgeberfunktionen in den **sozialen und personellen Angelegenheiten** des Betriebsverfassungsgesetzes institutionell einheitlich für die beteiligten Unternehmen sein. Diese einheitliche Leitung muss sich auf die wesentlichen Arbeitgeberfunktionen in den sozialen und personellen Angelegenheiten erstrecken".[65] Dabei soll es weniger auf die Einheit der arbeitstechnischen Zweckbestimmung als vielmehr auf die **„Einheit der Organisation"** ankommen.[66] Innerhalb eines (Gemeinschafts-)Betriebes können also durchaus unterschiedliche arbeitstechnische Zwecke verfolgt werden.[67] Soweit im Betriebsverfassungsgesetz für die Bestimmung eines Betriebs auf die selbständige Leitung in mitbestimmungserheblichen Sachverhalten abgestellt wird, kommt es vor allem auf die Selbständigkeit im **Personal- und Sozialwesen,** weniger auf die Entscheidungsfindung in wirtschaftlichen Angelegenheiten an.[68] Davon geht das Betriebsverfassungsgesetz erkennbar aus, wenn es im Bereich der §§ 111 ff. BetrVG als Ansprechpartner des Betriebsrats den „Unternehmer" nennt, im sozialen und personellen Bereich hingegen vom Arbeitgeber spricht. Eine Arbeitsstätte ist deshalb dann als Betrieb anzusehen, wenn „in ihr der **Kern der Arbeitgeberfunktion** im Bereich der personellen und sozialen Mitbestimmung auszuüben ist".[69] 19

Das Bundesarbeitsgericht lässt jedoch einen gemeinsamen Leitungsapparat der beteiligten Unternehmen allein nicht ausreichen, sondern fordert darüber hinaus eine **rechtliche Vereinbarung** der beteiligten Unternehmen über die gemeinsame Führung eines einheitlichen Betriebs, etwa die Bildung einer Gesellschaft bürgerlichen Rechts oder andere Formen der Zusammenarbeit.[70] Die einheitliche Leitung müsse allerdings nicht ausdrücklich aus vertraglichen Abmachungen der beteiligten Unternehmen hervorgehen. Das Vorliegen einer entsprechenden rechtlichen Vereinbarung könne vielmehr auch aus den tatsächlichen 20

---

[61] Vgl. zur Problematik des Tendenzschutzes im Gemeinschaftsbetrieb *Lunk* NZA 2005, 841.

[62] Zur kündigungsrechtlichen Bedeutung des Gemeinschaftsbetriebs siehe nur Kallmeyer/*Willemsen* UmwG § 322 Rn. 9 ff.; *Annuß* NZA Sonderheft 2001, 12 (22); *Annuß/Hohenstatt* NZA 2004, 420 (422); KK-UmwG/*Hohenstatt/Schramm* § 322 Rn. 7 ff.; *Kreutz* FS Richardi, 2007, 637 (639); vgl. auch BAG 15.2. 2007 – 8 AZR 310/06, ZIP 2007, 1618 Rn. 31 und BAG 29.11.2007 – 2 AZR 763/06, ZIP 2008, 1598 Rn. 23, jeweils zur Sozialauswahl im Gemeinschaftsbetrieb.

[63] Zu § 322 UmwG ausführlich unter → H Rn. 147 ff. sowie KK-UmwG/*Hohenstatt/Schramm* § 322 Rn. 1 ff.

[64] Vgl. etwa BAG 29.4.1999 – 2 AZR 352/98, NZA 1999, 932 (933); Kallmeyer/*Willemsen* UmwG § 322 Rn. 14; KK-UmwG/*Hohenstatt/Schramm* § 322 Rn. 3; differenzierend zB *Rieble* FS Wiese, 1998, 453 (456).

[65] BAG 21.2.2001 – 7 ABR 9/00, NZA 2002, 56; BAG 11.2.2004 – 7 ABR 27/03, NZA 2004, 618; BAG 11.12.2007 – 1 AZR 824/06, NZA-RR 2008, 298 Rn. 19; BAG 13.8.2008 – 7 ABR 21/07, NZA-RR 2009, 255 (256) Rn. 19.

[66] BAG 25.9.1986 – 6 ABR 68/84, NZA 1987, 708 unter II.3. der Gründe; BAG 13.8.2008 – 7 ABR 21/ 07, NZA-RR 2009, 255 Rn. 22.

[67] BAG 25.5.2005 – 7 ABR 38/04, DB 2005, 1914 unter II. 2. b) aa) der Gründe.

[68] BAG 23.9.1982 – 6 ABR 42/81, DB 1983, 1498 unter III. 2. c) der Gründe.

[69] BAG 29.1.1987 – 6 ABR 23/85, NZA 1987, 707 Leitsatz 2 sowie unter III. 3. a) der Gründe; ebenso BAG 25.9.1986 – 6 ABR 68/84, NZA 1987, 708 unter 4.a) der Gründe.

[70] BAG 7.8.1986 – 6 ABR 57/85, NZA 1987, 131, insbesondere unter B II. 2. u. 3. der Gründe; BAG 29.1.1987 – 6 ABR 23/85, NZA 1987, 707 unter III. 1. der Gründe; BAG 24.1.1996 – 1 AZR 597/95, NZA 1996, 948; BAG 3.12.1997 – 7 AZR 764/96, NZA 1998, 876 (878).

Umständen hergeleitet werden.[71] In der Rechtsprechung des Bundesarbeitsgerichts haben sich lange vor dem Betriebsverfassungsreformgesetz 2001, mit dem in **§ 1 Abs. 2** in Nr. 2 eine neue **Vermutungsregel** zugunsten eines Gemeinschaftsbetriebes eingeführt worden ist, eine Vielzahl von Kriterien herausgebildet, die für die Beurteilung dahingehend heranzuziehen sein sollen, ob eine einheitliche Leitung vorliegt („einheitlicher Leitungsapparat"), bzw. ob auf eine **(konkludente) Führungsvereinbarung** geschlossen werden kann. Dies sind etwa die gemeinsame Nutzung der technischen und immateriellen Betriebsmittel, die gemeinsame räumliche Unterbringung, die personelle, technische und organisatorische Verknüpfung der Arbeitsabläufe und die Vereinheitlichung der sich aus dem Direktionsrecht des Arbeitgebers ergebenden Weisungsbefugnisse.[72] Darüber hinaus wurde das Bestehen einer „Betriebsgemeinschaft" als „Orientierungshilfe" angesehen, ebenso ob innerhalb der Produktionsstätte ein Austausch von Arbeitskräften der unterschiedlichen Unternehmen[73] stattfindet oder ob Sozialeinrichtungen gemeinsam benutzt werden.[74] Auch soll im Einzelfall „die personelle Verflechtung auf Gesellschafter- und Geschäftsführerebene bei den Beteiligten (…) zu würdigen" sein.[75]

21 Das Erfordernis einer ausdrücklich oder konkludent abgeschlossenen **Führungsvereinbarung** zwischen den beteiligten Rechtsträgern bezogen auf die Errichtung und Unterhaltung einer gemeinsamen Organisation und Leitung des Betriebes wird in der Literatur unterschiedlich beurteilt.[76]

Dort, wo sich verschiedene Unternehmen – für alle Beteiligten offensichtlich – zu der gemeinsamen Führung eines Betriebes verabreden und darüber sogar eine ausdrückliche Führungsvereinbarungen treffen, wird das Bestehen eines betriebsverfassungsrechtlich einheitlichen Betriebes in der Regel nicht streitig sein, vorausgesetzt, dass tatsächlich auch gemäß der Vereinbarung verfahren wird. Streit entsteht hingegen häufig dann, wenn trotz intensiver Anzeichen für einen gemeinsamen Leitungsapparat das Bestehen einer Führungsvereinbarung bestritten wird oder, umgekehrt, das Bestehen einer Führungsvereinbarung behauptet wird, ohne dass die betrieblichen Verhältnisse dies widerspiegeln. Wenn es den beteiligten Rechtsträgern – etwa in dem Fall einer vollzogenen Spaltung nach dem Umwandlungsgesetz – zB gerade darum geht, eine bisher einheitliche betriebliche Organisation mit den damit verknüpften betriebsverfassungsrechtlichen Folgen zu spalten, während seitens des Betriebsrats bestritten wird, dass eine wirkliche Trennung vollzogen worden sei, dürfte es indessen von vornherein wenig erfolgversprechend sein, nach einer Führungsvereinbarung zwischen den aus der Spaltung hervorgegangenen Unternehmen zu forschen. Hier behilft sich das Bundesarbeitsgericht mit der Figur des **konkludent** abgeschlossenen Vertrages und wertet bei Vorliegen der tatsächlichen Kriterien für einen Gemeinschaftsbetrieb das bloße Bestreiten einer Führungsvereinbarung als wirkungslose *protestatio facto contraria*. Für den Nachweis einer **konkludent** abgeschlossenen Führungsvereinbarung zieht das Bundesarbeitsgericht als alleiniges Kriterium die einheitliche Organisation, insbesondere die **einheitliche Leitung** heran, der der **Kern der Arbeitgeberfunktionen im sozialen und personellen Bereich** zugewiesen sein muss. Man mag

[71] BAG 23.3.1984 – 7 AZR 515/82, NZA 1984, 88 unter I. 2. a) aa) der Gründe; BAG 13.8.2008 – 7 ABR 21/07, NZA-RR 2009, 255 Rn. 19; stRspr.

[72] BAG 23.3.1984 – 7 AZR 515/82, NZA 1984, 88 unter I. 2. a) bb) der Gründe.

[73] BAG 24.1.1996 – 1 AZR 597/95, NZA 1996, 948.

[74] BAG 23.9.1982 – 6 ABR 42/81, DB 1983, 1498 unter III. 2. e) der Gründe.

[75] BAG 29.1.1987 – 6 ABR 23/85, NZA 1987, 707 unter III. 3. b) der Gründe; ähnlich bei Personalunion hinsichtlich der Besetzung von Vorstandsposten bei den beteiligten Unternehmen BAG 14.9.1988 – 7 ABR 10/87, NZA 1989, 190 unter B 5. a) der Gründe; für die Berücksichtigung der gemeinsamen räumlichen Unterbringung und des Austauschs von Arbeitskräften auch BAG 5.3.1987 – 2 AZR 623/85, NZA 1988, 32 unter B II. 2. c) aa) der Gründe.

[76] Darstellung des Meinungsstandes mit Nachw. bei *Richardi/Maschmann* in Richardi BetrVG § 1 Rn. 66, 71; ausführlich *Bonanni,* Der gemeinsame Betrieb, 2003, S. 39.

bezweifeln, ob mit derlei rechtlichen Fiktionen viel gewonnen ist.[77] Der **Praktiker** wird jedenfalls sein Augenmerk auf die tatsächlich-organisatorischen Umstände richten, die für die Annahme eines Gemeinschaftsbetriebes maßgeblich sind. Diese Linie wird durch den Wortlaut des § 1 Abs. 2 BetrVG bestätigt, der die Vermutung eines Gemeinschaftsbetriebs ausdrücklich an den **gemeinsamen Einsatz von Betriebsmitteln und Arbeitnehmern** (Nr. 1) bzw. an die unverändert gebliebene „Organisation des betroffenen Betriebes" (Nr. 2) knüpft.[78]

Das Bundesarbeitsgericht[79] hat das Erfordernis einer rechtlichen Führungsvereinbarung im Wesentlichen damit begründet, dass es für eine verlässliche betriebsverfassungsrechtliche Ordnung im Betrieb erforderlich sei, dass dem Betriebsrat eine gesicherte und institutionalisierte **Bündelung** der gemeinsam ausgeübten **Leitungsmacht** gegenübertrete. Der Betriebsrat müsse einen eindeutigen Ansprechpartner haben, der zu einer **„einheitlichen Willensbildung fähig"** ist.[80] Nur eine rechtliche Vereinbarung zwischen den beteiligten Rechtsträgern schaffe die Grundlage für eindeutige betriebsverfassungsrechtliche Verpflichtungen. Dem ist jedenfalls insoweit zuzustimmen, als die Konstruktion eines einheitlichen Betriebsrats für betriebliche Einheiten mehrerer Arbeitgeber im Sinne einer funktionierenden und effektiven Betriebsverfassung nur dann gerechtfertigt werden kann, wenn die beteiligten Arbeitgeber einen gemeinsamen Leitungsapparat in personellen und sozialen Angelegenheiten geschaffen haben, dem eine gewisse zeitliche[81] und organisatorische Stabilität innewohnt. Den Gemeinschaftsbetrieb bereits bei Vorliegen kleinster Indizien eines betrieblichen Zusammenwirkens anzunehmen (zB Nutzung gemeinsamer Sozialeinrichtungen, räumliche Nähe), wie dies innerhalb der Instanzenrechtsprechung nicht selten zu beobachten ist, wird diesen Anforderungen nicht gerecht.[82]

Dies gilt insbesondere auch in **Matrixstrukturen,**[83] die in vielen Unternehmen Bestandteil der Organisation sind. 22 Dabei kommt es regelmäßig zu einer (jedenfalls fachlichen) Führung von Mitarbeitern durch Führungskräfte einer anderen Konzerngesellschaft, teilweise auch durch Führungskräfte, die bei ausländischen Konzernobergesellschaften tätig sind. Allein diese Form der unternehmerischen Zusammenarbeit führt noch nicht zur Annahme eines Gemeinschaftsbetriebs, da es auch in diesen Fällen nicht zwangsläufig zu einer einheitlichen Willensbildung in personellen und sozialen Angelegenheiten kommt. Das gilt insbesondere dann, wenn die Führungskräfte rein operativ tätig sind und eben nicht in sozialen und personellen Entscheidungen involviert sind. Jedenfalls Führungskräfte, die nur ein fachliches Weisungsrecht ausüben können noch nicht einmal Indiz für die Annahme eines Gemeinschaftsbetriebes sein. Es mag – abhängig vom Einzelfall – vielmehr sein, dass die Führungskräfte aus dem anderen Konzernunternehmen in den jeweiligen Betrieb eingegliedert sind.[84]

Allein das Bestehen einer Führungsvereinbarung, ohne dass Betriebsmittel und Arbeitnehmer gemeinsamen eingesetzt werden, genügt für einen gemeinsamen Betrieb nicht. Dies bestätigt auch die jüngere Rechtsprechung des BAG.[85] Für das Bestehen eines Gemeinschaftsbetriebes wird man wohl stets verlangen müssen, dass beide Unternehmen jeweils zumindest einen Arbeitnehmer einsetzen.

---

[77] Siehe zur Kritik nur *Joost,* Anmerkung zu BAG AP Nr. 22 zu § 1 BetrVG 1972 Gemeinsamer Betrieb; siehe auch ausführlich *Hopfe* S. 39.
[78] Vgl. *Fitting* BetrVG § 1 Rn. 127.
[79] BAG 7.8.1986 – 6 ABR 57/85, NZA 1987, 131.
[80] BAG, aaO unter B II.3.e) der Gründe; vgl. auch *Schönhöft/Lermen* BB 2008, 2515 (2516).
[81] Vgl. *Fitting* BetrVG § 1 Rn. 120, die sechs Monate als Mindestbeurteilungszeitraum ansehen.
[82] Vgl. zum gewillkürten Gemeinschaftsbetrieb *Schweibert* FS Willemsen 2018, 499 (501 ff.).
[83] Vgl. allgemein zu Matrixstrukturen bspw. BAG 25.4.2018 – 7 ABR 30/16, NZA 2018, 1094; LAG Düsseldorf 20.12.2017 – 12 TaBV 66/17, NZA-RR 2018, 298; ErfK/*Koch* BetrVG § 1 Rn. 16a ff.; *Bachner* NZA 2019, 134; zu kündigungsrechtlichen Aspekten → H Rn. 61b; vgl. zu beteiligungsrechtlichen Fragen bei der Einführung von Matrixstrukturen *Krieger* FS Willemsen 2018, 269 ff.
[84] Vgl. dazu *Reinhard* FS Willemsen 2018, 377 (381 ff.).
[85] BAG 20.2.2018 – 1 ABR 53/16, NZA 2018, 954.

b) Der Vermutungstatbestand gemäß § 1 Abs. 2 Nr. 1 BetrVG

23 Durch die Vermutungstatbestände des § 1 Abs. 2 BetrVG sollen Beweisschwierigkeiten, wie sie beim Nachweis des Bestehens eines Gemeinschaftsbetriebes etwa für Wahlvorstände entstehen können, vermieden werden.[86] Ohne dass das BetrVG eine Definition des Betriebes oder des Gemeinschaftsbetriebes enthielte, wird letzterer vermutet, wenn „zur Verfolgung arbeitstechnischer Zwecke die **Betriebsmittel** sowie die **Arbeitnehmer** von den Unternehmen **gemeinsam eingesetzt** werden".

24 Bei wortgetreuer Auslegung dieser Vorschrift würde der gesetzgeberische Wille nicht verwirklicht werden können. Ein „gemeinsamer Einsatz" von Betriebsmitteln und Arbeitnehmern setzt voraus, dass die beteiligten Arbeitgeber koordinierende Verabredungen über den Einsatz betrieblicher Ressourcen treffen, der Sache nach nichts anderes als die einheitliche Leitung, die für die Annahme eines Gemeinschaftsbetriebes nachgewiesen werden musste.[87] Die Vermutungswirkung würde also ins Leere gehen. Die Literatur neigt daher zu einer den Gesetzeszweck berücksichtigenden Auslegung in dem Sinne, dass es für das Eingreifen der Vermutungsregelung ausreichen soll, wenn die Betriebsmittel und Arbeitnehmer „gemeinsam genutzt" werden.[88] Teilweise wird insofern differenziert[89], als zwar eine gemeinsame **Nutzung** der Betriebsmittel ausreichen, es im Hinblick auf die Arbeitnehmer aber – dem Gesetzeswortlaut gemäß – auf einen gemeinsamen **Einsatz** ankommen soll.

25 Schon aus sprachlichen Gesichtspunkten wird man von einer gemeinsamen Nutzung nur im Hinblick auf Betriebsmittel sprechen können. Relevant sind nur Betriebsmittel, die für **arbeitstechnische Zwecke** eingesetzt werden. Insofern scheiden also etwa Sozial- und Hygieneeinrichtungen (Kantine, Umkleideräume, Parkplätze, Sportstätten, Pausenräume etc) aus der Betrachtung aus. Werden solche Einrichtungen aus Effizienzgründen von mehreren Arbeitgebern und ihren Mitarbeitern genutzt, löst dies nicht die Vermutung gemäß § 1 Abs. 2 Nr. 1 BetrVG aus. Auch die gemeinsame Nutzung der Telefonanlage und der Haustechnik wurde vom *Siebten Senat* des BAG[90] als nicht relevant angesehen, da es sich hierbei nicht um die „zur Verfolgung der betrieblichen Zwecke primär erforderlichen Betriebsmittel" handele. Dies wird man grundsätzlich auf IT-Systeme übertragen müssen, jedenfalls auf solche, die nicht ganz konkret auf einen speziellen betrieblichen Zweck zugeschnitten sind. Oft werden konzernweit gleiche IT-Systeme genutzt. Dies ist nur ein Zeichen von konzerninterner Zusammenarbeit, aber regelmäßig kein Indiz für die Annahme eines Gemeinschaftsbetriebs.

Allerdings ist – entgegen *Löwisch*[91] – nicht Voraussetzung, dass die am Gemeinschaftsbetrieb beteiligten Arbeitgeber dieselben arbeitstechnischen Zwecke verfolgen und daher „an demselben arbeitstechnischen Vorhaben arbeiten und dabei arbeitsteilig vorgehen" müssen. Die Einheit der arbeitstechnischen Zwecksetzung gehört gerade nicht zu den wesentlichen Merkmalen des Gemeinschaftsbetriebes.[92] Eine gemeinsame Nutzung von Betriebsmitteln ist *nicht* gegeben, wenn einem anderen Arbeitgeber auf der Grundlage von Miet-, Pacht- oder anderen Überlassungsverträgen **Betriebsmittel zur eigenständigen Nutzung** zeitweise überlassen werden (zB Miete oder Untermiete bestimmter Büroräume, Nutzungsverträge im Hinblick auf technische Hilfsmittel wie speziell ausgestattete Arbeitsplätze, zB

[86] Vgl. Begründung des Regierungsentwurfs BT-Drs. 14/5741, 33; BAG 4.7.2007 – 4 AZR 491/06, NZA 2008, 307 Rn. 73; BAG 13.8.2008 – 7 ABR 21/07, NZA-RR 2009, 255 Rn. 20.

[87] *Annuß* NZA-Sonderheft 2001, 12 (16); *Richardi/Maschmann* in Richardi BetrVG § 1 Rn. 74; *Hopfe* (Fn. 77), S. 62.

[88] *Fitting* BetrVG § 1 Rn. 126; *Kreutz* FS Richardi, 2007, 637 (650).

[89] *Annuß* NZA-Sonderheft 2001, 12 (16); ebenso *Engels/Trebinger/Löhr-Steinhaus* DB 2001, 532; *Richardi/Maschmann* in Richardi BetrVG § 1 Rn. 75.

[90] BAG 25.5.2005 – 7 ABR 38/04, DB 2005, 1914 unter B II. 2.b) aa) (2) der Gründe.

[91] *Löwisch* BB 2001, 1734; Löwisch/Kaiser/*Löwisch* BetrVG § 1 Rn. 36.

[92] BAG 25.9.1986 – 6 ABR 68/84, NZA 1987, 708 unter 3. der Gründe; wie hier auch *Fitting* BetrVG § 1 Rn. 132.

in einem Labor, Kommunikationseinrichtungen). In diesen Fällen handelt es sich um Betriebsmittel des Mieters, Pächters bzw. Nutzers, die gerade nicht gemeinsam, sondern von dem Nutzungsberechtigten genutzt werden. Eine gemeinsame Nutzung setzt voraus, dass die Betriebsmittel innerhalb eines bestimmten Beurteilungszeitraums von den Mitarbeitern verschiedener Arbeitgeber genutzt werden, ohne dass eine feste Aufteilung der Nutzungszeiten vorläge. Zudem müssen die gemeinsam genutzten Betriebsmittel eine gewisse Wesentlichkeit aufweisen. Eine gemeinsame Telefonanlage oder gemeinsam genutzte „alltägliche" und einfach austauschbare Betriebsmittel wie Kopierer oder – sollte es dies außerhalb der Anwaltschaft und Justiz noch geben – Faxgeräte können als Indiz für einen Gemeinschaftsbetrieb nicht ausreichen. Gleiches gilt für die gemeinsame Nutzung von Besprechungs- und Videokonferenzräumen. Diese stehen in modernen Konzernzentralen („Campus") oft mehreren Konzernunternehmen zur Verfügung, ohne dass darin ein gemeinsamer Einsatz von Betriebsmitteln liegt. Die Nutzung wird vielmehr häufig nur „geteilt".

Beispiel D 8: 26

Innerhalb eines Gebäudes befinden sich mehrere Arztpraxen, deren Inhaber sich aus Kostengründen für die gemeinsame Anschaffung einer Röntgenanlage entschieden haben. In einer Vereinbarung ist im Einzelnen festgelegt, an welchen Wochentagen bzw. zu welchen Tageszeiten die Anlage von welcher Arztpraxis genutzt werden kann.

Auch in diesem Fall ist von einer *gemeinsamen* Nutzung von Betriebsmitteln nicht auszugehen. Das Betriebsmittel wird vielmehr von jedem der beteiligten Arbeitgeber jeweils selbständig und unter eigener Regie genutzt.

Typische Konstellationen, bei denen der Rückschluss von der koordinierten Nutzung von Betriebsmitteln auf das Bestehen eines einheitlichen Leitungsapparates gerechtfertigt sein kann, sind hingegen die komplett gemeinsame Nutzung von Arbeitsplätzen, ohne dass vertragliche und entsprechend räumliche Trennungsvorkehrungen getroffen sind, sowie der wechselseitige Einsatz bzw. Gebrauch von speziellen Firmenfahrzeugen, schwer austauschbaren Maschinen, etc. Denn nur in derlei Fällen kommt es zu einem kaum noch trennbaren **Ineinandergreifen operativer Vorgänge,** das den Schluss rechtfertigt, dass der Zusammenarbeit eine gemeinsame Leitung zugrunde liegen muss.

Beispiel D 8a:

Die A- und die B-GmbH mit zwei getrennten Produktionsbetrieben betreiben innerhalb eines Gebäudes eine Verwaltung. Dort sind insbesondere die Rechts-, Finance- und Controllingabteilung, aber auch die zentrale IT untergebracht. In allen vier Abteilungen sind sowohl Mitarbeiter der A- als auch der B-GmbH tätig, die jeweils Aufgaben zumeist nur für ihren Arbeitgeber erbringen, sich aber gegenseitig vertreten. Es besteht keinerlei räumliche Trennung zwischen Mitarbeitern der A- und der B-GmbH und es werden einheitliche IT-Systeme genutzt, die eine gemeinsame Auswertung ermöglichen.

Hier ist von einem Gemeinschaftsbetrieb in Bezug auf die gemeinsame Verwaltung (aber nicht hinsichtlich der Produktionsbetriebe) auszugehen, weil wesentliche Betriebsmittel gemeinsam genutzt werden und keinerlei räumliche Trennung gegeben ist. Hinzu kommt der (und sei es vertretungsweise) gemeinsame Personaleinsatz.

Anknüpfend daran ist von einem gemeinsamen Einsatz der Arbeitnehmer auszugehen, 27
wenn **dieselben Arbeitnehmer** von **mehreren Arbeitgebern** für Arbeitsleistungen **herangezogen** und demnach für arbeitstechnische Zwecke des jeweils anderen Arbeitgebers eingesetzt werden.[93]

[93] *Annuß* NZA-Sonderheft 2001, 12 (16); *Maschmann* NZA-Beil. 2009, 32 (36); vgl. hierzu auch BAG 13.2. 2013 – 7 ABR 36/11, NZA-RR 2013, 521, Rn. 38; BAG 23.11.2016 – 7 ABR 3/15, NZA 2017, 1003, Rn. 33; *Richardi/Maschmann* in Richardi BetrVG § 1 Rn. 67.

Beispiel D 9:

Ein Verlagshaus hat seine Online-Aktivitäten auf eine Tochtergesellschaft übertragen. Da das Online-Unternehmen jedoch auf den fortlaufenden Input aus den Printredaktionen angewiesen ist, kommt es laufend vor, dass Redakteure und andere Mitarbeiter des Printbereichs in Arbeitsteams mit den Mitarbeitern des Onlinebereichs zusammenarbeiten und dabei faktisch dem Direktionsrecht des dortigen Projektleiters unterstellt sind.

In diesem Beispiel dürfte die Vermutungsregel des § 1 Abs. 2 Nr. 1 BetrVG eingreifen, da die betreffenden Mitarbeiter des Printbereichs sowohl vom bisherigen Arbeitgeber als auch vom Online-Tochterunternehmen eingesetzt werden. Im Gegensatz zur gesellschaftsrechtlichen Trennung ist hier die **organisatorische Trennung** (zunächst) **nicht vollzogen worden,** da die Arbeitsvorgänge nicht hinreichend voneinander gelöst wurden und ein gemeinsamer Einsatz bestimmter Mitarbeiter daher unvermeidlich ist.

28 Ein gemeinsamer Einsatz von Mitarbeitern ist indessen dann nicht gegeben, wenn eine klar geregelte **Arbeitnehmerüberlassung** vorliegt.[94] Arbeiten Unternehmen unter Beachtung der Vorgaben des AÜG in der Weise zusammen, dass bei Arbeitskräfteüberhängen bzw. bei Personalengpässen bestimmte Mitarbeiter dem jeweils anderen Arbeitgeber überlassen werden, liegt im betreffenden Zeitraum ein ausschließlicher Einsatz durch den Entleiher und eben kein gemeinsamer Einsatz vor.[95] Für eine Arbeitnehmerüberlassung ist gerade Voraussetzung, dass getrennte Leitungsapparate bestehen. Im Gemeinschaftsbetrieb hingegen bedarf es für den koordinierten Einsatz der Mitarbeiter gerade keiner Überlassungskonstruktion. Arbeitnehmerüberlassung nach dem AÜG und Gemeinschaftsbetrieb stellen demnach begrifflich einen Gegensatz dar; die positive Feststellung eines Gemeinschaftsbetriebs bedeutet also zugleich das Nichtvorliegen von Arbeitnehmerüberlassung.[96]

Für einen gemeinsamen Einsatz der Arbeitnehmer ist nicht bereits hinreichend, dass „der für die Erbringung der Arbeitsleistung maßgebliche Rahmen (Arbeitszeit, betriebliche Ordnung) einheitlich ist."[97] Mit dem „Einsatz" ist die Ausübung des arbeitgeberseitigen Direktionsrechts angesprochen – ein einheitlicher Organisationsrahmen reicht nicht aus.

29 Die Vermutungswirkung gemäß § 1 Abs. 2 Nr. 1 BetrVG tritt nur ein, wenn sowohl die gemeinsame Nutzung von Betriebsmitteln als auch – **kumulativ** – der gemeinsame Einsatz der Arbeitnehmer dargelegt und notfalls bewiesen werden können („sowie").[98] Im Übrigen muss sich der gemeinsame Einsatz auf maßgebliche Größenordnungen beziehen. Bloß marginale Überschneidungen können die Vermutung zugunsten eines gemeinsamen Leitungsapparats nicht rechtfertigen. Ein Gemeinschaftsbetrieb zweier großer Einheiten kann sicherlich nicht bereits vermutet werden, wenn eine gemeinsame Nutzung weniger technischer Einrichtungen untergeordneter Bedeutung bzw. der wechselnde Einsatz von ganz wenigen Arbeitnehmern (zB Wachdienst, technische Hilfsfunktionen oÄ) im Sinne einer Ausnahme festgestellt werden.[99] Die Feststellungen müssen vielmehr in Anbetracht der konkret betroffenen betrieblichen Einheiten eine gewisse **Wesentlichkeitsschwelle** überwinden, um iSv § 1 Abs. 2 Nr. 1 BetrVG berücksichtigungsfähig zu sein. Im Übrigen darf es sich nicht um vorübergehende, nur kurzzeitig eingetretene Phänomene einer/s ge-

---

[94] LAG Mecklenburg-Vorpommern 13.6.2017 – 5 SA 209/16 BeckRS 2017, 116271; s. auch *Koller-van Delden/Gallini* DStR 2017, 206 (208ff.); *Lembke* NZA 2018, 393 (402f.).

[95] Vgl. BAG 13.8.2008 – 7 ABR 21/07, NZA-RR 2009, 255 Rn. 24.

[96] BAG 3.12.1997 – 7 AZR 764/96, NZA 1998, 876 (878); *Schönhöft/Lermen* BB 2008, 2515 (2516), dort auch zur Frage einer möglichen rechtswidrigen Umgehung des AÜG durch die Konstruktion eines Gemeinschaftsbetriebs.

[97] So aber *Richardi/Maschmann* in Richardi BetrVG § 1 Rn. 75; wie hier HWK/*Gaul* BetrVG § 1 Rn. 17; GK/*Franzen* BetrVG § 1 Rn. 54.

[98] Löwisch/Kaiser/*Löwisch* BetrVG § 1 Rn. 36; *Richardi/Maschmann* in Richardi BetrVG § 1 Rn. 75.

[99] aA wohl *Gaul*, Betriebsspaltung, § 25 Rn. 99.

meinsamen Nutzung/Einsatzes handeln; diese müssen vielmehr für einen **maßgeblichen Zeitraum** festgestellt werden.[100]

c) Der Vermutungstatbestand gemäß § 1 Abs. 2 Nr. 2 BetrVG

Bereits mit dem Umwandlungsgesetz vom 28.10.1994 hatte der Gesetzgeber in Gestalt von § 322 Abs. 1 UmwG aF eine Vermutungsregelung zugunsten eines Gemeinschaftsbetriebes eingeführt. Die Vorschrift betraf entgegen ihres Wortlauts gerade **nicht den Fall einer Betriebsspaltung,** sondern im Gegenteil die Konstellation, dass eine Spaltung des Unternehmensträgers nicht mit einer Spaltung des Betriebes verbunden wird, die an der Spaltung beteiligten Rechtsträger vielmehr einen gemeinsamen Betrieb mehrerer Unternehmen bilden.[101] 30

Im Zuge der Reform des BetrVG ist § 322 Abs. 1 UmwG aF mit Wirkung zum 1.8. 2001 in § 1 Abs. 2 Nr. 2 BetrVG transferiert worden. Ein Gemeinschaftsbetrieb soll jetzt zu vermuten sein, wenn ein oder mehrere Betriebsteile als Folge einer Unternehmensspaltung einem anderen Unternehmen zugeordnet werden, **ohne** dass sich die **„Organisation des betroffenen Betriebes wesentlich ändert".** Gemeint ist damit nach wie vor der Fall, dass eine Unternehmensspaltung zwar zur Folge hat, dass bestimmte Betriebsteile einer anderen Gesellschaft zugeordnet werden, auf der betrieblichen Ebene jedoch keine Organisationsänderungen erfolgen und daher eine **einheitliche Leitung,** die für den Kern der Arbeitgeberfunktionen im Bereich der personellen und sozialen Angelegenheiten zuständig ist, erhalten bleibt. 31

Ausweislich der Gesetzesbegründung soll der Begriff der **Unternehmensspaltung** in § 1 Abs. 2 Nr. 1 BetrVG **umfassend** zu verstehen sein und nicht nur Spaltungen gemäß §§ 123 ff. UmwG umfassen. Die Vorschrift ist demnach auch auf Ausgliederungen gemäß **Einzelrechtsnachfolge** anwendbar,[102] auch wenn dies mit dem gewählten Begriff der Unternehmensspaltung nicht klar zum Ausdruck gekommen ist. 32

Nicht präzise geklärt ist bislang die Frage, welche organisatorischen Änderungen eintreten müssen, um im Rahmen von § 1 Abs. 2 Nr. 2 BetrVG relevant zu sein und wann davon auszugehen ist, dass eine **wesentliche Organisationsänderung** gegeben ist. Wegen des systematischen Zusammenhangs der Vorschrift wird man sinnvollerweise auf organisatorische Änderungen abstellen, die mit den Kriterien in Beziehung stehen, die für den Begriff des Gemeinschaftsbetriebes maßgeblich sind. Sämtliche organisatorischen Änderungen, die das Fortbestehen eines einheitlichen Leitungsapparats in personellen und sozialen Angelegenheiten in Frage stellen, sind relevant. In diesem Sinne ist das Merkmal der Wesentlichkeit zu verstehen. Mit diesem Merkmal wird – anders als im Rahmen von § 111 S. 3 Nr. 4 BetrVG, wo von „grundlegenden Änderungen der Betriebsorganisation" die Rede ist – nicht eine Abgrenzung nach dem Grad der erfolgten Änderung bzw. nach der Zahl der betroffenen Arbeitnehmer vorgenommen. Vielmehr sollen nur diejenigen Organisationsänderungen in Betracht gezogen werden, die den **Fortbestand eines einheitlichen Leitungsapparates in Frage stellen** können.[103] Dies wären zB die Errichtung bzw. die entsprechende Erweiterung der Zuständigkeit einer eigenständigen Personal- 33

[100] Vgl. GK/*Franzen* BetrVG § 1 Rn. 54; aA HWK/*Gaul* BetrVG § 1 Rn. 17; für analoge Anwendung der 6-Monatsfrist gemäß § 21a BetrVG *Hanau* NJW 2001, 2513.

[101] *Däubler* RdA 1995, 136 (143); *Fitting/Kaiser/Heither/Engels* (20. Aufl.) BetrVG § 21 Rn. 48a; Kallmeyer/*Willemsen* UmwG § 322 Rn. 4.

[102] Begründung des Regierungsentwurfs, BT-Drs. 14/5741, 33; vgl. *Annuß* NZA-Sonderheft 2001, 12 (16); GK/*Franzen* BetrVG § 1 Rn. 56.

[103] In diesem Sinne zu § 322 Abs. 1 UmwG aF *Rieble* FS Wiese, 2000, 453 (476); zustimmend auch *Richardi/Maschmann* in Richardi BetrVG § 1 Rn. 78; Kallmeyer/*Willemsen* (2. Aufl.) UmwG § 322 Rn. 11, 14 und *Annuß* NZA-Sonderheft 2001, 12 (16) wollen hingegen jede Art grundlegender Betriebsorganisationsänderungen berücksichtigen und für das Merkmal der Wesentlichkeit auf die zu § 111 S. 3 Nr. 4 BetrVG entwickelten Kriterien zurückgreifen. Parallelen zu § 111 BetrVG iVm § 17 KSchG zieht auch HWK/*Gaul* BetrVG § 1 Rn. 21. Der unterschiedliche systematische Zusammenhang von § 1 Abs. 2 und § 111 BetrVG spricht jedoch gegen diese Parallele.

leitung im „aufnehmenden" Unternehmen, Wechsel personeller Zuständigkeiten, räumliche Verlagerung bzw. eine konsequente räumliche Trennung der ausgegliederten Betriebsteile, Beendigung der gemeinsamen Nutzung von Betriebsmitteln bzw. Abschluss von Überlassungsverträgen sowie organisatorische Veränderungen zur Vermeidung eines Austauschs von Arbeitnehmern.

34 Der Sache nach hat der Gesetzgeber mit § 1 Abs. 2 Nr. 2 BetrVG **keine gesetzliche Vermutung** zugunsten des Bestehens eines Gemeinschaftsbetriebes kreiert, sondern lediglich eine Regelung geschaffen, die im Ergebnis zu einer **Verschiebung der Darlegungs- und Beweislast** führt. Im Rahmen von Nr. 2 dürfte es nämlich weitgehend ausgeschlossen sein, dass zwar einerseits die Vermutungswirkung (mangels wesentlicher organisatorischer Änderungen) greift, andererseits jedoch die Widerlegung der Vermutung gelingt. Wer die gesetzliche Vermutung nämlich zu widerlegen hat, müsste im Ergebnis darlegen, dass der „ausgegliederte" Betriebsteil einer anderen Leitungseinheit unterstellt worden ist, die eigene Kompetenzen in personellen und sozialen Angelegenheiten innehat. Da dies aber ohne wesentliche Organisationsänderung nicht möglich ist, führt die Widerlegung auch zur Beseitigung der Vermutungsgrundlage.[104] Die einen Gemeinschaftsbetrieb behauptende Partei kann sich zunächst auf den Vortrag beschränken, die Organisation des Betriebes sei durch die Unternehmensspaltung (bezogen auf die Leitung des Betriebes, insbes. in personellen und sozialen Angelegenheiten) nicht verändert worden.[105] Nur wenn es der Gegenseite gelingt, im Einzelnen darzulegen und zu beweisen, dass eine Organisationsänderung dergestalt erfolgt ist, dass keine einheitliche Leitung auf den genannten Gebieten existiert, wird das mit der Angelegenheit befasste Arbeitsgericht davon ausgehen, dass eine Betriebsspaltung vorliegt und ein Gemeinschaftsbetrieb nicht gegeben ist.[106]

d) Die Vermutungswirkungen gemäß § 1 Abs. 2 BetrVG

35 § 1 Abs. 2 BetrVG ordnet in den unter b) und c) besprochenen Fällen an, dass ein „gemeinsamer Betrieb mehrerer Unternehmen (…) vermutet" werde. Da der Gemeinschaftsbetrieb nach der Rechtsprechung des BAG aus zwei Komponenten besteht, nämlich dem gemeinsamen Leitungsapparat in personellen und sozialen Angelegenheiten und der darauf ausgerichteten Führungsvereinbarung, liegt die Annahme nahe, dass Gegenstand der gesetzlichen Vermutung genau diese beiden Komponenten sind, mit der Folge, dass die Vermutung bereits widerlegt wäre, wenn das Nichtbestehen einer Führungsvereinbarung feststünde.[107] Da indessen aus dem rein tatsächlichen Bestehen eines gemeinsamen Leitungsapparates in personellen und sozialen Angelegenheiten bereits auf das Bestehen einer Führungsvereinbarung geschlossen wird, bezieht sich die Vermutungswirkung und daraus folgend auch die Widerlegungsmöglichkeit ausschließlich auf das Vorliegen eines einheitlichen Leitungsapparats, dem der Kern der Arbeitgeberfunktionen bezüglich personeller und sozialer Angelegenheiten zugewiesen ist.[108] Dies hat auch das BAG klargestellt.[109] Dass dies den Vorstellungen des Gesetzgebers entsprach, ergibt sich aus der Regierungsbegründung des Gesetzentwurfs.[110] Greifen die Vermutungstatbestände nicht ein, schließt dies das

[104] Kallmeyer/*Willemsen* (2. Aufl.) UmwG § 322 Rn. 16, 18; *Annuß* NZA-Sonderheft 2001, 12 (16); HWK/*Gaul* BetrVG § 1 Rn. 24.

[105] Vgl. *Schaub* FS Wlotzke, 1996, 103 (109); zustimmend *Fitting* BetrVG § 1 Rn. 128.

[106] Ähnlich *Bauer/Lingemann* NZA 1994, 1057 (1060); Kallmeyer/*Willemsen* (2. Aufl.) UmwG § 322 Rn. 16, 18; *Richardi/Maschmann* in Richardi BetrVG § 1 Rn. 78.

[107] Richardi/ *Richardi* (10. Aufl.) BetrVG § 1 Rn. 75; *Stege/Weinspach/Schiefer* BetrVG § 1 Rn. 24.

[108] *Annuß* NZA-Sonderheft 2001, 12 (16); *Fitting* BetrVG § 1 Rn. 130; *Schönhöft/Lermen* BB 2008, 2515 (2517); DKW/*Trümner* BetrVG § 1 Rn. 126ff., 137; *Richardi/Maschmann* in Richardi BetrVG § 1 Rn. 75; relativierend *Kreutz* FS Richardi, 2007, 637 (652).

[109] BAG 11.2.2004 – 7 ABR 27/03, NZA 2004, 618 (619) (nicht ganz zutreffend wiedergegeben bei GK/*Franzen* BetrVG § 1 Rn. 53); BAG 22.6.2005 – 7 ABR 57/04, NZA 2005, 1248 (1250).

[110] RegE, BT-Drs. 14/5741, 33; vgl. hierzu *Annuß* NZA-Sonderheft 2001, 12 (16).

Bestehen eines Gemeinschaftsbetriebes nicht aus;[111] umgekehrt kann trotz des Eingreifens der Vermutungstatbestände die Vermutung widerlegt und damit das Vorliegen eines Gemeinschaftsbetriebs ausgeschlossen werden.[112]

e) Ausschlaggebende Kriterien für das Vorliegen eines Gemeinschaftsbetriebs

Die Vermutungstatbestände gemäß § 1 Abs. 2 BetrVG ändern nichts daran, dass es für die positive Feststellung bzw. die Widerlegung der Vermutung eines Gemeinschaftsbetriebes allein auf die vom BAG entwickelten Kriterien ankommt.[113] Der Gesetzgeber hat davon abgesehen, den Begriff des Gemeinschaftsbetriebes selbst zu definieren, so dass weiterhin maßgeblich ist, ob eine **einheitliche Organisation**[114] gegeben ist, während es andererseits als unerheblich anzusehen ist, ob in den betreffenden Einheiten identische, aufeinander abgestimmte bzw. sich ergänzende oder verschiedene arbeitstechnische Zwecksetzungen verfolgt werden. Es sollen betriebsverfassungsrechtlich diejenigen Gebilde durch einen einheitlichen Betriebsrat repräsentiert sein, in denen als Pendant auf Arbeitgeberseite ein **„einheitlicher Leitungsapparat"** existiert, bei dem die Organisation des Betriebes liegt. Wiederum ausgehend von den Erfordernissen einer praktikablen Betriebsverfassung ist auch dieses Kriterium von der Rechtsprechung mehr und mehr dahingehend präzisiert worden, dass es für das Vorliegen eines Gemeinschaftsbetriebs bereits ausreichend sei, „wenn die Arbeitgeberfunktionen im Bereich der **sozialen und personellen Angelegenheiten** von einem Leitungsapparat der beteiligten Unternehmen wahrgenommen werden, **nicht** aber auch die unternehmerischen Funktionen im Bereich der **wirtschaftlichen Angelegenheiten.**"[115] Diese Einschränkung lässt sich zum einen mit der ohnehin nur sehr begrenzten Mitbestimmung des Betriebsrates in wirtschaftlichen Angelegenheiten und zum anderen damit erklären, dass Entscheidungen von größerer wirtschaftlicher Tragweite häufig außerhalb der betrieblichen Organisation – nämlich auf der Ebene des Unternehmens – getroffen werden, ohne dass dies zum Anlass genommen würde, daran zu zweifeln, dass das „abhängige" Gebilde die Voraussetzungen eines eigenständigen Betriebes erfüllt. Der *Siebte Senat* des BAG[116] hat daher zu Recht[117] entschieden, dass auch das Bestehen einer **steuerrechtlichen Organschaft** (§ 2 Abs. 2 Nr. 2 UStG) nicht auf einen einheitlichen betrieblichen Leitungsapparat schließen lasse; die Organschaft betreffe die Einheitlichkeit auf Unternehmensebene (Sicherstellung einer einheitlichen Willensbildung) und führe dazu, dass die beiden Unternehmen steuerrechtlich als Einheit angesehen würden. Dies schließe es nicht aus, dass die Unternehmen getrennte Betriebe mit jeweils getrenntem Leitungsapparat unterhielten. 36

Das Vorliegen einer gebündelten Kompetenz in personellen und sozialen Angelegenheiten lässt sich im Regelfall unschwer feststellen. Werden soziale Angelegenheiten, insbesondere die unter **§ 87 BetrVG** aufgeführten Mitbestimmungsgegenstände, von einer übergreifenden Instanz behandelt und im Rahmen der Mitbestimmung entschieden, bestehen übergreifende Regeln etwa über die **Ordnung im Betrieb** oder in Gestalt einer **betrieblichen Arbeitszeitregelung,** besteht in **Vergütungsfragen**[118] eine einheitliche Regelung und wird über **Sozialeinrichtungen** oder freiwillige Vergütungsbestandteile von 37

---

[111] So ausdrücklich BAG 11.2.2004 – 7 ABR 27/03, NZA 2004, 618; aA *Kreutz* FS Richardi, 2007, 637 (653); ausdrücklich offen gelassen nunmehr von BAG 13.8.2008 – 7 ABR 21/07, NZA-RR 2009, 255 Rn. 35.

[112] BAG 11.2.2004 – 7 ABR 27/03, NZA 2004, 618; BAG 22.6.2005 – 7 ABR 57/04, NZA 2005, 1248 (1250).

[113] BAG 13.2.2013, NZA-RR 2013, 521 (524); *Fitting* BetrVG § 1 Rn. 129; ebenso *Hopfe* (Fn. 77), S. 65.

[114] BAG 5.3.1987 – 2 AZR 623/85, NZA 1988, 32 unter B II 2a) der Gründe.

[115] BAG 29.1.1987 – 6 ABR 23/85, NZA 1987, 707 Leitsatz Nr. 2; DKW/*Trümner* BetrVG § 1 Rn. 93; *Fitting* BetrVG § 1 Rn. 113.

[116] BAG 25.5.2005 – 7 ABR 38/04, DB 2005, 1914 unter B.II. 2.b) cc) der Gründe.

[117] Zustimmend auch *Kreutz* FS Richardi, 2007, 637 (646).

[118] Ein einheitliches Vergütungssystem stellt aber keine zwingende Voraussetzung für einen Gemeinschaftsbetrieb dar.

einer einheitlichen Instanz entschieden, liegen schließlich die Kompetenzen für die Arbeitseinteilung, Kündigungen, Abmahnungen oder den Abschluss von Arbeitsverträgen in den Händen einer übergeordneten Leitung, kann kein Zweifel mehr bestehen, dass ein einheitlicher Betrieb mehrerer Arbeitgeber vorliegt.

Es spitzt sich aus praktischer Sicht daher auf die Frage zu, ob eine **einheitliche Personalleitung** besteht, die für die gesamte Belegschaft verantwortlich ist.[119] Eine einheitliche Personalleitung ist indes nicht gleichzusetzen mit einem zentralen „HR Business Partnering", das in vielen Konzernen unternehmensübergreifend organisiert ist. Bestehen die Aufgaben der zentralen HR Business Partner zB in der Stellenplanung, Personalentwicklung und im Recruiting, sind dies nicht die entscheidenden Aufgaben einer einheitlichen Steuerung in personellen und sozialen Angelegenheiten, auf die es für die Frage der gebündelten Leitung eines Gemeinschaftsbetriebs ankommt.

38 Das Vorliegen getrennter Betriebe wird auch nicht dadurch in Frage gestellt, dass einer der Betriebe gewisse **Serviceleistungen,** zB im Bereich der Lohnbuchhaltung oder der Personalsachbearbeitung, für den anderen Betrieb übernimmt.[120] Derlei Aufgaben betreffen administrative Hilfsfunktionen und könnten jederzeit auch auf außenstehende Dritte übertragen werden.

Beispiel D 10:

Aus einem einheitlichen Betrieb wird ein Herstellungsbereich X an ein anderes Unternehmen veräußert. Die Käuferin installiert im übernommenen Bereich eine eigene operative und personelle Leitung; es wird jedoch vereinbart, dass die Lohn- bzw. Gehaltsbuchhaltung im Rahmen eines Servicevertrages weiterhin von der Verkäuferin durchgeführt wird, um deren Erfahrung zu nutzen und die mit der Einarbeitung eines anderen Dienstleisters verknüpften Reibungsverluste zu vermeiden.

39 Die Personalleitung ist nur insoweit Anknüpfungspunkt für das Bestehen eines Gemeinschaftsbetriebes, als es um die **Ausübung von Leitungsbefugnissen** in personellen und sozialen Angelegenheiten geht. Die rein administrativen Aufgaben im Personalbereich sind nicht mitbestimmungsrelevant, so dass deren Organisation für die Frage des Bestehens eines Gemeinschaftsbetriebes ohne Bedeutung ist.[121] Dem hat das BAG im Hinblick auf die Lohnbuchhaltung zugestimmt, nicht hingegen für die „eigentliche" Personalabteilung (Führung von Personalakten, arbeitsrechtliche Korrespondenz mit den Arbeitnehmern).[122] Das BAG übersieht dabei jedoch, dass auch die eher administrativen Teile der Personalarbeit ohne Weiteres fremdvergeben werden können, ohne dass die eigentliche Leitungsmacht in personellen und sozialen Angelegenheiten übertragen wird.[123] Auch eine konzerninterne Beratung der Entscheidungsträger durch eine einheitliche konzerninterne Arbeitsrechtsabteilung ist kein Indiz für einen Gemeinschaftsbetrieb, wenn die eigentliche Entscheidungsgewalt getrennt ausgeübt wird.

Mit einer bloß formalen Trennung der Arbeitgeberfunktionen in personellen und sozialen Angelegenheiten kann das Vorliegen eines Gemeinschaftsbetriebes indessen nicht ausgeschlossen werden. Werden die Leitungsbefugnisse von einer gemeinsamen Leitung ausgeübt, ändert die lediglich getrennte Vollziehung der Entscheidungen (Ausfertigung von Arbeitsverträgen, Erstellung von Abmahnungsschreiben etc) nichts am Vorliegen eines Gemeinschaftsbetriebes.[124]

---

[119] Vgl. BAG 18.10.2000 – 2 AZR 494/99, NZA 2001, 321; BAG 16.1.2003 – 2 AZR 609/01, NJW 1999, 3212.

[120] BAG 1.4.1987 – 4 AZR 77/86, NZA 1987, 593; vgl. auch BAG 29.4.1999 – 2 AZR 352/98, NZA 1999, 932 (933) unter III. 4c) aa); BAG 13.8.2008 – 7 ABR 21/07, NZA-RR 2009, 255 Rn. 37.

[121] BAG 13.8.2008 – 7 ABR 21/07, NZA-RR 2009, 255 Rn. 37.

[122] BAG 11.2.2004 – 7 ABR 27/03, NZA 2004, 618 (619) unter II. 2.b) bb) der Gründe; BAG 13.8.2008 – 7 ABR 21/07, NZA-RR 2009, 255 Rn. 37; ablehnend *Rieble/Gistel* NZA 2005, 242.

[123] So auch *Kreutz* FS Richardi, 2007, 637 (647).

[124] BAG 24.1.1996 – 1 AZR 597/95, NZA 1996, 948.

Eine bloß **„unternehmerische Zusammenarbeit"** reicht für die Annahme eines Gemeinschaftsbetriebs nicht aus.[125] Dass demnach eine Einheit bestimmte arbeitstechnische Teilzwecke erfüllt, die sich in das Produktionskonzept eines benachbarten Betriebes einfügen – so zB bei den Zulieferern in der Automobil- und der Druckindustrie – spricht nicht notwendigerweise für einen Gemeinschaftsbetrieb.[126] Zumeist besteht in diesen Konstellationen nämlich gerade kein Interesse an einer gemeinsamen Leitung in personellen und sozialen Angelegenheiten. Die bestimmte Produkte und Dienstleistungen beisteuernden Betriebe werden in der Praxis vielmehr ganz überwiegend vom Stammbetrieb des jeweiligen Zuliefer- oder Dienstleistungsunternehmens aus gelenkt; von dort aus sowie von den vor Ort eingesetzten Vorgesetzten erfolgt die Arbeitseinteilung und -aufsicht, verbunden mit den typischen Arbeitgeberbefugnissen. Nur wenn, was zumeist vermieden wird, die Grenzen verschwimmen und die Belegschaften der Dienstleister und Zulieferer von den Vorgesetzten des „Kundenbetriebs" eingeteilt werden und von jenen Arbeitsanweisungen erhalten, entsteht eine einheitliche Leitung, es sei denn, dass ein Fall verdeckter Arbeitnehmerüberlassung gegeben ist. Auf der Grundlage der BAG Rechtsprechung **reicht** demnach die häufig zu hörende Argumentation dahingehend, dass eine **enge arbeitstechnische Verzahnung** vorliege und der eine Betrieb ohne den anderen gar nicht denkbar wäre,[127] zum Nachweis des Bestehens eines Gemeinschaftsbetriebes **nicht aus.** Weder aus einer arbeitstechnischen Abhängigkeit noch auf der Basis einer unternehmerischen Koordination lässt sich auf eine gemeinsame Leitung in personellen und sozialen Angelegenheiten schließen.[128] 40

In Literatur und Rechtsprechung behilft man sich häufig mit **Indizien**[129] zugunsten eines Gemeinschaftsbetriebs und begibt sich damit auf problematisches Terrain. So soll sich insbesondere aus einer gemeinsamen räumlichen Unterbringung bzw. aus der **räumlichen Nähe** der in Rede stehenden Einheiten,[130] aus personellen, technischen und organisatorischen Verknüpfungen von Arbeitsabläufen, aus der Nutzung gemeinsamer **Sozialeinrichtungen,** aus **Personenidentitäten** in den Unternehmensorganen, aus der (teilweise) gleichen Zusammensetzung der Gesellschafter der Trägerunternehmen und aus einem (wie auch immer festgestellten) Zusammengehörigkeitsgefühl innerhalb der (gesamten) Belegschaft[131] das Vorliegen eines Gemeinschaftsbetriebes ableiten lassen.[132] Die Heranziehung solcher Indizien war bereits in der Vergangenheit als methodisch problematisch anzusehen, da hiermit stets die Gefahr verbunden ist, dass bestimmte äußerliche Umstände mit mehr oder weniger subjektivem Einschlag gewichtet werden, ohne dass man sich Rechenschaft darüber ablegt, auf welche rechtliche Kategorie die genannten Indizien hindeuten sollen. Und in der Tat wurde in der Praxis häufig im Rahmen schwer nachvollziehbarer Abwägungsvorgänge mit äußeren Umständen argumentiert, die zwar durchaus mit einem Gemeinschaftsbetrieb einhergehen können (zB räumliche Nähe, bestehende Konzernverbindung). Man hat dabei jedoch häufig nicht hinreichend berücksichtigt, dass diese Kriterien im Ergebnis gerade nichts für die Annahme einer gemeinsamen Leitung in personellen und sozialen Angelegenheiten aussagen. Dass zB bestimmte Einheiten in ein- und demselben Gebäude untergebracht sind und die Mitarbeiter eine für das ganze Haus zur Ver- 41

[125] BAG 18.1.1990 – 2 AZR 355/89, NZA 1990, 977; BAG 13.8.2008 – 7 ABR 21/07, NZA-RR 2009, 255 Rn. 21ff.; *Fitting* BetrVG § 1 Rn. 114; *Richardi/Maschmann* in Richardi BetrVG § 1 Rn. 67; *Maschmann* NZA-Beil. 2009, 32 (36); Sieg/Maschmann Unternehmensumstrukturierung Rn. 447.

[126] *Richardi/Maschmann* in Richardi BetrVG § 1 Rn. 67.

[127] In diesem Sinne tendenziell DKW/*Trümner* BetrVG § 1 Rn. 116.

[128] So aber in der Tendenz DKW/*Trümner* BetrVG § 1 Rn. 116–121.

[129] Vgl. BAG 13.2.2013 – 7 ABR 36/11, NZA-RR 2013, 521 (524); *Fitting* BetrVG § 1 Rn. 114; DKW/*Trümner* BetrVG § 1 Rn. 96; GK/*Franzen* BetrVG § 1 Rn. 50; *Schönhöft/Lermen* BB 2008, 2515 (2516).

[130] BAG 24.1.1996 – 7 ABR 10/95, NZA 1996, 1110; *Fitting* BetrVG § 1 Rn. 127; relativierend BAG 29.4.1999 – 2 AZR 352/98, NZA 1999, 932 und BAG 25.5.2005 – 7 ABR 38/04, NZA 2005, 1080 unter II. 2.b) aa) (1) der Gründe.

[131] Gegen derlei subjektive Kriterien vgl. *Fitting* BetrVG § 1 Rn. 127.

[132] Vgl. nur DKW/*Trümner* BetrVG § 1 Rn. 96.

fügung stehende Kantine, eine gemeinsame Fitnesseinrichtung oder eine gemeinsame Besprechungsetage nutzen, spricht noch nicht einmal ansatzweise für einen Gemeinschaftsbetrieb. Die Feststellung solcher Äußerlichkeiten löst daher keine Vermutung iSv § 1 Abs. 2 BetrVG aus und führt auch nicht zu einer Beweislastverschiebung. Dies ergibt sich seit der BetrVG-Reform im Jahre 2001 auch daraus, dass sich der Gesetzgeber dafür entschieden hat, nur den in § 1 Abs. 2 Nr. 1 BetrVG genannten Umständen eine gesetzliche Indizwirkung zuzuweisen. Diese Regelung ist abschließend. Es verbietet sich daher auch aus systematischen Gründen, außerhalb des Gesetzes weitere Vermutungstatbestände zu schaffen. Das BAG scheint insofern allerdings einen anderen Weg einzuschlagen; denn es betrachtet § 1 Abs. 2 BetrVG nicht als abschließende Regelung[133] und operiert weiterhin mit unterschiedlichsten „Indizien", auf deren Grundlage auf das Vorliegen einer Führungsvereinbarung geschlossen werden könne.

42 Dass ein Gemeinschaftsbetrieb nur in Betracht kommt, wenn die in Rede stehenden Einheiten räumlich nicht allzu weit voneinander entfernt sind,[134] ergibt sich bereits aus dem Grundsatz, der der Regelung in § 4 Abs. 1 S. 1 Nr. 1 BetrVG zu Grunde liegt. Eine ordnungsgemäße betriebsverfassungsrechtliche Betreuung ist nur gewährleistet, wenn im Rahmen der Amtsausübung nicht allzu große Entfernungen überwunden werden müssen.[135]

43 Nur bei oberflächlicher Betrachtung lässt sich aus der (partiellen) personellen **Identität der Geschäftsführer/Vorstände** zweier Gesellschaften auf das Bestehen eines Gemeinschaftsbetriebes schließen.[136] Zwar ist zutreffend, dass sich die Errichtung einer einheitlichen Leitung leichter bewerkstelligen lässt, wenn in den beteiligten Unternehmen dieselben Entscheidungsträger auf Geschäftsführungsebene agieren. Für die Abgrenzung des betriebsverfassungsrechtlich maßgeblichen Betriebes kommt es aber auf die betrieblichen Leitungsstrukturen und nicht auf die gesellschaftsrechtlichen an. Wenn anerkannt und in der Struktur des BetrVG auch angelegt (vgl. § 47 Abs. 1 BetrVG) ist, dass ein- und dasselbe Unternehmen mehrere Betriebe betreiben kann, lässt sich logischerweise aus der personellen Geschäftsführeridentität mehrerer Unternehmen nicht darauf schließen, dass diese Unternehmen einen Gemeinschaftsbetrieb bilden.[137] Auch das BAG[138] betont, dass Organidentität nicht ausreiche, sondern dass es darauf ankomme, dass die jeweiligen Personen ihre Leitungsbefugnisse „für alle Unternehmen einheitlich" wahrnehmen – nur dann besteht eine einheitliche Leitung. Dennoch behandelt es Personenidentitäten in der Geschäftsführung als „Indiz" für einen Gemeinschaftsbetrieb. Die Zusammensetzung der **Gesellschafter** eines Unternehmens bzw. deren „Identität" sind für die Annahme eines Gemeinschaftsbetriebs irrelevant. Nach der Rechtsprechung des BAG sind nämlich **konzernrechtlich/gesellschaftsrechtlich begründete Weisungsbefugnisse** gegenüber den einzelnen Geschäftsführungen mehrerer Tochtergesellschaften **nicht hinreichend für** die Annahme, dass auch **gemeinsame betriebliche Leitungseinheiten** bestehen.[139]

---

133 BAG 11.2.2004 – 7 ABR 27/03, NZA 2004, 618 (619) unter I. 2. der Gründe; BAG 25.5.2005 – 7 ABR 38/04, NZA 2005, 1080.

134 Siehe allerdings BAG 11.2.2004 – 7 ABR 27/03, NZA 2004, 618 unter II. 2.b) bb) der Gründe, wonach eine – allerdings nicht näher konkretisierte – räumliche Entfernung der maßgeblichen Einheiten voneinander irrelevant sein soll.

135 Vgl. *Richardi/Maschmann* in Richardi BetrVG § 4 Rn. 16ff., 21.

136 vgl. zu diesem Kriterium DKW/*Trümner* BetrVG § 1 Rn. 98; LAG Schleswig Holstein 22.4.1997 – 1 Sa 384/96, DB 1997, 1980; LAG Hamm 5.6.1985 – 3 Ta BV 113/84, BB 1985, 1792; LAG Berlin 22.11.1985 – 10 Ta BV 8/85, BB 1986, 593.

137 Im Ergebnis auch *Rieble* FS Wiese, 2000, 453 (460); ErfK/*Koch* BetrVG § 1 Rn. 14; LAG Düsseldorf 17.1.1995 – 3 TaBV 97/94, LAGE § 4 BetrVG 1972, Nr. 7.

138 BAG 11.2.2004 – 7 ABR 27/03, NZA 2004, 618 (620) unter II. 2. b) bb) der Gründe; BAG 25.5.2005 – 7 ABR 38/04, NZA 2005, 1080 unter II 2. b) bb) der Gründe.

139 BAG 29.4.1999 – 2 AZR 352/98, NZA 1999, 932; BAG 13.8.2008 – 7 ABR 21/07, NZA-RR 2009, 255 Rn. 22; zustimmend *Kreutz* FS Richardi, 2007, 637 (645); HWK/*Gaul* BetrVG § 1 Rn. 16; ErfK/*Koch* BetrVG § 1 Rn. 14.

Beispiel D 11: 44

Eine Verlagsgruppe besteht aus einer Vielzahl von Kommanditgesellschaften, denen jeweils einzelne Verlagsobjekte bzw. Objektgruppen zugeordnet sind. Persönlich haftender Gesellschafter ist jeweils der Verleger als natürliche Person. In den einzelnen KGs sind Verlagsgeschäftsführer und Chefredakteure angestellt, die die operative Leitung und die Führung in personellen und sozialen Angelegenheiten innehaben.

In diesem Fall ist die Annahme eines Gemeinschaftsbetriebes fernliegend, und zwar auch dann, wenn der Verleger gewisse Vorgaben im Hinblick auf die Personalpolitik macht und für den Abschluss wichtiger Betriebsvereinbarungen ein Genehmigungsvorbehalt besteht. Ausschlaggebend ist, dass dem Betriebsrat in jeder einzelnen Gesellschaft eine Führung gegenübersteht, bei der die Leitungsaufgaben im Bereich der sozialen und personellen Mitbestimmung gebündelt sind. Ähnliche Konstellationen ergeben sich in Konzernen, die sich im Wesentlichen aus Kapitalgesellschaften zusammensetzen. Dass die Muttergesellschaft die Gesellschafterstellung in allen operativen Tochtergesellschaften einnimmt, bedeutet keineswegs, dass die betrieblichen Aktivitäten der einzelnen Gesellschaften im Sinne eines Gemeinschaftsbetriebes miteinander koordiniert werden.

45 Selbst wenn die Funktion des **Personalleiters** in zwei Gesellschaften durch dieselbe Person ausgeübt wird, heißt dies noch nicht, dass eine gemeinsame Leitung in personellen und sozialen Angelegenheiten besteht. Aus der bloßen Tatsache, dass eine Person Aufgaben in mehreren Unternehmen bzw. Betrieben ausfüllt, kann man nicht ohne Weiteres schließen, dass eine Koordination, eine übergreifende Organisation erfolgt.[140] Solange kein Austausch von Mitarbeitern und keine gemeinsame Nutzung von Betriebsmitteln festzustellen sind und die Angelegenheiten der jeweiligen Belegschaften getrennt gehandhabt werden, liegt ein Gemeinschaftsbetrieb nicht vor.

45a In der Praxis stellt sich häufig die Frage, ob und inwiefern die **betriebsverfassungsrechtlichen Realitäten** als ein Indiz für oder gegen das Vorliegen eines Gemeinschaftsbetriebs sprechen können: Ist das Bestehen getrennter Betriebsräte ein Argument, das gegen das Vorliegen eines Gemeinschaftsbetriebs vorgebracht werden kann? Gilt dies nicht mehr, wenn weitgehend inhaltsgleiche Betriebsvereinbarungen geschlossen und diese sogar gemeinsam verhandelt werden? Grundsätzlich muss die Frage, wie Betriebsräte gebildet sind und wie verhandelt wird, für die Frage des Vorliegens eines Gemeinschaftsbetriebs irrelevant sein, weil eine „falsche" Anwendung des (Gemeinschafts-)Betriebsbegriffs keine Auswirkungen auf die Rechtslage haben kann. Anders liegt der Fall nur bei einer offensichtlichen Verkennung des Betriebsbegriffs, die die Nichtigkeit der Betriebswahl zur Folge hat.[141] In allen anderen Fällen, in denen die Betriebsratswahl allenfalls anfechtbar gewesen wäre, können zB getrennte Betriebsräte für eine Einheit, die eigentlich ursprünglich einen Gemeinschaftsbetrieb gebildet hat, zur Folge haben, dass unterschiedliche Entscheidungen in personellen und sozialen Angelegenheiten getroffen werden und sich über Jahre komplett getrennte Regelungsregime in personellen und sozialen Angelegenheiten bilden. Wenn dies dann zu unterschiedlichen Entscheidungen auf Arbeitgeberseite führt, kann die ursprünglich falsche Anwendung des Betriebsbegriffs über die praktische Handhabung „richtig werden".

46 Zusammenfassend lässt sich demnach festhalten, dass ein Gemeinschaftsbetrieb mehrerer Arbeitgeber voraussetzt, dass eine einheitliche betriebliche Leitung besteht, insbesondere in den der Mitbestimmung unterliegenden personellen und sozialen Angelegenheiten. Die Darlegungserleichterungen zugunsten eines Gemeinschaftsbetriebes gemäß § 1 Abs. 2 BetrVG werden von der hM nicht in dem Sinne als abschließend angesehen, dass die bekannten „Indizien" für einen Gemeinschaftsbetrieb keine Rolle mehr spielen würden.

[140] So für den Fall von Geschäftsführeridentität BAG 11.2.2004 – 7 ABR 27/03, NZA 2004, 618 (620) unter II. 2. b) bb) der Gründe.

[141] gl. BAG 22.3.2000 – 7 ABR 34/98, NZA 2000, 1119; Erfk/*Koch* BetrVG § 19 Rn. 13ff.; MHdB ArbR/*Krois* § 291 Rn. 287ff., 313ff.; *Fitting* BetrVG § 19 Rn. 3ff.

Durch eine ganze Reihe neuerer Entscheidungen des BAG hat sich die Rechtssicherheit bei der Anwendung dieser Indizien jedoch merklich erhöht.

f) Der „gemeinsame Betriebsteil"

47 Die Vereinbarung zweier Unternehmen, in bestimmten Bereichen eine einheitliche Leitung installieren zu wollen, muss sich nicht stets auf gesamte Betriebe beziehen. Die Zusammenarbeit kann sich auch auf einzelne Abteilungen bzw. Bereiche beschränken.

Beispiel D 12:

Die zum selben Konzern gehörenden A GmbH und B GmbH unterhalten räumlich nah beieinander liegende Betriebsstätten mit jeweils ca. 110 Arbeitnehmern. Die jeweiligen Versandabteilungen, in denen jeweils 15 Arbeitnehmer vorhanden sind, werden einer einheitlichen Leitung unterstellt.[142]

Eine denkbare Konstellation besteht darin, dass die beiden Versandabteilungen betriebsverfassungsrechtlich einen gemeinsamen Betrieb bilden, nämlich dann, wenn sie tatsächlich einer gesonderten Leitung zugeordnet werden, die für alle wesentlichen personellen und sozialen Angelegenheiten zuständig ist.[143] Wesentlich häufiger wird hingegen der Fall auftreten, dass die Leitung über die Versandabteilung von einer der beiden Betriebsleitungen aus erfolgt, so dass nicht etwa ein eigenständiger Betrieb „Versandabteilung" entsteht, sondern die beiden Versandabteilungen betriebsverfassungsrechtlich insgesamt einer der beiden Vertriebsstätten zugeordnet werden. Zu welcher die Zuordnung erfolgt, richtet sich danach, wo die Leitungsmacht in personellen und sozialen Angelegenheiten gebündelt wird.

48 Das Beispiel macht für die Praxis besonders deutlich, dass nicht jede Feststellung einer gemeinsamen Nutzung von Betriebsmitteln oder eines gemeinsamen Einsatzes von Arbeitnehmern dazu führen muss, sogleich einen Gemeinschaftsbetrieb zweier Einheiten anzunehmen. Es ist vielmehr stets im Einzelfall zu prüfen, ob sich die gemeinsame Leitung lediglich auf Teilbereiche beschränkt, ohne die betriebsverfassungsrechtliche Selbständigkeit der Betriebsstätten im Übrigen in Frage zu stellen.

3. Auswirkungen auf das Amt bestehender Betriebsräte

49 Ist eine wirksame Betriebsspaltung erfolgt und kein Gemeinschaftsbetrieb mehrerer Arbeitgeber entstanden (hierzu ausführlich vorstehend unter 2.), ist zunächst danach zu differenzieren, ob die aus der Spaltung hervorgehenden betrieblichen Einheiten **betriebsratsfähig** sind, so dass dort zukünftig Betriebsräte gebildet werden können. Dies richtet sich für jede dieser Einheiten nach den allgemeinen Regeln hinsichtlich Wählbarkeit und Wahl eines Betriebsrates (§§ 1, 4, 7 ff. BetrVG).

50 Bestand im bisherigen Betrieb ein Betriebsrat, kann dessen Schicksal infolge einer Spaltung komplizierte Fragen aufwerfen. Im **(Regel-)Fall** der „Abspaltung" (im untechnischen Sinn)[144] von Betriebsabteilungen **bleibt der Betriebsrat** des fortbestehenden (Ursprungs-)Betriebes **im Amt.**[145] Die Tatsache einer aus der Spaltung resultierenden **Absenkung der Belegschaftsstärke** ist für den fortbestehenden Betriebsrat nur von Belang, wenn die in § 13 Abs. 2 Nr. 1 BetrVG normierten Voraussetzungen für eine **Neuwahl** vorliegen. Hierfür muss sich die Zahl der regelmäßig beschäftigten Arbeitnehmer

---

142 Beispiel nachgebildet *Annuß* NZA Sonderheft 2001, 12 (17).

143 So *Annuß*, ebenda; ablehnend DKW/*Trümner* BetrVG § 1 Rn. 187; vgl. zur Thematik auch *Hanau* RdA 2001, 65 (67).

144 Vgl. zum Begriff der Abspaltung in diesem Sinne *Fitting* BetrVG § 21a Rn. 8.

145 BAG 19.11.2003 – 7 AZR 11/03, NZA 2004, 435 unter I. 2a) der Gründe; *Thüsing* in Richardi BetrVG § 21a Rn. 6; *Fitting* BetrVG § 21a Rn. 9a sowie BetrVG § 21b Rn. 11; *Rieble* FS Wiese, 2000, 453 (460); *Weiss/Raffler* FS Spiegelberger, 2009, 944 (947); *Bauer/Haußmann/Krieger*, Umstrukturierung, Teil 4 B Rn. 18; vgl. auch Art. 6 (1) Betriebsübergangsrichtlinie (Richtlinie 2001/23/EG vom 12.3.2001).

um die Hälfte, mindestens aber um fünfzig, reduzieren. Ausschlaggebend ist jedoch – was den Anwendungsbereich der Vorschrift erheblich einschränkt – nur der **Stichtag** 24 Monate seit der letzten Betriebsratswahl (Tag der Stimmabgabe).[146] Bis zur Neuwahl führt der bisherige Betriebsrat die Geschäfte fort (§ 22 BetrVG). Dies gilt selbst dann, wenn die Neuwahl unter Verstoß gegen § 13 Abs. 2 BetrVG unterblieben ist; in diesem Fall bleibt der ursprüngliche Betriebsrat bis zum Ablauf der regulären Amtszeit im Amt.[147] Neuwahlen können auch dann erforderlich werden, wenn in den „abgespaltenen" Betriebsteilen eine nicht unerhebliche Zahl von Betriebsratsmitgliedern beschäftigt ist und deren Arbeitsverhältnisse auf einen neuen Betrieb (uU auch auf einen neuen Arbeitgeber) übergehen. In dieser Konstellation kann der Fall eintreten, dass die Gesamtzahl der Betriebsratsmitglieder nach Eintreten sämtlicher Ersatzmitglieder **unter die vorgeschriebene Zahl** der Betriebsratsmitglieder **sinkt** (§ 13 Abs. 2 Nr. 2 BetrVG) und demnach im Ursprungsbetrieb eine Neuwahl durchzuführen ist. Auch insofern gilt, dass der bisherige Betriebsrat gemäß § 22 BetrVG die Geschäfte bis zur Neuwahl oder bis zum Ende der regulären Amtszeit fortführt, und zwar selbst dann, wenn nur noch ein Betriebsratsmitglied im Betrieb beschäftigt wird.[148] Fraglich kann hier allerdings sein, was in der Konstellation des deutlichen Absinkens der Belegschaftsstärke unter die „vorgeschriebene" Mitgliederzahl zu verstehen ist. Da sich die Größe des gem. § 13 Abs. 2 Nr. 2 BetrVG neu zu wählenden Betriebsrates nach der dann aktuellen Belegschaftsstärke richtet,[149] ließe sich vertreten, eine Neuwahl nach dieser Vorschrift dann (noch) nicht für zulässig zu halten, wenn noch ausreichend Mitglieder zur Verfügung stehen, um den Betriebsrat in seiner nunmehr geforderten Stärke zu bilden.[150] Mit dieser Sicht der Dinge wäre jedoch die Gefahr einer **Verzerrung des Wählerwillens** verbunden; die Zusammensetzung des verbleibenden Betriebsrates hinge weitgehend von Zufällen ab. Unter „vorgeschriebene Mitgliederzahl" wird daher diejenige angesehen, die bei der Wahl des betreffenden Betriebsrates zugrunde zu legen war.[151]

Werden nicht nur kleinere Einheiten abgespalten oder ausgegliedert, sondern erfolgt 51
eine Betriebsspaltung in der Weise, dass hinsichtlich der daraus hervorgehenden Einheiten **nicht** mehr ohne Weiteres von einem Ursprungsbetrieb und davon „abgespaltenen" Abteilungen die Rede sein kann, **erlischt das Amt des bisherigen Betriebsrates.**[152] Wann genau diese Schwelle überschritten wird, ist indes weitgehend unklar, wenngleich sich Rechtsprechung und Literatur nahezu einhellig an der Formel orientieren, wonach die Aufrechterhaltung der **Identität des Betriebes** Voraussetzung für die Kontinuität des Betriebsratsamts sei.[153] Den Begriff der Identität wird man in diesem Zusammenhang allerdings nicht allzu wörtlich verstehen dürfen.[154] Es geht vielmehr darum, dass das Substrat, auf das sich das Betriebsratsamt bezog, noch weitgehend fortbesteht, also insbesondere ein räumlicher und funktionaler Bezug zum Ursprungsbetrieb noch vorliegt. Das BAG hat dies selbst in einem Fall angenommen, in dem ein Trägerunternehmen eines Gemeinschaftsunternehmens mit ca. 260 Arbeitnehmern seinen Bereich stillgelegt hatte und nur noch weniger als 26 Arbeitnehmer des anderen Trägerunternehmens übrig geblieben wa-

---

146 Vgl. zu den Einzelheiten *Fitting* BetrVG § 13 Rn. 22ff.; vgl. auch *Thüsing* in Richardi BetrVG § 13 Rn. 18; DKW/*Schneider/Homburg* BetrVG § 13 Rn. 8; *Maschmann* NZA-Beil. 2009, 32 (35).

147 BAG 19.11.2003 – 7 AZR 11/03, NZA 2004, 435.

148 BAG 19.11.2003 – 7 AZR 11/03, NZA 2004, 435.

149 BAG 22.11.1984 – 6 ABR 9/84, NZA 1985, 715; GK/*Jacobs* § 13 Rn. 61; *Fitting* BetrVG § 13 Rn. 37.

150 Mit Nachweisen zu dieser Ansicht *Thüsing* in Richardi BetrVG, 13. Aufl. 2012, § 13 Rn. 28.

151 *Fitting* BetrVG § 13 Rn. 33; *Thüsing* in Richardi BetrVG § 13 Rn. 29; DKW/*Schneider/Homburg* BetrVG § 13 Rn. 16; ErfK/*Koch* BetrVG § 13 Rn. 4; MHdB ArbR/*Krois* § 291 Rn. 37f.

152 BAG 19.11.2003 – 7 AZR 11/03, NZA 2004, 435 unter I. 2a) der Gründe; *Weiss/Raffler* FS Spiegelberger, 2009, 944 (947).

153 BAG 19.11.2003 – 7 AZR 11/03, NZA 2004, 435 unter I. 2a) der Gründe; *Fitting* BetrVG § 21a Rn. 9a; *Thüsing* in Richardi BetrVG § 21a Rn. 5ff.; *Stege/Weinspach/Schiefer* BetrVG § 21a Rn. 6; *Rieble* FS Wiese, 2000, 453 (460); GK/*Kreutz* § 21a Rn. 24; *Bauer/Haußmann/Krieger*, Umstrukturierung, Teil 4 B Rn. 19, 21; vgl. zu den Fragen der Betriebsidentität ausführlich im Zusammenhang mit dem Zusammenschluss von Betrieben unter → Rn. 68ff.

154 So auch BAG 24.5.2012 – 2 AZR 62/11, NZA 2013, 277 (282).

ren.[155] Zur Begründung führt das BAG an, dass das Amt des Betriebsrats grundsätzlich fortbestehe, wenn der Betrieb eingeschränkt werde, da hierdurch die „betrieblichen Strukturen nicht verändert" würden.[156] Nur wenn ein Betrieb durch „Abspaltungen" dermaßen **atomisiert** wird, dass von einem verbleibenden „Kernbetrieb" nicht mehr die Rede sein kann (zB bei der Aufspaltung eines Betriebes mit ca. 200 Arbeitnehmern in 5 Einheiten mit je ca. 40 Arbeitnehmern), wird man von einem Erlöschen des Betriebsratsamts ausgehen müssen.[157] In diesem Fall kommt allerdings, solange „dies zur Wahrnehmung der damit im Zusammenhang stehenden Mitwirkungs- und Mitbestimmungsrechte erforderlich ist", ein **Restmandat** des Betriebsrats in Betracht **(§ 21b BetrVG).** Im Unterschied zum Übergangsmandat gem. § 21a BetrVG stellt das Restmandat kein Vollmandat dar.[158] Bei der Aufgabenstellung nach dem Verlust der Betriebsidentität handelt es sich vielmehr um ein nachwirkendes Mandat für die noch nicht erledigten Aufgaben, wie sie durch die Spaltung entstanden sind.[159] Da die Interessenausgleichsverhandlungen vor Durchführung der Betriebsänderung zu führen sind, betrifft dies insbesondere den Abschluss eines Sozialplans, soweit durch die Spaltung überhaupt wirtschaftliche Nachteile entstehen. Auch die nachträgliche Anpassung eines Sozialplans an veränderte Umstände kann zu den Aufgaben im Restmandat gehören.[160] Allerdings ist eine Anhörung nach § 102 Abs. 1 S. 1 BetrVG lediglich dann vom Restmandat umfasst, wenn ein hinreichender Bezug zur Spaltung, Stilllegung bzw. Zusammenfassung iSd § 21b BetrVG besteht.[161] Dies ist beispielsweise der Fall, wenn trotz Betriebsstilllegung noch nicht alle Arbeitsverhältnisse beendet sind.[162] Ein Widerspruch gem. § 613a Abs. 6 S. 1 BGB gegen einen Betriebsübergang im Rahmen einer Betriebsspaltung ist für sich genommen jedoch kein Vorgang, an den ein Restmandat des Betriebsrats anknüpfen könnte.[163] Das Restmandat endet nicht unbedingt, sobald in den durch die Spaltung entstandenen Betrieben neue Betriebsräte gewählt wurden oder wenn abgespaltene Teile des Betriebs in einen anderen Betrieb eingegliedert und daher vom Betriebsrat im aufnehmenden Betrieb vertreten werden.[164] Eine Doppelvertretung entsteht hierdurch nämlich nicht, da sich das Restmandat „rückwärts gewandt"[165] nur auf Angelegenheiten des früheren Betriebs bezieht. Die Zuständigkeit zB für die Abänderung eines Sozialplans wird nicht dadurch in Frage gestellt, dass für alle gegenwärtigen Angelegenheiten bereits neue Betriebsräte zuständig sind.

52 Werden Teile eines Betriebes „abgespalten" und in eine bereits bestehende betriebliche Organisation, in der ein Betriebsrat amtiert, **eingegliedert,** werden die von der „Abspaltung" des Betriebes betroffenen Arbeitnehmer unmittelbar von der Zuständigkeit des

---

[155] BAG 19.11.2003 – 7 AZR 11/03, NZA 2004, 435; vgl. dazu *Annuß/Hohenstatt* NZA 2004, 420 (421); ähnlich auch BAG 24.5.2012 – 2 AZR 62, 11, NZA 2013, 277 (282).

[156] Vgl. auch GK/*Kreutz* BetrVG § 21b Rn. 15; *Thüsing* in Richardi BetrVG § 21b Rn. 3; *Fitting* BetrVG § 21b Rn. 9.

[157] Vgl. Kallmeyer/*Willemsen* UmwG Vor § 322 Rn. 26; GK/*Kreutz* BetrVG § 21a Rn. 25 geht hingegen schon vom Untergang des Betriebes aus, wenn Zahlengrenzen gemäß § 13 Abs. 2 Nr. 1 überschritten sind.

[158] BAG 24.5.2012 – 2 AZR 62/11, NZA 2013, 277 (282); *Fitting* BetrVG § 21b Rn. 16; GK/*Kreutz* BetrVG § 21b Rn. 10.

[159] BAG 24.5.2012 – 2 AZR 62/11, NZA 2013, 277 (282); *Fitting* BetrVG § 21b Rn. 16; vgl. auch BAG 14.8.2001 – 1 ABR 52/00, NZA 2002, 109; BAG 26.7.2007 – 8 AZR 769/06, NZA 2008, 112 Rn. 61; BAG 8.12.2009 – 1 ABR 41/09, NZA 2010, 665 Rn. 16.

[160] BAG 12.1.2000 – 7 ABR 61/98, NZA 2000, 669 (670); *Fitting* BetrVG § 21b Rn. 19; vgl. auch BAG 26.7.2007 – 8 AZR 769/06, NZA 2008, 112 Rn. 61.

[161] DKW/*Buschmann* BetrVG § 21b Rn. 21; *Fitting* BetrVG § 21b Rn. 17.

[162] BAG 25.10.2007 – 8 AZR 917/06, NZA-RR 2008, 367 (371); BAG 12.1.2000 – 7 ABR 61/98, NZA 2000, 669 (670); *Fitting* BetrVG § 21b Rn. 17; *Thüsing* in Richardi BetrVG § 21b Rn. 3.

[163] Vgl. → Rn. 8; BAG 24.5.2012 – 2 AZR 62/11, NZA 2013, 277 (282); *Fitting* BetrVG § 21b Rn. 18; *Thüsing* in Richardi BetrVG § 21b Rn. 6; aA *Schubert* AuR 2003, 132 (133).

[164] So aber seinerzeit *Löwisch/Schmidt-Kessel* BB 2001, 2162 (2165).

[165] *Thüsing* in Richardi BetrVG § 21b Rn. 7.

Betriebsrates im aufnehmenden Betrieb erfasst.[166] Nur wenn **abgespaltene Teile** eines Betriebes **selbständig fortbestehen,** einem **betriebsratslosen Betrieb zugeordnet** werden oder mit einem anderen Betrieb oder Betriebsteil zu einem **neuen Betrieb verbunden** werden,[167] könnte für die betroffenen Mitarbeiter eine betriebsverfassungsrechtliche Lücke, ein **betriebsratsloser Zustand,** eintreten. Denn zwischen der „Abspaltung" und der Wahl eines Betriebsrates kann einige Zeit verstreichen, in der jeglicher betriebsverfassungsrechtlicher Schutz entfiele. In diesen Konstellationen kommt ein **Übergangsmandat** des bisherigen (im Ursprungsbetrieb bestehenden) Betriebsrates in Betracht **(§ 21a BetrVG).**[168] Das Übergangsmandat ist im Gegensatz zum Restmandat ein Vollmandat, wobei der Betriebsrat dann zudem die Aufgabe hat, Neuwahlen für den neu entstandenen Betrieb einzuleiten, um den Zustand ohne „eigenen" Betriebsrat zu beenden.

IV. Der Zusammenschluss von Betrieben

Während unter III. dargestellt wurde, welche Voraussetzungen für eine betriebsverfassungsrechtlich wirksame Betriebsspaltung bestehen, in welchen Konstellationen es klassischerweise zu Betriebsspaltungen kommt und schließlich welche betriebsverfassungsrechtlichen Auswirkungen damit verbunden sind, behandelt dieser Abschnitt die in vielfacher Hinsicht **„spiegelbildlichen"** Fragestellungen, die sich beim Zusammenschluss bisher (betriebsverfassungsrechtlich) eigenständiger Betriebe ergeben. 53

Wegen der herausragenden Bedeutung des in §§ 111 ff. BetrVG vorgesehenen Interessenausgleich- und Sozialplanverfahrens sei auch an dieser Stelle darauf hingewiesen, dass der Tatbestand des „Zusammenschlusses mit anderen Betrieben" gemäß § 111 S. 3 Nr. 3 BetrVG eine **Betriebsänderung** darstellt.[169] Während dies hinsichtlich der Spaltung von Betrieben ausdrücklich erst im Zuge der Neufassung des Umwandlungsrechts durch Ergänzung der genannten Vorschrift klargestellt worden ist, wird der Zusammenschluss von Betrieben bereits seit 1972 von der Vorschrift erfasst. Dass der Gesetzgeber für ein- und denselben Sachverhalt in § 21a BetrVG den Begriff „Zusammenfassung" und in § 111 BetrVG den Begriff „Zusammenschluss" gewählt hat, ist misslich – inhaltliche Unterschiede ergeben sich daraus nicht.[170] 54

1. Mögliche Gestaltungsformen

Auch der Zusammenschluss von Betrieben kann auf **organisatorischen Maßnahmen** beruhen, die die Ebene des agierenden Rechtsträgers *nicht* berühren. In diesen Fällen wird man nicht von der Umstrukturierung eines Unternehmens, sondern allenfalls von einer **betrieblichen Umstrukturierung**[171] sprechen. 55

---

[166] *Thüsing* in Richardi BetrVG § 21a Rn. 6; *Fitting* BetrVG § 21a Rn. 12; GK/*Kreutz* BetrVG § 21a Rn. 29; Kallmeyer/*Willemsen* UmwG Vor § 322 Rn. 34; HWGNRH/*Worzalla* BetrVG § 21a Rn. 8; BAG 25.9. 1996 – 1 ABR 25/96, NZA 1997, 668 (669); LAG Bad. Württ. 26.3.1996 – 7 TaBV 1/96, DB 1996, 2084; von dieser Rechtsfolge geht erkennbar auch § 21a Abs. 1 S. 1 BetrVG aus; siehe zum Zusammenschluss von Betrieben bzw. Betriebsteilen näher unter → Rn. 53 ff.

[167] Siehe zu diesen Fällen in Abgrenzung zur Eingliederung unter → Rn. 68 ff.

[168] Vgl. zum Übergangsmandat ausführlich unter → Rn. 74 ff.

[169] Hierzu im Einzelnen unter → C Rn. 53.

[170] Überspitzt die Kritik bei *Rieble* NZA 2002, 233 (237), der dem Gesetzgeber „Regelungspfusch" vorwirft.

[171] Siehe hierzu auch die Kategorie „rein arbeitsrechtliche Vorgänge" unter → B Rn. 39 ff.

Beispiel D 13:

Eine Brauerei AG, die bisher unabhängig von Ihrer Produktionsstätte in Niedersachsen eine Hauptverwaltung in Hamburg unterhalten hat, entschließt sich, diese an ihre Produktionsstätte zu verlegen, um hierdurch die erheblichen Standortkosten in Hamburg einzusparen und eine engere Verzahnung zwischen Verwaltung und Produktion herzustellen.

In diesem Zusammenhang ist darauf hinzuweisen, dass nicht jede räumliche Zusammenlegung betrieblicher Einheiten zu einem Zusammenschluss der Betriebe im betriebsverfassungsrechtlichen Sinne führen muss. Selbst wenn beide bisher eigenständigen Betriebe **demselben Unternehmen** zugehören, ist denkbar, dass diese nach wie vor eigenständig geführt werden. Entsprechend der zum Gemeinschaftsbetrieb zweier Unternehmen entwickelten Kriterien[172] setzt die Annahme eines einheitlichen Betriebes auch innerhalb eines Unternehmens voraus, dass eine **einheitliche Leitung** gebildet wird, **insbesondere in personellen und sozialen Angelegenheiten.**[173]

56 In der Praxis werden indessen vor allem diejenigen Fälle besonders häufig sein, bei denen am Zusammenschluss zweier Betriebe **mehrere Rechtsträger** beteiligt sind. Diese Fälle können wiederum unterteilt werden in Umstrukturierungen **innerhalb eines Konzerns** oder einer Unternehmensgruppe, also unter Beteiligung miteinander verbundener Unternehmen, und solche, die auf einer **Kooperation bislang nicht verbundener Unternehmen beruhen.** Eine leichte Abwandlung des Beispiels D 13 führt zum Fall eines Zusammenschlusses von Betrieben unter Beteiligung unterschiedlicher, jedoch miteinander verbundener Unternehmen. Hierzu muss man sich lediglich vorstellen, dass die Braustätte selbst bislang in der Rechtsform einer GmbH betrieben wurde, deren Anteile wiederum der Brauerei AG als Holdinggesellschaft zugeordnet waren, die zugleich die Hauptverwaltung in Hamburg betrieb. In dieser Konstellation könnte der Zusammenschluss der beiden Betriebe in der Weise erfolgen, dass beide Gesellschaften ihre rechtliche Eigenständigkeit aufrechterhalten und lediglich einen Gemeinschaftsbetrieb bilden.[174]

57 Dies soll folgende Skizze illustrieren:

[172] Hierzu unter → Rn. 36ff.

[173] Die Parallelität der zur Anwendung kommenden Kriterien betont auch *Bonanni* S. 16.

[174] Vgl. zum Gemeinschaftsbetrieb ausführlich → Rn. 18ff.

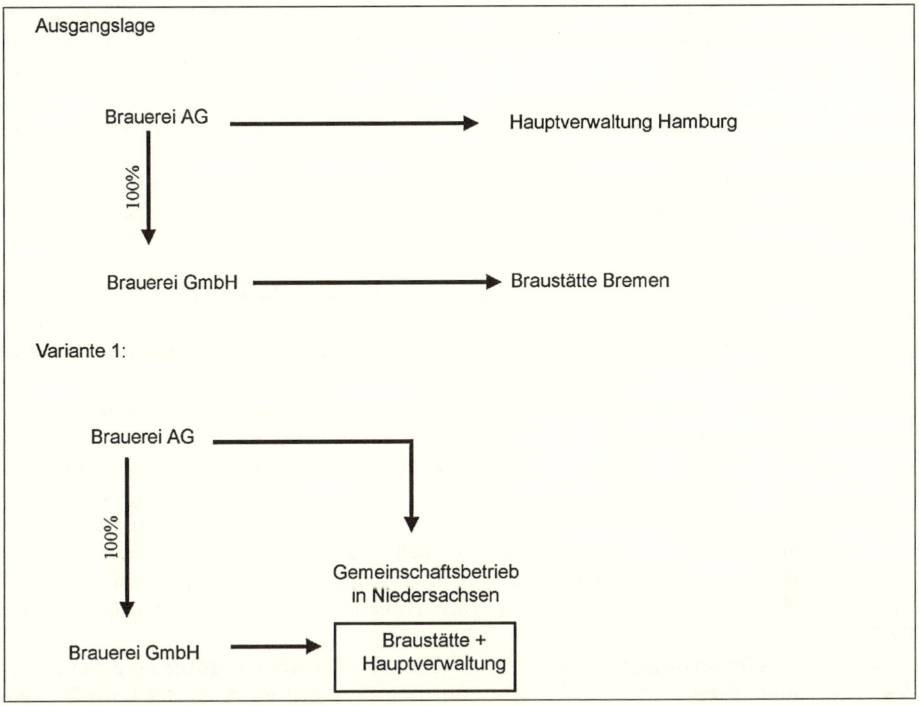

Ebenso wäre es denkbar, dass der Zusammenschluss der Betriebe im Zusammenhang mit einer **Verschmelzung,** etwa im Wege der Aufnahme durch Übertragung des Vermögens der GmbH auf die AG (§ 2 Nr. 1 UmwG) steht:

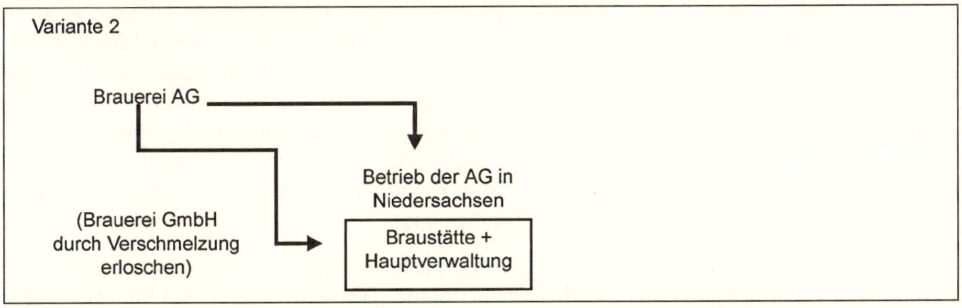

Den Zusammenschluss von Betrieben im Zuge der **Kooperation bislang nicht miteinander verbundener Unternehmen** soll folgender Fall veranschaulichen. 58

Beispiel D 14:

Die A-GmbH und die B-GmbH betreiben jeweils einen Betrieb zur Herstellung von Fischkonserven in Bremerhaven. Wegen sich verschärfender umweltrechtlicher Auflagen wären in beiden Betrieben umfangreiche Neuinvestitionen notwendig, die angesichts der jeweils erzielbaren Umsätze nicht rentabel wären. Die beiden Unternehmen verabreden daher, den Betrieb der A-GmbH „stillzulegen" und die für eine Kapazitätserweiterung der B-GmbH erforderlichen Betriebsmittel mit der Maßgabe auf diese zu übertragen, dass die B-GmbH die A-GmbH zukünftig zu fest verabredeten Bedingungen beliefert (Lohnfertigung).

Ähnliche Konstellationen sind etwa im Bereich der **Forschung** bzw. allgemein im **Hochtechnologiesektor** zu beobachten, insbesondere dann, wenn die erforderlichen Investitionen eine Mindestbetriebsgröße voraussetzen. Im vorstehenden Beispiel D 14 soll davon ausgegangen werden, dass die für einen Betriebsübergang gemäß § 613a Abs. 1 BGB[175] maßgeblichen **Betriebsmittel** auf die B-GmbH übertragen werden, so dass sämtliche Arbeitsverhältnisse der A-GmbH auf die B-GmbH übergehen und die entsprechenden **Arbeitnehmer,** soweit nicht wirksame Kündigungen aus betrieblichen Gründen (vgl. § 613a Abs. 4 BGB)[176] ausgesprochen werden, in den Betrieb der B-GmbH **zu integrieren** sind. Es kommt demnach zur Vereinigung zweier Belegschaften innerhalb der Produktionsstätte der B-GmbH.

Ebenso denkbar ist die Kooperation von Unternehmen ohne Übertragung von Betriebsmitteln. Werden Betrieb(steil)e verschiedener Unternehmen entsprechend der bereits dargestellten (→ Rn. 36 ff.) Kriterien zusammengeschlossen, so entsteht ein **Gemeinschaftsbetrieb.**

59 Der Zusammenschluss der Betriebe kann selbstverständlich auch mit gesellschaftsrechtlichen Maßnahmen verknüpft werden. So wäre es denkbar, dass im Zuge des Zusammenschlusses der Betriebe die B-GmbH die **Anteile** an der A-GmbH **erwirbt** oder wiederum der Weg über eine **Verschmelzung** gemäß § 2 Nr. 1 oder Nr. 2 UmwG gewählt wird. Für das Schicksal der „örtlichen" Betriebsräte kommt es ausschließlich auf die **tatsächliche** Zusammenlegung der Betriebe an. Für das Schicksal der einzelnen Arbeitsverhältnisse, insbesondere deren etwaigen Übergang auf einen anderen Rechtsträger gemäß § 613a Abs. 1 BGB,[177] spielt hingegen die gesellschaftsrechtliche Konstruktion eine entscheidende Rolle.

Auch **„Ausgliederungen"** in Gestalt der **Einzelrechtsübertragung** (also außerhalb des Umwandlungsgesetzes) sowie **Spaltungen** nach dem dritten Buch des UmwG können zum Zusammenschluss von Betrieben führen. Dies veranschaulicht das folgende Beispiel:

60 **Beispiel D 15:**

Ein Kosmetikunternehmen (K-AG) veräußert seine Sparte Haarpflegemittel an die Pharma Cosmetics GmbH. Dies geschieht in der Weise, dass zunächst der zu dieser Sparte gehörende Teil des Vermögens – insbesondere ein in München bestehender Betrieb – auf eine neu gegründete GmbH ausgegliedert wird, gegen Gewährung der Anteile an dem neu gegründeten Rechtsträger (§ 123 Abs. 3 Nr. 1 UmwG). Sodann werden die Anteile an der ausgegliederten Gesellschaft an die Pharma Cosmetics veräußert. Im Zuge dieses „Unternehmenskaufs" legt die Pharma Cosmetics den erworbenen Betrieb mit ihrem ebenfalls in München befindlichen zusammen, um auf dieser Basis Synergieeffekte zu erzielen.

Diese Konstellation verdeutlicht, dass die sich nach dem Umwandlungsrecht vollziehende Ausgliederung lediglich das gesellschaftsrechtliche „Vehikel" für den „Unternehmenskauf" darstellt und mittelbar zum Zusammenschluss der Betriebe führt; dieser **organisatorische Akt** ist **nicht Bestandteil der Umwandlung,** sondern als – wenn auch damit in sachlichem Zusammenhang stehende – eigenständige **Betriebsänderung** (§ 111 S. 3 Nr. 3 BetrVG) anzusehen.[178]

61 Während die bisher vorgestellten Beispiele stets den Zusammenschluss bislang eigenständiger – und vollständiger – Betriebe betrafen, sind im vorliegenden Zusammenhang auch

---

175 Siehe zu den Rechtsfragen beim Betriebsübergang ausführlich Kap. G.

176 Vgl. zur Möglichkeit betriebsbedingter Kündigungen im Zusammenhang mit einem Betriebs(teil)übergang → H Rn. 86 ff.

177 Siehe zum Übergang von Arbeitsverhältnissen gem. § 613a BGB ausführlich Kap. G.

178 Zum Verhältnis zwischen Umwandlungsrecht und allgemeinem Arbeitsrecht (insbesondere §§ 111 ff. BetrVG) siehe *Willemsen* NZA 1996, 791 (795); ders. RdA 1998, 23; hierzu auch *Müller-Bonanni.*

diejenigen Fälle zu behandeln, in denen ein **Betriebsteil** mit einem **anderen Betrieb** oder einem **anderen Betriebsteil** zusammengeschlossen wird.

Beispiel D 16:

Ein Unternehmen unterhält in Deutschland drei Werke mit jeweils eigenständigem Kundendienst und Vertrieb. Diese Einheiten sollen nun – im Wege der Abspaltung oder Ausgliederung – aus den jeweiligen Betrieben „herausgelöst", an einem verkehrstechnisch günstigen Standort zusammengefasst und einer eigenständigen „Vertriebs-GmbH" zugeordnet werden.

Auch in dieser Konstellation ergeben sich Fragen im Hinblick auf das Schicksal bestehender Betriebsräte. Dies hat der Gesetzgeber erkannt und hierfür eine eigenständige Vorschrift in **§ 21a Abs. 2 BetrVG** (früher: § 321 Abs. 2 S. 1 UmwG) im Zusammenhang mit dem Übergangsmandat geschaffen.[179]

2. Organisatorische Voraussetzungen eines betriebsverfassungsrechtlich wirksamen Zusammenschlusses zweier Betriebe

Unter D. III. 2. sind bereits ausführlich die organisatorischen Voraussetzungen für eine be- 62
triebsverfassungsrechtlich wirksame Betriebsspaltung – insbesondere in **Abgrenzung vom Gemeinschaftsbetrieb** mehrerer Unternehmen – dargestellt worden. Die in diesem Rahmen entwickelten Kriterien[180] können uneingeschränkt auch für die Prüfung herangezogen werden, ob ein von den handelnden Akteuren beabsichtigter Zusammenschluss von Betrieben tatsächlich derart durchgeführt worden ist, dass betriebsverfassungsrechtlich von einem einheitlichen Betrieb auszugehen ist, in dem lediglich ein Betriebsrat amtieren kann. Danach ist ausschlaggebend, dass anstelle der bisher getrennten Leitungen der Betriebe ein **einheitlicher Leitungsapparat** installiert wird, bei dem die Organisation des Betriebes liegt und dem insbesondere die Arbeitgeberfunktionen im Bereich der sozialen und personellen Angelegenheiten zugewiesen sind.[181] Aus praktischer Sicht wird es im Wesentlichen darum gehen, ob eine **einheitliche Personalleitung** besteht, die für die gesamte Belegschaft verantwortlich ist. Die heranzuziehenden Kriterien sind identisch, unabhängig davon, ob der einheitliche Betrieb aus bisher getrennten Betrieben ein und desselben Unternehmens gebildet werden soll oder es um den gemeinsamen Betrieb mehrerer Arbeitgeber geht.

Die räumliche Zusammenlegung zweier betrieblicher Einheiten allein führt demnach 63
nicht automatisch zu einem betriebsverfassungsrechtlich wirksamen Zusammenschluss von Betrieben. Dies wird allerdings nichts daran ändern, dass im Regelfall bei einer solchen Konstellation stets eine Betriebsänderung im Sinne von § 111 S. 3 Nr. 2 BetrVG („Verlegung des ganzen Betriebs oder von wesentlichen Betriebsteilen") vorliegen wird.[182] Im **Beispiel D 13** wäre demnach mit dem Betriebsrat der Hauptverwaltung in jedem Fall über einen Interessenausgleich und Sozialplan zu verhandeln. Im Unterschied zum Tatbestand des Zusammenschlusses mit anderen Betrieben gemäß § 111 S. 3 Nr. 3 BetrVG wäre jedoch bei einer reinen Verlegung der Hauptverwaltung lediglich der dortige Betriebsrat zu beteiligen, während für den Betrieb der Produktionsstätte keine Betriebsänderung vorläge.

---

[179] Siehe zum Übergangsmandat beim Zusammenschluss von Betrieben und Betriebsteilen unter → Rn. 79.
[180] Siehe hierzu insbesondere die Ausführungen unter → Rn. 36ff.
[181] BAG 9.12.2009 – 7 ABR 38/08, NZA 2009, 906 (908); *Richardi/Maschmann* in Richardi BetrVG § 1 Rn. 27.
[182] Vgl. hierzu unter → C Rn. 49.

3. Auswirkungen auf das Amt bestehender Betriebsräte

a) Grundsätze

64 Unabhängig davon, ob sich ein Zusammenschluss von Betrieben innerhalb eines Unternehmens oder unter Beteiligung unterschiedlicher Rechtsträger vollzieht, stellt sich stets die Frage nach dem Schicksal der in den bislang getrennten Betrieben gewählten Betriebsräte. Es bedarf jeweils einer eingehenden Prüfung dahingehend, ob einer der beteiligten Betriebsräte im Amt bleibt und sich seine Zuständigkeit nunmehr auf den Gesamtbetrieb erstreckt oder ob für die neu entstandene betriebsverfassungsrechtliche Einheit ein neuer Betriebsrat zu wählen ist, während das Amt der bisherigen Betriebsräte erlischt. In Rechtsprechung und Literatur werden hierzu zwei unterschiedliche Fallgruppen gebildet. Wird der Zusammenschluss so durchgeführt, dass ein Betrieb in einen anderen **eingegliedert** wird, endet die Amtszeit des Betriebsrats des eingegliederten Betriebs mit Vollzug dieser Eingliederung.[183] Besteht im *aufnehmenden* Betrieb ein Betriebsrat, bleibt dieser bestehen, bei Vorliegen der Voraussetzungen des § 13 Abs. 2 Nr. 1 BetrVG bis zu einer Neuwahl, ansonsten unverändert.[184] Von dieser Konzeption geht erkennbar auch der Gesetzgeber aus, der in **§ 21a Abs. 1 S. 1 aE BetrVG** die „Eingliederungstheorie" aufnimmt und ein Übergangsmandat dann ausschließt, wenn ausgegliederte Betriebsteile nicht selbständig bleiben, sondern in einen Betrieb eingegliedert werden, in dem ein Betriebsrat besteht.

65 Ein Fortbestand des Betriebsrates des eingegliederten Betriebes kommt selbst dann nicht in Betracht, wenn lediglich im **eingegliederten Betrieb ein Betriebsrat besteht, nicht hingegen im aufnehmenden.** In diesem Fall kann nicht etwa der Betriebsrat des eingegliederten Betriebes nunmehr auch die Arbeitnehmer des aufnehmenden Betriebes vertreten.[185] Nur der Betriebsrat im aufnehmenden Betrieb, dessen **Betriebsidentität** erhalten bleibt, verfügt über die notwendige Legitimationsbasis für die Fortsetzung seines Amts. Diese Legitimationsbasis entsteht nicht etwa dann für den Betriebsrat im aufgenommenen Betrieb, wenn – zufällig – im aufnehmenden Betrieb kein Betriebsrat besteht. Eine dauerhafte betriebsverfassungsrechtliche Lücke entsteht hierdurch nicht, da im neuen Betrieb selbstverständlich ein neuer Betriebsrat gewählt werden kann.[186] Nach teilweiser – hier nicht geteilter (→ Rn. 83) – Auffassung soll in dieser Konstellation der Betriebsrat des eingegliederten Betriebs ein Übergangsmandat gem. § 21a BetrVG für den gesamten Betrieb ausüben können.[187]

66 Für den Fall, dass nicht ein Betrieb in den anderen eingegliedert wird, sondern durch die Zusammenlegung mehrerer Betriebe ein **neuer Betrieb** entsteht, endet die Amtszeit der Betriebsräte der Ausgangsbetriebe hingegen, so dass ein neuer Betriebsrat zu wählen ist.[188] Auch diese zweite Fallgruppe ist durch den Gesetzgeber ausdrücklich aufgegriffen und damit anerkannt worden. In **§ 21a Abs. 2 BetrVG** wird auch der Fall geregelt, dass „Betriebe zu einem neuen Betrieb zusammengefasst" werden. Nur in diesem Fall soll ein

---

[183] BAG 25.9.1996 – 1 ABR 25/96, NZA 1997, 668 unter B I. der Gründe; LAG Bad. Württ. 26.3.1996 – 7 TaBV 1/96, DB 1996, 2084; DKW/*Buschmann* BetrVG § 21b Rn. 20; *Fitting* § 21a Rn. 12; GK/*Kreutz* BetrVG § 21a Rn. 60; *Thüsing* in Richardi BetrVG § 21a Rn. 6; Kallmeyer/*Willemsen* UmwG vor § 322 Rn. 34; Löwisch/Kaiser/*Löwisch* BetrVG § 21a Rn. 31; KK-UmwG/*Simon/Hohenstatt/Schramm* § 5 Rn. 168; *Bauer/Haußmann/Krieger,* Umstrukturierung, Teil 4 B Rn. 36.

[184] DKW/*Buschmann* BetrVG § 21b Rn. 20; HWGNRH/*Worzalla* BetrVG § 21a Rn. 8; vgl. *Thüsing* in Richardi BetrVG § 21a Rn. 9; Kallmeyer/*Willemsen* UmwG vor § 322 Rn. 34; *Berscheid* FS Stahlhacke, 1998, 15 (49); KK-UmwG/*Simon/Hohenstatt/Schramm* § 5 Rn. 168.

[185] *Thüsing* in Richardi BetrVG § 21a Rn. 13; Löwisch/Kaiser/*Löwisch* BetrVG § 21a Rn. 31.

[186] Zur Frage eines Übergangsmandates in dieser Konstellation unter → Rn. 83 ff.

[187] Vgl. im Ergebnis auch *Thüsing* in Richardi BetrVG § 21a Rn. 13; *Rieble* NZA 2002, 233, 237; *Kittner* NZA 2012, 541; GK/*Kreutz* BetrVG § 21a Rn. 60; aA *Fitting* BetrVG § 21a Rn. 11a; DKW/*Buschmann* § 21a Rn. 44 ff.; *Fischer* RdA 2005, 39; s. dazu auch *Lunk* FS Willemsen 2018, 299 ff.

[188] *Dietz/Richardi* (4. Aufl.) BetrVG § 21 Rn. 32; Kallmeyer/*Willemsen* UmwG Vor § 322 Rn. 35; GK/*Kreutz* BetrVG § 21a Rn. 60, 64; KK-UmwG/*Simon/Hohenstatt/Schramm* § 5 Rn. 168; *Bauer/Haußmann/Krieger,* Umstrukturierung, Teil 4 B Rn. 24, 26.

Übergangsmandat desjenigen Betriebsrats bestehen, dem die höchste Zahl der wahlberechtigten Arbeitnehmer zugeordnet war (Satz 1). Entsteht hingegen durch den Zusammenschluss kein „neuer Betrieb", sondern liegt ein Fall der Eingliederung vor, bedarf es eines Übergangsmandats nicht, da der Betriebsrat des aufnehmenden Betriebs unmittelbar nach Vollzug des Zusammenschlusses für den gesamten Betrieb zuständig wird.[189] Ein Übergangsmandat für einen Betriebsteil scheidet aus; das Mandat kann sich stets nur auf einen gesamten Betrieb beziehen, da ansonsten unauflösbare Zuständigkeitskonflikte entstünden.[190] In diesem Fall können jedoch Aufgaben im Rahmen eines **Restmandats** gemäß § 21b BetrVG entstehen.[191]

Ebenso wie bei der Spaltung von Betrieben kann es auch bei der Zusammenlegung von 67
Betrieben zu Konstellationen kommen, in denen ein **Restmandat** eines Betriebsrats iSv **§ 21b BetrVG** in Betracht kommt.[192] Wird ein Betrieb in einen anderen Betrieb eingegliedert, so dass ab diesem Zeitpunkt der Betriebsrat des aufnehmenden Betriebsrats zuständig ist, kommt zwar theoretisch ein Restmandat des „untergegangenen" Betriebsrats in Betracht.[193] Da sich dieses jedoch, gewissermaßen **„rückwärts gewandt"**,[194] nur noch auf Angelegenheiten des früheren eingegliederten Betriebes bezieht, bleiben hierfür kaum denkbare Inhalte, zumal Interessenausgleich und Sozialplan bei der Zusammenlegung von Betrieben vom Gesamt- oder Konzernbetriebsrat abzuschließen sind, soweit die Betriebe zum selben Unternehmen bzw. Konzern gehören.[195] Gleiches gilt auch für den Fall, dass zwei Betriebe zu einem neuen Betrieb zusammengelegt werden, was zur Folge hat, dass ein neuer Betriebsrat zu wählen ist. Hier kommt zwar dem Betriebsrat, der die größere Belegschaft vertritt, ein Übergangsmandat bis zur Neuwahl zu (§ 21a Abs. 2 BetrVG). Da sich das Restmandat jedoch auf den jeweiligen Ursprungsbetrieb bezieht, kann neben dem Übergangsmandat ohne Weiteres auch ein Restmandat im Hinblick auf einen oder beide Betriebsräte der Ausgangsbetriebe bestehen.[196] Auch hier wird das Restmandat aber selten zur Praxisanwendung gelangen, da der Zusammenschluss zumeist vom Gesamt- oder Konzernbetriebsrat verhandelt wird.

b) Eingliederung oder neuer Betrieb? – Die sog. Betriebsidentität

Kriterien dafür, wann von einer Eingliederung und in welchen Fällen von der Errichtung 68
eines neuen Betriebes auszugehen ist, sind bislang nicht mit hinreichender Präzision entwickelt worden.[197] Ausschlaggebend soll sein, ob die neu entstandene betriebliche Einheit als „**Fortsetzung** des einen oder des anderen der ehemaligen Betriebe" erscheint.[198] Diese weit verbreitete Sicht der Dinge geht auf die **Lehre von der Betriebsidentität** zurück, wonach ein Betriebsrat im Amt bleibt und abgeschlossene Betriebsvereinbarungen fortgelten, solange der Betrieb seine **Identität bewahrt.**[199]

[189] *Klar* NZA 1997, 470; zu dem Fall, dass im aufnehmenden Betrieb kein Betriebsrat besteht, unter → Rn. 83ff.

[190] *Fitting* BetrVG § 21a Rn. 12; DKW/*Buschmann* BetrVG § 21a Rn. 45; *Bauer/Haußmann/Krieger,* Umstrukturierung, Teil 4 B Rn. 33.

[191] GK/*Kreutz* BetrVG § 21a Rn. 63; *Fitting* BetrVG § 21a Rn. 29.

[192] Vgl. zum Restmandat bei Spaltungen bereits → Rn. 51.

[193] *Fitting* BetrVG § 21b Rn. 12; *Hanau* NJW 2001, 2513 (2515); GK/*Kreutz* BetrVG § 21a Rn. 63.

[194] BAG 12.1.2000 – 7 ABR 61/98, NZA 2000, 669 (670); ErfK/*Koch* BetrVG § 21b Rn. 3; *Thüsing* in Richardi BetrVG § 21b Rn. 7.

[195] Vgl. BAG 24.1.1996 – 1 AZR 542/95, NZA 1996, 1107; BAG 11.12.2001 – 1 AZR 193/01, NZA 2002, 688; BAG 3.5.2006 – 1 ABR 15/05, NZA 2007, 1245 Rn. 25ff.; *Wutschka* BB 2010, 825 (828); auch → C Rn. 311ff.

[196] *Fitting* BetrVG § 21b Rn. 13; *Thüsing* in Richardi BetrVG § 21b Rn. 7.

[197] Vgl. aber die Bemühungen um eine Konkretisierung bei *Haag* S. 40ff., sowie die umfassende Diskussion bei *Stöckel* S. 77ff.

[198] *Richardi* (7. Aufl.) BetrVG § 21 Rn. 32.

[199] *Fitting* BetrVG § 21a Rn. 7; *Thüsing* in Richardi BetrVG § 21a Rn. 6; DKW/*Buschmann* BetrVG § 21a Rn. 6; vgl. auch *Rieble* FS Wiese, 2000, 453 (460); kritisch zur Identitätslehre GK/*Kreutz* BetrVG § 21a Rn. 61.

Die überwiegende Zahl der Fälle, in denen es zum Zusammenschluss von Betrieben kommt, wird sich bereits auf der Grundlage der dargestellten Terminologie als eindeutiger Fall der Eingliederung oder aber als Schaffung eines neuen Betriebs einordnen lassen. Dennoch werden sich gelegentlich **Zweifelsfälle** ergeben, zumal die Interessen der Beteiligten regelmäßig gegensätzlich sind. Der Betriebsrat und die Belegschaft des „eingegliederten" Betriebs werden eher dazu geneigt sein, den Tatbestand der Eingliederung und damit die alleinige Zuständigkeit des Betriebsrates im aufnehmenden Betrieb zu bestreiten, als dies beim Betriebsrat im aufnehmenden Betrieb der Fall sein wird. Im Beispiel D 13 (Verlegung der Hauptverwaltung einer Brauerei zum Ort der Braustätte) kann sich der Zusammenschluss der Betriebe etwa so vollziehen, dass er zwar am Ort der insoweit „aufnehmenden" Braustätte stattfindet (was für eine Eingliederung in die Produktionsstätte sprechen könnte), zukünftig jedoch die Leitung der Hauptverwaltung zugleich – insbesondere in personellen und sozialen Angelegenheiten – für den Gesamtbetrieb zuständig ist. Ist die räumliche Sichtweise dennoch ausschlaggebend? Kommt es auch – oder, wie vereinzelt vertreten wird, ausschließlich[200] – darauf an, wie viele Mitarbeiter in den bislang getrennten Betrieben jeweils beschäftigt waren?

69 Nicht völlige Klarheit, aber immerhin ein höheres Maß an Nachvollziehbarkeit lässt sich mit Sicherheit herbeiführen, wenn die Frage, ob die Identität einer der beiden beteiligten Betriebe gewahrt worden ist, anhand derjenigen Kriterien beantwortet wird, die für den Betriebsbegriff selbst prägend sind.[201] Zurückgehend auf die Definition von *Alfred Hueck*[202] wird der Betrieb definiert als die „organisatorische Einheit, innerhalb derer ein Unternehmer allein oder in Gemeinschaft mit seinen Mitarbeitern mit Hilfe von sächlichen und immateriellen Mitteln bestimmte arbeitstechnische Zwecke fortgesetzt verfolgt". Für die Frage der Identität eines Betriebs wird man sicherlich mit großem Gewicht auf die **sächlichen und immateriellen Mittel** abstellen können, die das **wesentliche Substrat** eines Betriebs darstellen und zugleich den **Betriebszweck**[203] verkörpern. Findet ein Zusammenschluss verschiedener Betriebe in der Weise statt, dass die Grundstücke des einen Betriebs, die dort bestehenden Gebäude und der überwiegende Teil der an jener Stelle eingesetzten Maschinen und sonstigen Betriebsmittel die wesentliche Grundlage auch für den Gesamtbetrieb bilden, stellt dies ein erhebliches Indiz für das Vorliegen einer Eingliederung dar. In diesem Zusammenhang ist auch auf die Bedeutung der **räumlichen Verbundenheit** als weiteres Kriterium[204] hinzuweisen. Auch wenn der Ort der Betriebsstätte für den Betriebsbegriff nicht ausschlaggebend sein kann und deshalb zB die Verlegung eines Betriebs dessen Identität nicht zwingend aufhebt, kann dennoch nicht bestritten werden, dass beim Zusammenschluss von Betrieben der Frage, wo sich dieser abspielt, eine ganz entscheidende, wenn nicht häufig sogar ausschlaggebende Bedeutung zukommt.

70 Die räumliche Verbundenheit der Betriebsstätte hängt nämlich mit einem weiteren Kriterium eng zusammen, das häufig im Zusammenhang mit dem Betriebsbegriff als durchaus relevant angesehen wird, nämlich dem Bestehen einer **Betriebsgemeinschaft**[205]. Diejenigen Mitarbeiter, für die der Zusammenschluss der Betriebe zugleich mit einer

---

[200] GK/*Kreutz* BetrVG § 21a Rn. 62 geht in Anlehnung an die Wertung des § 13 Abs. 2 Nr. 1 BetrVG immer dann von einer Eingliederung aus, wenn der kleinere Betrieb höchstens halb so viele Mitarbeiter beschäftigt wie der größere; *Rieble* NZA 2002, 233 (237) hält erst ein Zahlenverhältnis von 5:1 für eindeutig.

[201] So bereits grundlegend *Dietz/Richardi* (6. Aufl.) BetrVG § 1 Rn. 57; s. auch *Haag* S. 7 ff. sowie S. 40 ff.; *Stöckel* S. 52.

[202] *Hueck/Nipperdey* Band 1 S. 93; ähnlich BAG 3.12.1954 – 1 ABR 7/54, NJW 1955, 277.

[203] Vgl. *Richardi/Maschmann* in Richardi BetrVG § 1 Rn. 18; *Thüsing* in Richardi BetrVG § 21a Rn. 6; *Fischer* RdA 2005, 39 (43).

[204] Zustimmend *Fischer* RdA 2005, 39 (43); zur Bedeutung der räumlichen Verbundenheit für den Betriebsbegriff siehe *Joost,* Betrieb und Unternehmen als Grundbegriffe im Arbeitsrecht, 1988, S. 265; relativierend *Richardi/Maschmann* in Richardi BetrVG § 1 Rn. 32.

[205] *Richardi/Maschmann* in Richardi BetrVG § 1 Rn. 20; *Fischer* RdA 2005, 39 (43); vgl. auch *Haag* S. 13 ff.; *Stöckel* S. 118.

Verlegung ihres Arbeitsplatzes an einen anderen Ort verbunden ist, werden in der Regel Schwierigkeiten haben, ihrem Arbeitsplatz zu folgen, jedenfalls wenn die zu überwindende Entfernung nicht unerheblich ist.[206] Findet der Zusammenschluss der Betriebe auf dem Gelände eines der Ausgangsbetriebe statt, wird dies nicht nur wegen der damit verbundenen Weiternutzung der dort bestehenden Betriebsmittel, sondern auch deshalb von wesentlicher Bedeutung sein, weil in aller Regel ein erheblicher Teil der Arbeitnehmer, die im anderen Betrieb beschäftigt waren, dem zusammengeschlossenen Betrieb nicht mehr angehören wird, so dass sich häufig ein starkes zahlenmäßiges **Übergewicht der Belegschaft des aufnehmenden Betriebes** ergibt.[207] Schon vom Schutzzweck der Betriebsverfassung her muss diesem Zahlenverhältnis eine erhebliche Bedeutung zukommen. Denn für die Frage, ob ein Betriebsrat im Amt bleibt und ob die von ihm abgeschlossenen Betriebsvereinbarungen fortgelten, muss es schon vom Grundsatz der demokratischen Legitimation von erheblicher Bedeutung sein, welcher Anteil an der Gesamtbelegschaft von dem in Frage stehenden Betriebsrat bzw. den entsprechenden Betriebsvereinbarungen erfasst wird.[208] Dies kommt durch die Regelung in § 13 Abs. 2 Nr. 1 BetrVG zum Ausdruck. Das Kriterium der Betriebsgemeinschaft darf allerdings nicht dahingehend missverstanden werden, dass stets schon dann von der Bildung eines *neuen* Betriebs auszugehen ist, wenn ein Zusammenschluss dazu führt, dass zwei Belegschaften miteinander verbunden und integriert werden müssen. Ansonsten bliebe für das Modell der *Eingliederung* in einen anderen Betrieb kein Raum mehr. Indessen kann das Zahlenverhältnis der jeweils betroffenen Arbeitnehmer so ausgestaltet sein, dass sich allein von daher die Annahme einer Eingliederung verbietet. Beim Zusammenschluss nahezu gleich großer Einheiten wird in der Regel keine Eingliederung vorliegen. Erst recht wird es sich beim eingegliederten Betrieb nicht um den zahlenmäßig größeren handeln können.[209] Unabhängig von den gewählten örtlichen Verhältnissen dürfte es zB ausgeschlossen sein, beim Zusammenschluss einer Verwaltung mit einem Produktionsbetrieb von einer Eingliederung in die Hauptverwaltung auszugehen, wenn dort nur 100, im Produktionsbetrieb hingegen 600 Mitarbeiter beschäftigt sind. Insoweit besteht zweifellos eine Parallele zu denjenigen Wertungsfragen, die sich bei der Eingrenzung des Tatbestandes des **Betriebs(teil)übergangs** iSv § 613a Abs. 1 S. 1 BGB bzw. der zugrundeliegenden EG-Richtlinie ergeben.[210] Der EuGH stellt hier darauf ab, ob „eine auf Dauer angelegte wirtschaftliche Einheit"[211] übergeht, was sich nur nach einer „Gesamtbewertung"[212] sagen lasse. In deren Rahmen spiele eine wichtige Rolle, ob der neue Betriebsinhaber die **„Hauptbelegschaft"**[213] übernimmt.

[206] Demgemäß erfolgt die Abgrenzung zwischen einer Betriebsverlegung (Aufrechterhaltung der Betriebs- und Produktionsgemeinschaft) und einer Betriebsstillegung (Auflösung dieser Gemeinschaft) anerkanntermaßen nach dem Kriterium, in welchem Umfang die bisherige Belegschaft den Betriebsmitteln folgt; vgl. hierzu nur *Richardi/Maschmann* in Richardi BetrVG § 1 Rn. 38.

[207] Auch für die Abgrenzung des Tatbestandes eines Betriebsübergangs wird im Rahmen der „7-Punkte-Prüfung" darauf abgestellt, ob der neue Inhaber die Hauptbelegschaft übernimmt; siehe nur EuGH 11.3. 1997 (Ayse Süzen), C-13/95, NZA 1997, 433 Rn. 14; EuGH 15.12.2005 (Güney-Görres), C-232/04, NZA 2006, 29 Rn. 33; hierzu unter → G Rn. 10.

[208] Ausschlaggebend auf die Größe der jeweiligen Belegschaft stellen ab Kallmeyer/*Willemsen* UmwG Vor § 322 Rn. 34; GK/*Kreutz* BetrVG § 21a Rn. 62; im Sinne eines zentralen Kriteriums auch *Thüsing* in Richardi BetrVG § 21a Rn. 6; ferner *Maschmann* NZA-Beil. 2009, 32 (37).

[209] *Fischer* RdA 2005, 39 (43); aA *Bauer/Haußmann/Krieger,* Umstrukturierung, Teil 4 B Rn. 37, 39; vgl. zu dieser Problematik auch *Maschmann* NZA-Beil. 2009, 32 (37).

[210] So auch *Thüsing* in Richardi BetrVG § 21a Rn. 6, *Fitting* BetrVG § 21a Rn. 7; *Fischer* RdA 2005, 39 (42); kritisch hierzu mit eingehender Abgrenzung des betriebsverfassungsrechtlichen Betriebsbegriffs von iVm der Betriebsübergangslehre entwickelten Kriterien, *Stöckel* S. 52; zu den Kriterien BAG 25.1.2018 – 8 AZR 309/16, NZA 2018, 933.

[211] EuGH 11.3.1997, ebenda Rn. 13; EuGH 15.12.2005, ebenda Rn. 32.

[212] EuGH 11.3.1997, ebenda Rn. 14; EuGH 15.12.2005, ebenda Rn. 34.

[213] EuGH 11.3.1997, ebenda Rn. 20; EuGH 15.12.2005, ebenda Rn. 33; ebenso bereits EuGH 18.3.1986 (Spijkers), C-J002/85, Slg. 1986, 1119 Rn. 13.

71 Die **Einheit der Organisation**[214] bzw. die **einheitliche Leitung**[215] ist ein weiteres und grundlegendes Kriterium für den Betriebsbegriff. Dies zeigt sich nicht nur bei der Definition des Gemeinschaftsbetriebes.[216] Die Gesamtheit der Betriebsmittel, der bestehende Betriebszweck und die Belegschaft verbinden sich nur dann zu einer funktionsfähigen Einheit, wenn dem Organismus eine einheitliche, auf die arbeitstechnische Zwecksetzung ausgerichtete Organisation zugrunde liegt. Vor dem Hintergrund des Schutzzwecks der Betriebsverfassung kommt es dabei entscheidend auf die **Ausübung der Organisations- und Leitungsmacht in personellen und sozialen Angelegenheiten** an,[217] insbesondere darauf, von welcher organisatorischen Einheit die Entscheidungen in mitbestimmungspflichtigen Angelegenheiten getroffen werden.[218] Im Zusammenhang mit dem Zusammenschluss von Betrieben kommt auch der – darüber hinausgehenden – Frage Bedeutung zu, ob die Organisation des zusammengefassten Betriebs im Wesentlichen **auf Strukturen zurückgreifen** kann, die bereits in einem der **Ausgangsbetriebe** vorhanden waren und die nun lediglich auf die zukünftig größeren Kapazitäten hin modifiziert werden müssen.[219] So wäre es im **Beispiel D 14** als erhebliches Indiz für die Eingliederung des Betriebs der A-GmbH in den der B-GmbH anzusehen, wenn der organisatorische Aufbau des Betriebs der B-GmbH im Wesentlichen unverändert bliebe und lediglich die zusätzlichen, von der A-GmbH stammenden Betriebsmittel und deren Arbeitnehmer in die bereits bestehende Organisation integriert würden. Dabei wäre es im Sinne eines Indizes auch von erheblicher Bedeutung, ob die wesentlichen **Führungspositionen** nach wie vor von der B-GmbH besetzt werden oder eine völlig neue Betriebsleitung installiert wird.

72 Auch wenn es im Sinne der Rechtssicherheit wünschenswert wäre, wenn sich aus den genannten Kriterien eine eindeutige Rangfolge ableiten ließe, mittels derer gewissermaßen mechanisch die Frage nach dem Schicksal der Betriebsräte der Ausgangsbetriebe beantwortet werden könnte, wäre dies eine unrealistische Anforderung an die betriebsverfassungsrechtliche Begriffsbildung. Mit allzu starren Maßstäben würde man diejenige Flexibilität einbüßen, die erforderlich ist, um für jeden Betrieb zunächst – je nach dessen Branchenzugehörigkeit und Struktur – zu bestimmen, welche Aspekte des Betriebsbegriffs konkret dominieren und welche Kriterien im Rahmen einer **Gesamtschau** für die Frage seiner Identitätsbewahrung wesentlich sind.[220] Wie von *Stöckel* herausgearbeitet,[221] lässt sich aber eine Rangfolge der Kriterien anhand ihrer Relevanz im Rahmen der Systematik des BetrVG sowie ihrer Eignung, eine fortgesetzte Repräsentation der Belegschaft zu sichern, erkennen. Von höherer Wichtigkeit sind die räumliche Verbundenheit der Belegschaft, ein zahlenmäßiges Überwiegen von Belegschaftsanteilen sowie die mit diesen Merkmalen verbundene Betriebsgemeinschaft, und letztlich die Einheit der Organisation im Hinblick auf die Ausübung der Leitungsmacht in personellen und sozialen Angelegenheiten.[222] Dies folgt zum einen daraus, dass für eine sinnvolle Repräsentation an die Einheit der Belegschaft, also die räumliche und kommunikative Nähe, angeknüpft werden muss. Zum anderen sprechen der Sinn und Zweck der betriebsverfassungsrechtlichen Repräsentation bereits für die Wichtigkeit der Leitungsmacht in personellen und sozialen Angelegenheiten. Weniger wichtig sind folglich der Betriebszweck sowie der Erhalt von materiellen und

---

214 Vgl. BAG 23.9.1982 – 6 ABR 42/81, ZIP 1983, 724 (726); *Richardi/Maschmann* in Richardi BetrVG § 1 Rn. 27.
215 *Fitting* BetrVG § 1 Rn. 101 mwN.
216 Hierzu → Rn. 18ff.
217 *Fitting* BetrVG § 1 Rn. 113; GK/*Franzen* BetrVG § 1 Rn. 43, BetrVG § 4 Rn. 15.
218 GK/*Franzen* BetrVG § 1 Rn. 43.
219 Darauf stellt entscheidend ab *Feudner* DB 2003, 882.
220 Vgl. auch *Haag* S. 42; *Fischer* RdA 2005, 39 (42).
221 *Stöckel* S. 77 (131) mwN.
222 *Stöckel* S. 131 mwN; zur einheitlichen Belegschaft s. *Richardi/Maschmann* in Richardi BetrVG § 1 Rn. 20; *Gamillscheg* AuR 2001, 411 (415); zur Leitungsmacht in personellen und sozialen Angelegenheiten vgl. ErfK/*Koch* BetrVG § 1 Rn. 10.

immateriellen Betriebsmitteln.[223] Diese Merkmale können zwar von erheblicher Bedeutung sein, doch sind hier Veränderungen ohne Folgen für die Repräsentation im Betrieb denkbar.

Für die Praxis problematisch – aber wohl unvermeidlich – ist auch der Umstand, dass sich eine verlässliche betriebsverfassungsrechtliche Bewertung häufig erst im Nachhinein vornehmen lässt. So wird es bei der Planung eines Zusammenschlusses von Betrieben regelmäßig noch unklar sein, in welchem Verhältnis sich die Belegschaft des Gesamtbetriebs zukünftig zusammensetzt. Dies hängt von der Mobilität der Arbeitnehmer, aber auch davon ab, in welchem Umfang der Zusammenschluss mit Personalabbaumaßnahmen verbunden ist.[224] Angesichts dieser Unsicherheiten wird nicht selten empfohlen, im Vorfeld betrieblicher Zusammenschlüsse **Vereinbarungen** mit den beteiligten Betriebsräten zu treffen, die auch die Frage des **Schicksals der Betriebsräte** umfassen bzw. vorsehen, dass nach dem Zusammenschluss eine Neuwahl des dann einheitlichen Betriebsrats stattfindet. Ein solches Vorgehen ist aber mit rechtlichen Risiken verbunden, da Betriebsratswahlen außerhalb des Vierjahresrhythmus gemäß § 13 Abs. 1 BetrVG nur in den abschließend unter § 13 Abs. 2 BetrVG aufgeführten Konstellationen zulässig und ansonsten nichtig sind.[225] Die gesetzlich vorgesehene Betriebsverfassungsstruktur ist zwingend und modifizierenden Vereinbarungen verschlossen, es sei denn, dass eine Vereinbarung im Sinne und in den Grenzen von § 3 BetrVG[226] abgeschlossen werden kann. Im Übrigen setzen derlei Vereinbarungen voraus, dass vor Durchführung der Maßnahme konzertierte Verhandlungen unter Einschluss beider Unternehmens- bzw. Betriebsleitungen und beider Betriebsräte stattfinden, was angesichts der im Regelfall bestehenden Interessenkonflikte mit erheblichen Schwierigkeiten verbunden sein kann. Zur Auflösung dieser Interessenkonflikte werden in der Praxis teilweise **gemeinsame Verhandlungskommissionen** gebildet, die dann zum Abschluss von Rahmenvereinbarungen führen. Aus Arbeitgebersicht muss dabei bedacht werden, dass Verhandlungen mit einem rechtlich nicht existierenden Gremium – wie einer gemeinsamen Verhandlungskommission – nicht ohne Weiteres dazu führen, dass der Arbeitgeber einen ausreichenden Versuch eines Interessenausgleichs nach § 111 BetrVG unternommen hat. Zudem ist eine Vereinbarung mit einem rechtlich nicht existierenden Gremium keine wirksame Betriebsvereinbarung; sie müsste also zumindest zu einem späteren Zeitpunkt durch einen ordnungsgemäß gewählten Betriebsrat noch bestätigt und formalisiert werden. Eine in der Praxis teilweise gewählte andere Lösung zur Erhöhung der Legitimation nach einer Eingliederung besteht im Rücktritt des „überlebenden" Betriebsrats oder der kollektiven Amtsniederlegung von dessen Betriebsratsmitgliedern, um dadurch nach § 13 Abs. 2 Nr. 2 oder 3 BetrVG außerplanmäßige Betriebsratswahlen unmittelbar nach der Integration auszulösen. 73

V. Das Übergangsmandat des Betriebsrates bei der Spaltung und beim Zusammenschluss von Betrieben

Insbesondere bei der Spaltung von Betrieben, aber auch bei dem Zusammenschluss verschiedener betrieblicher Einheiten können sich Konstellationen ergeben, in denen – gäbe es kein Übergangsmandat – zeitweise ein **betriebsratsloser Zustand** einträte. Da die Wahl eines Betriebsrates und der entsprechende Meinungsbildungs- und Diskussionsprozess im Vorfeld der Wahl mitunter recht langwierig sind, entstünde ein **„mitbestim-** 74

---

[223] *Stöckel* S. 131; zu Betriebsmitteln vgl. *Preis* RdA 2000, 257 (277); zum Betriebszweck s. DKW/*Wedde* Einleitung Rn. 115.

[224] Zur parallelen Problematik bei der Abgrenzung von Betriebsverlegung und Stilllegung → C Rn. 31 ff. sowie beim Betriebsübergang → G Rn. 74.

[225] Siehe nur DKW/*Homburg* BetrVG § 13 Rn. 7.

[226] Siehe zu Vereinbarungen gemäß § 3 BetrVG ausführlich unter → Rn. 149 ff.

mungsfreier Raum", der von gezielt vorgehenden Unternehmen zB zur Durchführung von Betriebsänderungen ohne Interessenausgleich- und Sozialplanverfahren oder für andere ansonsten mitbestimmungspflichtige Maßnahmen genutzt werden könnte.[227] Im Zuge der Herstellung der Deutschen Einheit erfolgten die ersten gesetzlichen Regelungen (§ 13 SpTrUG sowie § 6b VermG) eines **Übergangsmandates,** die dieses „Vakuum" verhindern sollten. Mit § 321 UmwG ist das Übergangsmandat des Betriebsrates sodann für einen bedeutenden Bereich Gesetz geworden, nämlich für Umwandlungen. Mit Entscheidung vom 31.5.2000 hatte das BAG im Wege der Rechtsfortbildung darüber hinaus ein allgemeines Übergangsmandat für alle Fälle der Betriebsspaltung angenommen.[228] Seit der BetrVG-Novelle im Jahre 2001 regelt **§ 21a BetrVG** ein allgemeines betriebsverfassungsrechtliches Übergangsmandat (vgl. insbes. § 21a Abs. 3 BetrVG). § 321 UmwG ist infolgedessen aufgehoben worden. Die Schaffung eines Übergangsmandates und damit die Vermeidung betriebsratsloser Phasen im Zusammenhang mit Umstrukturierungen war auch **europarechtlich** erforderlich, nämlich aufgrund Art. 6 Nr. 1 Abs. 4 der **Betriebsübergangsrichtlinie.**[229]

1. Anwendungsbereich

75 Das Übergangsmandat gemäß § 21a BetrVG kommt generell bei **Betriebsspaltungen** (Abs. 1) und bei der Zusammenlegung[230] (beim **Zusammenschluss**) von Betrieben und/oder Betriebsteilen (Abs. 2) in Betracht. § 21a Abs. 3 BetrVG stellt klar, dass die Regelungen in Abs. 1 auch dann gelten, „wenn die Spaltung oder der Zusammenschluss im Zusammenhang mit einer Betriebsveräußerung oder einer Umwandlung nach dem Umwandlungsgesetz erfolgt". Da in den Abs. 1 und 2 nur allgemein von Betriebsspaltungen und -zusammenlegungen die Rede ist, hätte es dieser Klarstellung nicht bedurft.

Ein Übergangsmandat kommt auch bei nach § 3 Abs. 1 BetrVG gebildeten Gremien in Betracht, welche gem. § 3 Abs. 5 BetrVG im Rahmen von Umstrukturierungen nicht anders zu behandeln sind.[231] Bei Auslaufen bzw. Beendigung von vereinbarten Betriebsverfassungsstrukturen iSv § 3 BetrVG dauert das Betriebsratsamt nach wohl überwiegender Auffassung ebenfalls bis zur Neuwahl von Nachfolgegremien fort.[232]

76 Das Übergangsmandat gem. Abs. 1 entsteht nur dann, wenn ein Betrieb gespalten wird. Die Voraussetzungen einer Betriebsspaltung sind vorstehend unter D III. 2.[233] bereits eingehend erörtert worden. In Erinnerung zu rufen ist insbesondere, dass ein **Übergangsmandat** (mangels vollzogener Betriebsspaltung) **nicht** in Betracht kommt, wenn zwar ein Betriebsteil – zB im Wege der Einzelrechtsübertragung oder im Wege der Abspaltung oder Ausgliederung (§ 123 Abs. 2 und 3 UmwG) – auf einen neuen Arbeitgeber übertragen wird, der bisherige und der hinzukommende Rechtsträger jedoch die bestehende Organisation fortführen und demnach einen **Gemeinschaftsbetrieb** bilden.[234]

77 Der „klassische" Anwendungsbereich für das Übergangsmandat gemäß § 21a Abs. 1 BetrVG ist bei der räumlich-organisatorischen Ausgliederung eines Betriebsteils und des-

---

[227] Vgl. DKW/*Buschmann* BetrVG § 21a Rn. 4, 6; *Linsenmaier* RdA 2017, 128 (133).

[228] BAG 31.5.2000 – 7 ABR 78/98, NZA 2000, 1350; vgl. hierzu *Willemsen* RdA 2001, 412; *Boecken* SAE 2001, 102.

[229] Richtlinie 2001/23/EG, ABl. 2001 Nr. L 82, 16 v. 22.3.2001.

[230] Vorliegend wird – entsprechend § 111 S. 3 Nr. 3 BetrVG – einheitlich vom Zusammenschluss von Betrieben gesprochen; vgl. → Rn. 54.

[231] Vgl. → Rn. 192; *Fitting* BetrVG § 3 Rn. 86d; GK/*Franzen* BetrVG § 3 Rn. 61; *Stöckel* S. 204, 211.

[232] Vgl. Diskussion bei → Rn. 201.

[233] → Rn. 15, 18ff.

[234] *Boecken,* Unternehmensumwandlungen Rn. 365; Kallmeyer/*Willemsen* UmwG Vor § 322 Rn. 24; ErfK/*Koch* BetrVG § 21a Rn. 3; *Mengel* S. 294.

sen selbständiger Fortführung (als neuer und damit an sich betriebsratsloser Betrieb) gegeben[235]:

Schaubild 1:

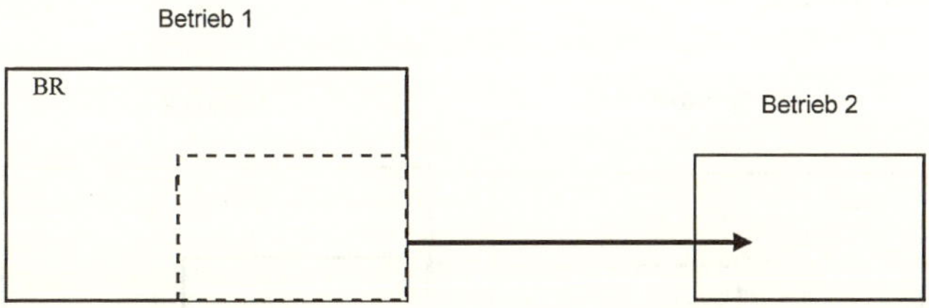

Ein Übergangsmandat kommt auch dann in Betracht, wenn der ursprüngliche Betrieb durch zahlreiche Abspaltungen (Atomisierung) seine **Identität einbüßt** und hierdurch der bisherige Betriebsrat sein auf den Ausgangsbetrieb bezogenes Mandat verliert.[236] Auch in dieser Konstellation soll dem (bisherigen) Betriebsrat hinsichtlich der abgespaltenen Betriebsteile ein Übergangsmandat zukommen,[237] auch wenn der Betriebsrat sein eigentliches Mandat in Bezug zum Ursprungsbetrieb bereits eingebüßt hat.[238]

Stets muss gem. § 21a Abs. 1 S. 1 BetrVG als Voraussetzung für ein Übergangsmandat hinzukommen, dass der vom ursprünglichen Betrieb abgetrennte Betriebsteil (hier: Betrieb 2) **„die Voraussetzungen des § 1 BetrVG erfüll(t)"**, dass in ihm also über **fünf** ständige wahlberechtigte Arbeitnehmer, von denen drei wählbar sein müssen, beschäftigt werden.[239] Ist der nunmehr selbständige Betriebsteil hingegen nicht betriebsratsfähig und wird er nicht mit anderen betrieblichen Einheiten zusammengefasst, könnte der mit dem Übergangsmandat verknüpfte Sinn (Überbrückungsfunktion) nicht erfüllt, insbesondere könnte die Wahl eines Betriebsrates im „abgespaltenen" Betriebsteil nicht wirksam eingeleitet werden.[240] 78

Gemäß **§ 21a Abs. 1 S. 1 (aE) BetrVG** kommt ein Übergangsmandat dann nicht in Betracht, wenn die „abgespaltenen" Betriebsteile in einen Betrieb **eingegliedert** werden, in dem bereits ein **Betriebsrat** besteht.[241] Auch in diesem Fall kann nämlich keine zu überbrückende betriebsratslose Phase entstehen. Die Zuständigkeit des Betriebsrates des aufnehmenden Betriebes wird vielmehr sofort zum Zeitpunkt des Zusammenschlusses auf die aufgenommenen Betriebsteile erstreckt.[242] Anders verhält es sich dann, wenn die Eingliederung des Betriebsteils in einen **betriebsratslosen Betrieb** erfolgt. In diesem Fall 79

[235] Unzutreffend *O. Kittner* NZA 2012, 541 (542), der im Falle der Abspaltung entgegen Wortlaut und Telos des § 21a Abs. 1 S. 1 BetrVG kein Übergangsmandat annimmt.

[236] Vgl. zur Identitätslehre sowie zum Schicksal des Betriebsratsamtes bei Verlust der Betriebsidentität unter → Rn. 49 ff. und 68 ff.

[237] Kallmeyer/*Willemsen* UmwG Vor § 322 Rn. 26; *Fitting* BetrVG § 21a Rn. 9; GK/*Kreutz* BetrVG § 21a Rn. 19; KK-UmwG/*Simon/Hohenstatt/Schramm* § 5 Rn. 172.

[238] Hinsichtlich des Ursprungsbetriebes kommt allerdings ein – vom Übergangsmandat zu unterscheidendes – Restmandat (§ 21b BetrVG) in Betracht, etwa dann, wenn der im Zusammenhang mit den Betriebsabspaltungen zu verhandelnde Sozialplan noch nicht abgeschlossen ist; zum Restmandat → Rn. 51.

[239] Das Gesetz stellt eindeutig auf die Arbeitnehmerzahl in den abgetrennten Betriebsteilen ab („sie"), so dass es für die Feststellung der erforderlichen Größe entscheidend darauf ankäme, ob die Betriebsteil(e) für sich betrachtet betriebsratsfähig sind bzw. wären. Vom Sinn und Zweck der Regelung her muss jedoch auch dann ein Übergangsmandat anerkannt werden, wenn der „abgespaltene" Betriebsteil durch den Zusammenschluss mit anderen Einheiten die erforderliche Größe erreicht. § 21a Abs. 1 S. 1 BetrVG will ein Übergangsmandat nur ausschließen, wenn in dem neu entstandenen betrieblichen Gebilde mangels ausreichender Größe kein neuer Betriebsrat gewählt werden kann; vgl. hierzu DKW/*Buschmann* BetrVG § 21a Rn. 36; ErfK/*Koch* BetrVG § 21a Rn. 3.

[240] Kallmeyer/*Willemsen* UmwG Vor § 322 Rn. 33; ErfK/*Koch* BetrVG § 21a Rn. 3.

[241] Vgl. hierzu Kallmeyer/*Willemsen* UmwG Vor § 322 Rn. 34; *Mengel* S. 295; LAG Bad. Württ. 26.3.1996 – 7 TaBV 1/96, DB 1996, 2084 (2085); siehe zu den Eingliederungsfällen ausführlich unter → Rn. 68 ff.

[242] Siehe hierzu nur Kallmeyer/*Willemsen* UmwG Vor § 322 Rn. 34; ErfK/*Koch* BetrVG § 21a Rn. 6 sowie ausführlich unter → Rn. 64 ff.

könnte für die Mitarbeiter des abgespaltenen Betriebsteils eine betriebsratslose Übergangsphase entstehen, so dass an sich vom Gesetzeszweck her ein Übergangsmandat in Betracht kommt. Das Bestehen und ggf. der Umfang des Übergangsmandates sind in dieser Konstellation indessen streitig.[243]

Schaubild 2:

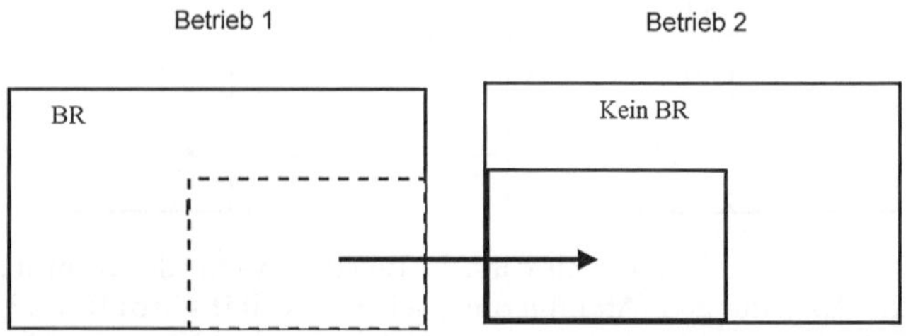

80 Eine vergleichbare Konstellation ergibt sich auch, wenn der gesamte Betrieb 1 in den Betrieb 2 eingliedert wird, soweit der aufnehmende Betrieb betriebsratslos ist. Beide Konstellationen sollen im Zusammenhang mit den anderen Fällen behandelt werden, in denen betriebsratslose Einheiten am Zusammenschluss beteiligt sind.[244] **§ 21a Abs. 2 BetrVG** regelt das Übergangsmandat für die Fälle des **Zusammenschlusses** von Betrieben bzw. Betriebsteilen. Die Vorschrift betrifft zum einen die Fälle des Zusammenschlusses von (ganzen) Betrieben. Hier soll das Übergangsmandat demjenigen Betriebsrat zukommen, der im bislang größten Ausgangsbetrieb amtiert hat. Zu Zusammenschlüssen iSv Abs. 2 kommt es aber auch bei Betriebsspaltungen im Sinne von Abs. 1, denn Abs. 2 umfasst den bisher in § 321 Abs. 2 UmwG geregelten Fall, dass aus mehreren Betrieben Betriebsteile herausgelöst („abgespalten") und ihrerseits zu einem neuen Betrieb zusammengefasst werden. So ist etwa denkbar, dass ein Produktionsunternehmen, das in zwei Betrieben jeweils Vertriebsabteilungen unterhält, diese Einheiten – zB im Zusammenhang mit einer Abspaltung oder Ausgliederung – aus den Betrieben herauslöst, an einem verkehrstechnisch günstigen Standort zusammenfasst und einer eigenständigen „Vertriebs-GmbH" zuordnet. Dies veranschaulicht folgende Skizze:

Schaubild 3:

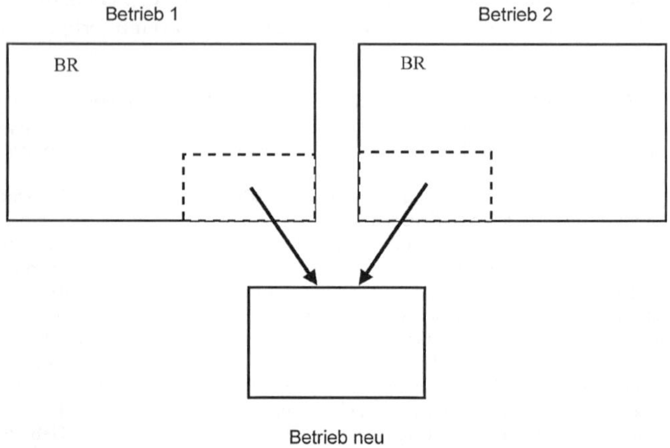

81 Eine vergleichbare Konstellation ergibt sich, wenn der gesamte Betrieb 1 oder 2 mit dem Betriebsteil des anderen Betriebes zu einem neuen Betrieb zusammengeschlossen

[243] Vgl. hierzu sogleich unter → Rn. 82 ff.
[244] → Rn. 82 ff.

wird. In dieser Konstellation steht das Übergangsmandat dem Betriebsrat zu, dem der größte der am Zusammenschluss beteiligten Betriebsteile zugeordnet war (§ 21a Abs. 2 S. 1 BetrVG). Bei Schaubild 3 kommt es also nicht darauf an, ob Betrieb 1 oder Betrieb 2 mehr wahlberechtigte Arbeitnehmer beschäftigt; ausschlaggebend ist vielmehr die Zahl der Mitarbeiter in den ausgegliederten und zusammengefassten Betriebsteilen.[245] Um die Zahl der wahlberechtigten Arbeitnehmer festzustellen, ist auf den Zeitpunkt des Zusammenschlusses abzustellen.[246] Die abweichende Auffassung,[247] wonach es auf den Personalstand zum Zeitpunkt der letzten Betriebsratswahl ankommen soll, würde zu nicht sachgerechten Ergebnissen in denjenigen Fällen führen, in denen seit der letzten Wahl wesentliche Veränderungen stattgefunden haben. Nur eine aktuelle Beurteilung der Größenverhältnisse stellt sicher, dass der Betriebsrat mit dem höchsten Grad an demokratischer Legitimation das Übergangsmandat ausübt. Dass „Manipulationen" im Hinblick auf die jeweilige Größe der betreffenden Einheiten stattfinden könnten, nur um die Auswahl des Trägers des zeitlich befristeten Übergangsmandats zu beeinflussen,[248] erscheint weit hergeholt. Solche Möglichkeiten bestehen stets, wenn gesetzliche Bestimmungen auf die Betriebsgröße abstellen. Für den Begriff des wahlberechtigten Arbeitnehmers gilt **§ 7 BetrVG.**[249]

Das BAG hat zudem jüngst § 21a BetrVG analog für die Sonderkonstellation angewandt, dass in einem Gemeinschaftsbetrieb nicht ein Betriebsrat gewählt wird, sondern fälschlicherweise zwei Betriebsräte gewählt werden und isoliert eine dieser beiden Wahlen angefochten wird. Nach Ansicht des BAG[250] wird die von diesem Betriebsrat, dessen Wahl angefochten wurde, repräsentierte Belegschaft nicht betriebsratslos. Stattdessen soll durch analoge Anwendung von § 21a BetrVG für eine sechsmonatige Übergangszeit der größte der für die anderen Betriebsteile gewählte Betriebsrat zuständig werden. Innerhalb der Sechs-Monatsfrist sei eine entsprechende Wahl eines einheitlichen Betriebsrats für den Gemeinschaftsbetriebsrat einzuleiten. Problematisch ist, dass hierbei automatisch die Amtszeit der Betriebsräte deren Wahl nicht angefochten wurde, beendet wird, was den Grundsätzen aus § 19 BetrVG und den Grundsatz der Amtskontinuität widerspricht.[251] 81a

2. Das Übergangsmandat bei Beteiligung betriebsratsloser Einheiten[252]

§ 21a Abs. 2 BetrVG weist beim Zusammenschluss mehrerer Einheiten demjenigen Betriebsrat das Übergangsmandat zu, der bislang für den Betrieb bzw. Betriebsteil mit den meisten Arbeitnehmern zuständig war. Jenem Betriebsrat fehlt es zwar hinsichtlich der von ihm bislang noch nicht betreuten Betriebsteile an der direkten **demokratischen Legitimation.**[253] Für den Gesetzgeber war jedoch offensichtlich ausschlaggebend, dass für jeden neu entstehenden Betrieb getreu der Regel „ein Betrieb – ein Betriebsrat" nur ein Übergangsmandat bestehen sollte.[254] Die Konkurrenz mehrerer das Übergangsmandat ausübender Betriebsräte sollte vermieden werden. 82

Das Schicksal des Übergangsmandates ist jedoch dann streitig, wenn einzelne der Ausgangsbetriebe *nicht* über einen Betriebsrat verfügen. Bestünde in der Konstellation gemäß Schaubild 3 lediglich im Betrieb 1 ein Betriebsrat, stellt sich die Frage, ob dieser dennoch für den *gesamten* neuen Betrieb das Übergangsmandat ausübt, oder ob sich seine Über- 83

[245] Ebenso *Bauer/Haußmann/Krieger,* Umstrukturierung, Teil 4 B Rn. 32.
[246] *Löwisch/Schmidt-Kessel* BB 2001, 2162 (2164); *Rieble/Gutzeit* ZIP 2004, 693; *Thüsing* in Richardi BetrVG § 21a Rn. 12; HWK/*Reichold* BetrVG § 21a Rn. 16.
[247] *Fitting* BetrVG § 21a Rn. 18; GK/*Kreutz* BetrVG § 21a Rn. 72.
[248] So aber *Fitting* BetrVG § 21a Rn. 18.
[249] HWK/*Reichold* BetrVG § 21a Rn. 16.
[250] BAG 22.11.2017 – 7 ABR 40/16, AP BetrVG 1972 § 19 Nr. 69.
[251] DKW/*Buschmann,* § 21a BetrVG Rn. 45; *Kreutz* AuR 2018, 584.
[252] Vgl. hierzu ausführlich *Willemsen/Hohenstatt* DB 1997, 2609.
[253] *Fitting* BetrVG § 21a Rn. 18.
[254] DKW/*Buschmann* BetrVG § 21a Rn. 43; GK/*Kreutz* BetrVG § 21a Rn. 70.

gangszuständigkeit *nur* auf diejenigen Arbeitnehmer des neuen Betriebes erstreckt, für die er bereits vor Durchführung der Umwandlung zuständig war, die also dem Betrieb 1 angehörten. Nähme man eine Zuständigkeit für den gesamten neuen Betrieb an, kämen die Arbeitnehmer, die dem Betrieb 2 entstammen, über den Umweg des Übergangsmandates in den „Genuss" einer betriebsverfassungsrechtlichen Vertretung, ohne dass für diese Arbeitnehmer durch die Umwandlung überhaupt eine betriebsverfassungsrechtliche Lücke eingetreten wäre.[255] Diese Problematik spitzt sich noch erheblich zu, wenn im bislang betriebsratslosen Betrieb(steil) mehr Arbeitnehmer beschäftigt waren als in demjenigen, dessen Betriebsrat sodann für den Gesamtbetrieb zuständig würde. Eine durch einen Betriebsrat vertretene **Minderheit** würde der **Hauptbelegschaft** des neuen Betriebes „ihren" **Betriebsrat „aufzwingen"** können. Dieser Konflikt entsteht in besonderer Schärfe in der Konstellation der Eingliederung eines Betriebsteils in einen bestehenden Betrieb ohne Betriebsrat (Schaubild 2). Hier würde eine Zuständigkeit des Betriebsrates im „abgebenden" Betrieb für den gesamten aufnehmenden Betrieb als besonders problematisch erscheinen. Denn in den Fällen der Eingliederung geht man ja gerade vom Fortbestand der Betriebsidentität des aufnehmenden Betriebs aus; es wäre daher systemfremd, wenn sich dessen Belegschaft dennoch das Übergangsmandat des „abgebenden" Betriebes aufzwingen lassen müsste.[256] Die Frage ist allerdings nicht durch BAG-Rechtsprechung entschieden und umstritten. Teilweise wird vertreten, dass auch in diesen Konstellationen ein Übergangsmandat in Betracht kommt.[257]

84 § 21a Abs. 2 BetrVG hält für die vorstehend dargestellten Zweifelsfälle keine Lösung bereit. Während es in Abs. 1 der Vorschrift lapidar heißt, das Übergangsmandat bestehe (nur) „für die ihm bislang zugeordneten Betriebsteile", regelt Abs. 2 ersichtlich nur einen Teil der relevanten Kollisionsfälle. Der Gesetzgeber hat zwar an den Fall gedacht, dass mehrere Betriebsräte für das Übergangsmandat in Betracht kommen können. Offenbar übersehen wurde indessen der Fall, dass **betriebsratslose Betriebe** bzw. Betriebsteile mit Einheiten zusammengeschlossen werden können, die ihrerseits über einen Betriebsrat verfügen. Eine Lösung für diese Konstellationen wird man daher im Wege der **Auslegung** ermitteln müssen, wobei hier sowohl die Systematik, die § 21a BetrVG zugrunde liegt, als auch allgemeine betriebsverfassungsrechtliche Organisationsgrundsätze zu berücksichtigen sind.

85 Vereinzelt wird vertreten, dass Arbeitnehmer, die bislang nicht von einem Betriebsrat repräsentiert waren, grundsätzlich nicht von einem Übergangsmandat erfasst werden können. Jede andere Lösung stehe dem **betriebsverfassungsrechtlichen Repräsentationsgedanken** entgegen.[258] Dies würde jedoch bedeuten, dass sich die Zuständigkeit des das Übergangsmandat ausübenden Betriebsrates nur auf Teilbereiche des neuen Betriebes bezöge, was zu vielerlei praktischen Problemen führen würde und der Konzeption des § 21a Abs. 2 BetrVG widerspräche.[259]

86 *Joost*[260] hatte hiergegen noch zum alten Recht (§ 321 UmwG) eingewandt, die Erstreckung des Übergangsmandates auch auf bislang nicht betriebsverfassungsrechtlich geschützte Mitarbeiter verstoße gegen das **„Freiwilligkeitsprinzip"**. Dabei wird jedoch

---

[255] Vgl. zu diesem Argument auch ErfK/*Eisemann* (8. Aufl.) BetrVG § 21a Rn. 8; *Gaul,* Betriebsspaltung, S. 1066.

[256] So auch *Rieble* NZA 2002, 233 (237) sowie *Thüsing* in Richardi BetrVG § 21a Rn. 13, die (nur) in Fällen der Eingliederung in einen betriebsratslosen Betrieb ein Übergangsmandat ablehnen; ähnlich auch GK/*Kreutz* BetrVG § 21a Rn. 64 sowie *Kittner* NZA 2012, 541 (544).

[257] Vgl. mit weiteren Nachweisen auch zur Gegenansicht *Thüsing* in Richardi BetrVG § 21a Rn. 13f.; s. auch *Lunk* FS Willemsen 2018, 299ff.

[258] *Feudner* BB 1996, 1934 (1936); aA DKW/*Buschmann* BetrVG § 21a Rn. 44; *Fitting* BetrVG § 21a Rn. 23, 23; GK/*Kreutz* BetrVG § 21a Rn. 73; differenzierend je nach Natur des Mitbestimmungsrechts *Mengel* S. 300; *Engels* FS Wlotzke, 1996, 279 (285).

[259] Siehe auch *Rieble* NZA 2002, 233 (238); Kallmeyer/*Willemsen* UmwG Vor § 322 Rn. 28; *Gaul,* Betriebsspaltung, § 27 Rn. 79; aA *Kittner* NZA 2012, 541 (545).

[260] Lutter/*Joost* (2. Aufl.) UmwG § 321 Rn. 28; ähnlich ErfK/*Eisemann* (8. Aufl.) BetrVG § 21a Rn. 8.

übersehen, dass es im betriebsverfassungsrechtlichen Organisationsrecht durchaus keine Ausnahme darstellt, wenn bislang betriebsratslose Einheiten infolge von Umstrukturierungen ohne Weiteres einer betrieblichen Einheit und damit einem Betriebsrat zugeordnet werden, den sie nicht gewählt haben.[261] Dies gilt etwa bei der Eingliederung[262] eines kleinen betriebsratslosen Betriebes in eine größere und betriebsverfassungsrechtlich „aktive" Einheit. Sind hiergegen im Sinne einer Dauerlösung – also bis zur nächsten regulären Wahl – bislang keine Bedenken aufgekommen, muss dies im Grundsatz auch für das zeitlich begrenzte Übergangsmandat gelten. Gerade der Blick auf die Fälle der Eingliederung in einen Betrieb ohne Betriebsrat macht indessen auch die Grenzen deutlich, die der „Vereinnahmung" bislang anderweitig oder überhaupt nicht betriebsverfassungsrechtlich vertretener Einheiten gesetzt sind.[263] Bei der Eingliederung bleibt die Identität des aufnehmenden Betriebes erhalten; die darin eingegliederte Einheit geht in diesem Betrieb auf. Die Zuständigkeit des Betriebsrates im aufnehmenden Betrieb auch für die eingegliederten Teile lässt sich damit rechtfertigen, dass der Betrieb, für den er gewählt wurde, fortbesteht. Dementsprechend scheidet umgekehrt nach hier vertretener Auffassung ein Fortbestehen des Betriebsrates eines eingegliederten Betriebes auch in den Fällen aus, in denen im aufnehmenden Betrieb kein Betriebsrat besteht.[264] Nur zur Sicherstellung einer betriebsverfassungsrechtlichen Kontinuität für die (wenigen) „eingegliederten" Arbeitnehmer wäre es nicht zu rechtfertigen, die Belegschaft eines in seiner Identität fortbestehenden Betriebes der Zuständigkeit eines von ihr nicht autorisierten Betriebsrates unterzuordnen. Dass in der Konstellation der Eingliederung in einen betriebsratslosen Betrieb richtigerweise ein Übergangsmandat entfällt,[265] steht nicht im Widerspruch zu einer richtlinienkonformen Auslegung des § 21a BetrVG.[266] **Artikel 6 Nr. 1 S. 4 der Betriebsübergangsrichtlinie**[267] verlangt lediglich eine angemessene Vertretung der „eingegliederten" Arbeitnehmer für die Übergangszeit bis zur Neuwahl einer Arbeitnehmervertretung. Bei einer Eingliederung in einen betriebsratslosen Betrieb erfolgt aber nicht zwingend eine Neuwahl des Betriebsrates, da sich die Belegschaft im aufnehmenden Betrieb gegen die Bildung eines Betriebsrats entschieden hat.[268] Im Übrigen geht § 21a BetrVG weit über eine Übergangslösung für die eingegliederten Arbeitnehmer hinaus, indem die Vorschrift ein Mandat für den gesamten neuen Betrieb vorsieht. Eine richtlinienkonforme Auslegung kann daher nicht dazu führen, dass diese „Maximallösung" auch im Fall der Eingliederung in einen betriebsratslosen Betrieb Anwendung findet. Eine angemessene Vertretung der eingegliederten Arbeitnehmer müsste daher erst vom Gesetzgeber geschaffen werden. Wenn gegen Grundsätze der demokratischen Legitimation nicht verstoßen werden soll, dürfte sich eine solche Neuregelung nicht auf die Arbeitnehmer des aufnehmenden Betriebes erstrecken. Ein Übergangsmandat ist demnach in den Fällen der Eingliederung in einen betriebsratslosen Betrieb nach wie vor abzulehnen.[269]

---

[261] Vgl. *Fitting* BetrVG § 21a Rn. 23; darauf verweist auch *Haag* S. 112.

[262] Siehe zu den Eingliederungsfällen ausführlich unter → Rn. 68 ff.

[263] Dies übersehen *Fitting* BetrVG § 21 Rn. 23; *Gaul,* Betriebsspaltung, S. 1067; vgl. DKW/*Buschmann* BetrVG § 21a Rn. 43.

[264] Vgl. → Rn. 65.

[265] So auch LAG Hessen 6.5.2004 – 9 Ta BvGa 61/04, BeckRS 2004, 30450086; *Thüsing* in Richardi BetrVG § 21a Rn. 14; *Kittner* NZA 2012, 541,544.

[266] Wie hier *Thüsing* in Richardi BetrVG § 21a Rn. 14; KK-UmwG/*Simon/Hohenstatt/Schramm* § 5 Rn. 170; aA Kallmeyer/*Willemsen* UmwG Vor § 322 Rn. 30; *Fitting* BetrVG § 21a Rn. 19.

[267] Richtlinie 2001/23/EG, abgedruckt im Anhang.

[268] So *Thüsing* in Richardi BetrVG § 21a Rn. 14; KK-UmwG/*Simon/Hohenstatt/Schramm* § 5 Rn. 170; ähnlich GK/*Kreutz* BetrVG § 21a Rn. 64.

[269] Wie hier *Thüsing* in Richardi BetrVG § 21a Rn. 14; *Rieble* NZA 2002, 237; GK/*Kreutz* BetrVG § 21a Rn. 64; *Willemsen/Hohenstatt* DB 1997, 2609 (2612); Jaeger/Röder/Heckelmann/*Schuster* § 4 Rn. 29; aA *Fitting* BetrVG § 21a Rn. 11a; DKW/*Buschmann* BetrVG § 21a Rn. 39; *Gaul,* Betriebsspaltung, S. 1065 ff.; *Hanau* FS Küttner, 2006, 357 (361); Bachner/*Bachner,* Arbeitsrecht bei Unternehmensumwandlung § 4 Rn. 69; HWK/*Reichold* BetrVG § 21a Rn. 7; nunmehr mit europarechtlicher Begründung auch Kallmeyer/*Willemsen* UmwG Vor § 322 Rn. 30.

87 Eine hiervon abweichende Sichtweise ist hingegen für den Fall des § 21a Abs. 2 BetrVG gerechtfertigt. Nach dieser Vorschrift übernimmt bei der Zusammenfassung mehrerer Betriebe oder Betriebsteile zu einem Betrieb der Betriebsrat des nach der Zahl der Wahlberechtigten größten Betriebs das Übergangsmandat. Hierzu ist unter Hinweis auf den Grundsatz der demokratischen Legitimation vertreten worden, dass ein Übergangsmandat dann gänzlich entfallen müsse, wenn in der zahlenmäßig größten Einheit bislang kein Betriebsrat bestanden habe.[270] Richtigerweise ist zu differenzieren zwischen den Fällen der Eingliederung einerseits und den Fällen des Zusammenschlusses zu einem neuen Betrieb andererseits. Während bei der Eingliederung die Identität des aufnehmenden Betriebes erhalten bleibt, weshalb es gerechtfertigt erscheint, den dort bestehenden betriebsverfassungsrechtlichen Dispositionen den Vorrang einzuräumen, besteht beim Zusammenschluss mehrerer Einheiten zu einem neuen Betrieb das Bedürfnis nach einem neu einsetzenden Meinungsbildungsprozess über die Bildung einer betriebsverfassungsrechtlichen Vertretung. In diesen Fällen erscheint ein Übergangsmandat gemäß § 21a Abs. 2 BetrVG auch dann gerechtfertigt, wenn die größte Einheit betriebsratslos war – denn deren Betriebsidentität besteht nicht fort.[271] Die wohl herrschende Ansicht in der Literatur geht hingegen in beiden Fällen, also sowohl bei der Eingliederung in einen betriebsratslosen Betrieb als auch beim Zusammenschluss zu einem neuen Betrieb bei Betriebsratslosigkeit der größten Einheit davon aus, dass der Betriebsrat der „nächst größten Einheit“ das Übergangsmandat ausübt.[272]

88 Sind am Zusammenschluss von Betrieben bzw. Betriebsteilen zu einem neuen Betrieb Einheiten beteiligt, die bislang nicht von einem Betriebsrat vertreten waren, führt eine systemkonforme Auslegung von § 21a Abs. 2 BetrVG demgemäß zu folgenden Ergebnissen: Das **Übergangsmandat** bezieht sich stets auf den **gesamten (neuen) Betrieb** und umfasst grundsätzlich auch bisher betriebsratslose Betriebe und Betriebsteile. Ein lediglich auf bestimmte Betriebsteile bezogenes Übergangsmandat wäre unpraktikabel und verstieße gegen den Grundsatz, dass Mitbestimmungsrechte nur für einen einheitlichen Betrieb ausgeübt werden können. War derjenige Betrieb oder Betriebsteil betriebsratslos, dem im Sinne von § 21a Abs. 2 BetrVG die größte Zahl wahlberechtigter Arbeitnehmer zugeordnet war, nimmt der Betriebsrat, der für die nächst größere Einheit zuständig war, das Übergangsmandat wahr.[273]

89 Ist also in der Konstellation gemäß nachfolgendem Schaubild 4 bislang nur einer der zusammengefassten Betriebsteile von einem Betriebsrat vertreten (hier: Betriebsrat Werk 1), übernimmt dieser das Übergangsmandat für den gesamten Betrieb, also auch für die Einheiten, die bislang den betriebsratslosen Werken 2 und 3 zugeordnet waren.

[270] Siehe *Verf.*, Vorauflage Rn. D 88ff.; *Willemsen/Hohenstatt* DB 1997, 2609 (2612) (siehe allerdings nunmehr Kallmeyer/*Willemsen* UmwG vor § 322 Rn. 30); *Reichold* NZA 2001, 859; wohl auch *Richardi/Annuß* DB 2001, 44; *Rieble* NZA 2002, 233 (237); Jaeger/Röder/Heckelmann/*Schuster* § 4 Rn. 29; *Sieg/Maschmann* Unternehmensumstrukturierung Rn. 452.

[271] So insbesondere *Thüsing* in Richardi BetrVG § 21a Rn. 14; KK-UmwG/*Simon/Hohenstatt/Schramm* § 5 Rn. 171; ähnlich GK/*Kreutz* BetrVG § 21a Rn. 64, 66; unklar insoweit *Maschmann* NZA-Beil. 2009, 32 (36).

[272] *Fitting* BetrVG § 21a Rn. 19; DKW/*Buschmann* BetrVG § 21a Rn. 46; *Gaul*, Betriebsspaltung, S. 1065.

[273] AA HWK/*Reichold* BetrVG § 21a Rn. 9; vgl. auch *Weiss/Raffler* FS Spiegelberger, 2009, 944 (947).

Schaubild 4:

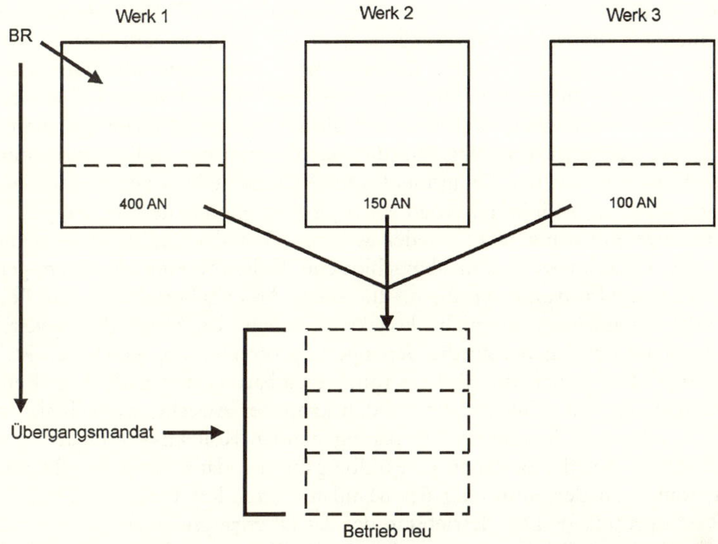

Auch bei grundsätzlich anderen Zahlenverhältnissen als den hier verzeichneten entfiele das Übergangsmandat nicht. Überstiege die Zahl der wahlberechtigten Arbeitnehmer in den aus den Werken 2 oder 3 „abgespaltenen" Betriebsteilen jene des aus dem Werk 1 „abgespaltenen" Betriebsteils, änderte dies nichts daran, dass der Betriebsrat des Werkes 1 als einzig in Betracht kommendes Gremium das Übergangsmandat für den gesamten (neuen) Betrieb ausüben würde.[274] 90

3. Dauer und Inhalt des Übergangsmandats

Das Übergangsmandat gemäß § 21a Abs. 1 BetrVG gewährt den Arbeitnehmern eines „abgespaltenen" Betriebsteils bzw. eines Betriebes, der mit anderen Betrieben zusammengeschlossen wird, einen **vorübergehenden betriebsverfassungsrechtlichen Schutz** (mittels fortdauernder Vertretung durch den „alten" Betriebsrat), und zwar bis zur **Wahl eines Betriebsrates** im „neuen" Betrieb (genauer: bis zur Bekanntgabe des Wahlergebnisses; § 21a Abs. 1 S. 3 BetrVG). Spätestens endet das Übergangsmandat **sechs Monate** „nach Wirksamwerden der Spaltung."[275] Maßgeblich für den Fristbeginn ist in diesem Zusammenhang nicht etwa die Wirksamkeit der mit der Maßnahme verbundenen gesellschaftsrechtlichen Veränderungen (zB einer Unternehmensspaltung oder Verschmelzung), sondern die tatsächliche Durchführung der Betriebsspaltung oder des Zusammenschlusses[276] gemäß Abs. 2, der insofern auf Abs. 1 verweist. Ausschlaggebend ist der Zeitpunkt, zu dem die Organisation der betrieblichen Leitungsmacht verändert wird.[277] Die Dauer des Übergangsmandates kann durch Tarifvertrag oder Betriebsvereinbarung um (bis zu)[278] sechs weitere Monate verlängert werden (Abs. 1 Satz 4). Im Hinblick auf die Anforderun- 91

[274] Insofern bis zur 5. Aufl. abweichend Rn. D 89.
[275] Unverständlich daher *Fitting* BetrVG § 21a Rn. 24, wonach der Fristbeginn für die Höchstdauer des Mandats nicht gesetzlich geregelt sei.
[276] *Fitting* BetrVG § 21a Rn. 24; DKW/*Buschmann* BetrVG § 21a Rn. 48; Löwisch/Kaiser/*Löwisch* BetrVG § 21a Rn. 24.
[277] Ähnlich *Thüsing* in Richardi BetrVG § 21a Rn. 22; GK/*Kreutz* BetrVG § 21a Rn. 82.
[278] Die Kollektivvereinbarung kann auch eine Verlängerung um weniger als sechs Monate vorsehen; vgl. Richardi/*Annuß* DB 2001, 41 (45); *Thüsing* in Richardi BetrVG § 21a Rn. 24; DKW/*Buschmann* BetrVG § 21a Rn. 52.

gen an einen entsprechenden Tarifvertrag stellen sich ähnliche Fragen wie im Zusammenhang mit § 3 BetrVG, so dass darauf verwiesen werden kann.[279] Die Betriebsvereinbarung ist mit demjenigen Betriebsrat abzuschließen, dessen Mandat verlängert werden soll.[280] Eine Vereinbarung mit dem Gesamtbetriebsrat[281] bzw. dem Konzernbetriebsrat kommt nur für den wohl theoretischen Fall in Betracht, dass eine Umstrukturierung zu einem Übergangsmandat mehrerer Betriebsräte führt und die Dauer der Mandate einheitlich geregelt werden soll. Die **Verlängerung des Mandats** kann schon vorsorglich und jedenfalls zeitlich vor der Spaltung bzw. der Zusammenlegung,[282] muss jedoch vor Ablauf des regulären Sechsmonatszeitraums vereinbart werden;[283] das einmal erloschene Übergangsmandat kann durch Kollektivvereinbarung nicht wieder aufleben. Vor dem Wirksamwerden der Spaltung bzw. des Zusammenschlusses abgeschlossene Kollektivvereinbarungen gelten allerdings im Fall von Umstrukturierungen, die einen Arbeitgeberwechsel zur Folge haben (§ 613a BGB), möglicherweise nicht kollektivrechtlich fort,[284] so dass zweifelhaft sein kann, ob der neue Arbeitgeber an die Verlängerungsvereinbarung gebunden ist.[285] In diesen Fällen empfiehlt es sich, die Verlängerungsvereinbarung erst nach dem Betriebsübergang abzuschließen. Keinesfalls gefolgt werden kann der Ansicht, wonach sich das Übergangsmandat auch ohne Abschluss einer dahingehenden Kollektivvereinbarung verlängert, sofern im Hinblick auf das Bestehen eines Übergangsmandates Streit besteht und der Betriebsrat hierdurch an der Ausübung des Mandates gehindert wird.[286] Hierfür fehlt es an jeglicher Rechtsgrundlage. Der Betriebsrat, der das Übergangsmandat für sich beansprucht, kann ggf. einstweiligen Rechtsschutz in Anspruch nehmen, wenn anderenfalls die Gefahr bestünde, dass das Übergangsmandat durch Zeitablauf ins Leere geht. Insbesondere die Durchführung mitbestimmungspflichtiger Maßnahmen ohne Beteiligung des im Sinne des Übergangsmandats zuständigen Betriebsrats ließe sich im Wege der Unterlassungsverfügung verhindern. Für eine Verlängerung des Übergangsmandats besteht daher auch kein praktisches Bedürfnis.

92 Der bisherige Betriebsrat führt während des Übergangsmandates die Geschäfte für den in Frage stehenden Betriebsteil oder Betrieb weiter, übt also ungeschmälert[287] die ihm zustehenden Beteiligungsrechte hinsichtlich dieser betrieblichen Einheiten und der dazugehörenden Arbeitnehmer weiter aus (**„Vollmandat“**[288]), und hat darüber hinaus die Wahl von Betriebsräten bzw. eines Betriebsrates einzuleiten, insbesondere unverzüglich einen **Wahlvorstand (Wahlvorstände) zu bestellen** (§ 21a Abs. 1 S. 2 BetrVG). Der Umfang der Mitbestimmungsrechte im Rahmen des Übergangsmandats bestimmt sich jeweils nach den Verhältnissen in dem Betrieb, auf den sich das Mandat bezieht. Werden also in einem „abgespaltenen“ Betrieb nur 15 Mitarbeiter beschäftigt, kann der Betriebsrat dort nicht die Mitwirkungsrechte gem. §§ 99, 111 BetrVG geltend machen.[289] Ob im abgespaltenen Betrieb eine Maßnahme eine Betriebsänderung darstellt, bestimmt sich nach den Schwellenwerten gemäß § 17 KSchG bezogen auf die Belegschaftsstärke in der abgespaltenen Einheit.[290]

[279] Unter → Rn. 179ff.
[280] *Thüsing* in Richardi BetrVG § 21a Rn. 23.
[281] Vgl. Löwisch/Kaiser/*Löwisch* BetrVG § 21a Rn. 37.
[282] Löwisch/Kaiser/*Löwisch* BetrVG § 21a Rn. 25; *Thüsing* in Richardi BetrVG § 21a Rn. 23.
[283] *Fitting* BetrVG § 21a Rn. 26; Löwisch/Kaiser/*Löwisch* BetrVG § 21a Rn. 26.
[284] Siehe zum Schicksal von Kollektivvereinbarungen ausführlich in Kap. E.
[285] Vgl. *Löwisch/Schmidt-Kessel* BB 2001, 2162 (2163).
[286] DKW/*Buschmann* BetrVG § 21a Rn. 51 unter Hinw. auf ArbG Herne 19.4.2001 – 4 BV 10/01; Bachner/*Bachner,* Arbeitsrecht bei Unternehmensumwandlung, § 4 Rn. 51.
[287] *Wlotzke* DB 1995, 40 (46); Kallmeyer/*Willemsen* UmwG Vor § 322 Rn. 36; HWK/*Reichold* BetrVG § 21a Rn. 10; *Mengel,* Umwandlungen im Arbeitsrecht, 1997, S. 298; *Thüsing* in Richardi BetrVG § 21a Rn. 19; DKW/*Buschmann* BetrVG § 21a Rn. 10.
[288] Kallmeyer/*Willemsen* UmwG Vor § 322 Rn. 36; *Boecken* Rn. 378; *Mengel* S. 298.
[289] Vgl. *Rieble* NZA 2002, 233 (235).
[290] Kallmeyer/*Willemsen* UmwG Vor § 322 Rn. 36; HWK/*Reichold* BetrVG § 21a Rn. 10.

Besondere Schwierigkeiten können auftreten, wenn der mit dem Übergangsmandat ausgestattete Betriebsrat **gerichtliche Verfahren** einleitet, die innerhalb seines Mandats nicht mehr zu Ende geführt werden können. *Däubler*[291] meint, der das Übergangsmandat ausübende Betriebsrat könne jene Verfahren (im Sinne eines Restmandates) bis zu Ende fortführen, auch wenn schon ein neuer Betriebsrat gewählt ist. Dies lässt sich jedoch mit demokratischen Prinzipien nicht in Einklang bringen. Wo bereits ein neuer Betriebsrat demokratisch legitimiert wurde, ist jegliches Recht des alten Betriebsrates erloschen. Der neue Betriebsrat wird Herr der eingeleiteten Verfahren und kann autonom entscheiden, ob und wie er diese fortführen möchte.[292] Insoweit gilt nichts anderes als bei Verfahren, die ein regulärer Betriebsrat eingeleitet hat und nicht mehr rechtzeitig vor Ende seiner regulären Amtszeit zu Ende führen kann.[293] Konnte innerhalb der Sechsmonatsfrist kein neuer Betriebsrat gewählt werden, enden die eingeleiteten Verfahren mangels Fortbestehens eines Betriebsrates. 93

Kommt der mit dem Übergangsmandat betraute Betriebsrat seinen Verpflichtungen nicht nach, bestellt er insbesondere keine Wahlvorstände, kann die **Bestellung** gem. § 16 Abs. 2 BetrVG durch das **Arbeitsgericht** erfolgen, da § 21a Abs. 1 BetrVG als lex specialis den normalen Weg über § 17 BetrVG (Wahl durch Betriebsversammlung) verdrängt.[294] Hingegen besteht nicht die Möglichkeit, dass stattdessen der Gesamt- bzw. der Konzernbetriebsrat den Wahlvorstand bestellt.[295] § 17 Abs. 1 BetrVG, der diese Befugnis einräumen könnte, gilt nur für Betriebe, in denen kein Betriebsrat besteht, was bei Vorliegen eines Übergangsmandats nicht der Fall ist. Gesamtbetriebsrat bzw. Konzernbetriebsrat können den Wahlvorstand gemäß § 16 Abs. 3 BetrVG deshalb erst dann bestellen, wenn der das Übergangsmandat ausübende Betriebsrat die Bestellung auch 8 Wochen vor Ablauf seines Mandats nicht vorgenommen hat.[296] 94

Während der Dauer des Übergangsmandates bleibt der Betriebsrat in seiner bisherigen **personellen Zusammensetzung** bestehen. Dies gilt nicht nur dann, wenn der Betrieb, für den der Betriebsrat gewählt wurde, angesichts der Strukturveränderungen nicht mehr fortbesteht[297] und das Gremium deshalb ausschließlich noch im Rahmen des Übergangsmandats tätig wird,[298] sondern vielmehr auch dann, wenn der Betriebsrat im Amt bleibt und lediglich Betriebsteile oder andere Einheiten abgespalten wurden. Sollten einzelne Betriebsratsmitglieder dem „ausgegliederten" Betriebsteil und daher nicht mehr dem Ursprungsbetrieb angehören, bleiben sie nach hM dennoch für die Dauer des Übergangsmandats Mitglieder des Betriebsrats.[299] Dieses Ergebnis steht zwar im Widerspruch zu dem Grundsatz, dass das Ausscheiden aus dem Arbeitsverhältnis zum automatischen Erlöschen der Mitgliedschaft im Betriebsrat führt (§ 24 Nr. 3 BetrVG).[300] Deren Ausscheiden aus 95

[291] RdA 1995, 136 (145).

[292] *Feudner* BB 1996, 1934 (1936); *Thüsing* in Richardi BetrVG § 21a Rn. 19; *Gaul,* Betriebsspaltung, § 27 Rn. 62; BAG 24.10.2001 – 7 ABR 20/00, NZA 2003, 53.

[293] Vgl. zur Beteiligtenfähigkeit des nicht mehr amtierenden Betriebsrates BAG 25.9.1996 – 1 ABR 25/96, NZA 1997, 668 unter B I. der Gründe.

[294] *Boecken* Rn. 377; *Thüsing* in Richardi BetrVG § 21a Rn. 26; wegen der Kürze des Übergangsmandates wenig praktikabel hingegen die Hinweise bei *Bauer/Lingemann* NZA 1994, 1057 (1058) auf das Verfahren gemäß § 23 BetrVG.

[295] So aber *Thüsing* in Richardi BetrVG § 21a Rn. 26 mwN.

[296] *Fitting* BetrVG § 21a Rn. 22; zur Problematik konkurrierender Bestellungen siehe *Fitting* BetrVG § 16 Rn. 76.

[297] Vgl. zu diesen Konstellationen, in denen die Betriebsidentität aufgehoben wird, unter → Rn. 68ff.

[298] (Nur) in diesem Fall befürwortet *Willemsen* (Kallmeyer UmwG Vor § 322 Rn. 38) eine Beibehaltung der bisherigen personellen Zusammensetzung.

[299] *Engels* FS Wlotzke, 1996, 279 (286); *Fitting* BetrVG § 21a Rn. 16; Bachner/*Bachner* § 4 Rn. 67; *Boecken* Rn. 373; DKW/*Buschmann* BetrVG § 21a Rn. 35; *Rieble* NZA 2002, 233 (236); *Gaul,* Betriebsspaltung, S. 1062; Jaeger/Röder/Heckelmann/*Schuster* § 4 Rn. 27; *Gragert* NZA 2004, 289 (290); *Maschmann* NZA-Beilage 1/2009, 32 (34); *Weiss/Raffler* FS Spiegelberger, 2009, 944 (945); aA Kallmeyer/*Willemsen* UmwG Vor § 322 Rn. 39.

[300] Hierauf verweist Kallmeyer/*Willemsen* UmwG Vor § 322 Rn. 38; vgl. auch *Weiss/Raffler* FS Spiegelberger, 2009, 944 (945).

dem Amt würde jedoch die mit dem Übergangsmandat verknüpften Zielsetzungen konterkarieren. Insbesondere bestünde keine personelle Verknüpfung mehr zwischen dem das Übergangsmandat ausübenden Betriebsrat einerseits und den bisherigen Mitgliedern, die in dem betroffenen Betriebsteil beschäftigt sind, andererseits. Dies würde die sinnvolle Handhabung des Übergangsmandates erschweren.[301] Die befristete Beibehaltung des Amtes trotz Beendigung des Arbeitsverhältnisses zum bisherigen Arbeitgeber wird man allerdings nicht auf die Geschäftsführung im Übergangsmandat beschränken können.[302] Ansonsten müsste das Gremium – je nachdem, um welche Mitbestimmungsgegenstände es geht und ob sich diese auf den ausgegliederten Betriebsteil beziehen – unterschiedlich zusammengesetzt sein.[303] Praktisch bedeutet die hier vertretene Ansicht, dass im Ursprungsbetrieb, dessen Identität trotz der erfolgten Abspaltung eines Betriebsteils erhalten geblieben ist, eine Veränderung der Zusammensetzung des Betriebsrats durch Nachrücken von Ersatzmitgliedern oder durch Neuwahl (§ 13 Abs. 2 Nr. 2 BetrVG) erst nach Ablauf des Übergangsmandats erfolgt.

4. Übergangsmandat bei Privatisierungen[304]

96 Das Betriebsverfassungsgesetz findet auf Verwaltungen und Betriebe der öffentlichen Hand keine Anwendung (§ 130 BetrVG), so dass sich aus § 21a BetrVG kein **Übergangsmandat für Personalräte** herleiten lässt. Indessen ergibt sich gerade im Zusammenhang mit dem Übergang solcher Betriebe in den Anwendungsbereich des BetrVG, also bei Privatisierungen, ein praktisches Bedürfnis für ein Übergangsmandat, nämlich bis zur Wahl eines Betriebsrates innerhalb der privatisierten Einheit. Insofern stellt sich zum einen die Frage, ob ein solches Übergangsmandat analog zu § 21a BetrVG im Grundsatz anerkannt werden soll;[305] dies wird unter Hinweis darauf, dass der Gesetzgeber bewusst nur ein betriebsverfassungsrechtliches Übergangsmandat geregelt und die Schaffung einer übergreifenden und somit auch bei Privatisierungen geltenden Regelung trotz Neufassung des § 21a BetrVG unterlassen hat, ganz überwiegend abgelehnt. Fraglich ist auch, ob der bisherige Personalrat – wollte man ein Übergangsmandat anerkennen – ggf. bis zur Wahl eines Betriebsrates die Befugnisse eines Personalrats nach dem **BPersVG** bzw. dem jeweiligen Landespersonalvertretungsgesetz oder die eines Betriebsrates nach dem **BetrVG**[306] wahrnehmen kann. Ob aus der **Richtlinie 2001/23/EG** tatsächlich die Verpflichtung des deutschen Gesetzgebers folgt, ein Übergangsmandat des Personalrats vorzusehen,[307] ist zumindest fraglich. Art. 6 der Richtlinie ist auf den Übergang von einem öffentlich-rechtlichen Regime in den Bereich des Privatrechts nicht zugeschnitten. Art. 6 Nr. 1 Unterabsatz 1 bestimmt bei einer Beibehaltung der Selbständigkeit des betreffenden Betriebsteils bzw. Betriebs, dass die Funktion der Arbeitnehmervertretung „unter den gleichen Bedingungen erhalten

---

[301] Bachner/*Bachner* § 4 Rn. 67.

[302] So aber noch zur alten Rechtslage Lutter/*Joost* (2. Aufl.) UmwG § 321 Rn. 39; ähnlich ErfK/*Koch* BetrVG § 21a Rn. 7; GK/*Kreutz* BetrVG § 21a Rn. 34.

[303] Ablehnend auch *Rieble* NZA 2002, 233 (235); wie hier *Gaul*, Betriebsspaltung, S. 1062; *Fitting* BetrVG § 21a Rn. 16; DKW/*Buschmann* BetrVG § 21a Rn. 32.

[304] Siehe zur Privatisierung auch → B Rn. 87 ff.

[305] Offen gelassen in BAG 25.5.2000 – 8 AZR 416/99, NZA 2000, 1115 unter II. 3. a) der Gründe; ablehnend *Rieble* NZA 2002, 233 (235); HWK/*Hohenstatt/Dzida* BetrVG § 130 Rn. 7; GK/*Weber* BetrVG § 130 Rn. 9; *Besgen/Langner* NZA 2003, 1239; *Wollenschläger/von Harbou* NZA 2005, 1081 (1090); LAG Köln 11.2.2000 – 4 TaBV 2/00, NZA – RR 2001, 87, auch bezogen auf einen entsprechenden Tarifvertrag; LAG Köln 10.3.2000 – 13 TaBV 9/00, NZA – RR 2001, 423; *Pawlak/Leydecker* ZTR 2008, 74; *Schuster/Lorenzen* in Hoppe/Uechtritz/Reck § 12 Rn. 181; befürwortend ArbG Bremen EzA § 24 BAT Unkündbare Angestellte Nr. 9; DKW/*Buschmann* BetrVG § 21a Rn. 15; DKW/*Trümner* BetrVG § 130 Rn. 14 mwN; *von Roetteken* NZA 2001, 414 (421); *Hanau* FS Küttner, 2006, 357 (362).

[306] So sahen es § 15 DBGrG (Deutsche Bahn Gründungsgesetz), BGBl. 1993 I 2386 und § 25 PostPersRG BGBl. 1994 I 2325 vor; dazu HWK/*Hohenstatt/Dzida* BetrVG § 130 Rn. 4.

[307] So DKW/*Trümner* BetrVG § 130 Rn. 14; Beseler/Düwell/*Düwell* S. 421; *Schuster/Lorenzen* in Hoppe/Uechtritz/Reck § 12 Rn. 181.

(bleibt), wie sie vor dem Zeitpunkt des Übergangs aufgrund von Rechts- und Verwaltungsvorschriften oder aufgrund einer Vereinbarung bestanden hat, sofern die Bedingungen für die Bildung der Arbeitnehmervertretung erfüllt sind". Letztere Voraussetzung ist aber bei Privatisierungen nicht gegeben, da nach der Privatisierung ein Fortbestand eines Personalrates nicht mehr möglich ist. Im Übrigen lässt sich aus Unterabsatz 1 nicht herleiten, dass der Personalrat die Rechte eines Betriebsrates wahrnehmen kann; die Vorschrift geht vielmehr vom *Erhalt* der Funktion und der Rechte aus, wie sie vor dem Übergang bestanden. Unterabsatz 4 ist ebenfalls nicht einschlägig, da diese Vorschrift diejenigen Fälle betrifft, bei denen die betreffenden Betriebe oder Betriebsteile ihre Selbständigkeit verlieren,[308] was bei einer „bloßen" Privatisierung nicht der Fall ist. Die unterschiedliche Ausgestaltung des Übergangsmandats in einigen Vorgängervorschriften[309] macht offenkundig, dass die Etablierung eines Übergangsmandates bei Privatisierungen einer gesetzlichen Grundlage bedürfte,[310] die bei einer Novellierung der Personalvertretungsgesetze[311] geschaffen werden könnte. Nicht selten erfolgt die Anerkennung eines Übergangsmandats im Zusammenhang mit Privatisierungen durch **freiwillige Vereinbarung** zwischen dem öffentlichen Arbeitgeber, dem Personalrat und dem privaten Betreiber, also dem zukünftigen Arbeitgeber. Derlei Vereinbarungen sind jedoch streng genommen unwirksam,[312] da sie über die in § 3 BetrVG vorgesehenen Möglichkeiten hinausgehen, sofern überhaupt die formalen Anforderungen einer Vereinbarung nach § 3 BetrVG eingehalten werden.[313]

VI. Auswirkungen von Unternehmensumstrukturierungen hinsichtlich Gesamt- und Konzernbetriebsräten

Während die Auswirkungen von Umstrukturierungen auf den Bestand des Einzelbetriebsrats[314] für die Praxis weitgehend geklärt sind, besteht hinsichtlich der Auswirkungen auf den Bestand des Gesamt- bzw. des Konzernbetriebsrats ebenso wie auf die von diesen Vertretungen geschlossenen Betriebsvereinbarungen große Unsicherheit. Im Folgenden soll deshalb der Versuch einer Klärung unternommen werden. 97

1. Gesamtbetriebsrat

Ein Gesamtbetriebsrat ist immer dann zu errichten, wenn innerhalb des Unternehmens mehrere Betriebe mit Betriebsrat bestehen (§ 47 Abs. 1 BetrVG). Die Errichtung des Gesamtbetriebsrats ist **obligatorisch,** hängt also nicht etwa von einer entsprechenden Willensbildung der beteiligten Betriebsräte ab. Die Betriebsräte unterliegen einer „Rechtspflicht, ihn zu bilden".[315] Eine feststehende Amtszeit ist nicht vorgesehen; der Gesamtbetriebsrat ist eine **„Dauereinrichtung"** und erlischt, wenn die Voraussetzungen für seine Errichtung entfallen.[316] 98

[308] Siehe in diesem Sinne schon LAG Köln 11.2.2000 – 4 TaBV 2/00, NZA-RR 2001, 87.
[309] → Rn. 74.
[310] So auch *Annuß* in Richardi BetrVG § 130 Rn. 13; vgl. auch *Kast/Freihube* DB 2004, 2530 (2531).
[311] Durch Landesgesetz kann geregelt werden, dass bestimmte Dienstvereinbarungen als Betriebsvereinbarungen weitergelten; Bundesrecht steht insofern nicht entgegen; BAG 23.11.2004 – 9 AZR 639/03, NZA 2005, 833.
[312] Vgl. *Besgen/Langner* NZA 2003, 1239 (1242); *Pawlak/Leydecker* ZTR 2008, 74; vgl. auch bei Zusammenschluss zweier Dienststellen OVG Münster 25.5.2005 – 1 B 453/05, NZA-RR 2005, 504.
[313] Siehe zu Vereinbarungen zur betriebsverfassungsrechtlichen Struktur gemäß § 3 BetrVG unter → Rn. 149ff.
[314] Vgl. hierzu ausführlich Kap. D Abschnitte III–V.
[315] HWK/*Hohenstatt/Dzida* BetrVG § 47 Rn. 1; *Annuß* in Richardi BetrVG § 47 Rn. 23; *Fitting* BetrVG § 47 Rn. 3.
[316] *Annuß* in Richardi BetrVG § 47 Rn. 26; *Fitting* BetrVG § 47 Rn. 26.

a) Auswirkungen des Hinzukommens- oder Wegfallens von Betrieben auf den Gesamtbetriebsrat

99 Weitgehende Einigkeit besteht insoweit, dass ein Ausscheiden einzelner von mehreren Betrieben aus dem Unternehmen auf den Bestand des Gesamtbetriebsrats keine Auswirkungen hat.[317] Die aus dem Betriebsrat des betreffenden Betriebes entsandten Gesamtbetriebsratsmitglieder verlieren mit dem Ausscheiden des Betriebes aus dem Unternehmen ihr Amt.[318] Der Gesamtbetriebsrat verliert für den ausgeschiedenen Betrieb seine Zuständigkeit.[319] Ein Übergangsmandat ist im Betriebsverfassungsgesetz für den Gesamtbetriebsrat, anders als für den Einzelbetriebsrat, nicht vorgesehen.[320]

Nach hM bleibt der Gesamtbetriebsrat im Falle der Veräußerung einzelner Betriebe so lange im Amt, wie im veräußernden Unternehmen noch die Voraussetzungen für die Bildung eines Gesamtbetriebsrats erfüllt sind, das Unternehmen also über mindestens zwei Betriebe mit je einem Betriebsrat verfügt.[321] Das gilt auch, wenn sich die organisatorische Zusammensetzung der Betriebe im Unternehmen durch den Wegfall so grundlegend ändert, dass aus betriebsverfassungsrechtlicher Sicht – parallel zum Wegfall der Betriebsidentität – gleichsam die Unternehmensidentität wegfällt.[322] Der wesentliche Unterschied zwischen dem Betriebsrat als der gewählten Vertretung der Arbeitnehmer auf der Ebene des Betriebes und dem Gesamtbetriebsrat besteht darin, dass der Gesamtbetriebsrat kein originär gewähltes, sondern ein sich aus Delegierten der einzelnen Betriebsräte zusammensetzendes Gremium ist. Veränderungen in der Zusammensetzung des Gesamtbetriebsrates infolge des Hinzukommens oder Wegfallens von Betrieben sind daher Teil des Organisationssystems.[323] Dementsprechend hat der Gesamtbetriebsrat keine Amtszeit sondern ist eine Dauereinrichtung. Damit wäre es nicht vereinbar, wenn der Gesamtbetriebsrat nach Übertragung der Mehrheit der Betriebe auf einen neuen Rechtsträger entfiele (und neu errichtet werden müsste). Erst wenn die Errichtungsvoraussetzungen (mindestens zwei Betriebe mit Betriebsrat innerhalb eines Unternehmens) nicht mehr gegeben sind, fällt der Gesamtbetriebsrat weg.[324]

b) Auswirkungen einer Übertragung aller Betriebe auf einen anderen Rechtsträger

100 Nicht gänzlich geklärt ist der Fall einer Übertragung sämtlicher Betriebe des bisherigen Betriebsinhabers auf einen bis dahin **arbeitnehmerlosen neuen Inhaber.** Dies ist keineswegs ein vollkommen theoretischer Sachverhalt, wie eine Entscheidung des Bundesarbeitsgerichts vom 5.6.2002[325] zeigt. Im Anlassfall hatte ein Warenhausunternehmen sämtliche – jeweils als eigenständige Betriebe im betriebsverfassungsrechtlichen Sinne organisierten – Warenhäuser auf eine neu gegründete und deshalb zunächst arbeitnehmerlose Gesellschaft übertragen, jedoch das Immobilienvermögen und einen Teil der Hauptverwaltung zurückbehalten. Im Ergebnis wurde hierdurch eine **Unternehmensaufspaltung** in eine Be-

---

[317] Vgl. *Fitting* BetrVG § 47 Rn. 17, 26; *Annuß* in Richardi BetrVG § 47 Rn. 27; vgl. DKW/*Deinert* BetrVG § 47 Rn. 60; *Gaul*, Betriebsspaltung, § 27 Rn. 125.

[318] *Picot/Schnitker* Teil III Rn. 74.

[319] *Meyer* DB 2001, 1174; 1177; *Picot/Schnitker* Teil III Rn. 74.

[320] *Rieble* NZA 2002, 233 (240); ders. Sonderbeilage zu NZA Heft 16/2003, 62 (66); KK-UmwG/*Simon/Hohenstatt/Schramm* § 5 Rn. 177; *Weiss/Raffler* FS Spiegelberger, 2009, 944 (948); aA DKW/*Deinert* BetrVG § 47 Rn. 69, der sich allerdings nicht festlegt, ob er ein Rest- oder ein Übergangsmandat befürwortet. Beides ist abzulehnen, da für die übertragenen Einheiten stets ein Betriebsrat und ggf. ein anderer bzw. neuer Gesamtbetriebsrat zuständig sein wird.

[321] So ErfK/*Koch* BetrVG § 47 Rn. 11; *Fitting* BetrVG § 47 Rn. 17, 26; *Annuß* in Richardi BetrVG § 47 Rn. 27; DKW/*Deinert* BetrVG § 47 Rn. 62.

[322] vgl. GK/*Kreutz/Franzen* BetrVG § 47 Rn. 53; anders noch die 2. Aufl. (2003) Rn. D 99ff.; siehe auch noch aA *Hohenstatt/Müller-Bonanni* NZA 2003, 766 (767).

[323] GK/*Kreutz/Franzen* BetrVG § 47 Rn. 49, 53.

[324] *Annuß* in Richardi BetrVG § 47 Rn. 27; *Fitting* BetrVG § 47 Rn. 26.

[325] BAG 5.6.2002 – 7 ABR 17/01, NZA 2003, 336; dem folgend BAG 18.9.2002 – 1 ABR 54/01, NZA 2003, 670 (674).

triebs- und eine Anlagegesellschaft vollzogen, wie sie ua in § 134 UmwG geregelt und – durch steuerrechtliche und haftungsrechtliche Gründe bedingt – häufig anzutreffen ist. Nach Auffassung der Vorinstanz[326] wurde der beim bisherigen Betriebsinhaber gebildete Gesamtbetriebsrat durch diesen Vorgang beendet mit der Folge, dass bei dem neuen Betriebsinhaber gemäß § 47 Abs. 1 BetrVG ein neuer Gesamtbetriebsrat zu errichten war. Bei dem bisherigen Betriebsinhaber seien mit der Übertragung sämtlicher Betriebe auf einen neuen Inhaber die Voraussetzungen für die Bildung eines Gesamtbetriebsrats fortgefallen, weil ein solcher gemäß § 47 Abs. 1 BetrVG nur in Unternehmen errichtet werden könne, in denen mindestens zwei Betriebsräte bestehen. Ein Fortbestand des Gesamtbetriebsrats beim neuen Betriebsinhaber komme nicht in Betracht, weil der Gesamtbetriebsrat nicht für dessen Unternehmen, sondern für das **Unternehmen** des **bisherigen Betriebsinhabers** gebildet worden sei. Der Gesamtbetriebsrat sei mit dem Unternehmen, für das er errichtet wurde, untrennbar verbunden.[327] Die nahezu einhellige Auffassung in der Literatur hätte den Fall seinerzeit ebenso entschieden.[328]

Das Bundesarbeitsgericht[329] hat zumindest erwogen, ob der Gesamtbetriebsrat im dargestellten Fall nicht beim aufnehmenden Rechtsträger hätte fortbestehen können, wenn sämtliche Betriebe auf diesen übertragen worden wären „und die **Betriebsidentität aller Betriebe**" erhalten geblieben wäre. In einem solchen Fall, so der *Siebte Senat,* „könnten vergleichbare Gründe wie beim Inhaberwechsel in einem Betrieb dafür sprechen, vom Fortbestand nicht nur der einzelnen Betriebsräte, sondern auch vom Fortbestand des von den Betriebsräten errichteten Gesamtbetriebsrats auszugehen".[330] Im entschiedenen Fall, in dem aber Teile der Hauptverwaltung beim übertragenden Rechtsträger verblieben waren, änderte dieser Standpunk zwar nichts daran, dass der Gesamtbetriebsrat unterging und beim neuen Rechtsträger neu gebildet werden musste. Die Ausführungen des Senats machen aber deutlich, dass der Gesamtbetriebsrat nicht zwingend an dem Rechtsträger „hängt", bei dem er bislang gebildet war. In der Tat ist der Gesamtbetriebsrat unzweifelhaft **kein Organ des Unternehmens** (wie zB Vorstand und Aufsichtsrat). Er ist die Vertretung der Arbeitnehmer auf der Ebene des Unternehmens.[331] Seiner Einrichtung als Institution liegt das gesetzgeberische Anliegen zugrunde, Beteiligungsrechte der Arbeitnehmer überall dort anzusiedeln, wo ihre Belange berührende Entscheidungen getroffen werden. Üblicherweise ist dies die Ebene des Betriebs, dessen Leitung im Tagesgeschäft über die im Betriebsverfassungsgesetz angesprochenen Materien entscheidet. Besteht ein Unternehmen aus mehreren Betrieben, so verlagert sich typischerweise das Entscheidungszentrum von der Betriebs- auf die Unternehmensebene. Die Einrichtung des Gesamtbetriebsrats vollzieht diese Zuständigkeitsverlagerung nach und gleicht sie hierdurch aus.[332] In diesem Sinne ist das Nebeneinander von Einzelbetriebsräten und Gesamtbetriebsrat Ausdruck einer vertikalen Zuständigkeitsverteilung. Es liegt deshalb nahe, den Gesamtbetriebsrat nicht als *für* den Unternehmensträger gebildetes, sondern als *auf der Ebene* des Unternehmens angesiedeltes Gremium anzusehen.[333] Mit dieser Konzeption wäre es vereinbar, dass der Gesamtbetriebsrat im Fall einer Übertragung sämtlicher Betriebe des Unternehmens auf einen bis dahin arbeitnehmerlosen neuen Inhaber bei diesem fortbestehen kann.[334] 101

[326] LAG Düsseldorf 14.2.2001 – 4 TaBV 67/00, BB 2001, 2012.
[327] Vgl. auch LAG Hamburg 7.6.1995 – 4 Sa 115/94, CR 1996, 90.
[328] DKK/*Trittin* (9. Aufl.) BetrVG § 47 Rn. 9a; *Röder/Haußmann* DB 1999, 1754.
[329] BAG 5.6.2002 – 7 ABR 17/01, NZA 2003, 336.
[330] BAG ebenda unter B II. 2. der Gründe.
[331] *Fitting* BetrVG § 47 Rn. 1.
[332] *Fitting* BetrVG § 47 Rn. 1.
[333] Für eine feste Anknüpfung an den Rechtsträger hingegen Jaeger/Röder/Heckelmann/*Röder/Haußmann* Kap. 29 Rn. 12.
[334] In diesem Sinne *Gaul,* Betriebsspaltung, § 27 Rn. 133; *Fitting* BetrVG § 47 Rn. 17; DKKW/*Trittin* BetrVG (15. Aufl.) § 47 Rn. 77; *Hauck* FS 25 Jahre ARGE Arbeitsrecht im DAV, 2006, 621 (625); Beseler/Düwell/*Düwell* S. 403; *Sieg/Maschmann* Unternehmensumstrukturierung Rn. 460; vgl. auch Kallmeyer/

102 Worin bestehen nun die praktischen Konsequenzen der Anerkennung eines fortbestehenden Gesamtbetriebsrats bei Übertragung aller Betriebe auf ein arbeitnehmerloses Unternehmen? Die Unterschiede sind letztlich nicht gravierend, bedenkt man, dass die Betriebsräte im Fall des Untergangs des bisherigen Gesamtbetriebsrats nach Wirksamkeit der Transaktion sogleich einen neuen Gesamtbetriebsrat errichten können. Dennoch bestehen einige – „politisch" nicht unwesentliche – Unterschiede, was letztlich der Grund dafür gewesen sein dürfte, dass sich der Gesamtbetriebsrat in dem vom BAG entschiedenen Fall über drei Instanzen hinweg gegen seinen „Untergang" zur Wehr setzte. Zum einen müssen alle Betriebsräte neue Entsendungsbeschlüsse iSv § 47 Abs. 2 BetrVG treffen. Bei einer solchen „Neuerrichtung" können sich Änderungen in der Zusammensetzung ergeben, die dem einen oder anderen Beteiligten ungelegen kommen. Im Übrigen muss sich der Gesamtbetriebsrat neu konstituieren und gemäß § 51 Abs. 2 BetrVG einen neuen Vorsitzenden und dessen Stellvertreter wählen. Zwar kann auch ansonsten der Gesamtbetriebsratsvorsitzende jederzeit entweder vom Gesamtbetriebsrat mit Mehrheitsbeschluss oder auch von dem betreffenden Betriebsrat als Mitglied des Gesamtbetriebsrates abberufen werden. Im Zuge einer Neukonstituierung sind derlei Veränderungen aber wahrscheinlicher. Schließlich werden bei Untergang des Gesamtbetriebsrates Vereinbarungen über die (meist reduzierte) Größe des Gremiums gemäß § 47 Abs. 4–6 BetrVG ebenfalls in Wegfall geraten, woran die Arbeitgeberseite meist kein Interesse haben wird. Weitergehende Unterschiede sind nicht zu verzeichnen. Mit Wegfall des Gesamtbetriebsrates fällt für diesen auch die Antragsbefugnis im Beschlussverfahren weg. Im arbeitsgerichtlichen Beschlussverfahren ist die Antragsbefugnis nämlich dann gegeben, wenn der Antragssteller durch die begehrte Entscheidung in seiner kollektivrechtlichen Rechtsposition betroffen sein kann. Einem nicht mehr existenten Gremium kommen jedoch keine Rechtspositionen (mehr) zu.[335]

103 Der Fortbestand eines Gesamtbetriebsrates könnte allerdings auch im Hinblick auf das „Schicksal" der abgeschlossenen Gesamtbetriebsvereinbarungen von erheblicher Bedeutung sein. Vertritt man nämlich den Standpunkt, dass eine kollektivrechtliche Fortgeltung von Betriebsvereinbarungen nur in den Fällen in Betracht kommt, in denen auch das Gremium im Amt bleibt, und übertrüge man dieses Prinzip auf Gesamtbetriebsvereinbarungen, wäre das „Schicksal" des Gesamtbetriebsrates bei Umstrukturierungen auch insoweit von erheblichem Interesse. Allerdings ist nach aktueller Rechtsprechung des BAG[336] die Fortgeltung von Gesamtbetriebsvereinbarungen (ebenso wie von Konzernbetriebsvereinbarungen) vom Fortbestand der Betriebsidentität und nicht vom Fortbestand des abschließenden Betriebsratsgremiums abhängig, so dass der Fortbestand des Gesamtbetriebsrats in der Praxis für die Geltung von Gesamtbetriebsvereinbarungen keine Bedeutung hat. Dem soll im Kapitel E, das sich mit den kollektivrechtlichen Vereinbarungen befasst, näher nachgegangen werden.[337]

104–108 *In dieser Auflage nicht belegt.*

c) Überblick über verschiedene Umstrukturierungen und ihre Auswirkungen auf den Gesamtbetriebsrat

109 Reine Veränderungen auf Gesellschafterebene führen nicht zu rechtlichen Konsequenzen bzgl. bestehender Gesamtbetriebsräte. Veränderungen auf der Unternehmensebene – wie zB eine veränderte Zusammensetzung der Gesellschafter, also insbesondere der klassische Share Deal – bleiben ohne Auswirkungen. Gleiches gilt für den **Formwechsel,** da die

Willemsen UmwG Vor § 322 Rn. 46; aA *Bauer/Haußmann/Krieger,* Umstrukturierung, Teil 4 B Rn. 48; DKW/*Deinert,* BetrVG § 47 Rn. 68.

[335] BAG 25.2.2020 – 1 ABR 40/18, NZA 2020, 881; BAG 24.10.2018 – 7 ABR 1/17, BeckRS 2018, 28939.

[336] BAG 25.2.2020 – 1 ABR 39/18, NZA 2020, 875.

[337] Vgl. zur Fortgeltung von Gesamtbetriebsvereinbarungen unter → E Rn. 75ff.

Errichtung des Gesamtbetriebsrates nicht an eine bestimmte Rechtsform gebunden ist.[338] Offenkundig abweichend verhält es sich mit den anderen Umwandlungsarten, und zwar auch dann, wenn sich diese auf die Ebene des Unternehmens beschränken und die Identität der einzelnen Betriebe unangetastet bleibt. Bei der **Verschmelzung zur Neugründung** (§ 2 Nr. 2 UmwG) besteht im aufnehmenden Unternehmen – da durch die Umwandlung erst neu errichtet – zunächst kein Gesamtbetriebsrat. Zudem gehen die in den zu verschmelzenden Unternehmen gebildeten Gesamtbetriebsräte wegen ihrer Unternehmensbindung grundsätzlich unter.[339] Ausnahmsweise etwas anderes gilt, wenn nur eines der zu verschmelzenden Unternehmen Arbeitnehmer und einen Gesamtbetriebsrat besitzt; dieser besteht dann parallel zu der unter b) erörterten Übertragung sämtlicher Betriebe auf einen anderen – arbeitnehmerlosen – Rechtsträger[340] fort. Bei der **Verschmelzung zur Aufnahme** kann es sich ebenso verhalten, nämlich wenn das aufnehmende Unternehmen noch nicht über Betriebe mit Betriebsrat verfügt. Betreibt das aufnehmende Unternehmen hingegen schon Betriebe, ist der Gesamtbetriebsrat im aufnehmenden Rechtsträger um Delegierte der neu hinzugekommenen Betriebe zu ergänzen.[341] Der Gesamtbetriebsrat im aufnehmenden Unternehmen ist mit dem Zeitpunkt der Wirksamkeit der Verschmelzung (§ 20 UmwG – Eintragung im Handelsregister) für alle Betriebe mit Betriebsrat und – in den Grenzen des § 50 Abs. 1 S. 1 zweiter Halbsatz BetrVG – auch für die betriebsratslosen Betriebe des aufgenommenen Unternehmens zuständig.[342] Die bislang nicht im Gesamtbetriebsrat vertretenen Betriebsräte entsenden von diesem Zeitpunkt an Mitglieder in den Gesamtbetriebsrat (§ 47 Abs. 2 BetrVG).[343] Dies ist eine häufige Konstellation bei Post-Merger-Integrationen, wenn ein Unternehmen mit bestehenden Betriebsräten und einem Gesamtbetriebsrat im Wege des Share Deals eine weitere oder weitere Gesellschaften erwirbt. Dabei ist eine im aufnehmenden Unternehmen möglicherweise bestehende „Verkleinerungsvereinbarung" iSv § 47 Abs. 5 BetrVG zu beachten. Eine solche wird nur hinfällig, wenn sie angesichts der veränderten Umstände „keinen Sinn mehr ergibt".[344] Gleiches gilt – vorbehaltlich einer anderen Regelung im Tarifvertrag oder der Betriebsvereinbarung – auch für eine „Vergrößerungs- oder Verkleinerungsvereinbarung" nach § 47 Abs. 4 BetrVG.

Bei den verschiedenen Formen der Unternehmensspaltung (§§ 123 ff. UmwG) ergeben 110
sich Konstellationen, hinsichtlich derer vergleichbare Wertungen vorzunehmen sind. Bei der **Aufspaltung** (§ 123 Abs. 1 UmwG) erlischt zwar zwangsläufig der übertragende – sich spaltende – Rechtsträger. Werden bei diesem Vorgang jedoch die Betriebe, die bislang von einem Gesamtbetriebsrat repräsentiert waren, ohne Änderungen der Betriebsidentität insgesamt auf ein- und denselben Rechtsträger übertragen, bleibt der Gesamtbetriebsrat im Amt, vorausgesetzt, dass im aufnehmenden Unternehmen bislang keine Betriebe bestanden.

Bei der **Abspaltung** und der **Ausgliederung** bleibt der sich spaltende Rechtsträger 111
hingegen erhalten, so dass im Grundsatz Einigkeit besteht, dass der Gesamtbetriebsrat fortbesteht und lediglich die Zuständigkeit für die Betriebe verliert, die auf einen neuen Rechtsträger übertragen wurden. Der Gesamtbetriebsrat geht nur unter, sofern im sich spaltenden Rechtsträger nach Vollzug der Umwandlung nicht mehr die Errichtungsvoraussetzungen für einen Gesamtbetriebsrat gegeben sind.[345]

[338] GK/*Kreutz/Franzen* BetrVG § 47 Rn. 54; DKW/*Deinert* BetrVG § 47 Rn. 65.
[339] KK-UmwG/*Simon/Hohenstatt/Schramm* § 5 Rn. 175; *Fitting* BetrVG § 47 Rn. 18; HWGNRH/*Glock* BetrVG § 47 Rn. 86.
[340] Hierzu vorstehend → Rn. 100.
[341] Jaeger/Röder/Heckelmann/*Röder/Haußmann,* Kap. 29 Rn. 12; KK-UmwG/*Simon/Hohenstatt/Schramm* § 5 Rn. 175; Sieg/Maschmann Unternehmensumstrukturierung Rn. 462.
[342] So auch *Trappehl/Nussbaum* BB 2011, 2869 (2870).
[343] BAG 16.3.2005 – 7 ABR 37/04, NZA 2005, 1069.
[344] BAG 16.3.2005 – 7 ABR 37/04, NZA 2005, 1069 (1071); *Fitting* BetrVG § 47 Rn. 54; *Annuß* in Richardi BetrVG § 47 Rn. 69; KK-UmwG/*Simon/Hohenstatt/Schramm* § 5 Rn. 175.
[345] Hierzu vorstehend → Rn. 99.

112 Die vorstehend für verschiedene Umwandlungsarten dargestellten Rechtsfolgen bezüglich des Schicksals bestehender und im Hinblick auf die Errichtung neuer Gesamtbetriebsräte gelten ohne Einschränkung auch dann, wenn sich die Übertragung von Unternehmensbestandteilen (Betrieben und Betriebsteilen) auf andere Rechtsträger außerhalb des Umwandlungsrechts vollzieht, namentlich durch **Einzelrechtsübertragung** *(Asset Deal).*

113 Auch Umstrukturierungen, die nicht mit einem Betriebsinhaberwechsel verbunden sind, können Auswirkungen auf die Gesamtbetriebsratsebene mit sich bringen. Der **Zusammenschluss von Betrieben** führt dazu, dass zwei bislang betriebsverfassungsrechtlich selbständige Einheiten einen einheitlichen Betrieb bilden mit der Folge, dass diese Einheit nunmehr – anstelle der zweifachen Delegation durch die Ausgangsbetriebe – nur noch eine Delegation gemäß § 47 Abs. 2 BetrVG vornehmen kann, wodurch sich naturgemäß die Zusammensetzung des Gesamtbetriebsrates ändert. An den Stimmverhältnissen ändert sich hierdurch allerdings nichts, da sich die Zahl der Stimmen der Gesamtbetriebsratsmitglieder nach der Zahl der wahlberechtigten Arbeitnehmer im Betrieb (gemäß Wählerlisten) richtet. Ein solcher Zusammenschluss von Betrieben führt indessen zum völligen Wegfall des Gesamtbetriebsrats, wenn die beiden einzigen Betriebe des Unternehmens zusammengefasst werden und hierdurch die Grundvoraussetzung für die Bildung eines Gesamtbetriebsrats (§ 47 BetrVG) entfällt. Umgekehrt kann durch die **Spaltung eines Betriebes erstmals ein Gesamtbetriebsrat entstehen,** wenn innerhalb des Unternehmens zuvor neben dem gespaltenen Betrieb kein weiterer Betrieb mit Betriebsrat bestanden hat.

114 **Beispiel D 17:**

Wird ein Unternehmen aus dem Bereich Printmedien dergestalt gespalten, dass ein von der Redaktion und Verwaltung/Vertrieb völlig getrennter Druckbetrieb entsteht,[346] bestehen fortan zwei Betriebe mit eigenem Betriebsrat. In dem Druck- und Verlagshaus ist daher ein Gesamtbetriebsrat zu errichten. Dies will strategisch mit in die Überlegungen einbezogen sein, wenn es um die Frage geht, ob der Aufwand, einen bestehenden Betrieb zu spalten, als lohnenswert erscheint, etwa mit dem Ziel, dem amtierenden Betriebsrat einen Teil seines Zuständigkeitsbereichs zu entziehen; ein gewisses Maß an Kontrolle und Einflussmöglichkeit bleibt über den Gesamtbetriebsrat erhalten. Ähnliche Konstellationen ergeben sich häufig bei der Frage, ob ohnehin relativ verselbstständigte IT-Abteilungen in einen eigenen Betrieb überführt werden sollen.

d) Gemeinschaftsbetrieb und Gesamtbetriebsrat[347]

115 Noch immer nicht abschließend beantwortete Fragen stellen sich dann, wenn durch eine Umstrukturierung ein **gemeinschaftlicher Betrieb zweier Unternehmen**[348] entsteht. Es kann dann fraglich sein, ob und ggf. in welchen Gesamtbetriebsrat der Betriebsrat des Gemeinschaftsbetriebes Mitglieder entsenden kann:

Beispiel D 18:

Die Druck- und Verlagshaus GmbH gliedert Redaktion und Verlag auf die V-GmbH aus (§ 123 Abs. 3 Nr. 1 UmwG), während sie ihre Druckereiaktivitäten beibehält. Die Trennung lässt sich jedoch im „Zeitungshaus Köln" nicht durchführen. Dort bleibt eine organisatorische Einheit bestehend aus Zeitungsredaktion, Verlagsabteilung und der angeschlossenen Zeitungsdruckerei erhalten (Gemeinschaftsbetrieb).

---

[346] Vgl. zu den Anforderungen an eine betriebsverfassungsrechtlich „wirksame" Betriebsspaltung in Abgrenzung zum Gemeinschaftsbetrieb mehrerer Arbeitgeber unter → Rn. 18ff.
[347] Zum Wirtschaftsausschuss im Gemeinschaftsbetrieb unter → Rn. 218.
[348] Siehe ausführlich zum Gemeinschaftsbetrieb unter → Rn. 18ff.

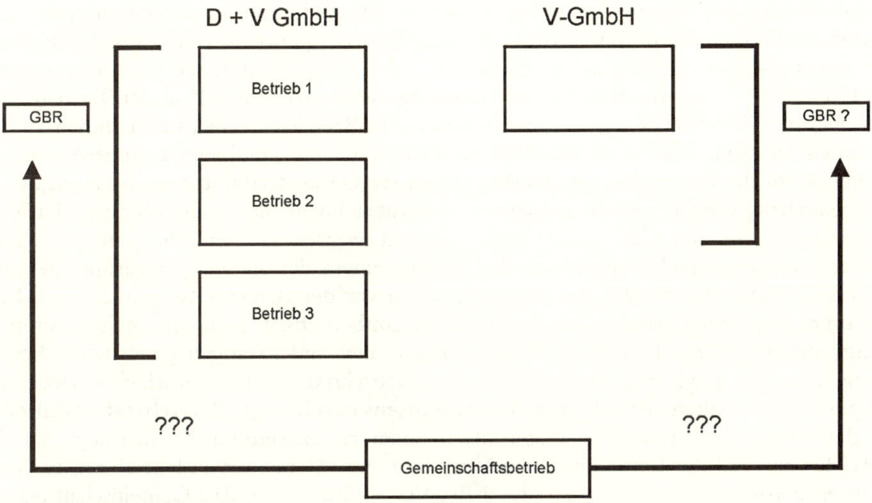

Vor der BetrVG-Reform 2001 war sehr umstritten, ob der Betriebsrat im Gemeinschaftsbetrieb (hier: Köln) Mitglieder in die Gesamtbetriebsräte der Trägerunternehmen, hier der D+V-GmbH sowie in den (ggf. erst zu bildenden) Gesamtbetriebsrat der V-GmbH, entsenden kann. Nach einer weit verbreiteten Auffassung sollte der Betriebsrat des gemeinsamen Betriebs ggf. in **beide Gesamtbetriebsräte** Mitglieder entsenden können.[349] Die gegenteilige Auffassung[350] nahm an, der Gemeinschaftsbetrieb gehöre **keinem** der beteiligten Unternehmen im Sinne von § 47 Abs. 1 BetrVG an, so dass eine Entsendung von Mitgliedern in bestehende oder zu errichtende Gesamtbetriebsräte ausgeschlossen sei. Allerdings entsprach es allgemeiner Auffassung, dass ein Gesamtbetriebsrat errichtet werden kann, wenn dieselben Trägerunternehmen mehrere Gemeinschaftsbetriebe betreiben, in denen ein Betriebsrat besteht.[351] 116

Das **BAG** hatte die Streitfrage in einer Entscheidung vom 21. 10. 1969[352] offen gelassen, allerdings erwogen, dem Betriebsrat des Gemeinschaftsbetriebs die Entsendung von Mitgliedern in den Gesamtbetriebsrat *eines* der beiden Trägerunternehmen zu gestatten, nämlich dann, „wenn dieses auf Grund von Absprachen oder Vereinbarungen mit dem anderen Unternehmen oder auf Grund der tatsächlichen Gegebenheiten die wirtschaftlichen, sozialen und personellen Belange dieses Betriebs regelt". In **§ 47 Abs. 9 BetrVG,** der im Zuge der BetrVG-Reform 2001 neu geschaffen wurde, wird die Entsendungsmöglichkeit des Betriebsrates eines Gemeinschaftsbetriebes nun aber zumindest im Hinblick auf den Gesamtbetriebsrat *eines* Trägerunternehmens anerkannt, indem die Vorschrift vorsieht, dass in diesem Fall die Verteilung der Stimmen im Gesamtbetriebsrat durch Tarifvertrag oder Betriebsvereinbarung abweichend von Abs. 7 und 8 geregelt werden kann. Mit dieser Bestimmung werden die dargestellten Probleme indes nicht vollständig gelöst.[353] Nicht eindeutig beantwortet ist insbesondere die Frage, ob tatsächlich ein Entsendungsrecht in beide 117

[349] Zur früheren Rechtslage *Däubler* FS Zeuner, 1994, 19 (28); *Fitting/Kaiser/Heither/Engels* (20. Aufl.) BetrVG § 1 Rn. 86; DKK/*Trittin* (7. Aufl.) BetrVG § 47 Rn. 22; MHdB ArbR/*Joost*, (1. Aufl.) § 305 Rn. 22; *Richardi* (7. Aufl.) BetrVG § 1 Rn. 42; ErfK/*Eisemann* (1. Aufl.) BetrVG § 47 Rn. 6.

[350] *Dietz/Richardi* (6. Aufl.) § 1 Rn. 86; MHdB ArbR/*Richardi* (1. Aufl.) § 30 Rn. 43; *Windbichler* S. 294; GK/*Kreutz* (6. Aufl.) BetrVG § 47 Rn. 16; *Konzen* S. 118.

[351] So auch *Konzen,* Unternehmensaufspaltungen und Organisationsänderungen im Betriebsverfassungsrecht, 1986, S. 118; GK/*Kreutz* (6. Aufl.) BetrVG § 47 Rn. 16; vgl. zur insoweit parallelen Problematik beim Wirtschaftsausschuss im Gemeinschaftsbetrieb BAG 1. 8. 1990 – 7 ABR 91/88, NZA 1991, 643.

[352] BAG 21. 10. 1969 – 1 ABR 8/69, DB 1970, 249; vgl. auch BAG 17. 1. 1978 – 1 ABR 71/76, DB 1978, 1133.

[353] Kritisch zur gesetzlichen Regelung *Konzen* RdA 2001, 76 (80).

Gesamtbetriebsräte bestehen soll, oder ob sich das Entsendungsrecht nur auf eines der Trägerunternehmen, das im Wesentlichen die Regelung der personellen und sozialen Belange beeinflusst, beschränkt. Von der hM wird § 47 Abs. 9 BetrVG indessen ganz überwiegend als Grundlage für ein **mehrfaches Entsendungsrecht** angesehen;[354] in der Tat hätte andernfalls der Gesetzgeber regeln müssen, wie das maßgebliche Trägerunternehmen zu bestimmen sein soll. Dies führt allerdings zu komplexen Folgeproblemen, insbesondere im Hinblick auf die Anwendbarkeit **konkurrierender Gesamtbetriebsvereinbarungen** im Gemeinschaftsbetrieb.[355] Hoch umstritten ist darüber hinaus die Frage, ob auch Betriebsratsmitglieder in den Gesamtbetriebsrat delegiert werden können, die dem jeweiligen Unternehmen gar nicht angehören, die also bei einem der anderen Trägerunternehmen angestellt sind.[356] Richtigerweise musste es schon vor der BetrVG-Reform 2001 als Systembruch angesehen werden, wenn einem Gesamtbetriebsrat auch unternehmensfremde Mitglieder angehören können.[357] Es ist mangels einer anderweitigen gesetzlichen Festlegung daher nach wie vor überzeugend, den Betriebsrat des Gemeinschaftsbetriebes für verpflichtet zu halten, jeweils **nur unternehmensangehörige Betriebsratsmitglieder** in den Gesamtbetriebsrat der Trägerunternehmen zu **entsenden.**[358] Allerdings hat das BAG für den Fall der Entsendung von Vertretern eines Gemeinschaftsbetriebsrats in einen Konzernbetriebsrat – also zu § 54 Abs. 2 BetrVG – entschieden, dass Gemeinschaftsbetriebe auch unternehmensfremde Betriebsratsmitglieder in den Konzernbetriebsrat entsenden können.[359] Der Betriebsrat des Gemeinschaftsbetriebs vertrete die Arbeitnehmer des gesamten Gemeinschaftsbetriebs. Eine andere Sichtweise könnte in Ausnahmefällen dazu führen, dass eine Entsendung in einen der Gesamtbetriebsräte vollständig unterbleiben muss, wenn hierfür nämlich keine Betriebsratsmitglieder des betreffenden Trägerunternehmens vorhanden sind.

Unklarheiten bei der Zusammensetzung des Gesamtbetriebsrats sind in der Praxis höchst problematisch. Ein fehlerhaft errichteter Gesamtbetriebsrat wäre inexistent und von ihm abgeschlossene Gesamtbetriebsvereinbarungen wären unwirksam.[360] In dem Fall, dass ein Unternehmen aufgrund der Größe des Gesamtbetriebsrats eine Betriebsvereinbarung gem. § 47 Abs. 5 BetrVG abschließen muss, besteht die Möglichkeit, Entsendungseinheiten zu bilden, bei denen es angesichts der Mehrheitsverhältnisse unwahrscheinlich ist, dass unternehmensfremde Betriebsratsmitglieder in den Gesamtbetriebsrat entsandt werden. Allerdings eignet sich dieses Vorgehen nur für Unternehmen von entsprechender Größe bzw. Betriebsanzahl. Diese Voraussetzung erhebt § 3 Abs. 1 Nr. 3 BetrVG nicht, wonach in besonderen Fällen andere Vertretungsstrukturen geschaffen werden können.[361] Denkbar ist insbesondere die Vereinbarung getrennter Betriebsräte für die Arbeitnehmer verschiedener Trägerunternehmen in einem Gemeinschaftsbetrieb,[362] welche in diesem Fall jeweils nur Delegierte in den Gesamtbetriebsrat des entsprechenden Trägerunternehmens entsenden könnten. Allerdings müssten besondere Umstände vorliegen, um eine solche Zersplitte-

---

[354] BAG 13.2.2007 – 1 AZR 184/06, NZA 2007, 825 Rn. 19; BAG 17.3.2010 – 7 AZR 706/08, NZA 2010, 1444 Rn. 18; *Fitting* BetrVG § 47 Rn. 80; GK/*Kreutz/Franzen* BetrVG § 47 Rn. 21; *Maschmann* NZA-Beil. 2009, 32 (37); *Kreutz* FS Richardi, 2007, 637 (638); *Schönhöft/Wertz* RdA 2010, 100 (101); Sieg/Maschmann Unternehmensumstrukturierung Rn. 463.

[355] Vgl. hierzu GK/*Kreutz/Franzen* § 50 Rn. 88; *Annuß* in Richardi § 50 Rn. 72; vgl. zur teilweise parallelen Problematik der Geltung von Konzernbetriebsvereinbarungen im Gemeinschaftsunternehmen unter → Rn. 132.

[356] Bejahend *Fitting* BetrVG § 47 Rn. 81; *Schönhöft/Wertz* RdA 2010, 100 (102).

[357] Erstauflage, Rn. D 81; kritisch auch *Windbichler* S. 294; ebenfalls kritisch *Rieble* NZA-Beil. 2014, 28.

[358] *Annuß* in Richardi BetrVG § 47 Rn. 77; *Maschmann* NZA-Beil. 2009, 32 (37); *Hoffmann/Alles* NZA 2014, 757 (758).

[359] BAG 29.7.2020 – 7 ABR 27/19, BeckRS 2020, 26130.

[360] GK/*Kreutz/Franzen* BetrVG § 47 Rn. 131; vgl. BAG 17.3.2010 – 7 AZR 706/08, DB 2010, 2812; vgl. parallel zum Konzernbetriebsrat BAG 23.8.2006 – 7 ABR 51/05, BeckRS 2007, 41758.

[361] Vgl. zum Normzweck *Fitting* BetrVG § 3 Rn. 46 mit Verweis auf BT-Drs. 14/5741, 34; vgl. ausführlich zu Vereinbarungen iSd § 3 BetrVG → Rn. 150 ff.

[362] HWK/*Gaul* BetrVG § 3 Rn. 14.

rung der betriebsverfassungsrechtlichen Vertretung auf der Ebene des Gemeinschaftsbetriebes als eine Verbesserung der Interessenvertretung der Arbeitnehmer anzusehen,[363] es sei denn, dass für den Gemeinschaftsbetrieb als Ganzer darüber hinaus gemäß § 3 Abs. 1 Nr. 3 BetrVG ein (zusätzlicher) Gesamtbetriebsrat gebildet wird. Indessen setzt § 3 Abs. 1 Nr. 3 BetrVG zwingend eine Vereinbarung in Form eines Tarifvertrags voraus.[364]

Problematisch ist auch die Anwendung von § 47 Abs. 7 BetrVG im Hinblick auf den Gemeinschaftsbetrieb, wenn eine **Sonderregelung zur Stimmverteilung** iSv Abs. 9 nicht besteht. Dann nämlich soll sich die Zahl der Stimmen nach der Zahl der wahlberechtigten Arbeitnehmer „in dem Betrieb, in dem es (das Mitglied des Gesamtbetriebsrats) gewählt wurde" richten. Diese Regelung kann zu fragwürdigen Ergebnissen führen, wie folgendes Beispiel zeigt: 118

Beispiel D 19:

Ein Konzern der Pharmaindustrie hat die Produktionsstätten einer eigenständigen Gesellschaft (Prod.-AG) zugeordnet. Bei der Muttergesellschaft (A-AG), die 1.200 Mitarbeiter beschäftigt, sind die Konzernleitung in Mannheim sowie sechs in Deutschland gelegene Vertriebszentren angesiedelt. Das Vertriebszentrum Hamburg bildet mit einem dort bestehenden Produktionsbetrieb (7.800 Arbeitnehmer) der Prod. AG einen Gemeinschaftsbetrieb.

In dieser Konstellation käme dem Betriebsrat des Gemeinschaftsbetriebs in Hamburg gemäß § 47 Abs. 7 BetrVG innerhalb des Gesamtbetriebsrates der A-AG eine alles beherrschende Stellung zu. Obwohl dieser Betriebsrat 7.800 Produktions-Mitarbeiter und möglicherweise nur 100 Arbeitnehmer der A-AG repräsentiert, stünden den von dem dort bestehenden Betriebsrat delegierten Mitgliedern dennoch deutlich mehr Stimmen zu als allen weiteren Gesamtbetriebsratsdelegierten der A-AG zusammen. Zu einer von § 47 Abs. 7 BetrVG abweichenden Betriebsvereinbarung gem. § 47 Abs. 9 BetrVG käme es möglicherweise nicht, da eine solche mit dem Gesamtbetriebsrat abzuschließen wäre,[365] innerhalb dessen die dargestellten Stimmenverhältnisse schon bestehen. Allenfalls ein Tarifvertrag könnte in dieser Konstellation helfen. Kommen derlei Vereinbarungen jedoch nicht zustande, können die daraus resultierenden Verfälschungen der Mehrheitsverhältnisse im Gesamtbetriebsrat nicht einfach hingenommen werden.[366] Dies wäre mit demokratischen Grundsätzen nicht zu vereinbaren. *Annuß*[367] hat deshalb vorgeschlagen, zu Zwecken der Berechnung der Stimmen lediglich die Arbeitnehmer mitzuzählen, die in dem operativen Bereich, in dem die unternehmerische Zusammenarbeit realisiert wird, beschäftigt werden: 119

Beispiel D 20: 120

In einem KfZ Produktionsbetrieb werden insgesamt 40.000 Arbeitnehmer der A-AG beschäftigt. Im Bereich der Herstellung von Fahrerkonsolen werden 100 Arbeitnehmer der A-AG und 150 Arbeitnehmer des Zulieferers Z GmbH in einem gemeinsamen Projekt gemeinsam eingesetzt. Die Z GmbH beschäftigt außerhalb dieses Gemeinschaftsbetriebes weitere 500 Arbeitnehmer.

In diesem Fall würde der Betriebsrat im Gemeinschaftsbetrieb (250 Arbeitnehmer) zwei Delegierte in den Gesamtbetriebsrat der Z GmbH entsenden (§ 47 Abs. 2 BetrVG), die zusammen über ca. 250 Stimmen verfügten (§ 47 Abs. 7 BetrVG). Es erscheint jedoch fraglich, ob sich der Bereich, auf den sich die gemeinsame operative Tätigkeit bezieht, re-

---

363 Insofern großzügig HWK/*Gaul* BetrVG § 3 Rn. 14, der auch die Bildung eines unternehmensübergreifenden Gesamtbetriebsrats für mehrere Gemeinschaftsbetriebe für zulässig hält.

364 *Fitting* BetrVG § 3 Rn. 12 ff., 22.

365 GK/*Kreutz/Franzen* BetrVG § 47 Rn. 123; vgl. *Annuß* in Richardi BetrVG § 47 Rn. 79.

366 So aber *Ingrid Schmidt* FS Küttner, 2006, 499 (504); ErfK/*Koch* BetrVG § 47 Rn. 12.

367 Beispiel aus *Annuß* in Richardi BetrVG § 47 Rn. 78.

gelmäßig derart vom restlichen Gemeinschaftsbetrieb isolieren lässt. Nicht selten wirken die Trägerunternehmen mit ihren jeweiligen Belegschaften an einem einheitlichen Betriebszweck mit, ohne dass sich die gemeinsamen Bereiche jeweils abgrenzen lassen. Auch in diesen Fällen müssen jedoch unsinnige Stimmenverhältnisse im Gesamtbetriebsrat vermieden werden. Es dürfte deshalb vorzugswürdig sein, § 47 Abs. 7 einschränkend auszulegen dahingehend, dass für die Zahl der Stimmen **nur die dem jeweiligen Trägerunternehmen zugehörigen Arbeitnehmer mitgezählt** werden.[368] Im Beispiel D 20 hätten die beiden Delegierten im Gesamtbetriebsrat der Z GmbH demnach nicht 250 sondern nur 150 Stimmen (und erst recht nicht über 40.000 Stimmen!).

121 Nach einer teilweise vertretenen Auffassung in der Literatur sollen die Betriebsräte mehrerer Gemeinschaftsbetriebe, die jeweils von denselben Trägerunternehmen gehalten werden, einen Gesamtbetriebsrat bilden können.[369] Wenn dies zutreffend wäre, müsste in diesen Konstellationen ein Entsendungsrecht in die Gesamtbetriebsräte der Trägerunternehmen entfallen.[370] § 47 Abs. 1 BetrVG knüpft indessen an das Unternehmen und damit an den Rechtsträger an, welcher mit seinem Geschäfts- und Tätigkeitsbereich die Grenzen des Unternehmens markiert.[371] Das gewünschte Ergebnis im Sinne eines einheitlichen betriebsverfassungsrechtlichen Gremiums für alle Gemeinschaftsbetriebe lässt sich folglich nur über einen Tarifvertrag gemäß § 3 BetrVG erreichen.[372]

2. Konzernbetriebsrat

122 Abweichend von der gesetzlichen Regelung beim Gesamtbetriebsrat (§ 47 Abs. 1 BetrVG) ist die Bildung eines Konzernbetriebsrats **nicht obligatorisch,** sondern hängt von der Willensbildung der beteiligten (Gesamt-)Betriebsräte ab (vgl. § 54 Abs. 1 S. 2 BetrVG). Liegen die Voraussetzungen für die Bildung eines Konzernbetriebsrats vor, besteht also ein Konzern iSv § 18 Abs. 1 AktG mit mindestens zwei[373] (Gesamt-)Betriebsräten in mindestens zwei Unternehmen, können die beteiligten (Gesamt-)Betriebsräte einen Konzernbetriebsrat errichten. § 54 Abs. 1 S. 2 BetrVG sieht hierfür ein **Quorum** dahingehend vor, dass die der Bildung des Konzernbetriebsrats zustimmenden (Gesamt)betriebsräte **50 %** der Arbeitnehmer aller Konzernunternehmen (nicht nur derjenigen Betriebe, in denen Betriebsräte bestehen[374]) repräsentieren müssen. Hinsichtlich des Konzernbegriffs verweist § 54 Abs. 1 BetrVG auf **§ 18 Abs. 1 AktG.** Das Betriebsverfassungsrecht beinhaltet demnach keine eigenständige Definition des Konzerns, sondern verweist auf das Gesellschaftsrecht.[375] § 54 Abs. 1 BetrVG trifft allerdings eine wichtige Weichenstellung dahingehend, dass nur der **Unterordnungskonzern** gem. § 18 Abs. 1 AktG, nicht aber der Gleichord-

---

[368] HWK/*Hohenstatt/Dzida* BetrVG § 47 Rn. 29; zustimmend Sieg/Maschmann Unternehmensumstrukturierung Rn. 463.

[369] *Konzen,* Unternehmensaufspaltungen und Organisationsänderungen im Betriebsverfassungsrecht, 1986, S. 118; GK/*Kreutz/Franzen* BetrVG § 47 Rn. 22; so auch *Schönhöft/Wertz* RdA 2010, 100 (102) und *Schönhöft/Schönleber* BB 2013, 2485 (2489) für den Fall, dass die beteiligten Trägerunternehmen ausschließlich Gemeinschaftsbetriebe führen; vgl. auch *Richardi* NZA 2001, 346 (349) für den Fall, dass ein Gemeinschaftsbetrieb über einen gemäß § 4 Abs. 1 S. 1 BetrVG verselbständigten Betriebsteil verfügt.

[370] *Richardi* (7. Aufl.) BetrVG § 1 Rn. 72, hatte für diese Konstellation ein Entsendungsrecht des Gesamtbetriebsrats in den Gemeinschaftsbetrieben in die Gesamtbetriebsräte der Trägerunternehmen vorgeschlagen, was jedoch zu einer im Gesetz nicht vorgesehenen zusätzlichen Repräsentationsstufe führen würde.

[371] BAG 13.2.2007 – 1 AZR 184/06, NZA 2007, 825; BAG 17.3.2010 – 7 AZR 706/08, NZA 2010, 1144 Rn. 18; siehe auch *Maschmann* NZA-Beil. 2009, 32 (37).

[372] Ingrid *Schmidt* FS Küttner, 2006, 499 (503); ausführlich dazu auch *Schönhöft/Wertz* RdA 2010, 100 (103); vgl. ferner *Hoffmann/Alles* NZA 2014, 757 (759).

[373] aA *Kreutz* NZA 2008, 259 (261): Es reiche aus, wenn nur in *einem* Konzernunternehmen ein (Gesamt-) Betriebsrat bestehe, soweit in wenigstens einem weiteren Konzernunternehmen Arbeitnehmer beschäftigt seien; so seit der 25. Aufl. auch *Fitting* BetrVG § 54 Rn. 39.

[374] BAG 11.8.1993 – 7 ABR 34/92, NZA 1994, 326.

[375] BAG 13.10.2004 – 7 ABR 56/03, NZA 2005, 647 unter B IV. 1. der Gründe; BAG 14.2.2007 – 7 ABR 26/06, NZA 2007, 999 Rn. 42.

nungskonzern gem. § 18 Abs. 2 AktG Anknüpfungspunkt für einen Konzernbetriebsrat sein kann.[376] Gem. § 18 Abs. 1 S. 1 AktG liegt ein Unterordnungskonzern vor, wenn ein **herrschendes** und ein oder mehrere **abhängige** Unternehmen unter der **einheitlichen Leitung** des herrschenden Unternehmens zusammengefasst sind. Das Konzernrecht sieht eine Reihe von Erleichterungen für den Nachweis des Vorliegens der Voraussetzungen eines Konzerns vor. Abhängigkeit iSv § 18 Abs. 1 S. 1 AktG liegt gem. der (widerlegbaren!) gesetzlichen **Vermutung** in § 17 Abs. 2 AktG regelmäßig dann vor, wenn ein Unternehmen im **Mehrheitsbesitz** eines anderen Unternehmens steht. An die Abhängigkeit gem. § 17 AktG knüpft sich wiederum die weitere Vermutung des § 18 Abs. 1 S. 3 AktG, wonach das herrschende und das abhängige Unternehmen zusammen **einen Konzern** bilden, so dass es auch des Nachweises einer einheitlichen Leitung nicht bedarf. Ein entsprechender Nachweis ist auch dann entbehrlich, wenn ein **Beherrschungsvertrag** (§ 291 AktG) abgeschlossen wurde oder **Eingliederung** gem. § 319 AktG vorliegt (siehe § 18 Abs. 1 S. 2 AktG) – letztere kommt nur bei Aktiengesellschaften in Betracht.

Wird Abhängigkeit gem. § 17 Abs. 2 AktG nicht bereits aufgrund von Mehrheitsbesitz vermutet, ist gem. § 17 Abs. 1 AktG zu bestimmen, ob ein **beherrschender Einfluss** vorliegt.[377] Beherrschender Einfluss ist mittels einer Gesamtabwägung festzustellen.[378] Er kann durch verschiedene Faktoren allein oder iVm anderen, die allein nicht ausreichen, begründet werden. Beispiele für solche anderen Faktoren sind uU das Vorliegen einer Sperrminorität,[379] Optionen auf den Erwerb einer Mehrheitsbeteiligung[380] sowie das Recht zur Einflussnahme auf die Besetzung des Vertretungsorgans einer Gesellschaft[381] oder eine Personalunion mit Organen des mutmaßlich herrschenden Unternehmens.[382] Besondere Bedeutung haben darüber hinaus Regelungen in der Satzung oder sonstige Vereinbarungen zwischen den Gesellschaftern, die der (potentiell) herrschenden Gesellschaft Steuerungs- und Zugriffsrechte gewähren.

Fraglich ist, ob beherrschender Einfluss – und mithin Abhängigkeit – ausnahmsweise auch dann vorliegen kann, wenn er nicht gesellschaftsrechtlich begründet ist. Rein **wirtschaftliche Umstände reichen** laut BGH **nicht aus,** um beherrschenden Einfluss iSd § 17 Abs. 1 AktG zu begründen.[383] Konträr dazu zog das BAG in seinem Beschluss vom 9.2.2011 diese Möglichkeit in Betracht und ließ eine Entscheidung darüber offen.[384] Anlass für die Erwägung war der Umstand, dass ein Finanzausgleich zwischen verschiedenen Unternehmen zentral organisiert wurde.[385] Gegenstand der Diskussion sind beispielsweise auch Anknüpfungspunkte wie langfristige Liefer-, Abnahme- oder Lizenzver-

---

[376] BAG 22.11.1995 – 7 ABR 9/95, NZA 1996, 706; *Annuß* in Richardi BetrVG § 54 Rn. 3; *Fitting* BetrVG § 54 Rn. 9a; *Kreutz* NZA 2008, 259 (260); Sieg/Maschmann Unternehmensumstrukturierung Rn. 466.

[377] BAG 9.2.2011 – 7 ABR 11/10, NZA 2011, 866 (868); ErfK/*Koch* BetrVG § 54 Rn. 3.

[378] K. Schmidt/Lutter/*Vetter* AktG § 17 Rn. 16; OLG Düsseldorf 25.3.2009 – I-26 W 5/08, AG 2009, 873 (875); von der Verstärkung einer Minderheitsbeteiligung durch tatsächliche Einflussmöglichkeiten spricht BGH 15.12.2011 – I ZR 129/10, NZG 2012, 1033 (1034); ähnlich bereits BGH 26.3.1984 – II ZR 171/83, NJW 1984, 1893 (1897).

[379] MüKoAktG/*Bayer* § 17 Rn. 31 ff., 43; kritisch GK/*Franzen* BetrVG § 54 Rn. 18.

[380] Spindler/Stilz/*Schall* AktG § 17 Rn. 37; vgl. OLG Düsseldorf 22.7.1993 – 6 U 84/92, ZIP 1993, 1791 (1795); sogar weitergehend MüKoAktG/*Bayer* § 17 Rn. 53 ff.

[381] Vgl. MüKoAktG/*Bayer* § 17 Rn. 26; Hüffer/*Koch* AktG § 17 Rn. 5.

[382] K. Schmidt/Lutter/*Vetter* AktG § 17 Rn. 40; Spindler/Stilz/*Schall* AktG § 17 Rn. 44; kritisch GK/*Franzen* BetrVG § 54 Rn. 19.

[383] BGH 26.3.1984 – II ZR 171/83, NJW 1984, 1893 (1896); statt vieler K. Schmidt/Lutter/*Vetter* AktG § 17 Rn. 15 mwN.

[384] BAG 9.2.2011 – 7 ABR 11/10, NZA 2011, 866; zudem BAG 11.2.2015 – 7 ABR 98/12, BeckRS 2015, 69307, Rn. 26; in diese Richtung argumentiert auch *Fitting* BetrVG § 54 Rn. 14, 26; *Annuß* in Richardi BetrVG § 54 Rn. 8; aA GK/*Franzen* BetrVG § 54 Rn. 20; ErfK/*Oetker* AktG § 17 Rn. 2; vgl. auch BGH 26.3.1984 – II ZR 171/83, NJW 1984, 1893 (1896).

[385] Vgl. BAG 9.2.2011 – 7 ABR 11/10, NZA 2011, 866 (869).

träge[386] und eine massive Überschuldung gegenüber einem Gläubiger.[387] Bedingung sei jedenfalls, dass die anderweitig begründete Abhängigkeit mit einer gesellschaftsrechtlich vermittelten zumindest gleichwertig ist.[388] Darüber hinaus schränkt das BAG weiterhin ein, dass die Möglichkeit, Teilbereiche eines Unternehmens zu beeinflussen, nicht ausreiche.[389] Richtigerweise wird man indessen eine rein wirtschaftliche Abhängigkeit für die Annahme beherrschenden Einflusses iSd § 17 Abs. 1 AktG ablehnen müssen. Die betriebsverfassungsrechtliche Mitbestimmung vollzieht die verbindlichen Entscheidungswege des Arbeitgebers systematisch nach. Diese sind durch die gesellschaftsrechtliche Gestaltung vorgegeben. Ließe man eine rein wirtschaftliche Abhängigkeit zur Etablierung eines Konzernbetriebsrats ausreichen, gäbe man diesen Grundsatz auf.[390] Außerdem weist das BAG selbst darauf hin, dass auch Gründe der Rechtssicherheit für das Erfordernis einer gesellschaftsrechtlich vermittelten Abhängigkeit sprechen.[391]

Trotz § 130 BetrVG kann auch eine **juristische Person des öffentlichen Rechts** herrschendes Unternehmen sein, soweit sie sich im Wege der Beherrschung juristischer Personen des Privatrechts privatrechtlich betätigt und mithin ihre konzernrechtliche Unternehmenseigenschaft begründet.[392] In diesem Fall würde ein Konzernbetriebsrat lediglich für die beherrschten privatrechtlichen Unternehmen gebildet werden, wobei Ansprechpartner gleichwohl die die Leitungsmacht ausübende öffentlich-rechtlich konstituierte Konzernspitze wäre.[393]

a) Erstmaliges Entstehen eines Konzernbetriebsrates

123 Die Errichtung eines Konzernbetriebsrats setzt stets Beschlüsse der Betriebs- bzw. Gesamtbetriebsräte unter Überschreitung des **50%-Quorums** gem. § 54 Abs. 1 S. 2 BetrVG voraus. Dabei kann zur Errichtung des Konzernbetriebsrats der Beschluss eines einzelnen Gesamtbetriebsrat ausreichen, wenn damit das 50%-Quorum überschritten wird.[394] Für die Beurteilung der Überschreitung dieses Quorums ist die gesamte Zahl derjenige Arbeitnehmer – abgesehen von leitenden Angestellten – zu berücksichtigen, die im Zeitpunkt der Beschlussfassung über die Errichtung des Konzernbetriebsrats in inländischen Betrieben der Konzernunternehmen beschäftigt sind. Einzuberechnen sind auch Arbeitnehmer, die in Betrieben ohne Betriebsrat beschäftigt sind.[395]

Ein Konzernbetriebsrat bildet sich demnach nicht zwingend stets dann, wenn (erstmals) die Voraussetzungen eines Konzerns vorliegen. Dennoch wird man vor Umstrukturierungsmaßnahmen prüfen, ob durch bestimmte Entscheidungen erstmals die **Möglichkeit** der Bildung eines Konzernbetriebsrats entsteht. Bei ausschließlich auf die Ebene des Betriebes bezogenen Maßnahmen ist dies nicht der Fall. So hat etwa eine Betriebsspaltung allein keinen Einfluss auf den Bestand/Nichtbestand eines Konzernbetriebsrats.

---

[386] So *Fitting* BetrVG § 54 Rn. 26; DKW/*Wenckebach* BetrVG Vor § 54 Rn. 14; aA GK/*Franzen* BetrVG § 54 Rn. 20; Hüffer/Koch/*Koch* AktG § 17 Rn. 8.
[387] Vgl. MüKoAktG/*Bayer* § 17 Rn. 29.
[388] BAG 9.2.2011 – 7 ABR 11/10, NZA 2011, 866 (869); BAG 11.2.2015 – 7 ABR 98/12, BeckRS 2015, 69307, Rn. 26; *Fitting* BetrVG § 54 Rn. 26.
[389] BAG 9.2.2011 – 7 ABR 11/10, NZA 2011, 866 (869); ebenso *Fitting* BetrVG § 54 Rn. 26.
[390] GK/*Franzen* BetrVG § 54 Rn. 20; vgl. parallel UHH/*Ulmer*/*Henssler* MitbestG § 5 Rn. 14.
[391] BAG 9.2.2011 – 7 ABR 11/10, NZA 2011, 866 (869); zuletzt blieben diese Bedenken jedoch unerwähnt, BAG 11.2.2015 – 7 ABR 98/12, BeckRS 2015, 69307, Rn. 26; zweifelnd auch *Fitting* BetrVG § 54 Rn. 26; vgl. EuGH 7.8.2018 – C-61/17, NZA 2018, 1051 Rn. 42 zum „beherrschenden Unternehmen" iSv. Art. 2 Abs. 4 UAbs. 1. RL 98/59/EG.
[392] BAG 27.10.2010 – 7 ABR 85/09, NZA 2011, 524 (525); Richardi/*Annuß* BetrVG § 54 Rn. 7; GK/*Franzen* BetrVG § 54 Rn. 24; ErfK/*Koch* BetrVG § 54 Rn. 2; vgl. ferner BGH 17.3.1997 – II ZB 3/96, NJW 1997, 1855 (1856).
[393] BAG 27.10.2010 – 7 ABR 85/09, NZA 2011, 524 (525); GK/*Franzen* BetrVG § 54 Rn. 24.
[394] BAG 29.7.2020 – 7 ABR 27/19, BeckRS 2020, 26130.
[395] BAG 29.7.2020 – 7 ABR 27/19, BeckRS 2020, 26130.

Beispiel D 21:

Das Unternehmen U verfügt bislang über einen Betrieb mit Betriebsrat. Wird dieser Betrieb betriebsverfassungsrechtlich wirksam gespalten, kann noch immer kein Konzernbetriebsrat errichtet werden. Wird auch im zweiten Betrieb von U ein Betriebsrat gewählt, ist lediglich ein Gesamtbetriebsrat gem. § 47 BetrVG zu errichten. Dieser kann nur dann gem. § 55 Abs. 1 BetrVG Mitglieder in einen Konzernbetriebsrat entsenden, wenn das Unternehmen U mit anderen Unternehmen einen Konzern bildet.

Hinzu kommen müssen vielmehr **Umstrukturierungsmaßnahmen auf der Unternehmensebene.**[396] Führt etwa ein aus mehreren Betrieben bestehendes Unternehmen eine **Ausgliederung** zur Neugründung gem. § 123 Abs. 3 Nr. 2 UmwG durch, so dass einer der Betriebe auf eine neu gegründete GmbH übertragen wird, besteht nunmehr, da U durch die Ausgliederung sämtliche Anteile an der GmbH hält, ein **Konzern,** für den (bei Vorliegen der sonstigen Voraussetzungen) ein Konzernbetriebsrat errichtet werden könnte. 124

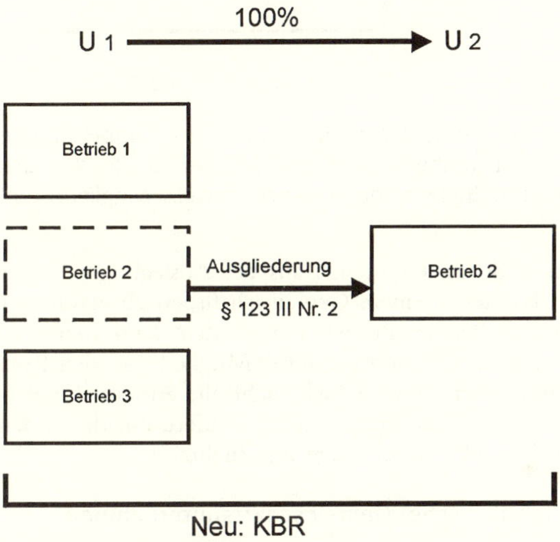

Eine Vielzahl anderer Umstrukturierungen auf Unternehmensebene[397] kann zur erstmaligen Errichtung eines Konzernbetriebsrats führen. Voraussetzung ist stets, dass ein Konzern iSv § 18 Abs. 1 AktG entsteht und mindestens zwei Unternehmen mit Betriebsrat bzw. Gesamtbetriebsrat daran teilhaben. Dies kann auch durch **Veränderungen auf Gesellschafterebene** geschehen, etwa dadurch, dass ein Unternehmen die Mehrheit der *Anteile* an einer GmbH erwirbt, die ihrerseits über betriebsratsfähige Betriebe verfügt. Es greift sodann die Abhängigkeitsvermutung gem. § 17 Abs. 2 AktG und damit die Konzernvermutung gem. § 18 Abs. 1 S. 3 AktG. Aber auch ein *asset-deal* hinsichtlich eines Betriebes kann die Bildung eines Konzernbetriebsrats nach sich ziehen. 125

Beispiel D 22: 126

Die A-GmbH, die bislang nicht über betriebsratsfähige Betriebe verfügt, deren Tochtergesellschaft (B-GmbH) hingegen mehrere Betriebe und einen Gesamtbetriebsrat unterhält, erwirbt von Dritten (Verkäufer) die Vermögensgegenstände eines (betriebsratsfähigen) Betriebes *(„Asset Deal")*.

[396] Vgl. zur Unterscheidung der Ebenen des Betriebes und des Unternehmens ausführlich unter → Rn. 1 ff.
[397] Siehe zu diesen Umstrukturierungen → Rn. 6 ff.

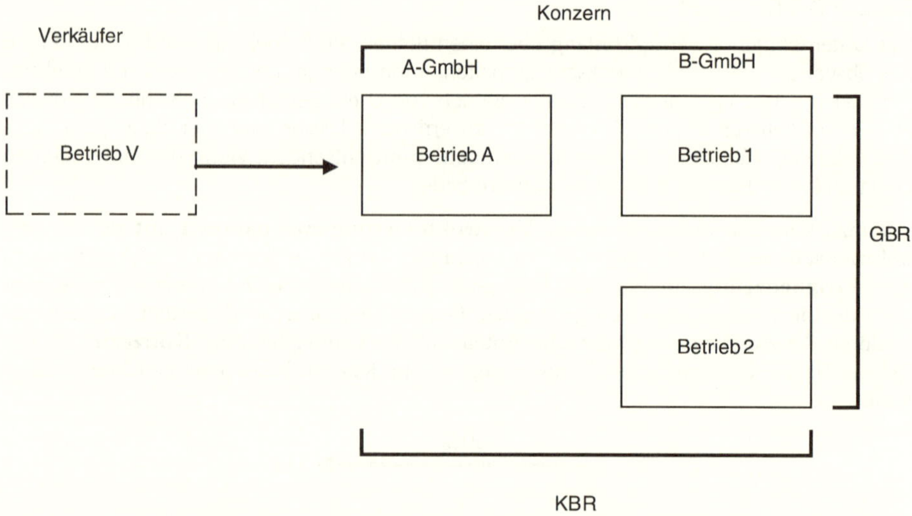

Hier kann, soweit im Betrieb V, der nunmehr auf die A-GmbH übergegangen ist, ein Betriebsrat amtiert, ein Konzernbetriebsrat gebildet werden, in den der Betriebsrat der A-GmbH und der Gesamtbetriebsrat der B-GmbH jeweils Mitglieder entsenden (§ 55 BetrVG).

126a Nach Ansicht des 7. Senats ergibt sich aus der Auslegung von § 54 Abs. 2 iVm § 55 Abs. 1 S. 1 BetrVG, dass der in einem Gemeinschaftsbetrieb gewählte Betriebsrat nicht für jedes konzernangehörige Trägerunternehmen, in dem kein weiterer Betriebsrat gebildet ist, jeweils zwei, sondern insgesamt zwei seiner Mitglieder in den Konzernbetriebsrat entsendet.[398] Dabei repräsentiert dieser jedoch nicht alle Arbeitnehmer der Trägerunternehmen, in denen kein anderer Betriebsrat besteht, sondern nur die in dem Gemeinschaftsbetrieb beschäftigten Arbeitnehmer der Trägerunternehmen.

b) Sonderfall: Das (paritätische) Gemeinschaftsunternehmen

127 Recht komplizierte und nach wie vor streitige Rechtsfragen sind mit der Frage verknüpft, ob der (Gesamt-)Betriebsrat eines (paritätischen) Gemeinschaftsunternehmens Mitglieder in den Konzernbetriebsrat einer oder gar beider „herrschender" Unternehmen entsenden kann.[399]

Beispiel D 23:

Die Pharmaunternehmen X-AG und Y-GmbH entschließen sich, ihre jeweiligen Forschungsaktivitäten zur Entwicklung eines Impfstoffes gegen das Corona-Virus in ein Gemeinschaftsunternehmen (GmbH) einzubringen, an dem beide Seiten jeweils 50 % der Anteile halten sollen. Bei der X-AG besteht ein Konzernbetriebsrat, während die Y-GmbH bislang nur einen Betrieb betreibt, in dem ein Betriebsrat besteht.

128 In Betracht kommt, dass der Betriebsrat des Gemeinschaftsunternehmens[400] **Mitglieder in den Konzernbetriebsrat** des Konzerns der X-AG **entsendet** und/oder bei der Y-

[398] BAG 29.7.2020 – 7 ABR 27/19, BeckRS 2020, 26130.

[399] Vgl. zur teilweise parallelen Problematik im Verhältnis Gemeinschaftsbetrieb/Gesamtbetriebsrat unter → Rn. 115 ff.

[400] Es soll davon ausgegangen werden, dass das Gemeinschaftsunternehmen einen eigenständigen Betrieb unterhält, da in ihm ansonsten kein Betriebsrat gebildet werden könnte; es besteht demnach kein Gemeinschaftsbetrieb mit einem der „Mutterunternehmen"; vgl. zum Gemeinschaftsbetrieb → Rn. 18 ff.

GmbH **erstmals ein Konzern entsteht** und für diesen ein Konzernbetriebsrat gebildet werden kann. Voraussetzung wäre, dass das Gemeinschaftsunternehmen mit einer oder beiden „Mutterunternehmen" einen Konzern bildet.

Unabhängig von der konzernrechtlichen Frage, ob bei paritätischen Gemeinschaftsun- 129
ternehmen eine **doppelte Konzernzugehörigkeit** vorliegen *kann*[401], ist die aufgeworfene Frage in jedem Fall einer spezifisch betriebsverfassungsrechtlichen Beantwortung zuzuführen.[402] Selbst wenn nämlich unter dem Gesichtspunkt der Rechnungslegungsvorschriften oder der Fusionskontrolle (vgl. § 36 Abs. 2 GWB) eine doppelte Konzernzurechnung angebracht sein sollte, ist betriebsverfassungsrechtlich im Hinblick auf das „doppelte" Entsendungsrecht in bestehende Konzernbetriebsräte eine davon abweichende Konzeption erforderlich. Das **BAG**[403] und mit ihm die wohl **hM**[404] in der betriebsverfassungsrechtlichen Literatur halten eine doppelte Konzernzugehörigkeit im Sinne von § 54 Abs. 1 BetrVG iVm § 18 Abs. 1 AktG für gegeben, wenn die „Mutterunternehmen" die Möglichkeit gemeinsamer Herrschaftsausübung vereinbart haben; die hierdurch entstehende **(doppelte) Abhängigkeit** löse die Konzernvermutung gem. § 18 Abs. 1 S. 3 AktG auch für den Regelungsbereich der §§ 54 ff. BetrVG aus.[405] Während früher für eine doppelte Abhängigkeit noch verlangt wurde, dass die **Beherrschungsmöglichkeit** durch vertragliche oder organisatorische Bindungen verfestigt ist, etwa durch **Stimmrechtspoolung, Konsortialverträge,** das Schaffen eines besonderen **Leitungsorgans** und der vertraglichen Koordination der Willensbildung, soll es nach Ansicht des BAG[406] nunmehr ausreichen, „wenn sich die herrschenden Unternehmen zu einer gemeinsamen Willensausübung zusammengefunden haben", und zwar auch „ohne organisatorisches oder vertragliches Band". Dies gelte insbesondere dann, wenn „**gleich gerichtete Interessen** eine **gemeinsame Unternehmenspolitik** gewährleisten".

Die der Leitentscheidung des BAG aus dem Jahre 1986[407] zugrunde liegende Fallkon- 130
stellation wies Besonderheiten auf, die Aussagen zu einer doppelten Abhängigkeit nicht ohne Weiteres erfordert hätten. Es ging um die Frage, ob der Betriebsrat eines Gemeinschaftsunternehmens Vertreter in den Konzernbetriebsrat *einer* der „Muttergesellschaften" entsenden durfte. Bei dieser handelte es sich um den *deutschen* Partner eines *Joint Ventures,* der erst kurze Zeit zuvor seine bisherige Mehrheitsbeteiligung in Höhe von 74,9% zugunsten seines japanischen Partners auf 50% reduziert hatte. Um die *doppelte* Konzernzugehörigkeit des Gemeinschaftsunternehmens ging es also gar nicht; das BAG hätte sich darauf beschränken können, die Entsendung von Vertretern jedenfalls in den Konzernbetriebsrat desjenigen Unternehmens zuzulassen, das aufgrund der besonderen Fallkonstellation – trotz der Anteilsparität – dominierte und das *Joint Venture* faktisch beherrschte (hierfür bot der Sachverhalt konkrete Anhaltspunkte, die allerdings noch näherer Aufklärung bedurft hätten). Dominiert eines der paritätisch beteiligten „Mutterunternehmen" das Gemeinschaftsunternehmen, kann (auch) nach Auffassung derjenigen Autoren, die einer (betriebsverfassungsrechtlich) doppelten Konzernzurechnung skeptisch gegenüberstehen, eine Entsendung in den Konzernbetriebsrat jenes dominierenden „Mutterunternehmens" er-

[401] Die ganz hM hält mehrfache Abhängigkeit beim Gemeinschaftsunternehmen für möglich; vgl. zum Meinungsstand Hüffer/Koch/*Koch* Aktiengesetz § 17 Rn. 13 mwN.

[402] Vgl. *Dietz/Richardi* (6. Aufl.) BetrVG § 1 Rn. 110; Richardi/*Annuß* BetrVG § 54 Rn. 19.

[403] BAG 13.10.2004 – 7 ABR 56/03, NZA 2005, 647; BAG 14.2.2007 – 7 ABR 26/06, NZA 2007, 999 Rn. 66.

[404] *Fitting* BetrVG § 54 Rn. 29; GK/*Franzen* BetrVG § 54 Rn. 41; aA *Annuß* in Richardi BetrVG § 54 Rn. 18 ff.; *Windbichler* S. 315 ff.; HWK/*Hohenstatt/Dzida* BetrVG § 55 Rn. 6; *Müller/Schulz* BB 2010, 1923 (1924); vgl. zur insoweit parallelen Situation der Unternehmensmitbestimmung → F Rn. 58.

[405] BAG 30.10.1986 – 6 ABR 19/85, DB 1987, 1691.

[406] BAG 13.10.2004 – 7 ABR 56/03, NZA 2005, 647 unter B IV. 1. c) der Gründe; BAG 14.2.2007 – 7 ABR 26/06, NZA 2007, 999 Rn. 66; zuletzt BAG 11.2.2015 – 7 ABR 98/12, BeckRS 2015, 69307.

[407] BAG 30.10.1986 – 6 ABR 19/85, DB 1987, 1691.

folgen.[408] Man wird allerdings auch hier verlangen müssen, dass die **Abhängigkeit** des Gemeinschaftsunternehmens von einem der Mutterunternehmen **verfestigt** ist, etwa indem einem Partner vertraglich (ggf. konkludent) die Möglichkeit eingeräumt wird, das Gemeinschaftsunternehmen zu beherrschen und insbesondere die wesentlichen Entscheidungen der Geschäftsführung des Gemeinschaftsunternehmens in personellen und sozialen Fragen zu beeinflussen.

131 Stehen hingegen keinem der Partner verfestigte Dominierungsmöglichkeiten zur Verfügung, muss also stets von Neuem ein Kompromiss gefunden werden, sei es zwischen den Leitungsebenen der „Mutterunternehmen", sei es innerhalb der paritätisch zusammengesetzten Geschäftsführung des Gemeinschaftsunternehmens, ergibt die Entsendung von Vertretern in die Konzernbetriebsräte beider „Mutterunternehmen" keinen Sinn.[409] Das in diesem Zusammenhang stets angeführte Argument, die betriebliche Mitbestimmung müsse „dort ausgeübt werde(n), wo unternehmerische Leitungsmacht konkret entfaltet und ausgeübt werde",[410] unterstreicht dies nur. Denn im (wirklich) paritätischen Gemeinschaftsunternehmen ist die **unternehmerische Leitungsmacht,** soweit sie nicht bei der Geschäftsführung vor Ort angesiedelt ist – deren Gesprächspartner ist der Betriebsrat –, **zersplittert** oder jedenfalls **aufgeteilt.** Jeder Partner des *Joint Ventures* kann nur versuchen, seinen Einfluss so weit wie möglich geltend zu machen. Vereinbarungen mit dem Konzernbetriebsrat eines der *Joint Venture-Partner* in Bezug auf das Gemeinschaftsunternehmen wären stets „ohne den Wirt" gemacht, da die **„Vertragstreue"** der anderen Seite **weder faktisch noch rechtlich** abgesichert werden könnte. Die naheliegende Frage, wie denn vom Konzernbetriebsrat abgeschlossene **Konzernbetriebsvereinbarungen** im paritätischen Gemeinschaftsunternehmen durchgesetzt werden können, relativiert das BAG mit dem etwas hilflos wirkenden Hinweis, auch generell sei es schwierig, den Kompetenzbereich des Konzernbetriebsrats einzugrenzen. In der Tat wird auch außerhalb der Problematik des Gemeinschaftsunternehmens die These von der *unmittelbaren* Anwendbarkeit von Konzernbetriebsvereinbarungen in allen Konzernunternehmen (auch jenen, die am Abschluss nicht beteiligt waren) als problematisch, angesehen.[411] Einigkeit besteht doch aber insoweit, dass die konzerneinheitliche Geltung seitens der Konzernobergesellschaft – wenn nicht über die unmittelbare und konzernweit normative Wirkung der Vereinbarung[412] – dann jedenfalls über einen Anspruch auf entsprechende Ausübung der konzernrechtlichen Weisungsbefugnis (soweit möglich) bzw. auf Geltendmachung des faktischen Einflusses auf die Tochtergesellschaften sichergestellt werden kann.[413] Diese **Weisungsbefugnis** besteht nun aber **im Verhältnis zum paritätischen Gemeinschaftsunternehmen nicht,** so dass ein durchsetzbarer Geltungsanspruch abgeschlossener Konzernbetriebsvereinbarungen entfiele. Damit wäre – jedenfalls wenn man nicht von einer „automatischen" Geltung der Konzernbetriebsvereinbarung auch im Gemeinschaftsunternehmen ausgehen wollte – der Konzernbetriebsrat seiner Hauptaufgabe hinsichtlich des Gemeinschaftsunternehmens beraubt; denn diese besteht nach § 58 Abs. 1 BetrVG darin, diejenigen Dinge zu behandeln, die die einzelnen (Gesamt-)Betriebsräte innerhalb ihrer Unternehmen nicht *regeln* können.[414]

132 Selbst wenn man von einer „automatischen" Geltung von Konzernbetriebsvereinbarungen auch im paritätischen Gemeinschaftsunternehmen ausgehen wollte, wären damit die

[408] *Richardi* S. 35; Richardi/*Annuß* BetrVG § 54 Rn. 21; ; siehe auch GK/*Franzen* BetrVG § 54 Rn. 42; *Fitting* BetrVG § 54 Rn. 29; HWGNRH/*Glock* BetrVG § 54 Rn. 19.

[409] Siehe auch *Dzida/Hohenstatt* NZA 2007, 945 (949).

[410] BAG 30.10.1986 – 6 ABR 19/85, DB 1987, 1691; insoweit parallel zur Unternehmensmitbestimmung → F Rn. 59.

[411] Vgl. zum Meinungsstand *Fitting* BetrVG § 58 Rn. 35; *Annuß* in Richardi BetrVG § 58 Rn. 35 ff.

[412] *Fitting* BetrVG § 58 Rn. 35; BAG 25.2.2020 – 1 ABR 39/18, NZA 2020, 875 Rn. 25; BAG 22.1.2002 – 3 AZR 554/00, NZA 2002, 1224; wohl auch bereits BAG 12.11.1997 – 7 ABR 78/96, NZA 1998, 497 unter B 2. b) der Gründe; vgl. auch *Hanau/Wackerbarth* FS Ulmer, 2003, 1303 (1306).

[413] *Annuß* in Richardi BetrVG § 58 Rn. 43; *Windbichler*, S. 361 ff.

[414] Siehe auch *Dzida/Hohenstatt* NZA 2007, 945 (949).

systematischen Probleme der Konstruktion nicht ausgeräumt. Insbesondere stellt sich die Frage, wie im Hinblick auf (teilweise) **konkurrierende Konzernbetriebsvereinbarungen** der beiden jeweiligen Konzerne zu verfahren wäre.[415] Der *Siebte Senat* betrachtet diese Problematik nicht im Sinne einer Infragestellung der „doppelten Konzernzugehörigkeit" im Betriebsverfassungsrecht, sondern meint lapidar, dass hierfür eben „Kollisionsregeln zu vereinbaren oder im Konfliktfall zu entwickeln" seien.[416] Es ist schon erstaunlich, dass sich das BAG zu der Schlussfolgerung berechtigt sieht, dass der doppelten Konzernzugehörigkeit „Gründe der Praktikabilität nicht entgegen" stehen,[417] ohne auch nur andeutungsweise eine Lösung für dieses ganz und gar nicht theoretische Problem vorzuschlagen. Allein nach der zeitlichen Reihenfolge vorzugehen[418] (die ältere Vereinbarung soll sich durchsetzen), erscheint nicht sachgerecht, zumal diese Lösung dem ansonsten im Betriebsverfassungsrecht geltenden Ablösungsprinzip,[419] bei dem sich gerade die neu abgeschlossene Betriebsvereinbarung durchsetzt, widerspricht. Andere Vorschläge sind, soweit ersichtlich, nicht unterbreitet worden, so dass der Standpunkt des BAG letztlich auf den „frommen Wunsch" hinausläuft, dass sich die Beteiligten schon einigen werden, was angesichts der Interessengegensätze, die insofern bestehen können (man denke etwa an unterschiedlich großzügig gestaltete Regelungen zur betrieblichen Altersversorgung oder an Vereinbarungen zur Teilnahme an einem Aktienoptionsprogramm) wenig realistisch erscheint, ganz davon abgesehen, dass das Recht auch bzw. gerade Lösungen für den Fall bereithalten muss, dass eine Einigung nicht gelingt.

Als Anknüpfungspunkt für die Bildung eines Konzernbetriebsrats kommt beim paritätischen Gemeinschaftsunternehmen in der Regel auch nicht die **Gesellschaft bürgerlichen Rechts** in Betracht, zu der sich die Partner des *Joint Ventures* zu dessen Lenkung verbinden können,[420] es sei denn, dass das Konsortium daneben weitere Unternehmen mit eigenen Betriebsräten betreibt.[421]

c) Veränderungen in der Zusammensetzung und Erlöschen des Konzernbetriebsrats

Der Konzernbetriebsrat ist eine **Dauereinrichtung** und nicht an eine Amtszeit gebun- 133
den.[422] Er erlischt, wenn ein Konzern nicht mehr besteht[423] oder innerhalb eines Konzerns nicht mehr bei mindestens zwei Unternehmen ein Betriebsrat/Gesamtbetriebsrat amtiert.[424] Auch wenn der Konzern, für den der Konzernbetriebsrat bislang gebildet war, in einen anderen Konzern integriert wird, endet das Amt des Konzernbetriebsrats.[425] Das BAG und ein Teil der Literatur kommen insoweit (unter bestimmten Voraussetzungen) zu einem anderen Ergebnis; danach soll die Errichtung mehrerer Konzernbetriebsräte innerhalb eines Konzerns möglich sein (sog. **„Konzern im Konzern"**).[426] Begründet wird

---

[415] In diesem Fall ebenso kritisch *Annuß* in Richardi BetrVG § 54 Rn. 19; HWK/*Hohenstatt/Dzida* BetrVG § 55 Rn. 6.

[416] BAG 13.10.2004 – 7 ABR 56/03, NZA 2005, 647 unter IV.1. e) dd) der Gründe; vgl. zur Problematik der Geltung von Gesamtbetriebsratsvereinbarungen im Gemeinschaftsbetrieb *Bonanni* S. 157.

[417] Ebenda.

[418] So offenbar DKW/*Trittin* BetrVG (15. Aufl.) § 58 Rn. 133.

[419] Vgl. *Fitting* BetrVG § 77 Rn. 192 mwN.

[420] Ausdrücklich BAG 13.10.2004 – 7 ABR 56/03, NZA 2005, 647 unter B IV 1e) der Gründe.

[421] Vgl. *Windbichler* S. 317; *Annuß* in Richardi BetrVG § 54 Rn. 24; siehe auch *Fitting* § 54 Rn. 31; GK/*Franzen* § 54 Rn. 43.

[422] *Fitting* BetrVG § 54 Rn. 50; DKW/*Wenckebach* BetrVG § 54 Rn. 17.

[423] BAG 23.8.2006 – 7 ABR 51/05, NZA 2007, 768; DKW/*Wenckebach* BetrVG § 54 Rn. 21.

[424] *Dzida/Hohenstatt* NZA 2007, 945 (948).

[425] *Annuß* in Richardi BetrVG § 54 Rn. 52.

[426] BAG 21.10.1980 – 6 ABR 41/78, DB 1981, 895; BAG 14.2.2007 – 7 ABR 26/06, NZA 2007, 999 Rn. 49; BAG 23.5.2018 – 7 ABR 60/16, NZA 2018, 1562; ebenso *Fitting* BetrVG § 54 Rn. 32; GK/*Franzen* BetrVG § 54 Rn. 34; HWGNRH/*Glock* BetrVG § 54 Rn. 19; DKW/*Wenckebach* BetrVG Vor § 54 Rn. 17; *Konzen* FS Wiese, 1998, 199 (209); *Kort* NZA 2009, 464 (468); *Thüsing/Forst* Konzern 2010, 1 (3); Sieg/Maschmann Unternehmensumstrukturierung Rn. 467; aA *Annuß* in Richardi BetrVG

dies mit dem Sinn und Zweck der Betriebsverfassung, die betriebsverfassungsrechtlichen Beteiligungsrechte dort anzusiedeln, wo unternehmerische Leitungsmacht konkret entfaltet und ausgeübt wird.[427] Nach dieser Auffassung ist allerdings Voraussetzung für das Fortbestehen des Konzernbetriebsrats, dass der Führung der erworbenen Unternehmensgruppe ein **signifikanter Entscheidungsspielraum** in betriebsverfassungsrechtlich relevanten Fragen, ergo in mitbestimmungspflichtigen (personellen, sozialen und wirtschaftlichen) Angelegenheiten, verbleibt.[428] Gegen die Anerkennung der Konstruktion des Konzerns im Konzern für das Betriebsverfassungsrecht sprechen indes der Wortlaut des § 54 Abs. 1 S. 1 BetrVG, der nur die Bildung *eines* Konzernbetriebsrats vorsieht, der gesetzlich determinierte Gleichlauf von betriebsverfassungsrechtlicher Repräsentation und gesellschaftsrechtlicher Struktur sowie die Vermeidung von Unstimmigkeiten bei der Kompetenzabgrenzung.[429] „Konzern im Konzern-Strukturen" sind insbesondere bei deutschen Großkonzernen mit teilweise eigenständigen Sparten oder Geschäftsfeldern nicht unüblich und werden von der Arbeitgeberseite teils toleriert, teils sogar gefördert. Folgeprobleme entstehen indes fast zwangsläufig bei der ohnehin komplizierten Kompetenzabgrenzung für den Abschluss von Betriebsvereinbarungen.

Die beteiligten Gesamtbetriebsräte/Betriebsräte können jederzeit die **Auflösung** des Konzernbetriebsrats **beschließen.** Einem solchen Beschluss müssen jedoch, im Umkehrschluss zum Quorum bei der Errichtung des Konzernbetriebsrats, diejenigen Betriebsräte/ Gesamtbetriebsräte zustimmen, die zusammen mindestens 50% der Konzernbelegschaft repräsentieren.[430]

134 Fraglich ist, ob das Amt des Konzernbetriebsrates auch dann endet, wenn die im Konzern beschäftigten Arbeitnehmer nicht mehr zu mindestens 50% durch Betriebsräte repräsentiert werden. In einem solchen Fall steht nämlich fest, dass das **50%-Quorum** gemäß § 54 Abs. 1 BetrVG bei einer erneuten Beschlussfassung über die Errichtung eines Konzernbetriebsrates nicht mehr erreicht werden könnte.[431] Zu einer solchen Situation kann es insbesondere dann kommen, wenn zusätzliche Betriebe/Unternehmen ohne Betriebsräte hinzuerworben werden. Über das im Zuge der BetrVG-Reform 2001 eingefügte (subsidiäre) Recht des Konzernbetriebsrats, in betriebsratslosen Betrieben Wahlvorstände zu bestellen (§ 17 Abs. 1 BetrVG), werden sich solche Konstellationen zukünftig leicht im Sinne eines höheren betriebsverfassungsrechtlichen Repräsentationsgrades lösen lassen. Wo dies allerdings nicht gelingt und feststeht, dass das Errichtungsquorum nicht mehr erreicht werden kann, endet das Amt des Konzernbetriebsrates.[432] Ansonsten würde der Konzernbetriebsrat „ewig" fortbestehen, obwohl die Errichtungsvoraussetzungen weggefallen sind, zumal für eine Auflösung des Konzernbetriebsrats ein Beschluss, der dem Quorum gemäß § 54 Abs. 1 unterliegt,[433] erforderlich sein soll – dieses Quorum kann in der beschriebenen Konstellation nicht mehr erreicht werden. Der mit dem Errichtungsquorum verknüpfte Sinn, dem Konzernbetriebsrat eine möglichst breite Legitimationsbasis zu verschaffen,[434] erledigt sich nicht mit dem Errichtungsakt.

135 Wird ein zum Konzern gehörendes Unternehmen veräußert, verbleibt jedoch nach wie vor ein Konzern, an dem mindestens zwei Unternehmen mit Betriebsräten beteiligt sind, besteht der Konzernbetriebsrat nach allg. Meinung fort; Gleiches gilt, wenn zum Konzern

§ 54 Rn. 12ff.; HWK/*Hohenstatt/Dzida* BetrVG § 54 Rn. 8; *Windbichler* S. 318ff.; kritisch auch *Bachmann* RdA 2008, 107 (109).

427 BAG 14.2.2007 – 7 ABR 26/06, NZA 2007, 999 Rn. 49.

428 BAG 14.2.2007 – 7 ABR 26/06, NZA 2007, 999 Rn. 49; *Annuß* in Richardi BetrVG § 54 Rn. 14.

429 Siehe HWK/*Hohenstatt/Dzida* BetrVG § 54 Rn. 8 mwN.

430 DKW/*Wenckebach* BetrVG § 54 Rn. 23; *Fitting* BetrVG § 54 Rn. 52; ErfK/*Koch* BetrVG § 54 Rn. 9.

431 aA GK/*Kreutz* (8. Aufl.) BetrVG § 54 Rn. 61.

432 HWK/*Hohenstatt/Dzida* BetrVG § 54 Rn. 17; *Annuß* in Richardi BetrVG § 54 Rn. 53; *Dzida/Hohenstatt* NZA 2007, 945 (949); so nunmehr auch GK/*Franzen* BetrVG § 54 Rn. 64.

433 Vgl. DKW/*Trittin* BetrVG (15. Aufl.) § 54 Rn. 106, 127.

434 GK/*Franzen* BetrVG § 54 Rn. 53; DKW/*Trittin* BetrVG (15. Aufl.) § 54 Rn. 108.

weitere Unternehmen hinzukommen. Dies entspricht der Rechtslage beim Gesamtbetriebsrat.[435]

Parallel zu den beim Gesamtbetriebsrat entwickelten Ergebnissen wäre es denkbar, dass der Konzernbetriebsrat fortbesteht, wenn sämtliche Teile eines Konzerns von einem Unternehmen erworben werden, das bisher noch nicht über eigene Betriebe verfügte. 136

Beispiel D 24:

Ein Kaufhauskonzern hat für jedes größere Warenhaus (insgesamt ca. 90 Häuser) eine eigenständige Betriebsgesellschaft gebildet. Wesentliche Zentraleinheiten (insbes. Einkauf, Logistik, Marketing, Controlling, Buchhaltung, Personal- und Recht) etc sind in einer K-Service-GmbH angesiedelt. Die Konzernobergesellschaft (K-AG), in der 12 Arbeitnehmer beschäftigt sind, konzentriert sich ausschließlich auf die Beteiligungsverwaltung und strategische Fragen. Die K-AG veräußert sämtliche Anteile an den Warenhausgesellschaften und an der K-Service-GmbH an einen Investor, der beabsichtigt, den Konzern zu sanieren und an die Börse zu bringen. Die Gesellschaft, die die Anteile erwirbt, beschäftigt ihrerseits etwa 15 Mitarbeiter, bislang ohne Betriebsrat.

Dieser Fall ähnelt einem Sachverhalt, den der *Siebte Senat* des Bundesarbeitsgerichts[436] zu entscheiden hatte. Der *Siebte Senat* hatte befunden, dass der Fortbestand des bei einem Kaufhausunternehmen gebildeten Gesamtbetriebsrats in Betracht komme, wenn sämtliche Betriebe unter Wahrung ihrer Identität auf ein bis dahin **arbeitnehmerloses Unternehmen** übertragen würden.[437] Die dabei angestellten Erwägungen lassen sich ohne Weiteres auf den Konzernbetriebsrat übertragen.[438] Im **Beispiel D 24** sind die hierfür maßgeblichen Voraussetzungen jedoch nicht erfüllt, da die Belegschaft der Konzernobergesellschaft bei der Verkäuferin verbleibt und weil die zukünftige Obergesellschaft bereits einen Betrieb unterhält. Im Beispielsfall würde der Konzernbetriebsrat also untergehen und es könnte innerhalb der neuen Struktur ein neuer Konzernbetriebsrat errichtet werden. 137

3. Gesamtbetriebsrat und Konzernbetriebsrat bei Auslandsberührung

Gemäß dem sog. **Territorialitätsprinzip** gilt das Betriebsverfassungsgesetz nur für Betriebe, die sich innerhalb der Bundesrepublik Deutschland befinden.[439] Innerhalb der Grenzen Deutschlands gilt das BetrVG indessen für alle Betriebe, unabhängig davon, ob der Betrieb von einem **deutschen** oder einem **ausländischen Arbeitgeber** betrieben wird, also insbesondere auch für **inländische Betriebe ausländischer Unternehmen.**[440] Zweifelsfragen können nur entstehen, wenn Mitarbeiter deutscher Betriebe im Ausland tätig werden. Insoweit wird danach differenziert, ob der Mitarbeiter für nicht unerhebliche Zeit in einen im Ausland gelegenen Betrieb eingegliedert wird oder lediglich eine zeitlich beschränkte Entsendung vorliegt.[441] Kompliziertere Fragen ergeben sich hingegen im Hinblick auf die Errichtung von Gesamt- und Konzernbetriebsräten, wenn Auslandssachverhalte vorliegen. 138

[435] Vgl. zum Schicksal des Gesamtbetriebsrats bei Umstrukturierungen → Rn. 98 ff.; ebenso wie im Hinblick auf den Gesamtbetriebsrat gebe ich die in der Vorauflage vertretene Auffassung auf, wonach der Konzernbetriebsrat bei Konstellationen, in denen die „Konzernidentität“ verloren geht, sein Amt verliert; vgl. hierzu → Rn. 99 ff.

[436] BAG 5.6.2002 – 7 ABR 17/01, NZA 2003, 336.

[437] Hierzu ausführlich → Rn. 100 ff.

[438] Vgl. HWK/*Hohenstatt/Dzida* BetrVG § 54 Rn. 18; *Annuß* in Richardi BetrVG § 54 Rn. 52; aA *Kiehn,* Konzern und Konzernbetriebsrat, 2012, S. 165 ff.; *Stöckel* S. 232.

[439] BAG 9.11.1977 – 5 AZR 132/76, DB 1978, 451; BAG 14.2.2007 – 7 ABR 26/06, NZA 2007, 999 Rn. 63; *Richardi* in Richardi BetrVG Rn. 66; kritisch *Fischer* RdA 2002, 160.

[440] *Richardi* in Richardi BetrVG Einl. Rn. 70 mwN.

[441] Vgl. hierzu ausführlich *Fitting* BetrVG § 1 Rn. 25; vgl. Tschöpe/*Straube* Teil 1 G Rn. 20.

a) Der Standpunkt des BAG und der Literatur

139 **aa) Gesamtbetriebsrat bei ausländischen Unternehmen.** Die wohl noch herrschende Auffassung in der Literatur geht dahin, dass ein Gesamtbetriebsrat gemäß § 47 Abs. 1 BetrVG ohne Weiteres auch dann errichtet werden kann, wenn das Unternehmen, das **innerhalb Deutschlands mehrere Betriebe** mit Betriebsrat betreibt, ausländisch ist.[442] Dies dürfte auch der Standpunkt des Bundesarbeitsgerichts (gewesen) sein, das die Errichtung eines Wirtschaftsausschusses eines ausländischen Unternehmens mit Betrieben im Inland für möglich angesehen hat.[443] Die Begründung des *Ersten Senats*[444] ist stark auf den sozialen Schutzcharakter des Betriebsverfassungsrechts ausgerichtet. Er hat hierzu wörtlich ausgeführt: „Da nun wegen der inländischen Geltungsbeschränkung des BetrVG insoweit auch nur die Interessen der im Inland beschäftigten Arbeitnehmer des Unternehmens geschützt werden können, andererseits aber auch geschützt werden sollen, kann und darf die Schutzfunktion des Gesetzes nicht daran scheitern, dass die Unternehmensleitung vom Ausland aus erfolgt."[445] Es könne für ein ausländisches Unternehmen ein Wirtschaftsausschuss gebildet werden, soweit es sich im Geltungsbereich des BetrVG betätige.

140 Aus der Rechtsprechung des Bundesarbeitsgerichts ergibt sich indessen nicht eindeutig, welche Voraussetzungen erfüllt sein müssen, um auch für die in Deutschland gelegenen Betriebe eines ausländischen Unternehmens einen Gesamtbetriebsrat errichten zu können. Der Sachverhalt, der der Entscheidung des Bundesarbeitsgerichts vom 1.10.1974 zugrunde lag, war von der Besonderheit geprägt, dass hier für ein ganzes Konglomerat verschiedener Unternehmen (teilweise Zweigniederlassungen ausländischer Unternehmen, teilweise Unternehmen nach deutschem Recht) ein Gesamtbetriebsrat gebildet werden sollte. Die Errichtung eines Wirtschaftsausschusses und eines Gesamtbetriebsrats für eine gesamte Unternehmensgruppe kommt indessen schon vor dem Hintergrund des Postulats von der rechtlichen Einheit des Unternehmensträgers[446] nicht in Betracht.[447] Immerhin wurde der Rechtsstreit aber an die Vorinstanz zurückverwiesen, um ergänzend aufzuklären, ob jedenfalls eine **„übergeordnete einheitliche Organisation"** und ein „nach außen zum Ausdruck kommender, **auf Einheit bedachter Organisationswille des oder der Eigentümer**" festgestellt werden könne.[448] Auch in der Entscheidung vom 31.10.1975[449] stellt das Gericht darauf ab, dass im entschiedenen Fall innerhalb Deutschlands ein „General Manager Germany" berufen war, der koordinierende Aufgaben hinsichtlich der einzelnen deutschen Betriebe des ausländischen Unternehmens auszuführen hatte und demnach die im Ausland getroffenen Unternehmensentscheidungen im Inland von zentraler Stelle aus umgesetzt wurden. Allerdings hielt es das Gericht für unerheblich, ob dieser zentralen Stelle keine oder nur eine geringe Entscheidungsbefugnis zukam. Immerhin aber scheint das Bundesarbeitsgericht in Abweichung von der insoweit wenig differenzierenden Literatur bei Unternehmen mit Sitz im Ausland **zusätzliche Anforderungen organisatorischer Art** aufstellen zu wollen, die über das bloße Bestehen mehrerer deutscher Betriebe mit Betriebsräten hinausgehen.

141 **bb) Konzernbetriebsrat bei Auslandsberührung.** Hinsichtlich der Errichtung eines Konzernbetriebsrats bei Sachverhalten mit Auslandsberührung werden in der **Literatur** unterschiedliche Konzeptionen vertreten. Eine auch noch gegenwärtig vertretene Auffassung geht davon aus, dass ein Konzernbetriebsrat stets errichtet werden kann, wenn sich

---

[442] *Fitting* BetrVG § 47 Rn. 23; *Richardi* (7. Aufl.) BetrVG § 47 Rn. 20; HWGNRH/*Glock* BetrVG § 47 Rn. 21; GK/*Kreutz/Franzen* BetrVG § 47 Rn. 9; siehe zu den einschränkenden Auffassungen → Rn. 148.
[443] BAG 1.10.1974 – 1 ABR 77/73, DB 1975, 453; BAG 31.10.1975 – 1 ABR 4/74, DB 1976, 295.
[444] BAG 1.10.1974 – 1 ABR 77/73, DB 1975, 453.
[445] BAG aaO unter II. 1. b) der Gründe.
[446] Vgl. hierzu ausführlich GK/*Kreutz/Franzen* BetrVG § 47 Rn. 10.
[447] Vgl. in diesem Zusammenhang auch *Hinz,* Anmerkung zu BAG AP Nr. 1 zu § 106 BetrVG.
[448] BAG aaO unter II. 1. d).
[449] 1 ABR 4/74, DB 1976, 295 unter II. 4. der Gründe.

zwar die Konzernspitze im Ausland befindet, innerhalb des Geltungsbereichs des BetrVG jedoch mehrere Unternehmen des (ausländischen) Konzerns bestehen, wobei es nicht darauf ankommen soll, ob sich im Inland eine **Teilkonzernspitze** befindet, der eine eigene, originäre Leitungsmacht für die in Deutschland angesiedelten Unternehmen zukommt.[450] Die heute wohl **herrschende Auffassung,** die auch das Bundesarbeitsgericht teilt, lässt hingegen die Bildung eines Konzernbetriebsrats nur dann zu, wenn innerhalb des Anwendungsbereichs des BetrVG ein **Unterkonzern** vorliegt, dessen **Spitze eine eigenständige Leitungsmacht** eingeräumt ist.[451]

b) Die sich aus der „herrschenden Meinung" ergebenden Unstimmigkeiten

Bestehen innerhalb der Bundesrepublik mehrere Betriebe eines ausländischen Unternehmens oder Konzerns, steht zwar fest, dass die einzelnen Betriebe dem Betriebsverfassungsgesetz unterfallen und dort Betriebsräte gewählt werden können, wenn die hierfür erforderlichen allgemeinen Voraussetzungen vorliegen. Ob allerdings auch die zweite oder dritte Mitbestimmungsebene (Gesamt- und/oder Konzernbetriebsrat) aktiviert werden kann, hängt nach den unter a) dargestellten Grundsätzen entscheidend von der **gesellschaftsrechtlichen Struktur** ab. 142

Soll aus Arbeitgebersicht die Bildung eines Gesamtbetriebsrats ausgeschlossen werden, müsste man lediglich davon absehen, die innerhalb der Bundesrepublik belegenen Betriebe einem einheitlichen Rechtsträger zuzuordnen. Die in den Entscheidungen des Bundesarbeitsgerichts zur Bildung eines Wirtschaftsausschusses[452] angedeuteten zusätzlichen organisatorischen Erfordernisse, die Voraussetzung für die Errichtung sein sollen, sind so wenig präzise, dass sich auf dieser Grundlage die Bildung eines Gesamtbetriebsrats nicht sicher vermeiden lässt. Der die überbetriebliche Mitbestimmung scheuende (ausländische) Arbeitgeber[453] wird sich daher eher dafür entscheiden, die einzelnen in Deutschland belegenen Betriebe jeweils **eigenständigen Unternehmen** zuzuordnen, um die Tatbestandsvoraussetzungen des § 47 Abs. 1 BetrVG auszuschließen. Zur Vermeidung der Errichtung eines Konzernbetriebsrats würde es dann lediglich noch darum gehen, die in Deutschland belegenen Unternehmen unmittelbar vom Ausland aus zu lenken und innerhalb Deutschlands die Errichtung einer Teilkonzernspitze zu vermeiden. Keines der Unternehmen in der Bundesrepublik dürfte demnach eine übergeordnete Leitungsmacht in sozialen, personellen und wirtschaftlichen Angelegenheiten übernehmen. Soweit indes eine gewisse **organisatorische Bündelung der Verantwortlichkeiten** für die Unternehmen und Betriebe in Deutschland operativ erforderlich erscheint, würde es sich anbieten, die entsprechende Leitungsebene nicht innerhalb der Bundesrepublik, sondern etwa im benachbarten Ausland anzusiedeln. Bei international tätigen Konzernen ist es aus Gründen, die mit der Vermeidung von Mitbestimmung nichts zu tun haben, durchaus nicht unüblich, dass in Europa angesiedelte Zentralverwaltungen übergeordnete Leitungsaufgaben für eine Vielzahl von europäischen Unternehmen und Betrieben übernehmen. Eine solche aus

[450] So insbesondere *Richardi* (7. Aufl.) BetrVG § 54 Rn. 32; *Birk* FS Schnorr v. Carolsfeld, 1973, 85; DKW/*Trittin* BetrVG (15. Aufl.)§ 54 Rn. 51 ff.; *Fitting* § 54 Rn. 34 mit ausführlicher Argumentation.

[451] *Fitting* (22. Aufl.) BetrVG § 54 Rn. 34; HWGNRH/*Glock* BetrVG § 54 Rn. 22; GK/*Franzen* BetrVG § 54 Rn. 46; *Annuß* in Richardi BetrVG § 54 Rn. 35; ErfK/*Koch* § 54 Rn. 7; HWK/*Hohenstatt/Dzida* BetrVG § 54 Rn. 9; *Stege/Weinspach/Schiefer* BetrVG §§ 54–59a Rn. 5a; *Kort* ZfA 2000, 329 (341); ders. NZA 2009, 464 (468); *Röder/Powietzka* DB 2004, 542 (545); *Henssler* ZfA 2005, 289 (311); *Dzida/Hohenstatt* NZA 2007, 945 (947); *Freckmann,* Anmerkung zu BAG, BB 2007, 2408 (2409); Sieg/Maschmann Unternehmensumstrukturierung Rn. 467; BAG 14.2.2007 – 7 ABR 26/06, NZA 2007, 999; BAG 16.5. 2007 – 7 ABR 63/06, NZA 2008, 320; ArbG Stuttgart 1.8.2003 – 26 BV 11/02, NZA-RR 2004, 138; BAG 23.5.2018 – 7 ABR 60/16, NZA 2018, 1562.

[452] BAG 1.10.1974 – 1 ABR 77/73, NJW 1975, 1091 und 31.10.1975 – 1 ABR 4/74, DB 1976, 295.

[453] Diese Scheu muss nicht aus einer grundsätzlichen Mitbestimmungsfeindlichkeit resultieren, sondern kann durchaus pragmatischen Überlegungen entspringen, etwa dann, wenn die Betriebe in Deutschland völlig unterschiedlichen Sparten angehören und deshalb eine tragfähige Grundlage für übergreifende Mitbestimmungsverfahren nicht vorliegt; so auch *Röder/Powietzka* DB 2004, 542 (545).

dem Ausland gelenkte Matrixorganisation ist gerade vor dem Hintergrund der immer stärken Steuerungsmöglichkeiten durch IT-Tools praktisch oft unproblematisch umsetzbar.

Beispiel D 25:

Ein Elektronikkonzern, dessen Konzernspitze in Japan angesiedelt ist, unterhält „European Headquarters" in Brüssel, die den Tochterunternehmen in Deutschland Budgetvorgaben machen und bei denen eine übergeordnete Personalleitung angesiedelt ist, die die Zuständigkeit für gehobene und leitende Angestellte und die Geschäftsführer beansprucht.

143 Häufig sind die **Verantwortungen** noch weiter **zersplittert,** etwa dahingehend, dass die Leitung „Human Resources" in Brüssel residiert, während sämtliche Finanz- und Controllingabteilungen in Europa in die Niederlande zu berichten haben. Die Berichtslinien können dabei weitgehend losgelöst sein von bestehenden gesellschaftsrechtlichen Strukturen. Auch dies entspricht bei internationalen Konzernen inzwischen der Üblichkeit. Insbesondere werden übergeordnete (internationale) Zuständigkeiten bei Gesellschaften angesiedelt, deren Befugnisse nicht, jedenfalls nicht unmittelbar, gesellschaftsrechtlich begründet sind.[454]

144 **Beispiel D 26:**

Der Geschäftsführer einer deutschen GmbH „berichtet" und wird überwacht von dem „Geschäftsführer" einer niederländischen B.V., ohne dass die B.V. Gesellschafterin der GmbH wäre.

In all diesen Fällen besteht die nach der Rechtsprechung des Bundesarbeitsgerichts und insbesondere nach Auffassung der hM in der Literatur erforderliche **Unterkonzernspitze außerhalb des Geltungsbereichs des BetrVG,** so dass für die Bildung eines Konzernbetriebsrats kein Ansatzpunkt gegeben wäre. Bei Sitz der herrschenden Einheit im Ausland kann demnach die Bildung eines Gesamtbetriebsrats dadurch vermieden werden, dass mehrere Betriebe innerhalb der Bundesrepublik unterschiedlichen Rechtsträgern zugeordnet werden, die Bildung eines Konzernbetriebsrats dadurch, dass innerhalb der Bundesrepublik keine Teilkonzernspitze entsteht.

c) Harmonisierung der rechtlichen Bewertung von Auslandssachverhalten

145 Die vorstehend unter b) dargestellten Folgerungen aus der bisher „herrschenden Meinung" machen deutlich, dass bei Auslandssachverhalten erhebliche Unterschiede dahingehend vorliegen, ob die Bildung eines Gesamtbetriebsrats oder aber eines Konzernbetriebsrats in Rede steht. Während es für die Bildung eines Gesamtbetriebsrats schon ausreichend sein soll, wenn das ausländische Unternehmen in Deutschland zwei Betriebe mit Betriebsrat betreibt, ohne dass weitere Erfordernisse hinzukommen, kann die Bildung eines Konzernbetriebsrats relativ leicht durch Vermeidung eines in Deutschland bestehenden Teilkonzerns verhindert werden. *Joost*[455] hatte zu Recht darauf hingewiesen, dass nicht einzusehen sei, weshalb an die Errichtung eines Konzernbetriebsrats strengere Anforderungen gestellt würden. Er zog daraus allerdings die Konsequenz, dass deshalb auch die Bildung eines Konzernbetriebsrats entsprechend zu erleichtern sei.[456] Liege insgesamt ein Konzern vor, müsse für den „inländischen Konzernteil" jederzeit ein Konzernbetriebsrat gewählt werden können, ohne dass dafür eine einheitliche und betriebsverfassungsrechtlich relevante Leitungsmacht durch eine inländische Konzernspitze vorliegen müsse. Dies würde im Ergebnis bedeuten, dass bereits dann ein Konzernbetriebsrat gewählt werden könnte, wenn sich in Deutschland zwei Unternehmen – jeweils mit Betriebsräten oder Gesamt-

[454] Vgl. zu den allgemeinen arbeitsrechtlichen Implikationen einer solchen „Matrix" – Konzernorganisation *Müller-Bonanni/Mehrens* ZIP 2010, 2228.
[455] MHdB-ArbR (2. Aufl. 2000) § 315 Rn. 36.
[456] So auch DKW/*Trittin* BetrVG (15. Aufl.) § 54 Rn. 70; *Fitting* BetrVG § 54 Rn. 34ff.

betriebsräten – befinden und diese einem Konzern, dessen Konzernspitze im Ausland angesiedelt ist, zugehören.

Beispiel D 27:

Ein internationaler „Mischkonzern" unterhält in Köln ein Unternehmen, das an mehreren Produktionsstätten verschiedene Milchprodukte, insbesondere Eiscreme herstellt. In München befindet sich ein weiteres Unternehmen, das einen Betrieb zur Herstellung von Tabakerzeugnissen betreibt. Zwischen den Unternehmen bestehen keinerlei Berichtslinien. Die Unternehmensleitungen unterstehen jeweils der europäischen Konzernzentrale in Brüssel.

Es ist fraglich, ob die Betriebsräte bzw. Gesamtbetriebsräte der beiden Unternehmen auch in dieser Konstellation einen Konzernbetriebsrat bilden können, obwohl in Deutschland keine Instanz besteht, die unternehmensübergreifend tätig ist und Entscheidungen trifft, die für die Belegschaften in Köln einerseits und München andererseits gleichermaßen von Bedeutung wären. Der **Konzernbetriebsrat** hätte **„kein Gegenüber (…)"**, demgegenüber mit Aussicht auf Erfolg betriebsverfassungsrechtliche Beteiligungsrechte durchgesetzt werden könnten.[457] Wenn hiergegen argumentiert wurde, der Konzernbetriebsrat könne in einer solchen Konstellation wenigstens „eine **Unterrichtungs- und Beratungsfunktion** im Hinblick auf die einzelnen Gesamtbetriebsräte bzw. Betriebsräte erfüllen"[458], blieb dies äußerst vage.[459] Über welche Angelegenheiten soll der Konzernbetriebsrat die einzelnen Betriebsräte unterrichten, worin soll er sie beraten? Welche Instanzen müssten ihm die hierfür erforderlichen Informationen zur Verfügung stellen? Es spricht vieles dafür, dass ein Konzernbetriebsrat in der dargestellten Konstellation eine betriebsverfassungsrechtliche Klammer um ein Gebilde schließen würde, das kein ausreichendes Maß an organisatorischem Zusammenhang aufweist. Betriebsverfassungsrechtliche Beteiligungsrechte ergeben nur dort einen Sinn, wo Entscheidungen fallen oder mindestens Informationen gebündelt werden. Besteht keine übergeordnete Leitungsmacht, würde ein dennoch gebildeter Konzernbetriebsrat „zwischen den Welten" schweben und wäre auf die Rolle einer Plattform für einen letztlich fruchtlosen Austausch zwischen den Belegschaftsvertretern verschiedener Unternehmen reduziert. 146

Eine **Harmonisierung** der bei Auslandssachverhalten anzuwendenden Regeln muss daher bei der bislang weitgehend unkritisch vertretenen These dahingehend ansetzen, dass für im Inland gelegene Betriebe eines ausländischen Unternehmens stets ein Gesamtbetriebsrat zu errichten ist, wenn nur die weiteren in § 47 BetrVG genannten Voraussetzungen erfüllt sind. Denn auch hinsichtlich des Gesamtbetriebsrats kann genau dasjenige Vakuum entstehen, das im **Beispiel D 27** für den Konzernbetriebsrat dargestellt worden ist. Dies mag folgendes Beispiel verdeutlichen. 147

Beispiel D 28:

Eine französische Geschäftsbank unterhält in Deutschland zwei jeweils im Handelsregister eingetragene Zweigniederlassungen. Die Zweigniederlassung in Hamburg befasst sich ausschließlich mit dem Vertrieb einer Kreditkarte und den damit einhergehenden administrativen Aufgaben. Die Niederlassung in Frankfurt hingegen ist als Investmentbank tätig. Berichtslinien zwischen den beiden Niederlassungen bestehen nicht.

Es ist überraschend, dass auch diejenigen Autoren, die für den Konzernbetriebsrat das Bestehen eines Teilkonzerns innerhalb der Bundesrepublik verlangen, bei der Errichtung 148

[457] So wörtlich GK/*Kreutz* (8. Aufl.) BetrVG § 54 Rn. 43; dem folgend *Henssler* ZfA 2005, 289 (311); *Dzida/Hohenstatt* NZA 2007, 945 (947); HWK/*Hohenstatt/Dzida* BetrVG § 54 Rn. 9; ArbG Stuttgart 1.8. 2003 – 26 BV 11/02, NZA-RR 2004, 138; ArbG Siegburg 19.1.2005 – 2 BV 31/04, nv, zitiert nach *Henssler,* aaO Fn. 80; gegen dieses Kriterium nunmehr aber GK/*Franzen* BetrVG § 54 Rn. 43.

[458] *Joost* in MHdB ArbR, 2. Aufl., § 315 Rn. 36; so auch DKW/*Trittin* BetrVG (15. Aufl.) § 54 Rn. 64.

[459] Kritisch hierzu auch *Röder/Powietzka* DB 2004, 542 (546).

eines Gesamtbetriebsrats keine Bedenken haben, wenn die Unternehmensführung allein vom Ausland aus erfolgt.[460] Auch hier ist indessen nicht vorstellbar, welchen Aufgaben sich ein Gesamtbetriebsrat zuwenden könnte. Der Gesamtbetriebsrat wäre ohne organisatorisches Pendant auf der Arbeitgeberseite und würde funktionslos bleiben. Es ist daher auch für die Bildung eines Gesamtbetriebsrats in einem ausländischen Unternehmen zu fordern, dass innerhalb Deutschlands eine **überbetriebliche Organisation** besteht, die den **Anknüpfungspunkt** für eine entsprechende betriebsverfassungsrechtliche Vertretung bildet.[461] Dies entspricht dem vom Bundesarbeitsgericht im Zusammenhang mit der Errichtung eines Wirtschaftsausschusses – wenn auch nicht in der wünschenswerten Klarheit – eingenommenen Standpunkt, dass hierfür eine **„übergeordnete einheitliche Organisation"** und ein **„nach außen zum Ausdruck kommender, auf Einheit bedachter Organisationswille"** festgestellt werden müssten.[462] An das Vorliegen einer solchen Konstellation dürfen allerdings keine überspannten Anforderungen gestellt werden. Keineswegs ist erforderlich, dass eine übergeordnete Leitung besteht, die für alle dem Unternehmen zugeordneten Betriebe die wesentlichen Fragen sozialer und personeller Natur entscheidet und die Umsetzung dieser Entscheidungen koordiniert. Ausreichend ist vielmehr, wenn innerhalb Deutschlands eine **Organisationsebene** vorhanden ist, die **für beide bzw. alle Betriebe zuständig** ist und die mit der Entscheidung oder wenigstens Koordination von Angelegenheiten befasst ist, die mehrere oder alle Betriebe im Sinne von § 50 Abs. 1 BetrVG betreffen.

VII. Besonderheiten bei Bestehen oder beim Abschluss von Vereinbarungen gemäß § 3 BetrVG

1. Einleitung

149 Die 2001 in Kraft getretene Reform des Betriebsverfassungsgesetzes hat wesentlich erweiterte Möglichkeiten eröffnet, die gesetzlich vorgesehenen betriebsverfassungsrechtlichen Strukturen durch „maßgeschneiderte" Lösungen zu ersetzen. In der Gesetzesbegründung hieß es hierzu: „Den Beteiligten vor Ort, insbesondere den Tarifvertragsparteien, sollen mit der Neufassung des § 3 weitreichende und flexible Gestaltungsmöglichkeiten eingeräumt werden, damit sie mit Hilfe von Vereinbarungslösungen Arbeitnehmervertretungen schaffen können, die auf die besondere Struktur des jeweiligen Betriebs, Unternehmens oder Konzerns zugeschnitten sind."[463] Inzwischen sind sog. „§ 3-Vereinbarungen" aus der Realität von vielen Konzernen nicht mehr wegzudenken, wobei die – von den Gerichten durchaus streng kontrollierten – Vorgaben des § 3 BetrVG teilweise im Sinne pragmatischer Lösungen nicht immer vollständig eingehalten werden.

Im Zusammenhang mit Unternehmensumstrukturierungen sind Vereinbarungen gemäß § 3 BetrVG von dreifacher Bedeutung. Zum einen ist stets zu prüfen, ob derlei Vereinbarungen der Durchführung einer geplanten Transaktion entgegenstehen bzw. die Kündigung von Vereinbarungen oder bestimmte Verfahren notwendig sind, um die Transaktion zu realisieren. Im Übrigen ist stets zu untersuchen, welche Auswirkungen die Umstrukturierung auf bestehende (gemäß § 3 BetrVG gebildete) Gremien hat und welche Veränderungen in der betriebsverfassungsrechtlichen Struktur sich durch die Maßnahme ergeben werden. Schließlich, drittens, kann sich im Zusammenhang mit einer Umstrukturierung die Frage ergeben, ob für die Zukunft eine vom Gesetz abweichende betriebsverfassungs-

[460] So etwa GK/*Kreutz/Franzen* BetrVG § 47 Rn. 9; *Fitting,* 22. Aufl., BetrVG § 47 Rn. 23; wie hier *Annuß* in Richardi BetrVG § 47 Rn. 21; *Henssler* ZfA 2005, 289 (313).
[461] So auch *Gaul* AWD 1974, 473; *Annuß* in Richardi BetrVG § 47 Rn. 21; HWK/*Hohenstatt/Dzida* BetrVG § 47 Rn. 4; *Röder/Powietzka* DB 2004, 542 (544); in der Tendenz auch *Bachmann* RdA 2008, 107 (111).
[462] BAG 1.10.1974 – 1 ABR 77/73, NJW 1975, 1091.
[463] BT-Drs. 14/5741, 33.

rechtliche Struktur wünschenswert ist, ob also anlässlich der Maßnahme eine neue (oder andere) Vereinbarung gemäß § 3 BetrVG abgeschlossen werden soll.

2. Die Gestaltungsmöglichkeiten im Rahmen von § 3 BetrVG

a) Wegfall des staatlichen Zustimmungserfordernisses

Gemäß § 3 Abs. 2 BetrVG aF bedurften Tarifverträge zur betriebsverfassungsrechtlichen Struktur der Zustimmung der obersten Arbeitsbehörde des jeweiligen Landes bzw. des Bundesministers für Arbeit und Sozialordnung. Es bestand Einigkeit, dass diese Zustimmung **Wirksamkeitsvoraussetzung** entsprechender Tarifverträge war.[464] Vom Gesetz abweichende betriebsverfassungsrechtliche Normen eines solchen Tarifvertrages konnten erst mit der Zustimmung der zuständigen Behörde Geltung erlangen.[465] Das Erfordernis der staatlichen Zustimmung ist mit der Reform von 2001 entfallen, weil „angesichts der Vielgestaltigkeit der zu regelnden Sachverhalte (...) die Vertragsparteien vor Ort die Sachgerechtigkeit von unternehmensspezifischen Arbeitnehmervertretungsstrukturen besser beurteilen (können) als staatliche Stellen."[466] Hieraus ergaben sich indes **verfassungsrechtliche Zweifel** an der Neufassung des § 3 BetrVG. Ob der Gesetzgeber tatsächlich – unter Wegfall der staatlichen Präventivkontrolle – den Tarifvertragsparteien die Legitimation zur Regelung der betriebsverfassungsrechtlichen Organisation übertragen konnte, wurde zunächst von namhafter Seite in Zweifel gezogen,[467] auch wenn diese Zweifel, soweit ersichtlich, von der hM nicht geteilt werden.[468] Das BAG hat die Verfassungsmäßigkeit von § 3 Abs. 1 Nr. 1–3 BetrVG mit ausführlicher Begründung bestätigt.[469] 150

Wäre es dem Gesetzgeber tatsächlich um die sachgerechte Beurteilung durch die unmittelbar Beteiligten gegangen, hätte nichts näher gelegen, als möglichst **betriebsnahe Lösungen** zu erleichtern, was ausweislich des sehr weit gefassten Tarifvorbehalts in § 3 Abs. 2 BetrVG gerade nicht geschehen ist.[470] Entscheidend für den Wegfall des Zustimmungserfordernisses war wohl vielmehr der Umstand, dass in der Praxis eine Vielzahl besonderer Regelungen bestand, die entweder mit den Gewerkschaften oder sogar den Betriebsräten vereinbart waren, ohne dass man sich um eine Zustimmung gemäß § 3 Abs. 2 BetrVG aF bemüht hätte. Die Unwirksamkeit solcher **„privaten" Regelungen** schreckte die Praxis offenbar nicht ab. In vielen Unternehmen und Unternehmensgruppen gehörten sie vielmehr zu der über Jahre hinweg gelebten Realität.[471] Die gesetzliche Neuregelung stellte letztlich einen Versuch dar, das Gesetz mit der betriebsverfassungsrechtlichen Praxis in Einklang zu bringen. Wie bereits erwähnt, macht die Praxis durchaus von den in § 3 BetrVG angelegten Gestaltungsmöglichkeiten Gebrauch. Durch die Einschränkung der Befugnisse der Betriebsparteien in § 3 Abs. 2 BetrVG hat der Gesetzgeber indes Hürden errichtet, die dazu geführt haben, dass weiterhin nicht von § 3 BetrVG gedeckte „Privatregelungen" abgeschlossen werden. 151

[464] Zu einem Tarifvertrag gemäß § 3 BetrVG aF BAG 24.1.2001 – 4 ABR 4/00, NZA 2001, 1149 (1151).

[465] *Richardi* (7. Aufl.) BetrVG § 3 Rn. 59; *Richardi* in Richardi BetrVG § 3 Rn. 2.

[466] BT-Drs. 14/5741, 33; kritisch hierzu *Richardi* in Richardi BetrVG § 3 Rn. 5.

[467] *Picker* RdA 2001, 259 (282); *Richardi* in Richardi BetrVG § 3 Rn. 5; *Annuß* NZA 2002, 290; *Giesen* BB 2002, 1480; der Gesetzesvorschlag von *T. Wißmann* (Tarifvertragliche Gestaltung der betriebsverfassungsrechtlichen Organisation, Berlin 2000, S. 232) enthielt denn auch weiterhin ein staatliches Zustimmungserfordernis; in diesem Sinne auch *Wendeling-Schröder* NZA 2001, 357 (358).

[468] Verfassungsmäßigkeit bejahen DKW/*Trümner* BetrVG § 3 Rn. 1; *Thüsing,* Tarifautonomie im Wandel, 2003, S. 285 (287); GK/*Franzen* BetrVG § 3 Rn. 71; *Fitting* BetrVG § 3 Rn. 10; HWK/*Gaul* BetrVG § 3 Rn. 1.

[469] BAG 29.7.2009 – 7 ABR 27/08, NZA 2009, 1424 Rn. 16ff.; insoweit zustimmend *Dzida* NZA 2010, 80 (81).

[470] Kritisch hierzu *Richardi* in Richardi BetrVG § 3 Rn. 5–7; *Buchner* NZA 2001, 633 (635); *Hanau* RdA 2001, 65 (66); *Konzen* RdA 2001, 76 (86); *Reichold* NZA 2001, 857 (859).

[471] *T. Wißmann,* Tarifvertragliche Gestaltung der betriebsverfassungsrechtlichen Organisation, 2000, S. 121ff.

b) Die Gestaltungsmöglichkeiten im Einzelnen

152 § 3 BetrVG bietet **drei alternative Modelle flexibler Strukturen der Arbeitnehmervertretung** an. Durch das Gesetz vorgezeichnet ist die Zusammenfassung einzelner oder aller Betriebe eines Unternehmens sowie die Errichtung von Spartenbetriebsräten. Die Bildung „anderer Arbeitnehmervertretungsstrukturen" ist demgegenüber gesetzlich nicht näher vorgegeben und soll maßgeschneiderte Lösungen für Sonderformen der Betriebs-, Unternehmens- oder Konzernorganisation sowie der Zusammenarbeit von Unternehmen ermöglichen.

153 **aa) Unternehmenseinheitlicher Betriebsrat.** Hat ein Unternehmen mehrere Betriebe, ermöglicht § 3 Abs. 1 Nr. 1 lit. a BetrVG die Bildung eines unternehmenseinheitlichen Betriebsrats. Statt in den einzelnen Betrieben des Unternehmens jeweils einen örtlichen Betriebsrat zu bilden, kann ein **standortübergreifender Betriebsrat** für alle Betriebe des Unternehmens errichtet werden. Da es bei dieser Gestaltung nur einen Betriebsrat im Unternehmen gibt, **entfällt** die Möglichkeit der Errichtung eines **Gesamtbetriebsrats.**[472]

Ein **Gemeinschaftsbetrieb** mehrerer Arbeitgeber wird von einer Vereinbarung gemäß § 3 Abs. 1 Nr. 1 lit. a BetrVG nicht erfasst, da der Gemeinschaftsbetrieb betriebsverfassungsrechtlich nicht nur zu einem der Trägerunternehmen gehört, sondern eben zu mehreren.[473] Der Gemeinschaftsbetrieb kann in eine Vereinbarung gemäß § 3 BetrVG nur einbezogen werden, wenn an ihr sämtliche am Gemeinschaftsbetrieb beteiligten Arbeitgeber mitgewirkt haben.[474] Betriebsteile iSv § 4 Abs. 1 S. 1 BetrVG können einbezogen werden,[475] da sie gemäß dieser Vorschrift als selbständige Betriebe gelten. Dies gilt auch für (noch) betriebsratslose Betriebsteile[476] im Sinne von § 4 Abs. 1 S. 2; auch für sie gilt die Fiktion gemäß Satz 1 der Vorschrift. Besteht eine Vereinbarung gemäß § 3 BetrVG, die betriebsratslose Betriebsteile mit einbezieht und einem unternehmenseinheitlichen Betriebsrat zuordnet, entfällt die in § 4 Abs. 1 S. 2 vorgesehene Möglichkeit der Belegschaft, an der Wahl des Betriebsrates im Hauptbetrieb teilzunehmen. Denn die in § 4 Abs. 1 S. 2 BetrVG vorausgesetzte Betriebsratslosigkeit ist nicht mehr gegeben, wenn die Zuständigkeit eines unternehmenseinheitlichen Betriebsrates wirksam vereinbart worden ist.[477] Sog. Kleinstbetriebe, die nicht die für die Bildung eines Betriebsrates erforderliche Größe aufweisen, sind gemäß § 4 Abs. 2 BetrVG ohnehin dem Hauptbetrieb[478] zuzuordnen, so dass es hierfür keiner Vereinbarung gemäß § 3 BetrVG bedarf.[479]

154 Voraussetzung der Vereinbarung eines unternehmenseinheitlichen Betriebsrats ist, dass die **Bildung von Betriebsräten erleichtert** wird oder sie der **sachgerechten Wahrnehmung der Interessen der Arbeitnehmer** dient. Dabei kommt den Betriebsparteien ein Einschätzungsspielraum hinsichtlich des Vorliegens dieser Voraussetzungen zu.[480] Das Merkmal der „erleichterten Bildung von Betriebsräten" war ähnlich bereits in § 3 Abs. 1 Nr. 3 BetrVG aF enthalten und soll erfüllt sein, wenn durch die vereinbarte Struktur auch Betriebe von einer Arbeitnehmervertretung vertreten werden, die bislang betriebsratslos

[472] DKW/*Trümner* BetrVG § 3 Rn. 3, 41; GK/*Franzen* BetrVG § 3 Rn. 9; *Fitting* BetrVG § 3 Rn. 32; HWK/*Gaul* BetrVG § 3 Rn. 8.

[473] *Kort* AG 2003, 13 (18).

[474] DKW/*Trümner* BetrVG § 3 Rn. 37; *Fitting* BetrVG § 3 Rn. 27; GK/*Franzen* BetrVG § 3 Rn. 11; *Richardi* in Richardi BetrVG § 3 Rn. 18.

[475] *Engels/Trebinger/Löhr-Steinhaus* DB 2001, 532 (533); DKW/*Trümner* BetrVG § 3 Rn. 38; *Fitting* BetrVG § 3 Rn. 26.

[476] DKW/*Trümner* BetrVG § 3 Rn. 38.

[477] IE ebenso DKW/*Trümner* BetrVG § 3 Rn. 38.

[478] Falls es bei funktionaler Betrachtung keinen Hauptbetrieb im jeweiligen Unternehmen gibt, wird der Kleinstbetrieb dem räumlich nächst gelegenen betriebsratsfähigen Betrieb zugeordnet; vgl. Richardi/*Richardi/Maschmann* BetrVG § 4 Rn. 43.

[479] DKW/*Trümner* BetrVG § 3 Rn. 38 verweist allerdings auf die – vermutlich kaum je praktikable – Möglichkeit, mehrere Kleinstbetriebe zu einer organisatorischen Einheit zusammenzufassen.

[480] BAG 24.4.2013 – 7 ABR 71/11, DB 2013, 1913, 1915; vgl. ferner BT-Drs. 14/5741, 33.

waren.[481] Der „sachgerechten Wahrnehmung der Interessen der Arbeitnehmer" ist im Falle eines unternehmenseinheitlichen Betriebsrats insbesondere dann gedient, wenn durch dessen Bildung die Struktur der Arbeitnehmervertretung den Entscheidungsabläufen im Unternehmen angepasst wird. Werden **Entscheidungen in beteiligungspflichtigen Angelegenheiten** überwiegend **zentral** auf Unternehmensebene gefällt, soll es sachgerecht sein, einen unternehmenseinheitlichen Betriebsrat zu bilden.[482] Bei der Beurteilung, ob solche Entscheidungen überwiegend auf Unternehmensebene erfolgen, wird den praxisrelevanten Beteiligungsgegenständen, wie etwa personellen Einzelmaßnahmen oder sozialen Angelegenheiten, ein besonderes Gewicht zukommen. Dass sich die Bildung eines unternehmenseinheitlichen Betriebsrates im Sinne einer effizienten Vertretung der Arbeitnehmer jedoch ungeachtet solcher Erwägungen nur empfiehlt, wenn dem Unternehmen eine begrenzte Zahl möglichst nicht allzu weit voneinander entfernt liegender Betriebe zugeordnet ist, ist naheliegend,[483] da es ansonsten an der erforderlichen Nähe zwischen den Belegschaften und dem Betriebsrat fehlt.[484] Die Ortsnähe ist ferner bei der Wahl zwischen den Gestaltungsmöglichkeiten des § 3 Abs. 1 Nr. 1 lit. a und b BetrVG relevant, denn die Bildung eines unternehmenseinheitlichen Betriebsrats ist nicht mehr vom Zweck der Norm gedeckt, wenn die erleichterte Bildung von Betriebsräten auch durch die Zusammenfassung von Betrieben erreicht werden kann.[485] Fehlende Kommunikationsmöglichkeiten zwischen Betriebsräten und den vertretenen Belegschaften können im Übrigen nicht durch zusätzliche Freistellungen oder das Überschreiten von Mitbestimmungsschwellenwerten kompensiert werden, die daher auch nicht im Sinne der Förderung einer sachgerechten Arbeitnehmervertretung in die Waagschale geworfen werden können.[486] Allerdings sollte die durch den technischen Fortschritt und die Digitalisierung erheblich vereinfachte Kommunikation zwischen Betriebsratsmitgliedern an verschiedenen Standorten dazu führen, dass die Ortsnähe an Bedeutung verliert. Durch die (Übergangs-)Regelung des § 129 BetrVG aus Anlass der COVID-19-Pandemie wurde klargestellt, dass zB Betriebsratssitzungen mittels Video- und Telefonkonferenz durchgeführt werden können.[487] Zudem erlauben moderne Kommunikationstools wie Skype, Webex oder Teams in vielen Unternehmen eine weitgehend von der Standortlogik befreite Kommunikation. Diese Entwicklung muss auch bei der Beurteilung der Frage der „sachgerechten Wahrnehmung der Interessen der Arbeitnehmer" Berücksichtigung finden.

Besteht in einem Unternehmen mit mehreren Betrieben kein Betriebsrat und auch keine tarifliche Regelung, können die Arbeitnehmer mit Stimmenmehrheit die Wahl eines unternehmenseinheitlichen Betriebsrates beschließen, wobei eine entsprechende Abstimmung von mindestens drei unternehmenszugehörigen Arbeitnehmern oder von einer im Betrieb vertretenen Gewerkschaft initiiert werden kann (§ 3 Abs. 3 BetrVG).[488]

bb) Zusammenfassung von Betrieben. Hat ein Unternehmen mehrere Betriebe, können einzelne Betriebe[489] gemäß § 3 Abs. 1 Nr. 1 lit. b BetrVG zusammengefasst werden. Diese Möglichkeit ist in der Praxis zB für **Filialunternehmen** interessant, die über eine Vielzahl von Betrieben verfügen.[490] Gleiches gilt für Vertriebsbüros oder Außenstellen, die zwar eine gewisse Eigenständigkeit haben und einen eigenständigen Betrieb bilden kön- 155

[481] *Fitting* BetrVG § 3 Rn. 29 ff.; DKW/*Trümner* BetrVG § 3 Rn. 52.
[482] Vgl. BT-Drs. 14/5741, 34; vgl. *Fitting* BetrVG § 3 Rn. 30; *Richardi* in Richardi BetrVG § 3 Rn. 22 ff.; HWK/*Gaul* BetrVG § 3 Rn. 9.
[483] DKW/*Trümner* BetrVG § 3 Rn. 42; vgl. nunmehr BAG 24.4.2013 – 7 ABR 71/11, DB 2013, 1913 (1915).
[484] Zutreffend *Fitting* BetrVG § 3 Rn. 30.
[485] BAG 24.4.2013 – 7 ABR 71/11, DB 2013, 1913 (1915).
[486] aA DKW/*Trümner* BetrVG § 3 Rn. 55; HWK/*Gaul* BetrVG § 3 Rn. 9.
[487] Vgl. auch ähnliche Regelungen in 39 SprAuG, § 48 SEBG, 41b EBRG.
[488] Vgl. hierzu ArbG Hamburg 13.6.2006 – 19 BV 16/06, NZA-RR 2006, 645.
[489] Vgl. zur Einbeziehung von Gemeinschaftsbetrieben, Betriebsteilen und Kleinstbetrieben oben aa).
[490] So auch HWK/*Gaul* BetrVG § 3 Rn. 8.

nen, die aber eng mit größeren Betrieben zusammen arbeiten. Durch die Zusammenfassung von Betrieben kann eine überschaubare Zahl von **„Regionalbetriebsräten"** gebildet werden.[491] Da neben einem Betriebsrat zusammengefasster Betriebe weitere Betriebsräte im Unternehmen bestehen können, bleibt in dieser Konstellation die Bildung eines Gesamtbetriebsrats anders als bei Bildung eines unternehmenseinheitlichen Betriebsrats möglich.[492] Zu beachten ist, dass nach Auffassung des BAG die bloße Zusammenfassung von Betrieben nach § 3 Abs. 1 Nr. 1 lit. b BetrVG trotz der Fiktion des § 3 Abs. 5 BetrVG nicht zum Verlust ihrer betriebsverfassungsrechtlichen Identität führt; sie werden vielmehr abgrenzbare Teileinheiten der neu geschaffenen größeren betriebsverfassungsrechtlichen Organisationseinheit.[493] Die **Betriebsidentität** erlösche erst dann, wenn der Arbeitgeber den Abschluss des Zuordnungstarifvertrags zum Anlass nehme, die Organisations- und Leitungsstruktur der betroffenen Betriebe durch zusätzliche Maßnahmen auch **tatsächlich** zu ändern.[494] Daraus ergibt sich die maßgebliche Konsequenz, dass die für die grundsätzlich fortbestehenden betrieblichen Einheiten geschlossenen **Betriebsvereinbarungen** im fingierten Einheitsbetrieb entsprechend ihrem bisherigen Geltungsbereich **normativ fortwirken.**[495] Wenn dieses Ergebnis vermieden werden soll, bedarf es einer Vereinheitlichung der Arbeitsbedingungen durch Vereinbarung. Dies kann durch den neuen einheitlichen Betriebsrat rechtssicher durch eine Betriebsvereinbarung zur Vereinheitlichung der Arbeitsbedingungen geschehen.

Nicht unter § 3 Abs. 1 BetrVG fällt die betriebsverfassungsrechtliche Spaltung bestehender Betriebe.[496]

156 Ebenso wie bei der Bildung eines unternehmenseinheitlichen Betriebsrats ist auch für die Zusammenfassung von Betrieben Voraussetzung, dass diese einer **sachgerechten Wahrnehmung der Interessen** der Arbeitnehmer dient, also die Struktur der Arbeitnehmervertretung den Entscheidungsabläufen im Unternehmen angepasst wird. Werden Entscheidungen in beteiligungspflichtigen Angelegenheiten überwiegend auf der Ebene von Bezirksleitungen, Regionaldirektionen oder anderen regional strukturierten Entscheidungsebenen gefällt, ist es sachgerecht, die Struktur eines Regionalbetriebsrats entsprechend zuzuschneiden. Einer sachgerechten Interessenwahrnehmung ist es ebenfalls dienlich, wenn kleinere betriebliche Einheiten mit einem größeren Betrieb zusammen gefasst werden, da die wesentlichen Entscheidungen in diesen größeren Betrieben getroffen und von dort aus auch Außenstellen, Filialen oder Vertriebsbüros gesteuert werden. Das lässt sich uE auch dann vertreten, wenn auch in den Außenstellen etc eine gewisse Leitungsmacht ausgeübt wird, aber die wesentlichen Entscheidungen in personellen und sozialen sowie in wirtschaftlichen Angelegenheiten in den größeren Betrieben getroffen werden. Alternativ reicht es auch hier aus, wenn die Bildung von Betriebsräten erleichtert wird.

157 **cc) Spartenbetriebsräte.** Ist ein Unternehmen oder Konzern nach produkt- oder projektbezogenen Geschäftsbereichen organisiert, eröffnet § 3 Abs. 1 Nr. 2 BetrVG die Möglichkeit, Spartenbetriebsräte zu errichten. Denkbar sind also mehrere Betriebsräte für verschiedene Sparten in einem Betrieb, betriebsübergreifende und unternehmensübergreifende Spartenbetriebsräte. Nach der Gesetzesbegründung soll auch die Bildung eines

---

[491] *Richardi* in Richardi BetrVG § 3 Rn. 20; *Fitting* BetrVG § 3 Rn. 34; vgl. BAG 21.9.2011 – 7 ABR 54/10, DB 2012, 867.

[492] DKW/*Trümner* BetrVG § 3 Rn. 45; *Fitting* BetrVG § 3 Rn. 35.

[493] BAG 18.3.2008 – 1 ABR 3/07, NZA 2008, 1259 Rn. 24; im Ergebnis zustimmend *Salamon* NZA 2009, 74 (76).

[494] BAG 18.3.2008 – 1 ABR 3/07, NZA 2008, 1259 Rn. 28.

[495] BAG 18.3.2008 – 1 ABR 3/07, NZA 2008, 1259 Rn. 29; BAG 7.6.2011 – 1 ABR 110/09, NZA 2012, 110 (111); hierzu noch näher unter → E Rn. 106 ff.

[496] *Fitting* BetrVG § 3 Rn. 36; *Richardi* in Richardi BetrVG § 3 Rn. 21; aA aber DKW/*Trümner* BetrVG § 3 Rn. 60 ff. entgegen dem in jeder Hinsicht eindeutigen Gesetzeswortlaut.

Spartengesamtbetriebsrats und wohl auch eines **Spartenkonzernbetriebsrats** zulässig sein.[497]

Die Bildung eines Spartenbetriebsrats setzt voraus, dass die **Leitung der Sparte auch Entscheidungen in beteiligungspflichtigen Angelegenheiten trifft** und eine solche Betriebsratsstruktur der **sachgerechten Wahrnehmung der Aufgaben des Betriebsrats** dient. Die Voraussetzungen zur Bildung eines Spartenbetriebsrats sind damit auf den ersten Blick strenger als die zur Bildung eines unternehmenseinheitlichen Betriebsrats, bei der es – in der zweiten Alternative – darauf ankommt, dass sie der sachgerechten Wahrnehmung der Interessen der Arbeitnehmer dient. Auf den zweiten Blick zeigt sich jedoch, dass die Kriterien der „sachgerechten Wahrnehmung der Interessen der Arbeitnehmer" und das Vorliegen einer **„Entscheidungsbefugnis der Leitung der Sparte in beteiligungspflichtigen Angelegenheiten"** einander im Wesentlichen entsprechen.[498] Das zusätzliche Kriterium des § 3 Abs. 1 Nr. 2 BetrVG („sachgerechten Wahrnehmung der Aufgaben des Betriebsrats") hat keinen nennenswerten Regelungsgehalt. Dieses Merkmal ist erfüllt, wenn der Spartenbetriebsrat so errichtet wird, dass ihm ein kompetenter Ansprechpartner und Entscheidungsträger gegenübersteht.[499] Soweit darüber hinaus dieses Merkmal einschränkend ausgelegt und verlangt wird, dass die Einführung des Spartenbetriebsrats eine Optimierung der Arbeitnehmerrepräsentation darstellt,[500] entspricht dies gerade nicht der in der Gesetzesbegründung zum Ausdruck gekommenen Intention.[501] Demnach dürfte das Merkmal in einem nach Sparten organisierten Betrieb bzw. Unternehmen in der Regel gegeben sein. Damit kommt es im Ergebnis maßgeblich darauf an, dass die beteiligungspflichtigen Angelegenheiten von der Leitung der Sparte entschieden werden. 158

Besteht in einem Unternehmen nur ein Betrieb, ist dieser aber in mehrere Sparten gegliedert, kann die Bildung von Spartenbetriebsräten[502] dazu führen, dass in **einem Betrieb mehrere Betriebsräte** gebildet werden, welche wiederum einen **Gesamtbetriebsrat** bilden müssen.[503] Auf diese Weise kann in einem Unternehmen mit nur einem Betrieb die Bildung eines Gesamtbetriebsrats erforderlich werden.[504] 159

Schaubild 1:

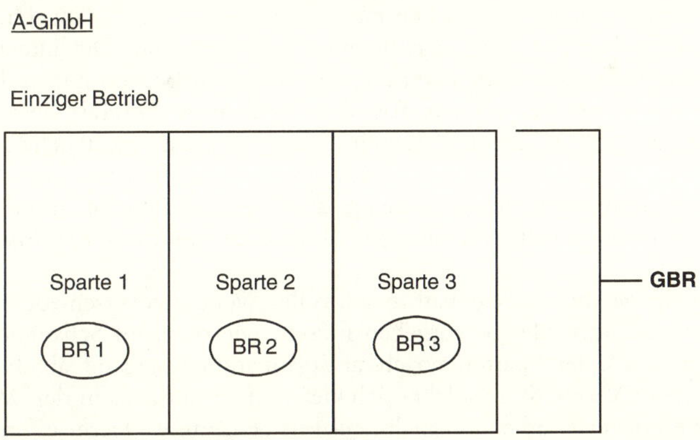

[497] BT-Drs. 14/5741, 34; gegen die Bildung von Spartenkonzernbetriebsräten *Thüsing/Forst* Konzern 2010, 1 (10); vgl. *Stöckel* S. 196.

[498] Vgl. *Fitting* BetrVG § 3 Rn. 41.

[499] BT-Drs. 14/5741, 34.

[500] *Friese* RdA 2003, 92, 100; in eine ähnliche Richtung ErfK/*Koch* BetrVG § 3 Rn 5.

[501] BT-Drs. 14/5741, 34.

[502] Verschiedene Spartenbetriebsräte in einem Betrieb werden allgemein für zulässig erachtet; vgl. *Hohenstatt/Dzida* DB 2001, 2498 (2499); *Richardi* in Richardi BetrVG § 3 Rn. 27; *Fitting* BetrVG § 3 Rn. 42; ErfK/*Koch* BetrVG § 3 Rn. 5; HWK/*Gaul* BetrVG § 3 Rn. 10; kritisch *Buchner* NZA 2001, 633, 634.

[503] *Fitting* BetrVG § 3 Rn. 42; *Richardi* in Richardi BetrVG § 3 Rn. 32; Salamon NZA 2018, 143 (148).

[504] *Hohenstatt/Dzida* DB 2001, 2498 (2499).

160 Eine sinnvolle betriebsverfassungsrechtliche Organisation setzt naturgemäß voraus, dass sämtliche Arbeitnehmer der Betriebe jeweils einem Betriebsrat zugeordnet werden können; eine Vereinbarungsregelung darf in keinem Fall dazu führen, dass Mitarbeiter aus dem Vertretungsmodell herausfallen.[505] Diesem Erfordernis kann man in Betrieben, die zwar eine Spartenorganisation aufweisen, jedoch bestimmte (zB Overhead-)Funktionen außerhalb der Sparten angesiedelt haben, in nur sehr schwerfälliger Weise gerecht werden. Es muss dann nämlich für diese Bereiche noch ein weiterer Betriebsrat gebildet werden. Häufig ist dies eine Art Zentral- oder Verwaltungsbetriebsrat.

Schaubild 2:

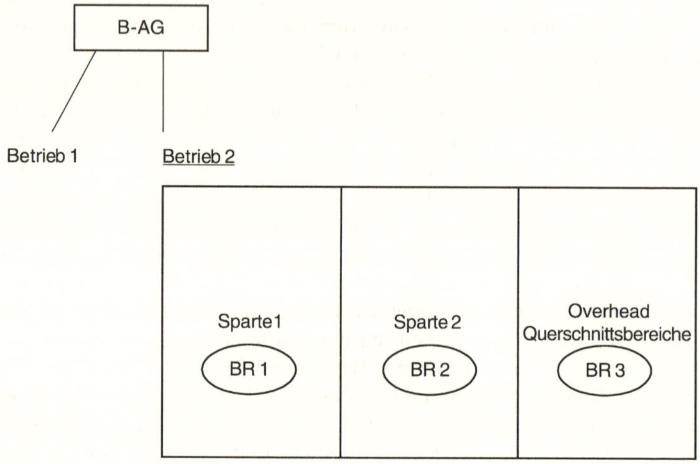

161 Diese Konstruktion dürfte allerdings nur dann sinnvoll sein, wenn für die als „Overhead" bezeichneten Bereiche (zB Human Resources, Controlling, Buchhaltung, zentrale Dienste) eine eigene (übergreifende) Leitung gebildet wurde, der maßgebliche Befugnisse in mitbestimmungsrelevanten Angelegenheiten zugewiesen sind. Die Literatur konnte in diesen Fällen teilweise so verstanden werden, dass in einem Betrieb neben den Spartenbetriebsräten ein **weiterer Betriebsrat für den gesamten Betrieb** bestehen könne.[506] Sinnvollerweise kann damit aber nur gemeint sein, dass dieser zusätzliche Betriebsrat nur diejenigen Arbeitnehmer vertritt, die sich nicht einer der Sparten zuordnen lassen; ansonsten wären die Spartenmitarbeiter gleichzeitig zwei Betriebsräten (Standortbetriebsrat und Spartenbetriebsrat) zugeordnet, was naturgemäß mit **Kompetenzüberschneidungen** verbunden wäre.[507]

162 Ist also nicht die gesamte Belegschaft in sinnvoller Weise den verschiedenen Sparten zuzuordnen, wird man entweder so vorgehen müssen wie oben im Schaubild 2 dargestellt, oder man muss von einer Spartenbetriebsratsorganisation insgesamt absehen. In einigen Konzernen wird zur Vermeidung solcher Schwierigkeiten übrigens in der Weise verfahren, dass jeder Sparte konzern- oder unternehmensweit bestimmte Overheadfunktionen zugeordnet werden. Diese Abteilungen werden zwar – auf der Grundlage von Servicevereinbarungen und unter interner Kostenberechnung – für das Gesamtunternehmen tätig, sie sind jedoch jeweils einer Spartenleitung unterstellt. Dies veranschaulicht

---

[505] *Fitting* BetrVG § 3 Rn. 42.

[506] *Richardi* in Richardi BetrVG § 3 Rn. 34; *Däubler* AiB 2001, 313 (315); *Konzen* RdA 2001, 76 (87); *Plander* NZA 2002, 483 (485); *Kort* AG 2003, 13 (20); kritisch hierzu *Picker* RdA 2001, 258 (278); *Hanau* RdA 2001, 65 (66) räumt den Vereinbarungspartnern eine Wahlmöglichkeit ein, ob sie Spartenbetriebsräte als zusätzliche Gremien oder als die gesetzlichen Gremien ersetzende Vertretungen vereinbaren wollen.

[507] So im Grundsatz auch DKW/*Trümner* BetrVG § 3 Rn. 83; vgl. auch *Kort* ZfA 2000, 329 (352); Doppelzuständigkeiten ablehnend auch GK/*Franzen* BetrVG § 3 Rn. 16; *Fitting* BetrVG § 3 Rn. 42; *Teusch* NZA 2007, 124 (126); HWK/*Gaul* BetrVG § 3 Rn. 11.

Schaubild 3:

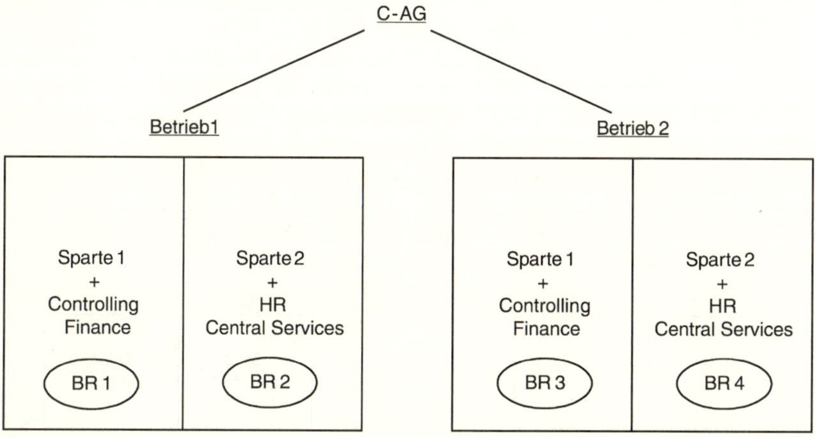

In diesem Fall hat man sich für eine Gestaltung entschieden, in der nicht betriebsübergreifende Spartenbetriebsräte gebildet werden. Vielmehr soll es hier für jede Sparte in jedem Betrieb einen Betriebsrat geben.[508] Bestimmte **Overheadfunktionen** werden jeweils den Sparten zugeordnet. Hierfür wird man sich nur entscheiden, wenn man zwar angesichts der Verschiedenartigkeit der Sparten eine getrennte betriebsverfassungsrechtliche Organisation präferiert, andererseits jedoch – zB wegen der großen räumlichen Entfernung zwischen den Betrieben – vor betriebsübergreifenden Spartenbetriebsräten zurückschreckt. Ebenso ist es denkbar und dürfte der Vorstellung des Gesetzgebers entsprechen,[509] innerhalb eines Unternehmens für **jede Sparte** nur **einen Betriebsrat** vorzusehen.[510] Im Schaubild 3 würde also für die Betriebsteile der Sparte 1 insgesamt ein Betriebsrat, für die der Sparte 2 ein weiterer Betriebsrat zuständig sein. Diese Gestaltung vermeidet die Bildung einer Vielzahl von Betriebsräten, führt jedoch andererseits zu einer Distanz zwischen den Belegschaften und ihrer Vertretung. Im Übrigen wäre fraglich, mit welchem Gremium Angelegenheiten verhandelt und vereinbart werden sollen, die einen Betrieb im Ganzen betreffen und zwingend einheitlich geregelt werden müssen.[511] 163

Große Unsicherheiten bestehen im Hinblick darauf, auf welcher Ebene bei einer Spartenstruktur jeweils Gesamtbetriebsräte zu bilden sind. In der Konstellation gemäß Schaubild 3 (parallele Spartenbetriebsräte in jedem Betrieb) könnte sicherlich vereinbart werden, dass die vier Einzelbetriebsräte jeweils Mitglieder in einen Gesamtbetriebsrat entsenden, der für das gesamte Unternehmen gebildet ist (§ 47 Abs. 1 BetrVG).[512] 164

[508] Als Gestaltungsmöglichkeit ausdrücklich erwähnt bei DKW/*Trümner* BetrVG § 3 Rn. 66; *Buchner* NZA 2001, 633 (634).
[509] BT-Drs. 14/5471, S. 34.
[510] DKW/*Trümner* BetrVG § 3 Rn. 66.
[511] *Picker* RdA 2001, 258 (278).
[512] Dies halten für zwingend DKW/*Trümner* BetrVG § 3 Rn. 85 und 89; *Fitting* BetrVG § 3 Rn. 45.

Schaubild 4:

C-AG

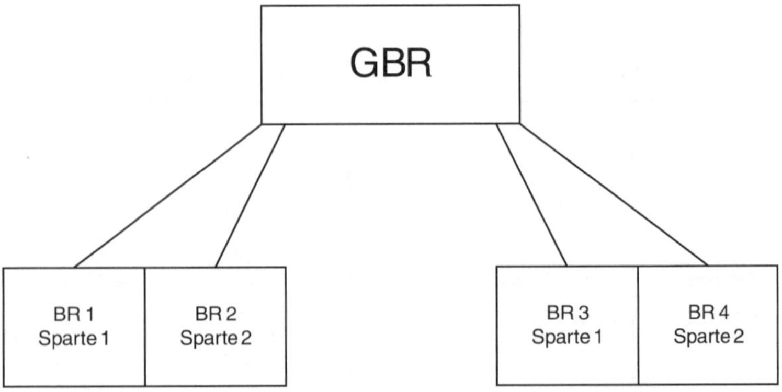

165 Diese Gestaltung hätte allerdings den Nachteil, dass die auf der einzelbetrieblichen Ebene vereinbarte Spartenstruktur auf der Ebene des Unternehmens keine Entsprechung hätte. Es könnte sich daher empfehlen, zusätzlich zum „gesetzlichen" Gesamtbetriebsrat zwei **Spartengesamtbetriebsräte** (GBR Sparte 1 und GBR Sparte 2) zu bilden. Allerdings ist fraglich, ob § 3 Abs. 1 Nr. 2 BetrVG hierfür eine hinreichende Rechtsgrundlage bietet, da dort nur von Spartenbetriebsräten die Rede ist.[513] Unter Nr. 3 ließe sich eine solche Regelung aber mit Sicherheit fassen.[514] Die Spartenbetriebsräte wären dann analog § 50 Abs. 1 BetrVG für Angelegenheiten zuständig, die mehrere Betriebe betreffen, die den jeweiligen Spartenbetriebsräten zugeordnet sind, und die nicht von den einzelnen Spartenbetriebsräten geregelt werden können, während der gesetzliche Gesamtbetriebsrat für alle das gesamte Unternehmen betreffenden Mitbestimmungsgegenstände zuständig wäre.[515] Hierdurch entstünde allerdings eine sehr **komplexe Mitbestimmungsstruktur,** die unter dem Gesichtspunkt der Effizienz kaum noch als attraktiv angesehen werden könnte, wie Schaubild 5 verdeutlicht:

[513] Hierzu ausführlich DKW/*Trümner* BetrVG § 3 Rn. 78 ff.; *Richardi* in Richardi BetrVG § 3 Rn. 32; *Fitting* BetrVG § 3 Rn. 45; GK/*Franzen* BetrVG § 3 Rn. 18; *Teusch* NZA 2007, 124 (126).

[514] So auch DKW/*Trümner* BetrVG § 3 Rn. 80; *Fitting* BetrVG § 3 Rn. 45.

[515] DKW/*Trümner* BetrVG § 3 Rn. 90 empfiehlt zu Recht Vereinbarungen zur Abgrenzung der Zuständigkeit, in Anlehnung an §§ 50, 58 BetrVG.

Schaubild 5:

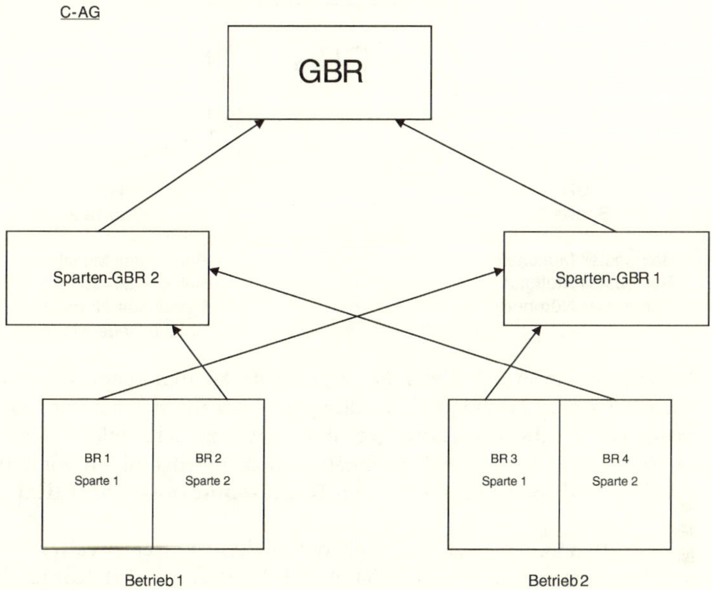

Der gesetzliche Gesamtbetriebsrat wäre bei dieser Struktur für Angelegenheiten des Gesamtunternehmens aber auch dann zuständig, wenn eine bestimmte Materie – spartenübergreifend – einen gesamten Betrieb betrifft (zB eine Frage der Ordnung des Betriebs) und eine Regelung in den einzelnen Sparten nicht möglich wäre. Gerade weil in diesen Fällen eine Mitbestimmungsinstanz zur Verfügung stehen muss, wäre es zumindest im Rahmen von Nr. 2 **nicht zulässig,** in einer Vereinbarung vorzusehen, dass auf der Gesamtbetriebsratsebene lediglich Spartengesamtbetriebsräte gebildet werden, **der gesetzliche Gesamtbetriebsrat** also **wegfiele.**[516] Dies gilt schon deshalb, weil bestimmte Mitwirkungsgegenstände zwingend an den Rechtsträger, also an das Unternehmen anknüpfen, so dass schon von daher eine „Klammer“ um die einzelnen Sparten(gesamt)betriebsräte gebildet werden muss; dies gilt zB für die Errichtung des Wirtschaftsausschusses, aber auch für die Beteiligungsrechte gemäß dem Umwandlungsgesetz oder gemäß dem WpÜG. Ein Wegfall des Gesamtbetriebsrats könnte demgemäß allenfalls in einer Vereinbarung gemäß Nr. 3 („andere Arbeitnehmervertretungsstrukturen“) geregelt werden, wobei auch hierfür Voraussetzung wäre, dass der Tarifvertrag eine klare Zuständigkeitsregelung trifft, aus der sich ergibt, welches Gremium bei unternehmensbezogenen Mitbestimmungsfragen zuständig sein soll.[517] 166

In den Fällen, in denen **nur unternehmensweit** (und nicht zusätzlich in den einzelnen Betrieben) **Spartenbetriebsräte** gebildet werden (Zusammenfassung der Spartenbetriebsteile in unterschiedlichen Betrieben zu einem – fiktiven – Betrieb), entsteht nur ein zweistufiges Mitbestimmungssystem innerhalb des Unternehmens. 167

[516] DKW/*Trümner* BetrVG § 3 Rn. 78; vgl. *Fitting* BetrVG § 3 Rn. 44.
[517] DKW/*Trümner* BetrVG § 3 Rn. 103.

Schaubild 6:

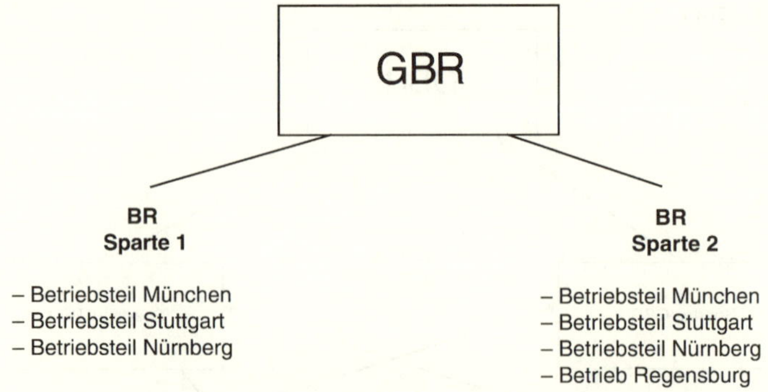

Letztlich besteht für die in § 3 Abs. 1 Nr. 2 geregelte Spartenorganisation also nur die Wahl zwischen zwei wenig geeigneten Gestaltungen. Man müsste sich entweder mit der **Vervielfältigung der Mitbestimmungsgremien** – wie in Schaubild 5 demonstriert – abfinden oder damit, dass die Spartenbetriebsräte von den Verhältnissen vor Ort abgehoben sind und auf der örtlichen Ebene daher ein **Repräsentations- und Effizienzverlust** eintritt.[518]

168 § 3 Abs. 1 Nr. 2 BetrVG sieht ausdrücklich die Bildung **konzernweiter Spartenbetriebsräte** vor. Konzern meint, wie in § 54 Abs. 1 BetrVG für den Konzernbetriebsrat ausdrücklich geregelt, den in § 18 Abs. 1 AktG (auf den in § 3 BetrVG allerdings nicht ausdrücklich verwiesen wird) geregelten Unterordnungskonzern.[519] Unternehmensübergreifende Sparten kann es zB im Telekommunikationssektor geben, wenn in verschiedenen Gesellschaften die Sparten Mobilfunk und Kabeltechnik angesiedelt sind. Ein anderes Beispiel ist in Konzernen des produzierenden Gewerbes denkbar, wenn zB Klebstoff einerseits im B2B-Geschäft ua für die Automobilindustrie und andererseits im B2C-Geschäft für Endkunden hergestellt wird. Wenn konzernweit **unternehmensübergreifende Matrixstrukturen** gebildet sind, ist eine solche Struktur auch bei inländischen Sachverhalten typisch. Noch häufiger findet sich eine solche unternehmensübergreifende Spartenstruktur in internationalen Konzernen mit spartenbezogener Matrixstruktur.

---

[518] Vgl. auch die Überlegungen bei DKW/*Trümner* BetrVG § 3 Rn. 88.

[519] *Richardi* in Richardi, 15. Aufl. 2016, BetrVG § 3 Rn. 28; aA GK/*Franzen* BetrVG § 3 Rn. 15; *Fitting* BetrVG § 3 Rn. 44; DKW/*Trümner* BetrVG § 3 Rn. 68, der Streit dürfte eher akademischer Natur sein, da in Gleichordnungskonzernen kaum eine konsequente – unternehmensübergreifende – Spartenorganisation denkbar ist.

Schaubild 7:

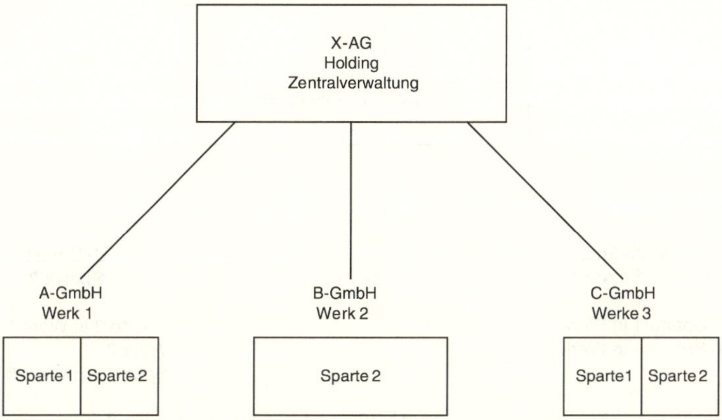

Auch in diesem Fall stehen wieder unterschiedliche Gestaltungsvarianten zur Verfügung. In den einzelnen Werken könnten jeweils für jede Sparte Betriebsräte gebildet werden, so dass in den Werken 1 und 3 zwei Betriebsräte, im Werk 2 hingegen ein Betriebsrat zu bilden wären. Bei der A-GmbH und der C-GmbH wäre im Übrigen ein Gesamtbetriebsrat (§ 47 Abs. 1 BetrVG) zu errichten. Darüber hinaus könnte man bei der X-AG als der Holdinggesellschaft (die einen eigenen Betriebsrat haben kann, wenn sie selbst einen betriebsratsfähigen Betrieb unterhält) sodann zwei Spartenkonzernbetriebsräte für die Sparten 1 und 2 bilden.[520] Ein „klassischer" Konzernbetriebsrat müsste in dieser Konstellation nicht zwingend errichtet werden, da dieser auch bei Anwendung der gesetzlichen Regeln fakultativ ist (§ 54 Abs. 1 BetrVG). Alternativ käme in Betracht, auf der unteren Ebene nur für jede Sparte übergreifend einen Spartenbetriebsrat zu wählen. Der Spartenbetriebsrat 1 wäre also für die Spartenbetriebe im Werk 1 und Werk 3 zuständig, der Spartenbetriebsrat 2 für das Werk 2 insgesamt und für die Spartenbetriebe in den Werken 1 und 3. Zusätzlich wären aber wiederum Gesamtbetriebsräte für die A-GmbH und die C-GmbH zu wählen.[521] 169

In der Vergangenheit erschienen solche Konstruktionen ungewöhnlich, da eine betriebsverfassungsrechtliche Spartenstruktur voraussetzt, dass die Spartenleitung wichtige mitbestimmungsrelevante Zuständigkeiten für sich in Anspruch nehmen kann. Es ist deshalb durchaus – auch aus unternehmensorganisatorischen Gründen – naheliegend, die Sparten jeweils einer eigenständigen Gesellschaft zuzuordnen, die gesellschaftsrechtliche Struktur also ebenfalls spartenbezogen zu gestalten. 170

[520] Generell gegen diese Möglichkeit *Thüsing/Forst* Konzern 2010, 1 (10); vgl. auch BAG 9.2.2011 – 7 ABR 11/10, NZA 2011, 866 Rn. 36, wobei sich die Ablehnung eines Sparten-KBR hier nur auf die gesetzliche Struktur gem. § 54 bezieht; wie hier *Richardi* in Richardi, 15. Aufl. 2016, BetrVG § 3 Rn. 33.
[521] Vgl. DKW/*Trümner* BetrVG § 3 Rn. 70.

Schaubild 8:

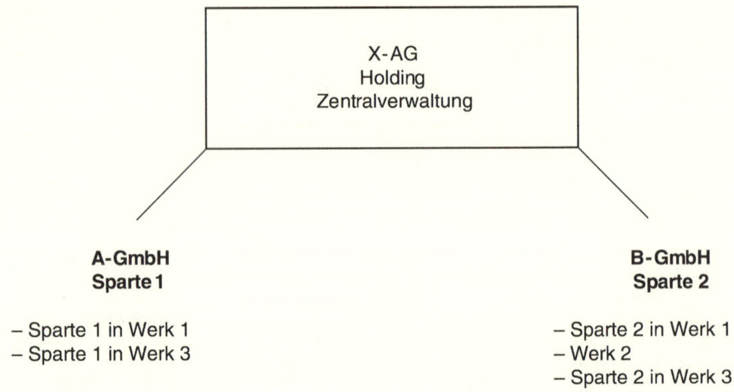

Bei einer solchen Gestaltung wäre es denkbar, den gesetzlich ohnehin zwingenden Gesamtbetriebsräten bei der A-GmbH und bei der B-GmbH zugleich die Aufgaben von Spartenbetriebsräten zuzuweisen, wobei es zulässig wäre, von der gesonderten Bildung von Betriebsräten in den einzelnen Werken abzusehen. In diesem Fall würden die gesetzlichen Möglichkeiten gemäß § 3 Abs. 1 Nr. 2 BetrVG ausnahmsweise zur Vereinfachung der Strukturen beitragen. Eine effiziente Vertretung der Arbeitnehmer würde aber auch hier voraussetzen, dass sich die Werke 1–3 in räumlicher Nähe zueinander befinden.

Allerdings ist gerade in **internationalen Konzernen mit Matrixstrukturen** die Bedeutung eigenständiger Gesellschaften oft äußerst gering. Insbesondere nach Zu- und Verkäufen können sich in der Praxis Gestaltungen ergeben, in denen die gesellschaftsrechtliche Zuordnung den praktisch gelebten Spartenstrukturen in keiner Weise entspricht. In HR-Organigrammen solcher Konzerne kommen oft die (unterschiedlichen) Landesgesellschaften gar nicht mehr vor. Hier bietet § 3 Abs. 1 Nr. 2 BetrVG die Möglichkeit, solche Strukturen betriebsverfassungsrechtlich nachzuvollziehen. Dies ist auch häufig im Interesse der Wahrnehmung der Arbeitnehmerinteressen, weil ein „Country Spartenmanager" häufig der bessere Ansprechpartner für personelle und soziale Angelegenheiten ist als der Geschäftsführer einer faktisch mehr oder weniger bedeutungslosen lokalen Gesellschaft.

171 **dd) Andere Arbeitnehmervertretungsstrukturen.** Besonders weitreichende Flexibilität schafft § 3 Abs. 1 Nr. 3 BetrVG durch die Möglichkeit der Bildung „anderer Arbeitnehmervertretungsstrukturen". Nach dieser Variante sollen abweichende Regelungen der gesamten Struktur der Arbeitnehmervertretungen, einschließlich Gesamt- und Konzernbetriebsrat, ermöglicht werden. Die Gesetzesbegründung[522] nennt folgende Beispielsfälle:

- Bildung einer zwei- oder einstufigen Interessenvertretung in kleineren Konzernen
- Bildung eines Konzernbetriebsrats im Gleichordnungskonzern
- Bildung einer Arbeitnehmervertretung für Arbeitnehmer mehrerer Unternehmen, die durch eine Just-in-time-Produktionskette miteinander „verbunden" sind
- Bildung von Arbeitnehmervertretungen unter Berücksichtigung moderner Erscheinungsformen in Produktion und Dienstleistung wie beispielsweise fraktale Fabrik und shop-in-shop.

172 Voraussetzung für die Bildung anderer Arbeitnehmervertretungsstrukturen ist, dass die entsprechende Regelung aufgrund der Betriebs-, Unternehmens- oder Konzernstruktur oder aufgrund anderer Formen der Zusammenarbeit von Unternehmen einer **„wirksamen und zweckmäßigen Interessenvertretung der Arbeitnehmer"** dient. Wegen der Vielzahl der denkbaren Formen anderer Arbeitnehmervertretungsstrukturen entzieht sich dieses Merkmal einer abstrakten Definition. Die „generalklauselartige Offenheit des

[522] BT-Drs. 14/5741, 34.

Tatbestandes"[523] hat bei einigen Autoren Zweifel an der Verfassungsmäßigkeit der Regelung hervorgerufen, da nahezu das gesamte **Organisationsrecht des BetrVG** zur **Disposition der Tarifvertragsparteien** gestellt werde.[524] Freilich teilt das BAG diese Bedenken, die sich aus dem Blickwinkel des Grundrechts der (negativen) Koalitionsfreiheit ergeben, nicht. Es liege fern, dass ein nicht der vertragsschließenden Gewerkschaft angehörender Arbeitnehmer wegen eines Tarifvertrags nach § 3 BetrVG motiviert werde, der vertragsschließenden Koalition beizutreten, um als deren Mitglied auf den Abschluss der künftigen Tarifverträge Einfluss nehmen zu können. Folglich übe die Bindung eines nicht oder anders organisierten Arbeitnehmers an einen betriebsverfassungsrechtlichen Tarifvertrag keinen unzulässigen Druck in Richtung auf einen Koalitionsbeitritt aus.[525] Dessen ungeachtet ergeben sich für den Anwendungsbereich der Vorschrift immanente Beschränkungen, die der Funktionsfähigkeit der Betriebsverfassung und der Wahrung demokratischer Repräsentationsprinzipien geschuldet sind.

Keine erheblichen Bedenken bestehen gegen die **Vereinfachung** der betriebsverfassungsrechtlichen Strukturen in **„kleinen" Konzernen.**[526] So wäre es denkbar, eine der Ebenen – Konzern, Unternehmen oder Betrieb – ohne eigenständige Mitbestimmungsebene zu belassen.[527] Der Konzernbetriebsrat ist ohnehin fakultativ. Anstelle von Einzelbetriebsräten jeweils nur auf der Unternehmensebene angesiedelte Betriebsräte vorzusehen, kann sich in besonderen Fällen ebenfalls anbieten. Der Fortfall des Gesamtbetriebsrates trotz Vorliegens der in § 47 Abs. 1 BetrVG genannten Voraussetzungen erscheint hingegen problematisch und allenfalls denkbar, wenn die Vereinbarung gem. § 3 BetrVG eine klare Regelung dahingehend trifft, welches Gremium für unternehmensspezifische Fragen – zB für die Mitwirkungsrechte gemäß dem Umwandlungsgesetz – zuständig sein soll.[528] 173

Die in der Gesetzesbegründung erwähnten Anwendungsfälle im Zusammenhang mit modernen Erscheinungen der Betriebs- oder Unternehmensorganisation bzw. mit der Zusammenarbeit verschiedener Unternehmen haben in der Praxis – soweit bekannt – keine Relevanz. Die arbeitstechnische Verbindung von Unternehmen zB im Rahmen einer **Just-in-time-Produktion** rechtfertigt eine betriebsverfassungsrechtliche Klammer über die Unternehmensgrenzen hinweg allenfalls dann, wenn auch eine **einheitliche Leitung in personellen und sozialen Angelegenheiten** etabliert ist, woran es zumeist fehlt.[529] Eine einheitliche Leitung in personellen und wirtschaftlichen Angelegenheiten ist Voraussetzung für eine sinnvolle betriebsverfassungsrechtliche Zusammenfassung solcher Bereiche, was aber ohnehin schon auf der Grundlage der seit langem anerkannten Figur des Gemeinschaftsbetriebes mehrerer Arbeitgeber erreichbar ist.[530] Ähnliches gilt für die in diesem Zusammenhang gewöhnlich schlagwortartig genannten Formen unternehmerischer Zusammenarbeit („Fraktale Fabrik", Shop-in-Shop-Systeme, Industrieparks etc).[531] Die gelegentlich genannten Beispiele für Sonderregelungen aufgrund von Besonderheiten in der Organisation[532] haben bislang keine größere Praxisrelevanz erlangt. § 3 Abs. 1 Nr. 3 BetrVG wird daher eher von Nutzen sein, wenn betriebsverfassungsrechtliche Strukturen vereinbart werden sollen, die zwar unter § 3 Abs. 1 Nr. 1 und 2 fallen, die dort bestehen- 174

[523] DKW/*Trümner* BetrVG § 3 Rn. 92.
[524] Kritisch insofern *Richardi* in Richardi BetrVG § 3 Rn. 39 ff.; tendenziell auch *Annuß* NZA 2002, 290 (291); *Reichold* NZA 2001, 857 (859); *Picker* RdA 2001, 257 (288).
[525] BAG 29.7.2009 – 7 ABR 27/08, NZA 2009, 1424 Rn. 18; insoweit zustimmend *Dzida*, Anmerkung zu BAG, NZA 2010, 80 (81).
[526] Siehe auch HWK/*Gaul* BetrVG § 3 Rn. 14; *Fitting* BetrVG § 3 Rn. 50; *Gaul/Mückl* NZA 2011, 657 (663).
[527] GK/*Franzen* BetrVG § 3 Rn. 21; *Gaul/Mückl* NZA 2011, 657 (663); vgl. BT-Drs. 14/5741, 34.
[528] Vgl. DKW/*Trümner* BetrVG § 3 Rn. 103.
[529] Kritisch ebenso *Richardi* NZA 2014, 232 (234).
[530] Dies räumt auch DKW/*Trümner* BetrVG § 3 Rn. 106 ein.
[531] Kritisch hierzu auch *Giesen* BB 2002, 1480 (1481).
[532] Vgl. *Fitting* BetrVG § 3 Rn. 50 (Forstwirtschaft, Binnenschifffahrt); DKW/*Trümner* BetrVG § 3 Rn. 102 (Qualifizierungsgesellschaften, Varietés).

den rechtlichen Grenzen jedoch überschritten werden sollen. Dies gilt etwa für die Bildung von **Spartengesamtbetriebsräten** unter **Wegfall des gesetzlichen Gesamtbetriebsrats.**[533] Auch wäre denkbar, den **Wirtschaftsausschuss,** der nach der gesetzlichen Konzeption stets an den Unternehmensträger geknüpft ist, im Rahmen einer Spartenorganisation in mehrere Gremien aufzusplitten. Angesichts der ganz bewusst weit gefassten Generalklausel in Nr. 3 wäre es auch zulässig, bei der Schaffung zusätzlicher Betriebsratsgremien (zB bei Spartenbetriebsräten, die die klassischen Betriebsräte ergänzen und nicht ersetzen) einen Ausgleich für den damit verknüpften Mehraufwand dadurch zu schaffen, dass die entstehenden Gremien **weniger Mitglieder** umfassen, als dies in § 9 BetrVG vorgesehen ist.[534] Hiergegen wird zu Unrecht § 3 Abs. 5 S. 1 BetrVG ins Feld geführt.[535] Zwar gelten die im Tarifvertrag festgelegten betrieblichen Bereiche, für die ein Betriebsrat gebildet wird, als Betrieb iSd BetrVG. Deshalb wäre auch ohne ausdrückliche Regelung im Tarifvertrag die Zahl der Betriebsratsmitglieder nach § 9 BetrVG zu bestimmen. Wenn die Tarifvertragsparteien jedoch gemäß Abs. 1 Nr. 3 ausdrücklich auch „andere Arbeitnehmervertretungsstrukturen" vereinbaren können, kann hierzu auch die Vereinbarung einer abweichenden Gremiengröße gehören. Auch lässt sich, was schon immer zulässig war, die Zahl der **Freistellungen** modifizieren (vgl. § 38 Abs. 1 S. 5 BetrVG).

175 Nicht zulässig wäre es allerdings, wenn ein Tarifvertrag nach Nr. 3 von den tragenden Grundsätzen der deutschen Betriebsverfassung abwiche. Insbesondere sind die **Grundsätze der freien, gleichen und geheimen Wahl** zwingender Natur. Eine abweichende Regelung der materiellen Beteiligungsrechte ist nicht möglich.[536] Auch die besonders geschützte Rechtsstellung der Betriebsratsmitglieder (§ 15 KSchG, § 103 BetrVG) könnte durch Tarifvertrag nicht verändert werden. Beides folgt aus § 3 Abs. 5 S. 2 BetrVG.

176 **ee) Arbeitsgemeinschaften.** Gemäß § 3 Abs. 1 Nr. 4 BetrVG können auch „zusätzliche betriebsverfassungsrechtliche Gremien (Arbeitsgemeinschaften)" gebildet werden, die der **„unternehmensübergreifenden Zusammenarbeit von Arbeitnehmervertretungen** dienen" sollen. Arbeitsgemeinschaften sind, wie sich aus einem Umkehrschluss aus § 3 Abs. 5 BetrVG ergibt, **keine Mitbestimmungsorgane**[537], die gesetzliche Beteiligungsrechte in Anspruch nehmen könnten. Durch Tarifvertrag oder Betriebsvereinbarung können jedoch die Rechtsstellung der Mitglieder, die Zusammensetzung des Gremiums und die Ausstattung geregelt werden.[538] Als Anwendungsfälle werden besondere wirtschaftliche/arbeitstechnische Verknüpfungen zwischen Unternehmen (zB im Rahmen einer **Just-in-time-Produktionskette**[539]) genannt, die es als sachgerecht erscheinen lassen können, dass sich die Betriebsräte der beteiligten Unternehmen im Rahmen einer Arbeitsgemeinschaft koordinieren. Denkbar wären auch unternehmensübergreifende Arbeitsgemeinschaften mit einer nur mittelfristigen Zielsetzung, nämlich nach **Durchführung einer Unternehmensspaltung.**[540] Vereinbarungen nach § 3 Abs. 1 Nr. 4 BetrVG können hingegen keine öffentlichen Unternehmen und deren Personalräte einbeziehen, wie dies *Trümner*[541]

[533] Hierzu bereits → Rn. 166.

[534] *Hohenstatt/Dzida* DB 2001, 2498 (2500); HWK/*Gaul* BetrVG § 3 Rn. 19; zustimmend *Fitting* (21. Aufl.) BetrVG § 3 Rn. 54; ErfK/*Koch* (13. Aufl.) BetrVG § 3 Rn. 6; zweifelnd *Fitting* BetrVG § 3 Rn. 51; ab der 14. Aufl. nunmehr auch ErfK/*Koch* BetrVG § 3 Rn. 6; DKW/*Trümner* BetrVG § 3 Rn. 113 hält Abweichungen für möglich, aber nur „nach oben".

[535] So aber *Annuß* NZA 2002, 290 (292); *Plander* NZA 2002, 483 (488); GK/*Franzen* BetrVG § 3 Rn. 20; *Teusch* NZA 2007, 124 (126).

[536] *Fitting* BetrVG § 3 Rn. 51.

[537] DKW/*Trümner* BetrVG § 3 Rn. 121; *Fitting* BetrVG § 3 Rn. 53; *Hanau* spricht von „betriebsverfassungsrechtlichen Stammtischen" – RdA 2001, 65 (66); kritisch auch WPK/*Preis* BetrVG § 3 Rn. 18.

[538] *Fitting* BetrVG § 3 Rn. 56.

[539] *Fitting* BetrVG § 3 Rn. 55.

[540] DKW/*Trümner* BetrVG § 3 Rn. 128.

[541] DKW/*Trümner* BetrVG § 3 Rn. 132.

vorschlägt, da derlei Versuche eines Brückenschlages zwischen Betriebsverfassung und Personalvertretung an § 130 BetrVG scheitern.

ff) Zusätzliche betriebsverfassungsrechtliche Gremien. § 3 Abs. 1 Nr. 5 BetrVG erlaubt die Schaffung „zusätzlicher betriebsverfassungsrechtlicher Vertretungen der Arbeitnehmer“, die „die Zusammenarbeit zwischen Betriebsrat und Arbeitnehmern erleichtern“. Die Vorschrift knüpft an § 3 Abs. 1 Nr. 3 BetrVG aF an,[542] wobei eine Reihe zusätzlicher Anforderungen entfallen ist. Hier rücken vor allem Betriebe in den Fokus, die in einem unternehmenseinheitlichen Betriebsrat oder Regionalbetriebsrat nicht durch ein Mitglied aus dem eigenen Betrieb vertreten sind.[543] Zu denken wäre auch an besondere Vertretungen für bestimmte Arbeitnehmergruppen (zB Saisonarbeiter,[544] Frauen,[545] ausländische Arbeitnehmer[546]) oder Abteilungen/Unternehmensbereiche. In Betracht kämen auch getrennte „zusätzliche Vertretungen“ in einem Gemeinschaftsbetrieb, also zusätzlich zu dem für den gesamten Betrieb zu wählenden Betriebsrat.[547] Eine „betriebsverfassungsrechtliche“ Vertretung ist nur gegeben, wenn diese die Arbeitnehmer eines Bereichs generell repräsentiert; eine auf Gewerkschaftszugehörigkeit basierende Vertretungsstruktur kann nicht auf der Grundlage des § 3 Abs. 1 Nr. 5 BetrVG errichtet werden.[548] Vertretungen iSv Nr. 5 sind „zusätzlich“ und können daher die zwingenden gesetzlichen betriebsverfassungsrechtlichen **Gremien nicht ersetzen;** auch besteht **keine Vertretungsbefugnis gegenüber dem Arbeitgeber** (also keine Möglichkeit zum Abschluss von Vereinbarungen mit dem Arbeitgeber[549]), da diese allein dem Betriebsrat zusteht.[550] Im Gegenteil: Zusätzliche Vertretungen setzen voraus, dass es im betreffenden Betrieb einen Betriebsrat gibt.[551] Arbeitnehmer, die reine Hilfsfunktionen für den Betriebsrat wahrnehmen, können mangels eigener Organstruktur keine zusätzliche Arbeitnehmervertretung iSv. Nr. 5 darstellen;[552] im konkreten Fall der zitierten BAG-Entscheidung ging es um sog. Kommunikationsbeauftragte, die in einem Betrieb mit mehr als 20.000 Arbeitnehmern etabliert worden waren. Zwar sei eine solche Hilfsfunktion zulässig, diese stelle aber keine zusätzliche Vertretung nach Nr. 5 dar. 177

Die zusätzliche Vertretung muss nach demokratischen Grundsätzen gewählt werden, wie sich aus § 119 Abs. 1 Nr. 1 BetrVG ergibt.[553] Da die Amtszeit der zusätzlichen Vertretung nicht zwingend mit derjenigen des Betriebsrats identisch sein muss, empfiehlt es sich, auch hierzu Vereinbarungen zu treffen; im Zweifelsfall endet das Amt mit der Amtszeit des Betriebsrates.[554] Die Mitglieder einer besonderen Vertretung genießen **nicht dieselbe Rechtsstellung,** wie sie **Betriebsratsmitgliedern** zukommt.[555]

Abzugrenzen sind die „zusätzlichen Vertretungen“ von den in **§ 28a BetrVG** vorgesehenen **Arbeitsgruppen**[556], deren Bildung und Aufgabenstellung Gegenstand einer „mit 178

[542] BT-Drs. 14/5741, 34; *Fitting* BetrVG § 3 Rn. 58.
[543] *Fitting* BetrVG § 3 Rn. 60.
[544] *Fitting* BetrVG § 3 Rn. 62.
[545] DKW/*Trümner* BetrVG § 3 Rn. 136; ErfK/*Koch* BetrVG § 3 Rn. 8; *Fitting* BetrVG § 3 Rn. 62; WPK/*Preis* BetrVG § 13 Rn. 19.
[546] DKW/*Trümner* BetrVG § 3 Rn. 136.
[547] DKW/*Trümner* BetrVG § 3 Rn. 146; *Fitting* BetrVG § 3 Rn. 65.
[548] *Fitting* BetrVG § 3 Rn. 62; DKW/*Trümner* BetrVG § 3 Rn. 141.
[549] DKW/*Trümner* BetrVG § 3 Rn. 135; GK/*Franzen* BetrVG § 3 Rn. 28.
[550] *Engels/Trebinger/Löhr-Steinhaus* DB 2001, 532 (535); DKW/*Trümner* BetrVG § 3 Rn. 135; *Fitting* BetrVG § 3 Rn. 58; ferner HWK/*Gaul* BetrVG § 3 Rn. 18.
[551] DKW/*Trümner* BetrVG § 3 Rn. 135; GK/*Franzen* BetrVG § 3 Rn. 30.
[552] BAG 29.4.2015 – 7 ABR 102/12, NZA 2015, 1398.
[553] *Fitting* BetrVG § 3 Rn. 63; DKW/*Trümner* BetrVG § 3 Rn. 138, 141.
[554] GK/*Franzen* BetrVG § 3 Rn. 30; etwas unklar DKW/*Trümner* BetrVG § 3 Rn. 140; gegen einen Gleichlauf mit der Amtszeit des Betriebsrats scheint ErfK/*Koch* BetrVG § 3 Rn. 8 zu plädieren.
[555] *Fitting* BetrVG § 3 Rn. 64; ErfK/*Koch* BetrVG § 3 Rn. 8; aA DKW/*Trümner* BetrVG § 3 Rn. 139.
[556] Siehe hierzu ausführlich *Raab* NZA 2002, 474; vgl. auch GK/*Franzen* BetrVG § 3 Rn. 28.

dem Arbeitgeber abzuschließenden Rahmenvereinbarung"[557] sind. Diese Arbeitsgruppen können nach näherer Maßgabe von § 28a Abs. 2 BetrVG auch **Vereinbarungen mit dem Arbeitgeber** abschließen, für die § 77 BetrVG gilt. § 28a BetrVG erlaubt die Delegation von eigentlich dem Betriebsrat zustehenden Zuständigkeiten und Befugnissen auf Arbeitsgruppen, womit ein Teil der Betriebsverfassung aus dem bisher allein maßgeblichen Verhältnis Arbeitgeber-Betriebsrat ausgelagert wird.[558] Im Gegensatz zur „zusätzlichen Vertretung" kann die Arbeitsgruppe demnach **Träger von Mitbestimmungs- und Mitwirkungsrechten** sein.[559] Andererseits ist die Arbeitsgruppe nicht in erster Linie ein betriebsverfassungsrechtliches Gremium, sondern eine Zusammenfassung von Arbeitnehmern, denen die gemeinsame Erledigung bestimmter Arbeitsaufgaben aufgetragen worden ist.[560] Die Arbeitsgruppen sind damit **Teil der vom Arbeitgeber geschaffenen Arbeitsorganisation.**[561] Die von ihr abgeschlossenen Vereinbarungen gelten jeweils nur für die Arbeitnehmer der Arbeitsgruppe,[562] was allein eine Vielzahl von Zweifelsfragen auslösen wird, wenn Mitarbeiter mehreren Arbeitsgruppen angehören oder die Gruppe wechseln;[563] Regelungen für mehrere Gruppen sind nur durch parallele und jeweils selbständige Vereinbarungen mit den verschiedenen Arbeitsgruppen möglich.[564] Zusammenfassend lässt sich also sagen: Während die „zusätzlichen Vertretungen" einen demokratisch legitimierten „Unterbau" für den Betriebsrat[565] ohne eigene Mitwirkungsrechte darstellen, ist die Arbeitsgruppe eine nicht demokratisch legitimierte Untereinheit innerhalb der betrieblichen Organisation, die ihr vom Betriebsrat zugewiesene Mitwirkungsbefugnisse ausübt.[566] Trotz dieser Unterscheidbarkeit ist unübersehbar, dass der Gesetzgeber mit § 28a BetrVG und den erweiterten Vereinbarungsmöglichkeiten in § 3 BetrVG insgesamt ein schwer durchschaubares und im Hinblick auf zahlreiche technische Fragen unstrukturiertes Geflecht geschaffen hat, das viele Unternehmen von entsprechenden Regelungen abhalten wird.

3. Zuständigkeit für Vereinbarungen gem. § 3 BetrVG

a) Tarifvertrag

179 Angesichts des Tarifvorbehalts in § 3 Abs. 2 BetrVG können Vereinbarungen zur betriebsverfassungsrechtlichen Struktur im gesetzlichen Regelfall des tarifgebundenen Unternehmens lediglich durch Tarifvertrag vereinbart werden. Damit korrespondiert, dass sich in der Praxis nach Beobachtung der Verfasser tatsächlich die Einschaltung der Tarifvertragsparteien bei Vereinbarungen zur betriebsverfassungsrechtlichen Struktur als Standard durchgesetzt hat, auch wenn die Initiative zumeist von den Betriebsparteien ausgeht; anders verhält sich dies allerdings bei ohnehin nicht tarifgebundenen Unternehmen: Hier wird für Vereinbarungen nach § 3 BetrVG nach unserer Wahrnehmung nur äußerst selten eine Gewerkschaft „ins Haus geholt".

180 **aa) Verbandstarifvertrag.** Vermutlich werden in der Praxis Verbandstarifverträge zur betriebsverfassungsrechtlichen Organisation die Ausnahme bleiben. Da es gerade um be-

[557] Siehe zur Rechtsnatur der Rahmenvereinbarung ausführlich *Raab* NZA 2002, 474 (476); vgl. *Thüsing* in Richardi BetrVG § 28a Rn. 13; *Fitting* BetrVG § 28a Rn. 18.
[558] *Fitting* BetrVG § 28a Rn. 6f.; *Blanke* RdA 2003, 140 (141).
[559] *Reichold* NZA Beilage zu Heft 24/2001, 32 (38); *Fitting* BetrVG § 28a Rn. 6; *Raab* NZA 2002, 474 (475); *Blanke* RdA 2003, 140 (141).
[560] Löwisch/Kaiser/*Löwisch* BetrVG § 28a Rn. 12.
[561] DKW/*Trümner* BetrVG § 3 Rn. 153; HWK/*Reichold* BetrVG § 28a Rn. 2.
[562] Löwisch/Kaiser/*Löwisch* BetrVG § 28a Rn. 22.
[563] Vgl. *Thüsing* in Richardi BetrVG § 28a Rn. 11.
[564] *Fitting* BetrVG § 28a Rn. 33.
[565] DKW/*Trümner* BetrVG § 3 Rn. 153.
[566] Vgl. zur Unterscheidung auch *Löwisch/Kaiser* BetrVG (6. Aufl.) § 28a Rn. 4.

triebs- bzw. unternehmensnahe Lösungen gehen soll, scheidet der Flächentarifvertrag als sinnvolles Instrument weitgehend aus.[567]

Ein Unterfall des Verbandstarifvertrages ist der **firmenbezogene Verbandstarifvertrag,** der von der zuständigen Gewerkschaft und dem Arbeitgeberverband abgeschlossen wird, dessen Geltungsbereich sich jedoch auf einen bestimmten Konzern oder ein bestimmtes Unternehmen beschränkt.[568] Zwar ist auch der einzelne Arbeitgeber – selbst wenn er einem Arbeitgeberverband angehört – tariffähig und kann demnach mit der Gewerkschaft ergänzende Firmentarifverträge abschließen.[569] Dennoch kann es sich in besonderen Fällen empfehlen, den firmenbezogenen Verbandstarifvertrag vorzuziehen, insbesondere um sich hierdurch der Unterstützung des Arbeitgeberverbands zu versichern und sicherzustellen, dass der Abschluss des Tarifvertrages nicht gegen mitgliedschaftliche Verpflichtungen verstößt.

bb) Firmentarifvertrag. Rechtlich möglich – und wegen der größeren Sachnähe in der Praxis sicherlich der häufigere Fall – ist der Abschluss abweichender Regelungen durch Firmentarifvertrag. In diesem Zusammenhang kann sich die Frage stellen, welche **Legitimation** der vertragsschließenden **Gewerkschaft** zukommen muss, um dem Firmentarifvertrag zu einer unternehmens- (bzw. konzern-)weiten Geltung zu verhelfen. Dazu hat das BAG entschieden, dass die vertragsschließenden Gewerkschaft für *alle* Arbeitnehmer im Betrieb satzungsmäßig tarifzuständig und im Betrieb vertreten sein müsse;[570] für letzteres kann bereits ihre Repräsentation durch ein einziges Mitglied im Betrieb ausreichen.[571] Tarifbestimmungen, die gemäß § 3 BetrVG vereinbart werden, sind Rechtsnormen über betriebsverfassungsrechtliche Fragen im Sinne von § 3 Abs. 2 TVG.[572] Für ihre unternehmensweite Geltung reicht es deshalb aus, wenn der Arbeitgeber tarifgebunden ist.[573] Die tarifliche Regelung **gilt** dann auch für **Arbeitnehmer,** die **nicht tarifgebunden** sind.[574] Aus vorgenannten Gründen ist es unabdingbar, dass in einem Unternehmen jeweils nur **ein Tarifvertrag** gem. § 3 TVG Anwendung findet, da es ansonsten zu sich widersprechenden betriebsverfassungsrechtlichen Organisationsstrukturen käme.[575] Umso drängender stellt sich die Frage einer etwaigen **Tarifkonkurrenz** bzw. wie zu verfahren ist, wenn mehrere Gewerkschaften im Unternehmen oder Konzern vertreten sind. Die bislang hM im Schrifttum stellte insoweit darauf ab, welche Gewerkschaft im betreffenden Unternehmen oder Konzern über die größere mitgliedschaftliche Legitimation verfügt.[576] Ebenfalls vertretene Ansätze waren etwa die Lösung über das Spezialitätsprinzip[577] oder das Erfordernis eines einheitlichen Tarifvertrags mit allen im Betrieb vertretenen Gewerkschaften.[578] *Annuß* ging sogar von der „Unwirksamkeit sämtlicher einander widersprechender Rege- 181

[567] *Hohenstatt/Dzida* DB 2001, 2498 (2500); *Thüsing* ZIP 2003, 693 (697); in der Tendenz ebenso *Fitting* BetrVG § 3 Rn. 13; *Buchner* NZA 2001, 633 (635).
[568] *Wieland* Rn. 8; ausführlich *Sutschet* ZfA 2005, 581 (587).
[569] BAG 25.9.1996 – 1 ABR 4/96, NZA 1997, 613; BAG 10.12.2002 – 1 AZR 96/02, NZA 2003, 734.
[570] BAG 29.7.2009 – 7 ABR 27/08, NZA 2009, 1424 Rn. 25.
[571] Vgl. *Dzida,* Anmerkung zu BAG, NZA 2010, 80.
[572] BAG 29.7.2009 – 7 ABR 27/08. NZA 2009, 1424 Rn. 15; DKW/*Trümner* BetrVG § 3 Rn. 222; Kempen/Zachert/*Wendeling-Schröder* TVG § 1 Rn. 557ff.; *Thüsing* ZIP 2003, 693 (697); kritisch *Eich* FS Weinspach, 2002, 19 (22); *Picker* RdA 2001, 286.
[573] BAG 29.7.2009 – 7 ABR 27/08, NZA 2009, 1424 Rn. 15; HWK/*Henssler* TVG § 3 Rn. 34; ErfK/*Koch* BetrVG § 3 Rn. 2.
[574] BAG 29.7.2009 – 7 ABR 27/08, NZA 2009, 1424 Rn. 15; Richardi/*Richardi* BetrVG § 3 Rn. 12; *Thüsing* ZIP 2003, 693 (697).
[575] DKW/*Trümner* BetrVG § 3 Rn. 218; Giesen BB 2002, 1480 (1483).
[576] Vgl. *Löwisch/Rieble* (3. Aufl. 2012) TVG § 4 Rn. 303; *Jacobs* S. 306ff.; *Hohenstatt/Dzida* DB 2001, 2498 (2500); DKKW/*Trümner* (14. Aufl.) BetrVG § 3 Rn. 219; *Konzen* RdA 2001, 76 (86); *Plander* NZA 2002, 483 (486); *Dzida,* Anmerkung zu BAG NZA 2010, 80 (82); *Fitting,* 27. Aufl. 2014, BetrVG § 3 Rn. 16g; offen gelassen bei *Richardi,* 14. Aufl. 2014, BetrVG § 3 Rn. 58; *Picker* RdA 2001, 258 (278).
[577] *Thüsing* ZIP 2003, 693 (697); ähnlich *Teusch* NZA 2007, 124 (129).
[578] So *Fitting* (24. Aufl.) BetrVG § 3 Rn. 16; GK/*Franzen* BetrVG § 3 Rn. 35; ähnlich *Eich* FS Weinspach, 2002, 17 (23); *Rolf* S. 150.

lungen" im Falle einer Tarifkonkurrenz aus.[579] Der Gesetzgeber hat sich mit dem seit dem 10.7.2016 geltenden **Tarifeinheitsgesetz** in der Sache der hM angeschlossen. Gemäß § 4a Abs. 2 S. 2 TVG sind bei Kollision mehrerer Tarifverträge im Betrieb nur die Rechtsnormen des Tarifvertrags derjenigen Gewerkschaft anwendbar, die zum Zeitpunkt des Abschlusses des zuletzt abgeschlossenen kollidierenden Tarifvertrags im Betrieb die meisten in einem Arbeitsverhältnis stehenden Mitglieder hat (sog. **Mehrheitstarifvertrag**).[580] Zu berücksichtigen für die Beurteilung einer Kollision sind die zeitlichen, räumlichen, fachlichen und persönlichen Geltungsbereiche der Tarifverträge.[581] Ein bloß nachwirkender Tarifvertrag löst grundsätzlich keine Kollision nach § 4a TVG aus.[582] Bei Tarifverträgen, die Inhaltsnormen beinhalten, erfolgt die „Verdrängung" des entsprechenden Tarifvertrages unabhängig davon, was in dem Tarifvertrag im Einzelnen geregelt ist; insbesondere setzt die Verdrängung eines Tarifvertrages nach dieser Vorschrift nicht voraus, dass die Regelungsgegenstände der miteinander konkurrierenden Tarifverträge teilweise deckungsgleich sind.[583] Das hat zur Folge, dass grundsätzlich auch Regelungen des Minderheitstarifvertrages in Sachgebieten außer Kraft treten, für die der Mehrheitstarifvertrag keine anderweitigen Regelungen trifft. So kann theoretisch ein Mehrheitstarifvertrag zur Altersteilzeit die Mantel- und Gehaltstarifverträge einer kleineren Gewerkschaft verdrängen.[584] Das darin liegende **Missbrauchspotential** wird durch die Rechtsprechung des Bundesverfassungsgerichts eingegrenzt.[585] Hiernach verstößt die Verdrängung des Minderheitstarifvertrags gegen Art. 9 Abs. 3 GG, wenn die Interessen der verdrängten Berufsgruppen nicht hinreichend berücksichtigt werden.[586] Da § 4a Abs. 2 S. 2 TVG nach Ansicht des BVerfG diese Einschränkung nicht vorsah, „schuf" das BVerfG eine Übergangsregelung bis zu einer gesetzlichen Neuregelung. Danach trat die Verdrängungswirkung nur ein, wenn plausibel dargelegt werden konnte, dass die Interessen der Berufsgruppen, deren Tarifvertrag verdrängt wird, im Tarifvertrag berücksichtigt werden.[587] Der Gesetzgeber reagierte darauf mit der Ergänzung des § 4a Abs. 2 S. 2 Hs. 2 TVG, die mit Wirkung zum 1.1.2019 in Kraft trat. Diese Vorschrift begrenzt die Verdrängungswirkung des Mehrheitstarifvertrags aus § 4a Abs. 2 S. 2 Hs. 1 TVG für die Fälle, in denen die Interessen der repräsentierten Arbeitnehmer beim Zustandekommen des Mehrheitstarifvertrags nicht ernsthaft und wirksam berücksichtigt wurden. Dabei entschied sich der Gesetzgeber für den prozeduralen Ansatz („beim Zustandekommen des Mehrheitstarifvertrages" statt „in dem Tarifvertrag") und schloss damit eine gerichtliche Angemessenheitskontrolle aus.[588] Wie genau die Berücksichtigung auszusehen hat, bleibt im Gesetz offen.[589] Maßgeblich sei, dass die Interessen der Arbeitnehmer im Rahmen des Willensbildungsprozesses angemessen berücksichtigt werde.[590] Auch nach der gesetzlichen Reparatur wird in der Literatur über die Verfassungswidrigkeit der Norm diskutiert.[591] Ob daraus eine erneute Überprüfung der Norm

[579] *Annuß* NZA 2002, 290 (293); *Biedenkopf*, Grenzen der Betriebsautonomie, 1964, S. 318.
[580] Vgl. hierzu ausführlich → E Rn. 133 ff.; *Hohenstatt/Schuster* ZIP 2016, 5.
[581] BT-Drs. 18/4062 S. 13.
[582] ErfK/*Franzen*, § 4a TVG Rn. 7.
[583] Berg/Kocher/Schumann/*Berg*, (5. Aufl.) TVG § 4a Rn. 29; BT-Drs. 18/4062, S. 13; ErfK/*Franzen* TVG § 4a Rn. 12 f.
[584] *Hohenstatt/Schuster* ZIP 2016, 5 (6).
[585] BVerfG 11.7.2017 – 1 BvR 1571/15, 1 BvR 1588/15, 1 BvR 2883/15, 1 BvR 1043/16, 1 BvR 1477/16, NZA 2017, 915; ErfK/*Franzen*, TVG § 4a Rn. 13.
[586] BVerfG 11.7.2017 – 1 BvR 1571/15, 1 BvR 1588/15, 1 BvR 2883/15, 1 BvR 1043/16, 1 BvR 1477/16, NZA 2017, 915.
[587] BVerfG 11.7.2017 – 1 BvR 1571/15, 1 BvR 1588/15, 1 BvR 2883/15, 1 BvR 1043/16, 1 BvR 1477/16, NZA 2017, 915.
[588] *Hromadka*, NZA 2019, 215 (216); *Löwisch*, RdA 2019, 169 (170); *Giesen/Rixen*, NZA 2019, 577 (579).
[589] *Giesen/Rixen* NZA 2019, 577 (580).
[590] Vgl. *Löwisch* RdA 2019, 169 (171).
[591] *Löwisch* hält die Norm für verfassungswidrig, RdA 2019, 169 (172); *Giesen/Rixen* sprechen sich für eine Verfassungsmäßigkeit aus, NZA 2019, 577 (582); ebenso, aber mit Verbesserungsvorschlägen, *Klein* DB 2019, 545 (550).

vor dem BVerfG durch Verfassungsbeschwerde einer betroffenen Gewerkschaft resultiert, bleibt abzuwarten. Im Grundsatz, und abgesehen von der angesprochenen Frage der Berücksichtigung der Interessen anderer Berufsgruppen und Gewerkschaften, hielt das BVerfG die Regelungen des Tarifeinheitsgesetzes für mit dem Grundgesetz vereinbar.[592]

Für Rechtsnormen eines Tarifvertrags über eine betriebsverfassungsrechtliche Frage nach § 3 Abs. 1 BetrVG oder § 117 Abs. 2 BetrVG statuiert **§ 4a Abs. 3 TVG** allerdings eine Ausnahme. Die Regelung des Minderheitstarifvertrags wird nur dann verdrängt, wenn die konkrete betriebsverfassungsrechtliche Frage bereits durch Tarifvertrag einer anderen Gewerkschaft geregelt ist. Das bedeutet also, dass ein Minderheitstarifvertrag nicht verdrängt wird, wenn er betriebsverfassungsrechtliche Regelungen nach § 3 Abs. 1 oder § 117 Abs. 2 BetrVG enthält, und der Mehrheitstarifvertrag diesen konkreten Bereich nicht regelt.[593] Damit soll verhindert werden, dass gem. § 3 Abs. 1 BVerfG vereinbarte Betriebsratsstrukturen ersatzlos wegfallen.[594] Hintergrund ist der Grundsatz der Kontinuität tarifvertraglich geschaffener betriebsverfassungsrechtlicher Vertretungsstrukturen.[595] Trifft die Mehrheitsgewerkschaft jedoch auch über diese betriebsverfassungsrechtliche Frage eine Regelung, geht ihr Tarifvertrag entsprechend vor.[596] Für die Feststellung des Mehrheitsverhältnisses ist der vor Inkrafttreten des Minderheitstarifvertrages bestehende Betrieb maßgeblich.[597]

Soweit durch Strukturvereinbarungen gemäß § 3 Abs. 1 Nr. 3 BetrVG über das Unternehmen hinausgehende Vereinbarungen abgeschlossen werden sollen (zB Betriebsvertretungen „entlang der Produktionskette" – vgl. → Rn. 171 ff.), müssen sämtliche betroffenen Unternehmen an der tariflichen Vereinbarung beteiligt werden. Eine solche Regelung könnten zB einem Zulieferer unter keinen Umständen durch einen Firmentarifvertrag des Herstellers aufgezwungen werden.[598] 182

cc) Geltungsbereich für Konzern. Insbesondere von den Gestaltungsmöglichkeiten gemäß § 3 Abs. 1 Nr. 2 und 3 BetrVG wird man in der Praxis nicht nur für einzelne Unternehmen, sondern für ganze Unternehmensgruppen bzw. Konzerne Gebrauch machen wollen. In diesem Fall kommt in Betracht, den Tarifvertrag – sofern kein konzernbezogener Verbandstarifvertrag abgeschlossen wird – zwischen der zuständigen Gewerkschaft und dem **herrschenden Unternehmen** des Konzerns zugleich mit Wirkung für die abhängigen Unternehmen abzuschließen. Hinsichtlich der Verbindlichkeit dieses Tarifvertrages für die Tochterunternehmen des Konzerns treten allerdings dieselben Zweifelsfragen auf, die auch im Hinblick auf die rechtliche Verbindlichkeit von Konzernbetriebsvereinbarungen bestehen. Wegen der **rechtlichen Selbständigkeit** der abhängigen Konzernunternehmen ist es keineswegs selbstverständlich, dass Konzern-Tarifverträge bzw. Konzern-Betriebsvereinbarungen in den einzelnen Unternehmen unmittelbar und zwingend gelten.[599] Im Hinblick auf Tarifverträge fehlt es jedenfalls an einer § 58 BetrVG vergleichbaren Norm, aus der sich die Befugnis des Abschlusses konzernweiter Tarifverträge durch das herrschende Unternehmen ableiten ließe.[600] Es empfiehlt sich daher, die Vereinbarung 183

---

592 BVerfG 11.7.2017 – 1 BvR 1571/15, 1 BvR 1588/15, 1 BvR 2883/15, 1 BvR 1043/16, 1 BvR 1477/16, NZA 2017, 915.

593 *Däubler/Bepler* Rn. 71.

594 BT-Drs. 18/4062, S. 14; *Hohenstatt/Schuster* ZIP 2016, 5 (6); *Däubler*/Bepler Rn. 72.

595 BT-Drs. 18/4062, S. 14.

596 Berg/Kocher/Schumann/*Berg* TVG § 4a Rn. 33; aA *Konzen/Schliemann* RdA 2015, 1 (8).

597 Berg/Kocher/Schumann/*Berg* TVG § 4a Rn. 32.

598 So aber die Befürchtung bei *Buchner* NZA 2001, 633 (635).

599 Zur Rechtslage bei Konzernbetriebsvereinbarungen → Rn. 131 mwN; ausführlich *Annuß* in Richardi BetrVG § 58 Rn. 35 ff.; im Zusammenhang mit Konzernbetriebsvereinbarungen gemäß § 3 BetrVG siehe *Hanau/Wackerbarth* FS Ulmer, 2003, 1303 (1306).

600 *Hanau/Wackerbarth* FS Ulmer, 2003, 1303 (1310), die allerdings erwägen, § 3 BetrVG als Legitimationsbasis für den Abschluss konzernweit wirkender Tarifverträge anzusehen.

nicht nur durch die Konzern-Obergesellschaft, sondern durch **alle Konzernunternehmen** abschließen zu lassen.[601]

184 Beim Abschluss von Tarifverträgen für einen gesamten Konzern stellt sich noch sehr viel mehr als im einzelnen Unternehmen das Problem der **Tarifpluralität** bzw. **Tarifkonkurrenz.** Konzerne, die in verschiedenen Unternehmen unterschiedliche Betriebszwecke verfolgen, sind häufiger von einer Tarifpluralität geprägt. Die Neuregelung in § 4a TVG betrifft nur Tarifkonkurrenzen innerhalb eines Betriebes. Von daher wird es sich empfehlen, den entsprechenden Tarifvertrag mit den **maßgeblichen** im Konzern vertretenen Gewerkschaften abzuschließen (mehrgliedriger Tarifvertrag),[602] was naturgemäß mit einem sehr viel höheren Aufwand verbunden ist und die Gefahr in sich birgt, dass die Arbeitnehmerseite mit nicht homogenen Zielsetzungen in die Verhandlungen tritt. Alternativ käme in Betracht, entsprechend der Grundsätze zur Tarifkonkurrenz im Betrieb ausschließlich mit derjenigen Gewerkschaft zu verhandeln und ggf. einen Tarifvertrag abzuschließen, die innerhalb der Unternehmensgruppe über die **mitgliedschaftlich höchste Legitimation** verfügt.[603] Ob allerdings eine Auflösung der Tarifpluralität innerhalb des Konzerns auf diese Weise möglich wäre, muss nicht zuletzt wegen der Neuregelung in § 4a TVG, die sich ausschließlich auf den Betrieb bezieht, bezweifelt werden.

b) Betriebsvereinbarung und Tarifvorbehalt

185 § 3 Abs. 2 BetrVG lässt in Abweichung von der früheren Rechtslage zwar Betriebsvereinbarungen zu. **Ausgeschlossen** sind Betriebsvereinbarungen allerdings zur Regelung **„anderer Arbeitnehmervertretungsstrukturen"** im Sinne von § 3 Abs. 1 Nr. 3 BetrVG. Wäre diese Einschränkung noch hinnehmbar, da es sich bei der Nr. 3 um eine Generalklausel handelt, die weit reichende Abweichungen im Hinblick auf die betriebsverfassungsrechtliche Organisation zulässt, ist der Gesetzgeber weit über das Ziel hinausgeschossen, indem er auch ansonsten Betriebsvereinbarungen nur zulässt, soweit **keine tarifliche Regelung besteht** und „auch kein anderer Tarifvertrag" gilt.[604] Die Gesetzesbegründung lässt für Auslegungskünste keinerlei Raum: „Damit soll erreicht werden, dass zB für einen Arbeitgeber, in dessen Unternehmen Tarifverträge über Entgelte oder sonstige Arbeitsbedingungen gelten, auch für Vereinbarungen über betriebsverfassungsrechtliche Organisationsstrukturen der Tarifvertrag das maßgebliche Regelungsinstrument ist."[605] *Trümner* meint, hierdurch werde verhindert, dass die Betriebsparteien aus „uU nur sehr kurzfristigen Gründen eine wenig tragfähige BV-Lösung"[606] vorsehen. Warum indessen nur für Tarifverträge eine Richtigkeitsgewähr bestehen soll und die Betriebsparteien unter dem „Generalverdacht der Kurzsichtigkeit" stehen, bleibt bei dieser Argumentation im Dunkeln.

186 Die Geltung eines anderen Tarifvertrages iSv § 3 Abs. 2 BetrVG umfasst naturgemäß die Tarifgeltung, die auf einer Mitgliedschaft des Arbeitgebers im **Arbeitgeberverband** oder auf einem **Firmentarifvertrag** beruht. Auch die Geltung eines allgemeinverbindlichen Tarifvertrages soll Betriebsvereinbarungen gemäß § 3 BetrVG ausschließen können.[607] Obwohl dies rechtspolitisch sehr fragwürdig scheint, ist der Wortlaut von § 3 Abs. 2 BetrVG auch in Hinblick auf diese Situation eindeutig und lässt Regelungen durch Betriebsvereinbarung nicht zu.

---

[601] So im Zusammenhang mit § 3 BetrVG auch Richardi/*Richardi* BetrVG § 3 Rn. 58; *Fitting* BetrVG § 3 Rn. 14; HWK/*Gaul* BetrVG § 3 Rn. 4; *Plander* NZA 2002, 483 (486), *Thüsing* ZIP 2003, 693 (698).

[602] *Hanau/Wackerbarth* FS Ulmer, 2003, 1303 (1308).

[603] Vgl. → Rn. 181.

[604] Sehr kritisch hierzu *Löwisch* BB 2001, 1734 (1736); Löwisch/Kaiser/*Löwisch* BetrVG § 3 Rn. 40f.; vgl. auch *Fitting* BetrVG § 3 Rn. 66.

[605] BT-Drs. 14/5741, 3.

[606] DKW/*Trümner* BetrVG § 3 Rn. 158.

[607] *Richardi* in Richardi BetrVG § 3 Rn. 86; DKW/*Trümner* BetrVG § 3 Rn. 164; *Engels/Trebinger/Löhr-Steinhaus* DB 2001, 532 (535); aus rechtspolitischer Sicht hiergegen *Richardi/Annuß* DB 2001, 42.

Für **Konzernbetriebsvereinbarungen** besteht auch dann ein tarifliches Hindernis, wenn lediglich in einzelnen der betreffenden Unternehmen tarifliche Regelungen anzutreffen sind. Die betreffenden Unternehmen können in diesem Fall nicht in die Vereinbarung gemäß § 3 BetrVG einbezogen werden.[608] 187

Zuständig für den Abschluss einer Betriebsvereinbarung nach §3 Abs. 2 BetrVG wird regelmäßig der **Gesamtbetriebsrat** sein, weil in den meisten Fällen mindestens zwei Betriebe eines Unternehmens betroffen sein dürften. Das gilt jedenfalls für Betriebsstrukturen nach § 3 Abs. 1 Nr. 1 und 2 BetrVG. Sind Betriebe mehrerer Unternehmen eines Konzerns betroffen, ist hingegen der **Konzernbetriebsrat** zuständig. 187a

4. Erstreikbarkeit von Tarifverträgen gemäß § 3 BetrVG

Dieser zunächst nur in der Literatur[609] aufgeworfenen Thematik dürfte, so möchte man hoffen, kaum größere Praxisrelevanz zukommen. Es sollte allen Beteiligten einleuchten, dass erfolgreiche betriebsverfassungsrechtliche Strukturen einen gewissen Konsens voraussetzen, den man nicht durch Arbeitskampf erzwingen kann. Dennoch wird die Behauptung der Erstreikbarkeit solcher Regelungen vehement verteidigt,[610] wobei man sich auf die (fragwürdige) These beruft, wonach alle tarifvertraglich regelbaren Gegenstände auch durch Arbeitskampf erzwungen werden können. Dem hat sich mittlerweile auch das BAG angeschlossen und argumentiert überdies, der Gesetzgeber habe es im Zuge der Reform des Betriebsverfassungsgesetzes bewusst unterlassen, ein ausdrückliches Arbeitskampfverbot in das Gesetz aufzunehmen, worin ein beredtes Schweigen zu Gunsten der Erzwingbarkeit von Tarifverträgen nach § 3 BetrVG zu erblicken sei.[611] Zudem werde durch die Bindung an die Tatbestände des § 3 BetrVG lediglich das Kampfziel der streikenden Gewerkschaft begrenzt, nicht aber ihr Verbandsinteresse ausgeschlossen. Schließlich komme es auch nicht zu einer Verletzung der Berufsfreiheit der betroffenen Unternehmen.[612] Richtigerweise ist jedoch sehr wohl zwischen einerseits tariflich regelbaren und erstreikbaren Materien und andererseits solchen zu unterscheiden, die zwar **tariflich regelbar, dem Arbeitskampf jedoch nicht zugänglich** sind.[613] So entspricht es auch einer vielfach vertretenen Meinung, dass Tarifverträge zur Erweiterung der betrieblichen Mitbestimmung nicht mittels Arbeitskampf durchgesetzt werden dürfen.[614] Im vorliegenden Zusammenhang kommt hinzu, dass sich die Tarifvertragsparteien bei Regelungen zur betriebsverfassungsrechtlichen Organisation außerhalb ihrer tarifautonomen Zuständigkeit bewegen,[615] so dass sich die 188

---

608 DKW/*Trümner* BetrVG § 3 Rn. 162.

609 Siehe etwa *Konzen* RdA 2001, 76 (86); *Richardi* NZA 2001, 346 (350).

610 DKW/*Trümner* BetrVG § 3 Rn. 215; *Däubler* AuR 2001, 285 (288); *Plander* NZA 2002, 483 488; *Teusch* NZA 2007, 124 130; iE auch HWK/*Gaul* BetrVG § 3 Rn. 5.

611 BAG 29.7.2009 – 7 ABR 27/08, NZA 2009, 1424 Rn. 39; eindringlich gegen diese Argumentation *Dzida* NZA 2010, 80 (82); vgl. auch GK/*Franzen* BetrVG § 3 Rn. 33; *Fitting* BetrVG § 3 Rn. 20.

612 BAG 29.7.2009 – 7 ABR 27/08, NZA 2009, 1424 Rn. 39.

613 MHdB ArbR/*Otto* (2. Aufl.) § 285 Rn. 14; *Gamillscheg,* Band I, S. 339, 1070; HWGNRH Einleitung Rn. 290; *Buchner* NZA 2001, 633 (635); *Hanau/Wackerbarth* FS Ulmer, 2003, 1303 (1311); *Dzida,* Anmerkung zu BAG, NZA 2010, 80 (82); aA wohl DKW/*Trümner* BetrVG § 3 Rn. 215; HWK/*Gaul* BetrVG § 3 Rn. 5, sowie *Gamillscheg,* Band II, S. 218 resignierend zu § 3 BetrVG 2002; aA auch LAG Niedersachsen 2.6.2004 – 7 Sa 819/04, NZA-RR 2005, 200 (201); vgl. auch GK/*Franzen* BetrVG § 3 Rn. 33, der eine Erkämpfbarkeit von Tarifforderungen nur dann annimmt, wenn die tarifliche Regelungsmaterie für eine Optimierung der Mitgliederinteressen offen ist, eine Erstreikbarkeit aber ausschließt, wenn die TV-Parteien „im Dienst für die sachgerechte Ordnung der Materie" stehen; ähnlich *Friese* ZfA 2003, 237 (268); *Fitting* BetrVG § 3 Rn. 20.

614 Wiedemann/*Thüsing* TVG § 1 Rn. 342; *Gamillscheg,* Band I, S. 610; *Thüsing* ZIP 2003, 693 (701); HWGNRH/*Rose* Einleitung Rn. 274, 278; *Dzida,* Anmerkung zu BAG, NZA 2010, 80 (82); vgl. hinsichtlich § 3 Abs. 1 Nr. 4 BetrVG auch GK/*Franzen* BetrVG § 3 Rn. 33.

615 Vgl. *Richardi* NZA 2001, 346 (349); *ders.* BetrVG § 3 Rn. 59; *Reichold* NZA 2001, 857 (859); *Fitting* BetrVG § 3 Rn. 20; *Friese* ZfA 2003, 237 (269); *Dzida,* Anmerkung zu BAG, NZA 2010, 80 (82); Vgl. GK/*Franzen* BetrVG § 3 Rn. 33.

verfassungsrechtlich abgesicherte Möglichkeit des Arbeitskampfs auf diese Materie nicht beziehen kann.[616]

5. Probleme beim Übergang von der gesetzlichen auf die vereinbarte Struktur

189 Eine Vereinbarung gemäß § 3 BetrVG sollte tunlichst Regelungen darüber enthalten, wie die Ablösung der bisherigen betriebsverfassungsrechtlichen Struktur zugunsten der vereinbarten im Einzelnen vor sich gehen soll. § 3 Abs. 4 BetrVG bestimmt hierzu lediglich, dass Regelungen gemäß § 3 Abs. 1 Nr. 1–3 BetrVG „erstmals bei der nächsten regelmäßigen Betriebsratswahl anzuwenden" sind, wobei im Tarifvertrag oder in der Betriebsvereinbarung Abweichendes bestimmt werden kann. Jedenfalls endet das Amt der bisher bestehenden Betriebsräte durch die Bekanntgabe des Wahlergebnisses (Abs. 4 Satz 2). In der Tat dürfte es sich schon zur Vermeidung zusätzlicher Wahlverfahren empfehlen, die Laufzeit der abweichenden Regelungen mit dem **Rhythmus der regelmäßigen Betriebsratswahlen** gemäß § 13 BetrVG zu harmonisieren.

190 Bei der Bildung eines unternehmenseinheitlichen Betriebsrates enden mit dessen Wahl die Amtszeiten der Einzelbetriebsräte. Eine **Betriebsänderung** in der Form einer Zusammenfassung von Betrieben **liegt darin jedoch nicht,**[617] da sich an der betrieblichen Organisationsstruktur abgesehen von den neuen betriebsverfassungsrechtlichen Zuständigkeiten nichts ändert. Zum gleichen Zeitpunkt endet das Amt des Gesamtbetriebsrates.[618] Bei der Zusammenfassung von Betrieben enden ebenfalls die Ämter der davon betroffenen Einzelbetriebsräte, während ein Gesamtbetriebsrat – solange innerhalb des Unternehmens noch mehrere Betriebe mit Betriebsrat bestehen – in veränderter Zusammensetzung erhalten bleibt.[619] Bei der Bildung von Spartenbetriebsräten sind, wie ausführlich dargestellt,[620] unterschiedlichste Konstellationen denkbar. Soweit man sich nicht für das – aus Sicht der Verfasser nicht empfehlenswerte – Nebeneinander von Einzelbetriebsräten und Spartenbetriebsräten entscheidet, endet mit der Wahl der Spartenbetriebsräte das Amt der Einzelbetriebsräte. Werden zusätzlich zum „gesetzlichen" Gesamtbetriebsrat Spartengesamtbetriebsräte[621] gebildet, besteht das Amt des Gesamtbetriebsrats fort; diesem kommen nach wie vor die auf das Gesamtunternehmen bezogenen Mitbestimmungsrechte zu. Bei der Vereinbarung „anderer" Arbeitnehmervertretungsstrukturen kann es ebenfalls zum Wegfall von Gremien kommen. Wird etwa die Dreistufigkeit der Vertretung in kleineren Konzernen zugunsten eines zweistufigen Modells abgelöst, endet die Amtszeit entweder der örtlichen Betriebsräte oder des/der Gesamtbetriebsrats/-räte. Soweit unternehmensübergreifende Betriebsräte gebildet werden, treten auch diese an die Stelle der in den einzelnen Unternehmen gebildeten gesetzlichen Gremien. Durch Vereinbarungen im Sinne von § 3 Abs. 1 Nr. 4 und 5 BetrVG entfallen hingegen keine gesetzlichen Vertretungsorgane, da es sich jeweils um zusätzliche Gremien bzw. Vertretungen handelt; aus diesem Grund werden diese Tatbestände in § 3 Abs. 4 auch nicht erwähnt.[622]

Zweifelsfragen stellen sich darüber hinaus im Hinblick auf das Schicksal der vom (gesetzlichen) Konzern-, Gesamt- bzw. Einzelbetriebsrat abgeschlossenen Betriebsvereinba-

[616] Ebenso *Reichold* NZA 2001, 857 (859); *Buchner* NZA 2001, 633 (635); *Franzen* ZfA 2000, 285 (297); *Konzen* RdA 2001, 76 (86); *Kort* AG 2003, 13 (24); GK/*Franzen* BetrVG § 3 Rn. 33; *Fitting* BetrVG § 3 Rn. 20; *Dzida,* Anmerkung zu BAG, NZA 2010, 80 (82); wegen der verfassungsrechtlichen Relevanz der Regelungen zu § 3 Abs. 1 Nr. 2 und 3 BetrVG befürwortet auch *Thüsing* ZIP 2003, 693 (701) insoweit ein Arbeitskampfverbot.

[617] Zutreffend DKW/*Trümner* BetrVG § 3 Rn. 208; GK/*Franzen* BetrVG § 3 Rn. 62.

[618] Hierzu schon → Rn. 153.

[619] Siehe zum Schicksal des Gesamtbetriebsrats bei Umstrukturierungen unter → Rn. 98 ff.

[620] → Rn. 157 ff.

[621] → Rn. 165.

[622] Vgl. DKW/*Trümner* BetrVG § 3 Rn. 193.

rungen, wenn das entsprechende Gremium durch eine Vereinbarung gemäß § 3 BetrVG wegfällt. Diesen Fragen soll im Zusammenhang mit der Behandlung von Kollektivvereinbarungen bei Umstrukturierungen (→ E Rn. 87 ff.) nachgegangen werden.

6. Probleme bei Veränderungen durch Umstrukturierungen/Transaktionen

In der Praxis wird beim Abschluss von Strukturvereinbarungen häufig übersehen, dass Unternehmens- und Konzernstrukturen nicht statisch sind. Fragen stellen sich in zweierlei Richtung. Zum einen: Was gilt, wenn die Vereinbarung keine Regelungen betreffend die Verfahrensweise bei Umstrukturierungen enthält? Zum anderen: welche vorsorglichen Regelungen in einer Vereinbarung gemäß § 3 BetrVG wären denkbar und hilfreich? Einige in der Praxis vermutlich besonders relevante Standardkonstellationen sollen daraufhin untersucht werden. 191

a) Herauslösen eines Betriebs(teils) aus einem betriebsübergreifenden Vertretungsbereich

Beim unternehmenseinheitlichen Betriebsrat bzw. bei der Zusammenfassung von Betrieben (§ 3 Abs. 1 Nr. 1 lit. a bzw. lit. b sowie § 3 Abs. 3 BetrVG) stellt sich ebenso wie beim Bestehen betriebsübergreifender Spartenbetriebsräte (Nr. 2) häufiger das Problem, dass zum betriebsverfassungsrechtlichen Vertretungsbereich gehörende Einheiten veräußert und damit einer anderen Leitung unterstellt werden sollen. 192

Beispiel D 29:

Ein Unternehmen der Wellness-Branche verfügt über drei Freizeiteinrichtungen im Raum Berlin, für die iSv § 3 Abs. 1 Nr. 1a) BetrVG ein unternehmenseinheitlicher Betriebsrat gebildet worden ist. Zwei Jahre nach Abschluss des entsprechenden Tarifvertrages soll wegen akuter Liquiditätsengpässe ein Betrieb, nämlich ein Freizeitbad, veräußert werden. Der Betriebsrat verlangt Verhandlungen über einen Interessenausgleich (§§ 111, 112 BetrVG).

Da die drei zu einer betriebsverfassungsrechtlichen Einheit zusammengefassten Betriebe gemäß § 3 Abs. 5 S. 1 BetrVG insgesamt als Betrieb im Sinne des BetrVG anzusehen sind, stellt die Veräußerung eines Teilbereichs – insbes. eines kompletten Betriebes – eine **Betriebsspaltung** im Sinne von § 111 S. 3 Nr. 3 BetrVG dar.[623] Gleiches würde gelten, wenn ein Betrieb, der einem oder mehreren Spartenbetriebsräten zugeordnet ist, veräußert wird. Denn unbestreitbar wird dem unternehmenseinheitlichen Betriebsrat bzw. dem Spartenbetriebsrat ein nicht unwesentlicher Teil seines bisherigen Repräsentationsbereichs entzogen und einer gesonderten Leitung unterstellt.[624] Dies stellt im Vergleich zur gesetzlichen Betriebsverfassungsstruktur eine einschneidende Abweichung dar; denn in deren Rahmen wird die Veräußerung eines Betriebes bei Erhalt der Betriebsidentität gerade nicht als Betriebsänderung angesehen.[625] Da ein Verzicht auf bzw. der Ausschluss der sich aus §§ 111, 112 BetrVG ergebenden Mitwirkungsrechte pauschal und im Vorhinein nicht zulässig sein dürfte, kommt zur Aufrechterhaltung einer hinreichenden Flexibilität nur in Betracht, dem Unternehmen für den Fall größerer Umstrukturierungen ein **kurzfristiges Kündigungsrecht** einzuräumen.[626] Nach Ablauf der Kündigungsfrist würden wieder die

---

[623] Zustimmend GK/*Franzen* BetrVG § 3 Rn. 63; *Gaul*, Betriebsspaltung, § 28 Rn. 92; DKW/*Trümner* BetrVG § 3 Rn. 208 weist zu Recht darauf hin, dass allein in der Beendigung einer Vereinbarung gem. § 3 BetrVG bzw. im umgekehrten Fall der erstmaligen Vereinbarung zusammengefasster Betriebe bzw. eines unternehmenseinheitlichen Betriebsrates keine Betriebsänderung iSv § 111 S. 3 Nr. 3 BetrVG liege; zustimmend GK/*Franzen* BetrVG § 3 Rn. 62.

[624] Siehe zum Tatbestand der Betriebsspaltung iSv § 111 S. 2 Nr. 3 BetrVG unter → C Rn. 57 ff.

[625] → C Rn. 79.

[626] Ausdrückliche Regelungen für den Fall von Umstrukturierungen empfiehlt auch *Däubler* DB 2005, 666 (668).

gesetzlichen Strukturen gelten, wobei dem gemäß § 3 BetrVG gebildeten Betriebsrat ein **Übergangsmandat gemäß § 21a BetrVG**[627] zukäme; dessen ungeachtet würde die Veräußerung eines Betriebes dann, also nach Ablauf der Kündigungsfrist, keine Betriebsänderung mehr darstellen. Allerdings dürfte es in der Praxis unerwünscht sein, wegen des Herausfallens eines Betriebes aus dem Geltungsbereich die gesamte Strukturvereinbarung in Frage zu stellen. Wie im Beispiel D 29 wird sich vielmehr häufig das Bedürfnis ergeben, im Hinblick auf die verbleibenden Betriebe an der bisherigen Struktur – zB an einem unternehmenseinheitlichen Betriebsrat – festzuhalten, was mit einem auf die gesamte Vereinbarung bezogenen Kündigungsrecht nicht erreicht werden könnte. Wünschenswert wären daher Gestaltungsrechte, die sich lediglich auf das Herauslösen des einzelnen Betriebes beziehen.

193 **Beispiel D 30:**

Die Vereinbarung gemäß § 3 Abs. 1 Nr. 1 lit. a könnte etwa folgende Klausel enthalten: „Zur Realisierung einer Übertragung eines Betriebes auf ein anderes Unternehmen wird der X-GmbH das Recht eingeräumt, diese Vereinbarung unter Einhaltung einer Frist von einem Monat mit der eingeschränkten Wirkung zu kündigen, dass sich der Geltungsbereich dieser Vereinbarung nach Ablauf der Kündigungsfrist nicht mehr auf den zur Übertragung vorgesehenen Betrieb bezieht. Die Kündigung kann frühestens drei Monate vor dem vorgesehenen Übertragungsstichtag ausgesprochen werden. Die in § xy geregelten Übergangsbestimmungen finden auch auf diesen Fall Anwendung."

Die Gewerkschaft bzw. der zuständige Betriebsrat werden mit einer solchen Regelung vermutlich nur einverstanden sein, wenn ihnen infolge einer solchen Herauslösung eines Betriebes die Möglichkeit eingeräumt wird, hierauf die gesamte Vereinbarung zu kündigen, nämlich dann, wenn aus ihrer Sicht durch die Herauslösung eines (wesentlichen) Betriebes gewissermaßen die Geschäftsgrundlage für die gesamte Vereinbarung entfallen ist. Rechtlich zwingend ist es aber nicht, ein solches Kündigungsrecht vorzusehen.

194 Bestandteil der Vereinbarung sollte auch eine Regelung dazu sein, unter welchen Voraussetzungen im veräußernden Unternehmen – bei Fortbestand der Vereinbarung im Übrigen – eine Neuwahl des Gremiums stattzufinden hat. Eine solche wäre gemäß § 13 Abs. 2 Nr. 2 BetrVG unausweichlich, wenn durch die Betriebsveräußerung nicht mehr genügend Betriebsratsmitglieder vorhanden wären, um das Gremium in seiner gesetzlichen bzw. in der vereinbarten Größe zu besetzen. Mangels einer anderweitigen Vereinbarung gälte im Hinblick auf das Absinken der Belegschaftszahl das Neuwahlerfordernis gemäß § 13 Abs. 2 Nr. 1 BetrVG.

195 Wäre in der Vereinbarung gemäß § 3 BetrVG indessen keine Regelung über die **Veräußerung von Betrieben** enthalten und sähe die Vereinbarung auch ansonsten keine zeitnahe Kündigungsmöglichkeit vor, käme allenfalls eine außerordentliche Kündigung bzw. eine Anpassung der Vereinbarung nach den Regeln von der Störung der Geschäftsgrundlage (§ 313 BGB) in Betracht.[628] Diese Gestaltungsmöglichkeiten beträfen aber ausschließlich das Schicksal der Vereinbarung im Hinblick auf die beim Veräußerer verbleibenden Einheiten. Ob sie gegeben wären, hängt davon ab, wie einschneidend sich das Herausfallen eines Betriebes aus dem Geltungsbereich der Vereinbarung auf die betriebsverfassungsrechtlichen Vertretungen und die damit verbundenen Strukturfragen auswirkt. Eine **Erstreckung der Vereinbarung auf den Erwerber** des Betriebes ist indessen **ausgeschlossen.**[629] Der Betriebserwerber würde weder bei einem Verbandstarifvertrag noch bei einem Firmentarifvertrag in die kollektivrechtliche Rechtsstellung des Betriebsveräußerers

---

[627] *Fitting* BetrVG § 3 Rn. 86d; GK/*Franzen* BetrVG § 3 Rn. 63.

[628] Siehe zur außerordentlichen Kündigung von Tarifverträgen sowie zum Institut des Wegfalls der Geschäftsgrundlage im Tarifrecht allgemein Wiedemann/*Wank* TVG § 4 Rn. 10, 26, 62.

[629] So auch *Trappehl/Zimmer* BB 2008, 778; HWK/*Gaul* BetrVG § 3 Rn. 43; zustimmend BAG 18.1.2012 – 7 ABR 72/10, NZA-RR 2013, 133 Rn. 46.

eintreten,[630] es sei denn, dass der Erwerber eine entsprechende Anerkennungsvereinbarung mit der zuständigen Gewerkschaft abschlösse. Die kollektivrechtliche Fortgeltung von Tarifverträgen beim Erwerber ist im Fall des Verbandstarifvertrages nur möglich, wenn der Erwerber demselben Arbeitgeberverband angehört; beim Firmentarifvertrag kommt es nur im Fall der Verschmelzung zur kollektivrechtlichen Fortgeltung.[631] Der von *Däubler*[632] (allerdings nur bei Übertragung der gesamten Einheit, für die der Betriebsrat gebildet war) propagierte Weg einer Fortwirkung des Tarifvertrages analog § 3 Abs. 3 TVG kommt aus vielerlei Gründen nicht in Betracht. Diese Vorschrift bezieht sich auf die Geltung des Tarifvertrages im einzelnen Arbeitsverhältnis und ist auf betriebsverfassungsrechtliche Normen nicht anwendbar. Auch eine mit dem Gesamtbetriebsrat abgeschlossene Betriebsvereinbarung (§ 3 Abs. 2 BetrVG) würde nicht den Erwerber eines einzelnen Betriebes verpflichten, auch wenn das Bundesarbeitsgericht bei der Veräußerung eines gesamten Betriebes von der Fortgeltung von Gesamtbetriebsvereinbarungen als Einzelbetriebsvereinbarungen ausgeht[633] – bei einer Vereinbarung, die gerade die betriebsverfassungsrechtliche Zusammenfassung mehrerer betrieblicher Einheiten zum Gegenstand hat, ergäbe dies keinen Sinn.[634] Allerdings könnte die Übertragung des Betriebes auf den Erwerber – wie dargelegt – erst nach Durchführung des Verfahrens zur Herbeiführung eines Interessenausgleichs (§§ 111, 112 BetrVG) erfolgen, was bekanntlich mit einem erheblichen Zeitverzug verbunden sein kann.[635] Ein Ausweg könnte in den Fällen eines unternehmenseinheitlichen Betriebsrates nur darin bestehen, das Vorliegen einer Betriebsspaltung einstweilen durch die Schaffung eines **Gemeinschaftsbetriebes** zu vermeiden.[636] Zu diesem Zwecke müsste mit dem Erwerber vereinbart werden, dass die Leitung des veräußerten Betriebes für die Dauer des Interessenausgleichsverfahrens weiterhin durch den Veräußerer erfolgt, insbesondere im Hinblick auf alle personellen und sozialen Angelegenheiten.[637] Die Kompliziertheit der vorstehend nur ansatzweise dargestellten Rechtslage unterstreicht die Notwendigkeit, die jeweiligen Rechte bei Übertragung eines Betriebes bereits im Rahmen der Vereinbarung gemäß § 3 BetrVG zu regeln.

Eine gewisse Vereinfachung kann sich bei Bestehen von betriebsübergreifenden Spartenbetriebsräten ergeben (siehe das Schaubild bei → Rn. 165). In diesen Fällen bildet jede Sparte insgesamt einen Betrieb (vgl. § 3 Abs. 5 S. 1 BetrVG), so dass die **Veräußerung einer Sparte** insgesamt – obwohl sie bei herkömmlicher Betrachtung mit Betriebsspaltungen in den Einzelbetrieben verbunden wäre – **keine Betriebsänderung** im Sinne von § 111 S. 2 Nr. 3 BetrVG darstellt.[638] 196

Wird anstatt eines gesamten Betriebes lediglich ein Betriebsteil veräußert, ergeben sich keine schwierigen rechtlichen Zweifelsfragen. Der Betriebsrat der zusammengefassten Betriebe bzw. der unternehmenseinheitliche Betriebsrat bleibt in seiner bisherigen Zusammensetzung im Amt, während der veräußerte Betriebsteil – soweit er einer eigenständigen Leitung unterstellt wird – aus dem Geltungsbereich der Strukturvereinbarung herausfällt. Für den herausgelösten Betriebsteil kann ein **Übergangsmandat** des gemäß der Vereinbarung gebildeten Betriebsrates gemäß § 21a BetrVG bestehen, wenn keine Eingliederung in einen Betrieb mit Betriebsrat erfolgt. Eine Neuwahl des Betriebsrates im Unternehmen des Veräußerers wäre nur erforderlich, wenn – bezogen auf den durch die Vereinbarung gebildeten Vertretungsbereich – die Veräußerung des Betriebsteils dazu führte, dass die Be- 197

---

630 *Gaul*, Betriebsspaltung, S. 1124; siehe zum Schicksal von Tarifverträgen bei Umstrukturierungen unter → E Rn. 111 ff.
631 Vgl. *Gaul*, Betriebsspaltung, S. 1124; GK/*Franzen* BetrVG § 3 Rn. 66; *Fitting* BetrVG § 3 Rn. 88.
632 *Däubler* DB 2005, 666 (668).
633 Vgl. hierzu unter → E 75 ff.
634 So wohl auch GK/*Franzen* BetrVG § 3 Rn. 66.
635 Vgl. zum Interessenausgleichverfahren ausführlich → C Rn. 129 ff.
636 Vgl. zum Gemeinschaftsbetrieb als Gegenpol zur Betriebsspaltung → Rn. 18 ff.
637 Siehe zu den Kriterien für einen Gemeinschaftsbetrieb und zur Vermutungsregel gemäß § 1 Abs. 2 Nr. 2 BetrVG → Rn. 18 ff., insbes. 30 ff.
638 Vgl. *Picot/Schnitker* Teil III Rn. B 44; *Trebeck/Kania* BB 2014, 1595 (1596).

legschaft um die Hälfte, mindestens aber um 50 (Stichtag: 24 Monate nach der Wahl), oder die Zahl der Betriebsratsmitglieder unter die gesetzlich vorgesehene bzw. die vereinbarte Zahl sänke (§ 13 Abs. 2 Nr. 1 und 2 BetrVG). Im Übrigen kann auch die Veräußerung eines Betriebsteils eine Betriebsspaltung im Sinne von § 111 S. 2 Nr. 3 BetrVG und damit eine Betriebsänderung darstellen, wobei zur Beurteilung der Wesentlichkeit[639] auf den Betrieb im Sinne von § 3 Abs. 5 BetrVG abzustellen ist.

b) Hinzukommen betrieblicher Einheiten

198 Auch das Hinzukommen bislang nicht von Strukturvereinbarungen gemäß § 3 BetrVG erfasster Betriebe bzw. Betriebsteile kann zu Auslegungs- bzw. Anwendungsschwierigkeiten führen. Besteht ein unternehmenseinheitlicher Betriebsrat iSv § 3 Abs. 1 Nr. 1 lit. a bzw. § 3 Abs. 3 BetrVG, ist es durchaus **nicht selbstverständlich,** dass neu **hinzukommende Betriebe** automatisch von diesem übergreifenden Betriebsrat **mit vertreten werden.**[640] Sofern die Vereinbarung diese Frage nicht regelt, ist dies durch Auslegung zu ermitteln.[641] Ändert sich durch das Hinzukommen der weiteren Einheit am funktionalen Zusammenhang der einzelnen Betriebe zueinander und an der geographischen Unternehmensstruktur nichts Grundlegendes, wird man davon ausgehen können, dass der neue Betrieb von der Strukturvereinbarung erfasst werden soll.[642] Dies gilt auch bei einem unternehmenseinheitlichen Betriebsrat,[643] der durch Stimmabgabe der Arbeitnehmer gemäß § 3 Abs. 3 BetrVG gebildet worden ist; hier fehlt es an einer auslegungsfähigen Vereinbarung, so dass nur auf den mutmaßlichen Willen der Arbeitnehmer abgestellt werden kann.

Beispiel D 31:

Ein Filialunternehmen der Optikerbranche, das in der Region Bayern/Baden Württemberg insgesamt 35 Filialen unterhält, erweitert das Filialnetz innerhalb dieses Gebietes nach und nach um weitere Filialen, teilweise von Konkurrenten erworben, teilweise selbst errichtet. Hier würde eine Auslegung der Strukturvereinbarung vermutlich ergeben, dass die neuen Filialen ebenfalls vom zuständigen Regionalbetriebsrat repräsentiert werden sollen.

199 Ergeben sich hingegen stark **veränderte geographische Schwergewichte** oder passt sich die neue Einheit nicht nahtlos in den arbeitstechnischen Zusammenhang ein (zB Erwerb eines **branchenfremden Betriebes**), wird man im Zweifel davon ausgehen können, dass der im hinzukommenden Betrieb gewählte Betriebsrat im Amt bleibt bzw. ein solcher gewählt werden kann, was zusätzlich damit verbunden wäre, dass neben dem – jetzt nicht mehr das gesamte Unternehmen abdeckenden – unternehmenseinheitlichen Betriebsrat und dem des neuen Betriebes ein **Gesamtbetriebsrat** zu bilden sein würde (§ 47 Abs. 1 BetrVG).[644] Bei **Spartenbetriebsräten** wird die Auslegung jedoch häufiger ergeben, dass neu hinzukommende Betriebe, die in die bisherige Spartenaufteilung im Unternehmen integriert werden können, von den bestehenden Spartenbetriebsräten mit vertreten werden sollen. Denn man wird davon ausgehen können, dass die **Grundentscheidung für eine Spartenorganisation** vom Hinzukommen zusätzlicher Betriebe, die sich hierin einordnen lassen, nicht in Frage gestellt wird.

---

[639] Es ist umstritten, ob auch die Abspaltung kleiner und damit unwesentlicher Betriebsteile eine Betriebsspaltung iSv § 111 S. 2 Nr. 3 BetrVG darstellt; vgl. hierzu → C Rn. 61.

[640] ArbG München 8.6.2006 – 30 BV 196/06, nv, im kursorischen Verfahren gemäß § 98 ArbGG.

[641] Ähnlich HWK/*Gaul* BetrVG § 3 Rn. 47; GK/*Franzen* BetrVG § 3 Rn. 65 verlangt eine ausdrückliche Einbeziehung neu hinzukommender Betriebe; ansonsten gelte die Vereinbarung für diese nicht.

[642] So im Ergebnis auch *Trappehl/Zimmer* BB 2008, 778 (779).

[643] aA ArbG Hamburg 13.6.2006 – 19 BV 16/06, NZA-RR 2006, 645. Nach dieser Auffassung würden im Beispiel D 31 insgesamt 35 Filialen von einem Betriebsrat repräsentiert, während im Laufe der Amtszeit hinzukommende Filialen eigene Betriebsräte behalten oder neu wählen könnten. Ausdrücklich gegen diese Entscheidung *Trappehl/Zimmer* BB 2008, 778 (780).

[644] Zustimmend GK/*Franzen* BetrVG § 3 Rn. 65.

Vor dem Hintergrund der im Einzelfall schwierigen Auslegung ist es empfehlenswert, eine Regelung für die Konstellation der hinzukommenden Betriebe (oder Unternehmen) zu treffen. Dabei sollte neben der Frage der „Aufnahmeoffenheit" auch geregelt werden, welche weiteren Folgen sich für die bisherige/vereinbarte Struktur ergeben.

In allen Fällen sind – ungeachtet der Frage einer Regelung – Neuwahlen erforderlich, wenn sich – bezogen auf den Betrieb im Sinne von § 3 Abs. 5 S. 1 BetrVG – die Zahl der regelmäßig beschäftigten Arbeitnehmer zum Stichtag (24 Monate seit der letzten Wahl) um die Hälfte, mindestens aber um fünfzig, erhöht hat. Diese Regelung stellt ein Minimum an demokratischer Legitimation für einen Betriebsrat sicher, so dass hiervon nicht zugunsten der Amtskontinuität abgewichen werden kann.

7. Übergangsprobleme bei Ablauf der Vereinbarung

So wie es sich anbietet, das Inkrafttreten neuer Regelungen zur betriebsverfassungsrechtlichen Organisation mit dem Zeitpunkt der Wahl neuer Betriebsräte gemäß § 13 Abs. 1 BetrVG in Einklang zu bringen, empfiehlt es sich, die Laufzeit von Tarifverträgen und Betriebsvereinbarungen gemäß § 3 BetrVG parallel zu dem in § 13 Abs. 1 BetrVG geregelten Vier-Jahres-Rhythmus zu regeln. Dies bedeutet allerdings, dass die Vereinbarung nur alle vier Jahre gekündigt werden kann, es sei denn, dass die Parteien für bestimmte Fälle – zB bei wesentlichen Umstrukturierungen – Sonderkündigungsrechte vorgesehen haben. Die Kündigungsfrist sollte großzügig bemessen sein, um den Beteiligten ausreichend Zeit einzuräumen, sich vor der entsprechenden Betriebsratswahl entweder auf eine neue anderweitige Regelung iSv § 3 BetrVG zu verständigen oder Vorkehrungen für die Rückkehr zur gesetzlichen Struktur zu treffen. Es könnte also beispielsweise geregelt werden, dass die jeweilige Vereinbarung mit einer Frist von sechs Monaten zum 31.5. des Jahres gekündigt werden kann, das dem Jahr der regelmäßigen Betriebsratswahlen iSv § 13 Abs. 1 BetrVG vorausgeht, wobei die Betriebsräte nach der § 3 BetrVG-Struktur bis zur Neuwahl im Amt bleiben. Diese Gestaltung lässt es zu, dass auch eine Neuwahl nach der gesetzlichen Betriebsratsstruktur in Ruhe – nämlich innerhalb von ca. 12 Monaten – vorbereitet werden kann. 200

Da Arbeitgebern in der Regel keine Möglichkeiten zur Verfügung stehen, die Ablösung einer nachwirkenden tariflichen Regelung zu erzwingen, empfiehlt es sich aus Arbeitgebersicht, die **Nachwirkung** der gemäß § 3 BetrVG geschlossenen Vereinbarung **ausdrücklich auszuschließen.**[645] Es sollte vielmehr klargestellt werden, dass nach Ablauf der Vereinbarung die gesetzlich vorgesehene betriebsverfassungsrechtliche Organisation gilt. Sind die abweichenden Regelungen durch Betriebsvereinbarung erfolgt, käme eine gesetzliche Nachwirkung iSv § 77 Abs. 6 BetrVG ohnehin nicht in Betracht, da es sich bei Regelungen gemäß § 3 BetrVG nicht um einen Gegenstand der erzwingbaren Mitbestimmung handelt.[646] Nach richtiger Auffassung käme auch die Nachwirkung eines entsprechenden Tarifvertrages iSv § 4 Abs. 5 TVG nicht in Betracht, jedenfalls nicht über die im Tarifvertrag vorgesehene Amtszeit der betriebsverfassungsrechtlichen Gremien hinaus.[647] Zwar geht die wohl hM davon aus, dass § 4 Abs. 5 TVG auch auf betriebsverfassungsrechtliche Normen eines Tarifvertrages Anwendung findet.[648] Die durch die Nachwirkung bezweckte Überbrückungsfunktion zwischen den zeitlichen Geltungsbereichen zweier Tarifverträge ist jedoch nicht erforderlich, wenn nach Ablauf des Tarifvertrages das ranghöhere Betriebs- 201

645 Vgl. BAG 8.10.1997 – 4 AZR 87/96, NZA 1998, 492; GK/*Franzen* BetrVG § 3 Rn. 37.

646 *Hohenstatt/Dzida* DB 2001, 2498 (2502); GK/*Franzen* BetrVG § 3 Rn. 33.

647 *Konzen* RdA 2001, 76 (86); *Hohenstatt/Dzida* DB 2001, 2498 (2502); *Fitting* BetrVG § 3 Rn. 84; *Richardi* in Richardi BetrVG § 3 Rn. 70; grundsätzlich auch DKW/*Trümner* BetrVG § 3 Rn. 231, 233; noch zum alten Recht ausführlich *T. Wißmann*, Tarifvertragliche Gestaltung der betriebsverfassungsrechtlichen Organisation, Berlin 2000, S. 175.

648 *Löwisch/Rieble* TVG § 4 Rn. 852f.; aA *Behrens/Hohenstatt* DB 1991, 1877; ähnlich nunmehr auch DKW/*Trümner* BetrVG § 3 Rn. 233; vgl. ausführlich *Oetker* FS Schaub, 1998, 547ff. mwN.

verfassungsgesetz als Regelung zur Verfügung steht.[649] Die tariflichen Regelungen werden daher spätestens mit der Wahl neuer Betriebsräte gemäß dem Betriebsverfassungsgesetz beendet. Um Unsicherheiten zu vermeiden, empfiehlt sich jedoch der ausdrückliche Ausschluss der Nachwirkung. Dies darf selbstverständlich nicht mit der Gefahr betriebsratsloser Zeiträume verbunden sein, so dass zur Klarstellung geregelt werden sollte, dass die gemäß den abweichenden Regelungen gebildeten betriebsverfassungsrechtlichen Gremien im Amt bleiben, bis die Neuwahl der aufgrund Gesetzes zu wählenden Gremien vollzogen ist. Nach zutreffender Auffassung gilt dies ohnehin. *T. Wißmann*[650] zieht insoweit § 22 BetrVG heran, während andere Autoren von einer analogen Anwendung des in § 21a BetrVG geregelten Übergangsmandats[651] ausgehen. Von der Rechtsfolge her passen durchaus beide Vorschriften, die jeweils eine betriebsverfassungsrechtliche Kontinuität bis zur Neuwahl des Betriebsrates sicherstellen wollen. Für eine analoge Heranziehung von § 21a BetrVG spricht, dass die Rückkehr zu den gesetzlichen Vertretungsstrukturen häufig dazu führt, dass bislang einheitliche Vertretungsbereiche (zB bei der Bildung eines unternehmenseinheitlichen Betriebsrates oder bei der Zusammenfassung von Betrieben iSv § 3 Abs. 1 Nr. 1 lit. a und lit. b BetrVG) in die Ausgangsbetriebe „aufgespalten" bzw. umgekehrt, dass qua Vereinbarung entstandene Vertretungsbereiche wieder zu einem Betrieb „zusammengefasst" werden müssen. Von der Ausgangslage her sind dies § 21a Abs. 1 und 2 BetrVG entsprechende Konstellationen.[652] Auch passt die Verpflichtung des noch amtierenden Betriebsrates, unverzüglich Wahlvorstände in den zukünftigen Vertretungsbereichen zu bestellen.[653] Hingegen besteht keine Rechtsgrundlage dafür, trotz des Ablaufs der Kollektivvereinbarung von einem Fortbestand des Betriebsrats bis zum Ende dessen regulärer Amtszeit auszugehen.[654] Angesichts des Übergangsmandats gemäß § 21a BetrVG besteht für eine solche Rechtsfortbildung keine Notwendigkeit. Sinnvollerweise wird man aber, wie dargelegt, die Laufzeit der Kollektivvereinbarung an den regulären Amtszeiten orientieren und ggf. eine ausdrückliche Nachwirkung bis zu deren Ablauf normieren.

Auch bei der Beendigung von Vereinbarungen gemäß § 3 BetrVG stellt sich – ebenso wie beim Übergang von der gesetzlichen auf die vereinbarte Struktur – die Frage nach dem Schicksal der Betriebsvereinbarungen, die während der Laufzeit der Vereinbarung abgeschlossen wurden. Dem wird im Kap. E im Zusammenhang mit dem Schicksal kollektiver Vereinbarungen bei Umstrukturierungen nachgegangen (→ E Rn. 106 ff.).

VIII. Sprecherausschüsse; Wirtschaftsausschuss; Schwellenwerte

202 In den vorstehenden Kapiteln wurden – entsprechend deren herausgehobener Bedeutung – die Auswirkungen von Unternehmensumstrukturierungen auf den Betriebsrat, den Gesamtbetriebsrat und den Konzernbetriebsrat dargestellt. Von Bedeutung sind hingegen auch diejenigen Folgen einer Umstrukturierung, die sich aus dem Bestand von **Sprecherausschüssen für leitende Angestellte** gemäß dem Sprecherausschussgesetz und aus dem **Wirtschaftsausschuss** gemäß § 106 BetrVG ergeben. Im Übrigen spielen in der Betriebsverfassung gewisse **Schwellenwerte** in Bezug auf die **Zahl der beschäftigten Arbeitnehmer** eine in der täglichen Praxis überaus wichtige Rolle, so zB hinsichtlich der

[649] Ausführlich *T. Wißmann*, aaO S. 175; DKW/*Trümner* BetrVG § 3 Rn. 232; *Hanau/Wackerbarth* FS Ulmer, 2003, 1303 (1312); *Thüsing* ZIP 2003, 693 (704); GK/*Franzen* BetrVG § 3 Rn. 37; vgl. auch *Richardi* in Richardi BetrVG § 3 Rn. 70; rechtspolitisch *Bepler* NZA 2014, 891 (892).
[650] *T. Wißmann*, aaO S. 176.
[651] *Richardi* in Richardi BetrVG § 3 Rn. 70; *Thüsing* ZIP 2003, 693 (704); DKW/*Trümner* BetrVG § 3 Rn. 194, 234; aA *Stöckel* S. 211; ähnlich *Fitting* BetrVG § 3 Rn. 84, der im Ergebnis aber vom Fortbestand betroffener Gremien aufgrund fortwirkender Vereinbarungen ausgeht.
[652] DKW/*Trümner* BetrVG § 3 Rn. 194.
[653] DKW/*Trümner* BetrVG § 3 Rn. 234.
[654] So aber *Fitting* BetrVG § 3 Rn. 84; ähnlich *Eich* FS Weinspach, 2002, 17 (31).

Zahl der Betriebsratsmitglieder (§ 9 BetrVG), der Anzahl von Freistellungen gemäß § 38 BetrVG sowie bei der Mitbestimmung bei personellen Einzelmaßnahmen und Betriebsänderungen (§§ 99, 111 BetrVG), so dass zumindest im Überblick dargestellt werden soll, in welcher Weise sich Umstrukturierungen diesbezüglich auswirken können.

1. Sprecherausschüsse für leitende Angestellte

a) Grundsätzliches zur Organisationsstruktur

Die organisationsrechtlichen Grundsätze, die dem Sprecherausschussgesetz zugrunde liegen, sind an die Organisationsstruktur des Betriebsverfassungsgesetzes angelehnt,[655] wobei es der Gesetzgeber allerdings unterlassen hat, im Zuge der BetrVG-Reform 2001 auch Anpassungen im SprAuG vorzunehmen. Insbesondere spiegelt sich auch die **Dreistufigkeit** der Betriebsverfassung im Sprecherausschussgesetz wider. So sind gemäß § 1 Abs. 1 SprAuG für jeden Betrieb mit in der Regel mindestens zehn leitenden Angestellten Sprecherausschüsse der leitenden Angestellten zu wählen, wobei die Errichtung ebenso wie beim Betriebsrat **freiwillig** ist und allein Sache der wahlberechtigten leitenden Angestellten.[656] Gemäß § 1 Abs. 2 SprAuG können leitende Angestellte eines Betriebs mit in der Regel weniger als 10 leitenden Angestellten dem **räumlich nächstgelegenen Betrieb** desselben Unternehmens **zugeordnet** werden, soweit jener die Voraussetzungen gemäß § 1 Abs. 1 SprAuG erfüllt.[657] Bestehen innerhalb eines Unternehmens mehrere Sprecherausschüsse, ist – insoweit entsprechend § 47 BetrVG – ein **Gesamtsprecherausschuss** zu errichten (§ 16 Abs. 1 SprAuG). Voraussetzung dafür ist nicht nur, dass ein Unternehmen mehrere Betriebe hat, sondern dass mindestens zwei der Betriebe mindestens zehn leitende Angestellte beschäftigen (siehe aber § 1 Abs. 2 SprAuG), so dass die Errichtung eines Gesamtsprecherausschusses nur in recht großen Unternehmen in Betracht kommt. 203

Gemäß § 20 SprAuG kann in Unternehmen mit mehreren Betrieben abweichend von § 1 Abs. 1 und 2 SprAuG ein **Unternehmenssprecherausschuss** der leitenden Angestellten gewählt werden, wenn das **Unternehmen** insgesamt in der Regel **mindestens zehn** leitende Angestellte beschäftigt und wenn dies die **Mehrheit** der leitenden Angestellten des Unternehmens **verlangt.** Diese Regelung, die § 3 Abs. 1 Nr. 1a) BetrVG als Vorbild gedient haben mag, führt zum einen zu einer erleichterten Errichtung einer betriebsverfassungsrechtlichen Vertretung der leitenden Angestellten, da der Unternehmenssprecherausschuss nicht voraussetzt, dass ein oder mehrere Betriebe mit in der Regel mindestens zehn leitenden Angestellten bestehen.[658] Vielmehr genügt es, wenn das Unternehmen insgesamt mindestens zehn leitende Angestellte beschäftigt. Damit wird vermieden, dass Unternehmen, die insgesamt eine erhebliche Zahl von leitenden Angestellten beschäftigen, diese sich jedoch auf mehrere kleinere Betriebe verteilen, aus dem Anwendungsbereich des Sprecherausschussgesetzes herausfallen.[659] Zum anderen ermöglicht § 20 SprAuG den leitenden Angestellten eine gewisse **Flexibilität,** indem es ihrer Entscheidung vorbehalten bleibt, ob eine Vertretung durch mehrere betriebliche Sprecherausschüsse erfolgen soll (die allerdings wiederum Mitglieder in den Gesamtsprecherausschuss gemäß § 16 SprAuG entsenden) oder ob die Repräsentation von vornherein auf derjenigen Ebene – nämlich der Unternehmensebene – erfolgen soll, wo ganz überwiegend die wesentlichen Entscheidungskompetenzen liegen.[660] Dies mag einer der Gründe dafür sein, dass sich der Unternehmenssprecherausschuss in mittleren und kleineren Unternehmen als 204

[655] *Löwisch* SprAuG § 1 Rn. 38.
[656] MHdB ArbR/*Francke* § 311 Rn. 2; *Löwisch* SprAuG § 1 Rn. 50.
[657] Vgl. hierzu MHdB ArbR/*Francke* § 310 Rn. 12.
[658] *Löwisch* SprAuG § 20 Rn. 1; ErfK/*Oetker*, 17. Aufl. 2017, SprAuG § 20 Rn. 1.
[659] Vgl. MHdB ArbR/*Francke* § 311 Rn. 136.
[660] ErfK/*Oetker*, 17. Aufl. 2017, SprAuG § 20 Rn. 1.

Vertretungsform der leitenden Angestellten durchgesetzt hat.[661] Die Errichtung eines Unternehmenssprecherausschusses kommt allerdings dann nicht in Betracht, wenn das Unternehmen über (nur) einen Betrieb mit leitenden Angestellten verfügt. In diesem Fall kann gemäß §§ 1 und 2 SprAuG nur ein – und damit unternehmensweiter – Sprecherausschuss gebildet werden, so dass für einen Unternehmenssprecherausschuss kein Bedürfnis besteht.[662] Ein Defizit des Unternehmenssprecherausschusses liegt darin, dass § 20 Abs. 1 S. 2 SprAuG pauschal auf die §§ 2–15 des Gesetzes verweist, so dass sich auch die **Zahl der Ausschussmitglieder** nach § 4 SprAuG richtet (Höchstzahl der Mitglieder: 7). Die Wahl eines Unternehmenssprecherausschusses würde daher in größeren Unternehmen allein aus diesen Erwägungen häufig unterbleiben, würde die wohl hM nicht § 16 Abs. 2 S. 3 SprAuG für entsprechend anwendbar halten, so dass sich der Arbeitgeber und die leitenden Angestellten wirksam auf eine Erhöhung der Mitgliederzahl einigen können.[663]

Schließlich sieht § 21 SprAuG die Errichtung eines **Konzernsprecherausschusses** vor. Die Voraussetzungen sind parallel zu § 54 BetrVG in der Fassung vor der BetrVG-Reform ausgestaltet (Konzern gemäß § 18 Abs. 1 AktG; Quorum von 75% der leitenden Angestellten sämtlicher Konzernunternehmen).

b) Auswirkungen von Unternehmensumstrukturierungen

205 Soweit **betriebliche Sprecherausschüsse** gemäß § 1 Abs. 1 SprAuG bestehen, sind diese an dieselbe organisatorische Einheit geknüpft wie der Betriebsrat gemäß § 1 Abs. 1 BetrVG.[664] Dies bedeutet, dass Umstrukturierungen mit Auswirkungen auf einzelne Betriebe[665] hinsichtlich der dort bestehenden betrieblichen Sprecherausschüsse parallele Auswirkungen haben, wie sie jeweils für den Betriebsrat dargestellt worden sind. Wird ein Betrieb insgesamt auf einen anderen Inhaber übertragen, bleibt der im Betrieb gebildete Sprecherausschuss im Amt, ebenso wie der Betriebsrat.[666] Sofern im aufnehmenden Unternehmen allerdings bereits ein Unternehmenssprecherausschuss gemäß § 20 SprAuG besteht, verliert der Sprecherausschuss sein Amt.[667] Wird ein **Betrieb gespalten,** bleibt, soweit der Ausgangsbetrieb im Wesentlichen fortbesteht und seine Identität bewahrt,[668] der bisherige Sprecherausschuss im Amt,[669] während in der abgespaltenen Einheit unter Umständen ein neuer Sprecherausschuss gewählt werden kann, wenn diese Einheit den Schwellenwert des § 1 Abs. 1 SprAuG überschreitet und nicht in einen Betrieb eingegliedert[670] wird, der bereits einen Sprecherausschuss besitzt. Erfolgt die Spaltung des Betriebs hingegen unter Beseitigung der bisherigen Betriebsidentität, gilt Entsprechendes für beide aus der Spaltung hervorgehenden Einheiten. Wird innerhalb der „abgespaltenen" Einheit die erforderliche Zahl von zehn Arbeitnehmern nicht erreicht, findet, soweit noch andere Betriebe desselben Unternehmens bestehen, § 1 Abs. 2 SprAuG Anwendung. Mangels gesetzlicher Grundlage steht dem Sprecherausschuss für abgespaltene Betriebsteile bzw. dem Unternehmenssprecherausschuss für veräußerte Betriebe und Betriebsteile kein Über-

---

[661] Vgl. *Sieg* FS Richardi, 2007, 777 (786), der annimmt, dass im Mittelstand 90% aller Sprecherausschüsse Unternehmenssprecherausschüsse seien.

[662] *Löwisch* SprAuG § 20 Rn. 1; *Kaiser* Sprecherausschüsse Rn. 40; ErfK/*Oetker,* 17. Aufl. 2017, SprAuG § 20 Rn. 2.

[663] Vgl. hierzu MHdB ArbR/*Francke* § 311 Rn. 143; *Kappes* DB 1989, 1188 (1189); *Hromadka/Sieg* SprAuG § 20 Rn. 11; ErfK/*Oetker,* 17. Aufl. 2017, SprAuG § 20 Rn. 5; aA *Löwisch* SprAuG § 20 Rn. 13.

[664] MHdB ArbR/*Francke* § 310 Rn. 10; Tschöpe/*Marquardt* Teil 4 A Rn. 1118.

[665] Vgl. → Rn. 3, 4.

[666] ErfK/*Oetker,* 17. Aufl. 2017, SprAuG § 8 Rn. 8; HWK/*Annuß* SprAuG § 8 Rn. 16; *Sieg* FS Richardi, 2007, 777 (796); siehe zum Schicksal des Betriebsrats beim Betriebsübergang → Rn. 8.

[667] ErfK/*Oetker,* 17. Aufl. 2017, SprAuG § 8 Rn. 8; HWK/*Annuß* SprAuG § 8 Rn. 16.

[668] Siehe zur sogenannten Identitätslehre → Rn. 68 ff.

[669] Vgl. *Löwisch* SprAuG § 5 Rn. 16; *Kaiser* Sprecherausschüsse Rn. 47; *Sieg* FS Richardi, 2007, 777 (797).

[670] Vgl. zum Zusammenschluss durch Eingliederung → Rn. 68 ff.; im vorliegenden Zusammenhang vgl. *Löwisch* SprAuG § 5 Rn. 17; *Hromadka/Sieg* SprAuG § 1 Rn. 26; *Kaiser* Rn. 48.

gangsmandat zu.[671] Auch eine analoge Anwendung des § 21a BetrVG auf den Sprecherausschuss scheidet aus; dafür fehlt es bereits an einer planwidrigen Regelungslücke, da sich der Gesetzgeber im Zuge der Ablösung des § 321 UmwG aF bewusst auf eine Regelung für den Betriebsrat beschränkt hat, um dessen besonders ausgeprägte Beteiligungsrechte zu schützen.[672] Bei der Zusammenlegung von Betrieben kommt es ebenso wie beim Betriebsrat[673] darauf an, ob in einen Betrieb eingegliedert wird (Untergang des Sprecherausschusses im eingegliederten Betrieb) oder ob ein neuer Betrieb entsteht (ggf. Untergang beider Sprecherausschüsse).

Eine erhebliche Abweichung zum Betriebsverfassungsgesetz ergibt sich allerdings aus einem Vergleich zwischen den Regelungen in **§ 5 Abs. 2 SprAuG** und § 13 Abs. 2 BetrVG, jeweils betreffend die **Voraussetzungen für eine Wahl außerhalb des Vierjahresrhythmus.** In § 5 Abs. 2 SprAuG fehlen die Tatbestände gem. § 13 Abs. 2 Nr. 1 und 2 BetrVG, also die wesentliche Reduzierung oder Erhöhung der Zahl der regelmäßig beschäftigten leitenden Angestellten und das Sinken der Zahl der Ausschussmitglieder unter die in § 4 SprAuG vorgeschriebene Zahl der Mitglieder. Dies hat zB zur Folge, dass im Fall des Zusammenschlusses zweier Betriebe durch Eingliederung im aufnehmenden Betrieb kein neuer Sprecherausschuss gewählt werden muss, wenn ein solcher dort bereits im Amt ist, und zwar auch dann nicht, wenn sich die Zahl der leitenden Angestellten durch den Zusammenschluss substantiell erhöht.[674] Gleiches gilt umgekehrt im Fall der Betriebsspaltung, wenn im „abgebenden" Betrieb nach Vollzug der Spaltung deutlich weniger leitende Angestellte beschäftigt werden. **Sinkt** allerdings die Zahl der im verbleibenden Betrieb beschäftigten leitenden Angestellten **unter zehn, endet sogleich das Amt des Sprecherausschusses.**[675] Der Sprecherausschuss bleibt im Fall der „Abspaltung" eines Betriebsteils auch dann im Amt, wenn ein (erheblicher) Teil der Mitglieder des Sprecherausschusses dem „abgespaltenen" Betriebsteil angehörte. Eine Neuwahl gemäß § 5 Abs. 2 Nr. 1 SprAuG wird jedoch dann durchzuführen sein, wenn sämtliche Mitglieder des Sprecherausschusses das Unternehmen verlassen haben oder aus anderen Gründen – etwa gemäß § 9 Abs. 2 Nr. 2, 4, 5 oder 6 SprAuG – dem Gremium nicht mehr angehören.[676] Solange hingegen noch ein Mitglied des Sprecherausschusses im Amt ist, bedarf es – soweit nicht die Voraussetzungen von § 5 Abs. 2 SprAuG vorliegen oder die Zahl der leitenden Angestellten unter zehn abgesunken ist – keiner Neuwahl. 206

Für den **Gesamtsprecherausschuss** (§ 16 SprAuG) bzw. den **Unternehmenssprecherausschuss** (§ 20 SprAuG) gelten wiederum andere Regeln, da diese Gremien – ebenso wie der Gesamtbetriebsrat – an die Gesamtheit der Betriebe des Unternehmens (und nicht an den einzelnen Betrieb) anknüpfen. Ebenso wie für den Gesamtbetriebsrat war auch für den Gesamtsprecherausschuss streitig, ob in ihn auch der Sprecherausschuss eines **Gemeinschaftsbetriebes** Mitglieder entsenden kann[677] (siehe jetzt für den Gesamtbetriebsrat § 47 Abs. 9 BetrVG). Da eine solche Entsendung durch einen Gemeinschaftsbetrieb im Hinblick auf den Gesamtbetriebsrat möglich geworden ist, ist es angesichts der systematischen Parallelität sinnvoll, auch ein Entsendungsrecht des Sprecherausschusses eines Gemeinschaftsbetriebes anzuerkennen.[678] Hinsichtlich der Diskussion um die potentielle Entsendung unternehmensfremder Arbeitnehmer aus einem Gemeinschaftsbetrieb sowie die entsprechende Stimmgewichtung kann auf die Ausführungen zur entsprechenden Problematik beim Gesamtbetriebsrat verwiesen werden, vgl. → Rn. 116 ff. 207

---

[671] *Mengel,* Umwandlungen im Arbeitsrecht, S. 319; ErfK/*Oetker,* 17. Aufl. 2017, SprAuG § 8 Rn. 8, *Rieble* NZA 2002, 233, 240; HWK/*Annuß* SprAuG § 8 Rn. 15.

[672] Vgl. BT-Drs. 14/5741, 39; GK/*Kreutz* BetrVG § 21a Rn. 2; HWK/*Reichold* BetrVG § 21a Rn. 22; *Besgen/Langner* NZA 2003, 1239, 1240; aA *Sieg* FS Richardi, 2007, 777, 793.

[673] → Rn. 64 ff.

[674] HWK/*Annuß* SprAuG § 8 Rn. 16.

[675] *Löwisch* SprAuG § 1 Rn. 48; ErfK/*Oetker* SprAuG § 1 Rn. 4.

[676] *Löwisch* SprAuG § 4 Rn. 2 sowie § 5 Rn. 4.

[677] Vgl. zum Streitstand *Löwisch* SprAuG § 16 Rn. 3; siehe auch *Kaiser* Rn. 15.

[678] Offen gelassen bei HWK/*Annuß* SprAuG § 19 Rn. 2.

208 Die Auswirkungen von Unternehmensumstrukturierungen auf das Bestehen bzw. Entstehen eines Gesamtsprecherausschusses sind in jeder Hinsicht parallel zu denjenigen, wie sie für den Gesamtbetriebsrat dargestellt worden sind,[679] dh der Sprecherausschuss bleibt jedenfalls dann im Amt, wenn die Betriebsidentität gewahrt bleibt. Gleiches gilt im Grundsatz für den **Unternehmenssprecherausschuss,** der im BetrVG – abgesehen von der fakultativen Möglichkeit der Bildung eines unternehmenseinheitlichen Betriebsrates gem. § 3 Abs. 1 Nr. 1 lit. a BetrVG – keine Parallele hat. Dieser besteht nicht – wie der Gesamtsprecherausschuss – aus von den einzelnen Sprecherausschüssen entsandten Mitgliedern, sondern ist ein direkt im gesamten Unternehmen einheitlich gewähltes Gremium. Sein Bestand ist deshalb jedoch ebenso wenig, wie dies beim Gesamtbetriebsrat der Fall ist, mit dem Fortbestand des Rechtsträgers verknüpft.[680] Der Unternehmenssprecherausschuss ist kein Organ des Unternehmens und muss daher nicht notwendigerweise immer dann untergehen, wenn das Unternehmen bei einer Umstrukturierung untergeht. Es bleibt daher nicht nur ein **Formwechsel ohne Auswirkungen.**[681] Auch bei der **Verschmelzung oder bei der Aufspaltung** besteht der Unternehmenssprecherausschuss fort, wenn alle Betriebe des bisherigen Rechtsträgers übertragen worden sind und beim aufnehmenden Rechtsträger keine Betriebe vorhanden sind.[682] Besteht hingegen im aufnehmenden Unternehmen ein Unternehmenssprecherausschuss, geht bei der Verschmelzung derjenige im übertragenden Unternehmen unter und werden die leitenden Angestellten von dem im aufnehmenden Unternehmen gewählten Unternehmenssprecherausschuss vertreten.[683]

209 Von einem Fortbestand des Unternehmenssprecherausschusses ist also insbesondere dann auszugehen, wenn sämtliche Betriebe auf einen der an der Aufspaltung beteiligten Rechtsträger übergegangen sind. Hier besteht für eine Neuwahl des Unternehmenssprecherausschusses ebenso wenig Anlass wie für die Neuerrichtung des Gesamtbetriebsrates, da die Aufspaltung die für die Betriebsverfassung wesentlichen Einheiten unangetastet lässt.[684]

210 **Beispiel D 32:**

Ein Unternehmen spaltet sich in eine Besitz- und eine Betriebsgesellschaft.

---

[679] Vgl. → Rn. 98 ff.
[680] So aber *Löwisch* SprAuG § 20 Rn. 15; *Kramer* S. 62.
[681] *Löwisch* SprAuG § 20 Rn. 15.
[682] Vgl. zum Schicksal des Gesamtbetriebsrats bei Umstrukturierungen → Rn. 98 ff.
[683] *Löwisch* SprAuG § 20 Rn. 15.
[684] So auch *Löwisch* SprAuG § 20 Rn. 15, der hier allerdings nicht ganz präzise von einer Verbindung der Unternehmen zur „einheitlichen Wahrnehmung" der Arbeitgeber-Funktionen ausgeht; ähnlich *Kaiser* Sprecherausschüsse Rn. 53, die in diesem Zusammenhang irrtümlich mit dem Begriff „Gemeinschaftsunternehmen" operiert; vgl. auch *Kramer* S. 62.

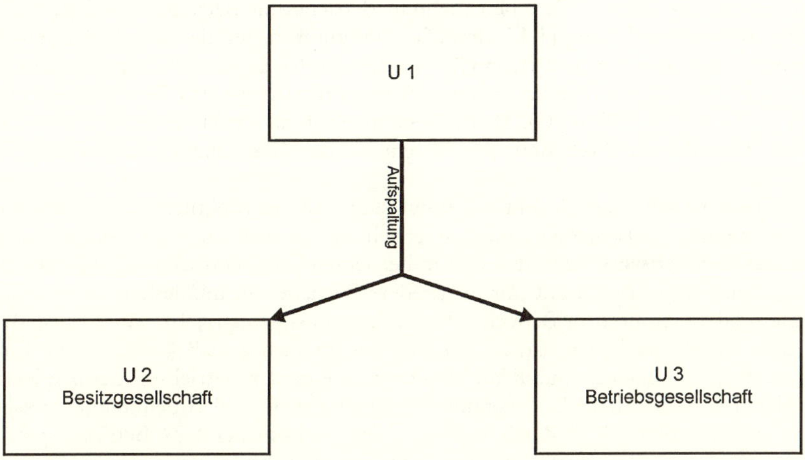

Hier stößt es nicht auf Bedenken, wenn der bei U 1 gebildete Unternehmenssprecherausschuss bei U 3 fortbesteht.

Diese Konstellation ergibt sich indessen keineswegs nur im Fall einer Aufspaltung in eine Besitz- und eine Betriebsgesellschaft. Auch bei anderen Umwandlungsarten und bei bestimmten Konstellationen der Einzelrechtsnachfolge kann die Situation auftreten, dass diejenigen Betriebe und Arbeitnehmer, für die innerhalb eines Unternehmens ein Unternehmenssprecherausschuss gebildet worden ist, zusammengefasst und insgesamt auf einen anderen Rechtsträger übertragen werden, ohne dass sich weitere Änderungen ergeben, insbesondere ohne dass im aufnehmenden Unternehmen Betriebe bestehen. 211

Beispiel D 33:

Ein Unternehmen U veräußert (nahezu) sämtliche Vermögensgegenstände an eine neu gegründete Gesellschaft G bzw. U wird auf G verschmolzen.

Auch in diesen Konstellationen besteht für das Erlöschen des Unternehmenssprecherausschusses kein Bedürfnis, obwohl der Rechtsträger gewechselt hat.

Für den **Konzernsprecherausschuss** gelten wiederum diejenigen Ausführungen entsprechend, die sich mit den Auswirkungen von Umstrukturierungen auf den Konzernbetriebsrat befassen.[685] 212

2. Wirtschaftsausschuss

a) Grundsätzliches zur Organisationsstruktur

Ein Wirtschaftsausschuss kann in allen Unternehmen mit in der Regel mehr als 100 ständig beschäftigten Arbeitnehmern gebildet werden. Er hat die Aufgabe, wirtschaftliche Angelegenheiten mit dem Unternehmer zu beraten und den Betriebsrat zu unterrichten (§ 106 Abs. 1 BetrVG). Der Wirtschaftsausschuss besteht aus mindestens drei und höchstens sieben Mitgliedern, die dem Unternehmen angehören müssen, darunter mindestens einem Betriebsratsmitglied (§ 107 Abs. 1 S. 1 BetrVG). Ein zwingender Zusammenhang zwischen der Größe des Wirtschaftsausschusses und der des Unternehmens besteht nicht, so dass der Betriebsrat innerhalb der genannten Grenzen die **konkrete Mitgliederzahl selbst festlegen kann.**[686] Die **Bestellung** der Mitglieder des Wirtschaftsausschusses er- 213

[685] Vgl. → Rn. 122ff.

[686] HWK/*Willemsen/Lembke* BetrVG § 107 Rn. 3; *Fitting* BetrVG § 107 Rn. 3; DKW/*Däubler* BetrVG § 107 Rn. 3.

folgt durch den Betriebsrat. Bestehen mehrere Betriebe mit Betriebsrat und ist daher ein Gesamtbetriebsrat zu bilden (§ 47 BetrVG), bestimmt dieser die Mitglieder des Wirtschaftsausschusses (§ 107 Abs. 2 BetrVG). Wurden die Mitglieder des Wirtschaftsausschusses durch den Betriebsrat bestellt, ist deren **Amtszeit mit der des Betriebsrats gekoppelt** (§ 107 Abs. 2 S. 1 BetrVG). Beim Gesamtbetriebsrat entscheidet der Zeitpunkt, zu dem die Amtszeit der **Mehrheit** der Mitglieder des Gesamtbetriebsrats abgelaufen ist (Satz 2).[687]

Der Betriebsrat bzw. der Gesamtbetriebsrat kann mit der Mehrheit seiner Stimmen beschließen, keinen Wirtschaftsausschuss zu errichten, sondern die Aufgaben einem **Ausschuss des Betriebsrats** bzw. des Gesamtbetriebsrats zu übertragen (§ 107 Abs. 3 S. 1 BetrVG). Diese Variante kommt nur für größere Betriebe mit mindestens 201 ständig beschäftigten Arbeitnehmern in Betracht, da der Ausschuss gemäß § 107 Abs. 3 S. 2 BetrVG nicht mehr Mitglieder haben darf als der Betriebsausschuss gemäß § 27 BetrVG. Ein Betriebsausschuss ist hingegen nur dann zu bilden, wenn der Betriebsrat neun oder mehr Mitglieder hat, was – ebenfalls – voraussetzt, dass mehr als 200 Arbeitnehmer beschäftigt werden (vgl. § 9 BetrVG).[688] Auch innerhalb der Grenzen des § 27 BetrVG ist der Betriebsrat bzw. Gesamtbetriebsrat frei, die Größe des Ausschusses nach eigenen Vorstellungen zu bestimmen.[689]

b) Auswirkungen von Unternehmensumstrukturierungen

214 Die Existenz eines Wirtschaftsausschusses kann dann in Frage gestellt sein, wenn der **Schwellenwert** von mindestens 100 ständig beschäftigten Arbeitnehmern gemäß § 106 Abs. 1 S. 1 BetrVG dauerhaft unterschritten wird. Im Gegenzug kann eine Umstrukturierung erstmals zur Bildung eines Wirtschaftsausschusses führen, wenn ein bislang kleineres Unternehmen nunmehr ständig über 100 Arbeitnehmer beschäftigt. Den damit verknüpften Fragen soll im Zusammenhang mit den gesondert zu betrachtenden **Schwellenwerten** gemäß Betriebsverfassungsrecht und deren Bedeutung bei Umstrukturierungen nachgegangen werden.[690]

Auch andere Veränderungen der Unternehmensstruktur können indessen Auswirkungen auf den Wirtschaftsausschuss haben. Da der Wirtschaftsausschuss an das Unternehmen und damit den Rechtsträger geknüpft ist, führen rein betriebliche Veränderungen, soweit diese nicht die Zahl der Arbeitnehmer im Sinne des Unter- bzw. Überschreitens des Schwellenwerts betreffen, nicht zu Auswirkungen in Hinblick auf den Wirtschaftsausschuss. Werden also etwa innerhalb eines Unternehmens, das über mehrere Betriebe und einen Gesamtbetriebsrat verfügt, Betriebe zusammengelegt oder gespalten, ist dies im Hinblick auf den vom Gesamtbetriebsrat bestellten Wirtschaftsausschuss ohne Bedeutung. Es können sich allenfalls kleinere Veränderungen **hinsichtlich der personellen Zusammensetzung des Wirtschaftsausschusses** ergeben, und zwar dann, wenn die betrieblichen Umstrukturierungen dazu führen, dass als Betriebsratsmitglieder in den Wirtschaftsausschuss gewählte Arbeitnehmer ihre **Stellung als Betriebsrat verlieren.**

215 **Beispiel D 34:**

Ein Unternehmen mit mehr als 100 Arbeitnehmern unterhält bislang einen Betrieb, von dem ein Betriebsteil „abgespalten" und organisatorisch verselbständigt wird. Im „abgespaltenen" Betriebsteil wird ein bisheriges Mitglied des Betriebsrats sowie des Wirtschaftsausschusses beschäftigt.

---

687 Siehe das Beispiel bei *Fitting* BetrVG § 107 Rn. 19.

688 HWK/*Willemsen/Lembke* BetrVG § 107 Rn. 41; *Fitting* BetrVG § 107 Rn. 31; DKW/*Däubler* BetrVG § 107 Rn. 36, 42; GK/*Oetker* BetrVG § 107 Rn. 50; HWGNRH/*Hess* BetrVG § 107 Rn. 34.

689 *Fitting* BetrVG § 107 Rn. 34; DKW/*Däubler* BetrVG § 107 Rn. 39.

690 Hierzu sogleich unter → Rn. 230.

In diesem Fall **endet** das Amt des Betriebsratsmitglieds gemäß § 24 Nr. 4 BetrVG,[691] so dass auch das Amt des als Betriebsratsmitglied in den Wirtschaftsausschuss gewählten Mitglieds **erlischt.**[692] Allerdings besteht die Mitgliedschaft im Wirtschaftsausschuss für die Dauer einer etwaigen Tätigkeit im Betriebsrat im Rahmen des Übergangsmandats gemäß § 21a BetrVG fort.[693]

Fragen knüpfen sich auch an diejenige Gestaltung, bei der innerhalb eines Unterneh- 216
mens, in dem bereits ein Betriebsrat mit Wirtschaftsausschuss besteht, **erstmals** die Voraussetzungen für die Bildung eines **Gesamtbetriebsrats** erfüllt werden, etwa im vorstehenden **Beispiel D 34,** wenn im „abgespaltenen" und organisatorisch (nicht rechtlich) verselbständigten Betriebsteil ebenfalls ein Betriebsrat gewählt wird. Bleibt in dieser Konstellation der von dem ursprünglichen Betriebsrat gebildete Wirtschaftsausschuss im Amt oder hat nun der Gesamtbetriebsrat gemäß § 107 Abs. 2 S. 2 BetrVG einen (neuen) Wirtschaftsausschuss zu bilden? Zwar ist die Amtszeit des vom Betriebsrat bestellten Wirtschaftsausschusses gemäß § 107 Abs. 2 S. 1 BetrVG mit der des Betriebsrats identisch, so dass man meinen könnte, der vom Einzelbetriebsrat gebildete Wirtschaftsausschuss bleibe bis zum Ablauf dieser Amtszeit bestehen. Da die Zuständigkeit des Gesamtbetriebsrates für die Bildung des Wirtschaftsausschusses hingegen zwingend ist (§ 107 Abs. 2 S. 1 BetrVG), verliert der vom Einzelbetriebsrat bestellte Wirtschaftsausschuss mit dem Vorliegen der Errichtungsvoraussetzungen für einen Gesamtbetriebsrat sein Amt und es ist ein neuer Wirtschaftsausschuss vom Gesamtbetriebsrat zu bestellen. Im umgekehrten Fall, wenn also nach einer Umstrukturierung nur noch ein Betrieb im Unternehmen verbleibt, verliert der vom bisherigen Gesamtbetriebsrat bestellte Wirtschaftsausschuss ebenfalls sein Amt. Der verbleibende Betriebsrat kann bei Vorliegen der gesetzlichen Voraussetzungen einen neuen Wirtschaftsausschuss bestellen.[694]

Im Hinblick auf die Auswirkungen anderer Umstrukturierungsmaßnahmen – insbeson- 217
dere solcher, die nicht nur die betriebliche sondern (auch) die **Unternehmensebene** betreffen – ist an dasjenige Schicksal anzuknüpfen, das den Betriebsrat bzw. den Gesamtbetriebsrat trifft, der den Wirtschaftsausschuss bestellt hat. Der Wirtschaftsausschuss ist ein Hilfsorgan des (Gesamt-)Betriebsrates, so dass es nur konsequent ist, von seinem Fortbestand (nur) dann auszugehen, wenn auch das Amt des jeweiligen (Gesamt-)Betriebsrates fortbesteht. Wird also zB bei einer Umwandlung nach dem UmwG ein Unternehmen mit Wirtschaftsausschuss auf ein anderes Unternehmen verschmolzen, so geht nicht nur der (Gesamt)Betriebsrat des übertragenden Rechtsträgers unter, sondern auch dessen Wirtschaftsausschuss. Wird hingegen aus einem Unternehmen mit einem Betrieb dieser Betrieb nach dem UmwG auf eine neu gegründete Gesellschaft (NewCo) ohne Betriebsrat ausgegliedert, bleibt der Betriebsrat angesichts der fortbestehenden Betriebsidentität im Amt. Dies gilt dann auch für den Wirtschaftsausschuss.

Bestehen unternehmensübergreifende Sparten(gesamt)betriebsräte,[695] können dort entsprechende Wirtschaftsausschüsse nur in Ergänzung zur gesetzlich vorgesehenen Struktur gebildet werden.[696]

---

691 Vgl. *Fitting* BetrVG § 24 Rn. 36.

692 *Fitting* BetrVG § 107 Rn. 9, 14; aA Richardi/*Annuß* BetrVG § 107 Rn. 23; GK/*Oetker* BetrVG § 107 Rn. 35; HWK/*Willemsen/Lembke* BetrVG § 107 Rn. 18 sowie DKW/*Däubler* BetrVG § 107 Rn. 28, die dies nur annehmen, wenn der aus dem Betriebsrat ausscheidende Arbeitnehmer das einzige Betriebsratsmitglied im Wirtschaftsausschuss war.

693 Zur personellen Zusammensetzung des Betriebsrats während des Übergangsmandats unter → Rn. 95.

694 HWK/*Willemsen/Lembke* BetrVG § 107 Rn. 25.

695 Vgl. die Szenarien bei *Edenfeld* DB 2015, 679 (680); zur Problematik ebenso → Rn. 166ff.

696 *Edenfeld* DB 2015, 679 (682); vgl. *Fitting* BetrVG § 106 Rn. 4; vgl. GK/*Oetker* BetrVG § 106 Rn. 26ff.

c) Wirtschaftsausschuss im Gemeinschaftsbetrieb

218 Fraglich ist, ob der für einen Gemeinschaftsbetrieb zu bildende Betriebsrat[697] seinerseits einen Wirtschaftsausschuss für den Gemeinschaftsbetrieb bestellen kann. Dies ergibt sich nicht unmittelbar aus § 106 Abs. 1 BetrVG. Denn danach kann lediglich in allen *Unternehmen* mit in der Regel mehr als 100 ständig beschäftigten Arbeitnehmern ein Wirtschaftsausschuss gebildet werden. Der Gemeinschaftsbetrieb ist kein Unternehmen, sondern eine **organisatorische Einheit,** die zwei Unternehmen zuzurechnen ist. Dies ist auch die Auffassung des *Siebten Senats* des Bundesarbeitsgerichts,[698] der streng auf den Unternehmensbegriff in den handelsrechtlichen Gesetzen abstellt. Für Gemeinschaftsbetriebe, die mehr als 100 Arbeitnehmer beschäftigen, bei denen die Trägerunternehmen jedoch jeweils unterhalb des Schwellenwertes gemäß § 106 BetrVG bleiben, anerkennt der Siebte Senat aber eine **„planwidrige Gesetzeslücke“**, die anhand der aus dem Gesetz erkennbaren Ordnungsstrukturen und Grundwertungen geschlossen werden müsse.[699] Der Gesetzgeber habe einen Wirtschaftsausschuss in Betrieben mit mehr als 100 Arbeitnehmern in jedem Fall für sinnvoll angesehen. Er habe lediglich auf das Unternehmen abgestellt, um auch die Konstellation zu erfassen, dass der Schwellenwert erst durch die Addition der Belegschaften mehrerer Betriebe eines Unternehmens überschritten werde. Keinesfalls aber habe die Bildung eines **Wirtschaftsausschusses in Betrieben mit mehr als 100 Arbeitnehmern,** an denen mehrere Unternehmen beteiligt sind, ausgeschlossen werden sollen. Schließlich sei der Wirtschaftsausschuss **Hilfsorgan des Betriebsrates.**[700] Mit dieser Konzeption sei es „unvereinbar, dem Betriebsrat eines schon für sich allein die in § 106 Abs. 1 BetrVG vorausgesetzte Beschäftigungszahl erreichenden Betriebes die Unterstützung durch einen Wirtschaftsausschuss allein deshalb zu versagen, weil die unternehmerseitige Organisation der Rechtsträgerschaft des Betriebes gesellschaftsrechtlich in einer Weise ausgestaltet ist, dass mehrere rechtlich selbständige Rechtsträger jeweils nur eine geringe Zahl von Arbeitnehmern beschäftigen“. Diese Auffassung wird in der Literatur überwiegend geteilt.[701]

219 Die vorstehend dargestellte Entscheidung des Bundesarbeitsgerichts bezieht sich indessen auf die besondere Konstellation, in der innerhalb beider Trägerunternehmen des Gemeinschaftsbetriebes kein Wirtschaftsausschuss besteht, da jene allein jeweils den Schwellenwert von 100 ständig beschäftigten Arbeitnehmern (vgl. § 106 Abs. 1 BetrVG) nicht überschreiten. Werden die **Schwellenwerte** hingegen innerhalb der Trägerunternehmen **überschritten** und bestehen dort Wirtschaftsausschüsse, sollte nach einer in der Literatur schon vor der BetrVG-Reform weit verbreiteten Auffassung der Gemeinschaftsbetrieb an der Bildung der Wirtschaftsausschüsse der (beiden) Trägerunternehmen zu **beteiligen** sein.[702] Seit mit § 47 Abs. 9 BetrVG klargestellt ist, dass der Betriebsrat eines Gemeinschaftsbetriebes Mitglieder in die Gesamtbetriebsräte der Trägerunternehmen entsenden kann, lässt sich dies nicht mehr bestreiten.[703]

---

697 Vgl. zum Gemeinschaftsbetrieb mehrerer Unternehmen → Rn. 18ff.

698 BAG 1.8.1990 – 7 ABR 91/88, NZA 1991, 643; bestätigt (obiter dictum) durch BAG 29.9.2004 – 1 ABR 39/03, NZA 2005, 420 (424) unter II 2. d) der Gründe.

699 BAG 1.8.1990 – 7 ABR 91/88, NZA 1991, 643 (644) unter II. 2. b); vgl. auch BAG 22.3.2016 – 1 ABR 10/14, NZA 2016, 969.

700 BAG 1.8.1990 – 7 ABR 91/88, NZA 1991, 643 (644); vgl. auch BAG 22.3.2016 – 1 ABR 10/14, NZA 2016, 969.

701 DKW/*Däubler* BetrVG § 106 Rn. 20; *Edenfeld* DB 2015, 679 (681); *Fitting* BetrVG § 106 Rn. 18; GK/*Oetker* BetrVG § 106 Rn. 22; *Schubert* ZfA 2004, 253 (264); HWK/*Willemsen/Lembke* BetrVG § 106 Rn. 26; aA Richardi/*Annuß* BetrVG § 106 Rn. 8.

702 MHdB ArbR/*Joost* (1. Aufl.) § 311 Rn. 6; *Fitting/Kaiser/Heither/Engels* (20. Aufl.) BetrVG § 106 Rn. 12; DKK/*Däubler* (7. Aufl.) BetrVG § 106 Rn. 19a.

703 Vgl. zur neuen Rechtslage *Fitting* BetrVG § 106 Rn. 18ff.; DKW/*Däubler* BetrVG § 106 Rn. 21; HWK/*Willemsen/Lembke* BetrVG § 106 Rn. 27.

d) Wirtschaftsausschuss im grenzüberschreitenden Unternehmen[704]

Verfügt ein ausländisches Unternehmen über eine Niederlassung in Deutschland, stellt sich zunächst die Frage, ob hinsichtlich des Schwellenwertes gemäß § 106 Abs. 1 BetrVG lediglich auf die im **Inland** beschäftigten Arbeitnehmer **oder** auf diejenigen des **Unternehmens insgesamt** abzustellen ist. Die hM wendet richtigerweise das **Territorialitätsprinzip** an und bezieht daher lediglich die innerhalb Deutschlands beschäftigten Arbeitnehmer mit ein.[705] Wenn hiergegen angeführt wird, § 106 Abs. 1 S. 1 BetrVG spreche ausdrücklich von den „im Unternehmen" beschäftigten Arbeitnehmern,[706] wird dabei übersehen, dass die Auslegung des gesetzlichen Tatbestandes nicht darüber hinweggehen kann, dass das Betriebsverfassungsgesetz **ausschließlich Inlandssachverhalte** regelt. 220

Verfügt allerdings die Niederlassung des ausländischen Unternehmens ihrerseits über mehr als 100 ständig beschäftigte Arbeitnehmer, kann der dort bestehende Betriebsrat selbstverständlich einen Wirtschaftsausschuss bilden. Fraglich ist allein, wie zu verfahren ist, wenn das ausländische Unternehmen innerhalb Deutschlands **mehrere Niederlassungen** betreibt. Werden in diesem Rahmen insgesamt mehr als 100 Arbeitnehmer beschäftigt, kommt die Bildung eines **einheitlichen Wirtschaftsausschusses** für die verschiedenen Niederlassungen nur dann in Betracht, wenn die **Voraussetzungen** erfüllt sind, die für die Errichtung eines Gesamtbetriebsrates innerhalb ausländischer Unternehmen gelten.[707] Es muss demnach innerhalb Deutschlands eine **„übergeordnete einheitliche Organisation"** und ein „nach außen zum Ausdruck kommender, auf Einheit bedachter Organisationswille des oder der Eigentümer" festgestellt werden können.[708] Ansonsten fehlte es dem Wirtschaftsausschuss – ebenso wie einem Gesamtbetriebsrat – an einem Gegenüber im Inland, dem im Rahmen der Zusammenarbeit mit dem Wirtschaftsausschuss entsprechende Verpflichtungen auferlegt werden könnten.[709] Die hiervon abweichende Auffassung lässt hingegen bei Überschreitung des Schwellenwertes die Bildung eines Wirtschaftsausschusses ohne weitere Voraussetzungen zu, auch wenn der Schwellenwert nur bei Zusammenrechnung verschiedener Niederlassungen bzw. Betriebe eines ausländischen Arbeitgebers erreicht wird.[710] 221

3. Schwellenwerte (Zahlengrenzen)

Das Betriebsverfassungsgesetz enthält in einer Vielzahl von Vorschriften Zahlengrenzen bzw. Schwellenwerte, die für die betriebliche Praxis teilweise von herausragender Bedeutung sind. Dies beginnt schon in § 1 BetrVG, der für die Wählbarkeit eines Betriebsrats zur Voraussetzung erhebt, dass im Betrieb in der Regel mindestens fünf „ständige" Arbeitnehmer beschäftigt werden, von denen wiederum drei wählbar sein müssen. Auch die **Zahl der Betriebsratsmitglieder** (§ 9 BetrVG) und die Zahl der **Freistellungen** gemäß § 38 BetrVG hängen davon ab, wie viele Arbeitnehmer (gleich ob wählbar oder nicht) in der Regel im Betrieb beschäftigt werden.[711] Im Übrigen hängen einzelne **Mitbestim-** 222

[704] Vgl. zum Gesamtbetriebsrat und Konzernbetriebsrat bei Auslandsberührung unter → Rn. 138 ff.

[705] HWK/*Willemsen/Lembke* BetrVG § 106 Rn. 19; Richardi/*Annuß* BetrVG § 106 Rn. 13; *Fitting* BetrVG § 106 Rn. 19; GK/*Oetker* § 106 Rn. 43; vgl. zum Territorialitätsgrundsatz für die Anwendbarkeit des Kündigungsschutzgesetzes BAG 17.1.2008 – 2 AZR 902/06, NZA 2008, 872.

[706] DKW/*Däubler* BetrVG § 106 Rn. 28; GK/*Fabritius* (6. Aufl.) BetrVG § 106 Rn. 27 ff. und 46.

[707] Vgl. hierzu ausführlich unter → Rn. 138 ff.

[708] BAG 1.10.1974 – 1 ABR 77/73, DB 1975, 453.

[709] Zustimmend GK/*Oetker* BetrVG § 106 Rn. 24; Richardi/*Annuß* BetrVG § 106 Rn. 14 iVm BetrVG § 47 Rn. 21; HWK/*Willemsen/Lembke* BetrVG § 106 Rn. 25; *Fitting* BetrVG § 106 Rn. 20; *Stege/Weinspach/Schiefer* BetrVG §§ 106–109 Rn. 4.

[710] DKW/*Däubler* BetrVG § 106 Rn. 29.

[711] Weitere Tatbestände, in denen im Hinblick auf die betriebsverfassungsrechtliche Organisation auf Zahlengrenzen abgestellt wird, sind § 27 BetrVG (Betriebsausschuss), § 28a BetrVG (Arbeitsgruppen), § 51 BetrVG (Gesamtbetriebsausschuss), § 59 BetrVG (Konzernbetriebsausschuss) und §§ 60, 62 BetrVG (Jugend- und Auszubildendenvertretungen).

mungsrechte vom Überschreiten bestimmter Beschäftigtenzahlen ab. Sieht man von den Regelungen in den weniger zentralen §§ 95 Abs. 2 (Auswahlrichtlinien) und 110 BetrVG (Bericht des Arbeitgebers über die wirtschaftliche Lage des Unternehmens) ab, stehen dabei insbesondere **§ 99 BetrVG** (Mitbestimmung bei personellen Einzelmaßnahmen) und **§§ 111, 112a BetrVG** (Betriebsänderung; Sozialplan) im Vordergrund. Einen auf das Unternehmen bezogenen Schwellenwert enthält schließlich **§ 106 BetrVG** hinsichtlich der Errichtung eines **Wirtschaftsausschusses.**

Seit dem Inkrafttreten der Reform des AÜG am 1.4.2017 ist zudem § 14 Abs. 2 AÜG zu beachten, wenn es um die Frage der Berücksichtigung von **Leiharbeitnehmern** geht. Durch § 14 Abs. 1 AÜG wird klargestellt, dass die Leiharbeitnehmer auch während ihres Aufenthalts im Entleiherbetrieb betriebsverfassungsrechtlich Angehörige des Verleiherbetriebes bleiben. § 14 Abs. 2 BetrVG durchbricht diesen Grundsatz. Zunächst stellt die Vorschrift klar, dass Leiharbeitnehmer ua bei der Wahl der betriebsverfassungsrechtlichen Arbeitnehmervertretungen (insbesondere also der Betriebsräte) im Entleiherbetrieb nicht wählbar sind (kein passives Wahlrecht), aber berechtigt sind, die Sprechstunden dieser Arbeitnehmervertretungen aufzusuchen und an den Betriebs- und Jugendversammlungen im Entleiherbetrieb teilzunehmen. Nach § 7 S. 2 BetrVG haben Leiharbeitnehmer zudem das **aktive Wahlrecht** zum Betriebsrat des Entleiherbetriebs, soweit sie länger als **drei Monate** im Betrieb eines anderen Arbeitgebers eingesetzt werden. Darüber hinaus wurde aber in Anlehnung an die Rechtsprechung des BAG[712] geregelt, dass, soweit Bestimmungen des BetrVG (mit Ausnahme von § 112a BetrVG), des EBRG oder der entsprechenden Wahlordnungen eine bestimmte Anzahl oder einen bestimmten Anteil von Arbeitnehmern voraussetzen, Leiharbeitnehmer auch im Entleiherbetrieb zu berücksichtigen sind. Obwohl dies anders als für die Unternehmensmitbestimmung (§ 14 Abs. 2 S. 6 BetrVG) nicht ausdrücklich geregelt ist, erscheint es überzeugend, Leiharbeitnehmer der Arbeitnehmerzahl des Entleiherbetriebs nur zuzurechnen, wenn sie für eine gewisse Dauer im Betrieb beschäftigt sind und die Arbeitsplätze „in der Regel" mit Leiharbeitnehmern besetzt sind.[713] Bei der Anwendung von § 14 Abs. 2 S. 4 BetrVG ist zudem zu beachten, dass die Norm eine Rechtsgrundverweisung und keine Rechtsfolgenverweisung enthält.[714] So kommt es bei § 1 und § 106 BetrVG nicht nur darauf an, ob Arbeitnehmer „in der Regel" beschäftigt sind, sondern auch darauf, dass sie dies „ständig" sind.

a) Schwellenwerte hinsichtlich der betriebsverfassungsrechtlichen Organisation

223 Bei den betriebsverfassungsrechtlichen Schwellenwerten sind zunächst – bezogen auf den Betrieb – die §§ 1, 9 und 38 BetrVG zu nennen. Darauf bezogene Überlegungen werden bei Unternehmensumstrukturierungen häufig eine erhebliche Rolle spielen. So wird insbesondere stets Beachtung finden, wie sich Veränderungen auf den Bestand bzw. die Wählbarkeit von Betriebsräten auswirken, ob sich durch bestimmte Maßnahmen die Zahl der Betriebsratsmitglieder erhöht oder reduziert und – wegen der damit verbundenen Kostenbelastung – in welchem Umfang Freistellungen von Betriebsratsmitgliedern erfolgen müssen.

Sämtliche der genannten Vorschriften stellen auf die **regelmäßige** Beschäftigtenzahl ab **(„in der Regel").** Damit wird unterstrichen, dass es auf eine rein zufällige Betrachtung zu einem bestimmten Stichtag nicht ankommen kann. Entscheidend sind vielmehr die regelmäßigen Verhältnisse und zwar wegen § 14 Abs. 2 BetrVG unter Einschluss der (in der Regel) mit Leiharbeitnehmern besetzten Arbeitsplätze. Die vorübergehende Erhöhung oder Reduzierung der Personalstärke wegen außergewöhnlichen Arbeitsanfalls bzw. Auf-

---

[712] BAG 18.10.2011 – 1 AZR 335/10, NZA 2012, 211; 13.3.2013, AP BetrVG 1972 § 9 Nr. 15; krit. dazu ErfK/*Wank* AÜG § 14 Rn. 34.

[713] ErfK/*Wank* AÜG § 14 Rn. 34; ebenfalls eine Einschränkung fordernd *Thüsing* AÜG § 14 Rn. 66; aA Schüren/Hamann/*Hamann* AÜG § 14 Rn. 127ff.; BeckOK ArbR/*Motz* AÜG § 14 Rn. 17.

[714] ErfK/*Wank* AÜG § 14 Rn. 34;

tragsrückgangs bleibt daher unberücksichtigt.[715] Entscheidend für die Feststellung der Zahl der in der Regel beschäftigten Arbeitnehmer ist eine **Gesamtschau,** die sowohl einen **Rückblick** auf die Vergangenheit als auch eine Einschätzung der **zukünftigen Entwicklung** beinhaltet. Hat also unmittelbar zuvor ein drastischer Personalabbau stattgefunden, steht jedoch bereits fest, dass eine Mehrzahl der Arbeitsplätze mit Beginn der bevorstehenden Saison wieder besetzt werden wird, bleibt der demnach nur vorübergehende Abbau außer Betracht.[716] Hinsichtlich der Einzelheiten, insbesondere zur Abgrenzung der mitzuzählenden Personengruppen, kann auf die betriebsverfassungsrechtlichen Kommentierungen verwiesen werden.[717] Terminologisch abweichend von §§ 9, 38 BetrVG stellt § 1 BetrVG, der die Voraussetzungen für die Errichtung von Betriebsräten regelt, auf die Zahl der „ständigen wahlberechtigten Arbeitnehmer" ab. Mit dem Begriff **„ständig"** wird die Voraussetzung erhoben, dass die entsprechende **Arbeitsaufgabe,** mit der ein Arbeitnehmer betraut wird, nicht nur vorübergehend besteht, sondern ein **für mindestens längere Zeit bestehender Arbeitsplatz** vorliegt. „Ständiger" wahlberechtigter Arbeitnehmer kann also auch ein Mitarbeiter sein, der soeben erst eingestellt wurde und sich noch in der Probezeit befindet oder ein Arbeitnehmer, der auf einem Dauerarbeitsplatz befristet eingestellt wurde.[718]

Soweit es um die Wählbarkeit eines Betriebsrats gemäß § 1 BetrVG geht, führt das erstmalige Überschreiten des Schwellenwerts gemäß dieser Vorschrift in Bezug auf eine bestimmte betriebliche Einheit dazu, dass nunmehr ohne Weiteres ein Betriebsrat gewählt werden kann. Es ist also nicht etwa der regelmäßige Wahltermin abzuwarten. Dies ergibt sich aus **§ 13 Abs. 2 Nr. 6 BetrVG.** Hat danach außerhalb des regelmäßigen Rhythmus gemäß § 13 Abs. 1 BetrVG eine Betriebsratswahl stattgefunden, so ist der Betriebsrat dennoch anlässlich der nächsten regelmäßigen Wahl neu zu wählen, es sei denn, dass der Betriebsrat zum entsprechenden Zeitpunkt **weniger als ein Jahr** im Amt ist. In diesem Fall ist er erst bei den übernächsten regelmäßigen Wahlen neu zu wählen.[719] Auch im Zusammenhang mit dem **Übergangsmandat** eines Betriebsrats gemäß § 21a Abs. 1 BetrVG kommt es auf die Zahl der in der fraglichen Einheit beschäftigten Arbeitnehmer an. Wird nämlich aus einem bestehenden Betrieb ein Betriebsteil im Wege der Spaltung „ausgegliedert" und organisatorisch verselbständigt, kommt ein auf diese Einheit bezogenes Übergangsmandat des Betriebsrats im Ausgangsbetrieb nur in Betracht, wenn der verselbständigte Betriebsteil seinerseits betriebsratsfähig im Sinne von § 1 BetrVG ist. Ansonsten steht ohnehin fest, dass dort kein Betriebsrat errichtet werden kann, so dass auch für das als Übergangslösung gedachte Übergangsmandat kein Raum ist.[720] 224

Wird die Zahl der regelmäßig beschäftigten Arbeitnehmer innerhalb eines Betriebs – etwa durch einen Personalabbau, den Verzicht auf Arbeitsplätze, die vorher regelmäßig mit Leiharbeitnehmern besetzt waren oder durch „Ausgliederungen" – so reduziert, dass nunmehr nicht nur vorübergehend **weniger als fünf Arbeitnehmer** beschäftigt werden, kann dies zur **Beendigung des Amts** eines gewählten Betriebsrats führen.[721] Gehört der Betrieb allerdings zu einem Unternehmen mit einem weiteren Betrieb, ist der nicht mehr 225

[715] BAG 22.2.1983 – 1 AZR 260/81, DB 1983, 1447; BAG 7.5.2008 – 7 ABR 17/07, NZA 2008, 1142 Rn. 17; BAG 18.1.2017 – 7 ABR 60/15, NZA 2017, 865.

[716] Vgl. hierzu insbesondere BAG 12.10.1976 – 1 ABR 1/76, DB 1977, 356; BAG 22.2.1983 – 1 AZR 360/81, DB 1983, 1447; BAG 10.12.1996 – 1 ABR 43/96, NZA 1997, 733.

[717] Siehe nur *Fitting* BetrVG § 1 Rn. 361 ff.; GK/*Franzen* BetrVG § 1 Rn. 99; siehe im Hinblick auf die Berücksichtigung von Leiharbeitnehmern bei den Schwellenwerten des § 9 BetrVG insbesondere BAG 13.3.2013 – 7 ABR 69/11, NZA 2013, 789 (791), BAG 18.1.2017 – 7 ABR 60/15, NZA 2017, 865; *Thüsing* in Richardi BetrVG § 9 Rn. 8.

[718] *Fitting* BetrVG § 1 Rn. 367; LAG Berlin 6.12.1989 – 2 TaBV 6/89, DB 1990, 538 (539).

[719] Vgl. § 13 Abs. 3 S. 2 BetrVG.

[720] Vgl. hierzu → Rn. 78.

[721] GK/*Franzen* BetrVG § 1 Rn. 106; HWGNRH/*Rose* BetrVG § 1 Rn. 85; *Fitting* BetrVG § 1 Rn. 357, die abw. von der Vorauflage keinen Ausnahmefall mehr annehmen, wenn der Arbeitgeber den Wegfall der Betriebsratsfähigkeit „arglistig" herbeiführe, um einen lästigen Betriebsrat „auszuschalten"; ebenso GK/*Franzen* BetrVG § 1 Rn. 102.

betriebsratsfähige Betrieb betriebsverfassungsrechtlich dem **„Hauptbetrieb"** zuzuordnen **(§ 4 Abs. 2 BetrVG).** Hierfür ist nicht Voraussetzung, dass es sich bei dem nicht betriebsratsfähigen Betrieb um einen „Nebenbetrieb" handelt, der eine Hilfsfunktion für den Hauptbetrieb erfüllt. Der nicht betriebsratsfähige Betrieb wird vielmehr dem räumlich nächstgelegenen betriebsratsfähigen Betrieb bzw. selbständigen Betriebsteil (vgl. § 4 Abs. 1 BetrVG) zugeordnet.[722] Allerdings legt es der Begriff „Hauptbetrieb"[723] nahe, für eine Zuordnung zu diesem vorauszusetzen, dass ein Minimum an arbeitstechnischer oder organisatorischer Verbindung besteht.[724] Ansonsten besteht für eine gemeinsame betriebsverfassungsrechtliche Repräsentation kein Anknüpfungspunkt. Auf die Zahl der *wählbaren* Arbeitnehmer kommt es stets nur anlässlich einer Betriebsratswahl an, so dass diese während einer Amtszeit ohne Auswirkungen auf den Bestand des Betriebsrats auf unter drei absinken kann.[725] Lassen Schwankungen der Zahl beschäftigter Arbeitnehmer die Betriebsratsfähigkeit unangetastet (die Zahl der ständigen Arbeitnehmer bleibt stabil über fünf), könnten sie sich allenfalls auf die **Zahl der Betriebsratsmitglieder gemäß § 9 BetrVG**[726] auswirken. Insoweit gilt allerdings der **Grundsatz der Amtskontinuität** in dem Sinne, dass Schwankungen zwischen den Wahlterminen grundsätzlich unbeachtlich sind, es sei denn, dass der Sonderfall gemäß § 13 Abs. 2 Nr. 1 BetrVG vorliegt.[727] Eine Neuwahl kommt erst dann in Betracht, wenn zu einem bestimmten Stichtag, nämlich **24 Monate nach der letzten Betriebsratswahl,** die Zahl der regelmäßig beschäftigten Arbeitnehmer **um die Hälfte, mindestens aber um 50,** gestiegen oder gesunken ist. Das Absinken der Belegschaft eines Betriebs kann auch indirekt zum Erfordernis einer Neuwahl gemäß § 13 Abs. 2 Nr. 2 BetrVG führen, nämlich wenn die Gesamtzahl der Betriebsratsmitglieder nach Eintreten sämtlicher Ersatzmitglieder unter die vorgeschriebene Zahl der Betriebsratsmitglieder sinkt. Da unter der vorgeschriebenen Zahl im Sinne von § 13 Abs. 2 Nr. 2 BetrVG diejenige Anzahl von Betriebsratsmitgliedern zu verstehen ist, die zum Zeitpunkt der *ursprünglichen* Betriebsratswahl zu wählen war,[728] kann es im Zusammenhang mit einem Personalabbau oder einer „Ausgliederung" eines Betriebsteils zu folgender Konstellation kommen:

226 **Beispiel D 35:**

Aus einem Betrieb mit ca. 1.200 regelmäßigen Arbeitnehmern wird ein Betriebsteil mit ca. 300 Arbeitnehmern „ausgegliedert", so dass im Ursprungsbetrieb noch ca. 900 Arbeitnehmer beschäftigt werden. Im „ausgegliederten" Betriebsteil werden jedoch so viele Mitglieder des Betriebsrats und Ersatzmitglieder beschäftigt, dass die bislang 15 Sitze im Betriebsrat im Ausgangsbetrieb auch unter Berücksichtigung der Ersatzmitglieder nicht mehr besetzt werden können.

In diesem Fall führt der Rückgang der Belegschaftszahl infolge der „Ausgliederung" entgegen § 13 Abs. 2 Nr. 1 BetrVG – ein Rückgang um die Hälfte der Arbeitnehmer liegt nicht vor – indirekt dennoch zum Erfordernis einer Neuwahl gemäß § 13 Abs. 2 Nr. 2 BetrVG, da die Sitze im Betriebsrat nicht mehr besetzt werden können. Dabei kann das Erfordernis einer Neuwahl nicht mit dem Argument bestritten werden, der Betriebsrat dürfe nach der „Ausgliederung" nur noch aus 11 Mitgliedern bestehen, so dass Neuwahlen solange nicht erforderlich seien, wie jedenfalls 11 Mitglieder bzw. Ersatzmitglieder zur

[722] *Richardi/Maschmann* in Richardi BetrVG § 4 Rn. 47; DKW/*Trümner* BetrVG § 4 Rn. 99.
[723] Kritisch zu diesem Begriff *Richardi* NZA 2001, 346 (348); *Richardi/Maschmann* in Richardi BetrVG § 4 Rn. 8.
[724] *Stege/Weinspach/Schiefer* BetrVG § 4 Rn. 16; *Löwisch* BB 2001, 1734 (1735); vgl. auch GK/*Franzen* BetrVG § 4 Rn. 7.
[725] *Fitting* BetrVG § 1 Rn. 371.
[726] Siehe zu den Einzelheiten der Ermittlung der Betriebsratsgröße *Lindemann/Simon* NZA 2002, 365.
[727] HM; siehe nur *Fitting* BetrVG § 9 Rn. 39 mwN; vgl. zum Erfordernis von Neuwahlen gemäß § 13 Abs. 2 Nr. 1 BetrVG bereits unter → Rn. 50.
[728] Vgl. hierzu bereits in → Rn. 50.

Verfügung stünden. Für § 13 Abs. 2 Nr. 2 BetrVG kommt es vielmehr auf die **ursprüngliche** Zahl der Sitze im Betriebsrat gemäß § 9 BetrVG an.[729] Ansonsten träten möglicherweise einschneidende (und rein zufällige) Verschiebungen der Mehrheitsverhältnisse innerhalb des Betriebsrats auf.

Hinsichtlich der in **§ 38 BetrVG** geregelten **Freistellungen** gelten abweichende Grund- 227
sätze. Die von ihrer beruflichen Tätigkeit freigestellten Betriebsratsmitglieder üben damit **kein gesondertes Amt** aus. Vielmehr konkretisiert § 38 Abs. 1 BetrVG den allgemeinen Grundsatz gemäß § 37 Abs. 2 BetrVG, wonach Mitglieder des Betriebsrats von ihrer beruflichen Tätigkeit zu befreien sind, wenn und soweit es nach Umfang und Art des Betriebs zur ordnungsgemäßen Durchführung ihrer Aufgaben erforderlich ist.[730] Die Freistellungsstaffel gemäß § 38 Abs. 1 BetrVG geht von bestimmten Erfahrungswerten aus und regelt die Mindestzahl der vorzunehmenden Freistellungen. Steigt oder sinkt die Zahl der regelmäßig beschäftigten Arbeitnehmer während der Amtszeit eines Betriebsrats nicht nur vorübergehend, ist evident, dass sich dies auf den Umfang der Betriebsratsarbeit auswirkt und daher auch Einfluss auf die Zahl der freigestellten Betriebsratsmitglieder haben muss. Es ist daher allgemein anerkannt, dass die **Zahl der Freigestellten** auch während der Amtszeit des Betriebsrats an die zwischenzeitliche **Entwicklung des Beschäftigtenstandes anzupassen** ist.[731] Weitere Freistellungen sind zB auch möglich, wenn in einem Betrieb zusätzliche Leiharbeitnehmer regelmäßig eingesetzt werden und dadurch die Belegschaftsstärke beeinflusst wird.[732] Macht ein Betriebsrat geltend, ihm stünden trotz des Absinkens der Belegschaftsstärke ungeschmälerte Freistellungen zu, da sich der Umfang der Betriebsratsarbeit nicht verringert habe, wäre es an ihm, die hierfür erheblichen Umstände darzulegen und somit die „Vermutungswirkung"[733] des § 38 Abs. 1 BetrVG zu entkräften.

Zu den die betriebsverfassungsrechtliche Organisation betreffenden Schwellenwerten 228
gehört auch derjenige in **§ 106 Abs. 1 BetrVG,** wonach ein **Wirtschaftsausschuss** in allen Unternehmen mit in der Regel mehr als 100 ständig[734] beschäftigten Arbeitnehmern zu bilden ist. Wird diese Schwelle erstmals in einem Unternehmen überschritten, kann die Bildung des Wirtschaftsausschusses jederzeit erfolgen. Seine Mitglieder werden durch den Betriebsrat bzw. Gesamtbetriebsrat gemäß § 107 Abs. 2 BetrVG bestimmt. Wird hingegen bei Bestehen eines Wirtschaftsausschusses der Schwellenwert gemäß § 106 Abs. 1 BetrVG nicht nur vorübergehend unterschritten, endet das Amt des Wirtschaftsausschusses.[735] Dieses Ergebnis wird nicht dadurch in Frage gestellt, dass die Amtszeit des Wirtschaftsausschusses gem. § 107 Abs. 2 akzessorisch zur Amtszeit des Betriebsrates bzw. Gesamtbetriebsrates ist, der die Mitglieder des Wirtschaftsausschusses bestellt hat.[736] Entscheidend ist, dass §§ 106ff. BetrVG nur in Unternehmen mit einer gewissen Mindestgröße gelten sollen und kein Grund ersichtlich ist, mit der Anwendung der Vorschriften fortzufahren, obwohl feststeht, dass diese Mindestgröße nicht nur vorübergehend unterschritten wird.[737]

Bisweilen wird diskutiert, ob bei Nichterreichen des Schwellenwertes gemäß § 106 229
Abs. 1 BetrVG die dem Wirtschaftsausschuss zugewiesenen Unterrichtungs- und Bera-

[729] Vgl. hierzu ausführlich unter → Rn. 50; siehe auch *Fitting* BetrVG § 13 Rn. 33.
[730] *Fitting* BetrVG § 38 Rn. 1; GK/*Weber* BetrVG § 38 Rn. 8.
[731] *Thüsing* in Richardi BetrVG § 38 Rn. 11; GK/*Weber* BetrVG § 38 Rn. 17ff.; *Maschmann* NZA-Beil. 2009, 32 (35); einschränkend für den Fall des Absinkens der Belegschaftsstärke und entspr. Reduzierung des Tätigkeitsumfangs *Fitting* BetrVG § 38 Rn. 15; DKW/*Wedde* BetrVG § 38 Rn. 10; ErfK/*Koch* BetrVG § 38 Rn. 1.
[732] GK/*Weber* BetrVG § 38 Rn. 17ff.
[733] Vgl. hierzu BAG 26.7.1989 – 7 ABR 64/88, NZA 1990, 621.
[734] Vgl. zu diesem Merkmal bereits unter → Rn. 222.
[735] So nunmehr auch BAG 7.4.2004 – 7 ABR 41/03, NZA 2005, 311.
[736] So aber DKW/*Däubler* BetrVG § 106 Rn. 14; ErfK/*Kania* BetrVG § 107 Rn. 7.
[737] Ebenso *Stege/Weinspach/Schiefer* BetrVG §§ 106–109 Rn. 4a; *Annuß* in Richardi BetrVG § 106 Rn. 11; HWGNRH/*Hess* BetrVG § 107 Rn. 21; GK/*Oetker* BetrVG § 107 Rn. 30; HWK/*Willemsen/Lembke* BetrVG § 106 Rn. 21.

tungsrechte dem **Betriebsrat** zustehen. Das **BAG** hat dies in einer Entscheidung vom 5.2.1991 klar abgelehnt.[738] Aus dem Gesetzeswortlaut ergebe sich deutlich, dass nur der **Wirtschaftsausschuss die Mitwirkungsrechte** gemäß § 106 Abs. 2 BetrVG **geltend machen** könne.[739] Das BAG hat allerdings betont, der Betriebsrat habe gleichwohl Anspruch auf Unterrichtung über wirtschaftliche Angelegenheiten, soweit dies zur Durchführung seiner konkreten Aufgaben erforderlich sei. Dies folge aus § 80 Abs. 2 BetrVG.[740] Die Gegenauffassung, wonach der Betriebsrat in kleinen Unternehmen an die Stelle des Wirtschaftsausschusses trete, da ihm als Hauptorgan der Betriebsverfassung keine schwächere Rechtsstellung als das von ihm gebildete Hilfsorgan zukommen dürfe,[741] wird sich demgemäß nicht durchsetzen. Schließlich wollte der Gesetzgeber die weitgefassten Informations- und Beratungspflichten des Unternehmens gegenüber dem Wirtschaftsausschuss nur bei **Überschreiten einer bestimmten Unternehmensgröße** begründen. In kleineren Unternehmen besteht daher gerade **keine planwidrige Regelungslücke,** die eine Analogie rechtfertigen könnte.[742] Der Betriebsrat in kleineren Unternehmen muss sich daher auf diejenigen Informations- und Beratungsrechte beschränken, die zur Durchführung seiner konkreten betriebsverfassungsrechtlichen Aufgaben erforderlich sind. So hat der Betriebsrat beispielsweise kein allgemeines Einsichtsrecht in die Jahresbilanz oder den Jahresabschlussbericht des Wirtschaftsprüfers.[743] Eine Ausnahme zu dem bisher Gesagten ergibt sich mittlerweile aus dem 2008 eingefügten § 109a BetrVG, wonach im Fall des § 106 Abs. 3 Nr. 9a BetrVG der Betriebsrat die Aufgaben des nicht vorhandenen Wirtschaftsausschusses übernimmt.[744] Bei Unternehmenstransaktionen sind §§ 106 Abs. 3 Nr. 9a, 109a BetrVG hierdurch, anders als bei § 111 BetrVG,[745] von erheblicher Bedeutung, weil insbesondere der *Share Deal* eine Pflicht zur Unterrichtung des Wirtschaftsausschusses bzw. eben des Betriebsrats auslöst.[746]

b) Schwellenwerte in Bezug auf bestimmte Mitbestimmungsrechte

230 Abgesehen von den weniger bedeutenden Bestimmungen in § 95 Abs. 2 BetrVG (Auswahlrichtlinien) und § 110 BetrVG (Bericht des Arbeitgebers über die wirtschaftliche Lage des Unternehmens) spielen Schwellenwerte als Voraussetzung für die Ausübung von Mitbestimmungsrechten insbesondere bei personellen Einzelmaßnahmen (§ 99 BetrVG) und bei Betriebsänderungen (§§ 111, 112a BetrVG) eine herausgehobene Rolle. Insoweit ist auf die Differenzierung dahingehend zu achten, dass §§ 99 und 111 BetrVG auf die Zahl der in der Regel beschäftigten *wahlberechtigten* Arbeitnehmer (§ 7 BetrVG) abstellen, während es in § 112a Abs. 1 BetrVG auf die Wahlberechtigung nicht ankommen soll. Ansonsten gelten hier keine Besonderheiten, so dass auf die Ausführungen zur Berechnungsweise vorstehend unter a) sowie im Rahmen der Darstellung zur Mitbestimmung bei Betriebsänderungen[747] verwiesen werden kann.

231 Besondere Schwierigkeiten treten stets dann auf, wenn die nach den genannten Vorschriften erforderliche Beschäftigtenzahl zunächst erreicht war und auf dieser Grundlage **Mitbestimmungsverfahren** eingeleitet wurden, im weiteren Verlauf und vor Abschluss

[738] 1 ABR 24/90, NZA 1991, 644.

[739] Ebenso LAG Köln 8.9.1987 – 11 Ta BV 32/87, NZA 1988, 210; LAG Hamm 13.2.1990 – 13 TaBV 113/89, AuR 1990, 296; LAG Düsseldorf 14.2.1990 – 12 TaBV 123/89, DB 1990, 2479; DKW/*Däubler* BetrVG § 106 Rn. 25; *Fitting* BetrVG § 106 Rn. 21; *Oetker/Lunk* DB 1990, 2320 (2321).

[740] BAG 5.2.1991 – 1 ABR 24/90, NZA 1991, 645.

[741] GK/*Fabritius* § 106 BetrVG (6. Aufl.) Rn. 11; *Mayer* AuR 1991, 14; *Wendeling/Schröder* AiB 1986, 226 (228).

[742] So auch – mit Nachweisen zur Entstehungsgeschichte – *Oetker/Lunk* DB 1990, 2320 (2321).

[743] BAG 5.2.1991 – 1 ABR 24/90, NZA 1991, 645; LAG Köln 8.9.1987 – 11 TaBV 32/87, NZA 1988, 210.

[744] *Fitting* BetrVG § 106 Rn. 21.

[745] Zum Store Deal im Zusammenhang mit § 111 BetrVG s. → B Rn. 7.

[746] Ausf. zu § 106 Abs. 3 Nr. 9a BetrVG → C Rn. 485.

[747] Vgl. unter → C Rn. 5 ff.

der Angelegenheit hingegen eine nicht nur vorübergehende **Reduzierung der Beschäftigtenzahl** eingetreten ist, die zum Wegfall des Mitbestimmungsrechts führen müsste. Bei der Mitbestimmung über personelle Einzelmaßnahmen ist stets auf den Zeitpunkt der tatsächlichen Durchführung der Maßnahme abzustellen.[748] Verweigert der Betriebsrat demnach seine Zustimmung zur Einstellung eines Mitarbeiters und schließt sich daran ein Beschlussverfahren gemäß § 99 Abs. 4 BetrVG an, erledigt sich dieses in demjenigen Zeitpunkt, in dem die Beschäftigtenzahl im maßgeblichen Unternehmen dauerhaft unter 21 sinkt.[749] Das **Verfahren** ist demnach **einzustellen.** Ein bereits ergangener erstinstanzlicher Beschluss ist in der Beschwerdeinstanz auf Antrag für wirkungslos zu erklären.[750]

Während Mitbestimmungsverfahren im Zusammenhang mit personellen Einzelmaßnahmen gewöhnlich rasch abgeschlossen werden können, ziehen sich die Verhandlungen um einen **Interessenausgleich und Sozialplan** gemäß §§ 111, 112 BetrVG häufig über mehrere Monate hin, so dass Veränderungen hinsichtlich der Beschäftigtenzahl während der Dauer solcher Verfahren nicht selten auftreten. Gerade der Wegfall von Mitbestimmungsrechten gemäß §§ 111, 112, 112a BetrVG wäre besonders einschneidend, da der Arbeitgeber sodann die geplante Betriebsänderung ohne Einschränkungen und insbesondere ohne Verpflichtung zum Abschluss eines Sozialplans durchführen könnte. 232

Beispiel D 36:

Im einzigen Betrieb der X-GmbH waren über Jahre hinweg stets zwischen 21 und 23 wahlberechtigte Arbeitnehmer beschäftigt. Der Arbeitgeber plant die Schließung einer Abteilung und die Entlassung von 6 Arbeitnehmern. Verhandlungen mit dem Betriebsrat über einen Interessenausgleich und Sozialplan werden aufgenommen. In der Folgezeit – noch vor Abschluss eines Interessenausgleichs und/oder Sozialplans – reduziert sich die Belegschaftszahl nicht nur vorübergehend auf 18 bis 19, und zwar durch mehrere Eigenkündigungen, die mit der Betriebsänderung nicht in Zusammenhang stehen. Es besteht nicht die Absicht, die Arbeitsplätze wieder zu besetzen.

Das Beispiel macht sogleich eines deutlich: Wären die Personalabgänge in der zu schließenden Abteilung erfolgt und stünden diese im Zusammenhang mit der geplanten Betriebsänderung, wäre das Absinken der Belegschaftszahl für die Mitbestimmungsrechte des Betriebsrats gemäß §§ 111, 112 BetrVG unbeachtlich. Ansonsten hätte es der Arbeitgeber in der Hand, durch den Abschluss von Aufhebungsverträgen oder auf andere Weise die Mitarbeiterzahl vor Abschluss der Verhandlungen mit dem Betriebsrat zu senken und hierdurch die Interessenausgleich- und Sozialplanpflicht der gesamten Maßnahme zu beseitigen. Ein Personalabbau, der sich lediglich als Vorstufe einer Betriebsänderung darstellt, bleibt für die Anwendbarkeit der §§ 111, 112 BetrVG außer Betracht.[751] Steht ein Rückgang der Beschäftigtenzahl hingegen in keinerlei inhaltlichem Zusammenhang mit der geplanten Betriebsänderung, droht der Wegfall der Mitbestimmungsrechte gemäß §§ 111, 112 BetrVG. Insoweit ist von ausschlaggebender Bedeutung, auf welchen Zeitpunkt man für die Feststellung der erforderlichen Betriebsgröße abstellt. Hält man den **Zeitpunkt der Umsetzung der Betriebsänderung,** also den Beginn der Maßnahme durch den Unternehmer, für ausschlaggebend,[752] würde es sehr viel häufiger zur endgültigen Unterbrechung bereits eingeleiteter Verhandlungen um einen Interessenausgleich und Sozialplan kommen als dann, wenn man mit der wohl herrschenden Auffassung auf den Zeitpunkt abstellt, in dem der Arbeitgeber einen **hinreichenden Planungsstand** erreicht hat und nunmehr das Mitbestimmungsverfahren gemäß § 111 BetrVG (insbesondere die Unter- 233

[748] *Thüsing* in Richardi BetrVG § 99 Rn. 14, 16; GK/*Raab* BetrVG § 99 Rn. 6; teilweise abweichend *Stege/Weinspach/Schiefer* BetrVG §§ 99–101 Rn. 4, die zT auf den Zeitpunkt des Vertragsabschlusses abstellen.
[749] GK/*Raab* BetrVG § 99 Rn. 12; aA, wonach die Verfahren gem. § 99 BetrVG auch bei Unterschreiten der Zahlengrenze fortzuführen seien, DKW/*Bachner* BetrVG § 99 Rn. 9.
[750] Sächsisches LAG 12. 1. 1996 – 2 (6) TaBV 1/95, nv.
[751] *Löwisch/Kaiser* (6. Aufl.) BetrVG § 111 Rn. 10; ähnlich *Annuß* in Richardi BetrVG § 111 Rn. 24.
[752] In diesem Sinne noch *Fitting* (18. Aufl.) BetrVG § 111 Rn. 21.

richtung des Betriebsrats) einzuleiten hat.[753] Mit diesem Ansatz dürfte der Standpunkt des Bundesarbeitsgerichts identisch sein, wonach auf den **Zeitpunkt** abzustellen ist, „in dem die **Beteiligungsrechte** des Betriebsrats nach den §§ 111, 112 BetrVG **entstehen.**"[754] Dieser Standpunkt ist sachgerecht, schon weil er Streitigkeiten nach Einleitung von Verhandlungen gemäß §§ 111, 112 BetrVG vermeidet. Im Übrigen wird es sich häufig so verhalten, dass eine Reduzierung der Beschäftigtenzahl nach Einleitung der Verhandlungen um eine Betriebsänderung mit dieser zumindest indirekt zusammenhängt, so dass es auch insoweit sinnvoll sein dürfte, derlei Veränderungen nach dem Entstehen der Mitbestimmungsrechte gemäß §§ 111, 112 BetrVG nicht mehr zu berücksichtigen. Entsprechendes muss dann aber auch gelten, wenn zu demjenigen Zeitpunkt, zu dem das Mitbestimmungsverfahren gemäß § 111 BetrVG einzuleiten ist, der Schwellenwert gemäß § 111 S. 1 BetrVG nicht erreicht wird und erst im weiteren Verlauf durch zu jenem Zeitpunkt nicht absehbare Personalzugänge mehr als zwanzig wahlberechtigte Arbeitnehmer beschäftigt werden. Waren diese Neueinstellungen nicht bereits unter dem Gesichtspunkt der regelmäßigen Beschäftigungszahl („in der Regel") zu berücksichtigen,[755] kann das Anwachsen der Beschäftigtenzahl in der dargestellten Konstellation nicht mehr zum Entstehen von Mitbestimmungsrechten gemäß §§ 111, 112 BetrVG führen. Insoweit ergibt sich eine Parallele zur Rechtsprechung des Bundesarbeitsgerichts dahingehend, dass Mitbestimmungsrechte gemäß §§ 111, 112 BetrVG nicht mehr in Betracht kommen, wenn ein Betriebsrat erst dann errichtet wird, wenn sich der Arbeitgeber bereits zu einer Betriebsänderung entschlossen und mit deren Umsetzung bereits begonnen hat.[756]

IX. Der Europäische Betriebsrat

234 Auf der Grundlage der **Richtlinie 94/45/EG** des Rates der Europäischen Union vom 22.9.1994 über die Einsetzung eines Europäischen Betriebsrats oder die Schaffung eines Verfahrens zur Unterrichtung und Anhörung der Arbeitnehmer in gemeinschaftsweit operierenden Unternehmen und Unternehmensgruppen[757] hat der deutsche Gesetzgeber das Gesetz über Europäische Betriebsräte (EBRG) verabschiedet,[758] das mit seiner Verkündung am 31.10.1996 in Kraft getreten ist. Die Richtlinie 94/45/EG wurde mittlerweile durch die **Richtlinie 2009/38/EG** neu gefasst und mit Wirkung zum 6.6.2011 endgültig durch diese ersetzt, vgl. Art. 17 der Richtlinie 2009/38/EG.[759] Die auf der geänderten Richtlinie basierenden Änderungen des EBRG sind im Sommer 2011 in Kraft getreten.[760]

Unternehmensumstrukturierungen können naturgemäß auch Auswirkungen auf **die Anwendbarkeit des EBRG** auf ein Unternehmen bzw. eine Unternehmensgruppe mit sich bringen bzw. zu Änderungen hinsichtlich der **Zusammensetzung** des Europäischen Betriebsrats (EBR) sowie im Hinblick auf **Vereinbarungen** gemäß §§ 18, 41 EBRG führen. Im Übrigen ist zu bedenken, dass Art. 13 S. 1 der Richtlinie 2009/38/EG bzw. § 37 EBRG bestimmt, dass nach einer „wesentlichen" Veränderung der Struktur des gemeinschaftsweit operierenden Unternehmens oder der gemeinschaftsweit operierenden Unternehmensgruppe auch die bestehenden Vereinbarungen über den Europäischen Betriebsrat

[753] HWK/*Hohenstatt/Willemsen* BetrVG § 111 Rn. 14; *Annuß* in Richardi BetrVG § 111 Rn. 24; *Löwisch/Kaiser* (6. Aufl.) BetrVG § 111 Rn. 10; GK/*Oetker* BetrVG § 111 Rn. 31; *Fitting* BetrVG § 111 Rn. 29.

[754] BAG 9.5.1995 – 1 ABR 51/94, NZA 1996, 166 unter B II. 1. der Gründe; BAG 10.12.1996 – 1 ABR 43/96, NZA 1997, 733; BAG 24.2.2005 – 2 AZR 207/04, NZA 2005, 766 (769).

[755] Hierzu unter → Rn. 223.

[756] BAG 28.10.1992 – 10 ABR 75/91, NZA 1993, 420; vgl. hierzu auch unter → C Rn. 14ff.

[757] ABl. EG NR. L 254 vom 30.9.1994, S. 64.

[758] BGBl. 1996 I 1548.

[759] Vgl. zum Entstehungsprozess der Richtlinie 2009/38/EG *Franzen* EuZA Bd. 3 (2010), 180.

[760] Vgl. zu den Änderungen des EBRG *Beauregard/Buchmann* BB 2009, 1417 (1422); *Thüsing/Forst* NZA 2009, 408 (411).

bzw. die Unterrichtung und Anhörung der Arbeitnehmer entsprechend angepasst werden müssen, soweit im Vorfeld für diesen Fall keine Regelung getroffen wurde oder ein Konflikt zwischen mehreren an sich anwendbaren Regelungen besteht. Zu den „wesentlichen Änderungen" gehören nach Erwägungsgrund 40 der Richtlinie 2009/38/EG unter anderem Zusammenschlüsse und Spaltungen von Unternehmen. Da diese bei größeren Konzernen fast schon zum Tagesgeschäft gehören, empfiehlt es sich hierzu vorbeugende Vereinbarungen abzuschließen.[761] Zu beachten ist, dass nach § 37 Abs. 3 EBRG für die Dauer der Verhandlungen bis zur Errichtung des neuen Europäischen Betriebsrats jeder davon betroffene Europäische Betriebsrat im Amt bleibt (Übergangsmandat).[762] Kommt es währenddessen zu einem Wechsel der zentralen Leitung, ist die neue zentrale Leitung auch Ansprechpartner für den Europäischen Betriebsrat im Übergangsmandat.[763]

1. Grundzüge des Gesetzes über Europäische Betriebsräte (EBRG)

a) Geltungsbereich

Das EBRG gilt für **gemeinschaftsweit tätige Unternehmen** mit **Sitz im Inland** (§ 2 Abs. 1 EBRG), soweit diese mindestens **1.000 Arbeitnehmer** in den Mitgliedstaaten (dazu gehören die (noch)[764] 28 Mitgliedstaaten der EU sowie die Vertragsstaaten des Abkommens über den Europäischen Wirtschaftsraum, Norwegen, Liechtenstein und Island, § 2 Abs. 3 EBRG) und davon jeweils mindestens **150** Arbeitnehmer in mindestens **zwei Mitgliedstaaten** beschäftigen (§ 3 Abs. 1 EBRG). 235

Beispiel D 37:

Das Pharma-Unternehmen X AG verfügt in Deutschland über verschiedene Betriebe mit insgesamt ca. 900 Arbeitnehmern sowie in Frankreich und den Niederlanden über Niederlassungen mit jeweils ca. 200 Arbeitnehmern. In diesem Fall findet – vorausgesetzt die X AG hat ihren Sitz in Deutschland – das EBRG Anwendung (§§ 2 Abs. 1, 3 Abs. 1 EBRG).

Das Gesetz gilt auch für gemeinschaftsweit tätige **Unternehmens*gruppen*** mit **Sitz des herrschenden Unternehmens im Inland.** Eine gemeinschaftsweit tätige Unternehmensgruppe muss mindestens **1.000** Arbeitnehmer in den Mitgliedstaaten beschäftigen; zusätzlich müssen mindestens **zwei Unternehmen** mit Sitz in **verschiedenen Mitgliedstaaten** zur Unternehmensgruppe gehören, die jeweils mindestens **150** Arbeitnehmer beschäftigen (§ 3 Abs. 2 EBRG). Interessanterweise enthält das EBRG weder eine eigenständige Definition des Unternehmensbegriffs noch dessen, was unter einer Unternehmensgruppe zu verstehen ist. In der Richtlinie 2009/38/EG wird unter Art. 2 Abs. 1b) ebenso wie schon in der Richtlinie 94/45/EG allein die Unternehmensgruppe dahingehend definiert, dass diese „aus einem herrschenden Unternehmen und den von diesem abhängigen Unternehmen besteht". § 6 EBRG befasst sich mit der Bestimmung des herrschenden Unternehmens innerhalb einer Unternehmensgruppe. Danach soll ein Unternehmen dann herrschendes Unternehmen sein, „wenn es unmittelbar oder mittelbar einen **beherrschenden Einfluss** auf ein anderes Unternehmen derselben Gruppe (abhängiges Unternehmen) **ausüben kann"** (§ 6 Abs. 1 EBRG). Damit bleibt das Gesetz hinter der aktienrechtlichen Begriffsbestimmung zurück, auf die § 54 Abs. 1 S. 1 BetrVG hinsichtlich der Errichtung eines Konzernbetriebsrats verweist, welche zusätzlich zur Abhängigkeit gemäß § 17 Abs. 1 AktG die Zusammenfassung unter einer einheitlichen Leitung (§ 18 236

[761] Kallmeyer/*Willemsen* UmwG Vor § 322 Rn. 59; dazu auch *Hohenstatt/Kröpelin/Bertke* NZA 2011, 1313.
[762] HWK/*Giessen* EBRG Rn. 84.
[763] Vgl. ArbG Wiesbaden 13.6.2018 – 11 BVGa 5/18, NZA-RR 2018, 444.
[764] Vgl. zu den Folgen des Brexit HWK/*Giesen* ERBG Rn. 5a ff.

Abs. 1 S. 1 AktG) zur Voraussetzung erhebt.[765] § 6 Abs. 2 EBRG enthält einen Katalog verschiedener Sachverhalte, bei deren Vorliegen ein **beherrschender Einfluss** widerleglich vermutet wird. Danach ist zunächst die Befugnis, mehr als die Hälfte der **Mitglieder** des Verwaltungs-, Leitungs- oder Aufsichtsorgans zu bestellen, ausschlaggebend. Sodann folgen die **Mehrheit der Stimmrechte** sowie der **Anteile** am abhängigen Unternehmen. Erfüllen also mehrere Unternehmen einzelne Kriterien gemäß § 6 Abs. 2 EBRG, bestimmt sich das herrschende Unternehmen nach der dort festgelegten Rangfolge. Der **Gleichordnungskonzern** gemäß § 18 Abs. 2 AktG wird dagegen vom EBRG **nicht erfasst,** weil es bei dieser Konstellation gerade an der Beherrschungsmöglichkeit gemäß § 6 Abs. 1 EBRG und an den Voraussetzungen gemäß § 6 Abs. 2 EBRG fehlen wird.[766]

237 Die Anwendbarkeit des EBRG auf gemeinschaftsweit tätige Unternehmen und Unternehmensgruppen setzt gem. § 2 Abs. 1 EBRG voraus, dass das Unternehmen bzw. das herrschende Unternehmen seinen Sitz im Inland hat. Befindet sich der Sitz des (herrschenden) Unternehmens jedoch außerhalb der von der Richtlinie erfassten Mitgliedstaaten, also etwa auf einem anderen Kontinent, ist damit keineswegs die Anwendbarkeit des Gesetzes ausgeschlossen. In diesem Fall knüpft § 2 Abs. 2 des Gesetzes vielmehr an die sog. **„nachgeordnete Leitung"** an, wenn also innerhalb der Mitgliedstaaten ein Unternehmen besteht, das für den Bereich der Richtlinie übergeordnete Leitungsaufgaben wahrnimmt. Wenn sich diese nachgeordnete Leitung in Deutschland befindet, ist das EBRG anwendbar, ansonsten das entsprechende Gesetz über Europäische Betriebsräte im betreffenden Mitgliedstaat. Gibt es keine nachgeordnete Leitung, findet das EBRG Anwendung, wenn die zentrale Leitung (§ 1 Abs. 6 EBRG – also das herrschende Unternehmen) die Leitung des Betriebes oder eines Unternehmens im Inland als ihren **Vertreter** benannt hat (§ 2 Abs. 2 S. 2 EBRG). Wenn auch ein solcher Vertreter nicht ernannt ist, kommt das EBRG zur Anwendung, wenn sich in Deutschland der Betrieb oder das Unternehmen mit den **meisten Arbeitnehmern** innerhalb der Mitgliedstaaten befindet (Satz 3). Die Regelungen in § 2 Abs. 2 EBRG bzw. die entsprechenden Vorschriften im nationalen Recht der anderen Mitgliedstaaten führen im Ergebnis dazu, dass bei Vorliegen der Voraussetzungen gem. § 3 EBRG (**Erreichen der Schwellenwerte** innerhalb der Mitgliedstaaten) stets eines der in den Mitgliedstaaten erlassenen Gesetze zur Umsetzung der Richtlinie Anwendung findet.

b) Verschiedene Wege zur Etablierung eines Unterrichtungs- und Anhörungsverfahrens

238 Die Richtlinie 94/45/EG war von einem beachtlichen Maß an **Flexibilität** geprägt, was sich auch in dem auf ihr fußenden EBRG niedergeschlagen hat.[767] Dies zeigt sich bereits anhand Art. 13 der Richtlinie 94/45/EG bzw. § 41 EBRG. Nach diesen Vorschriften fand die Richtlinie bzw. findet das EBRG **keine Anwendung,** wenn im betreffenden Unternehmen bzw. der betreffenden Unternehmensgruppe vor dem 22.9.1996 eine **Vereinbarung über grenzübergreifende Unterrichtung und Anhörung** bestand.[768] Die Richtlinie 2009/38/EG blieb auf dieser Linie und schrieb den Bestandsschutz für derartige Vereinbarungen in Art. 14 Abs. 1 lit. a unverändert fort.[769] Gerade größere Unternehmensgruppen haben von dieser Möglichkeit regen Gebrauch gemacht und die daraus re-

---

[765] Vgl. BAG 30.3.2004 – 1 ABR 61/01, NZA 2004, 863; *Engels/Müller* DB 1996, 981 (982); DKW/*Bachner* EBRG § 6 Rn. 2 ff.; *Fitting* EBRG Rn. 29; GK/*Oetker* EBRG § 6 Rn. 2.

[766] Vgl. BAG 30.3.2004 – 1 ABR 61/01, NZA 2004, 863; *Engels/Müller* DB 1996, 981 (983); MHdB ArbR/*Grau* § 354 Rn. 10; *Fitting* EBRG Rn. 29; GK/*Oetker* EBRG § 6 Rn. 2.

[767] Vgl. *Kolvenbach* RdA 1994, 279; *Klinkhammer/Welslau* AG 1994, 488; *Wirmer* DB 1994, 214; *Hohenstatt* EuZW 1994, 427; ders. EuZW 1995, 169.

[768] Vgl. hierzu ausführlich *Willemsen/Hohenstatt* NZA 1995, 399; *Sandmann* WiB 1996, 415; *Rademacher,* Der Europäische Betriebsrat, 1996, S. 150; *Blanpain/Schmidt/Schweibert,* Europäisches Arbeitsrecht (2. Aufl.) Ziff. 651 ff.

[769] Vgl. dazu *Franzen* EuZA Bd. 3 (2010), 180 (193).

sultierenden Flexibilisierungschancen genutzt.[770] Die Richtlinie 2009/38/EG erlaubte den Verhandlungspartnern darüber hinaus, nach dem 22.9.1996 geschlossene Vereinbarungen unter der Geltung der Richtlinie 94/45/EG fortzuführen. Voraussetzung dafür war gemäß Art. 14 Abs. 1 lit. b, dass die Vereinbarung bis zum 5.6.2011 unterzeichnet oder überarbeitet wurde. Auf beide Arten der nach Art. 14 Abs. 1 bestandsgeschützten Vereinbarungen findet indes gem. Art. 14 Abs. 2 ex nunc die Richtlinie 2009/38/EG Anwendung, sobald eine der Parteien nach Auslaufen der Vereinbarung deren Fortsetzung oder Überarbeitung ablehnt.[771] *Franzen*[772] erkennt hierin zutreffend ein neu hinzugekommenes Druckmittel der Arbeitnehmerseite bei entsprechenden Verhandlungen.

Auch für diejenigen Unternehmen und Unternehmensgruppen, die hiervon keinen 239
Gebrauch gemacht haben, bestehen nach wie vor Chancen, auf die Besonderheiten und Bedürfnisse des einzelnen Unternehmens zugeschnittene Lösungen zu vereinbaren. Gemäß §§ 9–11 EBRG wird auf Seiten der Arbeitnehmer zunächst ein **Besonderes Verhandlungsgremium** gebildet, das die Aufgabe hat, mit der zentralen Leitung (s. § 1 Abs. 3 sowie § 2 Abs. 2 EBRG) eine **Vereinbarung** über eine grenzübergreifende Unterrichtung und Anhörung der Arbeitnehmer abzuschließen. Im Gegensatz zu freiwilligen Vereinbarungen gemäß § 41 EBRG, die auch mit einem deutschen Betriebsverfassungsorgan, etwa dem Gesamtbetriebsrat, abgeschlossen werden konnten (vgl. § 41 Abs. 2 S. 1 EBRG), gehören dem Besonderen Verhandlungsgremium gemäß § 10 Abs. 1 EBRG **Arbeitnehmer aus allen Mitgliedstaaten** an, in denen das Unternehmen oder die Unternehmensgruppe einen Betrieb hat.[773] Art. 5 Abs. 2 lit. b der Richtlinie 2009/38/EG und die darauf basierende Änderung in § 10 Abs. 1 EBRG gehen jetzt sogar noch darüber hinaus und verzichten auf das Mindesterfordernis der Existenz eines Betriebes in einem Mitgliedstaat, so dass es sich in Sonderkonstellationen ergeben kann, dass dem einzigen in einem Mitgliedstaat beschäftigten Arbeitnehmer ein Sitz in dem Besonderen Verhandlungsgremium zuzuweisen ist.[774] Das Verfahren wird damit tendenziell aufwendiger.

Das Recht des Besonderen Verhandlungsgremiums, ein grenzüberschreitendes System der Unterrichtung und Anhörung der Arbeitnehmer zu vereinbaren, würde weitgehend leer laufen, wenn die Arbeitnehmervertreter nicht in der Lage wären, die notwendigen Angaben über die Struktur des Unternehmens oder der Unternehmensgruppe, die Gesamtzahl der Arbeitnehmer sowie ihre Verteilung auf die Mitgliedstaaten zu erhalten.[775] Ein entsprechender **Auskunftsanspruch** ist in § 5 EBRG und inzwischen auch in Art. 4 Abs. 4 der Richtlinie 2009/38/EG normiert, nachdem die Vorgängerrichtlinie 94/45/EG noch eine vergleichbare Regelung vermissen ließ.[776] Der Auskunftsanspruch besteht insbesondere auch dann, wenn im Vorfeld der Bildung eines grenzüberschreitenden Unterrichtungs- und Anhörungssystems (noch) unklar ist, ob überhaupt ein Unternehmen oder eine Unternehmensgruppe im Sinne der §§ 1 Abs. 3, 2 Abs. 1 EBRG vorliegt.[777] Dabei ist für das Bestehen eines Auskunftsanspruchs erforderlich, aber auch ausreichend, dass eine gewisse Wahrscheinlichkeit für die Anwendbarkeit des EBRG besteht.[778] Allerdings müssen gemäß § 5 EBRG Auskünfte über die interne Struktur einer Unternehmensgruppe nur insoweit erteilt werden, als sie zur Aufnahme von Verhandlungen zur Errichtung eines Eu-

---

770 Vgl. zu den Vorzügen einer Vereinbarung gemäß Art. 13 der Richtlinie *Willemsen/Hohenstatt* NZA 1995, 399.

771 Vgl. *Franzen* EuZA Bd. 3 (2010), 180 (194).

772 *Ders.* EuZA Bd. 3 (2010), 180 (197).

773 MHdB ArbR/*Grau* § 355 Rn. 22, 26 ff.

774 *Thüsing/Forst* NZA 2009, 408 (411); *Franzen* EuZA Bd. 3 (2010), 180 (189).

775 *Junker* RdA 2002, 32; DKW/*Däubler* EBRG § 5 Rn. 1; GK/*Oetker* EBRG § 5 Rn. 1.

776 Vgl. *Franzen* EuZA Bd. 3 (2010), 180 (186).

777 Vgl. EuGH 29.3.2001 – C-62/99 (Bofrost); EuGH 13.1.2004 – C-440/00 (Kühne & Nagel), NZA 2004, 160 (162); EuGH 15.7.2004 – C-349/01 (ADS Anker), EuZW 2004, 734 (735); BAG 30.3.2004 – 1 ABR 61/01, NZA 2004, 863; *Joost* BB 2001, 2214; *Alber* RdA 2001, 23 (27); *Junker* RdA 2002, 32; HWK/*Giesen* EBRG Rn. 31; *Fitting* EBRG Rn. 23; GK/*Oetker* EBRG § 5 Rn. 3.

778 Vgl. BAG 30.3.2004 – 1 ABR 61/01, NZA 2004, 863.

ropäischen Betriebsrats erforderlich sind.[779] Im Übrigen besteht nach der Rechtsprechung des EuGH auch ein sog. horizontaler Auskunftsanspruch zwischen den Unternehmen einer Unternehmensgruppe: Liegt die zentrale Leitung nicht in einem Mitgliedstaat, hat die gemäß § 2 Abs. 2 S. 4 fingierte zentrale Leitung einen eigenen Auskunftsanspruch gegen die zur Gruppe gehörenden Unternehmen in den übrigen Mitgliedstaaten; um ihre Pflicht gemäß § 5 Abs. 1 EBRG erfüllen zu können, ist sie daher gehalten, die entsprechenden Auskünfte von den anderen in der Gemeinschaft ansässigen Unternehmen zu verlangen (siehe nunmehr § 5 Abs. 2 und 3 EBRG).[780]

240 Das Besondere Verhandlungsgremium kann sodann mit 2/3-Mehrheit beschließen, keine Verhandlungen mit der zentralen Leitung aufzunehmen oder diese zu beenden (§ 15 Abs. 1 EBRG); ein neuer Antrag auf Bildung eines Besonderen Verhandlungsgremiums kann frühestens zwei Jahre nach diesem Beschluss gestellt werden (Abs. 2). Dies wird sicherlich nicht häufig geschehen, da ein wirksamer Antrag gemäß § 9 Abs. 2 EBRG zur Bildung eines Besonderen Verhandlungsgremiums nur zustande kommen wird, wenn tatsächlich ernsthaftes Interesse an der Etablierung eines grenzübergreifenden Mitwirkungssystems vorhanden ist. Jedoch besteht die Möglichkeit, dass die zentrale Leitung mit dem Besonderen Verhandlungsgremium eine **„freie" Vereinbarung über ein Unterrichtungs- und Anhörungssystem** trifft, ohne den Bestimmungen des Vierten Teils des Gesetzes (dieser betrifft den Europäischen Betriebsrat kraft Gesetzes) zu unterliegen. Voraussetzung ist lediglich, dass sich die Vereinbarung auf **alle in den Mitgliedstaaten beschäftigten Arbeitnehmer** erstreckt, in denen das Unternehmen oder die Unternehmensgruppe einen Betrieb hat (§ 17 S. 2 EBRG). Im Übrigen muss festgelegt werden, ob ein Europäischer Betriebsrat errichtet oder ein anderes Verfahren zur Unterrichtung und Anhörung der Arbeitnehmer eingeführt werden soll (§ 17 S. 3 EBRG).

241 Soll ein Europäischer Betriebsrat errichtet werden, muss dieser – wenn die Parteien dies gemäß § 18 EBRG vereinbaren – nicht die Voraussetzungen erfüllen, die für den Europäischen Betriebsrat kraft Gesetzes (Vierter Teil) gelten.[781] Die Parteien sollen lediglich bestimmte Grundfragen regeln, die in § 18 Abs. 1 EBRG niedergelegt sind. Wird hingegen ein anderes Verfahren zur Unterrichtung und Anhörung vereinbart (§ 19 EBRG), ist festzulegen, unter welchen Voraussetzungen bestimmte Unterrichtungs- und Beratungsrechte bestehen. Auch § 19 EBRG sieht demnach eine denkbar flexible Gestaltung vor. Die zwingenden Vorschriften über den Europäischen Betriebsrat kraft Gesetzes gelten nur, wenn die zentrale Leitung die Aufnahme von Verhandlungen mit dem Besonderen Verhandlungsgremium verweigert oder innerhalb von drei Jahren nach Antragstellung keine Vereinbarung mit dem Besonderen Verhandlungsgremium zustande kommt (§ 21 Abs. 1 EBRG).

c) Mitwirkungsrechte des Europäischen Betriebsrats

242 Die §§ 29ff. EBRG regeln die Mitwirkungsrechte des Europäischen Betriebsrates kraft Gesetzes. Diese umfassen grundsätzlich die Instrumente der Anhörung und Unterrichtung. Nicht umfasst ist eine mit § 77 BetrVG, insbesondere § 77 Abs. 4 S. 1 BetrVG, vergleichbare Regelungskompetenz.[782] Überdies besteht bei Missachtung von Anhörungs- und Un-

---

[779] Vgl. zur Rechtslage vor Novellierung des EBRG BAG 30.3.2004 – 1 ABR 61/01, NZA 2004, 863; BAG 29.6.2004 – 1 ABR 32/99, NZA 2005, 118 (122) unter Berufung auf EuGH 29.3.2001 – C-62/99 (Bofrost); EuGH 13.1.2004 – C 440/00 (Kühne & Nagel), NZA 2004, 160; GK/*Oetker* EBRG § 5 Rn. 2, 8; *Joost* ZIP 2004, 1034 (1037).

[780] Vgl. EuGH 13.1.2004 – C 440/00 (Kühne & Nagel), NZA 2004, 160; BAG 29.6.2004 – 1 ABR 32/99, NZA 2005, 118; vgl. hierzu im Einzelnen *Joost* ZIP 2004, 1034. Zum umgekehrten Auskunftsanspruch, wonach ein einer Unternehmensgruppe angehöriges Unternehmen von der (fingierten) zentralen Leitung die Erteilung der unerlässlichen Auskünfte verlangen kann, um seiner Verpflichtung gem. § 5 Abs. 2 Hs. 2 nachzukommen, vgl. EuGH 15.7.2004 – C – 349/01 (ADS Anker), EuZW 2004, 734.

[781] DKW/*Däubler* EBRG § 18 Rn. 4.

[782] DKW/*Däubler* EBRG § 18 Rn. 13; *Rehberg* NZA 2013, 73 (75).

terrichtungsrechten kein § 23 Abs. 3 BetrVG entsprechender Unterlassungsanspruch seitens des Europäischen Betriebsrats.[783] § 45 EBRG sieht lediglich ein Bußgeld für Zuwiderhandlung vor. Vereinbarungen gemäß § 41 EBRG (abgeschlossen vor dem 22.9.1996) sowie gemäß § 18 EBRG (Europäischer Betriebsrat kraft Vereinbarung) können von den §§ 29ff. EBRG abweichende Bestimmungen enthalten. Zu beachten ist allerdings, dass auch freiwillige Vereinbarungen für alle in den Mitgliedstaaten beschäftigten Arbeitnehmer gelten und ihnen eine angemessene Beteiligung an der Unterrichtung und Anhörung ermöglichen sollen (vgl. § 41 Abs. 1 EBRG).[784] Die Mitwirkungstatbestände gemäß §§ 29ff. EBRG sind daher nicht nur für Europäische Betriebsräte kraft Gesetzes maßgeblich, sondern stellen – wenn auch nicht mit dem gleichen Grad an Verbindlichkeit – für Vereinbarungen gemäß §§ 41, 18, 19 EBRG einen zentralen Orientierungspunkt dar. Aus diesem Grund kann eine Normsetzungskompetenz zugunsten des Europäischen Betriebsrats auch nicht gem. §§ 18 Abs. 1 Nr. 3 bzw. 41 EBRG vereinbart werden.[785]

Der Europäische Betriebsrat ist immer nur für Angelegenheiten **zuständig,** die mindestens **zwei Betriebe oder zwei Unternehmen in verschiedenen Mitgliedstaaten** betreffen (vgl. § 1 Abs. 2 EBRG).[786] Des Weiteren teilen sich die Unterrichtungs- und Anhörungsansprüche auf in solche im Rahmen mindestens einmal im Kalenderjahr stattfindender Veranstaltungen (§ 29 EBRG) und die Unterrichtung und Anhörung über „außergewöhnliche Umstände oder Entscheidungen, die erhebliche Auswirkungen auf die Interessen der Arbeitnehmer haben" (§ 30 Abs. 1 EBRG), insbesondere bei Verlegung (Nr. 1) und Stilllegung (Nr. 2) von Unternehmen, Betrieben oder wesentlichen Betriebsteilen und bei Massenentlassungen (Nr. 3). Zu beachten bleibt aber, dass dem Europäischen Betriebsrat **kein Unterlassungsanspruch** bei Verstoß gegen diese Unterrichtungs- und Anhörungsrechte zusteht, da ein Verstoß gegen § 30 EBRG gem. § 45 EBRG zwar mit einem Bußgeld bewehrt ist, aber – anders als § 23 Abs. 3 BetrVG – keinen Unterlassungsanspruch vorsieht.[787] Darin ist auch keine unionsrechtswidrige Umsetzung der Richtlinie 2009/38/EG zu sehen, da Art. 11 Abs. 2 dieser Richtlinie *geeignete Maßnahmen* verlangt und keine inhaltliche Anforderungen an diese Maßnahmen stellt.[788] Für den Europäischen Betriebsrat kraft Vereinbarung kann jedoch ein Unterlassungsanspruch für den Fall der Durchführung einer grenzüberschreitende Maßnahme ohne vorherige Durchführung des Unterrichtungs- und Anhörungsverfahrens geregelt werden.[789] Darüber hinaus ist stets zu bedenken , dass diese Tatbestände jeweils Betriebe bzw. Unternehmen in mindestens zwei Mitgliedstaaten betreffen müssen. Diese Voraussetzung ist allerdings schon dann erfüllt, wenn sich eine Maßnahme gemäß § 30 Abs. 1 EBRG zwar nur **auf ein Unternehmen** oder auf einen **Betrieb** in einem Mitgliedstaat **bezieht,** darüber jedoch die **zentrale Leitung entscheidet,** die in einem anderen Mitgliedstaat ansässig ist. Sinn und Zweck der Beteiligung des EBR liegen gerade auch darin, dem Gremium eine Einflussmöglichkeit auf Entscheidungen einzuräumen, die in einem anderen Mitgliedstaat fallen als dem, in dem die Entscheidung umgesetzt werden soll.[790] Befindet sich die zentrale Lei-

---

[783] LAG Köln 8.9.2011 – 13 Ta 267/11, BB 2012, 197 (198); LAG Stuttgart 12.10.2015 – 9 Ta BV 2/15, ZIP 2016, 590 (nrkr); aA DKW/*Bachner* EBRG § 29 Rn. 2.

[784] S. zu den daraus resultierenden Anforderungen *Willemsen/Hohenstatt* NZA 1995, 399 (400); *Sandmann* WiB 1996, 415 (419); *Rademacher* S. 154.

[785] *Rehberg* NZA 2013, 73 (75); AKRR/*Rupp* EBRG § 17 Rn. 19, EBRG § 18 Rn. 20; aA DKW/*Däubler* EBRG § 18 Rn. 14; *Blanke* EBRG § 18 Rn. 13.

[786] Instruktiv DKW/*Däubler* EBRG § 1 Rn. 2, 4; *Hohenstatt/Kröpelin/Bertke* NZA 2011, 1313 (1314).

[787] LAG Köln 8.9.2011 – 13 Ta 267/11, BeckRS 2011, 76804; LAG Baden-Württemberg 12.10.2015 – 9 TaBV 2/15, NZA-RR 2016, 358 mit Anmerkung von *Monz/Sittard;* Habersack/Drinhausen/*Hohenstatt/Müller-Bonanni* SE-Recht § 29 Rn. 7; aA mwN zur Gegenansicht *Schmeisser/Ladenburger* NZA 2018, 761.

[788] LAG Baden-Württemberg 12.10.2015 – 9 TaBV 2/15, NZA-RR 2016, 358; AKRR/*Kühn* EBRG § 29 Rn. 26.

[789] *Fitting* EBRG Rn. 64a.

[790] Vgl. *Sandmann* S. 212 unter Hinweis auf die Begründung der EG-Kommission, Kom (94) 134 endg.; ebenso *Engels/Müller* DB 1996, 981 (986); *Fitting* EBRG Rn. 9; GK/*Oetker* EBRG § 1 Rn. 3, 5; s. auch

tung des Unternehmens oder der Unternehmensgruppe allerdings außerhalb des Anwendungsbereichs der Richtlinie, kommen Unterrichtungs- und Anhörungsansprüche nur in Betracht, wenn mindestens zwei Mitgliedstaaten durch die Angelegenheit betroffen werden.[791]

2. Unternehmensumstrukturierungen und ihre Auswirkungen

243 Die Anwendbarkeit des deutschen EBRG oder eines entsprechenden Gesetzes eines anderen Mitgliedstaates hängt vom Erreichen der Schwellenwerte gem. § 3 EBRG sowie davon ab, ob das Unternehmen oder das herrschende Unternehmen einer Gruppe (bzw. die nachgeordnete Leitung bzw. der Vertreter gem. § 2 Abs. 2 EBRG) seinen/ihren Sitz in dem entsprechenden Mitgliedstaat hat (§ 2 Abs. 1 EBRG). Unternehmensumstrukturierungen können dazu führen, dass das jeweilige nationale Gesetz über den Europäischen Betriebsrat erstmals auf ein Unternehmen oder eine Unternehmensgruppe Anwendung findet oder aber ein Unternehmen bzw. eine Unternehmensgruppe aus diesem Anwendungsbereich wieder herausfällt. An beide Konstellationen knüpfen sich interessante **Verfahrensfragen.** Im Übrigen können Umstrukturierungen die Zusammensetzung eines Europäischen Betriebsrates bzw. ein verabredetes Mitwirkungsverfahren verändern – insbesondere in Anbetracht von Art. 13 S. 1 der Richtlinie 2009/38/EG sowie § 37 EBRG – sowie zur Anwendung des nationalen Rechts eines anderen Mitgliedstaates und zur Veränderung der örtlichen Zuständigkeit der Arbeitsgerichte führen.

a) Veränderungen hinsichtlich der Gesamtzahl der Arbeitnehmer eines Unternehmens bzw. einer Unternehmensgruppe (Schwellenwert 1.000)

244 Unternehmensumstrukturierungen können auf verschiedenste Weise dazu führen, dass sich die Zahl der Arbeitnehmer (deren Berechnung sich nach § 4 EBRG richtet) in einer Weise ändert, dass der Schwellenwert von **1.000** Arbeitnehmern (§ 3 EBRG) erstmals erreicht oder aber wieder unterschritten wird. So kann etwa die Schließung oder Veräußerung eines Betriebes zur Unterschreitung des Schwellenwertes von 1.000 Arbeitnehmern führen, während im Fall des „Unternehmenskaufs“ der Erwerber erstmals in den Anwendungsbereich des EBRG fallen kann, weil der Vorgang die Gesamtzahl der Arbeitnehmer auf über 1.000 erhöht. Im Folgenden soll dargestellt werden, welche verfahrensmäßigen Fragen sich bei derlei Veränderungen ergeben und welche Lösungen sich insoweit anbieten. Dabei soll jeweils unterstellt werden, dass das fragliche Unternehmen bzw. die Unternehmensgruppe stets die Mindestzahl von jeweils 150 Arbeitnehmern in mindestens zwei Mitgliedstaaten erreicht, da sich bei Veränderungen hinsichtlich dieser Anwendungsvoraussetzung spezifische Probleme ergeben, die sogleich gesondert (unter b) behandelt werden.

245 Zunächst ist zu beachten, dass sich die Anzahl der Arbeitnehmer gemäß § 4 S. 1 EBRG nach dem **Durchschnitt der letzten zwei Jahre richtet,** so dass kurzfristige Veränderungen der Arbeitnehmerzahlen häufig nicht ausschlaggebend sein werden. Das Gesetz ist damit einer Konzeption gefolgt, die von der des Betriebsverfassungsgesetzes im Hinblick auf die Schwellenwerte in den §§ 99, 106, 111 BetrVG abweicht. Während es nach diesen Bestimmungen darauf ankommt, wie viele Arbeitnehmer „in der Regel“ beschäftigt werden, so dass etwa ein kurz vor der Feststellung durchgeführter drastischer Personalabbau – wenn dieser von Dauer ist – voll berücksichtigt werden kann, da nicht nur die bisherige, sondern auch die Einschätzung der zukünftigen Entwicklung von Bedeutung ist,[792] kommt es nach § 4 EBRG ausschließlich auf die dort geregelte Durchschnittsberechnung

---

Franzen EuZA Bd. 3 (2010), 180 (184), der diese Fallgruppe als das gemeinschaftsweit operierende Unternehmen insgesamt betreffend iSv Art. 1 Abs. 4 der Richtlinie 2009/38/EG einstuft; explizit dagegen *Thüsing/Forst* NZA 2009, 408 (411): „mindestens drei involvierte Mitgliedstaaten“; s. genauer → C Rn. 518.

[791] *Sandmann* S. 213; DKW/*Däubler* EBRG § 1 Rn. 4; HWK/*Giesen* EBRG Rn. 12.

[792] Vgl. hierzu unter → C Rn. 5 ff.

an, auch wenn zu dem gemäß § 4 S. 2 maßgeblichen Zeitpunkt bereits feststeht, dass das Unternehmen bzw. die Unternehmensgruppe auf Dauer weniger als 1.000 Arbeitnehmer beschäftigen wird.[793] *Däubler* spricht insofern von einer verdeckten Regelungslücke in § 4 EBRG.[794] Angesichts des klaren Wortlauts der Vorschrift wird man die zu §§ 99, 106, 111 BetrVG entwickelten Grundsätze jedoch nicht analog anwenden können.[795] Für die Frage, ob die Arbeitnehmerseite wirksam einen Antrag zur Bildung des Besonderen Verhandlungsgremiums stellen kann (§ 9 Abs. 1 und 2 EBRG), kommt es demnach ausschließlich auf die durchschnittliche Beschäftigtenzahl im davor liegenden Zweijahreszeitraum an.

Fraglich ist indessen, was zu geschehen hat, wenn zwar nach dieser Maßgabe ein wirksamer Antrag gestellt ist, die Arbeitnehmerzahl im weiteren Verlauf jedoch weiter sinkt, so dass selbst bei Zugrundelegung des Durchschnitts innerhalb der jeweils letzten zwei Jahre der Schwellenwert von 1.000 Arbeitnehmern nicht mehr erreicht wird. Das EBRG trifft für diese Konstellation keine eindeutige Regelung. Man wird insoweit darauf abstellen müssen, in welchem Stadium sich das Verfahren zur Etablierung eines grenzübergreifenden Mitwirkungssystems befindet. Wie aus § 4 EBRG, insbesondere aus Satz 2, hervorgeht, ist für die Wirksamkeit eines Antrages gemäß § 9 Abs. 1 und 2 EBRG auf dessen Zeitpunkt abzustellen. Dies bedeutet, dass das Verfahren zur Bestellung der Arbeitnehmervertreter des Besonderen Verhandlungsgremiums auch dann durchgeführt werden kann, wenn sich nach Antragstellung die Zahl der Arbeitnehmer wesentlich verringert hat. Es besteht keine Verpflichtung zur Anpassung der Zusammensetzung des Besonderen Verhandlungsgremiums aufgrund von Strukturveränderungen zwischen Antragstellung gem. § 9 Abs. 1 EBRG und dem Abschluss einer Vereinbarung gem. §§ 18, 19 EBRG.[796] Eine solche Pflicht sehen weder das Gesetz noch die Richtlinien[797] vor.[798] Wird mit dem **Besonderen Verhandlungsgremium** schließlich eine **Vereinbarung** gemäß §§ 18, 19 EBRG zur Errichtung eines Europäischen Betriebsrates bzw. zur Etablierung eines Verfahrens zur Unterrichtung und Anhörung geschlossen, bleibt diese Vereinbarung unabhängig von der weiteren Entwicklung der Arbeitnehmerzahl in Kraft, es sei denn, dass die Vereinbarung eine **„Klausel zur Anpassung der Vereinbarung an Strukturänderungen"** (§ 18 Abs. 1 Nr. 7 EBRG), hier also zur Anpassung an die Entwicklung der Arbeitnehmerzahl, enthält und eine abweichende Regelung vorsieht. Insofern ist den Parteien eine möglichst klare Regelung zu empfehlen. Auch wird zu prüfen sein, ob eine „wesentliche" Strukturänderung iSv § 37 EBRG vorliegt. Angesichts der dafür in Erwägungsgrund 40 der Richtlinie genannten Beispiele „Fusion", „Übernahme" und „Spaltung" sowie der in § 37 Abs. 1 EBRG genannten Tatbestände wird aber das bloße Absinken der Arbeitnehmerzahl unter 1.000 im Zweifel und vorbehaltlich des konkreten Einzelfalls nicht „wesentlich" sein.[799] Laufen Vereinbarungen gemäß §§ 18 oder 19 EBRG ab, gelten sie gemäß § 20 S. 1 EBRG zunächst fort, wenn vor ihrer Beendigung das Antrags- oder Initiativrecht nach § 9 Abs. 1 EBRG ausgeübt worden ist. Dies kann allerdings dann nicht mehr wirksam geschehen, wenn zwischenzeitlich die Voraussetzungen gemäß § 3 EBRG für einen 246

[793] So auch AKRR/*Annuß* EBRG § 4 Rn. 1; MHdB ArbR/*Joost* (3. Aufl.) § 274 Rn. 25; nun aber aA MHdB ArbR/*Grau* § 354 Rn. 14.

[794] DKW/*Däubler* EBRG § 4 Rn. 3; vgl. auch HWK/*Giesen* EBRG Rn. 17.

[795] *Gaul* NJW 1996, 3378 (3379); aA *Fitting* EBRG Rn. 21; GK/*Oetker* EBRG § 4 Rn. 7; *Oetker/Preis* EAS B 8300 Rn. 50, die vor dem Hintergrund des Normzwecks eine wortlautkorrigierende Auslegung des § 4 EBRG bei dauerhaften, erheblichen Veränderungen der Anzahl der beschäftigten Arbeitnehmer vorschlagen.

[796] *Hey/Schröder* BB 2012, 3014 (3015); aA DKW/*Klebe* EBRG § 10 Rn. 2; *Blanke* EBRG § 10 Rn. 14.

[797] Vgl. Richtlinie 2001/86/EG, ABl. EG Nr. L 294 vom 10.11.2001, S. 22 sowie Richtlinie 2009/38/EG, ABl. EU Nr. L 122 vom 16.5.2009, S. 28.

[798] *Hey/Schröder* BB 2012, 3014 (3015); vgl. im Hinblick auf § 5 Abs. 4 SEBG ebenso *Krause* BB 2005, 1221 (1224); *Ziegler/Gey* BB 2009, 1750 (1753).

[799] Vgl. auch *Franzen* EuZA Bd. 3 (2010), 180 (195), dort zum Fall des organischen Wachstums eines Unternehmens; Fragen wirft allerdings § 37 Abs. 1 Nr. 4 EBRG auf, wonach schon jede Stilllegung eines (kleinen) Betriebes eine wesentliche Strukturänderung darstellen soll, obwohl § 32 Abs. 2 EBRG eine pragmatische Lösung vorsieht. Vgl. im Übrigen auch *Hohenstatt/Kröpelin/Bertke* NZA 2011, 1313 (1316).

wirksamen Antrag gemäß § 9 Abs. 1 und 2 EBRG nicht mehr vorliegen, insbesondere also dann, wenn das Unternehmen oder die Unternehmensgruppe – bei Anwendung der in § 4 EBRG vorgesehenen Berechnungsmethode – insgesamt weniger als 1.000 Arbeitnehmer beschäftigt.

247 Fraglich ist des Weiteren, ob ein **Europäischer Betriebsrat kraft Gesetzes** gemäß § 21 EBRG auch dann errichtet werden muss, wenn zum ausschlaggebenden Zeitpunkt die Schwellenwerte gemäß § 3 EBRG selbst bei Zugrundelegung der Durchschnittswerte der zurückliegenden zwei Jahre nicht mehr erreicht werden. Insoweit kann es nicht mehr auf die Regelung in § 4 S. 2 EBRG ankommen, da diese Bestimmung lediglich Aufschluss darüber gibt, ob ein wirksamer **Antrag** gemäß § 9 Abs. 2 EBRG gestellt ist und das Verfahren zur Errichtung eines Besonderen Verhandlungsgremiums damit wirksam in Gang gesetzt wurde. § 21 EBRG, also die Auffanglösung der Errichtung des Europäischen Betriebsrats kraft Gesetzes, stellt hingegen eine **qualitativ neue Stufe** dar, die – abweichend von Vereinbarungen gemäß §§ 18, 19 EBRG – die unternehmerische Betätigungsfreiheit durch ein gesetzlich angeordnetes Mitwirkungssystem beschränkt. Derlei Verpflichtungen können Unternehmen und Unternehmensgruppen schlechterdings dann nicht mehr auferlegt werden, wenn sie die Schwellenwerte in § 3 EBRG nicht mehr erreichen. Immerhin kann sich die Errichtung eines Europäischen Betriebsrates kraft Gesetzes bis zu 3 Jahre nach Antragstellung hinziehen (§ 21 Abs. 1 S. 2 EBRG).

248 Schließlich ist zu klären, welche Rechtsfolgen eintreten, wenn **während des Bestandes eines Europäischen Betriebsrats** kraft Gesetzes die Arbeitnehmerzahl innerhalb des Unternehmens bzw. der Unternehmensgruppe – im Durchschnitt der letzten zwei Jahre – unter 1.000 sinkt. Auch insoweit trifft das Gesetz keine eindeutige Regelung. *Engels/Müller*[800] vertreten die Auffassung, bei Wegfall einer der in § 3 EBRG genannten Voraussetzungen entfalle der Europäische Betriebsrat „sofort und ersatzlos“. Es liegt jedoch näher, **§ 32 Abs. 2 EBRG analog** anzuwenden. Nach dieser Vorschrift hat die zentrale Leitung im Turnus von 2 Jahren, vom Tage der konstituierenden Sitzung des Europäischen Betriebsrats (§ 25 Abs. 1 EBRG) an gerechnet, zu prüfen, ob sich die Arbeitnehmerzahlen derart geändert haben, dass sich eine andere Zusammensetzung des Europäischen Betriebsrates gemäß § 22 EBRG errechnet. Diese Vorschrift bezweckt offenkundig, wesentliche Veränderungen hinsichtlich der Anzahl der Arbeitnehmer und ihre Verteilung auf die verschiedenen Mitgliedstaaten „gebündelt“ im **Zweijahresrhythmus** berücksichtigen sowie entsprechende Anpassungen in der Zusammensetzung des Gremiums vornehmen zu können. Es spricht vieles dafür, bei dieser Gelegenheit auch stets eine Überprüfung dahingehend vorzunehmen, ob die Arbeitnehmerzahlen (im Durchschnitt der letzten 2 Jahre vom Zeitpunkt der Entscheidung gemäß § 32 Abs. 2 EBRG an gerechnet) den Schwellenwert von 1.000 Arbeitnehmern noch erreichen. Außerhalb dieses Turnus bleiben hingegen Veränderungen der Arbeitnehmerzahlen unbeachtlich.[801] Die Gegenauffassung[802] berücksichtigt nicht hinreichend, dass das Verfahren zur Bildung eines Europäischen Betriebsrates zu aufwendig gestaltet ist, um ein einmaliges Unterschreiten des Schwellenwertes jederzeit zum Wegfall des Gremiums führen zu lassen.

Sämtliche der angesprochenen Probleme entstehen dann, wenn ein Unternehmen oder eine Unternehmensgruppe im Begriff ist, den Schwellenwert von 1.000 Arbeitnehmern zu unterschreiten. Unproblematisch ist hingegen das Verfahren dann, wenn ein Unternehmen bzw. eine Gruppe erstmals im Zwei-Jahresdurchschnitt den Schwellenwert erreicht. Die Arbeitnehmer und/oder ihre Vertretungen können in diesem Fall einen Antrag gem. § 9 EBRG stellen und damit das Verfahren zur Bildung des Besonderen Verhandlungsgremiums in Gang setzen.

---

[800] DB 1996, 981 (986); ebenso DKW/*Bachner* EBRG § 21 Rn. 12; *Fitting* EBRG Rn. 79; *Schmidt* NZA 1997, 180 (182).

[801] Zu den Änderungen hinsichtlich des Schwellenwertes von jeweils 150 Arbeitnehmern in mindestens zwei Mitgliedstaaten siehe sogleich gesondert unter b).

[802] Vgl. *Gaul*, Betriebsspaltung, § 27 Rn. 140.

b) Veränderungen hinsichtlich der Verteilung der Arbeitnehmer auf die Mitgliedstaaten (Schwellenwert 150)

249 Gleiche Grundsätze wie hinsichtlich des Schwellenwertes von 1.000 Arbeitnehmern insgesamt gelten auch hinsichtlich der weiteren Anforderung, die § 3 EBRG stellt, nämlich dahingehend, dass das Unternehmen bzw. die Unternehmensgruppe jeweils mindestens **150** Arbeitnehmer in mindestens **zwei Mitgliedstaaten** beschäftigen muss. Auch insoweit kommt es auf den **Zwei-Jahresdurchschnitt iSv § 4 S. 1 EBRG** an und gelten die unter a) entwickelten Regeln für den Fall, dass Schwankungen der Arbeitnehmerzahlen eintreten. Besondere Gesichtspunkte sind indessen dann zu beachten, wenn Umstrukturierungen dazu führen, dass ein Unternehmen bzw. eine Unternehmensgruppe überhaupt **nicht mehr grenzüberschreitend tätig** ist und sich – wenn auch mit mehr als 1.000 Arbeitnehmern – nur noch in einem Mitgliedstaat betätigt. Dieser Fall kann eintreten, wenn zB ein deutsches Unternehmen seinen in Frankreich gelegenen (einzigen Auslands-) **Betrieb schließt, veräußert oder** in einen Staat außerhalb des Anwendungsbereichs der Richtlinie 2009/38/EG **verlegt.** In dieser Konstellation entfällt die Grundvoraussetzung für die Etablierung bzw. Beibehaltung eines grenzübergreifenden **Unterrichtungs- und Anhörungssystems,** so dass in diesem Fall etwa laufende Verfahren zur Etablierung eines solchen Systems abzubrechen sind und bereits bestehende Vereinbarungen bzw. ein bereits gebildeter Europäischer Betriebsrat **gegenstandslos** werden.[803] Allerdings hat die Maßnahme, die zu diesem Ergebnis führt, zuvor Gegenstand eines bereits etablierten Mitwirkungsverfahrens zu sein (vgl. §§ 29, 30 EBRG). Der Europäische Betriebsrat bzw. ein Ausschuss gem. § 26 EBRG ist demgemäß über die geplante Umstrukturierung unter Vorlage der erforderlichen Unterlagen zu unterrichten und auf Verlangen anzuhören (§ 30 EBRG).

250 Besonderes Augenmerk verdienen auch diejenigen Konstellationen, bei denen zwar die Erfüllung der Schwellenwerte gemäß § 3 EBRG außer Frage steht, innerhalb eines Unternehmens bzw. einer Unternehmensgruppe jedoch Veränderungen dahingehend eintreten, dass **„Betriebe“** in einzelnen Mitgliedstaaten **hinzukommen bzw. entfallen.** Besteht etwa der Europäische Betriebsrat einer Unternehmensgruppe gem. § 22 EBRG aus Arbeitnehmern, die in vier unterschiedlichen Mitgliedstaaten beschäftigt werden, und erwirbt ein zur Gruppe gehörendes Unternehmen einen zusätzlichen Betrieb in einem fünften Mitgliedstaat, stellt sich die Frage, zu welchem **Zeitpunkt** dies die **Entsendung eines (weiteren) Arbeitnehmervertreters** in den Europäischen Betriebsrat gem. § 22 Abs. 2 EBRG nach sich zieht. Gem. § 32 Abs. 2 S. 4 EBRG können hinzukommende Betriebe in weiteren Mitgliedstaaten nur im Rahmen des **Zwei-Jahresrhythmus gem. § 32 Abs. 2 S. 1 EBRG** berücksichtigt werden, jeweils gerechnet seit der konstituierenden Sitzung des Europäischen Betriebsrates. Diese Regelung erscheint in hohem Maße formal und unflexibel, gewinnt jedoch eine gewisse Rechtfertigung durch den Umstand, dass sich infolge des Hinzukommens weiterer Arbeitnehmer die Zusammensetzung des Gremiums insgesamt verändern kann[804] (vgl. § 22 Abs. 3 und 4 EBRG). Besteht ein Europäischer Betriebsrat bzw. ein vergleichbares Verfahren kraft **Vereinbarung (§§ 18, 19 EBRG),** sollten das Procedere und die Auswirkungen auf das Gremium bei Hinzukommen oder Wegfall von Betrieben und/oder Unternehmen im Rahmen der Regelungen zur Anpassung an „Strukturänderungen“ (§ 18 Abs. 1 Nr. 7 EBRG) vereinbart werden. Sind derlei Regelungen unterlassen worden, wird man § 32 Abs. 2 EBRG analog anwenden müssen,[805] es sei denn, dass eine „wesentliche“ Strukturänderung gemäß Art. 13 S. 1 der

[803] *Engels/Müller* DB 1996, 981 (986); DKW/*Bachner* EBRG § 21 Rn. 12; *Schmidt* NZA 1997, 180 (182).

[804] Vgl. auch *Franzen* BB 2004, 938 (939); MHdB ArbR/*Grau* § 355 Rn. 80.

[805] HWK/*Giesen* EBRG Rn. 55; DKW/*Däubler* EBRG § 18 Rn. 21; aA GK/*Oetker* EBRG § 18 Rn. 16, der die Parteien auf die Kündigung der bestehenden Vereinbarung und deren Neuverhandlung verweisen will, da eine analoge Anwendung der Vorschriften über den Betriebsrat kraft Gesetzes der Gestaltungsfreiheit der Parteien, welche in § 17 EBRG als Leitmaxime vorgesehen ist, nicht gerecht würde; *Franzen* BB 2004, 938 (940), schlägt eine Lösung nach den Regeln der ergänzenden Vertragsauslegung vor.

Richtlinie 2009/38/EG bzw. § 37 EBRG vorliegt und die zentrale Leitung deshalb von sich aus oder auf Antrag Anpassungsverhandlungen aufnehmen muss. Bei vor dem 22.9. 1996 abgeschlossenen Vereinbarungen sieht § 41 Abs. 4 EBRG ausdrücklich eine Anpassungsmöglichkeit an Strukturänderungen vor, soweit es sich nicht um wesentliche Strukturänderungen iSv § 37 EBRG handelt. Die Anpassung ist in einer Vereinbarung zwischen dem Europäischen Betriebsrat bzw. dem entsprechenden Gremium und der zentralen Leitung zu vereinbaren.[806]

251 Wenig Schwierigkeiten sollte hingegen die umgekehrte Konstellation aufwerfen, wenn nämlich durch eine Umstrukturierung Arbeitnehmer eines bestimmten Mitgliedstaates nicht mehr zu berücksichtigen sind, etwa wegen der **Veräußerung eines Betriebes oder dessen Schließung.** Vorausgesetzt, dass die in § 3 EBRG normierten Schwellenwerte nach wie vor erreicht werden, **endet** lediglich **die Amtszeit der Mitglieder** aus dem betreffenden Mitgliedstaat (§ 32 Abs. 1 EBRG – „aus anderen Gründen vorzeitig endet"), während die übrigen Mitglieder nach wie vor im Amt bleiben. Zwar kann die Schließung oder Veräußerung von Betrieben in einem anderen Mitgliedstaat auch zu Veränderungen der Zusammensetzung des Gremiums im Übrigen führen (vgl. § 22 Abs. 2 EBRG). Diese sind jedoch wiederum nur in dem durch § 32 Abs. 2 EBRG vorgegebenen Turnus zu berücksichtigen.

c) Veränderungen im Hinblick auf den örtlichen Geltungsbereich des EBRG (§ 2) bzw. der Richtlinie 2009/38/EG

252 Das EBRG findet gem. § 2 Abs. 1 des Gesetzes nur Anwendung, wenn das betreffende **Unternehmen** seinen **Sitz in Deutschland** hat. Für Unternehmensgruppen gilt Entsprechendes für das **herrschende Unternehmen.** Im Rahmen des zwischen den Mitgliedstaaten verabredeten konzertierten Vorgehens ist eine parallele Abgrenzung des örtlichen Anwendungsbereichs der nationalen Gesetze zur Umsetzung der Richtlinie auch in den anderen Mitgliedstaaten erfolgt. Die Möglichkeit, dass sich Unternehmen oder Unternehmensgruppen dem EBRG bzw. den entsprechenden Gesetzen in den anderen Mitgliedstaaten durch schlichte **Sitzverlegung** entziehen, besteht nicht. Wann immer ein Unternehmen oder eine Gruppe gemeinschaftsweit iSv § 3 EBRG tätig ist, fällt es unter das nationale Recht eines Mitgliedstaates. Hierfür sorgen die Regelungen in § 2 Abs. 2 EBRG, die Vorkehrungen für den Fall treffen, dass die zentrale Leitung (wie in § 1 Abs. 6 EBRG definiert) nicht in einem der Mitgliedstaaten liegt.[807]

253 Indessen können Umstrukturierungen dazu führen, dass anstelle des EBRG das entsprechende Gesetz eines anderen Mitgliedstaates Anwendung findet.[808] Durch das konzertierte Vorgehen der Mitgliedstaaten ist jedoch sichergestellt, dass jedenfalls im Grundsatz gemeinschaftsweit gleiche Standards gelten, so dass derlei Umstrukturierungen jedenfalls nicht gezielt im Hinblick auf die unterschiedliche nationale Gesetzgebung vorgenommen werden dürften. Eine Vielzahl der Bestimmungen des EBRG gilt ohnehin für die im Inland befindlichen Betriebe, unabhängig davon, welches nationale Recht im Übrigen Anwendung findet (§ 2 Abs. 4 EBRG). Dennoch sollen zur Veranschaulichung einige Konstellationen dargestellt werden, die zu einem Wechsel hinsichtlich des anwendbaren nationalen Rechts führen können. Bei einem einzelnen Unternehmen, das die Voraussetzungen gemäß § 3 Abs. 1 EBRG erfüllt, kommt es zu einem solchen Wechsel etwa dann, wenn es **von einem anderen Unternehmen erworben** wird, vorausgesetzt, die **zentrale Leitung** des erwerbenden Unternehmens liegt **in einem anderen Mitgliedstaat** bzw. die Anwendung der Hilfskriterien gem. § 2 Abs. 2 EBRG führt zur Anwendung eines anderen nationalen Rechts. Geschieht der „Unternehmenskauf" im Wege der Einzel-

---

[806] DKW/*Däubler* EBRG § 41 Rn. 17; *Blanke* EBRG § 41 Rn. 25; GK/*Oetker* EBRG § 41 Rn. 11.

[807] Zu diesen Regelungen bereits vorstehend unter → Rn. 237.

[808] Zu den Zweifelsfragen hinsichtlich des anwendbaren Rechts, die durch die Richtlinie aufgeworfen wurden, siehe *Hohenstatt* EuZW 1995, 169 (170).

rechtsnachfolge *(Asset Deal*[809]*)* oder durch Verschmelzung auf eine aufnehmende Gesellschaft, beantwortet sich die Frage nach dem anwendbaren nationalen Recht danach, in welchem Mitgliedstaat der **Erwerber bzw. die aufnehmende Gesellschaft seinen/ihren Sitz** hat, hilfsweise nach den Kriterien gem. § 2 Abs. 2 EBRG. Erfolgt der „Unternehmenskauf" im Rahmen eines Anteilserwerbs *(Share Deal*[810]*)*, bleibt das erworbene Unternehmen gesellschaftsrechtlich zwar eigenständig im Sinne der Aufrechterhaltung seiner Rechtspersönlichkeit; es entsteht jedoch durch diesen Vorgang eine Unternehmensgruppe iSv § 2 Abs. 1 Alt. 2 EBRG, so dass sich in Bezug auf das erwerbende herrschende Unternehmen die Frage des anwendbaren Rechts wiederum nach denselben Kriterien beantwortet.

Bei Unternehmensgruppen mit Sitz des herrschenden Unternehmens in einem der 254
Mitgliedstaaten können Umstrukturierungen nur dann zu einem Wechsel hinsichtlich des anwendbaren Rechts führen, wenn entweder der Sitz des herrschenden Unternehmens in einen anderen Mitgliedstaat verlegt wird oder sich die Struktur der Unternehmensgruppe auf eine Weise ändert, dass es nach den Kriterien, wie sie in § 6 EBRG niedergelegt sind, zu einem Wechsel des herrschenden Unternehmens kommt. Eine größere Flexibilität besteht hingegen bei Unternehmensgruppen, deren **zentrale Leitung** (herrschendes Unternehmen) **nicht in einem Mitgliedstaat** liegt. Insoweit kann es zu Veränderungen dahingehend kommen, welches Unternehmen als **„nachgeordnete Leitung"** iSv § 2 Abs. 2 S. 1 EBRG anzusehen ist. Besteht keine nachgeordnete Leitung für die Unternehmen innerhalb der Mitgliedstaaten, ist das herrschende Unternehmen außerhalb des Anwendungsbereiches der Richtlinie jederzeit in der Lage, einen **anderen Vertreter** (aus einem anderen Mitgliedstaat) gemäß § 2 Abs. 2 S. 2 EBRG zu benennen und hierdurch einen **Wechsel hinsichtlich des anwendbaren Rechts** herbeizuführen. Besteht weder eine nachgeordnete Leitung noch ein ernannter Vertreter, beantwortet sich die Frage nach dem anwendbaren Recht danach, in welchem Mitgliedstaat der Betrieb bzw. das Unternehmen liegt, in dem die **meisten Arbeitnehmer** beschäftigt werden. Nur in diesem Fall können Änderungen der Arbeitnehmerzahlen in den einzelnen Mitgliedstaaten zu einem Wechsel des anwendbaren Rechts führen.

d) Veränderung hinsichtlich der örtlichen Zuständigkeit des Arbeitsgerichts

Durch Umstrukturierungen kann sich nicht nur ein **Wechsel des anwendbaren Rechts** 255
ergeben. Zugleich kann die bisher bestehende sachliche und örtliche **Zuständigkeit** eines bestimmten Arbeitsgerichts in Frage gestellt sein, was insbesondere im Zusammenhang mit bereits anhängigen Verfahren zu Komplikationen führen kann. Die sachliche Zuständigkeit der Arbeitsgerichte ist durch Artikel 2 des Gesetzes zur Einführung des EBRG,[811] der eine Ergänzung von **§ 2a Abs. 1 (Nr. 3b) ArbGG** auf „Angelegenheiten aus dem Gesetz über Europäische Betriebsräte" beinhaltet, erweitert worden. Unabhängig von dem im Übrigen anwendbaren nationalen Recht bleibt die sachliche Zuständigkeit der deutschen Arbeitsgerichte für diejenigen Angelegenheiten, die in § 2 Abs. 4 EBRG abschließend aufgeführt sind, stets erhalten. Dagegen entfällt die sachliche Zuständigkeit der deutschen Arbeitsgerichte – unter Umständen während eines anhängigen Verfahrens – wenn die gestellten Anträge die Anwendbarkeit von nicht in § 2 Abs. 4 genannten Vorschriften des EBRG voraussetzen, das deutsche EBRG jedoch gemäß den Kriterien in § 2 EBRG nicht (mehr) anwendbar ist. In diesem Fall ist das Verfahren für **erledigt** zu erklären und gem. § 83a Abs. 2 S. 1 ArbGG **einzustellen.** Hält der Antragsteller indessen an seinen Anträgen fest, wären diese, da eine Einstellung des Verfahrens von Amts wegen nicht in Betracht kommt,[812] als unbegründet abzuweisen.

---

809 → B Rn. 59.
810 → B Rn. 5 ff.
811 BGBl. 1996 I 1548 (1556).
812 Vgl. GMP/*Spinner* ArbGG § 83a Rn. 26.

256 Nach der durch Artikel 2 Nr. 3 des Gesetzes zur Einführung des EBRG[813] herbeigeführten Ergänzung von § 82 ArbGG ist für Angelegenheiten des Europäischen Betriebsrats das Arbeitsgericht zuständig, „in dessen Bezirk das Unternehmen oder das herrschende Unternehmen nach § 2 des Gesetzes über Europäische Betriebsräte seinen Sitz hat" (§ 82 Abs. 2 S. 1 ArbGG). Bei Vereinbarungen gemäß § 41 EBRG entscheidet der Sitz des vertragschließenden Unternehmens (§ 82 Abs. 2 S. 2 ArbGG).

257 Ein Wechsel **hinsichtlich der örtlichen Zuständigkeit** des Arbeitsgerichts (§ 82 Abs. 2 ArbGG), der durch Sitzverlegung des Unternehmens innerhalb von Deutschland hervorgerufen werden kann, bleibt für **bereits anhängige Beschlussverfahren** über Angelegenheiten des Europäischen Betriebsrats ohne Auswirkung. Dies ergibt sich aus dem Rechtsgedanken des § 261 Abs. 3 Nr. 2 ZPO *(perpetuatio fori)*. Abweichendes gilt dann, wenn das am Beschlussverfahren ursprünglich beteiligte Unternehmen nicht mehr Adressat derjenigen Verpflichtungen ist, die sich aus dem EBRG ergeben und Gegenstand des Beschlussverfahrens sind. Dies ist etwa dann der Fall, wenn das bisher beteiligte Unternehmen von einem herrschenden Unternehmen erworben wird, das innerhalb Deutschlands seinen Sitz an anderer Stelle hat oder wenn innerhalb Deutschlands ein anderer Vertreter iSv § 2 Abs. 2 S. 2 EBRG ernannt wird. In diesem Fall käme es zu einem Wechsel des Beteiligten auf Arbeitgeberseite. Die entsprechende Umstellung des Antrages wäre als **Antragsänderung** anzusehen,[814] die nur zulässig ist, wenn die **Zustimmung** der Beteiligten vorliegt oder die Antragsänderung **sachdienlich** ist (§ 81 Abs. 3 ArbGG). Die Sachdienlichkeit wird stets zu **verneinen** sein, da der Beteiligtenwechsel aus den Gründen, die der Neufassung von § 82 Abs. 2 ArbGG zugrunde liegen, auch zu einem Wechsel hinsichtlich der örtlichen Zuständigkeit führen soll.

X. Der SE-Betriebsrat

258 Nachdem sich die Mitgliedstaaten der Europäischen Union Ende 2000 nach jahrelangen Meinungsverschiedenheiten über die Grundzüge der Europäische Gesellschaft (*Societas Europaea*, SE)[815] geeinigt hatten,[816] erfolgte die Umsetzung auf europäischer Ebene in zwei Rechtsakten vom 8.10.2001, nämlich der Verordnung des Rates über das Statut der Europäischen Gesellschaft (SE-VO)[817] sowie der ergänzenden Richtlinie hinsichtlich der Beteiligung der Arbeitnehmer (Mitbest-RL).[818] Die Umsetzung in deutsches Recht erfolgte durch das SE-Ausführungsgesetz (SEAG) und das SE-Beteiligungsgesetz (SEBG).[819] Beide Gesetze sind am 29.12.2004 in Kraft getreten.

259 Zu den **charakteristischen Merkmalen**[820] der SE gehören insbesondere (i) die Wahlmöglichkeit zwischen dualistischem Verwaltungssystem mit Vorstand und Aufsichtsrat einerseits und monistischem Verwaltungssystem mit einem Verwaltungsrat andererseits, (ii) die Flexibilisierung der Unternehmensmitbestimmung durch die Möglichkeit einer freiwilligen Verhandlungslösung mit den Arbeitnehmern sowie (iii) die Möglichkeit zur gemeinschaftsweiten Sitzverlegung, ohne dass dies zu ihrer Auflösung und zur Gründung einer neuen juristischen Person führen würde (Art. 8 Abs. 1 SE-VO). Die Gründung einer SE ermöglicht nicht nur den Zusammenschluss von in unterschiedlichen Jurisdiktionen angesiedelten Unternehmen; unter anderem wird die Rechtsform – gerade in Deutschland

[813] BGBl. 1996 I 1548 (1556).
[814] Vgl. GMP/*Spinner* ArbGG § 81 Rn. 82.
[815] Vgl. zur SE ausführlich *Seibt* → F Rn. 173ff.
[816] Dazu *Hirte* NZG 2002, 1.
[817] Nr. 2157/2001, ABl. 2001 L 294, 1.
[818] Nr. 2001/86/EG, ABl. 2001 L 294, 22.
[819] Gesetz zur Einführung der Europäischen Gesellschaft (SEEG), BGBl. 2004 I 3675.
[820] Siehe hierzu eingehend *Seibt* → F Rn. 174.

– auch zur Optimierung der Corporate Governance-Struktur sowie zur Flexibilisierung der Unternehmensmitbestimmung[821] eingesetzt.

1. Grundzüge des SE-Beteiligungsgesetzes (SEBG)

a) Geltungsbereich

Der räumliche Geltungsbereich des SEBG erstreckt sich gem. § 3 Abs. 1 S. 1 SEBG auf 260
jede SE mit Sitz im Inland. Darüber hinaus findet es gem. § 3 Abs. 1 S. 2 SEBG unabhängig vom Sitz der SE auch Anwendung auf Arbeitnehmer der SE, die im Inland beschäftigt sind, sowie auf beteiligte Gesellschaften, betroffene Tochtergesellschaften und betroffene Betriebe mit Sitz im Inland. Eine bestimmte Mindestbeschäftigtenzahl ist – anders als beim EBRG – nicht erforderlich.[822]

b) Etablierung eines Unterrichtungs- und Anhörungsverfahrens

Die Beteiligung der Arbeitnehmer in der SE soll möglichst durch eine Vereinbarung gere- 261
gelt werden, die mit dem zu diesem Zweck zu bildenden **Besonderen Verhandlungsgremium**[823] abzuschließen ist (§§ 4–21 SEBG); insofern besteht eine bewusste Parallele zu den Regelungen in der **Richtlinie 94/45/EG** zum Europäischen Betriebsrat (vgl. → Rn. 234 ff.). Nur wenn eine Vereinbarung nicht zustande kommt, was in der Praxis – soweit ersichtlich – eher selten der Fall ist, oder wenn die Parteien dies ausdrücklich vereinbaren, gelten die Regelungen über die Beteiligung der Arbeitnehmer kraft Gesetzes (§§ 22–39 SEBG).[824]

Den zwingenden Mindestinhalt der Mitbestimmungsvereinbarung legt § 21 SEBG fest.[825] Sie befasst sich einerseits mit der Bildung eines **SE-Betriebsrates** und seinen Rechten (Abs. 1) bzw. mit einem anderen Verfahren zur Unterrichtung und Anhörung (Abs. 2) sowie mit der **Vertretung der Arbeitnehmer im Aufsichts- oder Verwaltungsorgan** der SE (hierzu ausführlich im Kapitel zur Unternehmensmitbestimmung, dort unter → F Rn. 173 ff.). Im Hinblick auf die hier interessierenden Verfahren zur Unterrichtung und Anhörung der Arbeitnehmer kann man aus § 21 Abs. 1 Nr. 2 und Abs. 2 SEBG schließen, dass der Gesetzgeber **im Regelfall** von der Errichtung eines **SE-Betriebsrats** ausgeht. Freilich können die Parteien – vergleichbar dem EBRG – auch darauf verzichten und gem. § 21 Abs. 2 SEBG andere Verfahren zur Unterrichtung und Anhörung der Arbeitnehmer vereinbaren. Ein dergestalt etabliertes Alternativverfahren muss gegenüber dem SE-Betriebsrat aber zumindest annähernd gleichwertig ausgestaltet sein.[826] Ein in der Unternehmensgruppe etwa bestehender **Europäischer Betriebsrat** entfällt mit der Etablierung eines Verfahrens gemäß § 21 Abs. 1 und 2 SEBG (siehe § 47 Abs. 1 Nr. 2 SEBG),[827] sofern nicht ausnahmsweise in der Mitbestimmungsvereinbarung vereinbart wird, dass der EBR als SE-Betriebsrat bzw. mit vergleichbarer Funktion fortbestehen soll. Trotz der Wahlmöglichkeit gem. § 21 Abs. 1 und 2 SEBG[828] wird in der Praxis nahe-

[821] Zu den unterschiedlichen strategischen Optionen und Einsatzmöglichkeiten zB *Seibt/Saame* AnwBl 2005, 225 (227); *Blanquet* ZGR 2002, 20 (48); *Kallmeyer* AG 2003, 197; *Wenz* AG 2003, 185.

[822] MüKoAktG/*Jacobs* SEBG § 3 Rn. 2; Habersack/Henssler/*Henssler* SEBG § 3 Rn. 1 ff.; vgl. zu den Schwellenwerten beim EBRG → Rn. 235.

[823] Siehe ausführlich *Seibt* → F Rn. 175 ff.; Habersack/Drinhausen/*Hohenstatt/Müller-Bonanni* SEBG § 4 Rn. 2 ff.

[824] MHdB ArbR/*Naber/Sittard* § 384 Rn. 62.

[825] Vgl. vertiefend MHdB ArbR/*Grau* § 357 Rn 139 ff.; Habersack/Henssler/*Henssler* SEBG § 21 Rn. 18 ff.; s. auch zu dieser Thematik das Vorabentscheidungsersuchen des BAG zur Vereinbarkeit von § 21 Abs. 6 SEBG mit der RL 2001/86/EG, BAG 18.8.2020 – 1 ABR 43/18.

[826] Habersack/Drinhausen/*Hohenstatt/Müller-Bonanni* SEBG § 21 Rn. 19; *Thüsing/Forst* Konzern 2010, 1 (11).

[827] HWK/*Hohenstatt/Dzida* SEBG Rn. 35; Habersack/Drinhausen/*Hohenstatt/Müller-Bonanni* SEBG § 47 Rn. 4; Habersack/Henssler/*Habersack* SEBG § 47 Rn. 5.

[828] *Funke* NZA 2009, 412 (415) sieht darin einen Standortvorteil.

zu durchgehend ein SE-Betriebsrat errichtet. In der Regel orientieren sich die Parteien der Mitbestimmungsvereinbarung im Hinblick auf die Rechte des SE Betriebsrates an den gesetzlichen Auffangregelungen der §§ 22 ff. und 34 ff. SEBG.[829]

Die Verhandlungen über die Mitbestimmungsvereinbarung dürfen gem. § 20 Abs. 1 SEBG grundsätzlich bis zu sechs und nach Maßgabe des Abs. 2 ausnahmsweise bis zu zwölf Monate dauern. Wenn bis dahin keine Einigung erzielt wurde und das Besondere Verhandlungsgremium überdies keinen Beschluss nach § 16 Abs. 1 SEBG über den Abbruch der Verhandlungen gefasst hat, ordnet § 22 Abs. 1 Nr. 2 SEBG **subsidiär** die Geltung der §§ 23 ff. SEBG über den **SE-Betriebsrat kraft Gesetzes** an.[830] Eine nach Fristablauf abgeschlossene Beteiligungsvereinbarung ist unwirksam.[831] Alternativ können die §§ 23 ff. SEBG, wie bereits erwähnt, kraft ausdrücklicher Vereinbarung gem. § 22 Abs. 1 Nr. 1 SEBG angewandt werden.

c) Mitwirkungsrechte des SE-Betriebsrats

262 Der SE-Betriebsrat kraft Gesetzes ist gem. § 27 SEBG zuständig für **grenzüberschreitende Angelegenheiten.**[832] Seine gesetzlich fundierten Mitwirkungsrechte konzentrieren sich auf die beiden zentralen Begriffe der **Unterrichtung** und der **Anhörung.** Gem. § 2 Abs. 10 SEBG bedeutet „Unterrichtung" die rechtzeitige[833] Information des SE-Betriebsrats durch die Leitung der SE über Angelegenheiten, welche die SE selbst oder eine ihrer Tochtergesellschaften oder einen ihrer Betriebe in einem anderen Mitgliedstaat betreffen oder die über die Befugnisse der zuständigen Organe auf der Ebene des einzelnen Mitgliedstaats hinausgehen. Anhörung meint nach der Legaldefinition des § 2 Abs. 11 SEBG die Einrichtung eines Dialogs und eines Meinungsaustauschs zwischen dem SE-Betriebsrat und der Leitung der SE oder einer anderen zuständigen mit eigenen Entscheidungsbefugnissen ausgestatteten Leitungsebene.

263 Der gesetzlich vorgeschriebene Mindestinhalt der Unterrichtung und Anhörung folgt aus §§ 28, 29 SEBG. Gem. § 28 Abs. 1 S. 1 SEBG hat die Leitung der SE den SE-Betriebsrat mindestens einmal im Kalenderjahr in einer gemeinsamen Sitzung über die Entwicklung der Geschäftslage und die Perspektiven der SE unter rechtzeitiger Vorlage der erforderlichen Unterlagen zu unterrichten und ihn anzuhören. Was dabei insbesondere zu erörtern ist, bestimmt sich nach § 28 Abs. 2 SEBG.[834] § 29 SEBG ordnet außerdem an, dass die Leitung den SE-Betriebsrat über außergewöhnliche Umstände, die erhebliche Auswirkungen auf die Interessen der Arbeitnehmer haben, rechtzeitig unter Vorlage der erforderlichen Unterlagen unterrichten muss. In aller Regel sehen die Mitbestimmungsvereinbarungen ähnliche Regeln vor; zumeist werden die sich daraus ergebenden Rechte und Pflichten konkretisiert.

2. Auswirkungen von Umstrukturierungen

a) Änderung der Arbeitnehmerzahlen; Änderung der erfassten Mitgliedstaaten

264 Umstrukturierungen jeglicher Art können Änderungen der Arbeitnehmerzahlen in den einzelnen Mitgliedstaaten, in denen die SE oder ihre Tochtergesellschaften vertreten sind, nach sich ziehen. Gem. § 25 S. 1, 2 SEBG hat die Leitung der SE alleine dies alle zwei

[829] Siehe §§ 21 Abs. 5, 22 Abs. 1 Nr. 1 SEBG; dazu MüKoAktG/*Jacobs* SEBG § 21 Rn. 10; HWK/*Hohenstatt/Dzida* SEBG Rn. 34.
[830] Zudem gem. § 18 Abs. 3 S. 3 SEBG nach Scheitern der wiederaufgenommenen Verhandlungen anlässlich struktureller Veränderungen der SE, dazu noch → Rn. 265.
[831] Habersack/Henssler/Henssler SEBG § 20 Rn. 5.
[832] Habersack/Drinhausen/*Hohenstatt/Müller-Bonanni* SEBG § 27 Rn. 3; HWK/*Hohenstatt/Dzida* SEBG Rn. 44; MHdB ArbR/*Grau* § 357 Rn. 211; *Schubert* AG 2020, 205 (207).
[833] Zu diesem Merkmal MHdB ArbR/*Grau* § 357 Rn. 215, 217.
[834] Vgl. MHdB ArbR/*Grau* § 357 Rn. 212 ff.

Jahre zu überprüfen und das Ergebnis dem SE-Betriebsrat mitzuteilen. Dieser wiederum muss nach § 25 S. 3 SEBG sich daraus ergebende **Änderungen seiner Zusammensetzung** vollziehen,[835] indem er in den betroffenen Mitgliedstaaten veranlasst, dass die von dort zu entsendenden SE-Betriebsratsmitglieder neu gewählt oder bestellt werden. Mit dieser Neuwahl bzw. Bestellung endet gem. § 25 S. 4 SEBG die Mitgliedschaft der bisherigen Arbeitnehmervertreter, wobei die Amtszeit der übrigen Mitglieder unberührt bleibt.[836] Die Zusammensetzung des SE-Betriebsrats richtet sich – soweit in der Mitbestimmungsvereinbarung nicht abweichend geregelt – kraft der Verweisung in § 23 Abs. 1 S. 3 SEBG nach den Regeln über die Zusammensetzung des Besonderen Verhandlungsgremiums. Hinsichtlich der Arbeitnehmerzahlen in den einzelnen Mitgliedstaaten liegt der Fokus dabei einerseits auf § 5 Abs. 1 S. 1 SEBG, wonach aus jedem Mitgliedstaat, der erfasst ist, ein Mitglied zu entsenden ist. Dies bedeutet, dass zusätzliche Mitglieder in den SE Betriebsrat zu wählen sind, wenn Unternehmen oder Betriebe in Mitgliedstaaten hinzuerworben werden, die bislang nicht von der Regelung umfasst waren. Im umgekehrten Fall, zB wenn alle Unternehmen/Betriebe in einem bislang betroffenen Mitgliedstaat veräußert werden, scheiden die für diesen Mitgliedstaat bislang entsandten Mitglieder aus.[837] Dies erfolgt auch außerhalb des Vierjahresrhythmus des § 23 Abs. 1 SEBG.[838] Des Weiteren ist § 5 Abs. 1 S. 2 SEBG maßgeblich, wonach für jeden „angefangenen" 10%-Anteil ein Mitglied entsandt werden kann. Auf die Über- oder Unterschreitung dieser Zehn-Prozent-Stufen wird der SE-Betriebsrat folglich zu achten haben (**Grundsätze der Repräsentativität und Proportionalität**[839]).

b) Strukturelle Änderungen

§ 18 Abs. 3 S. 1 SEBG bestimmt, dass bei der Planung **struktureller Änderungen** der SE, die geeignet sind, Beteiligungsrechte der Arbeitnehmer zu mindern, auf Veranlassung der Leitung der SE oder des SE-Betriebsrats **Verhandlungen über die Beteiligungsrechte der Arbeitnehmer** der SE stattfinden.[840] Gem. § 21 Abs. 4 SEBG sollen in der Mitbestimmungsvereinbarung der Verhandlungsanspruch und das dabei einzuhaltenden Verfahren geregelt werden. § 18 Abs. 3 S. 2 SEBG bestimmt, dass anstelle des Besonderen Verhandlungsgremiums, welches dann neu zu bilden wäre, alternativ die Verhandlungen mit dem SE-Betriebsrat geführt werden können; zusätzlich sind in diesem Fall Vertreter der von der geplanten strukturellen Änderung betroffenen Arbeitnehmer, die bisher nicht von dem SE-Betriebsrat vertreten waren, hinzuzuziehen. 265

Der Begriff der strukturellen Änderung iSv § 18 Abs. 3 SEBG ist umstritten. Nach wohl hM erfasst er nur korporative Akte von ganz erheblichem Gewicht (zB Verschmelzung einer wesentlichen operativen Gesellschaft auf eine Holding SE) und bezieht sich nicht auf einen bloßen Beteiligungserwerb.[841] So stellt zB auch der Wegfall der Mehrstaatlichkeit kein wesentliche strukturelle Änderung dar.[842] Die diesbezügliche Diskussion betrifft allerdings ausschließlich Sachverhalte, bei denen es um den infolge einer Umstruktu-

[835] Vgl. hierzu die Parallelvorschrift in § 36 Abs. 2 EBRG; siehe auch Habersack/Drinhausen/*Hohenstatt/Müller-Bonanni* SEBG § 25 Rn. 3; KK-AktG/*Feuerborn* SEBG § 25 Rn. 2.
[836] MHdB ArbR/*Grau* § 357 Rn. 291; dazu auch Habersack/Henssler/*Henssler* SEBG § 5 Rn. 2ff.
[837] Vgl. zu dieser Thematik *Schubert* AG 2020, 205.
[838] Vgl. im Zusammenhang mit dem EBR → Rn. 251.
[839] MHdB ArbR/*Grau* § 357 Rn. 187.
[840] Vgl. zu § 18 Abs. 3 SEBG auch → F Rn. 178, 181.
[841] *Seibt* AG 2005, 413 (427); *Seibt* ZIP 2005, 2248 (2250); *Müller-Bonanni/Melot de Beauregard* GmbHR 2005, 195 (199); *Grobys* NZA 2005, 84 (91); *Habersack* Konzern 2006, 105 (109); *Henssler* RdA 2005, 330 (334); *Wollburg/Banerjea* ZIP 2005, 277 (278); *Götze/Winzer/Arnold* ZIP 2009, 245 (252); Habersack/Henssler/*Henssler* SEBG § 18 Rn. 8; aA *Köstler* in Theisen/Wenz S. 202, 337 (343); MüKoAktG/*Schäfer* SE-VO Art. 16 Rn. 13 (Analogie zu § 1 Abs. 4, § 18 Abs. 3 SEBG).
[842] Vgl. zu dieser Frage und die Auswirkungen auf die Arbeitnehmerbeteiligung *Schubert* AG 2020, 205.

rierung drohenden Wegfall eines bislang anwendbaren Regimes der Unternehmensmitbestimmung geht,[843] so dass diese Diskussion hier nicht zu führen ist.[844]

266 § 18 Abs. 3 SEBG soll zwar seinem Wortlaut nach auch dann eingreifen, wenn die Maßnahme die Beteiligungsrechte der Arbeitnehmer iSd Unterrichtung und Anhörung der Arbeitnehmer betrifft. Demnach betrifft die Vorschrift grundsätzlich nicht nur Veränderungen bzw. Nachteile auf der Ebene der Unternehmensmitbestimmung.[845] Bislang fehlt es allerdings an konkreten Beispielen dafür, in welchen Fällen eine strukturelle Änderung zur Minderung von Beteiligungsrechten im Sinne der Unterrichtung und Anhörung der Arbeitnehmer führen kann. Der von *Oetker*[846] angeführte Fall der Sitzverlegung mit der Folge, dass evtl. ein bislang bestehender Gesamt- oder Konzernbetriebsrat entfällt, passt hier gerade nicht. Denn solche Änderungen vollzögen sich auch dann, wenn es sich bei der betroffenen Gesellschaft nicht um eine SE handeln würde. Die ins Ausland verlegten Einheiten unterfallen dann vielmehr dem dortigen Betriebsverfassungsrecht, sofern ein solches besteht. Da die Umwandlung in eine SE die nationalen betriebsverfassungsrechtlichen Strukturen unberührt lässt und zB deutsche Betriebsräte unabhängig hiervon im Amt bleiben (§ 47 SEBG), kann eine Umstrukturierung, die sich lediglich auf die nationale betriebliche Mitbestimmung auswirkt, keine Veränderung darstellen, die zur Neuverhandlung der Mitbestimmungsvereinbarung zwingt.

Eine Konstellation, in der § 18 Abs. 3 SEBG berührt sein kann, ist – wie oben bereits angeführt – die Verschmelzung einer wesentlichen operativen Gesellschaft auf eine Holding SE. Dabei ist jedoch im Einzelfall zu prüfen, inwieweit in quantitativer und qualitativer Hinsicht die strukturelle Änderung tatsächlich geeignet ist, die Beteiligungsrechte zu mindern,[847] und ob eine tatsächliche Minderung eventuell durch die Berücksichtigung weiterer Aspekte (bspw. die Anzahl der Sitzungen) ausgeglichen werden könnte.

c) Beendigung des SE-Status

267 Der SE-Status und mit ihm die Mitbestimmungsvereinbarung finden dann ein Ende, wenn die Leitung von Art. 66 SE-VO Gebrauch macht und die SE in eine **Aktiengesellschaft nationalen Rechts** umwandelt. Mit Hinblick darauf, dass diese Umwandlung gem. Art. 66 Abs. 2 SE-VO die Existenz der betroffenen Gesellschaft unangetastet lässt, entspricht sie dem Formwechsel nach § 202 UmwG und bildet die Kehrseite zur SE-Gründung durch Umwandlung nach Art. 37 SE-VO.[848] Mit Wirksamkeit der Umwandlung finden wieder die nationalen Mitbestimmungsrechte und ggf. das EBRG Anwendung.

XI. Ausblick

268 Im Rahmen des sog. *Company Law Package,* dh der Änderung der Richtlinie (EU) 2017/1132 durch die Richtlinie RL (EU) 2019/2121[849] in Bezug auf grenzüberschreitende Verschmelzung sowie Einführung von Regelungen bzgl. grenzüberschreitender Umwandlungen und Spaltungen, ergeben sich Neuerungen für die Unternehmensmitbestimmung, auf

---

843 Siehe instruktiv *Wollburg/Banerja* ZIP 2005, 277 (279); MüKoAktG/*Jacobs* SEBG § 18 Rn. 16; siehe auch die Gesetzesbegründung BT-Drs. 15/3405, 50.
844 Aber unter → F Rn. 178 und 181.
845 Habersack/Drinhausen/*Hohenstatt/Müller-Bonanni* SEBG § 18 Rn. 8 ff.; MüKoAktG/*Jacobs* SEBG § 18 Rn. 15; Lutter/Hommelhoff/*Oetker* SEBG § 18 Rn. 19; iE aA *Grobys* NZA 2005, 84 (91).
846 Lutter/Hommelhoff/*Oetker* SEBG § 18 Rn. 21.
847 Habersack/Henssler/*Henssler* SEBG § 18 Rn. 12; AKKR/*Rudolph* SEBG § 18 Rn. 14; NK-ArbR/*Sagan* SEBG § 18 Rn. 15.
848 MüKoAktG/*Schäfer* SE-VO Art. 66 Rn. 2.
849 ABl. EU 2019 Nr. L 321, 1.

deren Umsetzung durch den nationalen Gesetzgeber es nun zu warten gilt. Erst dann wird sich beurteilen lassen, ob – wie teilweise befürchtet[850] – die Regelungen sich auf die betriebliche Mitbestimmung auswirken.

[850] Vgl. zB Stellungnahme des DGB v. 18.6.2018, S. 4.

E. Auswirkungen der Unternehmensumstrukturierung auf Betriebsvereinbarungen und Tarifverträge

Übersicht

I. Auswirkungen auf Betriebsvereinbarungen

Ausgewählte Literatur:
Bauer/v. Medem, Betriebsübergang: Beschränkt kollektiv-rechtliche Fortgeltung nach § 613a Abs. 1 Satz 1 BGB, DB 2010, 2.560; *Beseler/Düwell,* Betriebsübergang und Umstrukturierung von Unternehmen, 2014; *Brune/Schmitz-Scholemann,* Die Fortgeltung einer Gesamtbetriebsvereinbarung als Einzelbetriebsvereinbarung nach einem Betriebsübergang, Festschrift für Heinz Josef Willemsen, 2018, S. 65; *Fuchs,* Betriebliche Sozialleistungen beim Betriebsübergang, 2000; *ders.,* Betriebliche Sozialleistungen beim Betriebsübergang, 2000; *B. Gaul,* Änderung oder Beendigung einer als Inhalt des Arbeitsverhältnisses fortgeltenden Betriebsvereinbarung nach Betriebsübergang, Festschrift für Jobst-Hubertus Bauer, 2010, S. 339; *Gussen/Dauck,* Die Weitergeltung von Betriebsvereinbarungen und Tarifverträgen bei Betriebsübergang und Umwandlung, 2. Aufl. 1997; *Hanau,* Brennpunkte der Rechtsprechung zum Betriebsübergang, Festschrift für Wolf Dieter Küttner, 2006, S. 357; *Hanau/Vossen,* Die Auswirkungen des Betriebsinhaberwechsels auf Betriebsvereinbarungen und Tarifverträge; Festschrift für Hilger/Stumpf, 1983, S. 271; *Hanau/Wackerbarth,* Der Konzernrat nach § 3 BetrVG nF, Festschrift für Peter Ulmer zum 70. Geburtstag, 2003, S. 1303; *Hohenstatt,* Die Fortgeltung von Tarifnormen nach § 613a Abs. 1 S. 2 BGB, NZA 2010, 23; *Höpfner,* Die Tarifgeltung im Arbeitsverhältnis, 2015; *Jacobs,* Gesamtbetriebsvereinbarung und Betriebsübergang, Festschrift für Horst Konzen, 2006, S. 345; *Jaeger/Röder/Heckelmann,* Praxishandbuch Betriebsverfassungsrecht, 2003; *Kissel,* Gedanken zur Vertragsfreiheit, in: Europas universale rechtsordnungspolitische Aufgabe im Recht des 3. Jahrtausends – Festschrift für Alfred Söllner, 2000, S. 491; *Kreft,* Normative Fortgeltung von Betriebsvereinbarungen nach einem Betriebsübergang, Festschrift für Hellmut Wissmann, 2005, S. 347; *Kreutz,* Gestaltungsaufgabe und Beendigung von Betriebsvereinbarungen, Festschrift für Alfons Kraft, 1998, S. 323; *ders.,* Normative Fortgeltung von Betriebsvereinbarungen nach einem Betriebsteilübergang, Festschrift 50 Jahre BAG, 2004, S. 993; *Oberthür/Seitz,* Betriebsvereinbarungen, 2. Aufl. 2016; *Preis/Richter,* Grenzen der normativen Fortgeltung von Betriebsvereinbarungen beim Betriebsübergang, ZIP 2004, 925; *Preis/Steffan,* Zum Schicksal kollektivrechtlicher Regelungen beim Betriebsübergang, Festschrift für Alfons Kraft, 1998, S. 477; *Rieder,* Betriebsübergang, 1994; *Röder/Haußmann,* Die Geltung von Gesamtbetriebsvereinbarungen nach einer Umwandlung, DB 1999, 1754; *Sagan,* Die Kollektive Fortgeltung von Tarifverträgen und Betriebsvereinbarungen nach § 613a Abs. 1 Sätze 2–4 BGB, RdA 2011, 163; *Seiter,* Betriebsinhaberwechsel, 1980; *Simon/Zerres,* Unternehmensspaltung und Arbeitsrecht, Festschrift für Wolfgang Leinemann, 2006, S. 255; *Thüsing,* Folgen einer Umstrukturierung für Betriebsrat und Betriebsvereinbarung, DB 2004, 2474; *Windbichler,* Arbeitsrecht im Konzern, 1989.

Betriebsvereinbarungen prägen den Standard der anwendbaren Arbeitsbedingungen 1
häufig ebenso entscheidend wie Tarifverträge. In zahlreichen Branchen beeinflusst z. B das zumeist in Betriebsvereinbarungen gem. § 87 Abs. 1 Nr. 2 und Nr. 3 BetrVG verkörperte Ausmaß an Flexibilität in Fragen der Arbeitszeitgestaltung ganz entscheidend die Profitabilität und Wettbewerbsfähigkeit des Unternehmens. Der Inhalt einer Gesamtbetriebsvereinbarung über eine betriebliche Altersversorgung kann einer geplanten Unternehmenstransaktion im Wege stehen, etwa dann, wenn zu befürchten wäre, dass durch die geplante Maßnahme wirtschaftlich bedeutsame Versorgungszusagen auf hinzukommende Betriebe ausgedehnt werden. Es ist daher wenig überraschend, dass sich bei Unternehmenskäufen die im Vorfeld durchzuführende *Due Diligence*[1] in besonderem Maße mit den bestehenden Betriebsvereinbarungen beschäftigt und die Auswirkungen einer geplanten Transaktion auf deren Schicksal zumeist einer genauen Überprüfung unterzogen werden.

Die Frage nach dem Schicksal bestehender Betriebsvereinbarungen stellt sich am häufigsten im Zusammenhang mit einem Betriebsinhaberwechsel gem. § 613a BGB (siehe hierzu nachfolgend unter 1.), kann sich aber auch bei Umstrukturierungen innerhalb eines Unternehmens ergeben (siehe hierzu nachfolgend unter 2.).

[1] Zur *Due Diligence* → K Rn. 22 ff.

1. Auswirkungen von Umstrukturierungen, die mit einem Wechsel des Betriebsinhabers einhergehen (§ 613a BGB)

a) Auswirkungen auf Betriebsvereinbarungen

2 Eine Vielzahl von Umstrukturierungsmaßnahmen ist damit verbunden, dass einzelne Betriebe oder Betriebsteile[2] einem neuen Arbeitgeber zugeordnet werden, es also zu einem Übergang von Betrieben oder Betriebsteilen auf einen neuen Inhaber kommt (§ 613a BGB)[3]. Dass ein Betriebs(teil)übergang Auswirkungen auf das Bestehen von Betriebsvereinbarungen haben kann, hat der Gesetzgeber erkannt. Neben dem Übergang der Arbeitsverhältnisse mit allen Rechten und Pflichten (§ 613a Abs. 1 S. 1 BGB) bestimmt § 613a Abs. 1 S. 2 BGB, dass die Rechte und Pflichten, soweit sie sich aus Tarifverträgen oder Betriebsvereinbarungen ergeben, **Inhalt des Arbeitsverhältnisses** zwischen dem neuen Inhaber und dem Arbeitnehmer werden und vor Ablauf eines Jahres nicht zum Nachteil des Arbeitnehmers geändert werden dürfen. Dies hat man früher ganz überwiegend in dem Sinne verstanden, dass Betriebsvereinbarungen nach einem Betriebs(teil)übergang nicht kollektivrechtlich fortgelten, sondern dass das Gesetz generell eine **Transformation** der sich aus Betriebsvereinbarungen ergebenden Rechte und Pflichten in den Einzelarbeitsvertrag anordnet. Diese Sicht der Dinge hat sich jedoch zwischenzeitlich in zweifacher Hinsicht geändert. Zum einen ist weitgehend anerkannt, dass Betriebsvereinbarungen bei einem identitätswahrenden Betriebs(teil)übergang **kollektivrechtlich** fortgelten können[4]. Inzwischen kann man, jedenfalls auf der Basis der BAG-Rechtsprechung, sogar davon sprechen, dass die kollektivrechtliche Fortgeltung den **Regelfall** darstellt.[5] Zum anderen hat sich auch die Betrachtung in denjenigen Fällen geändert, in denen mangels Identitätswahrung beim Betriebsübergang § 613a Abs. 1 S. 2 BGB zur Anwendung kommt. Wie im Zusammenhang mit dem „Schicksal" der Anwendung von Tarifverträgen bei Umstrukturierungen im einzelnen dargestellt[6], ordnet § 613a Abs. 1 S. 2 BGB nicht die individualrechtliche Fortgeltung von Kollektivnormen an[7], sondern begründet eine **Nachbindung** ähnlich § 3 Abs. 3 TVG,[8] wobei zwar eine Transformation der Normen in das Arbeitsverhältnis mit dem neuen Inhaber stattfindet, diese aber ihren **kollektivrechtlichen Charakter** beibehalten.[9]

3 Die kollektivrechtliche Fortgeltung von Betriebsvereinbarungen beim Erwerber stellt somit die vorrangige Rechtsfolge dar, die immer dann eintritt, wenn ein Betrieb oder Betriebsteil beim Betriebsübergang seine **Identität** wahrt. Kommt es zu einem Identitätsverlust, greift hingegen die gesetzliche Auffangregelung des § 613a Abs. 1 S. 2 BGB ein.[10]

4 Völlig unabhängig vom Wechsel des Betriebsinhabers bleiben ohnehin solche Betriebsvereinbarungen kollektivrechtlich wirksam, welche diesen zum Anlass haben.[11] Sie gelten für alle Arbeitnehmer des jeweiligen Betriebs nach den allgemeinen Regeln.[12] So können beispielsweise Ansprüche auf Wiedereinstellung für den Fall eingeräumt werden, dass gem. § 613a Abs. 1 S. 1 BGB übergehende Arbeitnehmer beim neuen Arbeitgeber nicht mehr

---

[2] Zu den Begriffen Betrieb und Betriebsteil s. Sieg/Maschmann Unternehmensumstrukturierung Rn. 26 ff.
[3] Vgl. ausführlich zum Tatbestand des Betriebs(teil)übergangs gem. § 613a BGB unter → G Rn. 31, 71.
[4] *Brune/Schmitz-Scholemann* FS Willemsen, 2018, S. 65 (67).
[5] Krit. hinsichtlich der Begründung *Sagan* RdA 2011, 163 (172); vgl. hierzu unter → Rn. 149 ff.
[6] Hierzu ausführlich → Rn. 111 ff.
[7] Gegen die Annahme einer „individualrechtlichen" Fortgeltung explizit Staudinger/*Annuß* BGB § 613a Rn. 201 f.; eingehend auch *Richardi* in Richardi BetrVG § 77 Rn. 231 mwN; Sieg/Maschmann Unternehmensumstrukturierung Rn. 481.
[8] Vergleiche auch → Rn. 36.
[9] *Höpfner,* Tarifgeltung, S. 431 ff.
[10] Sieg/Maschmann Unternehmensumstrukturierung Rn. 479 f.
[11] BAG 14.3.2012 – 7 AZR 147/11; BeckRS 2012, 72248; BAG 19.10.2005 – 7 AZR 32/05, NZA 2006, 393; DKW/*Berg* BetrVG § 77 Rn. 79; *Fitting* BetrVG § 77 Rn. 35, 37; GK/*Kreutz* BetrVG § 77 Rn. 206.
[12] Vgl. DKW/*Berg* BetrVG § 77 Rn. 78; *Fitting* BetrVG § 77 Rn. 35.

weiterbeschäftigt werden können.[13] Es ist insoweit unerheblich, dass bei Geltendmachung eines solchen Anspruchs kein Arbeitsverhältnis mehr zum Veräußerer bestehen wird.

aa) Kollektivrechtliche Fortgeltung. Die in § 613a Abs. 1 S. 2 BGB angeordnete Fortgeltung der Rechte und Pflichten aus Betriebsvereinbarungen dient dem Schutz des durch Betriebsvereinbarungen verkörperten „Besitzstandes" bei Betriebs(teil)übergängen. Dieser Schutz weist jedoch im Vergleich zur kollektivrechtlichen Fortgeltung gewisse Lücken auf. Auch wenn insofern manches streitig ist, steht jedenfalls fest, dass § 613a Abs. 1 S. 2 BGB nach Ablauf eines Jahres nur noch eine dispositive Fortgeltung anordnet und demnach abweichende Individualvereinbarungen – auch zum Nachteil des Arbeitnehmers – zulässt.[14] Im Übrigen gilt § 613a Abs. 1 S. 2 BGB nur für die zum Zeitpunkt des Betriebs(teil)übergangs beschäftigten Arbeitnehmer. Neu eingestellte Mitarbeiter kommen – anders als bei einer kollektivrechtlich fortgeltenden Betriebsvereinbarung – nicht in den Genuss der gemäß gesetzlicher Anordnung fortwirkenden Vereinbarungen.[15] Vor diesem Hintergrund wurde schon früh die Frage aufgeworfen, ob bei Betriebs(teil)übergängen nicht Konstellationen denkbar sind, in denen Betriebsvereinbarungen kollektivrechtlich fortgelten können. Heute wird diese Frage nach einhelliger Meinung bejaht; die dogmatische Begründung und die Einzelheiten sind allerdings streitig. 5

(1) Übertragung eines Betriebs unter Wahrung der Betriebsidentität. Nach hM treten die Rechtsfolgen des § 613a Abs. 1 S. 2 BGB hinsichtlich im Betrieb geltender Betriebsvereinbarungen nicht ein, wenn ein Betrieb unter **Wahrung seiner Identität**[16], auf einen anderen Inhaber übertragen wird.[17] Hierzu kommt es klassischerweise bei der **Veräußerung von Betrieben** im Wege des *Asset Deals,* also durch Einzelrechtsübertragung derjenigen Vermögensgüter, die zur Fortsetzung der Betriebstätigkeit erforderlich sind. 6

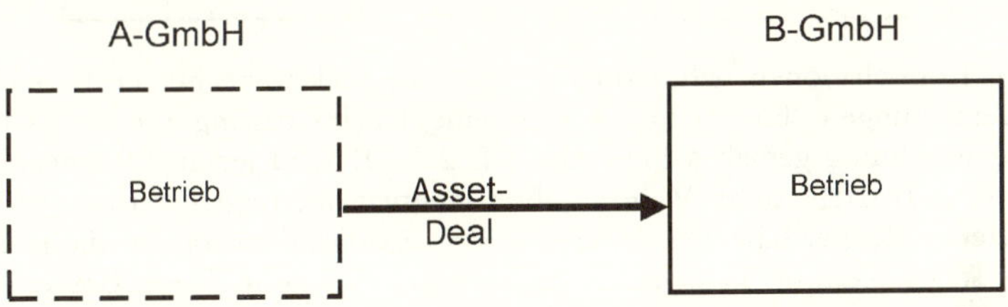

Die Veräußerung eines Betriebes kann auch durch eine Kombination von *Asset-* und *Share-Deal* erfolgen, nämlich dergestalt, dass der Veräußerer (A-GmbH) zunächst den zu veräußernden Betrieb auf eine (Tochter-)Gesellschaft überträgt (B-GmbH), um sodann die Anteile an dieser Gesellschaft an den Erwerber (C-GmbH) zu übertragen *(Share Deal).* Die C-GmbH erwirbt damit den Betrieb der A-GmbH indirekt über den Erwerb der Anteile an der B-GmbH.

In beiden Konstellationen kommt es zu einem Betriebsübergang gem. § 613a BGB, 7
und zwar von der A-GmbH auf die B-GmbH. Im zweiten Fall (Verknüpfung mit einem

[13] BAG 14.3.2012 – 7 AZR 147/11, BeckRS 2012, 72248; BAG 19.10.2005 – 7 AZR 32/05, NZA 2006, 393; DKW/*Berg* BetrVG § 77 Rn. 79.

[14] ErfK/*Preis* BGB § 613a Rn. 120.

[15] Staudinger/*Annuß* BGB § 613a Rn. 218 mwN.

[16] Vgl. zum Begriff der Betriebsidentität → D Rn. 68 ff.

[17] BAG 5.5.2015 – 1 AZR 763/13, DB 2015, 2096; BAG 15.1.2002 – 1 AZR 58/01, NZA 2002, 1034; MüKoBGB/*Müller-Glöge* BGB § 613a Rn. 149; *Brune/Schmitz-Scholemann* FS Willemsen, 2018, S. 65 (67); hingegen sehen *Sagan* RdA 2011, 163 (171 f.) und ErfK/*Preis* BGB § 613a Rn. 113 in § 613a Abs. 1 S. 2 BGB eine gesetzliche Anordnung der kollektivrechtlichen Fortgeltung, so dass es einer außerhalb der Norm begründeten Auffanglösung nicht bedürfe; vgl. auch → Rn. 149; siehe ferner *Salamon* RdA 2007, 153, der – auf der Grundlage der Identitätslehre – darauf abstellt, ob der jeweilige Geltungsbereich einer Betriebsvereinbarung fortbesteht.

Share Deal) „erwirbt" allerdings indirekt die C-GmbH den Betrieb, indem sie die Anteile an der B-GmbH von der A-GmbH erwirbt.

1. Stufe: Asset Deal auf Tochtergesellschaft

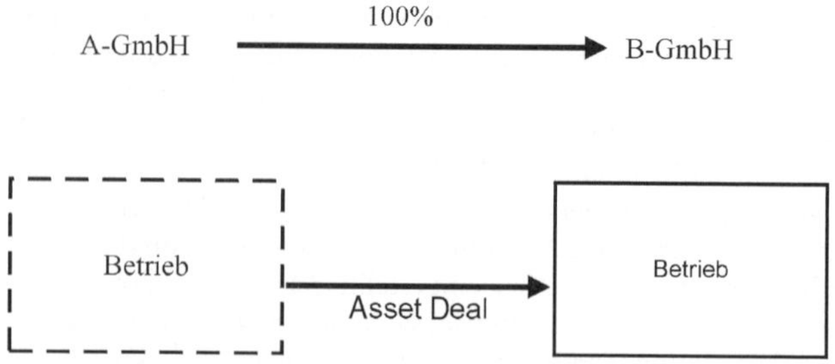

8 **2. Stufe: Erwerb der Anteile an der B-GmbH durch die C-GmbH**

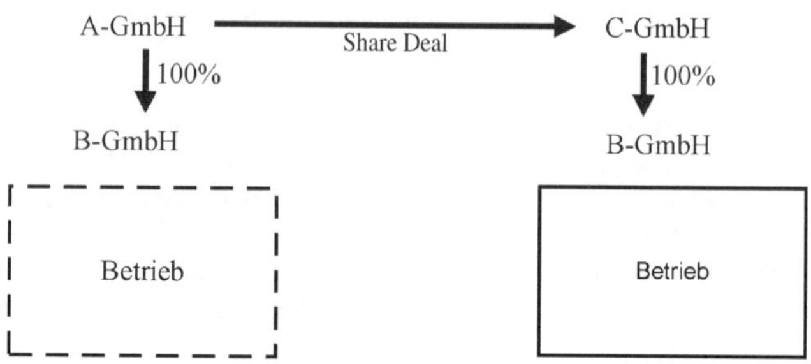

In diesen Konstellationen befürwortet die hM die kollektivrechtliche Fortgeltung von Betriebsvereinbarungen. Ein Bedürfnis bzw. eine Rechtfertigung für die „schwächere" Fortgeltungsanordnung gemäß § 613a Abs. 1 S. 2 BGB wird jedenfalls dann nicht angenommen, wenn Betriebe unter Wahrung ihrer Identität übertragen werden. § 613a Abs. 1 S. 2 BGB stellt nach herrschender Auffassung eine **Auffanglösung** dar, die in den Fällen nicht zum Tragen kommt, in denen Betriebe unter **Wahrung ihrer Betriebsidentität** übergehen.[18] Bewahrt ein Betrieb seine Identität, soll es vielmehr bei der kollektivrechtlichen Fortgeltung der im übertragenen Betrieb abgeschlossenen Betriebsvereinbarungen bleiben.[19] Dogmatisch handelt es sich dabei um eine teleologische Reduktion von § 613a Abs. 1 S. 2 BGB.[20] Das Bundesarbeitsgericht[21] hat hierzu ausgeführt, dass „mit der Identität des Betriebs (…) die entscheidende Grundlage für die Fortgeltung der Betriebsvereinbarung aufrechterhalten" bleibe. § 613a Abs. 1 S. 2 BGB sei lediglich ein „Auffangtatbestand, der Lücken im Betriebsverfassungs- und Tarifrecht schließen soll".[22]

---

[18] aA *Sagan* RdA 2011, 163 (163f., 167f.) sog. „Sukzessionsmodell"; diesem folgend ErfK/*Preis* BGB § 613a Rn. 113; vgl. hierzu → Rn. 152.

[19] BAG 5.2.1991 – 1 ABR 32/90, NZA 1991, 639; BAG 27.7.1994 – 7 ABR 37/93, NZA 1995, 222, Leitsatz Nr. 3 sowie unter II. der Gründe; BAG 24.7.2001 – 3 AZR 660/00, NZA 2002, 520 unter II.1. der Gründe; BAG 1.8.2001 – 4 AZR 82/00, NZA 2002, 41 unter I. 5. d) aa) der Gründe; *Hanau/Vossen* FS Hilger/Stumpf, 1983, 271 (275); *Gussen/Dauck*, Weitergeltung von Betriebsvereinbarungen, S. 45ff.; Staudinger/*Annuß* BGB § 613a Rn. 207; *Richardi* in Richardi BetrVG § 77 Rn. 228; *Fitting* BetrVG § 77 Rn. 168; GK/*Kreutz* BetrVG § 77 Rn. 438; MüKoBGB/*Müller-Glöge* § 613a Rn. 149; *Preis/Steffan* FS Kraft, 1998, 477 (481); iE ebenso *Sagan* RdA 2011, 163 (167); ErfK/*Preis* BGB § 613a Rn. 112; aA *Junker* RdA 1993, 203 (204) mwN.

[20] *Gussen* FS Leinemann, 2006, 210.

[21] BAG 27.7.1994 – 7 ABR 37/93, NZA 1995, 222 unter II. der Gründe.

[22] aA *Wank* NZA 1987, 505 (507); *Junker* RdA 1993, 203; *Galperin/Löwisch* (6. Aufl. 1982) BetrVG § 77 Rn. 65.

Zu einem Betriebsinhaberwechsel kann es nicht nur im Fall des *Asset Deals* (Einzelrechtsnachfolge) kommen, sondern auch in den Konstellationen einer gesellschaftsrechtlichen **Gesamtrechtsnachfolge (Universalsukzession)** bzw. **Sonderrechtsnachfolge (partielle Universalsukzession).** § 324 UmwG stellt, wenn auch sprachlich unvollkommen, klar, dass § 613a Abs. 1 und 4 BGB auch in den Fällen der (partiellen) Universalsukzession Anwendung findet (Rechtsgrundverweisung).[23] Auch im Rahmen von Umstrukturierungen, die sich in Gestalt einer **Umwandlung** vollziehen, erfolgt nach hM eine unbeschränkte **kollektivrechtliche Fortgeltung** von Betriebsvereinbarungen, so dass die „Auffanglösung" des § 613a Abs. 1 S. 2 BGB keine Anwendung findet, wenn der betreffende Betrieb trotz der durchgeführten Umwandlung in seiner Identität unberührt bleibt.[24] 9

Zur **Gesamtrechtsnachfolge** kommt es bei der **Verschmelzung** (§ 20 Abs. 1 Nr. 1 UmwG) sowie bei der **Vermögensvollübertragung** (§ 174 Abs. 1 UmwG). Die Betriebe des übertragenden Rechtsträgers werden damit ohne Weiteres Betriebe des übernehmenden Rechtsträgers. 10

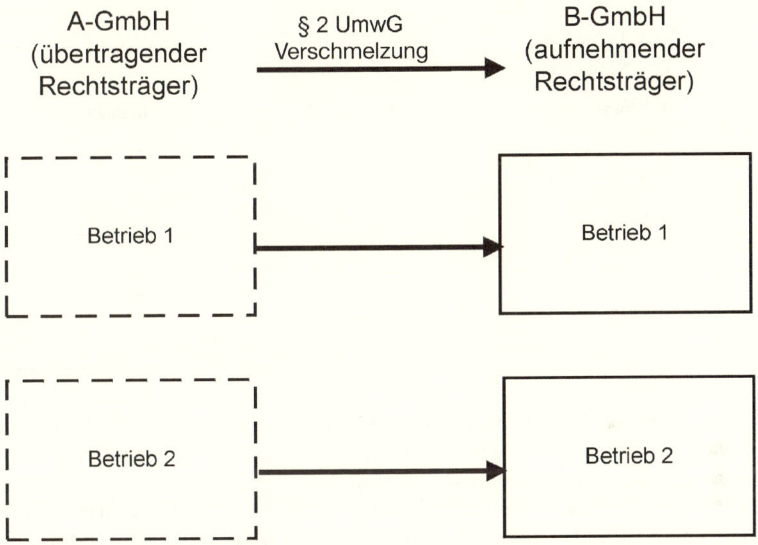

Auch in den Fällen der **partiellen Universalsukzession (Sonderrechtsnachfolge)** kann es zum Wechsel des Betriebsinhabers unter Wahrung der Betriebsidentität kommen. So kann etwa die Aufspaltung eines Unternehmens dazu führen, dass ein **Betrieb** als Bestandteil einer Vermögensmasse auf einen anderen bestehenden oder dadurch gegründeten Rechtsträger (übernehmender Rechtsträger) übertragen wird. 11

[23] *Boecken* Rn. 63; Kallmeyer/*Willemsen* UmwG § 324 Rn. 1 ff.; zur Anwendbarkeit von § 613a BGB auf Fälle der Gesamtrechtsnachfolge ausführlich *Willemsen* RdA 1993, 133.
[24] Vgl. nur *Boecken* Rn. 156 ff.; *Däubler* RdA 1995, 136 (140); *Willemsen* NZA 1996, 791 (802).

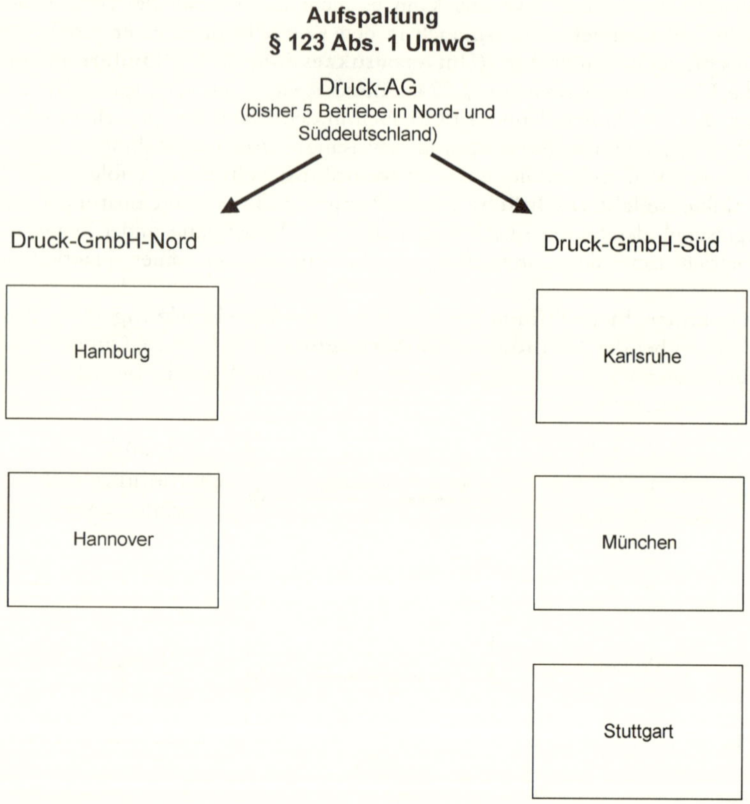

Ebenso ist es bei der **Abspaltung** oder **Ausgliederung** denkbar, dass vom abgespaltenen bzw. ausgegliederten Vermögen ganze Betriebe umfasst werden, deren Identität im Zusammenhang mit der Umwandlung nicht angetastet wird.

12 Kommt es aufgrund der Identitätswahrung zu einer kollektivrechtlichen Fortgeltung von Betriebsvereinbarungen, findet § 613a Abs. 1 S. 2 BGB keine Anwendung. Dies bedeutet zugleich, dass die Jahresfrist gemäß § 613a Abs. 1 S. 2 BGB nicht relevant ist.[25] Die kollektivrechtlich fortgeltende Betriebsvereinbarung hat nach wie vor **zwingende Wirkung** im Sinne von **§ 77 Abs. 4 S. 1 BetrVG.** Selbstverständlich kann die Vereinbarung, wie auch sonst, unabhängig von der durchgeführten Umstrukturierung gemäß § 77 Abs. 5 BetrVG gekündigt werden. Die kollektivrechtliche Fortgeltung führt im Übrigen dazu, dass von ihr auch **neu eingestellte Arbeitnehmer** profitieren, während die Schutzwirkung der Fortgeltung gemäß § 613a Abs. 1 S. 2 BGB nur den Arbeitnehmern zugutekommt, deren Arbeitsverhältnis auf den neuen Betriebsinhaber übergegangen ist.[26] Würde man die kollektivrechtliche Fortgeltung von Betriebsvereinbarungen direkt aus § 613a Abs. 1 S. 2 BGB herleiten, wie dies insb. *Sagan*[27] vertritt, würde dies dazu führen, dass nach dem Betriebsübergang eingestellte Arbeitnehmer nicht von den fortgeltenden Betriebsvereinbarungen erfasst wären. Dies widerspräche indessen dem Grundsatz, dass Be-

[25] *Boecken* Rn. 162; *Jacobs* FS Konzen, 2006, 345 (348); insofern abw. *Sagan* RdA 2011, 163 (171), der die kollektivrechtliche Fortgeltung direkt aus § 613a Abs. 1 S. 2 BGB herleitet; vgl. → Rn. 152.

[26] Staudinger/*Annuß* BGB § 613a Rn. 218; MüKoBGB/*Müller-Glöge* § 613a Rn. 156; *Seiter*, Betriebsinhaberwechsel, S. 92; vgl. auch GK/*Kreutz* BetrVG § 77 Rn. 438.

[27] *Sagan* RdA 2011, 163 (172).

triebsvereinbarungen die Arbeitsbedingungen der gesamten Belegschaft regeln sollen und dass diese iSv „Betriebsgesetzen" auch neu begründete Arbeitsverhältnisse erfassen.

Die uneingeschränkt kollektivrechtliche Fortgeltung von Betriebsvereinbarungen beim Betriebsübergang setzt voraus, dass der übertragene Betrieb beim Erwerber, also beim neuen Arbeitgeber, unter Beibehaltung seiner Identität fortbesteht. Wird der erworbene Betrieb hingegen in einen bereits bestehenden Betrieb des neuen Arbeitgebers **eingegliedert**[28], gelten die Betriebsvereinbarungen des eingegliederten Betriebes nicht kollektivrechtlich fort.[29] Gleiches gilt, wenn der übertragene Betrieb mit einem anderen Betrieb des Erwerbers zu einem **neuen Betrieb zusammengeschlossen** wird. Diese Konstellationen, die die Identität des übertragenen Betriebes aufheben, wurden bereits ausführlich im Zusammenhang mit dem Schicksal des Betriebsrates bei Umstrukturierungen behandelt.[30] 13

Mit der Entscheidung des BAG vom 18.9.2002[31] ist deutlich geworden, dass sich der Begriff der Betriebsidentität nicht nur auf gesamte Betriebe, sondern auch auf **Betriebsteile** anwenden lässt, so dass Betriebsvereinbarungen bei Wahrung einer Teilidentität bezogen auf einen Betriebsteil kollektivrechtlich fortgelten können; darauf wird unter → Rn. 24 näher einzugehen sein. 14

Eine uneingeschränkt kollektivrechtliche Fortgeltung von Betriebsvereinbarungen scheidet aus, wenn das den Betrieb erwerbende Unternehmen unter **§ 118 Abs. 2 BetrVG** fällt (Religionsgemeinschaften und ihre karitativen und erzieherischen Einrichtungen) und daher nicht der Geltung des Betriebsverfassungsgesetzes unterliegt.[32] Gleiches gilt dann, wenn der Betrieb auf einen **öffentlich-rechtlichen Rechtsträger** übertragen wird.[33] Trotz der Beibehaltung der Betriebsidentität *kann* eine Weitergeltung der bisherigen Betriebsvereinbarungen ausgeschlossen sein, wenn beim neuen Inhaber bezüglich des gleichen Regelungsgegenstandes eine **Gesamt- oder Konzernbetriebsvereinbarung** in Kraft ist.[34] Eine vom Gesamtbetriebsrat innerhalb seiner gesetzlichen Zuständigkeit (§ 50 Abs. 1 BetrVG) abgeschlossene Gesamtbetriebsvereinbarung verdrängt die Zuständigkeit der einzelnen Betriebsräte und somit auch die von diesen abgeschlossenen Betriebsvereinbarungen[35], und zwar auch diejenigen in neu erworbenen Betrieben[36], es sei denn, dass die Gesamtbetriebsvereinbarung eine Öffnungsklausel[37] zugunsten von Vereinbarungen der einzelnen Betriebsräte enthält. Gleiches gilt sinngemäß für Konzernbetriebsvereinbarungen.[38] 15

Diese Grundsätze führen in der Praxis zu mitunter unangenehmen Überraschungen und komplizierten Konstellationen: 16

---

[28] Vgl. zum Begriff der Eingliederung → D Rn. 68 ff.

[29] BAG 24.7.2001 – 3 AZR 660/00, NZA 2002, 520 unter II. 2. der Gründe; BAG 14.8.2001 – 1 AZR 619/00, NZA 2002, 276 unter II. 1. der Gründe; GK/*Kreutz* § 77 Rn. 441; *Fitting* BetrVG § 77 Rn. 171.

[30] Siehe zu den Fällen der Eingliederung bzw. des Zusammenschlusses zu einem neuen Betrieb → D Rn. 68 ff.

[31] BAG 18.9.2002 – 1 ABR 54/01, NZA 2003, 670.

[32] ErfK/*Preis* BGB § 613a Rn. 116; Erman/*Edenfeld* BGB § 613a Rn. 75; Staudinger/*Annuß* BGB § 613a Rn. 211.

[33] Erman/*Edenfeld* BGB § 613a Rn. 75; *Gussen/Dauck,* Weitergeltung von Betriebsvereinbarungen, Rn. 88; *Picot/Schnitker* Teil I Rn. 263; vgl. auch BAG 9.2.1982 – 1 ABR 36/80, DB 1982, 1414.

[34] Zu der weitaus komplizierteren Frage der Weitergeltung übergehender Gesamt- und Konzernbetriebsvereinbarungen → Rn. 75 ff. und 91 ff.

[35] DKW/*Berg* BetrVG § 77 Rn. 29; *Fitting* BetrVG § 50 Rn. 9 iVm Rn. 76; GK/*Kreutz/Franzen* BetrVG § 50 Rn. 87; siehe auch *Annuß* in Richardi BetrVG § 50 Rn. 71; DKW/*Deinert* BetrVG § 50 Rn. 153 ff.; GK/*Kreutz/Franzen* BetrVG § 50 Rn. 83.

[36] So BAG 22.10.2019 – 3 AZR 429/18, RdA 2020, 370 Rn. 49; siehe bereits BAG 27.6.1985 – 6 AZR 392/81, NZA 1986, 401 unter 3. e) der Gründe; vgl. auch *Fitting* BetrVG § 50 Rn. 76.

[37] BAG 3.5.1984 – 6 ABR 68/81, DB 1984, 2413; DKW/*Berg* BetrVG § 77 Rn. 26.

[38] GK/*Franzen* BetrVG § 58 Rn. 57.

Beispiel E 1:

Im mittelständischen Druckereibetrieb der D-GmbH bestand eine „bescheidene" Betriebsvereinbarung über eine arbeitgeberfinanzierte betriebliche Altersversorgung. Bei der Großdruckerei G-AG besteht indessen eine Gesamtbetriebsvereinbarung, die großzügige Versorgungsleistungen vorsieht (ebenfalls arbeitgeberfinanziert). Nachdem die G-AG den Betrieb der D-GmbH erworben und organisatorisch eigenständig fortgeführt hat, machen dort im weiteren Verlauf ausscheidende Arbeitnehmer umfangreiche Versorgungsansprüche auf der Grundlage der Gesamtbetriebsvereinbarung unter Berücksichtigung ihrer bei der D-GmbH zurückgelegten Betriebszugehörigkeit geltend.

Nach der herrschenden Auffassung in der Literatur gelten Gesamt- und Konzernbetriebsvereinbarungen auch für neu erworbene Betriebe, und zwar auch dann, wenn der Erwerb zeitlich nach dem Abschluss der Vereinbarung erfolgt.[39] Das gilt nach der Neufassung von § 50 Abs. 1 BetrVG auch dann, wenn im erworbenen Betrieb kein Betriebsrat besteht, vorausgesetzt, dass die Gesamtbetriebsvereinbarung im Rahmen der originären Zuständigkeit des Gesamtbetriebsrates abgeschlossen wurde.[40] Teilweise wird hingegen die Auffassung vertreten, Gesamtbetriebsvereinbarungen gälten nur für diejenigen Betriebe, für die sie abgeschlossen wurden, da es ansonsten an der **demokratischen Legitimation** im aufgenommenen Betrieb fehle.[41] Das Argument der fehlenden demokratischen Legitimation überzeugt allerdings nur auf den ersten Blick. Bei der Eingliederung eines Betriebes oder eines Betriebsteils in einen bestehenden Betrieb[42] ist ebenfalls anerkannt, dass die hinzukommenden Arbeitnehmer ohne Weiteres der Zuständigkeit des Betriebsrates im aufnehmenden Betrieb unterfallen und dass die dort bestehenden Betriebsvereinbarungen auf sie Anwendung finden. Gleiches gilt auf Betriebsebene bei der Einstellung neuer Arbeitnehmer. Hintergrund ist das praktische Bedürfnis betriebsverfassungsrechtlicher Repräsentation aller Arbeitnehmer bei gleichzeitiger Amtskontinuität des Betriebsrats. Dem Grundsatz der demokratischen Legitimation wird man in diesen Konstellationen dennoch gerecht. Die neu hinzukommenden Einheiten können von nun an auf die Willensbildung Einfluss nehmen. Die in den Gesamtbetriebsrat zu entsendenden Mitglieder des Betriebsrates können hinsichtlich bereits bestehender Betriebsvereinbarungen, soweit sie mit ihrem Inhalt nicht einverstanden sind, auf Änderung drängen oder für eine Kündigung werben.

17 Wie im **Beispiel E 1** ersichtlich, würde es jedoch zu **unbilligen Ergebnissen** führen, wenn der neue Arbeitgeber im Rahmen der bei ihm geltenden Gesamtbetriebsvereinbarung auch die Betriebszugehörigkeit beim Vorarbeitgeber anerkennen müsste. Dies würde den Arbeitnehmer so stellen, als habe die nunmehr zur Anwendung kommende Gesamtbetriebsvereinbarung schon in den Jahren vor dem Betriebsübergang gegolten.[43] Eine die Interessen sämtlicher Beteiligter angemessen wahrende Lösung muss deshalb im Wege der **Auslegung** entwickelt werden.[44] Die dargestellten Probleme treten nämlich stets dann auf, wenn Gesamtbetriebsvereinbarungen **freiwillige soziale Leistungen** vorsehen, deren Höhe sich nach der **Betriebszugehörigkeit** der Arbeitnehmer bemisst. Insbesondere im

[39] DKW/*Deinert* BetrVG § 50 Rn. 150; DKW/*Berg* BetrVG § 77 Rn. 29; *Fitting* BetrVG § 50 Rn. 76; GK/*Kreutz/Franzen* BetrVG § 50 Rn. 87; ErfK/*Koch* BetrVG § 50 Rn. 8; *Picot/Schnitker* Teil I Rn. 290; LAG München 8.11.1988 – 2 Sa 691/88, BeckRS 1988, 30463893; würde die Altersversorgung im aufnehmenden Unternehmen (nur) auf einer Gesamtzusage beruhen, wären die hinzukommenden Arbeitnehmer hiervon nicht erfasst; vgl. *Löwisch/Diller* BB 2007, 830 (831).

[40] Gegen eine Zuständigkeit des Gesamtbetriebsrats für betriebsratslose Betriebe vor der BetrVG-Reform 2001 noch BAG 16.8.1983 – 1 AZR 544/81, DB 1984, 129.

[41] So noch *Sowka/Weiss* DB 1991, 1518 (1519); MHdB ArbR/*Joost,* 2. Aufl. 2000, § 313 Rn. 49 – in neueren Auflagen wird die Frage nicht mehr angesprochen; HWGNRH/*Glock* BetrVG § 50 Rn. 65; ebenfalls krit. *Jacobs* FS Konzen, 2006, 345 (362); *Salamon* RdA 2007, 103 (108).

[42] Siehe zum Phänomen der Eingliederung eines Betriebes bzw. Betriebsteils im Hinblick auf das Schicksal des Betriebsratsamtes und geltender Betriebsvereinbarungen unter → D Rn. 68 ff. sowie hier → Rn. 13, 47; LAG München 8.11.1988 – 2 Sa 691/88, BeckRS 1988, 30463893.

[43] Vgl. auch → J Rn. 476.

[44] Vgl. *Gussen/Dauck* Rn. 100; *Schiefer* NJW 1998, 1817 (1821); HWK/*Müller-Bonanni* BGB § 613a Rn. 270.

Bereich der betrieblichen Altersversorgung – aber auch etwa bei Vereinbarungen über freiwillige Gratifikationen[45] – wird eine Auslegung der Gesamtbetriebsvereinbarung regelmäßig ergeben, dass die Betriebszugehörigkeit im selben Unternehmen zurückgelegt worden sein muss und **„Vordienstzeiten" im Unternehmen eines Betriebsveräußerers nicht berücksichtigt** werden sollen.[46] Das Bundesarbeitsgericht hat ausdrücklich anerkannt, dass eine entsprechende ausdrückliche Regelung in der (Gesamt-)Betriebsvereinbarung zulässig ist.[47] Gegen § 613a Abs. 1 S. 1 und S. 3 verstößt dies nicht. Die Vorschrift bezweckt den Schutz des Arbeitsplatzes **„in seiner gegenwärtigen Ausgestaltung"**.[48] Gelten beim Erwerber Zusagen, die auf die Dauer der Betriebszugehörigkeit abstellen, folgt aus § 613a Abs. 1 BGB durchaus nicht, dass in diesem Rahmen auch die Betriebszugehörigkeit beim Veräußerer berücksichtigt werden muss.[49] Die Gesamtbetriebsvereinbarung gälte, so ausgelegt, auch für die Arbeitnehmer des erworbenen Betriebes; soweit es für die Anspruchshöhe jedoch auf die Betriebszugehörigkeit ankommt, würde nur jene im aufnehmenden Unternehmen berücksichtigt.[50] Im Hinblick auf die in § 1b BetrAVG geregelten Unverfallbarkeitsfristen sind die Betriebszugehörigkeiten allerdings stets zusammenzurechnen.[51] Die Anwartschaft gemäß der im aufnehmenden Unternehmen geltenden Versorgung würde also auch dann unverfallbar, wenn der Arbeitnehmer weniger als 5 Jahre im aufnehmenden Unternehmen verbleibt, wenn nur insgesamt die Unverfallbarkeitsfrist erreicht wird.

Die beim bisherigen Arbeitgeber erdiente Altersversorgung bleibt aus Gründen des **Vertrauensschutzes**[52] auch im Fall der Ablösung weiterhin relevant. Würde nämlich die gemäß der neuen Versorgungsordnung erdiente Versorgungsleistung hinter dem zurückbleiben, was der Arbeitnehmer im Zeitpunkt des Betriebsübergangs erdient hatte (gleich ob bis dahin unverfallbar oder nicht[53]), wäre die Differenz vom neuen Arbeitgeber zu übernehmen. Auf diese Weise bleibt der zum Zeitpunkt des Betriebsübergangs erdiente Besitzstand unabhängig von der Entwicklung der ablösenden Versorgungsordnung gewahrt. Zu den weiteren Fragen im Zusammenhang mit der Ablösung von Versorgungsregelungen und dem Zusammenspiel mit dem „Drei-Stufen-Modell", unter → J Rn. 475.[54] 18

In der **Praxis** wird es sich häufig empfehlen, die Anwendung einer als unangemessen großzügig empfundenen Gesamtbetriebsvereinbarung auf einen neu hinzukommenden Betrieb von vornherein zu vermeiden. Im **Beispiel E 1** hätte es sich angeboten, das Bestehen der Gesamtbetriebsvereinbarung zum Anlass für eine **alternative Gestaltung des Betriebserwerbs** zu wählen, indem man etwa im Wege des *Share-Deals* lediglich die Anteile an der Gesellschaft erworben hätte, die den zu erwerbenden Betrieb betreibt. Die Gesamtbetriebsvereinbarung über die Altersversorgung würde in dieser Konstellation nicht auf den erworbenen Betrieb anwendbar sein, da dieser einem anderen Unternehmen zugeordnet wäre. Dieses Beispiel verdeutlicht, dass die **gesellschaftsrechtliche Struktur** des 19

---

45 Vgl. den Sachverhalt in BAG 25.8.1976 – 5 AZR 788/75, DB 1977, 358.

46 Vgl. HWK/*Müller-Bonanni* BGB § 613a Rn. 236; für den Fall einer Jubiläumsprämie ebenso BAG 26.9.2007 – 10 AZR 657/06, NZA 2007, 1426; siehe aber EuGH idS Scattolon bei → Rn. 51.

47 BAG 24.7.2001 – 3 AZR 660/00, NZA 2002, 520 unter II. 4. der Gründe; zustimmend *Lindemann/Simon* BB 2003, 2510 (2516).

48 BAG 25.8.1976 – 5 AZR 788/75, DB 1977, 358; 30.8.1979 – 3 AZR 58/78, DB 1979, 2431.

49 BAG 25.8.1976 – 5 AZR 788/75, DB 1977, 358; 30.8.1979 – 3 AZR 58/78, DB 1979, 2431; 19.12.2000 – 3 AZR 451/99, NZA 2002, 615 unter B II 2. a) der Gründe; 24.7.2001 – 3 AZR 660/00, NZA 2002, 520 unter II. 4. der Gründe; Blomeyer/*Rolfs*/Otto BetrAVG Anh. § 1 Rn. 329; MüKoBGB/*Müller-Glöge* § 613a Rn. 98; Staudinger/*Annuß* BGB § 613a Rn. 173.

50 HWK/*Müller-Bonanni* BGB § 613a Rn. 236; zum gleichen Ergebnis käme wohl GK/*Kreutz/Franzen* BetrVG § 50 Rn. 87, der die Gesamtbetriebsvereinbarung nur „ex nunc" anwenden will.

51 BAG 24.7.2001 – 3 AZR 660/00, NZA 2002, 520 unter II. 4. der Gründe; so auch Blomeyer/*Rolfs*/Otto BetrAVG Anh. § 1 Rn. 322.

52 aA und für eine umfassende Ablösung der Betriebsvereinbarungen des Veräußerers *Lorenz* DB 1980, 1745 (1747); *Seiter* DB 1980, 877 (878).

53 Blomeyer/*Rolfs*/Otto BetrAVG Anh. § 1 Rn. 322.

54 Siehe hierzu auch Staudinger/*Annuß* BGB § 613a Rn. 241.

Erwerbs eines Betriebes auch **arbeitsrechtlich motiviert** sein kann bzw. sein sollte, auch wenn die arbeitsrechtlich optimale Struktur selbstverständlich stets auf ihre steuerrechtliche und unternehmenspolitische „Verträglichkeit" hin überprüft werden muss. Alternativ kommt in Betracht – und zwar insbesondere in Fällen, in denen die gesellschaftsrechtliche Struktur des Erwerbs arbeitsrechtlich nicht beeinflusst werden kann – vor Erwerb des Betriebes in der Gesamtbetriebsvereinbarung klarzustellen, dass im Wege eines Betriebs(teil) übergangs hinzukommende Mitarbeiter nicht vom Geltungsbereich der Vereinbarung erfasst werden.[55] In jedem Fall ist darauf zu achten, dass im Zusammenhang mit einem Betriebserwerb erfolgende Erklärungen gegenüber der Belegschaft zuvor auf ihre rechtlichen Konsequenzen abgeklopft werden.[56] Wenn der übernommenen Belegschaft, wie dies häufig geschieht, zugesichert wird, dass ihre bisherige Betriebszugehörigkeit für sämtliche in Betracht kommenden Ansprüche anerkannt werde, können sich allein aufgrund dieser Zusage zusätzliche Ansprüche der neu hinzukommenden Mitarbeiter ergeben.

20 Es können also im Unternehmen des Erwerbers geltende Gesamt- bzw. Konzernbetriebsvereinbarungen die kollektivrechtliche Fortgeltung einer Betriebsvereinbarung im übertragenen Betrieb ausschließen. Allerdings ist dies nur unter zwei unabdingbaren Voraussetzungen der Fall. Zum einen müssen die konkurrierenden Vereinbarungen **denselben Regelungsgegenstand betreffen,** was in vielen Fällen durchaus eine schwierige Fragestellung sein kann. Da diese Probleme gerade auch im Zusammenhang mit der Vorschrift des § 613a Abs. 1 S. 3 BGB auftreten, wird auf die dortigen Ausführungen verwiesen.[57] Zum anderen haben nur Gesamtbetriebsvereinbarungen verdrängende Wirkung, die im Rahmen der gesetzlichen Zuständigkeit gemäß § 50 Abs. 1 BetrVG abgeschlossen wurden.[58] Beruhen die Vereinbarungen hingegen lediglich auf einer **Beauftragung** iSv § 50 Abs. 2 BetrVG oder wurden sie **unter Verkennung der Zuständigkeiten abgeschlossen,** werden durch sie Betriebsvereinbarungen in neu hinzugekommenen Betrieben nicht verdrängt. Für Konzernbetriebsvereinbarungen gilt Gleiches.

21 Die kollektive Fortgeltung von Betriebsvereinbarungen kann schließlich auch an der bestehenden **Tarifbindung des neuen Arbeitgebers** und der auf dieser Grundlage geltenden Tarifverträge scheitern. Dies ist dann der Fall, wenn der Gegenstand der Betriebsvereinbarung bereits durch eine konkrete tarifliche Regelung abgedeckt ist und somit § 87 Abs. 1 Einleitungssatz BetrVG in mitbestimmungspflichtigen Angelegenheiten und/oder § 77 Abs. 3 BetrVG einer Regelung durch Betriebsvereinbarung entgegenstehen.[59]

22 **(2) Inhaberwechsel hinsichtlich eines Betriebsteils.** Nicht nur im Fall der Übertragung gesamter Betriebe kommt eine kollektivrechtliche Fortgeltung von Betriebsvereinbarungen in Betracht. Auch bei der Übertragung von Betriebsteilen auf einen neuen Betriebsinhaber können Betriebsvereinbarungen kollektivrechtlich fortgelten. Im Folgenden werden die verschiedenen Konstellationen, in denen dies in Betracht kommt, dargestellt.

23 • **Fortbestand eines gemeinsamen Betriebes**

Wird ein Betriebsteil auf einen neuen Inhaber übertragen, ohne dass sich an der Organisation des bisherigen Betriebes etwas ändert, führt dies betriebsverfassungsrechtlich nicht zu wesentlichen Änderungen. Für das Schicksal des Betriebsrates ist dies bereits ausführlich in Kapitel D[60] dargestellt worden. Werden Teile eines Betriebes einem anderen Inhaber zugeordnet, wird der Betrieb jedoch weiterhin organisatorisch einheitlich geführt – insbe-

---

[55] So auch *Picot/Schnitker* Teil I Rn. 291; GK/*Kreutz/Franzen* BetrVG § 50 Rn. 87. Allerdings dürfte die Mitwirkung des Betriebsrats regelmäßig nicht ohne ausgleichende Zugeständnisse zu erwarten sein.

[56] Vgl. zur Bindungswirkung von Vertragsregelungen zwischen Veräußerer und Erwerber und von sonstigen Erklärungen im Zusammenhang mit einem Unternehmenskauf *Hohenstatt/Schramm* NZA 2006, 251.

[57] Unter → Rn. 54, 173 ff.; siehe auch zur Altersversorgung → J Rn. 453.

[58] *Fitting* BetrVG § 50 Rn. 74.

[59] BAG 13.3.2012 – 1 AZR 659/10, NZA 2012, 990 Rn. 22 ff.; BAG 20.2.2018 – 1 ABR 53/16, NZA 2018, 954 Rn. 22; vgl. auch HWK/*Müller-Bonanni* § 613a Rn. 274; *Gaul* FS Bauer, 2010, 339 (348).

[60] Insb. → D Rn. 16.

sondere bei Fortbestand einer einheitlichen Leitung in personellen und sozialen Angelegenheiten **(Gemeinschaftsbetrieb)** – bleibt der für den Ursprungsbetrieb gewählte Betriebsrat im Amt. Für die Betriebsvereinbarungen des Betriebes gilt Entsprechendes; auch diese gelten – wegen des Fortbestandes der **Identität des Betriebes** – fort.[61] Auch insoweit kommt trotz des auf einen Betriebsteil bezogenen Inhaberwechsels § 613a Abs. 1 S. 2 BGB nicht zur Anwendung, da diese „Auffanglösung"[62] – ebenso wie bei der Übertragung ganzer Betriebe – bei Fortbestehen der Betriebsidentität nicht zum Tragen kommt.

Bestehen in den Unternehmen, die Träger des Gemeinschaftsbetriebes sind, Gesamtbetriebsräte, können sich schwierige Fragen bezüglich der Geltung der Gesamtbetriebsvereinbarungen im Gemeinschaftsbetrieb ergeben, denen im Zusammenhang mit dem „Schicksal" von Gesamtbetriebsvereinbarungen nachgegangen werden soll.[63]

- **Organisatorisch selbständige Fortführung des übertragenen Betriebsteils** 24

Werden Betriebsteile „abgespalten"[64] und eigenständig fortgeführt, wird im Hinblick auf den gesamten Betrieb die **Kontinuität unterbrochen.** In dieser Konstellation war lange Zeit umstritten, ob die **abgespaltenen Betriebsteile** ihrerseits über eine **eigene Identität** verfügen, bei deren Wahrung eine kollektivrechtliche Fortgeltung von Betriebsvereinbarungen möglich ist.[65] Ursprünglich wurde die „Identitätslehre" überwiegend so verstanden, dass sie den organisatorischen Fortbestand des gesamten Betriebes voraussetzte. In einem Betriebsteil, der aus einem Betrieb herausgelöst wurde, konnte sich die bisherige Betriebsidentität nicht fortsetzen. Seit der Entscheidung des *Ersten Senats* vom 18.9. 2002[66], der mittlerweile die herrschende Literaturmeinung und auch die Gestaltungspraxis folgt, wird indessen der Begriff der Betriebsidentität über den eigentlichen Wortsinn hinaus auch auf Fälle angewandt, in denen der Ursprungsbetrieb gerade nicht mehr unverändert fortbesteht. Schon länger anerkannt war dies bei der Abspaltung eines Betriebsteils; hierdurch wurde in aller Regel die Betriebsidentität des Ausgangsbetriebs nicht in Frage gestellt[67] – dies gilt jedenfalls dann, wenn man Identität nicht so begreift, dass jegliche (noch so geringfügige) Veränderung zur Diskontinuität führt.[68]

Trotz dogmatischer Bedenken[69] geht die hM sogar davon aus, dass auch die abgespaltenen Betriebsteile über eine sog. **Teilidentität** mit dem Ausgangsbetrieb verfügen.[70] *Burkhard Kreft* hat das gewandelte „Identitätsverständnis" am deutlichsten formuliert.[71] Man dürfe den Begriff **„nicht im Sinne der Logik** verwende(n)". Letztlich gehe es um die Fragestellung, „welcher Grad an Veränderung im Ursprungsbetrieb hinnehmbar erscheint, ohne diesen als „anderen" Betrieb ansehen zu müssen".[72] Genau dies entsprach dem bisherigen Verständnis, das immer zu dem Ergebnis führte, dass jedenfalls nicht mehrere Ein- 25

[61] Kallmeyer/*Willemsen* UmwG § 322 Rn. 7; *Richardi* in Richardi BetrVG § 77 Rn. 230; *Gaul,* Betriebsspaltung, § 25 Rn. 60; GK/*Kreutz/Franzen* BetrVG § 77 Rn. 434.

[62] Vgl. hierzu → Rn. 2.

[63] Vgl. → Rn. 90.

[64] Zu den organisatorischen Voraussetzungen einer betriebsverfassungsrechtlichen Betriebsspaltung – in Abgrenzung zum Gemeinschaftsbetrieb zweier Unternehmen – unter → D Rn. 18.

[65] Krit. zur Figur der „Teilidentität" bei Betriebsteilen noch die Vorauflage mit umfassenden Ausführungen → 5. Aufl. 2016, E Rn. 19ff.

[66] BAG 18.9.2002 – 1 ABR 54/01, NZA 2003, 670 (675).

[67] Vgl. *Fitting* BetrVG § 77 Rn. 172ff.; DKW/*Berg* BetrVG § 77 Rn. 101.

[68] Siehe zu der insoweit festzustellenden Relativierung des Grundsatzes der Betriebsidentität *Kreft* FS Wissmann, 2005, 347 (353); bzgl. Fällen, in denen ein Identitätsverlust in Betracht kommt → D Rn. 50.

[69] Vgl. dazu das Fazit bei *Thüsing* DB 2004, 2474 (2478) unter lit. a aE.

[70] BAG 18.9.2002 – 1 ABR 54/01, NZA 2003, 670 (675); *Fitting* BetrVG § 77 Rn. 174; DKW/*Berg* BetrVG § 77 Rn. 102; GK/*Kreutz/Franzen* BetrVG § 50 Rn. 94; vgl. auch *Bachner* NZA 1997, 79 (81); GK/*Kreutz* BetrVG § 77 Rn. 441; *Richardi* in Richardi BetrVG § 77 Rn. 228; auf der Basis seines Sukzessionsmodells iE auch *Sagan* RdA 2011, 163 (171); vgl. → Rn. 152; krit. Sieg/Maschmann Unternehmensumstrukturierung Rn. 486.

[71] In FS Wissmann, 2005, 347 (353).

[72] In FS Wissmann, 2005, 347 (353); vgl. nunmehr auch BAG 24.5.2012 – 2 AZR 62/11, NZA 2013, 277 Rn. 49.

heiten mit dem ursprünglichen Betrieb identisch sein konnten.[73] *Kreft* meint nun allerdings, dass dieses Verständnis „im hier interessierenden Zusammenhang sachlich nichts zu erklären" vermöge. Letztlich sei ausschlaggebend, dass bei Spaltungen die daraus hervorgehenden Einheiten jedenfalls „**teilidentisch**"[74] mit dem bisherigen Ganzen seien. Im abgespaltenen Betriebsteil seien „weniger, aber nicht andere" Arbeitnehmer beschäftigt, der Betriebsrat sei jedenfalls für die Dauer des Übergangsmandats[75] noch derselbe, bei unternehmensinternen Umstrukturierungen sei sogar der Arbeitgeber noch identisch. Deshalb könne mit „derselben sachlichen Berechtigung" wie im verkleinerten Ursprungsbetrieb eine normative Fortgeltung der Betriebsvereinbarungen im abgespaltenen Betriebsteil bejaht werden. Die ursprüngliche Lehre von der Betriebsidentität müsse dahingehend modifiziert werden, dass es lediglich noch auf die Wahrung einer **Teilidentität** ankommt. *Kreft*[76] drückt dies so aus: „[Die] ursprüngliche Einheit ist zwar nach einer Betriebsspaltung nicht mehr vorhanden. Die entstandenen Teileinheiten sind aber – unabhängig von ihrer relativen Größe – jedenfalls so lange **teilidentisch** mit dem Ursprungsbetrieb wie sie die **Kriterien des Betriebsteils** erfüllen und **selbständig geführt werden;** das genügt".[77] Wird ein abgespaltener Betriebsteil vom Erwerber als eigenständiger Betrieb fortgeführt und bewahrt daher seine Teilidentität mit seiner Funktion im Ausgangsbetrieb, gelten die im Ausgangsbetrieb geschlossenen Betriebsvereinbarungen kollektivrechtlich fort. Die Auffangregelung des § 613a Abs. 1 S. 2 BGB kommt also auch in dieser Konstellation nicht zur Anwendung.

Es ist unschwer erkennbar, dass diese Ausweitung der Lehre von der Betriebsidentität dogmatisch kaum noch vermittelbar ist – nicht ohne Grund fordert *Kreft* eine Anwendung des Begriffs der Identität „nicht im Sinne der Logik". In Wahrheit wird hier vom Ergebnis her argumentiert: Man sieht es als sachgerecht an, dass auch im abgespaltenen Betriebsteil die Betriebsvereinbarungen kollektivrechtlich weitergelten – und das soll letztlich Grund genug sein dafür, dass die gesetzliche Regelung in § 613a Abs. 1 S. 2 BGB nicht zur Anwendung kommen soll. Die Gestaltungspraxis kann mit diesem Befund gut leben und wendet die entsprechenden Regeln mittlerweile konsequent an.

26 Nach diesem neueren Verständnis kommt es deutlich häufiger zu einer kollektivrechtlichen Fortgeltung von Betriebsvereinbarungen mit der Konsequenz, dass sie – anders als dies bei einer Fortgeltung nach § 613a Abs. 1 S. 2 BGB der Fall wäre – auch auf **neu hinzukommende Arbeitnehmer** Anwendung finden. Insbesondere bei einer Betriebsvereinbarung über Leistungen der betrieblichen Altersversorgung ist es demnach von zentraler Bedeutung, die normative Fortgeltung der Vereinbarung zu erkennen und diese – sofern neue Mitarbeiter nicht mehr in den Genuss der Zusage kommen sollen – zu kündigen. Sofern im neuen Betrieb (ggf. nach Ablauf des Übergangsmandats[78]) kein neuer Betriebsrat gewählt wird, müsste eine Kündigung nach Auffassung des BAG gegenüber allen Arbeitnehmern ausgesprochen werden.[79] Durch eine solche Kündigung könnte die Vereinbarung auch für Arbeitnehmer, die zum Zeitpunkt des Betriebsteilübergangs bereits beschäftigt waren, vor Ablauf der Jahresfrist gemäß § 613a Abs. 1 S. 2 BGB beendet werden, womit deutlich wird, dass die kollektivrechtliche Fortgeltung im Vergleich zur Anwendung des § 613a Abs. 1 S. 2 BGB zu einem geringeren Schutzniveau führt.[80]

---

[73] *Hohenstatt/Müller-Bonanni* NZA 2003, 766 (770); *Preis/Richter* ZfA 2004, 925 (928).
[74] In FS Wissmann, 2005, 347 (354); *Fitting* BetrVG § 77 Rn. 165, 169; im Ergebnis auch *Richardi* in Richardi BetrVG § 77 Rn. 213.
[75] Siehe zum Übergangsmandat → D Rn. 74.
[76] In FS Wissmann, 2005, 347 (356) zustimmend *Fitting* BetrVG § 77 Rn. 169; ähnlich *Bachner* NJW 2003, 2861; *Richardi/Kortstock* RdA 2004, 173 (175); *Mues* DB 2003, 1273 (1276).
[77] Krit. Auseinandersetzung mit den Argumenten *Krefts* und der Rechtsprechung noch in Vorauflage → 5. Aufl. 2016, Rn. 21 ff.
[78] Vgl. zum Übergangsmandat → Kap. D Rn. 74.
[79] BAG 18.9.2002 – 1 ABR 54/01, NZA 2003, 670 (674); zuletzt bestätigt durch BAG 12.6.2019 – 1 AZR 154/17, NZA 2019, 1203 Rn. 36; *Fitting* BetrVG § 77 Rn. 175; krit. *Preis/Richter* ZIP 2004, 925 (929).
[80] Dies kritisieren *Preis/Richter* ZIP 2004, 925 (929).

- **Zusammenschluss übertragener Betriebe bzw. Betriebsteile mit Betrieben des neuen Inhabers** 27

Der Erwerb eines Betriebes oder Betriebsteils vollzieht sich nicht stets dergestalt, dass die erworbenen Einheiten beim neuen Arbeitgeber organisatorisch eigenständig fortgeführt werden. Häufig werden diese mit bereits vorhandenen betrieblichen Einheiten des Erwerbers „verschmolzen". Im Zusammenhang mit dem Schicksal des Betriebsratsamtes wurden bereits die beiden dabei in Betracht kommenden Konstellationen dargestellt.[81] Im Fall des **Zusammenschlusses** zweier Betriebe oder Betriebsteile zu einem **neuen betrieblichen Gebilde verlieren** die Ausgangsbetriebe bzw. -betriebsteile allesamt **ihre Identität.**[82] Im Fall der **Eingliederung**[83] verliert lediglich der eingegliederte Betrieb oder Betriebsteil seine Identität, während die des aufnehmenden Betriebes fortbesteht.

28 Es besteht weitgehend Einigkeit dahingehend, dass im Fall des Zusammenschlusses mehrerer Betriebe oder Betriebsteile zu einem neuen Betrieb die in den Ausgangsbetrieben bzw. -betriebsteilen geltenden **Betriebsvereinbarungen enden.**[84] Auch im Fall der **Eingliederung** ist anerkannt, dass die Betriebsvereinbarungen des eingegliederten Betriebs bzw. Betriebsteils enden, während sich nunmehr die Betriebsvereinbarungen des aufnehmenden Betriebes auf die hinzugekommenen Einheiten erstrecken.[85] Es besteht demnach eine grundsätzliche **Parallelität** zwischen dem **Schicksal des Betriebsratsamtes** und dem Schicksal bestehender **Betriebsvereinbarungen.** In den sog. Eingliederungsfällen wird der erworbene Betrieb oder Betriebsteil in einen bestehenden Betrieb des Erwerbers unter Aufrechterhaltung dessen Identität eingefügt.

Beispiel E 2:

Eine in Düsseldorf bestehende Werbeagentur erwirbt den Betrieb eines kleineren lokalen Wettbewerbers, der sich allein auf den Telekommunikationsmarkt spezialisiert hat, und tritt in dessen Auftragsbeziehungen ein. Die Mitarbeiter der erworbenen Agentur ziehen in das Büro des Erwerbers, bilden dort jedoch eine organisatorisch und räumlich abtrennbare Spezialeinheit. Die jeweils durch Betriebsvereinbarung geregelten Altersversorgungssysteme sind unterschiedlich. Im Übrigen besteht in der erworbenen Agentur eine Betriebsvereinbarung über ein Prämiensystem, das den Mitarbeitern erhebliche zusätzliche Vergütungsansprüche einräumt.

29 Dass in dieser Konstellation das Amt des Betriebsrates der Spezialagentur zum Zeitpunkt der Eingliederung endet, wird im Kapitel D[86] dargestellt. Die hM ist sich in **Eingliederungsfällen** auch bezüglich des Grundsatzes einig, dass die **Betriebsvereinbarungen im aufnehmenden Betrieb fortgelten, während diejenigen im aufgenommenen Betrieb oder Betriebsteil „untergehen"** und nur nach § 613a Abs. 1 S. 2 BGB fortwirken können.[87] Nach einer hiervon abweichenden Auffassung sollen hingegen Betriebsvereinbarungen im „untergehenden" Betrieb bzw. Betriebsteil fortgelten können, wenn diese Einheiten trotz des Zusammenschlusses noch „in räumlicher oder **organisatorischer** Hinsicht in einer Weise **abgrenzbar** [sind], dass für diesen abgegrenzten Betriebsteil eine

---

[81] → D Rn. 64 ff.
[82] → D Rn. 66.
[83] → D Rn. 64.
[84] HWGNRH/*Worzalla* BetrVG § 77 Rn. 245; *Preis/Steffan* FS Kraft, 1998, 477 (481); *Heinze* DB 1998, 1861 (1863); *Fitting* BetrVG § 77 Rn. 171, anders allerdings in ähnlicher Konstellation unter Rn. 164; aA GK/*Kreutz* BetrVG § 77 Rn. 425.
[85] BAG 1.8.2001 – 4 AZR 82/00, NZA 2002, 41 unter I. 5. d) aa) der Gründe; BAG 24.7.2001 – 3 AZR 660/00, NZA 2002, 520 unter II. 1. und 2. der Gründe; *Richardi* in Richardi BetrVG § 77 Rn. 231; Kallmeyer/*Willemsen* UmwG § 324 Rn. 26; HWGNRH/*Worzalla* BetrVG § 77 Rn. 245; GK/*Kreutz* BetrVG § 77 Rn. 426, allerdings nur, soweit im aufnehmenden Betrieb eine Vereinbarung mit entsprechender Regelungsmaterie besteht; DKW/*Berg* BetrVG § 77 Rn. 96, 103.
[86] Unter → D Rn. 64.
[87] Siehe nur BAG 12.6.2019 – 1 AZR 154/17, NZA 2019,1203 Rn. 41.

eigenständige Betriebsvereinbarung sinnvoll erscheint".[88] Dies ist allerdings abzulehnen. Die Feststellung einer „ausreichenden" Abgrenzbarkeit eines eingegliederten Betriebes oder Betriebsteils wäre in der Praxis mit erheblichen Schwierigkeiten und in der Folge mit einer sehr großen **Rechtsunsicherheit** verbunden. Die Eingliederung von Betrieben oder Betriebsteilen ist in der Regel ein längerer Prozess, der auf die maximale Nutzung von *Synergieeffekten* ausgerichtet ist. Auch wenn unmittelbar nach der Eingliederung noch eine Abgrenzbarkeit bestehen sollte, dürfte es in den überwiegenden Fällen mit der Zeit zu einer zunehmenden Verzahnung der Betriebsabläufe kommen, so dass sich unmöglich feststellen lässt, ab welchem Zeitpunkt keine ausreichende Eigenständigkeit des eingegliederten Betriebes mehr besteht und Betriebsvereinbarungen damit ihre kollektivrechtliche Wirkung verlieren. *Kreft*[89] hat vorgeschlagen, § 613a Abs. 1 S. 2 BGB noch nachträglich anzuwenden, wenn Mitarbeiter des eingegliederten Betriebsteils diesen später verlassen und in eine andere Abteilung versetzt werden. Diese Lösung würde jedoch zu einer erheblichen Unübersichtlichkeit führen. Die Betriebsvereinbarung des früheren Betriebs würde dann im aufnehmenden Betrieb für einen Teil der Mitarbeiter kollektivrechtlich und für einen weiteren Teil über § 613a Abs. 1 S. 2 BGB fortgelten. Man fragt sich, warum man es sich in derlei Konstellationen dermaßen schwer machen will, wenn doch mit § 613a Abs. 1 S. 2 und 3 BGB eine gesetzliche Regelung zur Verfügung steht, die eine einheitliche Lösung für alle vom Betriebs(teil)übergang betroffenen Arbeitnehmer ermöglicht.

30 Die kollektivrechtliche Fortgeltung von Betriebsvereinbarungen für Teile der Belegschaft, die neu in einen Betrieb aufgenommen worden sind (sei es im Wege der Eingliederung oder im Rahmen der Bildung eines neuen Betriebes[90]), steht – indirekt – im Widerspruch zu dem **Grundsatz „ein Betrieb – ein Betriebsrat".** Dieser Grundsatz bedeutet zunächst nur, dass es für einen Betrieb – soweit nicht eine Vereinbarung gemäß § 3 BetrVG vorliegt – nicht mehrere Betriebsräte geben kann, auch nicht übergangsweise.[91] Indessen muss dieser Grundsatz auch Auswirkungen auf das zentrale betriebsverfassungsrechtliche Regelungsinstrument, die Betriebsvereinbarung, haben. Betriebsvereinbarungen sind das von den Betriebsparteien geschaffene „Gesetz des Betriebes"[92], das insgesamt die betriebliche Ordnung und die Arbeitsbedingungen der Arbeitnehmer regelt. Zwar kann sich eine Betriebsvereinbarung der Sache nach auf einzelne Betriebsabteilungen oder Arbeitnehmergruppen beziehen[93] (zB Arbeitszeitregelung nur für die Abteilung Rotation eines Tiefdruckbetriebes; Vereinbarung über betriebliche Bildungsmaßnahmen nur für kaufmännische Angestellte); dies betrifft indessen nur den persönlichen Geltungsbereich[94] und ändert nichts an dem Grundsatz, dass Betriebsvereinbarungen nur von dem insgesamt für den gesamten Betrieb zuständigen Betriebsrat abgeschlossen werden können.[95] Ließe man eine kollektivrechtliche Fortgeltung zu, so würden innerhalb eines einheitlichen Betriebes einerseits Betriebsvereinbarungen gelten, die der für den gesamten Betrieb zuständige Betriebsrat abgeschlossen hat; für einzelne Betriebsteile gälte hingegen anderes Recht, das von einem Betriebsrat eines anderen Betriebes geschaffen wurde.

Mangels Identitätswahrung **bei der Eingliederung** von Betrieben und Betriebsteilen und zugunsten der Rechtssicherheit kommt **eine kollektivrechtliche Fortgeltung** von

---

[88] *Fitting* BetrVG § 77 Rn. 164, wobei unklar ist, ob dies auch im Zusammenhang mit einem Betriebsinhaberwechsel gelten soll – vgl. *Fitting* BetrVG § 77 Rn. 171; GK/*Kreutz* BetrVG § 77 Rn. 426; *Kreft* FS Wissmann, 2005, 347 (351); ablehnend Sieg/Maschmann Unternehmensumstrukturierung Rn. 493.

[89] *Kreft* FS Wissmann, 2005, 347 (351).

[90] Zu Zusammenschlüssen mehrerer Betriebe oder Betriebsteile sogleich → Rn. 30ff.

[91] Dementsprechend kann ein Betriebsrat auch nicht für Teilbereiche eines Betriebs ein Übergangsmandat ausüben; vgl. hierzu → D Rn. 88.

[92] *Fitting* BetrVG § 77 Rn. 12.

[93] DKW/*Berg* BetrVG § 77 Rn. 78; *Fitting* BetrVG § 77 Rn. 35.

[94] *Fitting* BetrVG § 77 Rn. 35.

[95] Es sei denn, der Betriebsrat delegiert seine Befugnisse an den Gesamtbetriebsrat (§ 50 Abs. 2 BetrVG).

Betriebsvereinbarungen **nicht** in Betracht. Es ist daher für den eingegliederten Betrieb(steil) stets auf die Auffanglösung in § 613a Abs. 1 S. 2 BGB zurückzugreifen.

Während in den Eingliederungsfällen für die aufgenommenen Einheiten zwar einerseits der Verlust bisheriger Betriebsvereinbarungen droht, andererseits jedoch die Betriebsvereinbarungen des aufnehmenden Betriebes für sie gelten, finden die bisherigen Betriebsvereinbarungen nach einem **Zusammenschluss zu einem neuen Betrieb** allesamt keine kollektivrechtliche Anwendung mehr. Für die vom Betriebs(teil)übergang betroffene Teilbelegschaft kommt § 613a Abs. 1 S. 2 BGB zur Anwendung .[96] Die Fortgeltung der Betriebsvereinbarungen in dem Betrieb(steil), der beim bisherigen Rechtsträger verbleibt und auf den demgemäß § 613a BGB keine Anwendung findet, ist dogmatisch schwieriger zu erklären. In Betracht kommt eine Nachwirkung entsprechend § 77 Abs. 6 BetrVG.[97]

Auch beim Zusammenschluss von Betrieb(steile)n wird teilweise vertreten, dass die Be- 31
triebsvereinbarungen in den jeweiligen Ausgangseinheiten **kollektivrechtlich fortgelten,** solange diese Einheiten jeweils noch eine **gewisse Eigenständigkeit** aufweisen.[98] Gegen eine Identitätswahrung sprechen jedoch die schon für die Eingliederung angesprochenen Gründe. Insbesondere muss die **praktische Durchführbarkeit** der partiellen kollektivrechtlichen Fortgeltung von Betriebsvereinbarungen auch hier in Frage gestellt werden. In zahlreichen Fällen wird es bei Betriebs(teil)zusammenschlüssen gar nicht möglich sein, die Ausgangseinheiten auf längere Sicht voneinander abzugrenzen. Zusammenschlüsse von Betrieben werden im Gegenteil zumeist darauf abzielen, „doppelt" bestehende Einheiten organisatorisch miteinander zu verzahnen. Im **Beispiel E 2** etwa dürfte es recht unwahrscheinlich sein, dass sich die beiden Belegschaften auf Dauer voneinander abgrenzen lassen. Wäre dies zu Beginn der Fall, träten vermutlich ganz erhebliche Schwierigkeiten auf, wenn die Trennung Schritt für Schritt aufgehoben würde und die **Abgrenzbarkeit** der beiden Belegschaften **nach und nach entfiele.**

Eine gewisse Berechtigung hätte die kollektivrechtliche Fortgeltung von Betriebsverein- 32
barungen vermutlich bei Zusammenschlüssen, bei denen arbeitstechnisch einander unähnliche Einheiten zusammengefügt werden, so dass die Abgrenzbarkeit der jeweiligen Ausgangseinheiten sogar mittel- bis langfristig aufrechterhalten werden könnte. Aber auch in diesen Fällen wird es Abteilungen geben, die zusammengelegt werden müssen. So müsste häufig zB bei einer weiterhin bestehenden Eigenständigkeit im Produktionsbereich etwa eine Vereinheitlichung der Administration erfolgen. Welche der Betriebsvereinbarungen zur betrieblichen Altersversorgung fände dann auf die einheitliche Verwaltung des zusammengefassten Betriebs Anwendung? Was geschähe nach zwei Jahren, wenn der Betriebsrat oder der Arbeitgeber zu dem Ergebnis kämen, dass jedenfalls von nun an keine organisatorische Abgrenzbarkeit der Produktionsbereiche mehr gegeben sei, etwa weil zahlreiche der bislang unterschiedlichen Produktionsverfahren vereinheitlicht wurden? Diese Beispiele dürften zeigen, dass die trotz eines Zusammenschlusses aufrecht erhaltene (gewisse) **Eigenständigkeit der ursprünglichen Einheiten kein hinreichend verlässliches Kriterium** für das Schicksal von Betriebsvereinbarungen darstellt und es mit tiefgreifenden Unsicherheiten verknüpft wäre, wenn man von dem Grundsatz abweichen wollte, dass Betriebsvereinbarungen – unbeschadet ihres persönlichen Geltungsbereichs – stets für den gesamten Betrieb gelten.

Als Ergebnis ist daher festzuhalten, dass eine **kollektivrechtliche Fortgeltung** von Be- 33
triebsvereinbarungen in Eingliederungs- und Zusammenschlussfällen **ausscheiden** muss. Darauf, ob der abgespaltene Betriebsteil innerhalb eines neuen betrieblichen Gebildes noch organisatorisch abgrenzbar bleibt, kommt es nicht an.[99] Im **Beispiel E 2** wird im

---

[96] Zu beachten ist, dass eine direkte Anwendung des § 613a Abs. 1 BGB für die beteiligten Betriebe und Betriebsteile des Erwerbers mangels Inhaberwechsels nicht in Betracht kommt, hierzu → Rn. 104.

[97] Hierzu → Rn. 104 sowie allg. → Rn. 99.

[98] Siehe hierzu schon die Nachweise in → Rn. 29.

[99] So in den Fällen des Betriebsinhaberwechsels ohne jegliche Problematisierung auch MüKoBGB/*Müller-Glöge* § 613a Rn. 149; wie hier auch *Gaul*, Betriebsspaltung, § 25 Rn. 170.

Übrigen das Aufeinandertreffen unterschiedlicher Versorgungsordnungen relevant, wie dies bereits für den Fall erörtert wurde, dass ein neu erworbener Betrieb unter den Geltungsbereich einer Gesamtbetriebsvereinbarung im aufnehmenden Unternehmen fällt.[100] Hier gelten dieselben Regeln des Vertrauensschutzes.[101] Die Prämienansprüche, die sich bislang aus der hierzu beim Veräußerer anwendbaren Betriebsvereinbarung ergaben, können nach der Eingliederung in den aufnehmenden Betrieb gemäß § 613a Abs. 1 S. 2 BGB beansprucht werden.

34 **bb) Nachbindung an Betriebsvereinbarungen gemäß § 613a Abs. 1 S. 2 BGB.** Die vorstehende Darstellung hat deutlich gemacht, dass sich das Schicksal von Betriebsvereinbarungen beim Betriebs(teil)übergang regelmäßig gerade nicht nach § 613a Abs. 1 S. 2 BGB bestimmt.[102] Vielmehr kommt es in verschiedenen Konstellationen zur kollektivrechtlichen Weitergeltung im Betrieb abgeschlossener Betriebsvereinbarungen. Zur Veranschaulichung sollen die verbleibenden Anwendungsfälle für die in § 613a Abs. 1 S. 2 BGB angeordnete Nachbindung zusammengefasst werden.

35 **(1) Anwendungsbereich.** § 613a Abs. 1 S. 2 BGB bezieht sich nur auf Betriebsvereinbarungen, nicht auf sog. **Regelungsabreden.** Soweit sich aus einer Regelungsabrede Rechte und Pflichten der Arbeitnehmer ergeben, können diese beim neuen Arbeitgeber jedoch uU auf der Basis einer **betrieblichen Übung** weitergelten;[103] diese Weitergeltung vollzieht sich gemäß § 613a Abs. 1 S. 1 BGB.[104]

Die **Auffangregelung**[105] des § 613a Abs. 1 S. 2 BGB kommt – vorbehaltlich des Vorrangs beim neuen Arbeitgeber bestehender Kollektivvereinbarungen (Satz 3) – hinsichtlich Betriebsvereinbarungen nur in den folgenden Konstellationen zur Anwendung:[106]

- Beim Inhaberwechsel eines Betriebs oder Betriebsteils, wenn dieser mit einem anderen Betrieb oder Betriebsteil zusammengefasst wird oder in einen bestehenden Betrieb des Erwerbers eingegliedert wird. In diesen Fällen geht die (Teil-)Identität der Einheit verloren, weshalb es zu keiner vorrangigen kollektivrechtlichen Fortgeltung der Betriebsvereinbarungen kommen kann. Nach einer Minderheitsmeinung soll jedoch auch in diesen Fällen eine kollektivrechtliche Fortgeltung in Betracht kommen, solange die verschiedenen betrieblichen Teilbereiche noch voneinander abgrenzbar fortbestehen.[107]
- Beim neuen Inhaber findet das BetrVG keine Anwendung mehr (§§ 118 Abs. 2, 130 BetrVG).

36 **(2) Die Rechtsfolgen gem. § 613a Abs. 1 S. 2 BGB.** Gemäß § 613a Abs. 1 S. 2 BGB werden die Rechte und Pflichten, die durch eine Betriebsvereinbarung geregelt sind, Inhalt des Arbeitsverhältnisses zwischen dem neuen Inhaber und dem Arbeitnehmer. Nach zutreffender Auffassung handelt es sich dabei **nicht** um eine **„individualrechtliche Fortgeltung"** der Kollektivnormen[108], sondern um eine vom Gesetz angeordnete Nachbindung, die für die Dauer der Jahresfrist (Satz 2) zwingend ist und in ihren Wirkungen § 3 Abs. 3 TVG entspricht. Die transformierten Normen der Betriebsvereinbarung werden somit zwar **Inhalt des Arbeitsverhältnisses, jedoch nicht des Arbeitsvertrages;** sie be-

---

[100] → Rn. 16 ff.

[101] Vgl. hierzu eingehend → Rn. 16 ff. sowie BAG 24.7.2001 – 3 AZR 660/00, NZA 2002, 520 unter II. 5. b) der Gründe.

[102] aA *Sagan* RdA 2011, 163 (167); ErfK/*Preis* BGB § 613a Rn. 112; vgl. die ausführliche Diskussion bei → Rn. 152.

[103] Staudinger/*Annuß* BGB § 613a Rn. 215.

[104] So auch MüKoBGB/*Müller-Glöge* § 613a Rn. 153; ArbR-BGB/*Ascheid* § 613a Rn. 103.

[105] Ablehnend zum Konzept der Auffanglösung *Sagan* RdA 2011, 163 (167); ErfK/*Preis* BGB § 613a Rn. 112; vgl. → Rn. 152.

[106] Vgl. ErfK/*Preis* BGB § 613a Rn. 116, der jedoch das Sukzessionsmodell vertritt; vgl. dazu → Rn. 152.

[107] Vgl. hierzu → Rn. 29.

[108] HWK/Müller-*Bonanni* BGB § 613a Rn. 250.

halten vielmehr ihren kollektivrechtlichen Charakter bei (hierzu näher unter → Rn. 149). Für die Dauer eines Jahres gelten diese Arbeitsbedingungen jedoch zwingend und können nicht zum Nachteil des Arbeitnehmers geändert werden.

- **Beschränkung auf Inhaltsnormen** 37

Die Fortgeltung gemäß § 613a Abs. 1 S. 2 BGB bezieht sich nur auf den normativen Teil der Betriebsvereinbarung. Sie ist beschränkt auf Rechtsnormen, die **Rechte und Pflichten aus dem Arbeitsverhältnis regeln.**[109] Soweit Betriebsvereinbarungen Rechte und Pflichten der Betriebsparteien in ihrem kollektivrechtlichen Verhältnis zueinander regeln[110], findet § 613a Abs. 1 S. 2 BGB keine Anwendung.[111] Die Fortgeltung nach dieser Vorschrift bezieht sich in erster Linie auf sog. **Inhaltsnormen.**[112] Ausnahmsweise kommt auch die Fortgeltung von **Abschluss- und Beendigungsnormen** in Betracht.[113]

Schwierige Abgrenzungsfragen können sich bei sog. Betriebsnormen bzw. betrieblichen Normen ergeben. Jene regeln im Zweifelsfall nicht Rechte und Pflichten aus dem Arbeitsverhältnis, sondern Fragen der Ordnung des Betriebes, der Organisationsgewalt des Arbeitgebers, Fürsorgemaßnahmen zu Gunsten der Belegschaft etc.[114] Nur in Ausnahmefällen kann eine Auslegung dieser **Betriebsnormen** die Annahme rechtfertigen, dass neben einer Regelung der Ordnung des Betriebes auch Rechte und Pflichten der Arbeitnehmer normiert werden sollten und nur in diesem Fall kommt eine Weitergeltung gem. § 613a Abs. 1 S. 2 BGB in Betracht.[115]

Beispiel E 3: 38

In einem Betrieb der Metallindustrie galt eine Betriebsvereinbarung, die die Lage der Arbeitszeit sowie die der Pausen für alle Mitarbeiter festlegte (8 Uhr bis 17 Uhr, Pausen von 10 Uhr bis 10.15 Uhr sowie von 12.15 Uhr bis 13 Uhr). Der neue Arbeitgeber, der aus diesem Betrieb den Betriebsteil Spritzguss erwirbt und als Betriebsteil in seinen Betrieb eingliedert, möchte die Lage der Arbeitszeit und der Pausen ändern. Da im aufnehmenden Betrieb kein Betriebsrat besteht, möchte er die Änderung nach Ablauf des Übergangsmandats individualrechtlich umsetzen, notfalls per Änderungskündigung.

Mit einem Betriebsrat im aufnehmenden Betrieb könnte jederzeit eine neue Betriebsvereinbarung gem. § 87 Abs. 1 Nr. 2 BetrVG abgeschlossen werden, die auch (oder nur) für die eingegliederte Abteilung gilt. Selbst wenn die „Rechte" aus der ursprünglichen Vereinbarung gem. § 613a Abs. 1 S. 2 BGB fortgälten, würde diese Fortgeltung durch eine neue Betriebsvereinbarung verdrängt (§ 613a Abs. 1 S. 3 BGB[116]). Dies dürfte der Grund dafür sein, dass sich die Frage, ob bestimmte Betriebsnormen Ansprüche begründen und demnach über § 613a Abs. 1 S. 2 BGB fortgelten können, ausgesprochen selten stellt. Relevanz gewinnt diese nämlich nur dann, wenn im neuen Betrieb **kein Betriebsrat** gewählt wird und der Arbeitgeber zum Zwecke der Festlegung einer anderen Lage der Arbeitszeit auf **individualrechtliche Gestaltungsmittel** angewiesen wäre. Für diesen Fall ist von der Grundregel auszugehen, dass Regelungen zur Ordnung des Betriebes bzw. zu betrieblichen Arbeitszeiten (**Beispiel E 3)** keine Individualansprüche auslösen und demnach nicht über § 613a Abs. 1 S. 2 BGB fortwirken. Anderes gilt nur, wenn die Betriebsvereinbarung über kollektive Regelungen hinaus **gezielt Rechtspositionen der einzel-**

[109] HWK/*Müller-Bonanni* BGB § 613a Rn. 264; ErfK/*Preis* BGB § 613a Rn. 112.
[110] Vgl. zu den sog. schuldrechtlichen Abreden *Richardi* in Richardi BetrVG § 77 Rn. 63 ff.
[111] Staudinger/*Annuß* BGB § 613a Rn. 216; HWK/*Müller-Bonanni* BGB § 613a Rn. 264.
[112] Sieg/Maschmann Unternehmensumstrukturierung Rn. 481.
[113] Näher hierzu bei HWK/*Müller-Bonanni* BGB § 613a Rn. 264.
[114] *Richardi* in Richardi BetrVG § 77 Rn. 60.
[115] *Hanau/Vossen* FS Hilger/Stumpf, 1983, 271 (291); Erman/*Edenfeld* BGB § 613a Rn. 81; ErfK/*Preis* BGB § 613a Rn. 118; aA *Gaul*, Betriebsspaltung, § 25 Rn. 120, der Ausnahmen nicht anerkennt.
[116] Siehe zu dieser Vorschrift unter → Rn. 45 ff.

nen Arbeitnehmer schaffen will.[117] Dies wäre möglicherweise dann anzunehmen, wenn die Vereinbarung verschiedene Arbeitszeitmodelle vorsieht und den Arbeitnehmern diesbezüglich ein ausdrückliches **Wahlrecht** eingeräumt wird.

39 • **Kreis der Begünstigten**
Die Weitergeltung der Rechte und Pflichten aus einer Betriebsvereinbarung gemäß § 613a Abs. 1 S. 2 BGB betrifft nur Arbeitnehmer, die zum Zeitpunkt des Betriebsübergangs bereits im Betrieb des bisherigen Betriebsinhabers beschäftigt waren; **nachträglich begründete Arbeitsverhältnisse** werden von ihr ebenso wenig erfasst[118] wie beim neuen Inhaber bereits bestehende Arbeitsverhältnisse. Der Grundsatz der Gleichbehandlung steht dem nicht entgegen.[119]

40 • **Zwingende Wirkung; Veränderungssperre**
Die gemäß § 613a Abs. 1 S. 2 BGB fortgeltenden Rechte und Pflichten der Arbeitnehmer, die auf Betriebsvereinbarungen beruhen, dürfen vor Ablauf eines Jahres nach dem Zeitpunkt des Betriebs(teil)übergangs **nicht zum Nachteil des Arbeitnehmers geändert** werden. Es gilt demnach das **Günstigkeitsprinzip.**[120] Ausgeschlossen sind nicht nur kündigungsrechtliche Maßnahmen des Arbeitgebers mit dem Ziel der Verschlechterung,[121] sondern ebenso einvernehmliche Regelungen zum Nachteil des Arbeitnehmers.[122] Die Regelung ist insoweit vergleichbar mit § 4 Abs. 3 TVG. Dabei handelt es sich allerdings **nicht** um ein **Kontrahierungsverbot:** Änderungsverträge **mit Wirkung** ab einem Zeitpunkt **nach Ablauf der Jahresfrist** können ohne Einschränkungen vereinbart werden.[123] Die zwingende Fortgeltung erfolgt im Übrigen nur dann, wenn die entsprechende Betriebsvereinbarung zum Zeitpunkt des Betriebsübergangs (noch) mit zwingender Wirkung in Kraft war. Dies ist dann nicht der Fall, wenn die Betriebsvereinbarung zu jenem Zeitpunkt nur noch gemäß § 77 Abs. 6 BetrVG nachwirkte. Auch in diesen Fällen gelten die Rechte und Pflichten aus der Betriebsvereinbarung gem. § 613a Abs. 1 S. 2 BGB fort[124], allerdings nicht zwingend.[125]

41 • **Vorzeitige Beendigung der Veränderungssperre**
Die Veränderungssperre gemäß § 613a Abs. 1 S. 2 BGB ist auf die Dauer eines Jahres begrenzt. Hierdurch soll dem Betriebsnachfolger die Möglichkeit eingeräumt werden, nach einer Übergangsfrist die Arbeitsbedingungen innerhalb seines Unternehmens zu vereinheitlichen. In bestimmten Konstellationen kann sich die **Dauer der Veränderungssperre** sogar noch **verkürzen.** Dies gilt zum einen für den Fall, dass die Betriebsvereinbarung **vor Ablauf des Jahres geendet hätte** (entweder durch Befristung oder durch Kündigung[126]). In diesen Fällen besteht Einigkeit dahingehend, dass die Fortgeltung gemäß § 613a Abs. 1 S. 2 BGB nicht zu einer Verbesserung des Bestandsschutzes im Vergleich zu einer kollektivrechtlichen Weitergeltung der Betriebsvereinbarung führen kann. Die An-

---

117 *Hanau/Vossen* FS Hilger/Stumpf, 1983, 271 (290); HWK/*Müller-Bonanni* BGB § 613a Rn. 264; Erman/*Edenfeld* BGB § 613a Rn. 81.

118 *Seiter,* Betriebsinhaberwechsel, S. 92; HWK/*Müller-Bonanni* BGB § 613a Rn. 265b; Staudinger/*Annuß* BGB § 613a Rn. 218; MüKoBGB/*Müller-Glöge* § 613a Rn. 156.

119 Hierzu → Rn. 159.

120 Soergel/*Raab* BGB § 613a Rn. 116; ErfK/*Preis* BGB § 613a Rn. 119; MüKoBGB/Müller-Glöge § 613a Rn. 136.

121 Vgl. zur Möglichkeit der vorzeitigen Kündigung freiwilliger Leistungen → Rn. 66.

122 Soergel/*Raab* BGB § 613a Rn. 116; HWK/Müller-Bonanni BGB § 613a Rn. 266.

123 *Müller-Bonanni/Mehrens* NZA 2012, 1194 (1195); HWK/*Müller-Bonanni* BGB § 613a Rn. 267 mwN; ErfK/*Preis* BGB § 613a Rn. 119; aA MüKoBGB/*Müller-Glöge* § 613a Rn. 136; *Bepler* RdA 2009, 65 (69).

124 BAG 12.6.2019 – 1 AZR 154/17, NZA 2019, 1203 Rn. 41.

125 EuGH *Österreichischer Gewerkschaftsbund* 11.9.2014 – C-328/13 , NZA 2014, 1092 Rn. 30; BAG 13.11.1985 – 4 AZR 309/84, NZA 1986, 422; BAG 1.8.2001 – 4 AZR 82/00, NZA 2002, 42; ErfK/*Preis* BGB § 613a Rn. 117; HWK/*Müller-Bonanni* BGB § 613a Rn. 263; *Gaul,* Betriebsspaltung, § 24 Rn. 34; MüKoBGB/*Müller-Glöge* § 613a Rn. 134; *Bauer/von Medem* DB 2010, 2561.

126 Zu der Frage, ob dies auch für eine Kündigung nach dem Zeitpunkt des Betriebsübergangs gilt, sogleich unter → Rn. 68.

sprüche aus § 613a Abs. 1 S. 2 BGB reichen daher nie weiter als auf der Grundlage der ursprünglichen Betriebsvereinbarung.[127] Betraf die Betriebsvereinbarung einen nicht mitbestimmungspflichtigen Gegenstand und ist daher eine **Nachwirkung** gemäß § 77 Abs. 6 BetrVG ausgeschlossen, endet mit ihrem Ablauf auch die Fortgeltung gemäß § 613a Abs. 1 S. 2 BGB.[128] Bei Betriebsvereinbarungen, die mitbestimmungspflichtige Materien regeln, würde ohne den Betriebs(teil)übergang mit dem Ablauf der Vereinbarung Nachwirkung eintreten; Gleiches gilt dann, wenn die Betriebsparteien die Nachwirkung nach Ablauf der Betriebsvereinbarung ausdrücklich vereinbart haben.[129] In diesem Fall gelten die Rechte und Pflichten aus der Betriebsvereinbarung zwar gemäß § 613a Abs. 1 S. 2 BGB fort; in dem Augenblick ihres zeitlichen Ablaufs gilt jedoch nicht mehr die zwingende Wirkung, die Satz 2 anordnet. Dies bedeutet, dass nunmehr die Rechte mit individualrechtlichen Mitteln aufgehoben oder geändert werden können.[130] Dies folgt aus § 613a Abs. 1 S. 4 BGB erster Halbs.[131] Das bedeutet indessen nicht, dass mit diesem Zeitpunkt die in das Arbeitsverhältnis transformierten Rechte automatisch entfallen. Vielmehr müssen diese durch Änderungskündigung, eine individualrechtliche Abrede oder, falls ein Mitbestimmungsrecht des Betriebsrates besteht, durch eine neue Betriebsvereinbarung ersetzt werden.[132]

- **Fortgeltung bei mehreren Betriebsübergängen** 42

Lange herrschte Uneinigkeit darüber, ob die nach einem Betriebsübergang gemäß § 613a Abs. 1 S. 2 BGB transformierten Normen bei einem weiteren Betriebsübergang nach S. 1 oder S. 2 der Vorschrift beim zweiten Erwerber weitergelten.[133] Teilweise wurde argumentiert, dass die nach S. 2 übergehenden Rechte und Pflichten nach dem Wortlaut der Regelungen Inhalt des Arbeitsverhältnisses im vertraglichen Sinne werden und dementsprechend bei einem weiteren Betriebsübergang ein Eintritt des Erwerbers in diese Rechte und Pflichten nach S. 1 stattfinde.[134] Der *Erste Senat*[135] hat in seiner Entscheidung vom 12.6.2019 nun erneut darauf hingewiesen, dass die nach § 613a Abs. 1 S. 2 BGB transformierten Normen zwar Inhalt des Arbeitsverhältnisses werden, sie gleichzeitig jedoch ihren **kollektivrechtlichen Charakter beibehalten** und gerade nicht Inhalt der arbeitsvertraglichen Vereinbarung werden, wie es für eine Fortgeltung nach S. 1 notwendig wäre. Nach der zutreffenden Auffassung des Senats erfordert S. 2 gerade nicht, „dass die Rechte und Pflichten der Vertragsparteien durch die Rechtsnormen eines für sie beim Betriebsveräußerer normativ geltenden Tarifvertrags oder einer dort unmittelbar und zwingend geltenden Betriebsvereinbarung geregelt sind". Ausreichend sei vielmehr, dass die Rechte und Pflichten einen kollektivrechtlichen Charakter haben, wie dies bei gemäß § 613a Abs. 1 S. 2 BGB transformierten Normen der Fall ist. Demnach werden sie **bei einem weiteren Betriebsübergang erneut nach § 613a Abs. 1 S. 2 BGB** in das Arbeitsverhältnis mit dem neuen Arbeitgeber transformiert.[136] Es kann somit zu einer Kette von Transformatio-

[127] MüKoBGB/*Müller-Glöge* § 613a Rn. 137; Staudinger/*Annuß* BGB §613a Rn. 220; *Schiefer* NJW 1998, 1817 (1820).
[128] Staudinger/*Annuß* BGB § 613a Rn. 226; *Gaul,* Betriebsspaltung, § 25 Rn. 129.
[129] *Gaul,* Betriebsspaltung, § 25 Rn. 132.
[130] EuGH *Österreichischer Gewerkschaftsbund* 11.9.2014 – C-328/13 , NZA 2014, 1092 Rn. 30; vgl. Soergel/*Raab* BGB § 613a Rn. 135; Staudinger/*Annuß* BGB § 613a Rn. 244; *Gaul,* Betriebsspaltung, § 24 Rn. 132.
[131] MüKoBGB/*Müller-Glöge* § 613a Rn. 137; HWK/*Müller-Bonanni* BGB § 613a Rn. 252; siehe zur Auslegung dieser Vorschrift auch *Junker* RdA 1993, 203 (205).
[132] Soergel/*Raab* BGB § 613a Rn. 135.
[133] Für eine Anwendung des § 613a Abs. 1 S. 1 BGB bei einem erneuten Betriebsübergang *Seitz* in Oberthür/Seitz, Betriebsvereinbarungen, A. XI. Rn. 32. Siehe auch BeckOK ArbR/*Gussen* BGB § 613a Rn. 232. Für eine Anwendung des Satzes 2 dagegen bereits HWK/*Müller-Bonanni* BGB § 613a Rn. 276.
[134] So noch BAG 20.4.1994 – 4 AZR 342/93, NZA 1994, 1140 unter III. und IV der Gründe; Wiedemann/*Oetker* § 3 TVG Rn. 254 mwN; vgl. dazu auch APS/*Steffan,* § 613a BGB Rn. 127.
[135] BAG 12.6.2019 – 1 AZR 154/17, NZA 2019, 1203 Rn. 46.
[136] Sieg/Maschmann Unternehmensumstrukturierung Rn. 481; Anm. *Fuhlrott,* GWR 2019, 257; vgl. APS/*Steffan* § 613a BGB Rn. 127; *Bepler* RdA 2009, 65 (70); BeckOK ArbR/*Gussen* BGB § 613a Rn. 233;

nen nach § 613a Abs. 1 S. 2 BGB kommen. Auch bei jedem folgenden Betriebsübergang können die fortgeltenden Rechte und Pflichten aus Betriebsvereinbarungen durch eine beim Erwerber geltende Betriebsvereinbarung abgelöst werden (§ 613a Abs. 1 S. 3 BGB).[137]

43 Ob bei mehreren Betriebsübergängen die **Veränderungssperre** jeweils erneut zu laufen beginnt oder lediglich ab dem ersten Betriebsübergang für ein Jahr gilt, ist noch nicht höchstrichterlich entschieden. Da es nach dem BAG für § 613a Abs. 1 S. 2 BGB nicht darauf ankommt, ob sich die Rechte und Pflichten beim Veräußerer aus einem Kollektivvertrag ergeben oder ob sie schon mindestens einmal in das Arbeitsverhältnis mit einem Erwerber transformiert worden sind, liegt eine vollständige Anwendung der Regelung des S. 2 bei jedem Betriebs(teil)übergang inklusive einer jeweils neu beginnenden Sperrfrist nahe.[138] Teilweise wird eine nur einmal beginnende Jahresfrist auch mit Blick auf die Vorgaben der RL 2001/23/EG kritisch gesehen.[139] Allerdings würde ein mehrfacher Neubeginn der Sperrfrist dem Regelungsziel der Norm nicht entsprechen. Ziel der Regelung ist zwar einerseits der Schutz der Arbeitnehmer für einen begrenzten Zeitraum nach einem Betriebsübergang, aber zugleich auch die Möglichkeit des Erwerbers, die Arbeitsbedingungen zu vereinheitlichen.[140] Der Schutz für die Arbeitnehmerseite würde überdehnt, wenn auch bei der Transformation von bereits zuvor nach § 613a Abs. 1 S. 2 BGB transformierten Normen die Jahresfrist jeweils erneut begänne. Wenn die Sperrfrist beim zweiten Erwerber nicht erneut ein Jahr beträgt, sondern um die beim Veräußerer bereits verstrichene Zeit gemindert wird, steht dies der Richtlinie nicht entgegen.[141] Es ist daher mit der hM davon auszugehen, dass die **Sperrfrist nur ab dem ersten Betriebsübergang** – bei dem originär kollektivvertragliche Normen transformiert wurden – für den Zeitraum von einem Jahr gilt und im Falle weiterer Betriebsübergänge binnen eines Jahres jeweils um die bereits verstrichene Zeit zu mindern ist.[142]

44 Gemäß § 613a Abs. 1 S. 4 BGB können die nach Satz 2 fortgeltenden Normen einer Kollektivvereinbarung auch dann wirksam geändert werden, wenn Arbeitgeber und Arbeitnehmer sich, soweit nicht ohnehin beiderseitige Tarifbindung besteht[143], individualrechtlich auf die Geltung des im Betrieb anwendbaren Tarifvertrages einigen.[144] Die Kommentierungen zu Satz 4 gehen zumeist stillschweigend davon aus, dass die Regelung nur auf die Änderung bisher tariflich geregelter Arbeitsbedingungen Anwendung findet[145] und nicht auch auf bislang geltende Betriebsvereinbarungen. Vom Wortlaut der Vorschrift her ist dieser Schluss jedoch nicht gerechtfertigt. Allerdings kommt dieser Gestaltungsmöglichkeit in der Praxis kaum Relevanz zu, da sich Betriebsvereinbarungen nicht auf tariflich (üblicherweise) geregelte materielle Arbeitsbedingungen beziehen dürfen (§ 77 Abs. 3 BetrVG). Im Bereich der sozialen Mitbestimmung ist jedoch zu beachten, dass eine Ver-

---

HWK/*Müller-Bonanni* § 613a BGB Rn. 276; Staudinger/*Annuß* § 613a BGB Rn. 222; *Moll* RdA 1996, 275; *Höpfner,* Tarifgeltung, S. 432; aA und eine Anwendung von § 613a Abs. 1 Satz 1 BGB insoweit weiterhin bejahend: Wiedemann/*Oetker* TVG § 3 Rn. 264 mwN.

[137] *Höpfner,* Tarifgeltung, S. 432 mwN.

[138] Für einen Neubeginn der Jahresfrist *Sagan* RdA 2011, 163 (171).

[139] Tschöpe/*Fuhlrott* ArbR-HdB, Teil 2 G Rn. 193.

[140] EuGH 6.4.2017 – C-336/15, NZA 2017, 585 Rn. 19.

[141] *Grau/Fischer* NZA 2019, 1469 (1471 f.).

[142] APS/*Steffan* § 613a BGB Rn. 127; ErfK/*Preis* BGB § 613a Rn. 113; HWK/*Müller-Bonnani* BGB § 613a Rn. 276; *Höpfner,* Tarifgeltung, S. 432 mwN; Sieg/Maschmann Unternehmensumstrukturierung Rn. 306; Staudinger/*Annuß* BGB § 613a Rn. 222.

[143] „Fehlende beiderseitige Tarifbindung" gemäß § 613a Abs. 1 S. 4 BGB liegt nach hM auch dann vor, wenn die kollektivrechtliche Anwendbarkeit des Tarifvertrages an der fehlenden Tarifbindung nur *einer* der Parteien scheitert; vgl. Soergel/*Raab* BGB § 613a Rn. 136 mwN; Erfk/*Preis* BGB § 613a Rn. 122; *Gaul,* Betriebsspaltung, § 24 Rn. 45; Staudinger/*Annuß* BGB § 613a Rn. 236 f.; vgl. hierzu auch unter → Rn. 164.

[144] *Müller-Bonanni/Mehrens* NZA 2012, 1194 (1196).

[145] *Fitting* BetrVG § 1 Rn. 199; ErfK/*Preis* BGB § 613a Rn. 122; HWK/*Müller-Bonanni* BGB § 613a Rn. 283.

drängung der betrieblichen Regelungen durch Tarifverträge nur erfolgt, wenn die Materie positiv geregelt ist; bloße Tarifüblichkeit reicht nicht aus.[146]

45 **cc) Die Verdrängung der Fortgeltung von Betriebsvereinbarungen durch eine andere Betriebsvereinbarung oder einen Tarifvertrag (Satz 3).** § 613a Abs. 1 S. 2 BGB erfährt durch den nachfolgenden Satz 3 eine erhebliche Einschränkung. § 613a Abs. 1 S. 2 BGB gilt demnach nicht, „wenn die Rechte und Pflichten bei dem neuen Inhaber durch Rechtsnormen eines anderen Tarifvertrags oder durch eine andere Betriebsvereinbarung geregelt werden".

46 **(1) Verdrängung durch eine andere Betriebsvereinbarung.** § 613a Abs. 1 S. 3 BGB kommt nur zum Zuge, wenn die vor dem Betriebsübergang geltenden Betriebsvereinbarungen nicht kollektivrechtlich fortgelten. In diesem Fall bedarf es der „Auffanglösung"[147] gemäß Satz 2 nicht, so dass auch die Ausnahme hiervon, wie sie in Satz 3 vorgesehen ist, keine Anwendung findet. Bei kollektivrechtlich fortgeltenden Betriebsvereinbarungen gilt indessen auch unabhängig von einem Betriebsübergang das **Ablösungsprinzip (Zeitkollisionsregel)**, wonach eine Vereinbarung durch eine spätere ranggleiche kollektivrechtliche Regelung – unter Wahrung bestimmter Vertrauensschutzregeln – jederzeit abgelöst werden kann. Dies hat das BAG zuletzt in einem Fall bestätigt, in dem eine Betriebsvereinbarung in dem durch Verschmelzung (§ 2 UmwG) übertragenen Betrieb weiterhin kollektivrechtlich Anwendung gefunden hätte, wenn nicht beim Erwerber eine Gesamtbetriebsvereinbarung in Kraft gewesen wäre, die die Betriebsvereinbarung ablöste.[148]

47 § 613a Abs. 1 S. 3 BGB findet indessen Anwendung, wenn der übertragene Betrieb oder Betriebsteil nach allgemeinen Regeln von den **Betriebsvereinbarungen** eines anderen Betriebes **(des neuen Inhabers)** erfasst wird. Dies ist dann der Fall, wenn eine **Eingliederung** des übertragenen Betriebs oder Betriebsteils in einen bereits bestehenden Betrieb des neuen Inhabers erfolgt oder der zuständige Betriebsrat in einem neu zusammengeschlossenen Betrieb Betriebsvereinbarungen abschließt.[149] Satz 3 schließt eine Konkurrenz zwischen den gem. Satz 2 fortgeltenden Betriebsvereinbarungen und den kollektivrechtlichen Regelungen des Erwerbers, welche regelmäßig auch für den neu hinzukommenden Betrieb(steil) gelten, aus. Mit diesem Mechanismus wird dem **Kollektivrecht des neuen Arbeitgebers Vorrang** eingeräumt und zugleich die **Vereinheitlichung der Arbeitsbedingungen im neuen Betrieb** erleichtert.[150] Diese Rechtsfolge kann nicht dadurch umgangen werden, dass mit dem bisher zuständigen Betriebsrat Regelungen für die auf den neuen Inhaber übergehenden Arbeitsverhältnisse getroffen werden.[151] Diesem kommt für die auf einen neuen Inhaber übergehenden Arbeitsverhältnisse keine Zuständigkeit mehr zu.

48 Die Ablösung durch andere Betriebsvereinbarungen iSd Satzes 3 erfolgt unabhängig davon, ob die neuen Regelungen für die Arbeitnehmer günstiger oder nachteilig sind. Das **Günstigkeitsprinzip gilt** insoweit **nicht.**[152] Der Kollektivvertrag des neuen Inhabers setzt sich zudem unabhängig davon durch, ob bereits im Zeitpunkt des Betriebsübergangs bei ihm kollektivrechtliche Regelungen zum gleichen Gegenstand gelten oder die Kollektivnormen des Veräußerers zunächst nach § 613a Abs. 1 S. 2 BGB fortgelten und zu einem

---

[146] Siehe nur *Richardi* in Richardi BetrVG § 87 Rn. 169.
[147] Hierzu unter → Rn. 3, 8.
[148] stRspr BAG 22.10.2019 – 3 AZR 429/18, AP BetrAVG § 1 Ablösung Nr. 81 Rn. 49 und 61 mwN; *Richardi* in Richardi BetrVG § 77 Rn. 188.
[149] Hierzu → Rn. 28.
[150] BAG 19.11.2019 – 1 AZR 386/18, NZA 2020, 297 Rn. 17; BAG 14.8.2001 – 1 AZR 619/00, NZA 2002, 276 19.11.2019 – 1 AZR 386/18.
[151] BAG 1.4.1987 – 4 AZR 77/86, NZA 1987, 593.
[152] BAG 14.8.2001 – 1 AZR 619/00, NZA 2002, 276; Staudinger/*Annuß* BGB § 613a Rn. 228; MüKo-BGB/*Müller-Glöge* § 613a Rn. 158; Sieg/Maschmann Unternehmensumstrukturierung Rn. 494; Soergel/*Raab* BGB § 613a Rn. 127; BeckOK BGB/*Baumgärtner* § 613a Rn. 39.

späteren Zeitpunkt mit kollektivrechtlichen Regelungen des Erwerbers kollidieren, etwa weil dieser eine neue Betriebsvereinbarung abgeschlossen hat oder ein Tarifvertrag Anwendung findet.[153] Unerheblich ist auch, ob die neue Regelung zwingenden Charakter hat oder lediglich gem. § 77 Abs. 6 BetrVG nachwirkt. Auch nachwirkenden Betriebsvereinbarungen kommt Verdrängungswirkung gem. Satz 3 zu.[154]

49 Das ***Scattolon*-Urteil des EuGH**[155] hatte zwischenzeitlich die Frage aufgeworfen, ob eine Ablösung nach § 613a Abs. 1 S. 3 BGB durch für den übergehenden Arbeitnehmer ungünstigere Kollektivregelungen überhaupt mit der europäischen Betriebsübergangsrichtlinie vereinbar ist. Der dem Urteil zugrunde liegende Sachverhalt betraf die Hausmeisterin einer italienischen Schule, die bei der Gemeinde seit 20 Jahren angestellt war. Für sie galt ein kommunaler Tarifvertrag, bis per Gesetz das Hilfspersonal der Schule in den Staatsdienst übergeleitet wurde. Für den Staatsdienst galt ein an sich günstigerer nationaler Tarifvertrag. Die Anwendung des nationalen Tarifvertrags wurde allerdings durch eine Überleitungsvereinbarung der Tarifparteien für die übergegangenen Arbeitsverhältnisse modifiziert. Die Überleitungsvereinbarung sah im Ergebnis vor, dass die Dienstjahre nur in dem Umfang anerkannt wurden, dass das Gehalt der übergehenden Arbeitnehmer in etwa gleichbleibt. So wurden im Fall der Hausmeisterin lediglich neun Dienstjahre anerkannt, was im Vergleich zur Anrechnung der vollen 20 Jahre zu einer Gehaltseinbuße iHv. 790 EUR mtl. führte.[156]

50 Streitig war, ob die Ablösung des bisher anwendbaren Tarifvertrages durch die Regelungen des nationalen Tarifvertrages mit nur teilweiser Anerkennung der Dienstjahre durch die Überleitungsvereinbarung mit Art. 3 Abs. 3 Betriebsübergangsrichtlinie[157] vereinbar ist. Der EuGH formulierte, dass die Anwendung der beim Erwerber geltenden tariflichen Regelungen auf die übergegangenen Arbeitsverhältnisse „nicht zum Ziel oder zur Folge haben [darf], dass diesen Arbeitnehmern insgesamt schlechtere Arbeitsbedingungen als die vor dem Übergang geltenden auferlegt werden".[158] Diese zum Tarifvertragsrecht ergangene Rechtsprechung ist auf die Ablösung von Betriebsvereinbarungen in diesem Zusammenhang zu übertragen.[159] Vereinzelte Stimmen in der Literatur hatten der Rechtsprechung des EuGH entnommen, dass Art. 3 Abs. 3 RL 2001/23/EG ein **allgemeines Verschlechterungsverbot** mit der Konsequenz statuiert, dass es anlässlich eines Betriebsübergangs durch die Ablösung kollektivrechtlicher Regelungen zu **keiner Verschlechterung der Arbeitsbedingungen** kommen dürfe.[160]

51 Die Senate des BAG und die überwiegende Literatur gehen dagegen von einer Einzelfallrechtsprechung des EuGH aus, der **kein allgemeines Verschlechterungsverbot** bei der Ablösung von Kollektivverträgen zu entnehmen ist.[161] Zu beachten ist zunächst, dass es im Fall ***Scattolon*** nicht zu einer direkten Anwendung ungünstigerer Tarifnormen kam, sondern die Anwendung des eigentlich sogar günstigeren Tarifvertrags des Erwerbers durch eine Überleitungsvereinbarung gezielt verschlechtert wurde, indem geleistete Dienstjahre nur

---

[153] ErfK/*Preis* BGB § 613a Rn. 125 mwN; vgl. → Rn. 55.
[154] HWK/*Müller-Bonanni* BGB § 613a Rn. 272; *Fitting* BetrVG § 77 Rn. 182.
[155] EuGH 6.9.2011 – C-108/10, NZA 2011, 1077; vgl. hierzu ausführlich auch unter → E Rn. 172.
[156] Ausf. dazu *Willemsen* RdA 2012, 291 (301 f.); *Sagan* EuZA 2012, 247 (247 f.).
[157] Richtlinie 2001/23/EG des Rates vom 12. März 2001 zur Angleichung der Rechtsvorschriften der Mitgliedstaaten über die Wahrung von Ansprüchen der Arbeitnehmer beim Übergang von Unternehmen, Betrieben oder Unternehmens- oder Betriebsteilen, ABl. L 82, S. 16 (im Folgenden RL 2001/23/EG).
[158] EuGH 6.9.2011 – C-108/10, NZA 2011, 1077 Rn. 76.
[159] Vgl. BAG 12.6.2019 – 1 AZR 154/17, NZA 2019, 1203 Rn. 91 ff.; *Sagan* EuZA 2012, 247 (255); s. auch *Sittard/Flockenhaus* NZA 2013, 652 (657); vgl. auch BeckOK ArbR/*Gussen* BGB § 613a Rn. 254.
[160] *Klein* EuZA 2014, 325 (332 f.); *Sagan* EuZA 2012, 247 (254 f.).
[161] BAG 23.1.2019 – 4 AZR 445/17, NZA 2019, 922 Rn. 37 ff., 44; 12.6.2019 – 1 AZR 154/17, NZA 2019, 1203 Rn. 91 ff.; 22.10.2019 – 3 AZR 429/18, RdA 2020, 370 Rn. 59; *Höpfner,* Tarifgeltung, S. 433 f.; *Frank* BB 2020, 628 (630); *Junker* EuZA 2020, 1 (1 f.); *Grau/Fischer* NZA 2019, 1469 (1472); außerdem *Willemsen* RdA 2012, 291 (301 f.); *Sittard/Flockenhaus* NZA 2013, 652 (654 f.); *Winter* RdA 2013, 38; zurückhaltender HWK*Müller-Bonanni* BGB § 613a Rn. 271.

teilweise anerkannt wurden.[162] Die Ausführungen des zuständigen Generalanwalts *Bot* in der Sache lassen vermuten, dass es dem EuGH in erster Linie darum ging, die als besonders schutzwürdig erkannten Dienstjahre beim Übergang des Arbeitsverhältnisses so weit zu schützen, wie sie Grundlage der Vergütungsberechnung sind.[163] Die Anerkennung der geleisteten Dienstjahre müsse jedenfalls in der Höhe erfolgen, wie es für eine zumindest nicht erheblich geringere Vergütung beim Erwerber erforderlich ist. Da es für Frau *Scattolon* mit der Anrechnung von lediglich neun Jahren zu keiner Gehaltskürzung kam, dürfte die nur teilweise Anrechnung zulässig gewesen sein.[164] Zudem gesteht der EuGH dem Erwerber ausdrücklich einen **Gestaltungsspielraum bei der Vereinheitlichung von Arbeitsbedingungen** zu und erlaubt somit auch eine Verschlechterung, wie sie § 613a Abs. 1 S. 3 BGB nach deutschem Recht grundsätzlich zulässt.[165] Ein allgemeines Verschlechterungsverbot stünde zudem im Widerspruch zum Wortlaut des Art. 3 Abs. 3 RL 2001/23/EG, wonach der Erwerber die beim Veräußerer geltenden kollektivrechtlichen Arbeitsbedingungen nur bis zur Anwendung eines anderen Kollektivvertrages aufrechtzuerhalten hat.[166] Schließlich hat das Urteil auch deshalb keinen Einfluss auf die bestehende deutsche Rechtspraxis, weil der konkrete Fall bereits von § 613a Abs. 1 BGB erfasst ist. Es ist anerkannt, dass die beim Veräußerer zurückgelegten Dienstjahre beim Erwerber anzurechnen sind, soweit sie für die Höhe der Vergütung relevant sind, die bereits beim Veräußerer bestand.[167] Dem ***Scattolon*-Urteil** des EuGH ist folglich nicht zu entnehmen, dass aus Art. 3 Abs. 3 der RL ein allgemeines Verschlechterungsverbot bei der Ablösung von Kollektivverträgen folgt. Das Urteil ist vielmehr als Antwort auf die gezielte **Schlechterstellung** der übergehenden Arbeitnehmer durch die zusätzlich abgeschlossene **Überleitungsvereinbarung** zu sehen.[168]

Auch dem Urteil des EuGH in der Rechtssache ***Unionen***[169] lässt sich kein allgemeines 52
Verschlechterungsverbot entnehmen. Hier galten beim Veräußerer und Erwerber wortgleiche Kollektivverträge, die für die Dauer der Kündigungsfrist auf die Zahl der Dienstjahre abstellten. Der Erwerber wollte die beim Veräußerer gesammelten Dienstjahre für die Berechnung der Kündigungsfrist nicht anerkennen, was zu einer sechs Monate kürzeren Kündigungsfrist führte, womit auch kein Vergütungsanspruch für diese sechs Monate bestanden hätte. Der EuGH betonte erneut, dass es allein aus Anlass eines Betriebsübergangs „soweit wie möglich" zu keiner Verschlechterung der Arbeitsbedingungen kommen dürfe. Im konkreten Fall müsse der Erwerber daher die Dienstjahre beim Veräußerer ebenfalls anerkennen, damit den Arbeitnehmern eine unverändert lange Kündigungsfrist zustehe.[170] Bei diesem Ergebnis ist allerdings zu beachten, dass der EuGH darauf abstellt, dass die Kollektivregelungen bei Veräußerer und Erwerber wortgleich waren. Es wäre somit trotz identischer Regelungen nur aus Anlass des Betriebsübergangs zu einer Verschlechterung der Arbeitsbedingungen gekommen, wenn der Erwerber die Dienstjahre nicht hätte anerkennen müssen. Es ist daher davon auszugehen – und dies deutet der EuGH auch an[171] –, dass der Erwerber anstelle einer wortgleichen Regelung in zulässiger Weise unter Aner-

---

162 BAG 12.6.2019 – 1 AZR 154/17, NZA 2019, 1203 Rn. 92; *Höpfner* S. 434.
163 Generalanwalt *Bot* Schlussantrag 5.4.2011 – C-108/10, BeckRS 2011, 80361 Rn. 82.
164 Vgl. EuGH 6.9.2011 – C-108/10, NZA 2011, 1077 Rn. 81 f.; s. auch *Willemsen* RdA 2012, 291 (302); *Sittard/Flockenhaus* NZA 2013, 652 (654 f.); *Klein* EuZA 2014, 325 (332).
165 EuGH 6.9.2011 – C-108/10, NZA 2011, 1077 Rn. 75.
166 *Höpfner* S. 434; *Sagan* EuZA 2012, 247 (253); *Sittard/Flockenhaus* NZA 2013, 652 (654); *Felten* ZESAR 2012, 139 (142 f.).
167 *Sittard/Flockenhaus* NZA 2013, 652 (655); *Steffan* NZA 2012, 473 (474 f.); *Winter* RdA 2013, 36 (38); ErfK/*Preis* BGB § 613a Rn. 76 mwN; Vergleichbares gilt auch für Anwartschaften in der betrieblichen Altersversorgung, BAG 22.10.2019 – 3 AZR 429/18, BeckRS 2019, 36369 = RdA 2020, 370.
168 BAG 23.1.2019 – 4 AZR 445/17, NZA 2019, 922 Rn. 44; BAG 12.6.2019 – 1 AZR 154/17, NZA 2019, 1203 Rn. 93 jeweils mwN; so wohl auch DKW/*Berg* § 77 BetrVG Rn. 103aE.
169 EuGH 6.4.2017 – C-336/15, NZA 2017, 585; dazu *Junker* RIW 2018, 19 (24); vgl. hierzu auch ausführlich → E Rn. 172.
170 EuGH 6.4.2017 – C-336/15, NZA 2017, 585 Rn. 18 f.
171 EuGH 6.4.2017 – C-336/15, NZA 2017, 585 Rn. 31.

kennung der vollen Dienstjahre auch eine für die Arbeitnehmer negativ abweichende Regelung mit kürzeren Kündigungsfristen hätte treffen können.

53 Weder im Fall ***Scattolon,*** noch im Fall ***Unionen*** ging es daher um die bloße Anwendung einer ungünstigeren Kollektivregelung beim Erwerber, wie sie nach § 613a Abs. 1 S. 3 BGB möglich ist.[172] Den Urteilen kann daher keine Aussage dahingehend entnommen werden, dass Art. 3 Abs. 3 RL 2001/23/EG der Ablösung durch einen ungünstigeren Kollektivvertrag entgegensteht.[173] Die Anwendung eines ungünstigeren Kollektivvertrages beim Erwerber führt zudem nicht – wie es der EuGH für unzulässig halten würde – „allein aufgrund eines Betriebsübergangs" zu einer Verschlechterung, sondern aus Anlass der notwendigen Vereinheitlichung der Arbeitsbedingungen beim Erwerber.[174] Dies gilt jedenfalls dann, wenn der ablösende Kollektivvertrag **nicht gezielt zur Verschlechterung** der Arbeitsbedingungen aus Anlass des konkreten Betriebsübergangs abgeschlossen wurde.[175] Im Ergebnis dürfte auch die Notwendigkeit eines allgemeinen Verschlechterungsverbots zweifelhaft sein. Es ist nicht zu erklären, warum unabhängig von einem Betriebsübergang ein schlechterer Kollektivvertrag jederzeit einen günstigeren ablösen kann (allg. Zeitkollisionsregel), eine Ablösung der nach § 613a Abs. 1 S. 2 BGB transformierten Normen aber unter dem Vorbehalt eines Verschlechterungsverbots stehen soll. Art. 3 Abs. 3 RL 2001/23/EG garantiert gerade nicht den Schutz der konkreten Arbeitsbedingungen, sondern lediglich die Sicherung des kollektivrechtlichen Schutzes als solchen.[176]

54 Verdrängende Wirkung haben die beim neuen Inhaber geltenden Betriebsvereinbarungen allerdings nur dann und insoweit, als sie den **gleichen Regelungsgegenstand** wie die beim bisherigen Betriebsinhaber geltenden Betriebsvereinbarungen betreffen.[177] Eine in jeder Hinsicht bestehende Deckungsgleichheit der geregelten Materie ist allerdings nicht Voraussetzung einer Verdrängung. Es genügt, wenn beim neuen Arbeitgeber eine Vereinbarung besteht, mit der dieselbe Sachgruppe kollektivvertraglich geregelt wird.[178] Galt demnach im übertragenen Betrieb(steil) eine Betriebsvereinbarung über eine betriebliche Altersversorgung, besteht insoweit jedoch keine Vereinbarung in demjenigen Betrieb, in den die Eingliederung erfolgt, bleibt es bei der Fortgeltung der bisherigen Regelung iSv § 613a Abs. 1 S. 2 BGB. Wenn im aufnehmenden Betrieb individualrechtlich wirkende Regelungen (zB **Gesamtzusage, betriebliche Übung**) bestehen, haben diese im Verhältnis zur Fortgeltung gem. § 613a Abs. 1 S. 2 BGB **keine verdrängende Wirkung,** auch wenn solche Regelungen einen quasi-kollektivrechtlichen Charakter haben.[179] Im Fall einer solchen Kollision können die neu hinzukommenden Mitarbeiter indessen keine Ansprüche aus der Gesamtzusage oder der betrieblichen Übung herleiten – denn ansons-

---

[172] Die Diskussion um *Scattolon* und *Unionen* verdeutlicht, wie irreführend es sein kann, wenn Passagen aus EuGH Entscheidungsgründen aus dem Zusammenhang gerissen und verabsolutiert werden; vgl. *Lepsius* JZ 2019, 793; vgl. auch *Höpfner* S. 434.

[173] BAG 23.1.2019 – 4 AZR 445/17, NZA 2019, 922 Rn. 46; so auch *Junker* EuZA 2020, 1 (1).

[174] Ebenso *Willemsen* RdA 2012, 291 (302f.).

[175] Vgl. BAG 12.6.2019 – 1 AZR 154/17, NZA 2019, 1203 Rn. 93; *Junker* erwägt für gezielte Verschlechterung allerdings ein „besonderes" Verschlechterungsverbot EuZA 2020, 1 (2); ähnlich *Sagan,* der ein Verschlechterungsverbot erwägt, wenn das vorherrschende Motiv des Betriebsübergangs eine Absenkung der Vergütung ist, EuZA 2012, 247 (255); *Winter* RdA 2013, 36 (39); ungeklärt ist weiterhin, wie in diesem Zusammenhang etwa Sanierungstarifverträge zu bewerten sind, *Sittard/Flockenhaus* NZA 2013, 652 (655); *Steffan* NZA 2012, 473 (476).

[176] *Junker* RIW 2018, 19 (24) mwN; *Witschen* EuZA 2017, 534 (538).

[177] Staudinger/*Annuß* BGB § 613a Rn. 230; Soergel/*Raab* BGB § 613a Rn. 126; HWK/*Müller-Bonanni* BGB § 613a Rn. 272; Sieg/Maschmann Unternehmensumstrukturierung Rn. 494.

[178] Staudinger/*Annuß* BGB § 613a Rn. 230; vgl. hierzu auch genauer bei Tarifverträgen unter → Rn. 173. sowie bei betr. Altersversorgung → J Rn. 456.

[179] Im umgekehrten Fall findet § 613a Abs. 1 S. 3 BGB keine Anwendung; bislang bestehende individualrechtliche Regelungen mit kollektivem Bezug – arbeitsvertragliche Einheitsregelungen, betriebliche Übungen, Gesamtzusagen – gelten beim Betriebserwerber gem. § 613a Abs. 1 S. 1 BGB fort und können nur mit denjenigen Mitteln verändert werden, die auch dem bisherigen Arbeitgeber zur Verfügung standen; S. 3 kann hierauf nicht analog angewandt werden; vgl. Staudinger/*Annuß* BGB § 613a Rn. 233; aA Erman/*Edenfeld* BGB § 613a Rn. 92; *Feudner* DB 2001, 1250.

ten käme es zu Doppelansprüchen. Besteht beim neuen Arbeitgeber ein System der betrieblichen Altersversorgung, das jedoch nicht auf einer Betriebsvereinbarung, sondern auf einzelvertraglicher Grundlage beruht, muss sich der neue Betriebsinhaber zumindest übergangsweise mit unterschiedlichen Altersversorgungssystemen innerhalb des Betriebes abfinden. Hingegen erfolgt eine Ablösung gem. § 613a Abs. 1 S. 3 BGB, wenn im aufnehmenden Betrieb eine betriebliche Altersversorgung auf der Grundlage einer Betriebsvereinbarung besteht, auch wenn diese möglicherweise erheblich ungünstiger ausfällt als das beim bisherigen Betriebsinhaber geltende System. Gerade auf dem Gebiet der betrieblichen Altersversorgung gelten allerdings besondere **Grundsätze des Vertrauensschutzes.**[180]

Einmal nach Satz 3 verdrängte Regelungen leben nicht wieder auf, wenn die sie verdrängende Kollektivnorm endet.[181] Denn dafür fehlt es an einer Rechtsgrundlage. Wenn die entsprechenden Kollektivnormen infolge des Betriebsübergangs wegen Satz 3 nicht gemäß § 613a Abs. 1 S. 2 BGB transformiert worden sind, gelten sie beim neuen Arbeitgeber nicht. Der spätere Wegfall der beim neuen Arbeitgeber geltenden Kollektivvereinbarung ändert daran nichts.

55 Aufgrund des Wortlautes des Gesetzes ist nicht völlig eindeutig, ob die ablösende Betriebsvereinbarung (§ 613a Abs. 1 S. 3 BetrVG) **zum Zeitpunkt des Betriebs(teil)übergangs** bereits Geltung beanspruchen oder wenigstens in engem zeitlichem Zusammenhang[182] mit diesem Vorgang abgeschlossen werden muss, oder ob jede – auch zu einem **späteren Zeitpunkt** abgeschlossene – Betriebsvereinbarung mit gleichem Regelungsgegenstand die Fortgeltung von Betriebsvereinbarungen des bisherigen Betriebsinhabers gem. § 613a Abs. 1 S. 2 BGB ausschließen bzw. beenden kann. Bedenkt man die Zielsetzung der gesetzlichen Regelung, nämlich die Vereinheitlichung der Arbeitsbedingungen zu erleichtern, wird erkennbar, dass auch **zeitlich** deutlich **nach dem Betriebsübergang** abgeschlossenen Betriebsvereinbarungen **verdrängende Wirkung** zukommen muss.[183] Auch daran ist zu sehen, dass es sich bei § 613a Abs. 1 S. 2 BGB nicht um eine „individualrechtliche Fortgeltung" handelt.[184] Würde nämlich zunächst eine Transformation kollektivrechtlicher Ansprüche in Individualrecht erfolgen, wäre bei erst später abgeschlossenen Betriebsvereinbarungen das Günstigkeitsprinzip anwendbar. Mit der Zielsetzung möglichst einheitlicher Arbeitsbedingungen im neuen Betrieb ließe sich dies indessen nicht vereinbaren.

56 Mehrere Autoren sind der Auffassung, dass eine Verdrängung der Nachbindung an Betriebsvereinbarungen auch durch eine reine **„Negativregelung"** erfolgen kann.[185] Darunter versteht man eine Betriebsvereinbarung, in der klargestellt wird, dass im Hinblick auf eine konkrete Materie (zB betriebliche Altersversorgung) keine betriebliche Regelung bestehen soll. Wie *Annuß* allerdings selbst einräumt, spricht der Wortlaut in § 613a Abs. 1 S. 3 BGB gegen diese Sicht der Dinge. Denn danach ist Voraussetzung, dass die ablösende Vereinbarung die Rechte und Pflichten tatsächlich „regelt"; eine Negativregelung „regelt" die Rechte und Pflichten aber gerade nicht. *Annuß'* These, dass Satz 3 letztlich nur einen „formalen Vorbehalt zugunsten der jeweiligen kollektiven Macht" statuiere, setzt sich über

180 Hierzu auch unter → J Rn. 475 sowie vorstehend unter → Rn. 18.

181 BAG 18.11.2003 – 1 AZR 604/02, NZA 2004, 803 unter I. 2) b) aE der Gründe; HWK/*Müller-Bonanni,* BGB § 613a Rn. 275.

182 So MüKoBGB/*Schaub* (3. Aufl.) § 613a Rn. 181 („aus Anlass des Betriebsübergangs"); ähnlich *Henssler* NZA 1994, 913 (919).

183 So für die Ablösung durch einen Tarifvertrag in st. Rspr. BAG 20.4.1994 – 4 AZR 342/93, NZA 1994, 1140 sowie BAG 16.5.1995 – 3 AZR 535/94, NZA 1995, 1166; für eine ablösende Betriebsvereinbarung BAG 14.8.2001 – 1 AZR 619/00, NZA 2002, 276 unter A II. 1. a) der Gründe sowie zuletzt BAG 12.6.2019 – 1 AZR 154/17, NZA 2019, 1203 Rn. 50; HWK/*Müller-Bonanni* BGB § 613a Rn. 271.

184 Vgl. zur Rechtsnatur der Fortgeltung nach Satz 2 → Rn. 36 – sowie bei Tarifverträgen → Rn. 149 ff.

185 Staudinger/*Annuß* BGB § 613a Rn. 232; HWK/*Müller-Bonanni* BGB § 613a Rn. 272; ErfK/*Preis* BGB § 613a Rn. 125; so wohl auch *Klein* EuZA 2014, 325 (331); ablehnend im Zusammenhang mit Betriebsvereinbarungen zur betrieblichen Altersversorgung *Junker* RdA 1993, 203 (209).

den Gesetzeswortlaut hinweg und blendet die Absicherung der kollektiven Arbeitsbedingungen der Arbeitnehmer als wesentliche Zielsetzung aus. Spätestens mit den Entscheidungen in Sachen *Scattolon* und *Unionen*[186] dürfte deutlich geworden sein, dass anlässlich eines Betriebsübergangs getroffene Regelungen, die gezielt eine Schlechterstellung der übergehenden Arbeitnehmer bewirken sollen, rechtlich zweifelhaft sein dürften. In der Praxis werden sich aber ohnehin selten Betriebsräte finden, die zum Abschluss von derlei Negativregelungen bereit sind.

57 **(2) Verdrängung durch Gesamtbetriebsvereinbarung.** Die Fortgeltung von Rechten und Pflichten aus einer Betriebsvereinbarung gemäß § 613a Abs. 1 S. 2 BGB kann auch durch eine beim neuen Inhaber geltende und auf **denselben Regelungsgegenstand** bezogene **Gesamtbetriebsvereinbarung** verdrängt werden.[187] Dies ist nur denkbar, wenn der betreffende Betrieb bzw. Betriebsteil auf einen neuen Arbeitgeber übertragen wird, der bereits bisher oder jedenfalls nach Erwerb des Betrieb(steil)es über mehrere Betriebe mit Betriebsrat und demnach über einen Gesamtbetriebsrat gem. § 47 Abs. 1 BetrVG verfügt(e).

Bestanden im aufnehmenden Unternehmen bereits vor dem Übergang mehrere Betriebe und ein Gesamtbetriebsrat, wird die **Auslegung** der von diesem abgeschlossenen „Gesamtbetriebsvereinbarungen" allerdings mitunter ergeben, dass jene nicht ohne Weiteres auf den neu hinzugekommenen Betrieb erstreckt werden können. Jedenfalls dann, wenn eine Gesamtbetriebsvereinbarung Leistungen des Arbeitgebers (insb. der betrieblichen Altersversorgung) an eine bestimmte Betriebszugehörigkeit knüpft, wird die **beim Veräußerer zurückgelegte Betriebszugehörigkeit zumeist nicht berücksichtigt** werden können.[188] Schließt der neue Arbeitgeber erst nach dem Betriebsübergang eine Gesamtbetriebsvereinbarung zum selben Regelungsgegenstand ab, verdrängt auch diese die zunächst nach S. 2 fortgeltenden Kollektivnormen des Veräußerers gem. S. 3.[189]

58 Die von einer Gesamtbetriebsvereinbarung ausgehende Verdrängungswirkung kann bereits im Vorfeld eines Betriebs(teils)erwerbs im Sinne einer Vereinheitlichung der Arbeitsbedingungen genutzt werden.

Beispiel E 4:

Im Bremer Betrieb der A-Versandhandel GmbH besteht eine Betriebsvereinbarung, die eine betriebliche Altersversorgung regelt. Die B-GmbH möchte diesen Betrieb erwerben und in ihren dortigen Betrieb eingliedern. Bei der Erwerberin besteht keine betriebliche Altersversorgung. Da sich dies jedoch bereits in der Vergangenheit als Wettbewerbsnachteil beim Recruitment erwiesen hat, soll bei der B-GmbH für alle Betriebe ein Versorgungsmodell eingeführt werden, allerdings auf niedrigerem Niveau sowie unter Wahl eines anderen Durchführungsweges. Noch vor dem Erwerb des Betriebes wird eine entsprechende Betriebsvereinbarung mit dem Gesamtbetriebsrat abgeschlossen.

59 Die bei der Veräußerin geltende Betriebsvereinbarung könnte für die Arbeitnehmer des veräußerten Betriebes allenfalls gemäß § 613a Abs. 1 S. 2 BGB fortgelten, da bei Eingliederung in einen anderen Betrieb die bisher geltenden Betriebsvereinbarungen nicht mehr kollektivrechtlich fortgelten (str.).[190] Die Fortgeltung nach § 613a Abs. 1 S. 2 BGB ist vorliegend jedoch ausgeschlossen, da im Unternehmen des Erwerbers zum gleichen Regelungsgegenstand eine mit dem Gesamtbetriebsrat abgeschlossene Betriebsvereinbarung Anwendung findet. Dass diese für die Arbeitnehmer ungünstiger ist, steht dem nicht ent-

---

[186] Siehe hierzu ausführlich → E Rn. 49–51 und → E Rn. 172 ff.
[187] BAG 22.10.2019 – 3 AZR 429/18, RdA 2020, 370 Rn. 49, vgl. hierzu auch → Rn. 16.
[188] Vgl. hierzu ausführlich unter → Rn. 16 ff.
[189] Hierzu → Rn. 55.
[190] Siehe zum Diskussionsstand bezüglich der Fortgeltung von Betriebsvereinbarungen in dieser Konstellation → Rn. 28 ff.

gegen, da im Rahmen von § 613a Abs. 1 S. 3 BGB das **Günstigkeitsprinzip keine Anwendung** findet.[191] Da die Gesamtbetriebsvereinbarung gerade im Hinblick auf den Erwerb des Betriebes abgeschlossen wurde, steht auch nicht in Frage, dass der erworbene Betrieb unter deren Geltungsbereich fällt.[192] Allerdings ist der Arbeitgeber verpflichtet, aus Gründen des **Vertrauensschutzes** die sich aus einer Betriebsvereinbarung des Veräußerers ergebenden Anwartschaften, soweit sie vor dem Betriebsübergang erdient wurden, aufrecht zu erhalten.[193] Der Abschluss einer Gesamtbetriebsvereinbarung kann dennoch ein elegantes Mittel zur Harmonisierung der Arbeitsbedingungen im Vorfeld eines Betriebserwerbs darstellen. Allerdings gilt dies nicht für individualrechtliche Zusagen, die die Mitarbeiter im erworbenen Betrieb erhalten haben. § 613a Abs. 1 S. 3 BGB bezieht sich nur auf die qua Kollektivvertrag erworbenen Rechte und Pflichten. Für individualrechtliche Zusagen gilt § 613a Abs. 1 S. 1 BGB, der eine Verdrängung durch beim Erwerber geltende kollektivrechtliche Regelungen nicht vorsieht. Insoweit gilt vielmehr das Günstigkeitsprinzip.

Eine die Fortgeltung von Betriebsvereinbarungen ausschließende Wirkung kommt einer 60
Gesamtbetriebsvereinbarung nur zu, soweit der Gesamtbetriebsrat für deren Abschluss iSv § 50 Abs. 1 BetrVG **originär zuständig** ist. Hierfür ist Voraussetzung, dass die zu regelnde Angelegenheit das **Gesamtunternehmen** betrifft und diese nicht durch die einzelnen Betriebsräte geregelt werden kann. Bei freiwilligen Sozialleistungen hat es der Arbeitgeber weitgehend in der Hand, die Zuständigkeit des Gesamtbetriebsrates zu begründen, indem er nämlich unmissverständlich deutlich macht, dass die Leistung unternehmenseinheitlich gewährt werden soll und er nur unter dieser Bedingung zu der freiwilligen Sozialleistung bereit ist.[194] Insbesondere für den Bereich der Altersversorgung ist anerkannt, dass der Arbeitgeber auf eine **unternehmenseinheitliche Ausgestaltung** bestehen kann und demnach der Gesamtbetriebsrat für den Abschluss einer Betriebsvereinbarung zuständig ist.[195]

(3) Verdrängung durch Konzernbetriebsvereinbarung. Gehört das den Betrieb(steil) 61
erwerbende bzw. aufnehmende Unternehmen einem Konzern iSv § 54 Abs. 1 BetrVG iVm § 18 Abs. 1 AktG an, kommt die Anwendbarkeit von „Konzernbetriebsvereinbarungen" auf den neuen Betrieb(steil) in Betracht, denen ebenfalls **Verdrängungswirkung iSv § 613a Abs. 1 S. 3 BGB** zukommen kann. Soweit Konzernbetriebsvereinbarungen Sozialleistungen von einer bestimmten Betriebs-, Unternehmens- oder Konzernzugehörigkeit abhängig machen, kann deren Auslegung ebenso wie bei Gesamtbetriebsvereinbarungen ergeben, dass die beim Veräußerer zurückgelegte Betriebszugehörigkeit nicht oder nur teilweise anspruchsbegründend wirkt.[196] Im Übrigen stellt sich parallel zu der vorstehend zur Gesamtbetriebsvereinbarung dargestellten Problematik stets die Zuständigkeitsfrage. Eine Konzernbetriebsvereinbarung kann die Fortgeltung von Betriebsvereinbarungen (§ 613a Abs. 1 S. 2 BGB) nur ausschließen, soweit der Konzernbetriebsrat für die entsprechende Materie **originär zuständig** ist (§ 58 Abs. 1 BetrVG).

Nur am Rande seien die Probleme erwähnt, die sich aus einigen dogmatischen Zwei- 62
felsfragen im Zusammenhang mit der Wirkungsweise von Konzernbetriebsvereinbarungen ergeben können. Nach hM sollen die zwischen dem Konzernbetriebsrat und der Konzernleitung abgeschlossenen Vereinbarungen unmittelbar auf alle Konzernunternehmen

---

[191] → Rn. 48.

[192] Gesamtbetriebsvereinbarungen gelten nach hM auch für neu errichtete oder neu erworbene Betriebe mit Betriebsrat; vgl. hierzu ausführlich unter → Rn. 16 ff.

[193] Vgl. hierzu bereits unter → Rn. 17 sowie unter → J Rn. 473.

[194] Vgl. hierzu ausführlich mit Nachw. der Rspr. GK/*Kreutz/Franzen* BetrVG § 50 Rn. 31 ff.; HWK/*Hohenstatt/Dzida* BetrVG § 50 Rn. 4.

[195] BAG 5.5.1977 – 3 ABR 24/76, DB 1977, 1610; 19.3.1981 – 3 ABR 38/80, DB 1981, 2181; 8.12.1981 – 3 ABR 53/80, DB 82, 46; mAnm. *Blomeyer* DB 1984, 926; aus der Literatur statt aller ErfK/*Koch* BetrVG § 50 Rn. 3.

[196] Vgl. → Rn. 16.

Anwendung finden[197], auch wenn sich dieses Ergebnis im Rahmen gesellschaftsrechtlicher Dogmatik sicherlich nicht ohne Weiteres stützen lässt. Hegte man daran Zweifel und hielte es für erforderlich, dass Konzernbetriebsvereinbarungen stets mit den einzelnen Unternehmen abzuschließen sind, da das herrschende Unternehmen eines Konzerns nicht ohne Weiteres Vereinbarungen zu Lasten abhängiger Unternehmen abschließen kann[198], käme als zusätzliche Voraussetzung einer Ablösung durch Konzernbetriebsvereinbarung gem. § 613a Abs. 1 S. 3 BGB hinzu, dass **das erwerbende Unternehmen** *(beim Asset-Deal)* bzw. die erworbene Gesellschaft *(beim Share-Deal)* hinsichtlich der Konzernbetriebsvereinbarung eine **Vollmacht** an die Konzernspitze erteilt hat oder **beim Abschluss der Vereinbarung beteiligt war.** Die Praxis wird sich indes an dem „pragmatischen" Standpunkt des BAG orientieren.

63 **(4) Verdrängung durch einen Tarifvertrag.** Rechte und Pflichten aus einer Betriebsvereinbarung können bei großzügiger Auslegung des Wortlauts[199] gem. § 613a Abs. 1 S. 3 BGB auch durch einen Tarifvertrag verdrängt werden.[200] Das Bundesarbeitsgericht hat sich allerdings in mittlerweile fünf Entscheidungen[201] gegen die Möglichkeit einer sog. **Überkreuzablösung** ausgesprochen. Diese Entscheidungen betrafen durchweg die Frage, ob gemäß § 613a Abs. 1 S. 2 BGB fortgeltende Tarifnormen durch eine Betriebsvereinbarung verdrängt werden können. In dieser Konstellation argumentierte das BAG mit dem Schutzzweck von § 613a Abs. 1 BGB, mit dem es nicht zu vereinbaren sei, wenn bislang tariflich geregelte Arbeitsbedingungen wegen eines Betriebsübergangs mittels Betriebsvereinbarung abgelöst werden könnten.[202] Außerhalb des Bereichs zwingender Mitbestimmung sei daher eine Überkreuzablösung eines Tarifvertrages ausgeschlossen; dies gelte auch für teilmitbestimmte Materien wie die betriebliche Altersversorgung.[203] Gegen die Verdrängung einer Betriebsvereinbarung durch tarifliche Regelungen sprechen die Einwände des BAG hingegen nicht. Es sind weder vom Schutzbereich des § 613a Abs. 1 BGB noch vom grundsätzlichen Rangverhältnis zwischen Tarifvertrag und Betriebsvereinbarung her Gründe ersichtlich, die gegen eine solche Ablösungsmöglichkeit sprechen.[204] Angesichts des Umstandes, dass die Nachbindung an Betriebsvereinbarungen den kollektivrechtlichen Charakter der Regelungen unangetastet lässt, erscheint es richtig, eine Verdrängung der betrieblichen Regelungen immer dann zuzulassen, wenn sich diese Rechtsfolge auch aus §§ 77 Abs. 3, 87 Abs. 1 Einleitungssatz BetrVG (Tarifvorrang) ergäbe.[205]

---

[197] *Fitting* BetrVG § 58 Rn. 35; DKW/*Wenckebach* BetrVG § 58 Rn. 58; BAG 25.2.2020 – 1 ABR 39/18, NZA 2020, 875 Rn. 25; 22.1.2002 – 3 AZR 554/00, NZA 2002, 1224; wohl auch bereits BAG 12.11. 1997 – 7 ABR 78/96, NZA 1998, 497; vgl. auch *Hanau/Wackerbarth* FS Ulmer, 2003, 1303 (1306); ausführlicher auch unter → D Rn. 131.

[198] *Annuß* in Richardi BetrVG § 58 Rn. 43; *Windbichler* S. 361.

[199] Das BAG tendiert offenbar zu der Auslegung, dass „Überkreuzablösungen" nicht erfasst werden; vgl. BAG 22.3.2005 – 1 ABR 64/03, NZA 2006, 383 unter B. II. 2. c) ee) (5) (b) der Gründe; ebenso *Hanau* FS Küttner, 2006, 357 (376) Fn. 103; letztlich offen gelassen in BAG 6.11.2007 – 1 AZR, 862/06, NZA 2008, 542 Rn. 33.

[200] *Kania* DB 1995, 625 (626); *Boecken* Rn. 193; ablehnend Staudinger/*Annuß* BGB § 613a Rn. 229.

[201] Siehe BAG 22.3.2005 und BAG 6.11.2007 sowie BAG 13.11.2007 – 3 AZR 191/06, NZA 2008, 600; BAG 21.4.2010 – 4 AZR 768/08, DB 2010, 1998 Rn. 44; BAG 3.7.2013 – 4 AZR 961/11, NZA-RR 2014, 81 Rn. 19; krit. *Löwisch/Rieble* TVG § 3 Rn. 496ff.

[202] Krit. HWK/*Müller-Bonanni* BGB § 613a Rn. 274; *Döring/Grau* BB 2009, 158; *Bauer/von Medem* DB 2010, 2560 (2562).

[203] BAG 13.11.2007 – 3 AZR 191/06, NZA 2008, 600 Rn. 30; 3.7.2013 – 4 AZR 961/11, NZA-RR 2014, 80 Rn. 19f.; krit. HWK/*Müller-Bonanni* BGB § 613a Rn. 274.

[204] Zustimmend *Gaul* FS Bauer, 2010, 339 (348).

[205] Vgl. hierzu im Einzelnen *Gaul* FS Bauer, 2010, 339 (348).

Beispiel E 5: 64

Im Betrieb des nicht tarifgebundenen Veräußerers galt eine Betriebsvereinbarung über ein betriebliches Prämiensystem. Der Tarifvertrag des Erwerbers sieht ein eigenes System des Leistungslohns vor.

In dieser Konstellation wäre eine kollektivrechtliche Fortgeltung der ursprünglich wirksamen Betriebsvereinbarung beim neuen Inhaber wegen § 87 Abs. 1 Einleitungssatz ausgeschlossen, da eine tarifliche – im Zweifel abschließende – Regelung zum gleichen Gegenstand besteht. Die ursprünglich wirksame Betriebsvereinbarung scheitert nunmehr an der Tarifbindung des Erwerbers. Dies wäre nicht anders als in dem Fall, dass sich der bisherige Betriebsinhaber entschieden hätte, dem zuständigen Arbeitgeberverband beizutreten. Auch in diesem Fall ist anerkannt, dass eine bereits abgeschlossene Betriebsvereinbarung gegenstandslos wird, sofern tarifliche Regelungen zu derselben Sachgruppe bestehen.[206] Ebenso verhält es sich, wenn eine Betriebsvereinbarung nach § 77 Abs. 3 S. 1 BetrVG unwirksam wird, weil die zuständigen Tarifparteien die Aufhebung einer entsprechenden Öffnungsklausel nach § 77 Abs. 3 S. BetrVG vereinbart haben. In diesen Fällen käme es auch bei einer kollektivrechtlichen Fortgeltung der Normen zu einer Ablösung der Betriebsvereinbarung. Aus Wertungsgesichtspunkten kann für gem. § 613a Abs. 1 S. 2 BGB transformierte Normen nichts anderes gelten. Die Verdrängung lässt sich in diesen Konstellationen „doppelt" herleiten, nämlich unmittelbar aus § 87 Abs. 1 Einleitungssatz BetrVG sowie § 77 Abs. 3 BetrVG sowie aus § 613a Abs. 1 S. 3 BGB.

Fraglich ist, ob Normen einer Betriebsvereinbarung entgegen § 613a Abs. 1 S. 3 BGB 65 gem. S. 2 fortgelten können, wenn der im aufnehmenden Betrieb anwendbare Tarifvertrag eine **Öffnungsklausel für betriebliche Regelungen** enthält und die Betriebsvereinbarung die tariflich vorgegebenen Grenzen eingehalten hat. Immerhin ist anerkannt, dass tarifliche Öffnungsklauseln nach § 77 Abs. 3 S. 2 BetrVG auch rückwirkend die Anwendung abweichender Betriebsvereinbarungen zulassen können.[207] Auch Tarifverträge mit Verdrängungswirkung nach § 87 Abs. 1 Einleitungssatz BetrVG können von den Tarifparteien so gestaltet werden, dass abweichende oder jedenfalls ergänzende Regelungen auf betrieblicher Ebene zulässig sind.[208] Dieser Mechanismus lässt sich aber auf lediglich gemäß S. 2 als Teil des Arbeitsverhältnisses fortwirkende Betriebsvereinbarungen nicht übertragen. Ansonsten könnte der Fall eintreten, dass im aufnehmenden Betrieb im Hinblick auf ein und dieselbe Materie einerseits der Tarifvertrag und andererseits für die hinzukommenden Arbeitnehmer die Betriebsvereinbarung aus dem Veräußererbetrieb fortgilt. Richtigerweise gelten deshalb tarifliche Öffnungsklauseln nur zugunsten von originär-kollektivrechtlich geltenden Betriebsvereinbarungen. Etwas anderes gälte nur dann, wenn die Tarifvertragsparteien angesichts eines konkreten Betriebs(teil)übergangs geregelt hätten, dass die Normen bestimmter Betriebsvereinbarungen des Veräußererbetriebes entgegen des Tarifvorrangs für die übergehenden Arbeitsverhältnisse weiterhin Geltung beanspruchen sollen. In diesem Fall, der im Rahmen eines **Überleitungstarifvertrages** denkbar wäre, hätten die Tarifvertragsparteien die Anwendung unterschiedlicher Regelungen für verschiedene Teile der Belegschaft selbst angeordnet.

Abseits von Öffnungsklauseln führt die Beendigung eines überlagernden Tarifvertrages nicht zum Wiederaufleben der gem. Satz 2 transformierten Normen. Es bleibt insofern dabei, dass der Übergangsschutz mit der Ablösung nach Satz 3 endet.[209]

---

206 *Richardi* in Richardi BetrVG § 87 Rn. 160; *Fitting* BetrVG § 87 Rn. 45; vgl. auch BAG 20.12.1988 – 1 ABR 57/87, NZA 1989, 564.

207 BAG 13.8.2019 – 1 AZR 213/18, NZA 2020, 49 (besprochen von *Kreßel* NZA, 2020, 279); 20.4.1999 – 1 AZR 631/98, NZA 1999, 1059; *Seitz* in Oberthür/Seitz A. XIII. Rn. 31.

208 Düwell/*Kothe* BetrVG § 87 Rn. 13; vgl. auch schon BAG 28.2.1984 – 1 ABR 37/82, NZA 1984, 230.

209 MHdB ArbR/*Klumpp* § 247 Rn. 38; HWK/*Müller-Bonanni* § 613a Rn. 275; vgl. auch BAG 18.11.2003 – 1 AZR 604/02, NZA 2004, 803 unter I. 2. b) aE der Gründe.

66 **dd) Die vorzeitige Kündigung der gemäß § 613a Abs. 1 S. 2 BGB fortgeltenden Betriebsvereinbarung.** Schon auf der Basis des früheren Verständnisses der in § 613a Abs. 1 S. 2 BGB angeordneten Fortgeltung der Rechtsnormen von Betriebsvereinbarungen im Sinne einer individualrechtlichen Fortwirkung wurde diskutiert,[210] ob dem Betriebserwerber nicht das Recht zustehen muss, die Fortgeltung der Rechte und Pflichten aus Betriebsvereinbarungen durch eine Kündigung zu beseitigen. Diese Diskussion bezog sich im Wesentlichen auf jederzeit kündbare Betriebsvereinbarungen über **freiwillige Sozialleistungen.** Möchte der Arbeitgeber freiwillige Leistungen zur Verfügung stellen, kann er selbst über das Volumen dieser freiwilligen Leistung entscheiden. Die Verteilung dieses Volumens (sog. Verteilungsschlüssel) ist dagegen mitbestimmungspflichtig und bedarf daher der Beteiligung des Betriebsrats. Die Einführung freiwilliger Leistungen ist damit häufig **„teilmitbestimmt".**[211] Anders als mitbestimmungspflichtige Betriebsvereinbarungen sind teilmitbestimmte sowie freiwillige Betriebsvereinbarungen in aller Regel kündbar, ohne dass eine Nachwirkung gemäß § 77 Abs. 6 BetrVG eintritt[212]. Diese Möglichkeit, die Rechtsgrundlage für freiwillige Leistungen ohne Nachwirkung zu beseitigen, geht durch einen Betriebsübergang, bei dem die Normen der Betriebsvereinbarung gemäß § 613a Abs. 1 S. 2 BGB in das Arbeitsverhältnis mit dem Erwerber transformiert werden, grundsätzlich nicht verloren. Das BAG spricht in diesem Zusammenhang von einem der „Betriebsvereinbarung innewohnende(n) Vorbehalt ihrer Abänderbarkeit".[213] Die **Kündigung** kann angesichts des kollektivrechtlichen Charakters der Fortwirkung gemäß § 613a Abs. 1 S. 2 BGB vom Erwerber des Betriebs(teils) gegenüber dem nunmehr zuständigen Betriebsrat erfolgen, was die früher für notwendig gehaltene Kündigung der Regelung gegenüber jedem einzelnen betroffenen Arbeitnehmer entbehrlich macht.[214]

67 Fraglich ist jedoch, ob die grundsätzlich mögliche Kündigung der transformirten Kollektivnormen erst nach Ablauf der einjährigen **Veränderungssperre** des § 613a Abs. 1 S. 2 BGB zulässig ist. In der BAG Entscheidung vom 19.11.2019 wurde diese Frage nicht relevant, da im entschiedenen Falle die Kündigung erst mehrere Jahre nach dem Betriebsübergang ausgesprochen worden war.[215] Teilweise wird vertreten, dass die gesetzlich angeordnete Fortgeltung gem. Satz 2 nicht dazu führen darf, dass die entsprechenden Ansprüche – nur weil es zu einem Betriebs(teil)übergang gekommen ist – für die Dauer eines Jahres „unkündbar" werden. Der neue Betriebsinhaber müsse deshalb – ebenso wie der bisherige Arbeitgeber – das Recht haben, sich von der Kollektivvereinbarung „ohne Weiteres nach den für sie maßgeblichen Beendigungsregelungen" zu lösen.[216]

68 Bedenken gegen die vorzeitige Kündigungsmöglichkeit ergeben sich allerdings aus dem Wortlaut in § 613a Abs. 1 S. 2 BGB, wonach die fortgeltenden Regelungen, die Inhalt des Arbeitsverhältnisses werden, für die Dauer eines Jahres „nicht geändert" werden dürfen. Dieses Verbot bezieht sich – jedenfalls scheinbar – auf alle Maßnahmen, die eine Verschlechterung herbeiführen würden. Die gesetzliche Regelung geht insoweit über die Mindestanforderungen der Richtlinie hinaus.[217] Gesetzliche Ausnahmen von der Veränderungssperre sehen lediglich die Sätze 3 und 4 der Vorschrift vor. Nach Satz 3 kommt

[210] Staudinger/*Annuß* BGB § 613a Rn. 226; siehe auch *Hanau/Vossen* FS Hilger/Stumpf, 1983, 271 (284); *Hanau* FS Küttner, 2006, 357 (377); *Kreutz* FS 50 Jahre BAG, 2004, 993 (1005); vgl. auch *Bauer/v. Steinau-Steinrück* NZA 2000, 505 (507); *Kreft* FS Wissmann, 2005, 347 (356); *Hertzfeld* DB 2006, 2177 (2178); *Sagan* RdA 2011, 163 (172).

[211] Statt aller ErfK/*Kania* BetrVG § 77 Rn. 15.

[212] Vgl. zur differenzierten Sichtweise bei teilmitbestimmten Betriebsvereinbarungen statt aller ErfK/*Kania* BetrVG § 77 Rn. 109.

[213] BAG 19.11.2019 – 1 AZR 386/18, NZA 2020, 297 Rn. 19.

[214] BAG 19.11.2019 – 1 AZR 386/18, NZA 2020, 297 Rn. 22.

[215] Zuletzt BAG 19.11.2019 – 1 AZR 386/18, NZA 2020, 297.

[216] Staudinger/*Annuß* BGB § 613a Rn. 226; siehe auch *Hanau/Vossen* FS Hilger/Stumpf, 1983, 271 (284); *Hanau* FS Küttner, 2006, 357 (377); *Kreutz* FS 50 Jahre BAG, 2004, 993 (1005); vgl. auch *Bauer/v. Steinau-Steinrück* NZA 2000, 505 (507); *Kreft* FS Wissmann, 2005, 347 (356); *Hertzfeld* DB 2006, 2177 (2178); *Sagan* RdA 2011, 163 (172).

[217] *Hertzfeld* DB 2006, 2177 (2178).

jederzeit – also auch vor Ablauf eines Jahres – der Abschluss einer neuen Kollektivvereinbarung in Betracht, die die Fortgeltung der ursprünglichen Vereinbarung gem. Satz 2 ausschließt bzw. beendet,[218] während gemäß Satz 4 die nach Satz 2 fortgeltenden Rechte und Pflichten geändert werden können, „wenn der Tarifvertrag oder die Betriebsvereinbarung nicht mehr gilt (…)". Darunter fielen jedoch nach bisherigem Verständnis lediglich die Fälle, in denen die Betriebsvereinbarung von vornherein **befristet** abgeschlossen oder **vor dem Betriebsübergang gekündigt** wurde.[219] Eine weit verbreitete Auffassung ging daher davon aus, dass die Ablösungsmöglichkeiten in den Sätzen 3 und 4 abschließend beschrieben sind und eine Kündigung der fortgeltenden Rechte und Pflichten aus Betriebsvereinbarungen durch den neuen Arbeitgeber während der einjährigen Veränderungssperre nicht möglich sein sollte.[220] Der Erwerber eines Betrieb(steil)es musste sich deshalb bislang darum bemühen, dass Betriebsvereinbarungen über freiwillige Leistungen, die der Erwerber nicht fortführen wollte, vor dem Übergang vom bisherigen Betriebsinhaber gekündigt werden.[221]

Nach hier vertretener Auffassung muss § 613a Abs. 1 S. 2 BGB hingegen einschränkend 69
dahingehend teleologisch reduziert werden, dass sich die **Veränderungssperre** nur auf **individualrechtliche Gestaltungmittel** bezieht. Arbeitnehmer sollen nach dem Zweck der Norm vor einer Übervorteilung geschützt werden, der sie nur deshalb ausgesetzt sind, weil sie infolge des Betriebsübergangs nun selbst die Gestaltungsmacht über die bislang kollektiv geregelte Materie erhalten haben. Im Unterschied zu der Situation vor dem Betriebsübergang fehlt es nun an einer ausgewogenen Verhandlungsmacht. Um die Arbeitnehmer vor einer individuellen Aufgabe ihrer Ansprüche und Rechte zu schützen, untersagt die Sperrfrist nach Satz 2 somit individualrechtliche Gestaltungsmittel zulasten der Arbeitnehmer. Dass dies nicht für kollektivrechtliche Gestaltungsmittel – wie die Kündigung der gesamten transformierten Betriebsvereinbarung – gilt, zeigt ein Vergleich mit der kollektivrechtlichen Fortgeltung: Bei der kollektivrechtlichen Fortgeltung – die nach der Rechtsprechung des BAG den absoluten Regelfall darstellt[222] – ist eine Kündigung der Regelung unstreitig zu jedem beliebigen Zeitpunkt nach dem Betriebsübergang durch den Erwerber möglich.[223] Es wäre vor diesem Hintergrund nicht einleuchtend, dem Erwerber die Kündigung nur deshalb zu versagen, weil der Betrieb oder Betriebsteil beim Betriebsübergang seine Identität verloren hat. Auch bei der kollektivrechtlichen Fortgeltung würden negativ abweichende Individualabsprachen der Arbeitnehmer aufgrund des Günstigkeitsvergleichs nicht zur Anwendung kommen, während eine kollektiv erklärte Kündigung der gesamten Regelung durch den Arbeitgeber zulässig wäre. Nichts anderes darf daher bei der Transformation nach § 613a Abs. 1 S. 2 BGB gelten. Schließlich ist Satz 3 gerade Ausdruck dafür, dass die nach Satz 2 transformierten Normen durch kollektivrechtliche Gestaltungsmittel ersetzt oder abgeschafft werden können; dies muss auch für die Kündigung einer gesamten Regelung gelten. Nach alledem **verhindert die Veränderungssperre** nach Satz 2 **nicht die kollektive Kündigung** der transformierten Regelungen aus einer freiwilligen Betriebsvereinbarung.[224]

Parallel zur Kündigung kollektivrechtlich fortgeltender Betriebsvereinbarungen steht das Kündigungsrecht dem Erwerber und dem für die betroffenen Arbeitnehmer zuständigen

[218] Vgl. BAG 14.8.2001 – 1 AZR 619/00, NZA 2002, 276; siehe zur „Ablösung" der Fortgeltung von Betriebsvereinbarungen durch Geltung einer anderen Betriebsvereinbarung gem. § 613a Abs. 1 S. 3 BGB eingehend unter → Rn. 45 ff.

[219] HWK/*Müller-Bonanni* BGB § 613a Rn. 282; MüKoBGB/*Müller-Glöge* § 613a Rn. 157.

[220] So offenbar auch LAG Köln 8.4.2003 – 1 Sa 1219/02, NZA-RR 2003, 657 unter 2. a) der Gründe, das ein Lösungsrecht des Arbeitgebers erst nach Ablauf der Jahresfrist anerkannte; iE auch Beseler/Düwell/*Beseler* S. 98; vgl. auch Anm. *Moll/Leisbrock* RdA 2003, 301 (302).

[221] So auch die Empfehlung bei *Bauer/v. Steinau-Steinrück* NZA 2000, 505 (509).

[222] Vgl. hierzu → Rn. 2 und Rn. 34.

[223] Sieg/Maschmann Unternehmensumstrukturierung Rn. 540.

[224] ErfK/*Preis* BGB § 613a Rn. 121; vgl. auch BeckOK ArbR/*Gussen* BGB § 613a Rn. 250; so dürfte auch APS/*Steffan*, § 613a BGB Rn. 130 iE zu verstehen sein.

Betriebsrat zu. Die Kündigung ist der jeweils anderen Partei gegenüber zu erklären.[225] Existiert ein Betriebsrat noch nicht oder nicht mehr, kann der Erwerber nur durch Erklärung gegenüber allen betroffenen Arbeitnehmern kündigen. Die Arbeitnehmerseite hat ohne Betriebsrat keine Möglichkeit zur Kündigung.

70 Fraglich ist neuerdings auch, ob die vorzeitige Beendigung einer gemäß § 613a Abs. 1 S. 2 BGB fortgeltenden (Gesamt-)Betriebsvereinbarung auch nach dem Betriebs(teil)übergang herbeigeführt werden kann, und zwar durch den bisherigen Betriebsinhaber. Diese Fragestellung drängt sich auf infolge der Entscheidung des **BAG vom 22.4.2009**[226], die sich mit der Kündigung eines **Sanierungstarifvertrages** (Firmentarifvertrag) durch die zuständige Gewerkschaft gegenüber dem früheren Arbeitgeber befasste. Obwohl in dem Entscheidungssachverhalt die Gewerkschaft einen Sanierungstarifvertrag gegenüber dem Vertragspartner – dem bisherigen Arbeitgeber – erst **nach dem Betriebsübergang gekündigt** hatte, gelangte der *Vierte Senat* zu der zutreffenden[227] Folgerung, dass diese Kündigung auch die Fortgeltung der Bestimmungen des Sanierungstarifvertrages nach § 613a Abs. 1 S. 2 BGB beim neuen Arbeitgeber beendete (die Nachwirkung war ausdrücklich ausgeschlossen). An dieser Entscheidung war vor allem überraschend, dass die Kündigung des Tarifvertrages beim Veräußerer, die erst nach der Betriebsveräußerung erfolgte, überhaupt noch Einfluss auf den Inhalt der bereits auf den Betriebserwerber übergegangenen Arbeitsverhältnisse haben sollte. Nach früherer Lesart hätte man den Fall anders entschieden. Danach galten die Kollektivnormen mit dem Stand, den sie zum Zeitpunkt des Betriebsinhaberwechsels hatten, „statisch" als Inhalt des Arbeitsvertrages fort. Mit dieser Konzeption wäre es unvereinbar, wenn spätere Ereignisse auf kollektivrechtlicher Ebene (an denen der Betriebserwerber nicht notwendigerweise beteiligt werden muss) noch Auswirkungen auf die gemäß § 613a Abs. 1 S. 2 BGB fortwirkenden Kollektivnormen hätten. Dass derlei Veränderungen jedoch noch einen Einfluss haben können, ergibt sich bereits aus § 613a Abs. 1 S. 4 Halbs. 1.[228] Danach endet die zwingende Wirkung der Nachbindung gemäß § 613a Abs. 1 S. 2 BGB, „wenn der Tarifvertrag oder die Betriebsvereinbarung nicht mehr gilt". Da im Sanierungstarifvertrag sogar die Nachwirkung ausgeschlossen war, führte dessen Kündigung dazu, dass die Nachbindung gemäß § 613a Abs. 1 S. 2 BGB endete.[229]

71 Die beschriebene Konstellation kann relevant werden, wenn die entspr. (Gesamt)Betriebsvereinbarung beim bisherigen Arbeitgeber fortgilt und dieselben kollektiven Normen im übertragenen Betrieb oder Betriebsteil gem. § 613a Abs. 1 S. 2 BGB fortgelten. Eine Kündigung freiwilliger Betriebsvereinbarungen, bei denen eine Nachwirkung ausgeschlossen wurde bzw. nach § 77 Abs. 6 BetrVG nicht eintreten kann, durch den bisher zuständigen Betriebsrat oder durch den bisherigen Arbeitgeber könnte in diesen Konstellationen dieselbe Wirkung entfalten wie die für den Sanierungstarifvertrag dargestellte. Die Betriebsvereinbarung würde dann auch für die Mitarbeiter des ausgegliederten Betriebsteils nicht mehr fortgelten.

72 **Beispiel E 6:**

Ein großes Industrieunternehmen (IU-AG) veräußert den Betriebsteil IT mitsamt umfangreichem Equipment, Kundenbeziehungen und Know-How an ein Unternehmen der IT-Branche (IT-AG). Die Erwerberin gliedert die Einheit in einen eigenen Betrieb ein. Bei der IU-AG bestand eine freiwillige Betriebsvereinbarung, die einen Anspruch der Arbeitnehmer auf Teilnahme an bestimmten externen Fortbildungsveranstaltungen und Ansprüche auf unbe-

---

225 BAG 19.11.2019 – 1 AZR 386/18, NZA 2020, 297 Rn. 22.

226 BAG 22.4.2009 – 4 AZR 100/08, NZA 2010, 41 insb. Rn. 90; vgl. hierzu ausführlich unter → Rn. 136, 142 und 149.

227 *Hohenstatt* NZA 2010, 23; das Urteil insgesamt ablehnend ErfK/*Preis* BGB § 613a Rn. 121.

228 So BAG 22.4.2009 – 4 AZR 100/08, NZA 2010, 41 Rn. 65, 90; HWK/*Müller-Bonnani* BGB § 613a Rn. 282.

229 BAG 22.4.2009 – 4 AZR 100/08, NZA 2010, 41 Rn. 76.

zahlten Urlaub von bis zu 6 Monaten Dauer regelte. Nach der Veräußerung der IT-Abteilung kündigt die IU-AG die Regelung; eine Nachwirkung war ausdrücklich ausgeschlossen.

In dieser Konstellation konnte die Betriebsvereinbarung für den Betriebsteil IT nicht kollektivrechtlich fortgelten.[230] In Betracht kam damit nur eine Nachbindung gem. § 613a Abs. 1 S. 2 BGB. Überträgt man die BAG-Entscheidung vom 22. 4. 2009[231], die einen Firmentarifvertrag betraf, auf die Konstellation im **Beispiel E 6,** müsste die Kündigung der Betriebsvereinbarung durch die IU-AG dazu führen, dass mit deren Wirksamwerden auch die Nachbindung der transformierten Regelungen bei der aufnehmenden IT-AG enden.[232] Entfaltet – anders als in **Beispiel E 6** – die vom bisherigen Betriebsinhaber gekündigte Betriebsvereinbarung Nachwirkung, würden ab Wirksamkeit der Kündigung entspr. § 77 Abs. 6 BetrVG zwar deren Rechtsnormen auch in den übergegangenen Arbeitsverhältnissen gem. § 613a Abs. 1 S. 2 BGB fortgelten; allerdings wären dann auch abweichende Vereinbarungen zulässig.[233]

Gegen die Übertragung dieser Rechtsprechungsgrundsätze auf Betriebsvereinbarungen 73
bestehen allerdings durchgreifende Bedenken. Insbesondere leuchtet es – anders als bei Tarifverträgen – im Betriebsverfassungsrecht nicht ein, dass der bisherige Betriebsinhaber bzw. sein (Gesam-)Betriebsrat über eine Kündigung Einfluss auf das Regelungsregime beim Erwerber nehmen kann. Die tarifschließende Gewerkschaft hat auch nach einem Betriebsübergang ein berechtigtes Interesse an der Mitgestaltung der Rechte ihrer Mitglieder. Anders liegt es, wenn bei einem Betriebsübergang Betriebsvereinbarungen gem. § 613a Abs. 1 S. 2 BGB in das Arbeitsverhältnis mit dem Erwerber transformiert werden. Hier löst sich der Regelungskomplex aus der betriebsverfassungsrechtlichen Verantwortlichkeit des alten Betriebsrates heraus. Dementsprechend liegt das **Kündigungsrecht** hinsichtlich der transformierten Normen aus einer Betriebsvereinbarung beim **Erwerber** und seinem **Betriebsrat.**[234] Schon deshalb verbietet es sich, zugleich auch den Kollektivparteien beim Veräußerer Einfluss auf das Regelungsregime beim Erwerber zu gewähren. Die für Tarifverträge entwickelte Rechtsprechung des *Vierten Senats* kann daher nicht auf Betriebsvereinbarungen übertragen werden.

Für das **Beispiel E 6** folgt daraus, dass die transformierten Normen trotz der Kündigung der Betriebsvereinbarung durch den Veräußerer bei der Erwerberin unverändert nach Satz 2 fortgelten. Nach zutreffender Ansicht kann die Erwerberin die transformierten Normen der freiwilligen Betriebsvereinbarung auch schon während der Jahresfrist gegenüber dem Betriebsrat des aufnehmenden Betriebes kündigen.[235]

Unstreitig ist eine **Kündigung jedenfalls nach Ablauf der Sperrfrist** möglich. Da 74
die transformierten Normen ihren kollektivrechtlichen Charakter beibehalten, ist der **Kündigungsadressat der Betriebsrat.** Sollte ein Betriebsrat nicht bestehen, ist die Kündigung nachrangig gegenüber allen betroffenen Arbeitnehmern zu erklären.[236]

b) Auswirkungen auf Gesamtbetriebsvereinbarungen

Gesamtbetriebsvereinbarungen werden zwischen dem Unternehmen und dem in diesem 75
gem. § 47 BetrVG gebildeten Gesamtbetriebsrat abgeschlossen. Die Wirkungen der im Rahmen der Zuständigkeit des Gesamtbetriebsrates abgeschlossenen Vereinbarungen sind

[230] So die hM, wenn der ausgegliederte Betriebsteil nicht als selbständiger Betrieb fortbesteht; eingehend → Rn. 27 ff.

[231] BAG 22. 4. 2009 – 4 AZR 100/08, NZA 2010, 41.

[232] So auch MüKoBGB/*Müller-Glöge* § 613a Rn. 157; *Gaul* FS Bauer, 2010, 339 (344); ebenso bereits *Bauer/v. Steinau-Steinrück* NZA 2000, 505 (507).

[233] Zutreffend *Gaul* FS Bauer, 2010, 339 (341); MHdB ArbR/*Arnold* § 316 Rn. 89 ff.; MüKoBGB/*Müller-Glöge* § 613a Rn. 157.

[234] BAG 19. 11. 2019 – 1 AZR 386/18, NZA 2020, 297 Rn. 22.

[235] Hierzu bereits ausführlich → Rn. 67.

[236] Ebenso *Bauer/von Medem* DB 2010, 2560 (2563); ErfK/*Preis* BGB § 613a Rn. 117; Staudinger/*Annuß* BGB § 613a Rn. 227; so schon *Hanau/Vossen* FS Hilger/Stumpf, 1983, 271 (284).

identisch mit Betriebsvereinbarungen, die von den örtlichen Betriebsräten abgeschlossen werden.[237] Gesamtbetriebsvereinbarungen beanspruchten nach der früheren Rechtslage nur Geltung für diejenigen Betriebe eines Unternehmens, die einen **Betriebsrat** gewählt hatten.[238] Seit 2001 sieht § 50 Abs. 1 S. 1 BetrVG jedoch vor, dass sich die Zuständigkeit des Gesamtbetriebsrates auch auf **betriebsratslose Betriebe** erstreckt, soweit eine Regelungsmaterie gemäß dieser Vorschrift gegeben ist, also eine solche, die mehrere Betriebe betrifft und nicht jeweils durch die einzelnen Betriebsräte geregelt werden kann. Somit kann es Betriebe geben, in denen eine Gesamtbetriebsvereinbarung gilt, ohne dass ein Betriebsrat existiert. Hingegen kommt dem Gesamtbetriebsrat nach wie vor keine Ersatzzuständigkeit für betriebsratslose Betriebe zu.[239] Gesamtbetriebsräte können folglich keine betriebsspezifischen Einzelbetriebsvereinbarungen für betriebsratslose Betriebe vereinbaren.[240]

76 Für Umstrukturierungen, die einen Inhaberwechsel für einen Betrieb oder einen Betriebsteil mit sich bringen, war lange Zeit umstritten, ob die beim bisherigen Arbeitgeber anwendbaren Gesamtbetriebsvereinbarungen beim neuen Rechtsträger kollektivrechtlich und normativ oder nur aufgrund der Auffangregelung des § 613a Abs. 1 S. 2 BGB fortgelten.[241] Die früher hM führte an, dass der übertragene Betrieb oder Betriebsteil nicht mehr in den Geltungsbereich der beim abgebenden Unternehmen geltenden Gesamtbetriebsvereinbarungen falle. Zudem wurde eingewandt, dass es infolge der kollektivrechtlichen Fortgeltung von Gesamtbetriebsvereinbarungen zu einer rechtsgeschäftlich nicht erklärbaren Vervielfältigung von Vereinbarungen und damit auch der Vertragsparteien komme. Demnach könnten – so die früher wohl hM – Gesamtbetriebsvereinbarungen des Veräußerers beim Erwerber nicht kollektivrechtlich fortgelten. Vielmehr komme lediglich eine Fortgeltung beim Erwerber nach § 613a Abs. 1 S. 2 BGB in Betracht.[242]

77 Die Entscheidung des *Ersten Senats* vom 18. 9. 2002[243] führte insoweit allerdings zu einer wichtigen Zäsur. Danach soll bei der Übertragung eines Betriebes eine im bisherigen Unternehmen geltende Gesamtbetriebsvereinbarung **als Einzelbetriebsvereinbarung kollektivrechtlich fortgelten.** Das Bezugsobjekt einer Gesamtbetriebsvereinbarung bilde – ebenso wie bei einer Einzelbetriebsvereinbarung – stets der einzelne Betrieb und nicht das Ensemble mehrerer Betriebe.[244] Bei einem identitätswahrenden Übergang eines einzelnen Betriebes spreche daher nichts dagegen, Gesamtbetriebsvereinbarungen als Einzelbetriebsvereinbarungen kollektivrechtlich fortgelten zu lassen. Dem stehe auch nicht entgegen, dass der Gesamtbetriebsrat als Vertragspartei beim Erwerber nicht mehr besteht. Der Fortbestand oder die fortbestehende Zuständigkeit des Gesamtbetriebsrats sei keine zwingende Voraussetzung für die Fortgeltung der von ihm mitgeschaffenen betrieblichen Normen. Dies sei für Einzelbetriebsvereinbarungen anerkannt und gelte entsprechend für Gesamtbetriebsvereinbarungen.[245]

78 Auf der Seite des Veräußerers gilt Entsprechendes. Verbleibt beim Veräußerer nach der Übertragung von Betrieben nur ein Betrieb bestehen, wandeln sich dort bislang geltende Gesamtbetriebsvereinbarungen um und gelten als Einzelbetriebsvereinbarungen fort.[246]

---

[237] Vgl. § 51 Abs. 5 BetrVG; vgl. GK/*Kreutz/Franzen* BetrVG § 50 Rn. 78.

[238] BAG 16. 8. 1983 – 1 AZR 544/81, DB 1984, 129; zur früheren Rechtslage aA DKK/*Trittin* (7. Aufl.) BetrVG § 50 Rn. 17 ff. mwN; differenzierend *Richardi* (7. Aufl.) BetrVG § 50 Rn. 35.

[239] Vgl. *Fitting* BetrVG § 50 Rn. 32; HWK/*Hohenstatt/Dzida* BetrVG § 50 Rn. 16.

[240] Richardi/*Annuß* BetrVG § 50 Rn. 51; BT-Drs. 14/5741, 42 f.

[241] Mit umfassender Streitdarstellung und kritischer Würdigung der Rechtsprechung des BAG noch die Vorauflage, → 5. Aufl. 2016, Teil E Rn. 58 ff.

[242] *Boecken* Rn. 160; *Gussen/Dauck* Rn. 80; *Düwell* in Rieder Betriebsübergang S. 193; *Bachner* NJW 1995, 2881 (2883); *Dietz/Richardi* (6. Aufl.) BetrVG § 77 Rn. 147 iVm Rn. 140; krit. gegenüber der Rechtsprechung Sieg/Maschmann Unternehmensumstrukturierung Rn. 500 ff.

[243] BAG 18. 9. 2002 – 1 ABR 54/01, NZA 2003, 670.

[244] Zuletzt bestätigt durch BAG 25. 2. 2020 – 1 ABR 39/18, NZA 2020, 875 Rn. 23.

[245] BAG 18. 9. 2002 – 1 ABR 54/01, NZA 2003, 670 unter III 2. b) cc) (2) der Gründe; *Brune/Schmitz-Scholemann* FS Willemsen (2018) S. 65 (70); HWK/*Müller-Bonnani* BGB § 613a Rn. 258.

[246] HWK/*Müller-Bonanni* BGB § 613a Rn. 258.

Nur wenn im aufnehmenden Unternehmen bereits eine Gesamtbetriebsvereinbarung zu der entsprechenden Thematik gilt, wäre die Fortgeltung ausgeschlossen. Soweit es sich um eine Materie handelt, für die der Gesamtbetriebsrat im aufnehmenden Unternehmen originär zuständig ist, kann daneben keine konkurrierende (Einzel-)Betriebsvereinbarung im neu aufgenommenen Betrieb fortbestehen.[247] In allen anderen Fällen aber gilt die Gesamtbetriebsvereinbarung beim Erwerber fort und wandelt sich nach Auffassung des *Ersten Senats* von einer Gesamtbetriebsvereinbarung zur Einzelbetriebsvereinbarung um.[248] Diese – lange umstrittene[249] – Konstruktion geht auf Vorarbeiten in der Literatur zurück[250] und wurde von der Rechtsprechung mehrfach bestätigt.[251] Mittlerweile dürfte die Rechtsprechung des BAG hierzu als gefestigt und von der Literatur weitgehend anerkannt gelten.[252] 79

Kollektivrechtlich als Einzelbetriebsvereinbarung fortgeltende ehemalige Gesamtbetriebsvereinbarungen können nach den allgemeinen Regeln durch den Erwerber und den Einzelbetriebsrat vertraglich abgeändert werden. Beiden Vertragsparteien steht ein Kündigungsrecht zu. Existiert beim Erwerber (noch) kein Betriebsrat (zB weil schon im Ausgangsbetrieb kein Betriebsrat bestand oder weil trotz eines Übergangsmandats[253] gem. § 21a BetrVG im abgespaltenen Betrieb kein neuer Betriebsrat gewählt worden ist), kann keine inhaltliche Abänderung vorgenommen werden. Dem Erwerber ist es allerdings möglich, die Vereinbarung durch Erklärung gegenüber allen betroffenen Arbeitnehmern zu kündigen;[254] dieser Ansatz hat in der Literatur teilweise deshalb Kritik erfahren, weil sich rechtsgeschäftlich nicht begründen lasse, wie eine Vielzahl von Arbeitnehmern Adressat der Kündigung sein kann, ohne selbst Partei der Betriebsvereinbarung zu sein, zumal es umgekehrt den Arbeitnehmern nicht möglich ist, die Betriebsvereinbarung zu kündigen. Sie müssten dazu zunächst einen Betriebsrat wählen.[255] 80

Wird von einem Unternehmen nicht nur ein Betrieb, sondern werden **mehrere Betriebe identitätswahrend** auf einen neuen Rechtsträger **übertragen**, soll – sofern ein überbetrieblicher Regelungsbedarf weiterhin besteht[256] – die beim bisherigen Arbeitgeber geltende **Gesamtbetriebsvereinbarung als solche** auch beim neuen Rechtsträger fort- 81

---

247 *Fitting* BetrVG § 77 Rn. 169; GK/*Kreutz/Franzen* BetrVG § 50 Rn. 98; *Bachner* NJW 2003, 2861 (2864); *C. Meyer* SAE 2003, 310 (313); *Richardi/Kortstock* RdA 2004, 173 (175).

248 BAG 18.9.2002, – 1 ABR 54/01, NZA 2003, 670 unter III 2. b) cc) (2) der Gründe; zuletzt bestätigt durch BAG 5.5.2015 – 1 AZR 763/13, NZA 2015, 1331 Rn. 46 ff., 61 ff.

249 So bleibt weiter ungeklärt, wie es dogmatisch zu begründen ist, dass durch einen Betriebsübergang eine „Vervielfältigung der Vertragsparteien" entstehen kann. Gesamtbetriebsvereinbarungen können demnach sowohl im Veräußererunternehmen wie auch im Erwerberunternehmen gelten und auf diese Weise mehr als zwei Vertragsparteien binden. Zu diesen und weiteren Bedenken siehe die Vorauflage, → 5. Aufl. 2016, E Rn. 60 f. mwN.

250 *Hanau/Vossen* FS Hilger/Stumpf, 1983, 271 (275); *Hanau*, Arbeitsrechtliche Folgen S. 82, 98; Erman/*Hanau* (10. Aufl.) BGB § 613a Rn. 73; *Bopp* in Rieder S. 158; ErfK/*Hanau/Kania* (3. Aufl.) BetrVG § 77 Rn. 137; *Fuchs* Betriebliche Sozialleistungen S. 150; *Meyer* DB 2000, 1174 (1176).

251 BAG 5.5.2015 – 1 AZR 763/13, NZA 2015, 1331; BAG 24.1.2017 – 1 ABR 24/15, NZA-RR 2017, 413; siehe auch LAG Berlin-Brandenburg 24.5.2018 – 5 Sa 54/18, BeckRS 2018, 13194 und zu Konzernbetriebsvereinbarungen LAG Düsseldorf 6.7.2018 – 6 TaBV 4/18, BeckRS 2018, 27606.

252 *Fitting* BetrVG § 77 Rn. 169; ErfK/*Kania* BetrVG § 77 Rn. 118; *Richardi* in Richardi BetrVG § 77 Rn. 233; HWGNRH/*Glock* BetrVG § 50 Rn. 66; GK/*Kreutz/Franzen* BetrVG § 50 Rn. 93; Staudinger/*Annuß* BGB § 613a Rn. 208; MüKoBGB/*Müller-Glöge* § 613a Rn. 151; *Hanau* ZfA 2003, 735 (824); *Thüsing* DB 2004, 2474 (2479); *Richardi/Kortstock* RdA 2004, 173; *Beseler*/Düwell/Göttling S. 76; Bachner/Gerhardt/Matthießen/*Bachner* § 4 Rn. 132; HWK/*Müller-Bonanni* BGB § 613a Rn. 258; ablehnend noch *Hohenstatt/Müller-Bonanni* NZA 2003, 766 (768); HWK/*Hohenstatt/Dzida* BetrVG § 47 Rn. 13; *Preis/Richter* ZIP 2004, 925; ErfK/*Preis* BGB § 613a Rn. 115; *Rieble/Gutzeit* NZA 2003, 233; *Simon/Zerres* FS Leinemann, 2006, 269; die fehlende dogmatische Absicherung moniert auch *Gussen* FS Leinemann, 2006, 218.

253 Siehe zum Übergangsmandat → D Rn. 74.

254 So auch die ganz hM, s. nur BAG 12.6.2019 – 1 AZR 154/17, NZA 2019, 1203 Rn. 36; ErfK/*Preis* BGB § 613a Rn. 117; *Fitting* BetrVG § 77 Rn. 175; krit. hierzu *Jacobs* FS Konzen, 2006, 345 (356).

255 Krit. hierzu *Jacobs* FS Konzen, 2006, 345 (356); vgl. auch *Richardi/Kortstock* RdA 2004, 173 (175); *Hergenröder,* Anm. zu BAG AP Nr. 7 zu § 77 BetrVG Betriebsvereinbarung, Bl. 12, 12 R; außerdem *Meyer* NZA 2018, 900, 903.

256 DKW/*Deinert* BetrVG § 50 Rn. 168.

gelten.[257] Verwunderlich erscheint zunächst, dass die aus der kollektivrechtlichen Fortgeltung von Einzelbetriebsvereinbarungen bekannte Wahrung der Betriebsidentität auf der Unternehmensebene keine Entsprechung haben soll. Nach der Rechtsprechung des BAG besteht – anders als auf der Betriebsebene – auf der Unternehmensebene gerade **keine „Unternehmensidentität"**, auf die es für eine kollektivrechtliche Fortgeltung von Gesamtbetriebsvereinbarungen als solche ankommen könnte.[258] Zwar treffe eine Gesamtbetriebsvereinbarung Regelungen für eine Mehrzahl von Betrieben; Bezugsobjekt bleibe jedoch stets der einzelne Betrieb. Es könne für die Frage einer kollektivrechtlichen Fortgeltung einer Gesamtbetriebsvereinbarung als solche folglich nicht auf eine irgendwie geartete „Unternehmensidentität" ankommen.[259] Entscheidend sei „nur die Wahrung der jeweils einzelbetrieblichen Identität, nicht die weitere Zugehörigkeit zu einem rechtlich gar nicht existierenden Betriebsverbund, der als Unternehmensidentität verstanden wird". Sei dies bei mindestens zwei Betrieben der Fall, stehe einer kollektivrechtlichen Fortgeltung als Gesamtbetriebsvereinbarung nichts entgegen. Die Geltung der übergegangenen Gesamtbetriebsvereinbarung erstreckt sich selbstverständlich nicht auf alle Betriebe des Erwerbers, sondern lediglich auf die konkret übergegangenen Betrieb(steil)e. Sie kann vom Arbeitgeber gegenüber dem Gesamtbetriebsrat des aufnehmenden Unternehmens gekündigt werden – und umgekehrt.[260] Sollte ein solcher (noch) nicht gebildet sein, kann der Erwerber die Kündigung auch gegenüber sämtlichen Einzelbetriebsräten erklären.[261] Sollten (teilweise) auch keine Einzelbetriebsräte bestehen, kann der Erwerber die fortgeltende Gesamtbetriebsvereinbarung nur gegenüber allen betroffenen Arbeitnehmern kündigen. Die Einzelbetriebsräte bzw. die Arbeitnehmer können ihrerseits hingegen nicht kündigen; sie müssten auf die Konstituierung des Gesamtbetriebsrates warten. Inhaltliche Abänderungen der Betriebsvereinbarung sind ebenfalls erst möglich, wenn ein Gesamtbetriebsrat gebildet wurde.

82 Dass die Frage, in welcher Form eine Gesamtbetriebsvereinbarung beim Erwerber weitergilt, in der Praxis erhebliche Folgen haben kann, zeigt sich ebenfalls in der Entscheidung des *Ersten Senats* vom 18.9.2002.[262] In dem entschiedenen Fall waren neben einem vollständigen Betrieb auch zwei weitere Betriebsteile auf den Erwerber übertragen worden. Die Betriebsteile wurden vom Erwerber als eigenständige Betriebe weitergeführt. Es stellte sich die Frage, ob die fragliche Gesamtbetriebsvereinbarung im vollständig übertragenen Betrieb als solche oder nur als Einzelbetriebsvereinbarung fortgilt. Wie dargestellt, kommt es insofern darauf an, ob nur ein oder mehrere Betrieb(steile)e identitätswahrend übergegangen sind. Nach der Rechtsprechung des BAG bewahrt auch ein abgespaltener Betriebsteil, der vom Erwerber als eigenständiger Betrieb fortgeführt wird, seine Teilidentität.[263]. Die Wahrung dieser Teilidentität sei ausreichend, damit Betriebsvereinbarungen kollektivrechtlich fortgelten können. Im entschiedenen Fall führte dies dazu, dass nicht nur der vollständig übertragene Betrieb, sondern auch die beiden Betriebsteile jeweils identitätswahrend übergingen. Nach den oben darstellten Grundsätzen wirken Gesamtbetriebsvereinbarungen im Falle mehrerer identitätswahrender Übergänge als solche fort und wandeln sich gerade nicht in Einzelbetriebsvereinbarungen um.[264] Im entschiedenen Fall hatte der Erwerber dies nicht erkannt und war von einer Fortgeltung als Einzelbetriebsver-

[257] BAG 18.9.2002 – 1 ABR 54/01, NZA 2003, 670 unter III. 2. b) cc) (3) der Gründe; vgl. auch BAG 25.2.2020 – 1 ABR 39/18, NZA 2020, 875 Rn. 26; BeckOK ArbR/*Maurer* BetrVG § 50 Rn. 8 aE; Böttcher/Habighorst/Schulte/*Röger* § 324 UmwG Rn. 31.

[258] *Schönhöft/Brahmstaedt* NZA 2010, 851 (855).

[259] Vgl. für die Weitergeltung einer Konzernbetriebsvereinbarung BAG 25.2.2020 – 1 ABR 39/18, NZA 2020, 875 Rn. 23f.

[260] Vgl. → Rn. 80.

[261] DKW/*Deinert* BetrVG § 50 Rn. 163ff.

[262] BAG 18.9.2002 – 1 ABR 54/01, NZA 2003, 670 unter III. 2. b) dd) der Gründe.

[263] Vgl. → Rn. 24f.

[264] BAG 18.9.2002 – 1 ABR 54/01, NZA 2003, 670 unter III. 2. b) dd) der Gründe; zustimmend GK/*Kreutz/Franzen* BetrVG § 50 Rn. 93 aE.

einbarung ausgegangen, weshalb er die Kündigung lediglich gegenüber dem Einzelbetriebsrat des vollständig übergegangenen Betriebes erklärte. Die Kündigung war aufgrund des falschen Kündigungsadressaten (denn es bestand ein zuständiger Gesamtbetriebsrat) dementsprechend unwirksam.[265]

Bisher vom BAG noch nicht entschieden ist die Frage, wie **Kollisionen** normativ gel- 83
tender Kollektivverträge **beim Erwerberunternehmen** aufzulösen sind. Dazu kann es immer dann kommen, wenn der Erwerber mehrere Betriebe unterhält und über einen Gesamtbetriebsrat verfügt, mit welchem bereits Gesamtbetriebsvereinbarungen abgeschlossen wurden. Der *Erste Senat* hatte sich bislang mit dieser Konstellation nicht zu befassen und ließ die Frage, ob seine Konzeption auch dann Anwendung findet, ausdrücklich offen.[266] Zu unterscheiden sind zwei Konstellationen: Zum einen der Fall, dass eine Gesamtbetriebsvereinbarung beim Erwerber kollektivrechtlich als Einzelbetriebsvereinbarung weitergilt und beim Erwerber inhaltlich mit einer Gesamtbetriebsvereinbarung kollidiert, zum anderen der Fall, dass mehrere Betriebe übertragen werden und eine fortgeltende Gesamtbetriebsvereinbarung als solche mit einer Gesamtbetriebsvereinbarung des Erwerbers kollidiert.

Zur Kollision zweier Einzelbetriebsvereinbarungen kann es dagegen nicht kommen, da es dafür einer Eingliederung des Veräußererbetriebs in den Erwerberbetrieb bedürfte. Bei einer Eingliederung verliert der eingegliederte Betrieb allerdings stets seine Identität,[267] weshalb es mangels Identitätswahrung schon zu keiner kollektivrechtlichen Fortgeltung kommen kann.[268]

Nach der Konzeption des BAG, nach der auch Gesamtbetriebsvereinbarungen bei Wah- 84
rung der Identität des Betriebes oder Betriebsteils kollektivrechtlich fortgelten und nicht wie von der früheren hM angenommen lediglich gemäß § 613a Abs. 1 S. 2 BGB nachwirken, kommt eine Ablösung nach § 613a Abs. 1 S. 3 BGB grundsätzlich nicht in Betracht. Vielmehr gelten die **allgemeinen Kollisionsregeln.** Danach verdrängen gemäß § 50 BetrVG Gesamtbetriebsvereinbarungen Einzelbetriebsvereinbarungen mit identischem Regelungsgehalt[269] und unter gleichrangigen Kollektivverträgen verdrängt der jeweils neuere Vertrag den älteren (sog. **Zeitkollisionsregel**).[270] Für die erstgenannte Konstellation bedeutet dies unproblematisch, dass Gesamtbetriebsvereinbarungen des Erwerbers die als Einzelbetriebsvereinbarung fortgeltenden ehemaligen Gesamtbetriebsvereinbarungen des Veräußerers verdrängen. Für die **Kollision gleichrangiger Kollektivverträge** – wie in der zweiten beschriebenen Konstellation – würde die Zeitkollisionsregel allerdings dazu führen, dass die möglicherweise neuere Gesamtbetriebsvereinbarung des Veräußerers die ältere Gesamtbetriebsvereinbarung des Erwerbers verdrängt. Es ist jedoch anerkannt, dass die Betriebsvereinbarungen des Veräußerers nicht die Vereinbarungen des Erwerbers verdrängen können.[271]

Zur Auflösung dieses Problems wird in der Literatur überwiegend der **Rechtsgedanke** 85
des § 613a Abs. 1 S. 3 BGB herangezogen.[272] Danach würde die Gesamtbetriebsverein-

[265] BAG 18.9.2002 – 1 ABR 54/01, NZA 2003, 670 unter III. 2 der Gründe.

[266] BAG 18.9.2002 – 1 ABR 54/01, NZA 2003, 670 unter III. 2. b) cc) (3) aE.

[267] Vgl. → Rn. 28.

[268] Hierzu auch → Rn. 87.

[269] Vgl. Semler/Stengel/*Simon* § 20 Rn. 55; Ascheid/Preis/Schmidt/*Steffan* UmwG § 324 Rn. 19; *Grobys* Anm. zu BAG BB 2003, 1391 (1392); *Preis/Richter* ZIP 2004, 925 (933); insoweit abweichend *Jacobs* FS Konzen, 2006, 345 (361), der entgegen der hM generell anzweifelt, dass Gesamtbetriebsvereinbarungen für neu aufgenommene Betriebe gelten; hierzu → Rn. 16 und 57; hierzu auch Düwell/*Tautphäus* BetrVG § 50 Rn. 32.

[270] stRspr BAG 22.10.2019 – 3 AZR 429/18, RdA 2020, 370 Rn. 61 mwN; vgl. *Fitting* BetrVG § 77 Rn. 192 mwN.

[271] GK/*Kreutz/Franzen* § 50 Rn. 99; *Fitting* BetrVG § 77 Rn. 169; *Richardi/Kortstock* RdA 2004, 167 (175); *Kreft* FS Wissmann, 2005, 347 (362); Sieg/Maschmann Unternehmensumstrukturierung Rn. 517 mwN.

[272] So *Bachner* NJW 2003, 2861 (2864); Sieg/Maschmann Unternehmensumstrukturierung Rn. 517 mwN; GK/*Kreutz/Franzen* BetrVG § 50 Rn. 98 mwN; *Kreft* FS Wissmann, 2005, 347 (362) beruft sich ebenfalls auf den Rechtsgedanken des Satz 3.

barung beim Erwerber die Gesamtbetriebsvereinbarung, die in den übertragenen Betrieben gegolten hat, verdrängen. Es wäre jedoch widersprüchlich, einerseits von einer kollektivrechtlichen Fortgeltung auszugehen, andererseits aber die Kollisionsregel des § 613a Abs. 1 S. 3 BGB heranzuziehen. Im Übrigen besteht gar kein zwingender Grund dafür, dass eine der beiden Gesamtbetriebsvereinbarungen verdrängt werden muss. Wenn man anerkennt, dass Gesamtbetriebsvereinbarungen nach Übertragung mehrerer Betriebe beim Erwerber kollektivrechtlich weitergelten sollen, wird das hinter dieser Konzeption stehende Ziel nicht dadurch obsolet, dass auch beim Erwerber über die gleiche Materie eine Gesamtbetriebsvereinbarung für dessen Betriebe besteht. Diese Regelungen können in den meisten Fällen problemlos nebeneinander fortbestehen, jeweils beschränkt auf die Betriebe, für die sie zuvor galten.

86 **Beispiel E 7:**

Beim übertragenden Arbeitgeber bestand für zwei produktionstechnisch verbundene Betriebe eine Gesamtbetriebsvereinbarung zur betrieblichen Arbeitszeit. Im aufnehmenden Unternehmen galt ebenfalls eine Gesamtbetriebsvereinbarung für drei der insgesamt fünf Betriebe, da auch insofern eine zwingende Notwendigkeit für eine einheitliche Arbeitszeitregelung bestand.[273]

Da sich Gesamtbetriebsvereinbarungen nicht zwingend auf das gesamte Unternehmen erstrecken müssen, sondern ihren Geltungsbereich auf ganz bestimmte (mindestens zwei) Betriebe beschränken können[274], würde hier nichts dagegen sprechen, die beiden **Gesamtbetriebsvereinbarungen parallel jeweils für die beiden „Gruppen" betroffener Betriebe anzuwenden.**[275] Diese Rechtsfolge ergibt sich aus der Auslegung des Anwendungsbereichs der Gesamtbetriebsvereinbarung im aufnehmenden Unternehmen. Ist dieser erkennbar auf bestimmte Betriebe bezogen, kommt eine Erstreckung des Anwendungsbereichs auf neu hinzukommende Betriebe nicht in Betracht (hierzu schon unter → Rn. 16). Folglich kann es in diesen Konstellationen nicht zu einer generellen Verdrängung der Kollektivvereinbarungen des übertragenden Unternehmens kommen. Ergibt hingegen die Auslegung der Gesamtbetriebsvereinbarung beim aufnehmenden Unternehmen, dass die getroffene Regelung für das gesamte Unternehmen – und deshalb auch für neu hinzukommende Betriebe – Anwendung finden muss (Beispiele: Aktienoptionspläne und andere am Unternehmen anknüpfende Anreizsysteme, unternehmensweite Verhaltensrichtlinien), liegt eine echte Normenkonkurrenz vor, die nach dem Rechtsgedanken des § 613a Abs. 1 S. 3 BGB nur zugunsten der Gesamtbetriebsvereinbarung des aufnehmenden Unternehmens gelöst werden kann. Da diese Frage rechtlich ungeklärt ist, würde es sich zur **Vermeidung von Risiken** empfehlen, mit dem Gesamtbetriebsrat eine **Neuregelung** für sämtliche Betriebe zu vereinbaren.

87 Es kann sich schließlich auch die Konstellation ergeben, dass im aufnehmenden Unternehmen zu der maßgeblichen Materie „nur" eine Einzelbetriebsvereinbarung besteht (insbesondere dann, wenn der Betriebserwerber bislang nur über einen Betrieb verfügte oder wenn bislang keine Notwendigkeit für eine betriebsübergreifende Regelung bestand).[276] Eine „Verdrängung" der Regelungen des übertragenden Rechtsträgers kommt hier nicht in Betracht, da die Betriebsvereinbarung im aufnehmenden Rechtsträger nur für einen Betrieb gilt und sich nicht in eine Gesamtbetriebsvereinbarung umwandeln kann. Die Gesamtbetriebsvereinbarungen des Veräußerers gelten ihrerseits lediglich für die übertragenen Betrieb(steil)e und erstrecken sich nicht auf die Betriebe des Erwerbers. Die Regelungen gelten daher jeweils auf die Betriebe begrenzt „nebeneinander". Besteht die Notwendig-

---

[273] Siehe zu ähnlichem Fallbeispiel *Röder/Haußmann* in Jaeger/Röder/Heckelmann Kap. 29 Rn. 34.

[274] HWK/*Hohenstatt/Dzida* BetrVG § 50 Rn. 3.

[275] *Röder/Haußmann* in Jaeger/Röder/Heckelmann Kap. 29 Rn. 48ff.; *Kreft* FS Wissmann, 2005, 347 (362); *Jacobs* FS Konzen, 2006, 345 (363).

[276] Vgl. hierzu *Richardi/Kortstock* RdA 2004, 173 (175) („schwierig"); *Jacobs* FS Konzen, 2006, 345 (361).

keit einer unternehmenseinheitlichen Regelung der Materie, kann der aufnehmende Rechtsträger mit dem gegebenenfalls noch zu errichtenden Gesamtbetriebsrat eine Gesamtbetriebsvereinbarung abschließen, die dann die bisherigen Regelungen in den Grenzen des Vertrauensschutzes[277] verdrängt.

88 Eine Ausnahme für die kollektivrechtliche Fortgeltung von Gesamtbetriebsvereinbarungen besteht nach der Rechtsprechung des *Ersten Senats*[278] dann, wenn „die betreffende Regelung nach ihrem Inhalt die Zugehörigkeit zum bisherigen Unternehmen zwingend voraussetzt und nach dem Betriebsübergang gegenstandslos ist".[279] Damit wird jedoch nur eine Einschränkung gemacht, die für jede Rechtsposition im Zusammenhang mit einem Betriebsübergang relevant ist. So ist anerkannt, dass einzelvertragliche Ansprüche, die nach § 613a Abs. 1 S. 1 BGB fortgelten, nach den Grundsätzen des Wegfalls der Geschäftsgrundlage entfallen können, wenn es sich um **unternehmensspezifische Vergütungsleistungen** handelt (zB Aktienoptionen, Gewinnbeteiligungen, Flugvergünstigungen, Deputate).[280] Dieselben Einschränkungen müssen folgerichtig auch für (Gesamt-) Betriebsvereinbarungen gelten, sofern diese entsprechende Leistungen regeln oder in sonstiger Weise zwingend an den Rechtsträger geknüpft sind (Beispiel: Vereinbarung zur Leistungs- und Verhaltenskontrolle bei Einsatz eines IT-Systems, das der Erwerber nicht anwendet).

89 Einer besonderen Beurteilung unterliegen **Vereinbarungen gem. § 50 Abs. 2 S. 1 BetrVG,** die der Gesamtbetriebsrat beim bisherigen Arbeitgeber **im Auftrag** des Betriebsrates eines übertragenen Betriebes abgeschlossen hat. Der Sache nach liegt hier eine Betriebsvereinbarung für den **einzelnen Betrieb** vor. Der Gesamtbetriebsrat wird lediglich als Vertreter der beauftragenden Einzelbetriebsräte tätig und schließt für diese Einzelbetriebsvereinbarungen ab.[281] Vertragspartei bleibt der einzelne Betriebsrat, dem auch grundsätzlich das Kündigungsrecht zusteht.[282] Die durch den Gesamtbetriebsrat im Auftrag eines einzelnen Betriebsrats abgeschlossenen Vereinbarungen wirken somit als Einzelbetriebsvereinbarungen beim Erwerber fort.[283]

90 Ein besonderes Problem stellt sich im Hinblick auf die Geltung von Gesamtbetriebsvereinbarungen im **Gemeinschaftsbetrieb** mehrerer Arbeitgeber. Vor der Reform des BetrVG im Jahre 2001 ging die hM zutreffend davon aus, dass dem Betriebsrat eines Gemeinschaftsbetriebes kein Entsendungsrecht in die Gesamtbetriebsräte der Trägerunternehmen zusteht[284] und folglich auch die **Gesamtbetriebsvereinbarungen der Trägerunternehmen** im Gemeinschaftsbetrieb keine Anwendung fanden.[285] Mit § 47 Abs. 9 BetrVG ist aber das Entsendungsrecht des Betriebsrats im Gemeinschaftsbetrieb in den Gesamtbetriebsrat etabliert worden, ohne dass der Gesetzgeber geregelt hätte, was dies für die Geltung der Gesamtbetriebsvereinbarungen im Gemeinschaftsbetrieb bedeutet. *Däubler*[286] hat vorgeschlagen, das Günstigkeitsprinzip und „hilfsweise" die Gesamtbetriebsvereinbarungen desjenigen Unternehmens anzuwenden, das im Gemeinschaftsbetrieb die meisten Arbeitnehmer beschäftigt. Die Anwendung des Günstigkeitsprinzips scheitert aber schon daran, dass vom Geltungsbereich einer Gesamtbetriebsvereinbarung stets nur die Mitarbeiter des

---

[277] Vgl. → Rn. 17f.

[278] BAG 18.9.2002 – 1 ABR 54/01, NZA 2003, 670 unter III. 2.b) cc) (2), zuletzt bestätigt durch BAG 24.1.2017 – 1 ABR 24/15, NZA-RR 2017, 413 Rn. 16; *Bachner* NJW 2003, 2861 (2863f.).

[279] BAG 24.1.2017 – 1 ABR 24/15, NZA-RR 2017, 413 Rn. 16; entsprechend für Konzernbetriebsvereinbarungen BAG 25.2.2020 – 1 ABR 39/18, NZA 2020, 875 Rn. 27; mit einigen Beispielen *Meyer* NZA 2018, 900 (904).

[280] Vgl. → G Rn. 177.

[281] BAG 18.5.2010 – 1 ABR 6/09, NZA 2010, 1433 Rn. 19; *Fitting* BetrVG § 50 Rn. 73a; GK/*Kreutz/Franzen* BetrVG § 50 Rn. 65.

[282] BeckOK ArbR/*Mauer* BetrVG § 50 Rn. 9ff.; ErfK/*Koch,* BetrVG § 50 Rn. 11.

[283] *Boecken* Rn. 161; *Röder/Haußmann* DB 1999, 1754 (1755); *dies.* in Jaeger/Röder/Heckelmann Kap. 29 Rn. 27; Bachner/Gerhardt/Matthießen/*Bachner* § 4 Rn. 133.

[284] Vgl. hierzu → D Rn. 116.

[285] Siehe die Erstauflage Rn. E 17.

[286] *Däubler* FS Zeuner, 1994, 19 (29).

betreffenden Unternehmens erfasst sein können.[287] Ein Konkurrenzproblem, das mit Hilfe des Günstigkeitsprinzips gelöst werden könnte, stellt sich also gar nicht.[288] Allerdings kann sich die Schwierigkeit ergeben, dass Regelungen von ihrer Natur her nur betriebseinheitlich Anwendung finden können (zB Arbeitszeitregelungen, andere betriebliche Regelungen) und demnach die Geltung unterschiedlicher Gesamtbetriebsvereinbarungen nicht in Betracht kommen kann. In diesen Fällen ist eine Regelungskompetenz der Gesamtbetriebsräte gemäß § 50 Abs. 1 BetrVG im Hinblick auf den Gemeinschaftsbetrieb ausgeschlossen.[289] In Bezug auf den Gemeinschaftsbetrieb liegt bei derlei Materien eine Regelungsnotwendigkeit auf betrieblicher Ebene vor und eine überbetriebliche Regelung, wie sie für eine Zuständigkeit des Gesamtbetriebsrats zwingend vonnöten sein muss, ist gerade nicht geeignet.[290] Hingegen ist im Hinblick auf bestimmte Sozialleistungen (zB betriebliche Altersversorgung), die häufig durch Gesamtbetriebsvereinbarungen geregelt sind, eine unterschiedliche Handhabung innerhalb ein- und desselben Betriebes denkbar – wenn auch nicht wünschenswert.

c) Auswirkungen auf Konzernbetriebsvereinbarungen

91 Die Ausführungen zur Fortgeltung von Gesamtbetriebsvereinbarungen sind weitestgehend auf Konzernbetriebsvereinbarungen zu übertragen.[291] Geht ein Betrieb oder Betriebsteil unter Wahrung seiner Betriebsidentität auf einen neuen Rechtsträger über, gilt eine beim Veräußerer bestehende Konzernbetriebsvereinbarung beim Erwerber **als Einzelbetriebsvereinbarung** kollektivrechtlich fort.[292] Etwas anderes gilt auch hier nur dann, wenn die Konzernbetriebsvereinbarung zwingend die Zugehörigkeit zum Veräußererkonzern voraussetzt.[293] Werden zwei oder mehr Betriebe identitätswahrend übertragen, gilt eine Konzernbetriebsvereinbarung beim Erwerber entsprechend **als Gesamtbetriebsvereinbarung** fort.[294] Gleiches gilt bei einem *Share Deal* bezüglich eines Unternehmens mit mehreren Betrieben. Auch hier würde die Konzernbetriebsvereinbarung als Gesamtbetriebsvereinbarung weitergelten.[295] Schließlich kommt auch eine Fortgeltung **als Konzernbetriebsvereinbarung** in Betracht, wenn zB die Anteile an mehreren Unternehmen an einen Käufer veräußert werden mit der Folge, dass diese nun insgesamt einem anderen Konzern zugehören. Die fortgeltenden Betriebsvereinbarungen gelten insoweit nur für die übergegangen Betriebe und Unternehmen. Sie erstrecken sich nicht auf die beim Erwerber bereits bestehenden Betriebe und Unternehmen.

92 Für die **Abänderbarkeit** der Betriebsvereinbarungen beim Erwerber gelten dieselben Grundsätze wie für die Gesamtbetriebsvereinbarungen. Solange kein Betriebsrat auf der

[287] *Annuß* NZA-Sonderheft 2001, 12 (20); *Annuß* in Richardi BetrVG § 50 Rn. 72; GK/*Kreutz/Franzen* BetrVG § 50 Rn. 88; *Salamon* RdA 2008, 24 (32); so für Vereinbarungen mit „arbeitsvertraglichen Bezügen" auch *I. Schmidt* FS Küttner, 2006, 499 (506).

[288] *Maschmann* NZA-Beilage 2009, 32 (38).

[289] *Annuß* NZA-Sonderheft 2001, 12 (20); Richardi/*Annuß* BetrVG § 50 Rn. 72; zustimmend auch *Seitz* in Oberthür/Seitz Betriebsvereinbarungen A. IX. Rn. 17; auf Mehrheitsverhältnisse abstellend dagegen DKW/*Berg* § 77 BetrVG Rn. 31.

[290] Vgl. *I. Schmidt* FS Küttner, 2006, 499 (507), die allerdings hilfsweise auf das „Prinzip der größten Zahl" abstellen möchte.

[291] LAG Düsseldorf 6.7.2018 – 6 TaBV 4/18, BeckRS 2018, 27606 Rn. 64.; vgl. auch Böttcher/Habighorst/Schulte/*Röger* § 324 UmwG Rn. 32.

[292] BAG 25.2.2020 – 1 ABR 39/18, NZA 2020, 875 Rn. 26; DKW/*Wenckebach* BetrVG § 58 Rn. 61; *Fitting* BetrVG § 77 Rn. 170; *Gaul*, Betriebsspaltung, § 25 Rn. 241; *Cisch/Hock* BB 2012, 2113 (2115f.); für eine Übertragbarkeit der Rechtsprechung des *Ersten Senats* auf Konzernbetriebsvereinbarungen auch HWK/*Müller-Bonanni* BGB § 613a Rn. 259; Staudinger/*Annuß* BGB § 613a Rn. 210; *Kern* NZA 2009, 1313 (1316); für eine unveränderte Fortgeltung ErfK/*Preis* BGB § 613a Rn. 115; Vgl. auch → Rn. 78.

[293] Vgl. zu diesem Kriterium → Rn. 88; BAG 25.2.2020 – 1 ABR 39/18, NZA 2020, 875 Rn. 26; Böttcher/Habighorst/Schulte/*Röger* § 324 UmwG Rn. 32.

[294] BAG 25.2.2020 – 1 ABR 39/18, NZA 2020, 875 Rn. 26; *Seitz* in Oberthür/Seitz A. IX. Rn. 20; Böttcher/Habighorst/Schulte/*Röger* § 324 UmwG Rn. 32.

[295] *Cisch/Hock* BB 2012, 2113 (2115f.); so ausdrücklich LAG Düsseldorf 6.7.2018 – 6 TaBV 4/18, BeckRS 2018, 27606 Rn. 65.

Ebene besteht, auf der die Betriebsvereinbarung fortgilt, kann mangels Vertragspartner keine inhaltliche Abänderung stattfinden. Für die Abänderung einer als Konzernbetriebsvereinbarung fortgeltenden Vereinbarung muss somit zunächst ein Konzernbetriebsrat gebildet werden. Entsprechendes gilt für die Fortgeltung als Gesamtbetriebsvereinbarung; hier ist ein Gesamtbetriebsrat erforderlich. Ist ein Betriebsrat auf der entsprechenden Ebene (noch) nicht existent, kommt eine inhaltliche Abänderung nicht in Betracht. Es besteht allerdings für den Erwerber immer die Möglichkeit, die fortgeltende Betriebsvereinbarung zu kündigen. Kündigungsadressat ist grundsätzlich der Betriebsrat auf der entsprechenden Ebene. Besteht dieser (noch) nicht, kann der Erwerber die Betriebsvereinbarung durch Erklärung gegenüber dem/den nächstniedrigeren Betriebsrat/Betriebsräten kündigen. Sollten gar keine Betriebsräte bestehen, kann eine Kündigung nur gegenüber allen Arbeitnehmern erklärt werden. Eine Kündigung durch die Arbeitnehmerseite ist dagegen nur möglich, wenn ein Betriebsrat auf der entsprechenden Ebene gewählt wurde. Diese auf den ersten Blick ungleichen Handlungsoptionen zwischen Arbeitgeber- und Arbeitnehmerseite sind zwingende Konsequenz der gesetzlichen Konzeption. Während der Arbeitgeber selbst Vertragspartei auf allen Ebenen ist, muss sich die Arbeitnehmerseite erst entsprechend organisieren.

Für die Kollision mit Kollektivverträgen des Erwerbers gelten die für die Gesamtbetriebsvereinbarungen gemachten Ausführungen entsprechend.[296]

d) Auswirkungen auf Vereinbarungen mit Sprecherausschüssen

Im Grundsatz gelten die für Betriebsvereinbarungen entwickelten Regeln – was die Auswirkungen eines Betriebs(teil)übergangs betrifft – für die mit einem Sprecherausschuss abgeschlossenen Vereinbarungen entsprechend, und zwar unabhängig davon, ob eine Richtlinie ohne normative Wirkung (§ 28 Abs. 1 SprAuG) oder eine „echte" Sprecherausschussvereinbarung im Sinne von § 28 Abs. 2 SprAuG vorliegt. Gelten bei der Übertragung eines Betriebs insgesamt die dort abgeschlossenen Betriebsvereinbarungen kollektivrechtlich fort, gilt dies auch für die mit dem Sprecherausschuss vereinbarten Richtlinien und Vereinbarungen.[297] Wird indessen die Betriebsidentität nicht beibehalten[298], findet als Auffanglösung **§ 613a Abs. 1 S. 2 BGB** Anwendung. Zwar sind Vereinbarungen mit dem Sprecherausschuss in dieser Vorschrift nicht genannt. Es besteht jedoch Einigkeit, dass § 613a Abs. 1 S. 2–3 BGB insoweit **entsprechend anwendbar** sind.[299] Sowohl der Gesamtsprecherausschuss (§ 16 SprAuG) als auch der Unternehmenssprecherausschuss (§ 20 SprAuG) schließen Richtlinien bzw. Vereinbarungen für das gesamte Unternehmen ab. Für diese Vereinbarungen finden demnach die für Gesamtbetriebsvereinbarungen entwickelten Lösungen Anwendung.[300] Entsprechende Parallelität besteht zwischen dem Schicksal von Konzernbetriebsvereinbarungen und den vom Konzernsprecherausschuss (§ 21 SprAuG) abgeschlossenen Richtlinien und Vereinbarungen.[301] 93

Für die Kollision mit Vereinbarungen des Erwerbers gelten die für die Gesamtbetriebsvereinbarungen gemachten Ausführungen entsprechend.[302]

[296] Vgl. → Rn. 83 ff.
[297] MüKoBGB/*Müller-Glöge* § 613a Rn. 152; vgl. ErfK/*Preis* BGB § 613a Rn. 115, der die grds. Anwendung des § 613a Abs. 1 S. 2 BGB propagiert.
[298] Vgl. zum Begriff der Betriebsidentität und seiner Bedeutung für den Bestand des Betriebsrats und die Fortgeltung von Betriebsvereinbarungen eingehend unter → D Rn. 64 ff.
[299] MHdB ArbR/*Francke* § 312 Rn. 43 f.; *Oetker* ZfA 1990, 63 (85); *Hromadka/Sieg* SprAuG § 28 Rn. 59; Sieg/Maschmann Unternehmensumstrukturierung Rn. 497.
[300] Staudinger/*Annuß* BGB § 613a Rn. 212; hierzu → Rn. 75 ff.
[301] Vgl. hierzu → Rn. 91 ff.
[302] Vgl. → Rn. 83 ff.

2. Auswirkungen von Umstrukturierungen innerhalb des Unternehmens

94 Wie bereits dargestellt[303], ist die Betriebsverfassung in erster Linie betriebsbezogen konstruiert, so dass Veränderungen allein auf der Ebene des Unternehmens idR keine Auswirkungen betriebsverfassungsrechtlicher Art haben. Dies gilt auch für das Schicksal der Betriebsvereinbarungen in den einzelnen Betrieben. Ändern sich etwa die **Beteiligungsverhältnisse auf Gesellschafterebene,** lässt dies bestehende Betriebsvereinbarungen unberührt. Gleiches gilt für Änderungen der Rechtsform des Unternehmens, insbesondere also beim **Formwechsel** (§§ 190ff. UmwG). In beiden Fällen hat die Umstrukturierung **keine betrieblichen Auswirkungen.** Auch im Rahmen eines Betriebsinhaberwechsels entstehen – soweit für den Erwerber das BetrVG Anwendung findet – hinsichtlich geltender Betriebsvereinbarungen keine Veränderungen, soweit die Identität des übertragenen Betriebes erhalten wird. Sie gelten kollektivrechtlich fort[304], soweit sie nicht von Konzern- oder Gesamtbetriebsvereinbarungen beim neuen Arbeitgeber verdrängt werden.[305] Im Übrigen können sich hier maßgebliche Änderungen hinsichtlich des Schicksals der beim bisherigen Arbeitgeber anwendbaren Gesamt- und Konzernbetriebsvereinbarungen ergeben.[306]

95 Die Betriebsbezogenheit der Betriebsverfassung bringt es andererseits mit sich, dass auch Umstrukturierungen **innerhalb eines Unternehmens,** also ohne Wechsel des Betriebsinhabers, maßgebliche Auswirkungen im Hinblick auf bestehende Betriebsvereinbarungen mit sich bringen können. Im Gegensatz zu den kollektivrechtlichen Folgen des Betriebs(teil)übergangs ist das Schicksal von Betriebsvereinbarungen bei unternehmensinternen Umstrukturierungen erst in neuerer Zeit zum Gegenstand ausführlicher Stellungnahmen geworden. Dies gilt insbesondere hinsichtlich der Folgen bei unternehmensinternen Betriebsspaltungen bzw. -zusammenschlüssen.

a) Gesetzlich geregelte Beendigungstatbestände

96 Das Gesetz regelt ausschließlich die Kündigung als Beendigungstatbestand (§ 77 Abs. 5 BetrVG). Die Kündigung ist gegenüber dem Arbeitgeber bzw. dem Betriebsrat zu erklären. Existiert auf der Arbeitnehmerseite kein Betriebsrat, besteht für den Arbeitgeber die Möglichkeit, die Kündigung gegenüber allen betroffenen Arbeitnehmern zu erklären.[307] Da § 77 Abs. 6 BetrVG vom **„Ablauf"** einer Betriebsvereinbarung spricht, besteht Einigkeit, dass es den Betriebsparteien auch freigestellt ist, Betriebsvereinbarungen **befristet** abzuschließen.[308] In beiden Fällen kann eine **Nachwirkung** gem. § 77 Abs. 6 BetrVG in Betracht kommen, nämlich dann, wenn Gegenstände der zwingenden Mitbestimmung berührt sind. Auch können die Betriebsparteien wirksam vereinbaren, dass eine Betriebsvereinbarung unmittelbar vor einem Betriebsübergang enden soll.[309] Dies ist nach zutreffender Ansicht zulässig und stellt keine rechtsmissbräuchliche Umgehung des § 613a Abs. 1 S. 2 BGB dar. Wie auch sonst können die Betriebsparteien zu jeder Zeit frei über die Aufhebung oder Abänderung einer Betriebsvereinbarung disponieren. Weitere Beendigungstatbestände regelt das Betriebsverfassungsgesetz nicht. Insbesondere fehlt es an Regelungen zu den Folgen unternehmensinterner **Eingriffe in die Identität** des Betriebes.

---

[303] → D Rn. 2.
[304] → Rn. 7.
[305] → Rn. 15.
[306] Hierzu ausführlich → Rn. 75ff. und 91ff.
[307] BAG 12.6.2019 – 1 AZR 154/17, NZA 2019, 1203 Rn. 36.
[308] *Fitting* BetrVG § 77 Rn. 142f., der auch auf die Möglichkeit eines Aufhebungsvertrages hinweist.
[309] BAG 13.8.2019 – 1 AZR 213/18, NZA 2020, 49 Rn. 53ff., zustimmend *Kreßel* NZA 2020, 279 (281f.). Außerdem mit übereinstimmendem Ergebnis LAG Schleswig-Holstein 11.9.2018 – 1 Sa 216/17, BeckRS 2018, 30729; zustimmend *Hermann* ArbRAktuell, 2019, 18.

b) Betriebsstilllegung

Wird ein Betrieb stillgelegt, **endet** mit der endgültigen Stilllegung die **Geltung** der in diesem Betrieb abgeschlossenen **Betriebsvereinbarungen.**[310] Dieser Grundsatz erfährt allerdings nicht unerhebliche Durchbrechungen.[311] So ist insbesondere anerkannt, dass diejenigen Betriebsvereinbarungen über den Zeitpunkt der Stilllegung hinaus Anwendung finden, die gerade die Stilllegung zum Gegenstand haben und diesbezügliche Verfahrensregelungen und Anspruchsgrundlagen enthalten. Dies gilt namentlich für den **Sozialplan**[312], der gem. § 112 Abs. 1 S. 3 BetrVG mit den Wirkungen einer Betriebsvereinbarung ausgestattet ist. Dessen Regelungen erledigen sich nicht zwingend mit der endgültigen Stilllegung. Der „Wegfall" des Sozialplans würde dem mit ihm verknüpften Zweck, nämlich die Milderung der durch die Stilllegung entstehenden wirtschaftlichen Nachteile für die Arbeitnehmer, diametral widersprechen.[313] Ähnliches soll für Regelungen der **betrieblichen Altersversorgung** sowie für Betriebsvereinbarungen über **Werkswohnungen** gelten[314]; auch jene sind naturgemäß auf Dauer angelegt und erledigen sich mit einer Stilllegung keineswegs. Bei genauer Betrachtung enden Betriebsvereinbarungen daher nicht durch die Betriebsstilllegung, sondern die Betriebsvereinbarungen **erledigen** sich hierdurch überwiegend, insbesondere soweit sie betriebliche Prozesse gestalten. Der Beendigungsgrund liegt daher in der Erledigung bzw. im **„Wegfall der Gestaltungsaufgabe".**[315] 97

Von Interesse ist die Frage, welcher Natur die Fortgeltung bestimmter Betriebsvereinbarungen ist, wenn der Betrieb schon stillgelegt ist und der Betriebsrat nicht mehr amtiert und allenfalls noch ein Restmandat (§ 21b BetrVG) innehat. Die Fragestellung ist keineswegs von nur akademischem Interesse. Entsprechende Erkenntnisse sind nämlich von Bedeutung auch für diejenigen Konstellationen, in denen die Frage der Fortgeltung von Betriebsvereinbarungen unklar ist – namentlich bei unternehmensinternen Betriebsspaltungen bzw. -zusammenschlüssen.[316] Auch im Zusammenhang mit der Fortgeltung von Gesamtbetriebsvereinbarungen nach einer Umstrukturierung ist diese Fragestellung vom BAG herangezogen worden.[317]

Die hM und das BAG gehen in den Fällen der Betriebsstilllegung ebenso wie beim ersatzlosen Wegfall des Betriebsrats (siehe hierzu unter lit. c) davon aus, dass eine Betriebsvereinbarung, die sich nicht erledigt hat und hinsichtlich derer noch ein Fortgeltungsinteresse besteht, hierdurch nicht endet, sondern **kollektivrechtlich fortgilt.**[318] Das Problem, dass bei der Betriebsstilllegung der Betriebsrat untergeht und dem Arbeitgeber daher kein „vertragliches Gegenüber" mehr zur Verfügung steht, will die hM lösen, indem dem Arbeitgeber die Möglichkeit eingeräumt wird, die Vereinbarung gegenüber allen Arbeitnehmern zu kündigen.[319] Zunächst besteht allerdings das in § 21b BetrVG geregelte **Restmandat** des Betriebsrats für den Fall, dass nach einer Stilllegung noch Mitwirkungs- und Mitbestimmungsrechte auszuüben sind. In dieser Zeit ist der das Restmandat ausübende Betriebsrat auch der Adressat einer Kündigung; allerdings ist fraglich, ob dies für sämtliche in Betracht kommenden Betriebsvereinbarungen gilt, da sich das Restmandat – weil es 98

[310] *Richardi* in Richardi BetrVG § 77 Rn. 225; *Fitting* BetrVG § 77 Rn. 160.

[311] Krit. daher zur Gesamtkonzeption insb. *Kreutz* FS Kraft, 1998, 323; *ders.* in GK BetrVG § 77 Rn. 419; vgl. auch MHdB ArbR/*Matthes* § 316 Rn. 75.

[312] BAG 24.3.1981 – 1 AZR 805/78, DB 1981, 2178; BAG 27.6.1985 – 6 AZR 392/81, NZA 1986, 401; *Fitting* BetrVG § 77 Rn. 161.

[313] Vgl. GK/*Kreutz* BetrVG § 77 Rn. 399.

[314] GK/*Kreutz* BetrVG § 77 Rn. 419; *Fitting* BetrVG § 77 Rn. 161.

[315] GK/*Kreutz* BetrVG § 77 Rn. 420.

[316] Siehe hierzu sogleich unter → Rn. 103.

[317] BAG 18.9.2002 – 1 ABR 54/01, NZA 2003, 670 unter III. 2. b) cc) (2) der Gründe.

[318] BAG ebenda; *Fitting* BetrVG § 77 Rn. 162.

[319] BAG ebenda; *Brune* AR-Blattei SD 520, Rn. 434; GK/*Kreutz* BetrVG § 77 Rn. 430; *Richardi* in Richardi BetrVG § 77 Rn. 224; *Fitting* BetrVG § 77 Rn. 175; HWK/*Gaul* BetrVG § 77 Rn. 42; *Kreft* FS Wissmann, 2005, 347 (350); *Salamon* NZA 2007, 367.

sich nicht um ein Vollmandat handelt[320] – nur auf die Fragen bezieht, die mit der Abwicklung des Betriebes im Zusammenhang stehen. Vorsorglich sollte die **Kündigung** somit auch **gegenüber den Arbeitnehmern** ausgesprochen werden. Nach Ablauf des Restmandats bzw. außerhalb dessen Anwendungsbereich besteht zur Kündigung gegenüber den Arbeitnehmern keine Alternative.

99 Gegen die hM ist ins Feld geführt worden, dass eine kollektivrechtliche Fortgeltung von Betriebsvereinbarungen nicht mehr denkbar sei, wenn – wie bei einer Betriebsstilllegung – das kollektivrechtliche Grundverhältnis zwischen Arbeitgeber und Betriebsrat dauerhaft weggefallen ist.[321] Vor diesem Hintergrund wurde vereinzelt vorgeschlagen, die Fortgeltung von Betriebsvereinbarungen nach einer Betriebsstilllegung **individualrechtlich** zu konstruieren.[322] *Hilger*[323] hat eine solche individualrechtliche Fortgeltung für Sozialpläne und Altersversorgungsregelungen nach einer Stilllegung angenommen und dabei auf die Parallele in § 613a Abs. 1 S. 2 BGB hingewiesen[324]. Eine analoge Anwendung von § 613a Abs. 1 S. 2 BGB scheitert hier jedoch daran, dass nach der h.L keine Regelungslücke besteht. Verabschiedet man sich nämlich – wie das BAG und die hL – von einem rein rechtsgeschäftlichen Ansatz und erkennt an, dass Betriebsvereinbarungen auch außerhalb des ihnen zugrunde liegenden „Vertragsverhältnisses" kollektivrechtlich fortgelten können, gelangt man auch für die Konstellation einer Betriebsstilllegung zu einer kollektivrechtlichen Fortgeltung derjenigen Betriebsvereinbarungen, die trotz der Stilllegung eine **Gestaltungsaufgabe** erfüllen[325].

c) Verlust der Betriebsratsfähigkeit

100 Sinkt die Zahl der regelmäßig in einem Betrieb beschäftigten wahlberechtigten Arbeitnehmer unter fünf (§ 1 BetrVG), endet die Amtszeit des zuvor gewählten Betriebsrates.[326] Diese Folge tritt indessen nicht ein, wenn lediglich die Zahl der *wählbaren* Arbeitnehmer unter drei sinkt, da mit diesem Erfordernis nur eine Mindestauswahl im Rahmen des Wahlverfahrens sichergestellt werden soll.[327] Mit dem Ende der Amtszeit des Betriebsrates wegen Wegfalls der Betriebsratsfähigkeit büßen die vom bisherigen Betriebsrat abgeschlossenen Betriebsvereinbarungen jedoch nicht ihre Wirksamkeit ein. Die Wirksamkeit einer Betriebsvereinbarung ist nicht an die Amtszeit des Betriebsrates gebunden, der die entsprechende Vereinbarung abgeschlossen hat. Die von einem Betriebsrat abgeschlossenen Vereinbarungen gelten grundsätzlich über den Ablauf von dessen Amtszeit hinaus.[328]

101 Gleiche Grundsätze wie für den Fall des Absinkens der Arbeitnehmerzahl unter fünf gelten auch für den Fall, dass die Amtszeit eines Betriebsrates endet und – trotz bestehender Betriebsratsfähigkeit – **kein neuer Betriebsrat gewählt wird.** In dieser Konstellation gelten die vom bisherigen Betriebsrat abgeschlossenen Betriebsvereinbarungen **kollektivrechtlich** fort.[329] Eine Kündigung ist jetzt nur noch durch den Arbeitgeber möglich, und zwar gegenüber allen Arbeitnehmern.

---

[320] *Fitting* BetrVG § 21b Rn. 16; *Thüsing* in Richardi BetrVG § 21b Rn. 9.
[321] So auch die Vorauflage Rn. 79f.
[322] So auch *Preis/Richter* ZIP 2004, 925 (939); vgl. für den Fall der Betriebsratslosigkeit – allerdings schon länger zurückliegend – *Hanau* RdA 1989, 207 (211); vgl. auch *Kissel* FS Söllner, 2000, 143 (153).
[323] *Hilger*, Anm. zu BAG AP Nr. 12 zu § 112 BetrVG.
[324] Vgl. auch noch *Richardi* (8. Aufl.) BetrVG § 77 Rn. 213 für den Fall, dass Betrieb betriebsratslos wird; aA jedoch *ders.* ab 9. Aufl.
[325] Instruktiv GK-*Kreutz* BetrVG § 77 Rn. 422.
[326] → D Rn. 225.
[327] *Fitting* BetrVG § 21 Rn. 31; *Thüsing* in Richardi BetrVG § 21 Rn. 23.
[328] BAG 28.7.1981 – 1 ABR 79/79, DB 1981, 2621 unter B. IV. 1. der Gründe; GK/*Kreutz* BetrVG § 77 Rn. 429; *Fitting* BetrVG § 77 Rn. 175; *Richardi* in Richardi BetrVG § 77 Rn. 224.
[329] GK/*Kreutz* § 77 Rn. 430; *Richardi* in Richardi BetrVG § 77 Rn. 224.

d) Geltung für widersprechende Arbeitnehmer beim Betriebsübergang

Ein „Mischtatbestand" zwischen einer unternehmensinternen und einer unternehmensübergreifenden Konstellation ergibt sich, wenn ein Betrieb veräußert wird, einige Arbeitnehmer jedoch dem Übergang ihrer Arbeitsverhältnisse gem. § 613a Abs. 6 BGB widersprechen. 102

Beispiel E 8:

Ein pharmazeutisches Unternehmen veräußert einen seiner Betriebe an einen Wettbewerber. Mehrere Arbeitnehmer widersprechen dem Übergang ihrer Arbeitsverhältnisse. In dem Betrieb gilt eine Betriebsvereinbarung („Ratio-BV"), die den Arbeitnehmern für den Fall einer betriebsbedingten Kündigung eine beträchtliche Abfindung zusagt. Die Betriebsvereinbarung ist mit einer Mindestlaufzeit ausgestattet und kann erst ca. zwei Jahre nach dem Betriebsübergang gekündigt werden. Der bisherige Arbeitgeber hat die Arbeitsverhältnisse mit den widersprechenden Arbeitnehmern gekündigt. Diese verlangen nunmehr die in der Ratio-BV zugesagte Abfindung.

Für die widersprechenden Arbeitnehmer findet § 613a Abs. 1 BGB keine Anwendung, da ihr Arbeitsverhältnis gerade nicht auf einen neuen Arbeitgeber übergegangen ist[330]. Fraglich ist, ob auch sie sich noch auf die Betriebsvereinbarung stützen können, obwohl der Beschäftigungsbetrieb beim bisherigen Arbeitgeber nicht mehr besteht und die Betriebsvereinbarung beim Erwerber kollektivrechtlich fortgilt. Das BAG hat für diese Konstellation klargestellt, dass dem Betriebsrat im fortbestehenden Betrieb für die widersprechenden Arbeitnehmer weder ein Übergangsmandat (§ 21a BetrVG) noch ein Restmandat (§ 21b BetrVG) zusteht.[331] Richtigerweise können sich die widersprechenden Arbeitnehmer auch nicht auf die bisher geltenden Betriebsvereinbarungen berufen, da sie selbst – infolge ihres Widerspruchs – nicht mehr in einem Betrieb im betriebsverfassungsrechtlichen Sinne beschäftigt[332] sind. Hingegen lässt sich nicht wie im Fall einer Betriebsstilllegung argumentieren, dass die Betriebsvereinbarung auch für die widersprechenden Arbeitnehmer noch eine „Gestaltungsaufgabe" habe[333] und deshalb kollektivrechtlich fortgelten müsse, denn die Betriebsvereinbarung gilt ja tatsächlich fort – aber eben nicht außerhalb des Betriebs, für die sie abgeschlossen ist. Das **Beispiel E 8** macht im Übrigen deutlich, dass es sich gerade bei langfristigen Abfindungszusagen sowie beim Ausschluss betriebsbedingter Kündigungen empfiehlt, vorsorglich die üblichen Ausschlusstatbestände vorzusehen, insbesondere bei Ablehnung einer zumutbaren Weiterbeschäftigung oder bei einem Widerspruch gem. § 613a Abs. 6 BGB ohne triftigen Grund.

e) Verlust der Betriebsidentität

Es entspricht der herrschenden Auffassung, dass die Geltung von Betriebsvereinbarungen – ebenso wie das Betriebsratsamt[334] – an den **Fortbestand der (Teil-)Identität des Betriebes bzw. Betriebsteils** als deren tatsächliche Grundlage gebunden ist.[335] Umstrukturierungen, die die Identität des Betriebes unangetastet lassen, führen demnach nicht zu einer Beseitigung bestehender Betriebsvereinbarungen. Dies gilt nicht nur bei Umstrukturierungen auf Unternehmensebene (Veräußerung eines gesamten Betriebes, Formwechsel, Verschmelzung ohne Zusammenfassung betrieblicher Einheiten etc), sondern auch für be- 103

---

330 HWK/*Müller-Bonanni* BGB § 613a Rn. 355.

331 BAG 8.5.2014 – 2 AZR 1005/12, NZA 2015, 889; vgl. auch BAG, 24.5.2012 – 2 AZR 62/11, NZA 2013, 277.

332 HWK/*Müller-Bonanni* BGB § 613a Rn. 361.

333 → Rn. 97.

334 Vgl. hierzu → D Rn. 51, 64.

335 Vgl. BAG 5.2.1991 – 1 ABR 32/90 unter B. IV. 2. c) der Gründe, NZA 1991, 639; vgl. auch BAG 27.7.1994 – 7 ABR 37/93, NZA 1995, 222 unter II. der Gründe; *Richardi* (8. Aufl.) BetrVG § 77 Rn. 209; *Kreft* FS Wissmann, 2005, 347 (351); krit. GK/*Kreutz* BetrVG § 77 Rn. 423.

stimmte Umstrukturierungen auf betrieblicher Ebene, nämlich dann, wenn die Identität eines der Ausgangsbetriebe unangetastet bleibt. So gelten die Betriebsvereinbarungen bei den sog. **Eingliederungsfällen**[336] im aufnehmenden Betrieb fort[337]. Tritt hingegen ein **Identitätsverlust** ein, ist die Fortgeltung der im betreffenden Betrieb oder Betriebsteil geltenden Betriebsvereinbarungen fraglich. Während § 613a Abs. 1 S. 2 BGB für einen Teil der auftretenden Konstellationen – nämlich soweit sie mit einem Betriebsinhaberwechsel verbunden sind – eine Lösung bereithält, ist das Schicksal von Betriebsvereinbarungen für diejenigen Fälle ungeregelt, in denen **unternehmensinterne Veränderungen** mit der Folge des Identitätsverlustes erfolgen. Deshalb sind die Folgen einer **Spaltung** von Betrieben im Hinblick auf die Fortgeltung von Betriebsvereinbarungen im abgespaltenen Betriebsteil ebenso unklar wie jene beim **Zusammenschluss** zweier Betriebe zu einem neuen Betrieb (desselben Unternehmens).

104 Beispiel E 9

Ein Unternehmen, das einen Produktionsbetrieb einschließlich der zugehörigen Verwaltungs- und Vertriebsabteilungen unterhält, entschließt sich, den Bereich Vertrieb/Verwaltung räumlich zu verlagern und ihn in einen anderen Produktionsbetrieb des Unternehmens einzugliedern. Die entsprechenden Abteilungen beziehen ein 60 km entferntes anderes Gebäude des Unternehmens, in dem auch der andere Produktionsbetrieb liegt.

Beispiel E 10:

Ein Unternehmen der Pharmaindustrie entschließt sich, zwei Produktionsbetriebe zu einer neuen Produktionsstätte zusammenzufassen (Zusammenschluss zweier Betriebe zu einem neuen Betrieb).[338]

Im **Beispiel E 9** wird der „abgespaltene" Betriebsteil Vertrieb/Verwaltung nicht mehr vom Betriebsrat des Ausgangsbetriebes repräsentiert. Da in Eingliederungsfällen der abgespaltene Betrieb(steil) mit dem des Ausgangsbetriebes keine Identität mehr aufweist, kommt eine **kollektivrechtliche Fortgeltung** der Betriebsvereinbarungen **nicht in Betracht.**[339] Ähnlich verhält es sich im **Beispiel E 10.** Werden zwei bislang organisatorisch selbständige Betriebe zu einem neuen Betrieb zusammengeschlossen, endet das Amt beider bisher für die Einzelbetriebe zuständigen Betriebsräte.[340] Da der neue Betrieb mit den Ausgangsbetrieben nicht identisch ist, kommt eine kollektivrechtliche Fortgeltung von Betriebsvereinbarungen wiederum **nicht** in Betracht. Da es bei unternehmensinternen Umstrukturierungen nicht zu einem Inhaberwechsel kommt, kann § 613a Abs. 1 S. 2 BGB nicht zur Anwendung kommen. Nach einer Literaturansicht soll eine kollektivrechtliche Fortgeltung in Eingliederungs- und Zusammenschlussfällen jedoch dann möglich sein, wenn die Betriebe oder Betriebsteile in ihrer neuen Zusammenstellung noch klar voneinander trennbar sind.[341] Gegen diese Konzeption sprechen dieselben Gründe, wie sie oben bereits im Zusammenhang mit Umstrukturierungen mit Betriebsinhaberwechsel hergeleitet worden sind.[342] In beiden Konstellationen stellt sich die Frage, ob die sich für die betroffenen Arbeitnehmer bislang aus Betriebsvereinbarungen ergebenden Rechte und Pflichten ersatzlos wegfallen oder auch bei unternehmensinternen Umstrukturierungen ein System des **Bestandsschutzes** greift.

---

336 Zur Abgrenzung der Eingliederungsfälle siehe ausführlich unter → D Rn. 68.
337 Vgl. → Rn. 28.
338 Vgl. diese Konstellation in Abgrenzung von den sog. Eingliederungsfällen unter → D Rn. 68.
339 So schon → Rn. 28.
340 Hierzu → D Rn. 68.
341 *Fitting* BetrVG § 77 Rn. 163; GK/*Kreutz* BetrVG § 77 Rn. 425; DKW/*Berg* BetrVG § 77 Rn. 96, 98; *Bachner* NZA 1997, 79 (81); *Kreft* FS Wissmann, 2005, 348 (351); vgl. hierzu ausführlich im Zusammenhang mit unternehmensübergreifenden Umstrukturierungen → Rn. 29.
342 Vgl. → Rn. 29.

Es würde einen erheblichen **Wertungswiderspruch** darstellen, wenn einerseits „sogar" bei einem Wechsel des Betriebsinhabers gemäß § 613a Abs. 1 S. 2 BGB die Nachbindung an Betriebsvereinbarungen angeordnet wird, soweit beim Betriebserwerber nicht hinsichtlich des betreffenden Gegenstandes eine eigene Betriebsvereinbarung gilt, wenn andererseits durch unternehmens*interne* Umstrukturierungen sämtliche Betriebsvereinbarungen außer Kraft gesetzt werden könnten. *Hanau* vertritt die Auffassung, **§ 613a Abs. 1 S. 2 BetrVG** sei auf unternehmensinterne Umstrukturierungen **analog** anzuwenden, soweit Betriebsvereinbarungen betroffen sind.[343] Die Interessenlage ist bei einem Betriebsübergang im Vergleich zu einer unternehmensinternen Umstrukturierung allerdings eine andere. Anders als bei einem Inhaberwechsel dürfte die Gefahr einer Verschlechterung für die betroffenen Arbeitnehmer beim selben Arbeitgeber deutlich geringer sein, für die Sperrfrist des § 613a Abs. 1 S. 2 BGB besteht somit kein Bedürfnis. Mangels vergleichbarer Interessenlage ist daher die analoge Anwendung der Vorschrift insgesamt abzulehnen. *Richardi*[344] ging bislang von einer **„Nachwirkung"** der Betriebsvereinbarungen im ausgegliederten bzw. mit einem anderen Betrieb verbundenen Betrieb(steil) aus. Darin liegt eine sachgerechte Lösung.[345] Die Betriebsvereinbarungen gelten in diesen Konstellationen fort, bis sie durch neue Vereinbarungen abgelöst werden. Die **Sperrfrist** von einem Jahr, die § 613a Abs. 1 BGB anordnet, **findet** auf die Konstellationen, in denen es nicht zu einem Betriebsinhaberwechsel kommt, **keine Anwendung.** 105

3. Besonderheiten bei Abschluss, Bestehen und Beendigung von Vereinbarungen gemäß § 3 BetrVG

Im Kapitel D VII. sind ausführlich die auf die Mitbestimmungsorgane bezogenen Fragen beim Abschluss, beim Bestehen und bei der Beendigung von Vereinbarungen gemäß § 3 BetrVG erörtert worden. Ähnlich schwierige Fragen ergeben sich im Hinblick auf das Schicksal der Betriebsvereinbarungen, und zwar nicht nur bei der Durchführung von Umstrukturierungen. Sie treten unabhängig von Strukturveränderungen schon beim Abschluss und später wieder bei der Beendigung von Vereinbarungen zur betriebsverfassungsrechtlichen Struktur auf. Der Gesetzgeber hat hierzu nichts Näheres bestimmt, so dass nur die Möglichkeit besteht, die „allgemeinen Regeln" zur Anwendung zu bringen. Die denkbaren Fallgestaltungen sind so vielfältig, dass sich die nachfolgende Darstellung auf wenige typische Konstellationen beschränken muss. 106

a) Schicksal bestehender Betriebsvereinbarungen bei Abschluss und Beendigung von Vereinbarungen gemäß § 3 BetrVG

Häufig wird eine Strukturvereinbarung gem. § 3 BetrVG dazu führen, dass **bislang getrennte Einheiten** betriebsverfassungsrechtlich **zusammengefasst** werden, insb. bei der Bildung eines unternehmenseinheitlichen Betriebsrates oder bei der Bildung von Regional- oder Spartenbetriebsräten. In diesen Konstellationen verlieren die in den ursprünglichen Betrieben gewählten Betriebsräte ihr Amt (vgl. § 3 Abs. 4 BetrVG). Hier gilt es zu klären, was mit den Betriebsvereinbarungen der betriebsverfassungsrechtlich nicht mehr eigenständigen Betriebe geschieht. § 613a Abs. 1 S. 2 BGB hilft nicht, da ein Betriebsinhaberwechsel nicht erfolgt. Man könnte deshalb daran denken, parallel zu der hier vertrete- 107

[343] *Hanau* RdA 1989, 207 (211); siehe auch *Hanau,* Arbeitsrechtliche Folgen der Umstrukturierung, S. 82, 97; ähnlich Erman/*Edenfeld* BGB § 613a Rn. 76; zustimmend *Gaul,* Betriebsspaltung, § 25 Rn. 182; Analogie zu § 613a Abs. 1 S. 2 BGB ablehnend *Schiefer* RdA 1994, 83 (85); *Kreßel* DB 1989, 1623 (1625); *Gaul* NZA 1986, 628 (630).

[344] *Richardi* (9. Aufl.) BetrVG § 77 Rn. 215; ähnlich *Hopfe,* Der Gemeinsame Betrieb in der Insolvenz, 2006, S. 271; aA nun *Richardi* in Richardi BetrVG § 77 Rn. 226 (kollektivrechtliche Fortgeltung); so wohl auch *Fitting* BetrVG § 77 Rn. 164.

[345] So auch ErfK/*Kania* BetrVG § 77 Rn. 122.

nen Konzeption bei der „physischen" Zusammenlegung von Betrieben innerhalb eines Unternehmens zu verfahren mit der Folge, dass nur noch eine Nachbindung an die Betriebsvereinbarungen in den Ausgangsbetrieben entspr. § 77 Abs. 6 BetrVG erfolgt.[346] Im Unterschied zu der „physischen" Zusammenlegung von Betrieben besteht in der hier gegebenen Konstellation im Hinblick auf die Lehre von der Betriebsidentität aber keine Notwendigkeit, die kollektivrechtliche Fortgeltung der Betriebsvereinbarungen in Frage zu stellen. Da nämlich die nur im Hinblick auf die betriebsverfassungsrechtliche Organisation zusammengefassten Bereiche nach wie vor ihre **räumlich-organisatorische Eigenständigkeit** bewahren, erscheint es sinnvoll, wenn diese Betriebsvereinbarungen – allerdings nur für den Bereich, in dem sie bislang gegolten haben – auf **kollektivrechtlicher Grundlage fortgelten.**[347] Dieser Auffassung hat sich auch das **BAG**[348] angeschlossen. Die für bestimmte (ehemalige) Betriebe fortgeltenden Betriebsvereinbarungen können jederzeit durch eine Vereinbarung abgelöst werden, die der neu gebildete Betriebsrat (zB Regionalbetriebsrat oder unternehmenseinheitlicher Betriebsrat) im Rahmen seiner originären Zuständigkeit abschließt.[349] Werden allerdings im Zusammenhang mit dem Abschluss der Strukturvereinbarung auch tatsächlich-organisatorische Änderungen vollzogen, die die Betriebsidentität berühren, kann sich hieraus eine veränderte Lage ergeben.[350] Die Rechtsfolgen für die Fortgeltung von Betriebsvereinbarungen ergeben sich in diesem Fall jedoch nicht aufgrund der Vereinbarung gemäß § 3 BetrVG, sondern aufgrund der betrieblichen Veränderungen.

108 Bei **Ablauf der Vereinbarung gemäß § 3 BetrVG** stellt sich die Frage nach dem Schicksal der vom unternehmenseinheitlichen bzw. vom Sparten- oder Regionalbetriebsrat abgeschlossenen Vereinbarungen. Gliedert sich das Unternehmen dann betriebsverfassungsrechtlich wieder gemäß der gesetzlichen Struktur, ist es gerechtfertigt, die bereits in den Ausgangsbetrieben abgeschlossenen Betriebsvereinbarungen, die für die Dauer der Vereinbarung nach § 3 BetrVG kollektivrechtlich – begrenzt auf den bisherigen Geltungsbereich – fortgegolten haben[351], nach Ablauf der Vereinbarung gemäß § 3 BetrVG (kollektivrechtlich) als Einzelbetriebsvereinbarungen fortgelten zu lassen. Insofern wird lediglich wieder die Ausgangslage hergestellt. Betriebsvereinbarungen, die während der Laufzeit der Strukturvereinbarung abgeschlossen wurden, gelten nach deren Ablauf in den Ausgangsbetrieben **als Einzelbetriebsvereinbarungen kollektivrechtlich** fort.[352] Nach der Konzeption des BAG und der hM für die Fortgeltung von Betriebsvereinbarungen bei Umstrukturierungen ist dies ein selbstverständliches Ergebnis. Wie der *Erste Senat*[353] zu Recht festgestellt hat, wird durch Vereinbarung abweichender Betriebsratsstrukturen die Identität der beteiligten Betriebe nicht verändert. Nichts anderes gilt für die Rückkehr zur gesetzlichen Struktur, so dass die kollektivrechtliche Fortgeltung der Betriebsvereinbarungen systemkonform ist.

109 Für die Praxis empfiehlt es sich, das Schicksal bestehender Betriebsvereinbarungen sowohl für den Übergang in die Strukturvereinbarung als auch für den Fall deren Beendigung sorgfältig zu analysieren und in der Vereinbarung gemäß § 3 BetrVG zu **regeln.** Allerdings sollte man dabei nicht wesentlich von den vorstehenden Grundsätzen abweichen, da keineswegs gesichert ist, ob die **Regelungskompetenz** der Tarifvertragsparteien

---

[346] Vgl. hierzu unter → Rn. 106.

[347] DKW/*Trümner* BetrVG § 3 Rn. 209; ErfK/*Koch* BetrVG § 3 Rn. 12; *Fitting* BetrVG § 3 Rn. 77; GK/*Franzen* BetrVG § 3 Rn. 62; abweichend wohl *Richardi* in Richardi BetrVG § 77 Rn. 198, der sich für die Fortgeltung der Betriebsvereinbarungen des aufnehmenden Betriebs ausspricht, aber Vertrauensschutz gewähren möchte.

[348] BAG 18.3.2008 – 1 ABR 3/07, NZA 2008, 1259 Rn. 27 ff.; BAG 7.6.2011 – 1 ABR 110/09, NZA 2012, 110.

[349] ErfK/*Koch* BetrVG § 3 Rn. 12; DKW/*Trümner* BetrVG § 3 Rn. 209.

[350] So auch BAG 18.3.2008 – 1 ABR 3/07, NZA 2008, 1259 Rn. 28.

[351] Hierzu → Rn. 107.

[352] DKW/*Trümner* BetrVG § 3 Rn. 209; ErfK/*Koch* BetrVG § 3 Rn. 12.

[353] BAG 18.3.2008 – 1 ABR 3/07, NZA 2008, 1259 Rn. 27 ff.

(und ausnahmsweise der Vereinbarungspartner auf der Ebene der Betriebsverfassung), die ihnen mit § 3 BetrVG eingeräumt worden ist, auch Regelungen zum „Schicksal" der Kollektivvereinbarungen umfasst. Es gilt vielmehr der Grundsatz, dass das betriebsverfassungsrechtliche **Organisationsrecht zwingend** ausgestaltet ist und durch Vereinbarungen nur in gesetzlich geregelten Fällen modifiziert werden kann.[354] Man darf jedoch nicht übersehen, dass das Gesetz im Zusammenhang mit § 3 BetrVG keinerlei Regelungen zum Schicksal von Betriebsvereinbarungen enthält, weshalb man den Parteien im Sinne einer **Annexkompetenz** zu § 3 BetrVG eine Möglichkeit an die Hand geben muss, Regelungen zum Schicksal von Betriebsvereinbarungen zu treffen[355], solange diese nicht Grundregeln der Betriebsverfassung widersprechen.

b) Auswirkungen von Umstrukturierungen auf Betriebsvereinbarungen bei Bestehen einer Vereinbarung gem. § 3 BetrVG

Die Fragen, die bei Bestehen einer Vereinbarung gem. § 3 BetrVG infolge von Umstruk- 110
turierungsmaßnahmen auftreten können, sind bereits unter Kapitel D VII. 6. behandelt worden. Insbesondere wurde erörtert, ob sich Vereinbarungen gem. § 3 BetrVG sogleich auf neu erworbene Unternehmen/Betriebe erstrecken.

Bei der **Herauslösung eines Betriebes** aus dem Vertretungsbereich eines unternehmenseinheitlichen Betriebsrats oder eines anderen Betriebsrates, der für mehrere Betriebe im klassischen Sinne gebildet wurde, kann man nach den vom *Ersten Senat* des BAG entwickelten Grundsätzen davon ausgehen, dass die abgeschlossenen Betriebsvereinbarungen auch nach dem Betriebsübergang kollektivrechtlich fortgelten, sofern sie beim neuen Arbeitgeber nicht durch eine vorrangige Konzern- oder Gesamtbetriebsvereinbarung verdrängt werden. Für die ursprünglich örtlichen Betriebsvereinbarungen, die während der Laufzeit der Strukturvereinbarung als Betriebsvereinbarungen in ihrem bisherigen Anwendungsbereich fortgalten[356], ist dies selbstverständlich. Angesichts der fortbestehenden Betriebsidentität der Einzelbetriebe auch während der Laufzeit der Strukturvereinbarung gilt dieses Ergebnis indessen auch für die Betriebsvereinbarungen, die der gemäß Strukturvereinbarung zuständige Betriebsrat abgeschlossen hat. Diese gelten als Einzelbetriebsvereinbarungen im veräußerten oder herausgelösten Betrieb fort. Werden nur Teileinheiten – zum Beispiel ein Betriebsteil – herausgelöst, gelten ebenfalls die allgemeinen Regeln, wonach auch in diesen die Betriebsvereinbarungen im Zweifel kollektivrechtlich weitergelten.[357]

Wird während der Laufzeit einer Strukturvereinbarung ein **Betrieb erworben** und gehört dieser sodann in den Zuständigkeitsbereich des qua Vereinbarung gebildeten Betriebsrates (was zunächst zu prüfen sein wird)[358], gelten die im aufnehmenden Bereich anwendbaren Betriebsvereinbarungen auch für den aufgenommenen Betrieb, sofern die Auslegung[359] dieser Vereinbarung ergeben hat, dass auch neu erworbene Einheiten vom Anwendungsbereich umfasst sein sollen; Betriebsvereinbarungen im aufgenommenen Betrieb, die denselben Regelungsbereich betreffen, werden hierdurch verdrängt. Auf den neu hinzugekommenen Betrieb werden indessen nicht die Betriebsvereinbarungen angewandt, die in den Ausgangsbetrieben bereits galten, bevor die Strukturvereinbarung abgeschlossen wurde. Diese wirken nur bezogen auf die jeweilige Ursprungseinheit fort.[360]

---

[354] Vgl. *Annuß* NZA 2002, 290 (292); vgl. auch BAG 18.9.2002 – 1 ABR 54/01, NZA 2003, 670 unter III. 2. b) ee).
[355] Siehe zu den (strengen) Anforderungen an die Herleitung einer Annexkompetenz BAG 16.11.2011 – 7 ABR 28/10, NZA 2012, 404 Rn. 31.
[356] Vgl. → Rn. 107.
[357] Vgl. → Rn. 24ff.
[358] Vgl. hierzu → D Rn. 198.
[359] Siehe hierzu bei Gesamtbetriebsvereinbarungen → Rn. 16f.
[360] Vgl. → Rn. 107.

II. Auswirkungen auf die Geltung von Tarifverträgen

Ausgewählte Literatur:
Annuß, Tarifbindung durch arbeitsvertragliche Bezugnahme?, ZfA 2005, 405; *Bauer/Günther,* Bezugnahmeklauseln bei Verbandswechsel und Betriebsübergang – Ein Irrgarten?, NZA 2008, 6; *Bayreuther,* Die AGB-Kontrolle der Tarifwechselklausel, Festschrift für Peter Kreutz, 2010, S. 29; *Beseler/Düwell,* Betriebsübergang und Umstrukturierung von Unternehmen, 2014; *Boecken,* Unternehmensumwandlungen und Arbeitsrecht, 1996; *Clemenz/Kreft/Krause,* AGB-Arbeitsrecht, 2. Aufl. 2019; *Dzida,* Arbeitsrecht im Umwandlungsgesetz, in: Arbeitsrecht bei Änderung der Unternehmensstruktur – Festschrift für Heinz Josef Willemsen, 2018, S. 95; *Grau/Flockenhaus,* Aktuelle Entwicklungen in der Rechtsprechung zum Betriebsübergang, NZA-RR 2019, 289; *Gussen/Dauck,* Die Weitergeltung von Betriebsvereinbarungen und Tarifverträgen bei Betriebsübergang und Umwandlung, 2. Aufl. 1997; *Hanau/Strauß,* Die neue Rechtsprechung zur Kündigung von Tarifverträgen nach Betriebsübergang, in: Arbeitsgerichtsbarkeit und Wissenschaft, FS für Klaus Bepler, 2012, S. 207; *Hanau/Vossen,* Die Auswirkungen des Betriebsinhaberwechsels auf Betriebsvereinbarungen und Tarifverträge, Festschrift für Hilger/Stumpf, 1983, S. 271; *Heinze,* Ausgewählte Rechtsfragen zu § 613a BGB, Festschrift für Günter Schaub, 1998, S. 275; *Heinze,* Arbeitsrechtliche Probleme bei der Umstrukturierung von Unternehmen, DB 1998, 1861; *Henssler,* Unternehmensumstrukturierung und Tarifvertrag, in: Tarifautonomie für ein neues Jahrhundert, Festschrift für Gunter Schaub, 1989, S. 311; *Henssler,* Schuldrechtliche Tarifgeltung bei Verbandsaustritt, Verbandswechsel und Unternehmensumstrukturierung, Festschrift für Hellmut Wissmann, 2005; *Höpfner,* Die Tarifgeltung im Arbeitsverhältnis, 2015; *Hohenstatt,* Die Fortgeltung von Tarifnormen nach § 613a Abs. 1 S. 2 BGB, NZA 2010, 23; *Hohenstatt,* Nach „Asklepios": Sechs Thesen zum Schicksal von Bezugnahmeklauseln beim Betriebsübergang, Festschrift für Heinz Josef Willemsen, S. 187; *Hohenstatt/Schramm,* Arbeitsrechtliche Angaben im Umwandlungsvertrag, in: Festschrift zum 25-jährigen Bestehen der Arbeitsgemeinschaft Arbeitsrecht im DAV, 2006, S. 629; *Hohenstatt/Schuster,* Auswirkungen des Tarifeinheitsgesetzes auf Umstrukturierungen, ZIP 2016, 5; *Hohenstatt,* Anm. zu BAG – 4 AZR 100/08, NZA 2010, 23; *Hohenstatt/Kuhnke,* Die arbeitsvertragliche Bezugnahme auf Tarifverträge beim Betriebs(teil)übergang, RdA 2009, 107; *Hromadka,* Tarifvertrag und Arbeitsvertrag bei der Ausgründung von Betriebsteilen, DB 1996, 1872; *Hromadka/Maschmann/Wallner,* Der Tarifwechsel, 1996; *Jacobs,* Tarifeinheit und Tarifkonkurrenz, 1999; *Jacobs,* Die arbeitsvertragliche Bezugnahme auf Tarifverträge bei Betriebsübergang, Festschrift für Rolf Birk, 2008, S. 243; *Jacobs,* Fortgeltung und Änderung von Tarif- und Arbeitsbedingungen bei der Umstrukturierung von Unternehmen, NZA-Beil. 2009, 45; *Jacobs/Krois,* Die Auflösung von Tarifkonkurrenzen, in Festschrift für Klaus Bepler, 2012, S. 241; *Krause, Rüdiger,* Individualrechtliche Verweisungen auf kollektivrechtliche Arbeitsbedingungen und unternehmerische Freiheit im europäischen Recht, Festschrift für Heinz Josef Willemsen, S. 257; *Krois,* Zur Weitergeltung einer zeitdynamischen Bezugnahmeklausel nach einem Betriebsübergang, Anm. zu BAG – 4 AZR 443/15, EWiR 2018, 411; *Lambrich,* Weitergeltung und Ablösung von Tarifverträgen nach Betriebsübergang, Festschrift für Horst Ehmann, 2005, 169; *Lambrich/Trappehl,* Tarifflucht, 2001; *Latzel,* Trotz geschickter Vorlage: Dynamik von Bezugnahmeklauseln nach Betriebsübergang bleibt unklar, GPR 2017, 301; *Loew,* Die Betriebsveräußerung im europäischen Arbeitsrecht, 1992; *Löwisch,* Misslungene Reparatur des Tarifeinheitsgesetzes, RdA 2019, 169; *Mengel,* Umwandlungen im Arbeitsrecht, 1996; *Moll,* Kollektivvertragliche Arbeitsbedingungen nach einem Betriebsübergang, RdA 1996, 275; *Preis/Steffan,* Zum Schicksal kollektivrechtlicher Regelungen beim Betriebsübergang, Festschrift für Alfons Kraft zum 70. Geburtstag, 1998, S. 477; *Reichel,* Die arbeitsvertragliche Bezugnahme auf den Tarifvertrag, 2001; *Sagan,* Die Kollektive Fortgeltung von Tarifverträgen und Betriebsvereinbarungen nach § 613a Abs. 1 Satz 2–4 BGB, RdA 2011, 136; *Schubert,* Kollektivverträge und kleine dynamische Bezugnahmeklauseln bei Betriebsübergang, in: FS für Heinz Josef Willemsen, S. 463; *Sieg/Maschmann,* Unternehmensumstrukturierung 3. Aufl. 2020; *Sittard,* Voraussetzungen und Wirkungen der der Tarifnormerstreckung nach § 5 TVG und dem AEntG, 2010; *Skuderis,* Die Weitergeltung von Tarifverträgen bei Betriebsübergängen, 1999; *Thüsing/Lambrich,* Arbeitsvertragliche Bezugnahme auf Tarifnormen, RdA 2002, 193; *v. Alvensleben,* Die Rechte der Arbeitnehmer beim Betriebsübergang, 1992; *Wieland,* Recht der Firmentarifverträge, 1998; *E.M. Willemsen,* Die arbeitsvertragliche Bezugnahme auf den Tarifvertrag bei Tarifwechsel, Diss., Berlin 2009; *E.M. Willemsen,* Bezugnahmeklauseln bei Betriebsübergang – neue Signale aus Luxemburg? Festschrift für Heinz Josef Willemsen, 2018, S. 620; *Willemsen/Krois/Mehrens,* Entdynamisierung von Tarifverträgen nach einem Betriebsübergang, RdA 2018, 151.

1. Kollektivrechtliche Fortgeltung von Tarifverträgen

111 Ebenso wie für die Fortgeltung von Betriebsvereinbarungen gilt auch für Tarifverträge der Grundsatz, dass die in § 613a Abs. 1 S. 2 BGB angeordnete Fortgeltung der Rechtsnormen eines Tarifvertrages „als Inhalt des Arbeitsverhältnisses zwischen dem neuen Inhaber und dem Arbeitnehmer" im Sinne einer **Auffanglösung** nur zur Anwendung kommt, wenn der bisher anwendbare Tarifvertrag nicht ohnehin originär-kollektivrechtlich fort-

gilt.[361] Die Unterschiede zwischen einer kollektivrechtlichen und damit grundsätzlich unbefristet zwingenden Fortgeltung von Kollektivvereinbarungen im Unterschied zur Fortgeltung gem. § 613a Abs. 1 S. 2 BGB sind bereits im Zusammenhang mit dem „Schicksal" von Betriebsvereinbarungen beim Betriebsübergang dargestellt worden.[362] Im Hinblick auf Tarifverträge soll dieser Unterschied unter II. 2. b) (→ Rn. 149) näher beleuchtet werden.

Für die Frage, ob in einem Betrieb oder Unternehmen nach einer Umstrukturierung Tarifverträge **originär-kollektivrechtlich** fortgelten, ist zum einen danach zu unterscheiden, ob bislang ein **Verbandstarifvertrag** oder aber ein **Firmentarifvertrag** Anwendung fand. Im Übrigen kann es darauf ankommen, ob sich die Umstrukturierung im Wege der **Einzel- oder der Gesamtrechtsnachfolge** vollzieht.

a) Betriebs(teil)übergang qua Einzelrechtsnachfolge

Zunächst sollen diejenigen Konstellationen untersucht werden, in denen Betriebe oder Betriebsteile qua Einzelrechtsübertragung – und damit **außerhalb des Umwandlungsrechts** – auf einen anderen Arbeitgeber übergehen. 112

aa) Kollektivrechtliche Fortgeltung von Verbandstarifverträgen. Wird ein Betrieb oder ein Betriebsteil im Sinne von § 613a Abs. 1 S. 1 BGB auf einen anderen Inhaber übertragen, tritt dieser tarifrechtlich nicht ohne Weiteres in die Stellung des bisherigen Arbeitgebers ein. Dies liegt daran, dass die **Mitgliedschaft im Arbeitgeberverband höchstpersönlicher Natur** ist und weder über § 613a BGB noch im Wege der (partiellen) Gesamtrechtsnachfolge auf den übernehmenden Rechtsträger übergeht.[363] Zu einer kollektivrechtlichen Fortgeltung des bislang anwendbaren Verbandstarifvertrages kommt es beim Betriebs(teil)übergang daher nur, soweit der **neue Inhaber entweder selbst Mitglied desselben Arbeitgeberverbandes** ist bzw. wird oder der bisher anwendbare Tarifvertrag für **allgemeinverbindlich** erklärt wurde (§ 5 TVG).[364] Als zusätzliche Voraussetzung muss der übertragene Betrieb bzw. Betriebsteil allerdings weiterhin unter den **fachlichen Geltungsbereich** des bisher anwendbaren Tarifvertrages fallen.[365]

Beispiel E 11: 113

Wird aus einem Betrieb der Elektroindustrie der Betriebsteil Vertrieb auf eine eigenständige Gesellschaft übertragen, die diesen Bereich zukünftig als organisatorisch eigenständigen Betrieb betreibt, fällt dieser nicht mehr unter den fachlichen Geltungsbereich der bisher auf den Gesamtbetrieb anwendbaren Tarifverträge der Metall- und Elektroindustrie. Ob auch

---

[361] Vgl. nur Kallmeyer/*Willemsen* UmwG § 324 Rn. 24; Wiedemann/*Oetker* TVG § 3 Rn. 251; HMB/*Grau* Der Tarifvertrag Teil 15 Rn. 32; MüKoBGB/*Müller-Glöge* § 613a, Rn. 129; siehe auch in ständiger Rspr. ua BAG 4.7.2007 – 4 AZR 491/06, NZA 2008, 307; BAG 19.9.2008 – 4 AZR 711/06, NZA 2008, 241; BAG u24.6.1998 – 4 AZR 208/97, NZA 1998, 1346 siehe bereits unter → Rn. 2 und 7; aA Lutter/*Sagan* UmwG § 32 4 Rn. 18; ErfK/*Preis* BGB § 613a Rn. 112f., nach deren Sukzessionsmodell § 613a Abs. 1 S. 2 BGB als lex specialis stets maßgeblich sei und der Erwerber in die kollektivrechtliche und schuldrechtliche Bindung des Veräußerers eintrete; vgl. hierzu näher unter → Rn. 152.

[362] Vgl. → Rn. 34ff.

[363] BAG 5.10.1993 – 3 AZR 586/92, NZA 1994, 848; BAG 13.7.1994 – 4 AZR 555/93, NZA 1995, 479; BAG 24.6.1998 – 4 AZR 208/97, NZA 1998, 1346; Kallmeyer/*Willemsen* UmwG § 324 Rn. 24; Wiedemann/*Oetker* TVG § 3 Rn. 61; 226; HWK/*Henssler* TVG § 3 Rn. 45, 48; Sieg/Maschmann Unternehmensumstrukturierung Rn. 308 mwN.

[364] Staudinger/*Annuß* BGB § 613a Rn. 200, 204;; Wiedemann/*Oetker* TVG § 3 Rn. 222; HWK/*Müller-Bonnani* BGB § 613a Rn. 262; der neue Arbeitgeber kann sich in einer „Überleitungsvereinbarung" nicht wirksam verpflichten, dem Arbeitgeberverband beizutreten oder diesem weiterhin anzugehören; BAG 19.9.2006 – 1 ABR 2/06, NZA 2007, 662.

[365] So bereits BAG 5.10.1993 – 3 AZR 586/92, NZA 1994, 848; Sieg/Maschmann Unternehmensumstrukturierung Rn. 309; aA *Sagan* RdA 2011, 163 (168), nach dessen Sukzessionsmodell § 613a Abs. 1 S. 2 BGB als Anordnung einer kollektivrechtlichen Fortgeltung beim neuen Arbeitgeber anzusehen ist, und zwar unabhängig davon, ob dieser bzw. der entsprechende Betrieb (noch) unter den räumlichen oder fachlichen Geltungsbereich des Tarifvertrages fällt, in diesem Sinne mittlerweile auch ErfK/*Preis* BGB § 613a Rn. 112, 113a.

eigenständige Betriebe/Unternehmen mit einer unterstützenden Funktion vom Geltungsbereich umfasst sind, ist im Tarifvertrag geregelt; die Regelung muss mit der satzungsmäßigen Zuständigkeit der vertragsschließenden Verbände in Einklang stehen.[366]

Im **Beispiel E 11** würde es – davon ausgehend, dass der Vertrieb nun nicht mehr unter den tariflichen Geltungsbereich fällt – selbst dann nicht zu einer kollektivrechtlichen Fortgeltung der Tarifverträge kommen, wenn das neue Vertriebsunternehmen Mitglied im örtlich zuständigen Arbeitgeberverband der Metall- und Elektroindustrie würde (soweit eine Mitgliedschaft in diesem Arbeitgeberverband satzungsrechtlich überhaupt in Betracht käme). Lässt man den Fall der Allgemeinverbindlichkeit von Tarifverträgen außer Betracht, kommt es demnach für die kollektivrechtliche Fortgeltung von Verbandstarifverträgen ausschlaggebend auf die **Verbandsmitgliedschaft** des neuen Arbeitgebers und die fortdauernde **örtliche und fachliche Anwendbarkeit** der bisherigen Tarifverträge an. Sofern ein Betriebsübergang zu einer mehrfachen Tarifbindung innerhalb eines Betriebs führt, ist zu prüfen, ob die Tarifpluralität durch § 4a Abs. 2 S. 2 TVG aufgelöst werden kann.[367]

114 **bb) Kollektivrechtliche Fortgeltung von Firmentarifverträgen.** Gemäß § 3 Abs. 1 TVG sind nicht nur die Koalitionen, sondern ist auch der **einzelne Arbeitgeber tariffähig.** Eine beiderseitige Tarifbindung kann sich demnach auch aus dem Abschluss eines Firmen- bzw. Haustarifvertrages zwischen einer zuständigen Gewerkschaft und einem einzelnen Arbeitgeber ergeben, soweit der Arbeitnehmer Mitglied der zuständigen Gewerkschaft ist. Das Ob und ggf. der Umfang der kollektivrechtlichen Weitergeltung eines Firmentarifvertrages im Falle eines Betriebs(teil)übergangs waren lange Zeit umstritten.

Gemäß der vor Inkrafttreten des § 613a BGB wohl herrschenden Auffassung sollten Firmentarifverträge auch nach einem Betriebsübergang unter der Voraussetzung kollektivrechtlich fortgelten, dass diejenigen Organisationseinheiten erhalten bleiben, für die der Firmentarifvertrag abgeschlossen wurde.[368] Dieser Ansatz erscheint jedoch als nicht hinreichend dogmatisch fundiert. Frühere Erklärungsversuche, die sich auf eine Analogie zu § 613a BGB aF bzw. § 419 BGB (1994 aufgehoben) und § 25 HGB beriefen[369], werden heute einhellig als nicht mehr vertretbar angesehen. Auch die Anknüpfung an betriebsverfassungsrechtliche Kategorien (Beibehaltung der betrieblichen Identität) scheidet aus. Gemäß § 3 Abs. 1 TVG ist der Arbeitgeber Partei des Tarifvertrages, also die **natürliche oder juristische Person,** die den Betrieb unterhält. Eine betriebsbezogene Definition der Tarifbindung ist im TVG nicht vorgesehen.[370]

Gamillscheg meinte, gegen die kollektivrechtliche Fortgeltung eines Firmentarifvertrages beim Betriebsübergang lasse sich nicht die negative Koalitionsfreiheit des Betriebserwerbers anführen, da dieser schließlich wisse, welche Bindungen er eingehe.[371] Dies kann aber letztlich offen bleiben, da es jedenfalls an einer gesetzlichen Grundlage dafür fehlt, die Position des bisherigen Betriebsinhabers als Partei des Firmentarifvertrages ohne entsprechende Vereinbarung auf den Erwerber zu „übertragen".[372]

115 Das Bundesarbeitsgericht und die wohl herrschende Auffassung in der Literatur lehnen daher eine **originär-kollektivrechtliche Fortgeltung** eines Firmentarifvertrages nach

[366] Vgl. zum sachlichen Anwendungsbereich des Tarifvertrages, *Gaul,* Betriebsspaltung, S. 886, 890.

[367] Vgl. ausführlicher unter → Rn. 133.

[368] Ausführlich dazu Staudinger/*Annuß* BGB § 613a Rn. 199ff.; früher Wiedemann/*Stumpf* (5. Aufl.) TVG § 3 Rn. 73; aktuell noch vertreten von Däubler/*Lorenz* TVG § 3 Rn. 176; Kempen/Zachert/*Kempen* TVG § 3 Rn. 134; *Gamillscheg,* Band I, S. 778.

[369] Vgl. zu diesen Ansätzen MüKoBGB/*Schaub,* 3. Aufl., § 613a Rn. 133.

[370] *Kania* DB 1994, 529 (534); *Wieland* Rn. 267; *Henssler* ZfA 1998, 517 (533); vgl. auch Wiedemann/*Oetker* TVG § 3 Rn. 200; *Lambrich* FS Ehmann, 2005, 169 (185).

[371] *Gamillscheg* Kollektives Arbeitsrecht I S. 779.

[372] aA *Sagan* RdA 2011, 163 (171), nach dessen Sukzessionsmodell der Erwerber „im Wege der teleologischen Rechtsfortbildung des § 613a Abs. 1 S. 2 BGB gänzlich in die schuldrechtliche Stellung des Veräußerers als Partei des Firmentarifvertrages" eintritt; so nunmehr auch ErfK/*Preis* BGB § 613a Rn. 112, 113b.

Vollzug eines Betriebs(teil)übergangs ab, es sei denn, dass der neue Betriebsinhaber mit der zuständigen Gewerkschaft die **„Übernahme" des Firmentarifs** vereinbart und damit selbst einen (identischen) Firmentarifvertrag abschließt.[373] Hingegen gilt der Firmentarifvertrag nach einem Betriebs(teil)übergang zwischen den ursprünglichen Parteien – Gewerkschaft und bisherigem Betriebsinhaber – kollektivrechtlich fort; dies gilt selbst dann, wenn der bisherige Betriebsinhaber sämtliche Betriebe, die vom Geltungsbereich des Firmentarifvertrages erfasst waren, veräußert hat. Das Schuldverhältnis zwischen den Tarifparteien fällt durch den „tatsächlichen Wegfall des Anwendungsbereichs" des Tarifvertrages nicht weg.[374] Diese Erkenntnis hat weitreichende Folgen, da somit auch ein etwa bestehendes **Kündigungsrecht** bezüglich des Firmentarifvertrages bei den **ursprünglichen Vertragsparteien** verbleibt. Nach der Rechtsprechung des *Vierten Senats* berührt eine nach Betriebs(teil)übergang ausgesprochene Kündigung des Firmentarifvertrages sogar die Rechtsstellung der bereits auf den neuen Betriebsinhaber übergegangenen Arbeitnehmer[375] (hierzu unter → Rn. 150).

b) Betriebs(teil)übergang qua (partieller) Gesamtrechtsnachfolge

aa) Verschmelzung. Auch bei einer Verschmelzung gemäß §§ 2ff. UmwG kann fraglich sein, ob die im übertragenden Unternehmen oder/und im übernehmenden Unternehmen anwendbaren Tarifverträge kollektivrechtlich fortgelten. Insoweit ist wiederum zwischen Firmen- und Verbandstarifverträgen zu unterscheiden. 116

(1) Kollektivrechtliche Fortgeltung von Verbandstarifverträgen. Wird ein Unternehmen als Mitglied im zuständigen Arbeitgeberverband auf eine andere Gesellschaft verschmolzen, ist der neue Betriebsinhaber, also der übernehmende Rechtsträger (vgl. § 2 UmwG), **nicht kollektivrechtlich** an den Verbandstarifvertrag **gebunden,** der für den übertragenden Rechtsträger galt, es sei denn, er gehört demselben Arbeitgeberverband an oder dieser Tarifvertrag ist **allgemeinverbindlich.**[376] Die Mitgliedschaft im tarifschließenden Verband geht nach wohl einhelliger Auffassung nicht – ebenso wenig wie im Rahmen der Einzelrechtsnachfolge –auf den neuen Arbeitgeber über.[377] Eine Tarifbindung des Rechtsnachfolgers lässt sich insbesondere nicht aus § 3 Abs. 3 TVG herleiten.[378]

Zwar hat das Bundesarbeitsgericht bezogen auf einen Fall, der sich nach der deutschen Wiedervereinigung abspielte, eine Gesamtrechtsnachfolge, die im Einigungsvertrag geregelt war, zum Anlass genommen, die (eingeschränkte) kollektive Fortgeltung eines Tarifvertrages mit der analogen Anwendung von § 4 Abs. 5 TVG (Nachwirkung) zu begrün-

---

[373] BAG 20.6.2001 – 4 AZR 295/00, NZA 2002, 517 (518); bestätigt durch BAG 29.8.2001 – 4 AZR 332/00, NZA 2002, 513 (514); eingehend auch BAG 22.4.2009 – 4 AZR 100/08, NZA 2010, 41 Rn. 25 mAnm. *Hohenstatt* NZA 2010, 23; BAG 26.8.2009 – 4 AZR 280/08, NZA 2010, 238 Rn. 17ff., BAG 3.7.2013 – 4 AZR 961/11 – NZA-RR 2014, 80; HMB/*Grau* Teil 15 Rn. 37; Soergel/*Raab* BGB § 613a Rn. 106; *Löwisch/Rieble* TVG § 3 Rn. 419; MHdB ArbR/*Klumpp* § 247 Rn. 8; Erman/*Edenfeld* BGB § 613a Rn. 74; HWK/*Henssler* TVG § 3 Rn. 47; Staudinger/*Annuß* BGB § 613a Rn. 204; *Gaul,* Betriebsspaltung, S. 878;; aA ErfK/*Preis* BGB § 613a Rn. 113b, 118 auf der Grundlage des von ihm nunmehr vertretenen Sukzessionsmodells.

[374] BAG 22.4.2009 – 4 AZR 100/08, NZA 2010, 41 Rn. 58 mAnm. *Hohenstatt* NZA 2010, 23; BAG 26.8. 2009 – 4 AZR 280/08, NZA 2010, 238 Rn. 24 unter Verweis auf Däubler/*Deinert* TVG § 4 Rn. 77; Wiedemann/*Wank* TVG § 4 Rn. 14.

[375] BAG 22.4.2009 – 4 AZR 100/08, NZA 2010, 41 mAnm. *Hohenstatt* NZA 2010, 23.

[376] Kallmeyer/*Willemsen* UmwG § 324 Rn. 24; HWK/*Müller-Bonanni* BGB § 613a Rn. 262; HWK/*Henssler* TVG § 3 Rn. 48; *Jacobs* NZA-Beil. 2009, 45 (46).

[377] BAG 4.12.1974 – 5 AZR 75/74, DB 1975, 695; BAG 5.10.1993 – 3 AZR 586/92, NZA 1994, 848; BAG 10.11.1993 – 4 AZR 375/92, NZA 1994, 984; BAG 13.7.1994 – 4 AZR 555/93, NZA 1995, 479; Kallmeyer/*Willemsen* UmwG § 324 Rn. 24; HWK/*Müller-Bonnani* BGB § 613a Rn 262; ; *Henssler* FS Schaub, 1998, 311 (315); Wiedemann/*Oetker* TVG § 3 Rn. 222, 227; aA Lutter/*Sagan* UmwG § 324 Rn. 22.

[378] BAG 13.7.1994 – 4 AZR 555/93, NZA 1995, 479.

den[379]. Diese Lösung war allerdings auf die seinerzeit entschiedene besondere Konstellation zugeschnitten. Des Rückgriffs auf § 4 Abs. 5 TVG bedarf es bei Umwandlungen nicht, da § 324 UmwG ausdrücklich auf § 613a Abs. 1 BGB verweist.[380] Inzwischen hat das **BAG**[381] längst klargestellt, dass die **Mitgliedschaft im Arbeitgeberverband** gem. §§ 38, 40 BGB **nicht** im Wege der Universalsukzession auf das aufnehmende Unternehmen **übergeht** und demnach eine kollektivrechtliche Fortgeltung eines Verbandstarifvertrages qua Verschmelzung nicht möglich ist. Eine Ausnahme wird teilweise für solche Fälle befürwortet, in denen die jeweilige Satzung des Arbeitgeberverbandes nach § 40 BGB – in Abweichung von der dispositiven Regelung in § 38 S. 1 BGB – die Übertragung der Mitgliedschaft ausdrücklich oder im Wege der Auslegung zulässt.[382] Allerdings ist auch in diesen Fällen eine Tarifbindung des Rechtsnachfolgers zu verneinen, wenn dieser nicht dem fachlichen Geltungsbereich unterliegt oder dessen Tarifzuständigkeit fehlt.[383] Im Ergebnis kommt eine originär-kollektivrechtliche Fortgeltung des Verbandstarifvertrages somit nur in Betracht, wenn der übernehmende Rechtsträger seinerseits Mitglied des zuständigen Arbeitgeberverbandes oder der Tarifvertrag allgemeinverbindlich ist; im Übrigen finden in allen weiteren Konstellationen die Regelungen gemäß **§ 613a Abs. 1 S. 2–4 BGB** Anwendung.

117 **(2) Kollektivrechtliche Fortgeltung von Firmentarifverträgen.** Die Wirkungen einer Verschmelzung bestehen darin, dass das Vermögen des übertragenden Rechtsträgers einschließlich der Verbindlichkeiten auf den übernehmenden Rechtsträger übergeht und der übertragende Rechtsträger erlischt (§ 20 Abs. 1 Nr. 1 und 2 UmwG). Nach der ganz herrschenden Meinung geht der vom übertragenden Rechtsträger abgeschlossene **Firmentarifvertrag** daher im Wege der Gesamtrechtsnachfolge auf den neuen Rechtsträger **über.**[384] Ist die Verschmelzung auf einen neu gegründeten Rechtsträger erfolgt (Verschmelzung durch Neugründung gemäß § 2 Nr. 2 UmwG) oder beschäftigte der übernehmende Rechtsträger bislang keine Arbeitnehmer, führt diese Lösung zu keinen praktischen Schwierigkeiten, da im übernehmenden Rechtsträger nach der Verschmelzung nur ein Tarifvertrag – nämlich der Tarifvertrag des übertragenden Rechtsträgers – Anwendung findet. **Problematisch** sind hingegen diejenigen Fälle, in denen die **Verschmelzung auf einen bereits bestehenden Rechtsträger**[385] erfolgt, der seinerseits Arbeitnehmer beschäftigt.[386]

118 **Beispiel E 12:**

Die Ü-GmbH, die über zwei Betriebe in Köln und Krefeld verfügt, soll auf die A-AG mit Sitz in Hannover verschmolzen werden, die ihrerseits mehrere Betriebe unterhält und nicht tarifgebunden ist. Fraglich ist, ob die Verschmelzung zur Erstreckung des Anwendungsbereichs des Firmentarifvertrags der Ü-GmbH auf die gesamte A-AG führt.

---

[379] BAG 13.7.1994 – 4 AZR 555/93, NZA 1995, 479.

[380] So wohl auch BAG ebenda; *Henssler* FS Schaub, 1998, 311 (316); *Boecken* Rn. 186; Wiedemann/*Oetker* TVG § 3 Rn. 215, 232.

[381] BAG 24.6.1998 – 4 AZR 208/97, NZA 1998, 1346 unter 2. a) der Gründe.

[382] HWK/*Henssler* TVG § 3 Rn. 48; Wiedemann/*Oetker* TVG § 3 Rn. 225.

[383] Ausführlich dazu Wiedemann/*Oetker* TVG § 3 Rn. 225; ebenso Däubler/*Lorenz* TVG § 3 Rn. 168.

[384] Vgl. BAG 15.6.2016 – 4 AZR 805/14, NZA 2017, 326; Kallmeyer/*Willemsen* UmwG § 324 Rn. 24; HWK/*Henssler* TVG § 3 Rn. 47; MüKoBGB/*Müller-Glöge* § 613a Rn. 130; Staudinger/*Annuß* BGB § 613a Rn. 205; Sieg/Maschmann Unternehmensumstrukturierung Rn. 316; BeckOK ArbR/Gussen BGB § 613a Rn. 226; *Däubler* RdA 1995, 136 (140); *Bachner* NJW 1995, 2881 (2882); *Mengel* S. 182; Wiedemann/*Oetker* TVG § 3 Rn. 209; *Boecken* SAE 2000, 162 (163).

[385] Siehe zu dieser Konstellation LAG Baden-Württemberg 5.8.2005 – 7 TaBV 2/05, BeckRS 2005, 31048214.

[386] Vgl. für einen Überblick zu den für die Umstrukturierungspraxis wichtigsten Fallgruppen Sieg/Maschmann Unternehmensumstrukturierung Rn. 316.

Zwar ist allgemein anerkannt[387], dass in dieser Konstellation der bei der Ü-GmbH abgeschlossene Firmentarifvertrag bei der A-AG kollektivrechtlich fortgilt; dies ergibt sich aus der Natur der **Universalsukzession**[388]. Namhafte Stimmen in der Literatur vertreten jedoch die Auffassung, dass sich der Geltungsbereich eines Firmentarifvertrages im Wege einer Gesamtrechtsnachfolge nicht auf Betriebe des aufnehmenden Rechtsträgers erstrecken könne, für die er bisher nicht gegolten hat. Hierfür fehle den Vertragsparteien die Regelungskompetenz.[389] Ein Firmentarifvertrag beziehe sich stets auf die betrieblichen Verhältnisse des den Vertrag abschließenden Rechtsträgers, so dass sich seine kollektivrechtliche Fortgeltung im Fall der Verschmelzung lediglich auf diese Betriebe beschränke und keine „**Infizierung**" der Betriebe des übernehmenden Rechtsträgers stattfinde.[390] Zu ähnlichen Ergebnissen gelangen diejenigen Autoren, die durch **Auslegung** des Firmentarifvertrages (insbesondere seiner Bestimmungen zum Geltungsbereich) ermitteln wollen, ob ein Firmentarifvertrag auch für die Betriebe des Erwerbers gelten soll[391]; im Zweifel soll dies nach dieser Auffassung gerade nicht der Fall sein.[392] es sei denn, die Tarifparteien haben Regelungen getroffen, die nur so verstanden werden können, dass der Firmentarifvertrag in jeder denkbaren Konstellation für alle Betriebe des Arbeitgebers gelten soll. Dem ist das **BAG** in seiner **Entscheidung vom 15.6.2016**[393] entgegen getreten[394]. Der *Vierte Senat* führte aus, dass es nicht in Betracht komme, den Anwendungsbereich des Firmentarifvertrages zu verändern und eine „dogmatisch nicht weiter begründete Auslegungsregel zu etablieren".[395] Ob sich die Erstreckung eines Firmentarifvertrages auf den aufnehmenden Rechtsträger als „interessengerecht" erweise, sei ebenso irrelevant für die Fortgeltung wie die Frage, ob die Parteien des Firmentarifvertrages bei dessen Abschluss an die Möglichkeit einer Verschmelzung gedacht haben[396]. Abgesehen von dem (extremen) Sonderfall des § 21 UmwG müssten die Parteien die Rechtsfolgen einer Verschmelzung hinnehmen oder alternativ eine andere Gestaltung wählen. Nach dieser Rechtsprechung ist also **stets** von einer **kollektivrechtlichen Fortgeltung eines Firmentarifvertrages** beim Erwerber insgesamt auszugehen, es sei denn, dass dessen Geltungsbereich (ausnahmsweise) auf bestimmte Betriebe beschränkt worden ist[397]. Wurde hingegen – wie im Regelfall – bestimmt, dass der Tarifvertrag „für alle tarifgebundenen Arbeitnehmer der Ü-GmbH" (vgl. **Beispiel E 12**) gelten soll, gilt der Tarifvertrag nach der Verschmelzung für alle tarifgebundenen Arbeitsverhältnisse des aufnehmenden Rechts-

---

387 Gegen eine kollektivrechtliche Fortgeltung früher noch *Hanau* ZGR 1990, 548 (554); *Hanau/Vossen* FS Hilger/Stumpf, 1983, 271 (297); *Gaul* NZA 1995, 717 (722).

388 Davon abweichend gehen die Vertreter der *Sukzessionstheorie* davon aus, dass sich auch bei der Gesamtrechtsnachfolge die Fortgeltung der Tarifverträge ausschließlich nach § 613a Abs. 1 S. 2–4 BGB richtet; danach kann sich der Firmentarifvertrag des aufgenommenen Unternehmens nach einer Verschmelzung nicht auf die Stammbelegschaft des aufnehmenden Unternehmens erstrecken; vgl. *Sagan* FS Willemsen 417, 425.

389 *Boecken,* SAE 2000, 162 (165); *Jacobs,* Tarifeinheit und Tarifkonkurrenz, S. 191.

390 Kallmeyer/*Willemsen* UmwG § 324 Rn. 24;; *Wieland,* Recht der Firmentarifverträge, Rn. 288; *Däubler* RdA 1995, 136 (139); Wiedemann/*Oetker* TVG § 3 Rn. 210; *Boecken* SAE 2000, 162 (165); Sieg/Maschmann Unternehmensumstrukturierung Rn. 317; *Thüsing/von Medem* ZIP 2007, 510 (516); *Müller-Bonanni/Mehrens* ZIP 2012, 1217 (1218); *Dzida* AnwBl 2013, 159 (162); vgl. auch *Jacobs* NZA Beil. 2009, 45 (46) unter Hinweis auf LAG Baden-Württemberg 5.8.2005 – 7 TaBV 2/05, BeckRS 2005, 31048214.

391 Staudinger/*Annuß* BGB § 613a Rn. 204.

392 JKOS/*Oetker* § 6 Rn. 145; Wiedemann/*Oetker* TVG § 3 Rn. 210; Sieg/Maschmann Unternehmensumstrukturierung Rn. 317; ähnlich auch die Vorauflage Rn. 102.

393 BAG 15.6.2016 – 4 AZR 805/4, NZA 2017, 326.

394 Dies übersieht Sieg/Maschmann Unternehmensumstrukturierung Rn. 317.

395 BAG 15.6.2016 – 4 AZR 805/1, NZA 2017, 326 Rn. 60.

396 BAG NZA 2017, 326 Rn. 66, 68; ähnlich *Löwisch/Rieble* TVG § 4 Rn. 151; kritisch hiergegen *Dzida* FS Willemsen (2018), S. 95 (96); *Grau* EWiR 2017, 185 (186); Wiedemann/*Oetker* TVG § 3 Rn. 210; Kallmeyer/*Willemsen* UmwG § 324 Rn. 24; kritisch aus dem Blickwinkel der Sukzessionstheorie auch *Sagan* FS Willemsen S. 417 (425).

397 Im Einzelfall kann die Auslegung durchaus ergeben, dass ein Firmentarifvertrag nur für bestimmte betriebliche Bereiche gelten soll; vgl. Staudinger/*Annuß* BGB § 613a Rn. 205; Wiedemann/*Oetker* TVG § 3 Rn. 210.

trägers.[398] Allerdings setzt dies zusätzlich voraus, dass die tarifschließende Gewerkschaft auch für die Betriebe des aufnehmenden Rechtsträgers **räumlich und sachlich tarifzuständig** ist[399] (siehe hierzu exemplarisch **Beispiel E 13**). Ein Firmentarifvertrag kann nicht in Unternehmen oder Betrieben originär-kollektivrechtlich fortgelten, für die die tarifschließende Gewerkschaft keine Tarifzuständigkeit besitzt[400].

119 Im **Beispiel E 12** wird die bis dato nicht tarifgebundene A-AG ab dem Zeitpunkt der Verschmelzung (§ 20 Abs. 1 Nr. 1 UmwG) iSd § 3 Abs. 1 TVG tarifgebunden. In der Konsequenz gilt der Firmentarifvertrag des übertragenden Rechtsträgers daher auch für die beim aufnehmenden Rechtsträger beschäftigten Mitglieder der tarifschließenden Gewerkschaft kollektivrechtlich.[401]

Die aus Art. 9 Abs. 3 GG abgeleitete **negative Koalitionsfreiheit** steht einer kollektiven Fortgeltung von Firmentarifverträgen im übernehmenden Rechtsträger nicht entgegen.[402] Art. 9 Abs. 3 GG schützt lediglich die Freiheit der Bildung, den Bestand und die Betätigung von Koalitionen und – umgekehrt – die Freiheit, Koalitionen fernbleiben zu können.[403] Der einzelne Arbeitgeber wird demnach durch Art. 9 Abs. 3 GG davor bewahrt, unfreiwillig die Mitgliedschaft in einem Arbeitgeberverband erwerben bzw. übernehmen zu müssen; dieser Schutzbereich erstreckt sich indessen nicht darauf, von den Bindungswirkungen eines Firmentarifvertrages verschont zu bleiben, den das im Wege der Verschmelzung aufgenommene Unternehmen abgeschlossen hat.[404] Dass hierdurch unterschiedliche Rechtswirkungen in Fällen der Einzelrechtsnachfolge einerseits und jenen der Gesamtrechtsnachfolge andererseits entstehen,[405] lässt sich nicht übersehen. Daran zeigt sich indessen nichts anderes als der grundlegende Unterschied, der zwischen dem Betriebserwerb qua Einzelrechtsnachfolge und der Durchführung einer umwandlungsrechtlichen Verschmelzung besteht. Die Umstrukturierungspraxis berücksichtigt diese Unterscheidung und richtet die **Wahl der Umstrukturierungsinstrumente** ua danach aus, ob sich die tarifrechtlich erwünschten Zielsetzungen eher auf dem Wege der Einzelrechtsnachfolge oder über eine umwandlungsrechtliche Umstrukturierung verwirklichen lassen[406]. Wird also etwa die kollektivrechtliche Aufrechterhaltung eines bestimmten Firmentarifvertrages des übertragenden Rechtsträgers angestrebt, ist – wenn nicht andere Gesichtspunkte mit großem Gewicht dagegen sprechen – einer Verschmelzung der Vorzug vor der Einzelübertragung der betreffenden Betriebe einzuräumen. Im Übrigen wird deutlich, dass beim Abschluss von Firmentarifverträgen besondere Sorgfalt bei der Bestimmung des Geltungsbereichs aufgewandt werden sollte[407]; dessen Ausweitung auf andere Betriebe infolge einer Verschmelzung kann durch eine Beschränkung auf konkret bezeichnete Betriebe leicht ausgeschlossen werden.

120 Allerdings stellen sich **schwierige Rechtsfragen,** wenn auch der übernehmende Rechtsträger Arbeitnehmer beschäftigt, für die bislang andere Tarifverträge gelten.

Beispiel E 13:

Das Chemieunternehmen C-AG, das in Deutschland mehrere Betriebe mit insgesamt 35.000 Arbeitnehmern unterhält, erwirbt die Anteile an einem Unternehmen der Metallindustrie (M-GmbH), das in Süddeutschland zwei größere Betriebe mit insgesamt 3.500 Arbeitnehmern betreibt. Für die gesamte C-AG gilt ein mit der IG BCE abgeschlossener Fir-

[398] BAG 15.6.2016 – 4 AZR 805/1, NZA 2017, 326 Rn. 38.
[399] Zur örtlichen Zuständigkeit ausdrücklich BAG 15.6.2016 – 4 AZR 805/14, NZA 2017, 326 Rn. 45; Wiedemann/*Oetker* TVG § 3 Rn. 225.
[400] Wiedemann/*Oetker* TVG § 3 Rn. 225.
[401] BAG 15.6.2016 – 4 AZR 805/14, NZA 2017, 326 Rn. 47.
[402] BAG 15.6.2016 – 4 AZR 805/14, NZA 2017, 326 Rn. 71; HMB/*Grau* Teil 15 Rn. 198.
[403] Vgl. ausführlich *Gamillscheg*, Band I, S. 374.
[404] Siehe nur *Boecken* Rn. 204; *ders.* SAE 2000, 162 (163).
[405] Dies heben hervor *Gussen/Dauck* Rn. 369.
[406] Dem ausdrücklich zustimmend BAG 15.6.2016 – 4 AZR 805/14, NZA 2017, 326 Rn. 68.
[407] *Haußmann* ArbRAktuell 2017, 71; *Grau* EWiR 2017, 185 (186).

mentarifvertrag. Bei der M-GmbH gilt ebenfalls ein Firmentarifvertrag, der allerdings mit der IG Metall abgeschlossen ist. Die M-GmbH wird nach dem Erwerb der Gesellschaftsanteile auf die C-AG verschmolzen.

Galt auch im aufnehmenden Rechtsträger ein Firmentarifvertrag, wie im **Beispiel E 13** hinsichtlich der C-AG, könnten nach Vollzug der Verschmelzung beim übernehmenden Rechtsträger zwei Firmentarifverträge originär-kollektivrechtliche Anwendung finden. Sie gelten jedoch nur für Betriebe, für die die tarifschließende Gewerkschaft tarifzuständig ist[408] (vgl. oben → Rn. 113) und im Übrigen nur für Arbeitnehmer, die Mitglied der jeweiligen Gewerkschaft sind[409]. Ginge man fiktiv davon aus, dass sowohl die IGBCE als auch die IG Metall ihre Zuständigkeit per Satzung betriebsbezogen regeln, hätte dies im **Beispiel E 13** zur Folge, dass die beiden Firmentarifverträge weiterhin für die Betriebe gelten, in denen sie bereits vor der Verschmelzung gegolten haben. Denn für die bisherigen Betriebe der C-AG wäre die IG BCE zuständig und vermutlich nicht zugleich die IG Metall.[410] Nach der Rechtsprechung des BAG ist es tarifrechtlich nicht zu beanstanden, wenn in **einem Unternehmen,** das Betriebe mehrerer Sparten betreibt, mit verschiedenen Gewerkschaften abgeschlossene **Firmentarifverträge für jeweils unterschiedliche Betriebe des Arbeitgebers** gelten.[411] Das früher allg. anerkannte Prinzip der Tarifeinheit, dem durch § 4a Abs. 2 S. 2 TVG wieder Geltung verschafft werden soll,[412] bezieht sich ausschließlich auf die Ebene des Betriebs und steht der Geltung verschiedener Tarifverträge in verschiedenen Betrieben eines Unternehmens nicht entgegen. **§ 4a Abs. 2 S. 1 TVG** stellt ausdrücklich klar, dass der Arbeitgeber „nach § 3 an mehrere Tarifverträge unterschiedlicher Gewerkschaften gebunden sein“ kann.

Ist die Tarifzuständigkeit der beteiligten Gewerkschaften hingegen (teilweise) **unternehmensbezogen** bzw. **rechtsträgerbezogen** definiert, kann es zu abweichenden Ergebnissen kommen. Bei einer bei beiden Gewerkschaften geltenden unternehmensbezogenen Zuständigkeit kommt es entscheidend darauf an, welche Branche den **Schwerpunkt** des Rechtsträgers bildet[413]. In diesem Fall kann sich nur einer der beiden Firmentarifverträge durchsetzen. Im **Beispiel E 13** verfolgen die beiden beteiligten Gewerkschaften indessen einen unterschiedlichen Ansatz für die Bestimmung ihrer Zuständigkeit. Nach § 1 Nr. 3 der Satzung der IGBCE (Stand: Oktober 2017) ist diese für „**Betriebe, Unternehmen und Konzerne**“ bestimmter Branchen (insbesondere Bergbau und Chemie) zuständig. Die IG Metall bezieht sich in § 1 ihrer Satzung (Stand: Januar 2020) auf „Wirtschaftszweige und **Betriebe** folgender Industrien: Metallindustrie (…)“. Die IGBCE würde im **Beispiel E 13** daher zu Recht auch nach der Verschmelzung die Zuständigkeit für das gesamte Unternehmen der C-AG in Anspruch nehmen. Die Zuständigkeit der IG Metall für die beiden übertragenen Metallbetriebe würde allein hierdurch jedoch nicht entfallen. Mit Wirksamwerden der Verschmelzung träte demnach im Hinblick auf die beiden Metallbetriebe erstmals eine **Kollisionslage** iSv **§ 4a Abs. 2 S. 2 TVG** (vgl. hierzu auch ausführlich → Rn. 133) ein. Angesichts der bisherigen Zuständigkeit der IG Metall in den beiden betroffenen Betrieben wird es sich vermutlich so verhalten, dass sich dort die Mitglieder der IG Metall deutlich in der Mehrheit befinden. Die kollidierenden Tarifverträge der IGBCE würden demnach in den beiden Betrieben verdrängt und damit unabwendbar bleiben. Das Ergebnis im **Beispiel E 13** wäre demnach identisch wie bei einer jeweils rein 121

[408] Wiedemann/*Oetker* TVG § 3 Rn. 225.

[409] Zur Wirkung arbeitsvertraglicher Bezugnahmeklauseln → Rn. 186 ff.

[410] *Boecken* Rn. 205; *Däubler* RdA 1995, 136 (140); im Ergebnis auch Sieg/Maschmann Unternehmensumstrukturierung Rn. 318 f.

[411] Vgl. BAG 25.9.1996 – 1 ABR 4/96, NZA 1997, 613 unter B III. 4. der Gründe; diese Konstellation kann insbesondere auftreten, wenn Gewerkschaften ihre Tarifzuständigkeiten betriebsbezogen definieren; vgl. Wiedemann/*Oetker* TVG § 2 Rn. 76; krit. zu dieser Rechtsprechung ausführlich *Henssler* ZfA 1998, 517 (521).

[412] Vgl. hierzu ausführlich *Hohenstatt/Schuster* ZIP 2016, 5; siehe auch → Rn. 133.

[413] Wiedemann/*Oetker* TVG § 2 Rn. 83; *Löwisch/Rieble* TVG § 2 Rn. 355.

betriebsbezogenen Zuständigkeit der beteiligten Gewerkschaften. Die Rechtsfolge – also die Verdrängung der kollidierenden IGBCE Tarife in den beiden Metallbetrieben – würde mit dem Zeitpunkt gem. § 4a Abs. 2 S. 3 TVG eintreten, also ab dem Zeitpunkt, zu dem die Tarifverträge erstmals kollidierten; im **Beispiel E 13** war dies das Wirksamwerden der Verschmelzung. Ein **Beschlussverfahren nach § 99 ArbG** ist hierfür **nicht Voraussetzung.**[414] Gem. § 4a Abs. 2 S. 2 TVG tritt die Verdrängungswirkung **von Rechts wegen** ein; dem Beschluss gemäß § 99 ArbGG kommt **keine rechtsgestaltende Wirkung** zu[415].

122 Schwierigkeiten entstehen regelmäßig auch dann, wenn die Betriebe des übernehmenden und die des übertragenden Rechtsträgers durch Eingliederung oder durch Bildung neuer Betriebe zusammengeschlossen werden. Hier ist nach dem jeweiligen Schwerpunkt der betrieblichen Tätigkeit für die einzelnen Betriebe zu entscheiden, welche der beiden Gewerkschaften die **Tarifzuständigkeit** besitzt. Bei betriebsbezogener Ausrichtung der Gewerkschaftssatzungen ist entscheidend, welcher Betriebszweck dem Betrieb das **Gepräge** gibt.[416] Wo sich der Tarifvertrag des übertragenden Rechtsträgers nicht durchsetzt, kommt für die bisherigen Arbeitnehmer des übertragenden Rechtsträgers nur eine **Fortgeltung des Firmentarifvertrages** gemäß § 324 UmwG iVm § 613a Abs. 1 S. 2 BGB in Betracht.[417] Dass der übernehmende Rechtsträger sowohl an den eigenen Tarifvertrag als auch über § 324 UmwG iVm § 613a Abs. 1 S. 2 BGB an den Tarifvertrag des übertragenden Rechtsträgers gebunden sein kann und es demnach zur Anwendbarkeit mehrerer Tarifverträge im Betrieb kommt, ist hinzunehmen. § 4a Abs. 2 S. 2 Hs. 1 TVG steht dem nicht entgegen. Diese neue Vorschrift gilt nur für **Tarifpluralitäten,** die durch eine mehrfache **kollektive Tarifbindung** entstehen.[418] Setzt sich in den zusammengelegten Betrieben aufgrund der Tarifzuständigkeit der beteiligten Gewerkschaften der Tarifvertrag des übertragenden Rechtsträgers durch, entsteht ebenfalls keine Tarifkollision, die durch § 4a Abs. 2 S.2 TVG aufzulösen wäre.[419] Für die bislang beim aufnehmenden Rechtsträger beschäftigten Arbeitnehmer liegt eine Konstellation vor, die einem „Hinauswachsen" aus dem Geltungsbereich des bisherigen Tarifvertrages gleichkommt.[420] Da für diese Arbeitnehmer kein Arbeitgeberwechsel erfolgt ist, weshalb § 613a Abs. 1 BGB keine Anwendung findet, wird von der hM vertreten, dass der verdrängte Tarifvertrag gemäß § 4 Abs. 5 TVG bis zu einer anderen Abmachung nachwirkt.[421] Der Auffassung, dass in diesem Fall der bisherige Tarifvertrag gemäß § 3 Abs. 3 TVG fortgelten soll, ist nicht zu folgen. § 3 Abs. 3 TVG setzt nämlich die „Einschlägigkeit" des Tarifvertrags voraus und will lediglich verhindern, dass sich der Arbeitgeber kurzfristig durch Verbandsaustritt der Tarifbindung entziehen kann.[422]

---

[414] Wiedemann/Jacobs TVG § 4a Rn. 301; ErfK/*Franzen* TVG § 4a Rn. 17; HWK/*Henssler* TVG § 4a Rn. 37; NK-GA/*Bepler* TVG § 4a Rn. 106; HWK/*Treber/Vogelsang* ArbGG § 99 Rn. 6;.so auch BVerfG 11.7.2017 – 1 BvR 1571/15, NZA 2017, 915 Rn. 175f., wobei diese Auslegung vom *Ersten Senat* als nicht zwingend verfassungsrechtlich geboten angesehen wird.

[415] A.A *Löwisch* NZA 2015, 1369; *Löwisch/Rieble* TVG § 4a Rn. 184, 253ff.; HMB/*Greiner* Teil 9 Rn. 112a;

[416] Vgl. Wiedemann/*Oetker* TVG § 2 Rn. 85 mwN und § 2 Rn. 232; Däubler/*Peter* TVG § 2 Rn. 190; siehe ausführlich zu den Zweifelsfragen bei sich teilweise deckender Tarifzuständigkeit konkurrierender DGB-Gewerkschaften *Ricken* RdA 2007, 35.

[417] So wohl auch *Henssler* FS Schaub, 1998, 311 (327); *Müller-Bonanni/Mehrens* ZIP 2012, 1217 (1219); aA *Boecken* SAE 2000, 162 (165); nach dieser Auffassung würde es jedoch innerhalb eines Betriebes zur kollektivrechtlichen Weitergeltung verschiedener Tarifverträge kommen.

[418] Vgl. *Hohenstatt/Schuster* ZIP 2016, 5; HWK/*Henssler* TVG § 4a Rn. 9f.; Staudinger/*Annuß* BGB § 613a Rn. 202; ErfK/*Franzen* TVG § 4a Rn. 5; Wiedemann/*Jacobs* TVG § 4a Rn. 24.

[419] Wiedemann/*Jacobs* TVG § 4a Rn. 133; hingegen verweist Sieg/Maschmann Unternehmensumstrukturierung Teil D Rn. 320 zur Auflösung der (vermeintlichen) Tarifkollision pauschal auf § 4a Abs. 2 S. 2 TVG.

[420] Vgl. Däubler/*Deinert* TVG § 4 Rn. 82f.

[421] BAG 10.12.1997 – 4 AZR 247/96, NZA 1998, 484; BAG 10.12.1997 – 4 AZR 193/97, NZA 1998, 488; *Hanau* ZfA 1990, 115 (125); *Kania* DB 1995, 625 (629); wohl auch Wiedemann/*Oetker* TVG § 2 Rn. 114, der allerdings eine vorherige Kündigung des Firmentarifvertrages für erforderlich hält, Rn. 104; so auch *Henssler* FS Wissmann, 2005, 133 (139) und Fn. 28.

[422] So ausdrücklich BAG 10.12.1997 – 4 AZR 193/97, NZA 1998, 488.

Beispiel E 14: 123

In Abwandlung von Beispiel E 13 erwirbt die C-AG, die in Nordhessen zwei Betriebe unterhält, die der Zuständigkeit der IB BCE unterfallen, die Anteile an der M-GmbH, die im gleichen Tarifgebiet ebenfalls zwei chemische Produktionsbetriebe unterhält. Anschließend wird die M-GmbH auf die C-AG verschmolzen. In beiden Unternehmen gelten mit der IG BCE abgeschlossene Firmentarifverträge mit unternehmensweitem Geltungsbereich.

In dieser Konstellation gilt nach den zuvor dargestellten Regeln der Firmentarifvertrag der M-GmbH qua Gesamtrechtsnachfolge bei der C-AG fort. Im aufnehmenden Unternehmen gilt jedoch ebenfalls ein mit derselben Gewerkschaft abgeschlossener Firmentarifvertrag. Damit konkurrieren in allen Betrieben der C-AG zwei unterschiedliche Firmentarifverträge der IG BCE. **§ 4a Abs. 2 S. 2 TVG** (vgl. zu dieser Vorschrift ausführlich → Rn. 133) kommt hier nicht zum Zuge, da hierfür die **Kollision** von Tarifverträgen **verschiedener Gewerkschaften** Voraussetzung wäre[423]. Hier kommen vielmehr nur zwei Lösungen in Betracht. Zum einen ließe sich vertreten, dass sich der Firmentarifvertrag im aufnehmenden Unternehmen durchsetzt und den Firmentarifvertrag der M-GmbH gemäß § 613a Abs. 1 Satz 3 BGB verdrängt. Dies ließe aber außer Betracht, dass die Fortgeltung des Firmentarifvertrages der M-GmbH bei der C-AG als Konsequenz der eingetretenen Gesamtrechtsnachfolge originär-kollektivrechtlich erfolgt (und § 613 a Abs. 1 Sätze 2 und 3 BGB deshalb keine Anwendung finden[424]), so dass sich im aufnehmenden Unternehmen (C-AG) zwei „gleich starke" Firmentarifverträge gegenüberstehen. Die Konkurrenz ist daher tarifrechtlich zu lösen. Aus dem **Spezialitätsgrundsatz** folgt, dass in jedem Betrieb derjenige Firmentarifvertrag gilt, der die Verhältnisse des Betriebes sachnäher regelt[425]. Im Zweifelsfall werden die beiden Firmentarifverträge daher jeweils in den Betrieben fortgelten, für die sie abgeschlossen waren.

124 Es kann auch der Fall eintreten, dass nur bei der aufnehmenden Gesellschaft ein Firmentarifvertrag besteht und die durch die Verschmelzung „übernommenen" Betriebe bislang keiner Tarifbindung unterlagen. Dies betrifft die „umgekehrte" Konstellation im Vergleich zum Sachverhalt, den das BAG am 15.6.2006[426] entschieden hat. Hier kann sich infolge der Verschmelzung der Firmentarifvertrag auf die übernommenen Einheiten erstrecken. Dies setzt zweierlei voraus: Zum einen muss die Gewerkschaft, mit der der Firmentarifvertrag abgeschlossen ist, auch für die übernommenen Betriebe **tarifzuständig**[427] sein. Zum anderen muss die Auslegung des Firmentarifvertrages ergeben, dass dieser auch für neu hinzukommende Betriebe des Unternehmens gelten soll. Hiervon geht das BAG im Zweifel aus, sofern der Tarifabschluss nicht explizit für bestimmte Betriebe eines Arbeitgebers erfolgt ist (vgl. hierzu ausführlicher → Rn. 118).[428]

125 Interessante Fragen stellen sich auch dann, wenn ein Firmentarifvertrag auf einen Verbandstarifvertrag des übernehmenden Rechtsträgers stößt.

Beispiel E 15:

Die C-AG ist Mitglied im Arbeitgeberverband der chemischen Industrie in Niedersachsen. Sie erwirbt von einem Wettbewerber die Anteile an einer GmbH, die einen chemischen Betrieb im gleichen Tariefgebiet betreibt, für den ein mit der IGBCE abgeschlossener Firmentarifvertrag gilt. Der Firmentarifvertrag sieht äußerst flexible Arbeitszeitregelungen und

---

423 Wiedemann/*Jacobs* TVG § 4a Rn. 156; *Löwisch/Rieble* TVG § 4a Rn. 71.

424 Wiedemann/*Oetker* TVG § 3 Rn. 219; HMB/*Grau* Teil 15 Rn. 204; hiergegen kritisch aus der Perspektive des sog. Sukzessionsmodells *Sagan* FS Willemsen S. 417, 420.

425 Vgl. HMB/*Greiner* Teil 9 Rn. 83 mwN.

426 BAG 15.6.2016 – 4 AZR 805/14, NZA 2017, 326.

427 HMB/*Grau* Teil 15 Rn. 205; vgl. zum Aspekt der Tarifzuständigkeit auch MHdB ArbR/*Richter* § 26 Rn. 41.

428 BAG 9.12.1999 – 6 AZR 299/98, NZA 2000, 1167 (1168); BAG 24.1.2001 – 4 ABR 4/00, NZA 2001, 1149 (1151); BAG 15.6.2016 – 4 AZR 805/14, NZA 2017, 326 Rn. 63; ebenso Wiedemann/*Wank* TVG § 4 Rn. 128.

andere Erleichterungen für den Arbeitgeber vor. Die C-AG möchte die erworbene GmbH auf sich verschmelzen, hierdurch jedoch nicht den günstigen Firmentarif gefährden.

Wurden – wie im Beispiel E 15 – sowohl der Firmentarifvertrag beim übertragenden Rechtsträger als auch der Verbandstarifvertrag beim übernehmenden Rechtsträger von derselben Gewerkschaft abgeschlossen, tritt infolge der Verschmelzung für die bisherigen Arbeitnehmer des übertragenden Rechtsträgers (hier: der erworbenen GmbH), die Mitglied der Gewerkschaft sind, **Tarifkonkurrenz**[429] ein. Auf ein und dasselbe Arbeitsverhältnis wären kollektivrechtlich sowohl der bisherige Firmentarifvertrag als auch der Verbandstarifvertrag des übernehmenden Rechtsträgers anwendbar. Insbesondere wird der Firmentarifvertrag nicht deshalb vom Verbandstarifvertrag verdrängt, weil er gegen diesen verstößt bzw. „verbandswidrig" ist[430]. Dieser Konflikt ist dahingehend aufzulösen, dass für die übergegangenen Arbeitnehmer der **Firmentarifvertrag als der speziellere Tarifvertrag Vorrang** hat.[431] Fraglich ist, ob dies auch für die schon bislang beim übernehmenden Rechtsträger beschäftigten Arbeitnehmer gilt. Auch für sie könnte sich der Firmentarifvertrag als der speziellere Tarifvertrag erweisen – denn allgemein gilt der Grundsatz, dass der Firmentarifvertrag aufgrund des **Spezialitätsprinzips** dem Verbandstarifvertrag vorgeht[432]. Dies würde im **Beispiel E 15** allerdings voraussetzen, dass sich durch Auslegung ergibt, dass der Tarifvertrag nicht gezielt nur auf die Betriebe der M-GmbH anwendbar war und dass er im Zweifel infolge von Umstrukturierungen auch auf andere Betriebe anwendbar sein kann (vgl. hierzu schon → Rn. 118)[433]. Die Ausweitung seines Anwendungsbereichs auf die aufnehmende Gesellschaft wäre jedenfalls dann ausgeschlossen, wenn dieser nur aufgrund einer wirtschaftlichen Notlage der M GmbH abgeschlossen wurde und substantielle Lohn- und Gehaltsreduzierungen im Vergleich zum Verbandstarifvertrag vorsah. Die Kollisionsnorm des § 4a Abs. 2 S. 2 TVG findet hier keine Anwendung.[434] § 4a TVG betrifft nur kollidierende Tarifverträge **verschiedener Gewerkschaften** innerhalb eines Betriebs.[435]

126 Wird im **Beispiel E 15** der Betrieb des übertragenden Rechtsträgers mit einem Betrieb des übernehmenden Rechtsträgers zusammengeschlossen, gilt Folgendes: In der Regelkonstellation (siehe → Rn. 125) hatte infolge der Verschmelzung der Firmentarifvertrag der M-GmbH den bei der C-AG geltenden Verbandstarifvertrag verdrängt (Grundsatz der Spezialität). Ein Zusammenschluss der Betriebe würde an diesem Ergebnis nichts mehr ändern; es gälte weiterhin für alle Betriebe der Firmentarifvertrag. In der Ausnahmesituation (wenn der Firmentarifvertrag als Ergebnis seiner Auslegung nur in dem Betrieb der früheren M-GmbH fortgalt) würde sich der Firmentarifvertrag im zusammengeschlossenen Betrieb weiterhin als der speziellere Tarifvertrag erweisen, weshalb der Firmentarifvertrag dort einheitlich für alle tarifgebundenen Arbeitnehmer anzuwenden wäre. In allen anderen Betrieben der C-AG gälte der Verbandstarifvertrag.

127 **bb) Spaltung. (1) Kollektivrechtliche Fortgeltung von Verbandstarifverträgen.** Geht schon bei der Verschmelzung die Mitgliedschaft des übertragenden Rechtsträgers im Arbeitgeberverband nicht auf den übernehmenden Rechtsträger über[436], muss das Gleiche für die Fälle der **partiellen Gesamtrechtsnachfolge,** insbesondere bei der **Spaltung** gemäß

[429] Siehe zum Begriff der Tarifkonkurrenz Wiedemann/*Jacobs* TVG § 4a Rn. 5.
[430] Vgl. BAG 4.4.2001 - 4 AZR 237/00 , NZA 2001, 1085 (1086).
[431] *Boecken* Rn. 205; *ders.* SAE 2000, 162 (165); *Gaul,* Betriebsspaltung, S. 881; siehe auch BAG 4.4.2001 – 4 AZR 237/00, NZA 2001, 1085 (1086).
[432] Vgl. nur *Löwisch/Rieble* TVG § 4a Rn. 336, 340 mwN.
[433] Vgl. Staudinger/*Annuß* BGB § 613a Rn. 205.
[434] So verstanden ist es zutreffend, wenn in der Gesetzesbegründung von einer subsidiären Anwendung des § 4a Abs. 2 S. 2 TVG gesprochen wird, BT-Drs. 18/4062, 9; vgl. auch *Baeck/Winzer/Ruttloff* NZG 2015, 670 (671).
[435] Vgl. *Hohenstatt/Schuster* ZIP 2016, 5; Wiedemann/*Jacobs* TVG § 4a Rn. 119; HWK/*Henssler* TVG § 4a Rn. 9f.
[436] → Rn. 112.

§§ 123ff. UmwG gelten. Ganz generell geht die Tarifbindung hinsichtlich eines Verbandstarifvertrages nicht qua Gesamtrechtsnachfolge auf den neuen Arbeitgeber über.[437]

Beispiel E 16:

Die A-AG führt eine Aufspaltung durch. Der daraus hervorgehenden B-GmbH wird ein chemischer Betrieb in Hamburg und der C-GmbH ein chemischer Betrieb bei Lübeck zugeordnet. Die A-AG war Mitglied im Arbeitgeberverband der chemischen Industrie, der für beide Betriebe tarifzuständig ist.

In diesem Fall **endet die Verbandsmitgliedschaft** der A-AG, da dieser **Rechtsträger** als Folge der Aufspaltung **erlischt** (§ 123 Abs. 1 UmwG). Die Verbandsmitgliedschaft der A-AG geht – wie dargestellt – nicht auf die aus der Spaltung hervorgehenden Einheiten über (→ Rn.112). Abweichendes würde nur dann gelten, wenn in der Satzung des Arbeitgeberverbandes geregelt wäre, dass die Verbandsmitgliedschaft auf einen Rechtsnachfolger übergeht bzw. dass die Mitgliedschaft im **Spaltungsvertrag** einem der aus der Spaltung hervorgehenden Rechtsträger **zugeordnet** werden kann[438]. Die B-GmbH und die C-GmbH könnten jedoch ihrerseits in den **Arbeitgeberverband eintreten** und hierdurch eine originär-kollektivrechtliche Weitergeltung der Tarifverträge der chemischen Industrie herbeiführen. Unterlassen sie dies, findet § 324 UmwG iVm § 613 a Abs. 1 S. 2 und 3 BGB Anwendung (siehe hierzu unter → Rn. 146).

(2) Kollektivrechtliche Fortgeltung von Firmentarifverträgen. Infolge einer Verschmelzung geht die kollektivrechtliche Bindung an einen Firmentarifvertrag im Wege der Gesamtrechtsnachfolge auf den übernehmenden Rechtsträger über.[439] Bei der Spaltung liegen die Dinge etwas komplizierter, da die Rechtsfolgen davon abhängen, ob der Rechtsträger trotz der Spaltung erhalten bleibt (was nur bei der Abspaltung und bei der Ausgliederung der Fall ist, nicht hingegen bei der Aufspaltung gem. § 123 Abs. 1 UmwG). Im Übrigen muss ggf. entschieden werden, bei welchem der aus der Spaltung hervorgehenden Rechtsträger der Firmentarifvertrag fortgilt. 128

Davon abweichend wurde teilweise vertreten[440], dass die kollektivrechtliche Bindung an einen Firmentarifvertrag bei sämtlichen aus der Spaltung hervorgehenden Rechtsträgern fortbestehe – einschließlich beim ursprünglichen Rechtsträger im Fall der Abspaltung und Ausgliederung. Dies würde indessen bedeuten, dass es zu einer „Zersplitterung" des bislang zweiseitigen Vertragsverhältnisses zwischen dem ursprünglichen Rechtsträger und der Gewerkschaft käme. Mit vertragsrechtlichen Grundsätzen, die für das gesamte Tarifvertragsrecht prägend sind, wäre dies nicht zu vereinbaren.[441] Aus diesem Grund kann der übertragende Rechtsträger den Firmentarifvertrag nach hM **nicht gleichzeitig mehreren** aus der Spaltung hervorgehenden **Rechtsträgern zuweisen.**[442]

Bleibt bei einer Spaltung der ursprüngliche Rechtsträger bestehen – dies ist bei der Abspaltung und der Ausgliederung der Fall – bleibt die Tarifgebundenheit des übertragenden Rechtsträgers erhalten – dies gilt selbst dann, wenn der übertragende Rechtsträger zukünf- 129

[437] Lutter/*Sagan* UmwG § 324 Rn. 25; Kallmeyer/*Willemsen* UmwG § 324 Rn. 24; Staudinger/*Annuß* BGB § 613a Rn. 206; *Müller-Bonanni/Mehrens* ZIP 2012, 1217 (1219); vgl. BAG 24.6.1998 – 4 AZR 208/97, NZA 1998, 1346; *Gaul/Otto* BB 2014, 500.

[438] Staudinger/*Annuß* BGB § 613a Rn. 205; HMP/*Grau* Teil 15 Rn. 196.

[439] → Rn. 117ff.

[440] *Däubler* RdA 1995, 136 (142); ebenso Däubler/*Lorenz* TVG § 3 Rn. 185; *Wellenhofer-Klein* ZfA 1999, 239 (262); Bachner/*Trittin*, Arbeitsrecht bei Unternehmensumwandlung, § 5 Rn. 95; *Mengel* S. 185; vgl. auch *Gaul*, Betriebsspaltung, § 24 Rn. 141.

[441] Ablehnend auch Kallmeyer/*Willemsen* UmwG § 324 Rn. 24; *Boecken* Rn. 207, Wiedemann/*Oetker* TVG § 3 Rn. 214f.; Staudinger/*Annuß* BGB § 613a Rn. 206; Sieg/Maschmann Unternehmensumstrukturierung Rn. 276, 321.

[442] Kallmeyer/*Willemsen* UmwG § 324 Rn. 24; *Müller-Bonanni/Mehrens* ZIP 2012, 1217 (1220), HWK/*Henssler* TVG § 3 Rn. 47; Wiedemann/*Oetker* TVG § 3 Rn. 213; so zu verstehen auch BAG 21.11. 2012 – 4 AZR 85/11, NZA 2013, 512 Rn. 25; aA *Gaul/Otto* BB 2014, 500 (502) mwN.

tig keine Arbeitnehmer mehr beschäftigt. Etwas anderes gilt, wenn die Bindung an den Firmentarifvertrag im **Spaltungs- und Übernahmevertrag bzw. im Spaltungsplan** einem der aus der Spaltung hervorgehenden Rechtsträger zugewiesen worden ist (§ 126 Abs. 1 Nr. 9 UmwG).[443] In diesem Fall ist der übertragende Rechtsträger nicht mehr originär-kollektivrechtlich an den Firmentarifvertrag gebunden, da einer der aufnehmenden Rechtsträger in diese Position eingetreten ist. In diesem Fall ist es gerechtfertigt, **beim übertragenden Rechtsträger § 3 Abs. 3 TVG analog** anzuwenden und die Tarifbindung aufrecht zu erhalten, bis der Tarifvertrag endet.[444] Ansonsten hätte es der Arbeitgeber in der Hand, sich durch Ausgliederung und eine mehr oder weniger willkürliche Zuweisung des Firmentarifvertrages im Spaltungsplan vorzeitig der zwingenden Geltung der Tarifnormen zu entziehen. § 3 Abs. 3 TVG sieht dies beim Verbandstarifvertrag für den Fall des Verbandsaustritts so vor; die Interessenlage ist vergleichbar. Es besteht insofern eine planwidrige Gesetzeslücke, zumal § 613a Abs. 1 BGB mangels Arbeitgeberwechsel nicht zur Anwendung kommt.[445] Teilweise wird – anstelle der Fortgeltung des Tarifvertrages gem. § 3 Abs. 3 TVG analog – auch eine analoge Anwendung von **§ 4 Abs. 5 TVG** (Nachwirkung) vorgeschlagen[446]. Diese Vorschrift regelt aber die Folgen des Ablaufs eines Tarifvertrages. Diese Konstellation, in der die Tarifvertragsparteien dafür verantwortlich sind, dass kein neuer Tarifvertrag abgeschlossen wurde, begründet eine völlig andere Interessenlage, die mit einem Verbandsaustritt oder einer umwandlungsrechtlichen Neuzuordnung eines Firmentarifvertrages – beides allein vom Arbeitgeber zu entscheidende Maßnahmen – nicht vergleichbar sind.

Im Hinblick auf die hierdurch beim aufnehmenden Rechtsträger auftretenden Fragen (insb. etwaige Tarifkonkurrenz) kann auf die Erläuterungen zur Verschmelzung (→ Rn. 116ff.) verwiesen werden. Die Tarifbindung der aufnehmenden Rechtsträger kann bei nicht erfolgter Zuordnung des Firmentarifvertrages nicht über § 3 Abs. 3 TVG fingiert werden;[447] diese Vorschrift kann allenfalls die Tarifbindung „verlängern"; sie kann eine solche hingegen nicht für Unternehmen herbeiführen, die der betreffenden Tarifbindung nie unterlagen.[448]

130 Bei einer **Aufspaltung** (§ 123 Abs. 1 UmwG) wird der übertragende Rechtsträger aufgelöst, weshalb bei diesem keine Tarifbindung mehr bestehen kann.[449] Welcher der übernehmenden Rechtsträger in diese Rechtsstellung eintritt, richtet sich wiederum nach dem **Spaltungs- und Übernahmevertrag.** Soweit übernehmende Rechtsträger nicht in die kollektivrechtliche Stellung des übertragenden Rechtsträgers einrücken, gilt der Firmentarifvertrag für die dort bestehenden Arbeitsverhältnisse gemäß § 324 UmwG iVm § 613a Abs. 1 S. 2 BGB fort, es sei denn, beim übernehmenden Rechtsträger gilt ein anderer Tarifvertrag, hinsichtlich dessen beiderseitige Tarifbindung besteht (§ 613a Abs. 1 S.3 BGB).

Soweit einem aufnehmenden Rechtsträger der Firmentarifvertrag umwandlungsrechtlich zugewiesen wird, setzt dessen originär-kollektivrechtliche Fortgeltung bei diesem voraus, dass die tarifschließende Gewerkschaft für diesen Rechtsträger bzw. für die jeweiligen

---

[443] BAG 21.11.2012 – 4 AZR 85/11, NZA 2013, 512 (513); *Müller-Bonanni/Mehrens* ZIP 2012, 1217 (1219); *Gaul/Otto* NZA 2014, 500 (501); *Boecken* Rn. 206; *ders.* SAE 2000, 162 (165); Wiedemann/*Oetker* TVG § 3 Rn. 214; Sieg/Maschmann Unternehmensumstrukturierung Rn. 321; Kallmeyer/*Willemsen* UmwG § 324 Rn. 24; MHdB ArbR/*Klumpp* § 247 Rn. 42.

[444] *Boecken* Rn. 208; HMB/*Grau* Teil 15 Rn. 211; aA ohne Begründung Staudinger/*Annuß* BGB § 613a Rn. 206; Rechtsgrundlage der Fortgeltung offen gelassen bei Wiedemann/*Oetker* TVG § 3 Rn. 213.

[445] So aber *Gaul,* Betriebsspaltung, § 24 Rn. 143; *Gaul/Otto* NZA 2014, 500 (503); wie hier siehe nur HMB/*Grau* Teil 15 Rn. 211.

[446] Thüsing/Braun/*Heise* S. 612; *Müller-Bonanni/Mehrens* ZIP 2012, 1217, 1220; *Rieble* Anm. zu BAG EzA UmwG § 20 Nr. 1; MHdB ArbR/Klumpp § 247 Rn. 42; ähnlich Wiedemann/*Oetker* TVG § 3 Rn. 213, der aber (etwas unklar) bei besonderer Interessenlage auch § 3 Abs. 3 TVG heranziehen will.

[447] So aber *Däubler* RdA 1995, 136 (142).

[448] Wiedemann/*Oetker* TVG § 3 Rn. 215; HWK/*Henssler* TVG § 3 Rn. 47; JKOS/*Oetker* § 6 Rn. 153; *Gaul/Otto* NZA 2014, 500 (502).

[449] Wiedemann/*Oetker* TVG § 3 Rn. 212; HWK/*Henssler* TVG § 3 Rn. 47.

Betriebe **tarifzuständig** ist[450]. Die allgemeinen tariflichen Geltungsvoraussetzungen müssen also zusätzlich vorliegen – insofern gilt Gleiches wie für das aufnehmende Unternehmen bei einer Verschmelzung (siehe → Rn. 120 und 122 sowie **Beispiel E 13**).

cc) Vermögensübertragung. Für die **Vollübertragung** (§ 174 Abs. 1 UmwG) gelten die für die Verschmelzung dargelegten Grundsätze (s. auch § 176 UmwG). 131

Für die **Teilübertragung** (§ 174 Abs. 2 UmwG) gelten die Ausführungen zur Spaltung entsprechend.[451]

dd) Formwechsel. Beim Formwechsel bleibt sowohl die **Verbandszugehörigkeit** wie auch die Tarifbindung an einen **Firmentarifvertrag** erhalten, da bei dieser Umwandlungsart die Rechtspersönlichkeit des Rechtsträgers ihre Identität beibehält.[452] 132

c) Auswirkungen des Tarifeinheitsgesetzes

Mit Wirkung zum 10.7.2015 ist durch das Tarifeinheitsgesetz (hier: § 4a Abs. 2 S. 2 TVG) eine gesetzliche Regelung mit dem Ziel der Tarifeinheit im Betrieb in Kraft getreten, welche von Beginn an verfassungsrechtlich höchst umstritten war.[453] Diesen Bedenken hat das Bundesverfassungsgericht mit Urteil vom 11.7.2017 lediglich partiell Rechnung getragen.[454] Im Wesentlichen hat das **BVerfG** das Tarifeinheitsgesetz als mit dem Grundgesetz vereinbar angesehen. Allerdings hat es beanstandet, dass es im Hinblick auf § 4a Abs.2 S. 2 TVG an rechtlichen Vorkehrungen fehle, die eine hinreichende Interessenberücksichtigung der Arbeitnehmer sicherstellen, die von den verdrängten Tarifverträgen erfasst waren bzw. erfasst worden wären. 133

In seiner ursprünglichen Fassung sollte gem. § 4a Abs. 2 S.2 TVG im Fall sich überschneidender Geltungsbereiche von nicht inhaltsgleichen Tarifverträgen unterschiedlicher Gewerkschaften in einem Betrieb ohne Einschränkung nur der Tarifvertrag derjenigen Gewerkschaft Anwendung finden, die zum Zeitpunkt des Abschlusses des zuletzt abgeschlossenen Tarifvertrags die **meisten Mitglieder (Mehrheits-Gewerkschaft)** hat. Mit dem Ziel der Gewährleistung der Koalitionsfreiheit der Gewerkschaften mit geringerer betrieblicher Mitgliederzahl (Minderheits-Gewerkschaft) hat das **BVerfG** dem Gesetzgeber aufgegeben, die Vorschrift neu zu fassen. Mit Wirkung zum 1.1.2019 wurde § 4a Abs. 2 S. 2 um einen Halbsatz 2[455] ergänzt. Danach bleiben die Rechtsnormen des (Minderheits-) Tarifvertrags anwendbar, sofern beim Zustandekommen des Mehrheitstarifvertrags die Interessen der Arbeitnehmergruppen des verdrängten (Minderheits-)Tarifvertrages „nicht **ernsthaft und wirksam berücksichtigt**" wurden. Im Ergebnis hat die Neuregelung die Verdrängungswirkung des Mehrheitstarifvertrages damit zwar teilweise beschränkt; es ist jedoch fraglich, ob die Vorgaben des BVerfG durch den sehr allgemein gehaltenen neuen Wortlaut tatsächlich vollumfänglich umgesetzt wurden[456].

---

[450] Wiedemann/*Oetker* TVG § 3 Rn. 214.

[451] Vgl. *Gaul* NZA 1995, 717 (719).

[452] Siehe nur *Henssler* FS Schaub, 1998, 311 (314).

[453] Zur verfassungsrechtlichen Kritik an §4a Abs. 2 S. 2 TVG in seiner ursprünglichen Fassung siehe *Jacobs* NJW Editorial zu Heft 46/2014; *Greiner* NZA 2015, 769 (771); *Konzen/Schliemann* RdA 2015, 1 (12ff.); *Ewer* NJW 2015, 2230; *Bayreuther* NZA 2013, 1395; aA *Scholz/Lingemann/Ruttloff* NZA-Beil. 2015, 3; *Baeck/Winzer/Ruttloff* NZG 2015, 670 (671); vgl. auch *Hromadka* NZA 2014, 1105.

[454] BVerfG 11.7.2017 – 1 BvR 1571/15, NZA 2017, 915; ausführlich zur Diskussion und Rechtsentwicklung zum Tarifeinheitsgesetz siehe Wiedemann/*Jacobs* TVG § 4a Rn. 49ff.; *Löwisch/Rieble* TVG § 4a Rn. 16ff.

[455] § 4a Abs. 2 S. 2 TVG wurde mit Gesetz vom 18.12.2018 (BGBl. I. S. 2651) mit Wirkung zum 1.1.2019 geändert.

[456] ErfK/*Franzen* TVG § 4a Rn. 1b mwN; ausführlich dazu ua *Löwisch* RdA 2019, 169 (173) unter Betonung der Notwendigkeit, die gesetzliche Regelung müsse selbst die (konkreten) Vorkehrungen formulieren, die zum Schutze der Mitglieder von Berufsgruppen und Branchengewerkschaften erforderlich seien.

Unverändert gilt hingegen die Regelung des § 4a Abs. 2 S. 3 TVG fort, wonach bei Tarifverträgen, die erst zu einem späteren Zeitpunkt kollidieren, dieser (spätere Zeitpunkt) für die Mehrheitsfeststellung maßgeblich ist.

134 Die allgemeinen Voraussetzungen einer Tarifkollision iSd § 4a Abs. 2 S. 2 TVG sind auch in der Neufassung unverändert geblieben. Danach kann eine Tarifkollision gem. Abs. 2 S. 1 entweder durch eine **Tarifbindung gem. § 3 TVG oder** durch eine **Nachbindung** gem. § 3 Abs. 3 TVG erzeugt werden. Eine Fortgeltung gem. § 613a Abs. 1 S. 2 BGB genügt hingegen nicht.[457] Von der Kollisionsregelung ausgenommen sind ferner Tarifverträge, die am 10.7.2015 bereits galten; für diese besteht gem. § 13 Abs. 3 TVG Bestandsschutz. Kommt es demnach aufgrund von Umstrukturierungen zu einer Tarifpluralität im Betrieb iSd § 4a Abs. 2 S. 3 TVG und sind nach dem 10.7.2015 abgeschlossene Tarifverträge betroffen, ist diese im Grundsatz nach dem **Mehrheitsprinzip** aufzulösen, es sei denn, dass im Mehrheitstarifvertrag die Interessen der Belegschaft, für die der Minderheitstarifvertrag galt, nicht „ernsthaft und wirksam" berücksichtigt werden. Gem. § 8 TVG ist der Arbeitgeber verpflichtet, den dann anwendbaren Tarifvertrag bekannt zu machen. Außerdem können betroffene Gewerkschaften und der Arbeitgeber über die Anwendbarkeit der betroffenen Tarifverträge nach § 2a Abs. 1 Nr. 6 ArbGG iVm § 4a Abs. 2 S. 2 TVG einen arbeitsgerichtlichen Beschluss erwirken, welcher gem. § 99 Abs. 3 ArbGG für und gegen jedermann wirkt.[458] Nach hM hat dieser Beschluss indessen **keine Gestaltungswirkung;** die Rechtsfolge der Verdrängung des Minderheitstarifvertrages ergibt sich unmittelbar aus § 4a Abs. 2 S. 2 BGB und bedarf nicht des rechtskräftigen Abschlusses des Beschlussverfahrens gem. § 99 ArbGG.[459]

Die durch die Entscheidung des BVerfG vom 11.7.2017[460] notwendig gewordene **Neuregelung** von § 4a Abs. 2 Satz 2 TVG könnte zu zusätzlichen Komplikationen bei Umstrukturierungen führen. Zu den erheblichen Unsicherheiten, die im Hinblick auf die Fortgeltung oder Ablösung kollektivrechtlicher Arbeitsbedingen ohnehin schon bestehen, tritt zukünftig die Prüfung, ob der Tarifvertrag, der andere Tarifanwendungen verdrängt, die Interessen der davon betroffenen Mitarbeiter hinreichend wahrt; mit einer solche Prüfung wird in mehrfacher Hinsicht Neuland betreten[461]. Allerdings zeigt sich zunehmend, dass sich § 4a Abs. 2 S. 2 TVG in aller Regel nicht auf Umstrukturierungsvorgänge auswirkt. Die Konstellationen, in denen **aufgrund von Umstrukturierungen** erstmalig **eine Tarifkollision** iSd § 4a Abs. 2 S. 2 TVG **eintritt,** können als **eher selten** eingestuft werden.

Dies liegt zum einen daran, dass § 4a Abs. 2 TVG lediglich die Tarifkonkurrenz innerhalb eines Betriebes regelt, nicht hingegen bezogen auf das gesamte Unternehmen (§ 4a Abs. 1 und Abs. 2 S. 1 TVG). Die meisten Umstrukturierungen, die eine Unternehmensumwandlung zum Gegenstand haben, vollziehen sich jedoch ohne Eingriffe in die Struktur der einzelnen Betriebe, so dass sich zumeist keine auf Betriebsebene bezogenen Tarifkollisionen ergeben. Im Übrigen werden durch § 4a Abs. 2 TVG – wie dargelegt – nur Tarifkonkurrenzen geregelt, die sich aufgrund originärer kollektivrechtlicher Geltung (§ 3 Abs. 1 und 3 TVG) ergeben. Unterschiedliche Tarifanwendungen innerhalb eines Betriebes aufgrund **einzelvertraglicher Bezugnahme** oder aufgrund der gesetzlichen Geltungsanordnung gem. **§ 613a Abs. 1 S. 2 BGB** werden gerade **nicht erfasst**[462]. § 4a Abs. 2 TVG wird deshalb nur relevant, wenn im aufnehmenden Unternehmen ein Tarifvertrag besteht, der auch auf einen im Wege der Umwandlung hinzu gekommenen Be-

[457] HWK/*Müller-Bonanni* BGB § 613a Rn. 250, 269; Wiedemann/*Jacobs* TVG § 4a Rn. 24; *Löwisch/Rieble* TVG § 4a Rn. 63; *Konzen/Schliemann* RdA 2015, 1, 8.

[458] *Greiner* NZA 2015, 769.

[459] Vgl. hierzu → Rn. 121.

[460] BVerfG 11.7.2017 – 1 BvR 1571/15, NZA 2017, 915.

[461] Vgl. hierzu ausführlich und kritisch Wiedemann/*Jacobs* TVG § 4a Rn. 340f.; HWK/*Henssler* TVG § 4a Rn. 37b, c; ErfK/*Franzen* TVG § 4a Rn. 1b.

[462] *Löwisch/Rieble* TVG § 4a Rn. 63.

trieb Anwendung findet, sofern dort bislang ebenfalls ein Tarifvertrag galt, der nach der Umwandlung *kollektivrechtlich* fortgilt. Häufig wird eine Tarifkonkurrenz jedoch schon dadurch vermieden, dass die Gewerkschaft, die den beim aufnehmenden Unternehmen geltenden Tarifvertrag abgeschlossen hat, für den neu hinzugekommenen Betrieb nicht tarifzuständig ist (siehe hierzu oben **Beispiel E 13**)[463]. In anderen Konstellationen hilft der Grundsatz der Spezialität – nämlich dann, wenn die kollidierenden Tarifverträge von derselben Gewerkschaft abgeschlossen wurden (siehe **Beispiel E 14**). In dieser Konstellation ist § 4a TVG schon von vornherein nicht anwendbar (→ Rn. 120, 122). Eine Relevanz ergibt sich daher zumeist nur für Umstrukturierungen, die Betriebe betreffen, in denen eine Industriegewerkschaft und eine Spartengewerkschaft konkurrieren.

Beispiel E 17: 135

Die Cargo Handling AG (C-AG) betreibt einen Logistikbetrieb am Frankfurter Flughafen und ist Mitglied in einem Arbeitgeberverband für Logistikunternehmen, der mit Verdi einen Verbandstarifvertrag abgeschlossen hat. In einem kürzlich erworbenen Konkurrenzunternehmen (K-GmbH) gilt hingegen ein Firmentarifvertrag, der mit einer erst seit wenigen Jahren aktiven Gewerkschaft („Gewerkschaft Logistik und Verkehr – GLV") abgeschlossen wurde; diese ist gemäß ihrer Satzung für alle Boden- und Logistikbetriebe der Luftverkehrsbranche zuständig. Das neu erworbene Unternehmen soll auf die C-AG verschmolzen werden. Danach sollen die beiden Betriebe am Frankfurter Flughafen zusammengeschlossen werden. Welcher Tarifvertrag gilt in diesem Betrieb?

Im Beispiel E 17 gelten im aufnehmenden Unternehmen (C-AG) sowohl der Verbandstarifvertrag mit Verdi gem. § 3 Abs. 1 TVG als auch – infolge der Gesamtrechtsnachfolge – der Firmentarifvertrag mit der GLV. Würden die beiden Betriebe am Frankfurter Flughafen weiterhin getrennt betrieben, gälte für den Betrieb des neu erworbenen Unternehmens der Firmentarifvertrag als der speziellere Tarifvertrag fort (**Spezialitätsprinzip;** vgl. → Rn. 125). Im bisher schon zur C-AG gehörenden Betrieb würden der Verbandstarifvertrag und – sofern dessen Auslegung nicht ausnahmsweise etwas anderes ergibt (vgl. hierzu → Rn. 118) – der Firmentarifvertrag mit der GLV miteinander konkurrieren. In der Praxis würde dies vermutlich keine Schwierigkeiten verursachen, da die Mitarbeiter der C-AG, sofern sie überhaupt tarifgebunden sind, der für den Betrieb bislang maßgeblichen Gewerkschaft Verdi angehören werden – und nicht der GLV. Dies ist aber nicht zwingend, so dass hier im aufnehmenden Betrieb eine Tarifkollision im Sinne von § 4a Abs. 2 S. 2 TVG eintreten könnte. Dies gilt erst recht, wenn die beiden Logistikbetriebe zusammengelegt werden[464]. In diesem Fall käme es entscheidend auf die **Mehrheitsverhältnisse** im zusammengelegten Betrieb an. Der Firmentarifvertrag mit der Spartengewerkschaft GLV könnte sich nur durchsetzen, wenn die GLV im neuen Betrieb mehr Mitglieder hätte als die Gewerkschaft Verdi. Die Verdrängung von einem der kollidierenden Tarifverträge würde vorliegend nicht an der Neuregelung von § 4a Abs. 2 S. 2 TVG scheitern, da beide Tarifverträge auf die Logistikbranche und damit auf die Interessen aller dort beschäftigten Arbeitnehmer zugeschnitten sind[465].

Zu den Rechtsfragen iVm § 4a TVG, die sich in Konstellationen ergeben, in denen Tarifverträge beim Erwerber eines Betriebs gem. § 613a Abs. 1 Satz 2 BGB fortgelten, → Rn. 141 ff.

---

[463] MHdB ArbR/*Richter* § 26 Rn. 45.

[464] Vgl. MHdB ArbR/*Richter* § 26 Rn. 45.

[465] Vgl. zu dem Kriterium der ernsthaften und wirksamen Berücksichtigung der Arbeitnehmerinteressen Wiedemann/*Jacobs* TVG § 4a Rn. 340 f.; HWK/*Henssler* TVG § 4a Rn. 37b, c; ErfK/*Franzen* TVG § 4a Rn. 1b.

2. Nachbindung an Tarifverträge gemäß § 613a Abs. 1 S. 2 BGB

136 Durch eine Vielzahl unterschiedlichster Umstrukturierungen bzw. Transaktionen können Betriebsteile oder Betriebe einem anderen Rechtsträger zugeordnet werden. Die daraus resultierenden Rechtsfolgen regeln, soweit Tarifverträge betroffen sind, § 613a Abs. 1 S. 2–4 BGB, soweit es nicht, wie vorstehend unter 1. dargestellt, zu einer kollektivrechtlichen Fortgeltung qua beiderseitiger Tarifbindung oder qua Allgemeinverbindlichkeit kommt. Die Fortgeltung von Tarifverträgen gemäß § 613a Abs. 1 S. 2 BGB wurde lange als „individualrechtliche Fortgeltung" bezeichnet. Auch war häufig von einer „Transformation in den Arbeitsvertrag" die Rede.[466] Diese Sicht der Dinge musste man spätestens seit der Entscheidung des BAG vom 22.4.2009[467] in Frage stellen. In der Literatur war – auch vom *Verfasser* – bereits lange zuvor darauf hingewiesen worden, dass die Fortgeltung von Tarifverträgen nach § 613a Abs. 1 S. 2 BGB mit „individualrechtlich" nicht zutreffend beschrieben ist. Die fortgeltenden Normen verlieren durch ihre Fortgeltung im Arbeitsverhältnis nicht ihren **kollektivrechtlichen Charakter** (hierzu sogleich näher unter → Rn. 149 ff.).

a) Anwendungsbereich von § 613a Abs. 1 S. 2 BGB

137 **aa) Bislang beiderseitige Tarifbindung bzw. Allgemeinverbindlichkeit.** Die Rechtsfolgen von § 613a Abs. 1 Satz 2 BGB treten im Hinblick auf bislang anwendbare Tarifverträge nur für diejenigen Arbeitsverhältnisse ein, bei denen bislang die „Rechte und Pflichten durch *Rechtsnormen* eines Tarifvertrags (...) geregelt" waren. Dies bedeutet, dass eine Weitergeltung von Tarifnormen gemäß § 613a Abs. 1 S. 2 BGB nur in Betracht kommt, wenn bislang – also vor dem Übergang des Arbeitsverhältnisses auf einen neuen Inhaber – **beide Arbeitsvertragsparteien tarifgebunden** waren[468] oder der Tarifvertrag für **allgemeinverbindlich erklärt war.**[469] War hingegen nur eine der Parteien tarifgebunden, sind die Tatbestandsvoraussetzungen von Satz 2 nicht erfüllt, und zwar auch dann nicht, wenn die Arbeitsvertragsparteien **einzelvertraglich** vereinbart haben, dass bestimmte Tarifverträge auf das Arbeitsverhältnis Anwendung finden sollen (sog. **Bezugnahmeklausel**).[470] Durch Bezugnahmeklauseln in das Arbeitsverhältnis einbezogene Tarifnormen gelten nach hM vielmehr – wie andere einzelvertragliche Arbeitsbedingungen auch – über § 613a Abs. 1 S. 1 BGB fort (str.).[471] Wegen der besonderen Bedeutung von Bezugnahmeklauseln für die Umstrukturierungspraxis werden diese unter → Rn. 186 ff. einer genaueren Betrachtung unterzogen.

138 Fand vor dem Übergang auf das Arbeitsverhältnis ein **allgemeinverbindlicher Tarifvertrag** Anwendung, besteht die daraus resultierende Tarifbindung (§ 5 Abs. 4 TVG) auch nach dem Betriebs(teil)übergang für die Dauer der Allgemeinverbindlichkeit fort, sofern das Arbeitsverhältnis auch nach dem Betriebsinhaberwechsel unter den **örtlichen und fachlichen Anwendungsbereich** des allgemeinverbindlichen Tarifvertrags fällt. Der Auffangregelung des § 613a Abs. 1 S. 2 BGB bedarf es in diesen Fällen nicht.[472] Ist der allgemeinverbindliche Tarifvertrag beim neuen Inhaber nicht anwendbar, gilt dieser – soweit der allgemeinverbindliche Tarifvertrag nicht durch beim neuen Arbeitgeber geltende Tarifverträge gemäß § 613a Abs. 1 S. 3 BGB verdrängt wird – gemäß Satz 2 fort. Endet die

[466] Siehe nur Wiedemann/*Oetker* TVG § 3 Rn. 24 ff.; Thüsing/Braun/*Braun* S. 411, so auch noch BAG 29.8.2001 – 4 AZR 332/99, NZA 2002, 513 mwN.
[467] BAG 22.4.2009 – 4 AZR 100/08, NZA 2010, 41 mAnm *Hohenstatt* NZA 2010, 23.
[468] Soergel/*Raab* BGB § 613a Rn. 107; Sieg/Maschmann Unternehmensumstrukturierung Rn. 347 mwN.
[469] BAG 4.3.1993 – 2 AZR 507/92, NZA 1994, 260.
[470] Soergel/*Raab* BGB § 613a Rn. 108; BAG 4.3.1993, aaO.
[471] Siehe nur Soergel/*Raab* BGB § 613a Rn. 129; *Annuß* RdA 2000, 179 (181); Staudinger/*Annuß* BGB § 613a Rn. 244; Wiedemann/*Oetker* TVG § 3 Rn. 263 mwN; näher hierzu → Rn. 202.
[472] Kallmeyer/*Willemsen* UmwG § 324 Rn. 24; ErfK/*Oetker* UmwG § 324 Rn. 5; anders auf der Grundlage des sog. Sukzessionsmodells Lutter/*Sagan* UmwG § 324 Rn. 22.

Allgemeinverbindlichkeit des Tarifvertrages während der in § 613a Abs.1 S. 2 BGB normierten Jahresfrist, entfällt ab diesem Zeitpunkt die zwingende Wirkung der Fortgeltung. Wenn bislang allgemeinverbindliche Tarifverträge für nicht tarifgebundene Arbeitnehmer nach Ende der Allgemeinverbindlichkeit nur noch gemäß § 4 Abs. 5 TVG nachwirken[473] und damit einzelvertragliche Abmachungen auch zum Nachteil des Arbeitnehmers zulässig sind, entfällt auch im gemäß § 613a BGB übergegangenen Arbeitsverhältnis die zwingende Wirkung der fortgeltenden Tarifnormen.[474]

§ 613a Abs. 1 S. 2 BGB erfasst auch Tarifnormen, die bereits zum Zeitpunkt des Be- 139
triebsinhaberwechsels nur noch **nachgewirkt** haben (§ 4 Abs. 5 TVG).[475] Die Nachwirkung gilt über § 613a Abs. 1 S. 2 BGB auch beim neuen Arbeitgeber; allerdings findet die **einjährige Veränderungssperre** (Satz 2 Halbsatz 2) in diesen Fällen **keine Anwendung**[476], da nach dem Wortlaut des § 4 Abs. 5 TVG eine „andere Abmachung" zur Ablösung der Nachwirkung ausdrücklich möglich ist.

Noch nicht geklärt ist die Frage, ob von der Fortgeltung gem. § 613a Abs. 1 S. 2 BGB auch **Minderheitstarifverträge** erfasst werden, die beim bisherigen Arbeitgeber zum Zeitpunkt des Betriebsübergangs gem. § 4a Abs. 2 TVG **durch einen anderen Tarifvertrag verdrängt** waren.

Beispiel E 18: 140

Die Klinikbetreiberin B-GmbH ist Mitglied in einem Krankenhausverband, der mit Verdi Tarifverträge abschließt. Sie unterhält mehrere Betriebe, ua einen Laborbetrieb, in dem sowohl Mitglieder der Gewerkschaft Verdi als auch des Marburger Bundes beschäftigt werden. Die Verdi-Mitglieder sind in der Überzahl. Ein vom Marburger Bund verhandelter Firmentarifvertrag wurde gemäß § 4a Abs. 2 TVG verdrängt. Eine Nachzeichnung der Verdi-Tarifverträge für die Mitglieder des Marburger Bundes (§ 4a Abs. 4 TVG) ist nicht erfolgt. Stattdessen wurden auf der Grundlage einzelvertraglicher Bezugnahmeklauseln auch auf die Mitglieder des Marburger Bundes die Verdi-Tarifverträge angewandt. Im Betriebsteil Diagnostik werden fast ausschließlich Mitglieder des Marburger Bundes beschäftigt. Wie stellt sich die tarifrechtliche Lage dar, wenn das nicht tarifgebundene Klinik-Unternehmen K-AG den gesamten Betrieb erwirbt (Variante 1) bzw. wenn sie lediglich den Betriebsteil kauft, jeweils um den Betrieb/Betriebsteil eigenständig fortzuführen (Variante 2)?

Im Laborbetrieb der B-GmbH **kollidierten** vor der Veräußerung des Betriebsteils die 141
mit Verdi abgeschlossenen Tarifverträge und die des Marburger Bunds. Da im Gesamtbetrieb die Verdi-Mitglieder in der Mehrheit waren, hatte der Verbandstarifvertrag von Verdi den Firmentarifvertrag mit dem Marburger Bund gemäß **§ 4a Abs. 2 S. 2 TVG** verdrängt.[477] Für die Arbeitnehmer, die Mitglieder von Verdi sind, gelten die Verdi-Verbandstarifverträge nach dem Betriebsübergang gemäß § 613a Abs. 1 S. 2 BGB fort. Fraglich ist, welche tarifrechtlichen Folgen für die Mitglieder des Marburger Bundes eintreten. Teilweise wird vertreten, dass nach einem Betriebsübergang auch gemäß § 4a Abs. 2 TVG

[473] Vgl. hierzu ausführlich BAG 25.10.2000 – 4 AZR 212/00, NZA 2001, 1146; die Nachwirkung von Tarifnormen nach Ablauf der Allgemeinverbindlichkeit ist umstritten; nach der Gegenauffassung endet bei nicht tarifgebundenen Arbeitnehmern die Tarifgeltung nach Ablauf der Allgemeinverbindlichkeit vollständig; vgl. hierzu etwa *Sittard* S. 287 ff.; siehe auch die Nachweise bei HWK/*Henssler* TVG § 5 Rn. 37.

[474] So für nachwirkende Tarifnormen generell BAG 22.4.2009 – 4 AZR 100/08, NZA 2010, 41 Rn. 71.

[475] EuGH 11.9.2014 – C-328/13, NZA 2014, 1092; für Betriebsvereinbarungen BAG 12.6.2019 – 1 AZR 154/17, NZA 2019, 1203 Rn. 43 f.; BAG 27.11.1991 – 4 AZR 211/91, NZA 1992, 800; HWK/*Müller-Bonanni* BGB § 613a Rn. 263; Wiedemann/*Oetker* TVG § 3 Rn. 266 mwN; Soergel/*Raab* BGB § 613a Rn. 107; aA *Heinze* DB 1998, 1861 (1862).

[476] BAG 1.8.2001 – 4 AZR 82/00, NZA 2002, 41; BAG 22.4.2009 – 4 AZR 100/08, NZA 2010, 41 Rn. 71; MüKoBGB/*Müller-Glöge* BGB § 613a Rn. 134, 137; Staudinger/*Annuß* BGB § 613a Rn. 227.

[477] Dies setzt voraus, dass die Tarifkollision Tarifverträge betrifft, die am 10.7.2015 noch nicht in Kraft waren (vgl. § 13 Abs. 3 TVG); im Übrigen kommt es nicht zur Verdrängung des Minderheitstarifvertrages, wenn der Mehrheitstarifvertrag die Interessen der dem Minderheitentarifvertrag unterfallenden Arbeitnehmer nicht ernsthaft und wirksam berücksichtigt; siehe näher zu § 4a TVG → Rn. 133.

verdrängte Tarifnormen gemäß § 613a Abs. 1 S. 2 BGB fortgelten.[478] Hiergegen ist allerdings einzuwenden, dass ein verdrängter Minderheitstarifvertrag gerade keine „Rechte und Pflichten aus den [...] Arbeitsverhältnissen" regelt, denn diese waren im konkreten Betrieb bis zum Betriebsteilübergang unanwendbar.[479] *Löwisch/Rieble*[480] betonen zurecht, dass in dieser Konstellation für die Mitglieder der Minderheitsgewerkschaft durch den Betriebsübergang **kein „Tarifgeltungsentfall"** eintritt. Hiergegen wird allerdings argumentiert, dass trotz § 4a Abs. 2 S. 1 TVG die *Bindung* an einen verdrängten Tarifvertrag bestehen bleibe und dass während der Verdrängung nur die *Anwendbarkeit* des verdrängten Tarifvertrages für die Dauer der Tarifkollision beseitigt[481] werde[482]. Insoweit wird eine Parallele gezogen zur Entscheidung des BAG vom 22.4.2009[483]. Hier ging es um die Fortgeltung eines Flächentarifvertrages, der zeitweise in Teilen durch einen Sanierungstarifvertrag außer Kraft gesetzt war. In dieser Konstellation hatte das BAG ausgeführt, dass gemäß § 613a Abs. 1 S. 2 BGB „nicht die aus den Tarifnormen sich ergebenden Arbeitsbedingungen zum Zeitpunkt des Betriebsübergangs (...) Inhalt des Arbeitsverhältnisses (werden), „sondern der gesamte Bestand der Tarifnormen, die die Rechte und Pflichten der Arbeitsvertragsparteien regeln"[484]. Es ist aber sehr fraglich, ob zum „gesamten Bestand der Tarifnormen" auch ein Tarifvertrag gehören kann, der wegen § 4a Abs. 2 TVG noch niemals auf das Arbeitsverhältnis Anwendung gefunden hat. Hiergegen spricht, dass sich ansonsten allein durch einen Betriebsübergang die tarifrechtliche Lage im Betrieb verändern würde. Im **Beispiel E 18** war der Tarifvertrag des Marburger Bundes zugunsten der Verdi-Verbandstarifverträge verdrängt. Es fehlt an einer einleuchtenden Begründung, weshalb in demselben Betrieb nach dessen Übergang auf einen nicht tarifgebundenen Arbeitgeber über § 613a Abs. 1 S. 2 BGB nunmehr zwei unterschiedliche Tarifregime Anwendung finden sollten. Die richtige Lösung muss vielmehr darin bestehen, dass nur für die Mitglieder von Verdi die Tarifverträge dieser Gewerkschaft gemäß § 613a Abs. 1 S. 2 BGB fortgelten. Für die Mitglieder des Marburger Bundes gilt auf der Grundlage der einzelvertraglichen Bezugnahmeklauseln dasselbe.

142 In der Variante 2 von **Beispiel E 18** wird allerdings nur ein Betriebsteil übertragen, in dem die Mehrheitsverhältnisse von denen im gesamten Betrieb abweichen; hier sind die Mitglieder des Marburger Bundes, deren Tarifvertrag beim Veräußerer verdrängt wurde, in der Mehrheit. Nach den zuvor hergeleiteten Ergebnissen (→ Rn. 141) ändert dies indessen nichts daran, dass auch in dieser Konstellation nur für die Verdi-Mitglieder eine Fortgeltung der Verdi-Tarifverträge gem. § 613a Abs. 1 S. 2 BGB erfolgt. Der Firmentarifvertrag des Marburger Bundes hat in dem Betrieb keine Anwendung gefunden, so dass er für die Mitglieder des Marburger Bundes nicht gemäß § 613a Abs. 1 S. 2 BGB Geltung beanspruchen kann. Dass diese jetzt in der Mehrheit sind, weil nur ein Betriebsteil veräußert wurde, ist irrelevant[485], da im übernommenen Betrieb keine (neue) Tarifkollision eingetreten ist, die eine neuerliche Feststellung der Mehrheitsverhältnisse erfordern würde. Für die Mitglieder des Marburger Bundes gelten im Beispiel E 18 demnach (auf schuldrechtlicher Grundlage) die Verdi-Tarifverträge. Der Marburger Bund kann jetzt jedoch jederzeit den neuen Betriebsinhaber auffordern, Tarifverhandlungen zu führen. Ein auf dieser Grundlage – ggfls. unter Arbeitskampfdruck – zustande gekommener Tarifvertrag würde in dem neuen Betrieb nicht mehr von einem Mehrheitstarifvertrag verdrängt werden können.

---

[478] HWK/*Müller-Bonanni* BGB § 613a Rn. 263 mwN.
[479] Staudinger/*Annuß* BGB § 613a Rn. 221; *Löwisch/Rieble* TVG § 4a Rn. 188.
[480] *Löwisch/Rieble* TVG § 3 Rn. 418.
[481] Nur insoweit zustimmend *Löwisch/Rieble* TVG § 4a Rn. 70 und 174.
[482] HWK/*Müller-Bonanni* BGB § 613a Rn. 262; ähnlich die Vorauflage → Rn. 118b und *Hohenstatt/Schuster* ZIP 2016, 5 (9).
[483] Vgl. BAG 22.4.2009 – 4 AZR 100/08, NZA 2010, 41 (49).
[484] Darauf verweisen HWK/*Müller-Bonanni* BGB § 613a Rn. 263; HMB/*Grau* Teil 15 Rn. 56.
[485] Zweifelnd HMB/*Grau* Teil 15 Rn. 57.

Weitere Zweifelsfragen im Zusammenhang mit § 4a TVG können sich ergeben, wenn der neue Betriebsinhaber an einen fachlich und örtlich anwendbaren Tarifvertrag mit einer anderen Gewerkschaft gebunden ist. Dies zeigt folgende **Abwandlung von Beispiel E 18:** 143

Beispiel E 18a:

Der neue Inhaber des bisherigen Betriebsteils Diagnostik (siehe **Beispiel E 18**) schließt diesen Betrieb mit einem bei ihm schon vorhandenen Laborbetrieb zusammen. Dort gilt ein Firmentarifvertrag, der mit dem Marburger Bund abgeschlossen wurde. Im neuen Betrieb sind die Mitglieder des Marburger Bundes deutlich in der Mehrheit.

In diesem abgewandelten Sachverhalt treffen die gem. § 613a Abs. 1 S. 2 BGB fortgeltenden Verdi-Tarifverträge im neuen Laborbetrieb der K-AG auf den Firmentarifvertrag mit dem Marburger Bund, der für dessen Mitglieder aufgrund beiderseitiger Tarifbindung iSv § 3 Abs. 1 TVG gilt. Angesichts der Mehrheitsverhältnisse stellt sich die Frage, ob gem. § 4a Abs. 2 S. 2 TVG die Verdi-Tarifverträge verdrängt werden. Dies würde allerdings voraussetzen, dass eine **Tarifkollision** iSd Norm auch Tarifverträge betreffen kann, die nicht gemäß § 3 TVG, sondern gem. § 613a Abs. 1 S. 2 BGB gelten.[486] Dafür spricht auf den ersten Blick das Telos der Kollisionsnorm, aufgrund von Tarifpluralität verursachte Tarifkollisionen im Betrieb zu unterbinden.[487] Allerdings setzt Tarifpluralität definitionsgemäß die Geltung mehrerer Tarifverträge im Betrieb qua jeweils beiderseitiger Tarifgebundenheit voraus.[488] Zwar vergleicht das BAG die Fortgeltung von Tarifverträgen gem. § 613a Abs. 1 S. 2 BGB in ihrer Wirkungsweise mit der Weitergeltung von Tarifverträgen, wie Sie § 3 Abs. 3 TVG anordnet.[489] Wenn der Gesetzgeber in § 4a Abs. 2 S. 1 TVG allerdings nur die Tarifbindung gem. § 3 TVG ausdrücklich erwähnt, obwohl bestens bekannt ist, dass § 613a Abs. 1 S. 2 BGB in vielen Fällen zu tatsächlichen „Tarifpluralitäten" im aufnehmenden Unternehmen führt, spricht sehr vieles dafür, dass er die durch Betriebs(teil)übergänge entstehenden Tariffolgen nicht regeln wollte. Davon zeugt auch die systematische Verortung der Kollisionsnorm im TVG, das sich ausschließlich mit Tarifgeltungen befasst, die aus § 3 TVG resultieren.[490] Die **Ablösung** eines nach § 613a Abs. 1 S. 2 fortgeltenden Tarifvertrages richtet sich hingegen **ausschließlich nach Satz 3 der Norm.**[491] Ein etwaiger Wille des Gesetzgebers, in die Systematik von § 613a Abs. 1 S. 2 und 3 BGB einzugreifen, ist im Tarifeinheitsgesetz nicht zum Ausdruck gekommen.[492] 144

Die Richtigkeit dieser Auslegung ergibt sich auch aus einer Betrachtung der umgekehrten Konstellation, wenn nämlich im aufnehmenden Betrieb die Verdi-Mitglieder in der Mehrheit wären. Sofern auch ein nach § 613a Abs. 1 S. 2 BGB fortgeltender Tarifvertrag eine Kollisionslage iSv § 4a Abs. 2 S. 2 TVG erzeugen könnte, würden die „nur" gem. § 613a Abs. 1 S. 2 BGB fortgeltenden Verdi-Tarifverträge den kollektivrechtlich geltenden Firmentarifvertrag im aufnehmenden Unternehmen verdrängen. Es würde sich ein statisch fortgeltender Mehrheitstarifvertrag, an den der Arbeitgeber nicht kollektivrechtlich gebunden ist, gegen den gem. §§ 3 Abs. 1, 4 Abs. 1 S. 1 TVG normativ wirkenden und somit „ranghöheren" Tarifvertrag durchsetzen – dies wäre sicher kein dogmatisch einleuchtendes

[486] Vgl. HWK/ *Müller-Bonanni* BGB § 613a Rn. 263, der § 4a Abs. 2 TVG in § 613a Abs. 1 S. 2 BGB „hineinlesen" möchte, um innerhalb des übergegangenen Betriebs(teils) ggf. eine Verdrängung von Minderheitstarifverträgen beizubehalten, zustimmend Sieg/Maschmann Unternehmensumstrukturierung Rn. 344.

[487] BT-Drs. 18/4062, S. 8f.

[488] BAG 7.7.2010 – 4 AZR 549/08, AP Nr. 140 zu Art. 9 Abs. 3 GG, Rn. 14 mAnm. *Schmidt,* Jacobs/Krause/Oetker/Schubert/*Jacobs* § 7 Rn. 236.

[489] BAG 22.4.2009 – 4 AZR 100/08, NZA 2010, 41, (46) mAnm. *Hohenstatt* NZA 2010, 23 (26); darauf verweist im vorliegenden Zusammenhang *Gräf,* NZA 2016, 327 (333).

[490] Vgl. *Konzen/Schliemann* RdA 2015, 1 (8); vgl. auch HMB/*Grau* Teil 15 Rn. 57.

[491] HWK/ *Müller-Bonanni* BGB § 613a Rn. 268; Wiedemann/*Jacobs* TVG § 4a Rn. 24.

[492] *Löwisch/Rieble* TVG § 3 Rn. 487; im Ergebnis ebenso mit eingehender Begründung *Gräf* NZA 2016, 327 (331f.).

Ergebnis.[493] Gem. **§ 613a Abs. 1 S. 2 BGB** fortgeltende Tarifverträge können mithin **keine Tarifkollision** im Sinne von § 4a TVG herbeiführen.[494] Infolgedessen können diese weder andere Tarifverträge verdrängen, noch selbst durch einen Mehrheitstarifvertrag verdrängt werden.

145 **bb) Betriebsinhaberwechsel.** § 613a Abs. 1 S. 2–4 BGB gelten – jedenfalls unmittelbar – nur für Umstrukturierungen oder Transaktionen, die zu einem Inhaberwechsel hinsichtlich eines Betriebes oder eines Betriebsteils führen. Hauptanwendungsfall ist der Betriebs(teil)übergang durch **Einzelrechtsnachfolge,** also durch Übertragung der entsprechenden Betriebsmittel auf einen neuen Inhaber. Dies kann im Wege eines Unternehmenskaufs oder zB auch durch eine Konzernumstrukturierung ohne Einbeziehung eines wirtschaftlich Dritten geschehen. Die Anwendungsfälle von § 613a Abs. 1 BGB, die weit über diese „klassischen" Konstellationen hinausgehen, sind Gegenstand des Kap. G.[495]

146 Mittlerweile besteht auch kein Zweifel mehr daran, dass § 613a Abs. 1 BGB auf die Fälle der **(partiellen) Gesamtrechtsnachfolge** nach dem **Umwandlungsgesetz** Anwendung findet, soweit es im Zuge einer übertragenden Umwandlung[496] zu einem Betriebsübergang oder Betriebsteilübergang kommt; die in § 324 UmwG enthaltene Rechtsgrundverweisung[497] hat dies – wenn auch sprachlich wenig geglückt – klargestellt.[498] Zu den **übertragenden Umwandlungen** gehören die **Verschmelzung,** die **Spaltung** und die **Vermögensübertragung,** nicht hingegen der Formwechsel, da bei dieser Umwandlungsart die Rechtspersönlichkeit des Rechtsträgers identisch bleibt.

147 **cc) Keine kollektivrechtliche Fortgeltung qua beiderseitiger Tarifbindung.** Wie bereits unter → Rn. 111 dargelegt, findet § 613a Abs. 1 S. 2 BGB nur dann Anwendung, wenn nicht ohnehin der bisherige Tarifvertrag qua beiderseitiger Tarifbindung – also des Arbeitnehmers und auch des neuen Inhabers – kollektivrechtlich fortgilt **(Auffanglösung).**[499] Dies ist bei bisheriger Geltung eines Verbandstarifvertrages dann der Fall, wenn der Arbeitnehmer tarifgebunden bleibt und auch der neue Inhaber dem zuständigen Arbeitgeberverband zugehört oder beitritt. Voraussetzung ist dabei stets, dass auch nach dem Betriebs(teil)übergang die Tarifverträge dieses Verbandes örtlich und sachlich Anwendung finden. Bei einem Firmentarifvertrag kommt eine kollektivrechtliche Fortgeltung dann in Betracht, wenn der Betriebs(teil)übergang im Zusammenhang mit einer übertragenden Umwandlung erfolgt.[500]

148 **dd) Keine „Ablösung" durch einen anderen Tarifvertrag oder durch eine Betriebsvereinbarung gemäß § 613a Abs. 1 S. 3 BGB.** Im Interesse der Vereinheitlichung der Arbeitsbedingungen beim neuen Inhaber sieht § 613a Abs. 1 S. 3 BGB vor, dass S. 2 der Vorschrift (also die gesetzlich angeordnete Fortgeltung des bisherigen Tarifvertrages) keine Anwendung findet, soweit beim neuen Inhaber ein **anderer** Tarifvertrag oder eine andere Betriebsvereinbarung gilt. Die Voraussetzungen einer solchen „Verdrängung" durch eine andere Kollektivvereinbarung sind streitig. Nach der Rechtsprechung des BAG und der hM kann die „Ablösung" der beim bisherigen Arbeitgeber geltenden Tarifverträge nur durch Tarifverträge des neuen Arbeitgebers erfolgen, hinsichtlich derer

---

[493] So aber *Gräf* NZA 2016, 327 (333).

[494] Wiedemann/*Jacobs* TVG § 4a Rn. 120; HWK/ *Müller-Bonanni* BGB § 613a Rn. 250, 263, 269; ErfK/ *Franzen* TVG § 4a Rn. 5; *Löwisch/Rieble* TVG § 4a Rn. 63.

[495] → G Rn. 31.

[496] Vgl. zu diesem Begriff → B Rn. 69.

[497] Vgl. → B Rn. 91 und → G Rn. 125.

[498] Vgl. grundlegend zur Anwendbarkeit des § 613a BGB auf Umwandlungsfälle bereits *K. Schmidt* AcP 191 (1991), 495; *Willemsen* NZA 1996, 791 (798); *Henssler* FS Schaub, 1998, 311 (317).

[499] aA *Sagan* RdA 2011, 163 (170); ErfK/*Preis* BGB § 613a Rn. 113; vgl. hierzu noch unter → Rn. 123a.

[500] Vgl. ausführlich unter → Rn. 117.

beiderseitige Tarifbindung besteht. Wegen der besonderen strategischen Bedeutung dieser Vorschrift werden die damit zusammenhängenden Fragen gesondert unter E II.3.[501] behandelt.

b) Wesen und Inhalt der Nachbindung gemäß § 613a Abs. 1 S. 2 BGB

aa) Transformation kollektiven Rechts in das Arbeitsverhältnis. Gemäß § 613a Abs. 1 S. 2 BGB werden die Rechte und Pflichten, die sich aus Rechtsnormen eines Tarifvertrags[502] beim Veräußerer ergeben, „Inhalt des Arbeitsverhältnisses zwischen dem neuen Inhaber und dem Arbeitnehmer". Dies hat man früher ganz überwiegend in dem Sinne verstanden, dass Tarifverträge nach einem Betriebs(teil)übergang **nicht kollektivrechtlich** fortgelten, sondern das Gesetz eine **Transformation –** der sich aus Betriebsvereinbarungen ergebenden Rechte und Pflichten – in den Einzelarbeitsvertrag anordne.[503] Dies ist gemeint, wenn von einer **individualrechtlichen Fortgeltung** gesprochen wird.[504] Angesichts der in Satz 2 ebenfalls vorgesehenen einjährigen **Veränderungssperre** ist diese Sicht der Dinge allerdings nicht einleuchtend. *Zöllner* hat daher schon früh zutreffend von einer **beschränkt normativen Fortgeltung**[505] **gesprochen.** Auch die in § 613a Abs. 1 S. 3 BGB vorgesehene Ablösung der Fortgeltung durch anderweitige Kollektivvereinbarungen ließe sich mit der Vorstellung einer „individualrechtlichen" Fortgeltung nicht in Einklang bringen.[506] Denn im Verhältnis zwischen fortgeltenden Individualnormen und tariflichen Regelungen gälte das Günstigkeitsprinzip, das durch die Ablösungsmöglichkeit gem. § 613a Abs. 1 S. 3 BGB aber gerade außer Kraft gesetzt wird. 149

Die Bedeutung dieses „Theorienstreits" mag auf den ersten Blick gering erscheinen, denn es war stets unstreitig, dass § 613a Abs. 1 S. 2 BGB **nach Ablauf eines Jahres** eine nur noch **dispositive Nachbindung** an Kollektivvereinbarungen anordnet und danach **abweichende Individualvereinbarungen** – auch zum Nachteil des Arbeitnehmers – zulässt.[507] Wie die Entscheidung des BAG vom 22.4.2009[508] jedoch gezeigt hat, sind mit der dogmatischen Einordnung der in § 613a Abs. 1 BGB geregelten Mechanismen Konsequenzen verbunden, die sich auf die Lösung von konkreten Sachverhalten entscheidungserheblich auswirken. Das folgende Praxisbeispiel ist dem Sachverhalt, wie er der BAG Entscheidung zugrunde lag, nachgebildet.

Beispiel E 19: 150

Im Betrieb des tarifgebundenen Veräußerers wurde durch Bezugnahmeklauseln auf Tarifverträge der IG Metall verwiesen. Zudem galt ein befristet bis zum 31.12.2007 wirksamer Firmen-Sanierungstarifvertrag, der eine deutliche Entgeltabsenkung vorsah. Der Sanierungstarifvertrag war vorzeitig mit monatlicher Frist kündbar; die Nachwirkung wurde ausgeschlossen. Der Betrieb wurde zum 1.7.2006 veräußert. Die IG Metall kündigte nachfolgend – am 13.7.2006 – den Sanierungstarifvertrag gegenüber dem bisherigen Betriebsinhaber. Daraufhin verlangte der klagende Arbeitnehmer von dem neuen (nicht tarifge-

---

501 → Rn. 168ff.

502 Die Nachbindung gemäß § 613a Abs. 1 S. 2 BGB gilt auch für Betriebsvereinbarungen; hierzu → Rn. 34ff.

503 Vgl. → Rn. 36; so weiterhin *Löwisch/Rieble* TVG § 3 Rn. 410: § 613a Abs. 1 S. 2 BGB verfolge „ein eindeutig individualrechtliches Konzept"; anders HMB/*Grau* Teil 15 Rn. 50, der von einer in § 613 a Abs. 1 S. 2 BGB angelegten „Fiktion" einer Tarifgeltung spricht.

504 BAG 14.8.2001 – 1 AZR 619/00, NZA 2002, 276 (278); so immer noch Erman/*Edenfeld* BGB § 613a Rn. 81; MHdB ArbR/*Klumpp* § 247 Rn. 15; Soergel/*Raab* BGB § 613a Rn. 104;; ebenfalls noch auf dem Stand von 2001 Thüsing/Braun/*Braun* S. 411.

505 *Zöllner* DB 1995, 1401 (1402); ähnlich Staudinger/*Annuß* BGB § 613a Rn. 202; HWK/*Müller-Bonanni* BGB § 613a Rn. 250, die von einer „Fortgeltungsanordnung sui generis" sprechen; ähnlich Richardi/*Richardi* BetrVG § 77 Rn. 231; *Lambrich* FS Ehmann, 2005, 169 (175).

506 Staudinger/*Annuß* BGB § 613a Rn. 201f.; BAG 22.4.2009 – 4 AZR 100/08, NZA 2010, 41 Rn. 64.

507 Soergel/*Raab* BGB § 613a Rn. 123.

508 BAG 22.4.2009 – 4 AZR 100/08, NZA 2010, 41 mAnm *Hohenstatt* NZA 2010, 23.

bundenen) Betriebsinhaber Vergütungsleistungen gemäß dem für den Kläger günstigen Flächentarifvertrag der IG Metall.

Zu Recht ging das BAG davon aus, dass der Firmentarifvertrag auch nach der Veräußerung des Betriebes gegenüber dem Vertragspartner noch kündbar war.[509] Für viele Beobachter wesentlich überraschender war jedoch die Erkenntnis des *Vierten Senats,* dass die **Kündigung** des Tarifvertrages **gegenüber dem Veräußerer,** die erst nach der Betriebsveräußerung erfolgte, noch **Einfluss auf den Inhalt** der bereits auf den Betriebserwerber übergegangenen Arbeitsverhältnisse haben sollte. Nach früher hM hätte man den Fall anders entschieden. Danach gelten die Tarifnormen zu dem Stand, den sie zum Zeitpunkt des Betriebsinhaberwechsels hatten, „statisch" als Inhalt des Arbeitsverhältnisses fort; spätere Weiterentwicklungen der übergegangenen Tarifregelung werden nicht Inhalt des Arbeitsverhältnisses.[510] Mit dieser Konzeption wäre es unvereinbar, wenn spätere Ereignisse auf kollektivrechtlicher Ebene (an denen der Betriebserwerber weder durch Verbandsmitgliedschaft noch in anderer Weise beteiligt ist) Auswirkungen auf die gemäß § 613a Abs. 1 S. 2 BGB fortwirkenden Tarifnormen hätten. Dass derlei Veränderungen noch einen Einfluss haben können, ergibt sich jedoch systematisch bereits aus § 613a Abs. 1 S. 4 Hs. 1 BGB.[511] Danach **endet** die zwingende Wirkung der **Nachbindung** gemäß § 613a Abs. 1 S. 2 BGB, „wenn der Tarifvertrag (...) nicht mehr gilt". Endet also der „transformierte" Tarifvertrag – aus welchem Grund auch immer – entfällt oder verkürzt sich die Veränderungssperre. Da im **Beispiel E 19** für den **Sanierungstarifvertrag** sogar die Nachwirkung ausgeschlossen war, führte die Kündigung des Sanierungstarifvertrages dazu, dass die Nachbindung gemäß § 613a Abs. 1 S. 2 BGB sogleich entfiel.[512] Der Kläger konnte daher nach Ablauf der einmonatigen Kündigungsfrist aufgrund der in seinem Arbeitsvertrag vorgesehenen Bezugnahmeklausel die „Segnungen" des Flächentarifvertrages für sich in Anspruch nehmen.

Der *Vierte Senat* setzt damit die in § 613a Abs. 1 S. 2 BGB angeordnete Nachbindung mit derjenigen gleich, die in **§ 3 Abs. 3 TVG** für den Verbandsaustritt angeordnet wird.[513] Auch dort handelt es sich um eine zwingende Fortgeltung; in § 613a Abs. 1 S. 2 BGB ist diese jedoch auf die Dauer von maximal einem Jahr begrenzt. Die sich daran anschließende (nicht mehr zwingende) Fortgeltung vergleicht der *Vierte Senat* mit der Nachwirkung gemäß **§ 4 Abs. 5 TVG.**[514] In diesem Stadium stehen die gemäß § 613a Abs. 1 S. 2 BGB fortgeltenden Rechte und Pflichten zur Disposition der Arbeitsvertragsparteien und können mittels einvernehmlicher Vertragsänderung oder im Wege der Änderungskündigung – unter Beachtung der kündigungsrechtlichen Grenzen – verändert, eingeschränkt oder abgelöst werden. Dies setzt allerdings voraus, dass hierfür die **betriebsverfassungsrechtlichen Voraussetzungen** geschaffen wurden. Der *Erste Senat* des BAG[515] betrachtet (auch) die nach einem Betriebs(teil)übergang im Wege der Nachbindung fortgeltenden Tarifverträge als Vergütungsordnung iSv **§ 87 Abs. 1 Nr. 10 BetrVG.**[516] Will der neue Arbeitgeber nach Ablauf der Jahresfrist durch einzelvertragliche Vereinbarungen eine andere Tarifanwendung durchsetzen oder eine andere Vergütungsordnung schaffen, stellt sich dies als

[509] Siehe BAG NZA 2010, 41 Rn. 57ff.

[510] So noch ausdrücklich BAG 29.8.2001 – 4 AZR 332/00, NZA 2002, 513 (515); so auch *Löwisch/Rieble* TVG § 3 Rn. 410.

[511] So BAG NZA 2010, 41 Rn. 65.

[512] BAG NZA 2010, 41 Rn. 76; zust. auch *Sagan* RdA 2011, 163 (166 f.).

[513] Ausdrücklich abweichend noch BAG 29.8.2001 – 4 AZR 332/00, NZA 2002, 513 (515).

[514] BAG ebenda Rn. 70; vgl. auch HWK/*Müller-Bonanni* BGB § 613a Rn. 267; Richardi/*Richardi* BetrVG § 77 Rn. 216; dem BAG zustimmend *Rinck* RdA 2010, 216 (220); im Erg. teilw. zustimmend, jedoch mit anderem dogmatischen Ansatzpunkt *Sagan* RdA 2011, 163 (166); kritisch zum „Kurswechsel" des BAG Sieg/Maschmann Unternehmensumstrukturierung Rn. 328; ausführlich zur contra legem Kritik *Löwisch/Rieble,* TVG § 3 Rn. 409f. mwN.

[515] BAG 8.12.2009 – 1 ABR 66/08, NZA 2010, 404; BAG 22.6.2010 – 1 AZR 853/08, NZA 2010, 1243; ebenso BAG 4.5.2011 – 7 ABR 10/10, NZA 2011, 1239 (1242).

[516] Staudinger/*Annuß* BGB § 613a Rn. 204; krit. *Müller-Bonanni/Mehrens* NZA 2012, 1194 (1197).

Änderung der betrieblichen Vergütungsgrundsätze dar, die nicht umgesetzt werden darf, bevor darüber eine Einigung mit dem zuständigen **Betriebsrat** erzielt worden ist.

Die Entscheidung des BAG vom 22. 4. 2009 hat vielfach Unterstützung gefunden[517], hat aber andererseits auch **erhebliche Kritik** erfahren[518]. Zum einen wird kritisiert, dass der *Vierte Senat* eine „**dritte Kategorie von Arbeitsbedingungen**" geschaffen habe in Gestalt einer in das Arbeitsverhältnis „transformierten Kollektivnorm mit kollektivem Charakter"[519]. *Löwisch/Rieble* werfen dem BAG sogar Gesetzesbruch vor, da die Regelung in § 613 a Abs. 1 S. 2 BGB „eindeutig (einem) individualrechtlichen Konzept" folge; wäre diese Aussage zutreffend, wäre allerdings schwer erklärbar, weshalb die dogmatische Klärung der kollektivrechtlichen Folgen eines Betriebsübergangs seit vielen Jahren auf sich warten lässt und weshalb sich Rechtsprechung und Beratungspraxis mit dieser Materie so schwer tun – mit der schwerwiegenden Folge einer erheblichen Rechtsunsicherheit. Das Problem besteht eben gerade darin, dass die gesetzliche Regelung missglückt[520] ist und deshalb nahezu alles vertreten werden kann – von der These, § 613a Abs. 1 S. 2 BGB ordne eine kollektivrechtliche Fortgeltung der vorher geltenden Tarifnormen an (*Sagan*[521]) bis zur Behauptung von *Löwisch/Rieble,* das Konzept sei „eindeutig" rein individualrechtlich zu verstehen. Indem der Gesetzgeber anordnet, dass die Rechte und Pflichten aus Kollektivverträgen „Inhalt des Arbeitsverhältnisses" werden sollen, hat er eine **Ambivalenz** erzeugt, die man nicht ernsthaft in Abrede stellen kann. 151

Zum anderen entzündet sich die Kritik am *Vierten Senat*[522] an dessen Aussage, dass eine **nach Betriebsübergang ausgesprochene Kündigung** eines Firmentarifvertrages beim Erwerber **Auswirkungen auf den Inhalt der Arbeitsverhältnisse im veräußerten Betrieb** haben soll.[523] Insbesondere kann man gegen die Entscheidung einwenden, dass § 613a Abs. 1 Satz 4 1. Alt. den Fall, dass der Tarifvertrag nicht mehr gilt, ausdrücklich regelt und hierfür anordnet, dass die einjährige Veränderungssperre wegfallen soll[524]. Der *Vierte Senat*[525] differenziert hingegen danach, ob der Tarifvertrag endet und nachwirkt (dann soll § 613a Abs. 1 Satz 4 BGB gelten) oder ob er ohne Nachwirkung endet (dann gilt er auch nicht mehr in Bezug auf die vom Betriebsübergang betroffenen Arbeitsverhältnisse).

Aus Sicht des Erwerbers ist es jedenfalls in der Tat unbefriedigend, dass der **Veräußerer** nach wie vor **Einfluss auf die Tarifgeltung beim Erwerber** nehmen kann. Dies kann allerdings nicht dazu führen, dass dem Erwerber ein eigenes Kündigungsrecht[526] im Hinblick auf den Firmentarifvertrag eingeräumt wird. Der Betriebsübergang führt nicht dazu, dass der Erwerber Partei des Firmentarifvertrages wird; wer diese Rechtsfolge anstrebt, muss den Weg der Gesamtrechtsnachfolge wählen, insbesondere also die Verschmelzung oder Spaltung, die dazu führen (können), dass der Firmentarifvertrag kollektivrechtlich auf den Erwerber übergeht (vgl. oben → Rn. 117). Beim *Asset Deal* bleibt nur die Möglichkeit, dass sich der **Veräußerer dazu verpflichtet,** von den im Firmentarifvertrag vorgesehenen **Gestaltungsrechten nur aufgrund einer entsprechenden Weisung des Erwerbers Gebrauch** zu machen. Im Übrigen unterstreicht der vom *Vierten Senat* ent-

---

517 *Hohenstatt,* NZA 2010, 23; *Kempen/Zachert* TVG § 3 Rn. 113; *Bauer/von Medem* DB 2010, 2560 (2561); ansatzweise auch *Sagan,* RdA 2011, 163 (166), der allerdings die Entscheidung methodisch kritisiert.

518 *Löwisch/Rieble* TVG § 3 Rn. 410; HMB/*Grau* Teil 15 Rn. 71 ff.

519 Lutter/*Sagan* UmwG § 324 Rn. 19 unter Bezug auf *Höpfner* S. 432.

520 Zutreffend Staudinger/*Annuß* BGB § 613a Rn. 200.

521 Siehe zum sog. Sukzessionsmodell → Rn. 152.

522 BAG 22. 4. 2009 – 4 AZR 100/08, NZA 2010, 41 Rn. 90.

523 *Willemsen/Grau* NJW 2014, 12 (17); HMB/*Grau* Teil 15 Rn. 75; *Löwisch/Rieble* TVG § 3 Rn. 21; *Willemsen/Krois/Mehrens* RdA 2018, 151 (165 f.).

524 *Willemsen/Krois/Mehrens* RdA 2018, 151 (165).

525 BAG 22. 4. 2009 – 4 AZR 100/08, NZA 2010, 41 Rn. 78.

526 Dies erwägt HMB/*Grau* Teil 15 Rn. 77; auf der Basis des Sukzessionsmodells auch *Sagan,* RdA 2011, 163 (170); ErfK/*Preis,* § 613a BGB Rn. 113b; *Bauer/Medem* DB 2010, 2560 (2563); *Hanau/Strauß* FS Bepler S. 199, 203 ff.

schiedene Sachverhalt, wie wichtig eine sorgfältige arbeitsrechtliche ***Due Diligence*** ist und dass sich die dort gewonnenen Erkenntnisse im Kaufvertrag widerspiegeln müssen. Der Käufer muss insbesondere dann, wenn er auf den Fortbestand eines beim Veräußerer geltenden Firmentarifvertrages angewiesen ist, was gerade bei einem Sanierungstarifvertrag ganz offensichtlich der Fall ist, vor dem Betriebsübergang sicherstellen, dass ihm weder die Gewerkschaft noch der Verkäufer durch eine Kündigung einen Strich durch die Rechnung machen können. Ist – wie im entschiedenen Fall – auch noch die Nachwirkung der Tarifnormen gem. § 4 Abs. 5 TVG ausgeschlossen, gilt dies in besonderem Maße.

152 Von der Rechtsprechung des BAG abweichende Ergebnisse ergeben sich aus dem sog. **Sukzessionsmodell,** das auf Arbeiten von *Sagan* zurückgeht und dem sich insb. *Preis* angeschlossen hat.[527] Danach ist § 613a Abs. 1 S. 2 BGB als **Anordnung einer kollektivrechtlichen Fortgeltung** der bislang anwendbaren Kollektivverträge zu verstehen. Als lex specialis zu § 613a Abs. 1 S. 1 BGB werde durch S. 2 mit konstitutiver Wirkung der Übergang der Kollektivnormen vom Veräußerer auf den Erwerber angeordnet.[528] Entgegen der hM wäre das Verständnis von § 613a Abs. 1 S. 2 BGB nicht das einer Auffangnorm, sondern das einer abschließenden Regelung.[529] Die dogmatische Attraktivität dieses Modells liegt darin, dass man bei Betriebsübergängen das derzeit bestehende „Nebeneinander" einer tarif- bzw. betriebsverfassungsrechtlich kollektiven Fortgeltung einerseits und der im Gesetz geregelten Transformation in das Arbeitsverhältnis andererseits vermeiden könnte – alle Konstellationen würden über § 613a Abs. 1 S. 2 BGB gelöst. Das Modell würde zudem den Widerspruch vermeiden, einerseits bei § 613a Abs. 1 S. 2 BGB von einer Transformation in das Arbeitsverhältnis zu sprechen, andererseits aber vom Fortbestand des „kollektiven Charakters" dieser Regelungen auszugehen.[530] Die entscheidende Frage dürfte sein, welche praktischen Ableitungen sich aus diesem Modell ergeben und ob diese im Gesamtzusammenhang überzeugen können.

Das Sukzessionsmodell führt dazu, dass für tarifgebundene Arbeitnehmer nach einem Betriebsübergang eine mehrfache Tarifbindung entstehen kann, und zwar bei beiderseitiger Tarifbindung (wenn der neue Arbeitgeber ebenfalls Mitglied im zuständigen Arbeitgeberverband ist) aus § 3 Abs. 1 TVG und zusätzlich gem. § 613a Abs. 1 S. 2 BGB. Beide miteinander konkurrierenden Tarifgeltungen wären kollektivrechtlicher Natur. Nach hM hingegen würde in diesem Fall § 613a Abs. 1 S. 2 BGB nicht zur Geltung kommen, da es wegen der Tarifbindung gemäß § 3 Abs. 1 TVG einer Auffanglösung nicht bedürfte. Nach *Sagan* würde indessen die kollektivrechtliche (und dynamische) Tarifanwendung mit einer statischen kollektivrechtlichen Fortgeltung gem. § 613a Abs. 1 S. 2 BGB konkurrieren.[531] Diese **„Doppelgeltung"** soll nach *Sagan* nicht zu Komplikationen führen, da die Bindung gemäß § 613a Abs. 1 S. 2 BGB nicht weiter reiche als die nach § 3 Abs. 1 TVG[532]. Dies mag sein; gewonnen wäre mit einer solchen „Doppelgeltung" jedoch nichts, zumal diese ohnehin beendet würde, wenn der gem. § 613a Abs. 1 S. 2 BGB fortgeltende Tarifvertrag durch einen neuen abgelöst wird. Dann nämlich soll die Fortgeltung nach Satz 2 zugunsten des neuen Tarifvertrages enden (§ 613a Abs. 1 S. 3 BGB). Nach der hM ergäbe sich diese Rechtsfolge – mit deutlich weniger Begründungsaufwand – aus § 3 Abs. 1 TVG.

527 *Sagan* RdA 2011, 163; Lutter/*Sagan* UmwG § 324 Rn. 18; diesem folgend nunmehr auch ErfK/*Preis* BGB § 613a Rn. 112ff.

528 *Sagan* RdA 2011, 163 (167); ErfK/*Preis* BGB § 613a Rn. 112; aA Staudinger/*Annuß* BGB § 613a Rn. 203f., kritisch auch Wiedemann/*Oetker* TVG § 3 Rn. 249; Sieg/Maschmann Unternehmensumstrukturierung Rn. 328; *Löwisch/Rieble* TVG § 3 Rn. 412.

529 *Sagan* RdA 2011, 163 (164); ErfK/*Preis* BGB § 613a Rn. 112; aA BAG 26.8.2009 – 4 AZR 280/08, NZA 2010, 238 (241); BAG 5.5.2015 – 1 AZR 763/13, DB 2015, 2096; Staudinger/*Annuß* BGB § 613a Rn. 204; *Völksen* NZA 2013, 1182; vgl. zudem BT-Drs. 8/3317, 11.

530 Vgl. hierzu → Rn. 149.

531 *Sagan* RdA 2011, 163 (170); die Nichtgeltung für neu eingestellte Arbeitnehmer bedeutet insb. im Betriebsverfassungsrecht einen Systembruch; vgl. → Rn. 12.

532 *Sagan* RdA 2011, 163 (170).

Zu widersprüchlichen Ergebnissen führt das Sukzessionsmodell zudem im Hinblick auf die Fortgeltung von Firmentarifverträgen. Hier befürwortet *Sagan* nicht nur eine kollektivrechtliche Fortgeltung der normativen Bestimmungen des Firmentarifvertrages über § 613a Abs. 1 S. 2 BGB. Vielmehr soll der **Erwerber** über eine teleologische Rechtsfortbildung dieser Vorschrift auch **in die schuldrechtliche Stellung des Veräußerers** als Partei des Firmentarifvertrages **eintreten,** was ua das Recht mit umfassen würde, den Firmentarifvertrag zu kündigen. Für diesen Eingriff in die schuldrechtliche Beziehung zwischen dem Arbeitgeber und der Gewerkschaft fehlt es indessen an einer gesetzlichen Grundlage. Denn § 613a Abs. 1 BGB enthält, wie *Sagan* selbst einräumt („Rechtsfortbildung"),[533] keine entsprechende Regelung. Im Übrigen versagt dieser Mechanismus, wenn der Erwerber nur einen Teilbetrieb übernimmt und demnach beim Veräußerer noch Einheiten verbleiben, für die der Firmentarifvertrag maßgeblich bleibt. Soll auch in dieser Konstellation die schuldrechtliche Stellung aus dem Firmentarifvertrag auf den Erwerber übergehen? Oder soll es zu einer **Spaltung der Vertragsstellung** kommen, so dass zukünftig zwei Firmentarifverträge gelten – beim Veräußerer und beim Erwerber? Auch dafür fehlte es an einer gesetzlichen Grundlage.

Da das Sukzessionsmodell auch im Bereich der Betriebsverfassung weitere Zweifelsfragen auslöst,[534] kann es zumindest nach derzeitigem Diskussionsstand die herrschende Dogmatik nicht ablösen. Dies gilt im Rahmen dieses Handbuchs aus Gründen der Praxisorientierung allemal. Die Darstellung der kollektivrechtlichen Folgen von Umstrukturierungen muss sich an den Ausgangspunkten orientieren, die für die Rechtsanwendung derzeit maßgeblich sind. Nichtsdestotrotz leisten das Sukzessionsmodell und die Diskussion darüber einen erheblichen Beitrag zur Weiterentwicklung der Dogmatik zur Fortgeltung kollektiver Arbeitsbedingungen nach Betriebsübergang.

bb) Beschränkung auf Inhaltsnormen. Die Nachbindung gemäß § 613a Abs. 1 S. 2 BGB betrifft nur Rechtsnormen von Tarifverträgen, die Rechte und Pflichten aus den bestehenden Arbeitsverhältnissen betreffen. Die Vorschrift beschränkt sich somit im Wesentlichen auf die Fortgeltung sog. **Inhaltsnormen,** also derjenigen Vorschriften in einem Tarifvertrag, die unmittelbar die Rechte und Pflichten der Arbeitsvertragsparteien regeln.[535] Zu Unrecht ist vereinzelt in Zweifel gezogen worden, ob mit dieser eingeschränkten Nachbindungsanordnung die Vorgaben der Betriebsübergangsrichtlinie vollen Umfangs umgesetzt werden.[536] Auch **Art. 3 Abs. 3 der Betriebsübergangsrichtlinie**[537] bezieht sich im Hinblick auf die Fortgeltung von Kollektivvereinbarungen nur auf die darin geregelten „Arbeitsbedingungen", was mit den „Rechten und Pflichten" in § 613a Abs. 1 S. 1 BGB übereinstimmt.[538] Soweit die Tarifvertragsparteien **schuldrechtliche Vereinbarungen** im Verbands- oder Firmentarifvertrag getroffen haben, verpflichten diese nur die tarifschließenden Parteien. Die Rechte und Pflichten aus den einzelnen Arbeitsverhältnissen werden hierdurch nicht erfasst. Es besteht daher weitgehend Einigkeit dahingehend, dass schuldrechtliche Vereinbarungen der Tarifparteien nicht unter § 613a Abs. 1 S. 2 BGB fallen.[539] Die sog. **Abschlussnormen,** die Vorschriften über die Begründung von Arbeitsverhältnissen enthalten,[540] können auch für Nebenabreden und Vertragsänderungen innerhalb bereits bestehender Arbeitsverhältnisse gelten, so dass die Möglich- 153

[533] So bereits *Sagan* RdA 2011, 163 (171).
[534] Vgl. → Rn. 12.
[535] Vgl. zum Begriff der Inhaltsnorm ua *Löwisch/Rieble* TVG § 1 Rn. 277; HWK/*Müller-Bonanni* BGB § 613a Rn. 264; MüKoBGB/*Müller-Glöge* § 613a Rn. 135.
[536] *Loew* S. 70; *Seiter* DB 1980, 877 (880); *von Alvensleben* S. 306.
[537] RL 2001/23/EG, abgedruckt im Anhang.
[538] So zutreffend Staudinger/*Annuß* BGB § 613a Rn. 217.
[539] HWK /*Müller-Bonanni* BGB § 613a Rn. 264; Wiedemann/*Oetker* TVG § 3 Rn. 267; Sieg/Maschmann Unternehmensumstrukturierung Rn. 339; MüKoBGB/*Müller-Glöge* § 613a Rn. 135 mwN; aA bei Firmentarifverträgen *Sagan* RdA 2011, 163 (170); ErfK/*Preis* BGB § 613a Rn. 113b.
[540] Zum Begriff der Abschlussnormen *Löwisch/Rieble* TVG § 1 Rn. 326.

keit ihrer Fortgeltung über § 613a Abs. 1 S. 2 BGB mittlerweile überwiegend bejaht wird.[541] **Betriebsverfassungsrechtliche Normen** gelten notwendigerweise betriebseinheitlich, weshalb ihre Fortgeltung im Wege des § 613a Abs. 1 S. 2 BGB nicht in Betracht kommt.[542] Bei **betrieblichen Normen**[543] gilt Entsprechendes; auch sie gelten einheitlich im gesamten Betrieb. Sie regeln allerdings häufig zugleich Rechte und Pflichten aus dem Arbeitsverhältnis und beinhalten demnach (auch) Inhaltsnormen, die gemäß § 613a Abs. 1 S. 2 BGB fortgelten.[544] Dies gilt etwa bei aus rechtlichen Gründen betriebseinheitlich zu regelnden Fragen – zB Vereinbarungen über Altersteilzeit oder Vorruhestand.[545] In diesem Zusammenhang können auch dem einzelnen Arbeitnehmer Ansprüche eingeräumt sein. Für solche Fälle spricht nichts gegen deren Fortgeltung über § 613a Abs. 1 S. 2 BGB.

154 **cc) Statische Fortgeltung?** § 613a Abs. 1 S. 2 BGB enthält – im Gegensatz zur kollektivrechtlichen Fortgeltung eines Tarifvertrages – eine wesentliche Einschränkung. Der neue Betriebsinhaber tritt (nur) „in die Rechte und Pflichten aus den **im Zeitpunkt des Übergangs** bestehenden Arbeitsverhältnissen ein". Das Merkmal „zum Zeitpunkt des Betriebsübergangs" bezieht sich allerdings auf die Zahl an Arbeitsverhältnissen, für welche die Rechtswirkungen des § 613a BGB angeordnet werden und nicht etwa auf den genauen Inhalt der fortbestehenden Rechte und Pflichten. Dennoch wird Satz 2 seit jeher so verstanden, dass die Vorschrift lediglich eine **statische Weitergeltung der Tarifnormen anordnet.**[546] Dies bedeutet, dass die von der Vorschrift erfassten Arbeitsverhältnisse nicht mehr von Änderungen des Tarifvertrages erfasst werden, die nach dem Zeitpunkt des Betriebsübergangs vorgenommen werden.

Beispiel E 20:

Für die Mitarbeiter eines zum 1.3.2020 veräußerten Betriebes galten beim bisherigen Arbeitgeber die Tarifverträge des Bewachungsgewerbes. Im Mai 2020 schließen die zuständigen Tarifvertragsparteien rückwirkend zum 1.1.2020 erstmals eine Ergänzung zum Manteltarifvertrag ab, die unter bestimmten Voraussetzungen einen Anspruch auf Übergang in die Altersteilzeit vorsieht. Können die vom Betriebsübergang betroffenen Arbeitnehmer gegen den nicht tarifgebundenen Betriebserwerber Ansprüche aus dieser Ergänzung des Manteltarifvertrages geltend machen?

Die lediglich statische Nachbindung, welche § 613a Abs. 1 S. 2 BGB anordnet, bedeutet, dass auch **rückwirkende** Änderungen des Tarifvertrages keine Wirkungen mehr auf den Inhalt der übergegangenen Arbeitsverhältnisse entfalten, wenn die **Tarifänderung** erst **nach dem Betriebsübergang** erfolgt ist.[547] Das BAG hat auch in seiner grundlegenden Entscheidung vom 22.4.2009[548] unterstrichen, dass der nicht tarifgebundene Be-

---

541 MüKoBGB/*Müller-Glöge* § 613a Rn. 135; Soergel/*Raab* BGB § 613a Rn. 110; aA Erman/*Edenfeld* BGB § 613a Rn. 81.

542 Statt vieler MüKoBGB/*Müller-Glöge* § 613a Rn. 135 mwN; differenzierend BeckOK BGB/*Baumgärtner* § 613a Rn. 35, abhängig davon, ob Gegenstände betreffend, welche einer vertraglichen Einheitsregelung zugänglich sind.

543 S. zum Begriff *Löwisch/Rieble* TVG § 1 Rn. 395.

544 HWK/ *Müller-Bonanni* BGB § 613a Rn. 264; MüKoBGB/*Müller-Glöge* § 613a Rn. 135; ErfK/*Preis* BGB § 613a Rn. 318; Erman/*Edenfeld* BGB § 613a BGB Rn. 81; Wiedemann/*Oetker* TVG § 3 Rn. 268; aA Staudinger/*Annuß* BGB § 613a Rn. 216.

545 Vgl. *Löwisch/Rieble* TVG § 1 Rn. 483; Sieg/Maschmann Unternehmensumstrukturierung Rn. 204.

546 Soergel/*Raab* BGB § 613a Rn. 115; Wiedemann/*Oetker* TVG § 3 Rn. 274f.; *Henssler* FS Schaub, 1998, 311 (318); HWK/ *Müller-Bonanni* BGB § 613a Rn. 265; BAG 13.11.1985 – 4 AZR 309/84, NZA 1986, 422; 1.4.1987 – 4 AZR 77/86, NZA 1987, 593; 20.6.2001 – 4 AZR 295/00, NZA 2002, 517 (519); 29.8.2001 – 4 AZR 332/00, NZA 2002, 513 (515).

547 So schon BAG 13.9.1994 – 3 AZR 148/94, NZA 1995, 740; *Henssler* FS Schaub, 1998, 311 (318); HWK/*Müller-Bonanni* BGB § 613a Rn. 265; Soergel/*Raab* BGB § 613a Rn. 115; ErfK/*Preis* BGB § 613a Rn. 117; Staudinger/*Annuß* BGB § 613a Rn. 219; *Löwisch/Rieble* TVG § 3 Rn. 439f.; Sieg/Maschmann Unternehmensumstrukturierung Rn. 331.

548 BAG 22.4.2009 – 4 AZR 100/08, NZA 2010, 41 Rn. 79.

triebserwerber „nach § 613a Abs. 1 S. 2 BGB nicht gezwungen (ist), Ansprüche aus einem Tarifvertrag zu erfüllen, der zum Zeitpunkt des Betriebsüberganges noch nicht abgeschlossen war." Im **Beispiel E 20** stehen den Arbeitnehmern daher keine Ansprüche aus der Ergänzung des Manteltarifvertrages zu.

Auch wenn ein neuer Tarifvertrag zum Zeitpunkt des Betriebsübergangs bereits abgeschlossen war, der **Zeitpunkt des Inkrafttretens** jedoch nach dem Übergangszeitpunkt lag, findet dieser auf die übergegangenen Arbeitsverhältnisse keine Anwendung mehr.[549] Sofern ein Tarifvertrag (regelmäßig wird es sich dabei um einen Firmentarifvertrag handeln) eine **dynamische Verweisung** auf einen anderen Tarifvertrag vorsieht, gehen die daraus resultierenden Rechte und Pflichten mit dem Inhalt auf den neuen Betriebsinhaber über, wie sie zum Zeitpunkt des Betriebsübergangs galten. Spätere Änderungen des Tarifvertrages, auf den verwiesen wurde, finden keine Anwendung mehr auf die übergegangenen Arbeitsverhältnisse.[550] Ansonsten würde über die dynamische Verweisung auch die Nachbindung gemäß § 613a Abs. 1 S. 2 BGB zu einer dynamischen.

Häufig sehen Tarifverträge vor, dass bestimmte Rechte oder Pflichten nicht unmittelbar 155
bei ihrem Inkrafttreten, sondern erst zu einem späteren Zeitpunkt gelten sollen. So ist etwa die Verkürzung der wöchentlichen Arbeitszeit in einigen Industriebereichen im Rahmen von **Stufenregelungen** eingeführt worden. Auch die Erhöhung der Vergütung wird häufig in Form eines Stufenplans vereinbart. Nach Auffassung des BAG werden diese Stufenregelungen „mit demjenigen **Tarifstand** Inhalt des Arbeitsverhältnisses, den sie **zum Zeitpunkt des Betriebsübergangs** aufweisen".[551] Ist in dem übergegangenen „Bestand" an fortgeltenden Tarifverträgen „eine Veränderung bereits unbedingt vereinbart worden; geht deren Inhalt auch dann auf den Erwerber über, wenn der Zeitpunkt der Veränderung erst nach dem Betriebsübergang eintreten soll".[552] Folgte man dieser auch in der Literatur weit verbreiteten Auffassung,[553] würden die erst stufenweise in Kraft tretenden Tarifbestimmungen auch auf die übergegangenen Arbeitsverhältnisse Anwendung finden. Der *Vierte Senat* spricht insofern von einem „allgemeinen Rechtsgrundsatz", wie er auch in § 613a Abs. 1 S. 4 Alt. 1 zum Ausdruck komme; ein bereits vor dem Betriebsübergang vereinbartes Ende des Tarifvertrages beende auch die Nachbindung gemäß Satz 2. Zwischen den nach Satz 2 fortwirkenden Tarifnormen und den im Veräußererbetrieb geltenden Tarifverträgen bestehe eine „Bestands- und Inhaltsverbindung, wenn sie jedenfalls im Grundsatz schon vor dem Betriebsübergang festgelegt worden ist".[554]

Diese Sicht der Dinge steht im Einklang mit der Konzeption des *Vierten Senats,* nach 156
der die in § 613a Abs. 1 S. 2 BGB angeordnete Nachbindung derjenigen gemäß § 3 Abs. 3 TVG nach Austritt aus dem Arbeitgeberverband entspricht. Auch in diesem Rahmen werden Tarifänderungen, die bereits vor dem Austritt vereinbart, jedoch noch nicht in Kraft

---

[549] BAG 16.5.2012 – 4 AZR 321/10, NZA 2012, 923 (924); BAG 20.6.2001 – 4 AZR 295/00, NZA 2002, 517; HWK/*Müller-Bonanni* BGB § 613a Rn. 265; ErfK/*Preis* BGB § 613a Rn. 117; MüKoBGB/*Müller-Glöge* § 613a Rn. 134.

[550] BAG 20.6.2001 – 4 AZR 295/00, NZA 2002, 517 (519); 29.8.2001 – 4 AZR 332/00, NZA 2002, 513 (515) – bestätigt durch BAG 22.4.2009 – 4 AZR 100/08, NZA 2010, 41 Rn. 83; vgl. auch *Gaul,* Betriebsspaltung, § 24 Rn. 30; aA *Skuderis* S. 195; siehe auch Kempen/Zachert/*Kempen* TVG § 3 Rn. 120, der die Dynamik noch für ein Jahr aufrechterhalten will; das hier vertretene Ergebnis entspricht der Rechtslage im Hinblick auf die Nachbindung gem. § 3 Abs. 3 TVG – vgl. hierzu BAG 17.5.2000 – 4 AZR 363/99, NZA 2001, 453; 4.4.2001 – 4 AZR 237/00, NZA 2002, 104.

[551] BAG 22.4.2009 – 4 AZR 100/08, NZA 2010, 41 Rn. 83; vgl. auch bereits BAG 19.9.2007 – 4 AZR 711/06, NZA 2008, 241.

[552] BAG 22.4.2009 – 4 AZR 100/08, NZA 2010, 41 Rn. 84.

[553] ErfK/*Preis* BGB § 613a Rn. 117; Erman/*Edenfeld* BGB § 613a Rn. 83; Staudinger/*Annuß* BGB § 613a Rn. 219; *Gaul,* Betriebsspaltung, § 24 Rn. 29; Sieg/Maschmann Unternehmensumstrukturierung Rn. 332; *Löwisch/Rieble* TVG § 3 Rn. 444; LAG Nürnberg 27.4.2000 – 5 Sa 739/99, NZA-RR 2000, 593; nunmehr auch MüKoBGB/*Müller-Glöge* § 613a Rn. 134; aA *Schiefer* NJW 1998, 1817 (1821); HWK/*Müller-Bonanni* BGB § 613a Rn. 265; *Beseler*/Düwell/Göttling S. 97.

[554] BAG 22.4.2009 – 4 AZR 100/08, NZA 2010, 41 Rn. 84.

getreten sind, von der Nachbindung erfasst.[555] Anders ist dies hingegen bei den bereits oben behandelten Fällen, in denen Änderungen an einem Tarifvertrag erfolgen, auf den der beim Betriebsveräußerer geltende Tarifvertrag bezüglich bestimmter Materien verwiesen hatte. Nach der Rechtsprechung des *Vierten Senats* endet die Nachbindung gemäß § 3 Abs. 3 TVG, wenn der in Bezug genommene Tarifvertrag geändert wird.[556]

157 Kommt es demnach für die von einem Betriebs(teil)übergang betroffenen Arbeitsverhältnisse beim neuen Arbeitgeber nicht zur (kollektivrechtlichen) Anwendbarkeit eines Tarifvertrages – entweder des bisherigen oder eines neuen –, besteht wegen der im Grundsatz nur statischen Absicherung durch § 613a Abs. 1 S. 2 BGB für die betroffenen Arbeitnehmer die Gefahr, dass ihre **Arbeitsbedingungen zementiert** und sie **von der weiteren tariflichen Entwicklung abgeschnitten** werden.[557] Allerdings kann diese Wirkung auch nachteilig für den neuen Arbeitgeber sein, nämlich dann, wenn die nach dem Übergangszeitpunkt erfolgenden Tarifänderungen ausnahmsweise für den Arbeitgeber günstiger sind. Im Übrigen besteht für die Arbeitnehmerseite durchaus die Möglichkeit, Druck auf den neuen Inhaber mit dem Ziel des Beitritts zu einem Arbeitgeberverband oder des Abschlusses eines Firmentarifvertrages auszuüben. Gerade beim Übergang größerer Einheiten wird die zuständige Gewerkschaft mit entsprechenden Forderungen an den neuen Arbeitgeber herantreten und – soweit ein hinreichender Organisationsgrad der Belegschaft und Streikbereitschaft gegeben sind – den neuen Inhaber mittels Arbeitskampfmaßnahmen bzw. entsprechenden Drohungen unter Druck setzen. Gerade für größere Unternehmen stellt es sich daher häufig aus politischen Gründen als nicht realistische Option dar, erworbene Betriebe von der weiteren Tarifentwicklung abzukoppeln.

158 Der **Europäische Gerichtshof** hat es in der Sache ***Werhof***[558] für mit europäischem Recht vereinbar angesehen, dass § 613a Abs. 1 S. 2 BGB eine lediglich statische Fortgeltung der beim bisherigen Arbeitgeber anwendbaren Tarifverträge vorsieht. Der EuGH hat im Gegenteil die Frage aufgeworfen, ob eine (zB durch eine Bezugnahmeklausel verursachte) Verpflichtung, die Tarifverträge des bisherigen Arbeitgebers trotz fehlender Tarifbindung des Erwerbers weiterhin dynamisch anzuwenden, nicht einen Verstoß **gegen die negative Koalitionsfreiheit** des Arbeitgebers darstellen würde.[559]

159 **dd) Keine Geltung für nach dem Übergang eingestellte Arbeitnehmer.** § 613a Abs. 1 S. 2 BGB gilt ebenso wie die gesamte Vorschrift des § 613a BGB ausschließlich für Arbeitsverhältnisse, die im Zeitpunkt des Betriebs(teil)übergangs **bereits bestanden.**[560] Dem neuen Inhaber steht es demnach frei, mit neu eingestellten Mitarbeitern **abweichende Arbeitsvertragsbedingungen** zu vereinbaren, wobei hier ggf. das Mitbestimmungsrecht des Betriebsrats gem. § 87 Abs. 1 Nr. 10 BetrVG zu beachten ist (vgl. hierzu schon → Rn. 150). Auf der Grundlage des **Gleichbehandlungsgrundsatzes** lässt sich kein Anspruch auf Anwendung derselben Arbeitsbedingungen, wie sie für die „alte" Belegschaft gelten, herleiten. Die erst nach dem Betriebs(teil)übergang erfolgende Einstellung stellt ein **hinreichendes sachliches Kriterium** dar, das eine Ungleichbehandlung rechtfertigt.[561] Anderes ergibt sich auch nicht aus dem Institut der betrieblichen Übung. Jedenfalls dann, wenn der neue Inhaber mit neu eingestellten Mitarbeitern

---

[555] HWK/*Henssler* TVG § 3 Rn. 41; Däubler/*Lorenz* TVG § 3 Rn. 125; Wiedemann/*Oetker* TVG § 3 Rn. 88.

[556] BAG 17.5.2000 – 4 AZR 363/99, NZA 2001, 453; 4.4.2001 – 4 AZR 237/00, NZA 2002, 104.

[557] Krit. Däubler/*Lorenz* TVG § 3 Rn. 198; siehe auch HWK/*Müller-Bonanni* BGB § 613a Rn. 265.

[558] EuGH 9.3.2006 – C-499/04, NZA 2006, 376 Rn. 29; vgl. ausführlich → Rn. 186, 206.

[559] EuGH 9.3.2006 – C-499/04, NZA 2006, 376 Rn. 33f.; vgl. hierzu und zu den jüngsten Entwicklungen der unionsrechtlichen Rechtsprechung im Zusammenhang mit Bezugnahmeklauseln → Rn. 206ff.

[560] HWK/*Müller-Bonanni* BGB § 613a Rn. 265b; Erman/*Edenfeld* BGB § 613a Rn. 83; Staudinger/*Annuß* BGB § 613a Rn. 218.

[561] Vgl. zu den Möglichkeiten der Harmonisierung der Arbeitsbedingungen nach einem Betriebs(teil)übergang Kap. I.

abweichende Vertragsbedingungen vereinbart, steht dies der Erweiterung der betrieblichen Übung auf neu eingestellte Mitarbeiter entgegen.[562]

ee) Veränderungssperre für die Dauer eines Jahres. Gemäß § 613a Abs. 1 S. 2 BGB dürfen die in das Arbeitsverhältnis transformierten Rechte und Pflichten aus Tarifverträgen „nicht vor Ablauf eines Jahres nach dem Zeitpunkt des Übergangs zum Nachteil des Arbeitnehmers geändert werden". Jede für den Arbeitnehmer ungünstige Vereinbarung oder einseitige Maßnahme des neuen Arbeitgebers ist gemäß § 134 BGB unwirksam.[563] 160

(1) Inhalt der Veränderungssperre. Die in § 613a Abs. 1 S. 2 BGB geregelte Veränderungssperre für die Dauer eines Jahres ist in der Praxis Gegenstand erheblicher **Missverständnisse,** die nach wie vor weit verbreitet sind. Sowohl Arbeitgeber als auch Belegschaften gehen häufig davon aus, dass sämtliche Rechtswirkungen des § 613a BGB auf die Dauer eines Jahres beschränkt sind und insbesondere der Inhalt der Arbeitsverhältnisse nach Ablauf dieses Zeitraums ohne Weiteres auch zum Nachteil der Arbeitnehmer verändert werden könne. Häufig wird auch angenommen, für die Dauer eines Jahres bestehe ein grundsätzliches Kündigungsverbot für den neuen Betriebsinhaber. Es kann daher nicht deutlich genug hervorgehoben werden, dass die einjährige Veränderungssperre **ausschließlich für bislang kollektivrechtlich begründete Ansprüche –** also Ansprüche auf der Grundlage einer Betriebsvereinbarung oder eines Tarifvertrages – gilt. Bislang individualrechtlich begründete Ansprüche gemäß Satz 1 der Vorschrift können hingegen grundsätzlich **jederzeit** einvernehmlich, durch Widerruf (soweit wirksam vorbehalten) oder durch kündigungsrechtliche Maßnahmen beschränkt oder beseitigt werden. Auch die Veränderung der gemäß Satz 2 fortgeltenden Rechte und Pflichten nach Ablauf eines Jahres kann **nur unter Anwendung der allgemeinen arbeitsrechtlichen Gestaltungsinstrumente** erfolgen, dh durch einvernehmliche Vertragsänderung oder gerichtlich voll überprüfbare Änderungskündigung.[564] Auch ist ggf. das **Mitbestimmungsrecht** des Betriebsrates gem. § 87 Abs. 1 Nr. 10 BetrVG zu beachten[565] (→ Rn. 150). Demnach sind die Arbeitnehmer auch nach Ablauf der Jahresfrist Veränderungen ihrer bislang kollektivrechtlich geregelten Ansprüche keineswegs schutzlos ausgeliefert.

Soweit Rechte und Pflichten aus Tarifverträgen gemäß § 613a Abs. 1 S. 2 BGB fortgelten, kommt im Übrigen jederzeit eine **Ablösung durch eine andere Betriebsvereinbarung oder einen anderen Tarifvertrag** im Sinne von § 613a Abs. 1 S. 3 BGB in Betracht.[566] Bei einer kollektivrechtlichen Ablösung auf der Grundlage dieser Vorschrift kommt die einjährige Veränderungssperre nicht zum Tragen[567]. Ihr Anwendungsbereich beschränkt sich vielmehr auf individualrechtliche Gestaltungsmittel.[568] Diese können aus Sicht des Arbeitnehmers für die Dauer eines Jahres nicht zu einer Verschlechterung seiner Position eingesetzt werden. Dies gilt sowohl für einseitige Maßnahmen des Arbeitgebers (insbesondere **Änderungskündigungen**) als auch für **einvernehmliche Vertragsänderungen.** Selbst diese sind unwirksam, soweit sie den Status des Arbeitnehmers gemäß § 613a Abs. 1 S. 2 BGB verschlechtern.[569] Die (einseitig zwingende) Wirkung der Veränderungssperre entspricht demnach derjenigen gemäß § 3 Abs. 3 TVG. 161

(2) Vorzeitige Beendigung der Veränderungssperre

---

[562] Vgl. BeckOK ArbR/*Gussen* BGB § 613a Rn. 233.
[563] ErfK/*Preis* BGB § 613a Rn. 119; MüKoBGB/*Müller-Glöge* § 613a Rn. 136.
[564] HWK/*Müller-Bonanni* BGB § 613a Rn. 266; MüKoBGB/*Müller-Glöge* § 613a Rn. 136.
[565] HWK/*Müller-Bonanni* BGB § 613a Rn. 265b.
[566] Hierzu → Rn. 168 ff.
[567] BAG 12.6.2019 – 1 AZR 154/17, NZA 2019, 1203 Rn. 94.
[568] Erman/*Edenfeld* BGB § 613a Rn. 84.
[569] Soergel/*Raab* BGB § 613a Rn. 116; aufschiebend auf das Ende der Veränderungssperre bedingte Vertragsänderungen sind dennoch möglich, → I Rn. 52.

162 • **Vorherige Beendigung des Tarifvertrags (§ 613a Abs. 1 S. 4 Alt. 1 BGB)**
Die Dauer der einjährigen Veränderungssperre gemäß § 613a Abs. 1 S. 2 BGB kann vorzeitig enden. Dies ergibt sich aus § 613a Abs. 1 S. 4 Alt. 1 BGB. Danach ist eine vorzeitige Änderung der Rechte und Pflichten möglich, „wenn der Tarifvertrag (...) nicht mehr gilt". Dies ist etwa dann der Fall, wenn der Tarifvertrag vor Ablauf eines Jahres seit Betriebsübergang **durch Kündigung oder durch Befristung endet.** Wie sich aus der Entscheidung des *Vierten Senats* vom 22.4.2009 ergibt[570], gilt dies auch dann, wenn die Kündigung nach dem Betriebsübergang ausgesprochen wurde, sofern die Kündigungsmöglichkeit zum Zeitpunkt des Betriebsübergangs schon im Tarifvertrag angelegt war. Zwar wirkt ein Tarifvertrag nach seinem Ablauf fort, bis er durch eine andere Abmachung ersetzt wurde (§ 4 Abs. 5 TVG). Dem **nachwirkenden Tarifvertrag** kommt indessen **keine zwingende Wirkung** mehr zu. Im Nachwirkungsstadium sind die gemäß § 613a Abs. 1 S. 2 BGB fortwirkenden Kollektivnormen daher abweichenden Vereinbarungen der Arbeitsvertragsparteien ebenso zugänglich wie einseitig vom Arbeitgeber – unter Beachtung des Kündigungsschutzrechts – herbeigeführten Änderungen.[571] Ist der betreffende Tarifvertrag hingegen **ohne Nachwirkung außer Kraft getreten,** was die Tarifvertragsparteien vorsehen können, bedarf es keiner Änderung der nach Satz 2 fortgeltenden Bedingungen, sondern hier enden diese sofort.[572] Die Fortgeltung gemäß § 613a Abs. 1 Abs. 1 S. 2 BGB kann nie weiter reichen als bei fortbestehender Tarifbindung; der Regelung in Satz 4 Alt. 1 bedürfte es hier gar nicht.[573]

• **Vereinbarung der Geltung eines anderen Tarifvertrags bei fehlender zweiseitiger Tarifgebundenheit (§ 613a Abs. 1 S. 4 Alt. 2 BGB)**

163 Gemäß § 613a Abs. 1 S. 4 Hs. 2 BGB kommt die Veränderungssperre für die Dauer eines Jahres auch dann nicht zum Zuge, wenn „bei fehlender beiderseitiger Tarifgebundenheit im Geltungsbereich eines *anderen* Tarifvertrags dessen Anwendung zwischen dem neuen Inhaber und dem Arbeitnehmer *vereinbart* wird". Erforderlich ist demnach eine **einzelvertragliche Vereinbarung** zwischen Arbeitnehmer und dem neuen Inhaber dahingehend, dass ein bestimmter Tarifvertrag – ohne dass beiderseitige Tarifbindung im Sinne von § 3 Abs. 1 TVG bestünde – auf das Arbeitsverhältnis Anwendung finden soll. Derlei Abmachungen nennt man **„Bezugnahmeklauseln"** bzw. **einzelvertragliche Inbezugnahme eines Tarifvertrages.**[574] Soweit eine solche Vereinbarung zustande kommt, soll die ansonsten zwingende Fortgeltung des anderen Tarifvertrags entfallen. Der Gesetzgeber ist offenbar davon ausgegangen, dass der qua Bezugnahmeklausel anwendbare Tarifvertrag im Zweifelsfall eine ebenso ausgewogene Regelung der Arbeitsbedingungen enthält wie der beim bisherigen Arbeitgeber geltende. Während demnach Satz 2 individualrechtliche Vereinbarungen zum Nachteil des Arbeitnehmers generell für wirkungslos erklärt, soweit sie innerhalb der Jahresfrist erfolgen, besteht Vereinbarungsfreiheit, soweit einzelvertraglich die Geltung eines Tarifvertrages vereinbart wird. Umstritten ist, ob eine Vereinbarung iSv § 613a Abs. 1 S. 4 Alt. 2 BGB auch bereits **vorsorglich mit dem bisherigen Arbeitgeber** – nämlich iS einer weit gefassten dynamischen Bezugnahmeklausel – vereinbart werden kann.[575]

164 Das Gesetz spricht eindeutig davon, dass ein anderer Tarifvertrag **insgesamt** Anwendung finden muss. Die einzelvertragliche Inbezugnahme nur einzelner Tarifbestimmungen kann demnach die zwingende Wirkung der vor dem Betriebs(teil)-übergang anwendbaren Tarifbestimmungen nicht beseitigen. § 613a Abs. 1 S. 4 Hs. 2, BGB setzt die Inbezugnah-

[570] Vgl. hierzu schon vorstehend unter → Rn. 154.
[571] BAG 1.8.2001 – 4 AZR 82/00, SAE 2002, 127 *(Hergenröder)*; BAG 3.7.2013 – 4 AZR 961/11, NZA-RR 2014, 80 (82); vgl. MüKoBGB/*Müller-Glöge* § 613a Rn. 137; ErfK/*Preis* BGB § 613a Rn. 121.
[572] BAG 22.4.2009 – 4 AZR 100/08, NZA 2010, 41 Rn. 76.
[573] Staudinger/*Annuß* BGB § 613a Rn. 243.
[574] Vgl. ausführlich zu Bezugnahmeklauseln unter → Rn. 186ff.
[575] Vgl. hierzu unter → Rn. 233.

me eines gesamten Tarifvertrages voraus.[576] Die Wirkungen der Vorschrift sollen von ihrem Wortlaut her nur dann eintreten, wenn es **„beiderseitig" an der Tarifgebundenheit fehlt,** wenn also weder der Arbeitgeber Mitglied im Arbeitgeberverband, noch der Arbeitnehmer Mitglied in der tarifschließenden Gewerkschaft ist. Das BAG und die wohl herrschende Auffassung in der Literatur wenden die Vorschrift indessen auch dann an, wenn es lediglich **einer** der Parteien an der Tarifgebundenheit fehlt.[577] Die Streitfrage hängt unmittelbar mit der früher umstrittenen Auslegung des § 613a Abs. 1 S. 3 BGB zusammen. Nach einer insbesondere von *Zöllner*[578] vertretenen Auffassung regelt § 613a Abs. 1 S. 3 BGB den Fall der fehlenden Tarifbindung des Arbeitnehmers bei anderweitiger Tarifbindung des Arbeitgebers, während Satz 4 ausschließlich den Fall der beiderseits fehlenden Tarifbindung regle. Wegen des Zusammenhangs mit den Ablösungsmöglichkeiten gemäß § 613a Abs. 1 S. 3 BGB soll diese Frage dort aufgegriffen werden.[579] Sicher lässt sich aber jedenfalls sagen, dass das Fehlen einer „beiderseitigen" Tarifbindung bei wörtlicher Auslegung auch den Fall umfasst, in welchem es nur einer Seite an der Tarifbindung fehlt.[580]

Die Wirkungen gemäß Satz 4 Alt. 2 treten nur ein, wenn der einzelvertraglich in Bezug 165
genommene Tarifvertrag nach seinem **räumlichen, fachlichen, persönlichen und betrieblichen Geltungsbereich** das Arbeitsverhältnis des übernommenen Arbeitnehmers erfasst.[581] Diese Einschränkung ergibt sich aus dem Gesetzeswortlaut, wonach die individualrechtliche Vereinbarung der Anwendung eines Tarifvertrages in dessen **„Geltungsbereich"** erfolgen muss. Ob die „Vereinbarung" gemäß § 613a Abs. 1 S. 4 Alt. 2 BGB auch durch Ausspruch einer **Änderungskündigung** herbeigeführt werden kann[582] oder ob dies nur einvernehmlich bzw. freiwillig möglich ist, soll unter → I Rn. 39 ff. näher beleuchtet werden.

c) Besonderheiten bei mehrfachem Betriebsübergang

Nicht nur dann, wenn der Erwerber eines Betriebes seine Entscheidung revidieren bzw. 166
korrigieren möchte und deshalb den Betrieb wieder auf den Veräußerer oder auf einen Dritten überträgt, kann es zu mehrfachen Betriebsübergängen kommen. Im Rahmen **komplexer Konzernumstrukturierungen** stellt es keine Seltenheit dar, dass zB zunächst eine **Verschmelzung** zweier Gesellschaften vorgenommen wird, was über § 324 UmwG zur Anwendbarkeit von § 613a Abs. 1 BGB führt, und sich sodann **in unmittelbarem zeitlichen Zusammenhang** ein ***Asset-Deal*** bezüglich eines Betriebes anschließt. In diesen Konstellationen können sich schwierige Rechtsfragen ergeben:

Beispiel E 21:

Die A-AG gliedert ihre Sparte Pharma gemäß § 123 Abs. 3 Nr. 2 UmwG auf die neu gegründete und nicht tarifgebundene B-GmbH aus. Ein dieser Sparte zugehörender Betrieb wird sogleich im Anschluss im Wege des *Asset-Deals* auf die C-GmbH übertragen. Bei der A-GmbH galt ein Firmentarifvertrag, der bei betriebsbedingten Kündigungen einschneidende Schutzvorschriften zugunsten der Arbeitnehmer und Abfindungsansprüche vorsah. Die Parteistellung hinsichtlich des Firmentarifvertrages wurde im Spaltungsvertrag nicht der

---

[576] Siehe auch Staudinger/*Annuß* BGB § 613a Rn. 244; MüKoBGB/*Müller-Glöge* § 613a Rn. 138 mwN; Erman/*Edenfeld* BGB § 613a Rn. 93.

[577] BAG 21.2.2001 – 4 AZR 18/00, NZA 2001, 1318 (1321); ErfK/*Preis* BGB § 613a Rn. 122; MüKoBGB/*Müller-Glöge* § 613a Rn. 138; Soergel/*Raab* BGB § 613a Rn. 136; Erman/*Edenfeld* BGB § 613a Rn. 93; Staudinger/*Annuß* BGB § 613a Rn. 244; *Skuderis* S. 228 ff.

[578] *Zöllner* DB 1995, 1401 (1404).

[579] → Rn. 233.

[580] *Kania* DB 1994, 529 (531); Staudinger/*Annuß* BGB § 613a Rn. 244.

[581] MüKoBGB/*Müller-Glöge* § 613a Rn. 138; nach Soergel/*Raab* BGB § 613a Rn. 136 muss zumindest der fachliche und räumliche Geltungsbereich betroffen sein; sei der neue Inhaber selbst tarifgebunden, könne S. 4 nur für die Inbezugnahme des aufgrund dieser Tarifbindung geltenden Tarifvertrages erfolgen.

[582] Vgl. *Lambrich* FS Ehmann, 2005, 169 (198).

B-GmbH zugewiesen, so dass die A-GmbH diese Parteistellung beibehielt[583]. Bei der C-GmbH gilt ein mit derselben Gewerkschaft abgeschlossener Verbandstarifvertrag (Rationalisierungsschutztarifvertrag), der wesentlich geringere Ansprüche bei betriebsbedingten Kündigungen vorsieht. Die Mitarbeiter berufen sich gegenüber der C-GmbH auf die höheren Ansprüche gemäß dem Firmentarifvertrag.

167 In dieser Konstellation stellt sich zunächst die Frage, ob überhaupt ein zweifacher Betriebsübergang vorliegt. Wenn die erste aufnehmende Gesellschaft den Betrieb gar nicht tatsächlich übernimmt, sondern sich darauf beschränkt, diesen auf die C-GmbH zu übertragen, liegt lediglich ein Betriebsübergang vor, und zwar unmittelbar von der A-AG auf die C-GmbH,[584] auch wenn dieser durch eine Kette von Rechtsgeschäften zustande kommt. Wandelte man den Sachverhalt entsprechend ab, so dass die B-GmbH für eine kurze Zeit in die Arbeitgeberstellung einrückte, und fasste man § 613a Abs. 1 S. 2 BGB im Sinne der Anordnung einer individualrechtlichen Fortgeltung der bisherigen Tarifnormen auf[585], könnten die Arbeitnehmer auch gegenüber der C-GmbH die beim ursprünglichen Arbeitgeber geltenden Ansprüche aus dem Firmentarifvertrag geltend machen. Diese Ansprüche hätten sich dann im Rahmen der Ausgliederung gem. § 324 UmwG iVm § 613a Abs. 1 S. 2 BGB in individualrechtliche Ansprüche umgewandelt. Zu einer Ablösung dieser Ansprüche durch den bei der C-GmbH geltenden Verbandstarifvertrag würde es dann trotz der beiderseitigen Tarifbindung nicht mehr kommen, da § 613a Abs. 1 S. 3 BGB auf zuvor individualrechtlich geregelte Ansprüche keine Anwendung findet. Es gälte dann beim „zweiten" Betriebsübergang vielmehr § 613a Abs. 1 S. 1 BGB, mit der Folge, dass der Erwerber an die einzelvertraglichen Ansprüche gebunden wäre und sich die Vorschriften des Verbandstarifvertrages wegen des tarifrechtlichen **Günstigkeitsprinzips** (§ 4 Abs. 3 TVG) nicht durchsetzen könnten. Das Bundesarbeitsgericht hat es in einer Entscheidung vom 20.4.1994[586] zunächst als „zweifelhaft" angesehen, ob § 613a Abs. 1 S. 3 BGB im Rahmen des zweiten Betriebsübergangs noch Anwendung finden könne, ließ die Frage aber mangels Entscheidungserheblichkeit dahingestellt.[587] Es würde indessen einen Wertungswiderspruch darstellen, wenn man die in das Arbeitsverhältnis transformierten Kollektivregelungen im Rahmen eines zweiten Betriebsübergangs als resistent gegen eine kollektivrechtliche Ablösung ansehen wollte, obwohl die gemäß § 613a Abs. 1 S. 2 fortgeltenden Arbeitsbedingungen ja gerade auf einer **ursprünglich kollektivrechtlichen Grundlage** beruhten. **§ 613a Abs. 1 S. 3 BGB** muss daher auch **im Rahmen des zweiten Betriebsübergangs Anwendung finden,** was mittlerweile auch seitens des BAG ausdrücklich anerkannt wurde.[588] Damit wird erneut deutlich, dass § 613a Abs. 1 S. 2 BGB **keine individualrechtliche Fortgeltung** der Arbeitsbedingungen anordnet.[589] Für die Anwendung der Vorschrift kommt es vielmehr entscheidend darauf an, sich den ursprünglich kollektivrechtlichen Charakter der betroffenen Arbeitsbedingungen vor Augen zu führen.[590] Dies entspricht heute – mit Unterschieden in der Begründung – der hM. Im **Beispiel E 21** können sich demnach die Mitarbeiter nicht mehr auf den für sie vorteilhaften Firmentarifvertrag bei der A-AG berufen. Dessen Fortgeltung gemäß § 613a Abs. 1 S. 2

---

[583] Siehe zur Auswirkung einer Spaltung auf die Geltung eines Firmentarifvertrages → Rn. 127.
[584] Siehe hierzu *Hohenstatt/Schramm* FS 25 Jahre AG Arbeitsrecht, 2006, 629 (638); wie hier *Willemsen* → G Rn. 117.
[585] Zu diesem Verständnis im Sinne einer Transformation in den Arbeitsvertrag unter → Rn. 149.
[586] BAG 20.4.1994 – 4 AZR 342/93, NZA 1994, 1140.
[587] Mittlerweile klarstellend zur Aufrechterhaltung nach § 613a Abs. 1 S. 2 bei einem nachfolgenden Betriebsübergang BAG 12.6.2019 – 1 AZR 154/17, NZA 2019, 1203.
[588] So die hM BAG 12.6.2019 – 1 AZR 154/17, NZA 2019, 1203; *Nicolai* SAE 1995, 204; Soergel/*Raab* BGB § 613a Rn. 125a; Staudinger/*Annuß* BGB § 613a Rn. 222; *Lambrich* FS Ehmann, 2005, 169 (179); HWK /*Müller-Bonanni* BGB § 613a Rn. 276; Sieg/Maschmann Unternehmensumstrukturierung Rn. 355; *Sagan* RdA 2011, 163 (171); aA *Skuderis* S. 246; Wiedemann/*Oetker* TVG § 3 Rn. 264.
[589] Vgl. → Rn. 149.
[590] So in diesem Zusammenhang Staudinger/*Annuß* BGB § 613a Rn. 222; vgl. auch → Rn. 149.

BGB wird durch den bei der C-GmbH geltenden Tarifvertrag, der mit derselben Gewerkschaft abgeschlossen wurde, nach Satz 3 verdrängt.

Die **Jahresfrist** gemäß § 613a Abs. 1 S. 2 BGB wird nicht bei jedem Betriebs(teil)übergang neu ausgelöst; sie bezieht sich auf die Weitergeltung der kollektivrechtlichen Normen beim „ursprünglichen" Arbeitgeber und endet ein Jahr nach dem ersten Betriebsübergang. Da es um die Absicherung kollektivrechtlicher Ansprüche geht, die vor dem ersten Betriebsübergang bestanden, ist es sachgerecht, wenn die Jahresfrist ein Jahr nach dem ersten Betriebsübergang abläuft.[591]

3. Verdrängung der Nachbindung durch anderen Tarifvertrag des neuen Inhabers (§ 613a Abs. 1 S. 3 BGB)

Die Fortgeltung der Bestimmungen eines beim bisherigen Arbeitgeber geltenden Tarifvertrages gemäß § 613a Abs. 1 S. 2 BGB kommt gemäß Satz 3 dieser Vorschrift nicht zum Tragen, „wenn die Rechte und Pflichten bei dem neuen Inhaber **durch Rechtsnormen eines anderen Tarifvertrages** oder durch eine andere Betriebsvereinbarung **geregelt werden"**. Die „Ablösung" bislang tariflicher Regelungen kann vom Wortlaut des Gesetzes her also nicht lediglich durch einen beim Erwerber geltenden Tarifvertrag, sondern auch durch eine Betriebsvereinbarung erfolgen,[592] auch wenn in der Praxis bislang die Fälle der Ablösung durch einen Tarifvertrag ganz im Vordergrund standen. Über die Voraussetzungen, die für eine solche Ablösung bestehen, herrschte früher Uneinigkeit. Mehrere Entscheidungen des Bundesarbeitsgerichts, insbesondere die Entscheidung des *Vierten Senats* vom 21. 2. 2001[593], haben für die Gestaltungspraxis jedoch Klarheit geschaffen. Die gegen die BAG-Rechtsprechung angeführten Argumente haben zwar nach wie vor Gewicht. Im Rahmen dieses Handbuchs, das in erster Linie der Gestaltungspraxis Grundlagen und Anregungen bieten will, möchten wir jedoch auf die vertiefte Diskussion von Streitfragen verzichten, die sich durch klare Entwicklungen der Rechtsprechung und der hM in der Literatur letztlich als „historisch" darstellen. Für eine eingehendere Befassung mit der Kritik an der Rechtsprechung des *Vierten Senats* zu § 613a Abs. 1 S. 3 BGB verweisen wir daher auf die dritte Auflage dieses Handbuchs (dort Rn. 140 ff.). 168

a) Verbandstarifvertrag oder Firmentarifvertrag

Die Fortgeltung der Rechte und Pflichten aus einem Tarifvertrag nach einem Betriebs(teil)übergang kann durch einen beim neuen Inhaber geltenden Tarifvertrag „blockiert" werden[594], unabhängig davon, ob es sich bei dem bisherigen oder zukünftig geltenden um einen **Firmentarifvertrag** oder einen **Verbandstarifvertrag** handelt. Zwar gilt grundsätzlich, dass der (speziellere) Firmentarifvertrag der ebenfalls in Betracht kommenden Geltung eines Verbandstarifvertrages vorgeht (Grundsatz der Spezialität);[595] dies gilt zumindest dann, wenn beide Tarifverträge von derselben Gewerkschaft abgeschlossen werden.[596] Um eine solche Konkurrenz zwischen Tarifverträgen geht es aber im Rahmen von § 613a Abs. 1 S. 3 BGB nicht. In Rede steht ausschließlich die Nichtanwendung (Verdrängung) von Tarifverträgen, welche ansonsten gemäß § 613a Abs. 1 S. 2 fortgelten würden. Es stellt daher keinen Verstoß gegen das Spezialitätsprinzip dar, wenn in bestimm- 169

591 Staudinger/*Annuß* BGB § 613a Rn. 222; HWK/*Müller-Bonanni* BGB § 613a Rn. 276; Sieg/Maschmann Unternehmensumstrukturierung Rn. 355; aA KR/*Pfeiffer*, 9. Aufl., BGB § 613a Rn. 161, welcher jeweils eine neue Jahresfrist beginnen lassen möchte.

592 Vgl. zur sog. Überkreuzablösung → Rn. 63 und 170.

593 BAG 21. 2. 2001 – 4 AZR 18/00, NZA 2001, 1318.

594 Siehe zu dem Satz 3 zugrunde liegenden Mechanismus BAG 1. 8. 2001 – 4 AZR 82/00, NZA 2002, 42.

595 BAG 4. 4. 2001 – 4 AZR 237/00, NZA 2001, 1085 (1086) mwN; *Wieland*, Recht der Firmentarifverträge, Rn. 206; Kempen/Zachert/*Wendelin-Schröder* TVG § 4 Rn. 227.

596 *Jacobs/Krois* FS Bepler, 2012, 246.

ten Konstellationen die Fortgeltung eines Firmentarifvertrages zugunsten eines für den neuen Inhaber geltenden Verbandstarifvertrages verhindert wird.[597]

b) Ablösung durch Betriebsvereinbarung?

170 Vom Wortlaut des § 613a Abs. 1 S. 3 BGB her müsste es auch möglich sein, die Fortgeltung von beim bisherigen Arbeitgeber geltenden Tarifnormen durch eine abweichende Betriebsvereinbarung herbeizuführen[598].

Beispiel E 22:

Auf das Arbeitsverhältnis fand aufgrund beiderseitiger Tarifbindung sowie aufgrund Bezugnahmeklausel der BAT Anwendung; die Arbeitgeberin war aufgrund dessen verpflichtet, zugunsten des Arbeitnehmers Beiträge in eine Zusatzversorgungskasse zu entrichten. Im Zusammenhang mit einem Betriebsübergang wurde beim neuen Arbeitgeber eine „Übergangsbetriebsvereinbarung" abgeschlossen, die die Abmeldung der Arbeitnehmer bei der Zusatzversorgungskasse sowie die Einzahlung geringerer Beiträge in eine Direktversicherung vorsah.[599]

In einer Entscheidung vom 6.11.2007[600] hat das BAG geurteilt, dass eine Betriebsvereinbarung nicht Ansprüche beseitigen könne, die auf tariflichen Regelungen beruhen, die nach einem Betriebsübergang gemäß § 613a Abs. 1 S. 2 BGB fortgelten. Selbst wenn eine solche Betriebsvereinbarung ausnahmsweise trotz des gesetzlichen Tarifvorrangs (§ 77 Abs. 3 BetrVG) wirksam sei[601], verstoße es gegen die **Gesetzessystematik,** wenn sich (ausgerechnet) in der Konstellation eines Betriebsübergangs entgegen dem ansonsten geltenden Günstigkeitsprinzip eine Betriebsvereinbarung gegen tarifliche Normen durchsetzen könne[602]. Dass diese Möglichkeit nicht bestehen dürfe, folge auch aus dem Schutzzweck von § 613a Abs. 1 BGB, der die tariflichen Ansprüche, die vor dem Betriebsübergang galten, gerade schützen wolle.[603] Jedenfalls für Angelegenheiten, die nicht der zwingenden Mitbestimmung des Betriebsrates unterliegen, entspricht dies der hM.[604] Im **Beispiel E 22** wäre eine Ablösung der betrieblichen Altersversorgung durch eine Betriebsvereinbarung demgemäß nicht möglich, da über das „Ob" der Einführung bzw. Aufrechterhaltung eines Systems der betrieblichen Altersversorgung vorbehaltlich tariflicher Regelungen vom Arbeitgeber frei entschieden werden kann.[605]

c) Zeitpunkt der neuen Tarifgeltung

171 § 613a Abs. 1 S. 3 BGB setzt voraus, dass bislang tariflich geregelte Rechte und Pflichten beim neuen Inhaber durch Rechtsnormen einer anderen Kollektivvereinbarung „geregelt werden". Dieser Wortlaut besagt nicht völlig zweifelsfrei, ob die „verdrängende" Kollektivvereinbarung für den neuen Inhaber bereits vor dem bzw. beim Betriebs(teil)übergang

[597] HWK/*Müller-Bonanni* BGB § 613a Rn. 275; Soergel/*Raab* BGB § 613a Rn. 128.

[598] Siehe zum umgekehrten Fall der Ablösung von gem. § 613a Abs. 1 S. 2 BGB fortwirkenden Betriebsvereinbarungen durch Tarifvertrag → Rn. 63.

[599] Fall nachgebildet der Entscheidung BAG 13.11.2007 – 3 AZR 191/06, NZA 2008, 600.

[600] BAG 6.11.2007 – 1 AZR 862/06, NZA 2008, 542 Rn. 35.

[601] Vgl. hierzu die Fallgruppen bei *Löwisch/Rieble* TVG § 3 Rn. 498.

[602] Hiergegen explizit MHdB ArbR/*Klumpp* § 247 Rn. 37; kritisch auch Erman/*Edenfelder* BGB § 613a Rn. 87, da hierdurch die Parteien gezwungen würden, auf individualrechtliche Ablösungsmechanismen auszuweichen.

[603] So auch BAG 13.11.2007 – 3 AZR 191/06, NZA 2008, 600 Rn. 30; ähnlich bereits BAG 22.3.2005 – 1 ABR 64/03, NZA 2006, 383 (389); aA HWK/*Müller-Bonanni* BGB § 613a Rn. 273 mwN.

[604] BAG 3.7.2013 – 4 AZR 961/11, NZA-RR 2014, 80 (82); ErfK/*Preis* BGB § 613a Rn. 126; MüKoBGB/*Müller-Glöge* § 613a Rn. 143 mwN; krit. hingegen mit guten Argumenten *Döring/Grau* BB 2009, 158 und HWK/*Müller-Bonanni* BGB § 613a Rn. 274; generell gegen die Möglichkeit der „Überkreuzablösung" Staudinger/*Annuß* BGB § 613a Rn. 229; *Sagan* RdA 2011, 163 (164 f.); zurückhaltend auch *Bepler* RdA 2009, 65 (71).

[605] BAG 13.11.2007 – 3 AZR 191/06, NZA 2008, 600 Rn. 30.

Geltung beanspruchen muss oder Satz 3 auch dann Anwendung findet, wenn es erst **nach dem Betriebs(teil)übergang** zum **Abschluss** bzw. zur **Anwendbarkeit** einer solchen neuen Kollektivvereinbarung kommt.[606]

Beispiel E 23:

Das Dienstleistungsunternehmen B-AG übernimmt im Wege des Outsourcings (unter Anwendbarkeit von § 613a Abs. 1 BGB) Aufgaben aus dem Bereich Catering, Reinigung und Bewachung innerhalb einer Privatklinik. In dieser Klinik finden die zwischen Ver.di und dem kommunalen Arbeitgeberverband abgeschlossenen Verbandstarifverträge Anwendung. Bei der B-AG gilt indessen qua einzelvertraglicher Bezugnahme ein mit Verdi abgeschlossener Verbandstarifvertrag des Dienstleistungsgewerbes, der in der Summe deutlich niedrigere finanzielle Belastungen vorsieht. Um eine Fortgeltung des kommunalen Tarifs über § 613a Abs. 1 S. 2 BGB auszuschließen, beabsichtigt die B-AG, dem für den günstigeren Dienstleistungstarifvertrag zuständigen Arbeitgeberverband beizutreten. Dessen Geschäftsführer meint, der Beitritt müsse unbedingt zeitlich vor Beginn des Dienstleistungsvertrages mit der Privatklinik erfolgen, da sich ansonsten die Fortgeltung der Tarife der Privatklinik nicht mehr rückgängig machen lasse.

Die Rechtsauffassung des Verbands-Geschäftsführers im Beispiel E 23 ist weit verbreitet. Sie ist indessen unzutreffend. Die „tarifpolitischen Weichen" können zeitlich auch nach Vollzug eines Betriebs(teil)übergangs gestellt werden. Das Bundesarbeitsgericht und die ganz hM erkennen die Rechtsfolgen des § 613a Abs. 1 S. 3 BGB auch bei zeitlich nach dem Betriebsübergang abgeschlossenen bzw. für den neuen Inhaber erst nach dem Übergang Geltung beanspruchenden Tarifverträgen an, *ohne* dass ein enger zeitlicher Zusammenhang mit dem Betriebs(teil)übergang verlangt würde.[607] Es sind vor diesem Hintergrund durchaus Fälle denkbar, in denen zunächst der beim Veräußerer geltende Tarifvertrag gemäß Satz 2 fortgilt und es Monate später zu einer Ablösung – etwa durch einen zwischenzeitlich abgeschlossenen Firmentarifvertrag – kommt. Die Ablösung kann auch noch **nach Ablauf der Jahresfrist** erfolgen.[608] Insbesondere in Fällen, in denen der neue Tarifvertrag mit einer Verschlechterung des Tarifniveaus verbunden ist, dürfte ein solches Vorgehen allerdings strategisch wenig ratsam sein. In **unmittelbarem zeitlichem Zusammenhang** mit einer Umstrukturierung dürfte die **Akzeptanz eines neuen „Tarifregimes"** in der Regel **größer** sein als zu einem späteren Zeitpunkt. Dennoch kann sich ein Vorgehen in Einzelschritten empfehlen, wenn die Umstrukturierung umstritten und ihre Umsetzung gefährdet wäre, wenn nicht zunächst „arbeitsrechtliche Neutralität" im Sinne der Fortgeltung der bisherigen Tarife gewahrt würde. Allerdings setzt ein solches Vorgehen eine sorgfältige Unterrichtung der vom Betriebsübergang betroffenen Mitarbeiter gemäß § 613a Abs. 5 BGB voraus. Plant der Erwerber schon zum Zeitpunkt des Betriebsübergangs, die im erworbenen Betrieb geltenden Tarifverträge später im Wege des § 613a Abs. 1 S. 3 BGB abzulösen, stellt dies eine Maßnahme gemäß Nr. 4 der Vorschrift dar, über die zu unterrichten ist, wenn man spätere Widersprüche gegen den Übergang von Arbeitsverhältnissen (Abs. 6) vermeiden möchte.[609]

d) Keine Anwendbarkeit des Günstigkeitsprinzips

Findet auf ein Arbeitsverhältnis ein Tarifvertrag Anwendung und bestehen darüber hinaus 172
einzelvertragliche Abreden, gilt, soweit sachliche Überschneidungen vorliegen, das Güns-

[606] Siehe hierzu bereits im Zusammenhang mit Betriebsvereinbarungen → Rn. 55.

[607] BAG 20.4.1994 – 4 AZR 342/93, NZA 1994, 1140 sowie BAG 16.5.1995 – 3 AZR 535/94, NZA 1995, 1166; BAG 11.5.2005 – 4 AZR 315/04, NZA 2005, 1362; MüKoBGB/*Müller-Glöge* § 613a Rn. 141; Staudinger/*Annuß* BGB § 613a Rn. 228; Soergel/*Raab* BGB § 613a Rn. 126; Wiedemann/*Oetker* TVG § 3 Rn. 281.

[608] *Gaul*, Betriebsspaltung, § 24 Rn. 52; MüKoBGB/*Müller-Glöge* § 613a Rn. 141.

[609] Siehe zu § 613a Abs. 5 BGB in diesem Zusammenhang ausführlich → G Rn. 220.

tigkeitsprinzip (§ 4 Abs. 3 TVG). Die für den Arbeitnehmer günstigeren Regelungen setzen sich durch. Das Günstigkeitsprinzip findet indessen im Rahmen von § 613a Abs. 1 S. 3 BGB **keine Anwendung,** vielmehr gilt das **Ablösungs- bzw. das Ordnungsprinzip**[610]. Demnach kann sich der Tarifvertrag, der beim neuen Inhaber gilt, gegen die Fortgeltung des bisherigen Tarifvertrages gemäß Satz 2 unabhängig davon durchsetzen, ob die Regelungen des neuen Tarifvertrages insgesamt oder hinsichtlich einzelner Regelungsfragen günstiger oder ungünstiger sind.[611] Daraus wird ersichtlich, dass das Gesetz die Kollision zwischen der Fortgeltung der bisherigen Tarifverträge gem. § 613a Abs. 1 S. 2 BGB und den Tarifverträgen des neuen Inhabers so behandelt wie die **Kollision zweier Kollektivnormen.**[612] Das Bundesarbeitsgericht bezog sich in seiner Entscheidung vom 16. 5. 1995[613] ausdrücklich auf die „**Zeitkollisionsregel**", die das Verhältnis zwischen fortgeltenden Regelungen gemäß Satz 2 und Kollektivvereinbarungen gemäß Satz 3 bestimme, so dass der jüngere Tarifvertrag an die Stelle des älteren trete. Dieses Prinzip müsse auch im Fall des Betriebsübergangs Anwendung finden, da Satz 2 ebenfalls ursprünglich kollektivrechtliche Regelungen betreffe.

Die Urteile ***Scattolon***[614] und ***Unionen***[615] des EuGH hatten in der Literatur eine Diskussion darüber ausgelöst, ob die **verschlechternde Tarifvertragsersetzung,** wie sie § 613a Abs. 1 S. 3 BGB grundsätzlich zulässt, mit **Art. 3 Abs. 3 der Betriebsübergangsrichtlinie** vereinbar ist.[616] Die Frage beschäftigte inzwischen auch mehrere Senate des BAG.[617] In der Entscheidung *Scattolon* hatte der EuGH ausgeführt, dass die Anwendung der beim Erwerber geltenden tariflichen Regelungen auf die übergegangenen Arbeitsverhältnisse „nicht zum Ziel oder zur Folge haben dürfe, dass diesen Arbeitnehmern insgesamt schlechtere Arbeitsbedingungen als vor dem Übergang auferlegt werden".[618] Allerdings war in dem entschiedenen Fall die drohende Verschlechterung der Arbeitsbedingungen dadurch verursacht worden, dass die Dienstzeit der Klägerin im Rahmen der Bemessung der Vergütung gemäß dem Tarifvertrag des Erwerbers nur teilweise anerkannt worden war – nur hiergegen richtete sich die Entscheidung[619]. Hintergrund war ein **Überleitungstarifvertrag,** der vorsah, dass bei den Arbeitnehmern nur so viele Dienstjahre anzuerkennen waren, wie dies notwendig war, um im Rahmen des neuen Vergütungssystems (das im Gesamtvergleich *großzügiger* war als das des Veräußerers) ein unverändertes oder allenfalls geringfügig niedrigeres Einkommen zu erreichen.

Im Urteil *Unionen* ging es ebenfalls um die Berücksichtigung der vollen Dienstzeit durch den neuen Betriebsinhaber. Konkret war streitig, ob der Erwerber des Betriebes bei der Berechnung einer Kündigungsfrist die Beschäftigungszeiten beim Veräußerer berücksichtigen musste, was sich in Form einer sechs Monate längeren Frist, die in eine Abfindung umgewandelt werden konnte[620], ausgewirkt hätte. Die Kollektivvereinbarung, nach der sich die Kündigungsfrist berechnete, war beim Erwerber identisch mit derjenigen beim Veräußerer.[621] In beiden Fällen ging es also nicht um die Ablösung von bisher gel-

---

[610] Siehe auch HWK/*Müller-Bonanni* BGB § 613a Rn. 271 mwN.

[611] BAG 16.5.1995 – 3 AZR 535/94, NZA 1995, 1166 unter II. 2. b) der Gründe; 22.4.2009 – 4 AZR 100/08, NZA 2010, 41 Rn. 31; 7.7.2010 – 4 AZR 1023/08, NZA-RR 2011, 30 Rn. 32; 23.1.2019 – 4 AZR 445/17, NZA 2019, 922 Rn. 34.

[612] Soergel/*Raab* BGB § 613a Rn. 127.

[613] BAG 16.5.1995 – 3 AZR 535/94, NZA 1995, 1166.

[614] EuGH 6.9.2011 – C-108/10, NZA 2011, 1077.

[615] EuGH 6.4.2017 – C-336/15, NZA 2017, 585.

[616] Ausführlich mit Sachverhaltsdarstellung und Würdigung bereits unter → Rn. 49 ff.

[617] BAG 23.1.2019 – 4 AZR 445/17, NZA 2019, 922; 12.6.2019 – 1 AZR 154/17, NZA 2019, 1203; 22.10.2019 – 3 AZR 429/18, BeckRS 2019, 36369.

[618] EuGH 6.9.2011 – C-108/10, NZA 2011, 1077 (1083).

[619] Siehe insb. in der Zusammenfassung der Entscheidungsgründe Rn. 83.

[620] EuGH *Unionen* 6.4.2017 – C-336/15, NZA 2017, 585 Rn. 23.

[621] Ohne dass der Fall dafür Anlass geboten hatte, erweckte der EuGH den Eindruck, dass die Ablösung der beim Veräußerer geltenden Tarifverträge durch solche des Erwerbers erst nach Ablauf der einjährigen

tenden Tarifverträgen durch für die Arbeitnehmer ungünstigere Kollektivvereinbarungen. In der Literatur wurde aus den Entscheidungen dennoch teilweise ein **allgemeines Verschlechterungsverbot** abgeleitet.[622] Hingegen wurde schon nach *Scattolon* zutreffend darauf hingewiesen, dass der EuGH keine dermaßen weitgehenden Ausführungen gemacht hatte.[623] Das **BAG** hatte die Frage nach der Tragweite einer unionsrechtlichen Unzulässigkeit verschlechternder Kollektivverträge auf Erwerberseite zunächst offengelassen[624], mittlerweile jedoch **klar verneint**[625]. Ausschlaggebend für diese – zutreffende – Klarstellung ist er unstreitige Umstand, dass in der Entscheidung ***Scattolon*** der Tarifvertrag des Erwerbers insgesamt günstiger war und nur die spezifischen Übergangsregelungen, die anlässlich des Betriebsübergangs abgeschlossen wurden, eine geringfügige Verschlechterung für die Klägerin mit sich gebracht hatten. Diese betrafen nur die Frage, in welchem Umfang die Betriebszugehörigkeit der Klägerin im Rahmen des neuen Vergütungssystems zu berücksichtigen war. Das § 613a Abs. 1 Satz 3 BGB zugrunde liegende **Ablösungsprinzip** wird hierdurch **nicht in Frage gestellt**[626]. Auch aus dem Urteil ***Unionen*** ergibt sich kein allgemeines Verschlechterungsverbot. In diesem Fall waren die kollektivrechtlichen Arbeitsbedingungen – jedenfalls soweit sie für den Sachverhalt relevant waren – gerade nicht verändert und nicht durch andere Kollektivregelungen abgelöst worden. Das Urteil des EuGH hatte deshalb nur klarzustellen, dass bei der Anwendung der unverändert gebliebenen kollektiven Arbeitsbedingungen der Betriebsübergang nicht zum Anlass genommen werden dürfe, den Arbeitnehmern „schlechtere Bedingungen als die vor dem Übergang geltenden auf(zu)erleg(en)".[627] Mit anderen Worten: Die Kündigungsfrist änderte sich durch den Betriebsübergang nicht – eine bei Anwendung deutschen Rechts ganz und gar selbstverständliche Erkenntnis.[628] Das Unionsrecht statuiert damit **kein allgemeines Verschlechterungsverbot.**[629]

Die Entscheidung *Scattolon* hat aber immerhin wertvolle Erkenntnisse für die Frage hervorgebracht, in welchem Umfang nach einem Betriebsübergang die **Vordienstzeiten** berücksichtigt werden müssen, wenn das kollektive Vergütungssystem des Erwerbers hinsichtlich der Entgelthöhe maßgeblich an die Dauer der Betriebszugehörigkeit anknüpft. Nach *Scattolon* müssen den Arbeitnehmern mindestens so viele Dienstjahre gutgeschrieben werden, dass sie ihr bisheriges Gesamt-Entgeltniveau in etwa behalten. Dagegen kann dem Urteil nicht entnommen werden, dass die Arbeitnehmer einen zwingenden unionsrechtlich geforderten Rechtsanspruch auf volle Anrechnung ihrer bisherigen Dienstzeit beim Veräußerer auch dann hätten, wenn dies zu einer deutlich höheren als der bisherigen Vergütung führen würde[630]. In diesen Konstellationen ist es zulässig, zB mittels Überleitungstarifverträgen eine Regelung herbeizuführen, die den übergehenden Arbeitnehmern (nur) in etwa die bisherige Vergütungshöhe garantiert, auch wenn hierdurch im Vergleich zur

Sperrfrist gem. Art. 3 Abs. 3 der Betriebsübergangsrichtlinie erfolgen dürfe – siehe EuGH *Unionen* Rn. 28.

622 *Klein* EuZA 2014, 325 (332 f.); *Sagan* EuZA 2012, 247 (254 f.); Staudinger/*Annuß*, BGB § 613a Rn. 228.

623 *Winter* RdA 2013, 36, 38; *Sittard/Flockenhaus* NZA 2013, 652 (654 f.); *Willemsen*, RdA 2012, 291 (302); ähnlich HMB/*Grau* Teil 15 Rn. 111 b, der allerdings eine erhebliche Rechtsunsicherheit bei sanierenden Betriebsübernahmen konstatiert.

624 BAG 12.9.2013 – 6 AZR 512/12, NZA-RR 2014, 154 Rn. 46.

625 BAG 23.1.2019 – 4 AZR 445/17, NZA 2019, 922; 12.6.2019 – 1 AZR 154/17, NZA 2019, 1203 Rn. 92 f.; 22.10.2019 – 3 AZR 429/18, BeckRS 2019, 36369.

626 BAG 23.1.2019 – 4 AZR 445/17, NZA 2019, 922 Rn. 44.

627 EuGH *Unionen* 6.4.2017 – C-336/15, NZA 2017, 585 Rn. 31.

628 Siehe nur HWK/*Müller-Bonanni* BGB § 613a Rn. 236.

629 So auch die hM BAG 23.1.2019 – 4 AZR 445/17, NZA 2019, 922., 44; 12.6.2019 – 1 AZR 154/17, NZA 2019, 1203 (1211); 22.10.2019 – 3 AZR 429/18, BeckRS 2019, 36369 Rn. 59; *Höpfner* S. 433 f.; *Frank* BB 2020, 628 (630); *Junker*, EuZA 2020, 1 (1 f.); *Grau/Fischer*, NZA 2019, 1469 (1472); *Willemsen* RdA 2012, 291 (301 f.); *Sittard/Flockenhaus* NZA 2013, 652 (654 f.); *Winter* RdA 2013, 38.

630 *Willemsen* RdA 2012, 291 (302).

Stammbelegschaft ein „Zwei-Klassen-System"[631] entsteht, weil bei der Stammbelegschaft die gesamte Betriebszugehörigkeit angerechnet wird. Der EuGH führte hierzu explizit aus, dass die Richtlinie 77/187[632] **nicht Grundlage dafür** sein könne, „beim Übergang **eine Verbesserung des Arbeitsentgelts oder anderer Arbeitsbedingungen zu erwirken**". Die Richtlinie stehe „gewissen Unterschieden zwischen der Entlohnung der übergegangenen Arbeitnehmer und der Entlohnung der im Zeitpunkt des Übergangs bereits beim Erwerber Beschäftigten nicht entgegen".[633]

e) Verdrängende Wirkung nur bei Identität der Regelungsgegenstände

173 § 613a Abs. 1 S. 3 BGB wird häufig in der Weise missverstanden, dass diese Norm zu einer Ablösung bislang tarifrechtlich geltender Rechte und Pflichten in „Bausch und Bogen" führe und demnach ein neues „Tarifregime" des Erwerbers insgesamt die bisher anwendbaren Tarifverträge verdränge. Eine so weitgehende Wirkung der in Satz 3 geregelten „Tarifablösung" wäre im Sinne einer Vereinfachung zwar praktisch wünschenswert, mit dem Gesetzeswortlaut ist sie indessen nicht vereinbar. § 613a Abs. 1 S. 2 BGB spricht ausdrücklich von der Aufrechterhaltung von **Rechten und Pflichten,** die auf Rechtsnormen eines beim bisherigen Inhaber geltenden Tarifvertrages beruhten. In § 613a Abs. 1 S. 3 BGB wird diese Formulierung aufgegriffen. Die Verdrängung erfolgt **nur** (genau) hinsichtlich derjenigen **Rechte und Pflichten,** die auch **innerhalb des anderen Tarifvertrages geregelt** sind. Die beim Erwerber bestehende kollektive Regelung muss demnach den gleichen tatsächlichen Regelungsgegenstand betreffen wie die kollektive Regelung, die bislang beim bisherigen Arbeitgeber galt.[634] Ob dies der Fall ist, ist durch Auslegung der Tarifbestimmungen unter Berücksichtigung des Wortlauts, des tariflichen Gesamtzusammenhangs, der Entstehungsgeschichte der Tarifverträge und schließlich auf der Grundlage von Praktikabilitätsgesichtspunkten zu entscheiden.[635]

Beispiel E 24:

Beim bisherigen Arbeitgeber galt ein „Tarifvertrag zur Absicherung bei Rationalisierungsmaßnahmen", der für den Fall betriebsbedingter Kündigungen Abfindungszahlungen für die Milderung der daraus resultierenden wirtschaftlichen Härten vorsah. In einem beim neuen Arbeitgeber geltenden „Rationalisierungsschutztarifvertrag" ist vorgesehen, dass vor dem Ausspruch betriebsbedingter Kündigungen stets mildere Maßnahmen (Umschulungen, Weiterbildungen, Kurzarbeit etc) zu prüfen und ggf. anstelle einer Kündigung zu ergreifen sind; Abfindungsansprüche werden jedoch nicht begründet. Fraglich ist, ob mit dieser Regelung sämtliche im Zusammenhang mit Rationalisierungsmaßnahmen stehende Regelungen des früher geltenden Tarifvertrages verdrängt sind oder sich die vom Betriebsübergang betroffenen Arbeitnehmer auch zukünftig auf die Abfindungsregelung berufen können.

174 Das **BAG**[636] hat in einer ähnlichen Konstellation keine Verdrängung der beim bisherigen Arbeitgeber geltenden Abfindungsregelungen angenommen. Es sei etwas grundsätzlich anderes, ob eine Tarifregelung lediglich den Ausspruch einer betriebsbedingten Kündi-

---

[631] *Willemsen* RdA 2012, 291 (302); in diesem Sinne auch BAG NZA-RR 2014, 154 Rn. 42; insofern Missverständnis bei *Löwisch/Rieble* TVG § 3 Rn. 475, die *Scattolon* ein Verbot der Ungleichbehandlung bei der Anerkennung der Betriebszugehörigkeit entnehmen wollen.

[632] Betriebsübergangsrichtlinie, jetzt Richtlinie 2001/23/EG.

[633] EuGH *Scattolon* – C-108/10, NZA 2011, 1077 Rn. 77.

[634] stRspr BAG 20.4.1994 – 4 AZR 342/93, NZA 1994, 1140, zuletzt BAG 12.6.2019 – 1 AZR 154/17, NZA 2019, 1203 (1208); 23.1.2019 – 4 AZR 445/17, NZA2019, 922 (924); vgl. HWK/*Müller-Bonanni* BGB § 613a Rn. 272; Soergel/*Raab* BGB § 613a Rn. 126; Staudinger/*Annuß* BGB § 613a Rn. 230 betont zu Recht, dass keine „punktuelle Deckungsgleichheit" erforderlich sei.

[635] So bereits BAG 20.4.1994, NZA 1994, 1140 unter IV. 3. b); siehe auch BAG 22.1.2003 – 10 AZR 227/02, NZA 2003, 879.

[636] BAG 20.4.1994, NZA 1994, 1140 unter IV. 3. c).

gung an Voraussetzungen knüpfen wolle oder ob konkrete Ausgleichsregelungen vorgesehen sind, die den Verlust des Arbeitsplatzes ausgleichen oder mildern sollen. So einleuchtend dies auf den ersten Blick sein mag, lässt sich diese Sicht der Dinge mit dem Normzweck nicht in Einklang bringen. Dies zeigt ein weiteres Beispiel aus der Rechtsprechung.[637] Regelte der bisherige Tarifvertrag im Zusammenhang mit den Vorschriften über die Beendigung des Arbeitsverhältnisses für ältere Arbeitnehmer einen Sonderkündigungsschutz, während der Tarifvertrag des Erwerbers zwar ebenfalls allgemeine Beendigungsnormen beinhaltete, einen solchen Sonderkündigungsschutz jedoch nicht vorsah, muss davon ausgegangen werden, dass die Beendigungsnormen in den jeweiligen Tarifverträgen in einem **Sachzusammenhang** stehen und der Sonderkündigungsschutz für ältere Mitarbeiter von den Beendigungsnormen im neuen Tarifvertrag verdrängt wird. Dies lässt sich auch an einem weiteren Beispiel, auf das in der Literatur häufig verwiesen wird, verdeutlichen.

Beispiel E 25:

Der beim bisherigen Arbeitgeber geltende Entgelttarifvertrag sieht zwölf monatliche Gehaltszahlungen sowie ein im Juni zahlbares Urlaubsgeld vor. Darüber hinaus gilt ein „Tarifvertrag über die Zahlung eines 13. Monatsgehalts". Beim Erwerber hingegen gilt ein Tarifvertrag, der lediglich zwölf jährliche Gehaltszahlungen sowie ein Urlaubsgeld vorsieht.

Häufig wird vertreten, dass in diesem Fall die Rechte aus dem Tarifvertrag über die 175
Zahlung eines **13. Gehalts** fortgelten (§ 613a Abs. 1 S. 2 BGB), da beim neuen Inhaber eine tarifvertragliche Regelung desselben Gegenstandes nicht bestehe. Der Entgelttarifvertrag würde auf dieser Basis den Tarifvertrag über das 13. Monatsgehalt nicht ablösen können.[638] Wie gerade das **Beispiel E 25** zeigt, würde eine allzu enge Auslegung von § 613a Abs. 1 S. 3 BGB dazu führen, dass der eigentliche Regelungszweck, nämlich die **Vereinheitlichung der Arbeitsbedingungen** beim neuen Inhaber, nicht erreicht werden kann. Sinn und Zweck des § 613a Abs. 1 S. 3 BGB ist es ja gerade, den neuen Inhaber davor zu bewahren, sowohl die Kollektivverträge des Veräußerers als auch die bei ihm geltenden Kollektivnormen anwenden zu müssen. Prüfte man jedoch im Bereich der Vergütung jeweils, ob bestimmte Einzelleistungen, die beim bisherigen Inhaber gewährt wurden, in genau dieser Form auch vom neuen Arbeitgeber gewährt werden, wird man häufig zu dem Ergebnis kommen, dass eine Vielzahl von Tarifbestimmungen des Veräußerers trotz § 613a Abs. 1 S. 3 BGB fortwirkt. Dies steht nicht nur dem Gesetzeszweck entgegen. Vielmehr führt diese Sicht der Dinge zu einem Anwendungsfall der sog. **„Rosinentheorie"**.[639] Regelt nämlich der beim neuen Inhaber geltende Tarifvertrag, dass lediglich 12 Monatsgehälter zu zahlen sind, bedeutet dies nicht, dass die Entgeltleistungen für die Arbeitnehmer insgesamt niedriger sein müssen. So können etwa die einzelnen Monatsgehälter deutlich höher bemessen sein oder andere Entgeltleistungen hinzukommen. Es wäre vom Schutzzweck des § 613a Abs. 1 BGB nicht gedeckt, wenn sich die vom Betriebs(teil)übergang betroffenen Arbeitnehmer einerseits auf die „Segnungen" des neuen Tarifvertrages stützen könnten, andererseits jedoch all dasjenige als „Besitzstand" mitnähmen, was beim Inhaber in besonderer Weise geregelt war und – aus rein strukturellen Gründen – in den Tarifverträgen des neuen Inhabers keine Entsprechung findet. Vielmehr wird man davon ausgehen können, dass sämtliche tariflichen **Vergütungsbestandteile** beim bisherigen Arbeitgeber **durch die Entgelttarifverträge** des neuen Arbeitgebers bzw. damit im

[637] LAG Köln 12.10.1995 – 5 Sa 749/95, NZA-RR 1996, 327; zustimmend *Gaul*, Betriebsspaltung, § 24 Rn. 40.

[638] *Hanau/Vossen* FS Hilger/Stumpf, 1983, 271 (292) nehmen dies selbst für den Fall an, dass das 13. Monatsgehalt beim bisherigen Arbeitgeber nicht in einem gesonderten Tarifvertrag, sondern im Entgelttarifvertrag geregelt war; siehe *Hanau* RdA 2000, 186; vgl. auch *Hromadka* DB 1996, 1872 (1875); vgl. MüKo-BGB/*Müller-Glöge* § 613a Rn. 142; *Preis/Steffan* FS Kraft, 1998, 477.

[639] Im Ergebnis ähnlich *Löwisch/Rieble* TVG § 3 Rn. 478f.

Zusammenhang stehende kollektive Vereinbarungen **verdrängt werden**[640], sofern die Gemeinsamkeit der gewährten Leistungen darin besteht, dass mit ihnen (auch) eine Gegenleistung für die Arbeitsleistung erbracht werden soll. Eine Aufrechterhaltung bisheriger Ansprüche kommt nur dann in Betracht, wenn ein Regelungskomplex einen eigenen **tariflichen Sachzusammenhang** bildet und in eben diesem Zusammenhang beim Erwerber keine Regelungen bestehen[641]. Im Grundsatz werden demnach alle Entgeltregelungen durch die neuen Entgelttarifverträge und sämtliche Rahmenbedingungen für das Arbeitsverhältnis durch den beim neuen Inhaber geltenden Manteltarifvertrag verdrängt. Ausnahmen können allenfalls für gesonderte Regelungen gelten, mit denen ein spezifischer eigener Zweck verbunden ist (Beispiel: Mitarbeiterbeteiligungsmodell, Gewinnbeteiligung).[642]

176 **Beispiel E 26:**

In der chemischen Industrie gilt ein Tarifvertrag zur Förderung der Altersteilzeit. Darin sind die Rahmenbedingungen für die Inanspruchnahme einer Altersteilzeitregelung einschließlich anspruchsbegründender Vergütungsregelungen enthalten.

Ein solcher Tarifvertrag regelt einen **eigenständigen Zweck,** nämlich das sozialverträgliche Ausscheiden älterer Arbeitnehmer zugunsten einer Verjüngung der Belegschaft. Bestünde beim neuen Inhaber keine Altersteilzeitregelung, würden die sich aus dem Tarifvertrag ergebenden Rechte und Pflichten gemäß § 613a Abs. 1 S. 2 BGB fortwirken. Soweit hingegen Vergütungsleistungen in Rede stehen, also insbesondere ein 13. Monatsgehalt, Weihnachtsgeld, eine Jahresleistung oder ähnliche Zahlungen, besteht ein hinreichend **enger Sachzusammenhang** mit den im Entgelttarifvertrag ansonsten bestehenden Regelungen, um von einer Ablösung der bisherigen tariflichen Rechte ausgehen zu können. Dabei soll nicht verkannt werden, dass an derlei Sonderleistungen unterschiedliche Bedingungen geknüpft werden, die Rückschlüsse auf einen unterschiedlichen Regelungszweck erlauben. Im Vordergrund steht bei solchen Zahlungen indessen stets die Gegenleistung für geleistete Arbeit und, wenn auch in unterschiedlichem Umfang, für erwiesene Betriebstreue. Unabhängig davon, ob derlei Sonderzahlungen im Entgelttarifvertrag oder in gesonderten Tarifverträgen über ein 13. Monatsgehalt oder eine Jahresleistung enthalten sind, wirken die daraus resultierenden Rechte und Pflichten beim neuen Inhaber nicht fort, wenn dort andere tarifliche Entgeltregelungen, welcher Struktur auch immer, zur Anwendung kommen.[643]

f) Verdrängende Wirkung nur bei beiderseitiger Tarifgebundenheit?

177 Das BAG[644] und die herrschende Meinung in der Literatur verlangen für eine „Ablösung" der beim „alten" Arbeitgeber anwendbaren Tarifverträge gemäß Satz 3 hinsichtlich des neuen Tarifvertrages **beiderseitige Tarifbindung,** also nicht nur die des neuen Arbeitgebers, sondern darüber hinaus die Mitgliedschaft des Arbeitnehmers in der für den neuen Tarifvertrag zuständigen Gewerkschaft.[645] Auch im Fall eines beim neuen Arbeitgeber an-

---

[640] Zustimmend *Hanau* RdA 2000, 186; ähnlich wohl auch MüKoBGB/*Müller-Glöge* § 613a Rn. 142, der sich jedenfalls für eine großzügige Fassung der Regelungskomplexe ausspricht; aA *Gaul,* Betriebsspaltung, § 24 Rn. 40; Sieg/Maschmann Unternehmensumstrukturierung Rn. 359, welcher nach dem konkreten Zweck der jeweiligen Entgeltregelung differenzieren möchte.

[641] Ähnlich Staudinger/*Annuß* BGB § 613a Rn. 230.

[642] Im Ergebnis ähnlich *Gaul,* Betriebsspaltung, § 24 Rn. 40; *Lambrich* FS Ehmann, 2005, 169 (200); HWK/*Müller-Bonanni* BGB § 613a Rn. 272; *Moll* RdA 2007, 47 (49).

[643] Vgl. auch BAG 3.7.2013 - 4 AZR 138/12, AP BGB § 613a Nr. 445 Rn. 42.

[644] BAG 30.8.2000 – 4 AZR 581/99, NZA 2001, 510; BAG 11.5.2005 – 4 AZR 31/04, NZA 2005, 1362; eingehend BAG 21.2.2001 – 4 AZR 18/00, NZA 2001, 1318.

[645] Erman/*Edenfeld* BGB § 613a Rn. 89 mwN; MüKoBGB/*Müller-Glöge* § 613a Rn. 139; MHdB ArbR/*Klumpp* § 247 Rn. 32; *Boecken* Rn. 194; *Skuderis* S. 274; *Löwisch/Rieble* TVG § 3 Rn. 482; Kempen/Zachert/*Kempen* TVG § 3 Rn. 127; Däubler/*Lorenz,* TVG § 3 Rn. 201; ErfK/*Preis* BGB § 613a Rn. 123; Wiedemann/*Oetker* TVG § 3 Rn. 282; Staudinger/*Annuß* BGB § 613a Rn. 242.

wendbaren allgemeinverbindlichen Tarifvertrags besteht beiderseitige Tarifbindung.[646] Nur in diesen Fällen sind nach der hM die Rechte und Pflichten im Sinne von § 613a Abs. 1 S. 3 BGB tariflich anderweitig „geregelt"; eine nur einseitige Tarifbindung führe nach § 4 Abs. 1 S. 1 TVG nicht zu einer zwingenden Wirkung des Tarifvertrages. Der nach dieser Auffassung verbleibende **Anwendungsbereich von § 613a Abs. 1 S. 3 BetrVG** ist außerordentlich **gering.** Zu einer Veränderung gegen den Willen der betroffenen Arbeitnehmer kommt es nur dann, wenn der neue Arbeitgeber an Tarifverträge gebunden ist, die mit derselben Gewerkschaft abgeschlossen wurden, die auch die Tarifverträge des Veräußerers abgeschlossen hat.

Beispiel E 27:

Für den Betriebsteil „Automotive" eines metallverarbeitenden Unternehmens galten bislang qua Mitgliedschaft des Arbeitgebers im Arbeitgeberverband die Tarifverträge der Hessischen Metall- und Elektroindustrie. Der Betriebsteil wird an einen großen Automobilhersteller veräußert, der mit der IG Metall in Hessen einen Firmentarifvertrag abgeschlossen hat.

In diesem Fall findet der Firmentarifvertrag des neuen Arbeitgebers für die der IG Metall angehörenden Arbeitnehmer zwingende Anwendung (§§ 3 Abs. 1, 4 Abs. 1 TVG).[647] Gemäß § 613a Abs. 1 S. 3 BGB ist damit die Fortgeltung der Hessischen Metalltarifverträge ausgeschlossen. Gilt beim neuen Arbeitgeber ein Verbandstarifvertrag, sind zwei Konstellationen zu unterscheiden. Gehört der neue Inhaber demselben Arbeitgeberverband wie der bisherige Inhaber an, bedarf es § 613a Abs. 1 S. 3 BGB nicht. Hier gilt vielmehr der Grundsatz, dass bei kollektivrechtlicher Fortgeltung des bisherigen Tarifvertrages auch beim neuen Inhaber die lediglich als Auffanglösung gedachte Fortgeltung gemäß § 613a Abs. 1 S. 2 BGB nicht zum Zuge kommt.[648] Beim neuen Inhaber besteht demnach dieselbe Tarifgeltung wie zuvor (§§ 3 Abs. 1, 4 Abs. 1 TVG).

Beispiel E 28: 178

Das Metall verarbeitende Unternehmen (siehe **Beispiel E 27**) veräußert den Betriebsteil „Automotive" an einen Wettbewerber, der ebenfalls Mitglied des Hessischen Metall-Arbeitgeberverbandes ist. Die von jenem abgeschlossenen Tarifverträge gelten für Mitglieder der IG-Metall weiterhin kollektivrechtlich fort.

Galt hingegen beim Veräußerer ein Firmentarifvertrag, während der Erwerber dem fachlich und geographisch einschlägigen Arbeitgeberverband angehört, kann auch nach der hM § 613a Abs. 1 S. 3 BGB zum Zuge kommen.

Beispiel E 29: 179

Die Tiefdruckerei eines Zeitungsverlages, für den ein mit der Gewerkschaft Verdi abgeschlossener Firmentarifvertrag gilt, wird im Wege der Einzelrechtsnachfolge[649] auf eine eigenständige Gesellschaft übertragen, die dem Arbeitgeberverband der Druckindustrie angehört. Für die Verdi-Mitglieder gilt nunmehr der Verbandstarifvertrag qua beiderseitiger Tarifbindung; § 613a Abs. 1 S. 3 BGB schließt eine Fortgeltung des Firmentarifvertrages aus.

Abgesehen von diesen nicht eben häufig auftretenden Konstellationen (Wechsel von Firmen- zu Verbandstarifvertrag der jeweils selben Gewerkschaft und umgekehrt) kommen auf der Grundlage der herrschenden Meinung keine weiteren Anwendungsfälle für § 613a

[646] Vgl. hierzu BAG 7.7.2010 – 4 AZR 1023/08, NZA-RR 2011, 30.

[647] Im Einzelfall kann eine Auslegung des Firmentarifvertrags ergeben, dass dieser nicht für neu erworbene Betriebe gelten soll; vgl. hierzu → Rn. 124.

[648] Vgl. hierzu → Rn. 111.

[649] Bei einer Übertragung im Wege der (partiellen) Gesamtrechtsnachfolge könnte es zu einer kollektivrechtlichen Fortgeltung des Firmentarifvertrages beim Erwerber kommen; vgl. hierzu unter → Rn. 118 ff.

Abs. 1 S. 3 BGB in Betracht. Insbesondere in Fällen des **Branchenwechsels** entstehen durch diese restriktive Auslegung **Tarifpluralitäten,** also die Anwendung mehrerer Tarifverträge innerhalb eines Betriebes.

180 **Beispiel E 30:**

Für die Mitarbeiter eines Betriebes der chemischen Industrie gilt ein mit der IG BCE abgeschlossener Verbandstarifvertrag. Der gesamte Bereich Vertrieb wird im Wege der Ausgliederung (§ 123 Abs. 3 UmwG) auf die V-GmbH übertragen, die Mitglied des Arbeitgeberverbandes für den Groß- und Außenhandel ist. Dieser Arbeitgeberverband hat mit der Gewerkschaft Verdi Verbandstarifverträge abgeschlossen.

Soweit die von der Ausgliederung betroffenen Mitarbeiter zum Zeitpunkt der Umwandlung Mitglieder der Gewerkschaft IG BCE waren, gelten für sie auf der Grundlage der herrschenden Meinung die entsprechenden Tarifverträge gemäß § 613a Abs. 1 S. 2 BGB fort. Eine Verdrängung dieser Fortgeltung käme nicht in Betracht, da hinsichtlich der für die V-GmbH geltenden Tarifverträge des Groß- und Außenhandels keine beiderseitige Tarifbindung vorliegt, es sei denn, die Mitarbeiter entschlössen sich, der für die neuen Tarifverträge zuständigen Gewerkschaft (hier: Verdi) beizutreten oder die Tarifverträge des Groß- und Außenhandels wären in der entsprechenden Region **allgemeinverbindlich.**

181 Nach der **Gegenauffassung** würde es für eine Verdrängung der Fortgeltung eines Tarifvertrages hingegen ausreichen, wenn (nur) der **neue Inhaber an einen anderen Tarifvertrag gebunden** ist, ohne dass es auf die Tarifgebundenheit der Arbeitnehmer an diesen Tarifvertrag ankäme.[650] Hierfür spricht in erster Linie die ratio des § 613a Abs. 1 S. 3 BGB. Die Vorschrift dient dem **Vereinheitlichungsinteresse**[651] des neuen Arbeitgebers. Dieser soll davor geschützt werden, zukünftig innerhalb seines Betriebes mehrere Tarifverträge anwenden zu müssen. Es geht demnach um die **Vermeidung von Tarifpluralitäten.**[652] Dieser Zweck läuft in den überwiegenden Fällen leer, wenn man für die Ablösung gemäß Satz 3 beiderseitige Tarifgebundenheit verlangt. Das BAG hat zwar anerkannt, dass § 613a Abs. 1 S. 3 BGB dem „Ordnungsinteresse des neuen Betriebsinhabers Vorrang gegenüber dem möglichen Interesse des Arbeitnehmers an der Beibehaltung der bisherigen Tarifbedingungen" einräumt. Der im Gesetz vorgesehene Ablösungsmechanismus sei aber nur für den Fall vorgesehen, dass der **Tarifvertrag des neuen Arbeitgebers** im betreffenden Arbeitsverhältnis **„zwingend und unmittelbar"** gelte.[653] An dieser gefestigten Rechtsprechung muss sich die Praxis ausrichten.

182 Das **BAG** betrachtet **§ 613a Abs. 1 S. 2 und 3 als Einheit.** Dies folge daraus, dass Satz 3 für eine bestimmte Konstellation genau diejenige Rechtsfolge (Fortgeltung von Tarifnormen) ausschließe, die in Satz 2 normiert sei. In Satz 2 komme der Begriff „geregelt" ebenso vor wie in Satz 3. Bei Satz 2 sei aber anerkannt, dass die Nachbindung an Betriebsvereinbarungen und Tarifverträge nur dann in Betracht komme, wenn die Kollektivvereinbarung vor dem Übergang zwingend auf das Arbeitsverhältnis Anwendung fand. Es sei naheliegend, dass im Rahmen von Satz 3 der Begriff „geregelt" dieselbe – auf das einzelne Arbeitsverhältnis bezogene – Bedeutung habe und demnach auch für Satz 3 beiderseitige Tarifbindung erforderlich sei. Dies ist durchaus ein plausibler Gedankengang, wenngleich

[650] Siehe bereits die Vorauflagen Rn. E 112; *Zöllner* DB 1995, 1401; *Moll* RdA 1996, 275 (280); *Hromadka* DB 1996, 1872 (1876); *Henssler* FS Schaub, 1998, 311 (319); *Heinze* FS Schaub, 1998, 275 (293); *Heinze* DB 1998, 1861 (1866); *Schiefer* NJW 1998, 1817 (1821); *Gamillscheg,* Band I, S. 785; *Seitz/Werner* NZA 2000, 1257 (1266); LAG Schleswig-Holstein 4.3.1998 – 2 Sa 456/97, NZA-RR 1999, 251; LAG Köln 30.9.1999 – 6 (9) Sa 740/99, NZA-RR 2000, 179.

[651] Vgl. die Gesetzesbegründung BT-Drs. 8/3317, 11; vgl. auch BAG 20.4.1994 – 4 AZR 342/93, NZA 1994, 1140 unter IV 2.a); einschränkend allerdings BAG 1.8.2001 – 4 AZR 82/00, NZA 2002, 42.

[652] *Zöllner* DB 1995, 1401 (1404); stark relativierend *Thüsing/von Medem* ZIP 2007, 510 (517).

[653] BAG 21.2.2001 – 4 AZR 18/00, NZA 2001, 1318 (1321 f.).

andererseits unbestreitbar ist, dass der Zusatz „bei dem neuen Inhaber“ in Satz 3 sprachlich einen ausschließlichen Bezug auf die Tarifbindung des Arbeitgebers nahelegt.

Die Kritiker der herrschenden Meinung weisen im Übrigen auf die **Systematik** im Verhältnis zu § 613a Abs. 1 S. 4 BGB hin. Dort sei ausschließlich der Fall der **beiderseits fehlenden Tarifbindung** geregelt, während die fehlende Tarifbindung nur des Arbeitnehmers unter Satz 3 falle.[654] Letztlich führt aber auch dieser Argumentationsstrang nicht weiter[655], da der Gesetzeswortlaut durchaus auch die Auffassung der herrschenden Meinung[656] stützt, wonach Satz 4 auch den Fall abdeckt, dass nur eine Partei nicht tarifgebunden ist. 183

Der Schwachpunkt der Argumentation, die für § 613a Abs. 1 S. 3 lediglich eine abweichende Tarifbindung des Arbeitgebers verlangt, besteht darin, dass keine vollkommen befriedigende Antwort auf die Frage gegeben werden kann, welche Arbeitsbedingungen für diejenigen Arbeitnehmer zukünftig gelten sollen, die der bislang zuständigen Gewerkschaft zugehören, jedoch nicht derjenigen beitreten möchten, die hinsichtlich des für den neuen Arbeitgeber geltenden Tarifvertrages zuständig ist. § 613a Abs. 1 S. 3 BGB besagt nur, dass unter den dort genannten Voraussetzungen Satz 2 nicht gilt. Dies bedeutet, dass die in Satz 2 geregelte Fortgeltung des „alten“ Tarifvertrages ebenso entfällt wie die einjährige Veränderungssperre.[657] Liegen die Voraussetzungen von Satz 3 vor, steht daher nur fest, was nicht gilt. Der gem. Satz 3 beim neuen Arbeitgeber geltende Tarifvertrag findet hingegen auf das übergegangene Arbeitsverhältnis nur dann zwingende Anwendung, wenn für diesen Tarifvertrag **beiderseitige Tarifbindung** besteht.[658] Dass hier § 612 Abs. 2 BGB[659] anzuwenden sein soll mit der Folge, dass der Tarifvertrag des neuen Arbeitgebers als die „übliche Vergütung“ anzusehen wäre,[660] hat sich nicht durchgesetzt.

Das Bundesarbeitsgericht stellt entscheidend auf die **Schutzfunktion** von § 613a Abs. 1 BGB ab. Der *Vierte Senat* teilt zwar die hier vertretene Auffassung, wonach sich aus der **EG-Betriebsübergangsrichtlinie** lediglich die Vorgabe entnehmen lässt, dass der von einem Betriebsübergang betroffene Mitarbeiter entweder weiterhin in den Schutzbereich der bisherigen Kollektivverträge *oder* in den Anwendungsbereich der Kollektivverträge des neuen Arbeitgebers fallen muss, weshalb gemäß **Unionsrecht beide Auslegungsmöglichkeiten denkbar** sind (Art. 3 (3) RL 2001/23/EG).[661] Der deutsche Gesetzgeber habe jedoch über diesen „Mindeststandard“ hinausgehen und „zu Gunsten des Arbeitnehmers den Bestandsschutz des alten Tarifvertrags noch ausbauen und im Einklang mit dem sonstigen deutschen Tarifrecht eine Anwendbarkeit der Tarifverträge des neuen Arbeitgebers nur im Fall der Tarifgebundenheit auch des Arbeitnehmers vorsehen“ dürfen. § 613a BGB habe als eindeutiges „Regelungsziel“, dass der „Schutz der kollektivvertraglichen Regelungen von Tarifverträgen und Betriebsvereinbarungen nicht verloren geht“. Dieses Ziel könne nicht erreicht werden, wenn man die Bindung an die bisherigen Tarifverträge beseitige, ohne dass eine gegenseitige Bindung an die Tarifverträge des neuen Arbeitgebers bestehe.[662] 184

[654] *Zöllner* DB 1995, 1401 (1404).

[655] So auch BAG 21.2.2001 – 4 AZR 18/00, NZA 2001, 1318 (1321).

[656] HWK/*Müller-Bonanni* BGB § 613a Rn. 283; Staudinger/*Annuß* BGB § 613a Rn. 244; Erman/*Edenfeld* BGB § 613a Rn. 93; aA *Röder* DB 1981, 1980 (1982); *Zöllner* DB 1995, 1401 (1404).

[657] *Zöllner* DB 1995, 1401 (1403).

[658] *Zöllner* DB 1995, 1401 (1405).

[659] Vgl. *Zöllner* DB 1995, 1401 (1405); ähnlich auch *Kania* DB 1996, 1921 (1922), allerdings beschränkt auf die Fälle einer Konkurrenz zwischen Tarifverträgen verschiedener DGB-Gewerkschaften.

[660] Insoweit auch *Kania* DB 1996, 1921 (1922); *Hromadka* DB 1996, 1872 (1874).

[661] BAG 21.2.2001 – 4 AZR 18/00, NZA 2001, 1318 (1322) unter Hinweis auf die 1. Aufl. dieses Handbuchs (Rn. E 119) sowie auf *Seitz/Werner* NZA 2000, 1257 (1268).

[662] Zustimmend *Kamanabrou* SAE 2002, 26 (32); ähnlich Soergel/*Raab* BGB § 613a Rn. 125; HWK/*Müller-Bonanni* BGB § 613a Rn. 268; ErfK/*Preis* BGB § 613a Rn. 123 mwN.

g) Zusammenfassung

185 Die beim bisherigen Arbeitgeber anwendbaren Tarifverträge gelten nach einem Betriebs(teil)übergang gemäß § 613a Abs. 1 S. 2 BGB fort. Die entsprechenden Rechte und Pflichten können vor Ablauf eines Jahres nicht zum Nachteil des Arbeitnehmers abgeändert werden. Sofern der neue Arbeitgeber an einen anderen Tarifvertrag gebunden ist, der räumlich und fachlich auf den jeweiligen Betrieb Anwendung findet und den gleichen Sachzusammenhang betrifft, verhindert dies die Fortgeltung der Tarifverträge des alten Arbeitgebers nur dann, wenn der einzelne Arbeitnehmer hinsichtlich des beim neuen Inhaber geltenden Tarifvertrages tarifgebunden ist. § 613a Abs. 1 S. 3 BGB findet demnach keine Anwendung, wenn der beim neuen Inhaber geltende Tarifvertrag von einer anderen Gewerkschaft abgeschlossen wurde. Die Unternehmen werden daher weiterhin mit den erheblichen Schwierigkeiten leben müssen, die sich aus Tarifpluralitäten infolge von Unternehmenskäufen und Umstrukturierungen ergeben.

4. Rolle und „Schicksal" einzelvertraglicher Bezugnahmeklauseln beim Betriebs(teil)übergang

a) Einführung und wichtige Entwicklungslinien

186 Die vorstehenden Erörterungen zum „Schicksal" von Tarifverträgen nach einem Betriebs(teil)übergang bezogen sich auf Tarifanwendungen, die auf **beiderseitiger Tarifgebundenheit** beruhen. Von großer Praxisrelevanz sind indessen auch diejenigen Fälle, in denen die Anwendung eines Tarifvertrages zusätzlich oder ausschließlich auf einer **einzelvertraglichen Bezugnahme** auf den Tarifvertrag beruht. Bei nicht der Gewerkschaft angehörenden Mitarbeitern **(Nichtorganisierte)** kommt es auf dieser **individualvertraglichen Grundlage** zur Tarifanwendung. Da Arbeitgeber bei der Vereinbarung der Arbeitsbedingungen nicht nach der Mitgliedschaft in der Gewerkschaft differenzieren, werden auch bei Gewerkschaftsmitgliedern zusätzlich zur „originären" Tarifbindung im Einzelarbeitsvertrag Bezugnahmeklauseln verwendet. Die Rolle dieser einzelvertraglichen Verweisungen im Fall eines Betriebs(teil)übergangs war in den letzten Jahren Gegenstand mehrerer BAG- und EuGH-Entscheidungen, die zu erheblichen Diskussionen geführt haben. Die Rechtsunsicherheit, die durch die zahlreichen Zweifelsfragen eingetreten ist, wurde hierdurch nur unwesentlich vermindert.

Eine wesentliche Weichenstellung erfolgte mit der Abkehr des BAG von der generellen Annahme, dass Bezugnahmeklauseln in aller Regel der Gleichstellung der nicht gewerkschaftlich organisierten Arbeitnehmer mit den Gewerkschaftsmitgliedern dienen sollen **(„Gleichstellungsabrede")**. Mit der Auslegung als Gleichstellungsabrede konnten die tarifrechtlichen Folgen eines Betriebs(teil)übergangs für die gesamte Belegschaft einheitlich beurteilt werden. Mit der Entscheidung des *Vierten Senats* vom 14.12.2005[663], mit der das BAG von dieser Rechtsprechung abrückte, war eine wichtige Zäsur eingetreten. Vom Vorliegen einer Gleichstellungsabrede kann bei Arbeitsverträgen, die ab dem **1.1.2002** abgeschlossen wurden, nur noch ausgegangen werden, wenn die Vertragsparteien eine inhaltlich und sprachlich eindeutige Regelung dieses Inhalts getroffen haben.

Infolge dieser Rechtsprechung ergeben sich häufig Konstellationen, in denen für die von einem Betriebsübergang betroffenen Arbeitnehmer dauerhaft und dynamisch ein anderer Tarifvertrag Anwendung findet als bei der Belegschaft im aufnehmenden Unternehmen. In der Praxis stehen kaum verlässliche Mittel zur Verfügung, die durch dynamische Bezugnahmeklauseln herbeigeführte **„Ewigkeitsbindung"** an dynamische Bezugnahmeklauseln zu beseitigen, so dass sich die Frage aufdrängte, ob diese faktische „Ewigkeitsbindung" gegen die in **Art. 16 GrCh** geschützte **Unternehmerfreiheit** (in Ausprägung der

[663] BAG 14.12.2005 – 10 AZR 296/05, NZA 2006, 744.

negativen Koalitionsfreiheit) und gegen **Art. 3 RL 2001/23/EG** verstößt. Die **EuGH**-Entscheidungen ***Werhof***[664] und ***Alemo Herron***[665] konnten durchaus in diesem Sinne verstanden werden. Die Ernüchterung folgte vier Jahre später in Gestalt der ***Asklepios***-Entscheidung[666]. Danach steht die unionsrechtlich geschützte Unternehmerfreiheit der Fortgeltung dynamischer Bezugnahmeklauseln nicht entgegen.[667] Dies gelte jedenfalls insoweit, als nach dem jeweiligen nationalen Recht **einvernehmliche und einseitige Anpassungsmöglichkeiten** seitens des Erwerbers bestehen. Ob von Letzterem nach deutschem Arbeitsrecht tatsächlich ausgegangen werden kann, hat der EuGH nicht hinterfragt.[668] Mit der nachfolgenden *Asklepios*-Entscheidung des **BAG** vom 30.8.2017 wurde deutlich, dass sich das BAG angesichts der jüngsten EuGH-Rechtsprechung nicht genötigt sieht, die hohen Anforderungen an eine **Änderungskündigung** mit dem Ziel der Änderung oder des Wegfalls von Bezugnahmeklauseln zu lockern.[669] Ergänzend hat das BAG vielmehr klargestellt, dass auch eine analoge Anwendung des § 613a Abs. 1 S. 3 BGB für diese Fälle nicht in Betracht kommt.[670]

Die Praxis muss sich einstweilen darauf einstellen, dass **vorbehaltlos dynamische Bezugnahmeklauseln** weiterhin ein **ernsthaftes Umstrukturierungserschwernis** darstellen, sofern sie nicht als „Altklauseln" noch unter den Vertrauensschutz fallen. Die Praxis hat sich allerdings bereits seit Längerem auf die neue Rechtsprechung eingestellt und wendet bei der Formulierung von Bezugnahmeklauseln mittlerweile erheblich mehr Sorgfalt auf.[671] Die Verbreitung von vorbehaltlos dynamischen Bezugnahmeklauseln auf den aktuell anwendbaren Tarifvertrag geht deutlich zurück. Es ist deshalb eine Frage der Zeit, bis die *Asklepios*-Rechtsprechung signifikant an **praktischer Relevanz einbüßt**[672].

b) Wesen der Tarifgeltung durch Bezugnahmeklauseln

Die einzelvertragliche Bezugnahme auf einen Tarifvertrag führt **nicht zu einer zwingenden Tarifbindung** iSv § 4 Abs. 3 TVG. Die Anwendbarkeit des Tarifvertrages beruht in diesem Fall vielmehr auf **individualrechtlicher Grundlage.**[673] Dies bedeutet insbesondere, dass bei Vorliegen einer Bezugnahmeklausel jederzeit einzelvertragliche Abmachungen getroffen werden können, die vom Tarifvertrag abweichende Regelungen enthalten, und zwar auch zum Nachteil des Arbeitnehmers.[674] Der lediglich qua einzelvertraglicher Verweisung vom Tarifvertrag profitierende Arbeitnehmer kann demnach jederzeit durch entsprechende Abmachung mit dem Arbeitgeber auf tarifliche Rechte **verzichten**[675] oder einzelne tarifliche Regelungen durch **abweichende Abmachungen** ersetzen.[676] Dabei 187

[664] EuGH 9.3.2006 – C-499/04, NZA 2006, 376 (*Werhof*), indes noch nicht unter Rekurs auf die GRCharta, da diese erst mit Inkrafttreten des Vertrags von Lissabon am 1.12.2009 Rechtsverbindlichkeit erhielt.

[665] EuGH 18.7.2013 – C-426/11, NZA 2013, 835 (*Alemo-Herron*).

[666] EuGH 27.4.2017 – C-680/15, NZA 2017, 571 (*Asklepios*).

[667] Dazu ausführlich *Hohenstatt* in FS Willemsen, 2018, S. 187 ff., kritisch zu den Vorlagefragen des BAG auch *Willemsen/Krois/Mehrens* RdA 2018, 151 (153).

[668] EuGH 27.4.2017 – C-680/15, NZA 2017, 571 Rn. 24 ff.

[669] BAG 30.8.2017 – 4 AZR 95/14, NZA 2018, 255.

[670] BAG 16.5.2018 – 4 AZR 209/15, NZA 2018, 1489; BAG 23.11.2017 – 6 AZR 683/16, NZA 2018, 311.

[671] Formulierungsbeispiele unter → Rn. 243 ff.

[672] *Greiner* in Preis, Der Tarifvertrag II V 40 Rn. 70 spricht zu Recht von einem „Übergangsphänomen".

[673] BAG 20.3.1991 – 4 AZR 455/90, NZA 1991, 736; HWK/*Henssler* TVG § 3 Rn. 27; Kempen/Zachert/*Brecht-Heitzmann* TVG § 3 Rn. 169; Wiedemann/*Oetker* TVG § 3 Rn. 328; ; zweifelnd *Gamillscheg,* Band I, S. 732; nach Däubler/*Lorenz* TVG § 3 Rn. 223 ist die Bezugnahmeklausel einer Rechtswahl gem. intern. Privatrecht vergleichbar.

[674] *Gamillscheg,* Band I, S. 734.

[675] Kempen/Zachert/*Brecht-Heitzmann* TVG § 3 Rn. 237; *Etzel* NZA-Beil. 1987, 19 (28).

[676] Dies wird mitunter bestritten, da in diesem Fall der Sinnzusammenhang des Tarifvertrages verloren gehe; vgl. *v. Hoyningen-Huene* RdA 1974, 150; dies überzeugt indessen nicht. Wenn es zulässig ist, von vornherein nur einzelne Tarifbestimmungen für anwendbar zu erklären (kritisch hierzu Däubler/*Lorenz* TVG § 3 Rn. 239), muss auch der nachträgliche Verzicht auf einzelne Rechte aus einem Tarifvertrag im Sinne der Vertragsfreiheit zulässig sein; vgl. MHdB ArbR/*Klumpp* § 246 Rn. 26.

müssen allerdings etwaige Mitbestimmungsrechte des Betriebsrates beachtet werden, insbesondere sofern beabsichtigt ist, mittels Abweichungen vom Tarifvertrag die Vergütungsstruktur im Betrieb zu verändern (§ 87 Abs. 1 Nr. 10 BetrVG).

188 Beispiel E 31:

Ein nicht tarifgebundenes Unternehmen mit Betrieben der Metallverarbeitung vereinbart mit seinen Arbeitnehmern, dass die Tarifverträge der Metallindustrie Anwendung finden sollen mit der Maßgabe, dass die wöchentliche Arbeitszeit statt 35 weiterhin 39 Stunden betragen soll.

Im **Beispiel E 31** besteht keine beiderseitige Tarifbindung. Die Parteien können deshalb ohne Weiteres Abweichungen von dem in Bezug genommenen Tarifvertrag vereinbaren. Die hiervon abweichende Auffassung[677] will hingegen § 4 Abs. 4 TVG anwenden und die Tarifgeltung als zwingend behandeln, soweit die Parteien eine Gleichstellungsabrede getroffen haben; die Gleichstellung beziehe sich dann auch auf den Schutz der Tarifgeltung vor einzelvertraglicher Abweichung zu Lasten der Arbeitnehmer. Dabei wird jedoch übersehen, dass selbst dann, wenn man § 4 Abs. 4 TVG als Bestandteil der Bezugnahme ansehen würde, der Inhalt dieser Bezugnahme jederzeit einzelvertraglich wieder verändert werden kann.[678] Wer als Arbeitnehmer Wert auf die zwingende Geltung eines Tarifvertrages legt, muss der tarifschließenden Gewerkschaft beitreten. Solange indessen der Arbeitgeber nicht tarifgebunden ist, kann es von vornherein nicht zu einer zwingenden Tarifbindung kommen. Es ist dann ggf. Aufgabe der zuständigen Gewerkschaft, eine Tarifbindung des Arbeitgebers zu erzwingen.

189 Häufig erfolgt die Bezugnahme auf den Tarifvertrag von vornherein nur beschränkt, etwa dahingehend, dass der Tarifvertrag nur gelten soll, soweit der Einzelarbeitsvertrag nicht abweichende Regelungen enthält. Dies ist, soweit der Tarifvertrag nicht zugleich qua beiderseitiger Tarifbindung gilt, ohne Weiteres zulässig. Ebenso zulässig ist die Inbezugnahme von einzelnen Tarifbestimmungen.[679] Allerdings unterliegt der Vertragsinhalt bei Inbezugnahme nur einzelner Tarifbestimmungen der vollen **gerichtlichen Inhaltskontrolle,** es sei denn, dass ein gesamter Regelungskomplex aus einem Tarifvertrag übernommen wird. Das Privileg gemäß **§ 310 Abs. 4 S. 1 BGB** greift zwar auch bei der Bezugnahme auf einen Tarifvertrag[680]; dies gilt jedoch nicht, wenn nur einzelne Tarifbestimmungen in Bezug genommen werden.[681] Es müssen zumindest gesamte **„abgrenzbare Sachbereiche"**[682] des Tarifvertrages in Bezug genommen werden, um diese Regelungen einer Inhaltskontrolle zu entziehen[683]. Im Übrigen muss es sich nach der hM um einen Tarifvertrag handeln, an den der Arbeitgeber normativ gebunden ist[684] bzw. der bei

---

[677] Wiedemann/*Oetker* TVG § 3 Rn. 416 mwN; *v. Hoyningen-Huene* RdA 1974, 138 (150); *Gamillscheg,* Band I, S. 735.

[678] Kempen/Zachert/*Brecht-Heitzmann* TVG § 3 Rn. 235, 237.

[679] BAG 23.2.1988 – 3 AZR 300/86, NZA 1988, 614; Wiedemann/*Oetker* TVG § 3 Rn. 300, 464; *Hromadka/Maschmann/Wallner* Rn. 78; Kempen/Zachert/*Brecht-Heitzmann* TVG § 3 Rn. 206, 208; einschränkend *Däubler,* Tarifvertragsrecht, Rn. 334, der ausführt, dass keine systematische Benachteiligung von Gewerkschaftsmitgliedern erfolgen dürfe, indem für die Arbeitnehmer negative Tarifnormen von der Inbezugnahme bei Außenseitern ausgeschlossen werden.

[680] BAG 27.7.2005 – 7 AZR 486/04, NZA 2006, 40 unter B II. 1. f) aa) der Gründe; *Löwisch/Rieble* TVG § 3 Rn. Rn. 535; *Däubler*/Bonin/Deinert BGB § 307 Rn. 279 und BGB § 310 Rn. 44; *Joost* FS Ulmer, 2003, 1199 (1209); *Thüsing/Lambrich* NZA 2002, 1361 (1362); aA mit nur schwer nachvollziehbarer Begründung und entgegen dem Gesetzeszweck (siehe BT-Drs. 14/6857, 54) *Annuß* ZfA 2005, 405 (436).

[681] So auch BAG 6.5.2009 – AZR 390/08, NZA-RR 2009, 593 Rn. 29; HWK/*Henssler* TVG § 3 Rn. 18; *Löwisch/Rieble* TVG § 3 Rn. 561f

[682] Wiedemann/*Oetker* TVG § 3 Rn. 406; HWK/*Henssler* TVG § 3 Rn. 18; *Kreft* in Clemenz/Kreft/Krause § 310 Rn. 69.

[683] Gegen diese Ausnahme *Löwisch/Rieble* TVG § 3 Rn. 561f. mwN.

[684] HWK/*Henssler* TVG § 3 Rn. 18

beiderseitiger Tarifbindung normativ Anwendung finden würde.[685] Richtigerweise müsste es für die Anwendung von § § 310 Abs. 4 S. 1 BGB ausreichen, wenn auf den **fachlich** einschlägigen Tarifvertrag verwiesen wird. Nimmt ein bundesweit tätiges Unternehmen der Metallindustrie aus Vereinfachungsgründen in allen Tarifbezirken Bezug auf die Tarifverträge der Metallindustrie, die am Stammsitz des Unternehmens gelten (vgl. **Beispiel E 31**), ist für eine Inhaltskontrolle des Bezugsobjekts kein Anlass, auch wenn es sich hier außerhalb des Tarifgebiets nicht um die regional einschlägigen Tarifverträge handelt[686].

Eine gänzlich andere Frage berührt die **AGB-Kontrolle** der Bezugnahmeklauseln selbst, soweit sie sich in Formulararbeitsverträgen befinden: Dies betrifft nicht die Kontrolle des Bezugnahmeobjekts, sondern die der Bezugnahme selbst. Wortlaut und Reichweite der Bezugnahmeklausel sind nach ganz einhelliger Auffassung Gegenstand der gerichtlichen Inhaltskontrolle, insbesondere unter dem Blickwinkel des§ 307 Abs. 1 und 2 BGB **(Transparenzgebot und Verbot der unangemessenen Benachteiligung)** sowie § 305c Abs. 1 BGB **(Verbot überraschender Klauseln)** und Abs. 2 BGB **(Unklarheitenregel).**[687] Die Inhaltskontrolle von Bezugnahmeklauseln und die Auswirkungen auf die Auslegung dieser Klauseln werden im Folgenden eine wichtige Rolle spielen.

c) Typisierung von Bezugnahmeklauseln

aa) Konstitutive oder deklaratorische Bezugnahme. Häufig wird die Frage gestellt, 190
ob die einzelvertragliche Bezugnahme auf Tarifverträge konstitutiv oder deklaratorisch wirke. Für das Grundverständnis und die Auslegung von Bezugnahmeklauseln ist diese Überlegung bedeutsam, namentlich für die Frage, wie sich ein Verbandsaustritt oder ein Verbandswechsel des Arbeitgebers auf die Tarifgeltung auswirkt.[688] Für nicht der Gewerkschaft angehörende Arbeitnehmer **(Außenseiter)** wirkt eine Bezugnahmeklausel stets **konstitutiv,** da – abgesehen vom Fall der Allgemeinverbindlichkeit – ohne sie keine Tarifbindung vorläge. Konstitutiv wirkt auch stets die Inbezugnahme eines branchenfremden Tarifvertrages oder eines solchen, der räumlich nicht anwendbar ist, und zwar auch bei Gewerkschaftsmitgliedern, da selbst insoweit ohne die Bezugnahmeklausel keine Tarifbindung entstünde.

Beispiel E 32: 191

Ein bundesweit agierendes Unternehmen der Metallindustrie mit Sitz in Hessen vereinbart aus Gründen der Verwaltungsvereinfachung mit allen Arbeitnehmern, auch jenen, die außerhalb Hessens beschäftigt werden, die Geltung der Tarifverträge der Hessischen Metallindustrie.[689]

Für die Mitarbeiter außerhalb Hessens wirkt die Bezugnahmeklausel im **Beispiel E 32** in jedem Fall konstitutiv, da sie mangels räumlicher Anwendbarkeit auch dann nicht in den Genuss der Hessischen Tarifverträge kämen, wenn sie der IG Metall beiträten. Als Anwendungsfall für eine bloß **deklaratorische** Wirkung einer Verweisungsklausel kommt daher nur die Verweisung auf einen Tarifvertrag in Betracht, der ohnehin kraft beiderseitiger Tarifbindung gilt. In dieser Konstellation könnte man daran denken, die Verweisungsklausel nur als klarstellenden Hinweis auf dasjenige aufzufassen, was qua beiderseitiger Tarifbindung ohnehin zwingend gilt. Indessen ist auch in dieser Konstellation nicht von

[685] BAG 28.6.2007 - 6 AZR 750/06, NZA 2007, 1046 Rn. 25; BAG 6.5.2009 – AZR 390/08, NZA-RR 2009, 593 Rn. 27f.; HWK/*Henssler* TVG § 3 Rn. 18 mwN.

[686] In diesem Sinne wohl BAG 21.8.2002 – 4 AZR 263/01, NZA 2003, 442, das bei in Bezug genommenen Tarifverträgen „ortsfremde" Tarifverträge nicht mit „fachfremden" gleichsetzt; hiergegen *Löwisch/Rieble* TVG § 3 Rn. 557 mwN; unklar *Hoefi* in Clemenz/Kreft/Krause § 305c Rn. 33.

[687] BAG 13.3.2013 – 5 AZR 954/11, NZA 2013, 680 Rn. 29f.; BAG 9.11.2005 – 5 AZR 128/05, NZA 2006, 202; vgl. umfassend Wiedemann/*Oetker* TVG § 3 Rn. 708ff.

[688] Hierzu im Einzelnen unter → Rn. 235ff.

[689] Siehe zu dieser Konstellation BAG 21.10.2009 – 4 AZR 396/08, NZA-RR 2010, 361 sowie unter → Rn. 223.

einer bloß deklaratorischen Wirkung auszugehen. Die Wirkung von Bezugnahmeklauseln durch tarifgebundene Arbeitgeber kann nicht davon abhängen, ob sich noch aus anderen Gründen eine Tarifbindung ergibt, zumal der Arbeitgeber in aller Regel nicht darüber im Bilde ist, ob der Arbeitnehmer der zuständigen Gewerkschaft angehört. Es ist daher trotz beiderseitiger Tarifbindung von einer **konstitutiven Wirkung** von Bezugnahmeklauseln auszugehen, die dem tarifgebundenen Arbeitnehmer eine zusätzliche – schuldrechtlich wirkende – Anspruchsgrundlage für die Anwendung des in Bezug genommenen Tarifvertrages verschafft.[690] Dies hat der *Vierte Senat* inzwischen mehrfach bestätigt.[691]

192 **bb) Statische oderdynamische Bezugnahme.** Die Bezugnahme auf einen Tarifvertrag kann dergestalt erfolgen, dass ein **spezieller, seinem Datum nach bezeichneter Tarifvertrag** für anwendbar erklärt wird. Die Auslegung der Verweisung kann dann ergeben, dass eine **statische Verweisung**[692] vorliegt, so dass zukünftige Änderungen dieses Tarifvertrages nicht „automatisch" Anwendung finden. Präziser bezeichnet man solche Verweisungen als **„zeitlich-statisch"**[693]. Auch wenn dieser Tarifvertrag kollektivrechtlich nicht mehr gilt, weil der Tarifvertrag ausgelaufen ist oder geändert wurde, führt eine statische Verweisung dazu, dass im entsprechenden Einzelarbeitsverhältnis weiterhin nach dem in Bezug genommenen Tarifvertrag zu verfahren ist. Zeitlich-statische Verweisungsklauseln kommen in der Praxis eher selten vor[694] und werden, da der in Bezug genommene Tarifvertrag „veraltet" und neue wirtschaftliche oder technologische Entwicklungen nicht berücksichtigt, den Interessen der Vertragsparteien selten gerecht werden; dennoch ist eine entsprechende Vereinbarung möglich und zulässig, wie der *Vierte Senat* in seiner Entscheidung vom 14.12.2005[695] ausdrücklich bestätigt hat. Soweit die frühere Rechtsprechung des BAG dahingehend verstanden wurde, **im Zweifel sei keine zeitlich-statische Verweisung gewollt**[696], ist dies durch eine Entscheidung des *Vierten Senats* vom 19.9.2007[697] mittlerweile überholt. Eine entsprechende Auslegungsregel besteht nach Auffassung des *Vierten Senats* nicht.[698]

Auslegungsschwierigkeiten werden vermieden, wenn die Parteien ausdrücklich vereinbaren, dass zukünftige Tarifänderungen nicht automatisch auf das Arbeitsverhältnis angewandt werden, etwa wie folgt:

193 **Beispiel E 33:**

Es gilt der Manteltarifvertrag für die gewerblichen Arbeitnehmer der Druckindustrie vom 6.2.1997. Änderungen des MTV oder ein neuer/anderer MTV gelten nur dann, wenn dies zwischen den Parteien ausdrücklich in Textform vereinbart wird.

Wird auf einen konkreten Tarifvertrag verwiesen, der mit dem Datum seines Abschlusses konkret benannt wird, ist in der Regel von einer zeitlich-statischen Verweisung auszu-

---

[690] BAG 29.1.1991 – 3 AZR 44/90, NZA 1991, 563; ErfK/*Franzen* TVG § 3 Rn. 33; HMB/*Henssler* Teil 10 Rn. 8; *E.M. Willemsen,* Bezugnahme auf den Tarifvertrag, S. 71; *Jacobs* NZA-Beil. 2009, 45 (51); aA noch *ders.,* Tarifeinheit und Tarifkonkurrenz, S. 182).

[691] BAG 29.8.2007 – 4 AZR 767/06, NZA 2008, 364 mAnm. *Hohenstatt/Kuhnke* RdA 2009, 107.

[692] Vgl. *Löwisch/Rieble* TVG § 3 Rn. 593; Wiedemann/*Oetker* TVG § 3 Rn. 593.

[693] Siehe zur Unterscheidung „zeitlich-dynamisch" und „sachlich-dynamisch" sowie von „zeitlich-statisch" und „sachlich-statisch" Staudinger/*Annuß* BGB § 613a Rn. 248 in Anlehnung an *Säcker/Oetker* ZfA 1993, 1 (15).

[694] *Jacobs* NZA-Beil. 2009, 45 (50).

[695] BAG 14.12.2005 – 10 AZR 296/05, NZA 2006, 744 unter I. 2. c) (1) der Gründe; siehe zu dieser Entscheidung → Rn. 220 sowie im Folgenden.

[696] BAG 6.4.1955 – 1 AZR 365/54, DB 1955, 583; BAG 10.8.1982 – 3 AZR 90/81, DB 1983, 289; BAG 16.8.1988 – 3 AZR 61/87, NZA 1989, 102; BAG 26.9.2001 – 4 AZR 544/00, NZA 2002, 634 unter II. 1. b) der Gründe; BAG 27.6.2006 – 3 AZR 255/05, NZA 2006, 1285; vgl. auch Däubler/*Lorenz,* TVG § 3 Rn. 229; *Gamillscheg,* Band I, S. 738; im Grundsatz, jedoch im Hinblick auf die AGB-Regeln vorsichtiger *Reinecke* BB 2006, 2637 (2639).

[697] BAG 19.9.2007 – 4 AZR 710/06, BeckRS 2008, 50271.

[698] Siehe hierzu auch *Rinck* RdA 2010, 216 (217).

gehen, sofern der Zusatz „in seiner jeweiligen Fassung“ bzw. ein vergleichbarer Hinweis unterlassen wird.[699] Die Auslegung kann dennoch ergeben, dass die Parteien eine zeitlich-dynamische Inbezugnahme vereinbaren wollten. Unklarheiten gehen zu Lasten des Klauselverwenders – also des Arbeitgebers (§ 305c Abs. 2 BGB).[700] Bei längerem Bestand des Arbeitsverhältnisses kann auch die bisherige Praxis bei zurückliegenden Tarifänderungen Aufschluss darüber geben, ob die Verweisung statisch gemeint war oder ob jeweils der aktuelle Tarifvertrag zu Grunde gelegt werden sollte.[701]

Besondere Schwierigkeiten könnten entstehen, wenn ein **tarifgebundener** Arbeitgeber mit seinen Mitarbeitern eine zeitlich-statische Bezugnahme auf die zu einem bestimmten Zeitpunkt geltenden Tarifverträge vereinbart hat. Bei einer für die Arbeitnehmer günstigen Tarifentwicklung würde diese statische Verweisung im Vergleich zu der bei gewerkschaftszugehörigen Arbeitnehmern vorliegenden normativen Tarifanwendung eine ungünstigere Abmachung darstellen, die bei beiderseitiger Tarifbindung gemäß § 4 Abs. 3 TVG unwirksam wäre.[702] Da der Günstigkeitsvergleich nach dieser Vorschrift stets bezogen auf bestimmte Sachkomplexe vorzunehmen ist[703], ergäbe sich für die tarifgebundenen Arbeitnehmer uU eine parallele Anwendung von Teilen des früheren und des aktuellen Tarifvertrages. Dass dies nicht gewünscht sein kann, liegt auf der Hand.[704] Deshalb sollte man durch eine klare Formulierung der Bezugnahmeklausel derlei Unklarheiten vermeiden. Denn richtigerweise darf es für die Auslegung der Bezugnahmeklausel nicht darauf ankommen, ob der Arbeitgeber seinerseits tarifgebunden ist[705]; denn diese Information ist einem neu eingestellten Mitarbeiter in aller Regel nicht bekannt. 194

Den Gegensatz zur statischen Verweisung bildet die – den Normalfall darstellende – **dynamische Verweisung.** Mit ihr wird nicht ein ganz bestimmter Tarifvertrag Inhalt des Arbeitsvertrages; vielmehr soll die weitere Tarifentwicklung von vornherein mit einbezogen werden. Dies kann mehr oder weniger weitreichend geschehen. Wenn sich die „Dynamik“ der Bezugnahme ausschließlich auf das zeitliche Moment beziehen soll, spricht man von einer **„kleinen dynamischen Bezugnahmeklausel“**[706]; dies gilt insbesondere für die Fälle, in denen die jeweils geltenden Tarifverträge einer **bestimmten Branche** in Bezug genommen werden. 195

Beispiel E 34: 196

„Es gelten die Tarifverträge des Groß- und Außenhandels Hamburg in ihrer aktuellen Fassung." Oder: „Es gelten die Tarifverträge für Arbeitnehmer in Privatkrankenanstalten [und die diese Tarifverträge ergänzenden, ändernden oder ersetzenden Tarifverträge]."[707]

Auch diese Klauseln können mitunter zu Auslegungsschwierigkeiten führen, wie vor Jahren der Abschluss des **Tarifvertrages für den öffentlichen Dienst** (TVöD), der den BAT ersetzte, sehr plastisch belegt hat. Sofern die Arbeitsvertragsparteien den Mustervertrag der Tarifgemeinschaft deutscher Länder und der Vereinigung der kommunalen Arbeitgeberverbände eingesetzt hatten, konnte kein ernsthafter Zweifel entstehen, dass sich 197

[699] 19.9.2007 - 4 AZR 710/06, AP § 133 BGB Nr. 54 Rn. 22; *Löwisch/Rieble* TVG § 3 Rn. 596; Wiedemann/*Oetker* TVG § 3 Rn. 17.
[700] Däubler/*Lorenz* TVG § 3 Rn. 229.
[701] *Hromadka/Maschmann/Wallner* Rn. 123; vgl. auch *E.M. Willemsen,* Bezugnahme auf den Tarifvertrag, S. 54.
[702] Die ungünstigere statische Bezugnahmeklausel kann aber womöglich wieder „aufleben“, wenn der normativ wirkende Tarifvertrag endet; dessen Nachwirkung gemäß § 4 Abs. 5 könnte durch die statische Bezugnahmeklausel ausgeschlossen sein; vgl. *Annuß* ZfA 2005, 405 (451).
[703] Siehe hierzu nur BAG 20.4.1999 – 1 ABR 72/98, NZA 1999, 887; Wiedemann/*Wank* TVG § 4 Rn. 513ff.; Däubler/*Deinert* TVG § 4 Rn. 657.
[704] Vgl. *Zöllner* DB 1995, 1401 (1407).
[705] Vgl. MHdB ArbR/*Klumpp* § 246 Rn. 63; Staudinger/*Annuß* BGB § 613a Rn. 255; anders noch BAG 26.9.2001 – 4 AZR 544/00, NZA 2002, 634 unter II. 1. c) bb) (1) der Gründe.
[706] Vgl.MHdB ArbR/*Klumpp* § 246 Rn. 49.
[707] So wörtlich die Verweisungsklausel im Fall BAG 30.8.2000 – 4 AZR 581/99, NZA 2001, 510.

die Bezugnahmeklausel nunmehr auf den TVöD bezieht[708], denn diese erwähnt ausdrücklich die den BAT „ergänzenden, ändernden oder ersetzenden Tarifverträge". Aber auch für den Fall einer „einfachen" (kleinen) dynamischen Verweisungsklausel („Es gilt der BAT in seiner jeweiligen Fassung") kamen Rechtsprechung und Literatur regelmäßig zu dem gleichen Ergebnis. Zwar ging die Rechtsprechung davon aus, dass der TVöD von einer „einfachen" (kleinen) dynamischen Verweisungsklausel nicht erfasst wurde und entsprechende Arbeitsverträge mit der Tarifsukzession des BAT durch den TVöD lückenhaft geworden sind.[709] Diese **Regelungslücke** wurde allerdings im Wege der **ergänzenden Vertragsauslegung** „regelmäßig" dahingehend geschlossen, dass die den BAT ersetzenden Regelungen des TVöD als in Bezug genommen galten.[710] Zu diesem Ergebnis kamen auch die Vertreter in der Literatur, die auf den BAT verweisende „einfache" (kleine) dynamische Verweisungsklauseln über deren Wortlaut hinaus auf den TVöD erstrecken wollten, weil ein Tarifwechsel, der nur von einer entsprechenden „großen" dynamischen Verweisungsklausel erfasst werden könnte, in der BAT/TVöD Konstellation gerade nicht gegeben sei.[711]

198 Rechtsunsicherheit bestand lange Zeit auch hinsichtlich der Frage, ob sich eine „kleine dynamische Verweisungsklausel", die sich auf Verbandstarifverträge einer bestimmten Branche bezieht, im Zweifel auch auf einen spezielleren **Firmentarifvertrag** erstrecken soll, jedenfalls wenn er mit derselben Gewerkschaft abgeschlossen wird. Dies kann ein Firmentarif sein, der den Verbandstarifvertrag im Sinne des **Spezialitätsprinzips** komplett ablöst oder ein **Sanierungstarifvertrag,** der lediglich einige Bestimmungen des Verbandstarifvertrages außer Kraft setzt oder modifiziert, um hierdurch zB einer schwierigen wirtschaftlichen Situation des Arbeitgebers Rechnung zu tragen. Für Gewerkschaftsmitglieder ergibt sich hier die Bindung an den Firmentarifvertrag direkt aus § 3 Abs. 1 TVG, sofern er mit derselben Gewerkschaft abgeschlossen ist. Allein daraus wurde früher der Schluss gezogen, dass sich auch die Bezugnahmeklausel auf den Firmentarifvertrag beziehen müsse, da die Verweisung auf den Tarifvertrag im Zweifel der **Gleichstellung** der Außenseiter mit den Gewerkschaftsmitgliedern diene.[712] Spätestens seit der Entscheidung des BAG vom 14.12.2005 und dem Ende der „Gleichstellungsdoktrin" (vgl. ausführlich → Rn. 220) kann jedenfalls für nach dem 1.1.2002 abgeschlossene Arbeitsverträge nicht mehr in diesem Sinne argumentiert werden. Dementsprechend hat das **BAG** in einem **Urteil vom 11.7.2018**[713] klargestellt, dass kleine dynamische Bezugnahmeklauseln, die sich auf die Tarifverträge einer bestimmten Branche bezieht, **nicht Firmentarifverträge einbezieht,** auch wenn der Arbeitgeber diese mit derselben Gewerkschaft abgeschlossen hat. Für die nicht tarifgebundenen Arbeitnehmer bedeutet dies, dass weiterhin die Verbandstarifverträge gelten. Bei den Gewerkschaftsmitgliedern entscheidet das **Günstigkeitsprinzip** (§ 4 Abs. 3 TVG), da sie sowohl kollektivrechtlich an den Firmentarifvertrag als auch einzelvertraglich an den Firmentarifvertrag gebunden sind.[714] Wurde der Firmentarifvertrag als **Sanierungstarifvertrag** abgeschlossen, ist dies besonders misslich, da sich aus dem Günstigkeitsprinzip stets ergeben wird, dass weiterhin der Verbandstarifvertrag

[708] *v. Steinau-Steinrück* NJW-Spezial 2005, Heft 12, 561; *Fieberg* NZA 2005, 1226 (1227); *Werthebach* NZA 2005, 1224.

[709] BAG 9.6.2010 – 5 AZR 696/09, NZA 2011, 109 (110); BAG 19.5.2010 – 4 AZR 796/08, NZA 2010, 1183 (1185); BAG 16.12.2009 – 5 AZR 888/08, NZA 2010, 401 (402); *Greiner* NZA 2009, 877 (879); aA *v. Steinau-Steinrück* NJW-Spezial 2005, Heft 12, 561 (562); *ders.* NZA 2006, 518 (519); *Hümmerich/Mäßen* NZA 2005, 961 (965).

[710] BAG 9.6.2010 – 5 AZR 696/09, NZA 2011, 109 (110); *Greiner* NZA 2009, 877 (879).

[711] *Werthebach* NZA 2005, 1224 (1226); *Fieberg* NZA 2005, 1226 (1227); *Möller/Welkoborsky* NZA 2006, 1382 (1384).

[712] BAG 4.9.1996 – 4 AZR 135/95, NZA 1997, 271; siehe für den Fall eines Sanierungs-Firmentarifvertrages noch BAG 14.12.2005 – 10 AZR 296/05, NZA 2006, 744.

[713] BAG 11.7.2018 4 – AZR 533/17, NZA 2018, 1486; bestätigt durch BAG 12.12.2018 – 4 AZR 123/18, NZA 2019, 543; anders die frühere Rspr. BAG 23.3.2005 – 4 AZR 203/04, NZA 2005, 1003 unter I.1. b) bb) (2) (a) der Gründe.

[714] BAG 11.7.2018 ebenda Rn. 30; ebenso *Greiner* in Preis, Der Arbeitsvertrag II V 40 Rn. 45.

gilt.[715] Das BAG[716] will hier dennoch keine planwidrige Lücke[717] in der vereinbarten Bezugnahme auf die Flächentarife erkennen: „Haustarifverträge im Allgemeinen und auch Sanierungstarifverträge im Speziellen sind (...) nicht unüblich (...) und (...) nicht unvorhersehbar. Hätten die Parteien deren Anwendbarkeit sicherstellen wollen, wäre ihnen eine entsprechende Formulierung unbenommen gewesen."

Die **Restrukturierungspraxis** muss diese Komplikation in die Planung einbeziehen und sich um rechtssichere Lösungen bemühen. Ist die Gewerkschaft zum Abschluss eines Sanierungstarifvertrages bereit, wird sich das betr. Unternehmen in einer wirtschaftlichen Notlage befinden. Die „Gegenleistung" des Arbeitgebers wird häufig in einem Verzicht auf betriebsbedingte Kündigungen oder in Entgegenkommen anderer Art bestehen. Bei dieser Interessenlage dürfte es zumeist unschwer möglich sein, die **Zustimmung der Arbeitnehmer** dazu zu erlangen, dass der Sanierungstarifvertrag auf ihr Arbeitsverhältnis anwendbar sein soll. Um ganz sicher zu gehen, kann der Arbeitgeber das Zustandekommen des gesamten **„Sanierungspakets"** davon abhängig machen, dass ein sehr hoher Anteil (in der Praxis sind dies häufig 95 % oder mehr) der Belegschaft einer entsprechenden Vertragsergänzung zustimmt.[718]

Im Gegensatz zu einem Firmentarifvertrag wird ein **firmenbezogener Verbandstarifvertrag** in der Regel von einer kleinen dynamischen **Bezugnahmeklausel erfasst** sein, auch wenn die Bezugnahmeklausel solche auf das Unternehmen zugeschnittenen Tarifverträge nichts ausdrücklich erwähnt.[719] Dies hat das **BAG**[720] in einem Fall angenommen, in dem die Bezugnahmeklausel auf die Tarifverträge der Metallindustrie NRW verwiesen hatte und von den entsprechenden Tarifvertragsparteien (also auf Verbandsebene) ein **Sanierungstarifvertrag** für ein Unternehmen abgeschlossen wurde; ein solcher Tarifvertrag gehöre ebenfalls zu den Tarifverträgen für die Metallindustrie, auch wenn der Geltungsbereich des Tarifvertrags eingeschränkt sei.

Die **„große dynamische Verweisung"** stellt hingegen lediglich auf die beim Arbeitgeber anwendbaren Tarifverträge ab, ohne dass eine Festlegung auf einen Tarifbereich oder eine bestimmte Branche erfolgt. 199

Beispiel E 35:

Die Parteien vereinbaren im Arbeitsvertrag: „Es gelten die jeweils für den Betrieb anwendbaren Tarifverträge".

Die große dynamische Verweisung ist stets so zu verstehen, dass die jeweils für den Betrieb maßgeblichen Tarifverträge Anwendung finden sollen und dass demnach bei einem Branchenwechsel des Arbeitgebers, wenn dieser also etwa den Schwerpunkt seiner Betätigung verändert, ein Tarifwechsel stattfinden soll. Die große dynamische Klausel wirkt mithin **zeitlich-dynamisch** und **sachlich-dynamisch.** Beim Betriebsübergang wirkt die große dynamische Verweisung in dem Sinne, dass die übergehenden Arbeitsverhältnisse dem Tarifvertrag des neuen Arbeitgebers unterfallen.[721] In der Terminologie des BAG handelt es sich deshalb um eine **Tarifwechselklausel.**[722] Früher wurde vertreten, dass in der Regel auch die kleine dynamische Klausel in diesem Sinne auszulegen sei, obwohl sie

---

[715] Kritisch hierzu *Greiner,* NZA 2020, 609, der darin eine Schwächung des Firmentarifvertrages und eine Tendenz zur Zentralisierung des Tarifgeschehens auf die Verbände sieht.

[716] BAG 12.12.2018 4 AZR 123/18, NZA 2019, 543 Rn. 27.

[717] In diesem Sinne HMB/*Henssler* Teil 10 Rn. 81

[718] Das Urteil des BAG vom 13.5.2020 – 4 AZR 489/19 – (Pressemitteilung FD-ArbR 2020, 429372) dürfte solchen Vereinbarungen nicht entgegenstehen. In dieser Entscheidung hat es das BAG für unwirksam angesehen, wenn die Parteien eines Firmentarifvertrages dessen Geltung davon abhängig machen, dass der Tarifvertrag auch einzelvertraglich in Bezug genommen wird; vgl. hierzu *Greiner,* NZA 2020, 609 (610).

[719] *Greiner* NZA 2020, 609 (610); HMB/*Henssler* Teil 10 Rn. 80.

[720] BAG 11.10.2006 - 4 AZR 486/05, NZA 2007, 634 Rn. 17.

[721] Hierzu näher unter → Rn. 231.

[722] BAG 16.10.2002 – 4 AZR 467/01, NZA 2003, 390; siehe auch *Hanau* NZA 2005, 489 (492); Staudinger/*Annuß* BGB § 613a Rn. 248.

ausdrücklich auf die Tarifverträge einer bestimmten Branche verweist. Der Hinweis auf eine Branche erfolge zumeist nur aus **Klarstellungsgründen** vor dem Hintergrund der aktuellen Branchenzugehörigkeit des Arbeitgebers. Es sei nicht anzunehmen, dass sich die Arbeitsvertragsparteien auch dann an die Tarifverträge einer bestimmten Branche binden möchten, wenn der Schwerpunkt der Betätigung des Arbeitgebers zwischenzeitlich ein anderer ist. Im Zweifel zielten die Parteien auf die **Anwendbarkeit des sachlich nächsten Tarifvertrages.**[723] Auch im Fall eines **Verbandswechsels** wurde dies relevant; das BAG hatte eine kleine Verweisungsklausel nach einem Verbandswechsel auf den nunmehr geltenden Tarifvertrag bezogen, wenngleich in einer Konstellation, in welcher der Tarifvertrag des „neuen" Verbands mit derselben Gewerkschaft abgeschlossen war.[724] Unter → Rn. 226ff. wird näher zu untersuchen sein, ob sich diese Auffassung nach der Korrektur der Rechtsprechung zu Bezugnahmeklauseln noch halten lässt.

200 Eindeutig ist die Rechtslage dann, wenn von vornherein auf einen **fachfremden Tarifvertrag** verwiesen wird. In diesem Fall kommt es den Parteien offenbar auf die als besonders geeignet erscheinenden Regelungen einer bestimmten Branche an und sie setzen sich bewusst darüber hinweg, dass das Arbeitsverhältnis eigentlich nicht zu dieser Branche gehört. Für diesen Fall liegt es fern, nach einem Branchenwechsel des Arbeitgebers von einem Tarifwechsel auszugehen.[725] Die einzelvertragliche Verweisung gilt dann im Rahmen eines Betriebs(teil)übergangs als individualrechtliche Bestimmung gemäß § 613a Abs. 1 S. 1 BGB fort[726], ohne dass es auf die Tarifbindung des neuen Erwerbers ankäme. Die Verweisungsklausel setzt sich in dieser Konstellation selbst dann durch, wenn später ein anderer (fachlich einschlägiger) Tarifvertrag für allgemeinverbindlich erklärt wird[727], jedenfalls dann, wenn die Bedingungen des vertraglich in Bezug genommenen Tarifvertrages insgesamt günstiger als diejenigen des allgemeinverbindlichen Tarifvertrages sind (§ 4 Abs. 3 TVG).[728]

d) Bezugnahmeklauseln bei Tarifkollision (§ 4a TVG)[729]

201 Werden im Arbeitsvertrag bestimmte Tarifverträge dynamisch in Bezug genommen, stellt sich die Frage, ob sich die Tarifanwendung für die betreffenden Arbeitnehmer ändern kann, wenn sich im Betrieb eine **Tarifkollision** ergibt. Die neu erschaffene Kollisionsnorm des **§ 4a TVG** regelt diesen Fall nicht. § 4a Abs. 2 Satz 2 TVG regelt nur den Fall, dass sich die Geltungsbereiche von (**normativ geltenden**) Tarifverträgen unterschiedlicher Gewerkschaften überschneiden. Für diesen Fall ordnet die Vorschrift an, dass nur die kollidierenden Tarifverträge derjenigen Gewerkschaft anwendbar sind, die im Betrieb die **meisten Mitglieder** hat (**Mehrheitstarifvertrag**). Die durch diesen Mechanismus „verdrängten" Tarifverträge werden hierdurch nicht unwirksam oder nichtig; sie finden nur keine normative Anwendung im Betrieb. Dies bedeutet, dass eine kleine dynamische Bezugnahme, die sich auf gem. § 4a Abs. 2 Satz 2 TVG verdrängte Tarifverträge bezieht, dennoch mit dem bisherigen Inhalt fortgilt[730], es sei denn, dass die Auslegung der konkreten Klausel zu einem anderen Ergebnis führt[731]. Möchte der Arbeitgeber diese Tarifplurali-

---

[723] So auch die Erstauflage, Rn. E 136; BAG 1.4.1987 – 4 AZR 77/86, NZA 1987, 593, wobei das BAG in dieser Entscheidung mit einem Wegfall der Geschäftsgrundlage argumentiert; vgl. zur Auslegung dynamischer Verweisungen ausführlich *Hromadka/Maschmann/Wallner* Rn. 111 ff.

[724] BAG 4.9.1996 – 4 AZR 135/95, NZA 1997, 271.

[725] MHdB ArbR/*Klumpp* § 246 Rn. 67.

[726] BAG 28.5.1997 – 4 AZR 553/95, NZA 1997, 1066; BAG 25.10.2000 – 4 AZR 506/99, NZA 2002, 100; Soergel/*Raab* BGB § 613a Rn. 132; *Kania* DB 1994, 529 (533); aA *Zöllner* DB 1995, 1401 (1406), der 613a Abs. 1 S. 2 BGB anwendet.

[727] BAG 28.5.1997 – 4 AZR 553/95, NZA 1997, 1066.

[728] BAG 25.10.2000 – 4 AZR 506/99, NZA 2002, 100.

[729] Siehe zu § 4a TVG ausführlich schon bei → Rn. 133, 141.

[730] *Hohenstatt/Schuster* ZIP 2016, 5 (7); *Greiner* NZA 2015, 769 (775); Wiedemann/*Jacobs* TVG § 4a Rn. 310; *Löwisch/Rieble* TVG § 4a Rn. 48; HWK/*Henssler* TVG § 4a Rn. 18.

[731] Wiedemann/*Jacobs* TVG § 4a Rn. 551.

tät vermeiden, empfiehlt es sich, die Klausel dahingehend zu präzisieren, dass sich die Bezugnahme im Fall der Tarifkollision auf den Mehrheitstarifvertrag beziehen soll[732] (vgl. hierzu genauer → Rn. 244). Bei einer großen dynamischen Bezugnahmeklausel wird sich schon im Wege der Auslegung ergeben, dass sie sich bei einer Tarifkollision auf die Mehrheitstarifverträge beziehen soll.[733] Dies gilt jedenfalls für Klauseln, die nach dem Inkrafttreten von § 4a TVG vereinbart worden sind.[734]

e) Bezugnahmeklauseln beim Betriebs(teil)übergang

aa) Grundlagen; *Asklepios*-Entscheidungen. Einzelvertragliche Verweisungen auf einen 202
Tarifvertrag im Fall eines Betriebs(teil)übergangs gelten gemäß **§ 613a Abs. 1 S. 1 BGB fort.**[735] Die in Satz 2 vorgesehene Nachbindung an Tarifverträge kommt nach hM nicht zur Anwendung, da diese Vorschrift eine vorherige normative Tarifgeltung voraussetzt.[736] Diese hM ist mittlerweile jedoch nicht mehr unbestritten. Die Gegenauffassung möchte **§ 613a Abs. 1 S. 2 BGB analog** auf Bezugnahmeklauseln anwenden[737] mit der Folge, dass es einerseits nur zu einer statischen Fortgeltung der in Bezug genommenen Tarifverträge käme und andererseits eine Ablösung der Tarifbindung durch den beim neuen Arbeitgeber anwendbaren Tarifvertrag erfolgen könnte (Satz 3). Diesem Ansatz ist das BAG indessen deutlich entgegengetreten.[738] Das BAG wendet konsequent für Bezugnahmeklauseln § 613a Abs. 1 Satz 1 BGB an. § 613a Abs. 1 Satz 2 finde nur dann Anwendung, wenn der Tarifvertrag zuvor normativ gegolten habe.

(1) Anknüpfungspunkt Art. 3 Abs. 1 oder Art. 3 Abs. 3 der Richtlinie? Derselben 203
Logik folgend wie bei der Beurteilung nach nationalem Recht fallen Bezugnahmeklauseln nach Auffassung des BAG unter **Art. 3 Abs. 1** der Richtlinie, während die Anordnung einer statischen Fortgeltung gemäß **Art. 3 Abs. 3** der Richtlinie nur für zuvor kollektivrechtlich geltende Tarifverträge Anwendung finde[739]. Damit stülpt das BAG allerdings – methodisch angreifbar – der Betriebsübergangsrichtlinie die Konzeption über, die das Gericht auf der Basis des nationalen Rechts entwickelt hat (§ 613 a Abs. 1 BGB). Es wurde zu Recht darauf hingewiesen, dass mehrere Mitgliedstaaten der Union das Nebeneinander von kollektivrechtlicher und einzelvertraglich begründeter Tarifgeltung gar nicht kennen. Für Länder wie Irland oder grundsätzlich auch das Vereinigte Königreich, in denen eine kollektivrechtliche Anwendung von Tarifverträgen nicht bekannt ist, würde Art. 3 Abs. 3 der Richtlinie bei dieser Auslegung leerlaufen[740]. Vor dem dargestellten Hintergrund wird von einer breiteren Strömung in der tarifrechtlichen Literatur vertreten, dass im Hinblick auf dynamische Bezugnahmeklauseln **Abs. 3 in Art. 3 Abs. 1 der Richtlinie „hineingelesen"** werden[741] müsse bzw. dass **Bezugnahmeklauseln direkt unter Abs. 3** fallen[742].

---

[732] Vgl. die Empfehlung bei Wiedemann/*Jacobs* TVG § 4a Rn. 553.

[733] *Hohenstatt/Schuster* ZIP 2016, 5 (8); differenzierend nach dem genauen Wortlaut *Greiner* NZA 2015, 769 (775); ähnlich HMB/*Henssler* Teil 10 Rn. 33.

[734] HMB/*Henssler* Teil 10 Rn. 33.

[735] BAG 28.5.1997 – 4 AZR 553/95, NZA 1997, 1066; BAG 29.8.2007 – 4 AZR 767/06, NZA 2008, 364 Rn. 14; BAG 21.10.2009 – 4 AZR 396/08, NZA-RR 2010, 361 Rn. 16; *Hanau/Vossen* FS Hilger/Stumpf, 1983, 271 (294); *Kania* DB 1994, 529 (532); *Henssler* FS Schaub, 1998, 311 (322); Soergel/*Raab* BGB § 613a Rn. 129; *Annuß* RdA 2000, 179 (181); Staudinger/*Annuß* BGB § 613a Rn. 246; *Jacobs* NZA-Beil. 2009, 45 (50).

[736] BAG 4.3.1993 – 2 AZR 507/92, NZA 1994, 260 (262); Thüsing/Braun/*Reufels* S. 522.

[737] *Naber/Krois* BB 2015, 1600; *Naber/Krois* ZESAR 2014, 121 (125); vgl. auch *Lobinger* NZA 2013, 945 (947); eingehend *Willemsen/Krois/Mehrens* RdA 2018, 151 (163); vgl. auch HMB/*Grau* Teil 15 Rn. 134.

[738] BAG Vorlagebeschl. *Asklepios* 17.6.2015 – 4 AZR 61/14 (A), NZA 2016, 373 Rn. 14f.

[739] *Krause* FS Willemsen (2018) 257 (258) spricht davon, dass das BAG dem EuGH diese Systematik in seinem Vorlagebeschluss „regelrecht eingetrichtert" habe.

[740] *Willemsen/Krois/Mehrens* RdA 2018, 151 (159f.) mwN; ähnlich *Krause* FS Willemsen (2018) 257 (262f.).

[741] Schlussanträge GA *Bot* 19.1.2017 – C-680/15 Rn. 70–90 – *Asklepios.*

[742] *Schubert* FS Willemsen (2018), 463 (469).

Der EuGH scheint diesen Ansatz zumindest ansatzweise zu unterstützen. Er entwickelt ein „Grundkonzept", mihilfe dessen sich die kollektivrechtlichen Arbeitsbedingungen nach einem Betriebsübergang (unabhängig von ihrem Geltungsgrund) als Ergebnis eines „**Austarierens von Arbeitnehmerinteressen und Erwerberinteressen**" darstellen.[743] Es ist deshalb nicht unbedingt Ausdruck einer dogmatischen Unschärfe, wenn sich der EuGH nicht festlegen will, ob Bezugnahmeklauseln unter Art.3 Abs. 1 der Betriebsübergangsrichtlinie (RL 2001/23/EG) oder unter Art. 3 Abs. 3 fallen. Dass einzelvertragliche Arbeitsbedingungen unter Art. 3 Abs. 1 der Richtlinie fallen, ist sicher unstreitig. Ob dies jedoch auch für dynamische Bezugnahmeklauseln gilt, ist angesichts des Wortlauts von Abs. 3 nicht zweifelsfrei.

Art. 3 Abs. 3 Betriebsübergangsrichtlinie (RL 2001/23/EG):

Nach dem Übergang erhält der Erwerber die in einem Kollektivvertrag vereinbarten Arbeitsbedingungen bis zur Kündigung oder zum Ablauf des Kollektivvertrags bzw. bis zum Inkrafttreten oder bis zur Anwendung eines anderen Kollektivvertrags in dem gleichen Maße aufrecht, wie sie in dem Kollektivvertrag für den Veräußerer vorgesehen waren. Die Mitgliedstaaten können den Zeitraum der Aufrechterhaltung der Arbeitsbedingungen begrenzen, allerdings darf dieser nicht weniger als ein Jahr betragen.

204 In Abs. 3 wird gerade nicht darauf abgestellt, ob Arbeitsbedingungen beim Veräußerer normativ gewirkt haben sondern darauf, dass diese „**in einem Kollektivvertrag vereinbart**" wurden; Letzteres trifft aber auch auf tarifliche Arbeitsbedingungen zu, die (nur) qua vertraglicher Inbezugnahme gelten.[744] Der EuGH hat sich indessen nicht konsequent dafür entschieden, Bezugnahmeklauseln ausschließlich nach Art. 3 Abs. 3 der Richtlinie zu bewerten.[745] In der Entscheidung *Werhof*[746] bezog er sich auf Art. 3 Abs. 1, in Sachen *Alemo-Herron*[747] zog der EuGH pauschal Art. 3 heran, ohne sich auf Abs. 1 oder 3 zu beziehen. Die Entscheidung *Österreichischer Gewerkschaftsbund*[748] konnte man so verstehen, dass auch Bezugnahmeklauseln unter Abs. 3 fallen, so als käme es auf den Geltungsgrund der Tarifbindung nicht an. In *Asklepios* führt der EuGH aus: „Zwar ergibt sich aus der (…) Rechtsprechung des *Gerichtshofs*, dass Art. 3 der Richtlinie 2001/23 dahin auszulegen ist, dass er nicht dazu verpflichtet, eine „statische" Klausel „dynamisch" zu verstehen, jedoch hat der *Gerichtshof* auch darauf hingewiesen, dass ein Vertrag durch das Prinzip der Privatautonomie gekennzeichnet ist, wonach die Parteien frei darin sind, gegenseitige Verpflichtungen einzugehen (*EuGH* NZA 2006, 376 Rn. 23 – *Werhof*). Aus dem Wortlaut der Richtlinie 2001/23 und insbesondere aus ihrem Art. 3 geht jedoch nicht hervor, dass der Unionsgesetzgeber von diesem Grundsatz abweichen wollte. Folglich ist die Richtlinie 2001/23 und insbesondere ihr Art. 3 nicht so zu verstehen, als ob sie darauf abzielt, in jedem Fall zu verhindern, dass eine „dynamische" Vertragsklausel ihre Wirkungen entfaltet."

Damit scheint der **EuGH Art. 3 insgesamt als Gesamtkonzept** anzusehen, das gerade nicht exakt der Systematik folgt, die § 613a Abs. 1 Sätze 1 und 2 BGB zugrunde liegt. Genau dies ist aber das Konzept des BAG[749], das Bezugnahmeklauseln klar unter Art. 3 Abs. 1 der Richtlinie fasst. Das **BAG**[750] geht in ständiger Rechtsprechung auch davon aus,

[743] *Krause* FS Willemsen (2018) 257 (260).
[744] *Krause* FS Willemsen (2018), 257 (262).
[745] Vgl. *Hohenstatt* FS Willemsen (2018), S. 187 (189); kritisch dazu *Schubert* FS Willemsen (2018) 463 (466).
[746] EuGH 9.3.2006 - C 499/04, NZA 2006, 376 Rn. 28 ff.
[747] EuGH 18.7.2013 – C-426/11, NZA 2013, 835 Rn. 33.
[748] EuGH 11.9.2014 – C-328/13, NZA 2014, 1092 Rn. 24.
[749] BAG Vorlagebeschl. 17.6.2015 – 4 AZR 61/14 (A), NZA 2016, 373 Rn. 26.
[750] BAG Vorlagebeschl. 17.6.2015 – 4 AZR 61/14 (A), NZA 2016, 373 Rn. 12 ff.; zustimmend *Klein* NZA 2016, 410 (413).

dass Bezugnahmeklauseln wegen ihres einzelvertraglichen Charakters gem. § 613a Abs. 1 **Satz 1** BGB fortgelten und demnach die Sätze 2 und 3 nicht auf sie anwendbar sind.

Zwingend ist dieses Verständnis keineswegs. Es führt zu dem unbefriedigenden Ergebnis, dass **Bezugnahmeklauseln** die Arbeitnehmer im Fall des Betriebsübergangs in den Genuss einer **dynamischen Tarifanwendung** bringen, während die auf der **Verbandsmitgliedschaft** beruhende Tarifgeltung gem. § 613a Abs. 1 Satz 2 BGB nur noch **statisch** wirken soll. Dieser **Widerspruch** ist schwer zu erklären; man kann ihn nicht damit begründen, dass Bezugnahmeklauseln auf einer privatautonomen Entscheidung des Betriebsveräußerers beruhen[751] und der Erwerb des Betriebes in deren Kenntnis erfolge. Auch der Verbandsbeitritt bzw. der Abschluss eines Firmentarifvertrages beruhen auf einer privatautonomen Entscheidung; Tarifautonomie ist „kollektiv ausgeübte Privatautonomie"[752]. Es ist schwer einzusehen, dass die verfassungsrechtlich geschützte Tarifautonomie im Rahmen von § 613a Abs. 1 BGB für die Arbeitnehmer ungünstigere Rechtsfolgen erzeugen soll als eine einzelvertragliche Vereinbarung. Aus der Sicht des Erwerbers kommt es auf den Geltungsgrund der Tarifgeltung nicht an; die Unternehmerfreiheit soll ihn vor einer „Ewigkeitsbindung" an die Tarifverträge des Veräußerers schützen. 205

(2) Negative Koalitionsfreiheit und Unternehmerfreiheit als Schranken der (dynamischen) Fortgeltung kollektivrechtlicher Arbeitsbedingungen. Die Einschränkung der Fortgeltung von Arbeitsbedingungen unter dem Gesichtspunkt der negativen Koalitionsfreiheit bzw. der Unternehmerfreiheit ist in Art. 3 der Richtlinie in keiner Weise angelegt.[753] Sie soll sich aus den Europäischen Grundrechten ergeben, in deren Lichte Art. 3 der Richtlinie auszulegen sei. In der Entscheidung *Werhof*[754] warf der EuGH die Frage auf, ob es sich mit dem Grundsatz der **negativen Koalitionsfreiheit** vereinbaren lasse, wenn ein nicht tarifgebundener Arbeitgeber aufgrund einer dynamischen Bezugnahmeklausel dazu gezwungen werde, nach einem Betriebsübergang einen Tarifvertrag weiterhin dynamisch anzuwenden. Schon in ersten Stellungnahmen zu *Werhof* wurde teilweise der Schluss gezogen, dass die Wirkung von Bezugnahmeklauseln im Fall eines nicht tarifgebundenen Erwerbers aus europarechtlichen Gründen auf eine statische Fortgeltung begrenzt werden müsse.[755] Die wohl hM lehnt dies ab, da schon begrifflich die Dynamik einer Tarifanwendung, die auf einer einzelvertraglichen Abmachung beruht, nicht gegen die negative Koalitionsfreiheit verstoßen könne.[756] Denn ansonsten müsse auch die negative Koalitionsfreiheit des bisherigen Arbeitgebers, der an die dynamische Bezugnahmeklausel ebenso gebunden war wie der Erwerber, verletzt gewesen sein; dies sei aber ein denkbar fernliegender Gedanke.[757] Auch das BAG[758] leitete aus der *Werhof*-Entscheidung nicht die Notwendigkeit einer Einschränkung der Dynamik von Bezugnahmeklauseln ab. Auch insofern gehen die Meinungen jedoch auseinander. Zutreffend wird darauf hingewiesen, dass die in Art. 9 Abs. 3 GG enthaltene negative Koalitionsfreiheit wesentlich enger ausgelegt wird (nämlich im Sinne eines „Fernbleiberechts") als auf der Basis von Art. 12, 28 GRCh. Der EuGH betrachtet jegliche Anordnung einer Tarifanwendung infolge eines 206

[751] BAG 17.6.2015 – 4 AZR 61/14 , NZA 2016, 373 Rn. 14, 16, 25f., 28f. u. 61; BAG 30.8.2017 – 4 AZR 95/14, NZA 2018, 255 (260) Rn. 60; vgl. *Jacobs/Frieling* EuZW 2013, 737 (739).

[752] *Willemsen/Krois/Mehrens* RdA 2018, 151 (161).

[753] Zutreffend *Krause* FS Willemsen (2018) 257 (258).

[754] EuGH 9.3.2006 – C-499/04, NZA 2006, 376.

[755] *Melot de Beauregard* NJW 2006, 2522 (2525); *Nicolai* DB 2006, 670.

[756] Ebenso *Thüsing* NZA 2006, 473 (474); *Hanau* RdA 2007, 180 (181); zustimmend *Röller/Wißmann* FS Küttner, 2006, 465 (467) Fn. 6, *Reinecke* BB 2006, 2637 (2641); *Houben* SAE 2007, 109 (113); *Jacobs* NZA-Beil. 2009, 45 (52); *ders.* zweifelnd noch in FS Birk, 2008, 243 (256); wohl auch *Bepler* RdA 2009, 65 (73); ausdrücklich auch BAG 23.9.2009 – 4 AZR 331/08, NZA 2010, 513 Rn. 27, zur Vereinbarkeit mit Gemeinschaftsrecht Rn. 31; BAG 21.10.2009 – 4 AZR 396/08, NZA-RR 2010, 361 Rn. 41.

[757] So explizit BAG 23.9.2009 – 4 AZR 331/08, NZA 2010, 513 Rn. 31; BAG 21.10.2009 – 4 AZR 396/08, NZA-RR 2010, 361 Rn. 43.

[758] BAG 18.4.2007 – 4 AZR 652/05, NZA 2007, 965 Rn. 34; BAG 21.10.2009 – 4 AZR 396/08, NZA-RR 2010, 361 Rn. 30.

Betriebsübergangs als (rechtfertigungsbedürftigen) Eingriff in die (deshalb auch so genannte) „negative Tarifvertragsfreiheit“[759]

Die Entscheidung des EuGH in der Sache *Alemo Herron* zielte in eine ähnliche Richtung wie *Werhof.* Dynamische Bezugnahmeklauseln, die auf nach dem Zeitpunkt des Übergangs verhandelte und abgeschlossene Kollektivverträge verweisen, dürften gegenüber dem Erwerber nicht durchsetzbar sein, wenn dieser nicht die Möglichkeit habe, auf die entsprechenden Tarifverhandlungen Einfluss zu nehmen.[760] Allerdings begründete dies der EuGH nicht mit der negativen Tarifvertragsfreiheit, sondern erstmals mit der **unternehmerischen Freiheit** in Gestalt der **Vertragsfreiheit** des Erwerbers aus **Art. 16 GRCh.**[761] Dies wurde seinerzeit nicht unbedingt als Kurswechsel des EuGH betrachtet[762] sondern damit erklärt, dass sich der Kläger nicht auf seine Koalitionsfreiheit berufen habe.[763] Wie sich aus der Entscheidung *Asklepios* ergibt, zieht der EuGH zur Abwägung der Grundrechte im Rahmen von Art. 3 der Richtlinie nunmehr auf Seiten des Erwerbers ausschließlich dessen **unternehmerische Freiheit** heran.

207 In der **Literatur** wurde dies zum Anlass genommen, vom BAG einen **Kurswechsel** einzufordern: Kleine dynamische Bezugnahmeklauseln dürften nach einem Betriebsübergang lediglich statisch fortgelten.[764] Allerdings handelte es sich bei *Alemo-Herron* in vielerlei Hinsicht um einen Sonderfall, weshalb aus dieser Entscheidung nur begrenzt allgemeine Rückschlüsse gezogen werden können. Der Sachverhalt betraf einen Betriebsübergang von einem öffentlichen auf einen privaten Arbeitgeber.[765] Dem Erwerber war es daher verwehrt, Mitglied des tarifschließenden Verbands öffentlicher Arbeitgeber zu werden, so dass gar keine Möglichkeit des Verbandsbeitritts bzw. der Einflussnahme auf Tarifverhandlungen bestand.[766] In der Literatur wurde im Übrigen die Tatsache kritisiert, dass der EuGH die dynamische Weitergeltung von Bezugnahmeklauseln an Art. 16 GRCh messe; der eigentliche Eingriff in die unternehmerische Freiheit erfolge nicht durch die Fortgeltung der Arbeitsbedingungen sondern durch den Übergang der Arbeitsverhältnisse beim Betriebsübergang.[767] Im Gegenteil würde nach dieser Auffassung die Unterbindung einer vereinbarten Dynamik einen Eingriff in die Vertragsfreiheit der Arbeitnehmer darstellen.[768]

Das BAG trieb die Klärung dieser Rechtsfragen mit einem geschickt ausgewählten Sachverhalt weiter voran und leitete mit Beschluss vom 17.6.2015 ein weiteres Verfahren zur Vorabentscheidung durch den EuGH ein.[769]

---

[759] *Willemsen/Krois/Mehrens* RdA 2018, 151 (154).

[760] EuGH 18.7.2013 – C-426/11, NZA 2013, 835 Rn. 28, 33ff.; siehe als Bestätigung der Entscheidungen *Werhof* und *Alemo Herron* in anderem Zusammenhang EuGH *ISS Facility Management* 26.3.2020 – C-344/18, NZA 2020, 503 Rn. 26.

[761] EuGH 18.7.2013 – C-426/11, NZA 2013, 835 Rn. 31.

[762] *Löwisch/Rieble* TVG § 3 Rn. 21.

[763] Vgl. EuGH *Alemo Herron* 18.7.2013 – C-426/11, NZA 2013, 835 Rn. 31.

[764] *Naber/Krois* BB 2015, 1600 sowie ZESAR 2014, 121 (128); *Willemsen/Grau* NJW 2014, 12 (16); Preis/Sagan/*Grau/Hartmann*, Europäisches Arbeitsrecht, § 11 Rn. 134; *Latzel* RdA 2014, 110 (117); *Lobinger* NZA 2013, 945 (947); iE auch *Jacobs* NZA-Beil. 2014, 82 (87); ebenso krit. ErfK/*Preis* BGB § 613a Rn. 127a; *Kempter* BB 2014, 1785 (1787); *Commandeur/Kleinebrink* BB 2014, 181 (182); *Schiefer/Hartmann* BB 2013, 2613 (2614).

[765] EuGH 18.7.2013 – C-426/11, NZA 2013, 835.

[766] LAG Mecklenburg-Vorpommern 20.11.2014 – 5 Sa 98/14, juris Rn. 69; *Junker* RIW 2014, 2 (11); krit. mit Hinweis auf branchenspezifische Arbeitgeberverbände mit ähnlichen Einschränkungen *Willemsen/Grau* NJW 2014, 12 (15).

[767] *Jacobs/Frieling* EuZW 2013, 737 (739); *Junker* RIW 2014, 2 (11); ähnlich *Kainer* EuZA 2014, 230 (235).

[768] *Jacobs/Frieling* EuZW 2013, 737 (739); vgl. zu diesem Gedanken auch *Krause* FS Willemsen, 2018, 257 (265); Preis/*Greiner*, Der Arbeitsvertrag, II V 40 Rn. 153.

[769] BAG 17.6.2015 – 4 AZR 61/14 (A), NZA 2016, 373; eine Vorlage erfolgte ebenso betreffend Az. 4 AZR 95/14 (A); vgl. hierzu instruktiv *Sagan* ZESAR 2016, 116.

Der der Vorlageentscheidung zu Grunde liegende Sachverhalt lässt sich wie folgt zusammenfassen: 208

Beispiel E 36:

Gärtner G war seit 1978 in einem Krankenhaus beschäftigt. Zunächst war er bei einer Gebietskörperschaft angestellt, die den Betrieb 1997 auf die nicht tarifgebundene X-GmbH übertragen hatte. Aus diesem Anlass wurde zwischen der K-GmbH und G vereinbart, dass – wie schon zuvor – der Bundesmanteltarifvertrag für Arbeiter in kommunalen Betrieben und die diesen ersetzenden und ergänzenden Tarifverträge Anwendung finden sollten. Später wurde die K-GmbH Teil des Asklepios-Konzerns. Zum 1.7.2008 wurde der Betriebsteil, in dem G beschäftigt wurde, auf eine andere Konzerngesellschaft, die ebenfalls nicht tarifgebundene A-GmbH übertragen. Die A-GmbH vertritt die Auffassung, dass sie angesichts ihrer Unternehmerfreiheit aus Art. 16 GRCh nicht verpflichtet sei, die vertraglich in Bezug genommenen Tarifverträge dynamisch anzuwenden. Sie sei nur an den Tarifstand zum Zeitpunkt des Betriebsübergangs gebunden.

Die Praxis sah der Entscheidung des EuGH mit hohen Erwartungen entgegen und hoffte auf eine endgültige Klärung der aufgeworfenen Zweifelsfragen bez. der dynamischen Weitergeltung von Bezugnahmeklauseln. Die Entscheidung des EuGH zu ***Asklepios***[770] fiel indessen äußerst kurz aus und konnte die Erwartungen an eine umfassende Klärung nicht erfüllen[771]. Verträge seien „durch das Prinzip der Privatautonomie gekennzeichnet, wonach die Parteien frei darin sind, gegenseitige Verpflichtungen einzugehen“[772]. „Aus dem Wortlaut der Richtlinie 2001/23 und insbesondere aus ihrem Art. 3 (gehe) (…) nicht hervor, dass der Unionsgesetzgeber von diesem Grundsatz abweichen wollte“. Folglich sei die Richtlinie 2001/23 und „insbesondere ihr Art. 3 nicht so zu verstehen, als ob sie darauf abzielt, in jedem Fall zu verhindern, dass eine „dynamische“ Vertragsklausel ihre Wirkungen entfaltet“. Weiter führt der EuGH aus: „Haben der Veräußerer und die Arbeitnehmer eine „dynamische“ Vertragsklausel frei vereinbart und ist diese zum Zeitpunkt des Übergangs in Kraft, ist daher die Richtlinie 2001/23 und insbesondere ihr Art. 3 so zu verstehen, dass sie grundsätzlich vorsehen, dass diese sich aus einem Arbeitsvertrag ergebende Pflicht auf den Erwerber übergeht.“ Damit steht aber fest, dass der EuGH gerade nicht der Auffassung folgt, dass auf Bezugnahmeklauseln ausschließlich Art. 3 Abs. 3 der Richtlinie anzuwenden sei und dass die Tarifgeltung auf dieser Grundlage stets nur statisch erfolgen könne. Vielmehr folge aus der **Vertragsfreiheit** der Parteien, dass **frei vereinbarte dynamische Bezugnahmen** beim Erwerber grundsätzlich **dynamisch fortgelten.**

Das Korrektiv der unternehmerischen Freiheit setzt vielmehr erst auf einer zweiten Stufe ein. Die dynamische Fortgeltung setze voraus, dass der **Erwerber** in der Lage sein müsse, die für die Fortsetzung seiner Tätigkeit **erforderlichen Anpassungen** vorzunehmen“.[773] Dies folge daraus, dass die Betriebsübergangsrichtlinie „nicht nur auf die Wahrung der Interessen der Arbeitnehmer abzielt, sondern darauf, einen gerechten Ausgleich zwischen den Interessen der Arbeitnehmer und denen des Erwerbers zu gewährleisten“.[774] Vor dem Hintergrund der **Unternehmerfreiheit** müsse es dem Erwerber „möglich sein (…), im Rahmen eines zum Vertragsabschluss führenden Verfahrens, an dem er beteiligt ist, seine Interessen wirksam geltend zu machen und die die Entwicklung der

[770] EuGH 27.4.2017 – C-680/15, C-681/15, NZA 2017, 571 Rn. 19f.

[771] Sehr kritisch zur Methodik und Kürze der Ausführungen des EuGH *Jacobs/Frieling* FS Willemsen, 2018, 197.

[772] EuGH *Asklepios* 27.4.2017 – C-680/15, C-681/15, NZA 2017, 571 Rn. 19 unter Hinweis auf EuGH *Werhof* 9.3.2006 – C-499/04, NZA 2006, 376 Rn. 23.

[773] EuGH *Asklepios* 27.4.2017 – C-680/15, C-681/15, NZA 2017, 571 Rn. 22 unter Hinweis auf EuGH *Alemo Herron* EuGH 18.7.2013 – C-426/11, NZA 2013, 835 Rn. 25 und auf EuGH *Österreichischer Gewerkschaftsbund* 11.9.2014 – C-328/13, NZA 2014, 1092 Rn. 29.

[774] EuGH *Asklepios* 27.4.2017 – C-680/15, C-681/15, NZA 2017, 571 Rn. 22.

Arbeitsbedingungen seiner Arbeitnehmer bestimmenden Faktoren mit Blick auf seine künftige wirtschaftliche Tätigkeit auszuhandeln."

209 In *Asklepios* ging der **EuGH** auf der Grundlage der Vorlageentscheidung des BAG davon aus, dass diese **Voraussetzungen im deutschen Arbeitsrecht gegeben** sind[775]. Ob diese Annahme gerechtfertigt ist, darf getrost bezweifelt werden. In der bisherigen Praxis hat sich jedenfalls nicht bestätigt, dass Arbeitgebern wirksame Mittel zur Verfügung stehen, einseitig eine durch dynamische Bezugnahme herbeigeführte Tarifgeltung zu beenden oder zugunsten einer anderen abzulösen (vgl. hierzu näher sogleich unter → Rn. 211 ff. Gerade unter diesem Blickwinkel ist die EuGH-Entscheidung zu *Asklepios* auf zum Teil vehemente Kritik gestoßen. Von daher ist nicht damit zu rechnen, dass mit *Asklepios* der Schlussstrich unter diese Diskussion gezogen wurde. Im Gegenteil: In der Literatur werden weitere Vorlageverfahren der Instanzgerichte angeregt[776], die zu einer Klärung führen sollen.

210 **(3) Anwendbarkeit der europäischen Grundrechte?** Das **BAG**[777] hat gegen die Beschränkung der dynamischen Fortgeltung von Bezugnahmeklauseln durch Art. 16 GRCh geltend gemacht, dass **Art. 8 der Richtlinie 2001/23** den Mitgliedstaaten ausdrücklich die Möglichkeit eröffne, „für die Arbeitnehmer günstigere Rechts- oder Verwaltungsvorschriften anzuwenden oder zu erlassen". Wenn sich aus Art. 3 der Richtlinie nach der Rechtsprechung des EuGH eine nur statische Fortgeltung der in Bezug genommenen Tarifverträge ergebe, sei **§ 613a Abs. 1 Satz 1 BGB als mitgliedstaatliche Abweichung zugunsten der Arbeitnehmer** anzusehen; diese sei aber durch Art. 8 der Richtlinie ausdrücklich zugelassen. Mit dieser Argumentation hat sich der EuGH in der Entscheidung Asklepios noch nicht einmal auseinandergesetzt; er hat vielmehr wie selbstverständlich **Art. 16 GRCh** auf den Sachverhalt angewendet. Dies dürfte auch zutreffend sein. Nationales Recht ist nach Art. 51 Abs. 1 S. 1 Alt. 2 GRCh an den Grundrechten der Charta zu messen, wenn die Mitgliedstaaten Recht der Union durchführen. Dies ist dann der Fall, wenn eine Anknüpfung an das Unionsrecht besteht[778], insb. wenn die nationale Gesetzgebung in den Geltungsbereich einer Richtlinie fällt.[779] Dies ist vorliegend der Fall. Im Interesse der Rechtsangleichung, dem die Richtlinien dienen, sind auch nationale Gesetze, die von einer Öffnungsklausel Gebrauch machen, an der Grundrechtscharta (und zusätzlich an den nationalen Grundrechten) zu messen.[780]

211 **(4) Anpassungsmöglichkeit durch Änderungskündigung?** Legt man die neueste Rechtsprechung des EuGH in Sachen *Asklepios* zugrunde, lässt sich die dynamische Fortgeltung der in Bezug genommenen Tarifnormen beim Erwerber im Lichte von Art. 16 GRCh nur rechtfertigen, wenn dem Erwerber **Möglichkeiten** zur Verfügung stehen, diese **einvernehmlich oder einseitig anzupassen.**[781] Im Vorlagebeschluss hatte das BAG auf die im deutschen Recht bestehende Möglichkeit der einvernehmlichen Vertragsänderung hingewiesen, für deren Wirksamkeit kein besonderer sachlicher Grund vorliegen müsse (vgl. hierzu auch → Rn. 209). Im Übrigen könne der Erwerber eine Änderungskündigung aussprechen, deren Wirksamkeit am Maßstab der sozialen Rechtfertigung zu messen sei.[782] Der EuGH betont, dass es nicht in seine Zuständigkeit falle, über die tatsächliche „Wirksamkeit der betreffenden Anpassungsmöglichkeiten" zu entscheiden; dies

---

[775] EuGH ebenda Rn. 24 f.

[776] *Hartmann* EuZA 2017, 521 (533); *Wißmann/Niklas* NZA 2017, 697 (701); *Willemsen/Krois/Mehrens*, RdA 2018, 151 (164); *E.M. Willemsen* FS Willemsen, 2018, 619 (629).

[777] BAG 17.6.2015 – 4 AZR 61/14 (A), NZA 2016, 373 Rn. 50 ff.

[778] EuGH 1.3.2011 – C-457/09- BeckRS 2011, 80315, Rn. 25 – *Chartry*.

[779] EuGH 26.2.2013 – C-617/10, NJW 2013, 1415 Rn. 19 – *Åkerberg Fransson*.

[780] Vgl. hierzu ausführlich *Naber/Krois* ZESAR 2014, 121 (122 u. 124); *Willemsen/Krois/Mehrens*, RdA 2018, 151 (155); aA *Krause* FS Willemsen, 2018, 257 (267).

[781] EuGH *Asklepios* 27.4.2017 – C-680/15, C-681/15, NZA 2017, 571 Rn. 22.

[782] BAG Vorlagebeschluss *Asklepios* 17.6.2015 – 4 AZR 61/14 (A), NZA 2016, 373 Rn. 45.

sei eine **Frage der Auslegung des nationalen Rechts.**[783] Es ist daher zu erwarten, dass sich durch die Entscheidung des EuGH in Sachen Asklepios nichts an den **hohen Anforderungen** ändern wird, die **an eine Änderungskündigung** gestellt werden.[784] Das BAG hat dies wenig später ausdrücklich bestätigt.[785] Auch in Teilen der Literatur wird vertreten, dass der EuGH lediglich verlangt habe, dass überhaupt Änderungsmöglichkeiten bestehen müssten; er habe aber gerade nicht entschieden, dass diese Änderungen gewissermaßen „mit leichter Hand" möglich sein müssen.[786] Mit dieser Sichtweise setzt man sich allerdings über zentrale Aussagen des EuGH hinweg.[787] Der EuGH verlangt in den Entscheidungen *Alemo Herron* und *Asklepios* Möglichkeiten für den Erwerber, **„seine Interessen wirksam geltend (zu) machen"**.[788] Bloß theoretische oder auf existenzielle Notlagen reduzierte Anpassungsmöglichkeiten werden diesen Anforderungen keineswegs gerecht.[789]

Es stellt sich daher die Frage, ob für die **Änderungskündigung** zur Anpassung von 212
Arbeitsbedingungen, die der Erwerber eines Betriebes aufgrund vereinbarter dynamischer Bezugnahmeklauseln anzuwenden hat, **neue Regeln** entwickelt werden können, die zwar mit dem deutschen Kündigungsrecht vereinbar sind, die aber zugleich der in Art. 16 GRCh geschützten unternehmerischen Freiheit hinreichendes Gewicht verleihen. Die Anforderungen, die an eine Änderungskündigung zur Entgeltabsenkung gestellt werden, sind hier jedenfalls unanwendbar. Die jeweiligen Konstellationen sind nicht vergleichbar. Aus dem Grundsatz *pacta sunt servanda* und angesichts der Tatsache, dass dem Arbeitgeber das Wirtschaftsrisiko zugewiesen ist, folgen naturgemäß Beschränkungen der Möglichkeit, einseitig vertraglich zugesagte Entgeltleistungen zu kürzen oder zu streichen.[790] Bei der Tarifanwendung nach einem Betriebsübergang geht es hingegen um die **Vereinheitlichung der Arbeitsbedingungen** der betroffenen Belegschaften und darum, einen möglichst für den Erwerber fachlich einschlägigen Tarif anwenden zu können. Es wäre daher gerechtfertigt, einen dringenden betrieblichen Grund für eine Änderungskündigung nicht nur anzuerkennen, wenn eine akute Existenzgefährdung für den Arbeitgeber bzw. eine erhebliche Zahl von Arbeitsplätzen vorliegt, sondern auch, wenn durch einen Betriebs(teil)übergang infolge der dynamischen Weitergeltung von Bezugnahmeklauseln unzumutbar in die unternehmerische Freiheit eingegriffen würde. Wollte man einen solchen eigenständigen Kündigungsgrund nicht anerkennen, erwiese sich die **Änderungskündigung mit dem Ziel der Änderung oder Entdynamisierung** einzelvertraglich in Bezug genommener Tarifgeltungen als von vornherein **aussichtslos.**[791]

Bei Anerkennung eines Kündigungsgrundes an sich wäre sodann eine umfassende **Interessenabwägung** erforderlich, die insbesondere die folgenden Gesichtspunkte einbeziehen müsste[792]:

- Sind die vom bisherigen Arbeitgeber in Bezug genommenen Tarifverträge beim Erwerber fachlich einschlägig?
- Welche Tarifverträge gelten in der Stammbelegschaft des Erwerbers?
- Welche Nachteile ergeben sich aus einer unterschiedlichen Behandlung der Belegschaften?

---

783 EuGH *Asklepios* 27.4.2017 – C-680/15, C-681/15, NZA 2017, 571 Rn. 27f.
784 Vgl. *Sagan* ZESAR 2016, 116 (120); ähnlich *Wißmann/Niklas* NZA 2017, 697 (701).
785 BAG 30.8.2017 – 4 AZR 95/14, NZA 2018, 255 Rn. 54.
786 *Bayreuther* NJW 2017, 2158 (2159); *Schinz/Eylert* RdA 2017, 140 (145).
787 So zutreffend *Busch/Gerlach* BB 2017, 2356 (2360).
788 EuGH *Alemo Herron* 18.7.2013 – C-426/11, NZA 2013, 835 Rn. 33.
789 *Hohenstatt* FS Willemsen (2018) 187 (193).
790 Siehe hierzu *Krois* ZfA 2009, 575 (584ff.) mwN; *Schinz/Eylert* RdA 2017, 140 (145); *Busch/Gerlach* BB 2017, 2356 (2360); vgl. auch BAG 30.8.2017 – 4 AZR 95/14, NZA 2018, 255 Rn. 57.
791 *Klebeck* NZA 2006, 15 (21); *Löwisch/Rieble* TVG § 3 Rn. 653 und 715; *Sagan* ZESAR 2016,116 (120); *Willemsen/Grau* NJW 2014, 12 (15); *Ubber/Massig* BB 2017, 2230 (2231); *Wißmann/Niklas* NZA 2017, 697 (701).
792 Siehe schon *Hohenstatt* FS Willemsen, 2018, 187 (193).

- Wie unterscheiden sich der abzulösende und der zukünftig geltende Tarifvertrag bei wirtschaftlicher Gesamtbetrachtung?
- Welche Ausgleichsleistungen zugunsten der betroffenen Arbeitnehmer werden angeboten?

213 Im Rahmen dieser Interessenabwägung wäre unter anderem auch das **Vereinheitlichungsinteresse** des Erwerbers zu berücksichtigen.[793] Dies folgt aus dem Regelungszweck der Abs. 2–4 in § 613a BGB, die dem Vereinheitlichungsinteresse Rechnung tragen. Es würde gegen den Grundsatz der Einheit der Rechtsordnung verstoßen, wenn dieses im Rahmen einer nach Betriebsübergang erfolgenden Änderungskündigung mit dem Ziel der Angleichung der Arbeitsbedingungen nicht berücksichtigt werden dürfte.[794]

Selbst wenn sich diese Sicht der Dinge durchsetzen würde, bliebe es allerdings bei den strukturellen Nachteilen, die generell mit (Massen-)änderungskündigungen verbunden sind.[795] Die Änderungskündigung ist eben gerade **kein Instrument zur einseitigen Änderung von Arbeitsbedingungen.**[796] Vielmehr bedarf die Vertragsänderung der Zustimmung des Arbeitnehmers. Lehnt der Arbeitnehmer das Änderungsangebot vorbehaltlos ab, endet das Arbeitsverhältnis. Mit dem Ausspruch von Massenänderungskündigungen würde der Erwerber demnach das Risiko eingehen, einen Teil der Belegschaft zu verlieren, womöglich verbunden mit der Verpflichtung, für diese Mitarbeiter Sozialplanabfindungen zu leisten. Selbst wenn ein Großteil der Belegschaft das Änderungangebot unter Vorbehalt annähme, entstünde eine aus Arbeitgebersicht unerwünschte Situation der **Rechtsunsicherheit**[797], die sich auch negativ auf den Betriebsfrieden und die Motivation der Belegschaft auswirken würde.

Angesichts der offensichtlichen Schwierigkeiten, die Änderungskündigung zum Zwecke der Entdynamisierung von Bezugnahmeklauseln einzusetzen, wird in der Literatur teilweise befürwortet, Bezugnahmeklauseln generell ein **„Entdynamisierungsrecht“** im Sinne eines **Rechts auf Teilwiderruf** beizumessen.[798] Ein solches Recht wird man allerdings nur anerkennen können, wenn es im Zusammenhang mit der Bezugnahmeklausel wirksam vertraglich vereinbart war.[799]

214 **(5) Anpassung durch Betriebsvereinbarung?** In der Literatur wird auch die Möglichkeit erörtert, nach einem Betriebsübergang durch Betriebsvereinbarung zu regeln, welche Tarifverträge Anwendung finden sollen. Hierdurch sollen entgegenstehende einzelvertragliche Bezugnahmeklauseln verdrängt werden. Dies soll nicht gegen das **Günstigkeitsprinzip** verstoßen, da es sich bei Bezugnahmeklauseln um **allgemeine Arbeitsbedingungen** handle, die nach der Rechtsprechung des Ersten Senats des BAG[800] unter dem Vorbehalt der Änderung durch Betriebsvereinbarung stehen.[801] Der *Vierte Senat* („Tarifrechtssenat“) des BAG, der der Rechtsprechung des ersten Senats zur **„Betriebsvereinbarungsoffenheit“** allgemeiner Arbeitsbedingungen skeptisch gegenübersteht, hat diesem Ansatz eine Absage erteilt. Wenn die Arbeitsvertragsparteien im Hinblick auf die vertraglich geschulde-

---

793 Vgl. ausführlich *E.M. Willemsen,* Die arbeitsvertragliche Bezugnahme, 411; siehe auch *Jacobs/Frieling* EuZW 2013, 737 (740); BeckOK ArbR/*Gussen* BGB § 613a Rn. 250; ErfK/*Oetker* KSchG § 2 Rn. 65; hiergegen explizit KSchR/*Zwanziger* KSchG § 2 Rn. 220.

794 *Hohenstatt* FS Willemsen, 2018, 187 (193).

795 Vgl. hierzu bereits *Hohenstatt* FS Willemsen, 2018, 187 (193f.).

796 Vgl. schon *Naber/Krois* ZESAR 2014, 121 (122 u. 124); *Willemsen/Krois/Mehrens* RdA 2018, 151 (162).

797 Vgl. *Dzida/Wagner* NZA 2008, 571 (572); skeptisch auch HMB/*Grau* Teil 15 Rn. 89.

798 *Löwisch/Rieble* TVG § 3 Rn. 655; vgl. auch *Lobinger* FS von Hoyningen-Huene (2014) 276; *Lobinger* NZA 2013, 9145, 947 – gegen *Lobinger* wiederum *Löwisch/Rieble* TVG § 3 Rn. 658.

799 Vgl. etwa ErfK/*Franzen* TVG § 3 Rn. 44.

800 BAG 5.3.2013 – 1 AZR 417/12, NZA 2013, 916; kritisch hierzu *Preis/Ulber* NZA 2014, 6 (8); *Löwisch/Rieble* TVG § 4 Rn. 550.

801 *Ubber/Massig* BB 2017, 2230; zweifelnd *Wißmann/Niklas* NZA 2017, 697 (701); abl. unter dem Gesichtspunkt des Tarifvorrangs gem. § 77 Abs. 3 BetrVG *Hohenstatt* FS Willemsen, 2018, 187 (194); siehe zu den Bedenken wg. § 77 Abs: 3 BetrVG auch ErfK/*Kania* BetrVG § 77 Rn. 83; *Krieger/Arnold/Zeh* NZA 2020, 81 (83).

te Vergütung dynamisch auf das Ergebnis der Tarifverhandlungen konkret bezeichneter Tarifparteien verwiesen, hätten sie sich bewusst für die tarifliche Ebene entschieden, weshalb es ausgesprochen fernliegend sei, dass damit den (rangniedrigeren) Betriebsparteien das Recht zustehen sollte, diese Verweisung zu ändern. Wörtlich führt der *Vierte Senat* aus: „Für eine – ohnehin unter problematischen Prämissen angenommene – konkludent vereinbarte vertragliche „Betriebsvereinbarungsoffenheit" mit der Folge einer ansonsten nicht bestehenden Verschlechterungsmöglichkeit hinsichtlich konkret vereinbarter Vertragsbedingungen fehlt es an jedem Anhaltspunkt, wenn die Vertragsparteien den Inhalt ihres Arbeitsverhältnisses ausdrücklich (und gerade nicht nur konkludent) den tariflichen Vereinbarungen konkreter Tarifvertragsparteien anvertrauen. Hier ergibt sich die **Nachrangigkeit** einer solchen – konkludent getroffenen – **Betriebsvereinbarungsoffenheitsabrede** sowohl aus dem Vorrang der Vereinbarungsform als auch aus dem Vorrang der in Bezug genommenen dynamischen Rechtsquelle des Tarifvertrags gegenüber der Betriebsvereinbarung."[802]

(6) Fazit nach Asklepios und Ausblick. Wie die vorstehenden Ausführungen, die nur wenige Ausschnitte aus der umfassenden wissenschaftlichen Diskussion berücksichtigen, anschaulich belegen, berührt die Frage der Weitergeltung dynamischer (kleiner) Bezugnahmeklauseln nach einem Betriebs(teil)übergang ausgesprochen komplexe arbeitsrechtliche Zusammenhänge. Für die Praxis wird es zunehmend schwieriger, den Überblick zu behalten. Deshalb ist es um so wichtiger, sich die Grundsätze zu vergegenwärtigen, wie sie sich aus der Rechtsprechung des EuGH und des BAG ergeben: 215

- Kleine dynamische Bezugnahmeklauseln gelten nach einem Betriebs(teil)übergang gem. § 613a Abs. 1 **Satz 1** BGB fort; Art. 3 der Richtlinie steht dem nicht entgegen.
- Bezugnahmeklauseln **behalten** trotz des Betriebs(teil)übergangs **ihre Dynamik** – § 613a Abs. 1 Sätze 2 und 3 BGB finden keine Anwendung.
- Nach der Rechtsprechung des EuGH ist diese Rechtslage unter Berücksichtigung der **Unternehmerfreiheit** gem. Art. 16 GRCh nur hinzunehmen, wenn dem Erwerber **einvernehmliche und einseitige Anpassungsmöglichkeiten** zur Verfügung stehen.
- Das BAG ist der Auffassung, dass diese Voraussetzungen in Deutschland gegeben sind und will an seinen **strengen Maßstäben für Änderungskündigungen,** die in das vertragliche Synallagma eingreifen, auch in diesem Zusammenhang festhalten.

Es ist damit zu rechnen, dass Instanzgerichte weitere Vorlageverfahren einleiten werden, um die mit *Asklepios* keineswegs beendete Diskussion unter Einbeziehung des EuGH fortzuführen. Für die Praxis dürfte aber erkennbar geworden sein, dass nur eine verbesserte Vertragsgestaltung Rechtssicherheit verspricht.

bb) Keine Anwendung der Veränderungssperre und von § 613a Abs. 1 Satz 3 BGB. 216
Wie bereits erläutert, findet die in § 613a Abs. 1 Satz 2 BGB geregelte **Veränderungssperre** für die Dauer eines Jahres **keine Anwendung auf Bezugnahmeklauseln.**[803] Mit den entsprechenden Mitarbeitern können demnach auch unmittelbar nach einem Betriebs(teil)übergang Vereinbarungen zur Ablösung oder Modifikation der Bezugnahmeklausel getroffen werden, und zwar unabhängig davon, ob es sich um günstigere oder ungünstigere Neuregelungen handelt.[804] Die frühere BAG-Rechtsprechung, die für die Wirksamkeit einzelvertraglicher Abmachungen im Zusammenhang mit einem Betriebs(teil)übergang das Vorliegen eines sachlichen Grundes verlangte, wenn die beim bisherigen Arbeitgeber geltenden Arbeitsbedingungen entgegen § 613a Abs. 1 S. 1 BGB

[802] BAG 11.4.2018 – 4 AZR 119/17, NZA 2018, 1273 Rn. 58; zustimmend ErfK/*Kania* BetrVG § 77 Rn. 83; siehe hierzu *Wenning* RdA 2019, 244.
[803] *Gamillscheg,* Band I, S. 785; *Henssler* FS Wissmann, 2005, 133 (149); st. Rspr. BAG – siehe zuletzt BAG 30.8.2017 – 4 AZR 95/14, NZA 2018, 255 Rn. 48.
[804] Siehe schon *Gaul* BB 2000, 1086.

zum Nachteil des Arbeitnehmers verschlechtert werden sollten[805], ist überholt. Seit der Entscheidung des *Fünften Senats* vom 7.11.2007[806] ist anerkannt, dass ein solcher **sachlicher Grund nicht bestehen muss.**[807] Es kann demnach anlässlich eines Betriebsübergangs mit den Arbeitnehmern insbesondere vereinbart werden, dass statt der einzelvertraglich in Bezug genommenen Tarifverträge nunmehr diejenigen des Erwerbers Anwendung finden sollen.[808] In der Praxis gibt es durchaus Fälle, und zwar insbesondere in Zeiten einer Unternehmenskrise, in denen der Belegschaft die Notwendigkeit der Anpassungen ihrer Arbeitsbedingungen bzw. eines Tarifwechsels plausibel gemacht werden kann, selbst wenn dies spürbare Vergütungsnachteilenach sich zieht. Es wäre daher verfehlt, diese Option von vornherein als „utopisch" oder unrealistisch zu betrachten.[809]

Die Nichtanwendbarkeit von § 613a Abs. 1 S. 2 BGB auf die einzelvertraglich vereinbarte Tarifgeltung führt indessen auch dazu, dass der in **Satz 3** vorgesehene **Ablösungsmechanismus** auf Bezugnahmeklauseln **keine (unmittelbare) Anwendung** findet.[810] Denn Satz 3 bezieht sich ausschließlich auf zuvor kollektivrechtlich geltende Tarifnormen und verhindert lediglich, dass die Rechtswirkungen von Satz 2 eintreten. Die in Satz 1 geregelte Fortgeltung der einzelvertraglich vereinbarten Arbeitsbedingungen wird durch eine andere Tarifgeltung im Sinne von Satz 3 nicht verhindert. Einer analogen Anwendung von § 613a Abs. 1 S. 3 BGB auf Bezugnahmeklauseln hat der *Vierte Senat*[811] schon 2007 eine Absage erteilt. Mit den *Asklepios*-Entscheidungen hat sich daran nichts geändert.

Im Folgenden werden – trotz vielfältiger dogmatischer Zweifel und der recht deutlichen Kritik in Teilen der Literatur – die verschiedenen Fallgruppen im Hinblick auf das „Schicksal" von Bezugnahmeklauseln beim Betriebsübergang auf der Basis der BAG-Rechtsprechung behandelt.

217 **cc) Fortgeltung gemäß § 613a Abs. 1 S. 1 BGB. (1) Keine Tarifbindung des bisherigen und des neuen Arbeitgebers.** In einigen Konstellationen wirkt sich ein Betriebs(teil)übergang auf die Tarifgeltung qua Bezugnahmeklausel nicht aus. War etwa der **bisherige Arbeitgeber nicht tarifgebunden** und besteht auch beim **neuen Inhaber keine Tarifbindung,** bleibt es bei der vereinbarten Inbezugnahme des Tarifvertrages gemäß § 613a Abs. 1 S. 1 BGB. Dies gilt auch beim Betriebsteilübergang, selbst wenn der „abgetrennte" Betriebsteil branchenmäßig nicht mehr unter den in Bezug genommenen Tarifvertrag fällt.

Beispiel E 37:

Aus einem Unternehmen der chemischen Industrie wird eine Abteilung, die sich mit der Verarbeitung von Metall befasst, auf eine neu gegründete Tochtergesellschaft ausgegliedert. Beim bisherigen Arbeitgeber galten die Tarifverträge der Chemischen Industrie ausschließlich qua zeitlich-dynamischer Bezugnahmeklausel. Auch die neue Tochtergesellschaft gehört keinem Arbeitgeberverband an.

In diesem Fall gelten für die von der Tochtergesellschaft übernommenen Arbeitnehmer die Tarifverträge der Chemischen Industrie gem. § 613a Abs. 1 Satz 1 BGB zeitlich-dyna-

---

805 Vgl. hierzu unter → G Rn. 193.
806 BAG 7.11.2007 – 5 AZR 1007/06, NZA 2008, 530.
807 So ausdrücklich auch die Entscheidung des BAG, die auf EuGH *Asklepios* folgte (BAG 30.8.2017 – 4 AZR 95/14, NZA 2018, 255 Rn. 48.
808 So schon BAG 7.11.2007 – 5 AZR 1007/06, NZA 2008, 530.
809 *Hohenstatt* FS Willemsen (2018), 187 (190); mit Beispielen aus der Praxis BAG 30.8.2017 – 4 AZR 95/14, NZA 2018, 255 Rn. 49; kritisch dazu *E.M. Willemsen* FS Willemsen (2018), 619 (626); *Busch/Gerlach* BB 2017, 2356 (2362); *Willemsen/Grau* NJW 2014, 12 (15).
810 BAG 17.11.2010 – 4 AZR 391/09, NZA 2011, 356 (358); BAG 29.8.2007 – 4 AZR 767/06, NZA 2008, 364 Rn. 14; *Kania* DB 1994, 529 (532); *Henssler* FS Schaub, 1998, 311 (322); *Hanau/Vossen* FS Hilger/Stumpf, 1983, 271 (294); *Moll* RdA 1996, 275 (286); aA früher *Henssler* FS Schaub, 1998, 311 (322); *Schipp* NZA 1994, 865 (869); *Wank* NZA 1987, 505 (509).
811 BAG 29.8.2007 – 4 AZR 767/06, NZA 2008, 364 Rn. 19.

misch fort. Die früher vom BAG vertretene „Gleichstellungstheorie“ war schon bislang in dieser Konstellation nicht anwendbar, wenn nämlich der bisherige Arbeitgeber nicht tarifgebunden war.[812] Die vom BAG abweichende Position, wonach Bezugnahmeklauseln beim Betriebs(teil)übergang gem. § 613a Abs. 1 Satz 2 BGB analog fortwirken (→ Rn. 202), käme hier indessen zu dem Ergebnis, dass die Bezugnahme auf die Tarifverträge der Chemischen Industrie ihre Dynamik verliert. Bezogen auf das **Beispiel E 37** mag dies auf den ersten Blick unbefriedigend erscheinen. da hier die vertraglich vereinbarte Dynamik der Tarifanwendung durch eine konzerninterne Umstrukturierung beendet werden könnte; das BAG hat auf diese Problematik in der Vorlageentscheidung *Asklepios*[813] ausdrücklich hingewiesen[814]. Allerdings wäre das Ergebnis kein anderes, wenn im **Beispiel E 37** das Chemieunternehmen Mitglied im zuständigen Arbeitgeberverband gewesen wäre. Auf der Basis von § 613a Abs. 1 Satz 2 BGB wären ja auch die bisher kollektivrechtlich geltenden Arbeitsbedingungen nur noch statisch anzuwenden gewesen; dass § 613a Abs. 1 Satz 2 BGB bei konzerninternen Umstrukturierungen nicht anwendbar sein soll, wurde bislang nie vertreten[815].

(2) Tarifbindung des bisherigen und fehlende Tarifbindung des neuen Arbeitgebers. In dieser Konstellation dürfte sich bei Anwendung der zuvor hergeleiteten Grundsätze auf Basis der BAG-Rechtsprechung keine Abweichung zur Konstellation (1) ergeben. Die mit dem bisherigen Arbeitgeber vereinbarte Bezugnahmeklausel gilt gemäß § 613a Abs. 1 S. 1 BGB auch dann fort, wenn der neue Arbeitgeber nicht tarifgebunden ist. Auch wenn dieses Ergebnis selbstverständlich erscheinen mag, entsprach dies über lange Zeit hinweg nicht der hM. Dies lag daran, dass das BAG Bezugnahmeklauseln im Zweifel als Gleichstellungsabreden auslegte, so dass sich die Rechtsfolgen beim Betriebsübergang danach richteten, was für die tarifgebundenen Arbeitnehmer galt. 218

- **Keine Anwendung der „Gleichstellungsdoktrin“**

Beispiel E 38: 219

Beim bisherigen Arbeitgeber, der dem Arbeitgeberverband der Papierindustrie angehörte, galt der entspr. Manteltarifvertrag aufgrund folgender Bezugnahmeklausel: „Für die Arbeitsbedingungen gelten die jeweiligen Tarifverträge (…) der Betriebsstätte, in welcher der Arbeitnehmer eingesetzt wird“. Der Betriebsteil „Autoteile“ geht auf einen anderen – nicht tarifgebundenen – Arbeitgeber über. Ein darin beschäftigter Arbeitnehmer verlangt Entgeltfortzahlung im Krankheitsfall gem. dem Tarifvertrag der Papierindustrie in einer Fassung, die erst nach dem Betriebsteilübergang vereinbart worden ist.

Der *Vierte Senat*[816] hat diesen Fall im Jahre 1999 auf der Basis der damals herrschenden Gleichstellungsdoktrin[817] entschieden. Die vereinbarte Bezugnahmeklausel sei eine **Gleichstellungsklausel** und könne, solange der neue Arbeitgeber nicht tarifgebunden sei, „inhaltlich nicht ausgefüllt werden“; sie bleibe „ohne materiellrechtliche Bedeutung“, da der Zweck der Gleichstellung der Organisierten mit den nicht Organisierten beim neuen

---

[812] Vgl. BAG 25.9.2002 – 4 AZR 294/01, NZA 03, 807 unter II. 2. f) bb) der Gründe; unzutreffend daher *Reichel*, Bezugnahme auf den Tarifvertrag, S. 208.

[813] BAG 17.6.2015 – 4 AZR 61/14 – NZA 2016, 373 Rn. 49.

[814] In den Schlussanträgen des Generalanwalts Yves Bot vom 19.1.2017 – C-680/15 Rn. 102 wird dieses Argument letztlich für irrelevant erklärt; in der EuGH-Entscheidung vom 27.4.2017 wird auf das Argument nicht eingegangen; hierzu kritisch *Jacobs/Frieling* FS Willemsen, 2018, 197 (203).

[815] So zutreffend *Willemsen/Krois/Mehrens* RdA 2018, 151 (162).

[816] BAG 4.8.1999 – 5 AZR 642/98, NZA 2000, 154 (155); zuletzt auch BAG 5.9.2012 – 4 AZR 749/10, NZA-RR 2013, 285 (287); iE zustimmend *Gaul* BB 2000, 1086; *ders.*, Betriebsspaltung, S. 857; im Wege der ergänzenden Vertragsauslegung zu ähnlichem Ergebnis gelangen *Seitz/Werner* NZA 2000, 1257 (1261).

[817] Vgl. zur BAG Rechtsprechung zugunsten einer Auslegung von Bezugnahmeklauseln als Gleichstellungsabrede oben → Rn. 186 und 198.

Arbeitgeber nicht mehr erreicht werden könne. Die Arbeitnehmer könnten sich daher trotz der Bezugnahmeklausel im Arbeitsvertrag zwar auf die zum Zeitpunkt des Betriebsteilübergangs anwendbaren, nicht jedoch auf die nach diesem Zeitpunkt abgeschlossenen Tarifverträge der Papierindustrie berufen. Diese Entscheidung lag auf einer Linie mit dem Urteil des *Vierten Senats* vom 26.9.2001[818], wonach eine Bezugnahmeklausel hinfällig werden sollte, wenn der Arbeitgeber aus dem entsprechenden **Arbeitgeberverband austrat.** Diese Entscheidungen sind überholt. Die Literatur hatte schon frühzeitig kritisiert, dass die Vorstellung, dass es beiden Vertragsparteien um eine Gleichstellung mit den Gewerkschaftsmitgliedern gehe, dem vertragsschließenden Arbeitnehmer einen Willen unterstelle und letztlich auf einer Fiktion beruhe. Denn für den Arbeitnehmer, dem häufig nicht bekannt ist, ob der Arbeitgeber tarifgebunden ist, dürfte eher die Erwartung im Vordergrund stehen, auf der Basis der Bezugnahmeklausel langfristig an der (dynamischen) Tarifentwicklung teilhaben zu dürfen[819]. Die Gleichstellungsdoktrin wurde auch dadurch stark in Frage gestellt, dass auch nicht tarifgebundene Arbeitgeber regelmäßig zeitlich-dynamische Verweisungsklauseln einsetzen. Dies betrifft Arbeitgeber, die eine Verbandsmitgliedschaft vermeiden wollen, aber dennoch von dem Regelwerk profitieren möchten, das die Tarifpartner regelmäßig vereinbaren bzw. aktualisieren.[820] Die damalige Rechtsprechung des BAG ließ sich auch mit dem **Schutzzweck von § 613a Abs. 1 BGB** nicht in Einklang bringen. In seiner Entscheidung vom 21.2.2001 hatte das BAG noch hervorgehoben, dieser Schutzzweck liege darin, dass im Fall des Betriebsübergangs der Schutz der kollektivvertraglichen Regelungen von Tarifverträgen und Betriebsvereinbarungen nicht verloren gehen dürfe.[821] Es müssten entweder die Normen des alten oder aber die des neuen Tarifvertrages auf das Arbeitsverhältnis Anwendung finden. Dieser Zweck wird naturgemäß verfehlt, wenn eine Bezugnahmeklausel für wirkungslos erklärt wird, obwohl beim neuen Arbeitgeber kein anderer Tarifvertrag zur Anwendung kommt.

220 Im Jahre 2005 hat der *Vierte Senat* des BAG die Gleichstellungsdoktrin aufgegeben, wobei der Senat in erster Linie auf die gesteigerten Anforderungen bei der Formulierung arbeitsrechtlicher Formularklauseln abstellt, insbesondere auf die **Unklarheitenregel** des § 305c Abs. 2 BGB, das **Transparenzgebot** des § 307 Abs. 1 S. 2 BGB und das **Verbot der geltungserhaltenden Reduktion.**[822] Der Wortlaut einer dynamischen Bezugnahmeklausel lasse ohne besondere Anhaltspunkte nicht erkennen, „dass sich das Regelungsprogramm des Vertrages auf die Zeit der Tarifgebundenheit des Arbeitgebers beschränkt". Mit anderen Worten: Der Arbeitnehmer kann einer zeitlich-dynamischen Bezugnahmeklausel nicht den Vorbehalt entnehmen, dass der in Bezug genommene Tarifvertrag nur noch statisch fortgilt, wenn der Arbeitgeber aus dem Verband austritt oder der Arbeitsvertrag auf einen anderen Arbeitgeber, der nicht an denselben Tarifvertrag gebunden ist, übergeht, es sei denn, dass die Bezugnahmeklausel diesen Vorbehalt ausdrücklich enthält.[823]

221 • **Vertrauensschutz für „Altklauseln" bis zum 31.12.2001**

Der *Vierte Senat* des BAG gewährte allerdings für Arbeitsverträge, die vor dem **1.1.2002** abgeschlossen wurden, **Vertrauensschutz.** In dem entschiedenen Fall, der eine bereits seit 1988 tätige Arbeitnehmerin betraf, wurde deshalb trotz zeitlich-dynamischer Bezugnahme auf die Tarifverträge eines kommunalen Arbeitgeberverbandes ein Anspruch auf die nach dem Betriebsübergang in Kraft getretene Tariferhöhung verneint. Seit Inkrafttreten des

---

818 BAG 26.9.2001 – 4 AZR 544/00, NZA 2002, 634; hierzu ausführlich unter → Rn. 235.

819 In diesem Sinne *Annuß* RdA 2000, 179 (180); ausführlich auch LAG Hessen 23.3.1999 – 4 Sa 1300/98, NZA-RR 2000, 93 (95); *Thüsing/Lambrich* RdA 2002, 193 (200, 208); *Lambrich* FS Ehmann, 2005, 169 (226); *Hanau* NZA 2005, 489 (490); siehe schon *Hohenstatt* DB 1992, 1678 (1683).

820 Dies konzediert BAG 14.12.2005 – 10 AZR 296/05, NZA 2006, 744 unter I. 2c) (1) der Gründe.

821 BAG 21.2.2001 – 4 AZR 18/00, NZA 2001, 1318 (1322).

822 BAG 14.12.2005 – 4 AZR 536/04, NZA 2006, 744 unter I. 2c) (1); siehe auch BAG 18.4.2007 – 4 AZR 652/05, NZA 2007, 965; gleichermaßen herausgestellt wird die Bedeutung des Wortlauts bei BAG 5.9.2012 – 4 AZR 749/10, NZA-RR 2013, 285.

823 Kempen/Zachert/*Brecht-Heitzmann* TVG § 3 Rn. 254.

Schuldrechtsmodernisierungsgesetzes, mit dem die AGB-Kontrolle für Arbeitsverträge „erstmals gesetzlich angeordnet" worden sei, könne „von Arbeitgebern [jedoch] verlangt werden, dass sie in Bezugnahmeklauseln das von ihnen Gewollte hinreichend klar formulieren".[824] In der Tat hatten sich in der Literatur bereits längere Zeit vor der Rechtsprechungsänderung die warnenden Stimmen gehäuft; es wurde empfohlen, sich nicht auf die Fortführung der Rechtsprechung des *Vierten Senats* zu verlassen, sondern Einschränkungen der Wirkung von Bezugnahmeklauseln ausdrücklich und transparent zum Ausdruck zu bringen.[825] Davon unbeeindruckt hatte der *Vierte Senat* noch am 19.3.2003[826] im Leitsatz einer Entscheidung formuliert, die Unklarheitenregel § 305c Abs. 2 iVm § 310 Abs. 4 S. 2 BGB stehe der Auslegung einer Bezugnahmeklausel als Gleichstellungsabrede „auch dann nicht entgegen, wenn dem Arbeitnehmer die Tarifgebundenheit des Arbeitgebers unbekannt war". Vor diesem Hintergrund erschien es nicht interessengerecht, den Vertrauensschutz nur bis zum Inkrafttreten der Schuldrechtsreform am 1.1.2002 zu gewähren.[827] Die nachträglich vom BAG angeführte Rechtfertigung[828], diese Entscheidung habe sich auf einen „Altfall" bezogen, der auch heute im entschiedenen Sinne beurteilt werden würde, ist in keiner Weise überzeugend. Die Thesen des Senats waren in dieser Entscheidung ja gerade allgemeingültig formuliert und nicht nur bezogen auf Altfälle, für die **Vertrauensschutz** zu gewähren war.

Durch die Abkehr von der Gleichstellungsdoktrin durch den *Vierten Senat* treten bei 222
Umstrukturierungen nunmehr fast zwangsläufig uneinheitliche tarifrechtliche Rechtsfolgen ein, und zwar in Abhängigkeit davon, zu welchem Zeitpunkt die entsprechenden Arbeitsverträge abgeschlossen wurden.

Beispiel E 39:

Im Metallbetrieb der M GmbH wurden bis Januar 2006 Bezugnahmeklauseln auf die Tarifverträge der Metallindustrie in ihrer jeweiligen Fassung vereinbart. Seit dem 2.2.2006 erfolgte in den neu abgeschlossenen Arbeitsverträgen ein Vorbehalt dahingehend, dass bei Wegfall der Tarifbindung des Arbeitgebers die Metalltarife nur statisch fortgelten. Am 1.7. 2006 wurde der Betrieb auf einen nicht tarifgebundenen Käufer übertragen.

In diesem Fall erfolgt für die Mitglieder der IG Metall eine Fortgeltung der Tarifverträge aufgrund der beim alten Arbeitgeber gegebenen beiderseitigen Tarifbindung gemäß § 613a Abs. 1 S. 2 BGB, und zwar **statisch.**[829] Aufgrund des vom BAG gewährten **Vertrauensschutzes**[830] gilt dies auch für die nicht der Gewerkschaft angehörenden Arbeitnehmer, sofern sie vor dem 1.1.2002 eingestellt wurden. Für die zwischen dem 1.1.2002 und der Umstellung der Bezugnahmeklauseln im Februar 2006 eingestellten Mitarbeiter kommt es hingegen zu einer **dynamischen Fortgeltung** der Metalltarife, dem Wortlaut der Bezugnahmeklausel folgend. Dies gilt auch für die Gewerkschaftsmitglieder; die statische Fortgeltung gemäß § 613a Abs. 1 S. 2 BGB wird bei ihnen durch die **günstigere**

---

[824] BAG 14.12.2005 – 4 AZR 536/04, NZA 2006, 744 unter I. 2. c) (2) der Gründe.

[825] So schon die 2. Aufl. dieses Handbuchs unter Rn. E 166; vgl. auch *Hanau* NZA 2005, 489 (493); *Henssler* FS Wissmann, 2005, 133 (143).

[826] BAG 19.3.2003 – 4 AZR 331/02, NZA 2003, 1207.

[827] Vgl. *Giesen* NZA 2006, 625 (628); *Meinel/Herms* DB 2006, 1429 (1430); *Simon/Kock/Halbsguth* ZIP 2006, 726 (727); für den 14.12.2005 als entscheidendes Datum für den Vertrauensschutz deshalb zu Recht *E.M. Willemsen,* Bezugnahme auf den Tarifvertrag, S. 169; *Klumpp* in Clemenz/Kreft/Krause § 307 Rn. 159; HMB/*Henssler* Teil 10 Rn. 65; ausführlich zum Vertrauensschutz bei Rechtsprechungsänderung BAG 23.3.2006 – 2 AZR 343/05, NZA 2006, 971; gegen jeden Vertrauensschutz im vorliegenden Zusammenhang *Annuß* ZfA 2005, 405 (429), da die hier maßgebliche Rechtsprechung des *Vierten Senats* keinen rechtsfortbildenden Charakter gehabt, sondern lediglich die Auslegung von Willenserklärungen betroffen habe.

[828] BAG 22.10.2008 – 4 AZR 793/07, NZA 2009, 323 Rn. 35; siehe auch die sehr ausführliche Begründung der „Stichtagsbetrachtung" in BAG 18.4.2007 – 4 AZR 652/05, NZA 2007, 965 Rn. 42ff.

[829] Vgl. → Rn. 154.

[830] → Rn. 221.

(dynamische) Bezugnahmeklausel überlagert.[831] Erst für die ab dem 1.2.2006 eingestellten Arbeitnehmer bleibt es im **Beispiel E 39** aufgrund der nunmehr eindeutig formulierten Bezugnahmeklausel bei einer statischen Tarifgeltung. Diese offenkundig unbefriedigende Situation hätte erheblich entschärft werden können, wenn der *Vierte Senat* bis zum Tage seiner richtungsändernden Entscheidung Vertrauensschutz gewährt hätte. Aber dies hätte den Mut zu dem klaren Eingeständnis erfordert, dass nicht die Reform des Schuldrechts, sondern der (im Ergebnis notwendige) Sinneswandel des BAG Anlass für die Änderung der Rechtsprechung war.[832]

223 • **Kein Vertrauensschutz bei fehlender Tarifbindung des bisherigen Arbeitgebers**
Der vom BAG gewährte **Vertrauensschutz** im Hinblick auf die Auslegung von Bezugnahmeklauseln als Gleichstellungsabrede bezieht sich nur auf Konstellationen, in denen eine Tarifgebundenheit des Arbeitgebers bestand. Das Konstrukt der Gleichstellungsabrede setzt gedanklich voraus, dass die Klausel lediglich die eventuell fehlende Tarifgebundenheit des Arbeitnehmers ersetzen soll.[833] Fehlte es hingegen vor dem Betriebsteilübergang bereits an einer Tarifgebundenheit des Arbeitgebers, kommt eine Auslegung als Gleichstellungabrede nicht in Betracht.[834]

Beispiel E 40:

Das bundesweit tätige Metallunternehmen F mit Hauptsitz in Hessen verweist in seinen Arbeitsverträgen bundesweit auf die Tarifverträge der hessischen Metall- und Elektroindustrie in ihrer jeweils aktuellen Fassung. In NRW wird ein Betrieb der F auf einen nicht tarifgebundenen Erwerber veräußert. Der dort beschäftigte Arbeitnehmer A verweist auf seinen 1999 abgeschlossenen Arbeitsvertrag und verlangt Bezahlung gemäß der nach dem Betriebsübergang verbesserten Tarifverträge der hessischen Metall- und Elektroindustrie. Der Erwerber meint, es liege ein „Altfall" im Sinne der BAG-Rechtsprechung vor, so dass die in Bezug genommenen Tarifverträge nur statisch fortgelten.

In diesem Fall kann sich der Erwerber nicht auf die Rechtsprechung zur Gleichstellungsabrede berufen. Im bisherigen Arbeitsverhältnis fehlte es an einer einschlägigen Tarifgebundenheit des Arbeitgebers.[835] Auch für Gewerkschaftsmitglieder hatten in NRW die Tarifverträge für Hessen nicht originär, sondern nur aufgrund der Bezugnahmeklausel gegolten, da die Arbeitnehmer außerhalb des örtlichen Geltungsbereichs beschäftigt waren. Die in der Bezugnahmeklausel vorgesehene Dynamik konnte demnach nicht unter dem Vorbehalt der weiterhin gegebenen Tarifgebundenheit des Arbeitgebers stehen.[836] Gleiches gälte, wenn im Arbeitsvertrag auf einen fachfremden Tarifvertrag oder auf einen solchen verwiesen worden wäre, der die betr. Arbeitnehmer von seinem persönlichen Geltungsbereich her nicht umfasst.[837]

224 • **Wegfall des Vertrauensschutzes bei Vertragsänderungen**
Die Praxis kann sich auf den Fortbestand des Vertrauensschutzes für Bezugnahmeklauseln, die vor dem 1.1.2002 abgeschlossen wurden, nicht verlassen. Er soll zB entfallen, wenn

---

[831] *Lambrich* FS Ehmann, 2005, 169 (232); dies folgt allerdings nicht aus § 4 Abs. 3 TVG, der mangels andauernder Tarifbindung nicht anwendbar ist, sondern aus der Anwendbarkeit des Günstigkeitsprinzips als „allgemeiner Rechtssatz" im Tarifrecht; vgl. hierzu ausführlich *E.M. Willemsen,* Bezugnahme auf den Tarifvertrag, S. 225.

[832] Siehe ausführlich zum Vertrauensschutz in diesem Zusammenhang *Jacobs/E.M. Willemsen* JbArbR Bd. 45 (2008), 47 (58).

[833] BAG 21.10.2009 – 4 AZR 396/08, NZA-RR 2010, 361 Rn. 21.

[834] MHdB ArbR/*Klumpp* § 246 Rn. 67.

[835] Siehe zu einer ähnlichen Konstellation BAG 22.10.2008 – 4 AZR 793/07, NZA 2009, 323.

[836] BAG 21.10.2009 – 4 AZR 396/08, NZA-RR 2010, 361Rn. 21ff.; siehe allerdings abweichend zu einem Fall, in dem nur sehr wenige Arbeitnehmer außerhalb des örtlichen Geltungsbereichs des Tarifvertrages beschäftigt waren BAG 21.8.2002 – 4 AZR 263/01, NZA 2003, 442 – hierbei soll es sich aber um eine absolute Einzelfallentscheidung gehandelt haben; vgl. BAG 21.10.2009 ebenda Rn. 25.

[837] BAG 21.10.2009 – 4 AZR 396/08, NZA-RR 2010, 361 Rn. 23.

eine nach dem Stichtag bei einer **Neufassung des Arbeitsvertrages** vereinbarte Bezugnahmeklausel inhaltsgleich mit einer vor dem 1.1.2002 vereinbarten Klausel ist.[838]Gleiches gilt, wenn die Bezugnahmeklausel zwar vor dem 1.1.2002 vereinbart wurde, der Arbeitsvertrag jedoch nach dem Stichtag geändert und die Bezugnahmeklausel „bei der Vereinbarung der Änderung zum Gegenstand der rechtsgeschäftlichen Willensbildung der Vertragsparteien gemacht worden ist".[839] Hiervon soll insbesondere auszugehen sein, wenn die Parteien anlässlich von **Änderungen des Arbeitsvertrages** zwar die Bezugnahmeklausel unangetastet lassen, jedoch vereinbaren, dass alle nicht geänderten Klauseln aus dem bisherigen Vertrag weiterhin gelten sollen.[840] Dies bedeutet für den Erwerber eines Betriebes oder Betriebsteils, dass er sich im Rahmen der ***Due Diligence*** keineswegs darauf verlassen kann, dass die Bezugnahmeklauseln der vor dem 1.1.2002 eingestellten Arbeitnehmer ohne Weiteres unter den Vertrauensschutz fallen. Vielmehr muss in jedem Einzelfall geklärt werden, ob der Vertrauensschutz durch spätere Vertragsänderungen entfallen ist, selbst wenn diese nicht direkt die Bezugnahmeklausel betrafen.[841]

(3) Identische Tarifbindung von neuem und bisherigem Arbeitgeber. Die Fortgel- 225
tung von Bezugnahmeklauseln ist dann nicht problematisch, wenn für den neuen Inhaber dieselbe Tarifbindung besteht wie bereits für den Veräußerer. Gelten für Mitglieder der zuständigen Gewerkschaft die bereits bislang anwendbaren Verbandstarifverträge kollektivrechtlich fort, bleiben auch entsprechende Verweisungen auf diese Tarifverträge gültig.

**dd) Geltung der für den neuen Arbeitgeber anwendbaren Tarifverträge. (1) Bin- 226
dung des neuen Inhabers an andere, mit derselben Gewerkschaft abgeschlossene Tarifverträge.** War der bisherige Arbeitgeber tarifgebunden und gelten beim neuen Inhaber andere Tarifverträge, die allerdings mit derselben Gewerkschaft abgeschlossen sind, kommt in Betracht, Bezugnahmeklauseln, die auf die Tarifverträge des bisherigen Arbeitgebers verweisen, so auszulegen, dass sie sich jetzt auf die Tarifverträge des neuen Inhabers beziehen.

Beispiel E 41:

Die Betriebsmittel eines Metallbetriebes werden an einen Wettbewerber veräußert. Beim bisherigen Arbeitgeber galten qua Tarifbindung und qua entsprechender Bezugnahme die Tarifverträge der Metallindustrie Nordwürttemberg/Nordbaden. Beim Erwerber gilt ein Firmentarifvertag, der mit der IG Metall abgeschlossen wurde. Jener enthält Vergünstigungen für das Unternehmen, insbesondere ist das Lohn- bzw. Gehaltsniveau für die Dauer von zwei Jahren um 8 % abgesenkt. Im Firmentarifvertrag ist klargestellt, dass er für alle (auch für neu hinzukommende) Betriebe des Erwerbers gelten soll.

In dieser Konstellation ergibt sich für die Mitglieder der IG Metall qua **beiderseitiger Tarifbindung** die Anwendbarkeit des Firmentarifvertrages des Erwerbers. Die Fortgeltung der Verbandstarifverträge auf der Grundlage von § 613a Abs. 1 S. 2 BGB ist hier wegen **§ 613a Abs. 1 S. 3 BGB** ausgeschlossen.[842] Beim neuen Arbeitgeber gilt qua beiderseitiger Tarifbindung ein „anderer" Tarifvertrag im Sinne von Satz 3. Die Mitglieder der

---

[838] BAG 18.4.2007 – 4 AZR 652/05, NZA 2007, 965 Rn. 60; vgl. hierzu HWK/*Müller-Bonanni* BGB § 613a Rn. 280; HMB/*Henssler* Teil 10 Rn. 66.

[839] BAG 7.12.2016 – 4 AZR 414/14, NZA 2017, 597 Rn. 31; BAG 24.2.2016 – 4 AZR 990/13, NZA 2016, 557 Rn. 35; BAG 21.10.2015 – 4 AZR 649/14, NJOZ 2016, 1049; BAG 13.5.2015 – 4 AZR 244/14, NZA-RR 2016, 6 Rn. 26; BAG 16.5. 2012 – 4 AZR 290/10, NJOZ 2012, 2137; BAG 19.10. 2011 – 4 AZR 811/09, NJOZ 2012, 493; BAG 24.2.2010 – 4 AZR 691/08, NZA-RR 2010, 530 Rn. 25ff.; siehe zuvor bereits BAG 18.4.2007 – 4 AZR 652/05, NZA 2007, 965 Ls. 6; kritisch zu dieser Rechtsprechung *E.M. Willemsen* FS Willemsen, 2018, S. 619 (620).

[840] BAG 19.10.2011 – 4 AZR 811/09, NJOZ 2012, 493.

[841] Vgl. bereits *Hohenstatt* FS Willemsen (2018) S. 187 (189); *Greiner* in Preis, Arbeitsvertrag, II V 40 Rn. 63.

[842] Vgl. zu der nach hM für § 613a Abs. 1 S. 3 BGB verlangten beiderseitigen Tarifbindung → Rn. 140ff.

Gewerkschaft müssten sich demnach – lässt man die Bezugnahmeklausel zunächst außer Betracht – mit den abgesenkten Lohn- bzw. Gehaltszahlungen abfinden. Die Außenseiter könnten indessen geltend machen, dass es für sie hinsichtlich des Firmentarifvertrages an der Tarifbindung fehle, so dass sie sich nach wie vor auf die beim bisherigen Inhaber vereinbarten Bezugnahmeklauseln berufen könnten. Sofern diese dynamisch auf die Verbandstarifverträge verweisen, könnten sie verlangen, dass auch der Erwerber die in Bezug genommenen Tarifverträge anwendet. Die frühere Rechtsprechung des BAG und die bislang hL hätten hingegen auf den Charakter der Bezugnahmeklauseln als **Gleichstellungsabreden**[843] abgestellt und hervorgehoben, dass die **Außenseiter** im Vergleich zu den Gewerkschaftsmitgliedern **nicht besser gestellt** werden dürften. Die Begründungsansätze hierfür waren und sind unterschiedlich.

227 In einer älteren Entscheidung hat das Bundesarbeitsgericht im Zusammenhang mit einem Betriebsübergang, der mit einem Branchenwechsel verbunden war, mit dem Institut des **Wegfalls der Geschäftsgrundlage** argumentiert.[844] *Schaub* und ihm folgend *Henssler*[845] sprachen sich für eine analoge Anwendung von § 613a Abs. 1 S. 3 BGB aus. Die früher herrschende Auffassung gelangte hingegen durch eine **Auslegung der Bezugnahmeklausel** zum gewünschten Ergebnis.[846] Im Zweifel wollten Bezugnahmeklauseln nur das widerspiegeln, was für Tarifgebundene gilt.[847] Spätestens seit der Entscheidung des BAG vom 14.12.2005[848] muss auch in dieser Hinsicht eine neue Standortbestimmung erfolgen. Ausgangspunkt muss die unverfälschte Auslegung der Bezugnahmeklausel sein. Für den Fall einer Ablösung oder Modifizierung eines Verbandstarifvertrages durch einen Firmentarifvertrag (ohne Betriebsübergang) ist bereits ausgeführt worden,[849] dass sich die vertragliche Bezugnahmeklausel bei entsprechend weiter Formulierung auf den neuen Firmentarifvertrag beziehen kann, insbesondere wenn generell auf die Tarifverträge einer bestimmten Branche verwiesen wird. Bezieht sich die Bezugnahme hingegen **ausdrücklich** auf die **anwendbaren Verbandstarifverträge,** spricht Vieles dafür, von dieser Verweisung ergänzende oder abändernde **Firmentarifverträge nicht als erfasst** anzusehen, es sei denn, dass die Klausel ablösende, abändernde oder ersetzende Tarifregelungen ausdrücklich einbezieht. Es ist deshalb entscheidend, Bezugnahmeklauseln besonders sorgfältig zu formulieren und die denkbaren tarifpolitischen und -rechtlichen Entwicklungen mit ihnen zu antizipieren.[850]

228 Wäre im **Beispiel E 41** die Bezugnahmeklausel so auszulegen, dass sie sich weiterhin auf den Verbandstarifvertrag bezieht, der beim Veräußerer galt, stellt sich die Frage, ob sich nicht auch die Mitglieder der IG Metall, mit denen ebenfalls Bezugnahmeklauseln vereinbart wurden, auf die **günstigere Bezugnahmeklausel** berufen können. Dies wäre anzunehmen, wenn man die einzelvertragliche Bezugnahme auf die Verbandstarifverträge als eine **günstigere Abrede iSv § 4 Abs. 3 TVG**[851] ansähe. Auf der Basis der (für Arbeitsverträge ab dem 1.2.2002 überholten) **Gleichstellungsdoktrin**[852] wäre die Lösung des Falls hingegen unproblematisch: auf der Grundlage der Bezugnahmeklausel könnte nichts anderes gelten als aufgrund der Mitgliedschaft des Arbeitnehmers in der Gewerkschaft. Auf

---

843 Vgl. zur Gleichstellungsdoktrin → Rn. 186, 198, 237.

844 BAG 1.4.1987 – 4 AZR 77/86, NZA 1987, 593.

845 MüKoBGB/*Schaub*, 3. Aufl., § 613a Rn. 145; *Henssler* FS Schaub, 1998, 311 (322); aufgegeben *ders.* in FS Wissmann, 2005, 133 (149); vgl. auch *Schipp* NZA 1994, 865 (869); *Wank* NZA 1987, 505 (509).

846 *Hanau/Vossen* FS Hilger/Stumpf, 1983, 271 (294); *Kania* DB 1994, 529 (532) sowie *ders.* DB 1995, 625 (628); *Hromadka* DB 1996, 1872 (1877); Soergel/*Raab* BGB § 613a Rn. 130; MüKoBGB/*Müller-Glöge* § 613a Rn. 146; *Heinze* DB 1998, 1861 (1865); *Henssler* FS Wissmann, 2005, 133 (151).

847 So bereits BAG 16.8.1978 – 4 AZR 33/77, DB 1978, 2127.

848 Bereits → Rn. 220 und ausführlich sogleich → Rn. 237.

849 Hierzu → Rn. 198.

850 Siehe die Formulierungsvorschläge unter → Rn. 243 ff.

851 Auf der Basis des Günstigkeitsprinzips würden sich hier für die Anwendung der Verbandstarifverträge entscheiden: Wiedemann/*Wank* TVG § 4 Rn. 284; *Stein,* Anm. zu BAG AP Nr. 13 zu § 1 TVG Bezugnahme auf Tarifvertrag.

852 BAG 4.9.1996 – 4 AZR 135/95, NZA 1997, 271.

dieser Basis könnte die Bezugnahmeklausel keinesfalls überspielen, was qua beiderseitiger Tarifbindung tarifrechtlich gilt.[853] Auf der Basis der gegenwärtigen BAG-Rechtsprechung würde sich hier hingegen die **Bezugnahmeklausel gegen die ungünstigere kollektivrechtliche Bindung an den Firmentarifvertrag durchsetzen.**

Der zwischenzeitlich vom BAG – zu Recht – nicht mehr vertretene **Grundsatz der Tarifeinheit** würde sich selbst auf Basis der bis 2009 geltenden BAG Rechtsprechung vorliegend nicht zur Problemlösung eignen. Für die Anwendung des Prinzips der Tarifeinheit auf eine solche Konstellation fehlt es an jeglicher dogmatischer Grundlage.[854] Die **Konkurrenz** zwischen einer **einzelvertraglichen** und einer **normativen** Geltung eines Tarifvertrages ist – anders als dies der *Vierte Senat* früher gesehen hat[855] – auf der Basis des **Günstigkeitsprinzips** aufzulösen; Tarifkonkurrenz entsteht nur bei der parallelen *normativen* Anwendbarkeit mehrerer Tarifverträge.[856] Der *Vierte Senat* hat sich der hier vertretenen Auffassung zwischenzeitlich ausdrücklich angeschlossen.[857] Dies bedeutet, dass sich eine im Ergebnis für den Arbeitnehmer günstigere Bezugnahmeklausel auch gegen eine Tarifgeltung durchsetzt, die beim neuen Arbeitgeber kraft beiderseitiger Tarifgebundenheit gilt. Über eine Anwendung der Grundsätze des Wegfalls der **Geschäftsgrundlage** lässt sich die Tarifbindung des neuen Arbeitgebers den Mitarbeitern, die noch in den Genuss der beim bisherigen Arbeitgeber geltenden Tarife kommen, ebenfalls nicht aufzwingen.[858] Diese Lehre liefe nämlich auf dasselbe Ergebnis wie die überholte Gleichstellungsdoktrin hinaus.

In zwei Entscheidungen vom 29.8.2007[859] hat der *Vierte Senat* festgestellt, dass sich gemäß § 613a Abs. 1 S. 1 BGB fortgeltende Bezugnahmeklauseln, die zu einer für den Arbeitnehmer günstigeren Tarifgeltung führen als bei Anwendung der für den Erwerber geltenden Tarifverträge, nicht im Wege eines **Sozialplans oder Interessenausgleichs** aushebeln lassen.[860] Dies ist geradezu selbstverständlich, da auch im Verhältnis zwischen Arbeitsvertrag und einer Betriebsvereinbarung bzw. einem Interessenausgleich das **Günstigkeitsprinzip**[861] Anwendung findet.

Eine andere Frage ist es, ob ein **Mitbestimmungsrecht** des Betriebsrats gemäß **§ 87** 229
Abs. 1 Nr. 10 BetrVG besteht, wenn sich durch Tarifwechselklauseln der im Betrieb oder für einen Teil der Belegschaft anwendbare Tarifvertrag ändert.[862] In der Tat soll es nach Auffassung des *Ersten Senats* des BAG beim Beteiligungsrecht des Betriebsrates gem. § 87 Abs. 1 Nr. 10 BetrVG nicht darauf ankommen, auf welcher rechtlichen Grundlage die Anwendung der bisher im Betrieb geltenden Lohngrundsätze beruht.[863] Im Zusammenhang mit einem tarifrechtlich oder über Bezugnahmeklauseln bewirkten **Tarifwechsel** dürfte jedoch entscheidend sein, dass insofern kein für die Ausübung von Mitbestimmung erforderlicher Gestaltungsspielraum des Arbeitgebers gegeben ist. Der Wechsel des

---

[853] So *Henssler* FS Wissmann, 2005, 133 (151), der jedes andere Ergebnis für „absurd" hielt.

[854] Siehe nur Wiedemann/*Wank* TVG § 4 Rn. 284.

[855] Siehe zuletzt BAG 23.3.2005 – 4 AZR 203/04, NZA 2005, 1003 mit abl. Bespr. *Thüsing* NZA 2005, 1280; krit. auch *Giesen* NZA 2006, 625 (628).

[856] *Thüsing* ebenda S. 1282; *Rinck* RdA 2010, 216 (219); anders als der *Vierte Senat* auch der *Zehnte Senat,* BAG 26.1.1994 – 10 AZR 611/92, NZA 1994, 1038.

[857] BAG 29.8.2007 – 4 AZR 767/06, NZA 2008, 364 Rn. 20; siehe hierzu *Hohenstatt/Kuhnke* RdA 2009, 107 (108); vgl. auch BAG 24.2.2010 – 4 AZR 691/08, NZA-RR 2010, 530 Rn. 45; ebenso für das Verhältnis zwischen Tarifgeltung qua Bezugnahmeklausel und allgemeinverbindlichem Tarifvertrag BAG 7.7.2010 – 4 AZR 1022/08, NZA-RR 2011, 30.

[858] So aber *Henssler* FS Wissmann, 2005, 133 (152).

[859] BAG 29.8.2007 – 4 AZR 766/06, AuR 2008, 181 und 4 AZR 765/06, AP Nr. 62 zu § 1 TVG Bezugnahme auf Tarifvertrag.

[860] Zur (misslungenen) Ablösung einer tariflichen Altersversorgung, die qua Bezugnahmeklausel galt, durch Betriebsvereinbarung siehe BAG 13.11.2007 – 3 AZR 191/06, NZA 2008, 600, Ls. 2; siehe auch BAG 6.11.2007 – 1 AZR 862/06, NZA 2008, 542 Rn. 24.

[861] BAG 29.8.2007 – 4 AZR 765/06, AP Nr. 62 zu § 1 TVG Bezugnahme auf Tarifvertrag Rn. 36 bzw. 38.

[862] Bejahend wohl Staudinger/*Annuß* BGB § 613a Rn. 251 unter Hinweis auf BAG 22.6.2010 – 1 AZR 853/08, NZA 2010, 1243.

[863] BAG 22.6.2010, ebenda Rn. 22; siehe auch BAG 8.12.2009 – 1 ABR 66/08, NZA 2010, 404 Rn. 21.

Tarifregimes ist hier entweder eine sich direkt aus dem Tarifrecht ergebende Konsequenz oder – sofern der Tarifwechsel auf einer Bezugnahmeklausel beruht – Folge einer in der Vergangenheit liegenden Vertragsgestaltung.[864] Für eine Mitbestimmung des Betriebsrates ist dann im Zeitpunkt des Tarifwechsels kein Raum mehr. Insofern erscheint die Rechtslage allerdings noch nicht hinreichend geklärt. In der Praxis wird man eventuell erwägen, den Betriebsrat parallel zu beteiligen und den Tarifwechsel ggf. über ein Einigungsstellenverfahren zu flankieren; man fragt sich in dieser Konstellation allerdings, welcher Handlungs- oder Gestaltungsspielraum der Einigungsstelle in einer solchen Konstellation überhaupt eingeräumt sein kann.

230 **(2) Bindung des neuen Inhabers an mit anderer Gewerkschaft abgeschlossene Tarifverträge.** Gelten beim Erwerber eines Betriebes Tarifverträge einer anderen Gewerkschaft, gelingt es in der Regel nicht, für die vom Betriebs(teil)übergang betroffenen Arbeitnehmer einen Tarifwechsel herbeizuführen. Die Mitglieder der beim Veräußerer zuständigen Gewerkschaft müssten der für den neuen Arbeitgeber zuständigen Gewerkschaft beitreten, damit es zu einer beiderseitigen Bindung an die Tarifverträge kommt. **§ 613a Abs. 1 Satz 3 BGB** findet vorliegend **keine Anwendung,** da diese Vorschrift nach hM im Hinblick auf die beim neuen Betriebsinhaber geltenden Tarifverträge eine **beiderseitige Tarifbindung**[865] verlangt. Nur dann, wenn die Arbeitsverträge eine wirksame **Tarifwechselklausel** enthalten, kann es dennoch zur Anwendung der Tarifverträge des Erwerbers kommen.

Beispiel E 42:

Die Arbeitsverträge einer Privatklinik verweisen auf den Tarifvertrag für Arbeiter in Privatkrankenanstalten „und die diesen Tarifvertrag ergänzenden, ändernden oder ersetzenden Tarifverträge". Der dem Privatklinikverband angehörende Arbeitgeber gliedert den Betriebsteil „Küche" aus; der neue Arbeitgeber ist Mitglied des Hotel- und Gaststättenverbandes. Für die Privatkliniken war die Gewerkschaft Verdi zuständig, für den neuen Arbeitgeber die NGG.[866]

Da hinsichtlich der beim neuen Arbeitgeber geltenden Tarifverträge der Gastronomiebranche für die Mitglieder von Verdi keine beiderseitige Tarifbindung besteht, findet § 613a Abs. 1 S. 3 BGB keine Anwendung. Die Mitglieder von Verdi könnten demnach verlangen, weiterhin gemäß den Bedingungen des (statisch)[867] fortwirkenden Tarifvertrages für Privatkrankenanstalten beschäftigt zu werden (§ 613a Abs. 1 S. 2 BGB). Auf der Grundlage der Bezugnahmeklausel könnte es sogar zu einer weiterhin dynamischen Anwendung der Verdi-Tarifverträge, kommen. Die (überholte) Lehre, wonach dynamische Bezugnahmeklauseln im Zweifel als „Gleichstellungsabrede"[868] auszulegen sind, würde hier keine Wirkung entfalten, da auch für die Gewerkschaftsmitglieder kein Tarifwechsel erfolgt.[869] Eine Bezugnahmeklausel, die sich zeitlich-dynamisch auf bestimmte Tarifverträge oder auf Tarifverträge einer bestimmten Branche bezieht, lässt sich nicht in dem Sinne auslegen, dass damit nach einem Betriebs(teil)übergang auch Tarifverträge einer anderen Branche oder einer anderen Gewerkschaft in Bezug genommen sein sollen.[870]

231 Der ganz hM und dem BAG ist deshalb darin zuzustimmen, dass die Bezugnahmeklausel im Arbeitsvertrag entsprechend formuliert sein muss, um im Sinne einer **„Tarifwech-**

[864] Siehe hierzu auch → Rn. 239.
[865] Vgl. oben → Rn. 177 ff.
[866] Der Beispielfall ist der Entscheidung BAG 30.8.2000 – 4 AZR 581/99, NZA 2001, 510 nachgebildet.
[867] Vgl. → Rn. 154.
[868] Vgl. hierzu schon → Rn. 186, 198.
[869] So *Kania* DB 1994, 529 (532); Soergel/*Raab* BGB § 613a Rn. 130; Kempen/Zachert/*Brecht-Heitzmann* TVG § 3 Rn. 254; *Thüsing/Lambrich* RdA 2002, 193 (210).
[870] *Henssler* FS Wissmann, 2005, 133 (152); Kempen/Zachert/*Brecht-Heitzmann* TVG § 3 Rn. 254.

sel- oder Transformationsklausel"[871] ausgelegt werden zu können. In diesem Sinne hat der *Vierte Senat*[872] klargestellt, dass im Fall eines Wechsels eines Betriebes in den fachlichen oder betrieblichen Geltungsbereich eines anderen Tarifwerks eine Geltung der neuen Tarifverträge auf der Basis von Bezugnahmeklauseln in der Regel ausgeschlossen sei, jedenfalls dann, wenn der nunmehr einschlägige Tarifvertrag nicht von derselben Gewerkschaft abgeschlossen wurde. Für den Fall gemäß **Beispiel E 42** entschied der *Vierte Senat,* dass die einzelvertraglich vereinbarte Geltung der Privatkliniktarife nach dem Betriebsteilübergang weiterhin wirksam sei und sich die Bezugnahmeklausel nicht automatisch auf die Tarifverträge des Erwerbers beziehe. Sofern gewünscht sei, dass die neuen Tarifverträge nach einem Branchenwechsel die bisherigen Tarifverträge ablösen sollen, müsse dies ausdrücklich im Sinne einer großen dynamischen **Bezugnahmeklausel** vereinbart werden. Das BAG hält es hierfür für ausreichend, wenn im Arbeitsvertrag auf die „jeweils für den Betrieb einschlägigen Tarifverträge" verwiesen wird.[873] **§ 2 Abs. 1 S. 2 Nr. 10 des Nachweisgesetzes** (NachwG) sei damit ebenfalls Genüge getan; es müsse aber „klarstellend hinzu(gesetzt) (...) (werden), um welche Tarifverträge es sich dabei *derzeit* handelt".[874] Ob § 2 Abs. 1 S. 2 Nr. 10 NachwG auf vertragliche Bezugnahmeklauseln Anwendung findet, ist strittig. Nach Auffassung des BAG[875] ist dies der Fall; die hM[876] in der Literatur wendet die Vorschrift hingegen nur auf die normativ geltenden Kollektivverträge an. Soweit in einem Arbeitsvertrag auf einen Tarifvertrag verwiesen wird, der ansonsten nicht (kollektivrechtlich) Anwendung fände, ist die Bezugnahme aber in jedem Fall ein wesentlicher Vertragsbestandteil, der nach § 2 Abs. 1 S. 1 NachwG nachweispflichtig ist.[877]

Auf der Basis einer großen dynamischen Verweisungsklausel kommt es bei den Außenseitern zur Anwendung des für den neuen Arbeitgeber einschlägigen Tarifvertrages, auch wenn er mit einer anderen Gewerkschaft abgeschlossen ist; hierfür muss der Tarifvertrag des neuen Arbeitgebers aber fachlich und örtlich auf den übernommenen Betrieb(steil) anwendbar sein.[878] Bei den Mitarbeitern, die der beim Betriebsveräußerer zuständigen Gewerkschaft angehörten, konkurriert nach dem Betriebs(teil)übergang die Fortgeltung der bisher anwendbaren Tarifverträge gemäß § 613a Abs. 1 S. 2 BGB mit der gemäß Satz 1 im neuen Arbeitsverhältnis fortgeltenden Bezugnahmeklausel: im **Beispiel E 42** käme also bei Vereinbarung einer wirksamen Tarifwechselklausel sowohl eine Fortgeltung der Privatkliniktarife als auch die Geltung der NGG-Tarife in Betracht. Dieser Konflikt ist systemgerecht aufzulösen. 232

Nach zutreffender Auffassung muss sich hier auf der Grundlage der großen dynamischen Bezugnahmeklausel die Geltung der beim Erwerber anwendbaren Tarifverträge durchsetzen. Die Bezugnahmeklausel stellt hier eine **Verabredung iSv § 613a Abs. 1 S. 4 Alt. 2 BGB** dar mit der Folge, dass die ansonsten über § 613a Abs. 1 S. 2 BGB fortwirkende **„alte" Tarifgeltung überspielt** wird. Nach dieser Vorschrift kann vor Ablauf der Jahresfrist gemäß Satz 2 bei **fehlender beiderseitiger Tarifgebundenheit** „zwischen dem **neuen Inhaber** und dem Arbeitnehmer" vereinbart werden, dass ein „anderer" Tarifvertrag gelten soll, soweit das Arbeitsverhältnis unter den Geltungsbereich des anderen 233

[871] Siehe BAG 21.2.2001 unter B. I.4. der Gründe, 4 AZR 18/00, NZA 2001, 1318 (1324); vgl. Kempen/Zachert/*Brecht-Heitzmann* TVG § 3 Rn. 253.

[872] BAG 30.8.2000 – 4 AZR 581/99, NZA 2001, 510; bestätigt durch BAG 21.2.2001 – 4 AZR 18/00, NZA 2001, 1318 (1324).

[873] BAG 30.8.2000 – 4 AZR 581/99, NZA 2001, 510 unter 1 c) bb) der Gründe.

[874] BAG 30.8.2000 – 4 AZR 581/99, NZA 2001, 510 unter 1 c) bb) der Gründe.

[875] BAG 23.1.2002 – 4 AZR 56/01, NZA 2002, 800 unter 4 b) der Gründe.

[876] Siehe nur ErfK/*Preis* NachwG § 2 Rn. 24.

[877] ErfK/*Preis* NachwG § 2 Rn. 24.

[878] BAG 16.10.2002 – 4 AZR 467/01, NZA 2003, 390; aA *Lambrich* FS Ehmann, 2005, 169 (233); die Klausel „es gelten die für den Betrieb anwendbaren Tarifverträge" wird man jedoch in der Regel so verstehen, dass der Arbeitgeber selbst qua Mitgliedschaft an diese gebunden sein muss, sofern kein Firmentarifvertrag gilt; anders könnte man dies allenfalls bei einem Verweis auf die „einschlägigen Tarifverträge" sehen; ähnlich wie hier *Henssler* FS Wissmann, 2005, 133 (153).

Tarifvertrages fällt. Enthält der Arbeitsvertrag eine „große dynamische Bezugnahmeklausel", die so auszulegen ist, dass der Tarifvertrag eines Betriebs(teil)erwerbers gelten soll, auch wenn damit ein Tarifvertrag einer anderen Branche bzw. einer anderen Gewerkschaft zur Anwendung käme, könnte man vertreten, dass diese Regelung schon während der Jahresfrist gemäß Satz 2 Geltung beansprucht und zur Anwendbarkeit der Tarifverträge des neuen Arbeitgebers führt.[879] Dieser Ausweg würde allerdings scheitern, wenn eine solche **vorweggenommene Vereinbarung** gem. Satz 4 Alt. 2 BGB nicht möglich wäre, sondern nur – wie es der Wortlaut der Vorschrift nahelegt – mit dem **neuen Inhaber** (und damit nach dem Betriebsübergang) geschlossen werden könnte.[880] In seiner Entscheidung vom 21.2.2001[881] hat der *Vierte Senat* diese Frage ausdrücklich offen gelassen, da die Bezugnahmeklausel, um die es ging, eindeutig nicht als „Tarifwechsel- oder Transformationsklausel (große dynamische Verweisungsklausel)" anzusehen war. Der **Regelungszweck** von § 613a Abs. 1 S. 4 Alt. 2 BGB spricht indessen dafür, auch vor dem Betriebsübergang abgeschlossene dynamische Bezugnahmeklauseln als Vereinbarungen im Sinne von Satz 4 Alt. 2 anzusehen, da auch in dieser Konstellation sichergestellt ist, dass das Arbeitsverhältnis unter die Mindestbedingungen des einschlägigen Tarifvertrages fällt.[882] Für die insofern parallele[883] Vorschrift des § 4 Abs. 5 TVG (Nachwirkung der Rechtsnormen eines Tarifvertrages „bis sie durch eine andere Regelung ersetzt werden") hat der *Vierte Senat* des BAG[884] schon 2005 klargestellt, dass eine die Nachwirkung ausschließende Regelung auch schon vor Eintritt der Nachwirkung abgeschlossen werden könne. „Von der Privatautonomie umfasst" seien auch „Verträge, die erst in Zukunft Wirkung entfalten sollen". Dies müsse „auch für eine Vereinbarung gelten, die auf die Ablösung einer Nachwirkung des Tarifvertrages gerichtet ist".[885]

234 Da die große dynamische Bezugnahme im Sinne einer Tarifwechselklausel demnach gerade in Outsourcing- bzw. Ausgliederungskonstellationen zu einschneidenden Änderungen im Hinblick auf Vergütung und andere Arbeitsbedingungen führen kann, werden derlei Klauseln naturgemäß einer kritischen Betrachtung unterzogen. Den Anforderungen des **Nachweisgesetzes** (§ 2 Abs. 1 S. 1 und S. 2 Nr. 10) genügen große dynamische Bezugnahmeklauseln jedoch, jedenfalls sofern die **aktuell geltenden Tarifverträge konkret bezeichnet** werden. Die Bezeichnung der durch einen etwaigen Tarifwechsel zukünftig anwendbaren Tarifverträge zum Zeitpunkt des Vertragsabschlusses ist naturgemäß nicht möglich und kann daher nicht verlangt werden. Dies stellt dynamische Bezugnahmeklauseln jedoch nicht in Frage.[886] Allerdings besteht das Risiko, dass die Rechtsprechung große dynamische Bezugnahmeklauseln, die im konkreten Fall zu einem Tarifwechsel führen, je nach der Intensität der durch sie erzeugten Wirkung auf die Arbeitsbedingungen als **in-**

---

879 *Zöllner* DB 1995, 1401 (1405); Staudinger/*Annuß* BGB § 613a Rn. 244 mit eingehender Begründung; *Gamillscheg*, Band I, S. 785 spricht von einer „vorweggenommenen Vereinbarung gem. Satz 4"; *Haußmann* DB 2001, 1839 (1840), HWK/*Müller-Bonanni* BGB § 613a Rn. 283; *Meyer* NZA 2003, 1126 (1129); *Henssler* FS Wissmann, 2005, 133 (153); *Hanau* NZA 2005, 489 (492); *Rinck* RdA 2010, 216 (222); aA *Heinze* FS Schaub, 1998, 275 (293); *Jacobs*, Anm. zu BAG AP Nr. 34 zu § 4 TVG Nachwirkung Bl. 8; *Lambrich* FS Ehmann, 2005, 169 (234); krit., im Erg. jedoch zustimmend *Thüsing/Lambrich* RdA 2002, 193 (212); zust. wohl auch *Bepler* RdA 2009, 71.

880 *Hanau* NZA 2005, 489 (492) weist zu Recht darauf hin, dass die Tarifwechselklausel nach § 613a Abs. 1 BGB in das Arbeitsverhältnis mit dem neuen Arbeitgeber eingeht, so dass es angemessen sei, sie einer mit ihm getroffenen Abrede gleichzustellen; ebenso *Rinck* RdA 2010, 216 (223).

881 BAG 21.2.2001 – 4 AZR 18/00, NZA 2001, 1318 (1324) unter B I. 4. der Gründe.

882 *HMB/Henssler* Teil 10 Rn. 96; HWK/*Müller-Bonanni* BGB § 613a Rn. 280b; HWK/*Henssler* TVG § 3 Rn. 30 a; Staudinger/*Annuß* BGB § 613a Rn. 244; ; *Bauer/Günther* NZA 2008, 6 (11); Thüsing/Braun/*Reufels* S. 524.

883 Die Parallele zu § 4 Abs. 5 TVG sieht auch *Jacobs*, Tarifeinheit und Tarifkonkurrenz, S. 136; *ders.* Anm. zu BAG AP Nr. 34 zu § 1 TVG Nachwirkung, Bl. 8, allerdings mit abweichenden Schlussfolgerungen.

884 BAG 23.2.2005 – 4 AZR 186/04, NZA 2005, 1320 unter 5c) der Gründe; BAG 17.1.2006 – 9 AZR 41/05, NZA 2006, 923.

885 Siehe zur neueren BAG-Rechtsprechung insofern → Rn. 233.

886 Preis/*Greiner*, Der Arbeitsvertrag, II V 40 Rn. 80; vgl. auch *Klebeck* NZA 2006, 15 (20).

transparent ansieht und einen Verstoß gegen **§ 307 Abs. 1 S. 2 BGB** annimmt.[887] Dies wäre indessen unberechtigt. Dynamische Bezugnahmeklauseln entsprechen einem Bedürfnis beider Seiten an einem „auf die Zukunft gerichteten Arbeitsverhältnis“[888]. Sie sind auch dann transparent, wenn sich zum Zeitpunkt des Vertragsabschlusses noch nicht bestimmen lässt, welcher Tarifvertrag zB infolge eines Betriebsübergang einmal Anwendung finden könnte; es ist vielmehr ausreichend, wenn sich der derzeit geltende Tarifvertrag klar bestimmen lässt und die zukünftigen Tarifverträge je nach Anlass klar **„bestimmbar“**[889] sind. Bei einer großen dynamischen Inbezugnahme weiß der Arbeitnehmer, dass er in bestimmten Konstellationen mit einer für ihn nachteiligen Tarifentwicklung rechnen muss.[890]

f) Exkurs: Bezugnahmeklauseln bei Verbandsaustritt und Verbandswechsel

aa) Verbandsaustritt. In vielen Branchen ist die Zahl der Unternehmen mit Vollmitgliedschaft im zuständigen Arbeitgeberverband rückläufig. **Verbandsaustritte** oder der **Wechsel in eine sog. OT-Mitgliedschaft**[891], sind demnach keine Seltenheit. Zwar kann sich ein Arbeitgeber durch Verbandsaustritt nicht mit sofortiger Wirkung von der Anwendbarkeit der Tarifverträge befreien; mittelfristig gelingt dies aber durchaus. Die Tarifgebundenheit knüpft nach § 3 Abs. 1 TVG an die Mitgliedschaft der Arbeitsvertragsparteien in den tarifschließenden Verbänden an, so dass bei Verbandsaustritt des Unternehmens an sich die Tarifbindung entfallen müsste.[892] Nach einem Verbandsaustritt (dessen Wirksamkeit zunächst neben den üblichen Formalien den Ablauf der **satzungsmäßigen Kündigungsfrist**[893] voraussetzt) gelten die zum Zeitpunkt des Austritts anwendbaren Tarifverträge gemäß **§ 3 Abs. 3 TVG** fort, bis sie enden. Bei Tarifverträgen mit langen Laufzeiten (so zumeist die Manteltarifverträge) kann diese Fortgeltung mehrere Jahre andauern. Während dieser Zeit können sogar nach dem Austritt eingestellte Gewerkschaftsmitglieder oder solche Mitarbeiter, die erst nach dem Austritt des Arbeitgebers der Gewerkschaft beitreten, die (zwingende) Tarifanwendung gemäß § 3 Abs. 3 TVG verlangen[894], was angesichts des Schutzzwecks des § 3 Abs. 3 TVG eine sehr weitgehende Rechtsfolge darstellt. Somit kommt es für ein Unternehmen, das einen Verbandsaustritt vornimmt, entscheidend darauf an, wann ein Tarifvertrag endet und wann demgemäß die **Fortgeltung nach § 3 Abs. 3 TVG** entfällt. Grundsätzlich gilt ein Tarifvertrag fort bis zum Ende des Zeitraums für den er geschlossen wurde (befristeter Tarifvertrag), bis zum Wirksamwerden der tatsächlich erfolgten Kündigung oder bis zum Abschluss eines Aufhebungsvertrages.[895] Häufig jedoch werden die Tarifverträge für unbestimmte Zeit eingegangen, so dass es bei ausbleibender Kündigung im Zweifel zu einer äußerst langen Fortgeltung kommen kann.[896] Daher wird von einer Reihe von Autoren vertreten, dass die Weitergeltung bereits mit dem 235

[887] Vgl. zu dieser Problematik generell bei dynamischen Bezugnahmeklauseln *Preis/Greiner* NZA 2007, 1073; HMB/*Henssler* Teil 10 Rn. 23; umfassend hierzu *Bayreuther* FS Kreutz, 2010, 29, der zum Ergebnis kommt, dass auch aufgrund einer transparent formulierten „Tarifwechselklausel“ Tarifverträge nicht Vertragsinhalt werden, wenn diese dem bisherigen Tarifwerk „fernstehen“ bzw. wenn der Arbeitnehmer in eine „Niedriglohnbranche hineingeschoben“ werde; ähnliches soll gelten, wenn Tarifverträge einer „Minderheitsgewerkschaft“ Anwendung fänden (vgl. S. 35).

[888] BAG 8.12.2015 – 3 AZR 267/14, NZA-RR 2016, 374 Rn. 33; *Klumpp* in Clemenz/Kreft/Krause § 307 Rn. 160.

[889] BAG 8.12.2015 – 3 AZR 267/14, NZA-RR 2016, 374 Rn. 33.

[890] BeckOK ArbR/*Jacobs* BGB § 307 Rn. 66; *Klumpp* in Clemenz/Kreft/Krause § 307 Rn. 160

[891] MHdB ArbR/*Klumpp* § 245 Rn. 27; *Löwisch/Rieble* TVG § 3 Rn. 58.

[892] *Löwisch/Rieble* TVG § 3 Rn. 241.

[893] Aus verfassungsrechtlichen Gründen darf die Austrittsfrist in der Regel max. sechs Monate betragen; vgl. hierzu BGH 29.7.2014 – II ZR 243/13, NJW 2014, 3239; umfassend HMB/*Sittard* Teil 14 Rn. 8.

[894] BAG 4.8.1993 – 4 AZR 499/92, NZA 1994, 34; HWK/*Henssler* TVG § 3 Rn. 42; *Löwisch/Rieble* TVG § 3 Rn. 242; HMB/*Sittard* Teil 14 Rn. 27.

[895] HWK/*Henssler* TVG § 3 Rn. 40; Kempen/Zachert/*Kempen* TVG § 3 Rn. 70; *von Bernuth* NJW 2003, 2215 (2216).

[896] *Lambrich/Trappehl* S. 108.

Zeitpunkt der ersten vertraglichen Kündigungsmöglichkeit enden müsse.[897] Für den Fall von **inhaltlichen Änderungen** des Tarifvertrages hat das BAG klargestellt, dass die zwingende Bindung an den gesamten Tarifvertrag endet.[898] Begründet wird dies damit, dass das ehemalige Verbandsmitglied den Tarifwortlaut lediglich in der bisherigen Fassung legitimiert hat. Ebenso endet die Nachbindung mit dem Ende seiner ursprünglichen Laufzeit, auch wenn die Tarifvertragsparteien den Tarifvertrag nach dem Verbandsaustritt verlängern.[899]

236 Auf das Ende der Nachbindung gem. § 3 Abs. 3 TVG folgt die **Nachwirkung** des Tarifvertrages gem. **§ 4 Abs. 5 TVG**[900]. Die Nachwirkung betrifft allerdings nur diejenigen Arbeitsverhältnisse, die zum Zeitpunkt der Tarifgeltung bereits bestanden.[901] Für erst im Nachwirkungszeitraum eingestellte Arbeitnehmer gelten die nachwirkenden Tarifverträge nicht, es sei denn, dass ihnen dies durch eine Bezugnahmeklausel einzelvertraglich zugesagt wurde. Die Nachwirkung soll verhindern, dass ein Arbeitsverhältnis nach Ablauf eines Tarifvertrags „inhaltsleer" wird.[902] Die Nachwirkung kann jedoch – anders als die Fortgeltung nach § 3 Abs. 3 TVG – durch eine anderweitige, auch zuungunsten des Arbeitnehmers wirkende Vereinbarung oder durch Geltung eines anderen Tarifvertrages beendet werden.

Es ist zwar mit guten Gründen geltend gemacht worden, dass das dargestellte System der Aufrechterhaltung der (statischen) Tarifanwendung nach Verbandsaustritt den Arbeitgeber in seiner **negativen Koalitionsfreiheit** verletzt.[903] Die Rechtsprechung ist dieser Argumentation jedoch nicht gefolgt.[904] Sowohl der Bestand der Verbände als auch der Arbeitnehmerschutz machten die Weitergeltung erforderlich. Immerhin wird aber durch den Verbandsaustritt die Geltung zukünftiger – nach Wirksamkeit des Austritts vereinbarter – Tarifverträge ausgeschlossen,[905] es sei denn, dass die Tarifverträge für allgemeinverbindlich erklärt wurden. Selbst dieser Effekt des Verbandsaustritts kann hingegen vereitelt werden, wenn die Arbeitsverträge vorbehaltlose zeitlich-dynamische Bezugnahmeklauseln enthalten. Denn mit solchen Klauseln wird ja gerade die dynamische Tarifanwendung zugesagt, und zwar häufig ohne dass dies unter den Vorbehalt gestellt wird, dass der Arbeitgeber weiterhin dem zuständigen Arbeitgeberverband zugehört.

237 Nach früherer Rechtsprechung des BAG[906] führte indessen ein **Verbandsaustritt** des Arbeitgebers dazu, dass sich die Arbeitnehmer zur Begründung einer weiteren Tarifgeltung nicht mehr auf eine vereinbarte (dynamische) Bezugnahmeklausel berufen konnten. Auf Basis der „Gleichstellungsdoktrin"[907] ging der *Vierte Senat* davon aus, dass durch die Bezugnahmeklausel lediglich die **Gewerkschaftszugehörigkeit des Arbeitnehmers fingiert** werde; es solle gelten, was auch tarifrechtlich gilt. Hingegen sei es nicht Zweck solcher Abreden, den Arbeitnehmern auch „unabhängig von der Tarifgebundenheit des Arbeitgebers eine dauernde Teilhabe an der Tarifentwicklung zu gewährleisten". Ein Aus-

---

[897] Vgl. nur *Löwisch/Rieble* TVG § 3 Rn. 272f. mwN; *Lambrich/Trappehl* Tarifflucht S. 109; ablehnend: Däubler/*Lorenz* TVG § 3 Rn. 113; Wiedemann/*Oetker* TVG § 3 Rn. 97; HWK/*Henssler* TVG § 3 Rn. 44, der allerdings gegen § 3 Abs. 3 TVG verfassungsrechtliche Bedenken erhebt.

[898] BAG 4.4.2001 – 4 AZR 215/00, NZA 2002, 104; BAG 7.11.2001 – 4 AZR 703/00, NZA 2002, 748; zustimmend *Löwisch/Rieble* TVG § 3 Rn. 280; HWK/*Henssler* TVG § 3 Rn. 44; Wiedemann/*Oetker* TVG § 3 Rn. 97, 103f.

[899] Wiedemann/*Oetker* TVG § 3 Rn. 94.

[900] Ständige Rspr. seit BAG 14.2.1991 – 8 AZR 166/90, NZA 1991, 779; BAG 17.5.2000 – 4 AZR 363/99, NZA 2001, 453; Wiedemann/*Oetker*, TVG § 3 Rn. 114; *Löwisch/Rieble* TVG § 4 Rn. 786.

[901] BAG 22.7.1998 – 4 AZR 403/97, NZA 1998, 1287; HMB/*Sittard* Teil 14 Rn. 28.

[902] *Lambrich/Trappehl* S. 111.

[903] Vgl. insb. *Reuter* RdA 1996, 201 (208); *Schwab* BB 1994, 781; *Bauer/Diller* DB 1993, 1085 (1086).

[904] BVerfG 3.7.2000 – 1 BvR 945/00, NZA 2000, 947 (948); BVerfG 24.5.1977 – 2 BvL 11/74, NJW 1977, 2255 und BAG 4.8.1993 – 4 AZR 499/92, NZA 1994, 34 (35).

[905] HWK/*Henssler* TVG § 3 Rn. 44.

[906] BAG 26.9.2001 – 4 AZR 544/00, NZA 2002, 634; unter II 1. b) aa) (1) der Gründe; ebenso *Gaul* BB 2000, 1086.

[907] Vgl. → Rn. 186, 198.

tritt des Arbeitgebers aus dem Arbeitgeberverband führe daher bei den Nichtorganisierten zu den auch für Gewerkschaftsmitgliedern vorgesehenen Rechtsfolgen (Fortgeltung des Tarifvertrages bis zu seinem Ablauf, sodann (statische) Nachwirkung; §§ 3 Abs. 3, 4 Abs. 5 TVG). Es liege fern anzunehmen, dass der Arbeitgeber auf der Grundlage einer Bezugnahmeklausel über das hinausgehen wolle, was für tarifgebundene Arbeitnehmern gilt. Dies sei – so die frühere Rechtsprechung – für den Arbeitnehmer auch „erkennbar". Wenn der Arbeitgeber eine Bezugnahmeklausel anbiete, erfolge dies „typischerweise deshalb, weil er an die in Bezug genommenen Tarifverträge gebunden ist" und in diesem Rahmen alle Arbeitnehmer gleich behandeln wolle.[908] Diese frühere Rechtsprechung ging indessen über die reine Auslegung von Bezugnahmeklauseln deutlich hinaus.[909] Neu eingestellte Arbeitnehmer werden sich über die Verbandsmitgliedschaft des Arbeitgebers keine Gedanken machen, und zwar insbesondere dann nicht, wenn der ihnen vorgelegte Arbeitsvertrag bestimmte Tarifverträge in ihrer jeweiligen Fassung in Bezug nimmt. Sie werden vielmehr annehmen, durch diese Vereinbarung **dauerhaft an der tariflichen Entwicklung** teilnehmen zu können.[910] Die Bedingung einer fortbestehenden Verbandsmitgliedschaft kommt in solchen Klauseln noch nicht einmal ansatzweise zum Ausdruck, was mit dem Transparenzgebot schwerlich in Einklang zu bringen ist.[911] Im Übrigen erweisen sich schon die tatsächlichen Prämissen der BAG-Entscheidung als unzutreffend. Bezugnahmeklauseln werden eben nicht nur von Arbeitgebern vereinbart, die zugleich tarifgebunden sind.[912] Auch nicht tarifgebundene Arbeitgeber haben häufig ein Interesse daran, ihre Belegschaften an der Tarifentwicklung teilhaben zu lassen, schon um sich das eigene Aushandeln von Arbeitsbedingungen zu ersparen und sich einem sonst möglicherweise entstehenden Druck zum Abschluss eines Firmentarifvertrages zu entziehen.[913] Von daher ist der Rückschluss von der Bezugnahmeklausel auf die Verbandsmitgliedschaft des Arbeitgebers keineswegs zwingend. Bezugnahmeklauseln tarifgebundener Arbeitgeber sind daher nicht mit einem gewissermaßen **„geheimen Vorbehalt" des Verbandsaustritts** versehen. Diese Sicht der Dinge entspricht der geänderten Rechtsprechung des *Vierten Senats.* Die insofern grundlegende Entscheidung vom 14.12.2005 bezog sich zwar auf die Auslegung einer Bezugnahmeklausel nach Betriebsübergang. Der *Senat* hat bei dieser Gelegenheit aber ausdrücklich die gesamte **„Gleichstellungsdoktrin" aufgegeben**[914], so dass auch seine **bisherige Rechtsprechung zum Verbandswechsel, Verbandsaustritt und zum Branchenwechsel nicht mehr anwendbar** ist.[915] Das hat der *Vierte Senat* zwischenzeitlich mehrfach bestätigt[916],weshalb sich der Arbeitgeber auch nach einem Verbandsaustritt an der vertraglich zugesagten dynamischen Tarifanwendung festhalten lassen muss.[917] Möchte er dies vermeiden, hat die Gestaltung der Bezugnahmeklausel diesen Willen entsprechend zum Ausdruck zu bringen.[918] Dass Gleichstellungsabreden nach wie vor zulässig sind, wenn sie als solche unmissverständlich formuliert werden, hat der *Vierte Senat* ausdrücklich hervorgehoben.[919]

Bei einer vorbehaltlos zeitlich-dynamischen Bezugnahmeklausel (auch kleine dynamische Bezugnahmeklausel) setzt sich demnach gemäß dem **Günstigkeitsprinzip** die ein- 238

[908] BAG ebenda unter II.1. b) bb) der Gründe; zustimmend *Reichel,* Bezugnahme auf den Tarifvertrag, S. 84.
[909] Krit. zur Auslegungstechnik des BAG auch *Bayreuther* DB 2002, 1008; *Däubler* RdA 2002, 303 (305).
[910] Vgl. bereits eingehend *Annuß* RdA 2000, 179; *Thüsing/Lambrich* RdA 2002, 193 (198).
[911] Vgl. zur Unklarheitenregel gemäß § 305c Abs. 2 BGB in diesem Zusammenhang Preis/*Greiner,* Der Arbeitsvertrag, II V 40 Rn. 42ff.
[912] Dies konzediert ausdrücklich BAG 14.12.2005 – 10 AZR 296/05, NZA 2006, 744 unter I. 2. c) (1) der Gründe; vgl. auch BAG 18.4.2007 – 4 AZR 652/05, NZA 2007, 965 Rn. 35.
[913] So auch LAG Hamburg 15.11.2000 – 4 Sa 32/00, NZA 2001, 562 (565).
[914] So ausdrücklich BAG 14.12.2005 unter I. 2. c) (1) der Gründe.
[915] Der Senat erwähnt unter I. 2. a) der Gründe ausdrücklich die genannten Konstellationen; siehe auch BAG 18.4.2007 – 4 AZR 652/05, NZA 2007, 965.
[916] BAG 18.4.2007 – 4 AZR 652, NZA 2007, 965.
[917] Eingehend *E.M. Willemsen,* Bezugnahme auf den Tarifvertrag, S. 268 (272); HMB/*Sittard* Teil 12 Rn. 21.
[918] Siehe hierzu den Formulierungsvorschlag unter → Rn. 244.
[919] Siehe hierzu genauer unter → Rn. 238.

zelvertragliche Regelung im Sinne einer weiterhin dynamischen Tarifgeltung durch – es sei denn, dass der seltene Fall vorliegt, dass sich der nachfolgende Tarifvertrag als für die Arbeitnehmer ungünstiger erweist. Die aus der früheren Tarifbindung folgende statische **Nachwirkung** des bisherigen Tarifvertrages (§ 4 Abs. 5 TVG) wird hierdurch **verdrängt.** Dies gilt mE unabhängig davon, welche Anforderungen[920] man an eine abweichende Abmachung iSv § 4 Abs. 5 TVG stellt[921]. Denn eine günstigere einzelvertragliche Regelung kann sich stets gegen eine nachwirkende Tarifnorm gem. § 4 Abs. 5 TVG durchsetzen. In diesem Fall wird der Effekt eines Verbandsaustritts jedenfalls zunächst weitgehend verpuffen, da der Arbeitgeber weiterhin zur dynamischen Tarifanwendung verpflichtet sein wird. Er kann lediglich die vor dem 1. 1. 2002 eingestellten Arbeitnehmer wegen des vom BAG gewährten Vertrauensschutzes[922] und die neu eingestellten Arbeitnehmer hiervon ausschließen.[923]

Anders verhält es sich, wenn der Arbeitgeber schon in größerem Umfang **„echte" Gleichstellungsabreden** vereinbart hat, also kleine dynamische Bezugnahmeklauseln, die unter dem ausdrücklichen Vorbehalt der fortbestehenden Tarifbindung des Arbeitgebers stehen. Hier gilt ebenso wie bei einer **großen dynamischen Bezugnahmeklausel,** dass nach dem Verbandsaustritt die Tarifverträge nur noch **statisch** fortgelten.[924] Eine Ablösung dieser statischen Tariffortgeltung durch einen anderen Tarifvertrag käme bei Vorliegen einer großen dynamischen Bezugnahmeklausel nur dann in Betracht, wenn der Arbeitgeber nach dem Verbandsaustritt einem anderen zuständigen Arbeitgeberverband beitritt (Verbandswechsel) oder einen Firmentarifvertrag abschließt.

239 Tarifgebundene Arbeitnehmer, die nach dem Verbandsaustritt **neu eingestellt** werden, kommen zwar noch in den Genuss der Tarifverträge, die nach § 3 Abs. 3 TVG fortgelten. Die sich anschließende Nachwirkung gemäß § 4 Abs. 5 TVG betrifft hingegen die neu eingestellten Arbeitnehmer nicht mehr. Mit ihnen können daher auch vom Tarifvertrag abweichende Arbeitsbedingungen vereinbart werden. Allerdings muss bei Änderungen der Vergütungsregelungen das Mitbestimmungsrecht des Betriebsrates gem. **§ 87 Abs. 1 Nr. 10 BetrVG** bedacht werden[925]. In der Anwendung eines tariflichen Vergütungssystems liege zugleich auch ein solches im Sinne von § 87 Abs. 1 Nr. 10 BetrVG[926]. Der Arbeitgeber ist damit unabhängig vom Fortbestand des tariflichen Geltungsgrundes der Vergütungsordnung betriebsverfassungsrechtlich verpflichtet, die bisherige Vergütungsordnung weiterhin anzuwenden. Will der Arbeitgeber zB nach einem Betriebsübergang[927] oder nach einem Verbandsaustritt davon abweichen, muss er darüber mit dem Betriebsrat beraten und – notfalls über die Einigungsstelle – **neue Vergütungsgrundsätze** vereinbaren. Vereinbart er mit neu eingestellten Arbeitnehmern vom Vergütungssystem abweichende Regelungen, sind diese – weil mitbestimmungswidrig – unwirksam (**Theorie der Wirksamkeitsvoraussetzung**).[928] Die betreffenden Arbeitnehmer haben deshalb Anspruch auf die dem bisherigen Vergütungssystem entsprechende Vergütung. Da sich das Mitbestimmungsrecht des Betriebsrates nicht auf die Lohnhöhe bezieht, kann der Arbeitgeber jedoch ohne Beteiligung des Betriebsrates das bisherige tarifliche Vergütungssystem weiter anwenden und den einzelnen Lohngruppen lediglich niedrigere Geldbeträge zuordnen,

---

[920] Vgl. zu diesen Anforderungen sogleich bei Rn. 239.
[921] Insofern wohl aA HMB/*Sittard* Teil 14 Rn. 21.
[922] Vgl. zum Vertrauensschutz bei Altverträgen und zu dessen Aufhebung durch Vertragsänderungen → Rn. 221.
[923] uU muss zur Änderung des Vergütungssystems ein Mitbestimmungsverfahren gem. § 87 Abs. 1 Nr. 10 BetrVG durchgeführt werden; siehe hierzu → Rn. 229 und sogleich unter → Rn. 239.
[924] HMB/*Sittard* Teil 14 Rn. 24.
[925] Vgl. HMB/*Sittard* Teil 14 Rn. 30.
[926] BAG 8. 12. 2009 – 1 ABR 66/08, NZA 2010, 404 Rn. 21.
[927] BAG 8. 12. 2009 – 1 ABR 66/08, NZA 2010, 404 Rn. 23.
[928] BAG 2. 3. 2004 – 1 AZR 271/03, NZA 2004, 852 unter IV. der Gründe.

soweit er hierdurch auch bezüglich des Verhältnisses der einzelnen Gruppen zueinander in der „Logik" des Tarifsystems beleibt[929].

bb) Verbandswechsel. Wechselt der Arbeitgeber den Arbeitgeberverband und hat der nunmehr zuständige Verband andere Tarifverträge abgeschlossen, die auf den konkret betroffenen Betrieb oder das Unternehmen fachlich und örtlich anwendbar sind, hängen die tarifrechtlichen Folgen des Wechsels davon ab, mit welcher Gewerkschaft die nunmehr einschlägigen Tarifverträgen abgeschlossen wurden. 240

(1) Zuständigkeit einer anderen Gewerkschaft. Hat der „neue" Verband Tarifverträge mit einer **anderen Gewerkschaft** abgeschlossen, gelten die Tarifverträge des „neuen" Verbandes tarifrechtlich nicht für die Mitglieder der bisher zuständigen Gewerkschaft. Die **Rechtsfolgen** entsprechen in diesem Fall denen des **Verbandsaustritts.** Die Tarifverträge des „alten" Verbandes gelten zunächst nach **§ 3 Abs. 3 TVG** fort; nach Ablauf wirken sie gemäß **§ 4 Abs. 5 TVG** statisch nach.[930] Wechseln in dieser Konstellation Mitarbeiter zu der neuerdings zuständigen Gewerkschaft oder werden Mitglieder dieser Gewerkschaft neu eingestellt, kommt es im Betrieb zu einer **Tarifpluralität,** die für die Dauer der Fortgeltung der „alten" Tarifverträge gem. § 3 Abs. 3 TVG nach **§ 4a TVG** aufzulösen wäre. Sobald die bisher anwendbaren Tarifverträge allerdings nicht mehr nach § 3 Abs. 3 TVG sondern nur noch gem. § 4 Abs. 5 TVG nachwirken, liegt keine Tarifpluralität mehr im Sinne von § 4a Abs. 2 Satz 1 TVG mehr vor[931]; denn diese Vorschrift verlangt die **gleichzeitige Bindung des Arbeitgebers iSv § 3 TVG an mehrere Tarifverträge.** Im Regelfall werden im Betrieb noch die Mitglieder der bisher zuständigen Gewerkschaft in der Mehrheit sein, so dass die Anwendung von § 4a Abs. 2 S. 2 TVG dazu führen würde, dass die Tarifverträge der neu zuständigen Gewerkschaft erst anwendbar würden, wenn die „alten" Tarifverträge nicht mehr nach § 3 Abs. 3 TVG fortgelten.

Wurden – wie häufig der Fall – vorbehaltlose **kleine dynamische Bezugnahmeklauseln** vereinbart, würden diese dazu führen, dass die **bisherigen Tarifverträge weiterhin dynamisch** anzuwenden wären. Dies Rechtsfolge wäre nur zu vermeiden, wenn eine ausdrückliche Gleichstellungsabrede vorläge oder ausdrücklich vereinbart wurde, dass im Fall des Verbandswechsels nur eine statische Weitergeltung erfolgen soll.[932] Fraglich ist, ob diese fortdauernde Tarifanwendung durch eine **große dynamische Bezugnahmeklausel** überwunden werden kann. § 4 Abs. 5 TVG lässt abweichende Abmachungen zwar ausdrücklich zu; aus dem Wortlaut könnte sich allerdings ergeben, dass diese Abmachungen erst möglich sind, wenn sie **nach Eintritt der Nachwirkung** getroffen werden („...bis sie durch eine andere Abmachung ersetzt werden."). Das BAG hat allerdings mehrfach entschieden, dass eine abweichende Abmachung auch schon **vor Ablauf des Tarifvertrages** abgeschlossen werden kann. Es sei kein rechtlich tragfähiger Grund erkennbar dafür, dass eine die Nachwirkung beendende arbeitsvertragliche Vereinbarung erst nach Eintritt der Nachwirkung getroffen werden könne; von der Privatautonomie umfasst seien grundsätzlich auch Verträge, die erst in der Zukunft Wirkung entfalten sollen. Das müsse auch für eine Vereinbarung gelten, die auf die Ablösung einer Nachwirkung des Tarifvertrages gerichtet ist. Maßgeblich sei insoweit, „dass die Vereinbarung dahin gehend ausgelegt werden kann, dass sie – zumindest: auch – die Nachwirkung des beendeten Tarifvertrages beseitigen soll". Sei dies der Fall, wirke sie als „andere Abmachung" vom Ende der zwingenden Wirkung des Tarifvertrages an.[933] In einer späteren Entscheidung wurde diese

---

[929] BAG 2.3.2004 – 1 AZR 271/03, NZA 2004, 852 unter IV. der Gründe; HMB/*Sittard* Teil 14 Rn. 32 mwN

[930] Wiedemann/*Wank* TVG § 4 Rn. 379; *Bauer/Günther* NZA 2008, 6 (8).

[931] *Hohenstatt/Schuster* ZIP 2016, 5, 7; ErfK/*Franzen* TVG § 4a Rn. 7; HMB/*Sittard* Teil 14 Rn. 43a.

[932] *Bauer/Günther* NZA 2008, 6 (9).

[933] BAG 23.2.2005 – 4 AZR 186/04, AP TVG § 4 Nachwirkung Nr. 42 unter I. 4. c) bb); für eine Bezugnahmeklausel auch BAG 17-.1.2006–9 AZR 41/05, NZA 2006, 923 Rn. 24ff.

„großzügige" Sichtweise allerdings substantiell eingeschränkt. In einem Urteil vom 22.10. 2008[934] führte das BAG aus, dass die abweichende Vereinbarung zwar vor dem Eintritt der Nachwirkung geschlossen werden könne; es sei aber Voraussetzung, dass die Regelung bezwecke, „für den **unmittelbar bevorstehenden Nachwirkungszeitraum** eine abweichende Regelung zu treffen". Die abweichende Abmachung müsse „von ihrem Regelungswillen her darauf gerichtet sein, eine bestimmte bestehende Tarifregelung in Anbetracht ihrer **bevorstehenden Beendigung** und des darauf folgenden Eintritts der Nachwirkung abzuändern". Diese Anforderungen wird eine ggfl. lange im Voraus abgeschlossene Bezugnahmeklausel in aller Regel nicht erfüllen[935], es sei denn, dass sie in einer spezifischen Situation gerade im Hinblick auf einen demnächst ablaufenden Tarifvertrag vereinbart wurde. In einer späteren Entscheidung des BAG[936] war sogar ausdrücklich davon die Rede, dass die Abmachung „**zeitnah**" zum Eintritt der Nachwirkung getroffen werden müsse; diese Entscheidung betraf allerdings keine Bezugnahmeklausel,[937] sondern im Verhältnis zum bisher anwendbaren Tarifvertrag untertarifliche Arbeitsbedingungen.

Es ist ausgesprochen fraglich, ob die genannten Anforderungen an eine andere Abmachung iSv § 4 Abs. 5 TVG im Zusammenhang mit Bezugnahmeklauseln berechtigt wären. Anders als bei der Vereinbarung untertariflicher Arbeitsbedingungen[938] sind diese Klauseln ja gerade so ausgelegt, dass sie für eine Vielzahl von Konstellationen eine bestimmte Tarifanwendung sichern wollen, auch wenn sich bestimmte Parameter ändern. Gerade die große dynamische Bezugnahmeklausel strebt von vornherein an, dass jeweils der Tarifvertrag, an den der Arbeitgeber normativ gebunden ist, Anwendung finden soll[939]. Dies schließt die Fallvariante, dass der derzeitige Tarifvertrag abläuft und dass der Arbeitgeber durch einen Verbandswechsel einen anderen Tarifvertrag zur Anwendung bringt, mit ein. Es ist nicht ersichtlich, weshalb sich in dieser Konstellation die vom BAG[940] hervorgehobene **Privatautonomie** nicht durchsetzen soll zugunsten einer Ablösung der Nachwirkung durch eine ua gerade für diesen Fall vereinbarte Tarifwechselklausel.

Die **Praxis** wird sich angesichts dieser Unsicherheiten um Lösungen bemühen, beim Verbandswechsel **Rechtssicherheit** im Hinblick auf die Anwendbarkeit der „neuen" Tarifverträge herbeiführen. Insbesondere wäre es denkbar, mit den Arbeitnehmern in direktem zeitlichem Zusammenhang mit dem Ablauf der alten Tarifverträge **Vereinbarungen** abzuschließen, die eindeutig als andere Abmachungen gem. § 4 Abs. 5 TVG anerkannt werden. Häufig werden die Arbeitnehmer der neuen Tarifanwendung zustimmen, wenn ansonsten nur die statische Weitergeltung der „alten" Tarifverträge als Alternative verbliebe. In Konstellationen, in denen dies jedoch mit spürbaren finanziellen Nachteilen verbunden wäre, würde dies hingegen zumeist nicht gelingen. Hier können möglicherweise **Überleitungstarifverträge** helfen, die die finanziellen Folgen des Tarifwechsels abfedern.

241 **(2) Zuständigkeit derselben Gewerkschaft.** Ist dieselbe Gewerkschaft zuständig, besteht für die Gewerkschaftsmitglieder im Hinblick auf die Tarifverträge des „neuen" Verbands **beiderseitige Tarifbindung.** Durch diese unmittelbare Tarifanwendung (§ 3 Abs. 1, § 4 Abs. 1 TVG) wird die Nachwirkung der bisherigen Tarifverträge (§ 4 Abs. 5 TVG) verdrängt.[941] Wenn die bisher anwendbaren Tarifverträge allerdings noch über § 3 Abs. 3 TVG fortgelten, weil sie noch unverändert in Kraft sind, tritt wegen der bereits anwend-

[934] BAG 22.10.2008 – 4 ABR 789/07, NZA 2009, 265 Rn. 29f.
[935] HMB/*Henssler* Teil 10 Rn. 98; *Bauer/Günther* NZA 2008, 6 (9).
[936] BAG 1.7.2009 – 4 AZR 261/08, NZA 2010, 53 Rn. 68; zustimmend *Hanau* NZA 2012, 825 (828); unklar bei *Löwisch/Rieble* TVG § 4 Rn. 856, ob sie die neuere Rspr. auch auf Bezugnahmeklauseln anwenden möchten; veränderte Rechtslage noch nicht berücksichtigt bei ErfK/*Franzen* TVG § 4 Rn. 63.
[937] Ebenso bei der Entscheidung BAG 6.7.2011 – 4 AZR 424/09, AP TVG § 3 Nr. 51 Rn. 48.
[938] So der Sachverhalt in BAG 1.7.2009 – 4 AZR 261/08, NZA 2010, 53.
[939] Zutreffend *Bauer/Günther* NZA 2008, 6 (9).
[940] BAG 23.2.2005 – 4 AZR 186/04, AP TVG § 4 Nachwirkung Nr. 42 unter I. 4. c) bb); BAG 17.1.2006 – 9 AZR 41/05, NZA 2006, 923 Rn. 24ff.
[941] BAG 4.9.1996 – 4 AZR 135/95, NZA 1997, 271; vgl. *Bauer/Günther* NZA 2008, 6 (8).

baren „neuen“ Tarifverträge **Tarifkonkurrenz** ein. Mittels § 4a Abs. 2 TVG lässt sich diese Konkurrenz nicht auflösen, da diese Regelung nur die Konkurrenz zwischen Tarifverträgen verschiedener Gewerkschaften betrifft. Es muss daher das **Spezialitätsprinzip** herangezogen werden, so dass sich der speziellere Vertrag durchsetzt.[942] Häufig wird sich dann schon in diesem Stadium der Tarifvertrag des „neuen“ Verbandes durchsetzen, der für den Arbeitgeber nunmehr bindend ist.

Fraglich ist, was in dieser Konstellation gilt, wenn – wie noch immer häufig der Fall – mit den Arbeitnehmern **vorbehaltlose kleine dynamische Bezugnahmeklauseln** vereinbart wurden.

Beispiel E 43:[943]

Der Arbeitgeber gehörte der Tarifgemeinschaft der Co-Op Unternehmen an, die mit der Gewerkschaft Verdi einen Konzerntarifvertrag abgeschlossen hatte. Der Arbeitgeber trat zum Jahresende aus und trat dem örtlich zuständigen Arbeitgeberverband des Einzelhandels bei, der ebenfalls mit Verdi Tarifverträge schließt. Mit der Klägerin war die dynamische Geltung der Co-Op Tarifverträge vereinbart worden. Die Klägerin klagt EUR 80,00 Lohndifferenz ein, die sich für sie aus der Anwendung der für sie ungünstigeren Verbandstarifverträge monatlich ergibt.

In dieser Konstellation hat der *Vierte Senat* in einer Entscheidung vom 4.9.1996[944] ausgeführt, dass eine kleine dynamische Bezugnahmeklausel beim Verbandswechsel so auszulegen sei, dass nunmehr die Tarifverträge des „neuen“ Verbandes in Bezug genommen seien. Im Sinne der früher herrschenden Gleichstellungsdoktrin[945] war dies konsequent. Auf der Grundlage der richtungsändernden Entscheidung des *Vierten Senats* vom 15.12.2005 würde man hiervon hingegen nur noch ausgehen, wenn sich die Bezugnahmeklausel auf die Tarifverträge einer bestimmten **Branche** bezieht und die Tarifverträge des „neuen“ Verbandes für dieselbe Branche gelten, nicht hingegen, wenn die Bezugnahmeklausel auf einen konkret bezeichneten Tarifvertrag verweist, wie sich dies im 1996 entschiedenen Fall (**Beispiel E 43**) verhielt. Hier scheitert der Arbeitgeber zunächst mit dem von ihm angestrebten Tarifwechsel. Über die Bezugnahmeklausel gilt weiterhin der bisher anwendbare Tarifvertrag dynamisch fort.[946] Wäre hingegen eine ausdrückliche Gleichstellungsabrede[947] vereinbart worden, würde sich die Bezugnahme nach dem Verbandswechsel auf die „neuen“ Tarifverträge beziehen; denn für die Gewerkschaftsmitglieder ergibt sich die Bindung an die neuen Tarifverträge aus § 3 Abs. 1 TVG. Wie für den Fall des Verbandsaustritts dargelegt, steht es Arbeitgebern aber frei, den Fall eines Verbandswechsels in der Bezugnahmeklausel aufzugreifen und durch ausdrückliche Formulierung sicherzustellen, dass in diesem Fall die Tarifverträge des neuen Verbandes gelten.

Wurde eine **große dynamische Bezugnahmeklausel** vereinbart, können Unklarhei- 242
ten dahingehend entstehen, auf welche Tarifverträge sich diese nach einem Verbandswechsel bezieht.[948] Solange die bislang anwendbaren Tarifverträge für die Arbeitnehmer normativ nach § 3 Abs. 3 TVG fortgelten, wird sich die Bezugnahmeklausel noch auf diese „alten“ Tarifverträge beziehen[949]. Tritt hinsichtlich dieser Tarifverträge aber Nachwirkung (§ 4 Abs. 5 TVG) ein, dürfte sich die Bezugnahmeklausel nunmehr auf den normativ für den Arbeitgeber geltenden Tarifvertrag beziehen[950]. § 4 Abs. 5 TVG steht dem nicht entgegen. Die Nachwirkung der „alten“ Tarifverträge nach dieser Vorschrift gilt nur für die

942 ErfK/*Franzen* TVG § 4a Rn. 29, 31; HMB/*Sittard* Teil 14 Rn. 38.
943 Beispiel ist dem Sachverhalt in BAG 4.9.1996 – 4 AZR 135/95, NZA 1997, 271 nachgebildet.
944 BAG 4.9.1996, aaO.
945 Vgl. → Rn. 186, 198, 237.
946 HMB/*Sittard* Teil 14 Rn. 48; *Bauer/Günther* NZA 2008, 6 (9).
947 Zu den Anforderungen an eine Gleichstellungabrede → Rn. 238.
948 Zutreffend HMB/*Sittard* Teil 14 Rn. 50.
949 HMB/*Sittard* ebenda erwägt hier die Anwendung des Spezialitäts- oder des Mehrheitsprinzips.
950 HMB/*Henssler* Teil 10 Rn. 98.

bislang tarifgebundenen Arbeitnehmer. Für diese gelten jedoch – wenn der neue Verband mit derselben Gewerkschaft Tarifverträge abschließt – die „neuen" Tarifverträge gemäß § 3 Abs. 1 TVG. Darin liegt zugleich eine **andere Abmachung iSv § 4 Abs. 5 TVG.**[951]

g) Hinweise zur rechtssicheren Gestaltung von Bezugnahmeklauseln

243 Für neu abzuschließende Arbeitsverträge besteht angesichts der vielfach geänderten Rechtsprechung des BAG und angesichts der veränderten gesetzlichen Ausgangslage (siehe zB § 4a TVG, NachwG) die dringende Notwendigkeit, Bezugnahmeklauseln so **präzise** wie möglich zu formulieren.[952] Wie ausführlich dargestellt, genügen „einfache" kleine dynamische Bezugnahmeklauseln nicht mehr den Anforderungen der Praxis; insbesondere erschweren sie beim Verbandswechsel und Verbandsaustritt sowie beim Betriebsübergang den Übergang zu einem neuen Tarifregime. Für tarifgebundene Arbeitgeber wird daher allgemein empfohlen, **große dynamische Bezugnahmeklauseln** einzusetzen[953]. Das BAG stellt an diese großen dynamischen Klauseln bislang noch sehr geringe Anforderungen; in einer Entscheidung vom 5. 7. 2017[954]genügte ihm folgende Formulierung, um nach einem Verbandsaustritt des Arbeitgebers nur noch eine statische Tarifgeltung anzunehmen: „Es gelten die Bestimmungen der für den Einsatzort einschlägigen Tarifverträge für die Beschäftigten im Einzelhandel – soweit sie für [die Arbeitgeberin] verbindlich sind". Aus dem Vorbehalt im zweiten Halbsatz soll sich ergeben, dass eine **Gleichstellung mit den Gewerkschaftsmitgliedern** gewollt sei. Die Arbeitgeberin habe ihre Tarifgebundenheit an den in Bezug genommenen Tarifvertrag „in hinreichend erkennbarer Weise zur auflösenden Bedingung der Vereinbarung gemacht, auch wenn die Folgen der Beendigung der Tarifbindung in der Klausel nicht ausdrücklich beschrieben werden."[955] Ob dieser „großzügige" Ansatz Bestand haben wird, muss bezweifelt werden. Insbesondere dürften sich aus dem **NachwG** deutlich strengere Anforderungen ergeben[956]. Zum einen müssen die in Bezug genommenen Tarifverträge **konkret bezeichnet** werden, einschließlich eines Hinweises auf die **Vertragsparteien,** auf die **Branche** und auf das **Tarifgebiet.**[957] Zum anderen empfiehlt es sich, die einzelnen Fälle, in denen sich die Tarifanwendung ändern soll, klar und transparent aufzuführen; insbesondere sollte sich aus der Formulierung auch ergeben, was an die Stelle der bisherigen Tarifanwendung treten soll, wenn die zwingende Tarifbindung des Arbeitgebers endet.[958]

244 Unter Berücksichtigung dieser Anforderungen könnte eine **große dynamische Bezugnahmeklausel** bei einem tarifgebundenen Arbeitgeber wie folgt formuliert werden; allerdings muss im Einzelfall geprüft werden, ob die vorgesehenen Mechanismen bzw. Rechtsfolgen im konkreten Fall tatsächlich passend erscheinen. Im Einzelfall können auch simplere Gestaltungen vorzugswürdig sein, zB wenn der Arbeitgeber bestimmte Veränderungen für so unwahrscheinlich hält, dass er dafür im Interesse der Vermeidung unnötiger Komplexität keine gesonderte Regelung treffen möchte.

(1) Auf das Arbeitsverhältnis finden die jeweils für den Arbeitgeber einschlägigen Tarifverträge in ihrer jeweiligen Fassung Anwendung, solange der Arbeitgeber nach §§ 3, 5 TVG tarifgebunden ist. Derzeit sind dies die Tarifverträge der […]-Industrie im Tarif-

---

[951] So bereits BAG 4. 9. 1996 – 4 AZR 135/95, NZA 1997, 271

[952] Vgl. die Formulierungsvorschläge von *Giesen* NZA 2006, 625 (629); *Jacobs* FS Birk, 2008, 243 (261); *E.M. Willemsen,* Bezugnahme auf den Tarifvertrag, S. 426; *Greiner* in Preis, Der Arbeitsvertrag, II V 40 Rn. 163 ff.

[953] HMB/*Henssler* Teil 10 Rn. 92; *Greiner* in Preis, Der Arbeitsvertrag II V 40 Rn. 163.

[954] BAG 5. 7. 2017 – 4 AZR 867/16, NZA 2018, 47.

[955] BAG 5. 7. 2017 – 4 AZR 867/16, NZA 2018, 47 Rn. 25; kritisch hierzu *Flockenhaus* BB 2018, 125 (127).

[956] Dazu ausführlich *Greiner* in Preis, Der Arbeitsvertrag II V 40 Rn. 52 ff.

[957] HWK/*Kliemt,* § 2 NachwG Rn. 40; HMP/*Henssler* Teil 10 Rn. 14; vgl. bereits *Müller-Glöge,* RdA 2001, Sonderbeilage Heft 5, 46 (48); *Greiner* in Preis, Der Arbeitsvertrag II V 40 Rn. 53.

[958] Zutreffend *Greiner* in Preis, Der Arbeitsvertrag II V 40 Rn. 154.

gebiet [...], abgeschlossen zwischen der Gewerkschaft [...] und dem Arbeitgeberverband der [...]-Industrie.

(2) Sollte ein Tarifvertrag gem. Absatz (1) durch einen Mehrheitstarifvertrag iSv § 4a Abs. 2 Satz 2 TVG verdrängt werden, gilt für das Arbeitsverhältnis stattdessen der Mehrheitstarifvertrag.[959] Im Fall einer Tarifkonkurrenz, die nicht unter § 4a TVG fällt, gilt im Zweifel der speziellere Tarifvertrag (Spezialitätsprinzip)[960].

(3) Entfällt die Tarifbindung des Arbeitgebers aufgrund eines Branchenwechsels oder aufgrund des Austritts des Arbeitgebers aus dem Arbeitgeberverband, gelten die Tarifverträge gemäß Absatz (1) bzw. Absatz (2) statisch in der zuletzt gültigen Fassung fort, soweit sie nicht durch andere Abmachungen ersetzt werden. Dies gilt entsprechend bei der Übertragung des Betriebes oder Betriebsteils, in dem der Arbeitnehmer beschäftigt ist, auf einen Arbeitgeber, der nicht tarifgebunden ist.[961]

(4) Absatz (3) gilt nicht, wenn infolge eines Arbeitgeberverbands- oder Branchenwechsels beim Arbeitgeber oder in Fällen des Betriebs(teil)übergangs beim neuen Arbeitgeber eine andere Tarifbindung entsteht. In diesen Fällen finden die nunmehr für den Arbeitgeber bzw. den neuen Arbeitgeber geltenden Tarifverträge in ihrer jeweiligen Fassung Anwendung.[962]

Ob die Klausel gem. Absatz (2) wirklich notwendig ist, kann noch nicht abschließend 245
beurteilt werden. Nach zutreffender Ansicht nimmt eine große dynamische Bezugnahme im Fall einer Tarifkollision ohnehin auf den Mehrheitstarifvertrag iSv § 4a Abs. 2 Satz 2 TVG Bezug, denn dieser ist dann der für den Arbeitgeber einschlägige Tarifvertrag.[963] Bei einer kleinen dynamischen Bezugnahme wäre die Klausel hingegen notwendig, um den Tarifwechsel herbeizuführen[964].

Die Klausel gem. Absatz (3) verstößt nicht gem. **§ 308 Nr. 4 BGB;** der Änderungsvorbehalt ist zumutbar, da die vorgesehene Rechtsfolge derjenigen entspricht, die auch aufgrund einer Gewerkschaftszugehörigkeit des Arbeitnehmers eintreten würde (§§ 3 Abs. 3, 4 Abs. 5 TVG bzw. § 613a Abs. 1 Satz 2 BGB)[965]. Anstelle der statischen Weitergeltung der zuletzt anwendbaren Tarifverträge könnte man – einem Vorschlag von *Greiner*[966] folgend – auch vorsehen, dass dem Arbeitgeber ein **Entscheidungsrecht** dahingehend eingeräumt wird, ob die bislang anwendbaren Tarifverträge statisch oder dynamisch fortgelten sollen. Der Vorteil läge in einer größeren Flexibilität, da sich der Arbeitgeber trotz des Verbandsaustritts oder des Betriebsübergangs für eine dynamische Weitergeltung entscheiden kann. Auch eine solche Regelung dürfte nicht gem. § 308 Nr. 4 BGB zu beanstanden sein[967]. Dennoch ist von einer solchen Vertragsgestaltung eher abzuraten; sie bietet zusätzliche rechtliche Angriffsflächen, ohne dass dies mit wirklichen Vorteilen für den Arbeitgeber verbunden wäre. Denn die Möglichkeit, zugunsten der Arbeitnehmer die Tarifverträge weiterhin dynamisch anzuwenden, steht dem Arbeitgeber ohnehin offen. Einer entsprechenden Handhabung werden die Arbeitnehmer ohne Weiteres (ausdrücklich oder konkludent) zustimmen.

---

[959] Ähnlich *Lingemann* in BLDH Anwalts-Formularbuch Arbeitsrecht Kap. 2 M 2.2 S. 138; siehe die Formulierungsvorschläge von *Willemsen/Mehrens* NZA 2010, 1313 (1315) vor Inkrafttreten des § 4a TVG; vgl. auch *Hohenstatt/Schuster* ZIP 2016, 5 (7); es wäre allerdings auch zulässig, arbeitsvertraglich auf den Minderheitstarifvertrag zu verweisen – dies wird durch § 4a TVG nicht ausgeschlossen (vgl. *Kreft* in Clemenz/Kreft/Krause § 310 Rn. 69).

[960] Ähnlich MSH/*Holthausen* C 240 Rn. 302.

[961] Ähnlich *Lingemann* in BLDH Anwalts-Formularbuch Arbeitsrecht Kap. 2 M 2.2 S. 138.

[962] Ähnlich *Lingemann* in BLDH Anwalts-Formularbuch Arbeitsrecht Kap. 2 M 2.2 S. 138

[963] *Hohenstatt/Schuster* ZIP 2016, 5 (8).

[964] HMB/*Sittard* Teil 14 Rn. 53, 55 zieht bei Gleichstellungsabreden und der großen Bezugnahmeklausel eine Auslegung zugunsten des Mehrheitstarifvertrages in Betracht.

[965] *Greiner* in Preis, Der Arbeitsvertrag II V 40 Rn. 157.

[966] *Greiner* in Preis, Der Arbeitsvertrag II V 40 Rn. 138 ff.

[967] *Greiner* in Preis, Der Arbeitsvertrag II V 40 Rn. 142.

Davon unabhängig lässt sich daran denken, dass sich der Arbeitgeber im Arbeitsvertrag generell das Recht vorbehält, nach entsprechender Ankündigung von einer dynamischen Tarifanwendung zu einer statischen Tariffortgeltung überzugehen (**Widerrufsvorbehalt**)[968]. Die Ausübung dieses Rechts wäre allerdings – abgesehen von den Fällen des Verbandsaustritts bzw. -wechsels und des Betriebsübergangs – nur dann sinnvoll, wenn der Arbeitgeber selbst nicht tarifgebunden ist.[969] Denn ansonsten könnten sich die Arbeitnehmer ohne Weiteres durch Gewerkschaftsbeitritt in den Genuss der dynamischen Tarifanwendung bringen[970]. Im Übrigen muss der Änderungsvorbehalt an einen Änderungsgrund, zB an eine wirtschaftliche Notlage des Arbeitgebers, geknüpft sein.[971]

5. Zusammenfassung zu II.: Das Schicksal von Tarifverträgen bei der Unternehmensumstrukturierung

246 Die Frage, welche Tarifverträge in welcher Form nach einer Umstrukturierung gelten, ist häufig ausgesprochen schwer zu beurteilen. Es gibt wenige Themenkomplexe im Arbeitsrecht, die dermaßen kompliziert und umstritten sind. Rechtsprechung und Literatur zur Fortgeltung von Tarifverträgen nach Umstrukturierungen füllen sprichwörtlich Bibliotheken; selbst im Rahmen dieser ausführlichen Darstellung kann nur ein geringer Teil der verfügbaren Quellen berücksichtigt werden.

Für diese – offenbar kaum auflösbare – Komplexität sind mehrere Umstände verantwortlich:

- § 613a Abs. 1 BGB wird nur als Auffangregelung angesehen; daneben haben sich mehrere weitere Konstellationen etabliert, in denen eine (anders begründete) kollektivrechtliche Fortgeltung von Tarifverträgen erfolgt. Dieses „Nebeneinander" mehrerer Systeme erhöht die Komplexität.
- § 613a Abs. 1 Satz 2 BGB ist gesetzgeberisch misslungen. Bis heute ist umstritten, welche Rechtsnatur die Tariffortgeltung gem. Satz 2 hat; diese Regelung ist in sich ambivalent – sie kann kollektivrechtlich und individualrechtlich verstanden werden.
- Das Verhältnis zwischen § 613a BGB und Art. 3 der Betriebsübergangsrichtlinie ist umstritten; die Konzeption der Regelungen erscheint aufeinander abgestimmt. Bei genauem Hinsehen ist dies nur eingeschränkt der Fall. Dies führt zu fortlaufenden Missverständnissen zwischen dem EuGH und dem BAG mit entsprechender Rechtsunsicherheit für die Anwendungspraxis.
- Daraus folgt, dass sich der Streit um die („ewige") Dynamik kleiner dynamischer Bezugnahmeklauseln endlos fortsetzt. Die Praxis sollte daraus den Schluss ziehen, konsequent transparente und eindeutige Bezugnahmeklauseln einzusetzen – nicht nur für neu eingestellte Arbeitnehmer, sondern anlässlich jeder Vertragsänderung.

247 Die Folge dieser Schwierigkeiten ist eine erhebliche **Rechtsunsicherheit,** die bei einer so wichtigen Frage, die sich bei nahezu jeder größeren Umstrukturierung stellt, nicht hinnehmbar ist. Abhilfe ist indessen nicht in Sicht. Für gesetzliche Änderungen, die für mehr Klarheit sorgen könnten, fehlt es an einer neuen Konzeption, für die eine umfassende politische Unterstützung gegeben sein müsste. Das Bundesarbeitsgericht bemüht sich um Klärungen (Stichwort: *Asklepios*), trägt aber durch zum Teil grundlegende (wenn auch durchaus nicht stets unberechtigte) Rechtsprechungsänderungen (Stichworte: Gleichstellungsabrede, Grundsatz der Tarifeinheit) zur Rechtsunsicherheit bei.

---

[968] Vgl. den Klauselvorschlag Typ 11 c) bei *Greiner* in Preis, Der Arbeitsvertrag II V 40 Rn. 138; vgl. auch MSG/*Holthausen* C 240 Rn. 36.

[969] Vgl. MSG/*Holthausen* C 240 Rn. 35.

[970] Ähnlich *Lingemann* in BLDH Anwalts-Formularbuch Arbeitsrecht Kap. 2 M 2.2 S. 138 Fn. 35.

[971] *Greiner* in Preis, Der Arbeitsvertrag II V 40 Rn. 135; vgl. auch *Lingemann* in BLDH Anwalts-Formularbuch Arbeitsrecht Kap. 2 M 2.2 S. 138 Fn. 35; für großzügigeren Maßstab zutreffend HMB/*Henssler* Teil 10 Rn. 73, da kein Eingriff in den Bestandsschutz erfolge; vgl. auch bereits *Klebeck* NZA 2006, 15 (19).

Trotz dieser Herausforderungen kann man durchaus bestimmte Hauptlinien herausarbeiten, die für das „Schicksal" der Tarifgeltung nach einer Umstrukturierung maßgeblich sind, auch wenn man dabei naturgemäß vieles stark vereinfachen muss.

Unbeschadet der Regelung in § 613a Abs. 1 Satz 2 BGB können Tarifverträge nach einem Arbeitgeberwechsel für tarifgebundene Mitarbeiter **kollektivrechtlich** fortgelten. Beim *Asset Deal* gilt dies dann, wenn der neue Arbeitgeber demselben Arbeitgeberverband angehört oder mit der schon bisher zuständigen Gewerkschaft eine „Übernahme" des Firmentarifvertrages vereinbart. Hingegen gelten Firmentarifverträge beim *Asset Deal* nicht automatisch beim neuen Arbeitgeber kollektivrechtlich fort. Bei Umwandlungen (insb. bei Verschmelzungen) kommt es wiederum nur bei Verbandmitgliedschaft des neuen Arbeitgebers zur kollektivrechtlichen Fortgeltung von Verbandstarifverträgen. Ansonsten gilt § 613a Abs. 1 S. 2 BGB. Anders ist dies beim Firmentarifvertrag. In diesen tritt der aufnehmende Rechtsträger bei Verschmelzungen und in bestimmten Fällen der partiellen Gesamtrechtsnachfolge ein, so dass er für die gewerkschaftlich organisierten Arbeitnehmer kollektivrechtlich fortgilt (siehe zu den Konkurrenzproblemen, wenn der neue Arbeitgeber zugleich an andere Tarifverträge gebunden ist unter → Rn. 120).

248 Liegt keiner der Fälle vor, in denen die Tarifverträge kollektivrechtlich fortgelten, kommt es bei Vorliegen eines Betriebs(teil)übergangs zur **Nachbindung** an die Tarifverträge iSv § 613a Abs. 1 S. 2 BGB. Der Sache nach handelt es sich um eine zeitlich befristete normativ wirkende Tarifgeltung, vergleichbar mit der Fortgeltung von Tarifverträgen gemäß § 3 Abs. 3 TVG. Es handelt sich also *nicht* um eine „individualrechtliche Fortgeltung", wie früher häufig vertreten. Die tariflichen Bedingungen dürfen in diesem Fall für die Dauer eines Jahres nicht zum Nachteil des Arbeitnehmers verändert werden. Allerdings werden die Mitarbeiter von der weiteren Tarifentwicklung abgeschnitten; die Fortgeltung gemäß § 613a Abs. 1 S. 2 BGB ist **statisch,** so dass spätere Änderungen des Tarifvertrages keine Auswirkungen mehr auf die übergegangenen Arbeitsverhältnisse haben.

249 Auch bei **mehrfachen Betriebsübergängen,** die bei komplexeren Konzernumstrukturierungen auftreten können, behalten die gemäß § 613a Abs. 1 S. 2 BGB fortgeltende Arbeitsbedingungen ihren kollektivrechtlichen Charakter. Dies hat zur Folge, dass diese Arbeitsbedingungen auch nach weiteren Betriebsübergängen durch anderweitige Kollektivregelungen des Erwerbers (Satz 3) abgelöst werden können. Die Jahresfrist in § 613a Abs. 1 Satz 2 BGB wird in dieser Konstellation nach wohl hM nur einmal, nämlich beim ersten Betriebsübergang, in Gang gesetzt.

250 Die Fortgeltung der bisherigen Tarifbestimmungen nach einem Betriebs(teil-)übergang gemäß § 613a Abs. 1 S. 2 BGB kann durch einen **beim Erwerber geltenden Tarifvertrag verdrängt** werden, unabhängig davon, ob der neue Tarifvertrag beim Erwerber schon zum Zeitpunkt des Übergangs galt oder erst nach dem Übergang abgeschlossen wurde. Eine Ablösung findet allerdings nur statt, wenn und soweit der Tarifvertrag des Erwerbers auch denselben Regelungsgegenstand betrifft. Es können daher durchaus Bestandteile des bisher anwendbaren Tarifvertrages fortgelten, wenn hinsichtlich der geregelten Sachgruppe beim Erwerber keine Tarifregelung gilt.

251 Zu einer **Ablösung der alten Tarifvertragsbedingungen** gem. § 613a Abs. 1 S. 3 BGB kommt es bei bislang tarifgebundenen Arbeitnehmern allerdings nur, wenn diese auch im Hinblick auf den neuen Tarifvertrag tarifgebunden sind. Eine Ablösung nach § 613a Abs. 1 S. 3 BGB misslingt daher immer dann, wenn ein Betriebs(teil)übergang mit einem Branchenwechsel verbunden ist – was zB bei Outsourcing-Maßnahmen regelmäßig der Fall ist – oder wenn aus anderem Grund beim neuen Arbeitgeber Tarifverträge gelten, die mit einer anderen Gewerkschaft abgeschlossen wurden. Die Tarifablösung glückt hingegen dann, wenn ein Wechsel zwischen Tarifverträgen derselben Gewerkschaft erfolgt.

252 Durch diese Ausgangslage sind **Tarifpluralitäten** im aufnehmenden Unternehmen vorprogrammiert. Um diese in der Praxis zu vermeiden, kommt den **Bezugnahmeklauseln** in Arbeitsverträgen entscheidende Bedeutung zu. Das BAG hat zwar seine Rechtsprechung dahingehend aufgegeben, Bezugnahmeklauseln entgegen ihres Wortlauts in der Re-

gel als **Gleichstellungsabreden** aufzufassen. Nach wie vor ist es aber zulässig, Bezugnahmeklauseln so zu fassen, dass sie (i) in bestimmten Konstellationen zu einer nur noch statischen Tarifgeltung führen (zB beim Verbandsaustritt des Arbeitgebers) und (ii) bei einem Betriebsübergang oder beim Verbandswechsel zum **Tarifwechsel** führen. Dies gilt auch für die im Hinblick auf die Tarifverträge des Veräußerers tarifgebundenen Arbeitnehmer. Für diese findet zwar „an sich" der alte Tarifvertrag über § 613a Abs. 1 S. 2 BGB weiter Anwendung. Die auch mit den Gewerkschaftsmitgliedern vereinbarten Bezugnahmeklauseln setzen sich hiergegen aber durch, da die hM große dynamische Bezugnahmeklauseln als Verabredungen im Sinne von **§ 613a Abs. 1 S. 4 Alt. 2** BGB ansieht. Dies gilt trotz der Tatsache, dass die Bezugnahmeklausel noch mit dem bisherigen Arbeitgeber abgeschlossen wurde. § 613a Abs. 1 S. 4 Alt. 2 BGB erfasst auch schon vorsorglich zwischen den ursprünglichen Parteien des Arbeitsvertrages vereinbarte Regelungen.

Wenn sich durch die dargestellten Mechanismen keine eindeutige und harmonische Tarifgeltung im Betrieb herbeiführen lässt, stehen den beteiligten Arbeitgebern nur die allgemeinen arbeitsrechtlichen Gestaltungsmittel zur Verfügung, um für die betroffenen Arbeitsverhältnisse die Tarifanwendung zu ändern und hierdurch die Arbeitsbedingungen im Betrieb zu harmonisieren (siehe hierzu Kapitel I).

F. Auswirkungen der Unternehmensumstrukturierung auf die Unternehmensmitbestimmung

Übersicht

Ausgewählte Literatur:
Bartodziej, Reform des Umwandlungsrechts und Mitbestimmung, ZIP 1994, 580; *Baums/Teichmann,* Der European Model Company Act (EMCA) – Inspiration für Gesetzgeber und Wissenschaft im Kapitalgesellschaftsrecht, AG 2018, 562; *Bayer,* Der grenzüberschreitende Beherrschungsvertrag: Ein Beitrag zur Dogmatik des deutschen internationalen Konzernrechts, 1988; *Bertelsmann Stiftung/Hans-Böckler-Stiftung* (Hrsg.), Bericht der Kommission Mitbestimmung: Mitbestimmung und neue Unternehmenskulturen – Bilanz und Perspektiven, 1998; *Binz/Sorg,* Die GmbH & Co. KG, 12. Aufl. 2018; *Brandmüller/Lindner,* Gewerbliche Stiftungen, 3. Aufl. 2005; *Brock,* Die familien- und inhabergeführte GmbH und der drittelbeteiligte Aufsichtsrat, GmbHR 2019, 101; *Drinhausen/Keinath,* Mitbestimmung bei grenzüberschreitender Verschmelzung mitbestimmungsfreier Gesellschaften, AG 2010, 398; *Duden,* Zur Mitbestimmung in Konzernverhältnissen nach dem Mitbestimmungsgesetz, ZHR 1977, 145; *Fabricius,* Erweiterung der Arbeitnehmer-Beteiligung im Aufsichtsrat einer Aktiengesellschaft gem. § 76 BetrVG 1952 auf rechtsgeschäftlicher Grundlage, Festschrift für Hilger und Stumpf, 1983, S. 155ff.; *Forst,* Die Beteiligungsvereinbarung nach § 21 SEBG, 2010; *Gaul/Ludwig/Forst,* Europäisches Mitbestimmungsrecht, 2015; *Groll/Steiner,* Praxis-Handbuch Erbrechtsberatung, 5. Aufl., 2019; *Grossmann,* Die GmbH und Co. KG im Spannungsfeld zwischen § 4 und § 5 Mitbestimmungsgesetz, BB 1976, 1391; *Grüneberg,* Die Rechtspositionen der Organe der GmbH und des Betriebsrates im Konkurs, 1988; *Habersack,* Schranken der Mitbestimmungsautonomie in der SE, AG 2006, 345; *Habersack,* Grundsatzfragen der Mitbestimmung in SE und SCE sowie bei grenzüberschreitender Verschmelzung, ZHR 2007, 613; *Habersack,* Das Mitbestimmungsstatut der SE: „Ist" oder „Soll"?, AG 2018, 823; *Habersack/Henssler,* Mitbestimmungsrecht, 4. Aufl. 2018; *Hanau,* Sicherung unternehmerischer Mitbestimmung, insbesondere durch Vereinbarung, ZGR 2001, 75; *Hanau/Wackerbarth,* Mitbestimmung im Teilkonzern mit abhängiger KG oder KGaA, Festschrift für Lutter, 2000, S. 425; *Happ,* Aktienrecht, 5. Aufl. 2019; *Häsemeyer,* Insolvenzrecht, 4. Aufl. 2007; *Heinze,* Arbeitsrechtliche Probleme bei der grenzüberschreitenden Sitzverlegung in der Europäischen Gemeinschaft, ZGR 1999, 54; *Henssler,* Umstrukturierung von mitbestimmten Unternehmen, ZfA 2000, 241; *Henssler,* Die Unternehmensmitbestimmung, Festschrift Bundesgerichtshof II, 2000, S. 387ff.; *Henssler,* Mitbestimmungsrechtliche Folgen grenzüberschreitender Beherrschungsverträge, ZfA 2005, 289; *Henssler,* Erfahrungen und Reformbedarf bei der SE – Mitbestimmungsrechtliche Reformvorschläge, ZHR 2009, 222; *Herrmann/Berger/Wackerbarth,* Deutsches und Internationales Bank- und Wirtschaftsrecht im Wandel, 1997; *Hirte/Bücker,* Grenzüberschreitende Gesellschaften, 2. Aufl. 2006; *Hölters,* Mehrheitsidentität im Sinne des § 4 MitbestG bei der GmbH & Co. KG, DB 1979, 2232; *Hommelhoff,* Vereinbarte Mitbestimmung, ZHR 1984, 118; *Hommelhoff,* Mitbestimmungsvereinbarungen zur Modernisierung der deutschen Unternehmensmitbestimmung, ZGR 2010, 48; *Hommelhoff/Hagen/Röhricht,* Gesellschafts- und Umwandlungsrecht in der Bewährung, 1997; *Hoops,* Die Mitbestimmungsvereinbarung in der Europäischen Aktiengesellschaft (SE), 2009; *Horn/Wackerbarth,* Zum Fortbestand des mitbestimmten Aufsichtsrats bei Formwechsel einer Kapitalgesellschaft in eine Personengesellschaft, Festschrift für Alfred Söllner, 2000, S. 447; *Ihrig/Schlitt,* Vereinbarungen über eine freiwillige Einführung oder Erweiterung der Mitbestimmung, NZG 1999, 333; *Joost,* Die Bildung des Aufsichtsrats beim Formwechsel einer Personenhandelsgesellschaft in eine Kapitalgesellschaft, Festschrift für Carsten Peter Claussen zum 70. Geburtstag, 1997, S. 187ff.; *Joost,* Arbeitsrechtliche Angaben im Umwandlungsvertrag, ZIP 1995, 976; *Joost,* Mitbestimmung in der kapitalistischen Kommanditgesellschaft auf Aktien, ZGR 1998, 334; *Kallmeyer,* Grenzüberschreitende Verschmelzungen und Spaltungen?, ZIP 1996, 535; *Klamroth,* Auswirkung des Mitbestimmungsgesetzes auf die GmbH & Co. KG, BB 1977, 305; *K. Schmidt,* Gesellschaftsrecht, Unternehmensrecht II, 4. Aufl. 2002; *K. Schmidt,* Wege zum Insolvenzrecht der Unternehmen: Befunde, Kritik, Perspektiven 1990; *Konzen,* Paritätische Mitbestimmung im Montanbereich, AG 1983, 289; *Konzen,* Der „Konzern im Konzern" im Mitbestimmungsrecht, ZIP 1984, 269; *Kort,* Der Konzernbegriff iSv § 5 MitbestG, NZG 2009, 81; *Krause,* Zur Bedeutung des Unionsrechts für die unternehmerische Mitbestimmung, AG 2012, 485; *Kressel,* Arbeitsrechtliche Aspekte des neuen Umwandlungsrechtsbereinigungsgesetzes, BB 1995, 925; *Kunze,* Der Geltungsbereich des § 4 Abs. 1 Satz 1 MitbestG, ZGR 1978, 321; *Leyens,* Information des Aufsichtsrats: ökonomisch-funktionale Analyse und Rechtsvergleich zum englischen Board, 2006; *Loritz,* Mitbestimmung und Tendenzschutz im Konzern, ZfA 1985, 497; *Lutter,* Der Anwendungsbereich des Mitbestimmungsgesetzes, ZGR 1977, 195; *Lutter,* Mitbestimmungsprobleme im internationalen Konzern, Festschrift für Zweigert, 1981, S. 251ff.; *Lutter/Bayer,* Holding-Handbuch, 6. Aufl. 2020; *Lutter/Krieger/Verse,* Rechte und Pflichten des Aufsichtsrats, 7. Aufl. 2020; *Maier,* Die Übertragbarkeit der Mitbestimmungsvereinbarung gem. § 21 SEBG auf Konzernsachverhalte, 2016; *Mengel,* Umwandlungen im Arbeitsrecht, 1997; *Merkt,* Unternehmensmitbestimmung für ausländische Gesellschaften?, ZIP 2011, 1237; *Mertens,* Zur Gültigkeit von Mitbestimmungsvereinbarungen, AG 1982, 141; *Mückl,* Mitbestimmung bei Gründung einer Societas Europaea (SE) – „Sein" oder Sollen?, BB 2018, 2868; *Mückl/Götte,* Gestaltungsmöglichkeiten bei der Übertragung von Arbeitsverhältnissen nach dem UmwG, DB 2017, 966; *Müller,* Der Verband in der Insolvenz, 2002; *Oetker,* Das Recht der Unternehmensmitbestimmung im Spiegel der neueren Rechtsprechung, ZGR 2000, 19; *Oetker,* Unternehmensmitbestimmung in der SE Kraft Vereinbarung, ZIP 2006, 1113; *Ott/Goette,* Zur Frage der Berücksichtigung von im Ausland beschäftigten Arbeitnehmern bei Ermittlung der mitbestimmungsrechtlichen Schwellenwerte, NZG 2018, 281; *Peus,* Die Praxis privatautonomer Mitbestimmungsvereinbarungen – ein historischer Überblick, AG 1982, 206; *Raiser,* Privatautonome Mitbestimmungsregelungen, BB 1977, 1461; *Raiser,* Geklärte und ungeklärte Fragen der Konzernmitbestimmung, Festschrift für Kropff, 1997, S. 243ff.; *Raiser,* Bewährung des Mitbestimmungsgesetzes nach zwanzig Jahren?, Festschrift für Kübler, 1997, S. 477ff.; *Richardi,* Ar-

beitnehmerbeteiligung im Aufsichtsrat einer arbeitnehmerlosen Aktiengesellschaft, Festschrift für Albrecht Zeuner, 1994, S. 147; *Rieble/Kolbe*, Konzernmitbestimmung in der Insolvenz, KTS 2009, 281; *Rieble/Latzel*, Inlandsmitbestimmung als Ausländerdiskriminierung bei Standortkonflikten, EuZA 2011, 145; *Ringe*, Mitbestimmungsrechtliche Folgen einer SE-Sitzverlegung, NZG 2006, 931; *Riegen*, Gesellschafterschutz bei Ausgliederungen durch Einzelrechtsnachfolge, 1999; *Romeikat*, Konzernmitbestimmung auf nachgeordneten Konzernstufen, 1989;, Die Wahlordnungen zum Mitbestimmungsgesetz, 1995; *U.H. Schneider*, GmbH und GmbH & Co. KG in der Mitbestimmung ZGR 1977, 335; *Schubert*, Die Mitbestimmung der Arbeitnehmer bei grenzüberschreitender Verschmelzung, RdA 2007, 9; *Schupp*, Mitbestimmungsbeibehaltung bei Veränderung der Unternehmensstruktur, 2001; *Seibt*, Arbeitsrechtliche Aspekte des Wertpapiererwerbs- und Übernahmegesetzes, Betrieb 2002, 592; *Seibt*, Satzung, in: Römermann (Hrsg.), Münchener Anwaltshandbuch GmbH-Recht, 4. Aufl. 2018, S. 62ff.; *Seibt*, Privatautonome Mitbestimmungsvereinbarungen: Rechtliche Grundlagen und Praxishinweise, AG 2005, 413; *Seibt*, Arbeitnehmerlose Societas Europaea, ZIP 2005, 2248; *Seibt*, Mitbestimmung in Teilkonzernspitzen- und Zwischenholding-Gesellschaften, ZIP 2008, 1301; *Seibt*, Größe und Zusammensetzung des Aufsichtsrats in der SE, ZIP 2010, 1057; *Seibt*, Unternehmensmitbestimmungsrechtliche Konzernzurechnung bei Einschaltung von Stiftung & Co. KG und paritätischen Beteiligungsunternehmen, ZIP 2011, 249; *Seibt*, Zurechnung der Arbeitnehmer ausländischer Konzernunternehmen bei der Unternehmensmitbestimmung, DB 2015, 912; *Seibt*, Schwellenwertzurechnung von Arbeitnehmern ausländischer Konzernunternehmen bei der Unternehmensmitbestimmung, DB 2016, 1743; *Seibt/von Rimon*, Monistische SE & Co. KGaA: Einsatzfelder und Antworten auf Praxisfragen, AG 2019, 753; *Seyboth*, Die rechtspolitischen Vorstellungen zur Unternehmensmitbestimmung und ihre verfassungsrechtlichen Würdigung, AuR 2013, 66; *Sick*, Unternehmensmitbestimmung für ausländische Gesellschaften – Inkonsistenzen Beheben!, GmbHR 2011, 1196; *Sigle*, Zur Mitbestimmung bei der Kapitalgesellschaft & Co. KG, Festschrift für Peltzer, 2001, S. 539; *Süß/Wachter*, Handbuch des internationalen GmbH-Rechts, 3. Aufl. 2016; *Teichmann*, Europäisierung der deutschen Mitbestimmung, Beil. ZIP 48/2009, 10; *Teichmann*, Neuverhandlung einer SE-Beteiligungsvereinbarung bei „strukturellen Änderungen“, Festschrift für Hans-Jürgen Hellwig, 2010, 347; *Teichmann*, Die Auslandsgesellschaft & Co., ZGR 2014, 220; *Voormann*, Der Beirat im Gesellschaftsrecht, 2. Aufl. 1990; *Wackerbarth*, Arbeitsrecht in der Holding, in: Lutter/Bayer (Hrsg.), Holding Handbuch, 6. Aufl. 2020, S. 527ff.; *Wackerbarth*, Ausländische Kapitalgesellschaft & Co. KG und Unternehmensmitbestimmung im Teilkonzern, in: Herrmann/Berger/Wackerbarth (Hrsg.), Deutsches und Internationales Bank- und Wirtschaftsrecht im Wandel, 1997, S. 491ff.; *Wanhöfer*, Gemeinschaftsbetrieb und Unternehmensmitbestimmung, 1994; *Wiedemann*, Aufgaben und Grenzen der unternehmerischen Mitbestimmung der Arbeitnehmer, BB 1978, 5; *Wiesner*, Aktuelle Probleme der Mitbestimmung in der GmbH & Co. KG, GmbHR 1981, 36; *Willemsen*, Arbeitsrecht im Umwandlungsgesetz – Zehn Fragen aus der Sicht der Praxis, NZA 1996, 791; *Windbichler*, Arbeitsrecht im Konzern, 1989; *Winter/Marx/De Decker*, Mitbestimmungsrechtliche Aspekte der SE & Co. KG, NZA 2016, 334; *Wißmann*, Der Anwendungsbereich der Unternehmensmitbestimmung als Dauerpatient, Festschrift für Däubler, 1999, S. 385; *Wlotzke*, Arbeitsrechtliche Aspekte des neuen Umwandlungsrechts, DB 1995, 40.

I. System der unternehmensbezogenen Mitbestimmung

1. Formen der unternehmensbezogenen Mitbestimmung

1 Das deutsche Recht verfolgt ein **„Konzept der doppelten Mitbestimmung“** und ermöglicht die Mitwirkung der Arbeitnehmer und ihrer Vertretungen bei Unternehmensumstrukturierungen sowohl auf betrieblicher Ebene (insbesondere über die Mitwirkungsrechte der Betriebsräte – sog. betriebliche Mitbestimmung; hierzu unter Kap. C) als auch über die Arbeitnehmervertreter in den Aufsichtsräten der von der Umstrukturierung betroffenen Gesellschaften (sog. unternehmensbezogene Mitbestimmung). Die Verpflichtung, einen Aufsichtsrat mit Arbeitnehmervertretern einzurichten bzw. zu besetzen, trifft jedoch nicht jeden Unternehmensträger, sondern nur diejenigen, welche die Voraussetzungen eines der vier (bundesrechtlichen) Mitbestimmungsgesetze,[1] nämlich des Drittelbeteiligungsgesetzes („DrittelbG“), des Mitbestimmungsgesetzes 1976 („MitbestG“), des Montan-Mitbestimmungsgesetzes („MontanMitbestG“) oder des Montan-Mitbestimmungsergänzungsgesetzes („MitbestErgG“), verwirklichen oder die sich auf vertraglicher Grundlage zu einer Einrichtung eines mit Arbeitnehmervertretern zu besetzenden Aufsichtsrates verpflichtet haben. Nach einer Untersuchung der – gemeinsam von der Bertelsmann Stiftung

[1] Im Saarland bestehen Sonderregelungen, vgl. Gesetz Nr. 560 vom 22.12.1956, Abl. Saarland I 1703 und Gesetz zur Einführung von Bundesrecht im Saarland vom 30.6.1959, BGBl. I S. 313.

und der Hans-Böckler-Stiftung Ende 1995 initiierten und eingerichteten – „Kommission Mitbestimmung" unterliegen tatsächlich nur 24,5% aller Arbeitnehmer im privatwirtschaftlichen Sektor einer „doppelten" Mitbestimmung auf Ebene des Betriebes und des Unternehmensträgers, weitere 15% einer einfachen betrieblichen Mitbestimmung, während 60,5% in vollständig mitbestimmungsfreien Unternehmen tätig sind.[2]

Die **quantitative Bedeutung** der vier gesetzlichen Mitbestimmungsregime ist im Hinblick auf die Anzahl der betroffenen Unternehmen sehr unterschiedlich: Zum Stichtag 31.12.2019 gab es vermutlich ca. 1.500 Unternehmen, deren Aufsichtsräte drittelparitätisch zusammengesetzt waren,[3] 652 Unternehmen, bei denen sich die Zusammensetzung und Befugnisse des Aufsichtsrates nach dem MitbestG richteten,[4] sowie lediglich ca. 45 dem MontanMitbestG und dem MitbestErgG unterfallende Unternehmen.[5] Ausweislich der nachfolgenden graphischen **Übersicht 1** hat die Zahl der dem Geltungsbereich des MitbestG unterfallenden Unternehmen seit der gesetzlichen Einführung dieses Regimes, insbesondere jedoch seit 1988, zunächst stark zugenommen, was zum größten Teil auf die seitdem verstärkt durchgeführten konzerninternen Umstrukturierungen mit Einführung von Holdingstrukturen, daneben auch auf die Privatisierung öffentlicher Unternehmen und schließlich auf die Erweiterung des gesetzlichen Anwendungsbereiches auf Unternehmen in den neuen Bundesländern zurückzuführen ist; in den letzten knapp 20 Jahren hat es indes einen signifikanten Rückgang gegeben (Höchststand 2002: 767 Unternehmen; Rückgang bis 2018 seitdem um ca. 15%). Besonders stark war der Rückgang bei Unternehmen in der Rechtsform der AG (Höchststand 1992: 413; Rückgang seitdem um ca. 48%!) und in der Rechtsform der GmbH & Co. KG (vermutlich durch Umstrukturierungen, zB durch Wahl einer ausländischen Gesellschaft als persönlich haftende Gesellschafterin; → Rn. 21ff.); umgekehrt gestiegen ist die Bedeutung der Rechtsform der GmbH, der SE und der KGaA (jeweils mit Höchstständen in 2018). Damit sind zwei Entwicklungslinien deutlich, nämlich diejenige (i) einer Mitbestimmungsvermeidung (zB durch Rechtsformwechsel in eine mitbestimmungsfreie nationale Rechtsform, Nutzung ausländischer Rechtsformen oder operative Umstrukturierung mit Verlagerung von Arbeitnehmern ins Ausland) sowie (ii) einer mit dem Rechtsformwechsel einhergehenden Verringerung des Mitbestimmungsniveaus, durch verstärkte Nutzung der Rechtsform der SE, der KGaA sowie der GmbH (hierzu → Rn. 69 und 174).[6] Nach einer Analyse von *Sick* hat heute etwa jedes dritte Unternehmen mit mehr als 2.000 Beschäftigten im Inland keinen mitbestimmten Aufsichtsrat.[7] Die Abnahme der Zahl von Unternehmen, die nach deutschen Mitbestimmungsgesetzen einer paritätischen Unternehmensmitbestimmung im Aufsichtsrat unterliegen, ist im Übrigen auch deshalb von rechtlicher Relevanz, weil in den letzten Jahren gesellschaftspolitisch motivierte Gesetzesänderungen im Gesellschaftsrecht an das kumulative Vorliegen der Kriterien Börsennotierung und paritätische Mitbestimmung nach deutschen Mitbestimmungsgesetzen anknüpfen (zB Geschlechterquote im

[2] *Bertelsmann Stiftung/Hans-Böckler-Stiftung* (Hrsg.), Bericht der Kommission Mitbestimmung: Mitbestimmung und neue Unternehmenskulturen-Bilanz und Perspektiven, 1998, S. 10, 52ff.

[3] Nach einer von der Hans-Böckler-Stiftung in 2010 in Auftrag gegebenen Studie von *Bayer* (http://www.boeckler.de/273.html) gab es 1.477 Unternehmen mit drittelparitätisch besetztem Aufsichtsrat. Das BMJ schätzte die Anzahl der dem BetrVG 1952 unterfallenden Aktiengesellschaften bei Änderung von § 76 Abs. 6 BetrVG (August 1994) auf ca. 400–700; vgl. *Seibert/Köster/Kiem*, Die kleine AG, 3. Aufl. 1996, Rn. 262.

[4] Vgl. *Ehrenstein* Mitbestimmung Heft 4+5/2015, 49.

[5] Vgl. *Bertelsmann Stiftung/Hans-Böckler-Stiftung*, Bericht der Kommission Mitbestimmung, S. 43. – Bei Inkrafttreten des MontanMitbestG fielen noch 105 Unternehmen unter den Anwendungsbereich.

[6] Hierzu aus Sicht der *Hans-Böckler-Stiftung: Sick*, Erosion als Herausforderung für die Unternehmensmitbestimmung, in: Mitbestimmung der Zukunft, Mitbestimmungsreport Nr. 58, 4/2020, S. 13ff.

[7] Vgl. Böckler-Impuls Nr. 9/2020, S. 1 („Mitbestimmungsflucht: Gesetzgeber muss handeln").

Aufsichtsrat nach FüPoG I; in Zukunft voraussichtlich: Mindestbeteiligung von einer Frau in Vorständen ab vier Mitgliedern nach FüPoG II).[8]

Mitbestimmte Unternehmen gemäß MitbestG[1)]
von 1980 bis 2018[2)]

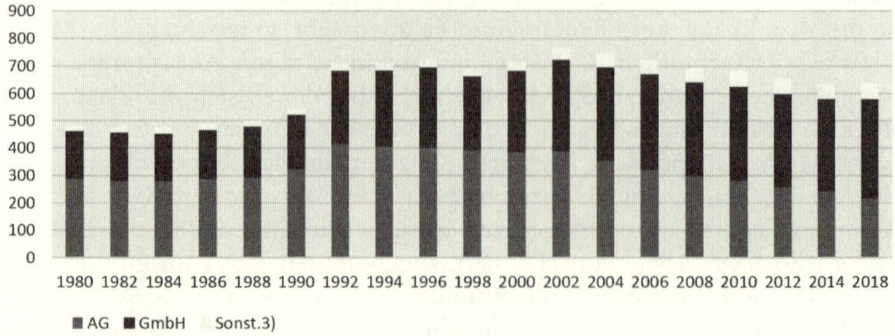

Jahr	1980	1981	1982	1983	1984	1985	1986	1987	1988	1989	1990	1991	1992	1993	1994	1995	1996
AG	285	279	278	277	277	276	286	290	292	303	321	341	413	401	404	402	399
GmbH	177	181	178	178	175	174	181	181	188	200	202	211	270	274	281	285	296
Sonst.[3)]	23	22	23	26	25	26	21	21	20	19	21	21	26	26	28	32	30
Gesamt	485	482	479	481	477	476	488	492	500	522	544	573	709	701	713	719	725

Jahr	1997	1998	1999	2000	2001	2002	2003	2004	2005	2006	2007	2008	2009	2010	2011	2012	2013	2014	2018	2019
AG	388	390	378	382	388	386	381	352	339	319	302	294	289	280	267	256	253	241	215	211
GmbH	292	274	275	301	325	337	341	344	341	352	357	347	341	345	338	343	343	340	365	376
Sonst.[3)]	25	27	26	33	37	44	43	50	49	50	49	53	52	56	54	55	55	54	58	64
Gesamt	705	691	679	716	750	767	765	746	729	721	708	694	682	681	659	654	651	635	638	652

1) Quelle: Ehrenstein in Mitbestimmung Heft 9/2008, S. 67, Heft 6/2010, S. 67, Heft 4+5/2015, S. 49 und zuletzt Böckler-Impuls 1/2020, S. 1 sowie Mitbestimmnung.de/html/frage-1-546.html.
2) Daten jeweils zum 31.12. (1980: 31.10.).
3) Sonstige Rechtsformen 2020 (2005; 1978): SE 21 (–;–); KapitalG & Co. KG 12 (30; 8), KGaA 24 (12;9), Genossenschaften 7 (7;6).

Parallel zur Bedeutungsabnahme des Montanbereichs für die deutsche Volkswirtschaft hat sich die Zahl der dem MontanMitbestG und dem MitbestErgG unterfallenden Unternehmen (leicht) reduziert, wenn man die absoluten Zahlen um den Sondereffekt der Wiedervereinigung bereinigt.[9]

2 Bevor die Auswirkungen von Unternehmensumstrukturierungen auf die unternehmensbezogene Mitbestimmung dargestellt werden (hierzu II. und III.), sollen die unterschiedlichen Mitbestimmungsregime kurz skizziert und deren unterschiedliche Anwendungsvoraussetzungen („Eingreifkriterien“) zum besseren Verständnis der Auswirkungen von Umstrukturierungsmaßnahmen herausgearbeitet werden. Denn nur soweit eine Umstrukturierungsmaßnahme auch dazu führt, dass ein gesetzlich (oder vertraglich) normiertes Eingreifkriterium gegeben bzw. nun nicht mehr gegeben ist, ändert sich der bislang bestehende Mitbestimmungsstatus. Dabei wird sich zeigen, dass in allen Mitbestimmungsgesetzen ausschließlich **unternehmensbezogene Parameter** für die Bestimmung des jeweils einschlägigen Mitbestimmungsregimes verwendet werden, nämlich: (i) Rechtsform

[8] Zur Herausbildung einer Sonder-Rechtsform des „börsennotierten Unternehmens mit öffentlicher Verantwortung“ (dessen Tatbestandsmerkmal auch die paritätische Unternehmensmitbestimmung ist): *Seibt* DB 2021, 438.

[9] Vgl. *Bertelsmann Stiftung/Hans-Böckler-Stiftung*, Bericht der Kommission Mitbestimmung, S. 43 (zB 1986: 31, 1991: 32, 1992: 50 (davon 4 MitbestErgG), 1997: 48 (davon 3 MitbestErgG)).

des Unternehmens (bei der Kapitalgesellschaft & Co. KG auch die Gesellschafterstruktur), (ii) Unternehmensgegenstand bzw. Konzerntätigkeitsbereich, (iii) Sitz des Unternehmens, (iv) Mindestarbeitnehmerzahl des Unternehmens bzw. des Konzerns und (v) Höhe des statutarischen Gesellschaftskapitals. Das Unternehmensmitbestimmungsrecht ist somit in doppelter Hinsicht unternehmensbezogen, zum einen wegen seiner **Mitbestimmungsverankerung in den Organen des Unternehmensträgers** (Arbeitnehmervertreter im Aufsichtsrat; Arbeitsdirektor im Geschäftsführungsorgan), zum anderen wegen der zuvor aufgezählten unternehmensbezogenen (und eben nicht betriebsbezogenen!) Anwendungsvoraussetzungen.

a) Drittelbeteiligungsgesetz

Das aus Arbeitnehmersicht schwächste Regime einer unternehmensbezogenen Mitbestim- 3
mung ist im DrittelbG geregelt, das für die nicht unter das MitbestG oder die Montan-Mitbestimmungsgesetze fallenden Unternehmen gilt. Nach § 4 Abs. 1 DrittelbG müssen die Aufsichtsräte von Aktiengesellschaften und Kommanditgesellschaften auf Aktien zu einem Drittel aus Arbeitnehmervertretern bestehen **(sog. drittelparitätische Mitbestimmung).** Ausgenommen hiervon sind nur solche Gesellschaften, die (i) weniger als 500 Arbeitnehmer beschäftigen und nach dem 9. 8. 1994 im Handelsregister eingetragen worden sind, (ii) zwar vor dem 10. 8. 1994 im Handelsregister eingetragen worden, aber als „Familiengesellschaft[10]" zu qualifizieren sind (bis zu 500 Arbeitnehmern!) (§ 1 Abs. 1 Nr. 1 DrittelbG), oder die – dies ist allerdings umstritten – (iii) weniger als 5 wahlberechtigte Arbeitnehmer ständig beschäftigen[11] oder sich zurechnen lassen müssen.[12] Gesellschaften mit beschränkter Haftung und Erwerbs- und Wirtschaftsgenossenschaften mit mehr als 500 Arbeitnehmern haben einen Aufsichtsrat zu bilden, der dann ebenfalls zu einem Drittel aus Vertretern der Arbeitnehmer bestehen muss (§ 1 Abs. 1 Nr. 3 und 5 DrittelbG); dies gilt auch für Versicherungsvereine auf Gegenseitigkeit mit mehr als 500 Arbeitnehmern, sofern hier bereits ein Aufsichtsrat besteht (§ 1 Abs. 1 Nr. 4 DrittelbG). Die gesetzliche Anordnung, einen Aufsichtsrat einzurichten und/oder diesen zu einem Drittel mit Arbeitnehmervertretern zu besetzen, gilt jedoch nicht für sog. Tendenzbetriebe und Religionsgemeinschaften (§ 1 Abs. 2 S. 1 Nr. 2 und § 1 Abs. 2 S. 2 DrittelbG) sowie ausländische Unternehmen.[13]

Für die **Zahl der Mitglieder** eines nach § 1 Abs. 1 DrittelbG zusammengesetzten Aufsichtsrats gilt für die AG, die KGaA und die GmbH (für diese in Verbindung mit § 52 GmbHG) § 95 AktG mit demselben Inhalt, wie er auch für mitbestimmungsfreie Gesellschaften gilt, dh die Zahl der Aufsichtsratsmitglieder muss mindestens drei betragen und stets durch drei teilbar sein; die Höchstzahl richtet sich nach der Höhe des Gesellschaftskapitals (§ 95 S. 4 AktG).[14]

Aktiv wahlberechtigt sind die volljährigen Arbeitnehmer aller Betriebe des Unter- 4
nehmers. Ist die Gesellschaft herrschendes Unternehmen eines Unterordnungskonzerns, sind außerdem alle volljährigen Arbeitnehmer aller Betriebe der nachgeordneten Konzernunternehmen aktiv wahlberechtigt (§ 2 Abs. 1 DrittelbG). Zudem bestimmt § 2 Abs. 2

---

[10] § 1 Abs. 1 Nr. 1 DrittelbG (iVm § 15 Abs. 1 Nr. 2–8, Abs. 2 AO); hierzu HWK/*Seibt* DrittelbG § 1 Rn. 14; ErfK/*Oetker* DrittelbG § 1 Rn. 9 ff.

[11] So *Dietz/Richardi*, 6. Aufl. 1982, BetrVG 1952 § 76 Rn. 8; *Richardi* FS Zeuner, 1994, 147; GK/*Kraft* BetrVG 1952 § 76 Rn. 5 ff.; MHdB GesR IV/*Hoffmann-Becking* § 28 Rn. 5 und 9; *Rüthers* BB 1977, 605 (606); *Röder/Gneiting* DB 1993, 1618 (1619); aA MHdB ArbR/*Wißmann*, 2. Aufl. 2000, § 383 Rn. 5; *Fitting* BetrVG 1952 § 76 Rn. 55.

[12] Zum Meinungsstand *Richardi* FS Zeuner, 1994, 147 (150).

[13] HWK/*Seibt* DrittelbG § 1 Rn. 2; ErfK/*Oetker* Einl. DrittelbG Rn. 3, DrittelbG § 1 Rn. 30; Lembke/Ludwig, Das Recht der Unternehmensmitbestimmung, 2015, § 5 Rn. 1.

[14] Für die VVaG bestimmt § 189 Abs. 1 VAG, dass der Aufsichtsrat aus einer von der Satzung festgesetzten, durch 3 teilbaren Anzahl von Personen besteht, die mindestens 3 und höchstens 21 beträgt. Für Genossenschaften schreibt § 36 Abs. 1 S. 1 GenG die Mindestzahl von 3 Personen, jedoch keine Obergrenze vor; aus § 1 Abs. 1 Nr. 5 DrittelbG folgt die Teilbarkeit der Zahl der Aufsichtsratsmitglieder durch 3.

DrittelbG weiter, dass die Arbeitnehmer eines (inländischen) Konzernunternehmens auch zur Begründung der Mitbestimmungspflicht des herrschenden Unternehmens als Arbeitnehmer des herrschenden Unternehmens gelten, wenn die beiden Unternehmen durch (i) Beherrschungsvertrag oder (ii) Eingliederung miteinander verbunden sind.[15]

Wenn in den Aufsichtsrat der Gesellschaft ein oder zwei Arbeitnehmervertreter zu wählen sind (der Aufsichtsrat also aus drei oder sechs Mitgliedern besteht), sind nur die Arbeitnehmer aller (inländischen) Konzernunternehmen **passiv wahlberechtigt;** sind dagegen mehr als zwei Arbeitnehmervertreter zu wählen, können die weiteren Arbeitnehmervertreter auch aus der außerbetrieblichen Sphäre kommen, wobei jedoch auch in diesem Fall nur die Betriebsräte und die Arbeitnehmer, nicht jedoch die Gewerkschaften, Wahlvorschläge machen können (§ 4 Abs. 2 S. 1 und 2 DrittelbG). Sind zwei oder mehr Arbeitnehmervertreter zu wählen, so müssen sich unter diesen ein Arbeiter und ein Angestellter befinden.[16]

Nach § 5 Abs. 1 und 2 DrittelbG sind die Vertreter der Arbeitnehmer von allen wahlberechtigten Arbeitnehmern der Betriebe des Unternehmens unmittelbar zu wählen (sog. Urwahl). Die technischen Einzelheiten der **Wahl** richten sich nach der auf der Grundlage von § 13 DrittelbG erlassenen Verordnung zur Wahl der Aufsichtsratsmitglieder der Arbeitnehmer nach dem Drittelbeteiligungsgesetz (WO DrittelbG) vom 23. 6. 2004.[17]

b) Mitbestimmungsgesetz 1976

5 Bei Aktiengesellschaften, Kommanditgesellschaften auf Aktien, Gesellschaften mit beschränkter Haftung und Genossenschaften (nicht jedoch Versicherungsvereinen auf Gegenseitigkeit), die in der Regel mehr als 2.000 Arbeitnehmer beschäftigen, ist ein Aufsichtsrat zu bilden, der sich paritätisch aus Aufsichtsratsmitgliedern der Anteilseigner und der Arbeitnehmer zusammensetzt (§ 1 Abs. 1, 6, 7 MitbestG; **sog. paritätische Mitbestimmung**). Hiervon ausgenommen sind nur (i) ausländische Unternehmen,[18] (ii) Tendenzunternehmen und Religionsgemeinschaften (§ 1 Abs. 4 MitbestG) sowie (iii) Montan-Gesellschaften, die die Voraussetzungen eines der beiden Montanmitbestimmungsgesetze erfüllen. Bei einer **Kapitalgesellschaft & Co. KG** (also insbesondere einer GmbH & Co. KG oder einer AG & Co. KG[19]) gelten die Arbeitnehmer der Kommanditgesellschaft (bei der infolge ihrer Eigenschaft als Personengesellschaft in keinem Fall ein Aufsichtsrat zu bilden ist) als Arbeitnehmer des persönlich haftenden Gesellschafters, mit der Folge, dass bei der Komplementär-Kapitalgesellschaft – bei Erfüllung der sonstigen Voraussetzungen – ein mitbestimmter Aufsichtsrat zu bilden ist, sofern (i) die Mehrheit der Kommanditisten (berechnet nach der Mehrheit der Anteile der Stimmen) die Mehrheit der Anteile oder der Stimmen der Komplementär-Gesellschaft innehat und (ii) die Komplementärin keinen eigenen Geschäftsbetrieb mit in der Regel mehr als 500 Arbeitnehmern unterhält (§ 4 Abs. 1 S. 1 MitbestG).[20]

6 Nach der **Konzernklausel des § 5 Abs. 1 MitbestG** gelten die Arbeitnehmer der nachgeordneten (inländischen) Konzernunternehmen auch als Arbeitnehmer des herrschenden Unternehmens, mit der Folge, dass die Verpflichtung der herrschenden Gesellschaft, einen paritätisch mitbestimmten Aufsichtsrat einzurichten, bereits dann besteht,

---

[15] Hierzu ausführlich unter → Rn. 37 ff.

[16] BAG 24.11.1981 – 1 ABR 80/79, DB 1982, 755.

[17] Hierzu zB HWK/*Seibt* DrittelbG § 5 Rn. 2; ErfK/*Oetker* DrittelbG § 5 Rn. 2 ff.

[18] RVJ/*Raiser* MitbestG § 1 Rn. 13 mwN.

[19] Nach zutreffender Ansicht ist eine AG & Co. oHG bzw. GmbH & Co. oHG auch dann nicht gemäß § 4 Abs. 1 S. 1 MitbestG analog mitbestimmt, wenn alle Gesellschafter in einer der in § 1 Abs. 1 MitbestG genannten Rechtsform organisiert sind; vgl. HWK/*Seibt* MitbestG § 4 Rn. 2; *Säcker* DB 2003, 2535 (2536); *Bäumer*, Anwendung des MitbestG auf KG, S. 177; *U.H. Schneider* ZGR 1977, 335 (344); *Kunze* ZGR 1978, 321 (343); *Hoffmann/Lehmann/Weinmann* MitbestG § 4 Rn. 8; aA GroßKomm. AktG/*Oetker* MitbestG § 4 Rn. 3; RVJ/*Raiser* MitbestG § 4 Rn. 5; *Wiesner* GmbHR 1981, 36 (37); GK/*Naendrup* MitbestG § 4 Rn. 31.

[20] Hierzu ausführlich unter → Rn. 20 ff.

wenn im Konzernverbund mehr als 2.000 Arbeitnehmer beschäftigt werden. Beschäftigt eine in einer Rechtsform nach § 1 MitbestG geführte Gesellschaft selbst mehr als 2.000 Arbeitnehmer, muss sie auch dann ihren Aufsichtsrat nach dem MitbestG zusammensetzen, wenn sie ein abhängiges Konzernunternehmen ist, das herrschende Unternehmen selbst einen paritätisch zusammengesetzten Aufsichtsrat besitzt und ihre Arbeitnehmer außerdem aktiv und passiv zum Aufsichtsrat des herrschenden Unternehmens wahlberechtigt sind. Von dem Grundsatz, dass die Arbeitnehmer der nachgeordneten Konzernunternehmen der obersten Konzernspitze zugerechnet werden, macht § 5 Abs. 3 MitbestG eine Ausnahme, wenn das Unternehmen an der Konzernspitze nicht mitbestimmungsfähig ist, weil es entweder seinen Sitz im Ausland hat oder weil seine Rechtsform nicht zu den durch §§ 1 Abs. 1, 4 Abs. 1 MitbestG erfassten Rechtsformen gehört. In diesen Fällen endet die mitbestimmungsrechtliche Konzernzurechnung bei dem letzten nach Rechtsform und Sitz mitbestimmungsfähigen Unternehmen unterhalb der mitbestimmungsfreien Konzernspitze. Die mitbestimmungsrechtlichen Einzelfragen bei Konzernsachverhalten werden unter → Rn. 37 ff. behandelt.

Die **Größe** des nach dem MitbestG zusammenzusetzenden Aufsichtsrates hängt nach § 7 Abs. 1 MitbestG von der Zahl der im (inländischen) Konzernverbund insgesamt beschäftigten Arbeitnehmer ab und beträgt (i) 12 Mitglieder bei nicht mehr als 10.000 Arbeitnehmern, (ii) 16 Mitglieder bei nicht mehr als 20.000 Arbeitnehmern und (iii) 20 Mitglieder bei mehr als 20.000 Arbeitnehmern. Durch **gesellschaftsvertragliche Regelung** kann eine größere Mitgliederzahl bestimmt werden, als sie nach der Arbeitnehmerzahl geboten wäre, Höchstzahl ist jedoch 20. Von dieser Wahlmöglichkeit wird in der Praxis zwar durchaus Gebrauch gemacht. Die Anteilseigner bemühen sich aber in der Regel, die Mitgliederzahl im Aufsichtsrat so gering wie möglich zu halten. Dies liegt zum einen an der in der Regel abnehmenden Effizienz des Kontrollorgans bei zunehmender Personenzahl, zum anderen aber auch daran, dass sich bei einer Erhöhung von 12 auf 16 Mitglieder nach § 7 Abs. 2 MitbestG die Zahl der unternehmensangehörigen Arbeitnehmervertreter von 6 auf 8 erhöht, die Zahl der zwei Gewerkschaftsvertreter dagegen konstant bleibt, so dass der Gewerkschaftseinfluss bei der größeren Mitgliederzahl proportional geringer ist; erst bei einer Größe von 20 Mitgliedern kommt ein dritter Gewerkschaftsvertreter hinzu.[21] Zum Stichtag 31. 12. 2014 (Vergleichszahlen zum 31. 12. 2002 in Klammern) gab es 412 (515) 12-köpfige, 105 (100) 16-köpfige und 118 (152) 20-köpfige Aufsichtsräte nach dem MitbestG.[22]

Sämtliche Arbeitnehmervertreter (einschließlich der Gewerkschaftsvertreter) werden von der Belegschaft unmittelbar oder durch Delegierte gewählt; die Einzelheiten der Wahl sind in den komplizierten Vorschriften der §§ 9–18, 34 MitbestG sowie ergänzend in drei Wahlordnungen geregelt: ein außerordentlich zeitraubendes (bis zu 56 Wochen bei Teilnahme eines Seebetriebes!), kostspieliges (zB etwa EUR 6,5 Mio. für Wahlen im Siemens Konzern 1997 mit über 3.200 Delegierten; immerhin etwa TEUR 400 Aufwendungen [ohne Stundenansätze] für Wahlen im Continental Konzern 2014), anfechtungsgeneigtes und daher – trotz jüngerer Gesetzesänderungen[23] – weiter zu **reformierendes Wahlverfahren.**

[21] Zu einzelnen Gestaltungsvarianten unter → Rn. 64.

[22] Quelle: *Ehrenstein* Mitbestimmung 4+5/2015, 49.

[23] Gesetz zur Vereinfachung der Wahl der Arbeitnehmervertreter in den Aufsichtsrat vom 23. 3. 2002, BGBl. 2002 I 1130. Zur Vereinfachung des Wahlverfahrens sollen insbesondere folgende Rechtsänderungen dienen: (i) Verkleinerung der Delegiertenversammlung durch Erhöhung der Anzahl der Arbeitnehmer eines Betriebes, auf die ein Delegierter entfällt, von 60 auf 90 und Änderung der Grenzwerte zur Begründung von Mehrfachstimmrechten, (ii) Straffung des Verfahrens der leitenden Angestellten für den Aufsichtsrat durch Ermittlung der Kandidaten in nur noch einer Abstimmung und (iii) Einbeziehung der Sprecherausschüsse in das Wahlverfahren; vgl. *Sieg/Siebels* NZA 2002, 697; *Wolff* DB 2002, 790. Vgl. auch Neufassung der ersten, zweiten und dritten Wahlordnung zum Mitbestimmungsgesetz, jeweils vom 10. 10. 2005, BGBl. 2005 I 2927.

7 Wegen der durch das MitbestG angeordneten paritätischen Besetzung des Aufsichtsrats mit Vertretern der Anteilseigner und Vertretern der Arbeitnehmer und der Regel, dass **Beschlüsse des Aufsichtsrates** der Mehrheit der abgegebenen Stimmen bedürfen (§ 29 Abs. 1 MitbestG),[24] kann es zu Pattsituationen und Blockaden im Kontrollorgan kommen. Für den Fall der Stimmengleichheit gibt § 29 Abs. 2 MitbestG dem Aufsichtsratsvorsitzenden demgemäß die Möglichkeit, bei einer Wiederholung der Abstimmung über denselben Gegenstand eine zweite Stimme abzugeben und damit das Patt aufzulösen; der Stellvertreter des Aufsichtsratsvorsitzenden hat zwingend[25] kein Zweitstimmrecht (§ 29 Abs. 2 S. 3 MitbestG). Das **Zweitstimmrecht** kommt dem Aufsichtsratsvorsitzenden für alle Gegenstände zu, über die der Aufsichtsrat mit einfacher Stimmenmehrheit beschließen kann.[26] Die Zweitstimme kann jedoch nur zur Überwindung einer Stimmengleichheit eingesetzt werden, nicht dagegen zur Verhinderung einer mit der Mehrheit von einer Stimme getroffenen Entscheidung.[27]

Die **Wahl des Aufsichtsratsvorsitzenden und seines Stellvertreters** ist in § 27 MitbestG geregelt. Entgegen einer häufig in der Praxis anzutreffender Auffassung sind für beide Positionen in gleicher Weise Anteilseigner- und Arbeitnehmervertreter wählbar. In einem ersten Wahlgang, in dem alle Aufsichtsratsmitglieder gemeinsam wählen, ist eine Mehrheit von zwei Dritteln sämtlichen Aufsichtsratsmitglieder erforderlich (§ 27 Abs. 1 MitbestG); dies sind also bei einem 12-köpfigen Aufsichtsrat 8, bei einem 16-köpfigen 11 und bei einem 20-köpfigen 14 Stimmen. Der erste Wahlgang ist nur erfolgreich, wenn dieses Mehrheitserfordernis für die Position sowohl des Aufsichtsratsvorsitzenden als auch seines Stellvertreters erreicht wird. Ist der erste Wahlgang erfolglos, bilden die Anteilseigner- und die Arbeitnehmervertreter in einem zweiten Wahlgang zwei getrennte Wahlkörper, wobei die Anteilseignervertreter den Vorsitzenden und die Arbeitnehmervertreter seinen Stellvertreter wählen. Bei diesen Wahlen genügt jeweils die Mehrheit der abgegebenen Stimmen (§ 27 Abs. 2 MitbestG).

8 Das MitbestG enthält (ebenso wie die Montan-Mitbestimmungsgesetze) auch eine besondere Regelung, die nicht die Besetzung und die innere Ordnung des Aufsichtsrates, sondern des Vertretungsorgans der Gesellschaft betrifft: Nach § 33 MitbestG muss dem Vertretungsorgan eines dem MitbestG unterfallenden Unternehmens als gleichberechtigtes Organmitglied ein **Arbeitsdirektor** angehören, der in der Unternehmensleitung zumindest für die Personal- und Sozialangelegenheiten zuständig ist (gesetzliches Mindestressort!).[28] Allerdings können in der Satzung oder in der Geschäftsordnung eines dem MitbestG unterfallenden Unternehmen durchaus Verfahrensregelungen (zB Stichentscheid des Vorstandsvorsitzenden bei Patt-Situationen in der mindestens dreiköpfigen Geschäftsführung) verankert werden, da insoweit der Arbeitsdirektor nicht aus sachlichen Gründen gegenüber anderen Mitgliedern der Geschäftsleitung diskriminiert wird.[29]

---

[24] Ausnahmen vom Grundsatz der einfachen Stimmenmehrheit enthalten zB §§ 27 Abs. 1, 32 Abs. 1, 37 Abs. 3 MitbestG, § 124 Abs. 3 S. 4 AktG.

[25] Vgl. MHdB ArbR/*Wißmann*, 2. Aufl. 2000, § 380 Rn. 10 aE; HWK/*Seibt* MitbestG § 29 Rn. 8; MüKo-AktG/*Annuß* MitbestG § 29 Rn. 13; RVJ/*Raiser* MitbestG § 29 Rn. 16.

[26] RVJ/*Raiser* MitbestG § 29 Rn. 9f.; Habersack/Henssler/*Habersack* § 29 Rn. 10; MHdB ArbR/*Uffmann* § 377 Rn. 23; HWK/*Seibt* MitbestG § 29 Rn. 5.

[27] MHdB ArbR/*Uffmann* § 377 Rn. 23.

[28] Der Aufgabenumfang und der Grad der ausschließlichen Zuständigkeit des Arbeitsdirektors sind umstritten; vgl. BGH 14.11.1983, BGHZ 89, 48 (58ff.), NJW 1984, 733 (736) – Reemtsma [Vetorecht für Vorstandsvorsitzenden mit § 33 MitbestG unvereinbar]; OLG Frankfurt 23.4.1985, AG 1985, 220, WuB §§ 1, 6, 33 MitbestG 1/86 *(Pohle)*; RVJ/*Raiser* MitbestG § 33 Rn. 16ff.; HH/*Henssler* MitbestG § 33 Rn. 43; ErfK/*Oetker* MitbestG § 33 Rn. 11; HWK/*Seibt* MitbestG § 33 Rn. 3; Hüffer/*Koch* AktG § 77 Rn. 23; KK-AktG/*Mertens/Cahn* § 77 Rn. 66; *Henssler* FS BGH II, 2000, 387 (400).

[29] Zum Problembereich *Henssler* FS BGH II, 2000, 387 (400).

c) Montan-Mitbestimmungsgesetz und Montan-Mitbestimmungsergänzungsgesetz

Das **MontanMitbestG** gilt nach seinem § 1 für Unternehmen in der Rechtsform der Aktiengesellschaft oder der Gesellschaft mit beschränkter Haftung mit mehr als 1.000 Arbeitnehmern, (i) deren überwiegender Betriebszweck in der Förderung von Steinkohle, Braunkohle oder Eisenerz oder in der Aufbereitung, Verkokung, Verschwelung oder Verbrikettierung dieser Grundstoffe liegt, (ii) die zur eisen- und stahlerzeugenden Industrie gehören oder (iii) die von einem Unternehmen der vorbenannten Art abhängig sind und selbst zum Montanbereich gehören. 9

Das **MitbestErgG** erstreckt das System der Montan-Mitbestimmung auf Konzernspitzenunternehmen, die zwar selbst nicht die Voraussetzungen des MontanMitbestG erfüllen, aber einen Konzern führen, der **durch Unternehmen der Montan-Industrie** iSv § 3 Abs. 2 S. 1 MitbestErgG **„gekennzeichnet"** (dh (i) bei einer Wertschöpfungsquote von 20% im Montan-Bereich oder – dies ist aber verfassungswidrig – (ii) einer Beschäftigtenzahl von mehr als 2.000 Arbeitnehmern im Montan-Bereich) ist.[30]

Bei der Montan-Mitbestimmung ist der Aufsichtsrat paritätisch mit der gleichen Zahl 10
von Vertretern der Anteilseigner und der Arbeitnehmer und einem zusätzlichen, vom Vertrauen beider Seiten getragenen **„neutralen" Mitglied** zu besetzen. Patt-Situationen sollen, anders als nach dem MitbestG, nicht durch ein Zweitstimmrecht des – regelmäßig, aber eben nicht zwingend – zu den Vertretern der Anteilseigner gehörenden Vorsitzenden, sondern durch die Stimme des neutralen Mitglieds aufgelöst werden. Der Aufsichtsrat nach dem MontanMitbestG besteht im Regelfall aus 11 Mitglieder (§ 4 Abs. 4 S. 1 MontanMitbestG); er kann jedoch durch Satzungsregelung bei einer Gesellschaft mit einem Gesellschaftskapital von mehr als EUR; 10 Mio. auf 15 Mitgliedern und bei von mehr als EUR 25 Mio. auf 21 Mitglieder vergrößert werden (§ 9 MontanMitbestG[31]). Der Aufsichtsrat eines dem MitbestErgG unterfallenden Unternehmens besteht im Regelfall aus 15 Mitgliedern (§ 5 Abs. 1 S. 1 MitbestErgG) und kann bei einem Gesellschaftskapital von mehr als EUR 25 Mio. durch Satzungsregelung auf 21 Mitglieder vergrößert werden (§ 5 Abs. 1 S. 3 MitbestErgG[32]).

Die **Wahl** der Arbeitnehmervertreter zum Aufsichtsrat erfolgt nach den Regelungen des 11
MontanMitbestG durch die Hauptversammlung, jedoch aufgrund bindender Wahlvorschläge der Betriebsräte des Unternehmens oder des beim Unternehmen gebildeten Konzernbetriebsrats. Nach der Konzernklausel des § 1 Abs. 4 MontanMitbestG werden die Belegschaften der nachgeordneten Konzernunternehmen über den Konzernbetriebsrat an der Wahl der Arbeitnehmervertreter für den Aufsichtsrat des herrschenden Unternehmens beteiligt. Die Wahl der Arbeitnehmervertreter zum Aufsichtsrat einer Montan-Holding nach dem MitbestErgG erfolgt dagegen durch Wahlmänner, die von den Arbeitnehmern aller Konzernunternehmen gewählt werden. Das neutrale Mitglied wird nach § 8 MontanMitbestG (bzw. iVm § 5 Abs. 3 MitbestErgG) im Regelfall ebenfalls durch die Hauptversammlung auf Vorschlag der übrigen Aufsichtsratsmitglieder gewählt. Falls im Aufsichtsrat kein Vorschlag die erforderliche Mehrheit aller Stimmen findet oder die Hauptversammlung dem Vorschlag des Aufsichtsrats nicht folgt, beginnt ein kompliziertes Vermittlungsverfahren, das letztlich in extremen Einzelfällen dazu führen kann, dass die Hauptversammlung *ohne* bindenden Wahlvorschlag das neutrale Mitglied wählt.[33]

---

30 Das BVerfG hat mit Urteil vom 2.3.1999 – 1 BvL 2/91, NZA 1999, 435 – Mannesmann – die Regelung zur Fortgeltung der Montan-Mitbestimmung für teilweise verfassungswidrig erklärt; vgl. auch OLG Düsseldorf 29.4.1999 – 19 W 3/90, BB 1999, 1398; *Oetker* ZGR 2000, 19 (26) – Der erste und zweite Leitsatz des BVerfG-Urteils lauten wie folgt: „*1. Die Einbeziehung von Konzernobergesellschaften in die Sonderform der Montan-Mitbestimmung nach dem MitbestErgG ist mit Art. 3 Abs. 1 GG vereinbar, wenn sie einen ausreichenden Montan-Bezug aufweist. 2. Einen solchen Bezug vermittelt zwar die in Nr. 1 des § 3 Abs. 2 Satz 1 MitbestErgG bestimmte Montan-Umsatzquote, nicht aber die in Nr. 2 dieser Vorschrift festgelegte Arbeitnehmerzahl.*".

31 Geändert durch Art. 3 § 8 EuroEG vom 9.6.1998 (BGBl. I S. 1242 (1247)).

32 Geändert durch Art. 3 § 9 EuroEG vom 9.6.1998 (BGBl. I S. 1242 (1247)).

33 Hierzu zB MHdB ArbR/*Uffmann* § 378 Rn. 24; KK-AktG/*Mertens/Cahn* AktG Anh. § 117 C Rn. 22ff.

12 Ebenso wie das MitbestG sehen auch die Montan-Mitbestimmungsgesetze die zwingende Bestellung eines **Arbeitsdirektors** als gleichberechtigtem Mitglied des Vertretungsorgans vor. Anders als beim MitbestG kann im Anwendungsbereich des MontanMitbestG (nicht jedoch des MitbestErgG!) der Arbeitsdirektor indes nicht gegen die Stimmen der Mehrheit der Arbeitnehmervertreter im Aufsichtsrat bestellt oder abberufen werden (§ 13 Abs. 1 S. 2 und 3 MontanMitbestG). Dies führt in der Praxis dazu, dass in den unter das MontanMitbestG fallenden Unternehmen regelmäßig eine von der Arbeitnehmerseite vorgeschlagene Person als Arbeitsdirektor gewählt wird.[34]

d) Vertragliche Mitbestimmungsregime

13 Neben den gesetzlich vorgeschriebenen Regimen der unternehmensbezogenen Mitbestimmung findet man in der Praxis[35] immer häufiger auch privatautonome Mitbestimmungsvereinbarungen, deren **Zulässigkeitsgrenzen durch Rechtsprechung und Literatur** bislang **noch nicht hinreichend konturiert** sind.[36] Die Bedeutung einzelfallbezogener Verhandlungslösungen zur Gestaltung der Unternehmensmitbestimmung hat auch wegen der europarechtlichen Vorgaben bei der Societas Europaea (→ Rn. 176 ff.) und der grenzüberschreitenden Verschmelzung von Kapitalgesellschaften (→ Rn. 165 ff.) stark zugenommen. Für die Beratungspraxis steht zunächst einmal die Frage im Vordergrund, ob und ggf. inwieweit zwingende gesetzliche Regelungen solchen Mitbestimmungsvereinbarungen entgegenstehen und damit ihnen ihre Rechtsverbindlichkeit entziehen, in zweiter Linie aber auch die Fragen, welchen Organen bzw. Institutionen überhaupt die Zuständigkeit zum Abschluss solcher Vereinbarungen zukommt und mit welchen rechtstechnischen Instrumenten solche vertraglichen Mitbestimmungsregime im Unternehmen verankert werden können. Als grobe Richtschnur in Bezug auf Unternehmen mit nationalstaatlicher Rechtsform (ohne SE) können die folgenden Grundsätze gelten:

Die gesetzlichen verankerten Mitbestimmungsregelungen sind grundsätzlich **zwingender Natur.** Von ihnen kann demgemäß nicht zu Lasten der Arbeitnehmer durch vertragliche Vereinbarung abgewichen werden.[37] Ebenso wenig sind mE Vereinbarungen zulässig, die den verfassungsrechtlich gewährleisteten Tendenzschutz (Art. 4, 140 GG; Art. 5 Abs. 1 S. 2 GG; Art. 5 Abs. 3 GG; Art. 21 GG; Art. 9 Abs. 3 GG) einschränken[38] oder mit denen vertraglich eine „Überparität" zugunsten der Arbeitnehmervertreter im Aufsichtsrat geregelt werden soll (Art. 14 Abs. 1 GG!).[39]

14 Der Umfang der weiteren, sich aus dem Gesellschaftsrecht ergebenden Zulässigkeits- und Inhaltsgrenzen von Mitbestimmungsvereinbarungen differiert je nach der **Rechtsform des betreffenden Rechtsträgers.** Bei der AG ist der Gestaltungsspielraum wegen des dort geltenden Grundsatzes der Satzungsstrenge (§ 23 Abs. 5 AktG) geringer als bei der KGaA[40] oder der GmbH, deren Gesellschafter weit gehende Satzungsfreiheit (§ 45

---

[34] Zur Rolle und zu den Rechten und Pflichten des Arbeitsdirektors nach dem MontanMitbestG *Klinkhammer* FS Stahlhacke, 1994, 276.

[35] Hierzu zB *Bertelsmann Stiftung/Hans-Böckler-Stiftung*, Bericht der Kommission Mitbestimmung, S. 16, 37 und 97; *Seibt* AG 2005, 413 mwN.

[36] Zum Stand der Diskussion und rechtspolitischen Vorschlägen *Seibt* AG 2005, 413; *Hanau* ZGR 2001, 75.

[37] RVJ/*Raiser* MitbestG § 1 Rn. 57; WKS/*Wißmann* MitbestG § 1 Rn. 4; MHdB ArbR/*Uffmann* § 371 Rn. 3; *Ihrig/Schlitt* NZG 1999, 333 (334); *Seibt* AG 2005, 413 (416).

[38] So auch RVJ/*Raiser* MitbestG § 1 Rn. 57 mwN; HWK/*Seibt* MitbestG § 1 Rn. 18; *Seibt* AG 2005, 413 (416).

[39] Vgl. *Lutter* ZGR 1977, 194 (202); *Seibt* AG 2005, 413 (416); differenzierend *Henssler* ZfA 2000, 241 (261) mwN (zB Zulässigkeit der *ad hoc* Wahl eines Arbeitnehmervertreters als Aufsichtsratsvorsitzenden). – Für den Sonderfall von Stimmbindungsverträgen bei öffentlich-rechtlichen Unternehmen wurde deren Zulässigkeit wegen des Demokratieprinzips nur für den Fall anerkannt, dass die öffentliche Hand ihren „letztentscheidenden Einfluß" auf das Unternehmen behält; vgl. OLG Bremen 22.3.1977, NJW 1977, 1153 (1156) – Bremerhavener Versorgungs- und Verkehrsgesellschaft.

[40] Das aktienrechtliche Prinzip der Satzungsstrenge gemäß § 23 Abs. 5 AktG gilt für die KGaA nicht, soweit es um die Organisationverfassung der Gesellschaft geht; vgl. zB Hüffer/*Koch* AktG § 278 Rn. 18.

GmbHG) genießen.[41] Bei der AG geht dementsprechend die überwiegende Meinung davon aus, dass privatautonome Mitbestimmungsvereinbarungen regelmäßig (zu den Einschränkungen gleich) unzulässig und wegen Verstoßes gegen zwingendes Gesetzesrecht nichtig sind,[42] wenngleich die Hauptversammlung faktisch Mitbestimmungsvereinbarungen zur Geltung verhelfen kann, indem sie im Rahmen der Wahl der *Anteilseignervertreter* der Arbeitnehmerseite nahe stehende Personen (Arbeitnehmer des Unternehmens oder Gewerkschaftsfunktionäre) wählt,[43] was auch durchaus in Praxis vorkommt. Bei der GmbH wird dagegen überwiegend angenommen, dass freiwillige Mitbestimmungsregime im o.g. Rahmen installiert werden können.[44] Im Hinblick auf die inhaltliche Zulässigkeit sollte – im Anschluss an *Raiser*[45] – zwischen den folgenden drei, allerdings nicht trennscharf voneinander zu unterscheidenden Fallgruppen differenziert werden:

- Vereinbarungen zur einvernehmlichen **Klärung zweifelhafter Rechts- und Sachfragen** (zB im Hinblick auf die Bestimmung des Kreises der Wahlberechtigten oder die Bestimmung einer Teilkonzernspitze iSv § 5 Abs. 3 MitbestG[46]): Nach überwiegender Meinung sind derartige Vereinbarungen nicht nur bei der GmbH, sondern auch bei der AG zulässig und rechtlich verbindlich, sofern die Voraussetzungen eines Vergleiches iSv § 779 BGB erfüllt sind;[47]
- Vereinbarungen zur **Vereinfachung oder Anpassung gesetzlicher Mitbestimmungsregelungen,** insbesondere zum Wahlverfahren oder sonstiger formaler Regelungen, an Einzelfallumstände des betroffenen Unternehmens (sog. Rationalisierungsvereinbarungen): Auch hier ist in Übereinstimmung mit der wohl überwiegenden Meinung nicht nur bei der GmbH, sondern auch bei der AG von der Zulässigkeit solcher Vereinbarungen auszugehen;[48]
- Vereinbarungen über die **Einrichtung eines mitbestimmten Aufsichtsrates** bei Unternehmen, die an sich keinem gesetzlichen Mitbestimmungsregime unterfallen sowie Vereinbarungen über die **Anhebung des mitbestimmungsrechtlichen Niveaus** (zB Ersetzung der drittelparitätischen Mitbestimmung nach DrittelbG durch paritätische Mitbestimmung nach MitbestG; Regelung von Mindestbefugnissen des Aufsichtsrates,

---

[41] So auch OLG Bremen 22.3.1977 – 2 W 102/75, NJW 1977, 1153 (1154); *Ihrig/Schlitt* NZG 1999, 333 (336).

[42] Vgl. Hüffer/*Koch* AktG § 96 Rn. 3 mwN; KK-AktG/*Mertens/Cahn* § 96 Rn. 19ff. mwN; *Ihrig/Schlitt* NZG 1999, 333 (334) mwN in Fn. 7; *Henssler* ZfA 2000, 241 (262).

[43] KK-AktG/*Mertens* § 96 Rn. 16. Vgl. zur Zulässigkeit BGH 3.7.1975 – II ZR 35/73, NJW 1975, 1657 [Wahl von 3 zusätzlichen „Arbeitnehmervertretern" in drittelparitätisch besetzten Aufsichtsrat, mit der Folge einer quasi-paritätischen Besetzung] mzustAnm *Mertens* AG 1975, 245 und *Raiser* ZGR 1976, 105 (107); *Hommelhoff* ZHR 1984, 118 (133); Rowedder/*Schmidt-Leithoff*, GmbH-Gesetz, Einl. Rn. 161f.; MHdB GesR IV/*Hoffmann-Becking* § 28 Rn. 46; *Ihrig/Schlitt* NZG 1999, 333 (334) mwN in Fn. 10; *Seibt* AG 2005, 413 (416). – Die in dieser Weise hinzugewählten „Arbeitnehmervertreter" bleiben allerdings formal Vertreter der Anteilseigner, sodass diese jederzeit mit der Satzungsmehrheit abgerufen werden können, § 103 Abs. 1 AktG. – Die Zulässigkeit von Satzungsregelungen ist streitig, die für die Wahl der Anteilseignervertreter im Aufsichtsrat den Arbeitnehmerstatus im Unternehmen als persönliche Voraussetzung festsetzen; dafür *Hoffmann/Lehmann/Weinmann* MitbestG § 6 Rn. 18, § 7 Rn. 42; *Henssler* ZfA 2000, 241 (263); dagegen MüKoAktG/*Habersack* § 96 Rn. 28; HH/*Habersack* MitbestG § 1 Rn. 21; offengelassen bei BGH 3.7.1975 – II ZR 35/73, NJW 1975, 1657 (1658).

[44] Baumbach/Hueck/*Zöllner/Noack* GmbHG § 52 Rn. 12a, 33; MüKoGmbHG/*Spindler* § 52 Rn. 73; MHdb GesR III/*Diekmann* § 48 Rn. 20; *Henssler* ZfA 2000, 241 (265); einschränkend Rowedder/*Schmidt-Leithoff* Einl. Rn. 160.

[45] *Raiser* BB 1977, 1461; ders. FS Werner, 1984, 681 (686); ihm folgend zB *Seibt* AG 2005, 413 (416); MHdb GesR IV/*Hoffmann-Becking* § 28 Rn. 49ff.; HH/*Habersack* Einl. Rn. 46; ähnlich *Hanau* ZGR 2001, 75 (77); kritisch *Mertens* AG 1982, 141 (149); KK-AktG/*Mertens/Cahn* § 96 Rn. 21.

[46] Hierzu unter → Rn. 44ff.

[47] Vgl. *Raiser* BB 1977, 1461 (1466); *Seibt* AG 2005, 413 (415); KK-AktG/*Mertens/Cahn* § 96 Rn. 21; MHdb GesR IV/*Hoffmann-Becking:* AG § 28 Rn. 50; Habersack/Henssler/*Habersack* Einl. Rn. 47; *Ihrig/Schlitt* NZG 1999, 333 (334); zweifelnd Hüffer/*Koch* AktG § 96 Rn. 3; aA RVJ/*Raiser* MitbestG § 1 Rn. 58.

[48] *Raiser* BB 1977, 1461 (1466); *Seibt* AG 2005, 413 (415); MHdb GesR IV/*Hoffmann-Becking* § 28 Rn. 52; KK-AktG/*Mertens/Cahn* § 96 Rn. 21; *Ihrig/Schlitt* NZG 1999, 333 (334); aA Hüffer/*Koch* AktG § 96 Rn. 3; HH/*Habersack* Einl. Rn. 48.

insbesondere eines Mindestkataloges von zustimmungspflichtigen Geschäften; Besetzung von Aufsichtsratsausschüssen mit Arbeitnehmervertretern; sog. statusändernde Mitbestimmungsvereinbarungen): Derartige privatautonome Mitbestimmungsvereinbarungen sind bei Personengesellschaften[49] und der GmbH,[50] nicht jedoch bei der AG zulässig und rechtlich verbindlich.[51]

Schließlich sind unabhängig von der Rechtsform des Unternehmens solche Vereinbarungen nichtig, die gegen **zwingende gesellschaftsrechtliche Vorschriften** verstoßen. So bestehen jedenfalls erhebliche Zweifel daran, ob in der Satzung oder durch sonstige Vereinbarung geregelt werden kann, dass in die alleinige Zuständigkeit der Anteilseignerversammlung fallende Beschlussgegenstände (zB Beschlussfassungen über Umwandlungen, §§ 13, 50, 65 UmwG) ausschließlich oder zusätzlich dem mitbestimmten Aufsichtsrat zugewiesen werden (wobei häufig noch eine qualifizierte Beschlussmehrheit im Aufsichtsrat geregelt wird, um *in praxi* ein Vetorecht für die Arbeitnehmervertreter im Aufsichtsrat zu begründen).[52] Der Regelungsgedanke des § 111 Abs. 4 S. 2 AktG, der dem Aufsichtsrat ausdrücklich gestattet, bestimmte Arten von Geschäften von seiner Zustimmung abhängig zu machen, hilft hier nicht, da diese Norm allein die Kompetenzabgrenzung innerhalb der Verwaltung, also zwischen Aufsichtsrat und Vorstand betrifft,[53] und nicht das Verhältnis des Aufsichtsrats zur Hauptversammlung. Auch Regelungen, durch die bezweckt wird, über das gesetzlich statuierte Mitbestimmungsniveau hinaus weiteren „Arbeitnehmervertretern" jedenfalls ein dauerndes Teilnahmerecht im Aufsichtsrat zuzubilligen, verstoßen gegen die Bestimmung des § 109 AktG.[54]

15 Während es sich bei Vergleichs- und Rationalisierungsvereinbarungen um bloße schuldrechtliche Vereinbarungen iSv § 311 BGB handelt, sind **statusbegründende Mitbestimmungsvereinbarungen** korporativen Charakters, und zwar unabhängig davon, ob diese in der Satzung inkorporiert werden (so nicht selten bei Kommanditgesellschaften und GmbH) oder ähnlich Unternehmensverträgen iSv § 291 Abs. 1 AktG neben der Satzung stehen. Die statusbegründenden Mitbestimmungsvereinbarungen greifen mit nicht nur einer Einzelfallregelung (wie bei der Vergleichsvereinbarung) in das Verbandsgefüge des Unternehmens ein. Sie sind aber weder Tarifvertrag, da Fragen der Unternehmensverfassung nicht zu den Materien gehören, die nach dem Tarifvertragsgesetz Gegenstand normativer Tarifvereinbarungen sein können,[55] noch mangels spezieller Kompetenzregeln im BetrVG eine Betriebsvereinbarung.[56] Sie können daher auch nicht durch Arbeitskampf erzwungen werden, da sie eben nicht auf eine tarifvertragliche Einigung abzielen.[57] Beim Vermögens-

---

[49] WKS/*Wißmann* MitbestG § 1 Rn. 7; *Hanau* ZGR 2001, 75 (98); *Seibt* AG 2005, 413 (415).

[50] *Hommelhoff* ZHR 1984, 118 (133); *Ihrig/Schlitt* NZG 1999, 333 (336); *Henssler* ZfA 2000, 241 (265); *Seibt* AG 2005, 413 (415).

[51] Hüffer/*Koch* AktG § 96 Rn. 3; MHdb GesR IV/*Hoffmann-Becking* § 28 Rn. 53; *Raiser* BB 1977, 1461 (1467); *Mertens* AG 1982, 141 (150); *Hommelhoff* ZHR 1984, 118 (134); *Konzen* AG 1983, 289 (302); HH/*Habersack* Einl. Rn. 49 und Habersack/Henssler/*Habersack* § 1 Rn. 20; *Seibt* AG 2005, 413 (415); aA *Fabricius* FS Hilger/Stumpf, 1983, 155 (158); *Zachert* AuR 1985, 201 (208).

[52] Zum zwingenden Charakter der Kompetenzzuweisung an die Hauptversammlung bei Umwandlungen Schmitt/Hörtnagl/Stratz/*Winter* UmwG § 13 Rn. 15; Lutter/*Drygala* UmwG § 13 Rn. 4.

[53] Vgl. Hüffer/*Koch* AktG § 111 Rn. 33.

[54] Hierzu *Meier* NZG 2001, 1127.

[55] Vgl. OLG Hamburg 5.5.1972 – 11 U 46/71, AG 1972, 183 (184) *(obiter dictum)*; *Seibt* AG 2005, 413 (417); Rowedder/*Schmidt-Leithoff*, GmbH-Gesetz, Einl. Rn. 164; MüKoAktG/*Habersack* § 96 Rn. 29; *Beuthien* ZfA 1984, 95 (99); *Hanau* ZGR 1977, 397 (419); *Konzen* AG 1983, 289 (295); WKS/*Wißmann* MitbestG § 1 Rn. 4; *Dietz/Richardi*, 6. Aufl. 1982, § 76 BetrVG 1952, Vorbemerkung Rn. 45; MHdB ArbR/*Uffmann* § 371 Rn. 4; MHdb GesR IV/*Hoffmann-Becking* § 28 Rn. 45; *Löwisch/Rieble* TVG § 1 Rn. 225 und 404; Kempen/Zachert/*Wendeling-Schröder* TVG § 1 Rn. 842; HWK/*Henssler* Vor § 1 TVG Rn. 35.

[56] Vgl. OLG Hamburg 5.5.1972 – 11 U 46/71, AG 1972, 183 (184) *(obiter dictum)*; *Seibt* AG 2005, 413 (417); Rowedder/*Schmidt-Leithoff*, GmbH-Gesetz, Einl. Rn. 164; *Beuthien* ZfA 1984, 1 (25); *Lutter* ZGR 1977, 195 (196); *Raiser* BB 1977, 1461 (1464); *Fabricius* FS Hilger/Stumpf, 1983, 155 (165); MüKoAktG/*Habersack* § 96 Rn. 29; MHdb GesR IV/*Hoffmann-Becking* § 28 Rn. 45.

[57] *Seibt* AG 2005, 413 (417); MHdB ArbR/*Uffmann* § 371 Rn. 4.

übergang durch Verschmelzung, Spaltung oder Anwachsung (§ 738 Abs. 1 S. 1 BGB analog) gehen die beim übertragenden Rechtsträger bestehenden Mitbestimmungsvereinbarungen unabhängig von ihrer Art mit den auf sie bezogenen Verwaltungsorganen unter (auch → Rn. 91 f.). Ob insbesondere bei Vergleichs- und Rationalisierungsvereinbarungen (also den bloß schuldrechtlichen Abreden) ein Anspruch der Vertragsparteien auf Neuabschluss einer entsprechenden Vereinbarung beim übernehmenden Rechtsträger besteht, ist eine Frage des Einzelfalls. Demgegenüber bleiben beim übernehmenden Rechtsträger bestehende Mitbestimmungsvereinbarungen bei Gesamtrechtsnachfolgevorgängen in der Regel wirksam. Beim Formwechsel des Unternehmens erlischt die Mitbestimmungsvereinbarung, es sei denn, es besteht eine ausdrückliche Weitergeltungsklausel für diesen Fall oder die Weitergeltung ergibt sich aus einer Vertragsauslegung.[58]

Auf der Arbeitgeberseite kommt der Geschäftsführung die **Zuständigkeit zum Abschluss von Vergleichs- und Rationalisierungsvereinbarungen** zu.[59] Allerdings können sich aus dem Gesellschaftsvertrag oder einer Geschäftsordnung für die Geschäftsführung ein internes Zustimmungserfordernis zugunsten der Gesellschafterversammlung oder des Aufsichtsrats ergeben. Demgegenüber ist für den **Abschluss von statusbegründenden Mitbestimmungsvereinbarung** auf der Arbeitgeberseite die Versammlung der Anteilseigner (und nicht etwa die Geschäftsführung) zuständig, wobei diese – vorbehaltlich weiter qualifizierende Erfordernisse – mit satzungsändernder Mehrheit Beschluss fassen muss.[60] Die Geschäftsführung hat weder die organschaftliche noch die rechtsgeschäftliche Vertretungsmacht, Vereinbarungen abzuschließen, die praktisch dazu führen, sein Kontrollorgan bzw. deren Zusammensetzung oder die inhaltliche Ausgestaltung dessen Tätigkeit selbst zu bestimmen.[61] Die Abschlusskompetenz auf der Arbeitnehmerseite wird in der Praxis zumeist alleine von den im Unternehmen vertretenen Gewerkschaften, teilweise auch im Zusammenwirken mit (Konzern-)Betriebsräten in Anspruch genommen, wobei die rechtliche Grundlegung de lege lata umstritten ist. Die von der überwiegenden Literaturauffassung angenommene Zuständigkeit der Gewerkschaften als Repräsentanten der Unternehmensbelegschaft[62] wird teilweise – mit den im Ansatz aus zutreffenden Argumenten – verneint, dass Gewerkschaften nur tarifvertragliche Fragen regeln könnten[63] und nach der gesetzlichen Konzeption in Fragen der Unternehmensmitbestimmung nicht zum Handeln für die Belegschaft berufen seien, was sich insbesondere in dem fehlenden Entsendungsrecht für Aufsichtsratsmitglieder niederschlage.[64] Gegen Betriebsräte als Repräsentanten der Unternehmensbelegschaft kann ins Feld geführt werden, dass diesen eben nur eine Handlungskompetenz im Rahmen des BetrVG zukommt.[65] Aus dieser rechtlichen Ausgangslage sollte nun allerdings nicht der Schluss gezogen werden, dass de lege lata weder Gewerkschaften noch Betriebsräte noch die Unternehmensbelegschaft in ihrer Gesamtheit Abschlusskompetenz für Mitbestimmungsvereinbarungen haben, sondern es sollte umgekehrt aus Praxiserwägungen auch ohne ausdrückliche Rechtsgrundlage anerkannt werden, dass hier eine konkurrierende Vertragsabschlusskompetenz der im Unternehmen vertretenen Gewerkschaften und des zuständigen Betriebsrats, hilfsweise bei Fehlen beider Institutionen auch der Unternehmensbelegschaft in ihrer Gesamtheit, besteht.[66] 16

[58] *Seibt* AG 2005, 413 (417).
[59] *Seibt* AG 2005, 413 (417).
[60] *Seibt* AG 2005, 413 (417); KK-AktG/*Mertens* AktG § 96 Rn. 19; *Mertens* AG 1982, 141 (149); *Konzen* AG 1983, 289 (294); *Beuthien* ZfA 1983, 152; *Henssler* ZfA 2000, 241 (265).
[61] *Seibt* AG 2005, 413 (417); *Konzen* AG 1983, 289 (294).
[62] HH/*Habersack* MitbestG § 5 Rn. 76; *Mertens* AG 1982, 141 (150); GroßKomm. AktG/*Oetker* Vorbemerkung zur Mitbest der Arbeitnehmer im AR Rn. 162.
[63] MHdb GesR IV/*Hoffmann-Becking* § 28 Rn. 45.
[64] *Raiser* BB 1977, 1461 (1464).
[65] Vgl. MHdb GesR IV/*Hoffmann-Becking* § 28 Rn. 45; *Beuthien* ZHR 1984, 95 (112).
[66] So bereits *Seibt* AG 2005, 413 (418).

2. Zusammenfassung: Anwendungsvoraussetzungen der Mitbestimmungsformen

17 Die Auswirkungen von gesellschafts- und arbeitsrechtlichen Vorgängen[67] auf das in einem Unternehmen bestehende Unternehmensmitbestimmungsregime können in systematischer Weise nicht beschrieben werden, ohne dass die Anwendungsvoraussetzungen der Mitbestimmungsregime herausgearbeitet worden sind. Denn nur wenn eine Umstrukturierung auch zu einer Änderung eines Parameters führt, der nach der gesetzlichen Wertung für die Einrichtung oder Ausgestaltung eines mitbestimmten Aufsichtsrates von Bedeutung ist, erfährt der Unternehmensmitbestimmungsstatus der betroffenen Gesellschaft durch die Unternehmensumstrukturierung eine Änderung. Die **gesetzlich bestimmten Parameter** sind: (i) Rechtsform des Unternehmens (bei der Kapitalgesellschaft & Co. KG auch die Gesellschafterstruktur), (ii) Unternehmensgegenstand bzw. Konzerntätigkeitsbereich, (iii) inländischer Sitz des Unternehmens, (iv) Mindestarbeitnehmerzahl des Unternehmens oder der dem Unternehmen zuzurechnenden Konzerngesellschaften und (v) Höhe des Gesellschaftskapitals. Führt die Unternehmensumstrukturierung zu einer Änderung eines der vorgenannten Parameter, ist zu prüfen, ob die bislang bestehende Unternehmensverfassung der durch die Umstrukturierung betroffenen Gesellschaft angepasst werden muss, dh ob bei einem bislang mitbestimmungsfreien Unternehmen ein mitbestimmter Aufsichtsrat einzurichten ist, ob das bislang anwendbare Mitbestimmungsregime sich ändert oder ob die Unternehmensmitbestimmung vollständig – ggf. nach einer gesetzlich bestimmten Übergangsfrist – wegfällt. Noch einmal umgekehrt ausgedrückt: Führt eine Umstrukturierungsmaßnahme zu keiner Änderung eines der vorgenannten Parameter, ist eine Änderung des Mitbestimmungsstatus eines der an der Umstrukturierung beteiligten Unternehmen von vornherein ausgeschlossen.

18 Dabei ist im Hinblick auf die in den Unternehmensmitbestimmungsgesetzen verankerten Mindestarbeitnehmerzahlen dreierlei zu beachten:

Im Gegensatz zu einer älteren Entscheidung des Bundesarbeitsgerichtes[68] kommt es für die Frage, welche Arbeitnehmer[69] zu berücksichtigen seien, nicht auf die nur schwer feststellbare **tatsächliche** Tätigkeit an, sondern darauf, mit welchen Arbeitnehmern eine arbeitsvertragliche Verbindung zum Unternehmen besteht.[70] Bestehen daher **Doppelarbeitsverhältnisse eines Arbeitnehmers** mit mehr als einem Unternehmen (was durchaus in Konzernen nicht selten vorkommt), ist der Arbeitnehmer für die Frage nach dem Erfüllen der Mindestarbeitnehmerzahl bei allen Unternehmen mitzuzählen, zu dem eine arbeitsvertragliche Beziehung besteht. Ob auch eine Zurechnung der Arbeitnehmer, die einem **Gemeinschaftsbetrieb** beschäftigt werden, auch ohne Vorliegen von formellen Arbeitsverträgen mit den Trägerunternehmen jedem Trägerunternehmen oder nur dem Trägerunternehmen zuzurechnen sind, mit denen die Arbeitsverträge bestehen, wird unterschiedlich beantwortet. Während die wohl noch zahlenmäßig überwiegende Meinung davon ausgeht, dass bei Gemeinschaftsbetrieben die Arbeitnehmer in jedem Fall und unabhängig von arbeitsvertraglichen Bindungen für unternehmensmitbestimmungsrechtliche Zwecke jedem Trägerunternehmer zuzurechnen sind,[71] soll nach anderer (jüngerer) Auffassung nur eine Zurechnung zu solchen Trägerunternehmen erfolgen, bei denen mit

[67] Vgl. zu dieser Terminologie → B Rn. 1–4.
[68] BAG 1.12.1961 – 1 ABR 15/60, DB 1962, 306.
[69] Zum unternehmungsmitbestimmungsrechtlichen Arbeitnehmerbegriff LG Mannheim, 19.10.2001 – 7 AktE 1/01, ZIP 2001, 2149 (2150), EWiR § 84 HGB 1/02, 23 *(Emde)* – MLP II.
[70] Vgl. GK/*Rumpff* MitbestG § 1 Rn. 15; *Zöllner* FS Semler, 995 (1012).
[71] LG Hamburg 21.10.2008 – 417 O 171/07, BeckRS 2009, 07094; *Däubler* FS Zeuner, 1994, 19 (31); WKS/*Wißmann* MitbestG § 3 Rn. 42 und § 10 Rn. 10; Erfk/*Oetker* DrittelbG § 1 Rn. 28; HH/*Henssler* MitbestG § 10 Rn. 7; *Thüsing/Forst*, FS Kreutz, 2010, 867 (874ff.); Hanau ZfA 1990, 115 (127); *Hjort* NZA 2001, 696 (699).

den Arbeitnehmern das Rechtsband eines Arbeitsverhältnisses besteht.[72] Für den Sonderfall einer Alt-AG (§ 1 Abs. 1 Nr. 1 Satz 2 DrittelbG) gilt allerdings, dass für die Frage der „Arbeitnehmerlosigkeit" Arbeitnehmer aus Gemeinschaftsbetrieben ohne bestehende Vertragsbeziehungen in keinem Fall zugerechnet werden können; ansonsten würde die Wertung des § 2 Abs. 2 DrittelbG vereitelt.[73] Unter Anlegung des *Telos* der Unternehmensmitbestimmungsgesetze, die Beteiligung der Arbeitnehmer in Organen des Unternehmens zu ermöglichen, in denen die für den Arbeitnehmer wesentlichen Entscheidungen gefällt werden, erscheint es zutreffend, dann eine Zurechnung der Arbeitnehmer den Trägerunternehmen des Gemeinschaftsbetriebes anzunehmen (i) mit denen ein arbeitsrechtliches Vertragsverhältnis besteht oder (ii) das betreffende Trägerunternehmen die Leitung über den Gemeinschaftsbetrieb mit den anderen Unternehmen rechtlich abgesichert und tatsächlich und nachhaltig gemeinsam ausübt (strenger Maßstab)[74] Die Mehrfachzurechnung der Arbeitnehmer endet dann, wenn nur noch einem Trägerunternehmen die Leitungsmacht hinsichtlich des Gemeinschaftsbetriebs zukommt oder wenn der Gemeinschaftsbetrieb aufgespalten wird und die Betriebsteile künftig als eigene Betriebe geführt werden.

Es sind ferner nur die Arbeitnehmer zu berücksichtigen, die in inländischen Rechtsträgern beschäftigt sind (indes ohne Rücksicht auf die Staatsangehörigkeit des Arbeitnehmers); keine Berücksichtigung finden darüber hinaus solche Arbeitnehmer, die in unselbständigen Niederlassungen im Ausland tätig sind.[75]

Schließlich ist zu beachten, dass auf „regelmäßig" beschäftigte Arbeitnehmer abgestellt wird.[76] Mit diesem **Erfordernis der „Regelmäßigkeit"** wird dem dynamischen Charakter von Arbeitnehmerzahlen Rechnung getragen, und es soll ein wiederholter Wechsel von Mitbestimmungsstatuten vermieden werden. Nach der Rechtsprechung sind die Anforderungen an die „Regelmäßigkeit" in zeitlicher Hinsicht zu präzisieren, wobei nicht nur eine Rückschau in die Vergangenheit, sondern vor allem eine **Prognose zur zukünftigen Arbeitnehmerentwicklung** erforderlich ist.[77] Die Prognoseentscheidung der Geschäftsleitung muss nachvollziehbar sein (ggf. unterlegt durch konkrete Beschlüsse der zuständigen Gesellschaftsorgane) und für die Prognose ist ein Referenzzeitraum von 18–24 Monaten angemessen.[78]

Mitbestimmungsform / Kriterien	DrittelbG	MitbestG 1976	MontanMitbestG	MitbestErgG
Rechtsform	• AG/KGaA • GmbH • e G. • VaG (mit bestehendem AR)	• AG/KGaA • GmbH • e.G. • Kapitalgesellschaft & Co. KG**	• AG • GmbH	• AG • GmbH

[72] So LG Hannover 14.5.2012 – 25 O 65/11, BeckRS 2013, 12440; LG Bremen 4.2.2005 – 7 AR 61/04, BeckRS 2010, 17611; GK/*Rumpff* MitbestG § 1 Rn. 15; *Annuß*, FS Hoyningen-Huene, 2014, 17 (25ff.); *Hohenstatt/Schramm* NZA 2010, 846 (847ff.); *Manthey/Hinrichs* NZG 2014, 1096 (1099); *Lürs/Schomaker* BB 2013, 565 (567ff.); ähnlich *Zöllner* FS Semler, 1993, 995 (1012).

[73] Zutr. OLG Düsseldorf 21.7.2016 – I-26 W 1/16, BeckRS 2016, 119291.

[74] HWK/*Seibt* MitbestG § 1 Rn. 11.

[75] Vgl. LG Düsseldorf 5.6.1979, DB 1979, 1451; ErfK/*Oetker*; MitbestG § 1 Rn. 11; auch → Rn. 123.

[76] Vgl. § 1 Abs. 1 Nr. 2 MitbestG; Zum DrittelbG HWK/*Seibt* DrittelbG § 1 Rn. 11; ErfK/*Oetker* DrittelbG § 1 Rn. 26; LG Stuttgart 11.9.1984 – 2 AktE 1/84, DB 1984, 2551.

[77] Vgl. OLG Düsseldorf 9.12.1994 – 19 W 2/94 AktE, AG 1995, 328, DB 1995, 277; HWK/*Seibt* DrittelbG § 1 Rn. 11; *Oetker* ZGR 2000, 19 (29); RVJ/*Raiser* MitbestG § 1 Rn. 20; *Ulmer* FS Heinsius, 855 (859, 862).

[78] Vgl. BAG 4.11.2015 – 7 ABR 42/13, NZA 2016, 559 Rn. 36: 6–24 Monate; OLG Saarbrücken 2.3.2016 – 4 W 1/15, NZG 2016, 941 (943): 17–20 Monate; OLG Düsseldorf 9.12.1994, AG 1995, 328 (329) – Milchwerke Köln/Wuppertal e.G.; zust. ErfK/*Oetker* MitbestG § 1 Rn. 14: 17–20 Monate; *Rittner* AG 1983, 99 (102): 1 1/2 Jahre; abweichend *Ulmer* FS Heinsius, 855 (864): 6–12 Monate; *Theisen* AG 1998, 153 (157): 3–5 Jahre; vgl. auch (ohne konkrete Angabe einer Referenzperiode) LG Nürnberg-Fürth 11.6.1982 – 4 O 9031/81, BB 1982, 1625; LG Nürnberg-Fürth 10.11.1983, DB 1983, 2675.

Mitbestimmungsform / Kriterien	DrittelbG	MitbestG 1976	MontanMitbestG	MitbestErgG
Besonderer Unternehmensgegenstand	nein	nein	ja (Bergbau, eisen- und stahlerzeugende Industrie)	ja (Bergbau, eisen- und stahlerzeugende Industrie)
Tendenzschutz	ja (§ 1 Abs. 2 S. 1 Nr. 2 und § 1 Abs. 2 S. 2 DrittelbG)	ja (§ 1 Abs. 4 MitbestG)	ja (besonderer Unternehmensgegenstand)	ja (besonderer Unternehmensgegenstand)
Inländischer Sitz	ja	ja	ja	ja
Arbeitnehmerzahl	AG/KGaA: 0/> 500* GmbH/e.G./VVaG: > 500	> 2000 Sollzahl der AR-Mitglieder bei Mitarbeiter: ≤ 10.000: 12 > 10.000: 16 > 20.000: 20 (§ 7 Abs. 1 MitbestG)	> 1000	> 2000
Kapitalhöhe	Höchstzahl der AR-Mitglieder bei Gesellschaftskapital: EUR 1,5 Mio.: 15 > EUR 10 Mio.: 21 (§ 95 AktG)	nein	Erhöhung der AR-Mitgliederzahl (11) durch Satzung möglich bei Gesellschaftskapital: > EUR 10 Mio.: 15 > EUR 25 Mio.: 21 (§ 9 MontanMitbestG)	Erhöhung der AR-Mitgliederzahl (15) durch Satzung möglich bei Gesellschaftskapital: > EUR 25 Mio.: 21 (§ 5 Abs. 1 MitbestErgG)
Konzernzurechnung	ja • bei Beherrschungsvertrag • bei Eingliederung (§ 2 Abs. 2 DrittelbG)	ja (§§ 5, 32 MitbestG)		

* Mindest-Arbeitnehmerzahl von in der Regel mehr als 500 nur bei Aktiengesellschaften, (i) die nach dem 9. 8. 1994 eingetragen worden sind, oder (ii) vor dem 10. 8. 1994 eingetragen worden, aber als Familiengesellschaft iSv § 1 Abs. 1 Nr. 1 DrittelbG zu qualifizieren sind.

** Nur bei Eingreifen einer der Zurechnungsnormen gemäß §§ 4 Abs. 1, 5 Abs. 1 MitbestG.

19 Die nachfolgende Übersicht soll noch einmal die Anwendungsvoraussetzungen der gesetzlichen Mitbestimmungsregime anhand der für eine Unternehmensumstrukturierung relevanten Parameter zusammenfassen:

II. Auswirkungen gesellschaftsrechtlicher Vorgänge auf die unternehmensbezogene Mitbestimmung

1. Gesellschafterwechsel (Anteilsveräußerung/Anteilstausch)

a) Grundsatz: Mitbestimmungsneutralität des Gesellschafterwechsels

20 Die Veräußerung bzw. der Erwerb von Anteilen an einer Gesellschaft führt in der Regel nicht zu einer Änderung des Mitbestimmungsstatus der von diesem Gesellschafterwechsel betroffenen Gesellschaft. Dies gilt auch dann, wenn der die Anteile übernehmende Gesell-

schafter ausländischer Staatsangehöriger oder ein ausländisches Unternehmen ist.[79] Denn die Unternehmensmitbestimmung ist eben **unternehmensbezogen, nicht gesellschafterbezogen.** Allerdings sind bei **öffentlichen Angeboten zum Erwerb von Wertpapieren,** die von einer Aktiengesellschaft oder Kommanditgesellschaft auf Aktien mit Sitz im Inland ausgegeben wurden und zum Handel an einem organisierten Markt zugelassen sind, bestimmte Informationen in der Angebotsunterlage auch zu den Auswirkungen auf die Unternehmensmitbestimmung im Aufsichtsrat sowohl des Zielunternehmens als auch des Bieters selbst abzugeben (§ 11 Abs. 2 S. 3 Nr. 2 WpÜG).[80] Hinsichtlich der Angaben des Bieters, die die Unternehmensmitbestimmung im Aufsichtsrat der Zielgesellschaft betreffen, haben der Vorstand und der Aufsichtsrat der Zielgesellschaft eine begründete Stellungnahme abzugeben (§ 27 Abs. 1 Nr. 2 WpÜG), aber auch der zuständige Betriebsrat, oder, sofern ein solcher nicht besteht, unmittelbar die Arbeitnehmer der Zielgesellschaft sind berechtigt, zu diesen Angaben eine Stellungnahme zu erstellen (§ 27 Abs. 2 WpÜG).[81] Der zuständige Betriebsrat bzw. die Arbeitnehmer des Bieters werden hingegen nicht gesetzlich aufgefordert, eine Stellungnahme hinsichtlich der sie betreffenden Angaben abzugeben, die dann der Bieter etwa zu berücksichtigen oder zu veröffentlichen hätte. Es bleibt insoweit bei den allgemeinen betriebsverfassungsrechtlichen Regeln, beispielsweise wenn im Zuge eines Übernahmeangebots auch Betriebsänderungen iSv §§ 111 ff. BetrVG bei dem Bieter geplant werden. Von dem Grundsatz der Mitbestimmungsneutralität des Gesellschafterwechsels sind jedoch die folgenden – auch in der Praxis wichtigen – drei Einschränkungen zu machen:

b) Sonderfall 1: Komplementärwechsel

Ein Gesellschafterwechsel kann sich auf den Mitbestimmungsstatus eines Unternehmens 21 dann auswirken, wenn es die Rechtsform einer Personengesellschaft hat und der geschäftsführende persönlich haftende Gesellschafter ausgewechselt oder ein zusätzlicher geschäftsführender persönlich haftender Gesellschafter in die Personengesellschaft aufgenommen wird. Die Unternehmensmitbestimmung (und die Rechnungslegungspflichten nach dem Kapitalgesellschaften- und Co-Richtlinie-Gesetz) entfällt zunächst, wenn ausschließlich natürliche Personen Komplementäre der Personengesellschaft sind. Dabei begründet der Gesetzgeber das Privileg der Mitbestimmungsfreiheit mit der persönlichen Haftung der Komplementäre.[82] Um Mitbestimmungsfreiheit und Haftungsbegrenzung zu erreichen, können die Gesellschafter die Unternehmensbereiche auch mehrere über Kapitalgesellschaften & Co. KG halten, bei denen keiner der Komplementär-Gesellschaften mehr als 2000 Arbeitnehmer zuzurechnen sind und die von Kommanditgesellschaften mit ausschließlich natürlichen Personen als Kommanditisten gehalten werden. Daneben sind in der Praxis vor allem drei Fallgruppen relevant: (i) die Führung einer Personengesellschaft in Form der ausländischen Kapitalgesellschaft & Co. KG (→ Rn. 22 ff.); (ii) die Aufhebung der Mehrheitskongruenz der Gesellschafterkreise bei der Kapitalgesellschaft & Co. KG (→ Rn. 24 ff.); (iii) die Unternehmensführung in der Rechtsform der Stiftung oder Stiftung & Co. KG (→ Rn. 29 ff.). In all diesen Fällen entfällt bei dem konkreten Unternehmensträger die Verpflichtung zur Errichtung eines mitbestimmten Aufsichtsrates. Hat dieser konkrete Unternehmensträger die Konzernleitung über nachgeordnete Tochterunternehmen inne, ist allerdings zu prüfen, ob die Konzernmitbestimmung dann in einem der Konzernleitung „am nächsten" stehenden Unternehmen nach § 5 Abs. 3 MitbestG eingreift (hierzu → Rn. 57b).

[79] Vgl. RVJ/*Raiser* MitbestG § 1 Rn. 13 aE; GK/*Rumpff* MitbestG § 1 Rn. 26 aE; GroßKomm. AktG/*Oetker* MitbestG § 1 Rn. 4.

[80] Hierzu ausführlich *Seibt* DB 2002, 529 (532) (Angaben betreffend die Zielgesellschaft); *Seibt/Heiser* AG 2006, 301 (306) (Angaben betreffend den Bieter).

[81] Hierzu ausführlich *Seibt* DB 2002, 529 (533); zu den Änderungen durch das Übernahmerichtlinie-Umsetzungsgesetz (2006) *Seibt/Heiser* AG 2006, 301 (306).

[82] Hierzu ausführlich GK/*Naendrup* MitbestG § 4 Rn. 2; ferner *Henssler* ZfA 2000, 241 (251).

22 **aa) Ausländische Kapitalgesellschaft & Co. KG.** In einer ersten Gruppe kann man die Fälle zusammenfassen, in denen aus einer Reihe von Gründen (zB geringere Steuer- und Abgabenbelastung bei Beschäftigung des Managements in ausländischer Gesellschaft; Nähe des Managements zu besonderen Forschungseinrichtungen oder Vertragspartnern; Vermeidung der Unternehmensmitbestimmung) bei einer Kapitalgesellschaft & Co. KG die deutsche Komplementär-Gesellschaft durch eine **ausländische Komplementärin** ersetzt wird. Nach einer Studie soll es mindestens 62 Unternehmen in der Rechtsform der Auslandsgesellschaft & Co. KG geben, die mehr als 2000 Arbeitnehmer im Inland beschäftigen (Stand: 2019) (Praxisbeispiele: Air Berlin plc & Co. KG [ca. 2.500 ArbN]), Alba Group plc. & Co. KG [2015: ca. 8.000 ArbN], Dachser GmbH (Öst.) Co. KG [ca. 7.500 ArbN], H&M BV & Co. KG, Sykes Enterprises Support Services BV Co. KG [ca. 2.500 ArbN], K+K Klaas & Kock BV & Co. KG [ca. 6.500 ArbN], Kühne & Nagel AG (Lux). & Co. KG [ca. 3.000 ArbN], Müller Ltd. & Co. KG [ca. 16.500 ArbN], Prinovis Ltd. & Co. KG [ca. 4.500 ArbN] und Tönnies Holding ApS & Co. KG).[83] Da sich die Wirkungen der deutschen Mitbestimmungsgesetze zu Recht und nach überwiegender (wenngleich stark bestrittener!) Ansicht nicht auf ausländische Gesellschaften (dh auf Gesellschaften mit tatsächlichem Verwaltungssitz im Ausland) erstrecken,[84] greift hier weder die besondere Zurechnungsnorm für Kapitalgesellschaften & Co. KG in § 4 Abs. 1 MitbestG noch die allgemeine Konzernzurechnungsnorm in § 5 MitbestG ein (und zwar weder unmittelbar noch analog). Dies hat zur Folge, dass bei der ausländischen Komplementär-Gesellschaft kein mitbestimmter Aufsichtsrat nach deutschen Rechtsvorschriften zu bilden ist; die Kommanditgesellschaft selbst ist als Personengesellschaft ohnehin mitbestimmungsfrei.

22a Als Maßnahme rechtlicher Vorsicht ist für die Komplementärin die Gesellschaftsform eines Gründungsstaates zu wählen, der keine (zwingende) unternehmensbezogene Mitbestimmung vorsieht[85]. Damit kann einer Argumentation entgegengewirkt werden, der zur Folge das Mitbestimmungsrecht des ausländischen Gründungsstaates der Komplementärin auch auf Gesellschaften Anwendung finden kann, die ihren effektiven Verwaltungssitz in Deutschland und ihre geschäftliche Tätigkeit ausschließlich in Deutschland ausübt[86]. Die **Verwendung einer ausländischen Kapitalgesellschaft als Komplementärin** einer deutschen Kommanditgesellschaft in Form der Kapitalgesellschaft & Co. KG erfordert das **kumulative Vorliegen von drei Voraussetzungen**[87]**:** (1) Aus Sicht der ausländischen Heimatrechtsordnung ist eine Beteiligung als Komplementärin an einer der KG vergleichbaren Rechtsform des Heimatstaates zulässig[88]. So verbietet zB das spanische oder schweizerische Recht die Beteiligung von Kapitalgesellschaften an Personengesellschaften. (2) Das deutsche Recht lässt die Beteiligung einer ausländischen Kapitalgesellschaft als Komplementärin einer Personengesellschaft zu. Die unionsrechtliche Niederlassungsfreiheit verlangt eine solche Zulässigkeit für EU-/EWR-Auslandsgesellschaften, sofern nicht ausnahmsweise aufgrund der materiellen Normen ihres Personalstatuts (zB wegen Verzicht auf einen Mindestkapital) eine Stellung als Komplementärin eine KG verweigert werden kann[89]. (3) Die ausländische Komplementärgesellschaft ist nach Maßgabe des deutschen

[83] *Sick*, Erosion als Herausforderung für die Unternehmensmitbestimmung, in: Mitbestimmung der Zukunft, Mitbestimmungsreport Nr. 58, 4/2020, S. 13, 15 (mit Verweis auf eine bislang unveröffentlichte Studie von Bayer/Hoffmann). – Zur gestiegenen Praxisbedeutung auch *Sick/Pütz* AG-Report 2011, R 195; *Sick/Pütz* WSI-Mitteilungen 2011, 34; *Sick* Hans Böckler Stiftung Report Nr. 8, 2/2015; *Teichmann* ZGR 2014, 220 (222).

[84] Zum Streitstand MHdB ArbR/*Uffmann* § 373 Rn. 4; HWK/*Seibt* DrittelbG § 1 Rn. 2; ErfK/*Oetker* Einl. DrittelbG Rn. 3; RVJ/*Raiser* MitbestG § 1 Rn. 13; *Merkt* ZIP 2011, 1237 (1239) – Zu dieser Frage auch ausführlich unter → Rn. 47ff., 123ff.

[85] Vgl. *Müller-Bonanni*, in Hirte/Bücker Grenzüberschreitende Gesellschaften-HdB § 14 Rn. 27.

[86] Hierzu *Müller-Bonanni*, in Hirte/Bücker § 14 Rn. 27; *Merkt* ZIP 2011, 1237 (1239).

[87] Hierzu im Einzelnen *Teichmann* ZGR 2014, 220.

[88] Vgl. BayObLG 21.3.1986 – BReg 3 Z 148/85, NJW 1986, 3029 (3031); *Ebke* ZGR 1987, 245 (266); *Klöhn/Schaper* ZIP 2013, 49 (55); *Schlichte* DB 2006, 87 (91); *Süß*, in Süß/Wachter Int. GmbHR-HdB § 1 Rn. 136ff.

[89] Vgl. *Teichmann* ZGR 2014, 220 (226).

Kollisionsrecht als rechtsfähige Kapitalgesellschaft anzuerkennen, und diese Anerkennung darf insbesondere nicht deshalb entfallen, weil der alleinige Unternehmensgegenstand der Auslandskapitalgesellschaft die Führung der Geschäfte der inländischen KG ist und die Auslandsgesellschaft daher trotz ausländischen Satzungssitzes ihren effektiven Verwaltungssitz im Inland hat **(sog. Sitzaufspaltung).** Danach besteht unbestrittene Rechtssicherheit für solche Auslandsgesellschaften, die aus einer Jurisdiktion stammen, die der **Gründungstheorie** folgt (zB England oder Niederlande). Bei Auslandsgesellschaften, die aus einer Jurisdiktion stammen, die der **Sitztheorie** folgen, kommt es zu einer sog. Rückverweisung auf das Recht des Verweisungssitzstaates (Deutschland); das deutsche Kollisionsrecht nimmt diese Rückverweisung an (Art. 4 Abs. 1 S. 2 EGBGB). Bei einer Sitzaufspaltung führt dies nach der sog. Wechselbalgtheorie zu einer Transformation der ausländischen Kapitalgesellschaft in eine Personengesellschaft inländischen Rechts, mit der Folge, dass das Gestaltungsziel der Nutzung einer ausländischen Kapitalgesellschaft als (rechtsformbedingt haftungsbeschränkte) Komplementärin einer KG damit verfehlt würde. Eine **Sonderstellung unter den Sitztheorie-Jurisdiktionen nimmt allerdings Luxemburg ein,** da dort das „Domizil" eine inländischen Gesellschaft durch den Ort der Hauptverwaltung bestimmt wird (insoweit im Einklang mit der Sitztheorie), aber gesetzlich vermutet wird, dass sich die Hauptverwaltung am Satzungssitz befindet und dies nur durch einstimmigen Gesellschafterbeschluss geändert werden kann. In der Praxis wird überdies eine Sitzaufspaltung der luxemburgischen S.à r.l. dadurch vermieden, dass die im Vergleich zur deutschen Sichtweise geringeren **Anforderungen des luxemburgischen Rechts an die Beibehaltung des inländischen Verwaltungssitzes** erfüllt werden. Dazu gehören ua (i) Gesellschaftssitz in Luxemburg; (ii) Abhaltung der Versammlungen der S.à r.l.-Geschäftsführer bzw. des Geschäftsführerrats im Zusammenhang mit der Aufstellung des Jahresabschlusses (Bilanz, Gewinn- und Verlustrechnung sowie Geschäftsführerbericht) in Luxemburg; (iii) Beschlüsse der S.à r.l.-Gesellschafter über die Genehmigung des Jahresabschlusses sowie die Bestellung bzw. Abberufung der S.à r.l.-Geschäftsführer in Luxemburg; (iv) Bestellung der Personen und Bestimmung ihrer Vollmachten, die das Tagesgeschäft der S.à r.l. & Co. KG in Deutschland leiten sollen; (v) Führung der Buchhaltung der S.à r.l. in Luxemburg; (vi) Aufbewahrung der Gesellschaftsunterlagen der S.à r.l. am Gesellschaftssitz in Luxemburg. Damit kann ein „doppelter Verwaltungssitz" gegründet werden, mit der Folge, dass die deutsche KG ihren effektiven Verwaltungssitz in Deutschland und die luxemburgische Komplementärin nach luxemburgischen Verständnis ein effektiven Verwaltungssitz in Luxemburg hat.

Beispiel F 1 (B.V. & Co. KG): 22b

A hält den alleinigen Kommanditanteil an der A Maschinenbau GmbH & Co. KG, die 2.100 Arbeitnehmer beschäftigt, sowie sämtliche Geschäftsanteile an deren geschäftsführenden persönlich haftenden Gesellschafterin, der A Maschinenbau Verwaltungs-GmbH, die selbst keine Arbeitnehmer beschäftigt. Bei der A Maschinenbau Verwaltungs-GmbH besteht ein paritätisch besetzter Aufsichtsrat (§ 4 Abs. 1 MitbestG). Nun veräußert A den Geschäftsbetrieb der A Maschinenbau GmbH & Co. KG durch Übertragung des Kommanditanteils an der Kommanditgesellschaft und sämtlicher Geschäftsanteile an der Komplementär-GmbH an die niederländische I-N.V., die danach die A Maschinenbau Verwaltungs-GmbH aus der Kommanditgesellschaft austreten und ihre Verwaltungs-Holdinggesellschaft I-B.V. mit tatsächlichem Verwaltungssitz in Amsterdam[90] als neue geschäftsführende persönlich haftende Gesellschafterin eintreten lässt.[91]

[90] Zu den kollisionsrechtlichen Auswirkungen einer Verlegung des tatsächlichen Verwaltungssitzes einer im EU-Ausland gegründeten Gesellschaft in das Inland vgl. unter → Rn. 151 ff.

[91] Dabei ist vor allem in der Rechtsprechung anerkannt, dass sich Gesellschaften ausländischen Rechts an Personenhandelsgesellschaften als geschäftsführende Komplementärin beteiligen können, sofern deren Rechtsfähigkeit anzuerkennen ist (vgl. BayObLG 21.3.1986 – BReg 3 Z 148/85, NJW 1986, 3029 – private limited company britischen Rechts; OLG Saarbrücken 21.4.1989 – 5 W 60/88, NJW 1990, 647 –

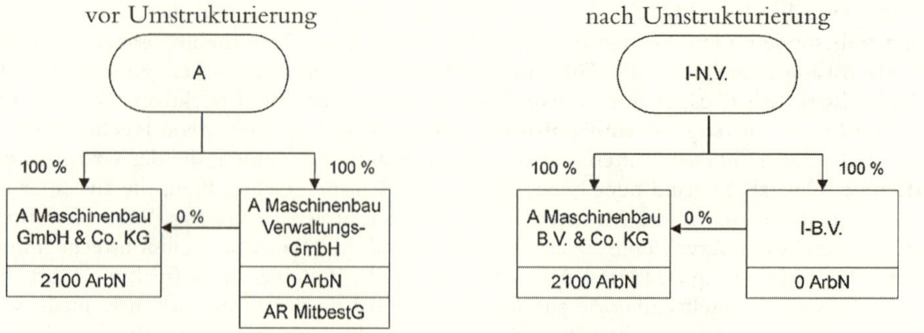

Dies hat zum einen zur Folge, dass die gesetzliche Grundlage für den bei der A Maschinenbau Verwaltungs-GmbH eingerichteten, paritätisch mitbestimmten Aufsichtsrat nun entfallen ist, da sie selbst beschäftigungslos ist und eine Zurechnung von Arbeitnehmern anderer Gesellschaften nicht (mehr) in Frage kommt, zum anderen, dass bei der neuen Komplementärin I-B.V. kein nach deutschem Recht mitbestimmter Aufsichtsrat einzurichten ist, da sich der Anwendungsbereich der Mitbestimmungsgesetze nur auf Gesellschaften mit **tatsächlichem Verwaltungssitz im Inland** bezieht. Selbst bei Verlegung des tatsächlichen Verwaltungssitzes nach Deutschland wäre mE unter Anlegung der EuGH-Rechtsprechung bei der I-B.V. kein mitbestimmter Aufsichtsrat zu installieren (hierzu → Rn. 153 ff.).

23 Das gleiche Ergebnis wird mE übrigens dadurch erreicht, dass in **Beispiel F 1** anstelle der Auswechslung der Komplementär-Gesellschaft lediglich die I-B.V. hinzutritt und zugleich die A Maschinenbau Verwaltungs-GmbH (also die bisher allein geschäftsführende Komplementärin) von der Geschäftsführung vollständig ausgeschlossen wird; § 4 Abs. 1 MitbestG sperrt hier mE nicht, da die I-B.V. geschäftsführungsbefugt bleibt.[92] Dies hätte beispielsweise den Vorteil, dass der Rechtsformzusatz bei der Kommanditgesellschaft nicht von „GmbH & Co. KG" in „B.V. & Co. KG" geändert werden müsste,[93] was anderenfalls zu einem Vertrauensverlust im Rechtsverkehr führen könnte. – Zu den Fragen der Sitzbestimmung bei Unternehmen für Zwecke der Mitbestimmung unter → Rn. 148.

24 **bb) Aufhebung der Mehrheitskongruenz der Gesellschafterkreise bei der Kapitalgesellschaft & Co. KG.** In einer zweiten Gruppe können die Fälle zusammengefasst werden, in denen durch die Auswechselung der Komplementär-Kapitalgesellschaft oder durch Gesellschafterwechsel bei der Komplementärin die nach **§ 4 Abs. 1 S. 1 MitbestG** für die mitbestimmungsrechtliche Arbeitnehmerzurechnung erforderliche **Mehrheitskongruenz der Gesellschafterkreise der Kommanditgesellschaft und der Komplementärin zerstört** wird.

Beispiel F 2:

Wie Beispiel F 1, die Gesellschaftsanteile werden jedoch nicht von der I-N.V. erworben, sondern die (Teil-) Kommanditanteile werden von den Angehörigen des A, nämlich B und C zu je 40 %, und von dem bisherigen kaufmännischen Leiter des Unternehmens D zu

---

AG schweizerischen Rechts; OLG Stuttgart 30.3.1995 – 8 W 355/93, ZIP 1995, 1004 (1006) – AG schweizerischen Rechts; MHdb GesR II/*Scheel* § 7 Rn. 29; *Kronke* IPRax 1995, 377 (378)).

[92] Dies ist str.; aA HH/*Habersack* MitbestG § 4 Rn. 28; vgl. auch *Hoffmann/Lehmann/Weinmann* MitbestG § 4 Rn. 54 ff.

[93] Die Praxis der Handelsregister ist uneinheitlich, ob gemäß § 19 Abs. 5 HGB zur Rechtsform der ausländischen Gesellschaft auch die Benennung des ausländischen Rechts erforderlich ist, dem die Komplementärgesellschaft unterliegt. In Hamburg ist dies zB regelmäßig nicht erforderlich. – Davon zu trennen ist die Frage, ob auch eine ausländische Kapitalgesellschaft & Co. KG als „GmbH & Co. KG" deshalb firmieren kann, weil die ausländische Rechtsform als „GmbH" firmieren darf. Nach der Praxis einiger Handelsregister ist das im Hinblick auf die österreichische GmbH sowie die luxemburgische S.à r.l.-GmbH der Fall.

10 %, die Geschäftsanteile an der Komplementär-GmbH dagegen vollständig von D übernommen: ein typischer Fall eines Management Buy-In mit Trennung von Kapital und Verwaltung. Da nun die Mehrheit der Kommanditisten (berechnet nach der Mehrheit der Anteile oder der Stimmen) nicht die Mehrheit der Anteile oder der Stimmen bei der Komplementär-GmbH innehat, greift die Arbeitnehmerzurechnungsnorm des § 4 Abs. 1 S. 1 MitbestG nicht mehr. Die gesetzliche Verpflichtung zur Errichtung eines paritätisch besetzten Aufsichtsrates bei der Komplementär-GmbH entfällt durch den Gesellschafterwechsel.[94]

Das **Beispiel F 2** macht deutlich, dass eine wortlautgetreue Auslegung der Zurechnungsnormen des § 4 Abs. 1 S. 1 MitbestG durchaus als „Anleitung für mitbestimmungsunwillige Unternehmer", sich dem Mitbestimmungsgesetz auf gesellschaftsrechtlichem Wege zu entziehen, verstanden werden kann.[95] Eine umfassende Analyse der mitbestimmungsrechtlichen Literatur sowie der zu § 4 Abs. 1 MitbestG ergangenen Rechtsprechung bietet indes ein differenziertes Bild:

Mit § 4 MitbestG hat der Gesetzgeber versucht, am **Prinzip der Mitbestimmungsfreiheit von Personengesellschaften** (dessen Hauptgrund ja in der persönlichen Haftung der Gesellschafter (oHG) bzw. Komplementäre (KG) liegt[96]) festzuhalten und zugleich die **funktionelle Substituierbarkeit der GmbH durch die GmbH & Co. KG** in der Wirtschaftspraxis zu berücksichtigen. Die Fassung der Vorschrift stellt einen „im Gesetzgebungsverfahren im Ringen der verschiedenen gesellschaftlichen Kräfte entstandenen Kompromiss" dar, der bewusst davon absieht, sämtliche Kapitalgesellschaften & Co. KG dem Mitbestimmungsgesetz zu unterwerfen.[97] Funktionell soll § 4 MitbestG die an die Rechtsform anknüpfende Mitbestimmungspflicht des § 1 Abs. 1 Nr. 1 MitbestG vor einer Aushöhlung und Umgehung schützen. Dies wurde vom Gesetzgeber insbesondere bei solchen Kommanditgesellschaften für notwendig erachtet, bei denen eine Unternehmenseinheit zwischen KG und Komplementär-Kapitalgesellschaft durch **koordinierte Willensbildung und Entscheidung** besteht.[98] Dieser Normengedanke hat im Merkmal der Mehrheitskongruenz von Kommanditgesellschaft und Komplementär-Kapitalgesellschaft nur unvollkommenen Ausdruck gefunden, so dass in der Rechtsprechung und Literatur heftig umstritten ist, ob § 4 Abs. 1 MitbestG über seinen Wortlaut hinaus auch in Fällen fehlender Kongruenz zur Mitbestimmungspflichtigkeit der Komplementär-Kapitalgesellschaft führt.

In der Rechtsprechung und Literatur wird fast einhellig die Auffassung vertreten, dass das Merkmal der Mehrheitskongruenz bei sog. **Einheitsgesellschaften** (also Gesellschaften, bei denen die Kommanditgesellschaft die Anteile an der Komplementär-Kapitalgesellschaft mehrheitlich oder alleine hält) vorliegt[99] und nicht durch die **Einschaltung bzw. Zwischenschaltung von Strohmännern, fremdnützigen Treuhändern oder Kapitalgesellschaften** (vgl. § 16 Abs. 2–4 AktG) erfolgreich vermieden werden kann.[100] An- 25

[94] Zur Frage, ob die allgemeine Konzernzurechnungsnorm des § 5 MitbestG in diesem Fall zum Zwang der Errichtung eines paritätisch besetzten Aufsichtsrates bei der Komplementär-GmbH führt, unter → Rn. 28.

[95] Vgl. *Klamroth* BB 1977, 305; *Binz/Sorg* GmbH & Co. KG-HdB § 14 Rn. 18, S. 288; Rowedder/*Schmidt-Leithoff*, GmbH-Gesetz, Einl. Rn. 173 ff.

[96] Hierzu → Rn. 18.

[97] OLG Celle 30.8.1979 – 9 Wx 8/78, GmbHR 1979, 277 (278) – Stiebel-Eltron.

[98] *Kunze* ZGR 1978, 321 (335); *Wiesner* GmbHR 1981, 36, 39 f.; HH/*Habersack* MitbestG § 4 Rn. 12; HWK/*Seibt* MitbestG § 4 Rn. 1; RVJ/*Raiser* MitbestG § 4 Rn. 11; GroßKomm. AktG/*Oetker* MitbestG § 4 Rn. 2.

[99] OLG Celle 30.8.1979, GmbHR 1979, 277 (278) – Stiebel-Eltron; HH/*Habersack* MitbestG § 4 Rn. 17; HWK/*Seibt* MitbestG § 4 Rn. 6; ErfK/*Oetker* MitbestG § 4 Rn. 4; *Hölters* DB 1977, 2232 (2233); *Kunze* ZGR 1978, 321 (335); *Sigle* FS Peltzer, 539 (542).

[100] OLG Celle 30.8.1979, GmbHR 1979, 277 (278) – Stiebel-Eltron; LG Bremen 6.12.1979, DB 1980, 349 (350) – Kühne & Nagel AG; OLG Bremen 30.4.1980 – 1 W 3/80, DB 1980, 1332 (1333) – Kühne & Nagel AG & Co. KG; *Kunze* ZGR 1978, 321 (336); *Wiesner* GmbHR 1981, 36 (40); RVJ/*Raiser* MitbestG § 4 Rn. 13 (jedenfalls sofern nicht legitime wirtschaftliche Zwecke bestehen); HH/*Habersack*

dererseits sollen nach der überwiegenden Auffassung weder **Stimmbindungsverträge**[101] noch **familienrechtliche Bindungen**[102] allein zu einer Anteils- oder Stimmenzurechnung im Rahmen von § 4 MitbestG führen. Das Vorliegen von Stimmbindungsverträgen oder familienrechtlichen Bindungen kann indes Indiz für eine fremdnützige Treuhandschaft zugunsten der Mehrheitsgesellschafter bei der KG sein; die von dem bzw. den Treuhänder(n) gehaltenen Geschäftsanteile würden dann dem bzw. den Treugeber(n) mit der etwaigen Folge zugerechnet, dass hierdurch die Voraussetzungen des § 4 Abs. 1 MitbestG uU bejaht werden können. In **Beispiel F 2** gibt es für die Annahme einer Treuhänderstellung des D keine Grundlage.

26 Eine Absicherung der Interessen der Mehrheit der Kommanditisten des Mehrheitsgesellschaftern der Komplementär-Kapitalgesellschaft (in Beispiel F 2: gegenüber dem Alleingesellschafter D) kann beispielsweise durch einen **Beirat** geschehen, zu dessen Gunsten Zustimmungsvorbehalte oÄ Rechte bestehen, und dessen Mitglieder durch die bzw. einzelne Kommanditisten bestimmt werden. Von einer (überwiegenden) Personenidentität zwischen Mehrheitskommanditisten und Beiratsmitgliedern sollte jedoch dann abgesehen werden, wenn es darum geht, das Risiko möglichst gering zu halten, dass bei einer gerichtlichen Überprüfung der Gestaltung § 4 Abs. 1 MitbestG entsprechend angewendet wird; bloße familienrechtliche Beziehungen zwischen den KG-Mehrheitsgesellschaftern und den Beiratsmitgliedern sind jedoch auch hier – jedenfalls wenn man die verfassungsrechtliche Wertung aus Art. 6 GG ernst nimmt – unschädlich. Aus demselben Grund der Risikominimierung wird man keine Weisungsrechte zugunsten der KG-Mehrheitsgesellschafter gegenüber dem Beirat und seinen Mitgliedern statuieren, sondern umgekehrt die Weisungsfreiheit der Beiratsmitglieder in der Satzung der Komplementär-Kapitalgesellschaft oder im Beiratsstatut verankern. Etwas vereinfacht wird man feststellen können, dass eine unmittelbare Geschäftsführungskontrolle (einschließlich Bestellung und Abberufung von Geschäftsleitungsorganen der Komplementär-Kapitalgesellschaft) durch die Mehrheits-Kommanditisten wohl nicht möglich sein wird, ohne die Unternehmensmitbestimmung gemäß § 4 Abs. 1 MitbestG auszulösen. Bei dieser Einschätzung kann man sich auf den vom OLG Bremen entschiedenen Kühne & Nagel-Fall[103] stützen.

27 **Beispiel F 3:**

Bei der Kühne & Nagel AG & Co. KG hielt[104] der einzige Kommanditist (Sohn) 45 % des Aktienkapitals, seine Eltern 50 % und ein weiterer Aktionär 5 %. Im Gesellschaftsvertrag wurden dem Kommanditisten eine Reihe von Rechten gegenüber der persönlich haftenden AG eingeräumt: Dieser war beispielsweise berechtigt, die Mitglieder des Beirates der KG zu ernennen und abzuberufen; dabei durfte er sich auch selbst zum Mitglied des Beirats bestellen. Der Gesellschaftsvertrag sah ferner einen umfänglichen Katalog von Zustimmungsvorbehalten zugunsten des Beirates vor. Darüber hinaus konnte der Beirat bestimmen, dass die persönlich haftende Gesellschafterin auch zu weiteren Angelegenheiten seine vorherige Zustimmung einzuholen habe. Schließlich besaß der Kommanditist in allen Fragen der Geschäftsführung ein Widerspruchsrecht.

MitbestG § 4 Rn. 18; *Hölters* DB 1979, 2232 (2233); WKS/*Wißmann* MitbestG § 4 Rn. 19; ErfK/*Oetker* MitbestG § 4 Rn. 4; MHdB ArbR/*Uffmann* § 373 Rn. 32; einschränkend *Binz/Sorg* GmbH & Co. KG-HdB § 16 Rn. 22 und 24, S. 314; aA *Hoffmann/Lehmann/Weinmann* MitbestG § 4 Rn. 6.

[101] OLG Bremen 30.4.1980 – 1 W 3/80, DB 1980, 1332 (1333) – Kühne & Nagel; *Wiesner* GmbHR 1981, 36 (40); RVJ/*Raiser* MitbestG § 4 Rn. 14; HWK/*Seibt* MitbestG § 4 Rn. 6; einschränkend HH/*Habersack* MitbestG § 4 Rn. 15; aA MHdB ArbR/*Uffmann* § 373 Rn. 32.

[102] OLG Bremen 30.4.1980 – 1 W 3/80, DB 1980, 1332 (1334) – Kühne & Nagel; vgl. auch *Wiesner* GmbHR 1981, 36 (40); RVJ/*Raiser* MitbestG § 4 Rn. 14; HWK/*Seibt* MitbestG § 4 Rn. 6; HH/*Habersack* MitbestG § 4 Rn. 15; einschränkend *Hölters* DB 1977, 2232 (2233); vgl. auch zu § 5 Abs. 1 MitbestG BayObLG 6.3.2002 – 3Z BR 343/00, NZA 2002, 691 (692) – Walter Holding II [„Es gibt nämlich keinen Erfahrungssatz, wonach Familienangehörige stets gleichgerichtete Interessen verfolgen"].

[103] OLG Bremen 30.4.1980 – 1 W 3/80, DB 1980, 1322.

[104] Stand: 1980.

Nach zutreffender Ansicht des OLG Bremen kann eine über den Wortlaut der Norm hinausgehende entsprechende Anwendung von § 4 Abs. 1 S. 1 MitbestG nur in den Fällen in Frage kommen, in denen der oder die Gesellschafter faktisch über eine der Kapitalmehrheit bei der Komplementär-Kapitalgesellschaft vergleichbare Stellung verfügen und dadurch die koordinierte Willensbildung und Entscheidung in dieser ausüben können. Die bei der Kühne & Nagel AG & Co. KG vorliegende gesellschaftsvertragliche Regelung führt daher nicht zu einer Anwendung des § 4 Abs. 1 MitbestG, da das Kontrollrecht des Beirates und das Vetorecht des Kommanditisten eigene unternehmerische Initiativen in der Geschäftsführung nicht ermöglichen und eine **faktische Interessenparallelität der Familienmitglieder** nicht zu einer Zurechnung der betreffenden Aktienanteile zum Kommanditisten führt.[105]

Die Prüfung von § 4 Abs. 1 MitbestG stellt jedoch nur den ersten Schritt einer umfassenden Begutachtung von Kapitalgesellschaften & Co. KG unter unternehmensmitbestimmungsrechtlichen Gesichtspunkten dar. Bei diesen Gesellschaften kann es nämlich auch zu einer Aufsichtsratsmitbestimmung auf der Ebene der Komplementärgesellschaft nach Maßgabe der allgemeinen Konzernzurechnungsnorm in **§ 5 Abs. 1 MitbestG** kommen. Ist die Komplementärgesellschaft herrschendes Unternehmen der Kommanditgesellschaft, würden die Arbeitnehmer der KG als Arbeitnehmer der Komplementärgesellschaft angesehen. Während also die Sonderzurechnungsnorm des § 4 Abs. 1 MitbestG eine „Gleichschaltung" der Willensbildung der Komplementärin mit derjenigen der KG voraussetzt, erfasst die allgemeine Zurechnungsregelung in § 5 Abs. 1 MitbestG den umgekehrten Fall der **Beherrschung der KG durch die Komplementärin.** 28

Nach wohl überwiegender (allerdings stark bestrittener) Literaturansicht sperrt daher die Sondervorschrift des § 4 Abs. 1 MitbestG den Rückgriff auf § 5 Abs. 1 MitbestG bei Kapitalgesellschaften & Co. KG grundsätzlich nicht.[106] Weiterhin ist überwiegend anerkannt, dass der Konzernbegriff des § 5 Abs. 1 S. 1 MitbestG nicht konzern-, sondern originär mitbestimmungsrechtlich auszulegen ist; insbesondere genüge es für den Begriff des „herrschenden Unternehmens", dass dieses nur gegenüber *einem* anderen Unternehmen über eine Beherrschungsmöglichkeit besitzt.[107]

Im Mittelpunkt der mitbestimmungsrechtlichen Beurteilung steht demnach die Frage, ob die Komplementärin tatsächlich auf die KG einen beherrschenden Einfluss ausüben kann, was gemäß §§ 17 Abs. 2, 16 Abs. 1 AktG vermutet wird, wenn einem Unternehmen (hier also der Komplementärin) die **Mehrheit der Anteile oder der Stimmrechte** (an der KG) zukommt. Im Regelfall wird die Komplementärin aber weder am Kapital der KG beteiligt sein, noch wird ihr die Mehrheit der Stimmrechte zukommen; sie wird gemäß § 164 S. 1 HGB nur insofern Geschäftsführungstätigkeit für die KG ausüben, als sie die gewöhnlichen Geschäfte der KG eigenständig (und auch ohne Bindung an Zustimmungsrechte eines Beirates) wahrnimmt. Nach zutreffender, wenngleich stark bestrittener Auffassung reicht eine solche dem gesetzlichen Leitbild entsprechende Ausübung der Geschäftsleitung für die Annahme einer Leitung iSv § 18 AktG, § 5 Abs. 1 S. 1 MitbestG nicht aus. Eine beherrschende Stellung der Komplementärin kann erst dann angenommen

[105] OLG Bremen 30.4.1980 – 1 W 3/80, DB 1980, 1322 (1333 und 1334).

[106] Vgl. WKS/*Wißmann* MitbestG § 5 Rn. 50; ErfK/*Oetker* MitbestG § 5 Rn. 4; HH/*Habersack* MitbestG § 5 Rn. 9; HWK/*Seibt* MitbestG § 4 Rn. 8; MHdB ArbR/*Uffmann* § 373 Rn. 33 aE; RVJ/*Raiser* MitbestG § 5 Rn. 21; *Kunze* ZGR 1978, 321 (330); *U.H. Schneider* ZGR 1977, 335 (346); aA *Hoffmann/Lehmann/Weinmann* MitbestG § 5 Rn. 13; *Beinert/Hennerkes/Binz* DB 1979, 68; *Binz/Sorg* Die GmbH & Co. KG-HdB § 16 Rn. 50ff., S. 323; *Hölters* RdA 1979, 335 (338); *Joost* ZGR 1998, 334 (346); *Sigle* FS Peltzer, 2001, 539 (550). – Allerdings haben das OLG Celle im Stiebel-Eltron-Fall (GmbHR 1979, 277) und das OLG Bremen im Kühne & Nagel-Fall (DB 1980, 1332) entschieden, dass in der GmbH/AG & Co. KG die Komplementär-Gesellschaft, sofern sie sich auf die Leitung der KG beschränkt, nicht herrschendes Unternehmen sei, so dass die Anwendung des § 5 MitbestG neben § 4 MitbestG nicht in Betracht komme; hierzu kritisch *Raiser* FS Kropff, 1997, 243 (248).

[107] OLG Stuttgart 3.5.1989 – 8 W 38/89, DB 1989, 1128; HH/*Habersack* MitbestG § 5 Rn. 11 und 16; HWK/*Seibt* MitbestG § 5 Rn. 3; RVJ/*Raiser* MitbestG § 5 Rn. 13.

werden, wenn diese auch berechtigt ist, **ungewöhnliche Geschäfte ohne Zustimmung der Kommanditisten** vorzunehmen.[108] Verzichtet man auf eine solche Regelung, kann also im **Beispiel F 2** die Errichtung eines paritätisch besetzten Aufsichtsrates bei der Komplementär-GmbH vermieden werden.

29 **cc) Stiftung und Stiftung & Co. KG.** Neben den vorgenannten, praxisrelevanten Fallgruppen der Ersetzung einer deutschen Komplementärgesellschaft durch eine ausländische Komplementärin und der Auflösung der Mehrheitskongruenz zwischen den Gesellschafterkreisen der KG und ihrer Komplementärin kommt in der Beratungspraxis seit etwa einer Dekade – und zwar mit zunehmender Dynamik – noch die Ersetzung der Komplementär-GmbH durch eine inländische Stiftung vor. Denn die Rechtsform der Stiftung & Co. KG ist als Kommanditgesellschaft keine vom DrittelbG, vom MitbestG oder vom MontanMitbestG erfasste Rechtsform (vgl. § 1 Abs. 1 DrittelbG, § 1 Abs. 1 MitbestG, § 1 Abs. 2 MontanMitbestG). Darüber hinaus kommt auch keine Zurechnung der der Kommanditgesellschaft zuzurechnende Arbeitnehmer zur Komplementärin in der Rechtsform der Stiftung in Betracht: Die Ausnahmevorschrift des § 4 setzt nämlich nach dessen Abs. 1 Satz 1 MitbestG voraus, dass ein in § 1 Abs. 1 Nr. 1 MitbestG bezeichnetes Unternehmen in der Rechtsform der AG, KGaA, GmbH oder Genossenschaft Komplementärin ist. Die Sondervorschrift des § 4 MitbestG ist eng auszulegen und taugt nicht als Analogiebasis.[109] Daher findet auch keine Arbeitnehmer-Zurechnung zur Stiftung bei der Stiftung & Co. KG statt;[110] auch bei der Konzernzurechnungsnorm des § 5 Abs. 1 MitbestG muss der Zurechnungsdestinatar ein Unternehmensträger in der Rechtsform des § 1 Abs. 1 Nr. 1 MitbestG sein (was für die Rechtsform der Stiftung nicht gilt). Die Rechtsform der Stiftung & Co. KG hat in der letzten Dekade einen – auch vor dem geschilderten unternehmensmitbestimmungsrechtlichen Hintergrund zu verstehenden – signifikanten Bedeutungszuwachs erhalten. So sind eine Reihe mittelständischer, beschäftigungsstarker Unternehmen, die häufig Familienangehörige als Gesellschafterkreis besitzen, in der Rechtsform der Stiftung bzw. Stiftung & Co. KG organisiert[111]: Würth-Familienstiftungen; Markus-Familienstiftung (Aldi Nord); Siepmann-Familienstiftung (Aldi Süd); Lidl-Stiftung & Co. KG sowie Kaufland Stiftung & Co. KG (beide zur Dieter Schwarz-Gruppe gehörend); Diehl Stiftung & Co. KG (Wehrtechnik, Metallbranche, Metering); Hectas Gebäudedienste Stiftung & Co. KG (Gebäudereinigung, Gebäudedienste und Sicherheitsdienste) und Vorwerk Deutschland Stiftung & Co. KG (Produktion und Verwaltung Einbauküchen) (beide zur Vorwerk-Gruppe gehörend); Fiege Stiftung & Co. KG (Logistik); geobra Brandstätter Stiftung & Co. KG (Spielzeug: Playmobil; Gartenmöbel); Norma Lebensmittelfilialbetrieb Stiftung & Co. KG (Lebensmitteleinzelhandel); Edeka-Gruppe.

---

[108] So auch *Schlegelberger/Geßler-Martens* HGB § 161 Rn. 196; RVJ/*Raiser* MitbestG § 5 Rn. 21; HH/*Habersack* MitbestG § 5 Rn. 9; WKS/*Wißmann* MitbestG § 5 Rn. 51; *Großmann* BB 1976, 1392; *Zöllner* ZGR 1977, 319 (334); iE auch OLG Celle 30.8.1979 – 9 Wx 8/78, GmbHR 1979, 277 – Stiebel-Eltron; OLG Bremen 30.4.1980 – 1 W 3/80, DB 1980, 1332 – Kühne & Nagel; aA *Kunze* ZGR 1978, 321 (328); *U.H. Schneider* ZGR 1977, 335 (347); *Sigle* FS Peltzer, 539 (550) m. Hw. auf Gesetzesbegründung KapCoRiLiG.

[109] Hierzu HWK/*Seibt* MitbestG § 4 Rn. 2 mwN; abweichend aber WKS/*Wißmann* MitbestG § 4 Rn. 33 mwN.

[110] Ebenso HWK/*Seibt* MitbestG § 4 Rn. 3; HH/*Habersack* MitbestG § 4 Rn. 7; *Wisskirchen/Bissels/Dannhorn* DB 2007, 2258 (2259); *Götze/Winzer/Arnold* ZIP 2009, 245 (247); *Brandmüller/Lindner Stiftungen* S. 107; *Hennerkes* StbJb 1984/85, 117.

[111] Nach *Sick*, Erosion als Herausforderung für die Unternehmensmitbestimmung, in: Mitbestimmung der Zukunft, Mitbestimmungsreport Nr. 58, 4/2020, S. 15 bestehen 24 Unternehmen in der Rechtsform der Stiftung bzw. Stiftung & Co. KG, die mehr als 2000 ArbN im Inland beschäftigen. Nach *Richter* in Richter StiftungsR-HdB § 10 Rn. 77 bestehen insgesamt ca. 100 unternehmensverbundene Stiftungen dieser Konstruktion.

Beispiel F 4:[112]

Der Edeka-Unternehmensverbund ist in neun regionale Genossenschaften gegliedert, deren Genossen jeweils Edeka-Einzelhändler sind. Die Edeka Minden eG ist eine dieser regionalen Genossenschaften, beschäftigt selbst keine Arbeitnehmer, hält aber eine Reihe von Beteiligungen an lediglich vermögenstragenden Gesellschaften, die ihrerseits auch keine Arbeitnehmer beschäftigen. Zu diesen Beteiligungen der Edeka Minden eG gehören auch eine 25,167 %-Beteiligung an der Edeka Zentrale AG & Co. KG (F3) (sowie eine 26,08 %-Beteiligung an deren Komplementärin Edeka AG) und eine 50 %-Beteiligung an der arbeitnehmerlosen Edeka Minden-Hannover Holding GmbH (F2). Die übrigen 50 % an der Edeka Minden-Hannover Holding GmbH hält die Edeka Zentrale AG & Co. KG. Die Edeka Minden-Hannover Holding GmbH hält ihrerseits 100 % an der Edeka Minden-Hannover Stiftung & Co KG (F4), deren Komplementärin die Edeka Minden-Hannover Stiftung ist. Der Edeka Minden-Hannover Stiftung & Co. KG sind diverse Betriebsgesellschaften in den Sparten Service, Einzelhandel, Großhandel und Produktion nachgeordnet, die deutlich mehr als 20.000 Arbeitnehmer beschäftigen. Zur Veranschaulichung der Edeka Minden-Gruppenstruktur, die mit Ausnahme der regionalen Betriebsgesellschaften mitbestimmungsfrei ist, dient das nachfolgende Schaubild:

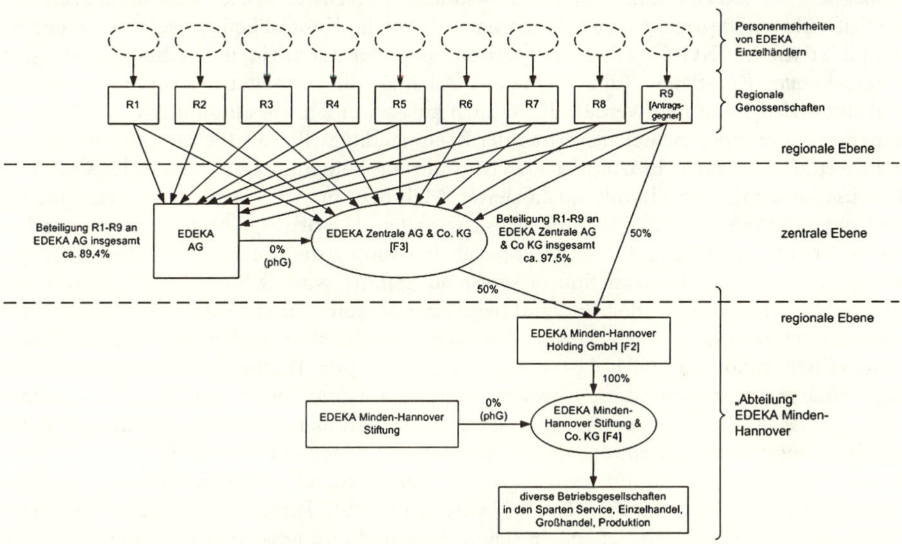

Die Übernahme einer Komplemantärstellung und damit der Managementfunktion für 29a
eine operative Kommanditgesellschaft durch eine Stiftung ist dann stiftungsrechtlich unbedenklich (und eben nicht als sog. Unternehmensselbstzweckstiftung oder reine Funktionsstiftung unzulässig[113]), wenn die Stiftung über die Komplementärstellung hinaus eine weitere, primäre Aufgabe übernimmt. Denn existiert ein von der bloßen Unternehmensführung zu unterscheidender Stiftungszweck, ist die stiftungsrechtliche Anerkennung vom Schrifttum und auch von der behördlichen Anerkennungspraxis jetzt akzeptiert. Aus Gründen der unternehmerischen Freiheit (geringe Stiftungsaufsicht) wird dabei die Gestal-

[112] Nachgebildet LG Dortmund 25.3.2010 – 18 O 95/09 AktE, ZIP 2010, 2152 – Edeka; hierzu *Seibt* ZIP 2011, 249.

[113] Zur Unzulässigkeit von sog. Unternehmensselbstzweckstiftungen oder reinen Funktionsstiftungen vgl. insgesamt MüKoBGB/*Weitemeyer* § 80 Rn. 203 ff. und MüKoBGB/*Weitemeyer* § 81 Rn. 37; MHdB GesR V/*Gummert* § 82 Rn. 9 und Rn. 14; *Backert* in Bamberger/Roth BGB Vorb. §§ 80–88 Rn. 6 und 19; *Hüttemann* ZHR 2003, 35 (60); *K. Schmidt* GesR S. 1663; *Stein* in Groll, Praxis-HdB Erbrechtsberatung § 16 Rn. 57; aA (für eine weitgehende Zulässigkeit) *Burgard*, Gestaltungsfreiheit im Stiftungsrecht, 2006, S. 136, 155.

tungsvariante als Familienstiftung häufig gewählt,[114] und zulässige Zwecke für eine familiennützige Komplementär-Stiftung sind zB (mit näherer Konturierung) *„Fortführung des Unternehmens im Sinne des Stifters“*, *„Absicherung einer bestimmten Familientradition“*, *„Erhaltung des Unternehmens als Familienunternehmen“* oder *„Sicherstellung einer angemessenen Versorgung des Stifters und seiner Familie“*;[115] wegen des regelmäßig geringen Stiftungsvermögens (zB je nach Anerkennungspraxis der Landesbehörden EUR 50.000 sowie Zahlung einer jährlichen Haftungs- und Geschäftsführungsvergütung[116]) ist die steuerliche Behandlung der Familienstiftung unproblematisch. Daneben kommt auch ein gemeinnütziger Stiftungszweck neben der Übernahme der Komplementärstellung in Betracht.

29b Bei der Gestaltung der **Corporate Governance der Stiftung & Co. KG** sind – wie bei einer Kapitalgesellschaft & Co. KG – zwei Funktionsebenen zu unterscheiden, nämliche diejenige (i) der KG und (ii) der Stiftung. **KG:** Die KG wird durch ihren Komplementär (hier: Stiftung, vertreten durch den Stiftungsvorstand) vertreten, der auch die Geschäfte der KG führt (vgl. §§ 164, 161 Abs. 2, 114ff. und §§ 170, 125 HGB). Allerdings kann im Innenverhältnis der KG-Gesellschafter die Geschäftsführungsbefugnis der Stiftung gesellschaftsvertraglich beschränkt werden (§ 163 HGB), zB durch weitreichende Kontrollbefugnisse der Kommanditisten gegenüber Geschäftsführungsmaßnahmen der Stiftung einschließlich der Zustimmungspflicht für bestimmte Geschäfte sowie der Möglichkeit von geschäftsführungsbezogenen Einzelweisungen[117]. Solche Kontrollbefugnisse können entweder direkt von der KG-Gesellschafterversammlung oder durch einen gesellschaftsvertraglich vorgesehenen KG-Beirat (über dessen Besetzung die Gesellschafterversammlung beschließt) wahrgenommen werden. Es ist auch zulässig und mitbestimmungsrechtlich unbedenklich, wenn im Gesellschaftsvertrag der Kommanditgesellschaft Regelungen aufgenommen werden, die einen Entzug der Geschäftsführungsbefugnis der Stiftung oder sogar eine Herauskündigung, jeweils mit qualifizierter Mehrheit in der Gesellschafterversammlung und ohne Zustimmung der Stiftung selbst, vorsehen.[118] **Stiftung:** Nach dem gesetzlichen Normalstatut der Stiftung & Co. KG obliegt die Leitung des unternehmerischen Tagesgeschäfts der Stiftung, die vom Stiftungsvorstand geführt wird (§ 86 S. 1, § 26 Abs. 1 S. 2 BGB). Der Mechanismus der Vorstandsbestellung ist vom Stifter in der Erklärung zur Errichtung der Stiftung und der Satzung festzulegen, wobei ihm hierbei weitgehende Gestaltungsfreiheit zukommt (§ 81 Abs. 1 S. 3 Nr. 5 iVm § 85 BGB). In der Stiftungssatzung kann auch frei bestimmt werden, welche weiteren Organe neben dem Vorstand bestehen sollen (§ 85 BGB). Dem häufig eingerichteten Stiftungsbeirat können zB die Befugnisse zur Bestellung und Abberufung des Vorstandes und allgemeine Kontrollrechte im Bezug auf die Einhaltung der Stiftungssatzung durch den Vorstand übertragen werden[119]. In der Gestaltungspraxis der Stiftung & Co. KG wird häufig eine Personenidentität im KG-Beirat und im Stiftungsbeirat verfolgt. Nicht selten sieht die Stiftungssatzung sogar eine „automatisierte Bestellung“ in den Stiftungsbeirat durch dynamischen Verweis auf den KG-Gesell-

[114] Zur beschränkten Stiftungsaufsicht über eine Familienstiftung als Form einer privatnützigen Stiftung (vgl. zB § 2 Hamburger StiftungsG; § 1 Abs. 1 Nr. 4, § 15 Abs. 2 S. 1 ErbStG) *Richter* in Richter StiftungsR-HdB § 11 Rn. 44ff.; MHdB GesRV/*Richter/Gummert* § 80 Rn. 47ff.

[115] Vgl. MHdB GesRV/*Gummert* § 82 Rn. 14; *Binz/Sorg* GmbH & Co. KG-HdB § 23 Rn. 18ff.; *Feick/Bregulla-Weber* in Keim/Lehmann, Becksches Formularbuch Erbrecht, Form. H. II. und III. 2 § 2; Wachter/*Gollan/Hemmen* Praxis des Handels- & GesellR § 10 Rn. 2264f.

[116] Vgl. MHdB GesRV/*Gummert* § 82 Rn. 23; *Richter* in Richter StiftungsR-HdB § 10 Rn. 182ff.; *Binz/Sorg* GmbH & Co. KG-HdB § 23 Rn. 20ff.

[117] Vgl. *Binz/Sorg* GmbH & Co. KG-HdB § 4 Rn. 13.

[118] Zum Entzug der Geschäftsführung der Stiftung durch Satzungsbestimmung zB *Roth* in Baumbach/Hopt HGB § 117 Rn. 12, § 161 Rn. 14; *Binz/Sorg* GmbH & Co. KG-HdB § 4 Rn. 14. – Zu einer entsprechenden Kündigungsklausel vgl. *Binz/Sorg* GmbH & Co. KG-HdB § 6 Rn. 151ff.; MHdb GesR II/*Gummert* § 50 Rn. 77 [zur Komplementär-GmbH]; *Huber*, ZGR 1980, 177 (201) [zur Komplementär-GmbH].

[119] MHdB GesRV/*Richter/Gummert* § 80 Rn. 37; *Godron* in Richter StiftungsR-HdB § 6 Rn. 86ff.

schaftsvertrag vor[120], zB durch Regelungen, wonach sich der Stiftungsbeirat (i) aus den Mitgliedern des KG-Beirats zusammensetzt oder (ii) von der KG-Gesellschafterversammlung gewählt wird. Es ist aber auch zulässig, den Stifter und/oder die Destinatäre der Stiftung (zB die weiteren Familienmitglieder des Unternehmensgründers) als originäre Mitglieder des Stiftungsbeirats unmittelbar in der Satzung zu benennen[121]. Es bedarf dann zusätzlich einer Nachfolgeregelung, die zB darin bestehen kann, den Stiftungsbeirat selbst über die Ergänzung ausscheidender Mitglieder entscheiden zu lassen (sog. Selbstergänzung bzw. Kooptation)[122].

dd) Weitere Gestaltungsvarianten. Als Alternative zur Stiftung & Co. KG wird in der Beratungspraxis, vor allem auch zur Vermeidung jeglicher Stiftungsaufsicht – die Ersetzung der Komplementär-GmbH durch einen rechtsfähigen Verein als Komplementärin diskutiert; denn die **Familienverein & Co. KG** ist ebenfalls mitbestimmungsfrei.[123] Praktische Bedeutung bei mitarbeiterstarken Unternehmen hat diese hybride Rechtsform nicht erreicht. 30

Schließlich wird verschiedentlich behauptet, dass die Errichtung eines mitbestimmten Aufsichtsrates bei einer Kapitalgesellschaft & Co. KG dadurch vermieden werden könne, dass neben der Kapitalgesellschaft **zusätzlich** noch eine **natürliche Person als persönlich haftender Gesellschafter** der Gesellschaft beitrete.[124] Das überwiegende Schrifttum tritt dieser Pauschalaussage nicht bei[125] und eine solche steht auch dem – in der Begründung zum Regierungsentwurf geäußerten – gesetzgeberischen Willen diametral entgegen.[126] Für eine auch mitbestimmungsrechtlich gebotene Differenzierung zwischen einer Kapitalgesellschaft & Co. KG mit oder ohne Vorhandensein natürlicher Personen als Komplementäre spricht indes zum einen das in den Mitbestimmungsgesetzen fest verankerte Prinzip „keine Mitbestimmung bei persönlicher Haftung einer natürlichen Person",[127] zum anderen der Umstand, dass das Gesetz auch anderweitig insoweit unterschiedliche Rechtsfolgen vorsieht (zB im Falle der Rückzahlung Eigenkapital ersetzender Gesellschafterdarlehen gemäß § 172a HGB). ME sollte die mitbestimmungsrechtliche Behandlung solcher Fälle sehr von den Umständen des Einzelfalles abhängig gemacht werden, insbesondere von der **tatsächlichen Ausgestaltung der Geschäftsführungs- und/oder Vertretungsbefugnisse** und dem Grad des tatsächlichen Haftungsrisikos für die als Komplementärin eingeschaltete natürliche Person. 31

Die mit der Veränderung in der Person des Komplementärs bei der Kommanditgesellschaft erforderliche **Änderung des Gesellschaftsvertrages** ist **nicht** etwa deshalb **nichtig,** weil die Gesellschafter hiermit (auch) die Vermeidung der Unternehmensmitbestimmung bezweckt haben. Vielmehr gehört die Ausgestaltung der konkreten Gesellschaftsstruktur zum Kernbereich der Struktur- und Organisationsfreiheit der Gesellschafter, die für die Anwendung der Rechtsinstitute des Verbots des Rechts- bzw. Gestaltungsmissbrauchs oder der Gesetzesumgehung nur einen ganz engen, auf wenige extreme Einzelfälle beschränkten An- 32

[120] Vgl. MHdB GesRV/*Lüke* § 92 Rn. 6; ähnlich *Hof* in Seifert/v. Campenhausen, HdB Stiftungsrecht, 4. Aufl. 2014, § 8 Rn. 110 und 112, 128, 134.
[121] Vgl. OLG Hamburg 31.8.1994 – 13 U 33/93, ZIP 1994, 1950; Palandt/*Ellenberger* BGB § 85 Rn. 4.
[122] MHdB GesRV/*Lüke* § 92 Rn. 11; *Godron* in Richter StiftungsR-HdB § 8 Rn. 99.
[123] Vgl. HWK/*Seibt* MitbestG § 4 Rn. 3; *Sigle* FS Peltzer, 539 (542, 548).
[124] So zB *Wiesner* GmbHR 1981, 36 (39); *Lieb* JA 1978, 261 (267); wohl auch *Zöllner* ZGR 1977, 319 (331).
[125] Ablehnend HWK/*Seibt* MitbestG § 4 Rn. 3; Rowedder/*Schmidt-Leithoff*, GmbH-Gesetz, Einl. Rn. 174; RVJ/*Raiser* MitbestG § 4 Rn. 9; HH/*Habersack* MitbestG § 4 Rn. 9; WKS/*Wißmann* MitbestG § 4 Rn. 27; ErfK/*Oetker* MitbestG § 4 Rn. 1; GroßKomm. AktG/*Oetker* MitbestG § 4 Rn. 5; MHdB ArbR/*Uffmann* § 373 Rn. 32; wohl auch *Hoffmann* GmbHR 1974, 73 (74); *Kunze* ZGR 1978, 321 (332).
[126] Vgl. Begründung RegE, BT-Drs. 7/2172, 21; vgl. auch RVJ/*Raiser* MitbestG § 4 Rn. 9.
[127] Hierzu unter → Rn. 21 mit Fn. 82.

wendungsbereich belassen, bei denen keine wirtschaftlichen oder rechtlichen Ziele außer der Vermeidung des Unternehmensmitbestimmungsrechts verfolgt werden.[128]

c) Sonderfall 2: Änderung von Konzernverhältnissen

33 Durch eine Anteilsveräußerung bzw. einen Anteilstausch kann ein bestehendes Konzernverhältnis zwischen dem veräußernden Gesellschafter und der Gesellschaft, deren Anteile veräußert werden, beendet werden. In gleicher Weise kann durch den Erwerb von Gesellschaftsanteilen ein Konzernverhältnis begründet werden. Beides kann jedoch wegen der in den Mitbestimmungsgesetzen verankerten Konzernzurechnungsklauseln zu einer Änderung des Mitbestimmungsstatus sowohl bei der Gesellschaft führen, deren Anteile veräußert werden, als auch bei der bestehenden oder zukünftigen Konzernobergesellschaft. Dies verdeutlichen die beiden folgenden Beispiele:

Beispiel F 5:

Die Konzernobergesellschaft A-GmbH mit 50 eigenen Mitarbeitern hält jeweils 100 % der Geschäftsanteile an den drei Tochtergesellschaften B-GmbH (850 Mitarbeiter), C-GmbH (850 Mitarbeiter) und D-GmbH (350 Mitarbeiter). Bei der B-GmbH und der C-GmbH sind jeweils drittelparitätisch mitbestimmte Aufsichtsräte gemäß §§ 1 Abs. 1 Nr. 3, 4 Abs. 1 DrittelbG eingerichtet, bei der A-GmbH ein gemäß § 1 Abs. 1, 5 Abs. 1, 7 Abs. 1 Nr. 1 MitbestG paritätisch zusammengesetzter Aufsichtsrat. Veräußert die A-GmbH die von ihr gehaltenen Geschäftsanteile an der D-GmbH an die E-GmbH (100 Mitarbeiter), so ändert sich an dem mitbestimmungsfreien Status der D-GmbH selbst nichts, jedoch entfällt der bei der A-GmbH eingerichtete Aufsichtsrat, da (i) die A-GmbH und ihre Konzernunternehmen B-GmbH und C-GmbH gemeinsam nicht mehr als 2.000 Arbeitnehmer beschäftigen (§§ 1 Abs. 1, 5 Abs. 1 MitbestG) und (ii) eine Zurechnung der Arbeitnehmer der Konzernunternehmen zur A-GmbH gemäß § 2 Abs. 2 DrittelbG mangels Beherrschungsverträgen ausscheidet. Bei der erwerbenden E-GmbH ist ebenfalls kein mitbestimmter Aufsichtsrat einzurichten, da auch hier die Mitarbeiterschwelle von mehr als 500 nicht überschritten wird.

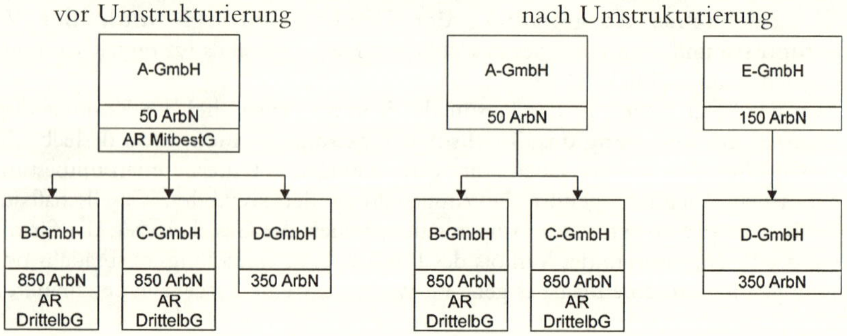

34 **Beispiel F 6:**

Wie Beispiel F 5, nur erwirbt jetzt die A-GmbH sämtliche Geschäftsanteile der D-GmbH von der E-GmbH. Wiederum bleibt der mitbestimmungsfreie Status der D-GmbH selbst unberührt, jedoch ist erstmals ein paritätisch mitbestimmter Aufsichtsrat bei der A-GmbH einzurichten, da insoweit die Schwelle von mehr als 2.000 Mitarbeitern durch die Konzernzurechnung überschritten wird.

---

[128] So auch LG Düsseldorf 30.10.1979 – 25 AktE 1/77, AG 1980, 139 – Vorwerk & Co. Elektrowerke KG [Eintritt einer natürlichen Person als Komplementär anstelle einer Kapitalgesellschaft zur Vermeidung der Unternehmensmitbestimmung nach dem MitbestG]; *Henssler* ZfA 2000, 241 (251); HWK/*Seibt* MitbestG § 4 Rn. 5.

d) Sonderfall 3: Änderung von Konzerntätigkeitsbereichen (Montan-Bereich; Tendenzunternehmen)

Der Gesellschafterwechsel durch Anteilsveräußerung oder Anteilstausch kann ferner dazu führen, dass der Unternehmensbereich des Gesamtkonzerns, zu dem die Gesellschaft gehört, deren Anteile veräußert oder getauscht werden, nach anderen mitbestimmungsrechtlichen Kategorien zu qualifizieren ist als zuvor. Mitbestimmungsrelevant sind auf der einen Seite die Unternehmensbereiche der **Montan-Industrie,** weil für diese uU die besonderen Montan-Mitbestimmungsgesetze gelten. Auf der anderen Seite sind Unternehmensbereiche bedeutsam, die zur Qualifizierung als **Tendenzunternehmen** führen, da diese nicht der unternehmensbezogenen Mitbestimmung unterliegen. Zur Veranschaulichung dieser Fallgruppe soll der folgende Beispielsfall dienen, der (nur) im Ausgangspunkt dem vom Hans. OLG Hamburg entschiedenen Polygram-Fall[129] nachgebildet ist: 35

Beispiel F 7:

Die P-GmbH ist[130] Konzernobergesellschaft einer international tätigen Gruppe von Mediengesellschaften und nimmt die Geschäftsleitungsaufgaben für die in Deutschland ansässigen Unternehmen dieser Gruppe wahr. Die in mehreren „Divisions" zusammengefassten Konzernunternehmen befassen sich überwiegend mit der Herstellung, der technischen Produktion und dem Vertrieb von Schallplatten und anderen Tonträgern, Film- und Fernsehprogrammen, mit Bild- und Tonaufzeichnungen von Musikaufführungen, der Entwicklung von Videosystemen und dem Verlag und dem Vertrieb von Noten und Texten. Neben diesen Tendenzunternehmen umfasst der P-Konzern auch eine Anzahl von nicht tendenzbezogenen Unternehmen, wie zB für Dritte tätige Dienstleistungs- und Vertriebsgesellschaften. Der Gesamtkonzern wird in qualitativer Hinsicht mit leichtem Übergewicht von den Tendenzunternehmen geprägt; das Umsatz-, Ertrags- und Mitarbeiterverhältnis beträgt 60: 40 zugunsten der Tendenzunternehmen. Nun erwirbt die P-GmbH von der Z-GmbH sämtliche Anteile an der am Markt bekannten, umsatz- und ertragsstarken sowie mitarbeiterreichen Großdruckerei Y-GmbH. Welchen Einfluss hat nun der Gesellschafterwechsel bei der Y-GmbH?

Der Umfang des in den Mitbestimmungsgesetzen verankerten Tendenzschutzes ist insbesondere bei Konzernsachverhalten stark umstritten. Dabei ist sorgsam zwischen der mitbestimmungsrechtlichen Behandlung der von der Konzernobergesellschaft beherrschten Tendenzunternehmen einerseits und der Konzernobergesellschaft (bzw. einer Teil-Konzernobergesellschaft gemäß § 5 Abs. 3 MitbestG) andererseits zu unterscheiden. Die **abhängigen Tendenzunternehmen** genießen unstreitig Tendenzschutz und sind insofern „mitbestimmungsfrei". Es stellt sich daher allein die Frage, in welcher Weise der gesetzlich zwingend gebotene Tendenzschutz dieser Unternehmen sichergestellt werden kann, wenn eine Konzernobergesellschaft einen mitbestimmten Aufsichtsrat hat (Stichwort: Beschränkung der Konzernleitungsmacht).[131] Auch eine **Konzernobergesellschaft** genießt selbstverständlich dann Tendenzschutz, wenn sie selbst ein Tendenzunternehmen mit operativem Geschäftsbereich ist.[132]

Stark umstritten ist hingegen die Frage, ob eine geschäftsleitende Holdinggesellschaft, welche die Geschäfte abhängiger Tendenzunternehmen leitet und koordiniert, selbst Tendenzschutz genießt und bejahendenfalls nach welchen Kriterien sich insbesondere bei 36

[129] OLG Hamburg 22.1.1980 – 11 W 38/79, NJW 1980, 1803 (Tendenzschutz bejaht); Vorinstanz: LG Hamburg 24.9.1979 – 71 T 31/1978, DB 1979, 2279 (Tendenzschutz verneint).

[130] Stand: 1980.

[131] Hierzu *Loritz* ZfA 1985, 497 (515 und 519).

[132] BAG 30.6.1981 – 1 ABR 30/79, DB 1981, 2624; LG Hamburg 24.6.1999 – 321 T 86/98, NZA-RR 2000, 209 (210), AG 2001, 98 – Stella; WKS/*Wißmann* MitbestG § 1 Rn. 69; HWK/*Seibt* MitbestG § 1 Rn. 14; HH/*Habersack* MitbestG § 5 Rn. 59; *Hoffmann/Lehmann/Weinmann* MitbestG MitbestG § 1 Rn. 59; Meilicke/*Meilicke* MitbestG § 1 Rn. 15; MHdB ArbR/*Uffmann* § 373 Rn. 37; *Wiedemann* BB 1978, 5 (9); *Loritz* ZfA 1985, 497 (501); aA GK/*Schneider* MitbestG MitbestG § 5 Rn. 18.

Mischkonzernen, bei denen ein Teil der abhängigen Unternehmen Tendenzunternehmen sind, ein anderer Teil jedoch nicht, die Beantwortung der Frage nach dem Tendenzschutz richtet. Hierzu werden im Wesentlichen zwei gegensätzliche Meinungen vertreten: Eine Literaturansicht stellt ausschließlich auf den Status der Konzernobergesellschaft ab und stellt diese nur dann von den mitbestimmungsrechtlichen Regelungen frei, wenn sie selbst ein Tendenzunternehmen ist; andernfalls soll sie der Mitbestimmung unterliegen.[133] Demgegenüber hat das Hans. OLG Hamburg im Polygram-Fall mit der überwiegenden Literaturmeinung auf eine Gesamtbeurteilung des Konzerns abgestellt, wobei die hierfür heranzuziehenden Kriterien im Einzelnen noch umstritten sind.[134] Nach Auffassung des Hans. OLG Hamburg (und in seiner Nachfolge das OLG Brandenburg) sei ausschlaggebend für die Annahme eines Tendenzschutzes bei der Konzernobergesellschaft der Tätigkeitsgegenstand der von der Konzernspitze beherrschten Unternehmen. Der Konzernobergesellschaft käme dann Tendenzschutz zu, wenn das dem **„Gesamtgepräge"** des Konzerns im Hinblick auf seine Zielsetzung und seine Tätigkeit entspreche; nicht entscheidend seien demgegenüber quantitative Gesichtspunkte, wie etwa der Umsatz oder die Beschäftigtenzahl der einzelnen Konzernunternehmen.[135] Dieser Auffassung ist mE zuzustimmen. Allerdings vermag die Gegenüberstellung von qualitativen und quantitativen Merkmalen bei der Beurteilung des „Gesamtgepräges" eines Konzerns nicht recht zu überzeugen, da selbstverständlich die Beurteilung **qualitativer Merkmale** wie Unternehmenszielsetzung und Unternehmenstätigkeit von **quantitativen Merkmalen** wie Umsatz-, Ertrags- und Beschäftigtenzahl sowie Sachmitteleinsatz abhängig ist. Auf der anderen Seite ist *einzelnen* quantitativen Merkmalen nicht zu viel Gewicht beizumessen; insbesondere die Bedeutung der Beschäftigtenzahl (und der Arbeitszeitvolumina), die bei der Frage der Tarifzuständigkeit eine herausragende Bedeutung besitzt,[136] sollte wegen der allgemein abnehmenden Bedeutung der Beschäftigtenzahl für den Wert und Erfolg eines Unternehmens keine herausragende Stellung bei der Bestimmung des „Gesamtgepräges" eines Unternehmens zukommen. Dies bedeutet für den **Beispielsfall F 6,** dass durch den Erwerb der Anteile an der Y-GmbH der Tendenzschutz der Konzernobergesellschaft P-GmbH mit der Folge verloren gehen könnte, dass diese nun erstmals einen auf gesetzlicher Grundlage[137] einzurichtenden Aufsichtsrat zu bilden hätte, wenn sich hieraus eine Änderung des „Gesamtgepräges" des Konzerns ergäbe, was beispielsweise bei einer veränderten Unternehmenszielsetzung (hin zu der Bearbeitung von Fremdaufträgen) und einem veränderten Umsatz-, Ertrags- und Beschäftigtenverhältnis zwischen Tendenzunternehmen und nicht tendenzbezogenen Unternehmen der Fall wäre.

---

[133] Meilicke/*Meilicke* MitbestG § 1 Rn. 15 und 17; KK-AktG/*Mertens* Bd. 1 1985 AktG Anh. zu § 96 Rn. 12; *Sieling/Wendeling* AuR 1977, 240 (241); *Wiedemann* BB 1978, 5 (9).

[134] OLG Hamburg 22.1.1980 – 11 W 38/79, NJW 1980, 1803; LG Hamburg 24.6.1999 – 321 T 86/98, NZA-RR 2000, 209 (210) – Stella; OLG Brandenburg 5.2.2013, BeckRS 2013, 13087; OLG Dresden 15.4.2010 – 2 W 1174/09, AG 2011, 88 (89) (Rn. 42) – E-Krankenhaus; WKS/*Wißmann* MitbestG § 1 Rn. 64; HH/*Habersack* MitbestG § 5 Rn. 60; *Hoffmann/Lehmann/Weinmann* MitbestG § 1 Rn. 61; HWK/*Seibt* MitbestG § 1 Rn. 15; GK/*M. Schneider* MitbestG § 5 Rn. 16ff.; MHdB ArbR/*Uffmann* § 373 Rn. 37; *Kunze* FS Ballerstedt, 1975, 79 (91) – zum BetrVG 1972; *Meyer-Maly* FS Möhring, 1975, 251 (253) – zum BetrVG 1972; GroßKomm. AktG/*Oetker* MitbestG § 5 Rn. 50; *Kresse*, Tendenzschutz bei Konzernverflechtung, 1983, S. 218ff.; *Loritz* ZfA 1985, 497 (504).

[135] OLG Hamburg 22.1.1980 – 11 W 38/79, NJW 1980, 1803; OLG Brandenburg 5.2.2013 – 6 Wx 5/12, BeckRS 2013, 13087; *Rieble*, AG 2014, 224.

[136] Vgl. st. BAG-Rspr., zB BAG 5.9.1990 – 4 AZR 59/90, NZA 1991, 202 (203); hierzu auch unter → E Rn. 76ff.

[137] Im vorliegenden Fall hatte sich die Polygram GmbH vertraglich verpflichtet, einen drittelparitätisch besetzten Aufsichtsrat entsprechend den Regelungen der §§ 76ff. BetrVG 1952 (jetzt DrittelbG) einzurichten.

2. Konzernierung

Ein großer Anteil der deutschen Unternehmen ist in Konzernverbänden zusammengefasst.[138] Dies hat betriebswirtschaftliche, organisatorische, rechtliche und steuerliche Gründe.[139] Da es *die* Leitidee der Mitbestimmungsgesetze ist, die Mitwirkung der Arbeitnehmer an unternehmensbezogenen Entscheidungsprozessen über eine Beteiligung von Arbeitnehmervertretern im Geschäftsleitungskontrollorgan *der* Gesellschaft sicherzustellen, bei der auch die **für den Arbeitnehmer wichtigen unternehmerischen Entscheidungen getroffen** werden,[140] leuchtet es unmittelbar ein, die Arbeitnehmervertretung grundsätzlich im Aufsichtsrat der Konzernobergesellschaft anzusiedeln. Dort wird in der Regel die für alle beteiligten Konzernunternehmen maßgebliche Kontrolle ausgeübt, und daraus folgt, dass auch sämtliche in den Konzernunternehmen beschäftigten Arbeitnehmer bei der Wahl ihrer Vertreter zum Aufsichtsrat der Konzernobergesellschaft aktiv und passiv wahlberechtigt sind. Beides entspricht dem geltenden Mitbestimmungsrecht, dient dessen Effektuierung sowie Sicherung[141] und ist im Kern unbestritten. Widerspruch hat hingegen hervorgerufen, dass nicht nur die Arbeitnehmer der nachgeordneten Konzernunternehmen der Konzernobergesellschaft zugerechnet werden, was zur Bildung eines mitbestimmten Aufsichtsrats führen kann, bei dem allen Arbeitnehmern eines Konzerns das aktive und passive Wahlrecht zusteht, sondern dass auch in den beherrschten Konzerngesellschaften – bei Vorliegen der sonstigen Voraussetzungen – mitbestimmte Aufsichtsräte zu bilden sind.[142] Dies führt bei einer nicht unbedeutenden Anzahl von Konzernen zu einer **Vervielfältigung von mitbestimmten Aufsichtsräten** mit sich **zT überlappenden Kontrollzuständigkeiten** und einer weiteren **Verlangsamung der** – im internationalen Vergleich bereits deutlich längeren – **Entscheidungsprozesse**[143]. 37

Der wirtschaftlichen Bedeutung der Konzernierung von Unternehmen in Deutschland entspricht die Relevanz der – weithin noch nicht letztlich geklärten – mitbestimmungsrechtlichen Fragen in diesem Zusammenhang. Die im Zusammenhang mit einer Unternehmensumstrukturierung erfolgende Begründung bzw. Beendigung von Konzerntatbeständen gehört zu den schwierigsten mitbestimmungsrechtlichen Fragestellungen, die regelmäßig **besonders sorgfältiger rechtlicher Begutachtung** durch die betroffenen Unternehmen und ihrer Berater bedürfen.

a) Arbeitnehmerzurechnung im Konzern

aa) Gesetzliche Ausgangslage. Unter der Geltung des **DrittelbG** erfolgt eine Zurechnung (dh Zählung) von Arbeitnehmern von (inländischen) Konzernunternehmen zur herrschenden Konzernobergesellschaft *ausschließlich* dann, wenn (i) zwischen den Unternehmen ein Beherrschungsvertrag besteht oder (ii) das abhängige Unternehmen in das 38

[138] Vgl. zB die empirische Untersuchung von *Görling* AG 1993, 538 (Konzernverbundenheit bei AG ca. 73,6%, bei GmbH ca. 47,7%).

[139] Hierzu *Lutter/Bayer* Holding-HdB § 1 ff. Holdingkonzepte und Gründe für ihre Verbreitung.

[140] Vgl. BayObLG 24.3.1998, NZA 1998, 956 (957) – Walter Holding I; BAG 18.6.1970, DB 1970, 1595; *Lutter*, Mitbestimmung im Konzern, 1975, S. 6; WKS/*Wißmann* MitbestG § 5 Rn. 3; HWK/*Seibt* MitbestG § 5 Rn. 1; RVJ/*Raiser* MitbestG § 5 Rn. 1; *Hoffmann/Lehmann/Weinmann* MitbestG § 5 Rn. 5.

[141] Hierzu *Schupp*, Mitbestimmungsbeibehaltung, S. 88 mwN.

[142] Vgl. *Schaub*, Protokoll des BT-Ausschusses für Arbeit- und Sozialordnung, Prot.-Nr. 55, 59 zur Sitzung vom 7.11.1974; *Lutter*, Mitbestimmung im Konzern, 1975, S. 76; *Hoffmann/Lehmann/Weinmann* MitbestG § 5 Rn. 5; *Raiser* FS Kropff, 1997, 245.

[143] Beispielsweise gab es 1996 im ehemaligen Daimler-Benz-Konzern insgesamt neun Unternehmen mit paritätisch besetzten Aufsichtsräten, und zwar neben der Daimler-Benz AG, bei der Daimler-Benz Aerospace AG, bei der Daimler-Benz Aerospace Airbus GmbH, bei der Daimler-Benz Luft- und Raumfahrt Holding AG, bei der Eurocopter Deutschland GmbH, bei der EVO Bus GmbH, bei der Daimler-Benz Interservice (debis) AG, bei der debis Systemhaus GmbH und schließlich bei der debis CCS (Computer-Communication-Services) GmbH; vgl. *Bertelsmann Stiftung/Hans-Böckler-Stiftung* (Hrsg.), Bericht der Kommission Mitbestimmung, S. 46.

herrschende Unternehmen eingegliedert ist (§ 2 Abs. 2 DrittelbG). Arbeitnehmer sonstiger abhängiger Konzernunternehmen iSv § 18 Abs. 1 S. 1 und 2 AktG bleiben für Zwecke der Arbeitnehmerzurechnung außer Betracht; die Aufzählung der Zurechnungstatbestände in § 2 Abs. 2 DrittelbG ist abschließend. Ist das DrittelbG für die Besetzung des Aufsichtsrates maßgeblich, sind auch die Arbeitnehmer aller Konzernunternehmen wahlberechtigt (§ 2 Abs. 1 DrittelbG iVm § 18 Abs. 1 S. 1 und 2 AktG); abweichend von der früheren Regelung in § 76 Abs. 4 BetrVG 1952, nach der die Konzernvermutung des § 18 Abs. 1 S. 3 AktG nicht galt,[144] verweist nun § 2 Abs. 1 DrittelbG umfassend auf § 18 Abs. 1 AktG. Die in § 18 Abs. 1 S. 3 AktG geregelte Konzernvermutung gilt daher nun für die Wahlberechtigung.[145] Von einer umfassenden Konzernbetrachtung und Arbeitnehmerzurechnung im Konzern hatte der Gesetzgeber des BetrVG 1952 bewusst abgesehen,[146] und das ist durch das DrittelbG nicht revidiert worden. Auch jetzt hat der Gesetzgeber trotz der Angleichung an § 5 Abs. 1 S. 1 MitbestG bei der Frage nach der Bestimmung des Wahlkörpers keine Änderungen vorgenommen.

39 Nicht ganz einfach ist die Auslegung der für eine Konzernzurechnung nach § 2 Abs. 2 DrittelbG erforderlichen gesellschaftsrechtlichen Bindungen. Der folgende Beispielsfall soll dies für die Tatbestandsvariante **„Bestehen eines Beherrschungsvertrages“** erläutern.

Beispiel F 8:

Die börsennotierte Online KGaA (die erst 1997 als Vorbereitung auf den Börsengang von der Rechtsform der GmbH in diejenige der KGaA formgewechselt wurde) beschäftigt 300 Arbeitnehmer. Sie hält 100 %ige Beteiligungen an der Hardware-Vertriebs GmbH (250 Arbeitnehmer), der Software-Entwicklungs GmbH (350 Arbeitnehmer) und der Telekommunikationsdienste GmbH (400 Arbeitnehmer); zu allen drei Tochtergesellschaften bestehen Ergebnisabführungsverträge mit der Online KGaA als Organträgerin, jedoch keine Beherrschungsverträge. Der Komplementär der KGaA ist indes Geschäftsführer bei allen drei Tochtergesellschaften. Mitbestimmte Aufsichtsräte bestehen weder bei der Online KGaA (wegen § 1 Abs. 1 Nr. 2 iVm § 1 Abs. 1 Nr. 1 DrittelbG)[147] noch bei den drei Organgesellschaften.

Nach ganz überwiegender und zutreffender Meinung ist der Begriff des Beherrschungsvertrages in § 2 Abs. 2 DrittelbG nicht mit dem entsprechenden aktienrechtlichen Begriff (§ 291 AktG) gleichzusetzen, was nämlich dazu führen würde, dass dieses Zurechnungsmerkmal nur dann in Frage käme, wenn das abhängige Unternehmen eine Aktiengesellschaft oder eine KGaA ist. Entsprechend dem modernen gesellschaftsrechtlichen Verständnis von Beherrschungsverträgen ist die in § 291 Abs. 1 S. 1 AktG enthaltene Legaldefinition vielmehr so weiterentwickelt worden, dass sie alle gesellschaftsrechtlichen Organisationsverträge umfasst, durch die der Gesellschaftszweck eines Unternehmens dem Konzerninteresse eines anderen Unternehmens unterworfen wird.[148] Solchermaßen qualifizierte gesellschaftsrechtliche Organisationsverträge können sowohl mit Gesellschaften

[144] BAG 16.8.1995 – 7 ABR 57/94, DB 1996, 335 = EWiR 1996, 151 *(Oetker)*; *Fitting* BetrVG 1952 § 76 Rn. 95; *Dietz/Richardi* BetrVG 1952 § 76 Rn. 184; ErfK/*Oetker* BetrVG 1952 § 76 Rn. 57; *Oetker* ZGR 2000, 19 (36).

[145] HWK/*Seibt* DrittelbG § 2 Rn. 2; ErfK/*Oetker* DrittelbG § 2 Rn. 3.

[146] BayObLG 10.12.1992 – 3Z BR 130/92, NJW 1993, 1804 (1805); KK-AktG/*Mertens*, 2. Aufl. 1996 Anh. § 117 E BetrVG 1952 Rn. 16.

[147] Die durch das Gesetz für kleine Aktiengesellschaften und zur Deregulierung des Aktienrechts vom 2.8. 1994 eingeführte Freistellung von Aktiengesellschaften, die nach dem 9.8.1994 entstanden sind und weniger als 500 Arbeitnehmer beschäftigen, von der drittelparitätischen Unternehmensmitbestimmung gilt nach § 1 Abs. 1 Nr. 2 DrittelbG auch für die KGaA; aA zu § 76 Abs. 6 S. 3 BetrVG 1952 *Mengel* Umwandlungen S. 429.

[148] Vgl. BayObLG 10.12.1992 – 3Z BR 130/92, NJW 1993, 1804 (1805); Rowedder/*Schmidt-Leithoff*, GmbH-Gesetz, Einl. Rn. 235; *Fitting* BetrVG 1952 § 77 Rn. 6; *Dietz/Richardi*, 6. Aufl. 1982, BetrVG 1952 § 77a Rn. 3; GK/*Kraft* BetrVG 1952 § 77a Rn. 7; ErfK/*Oetker* DrittelbG § 2 Rn. 16.

mit beschränkter Haftung[149] als auch selbst mit Personenhandelsgesellschaften[150] als herrschenden Unternehmen bestehen. Das Zurechnungsmerkmal des Beherrschungsvertrages ist jedoch nicht erfüllt, wenn eine Konzernobergesellschaft eine nachgeordnete Gesellschaft mit beschränkter Haftung lediglich **kraft Mehrheit der Stimmen und Weisungsrecht** gemäß § 37 Abs. 1 GmbHG beherrscht, und zwar selbst dann nicht, wenn darüber hinaus zwischen den Gesellschaften ein **Ergebnisabführungsvertrag** besteht.[151] Erst recht reicht nur eine „Betroffenheit kollektiver Arbeitnehmerinteressen" im faktischen Konzern nicht aus.[152] An dieser Beurteilung ändert auch die (teilweise) Personenidentität von Geschäftsleitungsorganen beim herrschenden sowie bei den abhängigen Unternehmen wie im **Beispiel F 8** nichts.

Das zweite Zurechnungsmerkmal in § 2 Abs. 2 DrittelbG, nämlich die **Eingliederung** 40
des abhängigen in das herrschende Unternehmen, verweist auf die rechtsformspezifischen Vorschriften der §§ 319ff. AktG. Eine entsprechende Anwendung auf ähnliche Sachverhalte, in denen Gesellschaften in anderer Rechtsform als Aktiengesellschaften in eine Hauptgesellschaft „eingegliedert", dh zwar als rechtlich selbständige Gesellschaft, jedoch wirtschaftlich als bloße Betriebsabteilung geführt werden, kommt wegen des eindeutigen Wortlautes nicht in Betracht.[153]

Das **MitbestG** sieht demgegenüber bei der Frage der Arbeitnehmer(zahl)bestimmung 41
eine wesentlich weiterreichendere Konzernzurechnung in § 5 MitbestG vor, indem es auch hier auf den aktienrechtlichen Konzernbegriff in § 18 Abs. 1 AktG verweist, wobei die überwiegende mitbestimmungsrechtliche Rechtsprechung und Literatur die Begriffe des Unternehmens,[154] vor allem aber diejenigen der einheitlichen Leitung und des Konzerns, **originär mitbestimmungsrechtlich** und dabei „weit" auslegen[155] (zu den Einzelheiten gleich). Liegen die Konzernvoraussetzungen vor, so gelten die Arbeitnehmer des (inländischen) abhängigen Unternehmens **zugleich** als Arbeitnehmer des herrschenden Unternehmens und sind bei der Feststellung der Arbeitnehmerzahl des herrschenden Unternehmens zu berücksichtigen (§ 1 Abs. 1 Nr. 2, § 7 Abs. 1 MitbestG); die Arbeitnehmer des (inländischen) abhängigen Unternehmens sind auch in Bezug zum herrschenden Unternehmen aktiv und passiv wahlberechtigt.

Die **unterschiedliche gesetzgeberische Konzeption einer Arbeitnehmerzurech-** 42
nung im Konzern beim DrittelbG einerseits und beim MitbestG andererseits[156] führt in vielen Fällen dazu, dass bei der Konzernobergesellschaft bei Überschreiten der Schwelle

---

[149] Vgl. zB Rowedder/*Schmidt-Leithoff*, GmbH-Gesetz, Einl. Rn. 235; Baumbach/Hueck/*Zöllner/Noack* GmbHG § 52 Rn. 153.

[150] Vgl. BayObLG 10.12.1992 – 3Z BR 130/92, NJW 1993, 1804 (1805).

[151] OLG Düsseldorf 27.12.1996 – 19 W 4/96 AktE, NZA-RR 1997, 213 (215); BayObLG 10.12.1992 – 3Z BR 130/92, NJW 1993, 1804 (1805), BayObLG EWiR § 77a BetrVG 1952 1/93, 433 (krit. *H. Otto*); *Fitting* BetrVG 1952 § 77 Rn. 5; GK/*Kraft*, BetrVG 5. Aufl. 1995, BetrVG 1952 § 77a Rn. 5; *Dietz/Richardi*, BetrVG, 6. Aufl. 1982, BetrVG 1952 § 77a Rn. 3; ErfK/*Oetker* DrittelbG § 2 Rn. 16; Baumbach/Hueck/*Zöllner/Noack* GmbHG § 52 Rn. 153; Scholz/*Schneider/Seyfarth* GmbHG § 52 Rn. 60; MHdb GesR IV/*Hoffmann-Becking* § 28 Rn. 7; vgl. jetzt zum DrittelbG auch OLG Zweibrücken 18.10.2005 – 3 W 136/05, NZG 2006, 21 (32); KG 7.6.2007 – 2 W 8/07, ZIP 2007, 1566 und 2170 – TLG Immobilien, EWiR 2007, 559 *(von der Linden)*; m. krit. Anm. *Trittin/Gilles* AIB 2008, 621; LG Berlin 19.12.2006 – 102 O 59/06, ZIP 2006, 424 (Vorinstanz).

[152] OLG Düsseldorf 21.7.2016 – I-26 W 1/16, WuB 2017, 658 = BeckRS 2016, 119291 Tz. 21–26.

[153] So auch BayObLG 10.12.1992 – 3Z BR 130/92, NJW 1993, 1804 (1805); HWK/*Seibt* DrittelbG § 2 Rn. 12; ErfK/*Oetker* DrittelbG § 2 Rn. 17; GK/*Kraft* BetrVG 1952 § 77a Rn. 8; Rowedder/*Schmidt-Leithoff*, GmbH-Gesetz, Einl. Rn. 235; Baumbach/Hueck/*Zöllner/Noack* GmbHG § 52 Rn. 154; *Oetker* ZGR 2000, 19 (37).

[154] Hierzu zB *Raiser* FS Kropff, 1997, 243 (246).

[155] Vgl. BayObLG 24.3.1998 – 3Z BR 236/96, NZA 1998, 956 (957) – Walter Holding I; OLG Düsseldorf 30.1.1979, AG 1979, 318 (319) – Hoechst/Herberts; OLG Zweibrücken 9.11.1983 – 3 W 25/83, AG 1984, 80 (81) – Hochtief/Streif; OLG Frankfurt 10.11.1986 – 20 W 27/86, WM 1987, 237 (238); LG München I 25.9.1995 – 21 O 217 94/93, AG 1996, 186 (187) – RWE/Lech-Elektrizitätswerke; *Raiser* FS Kropff, 1997, 243 (250).

[156] Hierzu *de lege ferenda* kritisch *Bachner/Köstler/Trittin/Trümner* S. 67ff.

von mehr als 2.000 Mitarbeitern im Konzern sogleich ein paritätisch zu besetzender Aufsichtsrat einzurichten ist, ohne dass zuvor bereits ein drittelparitätisch besetzter Aufsichtsrat bestanden hätte. Dies verdeutlicht

Beispiel F 9:

Die A-GmbH ist geschäftsleitende Holdinggesellschaft mit 10 eigenen Arbeitnehmern. Sie hält sämtliche Geschäftsanteile an der B-GmbH mit 600 Arbeitnehmern, der C-GmbH mit 750 Arbeitnehmern und der D-GmbH mit 600 Arbeitnehmern. Zwischen der A-GmbH als Holdinggesellschaft und den nachgeordneten Gesellschaften sind keine Beherrschungsverträge abgeschlossen. Bei der B-GmbH, der C-GmbH und D-GmbH bestehen entsprechend §§ 1 Abs. 1 Nr. 3, 4 Abs. 1 DrittelbG drittelparitätisch zusammengesetzte Aufsichtsräte, wohingegen bei der A-GmbH wegen der fehlenden Beherrschungsverträge keine Arbeitnehmerzurechnung stattfinden und damit auch kein Aufsichtsrat einzurichten ist.

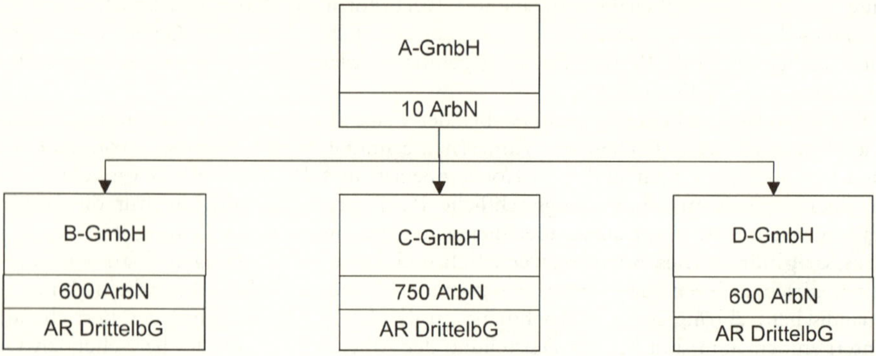

Nimmt nun bei der A-GmbH und den drei nachgeordneten Gesellschaften die Mitarbeiterzahl insgesamt nur um mehr als 40 zu, ist gemäß §§ 1, 5 Abs. 1 MitbestG bei der A-GmbH ein paritätisch zusammengesetzter Aufsichtsrat zu bilden. Auf das Bestehen von Beherrschungsverträgen kommt es wegen der „großzügigeren" Konzernvoraussetzungen des MitbestG nicht an.

43 **Beispiel F 10:**

Ausgangslage wie in Beispiel F 9. Aus steuerlichen Gründen möchten die A-GmbH und ihre Gesellschafter die wirtschaftlichen Ergebnisse für körperschaftsteuerliche Zwecke bei der A-GmbH poolen und daher einen körperschaftsteuerlichen Organkreis bilden, der alle vier Gesellschaften einschließt. Für die körperschaftsteuerliche Organschaft ist die finanzielle Eingliederung der nachgeordneten Konzerngesellschaften (Organgesellschaften) in die Konzernobergesellschaft (Organträger) sowie der Abschluss eines Gewinnabführungsvertrages zwischen beiden Gesellschaften notwendig. Bereits seit Veranlagungszeitraum 2001 ist eine organisatorische Eingliederung nicht mehr erforderlich, dh es ist der Nachweis nicht nötig, dass die Obergesellschaft A-GmbH die jeweiligen nachgeordneten Gesellschaften effektiv beherrschen kann, so dass in den Geschäftsführungen der Organgesellschaft der Wille des Organträgers tatsächlich durchgeführt wird, sei es durch Abschluss eines Beherrschungsvertrages (oder durch Eingliederung), sei es auf anderem Wege (zB Personenidentität zwischen Geschäftsleitungsorganen; satzungsmäßige Festschreibung zustimmungsbedürftiger Geschäftsführungsmaßnahmen; zentrales Finanzmanagement beim Organträger und Einbindung der Organgesellschaft in gemeinsame Marktstrategie).[157] Entschließen sich die Konzerngesellschaften zum Abschluss von drei Beherrschungsverträgen, findet auf mitbestimmungsrechtlicher Ebene eine Zurechnung der Mitarbeiter der B-GmbH, der C-GmbH und der D-GmbH zur A-GmbH mit der Folge statt, dass die A-GmbH (soweit die Gesamt-

[157] Vgl. zur alten Rechtslage D/P/M/*Dötsch* KStG § 14 Rn. 13ff.; *Breuninger/Prinz* DB 1995, 2085 (2086).

Arbeitnehmerzahl unter 2.000 bleibt) nun einen drittelparitätisch zu besetzenden Aufsichtsrat zu bilden hätte. Wird die körperschaftsteuerliche Organschaft jedoch ohne Abschluss eines Beherrschungsvertrages begründet, unterbleibt die Bildung eines drittelparitätisch besetzten Aufsichtsrates wegen des insoweit fehlenden Zurechnungszusammenhanges.

Das **Beispiel F 10** bietet erneut gutes Anschauungsmaterial dafür, in welcher Weise **Gesellschaftsrecht, Steuerrecht und Arbeitsrecht** (in Form der Regeln über die unternehmensbezogene Mitbestimmung) **ineinander greifen,** und dass zB steuerliche Ziele durch unterschiedliche zivilrechtliche Gestaltungen mit voneinander abweichenden mitbestimmungsrechtlichen Folgen erreicht werden können.[158] Dies stellt allerdings hohe Anforderungen an die juristische Gestaltungsberatung.

Der Bildung eines mitbestimmten Aufsichtsrates bei der Konzernobergesellschaft steht es nicht entgegen, dass diese Konzernobergesellschaft keine Arbeitnehmer beschäftigt. Das hat die Rechtsprechung nun in einer Reihe von Entscheidungen aus dem *Telos* der Unternehmensmitbestimmung gefolgert.[159] 44

bb) Sonderfall: Widerlegung der Konzernvermutung bei reiner Vermögens-Holding. Auch bei Zugrundelegung des im Mitbestimmungsrecht geltenden weiten Konzernbegriffs bleibt ein gewisser Gestaltungsspielraum, um die Konzernvermutung bei Abhängigkeit der nachgeordneten Konzernunternehmen (Mehrheitsbesitz) und damit die Unternehmensmitbestimmung in der Konzernobergesellschaft zu vermeiden. Ein Beispiel hierfür ist die Ausgestaltung der Konzernobergesellschaft als **reine Vermögens-Holding** (Finanz-Holding), wie die beiden veröffentlichten Beschlüsse des BayObLG zur Walter Holding AG[160] bestätigen. 45

Beispiel F 11:[161]

Die Walter Holding AG, deren Grundkapital zu über 85 % der Familie Walter gehört, ist zu über 75 % an der Walter-Bau-AG, ebenfalls zu mehr als 75 % an der Heilit + Woerner Bau-AG und zu durchgerechnet ebenfalls mehr als 75 % an der Dyckerhoff & Widmann AG beteiligt; die Walter-Bau-AG und die Heilit + Woerner Bau-AG halten jeweils 50 % an der WIB Walter Industrie Beteiligungs-GmbH, die ihrerseits 54 % an der Ed. Züblin AG hält. Herr Prof. Dr. h.c. Ignaz Walter ist Vorstandsvorsitzender der Walter Holding AG sowie der Walter Bau-AG (seit 1996 Aufsichtsratsvorsitzender) und Aufsichtsratsvorsitzender bei der Heilit + Woerner Bau-AG, der Dyckerhoff & Widmann AG sowie der Ed. Züblin AG. Seine Söhne sind ebenfalls Aufsichtsratsmitglieder bei den nachgeordneten Gesellschaften. Die Walter Holding AG beschäftigt selbst keine Arbeitnehmer und der satzungsmäßige Unternehmensgegenstand ist „die Funktion einer reinen vermögensverwaltenden Holding“. Die Walter-Bau-AG, die Heilit + Woerner Bau-AG, die Dyckerhoff & Widmann AG und die Ed. Züblin AG beschäftigen insgesamt ca. 40.000 Arbeitnehmer. Zur Verdeutli-

[158] Vgl. *Bachner/Köstler/Trittin/Trümner* S. 69: „empfindliche Gesetzeslücke“.

[159] BayObLG 24.3.1998 – 3Z BR 236/96, NZA 1998, 956 – Walter Holding I (hierzu → Rn. 56); OLG Stuttgart 3.5.1989 – 8 W 38/89, AG 1990, 168 (169); LG Stuttgart 11.5.1993 – 2 AktE 1/92, ZIP 1993, 1406 = EWiR § 4 MitbestG 1/93, 917 *(Ebenroth)* – Charles Vögele (hierzu → Rn. 56ff.); LG Stuttgart 29.11.1988, AG 1989, 445 (447) – Mahle; iE auch OLG Stuttgart 30.3.1995 – 8 W 355/93, ZIP 1995, 1004 – Charles Vögele (hierzu → Rn. 56ff.); LG Hamburg 26.6.1995 – 321 T 61/94, AG 1996, 89 – AMB/Volksfürsorge.

[160] BayObLG 24.3.1998 – 3Z BR 236/96, NZA 1998, 956 – Walter Holding I; BayObLG 6.3.2002 – 3Z BR 343/00, NZA 2002, 691, NZG 2002, 579 – Walter Holding II.

[161] Beispiel ist im Sachverhalt nachgebildet BayObLG 24.3.1998 – 3Z BR 236/96, NZA 1998, 956 – Walter Holding I. – Danach ist der „Walter Bau-Konzern“ erheblich umstrukturiert worden, insbesondere wurden zunächst die Heilit + Woerner Bau-AG mit der Walter Bau-AG verschmolzen (2000) und danach die Dykkerhoff & Widmann AG mit der Walter Bau-AG (2001); darüber hinaus haben Prof. Dr. h.c. Ignaz Walter und sein Sohn Dr. Ralf Walter ihre Vorstandsämter bei der Walter Holding AG im Januar 2001 und die Söhne Dr. Ralf und Dr. Roy Walter haben ihre Aufsichtsratsämter bei der Walter Bau AG ebenfalls im Januar 2001 niedergelegt.

chung der gesellschaftsrechtlichen Beteiligungslage soll folgende graphische Übersicht dienen:

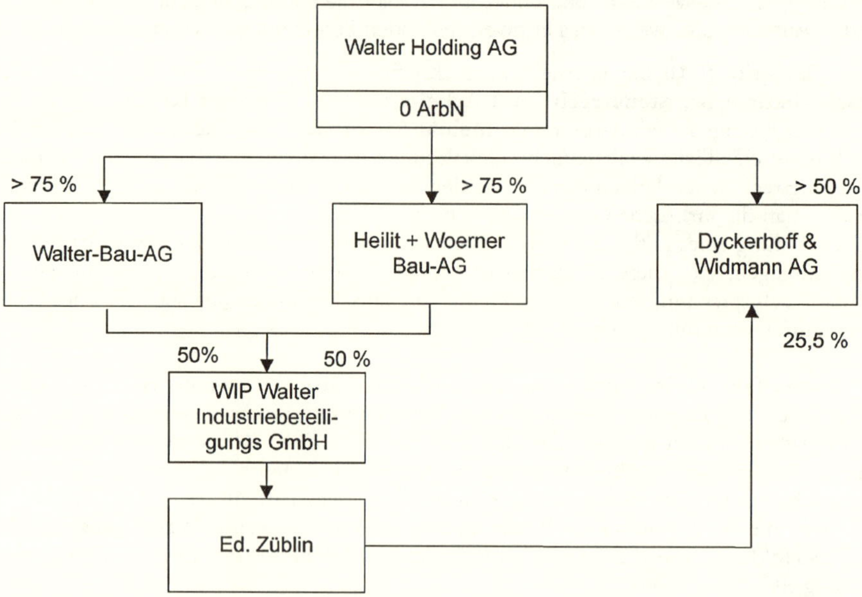

Das BayObLG hat in diesem Fall zu der Frage, ob auch in der Konzernobergesellschaft Walter Holding AG ein nach dem MitbestG zu besetzender Aufsichtsrat einzurichten ist, festgestellt, dass die Vermutungen nach §§ 17 Abs. 2 und 18 Abs. 1 S. 3 AktG auch im Rahmen von § 5 MitbestG widerlegbar sind.[162] Entsprechend des *Telos* der Unternehmensmitbestimmung in Konzernen ist **Gegenstand der Widerlegung der Vermutung** der Umstand, dass das herrschende Unternehmen eine solche einheitliche Leitung nicht ausübt.[163] Zur Widerlegung der Vermutung muss der Nachweis erbracht sein, dass das herrschende Unternehmen die Mittel, welche die Ausübung einer einheitlichen Leitung möglich machen, nicht zu diesem Zweck einsetzt, und dass die Bereiche, in denen die einheitliche Leitung üblicherweise sichtbar werden, ausschließlich und nachhaltig nach dem uneingeschränkten Eigeninteresse des abhängigen Unternehmens gesteuert werden, wobei vereinzelte Einflussnahmen der herrschende Gesellschaft der Widerlegung nicht entgegenstehen.[164] Eine **einheitliche Leitung** kann verneint und damit die Konzernvermutung als widerlegt angesehen werden, wenn es sich bei der Konzernobergesellschaft um eine reine Vermögens-Holding handele, die sich, **ohne Führungsaufgaben in den Tochtergesellschaften** wahrzunehmen, auf die **bloße Verwaltung ihrer Beteiligungen,** einschließlich der damit verbundenen Finanzierungs- und Verwaltungsaufgaben beschränkt. Dabei wird die Annahme einer Vermögens-Holding nicht alleine dadurch ausgeschlossen, dass sie die Überwachung der Geschäftsführung in den Tochterunternehmen über von ihr gewählte Aufsichtsratsmitglieder durchführt.[165] Ferner kann der Konzernvermutung nach § 18 Abs. 1 AktG auch durch den Abschluss eines sog. **Entherrschungsvertrages** zwischen dem herrschenden und den abhängigen Unternehmen widerlegt

[162] BayObLG 24.3.1998 – 3Z BR 236/96, NZA 1998, 956 (957) – Walter Holding I; BayObLG 6.3.2002 – 3Z BR 343/00, NZG 2002, 579 (581) – Walter Holding II.

[163] BayObLG 6.3.2002 – 3Z BR 343/00, NZG 2002, 579 (581) – Walter Holding II; GroßKomm. AktG/*Oetker* MitbestG § 5 Rn. 4; GroßKomm. AktG/*Windbichler* AktG § 18 Rn. 36, 38; HWK/*Seibt* MitbestG § 5 Rn. 6.

[164] BayObLG 6.3.2002 – 3Z BR 343/00, NZG 2002, 579 (581) – Walter Holding II.

[165] BayObLG 24.3.1998 – 3Z BR 236/96, NZA 1998, 956 (957) – Walter Holding I.

werden.[166] Nimmt demgegenüber die Konzernobergesellschaft die Funktion einer **Management-Holding** (Führungs- und Mischholding) wahr, so ist die Unternehmensmitbestimmung regelmäßig auch im Aufsichtsrat dieser Gesellschaft anzusiedeln. Dies ist zB dann der Fall, wenn die Konzernleitung die Geschäftspolitik der Konzerngesellschaften und sonstige grundsätzliche Fragen ihrer Geschäftsführung aufeinander abstimmt. Dies kann sich nach zutreffender Ansicht des BayObLG auch in der lockeren Form gemeinsamer Beratung vollziehen oder sich aus einer personellen Verflechtung der Verwaltungen ergeben.[167]

Allerdings ist der **Grat zwischen der Widerlegung der Konzernvermutung bei der reinen Vermögens-Holding und einer fortbestehenden Konzernvermutung bei der konzernleitenden Management-Holding sehr schmal,** wie jüngst die Entscheidung des OLG Düsseldorf im Fall der Indus Holding AG zeigt:[168] Die Indus Holding AG hielt Beteiligungen an insgesamt 44 Unternehmen im Mehrheits- oder Alleinbesitz, die wiederum Beteiligungsgesellschaften hielten; mit den Beteiligungsunternehmen bestanden weder Beherrschungs- oder Gewinnabführungsverträge, noch waren die Beteiligungsgesellschaften in die Indus Holding AG eingegliedert, noch bestanden steuerliche Organschaften. Die Obergesellschaft beschäftigte unmittelbar nur 24 Arbeitnehmer, bei den unmittelbaren und mittelbaren Beteiligungsgesellschaften wurden ca. 9.300 Mitarbeiter beschäftigt. Nach gerichtlicher Feststellung hatte die Indus Holding AG in ihren veröffentlichten Geschäftsberichten den „Verbundcharakter" der Gesamtgruppe herausgestellt; die Obergesellschaft organisiere die Finanzierung der Gesamtgruppe und habe für diese eine mittelfristige Innovationsstrategie („Kompass 2020") erstellt, die sie überwache, zudem organisiere die Obergesellschaft Tagungen, an denen sich die die Geschäftsleitungen der Gruppenunternehmen austauschen sowie Wachstumsoptionen und Synergien ermitteln können. Der Vorstand der Obergesellschaft nutze das „Instrument des strategischen Dialogs, um unternehmerische Potentiale in der Gruppe zu managen". In diesem Rahmen wüden auch „erfolgsorientierte Grundsatzvereinbarungen" abgestimmt, und die Beteiligungsgesellschaften könnten auf die mit Spezialisten ausgestatteten Zentralfunktionen der Obergesellschaften zurückgreifen. Die Obergesellschaft betreibe das Risikomanagementsystem für die Gesamtgruppe und erstelle unter Einbeziehung der Beteiligungsunternehmen einen Konzernabschluss und überwachte die Rechnungslegung der Tochtergesellschaften – unterstützt durch ein einheitliches, von der Konzernobergesellschaft zur Verfügung gestelltes IT-System. Diese Form des „aktiven" Beteiligungsmanagements reichte dem Gericht, um die Konzernvermutung nicht als widerlegt anzusehen. Im Ergebnis bleibt jedoch – implizit auch durch das OLG Düsseldorf bestätigt – festzustellen, dass eine reine Finanz-Holding, die sich auf die bloße Verwaltung ihrer Beteiligungen beschränkt und die grundsätzliche Fragen der Geschäftsführung der Konzerngesellschaften nicht führt oder abstimmt, den Aufsichtsrat nicht gemäß §§ 1, 5 MitbestG paritätisch zu besetzen hat. Dabei ist wichtig auf die Darlegungs- und Beweislast hinzuweisen: die Gesellschaft muss „anhand schlüssigen Tatsachenvortrags" die Konzernvermutung widerlegen.[169] 45a

[166] Hierzu GroßKomm. AktG/*Windbichler* AktG § 17 Rn. 76 ff.

[167] BayObLG 24.3.1998 – 3Z BR 236/96, NZA 1998, 956 (958) – Walter Holding I; BayObLG 6.3.2002 – 3Z BR 343/00, NZG 2002, 579 (581) – Walter Holding II. – Mit der Entscheidung zu Walter Holding I hatte das BayObLG den Fall zur weiteren Sachverhaltsklärung (Stichwort: personelle Verflechtung der Verwaltung) an das LG München zurückverwiesen, das nach der Durchführung weiterer Ermittlungen feststellte, daß bei der Walter Holding AG ein paritätisch besetzter Aufsichtsrat nach den Vorschriften des MitbestG zu bilden sei (BAnz. vom 21.10.2000, Nr. 199, S. 20864). Nach Durchführung der oben dargestellten Umstrukturierungen und personellen Entflechtungsmaßnahmen hob das BayObLG im Walter Holding II-Fall den Beschluß des LG München wieder auf.

[168] OLG Düsseldorf 4.6.2018 – I-26 W 12/17, NZG 2018, 1229; gleichsinnige Vorinstanz: LG Köln 28.4.2017 – 82 O 128/16.

[169] OLG Düsseldorf 4.6.2018 – I-26 W 12/17, NZG 2018, 1229 (dort Tz. 38).

b) Begründung von Konzernverhältnissen (zB Einführung einer Holdingstruktur)

46 Durch die Begründung von Konzernverhältnissen, beispielsweise durch die Einführung einer Holdingstruktur,[170] kann sich der mitbestimmungsrechtliche Status der von der Umstrukturierungsmaßnahme betroffenen Gesellschaften gleich in mehrfacher Hinsicht ändern. Bei einer rein „internen" Umstrukturierungsmaßnahme (dh ohne Beteiligung einer konzernfremden Gesellschaft) kann es zu einer Vervielfältigung von Aufsichtsräten wegen der in den Mitbestimmungsgesetzen enthaltenen Konzernzurechnungsklauseln kommen. In Umstrukturierungsfällen, die über den reinen Konzernkreis hinausgehen, also insbesondere in Fällen des Beteiligungserwerbes, kann es zu Änderungen bei den Parametern Mitarbeiterzahl und Unternehmensgegenstand und damit auch des Mitbestimmungsstatus der beteiligten Gesellschaften kommen.

Ein mitbestimmungsrelevantes Konzernverhältnis kann durch eine Reihe unterschiedlicher Umstrukturierungsmaßnahmen begründet werden. Außer durch Unternehmensverfassungsstrukturmaßnahmen wie die Eingliederung und den Abschluss von Beherrschungsverträgen (hierzu unter → Rn. 51) wird dies vor allem durch (i) die Einbringung von Gesellschaftsanteilen in eine weitere Gesellschaft, (ii) die Ausgliederung (im untechnischen Sinne) von Vermögensgegenständen in eine weitere Gesellschaft, (iii) die Abspaltung von Vermögensgegenständen in eine andere Gesellschaft und (iv) den Beteiligungserwerb erreicht. Zur Illustration sollen die nachfolgenden Beispiele dienen:

aa) Einbringung von Gesellschaftsanteilen

47 **Beispiel F 12:**

X hält sämtliche Anteile an der A-GmbH, die mit 1.300 Arbeitnehmern medizin-technische Geräte herstellt und vertreibt, sowie an der B-GmbH, die mit 900 Mitarbeitern wissenschaftlich-technische Geräte entwickelt und produziert. Sowohl bei der A-GmbH als auch bei der B-GmbH sind drittelparitätisch besetzte Aufsichtsräte eingerichtet (§§ 1 Abs. 1 Nr. 3, 4 Abs. 1 DrittelbG). X bringt nun seine sämtlichen Geschäftsanteile an der A-GmbH und der B-GmbH in eine hierdurch neu gegründete Gesellschaft (Sachgründung) bzw. in eine bereits bestehende Gesellschaft (Sachkapitalerhöhung) ein (H-GmbH), die hiernach die organisatorische Führung, einheitliche Planung und Finanzierung der beiden Gesellschaften übernimmt.[171]

[170] Zu Holdingkonzepten und Entstehungsgründen *Lutter* in Lutter/Bayer Holding-HdB §§ 1 ff.
[171] Die Einbringung kann gemäß § 20 UmwStG ohne Aufdeckung etwaiger stiller Reserven zu Buchwerten erfolgen.

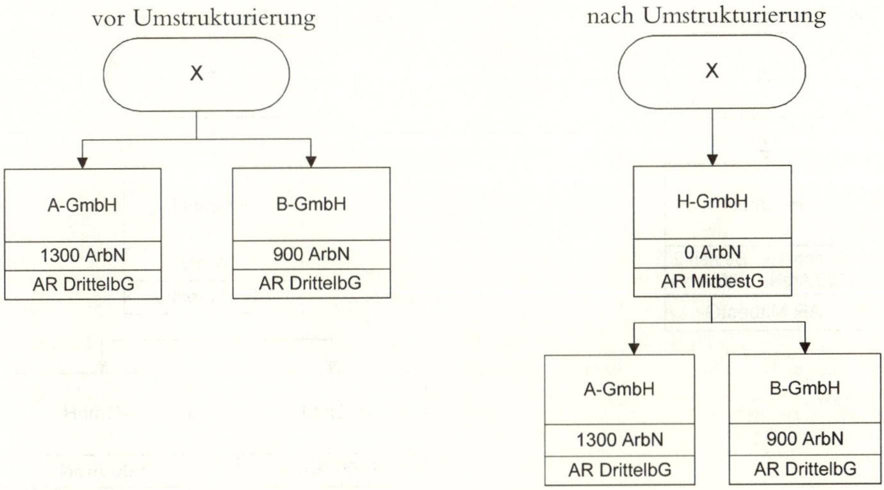

Die bei der A-GmbH sowie der B-GmbH bestehenden drittelparitätisch besetzten Aufsichtsräte bleiben bestehen; bei der H-GmbH ist ein paritätisch mitbestimmter Aufsichtsrat nach den Regelungen der §§ 1 Abs. 1, 5 Abs. 1 MitbestG einzurichten.

Dabei kommt nach der Rechtsprechung des BayObLG eine **gerichtliche Bestellung von Aufsichtsratsmitgliedern** (also insbesondere von den Arbeitnehmervertretern) in entsprechender Anwendung von § 104 AktG vor Eintragung der H-GmbH in das Handelsregister nicht in Betracht.[172] Das Gericht begründet dies zum einen damit, dass der Aufsichtsrat einer GmbH im Unterschied zu demjenigen einer Aktiengesellschaft im Gründungsstadium keine gesetzlich vorgesehenen Aufgaben besitze, so dass die Bildung eines Aufsichtsrats aus gesellschaftsrechtlicher Sicht vor Eintragung der Gesellschaft im Handelsregister nicht erforderlich sei; darüber hinaus ginge auch § 77 Abs. 1 S. 1 BetrVG 1952 (nunmehr § 1 Abs. 1 Nr. 2 DrittelbG) vom Bestehen einer GmbH aus. ME sollte in Fällen der Sachgründung einer GmbH, bei der Betriebe mit insgesamt mehr als 500 Arbeitnehmern eingebracht werden, § 31 AktG entsprechend angewendet werden,[173] wobei dann auch eine gerichtliche Bestellung der Arbeitnehmervertreter bis zur Durchführung der Wahlen möglich sein sollte.

bb) Ausgliederung von Vermögensgegenständen

Beispiel F 13: 48

X hält sämtliche Geschäftsanteile an der H-GmbH mit insgesamt 2.200 Arbeitnehmern, die in einem Betrieb medizin-technische Geräte mit 1.300 Mitarbeitern und in einem anderen Betrieb wissenschaftlich-technische Geräte mit 900 Mitarbeitern herstellt und vertreibt. Bei der H-GmbH besteht ein paritätisch mitbestimmter Aufsichtsrat entsprechend den Regelungen des MitbestG. Die H-GmbH gliedert dann sowohl den Betrieb der medizin-technischen Geräte als auch den Betrieb der wissenschaftlichen Geräte auf durch die Ausgliederung entstehende Gesellschaften bzw. bereits bestehende Gesellschaften aus (und zwar im Wege der Ausgliederung iSv § 123 Abs. 3 UmwG oder im Wege von Einzelrechtsübertragungen).

[172] BayObLG 9.6.2000 – 3Z BR 92/00, NZG 2000, 932; vgl. auch Baumbach/Hueck/*Beurskens* GmbHG § 6 Rn. 70; Scholz/*K. Schmidt* GmbHG § 11 Rn. 61; H/C/L/*Ulmer/Habersack* GmbHG § 11 Rn. 44; HH/*Habersack* MitbestG § 6 Rn. 7.

[173] So auch Baumbach/Hueck/*Zöllner/Noack* GmbHG § 52 Rn. 158; Rowedder/*Schmidt-Leithoff* GmbHG § 11 Rn. 53; aA *Deutler* DB 1969, 691 (693) – Zur Behandlung beim wertungsmäßig vergleichbaren Formwechsel → Rn. 66.

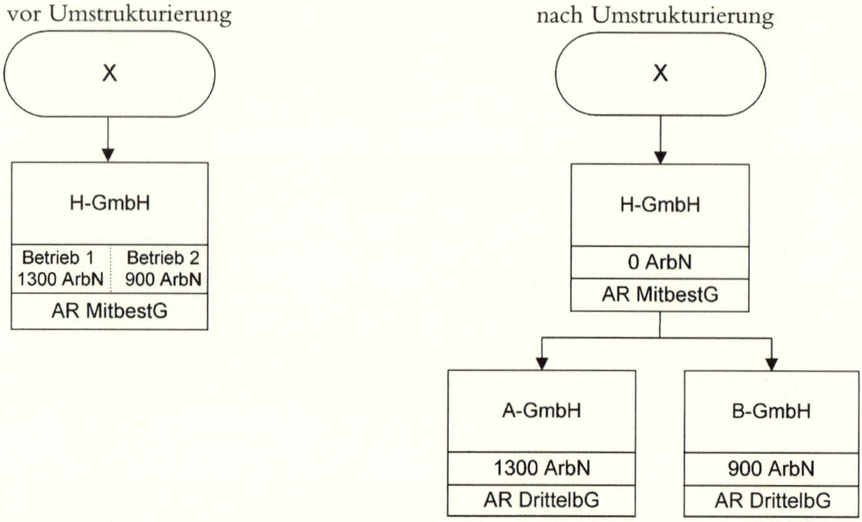

Die H-GmbH verliert damit ihre operative Geschäftstätigkeit, bleibt jedoch geschäftsleitende Holdinggesellschaft mit einem paritätisch mitbestimmten Aufsichtsrat (Konzernzurechnung nach § 5 Abs. 1 MitbestG); bei den neuen operativen Gesellschaften A-GmbH und B-GmbH sind jeweils drittelparitätisch mitbestimmte Aufsichtsräte gemäß §§ 1 Abs. 1 Nr. 3, 4 Abs. 1 DrittelbG zu bilden.

cc) Einbringung und Abspaltung von Vermögensgegenständen

49 **Beispiel F 14:**

Wie Beispiel F 13. Anstelle der Ausgliederung der Betriebe durch die (jetzt so bezeichnete) A-GmbH bringt X seine sämtlichen Geschäftsanteile an der A-GmbH in einem ersten Schritt in die H-GmbH ein, um dann in einem zweiten Schritt einen Betrieb von der A-GmbH auf eine hierdurch entstehende bzw. bereits existierende B-GmbH zu übertragen (und zwar entweder im Wege der Abspaltung iSv § 123 Abs. 2 UmwG oder im Wege von Einzelrechtsübertragungen). Die mitbestimmungsrechtliche Situation entspricht derjenigen aus Beispielen F 12 und F 13.

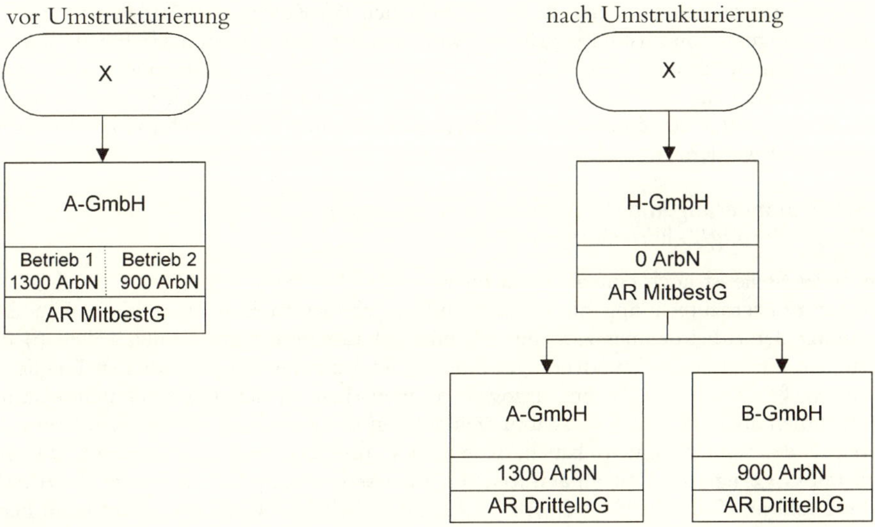

dd) Beteiligungserwerb

Beispiel F 15: 50

X hält sämtliche Geschäftsanteile an der A-GmbH, die mit 1.300 Arbeitnehmern medizintechnische Geräte herstellt und vertreibt. Sämtliche Geschäftsanteile an der B-GmbH, die mit 900 Arbeitnehmern wissenschaftlich-technische Geräte entwickelt und produziert, gehören Y. Bei beiden Gesellschaften besteht ein drittelparitätisch besetzter Aufsichtsrat gemäß den Vorschriften des DrittelbG. X bringt zunächst seine Anteile an der A-GmbH in eine hierdurch neu errichtete bzw. bereits existierende H-GmbH ein, die dann die sämtlichen Geschäftsanteile an der B-GmbH erwirbt. Die H-GmbH fungiert als geschäftsführende Holdinggesellschaft, die wegen §§ 1 Abs. 1, 5 Abs. 1 MitbestG einen paritätisch mitbestimmten Aufsichtsrat zu bilden hat. Die mitbestimmten Aufsichtsräte bei der A-GmbH und der B-GmbH bleiben unverändert erhalten.

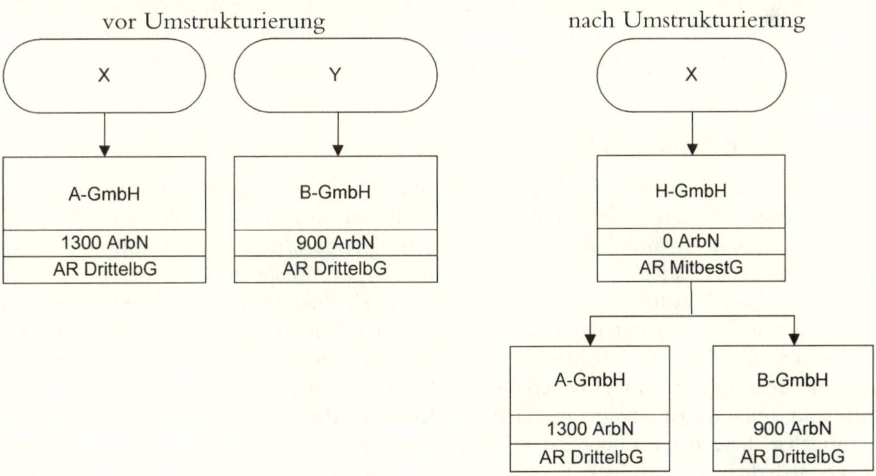

Es ist daran zu erinnern, dass in Fällen, in denen ein Konzernverhältnis durch Erwerb einer Beteiligung von Dritten begründet wird, sich die mitbestimmungsrechtliche Situation nicht nur durch eine Vervielfältigung mitbestimmter Aufsichtsräte ändern kann, sondern auch dadurch, dass sich das „Gesamtgepräge" des Konzern wandelt. Hierauf ist bereits unter → Rn. 29 (insbesondere **Beispiel F 7** zum Tendenzschutz im Konzern) hingewiesen worden.

c) Strukturänderungen der Unternehmensverfassung (Eingliederung/Beherrschungsvertrag)

51 An dieser Stelle ist noch einmal darauf hinzuweisen, dass die in § 2 Abs. 2 DrittelbG verankerte Konzernzurechnung nicht umfassend ausgebildet worden ist, sondern eine Zurechnung der Arbeitnehmer zum herrschenden Unternehmen nur in den Fällen (i) des Bestehens eines Beherrschungsvertrages oder (ii) im Falle der aktienrechtlichen Eingliederung iSv §§ 319ff. AktG kennt. Insoweit können diese beiden Unternehmensstrukturmaßnahmen aber eben auch Auswirkungen auf den mitbestimmungsrechtlichen Status des herrschenden Unternehmens haben, wobei dies **nur Relevanz im Rahmen der im DrittelbG geregelten drittelparitätischen Mitbestimmung** hat; übersteigt die Arbeitnehmerzahl im Konzern (iSv § 18 Abs. 1 AktG) die Schwelle von 2.000, so ist beim herrschenden Unternehmen ein paritätisch mitbestimmter Aufsichtsrat zu bilden, unabhängig davon, ob zwischen dem herrschenden und den nachgeordneten Gesellschaften ein Beherrschungsvertrag besteht oder ob die nachgeordneten Gesellschaften in das herrschende Unternehmen eingegliedert sind. Auf den Mitbestimmungsstatus der nachgeordneten abhängigen Gesellschaften hat der Abschluss eines Beherrschungsvertrages oder die Eingliederung in keinem Fall Auswirkungen.

Die rechtliche Stellung und die Befugnisse eines (mitbestimmten) Aufsichtsrates einer aufgrund eines Beherrschungsvertrages beherrschten Gesellschaft entsprechen mit Ausnahme der **in § 308 AktG geregelten Einschränkung** denjenigen eines konzernfreien Aufsichtsrates. Danach kann ein auf der Grundlage der Satzung oder aufgrund des Beschlusses des Aufsichtsrates gemäß § 111 Abs. 4 AktG bestehender **Zustimmungsvorbehalt zugunsten des Aufsichtsrates der beherrschten Gesellschaft dann übergangen** werden, wenn (i) der Vorstand der beherrschten Gesellschaft angewiesen worden ist, das zustimmungspflichtige Geschäft vorzunehmen, (ii) diese Zustimmung nicht innerhalb einer angemessenen Frist erteilt wird und (iii) das herrschende Unternehmen hiernach die Weisung wiederholt; (iv) diese Weisung des herrschenden Unternehmens darf, wenn es einen Aufsichtsrat besitzt, allerdings nur mit dessen Zustimmung wiederholt werden (§ 308 Abs. 3 AktG).

d) Sonderfall: Teilkonzernspitze

52 **aa) Konzern in Konzern.** In den in der Praxis häufigen mehrstufigen Konzernen stellt sich die Frage, ob neben der Mitbestimmung der in einer nachgeordneten (zB Enkel-) Gesellschaft beschäftigen Arbeitnehmer in ihrem eigenen Unternehmen und in der Konzernobergesellschaft auch noch eine mitbestimmungsrechtliche Beteiligung in einer *zwischen* diesen Gesellschaften stehenden (Tochter-)Gesellschaft in Betracht kommt. Die Antwort auf diese Frage hängt davon ab, ob auch zwischen nachgeordneten Konzernstufen ein Konzern iSd § 5 Abs. 1 MitbestG iVm § 18 Abs. 1 AktG bestehen kann und ob insoweit eine Teilung der „einheitlichen Leitung" des Konzerns zwischen Konzernobergesellschaft und Teilkonzernspitze(n) möglich ist **(Problem des Konzerns im Konzern).** Bedeutung hat diese Frage insbesondere für konzerninterne Umstrukturierungen, durch die ein zB lediglich zweistufiger Konzernaufbau insbesondere aus betriebswirtschaftlichen Gründen durch Zwischenschaltung von Teilkonzernobergesellschaften weiter gestuft wird. Durch die Bejahung eines Konzerns im Konzern könnte eine **mehrfache Arbeitnehmer-Konzernzurechnung gemäß § 5 Abs. 1 MitbestG** erfolgen, nämlich zum einen

zur Konzernobergesellschaft und zum anderen zur Teilkonzernspitze. Letztlich würden dann die Arbeitnehmer der nachgeordneten Gesellschaften für Zwecke der Mitbestimmung gleich mehrfach gezählt werden, nämlich für die Bestimmung der Unternehmensmitbestimmung in ihrem eigenen Unternehmen, für diejenige bei der bzw. den Teilkonzernspitze(n) und schließlich für diejenige bei der Konzernobergesellschaft. Auch das **aktive und passive Wahlrecht** käme den Arbeitnehmern dann auf allen drei Ebenen zu.

Beispiel F 16:[174] 53

Die Deutsche Babcock AG („DB AG") ist[175] Konzernobergesellschaft eines breit diversifizierten, im Wesentlichen dreistufigen Konzerns; dabei werden die sechs Geschäftsbereiche über „Kreisführungsgesellschaften" geführt. Für den Bereich Maschinenbau ist Kreisführungsgesellschaft die Deutsche Babcock-Borsig AG („DBB AG"); sie hält mehrere 100 %ige Tochtergesellschaften und eine ca. 65 %ige Beteiligung an der börsennotierten Babcock-BSH AG („BSH AG"). Die DB AG und ihre Mehrheitsaktionäre planen nun, die operativen Geschäftsbereiche der BSH AG auf eine 100 %ige Tochter-GmbH auszugliedern, wodurch die BSH AG arbeitnehmerlos würde. Die DB AG ist für die strategische und operative Planung im Konzern und das Konzern-Controlling verantwortlich, wobei die Planungen in den einzelnen Konzerngesellschaften vorbereitet und dann von der DB AG als Konzernspitze erstellt werden. Der Vorstand der DB AG verabschiedet das Investitionsbudget; der Vorstandsbereich Controlling überwacht die Umsetzung der Planung durch die einzelnen Konzerngesellschaften, wobei das Konzern-Controlling auch die Ergebniskontrolle umfasst, und zwar in strategischer als auch in operativer Sicht. Der Vorstand der DB AG hat weiterhin umfangreiche Richtlinien zur allgemeinen Geschäftspolitik (mit Zustimmungsvorbehalten zu seinen Gunsten) verabschiedet, die ua Sachanlageinvestitionen, die Absicherung von Zahlungs- und Währungsrisiken aus Exportgeschäften, die Gewährung von Lieferantenkrediten und Sicherheiten gegenüber Auftraggebern, die Exportfinanzierung sowie den Erwerb und Verwaltung von Beteiligungen regeln. Die Finanzierung der Konzerngesellschaften erfolgt zentral über die Konzernobergesellschaft DB AG, und die Konzernrechnungslegung obliegt deren Vorstandsbereich Controlling. Schließlich werden bestimmte Angelegenheiten für die Auswahl, Einstellung und Betreuung von Führungskräften, arbeits- und sozialrechtliche Grundsatzfragen, allgemeine Rechts- und Steuerfragen, die Koordinierung der Export- und Projektfinanzierung, der Bereich der gewerblichen Schutzrechte und die Presse- und Informationspolitik von der DB AG festgelegt. Die DBB AG hat demgegenüber lediglich die Funktion einer Zwischenholding, die die in der Konzernspitze getroffene Entscheidung umsetzt, koordiniert und deren Durchführung kontrolliert. Die DBB AG hat keine eigenen Mitarbeiter; die ihr zugeordneten Beteiligungsgesellschaften beschäftigen insgesamt ca. 3.400 Arbeitnehmer. In der DB AG besteht ein paritätisch mitbestimmter Aufsichtsrat gemäß §§ 1 Abs. 1, 5 Abs. 1 MitbestG, in den nachgeordneten, der DBB AG zugeordneten Beteiligungsgesellschaften bestehen zum Teil drittelparitätisch mitbestimmte Aufsichtsräte entsprechend den §§ 1 Abs. 1 Nr. 3, 4 Abs. 1 DrittelbG. Zur Veranschaulichung des Konzernaufbaus soll das folgende Schaubild dienen:

[174] Nachgebildet OLG Düsseldorf 27.12.1996 – 19 W 4/96, AG 1997, 129 = EWiR § 76 BetrVG 1952 1/97, 635 *(Hanau/Schweinfurth)* – Babcock-BSH.

[175] Stand: 1996 – Die Deutsche Babcock-Gruppe ist seitdem erheblich umstrukturiert worden.

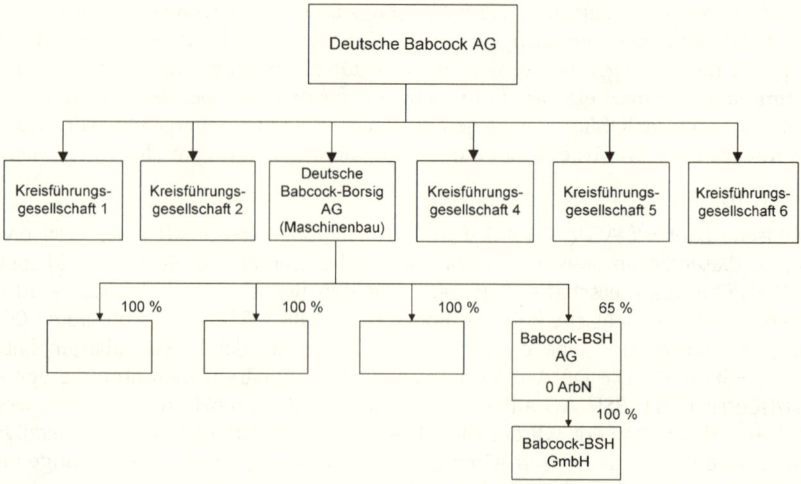

54 In **Beispiel F 16** stellte sich die Frage, ob bei der durch die Unternehmensumstrukturierung neu eingefügten Zwischenholdinggesellschaft BSH AG (oder bei der DBB AG) wegen der Konzernzurechnungsklausel des § 5 Abs. 1 MitbestG trotz Arbeitnehmerlosigkeit paritätisch mitbestimmte Aufsichtsräte zu bilden sind. Während nach der überwiegenden Meinung des aktienrechtlichen Schrifttums die einheitliche Leitung iSv § 18 Abs. 1 AktG durch die Konzernobergesellschaft (hier: DB AG) ein Konzernverhältnis zwischen einer unter dieser stehenden Zwischenholdinggesellschaft und deren Beteiligungsgesellschaften ausschließt, da eine „einheitliche" Leitung durch zwei Konzerngesellschaften auf unterschiedlicher Ebene des Konzerns bereits begrifflich nicht möglich sei,[176] bejaht die mitbestimmungsrechtliche Rechtsprechung mit Teilen der arbeits- und mitbestimmungsrechtlichen Literatur die Möglichkeit eines Konzerns im Konzern, jedenfalls dann, wenn die Konzernobergesellschaft **Leitungsbefugnis in vollem Umfang an eine Zwischenholdinggesellschaft abgegeben** hat.[177]

Vor dem Hintergrund der mitbestimmungsrechtlichen Zielsetzung, den Arbeitnehmern in einem Konzern das Mitbestimmungsrecht auf der Ebene zu eröffnen, auf der die auch für die Arbeitnehmer wichtigen unternehmerischen Entscheidungen getroffen werden,[178] ist der spezifisch mitbestimmungsrechtlichen Ansicht zuzustimmen, derzufolge bei einer dezentralisierten Konzernorganisation mit Leitungsmacht auf verschiedenen Stufen mitbestimmte Aufsichtsräte bei sämtlichen Leitungsgesellschaften einzurichten sind, bei denen maßgebliche, die Arbeitnehmer betreffende Entscheidungen gefällt werden. Dabei sind je-

---

[176] Vgl. Hüffer/*Koch* AktG § 18 Rn. 14; MüKoAktG/*Bayer* § 18 Rn. 42; KK-AktG/*Koppensteiner* § 18 Rn. 31; *Emmerich*/Habersack, Konzernrecht, AktG § 18 Rn. 18.

[177] St. BAG-Rspr., zuletzt BAG 23.5.2018 – 7 ABR 60/16, AG 2018, 847 Rn. 20ff.; OLG Düsseldorf 30.1.1979 – 19 W 17/78, AG 1979, 318 (319) – Hoechst/Herberts; OLG Zweibrücken 9.11.1983 – 3 W 25/83, AG 1984, 80 (81) – Hochtief/Streif; OLG Frankfurt 10.11.1986 – 20 W 27/86, WM 1987, 237 (238) – VDM; Vorinstanz: LG Frankfurt/Main 19.12.1985 – 216 AktE 1/85, WM 1986, 885, WuB § 5 MitbestG 1/86 *(Pohle)*; LG München I 25.9.1995 – 21 O 21794/93, AG 1996, 186 (187) – RWE/Lech-Elektrizitätswerke; LG Hamburg 26.6.1995 – 321 T 61/94, AG 1996, 89 – AMB/Volksfürsorge; WKS/*Wißmann* MitbestG § 5 Rn. 36ff.; HH/*Habersack* MitbestG § 5 Rn. 38ff.; HWK/*Seibt* MitbestG § 5 Rn. 8; RVJ/*Raiser* MitbestG § 5 Rn. 23; ErfK/*Oetker* MitbestG § 5 Rn. 8f.; GroßKomm. AktG/*Oetker* MitbestG § 5 Rn. 30ff.; *Bayer* DB 1975, 1167 (1168); *Duden* ZHR 1977, 145 (158); *Konzen* ZIP 1984, 269; *Geßler* BB 1997, 1313 (1318); offen OLG Düsseldorf 27.12.1996 – 19 W 4/96, AG 1997, 129 (130) – Babcock/BSH; aA *Richardi* FS Zeuner, 1984, 147 (158); *Meik* BB 1991, 2441 (2443); *Windbichler*, Arbeitsrecht im Konzern, 1989, S. 524; GroßKomm. AktG/*Windbichler* AktG § 18 Rn. 83.

[178] Vgl. BayObLG 24.3.1998 – 3Z BR 236/96, NZA 1998, 956 (957) – Walter Holding; *Lutter*, Mitbestimmung im Konzern, 1975, S. 6; WKS/*Wißmann* MitbestG § 5 Rn. 3; HWK/*Seibt* MitbestG § 5 Rn. 1; RVJ/*Raiser* MitbestG § 5 Rn. 1.

doch – in Übereinstimmung mit der Rechtsprechung der ordentlichen Gerichte[179] – **strenge Anforderungen an die Subsumtion** zu stellen, ob die Zwischenholdinggesellschaft tatsächlich eigenverantwortlich einen Konzernteil führt und es sich eben nicht nur um eine von der Konzernobergesellschaft delegierte, abgeleitete Leitung handelt. Beispielsweise schließt ein **Beherrschungsvertrag** zwischen der Konzernobergesellschaft und der Zwischenholdinggesellschaft mit zahlreichen Zustimmungsvorbehalten zugunsten der Konzernleitung eine eigenverantwortliche Leitung des Konzernteils durch die Zwischenholdinggesellschaft aus.[180] Ein **zentralisiertes Berichtswesen und Controlling** ist ebenfalls ein starkes Indiz gegen die eigenverantwortliche Teilkonzernleitung;[181] allerdings muss die Konzentration bzw. Kooperation von Risiko- und/oder Compliance Management Systemen bei der Konzernobergesellschaft zB durch Regelung in einem Konzernkoordinationsvertrag (sog. *Relationship Agreement*) die eigenverantwortliche Teilkonzernleitung noch nicht ausschließen.[182] Schließlich ist auch die **Personalunion der Führungspersonen** in Konzernobergesellschaft und nachgeordneten Gesellschaften oder die Konzernsteuerung mit Hilfe dafür eingesetzter zentraler Gremien ein starkes Indiz für eine fehlende eigenverantwortliche Führung durch eine Zwischenholdinggesellschaft.[183] In **Beispiel F 16** war daher zu Recht weder bei der BSH AG noch bei der DBB AG ein mitbestimmter Aufsichtsrat zu bilden, da die Gesellschaften selbst arbeitnehmerlos waren und die Konzernzurechnungsklausel des § 5 Abs. 1 MitbestG wegen fehlender eigenverantwortlicher Führung des Konzernteils Maschinenbau nicht eingriff. Dieser Beispielsfall zeigt auch, dass durch sorgfältige vertragliche Gestaltung das Ziel einer relativ dezentralen Konzernleitung auf unterschiedlichen Ebenen erreicht werden kann, ohne dass dies zwingend zu einer zusätzlichen Mitbestimmungsebene im Konzern führen muss.

bb) Fiktive Teilkonzernspitze iSv § 5 Abs. 3 MitbestG (zB bei Sitz der Konzernspitze im Ausland). 55 Führt eine Umstrukturierungsmaßnahme dazu, dass die Konzernobergesellschaft aus der Mitbestimmungspflicht herausfällt, zB weil sie ihre Rechtsform in eine nicht unter die Mitbestimmungsgesetze fallende andere Rechtsform ändert oder weil sie ihren Sitz ins Ausland verlegt und deshalb nicht den deutschen Mitbestimmungsgesetzen unterfällt, läuft der mitbestimmungsrechtliche Grundgedanke leer, dass die Konzernmitbestimmung im Aufsichtsrat der Konzernobergesellschaft verwirklicht werden soll. Um diesem vom Gesetzgeber als unbefriedigend empfundenen Ergebnis zu begegnen, ist in § 5 Abs. 3 MitbestG vorgesehen, dass die Konzernmitbestimmung solchenfalls in dem der Konzernobergesellschaft am nächsten stehenden Unternehmen stattfindet, welches die gesetzlichen Voraussetzungen erfüllt. Ob für das in § 5 Abs. 3 MitbestG enthaltene Merkmal der „Beherrschung der Konzernleitung *über* nachgeordnete Konzernunternehmen“ erforderlich ist, dass das der Konzernleitung am nächsten stehende Unternehmen wenigstens noch **gewisse Mindestfunktionen einer Konzernleitung** erfüllen muss (zB in Gestalt der Weiterleitung von Weisungen der Konzernobergesellschaft an die weiteren Konzern-

[179] Zu einer Analyse der Rechtsprechung zB *Richardi* FS Zeuner, 1994, 147 (155); *Oetker* ZGR 2000, 19 (32).

[180] Vgl. OLG Zweibrücken 9.11.1983 – 3 W 25/83, AG 1984, 80 (81) – Hochtief/Streif; OLG Frankfurt 10.11.1986 – 20 W 27/86, WM 1987, 237 (238) – VDM; HWK/*Seibt* MitbestG § 5 Rn. 8; RVJ/*Raiser* MitbestG § 5 Rn. 24.

[181] Vgl. OLG Düsseldorf 27.12.1996 – 19 W 4/96, AG 1997, 129 (130); LG München I 25.9.1995 – 21 O 21794/93, AG 1996, 186 (187) – RWE/Lech-Elektrizitätswerke; HWK/*Seibt* MitbestG § 5 Rn. 8; RVJ/*Raiser* MitbestG § 5 Rn. 24.

[182] Hierzu *Seibt*, FS K. Schmidt Bd. II, 2019, 431, 437. – Die von der Siemens AG zu 85% gehaltene, im MDAX gelistete Siemens Healthineers AG, unter der die Tochtergesellschaften für die medizintechnischen Aktivitäten der Siemens-Gruppe zusammengefasst sind, hat einen neunköpfigen Aufsichtsrat, der nur aus Anteilseignern besteht; mitbestimmt besetzte Aufsichtsräte gibt es nur auf unteren Konzernebenen.

[183] Vgl. LG Hamburg 26.6.1995 – 321 T 61/94, AG 1996, 89 (90) – AMB/Volksfürsorge; RVJ/*Raiser* MitbestG § 5 Rn. 24.

unternehmen)[184] oder ob es alleine auf die **Kapitalverflechtung** zwischen diesen beiden Gesellschaften ankommt,[185] ist heftig umstritten. Die Frage ist für den vorliegenden Zusammenhang deshalb von besonderer Bedeutung, da nur die erstere Auffassung der Beratungspraxis einen inländischen Gestaltungsspielraum dafür bietet, eine über die bei nachgeordneten Konzernunternehmen möglicherweise bestehende unternehmensbezogene Mitbestimmung hinausgehende Mitwirkung von Arbeitnehmervertretern im Aufsichtsrat einer fiktiven Teilkonzernspitze zu vermeiden. Diese Frage ist in der Rechtsprechung erstmals bei der Beurteilung des schweizerischen Vögele-Konzerns durch das LG Stuttgart in erster und das OLG Stuttgart in zweiter Instanz behandelt worden, und zwar mit uneinheitlichem Ergebnis in beiden Instanzen und erheblicher Resonanz im Schrifttum.[186] Auch in dem 2006 in zweiter Instanz entschiedenen GKN-Fall kamen die Instanzgerichte zu unterschiedlichen Ergebnissen[187] und auch die Entscheidung CSC im Jahre 2008 ist kritisch kommentiert worden.[188] Da die Bedeutung solcher grenzüberschreitender Konzernstrukturen in der Beratungspraxis in den letzten Jahren weiter stark zugenommen hat,[189] soll der Vögele-Fall exemplarisch dargestellt werden:

56 **Beispiel F 17:**

Die schweizerische Familie Vögele hält[190] über die schweizerische Charles Vögele Holding AG und eine deutsche Zwischenholding-Gesellschaft die deutschen Gesellschaften der Dyckhoff/Vögele-Gruppe. Die Einzelheiten des Konzernaufbaus ergeben sich aus der nachfolgenden graphischen Darstellung:

[184] So LG Hamburg 26.6.1995 – 321 T 61/94, AG 1996, 89 = WiB 1996, 1169 mAnm *Schüppen*, – AMB/Volksfürsorge, best. durch OLG Hamburg 28.9.1995, nv; OLG Celle 22.3.1993 – 9 W 130/92, BB 1993, 957 (959) – Preussag AG/Salzgitter GmbH; LG Stuttgart 11.5.1993 – 2 AktE 1/92, ZIP 1993, 1406 – Vögele (1. Instanz); *Seibt* ZIP 2008, 1301 (1304); HH/*Habersack* MitbestG § 5 Rn. 70; HWK/*Seibt* MitbestG § 5 Rn. 12; ErfK/*Oetker* MitbestG § 5 Rn. 20; GroßKomm. AktG/*Oetker* MitbestG § 5 Rn. 60; *Säcker* Wahlordnungen Rn. 169; *Meilicke/Meilicke* BB 1978, 406 (410).

[185] So OLG Stuttgart 10.3.1995, ZIP 1995, 1004 – Vögele (2. Instanz); OLG Düsseldorf 30.10.2006 – I-26 W 14/06 AktE, WM 2007, 165 – GKN; OLG Frankfurt/M. 21.4.2008 – 20 W 342/07, ZIP 2008, 878 – CSC; WKS/*Wißmann* MitbestG § 5 Rn. 71; *Hoffmann/Lehmann/Weinmann* MitbestG § 5 Rn. 75; *Romeikat* S. 136; *Lutter* ZGR 1977, 195 (213).

[186] LG Stuttgart 11.5.1993 – 2 AktE 1/92, ZIP 1993, 1406 = EWiR § 4 MitbestG 1/93, 917 (abl. *Ebenroth*) = IPRax 1994, 293 m. abl. Anm. *Großfeld/Johannemann* 271; OLG Stuttgart 30.3.1995 – 8 W 355/93, ZIP 1995, 1004 m. zust. Anm. *Mankowski* 1006 = IPRax 1995, 397 mAnm *Kronke* IPRax 1995, 377 = JZ 1995, 795 m. zust. Anm. *Großfeld/Johannemann* 795 = WuB 1995, 899 m. zust. Anm. *Marsch-Barner;* ausführlich *Wackerbarth*, Ausländische Kapitalgesellschaft & Co. KG und Unternehmensmitbestimmung im Teilkonzern, in: *Herrmann/Berger/Wackerbarth* S. 491.

[187] LG Köln 4.5.2006 – nv (keine Anwendung von § 5 Abs. 3 MitbestG); OLG Düsseldorf 30.10.2006 – I-26 W 14/06 AktE, WM 2007, 165 – GKN.

[188] OLG Frankfurt/M. 21.4.2008 – 20 W 342/07, ZIP 2008, 878 = BB 2008, 1194 (mAnm *Janko*); *Seibt* ZIP 2008, 1301 (1304).

[189] Zum Trend und einzelnen Motiven für die Gründung grenzüberschreitender Holdinggesellschaften *Schaden/Polatzky* in Lutter/Bayer Holding-HdB § 16 Rn. 8ff.

[190] Stand: 1993.

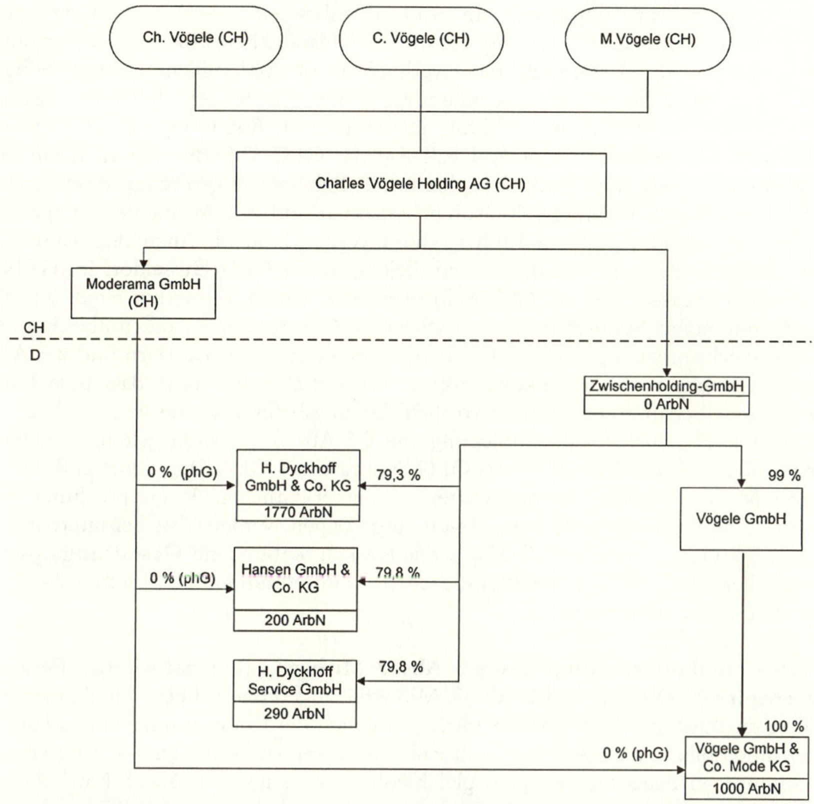

Nach den Feststellungen des LG Stuttgart beschränkte sich die Tätigkeit der Zwischenholding-GmbH auf das Halten und Verwalten der deutschen Beteiligungen, während die schweizerische Moderama GmbH die operativen Gesellschaften tatsächlich leitete. Das LG Stuttgart hielt die Einrichtung eines paritätisch mitbestimmten Aufsichtsrates bei der Zwischenholding-GmbH gesetzlich nicht für geboten, da es an einem Mindestmaß an Leitungsfunktionen durch diese Gesellschaft fehle, während das OLG Stuttgart die Kapitalverflechtung für allein entscheidend hielt und dementsprechend zugunsten der Bildung eines paritätisch mitbestimmten Aufsichtsrates bei der Zwischenholding-GmbH gemäß § 5 Abs. 3 MitbestG entschied. 57

Die Entscheidung des OLG Stuttgart ist zu Recht auf Kritik gestoßen, da sie zur Folge hat, dass nun ein mitbestimmter Aufsichtsrat bei einer Gesellschaft eingerichtet werden muss, in der er nicht einmal Informationen über die Leitungsentscheidungen der ausländischen Konzernobergesellschaft bekommt.[191] Der Aufsichtsrat bei der Zwischenholding-GmbH (der im konkreten Fall laut Sachverhalt in den Geschäftsräumen eines Wirtschaftsprüfers und Steuerberaters domizilierte) ist praktisch funktionslos, die Unternehmensmitbestimmung läuft leer. Käme es mit dem OLG Stuttgart tatsächlich lediglich auf die Kapitalverflechtung an, könnte auch das Bestehen eines – durchaus auch bei Fehlen ent-

[191] Kritisch daher zu Recht *Theisen* AG 1998, 153 (158); HWK/*Seibt* MitbestG § 5 Rn. 12; ErfK/*Oetker* MitbestG § 5 Rn. 21; *Oetker* ZGR 2000, 19 (35); *Hanau/Wackerbarth* FS Lutter, 2000, 425 (440); *Marsch-Barner* WuB 1995, 901; vgl. auch LG Hamburg 26.6.1995 – 321 T 61/94, AG 1996, 89 – AMB/Volksfürsorge; OLG Celle 22.3.1993 – 9 W 130/92, BB 1993, 957 (959) – Preussag AG/Salzgitter GmbH und die in Fn. 184 genannten.

sprechender Mitbestimmungsregeln im Ausland zulässigen[192] – Beherrschungsvertrages zwischen der ausländischen Konzernspitze und der inländischen Enkelgesellschaft die Anwendung des § 5 Abs. 3 MitbestG nicht verhindern, obwohl jegliche Leitungsbefugnisse der Holdinggesellschaft damit ausgeschlossen wären; denn der Beherrschungsvertrag ändert nichts an der Beteiligungsstruktur, auf die es nach Auffassung des OLG Stuttgart ja alleine ankommen soll.[193] Im GKN-Fall zog das OLG Düsseldorf[194] auch tatsächlich diese Konsequenz, da dort grenzüberschreitende Beherrschungsverträge direkt mit den deutschen operativen Tochtergesellschaften bestanden und zudem mit dem umgangenen deutschen Zwischenholding ein Entherrschungsvertrag bestand. Auch dogmatisch kann die Entscheidung des OLG Stuttgart (und diejenigen des OLG Düsseldorf im GKN-Fall und des OLG Frankfurt/M. im CSC-Fall) nicht überzeugen. Immerhin regelt § 5 Abs. 3 MitbestG nur einen Sonderfall einer (fiktiven) Teilkonzernspitze; die mitbestimmungsrechtliche Rechtsprechung zur Anerkennung eines Konzern im Konzern und zur Arbeitnehmerzurechnung zu einer Teilkonzernspitze verlangt aber zu Recht, dass diese Teilkonzernspitzengesellschaften eigenverantwortlich Leitungsbefugnisse ausüben.[195] Dies muss konsequenterweise auch für die Auslegung von § 5 Abs. 3 MitbestG gelten. Es bleibt daher abzuwarten, ob die Beschlüsse des OLG Stuttgart, des OLG Düsseldorf und des OLG Frankfurt/M. Gefolgschaft in der weiteren obergerichtlichen Rechtsprechung finden wird. Im Sinne einer Prognose kann davon ausgegangen werden, dass bei internationalen Konzernstrukturen bestimmte, allerdings mit Risiken verbundene **Gestaltungsspielräume** verbleiben, um eine unternehmensbezogene Mitbestimmung bei funktionslosen Teilkonzernspitzen zu vermeiden.

57a **cc) Fiktive Teilkonzernspitze iSv § 5 Abs. 3 MitbestG (bei natürlicher Person als Konzernspitze).** Die durch § 5 Abs. 3 MitbestG angeordnete fiktive Teilkonzernspitze zielt in erster Linie auf Auslandssachverhalte, in denen die Konzernspitze ein ausländisches Unternehmen bildet, daneben aber auch Fälle, in denen das herrschende Unternehmen in einer autonomen-deutschrechtlichen, gleichwohl nicht unter § 1 Abs. 1 Nr. 1 MitbestG fallenden Rechtsform geführt wird, zB als Personengesellschaft einschließlich der Außen-GbR, als einzelkaufmännisches Unternehmen, als Stiftung, als Verein oder als Unternehmensträger mit ausländischer Rechtsform). Seit dem Asklepios-Beschluss des OLG Frankfurt/M. vom 21.4.2008[196] ist die Frage virulent, ob darüber hinaus der Normanwendungsbereich des § 5 Abs. 3 MitbestG auch in den Fällen eröffnet ist, in denen eine natürliche Person, die kein einzelkaufmännisches Unternehmen betreibt und auch nicht wegen mehrerer unternehmerischen Beteiligungen als Unternehmen iSv § 15 AktG qualifiziert, Konzernobergesellschaft iSd „anderen Unternehmens" (§ 5 Abs. 3 MitbestG) sein kann.

Beispiel F 18[197]:

Im Zuge des Erwerbs des Landesbetrieb Krankenhaus Hamburg (LBK Hamburg) verpflichtete sich Asklepios, diese hinzuerworbenen Kliniken getrennt von dem weiteren Klinikbestand zu halten. Zur vor allem steuerlichen Zusammenführung beider Klinikenstränge gründete Asklepios-Unternehmensgründer Dr. Broermann die Asklepios Kliniken GmbH, die zur Zeit der Gerichtsentscheidung 2008 74,9 % (über eine Zwischengesellschaft) an der Asklepios Kliniken Hamburg GmbH sowie 100 % an der Asklepios Kliniken Verwaltung GmbH

---

192 Für die Zulässigkeit entsprechender Beherrschungsverträge *Bayer* Der grenzüberschreitende Beherrschungsvertrag S. 96, 142; OLG Düsseldorf 30.10.2006 – I-26 W 14/06 AktE, WM 2007, 165 (166)-GKN; aA *Däubler* RabelsZ 1975, 444 (473); *Duden* ZHR 1977, 145 (188).

193 So aber *Lutter* ZGR 1977, 195 (213); aA zu Recht *Säcker* Wahlordnungen Rn. 169.

194 OLG Düsseldorf 30.10.2006 – I-26 W 14/06 AktE, WM 2007, 165 – GKN.

195 Hierzu unter → Rn. 54.

196 OLG Frankfurt/M. 21.4.2008 – 20 W 8/07, ZIP 2008, 880; krit. hierzu *Seibt* ZIP 2008, 1301 (1306).

197 Fallbeispiel nachgebildet OLG Frankfurt/Main 21.4.2008 – 20 W 8/07, ZIP 2008, 880; zu den krit. Rechtsausführungen vgl. auch *Seibt* ZIP 2008, 1301.

hielt; bei beiden Beteiligungsgesellschaften besteht ein nach dem MitbestG zusammengesetzter Aufsichtsrat. Die Asklepios-Gruppenstruktur kann vereinfacht und grafisch wie folgt dargestellt werden:

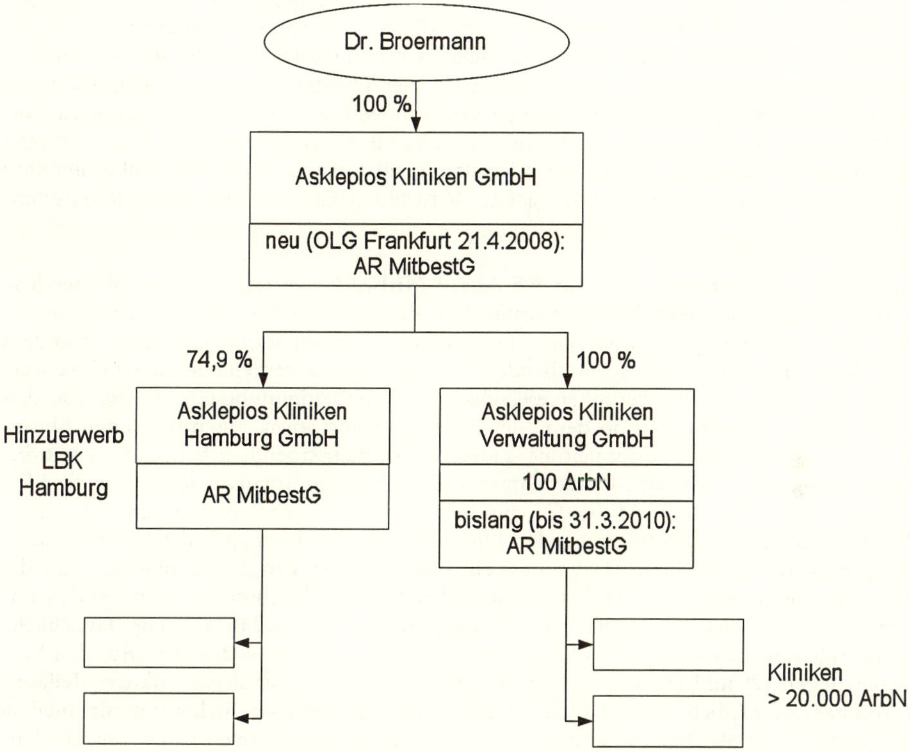

Im Rahmen eines Statusverfahrens statuierte das OLG Frankfurt/M., dass Dr. Broermann „anderes Unternehmen" iSv § 5 Abs. 3 MitbestG sei (und zwar insoweit als Ausprägung eines originär mitbestimmungsrechtlichen Unternehmensbegriffs, der vom Aktienkonzernrecht losgelöst ist), auf dem selbst die Unternehmensmitbestimmung nicht angewendet werden kann; dies müsse auf der nachfolgenden Ebene, der Asklepios Kliniken GmbH erfolgen, und zwar unabhängig davon, ob diese Gesellschaft ein Mindestmaß an eigener Leitungsbefugnis gegenüber nachgeordneten Konzernunternehmen ausüben könne.

Dieses Verständnis der Tatbestanderöffnung („stehen in einem Konzern die Konzernunternehmen unter der einheitlichen Leitung eines anderen als eines in [§ 5] Abs. 1 oder 2 bezeichneten Unternehmens …") über den Gesetzeswortlaut hinaus steht dem anerkannten Rechtsstand im allgemeinen Konzernmitbestimmungsrecht entgegen; sie findet auch in der Literatur keine wissenschaftliche Unterstützung. Der Gesetzeswortlaut verlangt, dass es sich bei dem herrschenden Unternehmen jedenfalls um einem Unternehmensträger handelt, der allerdings nicht in einer in § 1 Abs. 1 Nr. 1 MitbestG aufgeführten Rechtsform verfasst ist. Eine natürliche Person, die kein einzelkaufmännisches Unternehmen betreibt und auch nicht wegen mehrerer unternehmerischen Beteiligungen als Unternehmen iSv § 15 AktG qualifiziert, ist kein „anderes Unternehmen" iSv § 5 Abs. 3 MitbestG; es fehlt vielmehr an jeglicher Unternehmensträgerqualität. Das Gericht hätte vielmehr die Frage behandeln (und im vorliegenden Fall verneinen müssen), ob die Asklepios Kliniken GmbH als bloße Vermögensholding qualifiziert (mit der Folge, dass dann dort kein mitbestimmter Aufsichtsrat zu bilden ist) oder ob dieses Unternehmen eigene Leitungsbefugnisse gegenüber der nachgeordneten Konzernunternehmen ausüben konnte. Dieser vereinzelte Beschluss des OLG Frankfurt/M. verursacht derzeit bei Konzernstrukturierungen erhebliche Rechtsunsicherheit. Sie veranlasst zunächst auch zur Überprüfung der Dokumentation über die Konzernstruktur, der tatsächlichen und potentiellen Ausübung von Leitungsbefugnissen sowie der Personalbesetzung in den Konzern-Geschäftsleitungsorganen. Es ist des Weiteren zu überlegen, ob durch den Abschluss eines Mitbestimmungsvereinbarung über die Bestimmung der (fiktiven) Teilkonzernspitze eine nach materiellen Gesichtspunkten effiziente Arbeitnehmermitwirkung im Konzern ermöglicht werden kann, ohne Entscheidungsprozesse zu verlangsamen.[198] Schließlich können Verkürzungen der Konzernstränge oder die Verlagerung von Konzernobergesellschaften ins Ausland angezeigt sein.[199] – Zum Fortgang des Asklepios-Falles mit der Auseinandersetzung über die Unternehmensmitbestimmung bei der nachgeordneten Asklepios Kliniken Verwaltung GmbH → Rn. 192 (Statusverfahren).

57b **dd) Fiktive Teilkonzernspitze iSv § 5 Abs. 3 MitbestG: Verlagerung der Mitbestimmung auf nächsttiefere Konzernstufe als Folge.** Die Sonder- und Ersatzregelung in § 5 Abs. 3 MitbestG sieht für die Fälle, in denen die Konzernmitbestimmung nicht in dem tatsächlich die Konzernleitung ausübenden, herrschenden Unternehmen eingerichtet werden kann, weil diese Konzernobergesellschaft nicht mitbestimmungspflichtig ist, vor, dass die Konzernmitbestimmung in dem „der Konzernleitung am nächsten stehenden Unternehmen, über die die Konzernleitung andere Konzernunternehmen beherrscht", stattfindet, vorausgesetzt, dass diese Unternehmen die gesetzlichen Voraussetzungen für die Mitbestimmung nach dem MitbestG abstrakt erfüllt. Bei der Bestimmung des „der Konzernleitung am nächsten stehenden Unternehmen" ist dabei nach der Gesetzesanordnung dreierlei zu beachten: (1) Es muss ein Unternehmen sein. (2) Es muss abstrakt der Mitbestimmung nach dem MitbestG unterfallen können (Rechtsform; kein Tendenzunternehmen; ausreichende [ggf. zugerechnete] Arbeitnehmerzahl). (3) Die tatsächliche Konzernleitung muss „über" das Unternehmen erfolgen (hierzu → Rn. 57). Aus den Voraussetzungen (2) und (3) folgt weiter, dass für die Bestimmung als sog. fiktiver Teilkonzernspitze erforderlich ist, dass dieser über die *ihr nachgeordneten* Tochterunternehmen in der Regel mehr als 2000 Arbeitnehmer zugerechnet werden können.[200] Dies hat Bedeutung für die Feststellung der fiktiven Teilkonzernspitze in Fällen, in denen der mitbestimmungsfreien Konzernleitung mehrere Schwestergesellschaften untereinander gleichgeordnet nachgeordnet sind, die zB (funktionslose) Zwischengesellschaften für verschiedene Geschäftsbereiche sind.

Beispiel F 18a:

Der Unternehmensgründer AZ hält 94,5 % der Kommanditanteile der Z-Stiftung & Co. KG und ist Stifter sowie Allein-Stiftungsvorstand der Komplementärstiftung; die weiteren Kommanditanteile halten die Familienangehörigen BZ und CZ. Die Z-Stiftung & Co. KG übt eine umfassende Konzernleitung über die drei Geschäftssparten (i) Kunststoff (mit in der Regel 2100 beschäftigten Arbeitnehmern), (ii) Keramik (mit in der Regel 200 beschäftigten Arbeitnehmern) und (iii) IT (mit in der Regel 70 beschäftigten Arbeitnehmern); alle Zentralfunktionen des Konzerns (20 Arbeitnehmer) sind bei Z-Stiftung & Co. KG angesiedelt. Der Z-Stiftung & Co. KG sind jeweils mit Beherrschungsvertrag für die drei Geschäftssparten nachgeordnet die funktionslosen Beteiligungsgesellschaften (i) A-Beteiligungs GmbH (Sparte Kunststoff), (ii) B-Beteiligungs GmbH (Sparte Keramik) und (iii) C-Beteiligungs GmbH (Sparte IT). Die nachfolgende grafische Übersicht verdeutlicht den Sachverhalt:

[198] Zur Zulässigkeit einer solchen Mitbestimmungsvereinbarung (Unterfall der Vergleichsvereinbarung) → Rn. 14.
[199] Hierzu *Seibt* ZIP 2008, 1301 (1308).
[200] Vgl. WKS/*Wißmann* MitbestG § 5 Rn. 72.

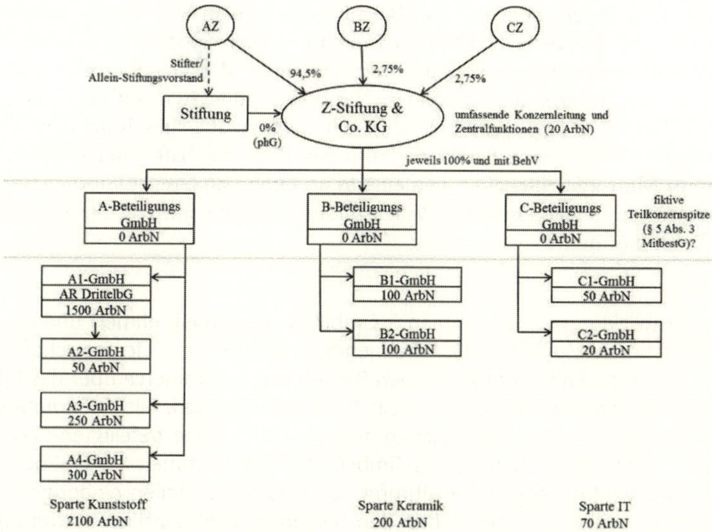

Die tatsächliche Konzernleitung wird durch die Z-Stiftung & Co. KG ausgeübt, die kein abstrakt mitbestimmungsfähiger Rechtsträger ist. Dieser tatsächlichen Konzernleitung stehen die Konzernunternehmen A-Beteiligungs GmbH, B-Beteiligungs GmbH und C-Beteiligungs GmbH „am nächsten", und zwar jeweils in abstrakt mitbestimmungsfähiger Rechtsform und ohne Differenzierung in Gleichordnung.[201] Versteht man die Sonder- und Ersatzvorschrift des § 5 Abs. 3 MitbestG nun in der Weise (fehl), dass die umfassende Konzernleitung (hier über die drei Geschäftssparten Kunststoff, Keramik und IT) in den „am nächsten" nachgeordneten Konzernunternehmen fingiert wird, spräche dies für die Errichtung mitbestimmter Aufsichtsräte bei sämtlichen Schwestergesellschaften (A-Beteiligungs GmbH, B-Beteiligungs GmbH und C-Beteiligungs GmbH); hierfür könnte auch der gesetzliche Gebrauch des Plurals in § 5 Abs. 3 MitbestG (insbesondere in Differenzierung zum Gebrauch des Singulars in § 5 Abs. 1 und Abs. 2 MitbestG). ME ist die Errichtung mitbestimmter Aufsichtsräte bei keiner der Gesellschaften angängig: (1) Sämtlichen Schwestergesellschaften fehlt es an irgendeiner Konzernleitungsmacht gegenüber nachgeordneten Tochterunternehmen. Sie sind funktionslose Zwischengesellschaften, die qua Beherrschungsvertrag nur Weisungen der Z-Stiftung & Co. KG an die ihnen nachgeordneten Tochterunternehmen weiterreichen, ohne auf die Willensbildung der konzernausgerichteten Entscheidungen Einfluss zu nehmen (hierzu → Rn. 54). (2) Die B-Beteiligungs GmbH sowie die C-Beteiligungs GmbH scheiden als fiktive Teilkonzernspitzen bereits deshalb aus, weil ihnen jeweils Tochterunternehmen nachgeordnet sind, die in der Regel weniger als 2000 Arbeitnehmer beschäftigen. Diese Voraussetzung erfüllt nur die A-Beteiligungs GmbH. Hieraus ergibt sich als Konsequenz, dass bei Aufspaltung der A-Beteiligungs GmbH in zwei Schwestergesellschaften, denen jeweils Tochterunternehmen der Sparte Kunststoff mit jeweils weniger als in der Regel 2000 beschäftigten Arbeitnehmern nachgeordnet sind, keine fiktive Teilkonzernspitze iSv § 5 Abs. 3 MitbestG gebildet werden kann.[202]

e) Gemeinschaftsunternehmen

Häufig werden in der Praxis Umstrukturierungen auch in der Weise vorgenommen, dass 58
zwei oder mehrere Rechtsträger vereinbaren, ein sog. Gemeinschaftsunternehmen oder

[201] Vgl. das Beispiel bei WKS/*Wißmann* MitbestG § 5 Rn. 71 ff.; KK-AktG/*Mertens/Cahn* in, 3. Aufl. 2013, Anh. § 117 B MitbestG § 5 Rn. 48.

[202] Ebenso wohl MüKoAktG/*Annuß* MitbestG § 5 Rn. 17.

Joint Venture zu gründen, oder dass ein Rechtsträger neu in eine bereits bestehende Gesellschaft eintritt, so dass diese hierdurch zu einem Gemeinschaftsunternehmen wird. Der Zusammenschluss erfolgt regelmäßig dadurch, dass jeder der Gesellschafter entweder besonderes Know-how oder andere besondere Vermögensgüter (wie auf gleichen oder komplementären Märkten tätige Betriebe) oder jedenfalls zusätzliches Kapital in die Gesellschaft einbringt. Dabei ist das Charakteristikum von Gemeinschaftsunternehmen, dass zwei (oder mehrere) Muttergesellschaften gemeinsam an einem anderen Unternehmen beteiligt sind und nur aufgrund gemeinsamer Willensbildung Einfluss auf das Gemeinschaftsunternehmen nehmen können.

Beispiel F 19:

Das Softwareentwicklungs-Unternehmen S-GmbH (1.800 Arbeitnehmer) und das Versandhandels-Unternehmen V-AG (6.000 Arbeitnehmer) gründen ein Gemeinschaftsunternehmen SV-GmbH für die Entwicklung und den Betrieb von e-commerce über das Internet, an dem die S-GmbH sowie die V-AG zu jeweils 50 % beteiligt sind. Die Gründung erfolgt im Wege einer kombinierten Bar- und Sachgründung, wobei beide beteiligten Gesellschaften ihre jeweiligen „Internet-Teilbetriebe" (S-GmbH: 150 Arbeitnehmer; V-AG: 250 Arbeitnehmer) in das Joint Venture gegen Gewährung von Geschäftsanteilen einbringen.[203] Bei der SV-GmbH bestehen drei Organe: Neben den beiden gemeinschaftlich vertretungsberechtigten Geschäftsführern (wobei jedem Gesellschafter das Benennungsrecht für einen Geschäftsführer zukommt) und der Gesellschafterversammlung, in der beide Gesellschafter jeweils 50 % der Stimmrechte besitzen, besteht ein Aufsichtsrat, der aus drei Mitgliedern besteht, von denen zwei Mitglieder von den beiden Gesellschaftern direkt entsandt werden und das dritte Mitglied von den beiden entsandten Aufsichtsratsmitgliedern bestimmt wird. Kommt ein Gesellschafterbeschluss zweimal hintereinander wegen einer Patt-Situation in der Gesellschafterversammlung nicht zustande, kann jeder Gesellschafter den Beschlussgegenstand dem Aufsichtsrat zur Entscheidung vorlegen, dessen Beschluss dann Weisungswirkung gegenüber beiden Geschäftsführern besitzt.

59 Nach Auffassung der arbeitsgerichtlichen Rechtsprechung und des wohl überwiegenden Schrifttums bilden solche, eine **einheitliche Leitung ausübende Gemeinschaftsunternehmen** mit beiden Muttergesellschaften einen Unterordnungskonzern, mit der Folge, dass (i) die **Arbeitnehmer des Gemeinschaftsunternehmens** gemäß § 5 Abs. 1 MitbestG auch **beiden Muttergesellschaften zugerechnet** und (ii) die Arbeitnehmer in beiden Konzernsträngen **aktiv und passiv wahlberechtigt** werden.[204,205] Dies führt zwar für mitbestimmungsrechtliche Zwecke zu einer Doppel- (bzw. Mehrfach-) Zählung von Arbeitsverhältnissen, was aber aus praktischen Gründen (wie sollten die Arbeitnehmer des Gemeinschaftsunternehmens zwischen den die einheitliche Konzernleitung gemeinsam ausübenden Konzernmüttern aufgeteilt werden?) unvermeidbar scheint. Der überwiegen-

---

[203] Dies ist ertragssteuerneutral möglich nach § 20 UmwStG, wenn es sich bei den Vermögensgegenständen tatsächlich um „Teilbetriebe" handelt; zum engen Begriffsverständnis der Finanzverwaltung vgl. BMF-Schreiben vom 25.3.1998 „Umwandlungsgesetz; Zweifels- und Auslegungsfragen" (BStBl. 1998 I S. 268), Tz. 20.08ff. und 15.7ff. sowie Entwurf (Verbandsanhörungsfassung) eines UmwSt-Erlasses vom 2.5.2011, Tz. 15.02. und Tz. 20.05.–20.08.

[204] BAG 16.8.1995 – 7 ABR 57/94, NZA 1996, 274; BAG 30.10.1986 – 6 ABR 19/85, DB 1987, 1691; LAG Hamm 17.8.1977 – 3 Ta BV 46/77, DB 1977, 2052; HWK/*Seibt* MitbestG § 5 Rn. 10; ErfK/*Oetker* MitbestG § 5 Rn. 13; GroßKomm. AktG/*Oetker* MitbestG § 5 Rn. 37; WKS/*Wißmann* MitbestG § 5 Rn. 57 und MitbestG § 10 Rn. 26; HH/*Habersack* MitbestG § 5 Rn. 47; RVJ/*Raiser* MitbestG § 5 Rn. 26; GK/*Schneider* MitbestG § 5 Rn. 95; *Bachner/Köstler/Trittin/Trümner* S. 63; *Lutter*, Mitbestimmung im Konzern, S. 11; *Knaub*, Unternehmerische Mitbestimmung im Konzern, S. 266; *Klückers*, Problemfälle der Arbeitnehmerzurechnung, S. 177; *Klinkhammer*, Mitbestimmung in Gemeinschaftsunternehmen, S. 143; aA *Hoffmann/Lehmann/Weinmann* MitbestG § 5 Rn. 39ff.; *Ahrens* AG 1975, 151 (152); *Bayer* ZGR 1977, 173 (187); *Duden* ZHR 1977, 145; *Wessing/Hölters* DB 1977, 864 (866); *Meilicke/Meilicke* BB 1978, 406 (407); *Windbichler*, Arbeitsrecht im Konzern, S. 522.

[205] Zur parallelen betriebsverfassungsrechtlichen Problematik → D Rn. 17ff.

den Ansicht ist aber vor allem vor dem Hintergrund des Grundanliegens der unternehmensbezogenen Mitbestimmung zuzustimmen: Da es das Ziel des Mitbestimmungsgesetzes ist, den Arbeitnehmern in einem Konzern das Mitbestimmungsrecht auf der Ebene zu eröffnen, auf der die für diese wichtigen unternehmerischen Entscheidungen getroffen werden, ist es nur folgerichtig, wenn die Konzernmitbestimmung in allen Konzernmüttern erfolgt, die die Leitungsmacht dauerhaft gemeinsam über das Gemeinschaftsunternehmen ausüben. Dabei sind an das Erfordernis einer dauerhaften einheitlichen Leitung durch mehrere Konzernmütter indes **sehr strenge Anforderungen** zu stellen. Das Bestehen einer 50:50-Beteiligung ohne weitere Absprachen reicht hierfür jedenfalls nicht aus.[206] Denn das gesetzgeberische Merkmal einer (einheitlichen) „Leitung" setzt die rechtlich abgesicherte Potentialität aktiver Leitungsentscheidung voraus, und hierfür reicht selbst ein(e) umfassende(s) „destruktive Mehrheit" oder „Veto-Recht" nicht aus, das im Regelfall mit einer paritätischen 50:50-Beteiligungssituation verbunden ist. Ebenso wenig ist eine bloße Interessenparallelität im Hinblick auf die Unternehmenspolitik hinreichend. Vielmehr bedarf es besonderer satzungsrechtlicher oder vertraglicher Gestaltungen, wie des Abschlusses eines Konsortial-, Stimmenpool- oder sonstigen Koordinationsvertrags, der sich gerade auf die für die Arbeitnehmer wichtigen unternehmerischen Entscheidungen bezieht (und nicht nur auf Struktur- bzw. Grundlagenentscheidungen), um eine einheitliche Leitungsgemeinschaft des Unternehmens herzustellen und diese auch auf Dauer zu gewährleisten.[207] Dies entspricht auch der Wertung bei der reinen Vermögensholding und sonstigen Konzernunternehmen ohne tatsächliche Leitungsbefugnisse (hierzu → Rn. 45 ff. und 52 ff.). Im Anwendungsbereich des DrittelbG reicht die bloße Personenidentität (oder jedenfalls Mehrheitskongruenz) der Geschäftsleitungsorgane der gemeinsam mehrheitsbeteiligten Unternehmen mit dem nachgeordneten Unternehmen für die Annahme einer (faktischen) einheitlichen Leitung nicht in jedem Fall aus.[208]

f) Beendigung von Konzernverhältnissen

Werden Konzernverhältnisse beendet, beispielsweise durch Anteilsveräußerung, Verschmelzung oder Auflösung von im Konzern stehenden Unternehmen, so kann der Geltungsgrund für die in den Mitbestimmungsgesetzen verankerten Konzernzurechnungsklauseln mit der Folge entfallen, dass die unternehmensbezogene Mitbestimmung auf einer übergeordneten Konzernebene verschwindet. Es ist schließlich daran zu erinnern, dass bei der Beendigung von Konzernverhältnissen durch Veräußerungen von Beteiligungen an konzernfremde Dritte zu prüfen ist, ob sich hierdurch das „Gesamtgepräge" des Konzerns (Tendenzschutz!) oder des Unternehmensbereiches (Montan-Mitbestimmung!) ändert. 60

3. Neubesetzung von Geschäftsleitungsorganen

Die Bestellung und Abberufung von Mitgliedern der Geschäftsleitungsorgane bei Kapitalgesellschaften ist regelmäßig insofern ein **mitbestimmungsneutraler Vorgang,** als sie nicht zu einer Änderung des bislang geltenden Mitbestimmungsstatus führen. Die Änderung der Zusammensetzung der Geschäftsleitungsorgane betrifft nämlich keinen mitbestimmungsrelevanten Parameter. Auf die möglichen mitbestimmungsrechtlichen Aus- 61

[206] HWK/*Seibt* MitbestG § 5 Rn. 10; *Seibt* ZIP 2011, 249 (253); *Seibt* ZIP 2008, 1301 (1303); *Böttcher/Liekefett* NZG 2003, 701 (703); HH/*Habersack* MitbestG § 5 Rn. 51; aA ErfK/*Oetker* MitbestG § 5 Rn. 11; GroßKomm. AktG/*Oetker* MitbestG § 5 Rn. 36; WKS/*Wißmann* MitbestG § 5 Rn. 47; offen LG Dortmund 25.3.2010 – 18 O 95/09 AktE, ZIP 2010, 2152 – Edeka.

[207] HWK/*Seibt* MitbestG § 5 Rn. 10; *Seibt* ZIP 2011, 249 (253); *Seibt* ZIP 2008, 1301 (1303); ausführlich auch *Böttcher/Liekefett* NZG 2003, 701 (703).

[208] Zu § 76 Abs. 4 BetrVG 1952 (ohne Konzernvermutungsverweis auf § 18 Abs. 1 AktG; jetzt anders in § 2 Abs. 1 DrittelbG) abl. BAG 16.8.1995 – 7 ABR 57/94, NZA 1996, 274 = EWiR § 76 BetrVG 1/96, 159 *(Oetker)*.

wirkungen eines Komplementärwechsels bei der **Kapitalgesellschaft & Co. KG** (der einzigen mitbestimmungsrelevanten Personengesellschaftsform) ist bereits unter → Rn. 21 ff. hingewiesen worden. Selbstverständlich kann die Bestellung und Abberufung von Organvertretern insoweit mitbestimmungsrelevant sein, als hierfür nach den einschlägigen gesetzlichen oder gesellschaftsvertraglichen Bestimmungen die **Mitwirkung mitbestimmter Aufsichtsräte** erforderlich ist.[209]

4. Änderungen des Gesellschaftsvertrages

62 Durch Änderungen des Gesellschaftsvertrages kann zwar ein Mitbestimmungsstatut des betroffenen Unternehmensträgers selbst nicht begründet oder das augenblicklich geltende beendet werden, aber innerhalb des Regimes können sich doch Modifizierungen ergeben. Die Mitbestimmungsrelevanz von Gesellschaftsvertragsänderungen ist dabei vielgesichtig, und es können vier unterschiedliche Ausprägungen der **Wechselwirkung zwischen Gesellschaftsvertragsänderung und Mitbestimmungsstatus** unterschieden werden:

a) Kein Zustimmungsvorbehalt zugunsten des Aufsichtsrates bei Änderungen des Gesellschaftsvertrages

62a Eine Verzahnung zwischen Gesellschaftsvertragsänderung und Aufsichtsratskompetenzen kann weder bei der AG noch bei der GmbH dadurch erreicht werden, dass die Kompetenz zur Änderung des Gesellschaftsvertrages von der Versammlung der Anteilsinhaber auf den (mitbestimmten) Aufsichtsrat übertragen oder jedenfalls einem Zustimmungsvorbehalt zugunsten des (mitbestimmten) Aufsichtsrates unterworfen wird.[210]

b) Änderung der inneren Organisation und Befugnisse des Aufsichtsrates und seiner Mitglieder

63 Unmittelbare Auswirkungen auf die Mitgliederzahl, Zusammensetzung und innere Organisation sowie die Rechte und Pflichten des Aufsichtsrates und seiner Mitglieder hat hingegen die Änderung der diese Fragen regelnden Bestimmungen des Gesellschaftsvertrages (bzw. der Geschäftsordnung des Aufsichtsrates), sofern sich die Änderungen im Rahmen der zwingenden gesetzlichen Vorschriften bewegen. Da die zwingenden mitbestimmungsrechtlichen und aktienrechtlichen Regelungen **kein enges Korsett materiell-rechtlicher Vorschriften** vorgeben, kommt es für die praktische Relevanz und Effektivität des Handelns mitbestimmter Aufsichtsräte vor allem darauf an, in welcher Weise der Gesellschaftsvertrag und/oder die Geschäftsordnung des Aufsichtsrates diesem Rechte zuweist und die Arbeit im Aufsichtsrat organisiert. Auf die insoweit doch erheblichen **Gestaltungsspielräume,** die die Unternehmen je nach Interessenlage nutzen können, soll an dieser Stelle nicht näher eingegangen werden.[211] Einige beispielhaft ausgewählte Hinweise müssen genügen, um die Relevanz von möglichen Änderungen des Gesellschaftsvertrages und/oder der Geschäftsordnung des Aufsichtsrates zu unterstreichen.

64 Die **Zahl der Aufsichtsratsmitglieder** kann innerhalb der gesetzlichen Grenzen durch die Satzung festgelegt werden, wenngleich der Umfang der Gestaltungsfreiheit zwischen den Mitbestimmungsregimen erheblich differiert. Gestaltungskriterien sind in der Praxis vor allem (i) die **Beeinflussung der Arbeitseffektivität des Aufsichtsrates,** (ii) die prozentuale Verteilung zwischen unternehmensangehörigen Arbeitnehmervertretern und von außen kommenden Gewerkschaftsvertretern sowie schließlich (iii) das **prozen-**

---

[209] Vgl. zB § 31 MitbestG, § 1 Abs. 1 DrittelbG iVm § 84 AktG.

[210] Für AG: *Seibt,* in K. Schmidt/Lutter AktG § 179 Rn. 22; Hüffer/*Koch* AktG § 179 Rn. 10; für GmbH: Baumbach/Hueck/*Zöllner* GmbHG § 53 Rn. 80; Scholz/*Priester/Tebben* GmbHG § 53 Rn. 62 f.; *Ulmer/Casper* GmbHG § 53 Rn. 95.

[211] Zur Satzungsgestaltung ausführlich *Seibt* in MAH GmbHR § 2 Rn. 224–260.

tuale Verhältnis zwischen Arbeitern, Angestellten und leitenden Angestellten bei den Arbeitnehmervertretern. Unter der Geltung des DrittelbG schreibt lediglich § 95 AktG die Mindestzahl (3 Mitglieder) sowie die sich nach dem Grundkapital der Gesellschaft richtende Höchstzahl der Aufsichtsratsmitglieder fest, wobei die durch die Satzung festgelegte Zahl durch drei teilbar sein muss. Für den Geltungsbereich des MitbestG regelt § 7 Abs. 1 MitbestG, dass die Zahl der Aufsichtsratsmitglieder in Unternehmen (i) mit nicht mehr als 10.000 Arbeitnehmern 12, (ii) mit mehr als 10.000, jedoch nicht mehr als 20.000 Arbeitnehmern 16 und (iii) mit mehr als 20.000 Arbeitnehmern 20 beträgt. Der Gesellschaftsvertrag der mitbestimmten Gesellschaft kann jedoch die Mitgliederzahl von 12 auf 16 oder 20 bzw. von 16 auf 20 heraufsetzen (§ 7 Abs. 1 S. 2 und 3 MitbestG). Eine durch Satzungsbestimmung insoweit geänderte Zahl der Aufsichtsratsmitglieder hat sowohl wegen § 7 Abs. 2 MitbestG Einfluss auf die prozentuale Sitzverteilung der Arbeitnehmervertreter zwischen unternehmensangehörigen Arbeitnehmern und Vertretern von Gewerkschaften als auch wegen § 15 Abs. 2 S. 3 MitbestG auf die prozentuale Verteilung zwischen Arbeitern, Angestellten und leitenden Angestellten. So ist beispielsweise der Anteil der Vertreter von Gewerkschaften bei einer Aufsichtsratsgröße von 16 zahlenmäßig am niedrigsten (ein Achtel der Gesamtmitgliederzahl) und bei 12 Aufsichtsratsmitgliedern zahlenmäßig am größten (ein Sechstel der Gesamtmitgliederzahl). Demgegenüber fällt der in § 15 Abs. 2 S. 3 MitbestG geregelte Minderheitenschutz der Arbeitnehmergruppen, demzufolge die Gruppen der Arbeiter, der Angestellten und der leitenden Angestellten jeweils mindestens einen Vertreter in den mitbestimmten Aufsichtsrat wählen können, regelmäßig zugunsten der Gruppe der leitenden Angestellten umso deutlicher aus, je geringer die Zahl der Aufsichtsratsmitglieder insgesamt ist. Ähnliche **Gestaltungsüberlegungen** können bei den unter die Montan-Mitbestimmungsgesetze unterfallenden Unternehmen angestellt werden, da auch hier das Gesetz eine Erhöhung der gesetzlich normierten Mindestzahl der Aufsichtsratsmitglieder zulässt (§ 9 MontanMitbestG, § 5 Abs. 1 S. 2 und 3 MitbestErgG) und sich das jeweilige Verhältnis zwischen unternehmenszugehörigen Arbeitnehmern auf der einen und Vertretern der Gewerkschaften auf der anderen Seite sowie das Verhältnis zwischen Arbeitern einerseits und Angestellten andererseits bei unterschiedlichen Aufsichtsratsgrößen verschiebt.[212] Zu Fragen der Durchführung einer Vergrößerung oder Verkleinerung des Aufsichtsrates durch Satzungsänderung siehe **Beispiel F 66** und → Rn. 195ff.

Eine über die gesetzlichen Vorschriften (beachte: Geschlechterquote!) hinausgehende **Einschränkung der passiven Wählbarkeit** kommt gemäß § 100 Abs. 4 AktG nur für die Aufsichtsratsmitglieder in Betracht, die als Aktionärsvertreter von der Hauptversammlung gewählt werden;[213] für die Arbeitnehmervertreter können keine weiteren persönlichen Voraussetzungen der Wählbarkeit in der Satzung vorgesehen werden.[214]

Erheblichen Gestaltungsspielraum besitzt der Aufsichtsrat (dh in Praxis: die Mehrheit des 65
Aufsichtsrates!) bei der **Regelung seiner inneren Organisation;** bei Einzelaspekten der inneren Ordnung (zB Mehrheitserfordernis bei der Wahl des Aufsichtsratsvorsitzenden; Stichentscheidsrecht des Aufsichtsratsvorsitzenden in Ausschüssen; Anzahl der Aufsichtsratssitzungen) kommt auch den Versammlungen der Anteilseigner (über die Regelung im Ge-

---

[212] Unter der Geltung des Montan-MitbestG beträgt der proportionale Anteil der Vertreter der Gewerkschaften zB 2/11 bei 11 Mitgliedern, 1/5 bei 15 Mitgliedern und 4/21 bei 21 Mitgliedern; der Minderheitenschutz zugunsten der beiden Gruppen Arbeiter und Angestellte ist bei 11 Aufsichtsratsmitgliedern am größten. Im Geltungsbereich des MitbestErgG müssen sich bei einer Mitgliederzahl von 15 auch 5 Arbeitnehmer von Konzernunternehmen und 2 Vertreter von Gewerkschaften im Aufsichtsrat befinden, bei 21 Aufsichtsratsmitgliedern 7 Arbeitnehmer von Konzernunternehmen und 3 Vertreter von Gewerkschaften; hier ist also der Anteil der Gewerkschaftsvertreter bei einem mit 21 Mitgliedern besetzten Aufsichtsrat größer als bei dem zahlenmäßig kleineren.

[213] Zu den Grenzen der satzungsrechtlichen Ausgestaltung Hüffer/*Koch* AktG § 100 Rn. 20; KK-AktG/*Mertens/Cahn* § 100 Rn. 46f.; siehe auch → Rn. 14f.

[214] § 100 Abs. 4 AktG. Vgl. auch BGH 21.2.1963 – II ZR 76/62, BGHZ 39, 116 (122).

sellschaftsvertrag) Entscheidungsmacht zu.[215] Besondere Bedeutung hat in der Praxis die Regelung über die Einrichtung und Zusammensetzung der **Aufsichtsratsausschüsse.** In diesem Zusammenhang sieht lediglich § 27 Abs. 3 MitbestG die zwingende Einrichtung eines sog. Vermittlungsausschusses vor, dem der Aufsichtsratsvorsitzende, sein (erster) Stellvertreter sowie je ein Aufsichtsratsmitglied der Aktionäre und der Arbeitnehmer angehören müssen und dessen alleinige Aufgabe aus § 31 Abs. 3 S. 1 und 5 MitbestG folgt. Er muss demnach dem Aufsichtsratsplenum Personalvorschläge unterbreiten, wenn die für die Bestellung oder Abberufung von Vorstandsmitgliedern nach § 31 Abs. 2 und 5 MitbestG grundsätzlich erforderliche Zweidrittelmehrheit nicht erreicht worden ist. Über die Einrichtung und Besetzung von anderen Ausschüssen entscheidet demgegenüber der Aufsichtsrat autonom, wobei in der Regel die Geschäftsordnung des Aufsichtsrates Besetzungsregeln enthält. Nach der zutreffenden Rechtsprechung und überwiegenden Ansicht im aktienrechtlichen Schrifttum gibt es **kein Paritätsgebot,** demzufolge die Parität des Aufsichtsratsplenums in den Ausschüssen abgebildet werden müsste; vielmehr darf nach Aufgabe des Ausschusses und Befähigung der in Betracht kommenden Person differenziert werden, solange nur sachwidrige Differenzierungen nach Gruppenzugehörigkeit der Aufsichtsratsmitglieder unterbleiben (Grundsatz des allgemeinen Diskriminierungsverbots).[216] Lediglich für den – mitbestimmungsrechtlich besonders wichtigen – **Personalausschuss** des Aufsichtsrates hat der Bundesgerichtshof ausdrücklich entschieden, dass jedenfalls ein Arbeitnehmervertreter des Aufsichtsrates in der Regel in diesem vertreten sein müsse.[217] Erfolgen die Wahlen zu Aufsichtsratsausschüssen entgegen der vorgenannten Grundsätze, so sind diese nichtig.[218] In der Literatur sprechen sich allerdings eine Reihe von Autoren für die Annahme einer tatsächlichen Vermutung für eine missbräuchliche Diskriminierung der Arbeitnehmervertreter im Aufsichtsrat aus, die an der Tatsache anknüpft, dass dem Aufsichtsratsausschuss keine Arbeitnehmervertreter angehören.[219] Hiergegen spricht allerdings die aktienrechtliche Wertung in § 107 Abs. 3 S. 2 AktG, demzufolge (nur) die dort konkret aufgefassten Beschlussgegenstände – auch aus mitbestimmungsrechtlichen Gründen – dem Aufsichtsratsplenum vorbehalten sind. Hieraus lässt sich aber im Umkehrschluss ableiten, dass in allen anderen Angelegenheiten eine Übertragung auf Aufsichtsratsausschüsse auch dann möglich sein muss, wenn hierdurch die Angelegenheit dem Einfluss der Arbeitnehmervertreter im Aufsichtsrat entzogen wird.[220] Im Regelfall wird allerdings zur Gewährleistung eines ausreichenden Informationsflusses an die Arbeitnehmervertreter im Aufsichtsrat in jedem Aufsichtsratsausschuss zumindest ein Arbeitnehmervertreter zu wählen sein.[221] Dies gilt (gerade) auch für den in der Praxis wichtigen und qualifiziert zu besetzenden – aber bislang selbst bei börsennotierten Unternehmen noch nicht zwingend

---

[215] Vgl. zB KK-AktG/*Mertens/Cahn* § 107 Rn. 13 (Ausgestaltung des Wahlverfahrens), § 107 Rn. 66 und Anh. § 117 B MitbestG § 29 Rn. 13 (Stichentscheidsrecht in Ausschüssen), § 110 Rn. 32 (Anzahl von Aufsichtsratssitzungen).

[216] BGH 17.5.1993 – II ZR 89/92, NJW 1993, 2307 (2310) = WuB 1993, 1157 m. zust. Anm. *Rellermeyer* = EWiR § 25 MitbestG 1/93, 808 (krit. *Rittner*) (zu MitbestG); Vorinstanz: OLG Hamburg 23.7.1982, WM 1982, 1090 (1092); OLG Hamburg 29.9.1995 – 11 U 20/95, AG 1996, 84 = WiB 1996, 731 m. zust. Anm. *Rendels* EWiR § 107 AktG 1/95, 1147 (zust. *Fleck*) – Volksfürsorge Deutsche Lebensversicherung (zu MitbestG); OLG München 27.1.1995 = 23 U 4282/94, AG 1995, 466 (467) = EWiR § 25 MitbestG 1/95, 605 *(Wank)* – Vogt electronic (zu BetrVG 1952); Vorinstanz: LG Passau 31.5.1994, AG 1994, 428; LG Frankfurt/Main 19.12.1995 – 2/14 O 183/95, ZIP 1996, 1661 = EWiR § 107 AktG 1/96, 1011 *(Dreher)* – Deutsche Börse AG (zu BetrVG 1952); Hüffer/*Koch* AktG § 107 Rn. 31; *Brandes* WM 1994, 2177 (2182); *Mertens* AG 1981, 113 (131) [nur Missbrauchsverbot]; *Zöllner* AG 1981, 13 (15); HWK/*Seibt* MitbestG § 25 Rn. 5; HH/*Habersack* MitbestG § 25 Rn. 127; aA GK/*Naendrup* MitbestG § 25 Rn. 35; *Nagel* DB 1979, 1799 (1801); ders. DB 1982, 26 (27); *Henssler* FS BGH II, 387 (395).

[217] BGH 17.5.1993 = II ZR 89/92, NJW 1993, 2307 (2311).

[218] BGH aaO, S. 2310ff.

[219] So *Altmeppen* FS Brandtner, 3 (8); *Jaeger* ZIP 1995, 1735 (1737); *Kindl* DB 1993, 265 (270); aA *Zöllner* FS Zeuner, 161 (185).

[220] So auch *Oetker* ZGR 2000, 19 (44).

[221] zB zu §§ 27 Abs. 1, 33 Abs. 1 S. 2 WpÜG *Seibt* DB 2002, 529 (531).

einzurichtenden[222] – **Prüfungsausschuss,** der sich in der Regel mit der Überwachung des Rechnungslegungsprozesses, der Wirksamkeit des internen Kontrollsystems, des Risikomanagementsystems und des internen Revisionssystems sowie der Abschlussprüfung befasst (vgl. § 107 Abs. 3 Satz 2 AktG). Für solche börsennotierten Gesellschaften, deren Aktien (oder *American Depository Receipts*) auch an US-amerikanischen Börsen notiert und bei der SEC registriert sind, kann sich aus den US-Kapitalmarktregeln des **Sarbanes-Oxley Act of 2002** ergeben, dass die einzurichtenden Prüfungsausschüsse (audit committees)[223] nicht mit (betriebsangehörigen) Arbeitnehmervertretern besetzt sein dürfen (sog. *independence requirement*).[224] Allerdings hat die SEC eine Ausnahmeregelung hierzu erlassen.[225]

Der **Umfang der materiell-rechtlichen Befugnisse** des (mitbestimmten) Aufsichtsrates hängt in der Regel entscheidend davon ab, in welchem Umfang der Gesell- 66
schaftsvertrag oder die Geschäftsordnung des Aufsichtsrates oder der Geschäftsleitung Zustimmungsvorbehalte zugunsten des Aufsichtsrates bei bestimmten (Rechts-)Geschäften und Maßnahmen vorsieht.[226] Dennoch ist ein Kompetenzentzug des mitbestimmten Aufsichtsrates durch die Anteilseigner nicht möglich: Der Gesellschaftsvertrag eines **mitbestimmten** Unternehmens kann nämlich nicht in wirksamer Weise die Befugnisse des Aufsichtsrates durch eine Bestimmung beschränken, derzufolge zugunsten des Aufsichtsrates keine Zustimmungsvorbehalte bestehen und dieser auch nicht berechtigt sein soll, autonom solche Zustimmungsvorbehalte in seiner Geschäftsordnung zu regeln.[227] Der Aufsichtsrat kann auch gegen den im Gesellschaftsvertrag niedergelegten Willen der Anteilseigner weitere (Rechts-)Geschäfte an seine Zustimmung binden; selbstverständlich kann sich der Aufsichtsrat (die einfache Stimmenmehrheit entscheidet hierüber!) aber auch selbst beschränken und so dem Willen der Anteilseigner entsprechen. Auf der anderen Seite können durch Satzungsregelung oder sonstige Vereinbarung auch dem mitbestimmten Aufsichtsrat keine Kompetenzen zugewiesen werden, die zwingend einem anderen Gesellschaftsorgan zustehen (vgl. → Rn. 14 aE).

c) Änderung der Höhe des Gesellschaftskapitals

Die Höhe des Gesellschaftskapitals hat wegen § 95 AktG für dem DrittelbG unterfallende 67
Unternehmen und wegen § 9 MontanMitbestG, § 5 Abs. 1 S. 2 MitbestErgG für die den Montan-Mitbestimmungsgesetzen unterfallenden Unternehmen Bedeutung, da die vorgenannten Vorschriften die **Mindest- bzw. Höchstzahl der Aufsichtsratsmitglieder von der Höhe des Gesellschaftskapitals abhängig** machen. Eine Änderung des Gesellschaftskapitals kann daher zu einer Änderung der Größe und Zusammensetzung des Aufsichtsrates führen.

---

[222] Empfehlung D.3 DCGK 2020 sieht die Einrichtung eines Prüfungsausschusses als Empfehlung vor. Der RefE (BMF) eines Gesetzes zur Stärkung der Finanzmarktintegrität (FISG) (sog. Wirecard-Gesetz) vom 26.10.2020 sieht eine Änderung von § 107 Abs. 4 AktG in der Weise vor, dass (i) Unternehmen von öffentlichem Interesse (insbesondere börsennotierte Unternehmen) einen Prüfungsausschuss einzurichten haben und (ii) dieser mindestens ein Mitglied des Ausschusses über Sachverstand auf dem Gebiet Rechnungslegung und mindestens ein Mitglied des Ausschusses über Sachverstand auf dem Gebiet Abschlussprüfung verfügen muss.

[223] Vgl. *Peltzer* NZA 2002, 593 (599).

[224] Vgl. Sec. 10 A(m) (3) Securities Exchange Act of 1934 idF v. Sec. 301 Sarbanes-Oxley Act of 2002.

[225] SEC, Final Rule, Release No. 33-8220; 34-47654; Ic-26001, Sec. II.F.3(a)(i) [Foreign Issuers; Employee Representation].

[226] Vgl. für AG: § 111 Abs. 4 S. 2 AktG; hierzu zB Hüffer/*Koch* AktG § 111 Rn. 35ff.; für GmbH: § 111 Abs. 4 S. 2 AktG iVm § 52 Abs. 1 GmbH; hierzu Baumbach/Hueck/*Zöllner/Noack* GmbHG § 52 Rn. 123f.

[227] Vgl. für AG: Hüffer/*Koch* AktG § 111 Rn. 35; *Götz* ZGR 1990, 633 (634); MHdb GesR IV/*Hoffmann-Becking* § 29 Rn. 52; für GmbH: Baumbach/Hueck/*Beurskens* GmbHG § 37 Rn. 42 und Baumbach/Hueck/*Zöllner/Noack* GmbHG § 52 Rn. 253; Scholz/*Schneider/Seyfarth* GmbHG § 52 Rn. 323; vgl. auch RVJ/*Raiser* MitbestG § 25 Rn. 80; aA *Hölters* BB 1978, 640 (642).

Beispiel F 20:

Das Einheitsunternehmen A-AG beschäftigt 1.500 Arbeitnehmer und besitzt ein Grundkapital von EUR 1,5 Mio. Die Höchstzahl der Aufsichtsratsmitglieder beträgt nach § 95 S. 4 Fall 1 AktG 9 Personen. Wird nun das Grundkapital zB um 1.100.000,00 erhöht, so beträgt die neue Höchstzahl für Aufsichtsratsmitglieder nicht mehr 9, sondern 15 Personen. Ein Zwang zur Erhöhung der Zahl der Aufsichtsratsmitglieder besteht allerdings nicht.

d) Änderung der Rechtsform und des Unternehmensgegenstandes

68 Schließlich gibt es eine Reihe von gesetzlich verankerten, die Mitbestimmung begründenden Parametern (wie Rechtsform und Unternehmensgegenstand), deren **Änderung im Gesellschaftsvertrag** alleine zwar nicht unmittelbar zu einer Änderung des Mitbestimmungsstatus führt, jedoch regelmäßig **mit der tatsächlichen Änderung des mitbestimmungsrelevanten Parameters einhergeht.** Konstitutiv für den Rechtsformwechsel ist eben nicht die Änderung des Gesellschaftsvertrages, sondern – im Anwendungsbereich des Umwandlungsgesetzes – die Eintragung des Formwechsels in das Handelsregister der neuen Rechtsform (§ 202 Abs. 1 Nr. 1 UmwG); anders hingegen im Personengesellschaftsrecht, wo der Ein- oder Austritt von Gesellschaftern mit der Änderung des Gesellschaftsvertrages selbst einhergeht. Die Änderung der Rechtsformbestimmung im Gesellschaftsvertrag dokumentiert nur den Rechtsformwechsel nach dem Umwandlungsgesetz, ohne ihn konstitutiv auszulösen. Noch einmal in Form eines Beispiels: Der Rechtsformwechsel zB einer vor dem 10.8.1994 eingetragenen AG mit weniger als 500 Arbeitnehmern in die neue Rechtsform der GmbH führt **mit Eintragung des Formwechsels in das Handelsregister** der neuen Rechtsform zum Wegfall der Grundlage für die drittelparitätische Mitbestimmung gemäß §§ 1 Abs. 1 Nr. 3, 4 Abs. 1 DrittelbG, nicht jedoch mit der regelmäßig gleichzeitig stattfindenden **Eintragung der neuen Satzungsbestimmung** im Handelsregister. Auch führt die Änderung des gesellschaftsvertraglichen Unternehmensgegenstandes einer Gesellschaft, zB in der Weise, dass dieser sich zukünftig ausschließlich auf den mitbestimmungsrechtlichen Tendenzschutz unterfallende Unternehmensgegenstände bezieht, alleine nicht zu einer Änderung des Mitbestimmungsstatus dieser Gesellschaft; vielmehr ist die Änderung der **tatsächlichen Ausübung des Unternehmensgegenstandes** für die Beurteilung der mitbestimmungsrechtlichen Lage maßgeblich.[228]

5. Formwechsel

69 Bei dem im fünften Buch des Umwandlungsgesetzes (§§ 190–304 UmwG) geregelten Formwechsel handelt es sich um eine Umstrukturierungsform, bei der die **rechtliche und wirtschaftliche Identität eines Unternehmens** bestehen bleibt und sich lediglich die Rechtsform des Rechtsträgers sowie das auf diese neue Rechtsform anwendbare Normensystem ändert; eine Vermögensübertragung von einem Rechtsträger auf einen anderen Rechtsträger findet nicht statt.[229] Der Formwechsel eines Unternehmensträgers kann auf zweierlei Weise auf die Unternehmensmitbestimmung der betreffenden Gesellschaft einwirken:

Zum einen kann die bloße Änderung des jeweils einschlägigen Normensystems zu einer Ausweitung oder Einschränkung der Befugnisse des bereits mitbestimmten Aufsichtsrates führen (zB Formwechsel von einer AG mit 2.500 Arbeitnehmern in die Rechtsform der GmbH oder KGaA bzw. umgekehrt), ohne dass sich der Mitbestimmungsstatus der Gesellschaft selbst ändert. Der Grund hierfür liegt darin, dass es innerhalb eines Mitbestim-

---

[228] Zur Gepräge-Rspr. des BAG bei Tendenzunternehmen → Rn. 36 ff.

[229] zB Lutter/*Hoger* UmwG § 190 Rn. 1. – Zu den Grenzen der Identitätsthese zB *Priester* FS Zöllner, 1998, Bd. I, 449 (450).

mungsregimes durchaus ein **„Mitbestimmungsgefälle" von der AG über die GmbH zur KGaA** (einschließlich der kapitalistischen KGaA) gibt. So fehlt dem Aufsichtsrat der GmbH und der KGaA zB die Personalkompetenz (Bestellung und Abberufung der Geschäftsleitungsorgane) sowie die (Teil-) Kompetenz zur Feststellung des Jahresabschlusses; bei einer dem MitbestG unterfallenden KGaA ist schließlich kein Arbeitsdirektor zu bestellen (§ 33 Abs. 1 S. 2 MitbestG).[230] Bei der **dualistisch strukturierten SE** mit paritätisch besetztem Aufsichtsrat ist die Mitbestimmung im Vergleich zur Rechtsform der AG ebenfalls rechtlich schwächer ausgestaltet (zB Doppelstimmrecht des Aufsichtsratsvorsitzendem besteht automatisch im ersten Wahlgang; kein besonderes Verfahren zur Vorstandsbestellung mit qualifiziertem Mehrheitserfordernis; häufig verkleinertes Aufsichtsratsgremium ohne Gewerkschaftsvertreter). Über die letzten 20 Jahre ist eine deutliche Abnahme von mitbestimmten Unternehmen in der Rechtsform der AG und eine Zunahme von mitbestimmten Unternehmen in der Rechtsform der GmbH, der SE und der KGaA zu verzeichnen, möglicherweise ein Indiz für die von den Unternehmen und ihren Eigentümern erstrebte Verringerung des Mitbestimmungsniveaus innerhalb des anwendbaren Mitbestimmungsregimes (→ Rn. 1).

Da das Unternehmensmitbestimmungsrecht rechtsformspezifisch ausgestaltet ist, die Rechtsform des Unternehmensträgers also ein mitbestimmungsrelevanter Parameter ist, kann es durch den Formwechsel aber zum anderen auch zu einer Änderung des Mitbestimmungsstatus des betroffenen Rechtsträgers selbst kommen. Die den Unternehmen durch die neuen Vorschriften zum Formwechsel an die Hand gegebenen Umwandlungsmöglichkeiten können zu einer Erweiterung des Kreises der tatsächlich unter die Unternehmensmitbestimmung fallenden Unternehmen führen, der Kreis kann sich unter Zuhilfenahme dieser Vorschriften aber auch verringern.

Der Formwechsel stellt in beiderlei Hinsicht **keine Einbahnstraße zur „Flucht aus der Mitbestimmung"** dar, sondern bietet nur das rechtstechnische Instrumentarium für die Änderung des Rechtskleides eines Unternehmens, die sich im konkreten Fall als Mitbestimmungszuwachs, als Mitbestimmungsverlust oder als „mitbestimmungsneutraler" Vorgang (uU jedoch mit veränderten Befugnissen des mitbestimmten Aufsichtsrates!) auswirken kann. Diese zunächst einmal rechtstechnisch-abstrakte Aussage, deren Richtigkeit im Folgenden anhand der möglichen Anwendungsfälle dargelegt werden soll, entspricht auch den in der Praxis zu beobachtenden tatsächlichen Vorgängen. Einen Überblick über alle durch das Umwandlungsgesetz zugelassenen Formwechselmöglichkeiten und ihre jeweilige Mitbestimmungsrelevanz bietet die nachfolgende Tabelle:[231] 70

[230] Zu den Mitbestimmungsprivilegien der KGaA zB *Henssler* FS BGH II, 387 (404); *Joost* ZGR 1998, 334 (335); *Schaumburg* DStZ 1998, 525 (532); *Hanau/Wackerbarth* FS Lutter, 425 (443); *Overlack*, Der Komplementär in der GmbH & Co. KGaA, in: Hommelhoff/Hagen/Röhricht Gesellschaftsrecht S. 237, 246. – Nach BGH 24.2.1997 – II ZB 11/96, NJW 1997, 1923 sind bei einer kapitalistischen KGaA (zB GmbH & Co. KGaA) (i) §§ 31 Abs. 1 S. 2, 33 Abs. 1 S. 2 MitbestG nicht teleologisch zu reduzieren und (ii) § 4 MitbestG nicht analog anzuwenden, so dass die Mitbestimmungsprivilegien der gesetzestypischen KGaA uneingeschränkt auch für die kapitalistische KGaA gelten; zu Recht zustimmend *Henssler* FS BGH II, 387 (406); *Hoffmann-Becking/Herfs* FS Sigle, 2000, 273 (279); *Sigle* FS Peltzer, 539 (553); *Seibt/v. Rimon*, AG 2019, 753 ff. spezifisch zur (monistischen) SE & Co. KGaA; differenzierend *Oetker* ZGR 2000, 19 (40) [keine teleologische Reduktion der §§ 31 Abs. 1 S. 2, 33 Abs. 1 S. 2 MitbestG, aber analoge Anwendung von § 4 MitbestG „naheliegend"]; ablehnend *Joost* ZGR 1998, 334 (343) [Analogie zu § 4 MitbestG]; *Hanau/Wackerbarth* FS Lutter, 425 (445) [Analogie zu § 4 MitbestG und Anwendbarkeit von § 111 Abs. 4 AktG].

[231] Ähnliche Aufbereitung der mitbestimmungsrechtlichen Konsequenzen des Formwechsels bei *Bartodziej* ZIP 1994, 580 (585).

Auswirkungen des Formwechsels auf die Unternehmensmitbestimmung
N = Mitbestimmungs*neutralität* Z = Mitbestimmungs*zuwachs* V = Mitbestimmungs*verlust*

	Formwechselnder Rechtsträger \ neue Rechtsform	GbR	oHG/KG (nat. phG)/ PartG	Kapitalgesellschaft & Co. KG	GmbH	AG	KGaA	e.G.
1	oHG/KG (nat. phG)/PartG	N	N	N/Z	N/Z	N/Z	N/Z	N/Z
2	Kapitalgesellschaft & Co. KG	N/V	N/V	–	N/Z	N/Z	N/Z	N/Z
3	GmbH	N/V	N/V	N/V	–	N	N	N/V
4	AG	N/V	N/V	N/V	N/V	–	N/V	N/V
5	KGaA	N/V	N/V	N/V	N/V	N/V	–	N/V
6	e.G.	–	–	–	N/Z	N/Z	N/Z	–
7	e.V./wirt. V.	–	-	–	N/Z	N/Z	N/Z	N/Z
8	VVaG	–	–		–	N/Z	–	–
9	Körperschaft/ Anstalt des öffentlichen Rechts	–	–	–	N/Z	N/Z	N/Z	–

Die mitbestimmungsrechtlichen Folgen des Formwechsels für den betroffenen Unternehmensträger sind im **Umwandlungsbeschluss** gemäß § 194 Abs. 1 Nr. 7 UmwG zu bezeichnen.[232]

a) Mitbestimmungsneutrale Formwechsel

71 Ein Formwechsel ist dann mitbestimmungsneutral, wenn ein Rechtsträger, der einem der vier Mitbestimmungsgesetze unterfällt, seine Rechtsform in eine andere, ebenfalls dem Anwendungsbereich dieses Mitbestimmungsgesetzes unterfallende Rechtsform ändert. Dies gilt natürlich nur mit der – bereits zuvor erwähnten – Einschränkung, dass sich mitbestimmungsrechtlich relevante Auswirkungen durch den Formwechsel *in praxi* durchaus auch dadurch ergeben können, dass die materiell-rechtlichen Befugnisse des Aufsichtsrates aufgrund der gesetzlichen oder gesellschaftsvertraglichen Regelungen in der neuen Rechtsform weiter oder enger sein können. Dies hat in der Praxis insbesondere Bedeutung beim **Formwechsel der AG in die GmbH oder in die KGaA** (und hier wiederum in die Kapitalgesellschaft & Co. KGaA).[233] Gegen eine derartige faktische Absenkung des Mitbestimmungsniveaus können weder eine entsprechende Anwendung der Ausnahmevorschrift § 325 Abs. 1 UmwG noch allgemeine Rechtsprinzipien (zB Verbot des Gestaltungsmissbrauchs) ins Feld geführt werden.[234]

[232] Vgl. Kallmeyer/*Willemsen* UmwG § 194 Rn. 58; Lutter/*Hoger* UmwG § 194 Rn. 24; Schmitt/Hörtnagl/Stratz/*Langner* UmwG § 194 Rn. 9.

[233] Hierzu unter → Rn. 69 und Fn. 230; Beispiele für aktuelle Umwandlungen in die Mischrechtsformen der AG/SE & Co. KGaA: Ottobock SE & Co. KGaA, Edel SE & Co. KGaA, KSB SE & Co. KGaA, CTS Eventim AG & Co. KGaA, AURELIUS SE & Co. KGaA, Sto SE & Co. KGaA, Hornbach Holding AG & Co. KGaA, Ströer SE & Co. KGaA und H&R GmbH & Co. KGaA.

[234] So zum Formwechsel einer AG/GmbH in eine KGaA mit Verlust der Personalkompetenz des Aufsichtsrats *Dirksen/Möhrle* ZIP 1998, 1377 (1378).

Im Anwendungsbereich des **DrittelbG** ist dies der Fall beim Formwechsel einer AG in eine KGaA, GmbH oder e.G., wobei wegen der § 1 Abs. 1 Nr. 1 S. 2 DrittelbG eine Einschränkung zu machen ist: Es kann dann zu einem Mitbestimmungsverlust kommen, wenn (i) die AG vor dem 10. 8. 1994 eingetragen worden ist, (ii) keine Familiengesellschaft im Sinne von § 1 Abs. 1 Nr. 1 DrittelbG ist und (iii) weniger als 500 Arbeitnehmer beschäftigt, da in diesem Fall zwar bei der AG ein drittelparitätischer Aufsichtsrat gebildet war, dieser Zwang jedoch in der neuen Rechtsform wegen des Unterschreitens der Arbeitnehmerzahl von 500 nicht mehr besteht.[235] Dies gilt entsprechend für die KGaA (siehe auch **Beispiel F 8** und Fn. 90). Mitbestimmungsneutral ist ferner der Formwechsel einer GmbH in eine AG/KGaA oder e.G., der Formwechsel einer e.G. in eine AG/KGaA oder GmbH oder schließlich der Formwechsel einer VVaG in eine AG.

Unterfällt die formwechselnde Gesellschaft bislang dem durch das **MitbestG** ausgestalteten Mitbestimmungsstatut, so ist der Formwechsel mitbestimmungsneutral beim Formwechsel einer KGaA in eine AG und umgekehrt, beim Formwechsel einer GmbH in eine AG/KGaA oder e.G., beim Formwechsel einer e.G. in eine AG/KGaA oder GmbH sowie schließlich beim Formwechsel einer von § 4 Abs. 1 MitbestG oder § 5 Abs. 1 MitbestG erfassten Kapitalgesellschaft & Co. KG in eine AG/KGaA, GmbH oder e.G.

Da die **Montan-Mitbestimmungsgesetze** nur anwendbar sind auf Unternehmen in der Rechtsform der AG oder GmbH, sind auch nur Formwechsel einer AG in eine GmbH oder umgekehrt mitbestimmungsneutral.

Der Vollständigkeit halber sei daran erinnert, dass ein Formwechsel außer in den vorgenannten Fällen schließlich auch dann mitbestimmungsneutral sein kann, wenn der **Mitbestimmungsstatus des formwechselnden Rechtsträgers vertraglich festgelegt** worden ist und das Vertragsregime keine Beendigung oder Beendigungsmöglichkeit für den Fall eines Rechtsformwechsels vorsieht.

In den Fällen, in denen das **gesetzliche** Mitbestimmungsregime auch nach dem Form- 72
wechsel in gleicher Weise auf den Rechtsträger anzuwenden ist, bestimmt nun **§ 203 S. 1 UmwG,** dass die Mitglieder des Aufsichtsrates auch nach Wirksamwerden des Formwechsels für den Rest ihrer Wahlzeit im Amt bleiben **(Grundsatz der Amtskontinuität).**[236] Der Grundsatz der Amtskontinuität gilt nach zutreffender Meinung nur dann auch im Hinblick auf vertragliche Mitbestimmungsregime, wenn diese sowohl beim formwechselnden Rechtsträger als auch beim Rechtsträger neuer Rechtsform Anwendung finden, nicht jedoch dann, wenn beim formwechselnden Rechtsträger ein auf gesetzlicher Grundlage zu bildender mitbestimmter Aufsichtsrat und beim Rechtsträger neuer Rechtsform ein in gleicher Weise zusammengesetzter Aufsichtsrat auf vertraglicher Grundlage eingerichtet worden ist (sowie im umgekehrten Falle).[237] § 203 S. 2 UmwG ermöglicht es jedoch den Anteilsinhabern des formwechselnden Rechtsträgers, im Umwandlungsbeschluss für *ihre* Aufsichtsratsmitglieder auch die Beendigung des Amtes zu bestimmen.[238]

---

[235] So der Sachverhalt bei OLG Naumburg 6. 2. 1997 – 7 U 236/96, WiB 1997, 864 mAnm *Trölitzsch* [Anfechtungsklage eines Aufsichtsratsmitglieds gem. §§ 246, 249 Abs. 1 AktG gegen Formwechselbeschluß]; hierzu *Henssler* ZfA 2000, 241 (258).

[236] Vor Inkrafttreten des § 203 UmwG am 1. 1. 1995 existierte eine vergleichbare Vorschrift nur für den Sonderfall des § 65 UmwG 1969 und die überwiegende gesellschaftsrechtliche Lehre sprach sich – im Gegensatz zur überwiegenden mitbestimmungsrechtlichen Literatur – insbesondere in den Fällen der formwechselnden Umwandlung einer GmbH in eine AG und umgekehrt wegen der Unterschiedlichkeit der Stellung des Aufsichtsrates in den jeweiligen Rechtsformen gegen eine Amtskontinuität aus; vgl. Lutter/*Hoger* UmwG § 203 Rn. 2; *Mengel* Umwandlungen S. 429 jeweils mwN.

[237] Vgl. zu letzterem Lutter/*Hoger* UmwG § 203 Rn. 10; *Go* Kallmeyer/*Meister/Klöcker/Berger* UmwG § 203 Rn. 11.

[238] In der umwandlungsrechtlichen Literatur wird angeregt, einen derartigen Diskontinuitätsbeschluss entgegen dem insoweit eindeutigen Wortlaut des § 203 S. 2 UmwG auch noch nach der Beschlussfassung der Anteilsinhaber über den Formwechsel zuzulassen, jedenfalls so lange, wie er vor Eintragung des Formwechsels im Handelsregister gefasst wird; so Widmann/Mayer/*Vossius* UmwG § 203 Rn. 35; einschränkend Lutter/*Hoger* UmwG § 203 Rn. 24; offen Schmitt/Hörtnagl/Stratz/*Winter* UmwG § 203 Rn. 3;

b) Formwechsel mit Mitbestimmungszuwachs

73 Zu einem Mitbestimmungszuwachs kann es in den Fällen kommen, in denen ein bislang keinem der vier Mitbestimmungsgesetze unterfallender Rechtsträger in eine Rechtsform überführt wird, (i) die in den Anwendungsbereich eines Mitbestimmungsgesetzes fällt und (ii) sofern das Unternehmen auch die weiteren gesetzlichen Voraussetzungen für die Einführung der Unternehmensmitbestimmung erfüllt. Dies ist zum Beispiel der Fall beim **Formwechsel einer bislang mitbestimmungsfreien Personengesellschaft in eine AG/KGaA, GmbH oder e.G.** (oder bei Vorliegen der Voraussetzungen des § 4 Abs. 1 oder § 5 Abs. 1 MitbestG in eine **Kapitalgesellschaft & Co. KG**), beim Formwechsel eines rechtsfähigen Vereines in eine AG/KGaA, GmbH oder e.G., beim Formwechsel einer Körperschaft oder Anstalt des öffentlichen Rechts in eine AG/KGaA oder GmbH und schließlich beim Formwechsel eines VVaG mit mehr als 2000 Arbeitnehmern in eine AG.

In diesen Fällen des Mitbestimmungszuwachses, also in den Fällen, in denen beim Rechtsträger neuer Rechtsform erstmals ein (mitbestimmter) Aufsichtsrat (oder erstmals ein paritätisch besetzter Aufsichtsrat wie im Falle des Formwechsels der VVaG in eine AG) zu bilden ist, kann selbstverständlich der in § 203 S. 1 UmwG enthaltene Grundsatz der Amtskontinuität von vornherein keine Anwendung finden, da beim formwechselnden Rechtsträger gar kein (mitbestimmter) Aufsichtsrat bestand.

Das bei der Bildung des ersten Aufsichtsrates beim Rechtsträger der neuen Rechtsform zu beachtende Verfahren ist im Umwandlungsrecht nur durch eine etwas kryptische **Verweisung auf die Gründungsvorschriften** der neuen Rechtsform geregelt (§ 197 S. 1 UmwG) und macht in der Praxis einige Schwierigkeiten.

Beispiel F 21:

Die A-GmbH & Co. KG mit 1000 Arbeitnehmern wird gemäß §§ 190 ff. UmwG in die Rechtsform der Aktiengesellschaft formgewechselt.

Während beim formwechselnden Rechtsträger kein mitbestimmter Aufsichtsrat zu bilden war (Unternehmen in der Rechtsform der Kapitalgesellschaft & Co. KG unterliegen nur dann der Unternehmensmitbestimmung, wenn sie mehr als 2000 Arbeitnehmer beschäftigen und entweder die Zurechnungsnorm des § 4 Abs. 1 MitbestG oder diejenige des § 5 Abs. 1 MitbestG eingreift!), ist beim Rechtsträger neuer Rechtsform gemäß §§ 1 Abs. 1, 4 Abs. 1 DrittelbG ein drittelparitätischer Aufsichtsrat zu bilden. Nach § 197 S. 1 UmwG sind auf den Formwechsel die für die neue Rechtsform geltenden Gründungsvorschriften anzuwenden. Um Missverständnissen vorzubeugen: Der Formwechsel eines Rechtsträgers ist keine Neugründung, die rechtliche Identität des Rechtsträgers ändert sich durch den Formwechsel gerade nicht.[239] Jedoch ordnet § 197 S. 1 UmwG insbesondere beim Formwechsel einer Personengesellschaft in eine Kapitalgesellschaft (wie im **Beispiel**

Semler/Stengel/*Simon* UmwG § 203 Rn. 8; dagegen Kallmeyer/*Meister/Klöcker/Berger* UmwG § 203 Rn. 14.

[239] Deutlich Lutter/*Hoger* UmwG § 197 Rn. 5; *K. Schmidt* ZIP 1995, 1385 (1389). – Vgl. auch *Neye*, UmwG-UmwStG, 2. Aufl. 1995, S. 334 – Begr. RegE § 197 UmwG: „Die Möglichkeit, einen Rechtsträger durch Formwechsel umzuwandeln, soll eine sonst notwenige Liquidation und Neugründung ersparen. Schon gegenwärtig erschöpft sich der Vorgang aber nicht in einer bloßen Änderung des Gesellschaftsvertrags, der Satzung oder des Status. (...) Mit dem Formwechsel soll sich auch das für die innere Struktur und für die Außenbeziehung des Rechtsträgers maßgebende Normsystem ändern. Dieser Übergang in ein anderes Normsystem ist besonders dann kritisch, wenn nach den für den Rechtsträger neuer Rechtsform maßgebenden Gründungsvorschriften schärfere Anforderungen gelten, als sie für die Gründung des formwechselnden Rechtsträgers bestanden haben (...). Wenn für die Errichtung des formwechselnden Rechtsträgers mildere Gründungsvorschriften maßgeblich waren, sollen die für die neue Rechtsform geltenden strengeren Maßstäbe durch den Formwechsel nicht unterlaufen werden können. (...) Die Gründungsvorschriften dürfen andererseits aber auch nicht uneingeschränkt für anwendbar erklärt werden. Dadurch würde praktisch eine Neugründung erforderlich, die durch den Formwechsel gerade vermieden werden soll.".

F 21) aus Umgehungsschutzgründen[240] die Anwendung der Sachgründungsvorschriften (insbesondere die Grundsätze der Kapitalaufbringung) an. Auch steuerlich wird der Formwechsel einer Personengesellschaft in die Kapitalgesellschaft als Einbringungsvorgang (also als Vermögensübertragung) fingiert (§ 25 S. 1 UmwStG iVm § 20ff. UmwStG), um den steuerlichen Systemwechsel von der Personengesellschaft (bei der nur ihre Gesellschafter der Einkommen-/Körperschaftsteuer unterworfen sind) zur Körperschaft (die eigenständiges Steuersubjekt ist) nachvollziehen zu können.[241]

Nach der insoweit anzuwendenden Gründungsvorschrift des § 31 Abs. 1 AktG haben die Gründer – in Abweichung von der in § 30 AktG verankerten Grundregel – von vornherein eine etwaige, nach ihrer Ansicht die nach der Einbringung oder Übernahme maßgebliche Mitbestimmungsregelung zu beachten. Dabei haben sie nur so viele Aufsichtsratsmitglieder zu bestellen, wie nach den von ihnen für anwendbar gehaltenen Vorschriften von der Hauptversammlung ohne Bindung an Wahlvorschläge zu wählen sind (Anteilseignervertreter). In unserem **Beispiel F 21** wären dies bei einem dreiköpfigen Aufsichtsrat die beiden Vertreter der Anteilseigner. Die Beteiligung der Arbeitnehmervertreter am Aufsichtsrat wird nach zunächst durchzuführendem **Statusverfahren iSd §§ 97–99 AktG**[242] entweder durch Wahl der Arbeitnehmervertreter oder gerichtliche Ersatzbestellung gemäß § 104 AktG sichergestellt (§ 31 Abs. 3 AktG). Dieses verhältnismäßig praktikable Bestellungsverfahren schien früher durch die Vorschrift des § 197 S. 2 UmwG gesperrt, demzufolge „die Vorschriften über die Bildung und Zusammensetzung des ersten Aufsichtsrates" – also gerade auch der §§ 30, 31 AktG – nicht anwendbar sind.[243] Nun stellt aber § 197 S. 3 UmwG klar, dass beim Formwechsel in die Rechtsform der AG § 31 AktG anwendbar ist. Damit wird das[244]gesetzgeberische Ziel erreicht, die Mitbestimmung der Arbeitnehmer im Aufsichtsrat bereits zum Zeitpunkt des Wirksamwerdens des Formwechsels sicher zu stellen, wobei zuzugeben ist, dass wegen des durchzuführenden Statusverfahrens die Vertretung der Arbeitnehmer im Aufsichtsrat zum Zeitpunkt der Eintragung der neuen Rechtsform keineswegs sichergestellt, aber jedenfalls verlässlich auf den Weg gebracht ist. 74

Ferner ist § 31 AktG über § 197 S. 1 UmwG auch beim Formwechsel einer gesetzeswidrig **nicht** mit einem mitbestimmten Aufsichtsrat versehenen **Gesellschaft in eine der Unternehmensmitbestimmung unterfallene Rechtsform** sowie beim Formwechsel einer Personengesellschaft in die GmbH entsprechend anzuwenden.[245] 75

c) Formwechsel mit Mitbestimmungsverlust

Wegen der rechtsformspezifischen Ausgestaltung des deutschen Unternehmensmitbestimmungsrechts kann der Formwechsel eines Rechtsträgers durchaus auch zu Mitbestimmungsverlusten führen. Eine vom Unternehmen und ihren Anteilseignern angestrebte „Flucht aus der Mitbestimmung" kann dabei sogar der (Neben-) Zweck des Formwechsels sein.[246] 76

Mitbestimmungsverluste treten ein, wenn (i) eine vor dem 10.8.1994 eingetragene „Alt-AG" mit weniger als 501 Arbeitnehmern ihre Rechtsform in die einer GmbH (hierzu → Rn. 63) oder (ii) ein bislang einem Mitbestimmungsgesetz unterfallendes Unternehmen seine Rechtsform in die einer Personenhandelsgesellschaft formwechselt; bei einem

[240] Vgl. *Neye*, UmwG-UmwStG, 2. Aufl. 1995, S. 334 – Begr. RegE § 197 UmwG; Lutter/*Hoger* UmwG § 197 Rn. 6.
[241] Vgl. zB Lutter/*Schumacher* UmwG Anh. § 304 Rn. 26; *Schmitt*/Hörtnagl/Stratz UmwStG § 25 Rn. 3 und UmwStG Vor §§ 20–23 Rn. 1; *Rödder/Hötzel* FR 1994, 285 (288).
[242] Siehe zu diesem Verfahren näher unter → Rn. 187ff.
[243] Für eine teleologische Reduktion daher die Vorauflage und *Joost* FS Claussen, 1997, 187 (195); RVJ/*Raiser* MitbestG § 1 Rn. 31; iE auch *Henssler* ZfA 2000, 241 (257)
[244] Vgl. *Joost*, (195); RVJ/*Raiser* MitbestG § 1 Rn. 31; iE auch *Henssler* ZfA 2000, 241 (257).
[245] So zum Formwechsel einer Personengesellschaft in die GmbH auch *Joost*, aaO, S. 194.
[246] Vgl. zB Lutter/*Hoger* UmwG Einf § 190 Rn. 21 und 23 aE; *Blumers/Beinert* DB 1997, 1636 (1639).

Formwechsel in die **Rechtsform einer Kapitalgesellschaft & Co. KG** gilt dies jedenfalls dann, wenn der formwechselnde Rechtsträger entweder (i) 2000 oder weniger Arbeitnehmer beschäftigt oder (ii) zwar mehr als 2000 Arbeitnehmer beschäftigt, aber die weiteren Voraussetzungen des § 4 Abs. 1 MitbestG oder diejenigen des § 5 Abs. 1 MitbestG nicht vorliegen.

Beispiel F 22:

Die A-AG mit 2500 Arbeitnehmern, deren sämtliche Aktien von A gehalten werden, wird in eine GmbH & Co. KG formgewechselt.

Aus zivilrechtlichen Gründen soll nach einer (unzutreffenden) Einzelmeinung zunächst erforderlich sein, dass ein weiterer Aktionär vor dem Formwechselbeschluss an der A-AG beteiligt wird, da die umwandlungsrechtlichen Vorschriften zum Formwechsel eine Identität der Gesellschafter voraussetzten (sog. Grundsatz der personellen Identität) und an Personenhandelsgesellschaften wie einer GmbH & Co. KG mindestens 2 Gesellschafter beteiligt sein müssen, nämlich jedenfalls ein Kommanditist und eine Komplementär-GmbH.[247] Für die mitbestimmungsrechtliche Beurteilung ist wichtig, daran zu erinnern, dass bei einem Formwechsel in die GmbH & Co. KG der formwechselnde Rechtsträger (hier: A-AG) in die Kommanditgesellschaft formgewechselt wird, nicht etwa in die Komplementär-GmbH. Die Kommanditgesellschaft als Rechtsträger neuer Rechtsform selbst ist jedoch mitbestimmungsfrei, so dass ein mitbestimmter Aufsichtsrat bei der regelmäßig arbeitnehmerlosen Komplementär-GmbH nur dann gebildet werden muss, wenn eine Zurechnung der bei der Kommanditgesellschaft beschäftigten Arbeitnehmer zu ihr über § 4 Abs. 1 MitbestG oder § 5 Abs. 1 MitbestG in Betracht kommt (hierzu unter → Rn. 20ff.). Das mitbestimmungsbegründende Erfordernis der Mehrheitskongruenz gemäß § 4 Abs. 1 MitbestG lässt sich im **Beispiel F 22** dadurch vermeiden, dass eine andere Person als A mehrheitlich an der Komplementär-GmbH beteiligt wird. Wird hingegen A Allein- oder jedenfalls Mehrheitsgesellschafter der Komplementär-GmbH, findet eine Zurechnung über § 4 Abs. 1 MitbestG statt, und es ist ein paritätisch mitbestimmter Aufsichtsrat bei der Komplementärgesellschaft zu bilden. Eine Unternehmensmitbestimmung könnte aber auch dadurch vermieden werden, dass eine ausländische Kapitalgesellschaft als geschäftsführende Komplementärin an der GmbH & Co. KG beteiligt wird (hierzu unter → Rn. 18).

77 Unterliegt der Rechtsträger neuer Rechtsform keinem gesetzlichen Mitbestimmungsregime mehr, so erlischt der bisherige Aufsichtsrat als Träger der Unternehmensmitbestimmung mit Wirksamwerden des Formwechsels (§ 202 Abs. 1 Nr. 1 UmwG); die **Durchführung eines Statusverfahrens** iSd §§ 97–99 AktG ist **nicht notwendig.**[248] Eine entsprechende Anwendung des § 203 UmwG (Anordnung der Kontinuität der Aufsichtsratsämter bei Fortbestehen der Unternehmensmitbestimmung nach Formwechsel) kommt wegen dessen Charakter als eng gefasster Ausnahmevorschrift auch nicht in Betracht, wenn hierdurch eine Übernahme des Aufsichtsrates der formgewechselten Gesellschaft in eine diese haltende Holdinggesellschaft ermöglicht werden soll.[249]

78 Eine **Mitbestimmungsbeibehaltungsregelung,** wie sie bei § 325 UmwG für die Fälle der Abspaltung (§ 123 Abs. 2 UmwG) oder Ausgliederung (§ 123 UmwG) gilt, hat der Gesetzgeber **für den Formwechsel nicht verankert.** Eine entsprechende Anwendung

---

[247] Die in der früheren Praxis deswegenhäufig genutzte sog. Treuhandlösung (Alleingesellschafter überträgt einen Gesellschaftsanteil (zB eine Aktie) auf eine GmbH , die diesen Gesellschaftsanteil treuhänderisch für den ursprünglichen Alleingesellschafter hält und die durch den Formwechselbeschluß zur alleinigen Komplementärin bestimmt wird; mit Wirksamwerden des Formwechsels wird der Gesellschaftsanteil zurückübertragen, so daß die Komplementär-GmbH nicht am Vermögen der Kommanditgesellschaft beteiligt ist) wird heute – nach BGH 9.5.2005 – II ZR 29/03, NZG 2005, 722 – nicht mehr für erforderlich gehalten; siehe Lutter/*Hoger* UmwG § 202 Rn. 12.

[248] So *Henssler* ZfA 2000, 241 (255); Kallmeyer/*Meister/Klöcker/Berger* UmwG § 203 Rn. 2, 15.

[249] Zutreffend *Henssler* ZfA 2000, 241 (255); aA *Horn/Wackerbarth* FS Söllner, 2000, 447.

des § 325 Abs. 1 UmwG auf Fälle des Mitbestimmungsverlusts durch Formwechsel kommt wegen des insoweit eindeutigen Wortlauts dieser Bestimmung und der Gesetzgebungsgeschichte der Norm nicht in Betracht.[250] Auch der Verweis auf die Rechtsinstitute des Verbots des **Rechts- oder Gestaltungsmissbrauchs** und der **Gesetzesumgehung**[251] kann den Fortfall der Unternehmensmitbestimmung durch Rechtsformwechsel nicht verhindern, da die Entscheidung zum Formwechsel von der gesellschaftsrechtlichen Struktur- und Organisationsfreiheit der Gesellschafter geschützt ist. Etwas anderes kann nur in extremen Einzelfällen gelten, wenn die Gesamtheit der Anteilseigner nachweisbar die Umstrukturierung ausschließlich zur Vermeidung der Mitbestimmung vornehmen will und diese im Übrigen wider alle wirtschaftliche Vernunft ist.[252] Das Gleiche gilt, wenn in kurzem zeitlichen Zusammenhang nach dem Formwechsel mit Mitbestimmungsverlust ein Rückformwechsel in die unternehmensmitbestimmte Rechtsform erfolgen soll, ohne dass hierfür sachliche Gründe vorliegen.[253] Ist der Formwechsel bzw. Rückformwechsel allerdings durch Eintragung im Handelsregister vollzogen, so ist er wirksam (§ 202 Abs. 3 UmwG).

6. Erwerb und Veräußerung von Unternehmen(steilen)

Der Erwerb oder die Veräußerung von Unternehmen in ihrer Gesamtheit, Betrieben, Be- 79
triebsteilen (bzw. in der steuerrechtlichen Kategorienbildung: Teilbetriebe) oder anderen unternehmensbezogenen Vermögensgegenständen ist häufig Teil einer Unternehmensumstrukturierung oder einer betrieblichen Reorganisation. Dabei ist der **Vorgang immer janusköpfig,** für den einen Teil Erwerbsvorgang, für den anderen Veräußerungsvorgang. So sind auch die mitbestimmungsrechtlichen Auswirkungen immer strikt getrennt für beide Seiten zu prüfen. Auf die mitbestimmungsrechtlichen Auswirkungen von solchen Erwerbs- und Veräußerungsvorgängen, die zur Begründung bzw. Beendigung von Konzernverhältnissen führen, ist bereits unter → Rn. 33ff., 46ff. und 60 hingewiesen worden.

Die Übertragung der unternehmensbezogenen Vermögensgegenstände erfolgt rechtstechnisch entweder durch einen Tatbestand der (partiellen) Gesamtrechtsnachfolge (Verschmelzung; Spaltung; Anwachsung – hierzu ausführlich unter → Rn. 88ff.) oder durch Einzelrechtsübertragungen. Soll ein rechtlich verselbständigtes bzw. verselbständigbares Unternehmen erworben bzw. veräußert werden, so bieten sich in der Praxis **zwei Transaktionsstrukturen** an: Zum einen können alle Vermögensgegenstände einzeln übertragen werden, die das Unternehmen oder den Betrieb(steil) ausmachen *(asset deal)*, zum anderen können die Gesellschaftsanteile des Rechtsträgers veräußert werden, der das Unternehmen betreibt *(share deal)*. Die Entscheidung darüber, welche Struktur im konkreten Einzelfall vorzugswürdig ist, hängt von einer Reihe von tatsächlichen, rechtlichen und steuerlichen Aspekten ab, insbesondere aber auch davon, ob man Veräußerer oder Erwerber des Unternehmens(teils) ist; auch arbeitsrechtliche und unternehmensmitbestimmungsrechtliche Aspekte sind bei dieser Entscheidung zu berücksichtigen, wie das nachfolgende Beispiel beweist:

---

[250] Vgl. Lutter/*Sagan* UmwG § 325 Rn. 2; *Henssler* ZfA 2000, 241 (255); *Oetker* ZGR 2000, 19 (38); *Willemsen* NZA 1996, 791 (803), *Ihrig/Schlitt* NZG 1999, 333; *Schupp*, Mitbestimmungsbeibehaltung, S. 343.

[251] Hierzu *Henssler* ZfA 2000, 241 (244) mwN in Fn. 12.

[252] Vgl. OLG Naumburg 6.2.1997 – 7 U 236/96, WiB 1997, 864 mAnm *Trölitzsch* [Anfechtungsklage eines Aufsichtsratsmitgliedes gem. §§ 246, 249 Abs. 1 AktG gegen Formwechselbeschluss]; *Mengel* Umwandlungen S. 404.

[253] Ähnlich *Henssler* ZfA 2000, 241 (259); zu einer vergleichbaren Wertung bei Nutzung des Ausschlusses von Minderheitsaktionären (§§ 327a ff. AktG) durch Formwechsel einer GmbH in die Rechtsform der AG mit anschließendem Rückformwechsel *Grunewald* ZIP 2002, 18 (22); *Habersack* ZIP 2001, 1230 (1234); *Krieger* BB 2002, 53 (62).

80 **Beispiel F 23:**

Die Familie X hält sämtliche Geschäftsanteile an der A-GmbH, die mit 400 Arbeitnehmern Sportausrüstungen herstellt. Y hält den alleinigen Geschäftsanteil an der B-GmbH, einer Vertriebsgesellschaft für Sportbekleidung mit 200 Arbeitnehmern. Weder bei der A-GmbH noch bei der B-GmbH bestehen (mitbestimmte) Aufsichtsräte. Erwirbt nun die A-GmbH alle zum Unternehmen der B-GmbH gehörenden Vermögensgegenstände *(asset deal)*, so gehen wegen des Betriebsüberganges alle ursprünglich mit der B-GmbH bestehenden Arbeitsverhältnisse auf die A-GmbH über (§ 613a Abs. 1 BGB). Der arbeitnehmerlose Gesellschaftsmantel der B-GmbH verbleibt bei Y. Da die A-GmbH nach dem Betriebsübergang 600 Arbeitnehmer beschäftigt, hat sie gemäß §§ 1 Abs. 1 Nr. 3, 4 Abs. 1 DrittelbG einen drittelparitätischen Aufsichtsrat zu bilden.

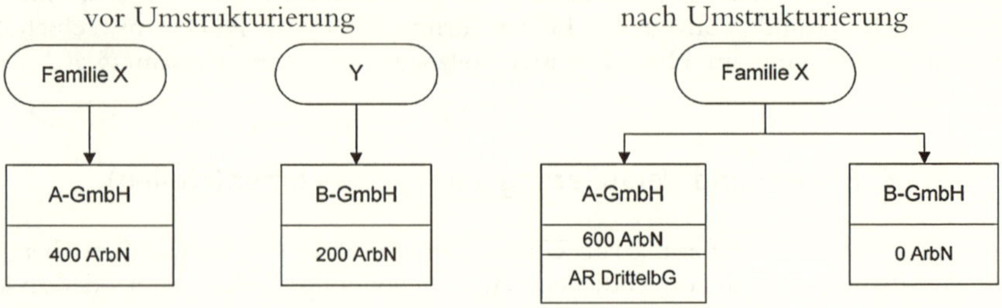

Erwirbt die Familie X hingegen den alleinigen Geschäftsanteil an der B-GmbH *(share deal)*, würde dies zu keiner Änderung der mitbestimmungsrechtlichen Situation führen; weder bei der A-GmbH noch bei der B-GmbH wäre ein (mitbestimmter) Aufsichtsrat neu zu errichten.

81 Unabhängig von der Wahl der Transaktionsstruktur (*asset deal* oder *share deal*) ist eine in der Praxis häufig auftretende und schwierig zu beantwortende Frage, ab welchem **Zeitpunkt** die aufgrund eines Unternehmenskaufes hinzukommenden Arbeitnehmer für die **Wahlen der Arbeitnehmervertreter zum Aufsichtsrat der Erwerbsgesellschaft** (oder der Konzernober- oder Teilkonzernobergesellschaft) **aktiv und passiv wahlberechtigt** sind und bis zu welchem Zeitpunkt hinzutretende Arbeitnehmer in einem bereits laufenden Wahlverfahren zu berücksichtigen sind.

Beispiel F 24:

Der Reifenhersteller A-Reifen AG (5.000 Arbeitnehmer) unterzeichnet am 1.9.2020 einen Kauf- und Übertragungsvertrag mit der I-AG über den Erwerb sämtlicher Geschäftsanteile an dem Bremsensystemanbieter B-Bremsen GmbH (1.500 Arbeitnehmer). Während die schuldrechtlichen Rechte und Verpflichtungen aus diesem Vertrag bereits mit Wirkung zum 1.9.2020 eintreten sollen, erfolgt die dingliche Übertragung der Geschäftsanteile erst nach Eintritt sog. Closing-Bedingungen (ua Abschluss der präventiven Fusionskontrolle durch Freigabebescheid oder Zeitablauf; Abschluss des Due Diligence Verfahrens) durch gesonderte Urkunde. Das Closing mit dinglicher Übertragung der Geschäftsanteile findet am 15.12.2020 statt. Bei der A-Reifen AG besteht ein paritätisch mitbestimmter Aufsichtsrat mit insgesamt 12 Mitgliedern (§§ 1 Abs. 1, 7 Abs. 1 Nr. 1 MitbestG), bei der B-Bremsen GmbH ist ein drittelparitätisch besetzter Aufsichtsrat eingerichtet (§§ 1 Abs. 1 Nr. 3, 4 Abs. 1 DrittelbG). Die Amtszeit der Aufsichtsratsmitglieder der A-Reifen AG endet mit ihrer Entlastung auf der am 1.5.2021 stattfindenden Hauptversammlung der A-Reifen AG, und die konstituierende Sitzung des neuen Aufsichtsrates findet unmittelbar im Anschluss an diese Hauptversammlung (also auch am 1.5.2021) statt.

Bei diesem **Beispiel F 24** stellt sich zunächst die Frage, ab welchem Zeitpunkt die Arbeitnehmer der B-Bremsen GmbH über § 5 MitbestG der A-Reifen AG zuzurechnen und für die Wahlen zum Aufsichtsrat der A-Reifen AG aktiv und passiv wahlberechtigt sind.

Die Zurechnungsnorm des § 5 Abs. 1 S. 1 MitbestG setzt voraus, dass es sich bei dem Unternehmen, bei dem der Aufsichtsrat gebildet wird, um ein „herrschendes Unternehmen eines Konzerns (§ 18 Abs. 1 AktG)" handelt, was wiederum voraussetzt, dass dieses Unternehmen auf ein anderes Unternehmen „unmittelbar oder mittelbar einen beherrschenden Einfluss ausüben kann" (§ 17 Abs. 1 AktG). Ein solcher herrschender Einfluss kann sowohl durch Mehrheitsbesitz (§ 17 Abs. 2 AktG) als auch auf sonstige Weise vermittelt werden; erforderlich ist in jedem Fall eine **gesellschaftsrechtlich vermittelte Einflussmöglichkeit**[254]. Dieses qualifizierte Erfordernis einer „gesellschaftsrechtlich vermittelten Einflussmöglichkeit" liegt in **Beispiel F 24** mit der Übertragung der Geschäftsanteile am 15. 12. 2020 vor, nicht jedoch bereits mit Abschluss des bloß schuldrechtlichen Vertrages. Gegen eine zeitlich frühere Konzernzurechnung zur A-Reifen AG streitet in diesem Fall auch das kartellrechtliche Vollzugsverbot gemäß § 41 Abs. 1 GWB.

In der Praxis weitaus schwieriger zu beantworten ist jedoch die Frage, ob und bejahen- 82
denfalls in welcher Weise neu zum Unternehmen oder Konzernverbund gelangende Arbeitnehmer bei den Wahlen der Arbeitnehmervertreter zu berücksichtigen sind, wenn das **Wahlverfahren bereits eingeleitet** worden ist. Dieses Problem taucht in der Praxis deshalb relativ häufig auf, weil das im MitbestG und seinen Wahlordnungen geregelten Wahlverfahren zeitlich stark gestreckt ist. Nach § 2 Abs. 1 S. 1 der 3. Wahlordnung zum Mitbestimmungsgesetz („3. WOMitbestG"), die für die Wahl von Aufsichtsräten von Unternehmen gilt, an der nach §§ 4 und 5 MitbestG zuzurechnende Arbeitnehmer teilnehmen, hat die Geschäftsleitung der Konzernspitze (hier: A-Reifen AG) „spätestens 25 Wochen vor dem voraussichtlichen Beginn der Amtszeit der zu wählenden Aufsichtsratsmitglieder der Arbeitnehmer" (dh der Zeit, in der die Aufsichtsratsmitglieder gewählt worden sind, sie ihre Wahl angenommen haben und die konstituierende Sitzung des neuen Aufsichtsrates stattgefunden hat) den von der Zurechnung betroffenen Unternehmen bestimmte Mitteilungen über die Einleitung der Wahl zum Aufsichtsrat zu machen. Diese Mitteilung muss im **Beispiel F 24** also spätestens am 13. 11. 2010 erfolgen (§ 115 3. WOMitbestG iVm §§ 188 Abs. 2, 187 Abs. 1 BGB) und setzt ua eine Feststellung des Kreises der betroffenen Unternehmen zu diesem Zeitpunkt fest. Am 13. 11. 2020 dürfte noch keine Mitteilung an die B-Bremsen GmbH erfolgen, da deren Arbeitnehmer erst ab dem 15. 12. 2020 der A-Reifen AG gemäß § 5 MitbestG zuzurechnen sind. Auf der anderen Seite sind bei den Wahlen zum Aufsichtsrat grundsätzlich alle Arbeitnehmer eines Unternehmens (oder eines Konzernverbundes) wahlberechtigt, die in diesem Unternehmen (oder einem Konzernunternehmen) zum Zeitpunkt der Wahl beschäftigt sind,[255] wobei es bei mehrtägigen Wahlzeiten genügend ist, wenn die Wahlberechtigung am letzten Tag der Abstimmung oder Wahl gegeben ist.[256] An den Wahlen und Abstimmungen können jedoch nach § 8 Abs. 5 3. WOMitbestG „nur Arbeitnehmer teilnehmen, die in der Wählerliste eingetragen sind", und die Wählerliste wird vom Betriebswahlvorstand unverzüglich nach seiner Bildung aufgestellt (§ 8 Abs. 1 3. WOMitbestG), der wiederum unverzüglich nach der Erstmitteilung gebildet wird (§ 3 Abs. 3 3. WOMitbestG). Nach § 8 Abs. 4 3. WOMitbestG „berichtigt oder ergänzt" der Betriebswahlvorstand die Wählerliste „unverzüglich", wenn ein Arbeitnehmer „in den Betrieb eintritt oder aus ihm ausscheidet (…) oder wenn sich in sonstiger Weise die Voraussetzungen, auf denen eine Eintragung in der Wählerliste beruht, ändern". Wie lange solche Berichtigungen oder Ergänzungen vorgenommen werden können, regelt die 3. WOMitbestG jedoch nicht. Es ist aber davon auszugehen, dass die Verpflichtung zur Berichtigung der Wählerliste bis zum Zeitpunkt der Vornahme der letzten Wahlhandlung besteht, um die materiell-rechtliche Wahlberechtigung der Arbeitnehmer tatsächlich zu gewährleisten, wobei Veränderungen der Beleg-

[254] RVJ/*Raiser* MitbestG § 5 Rn. 10; Hüffer/*Koch* AktG § 17 Rn. 8.
[255] RVJ/*Raiser/Jacobs* MitbestG § 10 Rn. 11 und MitbestG § 18 Rn. 3.
[256] HH/*Henssler* MitbestG § 18 Rn. 5; WKS/*Wißmann* MitbestG § 18 Rn. 3, MitbestG § 10 Rn. 29; GK/*Matthes* MitbestG § 19 Rn. 81.

schaft, die sich in den letzten Tagen vor einer Abstimmung ereignen, regelmäßig nicht mehr vom Betriebswahlvorstand berücksichtigt werden können.[257] Obwohl die vorstehenden Regelungen lediglich bei Veränderungen der Belegschaftsstruktur innerhalb eines unstreitig am Wahlverfahren teilnehmenden Unternehmens gelten, ist ihnen mE der verallgemeinerungsfähige Grundsatz zu entnehmen, dass spätere Änderungen hinsichtlich des zur Wahl der Arbeitnehmervertreter für einen Aufsichtsrat zuzulassenden Kreises von Arbeitnehmern **auch während des Verfahrens soweit wie möglich zu berücksichtigen** sind. Daher werden die Arbeitnehmer der B-Bremsen GmbH selbst nach bereits erfolgter Mitteilung gemäß § 2 3. WOMitbestG vom Hauptwahlvorstand in das offene Verfahren einzubeziehen sein. Etwaige bereits abgeschlossene Wahlabschnitte brauchen selbstverständlich nicht wiederholt zu werden.[258]

83 Nichts anderes gälte übrigens im **Beispiel F 24** auch dann, wenn die A-Reifen AG nicht die Anteile an der B-Bremsen GmbH erworben hätte, sondern alle diesen Rechtsträger ausmachenden Vermögensgegenstände *(asset deal)*. In diesem Fall gehen die ursprünglich bei der B-Bremsen GmbH bestehenden Arbeitsverhältnisse mit Betriebsübergang (dh bei **Beispiel F 24** wegen des kartellrechtlichen Vollzugsverbotes **mit dinglicher Übertragung der Vermögensgegenstände**) auf die C-AG gemäß § 613a Abs. 1 BGB über, und die Arbeitnehmer sind ab diesem Zeitpunkt ebenfalls in das laufende Wahlverfahren einzubeziehen. Greift hingegen ein kartellrechtliches Vollzugsverbot nicht ein, kommt es beim *asset deal* nicht so sehr auf die rechtlich begründete Vermögensübertragung, sondern entscheidend auf die **Übertragung der rechtlich begründeten Leitungsmacht** an.[259]

Besondere Probleme sind zu lösen, wenn im **Beispiel F 24** die B-Bremsen GmbH nicht nur 1.500, sondern mehr als 5.000 Arbeitnehmer hätte, da dann bei der A-Reifen AG gemäß § 7 Abs. 1 Nr. 2 MitbestG ein 16-köpfiger Aufsichtsrat zu bilden wäre. In diesem Fall muss der Vorstand der Konzernobergesellschaft A-Reifen AG unverzüglich das sog. **Statusverfahren gemäß §§ 97–99 AktG** (hierzu unter IV. → Rn. 187 ff.) durchführen. Obwohl erst mit Abschluss des Statusverfahrens die tatsächlich für die Zusammensetzung des Aufsichtsrates maßgeblichen Vorschriften festgestellt sind und der Aufsichtsrat dementsprechend neu besetzt werden kann, so ist mE das laufende Wahlverfahren bereits vor Abschluss des Statusverfahrens in der Weise zu ändern, dass es den Anforderungen des § 7 Abs. 1 Nr. 2, Abs. 2 Nr. 2 MitbestG entspricht, um ansonsten unnötig entstehende Kosten zu vermeiden.[260]

84 Bei der Veräußerung von Unternehmen oder Unternehmensteilen gelten die in → Rn. 81–83 aufgeführten Grundsätze zum Wahlverfahren entsprechend. Ein weiteres Problem tritt in der Praxis auf, wenn Konzernunternehmen oder unselbständige Betriebe veräußert werden, denen **Arbeitnehmer** angehören, **die dem Aufsichtsrat der Konzernobergesellschaft als Arbeitnehmervertreter angehören.** Deren Aufsichtsratsämter erlöschen gemäß § 24 Abs. 1 MitbestG, wenn ihre Wählbarkeit nach § 7 Abs. 2 und 3 MitbestG iVm § 5 MitbestG nicht mehr gegeben ist. Der Aufsichtsratssitz muss neu besetzt werden; da regelmäßig kein Ersatzmitglied aus einem anderem Unternehmen gewählt sein wird, muss eine Ersatzwahl erfolgen. Steht ohnehin in Kürze eine Aufsichtsratswahl an, kann man sich für die Übergangszeit mit einer gerichtlichen Ersatzbestellung gemäß § 104 AktG helfen.[261]

[257] Vgl. *Säcker* Wahlordnungen S. 66.
[258] Vgl. *Hoffmann/Lehmann/Weinmann* MitbestG § 9 Rn. 87.
[259] Vgl. BAG 26.3.1996 – 3 AZR 965/94, NZA 1997, 94; ausführlich → G Rn. 133.
[260] Hierzu auch unter → Rn. 199.
[261] Vgl. *Hoffmann/Lehmann/Weinmann* MitbestG § 5 Rn. 80.

a) Asset deal

Die im Wege eines *asset deal* durchgeführte Veräußerung von Unternehmen(steilen) kann zu **Änderungen der Arbeitnehmerzahl** sowie des **mitbestimmungsrelevanten Unternehmensgegenstandes** und damit auch zu einer Änderung des Mitbestimmungsstatus sowohl des erwerbenden als auch des veräußernden Unternehmens führen. Die mögliche Änderung der mitbestimmungsrelevanten Arbeitnehmerzahl resultiert aus dem durch § 613a Abs. 1 BGB angeordneten Übergang der Arbeitsverhältnisse mit Betriebsübergang von einem Rechtsträger auf einen anderen. 85

Beispiel F 25:

Die A-GmbH beschäftigt 400 Arbeitnehmer an ihrem Stammsitz in München und besitzt keinen Aufsichtsrat. Sie erwirbt von der B-GmbH, die einen Betrieb 1 in Köln mit 450 Arbeitnehmern und einen Betrieb 2 in München mit 150 Arbeitnehmern betreibt und bei der ein drittelparitätisch besetzter Aufsichtsrat besteht, den Betrieb 2 im Wege eines *asset deal.*

Die Arbeitsverhältnisse der dem Betrieb 2 zuzuordnenden Arbeitnehmer gehen gemäß § 613a Abs. 1 BGB auf die A-GmbH über, die Arbeitnehmerzahl der A-GmbH steigt auf 550, diejenige der B-GmbH sinkt von 600 auf 450. Bei der A-GmbH ist dementsprechend ein drittelparitätischer Aufsichtsrat zu bilden, bei der B-GmbH fällt er weg.

vor Umstrukturierung nach Umstrukturierung

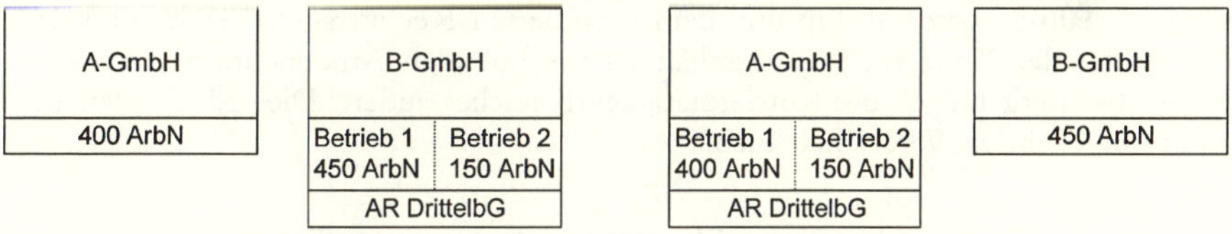

Erwirbt die A-GmbH nicht unmittelbar die Vermögensgegenstände des Betriebes 2 von der B-GmbH, sondern gründet sie zunächst ein Akquisitionsvehikel (SP-GmbH), das dann die Vermögensgegenstände des Betriebes 2 erwirbt, wäre nur dann bei der A-GmbH ein drittelparitätisch zu besetzender Aufsichtsrat einzurichten, wenn zwischen dieser und dem Akquisitionsvehikel ein Beherrschungsvertrag abgeschlossen wird (§ 2 Abs. 2 DrittelbG). Anderenfalls ist weder bei der A-GmbH noch beim Akquisitionsvehikel ein (mitbestimmter) Aufsichtsrat zu bilden; die gesetzliche Grundlage für die Errichtung eines (mitbestimmten) Aufsichtsrates bei der B-GmbH fällt in jedem Fall weg.

vor Umstrukturierung nach Umstrukturierung

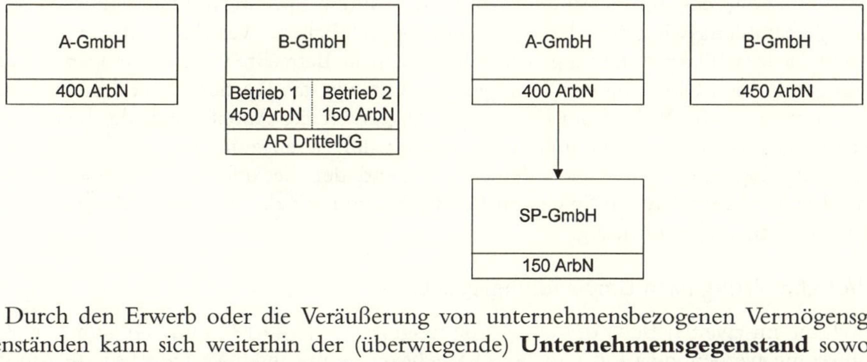

Durch den Erwerb oder die Veräußerung von unternehmensbezogenen Vermögensgegenständen kann sich weiterhin der (überwiegende) **Unternehmensgegenstand** sowohl des erwerbenden als auch des veräußernden Unternehmens ändern, was wiederum zu einer Änderung der jeweiligen mitbestimmungsrechtlichen Situation der an dem Veräußerungsvorgang beteiligten Rechtsträger führen kann. Beispielsweise kann so aus einem nicht tendenzbezogenen Unternehmen ein Tendenzunternehmen werden und umgekehrt oder 86 aus einem dem MontanMitbestG unterfallenden Unternehmen ein Nicht-Montan-Unternehmen und umgekehrt.

Beispiel F 26:

Die A-Druckerei GmbH betreibt eine Groß-Akzidenzdruckerei mit 550 Arbeitnehmern, die ganz überwiegend Drittaufträge abwickelt, sowie eine 10-köpfige Redaktion für ein lokales Anzeigenblatt. Bei der A-Druckerei GmbH besteht ein drittelparitätischer Aufsichtsrat (§§ 1 Abs. 1 Nr. 3, 4 Abs. 1 DrittelbG). Die B-Verlagshaus GmbH gibt heraus und vertreibt eine Tageszeitung sowie mehrere Anzeigenblätter und sonstige Druckerzeugnisse (650 Arbeitnehmer); sie ist wegen § 1 Abs. 2 S. 1 Nr. 2 DrittelbG (Tendenzschutz) mitbestimmungsfrei. Erwirbt nun die A-Druckerei GmbH alle zur Herstellung, Herausgabe und zum Vertrieb der Tageszeitung, der Anzeigenblätter sowie sonstiger Druckerzeugnisse gehörenden Vermögensgegenstände von der B-Verlagshaus GmbH, so fällt die Mitbestimmungspflicht nach § 1 Abs. 2 S. 1 Nr. 2 DrittelbG weg, wenn der Tendenzcharakter der Verlagstätigkeiten das Unternehmen der A-Druckerei GmbH prägt.[262]

b) Share deal

87 Aus der Perspektive des Unternehmens, dessen Gesellschaftsanteile erworben bzw. veräußert werden, stellt sich der **Übertragungsvorgang als Gesellschafterwechsel** dar; → Rn. 20ff. Für den Veräußerer kann der Vorgang relevant sein, wenn hierdurch (i) ein Konzernverhältnis zwischen ihm und dem veräußerten Rechtsträger beendet und deshalb die Zahl der der Konzernobergesellschaft zuzurechnenden Arbeitnehmer sinkt oder (ii) sich das „Gesamtgepräge" des Konzerntätigkeitsbereiches ändert. Dies gilt für den Erwerber mit umgekehrten Vorzeichen auch.

7. Innerstaatliche übertragende Umwandlungen: Verschmelzung/Anwachsung

88 Sollen zwei Rechtsträger oder deren sämtliche Vermögensgegenstände zusammengeführt werden, kann dies im Wege der Verschmelzung nach Maßgabe der §§ 2ff. UmwG (hierzu → Rn. 89–100), durch Nutzung des im Personengesellschaftsrecht geltenden Prinzips der Anwachsung (hierzu → Rn. 101–102) oder im Wege von Einzelrechtsübertragungen (hierzu → Rn. 103) erreicht werden. Diese **drei rechtlichen Gestaltungsmöglichkeiten stehen nebeneinander.** Insbesondere sperren die umwandlungsrechtlichen Vorschriften über die Verschmelzung nicht die Erreichung des gleichen wirtschaftlichen Ergebnisses durch Nutzung des Anwachsungsprinzips oder durch Einzelrechtsübertragungen; auch eine Ausstrahlungswirkung der umwandlungsrechtlichen Verschmelzungsvorschriften kommt nach richtiger Auffassung regelmäßig nicht in Betracht.[263] Die jeweiligen Voraussetzungen für den Übergang der Vermögensgegenstände, die Rechtstechnik des Übergangs selbst sowie schließlich die Schutzregelungen zugunsten der Anteilseigner der betroffenen Rechtsträger, ihrer Gläubiger und Arbeitnehmer differieren zum Teil erheblich je nach Gestaltungsweg und ermöglichen dementsprechend den betroffenen Unternehmen und ihren Beratern einen weiten Spielraum bei der Suche nach der für den konkreten Einzelfall passenden Rechtsgestaltung.

a) Verschmelzung nach Umwandlungsgesetz

89 Durch die im zweiten Buch des Umwandlungsgesetzes (§§ 2–122 UmwG) geregelte Verschmelzung werden zwei (oder mehrere) Rechtsträger mit ihren Vermögensmassen in der

[262] Zur Geprägetheorie ausführlich unter → Rn. 36.

[263] Zum Meinungsstand ausführlich zB *Reichert* ZHR Beiheft 68 (1999) 25; *Priester* ZHR 1999, 187; *Riegen* Gesellschafterschutz passim.

Weise zusammengeführt, dass das (bzw. die) Vermögen der übertragenden Rechtsträger auf der Grundlage des Verschmelzungsvertrages im Wege der Gesamtrechtsnachfolge auf den übernehmenden Rechtsträger übergeht (bzw. übergehen), der (bzw. die) übertragende(n) Rechtsträger erlischt (bzw. erlöschen) und die Gesellschafter des (bzw. der) übertragenden Rechtsträger(s) neue Anteile am übernehmenden Rechtsträger erhalten (vgl. §§ 2, 20 Abs. 1 UmwG). Für die Beurteilung der mitbestimmungsrechtlichen Auswirkungen, die durch die Verschmelzung zweier oder mehrerer Rechtsträger verursacht werden, ist genau zwischen den Auswirkungen bei dem oder den übertragenden Rechtsträgern und denjenigen beim übernehmenden Rechtsträger zu unterscheiden. Die mitbestimmungsrechtlichen Folgen für *alle* an der Verschmelzung beteiligten Rechtsträger sind im **Verschmelzungsvertrag** gemäß § 5 Abs. 1 Nr. 9 UmwG zu bezeichnen.[264]

aa) Auswirkungen auf die übertragenden Rechtsträger. Zu den mitbestimmungsrechtlichen Auswirkungen bei **übertragenden Rechtsträgern:** Mit Wirksamwerden der Verschmelzung, dh mit Eintragung der Verschmelzung im Handelsregister des übernehmenden Rechtsträgers erlischt der bzw. erlöschen die übertragenden Rechtsträger (§ 20 Abs. 1 Nr. 2 S. 1 UmwG). Mit dem Rechtsträger erlöschen auch ihre Organe und die **Organstellung der Komplementäre, der Geschäftsführer, Vorstands- und Aufsichtsratsmitglieder**[265]. Damit fällt auch jede Grundlage für eine Unternehmensmitbestimmung in den Aufsichtsräten der übertragenden Rechtsträger weg. Übrigens geht die heute wohl überwiegende Auffassung davon aus, dass zwischen dem einzelnen *Aufsichtsrats*mitglied und der Gesellschaft – im Unterschied zu der Rechtsstellung des *Vorstands*mitglieds oder Geschäftsführers – neben der körperschaftlichen Organstellung in der Regel kein Anstellungsverhältnis auf vertraglicher Grundlage, sondern nur ein **gesetzliches Schuldverhältnis** besteht, das mit dem Verlust des Amtes als Aufsichtsratsmitglied ohne Weiteres endet.[266] In jedem Fall entfällt ein etwa bestehendes vertragliches Anstellungsverhältnis zur Gesellschaft mit Wirksamwerden der Verschmelzung; eine Vergütung ab diesem Zeitpunkt wird nicht mehr geschuldet.[267] – Zu den etwaig durch die Verschmelzung ausgelösten Änderungen in der Organstruktur oder Organzusammensetzung beim übernehmenden Rechtsträger → Rn. 94 ff. 90

Schwierig ist die Frage zu beantworten, ob ein auf der Grundlage einer vertraglichen **sog. nicht-tarifvertraglichen Mitbestimmungsvereinbarung beim übertragenden Rechtsträger** eingerichteter mitbestimmter Aufsichtsrat mit der Verschmelzung auf den übernehmenden Rechtsträger übergeht oder ob jedenfalls der Vertragspartner bzw. die Aufsichtsratsmitglieder die Einrichtung eines entsprechenden mitbestimmten Aufsichtsrates beim übernehmenden Rechtsträger verlangen können. 91

Beispiel F 27:

Der gesellschaftspolitisch engagierte A hält sämtliche Geschäftsanteile an der A-Druckhaus GmbH, die insgesamt 200 Arbeitnehmer beschäftigt. A hat am 1.3.2011 einen „Vertrag

[264] Zu den Angaben der Folgen der Verschmelzung auf die Unternehmensmitbestimmung: Kallmeyer/*Willemsen* UmwG § 5 Rn. 53; Lutter/*Drygala* UmwG § 5 Rn. 102; Widmann/Mayer/*Mayer* UmwG § 5 Rn. 197; Semler/Stengel/*Simon* UmwG § 5 Rn. 91; siehe für den Formwechsel auch unter → Rn. 70 aE.

[265] Lutter/*Grunewald* UmwG § 20 Rn. 27; Schmitt/Hörtnagl/Stratz/*Winter* UmwG § 20 Rn. 8; Semler/Stengel/*Leonard* UmwG § 20 Rn. 20; Kallmeyer/*Marsch-Barner/Oppenhoff* UmwG § 20 Rn. 13; Hüffer/*Koch* AktG § 103 Rn. 16; *Mengel* Umwandlungen S. 402; *Mertens*, Umwandlung und Universalsukzession, S. 183.

[266] Hüffer/*Koch* AktG § 101 Rn. 2; KK-AktG/*Mertens/Cahn* § 101 Rn. 5; MüKoAktG/*Habersack* § 101 Rn. 67; MHdb GesR IV/*Hoffmann-Becking* § 33 Rn. 10; *Lutter/Krieger* Aufsichtsrat Rn. 27; *Singhof* AG 1998, 318 (319); aA RG 2.11.1934, RGZ 146, 145 (152); *Martens* AG 1986, 58 Fn. 7: Geschäftsbesorgungsvertrag; Lutter/*Grunewald* UmwG § 20 Rn. 27.

[267] Vgl. nur RG 3.1.1913, RGZ 81, 153 (155); Lutter/*Grunewald* UmwG § 20 Rn. 27; Kallmeyer/*Marsch-Barner/Oppenhoff* UmwG § 20 Rn. 16; Schmitt/Hörtnagl/Stratz/*Winter* UmwG § 20 Rn. 49; *Martens* AG 1986, 57 (58) Fn. 7.

über die paritätische Besetzung des Aufsichtsrates der A-Druckhaus GmbH" mit der IG Medien abgeschlossen; der Aufsichtsrat hat organschaftliche Befugnisse. Die A-Druckhaus GmbH wird nun auf die B-Druckerei GmbH (250 Arbeitnehmer) verschmolzen, deren Alleingesellschafter B ist. Bei der B-Druckerei GmbH besteht derzeit kein (mitbestimmter) Aufsichtsrat, und der nach der Verschmelzung zu 80 % an der B-Druckerei GmbH beteiligte B möchte die Bildung eines (mitbestimmten) Aufsichtsrates vermeiden.

Die Zulässigkeit einer sog. nicht-tarifvertraglichen Mitbestimmungsvereinbarung ist heute – jedenfalls im Rahmen des GmbH-Rechts – allgemein anerkannt (für Einzelheiten unter → Rn. 13 ff.). Dabei führen solche vertraglichen Mitbestimmungsvereinbarungen nicht automatisch zur Bildung eines organschaftlichen Aufsichtsrates, sondern sie begründen lediglich eine schuldrechtliche Verpflichtung, einen Aufsichtsrat zu schaffen, der – je nach Vertragsinhalt und gesellschaftsvertraglicher Regelung – entweder organschaftlicher oder schuldrechtlicher Natur ist.[268] Wenngleich der bei der A-Druckhaus GmbH tatsächlich gebildete Aufsichtsrat organschaftlicher Natur durch die Verschmelzung auf die B-Druckerei GmbH mit der Gesellschaft selbst erlischt, stellt sich die Frage, ob die schuldrechtliche Verpflichtung zur Einrichtung des Aufsichtsrates mit der Verschmelzung auf die B-Druckerei GmbH als nunmehr Verpflichtete gemäß § 20 Abs. 1 Nr. 1 UmwG übergegangen ist. Eine ausdrückliche Stellungnahme des Schrifttums zu dieser Frage fehlt bislang.

92 ME ist die Frage letztlich, jedenfalls wenn es sich um einen Aufsichtsrat mit Organqualität handelt, zu verneinen. Zwar geht in der Tat mit der Eintragung der Verschmelzung das gesamte Vermögen der übertragenden Rechtsträger einschließlich der Verbindlichkeiten auf den übernehmenden Rechtsträger im Wege der Gesamtrechtsnachfolge über, so dass der übernehmende Rechtsträger in alle Rechtspositionen des oder der übertragenden Rechtsträger eintritt, was auch wegen des Erlöschens der übertragenden Rechtsträger zum Schutze von Drittbeteiligten notwendig ist.[269] Für den Übergang der Mitbestimmungsvereinbarung spricht neben dem **Prinzip der Gesamtrechtsnachfolge** auch der Gedanke, dass sich die an der Verschmelzung beteiligten Rechtsträger nicht durch Verschmelzung von als belastend empfundenen Verbindlichkeiten sollen lösen können.[270] Von dem Prinzip der Gesamtrechtsnachfolge werden jedoch Ausnahmen zugelassen, zB im Hinblick auf solche Vertragsverhältnisse, die **höchstpersönliche Verpflichtungen des übertragenden Rechtsträgers** enthalten oder die ansonsten durch ein höchstpersönliches Band zwischen dem übertragenden Rechtsträger und seinem Vertragspartner gekennzeichnet sind;[271] dies gilt zB auch im Hinblick auf einen mit dem übertragenden Rechtsträger als **abhängigem** Unternehmen abgeschlossenen Beherrschungsvertrag, da eben nicht davon ausgegangen werden kann, dass der übernehmende Rechtsträger in die Rolle des abhängigen Unternehmens eintritt.[272] Um ein derart „höchstpersönliches" Vertragsverhältnis wird es sich in der Regel bei einer sog. nicht-tarifvertraglichen Mitbestimmungsvereinbarung handeln, die auf die besonderen Verhältnisse der betroffenen Gesellschaft abstellt und auf besondere Beziehungen zwischen Gesellschaftern und Arbeitnehmervertretung beruht, so dass nicht

---

[268] Zur Unterscheidung organschaftlicher (integrierter) von schuldrechtlichen Beiräten zB *Voormann* Der Beirat im Gesellschaftsrecht S. 51 – Ein schuldrechtlicher Aufsichtsrat ist ein Gremium, das durch einfachen Gesellschafterbeschluss errichtet wurde oder zu dessen Errichtung sich die Gesellschaft in schuldrechtlichen Verträgen verpflichtet hat und das keine organschaftlichen Befugnisse zB zur Überwachung oder zur Weisung gegenüber der Geschäftsführung hat; vgl. Scholz/*Schneider/Seyfarth* GmbHG § 52 Rn. 12 f.; *Hachenburg/Raiser* GmbHG § 52 Rn. 307; Lutter/*Hommelhoff* GmbHG § 52 Rn. 111.

[269] Vgl. Lutter/*Grunewald* UmwG § 20 Rn. 6 f.

[270] Vgl. Lutter/*Grunewald* UmwG § 20 Rn. 55 [Ausschluss des Kündigungsrechts für übernehmenden Rechtsträger].

[271] Vgl. LG Bonn 30. 1. 1996 – 11 T 1/96, WiB 1997, 193 mAnm *Trölitzsch*; Schmitt/Hörtnagl/Stratz/*Winter* UmwG § 20 Rn. 84; Kallmeyer/*Marsch-Barner/Oppenhoff* UmwG § 20 Rn. 6.

[272] Vgl. LG Mannheim 30. 5. 1994 –23 AktE 1/90, ZIP 1994, 1024; OLG Karlsruhe 29. 8. 1994 – 15 W 19/94, WM 1994, 2023 (2024); Lutter/*Grunewald* UmwG § 20 Rn. 38; Kallmeyer/*Marsch-Barner/Oppenhoff* UmwG § 20 Rn. 21; Schmitt/Hörtnagl/Stratz/*Winter* UmwG § 20 Rn. 57; *Krieger* ZGR 1990, 517 (538); *Martens* AG 1986, 57 (60).

nur der Aufsichtsrat als Organ (sei es mit organschaftlichen, sei es mit schuldrechtlichen Befugnissen) erlischt, sondern auch die Mitbestimmungsvereinbarung, die die schuldrechtliche Verpflichtung zur Errichtung eines derartigen Aufsichtsrates enthält; jedenfalls ist dem übernehmenden Rechtsträger ein **außerordentliches Kündigungsrecht** zuzubilligen. Etwas anderes könnte nur bei reinen Konzernverschmelzungen gelten. In **Beispiel F 27** besteht mE also im Ergebnis keine Verpflichtung der B-Druckerei GmbH zur Einrichtung eines mitbestimmten Aufsichtsrates.

Noch zwei Anmerkungen zum **Beispiel F 27:** Nicht selten werden dem Aufsichtsrat in der Mitbestimmungsvereinbarung selbst oder auf ihrer Grundlage im Gesellschaftsvertrag materiell-rechtliche Befugnisse eingeräumt sein, die auch einen **Zustimmungsvorbehalt zugunsten des Aufsichtsrates** bei wesentlichen Umstrukturierungsmaßnahmen wie einer Verschmelzung umfassen können. Nach allgemeinen gesellschaftsrechtlichen Grundsätzen berührt ein Fehlen der Zustimmungserklärung nicht die Vertretungsmacht der Komplementärin, der Geschäftsführung oder des Vorstandes, es sei denn es greifen die Grundsätze über den Missbrauch der Vertretungsmacht ein.[273] Das **Beispiel F 27** macht darüber hinaus wieder deutlich, dass unterschiedliche rechtliche Gestaltungen, die wirtschaftlich zu vergleichbaren Ergebnissen führen, durchaus unterschiedliche mitbestimmungsrechtliche Auswirkungen haben können. Vereinbarten die Beteiligten anstelle eines Verschmelzungsvertrages den Kauf sämtlicher Geschäftsanteile an der A-Druckhaus GmbH durch die B-Druckerei GmbH (mit der Folge, dass diese dann 100%ige Tochtergesellschaft der B-Druckerei GmbH würde) oder durch B selbst (mit der Folge, dass die A-Druckhaus GmbH eine Schwestergesellschaft der B-Druckerei GmbH würde), bliebe der Aufsichtsrat bei der A-Druckhaus GmbH unverändert bestehen. Der Gesellschafterwechsel bei der A-Druckhaus GmbH berührt regelmäßig weder die etwaige organschaftliche Stellung des Aufsichtsrates noch die Wirksamkeit der Mitbestimmungsvereinbarung, es sei denn, diese Vereinbarung enthält eine Kündigungsmöglichkeit zugunsten neuer Mehrheits-Gesellschafter (*change of control*-Klausel[274]). Brächte hingegen A alle zur A-Druckhaus GmbH gehörenden Vermögensgegenstände in die B-Druckerei GmbH gegen Gewährung eines neuen Geschäftsanteils an der B-Druckerei GmbH in diese ein, so entfiele zwar der Aufsichtsrat bei der A-Druckhaus GmbH nicht, er würde jedoch funktionslos werden, da es sich bei der A-Druckhaus GmbH dann um eine bloße Gesellschaftshülle handeln würde; bei der B-Druckerei GmbH wäre wie bei der Verschmelzung kein Aufsichtsrat einzurichten. 93

Der durch das Erlöschen der übertragenden Rechtsträger ausgelöste und unvermeidbare Mitbestimmungsverlust wird wegen der Konzentrationswirkung von Verschmelzungen häufig dadurch (über)kompensiert werden, dass die Arbeitnehmer der übertragenden Rechtsträger nach Wirksamwerden der Verschmelzung dem Mitbestimmungsregime beim übernehmenden Rechtsträger unterfallen. Jedoch ist eine **Kompensation ihrer unternehmensmitbestimmungsrechtlichen Einflussmöglichkeiten nicht zwingend,** zB bei einer Verschmelzung auf einen in mitbestimmungsfreier Rechtsform betriebenen Unternehmensträger oder bei einer Verschmelzung auf einen in einer Rechtsform betriebenen Rechtsträger, bei dem die materiellen-rechtlichen Befugnisse des Aufsichtsrates hinter denen zurückbleiben, die der Aufsichtsrat des übertragenden Rechtsträgers besaß.[275]

bb) Auswirkungen auf den übernehmenden Rechtsträger. Der **Mitbestimmungsstatus des übernehmenden Rechtsträgers** kann sich durch die Verschmelzung ändern, weil die Mitbestimmungsparameter Arbeitnehmerzahl, Unternehmensgegenstand und Ka- 94

[273] Vgl. zur AG: Hüffer/*Koch* AktG § 82 Rn. 6; KK-AktG/*Mertens/Cahn* § 111 Rn. 112; zur GmbH: Baumbach/Hueck/*Beurskens* GmbHG § 37 Rn. 70ff.; Lutter/Hommelhoff/*Kleindiek* GmbHG § 35 Rn. 22ff.

[274] Die Aufnahme einer derartigen *change of control*-Klausel in einer Mitbestimmungsvereinbarung dürfte sich in jedem Fall anbieten, um die Veräußerbarkeit der Geschäftsanteile der betroffenen Gesellschaft zu erhalten.

[275] Hierzu ausführlich *Mengel* Umwandlungen S. 403.

pitalhöhe von der Verschmelzung in relevanter Weise betroffen sein können. Die Verschmelzung zweier Unternehmensträger kann dabei im konkreten Fall beim übernehmenden Rechtsträger zu einem Mitbestimmungszuwachs, in ganz seltenen Fällen aber auch zu einem Mitbestimmungsverlust führen, oder er kann sich „mitbestimmungsneutral" (ggf. jedoch mit verändertem Zusammensetzungsproporz und/oder modifizierten Befugnissen des mitbestimmenden Aufsichtsrates!) auswirken. Führt die Verschmelzung beim übernehmenden Rechtsträger zu einem Wechsel beim Mitbestimmungsregime oder zu einer Anpassung innerhalb dieses Regimes, ist das Statusverfahren nach §§ 97–99 ff. AktG durchzuführen (hierzu → Rn. 187 ff.). Ergibt sich in Folge der Verschmelzung nicht die Notwendigkeit der Durchführung eines Statusverfahrens, so können die von den übertragenden Rechtsträgern übergehenden Arbeitnehmer erst bei der nächsten ordentlichen Neuwahl ihren Einfluss geltend machen und an der Unternehmensmitbestimmung aktiv partizipieren.[276]

95 Eine Sonderfrage stellt sich bei der **Verschmelzung eines beschäftigungsstarken, bislang einem Mitbestimmungsgesetz unterfallenden Rechtsträgers auf eine neu gegründete Aktiengesellschaft, die bislang keine oder nur wenige Arbeitnehmer beschäftigt.** Die Verschmelzung im Wege der Aufnahme durch Übertragung des Vermögens als Ganzes auf den übernehmenden Rechtsträger (§ 2 S. 1 Nr. 1 UmwG) führt dazu, dass das mitbestimmte Unternehmen und hiermit sein Aufsichtsrat samt seinen sämtlichen Organmitgliedern erlischt (→ Rn. 90). Für neu gegründete Aktiengesellschaften gilt für die Frage der Zusammensetzung des (ersten) Aufsichtsrates § 30 Abs. 2 AktG, demzufolge hierfür „die Vorschriften über die Bestellung von Aufsichtsratsmitgliedern der Arbeitnehmer nicht anzuwenden [sind]". Die Amtszeit des ersten Aufsichtsrats endet in der Regel satzungsgemäß erst mit der Beendigung der Hauptversammlung, die über die Entlastung für das erste (Rumpf-)Geschäftsjahr beschließt (§ 30 Abs. 3 S. 1 AktG); diese Hauptversammlung muss in den ersten acht Monaten des folgenden Geschäftsjahres stattfinden (§ 120 Abs. 1 AktG). Hieraus folgt bei der Verschmelzung eines der Unternehmensmitbestimmung unterfallenen Unternehmens auf eine neu gegründete AG, dass die Arbeitnehmer der fusionierten Unternehmen von einer Mitbestimmung im Aufsichtsrat des übernehmenden Rechtsträgers für bis zu 20 Monate (bei Überschreitung der in § 120 Abs. 1 AktG geregelten Abhaltungsfrist für Hauptversammlungen sogar für längere Zeit) ausgeschlossen sind. Nach einer jüngst in der Literatur vertretenen Auffassung ist in solchen Fällen § 30 Abs. 2 AktG teleologisch in der Weise zu reduzieren, dass die Regelung des § 30 Abs. 2 AktG „nicht über den Zeitpunkt des Wirksamwerdens der Verschmelzung hinaus angewendet werden [darf]".[277] Diese teleologische Reduktion soll sich daraus ergeben, dass § 30 Abs. 2 AktG nur auf die Gründungsphase einer AG Anwendung finden sollte, diese aber mit der Verschmelzung eines der Mitbestimmung unterliegenden Unternehmens auf diese Gesellschaft endet; zudem sei dieser Sachverhalt mit dem in § 31 Abs. 1 AktG geregelten Sachverhalt vergleichbar. ME bedarf es einer solchen teleologische Reduktion von § 30 Abs. 2 AktG nicht, zumal die Konturierung sowohl der Ausnahmefälle als auch des Zeitpunktes des Normenaußerkrafttretens unbestimmt bleibt. Vielmehr gilt auch bei der Verschmelzung auf eine neu gegründete AG das in § 96 Abs. 2 AktG niedergelegte Kontinuitäts- oder Status Quo-Prinzip und die Verpflichtung des Vorstandes des übernehmenden Rechtsträgers, bei relevanter Sachverhaltsänderung ein aktienrechtliches Statusverfahren nach §§ 97–99 AktG einzuleiten (hierzu → Rn. 187 ff.). Erst nach Abschluss dieses Statusverfahrens ist die Zusammensetzung des Aufsichtsrats beim übernehmenden Rechtsträger zu ändern.

[276] Vgl. *Mengel* S. 409.

[277] So *Heither* DB 2008, 109 (110 ff., insb. 112) (Zusammenfassung).

Die nachfolgende Tabelle bietet einen Überblick über alle durch das Umwandlungsgesetz zugelassenen Verschmelzungsmöglichkeiten und ihre jeweilige Mitbestimmungsrelevanz auf den übernehmenden Rechtsträger (ohne SE):[278] 96

Auswirkungen der Verschmelzung auf die Unternehmensmitbestimmung (übernehmender Rechtsträger)

N = Mitbestimmungs*neutralität* Z = Mitbestimmungs*zuwachs* V = Mitbestimmungs*verlust*

übertragender Rechtsträger \ übernehmender oder neuer Rechtsträger		oHG/KG (nat. phG)/ PartG	Kapitalgesellschaft & Co. KG	GmbH	AG	KGaA	e.G.	e.V./ wirt. V.	VVaG	Gen. PrV.	nat. Person
1	oHG/KG (nat. phG)/PartG	N	N/Z	N/Z	N/Z	N/Z	N/Z	–	–	–	–
2	Kapitalgesellschaft & Co. KG	N/V	N/Z	N/Z	N/Z	N/Z	N/Z	–	–	–	–
3	GmbH	N/V	N/Z/V	N/Z	N/Z	N/Z	N/Z	–	–	–	V
4	AG	N/V	N/Z/V	N/Z/V	N/Z/V	N/Z/V	N/Z/V	–	–	–	V
5	KGaA	N/V	N/Z/V	N/Z/V	N/Z/V	N/Z/V	N/Z/V	–	–	–	V
6	e.G.	N/V	N/Z	N/Z	N/Z	N/Z	N/Z	–	–	–	–
7	e.V./wirt. V.	N	N/Z	N/Z	N/Z	N/Z	N/Z	N/Z	–	–	–
8	VVaG	–	–	–	N/Z	–	–	–	N/Z	–	–
9	Genossenschaftl. Prüfungsverband	–	–	–	–	–	–	–	–	N/Z	–

Zu keiner Änderung des Mitbestimmungsstatus des übernehmenden Rechtsträgers durch eine Verschmelzung kommt es dann, wenn Schwellenwerte (i) zur Arbeitnehmerzahl durch den Übergang der Vermögensgegenstände und (ii) zur Kapitalhöhe durch die bei der Verschmelzung regelmäßig notwendigen Kapitalerhöhung nicht überschritten werden und sich auch der tatsächlich ausgeübte Unternehmensgegenstand des übernehmenden Rechtsträgers nicht ändert.

Zu einem „Mitbestimmungszuwachs" kann es – und wird es häufig – dann kommen, wenn durch die Verschmelzung die **mitbestimmungsrelevante Arbeitnehmerzahl** des übernehmenden Rechtsträgers die Schwelle von 500 (DrittelbG), von 1.000 (MontanMitbestG) oder diejenigen von 2.000 Arbeitnehmern (MitbestG, MitbestErgG) übersteigt. 97

Beispiel F 28:

Die von Y allein gehaltene B-GmbH (200 Arbeitnehmer) wird auf die von X allein gehaltene A-GmbH (400 Arbeitnehmer) verschmolzen.

[278] Ähnliche Aufbereitung der mitbestimmungsrechtlichen Konsequenzen der Verschmelzung bei *Bartodziej* ZIP 1994, 580 (583). – Zur Verschmelzungsfähigkeit der SE Lutter/Hommelhoff/Teichmann/*Schmidt* SE-VO Art. 66 Rn. 8; *Kossmann/Heinrich* ZIP 2007, 164 jew. mwN.

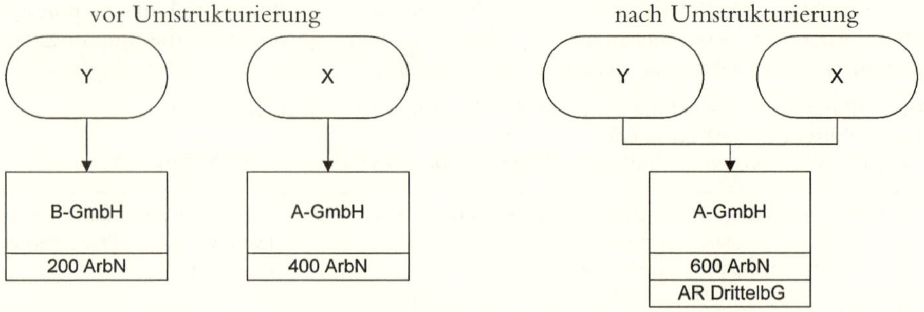

Mit Wirksamwerden der Verschmelzung gemäß § 20 Abs. 1 UmwG, also mit **Eintragung der Verschmelzung im Handelsregister** der übernehmenden A-GmbH (und nicht etwa mit dem handelsrechtlichen Verschmelzungsstichtag iSv § 5 Abs. 1 Nr. 6 UmwG),[279] gehen die ursprünglich bei der B-GmbH bestehenden Arbeitsverhältnisse auf die A-GmbH über (§ 324 UmwG iVm § 613a Abs. 1 BGB). Die mitbestimmungsrelevante Arbeitnehmerzahl bei der A-GmbH erhöht sich demnach von 400 auf 600, so dass bei ihr nun ein drittelparitätisch besetzter Aufsichtsrat zu bilden ist (§§ 1 Abs. 1 Nr. 3, 4 Abs. 1 DrittelbG). – Eine Variante zu **Beispiel F 28:** Beschäftigte die A-GmbH vor der Verschmelzung 1.900 Arbeitnehmer, so änderte sich der Mitbestimmungsstatus der A-GmbH ebenfalls, da sich die Bildung, Zusammensetzung und Befugnisse des Aufsichtsrates mit Wirksamwerden der Verschmelzung dann nach den Regelungen des MitbestG richten würden.

In beiden Varianten des **Beispiels F 28** lässt sich der Mitbestimmungszuwachs dadurch verhindern, dass X sämtliche Geschäftsanteile an der B-GmbH erwirbt, da eine Zurechnung der Arbeitnehmer der A-GmbH und der B-GmbH zu X nicht in Betracht kommt. Erwirbt hingegen die A-GmbH sämtliche Geschäftsanteile an der B-GmbH, so dass letztere eine 100%ige Tochtergesellschaft der ersteren wird, erfolgte (nur) in der zweiten Variante des Beispiels F 28 eine Zurechnung der Arbeitnehmer der B-GmbH zur A-GmbH gemäß § 5 Abs. 1 MitbestG; bei der A-GmbH wäre wie bei der Verschmelzung ein paritätisch besetzter Aufsichtsrat zu bilden.

98 In einem Sonderfall kann es durch eine Verschmelzung ausgelöste Erhöhung der mitbestimmungsrelevanten Arbeitnehmerzahl paradoxerweise auch zu einer Absenkung des Mitbestimmungsniveaus kommen: Wird ein Unternehmen auf die Komplementär-Kapitalgesellschaft einer Kapitalgesellschaft & Co. KG mit der Folge verschmolzen, dass die Arbeitnehmerzahl der Komplementär-Kapitalgesellschaft 500 überschreitet, unterfällt zwar die Komplementär-Kapitalgesellschaft jetzt selbst der drittelparitätischen Mitbestimmung nach dem DrittelbG, die zur Anwendung der paritätischen Unternehmensmitbestimmung führende Zurechnungsvorschrift des § 4 Abs. 1 MitbestG ist dann allerdings nicht mehr anwendbar. Es kommt damit praktisch zu einer Herabstufung von der paritätischen zur drittelparitätischen Mitbestimmung.[280]

99 Wesensmerkmal der Verschmelzung ist, dass die Gesellschafter des übertragenden Rechtsträgers Anteile am übernehmenden Rechtsträger erhalten (§§ 2, 5 Abs. 1 Nr. 2–5, 20 Abs. 1 Nr. 3 UmwG), regelmäßig also eine **Kapitalerhöhung bei dem übernehmenden Rechtsträger** erfolgen muss.[281] Wird hierdurch einer der im DrittelbG oder in den Montan-Mitbestimmungsgesetzen verankerten Schwellenwerte zur Kapitalhöhe überschritten, erhöht sich die zulässige Höchstzahl von Aufsichtsratsmitgliedern. Zur Erinnerung sei darauf hingewiesen, dass in diesen Fällen jedoch kein Zwang zur Erhöhung der Mitgliederzahl im Aufsichtsrat besteht (hierzu unter → Rn. 3 und 10).

[279] Vgl. Lutter/*Sagan* UmwG § 324 Rn. 12, 14.
[280] *Henssler* ZfA 2000, 241 (250): „Resultat einer klaren, wenn auch systemwidrigen gesetzlichen Vorgabe".
[281] Für Fälle der Verschmelzung ohne Kapitalerhöhung vgl. §§ 54, 68 UmwG.

Schließlich kann sich durch die Verschmelzung der **Unternehmensgegenstand** des übernehmenden Rechtsträgers oder das Gesamtgepräge des von ihm geführten Konzerns ändern, was wegen des in den Mitbestimmungsgesetzen verankerten Tendenzschutzes (zB Verschmelzung einer Verlagsgesellschaft auf eine Druckerei) und wegen der Sonderregelungen im Montan-Bereich zu einem Mitbestimmungszuwachs oder einem Mitbestimmungsverlust[282] führen kann.

Führt die Verschmelzung in ihrer Gesamtheit betrachtet zu einem Mitbestimmungsverlust, weil der mitbestimmte Aufsichtsrat des übertragenden Rechtsträgers wegfällt und keine mitbestimmungsrechtliche Kompensation beim übernehmenden Rechtsträger eintritt, weil dieser zB eine mitbestimmungsfreie Rechtsform besitzt, so nimmt der Gesetzgeber dies hin. Bei der Verschmelzung gibt es **keine mitbestimmungsrechtliche Sonderregelung wie in § 325 UmwG,** die eine Beibehaltung des Mitbestimmungsstatus des übertragenden Rechtsträgers über einen bestimmten Zeitraum vorsieht. Die Vorschrift kann auch nicht entsprechend angewendet werden, da bei der Verschmelzung der übertragende Rechtsträger gerade erlischt und damit nicht als Anknüpfungspunkt für die Mitbestimmungsbeibehaltung in Betracht kommt.[283] Eine Erstreckung des bisher beim übertragenden Rechtsträger bestehenden Mitbestimmungsstatus auf übernehmende Rechtsträger ist gesetzlich nirgends vorgesehen. Der Fortfall der Unternehmensmitbestimmung durch Verschmelzung (zB auf einen Unternehmensträger mit mitbestimmungsfreier Rechtsform) wird in der Praxis auch nicht unter dem Gesichtspunkt des **Rechtsmissbrauchs** oder der Gesetzesumgehung zu verhindern sein, es sei denn, der Gesamtheit der Anteilseigner des übertragenden Rechtsträgers könnte nachgewiesen werden, dass die Umstrukturierung ausschließlich der Mitbestimmungsflucht dient und im Übrigen wider alle wirtschaftliche Vernunft ist.[284] 100

b) Anwachsung im Personengesellschaftsrecht

Im Bereich der Personengesellschaften nutzt die **Praxis** häufig das Anwachsungsprinzip (§ 738 Abs. 1 S. 1 BGB analog), um die Wirkungen einer Verschmelzung oder eines Rechtsformwechsels zu erreichen, ohne dabei die umwandlungsgesetzlichen Vorschriften (insbesondere Gläubiger- und Arbeitnehmerschutz!) einhalten zu müssen. Treten nämlich alle Gesellschafter mit Ausnahme eines von ihnen aus einer Personengesellschaft aus (oder übertragen sie ihre Anteile auf einen Mitgesellschafter), so wächst das Gesamthandvermögen der Personengesellschaft automatisch und kraft Gesetzes im Wege der Gesamtrechtsnachfolge bei dem verbleibenden „letzten" Gesellschafter an.[285] Die Personengesellschaft erlischt und mit ihr ihre Organe. Dabei erfasst die Gesamtrechtsnachfolge – im Regelfall – auch alle vertraglichen Beziehungen zu Dritten, Verbindlichkeiten, gesellschaftsrechtlichen Beteiligungen und – mit weiteren Einschränkungen – öffentlich-rechtlichen Rechts- und Pflichtenpositionen.[286] Aus steuerlichen Gründen ist es übrigens ratsam, dass die Gesellschafter nicht lediglich aus der Personengesellschaft austreten, sondern dass sie ihren Personengesellschaftsanteil auf den „letzten" Gesellschafter übertragen und hierfür Anteile an diesem Gesellschafter erhalten (sog. erweitertes Anwachsungsmodell), da in diesem Fall 101

[282] Hierzu *Henssler* ZfA 2000, 241 (249).

[283] Vgl. Lutter/*Sagan* UmwG § 325 Rn. 19; *Kallmeyer* ZIP 1994, 1746 (1757); *Wlotzke* DB 1995, 40 (47); *Kreßel* BB 1995, 925 (926).

[284] Vgl. OLG Naumburg 6.2.1997 – 7 U 236/96, WiB 1997, 864 mAnm *Trölitzsch* [Formwechsel von AG in GmbH mit Wegfall der Unternehmensmitbestimmung ist nicht missbräuchlich]; *Mengel* Umwandlungen S. 404.

[285] Zur Dogmatik der An- und Abwachsung *K. Schmidt* GesR § 45 II 2–5, S. 1316 und § 8 IV 2, S. 207; *Seibt* FS Röhricht, 2005, 603; vgl. auch BGH 9.7.1968 – V ZR 80/66, NJW 1968, 1964; MüKoBGB/*Ulmer* § 730 Rn. 81f.

[286] Hierzu ausführlich *Seibt* FS Röhricht, 2005, 603 (610); MHdb GesR II/*Schulte/Hushahn* § 37 Rn. 8ff.

keine im Gesellschaftsvermögen liegenden stillen Reserven aufgelöst und versteuert werden müssen (§ 20 UmwStG).[287]

102 Besondere Bedeutung hat das Anwachsungsmodell in der Praxis bei der **Verschmelzung** (im untechnischen Sinne) einer GmbH & Co. KG auf ihren alleinigen Kommanditisten und beim **Formwechsel** (im untechnischen Sinne) **einer GmbH & Co. KG in eine GmbH.** Mitbestimmungsrelevant können beide Fälle sein.

Beispiel F 29:

An der A-GmbH & Co. KG (2.200 Arbeitnehmer) ist die A & Söhne oHG als alleiniger Kommanditist und die A-Verwaltungs GmbH als alleinige Komplementärin beteiligt; bei der arbeitnehmerlosen A-Verwaltungs GmbH, die am Vermögen der A-GmbH & Co. KG nicht beteiligt ist, ist wiederum die A & Söhne oHG Alleingesellschafter (sog. beteiligungsidentische GmbH & Co.). Bei der A-Verwaltungs GmbH ist wegen der Mehrheitskongruenz zwischen Kommanditgesellschaft und Komplementär-GmbH ein paritätisch besetzter Aufsichtsrat eingerichtet (§§ 1 Abs. 1, 4 Abs. 1 MitbestG). Tritt die A-Verwaltungs GmbH nun aus der Kommanditgesellschaft aus, so wächst das Gesellschaftsvermögen der A-GmbH & Co. KG automatisch und kraft Gesetzes im Wege der Gesamtrechtsnachfolge bei der A & Söhne oHG an (§ 738 Abs. 1 S. 1 BGB analog iVm §§ 161 Abs. 2, 105 Abs. 2 HGB). Die arbeitnehmerlose A-Verwaltungs GmbH bleibt zwar bestehen, jedoch sind die Voraussetzungen für eine Arbeitnehmerzurechnung mit der Folge weggefallen, dass bei dieser kein (mitbestimmter) Aufsichtsrat mehr zu bilden ist. Bei der A & Söhne oHG als Personengesellschaft scheidet eine Unternehmensmitbestimmung von vornherein aus.

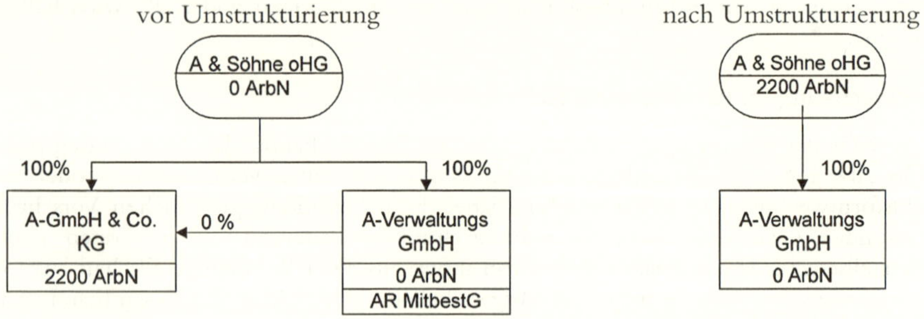

Beispiel F 30:

Wie Beispiel F 29, die A & Söhne oHG möchte jedoch die A-GmbH & Co. KG in die Rechtsform der GmbH wechseln. Hierzu überträgt die A & Söhne oHG ihren Kommanditanteil an der A-GmbH & Co. KG auf die A-Verwaltungs GmbH gegen Gewährung eines neuen (Minimal-) Geschäftsanteils an der A-Verwaltungs GmbH (sog. erweitertes Anwachsungsmodell, § 20 UmwStG). Hierdurch „kollabiert" die A-GmbH & Co. KG, da an ihr nur noch ein Gesellschafter, nämlich die A-Verwaltungs GmbH, beteiligt ist. Das Gesellschaftsvermögen der A-GmbH & Co. KG wächst der A-Verwaltungs GmbH automatisch und kraft Gesetzes im Wege der Gesamtrechtsnachfolge an. Am Mitbestimmungsstatus der A-Verwaltungs GmbH ändert sich nichts, wenngleich nun der paritätisch besetzte Aufsichtsrat seine gesetzliche Grundlage direkt in § 1 Abs. 1 MitbestG findet und es der Sonderzurechnungsnorm des § 4 Abs. 1 MitbestG nicht mehr bedarf. – Ein Mitbestimmungszuwachs ergäbe sich in dem Fall, in dem die A-GmbH & Co. KG weniger als 2.000 Arbeitnehmer beschäftigte, da in diesem Fall sowohl die Kommanditgesellschaft als auch die Komplementär-GmbH mitbestimmungsfrei gewesen wären, nach der Anwachsung des Gesellschaftsvermögens der Kommanditgesellschaft bei der A-Verwaltungs GmbH bei der GmbH

[287] Vgl. Lutter/*Hoger* UmwG § 190 Rn. 15; *Schmitt*/Hörtnagl/Stratz UmwStG § 20 Rn. 195; aA DPM/*Patt* UmwStG § 20 Rn. 6.

indes ein drittelparitätisch zu besetzender Aufsichtsrat gemäß §§ 1 Abs. 1 Nr. 3, 4 Abs. 1 DrittelbG eingerichtet werden müsste.

c) Quasi-Fusion durch Einzelrechtsübertragungen

Das wirtschaftliche Ergebnis einer Verschmelzung kann auch dadurch erreicht werden, dass sämtliche zu einem Rechtsträger gehörenden Vermögensgegenstände auf einen anderen gegen Gewährung von Anteilen an diesem übertragen werden (Quasi-Fusion als Einbringungsvorgang).[288] Das Umwandlungsgesetz mit seinen verschmelzungsrechtlichen Vorschriften sperrt diese **Gestaltungsvariante** nicht und unterwirft sie auch nicht seinen Regeln; eine Ausstrahlungswirkung der verschmelzungsrechtlichen Vorschriften auf die Quasi-Fusion findet nur ausnahmsweise statt.[289] Dennoch wählt die Praxis selten den Weg der Quasi-Fusion durch Einzelrechtsübertragungen, da für die Übertragung von Verbindlichkeiten, Vertragsverhältnissen und häufig auch Gesellschaftsbeteiligungen die Zustimmung der Vertragspartner, Gläubiger und Mitgesellschafter erforderlich ist (vgl. insbesondere §§ 414, 415 BGB); auch steuerlich kann die Gestaltung als Quasi-Fusion gegenüber der Verschmelzungsvariante nachteilhaft sein (zB kein Übergang von Verlustvorträgen). 103

In mitbestimmungsrechtlicher Hinsicht kann grundsätzlich auf die bereits unter → Rn. 89 ff. behandelten Verschmelzungsfälle verwiesen werden. Dem in erster Linie gesellschaftsrechtlichen und steuerrechtlichen Merkmal der Gewährung von Anteilen an der übernehmenden Gesellschaft kommt insbesondere im Verhältnis zu sonstigen Erwerbs- und Veräußerungsvorgängen mit anderen Gegenleistungen (insbesondere Geld) eigenständige mitbestimmungsrechtliche Relevanz lediglich im Hinblick auf Konzernfragen zu, da durch diese besondere Art der Gegenleistung Konzernverhältnisse mit dem übertragenden Rechtsträger begründet und mit dem übernehmenden Rechtsträger beendet werden können.

8. Innerstaatliche übertragende Umwandlungen: Spaltung

Ziel von Unternehmensumstrukturierungen ist es häufig, einzelne Vermögensgegenstände (idealtypischerweise Betriebe oder Teilbetriebe/Betriebsteile) von einem Rechtsträger auf einen anderen, hierdurch entstehenden oder bereits existierenden, Rechtsträger zu übertragen. Die Motivlage der Unternehmen und ihrer Gesellschafter für derartige Spaltungen (im untechnischen Sinne) ist vielgestaltig. Das Umstrukturierungsvorhaben mag zB davon geleitet sein, eine Holding-Konzernstruktur durch Ausgliederung operativer Geschäftsbereiche in nachgelagerte Tochtergesellschaften zu schaffen, ein Einheitsunternehmen in rechtlich verselbständigte und eigenverantwortlich am Markt auftretende *Profitcenter* aufzuteilen, veräußerungsfähige Rechtseinheiten zu schaffen oder Gesellschaftergruppen zu trennen und ihnen unterschiedliche Unternehmensbereiche zuzuteilen.[290] 104

Die Trennung von Vermögensmassen kann entweder durch das im Umwandlungsgesetz geregelte Rechtsinstitut der Spaltung im Wege der partiellen Gesamtrechtsnachfolge (hierzu → Rn. 105 ff.) oder im Wege von Einzelrechtsübertragungen nach allgemeinem Zivilrecht (hierzu → Rn. 130 f.) erfolgen. Das mit dem Umwandlungsgesetz eingeführte **Rechtsinstitut der Spaltung entwickelt keine Sperrwirkung** gegenüber wirtschaftlich vergleichbaren Sachverhalten der Einzelrechtsübertragung, und grundsätzlich strahlen die umwandlungsrechtlichen Spaltungs- und Vermögensübertragungsvorschriften auch nicht auf im Wege von Einzelrechtsübertragungen durchgeführte Umstrukturierungsmaßnahmen aus.[291] Die Entscheidung, welche Gestaltungsmaßnahme im konkreten Einzelfall den

---

[288] Vgl. zB Lutter/*Drygala* UmwG § 1 Rn. 52.
[289] Hierzu ausführlich zB *Reichert* ZHR Beiheft 68 (1999), 25.
[290] Für einen Überblick von Spaltungszwecken vgl. zB Lutter/*Lieder* UmwG § 123 Rn. 4 ff.
[291] Hierzu ausführlich zB *Reichert* ZHR Beiheft 68 (1999), 25 ff.; *Priester* ZHR 1999, 187; *Riegen*Gesellschafterschutz passim.

Interessen der beteiligten Rechtsträger und ihrer jeweiligen Gesellschafter am besten entspricht, ist nur anhand einer sorgfältigen Prüfung aller zivilrechtlichen, gesellschaftsrechtlichen, öffentlich-rechtlichen, steuerrechtlichen und nicht zuletzt auch arbeits- und mitbestimmungsrechtlichen Aspekte der **Gestaltungsaufgabe** zu treffen. Eine grob vereinfachende „Daumenregel" besagt, dass eine Teilung einer Vermögensmasse im Wege der im Umwandlungsgesetz geregelten Spaltung nur dann erfolgen sollte, wenn wesentliche Vertragsverhältnisse, Verbindlichkeiten und Gesellschaftsbeteiligungen übertragen werden sollen, bei denen eine Zustimmung zur Übertragung durch die Vertragspartner, Gläubiger oder Mitgesellschafter nicht zu erwarten ist, oder wenn Verlustvorträge mit den Vermögensgegenständen übertragen werden sollen. Auch im Hinblick auf die mitbestimmungsrechtlichen Auswirkungen einer Spaltung (im untechnischen Sinne) kann es sich wegen der Sonderregelung in § 325 Abs. 1 UmwG, die ausschließlich auf die Trennung einer Vermögensmasse im Wege der Abspaltung (§ 123 Abs. 2 UmwG) oder Ausgliederung (§ 123 Abs. 3 UmwG) Anwendung findet und auf sonstige Spaltungsvorgänge (im untechnischen Sinne) nicht entsprechend anzuwenden ist, empfehlen, den Weg der Einzelrechtsübertragungen zu wählen.[292]

Auf welchem rechtstechnischen Weg die Trennung einer Vermögensmasse auch bewerkstelligt wird, es sind hieran mindestens zwei Unternehmensträger beteiligt. Daher ist bei der Untersuchung der mitbestimmungsrechtlichen Auswirkungen einer Spaltung immer zwischen den bei dem übertragenden Rechtsträger einerseits und dem bzw. den übernehmenden Rechtsträger(n) andererseits eintretenden Konsequenzen strikt zu trennen.

a) Spaltung nach Umwandlungsgesetz

105 Die mit dem Umwandlungsgesetz (§§ 123–173 UmwG) allgemein eingeführte Möglichkeit, Vermögensteile als Gesamtheit im Wege der partiellen Gesamtrechtsnachfolge zu übertragen,[293] hat – entgegen landläufiger Meinung – **keine wesentlich neuen Gestaltungsmöglichkeiten für eine „Flucht aus der Mitbestimmung"** geschaffen, sondern die an sich schon früher bestehende Möglichkeit der Teilung von Unternehmen rechtstechnisch erleichtert, insbesondere durch die Ersetzung der ansonsten bestehenden Zustimmungsvorbehalte zugunsten von Vertragspartnern, Gläubigern und Mitgesellschaftern zur Übertragung von Vertragsverhältnissen, Verbindlichkeiten und Gesellschaftsbeteiligungen durch ein andersartiges gläubiger- und drittschützendes System (zB gesamtschuldnerische Haftung der an der Spaltung beteiligten Rechtsträger; Anspruch auf Sicherheitsleistung).[294] Daher war es aus rechtsdogmatischer Sicht konsequent, dass der Regierungsentwurf eines Umwandlungsgesetzes (sowie die BMJ-Vorentwürfe) keine besondere rechtliche Absicherung der Unternehmensmitbestimmung für die Fälle der Spaltung nach dem UmwG vorsah. In der – insoweit besonders klaren – Begründung zum Referentenentwurf (vom 15.4.1992) des UmwG heißt es im Hinblick auf die mitbestimmungsrechtlichen Folgen der Spaltung dann auch wie folgt:[295]

> „Bei den drei Arten der Spaltung können die für die Mitbestimmung entscheidenden Grenzen der Arbeitnehmerzahl – 500 oder 2.000 Arbeitnehmer – durch die Teilung unterschritten werden, so dass es zum Wegfall der Mitbestimmung oder zu einer geringeren Vertretung im Auf-

---

[292] Vgl. Kallmeyer/*Sickinger* UmwG § 123 Rn. 18; hierzu ausführlich unter → Rn. 130f.

[293] Der Gesetzgeber hatte bereits 1991 für besondere Anwendungsbereiche das Rechtsinstitut der Spaltung eingeführt, nämlich durch das Gesetz über die Spaltung der von der Treuhand verwalteten Unternehmen vom 5.4.1991 (BGBl. I S. 854; siehe dazu zB *Ganske* DB 1991, 791; *Mayer* DB 1991, 1609; *Oetker* VersR 1992, 7; *Rosener* FS Semler, 1994, 594) und durch §§ 4ff. des Landwirtschaftsanpassungsgesetzes idF der Bekanntmachung vom 3.7.1991 (Teilung der sog. landwirtschaftlichen Produktionsgenossenschaften) (BGBl. I S. 1418).

[294] So auch *Bartodziej* ZIP 1994, 580 (582 und 583).

[295] RefE UmwG, BAnz. Nr. 112a vom 20.6.1992, Teil B S. 17; fast wortgleich *Neye*, UmwG-UmwStG, 2. Aufl. 1995, S. 93 – Begr. RegE, Allgemeine Begründung V. 1. b).

sichtsrat eines Unternehmens kommt, wenngleich dies für die Anwendung des Mitbestimmungsgesetzes 1976 wegen der Zurechnung der Arbeitnehmer von Tochterunternehmen aufgrund der Konzernklausel in § 5 dieses Gesetzes nur selten Bedeutung haben wird. (...) Die Spaltung wird, wenn sie von Unternehmen im Wege der Einzelübertragung von Rechten und der Einzelübernahme von Verbindlichkeiten durchgeführt wird, schon jetzt steuerlich wie eine Verschmelzung begünstigt. Damit ist aber der entscheidende Anreiz für Unternehmensteilungen bereits gegeben; die gesellschaftsrechtliche Zulassung schafft nur die erforderliche rechtliche Klarheit für diese Vorgänge. (...) Der Entwurf nimmt deshalb die Möglichkeit, dass es gelegentlich in einem Einzelfall zu einer Minderung von Mitbestimmungsrechten kommen kann, in Kauf. Diese Möglichkeit beruht auf den historisch zu erklärenden Unterschieden in den Regelungen der Mitbestimmung. Diese dürfen aber schon aus gesamtwirtschaftlichem Interesse nicht dazu führen, dass deutschen Unternehmen und Unternehmensverbindungen die bestmögliche Gestaltung ihrer Struktur nach wirtschaftlichen Notwendigkeiten verwehrt bleibt, obwohl diese Gestaltungsmöglichkeiten den Unternehmen anderer Staaten, insbesondere den Mitgliedsstaaten der Europäischen Gemeinschaft, zur Verfügung stehen."

Dennoch ist letztlich auf Druck der Gewerkschaften und der SPD-Bundestagsfraktion im Vermittlungsausschuss mit § 325 Abs. 1 UmwG eine Sonderbestimmung zur zeitlich begrenzten Absicherung für Unternehmensmitbestimmung beim übertragenden Rechtsträger vereinbart und gesetzlich eingefügt worden (hierzu ausführlich unter → Rn. 118 ff.).[296]

Eine umfassende Analyse der mitbestimmungsrechtlichen Folgen einer nach Maßgabe der umwandlungsrechtlichen Vorschriften erfolgten Spaltung muss in dreierlei Weise differenzieren: Zunächst ist zwischen den drei gesetzlich geregelten **Spaltungsarten** (Aufspaltung; Abspaltung; Ausgliederung) zu unterscheiden. Innerhalb dieser Kategorien ist weiter zwischen den **Auswirkungen beim übertragenden und den übernehmenden Rechtsträgern** abzuschichten. Schließlich ist bei den die aufnehmenden Rechtsträger betreffenden Konsequenzen danach zu unterscheiden, ob es sich bei diesen um durch die Spaltung erst entstehende Rechtsträger **(Spaltung zur Neugründung)** oder bereits existierende Rechtsträger **(Spaltung zur Aufnahme)** handelt. Wegen des insoweit zu beachtenden hohen Differenzierungsgrades verbieten sich alle Pauschalaussagen über *die* Folgen der Spaltung auf die Unternehmensmitbestimmung. Wenngleich beim übertragenden Rechtsträger in der Praxis eher eine Abschwächung und bei den übernehmenden Rechtsträgern eher eine Anhebung des mitbestimmungsrechtlichen Status eintreten wird, ist doch in jedem konkreten Einzelfall genau zu prüfen, welche Auswirkungen die Spaltung auf die mitbestimmungsrelevanten Parameter bei den betroffenen Unternehmen haben. Ob es bei den übertragenden und bei den übernehmenden Rechtsträgern zu einem Mitbestimmungsverlust oder zu einem Mitbestimmungszuwachs kommt oder ob der Vorgang als mitbestimmungsneutral zu charakterisieren ist, wird vor allem von der Rechtsform der betroffenen Unternehmensträger, dem Umfang der mit den Vermögensgegenständen übergehenden Arbeitsverhältnisse (und dem Eingreifen von Konzernzurechnungsnormen) sowie von den durch die Spaltung entstehenden tatsächlichen Unternehmensgegenständen abhängen. Die beiden nachfolgenden Tabellen machen augenscheinlich, dass tatsächlich in den meisten Spaltungsfällen die mitbestimmungsrechtlichen Konsequenzen im besonderen Maße von den Gegebenheiten des Einzelfalls abhängen (ohne SE):[297] 106

[296] Zur Gesetzgebungsgenese ausführlich *Schupp*, Mitbestimmungsbeibehaltung, S. 29 Fn. 3 und S. 246 ff.

[297] Ähnliche Aufbereitung der mitbestimmungsrechtlichen Konsequenzen der Spaltung (jedoch ohne Differenzierung zwischen übertragendem und aufnehmenden Rechtsträgern) bei *Bartodziej* ZIP 1994, 580 (584). – Zur Spaltungsfähigkeit der SE Lutter/Hommelhoff/Teichmann/*Schmidt* SE-VO Art. 66 Rn. 8; *Kossmann/Heinrich* ZIP 2007, 164 (167), jew. mwN.

107 **Auswirkungen der Abspaltung/Ausgliederung auf die Unternehmensmitbestimmung (übertragender Rechtsträger)**

N = Mitbestimmungs*neutralität* Z = Mitbestimmungs*zuwachs* V = Mitbestimmungs*verlust*

	übertragender Rechtsträger \ übernehmender oder neuer Rechtsträger	oHG/KG (nat phG/PartG)	Kapitalgesellschaft & Co. KG	GmbH	AG	KGaA	e.G.	e.V.	VVaG	Gen. PrV.
1	oHG/KG (nat. phG)/PartG	N	N	N	N	N	N	–	–	–
2	Kapitalgesellschaft & Co. KG	N/Z/V	N/Z/V	N/Z/V	N/Z/V	N/Z/V	N/Z/V	–	–	–
3	GmbH	N/Z/V	N/Z/V	N/Z/V	N/Z/V	N/Z/V	N/Z/V	–	–	–
4	AG	N/Z/V	N/Z/V	N/Z/V	N/Z/V	N/Z/V	N/Z/V	–	–	–
5	KGaA	N/Z/V	N/Z/V	N/Z/V	N/Z/V	N/Z/V	N/Z/V	–	–	–
6	e.G.	N/Z/V	N/Z/V	N/Z/V	N/Z/V	N/Z/V	N/Z/V	–	–	–
7	e.V./wirt. V.	N/Z/V	N/Z/V	N/Z/V	N/Z/V	N/Z/V	N/Z/V	N/Z/V	–	–
8	VVaG	–	–	N/Z/V	N/Z/V	N/Z/V	–	–	N/Z/V	–
9	Genossenschaftl. Prüfungsverband	–	–	N	N	N	–	–	–	N
10	Einzelkaufmann	N	N	N	N	N	N	–	–	–
11	Stiftung	N	N	N	N	N	–	–	–	–
12	Gebietskörperschaft	N	N	N	N	N	N	–	–	–

Auswirkungen der Spaltung auf die Unternehmensmitbestimmung (übernehmender Rechtsträger)

N = Mitbestimmungs*neutralität* Z = Mitbestimmungs*zuwachs* V = Mitbestimmungs*verlust*

	übertragender Rechtsträger \ übernehmender oder neuer Rechtsträger	oHG/KG (nat. phG)/PartG	Kapitalgesellschaft & Co. KG	GmbH	AG	KGaA	e.G.	e.V.	VVaG	Gen. PrV.
1	oHG/KG (nat. phG)/PartG	N	N/Z/V	N/Z/V	N/Z/V	N/Z/V	N/Z/V	–	–	–
2	Kapitalgesellschaft & Co. KG	N	N/Z/V	N/Z/V	N/Z/V	N/Z/V	N/Z/V	–	–	–
3	GmbH	N	N/Z/V	N/Z/V	N/Z/V	N/Z/V	N/Z/V	–	–	–
4	AG	N	N/Z/V	N/Z/V	N/Z/V	N/Z/V	N/Z/V	–	–	–

übertragender Rechtsträger \ übernehmender oder neuer Rechtsträger		oHG/ KG (nat. phG)/ PartG	Kapitalgesellschaft & Co. KG	GmbH	AG	KGaA	e.G.	e.V.	VVaG	Gen. PrV.
5	KGaA	N	N/Z/V	N/Z/V	N/Z/V	N/Z/V	N/Z/V	–	–	–
6	e.G.	N	N/Z/V	N/Z/V	N/Z/V	N/Z/V	N/Z/V	–	–	–
7	e.V./wirt. V.	N	N/Z/V	N/Z/V	N/Z/V	N/Z/V	N/Z/V	N/Z/V	–	–
8	VVaG	–	–	N/Z/V	N/Z/V	N/Z/V	–	–	N/Z/V	–
9	Genossenschaftl. Prüfungsverband	–	–	N/Z/V	N/Z/V	N/Z/V	–	–	–	N/Z/V
10	Einzelkaufmann	N	N/Z/V	N/Z/V	N/Z/V	N/Z/V	N/Z/V	–	–	–
11	Stiftung	N	N/Z/V	N/Z/V	N/Z/V	N/Z/V	–	–	–	–
12	Gebietskörperschaft	N	N/Z/V	N/Z/V	N/Z/V	N/Z/V	N/Z/V	–	–	

Wie bei den anderen im Umwandlungsgesetz geregelten Umwandlungsarten sind die **mitbestimmungsrechtlichen Folgen** für *alle* an der Spaltung beteiligten Rechtsträger **im Spaltungsplan bzw. Spaltungsvertrag** gemäß § 126 Abs. 1 Nr. 11 UmwG zu bezeichnen.[298]

aa) Aufspaltung. Bei der Aufspaltung eines Rechtsträgers iSv § 123 Abs. 1 UmwG wird dessen gesamtes Vermögen auf mindestens zwei neue Rechtsträger übertragen, der sich aufspaltende Rechtsträger wird aufgelöst und erlischt mit der Eintragung der Spaltung in seinem Handelsregister (§ 131 Abs. 1 Nr. 1 UmwG); die Anteilsinhaber des übertragenden Rechtsträgers erhalten Anteile der übernehmenden Rechtsträger (§ 131 Abs. 1 Nr. 3 UmwG). Wie bei der Verschmelzung ist es Wesensmerkmal der Aufspaltung, dass der übertragende Rechtsträger mit Wirksamwerden der Spaltung erlischt und damit auch seine Organe wegfallen. Insoweit kann bei einer isolierten Betrachtung der **mitbestimmungsrechtlichen Folgen der Aufspaltung beim übertragenden Rechtsträger** immer nur ein Mitbestimmungsverlust eintreten, und zwar geschieht dies notwendigerweise deshalb, weil der etwa beim übertragenden Rechtsträger bestehende Aufsichtsrat als Substrat der Unternehmensmitbestimmung wegfällt. 108

Die **mitbestimmungsrechtlichen Auswirkungen der Aufspaltung auf die übernehmenden Rechtsträger** (mindestens zwei) sind für jeden der übernehmenden Rechtsträger gesondert zu prüfen und hängen häufig davon ab, ob sie bei der Aufspaltung bereits existierten (Aufspaltung zu Aufnahme; § 123 Abs. 1 Nr. 1 UmwG) oder ob sie durch die Aufspaltung erst gegründet werden (Aufspaltung zur Neugründung; § 123 Abs. 1 Nr. 2 UmwG). Die Aufspaltung zur Aufnahme kann für den übernehmenden Rechtsträger – in Abhängigkeit von den tatsächlichen Gegebenheiten bei diesem Unternehmen – zu Mitbestimmungszuwächsen (insbesondere wegen einer Erhöhung der Arbeitnehmerzahl) und selten auch zu Mitbestimmungsverlusten (zB bei Änderung des Gesamtgepräges des Unternehmens hin zu einem Tendenzunternehmen) führen, häufig wird die Umstrukturierungsmaßnahme jedoch auch mitbestimmungsneutral sein. Die Aufspaltung zur Neugrün-

[298] Vgl. Lutter/*Priester* UmwG § 126 Rn. 76ff.

dung kann hingegen definitionsgemäß **nie** zu einem **Mitbestimmungsverlust** führen, da der aufnehmende Rechtsträger vor der Umstrukturierungsmaßnahme noch gar nicht existierte und damit der Unternehmensmitbestimmung nicht unterfallen konnte; der Mitbestimmungsverlust beim übertragenden Rechtsträger muss aber nicht zwangsläufig durch Mitbestimmungszuwächse bei dem aufnehmenden, durch die Aufspaltung gegründeten Rechtsträger kompensiert werden.

109 **Beispiel F 31:**

Die X-Familien KG (mit einer natürlicher Person als alleinigem Komplementär) hält sämtliche Geschäftsanteile an der A-Autovermietungs GmbH (2.100 Arbeitnehmer), deren Autovermietungsgeschäft regional organisiert und durch sieben Regional-Geschäftsleitungen geführt wird. Bei der A-Autovermietungs GmbH besteht ein paritätisch mitbestimmter Aufsichtsrat (§ 1 Abs. 1 MitbestG). Um den regional unterschiedlichen Wettbewerbsbedingungen besser Rechnung zu tragen und insbesondere auch die jeweiligen Regional-Geschäftsleitungen an ihrem wirtschaftlichen Erfolg zu beteiligen (und zwar über eine gesellschaftsrechtliche Beteiligung), entschließt sich die X-Familien KG, die A-Autovermietungs GmbH in sieben, durch die Aufspaltung entstehende Regionalgesellschaften in der Rechtsform der GmbH mit jeweils etwa 300 bis 320 Arbeitnehmern aufzuspalten (Aufspaltung zur Neugründung iSv § 123 Abs. 1 Nr. 2 UmwG). Der paritätisch mitbestimmte Aufsichtsrat bei der A-Autovermietungs GmbH fällt mit Erlöschen des Rechtsträgers, also mit Wirksamwerden der Aufspaltung, weg. Bei keiner der sieben Regional-Gesellschaften ist ein (mitbestimmter) Aufsichtsrat zu bilden, da die mitbestimmungsgesetzlichen Arbeitnehmerschwellen von 500 bzw. 2.000 Arbeitnehmern nicht überschritten werden. Die X-Familien KG ist wegen ihrer Rechtsform sowieso mitbestimmungsfrei.

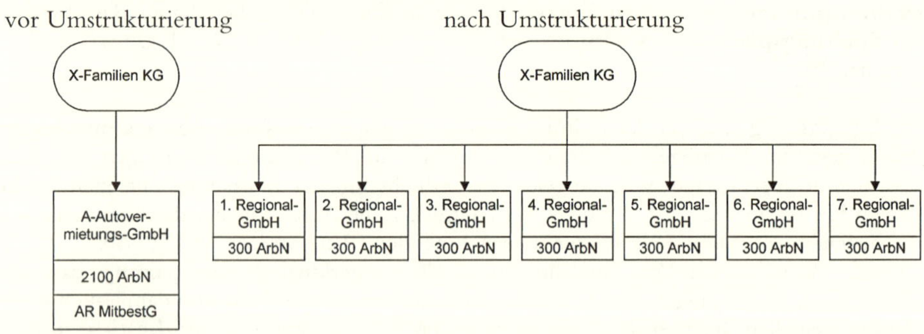

Selbstverständlich kann es durch eine Aufspaltung nicht nur zu einem – in einer Gesamtbetrachtung so erscheinenden – vollständigen Mitbestimmungsverlust **(Beispiel F 31)**, sondern auch lediglich zu einer **Absenkung des Mitbestimmungsniveaus** (zB von der paritätischen Mitbestimmung nach dem MitbestG zur drittelparitätischen Mitbestimmung nach dem DrittelbG) oder zu einer Absenkung der Höchstmitgliederzahl im Aufsichtsrat (vgl. § 7 Abs. 1 MitbestG) kommen. Schließlich kann die Aufspaltung auch zu einer Trennung eines dem **Tendenzschutz** unterfallenden Unternehmensbereiches von dem überwiegenden, nicht-tendenzbezogenen Unternehmensbereich führen.

110 **Beispiel F 32:**

Die A-Druck- und Verlagshaus GmbH (2.500 Arbeitnehmer) betreibt sowohl mehrere Akzidenzdruckereien, die insgesamt 1.800 Arbeitnehmer beschäftigen und überwiegend Fremdaufträge ausführen, als auch einen Zeitungsverlag, der mit 700 Arbeitnehmern eine Tageszeitung mit zwei Anzeigenblättern herausgibt und vertreibt. Da das Gesamtgepräge der A-Druck- und Verlagshaus GmbH nicht tendenzbezogen ist, wie sich auch aus den quantitativen Kriterien Umsatz, Ertrag und Arbeitnehmerzahl ergibt, hat die Gesellschaft einen paritätisch besetzten Aufsichtsrat gebildet (§ 1 Abs. 1 MitbestG). Langfristig möchten sich die alleinigen Gesellschafter, die Familie A, von dem Druckereibereich trennen und spalten daher die A-Druck- und Verlagshaus GmbH auf und übertragen die zum Druckereibereich gehörenden Vermögensbestandteile auf die D-Druckerei GmbH und die zum Verlagsbereich gehörenden Vermögensgegenstände auf die V-Verlag GmbH. Bei der D-Druckerei GmbH ist ein drittelparitätischer Aufsichtsrat zu bilden (§§ 1 Abs. 1 Nr. 3, 4 Abs. 1 DrittelbG), die V-Verlag GmbH bleibt wegen der Tendenzschutzbestimmung des § 1 Abs. 2 S. 1 Nr. 2 DrittelbG mitbestimmungsfrei.

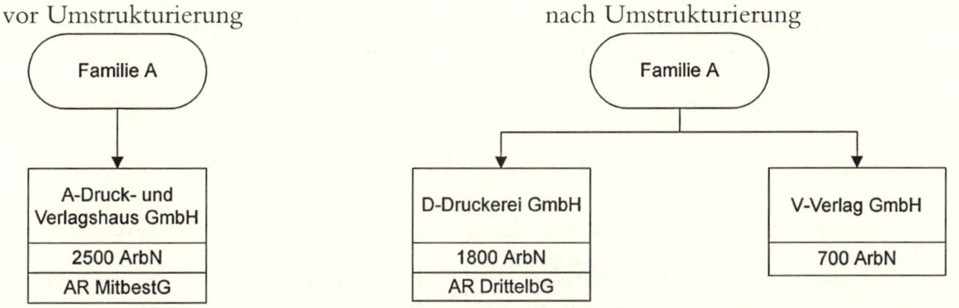

Wird im **Beispiel F 32** die A-Druck- und Verlagshaus GmbH nun in der Weise aufgespalten, dass der dem Tendenzschutz unterfallende Verlagsbereich auf einen bereits existierenden nicht-tendenzbezogenen Rechtsträger (mit mitbestimmtem Aufsichtsrat) aufgespalten wird, kann es bei diesem übernehmenden Rechtsträger trotz (oder gerade wegen!) des Übergangs von 700 Arbeitsverhältnissen zu einem Mitbestimmungsverlust kommen, wenn das Gesamtgepräge des Unternehmensgegenstandes dieses Rechtsträgers hierdurch Tendenzschutzcharakter erhält.

Dem – in einer Gesamtbetrachtung so erscheinenden – Verlust der Unternehmensmit- 111
bestimmung steht **keine Vorschrift zur Mitbestimmungsbeibehaltung** entgegen, insbesondere greift § 325 Abs. 1 UmwG (→ Rn. 118 ff.) nicht ein. Diese Vorschrift ist wegen des insoweit eindeutigen Wortlauts und vor dem Hintergrund der Gesetzgebungsgeschichte auch nicht entsprechend auf Aufspaltungsvorgänge anzuwenden.[299] Einer entsprechenden Anwendung des § 325 Abs. 1 UmwG fehlte darüber hinaus bereits die Grundlage für eine Analogiebildung, da die Vorschrift auf eine Mitbestimmungsbeibehaltung beim übertragenden Rechtsträger abstellt und dieser bei der Aufspaltung ebenso wie bei der Verschmelzung wegfällt.[300]

Zu **Mitbestimmungszuwächsen** bei den oder bei einzelnen übernehmenden Rechts- 112
trägern wird es häufig deswegen kommen, weil sich die **Zahl der Arbeitnehmer** mit dem Übergang der Vermögensgegenstände regelmäßig erhöht (§ 324 UmwG iVm § 613a Abs. 1 BGB). Aber selbst bei einer Gesamtbetrachtung des Aufspaltungsvorganges unter Einschluss der mitbestimmungsrechtlichen Folgen beim erlöschenden übertragenden Rechtsträger kann es zu Mitbestimmungszuwächsen kommen, beispielsweise nämlich dann, wenn ein bislang mitbestimmungsfreies Unternehmen auf Rechtsträger aufgespalten wird, die kraft ihrer Rechtsform und wegen Vorliegens der sonstigen Voraussetzungen einem Mitbestimmungsregime unterfallen.

Beispiel F 33:

Die Partnerschaftsgesellschaft Werbeagentur A & Partner mit den Gesellschaftern A, B und C (insgesamt 1.200 Arbeitnehmer) hat sich in den letzten zehn Jahren stürmisch entwickelt

[299] Widmann/Mayer/*Wißmann* UmwG § 325 Rn. 9; Lutter/*Sagan* UmwG § 325 Rn. 2; Kallmeyer/*Willemsen* UmwG § 325 Rn. 2; Schmitt/Hörtnagl/*Langner* UmwG § 325 Rn. 1; *Willemsen* NZA 1996, 791 (803); *Kreßel* DB 1995, 925 (926); *Joost* ZIP 1995, 976 (983); *Mengel* Umwandlungen S. 454; *Schupp*, Mitbestimmungsbeibehaltung, S. 342.

[300] Schmitt/Hörtnagl/*Langner* UmwG § 325 Rn. 9; vgl. auch Lutter/*Sagan* UmwG § 325 Rn. 7.

und ist nun nicht nur im Bereich der klassischen Werbung (750 Arbeitnehmer), sondern auch im Bereich Direct Marketing (300 Arbeitnehmer) und Event Marketing (150 Arbeitnehmer) tätig. Wegen der unterschiedlichen „Unternehmenskulturen" in den drei Bereichen und um die jeweiligen Führungsriegen besser am wirtschaftlichen Erfolg des von ihnen mitgeleiteten Bereiches beteiligen zu können, entschließen sich die Partner in einem ersten Schritt, die Werbeagentur A & Partner in drei dadurch entstehende GmbH aufzuspalten[301] (Aufspaltung zur Neugründung iSv § 123 Abs. 1 Nr. 2 UmwG), und zwar in die A & Friends Werbung GmbH,[302] die A Direct Marketing GmbH und die A Event Marketing GmbH; hiernach werden neue Gesellschafter (X, Y und Z) bei den GmbH aufgenommen. Bei der A & Friends Werbung GmbH ist nun erstmals ein drittelparitätisch besetzter Aufsichtsrat zu errichten (§§ 1 Abs. 1 Nr. 3, 4 Abs. 1 DrittelbG).

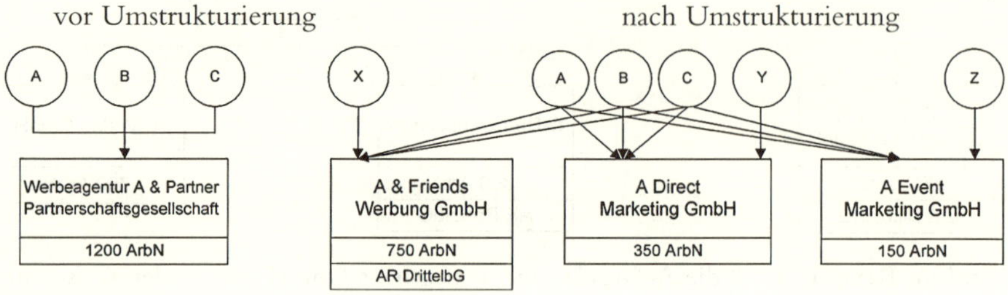

Beispiel F 34:

Die Familie A hält über die A-Holding GmbH, die 200 Arbeitnehmer beschäftigt und die die Geschäftsleitung, die Zentralfunktionen und den Vertrieb der Gesamtgruppe innehat, die B-GmbH (450 Arbeitnehmer) und die C-GmbH (450 Arbeitnehmer). Mitbestimmte Aufsichtsräte bestehen bei keiner der Gesellschaften; eine Arbeitnehmerzurechnung zur A-Holding GmbH kommt nicht in Betracht, da keine Beherrschungsverträge zur B-GmbH oder zur C-GmbH bestehen (§ 2 Abs. 2 DrittelbG). Da sich insbesondere die Zentralisierung der Vertriebsaktivitäten in der A-Holding GmbH nicht bewährt hat, entschließt sich die Familie A, die A-Holding GmbH auf die B-GmbH sowie die C-GmbH aufzuspalten (Aufspaltung zur Aufnahme iSv § 123 Abs. 1 Nr. 1 UmwG) und dabei die Zentralabteilungen insgesamt sowie die der B-GmbH zugeordneten Vertriebsmitarbeiter dieser (insgesamt 130 Arbeitnehmer), die übrigen Betriebsmittel der C-GmbH (insgesamt 70 Arbeitnehmer) zuzuordnen. Hierdurch wird die zweistufige Konzernstruktur mit der Holdinggesellschaft beendet und es sind nunmehr drittelparitätisch besetzte Aufsichtsräte sowohl bei der B-GmbH als auch bei der C-GmbH zu bilden.

[301] Die Möglichkeit der Spaltung einer Partnerschaftsgesellschaft wurde durch das Gesetz zur Änderung des Umwandlungsgesetzes, des Partnerschaftsgesellschaftsgesetzes und anderer Gesetze vom 22.7.1998 (BGBl. I S. 1878) eingeführt.

[302] Zur Unzulässigkeit der Firmierung „& Partner GmbH" vgl. § 11 PartGG; BGH 21.4.1997 – II ZB 14/96, NJW 1997, 1854; *Henssler* Partnerschaftsgesellschaftsgesetz § 11 Rn. 3.

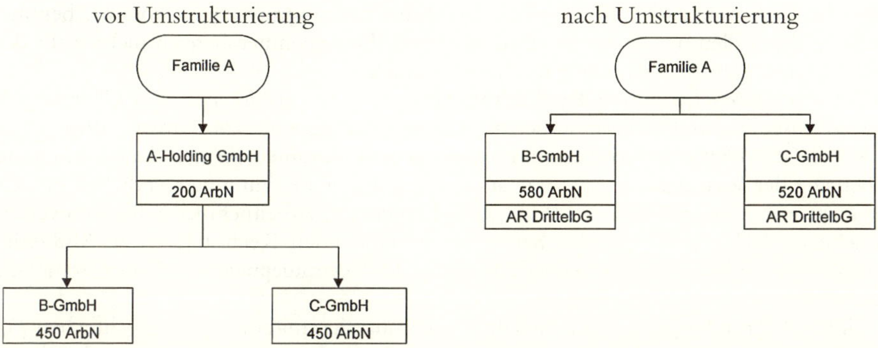

Im Rahmen einer Gesamtbetrachtung stellt sich eine Aufspaltung dann als im Wesentlichen **mitbestimmungsneutral** dar, wenn (i) ein bislang mitbestimmungsfreies Unternehmen derart aufgespalten wird, dass auch die übernehmenden Rechtsträger mitbestimmungsfrei bleiben oder (ii) ein bislang einem Mitbestimmungsgesetz unterfallendes Unternehmen in der Weise aufgespalten wird, dass die übernehmenden Rechtsträger gleichfalls dem Mitbestimmungsregime des übertragenden Rechtsträgers unterfallen. 113

Beispiel F 35:

Die A-ChemoPharm AG beschäftigt in ihren beiden Unternehmensbereichen insgesamt 9.500 Arbeitnehmer, davon im Bereich chemische Industrie 6.000 und im Bereich pharmazeutische Industrie 3.500 Arbeitnehmer. Bei der A-ChemoPharm AG besteht ein paritätisch mitbestimmter Aufsichtsrat mit insgesamt 12 Mitgliedern (§§ 1 Abs. 1, 7 Abs. 1 MitbestG). Um eine mittelfristig geplante Einbringung des pharmazeutischen Unternehmensbereiches in die B-Pharma AG vorzubereiten, wird die A-ChemoPharm AG aufgespalten in zwei hierdurch entstehende Aktiengesellschaften, nämlich die im Chemiebereich tätige C-Chemie AG und die im Pharmabereich tätige P-Pharma AG. Nach Wirksamwerden der Aufspaltung sind sowohl bei der C-Chemie AG als auch bei der P-Pharma AG paritätisch mitbestimmte, 12-köpfige Aufsichtsräte zu bilden.

bb) Abspaltung. Bei der Abspaltung werden Vermögensgegenstände als Gesamtheit auf einen bestehenden (oder mehrere bestehende) oder auf einen hierdurch gegründeten (oder mehrere hierdurch gegründete) Rechtsträger gegen Gewährung von Anteilen an den übernehmenden Rechtsträgern an die Anteilsinhaber des übertragenden Rechtsträgers übertragen (§ 123 Abs. 2 UmwG). Wie bei der Aufspaltung ist auch bei der Abspaltung zum einen genau zwischen den mitbestimmungsrechtlichen Konsequenzen der Spaltung beim übertragenden und den übernehmenden Rechtsträgern zu unterscheiden; bei den übernehmenden Rechtsträgern ist weiterhin zwischen den Fällen der Abspaltung auf einen bereits bestehenden Rechtsträger (Abspaltung zur Aufnahme; § 123 Abs. 2 Nr. 1 UmwG) und denjenigen auf einen hierdurch neu gegründeten Rechtsträger (Abspaltung zur Neugründung; § 123 Abs. 2 Nr. 2 UmwG) abzuschichten. Dabei gibt es – ebenso wie bei der Aufspaltung – keinen allgemeinen Erfahrungssatz, dass zB ein Mitbestimmungsverlust beim übertragenden Rechtsträger durch Mitbestimmungszuwächse beim übernehmenden Rechtsträger kompensiert wird oder sich eine für den übertragenden Rechtsträger als mitbestimmungsneutral darstellende Abspaltung auch für den bzw. die übernehmenden Rechtsträger als mitbestimmungsneutral erweist. 114

Beim **übertragenden Rechtsträger** kann es insbesondere wegen der durch die Abspaltung von Vermögensgegenständen verursachten Verringerung der Arbeitnehmerzahl zu Mitbestimmungsverlusten kommen, die aber häufig wegen der mitbestimmungsrechtlichen Arbeitnehmerzurechnungsnormen letztlich doch nicht zu einer Änderung des anwendbaren Mitbestimmungsstatus führen werden. In seltenen Fällen kann es durch die Abspaltung 115 selbst beim übertragenden Rechtsträger zu Mitbestimmungszuwächsen komme, beispielsweise in den Fällen, in denen der übrig bleibende Unternehmensbereich nicht mehr dem mitbestimmungsrechtlichen Tendenzschutz unterfällt.

Bei den **übernehmenden Rechtsträgern** wird es wegen der mit dem Übergang der Vermögensgegenstände übernommenen Arbeitsverhältnisse (§ 324 UmwG iVm § 613a Abs. 1 BGB) häufig zu Mitbestimmungszuwächsen kommen, es sei denn, durch den Übergang der Vermögensgegenstände ändern sich die mitbestimmungsrechtlichen Parameter nicht in relevanter Weise (zB kein Überschreiten von Arbeitnehmer-Schwellenwerten); in seltenen Fällen kann es selbst bei den übernehmenden Rechtsträgern zu Mitbestimmungsverlusten kommen (zB bei der Änderung des Gesamtgepräges des Unternehmensgegenstandes).

116 Unter Zugrundelegung einer Gesamtbetrachtung der mitbestimmungsrechtlichen Folgen bei allen von der Abspaltung betroffenen Rechtsträgern ist die Umstrukturierung dann **mitbestimmungsneutral,** wenn (i) bereits der übertragende Rechtsträger mitbestimmungsfrei war und auch bei den übernehmenden Rechtsträgern keine mitbestimmten Aufsichtsräte zu bilden sind oder (ii) sich am konkreten Mitbestimmungsstatus des übertragenden Rechtsträgers nichts ändert (zB weil sich die Arbeitnehmerzahl nicht in mitbestimmungsrelevanter Weise verringert) und der bzw. die übernehmenden Rechtsträger vor und nach Abspaltung demselben Mitbestimmungsstatus wie der übertragende Rechtsträger unterfallen. Häufig werden jedoch selbst konzerninterne Abspaltungen mitbestimmungsrelevante Konsequenzen haben, und sei es nur deshalb, weil ein Teil der Belegschaft mitstimmungsrechtliche Einflussmöglichkeiten verliert.

Beispiel F 36:

Die arbeitnehmerlose A-AG hält alle Geschäftsanteile an der B-GmbH, die mit 2.500 Arbeitnehmern Kraftfahrzeugzubehörteile produziert (Betrieb 1) und diese sowie Fremdprodukte mit weiteren 400 Arbeitnehmern vertreibt (Betrieb 2). Wird nun Betrieb 2 auf eine hierdurch entstehende V-Vertriebs GmbH abgespalten, so dass die V-Vertriebs GmbH eine weitere 100 %ige Tochtergesellschaft der A-AG und eine Schwestergesellschaft der B-GmbH wird, stellt sich der Abspaltungsvorgang sowohl für die übertragende B-GmbH als auch wegen der Konzernzurechnungsnorm des § 5 MitbestG für die Konzerngesellschaft A-AG mitbestimmungsneutral dar. Die bereits vor der Umstrukturierungsmaßnahme gebildeten, paritätisch besetzten Aufsichtsräte bei der A-AG und der B-GmbH bleiben nämlich unverändert bestehen, während bei der V-Vertriebs GmbH kein (mitbestimmter) Aufsichtsrat einzurichten ist. Die gemäß § 613a Abs. 1 BGB auf die V-Vertriebs GmbH übergegangenen Arbeitnehmer sind nun nicht mehr aktiv und passiv wahlberechtigt für den Aufsichtsrat der B-GmbH, bleiben jedoch aktiv und passiv wahlberechtigt für die Wahlen zum Aufsichtsrat bei der A-AG.

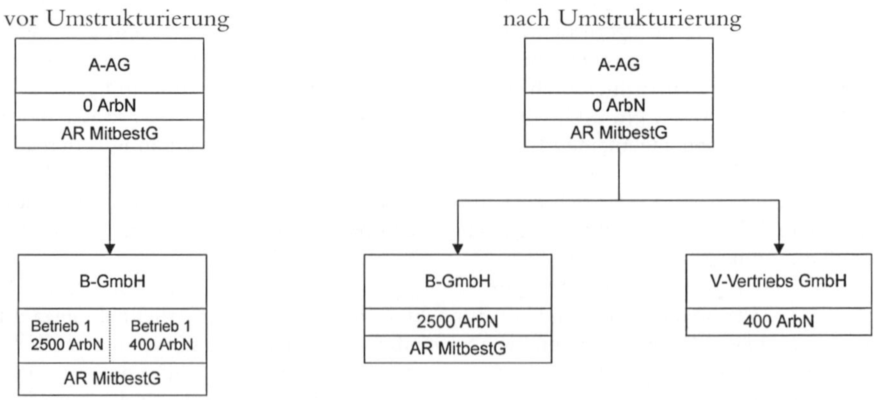

Mitbestimmungsverluste beim übertragenden Rechtsträger können bei der Abspaltung insbesondere dadurch entstehen, dass (i) die dem übertragenden Rechtsträger zuzuordnende Arbeitnehmerzahl unter einen mitbestimmungsrelevanten Schwellenwert sinkt oder (ii) sich der mitbestimmungsrelevante Unternehmensgegenstand durch die Abspaltung dergestalt ändert, dass der übertragende Rechtsträger nun mitbestimmungsfrei wird (Tendenzschutz) oder nicht mehr dem Anwendungsbereich des MontanMitbestG unterfällt. 117

Beispiel F 37:

X hält alle Geschäftsanteile an der A-GmbH, die im Betrieb Köln 400 und im Betrieb Hamburg 300 Arbeitnehmer beschäftigt und bei der ein drittelparitätisch besetzter Aufsichtsrat eingerichtet ist. Wird nun der Betrieb Hamburg von der A-GmbH auf eine hierdurch neu gegründete B-GmbH abgespalten, so sinkt die mitbestimmungsrelevante Arbeitnehmerzahl bei der A-GmbH auf 400 und liegt dementsprechend unterhalb der für die Bildung eines (mitbestimmten) Aufsichtsrates maßgeblichen Schwelle.

Beispiel F 38:

Die X-Familien KG hält alle Geschäftsanteile an der A-GmbH, die in Standort 1 (Hauptsitz) 450, in Standort 2.420, in Standort 3.410, in Standort 4.400 und in Standort 5.350 Arbeitnehmer beschäftigt und bei der ein paritätisch mitbestimmter Aufsichtsrat nach Maßgabe des MitbestG errichtet ist. Die X-Familien KG will die angestrebte Regionalisierung ihres Geschäftes auch gesellschaftsrechtlich umsetzen und spaltet von der am Standort 1 ansässigen A-GmbH die zum Standort 2 gehörenden Vermögensgüter auf eine hierdurch entstehende B-GmbH, die zum Standort 3 gehörenden Vermögensgüter auf eine hierdurch entstehende C-GmbH, die zum Standort 4 gehörenden Vermögensgüter auf eine hierdurch entstehende D-GmbH und die zum Standort 5 gehörenden Vermögensgüter auf eine hierdurch entstehende E-GmbH ab (jeweils Abspaltung zur Neugründung iSv § 123 Abs. 2 Nr. 2 UmwG). Keine der nun bestehenden 5 Tochter-GmbH der X-Familien KG überschreitet mit ihrer Arbeitnehmerzahl die für ein drittelparitätische Besetzung des Aufsichtsrates maßgebliche Schwelle von 500 Arbeitnehmern.

vor Umstrukturierung nach Umstrukturierung

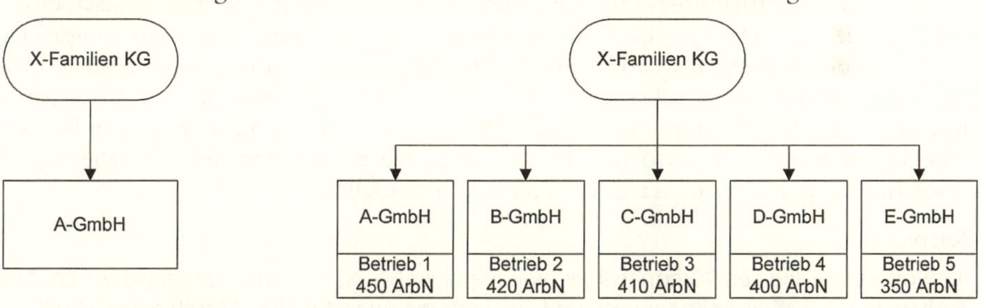

In den **Beispielen F 37** und **F 38** ist die Arbeitnehmerzahl beim übertragenden Rechtsträger unter die für eine drittelparitätische Besetzung des Aufsichtsrates notwendige Zahl von 500 gefallen, so dass hier eigentlich ein Mitbestimmungsverlust eintreten würde. Nun hat der Gesetzgeber mit **§ 325 Abs. 1 UmwG** eine Sonderregelung geschaffen, die eine **zeitlich befristete Mitbestimmungsbeibehaltung beim übertragenden Rechtsträger** vorsieht. Diese wichtige, zwingende (dh auch nicht durch tarifvertragliche Vereinbarungen abdingbare)[303] Norm lautet im Wortlaut wie folgt: 118

[303] Vgl. Lutter/*Sagan* UmwG § 325 Rn. 22; Kallmeyer/*Willemsen* UmwG § 325 Rn. 2; *Mengel* Umwandlungen S. 416; *Boecken* Unternehmensumwandlungen und Arbeitsrecht, S. 285, Rn. 438ff.; aA (wohl) *Bachner/Köstler/Trittin/Trümner* S. 59.

„Entfallen durch Abspaltung oder Ausgliederung im Sinne des § 123 Abs. 2 und 3 bei einem übertragenden Rechtsträger die gesetzlichen Voraussetzungen für die Beteiligung der Arbeitnehmer am Aufsichtsrat, so finden die vor der Spaltung geltenden Vorschriften noch für einen Zeitraum von 5 Jahren nach dem Wirksamwerden der Abspaltung oder Ausgliederung Anwendung. Dies gilt nicht, wenn die betreffenden Vorschriften eine Mindestzahl von Arbeitnehmern voraussetzen und die danach berechnete Zahl von Arbeitnehmern des übertragenden Rechtsträgers auf weniger als in der Regel ein Viertel dieser Mindestzahl sinkt."

In **Beispiel F 37** liegen die Voraussetzungen des § 325 Abs. 1 UmwG vor, da durch die Abspaltung bei dem übertragenden Rechtsträger A-GmbH die gesetzlichen Voraussetzungen für die Beteiligung der Arbeitnehmer im Aufsichtsrat entfallen sind, weil die insoweit maßgebliche Mindestarbeitnehmerzahl von 500 unterschritten wird. Das Gleiche gilt an sich auch im **Beispiel F 38,** jedoch mit dem Unterschied, dass hier die Ausnahmevorschrift des § 325 Abs. 1 S. 2 UmwG eingreift, derzufolge die Mitbestimmungsbeibehaltung dann nicht gilt, wenn durch die Abspaltung die Arbeitnehmerzahl des übertragenden Rechtsträger unter 1/4 der für die jeweilige Mitbestimmungsregelung erforderlichen Mindest-Arbeitnehmerzahl sinkt. Für die befristete Fortgeltung des MitbestG und des MitbestErgG liegt die kritische Grenze also bei 501 Arbeitnehmern, für die Regelungen des MontanMitbestG bei 251 Arbeitnehmern und für die drittelparitätische Mitbestimmung nach dem DrittelbG bei 126 Arbeitnehmern. Dabei reicht es nach überwiegender Meinung aus, wenn die Zahl der Arbeitnehmer **zu jedem Zeitpunkt innerhalb der 5-Jahresfrist** unter die jeweils geltende kritische Grenze fällt, um die Mitbestimmungssicherung hinfällig werden zu lassen.[304] Umgekehrt führt ein **Wiederansteigen der Beschäftigtenzahl** über die jeweils geltende kritische Grenze nicht zu einem Wiederaufleben der Mitbestimmungssicherung nach § 325 Abs. 1 UmwG.[305] Da die zuvor dem MitbestG unterliegende A-GmbH in **Beispiel F 38** nur noch 450 Arbeitnehmer beschäftigen wird, greift die Mitbestimmungsbeibehaltungsregel also in keinem Fall.

119 Die Sondervorschrift des § 325 Abs. 1 UmwG bereitet jedoch einige Auslegungsschwierigkeiten. § 325 Abs. 1 S. 1 UmwG fordert, dass die gesetzlichen Anwendungsvoraussetzungen für die Beteiligung der Arbeitnehmer im Aufsichtsrat entfallen, wobei nach überwiegender Auffassung auf das **konkrete,** bisher für den übertragenden Rechtsträger geltende **Mitbestimmungsregime** abzustellen ist. Es ist nicht erforderlich, dass auf den übertragenden Rechtsträger nach der Spaltung überhaupt keine mitbestimmungsrechtlichen Regelungen mehr anwendbar sind.[306] Dies folgt zum einen bereits aus dem Wortlaut der Vorschrift, der das Entfallen der Voraussetzungen für *die* Beteiligung der Arbeitnehmer im Aufsichtsrat der übertragenden Gesellschaft fordert und nicht nur *eine* Arbeitnehmerbeteiligung, zum anderen aus dem Gesetzeszweck, die zeitlich befristete Absicherung der Mitbestimmung in ihrer bisherigen Intensität sicherzustellen.[307]

Beispiel F 39:

Die von einem kleinen Aktionärskreis gehaltene A-AG ist im Unternehmensbereich Anlagenbau mit 1.700 Arbeitnehmern und im Unternehmensbereich Maschinenbau mit 400 Arbeitnehmern tätig. Bei der A-AG besteht ein 12-köpfiger, paritätisch besetzter Aufsichts-

---

[304] Vgl. Lutter/*Sagan* UmwG § 325 Rn. 18; Widmann/Mayer/*Wißmann* UmwG § 325 Rn. 36; *Wlotzke* DB 1995, 40 (47); *Boecken*, Unternehmensumwandlungen und Arbeitsrecht, S. 283, Rn. 434; *Schupp*, Mitbestimmungsbeibehaltung, S. 330; aA *Mengel* Umwandlungen 422.

[305] Lutter/*Sagan* UmwG § 325 Rn. 18; Widmann/Mayer/*Wißmann* UmwG § 325 Rn. 37; *Mengel* Umwandlungen S. 424; *Schupp*, Mitbestimmungsbeibehaltung, S. 330.

[306] Vgl. Widmann/Mayer/*Wißmann* UmwG § 325 Rn. 11; Lutter/*Sagan* UmwG § 325 Rn. 8; Kallmeyer/*Willemsen* UmwG § 325 Rn. 5; *Mengel* Umwandlungen S. 280; *Boecken* S. 280, Rn. 430; *Schupp* S. 275; *Wlotzke* DB 1995, 40 (47); aA *Henssler* ZfA 2000, 241 (252) mit beachtlichen gesetzessystematischen Gründen.

[307] Vgl. Widmann/Mayer/*Wißmann* UmwG § 325 Rn. 11; Lutter/*Sagan* UmwG § 325 Rn. 8; *Schupp*, Mitbestimmungsbeibehaltung, S. 275.

rat gemäß §§ 1 Abs. 1, 7 Abs. 1 Nr. 1 MitbestG. Von der A-AG wird nun der Unternehmensbereich Maschinenbau auf die bislang arbeitnehmerlose M-GmbH abgespalten (Abspaltung zur Aufnahme iSv § 123 Abs. 2 Nr. 1 UmwG), so dass die Arbeitnehmerzahl bei der A-AG unter den Schwellenwert von 2.000 gemäß § 1 Abs. 1 MitbestG sinkt; deren Aufsichtsrat würde jedoch noch den Mitbestimmungsregelungen der drittelparitätischen Besetzung des Aufsichtsrates nach §§ 1 Abs. 1 Nr. 1, 4 Abs. 1 DrittelbG unterfallen. Obwohl also nicht jede Unternehmensmitbestimmung bei der A-AG entfallen würde, greift § 325 Abs. 1 UmwG mit der Folge ein, dass für einen Zeitraum von 5 Jahren der Aufsichtsrat paritätisch entsprechend den Vorschriften des MitbestG besetzt bleibt.

Auf der anderen Seite sichert § 325 Abs. 1 UmwG nicht die **tatsächliche Größe des Aufsichtsrates** ab, solange nur das bisher bei der übertragenden Gesellschaft bestehende Mitbestimmungsregime unverändert bleibt.[308] 120

Beispiel F 40:

Die von der X-Familien KG gehaltene A-GmbH beschäftigt 10.500 Arbeitnehmer und besitzt einen 16-köpfigen, paritätisch besetzten Aufsichtsrat gemäß §§ 1 Abs. 1, 7 Abs. 1 S. 1 Nr. 2 MitbestG. Ein sich dynamisch entwickelnder Sonderbereich, der einen Teilbetrieb/Betriebsteil darstellt und in dem 750 Arbeitnehmer beschäftigt sind, wird auf eine hierdurch entstehende B-GmbH abgespalten. Nach der Abspaltung hat die A-GmbH, sofern ein größerer Aufsichtsrat nicht durch die Satzung der Gesellschaft abgesichert ist,[309] nach § 7 Abs. 1 S. 1 Nr. 1 MitbestG einen 12-köpfigen Aufsichtsrat zu bilden und zu diesem Zweck das sog. Statusverfahren nach § 97 AktG durchzuführen (zum Statusverfahren unter → Rn. 187 ff.). Die bisherige Aufsichtsratsgröße wird durch § 325 Abs. 1 UmwG nicht abgesichert. Bei der B-GmbH ist ein drittelparitätisch besetzter Aufsichtsrat gemäß §§ 1 Abs. 1 Nr. 3, 4 Abs. 1 DrittelbG einzurichten.

Vom Schutzbereich des § 325 Abs. 1 UmwG ist ausdrücklich auch nur die Unternehmensmitbestimmung „im Aufsichtsrat" erfasst; die Position des Arbeitsdirektors wird daher nicht geschützt, wie sich insbesondere auch aus dem Vergleich mit dem weiteren Wortlaut der §§ 1, 2 Abs. 2 MitbestBeiG[310] ergibt.[311]

ZT schwierige Fragen ergeben sich bei der Auslegung der Mitbestimmungsschutzregelung des **§ 325 Abs. 1 UmwG in Konzernsachverhalten.** 121

Beispiel F 41:

Die im Streubesitz gehaltene A-AG ist geschäftsleitende Holdinggesellschaft mit eigenem Geschäftsbetrieb (600 Arbeitnehmer) und hält jeweils sämtliche Geschäftsanteile an der A-GmbH, die im Bereich Baustoffhandel tätig ist und 600 Arbeitnehmer beschäftigt, sowie an der B-GmbH, die zum Teil Baumärkte (600 Arbeitnehmer) und zum Teil Gartenzentren (600 Arbeitnehmer) betreibt. Bei der A-AG besteht wegen der Konzernzurechnung gemäß § 5 Abs. 1 MitbestG ein paritätisch mitbestimmter Aufsichtsrat, bei der A-GmbH sowie bei der B-GmbH sind jeweils drittelparitätisch besetzte Aufsichtsräte eingerichtet (§§ 1 Abs. 1 Nr. 3, 4 Abs. 1 DrittelbG). Nun werden die zum Bereich Gartenzentren gehörenden Vermö-

[308] Vgl. Widmann/Mayer/*Wißmann* UmwG § 325 Rn. 12; Lutter/*Sagan* UmwG § 325 Rn. 10; *Mengel* Umwandlungen S. 420; *Schupp*, Mitbestimmungsbeibehaltung, S. 3276; aA ErfK/*Oetker* UmwG § 325 Rn. 6; *Trittin* AiB 1996, 350 (363).

[309] Hierzu → Rn. 6.

[310] Gesetz zur Beibehaltung der Mitbestimmung beim Austausch von Anteilen und der Einbringung von Unternehmensteilen, die Gesellschaften verschiedener Mitgliedsstaaten der Europäischen Union betreffen (Mitbestimmungs-Beibehaltungsgesetz – MitbestBeiG vom 23.8.1994, BGBl. I S. 2228; hierzu unter → Rn. 160 ff.).

[311] So auch Lutter/*Sagan* UmwG § 325 Rn. 20; Kallmeyer/*Willemsen* UmwG § 325 Rn. 10; aA Widmann/Mayer/*Wißmann* UmwG § 325 Rn. 28; Semler/Stengel/*Simon* UmwG § 325 Rn. 19; ErfK/*Oetker* UmwG § 325 Rn. 13; *Schupp*, Mitbestimmungsbeibehaltung, S. 321; *Mengel* Umwandlungen S. 455 [§ 325 Abs. 1 UmwG analog].

gensgegenstände von der B-GmbH auf eine hierdurch neu entstehende C-GmbH abgespalten. An der mitbestimmungsrechtlichen Situation der A-AG, der A-GmbH und der B-GmbH ändert sich durch die Abspaltung nichts; bei der C-GmbH ist ein drittelparitätisch besetzter Aufsichtsrat gemäß §§ 1 Abs. 1 Nr. 3, 4 Abs. 1 DrittelbG einzurichten. Die gemäß § 324 UmwG iVm § 613a Abs. 1 BGB auf die C-GmbH übergegangenen Arbeitnehmer sind auch aktiv und passiv wahlberechtigt bei der Aufsichtsratswahl der A-AG und werden dieser Gesellschaft auch gemäß § 5 Abs. 1 MitbestG zugerechnet.

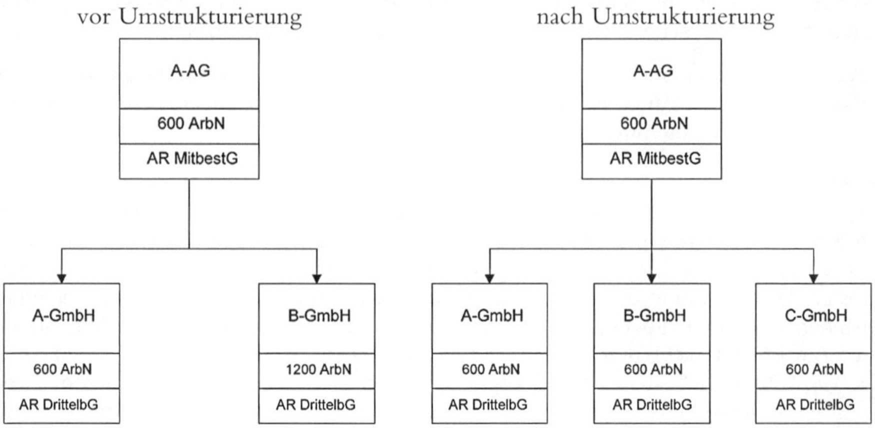

122 **Beispiel F 42:**

Wie Beispiel F 41, der Bereich Gartenzentren wird jedoch auf die bereits bestehende und den Gartenzentrenmarkt beherrschende B-AG abgespalten; die A-AG erhält durch Kapitalerhöhung neu geschaffene Aktien an der B-AG in Höhe von 4 % des Grundkapitals der B-AG. Am Mitbestimmungsstatus der B-GmbH als übertragender Gesellschaft ändert sich wie in Beispiel F 41 nichts. Da die A-AG jedoch keinen beherrschenden Einfluss auf die B-AG ausüben kann, sind ihr die Arbeitnehmer der B-AG nicht zuzurechnen. Die der A-AG für Zwecke der Mitbestimmung zuzuordnenden Arbeitnehmer erreichen daher nach der Abspaltung nur noch die Zahl von 1.800, bleiben demnach unter der für das MitbestG maßgeblichen Schwelle von 2.000 Arbeitnehmern.

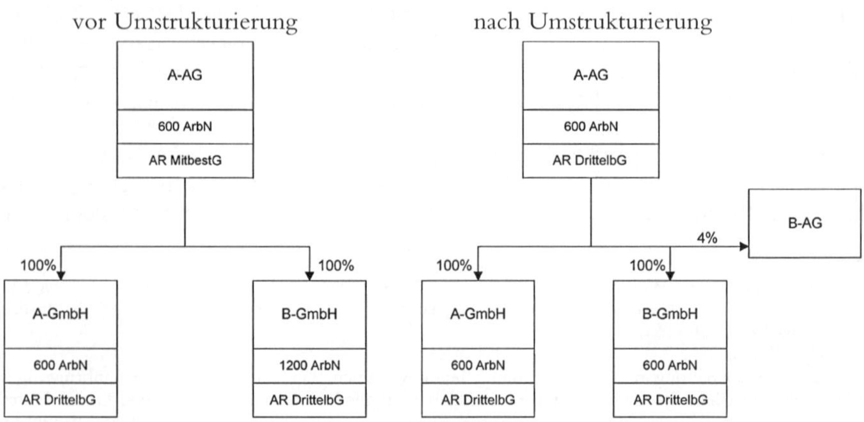

Es ist nun fraglich, ob auch in **Beispiel F 42** die paritätische Mitbestimmung im Aufsichtsrat der A-AG für einen Zeitraum von fünf Jahren gemäß § 325 Abs. 1 UmwG beibehalten wird. Dies ist mE nicht der Fall, da diese Vorschrift ausschließlich auf die mitbestimmungsrelevanten **Folgen beim „übertragenden Rechtsträger"** abstellt (also im **Beispiel F 42** auf die Folgen bei der B-GmbH). Eine über den Wortlaut hinausgehende, erweiternde Auslegung verbietet sich zum einen bereits deshalb, weil es sich bei § 325 Abs. 1 UmwG um eine politisch umstrittene Sondervorschrift handelt, die eng auszulegen ist, zum anderen deshalb, weil der Gesetzgeber in dem fast zeitgleich verabschiedeten § 1 MitbestBeiG eine weiterreichendere Mitbestimmungsbeibehaltungsregelung eingeführt hat, die daran anknüpft, dass die mitbestimmungsgesetzlichen Voraussetzungen bei einem „an dem Vorgang beteiligten **oder einem an ihm nicht beteiligten Unternehmen**" weggefallen sind.[312]

Diese wortlautgetreue Auslegung kann – entgegen anderer Stimmen in der Literatur[313] – auch Geltung beanspruchen für den Fall der **GmbH & Co. KG,** bei der Vermögensgegenstände von der Kommanditgesellschaft abgespalten werden und sich hierdurch der Mitbestimmungsstatus bei der Komplementär-GmbH ändert. 123

Beispiel F 43:

An der A-GmbH & Co. KG, die in einem Betrieb 1 chemische Grundstoffe mit 1.500 Arbeitnehmern und in einem Betrieb 2 Lacke und Farben mit 700 Arbeitnehmern herstellt, sind A als alleiniger Kommanditist und die A-Verwaltungs GmbH (Alleingesellschafter A) als alleinige Komplementärin (ohne Vermögensbeteiligung) beteiligt. Bei der arbeitnehmerlosen A-Verwaltungs GmbH besteht wegen §§ 1 Abs. 1, 4 Abs. 1 MitbestG ein paritätisch besetzter Aufsichtsrat. Nun werden die zum Betrieb 2 gehörenden Vermögensgegenstände auf eine weitere von A als alleinigem Kommanditisten gehaltene B-GmbH & Co. KG abgespalten, deren Komplementärin die B-Verwaltungs GmbH ist. Durch die Abspaltung von der A-GmbH & Co. KG fallen die Voraussetzungen für die Bildung eines paritätisch besetzten Aufsichtsrats bei der A-Verwaltungs GmbH weg, da der Schwellenwert von 2.000 Arbeitnehmern trotz der Zurechnungsnorm in § 4 Abs. 1 MitbestG nicht mehr erreicht wird. Eine Mitbestimmungs-Beibehaltung gemäß § 325 Abs. 1 UmwG kommt mE nicht in Betracht, da übertragender Rechtsträger hier die Kommanditgesellschaft ist und bei ihr die Voraussetzungen für die Vertretung der Arbeitnehmer nicht weggefallen sind.

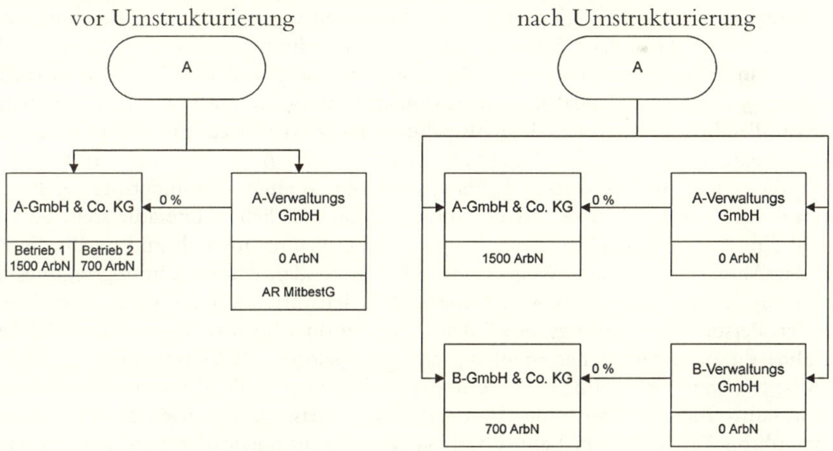

Die Mitbestimmungsbeibehaltungsregelung gemäß § 325 Abs. 1 UmwG gilt nur, wenn der Wegfall der Anwendungsvoraussetzungen für die Unternehmensmitbestimmung **kausal** durch die Abspaltung bewirkt ist.[314] Dem Kausalitätserfordernis kommt in der Praxis regelmäßig dann große Bedeutung zu, wenn im **zeitlichen und sachlichen Zusam-** 124

[312] So auch Widmann/Mayer/*Wißmann* UmwG § 325 Rn. 14; *Mengel* Umwandlungen S. 419.
[313] Widmann/Mayer/*Wißmann* UmwG § 325 Rn. 15; *Schupp*, Mitbestimmungsbeibehaltung, S. 281 ff.
[314] Hierzu ausführlich *Schupp*, Mitbestimmungsbeibehaltung, S. 285, 294.

menhang mit der Abspaltung weitere Reorganisationsmaßnahmen getroffen werden, die zu einem **Personalabbau** beim übertragenden Rechtsträger führen.

Beispiel F 44:

Die A-GmbH betreibt ein Werk 1 mit 1.800, ein Werk 2 mit 300 und ein Werk 3 mit 1.000 Arbeitnehmern. Bei der A-GmbH (mit insgesamt 3.100 Arbeitnehmer) besteht ein 12-köpfiger, paritätisch mitbestimmter Aufsichtsrat gemäß §§ 1 Abs. 1, 7 Abs. 1 Nr. 1 MitbestG. Die A-GmbH entschließt sich, das seit Jahren mit erheblichen Betriebsverlusten in einem Randbereich des Unternehmens arbeitende Werk 2 zu schließen und gleichzeitig die verbleibenden beiden Werke in rechtlich verselbständigten Einheiten am Markt zu positionieren. Daher werden von der A-GmbH alle zum Werk 3 gehörenden Vermögensgegenstände auf eine hierdurch entstehende B-GmbH abgespalten und das Werk 2 innerhalb von neun Monaten stillgelegt und die Belegschaft vollständig abgebaut. Die A-GmbH beschäftigt demnach noch 1.800 Arbeitnehmer, die neu gegründete B-GmbH 1.000 Mitarbeiter.

Beispiel F 45:

Der mittelständische Unternehmer U ist durch seine von ihm allein gehaltene S-Schuh GmbH (2.100 Arbeitnehmer) im Schuheinzelhandel tätig. Ein großer Teil der ausschließlich in Innenstadtbereichen liegenden Schuhgeschäfte steht im Eigentum der S-Schuh GmbH, die seit einigen Jahren auch im Bereich der Gewerbe-Immobilienentwicklung und -verwaltung tätig ist. U entschließt sich aus steuerlichen Gründen und zur mittelfristigen Planung der Geschäftsübergabe auf seine Kinder einerseits und seinem Vertrauten (dem bisherigen Geschäftsführer der S-Schuh GmbH) andererseits, den Immobilienentwicklungs- und -verwaltungsbereich (170 Arbeitnehmer) auf eine eigenständige I-Immobilien GmbH & Co. KG abzuspalten und die dann ausschließlich im Schuhfacheinzelhandel tätige S-Schuh GmbH in die Rechtsform der GmbH & Co. KG formzuwechseln; Alleingesellschafter der Komplementär-GmbH wird der bisherige Geschäftsführer der S-Schuh GmbH. Die S-Schuh GmbH & Co. KG beschäftigt nach der Reorganisation noch 1.930 Arbeitnehmer (bei tendenziell sinkender Beschäftigungszahl in den nächsten Jahren).

Im **Beispiel F 44** ist das Eingreifen der Mitbestimmungsbeibehaltungsregelung gemäß § 325 Abs. 1 UmwG deshalb fraglich, weil die Anwendungsvoraussetzungen für die Unternehmensmitbestimmung nach dem MitbestG nur aufgrund des **Zusammentreffens** der beiden – jedoch **in einem Gesamtzusammenhang stehenden – Einzelreorganisationsmaßnahmen** wegfallen. Die Abspaltung des Werkes 3 auf die B-GmbH hätte lediglich zu einem Absinken der Arbeitnehmerzahl bei der A-GmbH von 3.100 auf 2.100 geführt, die Stilllegung des Werkes 2 alleine sogar nur zu einer Verminderung der Beschäftigtenzahl von 3.100 auf 2.800. In der umwandlungsrechtlichen Literatur stellt eine Ansicht auf eine Gesamtbetrachtung der Reorganisationsmaßnahmen ab und bejaht die Kausalität der Abspaltung für den Wegfall des bisher geltenden Mitbestimmungsregimes auch dann, wenn der maßgebliche Arbeitnehmer-Schwellenwert erst durch einen zeitnah nachfolgenden Personalabbau erfolgt, es sei denn, der Personalabbau ist so umfangreich, dass er auch ohne die in seinem Zusammenhang erfolgte Spaltung zur Unterschreitung der Mindest-Arbeiternehmerzahl führt.[315] Eine andere Auffassung stellt allein auf den Zeitpunkt des Wirksamwerdens der Spaltung ab, mit der Folge, dass ein erst nach diesem Zeitpunkt durchgeführter Personalabbau beim übertragenden Rechtsträger, der dann zur erstmaligen Unterschreitung der für das bisherige Mitbestimmungsregime relevanten Arbeitnehmerzahl führt, die Mitbestimmungsbeibehaltung gemäß § 325 Abs. 1 UmwG nicht auslöst.[316] Für die erstere Auffassung spricht, dass es nicht recht einleuchten mag, dass das Eingreifen der Mitbestimmungsbeibehaltung davon abhängen soll, ob die im Rahmen einer Gesamtpla-

[315] Vgl. Widmann/Mayer/*Wißmann* UmwG § 325 Rn. 17; *Boecken* Rn. 431; weitergehend Großkomm. AktG/*Oetker* Vorb. Mitbest Rn. 139.
[316] Kallmeyer/*Willemsen* UmwG § 325 Rn. 8.

nung enthaltene Abspaltung oder der im zeitlichen und sachlichen Zusammenhang hiermit stehende Personalabbau zum Unterschreiten der relevanten Arbeitnehmerzahl führt, insbesondere wenn man bedenkt, dass es sich bei Umstrukturierungsmaßnahmen um zeitlich gestreckte Vorgänge handelt, bei denen es zum Teil von Dritten abhängt, wann sie abgeschlossen werden. Auf der anderen Seite streitet für die zweite Auffassung der insoweit eindeutige Wortlaut des § 325 Abs. 1 UmwG, der ja voraussetzt, dass „durch Abspaltung oder Ausgliederung (…) die gesetzlichen Voraussetzungen für die Beteiligung der Arbeitnehmer im Aufsichtsrat" entfallen, was nicht vorliegt, wenn die relevante Mindest-Arbeitnehmerzahl eben erst durch einen nachfolgenden Personalabbau unterschritten wird. ME ist aus Gründen der Rechtssicherheit und wegen des insoweit eindeutigen Wortlauts dieser Sondervorschrift tatsächlich auf das **Wirksamwerden der Abspaltung** (also auf den Zeitpunkt der Eintragung der Spaltung im Handelsregister des übertragenden Rechtsträgers; vgl. § 131 Abs. 1 UmwG) abzustellen und zu diesem Zeitpunkt zu fragen, ob durch die Abspaltung die Anwendungsvoraussetzungen des bislang geltenden Mitbestimmungsregimes entfallen sind **(Stichtagsprinzip).** Dies eröffnet offenkundig erhebliche **Gestaltungsmöglichkeiten** für die Unternehmen und ihre Berater zur Vermeidung der Mitbestimmungsbeibehaltung gemäß § 325 Abs. 1 UmwG, was jedoch wegen der ausdrücklichen Selbstbeschränkung des Gesetzgebers in der Regel nicht als rechtsmissbräuchlich anzusehen ist.

Im **Beispiel F 45** entfallen die Voraussetzungen für das bisherige Mitbestimmungsre- 125
gime bei der S-Schuh GmbH sowohl durch die Abspaltung des Immobilienentwicklungs- und -verwaltungsbereiches auf die I-Immobilien GmbH & Co. KG als auch durch den Rechtsformwechsel der S-Schuh GmbH in eine GmbH & Co. KG. Die **GmbH & Co. KG** unterliegt nämlich gemäß § 4 Abs. 1 MitbestG mittelbar nur dann der Unternehmensmitbestimmung, wenn bei ihr (zusammen mit den Arbeitnehmern der Komplementär-GmbH) mehr als 2.000 Arbeitnehmer tätig sind und eine Mehrheitskongruenz bei den Gesellschafterkreisen der KG- und der Komplementär-GmbH besteht. ME fällt auch in diesem Fall das bisherige Mitbestimmungsregime ohne Eingreifen der Mitbestimmungsbeibehaltung weg, da § 325 Abs. 1 UmwG ansonsten auch auf Umstrukturierungen in Form des Formwechsels Anwendung finden würde, was nicht nur im Widerspruch zum Wortlaut, sondern auch zur Gesetzgebungsgeschichte dieser Norm stehen würde.[317] Dies muss auch unabhängig davon gelten, ob nun die Abspaltung oder der Formwechsel durch Eintragung im Handelsregister zuerst wirksam wird, sofern diese Maßnahmen nur in einem gewissen sachlichen und zeitlichen Zusammenhang stehen. Insoweit ist eine Ausnahme von dem oben vertretenen Grundsatz gerechtfertigt, dass es für die Mitbestimmungsbeibehaltung darauf ankommt, ob zum Zeitpunkt der Abspaltung die Voraussetzungen der Unternehmensmitbestimmung durch diese Maßnahme weggefallen sind.

Ein Mitbestimmungsverlust durch Abspaltung kann jedoch nicht nur dadurch bewirkt 126
werden, dass die Arbeitnehmerzahl unter eine mitbestimmungsrelevante Schwelle absinkt, sondern auch dadurch, dass sich der überwiegende **Unternehmenszweck** oder das „Gesamtgepräge" eines Konzernverbundes ändert. Beispielsweise kann der übertragende Rechtsträger durch Abspaltung zu einem mitbestimmungsfreien Tendenzunternehmen werden.

Beispiel F 46:

Die A-Klinik AG betreibt eine gemeinnützige Klinik mit 600 Arbeitnehmern und eine mit Gewinnerzielungsabsicht geführte Klinik mit 1.800 Beschäftigten. Bei der A-Klinik AG ist ein paritätisch mitbestimmter Aufsichtsrat eingerichtet, da der von § 1 Abs. 4 MitbestG geschützte karitative Unternehmenszweck nicht überwiegt.[318] Werden die zur mit Gewinner-

[317] IE auch Widmann/Mayer/*Wißmann* UmwG § 325 Rn. 19.

[318] Zum Tendenzschutz bei Krankenhäusern BayObLG 10.8.1995 – 3Z BR 149/93, NZA-RR 1996, 10 = EWiR § 1 MitbestG 1/95, 1211 *(Däubler)* – Rhön-KLINIKUM AG.

zielungsabsicht geführten Klinik gehörenden Vermögensgegenstände von der A-Klinik AG auf eine hierdurch neu entstehende G-Klinik AG abgespalten, so wird die A-Klinik AG mitbestimmungsfrei, da sie nun dem Tendenzschutz des § 1 Abs. 2 S. 1 Nr. 2 DrittelbG unterfällt; bei der G-Klinik AG ist ein drittelparitätisch besetzter Aufsichtsrat zu bilden.

Die Mitbestimmungsbeibehaltungsregelung des § 325 Abs. 1 UmwG kommt nach zutreffender Ansicht nicht in Betracht, wenn – wie im **Beispiel F 46** – nach der Abspaltung der überwiegende Unternehmenszweck des übertragenden Rechtsträgers unter den **Tendenzschutz** des § 1 Abs. 4 MitbestG oder des § 1 Abs. 2 S. 1 Nr. 2 DrittelbG fällt, da dies gegen die verfassungsrechtliche Wertung der Tendenzschutzvorschriften (Art. 4 und 5 GG) verstieße.[319] Bei einer Konkurrenz von § 325 UmwG Abs. 1 UmwG mit den sechsjährigen Auslauffristen des § 1 Abs. 3 MontanMitbestG bzw. § 16 Abs. 2 MitbestErgG gehen die montanmitbestimmungsrechtlichen Auslauffristen als *leges specialis* vor.[320]

127 Streitigkeiten über das Eingreifen der Mitbestimmungsbeibehaltungsregelung des § 325 Abs. 1 UmwG sind im **Statusverfahren nach § 98 AktG** vor den ordentlichen Gerichten zu entscheiden.[321]

128 **cc) Ausgliederung.** Die Ausgliederung unterscheidet sich von der Abspaltung lediglich dadurch, dass die für die Übertragung von Vermögensgegenständen gewährten Anteile an dem übernehmenden Rechtsträger nicht den Anteilsinhabern des übertragenden Rechtsträgers, sondern diesem selbst zustehen (§ 123 Abs. 3 UmwG). Zur Beschreibung archetypischer Fälle der Ausgliederung und Abspaltung kann man sich als Daumenregel Folgendes merken: Durch die Ausgliederung wird eine Tochtergesellschaft des übertragenden Rechtsträgers gebildet, es findet also eine Vertiefung der Konzernstruktur durch Schaffung einer neuen Konzernebene statt. Bei der Abspaltung wird eine Schwestergesellschaft zum übertragenden Rechtsträger geschaffen, es findet also eine Verbreiterung der Konzernstruktur statt.

Wie bei den anderen beiden Spaltungsarten der Aufspaltung und der Abspaltung ist auch bei der Ausgliederung streng zwischen den **mitbestimmungsrechtlichen Folgen** beim **übertragenden** und bei den **aufnehmenden** Rechtsträgern zu unterscheiden, bei den aufnehmenden Rechtsträgern noch zwischen den Fällen, in denen der Übergang der Vermögensgegenstände auf eine bereits bestehende Gesellschaft (Ausgliederung zur Aufnahme; § 123 Abs. 3 Nr. 1 UmwG) und denen, bei denen ein Übergang auf einen durch die Ausgliederung neu gegründeten Rechtsträger (Ausgliederung zur Neugründung; § 123 Abs. 3 Nr. 2 UmwG) erfolgt. Dabei sind die mitbestimmungsrechtlichen Auswirkungen der Ausgliederung grundsätzlich mit denjenigen der Abspaltung vergleichbar, wenngleich hier in noch stärkerem Umfang als bei der Abspaltung (Vertiefung statt Verbreiterung der Konzernstruktur!) etwaige Mitbestimmungsverluste beim übertragenden Rechtsträger durch Eingreifen der mitbestimmungsrechtlichen Konzernzurechnungsklauseln vermieden werden.

129 Beispiel F 47:

Die im Streubesitz stehende A-Spezialmaschinen AG beschäftigt 4.000 Arbeitnehmer und besitzt einen paritätisch besetzten, 12-köpfigen Aufsichtsrat (§§ 1, 7 Abs. 1 Nr. 1 MitbestG). Die bislang in der A-Spezialmaschinen AG organisierten Sondersparten 1 und 2, denen unterschiedliche Spezialwerkzeuge zugeordnet sind, die einen vom Hauptgeschäft verschiedenen Marktauftritt verlangen und die besondere Produkthaftungsrisiken besitzen,

[319] Kallmeyer/*Willemsen* UmwG § 325 Rn. 7; *Willemsen* NZA 1996, 791 (803); *Henssler* ZfA 2000, 241 (253); *Schupp*, Mitbestimmungsbeibehaltung, S. 274 und 331; aA Widmann/Mayer/*Wißmann* UmwG § 325 Rn. 23 und 27.

[320] So auch Lutter/*Sagan* UmwG § 325 Rn. 23; Kallmeyer/*Willemsen* UmwG § 325 Rn. 9; Widmann/Mayer/*Wißmann* UmwG § 325 Rn. 45; *Henssler* ZfA 2000, 241 (253); aA (Vorrang von § 325 Abs. 1 UmwG) *Heinze* ZfA 1997, 1 (17); *Boecken*, Unternehmensumwandlungen, S. 284, Rn. 437.

[321] Zur Parallelproblematik beim MitbestBeiG → Rn. 163 und Fn. 456.

sollen in zwei selbständig am Markt auftretende Tochtergesellschaften ausgegliedert werden. Dazu wird der Sonderbereich 1 in die B-Spezialwerkzeuge GmbH (1.200 Arbeitnehmer) und die Sondersparte 2 in die C-Spezialwerkzeuge GmbH (1.000 Arbeitnehmer) ausgegliedert, so dass die Arbeitnehmerzahlen bei der A-Spezialmaschinen AG von 4.000 auf 1.800 sinkt. Trotz der Ausgliederung ändert sich der mitbestimmungsrechtliche Status des bei der A-Spezialmaschinen AG bestehenden Aufsichtsrates nicht, da der Konzernobergesellschaft nach § 5 Abs. 1 MitbestG die Arbeitnehmer der B-Spezialwerkzeuge GmbH und C-Spezialwerkzeuge GmbH zugerechnet werden; des Schutzes durch die Mitbestimmungs-Beibehaltungsregelung des § 325 Abs. 1 UmwG bedarf es nicht. Bei den beiden neuen Tochtergesellschaften sind jeweils drittelparitätisch besetzte Aufsichtsräte zu errichten (§§ 1 Abs. 1 Nr. 3, 4 Abs. 1 DrittelbG). – Wären die Sondersparten 1 und 2 von der A-Spezialmaschinen AG nicht ausgegliedert, sondern abgespalten worden, so fielen die Anwendungsvoraussetzungen für das MitbestG bei der A-Spezialmaschinen AG (Mindest-Arbeitnehmerzahl von mehr als 2.000) weg; § 325 Abs. 1 UmwG suspendiert jedoch die Folgen für einen Zeitraum von 5 Jahren.

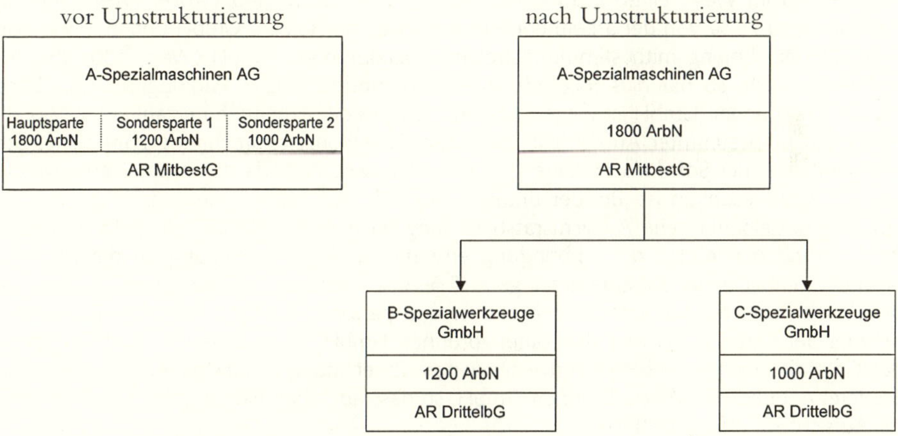

Durch Ausgliederung verursachte Mitbestimmungsverluste werden – wie bei der Abspaltung – für einen Zeitraum von fünf Jahren nach Wirksamwerden der Ausgliederung durch die Anordnung einer Mitbestimmungsbeibehaltung beim übertragenden Rechtsträger gemäß **§ 325 Abs. 1 UmwG** verhindert. Für den Anwendungsbereich und die Rechtsfolgen dieser Vorschrift kann auf die Ausführungen zur Abspaltung (unter → Rn. 114 ff.) verwiesen werden. Dies gilt auch im Hinblick auf sonstige Gestaltungsvarianten der Ausgliederung, die sich sowohl mitbestimmungsneutral auswirken als auch zu einem Mitbestimmungszuwachs oder einem Mitbestimmungsverlust bei den von der Spaltung betroffenen Rechtsträgern führen können.

b) Quasi-Spaltung durch Einzelrechtsübertragungen

Wirtschaftlich vergleichbare Sachverhalte, wie sie seit Inkrafttreten des Umwandlungsgesetzes durch die Spaltungsformen der Aufspaltung, Abspaltung und Ausgliederung erreichbar sind, können weiterhin auch durch Einzelrechtsübertragungen erzielt werden. Es wurde bereits darauf hingewiesen,[322] dass in vielen Umstrukturierungsfällen sogar die im Wege der Einzelrechtsübertragungen durchgeführte Spaltung (im untechnischen Sinne) eines Unternehmens gegenüber den im Umwandlungsgesetz geregelten Spaltungsarten vorzugswürdig sein kann. In zivilrechtlicher Hinsicht unterscheiden sich die Fälle der Quasi-Spaltung durch Einzelrechtsübertragungen von den bloßen Veräußerungsvorgängen (hierzu 130

[322] Hierzu unter → Rn. 104.

unter → Rn. 79ff.) dadurch, dass der übertragende Rechtsträger als Gegenleistung Anteile am übernehmenden Rechtsträger erhält, es sich also um eine Einbringung von Vermögensgegenständen handelt. Unter den Voraussetzungen der §§ 20ff. UmwStG kann eine Aufdeckung und Versteuerung von in den übertragenen Vermögensgegenständen enthaltenen stillen Reserven ebenso wie bei Spaltungen nach dem Umwandlungsgesetz vermieden werden. Mitbestimmungsrelevant ist die besondere Art der Gegenleistung (Gewährung von Anteilen am übernehmenden Rechtsträger anstelle von Geld oder sonstigen Vermögenswerten) nur im Hinblick auf eine möglicherweise durch die Anteilsgewährung neu vermittelte Konzernzurechnung zum übernehmenden Rechtsträger.[323]

Beispiel F 48:

Bei der zu 100 % von der arbeitnehmerlosen Getränkeholding GmbH gehaltenen Brauerei AG bestehen die beiden Teilbetriebe Bier (550 Arbeitnehmer) und Wasser (1.700 Arbeitnehmer). Sowohl bei der Brauerei AG als auch bei der Getränkeholding GmbH sind paritätisch mitbestimmte Aufsichtsräte eingerichtet (§§ 1 Abs. 1, 5, 7 MitbestG). Bringt nun die Brauerei AG im Wege einer Sachkapitalerhöhung ihren Teilbetrieb Wasser (Wert: 900) in die bislang zu 75 % von der arbeitnehmerlosen Softdrink Holding GmbH und zu 25 % von S gehaltenen, bislang mitbestimmungsfreien Mineralbrunnen GmbH (Wert: 100; 450 Arbeitnehmer) ein, so hat dies folgende mitbestimmungsrechtliche Wirkungen: Auf Ebene der Mineralbrunnen GmbH ist wegen des Anwachsens der Arbeitnehmerzahl auf 2.150 ein paritätisch mitbestimmter Aufsichtsrat zu bilden. Eine Konzernzurechnung zum bisherigen Hauptanteilseigner Softdrink Holding GmbH findet nicht statt, da deren Beteiligungsquote auf 7,5 % abgesunken ist. Bei der Brauerei AG sinkt das Mitbestimmungsniveau an sich auf eine drittelparitätische Aufsichtsratsbesetzung nach dem DrittelbG ab, jedoch werden ihr aufgrund der infolge der Einbringung erworbenen 90 %-Beteiligung an der Mineralbrunnen GmbH deren Arbeitnehmer gem. § 5 Abs. 1 MitbestG zugerechnet, so dass ein paritätisch besetzter Aufsichtsrat (mit aktiver und passiver Wahlberechtigung aller Arbeitnehmer der Brauerei AG und der Mineralbrunnen GmbH) einzurichten ist. Auf der Ebene der Getränkeholding GmbH erfolgt eine weitere Zurechnung sämtlicher Arbeitnehmer der Brauerei AG und der Mineralbrunnen GmbH, so dass auch hier ein paritätisch mitbestimmter Aufsichtsrat erforderlich ist.

[323] Im Unterschied zur im UmwG geregelten Spaltung gehen die Vermögensgegenstände nicht einheitlich mit Eintragung der Spaltung im Handelsregister über, sondern entsprechend der jeweils anwendbaren sachenrechtlichen Vorschriften. Eine Anfechtungsklage gegen den Zustimmungsbeschlusss der Anteilseignerversammlung zu einem Ausgliederungsvertrag/Unternehmenskaufvertrag berührt nicht die Wirksamkeit der dinglichen Rechtsgeschäfte und entfaltet damit auch keine statussichernde Wirkung im Hinblick auf die Zusammensetzung des Aufsichtsrates; vgl. LG Mainz 8.6.1998 – 4 O 189/97, DB 1998, 2052.

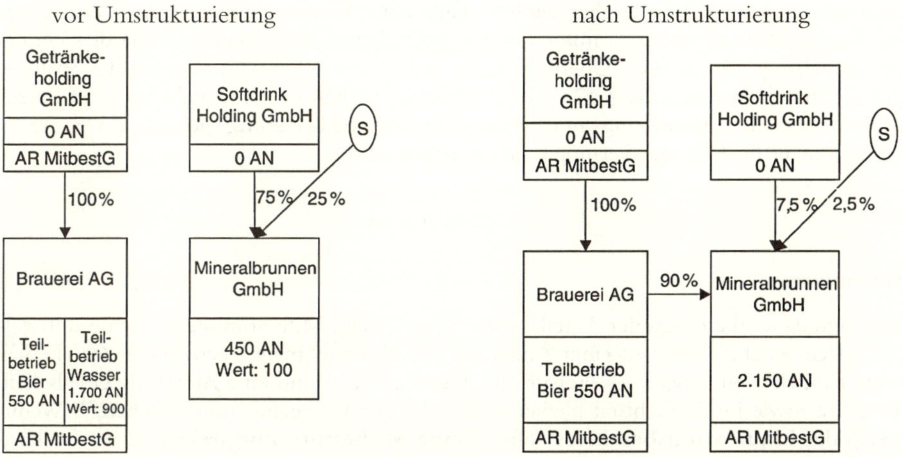

Stellten sich die Wertansätze des Teilbetriebs Wasser der Brauerei AG einerseits und der Mineralbrunnen GmbH andererseits so dar, dass die Einbringung des Teilbetriebs der Brauerei AG in die Mineralbrunnen GmbH zu einer Beteiligung unter 50 % führte, wäre keine Konzernzurechnung der Mineralbrunnen GmbH zur Brauerei AG und letztlich zur Getränkeholding GmbH gegeben; die dem Teilbetrieb Wasser der Brauerei AG zugehörigen Arbeitnehmer verlören ihre Konzernbindung (dh auch das aktive und passive Wahlrecht) zur Brauerei AG bzw. Getränkeholding GmbH.

Zwischen den Fällen der Quasi-Spaltung durch Einzelrechtsübertragungen und den im Umwandlungsgesetz geregelten Spaltungsfällen besteht in mitbestimmungsrechtlicher Hinsicht nur ein Unterschied: Die Sonderregelung des § 325 Abs. 1 UmwG, die für die Fälle der Abspaltung und Ausgliederung iSd § 123 Abs. 2 und 3 UmwG eine auf fünf Jahre zeitlich befristete **Mitbestimmungsbeibehaltung** anordnet, ist auf Fälle der Quasi-Spaltung nach zutreffender und überwiegender Ansicht **nicht anwendbar.**[324] Eine Gestaltung, die auch aus mitbestimmungsrechtlichen Gründen den Weg über Einzelrechtsübertragungen anstelle der im Umwandlungsgesetz vorgesehenen Abspaltung oder Ausgliederung wählt, ist regelmäßig nicht rechtsmissbräuchlich.[325] Auch dieser Umstand macht deutlich, dass Unternehmen und ihre Berater bei Umstrukturierungsplänen sehr wohl unterschiedliche **Gestaltungsvarianten** überprüfen sollten und diese Überprüfung sich nicht nur auf zivil- und gesellschaftsrechtliche sowie steuerliche Aspekte beschränken, sondern auch arbeits- und unternehmensmitbestimmungsrechtliche Gesichtspunkte miteinschließen sollte. 131

9. Innerstaatliche übertragende Umwandlungen: Vermögensübertragung

Die im Vierten Buch des Umwandlungsgesetzes geregelte Vermögensübertragung (§§ 174–189 UmwG) regelt die vollständige oder teilweise Übertragung von Vermögensgegenständen im Wege der (partiellen) Gesamtrechtsnachfolge auf die Öffentliche Hand sowie unter Versicherungsunternehmen. Die Vermögensübertragung unterscheidet sich von der Verschmelzung und der Spaltung dadurch, dass die Übertragung der Vermögensgegenstände nicht gegen Gewährung von Anteilen oder Mitgliedschaften am übernehmenden Rechtsträger erfolgt, sondern die Gegenleistung in Geld oder sonstigen Wirt- 132

[324] So Schmitt/Hörtnagl/Stratz/*Langner* UmwG § 325 Rn. 9; *Goutier/Knopf/Tulloch-Bermel* UmwG § 325 Rn. 10; Widmann/Mayer/*Wißmann* UmwG § 325 Rn. 10; *Mengel* Umwandlungen S. 454; *Schupp*, Mitbestimmungsbeibehaltung, S. 344.

[325] Vgl. OLG Naumburg 6.2.1997 – 7 U 236/96, WiB 1997, 864 mAnm *Trölitzsch* – Formwechsel von AG in GmbH mit Wegfall der Unternehmensmitbestimmung ist nicht missbräuchlich.

schaftsgütern besteht.[326] Die eher seltenen Fälle einer Vermögensübertragung verursachen im Wesentlichen die gleichen mitbestimmungsrechtlichen Auswirkungen, wie dies bei der Verschmelzung (für die volle Übertragung iSv § 174 Abs. 1 UmwG) oder bei der Spaltung (für die Teilübertragung iSv § 174 Abs. 2 UmwG) der Fall ist. Es ist jedoch darauf hinzuweisen, dass die Anordnung mit Mitbestimmungs-Beibehaltung gemäß § 325 Abs. 1 UmwG nicht für Fälle der Vermögensübertragung gilt.[327]

10. Liquidation

a) Liquidation

133 Der Liquidationsbeschluss der Anteilsinhaber einer einem Mitbestimmungsregime unterfallenden Gesellschaft führt zu einer Änderung des Unternehmensgegenstandes der ehemals wirtschaftlich-werbenden Gesellschaft. Die Gesellschaft ist nun eine Auflösungsgesellschaft. Sie selbst sowie ihr Aufsichtsrat bleiben jedoch bis zur Vollbeendigung bestehen.[328] Wenngleich der **Liquidationsbeschluss selbst keine Mitbestimmungsrelevanz** hat, so können selbstverständlich die im Rahmen des Abwicklungsverfahren vorgenommenen tatsächlichen betrieblichen Veränderungen (insbesondere ein Personalabbau, Veräußerung von Vermögensgegenständen) zu einem Mitbestimmungsverlust oder zu einer Verringerung des Mitbestimmungsniveaus führen. Dieses wäre jedoch keine mitbestimmungsrechtliche Auswirkung des Liquidationsbeschlusses, sondern eine Folge dieser tatsächlichen Maßnahme.

b) Sonderfall: Übertragende Liquidation

134 In der gesellschaftsrechtlichen Praxis der letzten Jahre gab es einige (wenige) Fälle, in denen die Liquidation einer (Aktien-)Gesellschaft mit einer Übertragung aller Vermögensgegenstände dieser Gesellschaft auf den Mehrheitsgesellschafter kombiniert wurde, um ua eine Beteiligung außenstehender Gesellschafter der übertragenden Liquidationsgesellschaft an dem übernehmenden Mehrheitsgesellschafter zu vermeiden (sog. übertragende Liquidation).[329] Sowohl das OLG Stuttgart im Fall „Bosch/MotoMeter" als auch das BayObLG im Fall „WEKA/MagnaMedia" haben diese Gestaltungsvariante, die die Anwendung der minderheitsschützenden Verschmelzungsvorschriften vermeidet, mit Zustimmung des überwiegenden Schrifttums für zulässig erklärt.[330] In mitbestimmungsrechtlicher Hinsicht ist der **Fall der übertragenden Liquidation ebenso zu behandeln wie eine Verschmelzung,** wenngleich die übertragende Liquidationsgesellschaft nicht erlischt, sondern funktionslos bis zur Vollbeendigung bestehen bleibt. Eine entsprechende Anwendung der Mitbestimmungsbeibehaltungsregelung des § 325 Abs. 1 UmwG kommt nicht in Frage.

---

[326] Zum Wesen der Vermögensübertragung Lutter/*H. Schmidt* UmwG Vor § 174 Rn. 2.

[327] Widmann/Mayer/*Wißmann* UmwG § 325 Rn. 9; Lutter/*Sagan* UmwG § 325 Rn. 2; Kallmeyer/*Willemsen* UmwG § 325 Rn. 2; Schmitt/Hörtnagl/Stratz/*Langner* UmwG § 325 Rn. 9; aA *Schupp*, Mitbestimmungsbeibehaltung, S. 345.

[328] Vgl. §§ 264, 268 Abs. 2, 273 Abs. 1 AktG, 69 GmbHG, 89 GenG – Zu den Auswirkungen der Liquidation auf die Unternehmensverfassung zB *K. Schmidt* GesR § 11 V 4, S. 312.

[329] Hierzu ausführlich *Lutter/Drygala* FS Kropf, 1997, 191; *Peters* BB 1999, 801.

[330] Vgl. OLG Stuttgart 21.12.1993 – 10 U 48/93, ZIP 1995, 1515 – MotoMeter I (Anfechtungsverfahren); OLG Stuttgart 4.12.1996 – 8 W 43/93, ZIP 1997, 363 – MotoMeter II (Spruchverfahren); BayObLG 17.9.1998 – 3Z BR 37/98, DB 1998, 2356 – WEKA/MagnaMedia; *Henze* DStR 1993, 1863; *ders.* ZIP 1995, 1473; aA *Lutter/Drygala* FS Kropff, 1997, 191 [analoge Anwendung des UmwG].

11. Insolvenz

a) Organkontinuität und Kompetenzkonflikte mit Organen des Insolvenzrechts

Die GmbH wird ebenso wie die AG durch die Eröffnung des Insolvenzverfahrens aufgelöst (§ 60 Abs. 1 Nr. 4 Hs. 1 GmbHG, § 262 Abs. 1 Nr. 3 AktG), allerdings findet bis zum Abschluss des Insolvenzverfahrens keine Abwicklung statt (vgl. § 264 Abs. 1 AktG). **Durch die Eröffnung des Insolvenzverfahrens bleiben die gesellschaftsrechtlichen Organstrukturen bei GmbH und AG im Grundsatz unverändert,** *soweit* nicht die Insolvenzmasse (§ 35 InsO) und damit die Verwaltungs- und Verfügungsbefugnisse des Insolvenzverwalters (§ 80 Abs. 1 InsO) betroffen sind und von diesen überlagert werden.[331] Die bei den mitbestimmten Gesellschaften zwingenden Organe der Geschäftsführer bzw. des Vorstandes, der Gesellschafter bzw. der Hauptversammlung sowie des Aufsichtsrates bleiben bestehen, treten allerdings in zurücktretende Konkurrenz zu den im Insolvenzverfahrensrecht geregelten Organen. Durch die Eröffnung des Insolvenzverfahrens enden also die Organämter der Aufsichtsratsmitglieder und der Vorstandsmitglieder (einschließlich des Arbeitsdirektors iSv § 33 MitbestG) nicht.[332] 135

Bei einem Insolvenzverfahren handelt es sich um ein besonderes Verfahren zur Vollabwicklung einer Gesellschaft nach besonderen Regeln, das insbesondere dazu dient, die Gläubiger des Insolvenzschuldners gemeinschaftlich zu befriedigen (§ 1 S. 1 InsO).[333] Während die Unternehmensverwaltung bei der werbenden Gesellschaft verpflichtet ist, im Rahmen des statutarischen Unternehmensgegenstandes nachhaltig renditeorientiert zu wirtschaften und hierzu im wohlverstandenen Unternehmensinteresse unter Berücksichtigung der Interessen aller Stakeholder zu handeln,[334] wird der Unternehmenszweck in der Insolvenz vom Zweck des Insolvenzverfahrens überlagert[335] und es wandelt sich die Unternehmenstätigkeit zur monothematischen Verwertung des Gesellschaftsvermögens im Interesse der Gläubiger um. Zu diesem Zwecke sieht das Insolvenzrecht die Ausübung des Verwaltungs- und Verfügungsrechts über das zur Insolvenzmasse gehörende Vermögen durch den Insolvenzverwalter vor (§ 80 Abs. 1, §§ 56ff. InsO), dessen Handlungen im ausschließlichen Gläubigerinteresse durch ein eigenes Aufsichts- und Kontrollregime überwacht werden, nämlich durch die Gläubigerversammlung (§§ 74ff. InsO) und ggf. durch den – fakultativen, regelmäßig aber errichteten – Gläubigerausschuss (§§ 67ff. InsO) sowie das Insolvenzgericht. Da sich die Befugnisse des Insolvenzverwalters und damit auch die korrespondierenden Überwachungskompetenzen der Gläubigerversammlung und des Gläubigerausschusses auf das zur Insolvenzmasse gehörende Vermögen beschränken, ist der Kompetenzkonflikt zwischen den Organen des Insolvenzrechts und den gesellschaftsrechtlichen Organen nach drei Bereichen differenziert zu lösen: 136

(1) Im sog. **Verdrängungsbereich** sind alleine die Organe des Insolvenzrechts handlungsberechtigt. Das betrifft die operative Geschäftsführung des Arbeitsdirektors, dessen zwingenden Ressortsbereich der Personal- und Sozialangelegenheiten der Arbeitnehmer (§ 33 MitbestG) mit Eröffnung des Insolvenzverfahrens vom Insolvenzverwalter übernommen wird. Im Hinblick auf den mitbestimmten Aufsichtsrat gilt das im Hinblick auf die Beratung und Überwachung der operativen Geschäftsführung nach Maßgabe von § 111 AktG (bei der GmbH: iVm § 52 Abs. 1 GmbHG);[336] diese Überwachungsaufgabe übernehmen mit Einleitung des Insolvenzverfahrens Gläubigerversammlung (§ 157ff. InsO), fakultativer Gläubigerausschuss (§ 69 InsO) und Insolvenzgericht (§§ 58, 59 InsO). Des- 137

[331] Hierzu zB *K. Schmidt* AG 2011, 1 (3).
[332] Für Aufsichtsratsmitglieder zB HH/*Henssler* MitbestG § 15 Rn. 125; Hüffer/*Koch* AktG § 103 Rn. 16 aE. – Für Vorstandsmitglieder zB *Seibt* in K. Schmidt/Lutter AktG § 84 Rn. 58.
[333] Hierzu zB MüKoAktG/*J. Koch* § 264 Rn. 6 und Rn. 34.
[334] Hierzu zB *Seibt* in: K. Schmidt/Lutter AktG § 76 Rn. 23 mwN.
[335] *K. Schmidt* InsR Unternehmen S. 100; *K. Schmidt* ZGR 1998, 633 (643).
[336] Vgl. *Oechsler* AG 2006, 606; *Siegelmann* DB 1967, 1029 (1030); *F. Weber* KTS 1970, 73 (87); *D. Schneider* FS Oppenhoff, 1985, 349 (351); MüKoAktG/*J. Koch* § 264 Rn. 70.

halb stehen auch insoweit dem Aufsichtsrat keine Berichts- und Informationsrechte nach § 90 AktG sowie Prüfungsrechte nach § 111 Abs. 2 S. 1 und 2 AktG zu;[337] dies ergibt sich aus dem Prinzip der Funktionserforderlichkeit der Informationsrechte des Aufsichtsrates.[338]

Der Kompetenzverlust des Aufsichtsrats und damit auch der Einflussverlust der Arbeitnehmervertreter im Aufsichtsrat wird im bestimmten Umfang substituiert durch ein eigenständiges Regime der Unterrichtung und des Rechts zur Stellungnahme durch Arbeitnehmervertreter im Betriebsrat und Sprecherausschuss über wirtschaftliche Angelegenheiten auf Unternehmensebene (vgl. §§ 156 Abs. 2 S. 1, 218 Abs. 3, 232 Abs. 1 Nr. 1 und 235 Abs. 3 S. 1 InsO). Betriebsrat und Sprecherausschuss werden in der Unternehmensinsolvenz zum (Ersatz-)Wirtschaftsausschuss.[339]

138 (2) Im sog. **Überschneidungsbereich** sieht das Insolvenzrecht Pflichten bzw. Befugnisse zum Zusammenwirken von Insolvenzverwalter und den Unternehmensorganen Vorstand und Aufsichtsrat vor. Dem Aufsichtsrat verbleiben in der Insolvenz dabei folgende Mitwirkungspflichten bzw. Mitwirkungsmöglichkeiten:[340]

- Mitwirkung bei der Erstellung eines Verzeichnisses der Massegegenstände (§ 151 Abs. 1 S. 2 InsO);
- Recht zur Stellungnahme zum Bericht des Insolvenzverwalters (§ 156 Abs. 2 S. 1 InsO);
- Anhörungsrecht bei der Stilllegung des Unternehmens (§ 158 Abs. 2 InsO);
- Antragsrecht gegenüber dem Insolvenzgericht, die Veräußerung des Unternehmens an die Zustimmung der Gläubigerversammlung zu binden (§ 163 Abs. 1 InsO);
- Auskunfts- und Mitwirkungspflichten nach § 97 InsO (iVm § 101 InsO);
- Maßnahmen zum Schutz der Gesellschaft (zB Einlegung einer sofortigen Beschwerde gegen die Anordnung einer Postsperre nach § 99 Abs. 3 InsO).

Über die Ausübung dieser Mitwirkungspflichten beschließt der Aufsichtsrat nach den allgemeinen Vorschriften. Die Vertretung des Aufsichtsrates im Außenverhältnis erfolgt durch den Vorsitzenden des Aufsichtsrates, bei dessen Abwesenheit durch den stellvertretenden Vorsitzenden.

139 (3) Der sog. **massefreie Bereich** bleibt von der Stellung des Insolvenzverwalters unberührt, und es verbleibt hier bei den gesellschaftsrechtlichen Organkompetenzen.[341] Zum sog. massefreien Bereich gehören die inneren korporativen Angelegenheiten sowie Angelegenheiten, die sich auf durch den Insolvenzverwalter freigegebene Vermögensgegenstände beziehen.[342] Für die Geschäftsführer bzw. die Mitglieder des Vorstandes und damit auch für den Arbeitsdirektor bedeutet dies, dass sie insbesondere (i) für die Aufstellung des Jahresabschlusses für Zeiträume vor der Insolvenzeröffnung,[343] (ii) für die Einberufung von Hauptversammlungen (§ 121 Abs. 2 S. 1 AktG),[344] (iii) für Anmeldungen zum Handelsregister,[345] (iv) für die Vertretung der Gesellschaft im Rahmen von Anfechtungs- und Nichtigkeitsklagen (§ 246 Abs. 2 S. 2, § 249 Abs. 1 S. 1 AktG), (v) für Antragsstellungen und Anhörungen in Statusverfahren (§§ 97–99 AktG), (vi) für Antragsstellungen und Anhörungen bei Verfahren zur gerichtlichen Bestellung von Aufsichtsratsmitgliedern (§ 104 AktG) und (vii) zur Erfüllung kapitalmarktrechtlicher Pflichten (zB Meldung zur Beteiligungstransparenz nach § 26 WpHG, Verpflichtung zur Ad hoc-Publizität nach § 15

---

[337] *Oechsler* AG 2006, 606; *Siegelmann* DB 1967, 1029 (1030).

[338] Hierzu ausführlich *Seibt* in HdB Corporate Governance, 2. Aufl. 2009, S. 391, 395; *Leyens* S. 159.

[339] Zutr. *Rieble/Kolbe* KTS 2009, 281 (305).

[340] Hierzu *Oechsler* AG 2006, 606 (609) Fn. 36.

[341] Vgl. BGH 26.1.2006 – IX ZR 282/03, ZInsO 2006, 260; BGH 11.1.2007 – IX ZB 271/04, ZInsO 2007, 267 (269); OLG Nürnberg 20.3.1990 – 1 U 2275/89, AG 1991, 446 (447); *Klöckner* AG 2010, 780.

[342] Vgl. *K. Schmidt* AG 2006, 597; *Häsemeyer* InsR Rn. 30.29; ausführlich *H.-F. Müller* Der Verband in der Insolvenz S. 87–104.

[343] Vgl. (inzident) BGH 16.9.2010 – IX ZR 121/09, ZIP 2010, 2164 (2165); *Klöckner* AG 2010, 780 (782); *Sinz* in Uhlenbruck, InsO § 155 Rn. 9 und 11.

[344] MüKoAktG/*J. Koch* § 264 Rn. 69; *Mock* in Uhlenbruck, InsO § 80 Rn. 32.

[345] *Klöckner* AG 2010, 780 (782).

WpHG[346]) verantwortlich bleiben. Für den mitbestimmten Aufsichtsrat verbleiben als Kompetenzen

- die Personalkompetenz über den Vorstand, dh die Kompetenz zur Bestellung und Abberufung von Vorstandsmitgliedern nach § 84 AktG[347] (aber ausschließlich der Kompetenz zum Abschluss, zur Änderung und zur Aufhebung der Anstellungsverträge), zur Befreiung vom Wettbewerbsverbot (§ 88 AktG) sowie zur temporären Bestellung von Aufsichtsratsmitgliedern in den Vorstand nach § 105 Abs. 2 AktG;[348]
- die Feststellung des Jahresabschlusses für Zeiträume vor der Insolvenzeröffnung;[349]
- die Unterzeichnung von Anmeldungen zum Handelsregister durch den Vorsitzenden des Aufsichtsrates, zB zur Durchführung einer (Sanierungs-)Kapitalerhöhung (vgl. § 188 Abs. 1 AktG);[350]
- die Überwachung der rechtmäßigen und zweckmäßigen Erfüllung von Vorstandspflichten im sog. massenfreien Bereich (zB im Hinblick auf die Verpflichtungen des Vorstandes aus dem Kapitalmarktrecht);
- die Mitwirkung bei der Vertretung der Gesellschaft im Rahmen von Anfechtungs- und Nichtigkeitsklagen (§ 246 Abs. 2 S. 2, § 249 Abs. 1 S. 1 AktG);[351]
- die Antrags- und die Anhörungsrechte bei Statusverfahren (§§ 97–99 AktG);[352]
- das Mitwirkungs- und Anhörungsrechte bei der gerichtlichen Bestellung von Aufsichtsratsmitgliedern (§ 104 AktG);
- das Recht zur außerordentlichen Einberufung einer Hauptversammlung (§ 111 Abs. 3 AktG)[353] sowie die Anwesenheitspflicht und die Berichts- und Auskunftspflicht des Aufsichtsrats auf der Hauptversammlung.

Da der Insolvenzverwalter auf die personelle Zusammensetzung der Gesellschaftsorgane keinen (rechtlichen) Einfluss nehmen darf,[354] kann er weder ein Statusverfahren nach §§ 97–99 AktG einleiten, noch kann er eine gerichtliche Bestellung von Aufsichtsratsmitgliedern nach § 104 AktG beantragen.[355] Nach hM soll aus der Zuordnung von Statusverfahren und gerichtlicher Aufsichtsratsbestellung zum sog. massefreien Bereich auch folgen, dass die Insolvenzmasse für die Kosten dieser Verfahren nicht einstehen muss (§ 55 Abs. 1 InsO).[356] Für die Kosten solcher Verfahren soll die Gesellschaft nur mit ihrem insolvenzfreien Vermögen haften, und diese Kostenlast (sowie das Haftungsrisiko bei Illiquidität) soll dazu führen, dass ein Statusverfahren in der Regel nicht während des laufenden Insolvenzverfahrens durchgeführt werden soll.[357] Mit einer ähnlichen Argumentation wird von der hM auch vertreten, dass die Kosten für eine Neuwahl der Arbeitnehmervertreter im Aufsichtsrat in der Insolvenz der Gesellschaft keine Massenschulden darstellten, da nach § 20 Abs. 3 MitbestG und § 10 Abs. 3 DrittelbG die Kosten der „Unternehmer" und eben nicht der Arbeitgeber (wie zB in § 20 Abs. 3 S. 1 BetrVG) zu tragen habe.[358] Das alles ist

346 BVerwG 13.4.2005 – 6 C 4.04, AG 2005, 579 (581) – Lobster AG.

347 Vgl. OLG Nürnberg 20.3.1990 – 1 U 2275/89, AG 1991, 446 (447); BayObLG 10.3.1988 – BReg. 3 Z 125/87, NJW-RR 1998, 929 (931); MüKoAktG/*J. Koch* § 264 Rn. 70; *K. Schmidt* AG 2006, 597 (602); ders. AG 2011, 1 (4); *Oechsler* AG 2006, 606; *Windel* in Jaeger, 2004, InsO § 80 Rn. 80; kritisch *de lege ferenda* (für Zuständigkeit der Hauptversammlung) *Klöckner* AG 2010, 780 (781).

348 *Oechsler* AG 2006, 606.

349 Vgl. (inzident) BGH 16.9.2010 – IX ZR 121/09, ZIP 2010, 2164 (2165).

350 Zweifelnd im Hinblick auf die (entsprechende) Vorstandszuständigkeit *K. Schmidt* AG 2011, 1 (5).

351 *Oechsler* AG 2006, 606 (zu Anfechtungsklagen).

352 Vgl. LG Dortmund 25.10.2007 – 18 O 55/07, EWiR 2008, 257 *(M. Roth)*; *Rieble/Kolbe* KTS 2009, 281 (306).

353 *Oechsler* AG 2006, 606.

354 KG 4.8.2005 – 1 W 397/03, ZIP 2005, 1553 (1555); *Oechsler* AG 2006, 606 (611).

355 *Rieble/Kolbe* KTS 2009, 281 (306); vgl. auch KG 4.8.2005 – 1 W 397/03, ZIP 2005, 1553 (zu § 104 AktG).

356 *Rieble/Kolbe* KTS 2009, 281 (306); zum Verfahren nach § 104 AktG ebenso *Oechsler* AG 2006, 606 (611).

357 *Rieble/Kolbe* KTS 2009, 281 (306).

358 *D. Schneider* FS Oppenhoff, 1985, 349 (362); iE ebenso *Oechsler* AG 2006, 606 (611); *Grüneberg* Die Rechtsposition der Organe der GmbH und des Betriebsrats im Konkurs S. 100.

mE nicht überzeugend, vielmehr sind aus der Insolvenzmasse die Kosten unter anderen solcher Verfahren zu bestreiten, die für die gesetzesmäßige Zusammensetzung und das Funktionieren der Gesellschaftsorgane erforderlich und verhältnismäßig sind.

140 Auch in der **Eigenverwaltung** (§§ 270 ff. InsO), bei der der Schuldner zwar verwaltungs- und verfügungsbefugt bleibt, gelten im Hinblick auf die Kompetenzkollision von gesellschaftsrechtlichem Aufsichtsrat und den insolvenzrechtlichen Organen Sachwalter und Gläubigerausschluss im Grundsatz und trotz Sanierungs- und Fortführungsziel die gleichen Grundsätze wie bei → Rn. 135. Der Aufsichtsrat erleidet also auch hier einen Kompetenz- und Einflussverlust, der aber bei Erreichung des Sanierungs- und Fortführungszieles nur temporärer Natur ist.[359]

141 Die hM im Schrifttum – auf der Basis einer Entscheidung des Reichsgerichts – billigt den **Aufsichtsratsmitgliedern** wegen des (erheblich) eingeschränkten Umfangs der verbliebenen Organkompetenzen **keinen Vergütungsanspruch gegen die Insolvenzmasse** zu[360] (sondern nur aus dem etwaigen insolvenzfreien Vermögen der Gesellschaft (vgl. § 32 Abs. 3 S. 1, § 36 InsO)[361]); sie sollen trotz Verpflichtungen und Haftungsrisiken in der Regel *pro bono*[362] tätig sein. Diese Auffassung wird der durch vielfältige Gesetzesänderungen in den der letzten Dekade gesteigerten Verantwortung und Haftungsrisiken des Aufsichtsrates nicht gerecht. Es sollte *de lege ferenda* lediglich eine sich an § 87 Abs. 2 AktG orientierende Kompetenz zugunsten des Insolvenzverwalters zur Herabsetzung der Aufsichtsratsvergütung geregelt werden (bei ansonsten bestehender Überprüfungsansprüche als Massenschulden), die der gerichtlichen Billigkeitsüberprüfung (§ 315 Abs. 3 BGB) unterliegt. In jedem Fall besteht bereits *de lege lata* ein Anspruch der Aufsichtsratsmitglieder auf Aufwendungsersatz im Hinblick auf die angemessenen Aufwendungen, die zur Erfüllung ihrer Rechte und Pflichten im sog. Überschneidungsbereich und im sog. massefreien Bereich erforderlich und verhältnismäßig sind.[363]

142 Aus der Eröffnung des Insolvenzverfahrens folgt **keine Pflicht zur (kollektiven) Amtsniederlegung** durch die Vorstands- oder Aufsichtsratsmitglieder. Umgekehrt kann gerade eine kollektive, abgestimmte Amtsniederlegung pflichtwidrig sein, da sie die Gesellschaft handlungsunfähig im sog. massefreien Bereich (und hier insbes. im korporativen Bereich, zB Vereitelung der Feststellung von Jahresabschlüssen) machen könnte.[364] Allerdings sind die Organmitglieder im Wege von Individualentscheidungen berechtigt, ihr Amt nach Eröffnung des Insolvenzverfahrens niederzulegen;[365] es liegt dann keine „Unzeit" (mehr) vor, in der die Handlungsfähigkeit der Gesellschaft durch Amtsniederlegung gefährdet wird.[366]

b) Entkonzernierung

143 Die rechtsträgerbezogene Insolvenz eines Konzernunternehmens[367] bewirkt eine **Entkonzernierung qua Gesetzes** (und entkräftet damit die Konzernherrschaftsvermutung des

---

[359] Abweichend *Klöckner* AG 2010, 780 (782).

[360] RG 14.2.1913 – II. 449/12, RGZ 81, 332 (338); KG 4.8.2005 – 1 W 397/03, ZIP 2005, 1553 (1555); MüKoAktG/*J. Koch* § 264 Rn. 59; MüKoAktG/*Habersack* § 103 Rn. 57; *Oechsler* AG 2006, 606 (607); *W. Schulz* KTS 1986, 389 (412); *F. Weber* KTS 1970, 73 (84); einschränkend (Vergütungsansprüche für vollberuflichen Aufsichtsrat) *H.-F. Müller* Der Verband in der Insolvenz S. 161.

[361] MüKoAktG/*J. Koch* § 264 Rn. 61; KK-AktG/*Winnen* § 262 Rn. 24; *Oechsler* AG 2006, 606 (608); aA (jede Vergütung ablehnend) RG 14.2.1913 – II. 449/12, RGZ 81, 332 (338); offen lassend KG 4.8.2005 – 1 W 397/03, ZIP 2005, 1553 (1555).

[362] So *Rieble/Kolbe* KTS 2009, 281 (283).

[363] Zutreffend *Oechsler* AG 2006, 606 (608).

[364] Abweichend wohl *Oechsler* AG 2006, 606 (612).

[365] Für Vorstandsmitglieder *Ehricke/Rotstegge* in Bayer/Habersack, Aktiengesellschaft im Wandel, 2007, Kap. 25 Rn. 97; *Klöckner* AG 2010, 780 (782). – Für Aufsichtsratsmitglieder *Oechsler* AG 2006, 606 (612).

[366] Hierzu (insbes. in insolvenznahen Situationen) *Seibt* in K. Schmidt/Lutter AktG § 84 Rn. 62 mwNw.

[367] Das deutsche Insolvenzrecht ist rechtsträgerbezogen (vgl. § 11 InsO), folgt dem konzernrechtlichen Trennungsprinzip und erlaubt daher keine Insolvenzverfahren über unternehmensübergreifende Haftungsmassen wie den Konzern.

§ 18 Abs. 1 S. 3 AktG), und zwar auch im Hinblick auf die Konzernierungsvorschriften des § 5 MitbestG und § 2 DrittelbG:[368] Wird über das **beherrschte Unternehmen** ein Insolvenzverfahren eröffnet, so scheidet dies aus dem Konzernverbund aus. Denn jeder herrschende Einfluss qua Beherrschungsvertrag, vergleichbarer vertraglicher Regelung, Stimmrechtsmehrheit oder anderer faktischer Umstände kollidiert mit der insolvenzrechtlichen Unabhängigkeitsmaxime des Insolvenzverwalters.[369] Jedes externe Weisungsrecht beeinträchtigt die Insolvenz des beherrschten Unternehmens und ist durch § 80 InsO ausgeschlossen; ein Beherrschungsvertrag endet von Rechts wegen[370] oder ist nach § 275 Abs. 1 BGB wegen (vorübergehender) rechtlicher Unmöglichkeit ausgesetzt.[371] Wird über ein Konzernunternehmen das Insolvenzverfahren eröffnet, so scheidet dieses aus dem Konzernverbund aus (einschließlich mit den ihr nachgeordneten Konzernunternehmen!), und insofern verkleinert sich die Konzernbelegschaft entsprechend. Führt das dazu, dass relevante Schwellenwerte von regelmäßig beschäftigten Arbeitnehmern unterschritten werden oder dazu, dass sich die Branchen-Prägung ändert (zB Tendenzschutz), ist ein Statusverfahren §§ 97–99 AktG einzuleiten (→ Rn. 187ff.), und zwar von den Geschäftsführern bzw. dem Vorstand der Gesellschaft und nicht vom Insolvenzverwalter. Die Entkonzernierung hat im Hinblick auf die betroffenen Belegschaftsvertreter (nicht aber für Gewerkschaftsvertreter) im Aufsichtsrat zur Folge, dass diese ihre Wählbarkeit (vgl. § 7 Abs. 2, § 5 MitbestG) und damit ihr Aufsichtsratsmandat verlieren (§ 24 Abs. 1 MitbestG).[372] Dies gilt im Grundsatz auch entsprechend – und trotz fehlender Vergleichsvorschrift zu § 24 Abs. 1 MitbestG im Anwendungsbereich des DrittelbG, es sei denn, es verbleiben im Aufsichtsrat auch ohne den betroffenen Belegschaftsvertreter noch zur Erfüllung von § 4 Abs. 2 DrittelbG hinreichend viele unternehmensangehörige Arbeitnehmervertreter.[373]

Bei der **Insolvenz des herrschenden Unternehmens** schließt die InsO die (faktische oder vertragliche) Konzernherrschaft über verbundene Unternehmen aus. Denn der Insolvenzverwalter ist insolvenzrechtlich nur für die dem Insolvenzverfahren unterliegende Gesellschaft legitimiert, verbundene Unternehmen darf er verwerten, aber nicht unternehmerisch beherrschen oder führen.[374] Die durch die Eröffnung des Insolvenzverfahrens eingetretene Überlagerung des Geschäftszweckes durch das gläubigerorientierte Verwertungsziel verträgt sich nicht mit einer unternehmerischen Konzernleitungsmacht gegenüber nachfolgenden Konzernunternehmen.

Mit der Insolvenz der Muttergesellschaft endet – jedenfalls für die Dauer des Insolvenzverfahrens – die Konzernierung insgesamt. Damit können auch Arbeitnehmer von verbundenen Unternehmen der insolventen Konzernobergesellschaft nicht mehr nach § 5 MitbestG bzw. § 2 Abs. 2 DrittelbG zugerechnet werden.[375] Führt diese Entkonzernierung zu Änderungen bei unternehmensmitbestimmungsrelevanten Parametern (→ Rn. 17), so ist ebenfalls ein Statusverfahren nach §§ 97–99 AktG durchzuführen (→ Rn. 187ff.).

Für die **Eigenverwaltung** (§§ 270ff. InsO), bei der der Schuldner verwaltungs- und 144
verfügungsbefugt über die Masse bleibt, gelten im Ergebnis die gleichen Grundsätze, da der Schuldner im Regime der Eigenverwaltung „als Amtswalter im Interesse der Gläubiger" fungiert: Bei der eigenverwalteten Konzernobergesellschaft wird die ursprüngliche

[368] Hierzu ausführlich *Rieble/Kolbe* KTS 2009, 281 (282).

[369] *Rieble/Kolbe* KTS 2009, 281 (287).

[370] So unter Geltung der alten Konkursordnung BGH 14.12.1987 – II ZR 170/87, BGHZ 103, 1 – Familienheim.

[371] Hierfür zB *Zeidler* NZG 1999, 692 (696) und *Bultmann* ZInsO 2007, 785 (787).

[372] *Rieble/Kolbe* KTS 2009, 281 (307); MüKoAktG/*Annuß* MitbestG § 24 Rn. 3, 6; *Lenze*, Folgen von Unternehmens- und Konzernveränderungen für die Arbeitnehmerbank im Aufsichtsrat, 2005, S. 136.

[373] HWK/*Seibt* DrittelbG § 12 Rn. 9; HH/*Henssler* DrittelbG § 12 Rn. 17; ohne Ausnahme [§ 24 Abs. 1 MitbestG analog] BAG 25.10.2000 – 7 ABR 18/00, NZA 2001, 461 = AP Nr. 32 zu § 76 BetrVG (mAnm *Rombach*).

[374] Vgl. AG Duisburg 1.9.2002 – 62 IV 167/02, ZIP 2002, 1636 – Babcock Borsig; *Rieble/Kolbe* KTS 2009, 281 (289); abweichend *Windel* in Jaeger, 2007, § 80 Rn. 82; *Eidenmüller* ZHR 2005, 528 (549) Fn. 68.

[375] *Rieble/Kolbe* KTS 2009, 281 (306).

Konzernleitungsmacht durch eine Verwaltungs- und Verwertungsbefugnis als Amtswalter der Gläubiger des Schuldners ersetzt. Bei der eigenverwalteten Beteiligungsgesellschaft verdrängt das Aufsichts- und Kontrollregime der InsO (Sachwalter und Gläubiger verdrängen Aufsichtsrat und GmbH-Gesellschafterversammlung[376]) die konzernrechtlichen Regelungen.

145 Im Falle einer Insolvenz der Konzernobergesellschaft ändert sich im Grundsatz nichts an bereits bestehenden, mit bestimmten Aufsichtsräten bei nachgeordneten Konzernunternehmen. Nur die Regelung des § 32 MitbestG gilt in diesem Fall nicht mehr, da eine „Über-Mitbestimmung" in dieser Situation nicht mehr droht.[377] Darüber hinaus kann die Auflösung des Konzernverhältnisses zur insolventen Konzernobergesellschaft dazu führen, dass nunmehr in Zwischenholding-Gesellschaften eigenverantwortliche Leitungsentscheidungen getroffen werden (sog. Konzern im Konzern, → Rn. 52ff.), so dass auf diesen Ebenen erstmals mitbestimmte Aufsichtsräte zu bilden sind.

c) Insolvenz der Europäischen Gesellschaft (SE)

146 Bei einer Insolvenz der Europäischen Gesellschaft (SE) gelten im Hinblick auf den Kompetenzkonflikt zwischen den Organen des Insolvenzrechts und den gesellschaftsrechtlichen Organen (unabhängig von der Ausgestaltung als monistisches oder dualistisches Leitungssystem) die gleichen Grundsätze wie bei der AG und der GmbH, dh es ist nach den drei Bereichen Verdrängungsbereich, Überschneidungsbereich und massefreier Bereich zu differenzieren (→ Rn. 136ff.). Sieht die SE-Mitbestimmungsvereinbarung – wie in der Regel – keine ausdrücklichen Konzernregelungen und zu den Folgen einer Insolvenz der SE oder von Konzernunternehmen der SE vor, so ändert sich das SE-Sonderregime der Unternehmensmitbestimmung nicht. Denn weder die Insolvenz der SE noch die Insolvenz von SE-Konzerngesellschaften stellen eine strukturelle Änderung iSv § 18 Abs. 3 SEBG dar. Weder die Konzernierung noch die Entkonzernierung von Beteiligungsgesellschaften sind solchermaßen qualifizierte strukturelle Änderungen. Das bedeutet, dass bei der SE – anders bei den autonom-nationalen Rechtsformen – das Ausscheiden von Gesellschaften aus dem Konzernverbund das Niveau der Unternehmensmitbestimmung nicht ändert (es sei denn, es gibt eine Sonderregelung in der SE-Mitbestimmungsvereinbarung). Allerdings kann die Insolvenz von SE-Konzernunternehmen die personelle Zusammensetzung des Aufsichtsrats (bzw. beim monistischen Verwaltungssystem: des Verwaltungsrats) ändern, da auch hier der allgemeine Rechtsgedanke des § 24 Abs. 1 MitbestG Geltung verlangt, nämlich dass bei Verlust der Konzernzugehörigkeit das Organamt verlorengeht.[378] Allerdings kann die SE-Mitbestimmungsvereinbarung das anders regeln; es besteht kein zwingendes Interessenvertretungsgebot als „systemimmanente Schranke der Verhandlungsmacht des besonderen Verhandlungsgremiums".[379] Allerdings wird es in der Regel nicht im Interesse der Mitglieder des besonderen Verhandlungsgremiums liegen, ausgeschiedenen Mitarbeitern oder Mitarbeitern aus Unternehmen, die wegen Insolvenz aus dem Konzernverbund ausscheiden, das Organamt durch Sonderregelung in der SE-Mitbestimmungsvereinbarung zu belassen.

12. Grenzüberschreitende Umstrukturierungen

147 Im Rahmen der zunehmenden Globalisierung der Wirtschaftsaktivitäten zahlreicher Unternehmen ist die Bedeutung grenzüberschreitender Umstrukturierungen in den letzten Jahren stark gewachsen. Da das für deutsche Unternehmen maßgebliche Normensystem

[376] *Prütting/Huhn* ZIP 2002, 777 (778); *Rieble/Kolbe* KTS 2009, 281 (295); aA *Ringstmeier/Homann* NZI 2002, 406.
[377] Ebenso *Rieble/Kolbe* KTS 2009, 281 (306).
[378] Ebenso *Rieble/Kolbe* KTS 2009, 281 (312).
[379] So aber *Rieble/Kolbe* KTS 2009, 281 (311).

bislang nur lückenhaft die Fragen grenzüberschreitender Umstrukturierungen, und hier insbesondere auch die in der Praxis häufigen Fälle von grenzüberschreitenden Umstrukturierungen innerhalb der Europäischen Union, regelt, sind deutsche Unternehmen und ihre Berater häufig mit sehr komplexen und zT noch nicht endgültig entschiedenen Rechtsfragen konfrontiert. Aus dem Strauß möglicher Fallgruppen grenzüberschreitender Umstrukturierungen werden im Folgenden die in der Unternehmenspraxis am zahlreichsten vorkommenden Fälle der Gründung von ausländischen Betriebsstätten und Tochtergesellschaften (hierzu a)), die Verlegung des (tatsächlichen) Gesellschaftssitzes von Deutschland in das Ausland (hierzu b)), die „Heraus-Verschmelzung/Spaltung" auf eine ausländische Gesellschaft (hierzu c)) und schließlich die „Herein-Verschmelzung/Spaltung" auf eine deutsche Gesellschaft behandelt (hierzu d).

Ein Ausblick: Am 1. Januar 2020 trat die Richtlinie (EU) 2019/2121 des Europäischen Parlaments und des Rates vom 27.11.2019 zur Änderung der Richtlinie (EU) 2017/1132 in Bezug auf grenzüberschreitende Umwandlungen, Verschmelzungen und Spaltungen (sog. **Mobilitätsrichtlinie;** Mobil-RL) in Kraft.[380] Diese Mobilitätsrichtlinie (Zweiter Teil des sog. Gesellschaftsrechtspakets *(Company Law Package)*) wird zukünftig die Basis für harmonisierte, nationalstaatliche Regelungen für grenzüberschreitende Formwechsel und grenzüberschreitende Spaltungen zur Neugründung für Kapitalgesellschaften der EU-Mitgliedsstaaten sein; darüber hinaus wird das bereits unionsweit harmonisierte Verfahren der grenzüberschreitenden Verschmelzung modernisiert. Die neuen Verfahrensvorschriften orientieren sich weitgehend an den Verfahren, die im Zusammenhang mit der Europäischen Gesellschaft (SE) und der grenzüberschreitenden Verschmelzung bereits normiert wurden. Die Richtlinie erfasst weder Personengesellschaften noch grenzüberschreitende Spaltungen zur Aufnahme (allerdings könnte der deutsche Gesetzgeber dies unter Ausnutzung seines Umsetzungsspielraums regeln). 147a

Im Hinblick auf den Schutz von Arbeitnehmerinteressen gilt der Grundsatz, dass jede aus einer Umwandlung hervorgehende Gesellschaft (Formwechsel und Verschmelzung) sowie jede im Zuge der Umwandlung neu entstehende Gesellschaft (Spaltung) dem Mitbestimmungsrecht des Zuzugsmitgliedsstaates unterliegt (Art. 86 l Abs. 1, Art. 133 Abs. 1, Art. 160 l Abs. 1 Mobil-RL). Die Mobilitätsrichtlinie enthält dabei allerdings zwei Instrumente zum Schutz der Arbeitnehmer, nämlich (i) die Möglichkeit zur Abgabe einer Stellungnahme nach Information über das Umstrukturierungsvorhaben[381] sowie (ii) eine in bestimmten Fällen eingreifende Verhandlungspflicht über das Mitbestimmungsniveau. Die **Verhandlungspflicht** besteht – auch beim Formwechsel (!) – wenn (i) die Gesellschaft in den sechs Monaten vor der Offenlegung des Plans für die grenzüberschreitende Umwandlung eine durchschnittliche Zahl von Arbeitnehmern beschäftigt, die 4/5 des im Recht des Wegzugsmitgliedsstaates festgelegten Schwellenwerts entspricht (also in Deutschland: 400 Arbeitnehmer), oder (ii) das Recht des Zuzugsmitgliedsstaates nicht mindestens den gleichen Umfang an Mitbestimmung der Arbeitnehmer vorsieht, wie in der Gesellschaft vor der grenzüberschreitenden Umwandlung bestand, oder (iii) das Recht des Zuzugsmitgliedsstaates für Arbeitnehmer in Betrieben der umgewandelten Gesellschaft, die sich in anderen Mitgliedsstaaten befinden, nicht den gleichen Anspruch auf Ausübung von Mitbestimmungsrechten vorsieht, wie sie den Arbeitnehmern im Zuzugsmitgliedsstaat gewährt werden. Bei deutschen (mit Betrieben im EU-Ausland) Konzernen wird es unabhängig von der 4/5-Regelung wegen der Variante (iii) regelmäßig zu Verhandlungen über die Mitbestimmung kommen.[382] Das **Verhandlungsverfahren** entspricht konzeptionell im Wesentlichen den Regelungen der SE-Richtlinie mit Verhandlungsmodell und Auffanglösung, und insbesondere gilt das sog. „Vorher-Nachher-Prinzip".[383] Damit setzt sich das 147b

[380] EU Abl. 12.12.2019 Nr. L321/1, zum Inkrafttreten Art. 5. Aus der Literatur zB: *Fink/Chilevych* NZG 2020, 544.

[381] Siehe hierzu *Schollmeyer*, AG 2019, 541 (546 ff.); *Luy* NJW 2019, 1905 (1908).

[382] *Selent* NZG 2018, 1171 (1173); *Pütz* AG 2020, 117 (120).

[383] *Pütz*, AG 2020, 117 (118 f.).

deutsche Modell der Unternehmensmitbestimmung zumeist durch, wenn an der grenzüberschreitenden Umwandlungsmaßnahme eine deutsche Gesellschaft beteiligt ist.[384] Die folgenden Aspekte und weiteren Modifikationen sind bedeutsam:

- Das unionsrechtliche Mitbestimmungsregime greift (neben den Fällen der Mitbestimmungsminderung und der Benachteiligung ausländischer Arbeitnehmer) bei allen grenzüberschreitenden Umwandlungsfällen bereits dann ein, wenn die sich formwechselnde oder spaltende Gesellschaft oder eine der sich verschmelzenden Gesellschaften mindestens 4/5 des im nationalen Recht vorgesehenen Schwellenwerts für die Mitbestimmung überschreitet (also für Deutschland: 400 Arbeitnehmer) (Art. 86 l Abs. 2 Mobil-RL). Dies wird also in Einzelfällen dazu führen, dass derzeit Gesellschaften ohne mitbestimmten Aufsichtsrat zur Durchführung eines aufwendigen Verhandlungsverfahrens gezwungen sind, obwohl an dessen Ende vermutlich (erneut) die Mitbestimmungsfreiheit stehen wird.
- Die Auffanglösung kann – unter Verzicht auf das Verhandlungsverfahren – bei grenzüberschreitenden Verschmelzungen direkt gewählt werden; bei Formwechseln und grenzüberschreitenden Spaltungen kann diese nur gemeinsam mit dem besonderen Verhandlungsgremium beschlossen werden.
- Die neue 4/5-Regelung gibt den Gesellschaften die Chance, ihre Mitbestimmungsfreiheit bzw. ihr bisheriges Mitbestimmungsregime durch grenzüberschreitende Verschmelzung einzufrieren. Die Petrifizierung bezieht sich auf den Status, der zum Zeitpunkt der grenzüberschreitenden Umstrukturierung bestand.
- Ein danach bestehendes Mitbestimmungsregime muss darüber hinaus grundsätzlich – und unabhängig von nachfolgenden innerstaatlichen oder grenzüberschreitenden Umwandlungen, Verschmelzungen und Spaltungen – vier Jahre (Vorschlag der Europäischen Kommission war ursprünglich drei Jahre) lang beibehalten werden (Art. 86 l Abs. 7 Mobil-RL).

147c Die Mobilitätsrichtlinie ist bis zum 31.1.2023 in nationales Recht umzusetzen. Dem Vernehmen nach wird das BMJV mit den Vorarbeiten in 2021 beginnen. Es ist zweifelhaft, ob bereits der Mobil-RL eine Vorwirkung vor nationalstaatlicher Umsetzung zukommt, zB in dem Sinne, dass Registerrichter diese „als grobe Richtschnur" für die Eintragungsfähigkeit grenzüberschreitender Umwandlung berücksichtigen soll.[385] Dem deutschen Gesetzgeber ist zu empfehlen, im Zuge der Mitbestimmungsbeibehaltungsregelung des § 325 UmwG (→ Rn. 118 ff.) an die Gesamtumsetzung anzupassen.

a) Grundsatz: Mitbestimmungsfreiheit ausländischer Tochtergesellschaften und Betriebsstätten

148 Die deutschen Mitbestimmungsgesetze finden auf ausländische Unternehmen (dh Unternehmen mit tatsächlichem Verwaltungssitz im Ausland) **keine Anwendung.**[386] Dies gilt auch, wenn das ausländische Unternehmen **rechtlich unselbständige Betriebsstätten (Niederlassungen) in Deutschland** hat;[387] eine solche Strukturierung zur Mitbestimmungsvermeidung kommt in der Praxis durchaus vor (Fallbeispiele: Deere & Company, McKinsey & Company Inc., Federal Express Inc. Cortal Consors S.A., Mitsubishi Electric Europe B.V.). Maßgebend für die Qualifizierung eines Unternehmens als inländisches oder ausländisches war nach traditioneller bisheriger Ansicht in der Rechtsprechung und Litera-

[384] *Teichmann* NZG 2019, 241 (246); *Pütz* AG 2020, 117 (119).

[385] Hierfür *Schulte* GmbHR 2020, 139 ff.; dagegen *Nazari-Khanazhayi* GmbHR 2020, 940 ff.

[386] LG Düsseldorf 5.6.1979 – 25 AktE 1/78, DB 1979, 1451; OLG Stuttgart 30.3.1995 – 8 W 355/93, ZIP 1995, 1004; HWK/*Seibt* MitbestG § 1 Rn. 6; HH/*Habersack* MitbestG § 1 Rn. 6; RVJ/*Raiser* MitbestG § 1 Rn. 13; ErfK/*Oetker* MitbestG § 1 Rn. 3; GroßKomm. AktG/*Oetker* MitbestG § 1 Rn. 13.

[387] RVJ/*Raiser* MitbestG § 1 Rn. 13; *Birk* RIW 1975, 594; HWK/*Seibt* MitbestG § 1 Rn. 6; Habersack/Henssler/*Habersack* § 1 Rn. 6; ErfK/*Oetker* MitbestG § 1 Rn. 3; *Götze/Winzer/Arnold* ZIP 2009, 245 (247); kritisch Staudinger/*Großfeld*, Internationales Gesellschaftsrecht, 1998, Rn. 515 ff. mwN zur Gegenansicht.

tur alleine der tatsächliche Verwaltungssitz (sog. Sitztheorie).[388] Vor dem Hintergrund des seit 1999 ergangenen EuGH-Rechtsprechungsstrangs zur Niederlassungsfreiheit[389] ist jedoch zu differenzieren. So unterzieht die Rechtsprechung Gesellschaften aus dem EU-Ausland sowie aus dem übrigen EWR einer Gründungsanknüpfung. Anknüpfungspunkt ist der nach dem Willen der Gründer maßgebliche Sitz der Gesellschaft, also der Ort der Gründung. Die sog. Sitztheorie findet hingegen nur auf Gesellschaften deutschen Rechts[390] sowie solche ausländischen Gesellschaften Anwendung, die weder unter dem Schutz des EG-Vertrages noch eines bilateralen Staatsvertrages stehen.[391] Noch nicht abschließend geklärt ist jedoch die Frage, ob die deutschen Mitbestimmungsgesetze nicht auch bei einem nach ausländischem Recht gegründeten Unternehmen Geltung verlangen, das zwar seinen **formalen Sitz im Ausland,** seinen **tatsächlichen Verwaltungssitz jedoch in Deutschland** hat (zu EU-Fällen ausführlich bei → Rn. 127a ff.). Diese Frage wird in der Literatur vor allem im Hinblick auf die gar nicht so seltenen Fälle diskutiert, bei denen Komplementärin einer Kapitalgesellschaft & Co. KG eine nach ausländischem Recht gegründete Gesellschaft mit statuarischem Auslandssitz ist, deren Tätigkeit sich auf die Leitung der inländischen Kommanditgesellschaft beschränkt und die überwiegend im Inland verwaltet wird (siehe auch Beispiel F 1). Einige Stimmen in der mitbestimmungs- und gesellschaftsrechtlichen Literatur wollen derartige Gesellschaften den deutschen Schutzvorschriften für Gläubiger und Arbeitnehmer und damit auch den deutschen Mitbestimmungsgesetzen unterwerfen;[392] zT wird sogar vorgeschlagen, dass der Registerrichter der KG eine Frist zum Austausch des Komplementärs zu geben hat (mit der Folge der Löschung gemäß § 395 FamFG bei Fristversäumung).[393] Mit der überwiegenden Ansicht ist jedoch eine Mitbestimmungspflichtigkeit solcher Gesellschaften zu verneinen, da es bereits praktisch undurchführbar sein wird, eine nach ausländischem Recht organisierte Gesellschaft zu zwingen, einen Aufsichtsrat zu bilden, der in ihrem Heimatrecht vielleicht gar nicht vorgesehen ist, und diesen paritätisch zu besetzen;[394] ein Zwang zum Austausch eines Gesellschafters dürfte mE aus verfassungsrechtlichen und – bei EU-Unternehmen – auch aus unionsrechtlichen Gründen (Verstoß gegen die Niederlassungsfreiheit) unzulässig sein.[395]

Diesen Grundsätzen entspricht es, wenn die ganz überwiegende Meinung **Arbeitnehmer von Tochtergesellschaften deutscher Unternehmen mit Sitz im Ausland** weder 149
– bei der Bestimmung der Größe der regelmäßigen Arbeitsnehmerzahl („Mitzählen"; vgl. § 1 Abs. 1 DrittelbG, § 1 Abs. 1 MitbestG) noch

---

[388] Vgl. BGH 30.1.1970 – V ZR 139/68, NJW 1970, 998; BGH 21.3.1986 – V ZR 10/85, NJW 1986, 2194; BayObLG 18.7.1985 – 3 Z 62/85, IPRax 1986, 161; BayObLG 7.5.1992 – 3 Z 14/92, GmbHR 1992, 529; OLG Frankfurt/M 24.4.1990 – 5 U 18/88, NJW 1990, 2204; OLG Hamm 30.4.1997 – 15 W 91/97, ZIP 1997, 1696; Staudinger/*Großfeld*, Internationales Gesellschaftsrecht, Rn. 26 ff.; RVJ/*Raiser* MitbestG § 1 Rn. 14; *Hoffmann/Lehmann/Weinmann* MitbestG § 1 Rn. 8.

[389] Vgl. EuGH 10.7.1986 – Rs. 79/85 (Segers), NJW 1987, 571; EuGH 27.9.1988 – Rs. 81/87 (Daily Mail), NJW 1989, 2186; EuGH 9.3.1999 – Rs. C-212/97 (Centros), NJW 1999, 2027; EuGH 5.11. 2002 – Rs. C-208/00 (Überseering), NJW 2002, 3614; EuGH 30.9.2003 (Inspire Art), NJW 2003, 3331; vgl. hierzu MüKoBGB/*Kindler* IntGesR Rn. 110 ff. mwN.

[390] Vgl. BayObLG 11.2.2004 – 3Z BR 179/03 NJW-RR 2004, 836; OLG Brandenburg 30.11.2004 – 6 Wx 4/04 DB 2005, 604.

[391] Vgl. BGH 29.1.2003, NJW 2003 – VIII ZR 155/02, 1607; BayObLG 20.2.2003 – 1 ZAR 160/02 DB 2003, 819.

[392] *Birk* RabelsZ 1982, 410; *Steindorff* ZHR 1977, 457 (460); Staudinger/*Großfeld*, Internationales Gesellschaftsrecht, Rn. 221 und Rn. 549 ff. – Für die rechtspolitische Forderung eines „Erstreckungsgesetzes" auf (Pseudo-)Auslandsgesellschaften *Sick*, Erosion als Herausforderung für die Unternehmensmitbestimmung, in: Mitbestimmung der Zukunft, Mitbestimmungsreport Nr. 58, 4/2020, S. 13, 16; *Sick/Pütz* AG-Report 2011, R 195, R 196; dagegen *Merkt* ZIP 2011, 1237.

[393] Staudinger/*Großfeld* Internationales Gesellschaftsrecht Rn. 546 und Rn. 551.

[394] Habersack/Henssler/*Habersack* § 1 Rn. 6a ff.; RVJ/*Raiser* MitbestG § 1 Rn. 15; vgl. WKS/*Wißmann* MitbestG § 1 Rn. 23; *Hoffmann/Lehmann/Weinmann* MitbestG § 1 Rn. 8; ErfK/*Oetker* MitbestG § 1 Rn. 5; GK/*Rumpff* MitbestG § 1 Rn. 26; *Schmidt/Hermesdorf* RIW 1988, 943; *Ebenroth/Bippus* DB 1988, 842 (848) – spanische AG; MHdB ArbR/*Uffmann* § 373 Rn. 4; *Kronke* IPRax 1995, 377 (379).

[395] aA ausdrücklich Staudinger/*Großfeld*, Internationales Gesellschaftsrecht, Rn. 548. – Zu EU-Fällen ausführlich bei → Rn. 127a ff.

- bei der Bestimmung der Größe des Aufsichtsrates noch
- bei der Bestimmung der Wahlart (unmittelbare (Ur-)Wahl oder Deligiertenwahl; vgl. § 9 MitbestG) berücksichtigt und ihnen
- weder das aktive noch das passive Wahlrecht zubilligt.[396]

149a **Mitzählen:** Mit einer erheblicher Kritik ausgesetzten Entscheidung des LG Frankfurt/M. (Statusverfahren Deutsche Börse AG), der zur Folge sich die Konzernobergesellschaft bei unionsrechtsgemäßer Auslegung der §§ 1 Abs. 1, 5 Abs. 1 MitbestG auch die bei ihren ausländischen Konzerngesellschaften angestellten Arbeitnehmer zurechnen lassen muss (da andernfalls die mitbestimmungsrechtlichen Vorschriften gegen das unionsrechtliche Diskriminierungsverbot nach Art. 18 AEUV verstoßen und zu einer Wettbewerbsverzerrung führen würden),[397] begann eine bis 2018 intensiv geführte Diskussion, die mit Blick auf die EuGH-Entscheidung vom 18.7.2017 (TUI; → Rn. 149b) und die weiteren Instanzgerichtsentscheidungen als geklärt gelten kann. Die Entscheidung des LG Frankfurt/M. (Deutsche Börse AG) wurde zwar im weiteren Verlauf durch Rücknahme des Rechtsmittels rechtskräftig[398]. Für eine Geltung des Territorialitätsprinzips (und einer Zählung der Arbeitnehmer nur in inländischen Konzerngesellschaften) entschieden das LG Frankfurt/M. (5. KfH), bestätigt durch das OLG Frankfurt/M. (STADA Arzneimittel AG)[399], das LG Hamburg (3. KfH, Beiersdorf AG; 17. KfH, Evotec SE)[400], das LG Stuttgart, bestätigt durch das OLG Stuttgart (Takkt AG)[401], das LG Dortmund (Vossloh AG)[402] sowie das LG München I (Wirecard Bank AG)[403]. Die Gründe hierfür: Die Auseinandersetzung über den Territorialitätsbezug des MitbestG ist im damaligen Gesetzgebungsverfahren behandelt und ausdrücklich zugunsten einer Territorialitätsbeschränkung gelöst worden[404]. Das Territorialitätsprinzip ist auch bei der Kodifikation des DrittelbG 2004 nicht in Frage gestellt worden, obwohl grenzüberschreitende Beherrschungsverträge zulässigerweise vorkommen und sich auch im Geltungsbereich des DrittelbG die Frage der Einbeziehung ausländischer Konzernunternehmen stellt. Die Territorialitätsbeschränkung ist zwar weder verfassungs- noch völkerrechtlich zwingend (und könnte daher gesetzlich aufgehoben werden), es ist allerdings Ausdruck einer nachvollziehbaren gesetzgeberischen Zurückhaltung, die eigenen sozialpolitischen Wertvorstellungen zur Teilhabe von Arbeitnehmervertretern bei der Unternehmensführung auf deutsche Gesellschaften zu beschränken. Immerhin steht das deutsche Unternehmensmitbestimmungsrecht der internationalen

---

[396] LG Düsseldorf 5.6.1979 – 25 AktE 1/78, DB 1979, 1451; LG Frankfurt/M. 1.4.1982 – 2/6 AktE 1/81, IPRax 1983, 234 (235) – GTZ mAnm *Richardi*, 217, 219; GK/*Schneider* MitbestG § 5 Rn. 85; WKS/*Wißmann* MitbestG § 3 Rn. 26ff. und MitbestG § 5 Rn. 17, 22; HWK/*Seibt* MitbestG § 5 Rn. 14; RVJ/*Raiser* MitbestG § 5 Rn. 29; *Duden* ZHR 1977, 180 (184); *Bellstedt* BB 1977, 1326 (1329); *Ebenroth/Sura* ZHR 1980, 610 (618); *Lutter* FS Zweigert, 1981, 251 (260); Staudinger/*Großfeld*, Internationales Gesellschaftsrecht, Rn. 524ff.; MüKoBGB/*Kindler* IntGesR Rn. 578; aA *Däubler* RabelsZ 1975, 444 (456).

[397] LG Frankfurt/M. 16.2.2015 – 3–16 O 1/14, ZIP 2015, 634; zuvor bereits OLG Zweibrücken 20.2.2014 – 3 W 150/13, NZG 2014, 740 (obiter dictum); ablehnende Entscheidungsentsprechung zB *Seibt* DB 2015, 912; *Rehberg* EuZA 2015, 369; *Hellwig/Behme* AG 2015, 333; *Zimmermann* BB 2015, 1792.

[398] Zunächst Aussetzungsbeschluss mit Blick auf EuGH-Verfahren Erzberger/TUI OLG Frankfurt/M. 17.6.2016 – 21 W 91/15, NZG 2016, 1186: Erledigung des Verfahrens durch Rücknahme der Rechtsmittel durch die Deutsche Börse AG, da „die Mitarbeiterzahlen bei der Deutsche Börse AG und ihrem Konzernunternehmen in Deutschland (…) dauerhaft gestiegen" waren; vgl. Deutsche Börse, Geschäftsbericht 2018, S. 19.

[399] LG Frankfurt/M. 21.12.2017 – 3-05 O 85/17, ZIP 2018, 128; OLG Frankfurt/M. 25.5.2018 – 21 W 32/18, ZIP 2018, 1175.

[400] LG Hamburg 6.2.2018 – 403 HKO 130/17 und 403 HKO 131/17, ZIP 2018, 731 und EWiR 2018, 299; LG Hamburg 2.5.2018 – 417 HKO 74/17, BeckRS 2018, 24948.

[401] LG Stuttgart 1.2.2018 – 31 O 46–48/17; OLG Stuttgart 8.10.2018 – 20 W 18/18, BeckRS 2018, 27415 (Kostenentscheidung).

[402] LG Dortmund 22.2.2018 – 18 O 71–72/17, NZG 2018, 468.

[403] LG München I 23.3.2018 – 38 O 14696/17, BeckRS 2018, 6967.

[404] BT-Drs. 7/4845, 4: *„Im [Ausschuss für Arbeit und Sozialordnung] bestand Einmütigkeit darüber, (…) dass die im Gesetzentwurf festgelegten Beteiligungsrechte nur den Arbeitnehmern der in der Bundesrepublik belegenen Betriebe dieser Unternehmen zustehen. Im Ausland gelegene Tochtergesellschaften und deren Betriebe im Inland von unter das Gesetz fallende Unternehmen zählen bei der Errechnung der maßgeblichen Arbeitnehmerzahl nicht mit".*

Fließrichtung der Rechtsentwicklung und den EU-Bestrebungen zur Erleichterung grenzüberschreitender Mobilität und Einführung weiterer supranationaler Rechtsform entgegen. Darüber hinaus würde eine isoliert-begrenzte Berücksichtigung von Arbeitnehmern ausländischer Konzernunternehmen für die „Arbeitnehmerzählung", also ohne Auswirkung auf die Bestimmung aktiver und passiver Wahlberechtigung, dem Leitgedanken der Arbeitnehmerpartizipation noch stärker entgegen laufen als die bisherige Rechtssituation. Die zusätzliche Zulassung von Arbeitnehmern ausländischer Konzerngesellschaften für das aktive und passive Wahlrecht führte allerdings zu Schwierigkeiten beim Wahlverfahren[405], aber auch bei der Durchsetzung des mitbestimmungsrechtlichen Wahlschutzes (§ 20 Abs. 1 und Abs. 2 MitbestG) und Benachteiligungsschutzes (§ 26 MitbestG)[406]. Der Territorialitätsbezug verstößt auch nicht – wie der Seitenblick auf die EuGH-Entscheidung Erzberger/TUI (→ Rn. 149b) ergibt – gegen das Unionsrecht, insbesondere ist das Unternehmensmitbestimmungsrecht keine „sonstige Arbeitsbedingung" iSv Art. 45 Abs. 2 AEUV[407] und es liegt auch keine mittelbare Ungleichbehandlung aufgrund der Staatsangehörigkeit vor (Art. 18 AEUV)[408].

Aktives und passives Wahlrecht: Nach einer Reihe unterinstanzlicher Entscheidungen, denen zur Folge die Ausschließung von Arbeitnehmern ausländischer Konzernunternehmen vom aktiven und passiven Wahlrecht auch unionsrechtlich nicht zu beanstanden ist[409], hatte das Kammergericht (in der Sache Erzberger/TUI) eine Verletzung des unionsrechtlichen Diskriminierungsverbots (Art. 18 AEUV) für „möglich" und der unionsrechtlichen Niederlassungsfreiheit (Art. 45 AEUV) für „jedenfalls vorstellbar" gehalten; es hatte deshalb die Frage dem EuGH nach Art. 267 AEUV vorgelegt, ob es mit Unionsrecht vereinbar sei, „dass ein Mitgliedstaat das aktive und passive Wahlrecht für die Vertreter der Arbeitnehmer in das Aufsichtsorgan eines Unternehmens nur solchen Arbeitnehmern einräumt, die in Betrieben des Unternehmens oder im Konzernunternehmen im Inland beschäftigt sind".[410] Der EuGH hat diese Vorlagefrage zurecht verneint und festgestellt, dass (i) das unionsrechtliche Diskriminierungsverbot (Art. 18 AEUV) auf diese Fallgestaltung keine Anwendung findet und (ii) die unionrechtliche Niederlassungsfreiheit (Art. 45 AEUV) so auszulegen ist, dass sie einer nationalstaatlichen Regelung nicht entgegensteht, wonach die bei den inländischen Betrieben eines Konzerns beschäftigten Arbeitnehmer das aktive und passive Wahlrecht bei den Wahlen der Arbeitnehmervertreter im Aufsichtsrat der in diesem Mitgliedsstaat ansässigen Muttergesellschaft des Konzerns sowie ggf. das Recht auf Ausübung oder weitere Ausübung eines Aufsichtsratsmandats verlieren, wenn sie ihre Stelle in einem solchen Betrieb aufgeben und eine Stelle bei einer in einem anderen Mitgliedsstaat ansässigen Tochtergesellschaft dieses Konzerns antreten.[411] Dabei bezeichnet der EuGH die Begrenzung der Mitbestimmungsregelung auf die bei inländischen Betrieben tätigen Arbeitnehmer als „legitime Entscheidung der Bundesrepublik Deutschland".[412] Auf dieser Basis wies das Kammergericht dann die Beschwerde des Antragstellers gegen die LG Berlin-Entscheidung zurück.[413] Auch das OLG München bestätigte darauf- 149b

---

[405] Zu den praktischen Problemen jüngst *Wißmann* FS Wank, 2014, 695.

[406] Problematisch im Auslandskontext ist unter Schutz- bzw. Diskriminierungsgesichtspunkten die Qualifikation von und der Umgang mit leitenden Angestellten mit nach deutscher Konzeption nur beschränktem Wahlrecht.

[407] So aber *Rieble/Latzel* EuZA 2011, 145 (156).

[408] So aber *Hellwig/Behme* AG 2009, 261 (265); *Latzel*, Gleichheit in der Unternehmensmitbestimmung, 2010, Rn. 341; wie hier *Teichmann* ZIP Beil. 48/2009, 10; *Krause* AG 2012, 485 (491).

[409] LG München I 27.8.2015 – 5 HK O 20285/14, AG 2016, 49 – BayWa (mit Aussetzungsbeschluss OLG München 20.2.2017 – 21 Wx 321/15); LG Berlin 1.6.2015 – 102 O 65/14 AktG, DB 2015, 1588 – TUI; zust. zB *Seibt* DB 2015, 1592; *Mense/Klie* DStR 2015, 1508.

[410] KG 16.10.2015 – 14 W 89/15, AG 2015, 872 – TUI.

[411] EuGH 18.7.2017 – C-566/15, NZG 2017, 949 (Erzberger/TUI).

[412] EuGH 18.7.2017 – C-566/15, NZG 2017, 949 Rn. 40 (Erzberger/TUI).

[413] KG 2.11.2017 – 14 W 89/15, NZG 2018, 458 (TUI).

hin – gleichsinnig mit der Vorinstanz LG München I – das Territorialitätsprinzip und die Beschränkung des aktiven und passiven Wahlrechts.[414]

149c Die **Arbeitnehmer deutscher Enkelgesellschaften** ausländischer Tochtergesellschaften deutscher Muttergesellschaften unterliegen selbstverständlich den deutschen Mitbestimmungsgesetzen, da sie gegenüber ihrer ausländischen Gesellschafterin rechtlich selbständig sind;[415] ungeachtet der ausländischen Zwischenholding sind ihre Arbeitnehmer auch in die Konzernmitbestimmung nach § 5 Abs. 1 MitbestG einzubeziehen.[416] Wegen der Unternehmensbezogenheit der Unternehmensmitbestimmung gilt dies jedoch nicht für einen im Inland belegenen unselbständigen Betrieb einer ausländischen Tochtergesellschaft.[417]

150 Im Ausland unterhaltene, **rechtlich unselbständige Betriebsstätten** (zB Zweigniederlassungen) **eines deutschen Unternehmens** sind demgegenüber keine ausländischen Unternehmen, sondern Teil der deutschen Hauptgesellschaft. Daher läge es nahe, die Arbeitnehmer solcher ausländischen Betriebsstätten der deutschen Hauptgesellschaft zuzurechnen und ihnen aktives und passives Wahlrecht für die Wahlen zum Aufsichtsrat der Hauptgesellschaft zuzusprechen. Die Unternehmensbezogenheit der deutschen Unternehmensmitbestimmung müsste ferner dazu führen, dass Verlagerungen wirtschaftlicher Aktivitäten in im Ausland gelegene Betriebsstätten mitbestimmungsneutral sind, da sich die Unternehmenszugehörigkeit der Arbeitnehmer nicht ändert. Gleichwohl spricht sich die überwiegende Meinung im Schrifttum dafür aus, Arbeitnehmer im Ausland gelegener Betriebsstätten weder bei der Frage nach der Größe des Unternehmens noch nach der Größe des Aufsichtsrates noch bei der Bestimmung der Wahlart mitzuzählen und ihnen weder die aktive noch die passive Wahlberechtigung zuzusprechen.[418] Sie beruft sich zum einen auf die Gesetzgebungsgeschichte, zum anderen auf praktische Erwägungen, da sich die nach den Mitbestimmungsgesetzen erforderlichen Abstimmungen und Wahlen trotz der Zulässigkeit der Briefwahl im Ausland aus rechtlichen und tatsächlichen Gründen nicht durchführen ließen und eine gerichtliche Kontrolle den deutschen Arbeitsgerichten entzogen sei. Legt man diese überwiegende Auffassung zugrunde, sind Verlagerungen wirtschaftlicher Aktivitäten nicht nur dann mitbestimmungsrelevant, wenn die Verlagerung auf ausländische Tochtergesellschaften erfolgt, sondern auch auf rechtlich unselbständige Betriebsstätten. Hierzu ausführlich unter → Rn. 157 ff.

b) Sitzverlegung in das Ausland/Inland

151 Da – wie gerade ausgeführt – ausländische Gesellschaften mitbestimmungsfrei sind, führt die **Verlegung des effektiven Verwaltungssitzes** eines deutschen Unternehmens in das Ausland typischerweise zu einem **Mitbestimmungsverlust.**

Beispiel F 49:

A und B sind die alleinigen Gesellschafter der C-Consultancy GmbH, die Unternehmen umfassend in strategischer und organisatorischer Hinsicht berät und 550 Arbeitnehmer

---

414 OLG München 6.3.2018 – 31 Wx 321/15, ZIP 2018, 876 (BayWa).

415 Staudinger/*Großfeld*, Internationales Gesellschaftsrecht, Rn. 533; *Lutter* ZGR 1977, 195 (206).

416 *Raiser* § 5 Rn. 30; HH/*Habersack* MitbestG § 5 Rn. 55a; Staudinger/*Großfeld*, Internationales Gesellschaftsrecht, Rn. 534.

417 Ebenso Habersack/Henssler/*Habersack* § 5 Rn. 55; *Hoffmann/Lehmann/Weinmann* MitbestG § 1 Rn. 43; GK/*Schneider* MitbestG § 5 Rn. 86; *Lutter* FS Zweigert, 1981, 251 (257); ders. ZGR 1977, 195 (206); aA RVJ/*Raiser* MitbestG § 5 Rn. 30; WKS/*Wißmann* MitbestG § 3 Rn. 37; *Ebenroth/Sura* ZHR 1980, 610 (619); Staudinger/*Großfeld*, Internationales Gesellschaftsrecht, Rn. 533.

418 LG Düsseldorf 5.6.1979 – 25 AktE 1/78, DB 1979, 1451; WKS/*Wißmann* MitbestG § 3 Rn. 26; *Hoffmann/Lehmann/Weinmann* § 1 Rn. 39; HH/*Henssler* MitbestG § 3 Rn. 43; GK/*Matthes* MitbestG § 3 Rn. 18; *Wlotzke/Wißmann* DB 1976, 961; *Bayer* ZGR 1977, 173 (177); *Duden* ZHR 1977, 145 (182); *Bellstedt* BB 1977, 1326 (1329); Staudinger/*Großfeld*, Internationales Gesellschaftsrecht, Rn. 525 ff.; aA *Dietz/Richardi*, BetrVG, 6. Aufl. 1982, BetrVG 1952 Vorb. vor § 76 Rn. 30; *Birk* RIW 1975, 589 (594); *Däubler* RabelsZ 1975, 444 (456); *Lutter* ZGR 1977, 195 (207).

beschäftigt; bei der C-Consultancy GmbH ist ein drittelparitätisch besetzter Aufsichtsrat gemäß § 1 Abs. 1 Nr. 3, 4 Abs. 1 DrittelbG eingerichtet. Insbesondere aus steuerlichen Gründen beschließen die Gesellschafter unter Änderung der entsprechenden Satzungsbestimmung, den Sitz der Gesellschaft nach Amsterdam zu verlegen und alle weiteren nach niederländischem Recht notwendigen Anpassungen der Satzung (einschließlich Rechtsform) vorzunehmen.

Solche Fälle einer einfachen Sitzverlegung **kamen bislang in der Praxis indes kaum vor,** da die obergerichtliche Rechtsprechung mit Zustimmung des überwiegenden Schrifttums eine identitätswahrende Sitzverlegung einer deutschen Gesellschaft in das Ausland nicht zuließ und den Gesellschafterbeschluss über die Sitzverlegung als Auflösungsbeschluss behandelte.[419] Selbst bei Sitzverlegungen innerhalb der EU wurde hierin traditionell auch kein Verstoß gegen die europarechtlichen Vorschriften über die Niederlassungsfreiheit gesehen;[420] eine EU-Richtlinie zur Verlegung des Gesellschaftssitzes innerhalb der EU lag seit 1997 nur als Vorentwurf vor,[421] blockiert – bis zur EuGH-Entscheidung Polbud (→ Rn. 152a) – vor allem wegen der unterschiedlichen Auffassungen zur Regelung der Mitbestimmungsfragen. Die Praxis ging daher den Weg der isolierten Sitzverlegung bislang selten, da die Umqualifizierung des Beschlusses über die Sitzverlegung als Auflösungsbeschluss zur Liquidationsbesteuerung gemäß §§ 11, 12 KStG (bei Kapitalgesellschaften) bzw. zur Besteuerung des Aufgabegewinns gem. § 16 Abs. 1 Nr. 1, Abs. 3 EStG (bei Personengesellschaften) und damit zur Besteuerung aller im Unternehmen enthaltenen stillen Reserven führt.[422]

Nach inzwischen überwiegender Meinung im Schrifttum erfassen die Entscheidungen 152
des EuGH in Sachen **„Centros“**, **„Überseering“**, **„Inspire Art“** und **„SEVIC“** zur Niederlassungsfreiheit bei grenzüberschreitender Sitzverlegung und Spaltung (dazu näher → Rn. 154) nicht nur die sog. „Zuzugsfälle“ (Verlegung des Verwaltungssitzes bzw. Verschmelzung aus einem anderen EU/EWR-Staat nach Deutschland), sondern auch sog. „Wegzugsfälle“ (Verwaltungssitzverlegung bzw. „Herausverschmelzung“ aus Deutschland in einen anderen EU/EWR-Staat)[423] Das wird durch die neuere Rechtsprechung des EuGH gestützt, der zufolge im Grundsatz auch „Wegzugsfälle“ von der Niederlassungsfreiheit geschützt sind, wenngleich der EuGH sich bislang noch nicht explizit von seiner

[419] Vgl. OLG Brandenburg 30.11.2004 – 6 Wx 4/04, GmbHR 2005, 484 [Sitzverlegung nach Italien]; OLG Hamm 1.2.2001 – 15 W 390/00, NJW 2001, 2183 [Sitzverlegung nach England]; OLG Düsseldorf 26.3. 2001 – NJW 2001, 2184 [Sitzverlegung in die Niederlande]; BayObLG 7.5.1992 – 3 Z 14/92, EuZW 1992, 548 mAnm *Behrens* [Sitzverlegung nach London]; OLG Hamm 30.4.1997 – 15 W 91/97, ZIP 1997, 1696 (1697) [Sitzverlegung nach Luxemburg]; Staudinger/*Großfeld*, Internationales Gesellschaftsrecht, Rn. 605 ff.; vgl. auch Vorlagebeschluss AG Heidelberg 3.3.2000, NZG 2000, 927.

[420] Vgl. BayObLG 7.5.1992 – GmbHR 1992, 529 (530), EuZW 1992, 548 mAnm *Behrens* [Sitzverlegung nach London]; OLG Hamm 30.4.1997 – 15 W 91/97, ZIP 1997, 1696 (1697) [Sitzverlegung nach Luxemburg]; Staudinger/*Großfeld*, Internationales Gesellschaftsrecht, Rn. 657 ff.

[421] Text des Richtlinienvorentwurfes und seiner (allgemeinen) Begründung in ZIP 1997, 1721 – Ziel dieses Vorschlages ist es, den nach dem Recht eines EU-Mitgliedstaates gegründeten Gesellschaften die Verlegung ihres satzungsmäßigen oder tatsächlichen Sitzes in einem anderen EU-Mitgliedsstaat unter Wahrung ihrer Rechtspersönlichkeit (dh ohne Auflösung), aber mit Wechsel des für die Gesellschaft maßgebenden Rechts, zu ermöglichen. Eine Absicherung des für eine deutsche Gesellschaft vor der Sitzverlegung geltenden Mitbestimmungsregimes (zB durch Einführung einer Mitbestimmungs-Beibehaltungsregelung) sieht der Vorentwurf nicht vor. Art. 4 Abs. 1 S. 2 verpflichtet das Leitungs- oder Verwaltungsorgan nur, einen Verlegungsplan zu erstellen, der ua Angaben über „die Form der Arbeitnehmermitbestimmung [enthält], sofern die Arbeitnehmer vor der Sitzverlegung bereits in den Organen der Gesellschaft vertreten waren“. Nach Art. 5 Abs. 1 hat das Leitungs- oder Verwaltungsorgan ferner einen Bericht zu erstellen, in dem die rechtlichen und wirtschaftlichen Aspekte der Verlegung erläutert und begründet und die Auswirkungen der Verlegung für die Gesellschafter sowie für die Arbeitnehmer dargelegt werden. Ein Widerspruchsrecht steht den Arbeitnehmern oder ihren Vertretern im Aufsichtsrat jedoch nicht zu.

[422] Hierzu zB *Knobbe-Keuk*, Bilanz- und Unternehmenssteuerrecht, 9. Aufl. 1993, S. 852 und 935.

[423] Vgl. *Forsthoff*, in Hirte/Bücker Grenzüberschreitende Gesellschaften-HdB § 2 Rn. 22 mit umfassenden Nachweisen in Fn. 56; *Teichmann* ZIP 2006, 355 (358); *Schmidtbleicher* BB 2007, 613 (616).

gegenteiligen Entscheidung in der Rechtsache **„Daily Mail"** distanziert hat.[424] Im Fall **„Hughes des Lasteyrie du Saillant"**[425] erklärte der EuGH bestimmte Regelungen des französischen Steuerrechts für unvereinbar mit der Niederlassungsfreiheit, wonach die Verlegung des Wohnsitzes von Frankreich nach Belgien zur Aufdeckung und Besteuerung stiller Reserven von Gesellschaftsanteilen des Klägers führte. Nach Ansicht des EuGH stellte diese französische „Wegzugsbesteuerung" eine ungerechtfertigte Beschränkung der Niederlassungsfreiheit von Steuerpflichtigen dar, die ihren Wohnsitz in einen anderen Mitgliedstaat verlegen wollten.[426] Auf diese Entscheidung nahm der EuGH in der **„SEVIC"**-Entscheidung[427] Bezug, in der eine deutsche AG als übernehmende Rechtsträgerin mit einer luxemburgischen SA einen Vertrag zur Verschmelzung der luxemburgischen SA durch Aufnahme geschlossen hatte. Die deutschen Gerichte lehnten die Eintragung dieser grenzüberschreitenden Verschmelzung in das Handelsregister unter Hinweis auf § 1 Abs. 1 UmwG aF ab, da diese Vorschrift nur die Verschmelzung von Gesellschaften mit Sitz in Deutschland regele. Der EuGH sah in § 1 UmwG aF eine ungerechtfertigte Beschränkung der Niederlassungsfreiheit, da sie grenzüberschreitende Verschmelzungen generell verhindere, auch wenn zwingende, zur Rechtfertigung dieses Eingriffs in Betracht kommende Allgemeininteressen überhaupt nicht berührt seien.[428] Zwar stellt der EuGH in „SEVIC" maßgeblich auf die in § 1 UmwG aF statuierte Ungleichbehandlung von nationalen gegenüber grenzüberschreitenden Verschmelzungen ab und folgt insoweit nicht den weiter reichenden Schlussanträgen des Generalanwalts, der eine Verletzung der Niederlassungsfreiheit auch in Bezug auf die „Wegzugsfreiheit" der luxemburgischen Gesellschaft bejaht hatte.[429] Dennoch ist die „SEVIC"-Entscheidung bereits ein starkes Indiz für einen europarechtlichen Schutz der „Herausverschmelzung" bzw. eines Wegzugs von Gesellschaften.[430] Denn der EuGH hebt in seiner Entscheidungsbegründung generell die Bedeutung grenzüberschreitender Verschmelzungen als Ausprägung der Niederlassungsfreiheit hervor, ohne zwischen Zuzugs- oder Wegzugsfällen zu differenzieren.[431] Hieraus lässt sich auf die Zulässigkeit auch von „Herausverschmelzungen" schließen, ebenso wie auf die Zulässigkeit einer grenzüberschreitenden Verlegung des Verwaltungssitzes.[432] In der Rechtssache **„Polbud"**[433] entschied der EuGH schließlich, dass die Verlegung des satzungsmäßigen Sitzes (ohne gleichzeitige Verlegung des tatsächlichen Sitzes) grundsätzlich unter die unionsrechtliche Niederlassungsfreiheit fällt und es keinen Rechtsmissbrauch darstellt, wenn eine Gesellschaft ihren Sitz in einen anderen Mitgliedsstaat verlegt, um in den Genuss günstigerer Rechtsvorschriften zu kommen. Dabei dürfen die vom Herkunftsmitgliedsstaat (im konkreten Fall: Polen) festgesetzten Voraussetzungen für eine grenzüberschreitende Umwandlung nicht strenger ausgestaltet sein als die für innerstaatliche Umwandlung geltenden Rechtsvorschriften (was im konkreten Fall mit einer Verpflichtung zur Durchführung eines Liquidationsverfahrens der Fall war). Eine Beschränkung der Niederlassungsfreiheit ist nur statthaft, wenn sie durch zwingende Gründe des Allgemeininteresses gerechtfertigt und verhältnismäßig ist; eine allgemeine Verpflichtung zur Durchführung eines Liquidati-

---

[424] So auch das inzwischen überwiegende Schrifttum, vgl. *Forsthoff*, in Hirte/Bücker Grenzüberschreitende Gesellschaften-HdB § 2 Rn. 22; *Teichmann* ZIP 2006, 355 (358); *Schmidtbleicher* BB 2007, 613 (616).

[425] EuGH 11.3.2004 – C-9/02, ZIP 2004, 662.

[426] EuGH 11.3.2004 – C-9/02, ZIP 2004, 662.

[427] EuGH 13.12.2005 – C-411/03 (SEVIC SYSTEMS AG), NJW 2006, 425 (426).

[428] Vgl. EuGH 13.12.2005 – C-411/03 (SEVIC SYSTEMS AG), NJW 2006, 425.

[429] Vgl. Schlussanträge des Generalanwalts Antonio Tizzano v. 7.7.2005, DB 2005, 1510.

[430] Vgl. *Schmidtbleicher* BB 2007, 613 (616); *Teichmann* ZIP 2006, 355 (358).

[431] EuGH 13.12.2005 – C-411/03 (SEVIC SYSTEMS AG), NJW 2006, 425 Rn. 19: „Grenzüberschreitende Verschmelzungen (…) stellen besondere, für das reibungslose Funktionieren des Binnenmarktes wichtige Modalitäten der Ausübung der Niederlassungsfreiheit dar und gehören damit zu den wirtschaftlichen Tätigkeiten, hinsichtlich derer die Mitgliedstaaten die Niederlassungsfreiheit nach Art. 43 EG beachten müssen".

[432] Vgl. *Drygala* EuGH EWiR § 1 UmwG 1/06, 25 (26).

[433] EuGH 25.10.2017 – C-106/16, NZG 2017, 1308; hierzu *Bayer/Schmidt* ZIP 2017, 2225; *Oechsler* ZIP 2018, 1269; vgl. auch *Heckschen* GwR 2020, 449.

onsverfahrens, ohne hierbei zu berücksichtigen, ob tatsächlich eine Gefahr für Interessen der Gläubiger, der Minderheitsgesellschafter oder der Arbeitnehmer besteht, ist unverhältnismäßig.

Auch im umgekehrten Fall, nämlich der **Verlegung des effektiven Verwaltungssitzes einer nach EU-ausländischem Recht gegründeten Gesellschaft in das Inland,** lieB die obergerichtliche Rechtsprechung mit Zustimmung der Literatur ursprünglich eine identitätswahrende Sitzverlegung nicht zu.[434] In einzelnen Praxisfällen hatten Registergerichte die identitätswahrende „Herein-Sitzverlegungen" jedoch eingetragen.[435] Eine nach ausländischem Recht gegründete Kapitalgesellschaft wurde in Anwendung der Sitztheorie nach der Verlegung ihres tatsächlichen Verwaltungssitzes in das Inland auf Grundlage des deutschen materiellen Gesellschaftsrechts beurteilt, und danach unterlagen mehrgliedrige, körperschaftlich strukturierte ausländische Verbände mit erwerbswirtschaftlicher Zwecksetzung aus deutscher Sicht dem deutschen Personengesellschaftsrecht.[436] Da das deutsche Mitbestimmungsrecht an Rechtsformen des Kapitalgesellschaftsrechts anknüpft, konnte es nicht zu Mitbestimmungszuwächsen kommen. 153

Die Anwendung der Sitztheorie auf Sitzverlegungen von Gesellschaften innerhalb der EU galt zunächst als europarechtlich abgesichert auf der Grundlage des **„Daily Mail"-Urteils des EuGH,**[437] in welchem der EuGH folgerte, dass die Art. 52 und 58 EGV (jetzt Art. 49 und 54 AEUV) nach damaligem Stand des Gemeinschaftsrechts einer Gesellschaft, die nach dem Recht eines Mitgliedsstaates gegründet war und in diesem ihren satzungsmäßigen Sitz hatte nicht das Recht gewähre, den Sitz ihrer Geschäftsleitung in einen anderen Mitgliedstaat zu verlegen. Eine erste Kehrtwende in der Beurteilung der europarechtlichen Zulässigkeit brachte die **„Centros"-Entscheidung des EuGH,**[438] in der der EuGH entschied, dass es gegen Art. 52 und 58 EGV (jetzt Art. 49 und 54 AEUV) versto-ße, wenn ein Mitgliedstaat *„die Eintragung der Zweigniederlassung einer Gesellschaft verweigert, die in einem anderen Mitgliedstaat, indem sie ihren Sitz hat, rechtmäßig errichtet worden ist, aber keine Geschäftstätigkeit entfaltet,* (...) *wenn die Zweigniederlassung es der Gesellschaft ermöglichen soll, ihre gesamte Geschäftstätigkeit in dem Staat auszuüben, in dem diese Zweigniederlassung errichtet wird, ohne dort eine Gesellschaft zu errichten und damit das dortige Recht über die Errichtung von Gesellschaften zu umgehen, das höhere Anforderungen an die Einzahlung des Mindestgesellschaftskapitals stellt.*" 154

In Abgrenzung zu dieser traditionellen deutschen Rechtsprechung sind grenzüberschreitende Sitzverlegungen heute in drei Konstellationen und auf der Basis folgender Rechtsgrundlagen möglich (jdf. ab 31.1.2023: auf der Basis der geänderten EU-Mobilitäts-Richtlinie), nämlich (i) bei der Societas Europaea, die nach Art. 8 SE-VO ihren Sitz innerhalb der Europäischen Union identitätswahrend verlegen kann, (ii) funktional vergleichbar durch eine grenzüberschreitende Verschmelzung auf eine ausländische Vorratsgesellschaft auf der Grundlage der EU-Verschmelzungsrichtlinie sowie (iii) auf der Grundlage des Rechtsprechungsstrangs des Europäischen Gerichtshofs zur Niederlassungsfreiheit. Jener EuGH-Rechtsprechungsstrang kann wie folgt knapp zusammengefasst werden und hat derzeit folgenden gesicherten Rechtsstand. 155

In der **„Überseering"-Entscheidung**[439] stellte der EuGH fest, dass eine Gesellschaft, die nach dem Recht eines Mitgliedstaates wirksam gegründet ist, das Recht genießt, als Gesellschaft des Gründungsstaates von ihrer Niederlassungsfreiheit Gebrauch zu machen

[434] OLG Zweibrücken 27.6.1990 – 3 W 43/90, NJW 1990, 3092 [Sitzverlegung von Luxemburg nach Frankenthal]; hiergegen zB Lutter/*Drygala* UmwG § 1 Rn. 20ff.; Staudinger/*Großfeld*, Internationales Gesellschaftsrecht, Rn. 678.

[435] Vgl. *Rixen/Böttcher* GmbHR 1993, 572 [Erfahrungsbericht über eine Verschmelzung einer französischen S. A. auf eine deutsche GmbH]; *Kronke* ZGR 1994, 26 (29) mit Fn. 12; *Großfeld* AG 1996, 302 (307).

[436] Vgl. noch BGH 1.7.2002 – II ZR 380/00, NJW 2002, 3539; vgl. auch *Kindler* NJW 1999, 1993 (1994); *Hammen* WM 1999, 2487 (2491).

[437] EuGH 27.9.1988 – Rs. 21/87, NJW 1989, 2186.

[438] EuGH 9.3.1999 – C-212/97, NJW 1999, 2027.

[439] NJW 2002, 3614.

und daher von sämtlichen Mitgliedstaaten als Gesellschaft des Gründungsstaates anzuerkennen ist.[440] Damit hat das Gericht auch klargestellt, dass die Verlegung des Verwaltungssitzes einer EU-Gesellschaft nach Deutschland (sog. Zuzugsfall) nicht zu einer Umqualifizierung in eine deutsche Gesellschaft führen darf,[441] da insoweit die Gründungstheorie gilt. Dies gilt allerdings nur, wenn der Wegzugsstaat den identitätswahrenden Wegzug zulässt und insoweit eben der Gründungstheorie folgt. Nach Ansicht des EuGH hat nämlich der Gründungsstaat das Recht, die Voraussetzungen der rechtlichen Existenz einer Gesellschaft und damit auch deren Fortbestand zu regeln.[442] In der **„SEVIC"-Entscheidung** (→Rn. 152) hat der EuGH in § 1 UmwG aF eine ungerechtfertigte Beschränkung der Niederlassungsfreiheit gesehen und bei seinen Ausführungen zur grenzüberschreitenden Verschmelzung als wichtige Modulität der Ausübung der Niederlassungsfreiheit nicht zwischen „Zuzugs-" und „Wegzugsfällen" differenziert. Im Interesse der Rechtssicherheit wäre es wünschenswert, dass auch die deutsche Rechtsprechung den EuGH-Urteilsstrang zum Anlass nimmt, die Sitztheorie sowohl für Zuzugs- als auch für Wegzugsfälle – jedenfalls für Sitzverlegungen innerhalb der EU – aufzugeben.[443]

156 Bei den wegen europarechtlicher Vorgaben möglichen identitätswahrenden Sitzverlegungen vom EU-Ausland in das Inland stellt sich allerdings noch die Frage der **Anwendung des Mitbestimmungsrechts.** Denn nach Verlegung des tatsächlichen Verwaltungssitzes in das Inland ist der internationale Anwendungsbereich der deutschen Mitbestimmungsvorschriften an sich eröffnet. Da diese Bestimmungen allerdings an bestimmte deutsche Gesellschaftstypen anknüpfen, stellt sich die Frage, ob im Wege einer Sonderanknüpfung (Analogie zu §§ 1, 4 MitbestG) eine Gleichstellung von den deutschen mitbestimmungspflichtigen Gesellschaftsformen entsprechenden ausländischen Kapitalgesellschaftstypen erfolgen muss, damit diese dann den deutschen Mitbestimmungsregeln unterworfen werden können.[444] Da eine EU-ausländische Kapitalgesellschaft oftmals keinem oder jedenfalls einem weniger strengen Unternehmensmitbestimmungsrecht unterworfen sein wird (häufig wird auch ein Aufsichtsrat als Substrat der Unternehmensmitbestimmung fehlen), stellt sich die Anwendung des deutschen Mitbestimmungsrechts wiederum als Beschränkung der Niederlassungsfreiheit dieser EU-Gesellschaft dar. Nach allgemeinen europarechtlichen Grundsätzen darf diese Beschränkung (i) nicht diskriminierend sein, (ii) muss zwingenden Gründen des Allgemeininteresses dienen und (iii) muss sich ferner als geeignet und verhältnismäßig im Hinblick auf das angestrengte Ziel darstellen.[445] Ganz überwiegend vertritt das deutsche, den EuGH-Rechtsprechungsstrang rezensierende Schrifttum die Auffassung, dass die deutschen Regeln der Unternehmensmitbestimmung diesen Test im Regelfall nicht passieren.[446] Dieser Ansicht ist zuzustimmen, da die Anwendung des deutschen Mitbestimmungsrechts ansonsten zu hybriden, aus ausländischem Gesellschaftsrecht und deutschem Mitbestimmungsrecht zusammengesetzten Ge-

[440] EuGH 5.11.2002 – C-208/00, NJW 2002, 3614 (3615) (Rn. 80).

[441] Vgl. auch *Forsthoff* DB 2002, 2471 (2474).

[442] EuGH 5.11.2002 – C-208/00, NJW 2002, 3614 (3615) (Rn. 70 mit bestätigender Bezugnahme auf die im Daily Mail-Urteil aufgestellten Grundsätze).

[443] So auch *Lieble/Hoffmann* RIW 2002, 925 (935); *Eidenmüller* ZIP 2002, 2233 (2243); *Forsthoff* DB 2002, 2471 (2476).

[444] Hierzu *Forsthoff* DB 2002, 2471 (2474); *Eidenmüller* ZIP 2002, 2233 (2242); kritisch *Schultz/Sester* EWS 2002, 545 (551) Fn. 81.

[445] Vgl. EuGH 5.11.2002 – C-208/00, NJW 2002, 3614 (3615) (Rn. 92): „Es läßt sich nicht ausschließen, daß zwingende Gründe des Gemeinwohls, wie der Schutz der Interessen der Gläubiger, der Minderheitsgesellschafter, der Arbeitnehmer oder auch des Fiskus, unter bestimmten Umständen und unter Beachtung bestimmter Voraussetzungen Beschränkungen der Niederlassungsfreiheit rechtfertigen können". In Abschnitt 50 der Schlussanträge des Generalanwalts *Ruiz-Jarabo Colomer* NZG 2002, 17 (21) bezeichnet dieser den Schutz der Arbeitnehmer durch die Verpflichtung zur betrieblichen Mitbestimmung nach den gesetzlich festgelegten Bedingungen als zwingende Gründe des allgemeinen Interesses im Sinne der Rechtsprechung des EuGH.

[446] So etwa *Kallmeyer* DB 2002, 2521 (2522); *Forsthoff* DB 2002, 2471 (2477); *Eidenmüller* ZIP 2002, 2233 (2242); *Schulz/Sester* EWS 2002, 545 (551); vgl. auch *Ulmer* JZ 1999, 662 (663).

sellschaftstypen führen würde, was in der praktischen Anwendung zu nach derzeitiger Rechtslage schwer zu überwindenden Anpassungsproblemen und Spannungen führen würde.[447] Einen Zwang zur Gründung einer inländischen Tochtergesellschaft mit einem mitbestimmten Aufsichtsrat zur Durchsetzung des deutschen Unternehmensmitbestimmungsrechts lässt sich ebenfalls mit der Niederlassungsfreiheit nicht vereinbaren.[448] Vor diesem Hintergrund ergeben sich – neben den normierten Gestaltungen der SE-Sitzverlegung und der grenzüberschreitenden Verschmelzung auf eine Vorratsgesellschaft – durchaus Gestaltungsmöglichkeiten (außerhalb des engen Missbrauchsbereiches), um das deutsche Unternehmensmitbestimmungsrecht zu vermeiden, nämlich durch Gründung einer Gesellschaft in einem EU-Mitgliedstaat, welcher der Gründungstheorie folgt, mit anschließender Verlegung des tatsächlichen Verwaltungssitzes nach Deutschland.

c) „Heraus-Verschmelzung/Spaltung" auf eine ausländische Gesellschaft

Die „Heraus-Verschmelzung/Spaltung" eines deutschen Unternehmens in das Ausland – 157
kurz: „Heraus-Umwandlung" – führt im Grundsatz ebenso wie die Verlegung des effektiven Verwaltungssitzes aus Deutschland in das Ausland typischerweise zu **Mitbestimmungsverlusten,** und zwar uU **in doppelter Hinsicht:** Zum einen verlieren die Arbeitnehmer des übertragenen Betriebs oder Betriebsteils ihr Recht, insbesondere durch Beteiligung an der Aufsichtsratswahl weiter an der unternehmensbezogenen Mitbestimmung in ihrem bisherigen Unternehmen teilzunehmen, ohne dass dies im neuen ausländischen Unternehmen kompensiert würde; ein aus dem übertragenen Betrieb oder Betriebsteil stammendes Aufsichtsratsmitglied der Arbeitnehmer, das einen Sitz innehat, der Belegschaftsangehörigen vorbehalten ist, scheidet automatisch aus dem Aufsichtsrat aus (vgl. zB § 24 Abs. 1 MitbestG). Zum anderen kann es zu einem Mitbestimmungsverlust auch beim übertragenden Rechtsträger in Deutschland (im Fall der Spaltung) oder bei einer Konzernobergesellschaft (sowohl im Falle der Verschmelzung als auch der Spaltung) kommen, wenn (i) der übertragende Rechtsträger durch Verschmelzung erlischt oder durch Quasi-Verschmelzung funktionslos wird (es sei denn, es handelt sich hierbei um eine Konzernobergesellschaft, der die Arbeitnehmer der Konzerngesellschaften zuzurechnen sind), oder wenn (ii) durch „Heraus-Spaltung" die mitbestimmungsrelevante Arbeitnehmerzahl unter die in den Mitbestimmungsgesetzen geregelten Mindest-Arbeitnehmerzahl sinkt, oder (iii) sich der Unternehmensgegenstand der Gesellschaft oder das Gesamtgepräge des Konzerns in mitbestimmungsrelevanter Weise ändert.

Beispiel F 50: 158

Die F-Fahrzeugzubehör AG ist eine geschäftsleitende Holdinggesellschaft (150 Arbeitnehmer), die die sämtlichen Geschäftsanteile an den beiden operativen Gesellschaften A-Armaturen GmbH (1.700 Arbeitnehmer) und A-Autositze GmbH (400 Arbeitnehmer) hält. Bei der F-Fahrzeugzubehör AG als Konzernobergesellschaft ist ein 12-köpfiger, paritätisch besetzter Aufsichtsrat eingerichtet (§§ 1 Abs. 1, 5 Abs. 1, 7 Abs. 1 Nr. 1 MitbestG), bei der A-Armaturen GmbH besteht ein drittelparitätisch besetzter Aufsichtsrat. Aufgrund des erheblichen Nachfragedruckes durch die Automobilindustrie entschließt sich die F-Fahrzeugzubehör AG, ihre Tochtergesellschaft A-Autositze GmbH auf die französische A-Automobil S.A. zu übertragen. Nach der „Verschmelzung" wird die F-Fahrzeugzubehör AG zu 20 % an der A-Automobil S.A. beteiligt sein und keinen beherrschenden Einfluss ausüben können. Durch die „Verschmelzung" erlischt die A-Autositze GmbH (Verschmelzung, dazu → Rn. 79 ff.) oder sie wird jedenfalls funktionslos (Quasi-Verschmelzung, dazu → Rn. 91); durch die Verschmelzung verringert sich vor allem aber die Zahl der der F-Fahrzeugzubehör AG zurechenbaren Arbeitnehmer auf 1.700, was zu einer Absenkung des Mitbestim-

[447] Vgl. *Roth* ZGR 2000, 311 (333); *Hammen* WM 1999, 2487 (2493) [Anpassungsprobleme regelmäßig lösbar].
[448] So auch *Ulmer* JZ 1999, 662 (663); *Schulz/Sester* EWS 2002, 545 (551).

mungsniveaus auf dasjenige des DrittelbG und damit im Ergebnis zu einem Wegfall der Mitbestimmung führt, da eine Zurechnung von Arbeitnehmern zur Konzernobergesellschaft gem. § 2 Abs. 2 DrittelbG nur erfolgt, wenn ein Beherrschungsvertrag vorliegt oder eine Eingliederung gegeben ist, es sei denn besondere Mitbestimmungs-Beibehaltungsregeln greifen ein (zu § 1 MitbestBeiG unter → Rn. 131 ff.).

Beispiel F 51:
Die in Süddeutschland tätige, im Familienbesitz stehende A-Druck- und Verlagshaus GmbH betreibt als Einheitsunternehmen zwei Akzidenzdruckereien, die vorwiegend Fremdaufträge abwickeln und 900 Arbeitnehmer beschäftigen, gibt eine Tageszeitung und mehrere Anzeigenblätter sowie weitere Druckerzeugnisse heraus (450 Arbeitnehmer) und besitzt eine Vertriebsabteilung, die zur Hälfte eigene und zur Hälfte Fremd-Druckerzeugnisse vertreibt (100 Arbeitnehmer). Bei der A-Druck- und Verlagshaus GmbH ist ein drittelparitätisch mitbestimmter Aufsichtsrat eingerichtet, da das Gesamtgepräge des Einheitsunternehmens nicht-tendenzbezogen ist (§§ 1 Abs. 1 Nr. 3, 4 Abs. 1 DrittelbG). Die Familiengesellschafter wollen sich aus dem unprofitablen Druckgeschäft zurückziehen und „spalten" die zum Druckbereich gehörenden Vermögensgegenstände (zwei Betriebe) auf die österreichische G-Großdruckerei Ges. mbH ab. Hierdurch verringert sich die mitbestimmungsrelevante Arbeitnehmerzahl der A-Druck- und Verlagshaus GmbH auf 550 und liegt zwar damit immer noch über der für die drittelparitätische Besetzung des Aufsichtsrates maßgeblichen Arbeitnehmerzahl von mehr als 500; dennoch ist das Unternehmen jetzt mitbestimmungsfrei, da das Unternehmen nun Tendenzschutz genießt (§ 1 Abs. 2 S. 1 Nr. 2 DrittelbG).

Während den Unternehmen und ihren Beratern bei rein nationalen (übertragenden) Umwandlungen sowohl das im Umwandlungsgesetz verankerte Instrumentarium der Verschmelzung und der Spaltung (sowie in Einzelfällen auch der Vermögensübertragung) als auch die Umstrukturierung im Wege von Einzelrechtsübertragungen zur Verfügung steht, war bis vor kurzem bei grenzüberschreitenden Umstrukturierungen nur der Weg der Einzelrechtsübertragungen, flankiert durch mitbestimmungsrechtliche Sondervorschriften des MitbestBeiG, gesichert (hierzu lit. aa). Die grenzüberschreitende „Heraus-Umwandlung" durch Gesamtrechtsnachfolge kann für den Teilbereich der grenzüberschreitenden Verschmelzungen von Kapitalgesellschaften in der EU und im EWR auf die durch nationales Recht umgesetzte EU-Verschmelzungsrichtlinie gestützt werden; in den nicht erfassten Bereichen (Verschmelzung unter Beteiligung von nicht erfassten Kapitalgesellschaften sowie Spaltungen) kann sich die Praxis bislang nur auf den im Detail noch nicht rechtssicher ausgestalteten und von den deutschen Instanzgerichten auf diese Fälle noch nicht akzeptierten Rechtsprechungsstrang des Europäischen Gerichtshofs (SEVIC-Rechtsprechung; → Rn. 156) stützen (hierzu → Rn. 164 ff.).

159 **aa) Umstrukturierung durch Einzelrechtsübertragungen.** Es ist zivilrechtlich zweifellos möglich, die wirtschaftlichen Folgen einer Verschmelzung oder Spaltung eines deutschen Unternehmens auf eine ausländische Gesellschaft durch Einzelrechtsübertragungen zu erreichen. Eine Quasi-Verschmelzung kann insbesondere sowohl durch Übertragung von dem Rechtsträger zugeordneten Vermögensgegenständen (sog. Verschmelzung durch Betriebsübertragung) als auch durch Übertragung der Anteile an diesem Rechtsträger (sog. Verschmelzung durch Anteilsübertragung) erreicht werden.[449] Bei der Verschmelzung durch Betriebsübertragung bringt die übertragende Gesellschaft ihre sämtlichen Vermögensgegenstände in die übernehmende, ausländische Gesellschaft gegen Gewährung von

[449] Hierzu vor allem aus steuerlicher Sicht *Herzig/Förster* DB 1994, 1 (2); *Schaumburg* GmbHR 1996, 501 (503); *Lawall* IStR 1998, 345 (346). – Bei der Zusammenführung der Daimler-Benz AG mit der Chrysler Corporation wurde zB – sehr verkürzt dargestellt – eine Daimler Chrysler AG neu gegründet, welche in einem ersten Schritt die Aktien beider Gesellschaften im Tausch gegen eigene Aktien erworben hat und auf die in einem zweiten Schritt die Daimler-Benz AG verschmolzen wurde; vgl. Verschmelzungsbericht, S. 53.

Gesellschafterrechten ein. Anschließend wird die übertragende Gesellschaft liquidiert und ihr nur noch in der Beteiligung an der übernehmenden Gesellschaft bestehendes Vermögen an die Gesellschafter verteilt. Entsprechend bringen bei der Verschmelzung durch Anteilsübertragung die Gesellschafter der übertragenden Gesellschaft in einem ersten Schritt ihre Anteile an dieser Gesellschaft in die übernehmende, ausländische Gesellschaft ein, und in einem zweiten Schritt wird die übertragende Gesellschaft mit der Folge liquidiert, dass ihr Betriebsvermögen auf die übernehmende Gesellschaft übergeht. Bei der Quasi-Spaltung überträgt die übertragende Gesellschaft Vermögensgegenstände, die aus steuerlichen Gründen die Qualität eines Betriebes oder Teilbetriebes haben sollten, in die übernehmende, ausländische Gesellschaft gegen Gewährung von Gesellschaftsrechten. Diese Umstrukturierungsvorgänge sind nach Maßgabe der §§ 20–23 UmwStG ohne steuerpflichtige Realisierung stiller Reserven möglich.[450]

Als Gegengewicht gegen die grenzüberschreitende Umstrukturierungen fördernden 160 steuerrechtlichen Bestimmungen führte der deutsche Gesetzgeber auf der Grundlage einer Öffnungsklausel in der EU-Fusionsrichtlinie (Art. 11 Abs. 1 lit. b, Abs. 2) das **Mitbestimmungs-Beibehaltungsgesetz vom 23.8.1994** ein.[451] Die Vorschriften der §§ 1, 2 MitbestBeiG enthalten eine – von ihrem Zweck durchaus mit § 325 Abs. 1 UmwG vergleichbare, bislang, soweit ersichtlich,nicht praktisch gewordene – Mitbestimmungs-Beibehaltungsregelung für die Fälle, in denen unter Nutzung der in §§ 20ff. UmwStG geregelten steuerlichen Privilegierung Betriebe, Teilbetriebe oder Anteile durch ein deutsches Unternehmen (Körperschaft, Personenvereinigung oder natürliche Personen) auf eine EU-Kapitalgesellschaft übertragen werden. Führt eine solche Umwandlung dazu, „dass ein an dem Vorgang beteiligtes oder ein an ihm nicht beteiligtes Unternehmen die Voraussetzung für die bis zu dem Vorgang bestehende Vertretung der Arbeitnehmer [im Aufsichtsrat] des Unternehmens nicht mehr erfüllt", so fingiert § 1 MitbestBeiG auf unbestimmte Zeit die Nichtexistenz der Umwandlung, soweit es um die Voraussetzungen für die weitere Anwendung der im Zeitpunkt der Umwandlung angewandten mitbestimmungsrechtlichen Vorschriften beim übertragenden Rechtsträger geht. Die Regelung der Mitbestimmungsbeibehaltung durch **negative Fiktion gilt jedoch nicht,** (i) wenn das eingebrachte Betriebsvermögen steuerrechtlich mit dem tatsächlichen Wert angesetzt wird (also die steuerliche Privilegierung der §§ 20ff. UmwStG nicht in Anspruch genommen wird) oder (ii) wenn das Unternehmen nach der Umstrukturierung nur noch weniger als 1/4 der Arbeitnehmerzahl aufweist, die von dem bisher für dieses Unternehmen maßgeblichen Mitbestimmungsgesetz gefordert wird (§ 2 MitbestBeiG). Wie in § 325 Abs. 1 S. 2 UmwG entfällt also die Mitbestimmungsbeibehaltung, wenn die Zahl der in der Regel beschäftigten Arbeitnehmer unter 501, sofern der übertragende Rechtsträger zum Zeitpunkt der Umwandlung dem MitbestG oder dem MitbestErgG unterfällt, unter 251 (MontanMitbestG) oder unter 126 (DrittelbG) sinkt.

In **Beispiel F 50** führt § 1 MitbestBeiG also dazu, dass für Zwecke der Unternehmens- 161 mitbestimmung bei der F-Fahrzeugzubehör AG die Übertragung sämtlicher zur A-Autositze GmbH gehörenden Vermögensgegenstände in die A-Automobil S.A. (gegen Gewährung von Anteilen an der übernehmenden französischen Gesellschaft gemäß §§ 20 Abs. 1

---

[450] Die §§ 20–23 UmwStG wurden durch das SEStEG (v. 7.12.2006, BGBl. I S. 2782), das der Umsetzung der Richtlinie 2005/19/EG des Rates vom 17.2.2005 zur Änderung der Richtlinie 90/434/EWG über das gesamte Steuersystem für Fusionen, Spaltungen, der Einbringung von Unternehmensteilen und dem Austausch von Anteilen, die Gesellschaften verschiedener Mitgliedstaaten betreffen (ABl. EU 2005, L 58 19), dient, geändert. Zu den Anordnungen des UmwStG vgl. ausführlich *Benz/Rosenberg* Special zu BB 2006, 44 (51).

[451] Gesetz zur Beibehaltung der Mitbestimmung beim Austausch von Anteilen unter Einbringung von Unternehmensteilen, die Gesellschaften verschiedener Mitgliedsstaaten der europäischen Union betreffen (Mitbestimmungs-Beibehaltungsgesetz – MitbestBeiG) vom 23.8.1994 (BGBl. I S. 2228), geändert durch das Gesetz zur Änderung des Umwandlungssteuerrechts vom 28.10.1994 (BGBl. I S. 3267), jüngst geändert durch das SEStEG (vgl. Fn. 341); vgl. hierzu die ausführliche Kommentierung in Widmann/Mayer/*Wißmann* Anh. 2: Mitbestimmungsrecht Rn. 126ff.; *Schupp*, Mitbestimmungsbeibehaltung, S. 137.

UmwStG) als nichtexistent fingiert wird, so dass es bei der paritätischen Mitbestimmung bleibt (§§ 1, Abs. 1, 5 Abs. 1, 7 Abs. 1 MitbestG). Anders als § 325 Abs. 1 UmwG erfasst die Mitbestimmungsbeibehaltungsregelung des § 1 MitbestBeiG nämlich auch die mitbestimmungsrechtlichen Auswirkungen bei „an der Umwandlung nicht beteiligten Unternehmen". Bei der durch die Umwandlung arbeitnehmerlos gewordenen A-Autositze GmbH käme es hingegen zum Wegfall der Unternehmensmitbestimmung, wenn hier eine bestanden hätte (vgl. § 2 Abs. 2 MitbestBeiG).

In **Beispiel F 51** greift mE § 1 MitbestBeiG wegen der verfassungsrechtlichen Wertung aus Art. 5 GG nicht. Insoweit laufen die Mitbestimmungs-Beibehaltungsregelungen des § 325 Abs. 1 UmwG und des § 1 MitbestBeiG parallel.[452]

162 Der Wegfall des konkreten Mitbestimmungsregimes beim übertragenden Rechtsträger oder einem mit diesem im Konzernverbund stehenden Unternehmen muss **kausal** durch die Umwandlung verursacht sein. Die durch dieses Kausalitätserfordernis hervorgerufenen Probleme, insbesondere solche, die sich aus einem sachlichen und zeitlichen Zusammentreffen von Betriebs- oder Anteilsübertragung einerseits und weiteren Betriebseinschränkungen (zB Personalabbau) andererseits ergeben, sind mE grundsätzlich wie bei § 325 Abs. 1 UmwG **stichtagsbezogen** zu lösen (bereits unter → Rn. 124), wobei jedoch zu berücksichtigen ist, dass die Übertragung der Vermögensgegenstände nicht wie bei den im Umwandlungsgesetz geregelten Umwandlungsformen Verschmelzung oder Spaltung zu einem Zeitpunkt (nämlich mit der Eintragung der Umwandlung im Handelsregister des übertragenden Rechtsträgers), sondern zeitlich gestreckt eintreten kann. Hier ist wie bei § 613a Abs. 1 BGB darauf abzustellen, wann die wesentlichen, zur Fortführung des Betriebs erforderlichen Mittel und damit auch die Arbeitsverhältnisse der Belegschaft auf den neuen Inhaber übergehen.[453] Erfolgt nach diesem Zeitpunkt ein Personalabbau, durch den die Anwendungsvoraussetzungen für das vor der Umwandlung auf den übertragenden Rechtsträger anwendbare Mitbestimmungsregime wegfallen, greift § 1 MitbestBeiG nicht ein.[454] Das ergibt sich zum einen aus dem gesetzgeberischen Telos (= Schutz der deutschen Mitbestimmung vor Gefährdungen für Mitbestimmungsregime durch grenzüberschreitende Einbringungen) und zum anderen aus einer EU-richtlinienkonformen Auslegung des Regelungsbereiches.[455]

Beispiel F 52:

Die A-Frachttransport GmbH beschäftigt in drei Betrieben insgesamt 900 Arbeitnehmer. Bei ihr besteht ein drittelparitätisch besetzter Aufsichtsrat (§ 1 Abs. 1 Nr. 3, 4 Abs. 1 DrittelbG). Die Ertragssituation der A-Frachttransport GmbH hat sich in den letzten Jahren stark verschlechtert, insbesondere der im deutsch-niederländischen Grenzgebiet tätige Betrieb 1 (250 Arbeitnehmer) erwirtschaftet vor allem wegen der Präsenz des niederländischen Wettbewerbers B-Spedition B.V. starke Verluste. Der Gesellschafter entschließt sich dazu, den Betrieb 1 im Wege der Betriebseinbringung gegen Gewährung von Gesellschaftsanteilen auf die B-Spedition B.V. zu übertragen und bei den Betrieben 2 und 3 die Belegschaften um insgesamt 100 Arbeitnehmer zu reduzieren, wobei der Personalabbau durch verstärkten Einsatz von EDV-Systemen ausgeglichen werden soll.

Erfolgt zunächst die grenzüberschreitende Übertragung des Betriebes 1 und mit einem gewissen zeitlichen Abstand danach der Personalabbau bei den Betrieben 2 und 3, greift mE § 1 MitbestBeiG nicht ein. Gehen die Gesellschafter und Geschäftsführung der A-

---

[452] Unter → Rn. 126; so jetzt auch *Schupp*, Mitbestimmungsbeibehaltung, S. 228; aA Widmann/Mayer/*Wißmann* Anh. 2: Mitbestimmungsrecht Rn. 184 und 194.

[453] Vgl. zB BAG 16.2.1993 – 3 AZR 347/92, NZA 1993, 643; Palandt/*Weidenkaff* BGB § 613a Rn. 12.

[454] aA Widmann/Mayer/*Wißmann* Anh. 2: Mitbestimmungsrecht Rn. 174 ff.: Anwendbarkeit von § 1 MitbestBeiG bei zeitlichem Zusammenhang von Betriebs- oder Anteilsübertragungen und weiteren Betriebseinschränkungen (Grenze ca. 1 Jahr).

[455] So jetzt auch *Schupp*, Mitbestimmungsbeibehaltung, S. 195.

Frachttransport GmbH in umgekehrter Reihenfolge vor, so greift § 1 MitbestBeiG mit der Folge ein, dass der drittelparitätisch besetzte Aufsichtsrat bestehen bleibt.

Streitigkeiten über das Vorliegen der Mitbestimmungsbeibehaltung gemäß § 1 MitbestBeiG oder dem Eingreifen eines der Ausnahmetatbestände des § 2 MitbestBeiG sind im Statusverfahren nach § 98 AktG von der ordentlichen Gerichtsbarkeit zu entscheiden (→ Rn. 187 ff.).[456] 163

bb) Umstrukturierungen durch Gesamtrechtsnachfolge. Während grenzüberschreitende Verschmelzungen innerhalb der EU und im Europäischen Wirtschaftsraum rechtssicher über die Gestaltungsalternative SE-Verschmelzung (→ Rn. 176–182) oder Verschmelzung auf der Grundlage der nationalen Umsetzungsgesetze zur EU-Verschmelzungsrichtlinie (→ Rn. 165–167) durchgeführt werden können, müssen sonstige Gestaltungsformen der Heraus-Umwandlungen (insbesondere Verschmelzungen unter Beteiligung von Nicht-Kapitalgesellschaften sowie Spaltungen) einstweilen noch auf die im Detail noch nicht konturierte SEVIC-Rechtsprechung (→ Rn. 156) gestützt werden. Zu einen schematischen Vergleich dieser drei Gestaltungsvarianten → Rn. 183. 164

Die **EU-Verschmelzungsrichtlinie**[457] hat der deutsche Gesetzgeber in drei Einzelgesetzen umgesetzt, nämlich zivilrechtlich durch das Zweite Gesetz zur Änderung des Umwandlungsgesetzes (§§ 122a–122 l UmwG nF),[458] mitbestimmungsrechtlich durch das Gesetz über die Mitbestimmung der Arbeitnehmer bei einer grenzüberschreitenden Verschmelzung (MgVG)[459] und steuerrechtlich durch das Gesetz über steuerliche Begleitmaßnahmen zur Einführung der Europäischen Gesellschaft und zur Änderung weiterer steuerlicher Maßnahmen (SEStEG).[460] Diese Verschmelzungsregelungen sind anwendbar auf grenzüberschreitende Verschmelzungen von Kapitalgesellschaften, die nach dem Recht eines EU- bzw. EWR-Staates gegründet wurden und ihren satzungsmäßigen Sitz, ihre Hauptverwaltung oder ihre Hauptniederlassung in einem dieser Staaten haben; nicht erfasst werden daher Verschmelzungen mit Gesellschaften aus sog. Drittstaaten (zB Schweiz oder USA). Die zivilrechtlichen Regelungen zum grenzüberschreitenden Verschmelzungsverfahren entsprechen im Grundsatz den nationalen Umwandlungsregelungen, allerdings bestehen Abweichungen im Hinblick auf das Eintragungsverfahren, den Schutz von Minderheitsgesellschaftern und Gläubigern sowie bei den arbeitsrechtlichen Folgen der Verschmelzung. Die EU-Verschmelzungsrichtlinie und das MgVG enthalten eine Sonderregelung zur Arbeitnehmerbeteiligung, wobei sich der Anwendungsbereich auf die Beteiligung der Arbeitnehmer im Aufsichts- oder Verwaltungsorgan des Unternehmens (Vorstand, Aufsichtsrat oder Verwaltungsrat/*Board*) beschränkt; **ein international zusammengesetztes Betriebsratsgremium ist hier** – anders als bei der Societas Europaea – **nicht vorgesehen.** Im Grundsatz gilt für die Mitbestimmung nach einer grenzüberschreitenden Verschmelzung das Recht des Staates, in dem der übernehmende Rechtsträger seinen (Satzungs-)Sitz hat. Dabei kann der Satzungssitz vom tatsächlichen Verwaltungssitz abweichen, so dass bei der Heraus-Verschmelzung eines deutschen Unternehmens der tatsächliche Verwaltungssitz in Deutschland verbleiben kann. In der Praxis wird das anwendbare Mitbestimmungsregime allerdings vom Grundsatz abweichend entweder in einer speziell für diese Gesellschaft verhandelten **Mitbestimmungsvereinbarung** bestehen oder es gilt die **gesetzliche Auffanglösung als Sonderregime** bei grenzüberschreitender Verschmelzung. – Zur neuen EU-Mobilitäts-RL und ihrer Umsetzung in das deutsche Recht bis 31.1.2023 → Rn. 147a ff. 165

[456] Widmann/Mayer/*Wißmann* Anh. 2: Mitbestimmungsrecht Rn. 208 und 227. – Zur Parallelproblematik bei § 325 Abs. 1 UmwG → Rn. 127.
[457] Richtlinie 2005/56/EG, ABl. EG vom 25.11.2005 L 310, 1.
[458] BGBl. 2007 I S. 542.
[459] BGBl. 2006 I S. 3332.
[460] BGBl. 2006 I S. 2782.

165a Für das wie bei der Societas Europaea bestehende Primat der Verhandlungslösung ist ein besonderes Verhandlungsgremium (BVG) zu bilden, das die betroffenen Arbeitnehmer im In- und Ausland repräsentiert. Die Verhandlungen über die Arbeitnehmerbeteiligung erfolgen zwischen den Leitungen der beteiligten Gesellschaften einerseits und dem besonderen Verhandlungsgremium andererseits. Inhaltlich ist die Mitbestimmungsvereinbarung darauf gerichtet ua die Zahl der Arbeitnehmervertreter im Aufsichts- und Verwaltungsorgan, die Rechte der Arbeitnehmervertreter und das Verfahren, nach dem diese zu wählen oder zu bestellen sind, zu regeln. Der **Mindestinhalt solcher Mitbestimmungsvereinbarungen** ist in § 22 MgVG wie folgt (und nicht abschließend!) festgelegt:[461]

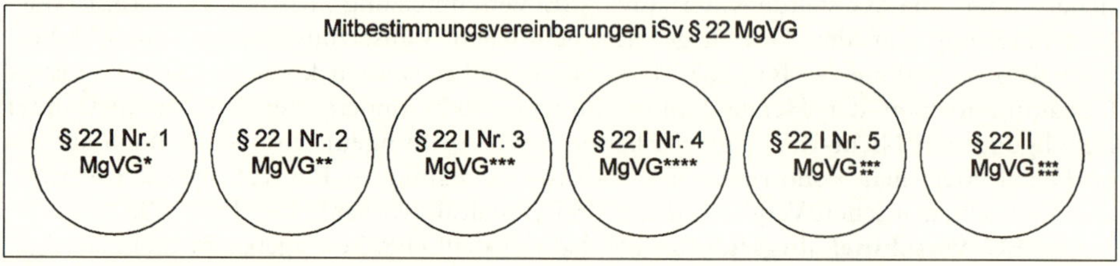

* Geltungsbereich der Vereinbarung
** Vereinbarungsbeginn und Laufzeit; Tatbestände einer Neuverhandlungspflicht
*** Zahl der von den ArbN gewählten/bestellten Vertreter im Aufsichtsorgan/Verwaltungsrat
**** Verfahren für die Wahl/Bestellung dieser Vertreter
***** Rechte dieser Vertreter im Aufsichtsorgan/Verwaltungsrat
****** fakultativ: Verhandlungspflicht über Mitbestimmung vor strukturellen Änderungen der aus der grenzüb. Verschmelzung hervorgehenden Gesellschaft

166 Scheitern die Verhandlungen, greift – wie bei der Gründung einer Societas Europaea – eine **gesetzliche Auffangregelung.** Diese schreibt im Grundsatz denjenigen Anteil an Arbeitnehmervertretern im Aufsichts- oder Leitungsorgan der übernehmenden Gesellschaft fort, der bei den verschmolzenen Gesellschaften bestand. Unter mehreren Mitbestimmungssystemen setzt sich dasjenige durch, das den höchsten Anteil an Arbeitnehmervertretern im Aufsichts- bzw. Verwaltungsorgan vorsieht, also in der Regel das deutsche System der Unternehmensmitbestimmung. Allerdings unterliegt die verschmolzene Gesellschaft nicht mehr dem nationalen Mitbestimmungsrecht selbst, sondern dem Sondermitbestimmungsrecht der Auffangregelung, das zahlreiche Modifikationen zum deutschen Mitbestimmungsrecht beinhaltet und „statisch“ ausgestaltet ist.[462] Diese Auffangregelung ist jedoch im Grundsatz nur anwendbar (und dies stellt eine Gestaltungserleichterung zur Societas Europaea dar), wenn mindestens ein Drittel der Arbeitnehmer der an der Verschmelzung beteiligten Gesellschaften einer Mitbestimmungsregelung unterliegt. Wird diese Schwelle unterschritten, kann allerdings das besondere Verhandlungsgremium die Anwendung der Auffangregelung dennoch beschließen. Ist das Arbeitnehmerquorum von einem Drittel erreicht, kann die **Unternehmensleitung** der beteiligten Gesellschaften das Verfahren der grenzüberschreitenden Verschmelzung – anders als bei der Societas Europaea – dadurch vereinfachen, in dem sie **einseitig erklärt,** dass die Auffangregelung unmittelbar gelten soll (§ 23 MgVG). In diesem Fall wird die Einrichtung des besonderen Verhandlungsgremiums und das im Grundsatz bis zu sechs Monate dauernde, mit Einverständnis beider Parteien auch auf bis zu 12 Monate verlängerbare, Verhandlungsverfahren erspart. Bei der Heraus-Verschmelzung einer der Mitbestimmung unterliegenden deutschen Kapitalgesellschaft können die Vertretungsorgane somit die Auffanglösung unmittelbar zur Anwendung bringen und damit das Mitbestimmungsniveau des deutschen Rechts

[461] Zu Gestaltungsvarianten der Corporate Governance durch Mitbestimmungsvereinbarungen siehe *Seibt* AG 2005, 413.

[462] Hierzu zB auch *Götze/Winzer/Arnold* ZIP 2009, 245 (253); *Brandes* ZIP 2008, 2193 (2195).

über die Grenze transportieren, allerdings in der statischen Ausprägung zum Zeitpunkt der Verschmelzung.

Diese Entscheidung hat eine mitbestimmungsrechtliche, eine zeitliche und eine unternehmenspolitische Komponente. Für das Verhandlungsverfahren streiten die Umstände, dass damit (i) ein unternehmensspezifisches Regime der Unternehmensmitbestimmung vereinbart werden könnte (zB Zahl der Mitglieder des Aufsichtsrates, Verfahren zur Wahl bzw. Bestellung der Arbeitnehmervertreter; Rechte der Aufsichtsratsmitglieder) und (ii) ein Arbeitnehmer-partizipatorisches Klima im Unternehmen unterstützt wird. Wesentlicher Vorteil der gesetzlichen Auffanglösung ist, dass sich das MgVG-Beteiligungsverfahren zeitlich deutlich verkürzen ließe (wobei Verhandlungsverfahren bei guter Vorbereitung und erfahrender Behandlungsführung in der Praxis nur ca. 3 bis 5 Monate dauern sollten). Zudem ist vorteilhaft, dass nach einer Entscheidung für die gesetzliche Auffanglösung das BVG die Petrifizierung der Mitbestimmung nicht mehr durch einen Beschluss nach § 18 MgVG verhindern kann; ein solcher Beschluss (in der Praxis seltener Ausnahmefall) hat zur Folge, dass sich der Umfang der Unternehmensmitbestimmung weiterhin nach den inländischen Mitbestimmungsgesetzen (DrittelbG, MitbestG) richten würde. 166a

Bei grenzüberschreitenden Verschmelzungen auf ausländische Gesellschaften mit einem monistischen Leitungssystem lässt die EU-Verschmelzungsrichtlinie die nationalstaatliche Option zu, dass hier die Arbeitnehmerbeteiligung bei dem aufnehmenden Rechtsträger auf eine Drittelbeteiligung beschränkt werden kann. 166b

Das Primat der Verhandlungslösung eröffnet für deutsche Unternehmen die Möglichkeit, das bisher bestehende gesetzliche Mitbestimmungsregime durch eine den Einzelfallumständen besser entsprechende Mitbestimmungsvereinbarung zu ersetzen. Selbst bei Eingreifen der gesetzlichen Auffangregelung kann die grenzüberschreitende Verschmelzung perspektivisch zu einer Minderung des Mitbestimmungsniveaus führen, wenn ansonsten durch die Veränderung eines mitbestimmungsrechtlichen Parameters (insbesondere Erhöhung der Arbeitnehmerzahl im Unternehmen bzw. Konzern) eine Erhöhung des Mitbestimmungsniveaus zu erwarten ist. Dies kann sowohl durch eine Heraus- als auch durch eine Herein-Verschmelzung (→ Rn. 169 ff.) erfolgen. Im Unterschied zu den SE-Regelungen (vgl. § 18 Abs. 3, § 43 SEBG) sehen die Bestimmungen zur grenzüberschreitenden Verschmelzung im Übrigen weder vor, dass bei „strukturellen Änderungen" zwingend ein neues Arbeitnehmerbeteiligungsverfahren einzuleiten ist[463], noch ist dort ein ausdrückliches Verbot geregelt, Arbeitnehmern im Rahmen der Verschmelzung Beteiligungsrechte zu entziehen[464]. 167

Beispiel F 53:

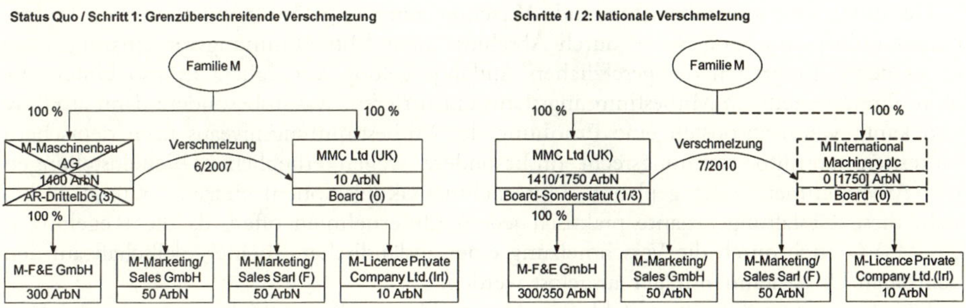

[463] Vgl. *Forst* in Gaul/Ludwig/Forst EuMitbestR § 5 Rn. 39.

[464] Vgl. *Nagel/Freis/Kleinsorge*, Beteiligung der Arbeitnehmer im Unternehmen auf der Grundlage europ. Rechts, 2. Aufl. 2010, MgVG § 30 Rn. 2; *Forst* in Gaul/Ludwig/Forst EuMitbestR § 5 Rn. 42. – § 22 Abs. 2 MgVG deklariert nur den Grundsatz der Vertragsfreiheit auch für die Stipulation von Umständen, die eine Neuverhandlungspflicht auslösen; vgl. Habersack/Henssler/*Habersack* § 22 Rn. 1.

Die Familie M hält 100 % der Anteile an einer M-Maschinenbau AG, die 1.400 Arbeitnehmer in Deutschland beschäftigt und einen 1/3 paritätisch besetzten Aufsichtsrat gebildet hat (§ 1 Abs. 1 Nr. 3, § 4 Abs. 1 DrittelbG); diese operative Hauptgesellschaft hält eine die Forschungs- und Entwicklungsabteilung bildende M-F&E GmbH (300 Arbeitnehmer), Vertriebsgesellschaften in Deutschland (M-Marketing/Sales GmbH) und in Frankreich (M-Marketing/Sales Sarl) sowie eine Lizenzverwaltungsgesellschaft in Irland (M-Licence Private Company Ltd.). Daneben hält die Familie M eine im Vereinigten Königreich registrierte MMC Ltd., die bislang die Vertriebsaktivitäten im Vereinigten Königreich für die M-Gruppe übernahm. In einem ersten Schritt wird die M-Maschinenbau AG auf die MMC Ltd. verschmolzen (Wirksamwerden im Juni 2017). Aufgrund der gesetzlichen Auffangregelung wurde das Board bei der MMC Ltd. zu 1/3 aus Arbeitnehmervertretern besetzt, die allesamt die Funktion von Non Executive-Directors übernommen haben. Der tatsächliche Verwaltungssitz der Konzernleitung verbleibt – zulässigerweise – in Deutschland (vgl. § 4 MgVG).

In einem zweiten Schritt gründete die Familie M eine M International Machinery plc im Vereinigten Königreich, auf die die MMC Ltd. nach Ablauf einer Karenzzeit von drei Kalenderjahren (berechnet vom Tag der Eintragung der Verschmelzung auf die MMC Ltd. in das Handelsregister des aufgehenden Rechtsträgers) nach nationalen Regeln verschmolzen wird (§ 30 MgVG in Umsetzung von Art. 16 Abs. 7 EU-VerschmelzungsRL). Das Board der M International Machinery plc muss nun nicht mehr mit Arbeitnehmervertretern besetzt werden; eine Verpflichtung zur Mitbestimmungsbeibehaltung besteht weder europarechtlich noch nach nationalem englischen Recht.[465] Ein Rückgriff auf ein allgemeines Rechtsinstitut des Gestaltungsmissbrauchs ist jedenfalls durch die dreijährige Karenzfrist (Art. 16 Abs. 7 EU-VerschmelzungsRL) als Sonderausformung des Missbrauchsverbots gesperrt; überdies hat der EU-Richtliniengeber bewusst auf die Übernahme einer Missbrauchsregelung wie in Art. 11 EU-Richtlinie 2001/86/EG (umgesetzt durch § 43 SEBG) verzichtet.[466] Dabei kann der tatsächliche Verwaltungssitz der M International Machinery plc weiterhin in Deutschland bleiben (Inspire Art-Rechtsprechung des Europäischen Gerichtshofs). Damit kann die Familie M in einem ersten Schritt die drittelparitätische Unternehmensmitbestimmung beim absehbaren Ansteigen der Arbeitnehmerzahl in den deutschen Unternehmen und Betrieben des M-Konzerns über den Schwellenwert von 2.000 einfrieren (im Beispiel konzernweite Arbeitnehmerzahl in Deutschland zum Juli 2020: 2.150); in einem zweiten Schritt kann nach Ablauf einer Karenzfrist von drei Jahren die Unternehmensmitbestimmung in der Konzernobergesellschaft trotz Beibehalten eines tatsächlichen Verwaltungssitzes in Deutschland vollständig aufgegeben werden.

Der durch eine grenzüberschreitende Verschmelzung ausgelöste Sonderstatus zur Unternehmensmitbestimmung, sei es durch Abschluss einer Mitbestimmungsvereinbarung oder sei es durch Eingreifen der gesetzlichen Auffangregelung, ermöglicht es also Unternehmen, ihren derzeitigen Mitbestimmungsstatus einzufrieren, was insbesondere dann attraktiv sein kann, wenn ansonsten eine Erhöhung des Mitbestimmungsniveaus nach deutschem Unternehmensmitbestimmungsrecht (insbesondere wegen erheblichen Neueinstellungen von Arbeitnehmern oder geplanten Unternehmensakquisitionen) eintreten würde. Dabei steht diese Gestaltungsvariante praktisch jedem Unternehmen offen, da die Regelungen des MgVG auch durch die Verschmelzung einer ausländischen Tochtergesellschaft auf den deutschen Unternehmensträger ausgelöst werden.

168 Für das weitere Gestaltungsfeld von Heraus-Umwandlungen, also insbesondere Verschmelzungen unter Beteiligung von Personengesellschaften sowie grenzüberschreitenden Spaltungen oder Umwandlungen, kann sich die Praxis bis zur Umsetzung der EU-Mobili-

[465] Zu ähnlichen Fallgestaltungen *Forsthoff* DStR 2006, 613 (615); *Kübler* FS Raiser, 2005, 247 (251); *Kisker* RdA 2006, 206 (208).
[466] Zutr. *Joost* FS Richardi, 2007, 573 (579); vgl. auch *Kisker* RdA 2006, 206 (210).

täts-RL (→ Rn. 147a ff.) in nationales Recht, nur auf die weiterhin mit erheblichen Rechtsunsicherheiten verbundene **SEVIC-Rechtsprechung des Europäischen Gerichtshofs** stützen. Hier sollte rechtssicher durch kumulative Anwendung von deutschem Umwandlungsrecht mit dem auf den ausländischen Übernehmer anzuwendenden ausländischen Recht vorgegangen werden;[467] vor der SEVIC-Entscheidung wurde zum Teil noch angenommen, dass die Heraus-Umwandlung nur bei mitbestimmungsfreien Unternehmen möglich sei,[468] teilweise wurde eine entsprechende Anwendung von § 325 Abs. 1 UmwG oder von § 5 Abs. 3 MitbestG[469] befürwortet, teilweise wurde lediglich empfohlen, freiwillige Mitbestimmungsvereinbarungen abzuschließen.[470]

d) „Herein-Verschmelzung/Spaltung" auf eine deutsche Gesellschaft

Wird ein ausländischer Rechtsträger auf eine deutsche Gesellschaft verschmolzen oder 169
werden Vermögensgegenstände eines ausländischen Rechtsträgers auf eine deutsche Gesellschaft abgespalten (im untechnischen Sinne), sei es durch Einzelrechtsübertragungen, sei es wie in einzelnen Fällen bereits geschehen (und jetzt über die Gestaltungsvarianten SE-Verschmelzung und Umsetzung der EU-Umschmelzungsrichtlinie möglich) im Wege der Gesamtrechtsnachfolge,[471] so kann dies zu Mitbestimmungszuwächsen führen, wenn zu den übergehenden Vermögensgegenständen auch inländische Betriebe gehören, so dass die dort beschäftigen Arbeitnehmer für die Frage nach der Höhe der Arbeitnehmerzahl im übernehmenden Unternehmen oder Konzern, bei der Größe des Aufsichtsrates und bei der Bestimmung der Wahlart zu berücksichtigen und die betreffenden Arbeitnehmer sowohl aktiv als auch passiv wahlberechtigt sind. Zu Mitbestimmungsverlusten bei den Einzelrechtsübertragungsmodellen kann es wohl nur kommen, wenn ein ausländisches Tendenzunternehmen auf ein deutsches Unternehmen mit nicht-tendenzbezogenem Charakter umgewandelt wird und hiernach der Tendenzcharakter für den übernehmenden Rechtsträger prägend ist. In allen anderen Fällen der Einzelrechtsübertragungsmodelle ist die grenzüberschreitende „Herein-Umwandlung" für den übernehmenden Rechtsträger wegen des räumlich begrenzten Anwendungsbereiches der Mitbestimmungsgesetze (und seiner Unternehmensbezogenheit) mitbestimmungsneutral.

Beispiel F 54: 170

Das dänische Software-Entwicklungsunternehmen Den Danske Software Development A/S beschäftigt 300 Arbeitnehmer in einem Betrieb in Kopenhagen. Ihre sämtlichen Anteile werden gehalten von dem dänischen Dienstleistungsunternehmen A-Service A/S, das sich durch Einbringung aller zur Den Danske Software Development A/S gehörenden Vermögensgegenstände in die deutsche C-Computer GmbH an dieser zu 10 % beteiligen möchte. Die C-Computer GmbH beschäftigt 1.800 Arbeitnehmer in drei in Deutschland gelegenen Betrieben; es ist ein drittelparitätisch besetzter Aufsichtsrat bei ihr eingerichtet (§§ 1 Abs. 1 Nr. 3, 4 Abs. 1 DrittelbG).

Bei der C-Computer GmbH erfolgt trotz Betriebsübergang kein Mitbestimmungszuwachs, da die im dänischen Betrieb tätigen Arbeitnehmer der C-Computer GmbH nicht zugerechnet werden; diese sind auch nicht aktiv und passiv wahlberechtigt zum Aufsichts-

---

[467] So *Kallmeyer* ZIP 1996, 535 (536); Lutter/*Drygala* UmwG § 1 Rn. 32ff., 44; *Behrens* ZGR 1994, 1 (14 und 23).

[468] Ebenso zur identitätswahrenden Sitzverlegung ins Ausland *Großfeld/König* RIW 1992, 433 (437); *Großfeld* WM 1992, 2121 (2125).

[469] Zum letzteren vorsichtig Kallmeyer/*Kallmeyer* UmwG § 1 Rn. 18; ders. ZIP 1996, 535 (537).

[470] So Lutter/*Drygala* UmwG § 1 Rn. 39; Widmann/Mayer/*Vossius* UmwG § 122k Rn. 22; *Heinze* ZGR 1999, 54 (68).enger (Einzelfallentscheidung) *Ege/Klett*, DStR 2012, 2442 (2446); vgl. auch *Hushahn*, RNotZ 2014, 137 (144): analoge Anwendung von § 18 Abs. 3 Satz 1 SEBG bei durch Formwechsel drohender Minderung der Beteiligungsrechte.

[471] Unter → Rn. 164; siehe auch AG Amsterdam 29.1.2007, DB 2007, 677 [Zulässigkeit einer Verschmelzung einer niederländischen BV auf deutsche GmbH mit Hinweis auf SEVIC-Rechtsprechung].

rat der C-Computer GmbH. Erfolgt die Quasi-Verschmelzung durch Anteilsübertragung, wird die Den Danske Software Development A/S zu einer ausländischen Tochtergesellschaft der C-Computer GmbH; erfolgt sie durch Betriebsübertragung, wird sie zu einer unselbständigen ausländischen Betriebsstätte der C-Computer GmbH; in beiden Fällen kommt eine Arbeitnehmerzurechnung zur C-Computer GmbH nicht in Betracht.[472]

171 Allerdings kann es bei **Verschmelzungen auf der Grundlage der EU-VerschmelzungsRL** (→ Rn. 165–167) sowie bei **Errichtung einer Europäischen Gesellschaft** *(Societas Europaea)* **durch Verschmelzung** (sog. SE-Verschmelzung; → Rn. 137c–137 h) zu Mitbestimmungsverlusten bei dem deutschen aufnehmenden Rechtsträger kommen, jedenfalls perspektivisch betrachtet. Denn in beiden Fällen ergibt sich aus der grenzüberschreitenden Verschmelzung ein **Mitbestimmungssonderregime,** das entweder in Form einer Mitbestimmungsvereinbarung oder in Anwendung der gesetzlichen Auffangregelung (§§ 23 ff. MgVG) besteht. Da das MgVG keine Schwellenwerte und keine Konzernzurechnungsvorschriften kennt, ist das bei dem Wirksamwerden der grenzüberschreitenden Verschmelzung bestehende Mitbestimmungsniveau „eingefroren", also unabhängig davon, ob später Schwellenwerte des deutschen Rechts über- oder unterschritten werden. Gegen eine solche Petrifizierung des ursprünglichen Mitbestimmungsniveaus spricht auch nicht die Anwendbarkeit des aktienrechtlichen Statusverfahrens nach §§ 97–99 AktG auf den an der grenzüberschreitenden Verschmelzung beteiligten, übernehmenden Rechtsträger. Die Durchführung eines Statusverfahren ist nach Wirksamwerden der Verschmelzung nur noch bei späteren Änderungen infolge erneuter Verhandlungen notwendig (vgl. § 22 Abs. 2 MgVG).[473] Die Regeln der deutschen Mitbestimmungsgesetze kommen weder zusätzlich zu dem MgVG noch das MgVG überlagernd zur Anwendung, sondern es gilt alleine das MgVG-Sonderstatut; ein „Misch-Statut" aus MgVG und deutschem Mitbestimmungsrecht ist weder gesetzlich vorgesehen noch praktisch handhabbar.[474] Dies gilt alles, obwohl der aufnehmende Rechtsträger die Rechtsform der AG behält, und an sich der Wortlaut von § 1 Abs. 1 Nr. 1 DrittelbG, § 1 Abs. 1 Nr. 1 MitbestG oder § 1 Abs. 2 MontanMitbestG Anwendung fände; der Wortlaut der Anwendungsvorschriften deutscher Mitbestimmungsgesetze ist insoweit zu weit und teleologisch zu reduzieren.[475] Dies alles gilt meines Erachtens sogar dann (was allerdings nicht rechtsicher geklärt ist), wenn der für die gesetzliche Auffangregelung nach §§ 23 ff. MgVG anwendbare Vergleichsmaßstab die völlige Mitbestimmungsfreiheit der aufnehmenden Gesellschaft ist. Insofern ist der Wortlaut von § 23 Abs. 1 S. 2 MgVG ungenau und missverständlich, wenn er zu verlangen scheint, dass zumindest eine der Gründungsgesellschaft mitbestimmt ist und damit dieses Mitbestimmungsniveau auch für die aus der grenzüberschreitenden Verschmelzung hervorgehende Gesellschaft gilt. Auch die Mitbestimmungsfreiheit ist nämlich ein bestimmtes Mitbestimmungsstatut.

172 Gegenüber der Gründung einer Societas Europaea (zB durch SE-Verschmelzung) bietet das MgVG-Regime der grenzüberschreitenden Verschmelzung den Vorteil, dass jenes – eben im Unterschied zu § 18 Abs. 3 SEBG – keine gesetzliche Verpflichtung zur Neuverhandlung im Fall „struktureller Änderungen" und auch keine die Verletzung sanktionierende Strafbarkeitsvorschrift (§ 45 Abs. 1 Nr. 2 SEBG) vorsieht. Lediglich für den Abschluss einer Mitbestimmungsvereinbarung ist in § 22 Abs. 2 MgVG die Empfehlung einer Regelung für solche Änderungen vorgesehen („soll"). Bei Eingreifen der Auffangregelung besteht also auch bei erheblichen Änderungen nach Eintragung der grenzüberschreitenden Verschmelzung kein Neuverhandlungszwang.[476] Die Petrifizierung des *Status Quo Ante* ist insoweit absolut. Allerdings gilt diese absolute Petrifizierung nicht für spätere innerstaatli-

[472] Unter → Rn. 148 ff.
[473] Zutr. *Götze/Winzer/Arnold* ZIP 2009, 245 (253).
[474] Zutr. *Götze/Winzer/Arnold* ZIP 2009, 245 (253).
[475] Zutr. *Götze/Winzer/Arnold* ZIP 2009, 245 (253).
[476] *Habersack* ZHR 2007, 613 (636); *Götze/Winzer/Arnold* ZIP 2009, 245 (253); *Wisskirchen/Bissels/Dannhorn* DB 2007, 2258 (2263).

che Umwandlungen, da sich in diesen Fällen die Unternehmensmitbestimmung gemäß § 30 MgVG nach den nationalen, also deutschen Regelungen richtet. Eine innerstaatliche Umwandlung kann dementsprechend – und vorbehaltlich der Veränderungssperre in § 30 Abs. 2 MgVG – zur Anwendung des DrittelbG oder des MitbestG führen.[477]

Zur Illustration einer Herein-Verschmelzung auf der Grundlage der EU-VerschmelzungsRL dient das nachfolgende Beispiel:

Beispiel F 55:

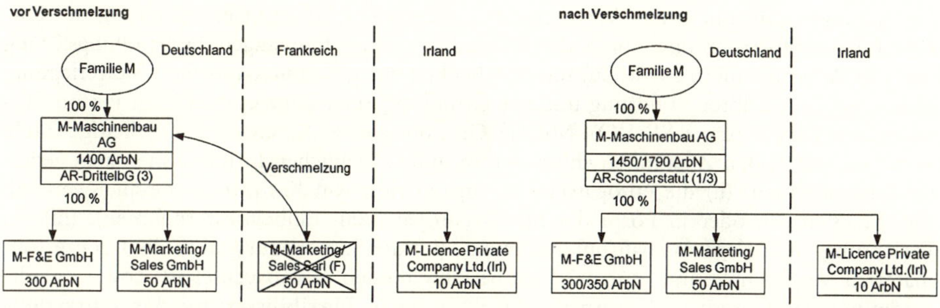

Dieser Beispielsfall lehnt sich im Sachverhalt an Beispiel F 53 an, behandelt aber nun einen Fall der Herein-Verschmelzung. Die Familie M hält 100 % der Anteile an einer M-Maschinenbau AG, die 1400 Arbeitnehmer in Deutschland beschäftigt und einen 1/3 paritätisch besetzten Aufsichtsrat gebildet hat (§ 1 Abs. 1 Nr. 3, § 4 Abs. 1 DrittelbG); perspektivisch wird die M-Maschinenbau AG durch Neueinstellungen ihre Arbeitnehmerzahl in Deutschland um 340 auf 1.740 erhöhen. Diese operative Hauptgesellschaft hält zwei 100 %-Beteiligungen in Deutschland (M-F&E GmbH und M-Marketing/Sales GmbH) sowie zwei ausländische 100 %-Beteiligungen (M-Marketing/Sales Sarl und M-Licence Private Company Ltd.). Wird nun die M-Marketing/Sales Sarl auf die M-Maschinenbau AG verschmolzen, bleibt aufgrund der gesetzlichen Auffangregelung zwar der Aufsichtsrat der M-Maschinenbau AG drittelparitätisch besetzt, allerdings wird das deutschen Unternehmensmitbestimmungsrecht trotz der fortbestehenden Rechtform der AG durch das MgVG-Sonderstatut ersetzt. Daher bleibt auch bei späteren Erhöhungen der Arbeitnehmerzahlen bei der M-Maschinenbau AG oder im Unternehmensverbund die drittelparitätische Mitbestimmung im Aufsichtsrat der M-Maschinenbau AG erhalten, obwohl im hiesigen Beispiel im Jahre 2020 im Konzern regelmäßig mehr als 2000 Arbeitnehmer beschäftigt werden.

e) Societas Europaea (Europäische Gesellschaft)

Nachdem es auf der Gipfelkonferenz des Europäischen Rates der Staats- und Regierungschefs in Nizza im Dezember 2000 zu einer Vereinbarung der Mitgliedstaaten über die Europäische Gesellschaft (*Societas Europaea,* SE) kam,[478] setzte der EU-Ministerrat diesen Beschluss in zwei Rechtsakten vom 8.10.2001 um, nämlich einer Verordnung des Rates über das Statut der Europäischen Gesellschaft (SE-VO)[479] sowie einer ergänzenden Richtlinie hinsichtlich der Beteiligung der Arbeitnehmer (Mitbest-RL).[480] Die deutsche Umsetzung beider Rechtsakte erfolgte durch das SE-Ausführungsgesetz (SEAG) und das Mitbestimmungsfragen regelnde SE-Beteiligungsgesetz (SEBG),[481] die am 29.12.2004 in Kraft getreten sind (wobei die SE-VO bereits am 8.10.2004 als unmittelbar geltendes Recht in Kraft getreten war). 173

[477] *Götze/Winzer/Arnold* ZIP 2009, 245 (254).
[478] Dazu *Hirte* NZG 2002, 1.
[479] Nr. 2157/2001, Amtsblatt v. 10.11.2001 L 294, 1–21.
[480] Nr. 2001/86/EG, Amtsblatt v. 10.11.2001 L 294, 22–32.
[481] Gesetz zur Einführung der Europäischen Gesellschaft (SEEG), BGBl. 2004 I 3675.

174 Die Europäische Aktiengesellschaft ist eine Kapitalgesellschaft mit eigener Rechtspersönlichkeit und beschränkter Haftung (Art. 1 SE-VO), deren Grundkapital mindestens EUR 120.000,00 beträgt (Art. 4 Abs. 2 SE-VO) und in Aktien zerlegt ist (Art. 1 Abs. 2 S. 1 SE-VO); soweit nichts anderes bestimmt ist, wird eine SE wie eine nach dem Recht des Sitzstaates gegründete Aktiengesellschaft behandelt (Art. 10 SE-VO). Zu den **charakteristischen Merkmalen,** die jeder SE unabhängig vom Recht ihres Sitzstaates gemeinsam sind, gehören insbesondere (i) das Recht der Gründer zur freien Wahl zwischen dualistischem Verwaltungssystem mit Vorstand und Aufsichtsrat einerseits und monistischem Verwaltungssystem mit einem Verwaltungsrat andererseits, (ii) die Flexibilisierung der Unternehmensmitbestimmung durch die Möglichkeit einer freiwilligen Verhandlungslösung mit den Arbeitnehmern sowie (iii) die Möglichkeit zur gemeinschaftsweiten Sitzverlegung, ohne dass dies zu ihrer Auflösung und zur Gründung einer neuen juristischen Person führen würde (Art. 8 Abs. 1 SE-VO). Mit der Gründung einer SE lassen sich vielfältige **Ziele** verfolgen, zB (i) den Zusammenschluss von in unterschiedlichen Jurisdiktionen angesiedelter Unternehmen, (ii) die europaweite Reorganisation von Konzernen (beispielsweise als sog. SE-Konzern oder in Form der SE als europäischem Einheitsunternehmen), (iii) die Errichtung eines Gemeinschaftsunternehmens, (iv) die Sitzverlegung über die Grenze (was materiell vergleichbar mit einem grenzüberschreitenden Formwechsel ist) sowie (v) die Änderung der Corporate Governance-Struktur sowie **Flexibilisierung der Unternehmensmitbestimmung.**[482] Zum 30. Juni 2020 existierten europaweit ca. 3285 SE, davon ca. 700 operative Europäische Gesellschaften mit mehr als 5 Arbeitnehmern (Vergleich 30.6.2007: ca. 75; 31.10.2010: 658; 30.6.2016: 410), davon ca. 389 SE in Deutschland (hiervon wiederum ca. 237 [Vergleich 1.6.2016: 130] mit einer dualistischen und ca. 152 [Vergleich 1.6.2016: 54] mit einer monistischen Leitungsstruktur); bei den 237 SE zum 31.12.2019 mit dualistischem Leitungssystem hatten 26 eine paritätische Mitbestimmung [ADAC, Allianz, BASF, B. Braun, Bilfinger, Fresenius, KSB, MAN, MAN Diesel, MAN Truck & Bus, SGL Carbon, BP Europa, Dekra, Delivery Hero, E.ON, Innogy, RWE Generation, SAP, STO, Stöer, Tom Tailor, Traton, Uniper, WM, Deutsche Telekom Service Europe], 48 hatten die (mindestens) drittelparitätische Mitbestimmung und 149 hatten keine Arbeitnehmervertreter im Aufsichtsrat.[483] Die in Deutschland bislang erfolgten wesentlichen Gründungsverfahren und die von diesen Unternehmen öffentlich verfolgten Zielsetzungen sind in der nachfolgenden Übersicht (→ Rn. 175) aufgeführt. Neben spezifischen unternehmerisch-strategischen Zwecken wurden in Deutschland vor allem zwei Hauptziele verfolgt,[484] nämlich (i) die Petrifizierung einer bislang bestehenden Unternehmensmitbestimmungsfreiheit oder drittelparitätischen Unternehmensmitbestimmung (bevor es perspektivisch zu einem Hineinwachsen durch Beschäftigungszuwachs in ein anteilshöheres Mitbestimmungsregime kommt)[485] sowie (ii) die Verringerung der Mitgliederzahl im Aufsichtsrat bzw. die Beibehaltung einer geringeren Mitgliederzahl auch in Zukunft;[486] daneben wurde (iii) eine Internationalisierung der Arbeitnehmervertreter entsprechend der

482 Zu den unterschiedlichen strategischen Optionen und Einsatzmöglichkeiten zB *Seibt/Saame* AnwBl 2005, 225 (227); *Blanquet* ZGR 2002, 20 (48); *Kallmeyer* AG 2003, 197; *Wenz* AG 2003, 185.

483 Quelle: SE-Datenblatt der Hans Böckler Stiftung vom 31.12.2019. Eine gute Aufstellung über die europaweit existierenden Europäischen Gesellschaften bietet die Homepage des European Trade Union Institute for Research, Education and Health and Safety „SEEurope“: http://www.worker-participation.eu.

484 Zu alledem *Seibt* ZIP 2010, 1057.

485 Aus der Praxis zB Gütermann (Unternehmensmitbestimmungsfreiheit); Klöckner & Co. (Unternehmensmitbestimmungsfreiheit); Knauf Interfer (Unternehmensmitbestimmungsfreiheit); Wilo (Unternehmensmitbestimmungsfreiheit); SURTECO (Drittelparität); INTERSEROH (Unternehmensmitbestimmungsfreiheit); Deichmann (Unternehmensmitbestimmungsfreiheit); tesa (Drittelparität; hierzu *Zachert/Altmeyer/Diekmann/Kluge* AiB 2009, 260 (261)). – Zur Petrifizierung des Status Quo → Rn. 137f; *Rieble* BB 2006, 2018; *Götze/Winzer/Arnold* ZIP 2009, 245 (250).

486 Aus der Praxis zB Allianz (12 anstatt zuvor 20); BASF (12 anstatt zuvor 20); Bilfinger Berger (12 anstatt zuvor 20); Fresenius (12 anstatt zukünftig *ex lege* 20); MAN Diesel (zunächst 10 anstatt zuvor 12; jetzt 18); Porsche (12 unabhängig von Konzernentwicklung); SGL Carbon (12 anstatt 14); MAN (16 anstatt zuvor 20).

Konzernbelegschaft (und eine Einflussverringerung deutscher Gewerkschaften) und schließlich (iv) der Wegfall mitbestimmungsrechtlicher Sonderbestimmungen zu Binnenorganisation im Vorstand (§ 33 MitbestG: Arbeitsdirektor) sowie im Aufsichtsrat (§ 27 MitbestG: mehrstufiges Wahlverfahren für den Vorsitz und stellvertretenden Vorsitz im Aufsichtsrat; § 31 MitbestG: mehrstufiges Wahlverfahren bei Bestellung, Widerruf und einvernehmlicher Beendigung des Organverhältnisses von Vorstandsmitgliedern) infolge der gesetzlichen Auffangregelung als SE-Sonderstatut angestrebt.[487]

Die SE kann auf **fünf verschiedene Arten** *(numerus clausus)* **gegründet** werden,[488] nämlich durch Verschmelzung mindestens zweier Aktiengesellschaften unterschiedlichen nationalen Rechts (Verschmelzungs-SE), durch Zusammenfassung mindestens zweier Aktiengesellschaften oder Gesellschaften mbH entweder unterschiedlichen nationalen Rechts oder gleichen nationalen Rechts (aber mit Tochtergesellschaft oder Niederlassung in einem anderen EU-Mitgliedsland seit mindestens zwei Jahren) unter einer Holding (Holding-SE), durch Errichtung einer Tochtergesellschaft (Tochter-SE), durch Formwechsel aus einer nationalen Aktiengesellschaft, die seit mindestens zwei Jahren eine Tochtergesellschaft in einem anderen EU-Mitgliedsland hat (Umwandlungs-SE) sowie durch Ausgründung aus einer Mutter-SE (derivative Tochter-SE).[489]

Übersicht über wesentliche SE-Gründungsvorgänge in Deutschland 175

Praxisfall	Börsennotierung	SE-Gründungsform	Zielsetzungen	Corporate Governance	Aufsichtsratgröße; Unternehmensmitbestimmung	Status
Allianz	+	SE-Verschmelzung (mit Reunione Atriatica de Securta SpA)	• Grenzüberschreitende Verschmelzung • European Corporate Identity • Verringerung der Aufsichtsratsgröße	dualistisches Leitungssystem	12 anstatt 20 Aufsichtsratsmitglieder; internationale Zusammensetzung der Arbeitnehmervertreter	✓
MAN Diesel	–	SE-Umwandlung	• European Corporate Identity • Verringerung der Aufsichtsratsgröße	dualistisches Leitungssystem	10 anstatt 12 Aufsichtsratsmitglieder; internationale Zusammensetzung der Arbeitnehmervertreter	✓
Fresenius[1]	+	SE-Umwandlung	• European Corporate Identity • Beibehaltung der Aufsichtsratsgröße	dualistisches Leitungssystem	Beibehaltung von 12 (anstatt *ex lege* 20) Aufsichtsratsmitglieder; internationale Zusammensetzung der Arbeitnehmervertreter (3 D, 2 DK)	✓
Mensch und Maschine	+	SE-Umwandlung	• Einführung eines monistischen Leitungssystems	monistisches Leitungssystem	Keine Unternehmensmitbestimmung (< 500 Arbeitnehmer)	✓
Conrad Electronic	–	SE-Verschmelzung	• European Corporate Identity	monistisches Leitungssystem	Keine Unternehmensmitbestimmung	✓

[487] Hierzu zB *Hemeling*, Die Societas Europaea (SE) in der praktischen Anwendung, 2008, S. 9.
[488] Zum *Numerus Clausus* (zu Recht rechtspolitisch kritisch) zB *Casper* AG 2007, 97; MüKoAktG/*Oechsler/Mihaylova* SE-VO Art. 2 Rn. 2 ff.
[489] Hierzu ausführlich zB *Seibt/Saame* AnwBl 2005, 225 (228) (mit Checkliste zu den jeweiligen Gründungsarten); *Herfs-Röttgen* NZA 2001, 424 (426); *Hommelhoff* AG 2001, 279 (280); *Lutter* BB 2002, 1 (4); *Schwarz* ZIP 2001, 1847 (1851).

Praxisfall	Börsennotierung	SE-Gründungsform	Zielsetzungen	Corporate Governance	Aufsichtsratgröße; Unternehmensmitbestimmung	Status
BASF	+	SE-Umwandlung	• European Corporate Identity • Verringerung der Aufsichtsratsgröße • Internationalisierung der Arbeitnehmervertreter im Aufsichtsrat	dualistisches Leitungssystem	12 anstatt 20 Aufsichtsratsmitglieder; internationale Zusammensetzung der Arbeitnehmervertreter	✓
Porsche	+	SE-Umwandlung	• European Corporate Identity • Beibehaltung der Aufsichtsratsgröße	dualistisches Leitungssystem	Beibehaltung von 12 Aufsichtsratsmitgliedern unabhängig von Konzernentwicklung; internationale Zusammensetzung der Arbeitnehmervertreter	✓
Bilfinger Berger	+	SE-Umwandlung	• European Corporate Identity • Modernisierung der Corporate-Governance • Verringerung der Aufsichtsratsgröße • Internationalisierung der Arbeitnehmervertreter im Aufsichtsrat	dualistisches Leitungssystem	12 anstatt 20 Aufsichtsratsmitglieder; internationale Zusammensetzung der Arbeitnehmervertreter	✓
MAN	+	SE-Umwandlung	• Bessere Integration internationaler Aktivitäten • Verringerung der Aufsichtsratsgröße • Internationalisierung der Arbeitnehmervertreter im Aufsichtsrat	dualistisches Leitungssystem	12 anstatt 20 Aufsichtsratsmitglieder; internationale Zusammensetzung der Arbeitnehmervertreter	✓
SGL Carbon	+	SE-Umwandlung	• European Corporate Identity • Internationalisierung der Arbeitnehmervertreter im Aufsichtsrat	dualistisches Leitungssystem	12 Aufsichtsratsmitglieder; internationale Zusammensetzung der Arbeitnehmervertreter	✓
SCA	–	SE-Umwandlung	• Internationalisierung der Arbeitnehmervertreter im Aufsichtsrat	dualistisches Leitungssystem	12 Aufsichtsratsmitglieder; internationale Zusammensetzung der Arbeitnehmervertreter (1 A, 1 NL, 1 UK)	✓
BP Europa	–	SE-Verschmelzung	• Konzernkonsolidierung • European Corporate Identity	dualistisches Leitungssystem	12 Aufsichtsratsmitglieder	✓
Dekra	–	SE-Umwandlung	• European Corporate Identity • Internationalisierung der Arbeitnehmervertreter im Aufsichtsrat	dualistisches Leitungssystem	12 Aufsichtsratsmitglieder; internationale Zusammensetzung der Arbeitnehmervertreter (4 D, 2 F)	✓

Praxisfall	Börsennotierung	SE-Gründungsform	Zielsetzungen	Corporate Governance	Aufsichtsratgröße; Unternehmensmitbestimmung	Status
Gütermann	–	SE-Umwandlung	• Keine Angaben	dualistisches Leitungssystem	12 Aufsichtsratsmitglieder	✓
Klöckner & Co.	+	SE-Umwandlung	• Bessere Integration internationaler Aktivitäten • European Corporate Identity	dualistisches Leitungssystem	6 Aufsichtsratsmitglieder; keine Unternehmensmitbestimmung	✓
Knauf Interfer	–	SE-Verschmelzung	• European Corporate Identity • Beibehaltung des Mitbestimmungsstatus	dualistisches Leitungssystem	3 Aufsichtsratsmitglieder; keine Unternehmensmitbestimmung	✓
Wilo	–	SE-Verschmelzung	• European Corporate Identity • Beibehaltung des Mitbestimmungsstatus und der Aufsichtsratsgröße	dualistisches Leitungssystem	6 Aufsichtsratsmitglieder; Drittelbeteiligung im Aufsichtsrat	✓
SURTECO	+	SE-Umwandlung	• European Corporate Identity • Beibehaltung des Mitbestimmungsstatus	dualistisches Leitungssystem	9 Aufsichtsratsmitglieder; Drittelbeteiligung im Aufsichtsrat	✓
INTERSEROH	+	SE-Umwandlung	• European Corporate Identity • Europäische Konzernstruktur • Beibehaltung des Mitbestimmungsstatus	dualistisches Leitungssystem	9 Aufsichtsratsmitglieder; Drittelbeteiligung im Aufsichtsrat	✓
Deichmann	–	SE-Umwandlung	• Europäische Konzernstruktur • Vereinfachung von Verwaltungsabläufen	monistisches Leitungssystem	Keine Unternehmensmitbestimmung	✓
tesa	–	SE-Umwandlung	• Beibehaltung des Mitbestimmungsstatus und der Aufsichtsratsgröße • European Corporate Identity	dualistisches Leitungssystem	6 Aufsichtsratsmiglieder; Drittelbeteiligung im Aufsichtsrat	✓
Solon	+	SE-Umwandlung	• Bessere Integration internationaler Aktivitäten	dualistisches Leitungssystem	6 Aufsichtsratsmitglieder; keine Mitbestimmung	✓
Q-Cells	+	SE-Verschmelzung	• Keine Angaben	dualistisches Leitungssystem	9 Aufsichtsratsmitglieder; Drittelbeteiligung im Aufsichtsrat	✓
Berner	–	SE-Umwandlung	• Vereinfachte grenzüberschreitende Betätigung • Konzernkonsolidierung • Vermeidung eines mitbestimmten Aufsichtsrats	dualistisches Leitungssystem	8 Aufsichtsratsmitglieder; keine Mitbestimmung	✓

Praxisfall	Börsennotierung	SE-Gründungsform	Zielsetzungen	Corporate Governance	Aufsichtsratgröße; Unternehmensmitbestimmung	Status
Puma	+	SE-Umwandlung	• European Corporate Identity • Einführung eines monistischen Leitungssystems • Beibehaltung der Drittelparität	monistisches Leitungssystem	9 Verwaltungsratsmitglieder; Drittelbeteiligung im Verwaltungsrat	✓
E.ON	+	SE-Umwandlung	• European Corporate Identity • Internationalisierung der Arbeitnehmervertreter im Aufsichtsrat	dualistisches Leitungssystem	12 anstatt 20 Aufsichtsratsmitglieder; internationale Zusammensetzung der Arbeitnehmervertreter	✓
SAP	+	SE-Umwandlung	• European Corporate Identity	dualistisches Leitungssystem	18 Aufsichtsratsmitglieder (langfristig 12 geplant); internationale Zusammensetzung der Arbeitnehmervertreter	✓
Airbus Group	+	SE-Umwandlung	• European Corporate Identity	monistisches Leitungssystem	12 Verwaltungsratsmitglieder	✓
Rocket Internet	+	SE-Umwandlung	• European Corporate Identity	dualistisches Leistungssystem	4 Aufsichtsratsmitglieder; keine Mitbestimmung	✓
ProSieben-Sat1 Media	+	SE-Umwandlung	• European Corporate Identity	dualistisches Leistungssystem	9 Aufsichtsratsmitglieder; keine Mitbestimmung	✓
Uniper	+	SE-Umwandlung	• European Corporate Identity • Europäische Konzernstruktur (Nachgang zu E.ON)	dualistisches Leistungssystem	12 Aufsichtsratsmitglieder; internationale Zusammensetzung der Arbeitnehmervertreter	✓
Tom Tailor Holding	+	SE-Verschmelzung	• Keine Angaben	dualistisches Leistungssystem	10 Aufsichtsratsmitglieder; paritätische Beteiligung im Aufsichtsrat	✓
Deutsche Wohnen	+	SE-Umwandlung	• European Corporate Identity	dualistisches Leistungssystem	6 Aufsichtsratsmitglieder; keine Mitbestimmung	✓
New Work	+	SE-Umwandlung	• European Corporate Identity • Bessere Integration internationaler Aktivitäten	dualistisches Leistungssystem	6 Aufsichtsratsmitglieder; keine Mitbestimmung	✓
Delivery Hero	+	SE-Umwandlung	• European Corporate Identity	dualistisches Leistungssystem	6 Aufsichtsratsmitglieder; internationale Zusammensetzung der Arbeitnehmervertreter	✓
TRATON	+	SE-Umwandlung	• European Corporate Identity • Bessere Integration internationaler Aktivitäten • Internationalisierung der Arbeitnehmervertreter im Aufsichtsrat	dualistisches Leistungssystem	20 Aufsichtsratsmitglieder; internationale Zusammensetzung der Arbeitnehmervertreter	✓

Praxisfall	Börsennotierung	SE-Gründungsform	Zielsetzungen	Corporate Governance	Aufsichtsratgröße; Unternehmensmitbestimmung	Status
Evotec	+	SE-Umwandlung	• European Corporate Identity • Bessere Integration internationaler Aktivitäten	dualistisches Leistungssystem	6 Aufsichtsratsmitglieder; keine Mitbestimmung im Aufsichtsrat, aber SEBR mit UK-Mitarbeitern trotz Brexit	✓
Adesso	+	SE-Verschmelzung	• European Corporate Identity	dualistisches Leistungssystem	6 Aufsichtsratsmitglieder; keine Mitbestimmung im Aufsichtsrat, aber Einrichtung eines europäischen Mitarbeiterforums	✓
team	-	SE-Verschmelzung	• European Corporate Identity; internationale Stakeholderkreise	dualistisches Leistungssystem	11 Aufsichtsratsmitglieder, darunter 5 Arbeitnehmervertreter	✓

✓ = Gründungsvorgang rechtswirksam abgeschlossen
[1] = mittlerweile Fresenius SE & Co.KGaA

Mit der Mitbest-RL wurde auf ein einheitliches europäisches Modell der Unternehmensmitbestimmung verzichtet. Sie (und das SEBG in ihrer Umsetzung) sehen vielmehr vor, dass die Ausgestaltung der „Beteiligung“ der Arbeitnehmer – verstanden als Oberbegriff für (i) die Unterrichtung und Anhörung auf Betriebsebene (insbesondere über den SE-Betriebsrat) und (ii) die Unternehmensmitbestimmung durch Arbeitnehmervertreter im Aufsichts- oder Verwaltungsorgan (vgl. § 2 Abs. 9–12 SEBG) – primär der Vereinbarung zwischen dem Unternehmen und Arbeitnehmervertretern obliegt ***(Primat der Verhandlungslösung)***. Die Verhandlungen werden von den Unternehmensleitungen mit einem zu diesem Zweck zu bildenden besonderen Verhandlungsgremium der Arbeitnehmerseite geführt (§§ 11 ff. SEBG). Hierzu wird nach erfolgter Information über das Vorhaben der Gründung einer SE zunächst aus den in den beteiligten Gesellschaften vorhandenen Arbeitnehmervertretungen ein Wahlgremium gebildet (§ 8 SEBG), das seinerseits die Mitglieder des besonderen Verhandlungsgremiums wählt (§ 10 SEBG). Ausgangspunkt für die Zusammensetzung des besonderen Verhandlungsgremiums ist das Prinzip, dass jedes Land, in dem die beteiligten Gesellschaften Beschäftigte haben, mit mindestens einem Vertreter im besonderen Verhandlungsgremium vertreten ist. Die Einzelheiten sind im nachstehenden Kasten wiedergegeben: 176

Zusammensetzung des besonderen Verhandlungsgremiums (Art. 3 Abs. 2 lit. a SE-RL)

Schritt 1: Ermittlung der Gesamtzahl der Beschäftigten in der zukünftigen SE bzw. im zukünftigen SE-Konzern

Schritt 2 (abhängig von SE-Gründungsform):
- SE-Gründungsformen außer Verschmelzung: Für jeweils 10 % der Gesamtzahl der in allen Mitgliedstaaten beschäftigten Arbeitnehmer oder einem Bruchteil davon besteht Anspruch auf einen Sitz pro Mitgliedstaat
- SE-Verschmelzung: Es kommen so viele weitere Mitglieder hinzu wie erforderlich ist, damit alle beteiligten Gesellschaften, die durch Eintragung der SE erlöschen, durch mindestens ein Mitglied vertreten sind; allerdings
  i) die Obergrenze liegt bei höchstens 20 % der „regulären" Mitglieder; und
  ii) die Zusammensetzung des Gremiums darf nicht zu einer Doppelvertretung der betroffenen Arbeitnehmer führen.

Der Vorrang der Verhandlungslösung bedeutet, dass zwischen den Gründungsgesellschaften und dem besonderen Verhandlungsgremium – allerdings nicht bei der Umwand- 176a lung einer nationalen Aktiengesellschaft in die SE – sowohl die vollständige Mitbestimmungsfreiheit einer nach nationalem Recht zwingend mitbestimmten Gesellschaft als auch die Anwendung einer gesetzlichen Mitbestimmungsform auf eine an sich mitbestimmungsfreie Gesellschaft sowie Zwischenformen (also Herauf- oder Herabstufung der an sich anwendbaren Mitbestimmungsregimes) vereinbart werden können. Daneben sind zahlreiche Gestaltungsvarianten denkbar, beispielsweise die Verlagerung der Unternehmensmitbestimmung in einen besonderen Arbeitnehmerausschuss oder die Verlagerung und Konzentration der Unternehmensmitbestimmung aus der Holding-SE in operative Gesellschaften (bzw. umgekehrt).[490] Im Bereich der **(statusbegründenden) Mitbestimmungsvereinbarung** bestimmt § 21 Abs. 3 S. 2 und Abs. 4 SEBG den **Mindestinhalt** solcher Vereinbarungen für den Bereich der Unternehmensmitbestimmung:

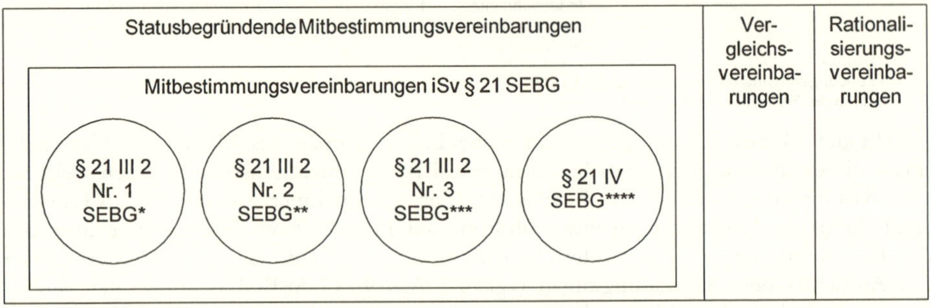

* Zahl der von den ArbN gewählten/bestellten Vertreter im Aufsichtsorgan/Verwaltungsrat
** Verfahren für die Wahl/Bestellung dieser Vertreter
*** Rechte dieser Vertreter im Aufsichtsorgan/Verwaltungsrat
**** Neuverhandlungspflicht vor strukturellen Änderungen der SE und hierbei anzuwendendes Verfahren

Die in § 21 Abs. 3 S. 2 und Abs. 4 SEBG aufgeführten Regelungsfelder sind allerdings nicht abschließend zu verstehen (was bereits der Wortlaut *„insbesondere"* anzeigt).[491] Begrenzt wird der mögliche Regelungsgehalt einer Mitbestimmungsvereinbarung nur durch die zwingende Satzungsautonomie[492] und die zwingende Organautonomie. Das Spannungsverhältnis zwischen Satzungsautonomie, Organisationsautonomie der Gesellschaftsorgane und Privatautonomie der an der Mitbestimmungsvereinbarung Beteiligten ist nach den folgenden drei Grundsätzen aufzulösen:[493]

(1) Die Felder möglicher Regelungsgegenstände in der Satzung und in der Beteiligungsvereinbarung sind zwar überwiegend deckungsgleich, aber doch unterschiedlich. So sind beispielsweise die zum Kernbestand einer Mitbestimmungsvereinbarung iSv § 21 SEBG gehörenden Regelungen zum SE-Betriebsrat (vgl. § 21 Abs. 1 SEBG) oder bei Fehlen eines SE-Betriebsrats die „Modalitäten des Verfahrens oder der Verfahren zur Unterrichtung und Anhörung" (vgl. § 21 Abs. 2 SEBG) keine tauglichen Satzungsgegenstände und damit auch der Satzungsautonomie entzogen.[494] Auf der anderen Seite gibt es Gegenstände, die von vorneherein nur der Satzungsautonomie der Anteilseigner unterliegen (zB Unternehmensgegenstand; Grundkapital; Vergütung der Aufsichtsratsmitglieder).

[490] Zu solchen Gestaltungsmöglichkeiten ausführlich *Seibt* AG 2005, 413 (422).
[491] MüKoAktG/*Jacobs* SEBG § 21 Rn. 18, 43 ff.; *Oetker* ZIP 2006, 1113 (1116).
[492] *Oetker* ZIP 2006, 1113 (1116); *Habersack* AG 2006, 345 (350); MüKoAktG/*Reichert/Brandes* SE-VO Art. 40 Rn. 68.
[493] Hierzu und zum Folgenden ausführlich *Seibt* ZIP 2010, 1057 (1060).
[494] Zutr. *Teichmann* AG 2008, 797 (803); *Forst*, Beteiligungsvereinbarung nach § 21 SEBG, 2010, S. 94.

(2) Es gibt Kerngegenstände der Beteiligungsvereinbarung, die eine hohe Mitbestimmungsrelevanz aufweisen und in § 21 Abs. 1–3 SEBG als Mindestvertraginhalte (Abs. 1: *„unbeschadet der Autonomie der Parteien im übrigen"*; Abs. 3: *„insbesondere"*)[495] aufgeführt sind.

(3) Außerhalb dieses Kernfeldes gibt es Gegenstände, die einen Bezug zu den Unternehmensorganen, aber einen unterschiedlichen Grad der Mitbestimmungsrelevanz aufweisen. Welche Materien hiervon in einer Beteiligungsvereinbarung geregelt werden *können* (nicht: müssen), ergibt sich aus einem Prozess der praktischen Konkordanz zwischen den Prinzipien der Satzungsautonomie in der Hauptversammlung, der Organisationsautonomie der Gesellschaftsorgane und der Privatautonomie der an der Beteiligungsvereinbarung Beteiligten. Diese Ausgangslage kann man bildlich wie folgt veranschaulichen:

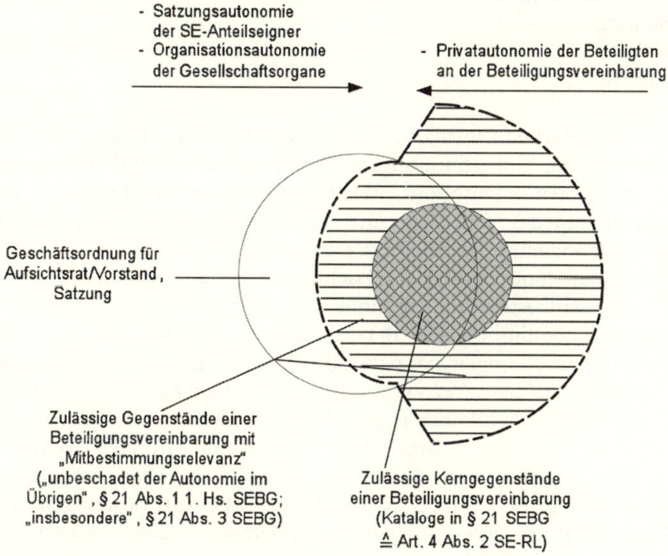

Die Frage nach der **Größe des Aufsichtsrats** fällt in die Kategorie der Gegenstände, die sich außerhalb des Kernfeldes einer Mitbestimmungsvereinbarung iSv § 21 SEBG befinden.[496] Da die Frage der Aufsichtsratsgröße aber eine signifikante Mitbestimmungsrelevanz hat, nämlich für die tatsächlich zur Verfügung stehenden Optionen zur Repräsentanz deutscher und ausländischer Belegschaften, **zur Vertretung und zum Verhältnis von Unternehmensangehörigen und Gewerkschaftsvertretern** (hierzu führen IG Metall und Ver.di im Hinblick auf die SE-Umwandlung von SAP ein Gerichtsverfahren, in dessen Zuge das BAG dem EuGH die Rechtsfrage vorgelegt hat, ob Sitze überbetrieblicher Arbeitnehmervertreter in paritätisch mitbestimmten Unternehmen zu den Komponenten der Arbeitnehmerbeteiligung gehören, die zumindest in gleichem Ausmaß wie im nationalen Recht gewährleistet werden müssen[497]) sowie zur **Repräsentanz von leitenden**

[495] Zum nicht abschließenden Charakter der gesetzlichen Kataloge zB → Rn. 137d; *Seibt* AG 2005, 413 (422); MüKoAktG/*Jacobs* SEBG § 21 Rn. 43 ff.; *Oetker* in Lutter/Hommelhoff SEBG § 21 Rn. 81; *Oetker* ZIP 2006, 1113 (1116).

[496] *Seibt* ZIP 2010, 1057 (1060); *Forst*, Beteiligungsvereinbarung nach § 21 SEBG, 2010, S. 263 (allerdings mit abweichendem Ergebnis, dass die Beteiligungsvereinbarung die Aufsichtsratsgröße nicht festlegen könne).

[497] Hierzu BAG PM Nr. 27/20 v. 18.8.2020 im Verfahren 1 ABR 43/18. Vorlagenfrage: „Ist § 21 Abs. 6 SEBG, aus dem sich für den Fall der Gründung einer in Deutschland ansässigen SE durch Umwandlung ergibt, das für einen bestimmten Teil der Aufsichtsratsmitglieder der Arbeitnehmer ein gesondertes Auswahlverfahren für von Gewerkschaften vorgeschlagen und zu gewährleisten ist, mit Art. 4 Abs. 4 Mitbest-RL vereinbar?". – Hintergrund des Streitverfahrens: Die SAP AG wurde 2014 in die Rechtsform der SE umgewandelt und in diesem Zuge wurde eine Beteiligungsvereinbarung abgeschlossen, die für den Fall der Verkleinerung des derzeit 18-köpfigen Aufsichtsrates auf 12 Mitglieder vorsieht, dass die Gewerkschaf-

Angestellten, ist das Regelungsinstrument der Beteiligungsvereinbarung *per se* für diese Frage eröffnet. Dies gilt im Übrigen in vergleichbarer Weise für die Regelungsgegenstände
- Ausschussbesetzung mit Arbeitnehmervertretern,[498]
- Mindest-Katalog zustimmungspflichtiger Geschäfte iSv § 111 Abs. 4 S. 2 AktG,[499]
- Katalog der Mindest-Berichtspflichten (Informationsordnung) über die gesetzlichen Anforderungen des § 90 AktG bzw. § 40 Abs. 6 SEAG (dualistisches Leitungssystem), Art. 44 Abs. 2 SE-VO (monistisches Leitungssystem)[500] hinaus und
- Bestellung eines Arbeitsdirektors entsprechend § 33 MitbestG oder Konturierung des Ressortzuschnitts eines Vorstands bzw. Verwaltungsrats betreffend Arbeits- und Sozialbedingungen[501] und das hierzu einzuhaltende Wahlverfahren,[502]

allerdings *nicht* für die Regelungsgegenstände[503]
- Ausschussbildung als solche,
- Sitzungshäufigkeit,
- Einberufungsfristen,
- Sitzungszeitdauer und
- Rechtsfragen der internen Organarbeit (zB Behandlung von Interessenkonflikten),

bei denen der Grad der Mitbestimmungsrelevanz insignifikant und sich dementsprechend das Prinzip der Organisationsautonomie der Gesellschaftsorgane durchsetzt. Aus Gründen der Rechtsklarheit sind die Vorschläge unterstützenswert, die auf eine Kodifizierung der möglichen Gegenstände einer Beteiligungsvereinbarung hinwirken.[504]

In diesem Rahmen (und unter Berücksichtigung eines weiter gehenden Satzungsvorranges) kann in der Mitbestimmungsvereinbarung beispielsweise auch (i) eine Verlagerung der Unternehmensmitbestimmung in Beratungsgremien[505] sowie (ii) Konturierungen des Begriffes der Strukturänderungen iSv § 18 Abs. 3 SEBG geregelt werden. Die Personengröße des Aufsichtsorgans bzw. Verwaltungsrats ist zwar tauglicher Gegenstand einer Mitbestimmungsvereinbarung, wird aber in der Regel durch das Primat der Satzungsregelung verdrängt.[506] Daneben ist noch Raum für Vergleichsvereinbarungen zB zur Bestimmung der nationalen Belegschaften oder zur Regelung des Verhältnisses zur deutschen Unternehmensmitbestimmung (§ 5 Abs. 3 MitbestG).[507] Über die jeweiligen Wahlverfahren können im Einzelfall Rationalisierungsvereinbarungen abgeschlossen werden.[508]

---

ten zwar Wahlvorschläge für einen Teil der auf Deutschland entfallenen Sitze machen können, ein getrennter Wahlgang für die von ihnen vorgeschlagenen Personen indes nicht stattfindet. – Jüngst hierzu *Teichmann* ZIP 2021, 105.

498 *Seibt* ZIP 2010, 1057 (1061); NFK/*Freis*, § 21 SEBG Rn. 24; *Hinze/Seifert/Teichmann*, BB 2005, 2524 (2529); aA *Maier* S. 72; *Habersack*, AG 2006, 345 (354f.).

499 *Seibt* ZIP 2010, 1057 (1061); NFK/*Freis*, § 21 SEBG Rn. 23; aA *Maier*, Übertragbarkeit der Mitbestimmungsvereinbarung auf Konzernsachverhalte, 2016, S. 73; *Habersack*, AG 2006, 345 (354); *Forst*, Beteiligungsvereinbarung nach § 21 SEBG, 2010, S. 299 und 301.

500 *Seibt* ZIP 2010, 1057 (1061); aA *Hoops* Mitbestimmungsvereinbarung in der SE, 2009, S. 172. – Zu den Berichtspflichten im dualistischem und monistischem Leitungssystem *Seibt* in HdB Corporate Governance, 2. Aufl. 2009, S. 391.

501 *Seibt* ZIP 2010, 1057 (1061); *Seibt* AG 2005, 413 (425 und 427); *Scheibe*, Mitbestimmung der Arbeitnehmer, 2007, S. 147; aA *Oetker* in Lutter/Hommelhoff SEBG § 21 Rn. 83; *Hoops* Mitbestimmungsvereinbarung in der SE, 2009, S. 169; *Forst*, Beteiligungsvereinbarung nach § 21 SEBG, 2010, S. 302

502 *Seibt* ZIP 2010, 1057 (1061); *Seibt* AG 2005, 413 (427).

503 Zum Folgenden *Seibt* ZIP 2010, 1057 (1061); vgl. auch *Maier*, Übertragbarkeit der Mitbestimmungsvereinbarung auf Konzernsachverhalte, 2016, S. 72 mwNw.

504 Der Arbeitskreis Aktien- und Kapitalmarktrecht befürwortet eine solche Kodifikation durch Ergänzung von § 21 Abs. 3 SEBG-E; vgl. ZIP 2010, 2221 (2226). – Für eine entsprechende Kodifikation bei AG und GmbH Arbeitskreis „Unternehmerische Mitbestimmung", ZIP 2009, 885 (zur Frage der Aufsichtsratsgröße: § 33a Abs. 3 Nr. 3 MitbestG-E, S. 887 und 893).

505 *Seibt* AG 2005, 413 (424, 426) (Modelle 2, 3 und 6).

506 IE eb. *Habersack* AG 2006, 345 (351, 353); ders. Konzern 2006, 105 (107); aA *Oetker* ZIP 2006, 1113 (1116).

507 *Seibt* AG 2005, 413 (419).

508 *Seibt* AG 2005, 413 (419).

Kommt während der im Grundsatz auf sechs Monate begrenzten Dauer des Verhandlungsverfahrens, das einvernehmlich auf 12 Monate verlängert werden kann, keine schriftliche Vereinbarung über die zukünftige Arbeitnehmerbeteiligung in der SE zustande, oder beschließt das Verhandlungsgremium die Nichtaufnahme oder den Abbruch der Verhandlungen, gelten die in §§ 22ff. SEBG (Umsetzung von Art. 7 SE-RL) enthaltenen **gesetzlichen Auffangregelungen.** Diese sehen auf betrieblicher Ebene die Errichtung eines SE-Betriebsrats mit Anspruch auf regelmäßige sowie zusätzliche außerordentliche Unterrichtung und Anhörung vor (§§ 28 SEBG). Für eine Unternehmensmitbestimmung ist der Anteil der Arbeitnehmervertreter in den Organen derjenigen Gründungsgesellschaft mit dem höchsten Mitbestimmungsniveau maßgeblich, vorausgesetzt der Anteil der Arbeitnehmer dieser Gesellschaft erreicht einen bestimmten – von der Gründungsform abhängigen – Prozentsatz aller Arbeitnehmer der SE (§§ 34, 35 Abs. 2 SEBG). Dabei ist ausschließlich eine quantitative Betrachtung maßgeblich, ohne allerdings eine bestimmte Zahl von Arbeitnehmervertretern in dem Aufsichts- und Verwaltungsorgan abzusichern (näher → Rn. 178). Bei einer monistischen Leitungsstruktur kann der quantitative (und nicht auch funktionale) Ansatz bei der Vorher-Nachher-Betrachtung bei Beteiligung deutscher, den MitbestG unterfallender Gesellschaften zu einer verfassungswidrigen Beteiligung von Arbeitnehmervertretern im Aufsichtsrat führen.[509] Die Voraussetzungen für das Eingreifen der Auffangregelung sind im nachfolgenden Kasten aufgeführt: 177

Auffangregelung (Art. 7 Abs. 1 und Abs. 2 SE-RL)

Szenario 1: Parteien vereinbaren die Anwendung der Auffangreglung

Szenario 2: Besonderes Verhandlungsgremium beschließt keinen Verhandlungsabbruch, aber

i) bis zum Ende des Verhandlungszeitraums kommt keine Vereinbarung zustande und
ii) das zuständige Organ jeder der beteiligten Gesellschaften stimmt der Anwendung der Auffangregelung auf die SE und damit der Fortsetzung des Verfahrens zur Eintragung der SE zu. (Folge: Stimmen nicht alle beteiligten Gesellschaften zu, ist die SE-Errichtung gescheitert.)

Folge: Anwendung der Auffangregelung zu (i) Vertretungsorgan und (ii) Unterrichtung und Anhörung, wenn (inhaltlich abhängig von SE-Gründungsform)

- im Falle einer SE-Umwandlung: vorher bereits Mitbestimmungsrechte bestanden
- im Falle einer SE-Verschmelzung:
  - → vor der Eintragung bereits Mitbestimmungsrechte bestanden und sich auf mindestens 25 % der Arbeitnehmer erstreckten
  - → vor der Eintragung Mitbestimmungsrechte bestanden und sich auf weniger als 25 % erstreckten und das Besondere Verhandlungsgremium einen entsprechenden Beschluss fasst
- im Falle einer Gründung einer Holding-SE oder Tochter-SE:
  - → vor der Eintragung bereits Mitbestimmungsrechte bestanden und sich auf mindestens 50 % der Arbeitnehmer erstreckten
  - → vor der Eintragung Mitbestimmungsrechte bestanden und sich auf weniger als 50 % der Arbeitnehmer erstreckten und das Besondere Verhandlungsgremium einen entsprechenden Beschluss fasst

In vergleichbarer Weise wie bei der grenzüberschreitenden Verschmelzung nach der EU-VerschmelzungsRL (sowie ihrer Umsetzung durch das MgVG) (→ Rn. 165–167) führt der Abschluss der Mitbestimmungsvereinbarung bzw. das Eingreifen der gesetzlichen 178

[509] Hierzu ausführlich *Seibt*, Stellungnahme vor dem Rechtsausschuss des Deutschen Bundestages, NZA 2004, Heft 21, S. IX ff.; vgl. auch *Kämmerer/Veil* ZIP 2005, 376.

Auffangregelung zu einer **Ersetzung des deutschen, gesetzlichen Mitbestimmungsregimes durch ein SE-Sonderstatut.** Greift in Ermangelung einer Verhandlungslösung die gesetzliche Auffangregelung ein, bleibt in der SE *„die Regelung zur Mitbestimmung erhalten, die in der Gesellschaft vor der Umwandlung bestanden hat"* (sog. **Vorher-Nachher-Prinzip;** § 35 Abs. 1 SEBG). Allerdings bezieht sich das Vorher-Nachher-Prinzip nur auf das Mitbestimmungsniveau, also das proportionale Verhältnis der Arbeitnehmervertreter zu den Anteilseignervertretern im Aufsichtsrat. Es gilt nicht für den zahlenmäßigen Bestand an Aufsichtsratsmitgliedern (dh die Satzung der SE kann eine höhere oder niedrigere Zahl an Aufsichtsratsmitgliedern festlegen, als dies bei der AG vor der Umwandlung der Fall war; zur Praxis → Rn. 175) und auch nicht für die Binnenorganisation in der SE, sodass vom Vorher-Nachher-Prinzip zB nicht erfasst werden

Sonder-Beschlussmehrheiten und das Sonder-Beschlussverfahren für die Wahl des Vorsitzenden und des stellvertretenden Vorsitzenden im Aufsichtsrat (vgl. § 27 MitbestG) (es gilt vielmehr im SE-Sonderstatut das einfache Mehrheitsprinzip);

die Sonder-Beschlussmehrheit und das Sonder-Beschlussverfahren bei der Bestellung und dem Widerruf von Vorstandsmitgliedern nach § 31 MitbestG (hier gilt im SE-Sonderstatut auch die einfache Beschlussmehrheit).

Unter Geltung des Vorher-Nachher-Prinzips bei Eingreifen der gesetzlichen Auffangregelung kann also ein bestehender Mitbestimmungsstatus (zB Mitbestimmungsfreiheit oder drittelparitätische Besetzung des Aufsichtsrats) „eingefroren" werden,[510] obwohl perspektivisch das betreffende Unternehmen bei Geltung des deutschen Unternehmensmitbestimmungsrechts in ein anderes Mitbestimmungsregime hinein- oder herausgewachsen wäre. Dies verdeutlichen die nachfolgenden Fälle der Gründung einer SE durch Umwandlung (Beispiel F 56) sowie durch Heraus- bzw. Herein-Verschmelzung (Beispiele F 57, F 58 und F 59).

Beispiel F 56:

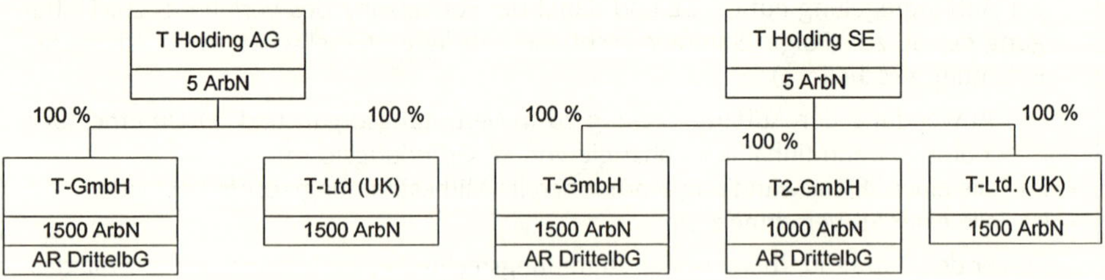

Eine Vermögensholding in der Rechtsform der Aktiengesellschaft beschäftigt fünf Arbeitnehmer und hält zwei operative Tochtergesellschaften, die T-GmbH mit Sitz in Deutschland (1.500 Arbeitnehmer) und die T-Ltd. im Vereinigten Königreich (1.500 Arbeitnehmer). Während die T-GmbH nach §§ 1 Abs. 1 Nr. 3, 4 Abs. 1 DrittelbG einen mit 1/3 Arbeitnehmervertretern besetzten Aufsichtsrat gebildet hat, ist der Aufsichtsrat der T Holding AG unternehmensmitbestimmungsfrei, da keine Zurechnung der in der T-Ltd. beschäftigten Arbeitnehmer erfolgt, selbst wenn ein Teil dieser Arbeitnehmer in Betrieben in Deutschland beschäftigt sein sollten (→ Rn. 124). Der Formwechsel der T Holding AG in eine Societas Europaea nach Art. 37 SE-VO (Voraussetzung eines zweijährigen Unternehmensbestand der T Holding AG sowie einer zweijährigen Beteiligung an der T-Ltd. sollen vorliegen) erfordert zwar den Abschluss einer Mitbestimmungsvereinbarung, lässt aber bei Eingreifen der gesetzlichen Ausfallregelung das unternehmensmitbestimmungsrechtliche Regime (hier die Mitbestimmungsfreiheit) bei der T Holding SE inhaltlich unberührt, überführt es aber in ein SE-Sonderstatut. Der spätere Erwerb der T2-GmbH, die weitere 1.000 Arbeitnehmer

[510] Hierzu zB *Wollburg/Banerjea* ZIP 2005, 277 (278); *Müller-Bonanni/de Beauregard* GmbHR 2005, 195 (199); *Brandes* ZIP 2008, 2193 (2194); *Götze/Winzer/Arnold* ZIP 2009, 245 (251).

beschäftigt und die ebenfalls einen nach §§ 1 Abs. 1 Nr. 3, 4 Abs. 1 DrittelbG zu 1/3 mit Arbeitnehmervertretern besetzten Aufsichtsrat hat, führt dann ohne weiteres nicht zu einer Änderung des unternehmensmitbestimmungsrechtlichen Regimes bei der T Holding SE, da § 18 Abs. 3 SEBG als Sondervorschrift zur Missbrauchsvermeidung nur „strukturelle Änderungen", also nach zutreffender (aber bestrittener) Auffassung korporative Akte von ganz erheblichem Gewicht (zB Verschmelzung einer wesentlichen operativen Gesellschaft auf die T Holding SE) erfasst und daher beim bloßen Beteiligungserwerb (jdf. ohne eine weitere Begründung eines Vertragskonzerns oder einer Eingliederung) nicht eingreift.[511] Im Ergebnis kann also die Mitbestimmungsfreiheit der T Holding AG durch den Formwechsel die Societas Europaea eingefroren werden, solange es bei der T Holding SE nicht zu „strukturellen Änderungen" iSv § 18 Abs. 3 SEBG kommt (mit der ansonsten eintretenden Folge, dass nach einem Scheitern dieser Nachverhandlungen erneut die gesetzlichen Ausfallregelung nach §§ 34 ff. SEBG – und zwar nun bezogen auf den hypothetischen deutschen Mitbestimmungsstatus zum Zeitpunkt der strukturellen Änderung – zur Anwendung gelangt) oder keine abweichende Mitbestimmungsvereinbarung (sog. Anpassungsklausel)[512] vereinbart worden ist.

Beispiel F 57: 179

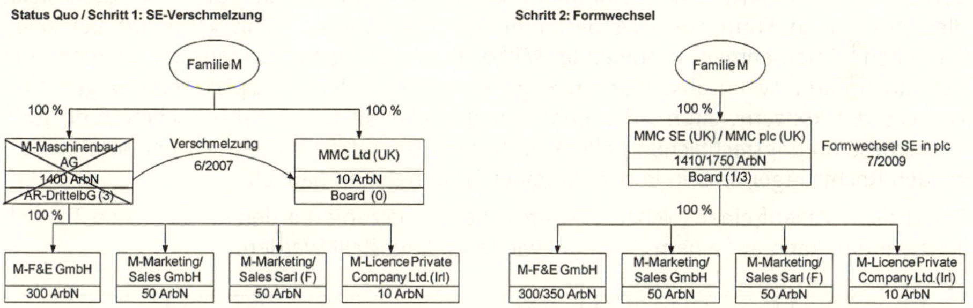

Die Ausgangssituation entspricht Beispiel F 53, allerdings erfolgt die Verschmelzung der M-Maschinenbau AG auf die MMC Ltd. durch die SE-Verschmelzung. Kommt es nicht zu einer spezifischen Mitbestimmungsvereinbarung, so greift die gesetzliche Auffangregelung mit der Folge ein, dass die MMC Ltd. als Mitbestimmungssonderstatut ein drittelparitätisch besetztes Board zu bilden hat. Damit wird zwar die bislang bei der M-Maschinenbau AG bestehende drittelparitätische Mitbestimmung in die bislang mitbestimmungsfreie MMC Ltd. exportiert, gleichzeitig aber von der weiteren gesetzlichen und tatsächlichen Entwicklung in Deutschland abgekoppelt. Nach Art. 66 SE-VO kann die MMC SE nach Ablauf von zwei Jahren nach Eintragung der SE-Verschmelzung in eine Aktiengesellschaft englischen Rechts (plc) umgewandelt werden. Besteht dann im nationalen Recht (wie im Vereinigten Königreich) keine Unternehmensmitbestimmung bei der Aktiengesellschaft nationalen Rechts, fällt diese weg. Es gibt keine Mitbestimmungsbeibehaltungsregelung über die in Art. 66 SE-VO geregelte 2-Jahresfrist hinaus. Im Beispiel F 56a konnte also einem Zwei-Stufen-Transaktionsverfahren die Mitbestimmungsfreiheit der Konzernobergesellschaft erreicht werden.

---

[511] *Seibt* AG 2005, 413 (427); *Seibt* ZIP 2005, 2248 (2250); *Müller-Bonanni/Melot de Beauregard* GmbHR 2005, 195 (199); *Grobys* NZA 2005, 84 (91); *Habersack* Konzern 2006, 105 (109); *Henssler* RdA 2005, 330 (334); *Wollburg/Banerjea* ZIP 2005, 277 (278); *Götze/Winzer/Arnold* ZIP 2009, 245 (252); aA *Köstler* in Theisen/Wenz, Die Europäische Aktiengesellschaft, 2. Aufl. 2005, S. 202, 337, 343; MüKoAktG/*Schäfer* SE-VO Art. 16 Rn. 13 (Analogie zu § 1 Abs. 4, § 18 Abs. 3 SEBG).

[512] Hierzu *Seibt* AG 2005, 413 (428).

180 **Beispiel F 58:**

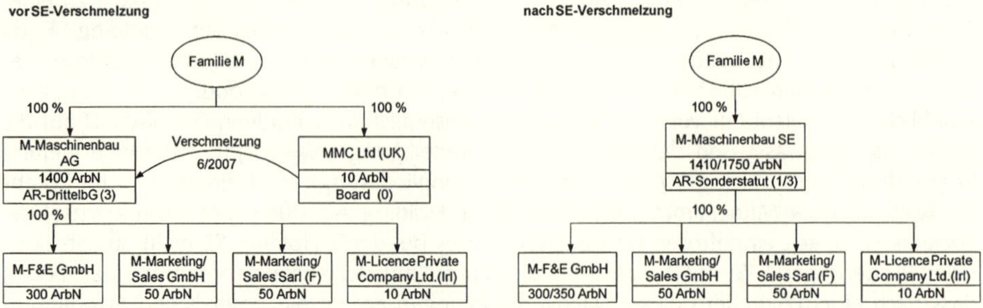

Der Sachverhalt basiert wiederum auf den Beispielen F 53 sowie F 57, allerdings wird hier die MMC Ltd. auf die M-Maschinenbau AG verschmolzen, wobei gleichzeitig die deutsche Aktiengesellschaft ihre Rechtsform in diejenige einer Societas Europaea formwechselt. Kommt es im Rahmen dieser SE-Verschmelzung nicht zu einer spezifischen Mitbestimmungsvereinbarung, führt die Anwendung der gesetzlichen Auffangregelung zwar dazu, dass die drittelparitätische Mitbestimmung bei der M-Maschinenbau SE beibehalten bleibt, allerdings nur in Form eines Mitbestimmungssonderstatuts. Damit kann das bei einem deutschen Unternehmen bestehende Mitbestimmungsregime eingefroren werden, und zwar auch dann, wenn absehbar ein Regimewechsel ansteht, beispielsweise wegen eines Anstiegs der konzernweiten Arbeitnehmerzahl. Dabei ist für die SE-Verschmelzung (oder die mitbestimmungsrechtlichen Folgen) nicht vorausgesetzt, dass es sich bei dem übertragenden Rechtsträger um ein konzernfremdes Unternehmen handelt.

Der zeitliche Ablauf einer solchen SE-Herein-Verschmelzung mit den wesentlichen Transaktionsschritten kann auf einem Zeitstrahl wie folgt dargestellt werden:

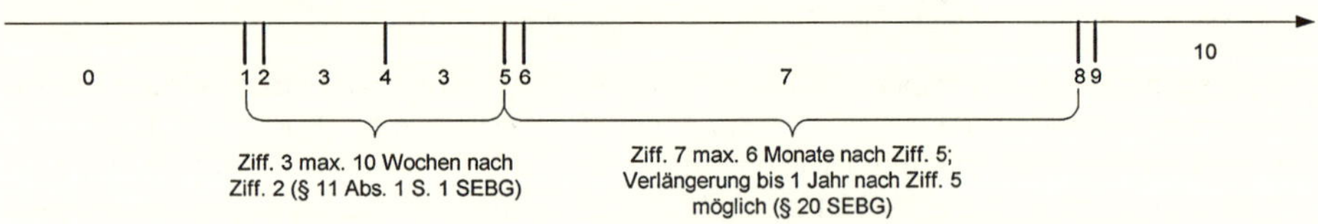

0 Vorbereitungsphase (zB Entwurf und Verhandlung des Verschmelzungsplans, der Verschmelzungsberichte und ggf. des Business Combination Agreement; Zusammenstellung des verfahrenseinleitenden Informationsdokuments an die Arbeitnehmervertretungen)
1 Abschluss des Verschmelzungsplans (sowie ggf. des Business Combination Agreement) mit entsprechenden Organbeschlüssen, Beginn/Fortführung informeller Gespräche mit Arbeitnehmervertretern, Information der Arbeitnehmervertretungen/Sprecherausschüsse (§ 4 SEBG)
2 Einladung zu Anteilseignerversammlungen
3 Wahl/Bestellung der Mitglieder des Besonderen Verhandlungsgremiums (§§ 8–10 SEBG)
4 Anteilseignerversammlungen mit Beschlussfassungen
5 Einladung zur konstituierenden Sitzung des Besonderen Verhandlungsgremiums durch Unternehmensleistungen unverzüglich nach Mitteilung der Mitgliederdaten (§§ 11, 12 SEBG)
6 Konstituierende Sitzung des Besonderen Verhandlungsgremiums
7 Verhandlung über die Mitbestimmungsvereinbarung
8 Abschluss der Mitbeststimmungsvereinbarung (alternativ: gesetzliche Ausfallregelung bei Scheitern der Verhandlungen)
9 Eintragung der SE-Verschmelzung in den Handelsregistern

10 Umsetzung der Mitbestimmungsvereinbarungen (zB Konstituierung SE-Betriebsrat; Wahl Arbeitnehmervertreter in Aufsichtsrat/Verwaltungsrat)

Beispiel F 59: 181

Die D-AG ist eine Aktiengesellschaft deutschen Rechts mit Sitz in Deutschland (mit 400 Arbeitnehmern), die drei 100 %-Beteiligungen (zwei Vertriebs- und eine Marketinggesellschaft(en)) in der Rechtsform der GmbH (mit insgesamt 1000 Arbeitnehmern) und eine 100 %-Beteiligung an der Ö-AG, einer Aktiengesellschaft österreichischen Rechts mit Sitz in Wien hält. Die D-AG sowie die beiden Beteiligungs-GmbH beschäftigen ihre Arbeitnehmer ausschließlich in Deutschland; die Ö-AG ist eine mitarbeiterlose Vermögensverwaltungsgesellschaft. Die D-AG möchte ihre Rechtsform in diejenige der Societas Europaea durch Verschmelzung der Ö-AG auf sich ändern. Die Gruppenstruktur und der Transaktionsplan ergeben sich aus der unten stehenden grafischen Übersicht:

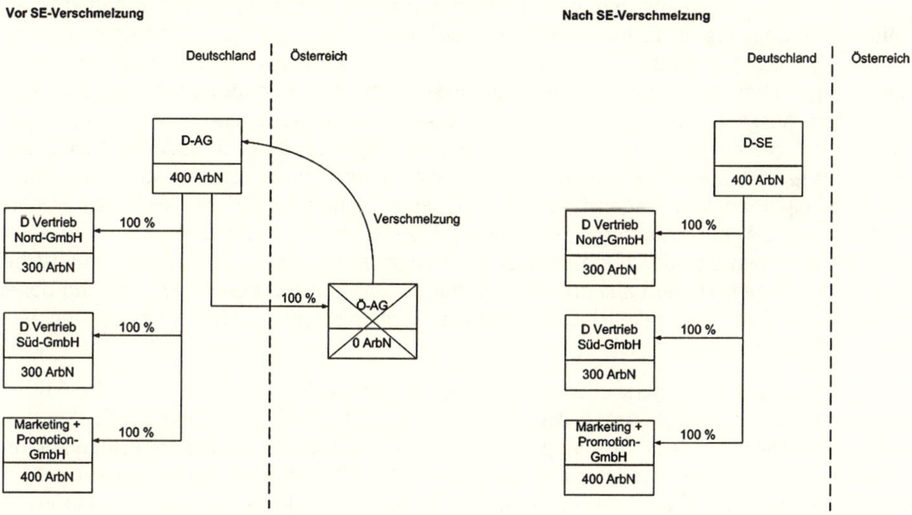

Die grenzüberschreitende Verschmelzung der Ö-AG auf die D-AG mit Umwandlung der D-AG in eine Societas Europaea ist zulässig, insbesondere hindert die Arbeitnehmerlosigkeit der Ö-AG die SE-Verschmelzung nicht und die Durchführung eines SE-Verhandlungsverfahrens ist keine Voraussetzung für die Eintragung der SE-Verschmelzung und der D-SE (neue Rechtsform). Zwar setzt die Eintragung einer SE nach dem Wortlaut von Art. 12 Abs. 2 SE-VO voraus, dass eine Mitbestimmungsvereinbarung beschlossen worden ist, ein Beschluss nach Art. 3 Abs. 6 SERL gefasst worden ist oder die Verhandlungsfrist nach Art. 5 SERL abgelaufen ist, ohne dass eine Vereinbarung zustande gekommen ist. Die Durchführung eines SE-Verhandlungsverfahrens ist aber – bei der vorliegenden Sachverhaltsgestaltung – sinnlos und damit entbehrlich, wenn sich der Zweck des besonderen Verhandlungsgremiums nicht erreichen lässt (sog. teleologische Reduktion). Eine solche Zweckverfehlung ist nicht nur bei einer arbeitnehmerlosen SE, sondern auch bei einer SE mit Mitarbeitern in nur einem Mitgliedstaat (hier: Deutschland) gegeben. Für die arbeitnehmerlose SE ist die Eintragungsfähigkeit ohne Durchführung eines SE-Verhandlungsverfahrens heute im Wesentlichen unstreitig.[513] Es widerspräche nämlich dem Zweck der SE-VO, den EU-Binnenmarkt zu vollenden, wenn unternehmerische Aktivitäten, die nicht mit der Beschäftigung

513 Vgl. AG München 29.3.2006 – HRB 159649, ZIP 2006, 1300; AG Düsseldorf 16.1.2006 – HRB 52618, ZIP 2006, 287; OLG Düsseldorf 30.3.2009 – 3 Wx 248/08, DNotZ 2009, 699; LG Hamburg 30.9.2005 – 417 T 15/05, ZIP 2005, 2018; *Seibt* ZIP 2005, 2248 (2250); KK-AktG/*Kiem* SE-VO Art. 12 Rn. 42; *Casper* AG 2007, 97 (100); *Casper/Schäfer* ZIP 2007, 653 (654); *Forst* NZG 2009, 687 (689); *Grambow* Der Konzern 2009, 97 (102).

von Arbeitnehmern verbunden sind, nicht in der Rechtsform einer gemeinschaftsrechtlichen Aktiengesellschaft ausgeübt werden könnten. Zur Verhinderung der Vermeidung der Beteiligungsrechte der Arbeitnehmer bei Nutzung einer arbeitnehmerlosen SE oder Vorrats-SE ist – bei dann geplanten strukturellen „Änderungen" – eine nachträgliche Verhandlungspflicht entsprechend §§ 1 Abs. 4, 18 Abs. 3 SEBG angeraten.[514] Auch die SE-Verschmelzung setzt nur Rechtsträger in unterschiedlichen EU-Mitgliedstaaten voraus, aber nicht dass diese auch Mitarbeiter in unterschiedlichen Mitgliedstaaten beschäftigen. In solchen Fällen ist allerdings im Hinblick auf die Durchführung eines SE-Verhandlungsverfahrens eine teleologische Reduktion angezeigt, was sich zum einen aus der gesetzlich vorgegebenen Zusammensetzung des besonderen Verhandlungsgremiums aus Mitarbeitern verschiedener EU-Mitgliedstaaten (vgl. § 6 Abs. 1, § 7 Abs. 1 und Abs. 4, § 16 Abs. 1 SEBG), zum anderen aus der materiellen Befassungs- und Beschlusskompetenz des besonderen Verhandlungsgremiums (die sich nämlich auf grenzüberschreitende Regelungsbereiche im Zusammenhang mit der Unternehmensmitbestimmung und der betrieblichen Mitbestimmung) ergibt. Es ist nämlich offensichtlich, dass es bei der Mitbestimmungsvereinbarung nach § 21 Abs. 1 Nr. 1 SEBG um die Wahl zwischen unterschiedlichen Mitbestimmungsregime aufgrund verschiedener internationaler Anknüpfungspunkte und zum sinnvollen Ausgleich der in einzelnen EU-Mitgliedstaaten bestehenden Rechtslagen gilt. Fehlt es an solchen unterschiedlichen Rechtslagen wegen eines reinen nationalen Mitarbeiterstammes und nur eines nationalen Mitbestimmungsregime, fehlt es auch an einem tauglichen Verhandlungsgegenstand für das Verhandlungsgremium.[515] Auch das weitere Verhandlungsziel der Errichtung eines SE-Betriebsrats, deren Zuständigkeiten in §§ 27 ff. SEBG vorgegeben und durch ein grenzüberschreitendes Element charakterisiert sind, ist bei Fehlen von Arbeitnehmern aus unterschiedlichen EU-Mitgliedstaaten überflüssig und daher entbehrlich. Ein zuständigkeitsloser Betriebsrat kann nicht das Ziel des besonderen Verhandlungsgremiums sein.[516]

182 Bei Eingreifen der gesetzlichen Auffangregelung wird das deutsche gesetzliche Mitbestimmungsregime unter Geltung des sog. Vorher-Nachher-Prinzips durch ein SE-Sonderstatut mit gleichem Mitbestimmungsniveau (aber eben anderen Detailvorschriften für die Binnenorganisation des Aufsichtsrates) ersetzt (→ Rn. 178). Bei Anwendung des sog. Vorher-Nachher-Prinzips stellt sich im Hinblick auf die als Vergleichsmaßstab heranzuziehenden nationalen Mitbestimmungsregelungen die Frage, ob es auf den Ist-Zustand des Mitbestimmungsregimes oder auf einen hypothetischen Soll-Zustand ankommt, oder anders ausgedrückt: ob das tatsächliche Mitbestimmungsregime beim konkreten Unternehmen oder ein davon ggf. abweichender an sich gesetzeskonformer Zustand relevant ist.

Beispiel F 60:

Eine M-AG in der Rechtsform der Aktiengesellschaft beschäftigt in etwa 500 Arbeitnehmer, wobei die Bestimmung der Arbeitnehmerzahl wegen einiger Beschäftigten in einem Gemeinschaftsbetrieb (→ Rn. 18) und wegen hoher Saisonalschwankungen schwierig ist; überdies hat die Geschäftsleitung der M-AG eine Unternehmensplanung mit zwei Entwicklungsszenarien verabschiedet, derzufolge bei Szenario A in etwa 18 Monaten (vgl. → Rn. 18) nur noch 400 Arbeitnehmer in Deutschland und bei Szenario B weiterhin etwa 520 Arbeitnehmer in Deutschland beschäftigt werden. Die M-AG hält zwei Beteiligungen, eine T-GmbH mit 100 Arbeitnehmern und eine T-Limited im Vereinigten Königreich mit ebenfalls 100 Arbeitnehmern. Bei der M-AG ist der Aufsichtsrat ausschließlich mit Anteils-

---

[514] Hierzu *Seibt* ZIP 2005, 2248 (2250); vgl. auch *Bayer* in Lutter/Hommelhoff SE-VO Art. 2 Rn. 35; weitergehend (§ 18 Abs. 3 SEBG analog in jedem Fall der wirtschaftlichen Neugründung) OLG Düsseldorf 30.3.2009 – 3 Wx 248/08, DNotZ 2009, 699 (701); KK-AktG/*Feuerborn* SEBG § 1 Rn. 9; MüKoAktG/*Schäfer* SE-VO Art. 16 Rn. 13; *Casper/C. Schäfer* ZIP 2007, 653 (658); *Forst* NZG 2009, 687 (691); MüKoAktG/*Jacobs* SEBG § 3 Rn. 6.

[515] Ebenso MüKoAktG/*Jacobs* SEBG § 3 Rn. 8.

[516] Ebenso MüKoAktG/*Jacobs* SEBG § 3 Rn. 8.

eignervertretern besetzt, und der Vorstand hat bislang kein aktienrechtliches Statusverfahren nach §§ 97–99 AktG eingeleitet, da er der Auffassung ist, dass die M-AG „regelmäßig", dh prognostisch (Prognosezeitraum 18–24 Monate) weniger als 500 Arbeitnehmer beschäftigt. Die M-AG soll durch Umwandlung die Rechtsform der SE annehmen (Art. 37 SE-VO). – Alternative: Die M-AG soll durch grenzüberschreitende Verschmelzung einer arbeitnehmerlosen EU-Kapitalgesellschaft auf die M-AG die Rechtsform der SE annehmen.

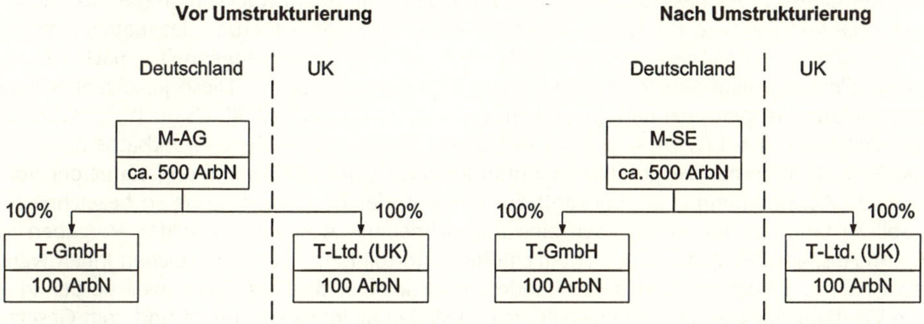

Bei Beispiel F 60 geht es maßgeblich um die in Rechtsprechung und Literatur stark umstrittene Frage, ob für die gesetzliche Auffangregelung das tatsächlich praktizierte Mitbestimmungsstatut („Ist-Zustand") oder ein rechtlich an sich gebotener „Soll-Zustand" maßgeblich ist. Der Bundesgerichtshof hat in der Rechtssache Deutsche Wohnen 2019 diese Frage explizit offen gelassen, allerdings für die *Umwandlungs*gründung (Art. 37 SE-VO) entschieden, dass ein *vor* der Eintragung der SE-Umwandlung eingeleitetes Statusverfahren auch nach der SE-Eintragung noch zu Ende zu führen ist und den Inhalt der gesetzlichen Auffangregelung noch wirksam modifizieren kann.[517] Das OLG München hat in den parallel geführten Verfahren ProSiebenSat.1 Media, Cancom und Sixt im März 2020 entschieden, dass es bei *Umwandlungs*gründungen (Art. 37 SE-VO) für eine solche Modifikation bereits ausreichen soll, wenn ein Statusverfahren in der Vergangenheit hypothetisch hätte eingeleitet werden können.[518] Teile des Schrifttums plädieren ebenfalls – trotz der Schwierigkeiten bei seiner Bestimmung – für die Maßgeblichkeit des Soll-Zustands[519], während richtigerweise mit der überwiegenden Auffassung der Literatur der Ist-Zustand des Mitbestimmungsregimes maßgeblich ist.[520] Das ergibt sich zunächst aus dem Wortlaut verschiedener Normen, die auf den tatsächlichen Ist-Zustand des Mitbestimmungsregimes abstellen (zB deutlich § 34 Abs. 1 und Abs. 2, § 35 SEBG: „… bleibt die Regelung zur Mitbestimmung erhalten, die in der Gesellschaft vor der Umwandlung *bestanden hat*" [Abs. 1] und „… bemisst sich nach dem höchsten Anteil an Arbeitnehmervertretern, der in den Organen der beteiligten Gesellschaften vor der Eintragung der SE *bestanden hat*" [Abs. 2] sowie § 2 Abs. 12 SEBG) sowie aus Ausführungen in den Gesetzesmaterialien.[521]

---

[517] BGH 23.7.2019 – II ZB 20/18, NZG 2019, 1157 (1159) (Deutsche Wohnen).

[518] OLG München 26.3.2020 – 31 Wx 280/18, DB 2020, 943 (ProSieben Sat.1 Media); OLG München 26.3.2020 – 31 Wx 279/18, BeckRS 2020, 5668 (Cancom); OLG München 26.3.2020 – 31 Wx 278/18, ZIP 2020, 1017 (Sixt) m.Anm. *Seibt*, EWiR 2020, 325.

[519] *Oetker* in Lutter/Hommelhoff SEBG § 34 Rn. 15; NK-ArbR/*Sagan* SEBG § 34 Rn. 3; *Rudolph* in Annuß/Kühn/Rudolph/Rupp SEBG § 34 Rn. 6; *Kienast* DB 2018, 2487 (2488).

[520] LG München 26.6.2018 I ZIP 2018, 1546 (1554) – betr. SE-Gründung durch formwechselnde Umwandlung; LG Frankfurt 21.12.2017, GWR 2018, 276 – betr. SE-Gründung durch formwechselnde Umwandlung; Habersack/Henssler/*Habersack* § 6 ,SEBG § 34 SEBG Rn. 12a, Rn. 12; *Hohenstatt/Müller-Bonanni* , in: Habersack/Drinhausen, SE-Recht, SEBG § 34 SEBG Rn. 6; MüKoAktG/*Jacobs*, 4. Aufl. 2017,SEBG § 34 SEBG Rn. 5; *Seibt* EWiR 2020, 325 (326); *Seibt* EWiR 2019, 549 (550); *Götte*, DB 2018, 2572 (2572); *Löw/Stolzenberg* NZA 2016, 1489 (1495); *Seibt* ZIP 2010, 1057 (1063f.); *Wendler/von Rimon* BB 2019, 2304.

[521] So etwa BT-Drs. 15/3405, S. 42 l. Sp. („der höchste *bestehende* Anteil") und S. 52 l. Sp. („*konkrete bestehende* Mitbestimmungsrechte").

Die Maßgeblichkeit der Ist-Zustands ist vor allem aber auch aus Gründen der Rechtsicherheit und des Schutzes der Funktionsfähigkeit des Unternehmens und seiner Organe zwingend, also Zwecke, die gerade auch im Zusammenhang mit der Gründung einer SE Geltung verlangen. Es gilt insoweit auch das über die Generalverweisung in Art. 9 Abs. 1 lit. c ii SEVO (für Unternehmen mit dualistischer Leitungsstruktur) geltende Kontinuitäts- oder Status Quo-Prinzip (vgl. § 96 Abs. 4 AktG) (→ Rn. 188). Im Interesse der Rechtssicherheit hat der Gesetzgeber das Statusverfahren außerdem mit einem Rückwirkungsverbot versehen (vgl. §§ 97 Abs. 2, 89 Abs. 4, 98 Abs. 5 AktG) und eine Änderung des materiell-rechtlich verbindlichen Mitbestimmungsstatuts einer AG für die Vergangenheit – nach Abwägung aller gegenläufigen Interessen – bewusst ausgeschlossen.[522] Diese gesetzgeberische Entscheidung ist plausibel und anzuerkennen. Sowohl die Mitbest-RL als auch die nationalen Vorgaben in § 17 Abs. 4 und §§ 24 f. SEAG belegen, dass diese Grundsätze auch für die SE gelten, zumal die gesetzliche Auffangregelung das Mitbestimmungsstatut der vormaligen AG übernimmt. Ein Rückgriff auf den von der Gegenauffassung so bezeichneten „Soll-Zustand" ist der Sache nach eine ungeschriebene Ausnahme von den Vorgaben in §§ 96 Abs. 4, 97 ff. AktG. Eine richterliche Rechtsfortbildung mit einem solchen Inhalt wäre aber nach der Rechtsprechung des Bundesverfassungsgerichts unzulässig, weil sie den klaren Wortlaut des Gesetzes hintanstellt, keinen Widerhall im Gesetz findet und vom Gesetzgeber weder ausdrücklich noch stillschweigend gebilligt wird.[523] Die vom BGH im Deutsche Wohnen-Fall für die *Umwandlungs*gründung befürwortete Ausnahme für den Fall der Einleitung eines Statusverfahrens (kurz) vor Eintragung des Rechtsformwechsels ist als Ausprägung des Verbots aus § 43 SEBG zu verstehen, die SE zum Entzug von Mitbestimmungsrechten zu missbrauchen. Nur unter diesem Aspekt besteht eine rechtlich zulässige Möglichkeit, den Anwendungsbereich der §§ 96 Abs. 4, 97 ff. AktG ausnahmsweise einzuschränken, sofern denn dann auch die tatbestandlichen Voraussetzungen des Missbrauchsverbots erfüllt sind (zB in Aussicht stellen einer einvernehmlichen Erhöhung des Mitbestimmungsniveaus gegenüber dem besonderen Verhandlungsgremium, um auf diesem Weg die rechtzeitige Einleitung eines Statusverfahrens zu verhindern). Wird während des SE-Gründungsverfahrens von einem Antragsberechtigten ein aktienrechtliches Statusverfahren eingeleitet, so führt dies zwar nicht per se zu einer Unterbrechung des SE-Gründungsverfahrens, zumal eine Unterbrechung den gesetzlichen Fristenvorgaben für die Verhandlung und den Abschluss der Mitbestimmungsvereinbarung und damit der Mobilität der Unternehmen und der Inkorporationsfreiheit in der EU entgegensteht. Dieses Fristen- und Beschleunigungsprinzip ist auch bei der gerichtlichen Entscheidung über die Aussetzung eines Eintragungsverfahrens (vgl. § 381 FamFG) zu berücksichtigen, und zwar insofern, dass nur bei evidenten und ohne vertiefte Prüfung verstellbaren Gesetzesverletzungen eine Aussetzung für die Durchführung eines Statusverfahrens zulässig ist.[524] Im Beispiel F 60 liegt eine solche evidente und ohne vertiefte Prüfung verstellbare Gesetzesverletzung aber nicht vor, sodass die Einleitung eines Statusverfahrens das SE-Gründungsverfahren nicht unterbricht; wird das SE-Gründungsverfahren vor Abschluss des aktienrechtlichen Statusverfahrens durchgeführt, erledigt sich das Statusverfahren. Es bleibt dann bei dem SE-Sonderstatut auf der Basis des Vorher-Nachher-Prinzips bei Annahme des Ist-Zustands der M-AG als relevanten Vergleichsmaßstab. – Für den Fall der *Umwandlungs*gründung hat der Gesetzgeber in § 15 Abs. 5, § 21 Abs. 6 SEBG besondere Schutzvorschriften für das Mitbestimmungsniveau geschaffen,[525] die für eine *Verschmelzungs*gründung (Alternativsachverhalt von Beispiel F 60) gerade nicht gelten.[526] Daher gilt für den Fall der Verschmelzungsgründung erst Recht der Ist-Zustand; die Anforderungen an einen Missbrauchsfall sind deutlich gegen-

[522] BT-Drs. 4/171, S. 133 und 136; zum Rückwirkungsverbot für das Spruchverfahren: *Mertens/Cahn* Köln-Komm AktG, 3. Aufl. 2013, § 96 Rn. 23.
[523] BVerfG 25.1.2011 – 1 BvR 918/10, NJW 2011, 836, Rn. 53 *(Dreiteilungsmethode).*
[524] So bereits *Seibt* ZIP 2010, 1057 (1064).
[525] So auch BGH 23.7.2019 – II ZB 20/18, NZG 2019, 1157, Rn. 37 *(Deutsche Wohnen).*
[526] In diese Richtung auch OLG Frankfurt 27.8.2018 – 21 W 29/18, NZG 2018, 1254 Rn. 29.

über denjenigen erhöht, die bei der Umwandlungsgründung gelten. Im Zweifel ist daher für die SE-Gründung der Weg der grenzüberschreitenden Verschmelzung zu wählen.[527]

Ob eine grenzüberschreitende Verschmelzung unter Nutzung einer Societas Europaea, durch Nutzung der EU-VerschmelzungsRL (→ Rn. 165–167) oder durch Nutzung des Rechtsprechungsstranges des Europäischen Gerichtshofs (SEVIC-Rechtsprechung; → Rn. 152) erfolgen sollte, ist für jeden Einzelfall zu entscheiden. Eine Checkliste mit den relevanten Unterschieden der jeweiligen Gestaltungsarten ist nachfolgend aufgeführt: 183

Strukturierungsvarianten zur grenzüberschreitenden Verschmelzung

	SE-Verschmelzung	Richtlinien-Verschmelzung	SEVIC-Verschmelzung
Anwendungsbereich	Verschmelzung von Aktiengesellschaften (und Unternehmen vergleichbarer Rechtsform) innerhalb der EU/EWR	Verschmelzung von Kapitalgesellschaften innerhalb der EU/EWR	• Hinein-Verschmelzung von Unternehmensträgern jeglicher Rechtsform innerhalb der EU/EWR • Heraus-Verschmelzung in Abgrenzung zur *Daily Mail*-Rechtsprechung ungeklärt
Transaktionssicherheit	• hohe Durchführungssicherheit auf Basis der EU-Rechtsgrundlagen und nationalen Umsetzungsgesetze • Bestehen von Praxisfällen (Allianz SE; Conrad Electronic)	• hohe Durchführungssicherheit auf Basis der EU-Rechtsgrundlagen und nach erfolgter nationalgesetzlicher Umsetzung • Bestehen von Praxisfällen	• keine Durchführungssicherheit wegen fehlender Detailregelungen • Bestehen von vereinzelten, atypischen Praxisfällen
Corporate Identity/ Außendarstellung	• European Corporate Identity als Markenzeichen dynamischer Unternehmensstruktur • Verschmelzung mit gleichzeitigem Rechtsformwechsel des übernehmenden Rechtsträgers in SE entspricht „Merger of Equals-Modell"	• keine Sonderstellung, nationale Rechtsform bleibt bestehen • Verschmelzung entspricht „Übernahme-Modell"	• keine Sonderstellung • Verschmelzung entspricht „Übernahme-Modell"
Unternehmens-mobilität	• keine Zulässigkeit eines Auseinanderfallens von Satzungssitz und tatsächlichem Verwaltungssitz (Art. 7 S. 1 SE-VO) • ausdrückliche Zulässigkeit einer Sitzver-	• Zulässigkeit eines Auseinanderfallens von Satzungssitz und tatsächlichem Verwaltungssitz • keine Zulässigkeit einer Sitzverlegung innerhalb der EU	• Zulässigkeit eines Auseinanderfallens von Satzungssitz und tatsächlichem Verwaltungssitz nur aufgrund der Inspire Art-Rechtsprechung • Zulässigkeit einer Sitzverlegung inner-

[527] So bereits *Seibt*, EWiR 2019, 549 (550 aE); *ders.*, EWiR 2020, 325 (326 aE).

	SE-Verschmelzung	Richtlinien-Verschmelzung	SEVIC-Verschmelzung
	legung innerhalb der EU	(außerhalb der SEVIC-Rechtsprechung)	halb der EU nur aufgrund der SEVIC-Rechtsprechung
Corporate Governance	• Wahlpflichtrecht zwischen monistischem und dualistischem Leitungssystem • Zulässigkeit der statutarischen Bestimmung der Aufsichtsratsgröße trotz Unternehmensmitbestimmung (Gremienverkleinerung zulässig)	• keine Sonderregelungen für Ausgestaltung des Leitungssystems • Zulässigkeit der statutarischen Bestimmung der Aufsichtsratsgröße trotz Unternehmensmitbestimmung (Gremienverkleinerung zulässig; *Nagel* NZG 2007, 57 (58))	• keine Sonderregelungen
Arbeitnehmermitbestimmung und -informationen	• Primat der Verhandlungslösung (Vorbehalt zugunsten der Anteilseignerversammlung zulässig) • Nachverhandlungspflicht (nur) bei strukturellen Änderungen der SE (§ 18 III SEBG); ansonsten Einfrieren des mitbestimmungsrechtlichen Status • keine Zulässigkeit eines einseitigen Verzichts seitens der Unternehmensleitung auf Verhandlung mit BVG • 25 %-Arbeitnehmergrenze für Anwendbarkeit des deutschen Unternehmensmitbestimmungsrechts als Ausfallregelung Ausfallregelung mit internationaler Zusammensetzung der Arbeitnehmervertreter • Regelung eines SE-Betriebsrats	• Primat der Verhandlungslösung (Vorbehalt zugunsten der Anteilseignerversammlung zulässig) • Nachverhandlungspflicht (nur) bei strukturellen Änderungen der übernehmenden Gesellschaft (§ 22 II MgVG); ansonsten Einfrieren des mitbestimmungsrechtlichen Status • Zulässigkeit eines einseitigen Verzichts seitens der Unternehmensleitung auf Verhandlung mit BVG (ggf. Zeitersparnis) • 33,3 %-Arbeitnehmergrenze für Anwendbarkeit des deutschen Unternehmensmitbestimmungsrechts als Ausfallregelung Ausfallregelung mit internationaler Zusammensetzung der Arbeitnehmervertreter • bei Heraus-Verschmelzung auf monistisch strukturiertes	• Fehlen von Durchführungsbestimmungen (jdf. keine Sonderregelungen)

	SE-Verschmelzung	Richtlinien-Verschmelzung	SEVIC-Verschmelzung
		Unternehmen ggf. Beschränkung auf 1/3-Parität zulässig (abhängig von nationalem Recht) (Art. 16 IV c RL) • Bestandsschutz nur für drei Jahre bei nachfolgender Umstrukturierung (§ 30 MgVG) • Umwandlungsbericht mit Erläuterung der Auswirkungen der Verschmelzung auf die Arbeitnehmer der beteiligten Gesellschaften • kein neues Betriebsverfassungsgremium (§ 29 MgVG)	
Anteilseignerschutz/Verfahren	• Beschluss der Anteilseignerversammlung erforderlich • allgemeiner Rechtsschutz gegen Beschlussfassungen; Freigabeverfahren [nicht] möglich • Spruchverfahren nur anwendbar, wenn im ausländischen Recht vergleichbares Verfahren anwendbar ist oder ausländisches Unternehmen im Verschmelzungsplan verzichtet	• Beschluss der Anteilseignerversammlung erforderlich • allgemeiner Rechtsschutz gegen Beschlussfassungen; Freigabeverfahren möglich • Bei Heraus-Verschmelzung Barabfindungsanspruch widersprechender Aktionäre (§ 122i UmwG)	• Beschluss der Anteilseignerversammlung erforderlich • allgemeiner Rechtsschutz gegen Beschlussfassungen • keine Durchführungsbestimmungen
Gläubigerschutz/Verfahren	• bei Heraus-Verschmelzung: Anspruch von Gläubigern der übertragenden Gesellschaft auf Sicherheitsleistung bzw. Befriedigung vor Vollzug der Verschmelzung (§ 8 S. 1, § 13 SEAG; Europarechtskonformität wegen Art. 24 Abs. 2 SE-VO probl.)	• bei Heraus-Verschmelzung: Anspruch von Gläubigern der übertragenden Gesellschaft auf Sicherheitsleistung bzw. Befriedigung vor Vollzug der Verschmelzung (§ 122j UmwG) • Anspruch von Gläubigern der übernehmenden Gesellschaft auf Sicherheitsleis-	• Fehlen von Durchführungsbestimmungen

	SE-Verschmelzung	Richtlinien-Verschmelzung	SEVIC-Verschmelzung
	• Anspruch von Gläubigern der übernehmenden Gesellschaft auf Sicherheitsleistung	tung bzw. Befriedigung (§ 122a Abs. 2, § 22 UmwG)	
Ertragsteuerneutralität	• Buchwertfortführung bei aufnehmender Gesellschaft möglich	• Buchwertfortführung bei aufnehmender Gesellschaft möglich	• Buchwertfortführung bei aufnehmender Gesellschaft möglich

184 Beim Erwerb einer der Unternehmensmitbestimmung unterliegenden Konzernobergesellschaft mit operativen Tochtergesellschaften kann es sich insbesondere für Finanzinvestoren anbieten, den Erwerb der Ziel-Gruppe über eine Erwerber-SE als Akquisitionsvehikel durchzuführen. Dadurch kann in bestimmten Konstellationen die Unternehmensmitbestimmung in der Konzernobergesellschaft vermieden werden, zugleich wird der Ziel-Gruppe insbesondere bei Verfolgung einer europäischen Buy and Build-Strategie ein „europäischer“ Außenauftritt ermöglicht.

Beispiel F 61:

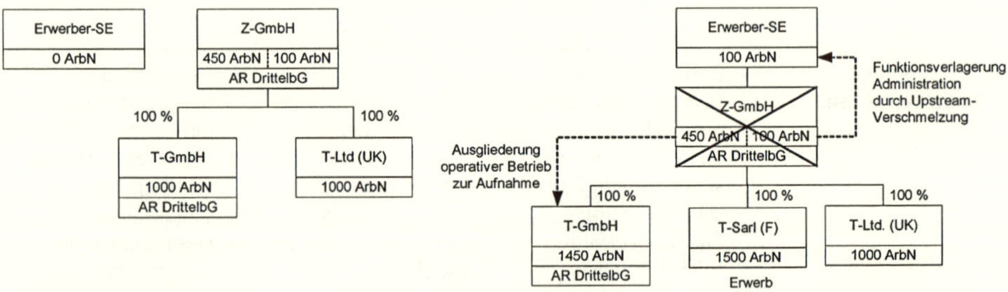

Die Ziel-Gruppe besteht aus der Obergesellschaft Z-GmbH mit 550 Arbeitnehmern und einem nach §§ 1 Abs. 1 Nr. 3, 4 Abs. 1 DrittelbG zusammengesetzten Aufsichtsrat, der T-GmbH mit 1.000 Arbeitnehmern (und ebenfalls einem nach §§ 1 Abs. 1 Nr. 3, 4 Abs. 1 DrittelbG zusammengesetzten Aufsichtsrat) sowie der T-Ltd. (UK) mit 1.000 Arbeitnehmern. Der Finanzinvestor erwirbt eine Vorrats-SE,[528] die sämtliche Geschäftsanteile an der Z-GmbH erwirbt. Hiernach gliedert die Z-GmbH (ggf. mit steuerlicher Rückwirkung) ihre operativen Betrieb mit 450 Arbeitnehmern auf die T-GmbH aus (§ 123 Abs. 3 Nr. 1 UmwG) und verschmilzt hiernach die Z-GmbH (ggf. mit steuerlicher Rückwirkung) auf die Erwerber-SE (§ 2 Nr. 1 UmwG), wodurch es zu einem Übergang der in der Z-GmbH bislang angesiedelten Holding-Administration mit 100 Arbeitnehmern bei der Erwerber-SE und zu einem Erlöschen der Z-GmbH kommt (§ 20 Abs. 1 UmwG). Die Erwerber-SE bleibt unternehmensmitbestimmungsfrei. Eine Aufnahme von Verhandlungen über eine Mitbestimmungsvereinbarung nach § 18 Abs. 3 SEBG muss trotz der Verschmelzung der Z-GmbH auf die Erwerber-SE nicht erfolgen, da hierdurch die Erwerber-SE ihren Charakter als Hol-

[528] Zur Zulässigkeit von (arbeitnehmerlosen) Vorrats-SE *Seibt* ZIP 2005, 2248; *Seibt/Reinhard* Konzern 2005, 407 (409); *Casper* AG 2007, 97 (100); *Casper/Schäfer* ZIP 2007, 653; *Forst* NZG 2009, 687 (689); *Grambow* Der Konzern 2009, 97 (102); *Henssler* RdA 2005, 330; *Kienast*, in Jannott/Frodermann, Handbuch der Europ. AG, 2014, Kap. 13 Rn. 253 ff.; *Lange* EuZW 2003, 301; *Müller-Bonanni/Melot de Beauregard* GmbHR 2005, 195; *Schubert* ZESAR 2006, 340 (341 und 344); *Wollburg/Banerjea* ZIP 2005, 277 (278); MüKoAktG/*Jacobs* SEBG § 3 Rn. 4 ff., SEBG § 18 Rn. 17 und SEBG § 20 Rn. 1; MüKoAktG/*Schäfer* SE-VO Art. 16 Rn. 9 ff.; KK-AktG/*Kiem*, 3. Aufl. 2010, SE-VO Art. 12 Rn. 24; vgl. auch OLG Düsseldorf 30.3.2009 – 3 Wx 248/08, DNotZ 2009, 699; AG Düsseldorf 16.1.2006 – HRB 52618, ZIP 2006, 287; AG München 29.3.2006 – HRB 159649, ZIP 2006, 1300; aA *Blanke* ZIP 2006, 789.

ding nicht verändert und der Zugewinn an Arbeitnehmern unter den unternehmensmitbestimmungsrelevanten Schwellenwerten bleibt. Auch der Hinzuerwerb einer weiteren Beteiligung durch die Holding-SE (T-Sarl mit Sitz in Frankreich und 1.500 Arbeitnehmern) löst keine Verhandlungspflicht über den Abschluss einer Mitbestimmungsvereinbarung weder nach § 18 Abs. 3 SEBG direkt noch analog dieser Vorschrift[529] aus. Denn beide Maßnahmen sind keine Strukturänderung iSv § 18 Abs. 3 SEBG, da (i) der Verschmelzung das materielle Gewicht fehlt und (ii) dem Beteiligungserwerb die korporative Natur. Einen Rückgriff auf das allgemeine Missbrauchsverbot des § 43 SEBG (bzw. Art. 11 SE-RL) sperrt die Sondervorschrift des § 18 Abs. 3 SEBG.[530]

III. Auswirkungen arbeitsrechtlicher Vorgänge auf die unternehmensbezogene Mitbestimmung

Die Unternehmensmitbestimmung ist in doppelter Hinsicht unternehmensbezogen, nämlich zum einen durch ihre Verankerung über die Arbeitnehmervertreter im Aufsichtsrat in der Unternehmensverfassung der mitbestimmten Rechtsträger, zum anderen wegen der unternehmensbezogenen Parameter, bei deren Eingreifen eine gesetzliche Unternehmensmitbestimmung erst in Betracht kommt. Zur Wiederholung: Die in den Mitbestimmungsgesetzen geregelten Eingreifparameter sind (i) Rechtsform des Unternehmens, (ii) Unternehmensgegenstand bzw. Konzerntätigkeitsbereich, (iii) Sitz des Unternehmens, (iv) Zahl der Arbeitnehmer des Unternehmens oder deren dem Unternehmen zuzurechnenden Konzerngesellschaften und (v) Höhe des Gesellschaftskapitals, mithin unternehmensbezogene Kriterien, die nicht auf eine bestimmte Betriebsstruktur oder Betriebsorganisation abstellen. Demgemäß führt grundsätzlich auch die Änderung der im Unternehmen bestehenden Betriebsstrukturen nicht zu einer Änderung des geltenden Mitbestimmungsstatus des Unternehmens, es sei denn, dass die Betriebsstrukturänderung auch mit der **Änderung eines mitbestimmungsrelevanten Eingreifparameters** einhergeht. 185

Beispiel F 62:

Die A-Industriegeräte GmbH besitzt neben einer Produktionsstätte in Elmshorn nahe Hamburg (450 Arbeitnehmer) eine Hauptverwaltungszentrale in Hamburg, von der aus insbesondere der zentrale Einkauf sowie der Vertrieb von Eigenprodukten in Norddeutschland und von Fremdprodukten im gesamten Bundesgebiet abgewickelt wird (175 Arbeitnehmer), sowie zwei kleinere Vertriebsbüros für Eigenprodukte in Frankfurt und Stuttgart (jeweils 20 Arbeitnehmer). Bei der A-Industriegeräte GmbH ist ein drittelparitätisch besetzter Aufsichtsrat eingerichtet (§§ 1 Abs. 1 Nr. 3, 4 Abs. 1 DrittelbG). Die Geschäftsleitung entschließt sich, die interne Organisationsstruktur in der Weise zu ändern, dass die bislang regionale Vertriebsstruktur durch eine produktbezogene Vertriebsstruktur mit einigen key-account Managern ersetzt wird; die kleineren Vertriebsbüros in Frankfurt/Main und Stuttgart werden aufgelöst und die Hauptverwaltungszentrale verzieht zum Produktionsstandort nach Elmshorn. Ein Personalabbau ist durch die interne Reorganisation nicht beabsichtigt.

Die Änderung der unternehmensinternen Organisation sowie die Zusammenlegung von Betrieben in **Beispiel F 62** stellen unzweifellos Betriebsänderungen iSd §§ 111 ff. BetrVG dar und lösen Informations- und Mitwirkungsrechte des Wirtschaftsausschusses und des Betriebsrates aus (sog. betriebliche Mitbestimmung; siehe hierzu unter Kap. D). Auch dem mitbestimmten Aufsichtsrat stehen selbstverständlich **Informationsrechte gegenüber der Geschäftsführung** zu, zu seinen Gunsten mag sogar ein **Zustimmungs-** 186

[529] Hierfür allerdings *Casper/Schäfer* ZIP 2007, 653 (658); MüKoAktG/*Schäfer* SE-VO Art. 16 Rn. 13; dagegen *Seibt* ZIP 2005, 2248 (2250); *Schubert* ZESAR 2006, 340 (346).
[530] So bereits *Seibt* ZIP 2005, 2248 (2250); dagegen *Casper/Schäfer* ZIP 2007, 653 (659).

vorbehalt zu den geplanten Maßnahmen bestehen. Die geplanten Änderungen der Betriebsstruktur und internen Organisation verändern jedoch den Mitbestimmungsstatus bei der A-Industriegeräte GmbH nicht. Dies wäre nur dann anders, wenn **gelegentlich der Änderung der Betriebsstrukturen und internen Organisation** auch ein Personalabbau in den Betrieben in einem solchen Maße stattfinden würde, dass die mitbestimmungsrelevante Mindest-Arbeitnehmerzahl von 500 unterschritten wird.

Zu den mitbestimmungsrechtlichen Auswirkungen von Änderungen der Betriebsstruktur und internen Organisation, die mit einem Erwerb oder einer Veräußerung von unternehmensbezogenen Vermögensgegenständen einhergehen, unter → Rn. 79 ff.

IV. Statusverfahren bei Änderungen in der Zusammensetzung des Aufsichtsrates

187 **Ausgewählte Literatur zu Teil IV:**
Göz, Statusverfahren bei Änderungen in der Zusammensetzung des Aufsichtsrats, ZIP 1998, 1523; *Kauffmann-Lauven/Lenze,* Auswirkungen der Verschmelzung auf den mitbestimmten Aufsichtsrat, AG 2010, 532; *Kiem/Uhrig,* Der umwandlungsrechtliche Wechsel des Mitbestimmungsstatus, NZG 2001, 680; *Kurzböck/Weinbek,* Societas Europaea: Dauerhafte Zementierung eines rechtswidrigen Mitbestimmungsstatuts durch Umwandlung?, BB 2019, 244; *Martens,* Das aktienrechtliche Statusverfahren und der Grundsatz der Amtskontinuität, DB 1978, 1065; *Oetker,* Der Anwendungsbereich des Statusverfahrens nach den §§ 97 ff. AktG, ZHR 1985, 575; *Parmentier,* Das Statusverfahren beim Formwechsel in eine Aktiengesellschaft, AG 2006, 476; *Rittner,* §§ 96 bis 99 AktG 1965 und das Bundesverfassungsgericht, DB 1969, 2165; *Rosendahl,* Unternehmensumgliederungen und ihre Auswirkungen auf die Arbeitnehmervertreter im Aufsichtsrat – Ersatzwahlen und Nachwahlen nach dem MitbestG, AG 1985, 325; *Seibt,* Unternehmensmitbestimmungsrechtliche Konzernzurechnung bei Einschaltung von Stiftung & Co KG und paritätischen Beteiligungsunternehmen, ZIP 2011, 249; *Weber/Kiefner/Jobst,* Die Nichtberücksichtigung ausländischer Arbeitnehmer bei der Berechnung der mitbestimmungsrechtlichen Schwellenwerte im Lichte von Art. 3 GG, AG 2018, 140; *Wiesner,* Zuständigkeitsverteilung zwischen ordentlicher und Arbeitsgerichtsbarkeit bei Streitigkeiten nach dem Mitbestimmungsgesetz, DB 1977, 1747.

Unternehmensumstrukturierungen können in vielfältiger Weise – wie unter II. und III. gezeigt – zu Änderungen des mitbestimmungsrechtlichen Status der von der Umstrukturierung betroffenen Rechtsträger führen, und zwar sowohl zu Mitbestimmungszuwächsen als auch zu Mitbestimmungsverlusten. Die nach einer Umstrukturierung für die hiervon betroffenen Unternehmen maßgebenden gesetzlichen und gesellschaftsvertraglichen Bestimmungen über die Mitbestimmungsform, Größe und Zusammensetzung des Aufsichtsrates finden jedoch nicht automatisch Anwendung, sondern vor deren Anwendbarkeit ist ein sog. Statusverfahren nach den §§ 97 ff. AktG durchzuführen. Erst nach Abschluss eines vom Geschäftsführungsorgan einzuleitenden Bekanntmachungsverfahrens (sog. außergerichtliches Verfahren) bzw. einer rechtskräftigen gerichtlichen Entscheidung (sog. gerichtliches Verfahren) ist der Aufsichtsrat entsprechend den darin angegebenen Vorschriften (ggf. einzurichten und) zusammenzusetzen bzw. ggf. aufzulösen.

188 Das in § 96 Abs. 4 AktG niedergelegte **Kontinuitäts- oder Status Quo-Prinzip,** demzufolge der Aufsichtsrat dann nur nach durchgeführten Statusverfahren „*[nach] anderen als den zuletzt angewandten gesetzlichen Vorschriften [zusammengesetzt werden kann]*“ (= gesetzliche Fiktion[531]), sowie das aktienrechtliche Statusverfahren nach §§ 97–99 AktG sind die beiden Elemente für ein rechtssicheres und funktionsgewährendes Organisationsrecht für Aufsichtsräte bei Kapitalgesellschaften: Das mit der Aktienrechtsreform 1965 eingeführte Statusverfahren soll nämlich erlauben, dass die Rechtsgrundlage für das Bestehen oder Nichtbestehen eines Aufsichtsrats und dessen Zusammensetzung zu jeder Zeit und mit *erga omnes*-Wirkung (vgl. § 99 Abs. 5 S. 2 AktG) sicher feststellbar ist und für die eigene Tätigkeit und die der anderen Unternehmensorgane (die ebenfalls hierauf angewiesen sind) eine sichere Rechtsgrundlage besitzt. Dies entspricht den hohen Anforderungen, die an ein

[531] GroßKomm. AktG/*Hopt/Roth* AktG § 97 Rn. 4; *Parmentier* AG 2006, 476 (478).

rechtssicheres Organisationsrecht zu richten sind, auf dessen Grundlage nämlich sicher festgestellt werden muss, ob ein Aufsichtsrat als Kompetenzorgan besteht und in Entscheidungsprozessen einzubeziehen ist (zB Bestellung und Widerruf der Vertretungsorgane, Feststellung von Jahresabschlüssen, Zustimmungserfordernisse bei wesentlichen Geschäftsführungsmaßnahmen etc), ob die Beschlüsse des Aufsichtsrats in gesetzmäßiger personeller Zusammensetzung wirksam gefasst sind und ob Erklärungen des Aufsichtsrats gesetzmäßig für das Organ abgegeben wurden. Kontinuitätsprinzip und Statusverfahren dienen damit der Rechtssicherheit und der Funktionsfähigkeit des Unternehmens und seiner Organe, selbst infolge von Unternehmensumstrukturierungen oder anderen mitbestimmungsrechtlich relevanten Vorgängen.[532] Dabei ist das Statusverfahren sowohl von seiner Gerichtszuständigkeit (Landgerichte mit prinzipieller funktionaler Zuständigkeit der Kammer für Handelssachen[533]), von den Verfahrensgrundsätzen (Amtsermittlungsgrundsatz mit Mitwirkungslast der Beteiligten[534]), der Verfahrenseinbindung an der Statusermittlung interessierten Organmitglieder und Interessengruppen sowie schließlich der gesetzlichen Konzentrationswirkung angemessen ausgestaltet.[535]

Zunächst soll kurz zusammengefasst werden, in welchen Fällen das Statusverfahren nach den §§ 97 ff. AktG durchzuführen ist (hierzu unter → Rn. 189 ff.). Sodann folgt ein Überblick über den Ablauf des Statusverfahrens und die hierbei insbesondere von den Geschäftsführungsorganen zu ergreifenden Maßnahmen sowie über die Rechtsfolgen des Statusverfahrens (hierzu unter → Rn. 200 ff.).

1. Anwendungsbereich

Das in §§ 97 ff. AktG verankerte Statusverfahren ist nicht nur auf Aktiengesellschaften, 189
sondern auf **sämtliche mitbestimmten Gesellschaften** (§ 1 Abs. 1 Nr. 3 und 5 DrittelbG, § 6 Abs. 2 MitbestG, § 2 MontanMitbestG) sowie auf die nicht mitbestimmten KGaA (§ 278 Abs. 3 AktG) und GmbH (§ 27 EGAktG) anwendbar.[536]

Ausgangspunkt für die Bestimmung der Fälle einer Änderung des Mitbestimmungsstatus einer Gesellschaft, die zur Durchführung des Statusverfahrens führen, ist § 97 Abs. 1 AktG: Danach ist ein Statusverfahren durchzuführen, wenn *„der Aufsichtsrat nicht nach den für ihn maßgebenden gesetzlichen Vorschriften zusammengesetzt ist“*. Dies wird von der Rechtsprechung und überwiegenden Meinung im Schrifttum sowie der gängigen Unternehmenspraxis wie folgt – teilweise Wortlaut überschießend und am Verfahrenszweck ausgerichtet – interpretiert:

Das Statusverfahren ist zunächst in den Fällen durchzuführen, in denen es durch die 190
Unternehmensumstrukturierung zu einem **Wechsel von einer in § 96 Abs. 1 AktG aufgeführten Mitbestimmungsform** (Mitbestimmungsfreiheit; DrittelbG; MitbestG;

[532] Zum Schutzzweck des Statusverfahrens zB GroßKomm. AktG/*Hopt/Roth* AktG § 97 Rn. 3 f; *Parmentier* AG 2006, 476 (479); *Oetker* ZHR 1985, 575 (576); *Martens* DB 1978, 1065 (1068); *Rittner* DB 1969, 2165 (2166).

[533] Nach § 98 Abs. 1 AktG entscheidet im aktienrechtlichen Statusverfahren das Landgericht, in dessen Bezirk die Gesellschaft ihren Sitz hat. Dabei ist seit dem 1.11.2005 (UMAG) die Kammer für Handelssachen funktional zuständig, sofern diese beim Landgericht besteht (vgl. § 95 Abs. 2 Nr. 2 iVm § 71 Abs. 2 Nr. 4 lit. b GVG). Die Bildung von Kammern für Handelssachen ist nicht zwingend; nach § 93 Abs. 1 GVG sind die Landesregierungen ermächtigt, solche Kammern bei den Landgerichten einzurichten, wobei diese Ermächtigungen in Übereinstimmung mit § 93 Abs. 2 GVG regelmäßig auf die Justizverwaltung übertragen sind. Nach § 71 Abs. 4 GVG können die Bundesländer die Statusverfahren per Verordnung auf bestimmte Gerichte örtlich konzentrieren, so geschehen zB in Nordrhein-Westfalen gem. VO vom 8.6.2010 (GV NRW, 350) auf die Landgerichte Dortmund, Düsseldorf und Köln, oder in Bayern gem. VO vom 11.6.2012 (GVBl. 295) auf die Landgerichte München I und Nürnberg/Fürth. – Zu Unrecht krit. zur funktionalen Zuständigkeit der Kammer für Handelssachen WKS/*Wißmann* MitbestG § 6 Rn. 29.

[534] Hierzu *Seibt* ZIP 2011, 249 (254).

[535] So bereits *Seibt* EWiR 2011, 101 (102) – § 96 AktG 1/2011 (Asklepios); *Seibt* ZIP 2011, 249 (255); abweichend zur Gerichtszuständigkeit WKS/*Wißmann* MitbestG § 6 Rn. 31.

[536] *Göz* ZIP 1998, 1523.

MontanMitbestG; MitbestErgG) **in eine andere** kommt.[537] Hierunter fallen insbesondere die Fälle, in denen sich das Mitbestimmungsniveau bei einer Gesellschaft durch eine gesellschaftsrechtliche Änderung (zB Formwechsel; Unternehmensvertrag; Entherrschungsvertrag) oder durch eine tatsächliche Umstrukturierung (zB Anstieg oder Reduktion von Arbeitnehmerzahlen) ändert, zB Wechsel von einem drittelparitätischen Mitbestimmungsregime nach dem DrittelbG zum paritätischen Mitbestimmungsregime nach dem MitbestG oder umgekehrt. Dies gilt auch für die Fälle, in denen ein bereits bestehender, indes mitbestimmungsfreier Aufsichtsrat nach der Umstrukturierung mit Arbeitnehmervertretern zu besetzen ist (zB Erhöhung der mitbestimmungsrelevanten Arbeitnehmerzahl) oder in denen der bislang mitbestimmte Aufsichtsrat mitbestimmungsfrei wird (zB Reduktion der mitbestimmungsrelevanten Arbeitnehmerzahl unter 500). Soweit bei einer Abspaltung oder Ausgliederung wegen § 325 UmwG die Mitbestimmung zeitlich befristet beibehalten wird (→ Rn. 118ff.), ist das Statusverfahren mit Ablauf der Frist durchzuführen.[538] Dabei ist unerheblich, durch welche Rechtsgestaltung der Wechsel beim Mitbestimmungsregime erfolgt, insbesondere gelten grundsätzlich keine Sondervorschriften bei Umwandlungen iSv § 1 UmwG.[539]

191 Vom Wortlaut des § 97 AktG sind die Fälle nicht erfasst und daher wird hier die Durchführung des Statusverfahrens streitig beurteilt, in denen **beim Unternehmen vor der Maßnahme der Umstrukturierung oder der tatsächlichen Umstandsänderung noch kein Aufsichtsrat bestand.** Dies ist mit dem BAG und der herrschenden Literaturansicht unter Verweis auf den Zweck des Statusverfahrens zu bejahen, und zwar unabhängig davon, ob die Gesellschaft in der Rechtsform der AG oder in der Rechtsform der GmbH organisiert ist.[540] Die Verweisung in § 27 EGAktG auf §§ 96 Abs. 4, 97–99 AktG ist für mitbestimmte Gesellschaften im Lichte von § 6 Abs. 2 S. 1 MitbestG in der Weise zu verstehen, dass ein Statusverfahren auch bei der GmbH dann durchzuführen ist, wenn Streit oder Ungewissheit darüber besteht, ob die Voraussetzungen für die Bildung eines Aufsichtsrats bei einer bislang aufsichtsratslosen GmbH überhaupt gegeben sind;[541] der sprachlich deutlich unterschiedlich formulierte § 1 Abs. 1 Nr. 3 DrittelbG sperrt gegen diese teleologische Auslegung nicht. Schließlich kann aus dem Umstand, dass vor Bildung des ersten Aufsichtsrats bei einer AG nach § 30 AktG kein Statusverfahren durchzuführen ist, nicht geschlossen werden, dass dies auch bei der erstmaligen Bildung eines Aufsichtsrats bei der GmbH gelte. Denn bei Unternehmen in der Rechtsform der GmbH ist ein Aufsichtsrat – anders als bei der AG für die Vorstandsbestellung nach § 30 Abs. 4 AktG – nicht zwingend erforderlich.[542] Es ist daher in solchen Fällen nicht zulässig, ohne vorheriges Statusverfahren ein Aufsichtsratsmitglied der Arbeitnehmer zu wählen und beim Amtsgericht die Ergänzung des Aufsichtsrats um dieses weitere Mitglied nach § 104 AktG zu beantragen.[543]

---

537 Vgl. Hüffer/*Koch* AktG § 96 Rn. 28 und § 97 Rn. 3; *Göz* ZIP 1998, 1523 (1524).

538 Ebenso ErfK/*Oetker* AktG § 99 Rn. 3.

539 Vgl. HWK/*Seibt* MitbestG § 6 Rn. 3; *Kiem/Uhrig* NZG 2001, 680; Lutter/*Grunewald* UmwG § 20 Rn. 31.

540 Vgl. BAG 16.4.2008 – 7 ABR 6/07, NZA 2008, 1025 Rn. 16 – S&D Industriebeteiligungen GmbH/IABG (zur GmbH) und LG München I 5.11.2009 – 5 HK 15948/09 nv – Statusverfahren S&D Industriebeteiligungen GmbH; HH/*Habersack* MitbestG § 6 Rn. 11; WKS/*Kleinsorge* DrittelbG § 1 Rn. 24; MHdB ArbR/*Uffmann* § 372 Rn. 8; *Göz* ZIP 1998, 1523 (1524); Baumbach/Hueck/*Zöllner/Noack* GmbHG § 52 Rn. 15; Scholz/*Schneider/Seyfarth* GmbHG § 52 Rn. 71; aA *Parmentier* AG 2006, 476 (480) (GmbH) und 484 (Personengesellschaft).

541 BAG 16.4.2008 – 7 ABR 6/07, NZA 2008, 1025 Rn. 17 – S&D Industriebeteiligungen GmbH/IABG.

542 BAG 16.4.2008 – 7 ABR 6/07, NZA 2008, 1025 Rn. 22 – S&D Industriebeteiligungen GmbH/IABG.

543 Zutr. BAG 16.4.2008 – 7 ABR 6/07, NZA 2008, 1025 Rn. 16 – S&D Industriebeteiligungen GmbH/IABG; Lutter/*Hommelhoff* GmbHG § 52 Rn. 38; aA aber *Fitting* BetrVG, 21. Aufl., § 77 Rn. 11; Hachenburg/*Raiser*, 8. Aufl., GmbHG § 52 Rn. 161.

Beispiel F 63:[544]

Die im Bundesbesitz stehende TLG Immobilien GmbH verwaltete im Jahre 2000 27.256 Immobilienobjekte mit 1.181 Arbeitnehmern, im Jahre 2006 2.132 Immobilienobjekte mit 407 Arbeitnehmern, und im Jahre 2009 wurden noch 1.241 Immobilienobjekte mit 308 Arbeitnehmern verwaltet.[545] Die TLG Immobilien GmbH beschäftigte zum Stichtag des 31.3.2006 445 Arbeitnehmer und über diverse Tochtergesellschaften in den Rechtsformen der GmbH und GmbH & Co. KG weitere 100 Arbeitnehmer; die Tochtergesellschaften waren mit der TLG Immobilien GmbH über Gewinnabführungs- und Verlustübernahmeverträge verbunden. Aufgrund der Reduktion der Mitarbeiterzahl bei der TLG Immobilien GmbH hatte deren Geschäftsführung das Statusverfahren mit der Bekanntmachung (vgl. § 97 Abs. 1 S. 1 AktG) eingeleitet, dass der Aufsichtsrat der Gesellschaft nicht mehr nach den für ihn bislang maßgeblichen gesetzlichen Voraussetzungen (vgl. § 1 Abs. 1 DrittelbG) zusammengesetzt ist, sondern mitbestimmungsfrei bleiben müsse. Hiergegen haben sich Beteiligte mit der Begründung gewandt, dass § 2 Abs. 2 DrittelbG in Parallelität zu § 5 MitbestG auszulegen sei und auch faktische Konzernverhältnisse erfasse.

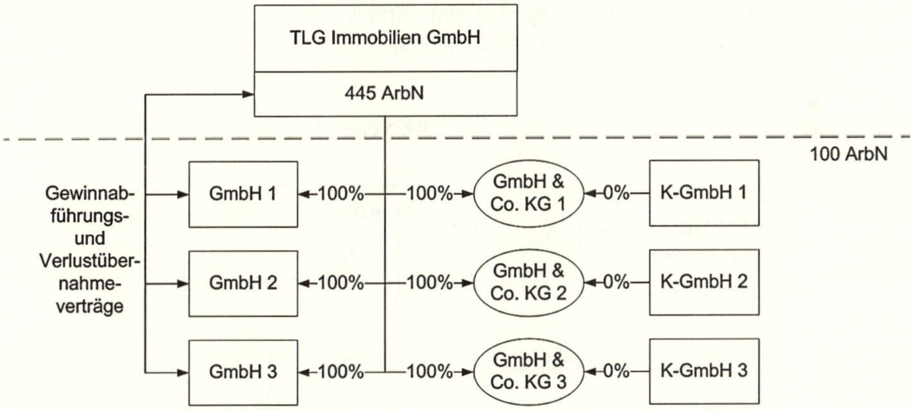

Unabhängig von der zu verneinenden Frage, ob tatsächlich § 2 Abs. 2 DrittelbG in Parallelität zu § 5 Abs. 1 MitbestG auszulegen sei (hierzu → Rn. 38 ff.), urteilte das Kammergericht zu Recht, dass über den Wortlaut von § 97 AktG (iVm § 27 EGAktG) hinaus ein Statusverfahren auch bei Wegfall der Mitbestimmung und damit der Verpflichtung zur Bildung eines Aufsichtsrats bei einer GmbH durchzuführen ist.

In den umgekehrten Fällen, in denen **beim Unternehmen vor den Maßnahmen der Umstrukturierung oder den Änderungen der tatsächlichen Umstände ein Aufsichtsrat bestand,** nun aber streitig oder ungewiss ist, ob überhaupt ein Aufsichtsrat gebildet werden muss, ist richtigerweise zu differenzieren: (1) Ist im Hinblick auf ein Unternehmen in der Rechtsform der GmbH streitig oder ungewiss, ob ein Aufsichtsrat gebildet werden muss, ist vor einer entsprechenden Satzungsänderung auf Abschaffung des Aufsichtsrats das Statusverfahren durchzuführen. Das gilt sowohl für den Fall, in dem die relevante Arbeitnehmerzahl unter den Schwellenwert von 500 (§ 1 Abs. 1 DrittelbG) fällt,[546] oder wegen unternehmensvertraglicher Änderungen (zB Beendigung von Beherrschungsverträgen mit Konzernunternehmen), oder wegen des Wegfalls von eigenständigen 192

[544] Beispiel ist im Sachverhalt nachgebildet KG 7.6.2007 – 2 W 8/07, ZIP 2007, 1566 und 2170 – TLG Immobilien, EWiR 2007, 559 *(von der Linden)*; LG Berlin 19.12.2006 – 102 O 59/06, ZIP 2007, 424 (Vorinstanz).

[545] Angaben der Homepage www.tlg.de, Rubriken Unternehmen; Historie.

[546] KG 7.6.2007 – 2 W 8/07, ZIP 2007, 1566 und 2170, EWiR 2007, 559 *(von der Linden)* – TLG Immobilien; LG Berlin 19.12.2006 – 102 O 59/06, ZIP 2007, 424 (Vorinstanz).

Konzernleitungsbefugnissen.[547] Denn auch in diesen Fällen verlangen die vom Statusverfahren verfolgten Zwecke der Rechtssicherheit und Funktionsgewährung der Unternehmensorgane Geltung.[548]

Beispiel F 64:[549]

Die Unternehmenstätigkeit der S&D Industriebeteiligungen GmbH („S&D GmbH") die keinen Arbeitnehmer beschäftigte und lediglich einen Beratungsvertrag mit einer Person als Prokuristen abgeschlossen hatte, beschränkte sich auf das Halten einer 87,4 %-Beteiligung an der Industrieanlagen-Beteiligungsgesellschaft mbH („IABG-mbH"), die ihrerseits 1.000 Arbeitnehmer beschäftigte, daher einen drittelparitätisch besetzten Aufsichtsrat besaß (§ 1 Abs. 1 Nr. 3 DrittelbG) und mit der S&D-GmbH durch Beherrschungsvertrag verbunden war. Betriebsrat und Gesamtbetriebsrat der IAGB-mbH teilten dem Geschäftsführer der S&D-GmbH mit, dass der aufgrund gesetzlicher Vorschriften gebildete Hauptwahlvorstand die Wahl eines Arbeitnehmervertreters in den Aufsichtsrat der S&D-GmbH organisiert und Herrn N als Mitglied des Aufsichtsrats gewählt habe. Die S&D-GmbH machte vor dem Arbeitsgericht die Unwirksamkeit der Wahl von Herrn N als Arbeitnehmervertreter zum Aufsichtsrat geltend (mit der Begründung, bei einer arbeitnehmerlosen Konzernmuttergesellschaft sei kein mitbestimmter Aufsichtsrat zu bilden).

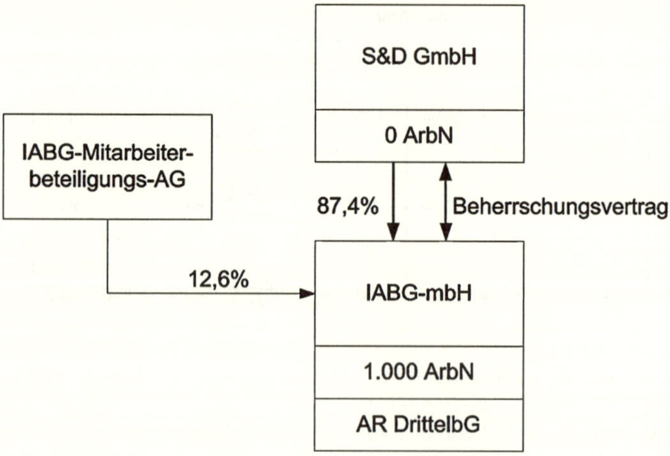

Unabhängig von der – zu bejahenden – materiellen Frage, ob auch eine arbeitnehmerlose Konzernmuttergesellschaft als Träger eines mitbestimmten Aufsichtsrats in Frage kommt[550] hatte das Bundesarbeitsgericht den Beschluss des LAG München[551] bereits deshalb zutreffenderweise aufgehoben, da bei der S&D-GmbH bislang überhaupt kein Aufsichtsrat gebildet war. Daher musste zunächst ein aktienrechtliches Statusverfahren mit dem Ziel durchgeführt werden festzustellen, dass bei der S&D-GmbH ein nach § 1 Abs. 1 Nr. 3 DrittelbG mitbestimmter Aufsichtsrat zu bilden ist.

193 (2) Etwas anderes gilt nur in den Fällen, in denen es wegen **Umwandlung in eine Rechtsform, die gar keinen Aufsichtsrat als mitbestimmungsfähiges Unterneh-**

[547] OLG Frankfurt/M. 7.7.2010 – 20 W 362/10, ZIP 2011, 21 (22) – Asklepios, EWiR 2011, 101 *(Seibt).*

[548] HWK/*Seibt* MitbestG § 6 Rn. 3; *Göz* ZIP 1998, 1523 (1524); Baumbach/Hueck/*Zöllner/Noack* GmbHG § 52 Rn. 15; aA *Hachenburg/Raiser* GmbHG § 52 Rn. 161.

[549] Beispiel ist im Sachverhalt nachgebildet (Stand: 2009) BAG 16.4.2008 – 7 ABR 6/07, ZIP 2008, 1630 – S&D Industriebeteiligungen GmbH/IABG [nachfolgendes Statusverfahren: LG München I 5.11.2009 – 5 HK 15948/09 (abrufbar unter www.bundesanzeiger.de)].

[550] Hierzu zB ErfK/*Oetker* DrittelbG § 2 Rn. 7; Habersack/Henssler/*Habersack* DrittelbG § 2 Rn. 6; WKS/*Kleinsorge* DrittelbG § 2 Rn. 16; MüKoAktG/*Annuß* DrittelbG § 2 Rn. 10.

[551] LAG München 21.12.2006 – 4 TaBV 61/06, BeckRS 2007, 42402.

mensorgan vorsieht (oHG, KG, PartG), zum Wegfall des (bislang mitbestimmten) Aufsichtsrats kommt. Hier ist kein Statusverfahren durchzuführen, da in diesen Fällen durch Registerprüfung und Handelsregistereintragung der neuen Rechtsform keine Rechtsunsicherheit entstehen kann.[552]

Nach ganz überwiegender Literaturauffassung und Unternehmenspraxis ist bei mitbestimmungspflichtigen Gesellschaften ein Statusverfahren auch dann durchzuführen, wenn innerhalb derselben Form der Mitbestimmung **zwingende gesetzliche Schwellenwerte überschritten** werden, die zur Folge haben, dass der bestehende Aufsichtsrat nicht nach den maßgebenden gesetzlichen Vorschriften zusammengesetzt ist, die Zahl der Aufsichtsratsmitglieder also entweder erhöht oder verringert werden muss.[553] Hierzu gehört vor allem der Fall, dass wegen einer Erhöhung der Arbeitnehmerzahl eine Vergrößerung des nach § 7 Abs. 1 MitbestG zusammengesetzten Aufsichtsrats erforderlich ist, ebenso wie der Fall, in dem bei einem dem DrittelbG unterfallenden Unternehmen eine Kapitalherabsetzung durchgeführt und damit gegen § 1 Abs. 1 Nr. 3 DrittelbG iVm § 95 AktG verstoßen wird.[554]

Demgegenüber ist nach überwiegender Meinung ein Statusverfahren nicht durchzufüh- 194
ren, wenn **trotz Veränderung mitbestimmungsrelevanter Parameter eine Änderung des Aufsichtsrates nicht zwingend geboten,** sondern nur zulässig ist, wie dies beispielsweise bei einem nach § 7 Abs. 1 S. 1 Nr. 2 und 3 MitbestG mit 16 oder 20 Mitgliedern besetzten Aufsichtsrat der Fall ist, wenn die Arbeitnehmerzahl *unter* die Schwellenwerte von 10.000 oder 20.000 sinkt, jedoch noch über 2.000 liegt,[555] oder bei einem nach dem DrittelbG zusammengesetzten Aufsichtsrat, wenn die Gesellschaft ihr Kapital erhöht (§ 95 AktG). Erst recht ist der Anwendungsbereich des Statusverfahrens nicht eröffnet, wenn lediglich streitig oder ungewiss ist, welche Arbeitnehmer aktiv oder passiv wahlberechtigt oder für Zwecke der Bestimmung der relevanten Arbeitnehmerzahl zugerechnet werden müssen, sofern nicht das Mitbestimmungsniveau selbst in Frage steht.[556]

Kein Statusverfahren ist ferner durchzuführen, wenn sich – zB durch einen Formwechsel – nur faktisch das Mitbestimmungsniveau ändert (insbesondere Kompetenzänderungen beim Aufsichtsrat), die gesetzlichen Vorschriften *zur Zusammensetzung des Aufsichtsrates* indes in gleicher Weise weitergelten.[557]

Schließlich lehnt die überwiegende Literaturmeinung – entgegen einem Urteil des 195
Bundesarbeitsgerichts[558] – zu Recht eine entsprechende Anwendung der §§ 97–99 AktG auch für den Fall ab, dass eine **Vergrößerung oder Verkleinerung des Aufsichtsrats** zwar nicht gesetzlich zwingend, aber **wegen einer Satzungsänderung** notwendig wird.[559] In den letzten Jahren haben eine Reihe von Unternehmen ihre satzungsmäßig

[552] HWK/*Seibt* MitbestG § 6 Rn. 3; *Henssler* ZfA 2000, 241 (255); *Weiler* NZG 2004, 988 (989); RVJ/*Raiser* MitbestG § 1 Rn. 31; aA *Jung*, Umwandlungen unter Mitbestimmungsverlust, S. 105.

[553] OLG Hamburg 26.8.1988, AG 1989, 64 (65), WuB § 7 MitbestG 1/89 *(Peterhoff)*; OLG Düsseldorf 20.6. 1978, DB 1978, 1358; Hüffer/*Koch* AktG § 97 Rn. 3; KK-AktG/*Mertens/Cahn* §§ 97–99 Rn. 44; MüKoAktG/*Habersack* § 97 Rn. 14; MHdb GesR IV/*Hoffmann-Becking* § 28 Rn. 60; *Martens* DB 1978, 1065 (1068); *Oetker* ZHR 1985, 575 (577); HWK/*Seibt* MitbestG § 6 Rn. 4; RVJ/*Raiser* MitbestG § 6 Rn. 5; HH/*Habersack* MitbestG § 6 Rn. 14; WKS/*Wißmann* MitbestG § 6 Rn. 11; *Kauffmann-Lauven/Lenze* AG 2010, 532; aA *Rosendahl* AG 1985, 325 (326); *Göz* ZIP 1998, 1523 (1525).

[554] OLG Düsseldorf 20.6.1978 – 19 W 3/78, DB 1978, 1358; KK-AktG/*Mertens/Cahn* §§ 97–99 Rn. 44; *Martens* DB 1978, 1065 (1068); *Wiesner* DB 1977, 1747 (1749); HWK/*Seibt* MitbestG § 6 Rn. 4; RVJ/*Raiser* MitbestG § 6 Rn. 5.

[555] MHdb GesR IV/*Hoffmann-Becking* § 28 Rn. 60.

[556] ErfK/*Oetker* AktG § 99 Rn. 3; HH/*Habersack* MitbestG § 6 Rn. 16; GroßKomm. AktG/*Hopt/Roth* AktG § 97 Rn. 12; RVJ/*Raiser* MitbestG § 6 Rn. 5 aE; teilweise aA *Martens* DB 1978, 1065 (1069).

[557] HWK/*Seibt* MitbestG § 6 Rn. 4.

[558] BAG 3.10.1989 – 1 ABR 12/88, DB 1990, 1142.

[559] OLG Hamburg 26.8.1988, AG 1989, 64 (65), WuB § 7 MitbestG 1/89 *(Peterhoff)*; OLG Dresden 18.2. 1997 – 14 W 1396/96, ZIP 1997, 589 (591); LAG Düsseldorf 18.12.1987 – 10 TaBV 132/87, AG 1989, 66 (67) – Alexanderwerk; Hüffer/*Koch* AktG § 97 Rn. 3; KK-AktG/*Mertens/Cahn* § 95 Rn. 26 und §§ 97–99 Rn. 44; MüKoAktG/*Habersack* § 95 Rn. 19 und § 97 Rn. 14; MHdb GesR IV/*Hoffmann-Becking* § 28 Rn. 61; MHdB ArbR/*Uffmann* § 374 Rn. 5; Baumbach/Hueck/*Zöllner/Noack* GmbHG § 52

verankerte Größe des Aufsichtsrates verringert, vor allem um die Effizienz des Kontrollorgans zu steigern, und waren dabei – wie das nachfolgende Beispiel zeigt – gezwungen, eine Reihe von praktischen Problemen zu meistern.

Beispiel F 65:

Die Hamburger Raffinerie AG beschäftigt 1.200 Arbeitnehmer und besitzt einen Aufsichtsrat, der gemäß der Satzung der Gesellschaft aus neun Mitgliedern besteht. Sechs der Aufsichtsratsmitglieder sind Vertreter der Anteilseigner, drei sind Arbeitnehmervertreter (§§ 1 Abs. 1 Nr. 1, 4 Abs. 1 DrittelbG). Zur Steigerung der Arbeitseffizienz des Gremiums und aus Kosteneinsparungsgründen entschließen sich die Mehrheitsaktionäre der Hamburger Raffinerie AG Anfang 2010, die Zahl der Aufsichtsratsmitglieder von neun auf drei zu verringern. Die Amtszeit der Aufsichtsratsmitglieder läuft „bis zur Beendigung der Hauptversammlung, die über die Entlastung für das vierte Geschäftsjahr nach dem Beginn der Amtszeit beschließt", im konkreten Fall bis zur Beendigung der ordentlichen Hauptversammlung im Jahre 2011.

196 Bei der **Planung und Durchführung der Veränderung der Aufsichtsratgröße** durch Satzungsänderung während der Amtszeit der Aufsichtsratsmitglieder haben die Gesellschaft und ihre Berater vor allem die folgenden vier Aspekte zu beachten:

- Die der Veränderung der Aufsichtsratsgröße zugrundeliegende **Satzungsänderung** wird erst mit der dem Beschluss der Anteilsinhaber nachfolgenden **Eintragung im Handelsregister wirksam** (§§ 181 Abs. 3 AktG, 54 Abs. 3 GmbHG). Hieraus folgt, dass ein in der über die Satzungsänderung beschließenden Anteilseignerversammlung gewählter verkleinerter Aufsichtsrat erst mit der Eintragung der Satzungsänderung im Handelsregister der Satzung entspräche.
- Im Hinblick auf die Arbeitnehmervertreter im Aufsichtsrat ist zu berücksichtigen, dass die Wahlen der Arbeitsnehmervertreter so rechtzeitig eingeleitet und durchgeführt werden müssen, dass sie noch vor Ablauf der Amtszeit der vorhandenen Arbeitnehmervertreter abgeschlossen sind.[560] Dabei hat diese Wahl auf der Grundlage der **im Zeitpunkt der Einleitung des Wahlverfahrens geltenden Satzungsbestimmungen** (also auch im Hinblick auf die zu wählenden Personenzahl) zu erfolgen.[561]
- Nach Auffassung der Rechtsprechung und der überwiegenden Literaturauffassung sind die Anteilsinhaber **nicht berechtigt,** die Aufsichtsratsämter der Arbeitnehmervertreter **in ihrem Bestand zu beeinträchtigen,** mit der Folge, dass Beschlüsse zur Vergrößerung ebenso wie zur Verkleinerung, die nicht durch Gesetz zwingend vorgeschrieben sind (§ 7 Abs. 1 S. 2 MitbestG), keine Auswirkung auf den Bestand der Aufsichtsratsämter der vorhandenen Arbeitnehmervertreter haben.[562] Die Satzungsänderung führt demnach nicht zu einer Beendigung der Aufsichtsratsämter der vorhandenen Arbeitnehmervertreter, so dass eine Verkleinerung des Aufsichtsrates vor Ablauf der Amtsfristen nur dann realisiert werden kann, wenn sich die Arbeitnehmervertreter freiwillig bereiterklä-

---

Rn. 14; *Martens* DB 1978, 1065 (1069); *Rosendahl* AG 1985, 325 (328); *Göz* ZIP 1998, 1523 (1526); RVJ/*Raiser* MitbestG § 6 Rn. 5 und RVJ/*Raiser/Jacobs* MitbestG § 7 Rn. 5; HWK/*Seibt* MitbestG § 6 Rn. 4; HH/*Habersack* MitbestG § 6 Rn. 15; *Hoffmann/Lehmann/Weinmann* MitbestG § 7 Rn. 49ff.; aA BAG 3.10.1989 – 1 ABR 12/88, DB 1990, 1142; *Oetker* ZHR 1985, 575 (584); WKS/*Wißmann* MitbestG § 7 Rn. 11; GK/*Kraft* BetrVG 1952 § 76 Rn. 26.

560 Vgl. *Fuchs/Köstler/Pütz* Handbuch zur Aufsichtsratswahl Rn. 245.

561 Vgl. *Fuchs/Köstler/Pütz* Handbuch zur Aufsichtsratswahl Rn. 770.

562 OLG Hamburg 26.8.1988 – 11 W 53/88, AG 1989, 64 (66); OLG Dresden 18.2.1997 – 14 W 1396/96, ZIP 1997, 589 (590); LAG Düsseldorf 18.12.1987, AG 1989, 66 (67) – Alexanderwerk (vom BAG 3.10.1989 – 1 ABR 12/88, DB 1990, 1142 offen gelassen); KK-AktG/*Mertens/Cahn* § 95 Rn. 26; Hüffer/*Koch* AktG § 97 Rn. 3; HH/*Henssler* MitbestG § 7 Rn. 28f.; WKS/*Wißmann* MitbestG § 15 Rn. 151; RVJ/*Raiser/Jacobs* MitbestG § 7 Rn. 5 aE; MHdb GesR IV/*Hoffmann-Becking* § 28 Rn. 61; aA *Oetker* ZHR 1985, 575 (584).

ren, aus dem Aufsichtsrat auszuscheiden.[563] Obwohl gegen eine sofort in Kraft gesetzte Amtszeitverkürzung der Anteilseignervertreter an sich keine Bedenken bestehen, folgert die überwiegende Meinung, dass wegen der in den Mitbestimmungsgesetzen vorgeschriebenen Gruppenparitäten auch die Zahl der Anteilseignervertreter solange nicht geändert werden kann, wie diese Veränderung auch gegenüber den Arbeitnehmervertretern nicht in Vollzug treten kann. Eine quantitative Veränderung der Aufsichtsratsmandate soll daher nur mit gleichzeitiger Wirkung für Arbeitnehmer- und Anteilseignervertreter in die Tat umgesetzt werden können, und zwar zum Ende der laufenden Amtszeit der dem Aufsichtsrat angehörenden Arbeitnehmervertreter.[564]

– Trotz der überwiegend vertretenen Auffassung, dass durch eine Satzungsänderung nicht in den Bestand und die Amtszeit jedenfalls der Arbeitnehmervertreter im Aufsichtsrat eingegriffen werden kann, wird noch die Frage streitig behandelt, ob vor einer wirksamen Neubesetzung des Aufsichtsrates das **Statusverfahren gemäß §§ 97–99 AktG** durchzuführen ist. Wenngleich dies – wie oben dargestellt – von der überwiegenden Auffassung verneint wird, wird häufig – meines Erachtens zu Unrecht – die Empfehlung an das Geschäftsleitungsorgan gegeben, „sicherheitshalber" das Bekanntmachungsverfahren nach § 97 Abs. 1 AktG durchzuführen.[565]

Für das **Beispiel F 65** bedeutet dies, dass die satzungsgemäße Verkleinerung des Aufsichtsrates frühestens mit Abschluss der ordentlichen Hauptversammlung im Jahre 2011 wirksam werden kann, da erst zu diesem Zeitpunkt die Amtszeit der Arbeitnehmervertreter im Aufsichtsrat endet. Die Satzungsänderung muss jedoch bereits vor dieser Hauptversammlung wirksam geworden sein (Eintragung im Handelsregister!), und zwar so rechtzeitig, dass die Wahl der Arbeitnehmervertreter bereits auf der Grundlage dieser neuen Satzungsbestimmungen erfolgen kann. Gegebenenfalls müsste also auch eine außerordentliche Hauptversammlung stattfinden, wenn die ordentliche Hauptversammlung im Jahre 2010 bereits stattgefunden haben sollte. 197

Bei der **satzungsmäßigen Vergrößerung des Aufsichtsrates** stellt sich auch die Frage nach der **Weiterführung der Ämter** der bereits vorhandenen Aufsichtsratsmitglieder. Einige Stimmen in der Literatur fordern in diesem Fall eine umfassende Neuwahl.[566] Ein Grund wird hierfür weder angegeben noch ist einer ersichtlich. Zu Recht nimmt die überwiegende Auffassung an, dass in einem solchen Fall der Aufsichtsrat lediglich durch **Zuwahl oder gerichtliche Bestellung** (§ 104 AktG) zu ergänzen ist.[567] Zur Zuwahl: Hier kann mE bereits die über die entsprechende Satzungsänderung beschließende Anteilseignerversammlung die neuen Mitglieder mit der Maßgabe „zuwählen", dass deren Amt nur und erst mit der Eintragung der Satzungsänderung im Handelsregister (§ 181 Abs. 3 AktG) beginnt;[568] das Gleiche sollte auch für die nach den mitbestimmungsrechtlichen Vorschriften zu „zuwählenden" Arbeitnehmervertreter gelten. 198

Nicht selten ergibt sich das Erfordernis einer wegen § 7 Abs. 1 MitbestG oder aus verhandlungsstrategischen Gründen erforderlichen Vergrößerung des Aufsichtsrats infolge eines erheblichen Unternehmenserwerbs oder einer Verschmelzung. Für den Fall der **Verschmelzung eines beschäftigungsstarken Unternehmens** auf einen bereits dem 199

---

[563] LAG Düsseldorf 18.12.1987 – 10 TaBV 132/87, AG 1989, 66 (67) – Alexanderwerk; HH/*Henssler* MitbestG § 7 Rn. 25; *Hoffmann/Lehmann/Weinmann* MitbestG § 7 Rn. 53; *Fuchs/Köstler/Pütz* Handbuch zur Aufsichtsratswahl Rn. 64.

[564] OLG Hamburg 26.8.1988 – 11 W 53/88, AG 1989, 64 (66).

[565] So ausdrücklich KK-AktG/*Mertens/Cahn* § 95 Rn. 26 aE.

[566] zB WKS/*Wißmann* MitbestG § 7 Rn. 11.

[567] Vgl. KK-AktG/*Mertens/Cahn* § 95 Rn. 24; Hüffer/*Koch* AktG § 97 Rn. 5; RVJ/*Raiser/Jacobs* MitbestG § 7 Rn. 5; HH/*Henssler* MitbestG § 7 Rn. 29; *Hoffmann/Lehmann/Weinmann* MitbestG § 7 Rn. 50; ErfK/*Oetker* DrittelbG § 4 Rn. 6; HWK/*Seibt* DrittelbG § 4 Rn. 3 und MitbestG § 6 Rn. 5; *Dietz/Richardi*, 6. Aufl. 1982, BetrVG 1952 § 76 Rn. 126; *Fitting* BetrVG 1952 § 76 Rn. 140 aE; *Kauffmann-Lauven/Lenze* AG 2010, 532 (534).

[568] HWK/*Seibt* MitbestG § 6 Rn. 5; KK-AktG/*Mertens/Cahn* § 95 Rn. 24; MüKoAktG/*Habersack* § 95 Rn. 17; Hüffer/*Koch* AktG § 95 Rn. 5; *Kauffmann-Lauven/Lenze* AG 2010, 532 (534).

MitbestG unterfallenden Rechtsträger, in deren Folge ein **höherer Schwellenwert des § 7 Abs. 1 MitbestG erreicht wird,** ergibt sich an sich die folgende Schritt- und Maßnahmenfolge:[569]

i) Fassung der Verschmelzungsbeschlüsse auf den Anteilseignerversammlungen der an der Verschmelzung beteiligten Rechtsträger;
ii) Eintragung der Verschmelzung in den Handelsregistern (= Wirksamwerden der Verschmelzung; § 20 Abs. 1 UmwG mit Eintragung im Handelsregister des übernehmenden Rechtsträgers);
iii) Bekanntmachung des Vorstands des übernehmenden Rechtsträgers nach § 97 Abs. 1 S. 1 AktG über die Zusammensetzung des Aufsichtsrats (sog. außergerichtlichen Statusverfahren);
iv) Ablauf der einmonatigen Anrufungsfrist nach § 98 Abs. 1 AktG (bzw. rechtskräftige gerichtliche Entscheidung im Fall der Anfechtung der Bekanntmachung der Geschäftsführung);
v) Wahl der Arbeitnehmervertreter;
vi) Durchführung der „ersten" Hauptversammlung des übernehmenden Rechtträgers (AG) nach Ablauf des Statusverfahrens mit Satzungsänderung zur Vergrößerung des Aufsichtsrats und Wahl der Aufsichtsratsmitglied der Anteilseigner;
vii) Eintragung der Satzungsänderung zur Vergrößerung des Aufsichtsrats im Handelsregister de übernehmenden Rechtsträgers.

Bei dieser Schrittfolge bleibt der vor der Verschmelzung beim aufnehmenden Rechtsträger amtierende Aufsichtsrat auch nach Wirksamwerden der Verschmelzung zunächst im Amt, bis er nach Wirksamwerden der Satzungsänderung und der Aufsichtsratswahlen abgelöst worden ist. Diese zeitlich und wirtschaftlich aufwändige Schrittfolge kann entsprechend → Rn. 198 und → Rn. 206 wie folgt verkürzt werden:[570]

i) Einleitung eines vorgezogenen Statusverfahrens im Hinblick auf bevorstehende Vergrößerung des Aufsichtsrats infolge der Verschmelzung durch Bekanntmachung des Vorstands des übernehmenden Rechtsträgers nach § 97 Abs. 1 S. 1 AktG (zB zum Zeitpunkt der Einladung der über die Verschmelzung beschließenden Hauptversammlung des übernehmenden Rechtsträgers);
ii) ggf. vorgezogenes Wahlverfahren für die zuzuwählenden Arbeitnehmervertreter (ggf. zu ersetzen durch Ziffer (v));
iii) Fassung der Verschmelzungsbeschlüsse auf den Anteilseignerversammlungen der an der Verschmelzung beteiligten Rechtsträger sowie Beschlussfassung über die Satzungsänderung zur Vergrößerung des Aufsichtsrats auf der Hauptversammlung des übernehmenden Rechtsträgers (AG) sowie Wahl der weiteren Anteilseignervertreter (Wahlbeschluss bedingt durch (iv));
iv) Eintragung der Verschmelzung in den Handelsregistern der an der Verschmelzung beteiligten Rechtsträger sowie der Satzungsänderung zur Vergrößerung des Aufsichtsrats beim übernehmenden Rechtsträger (AG) in dessen Handelsregister;
v) ggf. gerichtliche Ersatzbestellung der weiteren Arbeitnehmervertreter nach § 104 AktG.

2. Ablauf des Statusverfahrens und Rechtsfolgen

200 Das Statusverfahren kann in **zwei Abschnitte** gegliedert werden, die zueinander in einem **Stufenverhältnis** stehen. Auf einer ersten Stufe erfolgt die für alle Beteiligten verbindliche Festlegung der nunmehr auf den Aufsichtsrat anzuwendenden gesetzlichen Vorschriften durch die Bekanntmachung des Vorstandes, falls diese unangefochten bleibt (§ 97

[569] Vgl. auch *Kauffmann-Lauven/Lenze* AG 2010, 532 (533).
[570] Hierzu zT krit. auch *Kauffmann-Lauven/Lenze* AG 2010, 532 (533).

Abs. 2 S. 1 AktG; sog. Bekanntmachungsverfahren), oder durch eine Entscheidung vor den ordentlichen Gerichten (§ 98 Abs. 4 S. 1 AktG; sog. gerichtliches Feststellungsverfahren). Anschließend wird in einer zweiten Stufe die Überleitung vollzogen, indem nach § 97 Abs. 2 AktG die entgegenstehenden Satzungsbestimmungen geändert werden oder kraft Gesetzes außer Kraft treten, alle bisherigen Aufsichtsratsmandate erlöschen und eine vollständige Neubesetzung des Aufsichtsrates stattfindet. Im Einzelnen:

a) Verbindliche Feststellung der maßgeblichen Vorschriften durch Bekanntmachungsverfahren

Die **Initiativbefugnis** für eine **außergerichtliche Klärung** des nach der Umstrukturierung auf das Unternehmen anwendbaren Mitbestimmungsregimes kommt **ausschließlich** dem **Geschäftsführungsorgan** des betroffenen Rechtsträgers zu, bei der AG also dem Vorstand, bei der KGaA dem Komplementär und bei der GmbH den Geschäftsführern. Ist das Geschäftsführungsorgan der Ansicht, dass der Aufsichtsrat nicht mehr nach den maßgebenden gesetzlichen Vorschriften zusammengesetzt ist, ist es nach § 97 Abs. 1 AktG verpflichtet, seine Ansicht über die anzuwendenden gesetzlichen Vorschriften in den Gesellschaftsblättern sowie gleichzeitig durch Aushang in sämtlichen Betrieben der Gesellschaft und ihrer inländischen Konzernunternehmen bekannt zu machen. Die Bekanntmachung ist auch dann erforderlich, wenn zwischen allen Beteiligten Einigkeit über die erforderliche Änderung im Hinblick auf die Größe und Zusammensetzung des Aufsichtsrates besteht.[571] 201

Der **Bekanntmachungstext** muss mindestens die drei folgenden Angaben enthalten: 202

- Die Feststellung, dass nach Auffassung des Geschäftsführungsorgans der Aufsichtsrat nicht nach den für ihn maßgebenden gesetzlichen Vorschriften zusammengesetzt ist;
- die Vorschriften, nach welchen der Aufsichtsrat gebildet werden muss (einschließlich der betreffenden Satzungsbestimmungen, die eine vom gesetzlichen Regelfall abweichende Anzahl der Aufsichtsratsmitglieder regeln);
- die Ankündigung, dass der Aufsichtsrat nach diesen Vorschriften zusammengesetzt wird, wenn das nach § 98 Abs. 1 AktG zuständige Gericht nicht innerhalb eines Monats nach Bekanntmachung im Bundesanzeiger von den nach § 98 Abs. 2 AktG genannten Antragsberechtigten angerufen wird.

Wenn das Geschäftsführungsorgan § 7 MitbestG für anwendbar hält, muss es auch die aufgrund der Zahl der Arbeitnehmer maßgebliche Regelungsvariante des § 7 Abs. 1 S. 1 MitbestG zur Größe des Aufsichtsrates bezeichnen.[572] Hat die Anteilseignerversammlung nach § 7 Abs. 1 S. 2 MitbestG durch Satzungsregelung eine höhere Mitgliederzahl von 16 oder 20 Mitgliedern beschlossen, so ist auch dieses im Bekanntmachungstext aufzunehmen.[573] Der Text sollte mit Ort, Datum (wobei der Bekanntmachungsmonat genügt) und dem Hinweis auf das Geschäftsleitungsorgan abgeschlossen werden; die Namen der einzelnen Organmitglieder brauchen nicht angegeben werden.

Weitere Angaben in der Bekanntmachung sind **rechtlich nicht gefordert**[574], finden sich jedoch häufig in den Bekanntmachungen. Dies gilt insbesondere – entsprechend einer häufigen Empfehlung aus dem Schrifttum[575] – für die konkrete Bezeichnung des zuständi-

[571] Vgl. MHdb GesR IV/*Hoffmann-Becking* § 28 Rn. 63.

[572] HH/*Habersack* MitbestG § 6 Rn. 21; WKS/*Wißmann* MitbestG § 6 Rn. 20; MHdb GesR IV/*Hoffmann-Becking* § 28 Rn. 65.

[573] HH/*Habersack* MitbestG § 6 Rn. 21; RVJ/*Raiser* MitbestG § 6 Rn. 13; KK-AktG/*Mertens/Cahn* §§ 97–99 Rn. 11; MHdb GesR IV/*Hoffmann-Becking* § 28 Rn. 65; aA *Hoffmann/Lehmann/Weinmann* MitbestG § 37 Rn. 10.

[574] Vgl. Hüffer/*Koch* AktG § 97 Rn. 4; KK-AktG/*Mertens/Cahn* § 97–99 Rn. 10ff.; *Göz* ZIP 1998, 1523; HWK/*Seibt* MitbestG § 6 Rn. 9 aE; aA *Oetker* ZHR 1985, 575 (592) [Angabe „des die gesetzlichen Vorschriften verwirklichenden Lebenssachverhalts", zB die nach §§ 4 und 5 MitbestG zuzurechnenden Konzernunternehmen, die Zahl der beschäftigten Arbeitnehmer].

[575] Vgl. KK-AktG/*Mertens/Cahn* §§ 97–99 Rn. 12; MüKoAktG/*Habersack* § 97 Rn. 24; GroßKomm. AktG/*Hopt/Roth* AktG § 97 Rn. 54; *Godin/Wilhelmi* § 97 AktG Anm. 2.

gen Gerichts. ME sollten in der Bekanntmachung keine zusätzlichen „freiwilligen" Angaben gemacht werden, da dies nur die Gefahr der Wirkungslosigkeit der Bekanntmachung erhöht. Beispielsweise herrscht praktisch Einigkeit darüber, dass eine **fehlende** (Orts-)Angabe des zuständigen Landgerichts die Bekanntmachung auf keinen Fall wirkungslos macht,[576] während die Rechtsfolgen einer **fehlerhaften** (Orts-) Angabe des zuständigen Gerichtes bislang noch ungeklärt sind[577].[578]

203 Die Bekanntmachung des Geschäftsführungsorgans nach § 97 Abs. 1 AktG kann und sollte also zB in dem Fall, in dem sich aufgrund einer Umstrukturierung das Mitbestimmungsniveau einer Aktiengesellschaft von der paritätischen Mitbestimmung entsprechend den Regelungen des MitbestG auf das einer drittelparitätischen Mitbestimmung nach dem DrittelbG absenkt, kurz und knapp wie folgt lauten:[579]

204 „A-AG
[Sitz der Gesellschaft]

Bekanntmachung über die Zusammensetzung des Aufsichtsrates

Der Vorstand ist der Ansicht, daß der Aufsichtsrat der Gesellschaft nicht nach den für ihn maßgebenden gesetzlichen Vorschriften zusammengesetzt ist. Der Aufsichtsrat ist nach Auffassung des Vorstands nach Maßgabe von § 101 Abs. 1 AktG iVm § 4 Abs. 1 DrittelbG zusammenzusetzen, also zu zwei Dritteln aus Mitgliedern der Aktionäre und zu einem Drittel aus Mitgliedern der Arbeitnehmer. Der Aufsichtsrat wird nach diesen gesetzlichen Vorschriften gebildet und zusammengesetzt, wenn nicht Antragsberechtigte nach § 98 Abs. 2 AktG innerhalb eines Monats nach Veröffentlichung dieser Bekanntmachung im Bundesanzeiger das nach § 98 Abs. 1 AktG zuständige Gericht anrufen.

[Ort, Datum]

Der Vorstand

__________"

Nach § 97 Abs. 1 S. 1 AktG hat die Bekanntmachung „unverzüglich" zu erfolgen, nachdem das Geschäftsführungsorgan zu der Überzeugung gelangt ist, dass der Aufsichtsrat nach der bereits abgeschlossenen, für die Änderung des Mitbestimmungsstatus maßgebenden Umstrukturierung nicht mehr richtig zusammengesetzt ist. Das **Erfordernis der Unverzüglichkeit** (vgl. § 121 Abs. 1 S. 1 BGB) ist auch dann noch erfüllt, wenn das Geschäftsführungsorgan zunächst eine detaillierte Prüfung der Sach- und Rechtslage nach der Umstrukturierung unternimmt oder sich zunächst mit dem bestehenden Aufsichtsrat verständigt.[580] Ist eine mitbestimmungsrelevante Änderung der tatsächlichen Verhältnisse bereits mit hinreichender Sicherheit absehbar, *kann* mE auch schon vor dem rechtlichen Wirksamwerden der maßgebenden Umstrukturierungsmaßnahme die Bekanntmachung erfolgen.[581] Darüber hinaus wird in der Praxis – zu Recht mit Unterstützung des überwie-

---

[576] Ausdrücklich *Godin/Wilhelmi* § 97 AktG Anm. 2; GroßKomm. AktG/*Hopt/Roth* AktG § 97 Rn. 54; MüKoAktG/*Habersack* § 97 Rn. 24.

[577] Gegen Auswirkungen inhaltlicher Mängel im Zusammenhang mit freiwilligen Angaben MüKoAktG/*Habersack* § 97 Rn. 25.

[578] Nach § 98 Abs. 1 AktG entscheidet im aktienrechtlichen Statusverfahren das Landgericht, in dessen Bezirk die Gesellschaft ihren Sitz hat. Zu den einzelnen Landes-Verordnungen vgl. *Fuchs/Köstler/Pütz* Handbuch zur Aufsichtsratswahl Rn. 167. Die durch Landes-Verordnungen abweichend festgelegte Gerichtszuständigkeiten sind in der Praxis in dem einen oder anderen Fall übersehen worden, mE ohne daß dies die Bekanntmachung wirkungslos gemacht hätte, da die Angabe des zuständigen Landgerichts nicht zu den in Bestandskraft erwachsenden Sachverhalts-Feststellungen gehört.

[579] Für ein ausführliches Muster *Happ* AktR Ziff. 9.15, S. 1061.

[580] HH/*Habersack* MitbestG § 6 Rn. 18; RVJ/*Raiser* MitbestG § 6 Rn. 11; HWK/*Seibt* MitbestG § 6 Rn. 10; WKS/*Wißmann* MitbestG § 6 Rn. 18; *Kiem/Uhrig* NZG 2001, 680 (681).

[581] HWK/*Seibt* MitbestG § 6 Rn. 10; MüKoAktG/*Habersack* § 97 Rn. 20; weitergehend KK-AktG/*Mertens/Cahn* §§ 97–99 Rn. 3 [zwingende Einleitung]; aA Lutter/*Grunewald* UmwG § 20 Rn. 31; MHdb GesR IV/*Hoffmann-Becking* § 28 Rn. 66.

genden Schrifttums[582] – das langwierige Verfahren der Arbeitnehmerwahlen häufig vor der Bekanntmachung nach § 97 Abs. 1 AktG eingeleitet, wenn ansonsten zu befürchten ist, dass diese Wahlen nicht innerhalb der 6-monatigen Regelfrist gemäß § 97 Abs. 2 S. 2 und 3 AktG abgeschlossen werden können, und eine Bestellung der fehlenden Arbeitnehmervertretung nach § 104 Abs. 2 AktG durch das Registergericht vermieden werden soll.

Für **Unternehmenskäufe oder Umstrukturierungen,** die nach der gesetzlichen Wertung oder gesellschaftsvertraglichen Regelungen eines **Beschlusses des Aufsichtsrates oder der Anteilseignerversammlung** bedürfen, gilt Folgendes: Das Geschäftsführungsorgan ist jedenfalls mit dinglichem Vollzug des Unternehmenskaufs bzw. -verkaufs oder der Umstrukturierungsmaßnahme befugt, das Bekanntmachungsverfahren nach § 97 Abs. 1 AktG durchzuführen. Dem steht nicht entgegen, dass Gremienbeschlüsse noch ausstehen oder gegen diese Anfechtungsklagen erhoben worden sind. Denn zum einen tritt die Nichtigkeit der Befugnisse erst mit Eintritt der Rechtskraft des einer Anfechtungsklage stattgebenden Urteils ein (§§ 241 Nr. 5, 248 Abs. 1 S. 1 AktG) und zudem berühren die Anfechtungsklagen in aller Regel nicht die Wirksamkeit der dinglichen Rechtsgeschäfte.[583] 205

Bei **Verschmelzungen und Spaltungen nach dem Umwandlungsgesetz** kommt es zum dinglichen Übergang der Vermögensgegenstände und damit zur etwaigen Änderung des Mitbestimmungsregimes erst mit Eintragung der Umwandlung im Handelsregister der betreffenden Rechtsträger (§ 20 Abs. 1, § 131 Abs. 1 UmwG). Es wird regelmäßig im Interesse der beteiligten Unternehmen sein, bereits die über die Umwandlung beschließenden Hauptversammlungen auch dazu zu nutzen, aufschiebend bedingt auf die Eintragung der Umwandlung in die Handelsregister der betreffenden Rechtsträger die notwendigen Satzungsänderungen zu beschließen sowie die entsprechenden Anteilseignervertreter im Aufsichtsrat zu wählen. Denn hierdurch wird zum einen erreicht, dass bereits mit Wirksamwerden der Umwandlung die für die an der Umwandlung beteiligten Rechtsträger geeigneten Aufsichtsräte platziert sind und die für das Mitbestimmungsregime passenden Satzungsbestimmungen gelten, ohne dass es hierfür einer weiteren – in den meisten Fällen: außerordentlichen – Hauptversammlung bedarf. Es bestehen auch weder erhebliche rechtliche Bedenken dagegen, dass das Geschäftsführungsorgan bereits vor Wirksamwerden der Umwandlung das Statusverfahren mit der Bekanntmachung eröffnet (wenn denn das Wirksamwerden der Umwandlung nach pflichtgemäßer Prüfung durch das Geschäftsführungsorgan hinreichend wahrscheinlich erscheint), noch dagegen, dass die Hauptversammlung die Satzungsänderungen und die Anteilseignervertreter im Aufsichtsrat aufschiebend bedingt auf die Eintragung der Umwandlung in den Handelsregistern der betreffenden Rechtsträger beschließt bzw. wählt.[584] Die Einleitung des Wahlverfahrens für die Arbeitnehmervertreter im Aufsichtsrat könnte dann ebenfalls vor der Eintragung der Umwandlung in den Handelsregistern der betreffenden Rechtsträger eingeleitet werden; für etwaige Übergangszeiten können die fehlenden Arbeitnehmervertreter bis zum Abschluss der Wahlen gerichtlich gemäß § 104 AktG bestellt werden.[585] 206

Sieht der Vorstand von einer unverzüglichen Bekanntmachung nach § 97 Abs. 1 AktG ab, obwohl ein ordentlicher und gewissenhafter Geschäftsleiter Zweifel an der richtigen Zusammensetzung des Aufsichtsrates hätte haben müssen, und unterlässt er auch die Einleitung des gerichtlichen Feststellungsverfahrens, so haftet er der Gesellschaft gegenüber nach § 93 Abs. 2 AktG (für GmbH: § 43 Abs. 2 GmbHG) auf Schadenersatz (allerdings in keinem Fall gegenüber Arbeitnehmern, Betriebsräten oder Gewerkschaften). Da ein Scha- 207

582 KK-AktG/*Mertens/Cahn* §§ 97–99 Rn. 27; MHdb GesR IV/*Hoffmann-Becking* § 28 Rn. 66; WKS/*Wißmann* MitbestG vor § 9 Rn. 15; *Hoffmann/Lehmann/Weinmann* MitbestG § 37 Rn. 26; HWK/*Seibt* MitbestG § 6 Rn. 10; *Kiem/Uhrig* NZG 2001, 680 (687); aA wohl *Säcker* Wahlordnungen Rn. 40.

583 So auch LG Mainz 8.6.1998 – 4 O 189/97, DB 1998, 2052; zustimmend HWK/*Seibt* MitbestG § 6 Rn. 11; *Oetker* ZGR 2000, 19 (39).

584 So auch HWK/*Seibt* MitbestG § 6 Rn. 12; *Kiem/Uhrig* NZG 2001, 680 (683); MHdb GesR IV/*Hoffmann-Becking* § 28 Rn. 66, 71; aA *K. Mertens* AG 1984, 66; *Kauffmann-Lauven/Lenze* AG 2010, 532 (534).

585 HWK/*Seibt* MitbestG § 6 Rn. 12.

den wegen fehlerhafter Zusammensetzung des Aufsichtsrates regelmäßig nicht nachweisbar sein dürfte (die Weiterzahlung der Bezüge an Aufsichtsratsmitglieder, deren Amt bei rechtzeitigem Handeln des Vorstandes früher erloschen wäre, stellt keinen Schaden dar), ist die **Verletzung der Verpflichtung nach §§ 97, 98 AktG praktisch sanktionslos**[586]. Insbesondere stellt die Verkennung der anwendbaren Vorschriften weder eine Ordnungswidrigkeit noch eine Straftat dar. Auch sind die **Beschlüsse des nicht nach den gesetzlichen Vorschriften zusammengesetzten Aufsichtsrats wirksam,** solange eben nicht der Status Quo bzw. das Ergebnis eines Statusverfahrens missachtet wird (arg. § 250 Abs. 1 Nr. 1 AktG).[587] Das Kontinuitäts- oder Status Quo-Prinzip (§ 96 Abs. 4 AktG, gesetzliche Fiktion mit konstitutiver Wirkung!) schützt gerade die Aufsichtsratskontinuität, nicht hingegen seine materiell richtige Zusammensetzung.[588] Aus dem gleichen Grund sind auch Wahlbeschlüsse von Aufsichtsratsmitgliedern nicht anfechtbar.[589]

208 Ruft kein nach § 98 Abs. 2 AktG Antragsberechtigter (zB Aufsichtsratsmitglieder, Aktionäre, Betriebsrat bzw. Gesamtbetriebsrat, ggf. auch Arbeitnehmer und Gewerkschaften) innerhalb eines Monats nach der Bekanntmachung im Bundesanzeiger[590] das nach § 98 Abs. 1 AktG zuständige Gericht[591] an, so ist der neue Aufsichtsrat nach den in der Bekanntmachung des Geschäftsleitungsorgans angegebenen Vorschriften zusammenzusetzen (§ 97 Abs. 2 S. 1 AktG). Kommt es hingegen zu einer Anrufung des Gerichts innerhalb dieser Anrufungsfrist, so tritt das gerichtliche Feststellungsverfahren an die Stelle des Bekanntmachungsverfahrens und die gerichtliche Entscheidung an die Stelle der Bekanntmachung des Geschäftsleitungsorgans. Sollte es später zu keiner gerichtlichen Entscheidung kommen (zB weil der Antragsberechtigte seinen Antrag zurücknimmt[592]), kann mE der Aufsichtsrat nach Ablauf (des Rests) der Anrufungsfrist entsprechend der Bekanntmachung des Geschäftsleitungsorgans zusammengesetzt werden.[593]

b) Verbindliche Feststellung der maßgeblichen Vorschriften durch gerichtliches Feststellungsverfahren

209 Ist streitig oder ungewiss, nach welchen gesetzlichen Vorschriften sich die Größe und Zusammensetzung des Aufsichtsrates bestimmen, kann der nach § 98 Abs. 2 AktG antragsberechtigte Personenkreis (neben dem Geschäftsführungsorgan in seiner Gesamtheit,[594] den Aufsichtsratsmitgliedern und den Aktionären zB der Betriebsrat bzw. Gesamtbetriebsrat der Gesellschaft und – wenn die Anwendung des MitbestG beantragt wird – die im Unter-

---

[586] HWK/*Seibt* MitbestG § 6 Rn. 13; KK-AktG/*Mertens/Cahn* §§ 97–99 Rn. 7; MüKoAktG/*Habersack* § 97 Rn. 28; *Parmentier* AG 2006, 476 (485).

[587] Vgl. HWK/*Seibt* MitbestG § 6 Rn. 13; *Parmentier* AG 2006, 476 (485); vgl. iE auch *Martens* DB 1978, 1065 (1068).

[588] Ebenso *Parmentier* AG 2006, 476 (486).

[589] Ebenso *Parmentier* AG 2006, 476 (486).

[590] Eine frühere oder spätere Veröffentlichung in anderen Gesellschaftsblättern ist für die Fristberechnung unerheblich, es sei denn, der Bundesanzeiger zählt nicht zu den Gesellschaftsblättern der betreffenden Gesellschaft (was nur in den seltensten Fällen bei GmbH vorkommen dürfte); in diesem Fall ist auf die zeitlich zuletzt erfolgte Veröffentlichung in einem Gesellschaftsblatt abzustellen; vgl. *Hoffmann/Lehmann/Weinmann* MitbestG § 37 Rn. 7.

[591] Nach überwiegender Meinung ist die Anrufung eines örtlich unzuständigen Gerichts nach dem Rechtsgedanken des § 7 FGG unschädlich; vgl. Hüffer/*Koch* AktG § 97 Rn. 6; MüKoAktG/*Habersack* § 97 Rn. 36; aA *von Falkenhausen* AG 1967, 309 (314).

[592] Zur Zulässigkeit der Antragsrücknahme Hüffer/*Koch* AktG § 99 Rn. 4; KK-AktG/*Mertens/Cahn* §§ 97–99 Rn. 46; *von Falkenhausen* AG 1967, 309 (314); einschränkend *Lindacher* RPfl 1965, 41 (42) [nach Einlassung zur Sache nur mit Einwilligung der Gesellschaft].

[593] HWK/*Seibt* MitbestG § 6 Rn. 14; aA MüKoAktG/*Habersack* § 97 Rn. 37; Hüffer/*Koch* AktG § 97 Rn. 6.

[594] Es liegt im Ermessen des Geschäftsführungsorgans, ob dieses das Bekanntmachungsverfahren oder das gerichtliche Feststellungsverfahren wählt, um Sicherheit über die anzuwendbaren Vorschriften für die Zusammensetzung des Aufsichtsrates zu erhalten. Im Zweifel wird das Geschäftsführungsorgan jedoch das kostengünstigere Bekanntmachungsverfahren wählen, es sei denn, es ist mit einem Widerspruch seitens eines nach § 98 Abs. 2 AktG Antragsberechtigten zu rechnen. Hierzu KK-AktG/*Mertens/Cahn* §§ 97–99 Rn. 3.

nehmen oder einem nach § 5 MitbestG einbezogenen Konzernunternehmen vertretenen Gewerkschaften) ein **gerichtliches Verfahren** zur Klärung der Zusammensetzung des Aufsichtsrates nach §§ 98, 99 AktG einleiten. Ein **gerichtlicher Antrag** ist nicht abhängig von der Einleitung des Statusverfahrens durch Bekanntmachung nach § 97 Abs. 1 AktG und kann somit sowohl vor einer Bekanntmachung als auch während der einmonatigen Anrufungsfrist gemäß § 97 Abs. 1 S. 3 AktG als auch – jedenfalls wenn neue Tatsachen vorgebracht werden können – noch danach gestellt werden.[595] Allerdings ist der Vorstand daran gehindert, ein Statusverfahren durch Bekanntmachung gemäß § 97 Abs. 1 AktG einzuleiten, nachdem ein gerichtliches Entscheidungsverfahren nach den §§ 98, 99 AktG anhängig gemacht wurde (§ 97 Abs. 3 AktG). Das zuständige Gericht entscheidet über den Antrag im FamFG-Verfahren und unter Beachtung der besonderen Regelungen des § 99 AktG. Im Verfahren gilt der Amtsermittlungsgrundsatz (§ 26 FamFG), der durch die sog. Mitwirkungslast (= partielle Darlegungslast, § 27 FamFG) überlagert wird.[596] Formelle Entscheidungsgrundlage des Gerichts im Statusverfahren ist der gesamte Akteninhalt, und zwar in seinem vollen, bis zum Erlass der Entscheidung (§ 38 Abs. 3 S. 2 FamFG) angefallenen Umfang (also zB einschließlich während des Statusverfahrens vorgenommener Umstrukturierungen).[597] Allerdings ist auch die Rechtskraft zeitlich und sachlich in der Weise beschränkt, wie sich die entscheidungserheblichen tatsächlichen oder rechtlichen Verhältnisse später nicht wesentlich ändern.[598] Sowohl der Antrag (ohne Begründung!) als auch die Entscheidung (ohne Gründe!) sind vom Gericht in den Gesellschaftsblättern der betroffenen Gesellschaft bekannt zu machen; darüber hinaus hat der Vorstand die Entscheidung nach Rechtskraft zum Handelsregister einzureichen. Die rechtskräftige Entscheidung wirkt für und gegen alle (§ 95 Abs. 5 S. 2 AktG).

Das vor den ordentlichen Gerichten durchzuführende Statusverfahren hat **Konzentrationswirkung.** 210 So kann beispielsweise die Wahl von Arbeitnehmervertretern im Aufsichtsrat nicht mit der Begründung erfolgreich angefochten werden, dass die Zusammensetzung des Aufsichtsrates nicht den gesetzlichen Bestimmungen entspreche (*arg.* § 96 Abs. 4 AktG). Ein gleichwohl eingeleitetes Wahlanfechtungsverfahren ist zwar – nach der Rechtsprechung des Bundesarbeitgerichts – nicht unzulässig, hat aber „offensichtlich keine Aussicht auf Erfolg".[599] Bei Meinungsverschiedenheiten darüber, ob zB Arbeitnehmer abhängiger Gesellschaften nach §§ 4, 5 MitbestG für die Wahl zum Aufsichtsrat des herrschenden Unternehmens wahlberechtigt sind, ist für die Frage nach der Zuständigkeit der Arbeits- oder der ordentlichen Gerichtsbarkeit zu differenzieren:[600] Die Arbeitsgerichte sind zuständig, solange die Einbeziehung der Arbeitnehmer anderer Konzerngesellschaften die Größe des Aufsichtsrates nicht beeinflusst, da insoweit alleine die Wahl der Arbeitnehmervertreter berührende Fragen im Streit stehen. Sobald allerdings der Streit zu Auswirkungen auf die Größe des Aufsichtsrates führt, muss die Einbeziehung der Arbeitnehmer im Statusverfahren geklärt werden.

Bei der rechtsverbindlichen Prüfung der Zusammensetzung des Aufsichtsrats einer dua- 210a listisch geprägten SE kommt es zu einer Konkurrenzsituation zwischen dem Statusverfahren mit seiner ausschließlichen Zuständigkeit der ordentlichen Gerichtsbarkeit für die Frage der Zusammensetzung des Aufsichtsrats als Streitgegenstand und die arbeitsgerichtlichen

---

595 HWK/*Seibt* MitbestG § 6 Rn. 15; *Göz* ZIP 1998, 1523; *Hoffmann/Lehmann/Weinmann* MitbestG § 37 Rn. 27.

596 Hierzu *Seibt* ZIP 2011, 249 (254) mwN.

597 Hierzu *Seibt* ZIP 2011, 249 (255).

598 Vgl. BGH 6.6.2000 – 1 ABR 21/99, NZA 2001, 156 – CGM; *Seibt* ZIP 2011, 249 (255); WKS/*Wißmann* MitbestG § 6 Rn. 39.

599 BAG 22.12.1993 – 7 AZB 11/93, BeckRS 1993, 30747394; vgl. auch *Oetker* ZGR 2000, 19 (22); *Henssler* FS BGH II, 387 (390); HWK/*Seibt* MitbestG § 6 Rn. 16.

600 HWK/*Seibt* MitbestG § 6 Rn. 16; *Henssler* FS BGH II, 387 (391); *Oetker* ZGR 2000, 19 (22); ders. ZHR 1985, 575 (586); für einen generellen Vorrang des Statusverfahrens LAG Düsseldorf 24.1.1978 – 5 TaBV 105/77, DB 1978, 987; OLG Düsseldorf 20.6.1978 – 19 W 3/78, DB 1978, 1358; aA Vorinstanz LG Düsseldorf 8.3.1978 – 25 AktE 3/77, DB 1978, 988.

Beschlussverfahren über sonstige gesellschafts- und konzernrechtliche, das Wahlrecht der Arbeitnehmer zum Aufsichtsrat und dessen persönliche Zusammensetzung betreffende Vorfragen (einschließlich der Frage der Wirksamkeit einer SE-Beteiligungsvereinbarung und ihrer Durchsetzung; vgl. § 2a Abs. 1 Nr. 3 lit. e) ArbGG). Richtigerweise gibt es eine Konzentration auf das gesellschaftsrechtliche Statusverfahren (mit teleologischer Reduktion von § 2a Abs. 1 Nr. 3 lit. e) ArbGG) wenn durch den Streit über die Wirksamkeit einer Beteiligungsvereinbarung eine SE-Beteiligungsvereinbarung die Zusammensetzung des Aufsichtsrats in Frage gestellt wird.[601]

c) Vollzug der Überleitung

211 Steht aufgrund der unangefochten gebliebenen Bekanntmachung des Geschäftsführungsorgans oder der rechtskräftigen gerichtlichen Entscheidung fest, welche (andere als zuvor geltenden) mitbestimmungsrechtlichen Vorschriften für die Größe und Zusammensetzung des Aufsichtsrates maßgebend sind, beginnt der Überleitungsvollzug gemäß § 97 Abs. 2 AktG. Hierzu bedarf es dreierlei, nämlich (i) der **Anpassung der Satzung,** (ii) der **Beendigung der Mandate der bisherigen Aufsichtsratsmitglieder** und (iii) der **Bestellung der neuen Aufsichtsratsmitglieder** nach den nunmehr geltenden Vorschriften; darüber hinaus sind die Änderungen zum Handelsregister **einzutragen.**

Nach der Vorstellung des Gesetzgebers findet regelmäßig während einer Frist von sechs Monaten nach Ablauf der Monatsfrist für die Anrufung des Gerichts im Falle des Bekanntmachungsverfahrens gemäß § 97 Abs. 1 AktG bzw. ab Eintritt der Rechtskraft der gerichtlichen Entscheidung im gerichtlichen Entscheidungsverfahren gemäß §§ 98, 99 AktG eine **Versammlung der Anteilseigner der betroffenen Gesellschaft** statt, in der die Satzung angepasst und alle Anteilseignervertreter im Aufsichtsrat neu bestellt werden. Die Amtszeit der neu gewählten Anteilseignervertreter sowie der Arbeitnehmervertreter, die bereits zum Zeitpunkt dieser Hauptversammlung gewählt sind, beginnt mit dem Ablauf der Versammlung der Anteilseigner; zögert sich die Wahl der Arbeitnehmervertreter über den Zeitpunkt der Anteilseignerversammlung hinaus, wie dies regelmäßig der Fall ist, werden die noch fehlenden Arbeitnehmervertreter nach § 104 Abs. 2 AktG auf Antrag durch das Registergericht für die Zeit bis zum Abschluss der Arbeitnehmervertreterwahlen bestellt. Falls die **6-Monatsfrist** ohne eine Versammlung der Anteilseigner verstreicht oder zwar eine solche Versammlung stattfindet, aber keine Satzungsanpassung beschlossen wird, treten die **mit dem neuen Mitbestimmungsstatuts unvereinbaren Satzungsbestimmungen außer Kraft** und werden durch die anwendbaren gesetzlichen Vorschriften ersetzt. Die **amtierenden Aufsichtsratsmitglieder verlieren ihr Mandat** (und zwar alle Aufsichtsratsmitglieder) mit Beendigung der ersten Anteilseignerversammlung, die nach Abschluss der ersten Stufe des Statusverfahrens einberufen wird, spätestens jedoch sechs Monate nach diesem Zeitpunkt (§ 97 Abs. 2 S. 3 AktG). Dies gilt auch dann, wenn (noch) kein neuer Aufsichtsrat bestellt worden ist. Wer Mitglied des Aufsichtsrates „bleiben" soll, muss neu bestellt werden.[602] Bis zur Beendigung der Anteilseignerversammlung oder bis Ablauf der Sechs-Monats-Frist gelten nach dem sog. Status Quo- oder **Kontinuitätsprinzip** die bisherigen mitbestimmungsrechtlichen Bestimmungen allerdings fort.[603]

212 Der Ablauf des Statusverfahrens soll durch die nachfolgenden Übersichten noch einmal zusammengefasst werden:

[601] Ebenso OLG Stuttgart 11.8.2020 – 20W 9/20, ZIP 2020, 2286 (Porsche Automobil Holding); dazu *Seibt*, EWiR 2020, 649, 650 mwN.
[602] Hüffer/*Koch* AktG § 97 Rn. 5; *Kiem/Uhrig* NZG 2001, 680 (681); HWK/*Seibt* MitbestG § 6 Rn. 18.
[603] HWK/*Seibt* MitbestG § 6 Rn. 18; Hüffer/*Koch* AktG § 96 Rn. 28; *Göz* ZIP 1998, 1523 (1524); *Rittner* DB 1969, 2165 (2167).

Zweistufiger Ablauf des Statusverfahrens

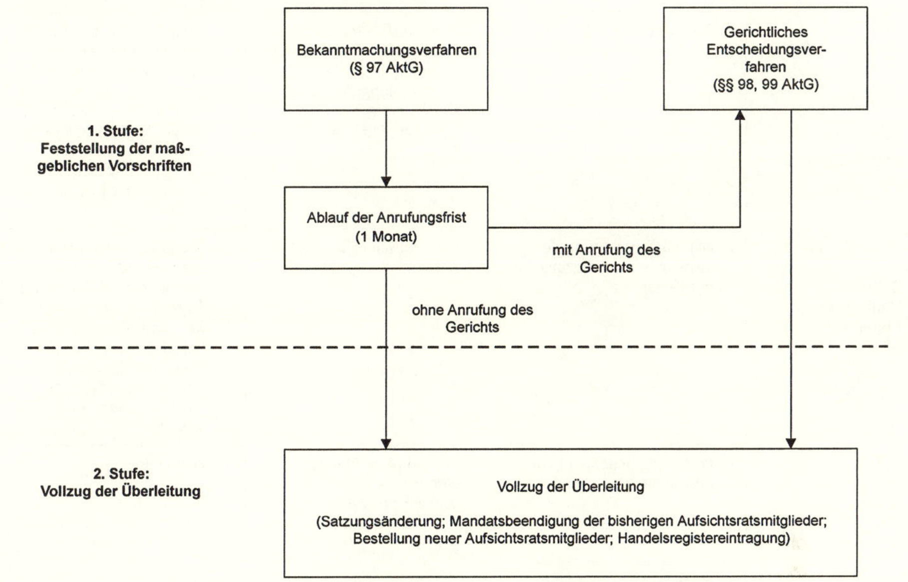

Zu ergreifende Maßnahmen, Zuständigkeiten und Fristen beim Statusverfahren 213

1. Stufe Feststellung der maßgeblichen Vorschriften	Bekanntmachungsverfahren (§ 97 Abs. 1 AktG)		
	Maßnahme	Zuständigkeit	Frist
	• Bekanntmachung über die Zusammensetzung des Aufsichtsrats in Gesellschaftsblättern und durch Aushang in sämtlichen Betrieben der Gesellschaft und ihrer Konzernunternehmen (§ 97 Abs. 1 AktG)	• Geschäftsleitungsorgan (§ 97 Abs. 1 AktG)	unverzüglich nach Bildung der 1. Ansicht, daß Aufsichtsrat nicht nach den gesetzlichen Vorschriften zusammengesetzt ist (§ 97 Abs. 1 AktG) 2. Sperre des Verfahrens bei gerichtlichem Entscheidungsverfahren (§ 97 Abs. 3 AktG)
	Gerichtliches Entscheidungsverfahren (§§ 98, 99 AktG)		
	Maßnahme	Zuständigkeit	Frist
	1. Antrag bei Gericht über Entscheidung über Zusammensetzung des Aufsichtsrats	• Antragsberechtigte nach § 98 Abs. 2 AktG	1. bei Bekanntmachungsverfahren: innerhalb eines Monats nach Bekanntmachung im Bundesanzeiger (§ 97 Abs. 2 S. 1 AktG) 2. keine Frist ohne Bekanntmachungsverfahren
	2. Bekanntmachung des Antrags in Gesellschaftsblättern	• Gericht (§ 99 Abs. 2 S. 1 AktG)	• keine Frist
	3. Bekanntmachung der Gerichtsentscheidung in Gesellschaftsblättern	• Gericht (§ 99 Abs. 4 S. 2 AktG)	• keine Frist
	4. Einreichung der Gerichtsentscheidung im Handelsregister	• Geschäftsleitungsorgan (§ 99 Abs. 5 S. 3 AktG)	• keine Frist

	Maßnahme	Zuständigkeit	Frist
2. Stufe Vollzug der Einleitung	1. Satzungsänderung	• Außerkrafttreten der alten Satzungsbestimmungen: automatisch • Versammlung der Anteilseigner (einfache Stimmenmehrheit; § 97 Abs. 2 S. 4 AktG)	• Beendigung der ersten Versammlung der Anteilseigner, die nach Ablauf der 1. Stufe (Ende der Anrufungsfrist bzw. Rechtskräftigkeit des Gerichtsbeschlusses) einberufen worden ist, spätestens 6 Monate nach Ablauf der 1. Stufe
	2. Mandatsbeendigung der bisherigen Aufsichtsratsmitglieder	• automatisch (§ 97 Abs. 2 S. 3 AktG)	• Beendigung der ersten Versammlung der Anteilseigner, die nach Ablauf der 1. Stufe (Ende der Anrufungsfrist bzw. Rechtskräftigkeit des Gerichtsbeschlusses) einberufen worden ist, spätestens 6 Monate nach Ablauf der 1. Stufe
	3. Bestellung neuer Aufsichtsratsmitglieder	• Versammlung der Anteilseigner • Wahlkörper gemäß betreffendem Mitbestimmungsgesetz	• keine Frist
	4. Einreichung der Gerichtsentscheidung im Handelsregister	• Geschäftsleitungsorgan	• keine Frist

V. Strategische Aspekte

1. Analyse: Rechtliche Folgen der Unternehmensumstrukturierung auf die Unternehmensmitbestimmung

214 Die Umstrukturierung eines Unternehmens kann – wie in den vorstehenden Abschnitten II. und III. gezeigt – Auswirkungen auf die Unternehmensmitbestimmung des von der Umstrukturierung betroffenen Unternehmensträgers oder sogar eines lediglich mit ihm verbundenen Unternehmens haben. Der Mitbestimmungsstatus eines Unternehmensträgers ändert sich durch eine Umstrukturierungsmaßnahme dann, wenn eine gesetzlich (oder vertraglich) normierte – stets unternehmensbezogene – Anwendungsvoraussetzung erstmals eingreift bzw. nach der Maßnahme wegfällt. Insoweit kann die Umstrukturierungsmaßnahme sowohl zu einer Erhöhung als auch zu einer Minderung des Unternehmensmitbestimmungsniveaus führen. Berührt die Umstrukturierungsmaßnahme keinen für die Unternehmensmitbestimmung relevanten Parameter, ist die Maßnahme mitbestimmungsneutral. Diese unternehmensmitbestimmungsrechtlichen Folgen einer Umstrukturierungsmaßnahme sind von den Unternehmen und ihren Beratern ebenso zu bedenken wie die sonstigen gesellschaftsrechtlichen, steuer- und bilanzrechtlichen, kartellrechtlichen und arbeitsrechtlichen Konsequenzen der Maßnahme. Zu den *best business practices* der Unternehmensplanung gehört es sicherlich, die durch eine Unternehmensumstrukturierung ausgelösten unternehmensmitbestimmungsrechtlichen Konsequenzen zu analysieren und letztlich eine Gestaltungsvariante zu wählen, die den Interessen des Unternehmens und seiner verbundenen Unternehmen unter Einschluss der mitbestimmungsrechtlichen Aspekte am besten entspricht. Unterlässt der zu einer umfassenden rechtlichen Begutachtung einer Umstrukturierungsmaßnahme eingeschaltete Berater Hinweise auf die unternehmensmitbestimmungsrechtlichen Konsequenzen und die ggf. deshalb zu wählende Gestal-

tungsvariante, ist dies unprofessionell und kann in Einzelfällen sogar zu berufsrechtlichen Haftungsansprüchen des Mandanten führen.

2. Analyse: Tatsächliche Folgen der Unternehmensumstrukturierung auf die Unternehmensmitbestimmung

Bei vielen Unternehmen entspricht die tatsächliche Besetzung des Aufsichtsrates nicht den gesetzlichen Vorschriften. Dies liegt zT schlichtweg daran, dass die Unternehmen langsam in die Mitbestimmung hineingewachsen (zB bei Geschäftsausweitung und durch Unternehmenskäufe) oder eigentlich aus der Mitbestimmung herausgefallen sind (zB durch Einführung neuer Vertriebsstrukturen, Outsourcing, Betriebsverlagerungen ins Ausland und Unternehmensverkäufe); zT werden auch die schwierigen Konzernzurechnungsnormen in ihrem umstrittenen (!) Gehalt einfach missverstanden. Umstrukturierungsmaßnahmen können dazu führen, dass eine **Abweichung des tatsächlichen vom rechtlich gebotenen Zustand** aufgehellt oder aber weiter verdunkelt wird, wobei die **„Gefahr" der Verdunkelung** umso größer ist, je komplexer die gesellschaftliche Struktur durch die Umstrukturierungsmaßnahme wird. 215

3. Analyse: Kosten und Nutzen des konkreten Mitbestimmungsregimes

Eine umfassende Kosten-Nutzen-Analyse des deutschen Systems der Unternehmensmitbestimmung oder auch nur der einzelnen Ausprägungsformen ist bislang auf volkswirtschaftlicher Ebene nicht (oder jedenfalls nicht mit eindeutigem Ergebnis) geleistet worden.[604] Aber auch eine derartige Analyse auf der Ebene eines Einzelunternehmens oder eines Unternehmensverbundes ist zum einen deshalb schwierig, weil ein – von den Wirkungen anderer Faktoren isolierter – Kausalzusammenhang zwischen einer bestimmten Form der Unternehmensverfassung *(Corporate Governance)* und dem wirtschaftlichen Erfolg dieses Unternehmens nur schwer herzustellen sein wird, und zum anderen deshalb, weil die Einschätzung des Kausalitätsbeitrages einer bestimmten Form der *Corporate Governance* für den Erfolg höchst subjektiver Natur ist. Unbestreitbar führt jedoch die Unternehmensmitbestimmung gesetzlicher Prägung zu einem **zahlenmäßig größeren Kontrollorgan** und damit einer **höheren Kostenbelastung des Unternehmens** (Aufsichtsratsvergütung, Aufwendungsersatz und Spesen etc); weitere Kosten werden durch die Durchführung der – komplexen und zeitaufwendigen – mitbestimmungsrechtlichen Wahlverfahren für die Arbeitnehmervertreter ausgelöst. Neben dieser erhöhten Kostenbelastung kann die Besetzung des Aufsichtsrates mit Arbeitnehmervertretern zu einer **Verminderung der Arbeitseffizienz** (Stichworte: Gefahr der Arbeitsunfähigkeit zu großer Gremien; inhaltliche Entleerung des Kontrollorgans und mangelnde Professionalität der Arbeitnehmervertreter; zu starke Fokussierung auf Personal- und Sozialthemen[605]; Verfolgung von Partikularinteressen der derzeit – in Deutschland – beschäftigten Arbeitnehmer zu Lasten anderer Stakeholder) und zur **Verlängerung von Entscheidungsprozessen** führen, was sich insbesondere wegen der globalen Wettbewerbssituation deutscher Unternehmen und der sprunghaft sich beschleunigenden technologischen und technischen Entwicklungen sowie der sich immer kurzfristiger ändernden Wettbewerbssituationen (sog. „VUCA"-Rahmenbedingungen[606]) als Nachteil für die deutschen, den Unternehmensmitbestimmungsrege- 216

[604] Zu Kausalanalysen und theoretischen Modellen *Bertelsmann Stiftung/Hans-Böckler-Stiftung*, Bericht der Kommission Mitbestimmung, S. 61, 98; *Vitols*, Beteiligung der Arbeitnehmervertreter in Aufsichtsratsausschüssen, Hans Böckler Stiftung Arbeitspapier 163, Dez. 2008, S. 25.

[605] Hierzu zB *Raiser* FS Kübler, 1997, 477 (487); *Hopt* FS Everling, 1995, 475; ders. ZHR-Beiheft 71, 2002, 27 (42); *Schiessl* AG 2002, 593 (595); *Ulmer* ZHR 2002, 271 (274).

[606] Hierzu und den Auswirkungen auf die Corporate Governance und Unternehmensorganisation ausf. *Seibt*, DB 2018, 237 ff.

lungen unterliegenden Unternehmen auswirken kann. Daher werden in den ersten deutschen Praxisfällen der „SE-Umwandlung" häufig die Aufsichtsratsgrößen unterhalb das (zT prospektive) gesetzliche Niveau gesenkt (→ Rn. 175). Auf der anderen Seite ist nicht zu verkennen, dass die Beteiligung von Arbeitnehmervertretern im Aufsichtsrat (i) zu einer verbesserten Informationsbasis für die Aufsichtsratstätigkeit und (ii) insbesondere wegen der verbreiterten Legitimationsbasis für seine Entscheidungen zu Kosteneinsparungen führen kann; die Arbeitnehmervertreter im Aufsichtsrat nehmen nämlich gar nicht selten die **Funktion eines Transmissionsriemens für Entscheidungen der Geschäftsleitungsorgane** in die Belegschaft des Unternehmens wahr. Das ist insbesondere in Transformationsphasen und Krisensituationen von erheblicher Bedeutung.[607] Darüber hinaus kann die Unternehmensmitbestimmung bei den repräsentierten Arbeitnehmern zu höherer Zufriedenheit und geringerer Fluktation der Belegschaft sowie zu höheren Qualifikationsinvestitionen der Arbeitnehmer und damit zu **höherer Produktivität** führen.[608] Auch die Unternehmensreputation kann hierdurch mittelbar gestärkt werden.[609] Allerdings ist die Legitimationsbasis bei multinational-tätigen Unternehmen nur eingeschränkt gegeben, da ein Großteil der im Ausland beschäftigten Arbeitnehmer im Aufsichtsrat nicht repräsentiert wird.[610] Trotz des insoweit differenziert zu zeichnenden Bildes der Vor- und Nachteile der deutschen Unternehmensmitbestimmung zeigt die Beratungspraxis insbesondere **bei ausländischen** (und hier vor allem bei angloamerikanischen) **Mandanten,** dass die deutsche Unternehmensmitbestimmung in besonderer Weise **erläuterungsbedürftig** ist und zumeist als Wettbewerbsnachteil gegenüber unternehmensmitbestimmungsfreien Unternehmen angesehen wird; in einzelnen Fällen hat dies bei Unternehmenskäufen sogar zu **Kaufpreisabschlägen** geführt (bzw. hat als Vorwand für die Forderung nach Kaufpreissenkung gedient).[611] Schließlich billigt eine verbreitete Ansicht dem deutschen Mitbestimmungssystem eine die **feindliche Übernahme** von Unternehmen **erschwerende Wirkung** zu,[612] was je nach Couleur und Interessenlage positiv oder negativ gewertet wird.

4. Proaktive Gestaltungsberatung bei Umstrukturierungen unter Berücksichtigung der Folgen für die Unternehmensmitbestimmung

217 Jedes Unternehmen sollte wegen der sich ständig ändernden Markt- und Wettbewerbssituation sowie der rechtlichen und steuerlichen Rahmenbedingungen von Zeit zu Zeit seine betriebswirtschaftliche Organisationsform, aber eben auch seine rechtliche und steuerliche Struktur auf den Prüfstand stellen. Zu einer proaktiven Unternehmensführung und Unternehmensberatung gehört – neben vielen anderen Aspekten – auch die in zeitlichen Abständen zu wiederholende **Kosten-Nutzen-Analyse,** ob die konkrete Ausgestaltung der *corporate governance* mit dem derzeit bestehenden unternehmensbezogenen Mitbestimmungsstatus noch auf mittelfristige Sicht den Interessen des Unternehmensträgers entspricht und ob eine Änderung zB des Mitbestimmungsstatus überhaupt auf rechtlichem Wege erreichbar ist (was durch grenzüberschreitende Strukturen durchaus der Fall ist; → Rn. 147ff.). In den allermeisten Fällen wird die Frage nach der Besetzung des Auf-

---

[607] Vgl. *Rapp/Wolff/Udoieva/Hennig*, Wirkung der Mitbestimmung im Aufsichtsrat auf die Unternehmensführung. Eine empirische Analyse vor dem Hintergrund der Finanz- und Wirtschaftskrise, Studie Hans-Böckler-Stiftung Nr. 424 (böckler.de/pdf/p_study_hbs_424.pdf).

[608] Hierzu zB *Vitols*, Beteiligung der Arbeitnehmervertreter in Aufsichtsratsausschüssen, Hans Böckler Stiftung Arbeitspapier 163, Dez. 2008, S. 25.

[609] Zur Unternehmensreputation als rechtlicher Leitparameter zB *Seibt*, DB 2015, 171ff.; *ders.*, DB 2018, 237, 238f. (Thesen 3 und 4).

[610] Hierzu zB *Götz* AG 2002, 552; *Schiessl* AG 2002, 593 (596); *Ulmer* ZHR 2002, 271 (274).

[611] Für eine Schätzung von 31% Kursabschlag bei mitbestimmten Börsenunternehmen *Gorton/Schmid*, Capital, Labor, and the Firm: A Study of German Codetermination, Journal of the European Economic Association 2 (2004), S. 863.

[612] Vgl. *Raiser* FS Kübler, 1997, 477 (489); *Ulmer* ZHR 2002, 271 (274); vgl. auch *Bertelsmann Stiftung/Hans-Böckler-Stiftung*, Bericht der Kommission Mitbestimmung, S. 99.

sichtsrates mit Arbeitnehmervertretern (oder nach dem quantitativen und qualitativen Umfang der Unternehmensmitbestimmung) *nicht* das Gewicht besitzen, um die Durchführung einer Umstrukturierungsmaßnahme alleine auszulösen. Nur in Einzelfällen werden die Anteilsinhaber eines Unternehmensträgers zB eine Verlegung des tatsächlichen Verwaltungssitzes ins Ausland, eine grenzüberschreitende Verschmelzung, einen Formwechsel oder eine andere (komplexe) Umstrukturierung vornehmen, um die von ihnen als finanziell belastend und entscheidungshemmend empfundene Unternehmensmitbestimmung aufgeben zu können. Immerhin ist wichtig festzustellen, dass ein rechtliches Instrumentarium zur Verfügung steht, um den Anwendungsbereichen der deutschen Mitbestimmungsgesetze zu entkommen, wenngleich die hierfür vorzunehmenden Umstrukturierungsmaßnahmen sorgfältig darauf zu überprüfen sein werden, welche gesellschaftsrechtlichen, steuerrechtlichen, kartellrechtlichen und arbeitsrechtlichen Konsequenzen, vor allem aber welche betriebswirtschaftlichen und sonstigen Folgen (zB Marktstellung und Ruf des Unternehmens sowie Betriebsfrieden) eine derartige Umstrukturierung dann nach sich zieht.

Im Regelfall werden die Überlegungen einer Unternehmensumstrukturierung durch 218
eine veränderte Markt- und Wettbewerbssituation oder durch die Änderung der rechtlichen (insbesondere steuerrechtlichen!) Rahmenbedingungen für das Unternehmen ausgelöst werden. Dabei wird das Umstrukturierungsziel praktisch nie auf nur einem rechtlichen Weg zu erreichen sein, sondern es werden dem Unternehmen regelmäßig ein ganzer **Strauß von Gestaltungsvarianten** zur Verfügung stehen, um das angestrebte Ziel zu erreichen. Die Auswahl der den Interessen des Unternehmens – mittelfristig betrachtet – am besten entsprechenden Gestaltungsvariante hat dann eben auch die Prüfung der mitbestimmungsrechtlichen Konsequenzen einzubeziehen. Die Darstellung dieser Konsequenzen war Gegenstand der Abschnitte II. und III. *Pars pro toto* sei an dieser Stelle noch einmal an Folgendes erinnert:

- Bei der Gründung, aber auch bei späteren Umstrukturierungen, ist zB zu bedenken, dass die deutsche Unternehmensmitbestimmung in doppelter Weise rechtsformbezogen ist. Zum einen unterfallen nur die **Unternehmensträger bestimmter Rechtsform** der Unternehmensmitbestimmung (zB sind Personengesellschaften grundsätzlich unternehmensmitbestimmungsfrei), zum anderen besteht ein **Mitbestimmungsgefälle** zwischen den einzelnen Rechtsformen, je nachdem welche Befugnisse dem Aufsichtsrat und seinen Mitgliedern in der betreffenden Rechtsform jeweils zukommen (zB Trendrechtsform KGaA, vor allem in der Hybridrechtsform der Kapitalgesellschaft & Co. KGaA).[613] Bei der vor allem im Mittelstand beliebten **Kapitalgesellschaft & Co. KG** kann die Unternehmensmitbestimmung nach dem MitbestG zB durch eine bestimmte Holdingstruktur mit natürlichen Personen als Komplementären der Obergesellschaft, eine inkongruente Gesellschafterstruktur bei Kommanditgesellschaft und Komplementärin, durch Einsetzung einer Stiftung als Komplementärin oder aber einer Komplementärin mit ausländischem Verwaltungssitz erreicht werden.[614] Allgemein kann durch die Wahl bzw. die Verlegung des tatsächlichen Verwaltungssitzes des Unternehmensträgers ins Ausland weiter die deutsche Unternehmensmitbestimmung vermieden werden.[615] Auch durch die Umwandlung eines Unternehmens in die Rechtsform der Societas Europaea, durch deren Sitzverlegung in einen anderen EU-Mitgliedsstaat oder durch grenzüberschreitende Verschmelzung einer Kapitalgesellschaft auf eine andere EU-Kapitalgesellschaft kann in einem ersten Schritt das bestehende Mitbestimmungsregime eingefroren und perspektivisch auch geändert/herabgesenkt werden.[616]
- Bei der Begründung und der Umstrukturierung von Unternehmensverbänden ist beispielsweise zu beachten, auf welchen Konzernebenen **tatsächlich Führungsaufgaben**

[613] Hierzu → Rn. 69.
[614] Hierzu → Rn. 21–32.
[615] Hierzu → Rn. 148.
[616] Hierzu → Rn. 164–168, → Rn. 169–172 und → Rn. 173–184.

für die nachgeordneten Konzerngesellschaften **ausgeübt** werden sollen. Nehmen Konzernspitzengesellschaften oder Teilkonzernspitzengesellschaften keinerlei Führungsaufgaben wahr, sondern beschränken sie sich auf das bloße Halten von Beteiligungen (einschließlich von Finanzierungsaufgaben), kann bei diesen ggf. die Unternehmensmitbestimmung unterbleiben.[617] Im Geltungsbereich des DrittelbG findet eine Arbeitnehmerzurechnung im Konzern nur bei **Bestehen eines Beherrschungsvertrages oder einer Eingliederung** statt; wird die Konzernierung in anderer Weise hergestellt, kann eine Arbeitnehmerzurechnung und damit ggf. eine Unternehmensmitbestimmung überhaupt bei der Konzernobergesellschaft vermieden werden.[618]

- Bei dem Erwerb von Unternehmen oder Unternehmensteilen wird auch aus unternehmensmitbestimmungsrechtlichen Gründen zu prüfen sein, ob der **Erwerb von einzelnen Vermögensgegenständen** *(asset deal)* **oder von Gesellschaftsanteilen** *(share deal)* vorzugswürdig ist. Wegen der lückenhaften Konzernzurechnungsnormen im Unternehmensmitbestimmungsrecht kann im Einzelfall ein Mitbestimmungszuwachs durch die Gestaltung des Unternehmenskaufes als *share deal* verhindert werden.[619]
- Bei konzerninternen Umstrukturierungsmaßnahmen wird zB regelmäßig sorgsam zu prüfen sein, ob die Maßnahme unter Zuhilfenahme der **Vorschriften des Umwandlungsgesetzes** erfolgen soll oder auf anderem Wege (zB unter Nutzung des Anwachsungsprinzips oder durch Einzelrechtsübertragungen). Die umwandlungsgesetzlichen Informationspflichten gegenüber dem Betriebsrat finden nämlich nur Anwendung bei Umwandlungen nach dem UmwG, die besondere Mitbestimmungsbeibehaltungsregelung des § 325 Abs. 1 UmwG gilt nur für die Trennung einer Vermögensmasse im Wege der umwandlungsgesetzlich geregelten Abspaltung oder Ausgliederung.[620]
- Weiterhin wird zu prüfen sein, in welcher **Reihenfolge mehrgliedrige Umstrukturierungs- und Reorganisationsmaßnahmen** durchgeführt werden sollten; dies hat beispielsweise Auswirkungen auf die Anwendbarkeit der – nach richtiger Auffassung stichtagsbezogenen – Mitbestimmungsbeibehaltungsregelungen des § 325 Abs. 1 UmwG oder des § 1 MitbestBeiG.[621]

219 In vielen Fällen wird die der unternehmensmitbestimmungsrechtlichen Zielsetzung am besten entsprechende Gestaltungsvariante mit anderen Varianten konfligieren, die unter Anlegung anderer Gestaltungsziele günstiger erscheinen. So scheidet beispielsweise die Rechtsform einer Personengesellschaft aus, wenn aus Finanzierungsgründen die Börsennotierung der Gesellschaftsanteile erforderlich ist. Beim Unternehmenskauf werden häufig steuerliche Gründe, aber auch das Bestreben, nur ganz bestimmte Verbindlichkeiten und Verpflichtungen zu übernehmen, aus Sicht des Erwerbers für einen *asset deal* sprechen, obwohl aus unternehmensmitbestimmungsrechtlicher Sicht ggf. ein *share deal* vorzugswürdig wäre (wobei dann die Vermögensgegenstände durch ein besonderes Akquisitionsvehikel erworben werden können!). Schließlich können steuerliche Gründe oder solche der Rechnungslegung dafür sprechen, ein Gemeinschaftsunternehmen so auszugestalten, dass in mitbestimmungsrechtlicher Hinsicht die Arbeitnehmer des Gemeinschaftsunternehmens beiden Konzernmuttergesellschaften zugerechnet werden, was bei einer allein mitbestimmungsrechtlich indizierten Gestaltung hätte vermieden werden können. Auf der anderen Seite gibt es auch eine ganze Reihe von Fällen, in denen die mitbestimmungsrechtliche Zielsetzung mit den weiteren Gestaltungszielen in Übereinstimmung gebracht werden kann. Dies gilt häufig bei der Übertragung von Betrieben und Teilbetrieben im Wege von Einzelrechtsübertragungen anstelle der Nutzung der umwandlungsrechtlichen Spaltungsvorschriften. In jedem Fall sind die einzelnen Gestaltungsvarianten herauszuarbeiten und

---

[617] Hierzu → Rn. 45 und → Rn. 52–57.
[618] Hierzu → Rn. 38–44.
[619] Hierzu → Rn. 79–87.
[620] Hierzu → Rn. 77, 100, 111, 131, 132, 134.
[621] Hierzu → Rn. 124, 162.

die Folgen entsprechend der mittelfristigen Interessenlage des Unternehmens gegeneinander abzuwägen, bevor die Umstrukturierung letztlich umgesetzt wird.

Schließlich gehört es zu einer proaktiven Gestaltung(sberatung), dass die rechtlich zulässigen Möglichkeiten des Abschlusses von **Mitbestimmungsvereinbarungen** ausgelotet werden, um ein den konkreten Interessen der Gesellschaft entsprechendes Mitbestimmungsregime zu erreichen.[622] Dies gilt insbesondere im Hinblick auf Vereinbarungen zur Straffung des Wahlverfahrens für die Arbeitnehmervertreter und bei offenen Fragen der Einrichtung von mitbestimmt besetzten Aufsichtsräten in komplexen Konzernstrukturen (zB Bestimmung von Teilkonzernspitzen). Gewerkschaften sind hier in der Praxis häufig verhandlungsbereit, und der Abschluss von Mitbestimmungsvereinbarungen dient in jedem Fall dem **Betriebsfrieden.** Solche Vereinbarungen können aber vor allem auch dem Unternehmen **Verwaltungskosten ersparen.** Mit dem **Primat der Verhandlungslösung bei der Societas Europaea** kommen bei dieser Rechtsform noch weitere Gestaltungsmöglichkeiten (zB Größe des Aufsichtsrates, Stellung und Kompetenzen des Arbeitsdirektors) hinzu.[623] Wegen der größeren Verhandlungsspielräume sollte im Zweifel eine SE-Gründung nicht durch einfache Umwandlung, sondern im Wege der grenzüberschreitenden Verschmelzung erreicht werden. 220

Diese kurzen Hinweise sollten zeigen, dass die mitbestimmungsrechtlichen Folgen von Unternehmensumstrukturierungen nicht starr und unbeeinflussbar sind, sondern umgekehrt die Unternehmensmitbestimmung Teil einer proaktiven Unternehmensplanung sein muss und das Mitbestimmungsregime dabei in gewissen Grenzen auch gestaltbar ist. Dabei ist der Gestaltungsbereich – verursacht durch die Rechtsprechung des Europäischen Gerichtshofes sowie die europarechtliche Normsetzung (Stichworte: Societas Europaea und grenzüberschreitende Verschmelzung von Kapitalgesellschaften) – in den letzten Jahren deutlich größer geworden. 221

[622] Hierzu → Rn. 13–16.
[623] Hierzu → Rn. 176.

G. Übergang von Arbeitsverhältnissen nach § 613a BGB

Übersicht

Ausgewählte Literatur:

Altenburg/Leister, Der Widerspruch des Arbeitnehmers beim umwandlungsbedingten Betriebsübergang und seine Folgen, NZA 2005, 15; *Annuß,* Der Betriebsübergang nach „Ayse Süzen", NZA 1998, 70; *Annuß,* Der Betriebsübergang in der neuesten Rechtsprechung des Bundesarbeitsgerichts, BB 1998, 1582; *Annuß,* Der Betriebsübergang in der Insolvenz – § 613a BGB als Sanierungshindernis?, ZInsO 2001, 49; *Annuß,* Informationspflicht und Widerspruchsrecht beim Betriebsübergang, in: Arbeitsgemeinschaft Arbeitsrecht im DAV, Festschrift zum 25-jährigen Bestehen, 2006, S. 563; *Annuß,* Das richtig gewordene Unterrichtungsschreiben, NZA 2017, 976; *Annuß/Lembke,* Aktienoptionspläne der Konzernmutter und arbeitsrechtliche Bindungen, BB 2003, 2230; *Ascheid,* § 613a BGB: Aktuelle Tendenzen zur Neubestimmung seines Anwendungsbereichs, in: Preis/Willemsen (Hrsg.), Umstrukturierung von Betrieb und Unternehmen im Arbeitsrecht, 1999, S. 20 ff.; *Baeck/Lingemann,* Auftragsübergang als Betriebsübergang? – Neues vom EuGH, NJW 1997, 2492; *Bauer,* Unternehmensveräußerung und Arbeitsrecht, Schriften des Betriebsberaters, 1983; *Bauer,* Christel Schmidt lässt grüßen: Neue Hürden des EuGH für Auftragsvergabe, NZA 2004, 14; *Bauer/Diller,* Wettbewerbsverbote, 8. Aufl. 2019; *Bauer/v. dSteinau-Steinrück,* Neuregelung des Betriebsübergangs: Erhebliche Risiken und viel mehr Bürokratie!, ZIP 2002, 457; *Bauer/Göpfert/v. Steinau-Steinrück,* Aktienoptionen bei Betriebsübergang, ZIP 2001, 1129; *Bieder,* Die Bewahrung der organisatorischen Selbstständigkeit der übertragenen Einheit – konstitutive Voraussetzung für einen Betriebsübergang?, EuZA 2009, 513; *Bieder,* Betriebsübergang bei Übertragung funktional unselbständiger wirtschaftlicher Einheiten innerhalb eines Konzerns, EuZA 2014, 494; *Bissels/Fuchs* Aktuelles Arbeitsrecht in Krise und Insolvenz, NZI 2020, 727; *Boecken,* Unternehmensumwandlungen und Arbeitsrecht, 1996; *Borngräber,* Arbeitsverhältnis bei Betriebsübergang, 1977; *Bossmann,* Die Auswirkungen des Betriebsübergangs nach § 613a auf die Wettbewerbsverbote der Arbeitnehmer, Diss., 1993; *Buchner,* Verlagerung betrieblicher Aufgaben als Betriebsübergang iSv § 613a BGB?, DB 1994, 1417; *Buchner,* Wettbewerbsverbote während und nach Beendigung des Arbeitsverhältnisses, 1995; *Buchner,* Lösung der Kontroverse um den Betriebsübergang – Eine konsensfähige Entscheidung des EuGH (Ayse Süzen), NZA 1997, 408; *Bunte,* Nichtigkeit eines Erlassvertrages zur Umgehung der Rechtsfolge des § 613a I 1 BGB, NZA 2010, 319; *Cohnen,* Betriebsverlagerungen ins Ausland und § 613a BGB, in: Arbeitsgemeinschaft Arbeitsrecht im DAV, Festschrift zum 25-jährigen Bestehen, 2006, S. 595; *Crisolli/Ebeling,* Neues zum Betriebsübergang bei IT-Outsourcing, CR 2007, 277; *Drasdo,* Die Betriebsfortführung durch den Zwangsverwalter als Betriebsübergang gem. § 613a BGB, NZA 2012, 239; *Duchstein,* Die Verwirkung des Widerrufsrechts bei Verbraucherdarlehen, NJW 2015, 1409; *Dzida,* Die Verwirkung des Widerspruchsrechts als Korrektiv zur uferlosen Unterrichtungspflicht beim Betriebsübergang?, NZA 2009, 641; *Dzida,* Verwirkung des Widerspruchsrechts beim Betriebsübergang, DB 2010, 167; *Dzida,* Neue datenschutzrechtliche Herausforderungen für das Personalmanagement, BB 2019, 3060; Dzida, Arbeitsrecht und Umwandlungsgesetz – weitere Fragen aus Sicht der Praxis, in: Festschrift für Heinz Josef Willemsen zum 65. Geburtstag, 2018, S. 95; *Elking,* Zuordnungsentscheidung und Versetzung vor Betriebsübergang, NZA 2014, 295; *Elking/Aszmons,* Nicht zuzuordnende Arbeitsverhältnisse beim Betriebsübergang – Neue Rechtsprechung, Theorie und Praxisempfehlung, BB 2014, 373; *Elking/Aszmons,* Die Unterrichtung der Arbeitnehmer über die rechtlichen, wirtschaftlichen und sozialen Folgen des Betriebsübergangs, BB 2014, 2041; *Engelmeyer,* Die Spaltung von Aktiengesellschaften nach dem neuen Umwandlungsrecht, 1995; *Eylert/Spinner,* Sozialauswahl nach Widerspruch des Arbeitnehmers gegen einen (Teil-)Betriebsübergang, BB 2008, 50; *Feudner,* Grenzüberschreitende Anwendung des § 613a BGB?, NZA 1999, 1184; *Forst,* Leiharbeitnehmer im Betriebsübergang, RdA 2011, 228; *Forst,* Grenzüberschreitender Betriebsübergang mit nachfolgender Betriebsverlagerung in einen Drittstaat, SAE 2012, 18; *Franzen,* Die Richtlinie 98/50/EG zur Änderung der Betriebsübergangsrichtlinie 77/187/EWG und ihre Auswirkungen auf das deutsche Arbeitsrecht, RdA 1999, 361; *Franzen,* Informationspflichten und Widerspruchsrecht beim Betriebsübergang nach § 613a Abs. 5 und 6 BGB, RdA 2002, 258; *Franzen.,* Vorgaben des Europäischen Gemeinschaftsrechts für die arbeitsrechtliche Regulierung des Betriebsübergangs, NZA-Beilage 4/2008, 139; *Fuhlrott,* Übergangsfähiger Betriebsteil und Arbeitnehmerzuordnung bei § 613a BGB, FA 2013, 196; *Fuhlrott,* Die Übernahme von know-how-Trägern ohne Eingehung von Arbeitsverhältnissen als Betriebsübergang, NZA 2013, 183; *Fuhlrott,* Aktuelle Rechtsprechung zum Betriebsübergang – ein Überblick, ArbRAktuell 2020, 464; *Fuhlrott/Fabritius,* Das Schicksal arbeitgebergebundener Rechtspositionen beim Betriebsübergang, BB 2013, 1592; *Fuhlrott/Ritz,* Anforderungen an Unterrichtungsschreiben bei Betriebsübergängen, BB 2012, 2689; *Fuhlrott/Salamon,* Vermeidungsstrategien und Gestaltungsmöglichkeiten bei Betriebsübergängen, BB 2012, 1793; *Gaul,* Rechtsfolgen einer fehlenden oder fehlerhaften Unterrichtung bei Betriebsübergang und Umwandlung, DB 2005, 2465; *Gaul/Krause,* Sorgfalt wird (endlich) belohnt: Zur ordnungsgemäßen Unterrichtung über den Betriebsübergang nach § 613a Abs. 5 BGB, RdA 2013, 39; *Gaul/Ludwig,* Betriebsübergang: Auswirkungen auf Vereinbarungen über nachvertragliche Wettbewerbsverbote, NZA 2013, 489; *Gaul/Mückl,* Off-Shoring – Freier Gestaltungsspielraum oder § 613a BGB?, DB 2011, 2318; *Gaul/Naumann,* Rechtsfolgen eines Betriebsübergangs für unternehmens- und konzernspezifische Sonderleistungen, NZA 2011, 121; *Gaul/Otto,* Unterrichtungsanspruch und Widerspruchsrecht bei Betriebsübergang und Umwandlung, DB 2002, 634; *Gaul/Otto,* Unterrichtungsverpflichtung nach § 613a BGB in Bezug auf Betriebsvereinbarungen und Tarifverträge, in: Festschrift für Heinz Josef Willemsen zum 65. Geburtstag, 2018, S. 105; *Gehlhaar,* Widerspruch gegen Betriebsübergang nach Verfügung über das Arbeitsverhältnis, BB 2009, 1182; *Göpfert/Buschbaum,* „Vierseitiger Vertrag" zur Abwehr von Widerspruchsrisiken bei Insolvenz des Betriebserwerbers, ZIP 2011, 64; *Göpfert/Giese,* „Aggressives" Erwerberverhalten im Betriebsübergang – Folgen für die Unterrichtung nach § 613a Abs. 5 BGB, NZA 2017, 966; *Göpfert/Winzer,* Nach-Unterrichtungspflicht beim Betriebsübergang?, ZIP 2008, 761; *Göttling,* Betriebsübergang vor dem Arbeitsgericht – Verfahrensrechtliche Aspekte, in: Festschrift für Heinz Josef Willemsen zum 65. Geburtstag, 2018, 133; *Greiner/Pionteck,* Bestandsaufnahme Betriebsübergangsrecht, RdA 2020, 84; *Graef,* Das Widerspruchsrecht beim umwandlungsbedingten Erlöschen des übertragenden Rechtsträgers, NZA 2006, 1078; *T. Grau,* Unterrichtung und Widerspruchsrecht der Arbeitnehmer bei Betriebsübergang gem. § 613a Abs. 5 und 6 BGB, 2005; *ders.,* Rechtsfolgen von Verstößen gegen die Unterrichtungspflicht bei Betriebsübergang gemäß § 613a Abs. 5 BGB, RdA 2005, 367; *ders.,* Unterrichtung und Widerspruchsrecht beim Betriebsübergang – Aktuelle Gestaltungsfragen und Verwirkung, AE 2010, 130; *Grau/Flockenhaus,* Aktuelle Entwicklungen in der Rechtsprechung zum Betriebsübergang, NZA-RR 2019, 289; *Grau/Schaut,* Neuere Entwicklungen bei den Anforderungen an § 613a BGB-Unterrichtungsschreiben, NZA 2018, 216;

Grau/Sittard, „Keine Änderung der Voraussetzungen für das Vorliegen eines übergangsfähigen Betriebsteils durch die Klarenberg-Entscheidung", BB 2012, 262; *Greiner,* Zwischen Kücük, Albron Catering, Della Rocca und Cartesio, NZA 2014, 284; *Greiner,* „Personalhoheit" als Schlüsselbegriff der Abgrenzung von echtem Fremdpersonaleinsatz und verdeckter Arbeitnehmerüberlassung, RdA 2014, 262; *Grobys,* Die Neuregelung des Betriebsübergangs in § 613a BGB, BB 2002, 726; *Grosjean/Biester,* Betriebsübergang: Offene Fragen zur Informationspflicht nach § 613a Abs. 5 BGB, DB 2007, 1466, *Gutzeit,* Verträge von Betriebs- oder Personalräten mit potenziellen Betriebserwerbern?, ZIP 2009, 354; *Habersack/Schürnbrand,* Verwirkung des Widerrufsrechts aus einem Verbraucherdarlehensvertrag bei fehlerhafter Widerrufsbelehrung, ZIP 2014, 749; *Hanau,* Aktuelle Fragen zu § 613a BGB, in: Festschrift für Dieter Gaul, 1992, S. 287 ff.; *Hauck,* Der Widerspruch beim Betriebsübergang, NZA-Sonderbeilage 1/2004, 43; *Hauck,* Information über einen Betriebsübergang nach § 613a V BGB und Widerspruch nach § 613a VI BGB, NZA-Beil. 1/2009, 18; *Hauck,* Die Tatbestandsmerkmale des Betriebsübergangs in der Rechtsprechung des BAG und des EuGH, in: Festschrift für Jobst-Hubertus Bauer zum 65. Geburtstag, 2010, S. 401; *Hausch,* Arbeitsrechtliche Pflichtangaben nach dem UmwG – Teil 1 –, RNotZ 2007, 308; *Heinze,* Die Arbeitgeber-Nachfolge bei Betriebsübergang – die Regelungsstruktur des § 613a BGB und rechtliche Konsequenzen, insbesondere im Konkurs -, DB 1980, 205; *Heinze,* Der Betriebsübergang in der Rechtsprechung des EuGH, DB 1997, 677; *Hey/Simon,* Arbeitgeberstellung im Rahmen einer Kündigung bei Kettenverschmelzung, BB 2010, 2957; *Hidalgo/Kobler,* Die betriebsverfassungsrechtlichen Folgen des Widerspruchs bei einem Betriebsübergang, NZA 2014, 290; *Hölters,* Handbuch Unternehmenskauf, 9. Aufl. 2019; *Hoffmann/Danylak,* 40 Jahre „übertragende Sanierung", NZI 2020, 705; *Hoffmann/Marquardt,* Der Übergang von Arbeitsverhältnissen bei der übertragenden Sanierung, NZI 2017, 513; *Hohenstatt,* Die Zuordnung von Arbeitsverhältnissen bei der Unternehmensspaltung in: Festschrift für Karsten Schmidt zum 80. Geburtstag, 2019, S. 495; *Hohenstatt/Grau,* Der Betriebsübergang nach Güney-Görres – Was geht noch?, NJW 2007, 29; *Hohenstatt/Grau,* Arbeitnehmerunterrichtung beim Betriebsübergang, NZA 2007, 13; *Hohenstatt/Schramm,* Vertragsregelungen beim Unternehmenskauf als Zusagen zu Gunsten der Belegschaft, NZA 2006, 251; *von Hoyningen-Huene/Windbichler,* Der Übergang von Betriebsteilen nach § 613a BGB, RdA 1977, 329; *Jaeger,* Die Unterrichtungspflicht nach § 613a Abs. 5 BGB in der Praxis der Betriebsübernahme, ZIP 2004, 433; *Junker,* Die Abgrenzung des Betriebsübergangs (§ 613a BGB) von der Auftragsnachfolge in der Rechtsprechung des BAG und des EuGH, SAE 2010, 239; *Junker,* Die Voraussetzungen eines Betriebsübergangs (§ 613a BGB) nach der „Klarenberg"-Entscheidung des EuGH, SAE 2010, 113; *Jürschick/Bücke,* Betreiberwechsel immer auch ein Betriebsübergang im ÖPNV? EuZW 2020, 615; *Kalb,* Betriebsverkleinerung und (Teil-)Betriebsübergang, in: Festschrift für Heinz Josef Willemsen zum 65. Geburtstag, 2018, S. 219; *Kania/Joppich,* Informationspflicht über die wirtschaftlichen Folgen eines Betriebsübergangs nach § 613a BGB, in: Festschrift für Wolfdieter Küttner zum 70. Geburtstag, 2006, S. 383; *Kappenhagen,* Betriebsübergang durch Übernahme von Personal, BB 2013, 696; *Kittner,* Die Verwirkung des Widerspruchsrechts beim Betriebsübergang, NJW 2012, 1180; *Kliemt/Teusch,* Die wirtschaftlichen und sozialen Folgen des Betriebsübergangs – Umfang und Grenzen der Unterrichtungspflicht nach § 613a Abs. 5 BGB, in: Festschrift für Jobst-Hubertus Bauer zum 65. Geburtstag, 2010, S. 537; *Klocke,* Die Vermutung aufklärungsrichtigen Verhaltens bei fehlerhafter Information nach § 613a Abs. 5 BGB, RdA 2017, 311; *Klose,* Das Schicksal des Erholungsurlaubs beim Betriebsübergang, in: Festschrift für Heinz Josef Willemsen zum 65. Geburtstag, 2018, S. 249; *Klumpp,* Widerspruch bei Betriebsübergang und Sperrzeit nach § 144 I 2 Nr. 1 SGB III, NZA 2009, 354; *Kock,* Voraussetzungen eines Betriebsübergangs nach der aktuellen BAG-Rechtsprechung, BB 2007, 714; *R. Krause,* Die tatsächliche Betriebsführung als konstitutives Erfordernis des Betriebsübergangs, ZfA 2001, 67; *R. Krause,* Zu den Zielen und Folgen des Betriebsübergangsrechts, in: Festschrift für Rolf Wank zum 70. Geburtstag, 2014, S. 275; *R. Krause,* Strömungen des Annahmeverzugs im Arbeitsverhältnis, ZfA 2018, 126; *Kreitner,* Kündigungsrechtliche Probleme bei Betriebsinhaberwechsel, 1989; *ders.,* Die Zuordnung von Arbeitsverhältnissen beim Betriebsinhaberwechsel, NZA 1990, 429;; *Lakenberg,* Rechtsprechungsregeln für die umwandlungsrechtliche Übertragung von Arbeitsverhältnissen. Wenn sich die Arbeitnehmer den Arbeitgeber aussuchen können, NJW 2018, 3064; *Lembke/Oberwinter,* Unterrichtungspflicht und Widerspruchsrecht im Lichte der neuesten Rechtsprechung, ZIP 2007, 310; *Lemp,* Neues vom BAG zum Betriebsübergang kraft Auftragsnachfolge, NZA 2013, 1390; *Leßmann,* Nachunterrichtung beim Betriebsübergang, DB 2011, 2378; *Lieb,* Betriebsübergang bei zentraler Unternehmensorganisation, ZfA 1994, 229; *Lingemann,* Richtig unterrichtet beim Betriebsübergang – neue Hilfestellung des BAG, NZA 2012, 546; *Lingemann/Weingarth,* Widerspruch zwecklos – Richtlinien zur Verwirkung des Widerspruchsrechts beim Betriebsübergang, DB 2014, 2710; *Lipinski/Melms,* Die Gewährung von Aktienoptionen durch Dritte, zB eine Konzernmutter – von Dritten geleistetes Arbeitsentgelt?, BB 2003, 150; *Löw/Schulz,* Erfolgreiche übertragende Sanierung trotz Betriebsübergang?, BB 2020, 244; *Löwisch,* Die Einbeziehung widersprechender Arbeitnehmer in die Sozialauswahl im Veräußererbetrieb, SAE 2008, 329; *Löwisch,* Bewältigung eines nach Beendigung des Arbeitsverhältnisses beim Betriebserwerber erhobenen Widerspruchs mit allgemeinen zivilrechtlichen Gestaltungsmitteln, BB 2009, 326; *Lunk,* Gestaltungsoptionen bei Betriebsübergang – Sachverhalten, in: Arbeitsgemeinschaft Arbeitsrecht im DAV, Festschrift zum 25-jährigen Bestehen, 2006, S. 645; *Lunk,* Schadensersatz wegen Verstoßes gegen die Unterrichtungspflicht bei einem Betriebsübergang gemäß § 613a Abs. 5 BGB, RdA 2009, 48; *Lunk/Rodenbusch,* Der Weiterbeschäftigungsanspruch des GmbH-Geschäftsführers, NZA 2011, 497; *Lützen,* „Schriftlich" und „Schriftform" – der unbekannte Unterschied, NJW 2012, 1627; *Cord Meyer,* Der Fortsetzungsanspruch bei Betriebsübergang, BB 2000, 1032; *Cord Meyer,* Unterrichtungspflicht und Widerspruchsrecht beim Betriebsübergang. Gestaltungsfolgen für Übertragungs- und Umwandlungsverträge; BB 2003, 1010; *Cord Meyer,* Aufhebungsvertrag bei Betriebsübergang, SAE

2006, 102; *Cord Meyer,* Untergang von Sozialleistungen beim Betriebsübergang, SAE 2006, 264; *Cord Meyer,* Inhalt der Unterrichtung gemäß § 613a Abs. 5 BGB, SAE 2007, 315; *Cord Meyer,* Vertragsänderungen bei Betriebsübergang, SAE 2009, 110; *Cord Meyer,* Erlassvertrag bei Betriebsübergang, SAE 2010, 105; *Cord Meyer,* Die Unterrichtung über den Betriebsübergang – Ein Sonderfall gefahrgeneigter Arbeit, SAE 2010, 173; *Cord Meyer,* „Auftragsnachfolge" und Unterrichtung bei Betriebsübergang, NZA 2012, 1185; *Cord Meyer,* Korrektur fehlerhafter Unterrichtungen bei feindlichem Betriebsübergang, NZA 2017, 960; *Cord Meyer,* Neues zum Widerspruchsrecht beim Betriebsübergang, ZfA 2020, 487; *Mohnke/Betz,* Unterrichtung der Mitarbeiter über die Fortgeltung von Betriebsvereinbarungen bei einem Betriebs(teil)übergang, BB 2008, 498; *Moll,* Die Rechtsstellung des Arbeitnehmers nach einem Betriebsübergang, NJW 1993, 2016; *Moll,* Bedeutung und Voraussetzungen des Betriebsübergangs im Wandel, RdA 1999, 233; *Moll,* Betriebsübergang und Betriebsänderung, RdA 2003, 129; *Mückl,* Das Problem mangelnder Kooperationsbereitschaft im Rahmen der Unterrichtung, RdA 2008, 343; *Mückl,* Der Betriebsübergang nach § 613a BGB in der Insolvenz – jetzt erst recht ein Sanierungshindernis?, ZIP 2012, 2373; *Mückl,* Betriebsübergang und Matrixstruktur – Welche Arbeitnehmer sind erfasst?, DB 2015, 2695; *Th. Müller/Thüsing,* Die Zuordnung von Arbeitsverhältnissen beim Betriebsübergang, ZIP 1997, 1869; *Müller-Bonanni,* Der Betriebsinhaberwechsel im Rahmen des Umwandlungsgesetzes, 2004; *Müller-Bonanni,* Betriebsübergang – ja oder nein? – Die aktuelle Rechtsprechung zum Tatbestand des § BGB § 613a BGB, NZA-Beilage 1/2009, 13; *Müller-Bonanni,* Zentrale Fragen des Betriebsübergangs im Spiegel der jüngsten Rechtsprechung und Reformen, RdA 2016, 270; *Müller-Bonanni,* Wider das Widerspruchsrecht – Unkonventionelle konzeptionelle Überlegungen zum Widerspruchsrecht gemäß § 613a Abs. 6 BGB, in: Festschrift für Heinz Josef Willemsen zum 65. Geburtstag, 2018, S. 331; *Müller-Glöge,* Bestandsschutz beim Betriebsübergang nach § 613a BGB, NZA 1999, 449; *Naber,* Sinn und Unsinn von § 613a Abs. 5 BGB – Plädoyer für ein neues Verständnis der Unterrichtung über Betriebsübergänge, in: Festschrift für Heinz Josef Willemsen zum 65. Geburtstag, 2018, S. 339; *Nebeling/Brauch,* § 613a Abs. 5 BGB: Es ist niemals zu spät … oder manchmal doch?, BB 2010, 1474; *Nebeling/Kille,* Verwirkung des Widerspruchsrechts bei fehlerhafter Unterrichtung über den Betriebsübergang, NZA-RR 2013, 1; Neef/Schraeder, Betriebsübergang und Sozialplanregelung, NZA 1998, 804; *Nehls/Sudmeyer,* Zum Schicksal von Aktienoptionen bei Betriebsübergang, ZIP 2002, 201; *Neufeld/Beyer,* Der nachträgliche Widerspruch nach § 613a VI BGB und seine Folgen für das Arbeitsverhältnis, die betriebliche Altersversorgung und deren Insolvenzsicherung, NZA 2008, 1157; *Nicolai,* Die Kündigung widersprechender Arbeitnehmer nach Betriebsübergang, BB 2006, 1162; *Niklas,* (Un-)Zuständigkeit des Betriebsrats bei Widerspruch gegen Betriebsübergang, DB 2015, 685; *Oetker,* Die Vorgaben der Betriebsübergangsrichtlinie für die Beteiligungsrechte des Betriebsrats, NZA 1998, 1193; *Olbertz/Fahrig,* Offshoring als Betriebs(teil)übergang gemäß § 613a BGB, ZIP 2012, 2045; *Pietzko,* Der Tatbestand des § 613a BGB, 1988; *Pils,* Der Verzicht auf das Widerspruchsrecht nach § 613a Abs. 6 BGB, BB 2014, 185; *Pils,* Umgehung von § 613a BGB durch Einsatz einer Transfergesellschaft, NZA 2013, 125; *Preis/Peramato,* Der Betriebsübergang – Szenen einer gestörten Beziehung zwischen BAG und EuGH? in: Festschrift für Heinz Josef Willemsen zum 65. Geburtstag, 2018, S. 359; *Preis/Steffan,* Neue Konzepte des BAG zum Betriebsübergang nach § 613a BGB, DB 1998, 309; *Preis/Willemsen,* Umstrukturierung von Betrieb und Unternehmen im Arbeitsrecht, 1999; *B. Reinhard,* Die Pflicht zur Unterrichtung über wirtschaftliche Folgen eines Betriebsübergangs – ein weites Feld, NZA 2009, 63; *Rappaport,* Shareholder Value – Wertsteigerung als Maßstab für die Unternehmensführung, 1995; *Rieble,* Widerspruch nach § 613a VI BGB – die (ungeregelte) Rechtsfolge, NZA 2004, 1; *Rieble,* § 613a Abs. 5 BGB: Informationspflicht und Verstoß, in: Arbeitsgemeinschaft Arbeitsrecht im DAV, Festschrift zum 25-jährigen Bestehen, 2006, S. 687; *Rieble,* Betriebsführungsvertrag und Betriebsübergang, NZA 2018, 1302; *Rieble/Wiebauer,* Widerspruch (§ 613a VI BGB) nach Aufhebungsvertrag, NZA 2009, 401; *M. Richter/Nacewicz,* Haftungsbegrenzung beim Betriebsübergang in der Insolvenz, ZIP 2008, 256; *Riesenhuber,* Informationspflichten beim Betriebsübergang: Fehler bei der Umsetzung der Richtlinie und Anlass für eine grundsätzliche Neuordnung, RdA 2004, 340; *Rudkowski,* Das „ewige" Widerspruchsrecht des Arbeitnehmers nach § 613a VI BGB und seine Grenzen, NZA 2010, 739; *Sagan,* Unterrichtung und Widerspruch beim Betriebsübergang aus deutscher und europäischer Sicht, ZIP 2011, 1641; *Sagan,* Betriebsübergang – Unterrichtung nach § 613a Abs 5 BGB – Betriebserwerberin – Sozialplanpflichtigkeit nach § 112a BetrVG, Anm. BAG AP Nr. 449 zu § 613a BGB; *Salamon,* Der Betriebsteilbegriff des § 613a BGB, NZA 2012, 482; *Salamon/Hoppe,* Die Maßgabe der fortbestehenden Organisationsstrukturen für den Betriebsteilübergang nach „Klarenberg", NZA 2010, 989; *Schiefer,* Betriebsübergang gem. § 613a BGB – von Christel Schmidt bis Klarenberg, in: Festschrift für Jobst-Hubertus Bauer, 2010, S. 901; *Schipp,* Der Übergang von Arbeitsverhältnissen im betriebsmittelarmen Betrieb, NZA 2013, 238; *Schlachter,* Betriebsübergang bei „eigenwirtschaftlicher Nutzung" von Betriebsmitteln des Auftraggebers, NZA 2006, 80; *Schlachter,* Entwicklungen im Individualarbeitsrecht unter dem Einfluss der Rechtsprechung des EuGH, RdA-Beilage 2009, 31; *Schmitz,* Die arbeitsrechtliche Rechtsprechung des EuGH im Jahr 2019, NZA-RR 2020, 281; *Schnitker/Grau,* Übergang und Anpassung von Rechten aus Aktienoptionsplänen bei Betriebsübergang nach § 613a BGB, BB 2002, 2497; *Schnitker/Grau,* Unterrichtung der Arbeitnehmer gemäß § 613a Abs. 5 BGB im Spiegel der Betriebsübernahmepraxis, BB 2005, 2238; *Schnitker/Grau,* Arbeitsrechtliche Aspekte von Unternehmensumstrukturierungen durch Anwachsung von Gesellschaftsanteilen, ZIP 2008, 394; *Seibt,* Gesamtrechtsnachfolge beim gestalteten Ausscheiden von Gesellschaftern aus Personengesellschaften, in: Festschrift für Volker Röhricht zum 65. Geburtstag, 2005, S. 603; *Seiter,* Betriebsinhaberwechsel, Schriften zur Arbeitsrecht-Blattei, 1980; *Seitz/Werner,* Unbundling in der Energiewirtschaft: arbeitsrechtliche Fallstricke und Gestaltungsmöglichkeiten, BB 2005, 1961; *Simon/Weninger,* Betriebsübergang und Gesamtrechtsnachfolge: Kein Widerspruch – keine Unterrichtung?, BB 2010, 117;

Sittard, Die Personalüberleitung von Arbeitnehmern im öffentlichen Dienst – Betriebsübergang oder gesetzliche Sonderreglung? in: Festschrift für Heinz Josef Willemsen zum 65. Geburtstag, 2018, S. 527; *Steffan,* Das „nachträgliche" Widerspruchsrecht beim Betriebsübergang – eine unendliche Geschichte?, NZA 2016, 608; *Tamm,* Europarechtliche Vorgaben für den Betriebsübergang, ZESAR 2012, 151; *Th. Ullrich,* Wirksamkeit von dreiseitigen Verträgen/Aufhebungsverträgen bei sanierenden Betriebsübergängen grundsätzlich bestätigt, SAE 2007, 344; *Urban-Crell/Manger,* Konzernweite Aktienoptionspläne und Betriebsübergang, NJW 2004, 125; *Waldenmaier/Pichler,* Tarifverträge und Betriebsvereinbarungen im Rahmen des Unterrichtungsschreibens nach § 613a V BGB, NZA-RR 2008, 1; *Wank,* Der Betriebsübergang in der Rechtsprechung von EuGH und BAG, in: Festschrift 50 Jahre Bundesarbeitsgericht, 2004, S. 245; *Weiß,* Inkongruenzen zwischen deutschem und europäischem Arbeitsrecht, in: Festschrift für J.H. Bauer, 2010, S. 1083 ff.; *Wiebauer,* Betriebsübergang und öffentlich-rechtliche Genehmigungen, NZA 2010, 733; *Wilhelm,* Das Schicksal virtueller Mitarbeiterbeteiligungen bei Abspaltung und Ausgliederung, NZG 2013, 1211; *Willemsen,* Die neuere Rechtsprechung des Bundesarbeitsgerichts zu § 613a BGB, ZIP 1986, 477; *Willemsen,* Der Grundtatbestand des Betriebsübergangs nach § 613a BGB, RdA 1991, 204; *Willemsen,* Arbeitsrechtliche Aspekte der Reform des Umwandlungsrechts, RdA 1993, 133; *Willemsen,* Aktuelle Tendenzen zur Abgrenzung des Betriebsübergangs, DB 1995, 924; *Willemsen,* Einbeziehung nichtarbeitsrechtlicher Verträge in das Arbeitsverhältnis, in: Festschrift für Herbert Wiedemann zum 70. Geburtstag, 2002, S. 645; *Willemsen,* Arbeitsrechtliche Fragen der Privatisierung und Umstrukturierung öffentlicher Rechtsträger, in: Festschrift 50 Jahre Bundesarbeitsgericht, 2004, S. 287; *Willemsen,* Rechtsunsicherheit als Gesetzgebungsziel?, in: Festschrift für Wolfdieter Küttner zum 70. Geburtstag, 2006, S. 417; *Willemsen,* „An oder mit?" – § 613a BGB und der Wertschöpfungsgedanke, in: Festschrift für Reinhard Richardi, 2007, S. 475; *Willemsen,* Aktuelles zum Betriebsübergang – § 613a BGB im Spannungsfeld von deutschem und europäischem Recht, NJW 2007, 2065; *Willemsen,* Europäisches und deutsches Arbeitsrecht im Widerstreit? – Aktuelle „Baustellen" im Recht des Betriebsübergangs, NZA-Beilage 4/2008, 155; *Willemsen,* Erneute Wende im Recht des Betriebsübergangs – ein „Christel Schmidt II"-Urteil des EuGH?, NZA 2009, 289; *Willemsen,* Erosion des Arbeitgeberbegriffs nach der Albron-Entscheidung des EuGH?, NJW 2011, 1546; *Willemsen,* Aktuelle Rechtsprechung des EuGH zum Arbeits- und Sozialrecht, RdA 2012, 291; *Willemsen,* Aufhebungsverträge bei Betriebsübergang – ein „Erfurter Roulette"?, NZA 2013, 242; *Willemsen,* Mehr Klarheit nach „Klarenberg"!, NZA 2014, 1010; *Willemsen,* „Freikauf durch Einkauf?" – Vermeidung des § 613a BGB durch Austausch wesentlicher Betriebsmittel, NZA 2017, 953; *Willemsen,* Betriebsübergang trotz Nichtübernahme prägender Betriebsmittel, JM 2020, 374; *Willemsen/Annuß,* Neue Betriebsübergangsrichtlinie – Anpassungsbedarf im deutschen Recht?, NJW 1999, 2073; *Willemsen/Annuß,* Auftragsnachfolge – jetzt doch ein Betriebsübergang?, DB 2004, 134; *Willemsen/Lembke,* Die Neuregelung von Unterrichtung und Widerspruchsrecht der Arbeitnehmer beim Betriebsübergang, NJW 2002, 1159; *Willemsen/Müller-Bonanni,* Aktienoptionen beim Betriebsübergang, ZIP 2003, 1177; *Willemsen/Müntefering,* Outsourcing nach „Güney-Görres", NZA 2006, 1185; *Willemsen/Sagan,* Der Tatbestand des Betriebsübergangs nach „Klarenberg", ZIP 2010, 1205; *E.M. Willemsen,* Bezugnahmeklauseln bei Betriebsübergang – neue Signale aus Luxemburg?, in: Festschrift für Heinz Josef Willemsen zum 65. Geburtstag, 2018, S. 619; *Wissmann/Schneider,* Europa hat gesprochen: Betriebsübergang ohne Erhalt der organisatorischen Einheit!, BB 2009, 1126; *Worzalla,* Neue Spielregeln bei Betriebsübergang – Die Änderung des § 613a BGB, NZA 2002, 353; *Zwanziger,* Der Interessenausgleich – betriebliches Regelungsinstrument oder Muster ohne kollektiven Wert?, BB 1998, 477.

I. Entstehungs- und Entwicklungsgeschichte einer höchst umstrittenen Zentralnorm des deutschen Arbeitsrechts

1. Rechtslage vor 1972

1 Unternehmensumstrukturierungen, die zur Übertragung ganzer Betriebe oder zumindest von Betriebsteilen im Wege zivilrechtlicher Einzelübertragung *(Asset Deal)* führen, warfen schon lange Zeit vor Inkrafttreten des § 613a BGB die Frage nach den Auswirkungen auf die dort jeweils zum Zeitpunkt der Übertragung bestehenden Arbeitsverhältnisse auf. Die damalige Rechtsprechung und Literatur unterschied zutreffend zwischen der Übertragbarkeit des *Anspruchs* auf die Arbeitsleistung einerseits und der Übertragung des gesamten *Arbeitsverhältnisses* andererseits. Dabei erschien die Abtretbarkeit der arbeitgeberseitigen Leistungsansprüche als das einfachere Problem: Zwar ist gemäß § 613 S. 2 BGB der Anspruch auf die Dienstleistung „im Zweifel" nicht übertragbar. Kreative Juristen hatten indes schon damals den zutreffenden Ausweg gefunden, nämlich dass diese gesetzliche Auslegungsregel dann nicht zum Zuge komme, wenn der **Betriebsbezug des Arbeitsverhältnisses** unverändert erhalten bleibe und dementsprechend keine Veränderung des Leistungsinhalts er-

folge.[1] Diesem Lösungsansatz lag der bemerkenswerterweise bereits in den frühen 20er Jahren des vergangenen Jahrhunderts entwickelte Gedanke einer „Entpersönlichung" oder „Objektivierung" (Betriebsbezogenheit) des Arbeitsverhältnisses zugrunde:[2] Der Arbeitnehmer „widme" seine Arbeitskraft im Zweifel dem *Unternehmen* und nicht dem *Unternehmer.* Folge dieser Auslegung war, dass der Arbeitnehmer, da § 613 S. 2 BGB bereits bei Vertragsschluss insoweit stillschweigend abbedungen worden war, unabhängig von seinem Willen gewissermaßen wie ein Leiharbeitnehmer für den neuen Betriebsinhaber arbeiten musste, wenn – wie im Regelfall – der Anspruch auf die Arbeitsleistung an diesen seitens des bisherigen Betriebsinhabers abgetreten wurde.

Der Gedanke der Objektivierung des Arbeitsverhältnisses wurde von der damaligen Rechtsprechung[3] und Literatur[4] im Sinne einer Auslegungsregel noch weiter dahingehend entwickelt, dass, sofern die **Identität des Betriebs** erhalten bleibt, bei einem Wechsel des – aus der Sicht der Arbeitnehmer ohnehin zumeist „anonymen" – Inhabers das Arbeitsverhältnis *im Zweifel insgesamt* auf den neuen Inhaber übergehe, und zwar im Wege eines **dreiseitigen Rechtsgeschäfts,** das in der Regel **konkludent** zwischen früherem Betriebsinhaber, Betriebserwerber und Arbeitnehmer abgeschlossen werde. Dies erscheint im Vergleich zu der bloßen Ausschaltung des § 613 S. 2 BGB insoweit als ein erheblicher Fortschritt, als der **Wechsel der gesamten Vertragsstellung** auf Arbeitgeberseite dem Erwerber nicht nur den Anspruch auf die Arbeitsleistung, sondern insbesondere auch alle arbeitgeberseitigen Gestaltungsrechte (Kündigung, Versetzung etc) verschafft; der entscheidende Unterschied aus Arbeitnehmersicht liegt darin, dass nunmehr auch eine rechtsdogmatische Grundlage für eine unmittelbare **Haftung** des Betriebserwerbers für alle Löhne und sonstigen Gegenansprüche der Arbeitnehmer geschaffen war.

Allerdings hatte die rechtsgeschäftliche Konstruktion einer (gegebenenfalls stillschwei- 2
genden) **Vertragsübernahme** den entscheidenden „Schönheitsfehler", dass sie nur funktionierte, wenn auch alle Beteiligten (bisheriger Betriebsinhaber, Erwerber, Arbeitnehmer) der Übertragung des Vertragsverhältnisses im Ganzen zustimmten. Weder der Ausschluss des § 613 S. 2 BGB noch die Konstruktion des dreiseitigen Vertrages halfen dagegen weiter, wenn der Erwerber des Betriebs und/oder Unternehmens es **ablehnte,** alle oder auch nur bestimmte Arbeitnehmer weiterzubeschäftigen oder deren Übernahme von einer aus Arbeitnehmersicht inakzeptablen Änderung der Arbeitsbedingungen abhängig machte.[5] Die (endgültige) Weigerung des Erwerbers zur Fortsetzung der Arbeitsverhältnisse bedeutete dann für den bisherigen Inhaber infolge Wegfalls der Beschäftigungsmöglichkeit in der Regel einen Grund zur **betriebsbedingten Kündigung** der hiervon betroffenen Arbeitsverhältnisse.[6] Ein beachtlicher Teil der früheren Literatur hat sich zwar dafür eingesetzt, diese offenkundige Lücke im Kündigungsschutz im Wege der Rechtsfortbildung durch Analogie zu § 571 BGB („Kauf bricht nicht Miete") zu schließen;[7] die höchstrichterliche Anerkennung blieb dieser These indes versagt.[8]

---

[1] Vgl. dazu BAG 26.5.1955 – 2 AZR 38/54, DB 1955, 779, unter 1. der Gründe; *Hueck/Nipperdey,* Arbeitsrecht Band I, 7. Aufl. 1963, § 54 III 1 (S. 514) mwN; *Boecken* ZIP 1994, 1087 (1092); *Pietzko,* Der Tatbestand des § 613a BGB, 245; *Seiter,* Betriebsinhaberwechsel, 24.

[2] Vgl. die Nachweise bei *Pietzko,* Der Tatbestand des § 613a BGB, 245, Fn. 96–105. Ausführliche Darstellung der rechtsgeschichtlichen Entwicklung in Deutschland bei *Hartmann* EuZA 2012, 35 (44).

[3] Vgl. insbesondere BAG 26.5.1955 – AZR 38/54, DB 1955, 779.

[4] S. dazu die Nachweise bei *Pietzko* S. 246 Fn. 106.

[5] Vgl. zu diesem Problem *Seiter,* 25.

[6] *Seiter,* 25.

[7] Vgl. insbesondere *Nikisch,* Arbeitsrecht 1961, Band I, 3. Auf., § 47 II (S. 657).

[8] Vgl. BAG 18.2.1960 – 5 AZR 472/57, DB 1960, 614 und BAG 29.11.1962 – 2 AZR 176/62, DB 1963, 382 (416). Zur Entwicklung der Rechtsprechung vor dem 2. Weltkrieg, vgl. *Moll* RdA 1999, 233.

2. Einfügung des § 613a BGB durch § 122 BetrVG 1972

3 Bereits der gesetzessystematische Standort des § 613a BGB zeigt, dass er eine Art Reaktion des Gesetzgebers zu der über § 613 S. 2 BGB geführten Debatte für den Fall der Betriebsübernahme ist. Interessanterweise erfolgte die Einfügung in das BGB im Zusammenhang mit der grundlegenden **Reform des Betriebsverfassungsrechts** im Jahre 1972; die damals neue Bestimmung des § 613a BGB war in § 122 BetrVG 1972 enthalten. Die Gesetzesmaterialien machen deutlich, dass entgegen ursprünglichen Vorschlägen nicht nur eine betriebsverfassungsrechtliche, sondern eine **allgemeine Regelung** der Rechtsfolgen eines **Betriebsübergangs** gewollt war.[9] Die entscheidende Neuerung bestand darin, dass der Übergang der Arbeitsverhältnisse im Falle des Betriebsübergangs nicht mehr von der Zustimmung des neuen Betriebsinhabers abhing, die bis dahin klaffende Lücke im Kündigungsschutz also geschlossen wurde.[10] Gleichsam als Nebeneffekt der gesetzlich angeordneten Kontinuität der Arbeitsverhältnisse wurde zugleich sichergestellt, dass sich die Mitbestimmung des Betriebsrats auch gegen den neuen Arbeitgeber richtet.[11] Der deutsche Gesetzgeber hat sich also der arbeitsrechtlichen Fragen des Betriebsübergangs angenommen, noch bevor er dazu seitens des europäischen Gesetzgebers aufgefordert worden war. Allerdings bestand § 613a BGB bei seiner Einfügung in das BGB im Jahre 1972 nur aus dem heutigen Absatz 1 sowie aus den – zum Teil zwischenzeitlich inhaltlich geänderten – Absätzen 2 und 3. § 613a BGB war also ursprünglich eine rein nationale Norm, deren Auslegung durch das BAG sich anfangs nur zögerlich entwickelte.[12]

3. Erweiterung durch das arbeitsrechtliche EG-Anpassungsgesetz vom 13.8.1980 um Abs. 1 Sätze 2–4 und Abs. 4

4 Eine neue Dynamik von damals allerdings noch nicht einmal ansatzweise erkennbaren Ausmaßen erfuhr die Thematik des Schicksals von Arbeitsverhältnissen bei Betriebsübergang durch die **EG-Richtlinie vom 14.2.1977** zur Angleichung der Rechtsvorschriften der Mitgliedstaaten über die Wahrung von Ansprüchen der Arbeitnehmer beim Übergang von Unternehmen, Betrieben und Betriebsteilen (77/187 EWG, nach zwischenzeitlicher Änderung (vgl. → Rn. 13) inzwischen neu verkündet als Richtlinie **2001/23/EG vom 12.3.2001,** abgedruckt im **Anhang**). Die EG-Kommission hatte das Harmonisierungsbedürfnis zwischen den EG-Staaten auf diesem Gebiet erkannt und als Kern ihres Richtlinienvorschlages[13] den automatischen Übergang der Arbeitsverhältnisse auf den Erwerber vorgesehen. Anders als bis dahin schon der deutsche Gesetzgeber ließen es die Kommission und ihr folgend die schließlich vom Rat erlassene Richtlinie nicht bei einer individualarbeitsrechtlichen Generalklausel bewenden; vielmehr wurden die Mitgliedstaaten auch zu einer Regelung der Folgen des Betriebsübergangs auf bestehende Kollektivvereinbarungen (Art. 3 Abs. 2) sowie zur Normierung eines Verbots der **Kündigung wegen Betriebsübergangs** (Art. 4) verpflichtet, des Weiteren auch zu einer Regelung der **Information und Konsultation der Arbeitnehmervertretungen** (Art. 6 der Richtlinie).

---

[9] Vgl. BT-Drs. VI/1786, 59 (Begründung zum Regierungsentwurf), abgedruckt bei *Seiter,* 152; zur Entstehungsgeschichte auch BAG 2.10.1974 – 5 AZR 504/73, DB 1975, 601, unter II 2 der Gründe.

[10] Ob der Übergang der Arbeitsverhältnisse zugleich auch von dem Willen des Arbeitnehmers „entkoppelt" wurde, sollte bereits kurz nach Inkrafttreten des § 613a BGB zum Gegenstand einer zum Teil leidenschaftlich geführten Debatte werden; vgl. zu diesem Streit um das sog. Widerspruchsrecht der Arbeitnehmer → Rn. 154ff.

[11] Vgl. BT-Drs. VI/1786, 59.

[12] So gab es bis 1980 nur 17 in der AP zu § 613a BGB veröffentlichte Entscheidungen (gegenüber ca. 470 im Jahre 2020).

[13] Abl. EG Nr. C 104 vom 13.9.1974, vollständig abgedruckt in RdA 1975, 124; Ausführlich zur Entstehungsgeschichte der Richtlinie *Heinze* in Tomandl (Hrsg.), Der Betriebs(teil)übergang im Arbeitsrecht, 1995, 1, 3; zur Novellierung dieser Richtlinie im Jahre 1998 → Rn. 13ff.

Der deutsche Gesetzgeber ist der Aufforderung aus Brüssel erst relativ spät, nämlich mit dem arbeitsrechtlichen EG-Anpassungsgesetz vom 13.8.1980,[14] nachgekommen. Einen Handlungsbedarf sah er, nachdem § 613a BGB zu diesem Zeitpunkt bereits seit mehr als acht Jahren in Kraft war, allerdings nur im Bereich der **Kollektivvereinbarungen** und des Kündigungsschutzes bei Betriebsübergang:[15] § 613a Abs. 1 S. 1 BGB wurden die heutigen Sätze 2–4 angefügt; ein neu geschaffener Absatz 4 verbietet seitdem ausdrücklich die Kündigung *wegen* Betriebsübergangs. Beide Regelungskomplexe sind bis heute umstritten und geben Anlass zu zahlreichen Zweifelsfragen, auf die in dem jeweiligen sachlichen Kontext näher eingegangen wird.[16]

4. Hypertrophe und teilweise konträre Rechtsprechung des BAG und des EuGH zur Auslegung des Anwendungsbereichs bis hin zu *„Christel Schmidt"*

Die zentrale Bedeutung, die § 613a BGB nicht nur für das gesamte deutsche Arbeitsrecht, 5 sondern weit darüber hinaus für das **Recht der Übertragung und Umstrukturierung von Unternehmen** innerhalb und außerhalb von Sanierungsfällen zukommt, ist in Rechtsprechung und Literatur erst sukzessive erkannt worden. Als im Jahre 1980 die grundlegende Monographie von *Seiter*[17] erschien, gab es insgesamt knapp 20 veröffentlichte Urteile des BAG zu § 613a BGB, was einem Durchschnitt von etwa 2,5 Entscheidungen pro Jahr seit seinem Inkrafttreten entsprach. Im Zentrum des Interesses standen in der ersten Phase nach Inkrafttreten des § 613a BGB seine **Rechtsfolgen,** insbesondere die heute durch § 613a Abs. 6 BGB geklärte Frage eines **Widerspruchsrechts** des Arbeitnehmers gegen den gesetzlichen Übergang seines Arbeitsverhältnisses, welches das BAG seit seinem Urteil vom 2.10.1974 – als Nr. 1 zu § 613a BGB in der AP veröffentlicht – in ständiger Rechtsprechung bejahte.[18] Einen weiteren Schwerpunkt auf der Rechtsfolgenseite bildete seit Inkrafttreten des EG-Anpassungsgesetzes die Auslegung des Kündigungsverbots „wegen Betriebsübergangs" (§ 613a Abs. 4 BGB).[19]

Auf der Tatbestandsseite hatte sich das BAG bereits relativ frühzeitig mit der Frage zu 6 befassen, ob § 613a BGB auch bei Betriebsübertragungen in der **Insolvenz** gilt und sich salomonisch für eine „gespaltene" Lösung entschieden.[20] Dagegen kam die Klärung des Grundtatbestands von § 613a BGB, dh der Frage, *wann* überhaupt von einem *Übergang* eines *Betriebs* oder *Betriebsteils* auf einen *anderen Inhaber,* und zwar *durch Rechtsgeschäft,* ausgegangen werden kann, in der Rechtsprechung des BAG zunächst nur allmählich voran. Eine erste frühe Entscheidung des 5. Senats vom 29.10.1975[21] zeichnete sich noch durch ein bemerkenswertes *Juridical Self Restraint* aus, das allerdings nach und nach aufgegeben und vor dem Hintergrund einer geradezu **explosionsartig ansteigenden Zahl** der zu entscheidenden Fälle durch eine für die Praktiker nicht mehr überschaubare **Kasuistik** in

[14] Gesetz über die Gleichbehandlung von Männern und Frauen am Arbeitsplatz und über die Erhaltung von Ansprüchen bei Betriebsübergang (BGBl. I 1308), in Kraft getreten am 21.8.1980.

[15] Vgl. zu der Frage, ob § 613a BGB in seiner heutigen Fassung eine ausreichende Umsetzung der EG-Richtlinie darstellt, *von Alvensleben,* Die Rechte der Arbeitnehmer beim Betriebsübergang im europäischen Gemeinschaftsrecht, 1992; *Gaul,* Der Betriebsübergang, 2. Aufl. 1990, 40 mwN.

[16] Zu § 613a Abs. 1 S. 2–4 BGB umfassend → E Rn. 34 (für Betriebsvereinbarungen) und → E Rn. 136ff. (für Tarifverträge); zu § 613 Abs. 4 → H Rn. 85.

[17] Betriebsinhaberwechsel, Schriften zur Arbeitsrecht-Blattei, Band 9, 1980.

[18] Vgl. zB BAG 21.7.1977 – 3 AZR 703/75, DB 1977, 2146 und BAG 17.11.1977 – 5 AZR 618/76, DB 1978, 1083; zum Ganzen → Rn. 147.

[19] Grundlegend BAG 26.5.1983 – 2 AZR 477/81, DB 1983, 2690; vgl. ferner *Willemsen* ZIP 1983, 411 sowie → H Rn. 85ff.

[20] Wegen der Einzelheiten vgl. BAG 17.1.1980 – 3 AZR 160/79, DB 1980, 308; 26.5.1983 – 2 AZR 477/81, DB 1983, 2690; *Wiedemann/Willemsen* RdA 1979, 418 sowie → Rn. 126.

[21] 5 AZR 444/74, DB 1976, 391.

den folgenden 20 Jahren geradezu in sein Gegenteil verkehrt wurde.[22] Gefördert durch die hierdurch bedingte **Rechtsunsicherheit** haben die Prozessparteien auf Arbeitnehmerseite in **Kündigungsschutzverfahren** die Chance einer Berufung auf § 613a Abs. 4 BGB (Verbot der Kündigung wegen Betriebsübergangs) entdeckt und exzessiv genutzt, sobald auch nur ein erster Anschein darauf hindeutete, dass bestimmte „Betriebsmittel" des bisherigen Betriebs nunmehr von einem anderen „Inhaber" weiter genutzt wurden, wobei diese „Betriebsmittel" nicht nur in Warenvorräten oder Produktionsanlagen, sondern durchaus auch (nur) im Know How, Goodwill oder Kundenstamm bestehen konnten. Die an der Weiterentwicklung des § 613a BGB beteiligten BAG-Senate haben zu dieser exzessiven Nutzung seines (vermeintlichen) Anwendungsbereichs entscheidend beigetragen, indem sie einerseits in einer über lange Jahre ständig praktizierten und weiter ausgebauten Rechtsprechung den Übergang der „wesentlichen Betriebsmittel" ausreichen ließen, sofern nur der Erwerber dieser Betriebsmittel damit den bisherigen Betrieb oder Betriebsteil **„im wesentlichen unverändert fortführen kann"**,[23] und indem sie zum anderen vor allem bei Handels- und Dienstleistungsunternehmen auf den Übergang materieller Betriebsmittel wie Laden- bzw. Büroräume, -einrichtungen etc praktisch vollständig verzichteten und die **immateriellen Betriebsmittel** in den Vordergrund rückten, für deren Übernahme bereits der Eintritt des neuen Inhabers in bestehende **Kundenbeziehungen** sowie der Besitz von **Geschäftspapieren** und **Kundenlisten** ausreichend sein könne.[24] Damit war für die Folgezeit eine immer weiter fortschreitende **Entmaterialisierung** des Betriebsbegriffs im Sinne von § 613a BGB eingeläutet.[25] Zugleich wurde die Berufung auf § 613a BGB dadurch erleichtert, dass uU bereits ein „Bündel" von einzelnen Übertragungsakten, gegebenenfalls auch mit verschiedenen Dritten, genügen soll, um das Merkmal eines **Übergangs durch Rechtsgeschäft** zu erfüllen.[26] *Putzo* stellte seitdem in der *Palandt*-Kommentierung des § 613a BGB Jahr für Jahr erneut fest: *„Die Rechtsprechung neigt zu extensiver Anwendung"*.[27]

7 Durch die immer stärker werdende Kritik in der Literatur[28] haben sich die an der Auslegung des § 613a BGB beteiligten BAG-Senate indes ebenso wenig beeindrucken lassen wie durch den Umstand, dass ihre Rechtsprechung zur bloßen „Fortführungsmöglichkeit" spätestens seit Mitte der 80er Jahre von der zunehmend an Bedeutung gewinnenden, zunächst aber völlig parallel verlaufenden Judikatur des **EuGH** zum Anwendungsbereich der Richtlinie 77/187-EWG abwich.[29] Ohne dieses Auseinanderdriften zur Kenntnis zu nehmen, blieb das BAG vielmehr bis Mitte der 90er Jahre bei seiner bisherigen Rechtsprechung, die einerseits häufig im Ergebnis das Richtige traf, mitunter zur Korrektur geradezu „abstruser" Instanzentscheidungen führte,[30] andererseits aber in Ermangelung eines schlüssigen Konzepts die Abgrenzung zwischen Betriebs(teil)übergang, Betriebsstilllegung und reiner **Funktionsnachfolge**[31] immer mehr zu einem Lotteriespiel mit freilich für die jeweils Beteiligten immensen wirtschaftlichen Folgen entarten ließ.[32]

---

[22] S. dazu *Willemsen* RdA 1991, 204.

[23] So die geradezu stereotype Abgrenzungsformel seit dem Urteil des 5. Senats vom 22.5.1985 – 5 AZR 30/84, DB 1985, 2409; vgl. zu dieser Entwicklung *Willemsen* RdA 1991, 204.

[24] BAG 25.6.1985 – 3 AZR 254/83, DB 1985, 2459; 15.5.1985 – 5 AZR 30/84, NZA 1985, 775.

[25] Vgl. *Willemsen* ZIP 1986, 477 (482).

[26] Grundlegend BAG 22.5.1985 – 5 AZR 173/84, NZA 1985, 773; bestätigt durch 3.7.1986 – 2 AZR 68/85, NZA 1987, 123 und 27.4.1995 – 8 AZR 197/94, NZA 1995, 1155.

[27] Letztmalig: Palandt/*Putzo*, 60. Aufl. 2001, § 613a Rn. 1 aE.

[28] Vgl. zB *Loritz* RdA 1987, 65 (69); *Schmalenberg* NZA 1989, Beilage 3, 14 (15); *Willemsen* RdA 1991, 204.

[29] Vgl. dazu insbesondere EuGH 18.3.1986 – C-24/85 *(Spijkers)*, EAS RL 77/187 EWG Nr. 2; 19.5.1992 – C-29/91 *(Redmond Stichting)*, EAS RL 77/187 EWG Nr. 7.

[30] Traurige Berühmtheit hat die Entscheidung des LAG Hamburg 21.1.1986 – 6 Sa 77/85, DB 1986, 1576, erlangt, wonach bereits die besonders gute Lage der Geschäftsräume und die damit verbundene Laufkundschaft die Anwendung des § 613a BGB rechtfertige; sie wurde durch Revisionsurteil vom 26.2.1987 (2 AZR 321/86, NZA 1987, 589) aufgehoben.

[31] Dass eine solche (noch) nicht den Tatbestand des § 613a BGB begründet, hatte der 5. Senat des BAG bereits mit Urteil vom 22.5.1985 – 5 AZR 173/84, NZA 1985, 775 festgestellt.

Ausgerechnet als diese Kaskade fallorientierter und – vermeintlich – arbeitnehmerfreundlicher Instanz- und Revisionsrechtsprechung zu § 613a BGB ihren Höhepunkt erreicht zu haben schien, erließ der EuGH, dessen Rechtsprechung zum Anwendungsbereich der Richtlinie in Deutschland im Vergleich zur BAG-Rechtsprechung bisher nur mäßige Beachtung gefunden hatte, am 14.4.1994 sein „Sensationsurteil"[33] in Sachen *„Christel Schmidt"*.[34] Hierüber ist in der – auch nichtjuristischen – Presse, etwa unter der Überschrift „Die Putzfrau als Betriebsteil", so intensiv berichtet worden, dass auf eine eingehende Darstellung an dieser Stelle getrost verzichtet werden kann. Der Sache nach betraf das Urteil einen – wenn auch „minimalen" – **Outsourcing-Fall,** der Anlass zu der Fragestellung gab, ob die *Gleichartigkeit* der vor und nach der Übertragung (konkret: von einer einzigen Arbeitnehmerin) ausgeführten (konkret: Reinigungs-)Aufgaben für die Bejahung eines Betriebsübergangs im Sinne der Richtlinie ausreichte, ohne dass es noch zusätzlich der Übertragung von Vermögensgegenständen bedurfte. Indem der EuGH dies, bezogen auf den konkreten Fall,[35] bejahte, schien der bis dahin jedenfalls rechtstheoretisch stets aufrechterhaltene Damm zwischen *Betriebs*nachfolge einerseits und (bloßer) *Funktions*nachfolge andererseits endgültig gebrochen zu sein; entsprechend „fatalistische" Kommentare in der Fachliteratur ließen nicht lange auf sich warten.[36] Die EU-Kommission sah sich hierdurch sogar zunächst veranlasst, die Richtlinie 77/187 EWG zu ändern, hat hiervon jedoch wieder Abstand genommen.[37] 8

Trotz seiner für die Praxis zunächst verheerenden Signalwirkung hatte das „Christel-Schmidt"-Urteil indes auch etwas durchaus Positives, führte es doch mit aller Deutlichkeit vor Augen, dass die Auslegung des § 613a BGB – und hier insbesondere die Abgrenzung seines Anwendungsbereichs – keinesfalls eine Angelegenheit allein der nationalen Gerichte ist und dass das BAG, indem es die immer deutlicher werdende Divergenz seiner „Betriebsmittel-Rechtsprechung"[38] zu den Leitlinien unmittelbar einschlägiger EuGH-Urteile[39] ignorierte, sich auf ein gefährliches Glatteis begeben hatte. Daher stellte es allenfalls eine maßvolle Übertreibung dar, wenn in den seinerzeitigen Kommentaren zur „Christel Schmidt"-Entscheidung die bis dahin in der AP abgedruckten 116 Entscheidungen zu § 613a BGB kurzerhand zu „Makulatur" erklärt wurden.[40] Zur Schadenfreude bestand gleichwohl kein Anlass, hat doch das „Christel Schmidt"-Urteil die herkömmliche **Outsourcing-Praxis** in Frage gestellt und darüber hinaus zu einer beispiellosen Verunsicherung in Bezug auf den Anwendungsbereich des § 613a BGB geführt. Es gab fortan nur noch wenige Arbeitsgerichtsprozesse um betriebsbedingte Kündigungen, in denen nicht von Klägerseite das Vorliegen eines Betriebsübergangs wenigstens vorsorglich behauptet wurde; reduzierte Anforderungen an die Darlegungs- und Beweislast auf Arbeitnehmerseite, wie sie die Rechtsprechung des BAG schon zuvor statuiert hatte,[41] taten ein Übriges und ermunterten geradezu zur Durchführung von Massenverfahren unter Einbeziehung des (angeblichen) Betriebserwerbers. Die Beratung von Unternehmen bei Umstrukturierungen und Transaktionen geriet dabei zum Vabanquespiel; ging es um den Erwerb oder 9

[32] Vgl. dazu die Kritik von *Willemsen* in RdA 1991, 204.
[33] Vgl. zu der außergewöhnlich heftigen und kurzfristigen Reaktion, die diese Entscheidung im Schrifttum hervorgerufen hat, die Nachweise bei *Willemsen* DB 1995, 924, in Fn. 3.
[34] C-392/92, DB 1994, 1370.
[35] Vgl. Vorlagebeschluss des LAG Schleswig-Holstein 27.10.1992 – 1 Sa 235/92, ZIP 1994, 1040.
[36] Vgl. die Nachweise bei *Willemsen* DB 1995, 924 Fn. 3.
[37] Richtlinienvorschlag der EU-Kommission vom 8.9.1994, veröffentlicht in DB 1994, 1979; vgl. dazu *Willemsen* DB 1995, 924 (926); zu dem stattdessen verabschiedeten „Memorandum" vgl. *Bauer* DB 1997, 1030. Zu der erst drei Jahre später – nach *„Ayse Süzen"* (→ Rn. 10ff.) – erlassenen Richtlinie 98/50 EG zur Änderung der Richtlinie 77/187 EWG → Rn. 13.
[38] Dazu → Rn. 6.
[39] S. die Nachweise in Fn. 51.
[40] Vgl. *Röder/Baeck* NZA 1994, 542.
[41] BAG 15.5.1985 – 5 AZR 276/84, NZA 1985, 736; 9.2.1994 – 2 AZR 781/93, NZA 1994, 612.

die de-facto-Fortführung von fremden Unternehmensaktivitäten, erwies sich § 613a BGB immer häufiger als *„Dealbreaker"*.

5. Das Urteil in Sachen *„Ayse Süzen"* vom 11.3.1997 als Wendepunkt für die weitere Rechtsentwicklung

10 Ob die teilweise sogar verletzende Kritik am *„Christel-Schmidt"*-Urteil die Richter des EuGH wirklich beeindruckt hat, lässt sich im Nachhinein schwer feststellen. Eine von der Praxis mit Erleichterung aufgenommene grundsätzliche Korrektur und Klarstellung erfolgte jedenfalls durch das etwa drei Jahre später verkündete EuGH-Urteil in Sachen *Ayse Süzen,*[42] die bald eine ähnliche Bekanntheit im juristischen Blätterwald erlangen sollte wie ihre „Kollegin" *Christel Schmidt.* Auch diesmal ging es nämlich wiederum um einen Fall aus dem Reinigungsgewerbe, allerdings nunmehr in der *Dreieckskonstellation* der **Kündigung** eines Reinigungsauftrages durch den Auftraggeber und **Neuvergabe** dieses Auftrages **an einen Wettbewerber.** Das Urteil wurde ua deshalb in der Literatur geradezu euphorisch aufgenommen,[43] weil es in den Entscheidungsgründen[44] den nach der voraufgegangenen Verunsicherung durch *„Christel Schmidt"* als geradezu erlösend empfundenen Satz enthält, dass eine bloße **Tätigkeit nicht ausreiche,** um den Begriff der **„wirtschaftlichen Einheit"** im Sinne der EuGH-Rechtsprechung auszufüllen.[45] Der bloße Verlust eines Auftrags an einen Mitbewerber stelle daher „für sich genommen" *keinen* Übergang im Sinne der Richtlinie dar. Von dieser lange erhofften Klarstellung abgesehen, bedeutet das Urteil in Sachen Ayse Süzen indes auch deshalb einen Wendepunkt, weil durch den weiteren Duktus der Entscheidungsgründe dem bisherigen Lösungsansatz des BAG, das auf den Übergang der *wesentlichen Betriebsmittel* und die bloße *Fortführungsmöglichkeit* abstellte, eine endgültige Absage erteilt wird.[46] Die Rechtsprechung des EuGH zwingt das BAG nicht nur zu einem **„Blick auf die Erwerberseite"**,[47] dh zur Berücksichtigung der dortigen **Absichten** im Zeitpunkt der Übernahme, sondern es erklärt das Kriterium der Betriebsmittel für solche Branchen, die ihren Geschäftszweck typischerweise ohne relevante materielle oder immaterielle Betriebsmittel ausüben, für vollends unbeachtlich.[48] Im Gegensatz zur bisherigen BAG-Rechtsprechung, die der **Übernahme von Personal** im Rahmen von § 613a BGB allenfalls ausnahmsweise indizielle Bedeutung beilegte,[49] kommt diesem Merkmal seit der Ayse Süzen-Entscheidung nunmehr bei typischerweise **„betriebsmittelarmen" (Dienstleistungs-)Tätigkeiten** zentrale und fallentscheidende Bedeutung zu:

„Soweit in bestimmten Branchen, in denen es im Wesentlichen auf die menschliche Arbeitskraft ankommt, eine *Gesamtheit von Arbeitnehmern,* die durch eine *gemeinsame Tätigkeit dauerhaft verbunden sind,* eine *wirtschaftliche Einheit* darstellt, kann eine solche Einheit ihre *Identität* über ihren Übergang hinaus bewahren, wenn der neue Unternehmensinhaber nicht nur die betreffende Tätigkeit weiterführt, sondern auch einen nach *Zahl und Sachkunde wesentlichen Teil des Personals übernimmt,*

---

[42] Vom 11.3.1997 – C-13/95, NZA 1997, 433.
[43] Vgl. etwa *Buchner* NZA 1997, 408; *Heinze* DB 1997, 677; *Heinze* FS Schaub, 1998, 275; zurückhaltender *Annuß* NZA 1998, 70; *Brößke* BB 1997, 1412; *Baeck/Lingemann* NJW 1997, 2492; *Steffan* Anm. EAS RL 77/187 EWG Nr. 13.
[44] EuGH 11.3.1997 – C-13/95, NZA 1997, 433 Rn. 15.
[45] Vgl. *Annuß* NZA 1998, 70 (72); *Willemsen/Annuß* DB 1997, 1875 (1876).
[46] Vgl. dazu auch *Annuß* NZA 1998, 70 (73); *Preis/Steffan* DB 1998, 309 (314).
[47] Vgl. *Annuß* NZA 1998, 70 (74).
[48] EuGH 11.3.1997 – C-13/95 *(Ayse Süzen),* NZA 1997, 433 Rn. 18: „Da eine wirtschaftliche Einheit insoweit in bestimmten Branchen ohne relevante materielle oder immaterielle Betriebsmittel tätig sein kann, kann die Wahrung der Identität einer solchen Einheit über ihren Übergang hinaus nicht von der Übertragung von Betriebsmitteln abhängen."
[49] Vgl. BAG 9.2.1994 – 2 AZR 781/93, NZA 1994, 612; zur früheren Rspr. und zum „Konfusionsargument" s. *Annuß* NZA 1998, 70 (71).

das sein Vorgänger gezielt bei dieser Tätigkeit eingesetzt hatte. Denn in diesem Fall erwirbt – entsprechend den Ausführungen EuGH Slg. 1995, I – 2745 – *Rygaard* – der neue Unternehmensinhaber eine *organisierte Gesamtheit von Faktoren,* die ihm die Fortsetzung der Tätigkeiten oder bestimmter Tätigkeiten des übertragenden Unternehmens auf Dauer erlaubt."[50]

Das EuGH-Urteil vom 11.3.1997 zwang die BAG-Rechtsprechung nunmehr endgültig 11
zu einer grundlegenden Korrektur. Der Grenzfall der „betriebsmittelarmen" Tätigkeiten hat nämlich gezeigt, dass Anknüpfungspunkt für die arbeitsrechtliche Inanspruchnahme des Erwerbers nicht die Übertragung „statischer" Betriebsmittel sein kann, sondern dass dem Betriebsübergang ein „dynamisches" Element innewohnt, welches vom EuGH dahingehend umschrieben wird, dass eine **wirtschaftliche Einheit,** an die die Arbeitsverhältnisse bisher gebunden waren, auch nach dem Übergang ihre Identität bewahrt, was namentlich dann zu bejahen sei, wenn der **Betrieb tatsächlich weitergeführt oder wieder aufgenommen** wird.[51] Hatte das BAG nach dem umstrittenen *„Christel-Schmidt"*-Urteil offenbar noch geglaubt, mit bloßen Randkorrekturen seiner bisherigen „Betriebsmittelrechtsprechung" auskommen zu können,[52] sah es sich auf Grund des Urteils in Sachen Ayse Süzen nunmehr zu einem **Perspektivenwechsel**[53] genötigt. Besonders augenfällig wurde dies in dem Beschluss des 8. Senats vom 17.7.1997,[54] mit dem ein früherer Vorlagebeschluss vom 21.3.1996,[55] der einen umfangreichen Fragenkatalog enthielt, auf „sanften" Druck des EuGH zurückgenommen wurde. Die zur Auslegung der Richtlinie 77/187 EWG vom 14.2.1977 zu stellenden Fragen könnten nunmehr, so der für die Auslegung des § 613a BGB nunmehr zuständige 8. Senat, mit Hilfe der EuGH-Entscheidung vom 11.3.1997 beantwortet werden.

Das *„Ayse Süzen"*-Urteil des EuGH hat, dies lässt sich mit einem gewissen zeitlichen 12
Abstand und in Kenntnis der seitherigen Fortentwicklung mit Gewissheit feststellen, zu einer erheblichen Entspannung insbesondere in Bezug auf die Outsourcingthematik beigetragen und der Praxis einige wesentliche Hinweise für das zutreffende Verständnis der Richtlinie und damit zugleich des § 613a BGB gegeben. Die eigentliche Kernfrage, was denn die „wirtschaftliche Einheit" als Substrat des Betriebsübergangs im konkreten Fall ausmacht, wurde zunächst im Sinne einer *negativen Abgrenzung* beantwortet mit der Aussage, dass eine bloße *Tätigkeit* hierfür nicht ausreiche.[56] Hinsichtlich der positiven Abgrenzung enthält das Urteil durch erstmalige definitorische Ansätze (*„auf Dauer* angelegte wirtschaftliche Einheit"; *„organisatorische Gesamtheit* von Personen oder Sachen *zur Ausübung einer wirtschaftlichen Zielsetzung*") wichtige Fortentwicklungen der bisherigen, alten formelhaften Rechtsprechung (dazu auch → Rn. 33); darüber hinaus wurde der bereits zuvor entwickelte **„Sieben-Punkte-Katalog"** für die Prüfung der Tatbestandsvoraussetzungen eines Betriebsübergangs im Sinne der Richtlinie bestätigt, an dem sich die nationalen Gerichte zu orientieren haben (→ Rn. 65). Da der Gerichtshof allerdings eine abschließende **Gesamtbewertung** verlangt, kann von **Rechtssicherheit** auf diesem Gebiet auch aus heutiger Sicht **keine Rede** sein. Das gilt erst recht seit der *„Klarenberg"*-Entscheidung vom 12.2.2009, die weitere erhebliche Unklarheiten aufgeworfen hat (dazu → Rn. 17d ff.).

---

[50] aaO, Rn. 21 (Hervorhebungen diesseits); seitdem stRspr des EuGH; vgl. nur zB EuGH 6.9.2011 – C-108/10 *(Scattolon),* NZA 2011, 1077 Rn. 49.

[51] Vgl. aaO, Rn. 10; ähnlich bereits vorher EuGH 18.3.1986, Rs. 24/85, Slg. 1986, 1119 Rn. 11 und 12 *(Spijkers)* und 7.3.1996, EAS RL 77/187 EWG Nr. 11 m. kritischer Anmerkung *Willemsen (Merckx, Neuhuys/Ford Belgium).*

[52] S. dazu die Nachweise bei *Willemsen* DB 1995, 924 (926).

[53] Vgl. *Preis/Steffan* DB 1998, 309.

[54] DB 1997, 1875 mAnm *Willemsen/Annuß.*

[55] DB 1996, 736.

[56] Zutreffend *Annuß* NZA 1998, 70 (72).

6. Richtlinie 98/50 EG (ABl. L 201 vom 17.7.1998) des Rates vom 29.6.1998 zur Änderung der Richtlinie 77/187 EWG und Neuverkündung durch Richtlinie 2001/23/EG vom 12.3.2001[57]

13 Für die Fachwelt eher überraschend ist es in der Folgezeit nach *„Ayse Süzen"* doch noch zu einer Überarbeitung und inhaltlichen Ergänzung der Richtlinie 77/187 EWG gekommen.[58] Der Titel der Richtlinie 77/187 EWG wurde dahingehend ergänzt, dass sie nunmehr expressis verbis auch den Übergang von *„Unternehmensteilen"* erfasst. Wesentlicher erscheint jedoch, dass erstmals eine **Definition** des Betriebsübergangs in den Richtlinientext eingefügt wurde. Artikel 1b) der geänderten Richtlinie hat folgenden Wortlaut:

„Vorbehaltlich Buchstabe a) und der nachstehenden Bestimmungen dieses Artikels gilt als Übergang im Sinne dieser Richtlinie der Übergang einer ihre Identität bewahrenden wirtschaftlichen Einheit im Sinne einer organisierten Zusammenfassung von Ressourcen zur Verfolgung einer wirtschaftlichen Haupt- oder Nebentätigkeit".

Die „Handschrift" des *Ayse Süzen*-Urteils ist bei dieser Definition unverkennbar. Der Richtliniengeber hat mit dieser Definition nichts anderes getan, als die im EuGH-Urteil vom 11.3.1997 entwickelten Erkenntnisse mit nur leicht veränderter Wortwahl in eine europäische Rechtsnorm umzuwandeln, was in den vorangestellten Erwägungsgründen deutlich zum Ausdruck kommt. Damit hat er zugleich bestätigt, dass der EuGH sich mit dieser Interpretation voll auf der Linie des vom Normgeber intendierten Zwecks der Richtlinie bewegt hat. Seit der Richtlinie 98/50 EG vom 29.6.1998 gilt daher erst recht, dass sich die Auslegung des Betriebsübergangsbegriffs in § 613a BGB an Artikel 1 der Richtlinie in Verbindung mit der diesbezüglichen, inzwischen ausdrücklich bestätigten Rechtsprechung des EuGH zu orientieren hat.

Ohne weitere inhaltliche Änderungen ist die Betriebsübergangsrichtlinie schließlich durch Richtlinie 2001/23/EG vom 12.3.2001[59] **neu kodifiziert** worden, womit gleichzeitig die Richtlinien 77/187 EWG und 98/50 EG aufgehoben wurden. Alle früheren Verweisungen auf die aufgehobene Richtlinie 77/187 EWG gelten gemäß Art. 12 nunmehr als Verweisungen auf die neue Richtlinie.[60]

7. Folgerechtsprechung des EuGH nach *„Ayse Süzen"*

14 Der EuGH hatte nach *„Ayse Süzen"* mehrfach erneut Gelegenheit, den Anwendungsbereich der Richtlinien zu präzisieren, und er hat diese seitdem stets im Sinne der Bestätigung der seitherigen Rechtsprechungslinie genutzt. So taucht der **Sieben-Punkte-Katalog,** wie er erstmals in Sachen *„Spijkers"*[61] aufgestellt und in Sachen *„Ayse Süzen"* den nationalen Gerichten nachdrücklich ins Bewusstsein gerufen wurde (→ Rn. 64), nunmehr in allen EuGH-Entscheidungen als maßgebliches Prüfungsschema auf, wobei immer wieder betont wird, diese Umstände seien nur Teilaspekte der vorzunehmenden Gesamtbewertung und dürften deshalb nicht isoliert betrachtet werden.[62] Ebenso ist es nunmehr ständige Rechtsprechung des EuGH, dass allein die **Ähnlichkeit** der von dem bisherigen und dem neuen Unternehmen verrichteten **Tätigkeiten** noch nicht den Schluss auf den

[57] Abgedruckt im Anhang.

[58] Vgl. dazu sowie zu dem Inhalt der Richtlinie im Übrigen *Willemsen/Annuß* NJW 1999, 2073; *Franzen* RdA 1999, 361; *Gaul* BB 1999, 526; *Wank* in: Hanau/Steinmeyer/Wank, Handbuch des europäischen Arbeits- und Sozialrechts, § 18 Rn. 153ff.; zu den betriebsverfassungsrechtlichen Aspekten *Krause* NZA 1998, 1201; *Oetker* NZA 1998, 1193.

[59] Abl. EG L 82 vom 22.3.2001, 16.

[60] Zum „Vorrang" der Richtlinie bei der Auslegung des Betriebsübergangsbegriffs vgl. *Junker* SAE 2010, 239 (240); *Weiss* FS Bauer, 2010, 1083.

[61] → Rn. 7.

[62] So bereits das Urteil iS *Ayse Süzen,* → Rn. 14.

Übergang einer wirtschaftlichen Einheit zulasse, da diese „Einheit" nicht als bloße Tätigkeit verstanden werden dürfe; ihre Identität ergebe sich auch aus anderen Merkmalen wie ihrem **Personal,** ihren **Führungskräften,** ihrer **Arbeitsorganisation,** ihren Betriebsmethoden und *gegebenenfalls* (!) den ihr zur Verfügung stehenden **Betriebsmitteln.**[63] Das Gewicht dieser Merkmale ist je nach der Art der ausgeübten Tätigkeit und den Produktions- und Betriebsmethoden verschieden; bei „betriebsmittelarmen" Tätigkeiten kann die Wahrung der Identität einer solchen Einheit nicht von der Übertragung von Betriebsmitteln abhängen.[64] Wiederholt bestätigt wurde auch, dass die Richtlinie „... in allen Fällen anwendbar (ist), in denen die für den Betrieb des Unternehmens verantwortliche natürliche oder juristische Person, die die Arbeitgeberpflichten gegenüber den Beschäftigten eingeht, **im Rahmen vertraglicher Beziehungen wechselt.**[65] Da die Richtlinie, so der EuGH, eine „rechtliche Änderung der Person des Arbeitgebers regeln" solle, sei sie auf solche Vorgänge im Rahmen von **Konzernsachverhalten** ohne weiteres anwendbar; eine **einheitliche Leitung** der beteiligten Konzerngesellschaften schließe die Anwendung der Richtlinie keineswegs aus.[66]

In zwei Entscheidungen vom 14. 9. 2000[67] und vom 26. 9. 2000[68] hatte sich der EuGH mit den zunehmend in den Fokus geratenden Fragen des Betriebsübergangs im Zusammenhang mit **Privatisierungen** zu befassen. Von erheblicher praktischer Tragweite ist die Klarstellung, dass lediglich **hoheitliche Tätigkeiten** vom Anwendungsbereich der Richtlinie **ausgenommen** seien, wohingegen **nichthoheitliche Tätigkeiten,** namentlich im Bereich der Daseinsvorsorge, auch dann von der Richtlinie erfasst würden, wenn sie **ohne Gewinnerzielungsabsicht** verrichtet werden.[69] Diese Rechtsprechung befindet sich im Einklang mit Artikel 1 Abs. 1 Buchst. c der Richtlinie,[70] der (lediglich) die Übertragung von Aufgaben im Zuge einer Umstrukturierung von Verwaltungsbehörden oder bei der Übertragung von Verwaltungsaufgaben von einer Behörde auf eine andere aus deren Anwendungsbereich ausklammert, sie demgegenüber ausdrücklich auf eine „wirtschaftliche Tätigkeit" öffentlicher Unternehmen erstreckt, und zwar „unabhängig davon, ob sie Erwerbszwecke verfolgen oder nicht". Der Betrieb von **Telekommunikationsunternehmen** stellt dementsprechend, auch wenn er einer „öffentlichen Verwaltung" übertragen wurde, durchaus eine im Sinne der Richtlinie übergangsfähige wirtschaftliche Einheit dar. Der Umstand, dass der Übergang auf „einseitigen Entscheidungen der staatlichen Stellen und nicht auf einer Willensübereinstimmung beruht", schließe die Anwendung der Richtlinie nicht aus;[71] im Ergebnis ignoriert der EuGH somit das im deutschen Richtlinientext enthaltene Merkmal der „vertraglichen Übertragung".[72] Eine wichtige Klarstellung liegt jedoch darin, dass sich (vormalige) **Beamte** im Rahmen von Privatisierungen nicht auf die 15

[63] EuGH 10.12.1998 – C-127/96, C-229/96 und C-74/97 (*Hernandez Vidal* ua), NZA 1999, 253; 10.12. 1998 – C-173/96 und C-247/69 (*Hidalgo* ua), NZA 1999, 189; 2.12.1999 – C-234/98 *(G.C. Allen ua/ Amalgamated Constructions Co. Ltd.)*, NZA 2000, 587.

[64] So ausdrücklich unter Bezugnahme auf *„Ayse Süzen"* EuGH 2.12.1999, NZA 2000, 587.

[65] zB in der Entscheidung vom 26.9.2000 *(Mayeur)*, C-175/99, NZA 2000, 1327.

[66] EuGH 2.12.1999, NZA 2000, 587.

[67] C-343/98 *(Collina, Chiappero/Telecom Italia SPA)*, NZA 2000, 1279 = DZWiR 2001, 99 *(Heerma)* = EWiR 2000, 1121 *(Plander)*.

[68] C 175/99 *(Mayeur)*, NZA 2000, 1327.

[69] EuGH 14.9.2000, NZA 2000, 1279; ebenso bereits 15.10.1996 – C-298/94, NZA 1996, 1279; bestätigt durch EuGH 6.9.2011 – C-108/10 *(Scattolon)*, NZA 2011, 1077 Rn. 44, EuGH 20.7.2017 – C-416/16 *(Luís Manuel Piscarreta)*, NZA 2017, 1175 Rn. 34; kritisch zu dem Abgrenzungskriterium „hoheitliches Handeln" *Heerma*, DZWiR 2001, 99 (105); vgl. dazu ferner Erman/*Edenfeld* BGB § 613a Rn. 24 sowie BAG 27.4.2000 – 8 AZR 260/99, nv; 22.5.2014 – 8 AZR 1069/12, NZA 2014, 1335 Rn. 36: Arbeitsvermittlung als wirtschaftliche Tätigkeit.

[70] Textabdruck im Anhang.

[71] EuGH NZA 1996, 1279 vom 15.9.2000, Rn. 34; ebenso bereits 19.5.1992 – C-29/91 *(Redmond Stichting)*, NZA 1994, 207.

[72] Dazu auch → Rn. 41 ff.

Richtlinie berufen können, da diese nur solche Personen erfasse, die als **Arbeitnehmer** nach nationalem Recht geschützt seien.[73]

16 Die EuGH-Entscheidung vom 26.9.2000,[74] die auf einen Vorlagebeschluss des *Conseil de prud' hommes in Metz* erging, betraf gleichsam das **Gegenstück zur Privatisierung,** nämlich die Übernahme und Fortführung von zuvor durch einen privaten Verein ohne Erwerbszweck betriebenen **Werbe- und Informationstätigkeiten** zugunsten der Stadt Metz durch diese selbst. Da es sich um eine Dienstleistungstätigkeit mit wirtschaftlichem Charakter und nicht um die Ausübung hoheitlicher Befugnisse handelte, sah der EuGH den Anwendungsbereich der Richtlinie grundsätzlich als eröffnet an, und zwar unabhängig davon, ob diese Tätigkeit zu Erwerbszwecken erfolge oder nicht.[75] Auch dass zwischen der Stadt Metz und dem privaten Verein **keine vertraglichen Abmachungen** bestanden bzw. im Prozess vorgetragen worden waren, hinderte nach Auffassung des EuGH die Anwendung der Richtlinie auf den vorliegenden Fall nicht. Zwar könne das Fehlen einer vertraglichen Beziehung zwischen Veräußerer und Erwerber ein Indiz dafür darstellen, dass kein Übergang im Sinne der Richtlinie erfolgt sei; ihm komme aber, wie das Gericht bereits in Sachen *„Süzen"*[76] und *„Hidalgo"*[77] dargelegt habe, **keine ausschlaggebende Bedeutung** zu. Die Richtlinie 77/187 (nunmehr 2001/23/EG) sei vielmehr in allen Fällen anwendbar, in denen die für den Betrieb des Unternehmens verantwortliche natürliche oder juristische **Person,** die als solche die **Arbeitgeberverpflichtungen** gegenüber den Beschäftigten des Unternehmens eingehe, **im Rahmen vertraglicher Beziehungen wechselt.**[78] Allerdings hat der EuGH nicht abschließend entschieden, ob die „Verstaatlichung" der ehemals von einem privatrechtlichen Verein betriebenen Werbeaktivitäten, welche insbesondere die Herausgabe des Magazins *„Vivre à Metz"* beinhaltete, den Übergang einer ihre Identität bewahrenden wirtschaftlichen Einheit darstellte. Das erschien jedenfalls nach dem Vortrag der französischen Regierung deshalb zweifelhaft, weil für öffentliche Einrichtungen in Frankreich „spezifische Regeln für Leistung, Betrieb und Arbeitsweise" sowie gesonderte Einstellungsverfahren und Arbeitsbedingungen gelten. Der EuGH hält es mit dem Generalanwalt für denkbar, „... dass unter bestimmten Umständen Merkmale wie die **Organisation,** die **Arbeitsweise,** die **Finanzierung,** die **Leistung** und die **anwendbaren Rechtsvorschriften** eine wirtschaftliche Einheit in solcher Weise kennzeichnen, dass eine Änderung dieser Merkmale aufgrund des Übergangs dieser Einheit zu einem Wechsel ihrer Identität führt".[79] Auch wenn letzteres im Ausgangsverfahren aufgrund des dortigen Sachvortrags nicht der Fall zu sein scheine, sei es Sache des vorlegenden Gerichts, einen Übergang „im Lichte aller genannten Umstände" festzustellen. Bemerkenswert an dieser Entscheidung ist insbesondere, dass dem Merkmal einer im Wesentlichen **unveränderten Beibehaltung der Arbeitsorganisation** auch dann, wenn das Ergebnis der Tätigkeit dasselbe geblieben ist, für die Abgrenzung zwischen Betriebsnachfolge und (bloßer) Funktionsnachfolge entscheidungserhebliche Bedeutung zugemessen wird.[80]

16a Die beiden weiteren EuGH-Urteile vom 24.[81] und vom 25.1.2001[82] stellen insofern spezifische Folgeentscheidungen zu *„Ayse Süzen"* dar, als es um die klassische Dreiecks-

---

[73] 14.9.2000 – C-343/98, NZA 2000, 1279, Rn. 36.

[74] RS. C-175/99 *(Mayeur)*, NZA 2000, 1327.

[75] DZWiR 2001, 99, Rn. 39–41, in Anknüpfung an die Urteile iS *Redmond Stichting* und *Hidalgo.*

[76] Vom 11.3.1997 – C-13/95, NZA 1997, 433.

[77] EuGH 10.12.1998 – C-127/96, C-229/96 und C-74/97 (*Hernandez Vidal* ua), NZA 1999, 253; 10.12.1998 – C-173/96 und C-247/69 (*Hidalgo* ua), NZA 1999, 189; 2.12.1999 – C-234/98, *(G.C. Allen ua/ Amalgamated Constructions Co. Ltd.)*, NZA 2000, 587.

[78] EuGH 26.9.2000, NZA 2000, 1327 Rn. 46, unter Bezugnahme auf das 10.2.1988 – C-324/86 *(Daddy's Dance Hall)*, EAS RL 77/1871 EWG Art. 1 Nr. 4 und *Ayse Süzen* (Fn. 42).

[79] EuGH NZA 2000, 1327 Rn. 53.

[80] Dazu auch → Rn. 66.

[81] C-51/00 *(Temco)*, NZA 2002, 265 mit Anm. *Thüsing* in BB 2002, 467 und *Adam* in SAE 2002, 246.

[82] C-172/99 *(Oy Liikenne AB)*, NZA 2001, 249.

konstellation[83] des Auftragsentzugs seitens des Auftraggebers gegenüber dem bisherigen Vertragspartner und Neuvergabe des jeweiligen Auftrags an einen Konkurrenten ging. Im letzteren Fall handelte es sich um den Betrieb von regionalen **Buslinien** im Auftrag eines finnischen Zweckverbandes, wobei anlässlich des Wechsels von Auftragnehmer 1 zu Auftragnehmer 2 keines der insgesamt 26 Fahrzeuge oder andere wesentliche Aktiva im Zusammenhang mit dem Betrieb der bisherigen Buslinie übertragen wurden; Auftragnehmer 2 bestellte 22 neue Busse und mietete bis zu deren Lieferung lediglich übergangsweise 2 Busse von seinem „Vorgänger"; er übernahm ferner 33 von 45 durch Auftragnehmer 1 entlassene Fahrer sowie – teilweise – deren Dienstkleidung. Der EuGH befasst sich zunächst mit den politischen Implikationen der Richtlinie im Hinblick auf die öffentliche Auftragsvergabe und erachtet die **Ungewissheit,** die der um den bereits vergebenen Auftrag sich erstmals bewerbende Konkurrent im Hinblick auf die ihm in der Regel nicht bekannten (Beschäftigungs-) Kosten in Kauf zu nehmen habe, grundsätzlich für zumutbar.[84] Auch dass eine Einrichtung des öffentlichen Rechts nacheinander verschiedene Wirtschaftsteilnehmer mit der Tätigkeit betraue, schließe die Anwendung der Richtlinie 77/187 EWG (nunmehr 2001/23/EG) nicht aus, da der Busverkehr keine Ausübung hoheitlicher Gewalt darstelle.[85] Im Ergebnis wurde aber der Übergang einer wirtschaftlichen Einheit verneint, weil **keine nennenswerten materiellen Betriebsmittel** übernommen wurden. Der EuGH stellt entscheidend darauf ab, dass der **Busverkehr nicht zu den „betriebsmittelarmen" Tätigkeiten zähle,** da er in erheblichem Umfang Material und Einrichtungen erfordere. Die Tatsache, dass die für den ordnungsgemäßen Betrieb der Einheit unerlässlichen Mittel (hier insbesondere: Omnibusse) nicht in nennenswertem Umfang vom alten auf den neuen Auftragnehmer übergingen, schließe es aus, dass diese Einheit ihre Identität bewahre.[86] Hieran vermöge auch der Übergang des **Kundenstamms** auf den neuen Auftragnehmer nichts zu ändern.[87]

Der erstere Fall[88] weist noch viel stärkere Parallelen zu *„Ayse Süzen"* auf, weil es auch hier um die Neuvergabe eines Reinigungsauftrags ging, allerdings mit der Besonderheit, 16b
dass Auftragnehmer 1 lediglich **Subunternehmer** des Vertragspartners des Auftraggebers war. Dies sei, so der EuGH, für den Begriff der „vertraglichen Übertragung" ohne Bedeutung, da es genüge, wenn dieser Übergang **im Rahmen vertraglicher Beziehungen,** sei es auch **indirekt,** erfolge.[89] Bei einem Reinigungsunternehmen, welches zu den Branchen gehöre, in denen es im Wesentlichen auf die menschliche Arbeitskraft ankomme, könne eine **organisatorische Gesamtheit von Arbeitnehmern,** denen eine gemeinsame Aufgabe eigens auf Dauer zugewiesen sei, eine **wirtschaftliche Einheit** darstellen, **ohne dass weitere Betriebsmittel vorhanden seien.**[90] Daher reichte es nach Auffassung des EuGH für die Bejahung eines Betriebsübergangs aus, dass der zweite Subunternehmer einen nach Zahl und Sachkunde erheblichen Teil des von Subunternehmer 1 für die Durchführung des untervergebenen Auftrags verwendeten **Personals** übernahm. Dass diese Übernahme im vorliegenden Falle nicht freiwillig, sondern aufgrund einer Verpflichtung gemäß einem belgischen Branchentarifvertrag erfolgte, hinderte nach Auffassung des EuGH die Annahme der Übertragung einer wirtschaftlichen Einheit nicht.[91]

---

[83] Bereits → Rn. 10.
[84] NZA 2001, 249 Rn. 24.
[85] NZA 2001, 249 Rn. 19, unter Hinweis auf *Hidalgo.*
[86] NZA 2001, 249 Rn. 39 und 42; Diesem Ansatz folgend LAG Hessen 19.2.2013 – 13 Sa 1029/12, BeckRS 2013, 67506; In einem Urteil vom 27.2.2020 – C-298/18 *(Südbrandenburger Nahverkehrs GmbH),* NZA 2020, 443 ist der EuGH allerdings von dieser Linie teilweise abgewichen, s. dazu → Rn. 17k ff.
[87] NZA 2001, 249 Rn. 41.
[88] 24.1.2002, NZA 2002, 265 *(Temco).*
[89] NZA 2002, 265 Rn. 32.
[90] NZA 2002, 265 Rn. 26, unter Hinweis auf *Süzen* und *Vidal.*
[91] NZA 2002, 265 Rn. 27; kritisch dazu *Thüsing* BB 2002, 467.

8. Erweiterung des § 613a BGB um Absätze 5 und 6 durch Gesetz zur Änderung des Seemannsgesetzes und anderer Gesetze vom 23.3.2002

17 Versteckt in Art. 4 und 5 des Gesetzes zur Änderung des Seemannsgesetzes und anderer Gesetze vom 23.3.2002[92] wurde § 613a BGB um zwei Absätze erweitert und § 324 UmwG entsprechend angepasst. Mit Wirkung ab dem 1.4.2002 hat der Betriebsveräußerer bzw. der Betriebserwerber bei einem Betriebs(teil)übergang den betroffenen Arbeitnehmer in Textform über die in § 613a Abs. 5 BGB aufgeführten Punkte zu unterrichten; zudem ist das **Widerspruchsrecht des Arbeitnehmers** nunmehr in § 613a Abs. 6 BGB **gesetzlich geregelt.**[93]

Die Neuregelung in § 613a Abs. 5 BGB dient ausweislich der Gesetzesbegründung[94] der Umsetzung **europarechtlicher Vorgaben,** namentlich von Art. 7 Abs. 6 der Richtlinie 2001/23/EG vom 12.3.2001.[95] Sie hat auf den Anwendungsbereich des § 613a BGB keinen Einfluss und bestätigt hinsichtlich des Widerspruchsrechts der Arbeitnehmer ohnehin im Wesentlichen nur das, was ohnehin bereits zuvor in Deutschland kraft – freilich umstrittener – richterlicher Rechtsfortbildung galt.[96] Problematisch, weil in der Praxis mit einem erheblichen **Aufwand** und ebenso erheblichen **Risiken** verbunden, ist dagegen die erstmals in das Gesetz eingefügte **Unterrichtungspflicht** gegenüber den Arbeitnehmern nach § 613a Abs. 5 sowie deren **Verknüpfung mit dem Beginn der Widerspruchsfrist** nach § 613a Abs. 6 BGB. Hierauf wird im Zusammenhang mit den Rechtsfolgen des § 613a BGB (→ Rn. 210 ff.) näher eingegangen werden.

9. Weitere Unsicherheit in Outsourcing-Fällen: EuGH-Urteile in Sachen *Abler, Güney-Görres* und ihre Folgen

17a Dass trotz des richtungsweisenden EuGH-Urteils vom 11.3.1997 und der anschließenden Entwicklung der BAG-Rechtsprechung namentlich in **Outsourcing-Fällen** erhebliche Zweifelsfragen verbleiben und immer wieder „Grenzfälle“ zu entscheiden sind, belegen zwei weitere EuGH-Urteile vom 20.11.2003 *(Abler)*[97] und vom 15.12.2005 *(Güney-Görres)*.[98] Im Fall *Abler* hatte der EuGH den Übergang des Betriebs einer **Krankenhausküche** auf einen Caterer (Fa. *Sodexho*) im Ergebnis bejaht, obwohl kein Personal übernommen wurde und – vor allem – ohne danach zu fragen, ob der Auftragnehmer *(Sodexho)* die übernommenen Betriebsmittel (Räumlichkeiten, Wasser, Energie, Groß- und Kleininventar) **„eigenwirtschaftlich“** nutzte oder nicht. Gerade auf eine solche Unterscheidung zwischen einer Tätigkeit „an“ und „mit“ fremden Betriebsmitteln hatte demgegenüber das BAG wiederholt entscheidungserheblich abgestellt. Danach sollten die „übernommenen“ materiellen Betriebsmittel dem Auftragnehmer nur dann im Rahmen der Gesamtbewertung nach dem vom EuGH aufgestellten Sieben-Punkte-Katalog zuzurechnen sein, wenn diesem die Befugnis eingeräumt sei, über Art und Weise der Nutzung der Betriebsmittel im eigenwirtschaftlichen Interesse zu entscheiden. Die Nutzungsüberlassung sollte demnach für das Vorliegen eines Betriebsübergangs oder -teilübergangs nur relevant sein, wenn die entsprechenden Ressourcen von dem Auftragnehmer **„innerhalb eigener Verfü-**

---

[92] BGBl. I 1163.

[93] Zu den seinerzeitigen Neuregelungen vgl. *Bauer/v. Steinau-Steinrück* ZIP 2002, 457; *Gaul/Otto* DB 2002, 634; *Widlak* FA 2001, 363; *Willemsen/Lembke* NJW 2002, 1159; *Worzalla* NZA 2002, 353; umfassend zu Widerspruchsrecht und Unterrichtungspflicht unter → Rn. 147 ff. und 210 ff.

[94] BT-Drs. 14/7760, 5 (19).

[95] Vgl. → Rn. 13 sowie Anhang.

[96] Vgl. dazu → Rn. 147 ff., sowie *Franzen* RdA 2002, 258.

[97] C-340/01, NZA 2003, 1385; dazu *Schnitker/Grau* BB 2004, 275; *Willemsen/Annuß* DB 2004, 134; *Preis/Peramato* FS Willemsen, 2018, 358 (365 ff.).

[98] C-232/04, NZA 2006, 29; dazu *Hohenstatt/Grau* NJW 2007, 29; *Schlachter* NZA 2006, 80; *Willemsen/Müntefering* NZA 2006, 1185; *Willemsen* FS Richardi, 2007, 475.

gungsmacht und auf Grund eigener Kalkulation eingesetzt" würden; demgegenüber zählten sie *nicht* zu den Betriebsmitteln des Auftragnehmers, wenn er aus ihrem Einsatz keinen zusätzlichen wirtschaftlichen Vorteil erzielen oder nicht „typischerweise" über Art und Umfang ihres Einsatzes bestimmen könne.[99] Dass der EuGH in Sachen *Abler* diese Differenzierung nicht aufgriff und allein auf Grund der Bereitstellung der für die Erbringung der geschuldeten Leistung „unverzichtbaren" Räumlichkeiten mit Inventar einen Betriebsübergang von dem ersten auf den zweiten Auftragnehmer *(Sodexho)* annahm, ließ nach zutreffender Auffassung im Schrifttum auf einen Widerspruch zwischen EuGH- und BAG-Rechtsprechung in diesem Punkt schließen.[100]

Zur Gewissheit verdichtet hat sich diese Analyse durch das auf einen Vorlagebeschluss des Arbeitsgerichts Düsseldorf[101] ergangene EuGH-Urteil vom 15.12.2005 in Sachen *Nurten Güney-Görres.* In der nur knapp begründeten Entscheidung stellt das Gericht lapidar fest, dass im Rahmen der notwendigen Gesamtbetrachtung die Feststellung einer Überlassung der Betriebsmittel zur **eigenwirtschaftlichen Nutzung keine notwendige Voraussetzung** für die Feststellung des Übergangs dieser Mittel vom ursprünglichen Auftragnehmer auf den neuen Auftragnehmer sei.[102] Insoweit war mithin absehbar, dass das Urteil den 8. Senat des BAG zu einer Kurskorrektur zwingen würde.[103] Diese ist inzwischen auch erfolgt.[104] Dagegen besteht kein Anlass, in dieser Judikatur des EuGH einen Rückfall zu *„Christel Schmidt"* (→ Rn. 8) zu sehen.[105] Auch in Zukunft gilt – und wurde vom EuGH nicht in Frage gestellt –, dass die schlichte Funktionsnachfolge nicht als Betriebsübergang zu qualifizieren ist und es für das Gewicht der Benutzung von Betriebsmitteln, die der Auftraggeber zur Verfügung stellt, maßgeblich auf deren Bedeutung für die dem Auftragnehmer zuzurechnende **Wertschöpfung** ankommt.[106] Der EuGH hat im übrigen auch in der Entscheidung in Sachen *Güney-Görres* noch einmal ausdrücklich bestätigt, dass sämtliche Umstände nach dem Sieben-Punkte-Katalog (→ Rn. 64) nur **Teilaspekte** der vorzunehmenden Gesamtbewertung seien und deshalb **nicht isoliert betrachtet** werden dürften.[107] 17b

Klargestellt ist durch das Urteil in Sachen *Güney-Görres* allerdings – insoweit gegen die bisherige Rechtsprechung des BAG –, dass Betriebsmittel, die der Auftragnehmer bzw. Auftragsnachfolger für die Erfüllung der vertraglich übernommenen Aufgaben zwingend benötigt, ihm im Rahmen der Gesamtbewertung nach dem Sieben-Punkte-Katalog auch dann als eigene Betriebsmittel zuzurechnen sind, wenn er sie vom Auftraggeber kostenfrei zur Verfügung gestellt bekommt, ja, selbst dann, wenn die Kosten für den Unterhalt und das Risiko von Beschädigungen oder Verlust zu Lasten des Auftraggebers gehen. Insoweit – und nur insoweit – musste der 8. Senat des BAG daher das **Kriterium der eigenwirtschaftlichen Nutzung aufgeben** (zur Folgerechtsprechung nach *„Abler"* und *„Güney-* 17c

---

[99] S. zu diesem Kriterium der „Eigenwirtschaftlichkeit" insbes. BAG 11.12.1997 – 8 AZR 426/94, NZA 1998, 532 (Catering); 22.1.1998 – 8 AZR 775/96, NZA 1998, 638 und 14.5.1998 – 418/96, NZA 1999, 483 (Neuvergabe eines Bewachungsauftrags I und II); 25.5.2002 – 8 AZR 337/99, nv (Betriebskantine); hier wurde die Anwendbarkeit von 613a BGB bejaht; s. dazu *Willemsen/Annuß* DB 2004, 134.

[100] S. dazu *Jochums* NJW 2005, 2580; *Schnitker/Grau* BB 2004, 275; *Willemsen/Annuß* DB 2004, 134 (135); zu weitgehend hinsichtlich der Konsequenzen dagegen *J.-H. Bauer* NZA 2004, 14. Auf die wettbewerbspolitische Problematik der Entscheidung weisen zu Recht *Franzen* NZA-Beilage 4/2008, 139 (140) und *Tamm* ZESAR 2012, 151 (156) hin.

[101] 5.5.2004 – 10 Ca 11334/03, NZA-RR 2004, 597.

[102] EuGH 15.12.2005 – C-232/04, NZA 2006, 29 Rn. 39 ff.

[103] S. dazu auch HWK/*Willemsen* BGB § 613a Rn. 48.

[104] BAG 6.4.2006 – 8 AZR 222/04, NZA 2006, 723 sowie die weiteren in → Rn. 48 wiedergegebenen Entscheidungen.

[105] In diesem Sinne aber *J.-H. Bauer* NZA 2004, 14.

[106] Überzogen ist daher das Argument von *J.-H. Bauer* NZA 2004, 14 (16), „in letzter Konsequenz" liege „ein Betriebsübergang auch dann vor, wenn der Friseur eine Schere weitergibt".

[107] EuGH 15.12.2005 – C-232/04, Rn. 34 unter Bezugnahme auf *Spijkers* (→ Rn. 7, 14), *Ayse Süzen* (→ Rn. 10 ff.) und *Abler* (→ Rn. 17a). Zur Bewertung der Güney-Görres-Entscheidung s. auch *Willemsen* FS Richardi, 2007, 475; *Willemsen/Müntefering* NZA 2006, 1185.

Görres" → Rn. 48). Auch darauf, ob das jeweils geschuldete Ergebnis von dem Auftragnehmer im eigenen Namen oder in demjenigen des jeweiligen Auftraggebers verwertet wird, kann es – wiederum entgegen der bisherigen BAG-Rechtsprechung – nicht ankommen. Im Übrigen ist aber die **Unterscheidung** zwischen **Betriebsmitteln, mit** denen der Auftragnehmer arbeitet, und solchen, **an** denen er lediglich bestimmte Dienst- oder Werkleistungen erbringt, nicht obsolet geworden. So liegt insbesondere bei **Bewachungs-, Reinigungs- und Reparaturtätigkeiten** sowie bei Verwaltungsfunktionen typischerweise eine Leistung *an* Einrichtungen des Auftraggebers vor.[108] Diesem Objekt der Tätigkeit kann aber keine **identitätsstiftende Funktion** zuerkannt werden, weil es nicht die Voraussetzung, sondern den Gegenstand unternehmerischer Tätigkeit bildet. Damit scheidet eine Qualifizierung als Betriebsmittel in Rahmen des Sieben-Punkte-Katalogs (→ Rn. 65) aus. Daran ändert sich auch auf Grund der *Abler*-Entscheidung vom 15.12. 2005 nichts.[109] **Produktionstätigkeiten** werden hingegen typischerweise nicht „an", sondern „mit" den entsprechenden Anlagen und Maschinen erbracht; letztere sind also nicht Gegenstand, sondern **Mittel der Wertschöpfung.** Diese Differenzierung ist von überragender praktischer Bedeutung, da sie darüber entscheidet, ob die jeweils in Rede stehenden Anlagen im Rahmen des Sieben-Punkte-Katalogs für die Frage der Identitätswahrung überhaupt relevant sind, was nur bei einer Tätigkeit „mit" ihnen, nicht jedoch „an" ihnen der Fall ist.[110]

10. Das *„Klarenberg"*-Urteil vom 12.2.2009 – Ende der „identitätszerstörenden Eingliederung"?

17d Den einstweilen letzten Markierungspunkt in einer ganzen Reihe von grundlegenden Entscheidungen hat der EuGH mit seinem *„Klarenberg"*-Urteil vom 12.2.2009[111] gesetzt, welches auf einen Vorlagebeschluss des LAG Düsseldorf[112] erging. Stein des Anstoßes war für das vorlegende Gericht die seitens des BAG in ständiger Rechtsprechung entwickelte These, wonach die Identität einer übernommenen Einheit (Betrieb/Betriebsteil) auf Grund ihrer **Eingliederung** in den Betrieb des Erwerbers entfallen könne.[113] Mit der vollständigen Umstrukturierung nutzte der „Erwerber" nicht eine im „Vorgängerbetrieb" vorhandene Arbeitsorganisation („Er legt sich nicht ins gemachte Bett"), sondern gründe eine neue Organisation bzw. gliedere die wirtschaftliche Einheit in eine bereits vorhandene Organisation ein, was nicht die Rechtsfolgen des § 613a BGB auslöse.[114] Die damit verbundenen Gestaltungsoptionen waren von der Beratungspraxis bereitwillig aufgegriffen worden, was das LAG Düsseldorf zu der Frage an den EuGH veranlasste, ob eine solche Interpretation des Erfordernisses der Identitätswahrung mit der Richtlinie vereinbar sei.[115]

17e Der EuGH antwortete nicht eindeutig. Er entschied *zum einen,* die **Richtlinie** sei dahin auszulegen, dass sie auch dann angewandt werden könne, wenn der übertragene Unternehmens- oder Betriebsteil seine **organisatorische Selbständigkeit nicht bewahre.**

---

[108] In diesem Sinne auch BAG 15.11.2012 – 8 AZR 683/11, NJW 2013, 2379 Rn. 28 (Hausverwaltung).

[109] S. auch HWK/*Willemsen* BGB § 613a Rn. 48; *Willemsen/Müntefering* NZA 2006, 1185; *Willemsen* FS Richardi, 2007, 475; *Willemsen* NJW 2007, 2065 (2066). Weitergehend *Schlachter* NZA 2006, 80 (83), die selbst wesentliche Betriebsmittel, *mit* denen die geschuldete Leistung erbracht wird, nicht zu den identitätsbildenden Merkmalen rechnen will, wenn ihr Einsatz dem Auftraggeber vertraglich vorgegeben ist.

[110] Zutreffend BAG 27.1.2011 – 8 AZR 326/09, NZA 2011, 1162 Rn. 31, wo zu Recht festgestellt wurde, dass bei einer Kleinpaketfertigung die dafür eingesetzten Maschinen identitätsbestimmend sind und es sich somit nicht um eine betriebsmittelarme Tätigkeit handelte.

[111] C-466/07, NZA 2009, 251.

[112] LAG Düsseldorf 10.8.2007 – 9 Sa 303/07, NZA-RR 2008, 17.

[113] So zB BAG 14.8.2007 – 8 AZR 1043/06, NZA 2007, 1431 (Charité I).

[114] Grundlegend BAG 6.4.2006 – 8 AZR 249/04, NZA 2006, 1039 (Bistrowagen); vgl. ferner BAG 24.4. 2008 – 8 AZR 268/07, NZA 2008, 1314 (Coil-Verpackung); BAG 30.10.2008 – 8 AZR 855/07, NZA 2009, 723 (Heeresinstandsetzung); weitere Rspr.-Nachweise bei HWK/*Willemsen* BGB § 613a Rn. 118.

[115] 10.8.2007 – 9 Sa 303/07, NZA-RR, 2008, 17.

Zum anderen entwickelte der Gerichtshof aber entsprechend einem Vorschlag des Generalanwalts *Mengozzi* ein neues Kriterium, welches er den nationalen Gerichten zur eigenständigen Prüfung aufgab, nämlich ob „… die **funktionelle Verknüpfung** zwischen den übertragenen Produktionsfaktoren **beibehalten** wird **und** sie es dem Erwerber erlaubt, diese Faktoren zu nutzen, um derselben oder einer gleichartigen wirtschaftlichen Tätigkeit nachzugehen".[116]

Angesichts dieser Ambivalenz und des hohen Abstraktionsgrades des neu entwickelten Kriteriums fielen die Kommentare im Schrifttum ähnlich zwiespältig aus wie die EuGH-Entscheidung selbst. Es wurden berechtigte Sorgen geäußert, dass für die Zukunft mit einer (noch) größeren Rechtsunsicherheit hinsichtlich der tatbestandlichen Voraussetzungen eines Betriebsübergangs zu rechnen sei.[117] Andere Stimmen sahen die Rechtsprechung des BAG dagegen nicht bzw. nicht entscheidend tangiert.[118] Zutreffend ist jedenfalls, dass „Klarenberg" insoweit kein neues „*Christel-Schmidt*-Urteil" (dazu → Rn. 8) ist, als es sich ausdrücklich auf *„Ayse Süzen"* (→ Rn. 10ff.) beruft und damit **nicht** zum extrem **tätigkeitsbezogenen Identitätsbegriff zurückkehrt.**[119] Nach wie vor ist also der Übergang „identitätsprägender" Betriebsmittel („Faktoren") erforderlich, deren **funktionelle Verknüpfung** – so die neue Terminologie – beim Erwerber beibehalten bleiben muss, um damit einen **identischen oder wenigstens gleichartigen Betriebszweck** („wirtschaftliche Tätigkeit") zu verfolgen. 17f

Der Begriff der „funktionellen" Verknüpfung beinhaltet indes wohl nichts anderes als die „organisatorische Zusammenfassung" von Ressourcen (= Betriebsmitteln) iSv Art. 1 Abs. 1 Buchst. b der Betriebsübergangsrichtlinie,[120] so dass eine grundlegende Neuorientierung gegenüber der bisherigen Rechtsprechung des EuGH schon aus diesem Grunde nicht notwendig erscheint. Zu beachten ist allerdings, dass es auf Grund der „Klarenberg"-Entscheidung in Zukunft **nicht mehr genügt,** das Nichtvorliegen eines Betriebsübergangs/Betriebsteilübergangs **allein** damit zu begründen, dass der übernommene Betrieb bzw. Betriebsteil in die Organisation des Erwerberberbetriebs **eingegliedert** worden sei und damit seine **organisatorische Selbständigkeit verloren** habe.[121] Diesen Begründungsansatz hat auch der 8. Senat das BAG in Folge der *„Klarenberg"*-Entscheidung aufgegeben und judiziert nunmehr, dass der übernommene Betriebsteil seine organisatorische Selbständigkeit beim Betriebserwerber „nicht vollständig erhalten haben" müsse.[122] Wird allerdings – auch dies ist eine zwingende Schlussfolgerung aus „Klarenberg" – die identitätsprägende Verknüpfung der (relevanten) Ressourcen beim Erwerber im Zuge der Eingliederung aufgelöst, scheidet ein Betriebs(teil)übergang auch in Zukunft aus. Insoweit ist es also zumindest missverständlich, von einem „Ende der identitätszerstörenden Eingliederung" zu sprechen. Die Schwierigkeit wird aber in Zukunft darin liegen, im Einzelfall festzustellen, **ob** die **Verknüpfung** der (personellen, sächlichen und/oder immateriellen) Betriebsmittel beim Erwerber **aufgehoben oder** diese unter **Aufrechterhaltung ihres zweckgerichteten Funktionszusammenhangs** lediglich **abteilungsübergreifend** im Erwerberbetrieb **„verteilt"** wurden (dazu → Rn. 99ff.). Entscheidend wird dabei sein, ob sich durch die Eingliederung des erworbenen Betriebs bzw. Betriebsteils in den Erwerber- 17g

---

[116] EuGH 12.2.2009 – C-466/07, NZA 2009, 251, Leitsatz des Gerichts.

[117] *Bieder* EuZA 2009, 513 (521); *Müntefering* BB 2009, 1135; *Wissmann/Schneider* BB 2009, 1126 (1128); *Wortmann* ArbRB 2010, 123 (125); vgl. auch *Willemsen* NZA 2009, 289 (292); gegen diese Kritik Staudinger/*Annuß* BGB § 613a Rn. 48; *Salamon/Hoppe* NZA 2010, 989.

[118] *Schlachter* RdA-Beilage 2009, 31 (38).

[119] Vgl. *Willemsen/Sagan* ZIP 2010, 1205 (1211); ähnlich *Salamon/Hoppe* NZA 2010, 989 (990).

[120] Vgl. *Willemsen/Sagan* ZIP 2010, 1205 (1211).

[121] Ebenso *Junker* SAE 2010, 113 (117); Staudinger/*Annuß* BGB § 613a Rn. 48; in diesem Sinne bereits vor „Klarenberg" *Willemsen* NZA-Beilage 4/2008, 155 (158). Das Merkmal der organisatorischen Selbstständigkeit beim *Erwerber* ist also nicht (mehr) für die Frage der Identitätswahrung beim Erwerber, wohl aber im Rahmen von Art. 6 RL 2001/23 bedeutsam; vgl. EuGH 29.7.2010 – C-151/09, NZA 2010, 1014.

[122] Vgl. zB BAG 7.4.2011 – 8 AZR 730/09, NZA 2011, 1231 Rn. 26 (Abwasserentsorgung/Trinkwasserversorgung).

betrieb die (materielle, nicht formale) **Betriebsorganisation so wesentlich ändert,** dass von ihrer **Fortführung** durch den neuen Inhaber nicht mehr die Rede sein kann.[123]

17h Angesichts der praktischen Schwierigkeiten in der Umsetzung der „*Klarenberg*-Doktrin" war von der Literatur vorgeschlagen worden, den Fokus im Sinne einer „Vorher-Betrachtung" nunmehr primär darauf zu richten, ob die übernommenen Betriebsmittel beim *Veräußerer* die **Qualität eines Betriebs bzw. Betriebsteils** hatten; denn verneinendenfalls scheide die Anwendung des § 613a BGB bereits aus diesem Grunde aus, und die Frage, ob und wie der *Erwerber* die Betriebsmittel und das Personal in seine Betriebsorganisation integriert habe, werde obsolet.[124] In exakt diesem Sinne hat der 8. Senat des BAG den inzwischen zu ihm im Instanzenzug gelangten **Fall Klarenberg** entschieden und die Klage abgewiesen, da **es auf der Veräußererseite** an einer **selbständig abtrennbaren organisatorischen Einheit gefehlt** habe.[125] Der Aspekt einer betriebsteilübergreifenden Verknüpfung der Betriebsmittel iSd *Klarenberg*-Urteils des EuGH spielt mithin nur auf der *Erwerberseite* eine Rolle, während sie auf der *Veräußererseite* nicht ausreicht, um die Existenz eines übergangsfähigen Betriebsteils zu begründen.[126] In diesem Sinne hat auch der **6. Senat** des BAG in der Sache ***„Air Berlin"*** entschieden und einen Betriebsteilübergang wegen der fehlenden Betriebsteilqualität des Geschäftsbereichs *„Wet Lease"* verneint. Er ist ebenso wie der 8. Senat der Auffassung, ein Betriebsteil müsse schon beim früheren Inhaber die Qualität eines Betriebsteils im Sinne einer wirtschaftlichen Einheit gehabt haben.[127]

17i Eine zumindest indirekte Bestätigung hat diese Sichtweise des 6. und 8. Senats durch die ***„Amatori"*-Entscheidung** des EuGH vom 6.3.2014 erfahren. Nach deren erstem Leitsatz steht die Betriebsübergangsrichtlinie einer nationalen Regelung nicht entgegen, „... die bei einem Übergang eines Unternehmensteils den Eintritt des Erwerbers in die Arbeitsverhältnisse des Veräußerers in einem Fall gestattet, in dem dieser Unternehmensteil keine funktionell selbständige Einheit darstellt, die vor seinem Übergang bestand."[128] Aus den Urteilsgründen geht explizit hervor, dass für die Anwendung der Richtlinie die wirtschaftliche Einheit „...vor dem Übergang insbesondere über eine **ausreichende funktionelle Autonomie** verfügen muss, wobei sich der Begriff Autonomie auf die Befugnisse bezieht, die der Leitung der betreffenden Gruppe von Arbeitnehmern eingeräumt wird, um die Arbeit dieser Gruppe relativ frei und unabhängig zu organisieren und insbesondere Weisungen zu erteilen und Aufgaben auf die zu dieser Gruppe gehörenden untergeordneten Arbeitnehmer zu verteilen, ohne dass andere **Organisationsstrukturen des Arbeitgebers dazwischengeschaltet** sind.[129] Andererseits – so der EuGH in der zum *italienischen Recht* ergangenen Entscheidung weiter – **verbiete** es die Richtlinie den Mitgliedsstaaten nicht, eine dieser entsprechende Wahrung der Rechte der Arbeitnehmer auch für den Fall vorzusehen, dass die in Rede stehende übertragene Einheit vor dem Übergang über keine ausreichende funktionelle Autonomie verfügte.[130] Da eine derartige

---

[123] *Willemsen,* NZA-Beilage 4/2008, 155 (158), Das Erfordernis der Übertragung des (hier: für den Erhalt des Luftverkehrsbetreiberzeugnisses) erforderlichen betrieblichen Organisationsstruktur wird zu Recht betont von LAG Berlin-Brandenburg 1.9.2010 – 17 Sa 836/10, ZIP 2011, 878.

[124] S. zu diesem Ansatz *Willemsen* NZA 2009, 289 (294); *Willemsen* RdA 2012, 291 (298).

[125] BAG 13.10.2011 – 8 AZR 455/10, NZA 2012, 504; dazu auch unter → Rn. 63a ff. Die 3. Kammer des Ersten Senats des BVerfG hat eine hiergegen gerichtete Verfassungsbeschwerde des Klägers nicht zur Entscheidung angenommen; BVerfG 15.1.2015 – 1 BvR 499/12, ZIP 2015, 542; Das BAG hat diese Rechtsprechung inzwischen mehrfach bestätigt, vgl. zB BAG 14.5.2020 – 6 AZR 235/19, NZA 2020, 1091 Rn. 60 (Air Berlin/Lufthansa II).

[126] *Willemsen* RdA 2012, 291 (299); ebenso *Grau/Sittard* BB 2012, 262 (263); zweifelnd *Gaul* Aktuelles Arbeitsrecht Bd. 2/2011, 565; *Salamon* NZA 2012, 482 (485).

[127] BAG 14.5.2020 – 6 AZR 235/19, NZA 2020, 1091 Rn. 60 (Air Berlin/Lufthansa II), unter Bezugnahme auf das „Amatori-Urteil" des EuGH vom 6.3.2014, Rn. 17i.

[128] EuGH 6.3.2014 – C-458/12 *(Lorenzo Amatori ua/Telecom Italia SpA),* NZA 2014, 423.

[129] EuGH 6.3.2014 – C-458/12 *(Lorenzo Amatori ua/Telecom Italia SpA),* NZA 2014, 423 Rn. 32, unter Bezugnahme auf EuGH 6.9.2011 – C-108/10 *(Scattolon),* NZA 2011, 1077.

[130] EuGH 6.3.2014 – C-458/12 *(Lorenzo Amatori ua/Telecom Italia SpA),* NZA 2014, 423 Rn. 35.

Regelung im deutschen Recht fehlt, § 613a BGB vielmehr der Betriebsübergangsrichtlinie entspricht, ist damit auch **europarechtlich geklärt,** dass die „Betriebsteilqualität" **bereits beim Veräußerer** vorgelegen haben muss, es also nicht ausreicht, dass dieser übernommene Betriebsmittel und Arbeitnehmer erstmals im Sinne einer betrieblichen Teileinheit organisiert.[131] Wie verschiedene mittlerweile ergangene Gerichtsentscheidungen belegen, scheitern (vermeintliche) Betriebs(teil)übergänge bereits an diesem Kriterium,[132] so dass es einer weitergehenden Abgrenzung anhand der „Klarenberg"-Kriterien erst gar nicht bedarf.

Anders gewendet: Die durch das „Klarenberg"-Urteil thematisierte Frage einer betriebsteilübergreifenden „Zusammenrechnung" von Betriebsmitteln (→ Rn. 17 g) stellt sich, wie *„Amatori"* noch einmal deutlich gemacht hat, lediglich in Bezug auf die Integration dieser Betriebsmittel im *Erwerber*betrieb. Bezüglich der Frage, ob diese Betriebsmittel beim *Veräußerer* die Qualität eines Betriebsteils hatten, verbleibt es hingegen bei dem Erfordernis eines abgrenzbaren Teilzwecks, einer **ausreichenden funktionellen Autonomie** und **organisatorischen Abgrenzbarkeit** von dem übrigen Betrieb (dazu auch → Rn. 71). 17j

11. Betriebsübergang trotz Nichtübernahme prägender Betriebsmittel? Das zweite „Busfahrerurteil" des EuGH vom 27.2.2020

Mit diesem Aufsehen erregenden Urteil[133], das einen ganz ähnlichen Fall wie „Oy Liikenne" (→ Rn. 16a) betraf, scheint der EuGH zumindest auf **den ersten Blick** seine **langjährige Rechtsprechung** zur auschlaggebenden Relevanz der Übernahme wesentlicher materieller Betriebsmittel bei sog. **betriebsmittelgeprägten Betrieben** (s. → Rn. 16a) **aufgegeben** zu haben. Er erachtete das Vorliegen eines Unternehmensübergangs im Sinne der Richtlinie für möglich, obwohl dasjenige Unternehmen, welches im Zuge der Neuausschreibung eines öffentlichen Busverkehrs den Zuschlag erhalten hatte, zwar einen überwiegenden Teil der Busfahrer und einen Teil der Führungskräfte des früheren Auftragnehmers eingestellt, jedoch keinen einzigen der bisher von diesem betriebenen Busse noch sonstige Betriebsanlagen von diesem übernommen hatte. 17k

Der neue Betreiber der Buslinie wähnte sich offenbar in einer sicheren Position, hatte der EuGH doch in seinem *„Oy Liikenne"*-Urteil aus dem Jahre **2001** in einer für das Gericht eher ungewöhnlichen Eindeutigkeit judiziert, dass ein **Busverkehr nicht** zu den sog. **betriebsmittelarmen Tätigkeiten** zähle und daher der Umstand, dass die für den Betrieb der Einheit unerlässlichen Betriebsmittel, insbesondere die Omnibusse, *nicht* in nennenswertem Umfang vom alten auf den neuen Auftragnehmer übergingen, einen **identitätswahrenden Übergang der Einheit ausschließe.**[134] In dem nunmehrigen Fall, der einen Busverkehr in Südbrandenburg betraf und durch einen Vorlagebeschluss des Arbeitsgerichts Cottbus (Kammern Senftenberg) vor den EuGH gelangte,[135] setzten die Richter der Vierten Kammer, „angestachelt" durch den Schlussantrag der Generalanwältin *Sharpston*[136], augenscheinlich alles daran, die – scheinbar – zwingende Quintessenz des **Vorgängerjudikats** aus dem Jahre 2001 **zu vermeiden, ohne** sich zu diesem in einen 17l

[131] Ausführlich zur Bedeutung der *„Amatori"*-Entscheidung *Willemsen* NZA 2014, 1010; *Bieder* EuZA 2014, 494. Die „Kompatibilität" der BAG-Rechtsprechung mit derjenigen des EuGH hat das Bundesverfassungsgericht ausdrücklich bestätigt: BVerfG (3. Kammer des Ersten Senats) 15.1.2015 – 1 BvR 499/12, ZIP 2015, 542.

[132] So insbesondere im Falle „Air Berlin/Lufthansa II", vgl. zB BAG 14.5.2020 – 6 AZR 235/19, NZA 2020, 1091.

[133] EuGH 27.2.2020 – C-298/18 *(Südbrandenburger Nahverkehrs GmbH)*, NZA 2020, 443; s. dazu den Besprechungsaufsatz von *Willemsen* JM 2020, 374.

[134] EuGH 25.1.2001 – C-172/99 *(Oy Liikenne AB)*, NZA 2001, 249, Rn. 43.

[135] ArbG Cottbus 17.4.2018 – 11 Ca 10090/17, 11 Ca 10093/17, BeckRS 2018, 10703.

[136] GA Schlussantrag 11.7.2019 – C-298/18, BeckRS 2019, 14112.

offenen Widerspruch zu begeben. Den entscheidenden *„Tipping Point"* fanden sie schließlich in dem Umstand, dass die von dem früheren Auftragnehmer unterhaltenen Omnibusse mittlerweile **(umwelt-)technisch veraltet** waren und gemäß den Ausschreibungsbedingungen auch von diesem in **absehbarer Zeit** hätten ausgetauscht werden müssen, wenn dieser ein Angebot unterbreitet und den Zuschlag erhalten hätte.[137] Vor diesem Hintergrund – so das Gericht weiter – stehe „…der Umstand, dass keine Betriebsmittel übergehen, der Qualifizierung der Übernahme der betreffenden Tätigkeit als „Unternehmensübergang" iSv Art. 1 I der RL 2001/23 somit nicht notwendigerweise entgegen, da sich dieser Umstand aus **rechtlichen, umweltrelevanten und technischen** Vorgaben ergibt."[138]

17m Im weiteren Duktus der Entscheidungsgründe werden **als positive Indizien** *für* einen Betriebsübergang herangezogen: die Erbringung der im Wesentlichen gleichen Busverkehrsdienste durch den neuen Betreiber auf denselben Strecken und für dieselben Fahrgäste, die Übernahme einer Gesamtheit von Arbeitnehmern (Busfahrern), die durch eine gemeinsame Tätigkeit dauerhaft verbunden sind, sowie deren besondere Sachkunde im Hinblick auf Linienführung und Fahrpläne sowie lokale Gegebenheiten des bedienten (ländlichen) Fahrgebiets.[139]

17n In der abschließenden **Gesamtbetrachtung** gelangen die Richter der Vierten Kammer zu dem Schluss, dass die **Nichtübernahme** der für die Fortsetzung der wirtschaftlichen Tätigkeit **erforderlichen Betriebsmittel nicht notwendigerweise dem entgegenstehe, dass die in Rede stehende Einheit ihre Identität bewahre.** Vielmehr sei die Übernahme eines wesentlichen Teils der Fahrer „…als tatsächlicher Faktor anzusehen, der bei der Qualifizierung des betreffenden Vorgangs als Unternehmensübergang zu berücksichtigen ist."[140] Insoweit ergebe sich aus dem Sachverhalt des Ausgangsverfahrens, dass die vom neuen Betreiber übernommene Belegschaft für identische oder ähnliche Aufgaben eingesetzt werde und über spezifische Qualifikationen und Kompetenzen verfüge, die für die Fortsetzung der betreffenden wirtschaftlichen Tätigkeit ohne Unterbrechung „unerlässlich" seien.[141]

17o Auch wenn der EuGH im Vorlageverfahren nach Art. 267 AEUV bekanntlich keine Sachentscheidung trifft, kann auf Grund dieser sehr deutlichen Hinweise kein Zweifel daran bestehen, dass seines Erachtens im vorliegenden Falle ein **Unternehmensübergang im Sinne der Richtlinie RL 2001/23 zu bejahen** sein soll.[142] Das ist vor allem auch deshalb bemerkenswert, weil das Gericht in Sachen *„Ov Liikenne"* bei einem ähnlichen Sachverhalt genau entgegengesetzt entschieden hatte (s. oben → Rn. 17k). Der nunmehrige Sinneswandel wurde augenscheinlich durch den ausführlichen Schlussantrag der Generalanwältin *Sharpston* initiiert, die – auch dies ist recht ungewöhnlich – das vorlegende Gericht[143] ausdrücklich dafür lobt, dass es trotz einer scheinbar festgefügten Rechtsprechung des EuGH auf Grund von „Pflichtbewusstsein" und „praktische(r) Vernunft" sich zur Vorlage eines Vorabentscheidungsersuchens entschlossen habe.[144]

Sowohl die Generalanwältin als auch ihr folgend die Vierte Kammer des EuGH sehen den **entscheidenden Unterschied** zu *„Liikenne"* darin, dass in dem nunmehrigen Fall die Übernahme der technisch veralteten Busflotte für die neue Betreiberin **„nicht sinn-**

[137] EuGH 27.2.2020 – C-298/18 *(Südbrandenburger Nahverkehrs GmbH)*, NZA 2020, 443 Rn. 34.
[138] EuGH 27.2.2020 – C-298/18 *(Südbrandenburger Nahverkehrs GmbH)*, NZA 2020, 443 , Rn 35.
[139] EuGH 27.2.2020 – C-298/18 *(Südbrandenburger Nahverkehrs GmbH)*, NZA 2020, 443 Rn. 37ff.
[140] EuGH 27.2.2020 – C-298/18 *(Südbrandenburger Nahverkehrs GmbH)*, NZA 2020, 443 Rn. 40.
[141] EuGH 27.2.2020 – C-298/18 *(Südbrandenburger Nahverkehrs GmbH)*, NZA 2020, 443 Rn .40.
[142] *Jürschick/Bücke* EuZW 2020, 615.
[143] ArbG Cottbus 17.4.2018 – 11 Ca 10090/17, 11 Ca 10093/17, BeckRS 2018, 10703. Die Kammervorsitzende *Lore Seidel* hat – auch dies ungewöhnlich genug – den eigenen Vorlagebeschluss sowie die hierzu ergangene EuGH-Entscheidung vom 27.2.2020 in NZA 2020, 498 kommentiert.
[144] GA Schlussantrag 11.7.2019 – C-298/18, BeckRS 2019, 14112 Rn. 50.

voll" gewesen wäre.[145] Es sei, so der EuGH, „…die Entscheidung des neuen Betreibers, die Betriebsmittel des früheren Betreibers nicht zu übernehmen, durch äußere Zwänge diktiert" gewesen, was in der rund zwanzig Jahre zuvor behandelten Rechtssache *Liikenne* nicht der Fall gewesen sei.[146]

Die Begründung, mit der der EuGH die Abweichung von der Vorgängerentscheidung unter Hinweis auf einen Unterschied im Sachverhalt „kleinzureden" versucht, vermag indes nicht zu überzeugen. Dass es in Wirklichkeit um eine fundamental andersartige Argumentation geht, wird schon an der Schlussfolgerung am Ende des Urteils deutlich, wonach der Umstand, dass keine für den Betrieb einer Buslinie – zwingend erforderlichen – Betriebsmittel übergehen, der Qualifizierung der Übernahme der betreffenden Tätigkeit als „Unternehmensübergang" iSv Art 1 I der RL 2001/23 „nicht notwendigerweise" entgegenstehe.[147] Darin liegt ein eindeutiger **Widerspruch** zu der bisherigen Doktrin des EuGH, wonach bei betriebsmittelgeprägten Tätigkeiten die Nichtübernahme der wesentlichen materiellen Betriebsmittel einem Betriebsübergang selbst dann entgegenstehe, wenn das mehr oder weniger gesamte Personal weiterbeschäftigt und mit denselben Aufgaben wie bisher betraut wird; es handelt sich dann nach bisher einhelliger Meinung sowohl des EuGH wie auch des BAG lediglich um den Fall einer reinen, von der Richtlinie und § 613a BGB **nicht erfassten Funktionsnachfolge.**[148] Entscheidend war insoweit allein das Faktum der Nichtübernahme der Betriebsmittel als solche und nicht die hierfür maßgebliche Motivation auf Erwerberseite, auf die der EuGH jetzt maßgeblich abstellen will. Wenn zur Rechtfertigung dieses völlig neuen, in der Rechtsprechung des EuGH bisher unbekannten Ansatzes argumentiert wird, die Übernahme der vorhandenen Busse wäre für den neuen Betreiber wirtschaftlich nicht sinnvoll gewesen, handelt es sich um eine Scheinbegründung, weil es hierauf **nach der Rechtsprechung** des EuGH – auch in dem Referenzfall *Liikenne* – bisher gerade **nicht angekommen war.** Auch die Verneinung der Unerlässlichkeit der Busse als Betriebsmittel wegen ihres Alters und der absehbaren Notwendigkeit ihres Austausches stellt in der Rechtsprechung des EuGH ein **Novum** dar, für das in Wirklichkeit keine Begründung gegeben wird. 17p

Das Urteil in Sachen Südbrandenburger Nahverkehrs GmbH steht des Weiteren auch in klarem **Widerspruch zu der neuen und neuesten Rechtsprechung des BAG.** So hatte der 8. Senat in der umstrittenen Rettungsdienst-Entscheidung vom 25.8.2016 (s. dazu auch → Rn. 70) einen Betriebsübergang allein an der Nichtübernahme sächlicher Betriebsmittel (hier: von Kranken- und Rettungstransportwagen) scheitern lassen;[149] der zugrunde liegende Fall weist insoweit eine bemerkenswerte Parallele zu dem hier behandelten auf, als es auch in dem Rettungsdienstfall zu einem **kompletten Austausch dieser materiellen Betriebsmittel** durch den neuen Inhaber gekommen war. Der 8. Senat hat im Ergebnis einem derartigen ***„Freikauf durch Einkauf"***[150] eine tatbestandsvermeidende Wirkung im Hinblick auf § 613a BGB zuerkannt, und dies, obwohl die in Rede stehenden Fahrzeuge zwar relativ alt und angeblich bereits abgeschrieben waren, ihrem weiteren Einsatz jedoch keine Hindernisse entgegengestanden hätten.[151] Im Lichte der EuGH-Entscheidung vom 27.2.2020 dürfte sich diese Judikatur nicht weiter aufrechterhalten lassen; denn zum einen wird darin – anders als noch in der Sache „Liikenne"[152] – 17q

[145] GA Schlussantrag 11.7.2019 – C-298/18, BeckRS 2019, 14112 Rn. 56; EuGH 27.2.2020 – C-298/18 *(Südbrandenburger Nahverkehrs GmbH)*, NZA 2020, 443 Rn. 32.

[146] EuGH 27.2.2020 – C-298/18*(Südbrandenburger Nahverkehrs GmbH)*, NZA 2020, 443 Rn. 33.

[147] EuGH 27.2.2020 – C-298/18 *(Südbrandenburger Nahverkehrs GmbH)*, NZA 2020, 443 Rn. 35.

[148] S. dazu EuGH 20.1.2011 – C-463/09 *(CLECE SA)*, NZA 2011, 148, sowie → Rn. 66; HWK/*Willemsen* BGB § 613a Rn. 172 ff.

[149] BAG 25.8.2016 – 8 AZR 53/15, NZA-RR 2017, 123.

[150] So der Titel des Besprechungsaufsatzes von *Willemsen* NZA 2017, 953.

[151] BAG 25.8.2016 – 8 AZR 53/15, NZA-RR 2017, 123 Rn. 39.

[152] EuGH 25.1.2001 – C-172/99, NZA 2001, 249 Rn. 42: Danach „…schließt …die Tatsache, dass diese für den ordnungsgemäßen Betrieb der Einheit unerlässlichen Mittel nicht in nennenswertem Umfang vom alten auf den neuen Auftragnehmer übergehen, aus, dass diese Einheit ihre Identität bewahrt."

den **sächlichen Betriebsmitteln** auch in **betriebsmittelgeprägten Betrieben keine unbedingte Ausschlusswirkung** bei der Gesamtbeurteilung nach dem Sieben-Punkte-Katalog[153] zuerkannt; zum anderen misst der EuGH im Gegensatz zu dem BAG dem Umstand, dass die nicht mitübernommenen sächlichen Betriebsmittel **ohne wesentliche Schwierigkeiten durch den Erwerb auf dem Markt** rechtzeitig zum Zeitpunkt der Auftragsnachfolge **ersetzt werden konnten,** offensichtlich **eine entscheidungserhebliche Bedeutung** bei,[154] während der 8. Senat diesen Aspekt in der Rettungsdienstentscheidung vom 25.8.2016 überhaupt nicht thematisiert.[155]

17r Die praktischen **Auswirkungen** der neuen Linie des EuGH lassen sich noch nicht in vollem Umfang abschätzen. Fest steht jedoch, dass sich durch den Austausch von Betriebsmitteln, die für die jeweilige Wertschöpfung des Betriebs prägend sind, die Rechtsfolgen des § 613a jedenfalls dann nicht (mehr) vermeiden lassen, wenn (1) die in Rede stehenden Betriebsmittel vom Erwerber **nicht hätten sinnvoll genutzt werden können,** weil sie **veraltet** waren oder aus sonstigen **technischen** und/oder **rechtlichen** Gründen ohnehin alsbald hätten **ausgetauscht** werden müssen **und (2) die sonstigen Kriterien** des sog. Sieben-Punkte-Katalogs[156] genügend Indizien für einen Betriebs(teil)übergang ergeben, insbesondere wenn das **qualifizierte Personal des Vorgängers** – wie hier – **überwiegend übernommen und der bisherige Betriebszweck unverändert weitergeführt** wird. Es gilt also weiterhin der Grundsatz, dass die „reine" Funktionsnachfolge keinen Betriebsübergang darstellt, die Ausübung der im Wesentlichen gleichen Tätigkeit für sich genommen nicht ausreicht, um die Anwendung der Richtlinie und des § 613a BGB zu begründen.

Im Übrigen lässt das EuGH-Urteil vom 27.2.2020 **jedoch wichtige Fragen offen,** auf die an anderer Stelle[157] noch zurückzukommen sein wird. So ist unter anderem unklar, ob die Absage an den „Freikauf durch Einkauf" nur für den Fall einer mangelnden Geeignetheit der (bewusst) nicht mitübernommenen wesentlichen materiellen Betriebsmittel gilt oder ob der EuGH generell den Grundsatz aufgeben will, dass in betriebsmittelgeprägten Betrieben – dazu zählen insbesondere solche des produzierenden Gewerbes sowie Transportunternehmen – die Nichtübernahme der wesentlichen sächlichen Ausstattung ein „K.O.-Kriterium" ist. Wenn letzteres zutrifft, wäre die bislang zentrale Unterscheidung zwischen betriebsmittel- und personalintensiven Tätigkeiten in einem wichtigen Punkt zwar nicht vollständig obsolet, aber doch entscheidend relativiert worden.

Diese Schwierigkeit, die Auswirkungen der EuGH-Entscheidung für künftige Fallgestaltungen zu analysieren, beruht darauf, dass das Gericht es auch diesmal **unterlässt, die Bewertung der maßgeblichen Kriterien nach dem Sieben-Punkte-Katalog in einen teleologischen Begründungszusammenhang zu stellen.**[158] Ohne einen solchen Rückbezug auf Sinn und Zweck der Norm verbleibt es bei der „Tradition" eines reinen *Case Law,* welches angesichts der Intransparenz des zugrundeliegenden Bewertungsmaßstabs kein oder zumindest nur ein geringes Prognosepotential für künftige ähnlich, aber nicht gleich gelagerte Fälle aufweist.

Dem Rechtsanwender, der sich mit diesem Befund, der teilweise auch für die Rechtsprechung des Bundesarbeitsgerichts gilt, nicht abfinden will, bleibt es damit überlassen, den Versuch einer systematischen Einordnung und Bewertung der inzwischen nahezu unübersehbaren und teilweise widersprüchlichen Judikate des EuGH und des BAG in dem hierfür maßgeblichen verfassungs- und einfachgesetzlichen Kontext zu unternehmen; dem soll nachfolgend näher nachgegangen werden.

---

[153] EuGH 27.2.2020 – C-298/18 *(Südbrandenburger Nahverkehrs GmbH)*, NZA 2020, 443 Rn. 30, 32, 35; bzgl. des Katalogs s. → Rn. 64 ff.
[154] EuGH 27.2.2020 – C-298/18, NZA 2020, 443 Rn. 41.
[155] BAG 25.8.2016 – 8 AZR 53/15, NZA-RR 2017, 123.
[156] Vgl. dazu → Rn. 64 ff.
[157] Siehe → Rn. 92a.
[158] *Willemsen* NZA 2017, 953 (960).

II. Funktionen, rechtspolitische Bedeutung und verfassungsrechtliche Bewertung des § 613a BGB

1. Gesetzlich angeordnete Singularsukzession; Verhältnis zum Umwandlungsrecht

§ 613a Abs. 1 S. 1 BGB regelt – insoweit ähnlich den §§ 566 BGB, 95 Abs. 1, 102 Abs. 2 VVG – den Fall eines gesetzlichen Vertragsübergangs, mithin einer **Sonderrechtsnachfolge** kraft Gesetzes, während § 613a Abs. 2 S. 1 BGB einen (originären) gesetzlichen Schuldbeitritt des Veräußerers normiert.[159] Im Unterschied zur Gesamtrechtsnachfolge (Universalsukzession) erstreckt sich der Eintritt in die Rechtsposition des bisherigen Betriebsinhabers nicht auf dessen sämtliche, nicht ausschließlich persönlichen Rechte und Pflichten, sondern auf diejenigen aus dem im Zeitpunkt des Betriebsinhaberwechsels bestehenden **Arbeitsverhältnissen** (arbeitsrechtliche Singularsukzession). Ein etwaiger Eintritt in andere (vermögensrechtliche) Positionen des Veräußerers kann daher nur auf der Grundlage spezieller anderweitiger Rechtsnormen (zB des § 25 HGB) erfolgen, die stets *neben* § 613a BGB anwendbar sind.[160] 18

Bis zum Inkrafttreten des Umwandlungsgesetzes war hoch umstritten, ob § 613a BGB im Falle einer **Gesamtrechtsnachfolge** zur Anwendung gelangt. Jedenfalls für den Geltungsbereich des Umwandlungsgesetzes ist diese Frage nunmehr dahingehend zu beantworten, dass § 613a Abs. 1 und Abs. 4 BGB auch im Falle der **Verschmelzung, Spaltung oder Vermögensübertragung** gilt,[161] allerdings mit der Maßgabe, dass das Vorliegen eines Betriebs- oder Betriebsteilübergangs im Sinne von § 613a Abs. 1 S. 1 BGB auch in den Fällen der (jedenfalls partiellen) Gesamtrechtsnachfolge nach dem Umwandlungsgesetz jeweils gesondert zu prüfen ist (sog. **Rechtsgrundverweisung**).[162]

2. Legislatorische Ziele

a) Rechtshistorisch

Entstehungsgeschichtlich lassen sich **drei Schutzzwecke** des § 613a BGB nachweisen, nämlich: 19
- Schutz der bestehenden Arbeitsverhältnisse;
- Gewährleistung der Kontinuität des amtierenden Betriebsrats[163] sowie
- Regelung der Haftung des alten und des neuen Arbeitgebers.[164]

Durch das EG-Anpassungsgesetz von 1980[165] ist als weiterer Schutzzweck die **Aufrechterhaltung der kollektivrechtlich geregelten Arbeitsbedingungen** (Tarifverträge, Betriebsvereinbarungen) hinzugekommen. Der EuGH beschreibt den Schutzzweck der zugrunde liegenden Richtlinie wie folgt: „Die Richtlinie soll so weit wie möglich die Fortsetzung der Arbeitsverträge oder der Arbeitsverhältnisse mit dem Erwerber in unveränderter Form sicherstellen, um eine Verschlechterung der Lage der betroffenen Arbeitnehmer allein aufgrund des Betriebsübergangs zu verhindern."[166]

---

[159] *Schreiber* RdA 1982, 137 (139); MHdB ArbR/*Wank* § 142 Rn. 131.
[160] Vgl. zu den verschiedenen Konkurrenzen MHdB ArbR/*Wank* § 141 Rn. 23ff.
[161] Dazu ausführlich → B Rn. 90; Kallmeyer/*Willemsen* UmwG § 324 Rn. 1 mwN.
[162] → B Rn. 91; Kallmeyer/*Willemsen* UmwG § 324 Rn. 2.
[163] aA Staudinger/*Annuß* § 613a Rn. 8.
[164] Vgl. Begründung zum Regierungsentwurf, BT-Drs. VI/1786, 59; BAG 17.1.1980 – 3 AZR 160/79, DB 1980, 308; *Schreiber* RdA 1982, 137 (143); *Wiedemann/Willemsen* RdA 1979, 418; Staudinger/*Annuß* § 613a Rn. 7 (mit Einschränkung hinsichtlich des Schicksals des Betriebsrats); *Seiter*, 29.
[165] → Rn. 4.
[166] EuGH 26.3.2020 – C-334/18 *(ISS Facility Services)*, NZA 2020, 503 Rn. 25; s. dazu auch → Rn. 136a; übernommen von BAG 14.5.2020 – 6 AZR 235/19, NZA 2020, 1091 Rn. 85 (Air Berlin/Lufthansa II).

Bei der Auslegung des § 613a BGB ist jeweils nach diesen verschiedenen Schutzzwecken zu differenzieren, wie insbesondere die Debatte zur Geltung dieser Vorschrift im Konkurs gezeigt hat.[167] Gleichwohl lässt sich auch bereits bei einer entstehungsgeschichtlichen Betrachtung als eigentliches Kern-Regelungsziel die Sicherung der **Kontinuität der Arbeitsverhältnisse** beim Betriebsübergang feststellen,[168] während der Fortbestand des Betriebsratsamtes sowie die Haftung des Betriebserwerbers für (auch rückständige) Arbeitnehmeransprüche lediglich als Reflex dieses primären Regelungsansatzes anzusehen sind; die Anordnung der Fortgeltung von kollektivrechtlich geregelten Arbeitsbedingungen (§ 613a Abs. 1 S. 2–4 BGB) und der zeitlich und sachlich begrenzten Forthaftung des bisherigen Betriebsinhabers (§ 613a Abs. 2 BGB) haben ebenso wie das Kündigungsverbot nach § 613a Abs. 4 BGB lediglich **Komplementärfunktion.**[169]

Mit der auf die (allgemeinen) Schutzzwecke abstellenden Betrachtung ist allerdings für die **tatbestandliche Abgrenzung** des § 613a BGB noch nicht allzu viel gewonnen. Natürlich ist dem Schutzinteresse auf Arbeitnehmerseite in Bezug auf die Kontinuität des Arbeitsverhältnisses am optimalsten mit einer weitestmöglichen Erstreckung der Norm auf alle möglichen Wechselfälle des Arbeitslebens gedient, was dafür spräche, sie auf jedwede Art von Umstrukturierung im weitesten Sinne anzuwenden, beispielsweise auf sämtliche Fälle des **Outsourcings.**[170] Wirkliche Aussagekraft kann nur eine solche Definition des Regelungsziels beanspruchen, die § 613a BGB aus der Nebelzone eines diffusen Arbeitnehmerschutzgedankens hervorholt und durch Herausarbeitung seines spezifischen Regelungsanliegens den Schutzzweck der Norm zugleich begrenzt.

b) Funktional

20 **aa) Aus Arbeitnehmersicht: Gleichlauf von Arbeitsplatz und Arbeitsverhältnis (Lückenschließung im Kündigungsschutz).** § 613a BGB, insbesondere dessen Abs. 1 und 4, stellt eine flankierende Regelung zum allgemeinen Kündigungsschutz dar. Die Vorschrift soll den „Gleichlauf" zwischen Arbeitsplatz (als Teil einer übergreifenden, vom bisherigen Arbeitgeber eingerichteten **Betriebsorganisation**) und Arbeitsverhältnis (als hieran anknüpfendes und grundsätzlich auf die Parteien des Arbeitsvertrages ausgerichtetes rechtliches Band) sicherstellen.[171] Die Bestimmung trägt also dem bereits lange vor Inkrafttreten des § 613a BGB in Rechtsprechung und Literatur herausgearbeiteten **„Objektbezug"** des Arbeitsverhältnisses in einer modernen Industrie- und Dienstleistungsgesellschaft (vgl. → Rn. 1) Rechnung: Dem Arbeitnehmer kommt es in aller Regel primär auf seinen Arbeitsplatz und nicht auf seinen Arbeitgeber an, insbesondere (aber nicht ausschließlich) wenn es sich bei letzterem um eine „anonyme" Kapitalgesellschaft handelt. Die zu schließende Lücke im Kündigungsschutzrecht besteht darin, dass der seinen Betrieb (oder einen Teil hiervon) veräußernde Arbeitgeber die Herrschaftsmacht über die hieran gebundenen Arbeitsplätze verliert und daher ohne eine gesetzliche Sonderregelung jedenfalls bei fehlender Übernahmebereitschaft des Erwerbers hinsichtlich der Arbeitsverhältnisse zur betriebsbedingten Kündigung (§ 1 Abs. 2 S. 1 KSchG) berechtigt wäre.[172] Die wesentliche **Neuerung** des § 613a BGB gegenüber der zuvor bestehenden Rechtslage liegt also aus der Sicht des Arbeitnehmers in der Quasi-Verdinglichung seines Arbeitsverhältnisses: Ebenso wie eine vermietete Wohnung nicht durch schlichten Verkauf „entmietet" werden

[167] S. dazu BAG 17.1.1980 – 3 AZR 160/79, DB 1980, 308 sowie → Rn. 126.

[168] Zustimmend *Krause* FS Wank, 2014, 275 (282).

[169] Für § 613a Abs. 4 BGB entspricht dies inzwischen ständiger Rechtsprechung; vgl. BAG 26.5.1983 – 2 AZR 477/81, DB 1983, 2690, unter B III der Gründe unter Bezugnahme auf *Willemsen* ZIP 1983, 411 (413); Staudinger/*Annuß* BGB § 613a Rn. 388; MHdB ArbR/*Wank* § 142 Rn. 10.

[170] Diesen Weg hat das Vereinigte Königreich beschritten. Den Mitgliedsstaaten ist es grundsätzlich möglich, den Betriebsübergang im innerstaatlichen Recht weiter zu definieren als die Richtlinie; vgl. *Riesenhuber,* Europäisches Arbeitsrecht, 2009, § 24 Rn. 40.

[171] *Willemsen* RdA 1993, 133 (134); vgl. auch *Pietzko* S. 109.

[172] Zutreffend BAG 2.10.1974 – 5 AZR 504/73, DB 1975, 601, unter III 3b) der Gründe.

kann (vgl. § 571 Abs. 1 BGB: „Kauf bricht nicht Miete"), kann ein Betrieb oder Betriebsteil nicht im Wege der Veräußerung oder Verpachtung „arbeitsrechtlich entkernt" werden. Um dieses Regelungsziel zu erreichen, wird der personale Bezug des ursprünglich eingegangenen Arbeitsverhältnisses für den Fall des Betriebsübergangs aufgehoben und den Arbeitnehmern im Wege des schlichten **Parteiwechsels** innerhalb des im Übrigen **unverändert fortbestehenden Arbeitsverhältnisses** kraft Gesetzes ein neuer Arbeitgeber zugewiesen, der nunmehr über den Betrieb bzw. Betriebsteil und die daran gebundenen Arbeitsplätze als Teil der Betriebsorganisation zivilrechtlich verfügen kann und daher zur (unveränderten) Weiterbeschäftigung in der Lage ist.

Durch diese „Verkoppelung" von Arbeitsplatz und Arbeitsverhältnis ist sichergestellt, dass weder der bisherige noch der neue Betriebsinhaber **wegen des Betriebsübergangs betriebsbedingt kündigen** kann. § 613a Abs. 4 BGB hat daher insoweit nur noch klarstellende Bedeutung.

bb) Aus Arbeitgebersicht: Arbeitsverhältnisse als quasi-dingliche „Belastung" des Betriebs/Unternehmens. Die Kehrseite dieser quasi-dinglichen Wirkung des § 613a BGB besteht aus Arbeitgebersicht darin, dass Betriebe und Unternehmen nur um den Preis einer Haftung des Erwerbers für sämtliche rückständigen, noch nicht erfüllten wie auch für alle künftig noch entstehenden Verpflichtungen aus den laufenden Arbeitsverhältnissen, und zwar **grundsätzlich ohne jede zeitliche Begrenzung für die Zukunft,** veräußert werden können. Die Komplementärfunktion zum gesetzlichen Kündigungsschutz wirkt sich dabei für den Erwerber besonders dramatisch dahingehend aus, dass ihm jedenfalls im Verhältnis zu den betroffenen und von ihm zu übernehmenden Arbeitnehmern **keinerlei Wahlrecht** zusteht, weil gerade dies dem Schutz- und Regelungskonzept des § 613a BGB diametral zuwiderliefe.[173] Da die Rechtsfolgen des § 613a BGB im Verhältnis zu den Arbeitnehmern nicht durch Vereinbarung zwischen Veräußerer und Erwerber ausgeschlossen werden können,[174] verbleibt nur die Möglichkeit interner **Ausgleichsregeln im Kauf- bzw. Übernahmevertrag,** von der in der Praxis regelmäßig Gebrauch gemacht wird. Dieser wirtschaftlich in der Regel gebotene interne Ausgleich hinsichtlich der vom Übernehmer nicht „gewünschten" Arbeitsverhältnisse kann je nach der finanziellen Gesamtausstattung des Betriebs bzw. Betriebsteils zum völligen Wegfall des Kaufpreises („1 €") oder sogar zu einem sogenannten negativen Kaufpreis führen und, sofern sich dieser – etwa im Konkurs – nicht darstellen lässt, die **Veräußerungsfähigkeit** des Unternehmens/Betriebs gänzlich **in Wegfall bringen.**[175] Infolge des gesetzlichen Übernahmezwangs gemäß § 613a BGB lastet somit gewissermaßen auf jedem Betrieb und Unternehmen eine arbeitsrechtliche Hypothek, die im Falle des *Asset Deals* realisiert wird und den wirtschaftlichen Wert des Übertragungsgegenstandes je nach den tatsächlichen Verhältnissen (Qualifikation und Zusammensetzung der Belegschaft, Rationalisierungspotential, Lohnkostenniveau etc) erheblich mindern oder sogar vollständig aufheben kann. Die unternehmerische Verfügungsfreiheit wird durch § 613a BGB also nicht nur auf der Erwerber-, sondern insbesondere auch auf der Veräußererseite empfindlich beeinträchtigt. 21

3. Verfassungsrechtliche Relevanz und Bewertung

Der Rechtsnorm des § 613a BGB wohnt somit eine polarisierende Wirkung zwischen Arbeitnehmerschutz einerseits und Unternehmerautonomie andererseits inne, ohne deren 22

---

173 Vgl. BAG 26.5.1983 – 2 AZR 477/81, DB 1983, 2690, unter B IV 1 der Gründe.

174 Allgemeine Meinung; vgl. nur BAG 29.10.1975 – 5 AZR 444/74, DB 1976, 391; 14.7.1981 – 3 AZR 517/80, DB 1982, 1067; MHdB ArbR/*Wank* § 142 Rn. 14.

175 Vgl. zu diesem rechtstatsächlichen Befund *Keller/Stoltenhoff,* Die rechtstatsächlichen Auswirkungen des § 613a BGB im Konkurs, S. 40.

Kenntnisnahme die Erfassung und Abgrenzung des in ihr geregelten Tatbestands nicht gelingen kann.[176]

Zugleich macht dieser Befund einander direkt widerstreitender Interessen den **Eingriffscharakter** dieser (einfachgesetzlichen) Rechtsnorm und damit ihre verfassungsrechtliche, insbesondere grundrechtliche Relevanz deutlich, die allerdings im arbeitsrechtlichen Schrifttum nur wenig Beachtung gefunden hat.[177] Eine verfassungsrechtliche Bewertung wird auch nicht etwa dadurch obsolet, dass § 613a BGB sich seit Erlass der Richtlinie 77/187 EWG (nunmehr 2001/23/EG) als nationale Umsetzung europarechtlicher Vorgaben darstellt, weil hierdurch die Grundrechtsbindung nicht aufgehoben wird.[178] Dies gilt erst recht nach Inkrafttreten der **europäischen Grundrechtecharta** (GRCh) vom 12.12. 2007,[179] die in ihren Artikeln 15–17 die **Berufsfreiheit,** die **unternehmerische Freiheit** sowie das **Eigentumsrecht** zum Bestandteil des europäischen Primärrechts (vgl. Art. 6 Abs. 1 S. 1 EUV) erklärt. Dabei soll für die nachfolgenden Betrachtungen dahingestellt bleiben, ob Prüfungsmaßstab wegen der Durchdringung von § 613a BGB durch das europäische Recht in Zukunft nur noch die Grundrechtecharta ist oder zumindest ergänzend auf den nationalen Grundrechtekatalog zurückgegriffen werden kann.

a) Aus der Sicht des Veräußerers

23 Infolge der oben (→ Rn. 21) beschriebenen hypothekenähnlichen Wirkung des § 613a BGB ist der Veräußerer insbesondere in seinem durch **Art. 14 GG, Art. 17 GRCh** geschützten Eigentumsrecht betroffen. Dies gilt jedenfalls dann, wenn die mit der Betriebsveräußerung übergehenden Arbeitsverhältnisse seitens des Erwerbers ganz oder teilweise als Belastung empfunden werden, die den wirtschaftlichen Wert des zu übertragenden Betriebs oder Betriebsteils mindert. Neben dem Eigentum an den einzelnen Betriebsmitteln als solchen (Betriebsgrundstück, -anlagen, -einrichtung) ist richtiger Auffassung zufolge auch das **Recht am Gewerbebetrieb** durch Art. 14 GG geschützt, soweit es um solche Gegebenheiten und Vorteile geht, auf deren Fortbestand der Betriebsinhaber vertrauen kann (zB Kundenstamm und bestehende Geschäftsbeziehungen).[180] Art. 14 GG schützt ebenso wie Art. 17 Abs. 1 GRCh nicht nur das „Haben", sondern insbesondere auch das freie „Ausnutzendürfen" der Eigentumsposition,[181] wozu insbesondere auch die Verfügung über das Eigentumsrecht gehört. Die Belastung der Übertragung von Unternehmen oder Betrieben mit der zwangsweisen Überleitung von Arbeitsverhältnissen auf den Erwerber stellt mithin aus der Sicht des Veräußerers einen Eingriff in die Fungibilität seiner Eigentümerposition dar. Darüber hinaus ist er wegen der zwingenden Wirkung des § 613a BGB auch in seiner allgemeinen Vertragsfreiheit (Art. 2 Abs. 1 GG), in seiner Berufs-(ausübungs)freiheit nach Art. 12 GG, Art. 15 GRCh sowie seiner Unternehmerfreiheit nach **Art. 16 GRCh** betroffen.

24 Allerdings werden gemäß Art. 14 Abs. 1 S. 2 GG Inhalt und Schranken des Eigentums „durch die Gesetze bestimmt" (ähnlich Art. 17 Abs. 1 S. 3 GRCh in Bezug auf die Nutzung), und § 613a BGB könnte durchaus eine derartige **schrankenziehende Funktion** haben. Die grundlegende Wertentscheidung zugunsten eines sozial gebundenen Privateigentums verpflichtet den Gesetzgeber, die Belange der Gemeinschaft und die eigentumsgrundrechtlich geschützten Individualinteressen in ein **ausgewogenes Verhältnis** zu brin-

---

[176] Vgl. *Wendeling-Schröder* AuR 1995, 126 (130); *Willemsen,* Anm. zu EuGH EAS RL 77/87 EWG Art. 1 Nr. 11, S. 22/23.

[177] Vgl. zu den – wenigen – Stellungnahmen *Schreiber* RdA 1982, 137 (141) mwN.

[178] Zur Forderung eines dem Grundgesetz im Wesentlichen vergleichbaren Grundrechtsschutzes bei sogenanntem abgeleitetem Gemeinschaftsrecht vgl. BVerfG 22.10.1986 – 2 BvR 197/83, NJW 1987, 577 (581) *(Solange II)*; Sachs/*Streinz* GG Art. 23 Rn. 41.

[179] ABl. Nr. C 303 S. 1.

[180] Str., wie hier BGHZ 23, 157 (164); v. Münch/Künig/*Bryde* Grundgesetz Art. 14 Rn. 20; Sachs/*Wendt* GG Art. 14 Rn. 47.

[181] Vgl. BVerfGE 53, 257 (290); 83, 201 (208); 88, 366 (377).

gen; die Abwägung zwischen Eigentümer- und Gemeinwohlinteressen hat nach den Grundsätzen der **Verhältnismäßigkeit** und des **Übermaßverbots** zu erfolgen.[182] Je intensiver der Dritt- oder Allgemeinbezug der Eigentumsnutzung und -verfügung ist, umso mehr hat der Gesetzgeber im Rahmen des Art. 14 Abs. 1 S. 2 GG auf jene Belange Rücksicht zu nehmen und desto stärker sind jene Fremd- oder Allgemeinbelange im Abwägungsprozess zu gewichten.[183] Einen derartig ausgeprägten Dritt- und Allgemeinbezug wird man hinsichtlich des Betriebs und des Betriebsvermögens grundsätzlich bejahen müssen, da ein Arbeitnehmer – auch insoweit nicht unähnlich dem Mieter – in existentieller Weise auf die „Nutzung" des ihm dort eingerichteten Arbeitsplatzes angewiesen ist.[184] Auch in diesem Zusammenhang ist in Erinnerung zu rufen, dass § 613a BGB funktionell eine **Ergänzung des Kündigungsschutzes** bildet,[185] gegen den – ebenfalls wiederum in den Grenzen des Übermaßverbots – grundsätzliche Einwendungen aus Art. 14 GG ebenso wenig wie aus Art. 12 GG erhoben werden können.[186] Allerdings greift dieser Schutz nur so lange, wie der Eigentümer der Betriebsmittel deren erwerbswirtschaftliche Zweckbestimmung aufrechterhält; seine – durch § 1 Abs. 1 KSchG auch einfachgesetzlich gewährleistete – **Stilllegungsfreiheit**[187] dürfte angesichts ihrer elementaren Bedeutung sowohl für die Eigentumsgarantie wie auch für die (negative) Berufsfreiheit gemäß Art. 12 GG von der Kerngehaltsgarantie des Art. 19 Abs. 2 GG umfasst sein.[188]

Hieraus ergibt sich – auch und gerade aus verfassungsrechtlicher Sicht – die Notwendigkeit, zwischen **Betriebsübergang** einerseits und **Betriebsstilllegung** andererseits zu **unterscheiden:**[189] Zwar zieht sich in beiden Fällen der bisherige Inhaber, sofern er nicht über weitere Betriebe oder Unternehmen verfügt, aus dem Berufsleben als Unternehmer zurück. Angesichts der ganz erheblichen Unterschiede in Bezug auf die Rechtsfolge – verfassungsrechtlich garantierte Kündigungsfreiheit (§ 1 Abs. 2 S. 1 KSchG) und arbeitsrechtlich „unbelastete" Verfügungsbefugnis über das Betriebsvermögen *nach* Stilllegung[190] in dem einen, Kündigungsverbot (§ 613a Abs. 4 BGB) und „Belastung" des Übertragungsgegenstandes mit arbeitsrechtlichen Verpflichtungen in dem anderen Fall – kommt der richtigen Unterscheidung zwischen beiden Phänomenen auch verfassungsrechtliche Relevanz zu: Die arbeitsrechtliche Behandlung und Kategorisierung einer Betriebsstilllegung als Betriebsübernahme im Sinne von § 613a BGB wäre wegen der hieran anknüpfenden Rechtsfolgen unverhältnismäßig und würde damit die Grundrechte des *Veräußerers* aus Art. 12 und 14 GG bzw. Art. 16 und 17 GR-Charte verletzen.

---

182 BVerfGE 50, 290 (341); 52, 1 (29); 58, 137 (147); 79, 174 (198); Maunz/Dürig/*Papier/Shirvani* GG Art. 14 Rn. 429; Sachs/*Wendt* GG Art. 14 Rn. 73.

183 Maunz/Dürig/*Papier/Shirvani* GG Art. 14 Rn. 426 mwN.

184 Vgl. zum (Nicht-) Verstoß gegen das Übermaßverbot bei Kündigung wegen Eigenbedarfs im Mietrecht Maunz/Dürig/*Papier/Shirvani* GG Art. 14 Rn. 432.

185 → Rn. 20.

186 Zu den verfassungsrechtlichen Grundlagen des Kündigungsschutzes vgl. KR/*Rachor* KSchG § 1 Rn. 15.

187 Dazu, dass der Entschluss zur Betriebsstilllegung eine Unternehmerentscheidung darstellt, die nicht auf ihre Zweckmäßigkeit nachzuprüfen ist und ein dringendes betriebliches Erfordernis im Sinne von § 1 Abs. 2 S. 1 KSchG darstellt, vgl. die Rechtsprechungsnachweise bei KR/*Rachor* KSchG § 1 Rn. 615; zum kündigungsrechtlichen Grundsatz der freien Unternehmerentscheidung auch → H Rn. 7 ff.

188 Zur verfassungsrechtlichen Garantie des Kündigungsrechts sowohl auf Arbeitnehmer- wie auch Arbeitgeberseite vgl. Maunz/Dürig/*Scholz* GG Art. 12 Rn. 59.

189 Dazu im einzelnen → Rn. 74.

190 Nicht zu vernachlässigen sind allerdings die bei Stilllegung in der Regel anfallenden Sozialplankosten gemäß § 112 BetrVG. Während der Arbeitgeber jedoch – entsprechende wirtschaftliche Verhältnisse vorausgesetzt – den Sozialplan aus eigener Kraft aufstellen und finanzieren kann und nach seiner Erfüllung endgültig „frei" ist, bleibt er bei der Betriebsveräußerung auf die Mitwirkung eines auch hinsichtlich der Arbeitsverhältnisse übernahmebereiten Dritten angewiesen, da dieser stets die Übernahme gerade wegen der aus § 613a BGB resultierenden arbeitsrechtlichen Belastung ablehnen kann.

b) Aus der Sicht des Erwerbers

25 Für den Erwerber stellt sich die grundrechtliche Relevanz des durch § 613a BGB bewirkten Eingriffs noch wesentlich gravierender dar: Der kraft Gesetzes „von hoher Hand" angeordnete Eintritt in (regelmäßig zeitlich unbefristete) Vertragsverhältnisse mit solchen Arbeitnehmern, mit denen zu keinem Zeitpunkt seitens des Erwerbers ein Arbeitsvertrag abgeschlossen wurde, bedeutet einen der schwerwiegendsten Eingriffe in die Vertragsfreiheit (Art. 2 Abs. 1 GG)[191] und die Unternehmensautonomie **(Art. 12 GG, Art. 16 GRCh)**,[192] die man sich überhaupt vorstellen kann.[193] Umso erstaunlicher ist, dass die verfassungsrechtliche Brisanz der Abgrenzung des Anwendungsbereichs des § 613a BGB bislang kaum thematisiert wurde. Zwar wird man wegen des bereits oben (→ Rn. 24) konstatierten **Sozialbezuges** der im Betrieb vorhandenen und an diesen gebundenen Arbeitsplätze sowie des existentiellen Angewiesenseins der Arbeitnehmer hierauf eine Regelungsbefugnis des Gesetzgebers auch zu Lasten des Erwerbers grundsätzlich bejahen können, sofern sich deren Ausübung an den Kriterien der Geeignetheit und Verhältnismäßigkeit orientiert. Die entscheidende Frage aus verfassungsrechtlicher Sicht lautet aber, *wann* die Belastung des „Übernehmers" mit derart weit reichenden arbeitsrechtlichen Folgen sich als unverhältnismäßig erweist.

26 Der sachgerechten Abgrenzung („Definition") des Betriebsübergangs im Sinne von § 613a BGB kommt damit eine **unmittelbare grundrechtliche Funktion** zu, nämlich diejenigen Fälle auszuscheiden, in denen sich die Anwendung des § 613a BGB – trotz grundsätzlicher „Geeignetheit" der dort geregelten Rechtsfolgen aus Arbeitnehmersicht – als unverhältnismäßige und damit nicht mehr verfassungskonforme Belastung des „Übernehmers" darstellen würde. Zum anderen folgt aus der verfassungsrechtlichen Relevanz der Abgrenzung, dass die Gerichte bei der Auslegung des § 613a BGB nicht nur an die herkömmlichen Auslegungsgrundsätze, sondern vor allem an die Grundrechte (Art. 2, 12, 14 GG sowie die entsprechenden Bestimmungen der europäischen Grundrechtecharta) gebunden sind. Für das BAG versteht sich dies von selbst, für den EuGH ergibt sich eine grundrechtswahrende Bindung aus der Grundrechtecharta sowie daraus, dass dieser bei der Auslegung der Betriebsübergangsrichtlinie den Grundsatz der Verhältnismäßigkeit zu wahren und damit dieselbe Abwägung zu vollziehen hat wie der nationale Richter im Rahmen der Art. 2, 12 und 14 GG.[194] Dies hat der EuGH in der Entscheidung in Sachen *Alemo-Herron* vom 18.7.2013 ausdrücklich bestätigt: Die Richtlinie 77/187/EWG diene nicht nur dem **Schutz der Arbeitnehmerinteressen,** sondern solle auch einen **gerechten Ausgleich** zwischen den Interessen der Arbeitnehmer einerseits und denen des Erwerbers andererseits gewährleisten. Den Mitgliedsstaaten sei nach Art. 8 der Richtlinie zwar eine **günstigere Regelung erlaubt;** das Grundrecht des Erwerbers aus Art. 16 GRCh verbiete aber den Mitgliedsstaaten eine unverhältnismäßige und den Wesensgehalt der unternehmerischen Freiheit beeinträchtigende Umsetzung, auch wenn sie für die Arbeitnehmer günstiger sei.[195]

---

[191] Zur Vertragsfreiheit als Erscheinungsform der allgemeinen Handlungsfreiheit im Sinne von Art. 1 Abs. 2 GG vgl. Maunz/Dürig/*Di Fabio* GG Art. 2 Abs. 1 Rn. 101.

[192] Art. 12 GG wird generell als *lex specialis* aufgefasst, soweit es um die Gewährleistung persönlicher Entfaltung im wirtschaftlichen Bereich geht; vgl. die Nachweise bei Sachs/*Mann* GG Art. 12 Rn. 194; *Christoph J. Müller,* Die Berufsfreiheit des Arbeitgebers, 1996, S. 17 u. S. 22.

[193] Vgl. dazu auch *Willemsen* DB 1995, 924; *Willemsen* Anm. EAS RL 77/187 EWG Art. 1 Nr. 11; auf die grundrechtliche Relevanz (Art. 2, 12, 14 GG) weisen in diesem Zusammenhang ua auch *Buchner* DB 1994, 1417 (1423); *Franzen* Anm. zu EuGH EAS RL 77/187 EWG Art. 1 Nr. 9, hin.

[194] Vgl. dazu die in dem „Solange II-Beschluss" des Bundesverfassungsgerichts zitierte Rechtsprechung des EuGH (NJW 1987, 577 (581)).

[195] EuGH 18.7.2013 – C-426/11 *(Alemo-Herron),* NZA 2013, 835; dazu *Schubert* in: Franzen/Gallner/Oetker, Kommentar zum Europäischen Arbeitsrecht, 2015, GRCh Art. 16 Rn. 22. Auf diesen Gesichtspunkt geht das Urteil der 9. Kammer des EuGH in Sachen *Lorenzo Armatori* (6.3.2014 – C-458/12, Rn. 40ff.) leider nicht ein. Dazu auch → Rn. 30a.

c) Aus der Sicht der Arbeitnehmer

27 Für die betroffenen Arbeitnehmer stellt die gesetzliche Regelung des § 613a BGB aus der grundrechtlichen Perspektive zunächst etwas durchaus Positives dar, sichert sie doch die **Ausübung des Berufs** auf dem bisherigen Arbeitsplatz auch nach einem Betriebsinhaberwechsel. § 613a BGB ist damit ein Gesetz zur Gewährleistung der Berufs(ausübungs)freiheit des Arbeitnehmers, man könnte sogar sagen ein Stück des von Gewerkschaftsseite immer wieder geforderten „Rechts am Arbeitsplatz". Diese Charakterisierung macht zudem deutlich, dass sich im Falle eines Betriebsübergangs das Grundrecht der Arbeitnehmer aus Art. 12 GG, Art. 15 GRCh auf möglichst ungestörte Berufsausübung einerseits sowie das ebenfalls aus Art. 12 GG sowie Art. 16 GRCh abzuleitende Grundrecht der Unternehmerfreiheit oder – genauer – auf unternehmerische Autonomie und Handlungsfreiheit diametral gegenüberstehen.[196] Eine Harmonisierung bzw. eine Abwägung zwischen beiden grundsätzlich gleichwertigen Grundrechten kann nicht ausschließlich auf der Rechtsfolgenseite erfolgen, sondern sie muss angesichts der damit verbundenen weit reichenden und tief greifenden Vorentscheidung bereits bei der Bestimmung des Grundtatbestandes von § 613a BGB sowie der Betriebsübergangsrichtlinie ansetzen. Hier entscheidet sich nämlich, ob im konkreten Fall einer Transaktion oder umstrukturierungsbedingten Veränderung das Bestandsschutzinteresse des Arbeitnehmers oder aber das unternehmerische Interesse an einem arbeitsrechtlich „unbelasteten" Neuanfang obsiegt.

Ergänzt werden muss in diesem Zusammenhang allerdings noch, dass § 613a BGB aus verfassungsrechtlicher Sicht auch eine *gegen* die Arbeitnehmer gerichtete Komponente aufweisen könnte, nämlich dann, wenn er einen gesetzlichen Zwang zu einer jedenfalls einstweiligen Fortführung der Arbeitsverhältnisse mit dem Betriebsübernehmer begründete. Nach der ständigen und vom EuGH „abgesegneten" Rechtsprechung des BAG zum sog. **Widerspruchsrecht,** die mittlerweile durch § 613a Abs. 6 BGB Gesetz wurde, ist dies allerdings nicht der Fall.[197] Daher braucht diesem Aspekt hier nicht weiter nachgegangen zu werden.[198] Darüber hinaus kann § 613a BGB auch insoweit eine für die Arbeitnehmer **negative Komponente** beinhalten, als der gesetzliche Übergang von Arbeitsverhältnissen gezielt herbeigeführt werden kann, um sich mittels einer schwach ausgestatteten Erwerbergesellschaft in einem zweiten Schritt der übergegangenen **Arbeitsverhältnisse zu „entledigen".** Der **EuGH** versucht, diesem Unterfangen mittels des **Rechtsmissbrauchseinwands** zu begegnen (s. dazu auch → Rn. 81a).[199]

d) Anforderungen an die verfassungsrechtliche Vertretbarkeit der Norm

28 **aa) Auf Veräußererseite.** Für den Veräußerer stellt sich die Anwendung des § 613a BGB jedenfalls dann als unverhältnismäßiger Eingriff in seine Grundrechte aus Art. 2, 12 und 14 GG sowie aus der europäischen Grundrechtecharta dar, wenn er hierdurch an der Stilllegung seines Betriebs und der *anschließenden* (!) Verwertung des Betriebsvermögens gehindert würde. Könnte beispielsweise der Betreiber eines Hotels und Eigentümer der Hotelimmobilie diese nur noch veräußern, wenn er jemanden findet, der nicht nur die Substanz des Grundstücks und Gebäudes, sondern gleichzeitig und damit unlösbar verbunden auch das gesamte Hotelpersonal übernehmen will, wäre er damit nicht nur in der Verwertung seines Grundeigentums unzumutbar beeinträchtigt, sondern – wenn er keinen auch hinsichtlich des Personals übernahmewilligen Erwerber fände – unter Umständen sogar zu lebenslangem Unternehmertum verurteilt, zB weil er ohne Veräußerung der Immobilie einen für die Freisetzung des gesamten Personals erforderlichen Sozialplan (§ 112 BetrVG) nicht finanzieren könnte. Die Belastung der **Verfügung** über die **bloße Substanz** des

[196] Vgl. zu dieser verfassungsrechtlichen Konstellation auch *Müller,* Berufsfreiheit des Arbeitgebers, 61.
[197] Vgl. die Nachweise unten in Fn. 779.
[198] Zum Widerspruchsrecht → Rn. 147 ff.
[199] EuGH 13.6.2019 – C-664/17 *(Ellinika Nafpigeia)* NZA 2019, 889; dazu *Sagan,* Anm. zu EuGH AP Nr. 23 zu Richtlinie 2001/23/EG.

Betriebsvermögens **unabhängig** davon, ob es dem Erwerber nur auf diese oder aber (auch) auf den dem Betrieb innewohnenden **„Funktionszusammenhang"** ankommt, würde daher gegen das verfassungsrechtliche Übermaßverbot verstoßen. Kommt es allerdings dem Erwerber – zumindest *auch* – auf den mit den Betriebsmitteln bisher verfolgten Zweck an, liegt für ihn der „Reiz" des Erwerbs also gerade in der Verknüpfung zu einem betrieblichen Zweck, den der Erwerber **selbst fortführen** möchte, dreht sich das Bild verfassungsrechtlich um: Die Belastung mit der **Fortführung aller Arbeitsverhältnisse** ist dann gewissermaßen das Korrelat, der **„Preis"** für die Übertragung der durchaus vorteilhaften und vermögensrechtlich bewertbaren Position des „Betriebsinhabers", die dem Erwerber in diesem Falle nicht aufgedrängt wird, sondern neben der Eigentumsübertragung Inhalt und Ziel der rechtsgeschäftlichen Transaktion ist. Da der Veräußerer seine bisherigen betrieblichen Zwecke nur gemeinsam mit den dort tätigen Arbeitnehmern realisieren konnte,[200] ist es weder unbillig noch verfassungsrechtlich unverhältnismäßig, die **Verfügung über den betrieblichen Funktionszusammenhang** zugunsten dessen, der diesen künftig **für eigene betriebliche Zwecke** nutzen will, an den gleichzeitigen Übergang aller daran „gebundenen" Arbeitsverhältnisse zu koppeln, zumal der Veräußerer hierdurch die ansonsten von ihm aufzuwendenden Stilllegungskosten einspart.

29 Die **Verfügung** über die „nackten" **Betriebsmittel als solche,** dh ohne jeden Bezug zu dem bislang in ihnen verkörperten Funktionszusammenhang, **reicht** demgegenüber **nicht aus,** um die Belastung dieses Verwertungsakts mit der zwangsweisen Fortführung der Arbeitsverhältnisse durch den Erwerber als *reziprok* im Sinne des Übermaßverbots erscheinen zu lassen. Konkret formuliert: Wenn der Eigentümer eines an sich noch funktionstüchtigen Seeschiffs[201] dieses einer Werft zum Zwecke des Ausschlachtens und Abwrackens nur noch verkaufen könnte, wenn die Werft auch 1.200 Besatzungsmitglieder übernähme, wäre dies gewiss eine Überdehnung des Gedankens der Sozialbindung des Eigentums.

30 **bb) Auf Erwerberseite.** Der Aspekt der **Reziprozität,** das heißt der Angemessenheit, mindestens aber Verhältnismäßigkeit einer gesetzlich angeordneten Belastung gerade im Hinblick auf dieser Belastung gegenüberstehende Vorteile, spielt auch für die verfassungsrechtliche Beurteilung des mit § 613a BGB unzweifelhaft verbundenen Eingriffs auf *Erwerberseite* eine zentrale Rolle. Der ganz erhebliche[202] gesetzliche Eingriff in seine Vertrags- und Unternehmerfreiheit lässt sich nach dem sowohl vom EuGH wie auch vom nationalen Richter zu beachtenden Grundsatz der Verhältnismäßigkeit nur rechtfertigen, wenn diese Beschränkung aufgewogen wird durch einen entsprechenden **Vorteil,** der dem Erwerber *gerade* mit dem Rechtsgeschäft, das eine solche Belastung auslöst, zufließt. Letzterer war nämlich mit denjenigen Arbeitnehmern, die er übernehmen soll, bislang nicht vertragsrechtlich verbunden, noch sind ihm – im Gegensatz zum bisherigen Arbeitgeber – irgendwelche Vorteile aus ihrer Arbeit in der Vergangenheit zugeflossen. Der Erwerber stand daher bislang in keinerlei **Verantwortungsnähe** zu der Belegschaft, welche die Auferlegung arbeits- oder sozialrechtlicher Lasten rechtfertigen könnte;[203] eine derartige Verantwortungsnähe kann daher – wenn überhaupt – **erst *durch*** den Akt der Betriebsüber-

---

[200] Dass dieses „Angewiesensein" des Arbeitgebers/Unternehmers auf die Mitwirkung solcher Personen, die ihrerseits den Schutz des Art. 12 GG beanspruchen können, eine die unternehmerische Betätigungsfreiheit beschränkende Wirkung entfalten kann, hat das Bundesverfassungsgericht wiederholt festgestellt; vgl. BVerfG 1.3.1979, BVerfGE 50, 290 (365); BVerfG 18.12.1985, NJW 1986, 1601; BVerfG 15.12.1987, BVerfGE 77, 308 (335); BVerfG 7.2.1990, BVerfGE 81, 242 (255).

[201] Dazu, dass ein solches durchaus Betrieb oder Betriebsteil im Sinne von § 613a BGB sein kann, vgl. BAG 18.3.1997 – 3 AZR 729/95, DB 1997, 2282; 2.3.2006 – 8 AZR 147/05, NZA 2006, 1105.

[202] → Rn. 25.

[203] Auf die besondere Bedeutung dieses Aspekts für die Beurteilung von gesetzlichen Eingriffen in die Berufsfreiheit des Arbeitgebers im Sinne von Art. 12 GG hat das Bundesverfassungsgericht insbesondere in seiner Entscheidung zu § 128 AFG aF besonders hingewiesen, vgl. 23.1.1990, BVerfGE 81, 156, NZA 1990, 161.

nahme entstehen. Auch hier ist der verfassungsrechtliche Befund im Ergebnis derselbe wie derjenige bei der Betrachtung aus der Grundrechtsperspektive des Veräußerers, dass nämlich die bloße Übertragung „toten" Betriebsvermögens keine solche Verantwortungsbeziehung zwischen Erwerber und den (bisherigen) Arbeitnehmern des Veräußerers zu erzeugen vermag. Wenn es um die Frage der richtigen verfassungsrechtlichen Zuordnung von Verantwortung geht, ist der eindeutige Befund vielmehr, dass es einzig und allein Sache des Veräußerers ist, seiner sozialen Verantwortung gegenüber denjenigen Arbeitnehmern gerecht zu werden, die infolge einer **Entwidmung** des Betriebsvermögens die Grundlagen ihrer Beschäftigung verlieren.

Damit ergibt sich auch aus der Erwerberperspektive die Notwendigkeit der Unterscheidung zwischen der Übernahme „toter" Betriebsmittel eines **zuvor stillgelegten Betriebs einerseits** und der **gezielten Übernahme** eines organisatorischen und funktionellen Zusammenhangs **andererseits,** der den **Inhaberwechsel überlebt** und dementsprechend auch von dem neuen Inhaber genutzt werden kann. Dieser darf allerdings von Verfassungs wegen nur dann als neuer Arbeitgeber der in diesem Organisations- und Funktionszusammenhang tätigen Arbeitnehmer in die Pflicht genommen werden, wenn er sich den darin verkörperten vermögensrechtlichen **Vorteil** auch tatsächlich zunutze macht.[204]

Aus alledem folgt, dass aus verfassungs- und europarechtlicher Sicht eine Betrachtungsweise zu kurz greift, die für die Bestimmung des Anwendungsbereichs von § 613a BGB ausschließlich auf das Schutzinteresse der Arbeitnehmer abstellt. Es muss vielmehr im Sinne der **praktischen Konkordanz** ein „gerechter Ausgleich"[205] zwischen dem Interesse der Arbeitnehmer und denen des Erwerbers hergestellt werden, der sich seinerseits auf die grundrechtlichen Gewährleistungen des Art. 16 GRC, Art. 2 und 12 GG berufen kann. Dieser notwendige Ausgleich kann auch **nicht durch das Günstigkeitsprinzip** gem. Art. 8 der Betriebsübergangsrichtlinie **„überspielt"** werden.[206] 30a

III. Tatbestandliche Voraussetzungen des rechtsgeschäftlichen Betriebs- oder Betriebsteilübergangs

1. Strukturanalyse des § 613a Abs. 1 S. 1 BGB/Art. 1 Abs. 1 S. 1 der Richtlinie 2001/23/EG (vormals 77/187 EWG)

a) Ausgangspunkt: Rechtsprechung des EuGH

Die nationale Rechtsprechung ist – so das Fazit der obigen Überlegungen – in zweifacher Hinsicht gebunden: Einfachrechtlich durch das Gebot der richtlinien-,[207] verfassungsrechtlich durch das Gebot der grundrechtskonformen Auslegung. Die frühere Rechtsprechung des BAG, die auf den Erwerb der für die Betriebsfortführung *„wesentlichen"* Betriebsmittel abstellte und weder den Absichten des Erwerbers noch der Übernahme oder Nichtübernahme von Personal entscheidende Bedeutung beimaß,[208] hielt *beiden* Anforderungen nicht stand: Die Frage, ob eine wirtschaftliche Einheit im Sinne einer organisierten Gesamtheit von Personen und Sachen zur Ausübung einer wirtschaftlichen Tätigkeit mit eigener Zielsetzung[209] unbeschadet des Übergangs ihre **Identität bewahrt hat,**[210] kann 31

[204] S. dazu HWK/*Willemsen* BGB § 613a Rn. 6; diesem Ansatz zustimmend BAG 10.5.2012 – 8 AZR 434/11, NZA 2012, 1161 Rn. 50; *Krause* FS Wank, 2014, 275 (284).
[205] So wörtlich EuGH 18.7.2013 – C-426/11 *(Alemo-Herron)*, NZA 2013, 835 Rn. 25.
[206] Ebenso EuGH NZA 2013, 835 Rn. 36; dazu auch → Rn. 26.
[207] S. dazu *Riesenhuber*, Europäisches Arbeitsrecht, 2009, § 1 Rn. 72ff. mit Rechtsprechungsnachweisen sowie → Rn. 13.
[208] Dazu → Rn. 6.
[209] Zu dieser Definition vgl. EuGH (ständige Rechtsprechung) ua 19.9.1995 – C-48/94 *(Rygaard)*, DB 1995, 2117; 11.3.1997 – C-13/95 *(Ayse Süzen)*, NZA 1997, 433.
[210] Zu diesem zentralen Erfordernis gemäß der EuGH-Rechtsprechung → Rn. 10 mwN.

schon denklogisch nicht beantwortet werden, ohne den Blick in die Zukunft, dh in die Zeit nach dem Übergang zu richten, die wiederum maßgeblich von den Absichten des Erwerbers bestimmt wird. Bei einem Abstellen auf die abstrakte (potentielle) *Geeignetheit* der übernommenen Betriebsmittel zur unveränderten Betriebsfortführung wird im Übrigen die Konnexität (Reziprozität) zwischen den kraft Gesetzes oktroyierten arbeitsrechtlichen Belastungen einerseits und den mit der organisatorischen Verknüpfung von Personal und Sachen verbundenen unternehmerischen Vorteilen und Chancen andererseits durchbrochen, angesichts derer der Eingriff in die Grundrechte sowohl des Veräußerers wie auch des Erwerbers überhaupt erst verfassungsrechtlich erträglich erscheint.[211]

32 Bei der Strukturanalyse des § 613a BGB ist daher in erster Linie von der einschlägigen **Rechtsprechung des EuGH** auszugehen, zumal auch der für Fragen des § 613a BGB zuständige 8. BAG-Senat sich ihr nach „Ayse Süzen" vorbehaltlos angeschlossen hat.[212] Dazu bestand auch keine Alternative, weil die Auslegung des Schlüsselbegriffs der Richtlinie („Übergang einer ihre Identität bewahrende wirtschaftliche Einheit") durch den EuGH für die **mitgliedsstaatlichen Gerichte bindend** ist.[213]

b) Transaktionsansatz: *Übergang* einer (auf Dauer angelegten) *organisierten Gesamtheit* von Personen und Sachen zur Ausübung einer wirtschaftlichen Tätigkeit mit eigener Zielsetzung, die ihre *Identität* bewahrt

33 Die in der „Ayse Süzen"-Entscheidung seitens des EuGH vorgenommene, für die Praxis wegweisende, wenn auch noch nicht alle Fragen befriedigend lösende Definition des Betriebsübergangs lässt sich wohl zutreffend als **„Transaktionsansatz"** charakterisieren. Das Wesen einer Transaktion (im wirtschaftlichen Sinne) besteht darin, dass ein *Wirtschaftsobjekt* von einem *Wirtschaftssubjekt* auf ein anderes *übergeht,* wobei das zu übertragende Wirtschaftsobjekt als solches unverändert bleibt, also die Transaktion „überdauert".[214]

Anders gewendet: Bei einer Transaktion wechselt das Wirtschaftssubjekt, dem das zu übertragende Wirtschaftsgut zuzuordnen ist, nicht aber das Wirtschaftsgut (Transaktionsobjekt) als solches; sein unveränderter Bestand vor und nach dem Wechsel macht gerade das Wesen einer solchen Transaktion aus. Wenn der EuGH also in nunmehr ständiger Rechtsprechung fordert, dass die fragliche Einheit (gemeint ist die „auf Dauer angelegte" wirtschaftliche Einheit, also das Transaktionsobjekt) ihre **Identität bewahrt,**[215] so dient dies bei näherer Betrachtung lediglich der – im Hinblick auf die frühere Rechtsprechung des BAG allerdings richtungsweisenden – Klarstellung, wann überhaupt von dem *Übergang* eines Unternehmens oder Betriebs die Rede sein kann, wie ihn sowohl die Betriebsübergangsrichtlinie 2001/23/EG (vormals 77/187/EWG) wie auch § 613a BGB voraussetzen. Ebenso dient es lediglich der Klarstellung im Sinne des der EuGH-Rechtsprechung zugrundeliegenden Transaktionsansatzes, wenn dieser als weiteres Postulat den Übergang „einer auf Dauer angelegten wirtschaftlichen Einheit" verlangt, deren „Tätigkeit nicht auf die Ausübung eines bestimmten Vorhabens beschränkt" sein dürfe.[216] Denn es ist schwer vorstellbar, dass etwas als Wirtschaftsgut selbständig übertragbar sein soll, was nicht denjenigen Grad an „Verfestigung" erreicht hat, ohne den sich weder die Identität des jeweiligen Wirtschaftsguts vor und nach der Transaktion feststellen ließe noch eine derartige Transak-

---

[211] Dazu → Rn. 28.

[212] Vgl. BAG 24.4.1997 – 8 AZR 848/94, NZA 1998, 253; 22.5.1997 – 8 AZR 101/96, NZA 1997, 1050; 11.9.1997 – 8 AZR 555/95, NZA 1998, 31; 13.11.1997 – 8 AZR 295/95, NZA 1998, 251; 13.11.1997 – 8 AZR 375/96, NZA 1998, 249; seither stRspr.

[213] Vgl. *Junker* SAE 2010, 239 (240).

[214] Vgl. zu dieser Definition Vahlens Großes Wirtschaftslexikon, Stichwort „Transaktion".

[215] Vgl. 11.3.1997 – C-13/95 *(Ayse Süzen)*, NZA 1997, 433; ferner 18.3.1986 – C-24/85 *(Spijkers)* EAS RL 77/187 EWG Nr. 2 und 7.3.1996 – C-171/94 ua *(Merckx, Neuhuys/Ford Belgium)*, DB 1996, 683.

[216] Vgl. EuGH NZA 1997, 433 unter Bezugnahme auf Urteil vom 19.9.1995 – C-48/94 *(Rygaard)*, NZA 1995, 1031 Nr. 20. In dem dort zugrunde liegenden Fall ging es um die Fertigstellung eines von einem anderen Unternehmen begonnenen Bauvorhabens unter Übernahme von zwei Lehrlingen und eines Angestellten sowie des hierzu eingesetzten Materials.

tion mangels eines lebens- und *über*lebensfähigen Transaktionsobjekts überhaupt möglich wäre.

In der *„Ayse Süzen"*-Entscheidung hat der EuGH erstmals den Versuch einer Begriffsbestimmung der „Einheit", also des Transaktionsobjekts, vorgenommen. Er definiert sie als **„eine organisierte Gesamtheit von Personen und Sachen zur Ausübung einer wirtschaftlichen Tätigkeit mit eigener Zielsetzung".**[217] Diese Definition ist durchaus sachgerecht, macht sie doch deutlich, dass erst die **zielorientierte Verknüpfung** von bestimmten Faktoren (Menschen, Maschinen, Know How, Immobilien etc) zu einem **bestimmten, auf Dauer angelegten Zweck** der „wirtschaftlichen Einheit" ihr eigentliches Gepräge gibt und ihre Abgrenzung sowohl von einer zufälligen Ansammlung einzelner Betriebs- und Produktionsmittel einerseits wie auch von anderen, bereits existierenden oder neu zu errichtenden wirtschaftlichen Einheiten andererseits ermöglicht. **Identitätsbildend** im Sinne der Rechtsprechung des EuGH ist für die wirtschaftliche Einheit mithin die (auf Dauer angelegte) Koordination von Wirtschaftsfaktoren (wozu auch Arbeitnehmer gehören können) zu einem bestimmten wirtschaftlichen Zweck[218] oder anders gewendet: der zur **Wertschöpfung** geeignete und bestimmte **Funktionszusammenhang.**[219] Nur wenn diese spezifische Koordination den Übertragungsvorgang überdauert, kann von einem „Übergang" im Sinne der EU-Richtlinie die Rede sein (s. zur neuen Rechtsprechung des EuGH auch → Rn. 35a). 34

Der Betriebs*übergang* im Sinne der Rechtsprechung des EuGH setzt mithin voraus, dass die **wirtschaftliche Einheit,** um deren Übertragung (Transaktion) es geht, diesen **Übergang „überlebt"**; sie muss also vor der Übertragung als eigenständige, „organisierte Gesamtheit von Personen und Sachen zur Ausübung einer wirtschaftlichen Tätigkeit mit eigener Zielsetzung" lebensfähig gewesen sein, und diese Lebensfähigkeit muss trotz erfolgten Wechsels des Wirtschaftssubjekts („Inhaberwechsel") erhalten bleiben; nur so lässt sich nämlich die vom EuGH als zwingende Voraussetzung für einen Betriebsübergang geforderte Identität der Einheit vor und nach der Übertragung gewährleisten. 35

Wenn mithin die Verknüpfung von bestimmten personellen, sächlichen und immateriellen Betriebsmitteln zu einem bestimmten arbeitstechnischen („betrieblichen") Zweck durch den bisherigen Inhaber nach der Rechtsprechung des EuGH die Identität der wirtschaftlichen Einheit determiniert und demzufolge den Übergang überdauern muss, kann es folglich zu einem Betriebs(teil)übergang im Sinne der Richtlinie nur dann kommen, wenn der neue Inhaber an diese, von seinem Vorgänger geschaffene **Koordination** der Betriebsmittel (Betriebsorganisation) **zumindest übergangsweise anknüpft,** dh ihre **Widmung für einen bestimmten Betriebszweck** (= *Wertschöpfung*) sich „gezielt"[220] **zu eigen macht und aufrechterhält.**[221] Eine **spätere Änderung des Betriebszwecks** durch den neuen Inhaber **schließt** die Wahrung der Identität der wirtschaftlichen Einheit also **nicht aus,** wenn die Ausnutzung der bereits bestehenden Betriebsorganisation *notwendiges Durchgangsstadium* für die Erreichung der entsprechenden Erwerberpläne war. Dagegen wirkt eine **sofortige grundlegende Änderung** des Betriebszwecks oder des

[217] EuGH NZA 1997, 433 Rn. 19.

[218] Vgl. *Willemsen/Annuß* DB 1997, 1875 (1877); Staudinger/*Annuß* BGB § 613a Rn. 39. Der Begriff der wirtschaftlichen Einheit im Sinne der EuGH-Rechtsprechung ist dem Betriebsbegriff im Sinne der Definition von *Jacobi* mithin nicht unähnlich; danach ist ein Betrieb die „Vereinigung von persönlichen, sächlichen und immateriellen Mitteln zur fortgesetzten Verfolgung eines von einem oder mehreren Rechtssubjekten gemeinsam gesetzten technischen Zwecks"; vgl. dazu *Richardi/Maschmann* in Richardi BetrVG § 1 Rn. 16.

[219] Vgl. zu diesem Gedanken *Willemsen* ZIP 1986, 477 (481); *Willemsen* FS Richardi, 2007, 475 (477). Die Rechtsprechung des BAG hat diesen wertschöpfungsorientierten Ansatz inzwischen übernommen; dazu → Rn. 49.

[220] Vgl. zu dieser Formulierung auch EuGH 11.3.1997, NZA 1997, 433 Rn. 21.

[221] Vgl. bereits *Willemsen* RdA 1991, 204 (211); HWK/*Willemsen* BGB § 613a Rn. 6; dem zustimmend BAG 10.5.2012 – 8 AZR 434/11, NZA 2012, 1161 Rn. 50 (Rettungsdienst). Dieser Ansatz hat in der Literatur weitgehend Zustimmung gefunden; vgl. ausführlich *Krause* ZfA 2001, 67; *Langenbucher* ZfA 1999, 299 (314); kritisch dagegen *Houben* NJW 2007, 2075 (2076).

Betriebskonzepts **identitätszerstörend,** wenn der Erwerber der Betriebsmittel bei wirtschaftlicher Betrachtung damit nicht mehr die vom „Vorgänger“ betriebene Wertschöpfung (zB Hotel/Restaurant) fortsetzt, sondern eine andere, neue unternehmerische Tätigkeit (zB Kurklinik oder Pflegeheim für Senioren) aufnimmt (s. dazu auch → Rn. 69). Nach ähnlichen Maßstäben sind (sofortige) **Änderungen der (konkreten) Betriebsorganisation** durch den Erwerber zu beurteilen: Jedenfalls im Lichte des *„Klarenberg“*-Urteils (→ Rn. 17d ff.) wirken sie nicht ohne weiteres, sondern nur dann identitätszerstörend, wenn der Erwerber damit zugleich den **„Organisationsvorteil“ aufgibt,** der in der vom Vorgänger geschaffenen Koordination (funktioneller Verknüpfung) der relevanten Betriebsmittel zu einem bestimmten Betriebszweck (dazu → Rn. 60, 105 ff.) liegt.

35a In der ***„Nafpigeia“*-Entscheidung** vom 13.6.2019 hat der EuGH festgestellt, der Tatbestand des Betriebsübergangs setze **nicht** voraus, dass der Erwerber den übernommenen Betrieb tatsächlich für eine bestimmte **Mindestdauer** fortführt.[222] Das deckt sich mit dem oben (→ Rn. 35) vertretenen Ansatz, dass auch eine von Anfang an als nur vorübergehend geplante Fortsetzung der Betriebstätigkeit durch den Erwerber für einen Inhaberwechsel im Sinne der Richtlinie mit der daran anknüpfenden Rechtsfolge des Übergangs der Arbeitsverhältnisse ausreichen kann. Das gilt auch dann, wenn seitens des Erwerbers letztlich die **Stilllegung** des übernommenen Betriebs(teil)s im Zeitpunkt der Übernahme bereits konkret **geplant** ist.[223] Zur Vermeidung von Rechtsmissbräuchen statuiert der Gerichtshof in dem Urteil aber offenbar eine weitere, **neue (!) Tatbestandsvoraussetzung,** nämlich dass der Erwerber über einen gesicherten Zugang zu den für die identitätswahrende Betriebsfortführung erforderlichen **Produktionsfaktoren,** insbesondere materiellen und immateriellen Betriebsmitteln sowie Personal verfügen müsse, die es der übertragenen Einheit erlaube, eine wirtschaftliche Tätigkeit **dauerhaft fortzuführen.**[224] Anders gewendet: Ein Betriebsübergang setzt nach *Ellinika Nafpigeia* nicht mehr nur den Übergang einer wirtschaftlichen Einheit, sondern einer wirtschaftlich *lebensfähigen* Einheit voraus.[225] Ein solches zusätzliches Kriterium ist aber **abzulehnen,** weil es den Tatbestand des Betriebsübergangs von internen Absprachen zwischen den beteiligten Unternehmen über die künftige Lieferung betriebsnotwendiger Ressourcen abhängig machen und damit jegliche **Rechtssicherheit** untergraben würde.[226]

c) Transaktionsobjekt: Unternehmen/Betrieb/Unternehmens-/Betriebsteil

36 Während § 613a BGB von dem Übergang eines „Betriebs oder Betriebsteils“ spricht, erstreckt sich der Anwendungsbereich der EG-Richtlinie 2001/23/EG gemäß deren Art. 1 Abs. 1 auf den „Übergang von Unternehmen, Betrieben oder Unternehmens- und Betriebsteilen auf einen anderen Inhaber“. Der EuGH greift die aus dem deutschen Recht geläufige Differenzierung zwischen Betrieb im Sinne einer arbeitstechnischen und Unternehmen im Sinne einer rechtlichen Einheit[227] nicht auf, sondern spricht allgemein von einer „Einheit“ bzw. „wirtschaftlichen Einheit“. Der Sache nach entspricht der vom EuGH benutzte Begriff der Einheit, wie deren Definition als „organisatorische Gesamtheit von Personen und Sachen zur Ausübung einer wirtschaftlichen Tätigkeit mit eigener Zielsetzung“ zeigt, weitgehend dem deutschen Begriff des Betriebs bzw. Betriebsteils.[228] Eine **Gewinnerzielungsabsicht** ist ebenso wenig erforderlich wie überhaupt eine Tätigkeit im Bereich der gewerblichen Wirtschaft, so dass grundsätzlich **auch öffentlich-rechtlich or-**

[222] EuGH 13.6.2019 – C-664/17 *(Ellinika Nafpigeia),* NZA 2019, 889 Rn. 38; zur Bedeutung dieser Entscheidung ausführlich *Sagan,* Anm. zu EuGH AP Nr. 23 zu Richtlinie 2001/23/EG.
[223] EuGH 13.6.2019 – C-664/17 *(Ellinika Nafpigeia),* NZA 2019, 889 Rn. 48.; aA *Greiner/Pionteck,* RdA 2020, 84 (92).
[224] EuGH 13.6.2019 – C-664/17 *(Ellinika Nafpigeia),* NZA 2019, 889 Rn. 54 ff.
[225] *Sagan,* Anm. zu EuGH AP Nr. 23 zu Richtlinie 2001/23/EG, Bl. 10.
[226] IE ebenfalls ablehnend *Sagan*, Anm. zu EuGH AP Nr. 23 zu Richtlinie 2001/23/EG, Bl. 11/R.
[227] S. dazu *Richardi/Maschmann* in Richardi BetrVG § 1 Rn. 51 sowie → B Rn. 3 Fn. 3.
[228] Dazu bereits → D Rn. 3; zum Betriebsteil auch → Rn. 71.

ganisierte Einheiten Objekt eines Betriebs(teil)übergangs sein können.[229] **Ausgenommen** sind lediglich Tätigkeiten in Ausübung **hoheitlicher Befugnisse,** so dass es sich bei der Übertragung von Aufgaben im Zuge einer Umstrukturierung von Verwaltungsbehörden oder bei der Übertragung von Aufgaben von einer Behörde auf eine andere **nicht** um einen Übergang im Sinne der Richtlinie handelt.[230] Umstrukturierungen einer öffentlichen Verwaltung, die eine wirtschaftliche (und nicht hoheitliche) Tätigkeit zum Gegenstand haben, werden hingegen erfasst.[231] Klar ist im Übrigen auch nach der Rechtsprechung des EuGH, dass § 613a BGB keinesfalls den Übergang des gesamten Unternehmens voraussetzt, so dass der Übergang eines von mehreren Betrieben oder auch nur einzelner **Betriebsteile** (sofern diese die definitorischen Anforderungen der „wirtschaftlichen Einheit" erfüllen) ausreicht. Umgekehrt stellt die rechtsgeschäftliche Übertragung ganzer Unternehmen im Wege des ***Asset Deals***[232] stets einen Fall des Betriebsübergangs dar, da der Betrieb als Organisationseinheit entweder mit dem Unternehmen identisch oder – bei Bestehen mehrerer Betriebe – eine Teilorganisation des gesamten Unternehmens ist.[233]

Nach dem oben dargestellten Transaktionsansatz des EuGH kommt es indes für die Anwendung des § 613a BGB nicht nur darauf an, ob die betreffende Einheit *vor* dem Übergang die Qualität eines Betriebs oder Betriebsteils *hatte;*[234] entscheidend ist vielmehr, ob auch beim Erwerber, also *nach* dem Übergang, die zuvor beim Veräußerer bestehende Einheit ihre Identität bewahrt (dazu → Rn. 64). Umgekehrt scheidet ein Anwendungsfall der Richtlinie und damit auch des § 613a BGB aber auch dann von vornherein aus, wenn einzelne, bislang nicht organisatorisch zu einem bestimmten Zweck zusammengefasste Betriebsmittel („Faktoren") *erstmals* vom Erwerber koordiniert zum Zwecke der Erfüllung eigener wirtschaftlicher Ziele eingesetzt werden.[235] Liegt andererseits bereits beim Veräußerer eine derartige, vom übrigen Betrieb abgrenzbare Zusammenfassung von sächlichen, immateriellen und/oder personellen Ressourcen zu einer bestimmten Zielsetzung vor, kommt es auf deren wirtschaftlichen Stellenwert im betrieblichen/unternehmerischen Gesamtgeschehen grundsätzlich nicht an, so dass auch solche organisatorischen Teileinheiten, die lediglich dem eigentlichen Betriebszweck **untergeordnete Ziele** verfolgen (zB Reinigung, Wartung, Instandsetzung), grundsätzlich ein für § 613a BGB taugliches Transaktionsobjekt bilden können.[236] Erforderlich ist in jedem Falle eine bereits zuvor bestehende organisatorische Verfestigung; die Wahrnehmung eines einzelnen Auftrages reicht hierfür nicht aus.[237] 37

[229] Inzwischen ständige Rspr. sowohl des EuGH als auch des BAG; vgl. nur EuGH 15.10.1996 – C-298/94 *(Henke)*, NZA 1996, 1279; 14.9.2000 – C-343/98 *(Collina)*, NZA 2000, 1279, unter Hinweis auf die frühere Rspr.; EuGH 26.11.2015 – C-509/14 (*Aira Pascual* ua), NZA 2016, 31; 20.7.2017 C-416/16, NZA 2017, 1175; 13.6.2019 – C-664/17 *(Ellinika Nafpigeia)*, NZA 2019, 889; EuGH 20.7.2017 – C-416/16 *(Luís Manuel Piscarreta)*, NZA 2017, 1175 Rn. 34; dazu auch → Rn. 15; BAG 10.5.2012 – 8 AZR 434/11, NZA 2012, 1161 Rn. 53 (Rettungsdienst); BAG 31.1.2019 – 8 AZR 410/13, AP Nr. 7 zu § 6c SGB II Rn. 116f. (Personalübergang von der Bundesagentur auf kommunale Träger); BAG 22.5.2014 – 8 AZR 1069/12, NZA 2014, 1335 Rn. 32ff. (Arbeitsvermittlung).

[230] EuGH 20.7.2017 – C-416/16 *(Luís Manuel Piscarreta)* NZA 2017, 1175 Rn. 34; BAG 22.5.2014 – 8 AZR 1069/12, NZA 2014, 1335 Rn. 32 unter Hinweis auf die ständige Rspr. des EuGH; LAG Düsseldorf 23.9.2009 – 12 Sa 357/09, BeckRS 2009, 74989; s. zum Begriff der „wirtschaftlichen Tätigkeit" iSd Richtlinie auch → Rn. 15f.

[231] EuGH 6.9.2011 – C-108/10 *(Scattolon)*, NZA 2011, 1077 Rn. 57; 26.3.2015 – 2 AZR 783/13, BeckRS 2015, 68832 Rn. 22, für das Facility Management bei den britischen Streitkräften. Ausführlich zur Abgrenzung HWK/*Willemsen* BGB § 613a Rn. 20ff. sowie → B Rn. 86a.

[232] Zum Begriff → B Rn. 59.

[233] S. dazu *Richardi/Maschmann* in Richardi BetrVG § 1 Rn. 55.

[234] Vgl. Zu diesem Erfordernis BAG 26.8.1999 – 8 AZR 718/98, NZA 2000, 144 (Lastkraftwagen) sowie vor allem EuGH 6.3.2014 – C-458/12 *(Amatori)*, NZA 2014, 423; dazu → Rn. 17i.

[235] Zutreffend BAG 24.4.1997 – 8 AZR 848/94, NZA 1998, 253. Diese Rspr. behält das BAG auch nach der „Klarenberg"-Rechtsprechung des EuGH bei; dazu → Rn. 63a ff.

[236] Vgl. BAG 11.12.1997 – 8 AZR 729/96, NZA 1998, 534 unter B I 2a) der Gründe; EuGH 12.11.1992 – C-209/91 *(Rask)*, AP Nr. 5 zu EWG-Richtlinie Nr. 77/187.

[237] Vgl. BAG 24.4.1997 – 8 AZR 848/94, NZA 1998, 253.

d) Transaktionssubjekt: (alter und) neuer Betriebsinhaber

38 Es entspricht dem oben dargestellten Wesen der Transaktion, dass dasjenige Wirtschaftssubjekt wechselt, dem ein Wirtschaftsobjekt bislang zugeordnet war. In der Terminologie des § 613a BGB ist dies der **„Inhaber“** des Betriebs bzw. Betriebsteils. Nach herkömmlicher Definition ist Betriebsinhaber diejenige **Person,**[238] **in deren Namen ein Betrieb geführt wird**[239] und welche die **„Leitungskompetenz“** hat.[240] Prägnanter im Hinblick auf die Begriffsbestimmung der wirtschaftlichen Einheit im Sinne der EuGH-Rechtsprechung dürfte es sein, als Betriebsinhaber denjenigen zu bezeichnen, der zur Verfolgung *eigener* wirtschaftlicher Zwecke den koordinierten Einsatz der sächlichen, immateriellen und personellen Ressourcen, dh die **betriebliche Organisation leitet,** wobei dies selbstverständlich nicht in eigener Person geschehen muss, sondern auch durch weisungsgebundenes Personal (Geschäftsführer, leitende Angestellte etc) erfolgen kann. Entscheidend ist, wer im **Außenverhältnis** als **Vollrechtsinhaber** auftritt und die **Verfügungsbefugnis** über den betrieblichen Funktionszusammenhang erlangt hat.[241] Angesichts des schutzzweckbedingten maßgeblichen Bezuges sowohl der Richtlinie wie auch des § 613a BGB zu den betrieblichen Arbeitsverhältnissen reichen ebenso wie gesellschaftliche Verflechtungen und wirtschaftliche Interessen[242] allerdings eine rein **interne Betriebsführungsbefugnis nicht** aus, um den Begriff des Betriebsinhabers auszufüllen; erforderlich ist vielmehr, dass er sich als solcher auch „gegenüber den Arbeitnehmern zu erkennen gibt“. Der EuGH bezeichnet dementsprechend als Betriebsinhaber „… die für den Betrieb des Unternehmens verantwortliche Person, die die Arbeitgeberverpflichtungen gegenüber den Beschäftigten des Unternehmens eingeht“.[243] Entscheidend für die Betriebsinhaberschaft ist mithin, wer gegenüber dem Personal die (originäre) **Leitungskompetenz** in Anspruch nimmt, also gegenüber dem Personal als „Vollrechtsinhaber“ auftritt.[244] Dies ist insbesondere bei **Betriebsführungsverträgen** (dazu → Rn. 77 ff.) von ausschlaggebender Bedeutung. Auf die **dingliche Berechtigung** an den Betriebsmitteln kommt es insoweit nicht an (→ Rn. 40a). **Entgegen** der Auffassung des **BAG**[245] wird hingegen **nicht Betriebsinhaber** iSv § 613a BGB, wer lediglich das gesamte (Reinigungs-)Personal einer Klinik übernimmt, um es dieser anschließend im Wege der **Arbeitnehmerüberlassung** für dieselben Zwecke wieder zur Verfügung zu stellen. Daher kann solchenfalls auch nicht von einer „Umgehung“ des § 613a BGB die Rede sein.

---

[238] Im Falle einer BGB-Gesellschaft ist regelmäßig diese und nicht jeder einzelne Gesellschafter Arbeitgeber und Betriebsinhaber, BAG 30.10.2008 – 8 AZR 397/07, NZA 2009, 485.

[239] Vgl. zB *Pietzko* S. 84; Soergel/*Raab* BGB § 613a Rn. 49; aus der Rechtsprechung (ua) BAG 13.11.1986 – 2 AZR 771/85, NZA 1987, 458 (459); BAG 6.2.1985 – 5 AZR 411/83, NZA 1985, 735.

[240] *Seiter,* 38.

[241] BAG 10.5.2012 – 8 AZR 434/11, NZA 2012, 1161 Rn. 43, unter Bezugnahme auf HWK/*Willemsen* BGB § 613a Rn. 47.

[242] Vgl. BAG 27.9.2012 – 8 AZR 826/11, NZA 2013, 961 Rn. 27 (Draht- und Metallwarenproduktion).

[243] EuGH 15.6.1988 – C-101/87 *(Bork)*, EAS RL 77/187 EWG Art. 1 Nr. 5 Rn. 13; 19.5.1992 – C-29/91 *(Redmond Stichting)*, EAS RL 77/187 EWG Art. 1 Nr. 7 Rn. 11; 7.3.1996 – C-171/94 ua (*Merckx* und *Neuhuys*), EAS RL 77/187 EWG Art. 1 Nr. 11 (mit Anm. *Willemsen*), Rn. 28; 11.3.1997 – C-13/95 *(Ayse Süzen)*, NZA 1997, 433 Rn. 12; 7.8.2018 – C-472/16 *(Sigüenza)*, NZA 2018, 1123 Rn. 28.

[244] So wörtlich BAG 20.11.1984 – 3 AZR 584/83, NZA 1985, 393. Anders dagegen offenbar BAG 20.3.2003 – 8 AZR 312/02, BB 2003, 1793; BAG 31.1.2008 – 8 AZR 2/07, ZIP 2008, 2376; BAG 27.9.2012 – 8 AZR 826/11, NZA 2013, 961 Rn. 21 (Draht- und Metallwarenproduktion): Es komme nicht allein darauf an, wer im Verhältnis zur Belegschaft als Inhaber auftrete, sondern auf die „umfassende Nutzung des Betriebs nach außen“; s. zum Ganzen auch HWK/*Willemsen* BGB § 613a Rn. 42.

[245] BAG 21.5.2008 – 8 AZR 481/07, BB 2009, 897 m. krit. Anm. *Kast.*

e) Transaktionsinhalt: „Übergang" des Transaktionsobjekts auf den neuen (anderen) Inhaber

Der Begriff des „Übergangs" wird in der Rechtsprechung des EuGH nicht eigenständig definiert, erschließt sich aber aus einer Kombination des Identitätspostulats[246] mit dem Merkmal des *Wechsels* derjenigen Person, welche die Arbeitgeberverpflichtungen gegenüber den Beschäftigten des Unternehmens eingeht.[247] Dieser Wechsel kann sich auch innerhalb eines Konzerns vollziehen (→ Rn. 83). Angesichts der für § 613a BGB unverzichtbaren Identität des Transaktionsobjekts vor und nach dem Übergang macht also das Einrücken des neuen in die Rechtsstellung des bisherigen Betriebsinhabers den eigentlichen Kern des Betriebsübergangs aus, der daher zutreffend auch als **Betriebsinhaberwechsel** bezeichnet werden kann. Plastisch hat das *Hanau* formuliert, indem er sprachlich in kritischer Auseinandersetzung mit der früheren Rechtsprechung des EuGH den *Betriebsinhaberwechsel* dem *Betriebswechsel* gegenübergestellt hat:[248] Letzterer ist mangels Identität des dem Übergang zugrundeliegenden Substrats gerade *kein* Fall des § 613a BGB; die bloße *Funktions*nachfolge erfüllt nicht den Tatbestand des *Betriebs*inhaberwechsels (dazu auch → Rn. 66). 39

§ 613a BGB ist mit anderen Worten **hinsichtlich des Betriebs- bzw. Betriebsteils statisch,** hinsichtlich des **Betriebsinhabers dynamisch** „angelegt". Fehlt es an letzterem, liegt kein Betriebs*übergang* vor, weil eben kein *Wechsel* des Betriebsinhabers erfolgt. Zu denken ist hier insbesondere an die Fälle des rein wirtschaftlichen Inhaberwechsels unter Beibehaltung der Identität des Rechtsträgers,[249] zum anderen an die Fälle der Betriebsführung im fremden Namen.[250]

Schließlich ergibt sich aus dem Begriff des Betriebs*inhaber*wechsels, dass der jeweilige Nachfolger in Bezug auf das Transaktionsobjekt (Betrieb, Betriebsteil) **qualitativ dieselbe Rechtsstellung** einnehmen muss wie der frühere Betriebsinhaber. Nur der Wechsel in der Person unter gleichzeitiger Beibehaltung der Rechtsbeziehung zu dem „statisch" fortbestehenden Betrieb/Betriebsteil macht den Übergang im Sinne der Richtlinie und des § 613a BGB aus. Dieser zeichnet sich somit aus durch 40

- **Statik** („Identität") hinsichtlich des **Transaktionsobjekts** (Betrieb, Betriebsteil)
- **Statik** hinsichtlich der zu übertragenden, auf das Transaktionsobjekt bezogenen **Rechtsposition**

und

- **Dynamik** hinsichtlich des **Rechtsträgers** (Transaktionssubjekt).

Fehlt es an einem der vorgenannten Merkmale, liegt kein Übergang und damit auch kein Fall des § 613a BGB vor. So mangelt es beispielsweise bei der reinen **Funktionsnachfolge** (→ Rn. 66ff.) an den Merkmalen 1 und 2, bei der **Betriebsführung im fremden Namen** für den bisherigen Betriebsinhaber an den Merkmalen 2 und 3 und bei bloßem **Gesellschafterwechsel** am Merkmal 3.[251]

- Da es für den Betriebs(teil)übergang allein auf die Übertragung der umfassenden Betriebsführungsbefugnis im Außenverhältnis ankommt, **steht** der Annahme eines Betriebsübergangs jedoch **nicht entgegen,** dass der Erwerber **nicht Eigentümer der Betriebsmittel** gewesen ist. Einem Betrieb sind sächliche Betriebsmittel vielmehr auch 40a

[246] Dazu bereits → Rn. 11.

[247] EuGH 15.6.1988 – C-101/87 *(Bork)*, EAS RL 77/187 EWG Art. 1 Nr. 5 Rn. 13; 19.5.1992 – C-29/91 *(Redmond Stichting)*, EAS RL 77/187 EWG Art. 1 Nr. 7 Rn. 11; 7.3.1996 – C-171/94 ua (*Merckx* und *Neuhuys*), EAS RL 77/187 EWG Art. 1 Nr. 11 (mit Anm. *Willemsen*), Rn. 28; 11.3.1997 – C-13/95 *(Ayse Süzen)*, NZA 1997, 433 Rn. 12.

[248] FS *Dieter Gaul,* 1992, 287 (289); vgl. dazu auch *Willemsen* Anm. zu EuGH EAS RL 77/187 EWG Art. 1 Nr. 11 S. 25.

[249] Dazu näher → B Rn. 6. Der bloße Gesellschafterwechsel berührt also die Identität der Gesellschaft nicht; vgl. BAG 14.8.2007 – 8 AZR 803/06, NZA 2007, 1428; BAG 23.3.2017 – 8 AZR 91/15,NZA 2017, 981.

[250] Dazu näher → Rn. 77ff.

[251] So auch BAG 23.3.2017 – 8 AZR 91/15, NZA 2017, 981.

dann zuzurechnen, wenn sie auf Grund einer **Nutzungsvereinbarung** zur Erfüllung des Betriebszwecks eingesetzt werden können. Die Nutzungsvereinbarung setzt die vollständige Übertragung des Betriebs voraus, wobei die Nutzungsvereinbarung als **Pacht, Nießbrauch oder als atypischer Vertrag ausgestattet sein kann.**[252] Andererseits führt der Betriebsübergang als solcher nicht zu einem automatischen Übergang derartiger Miet- oder Nutzungsverträge.[253]

f) Transaktionsgrundlage: „Rechtsgeschäft" bzw. „vertragliche Übertragung oder Verschmelzung"[254]

41 Sowohl § 613a Abs. 1 BGB wie auch Art. 1 Abs. 1 der Richtlinie 2001/23/EG (vormals 77/187/EWG) begnügen sich nicht allein mit der Erwähnung der Transaktion als solcher, die den gesetzlichen Eintritt in die bestehenden Arbeitsverhältnisse auslöst, sondern verlangen hierfür zusätzlich eine qualifizierte Rechtsgrundlage, nämlich ein **Rechtsgeschäft** (§ 613a Abs. 1 S. 1 BGB) bzw. eine **vertragliche Übertragung oder Verschmelzung** (Art. 1 Abs. 1 der Richtlinie).

Abgesehen davon, dass § 613a Abs. 1 S. 1 BGB in seiner bis heute unveränderten Fassung älter ist als die Richtlinie 77/187 EWG (jetzt: 2001/23/EG),[255] stehen bereits die **Unterschiede in den sprachlichen Fassungen** der Richtlinie einerseits wie auch die unterschiedlichen Inhalte des Begriffs der vertraglichen Übertragung im Recht der einzelnen Mitgliedstaaten andererseits einer einheitlichen, allein am Wortlaut orientierten Auslegung entgegen.[256] Während zB die deutsche *(„vertragliche Übertragung")*, niederländische *(„overdracht krachtens overeenkomst")* und französische Fassung *(„cession conventionelle")* eindeutig nur die Übertragung durch Vertrag und nicht etwa durch Gesetz oder Verwaltungsakt ausreichen lassen, spricht insbesondere der englische Text *(„legal transfer")* für einen weiteren Anwendungsbereich.[257] Angesichts dieser „europäischen Sprachverwirrung" hat sich der EuGH wiederholt gegen eine wörtliche und für eine **schutzzweckorientierte Auslegung** ausgesprochen. Da die Richtlinie 77/187 EWG (jetzt: 2001/23/EG) die Aufrechterhaltung der Rechte der Arbeitnehmer bei einem Wechsel des Inhabers des Unternehmens gewährleisten solle, indem sie den Arbeitnehmern die Möglichkeit einräume, ihr Beschäftigungsverhältnis mit dem neuen Arbeitgeber zu denselben Bedingungen fortzusetzen, wie sie beim Veräußerer vereinbart waren, sei sie „... damit in allen Fällen anwendbar, in denen die für den Betrieb des Unternehmens verantwortliche natürliche oder juristische Person, die die Arbeitgeberverpflichtungen gegenüber den Beschäftigten des Unternehmens eingeht, im **Rahmen vertraglicher Beziehungen** wechselt.[258]

42 Mit dieser denkbar weit gefassten Definition werden praktisch **nur Betriebsübergänge auf rein gesetzlicher Grundlage** aus dem Anwendungsbereich der Richtlinie **ausgeblendet,** also insbesondere der Inhaberwechsel kraft **erbrechtlicher Gesamtrechtsnachfolge,** und zwar unabhängig davon, ob er unmittelbar auf dem Gesetz oder auf Erbeinset-

[252] Vgl. BAG 31.1.2008 – 8 AZR 2/07, ZIP 2008, 2376, unter Hinweis auf frühere Urteile sowie die Rspr. des EuGH.
[253] EuGH 16.10.2008 – C-313/07 *(Kirtruna SL)*, NZA 2008, 1231.
[254] Dazu auch → Rn. 76.
[255] Zur Entstehungsgeschichte → Rn. 2.
[256] Vgl. EuGH 7.2.1985 – 135/83 *(Abels)*, EAS RL 77/187 EWG Art. 3 Nr. 2 Rn. 11–13; 19.5.1992 – C 29/91 *(Redmond)*, EAS RL 77/187 EWG Art. 1 Nr. 7 Rn. 10 und 11; 7.3.1996 – C-171/94 (*Merckx* und *Neuhuys*), EAS RL 77/187 EWG Art. 1 Nr. 11 Rn. 28.
[257] In der Umsetzung für Großbritannien durch die Transfer of Undertakings (Protection of Employment/ Regulations 2006 („TUPE")) ist dementsprechend lediglich von „transfer" bzw. „transaction" ohne Begrenzung auf rechtsgeschäftliche Übertragungsakte die Rede.
[258] 5.5.1988 – C-144/87 ua (*Berg* und *Busschers*), EAS RL 77/187 EWG Art. 3 Nr. 5 Rn. 19; 15.6.1988 – C-101/87 *(Bork)*, EAS RL 77/187 EWG Art. 1 Nr. 5 Rn. 13; 19.5.1992 – C-29/91 *(Redmond Stichting)*, EAS RL 77/187 EWG Art. 1 Nr. 7 Rn. 11.

zung (Testament, Erbvertrag) beruht;[259] allenfalls kommt eine Analogie zu § 613a BGB hinsichtlich der Rechtsfolgen in Betracht.[260] Neuerdings scheint der 8. Senat des BAG anderer Auffassung zu sein,[261] wobei er sich auf die *Scattolon*-Entscheidung des EuGH vom 6.9.2011[262] beruft, was allerdings fragwürdig erscheint.[263] Ein praktisch besonders bedeutsamer Fall des Betriebsübergangs außerhalb von § 613a BGB ist die unmittelbar **kraft Gesetzes erfolgende Ausgliederung** von **Teilen öffentlicher Rechtsträger** (Anstalten, Körperschaften des öffentlichen Rechts) im Zuge der **Privatisierung.**[264] *Nicht* ausgeklammert werden dagegen die Fälle der „gewillkürten" (partiellen) **Gesamtrechtsnachfolge nach dem Umwandlungsgesetz;** hier ist § 613a BGB, *soweit* es im Zuge einer übertragenden Umwandlung[265] zu einem Betriebsübergang oder Betriebsteilübergang kommt, grundsätzlich anwendbar,[266] womit zugleich dem Erfordernis der Richtlinie Genüge getan wird, die nach ihrem Art. 1 Abs. 1 ausdrücklich auch die *Verschmelzung* als Transaktionsgrundlage aufführt.

Mit der Formulierung „im Rahmen vertraglicher Beziehungen" sieht der EuGH ganz 43
bewusst – insofern übereinstimmend mit der ständigen Rechtsprechung des BAG[267] – von dem Erfordernis **unmittelbarer** Rechtsbeziehungen zwischen früherem und neuem Betriebsinhaber ab; es soll also auch **ausreichen,** wenn der Übergang eines Betriebs oder Betriebsteils durch ein oder mehrere **„gebündelte" Rechtsgeschäfte** mit – unter Umständen mehreren – **Dritten** (zB Verpächter der Betriebsanlagen, Sicherungseigentümer etc) vermittelt wird. So ist nach der Rechtsprechung des Gerichtshofs die Richtlinie anwendbar auf die Kündigung eines Restaurant-Pachtvertrages und den anschließenden **Abschluss eines neuen Pachtvertrages** mit einem anderen Betreiber,[268] auf die Kündigung eines **Mietverhältnisses** über Geschäftsräume und einen anschließenden Verkauf durch den Eigentümer,[269] auf die vollständige und endgültige Beendigung der Tätigkeit einer juristischen Person infolge des Entzugs öffentlicher Subventionen und die anschließende Gewährung dieser Subventionen an eine andere Person mit gleichartiger Zielsetzung[270] und schließlich auf die **Übertragung der Vertriebsrechte** für Kraftfahrzeuge in einem bestimmten Gebiet seitens der Herstellerin unmittelbar auf ein anderes Unternehmen ohne rechtsgeschäftliche Beteiligung des dort bisher tätigen Vertriebsunternehmens.[271] Diese inzwischen ständige Rechtsprechung, wonach zwischen Veräußerer und Erwerber **keine unmittelbaren vertraglichen Beziehungen** bestehen müssen und die Übertragung auch in zwei oder mehreren Schritten unter Einschaltung eines Dritten erfolgen kann, wie zB des Eigentümers oder Verpächters der Betriebsmittel, hat der Gerichtshof in seinem *„Ayse Süzen"*-Urteil[272] nochmals ausdrücklich bekräftigt. Man muss die dortigen Entscheidungs-

[259] Vgl. BAG 18.8.2011 – 8 AZR 230/10, NZA 2012, 267 Rn. 27; zu weiteren Beispielsfällen einer Übertragung kraft Gesetzes oder Hoheitsakts vgl. Soergel/*Raab* BGB § 613a Rn. 50.
[260] *Seiter,* S. 142; vgl. ferner *Heinze* DB 1980, 205 (206), und *Schmitt* ZfA 1979, 503 (507).
[261] BAG 31.1.2019 – 8 AZR 410/13, AP Nr. 7 zu § 6c SGB II Rn. 115.
[262] 6.9.2011 – C-108/10 *(Scattolon),* NZA 2011, 1077 Rn. 69f.
[263] Dazu auch ErfK/*Preis,* § 613a BGB Rn. 62; HWK/*Willemsen* BGB § 613a Rn. 186, 192; ablehnend zu Recht auch *Sittard* FS Willemsen, 2018, 527 (530).
[264] Dazu → B Rn. 85ff. Zum – problematischen – *Ausschluss des Widerspruchsrechts* nach § 613a Abs. 6 BGB bei gesetzlich vollzogenem Arbeitgeberwechsel vgl. BVerfG 25.1.2011 – 1 BvR 1741/09, NZA 2011, 400; BAG 26.9.2013 – 8 AZR 775/12, BeckRS 2013, 73861; BVerfG 21.3.2019 – 1 BvL 1/14, NZA 2018, 959.
[265] Zum Begriff → B Rn. 69.
[266] Dazu → B Rn. 90. Dazu, dass § 324 UmwG eine Rechtsgrund-, nicht eine Rechtsfolgenverweisung enthält, → B Rn. 91.
[267] Grundlegend BAG 22.5.1985 – 5 AZR 173/84, NZA 1985, 773; seitdem stRspr, vgl. zB BAG 21.6.2012 – 8 AZR 181/11, NZA-RR 2013, 6 Rn. 64 mwN (IT-Service).
[268] 10.2.1988 – C-324/86 *(Daddy's Dance Hall),* EAS RL 77/187 EWG Art. 1 Nr. 4.
[269] 15.6.1988 – C-101/87 *(Bork),* EAS RL 77/187 EWG Art. 1 Nr. 5.
[270] 19.5.1992 – C-29/91 *(Redmond Stichting),* EAS RL 77/187 EWG Art. 1 Nr. 7.
[271] 7.3.1996 – C-171/94 ua (*Merckx* und *Neuhys*), EAS RL 77/187 EWG Art. 1 Nr. 11 m. krit. Anm. *Willemsen.*
[272] NZA 1997, 433 Rn. 12.

gründe sogar dahin verstehen, dass in solchen Branchen, wo die „wirtschaftliche Einheit" wesentlich durch die menschliche Arbeitskraft und damit durch das konkret eingesetzte **Personal determiniert** wird, der (unmittelbare) Abschluss neuer **Arbeitsverträge** durch den Übernehmer mit der **Mehrheit der bisherigen Arbeitnehmer** für einen Übergang „im Rahmen vertraglicher Beziehungen" ausreichen kann.[273] Für den Bereich öffentlicher Dienstleistungen sollen **einseitige Entscheidungen der zuständigen staatlichen** Stellen, insbesondere im Rahmen der **Privatisierung,** ausreichen.[274] Der Anwendbarkeit der Richtlinie steht es nach Ansicht des EuGH nicht entgegen, dass der Erwerber durch **Tarifvertrag** zur Übernahme von Arbeitnehmern verpflichtet sei.[275]

44 Die seitens des EuGH unter Schutzzweckgesichtspunkten und – ganz offensichtlich – zur Vermeidung von Umgehungstatbeständen in nunmehr ständiger Rechtsprechung vorgenommene Minimalisierung der Anforderungen an einen *rechtsgeschäftlichen* Betriebsinhaberwechsel ist nicht unbedenklich, weil sie zumindest den Eindruck suggeriert, dass es auf den Willen oder gar die **Mitwirkung des bisherigen Betriebsinhabers** überhaupt nicht mehr ankomme, dieser vielmehr seinen Betrieb oder Betriebsteil auch *gegen* seinen Willen verlieren könne, etwa indem einer seiner Konkurrenten ihm die gesamte Belegschaft „ausspannt" oder den Vertragspartner des bisherigen Betriebsinhabers zur Kündigung des (zB Vertriebs-) Vertrages und Neuabschluss dieses Vertrages mit ihm – dem Konkurrenten selbst – veranlasst.[276] Eine Erstreckung der Richtlinie und damit auch des § 613a BGB auf ein einseitiges, **rein wettbewerbsorientiertes Verhalten eines Konkurrenten** ohne jedwede Rücksicht auf eine damit korrespondierende rechtsgeschäftliche Disposition des bisherigen Betriebsinhabers würde indes funktions- und auch wohl verfassungswidrig zu einer Überleitung der Arbeitsverhältnisse auf den neuen Arbeitgeber selbst dort führen, wo dies dem erklärten oder zumindest erkennbaren Willen des bisherigen Betriebsinhabers widerspricht, etwa weil dieser bei Verlust eines Reinigungsauftrages an den Konkurrenten die bisher in dem betreffenden Objekt eingesetzte Arbeitnehmergruppe nunmehr für einen anderen Auftrag verwenden möchte. So weit, dass er einen Betriebsübergang „im Rahmen vertraglicher Beziehungen" ohne jedwede Mitwirkung oder zumindest stillschweigende Duldung des bisherigen Betriebsinhabers angenommen hätte, ist der EuGH jedoch bisher nicht gegangen: Wenn der bisherige Arbeitgeber nicht ohnehin direkt in das „Rechtsgeschäft" involviert war, ließ sich jedenfalls nach den Entscheidungsgründen feststellen, dass er die **eigene Betriebstätigkeit bewusst eingestellt** und damit überhaupt erst die Voraussetzungen für den Eintritt des Dritten in die Leitung des Betriebs und die hieran gebundenen Arbeitsverhältnisse geschaffen hatte.[277] Auch das BAG misst der Einstellung der „wirtschaftlichen Betätigung" in dem Betrieb oder Betriebsteil durch den bisherigen Inhaber entscheidende Bedeutung bei.[278]

---

[273] Dazu auch → Rn. 76.

[274] Vgl. die Urteile iS *Collina,* → Rn. 15, → Rn. 34 sowie *Redmond Stichting;* ebenso EuGH 6.9.2011 – C-108/10 *(Scattolon)*, NZA 2011, 1077 Rn. 63; BAG 22.5.2014 – 8 AZR 1069/12, NZA 2014, 1335 (Arbeitsvermittlung).

[275] EuGH 11.7.2018 – C-60/17 *(Somoza Hermo)*, NZA 2018, 1053.

[276] Auf das Spannungsverhältnis zwischen marktwirtschaftlichem Wettbewerb und freiem Dienstleistungsverkehr weisen auch *Rebhahn/Kietaibl* ZfA 2007, 325, hin.

[277] Besonders deutlich wird dies im Fall *Merckx* und *Neuhuys/Ford Motors Company Belgium S.A.* (7.3.1996, oben Fn. 272), wo die bisherige Arbeitgeberin nach Kündigung des Vertriebsvertrages durch die Firma Ford nicht nur die Einstellung ihrer gesamten Tätigkeit zum 31.12.1987 beschloss, sondern darüber hinaus ein Schreiben an ihre Kunden versandte, „in dem sie sie über die Geschäftsaufgabe informierte und ihnen die neue Vertragshändlerin empfahl" (aaO, Rn. 8). Im Fall *„Ayse Süzen"* hatte die bisherige Betriebsinhaberin nach Verlust des Reinigungsauftrages allen in dem betreffenden Objekt (Aloisiuskolleg in Bonn-Bad Godesberg) Eingesetzten gekündigt. Vgl. auch BAG 12.11.1998 – 8 AZR 282/97, NZA 1999, 310: „Der bisherige Inhaber muss seine wirtschaftliche Betätigung in dem Betrieb oder Betriebsteil einstellen. Einer besonderen Übertragung einer irgendwie gearteten Leitungsmacht bedarf es daneben nicht …" (unter B I 1 der Gründe).

[278] S. etwa BAG 18.8.2011 – 8 AZR 230/10, NZA 2012, 267 Rn. 36 (Zwangsverwalter); 22.6.2011 – 8 AZR 107/10, NZA-RR 2012, 119 Rn. 36 (Arztpraxis); 30.10.2008 – 8 AZR 397/07, NZA 2009, 485 Rn. 31 (Anwaltskanzlei).

Die bisher vom EuGH entschiedenen Fälle, in denen der Mieter oder Käufer der „Betriebsmittel" die Eigenschaft als Betriebsinhaber durch **Beendigung des Mietvertrages**[279] bzw. Aufhebung und Rückabwicklung des Miet-/Kaufvertrages[280] verliert und der nunmehr wieder verfügungsberechtigte Eigentümer über diese „Betriebsmittel" zugunsten eines Dritten verfügt, stellt insoweit nur eine **scheinbare Ausnahme** dar. Denn zum einen hatte der Mieter bzw. Käufer durch Abschluss des jeweiligen Vertrages auch zu dessen späterer Rückabwicklung bei Eintritt der vertraglichen bzw. gesetzlichen Voraussetzungen sein (antizipiertes) Einverständnis gegeben; zum anderen war mit dem Rückfall der Kauf- bzw. Mietsache an den Eigentümer die Verfügungsmöglichkeit über das Unternehmen insgesamt zumindest für eine „logische Sekunde" auf diesen übergegangen, worauf der EuGH in dem *„Bork"*-Urteil vom 15.6.1988 besonders hinweist.[281] Eine solche Übertragung in mehreren Schritten **(„Kettenübertragung")** schließe – so der EuGH – „… die Anwendbarkeit der Richtlinie nicht aus, sofern das fragliche Unternehmen seine Identität bewahrt". Dies sei, so der EuGH weiter, dann der Fall, „… wenn es sich um eine noch bestehende wirtschaftliche Einheit handelt, deren Betrieb vom neuen Inhaber mit derselben oder einer gleichartigen Geschäftstätigkeit **tatsächlich weitergeführt oder wieder aufgenommen wird**".[282] Dieser Hinweis belegt, dass der EuGH durch seine Rechtsprechung zur so genannten Kettenübertragung keineswegs das **Identitätserfordernis**[283] aufgegeben oder auch nur gelockert hat, eine diesbezügliche Prüfung vielmehr auch und gerade dann erforderlich ist, wenn der neue Inhaber seine Berechtigung zur eigenverantwortlichen Leitung des Betriebs nicht unmittelbar von seinem Vorgänger ableitet. Damit wird zugleich deutlich, dass der **Schwerpunkt der materiellen Prüfung** auch in den Fällen, in denen es an unmittelbaren Rechtsbeziehungen zwischen altem und neuen Betriebsinhaber fehlt, bei dem Erfordernis der **Identität der wirtschaftlichen Einheit** vor und nach dem Übergang liegen muss; bei fehlender Mitwirkung des bisher Berechtigten – und sei es auch nur im Sinne des antizipierten Einverständnisses im Wege der voraufgegangenen Gestaltung des Miet- oder Kaufvertrages – wird es häufig bereits an diesem, logisch vorrangigen, Merkmal fehlen. 45

Die vorstehenden Grundsätze gelten auch dann, wenn im Rahmen von **Subunternehmerverträgen** Aufträge oder Teile hiervon durch einen „Generalunternehmer" auf Dritte übertragen werden, die zu dem Auftraggeber in keiner (unmittelbaren) Vertragsbeziehung stehen. Auch hier ist zunächst vorrangig zu prüfen, ob durch die „Untervergabe" eines solchen Auftrags überhaupt ein Betrieb oder Betriebsteil vom Generalunternehmer auf den Subunternehmer übergeht, was in der Praxis eher die Ausnahme darstellen dürfte und nach den vom EuGH hierzu allgemein entwickelten Grundsätzen zu beurteilen ist. Insoweit geht es also nicht um einen Betriebsübergang vom **Auftraggeber** auf den Subunternehmer, sondern vom **Generalunternehmer auf den Subunternehmer,** etwa indem letzterer (insbes. bei betriebsmittelarmen Tätigkeiten) Personal des Generalunternehmers übernimmt und weiterbeschäftigt. Hierfür reicht aber als „Rechtsgeschäft" iSv § 613a BGB die unmittelbare Vertragsbeziehung zwischen General- und Subunternehmer in jedem Fall aus; eine – auch nur indirekte – Mitwirkung des Auftraggebers ist nicht erforderlich.[284] 45a

Als **Fazit** ist nach alledem festzuhalten: Die Rechtsprechung des EuGH gibt für die nationalen Gerichte eine *weite* Auslegung des Merkmals „durch Rechtsgeschäft" im Sinne von § 613a BGB vor. Es wird weder verlangt, dass bisheriger und neuer Betriebsinhaber in unmittelbare Rechtsbeziehungen zueinander treten, noch muss es sich um ein einheitliches Rechtsgeschäft handeln, das insgesamt auf den Übergang der Rechtsstellung des In- 46

[279] So die Fallgestaltung im Urteil vom 15.6.1988 – C-101/87 *(Bork)*, EAS RL 77/187 EWG Art. 1 Nr. 5.
[280] So im Fall *Berg und Busschers,* EAS RL 77/187 EWG Art. 3 Nr. 5.
[281] Urteil vom 15.6.1988 – C-101/87 *(Bork)*, EAS RL 77/187 EWG Art. 1 Nr. 5 Rn. 14.
[282] Urteil vom 15.6.1988 – C-101/87 *(Bork)*, EAS RL 77/187 EWG Art. 1 Nr. 5 aE.
[283] Dazu → Rn. 33ff.
[284] aA offenbar *Rebhahn/Kietaibl* ZfA 2007, 325 (328).

habers gerichtet ist. Die nunmehr ständige Judikatur des EuGH, wonach es erforderlich, aber auch ausreichend sei, wenn die für den Betrieb des Unternehmens verantwortliche natürliche oder juristische Person, welche die Arbeitgeberverpflichtungen gegenüber den Beschäftigten des Unternehmens eingehe, „im Rahmen vertraglicher Beziehungen" wechsele, darf indes **nicht im Sinne vollständiger Beliebigkeit missverstanden** werden. Da der EuGH zutreffend an dem Postulat der Identität der wirtschaftlichen Einheit auch im Falle von „Dreiecksbeziehungen" festhält, wird schon auf Grund dieses Erfordernisses eine – zumindest antizipierte – rechtsgeschäftliche Mitwirkung des bisherigen Betriebsinhabers erforderlich sein. Einen Grenzfall bilden insofern allerdings die Fälle der reinen **Personalübernahme,** welche nach inzwischen ständiger Rechtsprechung sowohl des EuGH als auch des BAG unter bestimmten Voraussetzungen[285] für einen Betriebsübergang (ausnahmsweise) ausreichend sein kann. Auch hier ist indes ein Betriebsübergang im Sinne von § 613a BGB gegen den (rechtlich erheblichen) Willen des bisherigen Betriebsinhabers ausgeschlossen, seine zumindest stillschweigende Mitwirkung (zB durch Aufgabe des bisherigen Betriebs(teils) und ggf. vorzeitige „Freigabe" der Belegschaft) erforderlich. Bei der **Umstrukturierung öffentlich-rechtlicher Rechtsträger,** die wirtschaftliche Tätigkeiten iSd Betriebsübergangsrichtlinie ausüben, reicht hingegen die Überleitung des Personals durch **einseitige Entscheidung** der zuständigen Behörde nach Auffassung des EuGH aus.[286]

g) Fälle mit Auslandsberührung;[287] Offshoring

46a Für die Anwendung des § 613a BGB ist es unerheblich, ob der **Erwerber** seinen Sitz im In- oder Ausland hat. Entscheidend ist allein, dass es sich um einen **inländischen Betrieb** handelt **und** die dortigen Arbeitsverhältnisse **deutschem Recht** unterliegen; es ist also das Recht des Vertragsstatuts iSv Art. 8 der „Rom I"-Verordnung bzw. Art. 30 EGBGB aF maßgeblich, da § 613a BGB keine sog. Eingriffsnorm iSv Art. 9 Rom I, Art. 34 EGBGB aF darstellt.[288] Da das im öffentlichen Recht zu beachtende Territorialitätsprinzip im grenzüberschreitenden Zivilrechtsverkehr von den Regelungen des IPR verdrängt wird, ist die Anwendbarkeit des **§ 613a BGB nicht auf das Gebiet der Bundesrepublik Deutschland beschränkt.**[289] Damit ist § 613a BGB auch bei **Betriebsübergängen** in das Ausland („Offshoring") grundsätzlich anwendbar.[290] Die Anwendung des § 613a BGB soll nach Auffassung des BAG auch nicht daran scheitern, dass sich – jedenfalls in der Regel – mit dem Wechsel von Deutschland in das Ausland das **Arbeitsvertragsstatut** der Arbeitnehmer **ändert.**[291] Die sich daraus ergebenden **praktischen Probleme** hat der 8. Senat in seiner Entscheidung vom 26.5.2011 zu einer Standortverlagerung in die Schweiz nicht näher thematisiert, weil diesbezügliche Rechtswirkungen erst nach dem Übergang des Arbeitsverhältnisses und nach dem Inkrafttreten des neuen Arbeitsstatuts Bedeutung erlangen könnten.[292] Da es sich um einen Betriebsübergang und nicht um eine Betriebsstilllegung gehandelt habe, erklärte das Gericht die vom Veräußerer ausgesprochene Kündigung für unwirksam.

46b Die tatbestandlichen **Voraussetzungen** des § 613a BGB – seine IPR-rechtliche Anwendbarkeit vorausgesetzt – sind im Übrigen aber auch bei einer **Betriebsverlagerung**

285 S. dazu EuGH 24.1.2002 – C-51/00 *(Temco)*, NZA 2002, 265 sowie → Rn. 16b.
286 StRspr; vgl. nur EuGH 6.9.2011 – C-108/10 *(Scattolon)*, NZA 2011, 1077 Rn. 63 mwN.
287 S. dazu auch HWK/*Müller-Bonanni* BGB § 613a Rn. 376 ff.
288 BAG 29.10.1992 – 2 AZR 267/92, NZA 1993, 743; 26.5.2011 – 8 AZR 37/10, NZA 2011, 1143. S. zum Ganzen HWK/*Tillmanns* Rom I-VO Art. 3, 8, 9 Rn. 9 ff., 33 ff.
289 BAG 16.5.2002 – 8 AZR 319/01, NZA 2003, 93; 26.5.2011 – 8 AZR 37/10, NZA 2011, 1143 Rn. 42 (Verlagerung eines Betriebsteils in die Schweiz); dazu *Forst* SAE 2012, 18.
290 BAG 26.5.2011 – 8 AZR 37/10, NZA 2011, 1143 Rn. 44 (Verlagerung eines Betriebsteils in die Schweiz).
291 Ebenso *Forst* SAE 2012, 18 (24); *Olbertz/Fahrig* ZIP 2012, 2045 (2046).
292 BAG 26.5.2011 – 8 AZR 37/10, NZA 2011, 1143 Rn. 44 (Verlagerung eines Betriebsteils in die Schweiz).

ins Ausland nach den allgemeinen von der Rechtsprechung des EuGH und des BAG entwickelten Grundsätzen zu prüfen; ein „Sonderrecht“ für grenzüberschreitende Betriebsübergänge gibt es insoweit also nicht.[293] Eine **erhebliche räumliche Verlagerung** von mehreren hundert Kilometern schließt also einen Betriebs(teil)übergang iSv § 613a BGB zwar nicht von vornherein aus;[294] jedoch kann sie die Wahrung der Identität zweifelhaft erscheinen lassen.[295] Als **unproblematisch** hat der 8. Senat des BAG allerdings eine Verlagerung um ca. 59 km erachtet.[296] In der Praxis wird – wie verschiedene Beispielfälle aus der Rechtsprechung zeigen[297] – die Bejahung eines Betriebs(teil)übergangs oftmals deswegen ausscheiden, weil es anstelle eines identitätswahrenden Übergangs zu einer vorherigen **Stilllegung** kommt, welche einen Betriebsübergang ausschließt (dazu → Rn. 74 und 108 ff. sowie das Beispiel in → Rn. 89). Je nach Art der betrieblichen Wertschöpfung kann der Betriebsübergang – ggf. auch unabhängig von einer solchen Stilllegung – daran **scheitern,** dass keine identitätsprägenden Betriebsmittel übernommen werden oder das bisher in Deutschland tätige Personal nicht bereit ist, seine Arbeit am neuen Standort im Ausland aufzunehmen, was idR eine **vorherige Vertragsänderung** erfordert.[298] Fälle eines grenzüberschreitenden Betriebsübergangs sind somit – insbesondere bei Verlagerungen in **Grenzregionen** – zwar auch in der Praxis **vorstellbar,** auf Grund der vorstehend beschriebenen Schwierigkeiten aber eher selten (dazu auch → Rn. 89 ff.).

2. Neubestimmung des Anwendungsbereichs von § 613a BGB durch die Rechtsprechung des BAG nach *„Ayse Süzen“*

Die Rechtsprechung des BAG zum Tatbestand des § 613a BGB seit *„Ayse Süzen“* ist 47
durch einen bemerkenswerten, in der bisherigen Geschichte des Gerichts wohl einmaligen **Bruch mit einer jahrzehntelangen Rechtsprechungslinie** gekennzeichnet. Der für Fragen des Betriebsübergangs ausschließlich zuständige 8. BAG-Senat hat erst gar nicht den Versuch einer schrittweisen Anpassung seiner bisherigen Judikatur an die Rechtsprechung des EuGH unternommen, sondern einen **Paradigmenwechsel** vollzogen, indem er seine alte „Betriebsmittelrechtsprechung“ jedenfalls der Sache nach buchstäblich von heute auf morgen fallen ließ und sich nunmehr ausschließlich an den Vorgaben des EuGH hinsichtlich des „Übergangs einer wirtschaftlichen Einheit“ orientiert, die „ihre Identität bewahrt“.[299] Die BAG-Judikatur aus der Zeit vor 1997, die vom dogmatischen Ansatz nicht zu überzeugen vermochte und deshalb mitunter nur „zufällig“ zum richtigen Ergebnis führte,[300] kann daher für die Praxis, soweit es die Abgrenzung des Anwendungsbereichs von § 613a BGB betrifft, nicht mehr als Leitlinie dienen.

Erfreulicherweise hat der 8. Senat seit Ende der 90-er Jahre angesichts einer Vielzahl neu zu entscheidender Sachverhalte die Gelegenheit gehabt und sie auch weitgehend fol-

[293] Ebenso BAG 26.5.2011, aaO; *Cohnen* FS zum 25-jährigen Bestehen der Arbeitsgemeinschaft Arbeitsrecht im DAV, 2006, 595 (606); *Gaul/Mückl* DB 2011, 2318.

[294] In diesem Sinne BAG 12.2.1987 – 2 AZR 247/86, NZA 1988, 170 (Verlagerung um mehr als 300 km). Zum Betriebsübergang unter gleichzeitiger Betriebsverlagerung auch → Rn. 90.

[295] BAG 26.5.2011 – 8 AZR 37/10, NZA 2011, 1143 Rn. 36 (Verlagerung eines Betriebsteils in die Schweiz).

[296] BAG 26.5.2011 – 8 AZR 37/10, NZA 2011, 1143 Rn. 36 (Verlagerung eines Betriebsteils in die Schweiz).

[297] BAG 20.4.1989 – 2 AZR 431/88, NZA 1990, 32 (Standortverlagerung von Berlin nach Lyon); BAG 25.5.2000 – 8 AZR 335/99, BeckRS 2009, 67931 (Armaturenhersteller); BAG 16.5.2002 – 8 AZR 319/01, NZA 2003, 93 (Schuhproduktion – Verlagerung nach Österreich); s. zur Produktionsverlagerung ins Ausland auch HWK/*Willemsen* BGB § 613a Rn. 105.

[298] S. dazu auch *Forst* SAE 2012, 18 (23); *Gaul/Mückl* DB 2011, 2318 (2320); *Olbertz/Fahrig* ZIP 2012, 2046 (2047).

[299] Eine ausführliche Übersicht der Rechtsprechung des BAG ab Mitte 1997 mit zT unveröffentlichten Urteilen findet sich bei *Ascheid* in Preis/Willemsen, Umstrukturierung von Betrieb und Unternehmen im Arbeitsrecht, 1999, Rn. B 34 ff.

[300] Kritisch zur früheren BAG-Rechtsprechung *Willemsen* RdA 1991, 204 (212).

gerichtig genutzt, den Anwendungsbereich des § 613a BGB auf der Grundlage des wegweisenden *„Ayse Süzen"*-Urteils neu zu bestimmen. In einer Serie von Urteilen vor allem in den Jahren 1997 bis 1999 hat das BAG der Praxis und den Instanzgerichten richtungsweisende Grundsätze an die Hand gegeben, die zu einer deutlichen „Entspannung" und Reduzierung des **Prozessrisikos** geführt haben. Von zentraler Bedeutung sind dabei insbesondere die Unterscheidung zwischen **betriebsmittel- und personalintensiven Tätigkeiten**[301] (dazu → Rn. 70 und 105) sowie die Aussage, dass nur die **Übernahme und Fortführung** einer bereits beim Erwerber vorhandenen Organisation, nicht dagegen die bloße **Möglichkeit** einer Weiterbeschäftigung bei diesem, die Anwendbarkeit des § 613a BGB begründe (Aufgabe der Theorie der Fortsetzungsmöglichkeit).[302] Bezüglich des Fallmaterials sowie der Kernaussagen der BAG-Urteile in dieser Rechtsprechungsphase ist auf die umfangreiche Darstellung in der 3. Auflage (dort Rn. 48–96c) zu verweisen.

3. Folgerechtsprechung nach *„Carlito Abler"* und *„Nurten Güney-Görres"*

48 Wie bereits in → Rn. 17a ff. ausgeführt, haben die beiden EuGH-Urteile in Sachen *Carlito Abler* vom 20.11.2003[303] und in Sachen *Nurten Güney-Görres* vom 15.12.2005[304] eine abermalige, wenn auch in ihren Auswirkungen im Vergleich zu *„Ayse Süzen"* eher begrenzte Neujustierung der Rechtsprechung des BAG zu den tatbestandlichen Voraussetzungen des Betriebs(teil)übergangs erforderlich gemacht. Diese betrifft das Kriterium der **eigenwirtschaftlichen Nutzung,** welches der 8. Senat des BAG namentlich in Fällen des **Outsourcings** für die Entscheidung herangezogen hatte, ob die einem Auftragnehmer seitens des Auftraggebers zur Verfügung gestellten Betriebsmittel ersterem bei der Bewertung der Frage des Übergangs einer wirtschaftlichen Einheit zugeordnet werden können.[305] Nachdem der EuGH die Relevanz dieses Kriteriums in der *Abler*-Entscheidung zunächst konkludent und sodann *expressis verbis* in dem Urteil in Sachen *Güney-Görres* verneint hatte, musste der 8. Senat des BAG seine diesbezügliche Rechtsprechung anpassen. Er hat diese ihm aufgedrängte Gelegenheit allerdings zugleich dazu genutzt, seine Rechtsprechung zu der Frage, *welche* Betriebsmittel – unabhängig von der Frage der Eigenwirtschaftlichkeit ihrer Nutzung – für die Beurteilung eines Betriebsübergangs im Rahmen des Sieben-Punkte-Katalogs überhaupt relevant sind, näher zu präzisieren. Dabei wird erstmals dem Gedanken der **Wertschöpfung** (dazu → Rn. 34) der ihm bei der teleologischen Auslegung des § 613a BGB gebührende Platz eingeräumt.

49 Aus dieser Folgerechtsprechung zu *„Abler"* und *„Güney-Görres"* sind insbesondere zwei besonders praxisrelevante Aspekte hervorzuheben: *zum einen* wird das Merkmal der **eigenwirtschaftlichen Nutzung** von Betriebsmitteln bzw. deren Einsatz **nach eigener Kalkulation** des „Erwerbers" als Abgrenzungskriterium zur bloßen Funktionsnachfolge **ausdrücklich aufgegeben;**[306] *zum anderen* tritt an dessen Stelle nunmehr die Prüfung, ob – in Abhängigkeit von dem jeweiligen **Geschäftsgegenstand** (Betriebszweck) – der Einsatz der jeweils vom Erwerber übernommenen sächlichen und/oder personellen Betriebsmittel

[301] Grundlegend BAG 22.5.1997 – 8 AZR 101/96, NJW 1997, 3188 (Modegeschäft) sowie 13.11.1997 – 8 AZR 295/95, NZA 1998, 251 (Reinigung); vgl. aus der neueren Rspr. BAG 22.5.2014 – 8 AZR 1069/12, NZA 2014, 1335 Rn. 21 mwN (Arbeitsvermittlung); 22.1.2015 – 8 AZR 139/14, NZA 2015, 1325 Rn. 15 ff.

[302] Erstmals BAG 24.4.1997 – 8 AZR 848/94, NZA 1998, 253 (EDV-Dienstleistung); besonders deutlich BAG 18.3.1999 – 8 AZR 196/98, NZA 1999, 869 (Grundstücksverwaltung); seither stRspr, vgl. zB BAG 24.4.2008 – 8 AZR 268/07, NZA 2008, 1314 (Coil-Verpackung). Ausführlich dazu HWK/*Willemsen* BGB § 613a Rn. 58 ff.

[303] C-340/01, NZA 2003, 1385.

[304] C-232/04, NZA 2006, 29.

[305] S. dazu BAG 11.12.1997 – 8 AZR 426/94, NZA 1998, 532 (Catering) sowie die weiteren Nachweise in → Rn. 17a Fn. 99.

[306] Erstmals mit 2.3.2006 – 8 AZR 147/05, NZA 2006, 1105 (Forschungsschiff); seitdem stRspr; s. dazu in der 3. Aufl. G Rn. 96e ff.

bei wertender Betrachtungsweise den **eigentlichen Kern des zur Wertschöpfung erforderlichen Funktionszusammenhangs** ausmacht.[307] Der 8. Senat hat damit in nunmehr ständiger Rechtsprechung eine Abgrenzungsformel übernommen, die der *Verfasser* bereits im Jahre 1986 unterbreitet hatte.[308] Unter Anwendung dieser Formel hat er beispielsweise für einen großen Schlachthof die Präponderanz der Betriebsanlagen im Vergleich zur Bedeutung des Einsatzes der menschlichen Arbeitskraft bejaht,[309] für ein Unternehmen des Dachdeckerhandwerks hingegen genau umgekehrt entschieden.[310] Für die Praxis handelt es sich jeweils um eine **wichtige Weichenstellung,** weil von ihr abhängt, **ob** die **Annahme eines Betriebs(teil)übergangs** möglicherweise bereits an der fehlenden Übernahme und Weiternutzung der für die jeweilige Wertschöpfungsart prägenden Ressourcen (Betriebsanlagen/Maschinen, Personal, immaterielle Betriebsmittel) **scheitert.** Abzulehnen ist es hingegen, wenn der 8. Senat teilweise bereits aus der fehlenden **„Unverzichtbarkeit"** bestimmter Betriebsmittel auf deren prägenden Charakter für die betriebliche Wertschöpfung schließen will, wie er dies insbesondere in dem „Flughafenfall" vom 13.6.2006 getan hat, der die Durchführung von **Personen- und Handgepäckkontrollen** betraf.[311] Dieses Kriterium führt aber bei isolierter Betrachtung **in die Irre,** weil damit auch **bloße Hilfsmittel** von völlig untergeordneter Bedeutung für identitätsprägend erklärt werden könnten[312]; dazu auch → Rn. 107.

4. Reaktionen auf *„Klarenberg"*

Ähnlich wie nach *„Ayse Süzen"* und *„Güney Görres"* sah sich der 8. Senat des BAG auch durch „Klarenberg" (→ Rn. 17d ff.) zu einer umgehenden Reaktion veranlasst. Die erste einschlägige Entscheidung vom 22.1.2009 zitiert sogar das EuGH-Urteil vom 12.2.2009, obwohl dieses in der vorausgegangenen mündlichen Verhandlung noch gar nicht bekannt sein konnte. 50

a) BAG 22.1.2009 – 8 AZR 158/08, NZA 2009, 905 (Charité II)

Das Urteil befasst sich mit demselben Sachverhalt, über den der 8. Senat bereits zwei Jahre zuvor judiziert hatte. Seinerzeit hatte er das Vorliegen eines Betriebsübergangs wegen vollständiger Eingliederung in die Betriebsorganisation verneint.[313] Man durfte also gespannt sein, ob er an diesem Ergebnis für den Parallelfall eines anderen betroffenen Arbeitnehmers festhalten würde, dessen Berufung – anders als diejenige des Klägers in dem früheren Verfahren – seitens des LAG Berlin zurückgewiesen worden war. 51

Sachverhalt:

Der Kläger war als Haustechniker bei der Beklagten zu 1) beschäftigt, die von dem Universitätsklinikum Charité mit der Erbringung von technischen Dienstleistungen (technische Betriebsleitung und Management, Instandhaltung, gebäudetechnischer Servicedienst) für einen bestimmten Gebäude-Teilkomplex der Charité beauftragt war. Sonstige Facility-

[307] Grundlegend BAG 6.4.2006 – 8 AZR 222/04, NZA 2006, 723 (Druckservice); vgl. ferner BAG 13.6.2006 – 8 AZR 271/05, NZA 2006, 1101 (Personenkontrolle am Flughafen); seitdem stRspr Das BVerfG hat diese Rspr. des BAG aus verfassungsrechtlicher Sicht bestätigt; vgl. BVerfG 15.1.2015 – 1 BvR 2796/13, ZIP 2015, 445.

[308] *Willemsen* ZIP 1986, 477 (481); vgl. ferner *Willemsen/Annuß* DB 2004, 134 (135).

[309] BAG 15.2.2007 – 8 AZR 431/06, NZA 2007, 793.

[310] BAG 26.7.2007 – 8 AZR 769/06, NZA 2008, 112.

[311] BAG 13.6.2006 – 8 AZR 271/05, NZA 2006, 1101; dazu ausführlich 3. Auf. Rn. 96n ff.; ähnlich für einen betrieblichen Objektschutz BAG 23.5.2013 – 8 AZR 207/12, AP Nr. 441 zu § 613a BGB (Auftragsneuvergabe/Objektschutz).

[312] S. zur Kritik *Willemsen/Müntefering* NZA 2006, 1185; *Preis/Peramato* FS Willemsen, 2018, 359, 366 f. („Vermutung des Richtlinienverstoßes"); Willemsen NZA-Beilage 4/2008, 155 (156); *Müller-Bonanni* NZA-Beilage 2009, 13 (14, 15), der die Entscheidung allerdings im Ergebnis für zutreffend erachtet.

[313] Vgl. BAG 14.8.2007 – 8 AZR 1043/06, NZA 2007, 1431 (Charité I).

Leistungen für das wesentlich umfassendere Geländeareal erbrachte das Klinikum teilweise selbst, teilweise wurden sie von Drittfirmen erbracht. 2005 wurde beschlossen, für alle Einzelstandorte des Klinikums Charité und alle Aufgaben des Facility-Managements nur noch einen Auftrag zu vergeben, der an eine von dem Klinikum maßgeblich mitgegründete Gesellschaft erging, woraufhin die Beklagte zu 1) beschloss, ihren Betrieb stillzulegen und ihren 19 Arbeitnehmern zu kündigen. Die neue Dienstleistungsgesellschaft (Beklagte zu 2)) nahm ab dem 1.4.2009 alle Aufgaben des Facility-Managements mit insgesamt 1.000 Arbeitnehmern, davon alleine in der Betriebstechnik ca. 340 Arbeitnehmern, auf.

Kernaussagen:

52 Der 8. Senat verneint auch diesmal einen Betriebsübergang auf die Beklagte zu 2) und setzt sich dabei erstmals – teils unmittelbar, teils eher verdeckt – mit der offenbar schon vor der schriftlichen Absetzung des Urteils verkündeten „Klarenberg"-Entscheidung des EuGH auseinander:

- Ein Betriebsübergang nach Art. 1 Nr. 1b) RL 2001/23/EG liegt vor, wenn die „organisierte Zusammenfassung von Ressourcen zur Verfolgung einer wirtschaftlichen Haupt- oder Nebentätigkeit" ihre Identität bewahrt. Dabei ist **nicht so sehr auf die konkrete Organisation** der verschiedenen Produktionsfaktoren durch den Unternehmer abzustellen als vielmehr auf den Zusammenhang der Wechselbeziehung und gegenseitigen Ergänzung, der die Produktionsfaktoren verknüpft und dazu führt, dass sie bei der Ausübung einer bestimmten wirtschaftlichen Tätigkeit ineinandergreifen. Bei einer **Eingliederung** der übertragenen Einheit in die Struktur des Erwerbers **fällt** der **Zusammenhang** dieser funktionellen Verknüpfung der Wechselbeziehung und gegenseitigen Ergänzung zwischen den für einen Betriebsübergang maßgeblichen Faktoren **nicht zwangsläufig weg.**
- Die Beibehaltung der „organisatorischen Selbständigkeit" ist nicht erforderlich, wohl aber die **Beibehaltung des Funktions- und Zweckzusammenhangs** zwischen den verschiedenen übertragenen Faktoren, der es dem Erwerber erlaubt, diese Faktoren, auch wenn sie in eine andere Organisation eingegliedert werden, zur Verfolgung einer bestimmten wirtschaftlichen Tätigkeit zu nutzen (EuGH 12.2.2009 – C-466/07 – *Klarenberg*).
- Zutreffend hat das LAG erkannt, dass die bloße **Auftragsnachfolge** für sich genommen weder einen Betriebsübergang iSv § 613a BGB darstellt noch den Übergang einer ihre Identität bewahrenden wirtschaftlichen Einheit iSd der Betriebsübergangsrichtline 2001/23/EG … Der Schutz der betroffenen Arbeitnehmer ist da geboten, wo die betriebliche Einheit fortbesteht. Die Neuvergabe eines Auftrags ist zunächst nur die **Folge** des **Wettbewerbs auf dem freien Dienstleistungsmarkt.** Der Übergang einer wirtschaftlichen Einheit setzt neben einer etwaigen Auftragsnachfolge die Feststellung zusätzlicher Umstände voraus, die in der Gesamtwürdigung die Annahme des Fortbestands der wirtschaftlichen Einheit rechtfertigen. **Eine Tätigkeit ist noch keine wirtschaftliche Einheit** …
- Der Wegfall des einzigen Auftraggebers kann für ein Unternehmen und seine Arbeitsplätze existenzvernichtend sein. Der Übergang einer wirtschaftlichen Einheit setzt jedoch den **Fortbestand einer organisatorischen Zusammenfassung** und ihrer **funktionellen Verknüpfung** von Ressourcen voraus. Eine bloße Auftragsneuvergabe erfüllt diese Voraussetzung nicht.

53 Der 8. Senat übernimmt also zum einen die „Klarenberg-Doktrin" des EuGH, reduziert allerdings das von diesem in seiner Urteilsbegründung sehr viel allgemeiner und damit „beliebiger" benutzte Schutzzweck-Argument[314] auf diejenige Fälle, in denen die betriebliche Einheit beim Erwerber auch tatsächlich fortbesteht. Letzteres sei, so der Senat im weiteren Verlauf der Urteilsbegründung, vorliegend gerade *nicht* der Fall:

[314] Dazu kritisch *Willemsen/Sagan* ZIP 2010, 1205 (1208).

- Die Beklagte zu 2) erfüllt mit ca. 1.900 Beschäftigten **andere, umfassendere Aufgaben** in einer **wesentlich veränderten organisatorischen Zusammenfassung** von Ressourcen als vorher die Beklagte zu 1) ... Allein für die Betriebstechnik beschäftigt die Beklagte zu 2) ca. 340 Arbeitnehmer, darunter nur noch sechs frühere Mitarbeiter der Beklagten zu 1).
- Für die Beklagte zu 2) stellen die früher von der Beklagten zu 1) bewältigten Aufgaben nur noch einen **kleinen Teil des Auftragsvolumens** dar, wobei ihre im Bereich der Betriebstechnik beschäftigten 340 Arbeitnehmer im gesamten Klinikum Charité eingesetzt werden. „Den" Arbeitsplatz des Klägers mit der Aufgabenstellung, ausschließlich die Betriebstechnik auf dem Campus K zu gewährleisten, gibt es bei der Beklagten zu 2) nicht mehr. Deren Techniker haben vielmehr die Serviceleistungen im Gesamtbereich des Klinikums zu erbringen ...
- Den bei der Beklagten zu 1) noch gegebenen Funktions- und Zweckzusammenhang der organisatorisch zur Bewältigung der Aufgabe „Betriebstechnik K" zusammengefassten Arbeitnehmer gibt es bei der Beklagten zu 2) nicht mehr. Die bei der Beklagten zu 1) vorhandene organisatorische Einheit hat **nicht nur ihre „organisatorische Selbständigkeit" verloren;** es sind auch **keine** in ihrem Funktions- und Zweckzusammenhang beibehaltenen **Faktoren in die Organisationsstruktur** der Beklagten zu 2) **eingegliedert** worden. Mit anderen Worten: Die Beklagte zu 2) nutzt zur Verfolgung ihrer viel umfassenderen, wirtschaftlichen Tätigkeit keine Produktionsfaktoren, wie sie bei der Beklagten zu 1) in ihrer Wechselbeziehung und gegenseitigen Ergänzung bestanden haben.

Bei der Lektüre und Analyse der Entscheidungsgründe kommt dem Leser – auch vor 54
dem Hintergrund der früheren Parallelentscheidung desselben Senats vom 14.8.2007 – das Bild vom „neuen Wein in alten Schläuchen" in den Sinn: Das Ergebnis ist dasselbe, die Begründung wird aber an die Leitsätze der Klarenberg-Entscheidung angepasst. Das ist durchaus legitim, zumal der EuGH ausdrücklich den nationalen Gerichten die Entscheidungskompetenz darüber zuerkannt hat, ob die funktionelle Verknüpfung zwischen den übertragenen Produktionsfaktoren beim Erwerber beibehalten wird und sie es diesem erlaubt, diese Faktoren zu nutzen, um derselben oder einer gleichartigen wirtschaftlichen Tätigkeit nachzugehen.[315] Insoweit kommt der sich nunmehr abzeichnenden Tendenz des 8. Senats, die sich aus „Klarenberg" ergebenden Argumentationsspielräume im Sinne seiner bisherigen Rechtsprechung zur „identitätszerstörenden Eingliederung" zu nutzen, für die Instanzgerichte und die Beratungspraxis erhebliche Signalwirkung zu.[316] Dass diese durchaus beabsichtigt ist, wird auch daran erkennbar, dass sich im vorliegenden Fall die Verneinung eines Betriebsübergangs auch „einfacher", nämlich bereits damit hätte begründen lassen, dass auf die Beklagte zu 2) von vornherein keine Betriebsmittel und kein Personal in einem Umfang übergegangen waren, dass insoweit von dem eigentlichen Kern der bisherigen Wertschöpfung[317] hätte gesprochen werden können.[318]

b) BAG 28.5.2009 – 8 AZR 273/08, NZA 2009, 1267 (Anzeigenvertrieb)

Sachverhalt: 55

Die Beklagte vertrieb nach Maßgabe eines Vertrags vom 22.12.1986 für die M-Verlag-GmbH Anzeigen im Anzeigenteil der „R-Zeitung"; der Kläger war als einer von insgesamt ca. 24 Arbeitnehmern bei der Beklagten, zuletzt als kaufmännischer Angestellter im Anzeigeninnendienst, beschäftigt. Nach Kündigung des Vertriebsvertrags vom 22.12.1986 durch die M-Verlag-GmbH beschloss die Beklagte die Betriebsstilllegung zum 31.12.2006.

---

[315] EuGH 12.2.2009 – C-466/07 *(Klarenberg)*, NZA 2009, 251 Leitzsatz u. Rn. 49.
[316] Zu den Folgerungen aus dieser Rechtsprechung → Rn. 94 und 99ff.
[317] S. zu diesem Gesichtspunkt auch → Rn. 34 und 49.
[318] S. dazu BAG 22.1.2009 – 8 AZR 158/07, NZA 2009, 905 Rn. 25.

Der künftige Vertrieb der Anzeigen wurde von der M-Verlag-GmbH auf einen neuen Dienstleister (M) übertragen.

Kernaussagen:

56 • Die bloße **Auftragsnachfolge** stellt weder einen Betriebsübergang iSd § 613a BGB dar noch den Übergang einer ihre Identität bewahrenden wirtschaftlichen Einheit im Sinne der Betriebsübergangsrichtlinie 2001/23/EG. Der Schutz der Arbeitnehmer ist dort geboten, wo die betriebliche Einheit fortbesteht. Die Neuvergabe eines Auftrags ist zunächst nur die Folge des Wettbewerbs auf dem freien Dienstleistungsmarkt.

• Der Übergang einer wirtschaftlichen Einheit setzt neben einer etwaigen Auftragsnachfolge die **Feststellung zusätzlicher Umstände** voraus, die in der Gesamtwürdigung die Annahme des Fortbestands der wirtschaftlichen Einheit rechtfertigen. Eine Tätigkeit ist noch keine wirtschaftliche Einheit. Dies gilt auch dann, wenn ein Dienstleistungsauftrag – wie im Streitfalle – der **einzige Auftrag eines Betriebs** ist. Zwar kann der Wegfall des einzigen Auftraggebers – hier der M-GmbH – für ein Unternehmen und seine Arbeitsplätze existenzvernichtend sein, der Übergang einer wirtschaftlichen Einheit setzt jedoch den **Fortbestand der organisatorischen Zusammenfassung** und der funktionellen Verknüpfung von Ressourcen voraus (Senat [22.1.2009], NZA 2009, 905).

• Ein Betriebsteilübergang liegt … ebenfalls nicht vor. § 613a BGB **setzt** für einen Betriebsteilübergang **voraus,** dass die übernommenen Betriebsmittel **bereits beim vorherigen Betriebsinhaber die Qualität eines Betriebsteils hatten** (stRspr, vgl. Senat [13.7.2006 – 8 AZR 331/05], NZA 2006, 1357…). Da weder die C-GmbH noch die M-GmbH bzw. die M Betriebsmittel oder einen nach Zahl und Sachkunde wesentlichen Teil des Personals der Beklagten übernommen haben, kommt ein Betriebsteilübergang nicht in Frage.

• Da ein Betriebs(teil)übergang bereits deshalb ausscheidet, weil weder Betriebsmittel noch ein nach Zahl und Sachkunde wesentlicher Teil des Personals der Beklagten auf einen Dritten übertragen worden sind, ist die Entscheidung des EuGH v. 12.2.2009 *(Klarenberg)* für den Streitfall **nicht einschlägig.** Die vom EuGH entschiedene Rechtsfrage betrifft nämlich nur die Fälle, in denen der übertragene Unternehmens- oder Betriebsteil seine organisatorische Selbständigkeit beim Übernehmer nicht bewahrt, nicht jedoch solche, in denen es zu keiner Übertragung gekommen ist.

57 Das Urteil ist in dem vorliegenden Zusammenhang vor allem deshalb bemerkenswert, weil es die begrenzte praktische Reichweite der *„Klarenberg"*-Entscheidung verdeutlicht. Vor der Frage, ob die funktionelle Verknüpfung übertragener Betriebsmittel bei dem Erwerber aufrechterhalten und weiter genutzt wurde, hat die **logisch vorrangige Prüfung** zu stehen, ob überhaupt **(1)** die in Rede stehenden Ressourcen (sächliche und immaterielle Betriebsmittel, Personal) beim **Veräußerer** in einer Art und Weise miteinander verknüpft waren, dass sie dort die **Qualität eines Betriebs bzw. Betriebsteils** iSv § 613a Abs. 1 S. 1 BGB hatten[319] und **(2)** ob der **„identitätsprägende Kern der Wertschöpfung"** dieses Betriebs(teils) auf den Erwerber übergegangen ist und von diesem weiter genutzt wird. Fehlt es an einer von diesen beiden Voraussetzungen, scheidet ein **Betriebs (teil)übergang** – und zwar unabhängig von *„Klarenberg"* – aus, wie das BAG auch vorliegend festgestellt hat; denn der neue Dienstleister hatte weder Betriebsmittel noch einen nach Zahl und Sachkunde wesentlichen Teil des Personals übernommen, so dass es sich lediglich um eine – nach wie vor nicht von § 613a BGB erfasste – **Auftragsnachfolge** handelte. Diese Sichtweise hat der EuGH zwischenzeitlich in der *„Amatori"*-Entscheidung vom 6.3.2014 ausdrücklich bestätigt (→ Rn. 17i; s. dazu allerdings auch → 107).

[319] Zu den diesbezüglichen Voraussetzungen ausführlich HWK/*Willemsen* BGB § 613a Rn. 26ff.

c) BAG 25.6.2009 – 8 AZR 257/08, NZA 2009, 1412 (Callcenter)

Zu einem entgegengesetzten Ergebnis, dh zur **Bejahung eines Betriebsübergangs,** gelangte der 8. Senat hingegen mit Urteil v. 25.6.2009 in Bezug auf die Übertragung eines Callcenters innerhalb des damaligen Karstadt-Quelle-Konzerns. 58

Sachverhalt:

Die Beklagte zu 1) betrieb ein Callcenter und erbrachte für die Konzernunternehmen Dienstleistungen wie telefonische Auftragsannahme und Kundenberatung sowie „Service-Beschwerde-Management". Die Klägerin war seit Juli 1993 in dem Callcenter beschäftigt, zuletzt als Supervisor-Assistentin/Trainerassistentin. Die Dienstleistungen der Beklagten zu 1) wurden in sogenannte „First Level"- und „Second Level"-Tätigkeiten unterteilt, wobei sich die Tätigkeit der Beklagten zu 1) ganz überwiegend auf das „First Level" beschränkte und bei weitergehendem Beratungsbedarf von Kunden auf dem sogenannten „Second Level" diese Kunden an die hierfür zuständigen Mitarbeiter von anderen Konzerntöchtern mit Sitz in Nürnberg und Leipzig vermittelt wurden. Der Betrieb der Beklagten zu 1) war auf einer Fläche von 1.869 qm untergebracht und verfügte über 213 Arbeitsstationen; am 31.3.2006 waren dort 484 Arbeitnehmer und am 31.3.2007 noch 88 Mitarbeiter beschäftigt. Am 30.6.2006 beschloss die Beklagte zu 1) im Hinblick auf die geplante Gründung der Beklagten zu 2) die Stilllegung ihres Betriebs zum 31.3.2007. Die Betriebsmittel wurden einschließlich der bisher genutzten Telefonanlage veräußert oder entsorgt. Betriebszweck der am 30.8.2006 gegründeten Beklagten zu 2) ist unter anderem die Fortführung der bislang von der Beklagten zu 1) erbrachten Dienstleistungen. Daneben werden bei der Beklagten zu 2) nunmehr auch die sogenannten „Second Level"-Tätigkeiten durchgeführt. Die Beklagte zu 2) erbringt ihre betrieblichen Leistungen auf einer Fläche von 5.600 qm mit 549 Arbeitsstationen. Die Beklagte zu 1) stellte in der Zeit von September bis November 2006 ca. 200 Mitarbeiter neu ein und ließ diese für eine Tätigkeit bei der Beklagten zu 2) schulen. Trainer der Beklagten zu 1) wurden im September 2006 zur Konzerntochter nach Nürnberg entsandt, um dort Schulungen im „Second Level" zu erhalten. Die Beklagte zu 2) bot den unbefristet beschäftigten Mitarbeitern der Beklagten zu 1) den Abschluss neuer Arbeitsverträge zu geringerer Vergütung bei erhöhter Arbeitszeit an, was von 161 Mitarbeitern angenommen wurde; befristete Mitarbeiter der Beklagten zu 1) wurden nach entsprechenden Bewerbungen weitgehend von der Beklagten zu 2) eingestellt. Zwischen dem 1.10.2006 und dem 1.3.2007 beschäftigte die Beklagte zu 2) insgesamt 230 Arbeitnehmer, von denen 220 zuvor bei der Beklagten zu 1) tätig waren, und stellte in der Folgezeit 145 neue Arbeitnehmer ein, die zuvor nicht in einem Arbeitsverhältnis zur Beklagten zu 1) gestanden hatten.

Kernaussagen:

- **Allein** der Umstand, dass sächliche Betriebsmittel – wie im Streitfall beispielsweise die Telefonanlage – für die Erbringung der Dienstleistungen **erforderlich** sind, **führt noch nicht dazu,** dass diese Betriebsmittel für die betriebliche Tätigkeit **identitätsprägend** sind und damit zur Annahme eines betriebsmittelgeprägten Betriebs führen ... Ob sächliche Betriebsmittel identitätsprägend sind, richtet sich nach der **Eigenart des jeweiligen Betriebs. Sächliche Betriebsmittel** sind **wesentlich,** wenn bei wertender Betrachtungsweise ihr Einsatz den eigentlichen **Kern des zur Wertschöpfung erforderlichen Funktionszusammenhangs ausmacht** (Senat [26.7.2007], NZA 2008, 112...). 59
- Die sächlichen Betriebsmittel im von der Beklagten zu 1) betriebenen Callcenter dienten ausschließlich der Unterstützung der Beratungs- und Servicetätigkeit der Mitarbeiter. Sie standen nicht im Vordergrund der betrieblichen Betätigung. Im Gegensatz zu identitätsprägenden sächlichen Betriebsmitteln, wie zB Produktionsmaschinen, Lager- oder Kühlhäuser, kam den sächlichen Betriebsmitteln im Callcenter **keine entscheidende Bedeutung** für die Identität der wirtschaftlichen Einheit zu. Sie spielten neben

der menschlichen Arbeitskraft nur eine **untergeordnete Rolle** für die wirtschaftliche Wertschöpfung. Im Vordergrund der betrieblichen Tätigkeit standen die Kommunikation zwischen den Kunden und den Mitarbeitern des Callcenters sowie Kenntnisse dieser Kundenbetreuer. Gerade deshalb legten die Beklagten auch erheblichen Wert auf die Schulung ihrer Mitarbeiter durch betriebseigene Schulungskräfte, weil freundliches und kompetentes Personal für ein Callcenter gleichsam das eigentliche „Betriebskapital" darstellt.

- Zutreffend geht das LAG davon aus, dass es für die Beurteilung, ob die Beklagte zu 2) den Betrieb der Beklagten zu 1) übernommen hat, nicht darauf ankommt, ob die Übernahme des Personals gleichzeitig zu einem bestimmten Zeitpunkt erfolgt ist oder sukzessive. Die Übernahme des Personals beruhte nämlich auf einer **einheitlichen Unternehmerentscheidung** der Beklagten zu 1) und der Beklagten zu 2). Aus diesem Grund ist auch ohne Belang, dass die Beklagte zu 2) den Betrieb ihres Callcenters nicht erst mit Schließung des Callcenters der Beklagten zu 1) zum 31.3.2007, sondern bereits ab Oktober 2006 aufgenommen hatte und beide Callcenter somit eine Zeit lang „nebeneinander" betrieben wurden.
- Die Beklagte zu 2) hat einen **nach Zahl wesentlichen Teil der** bisher bei der Beklagten zu 1) beschäftigten **Arbeitnehmer** übernommen (ca. ¾) und zwar sowohl Mitarbeiter des Kundenservices als auch Schulungspersonal. Deren Fachkenntnisse nutzte die Beklagte zu 2) auch weiterhin. Auch wenn diese Mitarbeiter weitgehend noch über keine Kenntnisse für die bei der Beklagten zu 2) zu leistenden Tätigkeiten im „Second-Level"-Bereich verfügten, so waren doch deren erworbene Kenntnisse im „First-Level"-Bereich für die Beklagte zu 2) von wesentlicher Bedeutung, weil diese Kenntnisse Voraussetzung für die noch zu erwerbenden „Second-Level"-Kenntnisse waren. Dass die Beklagte zu 2) das vorhandene Fachwissen dieser Beschäftigten auch nutzen wollte, ergibt sich bereits daraus, dass sie allen Mitarbeitern der Beklagten zu 1) eine Weiterbeschäftigung zu geänderten Arbeitsbedingungen angeboten hatte.
- Die Beklagte zu 2) hat auch den **Betriebszweck** des Callcenters der Beklagten zu 1) **nicht geändert.** Eine Änderung des Betriebszwecks spräche gegen eine im wesentlichen unveränderte Fortführung des Betriebs und damit gegen die für einen Betriebsübergang erforderliche Wahrung der Identität der wirtschaftlichen Einheit (stRspr, vgl. Senat [13.12.2007], NZA 2008, 1021 …). So stellen nach der ständigen Rechtsprechung des Senats wesentliche Änderungen der Tätigkeit auf Grund von **Änderungen des Konzepts** und der **Struktur** Faktoren dar, welche einem Betriebsübergang entgegenstehen können (vgl. Senat [4.5.2006], NZA 2006, 1096 …). **Gegen** eine **Veränderung des Betriebszwecks** und damit für einen Betriebsübergang spricht es, wenn die Tätigkeiten vor und nach der Übernahme von Betriebsmitteln oder wesentlichen Teilen des Personals ähnlich, dh nicht wesentlich anders, sind (vgl. Senat [16.5.2002], NZA 2003, 93 …). Im Streitfall erledigte die Beklagte ähnliche Aufgaben wie zuvor die Beklagte zu 1). Gegenstand der Tätigkeiten von Mitarbeitern eines Callcenters ist die Wahrnehmung von Kundenkontakten. Sowohl die Beklagte zu 1) als auch die Beklagte zu 2) erbrachten diese Dienstleistungen in ihren Callcentern für ihren Mutterkonzern. Dass die Beklagte zu 2) neben den bislang von der Beklagten zu 1) fast ausschließlich angebotenen „First-Level"-Tätigkeiten jetzt im Wege des sogenannten „One-Step-Call" auch Service im „Second Level"-Bereich anbietet, ändert am Betriebszweck des Callcenters nichts. Allein die erfolgte Erweiterung des Service-Angebots – unter Beibehaltung der bislang angebotenen Leistungen – hat den Betriebszweck des Callcenters nicht verändert. Vielmehr handelte es sich dabei um eine **innerbetriebliche Umorganisation** durch die Beklagte zu 2), um den Kundenservice dadurch zu verbessern, dass auch bei komplexerem Beratungs- oder Handlungsbedarf eine Kundenbetreuung „aus einer Hand" erfolgen kann und nicht mehr die Einschaltung Dritter, nämlich der „Second Level"-Mitarbeiter in Nürnberg und Leipzig erforderlich ist.

- Die Annahme eines Betriebsübergangs **scheitert** im Streitfall auch **nicht daran,** dass etwa die wirtschaftliche Identität des von der Beklagten zu 1) betriebenen Callcenters deshalb nicht erhalten geblieben wäre, weil die Beklagte zu 2) ihre Aufgaben nunmehr mit einer **wesentlich veränderten organisatorischen Zusammenfassung von Ressourcen** erfüllt und sie bei ihr nur noch einen „kleinen" Teilbereich ihrer wesentlich größeren Aufgabenstellung darstellen ... Zunächst stellt allein der Umstand, dass die Beklagte zu 2) ihre Tätigkeit **in neuen und größeren Räumen** ausübt, keine zwingend gegen einen Betriebsübergang sprechende Maßnahme dar. Die Ähnlichkeit einer betrieblichen Tätigkeit und damit die Identität der wirtschaftlichen Einheit geht nämlich nicht bereits dadurch verloren, dass ein Erwerber den Betrieb verlegt hat (Senat; 16.2. 2002 – 8 AZR 319/07, NZA 2003, 93).
- Nach den Feststellungen des LAG hatte die Beklagte zu 2) zum 1.4.2007 neun und zwischen dem 1.3. und 30.4.2007 145 neue Arbeitnehmer eingestellt, die zuvor nicht bei der Beklagten zu 1) beschäftigt gewesen waren. Zuvor (seit dem 1.10.2006) hatte sie 230 Arbeitnehmer beschäftigt, von denen 220 zuvor für die Beklagte zu 1) tätig gewesen waren. Damit lag die Zahl der zum Zeitpunkt der Stilllegung des Callcenters durch die Beklagte zu 1) neu eingestellten Mitarbeiter der Beklagten zu 2) deutlich unter derjenigen, die von der Beklagten zu 1) übernommen worden waren. Demnach kann **nicht davon ausgegangen werden,** dass die Tätigkeiten dieser übernommenen Mitarbeiter nur noch einen **kleinen Teilbereich** der nunmehr wesentlich größeren Aufgabenstellung des Callcenters der Beklagten zu 2) darstellten. Dass die Beklagte zu 2) nach der Übernahme eines wesentlichen Teils des Personals der Beklagten zu 1) ihre Beratungskapazitäten auf nunmehr 549 Arbeitsstationen **erweitert** hat und es dafür deutlich größerer **Räumlichkeiten** bedarf, **ändert nichts daran,** dass die Beklagte zu 2) das Callcenter der Beklagten zu 1) unter **Wahrung dessen betrieblicher Identität übernommen** hat. Auf die Entscheidung des EuGH in der Sache Klarenberg ./. Ferrotron Technologies-GmbH (EuGH [12.2.2009], NZA 2009, 251 – *Klarenberg*) **kommt es nicht an.**

Auch in diesem Fall wurde also die *„Klarenberg"*-Entscheidung des EuGH für nicht ent- 60
scheidungsrelevant erklärt, allerdings auf Grund **völlig anderer Erwägungen,** als sie dem Urteil vom 28.5.2009 (→ Rn. 55 ff.) zugrunde lagen. **Kern** der Entscheidungsgründe ist diesmal, dass **alle wesentlichen wertschöpfungsrelevanten Ressourcen** von der Beklagten zu 2) **übernommen** wurden, die übernommenen Mitarbeiter ihre – wenn auch zT aufgewerteten – telefonischen Beratungstätigkeiten weiterhin bei der Beklagten zu 2) verrichteten und auch durch die erst nach Übernahme des erheblichen Teils des Personals der Beklagten zu 1) erfolgte Kapazitätserweiterung die **Identität des übernommenen Betriebs nicht zerstört** wurde.

Bereits nach der früheren Rechtsprechung des 8. Senats zur sogenannten identitätszerstörenden Eingliederung war diese nur dann relevant, wenn sie sich zeitlich mit der Übernahme der wesentlichen betrieblichen Ressourcen des „Vorgängers" ereignete. So betrachtet liegt auch diese Entscheidung auf der Linie der früheren Judikatur und bedeutet keinen Bruch in der Rechtsprechungslinie. Besonders hervorzuheben ist allerdings, dass der Senat eine – auch erhebliche – **innerbetriebliche Umorganisation** und **Erweiterung des Betriebszwecks nicht als zwingend identitätszerstörend auffasst,**[320] dazu auch → Rn. 106. Hierin dürfte eine vorsichtige **Relativierung** der früheren Rechtsprechung liegen; denn in einer ganzen Reihe von Judikaten vor *„Klarenberg"* hatte der 8. Senat eine vom Erwerber der Betriebsmittel sogleich vorgenommenen Änderung der betrieblichen Strukturen für identitätsschädlich erachtet bzw. dies zumindest in Betracht gezogen.[321]

---

[320] BAG 25.6.2009 – 8 AZR 258/08, NZA 2009, 1412 Rn. 40.

[321] Vgl. insbesondere BAG 26.6.1997 – 8 AZR 426/95, NZA 1997, 1228 (Verwaltung – Funktionsnachfolge); 10.12.1998 – 8 AZR 676/97, NZA 1999, 420 (Hol- und Bringdienst); 27.4.2000 – 8 AZR 260/99, BeckRS 2000, 30784558 (Truppenübungsplatz); 6.4.2006 – 8 AZR 249/04, NZA 2006, 1039 (Bistrowagen); 30.10.2008 – 8 AZR 855/07, NZA 2009, 723 (Heeresinstandsetzung).

d) BAG 17.12.2009 – 8 AZR 1019/08, NZA 2010, 499 (Betriebskantine – Kaltmamsell)

61 Hier ging es nicht lediglich um eine Umorganisation und Erweiterung, sondern eine erhebliche **Änderung des bisherigen Betriebszwecks:**

Sachverhalt:

Die Beklagte bewirtschaftete auf der Grundlage mehrerer Nutzungsvereinbarungen mit der D-AG drei dieser gehörende Betriebskantinen. Für die ihr vertraglich obliegende frische Zubereitung und Ausgabe der Speisen setzte die Beklagte jeweils einen Koch und ein bis zwei Küchenhilfen ein; zu letzteren gehörte auch die Klägerin. Die D-AG kündigte das Vertragsverhältnis mit der Beklagten zum 31.12.2006 und übertrug die Bewirtschaftung der drei Betriebsrestaurants an ein anderes Unternehmen (Streithelferin), welches die Speisen nicht mehr vor Ort zubereitete; vielmehr wurden in einer sogenannten Menü-Manufaktur zentral vorgefertigte Speisen nunmehr in sogenannten Konvektomaten aufgewärmt, die in den Kantinenküchen aufgestellt wurden, und anschließend ausgegeben. Dementsprechend wurden von der neuen Auftragnehmerin auch keine Köche mehr beschäftigt, sondern nur noch Küchenhilfspersonal. Die Beklagte kündigte die Arbeitsverhältnisse der drei Köche und verwies die Küchenhilfskräfte an die neue Auftragnehmerin, welche ein entsprechendes Angebot der Klägerin aber abschlägig beschied.

Kernaussagen:

62 • In der Entscheidung vom 12.2.2009 (... – Klarenberg) hat der EuGH bestätigt, dass grundsätzlich die Organisation zu den **Kriterien für die Bestimmung der Identität einer wirtschaftlichen Einheit gehört** ... Nach Art. 1 I lit. b Richtlinie 2001/23/EG wird die Identität einer wirtschaftlichen Einheit einerseits über das Merkmal der Organisation der übertragenen Einheit, andererseits über das Merkmal der Verfolgung ihrer wirtschaftlichen Tätigkeit definiert ... Es sei für einen Betriebsübergang **nicht erforderlich,** dass der Übernehmer die **konkrete Organisation** der verschiedenen übertragenen Produktionsfaktoren **beibehalte**, sondern, dass die **funktionelle Verknüpfung der Wechselbeziehung und gegenseitigen Ergänzung der Produktionsfaktoren** beibehalten werde. Diese erlaube nämlich bereits dem Erwerber, die Produktionsfaktoren in ihrer Wechselbeziehung und gegenseitigen Ergänzung zu nutzen, selbst wenn sie nach der Übertragung in eine neue, andere Organisationsstruktur eingegliedert werden, um derselben oder einer gleichartigen wirtschaftlichen Tätigkeit nachzugehen ... (EuGH 12.2.2009 – C-466/07, NZA 2009, 251 – *Klarenberg*). Dies sieht der Senat nicht anders (BAG [22.1.2009] – 8 AZR 158/07, NZA 2009, 905...).

• In der anzustellenden **Gesamtbetrachtung** sprechen zwar eine Reihe von Kriterien für sich genommen für einen Betriebsübergang: Übernahme der materiellen Betriebsmittel und Räumlichkeiten, teilweise Fortführung organisatorischer Elemente, Übernahme der Kundschaft und keine Unterbrechung des betrieblichen Geschehens. Außerhalb des Küchenbereichs und der Fertigung von Mittagsmahlzeiten sind die von der Streithelferin fortgesetzten Tätigkeiten denjenigen, die die Beklagte verrichten ließ, ähnlich. Dagegen hat sich die Art des Betriebs bei der Streithelferin geändert: Der **frühere Betriebszweck,** Mittagessen mit frisch gekochten Speisen anzubieten, ist **weggefallen.** Damit sind zwangsläufig auch **erhebliche organisatorische Veränderungen** in einem zentralen Bereich einhergegangen. Es wird nicht mehr gekocht, nur noch gewärmt. Mit dem Wegfall der Köche ist ein nach Zahl und Sachkunde wesentlicher Teil des Personals der Beklagten bei der Streithelferin nicht mehr vorhanden, was die Beklagte durch die von ihr selbst ausgesprochenen betriebsbedingten Kündigungen gegenüber den Köchen akzeptiert und nie in Frage gestellt hat. Zwar ist eine Betriebskantine nicht betriebsmittelarm, die Bedeutung der menschlichen Arbeitskraft bei der Herstellung von Mahlzeiten ist aber (noch) vergleichsweise hoch. Wird dieser Produktionsfaktor dem bisherigen Betrieb entzogen und nach außen verlagert, so stellt dies eine Konzeptänderung dar, die der Annahme eines Betriebsübergangs entgegensteht. Der Betrieb einer Werkskantine im Cateringsystem ist etwas anderes als die frische Essenszubereitung vor Ort. Die Streithelferin hat den Betrieb der Beklagten nicht fortgeführt, weshalb das LAG zu Recht erkannt hat, dass ein Betriebsübergang nicht vorliegt.

Das Ergebnis der Klageabweisung ist umso bemerkenswerter, als der neue Auftraggeber trotz der vom BAG angenommenen Konzeptänderung weiterhin über Arbeitsplätze für Küchenhilfen verfügte, zu denen auch die Klägerin gehörte. Es wird jedoch eingangs der Entscheidungsgründe[322] mit ausführlicher Begründung verneint, „dass die Beklagte einen besonders abgrenzbaren Teilzweck durch die Küchenhilfskräfte verfolgen ließ".[323] Dies zeigt, dass in Fällen einer Änderung des (Gesamt-)Zwecks eines Betriebs **stets geprüft werden muss,** ob nicht (wenigstens) **ein oder mehrere Betriebsteile identitätswahrend übergegangen** sind. Ist das allerdings nicht der Fall, soll bei einer grundlegenden Konzeptänderung eine Verpflichtung zur Weiterbeschäftigung nach § 613a BGB nach Auffassung des 8. Senats selbst dann entfallen, wenn einzelne Funktionen und damit auch entsprechende Arbeitsplätze auch beim neuen „Inhaber" vorhanden sind. Insoweit führt das Urteil den Grundgedanken der „Tausendundeinenacht"-Entscheidung vom 11.9. 1997[324] fort, bei der es ebenfalls um eine Konzeptänderung im Restaurantbereich ging. 63

e) BAG 13.10.2011 – 8 AZR 455/10, NZA 2012, 504 (Mess- und Regeltechnik – *Klarenberg*)

Im weiteren Verlauf des Instanzenzuges[325] ist schließlich der Fall *„Klarenberg"*, wie er der Entscheidung des EuGH v. 12.2.2009 zugrunde lag (dazu → Rn. 17d ff.), seinerseits zum BAG gelangt. Anders als die Vorinstanz (LAG Düsseldorf) hat der 8. Senat das Vorliegen eines Betriebsteilübergangs *verneint* und die Klage abgewiesen. 63a

Sachverhalt:

Der Kläger war seit 1.5.1998 als Leiter der Abteilung F+ E/ET-Systeme/Netzwerk/IBS bei der ET-GmbH beschäftigt, einem auf dem Gebiet „industrieller Automatisierung" sowie „Mess- und Regeltechnik" tätigen Unternehmen. Arbeitsschwerpunkt dieser Abteilung war die Mess- und Regeltechnik, die sich wieder in drei Gruppen unterteilte. Am 22.11.2005 schloss die ET mit der F-GmbH und deren Muttergesellschaft einer als „Asset and Business Sale and Purchase Agreement" bezeichneten Vertrag über diverse Produktlinien, die teilweise in der vom Kläger geleiteten Abteilung entwickelt worden waren. Im Zuge dieses Erwerbs übernahm die F-GmbH neben den Rechten an Software, Patenten, Erfindungen, Produktnamen und technischem Know-how sowie Entwicklungshardware, Produktmaterial-Inventar sowie Kunden- und Lieferantenlisten von dem insgesamt 13-köpfigem Personal der Abteilung auch den stellvertretenden Abteilungsleiter N sowie zwei Ingenieure, nicht jedoch den Kläger. Gegen dessen auf § 613a BGB gestützte Klage wandte die beklagte F-GmbH ein, sie habe keinen Betriebsteil iSd § 613a BGB erworben. Auch sei der Kläger nicht der übernommenen Produktgruppe zuzuordnen, da er Leiter der gesamten Abteilung gewesen sei.

Kernaussagen: 63b

- Auf Grund der Rechtsprechung des EuGH geht der Senat davon aus, dass die vom Erwerber übernommene organisierte Gesamtheit von Personen und/oder Sachen **bereits beim Veräußerer** eine wirtschaftliche Einheit dargestellt und damit die **Qualität eines**

[322] BAG NZA 2010, 499 Rn. 16ff.
[323] BAG NZA 2010, 499 Rn. 17.
[324] 8 AZR 555/95, NJW 1998, 1253; s. dazu 3. Auf. Rn. 53ff.
[325] Vgl. die nach dem Urteil des EuGH ergangene Entscheidung des LAG Düsseldorf 29.1.2010 – 9 Sa 303/07, ZIP 2010, 1258, wogegen von Erwerberseite Revision zum BAG eingelegt wurde.

Betriebsteils gehabt haben muss, um die Voraussetzungen des § 613a BGB erfüllen zu können.[326]

- Deswegen muss **bereits beim bisherigen Betriebs(teil)inhalber** eine **selbständig abtrennbare organisatorische Einheit** vorgelegen haben, mit welcher innerhalb des betrieblichen Gesamtzwecks ein **Teilzweck** verfolgt worden ist. … Durch die Rechtsprechung des EuGH ist geklärt, dass schon beim Betriebs(teil)veräußerer eine abgrenzbare organisatorische wirtschaftliche Einheit vorgelegen haben muss, um einen Betriebs(teil)übergang annehmen zu können. Deren organisatorische Selbständigkeit muss allerdings nach der Rechtsprechung des EuGH (NZA 2009, 251 – *Klarenberg*) beim Betriebserwerber nicht mehr vollständig erhalten bleiben. … Auf Grund dieser eindeutigen Rechtsprechung des EuGH war der Senat nicht verpflichtet, ein Vorabentscheidungsverfahren gemäß Art. 267 AEUV einzuleiten.
- Legt man diese Kriterien zugrunde, so hat die F-GmbH in 2005 **keinen Betriebsteil** von ET **erworben.**
  - Eine organisatorische Einheit, die einem betrieblichen Teilzweck gedient hat, liegt bereits deshalb nicht vor, weil das übernommene Personal und die übergegangenen Rechte und Sachen **nicht nur einer der drei Gruppen der Abteilung zugeordnet werden können.** …
  - Des weiteren scheitert die Annahme eines schon bei der ET vorhandenen Betriebsteils iSd § 613a BGB daran, dass die Tätigkeit der vier übernommenen Arbeitnehmer **nicht losgelöst** von der Tätigkeit der nicht übernommenen übrigen neun Beschäftigten als organisatorisch abtrennbare Tätigkeit betrachtet werden kann. …
  - Aber auch ohne Miteinbeziehung der in der Abteilung F+E/ET-Systeme/Netzwerk/IBS beschäftigten Mitarbeiter stellten die von der F-GmbH übernommenen Gegenstände (Sachen und Rechte) für sich betrachtet bei der ET keinen Betriebsteil dar. Allein von einem Betrieb zum Zwecke des Verkaufs produzierte Gegenstände (einschließlich der diesbezüglichen Patente, Produktnamen, Lieferanten- und Kundenkarteien) … stellen grundsätzlich keinen Betriebsteil iSd § 613a Abs. 1 S. 1 BGB dar. Die Produkte eines Betriebs „dienen" schon begrifflich keinem Betriebszweck, sondern der Betriebszweck „dient" deren Entwicklung, Herstellung und Vertrieb. Letztlich hat die F-GmbH bestimmtes technisches „Know-how" und vier Mitarbeiter der ET übernommen. Dieses übernommene Wissen stellte aber zusammen mit den Arbeitnehmern bei der ET keinen Betriebsteil in Form einer organisierten Gesamtheit von Personen und Sachen und damit keine wirtschaftliche Einheit dar. Patente und „Know-how" sind für sich betrachtet nämlich keine organisatorischen Gesamtheiten, welche einen Betriebsteil bei der ET hätten bilden können. …
  - Da somit die von der F-GmbH übernommenen Mitarbeiter zusammen mit den übergegangenen Gegenständen keinen Betriebsteil bei der ET dargestellt haben, scheidet ein Betriebsteilübergang nach § 613a Abs. 1 S. 1 BGB auf die Rechtsvorgängerin an der Beklagten, die F-GmbH, aus.

63c Dass der 8. Senat die Betriebsübergangsrichtlinie zutreffend interpretiert, hat der **EuGH** inzwischen mit Urteil v. 6.3.2014 in Sachen *„Amatori"* **bestätigt** (→ Rn. 17i). Die nunmehr in den Fokus gerückte „Vorher-Betrachtung" eröffnet der Praxis interessante **Gestaltungsmöglichkeiten:** Werden nur einzelne Teile (Betriebsmittel, Personal) aus verschiedenen Betriebsteilen übernommen und vom Erwerber in die bei diesem bestehende Betriebsorganisation integriert, handelt es sich nicht um einen Betriebsteilübergang iSv § 613a Abs. 1 S. 1 BGB, und zwar unabhängig davon, ob die übernommenen Betriebsmittel beim Erwerber über verschiedene Bereiche/Abteilungen „verstreut" werden oder dort einen eigenständigen Betriebsteil bilden (dazu auch → Rn. 99 ff.).

[326] Im selben Sinne BAG 14.5.2020 – 6 AZR 235/19 NZA 2020, 1091 Rn. 60 (Air Berlin/Lufthansa II).

5. Quintessenz der Rechtsprechung des EuGH zur Betriebsübergangsrichtlinie und des BAG zu § 613a BGB

a) Übergang einer wirtschaftlichen Einheit, die ihre Identität bewahrt: Erfordernis einer Sieben-Punkte-Prüfung mit Gesamtbewertung

Ausgangspunkt für die Subsumtion von Transaktionsvorgängen unter die Betriebsübergangsrichtlinie und § 613a BGB bleibt auch nach *„Klarenberg“* das Urteil in Sachen *Spijkers,*[327] auf das der EuGH auch in jener Entscheidung ausdrücklich Bezug nimmt.[328] Danach ist ein Betriebs(teil)übergang immer dann und nur dann zu bejahen, wenn und soweit die konkrete wirtschaftliche Einheit **ihre ursprüngliche Identität auch beim Erwerber tatsächlich beibehält.**[329] Angesichts der Vielfalt der Erscheinungsformen in der Praxis liegt es auf der Hand, dass sich diese Voraussetzung nicht anhand eines einzelnen Kriteriums feststellen lässt, sondern die Prüfung der Wahrung der Identität in der Regel nur mittels einer **Gesamtbewertung** erfolgen kann. Die Bewertung der maßgeblichen Tatsachen ist nach Unionsrecht Sache der **nationalen Gerichte**[330] und im deutschen Arbeitsrecht Sache der **Tatsacheninstanzen,** die dabei einen **Beurteilungsspielraum** haben.[331] 64

Der 8. Senat des BAG hat sich vorbehaltlos der Rechtsprechung des EuGH angeschlossen, indem er die „Sieben-Punkte-Prüfung“ mit anschließender Gesamtbewertung auch den nationalen Arbeitsgerichten zur Pflicht macht:[332]

Die Sieben-Punkte-Prüfung nach der Rechtsprechung des EuGH 65

1. Art des (bisherigen) Betriebs/Unternehmens
2. Etwaiger Übergang der materiellen Betriebsmittel (Gebäude, bewegliche Güter)
3. Wert der immateriellen Aktiva im Zeitpunkt des Übergangs
4. Etwaige Übernahme der Hauptbelegschaft durch den neuen Inhaber
5. Etwaiger Übergang der Kundschaft
6. Grad der Ähnlichkeit zwischen den vor und nach dem Übergang verrichteten Tätigkeiten
7. Dauer einer eventuellen Unterbrechung der Tätigkeit

⇒ GESAMTBEWERTUNG!

Dabei kommt nach stRspr sowohl des EuGH wie auch des BAG den für das Vorliegen eines Betriebsübergangs maßgebenden Kriterien je nach den **Produktions- und Betriebsmethoden** ein **unterschiedliches Gewicht** zu.[333] Relevant ist insoweit insbesondere die **Unterscheidung** zwischen **betriebsmittelintensiven** und **betriebsmittelarmen** Tätigkeiten (dazu → Rn. 70). Gerichtsurteile zu § 613a BGB haben sich an dem Sieben-Punkte-Katalog zu orientieren und sich mit jedem einzelnen Merkmal in nachvollziehbarer Form auseinander zu setzen. Es ist seit *„Ayse Süzen“* nicht mehr möglich, einen Betriebsübergang ausschließlich anhand eines einzigen Merkmals (zB Übernahme

---

327 18.3.1986, Rs. 24/85, BeckRS 2004, 72554.

328 EuGH 12.2.2009 – C-466/07 *(Klarenberg)*, NZA 2009, 251 Rn. 39.

329 Vgl. auch *Annuß* BB 1998, 1582 (1583).

330 Ua EuGH 15.12.2005 – C-232/04 *(Güney-Görres)*, NZA 2006, 29.

331 Vgl. BAG 18.9.2014 – 8 AZR 733/13, NZA 2015, 97 Rn. 19 (Tankstellenbetrieb).

332 Vgl. zB 11.9.1997 – 8 AZR 555/95, NJW 1998, 1253 (Tausendundeine Nacht), unter B I der Gründe; 11.12.1997 – 8 AZR 426/94, NZA 1998, 532 (Catering), unter B I der Gründe; 22.1.1998 – 8 AZR 775/96, NZA 1998, 638 (Bewachungsauftrag), unter B I 1 der Gründe, sowie alle seitherigen Folgeentscheidungen, in denen der Sieben-Punkte-Katalog immer wieder „stereotyp“ zitiert wird, zB 22.1.2015 – 8 AZR 139/14, NZA 2015, 1325 Rn. 15 (Neuvergabe eines Bewachungsauftrags IV).

333 EuGH 15.12.2005 – C-232/04 *(Güney-Görres)*, NZA 2006, 29; BAG 22.5.2014 – 8 AZR 1069/12, NZA 2014, 1335 Rn. 21 (Arbeitsvermittlung).

der wesentlichen materiellen Aktiva) zu bejahen oder zu verneinen.[334] Vielmehr handelt es sich bei den verschiedenen Punkten lediglich um **Teilaspekte,** die **nicht isoliert betrachtet werden** dürfen.[335] Dabei kommt es entscheidend darauf an, ob der Einsatz der jeweils vom Erwerber übernommenen Betriebsmittel „bei wertender Betrachtungsweise den eigentlichen Kern des zur Wertschöpfung erforderlichen „Funktionszusammenhangs ausmacht" (dazu → Rn. 48 sowie → Rn. 107) Eine fehlerhafte bzw. ganz oder teilweise unterlassene Abwägung der Kriterien ist in der Revisionsinstanz nachprüfbar.[336] Mit diesem Sieben-Punkte-Katalog ist allerdings für die Praxis noch nicht allzu viel gewonnen, solange nicht feststeht, worin das eigentliche **„Wesen" des Betriebsübergangs** liegt, dh, welchem übergeordneten „tragenden Rechtsgedanken" diese sieben Einzelkriterien letztlich zuzuordnen sind.

b) Abgrenzung von Organisations- und Funktionsnachfolge,[337] insbesondere beim Outsourcing

66 Entscheidendes Merkmal eines Betriebsübergangs ist die **Weiternutzung** einer vorhandenen, vom bisherigen Betriebsinhaber geschaffenen, auf Dauer angelegten und auf einen bestimmten **Betriebszweck** ausgerichteten **Arbeitsorganisation** durch den Übernehmer („Identität der wirtschaftlichen Einheit"). Dem Betriebsnachfolger geht es darum, einen funktionsfähigen „Organisationszusammenhang" zu übernehmen und von der bereits **vorhandenen Betriebsorganisation** zu **profitieren.**[338] Die zentrale Bedeutung der Beibehaltung und Weiternutzung der Arbeitsorganisation hat das BAG inzwischen wiederholt herausgestellt.[339] **Ohne Nutzung** der vom Vorgänger geschaffenen **Arbeitsorganisation** kann es letztlich **keinen Betriebsübergang** geben,[340] mit dieser Begründung, die auch nach *„Klarenberg"* ihre Relevanz behält, wurde mehrfach das Vorliegen eines Betriebsübergangs verneint.[341] Nach nunmehriger Rspr. des **EuGH** ist die Voraussetzung der Identitätswahrung allerdings **nicht** dahin auszulegen, „… dass sie verlangt, die **konkrete Organisation** der verschiedenen übertragenen Produktionsverfahren durch den Unternehmer beizubehalten, sondern … dahin, dass die Beibehaltung der funktionellen Verknüpfung der Wechselbeziehung und gegenseitigen Ergänzung zwischen diesen Faktoren erforderlich ist".[342] Bei **betriebsmittelarmen Tätigkeiten** (zB Reinigung von Räumlichkeiten)

[334] So ausdrücklich BAG 22.1.2015 – 8 AZR 139/14, NZA 2015, 1325 Rn. 24 (Neuvergabe eines Bewachungsauftrags IV).

[335] BAG 25.8.2016 – 8 AZR 53/15, NZA-RR 2017, 123 Rn. 27 (Rettungsdienst) unter Berufung auf die Rspr. des EuGH *(Aira Pascual; CLECE).*

[336] Vgl. dazu auch *Ascheid* in Preis/Willemsen (Hrsg.), Umstrukturierung von Betrieb und Unternehmen im Arbeitsrecht, Rn. B 34.

[337] S. dazu auch HWK/*Willemsen* BGB § 613a Rn. 165 ff.

[338] Vgl. auch BAG 6.4.2006 – 8 AZR 249/04, NZA 2006, 1039 (Bistrowagen): „Er legt sich ins gemachte Bett".

[339] Vgl. etwa 11.9.1997 – 8 AZR 555/95, NJW 1998, 1253: Ein Wechsel der Betriebsmethoden und der Arbeitsorganisation schließt den Betriebsübergang aus, unter B I 2b) der Gründe; 11.12.1997 – 8 AZR 729/96, NZA 1998, 534: „Er (sc. der Betriebsnachfolger) hat eine bestehende Arbeitsorganisation übernommen und keine neue aufgebaut", unter B I b) der Gründe. BAG 14.5.2020 – 6 AZR 235/19, NZA 2020, 1091 Rn. 86 (Air Berlin/Lufthansa II): Anknüpfung an eine „vom Betriebsveräußerer bereits geschaffene Struktur"; Bemerkenswerterweise stellt auch die zivilgerichtliche Rechtsprechung zur Unternehmensfortführung nach § 25 Abs. 1 HGB unter anderem auch auf die Beibehaltung der „inneren Organisation" ab; vgl. BGH 28.11.2005 – II ZR 355/03, NZG 2006, 261; OLG Düsseldorf 28.10.2008 – 18 U 36/08, NZG 2009, 314.

[340] So bereits *Willemsen* RdA 1991, 204 (211). Den Ansatz der Nutzung der vom Vorgänger geschaffenen Betriebsorganisation greift Generalanwältin *Trstenjak* in ihren Schlussanträgen iS CLECE vom 26.10.2010 – C-463/09, BeckRS 2010, 91247 Rn. 68 auf; ebenso BAG 15.12.2011 – 8 AZR 197/11, NZA-RR 2013, 179 Rn. 55 (Neuvergabe eines Bewachungsauftrags III).

[341] Vgl. BAG 21.1.1999 – 8 AZR 680/97, BeckRS 1999, 15052 (Privatschule I); 18.3.1999 – 8 AZR 196/98, NZA 1999, 869 (Grundstücksverwaltung); 18.3.1999 – 8 AZR 159/98, NZA 1999, 704 (Kfz-Handel); 23.9.1999 – 8 AZR 813/98, BeckRS 1999, 30780944 (Metropol-Theater); 6.4.2006 – 8 AZR 249/04, NZA 2006, 1039 (Bistrowagen); vgl. auch LAG Niedersachsen 7.6.2002 – 16 Sa 1803/01.

[342] EuGH 12.2.2009 – C-466/07 *(Klarenberg),* NZA 2009, 251 Rn. 47.

konnte nach bisheriger Rspr. des BAG bereits eine grundlegende Umstellung des Arbeits- und Schichtplans sowie der Zusammensetzung der einzelnen Gruppen einem Betriebsübergang entgegenstehen.[343] Hieran kann nach *„Klarenberg"* aber nicht uneingeschränkt festgehalten werden (dazu auch → Rn. 106), wohl aber daran, dass nicht Betriebsübernehmer sein kann, wer lediglich „tote" Betriebsmittel oder einzelne Arbeitnehmer übernimmt, ohne sich den in der bestehenden Verknüpfung und Wechselbeziehung derartiger „Faktoren" liegenden **Organisationsvorteil** zunutze zu machen. In der Nutzung dieses Vorteils liegt nämlich der – allein – legitimierende Grund für die in der Übernahme aller Arbeitnehmer liegenden Belastung des Erwerbers (dazu auch → Rn. 25).[344]

Den **Gegensatz** zur Organisationsnachfolge bildet der Aufbau einer neuen oder die Weiternutzung einer bei einem anderen (zB Konkurrenz-) Unternehmen bereits bestehenden Arbeitsorganisation, auch wenn sie dazu dient, die von einem „Vorgänger" erledigte Arbeitsaufgabe unverändert fortzuführen. Die bloße **Funktionsnachfolge** stellt also keinen **Betriebsübergang** dar,[345] selbst wenn mit dem Übernehmer des Auftrags völlig identische Verträge wie mit seinem Vorgänger abgeschlossen werden.[346] Dies ist nach der nunmehrigen Rechtsprechung sowohl des EuGH wie auch des BAG **völlig unstreitig;** auch die zentralen Entscheidungen des EuGH in Sachen *Abler* und *Güney-Görres* (→ Rn. 17a) haben an dieser Aussage nichts geändert. Schließlich nimmt der EuGH (auch) in seinem Urteil vom 12.2.2009 ausdrücklich auf seine frühere Rechtsprechung Bezug, in der klargestellt wurde, dass eine wirtschaftliche Einheit nicht als bloße Tätigkeit verstanden werden kann, sondern eine „organisierte Gesamtheit von Personen und Sachen zur Ausübung einer wirtschaftlichen Tätigkeit" sei.[347] Damit wurde einem extrem tätigkeitsbezogenem Identitätsbegriff, wie er noch der *„Christel-Schmidt"*-Entscheidung (→ Rn. 5ff.) zu Grunde lag, abermals eine Absage erteilt. Um eine bloße Funktionsnachfolge handelt es sich auch, wenn ein Dritter zwar die **Kundenbeziehungen** eines Unternehmens übernimmt, dieses aber zugleich beauftragt, in seinem Namen die Aufträge der „übernommenen" Kunden in der bisherigen Art und Weise zu erledigen.[348] **Verneint** wurde ein Betriebsübergang des weiteren vom 8. Senat des BAG in einem Fall, in dem eine Hafenentwicklungsgesellschaft etwa 800 Meter von einer zuvor existierenden Tankstelle eine neue Tankstellenanlage errichten ließ und diese an einen anderen Pächter verpachtete, der lediglich untergeordnete Betriebsmittel und einen kleineren Teil des Personals übernahm. Es spreche auch nicht für die Betriebsidentität, dass die **Art des Betriebs** und die **Produktions- und Betriebsmethoden** sich nicht unterschieden.[349] Für die Fälle der Auftragsnachfolge und des Outsourcing bedeutsam ist ferner die Feststellung des Senats, dass der **Grad der Ähnlichkeit** der erbrachten Dienstleistung als Kriterium für einen Betriebsübergang **nur** dann **Bedeutung** erlange, „wenn die Art und Weise der Tätigkeiten von den Auftragnehmern beeinflusst werden kann, also **Ausdruck der von den Auftragnehmern geschaffenen Arbeitsorganisation** ist und die durchgeführte

---

343 Vgl. 11.12.1997 – 8 AZR 729/96, NZA 1998, 534, unter B I 2c) der Gründe; BAG 15.2.2007 – 8 AZR 431/06, NZA 2007, 793; aA bezüglich des Schichtplans allerdings BAG 13.6.2006 – 8 AZR 271/05, NZA 2006, 1101 („Personenkontrolle an Flughäfen").

344 Wie hier *Krause* FS Wank, 2014, 275 (284); *Wank* FS 50 Jahre BAG, 2004, 245 (250).

345 Der – zentrale – Satz aus der *Ayse Süzen*-Entscheidung, wonach eine „Einheit nicht als bloße Tätigkeit verstanden werden" dürfe, ist vom 8. BAG-Senat erstmals mit Urteil vom 24.4.1997 – 8 AZR 848/94, NZA 1998, 253, übernommen und seitdem in ständiger Rechtsprechung formelhaft wiederholt worden; s. dazu nur BAG 23.9.2010 – 8 AZR 567/09, NZA 2011, 197 (Maschinenhersteller/Leiharbeit); 22.8.2013 – 8 AZR 521/12, BeckRS 2014, 65161 (Hafenumschlag- und Stauereibetrieb), Rn. 41; 27.2.2020 – 8 AZR 215/19, BeckRS 2020, 17144 Rn. 143 (Air Berlin/Lufthansa I).

346 BAG 15.12.2011 – 8 AZR 197/11, NZA-RR 2013, 179 Rn. 45 (Neuvergabe eines Bewachungsauftrags III).

347 EuGH 12.2.2009 – C-466/07 *(Klarenberg)*, NZA 2009, 251 Rn. 49, unter Bezugnahme ua auf *„Spijkers"* und *„Ayse Süzen"*. Besonders deutlich jetzt auch EuGH 20.1.2011 – C-463/09 *(CLECE SA)*, NZA 2011, 148.

348 BAG 14.8.2007 – 8 AZR 803/06, NZA 2007, 1428.

349 BAG 18.9.2014 – 8 AZR 733/13, NZA 2015, 97 Rn. 25 (Tankstellenbetrieb).

Tätigkeit nicht maßgeblich auf den **Vorgaben des Auftrags beruht,** dh sie sich im Wesentlichen als die auf Grund des Dienstleistungsvertrags geschuldete Tätigkeit darstellt.[350] Noch weitergehend führt der Senat in einem Urteil vom 22.8.2013 aus, die Ausübung der gleichen oder einer vergleichbaren Tätigkeit sei **nur dann ein Indiz** für einen Betriebsübergang, wenn der (potentielle) Betriebserwerber diese Tätigkeiten vor dem (potentiellen) Betriebsübergang **nicht ausgeübt** habe.[351] Damit dürfte diesem Kriterium insbesondere in den Fällen des **Outsourcings** und der Auftragsnachfolge kaum noch eine Aussagekraft zukommen. Bemerkenswert ist in dem vorliegenden Zusammenhang schließlich die Feststellung des Senats in der *„Klarenberg"*-Folgeentscheidung vom 13.10. 2011, dass allein von einem Betrieb zum Zwecke des Verkaufs produzierte Gegenstände grundsätzlich keinen Betriebsteil iSv § 613a Abs. 1 S. 1 BGB darstellten; die Produkte eines Betriebs „dienten" schon begrifflich keinem Betriebszweck, sondern der Betriebszweck „diene" deren Entwicklung, Herstellung und Vertrieb.[352] Hieraus ist zu folgern, dass die **bloße Fortführung einer Produktlinie** (des „Wertschöpfungsprogramms") ohne Übernahme der hierfür erforderlichen betrieblich-organisatorischen Grundlagen (der „Wertschöpfungsquelle") lediglich den Fall einer – von § 613a BGB nicht erfassten – **Funktionsnachfolge** darstellt. Entsprechendes gilt, wenn zwar **Patente** und **Know-how,** aber keine dazugehörigen Gesamtheiten von Personal und Sachen übernommen werden.[353]

c) Wesentliche Unterschiede und Abweichungen gegenüber der früheren „Betriebsmittelrechtsprechung" des BAG[354]

67 Die Definition der für die Arbeitsorganisation konstitutiven, unverzichtbaren Elemente hängt vom jeweiligen **Betriebszweck** ab. Entgegen der früheren BAG-Rechtsprechung schließt die fehlende Übertragung von **Betriebsmitteln** im Sinne materieller Ressourcen einen Betriebsübergang im Sinne der Richtlinie nicht notwendigerweise aus, noch ist umgekehrt bei Übergang „wesentlicher" Betriebsmittel stets von einem Betriebsübergang auszugehen. Die für den Betriebsübergang notwendige Identität der „Einheit" kann sich je nach Branche vielmehr auch aus ihrem Personal, ihren Führungskräften, ihrer Arbeitsorganisation sowie ihren Betriebsmethoden ergeben.

Aus der nunmehrigen, zutreffenden Fokussierung der Rechtsprechung auf die Kontinuität und **Weiternutzung der vom Vorgänger geschaffenen Arbeitsorganisation** folgen erhebliche **Änderungen** gegenüber der früheren, ständigen Rechtsprechung insbesondere des 2. und 8. Senats:

68 • Der Übergang von Betriebsmitteln (Räumlichkeiten, Einrichtungsgegenständen, Akten etc) ist – jedenfalls – bei Dienstleistungsbetrieben irrelevant, wenn die bisherige Dienstleistung nunmehr in **einer völlig andersartigen Arbeitsorganisation** erbracht wird.[355] Auch ein **sofortiger** und **grundlegender Wechsel** der **Konzepte,** nach de-

[350] BAG 15.12.2011 – 8 AZR 197/11, NZA-RR 2013, 179 Rn. 46 (Neuvergabe eines Bewachungsauftrags III); 25.9.2008 – 8 AZR 607/07, NZA-RR 2009, 469 Rn. 43; dazu kritisch *Lemp* NZA 2013, 1390.

[351] BAG 22.8.2013 – 8 AZR 521/12, BeckRS 2014, 65161 (Hafenumschlag- und Stauereibetrieb), Rn. 48.

[352] BAG 13.10.2011 – 8 AZR 455/10, NZA 2012, 504 Rn. 46 (Mess- und Regeltechnik/*Klarenberg*).

[353] BAG 13.10.2011 – 8 AZR 455/10, NZA 2012, 504 Rn. 46 (Mess- und Regeltechnik/*Klarenberg*).

[354] S. dazu auch HWK/*Willemsen* BGB § 613a Rn. 68, 106, 122, 134; Generell ist zu der nachfolgenden Darstellung anzumerken, dass sich die Rechtsprechung sowohl des EuGH als auch des BAG zur Abgrenzung des Betriebs(teil)übergangs derzeit im Fluss befindet und die weitere Entwicklung uU zu einer veränderten Bewertung der nachfolgend erörterten Abgrenzungskriterien führen kann; s. dazu auch → Rn. 71f.

[355] Vgl. BAG 24.4.1997 – 8 AZR 848/94, NZA 1998, 253 (EDV-Dienstleistung) und 26.6.1997 – 8 AZR 426/95, ZIP 1997, 1975 (Verwaltung – Funktionsnachfolge); besonders deutlich BAG 6.4.2006 – 8 AZR 249/04, NZA 2006, 1039 (Bistrowagen); 22.8.2013 – 8 AZR 521/12, AP Nr. 444 zu § 613a BGB (Hafenumschlag- und Stauereibetrieb), Rn. 43; vgl. ferner BAG 13.12.2007 – 8 AZR 937/06, NZA 2008, 1021 Rn. 26 (Lagerbetrieb): Bei Dienstleistungsbetrieben kann die wirtschaftliche Einheit entscheidend durch die Organisationsstruktur der zu verrichtenden Dienstleistung geprägt sein.

nen die Dienstleistung erbracht wird, steht der Identität der wirtschaftlichen Einheit entgegen.[356] Die Erbringung der Dienstleistung in **denselben Räumen** und die **Übernahme von Inventar** fallen dann nicht mehr entscheidend ins Gewicht.[357] Hingegen kann die wirtschaftliche Einheit trotz Ortsverlegung (auch ins **Ausland!**) gewahrt bleiben, wenn der Erwerber den Betrieb mit den lediglich verlagerten Betriebsmitteln sowie mit gleicher Arbeitsorganisation und gleichen Betriebsmethoden weiterführt.[358] Ebenso schließen bloße **Optimierungen der Arbeitsabläufe** einen Betriebsübergang nicht aus, sondern berechtigen den Erwerber allenfalls zum Ausspruch betriebsbedingter Kündigungen.[359] Entsprechendes gilt für bloße **Erweiterungen** der bisherigen Aufgaben, solange die „Grundtätigkeit" dieselbe bleibt.[360]

- Den **Absichten des Erwerbers** von Betriebsmitteln kommt eine zentrale Bedeutung für die Abgrenzung des Betriebsübergangs zu.[361] Ein von diesem von Anfang an[362] beabsichtigter und zugleich realisierter grundlegender **Wechsel des Betriebszwecks,** der **Betriebsmethoden** und/oder der **Betriebsorganisation** schließt eine Identität der wirtschaftlichen Einheit und damit einen Betriebsübergang ebenso aus wie der bloße **Einsatz übernommener Betriebsmittel** in der eigenen schon bestehenden Organisation.[363] Allerdings führt nicht bereits jedwede Veränderung der „konkreten" Organisation zur Verneinung eines Betriebsübergangs. Entscheidend ist vielmehr, ob die „... funktionelle Verknüpfung der Wechselbeziehung und gegenseitigen Ergänzung der Produktionsfaktoren beibehalten" wird.[364] Auch eine sofortige und grundlegende **Rationalisierung, Verkleinerung** und gleichzeitige **Neuorganisation** durch den Erwerber von Betriebsmitteln, sofern sie zur Aufgabe dieser Verknüpfung führt, kann der Identität der wirtschaftlichen Einheit entgegenstehen.[365] Dasselbe gilt, wenn sächliche Betriebsmittel zwar übernommen, aber in grundlegend anderer Art und Weise genutzt werden als zuvor.[366] Die genau gegenteilige frühere Rechtsprechung des BAG, die derartige Veränderungen für irrelevant erklärte,[367] ist damit endgültig überholt. Ebenso **überholt** 69

[356] Daran hält der 8. Senat auch nach *„Klarenberg"* fest; vgl. BAG 17.12.2009 – 8 AZR 1019/08, NZA 2010, 499 (Betriebskantine – Kaltmamsell); 22.8.2013 – 8 AZR 521/12, BeckRS 2014, 65161 Rn. 43 (Hafenumschlag- und Steuereibetrieb); 19.3.2015 – 8 AZR 119/14, BeckRS 2015, 70521 Rn. 30 (Lokalredaktion); dazu → Rn. 61 ff. AA offenbar LAG Düsseldorf 25.8.2010 – 12 Sa 703/10, BeckRS 2010, 74293.

[357] Vgl. BAG 21.1.1999 – 8 AZR 680/97, BeckRS 1999, 15052 (Privatschule I).

[358] BAG 16.5.2002 – 8 AZR 319/01, NZA 2003, 93; 26.5.2011 – 8 AZR 37/10, NZA 2011, 1143.

[359] BAG 21.8.2008 – 8 AZR 201/07, NZA 2009, 29.

[360] BAG 22.5.2014 – 8 AZR 1069/12, NZA 2014, 1335 Rn. 58 (Arbeitsvermittlung).

[361] So bereits *Willemsen* RdA 1991, 204 (211); vgl. auch BAG 12.11.1998 – 8 AZR 282/97, NZA 1999, 310.

[362] Erst nach dem Betriebsübergang vorgenommene Änderungen sind dagegen grundsätzlich unerheblich; vgl. BAG 22.5.2012 – 8 AZR 1069/12, NZA 2014, 1335 Rn. 58 (Arbeitsvermittlung).

[363] BAG 11.9.1997 – 8 AZR 555/95, NJW 1998, 1253 (Tausendundeine Nacht); 10.12.1998 – 8 AZR 676/97, NZA 1999, 420 (Hol- und Bringdienst); 18.3.1999 – 8 AZR 196/98, NZA 1999, 869 (Grundstücksverwaltung); 27.4.2000 – 8 AZR 260/99, BeckRS 2000, 30784558 (Truppenübungsplatz); 8.8.2002 – 8 AZR 583/01, NZA 2003, 315; 4.5.2006 – 8 AZR 299/05, NZA 2006, 1096 (Frauenhaus); 13.7.2006 – 8 AZR 331/05, NZA 2006, 1357 (Möbelhandel); 22.8.2013 – 8 AZR 521/12, BeckRS 2014, 65161 (Hafenumschlag- und Staueribetrieb), Rn. 43 u. 69; 15.11.2012 – 8 AZR 683/11, NJW 2013, 2379 Rn. 31 (Hausverwaltung); LAG Niedersachsen 7.6.2002 – 16 Sa 1803/01, NZA-RR 2003, 69.

[364] So mit Bezugnahme auf *„Klarenberg"* ausdrücklich BAG 17.12.2009 – 8 AZR 1019/08, NZA 2010, 499 (Betriebskantine – Kaltmamsell); seitdem stRspr, vgl. nur BAG 10.5.2012 – 8 AZR 434/11, NZA 2012, 1161 Rn. 26 (Rettungsdienst).

[365] So ausdrücklich BAG 23.9.1999 – 8 AZR 614/98, BeckRS 1999, 30780839, wonach es also entscheidend darauf ankommen kann, ob noch der bisherige oder der neue Arbeitgeber die Rationalisierung/Umstrukturierung vornimmt; ebenso BAG 22.5.2014 – 8 AZR 1069/12, NZA 2014, 1335 Rn. 58 (Arbeitsvermittlung).

[366] Vgl. *Schlachter* RdA-Beil. 2009, 31 (40).

[367] Vgl. etwa BAG 19.11.1996 – 3 AZR 394/95, NZA 1997, 722: „Es gibt keinen allgemeinen Rechtsgrundsatz, wonach ein Betriebsübergang bei Gaststätten oder Einzelhandelsgeschäften nur dann angenom-

ist die der früheren Rechtsprechung des BAG zugrundeliegende These, dass bereits die **Fortführungsmöglichkeit** auf Seiten des Erwerbers der „Betriebsmittel" für das Vorliegen eines Betriebsübergangs ausreiche.[368] Dieser muss von der Fortführungsmöglichkeit vielmehr **tatsächlichen Gebrauch** machen, und sei es nur übergangsweise, etwa um den Betrieb nach einer Übergangsphase auf einen **anderen Betriebszweck** umzustellen[369] oder aber ihn **abzuwickeln.**[370] Führt der Erwerber lediglich einen (von Anfang an) erheblich **eingeschränkten Betrieb** weiter, schließt dies trotz der Nutzung sächlicher Betriebsmittel einen vollständigen Betriebsübergang aus, und es kommt allenfalls ein Betriebsteilübergang in Betracht.[371] Andererseits wirkt eine bloße **Erweiterung** der Tätigkeit nicht „identitätszerstörend", solange die (überwiegende) Grundtätigkeit dieselbe geblieben ist; dasselbe gilt für reine Umbaumaßnahmen.[372] Das BAG hat der „Lehre von der Fortsetzungsmöglichkeit" nach anfänglichem Zögern ausdrücklich „abgeschworen"[373] und weist seither jeden Entscheidungsansatz der Instanzgerichte, der auf der bloßen Möglichkeit der Betriebsfortführung beruht, als rechtsirrig zurück.[374] Auch das EuGH-Urteil in der Rechtssache *Klarenberg*[375] zwingt insoweit nicht zu einem (erneuten) Umdenken.[376] Dies hat der 8. Senat des BAG inzwischen wiederholt klargestellt.[377]

70 • Die **Übernahme von Personal** kann – auch ohne jedwede Überleitung sächlicher Betriebsmittel![378] – den Tatbestand des § 613a BGB auslösen; das hiergegen von der Rechtsprechung des BAG bisher vorgebrachte „Konfusionsargument"[379] trifft nicht zu.[380] Entscheidend ist in diesem Zusammenhang nicht der Übergang einzelner Arbeitsverhältnisse, sondern der **Übergang** eines in einer „Gesamtheit von Arbeitnehmern" verkörperten Funktionszusammenhangs, dh der **Arbeitsorganisation.**[381]

---

men werden kann, wenn der Erwerber den bisherigen Betriebszweck im wesentlichen unverändert fortführen will.".

368 Im Ergebnis ebenso *Annuß* DB 1998, 1582 (1583); *Müller-Glöge* NZA 1999, 449 (453); *Preis/Steffan* DB 1998, 309 (314); *Willemsen/Annuß* NJW 1999, 2073; *Willemsen/Annuß* Anm. BAG EzA § 613a BGB Nr. 153; *Wiebauer* NZA 2010, 733 (735); kritisch zur „Theorie der Fortführungsmöglichkeit" *Willemsen* RdA 1991, 204; *Willemsen* DB 1995, 924 (928).

369 Nur mit dieser Maßgabe kann dem BAG 16.7.1998 – 8 AZR 81/97, NZA 1998, 1233 zugestimmt werden.

370 Dass die Richtlinie auch dann Anwendung findet, wenn Veräußerer und/oder Erwerber die zukünftige Abwicklung des Erwerbs planen, hat der EuGH mit Urteil vom 13.6. 2019 – C- 664/17 *(Ellinika Nafpigeia)*, NZA 2019,889 Rn. 48, ausdrücklich festgestellt, gleichzeitig aber auch auf die Möglichkeit eines Rechtsmissbrauchs hingewiesen; S. dazu auch HWK/*Willemsen* BGB § 613a Rn. 66.

371 BAG 10.11.2011 – 8 AZR 538/10, AP Nr. 421 zu § 613a BGB Rn. 21.

372 So BAG 22.5.2014 – 8 AZR 1069/12, NZA 2014, 1335 Rn. 58 (Arbeitsvermittlung); ähnlich LAG Baden-Württemberg 18.9.2018 – 19 Sa 76/17, BeckRS 2018, 28775 Rn. 66ff. (Landeserstaufnahmeeinrichtung).

373 S. dazu insbesondere die beiden Urteile vom 18.3.1999 – 8 AZR 196/98, NZA 1999, 869 (Grundstücksverwaltung) und 8 AZR 159/98, NZA 1999, 704 (Kfz-Handel) und 12.11.1998 – 8 AZR 282/97, NZA 1999, 310, seither stRspr; vgl. zB BAG 8.8.2002 – 8 AZR 583/01, NZA 2003, 315 sowie statt vieler aus neuerer Zeit BAG 15.11.2012 – 8 AZR 683/11, NJW 2013, 2379 Rn. 36; 15.12.2011 – 8 AZR 692/10, NZA-RR 2012, 570 Rn. 46 (Reisebüro). Anders die Deutung der Judikatur bei *Moll* RdA 1999, 233 (237); vgl. dazu auch *Krause* ZfA 2001, 73.

374 zB 18.3.1999 (Kfz-Handel) aaO; 23.9.1999 – 8 AZR 135/99, BeckRS 1999, 30780813 (Metropol-Theater).

375 12.2.2009 – C-466/07, NZA 2009, 251.

376 *Willemsen/Sagan* ZIP 2010, 1205 (1211); zweifelnd *Wißmann/Schneider* BB 2009, 1126 (1128); aA *Schiefer* FS Bauer, 2010, 901 (910).

377 Vgl. nur BAG 10.5.2012 – 8 AZR 434/11, NZA 2012, 1161 Rn. 41 (Rettungsdienst); „maßgeblicher Fortführungswille".

378 So ausdrücklich EuGH 6.9.2011 – C-108/10 *(Scattolon)*, NZA 2011, 1077 Rn. 49.

379 Vgl. zB BAG 9.2.1994 – 2 AZR 781/93, NZA 1994, 612.

380 Vgl. *Willemsen/Annuß* Anm. EzA § 613a BGB Nr. 153.

381 Ähnlich unter Bezugnahme auf die Rspr. des EuGH BAG 22.5.2014 – 8 AZR 1069/12, NZA 2014, 1335 Rn. 22 (Arbeitsvermittlung).

Die Übernahme von Personal muss so ausgestaltet sein, dass – unter Berücksichtigung der betriebsspezifischen Besonderheiten – hieraus auf den Fortbestand der vom Vorgänger geschaffenen Arbeitsorganisation geschlossen werden kann.[382] Entscheidend ist, ob der weiterbeschäftigte Belegschaftsteil insbesondere aufgrund seiner **Sachkunde,** seiner **Organisationsstruktur** und nicht zuletzt auch seiner relativen Größe im Grundsatz funktionsfähig bleibt.[383] Dies kann in so genannten betriebsmittelarmen (Dienstleistungs-) Branchen, wie zB dem Reinigungs- und Bewachungsgewerbe, aber auch bei Leiharbeits-Unternehmen,[384] Beratungs-/Verwaltungs- und Vermittlungstätigkeiten auch ohne Übertragung jedweder sächlicher Betriebsmittel zu bejahen sein;[385] demgegenüber reicht bei Tätigkeiten, deren Wertschöpfung maßgeblich auch durch den **Einsatz kapitalintensiver Produktionsmittel** geprägt ist, die Übernahme von Personal in der Regel nicht aus. Etwas Abweichendes kann aber gelten, wenn es sich um **leicht austauschbare Güter** handelt (s. dazu → Rn. 17k) Die Abgrenzung kann im Einzelfall Schwierigkeiten bereiten.[386] In seiner **„Rettungsdienst-Entscheidung"** vom 25.8.2016 hat der 8. BAG-Senat anerkannt, dass es auch **„Mischformen"** gibt, bei denen **sowohl sächliche Betriebsmittel** als auch das ausgebildete **Personal** die Identität eines Betriebs prägen können.[387] (Siehe zu dieser Entscheidung auch → Rn. 17q). Die praktisch äußerst relevante Konsequenz dieser Rechtsprechung liegt darin, dass bei solchen „Mischformen" nicht „im Wesentlichen" auf die menschliche Arbeitskraft ankommt und damit die Personalübernahme allein einen Betriebs(teil)übergang nicht zu begründen vermag; vielmehr ist zusätzlich der Übergang wesentlicher sächlicher Betriebsmittel erforderlich[388] (siehe zu der umgekehrten Fragestellung, ob bei betriebsmittelgeprägten Tätigkeiten allein die Übernahme dieser materiellen Güter ausreichen kann, → Rn. 17k ff., 92f.). Ob die tatsächlich übernommenen Arbeitnehmer eine funktionsfähige Organisationseinheit verkörpern, kann nur nach dem jeweiligen **Betriebszweck und Anforderungsprofil** entschieden werden.[389] Hiervon hängt wiederum ab, ob die (Weiter-)Beschäftigung von so genannten Know-How-Trägern erforderlich ist, um in der (alleinigen) Übernahme von Personal einen Betriebsübergang zu sehen. Bei einfachen Dienstleistungen mit geringem Qualifikationsgrad reicht bereits die Übernahme einer großen Anzahl einfach qualifizierter, leicht austauschbarer Arbeitnehmer unter Aufrechterhaltung der bisherigen Organisationsstruktur („Betriebskonzept") und Aufgabenstellung aus. Bei hoher Spezialisierung und Qualifikation der betrieblichen Aufgaben kann dagegen die Übernahme der wesentlichen Know-How-Träger erforderlich, aber auch ausreichend sein (dazu näher → Rn. 105). **Nicht ausreichend** ist es demgegenüber, wenn Know-How-Träger nicht übernommen, dem Auftragsnachfolger aber für Schulungszwecke zur Verfügung gestellt werden.[390] Entsprechendes gilt bei „Übernahme" nur eines **Geschäftsführers.**[391]

---

382 Vgl. BAG 11.12.1997 – 8 AZR 729/96, ZIP 1998, 666 (Reinigung II); 2.12.1999 – 8 AZR 796/98, NZA 2000, 369 (Elektrohandel).

383 So wörtlich BAG 22.8.2013 – 8 AZR 521/12, AP Nr. 444 zu § 613a BGB Rn. 66 (Hafenumschlag- und Stauereibetrieb).

384 S. dazu EuGH 13.9.2007 – C-458/05 *(Jouini)*, NZA 2007, 1151; s. dazu *Franzen* NZA-Beilage 4/2008, 139 (140).

385 In diesem Sinne auch BAG 22.5.2014 – 8 AZR 1069/12, NZA 2014, 1335 Rn. 47 (Arbeitsvermittlung): geringe Bedeutung von Gebäuden, Mobiliar und technischer Ausstattung.

386 Zur Abgrenzung s. HWK/*Willemsen* BGB § 613a Rn. 116, 125; *Willemsen/Müntefering* NZA 2006, 1185, sowie → Rn. 107.

387 BAG 25.8.2016 – 8 AZR 53/15, NZA-RR 2017, 123 Rn. 37 (Rettungsdienst II); Zu derartigen „Mischformen von Betrieben und deren Behandlung s.im Rahmen von § 613a BGB vgl. bereits *Willemsen/Müntefering,* NZA 2006, 1185, 1191.

388 BAG 25.8.2016 – 8 AZR 53/15, NZA-RR 2017, 123 Rn. 37; Zur Bedeutung dieser Entscheidung *Willemsen,* NZA 2017, 953; *Greiner/Pionteck,* RdA 2020, 84, 86; HWK/*Willemsen* BGB § 613a Rn. 107.

389 Zur „Wechselwirkung" von Zahl und Sachkunde des weiterbeschäftigten Personals vgl. BAG 22.1.2015 – 8 AZR 139/14, NZA 2015, 1325 Rn. 25 (Neuvergabe eines Bewachungsauftrags IV).

390 *Fuhlrott* NZA 2013, 183 (186); HWK/*Willemsen* BGB § 613a Rn. 149.

391 *Fuhlrott* NZA 2013, 183 (185); HWK/*Willemsen* BGB § 613a Rn. 144.

70a Spezifische Besonderheiten sind bei **Leiharbeitsunternehmen** zu beachten. Zwar fallen auch diese grundsätzlich unter die Betriebsübergangsrichtlinie.[392] Es reicht insoweit aber nicht aus, dass Arbeitnehmer, die bisher auf einem bestimmten Auftrag bei einem Entleiher eingesetzt waren, von einem anderen Verleihunternehmen weiterbeschäftigt und weiterhin bei demselben Entleiher eingesetzt werden; vielmehr muss auch das beim früheren Verleiher für die Betreuung der übernommenen und „weiterverliehenen" Arbeitnehmer zuständige Personal von dem nunmehrigen Verleiher weiterbeschäftigt werden.[393]

70b Andererseits schließt die Nichtübernahme jeglichen Personals nur in Betrieben, deren Identität ausschließlich oder zumindest ganz maßgeblich durch die Mitarbeiter geprägt wird, einen Betriebsübergang sicher aus. Dies ist mithin nur in den „betriebsmittelarmen" Betrieben der Fall. In allen anderen Betrieben ist dagegen die Übernahme oder Nichtübernahme der Belegschaft **ein Kriterium unter anderen** für die Annahme eines Betriebsübergangs.[394]

70c Gänzlich andere Fragestellungen ergeben sich demgegenüber, wenn der Erwerber die sog. Hauptbelegschaft übernehmen möchte, die hierfür notwendige Zahl von Arbeitnehmern aber nicht bereit ist, für ihn zu arbeiten. Nach Auffassung des BAG haben es die Arbeitnehmer in sog. betriebsmittelarmen Betrieben „in der Hand", den Betriebsübergang herbeizuführen oder zu vermeiden.[395] Die hieraus resultierenden Unsicherheiten und Unzuträglichkeiten sowohl auf Arbeitgeber- als auch auf Arbeitnehmerseite lassen sich durch eine entsprechende Vertragsgestaltung zumindest teilweise auffangen.[396]

d) Voraussetzungen eines Betriebs*teil*übergangs nach *„Klarenberg"*

71 Ein nach § 613a BGB selbständig übergangsfähiger Betriebsteil setzt voraus, dass innerhalb des betrieblichen Gesamtzwecks ein **Teilzweck**[397] verfolgt wird. Die Wahrnehmung eines Teilzwecks führt nur dann zu einer selbständigen übergangsfähigen Einheit, wenn eine **organisierte Gesamtheit von Personen und Sachen** mit eigenem Zweck vorliegt. Nach der insoweit maßgeblichen Rechtsprechung des EuGH muss die wirtschaftliche Einheit *vor* (!) dem Übergang über eine ausreichende funktionelle Autonomie verfügen, wobei sich der Begriff Autonomie auf die Befugnisse bezieht, die der **Leitung** der betreffenden **Gruppe von Arbeitnehmern** eingeräumt wird, um die Arbeit dieser Gruppe relativ frei und unabhängig zu organisieren und insbesondere Weisungen[398] zu erteilen und Aufgaben auf die gruppenangehörigen Arbeitnehmer zu verteilen, ohne dass **andere Organisationsstrukturen** des Arbeitgebers dabei **dazwischengeschaltet** sind (Erfordernis der **funktionellen Autonomie**).[399] Ein Betriebs**teil**übergang im Sinne von § 613a BGB setzt also voraus, dass die Einheit bereits **beim Veräußerer die Qualität eines Betriebsteils**

[392] EuGH 13.9.2007 – C-458/05 *(Jouini)*, NZA 2007, 1151.

[393] BAG 12.12.2013 – 8 AZR 1023/12, NZA 2014, 436 Rn. 21 (Tiefdrucker/Leiharbeit).

[394] Vgl. BAG 22.7.2004 – 8 AZR 350/03, NZA 2004, 1383 (Gefahrstofflager/Opel Bochum).

[395] BAG 15.12.2011 – 8 AZR 197/11, NZA-RR 2013, 179 Rn. 57 (Übernahme eines Bewachungsauftrags III).

[396] Dazu eingehend *Schipp* NZA 2013, 238.

[397] Der „eigene Zweck" kann auch eine Teilaufgabe innerhalb einer größeren Aufgabenstellung sein, solange es sich nach den im Einzelfall maßgebenden Umständen der vorzunehmenden Gesamtbewertung um eine wirtschaftliche Einheit iSd § 613a BGB handelt; vgl. BAG 22.5.2014 – 8 AZR 1069/12, NZA 2014, 1335 Rn. 28 (Arbeitsvermittlung).

[398] Eine umfassende Personalkompetenz, insbesondere in disziplinarischen Angelegenheiten, ist nach Ansicht des 8. BAG Senats allerdings nicht erforderlich; vgl. BAG 27.2.2020 – 8 AZR 215/19, BeckRS 2020, 17144 Rn. 82f., 121 (Air Berlin/Lufthansa I).

[399] EuGH 29.7.2010 – C-151/09 *(Federación de Servicios Públicos de la UGT)*, NZA 2010, 1014 Rn. 43; 6.3.2014 – C-458/12 *(Amatori)*, NZA 2014, 423 Rn. 32; dazu *Bieder* EuZA 2014, 494; *Willemsen* NZA 2014, 1010; sa EuGH 6.9.2011 – C-108/10 *(Scattolon)*, NZA 2011, 1077 Rn. 51 mwN; EuGH 13.6.2019 – C-664/17 *(Ellinika Nafpigeia)*, NZA 2019, 889 Rn. 60; vom BAG in ständiger Rspr. übernommen; vgl. nur BAG 14.5.2020 – 6 AZR 235/19, NZA 2020, 1091 Rn. 78 (Air Berlin/Lufthansa II); Teilweise kritisch und einschränkend aber nunmehr der 8. Senat des BAG 27.2.2020 – 8 AZR 215/19, BeckRS 2020, 17144 (Air Berlin/Lufthansa I).

im Sinne einer selbständigen organisatorischen Einheit hatte, mit der innerhalb des betrieblichen Gesamtzwecks **ein Teilzweck** verfolgt wird (→ Rn. 63a ff.); es reicht also nicht aus, wenn der Erwerber einzelne Betriebsmittel aus einem bestehenden Betrieb erwirbt, um diese erstmals zu einem **neuen Funktionszusammenhang** zu „arrangieren“,[400] und zwar auch dann nicht, wenn gleichzeitig einige Arbeitnehmer des (früheren) Betriebsinhabers neu eingestellt werden.[401] Durch ein solches, gezieltes „Rosinenpicken“ aus einzelnen Abteilungen des Veräußerers lassen sich demnach die Folgen eines **Betriebsteilübergangs** unter Umständen **vermeiden.** Insbesondere bei Verwaltungs- und Dienstleistungstätigkeiten handelt es sich dann um eine von § 613a BGB nicht erfasste (reine) **Funktionsnachfolge.** Umgekehrt liegt auch dann kein Betriebsteilübergang vor, wenn eine beim Veräußerer bestehende organisatorisch verselbständigte Einheit beim Erwerber von vornherein ihre Identität verliert, etwa indem Sachmittel und Personal auf dort bereits bestehende Bereiche so „verteilt“ werden, dass ihre funktionelle Verknüpfung im Hinblick auf den bisherigen Betriebszweck (die „Tätigkeit“) aufgehoben wird. Ein Betriebsteilübergang setzt also die Wahrung der Identität sowohl beim Veräußerer wie auch beim Erwerber voraus. Allerdings kann nach der *„Klarenberg“*-Entscheidung des EuGH vom 12.2.2009[402] in Zukunft *nicht* mehr verlangt werden, dass der Betriebsteil **beim Erwerber** seine **organisatorische Selbständigkeit bewahrt.** Insoweit – und nur insoweit – kann daher die bisherige Rechtsprechung des BAG zur sog. identitätszerstörenden Eingliederung[403] nicht mehr aufrechterhalten werden, was aus der Sicht der Praxis bedauerlich erscheint, weil diese Rechtsprechung erheblich zur Rechtssicherheit beitrug.[404] Mit seinem Urteil in Sachen *Ellinika Nafpigeia* vom 13.6.2019 scheint sich der EuGH allerdings der bisherigen Linie des BAG wieder anzunähern, indem er formuliert, die funktionelle Selbstständigkeit einer Einheit (eines Betriebsteils) müsse, „…da sie Teil ihrer Identität ist, nach dem Übergang beibehalten werden, wie von Art. 1 I Buchst. b der Richtlinie 2001/23 verlangt wird.“ Er fügt allerdings sogleich hinzu, es sei nicht notwendig, dass es sich um eine völlige Selbständigkeit handele.[405] Es bleibt daher **abzuwarten,** ob sich hier wirklich eine Neuorientierung des Gerichtshofs abzeichnet.

Ein Betriebsteil setzt im Übrigen nach inzwischen ganz herrschender Meinung eine beim **Veräußerer** bestehende wirtschaftliche Einheit mit eigener Identität voraus;[406] dh, es muss **schon beim bisherigen Betriebsinhaber** eine **selbständig organisatorische Einheit** gegeben sein, mit der innerhalb des Gesamtzwecks ein Teilzweck verfolgt wurde.[407] Für die Annahme – nur – eines Betriebsteilübergangs ist es andererseits nicht erfor-

---

[400] Vgl. BAG 24.4.1997 – 8 AZR 848/94, NZA 1998, 253; 26.8.1999 – 8 AZR 718/98, NZA 2000, 144 (Lastkraftwagen); 18.4.2002 – 8 AZR 346/01, NZA 2002, 1207; 13.2.2003 – 8 AZR 102/02, NZA 2003, 1111; BAG 27.10.2005 – 8 AZR 45/05, NZA 2006, 263; BAG 26.7.2007 – 8 AZR 769/06, NZA 2008, 112 (Dachdeckerbetrieb); 27.9.2007 – 8 AZR 941/06, NZA 2008, 1130 (Müllsortieranlage). Hieran hält das BAG ausdrücklich auch nach *„Klarenberg“* fest; vgl. BAG 28.5.2009 – 8 AZR 273/08, NZA 2009, 1267 (Anzeigengeschäft); 17.12.2009 – 8 AZR 1019/08, NZA 2010, 499 (Betriebskantine – Kaltmamsell); 13.10.2011 – 8 AZR 455/10, NZA 2012, 504 *(Klarenberg)*; inzwischen stRspr; 27.9.2012 – 8 AZR 826/11, NZA 2013, 961 (Draht- und Metallwarenproduktion); 12.12.2013 – 8 AZR 1023/12, NZA 2014, 436 Rn. 14 (Tiefdrucker/Leiharbeit); 14.5.2020 – 6 AZR 235/19, NZA 2020, 1091 Rn. 60 (Air Berlin/Lufthansa II); zur Europarechtskonformität dieser Rspr. → Rn. 17i.

[401] BAG 26.7.2007 – 8 AZR 769/06, NZA 2008, 112.

[402] C-466/07, NZA 2009, 251. Zur Kritik dieser Entscheidung vgl. *Willemsen* NZA 2009, 289.

[403] S. insbesondere BAG 27.10.2005 – 8 AZR 45/05, NZA 2006, 263 Rn. 19: „Bei einem Teilbetriebsübergang muss die organisatorisch verselbständigte Einheit, die beim Veräußerer besteht, beim Erwerber als selbständiger Betriebsteil erhalten bleiben.“ Vgl. auch BAG 25.9.2003 – 8 AZR 421/02, NZA 2004, 316 (Schießplatz); 6.4.2006 – 8 AZR 249/04, NZA 2006, 1039 (Bistrowagen).

[404] S. zum Ganzen auch ErfK/*Preis* BGB § 613a Rn. 7.

[405] EuGH 13.6.2019 – C-664/17 *(Ellinika Nafpigeia)*, NZA 2019, 889 Rn. 63f.

[406] BAG 21.8.2014 – 8 AZR 648/13, NZA 2015, 167 Rn. 24 (Streckengeschäft); HWK/*Willemsen* BGB § 613a Rn. 31; bestätigt durch BAG 14.5.2020 8 AZR 235/19, NZA 2020, 1091 Rn. 60 (Air Berlin/Lufthansa II).

[407] BAG 7.4.2011 – 8 AZR 730/09, NZA 2011, 1231 Rn. 23 (Abwasserentsorgung/Trinkwasserversorgung); im gleichen Sinne EuGH 13.6.2019 – C-664/17 *(Ellinika Nafpigeia)*, NZA 2019, 889 Rn. 60.

derlich, dass der Restbetrieb nach Abtrennung des Betriebsteils lebensfähig bleibt.[408] Eine gleichzeitige **Verkleinerung** des Betriebs schließt somit einen Betriebs(teil)übergang nicht aus.[409] Entscheidend ist vielmehr allein, welchen (Teil-)Funktionszusammenhang der Erwerber übernommen hat und fortführt. Beschränkt er sich auf die Übernahme eines Betriebsteils im Sinne einer abgrenzbaren Teilorganisation, können die in **anderen Bereichen** (zB in der **Verwaltung**) beschäftigten Arbeitnehmer ihn nicht aus § 613a BGB in Anspruch nehmen,[410] und zwar auch dann nicht, wenn ihre Arbeit (auch) dem übertragenen Betriebsteil zugute gekommen ist (s. dazu aber auch → Rn. 71a). Diese – für die **Umstrukturierungspraxis** sehr erfreuliche – Klarstellung ist insbesondere für Arbeitnehmer in Stabsbereichen von großer Bedeutung. Allerdings ist besonders darauf zu achten, dass der lediglich auf einen Betriebsteil beschränkte Erwerbswille im Übernahmevertrag deutlich zum Ausdruck kommt, da andernfalls die Übernahme aller Arbeitnehmer droht.[411]

71a Noch nicht hinreichend geklärte Fragen ergeben sich, wenn die Betriebsteile eines bisher einheitlich geführten Betriebs auf **mehrere Erwerber** übertragen werden. Nach dem vorstehend Ausgeführten gehen die Arbeitsverhältnisse in diesen Betriebsteilen jeweils (nur) auf denjenigen Erwerber über, auf den der jeweilige Betriebsteil übertragen wird. Der **EuGH** sieht dies in einem Urteil vom 26.3.2020 offenbar **anders** und hält einen **anteiligen Übergang** eines Arbeitsverhältnisses auf mehrere Erwerber grundsätzlich für möglich.[412] Dabei soll die quotale Überleitung des Arbeitsverhältnisses auf mehrere Erwerber entsprechend den vom Arbeitnehmer wahrgenommenen Aufgaben erfolgen.[413] Sollte sich dieser Ansatz in der weiteren Rechtsprechung des EuGH verfestigen, wäre der soeben geschilderte Sachverhalt in Bezug auf bisher in verschiedenen Betriebsteilen tätige Verwaltungsmitarbeiter wohl anders, nämlich im Sinne einer quotalen Übertragung der Arbeitsverhältnisse auf die verschiedenen Betriebsteile mit verschiedenen Erwerbern, zu lösen (s. dazu auch → Rn 135 ff.). Der EuGH stellt allerdings den anteiligen Übergang ausdrücklich unter den **Vorbehalt,** dass die Folgen einer solchen Aufspaltung des Arbeitsvertrages durch die nationalen Gerichte zu „berücksichtigen" seien und es insbesondere **nicht** zu einer **Verschlechterung der Arbeitsbedingungen** der von einem Unternehmensübergang betroffenen Arbeitnehmer kommen dürfe.[414]

Die Entscheidung ist zwar aus der Sicht des deutschen Arbeitsrechts und der hierzu soeben referierten Rechtsprechung des BAG schwer nachvollziehbar; zudem stellt sich die Frage, ob die anteilige Übertragung eines bisher mit nur einem Arbeitgeber bestehenden Arbeitsverhältnisses auf die verschiedenen Erwerber einzelner Betriebsteile für den betroffenen Arbeitnehmer nicht per se eine Verschlechterung bedeutet, insbesondere, wenn sich die verschiedenen Erwerber *nicht* zu einem **Gemeinschaftsbetrieb** zusammengeschlossen habe. Bis zu einer endgültigen Klärung dieser Fragen müssen in den Fällen der **Aufspaltung** eines einheitlichen Betriebs und der Übertragung sämtlicher dadurch entstehender Betriebsteile oder eines Teils von ihnen auf verschiedene Erwerber die Konsequenzen des „ISS-Urteils" vom 26.3.2020, insbesondere im Hinblick auf zentrale Stabs- oder Verwal-

---

[408] BAG 21.6.2012 – 8 AZR 181/11, NZA-RR 2013, 6 Rn. 73 (IT-Service); 7.4.2011 – 8 AZR 730/09, NZA 2011, 1231 Rn. 27 (Abwasserentsorgung/Trinkwasserversorgung).

[409] S. dazu *Kalb* FS Willemsen, 2018, 219 ff.

[410] Vgl. BAG 13.11.1997 – 8 AZR 375/96, NZA 1998, 249 (Stabsfunktion bei Betriebsteilübergang), s. dazu auch 3. Auf. Rn. 58; 18.4.2002 – 8 AZR 346/01, NZA 2002, 1207; 8.8.2002 – 8 AZR 583/01, NZA 2003, 315; 24.8.2006 – 8 AZR 556/05, DB 2006, 2818; dazu *Kock* BB 2007, 714. Unzutreffend insoweit dagegen LAG Köln 2.3.2001 – 11 Sa 1386/00, NZA-RR 2002, 513, das sich mit seinen gegenteiligen Ausführungen in diametralen Widerspruch zur BAG-Rechtsprechung begibt. Dasselbe gilt für die weitere Entscheidung des LAG Köln 8.6.2001 – 11 Sa 281/01, BB 2001, 2172. Es befremdet, dass trotz klarer Abweichung von der Rechtsprechung des 8. Senats die Revision nicht zugelassen wurde.

[411] Vgl. LAG Köln 2.3.2001 – 11 Sa 1386/00, NZA-RR 2002, 513, dazu auch → Rn. 114.

[412] EuGH 26.3.2020 – C-344/18 *(ISS Faciliity Services)*, NZA 2020, 503; s. dazu auch → Rn. 136a.

[413] EuGH 26.3.2020 – C-344/18 *(ISS Faciliity Services)*, NZA 2020, 503 Rn. 34.

[414] EuGH 26.3.2020 – C-344/18 *(ISS Faciliity Services)*, NZA 2020, 503 Rn. 35; S. zu dieser Entscheidung auch *Bissels/Fuchs* NZI 2020, 727 f.; *Löw/Stolzenberg* NZA 2020, 1279; s. dazu auch → Rn. 136a.

tungsbereiche, sorgfältig geprüft werden, da ansonsten **negative Überraschungen** drohen.

Im Zusammenhang mit der teilweisen Übernahme von Flügen und Flugstrecken der insolventen ***Air Berlin*** durch Unternehmen der *Lufthansa* – Gruppe hat der **6. Senat** des BAG sich ausführlich mit der Abgrenzung des Betriebsteils befasst und die Betriebsteileigenschaft des sogenannten ***Wet Lease*** verneint, weil es hierfür an der notwendigen **funktionellen Autonomie gefehlt** habe, das *Wet Lease* vielmehr innerhalb des zentral gesteuerten Flugbetriebs der Air Berlin nur ein „Geschäftsmodell" im Sinne einer gesonderten Dienstleistung gewesen sei.[415] Zudem habe es an der erforderlichen **Zuordnung** von **fliegendem Personal** zum *Wet Lease* **gefehlt**, die sich auch nicht durch eine **betriebsbezogene Sozialauswahl** substituieren lasse.[416] Ebenso hat der 6. Senat es abgelehnt, eine in der **Abwicklung** befindliche **„Resteinheit"** als übergangsfähige „wirtschaftliche Einheit" zu qualifizieren, weil dies mit der Zielsetzung des europäischen und nationalen Rechts, die an eine **vom Betriebsveräußerer geschaffene Struktur anknüpften** und nur die **Kontinuität** der in dieser Struktur bestehenden Arbeitsverhältnisse sichern wollten, nicht zu vereinbaren wäre.[417] 72

Anzumerken ist, dass der für Fragen des Betriebsübergangs schwerpunktmäßig zuständige **8. Senat** zuvor in einer Entscheidung zum selben Sachverhalt vom 27.2.2020 die Frage der Betriebsteilqualität des *Wet Lease* zwar formal mangels Entscheidungserheblichkeit offen gelassen, in der Tendenz aber eine **abweichende Beurteilung** zu erkennen gegeben hat. Er deutet zudem an, dass die Beantwortung dieser Frage zunächst ein **Vorabentscheidungsersuchen an den EuGH** erfordere, da **ungeklärt** sei, ob im Bereich des Luftverkehrs überhaupt die **Zuordnung** bestimmten Personals **erforderlich** sei, um eine wirtschaftliche Einheit im Sinne der Richtlinie 2001/23/EG annehmen zu können.[418] Im Hinblick auf eine große Anzahl noch bei den Instanzgerichten anhängiger Verfahren in diesem Komplex und wegen des offenkundigen **Dissenses** zwischen den beiden zuständigen BAG-Senaten steht eine endgültige Klärung der angesprochenen Fragen mithin noch aus.

Wegen der Definition des Betriebsteils im Übrigen wird auf die Darstellung in HWK/*Willemsen* BGB § 613a Rn. 26–39 mit zahlreichen Beispielen aus der Rechtsprechung verwiesen.

e) Spezialfall: Einzelhandel[419]

Da es für § 613a BGB entscheidend auf die weitere Nutzung der vorhandenen Betriebsorganisation ankommt, reichen weder die Übernahme von **Geschäftsräumen** noch die Beibehaltung des **Warensortiments** für sich genommen aus, um einen Betriebsübergang zu begründen. Werden **Ladengeschäfte** – auch in „guten Geschäftslagen" – daher entkernt und erst nach einer längeren Umbauphase mit einer völlig neuen Belegschaft wieder in Betrieb genommen, fehlt es an der Identität der wirtschaftlichen Einheit im Sinne einer übernommenen Betriebsorganisation.[420] Das **Risiko** einer Betriebsnachfolge im Einzelhandel wird dadurch deutlich gemindert. Ohne eine solche Unterbrechung bleibt es nach dem Urteil des 8. Senats vom 2.12.1999[421] bei der Notwendigkeit einer **Gesamtwürdigung** unter Berücksichtigung der bereits in der früheren Rechtsprechung (vor *„Ayse Süzen"*) entwickelten Gesichtspunkte. Danach sind von spezifischer Bedeutung vor allem die Beibehaltung des Kundenkreises sowie die Weiterbeschäftigung des bisherigen Personals. 73

---

415 BAG 14.5.2020 – 6 AZR 235/19, NZA 2020, 1091 Rn. 78 (Air Berlin/Lufthansa II).
416 BAG 14.5.2020 – 6 AZR 235/19, NZA 2020, 1091 Rn. 80 (Air Berlin/Lufthansa II).
417 BAG 14.5.2010 – 6 AZR 235/19, NZA 2020, 1091 Rn. 86 (Air Berlin/Lufthansa II).
418 BAG 27.2.2020 – 8 AZR 215/19, NZA 2020, 1303(Air Berlin/Lufthansa I); dazu *Fuhlrott* ArbRAktuell 2020, 464.
419 S. dazu auch HWK/*Willemsen* BGB § 613a Rn. 155–157.
420 Vgl. BAG 22.5.1997 – 8 AZR 101/96, NJW 1997, 3188 (Modegeschäft).
421 8 AZR 769/98, NZA 2000, 369 (Elektrohandel, s. dazu auch 3. Auf. Rn. 84 ff.).

Geht der **Kundenkreis** infolge räumlicher Verlagerung oder Änderung des Warensortiments verloren, scheidet ein Betriebsübergang jedenfalls aus.[422]

f) Verhältnis von Betriebsübergang und Betriebsstilllegung;[423] Fortsetzungs- bzw. Wiedereinstellungsanspruch[424]

74 Eine vorherige **Stilllegung schließt den Betriebsübergang aus;**[425] sie muss einerseits endgültig beschlossen und dokumentiert sein, und andererseits dürfen zu diesem Zeitpunkt **keine Verkaufsverhandlungen** mehr geführt werden, da eine Stilllegungsabsicht des Arbeitgebers nach Auffassung des BAG nicht vorliegt, wenn dieser beabsichtigt, seinen Betrieb zu veräußern.[426] Auch der **Mieter** von Geschäftsräumen kann den dort geführten Betrieb stilllegen, ohne dass es dann noch zum „Rückfall des Pachtobjekts" an den Vermieter im Sinne von § 613a BGB kommt.[427] Ob im Übrigen an der bisherigen Rechtsprechung des BAG, wonach die vertragsgemäße **Rückgabe** eines verpachteten Betriebs an den selbst gar nicht fortführungswilligen Verpächter einen Betriebsübergang darstelle,[428] nach *„Ayse Süzen"* noch uneingeschränkt festgehalten werden kann, wurde bereits in der 1. Auflage als „mehr als zweifelhaft" bezeichnet; die EuGH-Rechtsprechung stelle nämlich entscheidend darauf ab, ob die fragliche Einheit ihre Identität bewahrt, was „namentlich" dann zu bejahen sei, wenn der Betrieb tatsächlich weitergeführt oder tatsächlich aufgenommen werde.[429] Der 8. Senat hat seine gegenteilige Rechtsprechung inzwischen **aufgegeben.**[430]

75 Für die Zulässigkeit einer betriebsbedingten Kündigung wegen Betriebsstilllegung durch den bisherigen Inhaber kommt es allein auf die **Verhältnisse im Zeitpunkt des Zugangs der Kündigung** an; die bloße *Möglichkeit* einer späteren Betriebsübernahme (gegebenenfalls auch durch Übernahme der Hauptbelegschaft) steht nicht entgegen, solange sie noch keine greifbaren Formen angenommen hat. Bei einer mit Betriebsschließung begründeten Kündigung ist der Arbeitgeber nicht gehalten, diese erst nach Durchführung der Stilllegung auszusprechen; es kommt auch eine **Kündigung wegen beabsichtigter Stilllegung** in Betracht, wenn die betrieblichen Umstände greifbare Formen angenommen haben.[431] Gleichwohl kann eine **Kündigung** durch den bisherigen Arbeitgeber in einer derartigen Situation **risikobehaftet** sein, nämlich dann, wenn es nach Ausspruch der Kündigung doch noch zu einem Betriebsübergang kommt. Die **Wiederaufnahme der Produktion** durch einen Betriebserwerber begründet nach Auffassung des BAG eine **tatsächliche Vermutung** gegen eine ernsthafte Absicht, den Betrieb stillzulegen,[432] und zwar nicht nur dann, wenn ein Betriebsübergang **innerhalb der Kündigungsfrist** statt-

[422] BAG 15.12.2011 – 8 AZR 692/10, NZA-RR 2012, 570 Rn. 47, 49 (Reisebüro).

[423] Ausführlich zu dieser Problematik HWK/*Willemsen* BGB § 613a Rn. 68–81; 168–174 (mit Beispielen); vgl. auch *Moll* RdA 2003, 129 (131).

[424] S. dazu auch HWK/*Müller-Bonanni* BGB § 613a Rn. 308.

[425] StRspr des BAG; vgl. nur BAG 24.8.2006 – 8 AZR 317/05, NZA 2007, 1287 (Treuhandanstalt/Fortführung früherer Funktionen) sowie die weiteren Nachweise bei HWK/*Willemsen* BGB § 613a Rn. 69 sowie → Rn. 108; aA Staudinger/Annuß BGB 613a Rn. 86.

[426] StRspr; vgl. nur BAG 24.8.2006 – 8 AZR 317/05, NZA 2007, 1287; 26.5.2011 – 8 AZR 37/10, NZA 2011, 1143 (Verlagerung eines Betriebsteils in die Schweiz); 16.2.2012 – 8 AZR 693/10, NZA-RR 2012, 465; HWK/*Willemsen* BGB § 613a Rn. 76 mwN. Vgl. auch LAG Köln 2.7.2012 – 2 Sa 102/12, BeckRS 2012, 73128: Keine Betriebsstilllegung hinsichtlich der sog. OGS-Betreuung von Grundschulkindern in einer kommunalen Grundschule, solange die Kommune einen neuen Träger zur Übernahme dieser Aufgabe sucht.

[427] Vgl. BAG 22.5.1997 – 8 AZR 101/96, NJW 1997, 3188.

[428] Vgl. BAG 27.4.1995 – 8 AZR 197/94, NZA 1995, 1155; weiterhin zustimmend LAG Berlin 3.9.1998 – 14 Sa 67/98, NZA-RR 1998, 530.

[429] Vgl. dazu auch LAG Köln 10.4.1997 – 5 Sa 454/96, LAGE § 613a BGB Nr. 63, das zu Recht der bisherigen Auffassung des BAG widersprach.

[430] Grundlegend 18.3.1999 – 8 AZR 159/98, NZA 1999, 704 (Kfz-Handel).

[431] BAG 26.5.2011 – 8 AZR 37/10, NZA 2011, 1143 Rn. 27 (Verlagerung eines Betriebsteils in die Schweiz).

[432] In diesem Sinne auch EuGH 7.8.2017 – C-472/17 *(Sigüenza)*, NZA 2018, 1123

findet. Komme es noch vor dem beabsichtigten oder alsbald nach dem beabsichtigten Stilllegungstermin zu einer Betriebsfortführung durch einen Betriebserwerber, so spreche die **Erfahrung** dafür, dass die Verhandlungen bzw. der Abschluss der Rechtsgeschäfte hierfür bereits längere Zeit zuvor stattgefunden hätten. Es sei dann Sache des Arbeitgebers, diese Vermutung zu widerlegen.[433] Nach der neueren Rechtsprechung des BAG haben die bereits wirksam entlassenen Arbeitnehmer solchenfalls zudem einen – gegen den Betriebsübernehmer durchsetzbaren! – **Fortsetzungs- bzw. Wiedereinstellungsanspruch,** wenn der Betriebsübergang noch während des Laufs der Kündigungsfrist erfolgt, nach Auffassung des 8. Senats aber auch darüber hinaus, dh sogar dann, wenn der Betriebsübergang erst nach Beendigung des Arbeitsverhältnisses stattfindet.[434] Letzteres, dh ein Wiedereinstellungsanspruch nach Ablauf der Kündigungsfrist, soll dann in Betracht kommen, wenn der Betriebsübergang zwar erst am Tage nach Ablauf der Kündigungsfrist stattgefunden hat, die **Weiterbeschäftigungsmöglichkeit** jedoch **schon während des Laufs der Kündigungsfrist** entstanden und die ursprünglich bei Ausspruch der Kündigung anzustellende Prognose dadurch während des Laufs der Kündigungsfrist unzutreffend geworden war.[435] Dieses Risiko lässt sich aber uU durch den **Abschluss von Aufhebungsverträgen** mit dem bisherigen Betriebsinhaber ausschließen, solange dessen Wirksamkeit nicht wegen Anfechtung, Wegfalls der Geschäftsgrundlage oder aus einem anderen Grund beseitigt worden ist.[436] Bei Rückfall des Pachtobjekts auf den selbst nicht fortführungswilligen Verpächter ist es **Sache des Pächters, den Betrieb stillzulegen;** dessen bloße Betriebseinstellung reicht hierfür nach Auffassung des BAG nicht aus.[437] Zum Wegfall des Fortsetzungsanspruchs in der Insolvenz → Rn. 126.

g) Merkmal des Übergangs „durch Rechtsgeschäft"[438]

Bei Übernahme der Hauptbelegschaft durch den Auftragsnachfolger bei so genannten betriebsmittelarmen Tätigkeiten[439] verzichtet die BAG-Rechtsprechung praktisch völlig auf das Merkmal eines Übergangs „durch Rechtsgeschäft", indem keinerlei Einvernehmen zwischen bisherigem und künftigem Auftragnehmer hinsichtlich der Übernahme von Personal mehr vorausgesetzt, sondern das Einvernehmen der betreffenden Arbeitnehmer für ausreichend erklärt wird.[440] Diese Rechtsprechung vermag allerdings **nicht zu überzeugen** und bedarf insbesondere im Hinblick auf die ansonsten gegebene Möglichkeit eines wettbewerbswidrigen Ausspannens von Arbeitnehmern dringend der weiteren Präzisierung.[441] Auch im Übrigen folgt das BAG hinsichtlich des Merkmals „durch Rechtsgeschäft" der Rechtsprechung des EuGH, die unter → Rn. 41 ff. dargestellt wurde.[442] Das Tatbestandsmerkmal solle den Anwendungsbereich der Vorschrift nicht einschränken, sondern ihn gegenüber den Fällen der **Gesamtrechtsnachfolge** und der **Übertragung auf Grund Hoheitsakts** abgrenzen. Die Anwendung der Norm solle dann – und nur dann – ausscheiden, wenn der Übergang direkt auf gesetzlicher Grundlage bzw. auf Grundlage 76

433 BAG 16.2.2012 – 8 AZR 693/10, NZA-RR 2012, 465 Rn. 45 (Leiterplattenproduktion).

434 S. dazu BAG 13.11.1997 – 8 AZR 295/95, NZA 1998, 251; BAG 12.11.1998 – 8 AZR 265/97, NZA 1999, 311; 21.8.2008 – 8 AZR 201/07, NZA 2009, 29; 15.12.2011 – 8 AZR 197/11, NZA-RR 2013, 179 Rn. 37 (Neuvergabe eines Bewachungsauftrags III); zum Ganzen auch *Annuß* BB 1998, 1582 (1586); *Preis/Steffan* DB 1998, 309; HWK/*Müller-Bonanni* BGB § 613a Rn. 308.

435 BAG 25.10.2007 – 8 AZR 989/06, NZA 2008, 357.

436 BAG 10.12.1998 – 8 AZR 324/97, NZA 1999, 422; dazu auch → H Rn. 121 ff.

437 Vgl. BAG 18.3.1999 – 8 AZR 159/98, NZA 1999, 704 (Kfz-Handel); s. dazu auch LAG Köln 11.5.1999 – 10 Sa 14/99, NZA 2000, 36.

438 Ausführlich HWK/*Willemsen* BGB § 613a Rn. 183.

439 Zu diesem Begriff → Rn. 70.

440 Vgl. BAG 11.12.1997 – 8 AZR 729/96, ZIP 1998, 666 (Reinigung II); seitdem stRspr.

441 Vgl. dazu auch *Annuß* BB 1998, 1582 (1585), sowie → Rn. 41 ff., 44. Zu einer möglichen Präzisierung vgl. HWK/*Willemsen* BGB § 613a Rn. 202.

442 Vgl. etwa für den Fall der Neuvergabe eines Auftrags durch öffentliches Vergabeverfahren BAG 2.3.2006 – 8 AZR 147/05, NZA 2006, 1105 (Forschungsschiff).

eines Hoheitsakts **ohne Zwischenschaltung eines Rechtsgeschäfts** erfolge.[443] Ebenfalls in Übereinstimmung mit der Rechtsprechung des EuGH nimmt das BAG einen rechtsgeschäftlichen Betriebsübergang auch bei einem „Rückfall" eines Betriebs auf den Verpächter an, wenn dieser den Betrieb tatsächlich selbst weiterführt.[444] Dies gelte auch bei einer Kündigung und anschließenden Fortführung des Betriebs durch einen **Zwangsverwalter.**[445] Nicht erforderlich ist nach der Rechtsprechung des 8. Senats eine „besondere Übertragung einer irgendwie gearteten Leitungsmacht"; es genüge insoweit die **Fortführung des Betriebsteils** als solche.[446]

76a In seiner Entscheidung zum **„Air Berlin/Lufthansa/Eurowings-Komplex"** vom 27.2.2020 hat der **8. BAG-Senat** seine bisherige Rechtsprechung zu den (geringen) Anforderungen an das Vorliegen eines Übergangs durch Rechtsgeschäft im Falle der Weiterbeschäftigung von Personal des Vorgängers bestätigt und erweitert: In der erfolgten **„Neueinstellung"** bisherigen Personals (hier: von Air Berlin) liege grundsätzlich eine **„Übernahme" von Personal** im Sinne von § 613a BGB und der Richtlinie 2001/23/EG. Soweit Arbeitnehmer für Tätigkeiten eingesetzt würden, die mit ihren vorherigen Aufgaben übereinstimmten, könne darin „...**auch bei anders bezeichneter rechtlicher Gestaltung** eine **Übernahme** von Personal liegen, beispielsweise bei einer einseitigen Entscheidung des früheren Inhabers, die Arbeitsverträge des übergegangenen Personals zu kündigen, gefolgt von der einseitigen Entscheidung des neuen Inhabers, im Wesentlichen dasselbe Personal zur Erfüllung derselben Aufgaben einzustellen".[447] Es verbleibt damit bei dem **Grundsatz,** dass eine relevante **Personalübernahme** als Kriterium des Betriebs(teil)übergangs nach inzwischen gefestigter Rechtsprechung **keines konsensualen Einvernehmens** zwischen bisherigen und neuen Betriebsinhaber **bedarf.** Jedenfalls bei Unternehmen, deren Wertschöpfung ganz wesentlich durch den Einsatz personeller Ressourcen geprägt wird (sog. „betriebsmittelarme Tätigkeiten"), kann es somit zu einem Betriebs(teil)übergang kommen, **ohne** dass der bisherige und der neue Inhaber jemals in einen **rechtsgeschäftlichen Kontakt** zueinander getreten sind.

h) Besonderheiten bei Betriebsführungsverträgen

77 Schon vor der Neuorientierung des Betriebsübergangsbegriffs nach *„Ayse Süzen"* hatte sich das BAG mit der Frage zu befassen, inwieweit § 613a BGB auf die – vor allem im **Hotelgewerbe** und im Zusammenhang mit **Privatisierungen**[448] besonders häufig abgeschlossenen – **Betriebsführungsverträge** Anwendung findet.[449] Dabei muss vorab systematisch zwischen „echten" und „unechten" Betriebsführungsverträgen unterschieden werden. Beim **„echten" Betriebsführungsvertrag** tritt der Betriebsführer nicht im eigenen, sondern **im fremden Namen,** nämlich des Auftraggebers auf (insbesondere auch gegenüber den Arbeitnehmern), beim „unechten" Betriebsführungsvertrag tritt er dagegen im *eigenen* Namen auf und verfolgt mit den Betriebsmitteln und Arbeitnehmern nach außen hin erkennbar eigene Zwecke. Im erstgenannten Fall (echter Betriebsführungsvertrag) handelt der Betriebsführer nur als „verlängerter Arm" des Betriebsinhabers; er übt gegenüber den Arbeitnehmern keine eigene betriebliche Leitungs- und Organisationsbefugnis aus, sondern handelt aufgrund interner Anweisung und externer Vollmacht des Betriebsinha-

[443] BAG 18.8.2011 – 8 AZR 230/10, NZA 2012, 267 Rn. 27 unter Bezugnahme auf HWK/*Willemsen* BGB § 613a Rn. 186, 192 (4. Auflage).

[444] StRspr; vgl. nur BAG 18.8.2011 – 8 AZR 230/10, NZA 2012, 267 Rn. 32 (Zwangsverwalter).

[445] BAG 18.8.2011 – 8 AZR 230/10, NZA 2012, 267 Rn. 28ff. (Zwangsverwalter); dazu *Drasdo* NZA 2012, 239.

[446] BAG 18.8.2011 – 8 AZR 230/10, NZA 2012, 267 Rn. 36 (Zwangsverwalter).

[447] BAG 27.2.2020 – 8 AZR 215/19, NZA 2020, 1303 (Air Berlin/Lufthansa I), unter Bezugnahme auf die Rspr. des EuGH in Sachen *CLECE* (EuGH 20.1.2011 – C-463/09, NZA 2011, 148) und *Ferreira de Silva e Brito* (EuGH 9.9.2015 – C-160/14, EuZW 2016, 111).

[448] S. dazu *Willemsen* FS 50 Jahre Bundesarbeitsgericht, 2004, 287 (290) sowie → B Rn. 85.

[449] Zu den Vor- und Nachteilen eines Betriebsführungsvertrages gegenüber dem Unternehmenskauf siehe *Weißmüller* BB 2000, 1949.

bers, dessen Person somit durch Abschluss des Betriebsführungsvertrags nicht wechselt,[450] und zwar selbst dann nicht, wenn dem Betriebsführer im Innenverhältnis recht weitgehende Entscheidungsbefugnisse eingeräumt wurden.

Lediglich der Vollständigkeit halber sei angemerkt, dass es sich solchenfalls auch **nicht** um erlaubnispflichtige **Leiharbeit** im Sinne des AÜG handelt; denn der Betriebsführer erhält zum einen kein eigenes Weisungsrecht, und zum anderen verbleiben die Arbeitnehmer im Betrieb des bisherigen Inhabers, der ihnen gegenüber weiterhin als Arbeitgeber auftritt. Ebenfalls nicht verwechselt werden darf der Betriebsführungsvertrag mit der Vereinbarung über die gemeinsame Betriebsführung zur Bildung eines sog. **Gemeinschaftsbetriebs** (dazu → D Rn. 18ff.). Hier geht in der Regel nichts, was die Identität der wirtschaftlichen Einheit ausmacht, auf die „Führungsgesellschaft" über, so dass ein Betriebsübergang ausscheidet.[451]

Ist der Betriebsführer gegenüber dem Eigentümer des Betriebs zur Betriebsführung **im eigenen Namen** berechtigt und verpflichtet (so genannter **unechter Betriebsführungsvertrag**), tritt mit Wirksamwerden des Betriebsführungsvertrags ein Betriebsinhaberwechsel gemäß § 613a BGB ein. Entscheidend ist für den Tatbestand des Betriebsinhaberwechsels allein, wer im **Außenverhältnis** gegenüber dem Personal die (originären) Arbeitgeberrechte und -pflichten übernimmt.[452] Dass er dabei gemäß dem bestehenden Betriebsführungsvertrag typischerweise Bindungen im Innenverhältnis unterworfen ist, steht einem Betriebsübergang auf den Betriebsführer für die Dauer des Betriebsführungsvertrages nicht entgegen. Entsprechend hat das Bundesarbeitsgericht in einer Entscheidung aus dem Jahr 1984[453] ausgeführt, dass auch die **treuhänderische Bindung** des Betriebsführers im Innenverhältnis – wie sie bei einem unechten Betriebsführungsvertrag vorliegt – einem Betriebsübergang nicht entgegenstehe, wenn der Übernehmer nach außen als Vollrechtsinhaber auftrete. Die Arbeitnehmer, die die interne Beschränkung des Erwerbers nicht kennen könnten, dürften den Betriebserwerber als neuen Arbeitgeber und Haftungsschuldner betrachten. Wollte man anders entscheiden, wäre die Rechtssicherheit nicht gewahrt und § 613a BGB ließe sich mühelos umgehen. Der Schutzzweck der Vorschrift könne dann nicht verwirklicht werden.[454] Betriebsinhaber ist deshalb im Zweifel derjenige, der tatsächlich die betriebliche **Leitungs- und Organisationskompetenz ausübt** und zumindest **den Arbeitnehmern gegenüber** als Betriebsinhaber **auftritt,** also den Betrieb ihnen gegenüber **im eigenen Namen führt.**[455] 78

Abzulehnen ist hingegen die **neuere Rechtsprechung des BAG,** die zusätzlich verlangt, dass der Betriebsführer auch im **Außenverhältnis** gegenüber Kunden, Lieferanten etc. als Betriebsinhaber in eigenem Namen auftritt.[456] Durch dieses Erfordernis wird der **Schutzzweck des § 613a BGB vereitelt,** weil sich einerseits die Anwendung der Norm mit einfachen kautelarjuristischen Mitteln „aushebeln" lässt, indem die Kunden- und Lieferantenbeziehungen beim Veräußerer verbleiben.[457] Andererseits kann sich diese – unzutreffende – Rechtsprechung auf die **Umstrukturierungspraxis hinderlich** auswirken, weil sie die Trennung zwischen Arbeitgeberstellung und Unternehmereigenschaft im Au- 78a

[450] Dazu → Rn. 38–40a.
[451] BAG 24.2.2000 – 8 AZR 167/99, NZA 2000, 764; *Schiefer/Rogge* NJW 2003, 3734 (3736).
[452] IE ebenso *Rieble* NZA 2010, 1145 (1146). S. dazu auch → Rn. 38.
[453] 20.11.1984 – 3 AZR 584/83, NZA 1985, 393 = AP Nr. 38 zu § 613a BGB.
[454] BAG 20.11.1984 – 3 AZR 584/83, NZA 1985, 393 = AP Nr. 38 zu § 613a BGB; zustimmend *Willemsen,* Anm. zu BAG, AP Nr. 38 zu § 613a BGB.
[455] Vgl. BAG 18.3.1999 – 8 AZR 196/98, NZA 1999, 869; BAG 12.11.1998 – 8 AZR 301/97, NZA 1999, 715 unter B I 2 der Gründe; 25.5.2000 – 8 AZR 416/99, NZA 2000, 1115 (Kreiskrankenhaus).
[456] BAG 25.1.2018 – 8 AZR 309/16, NZA 2018, 933 (Lohnfertigung/Betriebsführungsvertrag) sowie mehrere Parallelentscheidungen vom selben Tag; dagegen bereits zuvor HWK/*Willemsen* § 613a BGB Rn. 42a mwN; ablehnend auch Staudinger/*Annuß* § 613a BGB Rn. 61 u. 105.
[457] Zutreffend *Rieble* NZA 2018, 1302, 1304; aA und dem BAG zustimmend dagegen *Greiner/Pionteck* RdA 2020, 84, 90f.; differenzierend *Grau/Flockenhaus* NZA-RR 2019, 289 (290ff.).

ßenverhältnis wesentlich erschwert.[458] Es muss auch bezweifelt werden, ob die restriktive Linie des 8. BAG-Senats mit der Rechtsprechung des EuGH (s. dazu oben → Rn. 38) vereinbar ist, die auf die Eingehung der Arbeitgeberverpflichtungen abstellt, so dass eine **Vorlage an den EuGH** geboten gewesen wäre. Bis zu einer endgültigen Entscheidung dieser wichtigen Gestaltungsfrage wird die **Beratungspraxis** sich allerdings vorsorglich auf die Rechtsprechung des BAG einrichten müssen.

79 Von wesentlicher Bedeutung ist allerdings, dass im Falle des Betriebsführungsvertrags der gewollte Wechsel hinsichtlich dessen, „der die Arbeitgeberpflichten gegenüber den Beschäftigten des Unternehmens eingeht",[459] gegenüber den Arbeitnehmern eindeutig kommuniziert und **dokumentiert** wird. Auch das BAG fordert in solchen Fällen ein „deutliches Auftreten" der maßgeblichen Unternehmensorgane gegenüber den Arbeitnehmern.[460] Bloße interne Regelungen im Betriebsführungsvertrag genügen insoweit nicht, vielmehr muss der Betriebsführer sich bei der Belegschaft als künftiger Betriebsinhaber und Arbeitgeber zu erkennen geben.

Nicht ganz unumstritten ist, inwieweit der Betriebsführer, um selbst nach § 613a BGB neuer Arbeitgeber des Personals zu werden, neben dem Auftreten im eigenen Namen gegenüber den Beschäftigten mit der Betriebsführung **eigene wirtschaftliche Zwecke** verfolgen muss und welche Anforderungen an diese zu richten sind. Zweifelsfrei liegt dieses Element jedenfalls vor, wenn der Betriebsführer ein eigenes, ihm zugewiesenes Betriebsergebnis erwirtschaftet oder das Betriebsführungsentgelt so gestaltet ist, dass er ein eigenes wirtschaftliches Interesse an der möglichst kostensparenden Betriebsführung hat. **Ein Auftreten** des Unternehmensinhabers **„nach außen"** ist jedoch nicht erforderlich (s. o. → Rn. 78).

80 Allenfalls zweifelhaft können somit nur diejenigen Fälle sein, in denen der Betriebsführer auf der Basis der **Vollkostendeckung** durch den Auftraggeber arbeitet, selbst also keine wirtschaftlichen Chancen und Risiken aus der Betriebsführung trägt. Teilweise wird hierzu vertreten, dass eine Betriebsführung im eigenen Namen nur vorliege, wenn der Erwerber den Betrieb als eigenen führe *und* keine fremdbestimmten Zwecke verfolge.[461] Diese Auffassung vermag, wenn damit ein weiteres eigenständiges Tatbestandsmerkmal statuiert werden soll, nicht zu überzeugen. Wie die **Vergütungsabrede** zwischen Betriebsführer und Auftraggeber im Innenverhältnis ausgestaltet ist, entzieht sich in aller Regel der Kenntnis der Arbeitnehmer. Der vom BAG in diesem Zusammenhang zu Recht herausgestellte Gesichtspunkt der Rechtssicherheit[462] gebietet vielmehr, unabhängig von der näheren wirtschaftlichen Ausgestaltung der Betriebsführung allein auf die Ausübung der arbeitgeberseitigen Leitungsmacht im Außenverhältnis abzustellen. Daher erfüllen auch Übertragungsvorgänge (zB im Zusammenhang mit konzerninternen Umstrukturierungen), bei denen die aufnehmende Gesellschaft den Betrieb gegenüber der Belegschaft im eigenen Namen, aber im Innenverhältnis gegenüber der bisherigen Betriebsinhaberin ausschließlich für deren Rechnung führt, den Tatbestand des Betriebsinhaberwechsels nach § 613a BGB.[463]

Der Grundsatz, dass es auf die wirtschaftlichen Absprachen im Innenverhältnis nicht ankommen kann, gilt übrigens auch umgekehrt: Vereinbart der „Erwerber" eines Betriebs, dass der bisherige Betriebsinhaber den Betrieb künftig (weiterhin) im eigenen Namen, aber für Rechnung des „Erwerbers" führt, liegt kein Fall des § 613a BGB, sondern ledig-

[458] Vgl. HWK/*Willemsen* BGB § 613a Rn. 42a.
[459] Dazu die Nachweise → Rn. 38 in Fn. 244.
[460] Vgl. insbesondere BAG 12.11.1998 – 8 AZR 301/97, NZA 1999, 715, unter B I 2 der Gründe.
[461] Vgl. *Pietzko* S. 86.
[462] BAG 20.11.1984 – 3 AZR 584/83, NZA 1985, 393.
[463] In diesem Sinne ausdrücklich BAG 10.5.2012 – 8 AZR 434/11, NZA 2012, 1161 Rn. 27 mwN (Rettungsdienst).

lich eine Art **Gewinnabführungsvertrag** vor.[464] Dieser vermag somit auch in Konzernsachverhalten einen Betriebsinhaberwechsel nicht zu begründen.

Eine **Ausnahme** von den vorgenannten Grundsätzen wird man machen müssen, wenn dem Betriebsführungsvertrag – nachweislich – der Charakter eines **Strohmanngeschäfts** zukommt, bei dem der bisherige Betriebsinhaber weiterhin „die Fäden im Hintergrund zieht" und dessen einziger Zweck es ist, sich gegenüber dem Personal lästiger Verpflichtungen (zB aus Altersversorgungszusagen) zu entledigen. Hier kann dem Interesse derjenigen Arbeitnehmer, die in Unkenntnis des Sachverhalts dem Betriebsübergang nicht widersprochen haben, mit Hilfe des Einwands des **Gestaltungsmissbrauchs** wirksam Rechnung getragen werden.[465] Der bisherige Betriebsinhaber muss sich dann so behandeln lassen, als wäre der „Betriebsübergang" auf den Strohmann nicht erfolgt. Ist der Strohmann gar nicht in der Lage, die auf ihn übergehenden Arbeitgeberpflichten zu erfüllen, gehört dies im Übrigen zudem zu den mitteilungspflichtigen „wirtschaftlichen Folgen des Übergangs für die Arbeitnehmer" im Sinne von § 613a Abs. 5 Nr. 3 BGB (dazu unter → Rn. 223). 81

Ein **Rechts- oder Gestaltungsmissbrauch** kommt nach neuerer Rechtsprechung des EuGH auch dann in Betracht, wenn ein Betrieb oder Betriebsteil auf einen nur **unzureichend** (finanziell und/oder technisch) **ausgestatteten Erwerber** übertragen wird, um diesen nach dem erfolgten Betriebs(teil)übergang alsbald abzuwickeln und sich so kostengünstig der dortigen Arbeitsverhältnisse zu entledigen. Obwohl damit an sich alle Tatbestandsvoraussetzungen vorliegen, müsse, so der EuGH, „der Rechtsvorteil aus der Anwendung von Vorschriften des Unionsrecht verweigert werden (…), wenn diese nicht geltend gemacht werden, um die Ziele der Vorschriften zu verwirklichen, sondern um in den Genuss eines im Unionsrecht vorgesehenen Vorteils zu gelangen, obwohl die entsprechenden **Voraussetzungen nur formal erfüllt sind**".[466] Nach diesem Judikat bleibt allerdings einstweilen unklar, wann von einer nur formellen Erfüllung des Tatbestandes der Richtlinie und von einer Verfehlung ihres Schutzzweckes auszugehen ist.[467] Die **Beratungspraxis** muss aber davon ausgehen, dass die deutschen Arbeitsgerichte wegen der Bindung an das Unionsrecht einen Betriebsübergang nicht annehmen dürfen, wenn der gesetzliche Arbeitgeberwechsel gezielt und ohne sonstige angemessene Begründung herbeigeführt wird, um sich unerwünschter Arbeitgeberpflichten wie zB der Finanzierung eines Sozialplans zu entziehen.[468] 81a

i) Besonderheiten im Gemeinschaftsbetrieb

Die **Einbringung** eines Betriebs oder Betriebsteils in einen gemeinsamen Betrieb mehrerer Unternehmen iSv § 1 Abs. 1 S. 2, Abs. 2 BetrVG stellt in der Regel **keinen Betriebsübergang** nach § 613a BGB dar; dies folgt daraus, dass die am Gemeinschaftsbetrieb beteiligten Arbeitgeber Vertragsparteien der jeweils eigenen Arbeitnehmer bleiben und insbesondere kein Übergang auf eine zum Zwecke der Führung des Gemeinschaftsbetriebs gebildete Gesellschaft bürgerlichen Rechts stattfindet.[469] Entsprechendes gilt auch für die **Auflösung** eines Gemeinschaftsbetriebs. Dabei ist allerdings zu beachten, dass es – sogar zwingend – dann zu einem **Teilbetriebsübergang** kommt, wenn ein Unternehmen aus dem Gemeinschaftsbetrieb **ausscheidet** und die verbleibenden Unternehmen oder auch ein neu eintretendes Unternehmen den bisher von dem ausscheidenden Unternehmen ge- 82

[464] Vgl. *Seiter* Betriebsinhaberwechsel, 38.
[465] Vgl. *Willemsen,* Anm. zu BAG AP Nr. 38 zu § 613a BGB, Bl. 5.
[466] EuGH 13.6.2019 – C-664/17 *(Ellinika Nafpigeia),* NZA 2019, 889, Rn. 49ff. s. dazu auch → Rn. 35a.
[467] Ähnlich *D. Schmitz* NZA-RR 2020, 281, 289.
[468] *Sagan,* Anm. zu EuGH AP Nr. 23 zu Richtlinie 2001/23 EG, Bl.11 R.
[469] Vgl. BAG 26.8.1999 – 8 AZR 588/98, BeckRS 1999, 30780253 (siehe dazu 3. Aufl. Rn. 79); 17.1.2002 – 2 AZR 57/01, NZA 2002, 999.

führten **Betriebsteil fortführen.**[470] Erwerben zwei neugegründete Unternehmen aus der Insolvenzmasse eines dritten Unternehmens lediglich **bestimmte Gegenstände,** führt dies für sich genommen weder zu einem Betriebsübergang, noch bilden die neu gegründeten Unternehmen dadurch einen Gemeinschaftsbetrieb.[471]

6. Schlussfolgerungen und strategische Erwägungen für die arbeitsrechtliche Beratung und Gestaltung bei Unternehmensübertragung und -umstrukturierung

a) Prognoserisiko infolge „Generalklausel" des EuGH

83 Bei mit Transaktionen verbundenen Unternehmensumstrukturierungen wird die Frage, ob ein Fall des § 613a BGB vorliegt, in der Praxis oftmals gar nicht zweifelhaft sein. Gliedert etwa die X-AG ihre sämtlichen Vertriebsaktivitäten in eine neugegründete Y-GmbH aus, „wandern" also ganze Abteilungen im Wege des *Asset Deals* zu neuen Rechtsträgern, handelte es sich um einen klaren Fall des Betriebs(teil)übergangs. Legt man den zutreffenden Erklärungsansatz (→ Rn. 33ff.) für § 613a BGB zugrunde, ergibt sich seine oftmals völlig eindeutige Anwendbarkeit auf **konzerninterne Umstrukturierungen** bereits daraus, dass diese geradezu typischerweise darauf abzielen, die einen eigenständigen geschäftlichen Wert verkörpernde, auf einen bestimmten wirtschaftlichen Zweck ausgerichtete Koordination sächlicher, immaterieller und personeller Ressourcen, also die betriebliche Organisation oder Teilorganisation, auch unter dem neuen Rechtsträger aufrechtzuerhalten und fortzuführen. Der EuGH und der 8. Senat des BAG wenden § 613a BGB hinsichtlich der **Abgrenzung des Betriebsübergangs mit Bezug auf Konzerngesellschaften** grundsätzlich in derselben Weise an wie bei Übertragungsvorgängen außerhalb von Konzernsachverhalten.[472] Als problematisch kann sich die Anwendbarkeit des § 613a BGB allerdings auch bei **Konzernsachverhalten** bereits dann erweisen, wenn einzelne bisher bestehende Teilbereiche verschiedener Unternehmen zu einer völlig neuen Organisationseinheit unter einem neuen Rechtsträger zusammengefasst werden. Die Brisanz der Problematik ergibt sich insbesondere daraus, dass die Rechtsprechung des BAG bislang einen konzernweiten, dh die rechtlichen Grenzen des einzelnen Konzernunternehmens überschreitenden Kündigungsschutz grundsätzlich ablehnt[473] und demzufolge bei Nichtanwendung des § 613a BGB im Falle unternehmensübergreifender Umstrukturierungen betriebsbedingte Kündigungen bei den ausgliedernden Konzerngesellschaften grundsätzlich möglich sind.

Das hier lediglich kurz angesprochene Spannungsfeld zwischen Betriebsübergang einerseits und betriebsbedingter Kündigung andererseits[474] kommt erst recht bei Umstrukturierungen unter Beteiligung dritter (nicht konzernzugehöriger) Unternehmen zum Tragen. So liegen etwa im Falle eines **Outsourcings** buchstäblich Welten zwischen der Möglichkeit einer betriebsbedingten Kündigung aller bisherigen Arbeitnehmer des Auftraggebers *einerseits* und der Verpflichtung des Auftragnehmers zur Übernahme des gesamten Personals des Auftraggebers gemäß § 613a BGB sowie dem hieran anknüpfenden Kündigungsverbot nach § 613a Abs. 4 BGB für den bisherigen Betriebsinhaber *andererseits.* Es gehört mit zu den anspruchsvollsten Aufgaben arbeitsrechtlicher Beratung und **Gestaltung,** in

[470] So ausdrücklich BAG 17.1.2002 – 2 AZR 57/01, NZA 2002, 999; BAG 26.8.1999 – 8 AZR 588/98, BeckRS 1999, 30780253; BAG 24.4.1997 – 8 AZR 848/94, NZA 1998, 253; Ebenso LAG Berlin-Brandenburg 9.10.2019 – 19 Sa 2109/16, BeckRS 2017, 156551 Rn. 185.

[471] BAG 26.7.2007 – 8 AZR 769/06, NZA 2008, 112 (Dachdeckerbetrieb).

[472] EuGH 6.3.2014 – C-458/12 *(Lorecto Amatori ua/Telecom Italia SpA)*; aus der Rspr ders BAG vgl. etwa 12.11.1998 – 8 AZR 282/97, NZA 1999, 310 (Benetton/Einzelhandel; s. dazu auch 3. Aufl. Rn. 68); 2.12.1999 – 8 AZR 796/98, NZA 2000, 369 (Elektrohandel, s. dazu auch 3. Auf. Rn. 84).

[473] S. dazu und zu den bisher anerkannten Ausnahmefällen → H Rn. 37ff.

[474] Ausführlich → H Rn. 85ff.

zweifelhaften Konstellationen das „richtige" arbeitsrechtliche Szenario zu erkennen bzw. durch aktive Einflussnahme herbeizuführen.

Wie auch sonst bei jeder arbeitsrechtlichen Beratung liegt die eigentliche Schwierigkeit darin, mit einem „Blick in die Zukunft"[475] **potentielle Konfliktlagen** nicht nur zu erkennen, sondern auch deren Entscheidung durch die hierzu im Streitfall berufenen (Arbeits-)Gerichte möglichst zuverlässig zu **prognostizieren.** Gerade auf dem Feld des § 613a BGB ist dies eine der häufigsten Anforderungen an den arbeitsrechtlichen Experten. Die Bejahung oder Verneinung eines Betriebsübergangs bleibt auch nach *„Ayse Süzen"* das Ergebnis eines individuellen, allerdings an bestimmten Leitlinien orientierten juristischen (im Streitfall: richterlichen) Erkenntnis- und Abwägungsprozesses, dessen Rationalität durch höchstrichterliche Vorgaben sowohl materieller wie auch methodischer Natur zwar wesentlich verbessert, nicht jedoch im Sinne einer – für die Beratungspraxis durchaus wünschenswerten – völligen Transparenz und Vorhersehbarkeit perfektioniert werden kann.[476] 84

Ähnlich wie bei den juristischen Generalklauseln (zB „Treu und Glauben" in § 242 BGB; „wichtiger Grund" in § 626 BGB) wird auch die praktische Handhabung des Anwendungsbereichs von § 613a BGB weiterhin eine Zusammenschau von **Normzweck** und -struktur einerseits und dem **Prognosepotential bereits konkret entschiedener Fälle** *(„case law")* andererseits erfordern. Gleichwohl: Auch bei zutreffendem Grundverständnis des § 613a BGB und trotz der inzwischen zahlreichen Präjudizien aus der BAG-Rechtsprechung wird die Einschätzung des Prozessrisikos im Zusammenhang mit § 613a BGB oftmals eine sehr schwierige Aufgabe bleiben. Dies hängt auch damit zusammen, dass das BAG sich bei der Anwendung des § 613a BGB im Lichte der neueren Rechtsprechung des EuGH fallweise „herantastet" und die Ablehnung des Tatbestands in der Regel kumulativ begründet, so dass oftmals nicht recht erkennbar wird, woran denn nun die Anwendung des § 613a BGB letztlich gescheitert ist. Die vom EuGH und vom BAG geforderte „Sieben-Punkte-Prüfung" mit anschließender Gesamtbewertung aller maßgeblichen Faktoren[477] macht zudem die Abwägungsergebnisse der **Instanzgerichte** – auch insoweit nicht unähnlich der juristischen Generalklausel – nur **eingeschränkt nachprüfbar** und bringt damit ein erhebliches Prognoserisiko mit sich. Bedenkt man weiterhin, dass es sich bei streitigen Auseinandersetzungen um § 613a BGB häufig um **Massenverfahren** (nicht selten mit mehreren hundert Klägern) handelt und auf das Vorliegen eines Betriebsübergangs gestützte Lohnzahlungstitel gegen den (tatsächlichen oder vermeintlichen) Betriebsübernehmer bereits ab der ersten Instanz ohne Sicherheitsleistung vorläufig vollstreckbar sind (vgl. § 62 Abs. 1 S. 1 ArbGG), wird sowohl die Entscheidungsnot, in welche die Unternehmen geraten können, wie auch die in der Praxis bisweilen zu beobachtende Tendenz zum Abschluss notfalls auch teurer Vergleiche mit der Arbeitnehmerseite vollends nachvollziehbar. 85

Nachdem die praktische Handhabbarkeit der Tatbestandsseite des § 613a BGB durch eine ganze Serie von Urteilen des 8. BAG-Senats zunächst deutlich verbessert worden war,[478] hat das ***„Klarenberg"*-Urteil** des EuGH vom 12.2.2010[479] das **Prognoserisiko abermals erhöht.** Auch wenn es sich hierbei *nicht* um ein *„Christel Schmidt* II"-Urteil handelt,[480] ist durch die ausschließlich am Arbeitnehmerschutz orientierte Sichtweise des EuGH die **Rechtssicherheit** auf Arbeitgeberseite hinsichtlich der Abgrenzung zwischen 86

[475] Zu dem „Blick in die Zukunft als Voraussetzung der Vertragsgestaltung" vgl. *Kanzleiter* NJW 1995, 905.

[476] Kritisch aus methodologischer Sicht *Wank,* 50 Jahre Bundesarbeitsgericht, 245; *Junker* SAE 2010, 239 (242) meint sogar, für den EuGH sei eine Erhöhung der Rechtssicherheit zu Gunsten der Arbeitgeber „streng verpönt".

[477] → Rn. 65.

[478] Vgl. dazu die Darstellung der einschlägigen BAG-Judikate seit *„Ayse Süzen"* in der 3. Auf. Rn. 47 ff.

[479] Dazu → Rn. 17d ff.

[480] Vgl. *Willemsen/Sagan* ZIP 2010, 1205 (1211): Die Funktionsnachfolge ist nach wie vor kein Betriebsübergang und eine Tätigkeit nach wie vor keine wirtschaftliche Einheit.

Betriebsübergang und (reiner) Funktionsnachfolge zumindest zeitweilig erheblich **erschüttert** worden.[481] Die Folgen des *„Klarenberg"*-Urteils sind zwar noch nicht völlig geklärt, aber dank einer Reihe von Gerichtsentscheidungen inzwischen einigermaßen absehbar. Dabei wird eine Tendenz des 8. BAG-Senats erkennbar, so weit wie möglich an seiner bisherigen Rechtsprechung festzuhalten, sich dabei aber an der Terminologie der *Klarenberg*-Entscheidung zu orientieren (→ Rn. 50 ff.).

b) Leitlinien für die Einschätzung und Gestaltung: „Klare" Fälle der Anwendung bzw. Nichtanwendung des § 613a BGB

87 Wenn somit in vielen Fällen die Frage des Vorliegens oder Nichtvorliegens eines Betriebsübergangs „spannend" bleiben wird, lassen sich doch aus der Rechtsprechung des EuGH und des BAG inzwischen **Falltypen** herauskristallisieren, bei denen mit (mehr oder weniger) hoher Sicherheit die Anwendung des § 613a BGB entweder bejaht oder verneint werden kann. Insbesondere hieran wird sich die **Umstrukturierungspraxis,** zumal unter Berücksichtigung der in der Regel bestehenden Gestaltungsspielräume (zu deren Nutzung auch → Rn. 107 ff.), zu orientieren haben. Allerdings gilt auch hier der Vorbehalt, dass die Rechtsprechung sowohl des EuGH wie auch des BAG sich teilweise im Fluss befindet und die weitere Entwicklung daher sorgfältig verfolgt werden muss.[482]

88 **aa) Eindeutige „Negativfälle".** Eine klare Beurteilung im Sinne der **Verneinung** eines Betriebsübergangs ist in der Regel möglich bei folgenden Konstellationen:

(1) Fehlen jeglicher Übernahme von (relevanten) **Betriebsmitteln** (Räume, Büros, Ladeneinrichtung, Geräte, Maschinen) **und Personal;** Verlagerung der Produktion in eine andere (auch ausländische) Gesellschaft

Beispiel G 1:

Ein Unternehmen der Telekommunikationsbranche (T) vergibt die Funktion eines Call-Centers an einen Auftragnehmer (A) und entlässt das eigene, bislang mit dieser Aufgabe beschäftigte Personal. A führt die vertraglich übernommene Funktion in eigenen Räumen mit eigenen technischen Einrichtungen und mit eigenem Personal aus.

Hier liegt der Fall einer reinen **Funktionsnachfolge** vor, die für § 613a BGB **nicht ausreicht.** Von den indiziellen Kriterien gemäß dem Sieben-Punkte-Katalog (→ Rn. 65) ist lediglich das sechste Kriterium (Ähnlichkeit zwischen der vor und nach dem „Übergang" verrichteten Tätigkeiten) erfüllt. Dagegen fehlt es zumindest weitgehend an Übergang materieller oder immaterieller Betriebsmittel (Ziffern 2 und 3), vor allem aber an einer Übernahme der Hauptbelegschaft durch den neuen „Inhaber" (Ziffer 4) und schließlich auch an einem Übergang der Kundschaft (Ziffer 5). Zwar mögen auf Grund der technischen Weiterleitung von Kundenanrufen an das von A betriebene Call-Center dort künftig im Wesentlichen dieselben Personen anrufen wie vor dem **Outsourcing** dieser Dienstleistung durch T. Dies bedeutet indes keinen „Übergang der Kundschaft" im Sinne der Rechtsprechung des EuGH, da A nur verdeckt für T tätig wird, die Anrufer also Kunden von T bleiben. Dieses Ergebnis entspricht auch der – zutreffenden – Auffassung des BAG, wonach solche Betriebsmittel des Auftraggebers, *an* denen bestimmte (Dienst-)Leistungen erbracht werden, dem Auftragnehmer nicht als eigene Betriebsmittel zugerechnet werden können.[483] Diese Überlegung muss auch für die Kundschaft gelten, selbst wenn man diese nicht zu den eigentlichen Betriebsmitteln rechnet. Im Beispielsfall

---

[481] Vgl. *Bieder* EuZA 2009, 513 (521); *Müntefering* BB 2009, 1135; *Wißmann/Schneider* BB 2009, 1126 (1128); *Wortmann* ArbRB 2010, 123 (125); *Willemsen* NZA 2009, 289 (292).

[482] S. bereits oben → Fn. 355.

[483] Vgl. BAG 11.12.1997 – 8 AZR 426/94, NZA 1998, 532 (Catering), siehe dazu auch 3. Auf. Rn. 60; an der Relevanz dieser Unterscheidung hat sich auch durch die EuGH-Urteile iS *Abler* v. 20.11.2003 (C-340/01) und *Güney-Görres* v. 15.12.2005 (C-232/04) nichts geändert (dazu → Rn. 17a, b).

G 1 erbringt A seine Dienstleistung *an* den Kunden von T, nicht *mittels* dessen Kundenstamms. Die Betreuung der Kunden von T ist das Ergebnis der von A geschuldeten Tätigkeit und nicht etwa Mittel zur Erreichung eines weiter gehenden, *eigenen* wirtschaftlichen Zwecks. Auf die Relevanz dieser Unterscheidung hat *Annuß*[484] mit Recht hingewiesen. Im Ausgangsfall liegt daher kein Fall des § 613a BGB vor, so dass T den vom Outsourcing betroffenen Arbeitnehmern, sofern keine Ersatzarbeitsplätze vorhanden sind und auch keine Sozialauswahl im Sinne von § 1 Abs. 3 KSchG stattzufinden hat,[485] ohne Verstoß gegen § 613a Abs. 4 BGB kündigen kann. Die Kündigung erfolgt „aus anderen Gründen" im Sinne von § 613a Abs. 4 S. 2 BGB, nämlich wegen Wegfalls der bisherigen Arbeitsplätze. Einen vergleichbaren Fall, der das **Outsourcing von Bodendiensten einer Fluggesellschaft** betraf, hatte das BAG im Jahre 2007 zu entscheiden. Mangels Übernahme von Betriebsmitteln oder Personal wurde ein Betriebsübergang verneint und ebenso zutreffend erkannt, dass kein Übergang der Kundschaft stattgefunden hatte, da die abzufertigenden Passagiere Kunden der beklagten Fluglinie geblieben waren.[486] Auf derselben Linie liegt die Verneinung eines Betriebsübergangs im Falle der Einstellung der Tätigkeit einer **Anwaltskanzlei** mit Urteil vom 30.10.2008.[487] Dass sich ein Teil der früheren Sozien in anderen Geschäftsräumen zu einer neuen Sozietät zusammenschloss bzw. sich unter Mitnahme des Mandantenstamms selbstständig machte, reichte für die Annahme eines Betriebsübergangs nicht aus, da das – für die **Wertschöpfung prägende** – Personal jeweils nicht übernommen wurde. Im gleichen Sinne hat der EuGH für einen **„Insourcing"**-Fall entschieden.[488]

Betriebe, bei denen es für die Wertschöpfung im Wesentlichen auf die **menschliche** 88a **Arbeitskraft** ankommt und bei denen die materiellen und immateriellen Betriebsmittel nur eine untergeordnete Rolle spielen, können somit zwangsläufig unter Aufrechterhaltung ihrer Identität nur dann von einem Betriebserwerber **fortgeführt** werden, wenn das **Mitarbeiterteam** übernommen wird, weil dieses beim betriebsmittelarmen Betrieb identitätsbildend ist.[489] Bei sog. **betriebsmittelarmen Betrieben** lässt sich also die Anwendung des § 613a BGB durch Übernahme bzw. Nichtübernahme des identitätsprägenden Personals **gezielt steuern** (s. zur Abgrenzung der betriebsmittelarmen Betriebe und den Tendenzen der Rechtsprechung, einen solchen wegen „unverzichtbarer" Betriebsmittel zu verneinen → Rn. 107.). Darin liegt keine unzulässige Umgehung der Norm.[490] Werden andererseits **Einstellungsangebote** unterbreitet, kommt es darauf an, wie viele Arbeitnehmer diese tatsächlich annehmen. Eine fehlende Bereitschaft des relevanten Teils der Beschäftigten, die Arbeitsbedingungen beim Nachfolger zu akzeptieren, bringt, so der 8. Senat des BAG, somit auch die verbliebenen, wechselbereiten Arbeitnehmer um die Chance eines Betriebsübergangs; jedoch sei dies gerade die Konsequenz des Erfordernisses der Identitätswahrung.[491]

Beispiel G 2: 89

Ein Unternehmen P, das im Bayerischen Wald Zubehörteile für die Automobilindustrie produziert, entschließt sich aus Kostengründen dazu, die Produktion an einen ca. 40 km ent-

---

[484] BB 1998, 1582 (1584).

[485] Zu den kündigungsschutzrechtlichen Implikationen im Einzelnen → H Rn. 2 ff.; zur Sozialwahlauswahl → H Rn. 17 ff.

[486] BAG 16.5.2007 – 8 AZR 693/06, NZA 2007, 1296 (Bodenpersonal einer Fluglinie).

[487] 30.10.2008 – 8 AZR 397/07, NZA 2009, 485 = AP Nr. 358 zu § 613a BGB mAnm *Willemsen*.

[488] EuGH 20.1.2011 – C-463/09 *(CLECE SA)*, NZA 2011, 148. Anders hingegen für den Betrieb sog. intermodularer Transporteinheiten in einem Bahnhof, da diese betriebsmittelgeprägt seien: EuGH 26.11. 2015 – C-509/14 (*Aira Parcual* ua), NZA 2016, 31.

[489] BAG 22.7.2004 – 8 AZR 350/03, NZA 2004, 1383 (Gefahrstofflager); 22.6.2011 – 8 AZR 107/10, NZA-RR 2012, 119 Rn. 38 (Arztpraxis).

[490] Zutreffend BAG 15.12.2011 – 8 AZR 197/11, NZA-RR 2013, 179 Rn. 57 (Neuvergabe eines Bewachungsauftrags III).

[491] BAG 15.12.2011 – 8 AZR 197/11, NZA-RR 2013, 179 Rn. 57 (Neuvergabe eines Bewachungsauftrags III).

fernten Ort in Tschechien zu verlagern. Zu diesem Zweck gründet es dort eine eigene, 100%-ige Tochtergesellschaft C, welche die Produktion „nahtlos", allerdings mit einem komplett neuen Maschinenpark und vollständig neu eingestellter Belegschaft, übernimmt. Das Personal am bisherigen Standort von P wird im Rahmen eines Sozialplans betriebsbedingt entlassen, der dort vorhandene, teilweise veraltete Maschinenpark zum Teil über einen gewerblichen Händler an Dritte weiterveräußert, zum Teil verschrottet.

Die Geltung des § 613a BGB und hier insbesondere des § 613a Abs. 4 BGB **scheitert** vorliegend **nicht schon daran,** dass es sich um einen Fall mit **Auslandsberührung** handelt, da es für die Anwendung des § 613a BGB ausschließlich auf das für das bestehende Arbeitsverhältnis maßgebliche **Vertragsstatut** ankommt, das sich unzweifelhaft nach deutschem Recht bestimmt (dazu auch → Rn. 46a f.).[492] Auch steht der Umstand, dass die gesamte Belegschaft von P offenbar im Rahmen eines Interessenausgleichs und Sozialplans im Sinne von §§ 111ff. BetrVG, also unter Mitwirkung des zuständigen Betriebsrats, entlassen wurde, nicht von vornherein der Annahme eines Betriebsübergangs entgegen.

Zwar **schließen Betriebsübergang** und **Betriebsstilllegung** nach ständiger Rechtsprechung des BAG einander wechselseitig **aus.**[493] Dies darf indes nicht dahingehend missverstanden werden, dass es gewissermaßen der freien unternehmerischen Disposition unterliege, einen bestimmten tatsächlichen Vorgang als Betriebsstilllegung (mit den Folgen der §§ 111ff. BetrVG) oder als Betriebsübergang (mit der Folge der Anwendung des § 613a BGB) zu deklarieren.[494] Führt die Sieben-Punkte-Prüfung nach der Rechtsprechung des EuGH zur Bejahung eines Betriebsübergangs, würde es sich bei einer gleichwohl vom bisherigen Betriebsinhaber durchgeführten Betriebsstilllegung um eine *falsa demonstratio* handeln, woran auch die Mitwirkung des Betriebsrats im Rahmen eines Interessenausgleichs/Sozialplans nichts zu ändern vermöchte; die im Zuge einer derart motivierten Maßnahme entlassenen Arbeitnehmer könnten, gestützt insbesondere auf § 613a Abs. 4 BGB, erfolgreich Kündigungsschutzklage erheben. Der unter Mitwirkung des Betriebsrats vorgenommenen Entlassung der gesamten Belegschaft kann daher allenfalls eine gewisse **Indizfunktion** zukommen; sie schließt dagegen für sich genommen die Anwendung des § 613a BGB keinesfalls zwingend aus.

90 Diese scheitert indes im **Beispiel G 2** daran, dass C von P weder sächliche noch personelle Mittel übernimmt, welche die von P aufgebaute Betriebsorganisation am neuen Standort in Tschechien verkörpern könnten. Zwar ist – namentlich bei Produktionsunternehmen – ein **Betriebsübergang unter gleichzeitiger Betriebsverlagerung** möglich: Sowohl die frühere Rechtsprechung des BAG vor *„Ayse Süzen"* wie auch die nunmehrige Rechtsprechung des EuGH lassen eine derartige Konstellation grundsätzlich denkbar erscheinen (zur grenzüberschreitenden Betriebsverlagerung auch → Rn. 46a).[495] Auch und gerade bei einer solchen Gemengelage von (möglicher) Betriebsstilllegung, Betriebsverle-

---

[492] Zu den IPR-rechtlichen Fragen im Zusammenhang mit § 613a BGB siehe LAG Baden-Württemberg 17.9.2009 – 11 Sa 39/09, ZIP 2010, 388; *Cohnen* FS zum 25-jährigen Bestehen der Arbeitsgemeinschaft Arbeitsrecht im DAV, 2006, 595; *Feudner* NZA 1999, 1184; HWK/*Müller-Bonanni* BGB § 613a Rn. 376ff.; *Kreitner,* Anm. zu BAG AP Nr. 81 zu § 613a BGB mwN; Staudinger/*Annuß* BGB § 613a Rn. 33f.; *Pietzko* S. 208 sowie BAG 26.5.2011 – 8 AZR 37/10, NZA 2011, 1143 (Verlagerung eines Betriebsteils in die Schweiz).

[493] Dazu → Rn. 74 mwN dort.

[494] Ebenso BAG 26.5.2011 – 8 AZR 37/10, NZA 2011, 1143 Rn. 28 (Verlagerung eines Betriebsteils in die Schweiz).

[495] Vgl. dazu aus der früheren Rechtsprechung des BAG insbesondere AP Nr. 2, 67 und 81 (mAnm *Kreitner*) zu § 613a BGB; s. dazu auch Soergel/*Raab* BGB § 613a Rn. 29. Zweifelnd bei Verlagerung um mehrere hundert Kilometer BAG 25.5.2000 – 8 AZR 335/99, BeckRS 2009, 67931 (Armaturenfertigung), unter II 2c) der Gründe. Die Möglichkeit einer Wahrung der wirtschaftlichen Einheit trotz Ortsverlagerung grundsätzlich bejahend BAG 16.5.2002 – 8 AZR 319/01, NZA 2003, 93 sowie BAG 26.5.2011 – 8 AZR 37/10, NZA 2011, 1143 (Verlagerung eines Betriebsteils in die Schweiz); in letzterem Fall betrug die Entfernung zwischen alter und neuer Betriebsstätte ca. 59 km; 21.6.2012 – 8 AZR 181/11, NZA-RR 2013, 6 Rn. 59 (IT-Service); LAG Berlin-Brandenburg 15.3.2013 – 6 Sa 1998/12, BeckRS 2013, 70054 Rn. 47 (Frankiermaschinen).

gung und/oder Betriebsveräußerung erfolgt die Abgrenzung angesichts des zwingenden Charakters von § 613a BGB nicht nach den subjektiven Vorstellungen der Beteiligten, sondern ebenfalls anhand des Sieben-Punkte-Katalogs im Sinne der Rechtsprechung des EuGH. Dabei kommt in dem vorliegenden Zusammenhang dem ersten Punkt – „Art des bisherigen Betriebs/Unternehmens" – ein besonderes Gewicht zu, da dieser eine wesentliche Vorentscheidung darüber ermöglicht, *ob* und gegebenenfalls *unter welchen Voraussetzungen* überhaupt ein Transport an einen neuen Standort unter gleichzeitiger Wahrung der Identität der wirtschaftlichen Einheit im Sinne der EuGH-Rechtsprechung möglich ist: Bei Produktionsunternehmen, die nicht von vornherein an einen bestimmten Standort gebunden sind, ist zwar (anders als zB bei einem Steinbruch oder einem Wasserkraftwerk) auch eine erhebliche räumliche Verlagerung denkbar, ohne dass dabei zwangsläufig die Identität der betrieblichen Organisation verloren gehen müsste; da letztere jedoch maßgeblich durch die **Produktionsanlagen und deren räumlich-technische Koordination** zu einem bestimmten Betriebszweck verkörpert wird, muss dieser **technisch-organisatorische Funktionszusammenhang** die Standortverlagerung **überdauern,** wenn auch danach noch von einer „Identität der wirtschaftlichen Einheit" die Rede sein soll. Dies ist im **Beispiel G 2** zu verneinen, weil die Produktionsanlagen nicht von C geschlossen übernommen, sondern vielmehr von T durch Verkauf an einen gewerblichen Zwischenhändler „in alle Winde verstreut" werden. C baut dementsprechend einen **eigenen, neuen Betrieb** auf, was das genaue Gegenstück zur Übernahme eines bereits vorhandenen Betriebs bildet.[496] Auch keines der sonstigen Kriterien der Sieben-Punkte-Prüfung kann vorliegend zugunsten eines Betriebsübergangs angeführt werden. Zwar sind die Punkte 6 und 7 (→ Rn. 65) bei jeweils isolierter Betrachtung zu bejahen, da C „nahtlos" die bislang von P durchgeführte Produktion fortführt. Hier zeigt sich indes, dass die vom EuGH zuletzt aufgeführten beiden Kriterien (Grad der Ähnlichkeit zwischen der vor und nach dem Übergang verrichteten Tätigkeit; Dauer einer eventuellen Unterbrechung der Tätigkeit) lediglich eine unselbständige Hilfsfunktion im Rahmen der stets notwendigen Gesamtbewertung haben können, da ansonsten die vom EuGH zu Recht hervorgehobene Abgrenzung zur reinen Funktionsnachfolge obsolet würde.

Anders gesagt: Eine Bejahung des Betriebsübergangs kann niemals allein auf die Punkte 91 6 und 7 gestützt werden, wenn nicht die jeweils unternehmensspezifisch (Punkt 1) zu bestimmenden und zu gewichtenden Punkte 2 bis 5 ganz oder wenigstens deutlich überwiegend erfüllt sind. Für die Punkte 2 (Übergang materieller Betriebsmittel), 4 (Übernahme der Hauptbelegschaft) und 5 (Übergang der Kundschaft) kann dies vorliegend eindeutig verneint werden. Offen bleibt somit lediglich Punkt 3 (Wert und eventuelle Übernahme immaterieller Aktiva im Zeitpunkt des Übergangs). In Betracht kämen hier vor allem produktionstechnisches Know-how, insbesondere in Form von Patenten und sonstigen gewerblichen Schutzrechten, Materiallisten und Konstruktionszeichnungen. Selbst wenn man aber vorliegend annimmt, dass P seinem Tochterunternehmen C dieses technische Know-how zur Verfügung stellt, würde dies nicht ausreichen, um einen Fall des § 613a BGB zu bejahen. Es ist nämlich angesichts der Charakterisierung als Produktionsunternehmen im Rahmen der stets notwendigen Gesamtbewertung mehr als fraglich, ob allein die Weiternutzung vorhandenen technischen Know-hows ausreicht, um trotz fehlender Übernahme von Maschinen und Personal die Wahrung der Identität der wirtschaftlichen Einheit im Sinne der Rechtsprechung des EuGH zu bejahen. Dagegen spricht vor allem, dass

[496] So zutreffend BAG 22.5.1997 – 8 AZR 101/96, NZA 1997, 1050 unter II 2c) ee) der Gründe (räumliche Ausweitung der eigenen Betriebstätigkeit im Gegensatz zur Übernahme einer vorhandenen Organisation); instruktiv auch der „Tankstellenfall" des BAG 18.9.2014 – 8 AZR 733/13, NZA 2015, 97 (Aufbau einer neuen Tankstelle etwa 800 Meter vom bisherigen Standort entfernt); vgl. auch LAG Hamm 20.7. 2000 – 4 Sa 2148/99, NZA-RR 2001, 535, unter 2.1. der Gründe: „Das Gesetz geht bei einem Betriebs(teil)übergang von einem beim Veräußerer bereits vorhandenen Betrieb oder Betriebsteil aus, nicht von einem erst durch Summierung der Ergebnisse von Einzelgeschäften beim Erwerber neu zu schaffenden Betrieb oder Betriebsteil."

sich aus dem Know-How noch keine **Arbeitsorganisation** ergibt, deren Übergang für den Betriebsübergang konstitutiv ist (→ Rn. 99 ff.).

92 Abschließend lässt sich somit feststellen, dass bei (auch konzerninterner) **Produktionsverlagerung** auf ein anderes Unternehmen ohne **gleichzeitige Übertragung von sächlichen Ressourcen** auf die auftragnehmende Gesellschaft in aller Regel die Anwendung des § 613a BGB **ausscheidet.** Dies gilt im Übrigen nicht nur bei Produktionsverlagerung ins Ausland, sondern – unter Berücksichtigung der oben dargestellten Kriterien – in gleicher Weise auch für reine Inlandssachverhalte. Einen solchen Fall betraf die Entscheidung des 3. BAG-Senats vom 3.11.1998.[497] Das Gericht sah bei einem **Zementhersteller** zu Recht die Produktionsanlagen und sonstigen sächlichen Betriebsmittel als „wesentlichen identitätsstiftenden Kern des Betriebs" an, ohne deren Übertragung ein Betriebsübergang ausscheide. Die tatsächliche Weiterbeschäftigung von Personal falle demgegenüber bei der gebotenen Gesamtwürdigung nicht entscheidend ins Gewicht, da diese bei einem Produktionsunternehmen ohnehin von geringerer indizieller Bedeutung sei als bei einem Unternehmen, bei dem es im Wesentlichen auf die menschliche Arbeitskraft und gar nicht oder nur am Rande auf sächliche Betriebsmittel ankomme. In zwei weiteren Entscheidungen vom 10.12.1998[498] und vom 25.5.2000[499] hat der 8. Senat diese Linie bestätigt. Das Substrat eines Produktionsbetriebs sei gerade durch die Räume, Maschinen und sonstige Einrichtungsgegenstände geprägt. Bei Produktionsbetrieben müssten daher „so viele Produktionsmittel übergehen, dass eine sinnvolle Fortführung der Produktion möglich ist." Auf derselben Linie liegt schließlich auch ein Urteil betreffend die Herstellung sog. Kettenschienen vom 28.4.2011: Bei Produktionsbetrieben könne der Betriebszweck ohne sächliche Betriebsmittel nicht erreicht werden. Fehle es hieran, könne auch die Weiterbeschäftigung eines Großteils des Personals die Anwendung des § 613a BGB nicht begründen.[500] Durch den **„Verzicht" auf die Übernahme sächlicher Betriebsmittel** lässt sich somit bei Produktionsunternehmen (im technischen Sinne) in aller Regel ein **Betriebsübergang vermeiden.** Entsprechendes gilt auch für andere Unternehmen, deren **Wertschöpfung** maßgeblich von **technischen Betriebsanlagen** abhängt.[501] Wird bei **betriebsmittelgeprägten** Betrieben nur **ein Teil** dieser Betriebsmittel übernommen, kommt es für die Anwendung des § 613a BGB auf den **Wert** und die konkrete Bedeutung der übernommenen **im Vergleich** mit den nicht übernommenen Betriebsmitteln an.[502] Insoweit ergeben sich also für die Praxis durchaus **Gestaltungsmöglichkeiten.**

92a Allerdings ist insoweit besondere **Vorsicht** geboten, wenn die nicht übernommenen Betriebsanlagen, insbesondere weil sie veraltet sind und/oder aus sonstigen Gründen in absehbarer Zeit hätten ausgetauscht werden müssen, von dem Erwerber der sonstigen Ressourcen kurzerhand **durch (marktgängige) gleichartige Betriebsmittel ersetzt** werden. In einem solchen Fall der sofortigen Substitution betriebsnotwendiger sächlicher Betriebsmittel kann trotz ihrer Wesentlichkeit für die betriebliche Wertschöpfung ein Betriebsübergang zu bejahen sein; ein **„Freikauf durch Einkauf"**[503] ist in diesem Falle also nicht möglich, zumindest aber sehr risikobehaftet. Dies ist die Quintessenz des EuGH-Urteils in Sachen Grafe vom 27.2.2020 (s. dazu → Rn. 17k ff.), welches in deutlichem Kontrast zu dem (zweiten) „Rettungsdienst-Urteil" des BAG vom 25.8.2016 (dazu Rn. 17q, 70) steht. Generell muss auf Grund der neueren Rechtsprechung des EuGH damit gerechnet werden, dass durch den **schlichten Austausch marktgängiger Betriebs-**

[497] 3 AZR 484/97, BeckRS 1998, 30367932.

[498] 8 AZR 763/97, BeckRS 1998, 13941 (Druckerei eines Zeitungsverlages), unter II 2b) der Gründe.

[499] 8 AZR 335/99, BeckRS 2009, 67931 (Armaturenhersteller), unter B II 2a) der Gründe. Im gleichen Sinne auch BAG 22.7.2004 – 8 AZR 350/03, NZA 2004, 1383 (Gefahrstofflager/Opel Bochum).

[500] BAG 28.4.2011 – 8 AZR 709/09, BeckRS 2011, 75933 Rn. 46 ff. (Kettenschienenproduktion).

[501] Vgl. BAG 18.9.2014 – 8 AZR 733/13, NZA 2015, 97 Rn. 26 (Tankstelle); LAG Hessen 19.2.2013 – 13 Sa 1029/12, BeckRS 2013, 67506 (Busbetrieb).

[502] BAG 22.8.2013 – 8 AZR 521/12, AP Nr. 444 zu § 613a BGB Rn. 57 (Hafenumschlag- und Stauereibetrieb).

[503] Vgl. *Willemsen* NZA 2017, 953.

mittel (zB PKW, IT-Hardware, seriell gefertigte einfache Produktionsanlagen), die ohnehin einem regelmäßigen Verschleiß unterliegen, die Anwendung des § 613a auch in betriebsmittelgeprägten Betrieben nicht mehr sicher vermieden werden kann. Von diesem Sonderfall abgesehen bleibt es aber bei dem Grundsatz, dass durch den bewussten „Verzicht" auf die Übernahme und Weiternutzung der für die Wertschöpfung essentiellen materiellen Betriebsmittel ein Betriebs(teil)übergang grundsätzlich auch in Zukunft vermieden werden kann, wenn die **betriebliche Wertschöpfung maßgeblich durch derartige Ressourcen geprägt** wird.

Hiergegen lässt sich auch nicht das – gerade im Zusammenhang mit § 613a BGB häufig 93
in Anspruch genommene – **Umgehungsargument** einwenden. Wo gemäß dem Sieben-Punkte-Katalog und der anschließenden Gesamtbewertung kein Übergang einer wirtschaftlichen Einheit vorliegt, die ihre Identität bewahrt, lässt sich in Bezug auf § 613a BGB nichts umgehen.[504] Die Bestimmung ist auch **nicht** dazu **geschaffen, jedwedem Arbeitsplatzverlust** im Zusammenhang mit der Umstrukturierung von Unternehmen (im weitesten Sinne) **entgegenzuwirken.** Wer in Fällen der hier diskutierten Art zugunsten der betroffenen Arbeitnehmer Abhilfe sucht, muss sich daher an anderweitigen arbeitsrechtlichen Instrumenten orientieren. Als solches kommt vorliegend nur der allgemeine Kündigungsschutz (außerhalb von § 613a Abs. 4 BGB) in Betracht. Dieser ist indes, wie bereits erwähnt, nach ständiger BAG-Rechtsprechung im Grundsatz betriebs- und gegebenenfalls unternehmens-, nicht jedoch konzernbezogen.[505] Der Arbeitnehmer des Konzernunternehmens A kann daher bei betriebsbedingtem Wegfall seines Arbeitsplatzes grundsätzlich nicht auf das Vorhandensein eines für ihn geeigneten freien Arbeitsplatzes in einem anderen Konzernunternehmen B verweisen.[506] § 1 Abs. 2 S. 2 Nr. 1b) KSchG spricht von einer möglichen Weiterbeschäftigung des Arbeitnehmers an einem anderen Arbeitsplatz in demselben Betrieb oder in einem Betrieb des **Unternehmens** und zeigt damit unmissverständlich die Grenzen des gesetzlichen Kündigungsschutzes auf. Gleichwohl kann sich bei **konzerninterner Verlagerung von Beschäftigungsmöglichkeiten** die Frage stellen, inwieweit das herrschende Unternehmen trotz fehlender Anwendbarkeit sowohl des § 613a BGB wie auch des § 1 Abs. 2 Nr. 1b) KSchG auf die Unterbreitung von (Weiter-)Beschäftigungsangeboten durch dasjenige Konzernunternehmen hinwirken muss, auf das die jeweilige Tätigkeit verlagert worden ist (dazu auch → H Rn. 38 ff., 40a). Im Ausgangssachverhalt **(Beispiel G 2)** würde eine derartige Verpflichtung allerdings wenig bewirken, da kaum ein Arbeitnehmer des Unternehmens B bereit sein wird, in Tschechien zu den dort geltenden Bedingungen der Tochtergesellschaft C zu arbeiten.

(2) Erbringung gleichartiger Dienstleistungen in einer völlig anders struktu- 94
rierten, entweder bereits vorhandenen oder neu aufgebauten, in der Regel größeren **Betriebsorganisation** selbst bei Übernahme einzelner Betriebsmittel oder Arbeitnehmer

Beispiel G 3: 95

Reiseveranstalter R betreibt an verschiedenen großen Flughäfen in Deutschland so genannte Last-Minute-Agenturen mit einem zentralen Buchungssystem und insgesamt 150 Arbeitnehmern bundesweit. Aus Gründen der „Marktbereinigung" erwirbt er das in Düsseldorf ansässige Konkurrenzunternehmen K mit insgesamt 12 Beschäftigten. Da er bereits eine Last-Minute-Agentur am Düsseldorfer Flughafen besitzt, werden die bisherigen Aktivitäten von K „nahtlos" dorthin übergeleitet, interessierte Kunden unter der bisherigen

[504] So iE zutreffend BAG 6.4.2006 – 8 AZR 249/04, NZA 2006, 1039 (Bistrowagen), s. dazu auch 3. Auf. Rn. 96k, 96l sowie insbes. BAG 10.5.2012 – 8 AZR 434/11, NZA 2012, 1161 Rn. 50 (Rettungsdienst); HWK/*Willemsen* BGB § 613a Rn. 86, 167, 217. Allgemein zur Unterscheidung von unzulässiger Gesetzesumgehung einerseits und zulässiger Tatbestandsvermeidung andererseits *Gaul,* Betriebs- und Unternehmensspaltung, Schluss Rn. 78 ff., 103 ff.

[505] Vgl. BAG 14.10.1982 – 2 AZR 568/80, DB 1983, 2635; 27.11.1991 – 2 AZR 255/91, NZA 1992, 644; 17.5.1984 – 2 AZR 109/83, NZA 1985, 489 unter C II der Gründe; zum Ganzen auch *Windbichler,* Arbeitsrecht im Konzern, 1989, S. 256 ff., → H Rn. 37 ff.

[506] Zu etwaigen Ausnahmen vgl. *Windbichler,* Arbeitsrecht im Konzern, 260 ff.

Rufnummer von K zur Düsseldorfer Niederlassung von R durchgestellt. Allerdings erhöht sich dadurch in dem Düsseldorfer Büro von R der Arbeitsanfall, so dass fünf der insgesamt 12 Mitarbeiter von K Arbeitsplatzangebote von R erhalten. Die bisher bei K tätige Arbeitnehmerin S, die nicht zu den Glücklichen gehört, klagt gegen R auf Fortbestand des Arbeitsverhältnisses gemäß § 613a BGB.

Legt man die Quintessenz aus den BAG-Urteilen vom 24.4.[507] und vom 26.6.1997[508] zugrunde, hat die Klage keine Aussicht auf Erfolg. R nutzt nicht die von K geschaffene Betriebsorganisation, sondern nimmt bislang von K ausgeübte Tätigkeiten ab sofort mit der bereits vorhandenen eigenen Organisation wahr; es handelt sich also um eine Funktions-, nicht um eine Betriebs- oder Organisationsnachfolge (zur Unterscheidung → Rn. 66). Dies hat der 8. Senat mit Urteilen vom 25.9.2003[509] und vom 6.4.2006[510] bestätigt (kein Betriebsübergang bei **vollständiger Eingliederung** in die eigene Organisationsstruktur). Dementsprechend beinhaltet die „Übernahme" einiger früherer Mitarbeiter von K lediglich die **Erweiterung der eigenen, bereits vorhandenen,** nicht aber die Weiternutzung der vom Vorgänger geschaffenen (Teil-)**Betriebsorganisation** (dazu auch → Rn. 97 ff.) **anders** wäre der Fall unter Umständen nur dann zu beurteilen, wenn die fünf früheren Arbeitnehmer von K bei R eine eigene, abgrenzbare (wenngleich nicht notwendigerweise organisatorisch eigenständige) funktionelle Teileinheit bildeten, die gezielt nur die früheren Kunden von K betreute; denn dann ließe sich nach der Doktrin der *„Klarenberg"*-Entscheidung (dazu → Rn. 17d ff.) argumentieren, dass die **funktionelle Verknüpfung** zwischen den übertragenen „Produktionsfaktoren" **erhalten** geblieben sei. Ist dies nicht der Fall, dh geht der funktionell-organisatorische Bezug zu der bisher wahrgenommenen Aufgabe („Tätigkeit") verloren, löst die freiwillige Übernahme einzelner Arbeitnehmer von K durch R also keine entsprechenden Rechtsfolgen zugunsten der übrigen Arbeitnehmer aus; auch eine Verpflichtung von R zur Beachtung bestimmter Kriterien bei der Auswahl – etwa analog § 1 Abs. 2 KSchG oder nach § 315 BGB – besteht dann nicht. Will K sicherstellen, dass R alle oder doch den größten Teil der bisher von K Beschäftigten übernimmt, muss dies im Kauf- oder Übernahmevertrag ausdrücklich geregelt werden, etwa im Wege eines Vertrages zugunsten Dritter im Sinne von § 328 BGB.

Anzumerken bleibt noch, dass der vorliegende Fall dann anders zu beurteilen und zu entscheiden wäre, wenn R den Betrieb von K zumindest **übergangsweise in der bisherigen Organisationsform** weiter betreiben würde, um ihn erst anschließend, zB nach einer einjährigen Überleitungsphase, mit dem bereits existierenden Betrieb von R zu verschmelzen. § 613a BGB setzt **nicht** voraus, dass der Übernehmer den Betrieb in der bisherigen Form und mit dem bisherigen Zweck **auf Dauer weiter betreiben** will;[511] maßgeblich ist vielmehr stets der „Stand der Dinge" zum Zeitpunkt des Betriebsübergangs.[512] Es reicht also aus, wenn die vom Vorgänger geschaffene Organisation für einen nicht völlig unerheblichen Zeitraum weitergeführt wird, um sie später eigenen unternehmerischen Erfordernissen anzupassen. Eine erst nachträgliche Betriebsänderung seitens des Übernehmers steht einem Betriebsübergang also nicht entgegen.[513] Bedeutsam im Hinblick auf § 613a BGB sind vielmehr nur solche Änderungen der Betriebsorganisation und -methoden, die der Übernehmer nach seinem insoweit maßgeblichen **Übernahmekonzept so-**

---

[507] BAG 24.4.1997 – 8 AZR 848/94, NZA 1998, 253; dazu in der 3. Aufl. Rn. 48.

[508] BAG 26.6.1997 – 8 AZR 426/95, NZA 1997, 1228; dazu in der 3. Aufl. Rn. 51. S. dazu auch den „Reisebürofall" des BAG 15.12.2011 – 8 AZR 692/10, NZA-RR 2012, 570 Rn. 45 ff.

[509] 8 AZR 421/02, NZA 2004, 316 (Schießplatz).

[510] 8 AZR 249/04, NZA 2006, 1039 (Bistrowagen); zu den Konsequenzen für die IT-Branche s. *Crisolli/Ebeling* CR 2007, 277 (282).

[511] So schon BAG 29.10.1975 – 5 AZR 444/74, NJW 1976, 535; s. oben → Rn. 69.

[512] So wörtlich BAG 22.5.2014 – 8 AZR 1069/12, NZA 2014, 1335 Rn. 58 (Arbeitsvermittlung).

[513] In diesem Sinne auch BAG 27.4.2000 – 8 AZR 260/99, BeckRS 2000, 30784558 (Truppenübungsplatz), s. dazu 3. Aufl. Rn. 87; vgl. dazu auch *Lunk* FS 25-jähriges Bestehen der Arbeitsgemeinschaft Arbeitsrecht, 2006, 645 (657).

gleich verwirklichen will; darauf weist der 8. Senat (ua) in seiner „Bistrowagen-Entscheidung" vom 6.4.2006[514] besonders hin. Auf diese Differenzierung sollte insbesondere bei der Vertragsgestaltung besonders geachtet werden. Sie bedeutet insoweit einen schwierigen Spagat, als andererseits eine vom **Vorgänger** zeitnah zum Betriebsübergang durchgeführte Betriebsänderung der Anwendung des § 613a BGB nicht entgegensteht, da auch ein bereits rationalisierter Betrieb übernommen werden kann (dazu auch → Rn. 113 aE).[515]

(3) Anmietung eines Einzelhandels-Geschäftslokals nach vorheriger Stilllegung und „Entkernung" des Vorgängerbetriebs 96

Beispiel G 4:

Das Fastfood-Unternehmen F veranlasst die Vermieterin eines Innenstadtlokals in bester Geschäftslage, dem dortigen Mieter (M), der eine Pizzeria mit Außer-Haus-Verkauf betreibt, fristgemäß zum 31.12. zu kündigen und mit F einen neuen, langfristigen Mietvertrag zu besseren Konditionen abzuschließen. Nachdem der bisherige Mieter das Lokal zum 1.1. „besenrein" unter Mitnahme des gesamten Inventars und Kündigung seines Personals geräumt hat, eröffnet F dort nach sechsmonatigen Umbau- und Renovierungsarbeiten eine Filiale mit neuem, hierfür eigens angeworbenen Personal.

Auch in dieser Konstellation wäre die auf § 613a BGB gestützte Klage eines früheren Mitarbeiters von M nach der Rechtsprechung des BAG ohne Chance; zur näheren Erläuterung kann auf die Urteile vom 22.5.1997[516], vom 11.9.1997[517] und vom 2.12.1999[518] verwiesen werden. Eine gewisse Unsicherheit besteht in der Praxis einstweilen noch bei der Frage, **wie lange** in der jeweiligen Immobilie jegliche Geschäftstätigkeit **geruht** haben muss, um – insbesondere bei „Wiedereröffnung" mit gleichem oder ähnlichem Geschäftszweck – einen Betriebsübergang im Sinne von § 613a BGB auszuschließen. Im Rahmen der Sieben-Punkte-Prüfung (→ Rn. 65) kommt diesem Merkmal eine indizielle Bedeutung zu. Das BAG hat bisher die **„Erheblichkeitsschwelle"** *jedenfalls* bei **sechs- (Restaurant)**[519] **bzw. neunmonatiger (Textileinzelhandel)**[520] Unterbrechung als überschritten angesehen, wobei im zuletzt genannten Fall auch das „Überspringen" von zwei umsatzstarken Verkaufsperioden eine jedenfalls mitentscheidende Rolle gespielt hat. An diesen Leitlinien wird sich die Praxis zu orientieren haben, um auf der „sicheren Seite" zu sein (dazu auch → Rn. 110ff.).

Gleichwohl ist darauf hinzuweisen, dass das Merkmal einer eventuellen Unterbrechung der Geschäftstätigkeit im Rahmen der Sieben-Punkte-Prüfung lediglich eines von mehreren Kriterien ist, denen im Übrigen nur im Zusammenwirken mit den übrigen Punkten eine gewisse indizielle Funktion zukommen kann. Dies gilt in beiden Richtungen: So kann zB selbst eine acht- oder zehnmonatige Unterbrechung zur Vermeidung des § 613a BGB unter Umständen nicht ausreichen, wenn jemand das einzige Geschäftslokal seiner Art am selben Ort (zB eine Molkerei in ländlicher Umgebung oder das einzige Selbstbedienungscafé in einem peripher gelegenen Bürokomplex) übernimmt und unter Übernahme des gesamten Inventars sowie unter Beibehaltung des bisherigen Betriebszwecks lediglich mit neuem, von ihm selbst ausgesuchten und eingestellten Personal nach einer – gegebenenfalls künstlich hinausgezögerten – Unterbrechungsphase weiterführt. In einem solchen Fall kann nämlich trotz der relativ langen Betriebsunterbrechung auf Grund der

[514] 8 AZR 249/04, NZA 2006, 1039; s. dazu auch 3. Aufl. Rn. 96k ff.

[515] So BAG 23.9.1999 – 8 AZR 614/98, BeckRS 1999, 30780839 (Bildungszentrum Hannover), wo zugleich klargestellt wird, dass die bloße, nicht mehr realisierte *Absicht* des früheren Betriebsinhabers, den Betrieb zu verkleinern, bei der Beurteilung der Identitätswahrung außer Betracht zu bleiben hat.

[516] 8 AZR 101/96, NJW 1997, 3188; dazu 3. Aufl. Rn. 49.

[517] 8 AZR 555/95, NJW 1998, 1253; dazu 3. Aufl. Rn. 53ff.

[518] 8 AZR 796/98, NZA 2000, 369; dazu 3. Aufl. Rn. 84ff.

[519] 11.9.1997 – 8 AZR 555/95, NJW 1998, 1253; s. dazu auch 3. Aufl. Rn. 53.

[520] 22.5.1997 – 8 AZR 101/96, NJW 1997, 3188; s. dazu auch 3. Aufl. Rn. 49.

konkreten Umstände der Kundenstamm gleichwohl erhalten bleiben, womit dann auch das fünfte Kriterium des Sieben-Punkte-Katalogs (neben den Kriterien 1, 2, 3 und 6) erfüllt wäre. Die Dauer der Unterbrechung als solche reicht dann im Rahmen der stets erforderlichen Gesamtbewertung für die Verneinung der Identität der wirtschaftlichen Einheit *möglicherweise* nicht aus.

Umgekehrt kann selbst bei einer nur kurzfristigen Unterbrechung jeglicher Geschäftstätigkeit ein Betriebsübergang von vornherein mangels Erfüllung der übrigen Kriterien ausscheiden, etwa wenn der „Nachfolger" mit Ausnahme der Räumlichkeiten weder materielle noch immaterielle noch personelle Ressourcen seines Vorgängers übernimmt. Handelt es sich in solchen Fällen um Geschäftsaktivitäten ohne besondere Kundenbindung **(„Laufkundschaft")**, fällt die Identitätsprüfung nach der Rechtsprechung des EuGH selbst dann negativ aus, wenn in der jeweiligen Immobilie ein gleichartiger oder zumindest ähnlicher Geschäfts- und Betriebszweck verfolgt wird wie unter der Ägide des früheren Inhabers.

97 **(4) Wesentliche und sofortige Änderung des Betriebszwecks**, der Betriebsmethoden und der Arbeitsorganisation durch den Übernehmer (gegebenenfalls eines Teils) der Betriebsmittel

Beispiel G 5:

Makler M will sich zur Ruhe setzen. Er verkauft seine Kunden- und sonstigen Dateien an den Konkurrenten K, das Geschäftshaus samt aller Einrichtungen (Mobiliar, Telefonanlage, Computer, Drucker etc) an die Rechtsanwälte R & S, die darin unter Weiternutzung der vorhandenen Einrichtung eine neu gegründete Sozietät betreiben. R & S beschäftigen zwei der drei Sekretärinnen von M weiter, nicht jedoch die beiden Sachbearbeiter sowie den Buchhalter.

Dieses Beispiel zeigt, dass im Rahmen der Sieben-Punkte-Prüfung der Frage der Beibehaltung des bisherigen **Betriebszwecks** eine überragende, in der Regel sogar ausschlaggebende Bedeutung zukommt. Ebenso lässt es erkennen, dass die Indizfunktion der Übernahme materieller Betriebsmittel (Punkt 2) je nach der Art des bisherigen Betriebs (Punkt 1) erheblich relativiert sein kann. Punkt 1 ist also in der Weise zu „lesen", dass im Rahmen der Gesamtbewertung das Gewicht jedes einzelnen Punktes in Abhängigkeit von der in Rede stehenden **Branche** sehr erheblich variieren kann: Bei **Produktionsunternehmen** hat die Übernahme oder Nichtübernahme materieller Aktiva (Maschinen, Vorrats- und Umlaufvermögen) in der Regel entscheidende, bei **Dienstleistungsunternehmen** dagegen oftmals nur untergeordnete Bedeutung.[521] Allerdings tendiert die Rechtsprechung sowohl des EuGH als auch des BAG zu einer **Ausweitung** des Kreises der Unternehmen, bei denen es zumindest auch wesentlich auf materielle Betriebsmittel ankommt (s. dazu → Rn. 70, 107)

98 Die **Relevanz** der Übernahme bzw. Nichtübernahme bestimmter materieller oder immaterieller Betriebsmittel hängt also von ihrer **identitätsbildenden Wirkung** in Abhängigkeit von dem jeweils damit verfolgten **Betriebszweck** ab. Bei Büroeinrichtungen mit „typischer" technischer Ausstattung (Telefon, PC mit Schreibprogrammen, Drucker etc) ist diese Relevanz für die Identifikation der wirtschaftlichen Einheit gering, wie gerade das

[521] So bereits *Willemsen* ZIP 1986, 477 (482); ders. RdA 1991, 204 (214). Auch das BAG sieht bei Produktionsunternehmen die Räume, Maschinen und sonstigen Einrichtungsgegenstände als wesentliches (und damit unverzichtbares) „Substrat" an; vgl. BAG 26.8.1999 – 8 AZR 588/98, BeckRS 1999, 30780253 (Druckweiterverarbeitung, s. dazu auch 3. Aufl. Rn. 79); 25.5.2000 – 8 AZR 335/99, BeckRS 2009, 67931 (Armaturenhersteller), unter II 2a) der Gründe; 22.7.2004 – 8 AZR 350/03, NZA 2004, 1383 (Gefahrstofflager/Opel Bochum, s. dazu auch 3. Aufl. Rn. 96a); bei Handels- und Dienstleistungsunternehmen tritt das Gewicht dieser Kriterien auch nach Ansicht des BAG deutlich zurück; vgl. zB 2.12. 1999 – 8 AZR 796/98, NZA 2000, 369 (Elektrohandel, s. dazu auch 3. Aufl. Rn. 84) betr. Ladeneinrichtung und Warenvorräte; 21.1.1999 – 8 AZR 680/97, BeckRS 1999, 15052 (Privatschule I) betr. Büroeinrichtung.

Beispiel G 5 zeigt. Ihre Übernahme vermag daher angesichts der grundlegenden Änderung des Betriebszwecks keinen Fall des § 613a BGB zu begründen.

Das **Beispiel G 5** zeigt allerdings ebenso, dass auch bei Dienstleistungsbetrieben selbst die Veräußerung der wichtigsten „Assets" nicht immer ausreicht, um eine Betriebsübernahme durch den Erwerber der (immateriellen) Betriebsmittel herbeizuführen. Zwar hat das Konkurrenzunternehmen K mit der Kundenkartei und den sonstigen Geschäftsunterlagen zweifelsohne den wertvollsten Teil des Betriebsvermögens von Makler M erworben. Mit dem Verkauf dieser „Assets" ist jedoch noch nicht eine wirtschaftliche Einheit im Sinne der Rechtsprechung des EuGH auf K übergegangen. Die **Kundenkartei** sowie das in den **Geschäftsunterlagen** befindliche Know-how verkörpern lediglich (durchaus geldwerte) **Geschäftschancen,** während sich der Begriff der Einheit im Sinne des EuGH auf eine „organisierte Gesamtheit von Personen und Sachen zur Ausübung einer wirtschaftlichen Tätigkeit mit eigener Zielsetzung" bezieht.[522] Einen solchen, von M geschaffenen organisatorischen Verbund hat K jedoch allein mit dem Ankauf von Geschäftsunterlagen noch nicht erworben. Nutzt er diese vielmehr im Rahmen eines bei ihm bereits bestehenden Maklergeschäfts, handelt es sich lediglich um die **Ausweitung seiner bisherigen betrieblichen Tätigkeit;** er nutzt nicht die vom Vorgänger M geschaffene Betriebsorganisation weiter, sondern er verleibt lediglich einen Teil von dessen Betriebsmitteln seinem eigenen, bereits bestehenden Betrieb ein. Bei einem solchen Vorgang handelt es sich gerade *nicht* um einen Betriebsübergang im Sinne des § 613a BGB.[523]

Da vorliegend mithin ein Betriebsübergang weder auf die Rechtsanwälte R & S noch auf die Maklerfirma K vorliegt, hat M im Ergebnis seinen Betrieb **stillgelegt,** so dass er zur betriebsbedingten Kündigung des gesamten Personals (einschließlich der von R & S „übernommenen" Sekretärinnen!) gemäß § 1 KSchG berechtigt war. Der Fall ist damit ein anschaulicher Beleg dafür, dass es im Einzelfall bei richtigem Verständnis durchaus möglich ist, die wesentlichen Betriebsmittel zu veräußern, ohne dass der oder die Erwerber damit zwangsläufig gemäß § 613a BGB in die Arbeitgeberstellung einrücken müssen. Damit ist dem verfassungsrechtlichen Postulat der **Stilllegungsfreiheit** des bisherigen Betriebsinhabers – im Gegensatz zur früheren Rechtsprechung des BAG – Genüge getan (dazu → Rn. 24).

Bei Aufbau einer neuen Organisation nach dem eigenen Betriebskonzept des Erwerbers und Nichtübernahme der „organisierten Hauptbelegschaft" scheidet nach weiterhin gültiger Rechtsprechung des BAG[524] selbst bei **Identität der Geschäftsführung** ein Fall des § 613a BGB aus. Weitere **Besonderheiten** sind zu beachten, wenn der Betrieb des jeweiligen Unternehmens einer **öffentlich-rechtlichen Genehmigung** bedarf. Stellt diese – wie beispielsweise bei einem Notariat – den Kern der Wertschöpfung dar,[525] der an die Person des Inhabers geknüpft ist, scheidet ein Betriebsübergang auf einen „Nachfolger" selbst dann aus, wenn dieser die gesamte Einrichtung sowie das gesamte Personal übernimmt.[526]

---

[522] Vgl. zB EuGH 11.3.1997 – C-13/95 *(Ayse Süzen)*, NZA 1997, 433 Rn. 13.

[523] Vgl. zu dieser Überlegung *Willemsen* RdA 1991, 204 (215, 216) (These Nr. 7). Die Rechtsprechung des BAG hat diesen Gedanken inzwischen übernommen; vgl. 3.11.1998 – 3 AZR 484/97, BeckRS 1998, 30367932 sowie insbes. 6.4.2006 – 8 AZR 249/04, NZA 2006, 1039 (Bistrowagen, s. dazu auch 3. Aufl. Rn. 96k); 15.12.2011 – 8 AZR 692/10, NZA-RR 2012, 570 Rn. 45ff. (Reisebüro); 22.8.2013 – 8 AZR 521/12, BeckRS 2014, 65161 Rn. 69 (Hafenumschlag- und Staueireibetrieb).

[524] BAG 21.1.1999 – 8 AZR 680/97, BeckRS 1999, 15052 (Privatschule I); siehe dazu auch BAG 4.5.2006 – 8 AZR 299/05, NZA 2006, 1096 (Frauenhaus); BAG 13.7.2006 – 8 AZR 331/05, NZA 2006, 1357 (Möbelhandel); BAG 15.2.2007 – 8 AZR 431/06, NZA 2007, 793 (Schlachthof); 19.3.2015 – 8 AZR 150/14, BeckRS 2015, 70739 Rn. 25 (Zeitungszustellung); *Kock* BB 2007, 714 (715).

[525] So für das Notariat ausdrücklich BAG 26.8.1999 – 8 AZR 827/98, NZA 2000, 371; anders dagegen bei Apotheken: BAG 19.3.1998 – 8 AZR 139/97, NZA 1998, 750; für Flugbetriebe: LAG Berlin-Brandenburg 1.9.2010 – 17 Sa 836/10, BeckRS 2011, 75421.

[526] Allgemein zur Bedeutung öffentlich-rechtlicher Genehmigungen für den Betriebsübergang *Wiebauer* NZA 2010, 733.

99 **(5) Übernahme nur von Arbeitnehmern eines Produktionsunternehmens und deren Eingliederung in eine** bereits anderweitig vorhandene **Betriebsorganisation;** Beibehaltung dieser Fallgruppe auch nach *„Klarenberg"*; Unterschiede bei Dienstleistungsunternehmen

Beispiel G 6:

Unternehmen A, das Abfüllmaschinen für die Getränkeindustrie herstellt, befindet sich in der Insolvenz. Ein erheblicher Teil der Kunden ist deshalb bereits zu Konkurrent B abgewandert, der nur ca. 20 km entfernt einen gleichartigen, allerdings wesentlich größeren und moderneren Betrieb führt. B lässt sich vom Insolvenzverwalter die Personallisten sämtlicher Arbeitnehmer von A, geordnet nach beruflichen Fachrichtungen (Ingenieure, Elektriker, Schlosser, Schweißer, Lackierer, Hilfskräfte), geben und macht etwa der Hälfte von insgesamt 150 Arbeitnehmern ein Angebot auf Weiterbeschäftigung zu unveränderten Bedingungen.

Trotz der „Übernahme" eines nicht unerheblichen Teils des Personals liegt hier nach der Rechtsprechung sowohl des EuGH wie auch des BAG kein Fall des § 613a BGB vor. Dabei kann die Frage offen bleiben, was unter der „Übernahme der *Haupt*belegschaft durch den neuen Inhaber" im Sinne der Sieben-Punkte-Prüfung genau zu verstehen ist, ob die Grenze also bei 51%, 60%, 70% oder sogar höher liegt (dazu auch → Rn. 106). Auch hier gilt vielmehr, dass die Erfüllung *eines* Kriteriums stets nur ein **Mosaikstein in der Gesamtbewertung** sein kann und dass die Anwendung des Sieben-Punkte-Katalogs lediglich ein Hilfsmittel zur Beantwortung der Frage ist, ob eine Organisationseinheit auf einen anderen Inhaber übergegangen ist und von diesem nunmehr für eigene betriebliche Zwecke genutzt wird.

Das ist vorliegend schon deshalb klar zu *verneinen,* weil B ganz offensichtlich gar nicht an der maroden Betriebsstruktur seines vormaligen und inzwischen insolventen Wettbewerbers, sondern ausschließlich an dessen qualifiziertem Personal interessiert ist. Wirbt er dieses an, um seine eigene Belegschaft, verteilt auf die einzelnen Betriebsabteilungen, zu verstärken, ist der Fall im Ergebnis nicht anders zu beurteilen, als wenn B die zusätzlichen Arbeitnehmer auf dem allgemeinen Arbeitsmarkt gesucht hätte.

Solange das übernommene Personal nicht – was insbesondere bei sog. betriebsmittelarmen Tätigkeiten in Betracht kommt[527] – die **Betriebs(teil)organisation** des Vorgängers **widerspiegelt** und diese auch **tatsächlich vom Nachfolger genutzt wird,** ist das Angebot von Beschäftigungsmöglichkeiten auch gegenüber einer großen Zahl von Arbeitnehmern damit im Hinblick auf § 613a BGB unschädlich. Alles andere wäre im Übrigen auch arbeitsmarktpolitisch äußerst bedenklich.[528] Allgemein lässt sich feststellen, dass die Miterledigung von Aufgaben des früheren Arbeitgebers durch die bereits **bestehende Arbeitsorganisation** des „Erwerbers" auch dann keinen Fall des § 613a BGB darstellt, wenn diese bestehende Organisation zum Zwecke der Bewältigung der (erweiterten) Aufgaben mit Arbeitnehmern des früheren Arbeitgebers „aufgefüllt" wird. Es handelt sich, solange die übernommenen Arbeitnehmer beim „Erwerber" nicht in ihrer ursprünglichen betrieblich-organisatorischen Verbundenheit tätig werden, lediglich um den Fall einer Funktionsnachfolge.[529]

100 Dieses Ergebnis steht auch durchaus im Einklang mit den Aussagen des EuGH in der *„Klarenberg"*-Entscheidung v. 12.2.2009 (dazu → Rn. 17d ff.). Danach kann zwar die Annahme eines Betriebsübergangs nicht (mehr) davon abhängig gemacht werden, dass die

527 Dazu → Rn. 105.

528 Im Ergebnis wie hier BAG 3.11.1998 – 3 AZR 484/97, BeckRS 1998, 30367932, sowie *Müller-Glöge* NZA 1999, 449 (451).

529 Ebenso BAG 3.11.1998, aaO; vgl. dazu auch BAG 18.9.2003 – 2 AZR 79/02, NZA 2004, 375; BAG 25.9.2003 – 8 AZR 421/02, NZA 2004, 316 Rn. 23 (Militärisch genutzte Liegenschaft); BAG 6.4.2006 – 8 AZR 249/04, NZA 2006, 1039; vgl. auch *Lunk* FS 25-jähriges Bestehen der Arbeitsgemeinschaft Arbeitsrecht, 2006, 645 (657); *Kock* BB 2007, 714 (716).

übernommenen Arbeitnehmer beim **Erwerber** einen organisatorisch selbständigen Betriebsteil bilden; ebensowenig soll die Beibehaltung der „konkreten Organisation der verschiedenen übertragenen Produktionsfaktoren durch den Unternehmer" erforderlich sein, wohl aber – und dies ist auch hier entscheidend – die „Beibehaltung der funktionellen Verknüpfung der Wechselbeziehung und gegenseitigen Ergänzung zwischen diesen Faktoren".[530]

Im vorliegenden **Beispiel G 6** scheitert die Annahme eines Betriebsübergangs zunächst schon daran, dass **keine sächlichen Betriebsmittel** von A **übernommen** wurden, was bei Unternehmen, deren Wertschöpfung ausdrücklich hiervon abhängt, bereits für sich genommen gegen die Anwendung des § 613a BGB spricht.[531] Anders gewendet: Es fehlt bereits an einem Erwerb eines Betriebs oder Betriebsteils durch B, so dass es auf die im *„Klarenberg"*-Urteil problematisierte Eingliederungsthematik gar nicht ankommt. Selbst wenn man dies anders sehen und maßgeblich auf die Weiterbeschäftigung eines erheblichen Teils des Personals mit entsprechendem fachlichem Know How seitens B abstellen wollte, ist jedenfalls die seitens des EuGH vorausgesetzte **funktionelle Verknüpfung** dieser Belegschaft zu dem bisherigen Betriebszweck aufgehoben worden, da diese Arbeitnehmer nunmehr in einer gänzlich anderen Betriebsorganisation andere Produkte (nämlich die des Konkurrenzunternehmens B) produzieren. Damit fehlt es aber an der Fortsetzung einer (konkreten) Tätigkeit innerhalb einer unter Identitätswahrung übergegangenen wirtschaftlichen Einheit.

Wechseln also (nur) **Arbeitnehmer** eines **Produktionsbetriebs** in einen anderen Betrieb, um dort künftig **Konkurrenzprodukte** herzustellen, scheidet auch nach *„Klarenberg"* ein Betriebsübergang in aller Regel aus.

Anders kann der Fall allerdings bei der Übernahme eines erheblichen Teils der Belegschaft eines **Dienstleistungsunternehmens** liegen, wenn die Arbeitnehmer zwar in die Organisation eines anderen Betrieb des Unternehmers eingegliedert werden, dort aber – gegebenenfalls im Verbund mit „eigenen" Arbeitnehmern des Erwerbers – ganz oder teilweise Dienstleistungen ihres früheren Arbeitgebers fortsetzen. Hier scheitert die Annahme eines Betriebs(teil)übergangs zum einen nicht bereits daran, dass keine sächlichen Betriebsmittel übernommen wurden, da es auf diese bei personalintensiven Tätigkeiten nicht ankommt. Zum anderen kann nach *„Klarenberg"* die Anwendung des § 613a BGB auch nicht mehr *allein* deswegen verneint werden, weil die **weiterbeschäftigten Arbeitnehmer** zwar ihre bisherige Tätigkeit ganz oder teilweise beim „Erwerber" fortsetzen, dabei aber **in die bestehende (Gesamt-)Organisation auf Erwerberseite integriert** werden. Das – nach wie vor bestehende – Erfordernis einer Weiternutzung der vom „Vorgänger" geschaffenen Betriebsorganisation sieht der EuGH vielmehr bereits dann als gewahrt an, wenn die **„funktionelle Verknüpfung der Wechselbeziehung"** zwischen dem übernommenen Personal und dem beim früheren Arbeitgeber verfolgten Betriebszweck **aufrechterhalten** bleibt. Aufgabe der nationalen Gerichte ist es zu klären, welche konkreten Anforderungen an diese fortbestehende Verknüpfung zu stellen sind.[532] Es könnte hierfür – folgt man der nunmehrigen Rechtsprechung des EuGH – bereits ausreichen, wenn die übernommenen Arbeitnehmer die „Hauptbelegschaft" des bisherigen Inhabers eines Dienstleistungsbetrieb bildeten und diese Arbeitnehmer im Betrieb des „Erwerbers" dieselben (konkreten) Aufgaben erfüllen wie im Betrieb ihres früheren Arbeitgebers.

In diesem Sinne hat das BAG im **„Callcenterfall"**[533] bereits einen **Betriebsübergang bejaht:** Ein Versandkaufhaus hatte ein Callcenter und die dort bearbeiteten Aufträge übernommen und die dortigen Arbeitnehmer nach einer kurzen Schulung ununterscheidbar in seinen bereits existierenden Betrieb eingegliedert. Der 8. Senat sah in dieser, bereits 101

[530] EuGH 12.2.2009 – C-466/07 *(Klarenberg)*, NZA 2009, 251 Rn. 47 und 50.
[531] Dazu auch → Rn. 92.
[532] Vgl. *Willemsen* NZA 2009, 289 (293); *Willemsen/Sagan* ZIP 2010, 1205 (1211).
[533] 25.6.2009 – 8 AZR 258/08, NZA 2009, 1412; dazu auch → Rn. 58ff.

nach *„Klarenberg"* ergangenen Entscheidung die Voraussetzungen des § 613a BGB als erfüllt an, da es sich um einen *nicht* betriebsmittelgeprägten Betrieb handelte, der wesentliche Teil des Personals (ca. 3/4) übernommen wurde und der Betriebszweck des (früheren) Callcenters nicht geändert worden war.

Allerdings lässt diese Entscheidung durchaus auch erkennen, dass der 8. Senat an seiner „Vor-*Klarenberg*"-Rechtsprechung festhalten will, wonach die wirtschaftliche Identität des bisherigen Betriebs bzw. Betriebsteils dadurch zerstört werden kann, dass die dort wahrgenommenen Aufgaben „… nunmehr mit einer wesentlich veränderten Zusammenfassung von Ressourcen erfüllt" werden und „sie bei ihr (sc. der Übernehmerin) nur noch einen ‚kleinen' Teilbereich ihrer wesentlich größeren Aufgabenstellung darstellen".[534] Diese Überlegung sei aber – so der Senat – vorliegend nicht einschlägig, weil in dem für die Prüfung eines Betriebsübergangs relevanten Zeitraum die Zahl der von der Übernehmerin neu eingestellten Arbeitnehmer deutlich unter derjenigen der von ihr aus dem bisherigen Callcenter übernommenen Mitarbeiter gelegen habe.[535]

102 Der 8. Senat hat sich nach „Klarenberg" von dem Gedanken der **„identitätszerstörenden Eingliederung"** also keineswegs vollständig oder endgültig verabschiedet und braucht dies auch nicht tun.[536] Auch in Zukunft kann also die Anwendung des § 613a BGB bei **Eingliederung** übernommener Betriebsmittel (Anlagevermögen, Know How, Rechte, Personal) in die bereits vorhandene, idR wesentlich größere Betriebsorganisation des Erwerbers wegen Verlustes der Identität der wirtschaftlichen Einheit entfallen. Allerdings bedarf es dazu eines weiteren Prüfungs- und Begründungsschritts, nämlich, ob in Folge dieser Eingliederung die (zuvor bestehende) **funktionelle Verknüpfung** der übernommenen Betriebsmittel zu einem **konkreten** und unverändert fortbestehenden **Betriebszweck** wie zB Herstellung *bestimmter* Produkte, telefonische Betreuung eines *bestimmten* Kundenkreises etc **aufgehoben** worden ist.

102a Bei der Prüfung des Tatbestands von § 613a BGB in derartigen Eingliederungsfällen wird künftig, dh nach *„Klarenberg"*, ein Vorgehen nach folgender **Checkliste**[537] sinnvoll sein.

(1) Selbständige, abtrennbare organisatorische Einheit (Betrieb/Betriebsteil) beim Veräußerer
(2) Feststellung des Wertschöpfungszusammenhangs und entsprechende Qualifizierung der betreffenden Einheit als von Betriebsmitteln, der menschlichen Arbeitskraft oder von beiden Faktoren[538] geprägt
(3) Übernahme eines wesentlichen Teils der nach Maßgabe des Wertschöpfungszusammenhangs identitätsprägenden Produktionsfaktoren
(4) Beibehaltung der organisatorischen Zusammenfassung von Ressourcen im Sinne der funktionellen Verknüpfung zwischen den übernommenen Produktionsfaktoren
  (a) Identische Verwendung der Produktionsfaktoren
  (b) Aufrechterhaltung der spezifischen Wechselbeziehung zwischen den Produktionsfaktoren
(5) Fortgesetzte Verfolgung der wirtschaftlichen Tätigkeit der bisherigen Einheit im Sinne eines konkreten Betriebszwecks

[534] Vgl. BAG 25.6.2009 – 8 AZR 258/08, NZA 2009, 1412 Rn. 42 unter Bezugnahme auf BAG 14.8. 2007 – 8 AZR 1043/06, NZA 2007, 1431; s. zu dieser Entscheidung auch → Rn. 51.
[535] Vgl. BAG NZA 2009, 1412 Rn. 45.
[536] Vgl. *Schlachter* RdA-Beilage 2009, 31 (38); *Willemsen/Sagan* ZIP 2010, 1205 (1213); wohl auch *Hauck* FS Bauer, 2010, 401 (406). Zu den Folgen der *„Klarenberg"*-Entscheidung s. auch *Willemsen* RdA 2012, 291 (297); *Willemsen* NZA 2014, 1010.
[537] Vgl. auch *Willemsen/Sagan* ZIP 2010, 1205 (1213); s. dazu auch → Rn. 83.
[538] *Willemsen/Müntefering* NZA 2006, 1185 (1190).

(6) Kausalzusammenhang zwischen der Beibehaltung der funktionellen Verknüpfung (Prüfungspunkt 4) und der Fortsetzung der wirtschaftlichen Tätigkeit (Prüfungspunkt 5)
(7) Gesamtbewertung.

bb) Eindeutige „Positivfälle". Andererseits gibt es gerade im Bereich der Umstrukturierung von Unternehmen und Konzernen eine Vielzahl von Fallkonstellationen, bei denen der Übergang einer wirtschaftlichen (Teil)Einheit, die ihre Identität bewahrt, nicht ernsthaft in Abrede gestellt werden kann, wie das nachfolgende „typische" Beispiel einer 103

(1) Ausgliederung von Unternehmens(teil)strukturen in eine andere Konzerngesellschaft

exemplarisch belegt:

Beispiel G 7:

Unternehmen E befasst sich mit der Herstellung und dem Vertrieb von Hardware- und Softwarekomponenten für die Druckindustrie. Um insoweit in den Anwendungsbereich eines anderen Tarifvertrags zu gelangen, gliedert E den gesamten Vertrieb in eine neugegründete Vertriebsgesellschaft (V-GmbH) aus.

Dass die Betriebsübergangsrichtlinie und damit auch § 613a BGB auf **Übertragungsvorgänge in Konzernen** Anwendung findet, steht außer Frage.[539] Hier wird man auch ohne detaillierte Sieben-Punkte-Prüfung unschwer zu dem Ergebnis gelangen, dass der Sinn der Übertragung auf V gerade darin besteht, die gewachsene Organisationseinheit des Vertriebs (als „Betriebsteil" im Sinne von § 613a Abs. 1 S. 1 BGB) zu erhalten und lediglich in rechtlicher Hinsicht neu zu strukturieren. Dass es sich bei der Herauslösung des Vertriebsbereichs aus dem einheitlichen Betrieb von E unter Umständen um eine Betriebsänderung im Sinne der §§ 111 ff. BetrVG handelt,[540] vermag an diesem Befund nichts zu ändern. Entscheidend ist allein, dass die V-GmbH als neu hinzugekommenes Konzernunternehmen die auf sie ausgegliederten Teile der Betriebsorganisation von E künftig für eigene Zwecke nutzen wird.

Ganz ähnlich wird der Fall oftmals bei **Auf- und Abspaltungen** sowie **Ausgliederungen** nach dem Umwandlungsgesetz[541] liegen. Spaltet sich das bisher einheitliche Unternehmen U-GmbH in drei neue Gesellschaften V-, W- und Z-GmbH auf, werden die aufnehmenden Gesellschaften in aller Regel – dies ist zumeist der ausgesprochene wirtschaftliche Zweck derartiger Umwandlungsmaßnahmen – die Organisation der ihnen im Rahmen des Spaltungsplans zugeordneten Betriebsteile (vgl. § 126 Abs. 1 Nr. 9 UmwG) weiternutzen und fortführen. Darauf, welchen **Zweck** die ausgliedernde(n) **Konzerngesellschaft(en)** mit der Übertragung von Betrieben oder Betriebsteilen verfolgen und inwieweit danach noch **Steuerungsfunktionen** bei der **Obergesellschaft verbleiben,** kommt es nach einem ausdrücklichen Judikat des 8. Senats vom 12. 11. 1998[542] nicht an. In derartigen Fällen stellt sich daher zumeist weniger die Frage, *ob* ein Fall des § 613a BGB vorliegt, sondern *welche* Arbeitsverhältnisse von dem Betriebsübergang bzw. Betriebsteilübergang erfasst werden.[543]

Ebenso eindeutig wird sich – innerhalb und außerhalb von Konzernsachverhalten – ein Betriebsübergang häufig feststellen lassen bei

(2) bloßer **örtlicher Verlagerung des Betriebs** unter Beibehaltung des bisherigen Betriebszwecks und der Betriebsorganisation 104

[539] Vgl. nur EuGH 6.3.2014 – C-458/12 *(Lorenzo Amatori ua/Telecom Italia SpA)*, NZA 2014, 423 Rn. 47 ff.
[540] Dazu ausführlich → C Rn. 57 ff.
[541] Zu den einzelnen Umwandlungsarten und deren arbeitsrechtlicher Relevanz, insbesondere zur Anwendung des § 613a BGB in allen Fällen der übertragenden Umwandlung → B Rn. 69 ff., 83.
[542] 8 AZR 282/97, NZA 1999, 310 (Benetton Einzelhandel); s. dazu 3. Aufl. Rn. 68.
[543] Dazu näher → Rn. 134 ff.

Beispiel G 8:

V verkauft an K seine gesamte Produktion von Geschenkpapieren mit sämtlichen Maschinen, Lagerbeständen und Papiervorräten, die sich in angemieteten Fabrikationshallen in Mainz befindet. Da K über eigene, bestens geeignete, derzeit leer stehende Betriebsgebäude in einem Gewerbepark bei Frankfurt verfügt, verbringt er sämtliche Maschinen und Vorräte nach dem Übergabestichtag dorthin und baut sie in derselben Anordnung wie am alten Standort auf, um die Produktion binnen weniger Wochen wieder aufzunehmen. Obwohl nahezu alle Arbeitnehmer bereit sind, für K tätig zu werden, macht er nur 55 der insgesamt 70 Beschäftigten entsprechende Angebote, weil die Produktion seines Erachtens „überbesetzt" ist.

Hier dürfte die Sieben-Punkte-Prüfung sowohl in der Einzel- wie auch in der Gesamtbewertung zu einem eindeutig positiven Ergebnis führen. Der Fall zeigt, dass eine **räumliche Verlagerung unerheblich sein kann,** wenn dessen ungeachtet die bestehende Betriebsorganisation erhalten bleibt, sich also gewissermaßen spiegelbildlich auch am neuen Standort wiederfindet und dort vom Nachfolger genutzt wird.[544] Dies ist vorliegend – anders als im obigen **Beispiel G2** (→ Rn. 89ff.) offensichtlich der Fall, so dass K verpflichtet ist, auch die restlichen 15 Arbeitnehmer nach § 613a BGB zu übernehmen.

Der Fall wäre zweifelsohne weniger eindeutig zu entscheiden, wenn K nur einige oder überhaupt keine Arbeitnehmer von V **weiterbeschäftigen** würde, da damit das für die Identität der Betriebsorganisation wichtige Kriterium der Übernahme einer „eingespielten Belegschaft" entfiele, auf die der Betriebsübernehmer in aller Regel entscheidenden Wert legen wird. Auch die Rechtsprechung des BAG sieht bei einem Produktionsbetrieb die Übernahme einer Gesamtheit von Arbeitnehmern jedenfalls im positiven Sinne als Kriterium des Betriebsübergangs an.[545] Der ursprüngliche Sinn und Zweck des § 613a BGB besteht in erster Linie sicherlich darin, einen Übernehmer, der grundsätzlich am Personal des Veräußerers interessiert ist, an einer Auswahl nach eigenem Gutdünken zu hindern[546] und weniger darin, einen Erwerber, der nur die Betriebsanlagen und keinerlei Personal übernehmen möchte, gleichwohl zum Arbeitgeber der gesamten bisherigen Belegschaft zu machen. Nach der neueren Rechtsprechung des EuGH und des BAG wird man die relevante Fragestellung jedoch (allein) darin sehen müssen, ob es möglich ist, dass eine wirtschaftliche Einheit auch dann ihre Identität bewahrt, wenn der Erwerber der Betriebsmittel von der „Stunde Null" an diese mit eigenem Personal nutzt bzw. nutzen will. Dies erscheint selbst bei solchen Unternehmen, deren Tätigkeit entscheidend durch materielle Betriebsmittel (mit-)geprägt wird, also insbesondere bei Produktionsbetrieben, keineswegs unzweifelhaft. Die Antwort hängt nach richtigem Verständnis davon ab, ob den materiellen Betriebsmitteln im konkreten Einzelfall eine derart identitätsbildende und damit auch betriebsindividualisierende Kraft innewohnt, dass sich bereits allein hierin die Betriebsorganisation und -struktur verkörpert,[547] so dass die Bedeutung des Personals als einer mit dem Einsatz der Betriebsmittel zu dem vorgesehenen Zweck vertrauten, eingespielten Gemeinschaft dahinter zurückzutreten hat. Dies wird man wohl nur allenfalls dann bejahen können, wenn die in Rede stehenden materiellen und immateriellen Betriebsmittel relativ schwer, das zu ihrer Bedienung eingesetzte Personal dagegen relativ leicht austauschbar ist

---

[544] So auch BAG 16.5.2002 – 8 AZR 319/01, NZA 2003, 93; 25.6.2009 – 8 AZR 258/08, NZA 2009, 1412 Rn. 43 (Callcenter, auch → Rn. 58ff.); s. auch BAG 26.5.2011 – 8 AZR 37/10, NZA 2011, 1143; LAG Berlin-Brandenburg 15.3.2013 – 6 Sa 1998/12, BeckRS 2013, 70054 Rn. 47 (Frankiermaschinen). Zum Aspekt der räumlichen Verlagerung auch → Rn. 46a ff.

[545] Vgl. BAG 25.5.2000 – 8 AZR 335/99, BeckRS 2009, 67931, (Armaturenhersteller) unter II 2d) der Gründe; 10.12.1998 – 8 AZR 763/97 BeckRS 1998, 13941 (Druckgewerbe), unter II 2c) der Gründe; für eine „nur eingeschränkte individuelle Bedeutung" BAG 22.8.2013 – 8 AZR 521/12, BeckRS 2014, 65161 Rn. 66 (Hafenumschlag- und Stauereibetrieb).

[546] Vgl. zu diesem Aspekt schon BAG 2.10.1974 – 5 AZR 504/73, NJW 1975, 81, unter III 3b) der Gründe; dazu auch → Rn. 2.

[547] Vgl. zu diesem Gesichtspunkt *Annuß* BB 1998, 1582 (1583).

(Beispiele: Steinbruch, „maßgeschneiderte", auf den konkreten Betriebszweck zugeschnittene Produktionslinien, aber auch zB ein komplett eingerichtetes, gut eingeführtes Café in „prominenter" Geschäftslage; nach einer – allerdings nicht ganz zweifelsfreien – Entscheidung des 8. Senats vom 21.8.2008[548] auch ein Hotelbetrieb). Der 8. Senat des BAG sieht in einer Entscheidung vom 26.8.1999, die einen Betrieb der Druckweiterverarbeitung betraf, die **Weiterbeschäftigung der Hauptbelegschaft nicht als zwingende Voraussetzung** eines Betriebsübergangs an.[549] Bei **unveränderter Gesamtorganisation** stehe der **Austausch der Hauptbelegschaft** einem Betriebsübergang nicht entgegen. Allerdings erforderte die Bedienung der Maschinen in dem entschiedenen Fall wohl kein besonderes Know How, so dass dem eingesetzten Personal keine wesentlich identitätsbildende Bedeutung zukam. Nach der neueren Rechtsprechung des 8. BAG-Senats zu den sog. **Mischformen** wäre der Fall anders zu entscheiden gewesen, wenn die Identität des **Betriebs gleichermaßen durch sächliche Betriebsmittel** und **das Personal geprägt** gewesen wäre.[550]

Von ganz ähnlichen Überlegungen hat sich der 8. Senat im Fall **„Gefahrstofflager Opel Bochum"**[551] leiten lassen. Auch hier waren die wesentlichen Betriebsmittel und die Arbeitsorganisation des Vorgängers, nicht aber dessen Personal übernommen worden. Besonderes, identitätsprägendes Spezial-Know-How des (früheren) Personals vermochte der Senat nicht zu erkennen. Der Fall ist ein weiterer **Beleg** dafür, dass der **Nichtübernahme des Personals** bei **betriebsmittelintensiven Tätigkeiten** – anders als bei sog. betriebsmittelarmen Betrieben – nicht von vornherein ein Ausschlusscharakter im Hinblick auf den Betriebsübergang zukommt.[552] Daraus folgt aber auch umgekehrt, dass in solchen Fällen allein die Übernahme und Weiterbeschäftigung eines wesentlichen Teils des Personals für die Annahme eines Betriebs(teil)übergangs **nicht ausreichend** sein kann.[553]

Das Kriterium der „Strukturverkörperung" ist ebenso ausschlaggebend in der genau umgekehrten Konstellation, nämlich bei

(3) Übernahme der „Hauptbelegschaft" unter Beibehaltung der Betriebsmethoden und -organisation bei so genannten betriebsmittelarmen Tätigkeiten 105

Die nachfolgenden Überlegungen beziehen sich **ausschließlich** auf Fälle, in denen die Betriebsidentität im Wesentlichen allein **durch das eingesetzte Personal verkörpert** wird, den sächlichen Betriebsmitteln somit nur eine untergeordnete Bedeutung zukommt, **nicht** dagegen auf sog. **Mischformen** (→ Rn. 70, 107). Als **Standardbeispiele** können die vom BAG wiederholt entschiedenen „Reinigungsfälle"[554] herangezogen werden. Bemerkenswerterweise steht nach Auffassung des 8. Senats die relativ geringe Qualifikation und damit leichte Austauschbarkeit des Personals der Anwendung des § 613a BGB nicht entgegen, obwohl dieses praktisch das einzige „Betriebsmittel" darstellt und materielle Assets somit zur Individualisierung der Betriebsorganisation nicht zur Verfügung stehen. Bei genauerem Hinsehen zeigt sich indes, dass das BAG auch hier nicht die freiwillige Übernahme von Arbeitsverhältnissen als solche genügen lässt, sondern § 613a BGB nur dort für anwendbar erachtet, wo die Übernahme einer (mehr oder weniger geschlossenen) Beleg-

---

548 8 AZR 201/07, NZA 2009, 29.

549 BAG 26.8.1999 – 8 AZR 588/98, BeckRS 1999, 30780253 (Druckweiterverarbeitung); s. dazu 3. Aufl. Rn. 79; vgl. auch BAG 3.11.1998 – 3 AZR 484/97, BeckRS 1998, 30367932 (Zementhersteller: Geringere indizielle Bedeutung der Personalübernahme bei Produktionsbetrieben).

550 BAG 25.8.2016 – 8 AZR 53/15, NZA-RR 2017, 123 (Rettungsdienst II); s. dazu → Rn. 70.

551 BAG 22.7.2004 – 8 AZR 350/03, NZA 2004, 1383; s. dazu 3. Aufl. Rn. 96a.

552 So ausdrücklich BAG 22.7.2004, aaO; 28.4.2011 – 8 AZR 709/09, BeckRS 2011, 75933 Rn. 43 (Kettenschienenproduktion); 27.1.2011 – 8 AZR 326/09, NZA 2011, 1162 Rn. 31 (Kleinpaketfertigung); 21.8.2014 – 8 AZR 648/13, NZA 2015, 167 Rn. 19 (Streckengeschäft), Rn. 19 mwN. In diesem Sinne bereits EuGH 20.11.2003 – C-340/01 *(Abler)*, NZA 2003, 1385 Rn. 36.

553 In diesem Sinne auch BAG 22.8.2013 – 8 AZR 521/12, BeckRS 2014, 65161 (Hafenumschlag- und Stauereibetrieb); 28.4.2011 – 8 AZR 709/09, BeckRS 2011, 75933 Rn. 46ff. (Kettenschienenproduktion).

554 BAG 13.11.1997 – 8 AZR 295/95, NZA 1998, 251 und 11.12.1997 – 8 AZR 729/96, NZA 1998, 534; s. dazu 3. Aufl. Rn. 56, 62.

schaft zugleich den **Transfer einer bestehenden Arbeitsorganisation** auf den „Erwerber" beinhaltet. Entscheidend ist danach, ob sich mit den übernommenen Mitarbeitern die geschaffene Organisation des jeweiligen Betriebs aufrechterhalten lässt.[555] Mit dieser zutreffenden Differenzierung ist auch das lange Zeit seitens des BAG gegen die Berücksichtigung der Übernahme von Personal eingewandte Argument *ad acta* gelegt, es würden Tatbestand und Rechtsfolgen des § 613a BGB miteinander vermengt.[556]

106 Aus dem richtigen Ansatz, dass nicht die Übernahme von (einzelnen) Arbeitsverhältnissen, sondern der vom „Vorgänger" geschaffenen Arbeitsorganisation im Sinne der beständigen Verknüpfung individueller Betriebsmittel unter Anwendung bestimmter Methoden (vom BAG auch als „Betriebskonzept" bezeichnet) bei so genannten betriebsmittelarmen Tätigkeiten mit geringem Qualifikationsgrad die Anwendung des § 613a BGB legitimiere, ergeben sich allerdings auch die Grenzen dieses Erklärungsmodells: Verlangt die jeweilige Tätigkeit **keine besondere Qualifikation** (Standardbeispiel: Reinigungs- oder einfache Botentätigkeiten), wird von einer Übernahme der „eingespielten Mannschaft" im Sinne der vom Vorgänger geschaffenen Arbeitsorganisation nur dann die Rede sein können, wenn tatsächlich der ganz überwiegende Teil des Personals übernommen wird **(quantitatives Element).** Die maßgebliche Zahlengrenze kann also nicht schon bei 50 %, auch nicht bei 60 %,[557] sondern allenfalls bei **70 bis 75 %** liegen;[558] das BAG-Urteil vom 10. 12. 1998[559] lässt selbst 75 % der früheren Beschäftigten nicht ausreichen,[560] so dass die „Hürde" bei einfachen Tätigkeiten nach diesem Urteil wohl bei **mindestens 80 %** anzusetzen ist;[561] der Praxis ist allerdings in diesem „Grenzbereich" eine gewisse Vorsicht anzuraten, zumal der Begriff der „einfachen Tätigkeiten" in der Rechtsprechung – sieht man von den Reinigungsfällen ab – nicht eindeutig abgegrenzt ist.[562] Zum anderen folgt aus der auch hier maßgeblichen Anknüpfung an die Weiternutzung der Betriebsorganisation, dass vom neuen Auftraggeber (von Anfang an!) vorgenommene **wesentliche Veränderungen** des **Betriebskonzepts** und der Betriebsstruktur, der Arbeitsmethoden und der Arbeitsorganisation einen Betriebsübergang im Sinne von § 613a BGB **ausschließen** können. Daran hält der 8. Senat des BAG auch in seiner neueren Rechtsprechung fest.[563] Allerdings **reicht**

---

[555] So zutreffend BAG 15. 12. 2011 – 8 AZR 197/11, NZA-RR 2013, 179 Rn. 55 (Neuvergabe eines Bewachungsauftrags III); ähnlich BAG 22. 1. 2015 – 8 AZR 139/14, NZA 2015, 1325 Rn. 33 (Neuvergabe eines Bewachungsauftrags IV).

[556] Vgl. zu diesem so genannten „Konfusionsargument" auch *Willemsen/Annuß,* Anm. EzA § 613a BGB Nr. 153, unter II.; *Annuß* BB 1998, 1582.

[557] So für „Reinigungskräfte mit Essensausgabe" BAG 24. 5. 2005 – 8 AZR 333/04, NZA 2006, 31; anders demgegenüber für höherwertige Tätigkeiten (mehr als 60 % ausreichend) LAG Bremen 7. 1. 2014 – 1 Sa 111/13, juris Rn. 73.

[558] Grundlegend insoweit BAG 14. 5. 1998 – 8 AZR 418/96, NZA 1999, 483 (Neuvergabe eines Bewachungsauftrags II); s. dazu auch 3. Aufl. Rn. 66 und 10. 12. 1998 – 8 AZR 676/97, NZA 1999, 420 (Hol- und Bringdienst); s. dazu auch 3. Aufl. Rn. 70; vgl. auch BAG 19. 3. 1998 – 8 AZR 737/96, BeckRS 1998, 30369227, wo die Übernahme von „ungefähr der Hälfte" der Belegschaft eines Reinigungsunternehmens für „ungeeignet" erklärt wurde, die Übernahme der organisierten Hauptbelegschaft zu begründen; ähnlich BAG 18. 9. 2014 – 8 AZR 733/13, NZA 2015, 97 Rn. 28 für einen Tankstellenbetrieb; BAG 15. 12. 2011 – 8 AZR 197/11, NZA-RR 2013, 179 für ein Bewachungsunternehmen. Einen Betriebsübergang bei Übernahme von 60 % der Reinigungskräfte verneint das BAG 24. 5. 2005 – 8 AZR 333/04, NZA 2006, 31 (Reinigung III). Sicher anzunehmen ist dagegen ein Betriebsübergang bei Fortführung der (wesentlichen) Betriebsorganisation und Weiterbeschäftigung von 85 % des Reinigungspersonals, vgl. BAG 11. 12. 1997 – 8 AZR 729/96, NZA 1998, 534 (Reinigung II, s. 3. Aufl. Rn. 62). Eine ausführliche Übersicht der vom BAG und den Instanzgerichten entschiedenen Fällen findet sich bei *Kappenhagen* BB 2013, 696.

[559] 8 AZR 676/97, NZA 1999, 420 (Hol- und Bringdienst), s. dazu 3. Aufl. Rn. 70.

[560] Ebenso LAG Rheinland-Pfalz 6. 11. 2017 – 3 Sa 273/17, BeckRS 2017, 146949 Rn. 41.

[561] Laut LAG Rheinland-Pfalz 6. 11. 2017 – 3 Sa 273/17, BeckRS 2017, 146949 Rn. 41 reichen 85 % aus.

[562] S. zur „Warnung" das Beispiel in BAG 22. 1. 2015 – 8 AZR 139/14, NZA 2015, 1325 Rn. 25 (Neuvergabe eines Bewachungsauftrags IV).

[563] S. inbes. 21. 6. 2012 – 8 AZR 181/11, NZA-RR 2013, 6 Rn. 55 (IT-Service); 22. 8. 2013 – 8 AZR 521/12, BeckRS 2014, 65161 Rn. 43 (Hafenumschlag- und Stauereibetrieb); 19. 3. 2015 – 8 AZR 150/14, BeckRS 2015, 70739 Rn. 25 (Zeitungszustellung).

hierfür – entgegen der früheren Rechtsprechung des 8. Senats – eine **bloße (punktuelle) Änderung der Arbeitsorganisation** wie zB von Schichtplänen **nicht mehr aus** (dazu auch → Rn. 66).[564] Der EuGH hat nämlich in der *„Klarenberg"*-Entscheidung vom 12.2. 2009 unter Anknüpfung an frühere Urteile hervorgehoben, dass eine Änderung der Organisationsstruktur der übertragenen Einheit der Anwendung der Richtlinie 2001/23/EG nicht entgegenstehen könne.[565] Gemeint sein dürften damit aber wohl nur solche Organisationsänderungen, die die spezifische Verknüpfung der übernommenen Betriebsmittel zu einem individuellen Betriebszweck unberührt lassen, weil ansonsten von einer Wahrung der Identität der „Einheit" keine Rede mehr sein kann. Relevant bleiben dagegen auch nach *„Klarenberg"* insbesondere grundlegende Neuausrichtungen des unternehmerischen Konzepts, wenn hierdurch die **Art der Wertschöpfung** verändert wird. Letzteres hat das BAG für den Fall einer Betriebskantine mit eigenen Köchen festgestellt, die auf die Belieferung mit fertigen Speisen von außen umgestellt wird.[566] Auch im Falle „Charité II"[567] hat der 8. Senat eine Auflösung des bisherigen „Funktions- und Zweckzusammenhangs" und damit eine **identitätszerstörende Organisationsänderung** angenommen; dabei war ihm ausweislich der Gründe im Zeitpunkt ihrer Absetzung die *„Klarenberg"*-Entscheidung des EuGH bereits bekannt.

Es bleibt somit bei dem Befund, dass im Falle betriebsmittelarmer Tätigkeiten die freiwillige Weiterbeschäftigung des ganz überwiegenden Teils des bisherigen Personals, in der Diktion der Gerichte der „organisierten Hauptbelegschaft", die Anwendung des § 613a BGB sowohl nach der Rechtsprechung des EuGH wie auch nach der Judikatur des 8. Senats sehr nahe legt; die „Vermutung" zugunsten eines Betriebsübergangs kann aber durch den Vortrag einer grundlegenden Änderung von Betriebsorganisation und/oder Betriebsmethoden im konkreten Fall „widerlegt" werden. Darauf, dass in solchen Konstellationen die fehlende (aktive) Mitwirkung des bisherigen Betriebsinhabers die Anwendung des § 613a BGB nach Auffassung des BAG nicht ausschließt, wurde bereits an anderer Stelle hingewiesen.[568]

Geht es dagegen um **qualitativ höhere Tätigkeiten,** gelten nach der Rechtsprechung die oben ausgeführten hohen Schwellenwerte nicht, und die Grenzen sind eher fließend.[569] So nimmt der 8. Senat bei einem **IT-Servicebetrieb,** der in besonderer Weise durch die Spezialkenntnisse und Qualifikationen seiner Mitarbeiter geprägt ist, bei einer Weiterbeschäftigung von 62,5% bzw. 57,5% der zuletzt tätigen Mitarbeiter einen Übergang der Hauptbelegschaft an.[570] Zudem wird in der Rechtsprechung die Auffassung vertreten, dass **freie Mitarbeiter** bei der Feststellung des übernommenen Personals mit zu berücksichtigen seien.[571] Ein sehr starkes Indiz für einen Betriebs(teil)übergang ist es nach der Rspr. des BAG bei sog. **betriebsmittelarmen Tätigkeiten,** wenn außer dem überwiegenden Teil des bisherigen (qualifizierten) Personals **Schlüsselkräfte** auf der bisherigen Ebene der Betriebs- oder Abteilungsleitungen übernommen werden.[572] Dies erscheint

---

[564] In diesem Sinne noch BAG 11.12.1997 – 8 AZR 729/96, ZIP 1998, 666, unter B I 2c) der Gründe, dazu 3. Aufl. Rn. 62; 10.12.1998 – 8 AZR 676/97, NZA 1999, 420 (Hol- und Bringdienst); dazu 3. Auf. Rn. 70; ebenso *Müller-Glöge* NZA 1999, 449 (451).

[565] EuGH 12.2.2009 – C-466/07 *(Klarenberg)*, NZA 2009, 251 Rn. 44.

[566] BAG 17.12.2009 – 8 AZR 1019/08, NZA 2010, 499; dazu auch → Rn. 61.

[567] BAG 22.1.2009 – 8 AZR 158/07, NZA 2009, 905, dazu auch → Rn. 51.

[568] → Rn. 76.

[569] S. dazu im einzelnen HWK/*Willemsen* BGB § 613a Rn. 141 ff. Ohne Übernahme der sog. Schlüsselkräfte scheidet ein Betriebsübergang idR aus; vgl. LAG Berlin-Brandenburg 1.9.2010 – 17 Sa 836/10, ZIP 2011, 878.

[570] BAG 21.6.2012 – 8 AZR 181/11, NZA-RR 2013, 6 Rn. 43 (IT-Service).

[571] Vgl. LAG Rheinland-Pfalz 24.5.2007 – 11 Sa 55/07, NZA-RR 2007, 566, unter Hinweis auf LAG Hamburg 22.5.2003 – 8 Sa 29/03, AfP 2004, 376; dazu auch → Rn. 107a.

[572] Vgl. BAG 21.6.2012 – 8 AZR 181/11, NZA-RR 2013, 6 Rn. 44 (IT-Service); 22.5.2014 – 8 AZR 1069/12, NZA 2014, 1335 Rn. 53 (Arbeitsvermittlung); 22.1.2015 – 8 AZR 139/14, NZA 2015, 1325 Rn. 32 (Neuvergabe eines Bewachungsauftrags IV); ähnlich LAG Bremen 7.1.2014 – 1 Sa 111/13, juris

folgerichtig, da mit der Weiterbeschäftigung der für die **Koordination** der jeweiligen Dienstleistungen zuständigen Personen in der Regel auch ein wesentlicher Teilaspekt der bisherigen Betriebsorganisation übertragen und vom Erwerber weiter genutzt wird. Ebenso wirkt es **indizverstärkend** im Sinne eines Betriebs(teil)übergangs, wenn neben einem wesentlichen Teil des Personals, insbesondere der Führungskräfte, sächliche **Betriebsmittel** von nicht unbedeutendem Wert, zB ein kompletter Lagerbestand, mit übernommen werden,[573] auch wenn dieses Kriterium bei betriebsmittelarmen Tätigkeiten für sich allein die Anwendung des § 613a BGB nicht zu rechtfertigen vermag. Handelt es sich hingegen um eine **„Mischform"**, kommt der Übernahme (auch) wesentlicher sächlicher Betriebsmittel unter Umständen eine entscheidende Bedeutung zu (→ Rn. 107).

c) Hinweise für die Gestaltung

107 Aus der Gegenüberstellung der klaren Fälle der Anwendung bzw. Nichtanwendung des § 613a BGB lassen sich wiederum gewisse Schlussfolgerungen für die Strategie und Gestaltung von Unternehmensübertragungen und -umstrukturierungen ableiten:[574]

aa) Verzicht auf jedwede Übernahme von Personal;[575] **Umgehung des § 613a BGB durch Verleihkonstruktionen oder Umstellung auf freie Mitarbeit?** Um bezüglich § 613a BGB auf der sicheren Seite zu sein, wird es häufig nahe liegen, auf die Weiterbeschäftigung jedweder, auch nur einzelner, zB besonders qualifizierte, Arbeitnehmer, vollständig zu verzichten. In der Praxis ist diese Tendenz spätestens seit der Entscheidung des EuGH in Sachen *Ayse Süzen* eindeutig zu beobachten, und zwar auch in solchen Konstellationen, in denen im Rahmen der Sieben-Punkte-Prüfung (→ Rn. 65) ein Betriebsübergang ohnehin mehr oder weniger zweifelsfrei zu verneinen gewesen wäre. Man mag diese ohne weiteres vorhersehbare Entwicklung aus rechtspolitischer Sicht bedauern;[576] angesichts der geradezu fatalen Folgen einer unzutreffenden Einschätzung der Rechtslage sowie der erheblichen Beurteilungsspielräume, welche die Rechtsprechung des EuGH und des BAG den Instanzgerichten belässt, ist es indes nachvollziehbar, wenn die (Beratungs-) Praxis insoweit jedes vermeidbare Risiko ausschließen will. Allerdings **„hilft"** der Verzicht auf die Übernahme jedweden Personals **nicht bei Produktionsbetrieben,** wenn und soweit fast alle sonstigen „identitätsstiftenden Faktoren" übernommen und unverändert weitergenutzt werden.[577]

Der Begriff des **Produktionsbetriebs** in diesem Sinne ist indes **nicht auf klassische Fabrikationsanlagen beschränkt.** Er kann auch in anderen Konstellationen erfüllt sein, wenn die konkrete Wertschöpfung und die ihr zugrundeliegende Betriebsorganisation maßgeblich durch konkrete Räumlichkeiten und Einrichtungen geprägt und identifiziert werden. Besondere Vorsicht ist insoweit (auch) bei **Dienstleistungen** geboten, die keinesfalls *per se* in die Kategorie der „betriebsmittelarmen" Tätigkeiten fallen, so dass sich die

---

Rn. 73 (Anzeigenaufträge für Druckereierzeugnisse); LAG Baden-Württemberg 18.9.2018 – 18 Sa 76/7, BeckRS 2018, 28775 Rn. 58 ff. (Objektleiter/Schlüsselkraft).

[573] BAG 21.6.2012 – 8 AZR 181/11, NZA-RR 2013, 6 Rn. 45 (IT-Service).

[574] Ausführlich zu den „Gestaltungsoptionen" bei Betriebsübergangssachverhalten auch *Lunk* FS 25-jähriges Bestehen der Arbeitsgemeinschaft Arbeitsrecht, 2006, 645, der allerdings die Auswirkungen von *„Klarenberg"* noch nicht berücksichtigen konnte; *Fuhlrott/Salamon* BB 2012, 1793.

[575] Zur negativen Indizfunktion vgl. auch HWK/*Willemsen* BGB § 613a Rn. 148.

[576] So zB *Preis/Steffan* DB 1998, 309 (315): Verkehrung der Intention des § 613a BGB (Fortbestand der Arbeitsverhältnisse) in ihr Gegenteil; vgl. ferner *Worzalla* FA 1998, 44 (47).

[577] S. BAG 26.8.1999 – 8 AZR 588/98, BeckRS 1999, 30780253 (Druckweiterverarbeitung); s. dazu auch 3. Aufl. Rn. 79; 22.7.2004 – 8 AZR 350/03, NZA 2004, 1383 (Gefahrstofflager/Opel Bochum); s. dazu auch 3. Aufl. Rn. 96a; 6.4.2006 – 8 AZR 222/04, NZA 2006, 723 (Druckservice), s. dazu auch 3. Aufl. Rn. 96 h sowie → Rn. 104; 27.1.2011 – 8 AZR 326/09, NZA 2011, 1162 Rn. 31 (Kleinpaketfertigung).

Anwendung des § 613a BGB hier nicht stets durch den „Verzicht" auf die Übernahme von Personal vermeiden lässt.[578]

107a Die **Rechtsprechung** ist hier teilweise inkonsistent und damit **risikobehaftet.** Verfehlt ist es jedenfalls, einen „klassischen" Dienstleistungsbetrieb schon deshalb als betriebsmittelgeprägt zu qualifizieren – mit der Folge, dass es auf den Übergang von Personal nicht ankomme –, weil bestimmte Hilfsmittel von untergeordnetem Wert für die Ausführung des jeweiligen Auftrags **„unverzichtbar"** seien.[579] Der 8. Senat des BAG tendiert teilweise – zu Unrecht – dazu, eigentlich „klassische" Dienstleistungstätigkeiten zu betriebsmittelgeprägten Tätigkeiten **„umzufunktionieren"**, sobald hierfür Hilfsmittel von erheblichem Wert eingesetzt werden (müssen) und diese Hilfsmittel „unverzichtbar" sind.[580] In gleichem Sinne erachtet die zehnte Kammer des EuGH einen Betriebsübergang im Bewachungsgewerbe allein aufgrund der Übertragung betriebsnotwendiger Ausrüstungsgegenstände für denkbar, obwohl **kein einziger Arbeitnehmer** vom neuen Unternehmer übernommen wurde.[581] Ebenso hat der EuGH im Falle einer Musikschule, deren Räumlichkeiten, Instrumente und Mobiliar übernommen wurden, einen Betriebsübergang *nicht* an der fehlenden Übernahme von Personal scheitern lassen.[582] Diese Betrachtungsweise verkennt zum einen, dass die Unverzichtbarkeit zwar ein notwendiges, aber kein hinreichendes Kriterium für die prägende Bedeutung von Betriebsmitteln ist,[583] zum anderen, dass bestimmte Arten von Tätigkeiten sowohl **betriebsmittel- als *auch* personalgeprägt sein können** und § 613a BGB solchenfalls nur bei Übergang beider Faktoren erfüllt sein kann.[584] Dieser Sichtweise hat sich nunmehr auch der 8. Senat des BAG in seinem **zweiten Rettungsdiensturteil**[585] angeschlossen (s. dazu auch → Rn. 70).

107b Von der jeweiligen „Klassifizierung" des Betriebs bzw. Betriebsteils hängt insbesondere in **Outsourcingfällen** ab, ob der jeweilige Nachfolger, indem er auf die Übernahme von

578 Instruktiv insoweit BAG 22.7.2004 – 8 AZR 350/03, NZA 2004, 1383 (Gefahrstofflager/Opel Bochum), s. dazu auch 3. Aufl. Rn. 96a. Auch eine Betriebskantine hat der 8. Senat grundsätzlich nicht als betriebsmittelarmen Betrieb angesehen; BAG 17.12.2009 – 8 AZR 1019/08, NZA 2010, 499 Rn. 25, dazu auch → Rn. 61; ebensowenig einen Rettungsdienst, BAG 10.5.2012 – 8 AZR 434/11, NZA 2012, 1161; BAG 25.8.2016 – 8 AZR 53/15, NZA-RR 2017, 123; ähnlich für ein Asylbewerberheim LAG Mecklenburg-Vorpommern 14.5.2014 – 3 Sa 238/13, BeckRS 2014, 71090 (rkr.); für einen betrieblichen Objektschutz BAG 23.5.2013 – 8 AZR 207/12, BeckRS 2013, 72336 (Auftragsneuvergabe – Objektschutz). Nach einer Entscheidung des EuGH v. 26.11.2015 – C-509/14 (*Aira Pascual* ua), NZA 2016, 31 zählt die Bewegung sog. intermodularer Transporteinheiten in einem Bahnhof nicht zu den betriebsmittelarmen Tätigkeiten, so dass hier ein Betriebsübergang ohne Übernahme von Personal möglich ist; Ebenso für ein Bewachungsunternehmen EuGH 19.10.2017 – C-200/16 *(Securitas)*, NZA 2017, 137.

579 So aber LAG München 21.11.2013 – 2 Sa 413/13, BeckRS 2014, 71902 Rn. 59 bzgl. der Hausschlüssel für einen Zeitungszustellungsdienst; zu Recht aufgehoben durch BAG 19.3.2015 – 8 AZR 150/14, BeckRS 2015, 70739. S. zur Problematik auch HWK/*Willemsen* BGB § 613a Rn. 108ff., 116 mwN.

580 So insbes. in dem „Flughafenfall" BAG 13.6.2006 – 8 AZR 271/05, NZA 2006, 1101, sowie in dem „Bewachungsfall" BAG 23.5.2013 – 8 AZR 207/12, BeckRS 2013, 72336 (Auftragsneuvergabe – Objektschutz); sehr problematisch auch der „Rettungsdienstfall" BAG 10.5.2012 – 8 AZR 434/11, NZA 2012, 1161 Rn. 39. Richtig dagegen BAG 25.6.2009 – 8 AZR 258/098, NZA 2009, 1412 (Callcenter), dazu → Rn. 58; 15.12.2011 – 8 AZR 197/11, NZA-RR 2013, 179 Rn. 51 (Neuvergabe eines Bewachungsauftrags III): Wachlokal als bloßes, nicht identitätsprägendes Hilfsmittel; BAG 22.6.2011 – 8 AZR 107/10, NZA-RR 2012, 119 Rn. 37: Eine Arztpraxis wird idR nicht durch die vorhandenen Betriebsmittel, sondern durch die dort tätigen Personen geprägt; BAG 15.12.2011 – 8 AZR 692/10, NZA-RR 2012, 570 Rn. 46 (Reisebüro): Buchungsterminals als bloßes Hilfsmittel.

581 EuGH 19.10.2017 – C-200/16 *(Securitas)*, NZA 2017, 1379 Rn. 30ff.; s. dazu auch HWK/*Willemsen* BGB § 613a Rn. 108.

582 EuGH 7.8.2018 – C-472/16 *(Sigüenza)*, NZA 2018, 1123 Rn. 35ff.; s. dazu auch *Greiner/Pionteck* RdA 2020, 84, 88f.

583 Zutreffend BAG 15.12.2011 – 8 AZR 692/10, NZA-RR 2012, 570 Rn. 46 (Reisebüro); 21.6.2012 – 8 AZR 181/11, NZA-RR 2013, 6 Rn. 39 (Streckengeschäft).

584 S. dazu *Willemsen/Müntefering* NZA 2006, 1185; dazu auch → Rn. 49; *Grau/Hartmann* in Preis/Sagan, Europäisches Arbeitsrecht, § 15 Rn. 43.

585 BAG 25.8. 2016–8 AZR 53/15, NZA-RR 2017, 123 (Rettungsdienst II).

Personal verzichtet, die Anwendung des § 613a BGB wirklich verhindern kann.[586] Mit einer **speziellen Fallgestaltung** hatte sich der 8. Senat in einem Urteil vom 23.9.2010[587] zu befassen: Dort waren die Betriebsanlagen eines insolvent gewordenen Produktionsunternehmens auf zwei neu gegründete Gesellschaften übertragen worden, während eine Reihe früherer Arbeitnehmer der Insolvenzschuldnerin Arbeitsverträge mit einem ebenfalls neu gegründeten Unternehmen abschloss, dessen Geschäftsgegenstand die (nicht gewerbsmäßige) **Arbeitnehmerüberlassung** war und das die betreffenden Arbeitnehmer sogleich an die beiden „Produktionsgesellschaften" verlieh. Der 8. Senat hat hier einen Betriebsübergang auf das Verleihunternehmen zutreffend unter Hinweis auf dessen erheblich andersartigen Geschäftszweck verneint.[588] Hieraus kann indes nicht geschlossen werden, dass sich durch eine solche Gestaltung § 613a BGB letztlich „aushebeln" ließe; denn die Klage richtete sich vorliegend allein gegen die „zwischengeschaltete" Personaldienstleistungsgesellschaft. Der Senat deutet vielmehr am Ende der Entscheidungsgründe selbst an, dass eine auf § 613a BGB gestützte Klage gegen die Übernehmer der materiellen und immateriellen Betriebsmittel wohl erfolgreich gewesen wäre.[589] Da Letztere nicht (mit-)verklagt waren, brauchte der Senat sich auch nicht mit der Frage zu befassen, ob in der gewählten „Verleihkonstruktion" eine unzulässige **Umgehung** des § 613a BGB lag. Da Leiharbeitnehmer in die Betriebsorganisation des Übernehmers der Betriebsmittel eingegliedert werden, ist das **Risiko** einer derartigen Konstruktion als **hoch** zu veranschlagen.[590]

107c **Umstritten** ist die Rechtslage für den Fall, dass bisherige Arbeitnehmer des Betriebsveräußerers vom Auftragsnachfolger bzw. Betriebserwerber als **freie Mitarbeiter** eingesetzt werden. Da „echte" freie Mitarbeiter und Werkunternehmer nicht zur Betriebsorganisation des jeweiligen Inhabers gehören, dürfte ihre Berücksichtigung im Rahmen von § 613a BGB ausscheiden.[591] Da dies in Rechtsprechung und Literatur aber überwiegend anders gesehen wird,[592] ist in der Praxis auch insoweit zur **Vorsicht** zu raten.

108 **bb) Prüfung einer ordnungsgemäßen Stilllegung durch den Vorgänger.**[593] Da nach ständiger Rechtsprechung des BAG Betriebsstilllegung und Betriebsübergang einander ausschließen,[594] wird – sofern nicht ein Fall der § 613a BGB ohnehin bereits aus anderen Gründen ausscheidet – der (potentielle) Erwerber besonderes Augenmerk auf eine zuvor ordnungsgemäß abgewickelte Betriebsstilllegung richten müssen. Für eine solche vorherige Betriebsstilllegung spricht insbesondere, wenn bereits *zuvor,* dh vor Ankauf oder Anmie-

[586] Dementsprechend hat der EuGH mit Urteil in Sachen *Abler* (→ Rn. 17a) in Bezug auf den Betrieb einer Krankenhausküche das Vorliegen eines Betriebsübergangs bejaht, obwohl der Auftragnehmer kein Personal seines Vorgängers weiterbeschäftigt hatte. Dies erscheint sehr fragwürdig, da nicht einzusehen ist, warum der Nachfolger ausgerechnet die Mannschaft seines Vorgängers übernehmen muss, die den Auftrag uU gerade wegen fehlender Essens- und Servicequalität verloren hatte; zutreffend *Tamm* ZESAR 2012, 151 (156).

[587] 8 AZR 567/09, NZA 2011, 197.

[588] aaO, Rn. 36. Zu den Voraussetzungen eines Betriebs(teil)übergangs im Leiharbeitsgewerbe s. auch BAG 12.12.2013 – 8 AZR 1023/12, NZA 2014, 436 Rn. 17ff. (Tiefdrucker/Leiharbeit).

[589] aaO, Rn. 45; in diesem Sinne auch BAG 28.4.2011 – 8 AZR 709/09, BeckRS 2011, 75933 Rn. 58 (Kettenschienenproduktion).

[590] Ähnlich *Fuhlrott* NZA 2013, 183 (186).

[591] Vgl. auch HWK/*Willemsen* BGB § 613a Rn. 143.

[592] BAG 19.3.2015 – 8 AZR 119/14, BeckRS 2015, 70521 Rn. 32 (Lokalredaktion); LAG Baden-Württemberg 21.10.1996 – 19 Sa 30/96, LAGE § 613a BGB Nr. 52; ErfK/*Preis* BGB § 613a Rn. 24; *Fuhlrott* NZA 2013, 183 (185); *Grau/Hartmann* in Preis/Sagan, Europäisches Arbeitsrecht, § 15 Rn. 42; wohl auch BAG 18.2.1999 – 8 AZR 485/97, NZA 1999, 648; zur Kritik dieser Ansicht s. HWK/*Willemsen* BGB § 613a Rn. 143.

[593] Ausführlich zu dieser Problematik HWK/*Willemsen* BGB § 613a Rn. 68ff. und 168.

[594] Vgl. BAG 27.9.1984 – 2 AZR 309/83, NZA 1985, 493; 28.4.1988 – 2 AZR 623/87, NZA 1989, 265; 27.4.1995 – 8 AZR 197/94, NZA 1995, 1155; 22.5.1997 – 8 AZR 101/96, NZA 1997, 1050; 28.5.2009 – 8 AZR 273/08, NZA 2009, 1267; 25.6.2009 – 8 AZR 258/08, NZA 2009, 1412; 22.10.2009 – 8 AZR 766/08, NZA-RR 2010, 660; 26.5.2011 – 8 AZR 37/10, NZA 2011, 1143 sowie → Rn. 74.

tung einzelner Betriebsmittel, allen Arbeitnehmern unter Einhaltung der maßgeblichen Kündigungsfristen gekündigt, ein Interessenausgleich mit dem Betriebsrat nach §§ 111, 112 BetrVG vereinbart oder wenigstens versucht und – gegebenenfalls auch noch nachträglich – ein Sozialplan im Sinne von § 112 Abs. 1 S. 2 BetrVG aufgestellt wurde. Zwar ist für das Vorliegen einer Betriebsstilllegung die Beachtung der betriebsverfassungsrechtlichen Arbeitgeberpflichten nicht konstitutiv. Diese setzt vielmehr voraus, dass die Betriebsorganisation und damit die zwischen Arbeitgeber und Arbeitnehmer bestehende Betriebs- und Produktionsgemeinschaft aufgelöst wird, was sich darin äußert, dass der Betriebsinhaber die wirtschaftliche Betätigung in der ernstlichen Absicht einstellt, den bisherigen Betriebszweck dauernd oder für eine ihrer Dauer nach unbestimmte, wirtschaftlich erhebliche Zeitspanne nicht mehr weiterzuverfolgen.[595] Da es sich indes bei der Stilllegungsabsicht zunächst um ein reines Internum auf Arbeitgeberseite handelt, erhöht es in der Regel die Chancen in einem späteren Arbeitsgerichtsprozess, wenn sie zu einem bestimmten Zeitpunkt in Verhandlungen und in entsprechenden Vereinbarungen mit dem zuständigen Betriebsrat ihren Niederschlag gefunden hat. Unter Umständen kann es sich daher sogar empfehlen, in den **Kauf- oder Übernahmevereinbarungen** den Erwerb einzelner Bestandteile des Betriebsvermögens von einer vorher seitens des *Veräußerers* durchzuführenden Betriebsstilllegung abhängig zu machen.

Spezifische Fragen mit einem **enormen Haftungsrisiko** auf Seiten des verantwortlichen Beraters ergeben sich bei der **Betriebsstilllegung in der Insolvenz** bzw. im **„insolvenznahen Bereich".** Der Identifizierung des zuständigen Organs für den maßgeblichen Stilllegungsbeschluss kommt dabei eine zentrale Bedeutung zu. Näheren Aufschluss hierzu gibt die Entscheidung des 6. BAG-Senats vom 14.5.2020. Danach obliegt die Entscheidung über die Stilllegung oder Fortführung des Unternehmens im bereits **eröffneten Insolvenzverfahren** der Gläubigerversammlung (§ 157 S. 1 InsO). **Vor Eröffnung** des Insolvenzverfahrens könne der Schuldner im Falle der **vorläufigen Eigenverwaltung** (jedenfalls) mit Zustimmung des vorläufigen Gläubigerausschusses die Stilllegung beschließen. Demgegenüber fehle dem **vorläufigen Insolvenzverwalter** die Kompetenz, aus eigener Rechtsmacht die Stilllegung des Unternehmens zu beschließen. Wegen der weiteren komplexen Einzelheiten wird auf die Entscheidung vom 14.5.2020[596] sowie → Rn. 31 ff. verwiesen. 108a

Besondere Vorsicht und Sorgfalt ist insofern des Weiteren vonnöten, wenn der Veräußerer sein Nutzungsrecht (auf Zeit) von einem Dritten (Eigentümer) ableitet, was namentlich bei Bestehen eines **Pachtverhältnisses** der Fall ist. Das BAG verlangt für den Fall der Betriebs*verpachtung* – anders als bei bloßer *Vermietung* von Betriebsmitteln – für eine arbeitsrechtlich relevante Betriebsstilllegung die **Mitwirkung des Verpächters,** da der Pächter hierzu, sofern der Pachtvertrag nichts anderes vorsehe, nicht berechtigt sei.[597] Dementsprechend werde es „… dem Mieter von Geschäftsgebäuden oder anderen Betriebsmitteln rechtlich sehr viel einfacher sein, den von ihm gebildeten Betrieb stillzulegen, als es dem Pächter eines Betriebes möglich wäre".[598] Diese Rechtsprechung steht indes in einem gewissen **Spannungsverhältnis** zu der Haltung des BAG bezüglich des 109

[595] Vgl. zu dieser Definition BAG 22.5.1985 – 5 AZR 173/84, NZA 1985, 773; 3.7.1986 – 2 AZR 68/85, NZA 1987, 123; 12.2.1987 – 2 AZR 247/86, NZA 1988, 170; 27.4.1995 – 8 AZR 197/94, NZA 1995, 1155; 22.5.1997 – 8 AZR 101/96, NZA 1997, 1050. Nach BAG 22.10.2009 – 8 AZR 766/08, NZA-RR 2010, 660 ist eine Betriebsstilllegung erst abgeschlossen, wenn alle Arbeitsverhältnisse beendet sind. Bis dahin kann ein Betrieb übergehen, selbst wenn er bereits faktisch eingestellt ist.

[596] BAG 6 AZR 235/19, NZA 2020, 1091 Rn. 95 ff. (Air Berlin/Lufthansa II); S. dazu auch *Bissels/Fuchs* NZI 2020, 727.

[597] BAG 27.4.1995 – 8 AZR 197/94, NZA 1995, 1155, unter B II 2 der Gründe; 22.5.1997 – 8 AZR 101/96, NZA 1997, 1050, unter B I 2b) der Gründe.

[598] BAG 22.5.1997 – 8 AZR 101/96, NZA 1997, 1050.

Rückfalls des Pachtobjekts an den selbst nicht fortführungswilligen Verpächter.[599] Der Pächter geriete in ein unauflösbares Dilemma, wenn der Verpächter einerseits die Rückgabe der Betriebsmittel ohne Übernahme des Personals nach § 613a BGB verlangen, andererseits aber die Betriebsstilllegung durch den Pächter blockieren könnte. Bei fehlender Fortführungsabsicht des Verpächters muss es daher dem Pächter gestattet sein, mit Ablauf des Pachtverhältnisses den Betrieb stillzulegen, es sei denn, der Vermieter benennt ihm einen neuen Pächter, auf den der Betrieb dann unmittelbar nach § 613a BGB übergeht.[600]

Schließt somit eine vom Vorgänger ordnungsgemäß und endgültig vollzogene Betriebsstilllegung den Betriebsübergang aus, **bedeutet** dies andererseits **nicht,** dass **ohne** eine solche Maßnahme des früheren Betriebsinhabers bei Ausübung gleicher oder ähnlicher Tätigkeiten in denselben Betriebsräumen stets von einem **Fall des § 613a BGB** auszugehen ist. Von einer solchen ordnungsgemäßen Stilllegung durch den Vorgänger kann die „Haftung" des Nachfolgers nicht abhängig gemacht werden.[601] Entscheidend ist vielmehr, ob trotz tatsächlichen längeren Ruhens der Betriebstätigkeit bei späterer Wiederaufnahme eines gleichen oder gleichartigen Betriebs noch von einer **Weiternutzung** der vom Vorgänger geschaffenen **Betriebsorganisation** für eigene betriebliche Zwecke gesprochen werden kann.[602] Hierbei spielen uU längere tatsächliche **Unterbrechungsphasen** eine ausschlaggebende Rolle.

110 **cc) Einhaltung längerer Unterbrechungsphasen.**[603] Das Merkmal der „Dauer einer eventuellen Unterbrechung der Tätigkeit" nach dem Sieben-Punkte-Katalog des EuGH[604] ist sachlich mit der soeben erörterten Negativwirkung einer ernsthaft und endgültig vorgenommenen Betriebsstilllegung in Bezug auf einen Betriebsübergang verwandt. In Übereinstimmung mit dem EuGH nimmt das BAG in ständiger Rechtsprechung an, dass eine wirtschaftlich erhebliche **Zeitspanne der Unterbrechung der Betriebstätigkeit** der Annahme eines Betriebsübergangs entgegenstehe. Demgegenüber spreche bei alsbaldiger Wiedereröffnung des Betriebs oder bei alsbaldiger Wiederaufnahme der Produktion durch einen Erwerber eine tatsächliche **Vermutung gegen** die ernsthafte **Absicht,** den Betrieb **stillzulegen.**[605] Es sei Sache desjenigen, der als neuer Arbeitgeber (sc. aus § 613a BGB) in Anspruch genommen werde, diese Vermutung durch Tatsachen zu widerlegen, die für eine Stilllegung sprächen.[606]

Die Praxis wird sich auf diese **Möglichkeit des „Entlastungsbeweises"** ungern einlassen, zumal dieser nicht ohne weiteres gelingen wird. Wird nämlich der Betrieb durch den bisherigen Inhaber stillgelegt, liegt eine Unterbrechung jeglicher Geschäftstätigkeit für zumindest einige Wochen, je nach Branche aber auch einige Monate, zumeist in der „Natur der Sache", bevor in der jeweiligen Immobilie eine anders- oder gleichartige Geschäftstätigkeit wieder aufgenommen werden kann. Insbesondere im letzteren Fall, wenn also eine durchaus ähnliche oder sogar dieselbe Tätigkeit nahezu „nahtlos" wieder aufge-

[599] Vgl. BAG 18.3.1999 – 8 AZR 196/98, NZA 1999, 869 (Kfz-Handel, s. dazu auch 3. Aufl. Rn. 75), wonach der Pächter in einer solchen Konstellation Betriebsinhaber bleibt, auch wenn er die betriebliche Tätigkeit bereits eingestellt hat.

[600] BAG, aaO, s. dazu auch 3. Aufl. Rn. 75.

[601] HWK/*Willemsen* BGB § 613a Rn. 169.

[602] HWK/*Willemsen,* aaO.

[603] Umfangreiche Kasuistik bei *Gaul,* Betriebs- und Unternehmensspaltung, § 6 Rn. 204ff. sowie HWK/*Willemsen* BGB § 613a Rn. 171ff.

[604] → Rn. 65.

[605] BAG 27.4.1995 – 8 AZR 197/94, NZA 1995, 1155, unter B I 2d) der Gründe mwN; 22.5.1997 – 8 AZR 101/96, NZA 1997, 1050, unter B II 2 der Gründe; 11.9.1997 – 8 AZR 555/95, NJW 1998, 1253, unter B 2 der Gründe; 23.9.1999 – 8 AZR 750/98, BeckRS 1999, 30780910, unter 2. der Gründe; S. dazu auch → Rn. 75 sowie das EuGH-Urteil 7.8.2018 – C-472/16) *(Sigüenza),* NZA 2018, 1123.→ Rn. 113.

[606] BAG 27.4.1995 – 8 AZR 197/94, NZA 1995, 1155; S. zu den damit zusammenhängenden verfahrensrechtlichen Aspekten: *Göttling* FS Willemsen, 2018, S. 133ff

nommen wird, lässt sich der erste, objektive Anschein einer Betriebsübernahme oftmals nur sehr schwer widerlegen.

Vor diesem Hintergrund verwundert es nicht, wenn in der Praxis von vornherein längere Unterbrechungsperioden im Sinne eines **„Sicherheitsabstands"** fest eingeplant werden. Auch insoweit ist allerdings, und zwar gleich in mehrfacher Hinsicht, eine gewisse Vorsicht am Platze. Zum einen wird eine künstlich in die Länge gezogene Unterbrechung von den Arbeitsgerichten nicht ohne weiteres anerkannt werden; die entsprechende Anwendung des Rechtsgedankens von § 162 BGB könnte hier zumindest erwogen werden (vgl. zu dem Aspekt des Gestaltungsmissbrauchs allerdings auch → Rn. 111). Zum anderen kann nach der Rechtsprechung die Indizfunktion einer längeren Unterbrechung der Geschäftstätigkeit unter Umständen entfallen, wenn während des Unterbrechungszeitraums durch den bisherigen Betriebsinhaber erfolgversprechende **Übernahmeverhandlungen** geführt worden sind, weil es dann an einer ernsthaften Stilllegungsabsicht fehle.[607]

Schließlich ist auch in diesem Zusammenhang darauf hinzuweisen, dass das Merkmal der „Dauer einer eventuellen Unterbrechung der Tätigkeit" stets im **Gesamtzusammenhang aller Kriterien nach dem Sieben-Punkte-Katalog** gesehen und bewertet werden muss. Es sind je nach Branche und näheren Umständen des Einzelfalls also durchaus – wenn auch wohl in der Praxis seltene – Konstellationen denkbar, in denen trotz längerer Unterbrechung jeglicher Geschäftstätigkeit doch noch ein Betriebsübergang im Sinne von § 613a BGB stattfindet. Umgekehrt schließt bei Tätigkeiten, die maßgeblich durch die menschliche Arbeitskraft und das Know-how des eingesetzten Personals geprägt sind, ein **kompletter Personalaustausch** einen Betriebsübergang selbst dann aus, wenn die Tätigkeit nicht oder nur kurz unterbrochen wurde; es handelt sich dann lediglich um eine sog. **Funktionsnachfolge.**[608]

Auch bei der Frage, welche **Dauer der Unterbrechung** eingehalten werden muss, um 111
von einer **erheblichen** Unterbrechung der Geschäftstätigkeit im Sinne der Rechtsprechung des EuGH und des BAG ausgehen zu können, verbietet sich eine rein schematische Betrachtung. Allerdings hat das BAG der Praxis einige bedeutsame Indikationen an die Hand gegeben, die sich wie folgt zusammenfassen lassen:

- Generell spricht es für die Erheblichkeit einer Unterbrechungsphase, wenn diese **länger** dauert als die längste im konkreten Fall durch den bisherigen Betriebsinhaber einzuhaltende **gesetzliche Kündigungsfrist** (§ 622 Abs. 2 BGB).[609]
- Dagegen **reicht** eine Unterbrechung der Betriebstätigkeit von nur **einigen Tagen oder Wochen** in aller Regel **nicht aus.**[610]
- Bei einer **Musikschule** hat der EuGH einen Betriebsübergang bei einer Einstellung der Unterrichtstätigkeit über einen Zeitraum von **fünf Monaten** für denkbar erachtet, innerhalb dessen **drei Monate** Schulferien lagen.[611]
- Eine Zeitspanne von **neun Monaten** nach tatsächlicher Einstellung jeglicher Geschäftstätigkeit ist bei einem **Einzelhandelsgeschäft** als wirtschaftlich erhebliche Zeitspanne jedenfalls dann zu bewerten, wenn es sich um den Handel mit saisonabhängiger Ware handelt und die Unterbrechung den Verlust von zwei umsatzstarken Verkaufsperioden zur Folge hat.[612]

---

[607] BAG 27.4.1995 – 8 AZR 197/94, NZA 1995, 1155.
[608] Zutreffend *Moll* RdA 2003, 129 (133).
[609] BAG 22.5.1997 – 8 AZR 101/96, NJW 1997, 3188 (Modegeschäft; vgl. dazu auch 3. Aufl. Rn. 49), unter B II 2b) aE der Gründe.
[610] zB 14 Tage, BAG 22.5.1985 – 5 AZR 173/84, NZA 1985, 773 (Hersteller von Möbelprofilen); vier Monate, 3.7.1986 – 2 AZR 68/85, NZA 1987, 123 (Bowlingbahn); vier Monate hält auch LAG Berlin-Brandenburg 14.12.2012 – 10 Sa 1811/12, BeckRS 2013, 65712 (Gleisbau) für nicht ausreichend.
[611] EuGH 7.8.2018 – C-472/16 *(Sigüenza)*, NZA 2018, 1123 Rn. 42ff.
[612] BAG 22.5.1997, aaO.

– Bei Betrieben mit relativ **geringer Kundenbindung** und Vorhandensein mehrerer Alternativen vor Ort steht eine (fast) **halbjährige Schließung** einer Übernahme des Kundenstamms in der Regel entgegen.[613]

Die zuletzt zitierte Aussage macht zugleich die Interdependenz der Merkmale „etwaiger Übergang der Kundschaft" einerseits (fünftes Kriterium) und „Dauer einer eventuellen Unterbrechung der Tätigkeit" (siebtes Kriterium) andererseits deutlich. Bei Geschäften, die im Wesentlichen auf Laufkundschaft angewiesen sind oder bei denen sich der Kundenkreis aus anderen Gründen relativ schnell verflüchtigt, kann bereits eine gewollte Unterbrechung jeder Tätigkeit von jedenfalls sechs Monaten zum Wegfall des Merkmals „Übergang der Kundschaft" führen. Darin liegt *nicht* – wie in Arbeitsgerichtsprozessen bisweilen von Arbeitnehmerseite vorgetragen wird – eine **Umgehung** des § 613a BGB; denn niemand ist verpflichtet, die Kundschaft eines Dritten zu übernehmen, und wenn hierauf mit allen sich daraus ergebenden geschäftlichen Nachteilen bewusst verzichtet wird, haben die Arbeitsgerichte dies im Rahmen der Sieben-Punkte-Prüfung zu respektieren.

112 Auch im Übrigen kann von einem **Gestaltungsmissbrauch** keine Rede sein, wenn der Erwerber von (einzelnen) Betriebsmitteln bewusst und gezielt darauf hinwirkt, möglichst wenige Kriterien des Sieben-Punkte-Katalogs zu erfüllen, etwa indem er keine immateriellen Aktiva übernimmt, die Übernahme von Personal seines „Vorgängers" vermeidet oder den Betrieb erst nach einer längeren Umbauphase wiedereröffnet. Die nationalen Arbeitsgerichte werden anzuerkennen haben, dass die Rechtsprechung des EuGH es jedenfalls in gewissen Bandbreiten der **unternehmerischen Entscheidungsfreiheit des Erwerbers** überlässt, ob es zu einem Betriebsübergang im Sinne der Richtlinie kommt;[614] dann stellt es aber eine legitime Nutzung dieses Spielraums dar, wenn sich die Praxis an den Leitlinien dieser Rechtsprechung, insbesondere an dem Sieben-Punkte-Katalog nach *„Ayse Süzen"*, orientiert.

Vorsicht ist demgegenüber geboten, wenn *allein* über das Merkmal einer längeren Unterbrechung der Betriebstätigkeit die Rechtsfolge des § 613a BGB vermieden werden soll. Lässt der Erwerber aller wesentlichen Betriebsmittel zB eines Produktionsbetriebs den Betrieb bewusst einige Monate „liegen", um nicht das dort bisher eingesetzte Personal weiterbeschäftigen zu müssen, kann ihm diese (bloße) **Betriebsunterbrechung** als Ausfluss eigener Leitungsmacht zugerechnet werden, die der Annahme eines Betriebsübergangs nicht entgegensteht.[615] Eines Rückgriffs auf den Gedanken des Gestaltungsmissbrauchs bedarf es (auch) solchenfalls nicht. Zu der **umgekehrten** Fragestellung eines Rechtsmissbrauchs durch gezielte Herbeiführung der Rechtsfolgen des § 613a BGB s. → Rn. 81a.

113 **dd) Eindeutige Dokumentation des Willens der Beteiligten bereits bei Vertragsschluss.**[616] Es wurde bereits darauf hingewiesen, dass entgegen der früheren betriebsmittelorientierten Rechtsprechung des BAG den Absichten der Beteiligten für die Beurteilung des Vorliegens oder Nichtvorliegens eines Betriebsübergangs entscheidende Bedeutung zukommt.[617] Dann liegt es aber nahe – insbesondere auch zu Zwecken der Beweiserleichterung in einem späteren Prozess –, diese Absichten bereits in dem zugrundeliegenden Vertragswerk zum Ausdruck zu bringen. Die entscheidende **Weichenstellung zwischen Betriebsstilllegung** durch den „Vorgänger" einerseits und **Betriebsübernahme** andererseits sollte – auch im Hinblick auf die interne Lastenverteilung – bereits in den vertragli-

---

[613] BAG 11.9.1997 – 8 AZR 555/95, NJW 1998, 1253 (Tausendundeine Nacht); s. dazu auch 3. Aufl. Rn. 61, unter B 2a) der Gründe.

[614] *Preis/Steffan* DB 1998, 309 (315), erachten es demgegenüber als „kritikwürdig, dass es der neue Auftragnehmer in der Hand haben kann, einen Betriebsübergang herbeizuführen oder nicht"; vgl. auch *Hanau* ZIP 1994, 1038 (1039).

[615] Ebenso *Gaul,* Betriebs- und Unternehmensspaltung, Schluss Rn. 107.

[616] Ausführlich zum Verhältnis von Fortführungswillen und tatsächlicher Fortführung bei § 613a BGB HWK/*Willemsen* BGB § 613a Rn. 75.

[617] → Rn. 69; ebenso zB *Annuß* BB 1998, 1582 (1584); *Franzen,* Anm. zu BAG 22.5.1997 – 8 AZR 101/96, NZA 1997, 1050; HWK/*Willemsen* BGB § 613a Rn. 59.

chen Abmachungen vorgenommen und konsequent durchgehalten werden. Da mitunter Klagen auf Grund von § 613a BGB durch die Arbeitnehmer bereits vor dem *closing date,* also vor dem Übernahmestichtag, erhoben werden, sind die vertraglichen Vereinbarungen unter Umständen das einzige neutrale Beweismittel in Bezug auf die Absichten des Erwerbers. Plant dieser eine wesentliche Änderung des Betriebszwecks, insbesondere nach längeren Umbauarbeiten, verbessert es mithin die Position beider beteiligten Unternehmen in einem Arbeitsgerichtsprozess, wenn diese Absicht bereits in den vertraglichen Vereinbarungen dokumentiert wurde.

In diesem Zusammenhang ist ferner darauf hinzuweisen, dass es sich bei Gebrauchsüberlassungsverträgen auf Zeit, insbesondere bei **Miet- und Pachtverträgen,** aus der Sicht des Vermieters bzw. Verpächters empfehlen kann, klare **Rückabwicklungsvereinbarungen** für den Fall der Beendigung des Vertragsverhältnisses zu treffen, insbesondere dann, wenn der Vermieter/Verpächter kein Interesse daran hat, nach **Ablauf des Vertrages** selbst in die Rolle des Betriebsinhabers (wieder) einzutreten.[618] Es kann beispielsweise vereinbart werden, dass der Mieter/Pächter zur Stilllegung des Betriebs und Übergabe der Geschäftsräume in „entkerntem" Zustand nicht nur berechtigt, sondern sogar verpflichtet ist. Eine (spätere) Betriebsstilllegung durch den Mieter/Pächter mit ausdrücklicher, bereits im Vertrag erteilter Zustimmung des Vermieters/Verpächters schließt einen Betriebsübergang aus.

Bedarf der Betrieb aus Sicht des Erwerbers einer grundlegenden **Umstrukturierung** und/oder **Rationalisierung,** dürfte es sich je nach gewünschtem Ergebnis uU empfehlen, vertraglich zu vereinbaren, dass diese Maßnahmen vom Erwerber durchzuführen sind. Das BAG unterscheidet nämlich zwischen der Übernahme eines bereits rationalisierten Betriebs (= § 613a BGB, vgl. BAG AP Nr. 147 zu § 613a BGB) einerseits sowie einer (sofortigen!) grundlegenden Umorganisation durch den Erwerber andererseits (uU reine Funktionsnachfolge).[619]

ee) Klare Abgrenzung eines Betriebsteils vor dessen Übernahme.[620] Auf die besondere Bedeutung des BAG-Urteils vom 13.11.1997 (Stichwort: Stabsfunktion bei Betriebsteilübertragung) für die Planung und Gestaltung von Unternehmensumstrukturierungen wurde bereits hingewiesen (→ Rn. 71 bei Fn. 411). Auch mit diesem Urteil wurde die **unternehmerische Entscheidungsfreiheit** im Rahmen von § 613a BGB **bestätigt und gestärkt.** Wer an der Übernahme und Fortführung (nur) bestimmter Betriebs*teile* interessiert ist, kann nicht arbeitsrechtlich zum Eintritt in solche Arbeitsverhältnisse gezwungen werden, die zwar wirtschaftlich von dem übernommenen Betriebsteil abhängen, funktional aber anderen Teilen des veräußerten Unternehmens zuzuordnen sind. Dies gilt selbst dann, wenn die Herauslösung und Übertragung nur einzelner Betriebsteile die **Lebensfähigkeit der verbleibenden Betriebsteile aufhebt** und daher den bisherigen Arbeitgeber zu deren Stilllegung zwingt.[621] Der Möglichkeit des sog. **„Carve Out"** unter „Zurücklassung" vom Erwerber nicht gewünschter Aktivitäten (zB bisherige Verwaltung des Veräußerers, Stabsbereiche wie Recht und Finanzen etc) kommt in der modernen Praxis der Unternehmensumstrukturierung zentrale Bedeutung zu. Allerdings können von einem (ansonsten umfassenden) Betriebsübergang nur solche Betriebsteile einvernehmlich ausge- 114

[618] Vgl. zu diesem „Rückfall des Pachtobjekts" an den Verpächter auch BAG 22.5.1997 – 8 AZR 101/96, NJW 1997, 3188; BAG 18.3.1999 – 8 AZR 159/98, NZA 1999, 704 sowie → Rn. 116.

[619] Vgl. BAG 23.9.1999 – 8 AZR 614/98, BeckRS 1999, 30780839; vgl. auch 27.4.2000 – 8 AZR 260/99, BeckRS 2000, 30784558 (Truppenübungsplatz) sowie → Rn. 95 aE.

[620] Ausführlich zum Begriff des Betriebsteils mit umfangreicher Kasuistik HWK/*Willemsen* BGB § 613a Rn. 26.

[621] So, wenngleich etwas verklausuliert, BAG 13.11.1997 – 8 AZR 375/96, NZA 1998, 249, unter II 2b) der Gründe, s. dazu auch 3. Aufl. Rn. 58; bestätigt durch BAG 8.8.2002 – 8 AZR 583/01, NZA 2003, 315; BAG 24.8.2006 – 8 AZR 556/05, NZA 2007, 1320. Die Gestaltungsfreiheit im Vorfeld eines Betriebsübergangs betont auch BAG 24.9.2015 – 2 AZR 562/14, NZA 2016, 366.

nommen werden, die **organisatorisch hinreichend verselbständigt sind;**[622] eine „Aussparung" nur einzelner Arbeitnehmer ist also nicht möglich. Auch muss der Wille des Erwerbers, lediglich einen Betriebsteil zu übernehmen, **gegenüber dem Veräußerer deutlich** zum Ausdruck gebracht werden. Wird der beschränkte Erwerbswille des Übernehmers **nicht zum Vertragsinhalt,** wird dieser **neuer Arbeitgeber aller Beschäftigten** und kann sich nicht auf einen lediglich internen Vorbehalt berufen.[623] Des Weiteren hat der 8. Senat mit dem Urteil vom 13.11.1997 die unternehmerische Autonomie gestärkt, indem er am Ende der Entscheidungsgründe auf die (im konkreten Fall fehlende) **Zuordnungsentscheidung** in Bezug auf den übernommenen Teilbetrieb hingewiesen hat.[624] Daraus wird man wohl ableiten dürfen, dass der zuständige 8. Senat im Falle bloßer Betriebs*teil*übernahmen die von der Arbeitgeberseite vorgenommenen Zuordnungen (bzw. Nichtzuordnungen), insbesondere von Arbeitnehmern aus den so genannten Stabs- oder Overheadfunktionen, respektieren wird, sofern sich hierfür jeweils ausreichende sachliche Gesichtspunkte anführen lassen.[625] Dies ist insbesondere auch im Falle von **Unternehmensspaltungen** (vgl. § 126 Abs. 1 Nr. 9 UmwG) von großer Bedeutung.

115 Zum anderen macht diese Entscheidung nicht nur die Notwendigkeit, sondern auch das **gestalterische Potential** derartiger Zuordnungsentscheidungen deutlich. Es kann sich beispielsweise unter Umständen empfehlen, vor Herauslösung einzelner Betriebsteile und deren Einbringung in neugegründete Unternehmen deren **Organisation vorzubereiten und zu straffen,** zB indem bisher dort angesiedelte Funktionen rechtzeitig vor dem Betriebsteilübergang in separaten (Stabs-)Abteilungen zentralisiert und damit vom Betriebs(teil)übergang ausgenommen werden, sofern dafür sachliche Gründe gegeben sind; andererseits ist unter demselben Vorbehalt aber auch der umgekehrte Weg (Aufteilung von Stabsabteilungen und deren Zuordnung zu einzelnen Fachbereichen) möglich. Dies alles zeigt einmal mehr, dass nach der Rechtsprechung sowohl des EuGH wie auch des BAG der Umgang mit § 613a BGB keinesfalls allein eine Frage der *ex-post*-Beurteilung, sondern vielmehr eine komplexe, auf die Zukunft gerichtete Strukturierungsaufgabe ist.

116 **ff) Bei Gebrauchsüberlassung auf Zeit unter Umständen Abschluss von Miet- anstelle von Pachtverträgen (Ausschluss eines „Rückfalls des Pachtobjekts").** In einem schon damals **sehr zweifelhaften Judikat** vom 27.4.1995 hatte der 8. Senat in dem Rückfall einer verpachteten Gastwirtschaft an die verpachtende Brauerei mit Ablauf des Pachtvertrags einen Betriebsübergang im Sinne von § 613a BGB gesehen, obwohl diese „... nicht die Absicht hatte, den Betrieb selbst zu betreiben, und von dieser Möglichkeit selbst keinen Gebrauch gemacht hat". Die Rüge der Brauerei, von einem Rückfall des Pachtobjekts auf sie könne nicht die Rede sein, da sie nie Betriebsinhaberin gewesen sei, erkannte der 8. Senat nicht an. Erhalte der Verpächter die Organisations- und Leitungsmacht über einen Betrieb, so komme es weder darauf an, ob er diesen jemals zuvor ausge-

---

[622] Vgl. zu diesem sehr praxisrelevanten Aspekt BAG 18.3.1999 – 8 AZR 306/98, NZA 1999, 706 (Druckerei), unter B II der Gründe; vgl. auch BAG 8.8.2002 – 8 AZR 583/01, NZA 2003, 315, wonach auch die kaufmännische Verwaltung eines im Übrigen aus „Produktion" und „Vertrieb" bestehenden Betriebs teilbetrieblich organisiert sein und damit vom Betriebsübergang ausgenommen werden kann; anders noch die Vorinstanz, LAG Hamm 17.8.2001 – 15 Sa 481/01; dazu auch BAG 18.4.2002 – 8 AZR 346/01, NZA 2002, 1207. S. zum Ganzen auch HWK/*Willemsen* BGB § 613a Rn. 32ff. mwN auch aus der Instanzrechtsprechung.

[623] LAG Köln 2.3.2001 – 11 Sa 1386/00, NZA-RR 2002, 513; 8.6.2001 – 11 Sa 281/01, MDR 2001, 1422. Im gleichen Sinne BAG 10.12.1998 – 8 AZR 763/97, nv, unter II 2a) der Gründe: „Auch eine abtrennbare Betriebsabteilung geht mit dem Betrieb über, wenn sie nicht vorher abgetrennt und vom Betriebsübergang ausgenommen wird".

[624] BAG 13.11.1997 – 8 AZR 375/96, NZA 1998, 249.

[625] S. zu dieser Thematik auch 3. Aufl. Rn. 58ff.

übt hatte, noch darauf, ob er entsprechende Betriebe selbst führe. Maßgeblich sei allein die *Möglichkeit* des Verpächters, den Betrieb selbst zu führen.[626]

Diese Entscheidung kann vor der neueren Rechtsprechung des EuGH und des BAG **keinen Bestand** mehr haben, wie sich insbesondere aus den beiden Urteilen vom 18.3. 1999[627] ergibt. Dem nach *„Ayse Süzen"* ergangenen weiteren Gaststättenurteil desselben Senats vom 11.9.1997[628] lässt sich im Übrigen entnehmen, dass das „Rückfallrisiko" für den Eigentümer der Betriebsmittel bei Abschluss eines Miet- anstelle eines Pachtvertrags deutlich geringer ist, weil in letzterem Falle der Mieter und nicht der Eigentümer die auf Zeit überlassenen Betriebsmittel zu einem Funktionszusammenhang im Sinne eines Betriebs oder Betriebsteils arrangiert.[629] Auch wenn dies für sich genommen für die sichere Vermeidung eines Betriebsübergangs nicht ausreicht, ergeben sich für die Praxis hier ebenfalls Gestaltungsspielräume, wobei allerdings die Bezeichnung des Vertragsverhältnisses als Mietvertrag selbstverständlich auch seinem tatsächlichen Inhalt entsprechen muss.

gg) Vermeidung „doppelter" Betriebsübergänge; Problematik des mehrstufigen Erwerbs bei sog. Kettenübertragungen. Schließlich sei noch darauf hingewiesen, dass bei mehrstufiger Gestaltung von Umstrukturierungen das Vorliegen eines Betriebsübergangs nach § 613a BGB **auf jeder „Stufe" eigenständig zu prüfen ist.** Wird also der Teilbetrieb A der X-AG zunächst in die bereits bestehende Tochtergesellschaft T1 und von dieser zu einem späteren Zeitpunkt in die neugegründete Enkelgesellschaft E1 ausgegliedert, **kann** T1 für die **Zwischenphase** Betriebsinhaberin geworden sein. 117

Dieser Befund kann in der Praxis weit reichende Konsequenzen haben: Besteht beispielsweise bei T1 ein im Vergleich zu der X-AG für die Arbeitnehmer günstigerer Firmentarifvertrag oder ein ganzes Bündel „teurer" Gesamtbetriebsvereinbarungen, kann der „Durchgangserwerb" des Teilbetriebs A dazu führen, **dass die Arbeitsverhältnisse der dort tätigen Arbeitnehmer mit den kollektivrechtlich geregelten Arbeitsbedingungen der T1 „aufgeladen" werden** (vgl. § 613a Abs. 1 S. 3 BGB), bevor diese Arbeitsverhältnisse sodann in einem weiteren Schritt abermals nach § 613a BGB auf die neugegründete (und damit zunächst nicht solchen kollektivrechtlichen Regelungen unterworfene) E1 **übergehen,** wo die Arbeitsbedingungen von T1 sodann nach § 613a Abs. 1 S. 2 BGB individualrechtlich fortgelten. Ein solches, zumeist unerwünschtes Ergebnis ließe sich beispielsweise vermeiden, indem die X-AG den Teilbetrieb A **direkt** in die von ihr gegründete E1 ausgliedert und anschließend die Anteile daran im Wege des *Share Deals* auf T1 überträgt.

Sehr zweifelhaft ist demgegenüber, ob es auch dann zu einem mehrstufigen Betriebsübergang kommt, wenn in dem Ausgangsbeispiel der Teilbetrieb A nur für eine **„logische Sekunde"** auf T1 ausgegliedert und von dieser sogleich auf E1 „durchgereicht" würde. Hier wird man einen (Zwischen-)Betriebsübergang auf T1 **verneinen** müssen, weil hierfür die tatsächliche Übernahme der betrieblichen Leitungsmacht durch T1 erforderlich wäre und diese nicht in der bloßen „Weitergabe" des Betriebsteils gesehen werden kann. Es handelt sich dann vielmehr um (nur) *einen* Betriebsübergang auf E1, vermittelt durch die **Kette von Rechtsgeschäften** zwischen der X-AG, T1 und E1 (vgl. → E Rn. 167). Abschließend geklärt ist diese Problematik allerdings noch nicht[630].

---

[626] BAG 27.4.1995 – 8 AZR 197/94, NZA 1995, 1155; zustimmend LAG Köln 24.9.1997 – 2 Sa 39/97, LAGE § 613a BGB Nr. 66 (= Vorinstanz zu BAG 18.3.1999 – 8 AZR 159/98, s.u. Fn. 544); ausdrücklich aA LAG Köln 10.4.1997 – 5 Sa 454/96, LAGE § 613a BGB Nr. 63.

[627] 8 AZR 196/98, NZA 1999, 869 und 8 AZR 159/98, NZA 1999, 704; s. dazu auch 3. Aufl. Rn. 75.

[628] 8 AZR 555/95, NJW 1998, 1253 („Tausendundeine Nacht").

[629] Vgl. BAG 11.9.1997, aaO; vgl. ferner 22.5.1997 – 8 AZR 101/96, NJW 1997, 3188, s. dazu auch 3. Aufl. Rn. 49.

[630] S. zum Ganzen *Hey/Simon* BB 2010, 2957. Wie hier Kallmeyer/*Willemsen* UmwG § 324 Rn. 28 und Kölner KommUmwG/*Hohenstatt/Schramm* § 324 Rn. 64.

Zu unerwünschten **doppelten oder sogar mehrfachen Betriebsübergängen** kann es des Weiteren kommen, wenn ein Unternehmenskauf (zB infolge kartellrechtlicher Untersagung) **fehlschlägt** und rückabgewickelt werden muss oder ein verpachteter Betrieb **wiederholt den Besitzer** (Betriebsinhaber) **wechselt.** Im ersteren Fall lässt sich ein „doppelter" Betriebsübergang unter Umständen vermeiden, indem die Übertragung der arbeitsrechtlichen Leitungsmacht auf den Erwerber unter die **aufschiebende Bedingung** der kartellrechtlichen „Freigabe" gestellt wird und der Veräußerer bis dahin den Betrieb im eigenen Namen, aber bereits für Rechnung des Erwerbers (weiter-) führt. Im zweiten Fall kann durch die dreiseitige Vereinbarung (zwischen Verpächter, Pächter 1 und Pächter 2) sichergestellt werden, dass der Betrieb direkt von Pächter 1 zu Pächter 2 wechselt, ohne zwischenzeitlich an den Verpächter zurückzufallen.

118 **hh) Einsatz von Leiharbeitnehmern.** Als Gestaltungsmittel zur Vermeidung der Anwendung des § 613a BGB kommt schließlich der Einsatz von Leiharbeitnehmern in Betracht.[631] Hintergrund der Überlegung ist dabei, dass – nach jedenfalls bisher einhelliger Meinung – nur solche Arbeitsverhältnisse nach dieser Norm (und der ihr zu Grunde liegenden Richtlinie) auf den Erwerber des Betriebs übergehen können, die zum bisherigen Betriebsinhaber in einem Arbeitsverhältnis stehen, was bei den ihm überlassenen Arbeitnehmern eines Zeitarbeitsunternehmens gerade nicht der Fall ist. Bei bevorstehenden größeren Umstrukturierungen kann es sich im Interesse der **Verminderung übergehender Personallasten** daher empfehlen, an Stelle von Neueinstellungen auf Zeitarbeitnehmer auszuweichen, soweit dies nach der Art der Tätigkeit möglich und sinnvoll ist. **Vorsicht** ist nach der **„*Albron*"-Entscheidung** des EuGH aber dann geboten, wenn dieses Instrument der „Abspaltung" der Belegschaft vom Betrieb im Wege der Arbeitnehmerüberlassung, **insbesondere** in **Konzernen,** als systematisches Gestaltungsinstrument eingesetzt wird. Dazu → Rn. 128.

d) Hinweise für Prozessführung und -taktik

119 **aa) Geänderte Anforderungen an die Darlegungs- und Beweislast auf Arbeitnehmerseite.** Nach allgemeinen prozessrechtlichen Grundsätzen muss derjenige, der sich zu seinen Gunsten auf das Vorliegen eines Betriebsübergangs beruft, dessen tatbestandliche Voraussetzungen darlegen und beweisen, also in der Regel der Arbeitnehmer.[632] **Neuerdings** meldet der 8. Senat des BAG allerdings unter Hinweis auf den **zwingenden Charakter** der Richtlinie 2001/23 EG **erhebliche Zweifel** an diesem Grundsatz an und fordert die Instanzgerichte geradezu dazu auf, die Fragen dem **EuGH** zur Entscheidung vorzulegen.[633] Unter der Ägide der alten Rechtsprechung hatte das BAG dem Arbeitnehmer allerdings erhebliche **Beweiserleichterungen** eingeräumt, indem es für einen **Beweis des ersten Anscheins** die Darlegung des Arbeitnehmers genügen ließ, dass der in Anspruch genommene Betriebserwerber die **wesentlichen Betriebsmittel** des bisherigen Geschäftsinhabers verwende, um einen **gleichartigen Geschäftsbetrieb** zu führen.[634] Da die *alleinige* Fokussierung auf die Betriebsmittel inzwischen überholt und die Fortführung einer gleichartigen Tätigkeit durch den „Erwerber" lediglich *eines* von insgesamt mehreren maßgeblichen Kriterien ist und da schließlich über das Vorliegen oder Nichtvorliegen eines Betriebsübergangs nur im Rahmen einer **Gesamtbewertung** entschieden werden kann, muss auch diese Rechtsprechung des BAG als inzwischen überholt angesehen wer-

---

[631] S. dazu *Willemsen* NJW 2007, 2065 (2066); zur Umgehung des § 613a BGB durch Verleihkonstruktionen → Rn. 107.

[632] Bisher unstr. BAG 16.2.2006 – 8 AZR 204/05, NZA 2006, 794 Rn. 24ff.; vgl. nur Soergel/*Raab* BGB § 613a Rn. 72; MHdB ArbR/*Wank* § 142 Rn. 125; Ausführlich zu den verfahrensrechtlichen Fragen: *Göttling* FS Willemsen, 2018, 133ff.

[633] BAG 27.2.2020 – 8 AZR 215/19, NZA 2020, 1303 Rn. 168 (Air Berlin/Lufthansa I).

[634] BAG 15.5.1985 – 5 AZR 276/84, NZA 1985, 736, NZA 2006, 794 Rn. 24ff. Zu den prozessualen Fragen der Geltendmachung eines Betriebsübergangs im Zuge einer Kündigung s. auch → H Rn. 126ff.

den. Es gibt demzufolge nicht ein, zwei oder drei besonders gewichtige Kriterien, aus deren Darlegung im Prozess im Sinne eines *prima-facie*-Beweises auf das Vorliegen eines Betriebsübergangs geschlossen werden könnte. Der Arbeitnehmer muss vielmehr – **vorbehaltlich** einer anderen Entscheidung des EuGH zu dieser Frage (s. o.) – alle Tatsachen vortragen und gegebenenfalls unter Beweis stellen, die bei dem Gericht im Rahmen der erforderlichen Gesamtbewertung nach § 286 ZPO die Überzeugung begründen, dass der „Erwerber" die vom Vorgänger geschaffene Betriebsorganisation nunmehr für eigene geschäftliche Zwecke nutzt. Welcher Art diese Indizien sein müssen, lässt sich nicht verallgemeinernd sagen, sondern hängt entscheidend von der Art des Betriebs/Unternehmens ab (Punkt 1 des Sieben-Punkte-Katalogs). In diesen prozessualen Anforderungen liegt auch durchaus nichts Unbilliges, da sich die entsprechenden Vorgänge in der Regel keinesfalls unter Ausschluss der Öffentlichkeit vollziehen und der klagende Arbeitnehmer im Übrigen sich die erforderlichen Informationen gegebenenfalls über den Betriebsrat oder frühere Arbeitskollegen verschaffen kann. Der aus § 613a BGB in Anspruch genommene – tatsächliche oder vermeintliche – Betriebsnachfolger muss sich zwar zu allen Behauptungen des klagenden Arbeitnehmers, soweit sie nicht unsubstantiiert oder rein spekulativ sind, vollständig und wahrheitsgemäß im Prozess erklären (§ 138 Abs. 2 ZPO); er ist indes nicht verpflichtet, sämtliche Umstände und Hintergründe seiner nunmehrigen Tätigkeit – einschließlich vorausgegangener Übertragungsgeschäfte – vorzutragen. Ein diesbezüglicher Auflagenbeschluss des Gerichts liefe auf einen unzulässigen sog. **Ausforschungsbeweis** hinaus. Die Geltendmachung des Betriebsübergangs durch den Arbeitnehmer kann im Übrigen wie jeder andere Anspruch aus dem Arbeitsverhältnis **verwirkt** werden.[635]

bb) Auf Arbeitgeberseite gegebenenfalls „klares Bekenntnis" zum Betriebsteilübergang. Aus den Ausführungen → Rn. 114 ergibt sich, dass es unter Umständen ein prozesstaktischer **Fehler** auf Arbeitgeberseite sein kann, bezüglich des (streitigen) Vorliegens oder Nichtvorliegens eines Betriebsübergangs im Prozess die **Strategie des „Alles oder Nichts"** zu wählen. Lässt sich jedenfalls das Vorliegen eines Betriebs*teil*übergangs bei Bekanntwerden aller relevanten Fakten letztlich nicht mit Aussicht auf Erfolg in Abrede stellen, ist es in der Regel klüger, sich eindeutig hierzu zu bekennen, anstatt mit einer hinhaltenden, pauschal die Voraussetzungen des § 613a BGB leugnenden Prozesstaktik vollständig zu unterliegen. Unter Umständen kann nämlich erst das – gegebenenfalls auch hilfsweise – Einräumen eines Betriebs*teil*übergangs beim Arbeitsgericht das Problembewusstsein für eine notwendige **Differenzierung** nach einzelnen Betriebs- und Funktionsbereichen wecken. Das Risiko, bei Zugeständnis eines Betriebsteilübergangs unter Umständen doch die gesamte Belegschaft des Vorgängers übernehmen zu müssen, ist der Praxis durch das bereits mehrfach zitierte BAG-Urteil vom 13. 11. 1997[636] sowie die Folgeentscheidung vom 8. 8. 2002[637] weitgehend genommen worden. 120

cc) Prozessuales und außerprozessuales Verhalten bei Zweifeln oder Unklarheit hinsichtlich der Übernahme der Hauptbelegschaft durch den Auftragsnachfolger bei betriebsmittelarmen Tätigkeiten. Die Rechtsprechung des BAG zum Fortsetzungs- bzw. Wiedereinstellungsanspruch gekündigter Arbeitnehmer bei nachträglichem Zustandekommen eines Betriebsübergangs[638] stellt die Praxis vor außerordentlich **komplexe Probleme.** Der bisherige Betriebsinhaber bewegt sich hier zwischen der *Skylla* einer Betriebsstilllegung mit allen sich hieran anknüpfenden arbeitsrechtlichen Folgelasten (Kündi- 121

[635] Vgl. BAG 8. 8. 2002 – 8 AZR 583/01, NZA 2003, 315, unter II.1.a) der Gründe sowie → Rn. 197.

[636] BAG 13. 11. 1997 – 8 AZR 375/96, NZA 1998, 249. Im gleichen Sinne bereits EuGH 7. 2. 1985 – 186/83 *(Botzen)*, EAS RL 77/187 EWG Art. 3 Nr. 3. Zu beachten ist allerdings das Erfordernis der organisatorischen Abtrennbarkeit; dazu → Rn. 114.

[637] 8 AZR 583/01, NZA 2003, 315.

[638] Vgl. dazu → Rn. 75, H 135; BAG 13. 11. 1997 – 8 AZR 375/96, NZA 1998, 249; sowie HWK/*Müller-Bonanni* BGB § 613a Rn. 308.

gungsschutzklagen, Sozialplan etc) einerseits und der *Charybdis* einer prozessualen oder außerprozessualen Einnahme des Standpunkts eines Betriebsübergangs auf den (tatsächlichen oder vermeintlichen) Nachfolger andererseits, wodurch – zutreffendenfalls – sowohl betriebsbedingte Kündigungen wie auch die Aufstellung eines Sozialplans überflüssig werden könnten. Im letzteren Falle läuft er allerdings Gefahr, auf bislang ungekündigten Arbeitsverhältnissen „sitzen zu bleiben", wenn es doch nicht zu einem Betriebsübergang kommen sollte. Letzteres hängt nach der Rechtsprechung des BAG jedenfalls bei so genannten betriebsmittelarmen Tätigkeiten von der Übernahme der Hauptbelegschaft durch den „Nachfolger" ab. Erklärt dieser sich hierzu nicht oder jedenfalls nicht rechtzeitig bereit, wird trotz der aufgezeichneten Nachteile dem bisherigen Betriebsinhaber nichts anderes übrig bleiben, als allen Arbeitnehmern **vorsorglich betriebsbedingt** zu **kündigen,** wozu er angesichts der Rechtsprechung des BAG, wonach es für die Betriebsbedingtheit einer Kündigung auf die Verhältnisse im Zeitpunkt der Kündigung ankomme,[639] durchaus berechtigt ist. Eine spätere Übernahme der Hauptbelegschaft durch den Auftragsnachfolger löst dann allerdings unter Umständen einen **Fortsetzungs- bzw. Wiedereinstellungsanspruchs** der nicht übernommenen Arbeitnehmer aus.[640] Richtig erscheint es jedenfalls, dass im Falle der nachträglichen Übernahme der sog. Hauptbelegschaft **ohne Mitwirkung des früheren Auftragnehmers** der Fortsetzungs- bzw. Wiedereinstellungsanspruch sich aus Gründen der gerechten Risikoverteilung **nicht gegen diesen,** sondern nur **gegen den Betriebsübernehmer** richten kann.[641]

Erlangen solchermaßen gekündigte **Arbeitnehmer** später Kenntnis von einer Übernahme der Hauptbelegschaft durch den (Auftrags-)Nachfolger, ist ihnen dringend zu raten, ihren Anspruch auf Abschluss eines neuen bzw. Fortsetzung des bisherigen Arbeitsvertrages gegen den Auftragsnachfolger **unverzüglich,** innerhalb eines Monats nach Kenntniserlangung **geltend zu machen** (§ 613a Abs. 6 BGB analog).[642] Sie werden allerdings im Erfolgsfalle eine vom früheren Betriebsinhaber erhaltene **Sozialplanabfindung** ganz oder teilweise an diesen zurückzahlen müssen.[643] Sind nämlich die Betriebsparteien bei Aufstellung des Sozialplans von einer Betriebsstilllegung und damit einem endgültigen Arbeitsplatzverlust ausgegangen, entfällt die **Geschäftsgrundlage** für den Sozialplan[644] bei späterem Zustandekommen eines Betriebsübergangs jedenfalls für diejenigen Arbeitnehmer, die ihren Wiedereinstellungsanspruch nach der Rechtsprechung des BAG erfolgreich geltend machen.

IV. Rechtsfolgen des rechtsgeschäftlichen Betriebs- oder Betriebsteilübergangs

122 Steht beim *Asset Deal,* in einem Umwandlungs- oder sonstigen Umstrukturierungsfall[645] die Anwendung des § 613a BGB vom Tatbestand her fest, verbleiben auf der Rechtsfol-

---

639 Vgl. BAG 10.10.1996 – 2 AZR 477/95, NZA 1997, 251; KR/*Rachor* KSchG § 1 Rn. 588.

640 Dazu → Rn. 75 sowie *Annuß* BB 1998, 1582 (1586); *Gaul,* Betriebs- und Unternehmensspaltung, § 20 Rn. 218ff.; HWK/*Müller-Bonanni* BGB § 613a Rn. 308; *Göttling* FS Willemsen, 2018, 133 (144); *Müller-Glöge* NZA 1999, 449 (455); *Meyer* BB 2000, 1032. Zum Ausschluss des Fortsetzungsanspruchs bei Betriebsübernahme in der Insolvenz → Rn. 126.

641 Ebenso ErfK/*Preis* BGB § 613a Rn. 163 unter Hinweis auf LAG Hamm 4.4.2000 – 4 Sa 1220/99, DZWiR 2000, 240 (247).

642 So die Rspr. des 8. Senats; vgl. BAG 25.10.2007 – 8 AZR 989/06, NZA 2008, 357; 21.8.2008 – 8 AZR 201/07, NZA 2009, 29; anders noch die frühere Rspr. (§ 4 KSchG analog), BAG 12.11.1998 – 8 AZR 265/97, NZA 1999, 311. Anders dagegen im Falle eines *ungekündigten* Arbeitsverhältnisses; hier gelten die deutlich strengeren Anforderungen der Verwirkung; dazu → Rn. 197.

643 Vgl. dazu BAG 1.4.1998 – 10 ABR 17/97, NZA 1998, 768.

644 Dazu auch → C Rn. 340.

645 Zur Anwendbarkeit des § 613a BGB im Rahmen des Umwandlungsgesetzes vgl. → B Rn. 90.

tritt.[660] Die Kritik an dieser Rechtsprechung wurde bereits in → Rn. 78a dargestellt und soll hier nicht wiederholt werden.

Zur Vermeidung von Missverständnissen sei allerdings darauf hingewiesen, dass die nur objektiv bestehende **Verfügungsgewalt über sämtliche Betriebsmittel nicht ausreicht;** der Erwerber muss in jedem Falle zur Fortführung des Betriebs im Sinne der Erhaltung der wirtschaftlichen Einheit gemäß der EuGH- und BAG-Rechtsprechung auch den (nach außen dokumentierten) **Willen zur Fortführung oder Wiederaufnahme der betrieblichen Tätigkeit** besitzen.[661] Dieser lässt sich im Regelfall anhand der mit dem Veräußerer getroffenen vertraglichen Vereinbarungen ermitteln.[662] Dem Betriebsübergang steht es nicht entgegen, dass der ursprüngliche Betriebsinhaber auf Weisung des neuen Betriebsinhabers weiterhin im Betrieb tätig ist.[663] Ebenso kann der Betriebsübergang nicht durch Vereinbarung eines Rücktrittsrechts oder einer aufschiebenden Bedingung ausgeschlossen werden.[664]

Illustrieren lässt sich die Relevanz der Willensrichtung des Übernehmers anhand der **Betriebspacht** (→ Rn. 109). Der bloße Rückfall der Pachtsache an den Verpächter mit dem Ende des Pachtvertrags führt noch nicht zu einem Betriebsübergang. Zwar verliert der Pächter mit dem Ende des Pachtvertrags die Befugnis zur Nutzung des Betriebs, so dass der Verpächter diesen wieder nutzen kann. Dies genügt für sich genommen jedoch nicht. Es bedarf neben der Erlangung der tatsächlichen Verfügungsgewalt über den Betrieb auch eines „dynamischen" Elements, nämlich der tatsächlichen Realisierung des den Betriebsmitteln innewohnenden Betriebszwecks mit eigener Zielsetzung. Nutzt der Pächter den Betrieb nicht, scheidet ein Betriebsübergang aus.[665] Konsequenz ist somit, dass selbst bei zweifelsfreier Identität des Betriebs(teils) der **fehlende Wille** des „Übernehmers" zur Fortführung des Betriebs im eigenen Namen einem Betriebsübergang entgegenstehen kann. In diesen Fällen bleibt es letztlich Aufgabe des bisherigen Inhabers, den Betrieb ordnungsgemäß stillzulegen. Unterbleibt eine Stilllegung, bleibt der bisherige Betriebsinhaber weiterhin in dieser Position. Dies gilt selbst bei vorheriger Einstellung seiner betrieblichen Tätigkeit[666] und sollte in der Praxis Anlass zu besonderer Vorsicht geben.

Dagegen kommt ein Betriebsübergang auch dann in Betracht, wenn der Erwerber mit dem Willen handelt, den Betrieb **alsbald stillzulegen.**[667] In solchen Fällen ist von der Anwendbarkeit des § 613a BGB auszugehen, sobald sich der Erwerber die bestehende Betriebsorganisation jedenfalls als notwendiges Durchgangsstadium zu eigen machen will.[668] Schwieriger zu beurteilen ist dagegen die Frage, ob auch bei beabsichtigter **sofortiger Stilllegung** ein Betriebsübergang vorliegt. Hier bedarf es stets einer sorgfältigen Prüfung des Einzelfalls. Beabsichtigt der Erwerber nach rechtsgeschäftlichem Erwerb die Einstellung und Liquidation des Betriebs, kommt ein Betriebsübergang jedenfalls dann in Betracht, wenn er zu diesem Zweck die bestehenden Immaterialgüter und Vertragsrechte des

[660] LAG Baden-Württemberg 26.2.2016 – 17 Sa 58/15, BeckRS 2016, 68073.

[661] Eindeutig BAG 12.11.1998, aaO: „Allerdings tritt kein Wechsel der Inhaberschaft ein, wenn der neue ‚Inhaber' den Betrieb gar nicht führt"; EuGH 10.2.1988 – 324/86 *(Daddy's Dance Hall)*, BeckRS 2004, 70807; 15.6.1988 – 101/87 *(Bork)*, BeckRS 2004, 70625; BAG 18.3.1999 – 8 AZR 159/98, NZA 1999,704; 10.5.2012 – 8 AZR 434/11, NZA 2012, 1161 Rn. 27 (Rettungsdienst).

[662] In diesem Sinne auch BAG 21.2.2008 – 8 AZR 77/07, NZA 2008, 825; ErfK/*Preis* BGB § 613a Rn. 51; MüKoBGB/*Müller-Glöge* BGB § 613a Rn. 58.

[663] BAG 13.11.1986 – 2 AZR 771/85, NZA 1987, 458; ErfK/*Preis* BGB § 613a Rn. 50.

[664] BAG 31.1.2008 – 8 AZR 2/07, ZIP 2008, 2376.

[665] BAG 18.3.1999 – 8 AZR 159/98, NZA 1999, 704; 23.9.1999 – 8 AZR 750/98, BeckRS 1999, 30780910; 15.12.2011 – 8 AZR 692/10, NZA-RR 2012, 570; 10.5.2012 – 8 AZR 434/11, NZA 2012, 1161; LAG Berlin-Brandenburg 14.12.2012 – 10 Sa 1811/12, BeckRS 2013, 65712.

[666] BAG 18.3.1999 – 8 AZR 159/98, NZA 1999, 704; HWK/*Willemsen* BGB § 613a Rn. 61.

[667] EuGH 13.6.2019 – C-664/17 *(Ellinika Nafpigeia AE/Panagiotis Anagnostopoulos ua)*, NZA 2019, 889; BAG 22.9.1994 – 2 AZR 54/94, NZA 1995, 165; 29.11.1988 – 3 AZR 250/87, NZA 1989, 425; ErfK/*Preis* BGB § 613a Rn. 52.

[668] HWK/*Willemsen* BGB § 613a Rn. 67.

Betriebs weiternutzt.[669] Ebenso kann es hier für die Annahme eines Betriebsübergangs ausreichend sein, dass im Rahmen der Abwicklung eines Betriebs bereits angearbeitete Aufträge fertiggestellt werden.[670] Ein Übergang ist dagegen abzulehnen, wenn der Erwerber ein Warenlager eines Baustoffhandels ausschließlich mit dem Ziel des sofortigen Abverkaufs erwirbt.[671]

Liegen sowohl die tatsächliche Leitungsmacht als auch der entsprechende Wille vor, steht eine vom Erwerber eingelegte (kürzere) **Betriebspause** – etwa zur Durchführung von Renovierungsarbeiten oder Überholung der Betriebsanlagen zur Fortführung des bisherigen Betriebszwecks – der **Annahme eines bereits erfolgten Betriebsübergangs** mit entsprechender Überleitung der Arbeitsverhältnisse zum Zeitpunkt der Erlangung der sogenannten Leitungsmacht nicht entgegen. Die tatsächliche Betriebsfortführung durch den Erwerber manifestiert sich gerade in den von ihm durchgeführten Gestaltungsmaßnahmen, vorausgesetzt, es handelt sich nach den Umbau- bzw. Renovierungsarbeiten noch um denselben Betrieb.[672] Eine andere Bewertung ist dagegen geboten, wenn der vorherige Betriebsinhaber den Betrieb zuvor stillgelegt hat (dazu → Rn. 108).

Dieses Beispiel verdeutlicht, dass neben dem Zeitpunkt des Erlangens der tatsächlichen Leitungsmacht auch dem Willen des Erwerbers zur Weiterführung oder zur Wiederaufnahme der Geschäftstätigkeit eine zentrale Bedeutung zukommt.[673] Insofern besteht die Möglichkeit einer **Vorwirkung** dergestalt, dass die im Zeitpunkt der Erlangung der tatsächlichen Herrschaftsmacht vorhandene Fortführungsabsicht ausreichend ist, selbst wenn sich die tatsächliche Herrschaftsmacht erst später realisieren lässt, beispielsweise aufgrund eigener Handlungen (wie im Beispiel der Umbau- bzw. Renovierungsarbeiten) oder aufgrund externer Umstände (zB einer noch fehlenden öffentlich-rechtlichen Erlaubnis).[674] Eine Vorwirkung scheidet dagegen aus, wenn der Erwerber zwar zunächst die Betriebsfortführung plant, diese jedoch tatsächlich nicht eintritt (zB aufgrund nicht erteilter öffentlich-rechtlicher Erlaubnis). Nichtsdestotrotz kann es in diesem Zusammenhang uU zu einer vertraglichen **Fiktion des Betriebsübergangs** dergestalt kommen, dass der vermeintliche Erwerber sich an seinen **nach außen verlautbarten Willen** zur beabsichtigten Betriebsübernahme festhalten lassen muss. Entsprechenden Erklärungen, insbesondere im Rahmen der Unterrichtung nach § 613a Abs. 5 BGB, kommt auch im Falle des Nichteintritts eine **rechtliche Erheblichkeit** zu.[675] Führt der Erwerber den Betrieb demnach (abredewidrig) nicht fort, obwohl der bisherige Betriebsinhaber seine Leitungsmacht tatsächlich aufgegeben hat, so muss er seine Erklärungen, insbesondere auch die im Rahmen der Unterrichtung nach § 613a Abs. 5 BGB abgegebenen Erklärungen, gegen sich gelten lassen.[676]

Der umgekehrte Fall, dass der Erwerber zwar die tatsächliche Herrschaftsmacht erhält, **aber erst zu einem späteren Zeitpunkt den Willen zur Wiederaufnahme der Betriebstätigkeit fasst,** kann sich dagegen als Betriebsübergang darstellen (Bsp.: Der Käufer einer Hotelimmobilie will zunächst nur den Grundstückswert realisieren, entscheidet sich dann aber geraume Zeit nach dem Besitzübergang doch zur Fortführung des Hotelbetriebs). Dies setzt voraus, dass keine erhebliche Unterbrechung der Betriebstätigkeit vorliegt. Um ein Auseinanderfallen von objektiver und subjektiver Lage zu vermeiden, fällt

---

[669] *Hergenröder* AR-Blattei SD 500.1 Rn. 277; ErfK/*Preis* BGB § 613a Rn. 52.

[670] Es muss solchenfalls aber sorgfältig geprüft werden, ob die Abwicklung nicht Teil einer bereits zuvor beschlossenen und eingeleiteten Stilllegung ist. Siehe auch HWK/*Willemsen* BGB § 613a Rn. 67; aA offenbar *Müller-Glöge* NZA 1999, 449 (451 f).

[671] LAG Köln 18.6.2003 – 3 (7) Sa 1318/02, BeckRS 2003, 17030.

[672] HWK/*Willemsen* BGB § 613a Rn. 76.

[673] So bereits *Willemsen* RdA 1991, 204 (211).

[674] HWK/*Willemsen* BGB § 613a Rn. 77.

[675] HWK/*Willemsen* BGB § 613a Rn. 80 f.; ähnlich auch ErfK/*Preis* BGB § 613a Rn. 51; für die Fälle betriebsmittelarmer Tätigkeiten bei späterem Widerspruch einer erheblichen Anzahl von Arbeitnehmern auch *Schöpp* NZA 2013, 238 (241); aA BAG 21.2.2008 – 8 AZR 77/07, NZA 2008, 825 Rn. 27 ff.

[676] Dazu ausführlich *Krause* ZfA 2001, 67.

der Betriebsübergang in solchen Fällen auf den Zeitpunkt, in dem die tatsächliche Leitungsmacht sowie der entsprechende Wille gemeinsam erfüllt sind.[677]

In den Fällen sog. **betriebsmittelarmer Tätigkeiten,** bei denen uU die Übernahme der „organisierten Hauptbelegschaft" einen Betriebsübergang auszulösen vermag, soll es für dessen Zeitpunkt nach Ansicht des Thüringer Landesarbeitsgerichts[678] maßgeblich und ausreichend sein, dass „eine solche Beschäftigung dieser Arbeitnehmer auf Grund ihrer Übernahme unmittelbar bevorsteht und durch andere für das Unternehmen handelnde Personen die Ausübung einer Geschäftstätigkeit festzustellen ist."

b) Besonderheiten bei Umwandlung[679]

Ausweislich des § 324 UmwG ist § 613a BGB auch bei übertragenden Umwandlungen 125
nach dem UmwG anwendbar.[680] Da es sich aber um eine **Rechtsgrundverweisung**[681] handelt, muss auch in Umwandlungsfällen das Vorliegen eines Betriebs(teil)übergangs nach den von der Rechtsprechung entwickelten Grundsätzen eigenständig geprüft werden. Nach einer Grundsatzentscheidung des 8. BAG-Senats vom 25.5.2000[682] gilt dies auch für den **Zeitpunkt** des Betriebsübergangs im Zusammenhang mit einer Umwandlung (hier: Ausgliederung). Ein Betrieb oder Betriebsteil könne daher **schon vor Wirksamwerden der Umwandlung** durch Rechtsgeschäft (zB Verpachtung oder Nutzungsüberlassung) auf einen neuen Inhaber übergehen. Spiegelbildlich kann der Übergang der Arbeitsverhältnisse durch rechtsgeschäftliche Gestaltung auf einen Zeitpunkt nach dem Wirksamwerden der Umwandlung hinausgeschoben werden. Für beides, eine Vorverlagerung wie auch ein Hinausschieben des Zeitpunkts, in dem die Arbeitsverhältnisse übergehen, kann ein praktisches Bedürfnis bestehen, zB um sicherzustellen, dass der Arbeitgeberwechsel zu einem Monatswechsel stattfindet.

c) Besonderheiten im Insolvenzverfahren[683]

Der richtigen Bestimmung des Zeitpunkts des Betriebsübergangs kommt vor allem bei ei- 126
nem Unternehmens(teil)erwerb im Zusammenhang mit Insolvenzverfahren oftmals eine zentrale Bedeutung zu. Zwar **findet** nach inzwischen einhelliger und nunmehr auch durch den Gesetzgeber mehrfach bestätigter Rechtsprechung[684] § 613a BGB auch in der Insolvenz Anwendung, wenngleich dies durch das europäische Recht nicht gefordert wird.[685] Eine insbesondere für die Erwerberseite wichtige **Einschränkung** ergibt sich aber

---

677 HWK/*Willemsen* BGB § 613a Rn. 78f.

678 14.11.2000 – 5 Sa 55/99, NZA-RR 2001, 121.

679 Ausführlich zu den arbeitsrechtlichen Auswirkungen von Umwandlungen nach dem UmwG Kallmeyer/*Willemsen* Vorb. zu § 322 UmwG; s. dazu auch HWK/*Willemsen* BGB § 613a Rn. 187ff.

680 → B Rn. 90. Besonderheiten ergeben sich allerdings bei Ausgliederungen auf einen Träger öffentlichen Rechts; s. dazu BAG 8.5.2001 – 9 AZR 95/00; NZA 2001, 1200; 22.10.2002 – 3 AZR 629/01, NZA 2004, 624.

681 HWK/*Willemsen* UmwG § 324 Rn. 1; auch → B Rn. 91.

682 8 AZR 416/99, NZA 2000, 1115; vgl. auch BAG 6.10.2005 – 2 AZR 316/04, NZA 2006, 990; 20.4.2016 – 10 AZR 111/15, NJW 2016, 2830; 19.10.2017 – 8 AZR 63/16, NZA 2018, 370.

683 S. dazu auch HWK/*Müller-Bonanni* § 613a Rn. 363ff.; ausführlich zu den Besonderheiten der Insolvenz → Kap. L sowie → J Rn. 536ff.

684 Grundlegend BAG 17.1.1980 – 3 AZR 160/79, DB 1980, 308, vgl. ferner BAG 20.11.1984 – 3 AZR 584/83, NZA 1985, 393; 4.12.1986 – 2 AZR 246/86, NZA 1987, 460; 16.2.1993 – 3 AZR 347/92, NJW 1993, 2259. Bestätigt wurde diese Rspr. insbesondere durch § 128 Abs. 2 InsO, welche die Anwendbarkeit des § 613a BGB auch im Insolvenzverfahren voraussetzen. Die Rspr. hat die Fortsetzung der bisherigen Rspr. zum Betriebsübergang im Konkurs auch unter der Geltung der InsO bestätigt, BAG 20.6.2002 – 8 AZR 459/01, NZA 2003, 318.

685 Vgl. EuGH 7.2.1985 – C-135/83, Slg. 1985, 469; 25.7.1991 – C-362/89, Slg. 1991, I-4105; 12.3.1998 – C-319/94, NZA 1998, 529, wonach die Richtlinie 77/187 EWG auf Betriebsübergänge im Konkurs nicht anzuwenden ist. So in aller Deutlichkeit auch Art. 4a Abs. 1 der EU-Richtlinie 98/50, ABl. EG Nr. L 201 v. 17.7.1998, S. 88; und jetzt Art. 5 Abs. 1 der Richtlinie 2001/23/EG vom 12.3.2001. Dazu auch EuGH 28.1.2015 – C-688/13 *(Gimnasio Deportivo San Andrés SL i.L.)*, NZA 2015, 287; BAG 20.6.2002

grundsätzlich (zu den Ausnahmen → Rn. 208ff.) daraus, dass letztere nicht für solche Ansprüche haftet, die bei Insolvenzeröffnung bereits entstanden waren (Insolvenzforderung), da insoweit die Verteilungsgrundsätze des Insolvenzverfahrens Vorrang haben.[686] § 613a BGB findet somit bei einem Betriebsübergang im Insolvenzverfahren nur hinsichtlich seiner **Bestandsschutzfunktion** uneingeschränkt Anwendung, während die **Haftung** des Erwerbers für arbeitsrechtliche Altlasten (hierzu gehören insbesondere auch die zeitanteilig bereits erdienten Versorgungsanwartschaften und im Zeitpunkt der Eröffnung des Insolvenzverfahrens rückständige Lohnansprüche) durch den insolvenzrechtlichen Grundsatz der *par condicio creditorum* **verdrängt** wird.[687] Diese „gespaltene" Anwendung des § 613a BGB in der Insolvenz ist durch die Betriebsübergangsrichtlinie (Art. 5 Abs. 2 Buchst. a) gedeckt.[688] Ob sie auch für Anwartschaften auf **betriebliche Altersversorgung** mit der Betriebsübergangsrichtlinie vereinbar ist, war lange Zeit umstritten. Der EuGH hat dies jetzt auf eine entsprechende Vorlage des BAG[689] im Grundsatz bestätigt, allerdings mit der Einschränkung, dass auch im Zeitpunkt der Insolvenzeröffnung noch verfallbare Versorgungsanwartschaften, für die der PSV nicht einsteht, mindestens in dem durch Art. 8 der Zahlungsunfähigkeitsrichtlinie 2008/94/EG vorgegebenen Maß geschützt werden müssten. Eine Überprüfung, ob der Mindestschutz der Zahlungsunfähigkeitsrichtlinie gewahrt sei, verlangt der EuGH im Hinblick auf den Rechtsprechungsgrundsatz, demzufolge der Teil der unverfallbaren Anwartschaft, für den der PSV hafte, auf der Grundlage der Bruttogrundvergütung des Arbeitnehmers im Zeitpunkt der Insolvenzeröffnung zu ermitteln sei (dazu auch → Rn. 209, 212).[690] **Sozialplanansprüche** können aus einem nach Eröffnung des Insolvenzverfahrens geschlossenen Sozialplan gegen den Betriebserwerber nicht hergeleitet werden, da dieser die hiermit verbundene Belastung von dem Kaufpreis, den er ansonsten für den Betrieb zu zahlen bereit wäre, abziehen oder den Betrieb gar nicht erst erwerben würde, was wiederum den der Masse zufließenden Gegenwert mindern würde.[691] Wird der Betrieb aus der Insolvenz erworben, haftet der Erwerber, wenn sich der Arbeitnehmer nach Insolvenzeröffnung noch in der **Arbeitsphase** einer **Altersteilzeit** befindet, nur für die „Vorleistung", die der Arbeitnehmer nach Insolvenzeröffnung erbringt; befindet er sich zu diesem Zeitpunkt bereits in der **Freistellungsphase,** entfällt die Haftung ganz.[692] Weil Übernahmeverhandlungen typischerweise oftmals im unmittelbaren zeitlichen Vorfeld eines Insolvenzverfahrens geführt werden, hängt die **Einstandspflicht des neuen Arbeitgebers** für derartige Altverbindlichkeiten solchenfalls entscheidend davon ab, ob der Betriebsübergang noch **vor** (dann volle Haftung) oder erst **nach Eröffnung des Insolvenzverfahrens** (dann Haftung nur für danach begründete Arbeit-

– 8 AZR 459/01, NZA 2003, 318; 30.10.2008 – 8 AZR 54/07, NZA 2009, 432; 14.11.2012 – 5 AZR 778/11., BeckRS 2013, 67325; *Annuß* ZInsO 2001, 49.

686 Vgl. dazu *Grau/Flockenhaus* NZA-RR 2019, 289 (295f).

687 S. dazu die Entscheidungen gemäß Fn. 685 sowie BAG 30.10.2008 – 8 AZR 54/07, NZA 2009, 432 mwN, auch zur europarechtlichen Zulässigkeit dieser Einschränkung, die von der Vorinstanz (LAG Hessen 23.8.2006 – 8 Sa 1744/05, ZIP 2007, 391) zu Unrecht verneint wurde; dazu *Richter/Nacewicz* ZIP 2008, 256; zum Ganzen ausführlich *Henckel* ZIP 1980, 2; *Richardi* RdA 1976, 56; *Wiedemann/Willemsen* RdA 1979, 419; *Willemsen* ZIP 1983, 411 (417); *Lohkemper* KTS 1996, 1 (26) mwN; für die betriebliche Altersversorgung vgl. *Neufeld* BB 2008, 2346; *Rolfs* NZA-Beilage 4/2008, 164. Gegen eine teleologische Reduktion der Haftung aus § 613a BGB bei Betriebsveräußerung durch den vorläufigen Insolvenzverwalter vor Verfahrenseröffnung LAG Schleswig-Holstein 5.7.2001 – 1 Sa 430 a/00, NZA-RR 2002, 70; bestätigt durch BAG 20.6.2002 – 8 AZR 459/01, NZA 2003, 318. Für Masseverbindlichkeiten, die während des Insolvenzverfahrens entstanden sind, soll der Erwerber dagegen nach der Rspr. uneingeschränkt haften; vgl. BAG 4.12.1986 – 2 AZR 246/86, NZA 1987, 460; einschränkend BAG 19.5.2005 – 3 AZR 649/03, ZIP 2005, 1706 (bloße Möglichkeit der Masseunzulänglichkeit reicht nicht aus); s. dazu auch HWK/*Müller-Bonanni* BGB § 613a Rn. 365; *Neufeld* BB 2008, 2346 (2349).

688 Vgl. EuGH 28.1.2015 – C-688/13, NZA 2015, 287.

689 BAG 16.10.2018 – 3 AZR 139/17, BeckRS 2018, 34982.

690 EuGH 9.9.2020 – Rs C-674/18, BeckRS 2020, 22110; hierzu *Bissels/Fuchs* NZI 2020, 946.

691 Vgl. dazu im Einzelnen BAG 15.1.2002 – 1 AZR 58/01, NZA 2002, 1034.

692 BAG 19.5.2005 – 3 AZR 649/03, NZA-RR 2006, 373; 31.1.2008 – 8 AZR 27/07, NZA 2008, 705; 30.10.2008 – 8 AZR 54/07, NZA 2009, 432.

nehmeransprüche) stattgefunden hat. Da die Rechtsprechung hinsichtlich des Wechsels der betrieblichen Leitungsmacht maßgeblich auf die zwischen Veräußerer und Erwerber getroffenen Vereinbarungen abstellt,[693] kommt der richtigen **Vertragsgestaltung** im zeitlichen Umfeld eines (bevorstehenden) Insolvenzverfahrens erhebliche Bedeutung zu. So ist zB eine durch die Verfahrenseröffnung **aufschiebend bedingte Vereinbarung** für zulässig erachtet worden.[694] Nach einem BAG-Urteil vom 10.12.1998[695] findet die Rechtsprechung zum sog. **Fortsetzungsanspruch** bei Betriebsübernahme nach wirksamer Kündigung (→ Rn. 75) auf Betriebsübergänge in Insolvenzverfahren **keine Anwendung.**

3. Vom Betriebsübergang erfasste Arbeitsverhältnisse

a) Grundsatz

Die gesetzlich angeordnete Nachfolge in die Vertragsstellung auf Arbeitgeberseite 127
(→ Rn. 122) bezieht sich auf **alle** im Zeitpunkt des Betriebsübergangs vorhandenen **Arbeitsverhältnisse** im Sinne der (nationalen) Allgemeindefinition des Arbeitnehmerbegriffs,[696] **soweit** sie **zu dem bisherigen Betriebsinhaber bestanden** haben,[697] ungeachtet ihrer näheren Ausgestaltung, also gleich ob befristet oder unbefristet, Vollzeit- oder Teilzeit- oder geringfügiges Arbeitsverhältnis (im Sinne der sozialversicherungsrechtlichen Bestimmungen). Nach Auffassung des 3. BAG-Senats soll ein Arbeitsverhältnis auch dann auf einen Betriebserwerber übergehen, wenn es wirksam auf das Ende des Tages vor dem Betriebsübergang befristet ist und der Erwerber es „nahtlos" durch Abschluss eines neuen Arbeitsverhältnisses fortsetzt.[698] Auch **ruhend gestellte** Arbeitsverhältnisse (zB zum Zwecke einer Auslandsentsendung) fallen unter § 613a BGB,[699] ebenso **Altersteilzeitverhältnisse** nach dem ATzG, auch wenn sich der Arbeitnehmer im Zeitpunkt des Betriebsübergangs bereits in der Freistellungsphase im Rahmen des sog. Blockmodells befindet.[700] Die Zuordnung hat im Falle eines Betriebsteilübergangs insoweit nach dem zuletzt innegehabten Arbeitsplatz zu erfolgen.[701] Ebenso werden **Ausbildungsverhältnisse** im Sinne des Berufsbildungsgesetzes erfasst.[702]

---

[693] Vgl. BAG 26.3.1996 – 3 AZR 965/94, NZA 1997, 94; s. dazu → Rn. 124.

[694] BAG 4.7.1989 – 3 AZR 756/87, NZA 1990, 188; s. dazu und zu den haftungsrechtlichen Folgen auch HWK/*Müller-Bonanni* BGB § 613a Rn. 368.

[695] 8 AZR 324/97, NZA 1999, 422 unter B II 1 der Gründe.

[696] S. dazu allgemein BAG 22.2.1978 – 5 AZR 800/76, DB 1978, 1453; 3.7.1980 – 3 AZR 1077/78, NJW 1981, 1399; *Seiter* S. 56ff. Die Richtlinie 77/187 EWG (nunmehr 2001/23/EG) überlässt es den Mitgliedsstaaten, die Personen zu bestimmen, die nach nationalem Recht Arbeitnehmer sind oder als solche gelten (vgl. Nr. 2 Abs. 1 lit. d); *Grau/Hartmann* in Preis/Sagan, Europäisches Arbeitsrecht, § 11 Rn. 56.

[697] Nicht erfasst werden also die Arbeitsverhältnisse solcher Arbeitnehmer, die zwar im übergehenden Betrieb ihren Arbeitsplatz haben, deren Arbeitsverhältnis jedoch mit einem anderen (zB Konzern-)Unternehmen besteht, im englischen Sprachgebrauch als *„mismatched employees"* bezeichnet, vgl. LAG Köln 17.3.2000 – 11 Sa 1564/99, BeckRS 2000, 41018; dazu aber auch → Rn. 128.

[698] BAG 19.5.2005 – 3 AZR 649/03, DB 2005, 2362. Eine *Befristungsabrede,* die sich auf die Laufzeit eines Bewachungsauftrags des bisherigen Betriebsinhabers bezieht, steht wegen des Schutzzwecks von § 613a BGB nicht entgegen; vgl. BAG 22.1.2015 – 8 AZR 139/14, NZA 2015, 1325 Rn. 36 – Neuvergabe eines Bewachungsauftrags IV.

[699] LAG Köln 8.6.2001 – 11 Sa 281/01, MDR 2001, 1422; ebenso bereits BAG 22.2.1978 – 5 AZR 800/76, DB 1978, 1453. Für den Fall der Auslandsentsendung vgl. BAG 14.7.2005 – 8 AZR 392/04, NZA 2005, 1411; vgl. hierzu auch EuGH 20.7.2017 – C-416/16 *(Piscarreta Ricardo),* NZA 2017, 1175 Rn. 47ff.

[700] BAG 31.1.2008 – 8 AZR 27/07, NZA 2008, 705; 30.10.2008 – 8 AZR 54/07, NZA 2009, 432 sowie bereits zuvor die hM im Schrifttum; ErfK/*Preis* BGB § 613a Rn. 67; aA *Hanau* RdA 2003, 230 (231).

[701] BAG 31.1.2008, aaO, Rn. 50.

[702] Vgl. BAG 13.7.2006 – 8 AZR 382/05, NZA 2006, 1406.

128 **Leiharbeitsverhältnisse** sind betroffen, wenn der Betrieb des *Verleihers* gemäß § 613a BGB auf einen anderen Inhaber übergeht.[703] Von einem Übergang des Betriebs des *Entleihers* bleiben die Arbeitsverhältnisse der dort eingesetzten Arbeitnehmer hingegen unberührt, weil sie nicht zu diesem, sondern zu dem *Verleiher*unternehmen in einem Arbeitsverhältnis stehen.[704] Hieran ist richtiger Ansicht zufolge auch nach dem ***„Albron Catering"*-Urteil** des EuGH vom 21.10.2010 festzuhalten,[705] dem folgende Fallkonstellation zu Grunde lag:

Das gesamte Personal innerhalb des internationalen Brauereikonzerns *Heineken International* wurde bei einer zentralen „Arbeitgebergesellschaft", der Heineken Nederlands Beheer BV (HNB) angestellt, welche das Personal zu den verschiedenen Betriebsgesellschaften des Heineken-Konzerns in den Niederlanden im Wege der Arbeitnehmerüberlassung entsendet. Einer der Mitarbeiter der HNB, Herr Roest, wurde zusammen mit 70 anderen Mitarbeitern im Rahmen des vorgenannten Konzepts zur Heineken Nederlands BV abgestellt, die an verschiedenen Orten die Lieferung von Mahlzeiten an Beschäftigte des Heineken-Konzerns durchführte. Diese Liefertätigkeit wurde durch Vertrag am 1.3.2005 auf ein anderes Verpflegungsdienstleistungsunternehmen, die Albron Catering BV, übertragen, woraufhin Herr Roest gegen Albron Klage beim zuständigen niederländischen Gericht auf Feststellung eines Betriebsübergangs sowie Fortsetzung der bisherigen bei HNB geltenden Arbeitsbedingungen erhob.

Der EuGH, dem die entsprechenden Fragen seitens des niederländischen Gerichtshofs vorgelegt wurden, hat – zumindest auf den ersten Blick überraschend – entschieden, dass „Veräußerer" im Sinne der Richtlinie 2001/23/EG auch der **„nichtvertragliche Arbeitgeber"** sein könne, an den die Arbeitnehmer „ständig überstellt" seien.[706] Der Begriff des Inhaberwechsels könne „in einem Kontext wie dem des Ausgangsverfahrens" den „nichtvertraglichen Arbeitgeber bezeichnen, der für die Durchführung der übertragenen Tätigkeit verantwortlich ist."[707]

Die **Tragweite** der Entscheidung ist – zumal angesichts ihrer teilweise apokryphen Begründung – nach wie vor nicht abschließend geklärt.[708] Teilweise wird die Ansicht vertreten, die Entscheidung des EuGH lege es nahe, zumindest die Fälle der Überlassung von Arbeitnehmern innerhalb eines Konzerns an „personalarme" Betriebsgesellschaften neu zu beurteilen.[709] Es wird ferner in Betracht gezogen, dass die arbeitsrechtliche Sonderbeziehung zwischen dem Entleiher und dem Leiharbeitnehmer unter Fortbestand des Vertragsarbeitsverhältnisses zum Verleiher auf den Betriebserwerber übergehe.[710] Richtiger Ansicht nach ist die Entscheidung des EuGH auf den (Sonder-)Fall einer **dauerhaften Aufspaltung der Arbeitgeberstellung** in einen Vertragsarbeitgeber („formaler Arbeitgeber") ohne eigenen Geschäftsbetrieb einerseits und einen funktionellen Arbeitgeber („faktischer Arbeitgeber") andererseits zugeschnitten, wie sie unter der Geltung des AÜG nicht vorkommen kann. Es bleibt deshalb bei dem oben formulierten Grundsatz, dass **nur** bei einer **Übertragung des Verleiherbetriebs** selbst auf einen Dritten die von dem Zeitarbeitsun-

[703] EuGH 13.9.2007 – C-458/05 *(Jouini ua/PPS)*, NZA 2007, 1151; BAG 12.12.2013 – 8 AZR 1023/12, NZA 2014, 436; HWK/*Müller-Bonanni* BGB § 613a Rn. 225; *Müller/Thüsing* ZIP 1997, 1869; Staudinger/*Annuß* BGB § 613a Rn. 21. S. dazu auch Art. 2 Abs. 2 lit. c RL 2001/23/EG.

[704] Ebenso *Greiner* NZA 2014, 284; *Willemsen* NJW 2011, 1546. Eine Ausnahme gilt insoweit bei Bestehen eines Arbeitsverhältnisses kraft der gesetzlichen Fiktion des § 10 Abs. 1 AÜG; vgl. HWK/*Müller-Bonanni* BGB § 613a Rn. 225.

[705] C-242/09 *(Albron Catering BV/FNV Bondgenoten, John Roest)*, NZA 2010, 1225.

[706] EuGH, aaO, Rn. 26.

[707] EuGH, aaO, Rn. 30.

[708] Vgl. BAG 15.5.2013 – 7 AZR 525, NZA 2013, 1214 Rn. 37; 9.2.2011 – 7 AZR 32/10, NZA 2011, 791; *Greiner*, aaO; *Bauer/v. Medem* NZA 2011, 20; *Forst* RdA 2011, 228; *Mückl* DB 2015, 2695 (2696f.); MüKoBGB/*Müller-Glöge* BGB § 613a Rn. 80; *Willemsen* NJW 2011, 1546.

[709] MüKoBGB/*Müller-Glöge* BGB § 613a Rn. 80; ErfK/*Preis* BGB § 613a Rn. 67.

[710] *Forst* RdA 2011, 228 (236); MüKoBGB/*Müller-Glöge* BGB § 613a Rn. 80.

ternehmen abgeschlossenen Arbeitsverhältnisse auf den Erwerber übergehen.[711] Anderes gilt, wenn zwischen dem Entleiher und dem Leiharbeitnehmer kraft gesetzlicher Fiktion (§ 10 Abs. 1 AÜG) ein Arbeitsverhältnis zustande gekommen ist.[712]

Unerheblich ist, ob die betreffenden Arbeitnehmer sich noch in der **Probezeit** befinden oder – nach Ablauf der sechsmonatigen Probezeit – **Kündigungsschutz** genießen. Um ein Arbeitsverhältnis iSv § 613a BGB handelt es sich auch, wenn der Vertrag bereits abgeschlossen ist, der vertragliche Arbeitsbeginn aber nach dem Betriebsübergang liegt (bisher nicht entschieden). Auch **leitende Angestellte** (§ 5 Abs. 3 BetrVG, § 14 Abs. 2 KSchG) fallen, selbst wenn sie nur eingeschränkten Kündigungsschutz genießen, in vollem Umfang unter § 613a BGB.[713] 129

Ausgeschlossen ist die Anwendung des § 613a BGB allerdings auf **Organvertreter** juristischer Personen, also insbesondere auf **GmbH-Geschäftsführer,** sowie auf **Vorstände** von eingetragenen Vereinen, Aktiengesellschaften und Genossenschaften,[714] und zwar selbst dann, wenn im Zeitpunkt des Betriebsübergangs der entsprechende Dienstvertrag abgeschlossen, die beabsichtigte Organbestellung jedoch noch nicht erfolgt ist.[715] Entsprechendes gilt für (echte) **freie Dienstnehmer** und **freie Mitarbeiter.**[716] Diese Dienstverhältnisse verbleiben also bei dem übertragenden Rechtsträger und müssen in der Regel – gegebenenfalls auch ohne Arbeitsleistung, vgl. § 615 BGB – arbeitgeberseitig voll erfüllt werden. Zusätzliche Komplikationen ergeben sich, wenn der bisherige Rechtsträger im Zuge einer Umwandlung (zB Verschmelzung) erlischt.[717] Wegen der daraus resultierenden Probleme ist eine rechtzeitige Abklärung des Schicksals solcher Dienstverhältnisse – gegebenenfalls auch im Rahmen eines Aufhebungsvertrages – dringend anzuraten. 130

Komplexer gestaltet sich die Rechtslage, wenn neben dem Dienstvertrag des Vorstandsmitglieds oder Geschäftsführers noch ein für die Dauer der Amtszeit aber **ruhend gestelltes Arbeitsverhältnis** existiert, was nach der Rechtsprechung des BAG in bestimmten Konstellationen vorstellbar ist.[718] Die Frage, ob – was an sich nahe läge – das ruhende Arbeitsverhältnis gemäß § 613a BGB auf den Betriebserwerber übergeht, während das der Organstellung zugrundeliegende Dienstverhältnis beim bisherigen Rechtsträger verbleibt, ist von der Rechtsprechung noch nicht entschieden worden. Da ein solcher „Spagat" in den seltensten Fällen dem Parteiwillen entsprechen dürfte, ist auch insoweit eine **vertragliche Vorsorge** dringend angeraten. Bei der ***Due Diligence*** sollte daher auf solche (Sonder-)Fälle besonders geachtet werden, ebenso wie auch auf sonstige ruhend gestellte Arbeitsverhältnisse (zB wegen Wehrdienstes, Mutterschutz, Erziehungsurlaubs etc), die ebenfalls von § 613a BGB erfasst werden.[719] Ebenso erfasst werden die Arbeitsverhältnisse solcher Mitarbeiter, die dem Betrieb „nur" deshalb angehören, weil sie dem Übergang ihres Arbeitsverhältnisses bei einem vorhergehenden Betriebsübergang widersprochen ha- 131

[711] Ebenso *Bauer/v. Medem,* aaO; *Greiner* NZA 2014, 284 (288); *Willemsen* aaO; offen gelassen von BAG 15.5. 2013 – 7 AZR 525/11, NZA 2013, 1214 Rn. 37. S. zu dieser Konstellation auch EuGH 13.9.2007 – C-458/05 *(Jouini),* NZA 2007, 1151; *Grau/Hartmann* in Preis/Sagan § 15 Rn. 15.64. Zur Bedeutung der *„Albron"*-Entscheidung für Betriebsübergänge innerhalb von Matrixstrukturen s. *Mückl* DB 2015, 2695 (2697ff.).

[712] Allg. Ansicht vgl. ErfK/*Preis* BGB § 613a Rn. 67; zum Eintritt der Fiktion nach einem Betriebsübergang *Greiner* RdA 2014, 262 (269ff.).

[713] Grundlegend BAG 22.2.1978 – 5 AZR 800/76, DB 1978, 1453; ebenso 19.1.1988 – 3 AZR 263/86, NZA 1988, 501.

[714] BAG 13.2.2003 – 8 AZR 59/02, NZA 2003, 854; 13.2.2003 – 8 AZR 654/01, NZA 2003, 552; OLG Celle 15.6.1977 – 3 U 96/76, OLGZ 1978, 199; Soergel/*Raab* BGB § 613a Rn. 16; *Seiter* S. 56.

[715] So zutr. LAG Hamm 25.10.2000 – 4 Sa 363/00, DZWiR 2001, 192 mit Anmerkung *Weisemann* unter Hinweis auf BAG 25.6.1997 – 5 AZB 41/96, NZA 1997, 1363. Kritisch dazu *Annuß* ZInsO 2001, 344 (348).

[716] Zur Bedeutung von sog. Statusklagen in diesem Zusammenhang BAG 9.7.2003 – 5 AZR 595/02, NZA-RR 2004, 9.

[717] Dazu *Lunk/Rodenbusch* NZA 2011, 497, sowie → H Rn. 159 ff.

[718] S. dazu BAG 9.5.1985 – 2 AZR 330/84, NZA 1986, 792; 25.6.1997 – 5 AZB 41/96, NZA 1997, 1363; teilweise revidiert durch BAG 8.6.2000 – 2 AZR 207/99, NZA 2000, 1013; bestätigt durch BAG 25.10.2007 – 6 AZR 1045/06, NZA 2008, 168; 23.8.2011 – 10 AZB 51/10, BeckRS 2011, 76629.

[719] Staudinger/*Annuß* BGB § 613a Rn. 21.

ben.[720] Dagegen ist die Anwendung der Bestimmung auf **arbeitnehmerähnliche Personen** (§ 12a Abs. 1 TVG), Heimarbeiter im Sinne des HeimarbeitsG sowie auf Beamte **ausgeschlossen.** Auch eine analoge Anwendung kommt insoweit nicht in Betracht.[721]

132 Für **gekündigte** oder **bereits beendete** sowie (wirksam) **befristete** Arbeitsverhältnisse gilt folgendes: Ist das Arbeitsverhältnis zwar bereits **gekündigt, aber noch nicht beendet,** tritt der Betriebserwerber für die Restlaufzeit der Kündigungsfrist in dieses ein; entsprechendes gilt für befristete Arbeitsverhältnisse.[722] **Endet** das Arbeitsverhältnis demgegenüber auf Grund (wirksamer) **betriebsbedingter** Kündigung vor dem Zeitpunkt des Betriebsübergangs, greift § 613a BGB nach dem klaren Wortlaut der Norm („bestehende Arbeitsverhältnisse") nicht (mehr) ein.[723] Allerdings kann der Erwerber einem sog. **Fortsetzungsanspruch** ausgesetzt sein, wenn es nach – wirksamer – Kündigung in der Folgezeit doch noch zu einem Betriebsübergang kommt.[724] Zu beachten ist – vor allem aus Erwerbersicht –, dass über die **Wirksamkeit der Kündigung** zwischen Arbeitnehmer und bisherigem Betriebsinhaber ein **Rechtsstreit** (Kündigungsschutzprozess) anhängig sein kann, so dass erst nach dessen rechtskräftigem Abschluss durch Urteil oder Vergleich feststeht, ob das Arbeitsverhältnis tatsächlich zu dem vorgesehenen Kündigungstermin endet oder – mangels Wirksamkeit der Kündigung im Sinne von § 1 KSchG – als ungekündigtes mit dementsprechend unbegrenzten Verpflichtungen auf den Erwerber übergeht. Ein in dem anhängigen Kündigungsschutzverfahren ergehendes **Urteil** wirkt gemäß §§ 265, 325 ZPO ihm gegenüber als Rechtsnachfolger des den Prozess weiterbetreibenden früheren Arbeitgebers.[725] In der Regel sollte daher vereinbart werden, dass etwaige Risiken aus anhängigen Kündigungsschutzprozessen (einschließlich etwaiger Abfindungszahlungen) im Innenverhältnis von dem Betriebsveräußerer zu tragen sind. Darüber hinaus sollte die Erwerberseite darauf bestehen, dass solche anhängigen Kündigungsschutzprozesse ebenfalls im Rahmen der *Due Diligence* offengelegt werden (dazu auch → K Rn. 22 ff.).

133 **Nachwirkende** Verpflichtungen aus dem Arbeitsverhältnis (zB auf Zeugnis- und Auskunftserteilung, nachvertragliche Wettbewerbsabreden etc) aus im Zeitpunkt des Betriebsübergangs bereits beendeten Arbeitsverhältnissen können nicht mehr auf den Betriebsnachfolger übergehen. Eine analoge Anwendung von § 613a Abs. 1 S. 1 BGB auf nachvertragliche **Wettbewerbsabreden** und **Karenzentschädigungsansprüche** von Arbeitnehmern, die vor Betriebsübergang ausscheiden, kommt nicht in Betracht.[726] Besondere praktische Relevanz hat dieser Grundsatz für die **betriebliche Altersversorgung:** Der Betriebserwerber tritt weder in Ruhestandsverhältnisse (Pensionsverpflichtungen gegen-

---

[720] Vgl. LAG Hamburg 10.12.2001 – 5 Sa 90/00; das Urteil wurde allerdings vom BAG aus anderen Gründen aufgehoben, vgl. BAG 13.2.2003 – 8 AZR 102/02, NZA 2003, 1111; BAG zur Zuordnung solcher Arbeitsverhältnisse → Rn. 135.

[721] ErfK/*Preis* BGB § 613a Rn. 67; HWK/*Müller-Bonanni* BGB § 613a Rn. 226; speziell zu Heimarbeitern BAG 24.3.1998 – 9 AZR 218/97, NZA 1998, 1001.

[722] BAG 22.2.1978 – 5 AZR 800/76, DB 1978, 1453; 22.10.2009 – 8 AZR 766/08, NZA-RR 2010, 660; LAG Köln 1.3.2016 – 12 Sa 835/15, BeckRS 2016, 69466; für befristete Arbeitsverhältnisse BAG 22.1.2015 – 8 AZR 139/14, NZA 2015, 1325 Rn. 35; ein Anspruch auf Verlängerung besteht grds. nicht. S. dazu auch → Rn. 127 Fn. 699.

[723] Vgl. BAG 21.8.2008 – 8 AZR 201/07, NZA 2009, 29 Rn. 56; ErfK/*Preis* BGB § 613a Rn. 69; MüKo-BGB/*Müller-Glöge* BGB § 613a Rn. 83; APS/*Steffan* BGB § 613a Rn. 86; HWK/*Müller-Bonanni* BGB § 613a Rn. 224; anders für die Sonderkonstellation, dass das Arbeitsverhältnis auf den Tag vor dem Betriebsübergang befristet war und der Erwerber das Arbeitsverhältnis nahtlos fortsetzte, BAG 19.5.2005 – 3 AZR 649/03, NZA-RR 2006, 373.

[724] Vgl. zu dieser Konstellation BAG 27.4.2000 – 8 AZR 260/99, BeckRS 2000, 30784558 (Truppenübungsplatz, s. dazu 3. Aufl. Rn. 87 ff.), unter III 3 der Gründe); 21.8.2008 – 8 AZR 201/07, NZA 2009, 29. Allgemein zum Fortsetzungsanspruch → Rn. 75 ff. und 121.

[725] Vgl. BAG 15.12.1976 – 5 AZR 600/75, DB 1977, 680; 4.3.1993 – 2 AZR 507/92, NZA 1994, 260; 24.5.2005 – 8 AZR 246/04, NZA 2005, 1178; 28.6.2012 – 6 AZR 780/10, NZA 2012, 1029; 24.10.2013 – 6 AZR 854/11, NZA 2014, 46; HWK/*Müller-Bonanni* § 613a Rn. 369; ausführlich zu den verschiedenen denkbaren Konstellationen *Göttling* FS Willemsen, 2018, 133 (135).

[726] LAG Köln 8.7.2011 – 10 Sa 398/11, ZIP 2012, 243; MüKoBGB/*Müller-Glöge* BGB § 613a Rn. 102; *Gaul,* Betriebs- und Unternehmensspaltung, 2002, § 13 Rn. 102.

über im Zeitpunkt des Betriebsübergangs bereits in Rente befindlichen früheren Arbeitnehmern) noch in Versorgungsverpflichtungen gegenüber im Zeitpunkt des Betriebsübergangs bereits ausgeschiedenen Versorgungsanwärtern ein;[727] dies selbst dann nicht, wenn letztere mit dem Betriebserwerber ein neues Arbeitsverhältnis eingehen.[728]

Eine Haftung für Ansprüche aus bereits beendeten Arbeitsverhältnissen kann sich allerdings aus anderen rechtlichen Gesichtspunkten, zB Firmenfortführung (§ 25 HGB)[729] oder – vor allem im Zusammenhang mit Umwandlungsfällen – aus §§ 133, 134 UmwG ergeben.[730]

b) Zuordnungsprobleme

aa) Lösung bei typischen Konstellationen. Die Bestimmung der Arbeitnehmer, deren Arbeitsverhältnisse auf den neuen Inhaber übergehen, kann mitunter schwierig sein. **Zweifelsfälle** ergeben sich in der Praxis immer wieder bei 134

- so genannten **„Springern"**, dh Arbeitnehmern, die wechselnd in verschiedenen Betriebsabteilungen oder gar verschiedenen Betrieben des Veräußerers eingesetzt werden;
- Arbeitnehmern mit **überbetrieblichen Leitungsfunktionen** (zB Leiter des Einkaufs für mehrere Betriebe) und
- Arbeitnehmern in **Stabs- und Querschnittsbereichen** (zB in der zentralen Buchhaltung oder Personalverwaltung, Werkskantine etc).

Über die Behandlung derartiger Fälle ist in der Literatur ein zum Teil eher akademisch anmutender Streit entbrannt. Für die Praxis sind wichtige Zweifelsfragen indes mittlerweile durch die Rechtsprechung geklärt. So steht fest, dass ein Arbeitnehmer, um nach § 613a BGB in ein Arbeitsverhältnis mit dem Erwerber einzutreten, *in* dem betreffenden Betriebsteil tätig gewesen sein muss. Der **Arbeitsplatz** des Arbeitnehmers muss also **in die Struktur des jeweiligen Betriebsteils eingebunden** sein, anderenfalls verbleibt er bei dem übertragenden Unternehmen.[731] Dies gilt selbst dann, wenn die Tätigkeiten des Arbeitnehmers überwiegend oder ausschließlich dem übertragenen Betriebs(teil) zugutegekommen ist[732] und sogar, wenn der zurückbleibende Betrieb(steil) infolge des Betriebs(teil)übergangs nicht mehr überlebensfähig ist und deshalb stillgelegt werden muss.[733]

Diese strukturorientierte Betrachtungsweise führt dazu, dass Arbeitnehmer in **Stabs- oder Querschnittsfunktionen,** die in einer zentralen Betriebsabteilung Aufgaben *für* andere (Linien-)Bereiche wahrnehmen (zB Einkauf, Vertrieb, Finanzen/Rechnungswesen, Logistik etc) bei Ausgliederung einzelner Betriebe oder Betriebsteile, *für* welche sie (ua) 135

---

[727] S. dazu BAG 24.3.1977 – 3 AZR 649/76, DB 1977, 1466; 15.3.1979 – 3 AZR 859/77, NJW 1979, 2533; 24.3.1987 – 3 AZR 384/85, NZA 1988, 246; 11.11.1986 – 3 AZR 179/85, NZA 1987, 597; 23.3.2004 – 3 AZR 151/03, NZA 2005, 711; Staudinger/*Annuß* BGB § 613a Rn. 172; Palandt/*Weidenkaff* BGB § 613a Rn. 23 sowie → J Rn. 431.

[728] BAG 18.3.2003 – 3 AZR 313/02, NZA 2004, 848.

[729] S. dazu sowie zu der Verjährung einer solchen Haftung BAG 23.3.2004 – 3 AZR 151/03, NZA 2005, 711.

[730] Dazu im einzelnen Kallmeyer/*Sickinger* UmwG § 133 Rn. 5; Kallmeyer/*Willemsen* UmwG § 134 Rn. 2 und 20 sowie → J Rn. 559 ff.

[731] Grundlegend EuGH 7.2.1985 – C-186/83 *(Botzen)*, EAS RL 77/187 EWG Art. 3 Nr. 3; 12.11.1992 – C-209/91, AP Nr. 5 zu EWG-Richtlinie 77/187, vom BAG übernommen mit 11.9.1997 – 8 AZR 555/95, NJW 1998, 1253 (Tausendundeine Nacht, unter B.3.a) der Gründe); 13.11.1997 – 8 AZR 375/96, NZA 1998, 249 (Stabsfunktion bei Betriebs-Teilübergang, unter II.3. der Gründe); bestätigt durch BAG 8.8.2002 – 8 AZR 583/01, NZA 2003, 315, unter II.4. der Gründe; 13.2.2003 – 8 AZR 102/02, NZA 2003, 1111, unter II.2.c)bb) der Gründe; 25.9.2003 – 8 AZR 446/02, NZA 2004, 1406; 24.8.2006 – 8 AZR 556/05, NZA 2007, 1320; 21.6.2012 – 8 AZR 181/11, NZA-RR 2013, 6; 18.10.2012 – 6 AZR 41/11, NZI 2013, 151 Rn. 43; HWK/*Müller-Bonanni* BGB § 613a Rn. 227; *Fuhlrott* FA 2013, 196 (197); vgl. auch → Rn. 71 und → Rn. 114.

[732] BAG 17.10.2013 – 8 AZR 763/12, NZA-RR 2014, 175; 24.8.2006 – 8 AZR 556/05, AP BGB § 613a Nr. 315; aA die frühere Rechtsprechung BAG 20.7.1982 – 3 AZR 261/80, DB 1983, 50; 25.6.1985 – 3 AZR 254/83, NZA 1986, 93; ausführlich *Müller-Bonanni* RdA 2016, 270 (273 f.).

[733] BAG 17.10.2013 8 AZR 763/12, NZA-RR 2014, 175; ErfK/*Preis* BGB § 613a Rn. 72; APS/*Steffan* BGB § 613a Rn. 88.

tätig waren, nicht etwa anteilig auf diese „umgelegt" werden;[734] ihr Arbeitsverhältnis geht vielmehr nur dann auf den Erwerber über, wenn dieser auch diejenige betriebliche Einheit übernimmt, *in* die sie eingebunden sind.[735] Ist dies nicht der Fall und erfolgt auch keine – in der Praxis uU empfehlenswerte – **einvernehmliche Zuordnung** einzelner Arbeitnehmer in die vom Erwerber übernommenen Bereiche im Wege dreiseitiger Vereinbarung, verbleiben die Arbeitsverhältnisse des betreffenden Stabs- oder Querschnittsbereichs beim bisherigen Arbeitgeber. Dieser kann sich von den nunmehr unter Umständen überzähligen Arbeitnehmern gegebenenfalls im Wege der betriebsbedingten Kündigung trennen, die demzufolge *nicht* gegen § 613a Abs. 4 BGB verstößt.[736] **Widerspricht** ein Arbeitnehmer im Falle eines Betriebsteilübergangs dem Übergang seines Arbeitsverhältnisses, bedarf es einer ausdrücklichen **Zuordnungsentscheidung** des Arbeitgebers, wenn das Arbeitsverhältnis von einem weiteren Betriebsübergang erfasst werden soll.[737] Entsprechendes gilt, wenn der Betriebsteil, dem der Arbeitnehmer angehörte, vom bisherigen Arbeitgeber **stillgelegt** wurde.[738] Auf eine solche Zuordnung hat der Arbeitnehmer **keinen Anspruch**[739] (dazu auch → Rn. 162a).

136 Für die Praxis heikel bleibt die Behandlung so genannter **„Springer"**, dh solcher Arbeitnehmer, die sowohl in den übertragenen als auch in anderen, beim bisherigen Arbeitgeber verbleibenden Betrieben oder Betriebsteilen tätig waren (Beispiel: Ein Gabelstaplerfahrer, der sowohl im Hochregallager als auch in anderen, dezentralen Lagern eingesetzt wurde, wenn nur das Hochregallager veräußert wird). Insoweit gilt zunächst der Grundsatz, dass es für die Frage, *welchem* Betrieb oder Betriebsteil ein Arbeitnehmer zugeordnet ist, es in erster Linie auf den **Willen der Vertragsparteien** (ausdrückliche oder konkludente vertragliche Einigung) ankommt.[740] Fehlt eine solche Einigung, kann der Arbeitgeber das Arbeitsverhältnis **durch Ausübung seines Direktionsrechts** der zu übertragenden Einheit oder auch einem zurückbleibenden Betrieb(steil) **zuordnen.** Eine solche Zuordnungsentscheidung kann auch noch unmittelbar vor dem Betriebs(teil)übergang getroffen werden, um auf diese Weise klare Verhältnisse zu schaffen.[741] Fehlt es auch hieran, ist eine **Schwerpunktbetrachtung** anzustellen. War also etwa in dem Beispielsfall der Arbeitnehmer zu mehr als 70% im Hochregallager tätig, wird eine **quantitative Beurteilung** zu sachgerechten Ergebnissen führen.[742] Allerdings wird eine solche klare Schwer-

[734] EuGH 7.2.1985 – C-186/83 *(Botzen)*, EAS RL 77/187 EWG Art. 3 Nr. 3; BAG 11.9.1997 – 8 AZR 555/95, EzA § 613a BGB Nr. 153 *(Willemsen/Annuß)*; 13.11.1997 – 8 AZR 375/96, NZA 1998, 249; 21.1.1999 – 8 AZR 298/98, ZinsO 1999, 361; 8.8.2002 – 8 AZR 583/01, NZA 2003, 315; 13.2.2003 – 8 AZR 102/02, BB 2003, 1286; 17.6.2003 – 2 AZR 134/02, AP BGB Nr. 260 zu § 613a Nr. 260 BGB; 25.9.2003 – 8 AZR 446/02, AP BGB Nr. 256 zu § 613a Nr. 256 BGB; 24.8.2006 – 8 AZR 556/05, DB 2006, 2818; unklar ist, wie sich hierzu die Entscheidung BAG v. 22.7.2004 – 8 AZR 350/03, NZA 2004, 1383 verhält; vgl. auch *Lieb* ZfA 1994, 229; *Gentges* RdA 1996, 269; *Mückl* DB 2015, 2695.

[735] Vgl. BAG 11.9.1997 – 8 AZR 555/95, NZA 1998, 31; 13.11.1997 – 8 AZR 375/96, NZA 1998, 249; 13.2.2003 – 8 AZR 102/02, NZA 2003, 1111; 24.8.2006 – 8 AZR 556/05, NZA 2007, 1320; 21.6.2012 – 8 AZR 181/11; NZA-RR 2013, 6; ebenso ErfK/*Preis* BGB § 613a Rn. 72; HWK/*Müller-Bonanni* BGB § 613a Rn. 228; auch → Rn. 114. Maßgeblich ist insoweit – auch in sog. Matrixstrukturen – diejenige Einheit, in der das disziplinarische Weisungsrecht ausführt wird; vgl. *Mückl* DB 2015, 2695 (2700).

[736] Vgl. zu einem derartigen Fall BAG NZA 1998, 249.

[737] BAG 13.2.2003 – 8 AZR 102/02, NZA 2003, 1111; 25.9.2003 – 8 AZR 446/02, NZA 2004, 1406; 21.2.2013 – 8 AZR 877/11, NZA 2013, 617 Rn. 41 ff.

[738] BAG 25.9.2003 – 8 AZR 446/02, NZA 2004, 1406.

[739] BAG 21.2.2013 – 8 AZR 877/11, NZA 2013, 617 Rn. 48 ff.

[740] BAG 21.6.2012 – 8 AZR 181/11, NZA-RR 2013, 6 Rn. 78 (IT-Service); 21.2.2013 – 8 AZR 877/11, NZA 2013, 617 Rn. 35; 17.10.2013 – 8 AZR 763/12, NZA-RR 2014, 175; 20.4.2016 – 10 AZR 111/15, NJW 2016, 2830 Rn. 30; LAG Nürnberg 12.4.2016 – 7 Sa 649/14, NZA-RR 2016, 517; die hiergegen vereinzelt geäußerte Kritik ist nicht berechtigt, vgl. *Müller-Bonanni* RdA 2016, 270 (273).

[741] HWK/*Müller-Bonanni* BGB § 613a Rn. 229; *Fuhlrott* NZA-RR 2019, 286; einschränkend *Elking* NZA 2014, 295 ff.

[742] Vgl. BAG 17.10.2013 – 8 AZR 763/12, NZA-RR 2014, 175; zuvor schon BAG 20.7.1982 – 3 AZR 261/80, DB 1983, 50; 25.6.1985 – 3 AZR 254/83, NZA 1986, 93; 22.7.2004 – 8 AZR 350/03, NZA 2004, 1383; ErfK/*Preis* BGB § 613a Rn. 72; *Müller-Bonanni* RdA 2016, 270 (273).

punktermittlung oftmals gar nicht möglich sein; auch ist bisher nicht geklärt, auf welchen **Zeitraum** bei der Schwerpunktermittlung abzustellen ist. Das LAG Köln will beispielsweise auch eine befristete Versetzung in den übertragenen Betriebsteil genügen lassen, wenn diese auf einen Zeitraum von mehr als sechs Monaten angelegt ist,[743] was indes im Anlassfall nicht überzeugt, weil gerade die Befristung der Versetzung zeigt, dass der Arbeitnehmer dem übertragenen Betriebsteil üblicherweise nicht zugordnet ist. Auch dies illustriert noch einmal wie bedeutsam es ist, in Zweifelfällen vor dem Betriebs(teil)übergang eine klare Zuordnungsentscheidung zu treffen. Eine solche Zuordnungsentscheidung kann richtiger Ansicht zufolge auch noch im unmittelbaren Vorfeld des Betriebs(teil)übergangs getroffen werden.[744] Die Grenzen des Rechtsmissbrauchs sind freilich zu beachten.[745] Die gezielte Zuordnung eines „unliebsamen" Arbeitnehmers zu einem stillzulegenden Betriebsteil wäre hiermit unvereinbar.

Für die Fälle, in denen weder eine konkludente Einigung zwischen den Parteien des Arbeitsverhältnisses noch ein klarer Schwerpunkt erkennbar ist und der Arbeitgeber auch keine Zuordnungsentscheidung getroffen hat, wird in der Literatur eine ganze Palette von Lösungsmöglichkeiten angeboten, die vom vollständigen **Ausschluss eines Übergangs** des Arbeitsverhältnisses[746] über die Anerkennung eines **Wahlrechts des Arbeitnehmers**[747] bis zur Annahme eines einseitigen **Zuweisungsrechts des (bisherigen) Arbeitgebers**[748] reicht. Im Grundsatz dürfte es zutreffend sein, das Arbeitsverhältnis bei dem bisherigen Arbeitgeber zu **belassen**, es sei denn – was stets möglich ist[749] –, dass im Wege **dreiseitiger Vereinbarung** (zwischen altem/neuem Arbeitgeber und Arbeitnehmer) eine anderweitige Zuordnung zustande kommt; in diesem Falle handelt es sich um eine Lösung *außerhalb* von § 613a Abs. 1 BGB.[750]

Zweifel an den vorstehend dargestellten Ergebnissen wirft jetzt die Entscheidung des EuGH in Sachen *ISS Facility Services* vom 26. 3. 2020 auf.[751] Die Klägerin des Ausgangsverfahrens war bei der beklagten *ISS Facility Services N.V.* als Projektleiterin für drei Reinigungs- und Instandhaltungsaufträge der Stadt Gent tätig, für die Museen (Los 1), die Bibliotheken (Los 2) und die Verwaltungsgebäude (Los 3). Im Zuge der Neuausschreibung der Aufträge verlor die *ISS Facility Services* die Lose 1 und 3 and den Dienstleister *Atalian,* Los 2 ging an das Unternehmen *Cleaning Masters.* Die Neuvergabe der Aufträge führte nach belgischem Recht zu drei Betriebsteilübergängen, so dass sich die Frage stellte, auf welchen Auftragsnachfolger das Arbeitsverhältnis der Klägerin übergegangen war. Der EuGH lehnt zunächst eine Schwerpunktbetrachtung im Sinne der oben beschriebenen BAG-Rechtsprechung mit der Begründung ab, dass diese die Interessen der Auftragsnachfolger nicht hinreichend berücksichtige, weil sie einen der Auftragsnachfolger mit dem gesamten Arbeitsverhältnis belaste, obwohl die Arbeitnehmerin nur einen Teil ihrer Arbeitsleistung auf die von diesem übernommenen Tätigkeiten verwendet habe. Auf dieser Grundlage nimmt der EuGH sodann an, dass das **Arbeitsverhältnis** anteilig auf die Auf- 136a

[743] LAG Köln 4. 12. 2018 – 4 Sa 962/17, NZA-RR 2019, 286; zustimmend ErfK/*Preis* BGB § 613a Rn. 72; ablehnend HWK/*Müller-Bonanni* BGB § 613a Rn. 229.

[744] HWK/*Müller-Bonanni* BGB § 613a Rn. 229; *Fuhlrott* NZA-RR 2019, 286; zweifelnd *Olbertz* GWR 2019, 132.

[745] Vgl. *Elking* NZA 2014, 295, der allerdings – zu Unrecht – § 613a Abs. 4 S. 1 BGB analog als Maßstab heranziehen will; *Fuhlrott* FA 2013, 196 (198).

[746] *Kreitner* NZA 1990, 429 (432).

[747] LAG Thüringen 14. 11. 2011 – 6 Sa 41/11, BeckRS 2016, 66425; ErfK/*Preis* BGB § 613a Rn. 72; APS/*Steffan* BGB § 613a Rn. 88; *von Hoyningen-Huene/Windbichler* RdA 1977, 329 (334); *Müller/Thüsing* ZIP 1997, 1869 (1872); zu einem Wahlrecht im Rahmen des UmwG BAG 19. 10. 2017 – 8 AZR 63/16, NJW 2018, 885; noch anders *Elking/Aszmons* BB 2014, 373 (377 f.): Aufspaltung des Arbeitsverhältnisses.

[748] *Annuß* NZA 1998, 70 (77); Staudinger/*Annuß* BGB § 613a Rn. 149; *Bauer,* Unternehmensveräußerung und Arbeitsrecht S. 47; S. dazu auch die sehr ausführliche Problembehandlung bei *Gaul,* Betriebs- und Unternehmensspaltung, § 12 mit zahlreichen Nachweisen.

[749] Vgl. BAG 20. 7. 1982, aaO; *Kreitner* NZA 1990, 429.

[750] Ebenso *Annuß* NZA 1998, 70 (76) mwN; vgl. auch *Elking/Aszmons* BB 2014, 373 (378).

[751] EuGH 26. 3. 2020 – C-344/18, NZA 2020, 503.

tragsnachfolger übergegangen, also **aufgespalten** worden sei. Allerdings stellt er dies unter den **Vorbehalt,** dass die Aufspaltung nicht unmöglich sein und auch nicht zu einer Verschlechterung der Arbeitsbedingungen der Arbeitnehmerin führen dürfe. Ob der EuGH Fälle der rechtlichen oder der praktischen Unmöglichkeit meint, bleibt ebenso offen wie die Frage, welche Art von Verschlechterung zu einem abweichenden Ergebnis führen kann. Regelmäßig wird bereits die Aufspaltung eines bislang einheitlichen Arbeitsverhältnisses in mehrere Teilzeitarbeitsverhältnisse, für die unterschiedliche Arbeitsbedingungen und mitunter kollidierende Arbeitszeiten (!) gelten können, für sich genommen bereits eine wesentliche Verschlechterung bedeuten. Die völlig praxisferne[752] Entscheidung leidet zudem darunter, dass es vorrangig um kündigungsrechtliche Fragen ging, nämlich darum, ob die Klägerin von der beklagten *ISS Facility Services* eine Abfindung beanspruchen kann. Auch deshalb bleibt die Entscheidung einstweilen in ihren Auswirkungen unklar. Immerhin wird man festhalten können, dass die Entscheidung die mehrfach durch den EuGH bestätige Aussage, dass Arbeitsverhältnisse von Arbeitnehmern, die lediglich *für* den übertragenen Betrieb(steil) tätig waren, nicht übergehen (vgl. → Rn. 134), unberührt lässt. Die Klägerin des Ausgangsverfahrens war in jedem der übertragenen Betriebsteile tätig, weshalb der EuGH die Grundsatzfrage, ob das Arbeitsverhältnis überhaupt von den Betriebs(teil)übergängen erfasst wird, überhaupt nicht thematisiert.[753] Im Übrigen gibt die Entscheidung erneut Anlass, Arbeitsverhältnisse im Vorfeld eines Betriebs(teil)übergangs eindeutig zuzuordnen.

137 Ganz besondere Probleme können entstehen, wenn bei einer derartigen Konstellation der **bisherige Arbeitgeber erlischt,** was namentlich bei der **Verschmelzung** (§§ 2ff. UmwG), der **Vermögensübertragung** (§ 174 UmwG) und bei der **Aufspaltung** (§ 123 Abs. 1 UmwG) der Fall ist.

Beispiel G 9:

Die A-GmbH wird in die B-, C- und D-GmbH in der Weise aufgespalten, dass jeder der drei aufnehmenden Gesellschaften jeweils ein bisheriger Betriebsteil der A-GmbH zugeordnet wird. Der Arbeitnehmer X war in allen drei Betriebsteilen regelmäßig tätig, ohne dass ein absoluter oder relativer Schwerpunkt erkennbar war. X fragt, für welchen Arbeitgeber er künftig tätig sein wird.

Dass dies nicht die A-GmbH ist, liegt auf der Hand; mit der Eintragung der Aufspaltung erlischt diese (vgl. § 131 Abs. 1 Nr. 2 UmwG). Die oben (→ Rn. 136) präferierte Lösung, wonach das Arbeitsverhältnis im Zweifel bei dem bisherigen Inhaber verbleibt, hilft hier also nicht weiter. Eine Zuordnung des Arbeitsverhältnisses zu einer der übernehmenden Gesellschaften B-, C- oder D-GmbH setzt nach der Ansicht des BAG voraus, dass X der Zuordnung zustimmt. Erteilt der Arbeitnehmer seine Zustimmung nicht, stehe ihm ein **Wahlrecht** zu, mit welchem der übernehmenden Rechtsträger er sein Arbeitsverhältnis fortsetzen wolle (vgl. auch nachfolgend → Rn. 142).[754] Das überzeugt letztlich nicht, weil es die auch ansonsten bestehende Organisationsfreiheit des Arbeitgebers und die umwandlungsgesetzliche Freiheit hinsichtlich der Zuordnung der Vermögensgegenstände – auch Arbeitsverhältnisse sind im umwandlungsrechtlichen Sinne Vermögensgegenstände – negiert, ist aber für die Praxis einstweilen hinzunehmen.

Auch in diesen Fällen empfiehlt es sich daher, bereits im Vorfeld des Betriebs(teil)übergangs durch **Ausübung des Direktionsrechts** oder, wo dies nicht möglich ist, weil hiermit ein Wechsel des Arbeitsplatzes verbunden wäre, durch Ausübung eines vertraglichen

---

[752] Ablehnend auch *Löw/Stolzenberg* NZA 2020, 1279; *Bömer* EuZA 2021, 73; *Bissels/Fuchs* NZI 2020, 727f.
[753] *Löw/Stolzenberg* NZA 2020, 1279.
[754] BAG 19.10.2017 – 8 AZR 63/16, NZA 2018, 370; ErfK/*Oetker* UmwG § 324 Rn. 10; die Entscheidung begrüßend *Joost* EWiR 2018, 285 (286); aA *Lakenberg* NJW 2018, 3064; ebenso *Rieble,* der ein solches Vorgehen als gesetzwidrig bezeichnet, weil der Gesetzgeber die Universalsukzession nach dem UmwG unabhängig vom Willen der Vertragspartner ausgestaltet habe, *Rieble* NZA 2018, 1302, (1308).

Versetzungsrechts für „klare Verhältnisse" zu sorgen. Der Ausspruch von Änderungskündigungen erweist sich demgegenüber in der Praxis als weniger geeignetes Instrument.[755]

Wegen der Zuordnung von Arbeitnehmern, die sich in der Freistellungsphase im Rahmen der Altersteilzeit befinden, → Rn. 127. **Freigestellte Betriebsratsmitglieder** sind demjenigen Betriebsteil zuzuordnen, in dem sie zuletzt aktiv tätig waren.[756]

bb) Erleichterte Zuordnung in Umwandlungsfällen gemäß § 323 Abs. 2 UmwG. 138
Die Möglichkeit Arbeitsverhältnisse gemäß § 323 Abs. 2 UmwG in einem **Interessenausgleich** im Sinne von § 112 BetrVG zuzuordnen, ist nur in bestimmten Konstellationen eröffnet. Es bedarf zunächst einer **Betriebsänderung** im Sinne von § 111 BetrVG; ein „freiwilliger" Interessenausgleich kann die Rechtswirkungen des § 323 Abs. 2 BGB nicht entfalten.[757] Und die Zuordnung muss, wie das BAG betont, zu einem selbständig übergangsfähigen Betrieb oder Betriebsteil im Sinne der Vorschrift erfolgen.[758] Hieran kann es fehlen, wenn lediglich bestimmte Abwicklungsaufgaben übertragen werden.[759] Erst recht ist eine von § 613a Abs. 1 S. 1 BGB abweichende Zuordnung nicht möglich.[760] Der Zustimmung des Arbeitnehmers zu seiner Zuordnung zu einem bestimmten Betrieb oder Betriebsteil bedarf es demgegenüber nicht. Dass der Interessenausgleich wirksam sein muss,[761] versteht sich von selbst.

Sind die Voraussetzungen des § 323 Abs. 2 UmwG erfüllt, sieht die Norm im Unterschied zu der uneingeschränkten Nachprüfung der Zuordnung von Arbeitsverhältnissen im allgemeinen Anwendungsbereich von § 613a BGB lediglich ein (deutlich) eingeschränktes Überprüfungsrecht der Arbeitsgerichte im Hinblick auf „grobe Fehlerhaftigkeit" der Zuordnung vor. Die Bestimmung ist eine Reaktion des Gesetzgebers auf die oben beschriebenen typischen Problemlagen; sie erweitert *de facto* das Zuordnungsrecht des Arbeitgebers, der hierzu allerdings des – nur durch freiwillige Einigung zu erzielenden[762] – Konsenses mit dem Betriebsrat bedarf, was sodann nach der gesetzlichen Wertung eine „Richtigkeitsvermutung" schafft. Diese lässt sich nur widerlegen, wenn der Arbeitnehmer, der mit seiner Zuordnung zu einem bestimmten Betrieb oder Betriebsteil nicht einverstanden ist, einen offensichtlichen, erheblichen und sachlich nicht mehr nachvollziehbaren Verstoß gegen die im Rahmen von § 613a BGB zu beachtenden Zuordnungsgrundsätze (→ Rn. 134) nachzuweisen vermag.[763] Er kann also zB nicht damit gehört werden, dass er in dem fraglichen Betrieb nur zu 40% und nicht etwa überwiegend (also mindestens 51%) gearbeitet habe, wohl aber damit, dass er in dem betreffenden Betrieb(steil) überhaupt nicht tätig war. Eine wesentliche praktische Bedeutung des § 323 Abs. 2 UmwG liegt gerade darin, eine weitgehend „gerichtsfeste" Zuordnung dort zu ermöglichen, wo ein klarer Schwerpunkt des Arbeitsverhältnisses fehlt oder seine Ermittlung mit erheblichen Schwierigkeiten im Tatsächlichen behaftet ist. Die Vorschrift will also insbesondere „massenhafte" Zuordnungen von Arbeitsverhältnissen bei betriebsbezogenen Umstrukturierungen im Rahmen von Umwandlungsfällen erleichtern, indem sie den Parteien des Interessenausgleichs einen **Einschätzungsspielraum im Tatsächlichen, nicht im Rechtlichen** eröffnet. Insoweit stellt es auch keinen logischen Widerspruch dar, wenn die Zuordnungsprärogative gemäß § 323 Abs. 2 UmwG nur in wirkli-

---

[755] S. dazu und zu den „Komplikationen" bei dieser Vorgehensweise *Commandeur/Kleinebrink* NJW 2005, 633.
[756] Ebenso BAG 31.1.2008 – 8 AZR 27/07, NZA 2008, 705 Rn. 50.
[757] *Gaul,* Betriebs- und Unternehmensspaltung, § 12 Rn. 112; Kallmeyer/*Willemsen* UmwG § 324 Rn. 58. Dazu auch → Rn. 139.
[758] BAG 19.10.2017 – 8 AZR 63/16, NZA 2018, 370.
[759] BAG 19.10.2017 – 8 AZR 63/16, NZA 2018, 370 Rn. 35 ff.
[760] BAG 19.10.2017 – 8 AZR 63/16, NZA 2018, 370 Rn. 35 ff.
[761] LAG Hamburg 4.5.2016 – 6 Sa 2/16, BeckRS 2016, 72384
[762] Vgl. HWK/*Hohenstatt/Willemsen* BetrVG § 112 Rn. 10.
[763] BAG 19.10.2017 – 8 AZR 63/16, NZA 2018, 370; ErfK/*Oetker* UmwG § 323 Rn. 10.

chen Zweifelsfällen zur Anwendung kommt,[764] ihre Ausübung indes (allein) auf grobe Fehler kontrolliert werden kann.

139 **Beispiel G 10:**

Bei der Aufspaltung eines Chemieunternehmens (C-GmbH) in eine Produktionsgesellschaft (P-GmbH) und eine Vertriebsgesellschaft (V-GmbH) sollen drei Chemiker, die in dem auf die P-GmbH übergehenden Labor tätig sind, der V-GmbH zugeordnet werden. In einem Interessenausgleich werden die Arbeitsverhältnisse der Chemiker unter Bezugnahme auf § 323 Abs. 2 UmwG der V-GmbH zugeordnet.

Da es sich um einen Anwendungsfall von § 613a BGB handelt,[765] kann der hieraus resultierende – eindeutige – Übergang der Arbeitsverhältnisse der drei Chemiker auf die P-GmbH jedoch nicht durch einen Interessenausgleich im Sinne von § 323 Abs. 2 UmwG „überspielt" werden. Die Zuordnung im Interessenausgleich ist demzufolge grob fehlerhaft und damit unbeachtlich.[766] Hieran zeigt sich der in der Praxis **deutlich eingeschränkte Anwendungsbereich** der Bestimmung: Die Betriebsparteien sind bei einer Zuordnung gemäß § 323 Abs. 2 UmwG an die Wertung des § 613a BGB gebunden, der einen **Gleichlauf von Arbeitsplatz und Arbeitsverhältnis** bei Betriebsinhaberwechsel vorschreibt.[767] Es handelt sich also keineswegs um ein mehr oder weniger freies Gestaltungsrecht, sondern lediglich um die gesetzliche Einschränkung der gerichtlichen Nachprüfungsmöglichkeit einer letztlich vom Arbeitgeber vorzunehmenden Zuordnung,[768] die sich ihrerseits, wenn es sich um einen Fall des § 613a BGB handelt, in den Bahnen und gemäß den rechtsdogmatischen Prinzipien dieser Norm vollziehen muss.[769] Der Interessenausgleich nach § 323 Abs. 2 UmwG hat also – wie auch allgemein außerhalb des Umwandlungsgesetzes – keine normative Wirkung[770] im Sinne einer eigenständigen Regelung von Zuordnungsfragen, sondern er flankiert lediglich die arbeitgeberseitig vorgenommene Zuordnung und entzieht sie – in freilich begrenztem Umfang – gerichtlicher Nachprüfung.

Eine weitere Einschränkung des praktischen Anwendungsbereichs von § 323 Abs. 2 UmwG folgt daraus, dass ein Interessenausgleich nach den allgemeinen Bestimmungen des Betriebsverfassungsgesetzes **nur bei Vorliegen einer Betriebsänderung** im Sinne von § 111 BetrVG zwischen den Betriebsparteien (Arbeitgeber und Betriebsrat) vereinbart werden kann. Eine mit dieser Überschrift versehene Vereinbarung ohne gleichzeitige Spaltung oder ohne gleichzeitigen Zusammenschluss von Betrieben (vgl. § 111 S. 2 Nr. 3 BetrVG) im Zuge der Umwandlung (Spaltung, Verschmelzung etc) bleibt im Hinblick auf das damit intendierte Zuordnungsprivileg gemäß § 323 Abs. 2 UmwG somit wirkungslos.[771]

140 **Beispiel G 11 (Abwandlung von Beispiels G 10):**

Bei der C-GmbH bildeten die Produktion einerseits und der Vertrieb andererseits bereits vor der Aufspaltung jeweils eigenständige Betriebe (mit eigenem Betriebsrat im Sinne des Be-

---

[764] Anders insoweit *Gaul,* aaO, § 12 Rn. 124, der die Norm auch auf die Zuordnung von Arbeitnehmern, zB in Overheadfunktionen erstrecken will, die nicht in dem zu übertragenden Betriebsteil arbeiten.

[765] Zur Geltung des § 613a BGB bei Spaltung → B Rn. 90.

[766] Vgl. a. BAG 19.10.2017 – 8 AZR 63/16, NZA 2018, 370 Rn. 37.

[767] S. dazu bereits *Willemsen* RdA 1993, 133; *ders.* NZA 1996, 791 (799) sowie → Rn. 20.

[768] S. dazu auch *Hohenstatt* NZA 1998, 846 (852).

[769] aA *Boecken* Rn. 125, der den Anwendungsbereich von § 323 Abs. 2 UmwG von vornherein auf den Übergang von Arbeitsverhältnissen *außerhalb* von § 613a BGB beschränken will, also auf die rein umwandlungsrechtliche Zuordnung von Arbeitsverhältnissen (dazu → Rn. 141 ff.). Diese Betrachtungsweise erscheint allerdings zu eng; zu Recht ablehnend auch *Gaul,* aaO, § 12 Rn. 120.

[770] BAG 21.2.2013 – 8 AZR 877/11, NZA 2013, 617 Rn. 38; *Willemsen/Hohenstatt* NZA 1997, 345 (347); *Hohenstatt* NZA 1998, 846 (853); Kallmeyer/*Willemsen* UmwG § 324 Rn. 61; aA *Zwanziger* BB 1998, 477 (478).

[771] Im Ergebnis ebenso *Boecken* Rn. 124; aA *Hohenstatt* NZA 1998, 846 (852); vgl. zu der ähnlichen Problematik im Rahmen von § 1 Abs. 5 KSchG BAG 7.5.1998 – 2 AZR 536/97, NZA 1998, 933; die Entscheidung BAG 19.10.2017 – 8 AZR 63/16, NZA 2018, 370 geht auf diese Frage nicht ein.

triebsverfassungsgesetzes). Nunmehr geht im Zuge der Aufspaltung der Produktionsbereich auf die P-GmbH, der Vertrieb auf die V-GmbH über. Angesichts der Schwierigkeiten bei der Zuordnung einiger weniger Arbeitsverhältnisse, insbesondere von Führungskräften, die in beiden Betrieben tätig waren, schließt die C-GmbH vor der Aufspaltung mit dem Betriebsrat einen Interessenausgleich im Sinne von § 323 Abs. 2 BGB ab.

Da es vorliegend an einer Betriebsänderung im Sinne von § 111 BetrVG fehlt, die Umwandlung sich aus arbeitsrechtlicher Sicht vielmehr in der *rechtlichen* Aufteilung eines bisher einheitlichen Unternehmens (C-GmbH) unter Beibehaltung der Organisationsstruktur der vorhandenen Betriebe erschöpft,[772] liegen die betriebsverfassungsrechtlichen Voraussetzungen für einen Interessenausgleich im Sinne von § 112 BetrVG nicht vor. Angesichts der sachlichen Verweisung mittels des Terminus „Interessenausgleich" auf die Voraussetzungen der §§ 111 ff. BetrVG bleibt ein trotz deren Fehlens abgeschlossener Interessenausgleich jedenfalls insoweit wirkungslos; die arbeitgeberseitige Zuordnung von Arbeitsverhältnissen unterliegt uneingeschränkt der gerichtlichen Nachprüfung.

cc) Rein umwandlungsrechtliche Zuordnung von Arbeitsverhältnissen bei Spaltung, Verschmelzung und Vermögensübertragung. Die obigen Ausführungen haben gezeigt, dass allein mit Hilfe des § 613a BGB und der – gegebenenfalls nach § 323 Abs. 2 UmwG nur beschränkt gerichtlich nachprüfbaren – Zuordnungsentscheidung des Arbeitgebers in echten Zweifelsfällen sich nach erfolgter Umwandlung nicht stets die gewünschten personellen Strukturen herstellen lassen. Dies sei an folgender **Abwandlung** des **Beispiels G 10** nochmals verdeutlicht: 141

Beispiel G 12:
Von dem Chemieunternehmen C-GmbH wird der Vertriebsbereich in die neu gegründete V-GmbH abgespalten (Abspaltung zur Neugründung gemäß § 123 Abs. 2 Nr. 2 UmwG). Der bisher in dem bei der C-GmbH verbleibenden Produktionsbereich beratend tätige Chemiker A soll künftig als vertriebsunterstützender Berater bei der V-GmbH tätig werden.

Klar ist zunächst, dass A *nicht* gemäß § 613a BGB auf die V-GmbH übergeht, weil es, bezogen auf sein Arbeitsverhältnis, an einem Betriebs(teil)übergang fehlt. Gleichwohl kann, wie das **Beispiel G 12** zeigt, ein praktisches Bedürfnis bestehen, aus Anlass der rechtlichen Umstrukturierung über § 613a BGB hinaus **Arbeitsverhältnisse** entsprechend den künftigen betrieblichen Notwendigkeiten **neu zuzuordnen.** Das (gesellschafts-) rechtliche Instrumentarium hierzu hält das Umwandlungsgesetz durchaus bereit: Die partielle Gesamtrechtsnachfolge,[773] wie sie als durchgängiges Gestaltungsmuster allen Spaltungsarten zugrunde liegt, erfasst auf Grund ihres umfassenden Regelungsansatzes grundsätzlich auch Arbeitsverhältnisse, die gemäß § 131 Abs. 1 Nr. 1 UmwG Gegenstand der „im Spaltungs- und Übernahmevertrag vorgesehenen Aufteilung" sein können. Die prinzipielle Möglichkeit einer (individuellen) Zuordnung von Arbeitsverhältnissen im Spaltungsplan oder -vertrag ist daher allgemein anerkannt,[774] wenngleich mit der bereits oben (→ Rn. 138) beschriebenen wichtigen Einschränkung, dass sie nicht gegen die Wertung des § 613a BGB verstoßen darf. Fehlt es indes, wie in Beispiel G 12, in Bezug auf das betreffende Arbeitsverhältnis an einem Betriebs(teil)übergang, ist eine derartige Fiktion

---

[772] Zur notwendigen Unterscheidung zwischen Betriebs- und Unternehmensebene im Rahmen von Umstrukturierungen vgl. → B Rn. 3.

[773] Zum Begriff → B Rn. 69.

[774] BAG 19.10.2017 – 8 AZR 63/16, NZA 2018, 370; 26.4.2018 – 8 AZR 422/17, BeckRS 2018, 20174; LAG Hamburg 31.5.2016 – 7 Sa 3/16, NZG 2017, 186; LAG Schleswig-Holstein 5.11.2015 – 5 Sa 437/14, GWR 2016, 106; zustimmend *Mückl/Götte* GWR 2016, 106; *Weisser* GWR 2017, 63; *Dzida* FS Willemsen, 2018, 95 (102).

mit § 613a BGB nicht zu befürchten, so dass eine **umwandlungsrechtliche Zuordnung des Arbeitsverhältnisses** im Spaltungs- und Übernahmevertrag in Betracht kommt.[775]

142 Allerdings nimmt das BAG an, zumindest in den Fällen der Aufspaltung bedürfe eine umwandlungsrechtliche Übertragung von Arbeitsverhältnissen der Zustimmung des Arbeitnehmers. Fehle es hieran, komme dem Arbeitnehmer ein Wahlrecht zu, mit welchem der übernehmenden Rechtsträger er das Arbeitsverhältnis fortsetzen wolle.[776] Die Entscheidung überzeugt aus den schon in → Rn. 137 dargelegten Gründen letztlich nicht, ist aber in der Praxis einstweilen zu beachten. Ob die Zustimmung der Arbeitnehmer auch in anderen Fällen der spaltungsrechtlichen Übertragung erforderlich sein soll, hat das BAG ausdrücklich offengelassen, jedoch sollte hiervon bis zu einer Klärung der Frage vorsorglich ausgegangen werden.[777] Die Entscheidung des BAG vom 19. 10. 2017 schränkt den praktischen Anwendungsbereich der umwandlungsrechtlichen Übertragung und Zuordnung von Arbeitsverhältnissen deutlich ein. In Fällen, in denen eine Vielzahl von Arbeitsverhältnissen übertragen werden soll, kann sie aber dennoch sinnvoll sein, weil sie administrativ immer noch einfacher umzusetzen ist als der alternativ in Betracht kommende Abschluss dreiseitiger Übernahmevereinbarungen mit jedem Arbeitnehmer. Ob die betroffenen Arbeitnehmer im Falle einer umwandlungsgesetzlichen Übertragung ihrer Arbeitsverhältnisse außerhalb des Anwendungsbereichs des § 613a BGB in analoger Anwendung des § 613a Abs. 5 BGB zu unterrichten sind, ist noch nicht abschließend geklärt.[778] Aus praktischer Sicht liegt es jedoch nahe, die Zustimmung der Arbeitnehmer zum Übergang ihrer Arbeitsverhältnisse auf der Grundlage einer entsprechenden Unterrichtung einzuholen.

4. Ausschluss des Übergangs durch Ausübung des Widerspruchsrechts (§ 613a Abs. 6 BGB)

a) Widerspruch des Arbeitnehmers als (negatives) Gestaltungsrecht im Rahmen von § 613a BGB

143 Nach gefestigter und durch den Europäischen Gerichtshof[779] bestätigter BAG-Rechtsprechung,[780] die zwischenzeitlich durch § 613a Abs. 6 BGB eine gesetzliche Normierung erfahren hat, kann der Arbeitnehmer in den Fällen eines Betriebs- oder Betriebsteilübergangs den ansonsten kraft Gesetzes eintretenden Übergang seines Arbeitsverhältnisses auf den Erwerber **verhindern,** indem er dieser Rechtsfolge schriftlich[781] **widerspricht;** hierfür bedarf es nach ständiger Rechtsprechung keiner weiteren

---

[775] Ebenso Begründung Regierungsentwurf BR-Drs. 75/94, 118. Gänzlich aA dagegen *Gaul,* Betriebs- und Unternehmensspaltung, § 7 Rn. 75 ff., der den Anwendungsbereich des § 613a BGB im Sinne einer Rechtsfolgenverweisung auf jedwede Art von Vermögensübertragungen nach dem UmwG erstrecken will.

[776] BAG 19. 10. 2017 – 8 AZR 63/16, NZA 2018, 370; hiergegen *Lakenberg* NJW 2018, 3064 (3065 ff.) (lediglich Recht zur außerordentlichen Kündigung); *Rieble* NZA 2018, 1302 (1308) („gesetzeswidrig"); ErfK/*Oetker* UmwG § 324 Rn. 10 (lediglich Widerspruchsrecht).

[777] Ebenso *Göpfert/Seier* NZA 2018, 1439 (1441); vgl. auch *Kliemt/Gerdom* BB 2018, 1408.

[778] Vgl. insofern auch *Hohenstatt* FS K. Schmidt, 2019, 495 (504).

[779] EuGH 16. 12. 1992 – C-139/91 *(Katsikas),* NZA 1993, 169; 7. 3. 1996 – C-171/94 ua *(Merckx),* DB 1996, 683.

[780] Grundlegend BAG 2. 10. 1974 – 5 AZR 504/73, DB 1975, 601; seitdem stRspr; s. unter anderem 21. 7. 1977 – 3 AZR 703/75, DB 1977, 2146; 22. 4. 1993 – 2 AZR 50/92, NZA 1994, 360; 19. 3. 1998 – 8 AZR 139/97, NZA 1998, 750; 25. 1. 2001 – 8 AZR 336/00, NZA 2001, 840; 8. 5. 2001 – 9 AZR 95/00, NZA 2001, 1200; 8. 1. 2016 – 8 AZR 493/14, BeckRS 2016, 67145; 15. 12. 2016 – 8 AZR 612/15, NZA 2017, 783; 21. 12. 2017 – 8 AZR 99/17, ArbRAktuell 2018, 257; 28. 6. 2018 – 8 AZR 100/17, AP Nr. 475 zu § 613a BGB. Zur Entwicklung des Widerspruchsrechts vgl. auch *Müller-Bonanni* FS Willemsen, 2018, 331 (331 ff.).

[781] So ausdrücklich § 613a Abs. 6 S. 1 BGB; die frühere Rechtsprechung, die auch einen formlosen konkludenten Widerspruch für möglich hielt, vgl. BAG 27. 4. 1995 – 8 AZR 197/94, NZA 1995, 1155, ist überholt. Zur Möglichkeit des konkludenten schriftlichen Widerspruchs → Rn. 145.

materiellen Voraussetzungen, insbesondere **nicht** des Vorbringens **besonderer sachlicher Gründe.**[782] Der Widerspruch kann gemäß § 613a Abs. 6 S. 1 BGB nur innerhalb eines Monats nach Zugang einer – ordnungsgemäßen – Unterrichtung gemäß § 613a Abs. 5 BGB erklärt werden. Ist die Unterrichtung fehlerhaft, kann das Widerspruchsrecht demgegenüber bis zur Grenze der Verwirkung auch noch nach Ablauf der Monatsfrist ausgeübt werden (dazu → Rn. 145). Liegt in Wirklichkeit kein Betriebs(teil)übergang vor, vermag eine gleichwohl vorgenommene Unterrichtung die Widerspruchsfrist des § 613a Abs. 6 S. 1 BGB nicht in Gang zu setzen.[783] Noch nicht abschließend entschieden ist, ob der Arbeitnehmer sich gegenüber altem oder neuem Arbeitgeber wirksam zur Ausübung als Widerspruchsrechts verpflichten kann und/oder ob die Wirkungen eines einseitigen Widerspruchs auch durch eine einvernehmliche Vereinbarung zwischen allen Beteiligten herbeigeführt werden kann.[784]

Die Ausübung des Widerspruchsrechts hat eine **doppelte Rechtsfolge:** Es **verhindert anfänglich** den Übergang des Arbeitsverhältnisses auf den Erwerber und **bewirkt** den Verbleib des Arbeitsverhältnisses bei dem bisherigen Betriebsinhaber. Das Widerspruchsrecht ist in diesem Sinne „Rechtsfolgenverweigerungsrecht".[785] Die zweitgenannte Rechtsfolge, der Verbleib des Arbeitsverhältnisses beim bisherigen Inhaber, ergibt sich zwar nicht aus europäischem Recht,[786] entspricht aber ständiger Rechtsprechung des BAG und seit dem 1. 4. 2002[787] dem nationalen Gesetzesrecht, welches durch das Günstigkeitsprinzip nach Art. 7 der Richtlinie 77/187 EWG (jetzt: 2001/23/EG) gedeckt ist.[788] Der Inhalt des Widerspruchsrechts ist somit **unionsrechtlich nicht ausgestaltet;** die Rechtsfolgen eines Widerspruchs für das Arbeitsverhältnis richten sich folglich **nach nationalem Recht.**[789] Die nationale Gesetzgebung räumt dem Arbeitnehmer damit im Wege der Meistbegünstigung ein **Wahlrecht** ein, ob er das Arbeitsverhältnis im Falle des Betriebsübergangs mit dem bisherigen oder dem neuen Arbeitgeber fortsetzen will. Letzteres ist zwar rechtspolitisch bedenklich und durch die grundrechtliche Ableitung insbesondere aus Art. 12 GG[790] nicht geboten,[791] muss aber als **ernst zu nehmendes Umwandlungs- oder Umstrukturierungshindernis** zur Kenntnis genommen werden. Auch dort, wo seine Ausübung gar nicht ernsthaft beabsichtigt ist, kann allein die (unter Umständen kollektive)[792] Dro- 144

[782] BAG 30.10.2003 – 8 AZR 491/02, NZA 2004, 481; 30.9.2004 – 8 AZR 462/03, NZA 2005, 43; 19.2.2009 – 8 AZR 176/08, NZA 2009, 1095; ausf. *Franzen* RdA 2002, 258 (264f.).

[783] BAG 25.1.2018 – 8 AZR 309/16, NZA 2018, 933; ErfK/*Preis* BGB § 613a Rn. 96.

[784] Der 8. Senat hält dies „grundsätzlich nicht für ausgeschlossen"; vgl. BAG 15.12.2011 – 8 AZR 220/11, NZA 2012, 1101 Rn. 29; s. dazu auch die Vorinstanz LAG Hessen 16.2.2011 – 18 Sa 1232/10, ZIP 2011, 1230.

[785] Vgl. BAG 22.4.1993 – 2 AZR 50/92, NZA 1994, 360.

[786] Vgl. EuGH 7.3.1996 – C-171/94 ua *(Merckx)*, DB 1996, 683, wonach es den Mitgliedstaaten freisteht zu regeln, was mit dem Arbeitsverhältnis eines widersprechenden Arbeitnehmers geschieht. S. dazu auch BAG 2.3.2006 – 8 AZR 124/05, NZA 2006, 848; 23.7.2009 – 8 AZR 538/08, NZA 2010, 89 Rn. 53; 21.8.2014 – 8 AZR 619/13, NZA 2014, 1405 Rn. 23; *Kirmse* NJW 2006, 3325; *Otto* FS Richardi, 2007, 317 (321).

[787] Zu diesem Zeitpunkt ist das „Gesetz zur Änderung des Seemannsgesetzes und anderer Gesetze" vom 23.3.2002 (BGBl. I S. 1163) in Kraft getreten, durch das § 613a BGB um einen Absatz 5 (Unterrichtungspflicht) und Absatz 6 (Widerspruchsrecht) ergänzt wurde; s. dazu *Willemsen/Lembke* NJW 2002, 1159, sowie → Rn. 17.

[788] Vgl. BAG 21.5.1992 – 2 AZR 449/91, DB 1992, 2034.

[789] BAG 21.8.2014 – 8 AZR 619/13, NZA 2014, 1405 Rn. 23, unter Bezugnahme auf EuGH 16.12.1992 – C-139/91, NZA 1993, 169.

[790] Vgl. bereits BAG 27.4.1995 – 8 AZR 197/94, NZA 1995, 1155. Grundrechtlichen Anforderungen würde es jedenfalls genügen, wenn nur die *negative* Funktion der Ausübung des Widerspruchsrechts (Nichtüberleitung des Arbeitsverhältnisses auf den Erwerber) gewährleistet würde; differenzierend allerdings BVerfG 25.1.2011.

[791] *Müller-Bonanni* FS Willemsen, 2018, 331 (333).

[792] Zur (Un-)Zulässigkeit der kollektiven Ausübung des Widerspruchsrechts zum Zwecke der Erreichung einer Verbesserung des vertraglichen Status quo Erman/*Edenfeld* BGB § 613a Rn. 55; *Pietzko,* Tatbestand des § 613a BGB, S. 320ff.; MHdB ArbR/*Wank* § 102 Rn. 106; Soergel/*Raab* § 613a Rn. 163 sowie → Rn. 153.

hung hiermit zu erheblicher Verunsicherung der an einer Transaktion und/oder Umstrukturierung beteiligten Unternehmen und gegebenenfalls zu weitgehenden Zugeständnissen an die Arbeitnehmerseite führen, insbesondere, wenn so genannte Schlüsselkräfte betroffen sind. Dieses Gestaltungshindernis ist, wie bereits erwähnt, bei jedweder Art von Betriebsübergang oder Betriebsteilübergang – auch im Zusammenhang mit Umwandlungen nach dem Umwandlungsgesetz[793] – zu beachten. Dagegen findet das Widerspruchsrecht nach § 613a Abs. 6 BGB **keine Anwendung,** wenn der übertragende Rechtsträger im Zuge der Umwandlung erlischt (→ Rn. 157ff.); ferner dann nicht, wenn sich die Rechtsfolge des Betriebsübergangs **unmittelbar aus einem Landesgesetz** ergibt (dazu aber auch → B Rn. 85b).[794]

b) Form, Zeitpunkt und Adressat des Widerspruchs

145 Der Widerspruch ist eine einseitige, empfangsbedürftige Willenserklärung.[795] Er kann entweder gegenüber dem bisherigen oder dem neuen (künftigen) Betriebsinhaber erklärt werden (§ 613a Abs. 6 S. 2 BGB).[796] Der Widerspruch ist entsprechend seiner Rechtsnatur **unwiderruflich**[797] und **bedingungsfeindlich.**[798] Möglich ist aber eine **Anfechtung** gem. §§ 119ff. BGB, wenn der Widerspruch auf einer bewusst unrichtigen Unterrichtung beruht, auch gem. § 123 Abs. 1 BGB.[799]

Der Widerspruch bedarf gemäß § 613a Abs. 6 S. 1 BGB der **Schriftform**[800] iSv § 126 BGB, die allerdings durch die elektronische Form nach § 126a BGB ersetzt werden kann.[801] Auf Grund des Schriftformerfordernisses kommt nach allgemeinen Auslegungsgrundsätzen (§§ 133, 157 BGB) eine **konkludente Erklärung** des Widerspruchs nur in Betracht, wenn der einschlägige rechtsgeschäftliche Wille des Arbeitnehmers in einer **formgerechten Urkunde** einen andeutungsweisen Ausdruck gefunden hat (sog. **Andeutungstheorie**).[802]

Das Widerspruchsrecht kann nur innerhalb **der Frist** des § 613a Abs. 6 S. 1 BGB von **einem Monat nach Zugang** der Unterrichtung nach § 613a Abs. 5 BGB ausgeübt werden (zu der Unterrichtungspflicht → Rn. 210ff.). Erfolgt **keine oder nur eine unzureichende Unterrichtung,** wird der Lauf der Monatsfrist nicht in Gang gesetzt. Das Widerspruchsrecht kann in diesen Fällen bis zur Grenze der Verwirkung ausgeübt werden (zur Verwirkung → Rn. 150ff.).[803] Nach der früheren Rechtsprechung konnte der Arbeitneh-

---

793 Zur Geltung des § 613a BGB bei übertragender Umwandlung vgl. → B Rn. 88 ff.

794 BAG 2.3.2006 – 8 AZR 124/05, NZA 2006, 848, auch zu den verfassungsrechtlichen Aspekten; 18.12.2008 – 8 AZR 690/07, BeckRS 2009, 67988; kritisch dazu *Willemsen* NJW 2007, 2065 (2074).

795 BAG 22.4.1993 – 2 AZR 50/92, NZA 1994, 360; 27.4.1995 – 8 AZR 197/94, NZA 1995, 1155; 30.10.2003 – 8 AZR 491/02, NZA 2004, 481.

796 Ebenso bereits vor Inkrafttreten der gesetzlichen Regelung BAG 22.4.1993 – 2 AZR 50/92, NZA 1994, 360; *Seiter* S. 69; Staudinger/*Annuß* BGB § 613a Rn. 310.

797 BAG 22.4.1993 – 2 AZR 50/92, NZA 1994, 360; 27.4.1995 – 8 AZR 197/94, NZA 1995, 1155; 30.10.2003 – 8 AZR 491/02, NZA 2004, 481.

798 BAG 30.10.2003 – 8 AZR 491/02, NZA 2004, 481; 24.5.2005 – 8 AZR 398/04, NZA 2005, 1302; MüKoBGB/*Müller-Glöge* BGB § 613a Rn. 115. Zulässig ist dagegen die *Rechtsbedingung,* dass überhaupt ein Betriebs(teil)übergang vorliegt (BAG 13.7.2006 – 8 AZR 382/05, NZA 2006, 1406 Rn. 26; *Willemsen* NJW 2007, 2065 (2072)).

799 BAG 15.12.2011 – 8 AZR 220/11, NZA 2012, 1101; zum Ganzen *Haas/Salamon/Hoppe,* NZA 2011, 128.

800 Dies erfordert eigenhändige Unterzeichnung durch den Arbeitnehmer; s. dazu auch *Lützen* NJW 2012, 1627. Zur Möglichkeit der Stellvertretung (insbesondere durch den Anwalt im Prozess) BAG 13.7.2006 – 8 AZR 382/05, NZA 2006, 1406.

801 ErfK/*Preis* BGB § 613a Rn. 98.

802 So ausdrücklich BAG 13.7.2006 – 8 AZR 382/05, NZA 2006, 1406; BAG 15.2.2007 – 8 AZR 431/06, NZA 2007, 793 Rn. 35ff.; ErfK/*Preis* BGB § 613a Rn. 98.

803 BAG 13.7.2006 – 8 AZR 382/05, NZA 2006, 1406; 15.2.2007 – 8 AZR 431/06, NZA 2007, 793; 24.7.2008 – 8 AZR 205/07, NZA 2008, 1294; 27.11.2008 – 8 AZR 174/07, NZA 2009, 552; 2.4.2009 – 8 AZR 262/07, NZA 2009, 1149; 12.11.2009 – 8 AZR 530/07, NZA 2010, 761; 22.6.2011 – 8 AZR

mer sein Widerspruchsrecht nur unverzüglich ausüben, nachdem er Kenntnis von dem Betriebsübergang als solchem erlangt hat.[804] Daran kann freilich nach der Neuregelung des § 613a Abs. 6 BGB nicht mehr festgehalten werden. Dem Arbeitnehmer muss in jedem Fall die gesetzliche Überlegungsfrist von einem Monat verbleiben. Hieraus folgt nach Auffassung des 8. BAG-Senats, dass die **Widerspruchsfrist** weder durch eine unterbliebene noch durch eine nicht ordnungsgemäße Unterrichtung ausgelöst wird,[805] was die enorme rechtliche und wirtschaftliche Bedeutung einer ordnungsgemäßen Unterrichtung nach § 613a Abs. 5 BGB deutlich macht (dazu → Rn. 228ff.). Allerdings kann eine unterbliebene Unterrichtung **jederzeit nachgeholt,** bzw. eine fehlerhafte Unterrichtung **jederzeit berichtigt** und hierdurch die Widerspruchsfrist in Gang gesetzt werden.[806] Die Möglichkeit besteht auch noch **nach dem bereits erfolgten Betriebsübergang.**[807] Eine entsprechende Vorgehensweise kann sich insbesondere dann empfehlen, wenn hinsichtlich der Ordnungsgemäßheit der Unterrichtung vor dem Betriebsübergang Zweifel bestehen (zB weil der Veräußerer notwendige Informationen nicht zur Verfügung gestellt hat). Ausnahmsweise beginnt die Widerspruchsfrist auch bei einer fehlerhaften Unterrichtung ohne förmliche Korrektur zu laufen, nämlich dann, wenn die ursprünglich **fehlerhafte Unterrichtung nachträglich richtig wird.** Entschieden hat das BAG dies für den Fall, dass das Unterrichtungsschreiben keinen Hinweis auf die Geltung des **Sozialplanprivilegs des § 112a Abs. 2 BetrVG** für den Betriebserwerber enthielt. Für diese Sonderkonstellation hat das BAG angenommen, dass die Widerspruchsfrist mit dem Ende des Privilegierungszeitraums des § 112a Abs. 2 BetrVG von vier Jahren auch ohne erneute Unterrichtung des Arbeitnehmers zu laufen begann.[808] Die Entscheidung steht in einem gewissen Spannungsverhältnis zu dem Rechtsprechungsgrundsatz, dass es zwischen dem Unterrichtungsfehler und der Ausübung des Widerspruchsrechts **keiner Kausalitätsbeziehung** bedarf.[809] Sie stellt allerdings eine sinnvolle Begrenzung der häufig unverhältnismäßigen Rechtsfolge dar, dass jeder Unterrichtungsfehler das Anlaufen der Widerspruchsfrist mit der Folge hindert, dass das Widerspruchsrecht bis zur Grenze der Verwirkung ausgeübt werden kann. Diese Rechtsfolge ist durch den Zweck der Unterrichtung nach § 613a Abs. 5 BGB, dem Arbeitnehmer eine informierte Entscheidung darüber zu ermöglichen, ob er sein Widerspruchsrecht ausüben will, jedenfalls dann nicht mehr gefordert, wenn der Unterrichtungsfehler wie in dem vom BAG entschiedenen Fall für den Arbeitnehmer schlechterdings keine Bedeutung mehr haben kann. Diese Überlegung erscheint auch über den Sonderfall des § 112a Abs. 2 BetrVG **verallgemeinerungsfähig.**[810]

Bei **mehreren hintereinandergeschalteten Betriebsübergängen** muss der Wider- 146
spruch zunächst gegen den **letzten Übergang** des Arbeitsverhältnisses erklärt werden, be-

---

752/09, NZA-RR 2012, 507; 15.3.2012 – 8 AZR 700/10, NZA 2012, 1097; 24.8.2017 – 8 AZR 265/16, NJW 2018, 647; 21.12.2017 – 8 AZR 700/16, NZA 2018, 854; ErfK/*Preis* BGB § 613a Rn. 101.

[804] So BAG 19.3.1998 – 8 AZR 139/97, NZA 1998, 750: Erklärungsfrist von höchstens drei Wochen; umfassend zur Situation vor der gesetzlichen Neuregelung *Dreher* BB 2000, 2358.

[805] BAG 24.5.2005 – 8 AZR 398/04, NZA 2005, 1302; 13.7.2006 – 8 AZR 305/05, NZA 2006, 1268; seither stRspr, zB BAG 15.2.2007 – 8 AZR 431/06, NZA 2007, 793; 24.7.2008 – 8 AZR 755/07, NZA-RR 2009, 294; 22.6.2011 – 8 AZR 752/09, NZA-RR 2012, 507; 10.11.2011 – 8 AZR 277/10, BeckRS 2011, 77782.

[806] BAG 23.7.2009 – 8 AZR 538/08, NZA 2010, 89 Rn. 21; ErfK/*Preis* BGB § 613a Rn. 92.

[807] Vgl. BAG 24.5.2005 – 8 AZR 398/04, NZA 2005, 1302; 13.7.2006 – 8 AZR 382/05, NZA 2006, 1406; 14.12.2006 – 8 AZR 763/05, NZA 2007, 682; 24.8.2017 – 8 AZR 265/16, NJW 2018, 647.

[808] BAG 15.12.2016 – 8 AZR 612/15, NZA 2017, 783.

[809] BAG 14.12.2006 – 8 AZR 763/05, NZA 2007, 682; 20.3.2008 – 8 AZR 1016/06, NZA 2008, 1354; 22.1.2009 – 8 AZR 808/07, NZA 2009, 547; 24.8.2017 – 8 AZR 265/16, NJW 2018, 647. Zur Frage der Kausalität in Hinblick auf die Entscheidung BAG 15.12. 2016–8 AZR 612/15, NZA 2017, 783 siehe auch *Annuß* NZA 2017, 976 (977f.).

[810] Ebenso Staudinger/*Annuß* BGB § 613a Rn. 295; *Richter/Grünewald* RdA 2017, 388 (392ff.); *Grau/Schaut* NZA 2018, 216 (219); *C. Meyer* ZfA 2020, 487 (516ff.); kritisch *Wiedebusch/Vollmann* BB 2017, 2047. Zu den möglichen Fällen vgl. *C. Meyer* ZfA 2020, 487 (516ff.).

vor ein Widerspruch über den vorangehenden Betriebsübergang erklärt werden kann.[811] Ob der Arbeitnehmer dem (jeweils) vorangehenden Übergang sodann tatsächlich noch widersprechen kann, hängt davon ab, ob das Widerspruchsrecht gegen diesen noch fortbesteht. War die Unterrichtung über den vorangehenden Betriebsübergang ordnungsgemäß und ist die Monatsfrist des § 613a Abs. 6 S. 1 BGB abgelaufen, kann der Arbeitnehmer dem vorangehenden Betriebsübergang nicht mehr widersprechen. Der Arbeitnehmer soll dem vorangehenden Betriebsübergang allerdings auch dann nicht mehr widersprechen können, wenn die Unterrichtung über diesen zwar fehlerhaft war, der Arbeitnehmer aber in Textform unterrichtet wurde, die Unterrichtung die **grundlegenden Informationen nach § 613a Abs. 5 BGB** enthielt, also den Zeitpunkt oder geplanten Zeitpunkt des Betriebsübergangs, dessen Gegenstand und die Person des Erwerbers, und im Zeitpunkt des Widerspruchs gegen den zweiten Betriebsübergang noch mehr als ein Monat verstrichen ist.[812] Man mag diese Rechtsprechung in dogmatischer Hinsicht kritisieren.[813] Sie führt jedoch zu einer sinnvollen Begrenzung des Risikos zeitlich unbegrenzter Widersprüche und dient in diesem Sinne der von der Rechtsprechung zu Recht betonten **Befriedungsfunktion** des § 613a Abs. 6 BGB. Gerade bei zeitlich weit auseinanderliegenden Betriebsübergängen kann die Richtigkeit der Unterrichtung über einen vorangehenden Betriebsübergang kaum noch sinnvoll überprüft werden.

c) Verwirkung des Widerspruchsrechts

147 **aa) Voraussetzungen der Verwirkung.** Inwieweit bei **fehlender oder unzureichender Unterrichtung** nachträglichen Widersprüchen gegebenenfalls der Einwand der Verwirkung entgegen gehalten werden kann, ist weiterhin nicht abschließend geklärt.[814] Einige wichtige Fragen hat die Rechtsprechung zwar für die Praxis entscheiden, zahlreiche Punkte sind aber weiterhin offen. Die Rechtsprechung des 8. Senats muss zudem als inkonsistent und restriktiv bezeichnet werden und ist daher nur bedingt geeignet, die mitunter ganz erheblichen Risiken einer unterbliebenen bzw. – vor allem – nicht den Anforderungen der Rechtsprechung genügenden Unterrichtung einzugrenzen: Dass die Ausübung des Widerspruchsrechts wegen Verwirkung ausgeschlossen sein kann, ist allgemein anerkannt.[815] Die Verwirkung setzt nach allgemeinen zivilrechtlichen Grundsätzen das Vorliegen eines Zeit- und eines Umstandsmoments voraus.

Angesichts der gesetzlichen Regelung kann hinsichtlich des **Zeitmoments** nicht auf eine feststehende Frist, beispielsweise von sechs Monaten, abgestellt werden. Maßgeblich sind vielmehr die **konkreten Umstände des Einzelfalls.**[816] Bei schwierigen Sachverhal-

[811] BAG 24.4.2014 – 8 AZR 369/13, NZA 2014, 1074; 19.11.2015 – 8 AZR 773/14, NZA 2016, 647 Rn. 14 ff.; HWK/*Müller-Bonanni* BGB § 613a Rn. 350; APS/*Steffan* BGB § 613a Rn. 221; *Grau/Schaut* NZA 2018, 216, (221); ablehnend ErfK/*Preis* BGB § 613a Rn. 99; *Greiner/Hennecken* EWiR 2014, 663.

[812] BAG 19.11.2015 – 8 AZR 773/14, NZA 2016, 647 Rn. 14ff.; HWK/*Müller-Bonanni* BGB § 613a Rn. 350; ablehnend ErfK/*Preis* BGB § 613a Rn. 99.

[813] Eindringlich ErfK/*Preis* BGB § 613a Rn. 99.

[814] Ausführliche Darstellung des sehr kontroversen Meinungsstandes bei *Grau,* Unterrichtung S. 295. Zur Problematik der Verwirkung vgl. auch HWK/*Müller-Bonanni* BGB § 613a Rn. 346; *Annuß* FS 25-jähriges Bestehen der Arbeitsgemeinschaft Arbeitsrecht, 2006, 563 (576); *Kittner* NJW 2012, 1180; sehr restriktiv *Olbertz/Ungnad* BB 2004, 213; differenzierend *Willemsen* NJW 2007, 2065 (2072).

[815] BAG 13.7.2006 – 8 AZR 382/05, NZA 2006, 1406; 15.2.2007 – 8 AZR 431/06, NZA 2007, 793; 24.7.2008 – 8 AZR 205/07, NZA 2008, 1294; 27.11.2008 – 8 AZR 174/07, NZA 2009, 552; 2.4.2009 – 8 AZR 262/07, NZA 2009, 1149; 12.11.2009 – 8 AZR 530/07, NZA 2010, 761; 22.6.2011 – 8 AZR 752/09, NZA-RR 2012, 507; 15.3.2012 – 8 AZR 700/10, NZA 2012, 1097; 24.8.2017 – 8 AZR 265/16, NJW 2018, 647; 21.12.2017 – 8 AZR 700/16, NZA 2018, 854; stRspr. Vgl. zu der – nicht ohne weiteres vergleichbaren – Problematik der Verwirkung des Widerspruchsrechts bei Immobiliendarlehen *Müggenborg/Horbach* NJW 2015, 2145.

[816] BAG 15.2.2007 – 8 AZR 431/06, NZA 2007, 793; 2.4.2009 – 8 AZR 473/07, BeckRS 2009, 70804 Rn. 46; ErfK/*Preis* BGB § 613a Rn. 101.

ten können die Rechte des Arbeitnehmers erst nach **längerer Untätigkeit** verwirken.[817] Zutreffend ist es des Weiteren auch, die **Länge des Zeitablaufs in Wechselwirkung** zu dem ebenfalls erforderlichen **Umstandsmoment** zu setzen. Je stärker das gesetzte Vertrauen oder die Umstände, die eine Geltendmachung für den Anspruchsgegner unzumutbar machen, sind, desto schneller kann ein Anspruch verwirken. Es müssen besondere Verhaltensweisen sowohl des Berechtigten als auch des Verpflichteten vorliegen, die es rechtfertigen, die späte Geltendmachung des Rechts als mit Treu und Glauben unvereinbar und für den Verpflichteten unzumutbar einzustufen.[818] Bei einem „starken" Umstandsmoment können **2,5 Monate** genügen.[819] Bei einem „schwachen" Umstandsmoment oder komplexen Sachverhalt können die Rechte des untätig gebliebenen Arbeitnehmers auch nach längerer Zeit, unter Umständen selbst nach Jahren, noch nicht verwirkt sein.[820]

- Eine **feste Frist,** nach deren Ablauf in jedem Fall die Verwirkung des Widerspruchsrechts eintritt, **lehnt** die Rechtsprechung **nach wie vor ab.**[821] Vielmehr bedürfe es stets eines zusätzlichen Umstandsmoments. Die Beurteilung der Frage, ob ein Recht verwirkt sei, obliege grundsätzlich den Tatsachengerichten.[822] Dabei gilt die **Wechselwirkung** zwischen Zeit- und Umstandsmoment auch in umgekehrter Richtung: Je mehr Zeit seit dem Zeitpunkt des Betriebsübergangs verstrichen ist und je länger der Arbeitnehmer bereits für den Erwerber gearbeitet hat, desto geringer sind die Anforderungen an das Umstandsmoment bei der Frage der Verwirkung („Bild der kommunizierenden Röhren"). Nach der Rechtsprechung des Senats genügen Zeiträume von **15 Monaten, neun Monaten** oder auch **7,5 Monate** zur Verwirklichung des Zeitmoments. Vergehen zwischen der fehlerhaften Unterrichtung und der Erklärung des Widerspruchs **6,5 Jahre,** so ist von einem „besonders schwerwiegenden verwirklichten Zeitmoment" auszugehen.[823] Auch bei besonders langem Zeitmoment verzichtet der Senat jedoch grundsätzlich nicht auf den Nachweis eines Umstandsmoments (s. aber sogleich zur widerspruchslosen Weiterarbeit).[824]
- Die **Frist** für das Zeitmoment beginnt nicht erst mit der Kenntnis des Arbeitnehmers von der Fehlerhaftigkeit der Unterrichtung zu laufen, sondern mit dem Ablauf eines Monats seit der Unterrichtung.[825] Darauf, wann der Arbeitnehmer von der Fehlerhaftigkeit Kenntnis erlangt, kommt es also nicht an;[826] ebensowenig auf die Schwere des Unterrichtungsfehlers.[827] 148

[817] BAG 15.2.2007 – 8 AZR 431/06, AP BGB Nr. 320 zu § 613a Nr. 320 BGB (Widerspruchsrecht nach mehr als einem Jahr verwirkt); 12.11.2009 – 8 AZR 530/07, NZA 2010, 761 (Zeitmoment nach 13,5 Monaten erfüllt); 18.3.2010 – 8 AZR 840/08, NZA-RR 2011, 280 (Zeitmoment nach 16,5 Monaten erfüllt); 14.11.2013 – 8 AZR 824/12, NZA 2014, 610 (Zeitmoment nach über zwei Jahren erfüllt); LAG Thüringen 23.4.2013 – 1 Sa 375/12 (Widerspruchsrecht nach 4,5 Jahren und Abschluss neuen Vertrags verwirkt); LAG Berlin-Brandenburg 20.11.2013 – 21 Sa 866/13 (Widerspruch bei fehlendem Umstandsmoment auch noch nach 4,5 Jahren möglich). Allerdings sei ein Zeitraum von vierzehneinhalb Monaten „grundsätzlich geeignet" das Vorliegen des Zeitmoments zu bejahen; vgl. BAG 23.7.2009 – 8 AZR 357/08, NZA 2010, 393.

[818] BAG 15.2.2007 und 12.11.2009, aaO; 2.4.2009 – 8 AZR 262/07, NZA 2009, 1149; 23.7.2009 – 8 AZR 538/08, NZA 2010, 89.

[819] BAG 24.7.2008 – 8 AZR 2005/07, NZA 2008, 1294 Rn. 36. S. ferner BAG 17.10.2013 – 8 AZR 974/12, NZA 2014, 774 Rn. 29 (knapp fünf bzw. sechs Monate).

[820] BAG 2.4.2009 – 8 AZR 262/07, NZA 2009, 1149 Rn. 22 (Widerspruchsrecht nach 10 Monaten nicht verwirkt); 13.7.2006 – 8 AZR 382/05, NZA 2006, 1406 (Widerspruchsrecht nach einem Jahr nicht verwirkt); 15.2.2007 – 8 AZR 431/06, NZA 2007, 793 (Widerspruchsrecht nach mehr als einem Jahr verwirkt).

[821] zB BAG 23.7.2009 – 8 AZR 538/08, NZA 2010, 89 Rn. 46; dazu *Dzida* DB 2010, 167.

[822] BAG 23.7.2009, aaO, Rn. 48; 24.2.2011 – 8 AZR 469/09, NZA 2011, 973 Rn. 28.

[823] BAG 15.3.2012 – 8 AZR 700/10, NZA 2012, 1097 Rn. 33 mit weiteren Rspr.-Nachweisen; BAG 22.6.2011 – 8 AZR 752/09, NZA-RR 2012, 507 Rn. 33 (drei Jahre).

[824] Vgl. BAG 22.6.2011 – 8 AZR 752/09, NZA-RR 2012, 507 Rn. 36.

[825] BAG 20.3.2008 – 8 AZR 1016/06, NZA 2008, 1354; 27.11.2008 – 8 AZR 174/07, NZA 2009, 552; 12.11.2009 – 8 AZR 530/07, NZA 2010, 761; kritisch *Sagan* ZIP 2011, 1641 (1649).

[826] BAG 12.11.2009 – 8 AZR 751/07, BeckRS 2010, 67336 Rn. 30; anders noch LAG Düsseldorf 18.1.2007 – 5 (9) Sa 1066/06, BeckRS 2009, 57464.

- Hinsichtlich des **Umstandsmoments** haben sich in der Rechtsprechung bislang folgende **Grundsätze** herauskristallisiert: Die bloße widerspruchslose **Weiterarbeit beim Betriebserwerber** soll für sich genommen **nicht ausreichen,** um ein schutzwürdiges Vertrauen in die Nichtausübung des Widerspruchsrechts zu begründen.[828] Anderes nimmt die Rechtsprechung an, wenn der Arbeitnehmer die **„grundlegenden Informationen nach § 613a Abs. 5 BGB"** in Textform erhalten hat, also über den Übergang seines Arbeitsverhältnisses unter Mitteilung des Zeitpunkts oder geplanten Zeitpunkts sowie des Gegenstands des Übergangs und die Person des Erwerbers informiert und über sein Widerspruchsrecht belehrt wurde. In diesen Fällen führe die widerspruchslose Weiterarbeit für den Erwerber **über einen Zeitraum von sieben Jahren** „regelmäßig" (sic!) zur Verwirkung des Widerspruchsrechts.[829]
- Dasselbe gilt für die Fortsetzung des Betriebsratsamtes bzw. die Kandidatur für den Betriebsrat beim Erwerber.[830] Auch eine E-Mail, mit der sich der Arbeitnehmer von seinen früheren Kollegen wegen Übergangs seines Arbeitsverhältnisses auf den Betriebserwerber verabschiedet, muss im Kontext gesehen werden und erfüllt das Umstandsmoment in der Regel nicht,[831] ebensowenig die Erhebung einer Kündigungsschutzklage gegen den Erwerber.[832] Der **Vorbehalt** eines Widerspruchs ist nach Ansicht des BAG für die Verwirklichung des Zeit- wie des Umstandsmoments ohne Bedeutung.[833] Ob dies auch bei wiederholten folgenlosen Vorbehalten gilt, bleibt allerdings offen.
  - Ein in Bezug auf das Erwerberunternehmen gestellter **Insolvenzantrag** ist für sich genommen laut BAG ebenfalls nicht geeignet, ein Umstandsmoment zu begründen, da hieraus nicht auf eine unzureichende Unterrichtung geschlossen werden könne.[834]
  - Dagegen kommt eine Verwirklichung des Umstandsmoments in Betracht, wenn der Arbeitnehmer nach Betriebsübergang **Dispositionen** trifft, die beim bisherigen oder neuen Inhaber das begründete **Vertrauen** erwecken, dieser **akzeptiere** den Übergang des Arbeitsverhältnisses und werde das Widerspruchsrecht nicht mehr ausüben.[835] Eigener wirtschaftlicher Dispositionen des Verpflichteten (Arbeitgebers) bedarf es demgegenüber nicht; sie können das Umstandsmoment allerdings verstärken.[836] Eine relevante Disposition des Arbeitnehmers über das Arbeitsverhältnis nimmt die Rechtsprechung „regelmäßig" insbesondere dann an, wenn er mit dem neuen Betriebsinhaber einen **Aufhebungsvertrag abschließt** und anschließend **ein neues Arbeitsverhältnis** mit einem Dritten eingeht,[837] allerdings nur, wenn zu

[827] aA *Sagan,* Anm. zu BAG AP Nr. 449 zu § 613a BGB; ders. ZIP 2011, 1641 (1649); ErfK/*Preis* BGB § 613a Rn. 101; ähnlich *Rieble* NZA 2004, 1, (4). Dazu auch → Rn. 229.

[828] BAG 20.3.2008 – 8 AZR 1016/06, NZA 2008, 1354; 24.7.2008 – 8 AZR 755/07, NZA-RR 2009, 294; 21.8.2008 – 8 AZR 407/07, NZA-RR 2009, 62; 27.11.2008 – 8 AZR 174/07, NZA 2009, 552; 2.4.2009 – 8 AZR 473/07, BeckRS 2009, 70804; 23.7.2009 – 8 AZR 357/08, NZA 2010, 393; 23.7.2009 – 8 AZR 538/08, NZA 2010, 89; 24.2.2011 – 8 AZR 469/09, NZA 2011, 973; 15.3.2012 – 8 AZR 700/10, NZA 2012, 1097; 21.12.2017 – 8 AZR 700/16, NZA 2018, 854. AA für langandauernde Weiterarbeit *Dzida* NZA 2009, 641 (645); *Steffan* NZA 2016, 608 (611).

[829] BAG 24.8.2017 – 8 AZR 265/16, NZA 2018, 168; 21.12.2017 – 8 AZR 99/17, BeckRS 2017, 146233; 28.6.2018 – 8 AZR 100/17, BeckRS 2018, 23438; vgl. auch zur Kritik der Entscheidung *Bauer/Ernst* NZA 2018, 1243 (1246); *C. Meyer* ZfA 2020, 487 (509 ff.).

[830] BAG 15.3.2012 – 8 AZR 700/10, NZA 2012, 1097 Rn. 35.

[831] BAG 24.7.2008 – 8 AZR 202/07, AP Nr. 352 zu § 613a BGB.

[832] BAG 2.4.2009 – 8 AZR 262/07, NZA 2009, 1149. Ähnlich bezüglich einer Klage gegen die wegen Betriebsstilllegung ausgesprochene Kündigung des Veräußerers LAG Köln 11.8.2008 – 5 Sa 1323/07, NZA-RR 2009, 182.

[833] BAG 17.10.2013 – 8 AZR 974/12, NZA 2014, 774 Rn. 29.

[834] BAG 24.7.2008 – 8 AZR 755/07, NZA-RR 2009, 294.

[835] BAG 20.3.2008 – 8 AZR 1016/06, NZA 2008, 1354; 27.11.2008 – 8 AZR 174/07, NZA 2009, 552; 2.4.2009 – 8 AZR 262/07, NZA 2009, 1149; 23.7.2009 – 8 AZR 357/08, NZA 2010, 393.

[836] BAG 22.6.2011 – 8 AZR 752/09, NZA-RR 2012, 507 Rn. 39.

[837] BAG 27.11.2008 – 8 AZR 174/07, NZA 2009, 552; 2.4.2009 – 8 AZR 262/07, NZA 2009, 1149; 23.7.2009 – 8 AZR 357/08, NZA 2010, 393. Für eine entsprechende Anwendung des § 144 BGB (Bestätigung) *Gehlhaar* BB 2009, 1182 (1184); *Rieble/Wiebauer* NZA 2009, 401 (404) im Anschluss an LAG Düsseldorf 30.5.2007 – 7 Sa 158/07, BeckRS 2009, 57449.

diesem Zeitpunkt der Widerspruch noch nicht ausgeübt war.[838] Auch der **Eintritt in eine Beschäftigungs- und Qualifizierungsgesellschaft** unter Abschluss eines Aufhebungsvertrages mit dem Betriebserwerber wird von der Rechtsprechung des 8. Senats als eine derartige Disposition über das Arbeitsverhältnis angesehen.[839] Als das Umstandsmoment begründende Verhaltensweisen wurden ferner angesehen: Der **Abschluss eines Aufhebungsvertrags** mit dem Betriebserwerber gegen Zahlung einer **Abfindung;**[840] die **Hinnahme** einer vom Betriebserwerber ausgesprochenen **Kündigung**[841] (anders dagegen nach ausgeübtem Widerspruch[842]) sowie der Ausspruch einer **Eigenkündigung** des Arbeitnehmers.[843] Das LAG Köln hat in der Hinnahme einer **Versetzung** ein Umstandsmoment gesehen,[844] ebenso das LAG Hamburg in einem Fall, in dem die Versetzung zusätzlich mit einem Umzug verbunden war.[845] Ebenso ausreichend kann sein, dass das Arbeitsverhältnis durch eine Vereinbarung mit dem Betriebserwerber auf eine völlig neue rechtliche Grundlage gestellt wird.[846] Insoweit kommen in Betracht: Die Begründung eines **Altersteilzeitverhältnisses,**[847] nicht aber die einvernehmliche Beförderung des Arbeitnehmers durch den Erwerber unter Verbesserung seiner Vergütungsbedingungen.[848] Nach Auffassung des 8. BAG-Senats vermögen bloße **Änderungen einzelner Vertragsbedingungen** das Umstandsmoment nicht zu begründen,[849] erst Recht nicht, wenn sie auf einer arbeitsvertraglichen Bezugnahme auf Tarifverträge beruhen,[850] ebensowenig eine Klage auf Feststellung bestimmter bestehender Arbeitsbedingungen.[851] Des Weiteren soll das Umstandsmoment uU deutlich abgeschwächt sein, wenn die „eigentliche Disposition" über das Arbeitsverhältnis schon vor dem Betriebsübergang gelegen hat und nur der „Vollzug" der Absprache durch den Betriebserwerber vorgenommen wird.[852]

– Auch **sonstige Verhaltensweisen des Arbeitnehmers bzw. des ihn vertretenden Anwalts,** die sich nicht als Disposition über das Arbeitsverhältnis als solches darstellen, können das gerechtfertigte Vertrauen in die Nichtausübung des Widerspruchsrechts begründen.[853] Insoweit wurde das Umstandsmoment bejaht (teilweise allerdings in Verbindung mit weiteren Elementen), nachdem ein Arbeitnehmer selbst gegenüber dem Arbeitgeber schriftlich Zweifel an der Richtigkeit und Vollständigkeit der Angaben im **Informationsschreiben** nach § 613a BGB angemeldet und deren Vervollständigung unter Fristsetzung angemahnt, nach fruchtlosem Ablauf dieser Frist sein

---

838 BAG 2.4.2009 – 8 AZR 318/07, BeckRS 2009, 72153.

839 BAG 12.11.2009 – 8 AZR 530/07, NZA 2010, 761.

840 BAG 23.7.2009 – 8 AZR 357/08, NZA 2010, 393; 12.11.2009 – 8 AZR 370/07, BeckRS 2010, 67599; 18.3.2010 – 8 AZR 840/08, NZA-RR 2011, 280; 17.10.2013 – 8 AZR 974/12, NZA 2014, 774.

841 BAG 24.7.2008 – 8 AZR 175/07, BeckRS 2008, 57697; 2.4.2009 – 8 AZR 473/07, BeckRS 2009, 70804; BAG 23.7.2009, aaO.

842 BAG 24.7.2008 – 8 AZR 202/07, AP Nr. 352 zu § 613a BGB; 12.11.2009 – 8 AZR 718/07, BeckRS 2010, 67600; ausreichend ist insoweit ein Widerspruch innerhalb der Klagefrist des § 4 KSchG; vgl. BAG 9.12.2010 – 8 AZR 152/08, BeckRS 2011, 70756.

843 BAG 12.11.2009, aaO.; weitere Beispiele bei *C. Meyer* ZfA 2020, 487 (521 f.).

844 LAG Köln 8.12.2016 – 8 Sa 1154/15, BeckRS 2016, 118450.

845 LAG Hamburg 7.10.2016 – 6 Sa 21/16, ArbRAktuell 2017, 23.

846 So die wörtliche Formulierung in BAG 23.7.2009 – 8 AZR 357/08, NZA 2010, 393 Rn. 45.

847 BAG 23.7.2009, aaO *(obiter)*.

848 So allerdings *Dzida* NZA 2009, 641 (645); ErfK/*Preis* BGB § 613a Rn. 102; aA BAG 23.7.2009 – 8 AZR 541/08, BeckRS 2009, 74730; LAG München 23.7.2009 – 3 Sa 118/09, BeckRS 2009, 72471.

849 BAG 23.7.2009, aaO; 15.3.2012 – 8 AZR 700/10, NZA 2012, 1097 Rn. 36 (Anpassung der Altersversorgung); s. dazu auch *Lingemann/Weingarth* DB 2014, 2710 (2712); *Sagan* Anm. zu BAG AP Nr. 449 zu § 613a BGB; *Steffan* NZA 2016, 608 (610).

850 BAG 24.8.2017 – 8 AZR 265/16, NJW 2018, 647 Rn. 47.

851 BAG 11.12.2014 – 8 AZR 943/13, NZA 2015, 481 Rn. 21.

852 Vgl. BAG 24.2.2011 – 8 AZR 469/09, NZA 2011, 973, für ein „Frühruhestandsverhältnis".

853 IdS auch LAG München 5.7.2010 – 3 Sa 141/10, BeckRS 2010, 74586.

Arbeitsverhältnis aber zunächst fortgesetzt hatte.[854] In ähnlicher Weise wurde das Umstandsmoment bejaht, weil eine Arbeitnehmerin zunächst die Unvollständigkeit der Unterrichtung durch anwaltliches Schreiben geltend gemacht hatte, sodann trotz eines „inhaltsleeren" Schreibens der Arbeitgeberseite über einen sehr langen Zeitraum untätig blieb und selbst nach Mitteilung der bevorstehenden **Betriebsstilllegung** über vier Monate nicht reagierte.[855] Als „verhängnisvoll" hat es sich für einen anderen Arbeitnehmer erwiesen, dass sein **Anwalt** den Betriebsveräußerer nur unter dem Gesichtspunkt der **Nachhaftung** nach § 613a Abs. 2 S. 1 BGB und nicht als seinen Arbeitgeber bezüglich eines Anspruchs auf Sozialplanabfindung in Anspruch genommen hatte;[856] dem anwaltlichen außergerichtlichen und gerichtlichen Verhalten komme aus der Sicht des früheren Betriebsinhabers „eine gesteigerte Bedeutung" zu.[857] Gleich, ob man der Begründung des BAG folgt, kann es sich somit als anwaltlicher **Kunstfehler** herausstellen, „vorschnell" den Übergang des Arbeitsverhältnisses als solchen zu akzeptieren und den bisherigen Arbeitgeber **vorbehaltlos** (!) nur noch als Haftungsschuldner nach § 613a Abs. 2 BGB in Anspruch zu nehmen; ähnliches dürfte für die vorbehaltlose Geltendmachung nachvertraglicher Ansprüche (zB Zeugnis) gelten.[858]

149 – Bei der Beurteilung des Umstandsmoments sind **bisheriger und neuer Arbeitgeber einheitlich zu behandeln.** Der bisherige Inhaber kann sich auch auf vertrauensbegründende Umstände berufen, die der Arbeitnehmer gegenüber dem neuen Inhaber setzt, und zwar unabhängig davon, ob und wann dem bisherigen Inhaber diese Umstände bekannt werden.[859] Diese **Wissenszurechnung** im Rahmen des Verwirkungstatbestands begründet der 8. Senat unter anderem damit, dass der Widerspruch nach § 613a Abs. 6 S. 2 BGB sowohl gegenüber dem bisherigen Arbeitgeber (Betriebsveräußerer) als auch gegenüber dem neuen Inhaber (Betriebserwerber) erklärt werden könne. Der Widerspruch könne aber nicht gegenüber dem neuen Arbeitgeber verwirkt sein, weil dieser die entsprechenden Umstände kenne, gegenüber dem bisherigen Arbeitgeber wegen dessen Unkenntnis aber nicht. Eine **nachgewiesene Kenntnis** des in Anspruch genommenen Verpflichteten von einem bestimmten Arbeitnehmerverhalten sei **nicht erforderlich,** wenn feststehe, dass dieses Verhalten wenigstens **dem anderen Verpflichteten bekannt** geworden sei.[860] Diese wechselseitige Wissenszurechnung kommt allerdings nur den Widerspruchsadressaten iSv § 613a Abs. 6 S. 2 BGB, nicht jedoch einem „früheren" Arbeitgeber im Rahmen davor liegender Betriebsübergänge zugute.[861]

– Zwar kann ein einmal eingetretener **Vertrauenstatbestand** (Umstandsmoment) grundsätzlich durch entsprechende Erklärung des Arbeitnehmers wieder **beseitigt** werden. Dies gilt jedoch nicht, wenn inzwischen auch das Zeitmoment erfüllt ist.[862] Eine **nach Eintritt der Verwirkung** erfolgte Erklärung, der Widerspruch „werde vorbehalten", ist daher ohne rechtliche Bedeutung.[863] Aber auch ein genereller **Widerspruchsvorbehalt,** den der Arbeitnehmer bei Abschluss eines **Aufhebungsver-**

[854] BAG 2.4.2009 – 8 AZR 262/07, NZA 2009, 1149 Rn. 26.
[855] BAG 22.6.2011 – 8 AZR 752/09, NZA-RR 2012, 507 Rn. 38.
[856] BAG 24.7.2008 – 8 AZR 205/07, NZA 2008, 1294.
[857] BAG 24.7.2008, NZA 2008, 1294 Rn. 35.
[858] *Dzida* NZA 2009, 641 (645); *Löwisch/Göpfert/Siegrist* DB 2007, 2538 (2541).
[859] BAG 27.11.2008 – 8 AZR 174/07, NZA 2009, 552; 2.4.2009 – 8 AZR 262/07, NZA 2009, 1149; 2.4.2009 – 8 AZR 473/07, BeckRS 2009, 70804; 23.7.2009 – 8 AZR 357/08, NZA 2010, 393; 22.6.2011 – 8 AZR 752/09, NZA-RR 2012, 507 Rn. 40; 24.8.2017 – 8 AZR 265/16, NJW 2018, 647 Rn. 32; 21.12.2017 – 8 AZR 700/16, NZA 2018, 854 Rn. 30; stRspr.
[860] So die vorstehend zitierte Rechtsprechung.
[861] BAG 11.12.2014 – 8 AZR 943/13, NZA 2015, 481 Rn. 25.
[862] BAG 24.7.2008 – 8 AZR 205/07, NZA 2008, 1294 Rn. 36, was dort bereits nach zweieinhalb Monaten angenommen wurde.
[863] BAG 12.11.2009 – 8 AZR 530/07, NZA 2010, 761; 17.10.2013 – 8 AZR 974/12, NZA 2014, 774 Rn. 29; dazu auch → Rn. 148.

trags mit dem Betriebserwerber erklärt, ist grundsätzlich nicht geeignet, den Eintritt der Verwirkung zu Lasten des Veräußerers hinauszuzögern.[864] Auch lässt sich die einmal eingetretene Verwirkung nicht durch einen Schadensersatzanspruch nach § 613a Abs. 5 iVm §§ 280, 249 BGB wegen unzureichender bzw. fehlerhafter Unterrichtung kompensieren (s. zu diesem Schadensersatzanspruch auch → Rn. 211).[865]

– Einen interessanten **Hinweis** für den **Arbeitnehmeranwalt** enthält das Urteil des 8. Senats vom 24.7.2008. Danach kann eine Mitteilung des Prozessbevollmächtigten, dass bestimmte Informationen im Unterrichtungsschreiben unzutreffend seien, verbunden mit der Aufforderung, nunmehr eine vollständige und wahrheitsgemäße Information über die rechtlichen, wirtschaftlichen und sozialen Folgen des Übergangs zu erteilen, das **Vertrauen** in Bezug auf die Nichtausübung des Widerspruchs **beseitigen** und die Verwirkung **„unterbrechen".**[866] Ein solches Vorgehen kann sich uU dann empfehlen, wenn Zweifel an der wirtschaftlichen Überlebensfähigkeit des Erwerbers bestehen. Mit Zugang eines solchen Schreibens beginnt dann eine neue „Verwirkungsfrist". Allerdings ist ein solches Vorgehen mitunter **zweischneidig,** weil anschließend eine Verwirkung, wie bereits angesprochen, möglicherweise gerade deshalb eintritt, weil der Arbeitnehmer sich den Widerspruch längere Zeit offengehalten und nicht reagiert hat, obwohl die geforderte „Nachbesserung" ausblieb.[867]

Als **Fazit** ist festzuhalten, dass der **Verwirkungseinwand** nur **sehr bedingt geeignet** ist, das Risiko des Betriebsveräußerers **einzugrenzen,** noch nachträglich auf Grund wirksamer Ausübung des Widerspruchsrechts in Anspruch genommen zu werden, was zu einem entsprechend hohen **Rückstellungsbedarf,** insbesondere im Hinblick auf die bereits als übertragen geglaubten Verpflichtungen aus betrieblicher Altersversorgung, führen kann. Da die Rechtsprechung eine Verwirkung allein auf Grund Zeitablaufs bisher grundsätzlich ablehnt und Initiativen für eine feste Befristung[868] vom Gesetzgeber nicht aufgegriffen wurden, fehlt es in diesem Bereich an der erforderlichen Rechtssicherheit. Soweit das BAG in „Großverfahren" *(AgfaPhoto, BenQ)* bisher das Vorliegen eines Umstandsmoments bejaht hat, lag dem jeweils ein **bestimmtes, vertrauensbegründendes Arbeitnehmerverhalten** zu Grunde, auf das der Veräußerer keinen Einfluss, ja von dem er in der Regel noch nicht einmal Kenntnis hatte. Eine abstrakte Prognose, ab wann bei fehlender Ingangsetzung der Frist des § 613a Abs. 6 S. 1 BGB das Widerspruchsrecht verwirkt, ist daher in der Praxis zumeist nicht möglich. Dies unterstreicht die enorme praktische Bedeutung einer ordnungsgemäßen Information nach § 613a Abs. 5 BGB, da die Berufung auf den Verwirkungseinwand von zahlreichen, aus Arbeitgebersicht schwer überschaubaren Faktoren abhängt. 150

bb) Beendigung des Arbeitsverhältnisses als absolute zeitliche Grenze? Die Risiken für die Arbeitgeberseite werden zusätzlich dadurch verstärkt, dass nach der – freilich verfehlten[869] – Rechtsprechung des 8. BAG-Senats noch nicht einmal die Beendigung des Arbeitsverhältnisses eine zeitliche Grenze für die Ausübung des Widerspruchsrechts bei 151

[864] Vgl. BAG 27.11.2008 – 8 AZR 174/07, NZA 2009, 552; dazu *Grau* AE 2010, 130 (138).

[865] BAG 2.4.2009 – 8 AZR 262/07, NZA 2009, 1149; 12.11.2009 – 8 AZR 530/07, NZA 2010, 761; *Lingemann/Weingarth* DB 2014, 2710 (2715).

[866] BAG 24.7.2008 – 8 AZR 755/07, NZA-RR 2009, 294 Rn. 42.

[867] Vgl. zu einem solchen Fall BAG 27.11.2008 – 8 AZR 174/07, NZA 2009, 552; dazu *Grau* AE 2010, 130 (138). Der bloße Ablauf einer vom Anwalt des Arbeitgebers gesetzten Äußerungsfrist reicht allerdings nicht ohne weiteres aus; vgl. BAG 24.7.2008 – 8 AZR 755/07, NZA-RR 2009, 294 Rn. 45.

[868] Vgl. Stellungnahme des DAV-Arbeitsrechtsausschusses Nr. 20/2009, abrufbar unter www.anwaltverein.de; Diskussionsentwurf eines Arbeitsvertragsgesetzes von *Henssler/Preis,* veröffentlicht in NZA-Beil. 2007, 1 (§ 140 Abs. 5).

[869] Vgl. *Rieble* NZA 2004, 1 (6); *Rieble/Wiebauer* NZA 2009, 401 (403); *Rudkowski* NZA 2010, 739 (740); *Willemsen* FS Küttner, 2006, 417 (432); *ders.* NJW 2007, 2065 (2073); HWK/*Müller-Bonanni* BGB § 613a Rn. 348.

fehlender bzw. unzureichender Unterrichtung nach § 613a Abs. 5 BGB bilden soll.[870] Das BAG begründet dies damit, dass die Ausübung des Widerspruchsrechts **auf den Zeitpunkt des Betriebsübergangs zurückwirke** (*ex-tunc*-Wirkung, dazu → Rn. 154). Selbst wenn man dem zustimmen wollte, wäre diese Auffassung gleichwohl **unschlüssig;** denn die Rückwirkung wäre lediglich eine Rechtsfolge des wirksam ausgeübten Widerspruchsrechts, vermag dessen Ausübungsvoraussetzungen jedoch nicht zu substituieren. Zu letzterem gehört aber, dass im Zeitpunkt des Widerspruchsrechts ein Arbeitsverhältnis besteht, über das durch Ausübung dieses Gestaltungsrechts überhaupt noch verfügt werden kann.[871] Die Frage ist von erheblicher praktischer Tragweite, da nach der Rechtsprechung des BAG auch ein Arbeitnehmer, der auf Grund einer mit dem **Veräußerer** getroffenen Vereinbarung (zB Befristung, Vorruhestands- oder Aufhebungsvereinbarung) nach dem Betriebsübergang aus dem Arbeitsverhältnis ausgeschieden ist, noch nachträglich wirksam dem Übergang seines Arbeitsverhältnisses widersprechen kann, wenn sich die Unterrichtung nach § 613a Abs. 5 BGB als unzutreffend oder unvollständig erweist und zwischenzeitlich kein Verwirkungstatbestand in dem oben dargelegten Sinne geschaffen wurde. Bei Insolvenz des Erwerbers ist der frühere Arbeitgeber sodann insbesondere mit den gesamten Pensionsansprüchen des widersprechenden, bereits ausgeschiedenen Arbeitnehmers belastet, was wirtschaftlich besonders schwer wiegt, weil er dem Erwerber hierfür im Rahmen des Verkaufs in aller Regel bereits einen entsprechenden Kaufpreisabschlag bewilligt hatte. Auch eine vom **Erwerber** ausgesprochene (insbesondere fristlose) wirksame **Kündigung** kann der Arbeitnehmer nach der unzutreffenden Rechtsprechung „aushebeln", indem er einen Fehler im Unterrichtungsschreiben ausfindig macht, der ihn zum nachträglichen Widerspruch (mit Rückwirkung) berechtigt; denn dann wurde die Kündigung seitens des Erwerbers von einem Nichtberechtigten ausgesprochen. Entsprechendes gilt bei Abschluss einer Aufhebungsvereinbarung mit dem Erwerber. Ob dieser misslichen Rechtsfolge durch eine **nachträgliche Genehmigung** seitens des Veräußerers abgeholfen werden kann, ist zumindest zweifelhaft.[872]

Alles dies zeigt, dass weder die ausschließliche Fokussierung auf das Rechtsinstitut der Verwirkung noch die These des BAG, wonach das Widerspruchsrecht auch noch nach dem Ende des Arbeitsverhältnisses ausgeübt werden kann, ausreichend bzw. sinnvoll sind, um das immense **Risiko** nachträglicher Widersprüche im Falle eines Unterrichtungsfehlers **angemessen zu begrenzen.**[873] Da auf absehbare Zeit weder eine Änderung der Gesetzeslage noch der Rechtsprechung zu erwarten ist, verbleibt der Praxis lediglich die Möglichkeit, die Struktur der Transaktion zu überdenken. Beispielsweise kann es bei der Veräußerung einzelner Betriebe oder Betriebsteile sinnvoll sein, nicht die zu übertragenden Unternehmensteile aus dem bestehenden Rechtsträger herauszulösen, sondern **umgekehrt vorzugehen.**

Beispiel G 13:

Will also beispielsweise die A-AG einen von zwei Betrieben ihrer Tochtergesellschaft, der B-GmbH, veräußern, kann es sinnvoll sein, nicht den zu veräußernden Betrieb im Wege des Asset Deals auf den Erwerber zu übertragen, sondern den nicht zu veräußernden Betrieb in eine neu gegründete Tochtergesellschaft, die C GmbH, einzubringen und sodann die Anteile der B-GmbH zu veräußern.

---

[870] BAG 20.3.2008 – 8 AZR 1016/06, NZA 2008, 1354 Rn. 38; 24.7.2008 – 8 AZR 755/07, NZA-RR 2009, 294; zustimmend ErfK/*Preis* BGB § 613a Rn. 100. Anders als das BAG und wie hier dagegen LAG Berlin-Brandenburg, 20.7.2007 – 6 Sa 680/07, NZA-RR 2007, 626.

[871] *Rieble, Willemsen,* aaO: *Willemsen* FS Küttner, 2008, 417 (432); *Rieble/Wiebauer* NZA 2009, 401 (403f.); *Löwisch* BB 2009, 326. So zutreffend jetzt auch BAG 21.8.2014 – 8 AZR 619/13, NZA 2014, 1405 Rn. 27, freilich ohne direkten Bezug zu der hier erörterten Problematik.

[872] Dazu ausführlich *Grau* AE 2010, 130 (138); *Löwisch* DB 2009, 326; *Rudkowski* NZA 2010, 739 (741).

[873] IE ebenso *Rieble/Wiebauer* NZA 2009, 401 (402).

Da bei diesem Vorgehen hinsichtlich des zu veräußernden Betriebs kein Betriebsübergang stattfindet, kommt den dort beschäftigten Arbeitnehmern auch kein Widerspruchsrecht zu. Natürlich muss der alternative Transaktionsweg für den Veräußerer (hier: die B-GmbH) auch steuerlich sinnvoll und für den Erwerber haftungsrechtlich (mit den Anteilen der B-GmbH übernimmt der Erwerber auch alle „Altlasten" des Rechtsträgers) akzeptabel sein.

d) Rückgängigmachung des erklärten Widerspruchs und Verzicht auf das Widerspruchsrecht

Wie jede Willenserklärung kann auch der Widerspruch nach § 613a Abs. 6 BGB bei Vorliegen der allgemeinen Voraussetzungen **angefochten** werden, insbesondere im Falle der **arglistigen Täuschung** iSv § 123 BGB durch einen der beteiligten Arbeitgeber, etwa in Bezug auf das Bestehen oder Nichtbestehen der gesetzlichen Insolvenzsicherung für Ansprüche aus einer Altersteilzeitvereinbarung.[874] Im Übrigen kann der wirksam erfolgte Widerspruch nach § 613a BGB vom Arbeitnehmer **nicht mehr** einseitig **widerrufen** werden, und zwar auch dann nicht, wenn im Zeitpunkt des Betriebsübergangs die Informationen nach § 613a Abs. 5 BGB noch nicht erteilt sind.[875] Da von der Rückgängigmachung eines Widerspruchs insbesondere auch der neue Betriebsinhaber betroffen ist, bedarf es hierfür vielmehr eines **dreiseitigen Vertrags** zwischen diesem, dem bisherigen Arbeitgeber sowie dem Arbeitnehmer. Davon **unabhängig** kann der erklärte Widerspruch allerdings **gegenstandslos** werden, wenn er sich auf eine Maßnahme bezog, über die zwar seitens des bisherigen Betriebsinhabers informiert worden war, die aber in der Folgezeit tatsächlich **nicht,** auch nicht in anderer Form, **durchgeführt** wurde. Bei einer völlig anderen Maßnahme als der, über die nach § 613a BGB informiert wurde, muss vielmehr eine erneute Unterrichtung erfolgen, die sodann ein weiteres Widerspruchsrecht auslöst.[876] 152

Neben der Verwirkung kommt auch ein **Verzicht** des Arbeitnehmers auf das Widerspruchsrecht in Betracht,[877] freilich nicht in abstrakter Form, sondern nur anlässlich eines konkreten Betriebs(teil)übergangs.[878] Ob der Verzicht der **Schriftform** bedarf, ist umstritten;[879] aus Gründen der Rechtssicherheit ist sie aber dringend anzuraten. Einen konkludenten Verzicht auf das Widerspruchsrecht lässt das BAG entgegen der früheren Rechtslage nicht mehr zu.[880] Der Verzicht muss andererseits nicht als solcher bezeichnet werden. Es genügt, ist aber auch erforderlich, dass der Verzichtswille des Arbeitnehmers zweifelsfrei und unmissverständlich zum Ausdruck kommt.[881] Eine **Einverständniserklärung mit dem Übergang des Arbeitsverhältnisses** hat das BAG vor diesem Hintergrund nicht als Verzicht auf das Widerspruchsrecht ausgelegt. In einer solchen Erklärung liege auch kein Umstandsmoment, welches zur Verwirkung des Widerspruchsrechts führen könne.[882] Ob der Verzicht voraussetzt, dass der Arbeitnehmer zuvor ordnungsgemäß nach Abs. 5 unterrichtet wurde, ist umstritten. Das BAG hat die Frage offen gelassen;[883] richtigerweise ist sie 152a

[874] Vgl. BAG 15.12.2011 – 8 AZR 220/11, NZA 2012, 1101.
[875] BAG 30.10.2003 – 8 AZR 491/02, NZA 2004, 481; LAG Schleswig-Holstein 30.10.2002 – 5 Sa 206c/02, BeckRS 2003, 40071; LAG Köln 2.8.2010 – 2 Sa 176/10, ZIP 2011, 830.
[876] BAG 25.10.2007 – 8 AZR 989/06, NZA 2008, 357.
[877] So bereits die Rechtsprechung vor der Einfügung von § 613a Abs. 6 BGB: BAG 22.2.1978 – 5 AZR 800/76, AP BGB § 613a Nr. 11; 15.2.1984 – 5 AZR 123/82, NZA 1984, 32; 19.3.1998 – 8 AZR 139/97, ZIP 1998, 1080; zudem 15.2.2007 – 8 AZR 431/06, NZA 2007, 793; 28.2.2019 – 8 AZR 208/18, BeckRS 2019, 16534.
[878] ErfK/*Preis* BGB § 613a Rn. 104; HWK/*Müller-Bonanni* BGB § 613a Rn. 362; zustimmend *Pils* BB 2014, 185 (187).
[879] S. dazu HWK/*Müller-Bonanni,* aaO einerseits; *Rudkowski* NZA 2010, 739 (741) andererseits.
[880] BAG 28.2.2019 – 8 AZR 201/18, NZA 2019, 1279 unter ausdrücklicher Aufgabe der früheren Rechtsprechung; anders noch 19.3.1998 – 8 AZR 139/97, NZA 1998, 750; 15.2.1984 – 5 AZR 123/82, aaO.
[881] BAG 28.2.2019 – 8 AZR 201/18, NZA 2019, 1279 Rn. 59.
[882] BAG 28.2.2019 – 8 AZR 201/18, NZA 2019, 1279.
[883] BAG 28.2.2019 – 8 AZR 201/18, NZA 2019, 1279 Rn. 50.

zu verneinen.[884] Der Arbeitnehmer kann jederzeit auch ohne vorherige Belehrung über die möglichen Folgen über sein Arbeitsverhältnis disponieren. Dementsprechend kann er auch auf sein Widerspruchsrecht unabhängig davon verzichten, ob er zuvor ordnungsgemäß nach § 613a Abs. 5 BGB unterrichtet wurde.

e) Zulässigkeit eines kollektiven Widerspruchs; Einwand des Rechtsmissbrauchs

153 Die bei Umstrukturierungen und Transaktionen gelegentlich zu beobachtende **„massenhafte" Ausübung des Widerspruchsrechts** oder die Drohung damit, etwa auf Empfehlung des Betriebsrats oder der zuständigen Gewerkschaft, ist nicht *per se* treuwidrig, auch dann nicht, wenn der Widerspruch aus Gründen erfolgt, die das Gesetz durchaus für zumutbar erachtet (zB eine nur noch individualrechtliche Geltung tariflicher Regelungen nach § 613a Abs. 1 S. 2 BGB bei fehlender Tarifbindung des Erwerbers). Das parallele Zusammentreffen auch zahlreicher Widersprüche macht diese also nicht unwirksam; ebensowenig deren Vorbereitung durch Musterschreiben der Gewerkschaft.[885] Ein die **Unwirksamkeit** der Ausübung des Widerspruchs begründender **Rechtsmissbrauch** kann aber darin liegen, dass damit nicht nur der Arbeitgeberwechsel, sondern der **Betriebsübergang insgesamt verhindert** werden soll (insbesondere bei sog. „betriebsmittelarmen" Tätigkeiten, dazu auch → Rn. 155) oder dass mit dem Widerspruch Vergünstigungen erzwungen werden sollen, auf die die Arbeitnehmer keinen Rechtsanspruch haben (zB Standortgarantie, langfristige Beschäftigungszusagen des Erwerbers etc).[886] Die Darlegungs- und Beweislast für die Rechtsmissbräuchlichkeit der Ausübung des Widerspruchsrechts seitens eines tariflich „unkündbaren" Arbeitnehmers trägt der sich hierauf Berufende, in der Regel also der Arbeitgeber; ein Anscheinsbeweis kommt, da der Rechtsmissbrauchseinwand auf die Motivation der widersprechenden Arbeitnehmer und nicht auf Form und Zeitpunkt des Widerspruchs abstellt, nicht in Betracht.[887] Dagegen können kollektiv vorgetragene „Angebote", den Widerspruch bei Erfüllung bestimmter, nicht „kongruenter" Forderungen (in dem soeben beschriebenen Sinne) zurückzunehmen, durchaus ein Indiz für eine rechtsmissbräuchliche Motivation sein. Allerdings hat die Rechtsprechung kein rechtsmissbräuchliches Verhalten darin gesehen, dass der Arbeitnehmer **nach erklärtem Widerspruch** dem bisherigen Inhaber den Abschluss einer Aufhebungsvereinbarung und dem neuen Inhaber die Eingehung eines neuen, für den Arbeitnehmer günstigeren Arbeitsverhältnisses anbietet.[888] Hat der **Arbeitnehmer** selbst (zB als Personalleiter oder Jurist in der Rechtsabteilung) das **Unterrichtungsschreiben verfasst** oder daran maßgeblich mitgewirkt, kann sich ein nachträglicher Widerspruch im Einzelfall als rechtsmissbräuchlich erweisen, wenn dieser auf Mängel dieses Schreibens gestützt wird.[889] Ein zur Unwirksamkeit führender Missbrauch des Widerspruchs könnte schließlich auch dann angenommen werden, wenn **alter und neuer Betriebsinhaber** gemeinsam oder auch letzterer alleine die Arbeitnehmer **auffordern,** dem Betriebsübergang zu widersprechen, um anschließend mit ihnen andere (ungünstigere) Arbeitsbedingungen zu vereinbaren (dazu auch → Rn. 193 ff.).

---

[884] LAG Niedersachsen 5.2.2018 – 8 Sa 831/17, NZA-RR 2018, 411 Rn. 22; *Bauer/von Steinau-Steinrück* ZIP 2002, 457 (464); *Göpfert/Buschbaum* ZIP 2011, 64 (65); *Pils* BB 2014, 185 (188); *Hung,* Das Widerspruchsrecht des Arbeitnehmers beim Betriebsübergang, 2017, 118; HWK/*Müller-Bonanni* BGB § 613a Rn. 362; ErfK/*Preis* BGB § 613a Rn. 104; aA LAG Saarland 12.8.2009 – 2 Sa 52/09, BeckRS 2011, 65207; *Hauck* NZA-Beil. 2009, 18 (22).

[885] BAG 2.4.2009 – 8 AZR 473/07, BeckRS 2009, 70804 Rn. 40; 23.7.2009 – 8 AZR 538/08, NZA 2010, 89 Rn. 40.

[886] BAG 30.9.2004 – 8 AZR 462/03, NZA 2005, 43 mit ausführlicher Darstellung des Problem- und Meinungsstands; 23.7.2009 – 8 AZR 538/08, NZA 2010, 89; HWK/*Müller-Bonanni* BGB § 613a Rn. 352 ff.; siehe dazu auch *Melot de Beauregard* BB 2005, 826; *Krause* RdA 2006, 229.

[887] BAG NZA 2005, 43, NZA 2010, 89.

[888] BAG 19.2.2009 – 8 AZR 176/08, ZIP 2009, 1779.

[889] Vgl. BAG 20.5.2010 – 8 AZR 734/08, NZA 2010, 1295 (iE abgelehnt).

f) Rechtsfolgen des wirksam ausgeübten Widerspruchs

aa) Rückwirkung. Die Ausübung des Widerspruchsrechts hat – jedenfalls nach deutschem Recht (→ Rn. 144) – zur Folge, dass das Arbeitsverhältnis des widersprechenden Arbeitnehmers bei dem bisherigen Inhaber des zu übertragenden Betriebs oder Betriebsteils verbleibt (unstr.). Im Außenverhältnis zu den betreffenden Arbeitnehmern trägt dieser also weiterhin sämtliche Pflichten aus dem Arbeitsverhältnis; der Erwerber bzw. übernehmende Rechtsträger kann hierfür – abgesehen (möglicherweise) von dem Fall, dass er die Arbeitnehmer auf unlautere Weise zur Ausübung des Widerspruchsrechts animiert hat – nicht verantwortlich gemacht werden. Nach inzwischen herrschender, allerdings zu Recht **bestrittener Meinung** kommt einem erst nach dem Betriebsübergang erfolgten Widerspruch Rückwirkung mit der Folge zu, dass in der Zwischenzeit, dh seit dem Betriebsübergang, mit dem Erwerber nur ein **faktisches Arbeitsverhältnis entsteht.**[890] Es wird allerdings auch vertreten, dass der Übergang des Arbeitsverhältnisses auf den neuen Inhaber durch die Nichtausübung des Widerspruchsrechts **aufschiebend** bedingt sei.[891] Richtiger wäre es jedoch, **zwischen Grundrechts- und Vermögensschutz** zu **unterscheiden** mit der Folge, dass eine Rückwirkung des Widerspruchs (allenfalls) in Betracht kommen kann, wenn der Arbeitnehmer über den Betriebsübergang als solchen und/oder die Person des Erwerbers nicht bzw. unzutreffend unterrichtet worden ist.[892] Im Übrigen hält die Rechtsprechung das Prinzip des Widerspruchs **nicht konsequent** durch: So sollen **tarifliche Ausschlussfristen** zur Geltendmachung von Ansprüchen gegenüber dem bisherigen Arbeitgeber, die von dem Widerspruch abhängen, grundsätzlich erst **ab dem Zeitpunkt des Zugangs des Widerspruchs** zu laufen beginnen.[893] 154

bb) Auswirkungen auf den Betriebsübergang als solchen. Wichtig ist zu betonen, dass durch den Widerspruch einzelner oder sogar zahlreicher Arbeitnehmer der Betriebsübergang als solcher **grundsätzlich nicht verhindert** wird. Der „Übergang der wirtschaftlichen Einheit" im Sinne der Rechtsprechung des EuGH und des BAG (→ Rn. 33) kann sich also durchaus auch dann vollziehen, wenn ein Teil oder sogar die Mehrheit der betroffenen Arbeitnehmer mit dem damit verbundenen gesetzlichen Übergang ihrer Arbeitsverhältnisse nicht einverstanden ist. Eindeutig ist dies jedenfalls in Fällen, in denen nach den konkreten Gegebenheiten des jeweils betroffenen **Geschäftstypus** der Übergang einer wirtschaftlichen Einheit nicht zwingend von der Weiterbeschäftigung des überwiegenden Teils des bisherigen Personals durch den neuen Betriebsinhaber abhängt, also zB bei Produktionsbetrieben.[894] Hier verhindert der Widerspruch auch eines erheblichen Teils der Belegschaft nicht, dass jedenfalls die übrigen Arbeitsverhältnisse gemäß § 613a BGB auf den neuen Inhaber/Rechtsträger übergehen.[895] 154a

Anders kann der Fall dagegen bei so genannten **betriebsmittelarmen** Tätigkeiten (dazu → Rn. 70, 105f.), also insbesondere im **Dienstleistungssektor,** liegen, wie das folgende Beispiel zeigt: 155

---

[890] stRspr; vgl. BAG 22.4.1993 – 2 AZR 50/92, NZA 1994, 360; BAG 13.7.2006 – 8 AZR 305/05, NJW 2007, 246 Rn. 41 mwN; BAG 13.7.2006 – 8 AZR 382/05, NJW 2007, 250 Rn. 37 mwN; 16.4.2013 – 9 AZR 731/11, NZA 2013, 850 Rn. 26. Zu den damit verbundenen Problemen *Rieble* NZA 2004, 1, der sich selbst gegen eine solche Rückwirkung ausspricht; *Willemsen* NJW 2007, 2065 (2072). Für die *ex-tunc*-Theorie dagegen *Neufeld/Beyer* NZA 2008, 1157 (1164).

[891] *Annuß* FS 25-jähriges Bestehen der Arbeitsgemeinschaft Arbeitsrecht, 2006, 563 (581) mwN. Anders aber nunmehr derselbe in Staudinger/*Annuß* BGB § 613a Rn. 323 f. (*ex-nunc*-Wirkung).

[892] S. im Einzelnen zu diesem Vorschlag *Willemsen* NJW 2007, 2065 (2072); *Müller-Bonanni* FS Willemsen, 2018, 331.

[893] Vgl. BAG 16.4.2013 – 9 AZR 731/11, NZA 2013, 850.

[894] Zu den Voraussetzungen eines Betriebsübergangs bei Produktionsunternehmen auch → Rn. 104.

[895] Zu den betriebsverfassungsrechtlichen Folgen vgl. *Hidalgo/Kobler* NZA 2014, 290.

Beispiel G 14:

Die Security-GmbH veräußert und überträgt im Wege der Einzelrechtsnachfolge einen ihrer jeweils organisatorisch selbständig geführten Bewachungsbetriebe auf die Cerberus-GmbH, eine 100%-ige Tochtergesellschaft. Von den 83 hiervon betroffenen Arbeitnehmern widersprechen 65 dem Übergang ihrer Arbeitsverhältnisse gemäß § 613a Abs. 6 BGB.

Da hier mangels Übertragung der sog. Hauptbelegschaft[896] und wegen der Irrelevanz sonstiger (zB sächlicher) Betriebsmittel[897] der Übergang einer identitätsbewahrenden wirtschaftlichen Einheit ausscheiden dürfte, bringt der **Widerspruch** des überwiegenden Teils der Belegschaft nicht nur den individuellen Übergang von Arbeitsverhältnissen nach § 613a BGB, sondern den **Betriebsübergang insgesamt zu Fall.** Dementsprechend gehen auch die Arbeitsverhältnisse derjenigen Arbeitnehmer, die keinen Widerspruch erklärt haben, *nicht* gemäß § 613a BGB auf die Cerberus-GmbH über. Die Security GmbH muss dann, wenn sie für die Arbeitnehmer keine anderweitige Beschäftigungsmöglichkeit hat, ggf. eine (sozialplanpflichtige) Betriebsstilllegung vornehmen. Keinesfalls führt bereits der Widerspruch als solcher zu einer Betriebsstilllegung, weil es sich hierbei nicht um eine Entscheidung des Arbeitgebers handelt.[898]

Die sich hieraus ergebende Konstellation erhält dadurch weitere Komplexität, dass die Wirksamkeit des dem Übertragungsvertrag zugrundeliegenden zivilrechtlichen Geschäfts, hier also des Unternehmenskaufvertrags zwischen der Security-GmbH und der Cerberus-GmbH, durch das erst nach Ausübung des (Massen-)Widerspruchs seitens der Belegschaft feststehende Nichtzustandekommen eines Betriebsübergangs *im arbeitsrechtlichen Sinne* grundsätzlich unberührt bleibt. Auch bei so genannten betriebsmittelarmen Tätigkeiten führt die Ausübung des Widerspruchsrechts durch den überwiegenden Teil der Belegschaft also keineswegs zu einem automatischen Verbleib des Betriebs (genauer: der sonstigen materiellen und immateriellen Betriebsmittel) bei dem übertragenden Rechtsträger. Soll ein widerspruchsbedingtes Auseinanderklaffen zwischen (sonstigen) Betriebsmitteln einerseits und Hauptbelegschaft andererseits vermieden werden, empfiehlt sich eine entsprechende **Gestaltung** des Unternehmenskaufvertrags, etwa durch Aufnahme einer aufschiebenden Bedingung (Nichtausübung des Widerspruchsrechts durch einen bestimmten Teil der Belegschaft) oder Vereinbarung eines Kündigungs- oder Rücktrittsrechts.[899] Unter Umständen kommt auch eine Lösung in Betracht, wonach widersprechende Arbeitnehmer – mit deren Einverständnis – dem Erwerber seitens des Veräußerers als **Leiharbeitnehmer** überlassen werden.[900]

156 Zu besonders unerfreulichen **Spannungen und Auseinandersetzungen** um das Widerspruchsrecht kann es kommen, wenn in so genannten betriebsmittelarmen Branchen der tatsächliche oder vermeintliche **Betriebsübernehmer** nicht mit offenen Karten spielt, sondern den bisherigen Arbeitgeber **im Unklaren lässt,** wie viele Arbeitnehmer aus der bisherigen Belegschaft er weiterbeschäftigen will. Diese Situation kann insbesondere eintreten, wenn es – etwa im Falle des Auftragsverlustes auf Seiten des bisherigen Betriebsinhabers und Neuvergabe an einen Konkurrenten – an jeder vertraglichen Beziehung zwischen den beiden beteiligten Unternehmen fehlt.[901]

---

[896] Zu dieser Voraussetzung → Rn. 106.

[897] Zum Betriebsübergang im Bewachungsgewerbe vgl. aus der BAG-Rechtsprechung die beiden Entscheidungen vom 22.1.1998 – 8 AZR 775/96, NZA 1998, 638, und 14.5.1998 – 8 AZR 418/96, NZA 1999, 483 (s. dazu auch 3. Aufl. Rn. 66).

[898] Vgl. BAG 24.5.2012 – 2 AZR 62/11, NZA 2013, 277 Rn. 56; vgl. auch *Hidalgo/Kobler* NZA 2014, 290.

[899] Zur Zulässigkeit von aufschiebenden Bedingungen, Befristungen und Rücktrittsrechten im Verschmelzungsvertrag vgl. Kallmeyer/*Marsch-Barner/Oppenhoff* UmwG § 4 Rn. 11; im Spaltungsvertrag *Widmann/Mayer* UmwG § 126 Rn. 319; *Engelmeyer* S. 56.

[900] Vgl. hierzu BAG 29.3.2007 – 2 AZR 31/06, NZA 2007, 855.

[901] Dazu, dass nach neuerer Rechtsprechung einem Betriebsübergang nach § 613a BGB nicht notwendig vertragliche Absprachen zwischen altem und neuem Betriebsinhaber zugrunde liegen müssen, → Rn. 41ff.

In derartigen Fällen bewegt sich der bisherige Betriebsinhaber zwischen der bereits an anderer Stelle (→ Rn. 121) beschriebenen *Skylla* betriebsbedingter Kündigung mit Sozialplanpflicht einerseits und der *Charybdis* unter Umständen lang anhaltenden Annahmeverzugs (§ 615 BGB) andererseits, wenn er sich zur Vermeidung von Sozialplankosten zunächst auf das Zustandekommen eines Betriebsübergangs verlässt und dieser dann mangels Übernahme der Hauptbelegschaft durch den Auftragsnachfolger doch nicht erfolgt. Inwieweit in derartigen Konstellationen zwischen bisherigem Betriebsinhaber und (möglichem) Betriebsnachfolger vertragsähnliche **Treue- und Auskunftspflichten** bestehen, ist in Rechtsprechung und Literatur bisher nicht hinreichend geklärt; infolge des durch die Regelung des § 613a Abs. 5 und 6 BGB begründeten „Angewiesenseins" des bisherigen Arbeitgebers auf die Kenntnis der Absichten des Auftragsnachfolgers dürfte ein diesbezüglicher **Auskunftsanspruch** indes zu **bejahen** sein.[902] Zu erwägen ist des Weiteren ein **Schadensersatzanspruch** des alten gegen den neuen Betriebsinhaber gemäß § 280 BGB, wenn dieser einzelne Arbeitnehmer, die er nicht gemäß § 613a BGB übernehmen möchte, zur Ausübung ihres Widerspruchsrechts zum Zwecke der Inanspruchnahme des bisherigen Betriebsinhabers „anstachelt".

g) Sonderfall: Zulässigkeit des Widerspruchs bei Erlöschen des bisherigen Betriebsinhabers (Rechtsträgers)

Durch die entsprechende **Ergänzung des § 324 UmwG** im Hinblick auf die in § 613a BGB eingefügten Absätze 5 und 6 hat der Gesetzgeber eindeutig klargestellt, dass das Widerspruchsrecht auch bei umwandlungsbedingten Betriebsübergängen gilt. Besondere praktische und rechtsdogmatische Schwierigkeiten wirft das Widerspruchsrecht in den Fällen auf, in denen der bisherige Arbeitgeber (Rechtsträger) im Zuge des Betriebsübergangs **erlischt,** was namentlich in den Umwandlungsfällen der **Verschmelzung** (§ 2 UmwG) sowie der **Aufspaltung** (§ 123 Abs. 1 UmwG) relevant wird. 157

Beispiel G 15:

A ist leitender Angestellter der B-GmbH, einer 100%-igen Tochtergesellschaft der B-AG. Sein derzeitiger Anstellungsvertrag kann beiderseits mit einer Frist von einem Jahr zum Jahresende gekündigt werden; an die Kündigungsfrist schließt sich ein zweijähriges nachvertragliches Wettbewerbsverbot gemäß §§ 74 ff. HGB an. Nunmehr wird die B-GmbH gemäß §§ 2 ff. UmwG auf die Muttergesellschaft verschmolzen.

Mit Eintragung der Verschmelzung erlischt die B-GmbH als übertragender Rechtsträger (vgl. § 20 Abs. 1 Nr. 2 UmwG). Da bei der Verschmelzung § 613a BGB Anwendung findet (vgl. § 324 UmwG sowie → B Rn. 90), ergeben sich keine Probleme, wenn A mit der Übertragung seines Arbeitsverhältnisses auf die Muttergesellschaft B-AG einverstanden ist; sein Anstellungsvertrag einschließlich des nachvertraglichen Wettbewerbsverbots gilt dann im Grundsatz unverändert weiter.[903] A könnte indes die Verschmelzung zum Anlass nehmen, sich aus den Fesseln eines inzwischen als lästig empfundenen Vertrages zu befreien, etwa weil attraktive Angebote von Wettbewerbern seines bisherigen Arbeitgebers winken, die er bislang angesichts seiner langfristigen Vertragsbindung nicht wahrnehmen konnte. Und in der Tat: Geht man auch in Konstellationen der vorliegenden Art, in denen der bisherige Rechtsträger (Betriebsinhaber) erlischt, von der Anwendbarkeit des Widerspruchsrechts aus, hätte dessen Ausübung zwingend zur Folge, dass der Arbeitnehmer sich durch eine an keinerlei weitere Voraussetzungen geknüpfte einseitige Willenserklärung gleichsam binnen einer Sekunde aus dem Vertragsverhältnis lösen könnte.

[902] Ebenso *Willemsen/Lembke* NJW 2002, 1162. Vgl. auch Art. 3 Abs. 2 der Richtlinie 2001/23/EG, wonach die Mitgliedsstaaten Unterrichtungspflichten des *Veräußerers* gegenüber dem *Erwerber* vorsehen können.

[903] Zu den Auswirkungen des Betriebsübergangs auf nachvertragliche Wettbewerbsverbote auch → Rn. 184.

Diese zumindest auf den ersten Blick überraschende Konsequenz eines **einseitigen Lösungsrechts des Arbeitnehmers** aus dem gesamten Arbeitsverhältnis (einschließlich nachwirkender Rechtsbeziehungen[904]) entsprach früher einer weit verbreiteten Auffassung im Schrifttum;[905] diese Ansicht wurde indes den Bedürfnissen der Praxis, wie das **Beispiel G 15** zeigt, schwerlich gerecht. Anders als in den Standardfällen des § 613a BGB stellt sich bei der Verschmelzung und Aufspaltung nicht die Frage, *mit wem* (altem oder neuem Betriebsinhaber) das Arbeitsverhältnis fortgeführt werden soll; die vorbehaltlose Anerkennung eines Widerspruchsrechts des Arbeitnehmers hätte vielmehr bei dessen Ausübung den ersatzlosen Wegfall des bisherigen Arbeitsverhältnisses zur Folge. Wird es erst nach dem Betriebsübergang ausgeübt, würde dementsprechend für die Zwischenzeit lediglich ein faktisches Arbeitsverhältnis mit dem bzw. den übernehmenden Rechtsträger(n) entstehen.[906]

158 Wollte man § 613a BGB auch bei Verschmelzung und Aufspaltung als *lex specialis* zu der umwandlungsrechtlichen Universalsukzession begreifen mit der Folge, dass diese mit Ausübung des Widerspruchsrechts entfiele, würde der Arbeitnehmer hiermit ersatzlos aller nach dem Betriebsübergang anfallenden Ansprüche[907] verlustig gehen; dasselbe würde für die Arbeitgeberseite im Hinblick auf vertragliche und nachvertragliche Ansprüche (zB aus Wettbewerbsverboten, hierzu auch → Rn. 181 ff.) gelten. Auf solche Konstellationen ist das Widerspruchsrecht nicht zugeschnitten, was durch die Gesetzesbegründung zu § 613a Abs. 6 BGB ausdrücklich bestätigt wird.[908] Es soll im Wege der „Meistbegünstigung" dem Arbeitnehmer ein **Wahlrecht** einräumen, welches bei Erlöschen des übertragenden Rechtsträgers von vornherein **obsolet** ist.

159 Dies alles zeigt, dass aus Sicht der *Gesamtrechtsordnung* ein unabweisbares Bedürfnis besteht, in Fällen der Gesamtrechtsnachfolge bei gleichzeitigem Erlöschen des bisherigen Rechtsträgers dessen gesamte Rechte und Pflichten – jedenfalls zunächst – auf den übernehmenden Rechtsträger übergehen zu lassen. Dies gilt auch für Arbeitsverhältnisse, auf die § 613a BGB Anwendung findet.[909] Dem Interesse des Arbeitnehmers, nicht für die Zukunft gegen seinen Willen einen anderen Arbeitgeber aufgezwungen zu bekommen, kann systematisch richtiger sowohl im Falle der Verschmelzung wie auch der Aufspaltung durch ein **Recht zur außerordentlichen Kündigung im Sinne von § 626 BGB** Rechnung getragen werden.[910] Diese wirkt allerdings nur *ex nunc* und verhindert insbesondere nicht, dass nachwirkende Vertragspflichten, insbesondere ein nachvertragliches Wettbewerbsverbot nach §§ 74 ff. HGB (vgl. Beispiel G 15), auch zugunsten des übernehmenden Rechtsträgers wirken. § 75 HGB findet ebenso wie § 628 Abs. 2 BGB keine Anwendung, da die rechtliche Umstrukturierung eines Unternehmens **kein „vertragswidriges Verhalten"** des bisherigen Arbeitgebers im Sinne dieser Norm darstellt. Dieser bereits in den *Vorauflagen* vertretenen Sicht der Dinge hat sich der 8. Senat des BAG in einer Grundsatzentscheidung vom 21. 2. 2008[911] angeschlossen; die **Zweiwochenfrist** des § 626 Abs. 2 BGB beginne, so der Senat, in diesem Falle erst ab **Kenntnis des Arbeitnehmers** von der Eintragung der zum Erlöschen des bisherigen Arbeitgebers führenden Umwandlung zu laufen.[912]

---

[904] In diesem Sinne ausdrücklich *Grau,* Unterrichtung und Widerspruchsrecht, S. 386.

[905] *Boecken* ZIP 1994, 1087 (1092); *ders.,* Unternehmensumwandlungen, Rn. 84; *Bauer/Lingemann* NZA 1994, 1057 (1061); *Simon/Zerres* FA 2005, 231 (232); *Altenburg/Leister* NZA 2005, 15 (17 ff.); Lutter/*Sagan* UmwG § 324 Rn. 63; NK-GA/*Boecken* UmwG § 324 Rn. 19 f.; ArbG Münster 14. 4. 2000 – 3 Ga 13/00, NZA-RR 2000, 467; nicht eindeutig, aber tendenziell wohl ebenso BAG 25. 5. 2000 – 8 AZR 416/99, NZA 2000, 1115 (Kreiskrankenhaus); dazu 3. Auf. Rn. 90.

[906] So noch Staudinger/*Annuß* 2005, BGB § 613a Rn. 103; dazu auch → Rn. 154.

[907] Darauf weist mit Recht *Grau,* Unterrichtung S. 387, hin.

[908] Vgl. BT-Drs. 14/7760, 20 sowie *Grau,* aaO.

[909] Im Ergebnis ebenso *Hennrichs* BB 1995, 925 (930); Kallmeyer/*Willemsen* UmwG § 324 Rn. 18; *Kreßel* BB 1995, 925 (930); *Wlotzke* DB 1995, 40 (43).

[910] Für diese Lösung ua auch *Oetker* UmwG § 324 Rn. 9; *Graef* NZA 2006, 1078 (1081); HWK/*Müller-Bonanni* BGB § 613a Rn. 343.

[911] 8 AZR 157/07, NZA 2008, 815.

[912] NZA 2008, 815, Rn. 24.

Für **Organvertreter juristischer Personen** gilt § 613a BGB nicht. Ihre Dienstverhältnisse gehen im Falle einer Verschmelzung oder Aufspaltung *qua* umwandlungsrechtlicher Gesamtrechtsnachfolge auf den übernehmenden Rechtsträger über. Lösen können sie sich von dem übergegangenen Dienstverhältnis nur unter den Voraussetzungen des § 626 Abs. 1 BGB, wobei allerdings ungeklärt ist, ob der Übergang als solcher ein Recht zur außerordentlichen Kündigung begründet.[913] Für Arbeitnehmer nimmt die Rechtsprechung dies an[914] und die Überlegung, dass auch freie Dienstnehmer sich keinen von ihnen nicht gewählten Dienstgeber „aufdrängen" lassen müssen, spricht hierfür. Folgt man dem, beginnt die Frist des § 626 Abs. 2 BGB regelmäßig in dem Zeitpunkt, in dem der freie Dienstnehmer Kenntnis vom Wirksamwerden der Umwandlung, also von der Eintragung derselben im Handelsregister, erlangt.[915]

Der **Kautelarpraxis** ist im Übrigen zu raten, insbesondere für nachwirkende Vertragspflichten (Verschwiegenheitspflicht, Treuepflicht, nachvertragliche Wettbewerbsverbote) ausdrücklich zu vereinbaren, dass diese bei umwandlungsbedingtem Erlöschen des arbeitgebenden Rechtsträgers auch zugunsten seiner Rechtsnachfolger gelten. Da solche Klauseln einem unabweisbaren Schutzbedürfnis entsprechen, dürften sie auch einer Inhaltskontrolle nach §§ 305 ff. BGB standhalten. Zu der Frage der **Unterrichtungspflicht** nach § 613a Abs. 5 BGB bei Erlöschen des übertragenden Rechtsträgers → Rn. 219. 160

h) Weitere arbeitsrechtliche Folgen der Ausübung des Widerspruchsrechts

Wenn der bisherige Rechtsträger fortbesteht, also in den Fällen der Einzelübertragung oder in den umwandlungsrechtlichen Fällen der Abspaltung, läuft das von der Rechtsprechung entwickelte Widerspruchs- auf ein echtes **Wahlrecht** des Arbeitnehmers zwischen bisherigem und neuem Arbeitgeber hinaus. Diese Rechtsposition ist indes keineswegs so vorteilhaft, wie dies auf den ersten Blick erscheinen mag, weil der widersprechende Arbeitnehmer uU erhebliche **Rechtsnachteile** gewärtigen muss, die nachfolgend lediglich im Überblick dargestellt werden sollen: 161

aa) Betriebsbedingte Kündigung durch den bisherigen Arbeitgeber. Verfügt der bisherige Arbeitgeber nur über einen Betrieb und geht dieser nach § 613a BGB auf einen neuen Inhaber über, entfällt für die widersprechenden Arbeitnehmer die Beschäftigungsmöglichkeit beim bisherigen Inhaber, so dass dieser – ohne Verstoß gegen § 613a Abs. 4 BGB! – **betriebsbedingte Beendigungskündigungen aussprechen kann.**[916] Günstiger stellt sich die Rechtsposition widersprechender Arbeitnehmer demgegenüber dar, wenn der Veräußerer über andere geeignete *freie* Arbeitsplätze in einem anderen Betrieb desselben Unternehmens verfügt, die er nach allgemeinen kündigungsschutzrechtlichen Grundsätzen zur Vermeidung betriebsbedingter Kündigungen den widersprechenden Arbeitnehmern anbieten muss (vgl. § 1 Abs. 2 S. 2 KSchG).[917] Nach – freilich kritikwürdiger – Auffassung des BAG soll er uU sogar verpflichtet sein, frei werdende **Arbeitsplätze** (zu- 162

---

[913] Vgl. zu dieser Thematik Kallmeyer/*Marsch-Barner/Oppenhoff* UmwG § 20 Rn. 13 ff. mwN; sowie → H Rn. 159 ff.

[914] BAG 21.2.2008 – 8 AZR 157/07, NZA 2008, 815.

[915] MHdBArbR/*Richter* § 26 Rn. 22.

[916] HM; vgl. bereits BAG 2.10.1974 – 5 AZR 504/73, DB 1975, 601; seitdem stRspr (s. dazu die Nachweise in BAG 19.3.1998 – 8 AZR 139/97, NZA 1998, 750); ausführlich *Kreitner* S. 152; ErfK/*Preis* BGB § 613a Rn. 106. Zur Frage, ob und ggf. welchen Betriebsrat der Arbeitgeber in diesem Fall nach § 102 BetrVG anhören muss, vgl. BAG 8.5.2014 – 2 AZR 1005/12, NZA 2015, 889 (keine Zuständigkeit des Betriebsrats des übergegangenen Betriebs); 24.9.2015 – 2 AZR 562/14, NZA 2016, 366 (keine Anhörung nach § 102 BetrVG bei Aufspaltung eines Betriebs in zwei Betriebe und Widerspruch gegen den Übergang des Arbeitsverhältnisses); *Hidalgo/Kobler* NZA 2014, 290; *Niklas* DB 2015, 685.

[917] BAG 25.4.2002 – 2 AZR 260/01, NZA 2003, 605; *Kreitner* S. 156; Staudinger/*Annuß* BGB § 613a Rn. 329 mwN; dazu auch → H Rn. 30 ff. Zur Frage, ob bei gleichwohl beabsichtigter Kündigung der örtliche Betriebsrat oder der Gesamtbetriebsrat nach § 102 BetrVG anzuhören ist, vgl. BAG 21.3.1996 – 2 AZR 559/95, NZA 1996, 974.

mindest) während des Laufs der Widerspruchsfrist **freizuhalten.**[918] Demgegenüber vermag die Wirksamkeit einer betriebsbedingten Kündigung gegenüber widersprechenden Arbeitnehmern nicht (allein) daran zu scheitern, dass der Arbeitgeber seiner Unterrichtungspflicht nach § 613a Abs. 5 BGB zuvor nicht oder nicht ordnungsgemäß nachgekommen war.[919]

162a Besondere Vorsicht ist aus dem Blickwinkel widersprechender Arbeitnehmer geboten, wenn ein bisher einheitlicher Betrieb durch mehrere Betriebsteilübergänge auf verschiedene Erwerber **aufgespalten** wird. Hier kann der Arbeitnehmer jedenfalls nicht ohne weiteres im Wege der **Ausübung des Widerspruchsrechts** die Übernahme durch den Erwerber eines anderen Betriebsteils erzwingen. Letzteres setzt nämlich voraus, dass der betreffende Arbeitnehmer zuvor einem dieser anderen Betriebsteile durch den Arbeitgeber zugeordnet wird, worauf er grundsätzlich keinen Rechtsanspruch hat.[920] Geschieht dies nicht, droht dem betreffenden Arbeitnehmer ebenfalls die betriebsbedingte Kündigung durch den bisherigen Arbeitgeber.

163 **bb) Nichteinbeziehung in die Sozialauswahl nach § 1 Abs. 3 KSchG?** Verfügt der bisherige Arbeitgeber über keine anderweitigen, freien Arbeitsplätze, beschäftigt er aber nach dem Betriebsübergang einen Teil seines Personals weiter, was insbesondere beim Betriebs*teil*übergang (zB in Form der Abspaltung von Betriebsteilen) der Fall sein kann, musste er widersprechende Arbeitnehmer nach der Rechtsprechung vor der Änderung des § 1 Abs. 3 KSchG (dazu → H Rn. 17) nur dann in die Sozialauswahl im Sinne von § 1 Abs. 3 KSchG mit dem von dem Betriebsübergang nicht betroffenen Teil seines Personals einbeziehen, wenn diese für den Widerspruch einen ausreichenden **sachlichen Grund** hatten.[921] Die in § 613a BGB selbst geregelten Folgen eines Betriebsübergangs (etwa in Bezug auf Kollektivverträge gemäß § 613a Abs. 1 S. 2–4 BGB) stellten in diesem Zusammenhang keinen solchen sachlichen Grund für den Widerspruch dar; es musste sich vielmehr um konkrete, sich bereits im Zeitpunkt des Betriebsübergangs realisierende, gravierende Nachteile handeln, wie zB eine akute wirtschaftliche Gefährdung des neuen Arbeitgebers oder bei diesem bereits konkret geplante weitere Betriebsänderungen, durch die der Arbeitsplatz unmittelbar nach dem Übergang gefährdet war.[922]

164 Mit der Neufassung des § 1 Abs. 3 KSchG im Jahre 2004 durch das Gesetz zu Reformen am Arbeitsmarkt ist diese Rechtsprechung allerdings obsolet geworden. Die Sozialauswahl ist nämlich seitdem **ausschließlich** anhand der im Gesetz genannten vier Kriterien (Betriebszugehörigkeit, Lebensalter, Unterhaltspflichten, Schwerbehinderung) vorzunehmen, wozu der Widerspruch des Arbeitnehmers nach § 613a BGB und die dafür maßgeblichen Gründe nicht gehören.[923] So gesehen ist eine Sozialauswahl unter Berück-

[918] BAG 15.8.2002 – 2 AZR 195/01, NZA 2003, 430. S. dazu HWK/*Müller-Bonanni* BGB § 613a Rn. 357 mwN zur Gegenansicht. Eine Pflicht zur Personalgestellung an ein Drittunternehmen zur Vermeidung der betriebsbedingten Kündigung besteht dagegen idR nicht; vgl. BAG 24.9.2015 – 2 AZR 562/14, ZIP 2016, 488; zu dem Fall, dass die Widerspruchsfrist aufgrund fehlender oder fehlerhafter Unterrichtung nicht zu laufen beginnt s. *C. Meyer* ZfA 2020, 487 (504f.).

[919] BAG 24.5.2005 – 8 AZR 398/04, NZA 2005, 1302; ErfK/*Preis* BGB § 613a Rn. 93; siehe dazu auch die Anm. von *Schnitker/Grau* BB 2006, 110.

[920] BAG 21.2.2013 – 8 AZR 877/11, NZA 2013, 617 Rn. 48ff.; ErfK/*Preis* BGB § 613a Rn. 72; s. dazu auch *Fuhlrott* FA 2013, 196 (198); sowie → Rn. 135.

[921] BAG 7.4.1993 – 2 AZR 449/91, NZA 1993, 795; 21.3.1996 – 2 AZR 559/95, NZA 1996, 974; Staudinger/*Annuß* aaO, Rn. 331. Gegen jedwede Einbeziehung widersprechender Arbeitnehmer in die Sozialauswahl mit ausführlicher Begründung *Ingelfinger* ZfA 1996, 591 (608); *Fischer* AuR 2002, 291; speziell für den Fall der europarechtlich geforderten Ausgliederung des Netzbetriebs aus Energieversorgungsunternehmen *Seitz/Werner* BB 2005, 1961.

[922] Weitere Positiv- und Negativbeispiele bei Staudinger/*Annuß* BGB § 613a Rn. 332 mwN; vgl. zum Ganzen auch *Commandeur* NJW 1996, 2537 (2542).

[923] MüKoBGB/*Müller-Glöge* BGB § 613a Rn. 128; Staudinger/*Annuß* BGB § 613a Rn. 331; HWK/*Müller-Bonanni* BGB § 613a Rn. 358; aA *Gaul* NZA 2005, 730 (733). Für die Beibehaltung der bisherigen Rechtsprechung dagegen *Nicolai* BB 2006, 1162 (1165); im Wesentlichen auch *Annuß* FS 25-jähriges Bestehen der Arbeitsgemeinschaft Arbeitsrecht, 2006, 563 (584).

sichtigung der Widerspruchsgründe sogar *contra legem,*[924] weswegen das **BAG** seine frühere **Rechtsprechung aufgeben** musste. Es vertritt nunmehr den Standpunkt, dass der widersprechende Arbeitnehmer im Rahmen der Sozialauswahl so zu stellen sei, als habe der Betriebsübergang nicht stattgefunden. Ob der Arbeitnehmer für seinen Widerspruch **sachliche Gründe** ausführen kann, spielt demnach **keine Rolle** mehr.[925] Diese Rechtsprechungsänderung zwingt in der Praxis dazu, im Falle bevorstehender Betriebsübergänge das **„Widerspruchspotential" rechtzeitig zu identifizieren,** in Zweifelsfällen ggf. eine frühzeitige Klärung bezüglich der Widerspruchswilligkeit einzelner Arbeitnehmer herbeizuführen und ggf. bereits im Vorfeld „korrigierende Versetzungen" herbeizuführen (vgl. zu dieser Möglichkeit bereits → Rn. 137 sowie → H Rn. 30 ff).[926]

cc) Kündbarkeit trotz Sonderkündigungsschutzes. Besondere Probleme können sich 165
ergeben, wenn ein widersprechender Arbeitnehmer unkündbar, dh die ordentliche Kündigung durch Gesetz (wie zB bei **Betriebsratsmitgliedern,** § 15 Abs. 1 KSchG) oder Tarifvertrag (sog. tariflich Unkündbare, etwa nach Überschreitung einer bestimmten Altersgrenze und langfristiger Betriebszugehörigkeit) ausgeschlossen ist. Nach der – freilich umstrittenen – Auffassung des 2. BAG-Senats kommt im Falle eines Widerspruchs seitens eines **tariflich unkündbaren Arbeitnehmers** eine **außerordentliche Kündigung** gegenüber diesem zwar grundsätzlich in Betracht; der Arbeitgeber müsse aber zuvor alle zumutbaren, eine Weiterbeschäftigung ermöglichenden Mittel ausschöpfen, und zwar unabhängig davon, ob der Arbeitnehmer für seinen Widerspruch sachliche Gründe vorbringen kann oder nicht. Notfalls müsse er für einen „unkündbaren" Arbeitnehmer einen anderen geeigneten Arbeitsplatz „freimachen".[927] Damit wird jedoch der Schutzzweck der vertraglichen oder tariflichen Unkündbarkeit überspannt. Sie soll den Arbeitnehmer vor Arbeitsplatzrisiken bewahren, nicht aber die freie Wahl des Arbeitgebers auf Kosten eines vom Betriebsübergang gar nicht erfassten Kollegen ermöglichen. Zumindest ist diese Rechtsprechung aber geeignet, die ohnehin bestehenden Zweifel an der Zulässigkeit sog. Unkündbarkeitsregeln zu verstärken.[928]

Widersprechen **Betriebsratsmitglieder** dem Übergang ihres Arbeitsverhältnisses bei Übergang des **gesamten Betriebs,** kann der Arbeitgeber nach einhelliger Auffassung gegenüber diesen Betriebsratsmitgliedern unter Berufung auf § 15 Abs. 4 KSchG analog ohne weiteres eine ordentliche betriebsbedingte Kündigungen aussprechen.[929] Schwieriger gestaltet sich die Situation für den Fall des **Betriebsteilübergangs,** da nicht hinreichend geklärt ist, inwieweit der Sonderkündigungsschutz des § 15 Abs. 5 S. 1 KSchG auch zu Lasten der beim Veräußerer verbleibenden Arbeitnehmer Geltung beansprucht. Wäre dies uneingeschränkt zu bejahen, so könnte ein Betriebsratsmitglied selbst bei sachlich unbegründetem Widerspruch verlangen, dass zu seinen Gunsten einem anderen Arbeitnehmer gekündigt und es sodann auf dessen Arbeitsplatz fortbeschäftigt wird. Richtigerweise wird von einer entsprechenden Anwendbarkeit des § 15 Abs. 5 S. 1 KSchG auszugehen sein,[930] allerdings mit der **Einschränkung,** dass dem Betriebsratsmitglied kein **Veränderungsanspruch** dergestalt zusteht, dass zu seinen Gunsten einem in einer anderen Betriebsabtei-

---

[924] *Grau,* Unterrichtung und Widerspruchsrecht, S. 407.

[925] BAG 29.3.2007 – 8 AZR 538/06, NZA 2008, 48; 31.5.2007 – 2 AZR 276/06, NZA 2008, 33; 24.9.2015 – 2 AZR 562/14, NZA 2016, 366; 24.9.2015 – 2 AZR 562/14, NZA 2016, 366; S. dazu auch *Eylert/Spinner* BB 2008, 50; *Löwisch* SAE 2008, 329; krit. *Quecke* ZIP 2007, 1846; *Müller-Bonanni* FS Willemsen, 2018, 331 (333 f.).

[926] Vgl. *Eylert/Spinner* BB 2008, 50 (53).

[927] BAG 17.9.1998 – 2 AZR 419/97, NZA 1999, 258; 24.9.2015 – 2 AZR 562/14, NZA 2016, 366; zustimmend KR/*Treber* BGB § 613a Rn. 122; HWK/*Müller-Bonanni* BGB § 613a Rn. 359; aA Staudinger/*Annuß* BGB § 613a Rn. 334.

[928] S. dazu auch *Gaul,* Betriebs- und Unternehmensspaltung, § 20 Rn. 185 sowie → H Rn. 22b.

[929] BAG 25.5.2000 – 8 AZR 416/99, NZA 2000, 1115; 25.5.2000 – 8 AZR 406/99, BeckRS 2000, 30785106 (Parallelsache); 18.9.1997 – 2 ABR 15/97, NZA 1998, 189; ErfK/*Kiel* KSchG § 15 Rn. 36.

[930] Ebenso BAG 25.5.2000, aaO.

lung beschäftigten Arbeitnehmer zu kündigen ist, damit es auf dem freigekündigten Arbeitsplatz fortbeschäftigt werden kann.[931] Diese Frage ist allerdings nach wie vor **streitig.**

166 **dd) Verlust des Anspruchs auf Annahmeverzugslohn (§ 615 S. 2 BGB).**[932] Inwieweit der Veräußerer sich während der Zeit **bis zur Ausübung des Widerspruchsrechts** wegen der Rückwirkung des Widerspruchsrechts gegenüber dem Arbeitnehmer im Annahmeverzug befinden kann, ist streitig.[933] Erklärt der Arbeitgeber dem Arbeitnehmer im Unterrichtungsschreiben, dass er im Falle des Widerspruchs keine Weiterbeschäftigungsmöglichkeit für ihn habe, gerät der Arbeitgeber damit nach Auffassung des BAG[934] in Annahmeverzug, ohne dass es noch eines Angebots der Arbeitskraft durch den Arbeitnehmer bedarf. Hat der bisherige Arbeitgeber nach dem Betriebsübergang für den widersprechenden Arbeitnehmer keine Beschäftigungsmöglichkeit mehr, muss sich der Arbeitnehmer **böswilliges Unterlassen des anderweitigen Erwerbs** im Sinne von § 615 S. 2 BGB entgegenhalten lassen, wenn der Erwerber bereit ist, ihn zu unveränderten Bedingungen befristet weiterzubeschäftigen und auch keine sonstigen Umstände (etwa in der Person des Übernehmers) die Unzumutbarkeit begründen.[935] Auch die Geltung eines **ungünstigeren Tarifvertrags** beim Erwerber macht die Erzielung von Zwischenerwerb bei diesem nicht unzumutbar.[936] Eine **wirtschaftlich angespannte Lage** des Erwerbers begründet entgegen einer Entscheidung des LAG Baden-Württemberg[937] nicht die Unzumutbarkeit, da den Veräußerer nach § 615 Abs. 1 S. 1 BGB eine „Ausfallhaftung" trifft. Auf die Gründe, die den Arbeitnehmer zum Widerspruch bewogen haben, kommt es im Übrigen nicht an. Da der Arbeitnehmer in solchen Fällen den Vergütungsanspruch vollständig verliert, kann sich die Ausübung des nach der BAG-Rechtsprechung grundrechtlich verbürgten Widerspruchsrechts für ihn als ausgesprochen nachteilig erweisen. Aus Arbeitgebersicht mag es sich empfehlen, im **Übernahmevertrag** den **Erwerber zu verpflichten,** widersprechenden Arbeitnehmern zeitlich (etwa auf die voraussichtliche Dauer eines Kündigungsschutzprozesses) befristete **Beschäftigungsangebote** zu machen. Alternativ kommt uU ein vorübergehender **Verleih** des widersprechenden Arbeitnehmers an den Erwerber oder die Gründung eines **Gemeinschaftsbetriebs** mit diesem in Betracht,[938] allerdings nicht für die Zeit zwischen Betriebsübergang und Ausübung des Widerspruchsrechts.[939]

---

[931] Umfassend dazu *Annuß* DB 1999, 798; KR/*Etzel* KSchG § 15 Rn. 125a; vgl. ferner *Nicolai* BB 2006, 1162 (1163); unklar insoweit BAG 17.9.1998 – 2 AZR 419/97, DB 1999, 154; 25.5.2000, aaO; 25.5.2000 – 8 AZR 406/99, BeckRS 2000, 30785106 (Parallelsache); explizit aA LAG Düsseldorf 25.11.1997 – 8 Sa 1358/97, LAGE § 15 KSchG Nr. 16. S. zum Ganzen auch *Gaul,* Betriebs- und Unternehmensspaltung, § 20 Rn. 162ff.

[932] S. dazu auch HWK/*Müller-Bonanni* BGB § 613a Rn. 356; *Schneider/Sittard* BB 2007, 2230. Zur Frage des Laufs von tariflichen Ausschlussfristen im Verhältnis zum bisherigen Arbeitgeber bei Ausübung des Widerspruchsrechts → Rn. 154.

[933] Bejahend BAG 13.7.2006 – 8 AZR 382/05, NZA 2006, 1406 Rn. 42ff. unter Hinweis auf § 162 BGB; aA dagegen LAG Köln 11.6.2004 – 12 Sa 374/04, BeckRS 2004 30462902; APS/*Steffan* BGB § 613a Rn. 224a; HWK/*Krause* BGB § 615 Rn. 17; ders. ZfA 2018, 126 (133); *Rieble* NZA 2004, 1 (7); zum Meinungsstand vgl. auch *Neufeld/Beyer* NZA 2008, 1157 (1159). Zu den Besonderheiten bei Vereinbarung eines Rückkehrrechts s. die – nicht ohne weiteres auf den Fall des Widerspruchs übertragbare – Entscheidung BAG 19.8.2015 – 5 AZR 975/13, NZA 2015, 1460. Zum Ganzen siehe auch *C. Meyer* ZfA 2020, 487 (504ff.).

[934] BAG 27.11.2008 – 8 AZR 1021/06, BeckRS 2009, 69950; 20.5.2010 – 8 AZR 734/08, NZA 2010, 1295; aA APS/*Steffan* § 613a Rn. 224a; ders. NZA 2016, 608 (613).

[935] Vgl. BAG 19.3.1998 – 8 AZR 139/97, NZA 1998, 750; 9.9.2010 – 2 AZR 582/09, DB 2011, 119.

[936] BAG 5.2.1997 – 10 AZR 553/96, NZA 1998, 158; HWK/*Müller-Bonanni* BGB § 613a Rn. 356.

[937] 13.2.2003 – 10 Sa 18/02, BeckRS 2003, 31042666.

[938] S. zu diesen Gestaltungsmöglichkeiten *Seitz/Werner* BB 2005, 1961 (1963). Zur Zulässigkeit einer Änderungskündigung mit diesem Ziel vgl. BAG 29.3.2007 – 2 AZR 31/06, NZA 2007, 855.

[939] S. dazu und zu den Voraussetzungen des Annahmeverzugs auf Seiten des früheren Arbeitgebers *Schneider/Sittard* BB 2007, 2230.

ee) Verlust eines Sozialplananspruchs. Nach der gesetzlichen Wertung des § 112 Abs. 5 Nr. 2 BetrVG, wonach die Einigungsstelle Arbeitnehmer von Leistungen aus einem Sozialplan ausschließen soll, die (ua) in einem anderen Betrieb eines zum Konzern gehörenden Unternehmens weiterbeschäftigt werden können, werden Arbeitnehmer, die dem Übergang ihres Arbeitsverhältnisses im Zuge **konzerninterner Umstrukturierungen** gemäß § 613a BGB widersprechen, in aller Regel ihrer Sozialplanansprüche bei betriebsbedingter Beendigungskündigung verlustig gehen, wenn diese allein wegen des Widerspruchs erforderlich werden. Da aber auch darüber hinausgehend die „Aussichten der betroffenen Arbeitnehmer auf dem Arbeitsmarkt" bei der Bemessung eines Sozialplans zu berücksichtigen sind, wird auch außerhalb von Konzernsachverhalten der aus nicht triftigem Grund erfolgende Widerspruch oftmals zum vollständigen Verlust von Sozialplanansprüchen führen.[940] Dies kann sich entweder aus einer ausdrücklichen Regelung im Sozialplan oder aus dessen **ergänzender Auslegung** ergeben.[941] Die Weiterarbeit beim Betriebserwerber nach einem Betriebsübergang im Sinne von § 613a BGB ist den Arbeitnehmern in der Regel zumutbar. Allein der **Arbeitgeberwechsel** begründet daher – unbeschadet des Widerspruchsrechts – nicht die Unzumutbarkeit der Weiterbeschäftigung; dasselbe gilt für die Ablösung von Kollektivnormen nach § 613a Abs. 1 S. 3 BGB.[942] 167

Fraglich erscheint, ob die Arbeitnehmer durch eine kollektive Ausübung des Widerspruchsrechts, die den bisherigen Inhaber zu einer Massenentlassung nötigt, die Aufstellung eines Sozialplans erzwingen können. Die Frage ist nicht abschließend geklärt, jedoch wird man Widersprüche, die allein zu diesem Zweck erklärt werden, zumindest dann als rechtsmissbräuchlich einstufen können, wenn es keinerlei sachlich nachvollziehbaren Gründe für die Erklärung der Widersprüche (zB die mangelnde Bonität des Erwerbers) gibt. Das Widerspruchsrecht schützt den Arbeitnehmer davor, für einen von ihm nicht frei gewählten Arbeitgeber tätig werden zu müssen. Der Zweck des § 613a Abs. 6 BGB liegt aber nicht darin, ein Wahlrecht zwischen einem Arbeitgeberwechsel und einer Sozialplanabfindung zu vermitteln. Stellt sich die kollektive Ausübung des Widerspruchsrechts nicht als rechtsmissbräuchlich dar, muss bei Überschreitung der maßgeblichen Schwellenwerte (→ C Rn. 227) zwar mit dem Betriebsrat über einen **Interessenausgleich** und **Sozialplan** verhandelt werden.[943] Gleichwohl werden die widersprechenden Arbeitnehmer hierbei in der Regel leer ausgehen, es sei denn, dass sie einen außerhalb von § 613a BGB liegenden **sachlichen Grund** für den Widerspruch haben.[944] Nach Auffassung des LAG Hamburg[945] bedarf es dagegen einer entsprechenden Regelungen der Betriebsparteien, die den widersprechenden Arbeitnehmer von den Sozialplanleistungen ausschließt. Wichtig ist allerdings gerade für die hier erörterte Konstellation aus Arbeitgebersicht, dass trotz Wegfalls eines Abfindungsanspruchs aus dem Sozialplan ein Interessenausgleich mit dem Betriebsrat versucht werden muss, da anderenfalls auch den widersprechenden Arbeitnehmern **Nachteilsausgleichsansprüche** im Sinne von § 113 BetrVG erwachsen können;[946] bei deren Bemessung sind dann wiederum die Gründe für den Widerspruch zu berücksichtigen. Die Verpflichtungen nach §§ 111 ff. BetrVG werden aber erst nach Ausübung des Widerspruchsrechts durch die Arbeitnehmer und den dadurch bedingten Entlassungsentschluss des bisherigen Arbeitgebers und nicht bereits durch dessen Plan zur Betriebsveräußerung ausgelöst.[947]

---

[940] S. dazu BAG 5.2.1997 – 10 AZR 553/96, NZA 1998, 158; 15.12.1998 – 1 AZR 332/98, NZA 1999, 667; 12.7.2007 – 2 AZR 448/05, NZA 2008, 425; 24.5.2012 – 2 AZR 62/11, NZA 2013, 277; HWK/*Müller-Bonanni* BGB § 613a Rn. 361.

[941] S. dazu BAG 5.2.1997, aaO; *Neef/Schrader* NZA 1998, 804 (806).

[942] BAG 5.2.1997, aaO.

[943] Vgl. BAG 10.12.1996 – 1 AZR 290/96, NZA 1997, 787.

[944] *Neef/Schrader,* aaO; Staudinger/*Annuß* BGB § 613a Rn. 338.

[945] 13.5.2020 – 7 Sa 146/19, BeckRS 2020, 13151 Rn. 95 (Revision unter dem Aktenzeichen 1 AZR 278/20 anhängig).

[946] Vgl. BAG 10.12.1996, aaO.

[947] Ebenso *Moll* RdA 2003, 129 (138).

Anders stellt sich die Rechtslage zutreffender Ansicht nach dar, wenn der bisherige Betriebsinhaber einen **Betrieb in toto** veräußert. Der Betriebsrat „geht dann auf den Erwerber über", dh er besteht bei diesem fort. Der Veräußerer verfügt infolge der Veräußerung nicht mehr über einen Betrieb und bei ihm besteht auch kein Betriebsrat mehr. Ein Übergangsmandat gem. § 21a Abs. 1 BetrVG steht dem „übergegangenen" Betriebsrat richtiger Ansicht zufolge für die widersprechenden Arbeitnehmer nicht zu. Voraussetzung hierfür wäre das Vorliegen einer Betriebsspaltung. Wie das BAG zutreffend festgestellt hat, kann die Erklärung von Widersprüchen gem. § 613a Abs. 6 BGB jedoch schon deshalb keine Betriebsspaltung bewirken, weil es sich hierbei nicht um eine Entscheidung des Arbeitgebers handelt. Die Arbeitnehmer können einen Betrieb nicht im Sinne des § 21a Abs. 1 BetrVG spalten.[948] Ein Restmandat gem. § 21b BetrVG scheidet aus, weil der bisherige Inhaber den Betrieb nicht stilllegt.[949] Er verfügt infolge der Veräußerung nicht mehr über den Betrieb, so dass dieser auch nicht stillgelegt werden kann. Die Aufstellung eines Sozialplans scheitert folglich, am Bestehen eines Betriebsrats.[950] Anders kann dies bei „betriebsmittelarmen" Tätigkeiten zu beurteilen sein, wenn die kollektive Ausübung des Widerspruchsrechts den Betriebsübergang verhindert. In diesem Fall besteht der Betrieb bei dem bisherigen Inhaber fort und der Betriebsrat bleibt bei diesem im Amt. Allerdings ist in diesen Fällen besonders sorgfältig zu prüfen, ob die Ausübung des Widerspruchsrechts sich möglicherweise als rechtsmissbräuchlich darstellt.

168 **ff) Verlust beim Arbeitslosengeld.** Dem Übergang ihres Arbeitsverhältnisses auf den neuen Inhaber widersprechende Arbeitnehmer liefen nach der früheren Verwaltungspraxis Gefahr, dass im Falle ihrer anschließenden betriebsbedingten Entlassung durch den bisherigen Arbeitgeber seitens des zuständigen **Arbeitsamtes** eine **Sperrfrist** gemäß § 159 SGB III verhängt wurde, die sich wiederum nur bei Vorliegen eines ausreichenden sachlichen Grundes abwenden ließ.[951] Dem ist das Bundessozialgericht mit Urteil vom 8.7.2009 entgegengetreten: Der mit dem Widerspruchsrecht bezweckte „Schutz des Arbeitnehmers vor einem Zwangsverkauf seiner Person" sowie das **Fehlen einer manipulativen Herbeiführung der Arbeitslosigkeit** schließen es aus, die Ausübung des Widerspruchsrechts als sperrzeitrechtlich bedeutsamen Lösungssachverhalt zu begreifen.[952]

169 **gg) Fazit.** Diese kurze Darstellung der Folgen einer Ausübung des Widerspruchsrechts mag genügen, um aufzuzeigen, dass sich Arbeitnehmer und die sie **beratenden Anwälte und Betriebsräte** sehr sorgfältig einen entsprechenden Schritt überlegen sollten. Gerade den unter Umständen weitreichenden negativen Folgen dürfte es zuzuschreiben sein, dass in der Praxis oftmals mit der Ausübung des Widerspruchsrechts gedroht, aber nur relativ selten hiervon tatsächlich Gebrauch gemacht wird.

Anders kann sich die Sachlage allerdings darstellen, wenn beim Erwerber mehr oder weniger deutlich absehbar eine **Insolvenz** droht. Hier kann es für die Arbeitnehmer durchaus attraktiv sein, dem Übergang ihres Arbeitsverhältnisses nach § 613a BGB zu widersprechen, und zwar ggf. auch noch nachträglich mit der Begründung, vor dem Übergang nicht hinreichend über dessen „wirtschaftliche Folgen" im Sinne von § 613a Abs. 5 Nr. 3 BGB informiert worden zu sein.[953] Es ist solchenfalls für die Arbeitgeberseite somit recht riskant, die wirtschaftlichen Perspektiven für die Arbeitsplätze durch „geschönte"

[948] Vgl. BAG 24.5.2012 – 2 AZR 62/11, NZA 2013, 277 Ls. 3 und Rn. 56.

[949] *Hidalgo/Kobler* NZA 2014, 290; wohl ebenso *Fitting* ua, § 21b Rn. 6; aA ErfK/*Koch* BetrVG § 21b Rn. 2; wohl auch ErfK/*Preis* BGB § 613a Rn. 110; vgl. auch APS/*Steffan* BGB § 613a Rn. 60.

[950] HWK/*Müller-Bonanni* BGB § 613a Rn. 361; *Hidalgo/Kobler* NZA 2014, 290; aA wohl ErfK/*Preis* BGB § 613a Rn. 110.

[951] Vgl. zu dieser Thematik *Commandeur* NJW 1996, 2537 (2544); differenzierend *Altenburg/Leister* NZA 2005, 15 (23).

[952] BSG 8.7.2009 – B 11 AL 17/08 R, BB 2010, 443; ausf. *Klumpp* NZA 2009, 354; MüKoBGB/*Müller-Glöge* BGB § 613a Rn. 128; ErfK/*Rolfs* SGB III § 159 Rn. 6.

[953] So geschehen zB in den Fällen *Agfa-Gevaert Leverkusen* und *Siemens/BenQ*.

Analysen besser darzustellen als objektiv gerechtfertigt, weil damit ein nur durch die Grundsätze der Verwirkung begrenztes Risiko eines „Rückfalls" der Arbeitsverhältnisse auf den Veräußerer verbunden ist. Die – rechtspolitisch fragwürdige – Verknüpfung der Unterrichtungspflicht nach § 613a Abs. 5 BGB mit dem Beginn der Widerspruchsfrist nach § 613a Abs. 6 BGB begründet für Betriebsübergänge ein hochproblematisches **Gefahrenpotential.**[954]

5. Inhalt des übergegangenen Arbeitsverhältnisses

a) Grundsatz der Kontinuität; gegenständliche Begrenzung, Gleichbehandlungsfragen[955]

Angesichts des eindeutigen Gesetzeswortlauts („Eintritt in *die* Rechte und Pflichten aus den im Zeitpunkt des Betriebsübergangs bestehenden Arbeitsverhältnissen") sowie des oben bereits dargelegten Prinzips des vollen Austausches der Vertragspartei auf Arbeitgeberseite (→ Rn. 122) steht im Grundsatz die „totale" Kontinuität des Arbeitsverhältnisses (auch) auf Erwerberseite fest. Dieser haftet (mit Ausnahme des Erwerbs in der Insolvenz, → Rn. 126) **umfassend,** dh auch für **rückständige Lohn- und Gehaltsansprüche,**[956] nicht dagegen für bei Betriebsübergang rückständige Sozialversicherungsbeiträge oder Lohnsteuer.[957] Gleichzeitig scheidet der bisherige Arbeitgeber aus dem Arbeitsverhältnis aus; er ist nicht mehr Vertragspartei, sondern allenfalls noch Haftungsschuldner (vgl. § 613a Abs. 2 BGB).[958] 170

Alle aus dem so genannten arbeitsrechtlichen Besitzstand erwachsenden Rechte und **Anwartschaften,** namentlich sämtliche an die bisherige **Betriebszugehörigkeit** anknüpfenden Rechtspositionen (zB in Bezug auf Kündigungsschutz, Kündigungsfristen,[959] Unverfallbarkeitsfristen in der **betrieblichen Altersversorgung;** zu diesen ausführlich → J Rn. 180ff., 428) werden **durchgängig,** dh unter Zugrundelegung der sowohl beim Veräußerer wie auch beim Erwerber zurückgelegten Dienstzeiten, ermittelt;[960] denn zu einer rechtlichen Unterbrechung des Arbeitsverhältnisses ist es durch den Betriebsübergang gerade *nicht* gekommen. Es handelt sich vielmehr (weiterhin) um ein **einheitliches Arbeitsverhältnis,** bei dem eine Vertragspartei ausgewechselt wurde.[961] Dies wirkt sich zB beim **Zeugnisanspruch** des Arbeitnehmers nach § 109 GewO dahingehend aus, dass bei einer Beendigung des Arbeitsverhältnisses nach Betriebsübergang der Erwerber Schuldner des Anspruchs wird und dieser für die gesamte Dauer des Arbeitsverhältnisses ein Zeugnis zu erteilen hat, und zwar unabhängig davon, wie lange das Arbeitsverhältnis nach dem Betriebsübergang fortgesetzt wurde.[962] Ist das Vorliegen eines Betriebsübergangs streitig, stellt es im Rahmen eines **Vergleichs** keinen Rechtsmissbrauch im Hinblick auf das Prinzip der Sozialauswahl dar, wenn frühere Beschäftigungszeiten vertraglich angerechnet wer-

---

[954] S. dazu *Willemsen* FS Küttner, 2006, 417; *Müller-Bonanni* FS Willemsen, 2018, 331 (334ff.).

[955] Zu den vielfältigen Gleichbehandlungsfragen bei Betriebsübergang s. auch HWK/*Müller-Bonanni* BGB § 613a Rn. 246.

[956] Unstr. Vgl. zB BAG 18.8.1976 – 5 AZR 95/75, DB 1977, 310.

[957] BayObLG 31.10.1974 – 1 U 2225/74, BB 1974, 1582; LSG Sachsen-Anhalt 11.1.2011 – L 1 R 51/10 B ER (rkr.), ZIP 2011, 1121; HWK/*Müller-Bonanni* § 613a Rn. 235; ErfK/*Preis* BGB § 613a Rn. 81.

[958] EuGH 6.4.2017 – C-336/15 *(Unionen)*, NZA 2017, 585; Zur Rechtskraftwirkung eines gegen den Betriebsveräußerer gerichteten Feststellungsurteils hinsichtlich der Rechte des Betriebserwerbers analog §§ 265 Abs. 1, 325 ZPO vgl. BAG 19.11.2014 – 4 AZR 761/12, NZA 2015, 950.

[959] Vgl. hierzu auch jüngst die Entscheidung des EuGH 6.4.2017 – C-336/15 *(Unionen)*, NZA 2017, 585.

[960] Zur Berechnung der Wartezeit nach § 1 KSchG vgl. BAG 27.6.2002 – 2 AZR 270/01, NZA 2003, 145.

[961] IE ebenso Soergel/*Raab* BGB § 613a Rn. 80 mwN; Regelungszweck des § 613a BGB ist somit die Besitzstandswahrung, vgl. BAG 29.8.2001 – 4 AZR 352/00, NZA 2002, 863 (866).

[962] BAG 16.10.2007 – 9 AZR 248/07, NZA 2008, 298 (300); MüKoBGB/*Müller-Glöge* BGB § 613a Rn. 92; HWK/*Gäntgen* GewO § 109 Rn. 8; zu den damit verbundenen praktischen Fragen *Jüchser* NZA 2012, 244. An den Inhalt eines vom Veräußerer erstellten Zwischenzeugnisses ist der neue Inhaber dabei regelmäßig gebunden; BAG, aaO.

den.[963] Als Kehrseite des Prinzips der Kontinuität des Arbeitsverhältnisses beim Erwerber ist allerdings auch zu beachten, dass dieser die Arbeitsverhältnisse grundsätzlich nur nach dem zwischen dem Veräußerer und dem Arbeitnehmer vereinbarten Standard fortzusetzen hat, also grundsätzlich nicht verpflichtet ist, in seinem Unternehmen bereits bestehende bessere Arbeitsbedingungen auf die gemäß § 613a BGB übernommene Belegschaft anzuwenden (grundsätzlich **keine „Angleichung nach oben“**, dazu auch → I Rn. 2).[964] Allein aus der oben geschilderten Zusammenrechnung von Betriebszugehörigkeitszeiten können die nach § 613a BGB übernommenen Arbeitnehmer keine Ansprüche gegen den Erwerber ableiten, die sie bei – unterstellter – Fortsetzung des Arbeitsverhältnisses mit dem Veräußerer ebenfalls nicht gehabt hätten.[965]

Der Erwerber kann also durchaus danach **differenzieren,** ob die jeweilige, für die Anspruchsentstehung maßgebliche **Betriebstreue ihm oder dem Veräußerer gegenüber erbracht wurde.**[966] Nur soweit bereits nach den beim Veräußerer geltenden Arbeitsbedingungen die Betriebszugehörigkeit mit bestimmten Anwartschaften „belegt“ war, tritt der Erwerber in die entsprechende Zusage ein, so dass die Anwartschaft – im Wege durchgängiger Berechnung der Betriebszugehörigkeit – auch noch nach dem Betriebsübergang zum Vollrecht erstarken kann.

171 Beispiel G 16:

Eine Großbäckerei (B-GmbH) übernimmt nach § 613a BGB den Betrieb eines Konkurrenten (K-GmbH). Den Arbeitnehmern der K-GmbH war in den Arbeitsverträgen nach zehnjähriger Betriebszugehörigkeit ein Jubiläumsgeld von EUR 1.000, – zugesagt worden. Eine betriebliche Altersversorgung gibt es dagegen nur bei der B-GmbH, und zwar nach einer zehnjährigen Wartezeit ab Beginn der Betriebszugehörigkeit. Arbeitnehmer A, der bei der K-GmbH neun Jahre beschäftigt war, verlangt ein Jahr nach dem Betriebsübergang auf die B-GmbH von dieser sowohl das Jubiläumsgeld wie auch eine Bestätigung der Versorgungsanwartschaft.

Wie sich aus den obigen Ausführungen ergibt, wird A nur mit seinem erstgenannten Verlangen Erfolg haben. Dagegen kann er nicht die Anwendung der beim Erwerber geltenden Regelungen zur betrieblichen Altersversorgung unter Berücksichtigung seiner gesamten Betriebszugehörigkeit einschließlich derjenigen vor dem Betriebsübergang verlangen. § 613a BGB **„fingiert“**, vorbehaltlich von § 613a Abs. 1 S. 2–4 BGB, den **durchgehenden Bestand des Arbeitsverhältnisses** zu den beim *Veräußerer,* nicht zu den beim *Erwerber* geltenden Arbeitsbedingungen.[967] Umgekehrt kann der Übernehmer, wenn seine Stammbelegschaft günstigere Arbeitsbedingungen genießt als die nach § 613a BGB übernommenen Arbeitnehmer, eine **Nivellierung** nicht allein unter Berufung auf den ar-

---

[963] BAG 2.6.2005 – 2 AZR 480/04, NJW 2006, 315.

[964] BAG 25.8.1976 – 5 AZR 788/75, DB 1977, 358; 29.8.2001 – 4 AZR 352/00, NZA 2002, 863; dies gilt auch in Fällen der Verschmelzung, vgl. BAG 31.8.2005 – 5 AZR 517/04, NZA 2006, 265; 21.1. 2010 – 6 AZR 449/09, NZA 2010, 600. Die *„Scattolon“*-Entscheidung des EuGH 6.9.2011 – C-108/10, NZA 2011, 1077 (dazu auch → E Rn. 144) steht dem nicht entgegen; vgl. BAG 12.9.2013 – 6 AZR 512/12, NZA-RR 2014, 154 Rn. 44ff.; *Willemsen* RdA 2012, 291 (302); HWK/*Müller-Bonanni* BGB § 613a Rn. 246 mwN.

[965] BAG 19.9.2007 – 4 AZR 714/06, BeckRS 2008, 51005; 26.9.2007 – 10 AZR 657/06, NZA 2007, 1426; 12.9.2013 – 6 AZR 512/12, NZA-RR 2014, 154; MüKoBGB/*Müller-Glöge* BGB § 613a Rn. 97.

[966] BAG 26.9.2007 – 10 AZR 657/06, NZA 2007, 1426; 12.9.2013 – 6 AZR 512/12, NZA-RR 2014, 154 Rn. 42ff.; LAG Düsseldorf 9.11.2000 – 13 Sa 1272/00, BeckRS 2007, 47514; LAG Hamm 30.5. 2011 – 8 Sa 2307/10, BeckRS 2011, 74174. Dieser Grundsatz ist für die betriebliche Altersversorgung von zentraler Bedeutung; siehe dazu BAG 30.8.1979 – 3 AZR 58/78, DB 1979, 2431, sowie ausführlich → J Rn. 484ff. Zur – umgekehrten – Frage, ob der Veräußerer berechtigt ist, einen Bonus im Vorfeld eines Betriebsteilübergangs nur den bei ihm verbleibenden Arbeitnehmern zu zahlen, vgl. (bejahend) BAG 14.2.2007 – 10 AZR 181/06, NZA 2007, 558.

[967] BAG 12.9.2013 aaO. Zu der hiervon zu trennenden Frage, ob der Erwerber verpflichtet ist, ein bei ihm bestehendes kollektivrechtliches Versorgungswerk *ab* dem Zeitpunkt der Übernahme auf die neu hinzugekommenen Arbeitnehmer anzuwenden, → J Rn. 487ff.

beitsrechtlichen Gleichbehandlungsgrundsatz erreichen **(grundsätzlich keine „Angleichung nach unten")**.[968] Denkbar erscheint in engen Grenzen aber eine solche Angleichung bzw. Anpassung zumindest für die Zukunft, etwa durch Ausspruch von Änderungskündigungen, wenn ansonsten **konkrete Nachteile** drohen.[969]

Der **allgemeine Gleichbehandlungsgrundsatz** verpflichtet den Betriebsübernehmer selbst nach längerem Zeitablauf nicht zu einer Anpassung der Arbeitsbedingungen der im Vergleich zur „Stammbelegschaft" schlechter gestellten Arbeitnehmer. Er ist allerdings, wenn er **neue Vergütungsstrukturen** schafft, an den Gleichbehandlungsgrundsatz gebunden.[970] Auch bei **freiwilligen Lohnerhöhungen** kann eine Differenzierung zwischen Stammbelegschaft und übernommenen Arbeitnehmern gegen den allgemeinen Gleichbehandlungsgrundsatz verstoßen.[971] Zulässig ist es dagegen, wenn eine **Betriebsvereinbarung** Arbeitnehmer, deren Arbeitsverhältnis durch einen Betriebsteilübergang auf den Arbeitgeber übergeht, von einer Versorgungsordnung ausnimmt, neu eintretende Arbeitnehmer jedoch nicht.[972] Schließlich können sich Gleichbehandlungsfragen auch aus der Sicht des **veräußernden Arbeitgebers** stellen. So hat das BAG es für zulässig erachtet, bei der Gewährung eines **Bonus** im Vorfeld einer Betriebsabspaltung zwischen solchen Arbeitnehmern zu differenzieren, die beim bisherigen Arbeitgeber verbleiben, und solchen, die das Unternehmen im Zuge der Übertragung nach § 613a Abs. 1 S. 1 BGB verlassen.[973]

Eine weitere **Beschränkung** ergibt sich aus dem notwendigen **unmittelbaren Bezug** der „Rechte und Pflichten" zu dem übernommenen Arbeitsverhältnis. Berechtigungen und Verpflichtungen, die nur anlässlich des bestehenden Arbeitsverhältnisses durch besonderen Rechtsakt entstanden sind, werden nicht automatisch mit übertragen. Dies gilt insbesondere für seitens des Betriebsveräußerers erteilte **Vollmachten und Prokuren**,[974] aber auch für außerhalb des Arbeitsvertrages geschlossene gesonderte Vertragsbeziehungen (zB Kaufverträge, Mietverträge, Aktienoptionsverträge (dazu auch → Rn. 177 ff.), Darlehensverträge (dazu → Rn. 174) etc). Insoweit kann allerdings das solchen Gewährungen innewohnende **„Zuwendungselement"** als **Verschaffungsanspruch** zum Inhalt des Arbeitsverhältnisses werden und sich nach dem Betriebsübergang gemäß § 613a BGB gegen den neuen Inhaber richten.[975] Ebensowenig gehen anlässlich des Arbeitsverhältnisses erteilte **Zusagen Dritter** (zB von Konzernunternehmen) nach § 613a BGB auf den Betriebserwerber über.[976]

---

[968] Vgl. zu diesen Gleichbehandlungsfragen → I Rn. 31 ff. sowie *Willemsen* in Hromadka (Hrsg.), Änderung von Arbeitsbedingungen, 1988, S. 169, 190; HWK/*Müller-Bonanni* BGB § 613a Rn. 246.

[969] Vgl. BAG 28.4.1982 – 7 AZR 1139/79, DB 1982, 1776; 14.3.2007 – 5 AZR 420/06, NZA 2007, 862 sowie ausführlich → I Rn. 33 ff. Ein entsprechendes Vorgehen ist insbesondere mit der RL 2001/23/EG vereinbar, EuGH 14.9.2000 – Rs. C-343/98, NZA 2000, 1279.

[970] BAG 31.8.2005 – 5 AZR 517/04, NZA 2006, 265 (266); MüKoBGB/*Müller-Glöge* BGB § 613a Rn. 96.

[971] BAG 14.3.2007 – 5 AZR 420/06, NZA 2007, 862.

[972] BAG 19.1.2010 – 3 ABR 19/08, NZA-RR 2010, 356. Zur Frage der Berücksichtigung von Vordienstzeiten beim Veräußerer im Rahmen der Eingruppierung vgl. BAG 17.10.2007 – 4 AZR 1005/06, NZA 2008, 713; im Rahmen einer sog. Stufenzuordnung BAG 12.9.2013 – 6 AZR 512/12, NZA-RR 2014, 154.

[973] BAG 14.2.2007 – 10 AZR 181/06, NZA 2007, 558.

[974] HWK/*Müller-Bonanni* BGB § 613a Rn. 237; Staudinger/*Annuß* BGB § 613a Rn. 154; ErfK/*Preis* BGB § 613a Rn. 78; *Gaul,* Betriebs- und Unternehmensspaltung, § 13 Rn. 147; MüKoBGB/*Müller-Glöge* § 613a Rn. 92.

[975] Dazu *Willemsen* FS Herbert Wiedemann, 2002, 645 (652); *Willemsen/Müller-Bonanni* ZIP 2003, 1177.

[976] Überblick bei *Fuhlrott/Fabritius* BB 2013, 1592 ff.; *Naumann/Gaul* NZA 2011, 121 (122 f.); *Willemsen* FS Wiedemann, 2002, 646 ff. Für Aktienoptionen ausdrücklich BAG 12.2.2003 – 10 AZR 299/02, NZA 2003, 487; LAG Düsseldorf 3.3.1998 – 3 Sa 1452/97, NZA 1999, 981; LAG Hessen 19.11.2001 – 16 Sa 971/01, NZA-RR 2003, 316; *Willemsen/Müller-Bonanni* ZIP 2003, 1177 (1180); *Annuß/Lembke* BB 2003, 2230 (2231); ErfK/*Preis* BGB § 613a Rn. 73; aA *Tappert* NZA 2002, 1188 (1192); *Lipinski/Melms* BB 2003, 150 (154); diff. *Schnitker/Grau* BB 2002, 2497 (2498 f.); anders dagegen, wenn der Vertragsarbeitgeber eine eigene Verpflichtung ggü. dem Arbeitnehmer eingegangen ist, vgl. BAG 28.5.2008 – 10 AZR 351/07, NZA 2008, 1066; 16.1.2008 – 7 AZR 887/06, NZA 2008, 836.

Auch die an die **Arbeitgeberstellung** außerhalb des Arbeitsverhältnisses anknüpfenden Rechte und Pflichten gehen *nicht* gemäß § 613a BGB über. Dies gilt insbesondere für die Mitgliedschaft im Arbeitgeberverband und eine daraus resultierende **Tarifbindung** des Veräußerers an einen Verbandstarifvertrag (dazu → E Rn. 74 ff.) sowie für die Trägerschaft hinsichtlich einer **betrieblichen Unterstützungskasse.**[977] Zu beachten ist in diesem Zusammenhang, dass sich aus dem der Betriebsübernahme zugrundeliegenden **Vertrag** (zB Unternehmenskaufvertrag) für die Erwerberseite über § 613a BGB hinausgehende Verpflichtungen ergeben können. So hat der 4. Senat des BAG in einer Regelung im Unternehmenskaufvertrag, die eine dynamische Weitergeltung der beim Veräußerer bestehenden Tarifverträge vorsah, als **Vertrag zugunsten Dritter** im Sinne von § 328 BGB qualifiziert, der gegenüber den übernommenen Mitarbeitern unmittelbar rechtliche Wirkung entfalte.[978] Da diese Rechtsfolge zumeist unerwünscht sein dürfte, ist der **Kautelarpraxis** zu besonderer Sorgfalt und Vorsicht bei der Formulierung entsprechender Klauseln zu raten.[979] Allgemein zu den Grenzen einer dynamischen Bindung des Erwerbers an die im Veräußererunternehmen geltenden Tarifverträge (dazu → E Rn. 79).

Demgegenüber rückt der Erwerber im Falle des identitätswahrenden (dazu → D Rn. 68 ff.) Übergangs eines Betriebs oder Betriebsteils vollen Umfangs in die betriebsverfassungsrechtliche Stellung des früheren Betriebsinhabers ein (→ E Rn. 2 ff.).[980]

b) Notwendigkeit einer Differenzierung nach der jeweiligen Rechtsquelle der zu übertragenden Rechte und Pflichten

172 Eine zutreffende Ermittlung des Inhalts der im Zuge einer Unternehmensumstrukturierung oder Betriebsveräußerung gemäß § 613a BGB übergegangenen Arbeitsverhältnisse setzt voraus, dass man zusätzlich neben der jeweiligen Regelung (zB Urlaubsdauer, Anspruch auf Weihnachtsgratifikation, betriebliche Altersversorgung etc) deren jeweilige **Rechtsgrundlage** mit in den Blick nimmt. Eine sichere Antwort ist allein auf Grund von § 613a Abs. 1 S. 1 BGB nur möglich, wenn es sich um Rechte und Pflichten aus dem Arbeitsvertrag handelt oder wenn die jeweiligen Bedingungen zwar generell für eine Vielzahl von Arbeitnehmern gelten, die maßgebliche Rechtsgrundlage jedoch ausschließlich individualarbeitsrechtlicher Natur ist. Dies trifft zu für Arbeitsbedingungen auf Grund von

- **Formulararbeitsverträgen;**
- so genannten allgemeinen, *einseitig* vom Arbeitgeber aufgestellten **Arbeitsbedingungen** (also *keine* Betriebsvereinbarung!);
- so genannter **betrieblicher Übung;**[981] in diese tritt der Erwerber vollen Umfangs ein, auch soweit sie sich noch in der Entstehung befindet;[982]
- Anwendung des arbeitsrechtlichen **Gleichbehandlungsgrundsatzes,** soweit die daraus resultierenden Ansprüche sich bereits gegen den früheren Arbeitgeber (Betriebsinhaber) richteten; dazu auch → Rn. 170.

Sind die in Rede stehenden Arbeitsbedingungen dagegen geregelt durch

- **Verbandstarifvertrag,**
- **Firmentarifvertrag** oder
- **Betriebsvereinbarung,**

---

[977] Dazu BAG 5.10.1993 – 3 AZR 586/92, NZA 1994, 848.

[978] BAG 20.4.2005 – 4 AZR 292/04, NZA 2006, 281; dazu *Hohenstatt/Schramm* NZA 2006, 251.

[979] Zu den verschiedenen Lösungsmöglichkeiten s. *Hohenstatt/Schramm,* aaO, sowie *Löwisch/Rieble* TVG § 3 Rn. 644 ff.

[980] BAG 8.12.2009 – 1 ABR 66/08, NJW 2010, 1990, dort mit der Konsequenz der Bindung des Betriebserwerbers an eine nach § 87 Abs. 1 BetrVG mitbestimmungspflichtige Vergütungsordnung. Zum Eintritt des Erwerbers in ein laufendes Beschlussverfahren vgl. BAG 9.12.2008 – 1 ABR 75/07, NZA 2009, 254.

[981] Zum individualrechtlichen Charakter der so genannten Betriebsübung siehe BAG 16.9.1986 – GS 1/82, NZA 1987, 168; *Fitting* BetrVG § 77 Rn. 205; *Koch* in Schaub ArbR-HdB § 110 Rn. 1 ff.

[982] Vgl. BAG 19.9.2007 – 4 AZR 711/06, NZA 2008, 241 Rn. 22, auch zur Möglichkeit der Beseitigung, sowie ErfK/*Preis* BGB § 613a Rn. 74; MüKoBGB/*Müller-Glöge* BGB § 613a Rn. 95.

greift der besondere, in den Einzelheiten oftmals komplizierte **Ablösungsmechanismus** gemäß § 613a Abs. 1 S. 2–4 BGB ein. Außerdem kommt bei Firmentarifverträgen und Betriebsvereinbarungen ein unmittelbarer **Eintritt des neuen Betriebsinhabers in die entsprechenden Kollektivverträge** in Betracht; der (zusätzlichen) Anwendung des § 613a BGB bedarf es dann nicht mehr. Insoweit ist generell auf Kapitel E zu verweisen (→ E Rn. 1ff. und 111ff.). Die Möglichkeiten zu einer Harmonisierung von Arbeitsbedingungen nach einem Betriebs(teil)übergang werden in Kapitel I dargestellt.

Die nachfolgenden Ausführungen beziehen sich dementsprechend **nur** auf die nach § 613a Abs. 1 S. 1 BGB auf den neuen Inhaber übergehenden **individualrechtlichen,** dh (allein) auf individualrechtlicher Grundlage entstandenen Ansprüche im Sinne der obigen Aufstellung. Wegen der besonderen Fragen, die sich im Falle einer einzelvertraglichen Verweisung auf Tarifverträge ergeben, ist auf die Darstellung in → E Rn. 174ff. zu verweisen.

c) Zweifelsfragen und praktische Schwierigkeiten bei der Fortsetzung bestimmter Arbeitsbedingungen

Die Anwendung des § 613a Abs. 1 S. 1 BGB bereitet bei den Standardkonditionen eines 173
Arbeitsverhältnisses in der Regel keine Schwierigkeiten. Ebenso selbstverständlich wie die künftige **Lohnzahlungspflicht** des neuen Arbeitgebers ist dessen Berechtigung, vom Arbeitnehmer die geschuldete **Arbeitsleistung** zu verlangen; auch ein vertraglich vorgesehener **Versetzungsvorbehalt** geht, soweit arbeitsvertraglich zulässig, auf den neuen Betriebsinhaber über. Dasselbe gilt für alle sonstigen (Gestaltungs-)Rechte auf Arbeitgeberseite (dazu bereits → Rn. 123).

Die Überleitung der individualrechtlich begründeten Rechte und Pflichten auf den Erwerber kann jedoch Schwierigkeiten bereiten, wenn deren Fortsetzung – trotz der in § 613a Abs. 1 S. 1 BGB enthaltenen, an sich eindeutigen Anordnung – **angesichts veränderter tatsächlicher oder rechtlicher Verhältnisse** im aufnehmenden Unternehmen nicht oder nur unter erschwerten Bedingungen möglich ist. Diese Problematik kann sich sowohl bei konzerninterner Umstrukturierung wie auch und insbesondere bei Veräußerung eines Betriebs bzw. Unternehmens an Dritte stellen. Ohne Anspruch auf thematische Vollständigkeit und abschließende rechtliche Behandlung sollen nachfolgend einige in der Praxis immer wieder relevant werdende Konstellationen kurz angesprochen werden.[983]

aa) Arbeitgeberdarlehen. Hatte der frühere Arbeitgeber einem Arbeitnehmer aus per- 174
sönlicher Motivation (zB Freundschaft) ein Darlehen gewährt, verbleibt es auch nach dem Betriebsübergang bei dieser Rechtsbeziehung außerhalb des Arbeitsverhältnisses.[984] Handelt es sich dagegen bei dem Darlehen um eine betriebliche **Sozialleistung** (zB verbilligte Baufinanzierung für Mitarbeiter einer Bank), so soll es nach freilich zweifelhafter Auffassung im Schrifttum auch in dem Darlehensverhältnis auf Seiten des Arbeitgebers zu einem Vertragspartnertausch kommen.[985] Richtiger erscheint es dagegen, wie beim Vertrag zugunsten Dritter zwischen **Deckungs- und Valutaverhältnis** zu unterscheiden:[986] Aus dem Arbeitsvertrag erwächst dem Arbeitnehmer ein Anspruch auf Abschluss und Durchführung eines entsprechend vergünstigten Darlehensvertrages. Stellt der bisherige Arbeitgeber (zB eine Bank) nach Verkauf des Betriebs bzw. Betriebsteils auf so genannte Normalkonditionen um mit der Begründung, infolge Ausscheidens aus dem Arbeitsverhältnis lägen die Voraussetzungen für Vorzugskonditionen nicht mehr vor, wird der neue Arbeit-

[983] S. zu den nachfolgenden Fragestellungen auch HWK/*Müller-Bonanni* BGB § 613a Rn. 231ff.
[984] BAG 21.1.1999 – 8 AZR 373/97, BeckRS 1999, 30368263; HWK/*Müller-Bonanni* BGB § 613a Rn. 233.
[985] Vgl. *Seiter* S. 78; *Gaul,* Betriebs- und Unternehmensspaltung, § 13 Rn. 71; aA Staudinger/*Annuß* BGB § 613a Rn. 168; MüKoBGB/*Müller-Glöge* BGB § 613a Rn. 91; APS/*Steffan* BGB § 613a Rn. 90; offen gelassen von LAG Köln 18.5.2000 – 10 Sa 50/00, NZA-RR 2001, 174.
[986] Allgemein und ausführlich zur Behandlung nicht originär arbeitsrechtlicher Rechtsbeziehungen *Willemsen* FS Herbert Wiedemann, 2002, 645.

geber entweder für eine Ablösung des Darlehens durch einen ebenso günstigen Kreditvertrag Sorge tragen oder für die nunmehr höheren Zinsen einen **Wertersatz** leisten müssen, wenn diese **Vergünstigung Bestandteil des Arbeitsvertrages** geworden ist.[987] Entsprechendes gilt, wenn der Kreditvertrag durch den früheren Arbeitgeber gekündigt wird. Allerdings ist jeweils zusätzlich zu prüfen, ob es sich bei den vergünstigten Darlehenskonditionen um eine **unternehmensspezifische Sonderleistung handelt** (dazu auch → Rn. 177 ff.), was insbesondere bei **Kreditinstituten** nahe liegen dürfte. Bejaht man dies, kommt der „automatische" Wegfall dieser Zuwendung nach den in → Rn. 178 dargestellten Grundsätzen in Betracht.

175 **bb) Werkswohnungen.** Werden Wohnungseinheiten, die im Eigentum des bisherigen Arbeitgebers stehen, im Zuge eines Betriebsübergangs mit veräußert, tritt der Betriebserwerber in die Mietverhältnisse mit den Arbeitnehmern nach **§ 566 BGB** ein.[988] Des zusätzlichen Rekurses auf § 613a BGB bedarf es dann nicht.

Bleiben die Wohnungen im Eigentum des bisherigen Arbeitgebers, findet § 613a BGB insoweit ebenfalls keine Anwendung. Vielmehr wird das Mietverhältnis jedenfalls zunächst mit dem bisherigen Vermieter und früheren Arbeitgeber fortgesetzt; die Arbeitnehmer genießen den üblichen allgemeinen Mieterschutz.[989] Beendet der frühere Arbeitgeber gleichwohl wirksam durch **Kündigung** das Mietverhältnis, betrifft dies das nunmehr mit dem Betriebserwerber fortgesetzte Arbeitsverhältnis nicht, da es sich um zwei getrennte Rechtsbeziehungen handelt; das Mietverhältnis wurde entweder ohnehin nur „gelegentlich" des Arbeitsverhältnisses oder aber „mit Rücksicht" auf dieses abgeschlossen. Im letzteren Fall handelt es sich um so genannte Werkmietwohnungen im Sinne von § 576, 576a BGB.[990] Nur wenn sich – eher ausnahmsweise – aus dem Arbeitsvertrag eine **Pflicht** des Arbeitgebers zur Überlassung von (preisgünstigem) Wohnraum ergibt, geht diese Verpflichtung – unabhängig von der Verfügungsgewalt über die jeweilige Immobilie – nach § 613a BGB auf den Betriebserwerber über.[991] Ist dieser mangels entsprechenden Immobilienbesitzes hierzu nicht in der Lage, dürfte sich der Anspruch nach den Grundsätzen vom **Wegfall der Geschäftsgrundlage** in einen solchen auf Unterstützung bei der Suche nach einer neuen Wohnung (Erstattung von Maklerkosten) und Zahlung eines **finanziellen Ausgleichs** (Mietzuschusses) in Höhe der bisherigen Begünstigung (Subvention) umwandeln.

Besondere, hiervon abweichende Grundsätze gelten im Falle von so genannten **Werkdienstwohnungen,** bei denen neben dem Arbeits- kein besonderes Mietverhältnis besteht, das Wohnrecht vielmehr integrierter Bestandteil des Arbeitsverhältnisses und Teil der Vergütung ist (vgl. § 576b BGB). Hier wird man von einer uneingeschränkten Anwendung des § 613a BGB auszugehen haben.[992] Ein praktischer Anwendungsfall hierfür sind insbesondere Pförtner- und Hausmeisterwohnungen.

176 **cc) Arbeitnehmererfindungen.** Bei Ansprüchen auf Grund des Arbeitnehmererfindergesetzes (ArbNErfG) handelt es sich unzweifelhaft um solche aus dem Arbeitsverhältnis, auf die § 613a BGB Anwendung findet.[993] Die **Frist** für die Inanspruchnahme gemäß § 6 ArbNErfG läuft also nach dem Betriebsübergang durchgängig weiter und zur Inanspruchnahme selbst ist nach dem Betriebsübergang nur noch der Erwerber legitimiert. Werden die Rechte aus der (früheren) Erfindung zusammen mit dem Betrieb oder Betriebsteil

[987] Ebenso Staudinger/*Annuß* BGB § 613a Rn. 168.
[988] *Gaul* aaO Rn. 73; ErfK/*Preis* BGB § 613a Rn. 77; APS/*Steffan* BGB § 613a Rn. 97.
[989] *Seiter,* aaO.
[990] Vgl. zu dieser Unterscheidung ErfK/*Preis* BGB § 613a Rn. 77; *Gaul* § 13 Rn. 13; Staudinger/*Annuß* BGB § 613a Rn. 192.
[991] ErfK/*Preis* BGB § 613a Rn. 77; HWK/*Müller-Bonanni* BGB § 613a Rn 233; MüKoBGB/*Müller-Glöge* BGB § 613a Rn. 99; aA Hölters/*v. Steinau-Steinrück/Thees,* Unternehmenskauf, Rn. 6.200.
[992] Ebenso ErfK/*Preis* aaO; *Seiter,* aaO; Staudinger/*Annuß* aaO; aA *v. Steinau-Steinrück/Thees* in Hölters, Unternehmenskauf, V Rn. 200.
[993] Unstreitig; vgl. *v. Steinau-Steinrück/Thees* aaO, V Rn. 202; Staudinger/*Annuß* BGB § 613a Rn. 169.

übernommen, hat der Übernehmer zukünftig fällig werdende Vergütungsansprüche allein zu erfüllen.[994]

dd) Unternehmensspezifische Vergütungsregelungen (insbesondere Tantiemen und Aktienoptionen). Besondere Schwierigkeiten ergeben sich auf der Rechtsfolgenseite des § 613a Abs. 1 S. 1 BGB, wenn sich ein Teil der Vergütung des Arbeitnehmers nach (insbesondere erfolgsbezogenen) Parametern bemisst, die auf die wirtschaftlichen Verhältnisse des früheren Betriebsinhabers zugeschnitten waren, oder wenn ein Teil der Vergütung in der Einräumung gesellschaftsrechtlicher Positionen besteht, für die es nach dem Betriebsübergang beim Betriebserwerber keine Entsprechung gibt. 177

Beispiel G 17:

P ist Prokurist einer kleinen Speditionsgesellschaft S-GmbH, deren Betrieb nunmehr im Wege des *Asset deal* von der Großspedition G-AG nach § 613a BGB übernommen wird. Laut Anstellungsvertrag steht P eine Tantieme in Höhe von 5 % des Unternehmensgewinns vor Steuern zu.

Beispiel G 18:

Die X-AG gewährt ihren Führungskräften jährliche Optionen auf vergünstigten Bezug von eigenen Aktien in Abhängigkeit von der Erreichung bestimmter Leistungsziele. Nunmehr wird ein Betriebsbereich mit ca. 180 Arbeitnehmern, darunter 20 begünstigten Führungskräften, an ein mittelständisches Familienunternehmen, die M-GmbH, veräußert.

Die wörtliche Aufrechterhaltung der anstellungsvertraglich zugesagten Leistung wäre im **Beispielsfall G 17** wirtschaftlich unzumutbar, im **Beispiel G 18** in Ermangelung einer entsprechenden Gesellschaftsform, welche die Ausgabe von Belegschaftsaktien ermöglichte, rechtlich unmöglich. Beiden Fällen ist gemeinsam, dass auf Grund des Wechsels des Unternehmensträgers das System, nach dem eine bestimmte erfolgsbezogene Vergütung bislang gewährt wurde, nicht mehr sinnvoll anwendbar ist.

Der Schlüssel für die richtige Lösung des Problems liegt in der Frage, wie rechtlich zu verfahren gewesen wäre, wenn die entsprechende Änderung im Sachverhalt – unabhängig von § 613a BGB – bei dem *bisherigen* Arbeitgeber eingetreten wäre. So hätte im Beispiel G 17 die S-GmbH durch Hinzukauf von Unternehmensteilen erheblich expandieren können; im Beispiel G 18 wäre an eine Umwandlung der X-AG in eine GmbH unter gleichzeitiger Verkleinerung des Unternehmens durch Veräußerung von Unternehmensteilen zu denken. In Fällen der vorliegenden Art wird daher ein Rückgriff auf die Instrumente der **ergänzenden Vertragsauslegung** bzw. der **Anpassung von Vertragsbedingungen** nach den Grundsätzen des Wegfalls bzw. der Änderung der Geschäftsgrundlage (§ 313 BGB) erforderlich sein.[995] In Beispiel G 17 könnte die ergänzende Vertragsauslegung zu dem Ergebnis führen, dass P künftig eine Tantieme in Höhe von 5% – nur – des wirtschaftlichen Ergebnisses desjenigen Betriebs erhält, in dem er schon bisher tätig war und auf den allein sich die Tantiemevereinbarung von Anfang an bezog. Kommt allerdings eine solche separate Gewinnermittlung nach dem Betriebsübergang nicht mehr in Betracht, werden die Parteien – **gegebenenfalls auch mit gerichtlicher Hilfe** – eine den neuen Verhältnissen angepasste Tantiemeregelung zu finden haben, die P in etwa wirtschaftlich so stellt wie während seiner Dienstzeit bei der S-GmbH.

---

[994] *Bauer,* aaO.

[995] HWK/*Müller-Bonanni* BGB § 613a Rn. 234; Staudinger/*Annuß* BGB § 613a Rn. 164; konkrete Vorschläge für eine Vertragsanpassung von Optionsverträgen finden sich bei *Tappert* NZA 2002, 1188, 1193. S. zum Ganzen auch *Gaul/Naumann* NZA 2011, 121; für virtuelle Mitarbeiterbeteiligungen (Phantom Stock) *Wilhelm* NZG 2013, 1211 (1213).

178 Im **Beispielsfall G 18** wird zwar nicht der Optionsgewährungsvertrag selbst einschließlich der Ausübungsbedingungen Bestandteil des Arbeitsverhältnisses,[996] wohl aber unter Umständen die der Optionsgewährung zugrunde liegende – ausdrückliche oder stillschweigende – Arbeitgeberzusage,[997] die somit durchaus nach § 613a BGB auf den neuen Inhaber übergehen kann.[998] Insoweit ist allerdings zunächst – ggf. im Wege der **Auslegung** – zu ermitteln, ob es sich um ein auch in die Zukunft gerichtetes fortdauerndes Leistungsversprechen des (Vertrags-)Arbeitgebers handelt oder ob dieses durch Abschluss des Optionsvertrages und/oder die tatsächliche Optionsgewährung in der Vergangenheit bereits im Wege der Erfüllung nach § 362 BGB **erloschen** ist. Wirkt das Versprechen allerdings für künftige Geschäftsjahre fort und kann sich der Betriebsnachfolger hiervon auch nicht aufgrund eines **Widerrufsvorbehalts** befreien, dürfte eine ergänzende Vertragsauslegung angesichts der grundlegend andersartigen gesellschaftsrechtlichen Verhältnisse beim neuen Inhaber von vornherein ausscheiden.[999] Auch eine Umwandlung der Aktienoptionen für die **weitere Zukunft** in entsprechende finanzielle (Ausgleichs-)Leistungen der M-GmbH dürfte kaum in Betracht kommen, weil damit der mit der (ursprünglichen) Leistung verfolgte Zweck, die Arbeitnehmer zu weiterer Leistung und Betriebstreue anzuspornen und sie an der Entwicklung des Aktienkurses ihres Unternehmens partizipieren zu lassen, um so ihre **Identifikation** mit den unternehmerischen Zielen zu fördern, nicht erreicht werden könnte.[1000] Handelt es sich bei der Einräumung von Aktienoptionen an einen (in der Regel größeren) Kreis von Arbeitnehmern nur um eine für das arbeitsvertragliche Synallagma nicht wesentliche **Zusatzleistung** zum Zwecke der **allgemeinen Mitarbeitermotivation,** dürfte bei Fortfall der entsprechenden gesellschaftsrechtlichen Strukturen nach einem Betriebsübergang die notwendige **Vertragsanpassung** in der Regel **zum ersatzlosen Wegfall derartiger Vergünstigungen** führen.[1001] Ansprüche des Arbeitnehmers auf unternehmensspezifische Leistungen des bisherigen Betriebsinhabers (zB Freiflüge, vergünstigter KFZ-Bezug) stehen in der Regel unter dem zumindest konkludenten Vorbehalt, dass der Arbeitgeber diese Produkte selbst herstellt oder vergünstigt im Konzern beziehen kann.[1002] Sie entfallen deshalb beim neuen Inhaber, wenn dieser nicht die entsprechenden Produktionsanlagen erwirbt bzw. der neue Inhaber konzernfremd ist und die Leistungen deshalb nicht mehr vergünstigt beziehen kann.[1003] Hierin liegt kein Verstoß gegen das Kontinuitätsgebot des § 613a BGB. Der Anspruch auf die Leistung entfällt nicht wegen des Betriebsinhaberwechsels, sondern weil die tatsächli-

[996] Ebenso *Bauer/Göpfert/v. Steinau-Steinrück* ZIP 2001, 1129; *Lembke* BB 2001, 1469; *Willemsen* FS Herbert Wiedemann, 2002, 652; *Willemsen/Müller-Bonanni* ZIP 2003, 1177 (1180); wohl aA *Tappert* NZA 2002, 1188 (1189, 1192).

[997] *Willemsen,* aaO, S. 652. Insoweit aA *Bauer/Göpfert/v. Steinau-Steinrück* ZIP, 2001, 1131; wohl auch *Urban-Crell/Manger* NJW 2004, 125 (127), die auf die Form der Gewährung abstellen wollen.

[998] Vgl. *Willemsen,* aaO, S. 652; *Willemsen/Müller-Bonanni* ZIP 2003, 1177; *Schnitker/Grau* wollen danach differenzieren, ob die Optionen bereits „ausübungsreif" sind. Lediglich im Zeitpunkt des Betriebsübergangs noch nicht ausübungsreife Optionen sollen danach übergangsfähig sein; BB 2002, 2497 (2498). Ähnlich für virtuelle Mitarbeiterbeteiligungen bei Abspaltung und Ausgliederung *Wilhelm* NZG 2013, 1211 (1213).

[999] Grundsätzlich aA *Nehls/Sudmeyer* ZIP 2002, 201 (202).

[1000] Zur Zielsetzung und den vielfältigen Rechtsfragen im Zusammenhang mit der Einräumung von Aktienoptionen vgl. zB *Lutter* ZIP 1997, 1; *Baums,* Aktienoptionen für Vorstandsmitglieder, Arbeitspapier 12/96 der Universität Osnabrück; *Rappaport* S. 179–187.

[1001] aA *Nehls/Sudmeyer,* aaO, die den Erwerber sogar zur Fortsetzung des fremden Optionsprogramms sowie zum Erwerb von Aktien der Veräußerergesellschaft verpflichten wollen; für die Heranziehung des § 313 Abs. 3 BGB dagegen APS/*Steffan* BGB § 613a Rn. 91.

[1002] BAG 7.9.2004 – 9 AZR 631/03, NZA 2005, 941; 13.12.2006 – 10 AZR 792/05, NZA 2007, 325; vgl. auch BAG 11.12.1996 – 5 AZR 336/95, NZA 1997, 442.

[1003] BAG 7.9.2004 – 9 AZR 631/03, NZA 2005, 941; *Moll* FS 50 Jahre BAG, 2004, 59 (68); *Willemsen* FS Wiedemann, 2002, 645 (653); aA LAG Hessen 19.4.2001 – 5 Sa 1160/00.

chen Voraussetzungen für die Leistungserbringung nicht mehr vorliegen.[1004] Allerdings kann dem Arbeitnehmer ein Anspruch auf finanziellen Ausgleich zustehen. Die Rechtsprechung nimmt dies an, wenn es sich bei der fraglichen Leistung um Naturallohn und damit Arbeitsentgelt im engeren Sinne handelt (zB Dienstfahrzeug zur Privatnutzung, Deputate), lehnt finanzielle Ausgleichsansprüche jedoch bei bloßen Nebenleistungen ab.[1005]

Ebenfalls anders liegt der Fall, wenn **Aktienoptionen** oder vergleichbare, auf gesell- 179
schaftsrechtlicher Grundlage beruhende Vergütungsbestandteile (zB Wandelschuldverschreibungen, Genussrechte etc) einen **wesentlichen Bestandteil** der Gesamtvergütung (25% oder mehr)[1006] ausmachen. Hier würde ein ersatzloser Wegfall einen empfindlichen Eingriff in das vertragliche Synallagma bedeuten und dem in § 613a Abs. 1 S. 1 BGB niedergelegten Prinzip der **Vertragskontinuität** widersprechen.[1007] Nach zutreffender Auffassung des BAG besteht für eine solche Vertragsgestaltung indes keine tatsächliche Vermutung; maßgeblich dafür, ob Ansprüche aus der Aktienoptionsgewährung in demselben synallagmatischen Verhältnis zur Arbeitsleistung des Arbeitnehmers stünden wie die vertraglich vom Arbeitgeber geschuldete Vergütung seien vielmehr die **konkreten vertraglichen Vereinbarungen.**[1008] Kommt solchenfalls nach dem Betriebsübergang die Einräumung wesensgleicher oder zumindest wesensähnlicher Berechtigungen in Ermangelung entsprechender gesellschaftsrechtlicher Strukturen nicht in Betracht, wird der notwendige Ausgleich nur über eine entsprechende **Erhöhung der Barbezüge** erfolgen können. In der Praxis empfiehlt sich solchenfalls eine rechtzeitige Einigung mit den betroffenen (Schlüssel-)Kräften.[1009]

Würden im Beispiel G 18 die Aktienoptionen nicht von der X-AG, sondern von deren (uU ausländischen) **Muttergesellschaft** oder einem sonstigen **Dritten** zugesagt und gewährt, wäre ein **Übergang** der entsprechenden Pflichten nach § 613a BGB schon deshalb **ausgeschlossen,** weil letztere **nicht Partei des Arbeitsvertrages** ist.[1010] Eine (ggf. nur subsidiäre) **Einstandspflicht** der X-AG, die gemäß § 613a Abs. 1 BGB auf die M-GmbH übergehen könnte, käme nur auf Grund besonderer Umstände in Betracht.[1011] Aus Arbeitgebersicht ist eine solche Gestaltung daher eher günstig. Sie bedarf allerdings besonderer Sorgfalt, denn eine eigene Verpflichtung des konzernangehörigen Vertragsarbeitgebers kann begründet werden, wenn die Arbeitsvertragsparteien die **Teilnahme** des Arbeitnehmers an dem Aktienoptionsplan eines anderen Konzernunternehmens ausdrücklich oder konkludent **vereinbaren.**[1012]

[1004] BAG 7.9.2004 – 9 AZR 631/03, NZA 2005, 941; Staudinger/*Annuß* BGB § 613a Rn. 163; *Willemsen* FS Wiedemann, 2002, 645 (653); *Moll* FS 50 Jahre BAG, 2004, 59 (68); *Willemsen/Müller-Bonanni* ZIP 2003, 1177 (1182f.).

[1005] BAG 7.9.2004 – 9 AZR 631/03, NZA 2005, 941; ebenso *Fuhlrott/Fabritius* BB 2013, 1592 (1594); Staudinger/*Annuß* BGB § 613a Rn. 164 hält das Bestehen von Schadensersatzansprüchen gem. § 280 I BGB für möglich.

[1006] S. zu dieser Grenzziehung bei der vergleichbaren Fragestellung, wann ein einseitiger Eingriff des Arbeitgebers in eine Vergütungsregelung nur noch unter den Voraussetzungen einer Änderungskündigung möglich ist, BAG 12.12.1984 – 7 AZR 509/83, NZA 1985, 321; *Weber/Ehrich* BB 1996, 2246; *Hromadka* RdA 1992, 234 (255); *ders.* in Preis/Willemsen Rn. 34ff.

[1007] Dies übersehen mE *Bauer/Göpfert/v. Steinau-Steinrück,* aaO, die ganz allgemein für einen „Untergang" sämtlicher Verschaffungspflichten sowohl auf Seiten des Veräußerers als auch des Erwerbers plädieren; wie hier *Schnitker/Grau* BB 2002, 2497 (2498); vgl. dazu auch *Tappert* NZA 2002, 1188 (1190, 1198).

[1008] BAG 12.2.2003 – 10 AZR 299/02, NZA 2003, 487, unter II 2d) bb) der Gründe.

[1009] Gerichtliche Entscheidungen zu diesem Fragenkreis liegen, soweit ersichtlich, bisher nicht vor. Einen Überblick über die verschiedenen Anpassungs- bzw. Einigungsmöglichkeiten bieten *Schnitker/Grau* BB 2002, 2497 (2501).

[1010] Vgl. zu dieser Konstellation BAG 12.2.2003, aaO; s. zu der Entscheidung auch *Urban-Crell/Manger* NJW 2004, 125; *Willemsen/Müller-Bonanni* ZIP 2003, 1177; BAG 16.1.2008 – 7 AZR 887/06, ZIP 2008, 1496; 28.5.2008 – 10 AZR 351/07, NZA 2008, 1066; LAG Düsseldorf 3.3.1998 – 3 Sa 1452/97, NZA 1999, 981; Hess. LAG 19.11.2001 – 16 Sa 971/01, LAGE § 611 BGB Mitarbeiterbeteiligung Nr. 2; sowie allgemein *Annuß/Lembke* BB 2003, 2230; *Willemsen* FS für Herbert Wiedemann, 2002, 645.

[1011] S. dazu *Willemsen* FS Wredemann, 2002, S. 660.

[1012] So ausdrücklich BAG 16.1.2008 – 7 AZR 887/06, ZIP 2008, 1496; zu den Voraussetzungen ausführlich *Willemsen* FS Wredemann, 2002, S. 654. Wie hier auch *Annuß/Lembke* BB 2003, 2230 (2232).

180 Wiederum eine andere Frage ist, inwieweit in **Aktienoptionsvereinbarungen und -plänen** der (ersatzlose) **Wegfall** noch nicht ausgeübter Optionsrechte für den Fall des Betriebsübergangs vorgesehen werden kann. Lässt sich der ursprünglich beabsichtigte **Zweck der Mitarbeitermotivation** nach dem Betriebsübergang – wie in der Regel – **nicht mehr erreichen,** erscheinen solche **Verfallklauseln** grundsätzlich zulässig.[1013] Sie verstoßen auch nicht *per se* gegen § 613a Abs. 1 BGB, weil diese Vorschrift zum einen auf den Aktiengewährungsvertrag selbst keine Anwendung findet und sie zudem selbst bei ihrer unterstellten Anwendung nicht verbietet, dass der (erste) Arbeitgeber sein Leistungsversprechen von vornherein **sinnvoll eingrenzt.** Eine solche am Zweck der Optionsgewährung orientierte sinnvolle Einschränkung stellt es dar, ihre Ausübung an die Bedingung zu knüpfen, dass der Arbeitnehmer zu diesem Zeitpunkt dem **Unternehmen** bzw. **Konzern** des Arbeitgebers angehören muss. Führt der Betriebsübergang zum **Fortfall des Leistungszwecks,** ist es daher nicht unbillig, das Erlöschen bereits vertraglich eingeräumter Optionsrechte vorzusehen. Dies gilt grundsätzlich selbst dann, wenn im Zeitpunkt des Betriebsübergangs die **Wartefrist bereits abgelaufen** war.[1014] Hierfür spricht auch, dass das BAG die Koppelung des Bezugsrechts an den Bestand des Arbeitsverhältnisses allgemein auch für die Zeit nach Ablauf der in § 193 Abs. 2 Nr. 4 AktG vorgeschriebenen Wartezeit von mindestens vier Jahren für zulässig erachtet.[1015] Allerdings dürfte dem (bisherigen) Arbeitgeber solchenfalls eine **vertragliche Nebenpflicht** obliegen, die Arbeitnehmer bei Vorliegen aller Voraussetzungen (einschließlich der Erfolgsziele) für die Optionsausübung auf einen bevorstehenden Betriebsübergang **hinzuweisen,** damit sie die Option innerhalb der verbleibenden sog. „Fenster" noch rechtzeitig ausüben können. Optionsverträge sind in der Regel so ausgestattet, dass bei einem Betriebsübergang die Ausübung ausübbarer Optionen innerhalb der nächsten zwei bis drei „Ausübungsfenster" ermöglicht wird.

Enthält der Optionsgewährungsvertrag keine Verfallklausel, bleibt er vom Betriebsübergang unberührt; er geht hinsichtlich der bereits zugeteilten Optionen *nicht* nach § 613a BGB auf den neuen Inhaber über[1016] und ist von der jeweils gewährenden Gesellschaft zu erfüllen. Bei **Umwandlungen** ist zusätzlich § 23 UmwG zu beachten.[1017]

181 **ee) Vertragliche und nachvertragliche Wettbewerbsverbote.** Die Problematik einer Veränderung des tatsächlichen und wirtschaftlichen Bezugsrahmens kann sich auch im Bereich der Wettbewerbsverbote (§ 60 HGB – gegebenenfalls analog – für die Zeit *während,* §§ 74 ff. HGB – ebenfalls gegebenenfalls analog – für die Zeit *nach* dem Arbeitsverhältnis) stellen. Auch hier kann der Sinn des § 613a Abs. 1 S. 1 BGB trotz des darin verankerten Prinzips der Vertragskontinuität nicht darin liegen, Arbeitgeber und Arbeitnehmer an einer auf Grund des Betriebsübergangs inhaltsleer oder gar widersinnig gewordenen Vertragsabrede festzuhalten. Darüber hinaus stellt sich hier allerdings die weitere Frage, ob und inwieweit es möglich ist, auf der Plattform eines bereits vor dem Betriebsübergang bestehenden Wettbewerbsverbots eine Verpflichtung des Arbeitnehmers zur Wettbewerbsenthaltung auch gegenüber dem *neuen* Inhaber zu konstruieren. Während dies keine Schwie-

---

[1013] IE ebenso *Bauer/Göpfert/v. Steinau-Steinrück,* aaO, 1132; *Lembke* BB 2001, 1469 (1474), *Mechlem/Melms* DB 2000, 1614 (1616); *Schnitker/Grau* BB 2002, 2497 (2498); HWK/*Müller-Bonanni* BGB § 613a Rn. 234; *Urban-Crell/Manger* NJW 2004, 125 (127); auch insoweit aA ErfK/*Preis* BGB § 613a Rn. 73; *Nehls/Sudmeyer,* aaO, 205; *Tappert* NZA 2002, 1188 (1192); zur Zulässigkeit von Verfallklauseln in Aktienoptionsplänen im Allgemeinen BAG 28.5.2008 – 10 AZR 351/07, NZA 2008, 1066; *Willemsen/Müller-Bonanni* ZIP 2003, 1177 (1181 ff.).

[1014] Ebenso *Bauer/Göpfert/v. Steinau-Steinrück,* aaO, 1132; aA insoweit *Mechlem/Melms,* aaO, 1616, *Lembke,* aaO, 1474. Etwas anderes dürfte wiederum dann zu gelten haben, wenn die Optionen Arbeitsentgelt im engeren Sinne darstellen (→ Rn. 179); dann ist der Wert von Optionen, die den *„vesting"*-Zeitpunkt bereits erreicht haben, zu vergüten.

[1015] BAG 28.5.2008 – 10 AZR 351/07, NZA 2008, 1066. Im Zeitpunkt der Entscheidung betrug die Wartezeit allerdings noch zwei Jahre.

[1016] Zutreffend *Nehls/Sudmeyer* ZIP 2002, 201 (204).

[1017] *Nehls/Sudmeyer* ZIP 2002, 201 (205); *Wilhelm* NZG 2013, 1211 (1214, 1216) (für virtuelle Mitarbeiterbeteiligungen in Form sog. *Phantom Stocks*).

rigkeiten bereitet, wenn Veräußerer und Erwerber derselben Branche angehören, ergeben sich bei einem **Branchenwechsel** spezifische Fragen.

Beispiel G 19: 182

Arbeitnehmer A ist Programmierer bei der Softwarefirma S-GmbH, die unter anderem für das Mediengroßunternehmen Z-AG tätig ist. Nunmehr wird die S-GmbH von der Z-AG erworben und in einem weiteren Schritt auf diese verschmolzen. A hatte schon vor der Verschmelzung, ohne dies seinem früheren Arbeitgeber anzuzeigen, auf privater Grundlage Programmierarbeiten für Drittfirmen durchgeführt.

Während der Laufzeit seines Vertrages unterliegt A wie jeder Arbeitnehmer dem vertragsimmanenten **Wettbewerbsverbot** entsprechend § 60 HGB.[1018] Eine derartige (Unterlassungs-)Pflicht beruht auf dem Gedanken, dass der Arbeitnehmer während des Arbeitsverhältnisses die **Interessen des Arbeitgebers** fördern und unterstützen muss. Damit wäre es unvereinbar, wenn er ihm Konkurrenz machen würde. Durch seine private Nebentätigkeit hat A gegenüber seinem bisherigen Arbeitgeber S-GmbH gegen das vertragsimmanente Wettbewerbsverbot verstoßen, wenn man davon ausgeht, dass die von ihm betreuten Firmen auch zu dem *potentiellen* Kundenkreis der S-GmbH gehörten, was für die Annahme eines Wettbewerbsverstoßes grundsätzlich ausreicht.[1019] *Nach* dem durch die Verschmelzung bewirkten Betriebsübergang können sich die Dinge insoweit allerdings anders darstellen. Für die Reichweite eines vertraglichen Wettbewerbsverbots kommt es nämlich nicht auf den jeweiligen **Betrieb,** sondern auf das konkrete (Gesamt-)**Unternehmen** an;[1020] darüber hinaus ist nach dem Betriebsübergang nur noch das wirtschaftliche Interesse des *neuen,* nicht des bisherigen Arbeitgebers maßgeblich.[1021] Entscheidend ist somit, ob die Z-AG den nach § 613a BGB übernommenen Softwarebetrieb künftig nur noch für eigenen (internen) Zweck einsetzen oder wie bisher damit auch Dienstleistungen gegenüber Dritten erbringen will. Ist letzteres *nicht* der Fall, kann sie dem A seine Nebentätigkeit nicht wegen Verstoßes gegen das Konkurrenzverbot untersagen, selbst wenn ein solcher im Verhältnis zu dem *früheren* Arbeitgeber (S-GmbH) zu bejahen gewesen sein sollte. Dagegen darf A keine (neue) Nebentätigkeit ausüben, die gegen die – nunmehr allein maßgeblichen – geschäftlichen Interessen der Z-AG verstieße.[1022]

Eine **umgekehrte Problematik** ergibt sich, wenn der Arbeitnehmer vor dem Be- 183
triebsübergang einer ohne weiteres erlaubten Nebentätigkeit nachging, die sich **nunmehr** als **Konkurrenztätigkeit** gegenüber dem neuen Arbeitgeber darstellt (Beispiel: A ist Mitherausgeber einer EDV-Fachzeitschrift, die im Wettbewerb zu einem von der Z-AG verlegten Konkurrenzprodukt steht). Hier wird von einem Teil der Literatur unter **Vertrauensschutzgesichtspunkten** eine Ausnahme von dem Grundsatz gefordert, dass sich die Reichweite eines vertraglichen Wettbewerbsverbots stets nach den konkreten Verhältnissen des *jeweiligen* Arbeitgebers richte.[1023] Dem kann jedoch in dieser Allgemeinheit nicht gefolgt werden. Die gesetzliche Wertung des § 60 HGB ist eindeutig; es erscheint zudem fraglich, ob der Arbeitnehmer angesichts der stets zumindest latent bestehenden Möglichkeit von Umstrukturierungen sowie der Übertragung von Betrieben und Unternehmen

[1018] Vgl. dazu nur ErfK/*Preis* BGB § 611a Rn. 720 mwN.

[1019] Vgl. BAG DB 1970, 497; *Bauer/Diller* Rn. 241; *Buchner* Rn. B 167ff.

[1020] MüKoHGB/*von Hoyningen-Huene* HGB § 60 Rn. 43; ErfK/*Oetker* HGB § 60 Rn. 7; Staudinger/*Annuß* BGB § 613a Rn. 193. Allgemein zur Unterscheidung zwischen Betrieb und Unternehmen → D Rn. 3f.

[1021] *Bauer/Diller* Rn. 993; MüKoHGB/*von Hoyningen-Huene* HGB § 60 Rn. 51ff.; HWK/*Diller* HGB § 74 Rn. 122.

[1022] Zu der Problematik des Umgangs mit einer von dem Veräußerer (konkludent) erteilten Erlaubnis der Nebentätigkeit vgl. MüKoHGB/*von Hoyningen-Huene* HGB § 60 Rn. 53; ErfK/*Preis* BGB § 613a Rn. 80; Staudinger/*Annuß* BGB § 613a Rn. 194.

[1023] Vgl. Soergel/*Raab* BGB § 613a Rn. 86; MüKoHGB/*von Hoyningen-Huene* HGB § 60 Rn. 53; Staudinger/*Annuß* 13. Bearbeitung 1999 BGB § 613a Rn. 241 mit „Abkehr" in der Neubearbeitung 2011, Rn. 190. Zur ähnlich gelagerten Problematik kirchlicher Loyalitätsgebote vgl. *Kring,* Der Betriebsübergang nach § 613a BGB im Kirchlichen Arbeitsrecht, Diss. 2009, S. 45.

auf den Fortbestand der tatsächlichen Verhältnisse beim Veräußerer vertrauen konnte. Richtiger erscheint auch hier eine sinnentsprechende Anwendung der Grundsätze vom Wegfall bzw. der Änderung der Geschäftsgrundlage gemäß § 313 BGB, so dass dem Arbeitnehmer, der vor dem Betriebsübergang eine bis dahin zulässige Nebentätigkeit aufgenommen hatte, eine **angemessene Übergangsfrist** zu deren Beendigung eingeräumt werden muss, insbesondere wenn er gegenüber Dritten bestimmte Kündigungsfristen zu wahren hat.[1024]

184 Die vorstehend dargelegten Grundsätze gelten entsprechend auch für **nachvertragliche Wettbewerbsverbote** im Sinne von §§ 74 ff. HGB. Ihre Reichweite kann ebenfalls eine einschneidende Änderung erfahren, wenn die Geschäftszwecke des bisherigen und des neuen Arbeitgebers nicht übereinstimmen. Geht das mit einem nachvertraglichen Wettbewerbsverbot belastete Arbeitsverhältnis nach § 613a BGB auf einen neuen Inhaber über, schützt das Konkurrenzverbot nur noch den neuen, nicht mehr den bisherigen Inhaber. Letzterer kann daher selbst dann, wenn der Geschäftszweck nach dem Betriebsübergang von dem neuen Arbeitgeber unverändert fortgeführt wird, von dem Arbeitnehmer weder während der weiteren Laufzeit des Arbeitsvertrages noch nach seiner Beendigung aus eigenem Recht die Unterlassung von Wettbewerb verlangen,[1025] braucht allerdings auch keine Karenzentschädigung zu zahlen.[1026] Der **neue Arbeitgeber,** auf den das (aktive) Arbeitsverhältnis nach § 613a Abs. 1 S. 1 BGB übergeht, ist dagegen durch das bereits zuvor bestehende nachvertragliche Wettbewerbsverbot grundsätzlich **geschützt** und (soweit es die spätere **Zahlung einer Karenzentschädigung** betrifft) **verpflichtet.**[1027] Dies gilt aus den oben (→ Rn. 182) dargelegten Gründen auch dann, wenn er einen anderen Geschäftszweck verfolgt als der Veräußerer. Das nachvertragliche Wettbewerbsverbot ist sodann im Wege der ergänzenden Vertragsauslegung entsprechend **anzupassen;** eine auf Grund des Betriebsübergangs überholte Beschreibung des gesperrten Tätigkeitsbereichs ist also durch eine an den geschäftlichen Interessen des neuen Arbeitgebers orientierte Interpretation des gegenständlichen Anwendungsbereichs des nachvertraglichen Wettbewerbsverbots unter Beachtung von § 74a HGB (berechtigte geschäftliche Interessen des neuen Inhabers) zu ersetzen. Die Einzelheiten einer solchen Anpassung sind aber problematisch und streitig,[1028] so dass sich dringend eine **einvernehmliche vertragliche Anpassung** empfiehlt. Alternativ kommt zur Vermeidung der Pflicht zur (späteren) Zahlung einer Karenzentschädigung ein **Verzicht** des neuen Inhabers auf die Einhaltung des nachvertraglichen Wettbewerbsverbots nach § 75a HGB in Betracht.[1029]

Diese Lösung einer dynamischen Überleitung des nachvertraglichen Wettbewerbsverbots auf den Betriebserwerber kommt allerdings nicht zum Tragen, wenn der Arbeitnehmer **bereits vor dem Betriebsübergang** aus dem Arbeitsverhältnis mit dem Betriebsveräußerer **ausgeschieden** ist, was insbesondere auch darauf beruhen kann, dass er dem Übergang seines Arbeitsverhältnisses auf den neuen Inhaber form- und fristgerecht **widersprochen** hat.[1030] Insoweit besteht überwiegend Einigkeit, dass die Ansprüche aus einem nachvertraglichen Wettbewerbsverbot weder in direkter (mangels Bestehens eines Arbeits-

[1024] HWK/*Müller-Bonanni* BGB § 613a Rn. 242; Staudinger/*Annuß* BGB § 613a Rn. 194.

[1025] Ebenso MüKoHGB/*von Hoyningen-Huene* HGB § 74 Rn. 73; EBJS/*Boecken/Rudkowski* HGB § 74 Rn. 30; *Gaul/Ludwig* NZA 2013, 489 (490).

[1026] *Seiter,* Betriebsinhaberwechsel, S. 80; HWK/*Müller-Bonanni* BGB § 613a Rn. 243.

[1027] BAG 27.11.1991 – 4 AZR 211/91, NZA 1992, 800. Zur Anwendung des § 613a Abs. 1 S. 1 BGB auf nachvertragliche Wettbewerbsverbote s. auch *Gaul/Ludwig* NZA 2013, 489, auch zur Gegenauffassung.

[1028] Ebenso HWK/*Diller* HGB § 74 Rn. 122.

[1029] Vgl. zu den damit zusammenhängenden Fragen *Gaul/Ludwig* NZA 2013, 489 (490).

[1030] Für den Arbeitnehmer bieten sich durch das Widerspruchsrecht interessante Möglichkeiten, ohne Behinderung durch das Wettbewerbsverbot zu einem Konkurrenten zu wechseln oder sich in einer anderen Branche zu betätigen, vgl. hierzu *Bauer/Diller* Rn. 999; zum Widerspruchsrecht auch → Rn. 143 ff.

verhältnisses zum Zeitpunkt des Betriebsübergangs, dazu auch → Rn. 132) noch in entsprechender Anwendung des § 613a BGB auf den Betriebserwerber übergehen.[1031]

Beispiel G 20: 185

A ist leitender Angestellter eines chemischen Forschungslabors bei der C-AG und trägt sich bereits seit längerer Zeit mit Abwanderungsgedanken, an deren Realisierung er sich allerdings durch ein zweijähriges nachvertragliches Wettbewerbsverbot gehindert sieht. Als er von der C-AG über den bevorstehenden Verkauf des Labors an die F-GmbH informiert und zur Erklärung hinsichtlich der Ausübung eines Widerspruchsrechts aufgefordert wird (dazu auch → Rn. 145), widerspricht er dem Übergang seines Arbeitsverhältnisses und scheidet daraufhin durch betriebsbedingte Kündigung (dazu auch → Rn. 162) der C-AG aus dem Arbeitsverhältnis aus.

Aus dem vorstehend Gesagten folgt, dass die F-GmbH von A nicht die Einhaltung des nachvertraglichen Wettbewerbsverbots beanspruchen kann, auch wenn dieses von seinem gegenständlichen Schutzbereich genau auf die nunmehr von der F-GmbH fortgeführten geschäftlichen Aktivitäten zugeschnitten ist. Für die Beurteilung ist demzufolge unerheblich, ob A sich nach der betriebsbedingten Kündigung durch die C-AG gemäß § 75 Abs. 2 HGB dieser gegenüber von dem nachvertraglichen Wettbewerbsverbot losgesagt hat oder nicht. Im schlimmsten Fall muss die C-AG somit an A für das nunmehr gegenstandslos gewordene Wettbewerbsverbot im Falle seiner Einhaltung die volle Karenzentschädigung zahlen, obwohl sie hieran nach dem Verkauf des Forschungslabors überhaupt kein Interesse mehr hat;[1032] A kann sich aber auch unter Hinweis auf das entfallende Interesse seines bisherigen Arbeitgebers (C-AG) von dem nachvertraglichen Wettbewerbsverbot lösen.[1033] Andererseits kann die F-GmbH von A keine Wettbewerbsunterlassung fordern. Dies zeigt zum einen, dass die Ausübung des Widerspruchsrechts aus der Sicht des Arbeitnehmers durchaus ein probates Mittel sein kann, um sich aus langfristigen Wettbewerbsbindungen zu lösen, zum anderen, dass der bisherige Arbeitgeber bei einem bevorstehenden Betriebs- oder Unternehmensverkauf sehr sorgfältig die Auswirkungen auf bestehende nachvertragliche Wettbewerbsvereinbarungen prüfen und gegebenenfalls auf diese rechtzeitig gemäß § 75a HGB **verzichten** sollte. Alternativ kommt in Betracht, dass eine Überleitung des nachvertraglichen Wettbewerbsverbots ausgeschiedener Arbeitnehmer zwischen diesen und dem Erwerber ausdrücklich **vereinbart** wird;[1034] wozu ersterer allerdings in der Regel allenfalls gegen Zahlung einer über den Mindestbetrag nach § 74 Abs. 2 HGB hinausgehenden Karenzentschädigung bereit sein dürfte.

Abweichend von dem vorstehend Ausgeführten kann es in Fällen der **übertragenden Umwandlung** nach dem Umwandlungsgesetz zu einem Übergang des nachvertraglichen Wettbewerbsverbots und der Verpflichtung zur Zahlung der Karenzentschädigung auch in Bezug auf bereits ausgeschiedene Arbeitnehmer kommen. Dies gilt jedenfalls dann, wenn der übertragende Rechtsträger infolge der Umwandlung **erlischt,** also bei **Aufspaltung** oder **Verschmelzung,** sofern das geschäftliche Interesse an der Wettbewerbsenthaltung auf Seiten des übernehmenden Rechtsträgers fortbesteht.[1035] Bezüglich der sonstigen Um- 185a

[1031] Überwiegende Meinung; vgl. LAG Hessen 3.5.1993 – 10 SaGa 345/93, NZA 1994, 1033; LAG Köln 8.7.2011 – 10 Sa 398/11 (rkr.), ZIP 2012, 243; Soergel/*Raab* BGB § 613a Rn. 88; *v. Steinau-Steinrück/Thees* aaO, V Rn. 212; *Bauer/Diller* Rn. 1001 ff.; *Borngräber* S. 73; HWK/*Diller* HGB § 74 Rn. 121; *Gaul,* Das Arbeitsrecht der Betriebs- und Unternehmensspaltung, § 13 Rn. 104 *Gaul/Ludwig* NZA 2013, 489 (491); aA *Bossmann* S. 220 ff.; *Seiter* S. 80; ErfK/*Preis* BGB § 613a Rn. 80; MüKoBGB/*Müller-Glöge* BGB § 613a Rn. 102; APS/*Steffan* BGB § 613a Rn. 100.

[1032] Im Ergebnis ebenso *v. Steinau-Steinrück/Thees* in Hölters V Rn. 212.

[1033] HWK/*Diller* HGB § 74 Rn. 122; *Bauer/Diller* Rn. 999; *Gaul/Ludwig* NZA 2013, 489 (491); gegen ein derartiges Wahlrecht offenbar LAG Köln 8.7.2011 – 10 Sa 398/11, ZIP 2012, 243 (245).

[1034] Vgl. dazu LAG Hessen3.5.1993 – 10 SaGa 345/93, NZA 1994, 1033 (1034); LAG Köln 8.7.2011 – 10 Sa 398/11 (rkr.), ZIP 2012, 243 (245).

[1035] Ebenso *Gaul/Ludwig* NZA 2013, 489 (492). Davon zu unterscheiden ist der Fall eines Widerspruchs vor Beendigung des Arbeitsverhältnisses nach § 613a Abs. 6 BGB, dazu → Rn. 157.

wandlungsfälle (insbes. **Abspaltung**) ist allerdings **streitig,** ob Wettbewerbsverbote ausgeschiedener Arbeitnehmer auf einen beteiligten Rechtsträger übergeleitet werden können.[1036]

186 **ff) Urlaubsansprüche.** Der Betriebsübernehmer tritt in vollem Umfang in die Verpflichtung ein, den von den Arbeitnehmern noch nicht genommenen Urlaub für das jeweilige Kalenderjahr und ggf. gemäß § 7 Abs. 3 BUrlG aus dem Vorjahr übertragenen Urlaub *in natura,* dh **durch bezahlte Freistellung zu gewähren** (unstr.).[1037] Eine **Urlaubsabgeltung** kommt gemäß § 7 Abs. 4 BUrlG nur bei Beendigung des Arbeitsverhältnisses in Betracht, die im Falle des § 613a BGB gerade nicht vorliegt.[1038] Das gilt auch dann, wenn dem Arbeitnehmer zunächst vom bisherigen Arbeitgeber wirksam betriebsbedingt gekündigt wird und es danach zur Übernahme der Hauptbelegschaft durch einen Dritten kommt, der das Arbeitsverhältnis sodann nahtlos fortführt.[1039] Hat der neue Betriebsinhaber den Urlaubsanspruch des Arbeitnehmers durch Gewährung bezahlter Freistellung erfüllt, so kann er von dem bisherigen Inhaber anteiligen Ausgleich in Geld verlangen, soweit der Urlaubsanspruch vor dem Betriebsübergang entstanden ist.[1040] Angesichts der erheblichen wirtschaftlichen Bedeutung von Urlaubsansprüchen aus der Zeit vor Betriebsübergang und insoweit uU erforderlicher **Rückstellungen** sollte diesem Punkt bereits im Rahmen der ***due diligence*** besondere Aufmerksamkeit gewidmet werden (s. dazu auch Teil K).

187 **gg) Betriebliche Altersversorgung.** Insofern ist auf Teil J dieses Handbuchs zu verweisen.[1041]

6. Zulässigkeit abweichender Vereinbarungen

188 Die durch § 613a Abs. 1 S. 1 BGB angeordnete Rechtsfolge der unveränderten Fortführung aller im Zeitpunkt des Betriebsübergangs vorhandenen Arbeitsverhältnisse wird in der Praxis oftmals als unbefriedigend empfunden und kann sogar geplante Betriebsveräußerungen gänzlich in Frage stellen, da der potentielle Übernehmer unter Umständen nur an einem Teil der Belegschaft interessiert ist und/oder die Arbeitsbedingungen der zu übernehmenden Arbeitnehmer schnellstmöglich denjenigen seines Unternehmens angleichen will. Auch in **Umstrukturierungsfällen** wird sich häufig das unternehmerische Postulat stellen, diese mit einer **Anpassung des Personalbestandes** oder der **Arbeitsbedingungen** der betroffenen Arbeitnehmer zu verbinden. Hinsichtlich der Zulässigkeit solcher Maßnahmen, die auf eine vertragliche Abweichung von den Regelungen des § 613a BGB hinauslaufen, ist eine **systematische Unterscheidung** in dreifacher Hinsicht erforderlich:

- Wer ist **Partei** einer von § 613a BGB abweichenden Vereinbarung?
- Richtet sich die vertragliche Vereinbarung **abstrakt,** dh ohne konkreten Anlassfall, gegen die künftigen Rechtsfolgen eines (späteren) Betriebsübergangs, oder zielt sie auf eine Abbedingung der Rechtsfolgen eines **konkret** erfolgten oder unmittelbar bevorstehenden Betriebsübergangs ab?
- Hat die vertragliche Vereinbarung die **Aufhebung** des Vertragsverhältnisses als Ganzes zum Gegenstand oder nur eine **Änderung** einzelner Bedingungen?

[1036] S. dazu *Bauer/Diller* Rn. 1007 ff.; *Gaul/Ludwig* NZA 2013, 489 (492); MüKoBGB/*Müller-Glöge* BGB § 613a Rn. 102 f.
[1037] Ausführlich dazu *Klose* FS Willemsen, 2018, 249.
[1038] Vgl. BAG 2.12.1999 – 8 AZR 774/98, NZA 2000, 480; ErfK/*Gallner* BurlG § 7 Rn. 71.
[1039] BAG, NZA 2000, 480.
[1040] S. zum Haftungssystem im Rahmen von § 613a BGB auch → Rn. 198 ff.
[1041] S. dazu auch die Gesamtdarstellung bei *Rolfs* NZA-Beilage 4/2008, 164.

a) Unwirksamkeit abstrakt-genereller Abbedingung des § 613a BGB oder einzelner seiner Rechtsfolgen sowohl im Arbeits- wie auch im Betriebsübertragungsvertrag

Als inzwischen geklärt kann angesehen werden, dass ein genereller, formularmäßiger Ausschluss des § 613a BGB und seiner Rechtsfolgen bereits bei Abschluss des Arbeitsvertrages angesichts des zwingenden Charakters der Bestimmung[1042] unwirksam ist.[1043] Dasselbe gilt für alle sonstigen abstrakten vertraglichen Regelungen, die darauf hinauslaufen, den durch § 613a BGB angeordneten umfassenden **Bestandsschutz** zu verkürzen, etwa indem vereinbart wird, dass die Betriebszugehörigkeit im Falle eines späteren Betriebsübergangs neu berechnet werde oder bestimmte, im Arbeitsvertrag vorgesehene Leistungen von einem potentiellen späteren Betriebserwerber nicht fortgeführt zu werden brauchen. Eine Abbedingung der Rechtsfolgen des § 613a BGB **ohne konkreten Anlassfall** ist daher stets **unwirksam.** Das gilt auch für Regelungen durch **Betriebsvereinbarung oder Tarifvertrag.**[1044] Der Grund für diese Einschränkung der Vertrags- und Tarifautonomie ist darin zu sehen, dass angesichts des mit § 613a BGB intendierten Schutzes solchen Vereinbarungen die Anerkennung zu versagen ist, über deren Tragweite im konkreten Einzelfall sich die (Kollektiv-)Vertragsparteien gar nicht im Klaren sein konnten.[1045] Für **unwirksam** erachtet der 8. Senat des BAG auch solche **Befristungsabreden,** die sich ausschließlich auf die **Dauer** der **Betriebsinhaberschaft des bisherigen Arbeitgebers** beziehen, weil und soweit hierdurch der Schutzzweck von § 613a BGB unterlaufen wird.[1046] 189

b) Arbeitsrechtliche Unbeachtlichkeit von abweichenden Vereinbarungen zwischen früherem und neuem Betriebsinhaber

Arbeitsrechtlich irrelevant sind ferner sämtliche Vereinbarungen zwischen Betriebsveräußerer und -erwerber, die darauf abzielen, den Übergang bestimmter Arbeitsverhältnisse gemäß § 613a BGB auszuschließen oder jedenfalls hinsichtlich der Rechtsfolgen zum Nachteil der Arbeitnehmer zu modifizieren.[1047] Derartige Vereinbarungen entfalten **im Verhältnis zu den betroffenen Arbeitnehmern,** soweit sie hieran nicht beteiligt sind, von vornherein **keine Rechtswirkung,** können allerdings Rechte und Pflichten der am Veräußerungs- oder sonstigen Übertragungsvertrag beteiligten Personen begründen, etwa im Hinblick auf die *interne* Kostenverteilung für „überzählige" Arbeitnehmer. Es ist in der Praxis üblich, Unternehmenskaufverträgen eine **Liste** derjenigen Arbeitnehmer beizufügen, die der Erwerber nach den im **Innenverhältnis** getroffenen Absprachen „endgültig" übernehmen will. Solche Listen können durchaus bedeutsam sein, etwa wenn es darum geht, wer die Kosten für die Freisetzung der nicht in der Liste aufgeführten Arbeitnehmer (einschließlich **Prozess- und Sozialplankosten**) zu tragen hat. Eine unmittelbare Außenwirkung kann derartigen internen Absprachen indes nicht beigelegt werden. 190

c) Fortbestand der Dispositionsfähigkeit des Arbeitnehmers über das Arbeitsverhältnis als Ganzes; Umgehungskonstruktionen

Auch im Falle eines Betriebsübergangs nach § 613a BGB bleibt die **Souveränität des Arbeitnehmers in Bezug auf den Fortbestand seines Arbeitsverhältnisses** in vollem 191

[1042] Vgl. nur BAG 29.10.1975 – 5 AZR 444/74, DB 1976, 391; ErfK/*Preis* BGB § 613a Rn. 82; HWK/*Müller-Bonanni* BGB § 613a Rn. 247.

[1043] BAG 29.10.1975 – 5 AZR 444/74, DB 1976, 391; 19.3.2009 – 8 AZR 722/07, NZA 2009, 1091; Staudinger/*Annuß* BGB § 613a Rn. 25; ErfK/*Preis* BGB § 613a Rn. 82.

[1044] BAG 2.10.1974 – 5 AZR 504/73, DB 1975, 601; vgl. dazu auch *Kreitner* S. 124 mwN.

[1045] BAG 22.1.2015 – 8 AZR 139/14, NZA 2015, 1325 Rn. 36.

[1046] BAG 30.10.2008 – 8 AZR 855/07, NZA 2009, 723; 22.1.2015 – 8 AZR 139/14, NZA 2015, 1325.

[1047] Unstr.; vgl. nur BAG 14.7.1981 – 3 AZR 517/80, DB 1982, 1067; Staudinger/*Annuß* BGB § 613a Rn. 25. Grundsätzlich zulässig sind allerdings Verträge, die den Bestands- und Besitzzustandsschutz zugunsten der Arbeitnehmer verbessern sollen; zum Abschluss solcher Verträge mit Betriebs- oder Personalräten *Gutzeit* ZIP 2009, 354.

Umfang erhalten. Ebenso wie er jederzeit mit dem Arbeitgeber einen **Aufhebungsvertrag** – auch ohne Einhaltung der Kündigungsfrist – abschließen kann, bleibt es ihm unbenommen, sich mit dem Erwerber dahingehend zu einigen, das Arbeitsverhältnis nicht mit diesem fortzusetzen (s. dazu, insbesondere im Zusammenhang mit der Gründung einer sog. **Transfergesellschaft,** auch → H Rn. 121 ff.).[1048] Die Zulässigkeit von Aufhebungsvereinbarungen sowohl mit dem Veräußerer wie auch mit dem Erwerber im unmittelbaren zeitlichen und sachlichen Zusammenhang mit einem konkreten Betriebsübergang ergibt sich bereits aus dem gesetzlich anerkannten **Widerspruchsrecht** (→ Rn. 143 ff.). Anders als bei einem abstrakten Vorab-Verzicht auf die Rechtsfolgen des § 613a BGB (→ Rn. 189) weiß der Arbeitnehmer auch sehr genau, auf was er sich einlässt, wenn er trotz der für ihn günstigen Rechtslage aus § 613a BGB einen Aufhebungsvertrag mit dem Veräußerer oder Erwerber schließt. In der Praxis wird ein solcher Aufhebungsvertrag oftmals mit einer **Abfindungszahlung** aus Sozialplan oder Einzelvereinbarung „belohnt" werden. Eines **sachlichen Grundes bedarf** es für den Abschluss solcher Aufhebungsvereinbarungen **nicht.**[1049] Dasselbe gilt richtiger Auffassung zufolge für Vereinbarungen des Arbeitnehmers mit bisherigem und neuem Betriebsinhaber, wonach der Arbeitnehmer den Übergang seines Arbeitsverhältnisses anlässlich eines konkreten Betriebsübergangs widerspricht und demzufolge die Wirkungen eines solchen Widerspruchs einvernehmlich herbeigeführt werden.[1050] In der Praxis werde solche Vereinbarungen mitunter mit der **Absprache** kombiniert, dass der Arbeitnehmer dem Erwerber dauerhaft bzw. eine bestimmte Zeit als **Leiharbeitnehmer** zur Verfügung gestellt wird.

Um die **zivilrechtliche Wirksamkeit** solcher Vereinbarungen nicht zu gefährden, sollte allerdings auch und gerade bei Abschluss im direkten zeitlichen und sachlichen Zusammenhang mit dem eines Betriebsübergangs peinlichst auf die Respektierung der uneingeschränkten **Entscheidungsfreiheit** des Arbeitnehmers geachtet werden. Damit verträgt es sich weder, ihm hinsichtlich der bevorstehenden Übernahme des Betriebs durch einen Dritten „Sand in die Augen zu streuen", etwa indem eine alsbaldige Betriebsstilllegung oder gar Insolvenz vorgespiegelt wird,[1051] noch ihn unangemessen unter Druck zu setzen, etwa indem ihm wahrheitswidrig erklärt wird, dass er bei Nichtzustandekommen des Aufhebungsvertrages mit einer betriebsbedingten Kündigung ohne Abfindungsanspruch zu rechnen habe.

192 Auch bei Beachtung dieser Maßstäbe kann von einem wirksamen Aufhebungsvertrag des Weiteren nur ausgegangen werden, wenn die Parteien **ernsthaft** die (endgültige) **Auflösung** des bestehenden Arbeitsverhältnisses sowohl im Verhältnis zum Veräußerer wie auch im Verhältnis zum Erwerber gewollt haben. Auf einen **zweck- und funktionswidrigen Missbrauch** dieses Rechtsinstituts läuft es dagegen hinaus, wenn das Arbeitsverhältnis formal mit dem bisherigen Arbeitgeber beendet wird, um sogleich mit dem Erwerber **„neue" Arbeitsverträge** (sc. zu für den Erwerber günstigeren Bedingungen) **abzuschließen** oder dies zumindest verbindlich in Aussicht zu stellen. Das BAG hat dieser, früher häufig unter dem Stichwort **„Lemgoer Modell"** geübten Praxis wiederholt eine

[1048] BAG 29.10.1975 – 5 AZR 444/74, DB 1976, 391; 28.4.1987 – 3 AZR 75/86, NZA 1988, 198; 11.12.1997 – 8 AZR 654/95, NZA 1999, 262; 10.12.1998 – 8 AZR 324/97, NZA 1999, 422; 18.8.2005 – 8 AZR 523/04, NZA 2006, 145; 23.11.2006 – 8 AZR 349/06, NZA 2007, 866; 25.10.2007 – 8 AZR 917/06, NZA-RR 2008, 367; 21.5.2008 – 8 AZR 481/07, NZA 2009, 144; 18.8.2011 – 8 AZR 312/10, NZA 2012, 152; 25.10.2012 – 8 AZR 575/11, NZA 2013, 203. Vgl. hierzu ferner *v. Steinau-Steinrück/Thees* in Hölters V Rn. 115; HWK/*Müller-Bonanni* BGB § 613a Rn. 311.

[1049] BAG 18.8.2005 – 8 AZR 523/04, NZA 2006, 145; MüKoBGB/*Müller-Glöge* BGB § 613a Rn. 202.

[1050] Offen gelassen, aber für „grundsätzlich nicht ausgeschlossen" erklärt durch BAG 15.12.2011 – 8 AZR 220/11, NZA 2012, 1101 Rn. 23.

[1051] Vgl. auch *Hanau* ZIP 1999, 324 (325): Ein rechtswidriger Druck des Arbeitgebers zum Abschluss von Aufhebungsverträgen ist wie auch sonst unter dem Aspekt des § 123 BGB zu würdigen. Zur Anfechtung eines erklärten Widerspruchs nach § 613a Abs. 5 BGB wegen arglistiger Täuschung → Rn. 152.

klare Absage erteilt.[1052] Der durch § 613a BGB bezweckte Bestandsschutz insbesondere im Bereich des Kündigungsrechts sowie der betrieblichen Altersversorgung lässt sich durch eine solche Konstruktion also nicht beseitigen. Der Sache nach handelt es sich angesichts des zwingenden Charakters von § 613a BGB nicht um den Abschluss eines neuen, sondern um die Modifikation eines bereits bestehenden Arbeitsvertrages. Für solche Änderungen mag es auf Seiten des Erwerbers durchaus einleuchtende Gründe geben. Ihre Zulässigkeit ergibt sich indes nicht bereits aus dem Umstand des (nur formalen) Neuabschlusses, sondern ist nach den im Folgenden dargestellten Prinzipien für die Änderung von Arbeitsbedingungen anlässlich eines Betriebsübergangs zu beurteilen.

Die Abgrenzung zwischen zulässigem Aufhebungsvertrag einerseits und funktionswidriger Umgehung des § 613a BGB andererseits spielt insbesondere für Verträge von Arbeitnehmern mit **Transfergesellschaften** eine zentrale Rolle. Der Erwerber eines notleidenden Betriebs ist zur Übernahme des Betriebs häufig nur unter der Voraussetzung bereit, dass der bisherige Betriebsinhaber gezielt Personal abbaut. Die Einschaltung einer Transfergesellschaft kann hier sowohl hilfreich sein, um Sozialauswahlprobleme abzumildern als auch, um einen raschen Personalabbau ohne Berücksichtigung der einschlägigen Kündigungsfristen zu ermöglichen. Bewerkstelligt wird beides, indem der bisherige Betriebsinhaber den „überzähligen" Arbeitnehmern die Aufhebung ihrer Arbeitsverhältnisse gegen Zahlung einer Abfindung und gleichzeitig die Eingehung eines befristeten Arbeitsverhältnisses mit der Transfergesellschaft anbietet. Für die Arbeitnehmer kann dies attraktiv sein, weil sich durch den Wechsel in die Transfergesellschaft die mögliche Bezugsdauer von Lohnersatzleistungen (Transferkurzarbeitergeld mit anschließendem Bezug von Arbeitslosengeld) verlängert. Die Rechtsprechung geht zutreffend davon aus, dass hierin keine Umgehung des § 613a Abs. 1 S. 1 BGB liegt, wenn die Vereinbarung mit dem Arbeitnehmer auf das endgültige Ausscheiden des Arbeitnehmers aus dem Betrieb gerichtet ist.[1053] Die hiergegen in der Literatur vorgebrachte Kritik[1054] ist unbegründet. Wie bereits in → Rn. 144 dargelegt, schränkt § 613a BGB die Dispositionsfreiheit des Arbeitnehmers über das Arbeitsverhältnis im Ganzen nicht ein. Demgegenüber wird § 613a Abs. 1 S. 1 BGB umgangen, wenn dem Arbeitnehmer zusammen mit dem Angebot zum Wechsel in eine Transfergesellschaft zugleich ein Arbeitsvertrag mit dem Betriebserwerber vorgelegt wird, dessen Annahme sich der Erwerber zwar vorbehält, es sich aber aus den Umständen ergibt, dass der Erwerber den Vertrag schließen wird.[1055] Zu weit geht es, wenn das BAG annimmt, dass ein verbindliches Angebot eines Arbeitsverhältnisses mit dem Betriebserwerber auch vorliegt, wenn über die Auswahl der Arbeitnehmer, die der Erwerber aus der Transfergesellschaft übernimmt, das Los entscheidet, aber eine deutlich überwiegende Wahrscheinlichkeit für eine Übernahme besteht.[1056] Auch wenn es eine deutlich überwiegende Übernahmewahrscheinlichkeit gibt, muss der Arbeitnehmer doch damit rechnen, dass das Los ihn nicht trifft, weshalb die Aufhebungsvereinbarung mit dem bisherigen Arbeitgeber ungeachtet der Möglichkeit einer Übernahme durch den Erwerber objektiv

[1052] Vgl. BAG 20.7.1982 – 3 AZR 261/80, DB 1983, 50; 28.4.1987 – 3 AZR 75/86, NZA 1988, 198; 10.12.1998, aaO; 21.1.1999 – 8 AZR 218/98, ZIP 1999, 1572; 18.8.2005 – 8 AZR 523/04, NZA 2006, 145; 25.10.2007 – 8 AZR 917/06, NZA-RR 2008, 367; 21.5.2008 – 8 AZR 481/07, NZA 2009, 144 (LS 3); s. auch *Willemsen* NZA-Beilage 4/2008, 155 (163); zum Ganzen *Th. Ullrich* SAE 2007, 344 (349); vgl. ferner zum Ganzen auch *Willemsen* Anm. EzA § 613a BGB Nr. 67, S. 12 sowie → H Rn. 121 ff.

[1053] BAG 28.4.1987 – 3 AZR 75/86, NZA 1988, 198; 10.12.1998 – 8 AZR 324/97, NZA 1999, 422; 18.8.2005 – 8 AZR 523/04, NZA 2006, 145; 23.11.2006 – 8 AZR 349/06, NZA 2007, 866; 25.10.2007 – 8 AZR 917/06, NZA-RR 2008, 367; 21.5.2008 – 8 AZR 481/07, NZA 2009, 144; 18.8.2011 – 8 AZR 312/10, NZA 2012, 152; 25.10.2012 – 8 AZR 575/11, NZA 2013, 203; *Hoffmann/Danylak* NZI 2020, 705 (707); *Löw/Schulz* BB 2020, 244.

[1054] ErfK/*Preis* BGB § 613a Rn. 159; APS/*Steffan* BGB § 613a Rn. 198 f.; *Hoffmann/Marquardt* NZI 2017, 513 (514 f.); hiergegen *Pils* NZA 2013, 125.

[1055] BAG 25.10.2012 – 8 AZR 575/11, NZA 2013, 203; KR/*Treber* BGB § 613a Rn. 111 f.

[1056] BAG 18.8.2011 – 8 AZR 312/10, NZA 2012, 152.

auf das endgültige Ausscheiden aus dem Betrieb gerichtet ist.[1057] Vgl. zum Ganzen auch → H Rn. 124a.

d) Dispositionsfreiheit der Arbeitsvertragsparteien hinsichtlich der Bedingungen des übergegangenen Arbeitsverhältnisses: Nur bei Vorliegen eines „sachlichen Grundes" für die Änderung?

193 **aa) Vertragsänderungen nach Betriebsübergang.** Ist das Arbeitsverhältnis einmal gemäß § 613a Abs. 1 S. 1 BGB auf einen neuen Betriebsinhaber übergegangen, spricht alles dafür, Änderungen von arbeitsvertraglichen Bedingungen nach diesem Zeitpunkt **im selben Umfang und unter denselben Voraussetzungen** zuzulassen, wie sie auch für entsprechende Vereinbarungen des Arbeitnehmers mit dem **Veräußerer** zu beachten gewesen wären. Der Zweck des § 613a BGB besteht nämlich ebenso wie derjenige der zugrundeliegenden EG-Richtlinie darin, den Arbeitnehmer so zu stellen, wie er auch gegenüber dem Veräußerer gestanden hätte, nicht aber darin, ihn in seiner Vertragsfreiheit gegenüber dem Erwerber einzuschränken und (auch) insoweit gleichermaßen vor sich selbst zu schützen. § 613a BGB räumt dem betroffenen Arbeitnehmer eine durchaus starke Rechtsposition ein: Der Erwerber muss, ohne dass es hierfür gesonderter Vereinbarungen bedarf, das gesamte Arbeitsverhältnis mit allen Rechten und Pflichten übernehmen, und eine Kündigung „wegen Betriebsübergangs" wäre rechtsunwirksam (§ 613a Abs. 4 S. 1 BGB). Für eine Beschränkung der Vertragsfreiheit des Arbeitnehmers über das ohnehin zwingende Gesetzesrecht und die ebenfalls mit zwingender Wirkung ausgestalteten Ansprüche aus Tarifverträgen und Betriebsvereinbarungen hinaus besteht daher auch anlässlich eines Betriebsübergangs kein Anlass. Auch das **EG-Recht fordert eine derartige Beschränkung nicht;** der EuGH hat vielmehr bereits mit Urteil vom 10. 2. 1988[1058] festgestellt, die (Betriebsübergangs-)Richtlinie könne „… nur in Anspruch genommen werden, um sicherzustellen, dass der betroffene Arbeitnehmer in seinen Rechtsbeziehungen zum Erwerber in gleicher Weise geschützt ist, wie er es nach den Rechtsvorschriften des betreffenden Mitgliedstaats in seinen Beziehungen zum Veräußerer war". Die Richtlinie stehe, so der EuGH weiter, „… einer mit dem neuen Inhaber vereinbarten Änderung des Arbeitsverhältnisses nicht entgegen, wenn das anwendbare innerstaatliche Recht eine solche Änderung unabhängig vom Betriebsübergang zulässt".

194 Im klaren Gegensatz dazu machten der für diese Frage zuständige 5. und 3. Senat des BAG den **Verzicht** des Arbeitnehmers auf Ansprüche aus dem Arbeitsverhältnis oder die einvernehmliche, für ihn nachteilige **Änderung** einzelner Vertragsbedingungen im Zusammenhang mit einem Betriebsübergang in ihrer früheren Rechtsprechung von dem **Vorliegen eines sachlichen Grundes** abhängig, der insbesondere darin liegen könne, dass Arbeitsplätze erhalten werden.[1059] Diese Rechtsprechung darf mittlerweile als aufgegeben betrachtet werden.[1060] Auf vor dem Übergang entstandene tarifvertragliche Ansprüche kann jedoch wegen § 4 Abs. 4 TVG auch nach dem Inhaberwechsel nicht durch individualvertragliche Vereinbarung verzichtet werden.[1061] Im Bereich der betrieblichen Altersversorgung ist der besondere Schutz erworbener Versorgungsanwartschaften zu beachten (vgl. hierzu → Kap. J). Zur insbesondere europarechtlichen Zulässigkeit der Absenkung kollektivvertraglich begründeter Ansprüche nach den Entscheidungen des EuGH in der Sache *Unionen* Teil → Kap. E.

[1057] Kritisch zum Ganzen *Willemsen* NZA 2013, 242; *Pils* NZA 2013, 125; HWK/*Müller-Bonanni* BGB § 613a Rn. 311.

[1058] C-324/86 *(Daddy's Dance Hall)*, EAS RL 77/187 EWG Art. 1 Nr. 4.

[1059] BAG 18.8.1976 – 5 AZR 95/75, DB 1977, 310; 26.1.1977 – 5 AZR 302/75, DB 1977, 1192; 29.10. 1985 – 3 AZR 485/83, DB 1986, 1779; 12.5.1992 – 3 AZR 247/91, NZA 1992, 1080; vgl. auch BAG 18.8.2005, aaO.

[1060] BAG 7.11.2007 – 5 AZR 1007/06, NZA 2008, 530.

[1061] BAG 12.2.2014 – 4 AZR 317/12, NZA 2014, 613.

bb) Vertragsänderungen vor Betriebsübergang. Mit einer Vertragsänderung vor Betriebsübergang hatte sich der 8. Senat in einem Urteil vom 19.3.2009[1062] zu befassen. In einer Nachtragsvereinbarung zum Arbeitsvertrag, die zwischen dem bisherigen Arbeitgeber und der klagenden Arbeitnehmerin abgeschlossen wurde, war deren **Verzicht auf rückständiges Weihnachts- und Urlaubsgeld** von der Bedingung abhängig gemacht worden, dass es bis zum 31.12.2005 zu einem Betriebsübergang der Kindertagesstätte des Arbeitgebers auf eine Gesellschaft des Deutschen Roten Kreuzes kommen würde. 195

Nach Auffassung des 8. Senats war dieser Erlassvertrag nach §§ 613a Abs. 1 S. 1, 134 BGB **unwirksam,** weil es sich um eine **unzulässige Umgehung** der zwingenden gesetzlichen Rechtsfolgen des § 613a Abs. 1 S. 1 BGB handele.[1063] Das Gesetz bestimme nicht nur, dass der Betriebserwerber der neue Arbeitgeber werde, sondern lege zugleich fest, dass er in die Rechte und Pflichten aus den im Zeitpunkt des Übergangs bestehenden Arbeitsverhältnisses eintrete. Damit gewähre § 613a Abs. 1 S. 1 BGB **auch einen Schutz des Inhalts der Arbeitsverhältnisse.** Allein der Betriebsübergang solle sich weder auf den Bestand noch auf den Inhalt des Arbeitsverhältnisses auswirken.[1064] Demnach stelle eine Vereinbarung zwischen dem Arbeitnehmer und dem Betriebsveräußerer oder dem in Aussicht gestellten Betriebserwerber eine zur Unwirksamkeit nach § 134 BGB führende Umgehung des § 613a Abs. 1 BGB dar, „... wenn es Grund und Ziel der Vereinbarung ist zu verhindern, dass der künftige Betriebserwerber in sämtliche bestehenden Rechte und Pflichten aus dem Arbeitsverhältnis eintritt".[1065] Der 8. Senat verweist in diesem Zusammenhang auf seine Rechtsprechung zum Abschluss eines Aufhebungsvertrags, der dazu dient, mit dem Betriebserwerber neue Arbeitsverträge abschließen zu können, worin ebenfalls eine Umgehung des § 613a BGB liege (dazu → Rn. 192).[1066]

Der **Auffassung des 8. Senats** kann zwar im konkreten, fallbezogenen Ergebnis, nicht jedoch in der weit darüber hinausgehenden Begründung gefolgt werden. Bei genauem Hinsehen war der Fall durch die **Besonderheit** gekennzeichnet, dass der Erlass rückständiger Ansprüche **nur zu Gunsten des (potentiellen) Betriebserwerbers,** nicht jedoch zu Gunsten des bisherigen Arbeitgebers gelten sollte, weil der Erlass unter der Bedingung des Zustandekommens eines Betriebsübergangs stand. Im Ergebnis lief die mit dem Veräußerer getroffene Vereinbarung also darauf hinaus, dass zur Ermöglichung eines Betriebsübergangs die *als solche* zwingende Rechtsfolge des § 613a Abs. 1 S. 1 BGB abbedungen werden sollte, wonach der Betriebserwerber auch in alle bereits vor Betriebsübergang begründeten Verpflichtungen des früheren Arbeitgebers eintritt (dazu auch → Rn. 198). Es ging also in Wirklichkeit gar nicht um eine vertragliche Disposition über den Inhalt des übergehenden Arbeitsverhältnisses, sondern um eine vom Gesetz abweichende Regelung der Folgen des erhofften Betriebsübergangs, was lediglich durch die Form der Vertragsgestaltung „vernebelt" wurde.

Hätten dagegen die Arbeitnehmer in dem vom BAG entschiedenen Fall gegenüber ihrem bisherigen Arbeitgeber unbedingt auf rückständige Weihnachts- und Urlaubsansprüche verzichtet, um einen Betriebsübergang zu ermöglichen, hätte – entgegen der offenbar auch diesen Fall abdeckenden Erwägungen des 8. Senats – kein Anlass bestanden, einem solchen Verzicht wegen unzulässiger Umgehung des § 613a Abs. 1 S. 1 BGB die **Wirksamkeit zu versagen.** Wenn es dem Arbeitnehmer nämlich schon freisteht, zum Zwecke der Ermöglichung eines Betriebsübergangs – jedenfalls ohne Zwang und aus freien Stücken – einen Aufhebungsvertrag abzuschließen, um sich anschließend eine andere Beschäftigung zu suchen, ist nicht einsehbar, warum er nicht in der Lage sein sollte, insbesondere in einer **Unternehmenskrise oder -insolvenz,** durch den Verzicht auf bereits erworbene oder ohne Vertragsänderung in Zukunft entstehende Ansprüche einen Beitrag

[1062] 8 AZR 722/07, NZA 2009, 1091; dazu *Bunte* NZA 2010, 319; s. auch *C. Meyer* SAE 2010, 105.
[1063] BAG NZA 2009, 1091 Rn. 23.
[1064] BAG NZA 2009, 1091 Rn. 26.
[1065] BAG NZA 2009, 1091 Rn. 27.
[1066] BAG NZA 2009, 1091 Rn. 27.

zur Veräußerungsfähigkeit des Betriebes und damit zur Erhaltung seines Arbeitsplatzes zu leisten. Insoweit ist die Unterscheidung zwischen Vereinbarungen, die *vor,* und solchen, die *nach* dem Betriebsübergang getroffen werden, nicht nachvollziehbar (auch → I Rn. 56ff.). Zwar mag der Arbeitnehmer im letzteren Fall in einer (etwas) günstigeren Verhandlungsposition sein, weil der Betriebsübergang als solcher bereits vollzogen ist. Die Gefahr, einem gewissen, zumindest wirtschaftlichen Druck in Bezug auf die Erhaltung des Arbeitsplatzes ausgesetzt zu sein, besteht aber in beiden Fallgruppen gleichermaßen,[1067] so dass der Arbeitnehmer eine entsprechende Abwägung treffen muss. Ein solcher faktischer Druck jenseits zivilrechtlich relevanter Tatbestände (insbesondere § 123 BGB) hat jedoch nichts mit einer unzulässigen Umgehung von § 613a Abs. 1 S. 1 BGB zu tun. Den Betriebserwerber andererseits auf die Möglichkeit zu verweisen, solche Vereinbarungen über die Änderung von Arbeitsbedingungen erst *nach* erfolgter Betriebsübertragung abzuschließen, würde für diesen demgegenüber ein oftmals **unkalkulierbares Risiko** bedeuten und erscheint damit wenig praxisnah. Auch Vereinbarungen, die beispielsweise der **Insolvenzverwalter** mit der Belegschaft hinsichtlich ihrer Arbeitsbedingungen trifft, um den Betrieb überhaupt erst **verkaufsfähig** zu machen (zB bei Verzicht auf ein 13. oder 14. Monatsgehalt oder auf künftige Zuwächse im Bereich der betrieblichen Altersversorgung) wären bei einem Verständnis des Umgehungseinwands, wie er offenbar der Entscheidung des 8. Senats vom 19.3.2008 zugrunde liegt, praktisch nicht möglich, zumindest aber mit einem ganz erheblichen Unwirksamkeitsrisiko belastet. Zwar lässt der 8. Senat offen, ob bestimmte „Sachgründe" eine solche Vertragsänderung im Einzelfall rechtfertigen können,[1068] jedoch bezieht sich dies zum einen nur auf Vereinbarungen *nach* erfolgtem Betriebsübergang, und zum anderen ist das Erfordernis eines „sachlichen Grundes" viel zu vage, um in der Praxis die erforderliche Rechtssicherheit für derartige Gestaltungen zu gewährleisten.[1069]

196 Im **Ergebnis** sollte ein Arbeitnehmer damit bereits vor Betriebsübergang mit dem Veräußerer und/oder Erwerber Vereinbarungen über die Veränderung seiner Arbeitsbedingungen für die Zeit nach dem Betriebsübergang treffen können, soweit diese seiner vertraglichen Disposition unterliegen, dh nicht kraft Gesetzes, Tarifvertrag oder Betriebsvereinbarung zwingenden Charakter haben.[1070] **Das Erfordernis eines sachlichen Grundes** ist auch insoweit **abzulehnen;** eine Grenze ergibt sich insoweit lediglich aus einer möglichen Anfechtbarkeit (insbesondere nach § 123 BGB) sowie sonstigen allgemeinen Grundsätzen des Schuldrechts (insbesondere AGB-Kontrolle und § 138 BGB). In diesem Sinne hat auch das LAG Schleswig-Holstein zur Recht keine Umgehung des § 613a BGB darin gesehen, dass die Betriebsparteien im Rahmen eines Sanierungskonzepts mit Zustimmung der Tarifvertragsparteien eine Betriebsvereinbarung zur Entgelthöhe lediglich 24 Stunden vor einem (im Zeitpunkt des Abschlusses der Vereinbarung noch nicht feststehenden) Betriebsübergangs mit dem Ziel aufhoben, die Entgelthöhe auf die des einschlägigen Tarifvertrags abzusenken.[1071] Eine **Einschränkung** ist aus den oben (→ Rn. 195) dargelegten Erwägungen nur insoweit zu machen, als der Verzicht auf bereits endgültig entstandene Ansprüche nicht von dem Zustandekommen eines Betriebsübergangs abhängig gemacht werden darf. Insoweit – und nur insoweit – ist der Entscheidung des 8. Senats vom 19.3.2008[1072] somit zuzustimmen.

[1067] Darauf weisen mit Recht auch *Moll* NJW 1993, 2016 (2022); sowie *C. Meyer* SAE 2009, 110 (116) hin; aA *Bunte* NZA 2010, 319 (321).

[1068] BAG NZA 2009, 1091 Rn. 29.

[1069] In diesem Sinne bereits in der 3. Aufl. Rn. 211.

[1070] IE ebenso LAG Mecklenburg-Vorpommern 11.3.2015 – 3 Sa 128/14, BeckRS 2015, 67333; APS/*Steffan* BGB § 613a Rn. 105; *C. Meyer* SAE 2009, 110 (116). Zum Verstoß eines mit dem Betriebsveräußerer oder dem Betriebserwerber geschlossenen Erlassvertrags gegen § 4 Abs. 4 S. 1 TVG vgl. BAG 12.2.2014 – 4 AZR 317/12, NZA 2014, 613. Zu Sonderfragen der Insolvenz *Mückl* ZIP 2012, 2373 (2378).

[1071] LAG Schleswig-Holstein 26.9.2018 – 3 Sa 224/17, BeckRS 2018, 30752.

[1072] 8 AZR 722/07, NZA 2009, 1091.

Die **Praxis** muss allerdings einstweilen mit dem **Risiko** leben, dass die Rechtsprechung des BAG das Erfordernis eines Sachgrundes für Änderungsvereinbarungen im zeitlichen und sachlichen Zusammenhang eines Betriebsübergangs bisher nur für solche Vereinbarungen aufgegeben hat, die der **neue** Betriebsinhaber **nach dem Betriebsübergang** mit den Arbeitnehmern abschließt. Für Sanierungsabreden, die der bisherige Arbeitgeber bzw. dessen Insolvenzverwalter vor dem Betriebsübergang trifft, sollte daher vorsorglich ein rechtfertigender, in der Vereinbarung selbst zu dokumentierender Grund angegeben werden.[1073] Allerdings werden die **Anforderungen** seitens des BAG insoweit leider restriktiv gehandhabt, so dass wohl nur im Falle einer echten Notlage des Betriebs, in der ohne Arbeitsvertragsänderung die Gefahr des **Verlustes von Arbeitsplätzen** oder gar einer **Betriebsstilllegung** besteht, mit einiger Sicherheit von der Wirksamkeit derartiger Vereinbarungen ausgegangen werden kann.[1074]

7. Verwirkung von Ansprüchen aus Betriebsübergang

Während es bei der Frage der Verwirkung des **Widerspruchsrechts** darum geht, ob der Arbeitnehmer die Folgen eines Betriebsübergangs noch nachträglich rückgängig machen kann, besteht die umgekehrte Problematik darin, ob ein beim bisherigen Arbeitgeber „zurückgebliebener" Arbeitnehmer noch geraume Zeit nach dem Betriebsübergang geltend machen kann, er stehe in Wirklichkeit in einem Arbeitsverhältnis zum Erwerber, da auch sein Arbeitsverhältnis von der Rechtsfolge des § 613a Abs. 1 S. 1 BGB erfasst worden sei. Praktische Relevanz kann diese Konstellation insbesondere haben, wenn der Betriebs(teil)übergang für den Arbeitnehmer nicht offenkundig war, etwa weil eine **Unterrichtung** nach § 613a Abs. 5 BGB unterblieben ist oder die Zuordnung des Arbeitnehmers zu dem übertragenen Betrieb(steil) unklar war. 197

Die Geltendmachung eines Betriebsübergangs durch den Arbeitnehmer kann wie jeder Anspruch aus dem Arbeitsverhältnis **verwirkt** werden.[1075] Dies setzt voraus, dass der Anspruchsberechtigte (dh der Arbeitnehmer) den Anspruch erst nach Ablauf eines längeren Zeitraums erhebt **(Zeitmoment)** und dadurch beim **Verpflichteten** (dh dem Betriebsübernehmer) einen **Vertrauenstatbestand** geschaffen hat, er werde nicht mehr in Anspruch genommen **(Umstandsmoment).** Damit das Zeitmoment erfüllt ist, muss ein längerer Zeitraum von (mindestens) mehreren Monaten verstrichen sein.[1076] Dies gilt jedenfalls dann, wenn das Arbeitsverhältnis **ungekündigt** nach § 613a BGB auf den Erwerber übergegangen ist.[1077] Anders liegt der Fall allerdings in Bezug auf einen Fortsetzungs- bzw. Wiedereinstellungsanspruch nach vorheriger **wirksamer** betriebsbedingter Kündigung durch den Veräußerer (dazu → Rn. 75, 121 aE): Hier verlangt die Rechtsprechung vom Arbeitnehmer die **unverzügliche** Geltendmachung seines Anspruchs.[1078] Zur Verwirkung des **Widerspruchsrechts** nach § 613a Abs. 6 BGB → Rn. 147.

[1073] Ähnlich *C. Meyer* SAE 2009, 110 (116).

[1074] Überblick über die bisherige Rechtsprechung bei *C. Meyer* SAE 2009, 110 (113); vgl. auch *Moll* NJW 1993, 2016 (2022). Weniger restriktiv LAG Mecklenburg-Vorpommern 11.3.2015 – 3 Sa 128/14, BeckRS 2015, 67333, wonach bereits die Beseitigung von Unklarheiten in den bestehenden Vereinbarungen als sachlicher Grund ausreicht.

[1075] BAG 8.8.2002 – 8 AZR 583/01, NZA 2003, 315; 18.12.2003 – 8 AZR 621/02, NZA 2004, 791; 22.7.2004 – 8 AZR 350/03, NZA 2004, 1383; Staudinger/*Annuß* BGB § 613a Rn. 156; HWK/*Müller-Bonanni* BGB § 613a Rn. 221.

[1076] BAG 18.12.2003 – 8 AZR 621/02, NZA 2004, 791 erwägt dies bei Verstreichenlassen eines Zeitraums von knapp fünf Monaten. Allerdings beginnt diese Frist bei fehlender Information über den Betriebsübergang nicht zu laufen, vgl. BAG 27.1.2011 – 8 AZR 326/09, NZA 2011, 1162 Rn. 37.

[1077] So ausdrücklich BAG 8.8.2002, 18.12.2003 und 22.7.2004, jeweils aaO.

[1078] S. dazu BAG 12.11.1998 – 8 AZR 265/97, NZA 1999, 311; bestätigt ua durch BAG NZA 2004, 1383; dazu auch → Rn. 121 aE.

V. Haftungssystem des § 613a Abs. 1 S. 1 und Abs. 2 BGB; Verhältnis zum Umwandlungsrecht

1. Haftung des neuen Betriebsinhabers (§ 613a Abs. 1 S. 1 BGB)

198 *Sedes materiae* für die Haftung des *Betriebserwerbers* für Ansprüche übernommener Arbeitnehmer ist § 613a Abs. 1 S. 1 BGB. Der hierdurch bewirkte Wechsel in der Arbeitgeberstellung (→ Rn. 122 f.) umfasst das gesamte Arbeitsverhältnis einschließlich der hieraus in der Vergangenheit entstandenen und noch nicht vollständig erfüllten Ansprüche,[1079] was insbesondere im Rahmen der *Due Diligence* wohl bedacht sein sollte. Entgegen einem langläufigen Missverständnis tritt der Erwerber also **nicht lediglich für die Zukunft** in das Arbeitsverhältnis ein, sondern er übernimmt zumindest im *Außenverhältnis* zugleich auch alle **arbeitsrechtlichen Altlasten** einschließlich betrieblicher Altersversorgung (zu dem Ausnahmefall des Betriebserwerbs in der Insolvenz → Rn. 126 sowie → Kap. L).

Voraussetzung für die Haftung des Betriebserwerbers ist allerdings, dass das Arbeitsverhältnis am **Stichtag der Übernahme** (zum Zeitpunkt → Rn. 124), und sei es auch nur für einen Tag, **noch bestand.** Auf zum Zeitpunkt des Betriebsübergangs **bereits beendete** Arbeitsverhältnisse findet § 613a BGB keine, auch keine analoge, Anwendung (dazu → Rn. 132). Maßgeblich ist jeweils das **Ende der Kündigungsfrist,** nicht der Ausspruch der Kündigung, so dass der Erwerber unter Umständen auch noch für Ansprüche aus solchen Arbeitsverhältnissen vollumfänglich haftet, deren Beendigung – zB auf Grund eines Aufhebungsvertrages – im Zeitpunkt des Betriebsübergangs bereits feststeht, aber im Hinblick auf den vereinbarten Beendigungstermin noch nicht eingetreten ist. Der Betriebserwerber sollte sich daher hinsichtlich solcher Arbeitnehmer, die er nicht weiterbeschäftigen will, vom Veräußerer nicht nur die entsprechenden Aufhebungsvereinbarungen oder sonstigen Beendigungstatbestände nachweisen lassen, sondern darüber hinaus auch sicherstellen, dass ihn im Innenverhältnis zum Veräußerer hinsichtlich dieser Arbeitsverhältnisse keine Haftung aus § 613a Abs. 1 S. 1 BGB trifft. Ansonsten kann es passieren, dass er allein wegen einer „Überlappung" von nur wenigen Tagen nach § 613a Abs. 1 S. 1 BGB für die gesamte, über Jahrzehnte erworbene **Altersversorgung** des (zB einen Monat nach Betriebsübergang in Rente gehenden) Arbeitnehmers haftbar wird. In gleicher Weise kann ihn die Haftung für **Sozialplanansprüche** (insbesondere **Abfindungen**) für solche Arbeitnehmer treffen, denen der Veräußerer betriebsbedingt gekündigt hat, deren (zB besonders lange) Kündigungsfristen im Zeitpunkt des Betriebsübergangs jedoch noch nicht abgelaufen waren. Darauf, von wem der Sozialplan aufgestellt wurde (neuer oder alter Arbeitgeber), kommt es für die Haftung gemäß § 613a Abs. 1 S. 1 BGB – wiederum entgegen verbreiteter Fehlvorstellung – *nicht* an.

199 Der neue Betriebsinhaber haftet für alle Ansprüche aus den übernommenen Arbeitsverhältnissen – gleich welcher Art, also nicht etwa nur für rückständige Löhne – *primär;* es gibt also gegenüber den Arbeitnehmern keine „Einrede der Vorausklage". Im **Innenverhältnis** zwischen Betriebsveräußerer und -erwerber wird allerdings für die vor dem Betriebsübergang entstandenen Verpflichtungen in der Regel die alleinige Verantwortlichkeit des früheren Arbeitgebers gewollt sein;[1080] dies sollte im Kauf- oder sonstigen Übernahmevertrag indes ausdrücklich geregelt werden. Eine ebenso klare Regelung im Innenverhältnis empfiehlt sich aus den soeben dargelegten Gründen hinsichtlich der Ansprüche aus solchen Arbeitsverhältnissen, die der Erwerber nicht fortführen will, die aber aus rein „vertragstechnischen" Gründen den Zeitpunkt des Betriebsübergangs überdauern.

[1079] Unstr.; vgl. BAG 18.8.1976 – 5 AZR 95/75, DB 1977, 310; 24.3.1977 – 3 AZR 649/76, DB 1977, 1466; 22.6.1978 – 3 AZR 832/76, DB 1978, 1795; HWK/*Müller-Bonanni* BGB § 613a Rn. 295; Staudinger/*Annuß* BGB § 613a Rn. 257. Das gilt auch für Ansprüche aus Annahmeverzug, vgl. BAG 22.10. 2009 – 8 AZR 766/08, NZA-RR 2010, 660.

[1080] Staudinger/*Annuß* BGB § 613a Rn. 264; ErfK/*Preis* BGB § 613a Rn. 137; HWK/*Müller-Bonanni* BGB § 613a Rn. 299; aA Erman/*Edenfeld* BGB § 613a Rn. 101.

Angesichts des zivilrechtlichen Charakters der Haftungsregelung des § 613a Abs. 1 S. 1 BGB findet die Regelung **keine Anwendung** auf rückständige **öffentlich-rechtliche Verpflichtungen** des Veräußerers im Zusammenhang mit den übernommenen Arbeitsverhältnissen, insbesondere also auf die Abführung von **Sozialversicherungsbeiträgen** und **Lohnsteuern.**[1081]

2. Haftung des bisherigen Arbeitgebers (§ 613a Abs. 2 S. 1 und 2 BGB)

Während der Betriebserwerber durch § 613a Abs. 1 S. 1 BGB einer umfassenden Haftung 200
für sämtliche Ansprüche aus übernommenen Arbeitsverhältnissen sowohl für die Vergangenheit wie auch für die Zukunft unterworfen wird, kommt der bisherige Arbeitgeber durch § 613a Abs. 2 BGB in den Genuss einer weitgehenden **Enthaftung** für alle Ansprüche, die erst *nach* dem Betriebsübergang entstehen. Wirtschaftlich betrachtet verlieren die Arbeitnehmer somit ihren bisherigen Garanten für ihre künftigen Lohn- und sonstigen Ansprüche, was bei **mangelnder Bonität** des Erwerbers Anlass zur Ausübung des **Widerspruchsrechts** geben kann.

Bestehen bleibt dagegen nach § 613a Abs. 2 S. 1 BGB die Haftung des Betriebsveräu- 201
ßerers für Verpflichtungen nach Abs. 1, „*soweit* sie *vor dem Zeitpunkt des Betriebsübergangs entstanden sind und vor Ablauf von einem Jahr nach diesem Zeitpunkt fällig werden.*" Der Rechtsgrund für den Anspruch muss also bereits vor dem Betriebsübergang entstanden sein; für erst nach dem Betriebsübergang erdiente Vergütungsansprüche haftet demzufolge ausschließlich der Erwerber. Entgegen dem missverständlichen Gesetzeswortlaut greift die „nachwirkende" Haftung des bisherigen Arbeitgebers nach § 613 Abs. 2 BGB auch (und erst recht), wenn die Fälligkeit bereits *vor* Betriebsübergang eingetreten war, der frühere Arbeitgeber sich also mit der Erfüllung im Zeitpunkt des Betriebsübergangs im Verzug befand.[1082] Die Einschränkung „*soweit*" macht deutlich, dass sich die Haftung bei **periodisch wiederkehrenden Leistungen** (zB Lohnansprüchen, Betriebsrenten etc) nur auf diejenigen „Raten" erstreckt, die in den zwölf Folgemonaten nach Betriebsübergang fällig werden.

Beispiel G 21:

A ist seit über 30 Jahren bei der V-GmbH tätig. Laut Pensionsvertrag steht ihm nach Eintritt in den Ruhestand ein monatliches Altersruhegeld von EUR 1.500, – zu. Drei Monate bevor A die vorgesehene Altersgrenze von 65 Jahren erreicht, wird der Betrieb auf die K-GmbH übertragen.

Obwohl die auf dem Betrieb lastende Pensionsverpflichtung wirtschaftlich betrachtet nahezu ausschließlich die Zeit der Betriebsinhaberschaft der V-GmbH betrifft, hat diese nach dem klaren Wortlaut des § 613a Abs. 2 BGB, der uneingeschränkt auch für **Ansprüche aus betrieblicher Altersversorgung** gilt, im Außenverhältnis gegenüber A nur für die ersten neun monatlichen Zahlungen nach dessen Eintritt in den Ruhestand einzustehen.[1083] Dies zeigt einmal mehr, wie wichtig es ist, eine – unbeschadet des § 613a Abs. 2 BGB mögliche – Regelung der Haftungsverhältnisse im **Innenverhältnis** zwischen Veräußerer und Erwerber zu treffen. Eine besondere Problematik stellt sich insoweit, wenn es an einer **unmittelbaren Vertragsbeziehung fehlt,** etwa bei **Auftragsneuvergabe** im

---

[1081] BayObLG 31.10.1974 – 1 U 2225/74, BB 1974, 1582; LSG Rheinland-Pfalz 13.8.2008 – L 4 R 366/07, NZS 2009, 574; LSG Sachsen-Anhalt 11.1.2011 – L 1 R 51/10 B ER (rkr.), ZIP 2011, 1121; LSG Bayern 28.1.2011 – L 5 R 848/10 B ER, BeckRS 2011, 76405; *Froehner* GWR 2015, 202 (203 f.); ErfK/*Preis* BGB § 613a Rn. 81; aA MüKoBGB/*Müller-Glöge* BGB § 613a Rn. 161.

[1082] Ebenso *Seiter* S. 102; Staudinger/*Annuß* BGB § 613a Rn. 261 f.

[1083] Im Ergebnis ebenso BAG 28.2.1989 – 3 AZR 29/88, NZA 1989, 681; BGH 19.3.2009 – III ZR 106/08, ZIP 2009, 840; auch → J Rn. 490 ff.

Wege eines (öffentlichen) Vergabeverfahrens. Der Bieter ist dann gut beraten, die von ihm zu tragenden Pensionslasten bereits bei seinem **Angebot** zu berücksichtigen.[1084]

202 Eine insbesondere für **Einmalzahlungen** wie ein 13. Monatsgehalt, eine Weihnachtsgratifikation, ein Urlaubsgeld etc relevante Sonderregelung enthält die Bestimmung des § 613a Abs. 2 S. 2 BGB, wonach der bisherige Arbeitgeber für solche Verpflichtungen, die *nach* dem Zeitpunkt des Übergangs fällig werden, nur in dem Umfang haftet, *„der dem im Zeitpunkt des Übergangs abgelaufenen Teil ihres Bemessungszeitraums entspricht."* Wird also zB ein Betrieb per 1.7. eines Kalenderjahres übertragen, haftet der bisherige Betriebsinhaber für die im Dezember fällige Weihnachtsgratifikation (nur) noch zur Hälfte.[1085] Da die Haftungsregelung im Außenverhältnis keineswegs mit der internen Interessenlage der Parteien eines Unternehmenskaufvertrages übereinstimmen muss, empfehlen sich insoweit klarstellende bzw. ergänzende Regelungen. Für die betriebliche Altersversorgung hat die Bestimmung dagegen keine Bedeutung; die Haftung des bisherigen Arbeitgebers richtet sich somit ausschließlich nach § 613a Abs. 2 S. 1 BGB (→ Rn. 201).

203 **Ausschlussfristen,** wie sie insbesondere in Tarifverträgen, aber auch in Individualarbeitsverträgen, häufig enthalten sind, kommen grundsätzlich auch dem bisherigen Arbeitgeber zugute. Problematisch und jedenfalls nicht verallgemeinerungsfähig ist allerdings ein Urteil des 10. BAG-Senats vom 10.8.1994, wonach derartige Fristen, wenn sie wie üblich an das Ausscheiden aus dem Arbeitsverhältnis anknüpfen, mit dem Zeitpunkt des Betriebsübergangs zu laufen beginnen sollen.[1086] Mit dem Prinzip der Kontinuität des Arbeitsverhältnisses bei Betriebsübergang (→ Rn. 170) ist eine solche These nicht vereinbar. Es bedarf schon einer besonderen Begründung, die sich allenfalls durch **Auslegung** einer konkreten Regelung gewinnen lässt, wenn für den Beginn einer Ausschlussfrist an den Betriebsübergang angeknüpft werden soll. Zu beachten ist des Weiteren, dass im Rahmen der **Gesamtschuld** zwischen bisherigem und neuem Arbeitgeber die einzelnen Schuldverhältnisse grundsätzlich selbständig bleiben und sich unterschiedlich entwickeln können. Dies gilt auch für die Geltendmachung von Ausschlussfristen. Im Fall des Betriebsübergangs sind daher über § 425 BGB nur die Tatsachen zu Lasten des Erwerbers zu berücksichtigen, die *vor* dem Betriebsübergang eingetreten sind. Bei einer **zweistufigen Ausschlussfrist** kann es deshalb ausreichen, wenn die erste Stufe gegenüber dem Veräußerer und die zweite Stufe gegenüber dem Erwerber gewahrt wird. Im Übrigen führt der Betriebsübergang allerdings noch nicht zu einer Gesamtwirkung der die Ausschlussfristen wahrenden Rechtshandlungen oder Umstände.[1087]

3. Verhältnis zum Umwandlungsrecht

a) §§ 133, 134 UmwG; § 613a Abs. 3 BGB

204 Das Verhältnis der arbeitsrechtlichen Haftung des bisherigen und neuen Arbeitgebers zu der allgemeinen umwandlungsrechtlichen Haftung in den – durchaus häufigen – Fällen einer **Koinzidenz von Betriebsübergang und Unternehmensumwandlung** (vgl. dazu auch § 324 UmwG sowie → B Rn. 90) ist in § 613a BGB nur höchst unzureichend geregelt. Nach dessen Absatz 3 gilt „… Abs. 2 nicht, wenn eine juristische Person oder eine Personenhandelsgesellschaft durch Umwandlung erlischt." Die im Zuge des Um-

---

1084 BGH NZA 2009, 848 Rn. 11.

1085 Ebenso Staudinger/*Annuß* BGB § 613a Rn. 262; *Seiter* S. 103, auch zu anderen Ansprüchen (zB auf Urlaub). Zur Frage der anteiligen Haftung der Urlaubsabgeltung vgl. BGH 4.7.1985 – IX ZR 172/84, NJW 1985, 2643; kritisch *Klose* FS Willemsen, 2018, 249 (254f.). Zur Haftung des Betriebsveräußerers für einen Anspruch auf Abgeltung eines Teilzeitanspruchs aus der Ableistung von Überstunden vgl. LAG Hessen 10.9.2008 – 8 Sa 1595/07, NZA-RR 2009, 92.

1086 BAG 10.8.1994 – 10 AZR 937/93, NZA 1995, 742; siehe dazu auch HWK/*Müller-Bonanni* BGB § 613a Rn. 298.

1087 BAG 22.8.2012 – 5 AZR 526/11, NZA 2013, 376 Rn. 16, unter Bezugnahme auf BAG 21.3.1991 – 2 AZR 577/90, NZA 1991, 726.

wandlungsrechtsbereinigungsgesetzes nochmals novellierte[1088] Bestimmung ist in zweifacher Hinsicht verunglückt: Zum einen, weil sie schlicht überflüssig ist, da ein erloschener Rechtsträger schlechterdings nicht nach § 613a Abs. 2 BGB haften kann, zum anderen, weil sie suggeriert, dass Abs. 2 in den *sonstigen* Fällen der Umwandlung, dh in solchen, bei denen es nicht zu einem Erlöschen des übertragenden Rechtsträgers kommt (wie zB bei **Abspaltung** oder **Ausgliederung** im Sinne von § 123 Abs. 2 und 3 UmwG), uneingeschränkt Anwendung finde.

Diese Schlussfolgerung wäre jedoch **unzutreffend,** denn die **§§ 133, 134 UmwG** enthalten für die **Nachhaftung** des bzw. der übertragenden Rechtsträger(s) eine im Verhältnis zu § 613a Abs. 2 BGB weitergehende und diese daher insgesamt verdrängende **Sonderregelung.**[1089] Die Thematik ist keinesfalls rein akademischer Natur, da sich beide Haftungskonzepte grundlegend voneinander unterscheiden.[1090]

Beispiel G 22:

Ein bisher zur E-GmbH gehörender Betrieb wird im Zuge der Ausgliederung zur Neugründung (§ 123 Abs. 3 Nr. 2 UmwG) auf die R-GmbH übertragen. Den dort tätigen Arbeitnehmern war seitens der E-GmbH eine Versorgungszusage erteilt worden, die ein monatliches Ruhegeld von EUR 1.750, – nach Erreichen des 65. Lebensjahres vorsieht. Zwei Jahre nach der Ausgliederung des Betriebs in die R-GmbH geht Arbeitnehmer A in Pension.

Nach § 613a Abs. 2 S. 1 BGB wäre eine Haftung der E-GmbH für die Pensionsansprü- 205
che von A ausgeschlossen, weil diese nicht mehr innerhalb des für diese Vorschrift maßgeblichen Einjahreszeitraums nach dem Betriebsübergang fällig werden. Anders dagegen die Haftung gemäß § 133 Abs. 1 in Verbindung mit Abs. 3 und 4 UmwG: Als „an der Spaltung beteiligter Rechtsträger" haftet die E-GmbH für die *vor* dem Wirksamwerden der Spaltung (Ausgliederung) begründeten Verbindlichkeiten gemeinsam mit der R-GmbH als **Gesamtschuldnerin** (§ 133 Abs. 1 S. 1 UmwG). Für Verbindlichkeiten, die auf den übernehmenden Rechtsträger übertragen werden, haftet der übertragende Rechtsträger – in der nicht ganz leicht verständlichen Diktion des UmwG, der Rechtsträger, dem die Verbindlichkeiten im Spaltungs- und Übernahmevertrag nicht zugewiesen werden – gemäß § 133 Abs. 3 S. 1 und 4 UmwG grundsätzlich für fünf Jahre (gerechnet aber dem Wirksamwerden der Spaltung). Da es sich vorliegend um Versorgungsverpflichtungen nach dem Betriebsrentengesetz handelt, beträgt der Haftungszeitraum gemäß § 133 Abs. 3 S. 2 und 4 UmwG sogar zehn Jahre. Die Haftung umfasst dabei auch die Versorgungszuwächse in dem Zehnjahreszeitraum, soweit diese nicht auf einer Änderung der Versorgungszusage beruhen.[1091] Das Verhältnis zwischen § 613a Abs. 2 BGB und den umwandlungsrechtlichen Haftungsvorschriften war früher stark umstritten. Inzwischen entspricht es allerdings ganz herrschender Ansicht, dass § 133 UmwG Vorrang vor § 613a Abs. 2 BGB genießt.[1092]

Erst recht gilt der Grundsatz des **Vorrangs der umwandlungsrechtlichen Nachhaf-** 206
tung für das Verhältnis des § 613a BGB zu § 134 UmwG. Dies folgt schon aus dem spezifisch arbeitsrechtlichen Zuschnitt dieser umwandlungsrechtlichen Haftungsregelung. In der Sache regelt § 134 UmwG die Haftung der spaltungsbeteiligten Rechtsträger in den Fällen einer **Betriebsaufspaltung** (im steuerrechtlichen Sinne!) in eine Anlage- und eine Be-

---

1088 Art. 2 UmwBerG, BGBl. 1994 I 3210.

1089 IE ebenso Kallmeyer/*Sickinger* UmwG § 133 Rn. 10; Kallmeyer/*Willemsen* UmwG vor § 322 Rn. 71 und UmwG § 324 Rn. 22; Lutter/*Sagan* UmwG § 324 Rn. 38 ff. mwN; Staudinger/*Annuß* BGB § 613a Rn. 349 mwN; *Wlotzke* DB 1995, 40 (43); bereits zum seinerzeitigen Referentenentwurf *Willemsen* RdA 1993, 133 (138); aA *Hausch* RNotz 2007, 308 (338): Anspruchsgrundlagenpluralität; *Boecken* Rn. 228: Verdrängung des § 133 UmwG durch § 613a Abs. 2 BGB, dagegen Vorrang des § 134 UmwG.

1090 Vgl. dazu *Willemsen* NZA 1996, 791 (800).

1091 Vgl. insofern Kallmeyer/*Sickinger* UmwG § 133 Rn. 19.

1092 Semler/Stengel/*Seulen* UmwG § 133 Rn. 22; Kallmeyer/*Sickinger* UmwG § 133 Rn. 10; Staudinger/*Rieble* BGB § 613a Rn. 349 mwN.

triebsgesellschaft. Bei dieser Gestaltung werden die zur Führung eines Betriebs notwendigen Vermögensteile im Wesentlichen auf einen oder mehrere übernehmende Rechtsträger (die Anlagegesellschaft(en)) übertragen und anschließend dem übertragenden Rechtsträger (der Betriebsgesellschaft) zur Nutzung überlassen, während der oder die übernehmenden Rechtsträger sich im Wesentlichen auf die Verwaltung des übertragenen Vermögens beschränken (oder umgekehrt). Dem Betrieb wird also Haftungsmasse entzogen, weshalb der Gesetzgeber in § 134 UmwG für bestimmte Ansprüche eine im Vergleich zu § 133 UmwG verschärfte Haftung anordnet. Konkret betrifft dies Ansprüche aus Sozialplänen und Interessenausgleichsvereinbarungen (§§ 112, 113 BetrVG), wobei der wesentliche Unterschied zu § 133 UmwG darin liegt, dass auch Ansprüche erfasst sind, die erst *nach* dem Wirksamwerden der Spaltung begründet werden. Für diese haftet die Anlagegesellschaft während eines Zeitraum von fünf Jahren nach dem Wirksamwerden der Spaltung (§ 134 Abs. 1 S. 1 UmwG). Eine Konkurrenz zu § 613a Abs. 2 BGB scheidet insoweit von vorneherein aus, weil dieser sich nur auf *vor* dem Betriebsübergang begründete Ansprüche bezieht.

Die früher für Ansprüche aus betrieblicher Altersversorgung bedeutsame Vorschrift des § 134 Abs. 2 UmwG hat nach der Erweiterung des Nachhaftungszeitraums in § 133 Abs. 3 S. 2 UmwG auf zehn Jahre nur noch für Altfälle aus der Zeit vor 2007 Relevanz.[1093] Wegen der Einzelheiten der umwandlungsrechtlichen Nachhaftung gemäß §§ 133, 134 UmwG in Fällen der Spaltung und Ausgliederung muss im Übrigen auf das allgemeine Schrifttum verwiesen werden[1094] (zur Thematik in Bezug auf die betriebliche Altersversorgung vgl. auch → J Rn. 616ff.).

b) §§ 22, 45 UmwG

207 Bei der **Verschmelzung** (§§ 2ff. UmwG) ergibt sich keine vergleichbare Konkurrenzproblematik, da der übertragende Rechtsträger erlischt (§ 20 Abs. 1 Nr. 2 UmwG), so dass § 613a Abs. 2 gemäß Abs. 3 BGB ohnehin nicht gilt. Einen besonderen Schutz gewährt das Umwandlungsgesetz den Gläubigern des übertragenden Rechtsträgers und damit auch dessen (früheren) Arbeitnehmern mittels der §§ 22 und 45 UmwG. Nach § 22 UmwG steht den Gläubigern des übertragenden – und übrigens auch des übernehmenden – Rechtsträgers unter bestimmten Voraussetzungen ein Recht auf **Sicherheitsleistung** hinsichtlich ihrer im Zeitpunkt des Wirksamwerdens der Verschmelzung bereits entstandenen, aber noch nicht fälligen[1095] Ansprüche zu. Dieses Recht ist allerdings ausgeschlossen, wenn diese Gläubiger im Insolvenzfall ein Recht auf vorzugsweise Befriedigung aus einer Deckungsmasse haben, die nach gesetzlichen Vorschriften zu ihrem Schutz errichtet ist und staatlich überwacht wird (§ 22 Abs. 2 UmwG). Eine solche besondere Deckungsmasse stellt nach Sinn und Zweck der Norm insbesondere der **Insolvenzschutz** für laufende Versorgungsansprüche und unverfallbare Versorgungsanwartschaften durch den Pensionssicherungsverein (PSV) dar, so dass insoweit Sicherheitsleistung nach § 22 UmwG nicht verlangt werden kann.[1096] Nach verbreiteter Auffassung im Schrifttum[1097] soll § 22 UmwG allerdings in Bezug auf die **Anpassungspflicht nach § 16 BetrAVG** Anwendung finden, da insoweit nach der Rechtsprechung des BAG eine Einstandspflicht des PSV ausscheidet.[1098] Dagegen spricht jedoch, dass Grund und Höhe einer solchen späteren Anpassung

---

[1093] Semler/Stengel/*Seulen* UmwG § 134 Rn. 42.

[1094] Vgl. zB Kallmeyer/*Sickinger* § 133 UmwG; Kallmeyer/*Willemsen* § 134 UmwG; Lutter/*M.F. Schwab* § 133 und § 134 UmwG; aus arbeitsrechtlicher Sicht ausführlich *Boecken* Rn. 224ff.

[1095] Ebenso *Boecken* Rn. 215.

[1096] Vgl. Begründung zum Regierungsentwurf des Umwandlungsgesetzes, BT-Drs. 12/6699, 92; *Boecken* Rn. 219; HWK/*Müller-Bonanni* BGB § 613a Rn. 302; Kallmeyer/*Marsch-Barner/Oppenhoff* UmwG § 22 Rn. 10; *Willemsen* NZA 1996, 791 (801).

[1097] Semler/Stengel/*Seulen* UmwG § 22 Rn. 73; Staudinger/*Annuß* BGB § 613a Rn. 349; ausführlich *Boecken* Rn. 219.

[1098] Vgl. BAG 22.3.1983 – 3 AZR 574/81, DB 1983, 1982.

nach § 16 BetrAVG zu ungewiss sind, so dass es an der hinreichenden Wahrscheinlichkeit der Anspruchsentstehung fehlt.[1099] Die allgemeine Erfahrung, dass es voraussichtlich im Laufe der Zeit zu einem Anstieg der Lebenshaltungskosten und damit zu einer Anpassungspflicht nach § 16 BetrAVG kommt, reicht hierfür nicht aus. Hinzu kommt noch, dass es sich auch im Falle einer entsprechenden Inflationsrate nicht um einen automatischen Anpassungsanspruch handelt, sondern im Drei-Jahres-Rhythmus seitens des Arbeitgebers eine Entscheidung „nach billigem Ermessen" unter Einbeziehung aller maßgeblichen Faktoren (Entwicklung der Lebenshaltungskosten, der Netto-Lohn- und -Gehaltsentwicklung sowie der wirtschaftlichen Lage des Arbeitgebers[1100]) zu treffen ist. Damit fehlt es hinsichtlich erst künftig fällig werdender Anpassungsansprüche an der hinreichend konkreten Anspruchsgrundlage, wie sie für ein Sicherungsverlangen nach § 22 UmwG erforderlich ist (auch → J Rn. 613ff.).

Eine Sonderregelung für den Fall der **Verschmelzung einer Personengesellschaft auf eine Kapitalgesellschaft** enthält schließlich § 45 UmwG, der eine zeitlich (fünf Jahre) begrenzte **Nachhaftung** ehemals persönlich haftender Gesellschafter für Verbindlichkeiten der Personengesellschaft anordnet.[1101] Da dieser Anspruch sich gegen den (früheren) *Gesellschafter* und nicht gegen die *Gesellschaft* (also die frühere Arbeitgeberin) richtet, scheidet eine Konkurrenz zu § 613a Abs. 2 BGB von vornherein aus. Auch nach Ablauf der Jahresfrist des § 613a Abs. 2 BGB können die Arbeitnehmer einer verschmolzenen Personengesellschaft somit wegen ihrer Lohnforderungen und anderer Ansprüche gemäß § 45 UmwG gegen die nachhaftenden Gesellschafter Rückgriff nehmen.[1102] 208

4. Verhältnis zu sonstigen Haftungsgrundlagen

Neben der Haftung des Betriebserwerbers nach § 613a Abs. 1 S. 1 BGB können **weitere Haftungsgründe** einschlägig sein, denen im Falle des Unternehmenskaufs und der Umstrukturierung daher besondere Aufmerksamkeit gewidmet werden muss. In Betracht kommt insbesondere eine Haftung des Betriebserwerbers gemäß **§§ 25, 28 HGB.** Beide Haftungsgründe unterscheiden sich sowohl hinsichtlich der Voraussetzungen wie auch strukturell erheblich von § 613a BGB und sind jeweils separat zu prüfen.[1103] Eine Haftung aus § 419 BGB aF (Vermögensübernahme) kommt dagegen nur noch für Altfälle aus der Zeit vor dem 1.1.1999 in Betracht, da die Vorschrift im Zuge des Inkrafttretens der Insolvenzordnung zu diesem Zeitpunkt aufgehoben wurde (vgl. Art. 33 Nr. 16 EGInsO). 209

VI. Unterrichtungspflicht des bisherigen bzw. neuen Betriebsinhabers nach § 613a Abs. 5 BGB

Nach § 613a Abs. 5 BGB muss der Betriebsveräußerer bzw. der Betriebserwerber die vom Übergang betroffenen Arbeitnehmer vor dem Übergang **in Textform** über den **Zeitpunkt** des Übergangs, den **Grund** für den Übergang, die **rechtlichen, wirtschaftlichen und sozialen Folgen** des Übergangs für die Arbeitnehmer und die hinsichtlich der Arbeitnehmer in Aussicht genommenen **Maßnahmen** unterrichten.[1104] Dies gilt nach § 324 210

[1099] Vgl. zu dieser Voraussetzung für den Anspruch auf Sicherheitsleistung im Rahmen von § 22 UmwG Kallmeyer/*Marsch-Barner/Oppenhoff* UmwG § 22 Rn. 3.

[1100] Zu den maßgeblichen Kriterien für die Anpassungsentscheidung nach § 16 BetrAVG vgl. → J Rn. 276ff.

[1101] Wegen der Einzelheiten vgl. Kallmeyer/*Kocher* § 45 UmwG.

[1102] Vgl. *Boecken* Rn. 223.

[1103] Ebenso *Seiter* S. 107; ErfK/*Preis* BGB § 613a Rn. 141; zu den Unterschieden vgl. HWK/*Müller-Bonanni* BGB § 613a Rn. 300.

[1104] Zur früheren Rechtslage nach nationalem Recht vgl. *Gaul,* Betriebs- und Unternehmensspaltung, § 11 Rn. 3. Ausführlich zur Rechtsprechung des 8. Senats und deren Kritik *Willemsen* FS Küttner, 2006, 417;

UmwG auch für Betriebsteilübergänge durch Umwandlung (→ Rn. 233); die Unterrichtungspflicht entfällt auch nicht dann, wenn der **übertragende Rechtsträger** durch die Umwandlung erlischt und infolgedessen kein Widerspruchsrecht besteht (→ Rn. 157 ff.);[1105] allerdings sind die Risiken unzureichender Unterrichtung (dazu → Rn. 228 ff.) in diesem Falle weitaus weniger brisant, weil eine allein mögliche Kündigung des Arbeitnehmers nach § 626 BGB (dazu → Rn. 159) nicht zu einem Wiederaufleben des Arbeitsverhältnisses mit dem Veräußerer führen kann. Auf die **Betriebsgröße** sowie darauf, ob in dem betreffenden Betrieb ein Betriebsrat existiert, kommt es für die Unterrichtungspflicht nicht an.[1106]

1. Sinn, Zweck und Kritik des § 613a Abs. 5 BGB

Sinn und Zweck der Unterrichtungspflicht des § 613a Abs. 5 BGB ist es, den Arbeitnehmern, deren Arbeitsverhältnisse im Rahmen des Betriebsübergangs kraft Gesetzes (§ 613a Abs. 1 S. 1 BGB) auf den Betriebserwerber übergehen, eine **informierte Entscheidung** darüber zu ermöglichen, ob sie für den neuen Betriebsinhaber tätig werden wollen oder ihr **Widerspruchsrecht** ausüben und beim alten Arbeitgeber (Betriebsveräußerer) verbleiben,[1107] freilich mit dem Risiko, von diesem aufgrund des Wegfalls ihres Arbeitsplatzes betriebsbedingt entlassen zu werden. Die Gesetzesbegründung führt insoweit aus, ein Betriebsinhaberwechsel könne für den einzelnen Arbeitnehmer mit wesentlichen Änderungen der Arbeitsbedingungen und der beruflichen Entwicklungsmöglichkeiten verbunden sein, die ihn gegebenenfalls veranlassen, dem Übergang des Arbeitsverhältnisses auf einen anderen Arbeitgeber zu widersprechen.[1108]

Auch wenn diese Aussage abstrakt durchaus zutreffend sein mag, muss die legislatorische Umsetzung der auf EU-Recht beruhenden[1109] Unterrichtungspflicht als eindeutig **missglückt** bezeichnet werden. Dies gilt sowohl für das unreflektierte Abschreiben des EG-Richtlinientextes wie auch für die – nicht durch europäisches Recht geforderte – **Verknüpfung** der **Informationspflicht** des Arbeitgebers mit dem **Widerspruchsrecht** des Arbeitnehmers.[1110]

2. Auskunftsanspruch, nicht bloße Unterrichtungsobliegenheit

211 § 613a Abs. 5 BGB begründet eine **Unterrichtungs*pflicht*** der beteiligten Arbeitgeber,[1111] aus der ein entsprechender einklagbarer Auskunftsanspruch der Arbeitnehmer erwächst, deren Arbeitsverhältnis vom Betriebsübergang erfasst wird.[1112] Dies folgt zum einen daraus, dass die Unterrichtungspflicht in einer eigenständigen Bestimmung, nämlich § 613a Abs. 5

ders. NJW 2007, 2065 (2067); *Reinhard* NZA 2009, 63 (65 ff.); *Dzida* NZA 2009, 641; *Lunk* RdA 2009, 48 (50); *Naber* FS Willemsen, 2018, 339.

[1105] Weitgehend aA *Simon/Weninger* BB 2010, 117 (118); *Naber* FS Willemsen, 2018, 339 (343).

[1106] BT-Drs. 14/7760, 19.

[1107] IdS auch die stRspr; vgl. nur BAG 10.11.2011 – 8 AZR 430/10, NJOZ 2012, 860 Rn. 23; 14.11.2013 – 8 AZR 824/12, NZA 2014, 610 Rn. 19; 15.12.2016 – 8 AZR 612/15, NZA 2017, 783 Rn. 34; 28.2.2019 – 8 AZR 201/18, AP § 613a Nr. 477 Rn. 43; *Klocke* RdA 2017, 311.

[1108] BT-Drs. 14/7760, aaO; vgl. auch *Gaul,* aaO, § 11 Rn. 10 ff.

[1109] Art. 7 Abs. 6 RL 2001/23/EG, Anhang.

[1110] Zur Kritik *Willemsen* FS Küttner, 2006, 417 (433); *ders.* NJW 2007, 2065 (2067); *Müller-Bonanni* FS Willemsen, 2018, 331 (336); *C. Meyer* ZfA 2020, 487 (491 f.); s. auch Stellungnahme des Arbeitsrechtsausschusses im DAV Nr. 20/2009, AE 2009, 106.

[1111] So wohl auch BT-Drs. 14/7760, 19; BAG 13.7.2006 – 8 AZR 382/05, NZA 2006, 1406; 20.3.2008 – 8 AZR 1022/06, NZA 2008, 1297; ErfK/*Preis* BGB § 613a Rn. 94; *Widlak* FA 2001, 363; *Willemsen/Lembke* NJW 2002, 1159 (1161); aA *Bauer/von Steinau-Steinrück* ZIP 2002, 457 (463); *Grobys* BB 2002, 726 (727).

[1112] Ebenso BAG 24.5.2005 – 8 AZR 398/04, NZA 2005, 1302; 13.7.2006 – 8 AZR 382/05, NJW 2007, 250 Rn. 43; 22.8.2012 – 5 AZR 526/11, NZA 2013, 376; *Franzen* RdA 2002, 258; *Willemsen/Lembke* NJW 2002, 1159; *C. Meyer* BB 2003, 1010; HWK/*Müller-Bonanni* BGB § 613a Rn. 337; aA *Bauer/v. Steinau-Steinrück* ZIP 2002, 457; *Grobys* BB 2002, 726.

BGB, geregelt ist, die jedoch den mit der Nichterfüllung der Pflicht verbundenen Rechtsnachteil nicht benennt. Der Rechtsnachteil (Nichtbeginn der Widerspruchsfrist) ergibt sich erst aus Abs. 6, der wiederum eine eigenständige Regelung zum Widerspruchsrecht enthält. Demgegenüber finden sich bei Obliegenheiten die mit deren Nichterfüllung verbundenen Rechtsnachteile typischerweise unmittelbar in der sie regelnden Rechtsnorm (vgl. zB § 121 Abs. 1 BGB: Anfechtung „ohne schuldhaftes Zögern"; § 149 BGB: Anzeigeobliegenheit bei verspätet zugegangener Annahmeerklärung).[1113] Zum anderen ergibt die richtlinienkonforme Auslegung des § 613a Abs. 5 BGB, dass den betroffenen Arbeitnehmern ein einklagbarer Unterrichtungs- bzw. Auskunftsanspruch zusteht; denn nach Art. 9 der Betriebsübergangsrichtlinie[1114] sind die Mitgliedsstaaten gehalten, innerstaatliche Regelungen zu treffen, „um allen Arbeitnehmern und Vertretern der Arbeitnehmer, die ihrer Ansicht nach durch die Nichtbeachtung der sich aus dieser Richtlinie ergebenden Verpflichtungen benachteiligt sind, die Möglichkeit zu geben, ihre Forderungen durch Gerichtsverfahren einzuklagen …". § 613a Abs. 5 BGB normiert also eine Unterrichtungspflicht, hinsichtlich derer die vom Betriebsübergang betroffenen Arbeitnehmer **Erfüllungs**- und ggf. **Schadensersatzansprüche** – notfalls mittels Klage – geltend machen können.[1115]

3. Parteien des Unterrichtungsanspruchs

a) Anspruchsinhaber

Anspruchsberechtigt im Hinblick auf die nach § 613a Abs. 5 BGB geschuldete Unterrich- 212
tung ist jeder vom Betriebsübergang **betroffene Arbeitnehmer.** Das ist jeder Arbeitnehmer, dessen Arbeitsverhältnis dem übergehenden Betrieb oder Betriebsteil zuzuordnen ist und daher gemäß § 613a Abs. 1 S. 1 BGB auf den neuen Inhaber übergeht. § 613a Abs. 5 BGB normiert also einen individuellen Auskunftsanspruch des betroffenen Arbeitnehmers, selbst wenn ein Organ der Arbeitnehmervertreter wie Betriebsrat oder Wirtschaftsausschuss besteht, das gemäß § 80 Abs. 2 S. 1 BetrVG[1116] bzw. § 106 BetrVG[1117] oder im Falle der Betriebsänderung gemäß § 111 BetrVG über den Betriebsübergang zu informieren ist. Damit hat der deutsche Gesetzgeber die europarechtlichen **Vorgaben der Betriebsübergangsrichtlinie deutlich übererfüllt,** denn Art. 7 Abs. 6 der Richtlinie fordert die Unterrichtung der einzelnen Arbeitnehmer nur für den Fall, dass es unabhängig vom Willen der Arbeitnehmer keine Vertreter der Arbeitnehmer gibt, dh wenn der Betrieb nicht betriebsratsfähig iSd § 1 Abs. 1 BetrVG ist.[1118] Motiv dieser Regelungsintensität war die – nicht zweifelsfreie[1119] – Überlegung, dass der Betriebsrat nur unter den engen Voraussetzungen des § 111 BetrVG über einen Betriebsübergang zu informieren ist,[1120] was nach Art. 7 Abs. 3 der Richtlinie im Übrigen nicht zu beanstanden wäre.[1121] Zum anderen

[1113] Zu weiteren Beispielen für Obliegenheitsvorschriften MüKoBGB/*Ernst* Einl. SchuldR Rn. 14 Fn. 24.

[1114] Richtlinie 2001/23/EG des Rates vom 12.3.2001, Abl. EG Nr. L 82 vom 22.3.2001, S. 16, vgl. Anhang.

[1115] Dazu näher → Rn. 228ff.

[1116] *Fitting* BetrVG § 80 Rn. 53.

[1117] BAG 22.1.1991 – 1 ABR 38/89, NZA 1991, 649 unter B II 1, → C Rn. 478ff.

[1118] Auch der Arbeitsrechtsausschuss des DAV hat die überobligationsmäßige Umsetzung der Richtlinie kritisiert und vorgeschlagen, die Unterrichtungspflicht gegenüber den einzelnen Arbeitnehmern auf Fälle nicht betriebsratsfähiger Betriebe zu beschränken; vgl. Stellungnahme Nr. 6/2002 aus Januar 2002. Vgl. auch die Regelung im Wertpapiererwerbs- und Übernahmegesetz: § 27 Abs. 3 WpÜG sowie §§ 14 Abs. 4 und 11 Abs. 2 S. 3 Nr. 2 WpÜG, dazu *Grobys* NZA 2002, 1. Allgemein zur Frage der europarechtskonformen Umsetzung *Riesenhuber* RdA 2004, 340, der ebenfalls für eine Neuregelung gemäß dem System der Richtlinie plädiert.

[1119] Zur Unterrichtungspflicht des Arbeitgebers nach § 80 Abs. 2 BetrVG hinsichtlich eines Betriebsübergangs *Fitting* BetrVG § 80 Rn. 53.

[1120] BT-Drs. 14/7760, 19.

[1121] Ebenso *Riesenhuber* RdA 2004, 340 (349).

dürfte die Überlegung eine Rolle gespielt haben, dass die Unterrichtung des Betriebsrats bzw. des Wirtschaftsausschusses der Wahrnehmung der kollektivrechtlichen Aufgaben dieser Organe dient, wohingegen das Widerspruchsrecht ein Individualrecht ist und daher eine individuelle Unterrichtung der Arbeitnehmer gebiete.[1122] Nach Ansicht des BAG ist diese Lösung mit dem europäischen Recht vereinbar.[1123]

Die überobligationsmäßige Umsetzung der Betriebsübergangsrichtlinie führt allerdings zu einer **Multiplikation der Informationspflichten,** einem erheblichen Verwaltungsmehraufwand der Arbeitgeber sowie ganz erheblicher **Rechtsunsicherheit** im Hinblick auf die korrekte Erfüllung der Informationspflicht und – damit zusammenhängend – den Beginn der Monatsfrist für den Widerspruch nach § 613a Abs. 6 BGB.[1124] Außerdem besteht die Gefahr **inhomogener Informationen** gegenüber den Arbeitnehmervertretern einerseits und den Arbeitnehmern andererseits, zB wenn der Arbeitgeber in der Mitteilung nach § 613a Abs. 5 BGB Ausführungen zu den sozialen Folgen für die Arbeitnehmer macht, die sich später aufgrund zwischenzeitlicher Verhandlungen mit dem Betriebsrat über einen Interessenausgleich/Sozialplan als überholt erweisen.

213 Beispiel G 23:

Der Arbeitgeber hatte in einer Information nach § 613a Abs. 5 BGB darauf hingewiesen, dass Arbeitnehmer, die dem Übergang ihrer Arbeitsverhältnisse auf den Erwerber nicht widersprechen, mit einer Versetzung in einen anderen Betrieb des Erwerbers, ggf. im Wege der Änderungskündigung, rechnen müssen. In den kurz danach aufgenommenen Interessenausgleichsverhandlungen wird mit Billigung des Erwerbers das genaue Gegenteil vereinbart, nämlich dass übergehende Arbeitnehmer mindestens drei Jahre ab dem Übergang vor Versetzungen geschützt werden sollen.

Es fragt sich, ob der Widerspruch, den der Arbeitnehmer wegen des „Versetzungsrisikos" erklärte, trotz der nachträglichen Veränderung der Verhältnisse wirksam, dh endgültig ist. Dies ist im Grundsatz zu bejahen, da hinsichtlich der Richtigkeit und Vollständigkeit der Unterrichtung nach § 613a Abs. 5 BGB auf den **Zeitpunkt des Zugangs der Unterrichtungserklärung** abzustellen, dh das Planungsstadium im Zeitpunkt der Unterrichtung maßgeblich ist.[1125] Fraglich ist allerdings, ob der Arbeitgeber nicht aus § 242 BGB verpflichtet ist, den **Abschluss der Interessenausgleichs-/Sozialplanverhandlungen** mit dem Betriebsrat abzuwarten, ehe er die Arbeitnehmer gemäß § 613a BGB über den Betriebsübergang informiert. Dies entspräche dem Sinn und Zweck der Unterrichtungspflicht (vgl. → Rn. 210), würde aber die beteiligten Arbeitgeber mit der anhaltenden Unsicherheit über die Zahl und Personen der auf den Erwerber übergehenden sowie der beim Veräußerer verbleibenden Arbeitnehmer belasten.

Im Hinblick darauf wäre es vorzugswürdig gewesen, die individuelle Unterrichtungspflicht gegenüber den einzelnen Arbeitnehmern auf Fälle nicht betriebsratsfähiger Betriebe zu beschränken. Dies hätte nicht nur den Vorstellungen des Richtliniengebers eher entsprochen, sondern es wären auch systematische Friktionen mit den Unterrichtungspflichten gegenüber den Arbeitnehmervertretungen (§§ 80 Abs. 2 S. 1, 106, 111 BetrVG; §§ 5 Abs. 3, 126 Abs. 3 UmwG) vermieden worden.

b) Anspruchsgegner

214 Zur Unterrichtung verpflichtet sind der **bisherige Arbeitgeber** (Betriebsveräußerer) *oder* der neue Inhaber (Betriebserwerber). Obwohl sich dies nicht explizit aus dem Gesetzestext

---

[1122] Vgl. BT-Drs. 14/7760, 19.

[1123] BAG 23.7.2009 – 8 AZR 538/08, NZA 2010, 89 Rn. 53.

[1124] Ausführlich zu den damit für die Arbeitgeberseite verbundenen Risiken *Rieble* NZA 2004, 1; *Willemsen* FS Küttner, 2006, 417 (418).

[1125] Auch → Rn. 225. AA insoweit, dh im Hinblick auf widersprüchliche Informationen, *Annuß* FS 25-jähriges Bestehen der Arbeitsgemeinschaft Arbeitsrecht, 2006, 563 (565).

ergibt, sind sie hinsichtlich der Unterrichtungspflicht **Gesamtschuldner** iSd §§ 421ff. BGB.[1126] Erfüllt einer der beteiligten Arbeitgeber die Unterrichtungspflicht, wirkt dies auch für den anderen (§ 422 Abs. 1 S. 1 BGB). Der bisherige Arbeitgeber und der neue Inhaber sollen **sich untereinander verständigen,** in welcher Weise sie ihre Informationspflicht erfüllen.[1127] Insofern trifft sie als **Nebenpflicht** (§ 242 BGB) aus dem Gesamtschuldverhältnis bzw. aus dem Rechtsgeschäft, das dem Betriebsübergang zugrunde liegt, wechselseitig die Pflicht zur **Auskunftserteilung** über Tatsachen, die zur ordnungsgemäßen Unterrichtung der Arbeitnehmer gemäß § 613a Abs. 5 BGB erforderlich sind (zB Tarifbindung und deren Grundlage; Bestehen und Inhalt von Betriebsvereinbarungen etc).

Probleme können sich ergeben, wenn sich Veräußerer und Erwerber über den Inhalt der Information nach § 613a Abs. 5 BGB **nicht einigen** können und eine vom Veräußerer gegenüber der Belegschaft erteilte Information sogleich vom Erwerber „dementiert" wird. Dies kommt zB in Betracht, wenn Streit darüber besteht, ob der gemäß einem beim Veräußerer abgeschlossenen Rationalisierungsschutzabkommen gewährte Schutz vor betriebsbedingten Kündigungen auch im Erwerberbetrieb gilt. Zur Vermeidung der damit verbundenen Unwägbarkeiten und Risiken ist dringend zu empfehlen, **im Übernahmevertrag zu regeln,** wer von den Vertragsparteien für die Unterrichtung nach § 613a Abs. 5 BGB **zuständig** ist, welche Abstimmungsprozesse dem vorauszugehen haben und ggf. welche **Konfliktlösungsmechanismen** im Falle von Meinungsverschiedenheiten greifen. **Widersprüchliche** Informationen vom bisherigen und künftigen Arbeitgeber stellen nämlich keine ordnungsgemaße Erfüllung der Verpflichtung nach § 613a BGB dar und sind damit für die Arbeitgeberseite äußerst risikoreich.

Auf keinen Fall sollte der bisherige Arbeitgeber die Information nach § 613a Abs. 5 BGB in das alleinige Ermessen des künftigen Betriebsinhabers stellen; denn nicht nur die unterbliebene, sondern auch die unvollständige Unterrichtung hat zur Folge, dass die Widerspruchsfrist gemäß § 613a BGB nicht zu laufen beginnt (→ Rn. 225, 230). Unterrichtet der Erwerber die vom Betriebsübergang betroffenen Arbeitnehmer in einer nicht den Anforderungen des § 613a Abs. 5 BGB entsprechenden Weise, trifft den **Veräußerer** daher das **Risiko** nachträglicher Widersprüche und des „Rückfalls" der schon endgültig übergegangen geglaubten Arbeitsverhältnisse.[1128] Die hiermit verbundenen **Haftungsrisiken** sollten daher auch im Unternehmenskaufvertrag geregelt werden.

4. Inhalt der Unterrichtungspflicht

Der Gesetzgeber hat in § 613a Abs. 5 BGB schlicht den Wortlaut des Art. 7 Abs. 6 der Betriebsübergangsrichtlinie übernommen. Dadurch sollte offenbar die Gefahr eines Vertragsverletzungsverfahrens wegen nicht ordnungsgemäßer Umsetzung der Richtlinie gebannt werden. Gerade das unreflektierte Abschreiben des Richtlinientextes und die Vielzahl der darin enthaltenen unbestimmten Rechtsbegriffe beinhalten indes ein rechtlich und wirtschaftlich nur schwer beherrschbares Risikopotential für die beteiligten Arbeitgeber (auch → Rn. 229). Es verwundert daher nicht, dass die Auslegung der Informationsgegenstände nach § 613a Abs. 5 Nr. 1–4 BGB Gegenstand zahlreicher Gerichtsentschei- 215

[1126] ErfK/*Preis* BGB § 613a Rn. 90; *C. Meyer* NZA 2012, 1185; *Grau* S. 88ff.; aA *Rieble* FS 25-jähriges Bestehen der Arbeitsgemeinschaft Arbeitsrecht, 2006, 687 (692); *Riesenhuber* RdA 2004, 340 (350), der im Sinne einer europarechtskonformen Auslegung eine Unterrichtungspflicht sowohl des Veräußerers wie auch des Erwerbers jeweils für „ihre" Arbeitnehmer geboten hält; *Klocke* RdA 2017, 311 (312).

[1127] BT-Drs. 14/7760, 19; s. dazu auch *Mückl* RdA 2008, 343. Zur Unterrichtung im Falle eines sog. „Feindlichen Betriebsübergangs" und bei generell unkooperativen Erwerbern s. C. *Meyer* NZA 2017, 960 sowie *Göpfert/Giese* NZA 2017, 966.

[1128] Speziell zur Unterrichtung im Falle eines sog. feindlichen Betriebsübergangs und bei generell unkooperativen Erwerbern *C. Meyer* NZA 2017, 960; *ders.* ZfA 2020, 487 (500f.); *Göpfert/Giese* NZA 2017, 966.

dungen und umfangreicher Abhandlungen in der Literatur ist.[1129] Weitgehende Einigkeit besteht (lediglich) darüber, dass die Unterrichtung nicht individualisiert erfolgen muss, sondern eine allgemeine Darstellung der eintretenden Folgen genügt,[1130] wobei allerdings nach Auffassung des BAG auf die Besonderheiten einzelner Arbeitsverhältnisse eingegangen werden muss (→ Rn. 218). Generell verlangt wird **„eine konkrete betriebsbezogene Darstellung in einer auch für juristische Laien möglichst verständlichen Sprache"**; eine bloße Wiederholung des Gesetzeswortlauts genüge nicht.[1131] Der Arbeitnehmer solle durch die Unterrichtung eine **ausreichende Wissensgrundlage** für die Ausübung oder Nichtausübung seines **Widerspruchsrechts** erhalten. Ihm solle auch die Möglichkeit eröffnet werden, sich weitergehend zu erkundigen und gegebenenfalls beraten zu lassen und dann auf dieser Grundlage über einen Widerspruch gegen den Übergang seines Arbeitsverhältnisses zu entscheiden.[1132] Zu einer **umfassenden Rechtsberatung** des Arbeitnehmers sind die jeweils Unterrichtenden jedoch **nicht verpflichtet.**[1133]

a) Zeitpunkt und Grund des Betriebsübergangs (§ 613a Abs. 5 Nr. 1 und 2 BGB)

215a Die Unterrichtungspflicht des § 613a Abs. 5 BGB erstreckt sich zunächst auf den (voraussichtlichen) Zeitpunkt des Betriebsübergangs (Nr. 1). Gemeint ist der Zeitpunkt, in dem das Arbeitsverhältnis auf den neuen Inhaber übergeht, dh, ab dem dieser die betriebliche Leitungsmacht übernimmt (dazu auch → Rn. 124).[1134] Steht dieser Zeitpunkt – insbesondere im Hinblick auf eine noch ausstehende **Eintragung** einer Umwandlung im **Handelsregister** – noch nicht fest, ist auf diesen Umstand hinzuweisen und der **geplante Zeitpunkt** anzugeben.[1135] Kommt es danach zu einer **zeitlichen Verschiebung,** löst dies keine erneute Unterrichtungspflicht aus, soweit die „Eckdaten" des Betriebsübergangs dieselben bleiben. Es kann sich aber empfehlen, die Arbeitnehmer über die Verschiebung zu informieren, verbunden mit dem Hinweis, dass hierdurch keine erneute Widerspruchsfrist ausgelöst wird.

Die Angabe des **Grundes für den Übergang** (Nr. 2) erfordert eine Information über die maßgeblichen unternehmerischen Gründe für den Betriebsübergang, wobei vor dem Hintergrund der teleologischen Ausrichtung der Unterrichtungspflicht auf das Widerspruchsrecht eine **prägnante Zusammenfassung** ausreicht. Als ausreichend wurde insoweit beispielsweise die **„Trennung von Nichtkernkompetenzen"** angesehen.[1136] Des Weiteren ist der Rechtsgrund für den Betriebsübergang wie Kaufvertrag, Pachtvertrag, Umwandlung etc. mitzuteilen. **Einzelne Bestandteile eines Kauf- oder Pachtvertrags gehören demnach nicht zum „Grund"** iSv § 613a Abs. 5 Nr. 2 iVm Abs. 6 BGB.[1137]

[1129] Die bislang gründlichste Untersuchung stammt von *Grau,* Unterrichtung und Widerspruchsrecht der Arbeitnehmer bei Betriebsübergang gem. § 613a Abs. 5 und 6 BGB, 2005; siehe zum Thema auch *Grau* AE 2010, 130; *ders.* RdA 2007, 368; *Kania/Joppich* FS Küttner, 2006, 383, *Schielke* MDR 2007, 1052; *Reinhard* NZA 2009, 63; *Naber* FS Willemsen, 2018, 339.

[1130] BAG 14.12.2006 – 8 AZR 763/05, NZA 2007, 682; 13.7.2006 – 8 AZR 305/05, NZA 2006, 1268; 10.11.2011 – 8 AZR 430/10, NJOZ 2012, 860 Rn. 36; 26.3.2015 – 2 AZR 783/13, NZA 2015, 866 Rn. 25; vgl. ferner *Bauer/v. Steinau-Steinrück* ZIP 2002, 457 (462); HWK/*Müller-Bonanni* BGB § 613a Rn. 320.

[1131] BAG 13.7.2006 – 8 AZR 305/05, NZA 2006, 1268 Rn. 21; 14.12.2006 – 8 AZR 763/05, NZA 2007, 682 Rn. 26; seither stRspr.

[1132] BAG 10.11.2011 – 8 AZR 430/10, NJOZ 2012, 860 Rn. 23; 14.11.2013 – 8 AZR 824/12, NZA 2014, 610 Rn. 19; 26.3.2015 – 2 AZR 783/13, BeckRS 2015, 68832 Rn. 25; 15.12.2016 – 8 AZR 612/15, NZA 2017, 783 Rn. 34; 28.2.2019 – 8 AZR 201/18, AP § 613a Nr. 477; *Klocke* RdA 2017, 311 (311 f.). Dazu kritisch aus europarechtlicher Sicht *Sagan* Anm. zu BAG AP Nr. 449 zu § 613a BGB.

[1133] BAG 10.11.2011 – 8 AZR 430/10, NJOZ 2012, 860 Rn. 50; *Forst* RdA *2011, 228; E.M. Willemsen* FS Willemsen, 2018, 619 (628).

[1134] HWK/*Müller-Bonanni* BGB § 613a Rn. 323; ErfK/*Preis* BGB § 613a Rn. 87.

[1135] *Gaul,* Betriebs- und Unternehmensspaltung, § 11 Rn. 13; *Hauck* NZA-Beil. 1/2009, 18 (20); Staudinger/*Annuß* BGB § 613a Rn. 281. S. dazu auch *Lembke/Oberwinter* ZIP 2007, 310 sowie → Rn. 233.

[1136] Vgl. BAG 10.11.2011 – 8 AZR 430/10, NJOZ 2012, 860 Rn. 32.

[1137] Zusammenfassend BAG 15.12.2016 – 8 AZR 612/15, NZA 2017, 783; MüKoBGB/*Müller-Glöge* BGB § 613a Rn. 107; *Richter/Grünewald* RdA 2017, 388 (391).

Insgesamt dürfen keine unzumutbaren Anforderungen an den Umfang der Unterrichtungspflicht gestellt werden (§ 242 BGB).

Besondere Anforderungen an das Unterrichtungsschreiben ergeben sich bei **komplexen Transaktionsstrukturen** unter Einbeziehung (uU ausländischer) **Dritter.** Insoweit wird eine ausdrückliche Darstellung gefordert, wenn das maßgebliche Rechtsgeschäft nicht unmittelbar zwischen den Übertragungsparteien abgeschlossen wird, sondern Dritte beteiligt sind.[1138] Als zumindest problematisch sieht der 8. Senat auch die Bezeichnung des zugrundeliegenden Rechtsgeschäfts als „Kaufvertrag" an, wenn ein „negativer Kaufpreis" gezahlt wird.[1139]

b) Identifikation des Erwerbers sowie des übergehenden Betriebs(teils)

Nicht im Wortlaut des § 613a Abs. 5 erwähnt, gleichwohl **unverzichtbar** ist die genaue 216
und juristisch (insbesondere hinsichtlich der Gesellschaftsform) korrekte **Bezeichnung des Erwerbers** und die Mitteilung seiner **Anschrift,** deren Fehlen oder Fehlerhaftigkeit das Mitteilungsschreiben nach Auffassung des BAG *per se* fehlerhaft macht.[1140] Bereits insoweit ergeben sich **erhebliche formale Hürden.** Nach der Rechtsprechung des BAG[1141] soll der Arbeitnehmer in die Lage versetzt werden, sich über die Identität des Betriebserwerbers zu informieren. Dazu sind im Einzelnen erforderlich:

- Die vollständige Bezeichnung des Betriebserwerbers einschließlich der (ggf. ausländischen) **Rechtsform.** Dazu gehört die Angabe der **Firma,** des **Firmensitzes** sowie der genauen **Adresse** im In- oder Ausland.
- Bei juristischen Personen die Angabe der verantwortlichen natürlichen Person **(gesetzlicher Vertreter)** mit Vor- und Nachnamen.[1142]
- Nicht zwingend, aber dringend zu empfehlen ist die Angabe der **Handelsregisternummer** des Erwerbers.[1143]
- Ist der Erwerber Teil eines **Konzerns,** sollte hierauf hingewiesen sowie seine Positionierung innerhalb des Konzerns kurz dargestellt werden. Auf gar keinen Fall dürfen bei der nachfolgenden Schilderung Informationen zum Erwerber mit solchen über die Konzernobergesellschaft oder andere Konzerngesellschaften vermengt werden.[1144]
- Nennung einer Geschäftsadresse, an die **Widersprüche** gesandt werden können.

Besonderer Aufmerksamkeit bedarf es in der Praxis, wenn der Betriebserwerber sich noch in der **Gründung** befindet und daher die genannten Angaben zT noch gar nicht gemacht werden können (zu der Verpflichtung, in diesem Fall Angaben zum sog. Sozialplanprivileg zu machen → Rn. 223). Dies schließt nach zutreffender Auffassung des BAG[1145] indes eine ordnungsgemäße Unterrichtung bereits zu diesem Zeitpunkt nicht aus.

[1138] BAG 2.4.2009 – 8 AZR 473/07, BeckRS 2009, 70804 Rn. 28; 23.7.2009 – 8 AZR 538/08, NZA 2010, 89 Rn. 27 ff.

[1139] BAG aaO; aA APS/*Steffan* BGB § 613a Rn. 208a.

[1140] So ausdrücklich BAG 13.7.2006 – 8 AZR 305/05, NZA 2006, 1268 Rn. 22. Dort wird sogar die Fehlerhaftigkeit im Hinblick auf den Vornamen des Geschäftsführers der Erwerberin *(Jochen/Joachim)* erwogen (!). Im gleichen Sinne für unklare bzw. unrichtige Angaben bezüglich der Erwerberin BAG 14.11.2013 – 8 AZR 824/12, NZA 2014, 610 Rn. 22 ff.; kritisch *Annuß* NZA 2017, 976 (677 f.).

[1141] BAG 13.7.2006 – 8 AZR 305/05, NZA 2006, 1268; 21.8.2008 – 8 AZR 407/07, NZA-RR 2009, 62 Rn. 37 sowie insbesondere 2.4.2009 – 8 AZR 473/07, AP Nr. 9 zu § 613a BGB Unterrichtung Rn. 20 ff.; 23.7.2009 – 8 AZR 538/08, NZA 2010, 89 Rn. 21; 10.11.2011 – 8 AZR 430/10, NJOZ 2012, 860 Rn. 32.

[1142] Hiergegen führen *Richter/Grünewald* RdA 2017, 388 (391) zu Recht an, dass die Namen der gesetzlichen Vertreter idR dem Handelsregister entnommen werden können. Dass der gesetzliche Vertreter noch nicht als solcher im Handelsregister eingegtragen ist, ist allerdings unschädlich vgl. BAG 15.12.2016 – 8 AZR 612/15, NZA 2017, 783 Rn. 48.

[1143] BAG 15.12.2016 – 8 AZR 612/15, NZA 2017, 783 Rn. 47.

[1144] Daran scheiterte ua die Unterrichtung im Falle *BenQ,* vgl. BAG 2.4.2009 – 8 AZR 473/07, BeckRS 2009, 70804 Rn. 22; 23.7.2009 – 8 AZR 538/08, NZA 2010, 89 Rn. 22.

[1145] Vgl. BAG 21.8.2008 – 8 AZR 407/07, NZA-RR 2009, 62 Rn. 36 ff. sowie 23.7.2009 – 8 AZR 538/08, NZA 2010, 89 Rn. 20.

In diesem Fall müssen der **Umstand der Gründung** und der **Name** sowie die **Rechtsform** der in Gründung befindlichen Gesellschaft mitgeteilt werden; die bloße Mitteilung, dass der Betrieb auf eine „neue GmbH" übergehe, reicht allerdings nicht aus.[1146] Eine beabsichtigte Umfirmierung ist mitzuteilen.[1147] Von entscheidender Bedeutung ist zudem gerade in den Gründungsfällen, dass eine **identifizierbare natürliche Person** benannt wird, die mit Personalkompetenz auf Seiten des *Erwerbers* (!) ausgestattet ist und an deren Geschäftsadresse Widersprüche gerichtet werden können. Entsteht dagegen der Eindruck, dass es sich bei dieser Adresse um eine solche des Veräußerers handele, fehlt es an einer ordnungsgemäßen „Widerspruchsadresse" auf Seiten des Erwerbers.[1148]

Des Weiteren verlangt der 8. Senat eine eindeutige Unterrichtung über den **Gegenstand** des Betriebsübergangs, was insbesondere bei Übertragung (nur) eines **Betriebsteils** im Hinblick auf die **Abgrenzung** zu dem beim Veräußerer verbleibenden Restbetrieb bedeutsam sein kann.[1149] Insoweit lässt die Rechtsprechung eine schlagwortartige Bezeichnung wie zB „Geschäftsbereich Field Service" genügen.[1150] Erforderlich dürfte aber sein, dass die Bezeichnung nach dem innerbetrieblichen Sprachgebrauch klar und eindeutig ist. Vor allem muss für die Adressaten erkennbar sein, ob und welche Arbeitsplätze noch beim Veräußerer verbleiben.[1151]

c) Rechtliche, wirtschaftliche und soziale Folgen des Betriebsübergangs für die Arbeitnehmer und hinsichtlich der Arbeitnehmer in Aussicht genommene Maßnahmen (§ 613a Abs. 5 Nr. 3 und 4 BGB)

217 **aa) Gegenstand und Kollektivbezug der Unterrichtung.** Die Pflicht nach § 613a Abs. 5 BGB umfasst auch die Information über die rechtlichen, wirtschaftlichen und sozialen Folgen des Übergangs für die Arbeitnehmer (Nr. 3) und die hinsichtlich der Arbeitnehmer in Aussicht genommenen Maßnahmen (Nr. 4). Insoweit erinnert § 613a Abs. 5 BGB an die in Umwandlungsverträgen erforderlichen Pflichtangaben hinsichtlich der Folgen der Umwandlung für die Arbeitnehmer und ihre Vertretungen sowie die insoweit vorgesehenen Maßnahmen (§§ 5 Abs. 1 Nr. 9, 126 Abs. 1 Nr. 11 UmwG) (→ B Rn. 106). Daher läge es an sich nahe, sich bei der Auslegung des § 613a Abs. 5 BGB an der Literatur zu den umwandlungsrechtlichen Vorschriften zu orientieren.[1152] Hieraus ergäbe sich allerdings im **Umkehrschluss** aus den umwandlungsrechtlichen Vorschriften, dass die **Folgen** des Betriebsübergangs **für die Arbeitnehmervertretungen** (zB Betriebsrat, Gesamtbetriebsrat, Wirtschaftsausschuss, mitbestimmungsrechtliche Fragen) nicht unter die Informationspflicht des § 613a Abs. 5 Nr. 3 BGB fallen.[1153] Dies gilt auch im Hinblick auf den Gesetzeszweck, den Arbeitnehmern eine sachgerechte Entscheidung über die Ausübung des Widerspruchsrechts zu ermöglichen; denn aus Sicht des objektivierten Arbeitnehmerempfängerhorizonts spielen der Bestand und die Zusammensetzung der Vertretungsorgane eine eher untergeordnete Rolle für die Entscheidung *pro* oder *contra* Arbeitgeberwechsel. Bis zu einer endgültigen Klärung dieser Frage ist der Praxis allerdings die **vorsorgliche Aufnahme** auch

[1146] BAG 21.8.2008, 8 AZR 407/07, NZA-RR 2009, 62 Rn. 37 aE.
[1147] *Grau/Schaut* NZA 2018, 216 (217); ErfK/*Preis* BGB § 613a Rn. 88.
[1148] BAG 23.7.2009 – 8 AZR 538/08, NZA 2010, 89 Rn. 20 aE.; ausführlich *Grau/Schaut* NZA 2018, 216.
[1149] BAG 13.7.2006 – 8 AZR 305/05, NZA 2006, 1268 Rn. 24; 14.12.2006 – 8 AZR 763/05, NZA 2007, 682.
[1150] BAG 14.12.2006, aaO.
[1151] Zutreffend *Grau* AE 2010, 130 (132).
[1152] S. statt aller Kallmeyer/*Willemsen* UmwG § 5 Rn. 47; sowie → C Rn. 446ff., jeweils mwN.
[1153] aA *Annuß* FS 25-jähriges Bestehen der Arbeitsgemeinschaft Arbeitsrecht, 2006, 563 (571); *Franzen* RdA 2002, 258 (265); *Hauck* NZA-Sonderbeilage 1/2004, 43 (46); *Worzalla* NZA 2002, 353 (355); Staudinger/*Annuß* BGB § 613a Rn. 284; wie hier dagegen *Gaul,* Betriebs- und Unternehmensspaltung, § 11 Rn. 17; *Lembke/Oberwinter* ZIP 2007, 310 (312); *Willemsen/Lembke* NJW 2002, 1159 (1162); HWK/*Müller-Bonanni* BGB § 613a Rn. 331.

dieses Punkts in das Informationsschreiben nach § 613a Abs. 5 BGB **dringend anzuraten.**[1154]

Hinsichtlich des Umfangs der Unterrichtungspflicht nach § 613a Abs. 5 Nr. 3 und 4 BGB bestehen ähnliche **Unklarheiten** wie im UmwG (vgl. dazu C Rn. 447 ff.). Aus dem Gesetzeswortlaut (Nr. 3: „Folgen des Übergangs *für die Arbeitnehmer*"; Nr. 4: „hinsichtlich *der Arbeitnehmer* in Aussicht genommenen Maßnahmen") ergibt sich zunächst, dass die Unterrichtung über die Folgen und geplanten Maßnahmen **nicht individuell** im Hinblick auf jeden einzelnen Arbeitnehmer erfolgen muss. Vielmehr ist es ausreichend, die Folgen und geplanten Maßnahmen **für die Arbeitnehmer als Kollektiv** oder **für Arbeitnehmergruppen** zu beschreiben, für die unterschiedliche Arbeitsbedingungen gelten (zB leitende Angestellte, nicht organisierte Arbeitnehmer etc). Das BAG lässt eine **standardisierte Form** zwar grundsätzlich zu, weist aber auf den maßgeblichen **Bezug zum Arbeitsplatz** hin, weswegen die Information eventuelle Besonderheiten des Arbeitsverhältnisses erfassen müsse.[1155] Unklar bleibt aber, was damit im Einzelnen gemeint ist.[1156] Genießen einzelne Arbeitnehmer einen **besonderen Schutz,** wie zB Betriebsratsmitglieder, werdende Mütter, tariflich „Unkündbare", wird hierauf gesondert einzugehen sein. Ein einheitliches Informationsschreiben wird in den seltensten Fällen genügen, die Formulierung uU zahlreicher Varianten vielmehr die Regel sein, was zusätzliche Fehlerquellen in sich birgt. Nach Ansicht des 8. Senats begegnet es allerdings keinen Bedenken, dass für einzelne Arbeitnehmergruppen (tarifgebundene/nicht tarifgebundene Arbeitnehmer) nicht verschiedene Unterrichtungsschreiben gefertigt werden.[1157] Es genüge, wenn die schriftliche Information es dem Arbeitnehmer ermöglicht, sein Arbeitsverhältnis eines der im Unterrichtungsschreiben genannten Gruppen von Arbeitnehmern zuzuordnen,[1158] und daraus die notwendigen Schlussfolgerungen für sein Arbeitsverhältnis abzuleiten. Dem ist zwar zuzustimmen; allerdings sollte bei derartigen Formulierungen von Alternativen besonders auf Klarheit und Verständlichkeit geachtet werden; insbesondere darauf, dass der Arbeitnehmer erkennen kann, **welche Informationen** jeweils für ihn **maßgeblich** sind.[1159] 218

bb) Rechtliche Folgen. Insoweit gibt die Gesetzesbegründung gewisse **Auslegungshilfen.** Dort heißt es zu Nr. 3: *„Die rechtlichen, wirtschaftlichen und sozialen Folgen des Betriebsübergangs ergeben sich vor allem aus den unverändert weitergeltenden Regelungen des § 613a Abs. 1 bis 4 BGB. Das betrifft die Fragen der Weitergeltung oder Änderung der bisherigen Rechte und Pflichten aus dem Arbeitsverhältnis, der Haftung des bisherigen Arbeitgebers und des neuen Inhabers gegenüber dem Arbeitnehmer sowie des Kündigungsschutzes."*[1160] § 613a Abs. 5 Nr. 3 BGB erfordert demnach die Unterrichtung über alle im Wege einfacher Subsumtion ableitbaren unmittelbaren und **konkreten** (rechtlichen) Folgen, insbesondere in Bezug auf den gesetzlichen[1161] **Eintritt des Betriebserwerbers** in die Rechte und Pflichten aus dem Arbeits- 219

1154 MüKoBGB/*Müller-Glöge* BGB § 613a Rn. 108; *Franzen* RdA 2002, 258 (265); Staudinger/*Annuß* BGB § 613a Rn. 284; *Hohenstatt/Grau* NZA 2007, 13 (17) (soweit Angabe für den einzelnen Arbeitnehmer von Relevanz); aA *Lembke/Oberwinter* ZIP 2007, 310 (312); *Naber* FS Willemsen, 2018, 339 (346 f.).

1155 BAG 13.7.2006 – 8 AZR 305/05, NZA 2006, 1268 Rn. 21; 13.7.2006 – 8 AZR 303/05, NZA 2006, 1273 Rn. 21; 14.12.2006 – 8 AZR 763/05, NZA 2007, 682 Rn. 26; 10.11.2011 – 8 AZR 430/10, NJOZ 2012, 860 Rn. 36.

1156 S. dazu *Grosjean/Biester* DB 2007, 1466.

1157 BAG 10.11.2011 – 8 AZR 430/10, NJOZ 2012, 860 Rn. 36.

1158 BAG 10.11.2011 – 8 AZR 430/10, NJOZ 2012, 860 Rn. 36, unter Bezugnahme auf *Grau,* Unterrichtung und Widerspruchsrecht, S. 100; ähnlich der 2. Senat, BAG 26.3.2015 – 2 AZR 783/13, NZA 2015, 866 Rn. 16; s. a. *E.M. Willemsen* FS Willemsen, 2018, 619 (628).

1159 Vgl. BAG 10.11.2011 – 8 AZR 430/10, NJOZ 2012, 860 Rn. 36.

1160 BT-Drs. 14/7760, 19.

1161 Nach BAG 13.7.2006 – 8 AZR 305/05, NZA 2006, 1268 Rn. 36 soll es bereits „problematisch" sein, wenn es in dem Unterrichtungsschreiben heißt, der Erwerber habe sich „verpflichtet", alle vom Betriebsübergang betroffenen Arbeitsverhältnisse mit allen Rechten und Pflichten zu übernehmen, weil dadurch „bei dem Erklärungsempfänger der Eindruck bestehen könnte, dass die Fortgeltung der Vertragsbedingungen im Belieben des Erwerber stehen könnte".

verhältnis (§ 613a Abs. 1 S. 1 BGB),[1162] etwaige atypische Abweichungen wie zB den Verfall von Aktienoptionen beim Betriebsübergang,[1163] Änderung wesentlicher Arbeitsbedingungen, insbesondere Fragen der Weitergeltung von Betriebsvereinbarungen und Tarifverträgen auf kollektivrechtlicher Rechtsgrundlage oder lediglich aufgrund gesetzlicher Nachbindung gemäß § 613a Abs. 1 S. 2 BGB (einschließlich einer etwaigen Ablösung gemäß § 613a Abs. 1 S. 3 und 4 BGB)[1164] sowie etwaige negative Folgen in Bezug auf den **Fortbestand des Kündigungsschutzes.**[1165] Wenn sich Kündigungen abzeichnen, ist auch auf die kündigungsrechtliche Situation einzugehen.[1166] In dem Unterrichtungsschreiben ist auch auf die gesetzlichen **Haftungsfolgen,** das **Widerspruchsrecht** und die **Monatsfrist** des § 613a Abs. 6 BGB hinzuweisen (dazu auch → Rn. 222).[1167] **Entfällt** das Widerspruchsrecht wegen Erlöschens des übertragenden Rechtsträgers (→ Rn. 157 ff.), dürften Angaben zum „Ersatzrecht" nach § 626 BGB erforderlich sein.[1168] Nach einer in der Instanzenrechtsprechung vertretenen Auffassung soll auch ein Hinweis auf das „Kündigungsverbot" des § 613a Abs. 4 S. 1 und 2 BGB erforderlich sein.[1169]

Bei der Abfassung des Informationsschreibens sollte auf eine möglichst einfache, für den juristischen Laien verständliche **Sprache** geachtet werden; seitenlange Rechtsausführungen sind weder sinnvoll noch geboten. Für die Einschätzung objektiv zweifelhafter Rechtsfragen gilt dabei das Prinzip der subjektiven Determination, dh das Informationsschreiben ist so lange ordnungsgemäß, wie es die **vertretbare eigene Rechtsauffassung** des unterrichtenden Arbeitgebers zutreffend wiedergibt.[1170] Dies kann allerdings die vorherige Einholung von **Rechtsrat** voraussetzen.[1171] Richtiger Auffassung zufolge ist es dabei nicht erforderlich, die Unklarheit der Rechtslage und die Rechtsmeinung des unterrichtenden Arbeitgebers (wie zB „unseres Erachtens …") als solche kenntlich zu machen.[1172]

220 **Fehlerquellen in der Praxis:** Als besonders fehler- und für den Anwalt damit auch haftungsträchtig hat sich ua die Darstellung der **Haftungsfolgen** erwiesen, für die der 8. Senat inzwischen **hohe Hürden** errichtet hat. Insoweit reiche keineswegs eine bloße Wiedergabe des Gesetzestextes von § 613a Abs. 2 BGB, sondern es müsste das komplette, sich aus dem „Zusammenspiel" von § 613a Abs. 1 und 2 BGB ergebende **gesetzliche Haftungssystem** bei Betriebsübergang dargestellt werden, über das vollständig zu informieren sei, wozu auch die Darstellung der **begrenzten gesamtschuldnerischen Nachhaftung** gemäß § 613a Abs. 2 BGB gehöre.[1173] Nach Ansicht des Senats ist über den rei-

---

[1162] BAG 27.11.2008 – 8 AZR 174/07, NZA 2009, 552; 22.1.2009 – 8 AZR 808/07, NZA 2009, 547; 10.11.2011 – 8 AZR 430/10, NJOZ 2012, 860 Rn. 27.

[1163] Dazu *Bauer/Göpfert/v. Steinau-Steinrück* ZIP 2001, 1129; *Lembke* BB 2001, 1469 (1474); *Schnitker/Grau* BB 2002, 2497 sowie → Rn. 177 ff.

[1164] So ausdrücklich BAG 13.7.2006 – 8 AZR 305/05, NZA 2006, 1268 Rn. 32; 14.12.2006 – 8 AZR 763/05, NZA 2007, 682; 23.7.2009 – 8 AZR 538/08, NZA 2010, 89; 10.11.2011 – 8 AZR 430/10, NJOZ 2012, 860 Rn. 27. Allerdings sei eine detaillierte Bezeichnung der Tarifverträge und Betriebsvereinbarungen nicht nötig, da der Arbeitnehmer sich insoweit erkundigen könne.

[1165] So auch LAG Düsseldorf 9.1.2018 – 3 Sa 251/17, ArbRAktuell 2018, 288 (Entfall der Voraussetzungen des § 23 Abs. 1 KschG).

[1166] BAG 13.7.2006 – 8 AZR 305/05, NZA 2006, 1268; 24.7.2008 – 8 AZR 73/07, BeckRS 2009, 58465; 10.11.2011 – 8 AZR 430/10, NJOZ 2012, 860 Rn. 27; ErfK/*Preis* BGB § 613a Rn. 88a.

[1167] BAG 20.3.2008 – 8 AZR 1016/06, NZA 2008, 1354; s. zu dieser Thematik auch *Gaul/Otto* DB 2005, 2465 (2467); HWK/*Müller-Bonanni* BGB § 613a Rn. 325 ff.; *Willemsen* FS Küttner, 2006, 417 (421), jeweils mwN.

[1168] Vgl. *Grau* AE 2010, 130 (133); *Schnitker/Grau* ZIP 2008, 394 (398); aA *Simon/Weninger* BB 2010, 117 (118); *Naber* FS Willemsen, 2018, 339 (343).

[1169] S. dazu *H.-G. Meier/G. Becker* AE 2009, 103 (105), unter Hinweis auf LAG Düsseldorf 19.9.2007 – 7 (11) Sa 1068/06, LAGE § 613a BGB Nr. 16; APS/*Steffan* BGB § 613a Rn. 212.

[1170] In diesem Sinne BAG 13.7.2006 – 8 AZR 303/05, NZA 2006, 1273 Rn. 23; 14.12.2006 – 8 AZR 763/05, NZA 2007, 682; 26.3.2015 – 2 AZR 783/13 NZA 2015, 866 Rn. 25; vgl. ferner *Willemsen* FS Küttner, 2006, 417 (423); *Klocke* RdA 2017, 311 (312); *C. Meyer* ZfA 2020, 487 (494).

[1171] Vgl. BAG 13.7.2006, aaO; 26.3.2015 aaO.

[1172] So aber *C. Meyer* SAE 2007, 315 (318); wie hier *Grau* AE 2010, 130 (135).

[1173] BAG 14.12.2006 – 8 AZR 763/05, NZA 2007, 682; 20.3.2008 – 8 AZR 1016/06, NZA 2008, 1354; 21.8.2008 – 8 AZR 407/07, NZA-RR 2009, 62; 2.4.2009 – 8 AZR 473/07, BeckRS 2009, 70804

nen Gesetzeswortlaut hinaus darüber zu unterrichten, dass der bisherige Betriebsinhaber für Ansprüche, die vor dem Betriebsübergang entstanden sind, weiterhin Gesamtschuldner bleibt, sowie darüber, dass seine eigene Haftung mit dem Eintritt des Erwerbers in die Arbeitsverhältnisse nach § 613a Abs. 1 S. 1 BGB für danach begründete Ansprüche beendet ist.[1174]

Es wird offenbar sogar verlangt, dass dem Adressaten des Widerspruchsschreibens als „juristischem Laien" **erläutert** wird, wann ein Anspruch iSv § 613a Abs. 2 BGB **entstanden** und wann er **fällig** geworden ist,[1175] und zwar insbesondere unter Einbeziehung von Ansprüchen aus der **betrieblichen Altersversorgung.**[1176] Offen bleibt einstweilen, wie bezüglich der – auch für juristische Fachleute nicht ganz einfachen – Regelung des § 613a Abs. 2 S. 2 BGB zu verfahren ist. Der Hinweis auf eine **„nur zeitanteilige"** Nachhaftung des Betriebsveräußerers – so der 8. Senat – gebe „nicht einmal" die gesetzliche Regelung des § 613a Abs. 2 BGB zutreffend wieder.[1177] Damit lässt er – zur Verunsicherung der Praxis – offen, ob eine solche vollständige Wiedergabe des Gesetzeswortlauts von Abs. 2 Satz 1 reicht oder ob es auch insoweit einer weiteren juristischen Exegese im Unterrichtungsschreiben bedarf. Im **krassen Widerspruch** hielt der Senat eine Formulierung im Unterrichtungsschreiben für ausreichend, wonach die Haftung des Veräußerers für erst nach dem Betriebsübergang fällig werdende Ansprüche auf den **„anteiligen Betrag bis zum Betriebsübergang beschränkt"** sei.[1178] Jedenfalls unzureichend ist es, wenn jeglicher Hinweis auf die Begrenzung der Haftung des bisherigen Inhabers nach § 613a Abs. 2 BGB fehlt oder die gesamtschuldnerische Haftung von bisherigem und neuem Inhaber nicht erwähnt wird.[1179] Insgesamt bleiben die Anforderungen der Rechtsprechung aber weiterhin unklar.

Unter dem ausdrücklichen **Vorbehalt,** dass die Anforderungen der Rechtsprechung zu diesem Punkt zzt. **noch nicht vollständig geklärt** sind, könnte eine allgemeine Darstellung des „Haftungsregimes" von § 613a Abs. 1, 2 BGB wie folgt lauten:

Haftung

Die Erwerber-GmbH haftet nach dem Zeitpunkt des Betriebsübergangs als Ihr neuer Arbeitgeber für alle Verpflichtungen aus Ihrem übergangenen Arbeitsverhältnis. Dies gilt unabhängig davon, ob diese Verpflichtungen vor oder nach dem Zeitpunkt des Betriebsübergangs entstanden sind oder fällig werden. Eine Verpflichtung ist dann entstanden, wenn alle Voraussetzungen, auf die der Anspruch gründet, erfüllt sind, unabhängig davon, ob zu diesem Zeitpunkt bereits eine Verpflichtung des Arbeitgebers zur Befriedigung des Anspruchs besteht. Die Fälligkeit bezeichnet den Zeitpunkt, ab dem der Arbeitnehmer vom Arbeitgeber die Erfüllung des Anspruchs verlangen kann.

Gemäß den gesetzlichen Bestimmungen haftet die Veräußerer-GmbH als bisheriger Arbeitgeber neben der Erwerber-GmbH als Gesamtschuldner uneingeschränkt weiter für alle Verpflichtungen aus dem übergegangenen Arbeitsverhältnis, die vor dem Übergang entstanden und fällig geworden sind.

Darüber hinaus haftet die Veräußerer-GmbH neben der Erwerber-GmbH weiterhin auch für solche Verpflichtungen aus dem übergegangenen Arbeitsverhältnis als Gesamtschuldner, die zwar bereits zu dem Zeitpunkt des Betriebsübergangs entstanden waren,

Rn. 33; 23.7.2009 – 8 AZR 538/08, NZA 2010, 89 Rn. 33; 22.1.2009 – 8 AZR 808/07, NZA 2009, 547 Rn. 24; 26.5.2011 – 8 AZR 18/10, NJOZ 2011, 1826; 10.11.2011 – 8 AZR 430/10, NJOZ 2012, 860 Rn. 34; krit. *C. Meyer* SAE 2010, 173 (175); ablehnend *Naber* FS Willemsen, 2018, 339 (345).

1174 BAG BeckRS 2009, 70804 und NZA 2010, 89 Rn. 34.

1175 BAG BeckRS 2009, 70804 und NZA 2010, 89.

1176 BAG BeckRS 2009, 70804 und NZA 2010, 89.

1177 BAG BeckRS 2009, 70804 und NZA 2010, 89.

1178 BAG 10.11.2011 – 8 AZR 430/10, NJOZ 2012, 860 Rn. 34.

1179 BAG 24.8.2017 – 8 AZR 265/16, NZA 2018, 168 Rn. 12.

aber erst nach diesem Zeitpunkt fällig werden. Die gesamtschuldnerische Haftung der Veräußerer-GmbH ist diesbezüglich noch in zweifacher Hinsicht eingeschränkt: Zum einen werden nur solche Verpflichtungen erfasst, die vor Ablauf von einem Jahr nach dem Übergangsstichtag fällig werden. Zum anderen ist diese Haftung dadurch beschränkt, dass sie nur entsprechend dem am Übergangsstichtag bereits abgelaufenen Teil des Bemessungszeitraums für die betreffende Verpflichtung vorgesehen ist (sog. zeitanteilige Haftung, § 613a Abs. 2 S. 2 BGB).

Für sämtliche Verpflichtungen aus dem übergegangenen Arbeitsverhältnis, die nach dem Zeitpunkt des Übergangs entstehen, haftet demgegenüber nur die Erwerber-GmbH und nicht auch die Veräußerer-GmbH.

221 Diese allgemeine Darstellung sollte ergänzt werden um Hinweise auf eventuell anwendbare **besondere Haftungsregelungen,** insbesondere nach §§ 133, 134 UmwG sowie um haftungsrechtliche Erläuterungen zu solchen Anspruchsarten, die auf einen längeren Zeitraum angelegt und für die Arbeitnehmer erkennbar von wirtschaftlicher Bedeutung sind, zB offene **Jahressonderleistungen,** Bonuszahlungen, Sozialplan- oder Vorruhestandsleistungen sowie – insbesondere – **betriebliche Altersversorgung.** Hier kann und sollte auf eine fortbestehende Sicherung durch den Pensionssicherungsverein hingewiesen werden, die allerdings nicht die gesetzliche Anpassungsverpflichtung nach § 16 BetrAVG umfasst (→ J Rn. 276ff., 354). Hieran zeigt sich, auf welches „Glatteis" sich ein Arbeitgeber begibt, der die Arbeitnehmer möglichst vollständig über die rechtlichen Folgen des Betriebsübergangs aufklären will.

Ähnliche Herausforderungen stellt die Darstellung der Folgen des Betriebsübergangs für die Weitergeltung bzw. Ablösung von **Kollektivverträgen** nach § 613a Abs. 1 S. 2–4 BGB.[1180] Hier steht die Praxis angesichts der Fülle der in Betracht kommenden Regelungen sowie im Hinblick darauf, dass der Bestand sowie die Wirksamkeit von Kollektivnormen und ihre **Weitergeltung** bzw. **Ablösung** auf Seiten des Erwerbers oftmals schwer nachvollziehbar sind, vor kaum lösbaren Schwierigkeiten. Die zutreffende Darstellung hängt von uU schwer zu beurteilenden rechtlichen Vorfragen ab, in Bezug auf Betriebsvereinbarungen beispielsweise davon, ob die **Betriebsidentität** beim Erwerber erhalten bleibt (→ E Rn. 6ff.).[1181] Schwierige Rechtsfragen können sich zudem hinsichtlich der Fortgeltung von **Gesamt- und Konzernbetriebsvereinbarungen** stellen (→ E Rn. 57ff.).[1182] Ein Fehler in diesem Bereich kann zur Unwirksamkeit der gesamten Unterrichtung führen.[1183]

Will man ein völliges Ausufern des Informationsschreibens vermeiden, bleibt nichts anderes übrig, als die maßgeblichen **Grundsätze** für die einzelnen Gruppen von Kollektivverträgen (Tarifverträge, Betriebsvereinbarungen, Gesamt- und Konzernbetriebsvereinbarungen) abstrakt und möglichst detailliert[1184] zu beschreiben und dem Arbeitnehmer die Möglichkeit zu eröffnen, in die relevanten Tarifverträge und Betriebsvereinbarungen beim Erwerber Einsicht zu nehmen;[1185] eine **Bezeichnung aller** Betriebsvereinbarungen ist dabei **nicht erforderlich.**[1186] Die **Art der Weitergeltung** beim Erwerber (kollektivrecht-

---

[1180] S. dazu auch die Darstellungen bei *Mohnke/Betz* BB 2008, 498, sowie *Waldenmaier/Pichler* NZA-RR 2008, 1; *Fuhlrott/Ritz* BB 2012, 2689 (2692); *Gaul/Krause* RdA 2013, 39 (43); *Lingemann* NZA 2012, 546 (547).

[1181] S. dazu auch BAG 10.11.2011 – 8 AZR 430/10, NJOZ 2012, 860 Rn. 43.

[1182] S. dazu im Einzelnen BAG 10.11.2011 – 8 AZR 430/10, NJOZ 2012, 860 Rn. 44ff.

[1183] BAG 23.7.2009 – 8 AZR 538/08, NZA 2010, 89.

[1184] Keineswegs ausreichend also: „Die kollektiven Normverträge gelten gemäß § 613a BGB weiter", vgl. BAG 2.4.2009 – 8 AZR 473/07, BeckRS 2009, 70804 Rn. 37; 23.7.2009 – 8 AZR 538/08, NZA 2010, 89 Rn. 37.

[1185] Ebenso *Grau* AE 2010, 130 (133); dem folgend BAG 10.11.2011, aaO, Rn. 36, 46.

[1186] BAG 23.7.2009 – 8 AZR 538/08, NZA 2010, 89 Rn. 36; 14.12.2006 – 8 AZR 763/05, NZA 2007, 682; 13.7.2006 – 8 AZR 305/05, NZA 2006, 1268; 10.11.2011 – 8 AZR 430/11, NJOZ 2012, 860 Rn. 44; *Gaul/Otto* FS Willemsen, 2018, 105 (110f.).

lich oder lediglich kraft Nachbindung iSv § 613a Abs. 1 S. 2 BGB bzw. rein individualrechtlich gemäß **Bezugnahmeklausel** im Arbeitsvertrag) muss dabei jeweils angegeben werden,[1187] ebenso eine etwaige **Ablösung** durch bestehende Kollektivvereinbarungen beim Erwerber (dazu → Rn. 219). Eine solche Darstellung sollte auch den in der Praxis keineswegs seltenen Fall einschließen, dass Tarifverträge oder Betriebsvereinbarungen des Veräußerers beim Erwerber nur **teilweise** durch dort geltende Kollektivregelungen **abgelöst** werden.[1188] Wie bereits dargelegt (→ Rn. 219), verlangt das BAG *in der Regel* kein Eingehen auf einzelne Kollektivverträge im Unterrichtungsschreiben. Wenn solche Kollektivverträge allerdings gerade für den Fall des Betriebsübergangs für den Arbeitnehmer relevante Rechtsfolgen vorsehen (zB die prozentuale Absenkung von ansonsten fortbestehenden Sozialplänen), ist dies darzustellen.[1189] Auch im Falle einer nur teilweisen Ablösung führt an einer spezifizierten Darstellung kein Weg vorbei.[1190] Aus Gründen der Übersichtlichkeit **kann sich eine tabellarische Darstellung** im Unterrichtungsschreiben oder einem **Anhang** dazu empfehlen, auch wenn der Informationswert für die Arbeitnehmer im Hinblick auf die Entscheidung über die Ausübung bzw. Nichtausübung des Widerspruchsrechts zweifelhaft erscheint[1191] und neue **Fehlerquellen** eröffnet werden. So verlangt der **2. Senat** des BAG für den Fall der individualvertraglichen Inbezugnahme eines Tarifvertrags auch Auskunft darüber, ob dieser nach seinen tatbestandlichen Voraussetzungen beim Erwerber überhaupt noch Ansprüche der Arbeitnehmer zu erzeugen vermöge.[1192] Eine Unterrichtung über komplexere Rechtsfragen (hier: Ablösung von auf Grund individualrechtlicher Bezugnahme geltender Tarifverträge) ist aber dann nicht fehlerhaft, wenn der Arbeitgeber bei **angemessener Prüfung** der Rechtslage rechtlich vertretbare Positionen gegenüber dem Arbeitnehmer kundtut. Veräußerer bzw. Erwerber sind in Bezug auf eine mögliche spätere **Ablösung nicht** zu einer **Entwicklung spekulativer Szenarien** gehalten, falls konkrete Angaben angesichts der objektiv bestehenden Situation nicht möglich sind.[1193]

Sorgfalt ist auch bei der Darstellung des **Widerspruchsrechts** und der Folge seiner 222
Ausübung geboten. Hier unterliegen Arbeitgeber leicht der Versuchung, die Konsequenzen für die Arbeitnehmer möglichst prohibitiv darzustellen, um sie von der Ausübung des Widerspruchsrechts abzuhalten. Die unerwünschte Folge kann dann aber ein zeitlich unbegrenztes Widerspruchsrecht sein (→ Rn. 149). Aufschlussreiche **Beispiele** hierfür enthalten zwei BAG-Urteile vom 20.3.2008. Im ersteren Fall war die **Abfindungsschädlichkeit** eines Widerspruchs behauptet worden, obwohl der maßgebliche Sozialplan dies im konkreten Fall nicht vorsah.[1194] Die wahrheitsgemäße Unterrichtung über das Bestehen oder Nichtbestehen eines Sozialplananspruchs im Falle des Widerspruchs wird aber vom 8. Senat allgemein für erforderlich gehalten, wenn ein solcher in Betracht kommt. Im zweiten Fall wurde der Hinweis, dass im Falle des Widerspruchs kein Anspruch auf **Annahmeverzugslohn** bestehe, als **irreführend** beanstandet.[1195] Als sehr risikobehaftet hat sich auch die „beliebte" Formulierung erwiesen, dass der Arbeitnehmer im Falle der Ausübung

[1187] BAG 13.7.2006 – 8 AZR 303/05, NZA 2006, 1273 Rn. 32; 14.12.2006 – 8 AZR 763/05, NZA 2007, 682 Rn. 35; 23.7.2009 – 8 AZR 538/08, NZA 2010, 89; 10.11.2011 – 8 AZR 430/11, NJOZ 2012, 860 Rn. 35. Bemerkenswerterweise hat der 8. Senat hier (Rn. 37) eine Darstellung im Unterrichtungsschreiben „durchgehen" lassen, die nicht der neueren Rspr. des 4. Senats zur kollektivrechtlichen Qualität der Weitergeltung nach § 613a Abs. 1 S. 2 BGB entspricht; s. dazu auch *Gaul/Krause* RdA 2013, 39 (44).

[1188] S. dazu, insbes. auch zum Problem der sog. Überkreuzablösung, → E Rn. 63f., 142.

[1189] BAG NZA 2010, 89 Rn. 38.

[1190] Ebenso *Waldenmaier/Pichler* NZA-RR 2008, 1 (2).

[1191] Vgl. den Vorschlag bei *Waldenmaier/Pichler* NZA-RR 2008, 1 (4).

[1192] BAG 26.3.2015 – 2 AZR 783/13, NZA 2015, 866 Rn. 26ff.; vgl. auch *Grau/Schaut* NZA 2018, 216 (217 f.).

[1193] BAG 10.11.2011 – 8 AZR 430/11, NJOZ 2012, 860 Rn. 41; s. auch BAG 26.3.2015 – 2 AZR 783/13, NZA 2015, 866 Rn. 25.

[1194] BAG 20.3.2008 – 8 AZR 1022/06, NZA 2008, 1297 Rn. 30 ff.

[1195] BAG 20.3.2008 – 8 AZR 1016/06, NZA 2008, 1354 Rn. 35.

des Widerspruchsrechts mit der **betriebsbedingten Kündigung** seitens des Veräußerers rechnen müsse. Das ist zwar grundsätzlich richtig, weil dieser nach dem Betriebsübergang nicht mehr über die entsprechenden Arbeitsplätze verfügt und § 613a Abs. 4 S. 1 BGB einer dann notwendigen betriebsbedingten Kündigung nicht entgegensteht (→ Rn. 162). Bei derartigen Kündigungen sind jedoch wie bei jeder betriebsbedingten Kündigung die Grundsätze der Sozialauswahl (→ H Rn. 17ff., → Rn. 163f.) zu beachten; verfügt der Veräußerer über mehrere Betriebe, ist zudem die Möglichkeit der Versetzung in einen anderen Betrieb zu prüfen (→ H Rn. 30ff.). Daher sollte die Konsequenz der betriebsbedingten Entlassung lediglich als **Möglichkeit** dargestellt werden, die zudem unter dem Vorbehalt der einschlägigen Regelungen des Kündigungsschutzgesetzes steht:[1196]

> Bitte beachten Sie vor Ausübung des Widerspruchsrechts, dass die Veräußerer-GmbH nach Übertragung des Betriebs auf die Erwerber-GmbH für Sie keine Weiterbeschäftigungsmöglichkeit mehr haben wird – *alternativ:* nur noch über eine entsprechend reduzierte Anzahl von Arbeitsplätzen verfügen wird – mit der Folge, dass Sie im Falle eines Widerspruchs mit einer betriebsbedingten Kündigungen rechnen müssten, soweit keine Beschäftigung auf einem anderen, freien oder im Rahmen der Sozialauswahl nach § 1 Abs. 3 des Kündigungsschutzgesetzes für Sie freizumachenden Arbeitsplatz in einem Betrieb der Veräußerer-GmbH möglich ist oder Sie eine solche Beschäftigung ablehnen.

Unterliegen einzelne Arbeitnehmer einem **besonderen Kündigungsschutz** (zB Betriebsratsmitglieder, ältere Arbeitnehmer auf Grund **tariflicher „Unkündbarkeit"**), sollte dies entsprechend berücksichtigt werden. Dabei darf zum Ausdruck kommen, dass im Rahmen der gesetzlichen Beteiligungen gleichwohl der Ausspruch einer außerordentlichen Kündigung unter Beachtung der ordentlichen Kündigungsfrist zu prüfen sein werde. Eine eingehende Darstellung der diesbezüglichen Voraussetzungen ist dagegen nicht erforderlich.[1197]

223 **cc) Wirtschaftliche und soziale Folgen sowie in Aussicht genommene Maßnahmen.** Die Unterrichtungspflicht nach Nr. 3 ist nicht auf die unmittelbaren, subsumtionsfähigen rechtlichen Konsequenzen für die Arbeitnehmer im übernommenen Betrieb oder Betriebsteil beschränkt, sondern es ist auch über die wirtschaftlichen und sozialen Folgen für die Arbeitnehmer zu unterrichten. Soziale Aspekte (zB Wahrung des aufgrund Betriebszugehörigkeit erworbenen sozialen Besitzstandes und Kündigungsschutzes) und wirtschaftliche Gesichtspunkte (wie Höhe des Arbeitsentgelts, Schicksal der Altersversorgungsanwartschaften) ergeben sich aber regelmäßig bereits aus den unmittelbaren rechtlichen Folgen und werfen dann keine zusätzlichen Fragen auf.[1198] Mit wirtschaftlichen und sozialen Folgen sind auch mittelbare (Sekundär-)Folgen gemeint, die nicht direkt aus dem Betriebsübergang resultieren, aber auf einem **einheitlichen unternehmerischen Konzept** beruhen (zB Personalabbau, Zusammenfassung von Verwaltungs- und Produktionseinheiten zur Nutzung von Synergieeffekten).[1199] Fällt beim Erwerber die **Sozialplanpflicht** – etwa nach § 112a Abs. 2 BetrVG – ganz oder zeitweilig weg, ist auch hierüber zu informieren, und zwar unabhängig davon, ob im Zeitpunkt des Inhaberwechsels sozialplanpflichtige Maßnahmen geplant sind.[1200] Grundsätzlich besteht der Auskunftsanspruch der

---

[1196] Ebenso *Grau* AE 2010, 130 (133). Dieser Lösung ausdrücklich zustimmend BAG 10.11.2011 – 8 AZR 430/10, NJOZ 2012, 860 Rn. 50.

[1197] So ausdrücklich BAG 10.11.2011 – 8 AZR 430/10, NJOZ 2012, 860 Rn. 50.

[1198] Laut BAG gehören zu den wirtschaftlichen Folgen iSv § 613a Abs. 5 BGB „solche Veränderungen, die sich nicht als rechtliche Folgen unmittelbar den Bestimmungen von § 613a Abs. 1–4 BGB entnehmen lassen"; vgl. BAG 10.11.2011 – 8 AZR 430/10, NJOZ 2012, 860 Rn. 28.

[1199] Im Grundsatz ebenso BAG 20.3.2008 – 8 AZR 1016/06, NZA 2008, 1354 Rn. 26.

[1200] S. dazu BAG 15.12.2016 – 8 AZR 612/15, NZA 2017, 783 Rn. 36; 14.11.2013 – 8 AZR 824/12, NZA 2014, 610 Rn. 29 ff.; krit. *Sagan,* Anm. zu BAG AP Nr. 449 zu § 613a BGB; HWK/*Müller-Bonan-*

Arbeitnehmer aber nur insoweit, als die entsprechenden Sekundärfolgen bereits konkret geplant sind.[1201] Dies kann aus dem Wortlaut der Nr. 3 („*die* … Folgen", nicht etwa: „die ‚möglichen/denkbaren'… Folgen") hergeleitet werden. Hinsichtlich der eben genannten **Sekundärfolgen** des Betriebsübergangs überschneiden sich die Tatbestände der Nr. 3 und 4 des § 613a Abs. 5 BGB; denn nach Nr. 4 ist über die hinsichtlich der Arbeitnehmer **„in Aussicht genommenen Maßnahmen"** zu unterrichten. Trotz des scheinbar weiter gefassten Wortlauts können auch damit nur solche (mittelbaren) Folgen gemeint sein, hinsichtlich derer bereits eine **konkret verfestigte Absicht (Planung)** des künftigen Inhabers besteht.[1202] Dazu gehören etwa **Weiterbildungsmaßnahmen** im Zusammenhang mit geplanten Produktionsumstellungen oder **Umstrukturierungen** und andere Maßnahmen, welche die berufliche Entwicklung der Arbeitnehmer betreffen,[1203] darüber hinaus alle durch den bisherigen oder neuen Inhaber geplanten **erheblichen Änderungen** der rechtlichen, wirtschaftlichen oder sozialen Situation der dem Übergang betroffenen Arbeitnehmer.[1204] Stellt der Betriebs(teil)übergang eine Betriebsänderung nach § 111 BetrVG dar und wurde bereits ein **Interessenausgleich/Sozialplan** abgeschlossen, kann bezüglich der im Hinblick auf die Arbeitnehmer in Aussicht genommenen Maßnahmen auf den Text der Vereinbarung(en) (sicherheitshalber unter deren **Beifügung**) **verwiesen** werden. In Bezug auf Kündigungen sollte auf die Regelung des § 613a Abs. 4 S. 1 und 2 BGB hingewiesen werden sowie gegebenenfalls darauf, dass solche Maßnahmen (Personalabbau, Änderungskündigungen etc) nicht geplant sind. Derartige **Negativerklärungen** können erheblich zur Beruhigung der Belegschaft beitragen, müssen aber selbstverständlich zutreffend sein. Beabsichtigt der Erwerber Maßnahmen zur **Entgeltanpassung auf freiwilliger Basis,** ist auch hierüber in den Unterrichtungsschreiben zu informieren.[1205]

Ein **Kernproblem** für die Praxis stellt im Rahmen des § 613a Abs. 5 BGB die Frage 224
dar, ob und inwieweit zu einer ordnungsgemäßen Unterrichtung auch Ausführungen zur **wirtschaftlichen und finanziellen Leistungsfähigkeit des Übernehmers** gehören. Der Wortlaut des Katalogs nach Nr. 1–4 umfasst diesen Punkt jedenfalls unmittelbar nicht. Dies gilt auch und insbesondere für Nr. 3, weil die wirtschaftliche Lage des Erwerbers als solche nicht unter den Begriff der „wirtschaftlichen Folgen des Übergangs" subsumiert werden kann. Allerdings hatte der 8. Senat schon bisher judiziert, dass auch nur *mittelbare* Folgen eines Betriebsübergangs mitteilungspflichtig sein könnten[1206] und die Literatur hatte hieran anknüpfend unter bestimmten Voraussetzungen eine Information über eine (schlechte) wirtschaftliche Verfassung des erwerbenden Unternehmens verlangt.[1207] Diesem Trend folgt auch der 8. Senat in einer Entscheidung vom 31.1.2008.[1208] Er hat einen Unterrichtungsfehler bejaht, weil anlässlich eines Betriebsübergangs dem Arbeitneh-

---

ni BGB § 613a Rn. 330 Fn. 536; Staudinger/*Annuß* BGB § 613a Rn. 291; *Grau/Schaut* NZA 2018, 216 (218f.); *Naber* FS Willemsen, 2018, 339 (347); APS/*Steffan* § 613a Rn. 213a; KR/*Treber* § 613a BGB Rn. 64.

1201 Vgl. BAG 13.7.2006 – 8 AZR 303/05, NZA 2006, 1273: „frühestens dann, wenn ein Stadium konkreter Planung erreicht ist".

1202 Ebenso BAG aaO, Rn. 30; BAG 10.11.2011 – 8 AZR 430/10, NJOZ 2012, 860 Rn. 30. HWK/*Müller-Bonanni* BGB § 613a Rn. 335; *Schnitker/Grau* BB 2005, 2238 (2241); *Willemsen/Lembke* NJW 2002, 1159 (1163); ErfK/*Preis* BGB § 613a Rn. 89; *Franzen* RdA 2002, 258 (265); *Grau* S. 188f.; *Grobys* BB 2002, 726 (728); weitergehend Staudinger/*Annuß* BGB § 613a Rn. 274.

1203 BT-Drs. 14/7760, 19.

1204 BAG 10.11.2011 – 8 AZR 430/10, NJOZ 2012, 860 Rn. 30; s. auch *Hohenstatt/Grau* NZA 2007, 13 (17); *Franzen* RdA 2002, 258 (265).

1205 BAG 10.11.2011 – 8 AZR 430/10, NJOZ 2012, 860 Rn. 52.

1206 BAG 13.7.2006 – 8 AZR 303/05, NZA 2006, 1273; 13.7.2006 – 8 AZR 305/05, NZA 2006, 1268; 31.1.2008 – 8 AZR 1116/06, NZA 2008, 642 Rn. 32; 14.11.2013 – 8 AZR 824/12, NZA 2014, 610 Rn. 30; 26.3.2015 – 2 AZR 783/13, NZA 2015, 866 Rn. 25; HWK/*Müller-Bonanni* BGB § 613a Rn. 330; *Grau* S. 144 ff.; aA Staudinger/*Annuß* BGB § 613a Rn. 283.

1207 zB ErfK/*Preis,* 8. Aufl. 2008, BGB § 613a Rn. 88; *Lindemann/Wolter-Roßteuscher* BB 2007, 938 (942); einschränkend *Grau* S. 179.

1208 BAG 31.1.2008 – 8 AZR 1116/06, NZA 2008, 642; dazu krit. unter europarechtlichen Gesichtspunkten *Sagan* ZIP 2011, 1641 (1645).

mer nicht mitgeteilt worden war, dass der – später insolvent gewordene – Erwerber nur das bewegliche Anlagevermögen übernahm, während das Betriebsgrundstück auf eine Immobiliengesellschaft übertragen wurde. Die mit dieser „Betriebsaufspaltung" einhergehende **Verringerung der verbleibenden Haftungsgrundlage** stelle, so der 8. Senat,[1209] einen Umstand dar, auf dessen Kenntnis der Kläger Anspruch gehabt hätte. Auf derselben Linie liegt die bereits angesprochene Entscheidung des 8. Senats vom 15. 12. 2016, in der es bereits im Leitsatz heißt, zu den (mittelbaren) wirtschaftlichen Folgen im Sinne von § 613a Abs. 5 Nr. 3 BGB gehören auch die ökonomischen Rahmenbedingungen des Betriebsübergangs – allerdings nur, sofern diese zu einer so gravierenden Gefährdung der wirtschaftlichen Absicherung der Arbeitnehmer bei dem neuen Inhaber führen, dass sie als ein wesentliches Kriterium für einen möglichen Widerspruch der Arbeitnehmer gegen den Übergang ihrer Arbeitsverhältnisse anzusehen seien.[1210] Im Anlassfall genoss der Erwerber anders als der bisherigen Inhaber das Sozialplanprivileg aus § 112a BetrVG für neu gegründete Unternehmen.

Was dies im Einzelnen bedeutet, ist weiterhin unklar.[1211] Die Entscheidung vom 31. 1. 2008 kann dahin verstanden werden, dass die Arbeitnehmer darüber aufgeklärt werden müssen, wenn bisher dem übergehenden Betrieb zuzurechnende Vermögensgegenstände „von erheblichem Wert" nicht auf den Betriebserwerber übergehen. Das ist allerdings geradezu typischerweise der Fall; man denke beispielsweise an Outsourcing-Verträge, nach denen ein Teil der Betriebsanlagen dem Auftragnehmer lediglich im Rahmen eines Nutzungsüberlassungsvertrages zur Verfügung gestellt werden oder an Unternehmenskäufe, bei denen **gewerbliche Schutzrechte** dem Erwerber nur zur Nutzung überlassen werden, aber als solche beim Verkäufer verbleiben.[1212] Der 8. Senat hat bei Lichte betrachtet den Katalog des § 613a Abs. 5 BGB kurzerhand ergänzt. Inwieweit dagegen **Geheimhaltungsinteressen** der beteiligten Unternehmen der Offenlegung wirtschaftlicher Aspekte angeführt werden können, hat der Senat offen gelassen.[1213] Das LAG Düsseldorf hat ferner ein Unterrichtungsschreiben als fehlerhaft eingestuft, das den Hinweis enthielt, zum Zeitpunkt des Betriebsübergangs werde noch eine Verlängerung des Pachtvertrages verhandelt, weil hierdurch der Eindruck der geplanten unveränderten Fortführung des Pachtbetriebes entstanden sei.[1214] Ähnlich entschied das LAG Hamm. Hier enthielt das Unterrichtungsschreiben den Hinweis, dass der Betriebserwerber einen Dienstleistungsvertrag über 5 Jahre abgeschlossen habe, was ebenfalls den Eindruck der Sicherung der Arbeitsplätze für diesen Zeitraum erweckt habe.[1215]

Eine weitere Quintessenz der beiden Entscheidung vom 31. 1. 2008 und 15. 12. 2016 besteht darin, dass der bisherige Arbeitgeber **nicht verpflichtet** ist, den Arbeitnehmer über die **wirtschaftliche und finanzielle Lage des Betriebsübernehmers „im Einzelnen" zu unterrichten,** dass **aber** eine Unterrichtung über die wirtschaftliche Lage des Betriebserwerbers im Rahmen von § 613a Abs. 5 BGB dann verlangt wird, wenn dessen **wirtschaftliche Notlage *offensichtlich*** ist.[1216]

Richtigerweise muss es bei dem Grundsatz verbleiben, dass die wirtschaftliche und finanzielle Situation des Erwerbers als solche nicht zu den (unmittelbaren oder mittelbaren) Folgen des Betriebsübergangs gehört.[1217] Ein Bezug zu den Informationsgegenständen des

---

[1209] BAG 31. 1. 2008 – 8 AZR 1116/06, NZA 2008, 642 Rn. 34.
[1210] BAG 15. 12. 2016 – 8 AZR 612/15, NZA 2017, 783.
[1211] Vgl. auch *Annuß* NZA 2017, 976 (977).
[1212] In diesem Sinne bereits BAG 23. 7. 2009 – 8 AZR 538/08, NZA 2010, 89 Rn. 28.
[1213] In dem zu entscheidenden Fall wurde ein Geheimhaltungsinteresse wegen der Publizität des Grundbuchs verneint.
[1214] LAG Düsseldorf 14. 10. 2015 – 1 Sa 733/15, BeckRS 2015, 72300.
[1215] LAG Hamm 1. 8. 2013 – 8 Sa 215/13, BeckRS 2013, 72523.
[1216] BAG 31. 1. 2008 – 8 AZR 1116/06, NZA 2008, 642 Rn. 33; BAG 15. 12. 2016 – 8 AZR 612/15, NZA 2017, 783; zustimmend *Richter/Grünewald* RdA 2017, 388 (391); *Naber* FS Willemsen, 2018, 339 (347 f.); *Grau/Schaut* NZA 2018, 216 (220).
[1217] Vgl. insofern auch *Reinhard* NZA 2009, 63 (65 ff.).

§ 613a Abs. 5 Nr. 3 und 4 BGB entsteht vielmehr erst dann, wenn auf Grund der (ungünstigen) Verhältnisse auf Seiten des Erwerbers **konkrete und unmittelbar bevorstehende Konsequenzen** für die Arbeitnehmer drohen, insbesondere im Hinblick auf die Realisierbarkeit ihrer Vergütungsansprüche oder die zu erwartende Kündigung wegen fehlender Kapitalreserven und/oder Kreditlinien für die Aufrechterhaltung des Betriebs.[1218] So ist zB über einen **Insolvenzantrag** zu berichten, nicht aber über Umstände, die lediglich als einer von zahlreichen Indikatoren für die wirtschaftliche Bonität des Erwerbers in Betracht kommen. Erst recht kann von dem informierenden Veräußerer keine Prognose über die langfristige Überlebensfähigkeit des erwerbenden Unternehmens verlangt werden.

Werden allerdings „freiwillig" Angaben zur wirtschaftlichen Situation des neuen Arbeitgebers gemacht (was sich uU aus psychologischen Gründen empfehlen kann), müssen diese richtig und vollständig sein, weil ansonsten (zumindest) eine Haftung wegen unzutreffender Angaben nach § 613a Abs. 5 iVm § 280 Abs. 1 BGB,[1219] nach der weitergehenden Auffassung des BAG sogar der Nichtbeginn der Monatsfrist des § 613a Abs. 6 BGB droht.[1220]

5. Zeitpunkt der Unterrichtung

Gemäß § 613a Abs. 5 BGB sind die betroffenen Arbeitnehmer ***vor*** dem Betriebsübergang zu unterrichten. In der Praxis empfiehlt es sich ohnehin, mindestens **einen Monat**[1221] vor dem Betriebsübergangsdatum die Arbeitnehmer zu informieren, um spätestens im Zeitpunkt des Betriebsübergangs Klarheit zu haben, ob und welche Arbeitnehmer von ihrem Widerspruchsrecht Gebrauch gemacht haben. Die Unterrichtungspflicht besteht allerdings so lange fort, bis sie erfüllt wird. Daher ist jeder beteiligte Arbeitgeber **auch nach dem Betriebsübergang zur Unterrichtung** verpflichtet, wenn der Arbeitnehmer nicht oder nicht ordnungsgemäß unterrichtet wurde.[1222] Rechtsfolge verspäteter Unterrichtung ist unter anderem, dass die Widerspruchsfrist nach § 613a Abs. 6 BGB erst ab Zugang einer ordnungsgemäßen Unterrichtung zu laufen beginnt.[1223] **Maßgeblich** für die **Richtigkeit und Vollständigkeit** der Tatsachen, über die informiert wird, ist der **Zeitpunkt des Zugangs** der Unterrichtungserklärung.[1224] Hinsichtlich der Unterrichtung nach Nr. 4 kommt es also auf das Planungsstadium im Zeitpunkt des Zugangs der Unterrichtung an.[1225] Eine Verpflichtung zur Mitteilung **nachträglicher Veränderungen** besteht grundsätzlich **nicht.**[1226] Erfolgt sie gleichwohl freiwillig, beginnt dennoch die Monatsfrist für die Aus- 225

1218 Ebenso *Grau* S. 179; *Grobys* BB 2002, 726 (728); *Willemsen* FS Küttner, 2006, 417 (423); *Reinhard* NZA 2009, 63 (68); *Kliemt/Teusch* FS Bauer, 2010, 537 (544).

1219 Vgl. *Willemsen* FS Küttner, 2006, 417 (428). Zu den Folgen unrichtiger „überobligationsmäßiger" Angaben auch *Grau* S. 220.

1220 Zu den Folgen fehlerhafter Unterrichtung → Rn. 228 ff.

1221 Zum *frühest*möglichen Zeitpunkt der Unterrichtung nach § 613a Abs. 5 BGB vgl. *Rieble* FS 25-jähriges Bestehen der Arbeitsgemeinschaft Arbeitsrecht, 2006, 687 (701); *Willemsen* FS Küttner, 2006, 417 (426); *Nebeling/Brauch* BB 2010, 1474 (1475).

1222 Ebenso *Gaul*, Betriebs- und Unternehmensspaltung, § 11 Rn. 27. S. zur Nachunterrichtung auch *Leßmann* DB 2011, 2378.

1223 BT-Drs. 14/7760, 19; BAG 13.7.2006 – 8 AZR 305/05, NZA 2006, 1268; 14.12.2006 – 8 AZR 763/05, NZA 2007, 682; 21.8.2008 – 8 AZR 407/07, NZA-RR 2009, 62; 24.8.2017 – 8 AZR 265/16, NJW 2018, 647; ErfK/*Preis* BGB § 613a Rn. 92; *Willemsen/Lembke* NJW 2002, 1159 (1163); aA wohl *Bauer/von Steinau-Steinrück* ZIP 2002, 457 (459).

1224 BAG 13.7.2006 – 8 AZR 305/05, NJW 2007, 246; 14.12.2006 – 8 AZR 763/05, NZA 2007, 682; 23.7.2009 – 8 AZR 538/08, NZA 2010, 89; 10.11.2011 – 8 AZR 430/10, NJOZ 2012, 860 Rn. 24; *C. Meyer* BB 2003, 1010 (1012); *Grobys* BB 2002, 726 (728).

1225 Auch → Rn. 223 sowie BAG 13.7.2006 – 8 AZR 305/05, NZA 2006, 1268 Rn. 31; 23.7.2009 – 8 AZR 538/08, NZA 2010, 89 Rn. 21.

1226 So ausdrücklich BAG 13.7.2006 – 8 AZR 303/05, NZA 2006, 1273 Rn. 31; HWK/*Müller-Bonanni* BGB § 613a Rn. 339 *Gaul* § 11 Rn. 22; *ders.* DB 2005, 2465; *Göpfert/Winzer* ZIP 2008, 761; aA *Jaeger* ZIP 2004, 433 (437); ErfK/*Preis* BGB § 613a Rn. 92.

übung des Widerspruchsrechts nicht erneut zu laufen.[1227] Etwas anderes gilt allerdings, wenn sich die *„essentialia negotii"* verändert haben, etwa indem eine andere Gesellschaft als ursprünglich mitgeteilt den Betrieb übernimmt oder statt des gesamten Betriebs nur noch ein Teil übertragen werden soll.[1228] In diesem Falle muss das erneute Unterrichtungsschreiben den Hinweis enthalten, dass hierdurch eine neue Monatsfrist nach § 613a Abs. 6 BGB in Gang gesetzt wird.[1229]

226 Die im älteren Schrifttum vertretene Ansicht, dass **nur eine vor dem Betriebsübergang erfolgte** ordnungsgemäße und vollständige Information im Sinne von § 613a Abs. 5 BGB die Monatsfrist für den Widerspruch nach Abs. 6 auszulösen vermöge,[1230] darf als zwischenzeitlich überholt betrachtet werden. Es ist kein vernünftiger Grund dafür ersichtlich, warum die beteiligten Arbeitgeber nicht auch noch durch eine nach dem Betriebsübergang erfolgte Information nach Abs. 5 die Frist des Abs. 6 sollten in Gang setzen können; auch die Gesetzesbegründung spricht für diese Möglichkeit[1231] (dazu auch → Rn. 149).

Die vorgenannten Grundsätze gelten entsprechend, wenn ein **Unterrichtungsmangel** durch die erneute Information nach Abs. 6 **geheilt** werden soll. Auch dies ist noch nach Betriebsübergang möglich, jedoch muss der Charakter einer erneuten Information **erkennbar** werden, durch die die Widerspruchsfrist abermals ausgelöst wird.[1232]

6. Form der Unterrichtung

227 Die Unterrichtung der Arbeitnehmer hat gemäß § 613a Abs. 5 BGB in **Textform** (§ 126b BGB) zu erfolgen. Es muss eine **lesbare** Erklärung auf einem **dauerhaften Datenträger** abgegeben werden (zB Kopie, Fax, E-Mail),[1233] die Person des Erklärenden irgendwo im Text so angegeben werden, dass der **Aussteller der Erklärung erkennbar** ist, und der Abschluss der Erklärung in geeigneter Weise erkennbar gemacht werden (zB durch Namensnennung, Faksimile oder eingescannte Unterschrift, Datierung, eine Grußformel oder den Zusatz „Erklärung ist nicht unterschrieben").[1234] Ein lediglich mit „Personell Services" unterzeichnetes Anschreiben, dem die Person des Erklärenden nicht entnommen werden kann, wahrt nicht die Textform des § 126b BGB.[1235] Die Erklärung muss dem Arbeitnehmer individuell **zugehen,** so dass ein bloßer **Aushang** im Betrieb **nicht genügt.**[1236] Schon aus **Beweisgründen** sollte eine „verkörperte" Form der Erklärung gewählt werden.

Keine Aussage trifft § 613a Abs. 5 BGB hinsichtlich der **Sprache,** in der die Arbeitnehmer zu unterrichten sind. Erklärungen im Rahmen von Rechtsverhältnissen, die deutschem Recht unterliegen, können generell in deutscher Sprache erfüllt werden, sofern nicht Ausnahmevorschriften bestehen (zB § 11 Abs. 2 S. 2 AÜG; § 2 Abs. 5 Erste Verord-

---

[1227] Ebenso *Gaul/Otto* DB 2005, 2465.
[1228] In diesem Sinne auch BAG, aaO.
[1229] BAG 23.7.2009 – 8 AZR 538/08, NZA 2010, 89 Rn. 21; ErfK/*Preis* BGB § 613a Rn. 92.
[1230] Insbesondere *Bauer/v. Steinau-Steinrück* ZIP 2002, 457 (459, 464); *Partsch/Reich* AEP 2002, 298 (301).
[1231] BT-Drs. 14/7760, 20; vgl. dazu auch *Willemsen* FS Küttner, 2006, 417 (425); wie hier auch BAG 23.7.2009 – 8 AZR 538/08, NZA 2010, 89; ErfK/*Preis* BGB § 613a Rn. 92; *Leßmann* DB 2011, 2378 ff.
[1232] BAG 23.7.2009 – 8 AZR 538/08, NZA 2010, 2378.
[1233] Die Übermittlung durch Fax oder E-Mail genügt aber nur den Erfordernissen des § 130 BGB, wenn der Empfänger durch Mitteilung seiner Faxnummer oder E-Mail-Anschrift oder in sonstiger Weise zu erkennen gibt, dass er mit einer telekommunikativen Übermittlung von rechtserheblichen Erklärungen einverstanden ist, Palandt/*Ellenberger* BGB § 126b Rn. 3.
[1234] BT-Drs. 14/4987, 20; Palandt/*Ellenberger* BGB § 126b Rn. 5; zu den damit verbundenen Risiken siehe *Gaul,* aaO, § 11 Rn. 25. Trotz geändertem Wortlaut ist an dem Erfordernis des Abschlusses der Erklärung festzuhalten; vgl. Palandt/*Ellenberger* BGB § 126b Rn. 5.
[1235] BAG 23.7.2009 – 8 AZR 538/08, NZA 2010, 89 Rn. 21 aE.
[1236] HWK/*Müller-Bonanni* BGB § 613a Rn. 321; *Grau* S. 201; Staudinger/*Annuß* BGB § 613a Rn. 273; differenzierend *Hauck* NZA-Sonderbeilage 1/2004, 43 (47).

nung zur Durchführung des BetrVG Wahlordnung – WO [11.12.2001, BGBl. I, S. 3494]). Sofern die Arbeitnehmer eine andere Sprache verstehen, kann die Unterrichtung allerdings auch in der anderen Sprache erfolgen. Ist der Arbeitnehmer der deutschen Sprache nicht mächtig und hat der Arbeitgeber zuvor mit ihm in einer anderen Sprache (zB Englisch) kommuniziert, kann es § 242 BGB gebieten, auch das Informationsschreiben in dieser Sprache abzufassen.

7. Rechtscharakter der erteilten Informationen und Rechtsfolgen fehlerhafter Unterrichtung

Bereits der Wortlaut des § 613a Abs. 5 BGB deutet darauf hin, dass es sich bei der Unter- 228
richtung über den Grund und die Folgen des Betriebsübergangs lediglich um (deskriptive) **Wissenserklärungen, nicht** aber um (konstitutive) **Willenserklärungen** handelt.[1237] Aus ihnen kann daher **nicht unmittelbar auf Erfüllung geklagt werden,** wohl aber begründen unzutreffende Informationen möglicherweise **Schadensersatzpflichten** des jeweils erklärenden (alten oder neuen) Arbeitgebers (→ Rn. 229b). Dies ist von besonderer Bedeutung bei Informationen durch den bisherigen Arbeitgeber im Sinne von § 613a Abs. 5 Nr. 3 und 4 BGB, hinsichtlich derer er regelmäßig auf Angaben von Erwerberseite angewiesen ist. In der **Praxis** empfiehlt es sich, dass er sich einerseits diese Angaben **vom Erwerber schriftlich bestätigen** lässt und andererseits in den Informationsschreiben die **Herkunft dieser Angaben** (zB in Bezug auf die hinsichtlich der Arbeitnehmer in Aussicht genommenen Maßnahmen) hinreichend deutlich macht (zB: „Die Firma X hat uns mitgeteilt, dass sie mit Ausnahme des Bereichs Z keine Personalabbaumaßnahmen in dem übernommenen Betrieb plant.“).

Die ordnungsgemäße Unterrichtung der Arbeitnehmer gem. § 613a Abs. 5 BGB ist von 229
erheblicher Bedeutung für die beteiligten Arbeitgeber. Wie oben ausgeführt (→ Rn. 149), beginnt die **Erklärungsfrist** für den **Widerspruch** des Arbeitnehmers nach § 613a Abs. 6 BGB nämlich **erst ab Zugang einer vollständigen, inhaltlich richtigen und formgerechten Unterrichtung** zu laufen. Der Ablauf der Widerspruchsfrist ist hinsichtlich der **Planungssicherheit** für Betriebserwerber und -veräußerer äußerst wichtig. Durch die Verknüpfung des Widerspruchsrechts mit der umfangreichen und praktisch schwer eingrenzbaren Unterrichtungspflicht wird jedoch eine erhebliche **Rechtsunsicherheit** heraufbeschworen. Dies betrifft nicht zuletzt das Problem, mit wem eigentlich das Arbeitsverhältnis während des „Schwebezustands“ des noch nicht ausgeübten Widerspruchs besteht. An den Inhalt der Unterrichtung nach § 613a Abs. 5 BGB sollten deshalb keine überspannten Anforderungen gestellt werden. Zudem ist richtigerweise davon auszugehen, dass **kleinere Fehler** oder Unvollständigkeiten, die für die Entscheidung des Arbeitnehmers über die Ausübung oder Nichtausübung des Widerspruchsrechts **offensichtlich nicht erheblich sind,** die Ingangsetzung der Monatsfrist des § 613a Abs. 6 BGB nicht hindern.[1238] Entsprechend dem Zweck der Unterrichtungspflicht, dem Arbeitnehmer eine **informierte Entscheidung** über die Ausübung des Widerspruchsrechts zu ermöglichen (dazu näher → Rn. 210), ist jeweils zu fragen, ob der jeweilige Unterrichtungsfehler **ernsthaft geeignet** sein konnte, den Arbeitnehmer **von der Ausübung seines Widerspruchsrechts abzuhalten.**[1239] Durch einen derartigen Prüfungsmaßstab wird verhindert, dass bloße „Nebenkriegsschauplätze“ als Vorwand für ein „ewiges“ Widerspruchsrecht genutzt werden können. Die bisherige ständige Rechtsprechung des BAG lehnt Kausalitätsüberlegun-

[1237] Ebenso BAG 10.11.2011 – 8 AZR 430/10, NJOZ 2012, 860 Rn. 52. S. zu der parallelen Fragestellung bezüglich der Pflichtangaben im Umwandlungsvertrag → C Rn. 458.
[1238] S. dazu auch *Willemsen* FS Küttner, 2006, 417 (425).
[1239] Vgl. zu der entsprechenden Fragestellung bei Verstößen gegen die Belehrungspflicht über das Widerrufsrecht bei Verbraucherdarlehensverträgen gemäß § 492 Abs. 2 iVm § 495 BGB *Habersack/Schürnbrand* ZIP 2014, 749 (754); *Duchstein* NJW 2015, 1409 (1413).

gen demgegenüber ab[1240] und lässt dagegen eine (nur) „im Kern richtige" oder „ausreichende" Unterrichtung nicht genügen, sondern verlangt eine **vollständig zutreffende Information.**[1241] Diese äußerst rigide Rechtsprechung zwingt die Praxis selbst im Fall geringfügiger Unterrichtungsfehler uU zu einer **förmlichen Wiederholung der Unterrichtung** (wenn der Unterrichtungsfehler überhaupt erkannt wird). Hierdurch wird allerdings eine **neue Monatsfrist** nach § 613a Abs. 6 S. 1 BGB in Gang gesetzt, worauf in der erneuten Unterrichtung ausdrücklich hingewiesen werden sollte.

229a Eine – zaghafte – Lockerung der strengen Anforderungen lassen die beiden bereits angesprochenen (vgl. → Rn. 220, 224) Entscheidungen des 8. Senats vom 24.8.2017[1242] und vom 15.12.2016[1243] erkennen. In der ersten Entscheidung hat der Senat angenommen, dass die widerspruchlose Weiterarbeit beim neuen Inhaber über einen Zeitraum von sieben (sic!) Jahren zur Verwirkung des Widerspruchsrechts führen könne, wenn der Arbeitnehmer über den Übergang seines Arbeitsverhältnisses unter Mitteilung des Zeitpunkts oder des geplanten Zeitpunkts sowie des Gegenstands des Betriebsübergangs und des Betriebsübernehmers (grundlegende Informationen) in Textform in Kenntnis gesetzt und über sein Widerspruchsrecht nach § 613a Abs. 6 BGB belehrt wurde. In der zweiten Entscheidung hat der Senat immerhin angenommen, dass die fehlende Unterrichtung über das Sozialplanprivileg nach § 112a Abs. 2 S. 1 BetrVG mit dem Ende des Privilegierungszeitraums geheilt wird.

Eine weitere **Lockerungstendenz** lässt eine Entscheidung vom 10.11.2011 erkennen, wonach ein juristischer Fehler dann nicht unterrichtungsschädlich ist, wenn es zu der Rechtsfrage auch andere Rechtsprechung oder Meinungen als die dargestellte herrschende Rechtsprechung, insbesondere des BAG, gibt.[1244]

229b Wie erörtert, ist die Unterrichtung nach § 613a Abs. 5 BGB eine **echte Rechtspflicht** und keine bloße Obliegenheit (→ Rn. 211), so dass die betroffenen Arbeitnehmer neben der Ausübung des Widerspruchsrechts im Hinblick auf die noch nicht erteilten Informationen **Erfüllung** verlangen sowie Sekundäransprüche geltend machen können. So kommt etwa ein **Schadensersatzanspruch** des Arbeitnehmers gegen den alten Arbeitgeber aus § 280 Abs. 1 BGB und gegen den neuen Betriebsinhaber aus §§ 280 Abs. 1, 311 Abs. 2 Nr. 3, 241 Abs. 2 BGB in Betracht, wenn die beteiligten Arbeitgeber den Arbeitnehmer darüber unterrichten, dass die Arbeitsbedingungen völlig unverändert bleiben, obwohl etwa Gratifikationen im Erwerberbetrieb aufgrund einer die alte Betriebsvereinbarung gemäß § 613a Abs. 1 S. 3 BGB ablösenden Kollektivvereinbarung entfallen. Fraglich ist allerdings, ob überhaupt ein ersatzfähiger Schaden entsteht, denn der Arbeitnehmer hätte bei ordnungsgemäßer Unterrichtung zwar sein Widerspruchsrecht ausüben können; ihm wäre dann aber beim alten Arbeitgeber möglicherweise betriebsbedingt gekündigt worden. Für das Vorliegen eines solchen kausal entstandenen Schadens ist der Arbeitnehmer im Prozess darlegungs- und beweispflichtig.[1245] Dabei besteht **keine Vermutung** dahingehend, dass der Arbeitnehmer bei ordnungsgemäßer Unterrichtung sein Widerspruchsrecht ausgeübt hätte,[1246] da es sich um eine **Abwägungsentscheidung** handelt,

---

[1240] Zuletzt BAG 24.8.2017 – 8 AZR 265/16, NZA 2018, 168.

[1241] BAG 13.7.2006 – 8 AZR 305/05, NZA 2006, 1268 Rn. 34; 20.3.2008 – 8 AZR 1016/06, NZA 2008, 1354; 24.7.2008 – 8 AZR 73/07, BeckRS 2009, 58465; 22.1.2009 – 8 AZR 808/07, NZA 2009, 547; 10.11.2011 – 8 AZR 430/10, NJOZ 2012, 860 Rn. 29; 26.5.2011 – 8 AZR 18/10, NJOZ 2011, 1826; ErfK/*Preis* BGB § 613a Rn. 85.

[1242] BAG 24.8.2017 – 8 AZR 265/16, NZA 2018, 168.

[1243] BAG 15.12.2016 – 8 AZR 612/15, NZA 2017, 783.

[1244] BAG 10.11.2011 – 8 AZR 430/10, NJOZ 2012, 860 Rn. 29; 26.3.2015 – 2 AZR 783/13, NZA 2015, 866 Rn. 25 („rechtlich vertretbare Position" mit Bezugnahme auf BAG 13.7.2006 – 8 AZR 303/05, NZA 2006, 1273).

[1245] BAG 31.1.2008 – 8 AZR 1116/08, NZA 2008, 642 Rn. 39; s. zu dieser Entscheidung auch *Lunk* RdA 2009, 48; 20.3.2008 – 8 AZR 1022/06, NZA 2008, 1297 Rn. 52; ErfK/*Preis* BGB § 613a Rn. 94.

[1246] Ebenso BAG 20.3.2008, aaO; aA *Klocke* RdA 2017, 311 (314 f.).

die mehrere Verhaltensvarianten eröffnet.[1247] Nach der Rechtsprechung des BAG scheidet ein **Schadensersatzanspruch wegen unterlassenen Widerspruchs** in Folge mangelhafter Unterrichtung zudem in der Regel deshalb aus, weil der Arbeitnehmer den Widerspruch auch noch nach Ablauf der Monatsfrist des § 613a Abs. 6 S. 1 BGB hätte ausüben können.[1248]

Nicht zufriedenstellend ist auch die These der Rechtsprechung, dass auch die zwar (äußerlich) vollständige, aber inhaltlich **fehlerhafte** Information zur Folge hat, dass die Monatsfrist für die Ausübung des Widerspruchsrechts nicht zu laufen beginnt. Die **Gleichstellung** von unterbliebener und unrichtiger Information findet **im allgemeinen Auskunftsrecht keine Stütze** und vermag auch in dem vorliegenden Zusammenhang nicht zu überzeugen.[1249] Vielmehr ist auch eine äußerlich, dh nach einem extern-objektiven Maßstab vollständige und in sich schlüssige (dh hinsichtlich der Rechtsfolgen zumindest nachvollziehbare), aber materiell unrichtige oder lückenhafte Information richtiger Ansicht zufolge durchaus geeignet, die Widerspruchsfrist des § 613a Abs. 6 BGB in Gang zu setzen. Als zutreffende Sanktion erweist sich in solchen Fällen der **Schadensersatzanspruch** wegen Schlechterfüllung gemäß § 280 BGB. Dieses Instrument ist deutlich angemessener und flexibler als das „Alles oder Nichts" der Rechtsprechung, mit dem einer „Rosinenpickerei" auf Seiten der Arbeitnehmer Tür und Tor geöffnet wird.[1250] Der schadensrechtliche Ansatz ermöglicht auch die Berücksichtigung von Kausalitätsaspekten sowie des Gedankens der **Vorteilsausgleichung.**[1251] Er erweist sich zudem auch dann als tragfähig, wenn der Arbeitnehmer auf Grund unzureichender Unterrichtung dem Übergang seines Arbeitsverhältnisses **widersprochen** und dadurch einen **Schaden** erlitten hat, der ihm nach § 613a Abs. 5 BGB iVm §§ 282, 249 ff. BGB zu ersetzen ist.[1252] 230

Eine inhaltlich unzutreffende Unterrichtung des Arbeitnehmers kann (unstreitig) schließlich auch die **Anfechtung** von Willenserklärungen nach sich ziehen, etwa des Widerspruchs durch den Arbeitnehmer, der unzutreffend darüber unterrichtet wurde, dass sich die Arbeitsbedingungen beim Betriebserwerber erheblich verschlechtern, und der deshalb dem Übergang seines Arbeitsverhältnisses widersprochen hat. In diesem Fall kommt ebenso wie bei vorsätzlich fehlerhafter Unterrichtung über die Voraussetzungen eines **gesetzlichen Insolvenzschutzes**[1253] eine Anfechtung des Widerspruchs durch den Arbeitnehmer wegen **arglistiger Täuschung** gem. § 123 Abs. 1 BGB in Betracht,[1254] wobei die beteiligten Arbeitgeber aufgrund ihrer Gesamtschuldnerstellung im Hinblick auf die Unterrichtungspflicht (§ 613a Abs. 5 BGB; dazu → Rn. 214) nicht „Dritte" im Sinne des § 123 Abs. 2 BGB sind. Fehlt es an der Arglist, liegt jedoch **Fahrlässigkeit** hinsichtlich der fehlerhaften oder unvollständigen Unterrichtung vor, kommt die Rückgängigmachung der Rechtsfolgen des Widerspruchs im Rahmen des § 280 Abs. 1 iVm § 249 BGB in Be- 231

[1247] BAG, aaO; *Willemsen* FS Küttner, 2006, 417 (429); *Klocke* RdA 2017, 311 (313).

[1248] So ausdrücklich BAG 20.3.2008 – 8 AZR 1022/06, NZA 2008, 1297 Rn. 54; s. auch *Sagan* ZIP 2011, 1641 (1646); kritisch dazu *Grau* RdA 2005, 367 (373 f.); ErfK/*Preis* BGB § 613a Rn. 94; differenzierend *Klocke* RdA 2017, 311 (313).

[1249] Wegen der Begründung und der Konsequenzen im Einzelnen wird verwiesen auf *Willemsen* FS Küttner, 2006, 417 (426); *ders.* NJW 2007, 2065 (2070); *Müller-Bonanni* FS Willemsen, 2018, 331 (336). S. auch den abweichenden Lösungsansatz von *Sagan* ZIP 2011, 1641 (1649): Berücksichtigung der Schwere des Unterrichtungsfehlers im Rahmen der Verwirkung.

[1250] Vgl. *Willemsen* FS Küttner, 2006, 417 (428); *ders.* NJW 2007, 2065 (2070); tendenziell ähnlich *Pröpper* DB 2003, 2011 (2012). Zustimmend zu diesem Ansatz *Grosjean/Biester* DB 2007, 1466 (1468); *Müller-Bonanni* FS Willemsen, 2018, 331 (336).

[1251] S. dazu *Lunk* RdA 2009, 48 (52).

[1252] Vgl. BAG 24.5.2012 – 2 AZR 62/11, NZA 2013, 277 Rn. 73.

[1253] S. dazu BAG 15.12.2011 – 8 AZR 220/11, NZA 2012, 1101.

[1254] Dazu → Rn. 152. Ebenso BAG 15.2.2007 – 8 AZR 310/06, ZIP 2007, 1618; *Gaul/Otto* DB 2005, 2465 (2469).

tracht.[1255] Auch dabei hat das Gericht Gesichtspunkte der Kausalität (hier: des Unterrichtungsfehlers für den ausgeübten Widerspruch) sowie der **Vorteilsausgleichung** (wie etwa eine vom Veräußerer gezahlte Abfindung) sorgfältig zu prüfen. Dagegen ist eine **betriebsbedingte Kündigung** seitens des Betriebsveräußerers nach erfolgtem Widerspruch **nicht** deshalb **unwirksam,** weil der Arbeitnehmer nicht zuvor ordnungsgemäß nach § 613a Abs. 5 BGB unterrichtet wurde.[1256]

231a Eine unterbliebene oder fehlerhafte Unterrichtung gemäß § 613a Abs. 5 BGB ist auch für die Berufung des Betriebserwerbers auf tarifliche oder vertragliche **Ausschlussfristen** von Bedeutung: Eine derartige Berufung verstößt nach Ansicht des 5. BAG-Senats **gegen Treu und Glauben (§ 242 BGB)**, wenn ein innerer Zusammenhang zwischen dieser Pflichtverletzung und dem Fristversäumnis besteht.[1257] Dem Erwerber dürfte es in einer solchen Konstellation aber auch unter schadensersatzrechtlichen Gesichtspunkten verwehrt sein, sich auf den Verfall einer Ausschlussfrist zu berufen, wenn deren Nichtbeachtung durch den Arbeitnehmer auf einer Verletzung der Unterrichtungspflicht beruht.

231b **Hoheitliche Sanktionen,** wie etwa die Verhängung einer **Geldbuße,** sind bei nicht ordnungsgemäßer Erfüllung der Unterrichtungspflicht (§ 613a Abs. 5 BGB) **nicht vorgesehen.**

232 Für den **Vortrag im Prozess** in Bezug auf die Mangelhaftigkeit des Unterrichtungsschreibens geht der 8. Senat von einer **abgestuften Darlegungs- und Beweislast** aus: Entspreche eine Unterrichtung zunächst formal den Anforderungen des § 613a Abs. 5 BGB und sei sie nicht offensichtlich fehlerhaft, sei es Sache des Arbeitnehmers, einen Mangel näher darzulegen. Die Unterrichtungsverpflichteten müssten sodann Einwände des Arbeitnehmers mit entsprechenden Darlegungen und Beweisantritten entkräften.[1258] Eine offensichtlich unzureichende Information in *diesem* Sinne (dh begrenzt auf die Darlegungs- und Beweislast) ist nach Ansicht des Senats **nur** dann gegeben, wenn die Unterrichtung über die **Person des Erwerbers** und/oder in Bezug auf einen in § 613a Abs. 5 BGB genannten Umstand fehlt bzw. unverständlich oder auf den ersten Blick mangelhaft ist.[1259] Das **Verschulden** der Unterrichtungsverpflichteten hinsichtlich des Unterrichtungsmangels wird hingegen nach § 280 Abs. 1 S. 2 BGB widerlegbar vermutet.[1260] Dass dem Arbeitnehmer in Folge des Unterrichtungsmangels ein **kausal verursachter Schaden** entstanden ist, hat wiederum dieser darzulegen und zu beweisen. Dies gilt insbesondere auch hinsichtlich einer ihm beim Veräußerer „entgangenen" (Sozialplan-)Abfindung.[1261]

8. Anpassung des Umwandlungsgesetzes (§ 324 UmwG); Geltung des § 613a Abs. 5 und 6 BGB bei Umwandlung und Anwachsung

233 Als Folge der Ergänzung des § 613a BGB um die Abs. 5 und 6 wurde § 324 UmwG dahingehend angepasst, dass § 613a Abs. 1 und 4–6 BGB durch die Wirkungen der Eintragung von Verschmelzung, Spaltung oder Vermögensübertragung unberührt bleibt. Dadurch soll bestimmt werden, dass die Unterrichtungspflicht gegenüber den betroffenen Arbeitnehmern (§ 613a Abs. 5 BGB) und das Widerspruchsrecht der Arbeitnehmer

[1255] Vgl. Palandt/*Ellenberger* BGB § 123 Rn. 27. Fraglich ist allerdings, ob lediglich ein finanzieller Ausgleich oder der Abschluss eines Arbeitsvertrags mit dem Erwerber verlangt werden kann; gegen letzteres mit beachtlichen Gründen *Gaul/Otto* DB 2005, 2465 (2469).

[1256] BAG 24.5.2005 – 8 AZR 398/04, NZA 2005, 1302.

[1257] BAG 22.8.2012 – 5 AZR 526/11, NZA 2013, 376.

[1258] BAG 13.7.2006 – 8 AZR 305/05, NZA 2006, 1268; 14.12.2006 – 8 AZR 763/05, NZA 2007, 682; 10.11.2011 – 8 AZR 430/10, NJOZ 2012, 860 Rn. 24; 28.2.2019 – 8 AZR 201/18, AP BGB § 613a Nr. 477 Rn. 45 ff.; *Lingemann* NZA 2012, 546; *Gaul/Krause* RdA 2013, 39 (41); ErfK/*Preis* BGB § 613a Rn. 86a.

[1259] BAG 10.11.2011 – 8 AZR 430/10, NJOZ 2012, 860 Rn. 25.

[1260] BAG 13.7.2006 – 8 AZR 382/05, NZA 2006, 1406; 31.1.2008 – 8 AZR 1116/06, NZA 2008, 642 Rn. 38; 20.3.2008 – 8 AZR 1022/06, NZA 2008, 1297.

[1261] BAG 31.1.2008 – 8 AZR 1116/08, NZA 2008, 642 Rn. 40.

(§ 613a Abs. 6 BGB) auch in den genannten Umwandlungsfällen Anwendung finden.[1262] Damit bestehen im Falle von Unternehmensumwandlungen nicht nur Informationspflichten der beteiligten Unternehmen gegenüber den zuständigen Betriebsräten (§§ 5 Abs. 3, 126 Abs. 3 UmwG), sondern auch gegenüber den Arbeitnehmern der an der Umwandlung beteiligten Unternehmen.

Die Unterrichtung der Arbeitnehmer über den genauen **Zeitpunkt** des Betriebsübergangs ist in Umwandlungsfällen nicht ganz einfach, denn maßgeblich für den Übergang des Betriebs und der ihm zuzuordnenden Arbeitsverhältnisse ist der Zeitpunkt der Eintragung der Umwandlung in das Handelsregister (vgl. § 20 Abs. 1 Nr. 1 UmwG, § 131 Abs. 1 Nr. 1 UmwG), falls die beteiligten Unternehmen sich nicht auf eine vorherige Übertragung der betrieblichen Leitungsmacht verständigt haben.[1263] Da der Tag der Handelsregistereintragung nicht genau prognostizierbar ist, ist der Unterrichtungspflicht des § 613a Abs. 5 Nr. 1 BGB hinsichtlich des geplanten Zeitpunktes des Übergangs durch eine Formulierung Genüge getan, die darüber aufklärt, dass der **Übergang mit der Eintragung in das Handelsregister** stattfindet, und die den voraussichtlichen Monat der Eintragung benennt.

Die Gesetzesbegründung weist zutreffend darauf hin, dass es **keinen Ansatz für ein** 234
Widerspruchsrecht gibt, wenn der übertragende Rechtsträger infolge der Umwandlung (dh bei Verschmelzung, Aufspaltung, vollständiger Vermögensübertragung) **erlischt.**[1264] Dies ist vom BAG aber inzwischen bestätigt worden.[1265] Insoweit kommt allerdings ein außerordentliches Kündigungsrecht (§ 626 BGB) des Arbeitnehmers in Betracht.[1266]

Im Falle der gesellschaftsrechtlichen **Anwachsung** (§ 738 Abs. 1 S. 1 BGB) bei Aus- 235
scheiden eines Gesellschafters aus einer zweigliedrigen Personengesellschaft bedarf es eines Rückgriffs auf § 324 UmwG (im Wege der Analogie[1267]) nicht, weil § 613a BGB richtiger Auffassung zufolge[1268] auf diesen Fall der gesellschaftsrechtlichen Gesamtrechtsnachfolge direkt Anwendung findet (auch → B Rn. 90).

[1262] BT-Drs. 14/7760, 20.

[1263] Näher Kallmeyer/*Willemsen* UmwG § 324 Rn. 13, s. zu dieser Konstellation BAG 25.5.2000 – 8 AZR 416/99, NZA 2000, 1115; s. dazu auch → Rn. 125.

[1264] BT-Drs. 14/7760, 20.

[1265] BAG 21.2.2008 – 8 AZR 157/07, NZA 2008, 815.

[1266] Ebenso BAG 21.2.2008, aaO; ebenso *Franzen* RdA 2002, 258; *Willemsen/Lembke* NJW 2002, 1165; *Gaul/Otto* DB 2002, 634; dazu auch → Rn. 159.

[1267] Dafür *Däubler* AiB 2003, 385 (388).

[1268] Vgl. insbesondere *Seibt* FS Röhricht, 2005, 603 (604 ff.); siehe auch HWK/*Willemsen* BGB § 613a Rn. 187; aA *Wilhelm* FS 25-jähriges Bestehen der Arbeitsgemeinschaft Arbeitsrecht, 2006, 721 (728). Offen gelassen in BAG 21.2.2008 – 8 AZR 157/07, NZA 2008, 815 Rn. 14.

H. Kündigungsrechtliche Fragen

Übersicht

Ausgewählte Literatur:

Annuß, Betriebsbedingte Kündigung und arbeitsvertragliche Bindung, 2004; BB 2006, 266; *Bachner,* Sozialauswahl und Beteiligung des Betriebsrats bei unternehmens- und konzernweiten Verlagerungs- und Konzentrationsmaßnahmen, NZA 2006, 1309; *Bauer,* Neues Spiel bei der Betriebsänderung und der Beschäftigungssicherung, NZA 2001, 375; *Bauer/Günter,* Ungelöste Probleme bei Einführung von Kurzarbeit, BB 2009, 662; *Bauer/Herzberg,* Arbeitsrechtliche Probleme in Konzernen mit Matrixstrukturen, NZA 2011, 713; *Bauer/Klein,* Sozialauswahl bei Teilzeitbeschäftigung, BB 1999, 1162; *Bauer/Winzer,* Vom Personalleiter zum Pförtner?; *Bayreuther,* Die Durchsetzbarkeit des konzernweiten Kündigungsschutzes, NZA 2006, 819; *Bezani,* Die Erweiterung des Entlassungsbegriffs bei Massenentlassungen, in: Festschrift für Heinz Josef Willemsen zum 65. Geburtstag, 2018, 55, *Bodenstedt/Schnabel,* Betriebsbedingte Kündigungen in der Matrixstruktur – insbesondere im grenzüberschreitend tätigen Unternehmensverbund, BB 2014, 1525; *Böhm/Pawlowski,* Konzernweite Beschäftigungsgarantien bei Umstrukturierungen – aber was, wenn die „Heuschrecken“ kommen, NZA 2005, 1377; *Bonanni/Niklas,* Der Wiedereinstellungsanspruch bei überraschendem Betriebsübergang, DB 2010, 1826; *Bork,* Abberufung des Fremdgeschäftsführers – böswilliges Unterlassen bei Ablehnung einer Alternativtätigkeit im Unternehmen?, NZA 2015, 199; *Buchner/Schlobach,* Die Auswirkung der Umwandlung von Gesellschaften auf die Rechtsstellung ihrer Organpersonen, GmbHR 2004, 1; *Buschbaum,* Die Herausnahme von Leistungsträgern aus der Sozialauswahl, BB 2011, 309; *Däubler,* Der Gemeinschaftsbetrieb im Arbeitsrecht, FS für Albrecht Zeuner, 1994, S. 19 ff.; *Däubler,* Rechtswidrige Unternehmerentscheidung und betriebsbedingte Kündigung, DB 2012, 2100; *Dauner-Lieb,* Change of Control-Klauseln nach Mannesmann, DB 2008, 567; *Dzida/Schramm,* Versetzungsklauseln: mehr Flexibilität für den Arbeitgeber, mehr Kündigungsschutz für den Arbeitnehmer, BB 2007, 1221; *Eckert/Reinbach/Burmeister,* Arbeitsrechtliche Alternativen zur Kurzarbeit, GWR 2020, 216; *Eckert,* Kurzarbeit und Kurzarbeitergeld – Voraussetzungen und Problemfelder, in *Hohenstatt/Sittard,* Arbeitsrecht in Zeiten von Corona (2020); *Fuhlrott,* Zwischengeschaltete Transfergesellschaften zur Vermeidung von Betriebsübergängen, NZA 2012, 549; *ders.,* Erwerberkonzeptkündigung als Alternative zum BQG-Modell bei Betriebsübergängen, BB 2013, 2042; *ders.,* „Freie Stellen“ bei betriebsbedingter Kündigung – Grenzen der Weiterbeschäftigungspflicht, DB 2014, 1198; *Fuhlrott/Fabricius,* Besonderheiten der betriebsbedingten Kündigung von Leiharbeitnehmern, NZA 2014, 122; *Fuhlrott/Hoppe,* Besonderheiten der Sozialauswahl bzw. Weiterbeschäftigungspflicht in Gemeinschaftsbetrieb und Konzern, BB 2012, 253; *Gaul/Ludwig,* Betriebsbedingte Kündigung trotz Einsatz von Leiharbeitnehmern?, BB 2010, 2334; *Gaul/Bonanni,* Betriebsübergreifende Sozialauswahl und die Bedeutung von Versetzungsklauseln, NZA 2006, 289; *Gehlhaar,* Darlegungslast des Arbeitgebers im Kündigungsschutzprozess bei Interessenausgleich mit Namensliste – § 1 Abs. 5 KSchG versus § 102 BetrVG, DB 2008, 1496; *ders.*; Sozialauswahl: Vergleichbarkeit von Arbeitnehmern bei unwirksamer Versetzungsklausel?, NJW 2010, 2550; *Gillen/Vahle,* Die Bedeutung krankheitsbedingter Fehlzeiten im Rahmen der Leistungsträgerregelung, NZA 2013, 534; *Gimmy/Hügel,* Kündigungsschutz für „entgrenzte“ Arbeitnehmer?, NZA 2013, 764; *Göpfert/Stark,* Neues von der Namensliste – „Schaffung“ einer ausgewogenen Personalstruktur, ZIP 2015, 155; *Gragert,* Kündigungsschutz in Kleinbetrieben, NZA 2000, 961; *Haas/Salamon,* Die Auswahlentscheidung bei der Besetzung von (freien) Arbeitsplätzen in anderen Betrieben gemäß § 1.II.2 KSchG, NZA 2006, 1192; *Hanau,* Zur Kündigung von Arbeitsverhältnissen wegen Betriebsübergangs, ZIP 1984, 141; *Hamann,* Leiharbeitnehmer statt eigene Arbeitnehmer, NZA 2010, 1211; *Helle,* Konzernbedingte Kündigungsschranken bei Abhängigkeit und Beherrschung durch Kapitalgesellschaften, 1998; *Henssler/Moll,* Kündigung und Kündigungsschutz in der betrieblichen Praxis, 2000; *Hergenröder/v. Wickede,* Die Rechtsprechung zur Kündigung mit Abfindungsangebot, RdA 2008, 364; *Hirdina,* Die betriebsbedingte Kündigung im öffentlichen Dienst zur Personalkostenreduzierung – Künftig kein Tabu mehr?, NZA 2012, 885; *Hoffmann-Remy/Zaumseil,* (Betriebsbedingte) Kündigung: Die anderweitige Beschäftigungsmöglichkeit im Ausland, DB 2012, 1624; *Hohenstatt/Kock,* Die ordentliche Änderungskündigung mit sofortiger Wirkung, NZA 2004, 524; *Hohenstatt/Sittard,* Arbeitsrecht in Zeiten von Corona, 2. Aufl. 2021; *Horn,* Abfindungsschutz statt Kündigungsschutz?, NZA 2012, 186; *Houben,* Weiterbeschäftigung auf höherwertigen Arbeitsplätzen – ein Tabubruch im Kündigungsrecht?, NZA 2008, 851; *v. Hoyningen-Huene,* Die „missbräuchliche“ Unternehmerentscheidung bei der betriebsbedingten Kündigung, in: 50 Jahre Bundesarbeitsgericht, 2004, S. 369; *Juli,* Aufhebungsverträge ohne Sperrzeit, ArbRAktuell 2017,

237; *A. Junker,* Die unmögliche Änderungskündigung, SAE 2006, 219; *D. Kaiser,* Die Unternehmerentscheidung bei betriebsbedingten Kündigungen, NZA-Beilage 1/2005, 31; *Kalb,* Der Vorrang von Änderungskündigung und Teilkündigung im Arbeitsverhältnis, in: Personalrecht im Wandel, Festschrift für Wolfdieter Küttner zum 70. Geburtstag, 2006, S. 309; *Kempter,* Namensliste, Auswahlrichtlinie, Altersgruppen – Chancen und Risiken bei der Sozialauswahl, BB 2013, 3061; *Kleinebrink,* Betriebsbedingte Kündigung: Strategische Überlegungen des Arbeitgebers zur Darlegung des Wegfalls eines Arbeitsplatzes, DB 2013, 2448; *Klosterkemper,* Objektive Unmöglichkeiten in der Rechtsprechung zum Kündigungsschutzgesetz als Arbeitsplatzvernichter und nicht nur als Beschäftigungsbremse, in: Festschrift für Herbert Buchner zum 70. Geburtstag, 2009, S. 441; *Kock,* Besetzung von freien Arbeitsplätzen bei gleichzeitigem Personalabbau, NJW 2006, 728; *Kögel,* Der Abfindungsanspruch nach § 1a KSchG, RdA 2009, 358; *Kohte/Heggemann/Schelp,* Beschäftigungsanspruch, Verpflichtung zur Dienstleistung und Annahmeverzug nach Abberufung des GmbH-Geschäftsführers, GmbHR 2011, 75; *Kreitner,* Kündigungsrechtliche Probleme beim Betriebsinhaberwechsel, 1989;*Krieger/Reinecke,* Betriebsbedingte Kündigung: Schutz von Leistungsträgern und Altersgruppenbildung, DB 2013, 1906; *Krois,* Die Änderungskündigung zum Zweck der Entgeltsenkung, ZfA 2009, 575; *Künzel/Fink,* Arbeitsvertraglicher Sonderkündigungsschutz und Sozialauswahl, NZA 2011, 1385; *Lelley/Sabin,* Rechtsprechungsänderung zum Ultima-Ratio-Prinzip bei betriebsbedingten Kündigungen, DB 2006, 1110; *Lembke,* Sozialversicherungsrechtliche Fragen bei der Beendigung von Arbeitsverhältnissen, BB 2009, 2594; *Lerch/Weinbrenner,* Auswirkungen individualrechtlicher Unkündbarkeitsregelungen auf die Sozialauswahl, NZA 2011, 1388; *Linck/Krause/Bayreuther,* Kündigungsschutzgesetz, 16. Aufl. 2019, *Lingemann/Beck,* Auswahlrichtlinie, Namensliste, Altersgruppenbildung und Altersdiskriminierung, NZA 2009, 577; *Lipinski;* Reichweite der Kündigungskontrolle durch § 613a IV 1 BGB, NZA 2002, 75; *ders.,* Sozialauswahl bei Betriebsteilübergang zugunsten eines widersprechenden Arbeitnehmers, DB 2002, 1214; *Löwisch,* Einrechnung von Leiharbeitnehmern in den Schwellenwert der Kleinbetriebklausel – Beispiel verfehlter Gesetzesauslegung, in: Festschrift für Rolf Wank zum 70. Geburtstag, 2014, S. 315; *Löwisch/Buschbaum,* Darlegungslast für die Betriebsbedingtheit einer Kündigung wegen Auftragsrückgangs, BB 2010, 1788; *Löwisch/Röder/Krieger,* Punkteschemata für die Sozialauswahl bei betriebsbedingten Kündigungen im Zeitalter von Diskriminierungsverboten, BB 2008, 610; *Lunk,* Die Sozialauswahl nach neuem Recht, NZA-Beilage 1/2005, 41; *Lunk/Seidler,* Sozialauswahl nach Altersgruppen – ein Abschied in Raten, NZA 2014, 455; *Lunk/Seidler,* Betriebsbedingte Kündigungen bei anderweitig freien Arbeitsplätzen, NZA 2018, 201; *Martens,* Das Arbeitsverhältnis im Konzern, in FS 25 Jahre Bundesarbeitsgericht, 1979, S. 367; *Maschmann/Fritz,* Matrixorganisationen, 2019; *Mauer/Holthausen,* „Der nicht mehr zeitgemäße Weihnachtsmann" – Zur Zulässigkeit betriebsbedingter Kündigungen auf Grund geänderten Anforderungsprofils, NZA 2003, 1370; *Mehrens,* Das BQG-Modell erneut auf dem Prüfstand, DB 2010, 2184; *Merten,* Personalabbau beim Unternehmenskauf aus der Insolvenz, in: Festschrift für Jobst-Hubertus Bauer zum 65. Geburtstag, 2010, S. 755; *M. Meyer,* Kündigungsschutz im Kleinbetrieb oder in der Wartezeit nach der Grundrechtecharta?, NZA 2014, 993; *Mohr,* Die Sozialauswahl gem. § 1 Abs. 3 KSchG zwischen Kündigungs- und Diskriminierungsschutz, ZfA 2007, 361; *Moll,* Beschäftigung des Geschäftsführers/Vorstandsmitglieds nach Beendigung der Organstellung?, Festschrift für Peter Schwerdtner zum 65. Geburtstag, 2003, S. 453; *Moll/Ittmann,* Betriebsbedingte Kündigung und Leiharbeit, RdA 2008, 321; *Monz,* Der Einbezug von ins Ausland entsandten Arbeitnehmern in die Sozialauswahl, BB 2014, 250; *Neef,* Betriebsübergang und Betriebsänderung, NZA 1994, 97; *Neef/Neef,* Von der Unmöglichkeit der betriebsbedingten Kündigung, NZA 2006, 1241; *Otto,* Kündigung des Betriebsveräußerers nach Erwerberkonzept – Gestaltungsspielraum ja, aber kein Freibrief für beliebige Konzepte, DB 2014, 1871; *Pils,* Umgehung von § 613 a BGB durch Einsatz einer Transfergesellschaft, NZA 2013, 125; *Preis,* Prinzipien des Kündigungsrechts bei Arbeitsverhältnissen, 1987; *ders.,* Die Grenze freier Unternehmerentscheidungen bei Austauschkündigungen, in: Festschrift für Jobst-Hubertus Bauer, 2010, S. 827; *ders.,* Unbillige Weisungsrechte und überflüssige Änderungskündigungen, NZA 2015, 1; *Preis/Willemsen* (Hrsg.), Kölner Tage des Arbeitsrechts: Umstrukturierung von Betrieb und Unternehmen im Arbeitsrecht, 1999; *Reiserer/Powietzka,* Änderungskündigung zur Entgeltsenkung, BB 2006, 1109; *Richter/Riem,* Ganz oder gar nicht? – Zu den Rechtsfolgen von Teil-Namenslisten, NZA 2011, 1254; *Rieble/Kolbe,* Die neue Änderungskündigung, SAE 2008, 241; *Rinsdorf/Kiedrowski,* Konzernbezug von § 14 II KSchG?, NZA 2012, 183; *Röder/Krieger,* (Mehr) Rechtssicherheit bei betriebsbedingten Kündigungen? – Der praktische Umgang mit Altersgruppen und Namensliste, DB 2005, 2578; *Rost,* Kündigungsschutz im Konzern, in: Festschrift für Peter Schwerdtner zum 65. Geburtstag, 2003, S. 169; *ders.,* Neues zum Kündigungsrecht, NZA-Sonderbeilage 1/2004, 34; *ders.,* Beendigung von Arbeitsverhältnissen bei Umstrukturierung, NZA-Beilage 1/2009, 23; *Sagan,* Die Sanktion diskriminierender Kündigungen nach dem Allgemeinen Gleichbehandlungsgesetz, NZA 2006, 1257; *Schiefer,* Betriebsbedingte Kündigung – Kündigungsursache und Unternehmerentscheidung, NZA-RR 2005, 1; *Schiefer,* Arbeitsrechtliche Voraussetzungen und Folgen des Betriebsübergangs gem. § 613a BGB, in: Festschrift für Heinz Josef Willemsen zum 65. Geburtstag, 2018, 427; *Schmädicke,* Sozialauswahl bei der Veräußererkündigung nach Erwerberkonzept, NZA 2014, 515; *Schmädicke/Stark,* Kurzarbeit und betriebsbedingte Beendigungskündigung, ArbRAktuell 2020, 278; *K. Schmidt,* Bestellung und Abberufung des Vorstands in der Insolvenz einer Aktiengesellschaft, AG 2011, 1; *Schrader,* Die geänderte Rechtsprechung des BAG zur Unternehmerentscheidung, NZA 2000, 401; *Schrader/Siebert,* Angriff auf die Unternehmerentscheidung?, NZA-RR 2013, 113; *Schwerdtner,* Kündigungsschutz in Kleinbetrieben, in: FS 50 Jahre Bundesarbeitsgericht, 2004, S. 459; *Seidler/Josephs,* Die betriebsbedingte Beendigungskündigung während Kurzarbeit, NZA 2020, 1227; *Sieger/Hasselbach,* Veräußererkündigung mit Erwerberkonzept, DB 1999, 430; Stahlhacke/*Preis*/Vossen, Kündigung und Kündigungsschutz im Arbeitsverhältnis, 11. Aufl. 2015; *Simon/Greßlin,* Abbau von Leiharbeit vor betriebsbedingten Kündigungen?, BB 2007, 2454; *Spinner,* Die Rechtsprechung des Bundesarbeitsgerichts zur Sozialauswahl, RdA 2008, 153; *Sprenger,* Ein Reflex wird reflektiert: Neues zum Grenzverlauf zwischen Sozialauswahl und Sonderkündigungsschutz, BB 2014, 1781; *Stahlhacke/Preis/Vossen,* Kündigung und Kündigungsschutz im Arbeitsverhältnis, 11. Aufl. 2015, zitiert SPV; *vom Stein,* Wiedereinstellungsanspruch bei ungeplantem Betriebsübergang, in: Festschrift für Heinz Josef Willemsen zum 65. Geburtstag, 2018, 575; *Stoffels,* Die einseitige Änderung der Entgeltbedingungen durch den Arbeitgeber, in: Festschrift für Wolfgang Hromadka, 2008, S. 463; *Straube,* Internationaler Anwendungsbereich des KSchG – Abschied vom Territorialitätsprinzip, DB 2009, 1406; *Thum,* Neue Spielregeln für die Zwischenschaltung von Transfergesellschaften?, BB 2013, 1525; *Verstege,* Neues zur „überflüssigen" Änderungskündigung, RdA 2010, 302; *Vossen,* Die Rechtssprechung zur Darlegungslast des Arbeitgebers im Kündigungsschutzprozess, in: Festschrift für Heinz Josef Willemsen zum 65. Geburtstag, 2018, 587; *Wahlig/Jeschke,* Betriebsbedingte Kündigung versus Kurzarbeit, NZA 2010, 607; *Wank,* Das Verhältnismäßigkeitsprinzip bei der betriebsbedingten Kündigung, RdA 2012, 139; *Wiedemann,* Die Unternehmensgruppe im Privatrecht, 1988; *Willemsen,* Die Kündigung wegen Betriebsübergangs – Zur Auslegung des § 613a Abs. 4 BGB; ZIP 1983, S. 411; *ders.,* Aufhebungsverträge bei Betriebsübergang – ein „Erfurter Roulette"?, NZA 2013, 242; *Willemsen/Annuß,* Kündigungsschutz nach der Reform, NJW 2004, 177; *Willemsen/Hohenstatt,* Weiterbeschäftigung und Entbindungsmöglichkeiten nach § 102 Abs. 5 BetrVG, insbesondere bei Massenentlassungen, DB 1995, 215; *Willemsen/Sagan,* Die Auswirkungen der europäischen Grundrechtecharta auf das deutsche Arbeitsrecht, NZA 2011, 258; *Wisskirchen/Bissels,* Arbeitsrechtliche Probleme bei „Matrix-Strukturen", DB 2007, 340; *Worzalla,* Namensliste für Änderungskündigungen, SAE 2008, 177.

I. Grundelemente des Rechts der betriebsbedingten Kündigung und ihre Bedeutung für die Umstrukturierungspraxis

Bei der Übertragung oder Umstrukturierung von Unternehmen und Betrieben ergibt sich 1
zwar nicht stets, aber doch sehr häufig die Notwendigkeit, den Personalbestand vor oder nach einem derartigen Schritt den veränderten betriebswirtschaftlichen Notwendigkeiten anzupassen. Einige Umstrukturierungsarten wie zB die Betriebsstilllegung oder der umfassende Personalabbau sind im Übrigen *per definitionem* mit einem Eingriff in bestehende Arbeitsverhältnisse verbunden. Dabei steht in der Regel die **Beendigung des Arbeitsverhältnisses** im Vordergrund; allerdings kommt auch eine **Änderungskündigung** zur Anpassung des Arbeitsverhältnisses an die durch die Umstrukturierung entstandenen neuen rechtliche und wirtschaftliche Situationen in Betracht. Soweit es dabei um Fragen der Kündigungserklärung, der Kündigungsfristen, der Anhörung des Betriebsrats und des jeweils zu beachtenden allgemeinen (Kündigungsschutzgesetz) und Sonderkündigungsschutzes (zB für Betriebsratsmitglieder, Schwerbehinderte, werdende Mütter, Arbeitnehmer in Elternzeit) sowie des individual- oder kollektivrechtlichen Verzichts auf das Kündigungsrecht[1] geht, ist hierzu auf das allgemeine Schrifttum[2] zu verweisen. Nachfolgend sollen nur diejenigen Problemstellungen erörtert werden, die **umstrukturierungsspezifisch** sind und typischerweise bereits die Planung von Änderungen der Unternehmensstruktur maßgeblich beeinflussen können und daher frühzeitig zu beachten sind.

Es ist nämlich zum einen zu bedenken, dass mit der Veränderung des Zuschnitts von Unternehmen und Betrieben oftmals auch eine **Veränderung der kündigungsrechtlichen Rahmenbedingungen** für künftige Personalanpassungen einhergeht; zum anderen, dass bereits durch die Bestimmung von Art und Umfang der jeweiligen Umstrukturierung die Möglichkeit des Arbeitnehmers, gegen seine dadurch bedingte Entlassung mit Erfolg gerichtlich vorzugehen, maßgeblich **beeinflusst** werden kann. Daher ist die Komplexität des deutschen Kündigungsrechtes und die daraus resultierende Unvorhersehbarkeit der Er-

---

[1] Zur Frage eines konkludenten Verzichts durch Äußerungen eines Werksleiters s. LAG Hamburg 21.9.2010 – 2 Sa 6/10, BeckRS 2010, 76069.

[2] Vgl. vor allem die Kommentierungen zum Kündigungsrecht von *Bader* ua, KR-Gemeinschaftskommentar zum Kündigungsschutzgesetz und zu sonstigen kündigungsschutzrechtlichen Vorschriften, 12. Aufl. 2019; *Linck/Krause/Bayreuther,* KSchG, 16. Aufl. 2019; *Däubler/Deinert/Zwanziger,* Kündigungsschutzrecht, 11. Aufl. 2020; Löwisch/Schlünder/Spinner/*Wertheimer,* KSchG, 11. Aufl. 2018 sowie Stahlhacke/*Preis*/Vossen, Kündigung und Kündigungsschutz im Arbeitsverhältnis, 11. Aufl. 2015 (abgekürzt zitiert: SPV Kündigung).

gebnisse ein stets zu beachtender Faktor.[3] Diese Zusammenhänge rechtzeitig zu erkennen ist im Übrigen nicht nur Aufgabe des die Umstrukturierung betreibenden Managements, sondern auch der die Arbeitnehmerinteressen betreuenden Betriebsräte und anwaltlichen Berater. Das auf dem Bestandsschutzprinzip beruhende deutsche Kündigungsrecht wird dabei gerade bei internationalen Konzernen mit deutschen Tochtergesellschaften als „Fremdkörper" und erhebliches Restrukturierungshindernis gesehen, weil – anders als in vielen anderen Wirtschaftszentren – Arbeitsverhältnisse nicht ohne Weiteres rechtssicher beendet werden können. Zwar kann auch in Deutschland versucht werden, sich den Restrukturierungserfolg zB durch üppig dotierte Sozialpläne oder Freiwilligenprogramme zu „erkaufen". Eine rechtssichere Beendigung ist aber eben – vielleicht mit Ausnahme der Situation beim in der Praxis kaum exisierenden leitenden Angestellten iSv § 14 Abs. 2 KSchG – nicht durch Abfindungen „käuflich". Zum besseren Verständnis der nachfolgend im Einzelnen darzustellenden Zusammenhänge sollen zunächst die Prinzipien des deutschen Kündigungsschutzrechts – soweit umstrukturierungsrelevant – vorab zusammengefasst werden.[4]

1a Dabei steht entsprechend ihrer praktischen Bedeutung die **ordentliche betriebsbedingte Kündigung** im Vordergrund. Dies auch deshalb, weil eine außerordentliche betriebsbedingte Kündigung gemäß § 626 BGB gegenüber einem ordentlich kündbaren Arbeitnehmer grundsätzlich unzulässig ist.[5] Eine auf betriebliche Gründe gestützte außerordentliche Kündigung kommt allerdings in Betracht, wenn die Möglichkeit einer ordentlichen Kündigung (insbes. auf Grund gesetzlichen **Sonderkündigungsschutzes** oder **tariflicher Unkündbarkeit**) ausgeschlossen ist und dies dazu führt, dass der Arbeitgeber den Arbeitnehmer anderenfalls trotz Wegfalls der Beschäftigungsmöglichkeit noch für Jahre vergüten müsste, ohne dass dem eine entsprechende Arbeitsleistung gegenüberstünde.[6] Erst wenn alle denkbaren Alternativen ausscheiden, kann ein Grund zur außerordentlichen Kündigung vorliegen. Zur Vermeidung von Wertungswidersprüchen und Nachteilen für den gerade besonders geschützten Arbeitnehmer hat der Arbeitgeber in diesem Fall zwingend eine der ordentlichen Kündigungsfrist entsprechende Auslauffrist einzuhalten.[7] Ein wichtiger Grund für eine außerordentliche Kündigung iSv § 626 ABs. 1 BGB kann sich – ebenso wie ein dringendes betriebliches Erfordernis iSv § 1 Abs. 2 KSchG (dazu sogleich) – aus dem **Wegfall der Beschäftigungsmöglichkeit** auf Grund innerbetrieblicher Maßnahmen ergeben.[8]

1. *Erstes Prinzip:* Wegfall des Arbeitsplatzes als Kündigungsgrund für die Beendigungskündigung

a) Grundsatz

2 Für die Umstrukturierungspraxis ist vor allem die so genannte (ordentliche) betriebsbedingte Kündigung von Bedeutung.[9] Sie ist gemäß **§ 1 Abs. 2 KSchG** nur dann „sozial

[3] Vgl. allgemein zu dieser „misslichen" Lage des KSchG *Bauer* NZA-Beilage 2019, 21.

[4] Dabei wird unterstellt, dass das KSchG auf das jeweilige Unternehmen anwendbar ist; zum Geltungsbereich des KSchG im Hinblick auf sog. Kleinbetriebe → Rn. 50.

[5] BAG 22.11.2012 – 2 AZR 673/11, NZA 2013, 730 Rn. 13.

[6] BAG 22.11.2012 – 2 AZR 673/11, NZA 2013, 730 Rn. 14 mwN; BAG 20.3.2014 – 2 AZR 288/13, NZA-RR 2015, 16 Rn. 28; BAG 26.3.2015 – 2 AZR 783/13, NZA 2015, 866 Rn. 39; BAG 24.9.2015 – 2 AZR 562/14, NZA 2016, 366 Rn. 29.

[7] BAG 21.6.2012 – 2 AZR 343/11, NZA 2013, 224 Rn. 18 mwN; BAG 22.11.2012 – 2 AZR 673/11, NZA 2013, 73 Rn. 14; BAG 20.6.2013 – 2 AZR 379/12, NZA 2014, 139 Rn. 36.

[8] BAG 22.11.2012 – 2 AZR 673/11, NZA 2013, 73 Rn. 15; s. zum Ganzen Stahlhacke/*Preis*/Vossen, Kündigung, Rn. 738 ff.

[9] Allgemein zur daneben möglichen personen- bzw. verhaltensbedingten Kündigung vgl. SPV Kündigung Rn. 1217 ff. und 1196 ff. Eine außerordentliche betriebsbedingte Kündigung kommt allenfalls in „Extremfällen" in Betracht, vgl. LAG Niedersachsen 1.9.2006 – 16 Sa 20/06, NZA-RR 2007, 131; SPV Kündi-

gerechtfertigt" und damit rechtswirksam, wenn sie „... durch *dringende* betriebliche Erfordernisse, die einer Weiterbeschäftigung des Arbeitnehmers *in diesem Betrieb* entgegenstehen, *bedingt* ist" (§ 1 Abs. 2 S. 1 KSchG). Diese Generalklausel ist aus sich heraus nicht handhabbar. Sie lässt insbesondere unbeantwortet, *wer* die betrieblichen Erfordernisse definiert, welcher *Art* diese sein müssen und wann sie *dringend* genug sind, um die Kündigung – in der Terminologie des Kündigungsschutzgesetzes – „sozial gerechtfertigt" erscheinen zu lassen.[10]

Eine für die Praxis verbindliche Antwort auf diese Fragen lässt sich – wenn überhaupt – nur aus der **umfangreichen Rechtsprechung** insbesondere des hierfür zuständigen 2. BAG-Senats zum Recht der betriebsbedingten Kündigung ableiten. Infolge der im Sinne der Einzelfallgerechtigkeit immer weiter ausgebauten und verästelten Dogmatik kann sich die betriebsbedingte Kündigung vor allem bei größeren Entlassungswellen als sehr riskant erweisen, weil alle Arbeitnehmer, deren betriebsbedingte Kündigung im Rahmen eines **Kündigungsschutzprozesses** für rechtsunwirksam erklärt werden, unter Umständen Nachzahlung ihres Gehalts für die gesamte Prozessdauer (also auch noch für die Zeit nach Ablauf der Kündigungsfrist) gemäß § 615 BGB (Annahmeverzug) und darüber hinaus tatsächliche Weiterbeschäftigung über den Ablauf der Kündigungsfrist hinaus verlangen können.[11] Auch ist die zeitliche Komponente etwaiger Prozesse stets im Planungsprozess zu berücksichtigen. Der Erfolg einer Umstrukturierung hängt daher oftmals maßgeblich davon ab, dass Fehler bei den notwendigen betriebsbedingten Kündigungen mit unter Umständen **unabsehbaren wirtschaftlichen Folgen** für die betroffenen Unternehmen tunlichst vermieden werden. Die kündigungsrechtliche „Mikroplanung" ist dementsprechend ebenso wichtig wie die die Umstrukturierung selbst betreffende „Makroplanung". Die praktische Erfahrung zeigt nämlich, dass bei einer guten rechtlichen und personalpolitischen Vorbereitung die Zahl der Kündigungsschutzverfahren auch bei großen Entlassungsmaßnahmen niedrig gehalten werden kann. Zudem werden hierdurch die Erfolgsaussichten auf Arbeitgeberseite, gleich ob ein Kündigungsschutzprozess durch **Urteil** oder – wie in der Praxis häufig – durch **Vergleich** endet, deutlich verbessert.

Einer sozialen Rechtfertigung bedarf es grundsätzlich auch im Falle der Kündigung **leitender Angestellter** iSv § 14 Abs. 2 KSchG.[12] Allerdings ist hier eine Auflösung des Arbeitsverhältnisses gemäß §§ 9, 10 KSchG gegen **Abfindungszahlung** auf einseitigem Antrag des Arbeitgebers auch ohne Begründung möglich, § 14 Abs. 2 S. 2 KSchG.[13] Für **AT-Angestellte,** die nicht leitend iSv § 14 Abs. 2 KSchG sind, gelten hingegen keine Besonderheiten. 2a

Erscheinen die rechtlichen Risiken, etwa wegen komplexer Fragen der Sozialauswahl nach § 1 Abs. 3 KSchG, kaum handhabbar, oder ist das Ergebnis der Anwendung der kündigungsrechtlichen Vorgaben – auch hier ist die Sozialauswahl das beste Beispiel – für die betriebliche Praxis schlicht inakzeptabel, besteht eine häufig angewandte Strategie darin, die Anzahl von Kündigungsschutzprozessen klein und damit das Risiko für die Gesamtrestrukturierung möglichst gering zu halten. Dies gelingt häufig durch sog. **Freiwilligenprogramme,** bei denen keine Kündigungen ausgesprochen werden, sondern im Rahmen eines – häufig mit den Betriebsräten abgestimmten – Programms arbeitgeberseitig die Aufhebung des Arbeitsverhältnisses angeboten wird. Anders als die Beendigung durch Kündigung ist die Beendigung durch Aufhebungsvertrag weitgehend rechtssicher, wobei das 2b

gung Rn. 717. Sie hat in der Praxis allerdings Bedeutung für die Entlassung von Arbeitnehmern, deren ordentliche Kündigung auf Grund Sonderkündigungsschutz (zT auch auf Grund Tarifvertrags) ausgeschlossen ist; dazu → Rn. 1a sowie SPV Kündigung Rn. 717 und 738ff.

[10] S. dazu SPV Kündigung Rn. 924ff.

[11] Zum Weiterbeschäftigungsanspruch nach gewonnenem Kündigungsschutzprozess bereits nach erstinstanzlichem Urteil vgl. BAG (GS) 27.2.1985 – GS 1/84, NZA 1985, 702. Zum Weiterbeschäftigungsanspruch nach § 102 Abs. 5 BetrVG vgl. *Fitting* BetrVG § 102 Rn. 103ff.; *Willemsen/Hohenstatt* DB 1995, 215.

[12] Zu den Voraussetzungen *Rinsdorf/Kiedrowski* NZA 2012, 183, auch zur Frage des Konzernbezugs von § 14 Abs. 2 KSchG; *Horn* NZA 2012, 186.

[13] Zur geringen praktischen Relevanz der Abfindung *Bauer* NZA-Beilage 2019, 21 (24).

BAG mit seiner Rechtsprechung zum sog. „Gebot des fairen Verhandelns bei Aufhebungsverträgen"[14] auch hier die Rechtsunsicherheit verursacht hat, weil – entgegen der Prinzipien des BGB – unterhalb der Schwelle der Willensmängelregelungen der §§ 105, 119 ff. BGB ein Unwirksamkeitsgrund für Aufhebungsverträge geschaffen wurde.

3 Rechtlicher Ausgangspunkt von betriebsbedingten Kündigungen ist die sog. Unternehmerentscheidung des Arbeitgebers. Nach der ständigen Rechtsprechung des 2. BAG-Senats können sich betriebliche Erfordernisse für eine Kündigung iSv § 1 Abs. 2 KSchG einerseits aus **innerbetrieblichen** Umständen (Unternehmerentscheidung wie zB Rationalisierungsmaßnahmen, Umstellung oder Einschränkung der Produktion) oder andererseits durch **außerbetriebliche** Gründe (zB Auftragsmangel oder Umsatzrückgang) ergeben.[15] Zentraler Gegenstand des Rechts der betriebsbedingten Kündigung und zugleich deren Voraussetzung ist dabei der **Wegfall eines oder mehrerer Arbeitsplätze** im Sinne konkreter, betriebsbezogener Beschäftigungsmöglichkeiten.[16] Ohne deren Wegfall, der sich allerdings nicht stets auf einen individuellen, von einem bestimmten Arbeitnehmer eingenommenen Arbeitsplatz beziehen muss, sondern sich auch rein rechnerisch, über mehrere vorhandene Arbeitsplätze verteilt, infolge Verringerung der Arbeitsmenge ergeben kann,[17] kommt ein Recht zur betriebsbedingten (Beendigungs-)Kündigung nicht in Betracht.[18]

Bereits dieses erste Prinzip wird im Kündigungsschutzprozess nicht selten übersehen, etwa indem von Arbeitgeberseite lediglich pauschal dargestellt wird, warum es dem Unternehmen oder der gesamten Branche schlecht gehe und dementsprechend Entlassungen zum Zwecke der Kostenreduzierung erforderlich geworden seien. Gerade im Rahmen der Wirtschaftskrise als Folge der Corona-Pandemie gewann dies erneut an Relevanz: Kann der Arbeitgeber nicht nachweisen, dass ein konkreter Arbeitsplatz entfallen ist, führt auch eine erhebliche Weltwirtschaftskrise nicht zur Rechtfertigung einer betriebsbedingten Kündigung.

Da der Arbeitgeber im Kündigungsschutzprozess gemäß § 1 Abs. 2 S. 4 KSchG die **volle Darlegungs- und Beweislast** für die soziale Rechtfertigung der gemäß § 4 KSchG seitens des Arbeitnehmers binnen drei Wochen nach Zugang mit der Kündigungsschutzklage anzugreifenden Kündigung trägt,[19] setzt seine erfolgreiche Prozessführung unabdingbar den konkreten Vortrag voraus, *dass* und aus welchem Grunde ein oder mehrere „Arbeitsplätze" im Sinne konkreter und durch die bisherige **Betriebsorganisation** realisierter **Beschäftigungsmöglichkeiten**[20] spätestens zum Zeitpunkt des Wirksamwerdens der Kündigung, dh mit Ablauf der Kündigungsfrist, tatsächlich entfallen sind – eine Pflicht,

---

[14] BAG 7.2.2019 – 6 AZR 75/18, NJW 2019, 1966 mit zust. Anm. *Bachmann/Ponßen;* wohl auch zust. *Notzon* öAT 2020, 4; krit. *Boemke* JuS 2019, 1204; *Schwarze* JA 2019, 789; *Bauer* ArbRAktuell 2019, 93; *Ostermaier* GWR 2019, 350; Ascheid/Preis/Schmidt/*Rolfs* 2. Teil, Aufhebungsvertrag, Rn. 108a f.; *Fischinger* NZA-RR 2020, 516; *Lingemann/Chakrabarti* NJW 2019, 2445; *Holler* NJW 2019, 2206; *Hördt* ArbRAktuell 2019, 289; BeckOK BGB/*Sutschet* § 311 Rn. 59a ff.; einschränkend *Kamanabrou* RdA 2020, 201.

[15] Vgl. nur BAG 17.6.1999 – 2 AZR 141/99, NZA 1999, 1098; BAG 17.6.1999 – 2 AZR 522/98, NZA 1999, 1095; BAG 17.6.1999 – 2 AZR 456/98, NZA 1999, 1157; BAG 24.5.2012 – 2 AZR 124/11, NZA 2012, 1223.

[16] Vgl. nur BAG 7.12.1978 – 2 AZR 155/77, DB 1979, 650; BAG 30.5.1985 – 2 AZR 321/84, NZA 1986, 155; BAG 13.3.1987 – 7 AZR 724/85, NZA 1987, 629; BAG 11.9.1986 – 2 AZR 564/85, EzA § 1 KSchG Betriebsbedingte Kündigung Nr. 54; BAG 25.4.2002 – 2 AZR 260/01, NZA 2003, 605; SPV Kündigung Rn. 929. Zu den Besonderheiten der betriebsbedingten Kündigung von Leiharbeitnehmern s. *Fuhlrott/Fabritius* NZA 2014, 122.

[17] Vgl. BAG 30.5.1985 – 2 AZR 321/84, NZA 1986, 155; BAG 6.7.2006 – 2 AZR 442/05, NZA 2007, 139; SPV Kündigung Rn. 930; *Diller* in Preis/Willemsen Rn. F 33.

[18] Um einen solchen Wegfall des bisherigen Arbeitsplatzes handelt es sich uU auch dann, wenn dessen Anforderungsprofil sich durch eine – uU auch umstrukturierungsbedingte – Maßnahme derart *ändert,* dass er vom bisherigen Stelleninhaber nicht mehr ausgefüllt werden kann; s. zu solchen Kündigungen auf Grund geänderten Anforderungsprofils *Mauer/Holthausen* NZA 2003, 1370 sowie → Rn. 36.

[19] SPV Kündigung Rn. 901, 929.

[20] Vgl. zu dieser (umgangssprachlichen) Gleichsetzung ErfK/*Oetker* KSchG § 1 Rn. 215. Grund für den Wegfall der Beschäftigungsmöglichkeit ist der Wegfall des Beschäftigungs*bedarfs,* der durch inner- oder außerbetriebliche Gründe entstehen kann; vgl. HWK/*Quecke* KSchG § 1 Rn. 262 ff. sowie → Rn. 13.

eine begonnene unternehmerische Betätigung (im bisherigen Umfang fortzusetzen, besteht jedoch nicht.[21] Geht es um eine Mehrzahl gleichartiger Funktionen (zB Servicetechniker), muss also mit substantiierter Begründung im Sinne einer Vorher-/Nachherbetrachtung ein Mengengerüst entwickelt werden, aus dem sich der genaue Kapazitätsabbau ergibt. Seine Verteilung innerhalb der betroffenen Belegschaft ergibt sich dann aus den Grundsätzen der **Sozialauswahl** (→ Rn. 17 ff.).

b) Maßgeblicher Zeitpunkt (Prognoseprinzip)

Für die Beurteilung der Wirksamkeit der Kündigung ist maßgeblich, welche unternehmerische Entscheidung im Zeitpunkt des Wirksamwerdens der Kündigung, also bei ihrem Zugang, getroffen worden war. Frühere, nicht oder nicht vollständig umgesetzte unternehmerische Entscheidungen sind grundsätzlich nicht erheblich.[22] Um dem Arbeitgeber die Planung zu erleichtern sowie im Interesse der Rechtssicherheit stellt der 2. Senat in ständiger Rechtsprechung auf den **Erkenntnisstand** des Arbeitgebers im Zeitpunkt des **Zugangs der Kündigungserklärung,** dh darauf ab, ob er billigerweisein diesem Moment vom Wegfall der Beschäftigungsmöglichkeit spätestens im Zeitpunkt des Ablaufs der Kündigungsfrist ausgehen durfte.[23] Die maßgeblichen betrieblichen Umstände wie Rationalisierung, Arbeitsmangel oder Betriebs(teil)stilllegung müssen bei Ausspruch der Kündigung also bereits „greifbare Formen“ angenommen haben.[24] Das ist nach Auffassung des BAG nicht der Fall, solange eine Stilllegung lediglich erwogen wird oder sich der Arbeitgeber noch in **Verhandlungen** über eine **Betriebs(teil)veräußerung** befindet oder sich um neue Aufträge bemüht.[25] Das führt für den Arbeitgeber bei einer Situation, in der der Fortbestand des Beschäftigungsbedarfs von einem oder mehreren kurzfristig erteilten Aufträgen abhängt, zu erheblichen Problemen. Der Arbeitgeber kann kaum rechtmäßig betriebsbedingt kündigen, solange er sich um die Aufträge bewirbt. In der Folge kann dies beim Verlust des Auftrags dazu führen, dass der Arbeitgeber ggf. über mehrere Monate die Arbeitnehmer weiterhin entlohnen muss, obwohl kein Arbeitsbedürfnis besteht.[26] Jedoch können Entwicklungen nach der Kündigung berücksichtigt werden, indem Rückschlüsse aus dem Eintritt der prognostizierten Entwicklung auf die Plausibilität der Prognose zugelassen werden.[27] 4

Der Beschäftigungsbedarf muss bei Zugang der Kündigung allerdings **nicht schon tatsächlich entfallen sein.** Es ist auch nicht erforderlich, dass vor Zugang der Kündigung mit der Verwirklichung der Entscheidung bereits begonnen wurde. Auch vorbereitende Maßnahmen – etwa der **Vertragsschluss** mit einem **Drittunternehmen** – müssen noch nicht ergriffen worden sein.[28] Für die Wirksamkeit der Kündigung genügt es, dass jedenfalls die Entwicklungen, die für den künftigen Wegfall der Beschäftigungsmöglichkeit maßgeblich sind, zu diesem Zeitpunkt feststehen, also durchgehend geplant sind, und dass 4a

---

[21] Vgl. zB BAG 20.11.2014 – 2 AZR 512/13, NZA 2015, 679.
[22] BAG 14.3.2013 – 8 AZR 154/12, NJOZ 2013, 1990 Rn. 31.
[23] Vgl. zu diesem *Prognoseprinzip* zB BAG 10.3.1982 – 4 AZR 158/79, DB 1982, 1520; BAG 27.2.1987 – 7 AZR 652/85, NZA 1987, 700; BAG 19.6.1991 – 2 AZR 127/91, NZA 1991, 891; BAG 12.11.1998 – 2 AZR 91/98, DB 1999, 536; BAG 12.4.2002 – 2 AZR 256/01, NZA 2002, 1205; BAG 16.2.2012 – 8 AZR 693/10, NZA-RR 2012, 465; BAG 14.3.2013 – 8 AZR 154/12, NJOZ 2013, 1990. Speziell zur Kündigung im Falle eines (späteren) Betriebsübergangs → G Rn. 75, 105 ff.
[24] BAG 13.2.2008 – 2 AZR 543/06, NZA 2008, 821 m. zahlr. wN; BAG 15.12.2011 – 8 AZR 692/10, NZA-RR 2012, 570; BAG 14.3.2013 – 8 AZR 154/12, NJOZ 2013, 1990; BAG 21.5.2015 – 8 AZR 409/13, NZG 2016, 35 Rn. 53. Indizien hierfür sind beispielsweise die Abgabe einer Massenentlassungsanzeige nach § 17 KSchG oder die Kündigung eines Mietverhältnisses, vgl. BAG 14.3.2013 – 8 AZR 154/12, NJOZ 2013, 1990, Rn. 34. Zur Rechtsmissbräuchlichkeit einer Kündigung zwei Jahre vor beabsichtigter Betriebsstilllegung vgl. LAG Schleswig-Holstein 12.1.2011 – 3 Sa 457/10, ZIP 2011, 929.
[25] BAG 13.2.2008 – 2 AZR 543/06, NZA 2008, 821, unter Hinweis auf frühere Rspr.; BAG 23.2.2010 – 2 AZR 268/08, NZA 2010, 944; BAG 14.3.2013 – 8 AZR 154/12, NJOZ 2013, 1990.
[26] Krit. dazu BeckOK ArbR/*Rolfs* KSchG § 1 Rn. 376.
[27] BAG 27.11.2003 – 2 AZR 48/03, NZA 2004, 477.
[28] BAG 20.11.2014 – 2 AZR 512/13, NZA 2015, 649 Rn. 24.

die Erwartung berechtigt ist, sie würden sich **bis zum Ablauf der Kündigungsfrist** realisiert haben.[29] In diesem Sinne muss der betreffende Kausalverlauf zwar noch nicht beendet, aber bei Kündigungszugang doch bereits in Gang gesetzt sein. Hängt der Wegfall des Arbeitsbedarfs von **unternehmerisch-organisatorischen Maßnahmen** des Arbeitgebers ab, die bei Zugang der Kündigung faktisch noch nicht umgesetzt worden sind, müssen nach der Rechtsprechung des 2. Senats „...zumindest die Absicht und der Wille des Arbeitgebers, diese Maßnahmen vorzunehmen, schon vorhanden und abschließend gebildet sein." Andernfalls – so der Senat weiter – lasse sich im Zeitpunkt des Zugangs der Kündigung – auf den es dafür unverzichtbar ankomme – nicht hinreichend sicher prognostizieren, es werde bis zum Ablauf der Kündigung tatsächlich zum Wegfall des Beschäftigungsbedarfs kommen.[30] Um „Absicht und Wille" des Arbeitgebers nachweisen zu können, kommt deshalb der Dokumentation der Beschlusslage der entscheidenden gesellschaftsrechtlichen Gremien, idR insbesondere Vorstands- oder Geschäftsführungsbeschlüssen, besondere Bedeutung zu.

4b Auch mit dieser Maßgabe reicht es indes nicht aus, allgemein die wirtschaftliche Notwendigkeit eines Personalabbaus vorzutragen, sondern der Arbeitgeber muss im Prozess konkret dartun, **wie** er den Betrieb konkret **anders organisiert** hat bzw. organisieren will, um den Betriebszweck nunmehr mit einer entsprechend **verringerten Anzahl von Arbeitsplätzen** (Beschäftigungsmöglichkeiten) weiterzuführen. Dieser Nachweis wird leichter fallen, wenn infolge der Umstrukturierung ganze **Betriebsteile** ersatzlos entfallen, bedarf aber zB bei **Personaleinsparung** infolge von Rationalisierungs- oder Synergieeffekten, die sich über den ganzen Betrieb verteilen (zB nach einer Verschmelzung von zwei Betrieben oder Betriebsteilen) sorgfältiger Darlegung, etwa indem die veränderten betrieblich-technischen Abläufe und der frühere sowie nunmehrige Personalbedarf im Sinne eines Vergleichs konkret dargestellt werden.

Die Arbeitsgerichte neigen mitunter dazu, an einen solchen, oftmals recht schwierigen Arbeitgebervortrag überzogene Anforderungen zu stellen, was die Personalreduzierung zu einem schwer kalkulierbaren prozessualen Abenteuer macht. Dies führt zu der Erkenntnis, dass die **„radikale" Schließung** ganzer Betriebe oder Betriebsabteilungen kündigungsrechtlich wesentlich **leichter umzusetzen** ist als ein schonender, den Betrieb (und die verbleibenden Arbeitsplätze) erhaltender bloßer **Personalabbau.**

4c Vor ganz besondere Herausforderungen sieht sich die Praxis gestellt, wenn die betriebsbedingte Kündigung mit der Durchführung von **Kurzarbeit** einhergeht bzw. wenn deren Anordnung als Alternative zur betriebsbedingten Entlassung in Betracht kommt. Richtigerweise ist dabei die Kurzarbeit nicht generell als milderes Mittel zu einer betriebsbedingten Kündigung im Sinne der Verhältnismäßigkeit anzusehen. Zwar hat das BAG[31] dies bislang offen gelassen und einzelne Instanzgerichte[32] nehmen dies an, überzeugend ist dies indes nicht.[33] Betriebsbedingte Kündigungen setzen einen dauerhaften Arbeitsplatzwegfall voraus. Auf diesen kann der Arbeitgeber nicht mit Kurzarbeit reagieren, weil diese – so auch die Voraussetzung des § 96 Abs. 1 SGB III für den Bezug des staatlichen Kurzarbeitergeldes – nur auf eine Überbrückung eines vorübergehenden Arbeitsausfalls zugeschnitten ist.

Die Thematik der Kurzarbeit hat insbesondere in Zusammenhang mit der Corona-Pandemie und der damit in Zusammenhang stehenden Wirtschaftskrise besonders Bedeutung

---

[29] BAG 23.2.2010 – 2 AZR 268/08, NZA 2010, 944 Rn. 17, 18; BAG 31.7.2014 – 2 AZR 422/13, NZA 2015, 101 Rn. 33; BAG 20.11.2014 – 2 AZR 512/13, NZA 2015, 649 Rn. 16.

[30] BAG 31.7.2014 – 2 AZR 422/13, NZA 2015, 101 Rn. 34.

[31] BAG 23.2.2012 – 2 AZR 548/10, NZA 2012,852.

[32] LAG Schleswig-Holstein 29.9.1988 – 4 Sa 367/88, NZA 1989, 275; ArbG Dessau-Roßlau 18.6.2009 – 10 Ca 77/09, BeckRS 2009, 73232.

[33] Ebenso *Seidler/Josephs* NZA 2020, 1227.

gewonnen.[34] Aufgrund der Absenkung der Anforderungen an das Kurzarbeitergeld hat sich die Kurzarbeit,[35] wie schon während der Finanzkrise 2008/2009, zum wichtigen „Kündigungsvermeidungsprogramm" der Bundesrepublik entwickelt. Kurzarbeit und das staatliche Kurzarbeitergeld nach §§ 95 ff. SGB III dienen der Überbrückung vorübergehender erheblicher Arbeitsausfälle aufgrund von wirtschaftlichen Gründen oder eines unabwendbaren Ereignisses.

Im Zusammenhang mit Kurzarbeit und (anschließenden) Restrukturierungen ist zu beachten, dass sich Kurzarbeit und betriebsbedingte Kündigungen nicht generell ausschließen.[36] Der 2. BAG-Senat hat hierzu in einer Entscheidung vom 23.2.2012 ausführlich Stellung genommen und dabei allerdings gesteigerte Anforderungen an betriebsbedingte Kündigung in Betrieben mit Kurzarbeit aufgestellt:[37]

- Der Arbeitgeber hat die Tatsachen näher darzulegen, aus denen sich ergeben soll, dass zukünftig auf Dauer mit einem reduzierten Arbeitsvolumen und Beschäftigungsbedarf zu rechnen ist. Das Vorliegen von möglicherweise nur **kurzfristigen Produktions- oder Auftragsschwankungen** muss **ausgeschlossen** sein. Der Arbeitgeber hat den dauerhaften Rückgang des Arbeitsvolumens nachvollziehbar darzustellen, indem er die einschlägigen **Daten** aus repräsentativen Referenzperioden miteinander vergleicht.
- Wird **Kurzarbeit** geleistet bzw. ist eine solche mit dem Betriebsrat vereinbart, so spricht dies dafür, dass die Betriebsparteien nur von einem **vorübergehenden Arbeitsausfalls** ausgehen. Ein nur vorübergehender Arbeitsmangel wiederum kann eine betriebsbedingte **Kündigung nicht rechtfertigen.**
- Dieses aus der Kurzarbeit folgende **Indiz** kann der Arbeitgeber durch konkreten Sachvortrag **entkräften.** Der Arbeitgeber muss darlegen und ggf. beweisen, dass die betriebsbedingte Kündigung wegen eines **dauerhaften Arbeitsausfalls** gerechtfertigt ist. Entfällt die Beschäftigungsmöglichkeit für einzelne von der Kurzarbeit betroffene Arbeitnehmer auf Grund später eingetretener weiterer Umstände oder veränderter wirtschaftlicher und/oder organisatorischer Rahmenbedingungen also auf Dauer, so kann trotz der Kurzarbeit ein dringendes betriebliches Erfordernis für eine Kündigung bestehen.
- Da die betrieblichen Erfordernisse, die einer Weiterbeschäftigung des gekündigten Arbeitnehmers entgegenstehen, dringend sein müssen, die **Kündigung** im Interesse des Betriebs also **unvermeidbar** sein muss, hat der Arbeitgeber zuvor alle Möglichkeiten auszuschöpfen, die mit dem Ziel geschaffen worden sind und bestehen, durch eine **Flexibilisierung** der Arbeitszeit **betriebsbedingte Kündigungen** in Zeiten geringeren Arbeitsanfalls zu **vermeiden.** Haben die Betriebsparteien durch die Einführung von **Kurzarbeit** den Umfang der vertraglich geschuldeten Arbeitszeit auf ein Niveau abgesenkt, das den Ausspruch betriebsbedingter Kündigungen gerade überflüssig macht, so kann ein dringendes betriebliches Kündigungserfordernis regelmäßig erst dann angenommen werden, wenn der Arbeitgeber die Möglichkeit zur Arbeitsreduzierung voll ausgeschöpft hat und gleichwohl noch ein Beschäftigungsüberhang besteht.[38]

---

[34] Siehe zu Alternativen zur Kurzarbeit ausführlich: *Eckert/Reinbach/Burmeister* GWR 2020, 216. Außerdem zur vertieften Auseinandersetzung von Kurzarbeit in Zeiten von Pandemien *Eckert* in Hohenstatt/Sittard, S. 12 ff.

[35] Vgl. Gesetz zur befristeten krisenbedingten Verbesserung der Regelungen für das Kurzarbeitergeld v. 13.3. 2020, BGBl. I S. 493; Gesetz für den erleichterten Zugang zu sozialer Sicherung und zum Einsatz und zur Absicherung sozialer Dienstleister aufgrund des Coronavirus SARS-CoV-2 v. 27.3.2020, BGBl I S. 575; Verordnung über Erleichterungen der Kurzarbeit (Kurzarbeitergeldverordnung) v. 25.3.2020, BGBl. I S. 595, zuletzt geändert durch Art. 1 Erste VO zur Änd. der KurzarbeitergeldVO v. 21.10.2020, BGBl. I S. 2259 (Änderung gilt ab dem 1.1.2021).

[36] Vgl. zB *Seidler/Josephs* NZA 2020, 1227.

[37] S. dazu im Einzelnen BAG 23.2.2012 – 2 AZR 548/10, NZA 2012, 852; siehe auch BAG 17.10.1980 – 7 AZR 675/78, NJW 1981, 1686.

[38] BAG 23.2.2012 – 2 AZR 548/10, NZA 2012, 852; s. auch BAG 18.5.2006 – 2 AZR 412/05, NJOZ 2006, 3089 Rn. 17; BAG 8.11.2007 – 2 AZR 418/06, NJOZ 2008, 2926 zu sonstigen Flexibilisierungsinstrumenten; vertiefend *Schmädicke/Stark* ArbRAktuell 2020, 278.

4d Besonders schwierig ist in der Praxis der Wechsel von der Kurzarbeit in die Restrukturierung: Wann haben sich die Umstände so geändert, dass aus einem vorübergehenden Arbeitsausfall, der den Bezug von Kurzarbeitergeld rechtfertigt, ein dauerhafter Wegfall der Beschäftigungsmöglichkeit wird, der eine betriebsbedingte Kündigung zulässt? Die Grundregel in Anlehnung an die oben dargestellten Prinzipien lautet dabei: Für die Wirksamkeit der betriebsbedingten Kündigung während Kurzarbeit müssen über die Gründe hinaus, die zur Einführung von Kurzarbeit geführt haben, inner- oder außerbetriebliche Umstände vorliegen, aus denen sich ein dauerhafter Wegfall des Beschäftigungsbedarfs ergibt. Dies wird bei **außerbetrieblichen Gründen** regelmäßig schwierig. Selbst bei den während der Corona-Krise erfolgten Schließungen von Betrieben kann nicht ohne Weiteres von einem dauerhaften Beschäftigungswegfall ausgegangen werden. Vielmehr war regelmäßig – jedenfalls während der sog. „zweiten Welle" im Herbst und Winter 2020 – damit zu rechnen, dass die Schließungen aufgrund der jeweiligen Landesverordnungen nicht dauerhaft sein werden. Das BAG sieht in Kurzarbeit zudem ein Indiz gegen einen dauerhaften Wegfall des Beschäftigungsbedarfs.[39] In Folge dieser Rechtsprechung muss der Arbeitgeber damit darlegen und beweisen, dass sich zum einen seine ursprüngliche Prognose eines nur vorübergehenden Arbeitsausfalls nicht bewahrheitet hat und zum anderen, warum der Beschäftigungsbedarf entgegen vorheriger Annahmen dauerhaft entfällt.[40] Aus Arbeitgebersicht ist daher dringend zu empfehlen, betriebsbedingte Kündigungen auf **innerbetriebliche Gründe** zu stützen, also eine Unternehmerentscheidung zu treffen, die zu einem dauerhaften Wegfall des Beschäftigungsbedarfs führt. Solche Entscheidungen sind – auch nach und während Anordnung von Kurzarbeit – nur auf Willkür hin gerichtlich kontrollierbar (s. → Rn. 7 ff.). Dass der Arbeitgeber aber zB wirtschaftliche Änderungen, geänderte Konsumgewohnheiten oder eine verschlechterte eigene finanzielle Situation zum Anlass nimmt, neue Restrukturierungsentscheidungen zu treffen (zB Produktlinien einzustellen, den Service neuen Gegebenheiten anzupassen etc), ist auch dann nicht willkürlich, wenn vorher oder weiterhin Kurzarbeit angeordnet war/ist. Auch hier kommt der (schriftlichen) Dokumentation der unternehmerischen Entscheidung eine besondere Rolle zu.[41] Der Arbeitgeber sollte dokumentieren, dass und warum aus einem vorübergehenden ein dauerhafter Entfall des Beschäftigungsbedarfs geworden ist; diese Dokumentation ist zudem auch in Hinblick auf die Voraussetzungen des Bezugs von Kurzarbeitergeld nach den §§ 95 ff. SGB III von Bedeutung, um gegenüber der Agentur für Arbeit darlegen zu können, warum ein nur vorübergehender Arbeitsausfall (§ 96 Abs. 1 Nr. 2 SGB III) vorlag.

Dies führt unmittelbar zur Frage ist, wann bei solchen Unternehmerentscheidungen zum dauerhaften Personalabbau die **Berechtigung zum Bezug von Kurzarbeitergeld** nach §§ 95 SGB III wegfällt. Spätestens mit dem Zugang einer Kündigung entfällt nach § 98 Abs. 1 Nr. 2 SGB III die Voraussetzung zum Bezug von Kurzarbeitergeld, weil das Arbeitsverhältnis nicht mehr ungekündigt ist. Damit entfällt (ab dem Folgetag) die staatliche Leistung des Kurzarbeitergeldes. Jedenfalls dann, wenn die Kurzarbeit arbeitsrechtlich an den Bezug von Kurzarbeitergeld gekoppelt ist – was häufig in Betriebsvereinbarungen zur Kurzarbeit nach § 87 Nr. 3 BetrVG der Fall ist –, leben dann die normalen Hauptleistungspflichten wieder auf. In der Folge steigen während der Kündigungsfrist die Lohnkosten im Vergleich zur Kurzarbeit wieder. Davon zu trennen ist die Frage, ob schon die Unternehmerentscheidung zum Ausspruch von betriebsbedingten Kündigungen die Voraussetzung des vorübergehenden Arbeitsausfalls nach § 96 Abs. 1 Nr. 2 SGB III entfallen lässt. Dies ist eine Einzelfallfrage. Jedenfalls solange sich die Unternehmerentscheidung nur auf Teile eines Betriebs bezieht und nur in diesem ein Personalabbau erfolgen soll, sind die Voraussetzungen des Kurzarbeitergeldbezugs für die anderen Betriebsteile nicht berührt. Aber selbst im betroffenen Betrieb oder Betriebsteil kann wegen des Erfordernisses der

[39] BAG 23.2.2012 – 2 AZR 548/10, NZA 2012, 852; s. auch *Seidler/Josephs* NZA 2020, 1227.
[40] *Seidler/Josephs* NZA 2020, 1227.
[41] *Seidler/Josephs* NZA 2020, 1227.

Sozialauswahl ggf. noch nicht prognostiziert werden, für welche konkreten Arbeitnehmer von einem dauerhaften Wegfall der Beschäftigung auszugehen ist. In einer solchen Konstellation erscheint es überzeugend, erst bei Zugang der individuellen Kündigung vom Fortfall der Kurzarbeitergeldberechtigung auszugehen.

Als **Fazit** ist somit festzuhalten: Kurzarbeit schließt die Möglichkeit von betrieblichen Kündigungen nicht aus,[42] sie erhöht aber die Komplexität bei betriebsbedingten Kündigungen. Insbesondere kann sie dem Arbeitgeber im Kündigungsprozess gleich in zweierlei Hinsicht zum Verhängnis werden. Zum einen, weil eine bereits angeordnete bzw. vereinbarte Kurzarbeit betriebsbedingte Kündigungen „sperren", zum anderen, weil bereits die **Möglichkeit** ihrer Durchführung einem **dringenden betrieblichen Erfordernis** iSv § 1 Abs. 2 S. 1 KSchG **entgegenstehen** kann.[43] Zudem sind die Konsequenzen für den Bezug von Kurzarbeitergeld nach dem SGB III genau zu prüfen. 4e

c) Änderungskündigung als Alternative?

Das bereits oben (→ Rn. 4b) beschriebene Paradoxon „Je weniger einschneidend die kündigungsrechtliche Maßnahme, desto schwieriger ihre prozessuale Um- und Durchsetzung" gilt erst recht für das Verhältnis der betriebsbedingten **Beendigungs**- zur **Änderungskündigung.**[44] Bei letzterer soll es erst gar nicht zum Entstehen betriebsbedingter Kündigungsgründe – und damit zum Verlust des Arbeitsplatzes – kommen; vielmehr wird dem Arbeitnehmer zugleich mit der Kündigung die Fortsetzung des Arbeitsverhältnisses zu geänderten (in der Regel: für ihn ungünstigeren) Bedingungen angeboten (vgl. § 2 KSchG). Nur wenn der Arbeitnehmer das Angebot ablehnt, es also noch nicht einmal unter dem Vorbehalt des § 2 KSchG annimmt, führt die Änderungskündigung, sofern sozial gerechtfertigt, zur betriebsbedingten Entlassung. Bei Annahme unter Vorbehalt prüft das Arbeitsgericht nur noch die soziale Rechtfertigung der Änderung (zB Übertragung einer geringerwertigen Tätigkeit) als solcher; eine Beendigung des Arbeitsverhältnisses steht dann nicht mehr zur Debatte (s. zur Änderungskündigung auch → I Rn. 27 ff.). 5

Die Änderungskündigung wäre an sich gerade bei Umstrukturierungen universell einsetzbar, etwa um den **Tätigkeitsbereich** des Arbeitnehmers zu modifizieren oder seine **Vergütung** veränderten wirtschaftlichen Rahmenbedingungen **anzupassen.** Tatsächlich fristet die Änderungskündigung in Deutschland jedoch seit jeher ein Schattendasein, wenn man von den Fällen absieht, in denen der Arbeitgeber nach der Rechtsprechung gehalten ist, vor Ausspruch einer Beendigungskündigung die Möglichkeit der Weiterbeschäftigung auf einen anderen Arbeitsplatz im Unternehmen zu prüfen (dazu → Rn. 30 ff.). Die „Unbeliebtheit" hängt einerseits damit zusammen, dass sie sich angesichts der jeweils in jedem individuellen Einzelfall zu beachtenden, durchaus (je nach Dauer der Betriebszugehörigkeit) unterschiedlichen **Kündigungsfristen** sowie des zu erwartenden **konträren Ausgangs** von gleichzeitig anhängigen Änderungsschutzprozessen[45] (Zuständigkeit verschiedener Kammern desselben Arbeitsgerichts) für Massentatbestände in aller Regel nicht eignet; zum anderen aber auch mit einer höchst restriktiven und unpraktikablen Rechtsprechung, die zB nur auf den sanierungsbedürftigen Betriebsteil eingeschränkte **Entgeltkürzungen** qua Änderungskündigung für unzulässig erachtet und für einen „Eingriff in das Leis- 6

[42] *Eckert* in Hohenstatt/Sittard, S. 13; *Schmädicke/Stark* ArbRAktuell 2020, 278 (281).

[43] Anders, wenn der Betriebsrat der Einführung von Kurzarbeit widersprochen hat, Ascheid/Preis/Schmidt/*Kiel* § 1 Rn. 537 mwN.

[44] S. zu diesem Rechtsinstitut ausführlich SPV Kündigung Rn. 1287 ff., 2175 ff.; zu den Voraussetzungen der betriebsbedingten Änderungskündigung allgemein HWK/*Molkenbur* KSchG § 2 Rn. 67. Zur Abgrenzung der Änderungskündigung von der Ausübung des Direktionsrechts nach § 106 GewO vgl. *Verstege* RdA 2010, 302; *Preis* NZA 2015, 1 (7) sowie → I Rn. 27 ff.

[45] Zum Rechtsschutz bei Änderungskündigung vgl. ErfK/*Oetker* KSchG § 2 Rn. 67 ff.; SPV Kündigung Rn. 2175 ff.

tungs-/Lohngefüge" extrem hohe Anforderungen stellt.[46] Regelmäßig bedarf es hierzu eines **umfassenden Sanierungsplans,** der alle gegenüber der beabsichtigten Änderungskündigung **milderen Mittel ausschöpft.**[47] Vom Arbeitgeber wird in diesem Zusammenhang verlangt, dass er die **Finanzlage des Betriebs,** den **Anteil der Personalkosten,** die Auswirkung der erstrebten **Kostensenkungen** für den Betrieb und für die Arbeitnehmer darstellt und ferner darlegt, warum andere Maßnahmen nicht in Betracht kommen.[48] Hierfür fordert der 2. Senat sogar – über die Anforderungen bei der Beendigungskündigung hinausgehend – die Vorlage eines **betriebswirtschaftlichen Sachverständigengutachtens,**[49] welches regelmäßig mit ganz erheblichen Zusatzkosten verbunden ist. Bislang ist lediglich ein Fall bekannt geworden, in dem das BAG die Voraussetzungen für eine diesbezügliche Änderungskündigung bejaht hat; dieser Fall betraf bezeichnenderweise ein unmittelbar insolvenzbedrohtes Unternehmen.[50] Trotz einer leichten Öffnung der Rechtsprechung[51] kann es daher nicht verwundern, wenn in Deutschland Arbeitgeber zur Anpassung an veränderte wirtschaftliche Gegebenheiten lieber gleich einen entsprechenden Arbeitsplatzabbau durchführen, auch wenn das BAG in ständiger Rechtsprechung den „Vorrang der Änderungskündigung gegenüber der Beendigungskündigung" propagiert.[52] Wegen der weiteren Einzelheiten dieses komplexen Themas ist auf die Darstellung in → I Rn. 33 zu verweisen.

---

46 Besonders drastisch insoweit BAG 20.8.1998 – 2 AZR 84/98, DB 1999, 103: Bei der Prüfung, ob ein dringendes betriebliches Erfordernis zu einer Entgeltkürzung durch Änderungskündigung besteht, ist auf die wirtschaftliche Situation des Gesamtbetriebs, nicht eines unselbständigen Betriebsteils abzustellen; mit Recht kritisch dazu *Stoffels* FS Hromadka, 2008, 463, 474. Nicht minder restriktiv BAG 12.11.1998 – 2 AZR 91/98, NZA 1999, 471: Eine betriebsbedingte Änderungskündigung, die eine sonst erforderlich werdende Beendigungskündigung vermeidet, ist grundsätzlich möglich. Die Anforderungen an eine solche Änderungskündigung sind nicht geringer anzusetzen als die Anforderungen an eine Beendigungskündigung wegen beabsichtigter (Teil-) Betriebsstilllegung. Änderungskündigungen mit dem Ziel der Entgeltreduzierung hält der 2. Senat nach wie vor nur für zulässig, „... wenn bei einer Aufrechterhaltung der bisherigen Personalkostenstruktur weitere, betrieblich nicht mehr auffangbare Verluste entstehen, die absehbar zu einer Reduzierung der Belegschaft oder sogar zu einer Schließung des Betriebs führen; vgl. BAG 23.6.2005 – 2 AZR 642/04, NZA 2006, 92 (Änderungsangebot, bei dem neben der Tätigkeit auch die Gegenleistung (Vergütung) geändert werden soll); BAG 16.5.2002, NZA 2003, 147 (Abbau einer Zulage); BAG 1.3.2007 – 2 AZR 580/05, NZA 2007, 1445 (Streichung des Weihnachtsgeldes); kritisch dazu *Reiserer/Powietzka* BB 2006, 1109 sowie SPV Kündigung Rn. 1311, nach deren Auffassung es nur darauf ankomme, ob solche triftigen wirtschaftlichen Gründe erkennbar sind, die ohne Anpassung der Personalkosten absehbar (innerhalb eines Jahres) in Beendigungskündigungen umschlagen müssten; in diesem Sinne bereits *Stoffels* FS Hromadka, 2008, 463, 473; zustimmend *Krois* ZfA 2009, 575 (613). Als weiterer Kontrollmaßstab dient darüber hinaus der arbeitsrechtliche Gleichbehandlungsgrundsatz; vgl. BAG 3.7.2003 – 2 AZR 617/02, DB 2004, 655. Zur Zulässigkeit einer Änderungskündigung mit dem Ziel der Anwendung eines Branchentarifvertrags für Leiharbeitnehmer vgl. BAG 12.1.2006 – 2 AZR 126/05, NZA 2006, 587 (iE verneinend); dazu kritisch *Junker* SAE 2006, 219. Zur Änderungskündigung zur Einführung von Kurzarbeit *Bauer/Günter* BB 2009, 662; *Wahlig/Jeschke* NZA 2010, 607.

47 BAG 20.8.1998 – 2 AZR 84/98, NZA 1999, 255; 10.9.2009 – 2 AZR 822/07, NJW 2010, 1161.

48 BAG 23.6.2005 – 2 AZR 642/04, NZA 2006, 92; 10.9.2009 – 2 AZR 822/07, NJW 2010, 1161; BAG 1.3.2007 – 2 AZR 580/05, NZA 2007, 1445; BAG 20.6.2013 – 2 AZR 396/12, NZA 2013, 1409 Rn. 31.

49 BAG 20.8.1998 – 2 AZR 84/98, DB 1999, 103.

50 BAG 26.6.2008 – 2 AZR 139/07, NZA 2008, 1182. „Großzügiger" ist der 2. Senat demgegenüber, wenn die Entgeltreduzierung Folge einer Änderung der Tätigkeit ist; vgl. BAG 29.3.2007 – 2 AZR 31/06, NZA 2007, 855; BAG 29.11.2007 – 2 AZR 388/06, NZA 2008, 523; BAG 3.4.2008 – 2 AZR 500/06, NZA 2008, 812. Zur Änderungskündigung in Bezug auf vertragliche Nebenleistungen vgl. BAG 20.6.2013 – 2 AZR 396/12, NZA 2013, 1409 Rn. 26ff. Zur Anpassung von Chefarzt-Dienstverträgen BAG 5.6.2014 – 2 AZR 615/13, NZA 2015, 40.

51 Vgl. BAG 1.3.2007 – 2 AZR 580/05, NZA 2007, 1445 Rn. 26: Unmittelbar bevorstehender Ruin des Arbeitgebers nicht erforderlich.

52 Vgl. BAG 20.8.1998 – 2 AZR 84/98, DB 1999, 103; BAG 26.5.1983 – 2 AZR 477/81, DB 1983, 2690; BAG 20.3.1986 – 2 AZR 294/85, NZA 1986, 824. Zum Verhältnismäßigkeitsprinzip auch → Rn. 30.

d) Abschluss von Aufhebungsverträgen; Abfindungsanspruch nach § 1a KSchG als Alternativen

6a Der bereits erwähnte vielfach gewählte Ausweg, rechtliche Risiken im Bereich der betriebsbedingten Kündigung von vornherein durch Abschluss von Aufhebungsverträgen (gegen entsprechende Abfindungszahlung) zu vermeiden, war bis 2003 bzw. Ende 2005 auch steuerrechtlich „subventioniert", weil Abfindungen steuerfrei waren bzw. besondere Freibeträge galten (§§ 3 Nr. 9 aF, 24, 34 EStG). Dies ist durch die Verschlechterung der steuerlichen Rahmenbedingungen deutlich erschwert worden.[53] Einzig die sog. Fünftelungsregelung nach § 34 EStG kann Sondereffekte durch hohe Abfindungen vermeiden, indem Abfindungen steuerlich so behandelt werden, als erhielte der Arbeitnehmer diese gleichmäßig auf die nächsten fünf Jahre verteilt. Damit wird eine einmalige hohe Steuerbelastung vermieden, denn aufgrund der Steuerprogression wäre der Steuersatz deutlich höher als bei Verteilung auf fünf Jahre. Dazu wird bei der Berechnung der Steuer ein Fünftel der einmaligen Einnahme zum zu versteuernden Einkommen hinzugerechnet. Daneben bleibt der Vorteil, dass Abfindungen für den Verlust des Arbeitsplatzes sozialversicherungsfrei sind, weil es sich nicht um Arbeitsentgelt iSv § 14 Abs. 1 S. 1 SGB IV handelt.

Unabhängig von der steuer- und sozialrechtlichen Behandlung führt an umfassenden Abfindungsregelungen kein Weg vorbei, wenn der Arbeitgeber sich von den Risiken einer betriebsbedingten Kündigung, namentlich im Bereich der **Sozialauswahl, „freikaufen"** will. Alternativ sieht **§ 1a KSchG** einen gesetzlichen Abfindungsanspruch bei betriebsbedingter Kündigung vor, wenn der Arbeitgeber einen entsprechenden Hinweis mit der Kündigung erklärt und der Arbeitnehmer daraufhin die dreiwöchige Klagefrist des § 4 KSchG verstreichen lässt.[54] Die Vorschrift ist auch im Falle von **Änderungskündigungen** anwendbar,[55] sofern der Arbeitnehmer das Änderungsangebot nicht annimmt oder die vorbehaltlose Ablehnung erklärt.

Die praktische Bedeutung dieser, durch das Gesetz zu Reformen am Arbeitsmarkt vom 24.12.2003 eingefügten **Option** ist äußerst gering, da für den Arbeitgeber bei Ablehnung des Angebots seitens des Arbeitnehmers mit taktischen Nachteilen verbunden. Dem Arbeitgeber ist es vor und nach Ausspruch einer Kündigung[56] unbenommen, dem Arbeitnehmer von § 1a KSchG abweichende Abfindungsangebote, also auch solche von geringerer Höhe, zu unterbreiten. Dabei sollte er aber jede Bezugnahme auf § 1a KSchG vermeiden, um nicht den gesetzlichen Abfindungsanspruch auszulösen.[57] Des weiteren sind die sozialversicherungsrechtlichen Auswirkungen auf Seiten des Arbeitnehmers, insbesondere im Hinblick auf die Verhängung einer **Sperrzeit** für das Arbeitslosengeld nach § 159 Abs. 1 S. 2 Nr. 1 SGB III, zu beachten.[58]

Zur Zulässigkeit sog. „Turboprämien" in Sozialplänen → Rn. 46.

[53] Zur steuerlichen Behandlung von Abfindungen und die insoweit bestehenden Übergangsregelungen vgl. HWK/*Kliemt* KSchG Anhang § 9 Rn. 40 ff.

[54] S. dazu *Preis* DB 2004, 70; *Quecke* RdA 2004, 86 (94); *Willemsen/Annuß* NJW 2004, 177; *C.W. Hergenröder/v. Wickede* RdA 2008, 364.

[55] BAG 13.12.2007 – 2 AZR 663/06, NZA 2008, 528; *Kögel* RdA 2009, 358; SPV Kündigung Rn. 1177.

[56] ErfK/*Oetker* KSchG § 1a Rn. 2.

[57] S. dazu BAG 19.6.2007 – 1 AZR 340/06, NZA 2008, 169; BAG 19.7.2016 – 2 AZR 536/15, NZA 2017, 121; *C.W. Hergenröder/v. Wickede* RdA 2008, 364 (366).

[58] Ausführliche Darstellung *Juli* ArbRAktuell 2017, 237; Mit Praxistipps zur inhaltsgleichen Vorgängernorm des § 144 Abs. 1 S. 2 Nr. 1 SGB III aF bei *Lembke* BB 2009, 2594.

2. *Zweites Prinzip:* Keine inhaltliche Überprüfung der zum Arbeitsplatzwegfall oder veränderten Beschäftigungsbedarf führenden Unternehmerentscheidung

a) Grundsatz

7 Ein weiterer, auf der Berufsfreiheit des Arbeitgebers nach Art. 12 GG beruhender[59] Grundpfeiler des deutschen Kündigungsschutzrechts besteht darin, dass die dem Wegfall von Arbeitsplätzen vorgelagerte und diesen bedingende **Unternehmerentscheidung** als solche von den Arbeitsgerichten grundsätzlich nicht auf ihre sachliche, insbesondere betriebswirtschaftliche Berechtigung nachgeprüft wird. Für eine beschlossene und tatsächlich durchgeführte unternehmerische Organisationsentscheidung spricht vielmehr die **Vermutung,** dass sie aus sachlichen Gründen erfolgt ist und kein Rechtsmissbrauch vorliegt. Dies gilt nach der Rechtsprechung des 2. BAG-Senats sowohl für den (Regel-)Fall einer **ordentlichen wie auch** im (Ausnahme-)Fall einer **außerordentlichen** betriebsbedingten Kündigung mit **Auslauffrist.**[60] Die Arbeitnehmerseite kann daher im Kündigungsschutzprozess weder mit der Argumentation durchdringen, dass die Maßnahme (zB Betriebs(teil) stilllegung, Änderung des Betriebszwecks, Betriebsverlegung; Verlagerung von Tätigkeiten ins Ausland[61] etc) auf unzureichenden oder unzutreffenden betriebswirtschaftlichen Prämissen (zB einer falschen Einschätzung der künftigen Marktentwicklung) beruhe, noch damit, dass es sinnvolle Alternativen gebe, bei deren Umsetzung sich der Wegfall von Arbeitsplätzen vermeiden lasse.[62] Der Unternehmer ist nämlich nicht gehindert, auch wirtschaftliche **nicht zwingend notwendige Organisationsentscheidun**gen zu treffen.[63] Es ist nicht Sache der Gerichte, ihm eine „bessere" oder „richtigere" Organisation, Unternehmenspolitik oder Kostenkalkulation vorzuschreiben und damit in die wirtschaftliche Kalkulation einzugreifen.[64] Es findet insoweit gerade keine Interessenabwägung zwischen den zu erwartenden Vorteilen der Entscheidung für den Arbeitgeber und den Nachteilen für den Arbeitnehmer statt (dazu auch → Rn. 9a).[65] Soweit diese Rechtsprechung eine Ausnahme dann machen will, wenn die betreffenden unternehmerischen Maßnahmen offenbar unsachlich, unvernünftig oder gar willkürlich sind,[66] handelte es sich bisher um eine

---

[59] BAG 22.11.2012 – 2 AZR 673/11, NZA 2013, 739 Rn. 21; BAG 20.11.2014 – 2 AZR 512/13, NZA 2015, 679 Rn. 27 mwN; *Rost* NZA-Beilage 1/2009, 23 (24).

[60] Vgl. zu letzterer insbes. BAG 22.11.2011 – 2 AZR 673/11, NZA 2013, 730 Rn. 17; BAG 20.6.2013 – 2 AZR 379/12, NZA 2014, 139 Rn. 21; BAG 24.9.2015 – 2 AZR 562/14, NZA 2016, 366 Rn. 47; BAG 18.6.2015 – 2 AZR 480/14, NZA 2015, 1315 Rn. 20 sowie → Rn. 1a.

[61] S. dazu BAG 29.8.2013 – 2 AZR 809/12, NZA 2014, 730.

[62] Vgl. zu dem Grundsatz der Nichtüberprüfung unternehmerischer Entscheidungen im Rahmen von Kündigungsschutzprozessen BAG 30.4.1987 – 2 AZR 184/86, NZA 1987, 776; BAG 21.2.2002 – 2 AZR 556/00, DB 2002, 2276; BAG 25.4.2002 – 2 AZR 260/01, NZA 2003, 605; BAG 13.3.2008 – 2 AZR 1037/06, NZA 2008, 878; BAG 23.4.2008 – 2 AZR 1110/06, NZA 2008, 939; BAG 10.7.2008 – 2 AZR 1111/06, NZA 2009, 313; BAG 20.6.2013 – 2 AZR 379/12, NZA 2014, 139 Rn. 19 ff.; BAG 29.8.2013 – 2 AZR 809/12, NZA 2014, 730 Rn. 17; BAG 20.11.2014 – 2 AZR 512/13, NZA 2015, 679 Rn. 27 ff. *Ascheid* DB 1987, 1144; KR/*Rachor* KSchG § 1 Rn. 556 ff.; SPV Kündigung Rn. 904 ff., insbes. 917 ff. mwN; *Bitter* DB 1999, 1214 (1216); *Hromadka* ZfA 2002, 388; v. *Hoyningen-Huene* FS 50 Jahre Bundesarbeitsgericht, 2004, 369; sowie die kritisch-analytische Darstellung von *Diller* in Preis/Willemsen Rn. F 1 ff. Auch die Sozialbindung des Eigentums hindert den Arbeitgeber nicht, einen Betrieb zu schließen und deshalb Kündigungen auszusprechen, vgl. LAG Berlin 15.1.2002 – 12 Sa 2251/01, ZIP 2002, 1546.

[63] BAG 20.11.2014 – 2 AZR 512/13, NZA 2015, 679 Rn. 28.

[64] BAG 20.6.2013 – 2 AZR 379/12, NZA 2014, 139 Rn. 25; BAG 20.11.2014 – 2 AZR 512/13, NZA 2015, 679; vgl. auch BAG 22.11.2012 – 2 AZR 673/11, NZA 2013, 730 Rn. 21; BAG 29.8.2013 – 2 AZR 809/12, NZA 2014, 730 Rn. 17 mwN.

[65] So auch MüKoBGB/*Hergenröder* KSchG § 1 Rn. 348.

[66] Vgl. zB BAG 7.12.2000 – 2 AZR 391/99, NZA 2001, 495; BAG 19.5.1993 – 2 AZR 584/92, NZA 1993, 1075; BAG 23.11.2004 – 2 AZR 38/04, NZA 2005, 986; BAG 31.7.2014 – 2 AZR 422/13, NZA 2015, 101; LAG Berlin 15.1.2002 – 12 Sa 2251/01, ZIP 2002, 1546; ArbG Gelsenkirchen 28.10.1997 – 2 Ca 3762/96, NZA 1998, 994.

Einschränkung eher akademischen Charakters, da eine derartige Konstellation in der Praxis erstens extrem selten und zweitens das Vorliegen sachwidriger Motive noch seltener konkret nachweisbar ist (Beispiel: Stilllegung eines Betriebs *allein* wegen des dortigen „renitenten“ Betriebsrats). Der **Rechtsmissbrauch** ist also die **Ausnahme.**[67] Die unternehmerische Entscheidung selbst unterliegt auch nicht deshalb einer weiter reichenden gerichtlichen Kontrolle, weil vom Arbeitsplatzabbau (auch) **ordentlich unkündbare Arbeitnehmer** (dazu auch → Rn. 1a) **betroffen** sind (→ Rn. 9). Vom Arbeitgeber im Einzelnen darzulegen und von den Gerichten zu überprüfen ist hingegen, dass bzw. ob das fragliche unternehmerische Konzept eine (Änderungs-)Kündigung tatsächlich erzwingt (dazu → Rn. 10ff.). Dies ist indes keine Frage des Rechtsmissbrauchs. Eine – in ihrer Tragweite freilich noch nicht endgültig abzusehende – Bedeutung hat allerdings der Rechtsmissbrauchseinwand in der sog. Rheumaklinikentscheidung des BAG erlangt (dazu auch → Rn. 40b).[68]

Reduziert sich die Organisationsentscheidung zur Personalreduzierung allerdings praktisch auf die **Kündigung als solche,** zB wenn von dem Entschluss des Arbeitgebers nur ein einziger Arbeitnehmer betroffen ist oder wenn der **Abbau einer Hierarchieebene** zum unmittelbaren Wegfall eines Arbeitsplatzes führt, sollen dagegen erhöhte inhaltliche Anforderungen für den Tatsachenvortrag des Unternehmens gelten (dazu sogleich → Rn. 8d).[69] Die vorstehend genannten Grundsätze hat der zuständige 2. Senat des BAG inzwischen auf die **Änderungskündigung** sinngemäß übertragen.[70] Sie gelten auch für Arbeitgeber des **öffentlichen Dienstes.**[71] 8

Auch der hier behandelte Grundsatz gibt im Übrigen in der Praxis Anlass zu vielfachen **Missverständnissen,** etwa indem das Privileg der „Gerichtsfreiheit“ unternehmerischer Entscheidungen für die betriebsbedingte Kündigung *als solche* in Anspruch genommen wird. Diese ist indes stets Folge, nicht jedoch eigentlicher Inhalt der nicht bzw. nur sehr eingeschränkt überprüfbaren Grundlagenentscheidung; ansonsten würde der mit dem Kündigungsschutzgesetz bezweckte Arbeitsplatzschutz von vornherein leerlaufen.[72] 8a

Sehr wohl Gegenstand einer solchen Grundlagenentscheidung kann allerdings der Entschluss sein, den Betrieb zum Zwecke der **Kosteneinsparung** so **umzustrukturieren,** dass der bisherige Betriebszweck künftig in dem bisherigen oder auch in reduziertem Umfang mit einer verminderten Anzahl von Arbeitsplätzen fortgeführt werden kann. Das gilt zB auch für die Entscheidung einer **Gemeinde,** das Amt der Gleichstellungsbeauftragten künftig statt mit einer hauptberuflichen mit einer ehrenamtlichen Kraft zu besetzen.[73] Daher ist der Satz, dass der „bloße Entschluss, die Arbeitnehmerzahl zu reduzieren“ ebenso 8b

---

[67] So ausdrücklich BAG 20.6.2013 – 2 AZR 379/12, NZA 2014, 139 Rn. 20.

[68] BAG 26.9.2002 – 2 AZR 636/01, NZA 2003, 549 („Rheumaklinik“): Der Arbeitgeber, der durch die Bildung einer finanziell und organisatorisch in das Arbeitgeberunternehmen eingegliederten Organgesellschaft seinen Betrieb in mehrere Teile aufspaltet mit dem Ziel, den betroffenen Arbeitnehmern den Kündigungsschutz zu nehmen und den nach wie vor bestehenden Beschäftigungsbedarf mit von der Organgesellschaft neu einzustellenden Arbeitnehmern zu decken, handelt rechtsmissbräuchlich. Es handelt sich freilich um einen sehr speziell gelagerten Fall. Im Grundsatz hält die Rechtsprechung nach wie vor an der Gerichtsfestigkeit der Unternehmensentscheidung fest; vgl. dazu etwa BAG 22.4.2004 – 2 AZR 385/03, NZA 2004, 1158 sowie BAG 20.6.2013 – 2 AZR 379/12, NZA 2014, 139.

[69] Vgl. BAG 27.9.2001 – 2 AZR 176/00, NZA 2002, 1278; BAG 17.6.1999 – 2 AZR 141/99, NZA 1999, 1098; BAG 12.4.2002 – 2 AZR 740/00, EzA § 1 KSchG Betriebsbedingte Kündigung Nr. 117; BAG 10.10.2002 – 2 AZR 598/01, DB 2003, 506; BAG 7.7.2005 – 2 AZR 399/04, NZA 2006, 266 (Änderung des Anforderungsprofils); BAG 13.2.2008 – 2 AZR 1041/06, NZA 2008, 819 (Streichung einer Hierarchieebene); insbesondere soll dann die regelmäßig angenommene Vermutung, die Unternehmerentscheidung sei aus sachlichen Gründen erfolgt, nicht von vornherein greifen.

[70] BAG 22.4.2004 – 2 AZR 385/03, NZA 2004, 1158.

[71] BAG 18.9.2008 – 2 AZR 560/07, NZA 2009, 142.

[72] Zutreffend BAG 20.2.1986 – 2 AZR 212/85, NZA 1986, 823; BAG 20.3.1986 – 2 AZR 294/85, DB 1986, 2442; vgl. hierzu auch die drei Parallelentscheidungen des BAG 17.6.1999 – 2 AZR 141/99, NZA 1999, 1098; SPV Kündigung Rn. 905.

[73] Vgl. BAG 18.9.2008 – 2 AZR 560/07, NZA 2008, 142.

wie die Kündigung keine bindende Unternehmerentscheidung sei,[74] zumindest missverständlich. Die *Weight-Watchers*-Entscheidung des BAG vom 9.5.1996 hat im übrigen gezeigt, dass selbst der – konsequent umgesetzte – Entschluss, ein **Vertriebssystem** künftig **nicht mehr mit Angestellten,** sondern mit **Selbständigen** (freien Mitarbeitern) **zu führen,** zum Wegfall der entsprechenden Arbeitsplätze führen und eine betriebsbedingte Kündigung rechtfertigen kann.[75] Diese Rechtsprechung hat der 2. Senat mit Urteil vom 13.3.2008 ausdrücklich bestätigt. Der Fall betraf die Entscheidung eines Unternehmens, Plakatierungsarbeiten zukünftig nicht mehr durch eigene Arbeitnehmer, sondern durch freie Mitarbeiter durchführen zu lassen. Das Gesetz zwinge, so der Senat, den Marktteilnehmer nicht, den Bedarf an Leistungen ausschließlich durch Arbeitsverträge zu decken. Voraussetzung für eine Umstellung sei allerdings, dass es sich bei den neu einzuführenden Vertragsverhältnissen tatsächlich und nicht nur zum Schein um solche einer freien Mitarbeit handele.[76] Im gleichen Sinne hat der Senat für den Fall einer **Fremdvergabe** von Bauleitungsaufgaben[77] sowie von Hausmeisterdiensten[78] entschieden. Das **Outsourcing** wird also als grundsätzlich hinzunehmende unternehmerische Entscheidung anerkannt (dazu auch → Rn. 9).[79] Demgegenüber stellt nach einer Entscheidung des LAG Hamm vom 24.7.2007 die **Substituierung** von festangestellten Arbeitnehmern durch **Leiharbeitnehmer** kein dringendes betriebliches Erfordernis iSv § 1 Abs. 2 KSchG dar,[80] es handele sich vielmehr um eine **unzulässige Austauschkündigung.**[81] Anders als bei einem Outsourcing falle des betroffene Arbeitsplatz nicht weg.

8c Die vorstehenden Grundsätze gelten auch dann, wenn bisher vom Arbeitnehmer wahrgenommene Tätigkeiten künftig von einem **Organvertreter** (Vorstandsmitglied, Geschäftsführer) **übernommen** werden sollen. Eine solche Entscheidung des Arbeitgebers ist nach Ansicht des 2. BAG-Senats rechtlich nicht zu beanstanden. Die dem Arbeitnehmer durch Art. 12 Abs. 1 S. 1 GG gewährleistete Freiheit der Berufswahl biete keinen unmittelbaren Schutz gegen den Verlust des Arbeitsplatzes auf Grund privater Dispositionen. Dem Arbeitgeber sei es kündigungsrechtlich nicht verwehrt, Tätigkeiten, die bisher von Arbeitnehmern geleistet wurden, künftig (echten) freien Mitarbeitern oder **Mitgliedern seiner Vertretungsorgane,** die keine Arbeitnehmer sind, zu **übertragen.**[82] Angesichts der „Gerichtsfestigkeit“ solcher Umstrukturierungsentscheidungen laufen Arbeitnehmer in Leitungsfunktionen unterhalb der Geschäftsführungs- bzw. Vorstandsebene somit durchaus Gefahr, ihren Arbeitsplatz zu verlieren, wenn es für sie danach keine vergleichbare Beschäftigungsmöglichkeit mehr gibt.[83]

---

[74] Vgl. SPV Kündigung Rn. 905. Allerdings ist der bloße Entschluss, die „formale“ Arbeitgeberstellung aufzugeben, keine die Kündigung bedingende Unternehmerentscheidung, wenn die eigenen nur durch ausgeliehene Arbeitnehmer ersetzt werden; vgl. den „Schiffsfall“ des BAG 26.9.1996 – 2 AZR 200/96, NZA 1997, 202; BAG 9.5.1996 – 2 AZR 438/95, NZA 1996, 1145; s. dazu auch *Diller* in Preis/Willemsen Rn. F 16.

[75] BAG 9.5.1996 – 2 AZR 438/95, NZA 1996, 1145; s. dazu auch *Diller* in Preis/Willemsen Rn. F 16; *D. Kaiser* NZA-Beilage 1/2005, 31 (35) sowie (ablehnend) SPV Kündigung Rn. 947.

[76] BAG 13.3.2008 – 2 AZR 1037/06, NZA 2008, 878. Kritisch zu dieser Rspr *Preis* FS Bauer, 2010, 827 (833, 839). Einen Fall verdeckter Arbeitnehmerüberlassung nimmt das LAG Berlin-Brandenburg im Urteil v. 5.3.2013 – 12 Sa 1624/12, NZA-RR 2013, 466, an.

[77] BAG 23.4.2008 – 2 AZR 1110/06, NZA 2008, 939.

[78] BAG 20.11.2014 – 2 AZR 512/13, NZA 2015, 679.

[79] Ebenso *Rost* NZA-Beilage 1/2009, 23 (25); vgl. dazu auch *Schrader/Siebert* NZA-RR 2013, 113 (115).

[80] LAG Hamm 24.7.2007 – 12 Sa 320/07, NZA-RR 2008, 239. S. zum Ganzen *Moll/Ittmann* RdA 2008, 321 mwN sowie Fn. 56

[81] So bereits das BAG in der „Crewing“-Entscheidung vom 26.9.1996 – 2 AZR 200/96, NZA 1997, 202; s. ferner BAG 26.9.2002 – 2 AZR 636/01, NZA 2003, 549 („Rheumaklinik“). Zu den Fallgruppen der unzulässigen sog. Austauschkündigung s. *Preis* FS Bauer, 2010, 830.

[82] BAG 31.7.2014 – 2 AZR 422/13, NZA 2015, 101 Rn. 42.

[83] So im Falle BAG 31.7.2014 – 2 AZR 422/13, NZA 2015, 101.

b) Erhöhte Anforderungen an Prozessvortrag bei „Koinzidenz" von Organisationsentscheidung und Kündigungsentschluss

Der 2. Senat des BAG hat in drei Urteilen vom 17.6.1999 explizit zur **Unternehmerentscheidung zwecks Personalabbaus** Stellung genommen und damit seinerzeit eine Diskussion zur Reichweite der Kontrollfreiheit einer Unternehmerentscheidung in Gang gesetzt.[84] Kernaussage dieser nach wie vor aktuellen Entscheidungen ist zunächst die *Beibehaltung* der Rechtsprechung zur Anerkennung bindender Unternehmerentscheidungen auch für unternehmerische Maßnahmen, die allein den Wegfall von Arbeitsplätzen bzw. den Entfall von Beschäftigungsbedarf zum Inhalt haben, verbunden allerdings mit der Einschränkung, dass der Arbeitgeber, je näher die eigentliche **Organisationsentscheidung** zeitlich und inhaltlich an den Kündigungsentschluss heranrückt, umso mehr durch Tatsachenvortrag im Prozess deutlich machen muss, dass und warum ein **Beschäftigungsbedürfnis** für den bzw. die zu kündigenden Arbeitnehmer **entfallen** ist. Aufgrund der Tatsache, dass sich in diesen Fällen Kündigung und dahinter stehende Organisationsentscheidung kaum voneinander trennen ließen, greife, so das BAG, die Vermutung, die Entscheidung sei aus sachlichen Gründen erfolgt, nicht „unbesehen". Demnach kommt das BAG zu einer abgestuften **Darlegungslast:** 8d

Zunächst hat der **Arbeitgeber** darzulegen, dass und wie die von ihm getroffene Maßnahme (Unternehmerentscheidung) durchgeführt werden soll und in welchem Umfang dadurch **auf Dauer** ein konkreter **Arbeitskräfteüberhang entsteht**[85] *(1. Stufe)*; daraufhin hat der **Arbeitnehmer** vorzutragen, warum diese Maßnahme **unsachlich, unvernünftig oder willkürlich** ist *(2. Stufe)*; alsdann hat der Arbeitgeber sich auf den Vortrag des Arbeitnehmers weiter einzulassen *(3. Stufe)*.[86] Bereits auf der ersten Stufe muss der Arbeitgeber seine Entscheidung hinsichtlich ihrer **organisatorischen Durchführbarkeit** und **zeitlichen Nachhaltigkeit** verdeutlichen. Daran fehlt es, wenn die Kündigung zu einer rechtswidrigen Überforderung oder Benachteiligung des im Betrieb verbliebenen Personals führte.[87]

Dass der Arbeitgeber zur **organisatorischen Durchführbarkeit** und Nachhaltigkeit der unternehmerischen Entscheidung vortragen muss, ist allerdings „… weder Selbstzweck noch darf es dazu dienen, dass die Gerichte in die betrieblichen Organisationsabläufe eingreifen. Der Sinn besteht darin, einen **Missbrauch des Kündigungsrechts auszuschließen.** Vermieden werden sollen betriebsbedingte Kündigungen, die zu einer rechtswidrigen Überforderung oder Benachteiligung des im Betrieb verbliebenen Personals führen. Vermieden werden soll außerdem, dass die unternehmerische Entscheidung lediglich als **Vorwand** benutzt wird, um Arbeitnehmer aus dem Betrieb zu drängen, obwohl Beschäftigungsbedarf und Beschäftigungsmöglichkeit fortbestehen und lediglich die Arbeitsvertragsinhalte und die gesetzlichen Kündigungsschutzbestimmungen als zu belastend angesehen werden …"[88] Diese Grundsätze hat der 2. Senat mit Urteil vom 23.11.2004

---

[84] BAG 17.6.1999 – 2 AZR 141/99, NZA 1999, 1098; die Literatureinschätzungen hierzu reichen von einer Stärkung der Position des Arbeitgebers bis hin zur Befürchtung eines beginnenden Abschieds von der freien Unternehmerentscheidung, vgl. *Bitter* DB 2000, 1760; *Feudner* DB 1999, 2566; *B. Preis* DB 2000, 1122; *Quecke* DB 2000, 2429; *Schrader* NZA 2000, 401; *Rieble,* Anm. zu EzA Nr. 61 Betriebsbedingte Kündigung Nr. 102; SPV Kündigung Rn. 906. Der 2. BAG-Senat hat seine Linie in weiteren Entscheidungen bestätigt; s. dazu etwa BAG 24.5.2012 – 2 AZR 124/11, NZA 2012, 1223 Rn. 22 mwN; BAG 20.6.2013 – 2 AZR 397/12, NZA 2014, 139 Rn. 23; S. auch BAG 2.3.2017 – 2 AZR 546/16, NZA 2017, 906; LAG Köln 14.3.2019 – 6 Sa 389/18, BeckRS 2019, 12382.

[85] *Bitter* DB 2000, 1760 (1763) weist zu Recht darauf hin, dass die Entscheidung zum Personalabbau keinen Personalüberhang voraussetzt, sondern ihn schafft; vgl. dazu auch LAG Düsseldorf 29.6.2000 – 11 Sa 436/00, BeckRS 2007, 47423.

[86] Stufen weitestgehend *Bitter* DB 2000, 1760 nachgebildet.

[87] BAG 16.12.2010 – 2 AZR 770/09, NZA 2011, 505 Rn. 15; BAG 24.5.2012 – 2 AZR 124/11, NZA 2012, 1223 Rn. 22.

[88] So wörtlich BAG 22.9.2005 – 2 AZR 208/05, BB 2006, 1572 (zum Wegfall von Arbeitsplätzen bzw. Änderung der Vertragsinhalte auf Grund eines Reorganisationskonzepts); ähnlich zB BAG 24.5.2012 – 2 AZR 124/11, NZA 2012, 1223 Rn. 22. Zur Anwendung dieser Grundsätze auf den Wegfall einer Hierarchiestufe vgl.

ausdrücklich auch auf Kündigungen **im öffentlichen Dienst** angewandt.[89] Er wendet sie ferner auch dann an, wenn die unternehmerische Entscheidung auf den **Abbau einer Hierarchieebene,** verbunden mit einer **Umverteilung** der den betroffenen Arbeitnehmer bisher übertragenen Aufgaben hinausläuft.[90] Der Arbeitgeber muss dann insbesondere darlegen und ggf. beweisen, dass die Umverteilung der Aufgaben auf andere Arbeitnehmer nicht zu einer überobligatorischen Arbeitsbelastung führt.

Auch die Gestaltung des Anforderungsprofils für einen Arbeitsplatz unterliegt grundsätzlich der freien „unternehmerischen" Disposition.[91] Die Vorgabe kann von den Arbeitsgerichten nur auf Willkür und offenbare Unrichtigkeit hin überprüft werden. Aber auch insoweit gilt, dass in Fällen, in denen die betreffende Organisationsentscheidung und der Kündigungsentschluss des Arbeitgebers praktisch deckungsgleich sind, weil der Arbeitnehmer dem neuen Anforderungsprofil nicht genügt, die Vermutung, dass eine unternehmerische Entscheidung auf sachlichen Gründen beruht, nicht unbesehen greifen kann. Die Entscheidung zur neuen Stellenprofilierung muss im Zusammenhang mit einer organisatorischen Maßnahme – gegebenenfalls im Zusammenhang mit einer Neuausrichtung der Geschäftstätigkeit – stehen, nach deren Durchführung sich die bisherigen Anforderungen an den Stelleninhaber ändern. Es muss sich um ein nachvollziehbares, arbeitsplatzbezogenes Kriterium für die Stellenprofilierung handeln.[92]

Die Praxis ist aufgrund dieser Urteile gut beraten, schon auf der ersten Stufe **substantiiert** vorzutragen, (1) welches unternehmerische **Konzept** dem Stellenabbau zugrunde liegt und (2) wie die nach dem Stellenabbau verbleibende Arbeit **organisiert** werden soll, ohne dass dies zu „überobligatorischen Leistungen" bei dem verbliebenen Personal führt.[93] Es ist dabei nicht stets die Darlegung der konkreten, von den Arbeitnehmern zu erledigenden Arbeitsvorgänge und der dafür benötigten Einsatzzeiten einerseits sowie der vorgehaltenen Anzahl von Arbeitsstunden andererseits erforderlich.[94] Es kann vielmehr ausreichend sein, wenn der Arbeitgeber die getroffenen **Vereinbarungen** zu Umfang und Verteilung der Arbeitszeit darstellt und Anhaltspunkte dafür darlegt, dass Freiräume für die Übernahme zusätzlicher Aufgaben vorhanden sind.[95] Vorsorglich sollte auch zur Sinnhaftigkeit das Konzept selbst vorgetragen werden, da die bisher vom 2. Senat angenommene **Vermutung,** die Unternehmerentscheidung sei aus sachlichen Gründen erfolgt, nicht „von vornherein" greifen soll, wenn sich die **Organisationsentscheidung** praktisch auf den **Kündigungsentschluss** reduziert.[96]

9 Da auch rein innerbetriebliche Maßnahmen angesichts der **Organisationsfreiheit** des Arbeitgebers die betriebsbedingte Kündigung rechtfertigen können, ist er damit rechtlich in der Lage, einen erforderlichen Personalabbau selbst zu bestimmen, auch wenn dessen

---

BAG 16.12.2010 – 2 AZR 770/09, DB 2011, 879; LAG Köln 14.3.2019 – 6 Sa 389/18, BeckRS 2019, 12382 (Kündigung bei gleichzeitiger Neubesetzung).

[89] BAG 23.11.2004 – 2 AZR 38/04, NZA 2005, 986; s. auch BAG 6.7.2006 – 2 AZR 442/05, NZA 2007, 139; BAG 13.2.2008 – 2 AZR 1041/06, NZA 2008, 819 (für den Wegfall einer Hierarchieebene); BAG 22.11.2012 – 2 AZR 673/11, NZA 2013, 730.

[90] Vgl. BAG 16.12.2010 – 2 AZR 770/09, NZA 2011, 505; BAG 24.5.2012 – 2 AZR 124/11, NZA 2012, 1223.

[91] BAG 2.3.2017 – 2 AZR 546/16, NZA 2017, 906.

[92] BAG 2.3.2017 – 2 AZR 546/16, NZA 2017, 906.

[93] Vgl. zu diesem Erfordernis BAG 17.6.1999 – 2 AZR 141/99, NZA 1999, 1098 und BAG 17.6.1999 – 2 AZR 456/98, NZA 1999, 1157 zu III 2c) der Gründe; BAG 27.9.2001 – 2 AZR 176/00, NZA 2002, 1278 zu I 2b) der Gründe; BAG 16.12.2010 – 2 AZR 770/09, NZA 2011, 505 Rn. 15; BAG 24.5.2012 – 2 AZR 124/121, NZA 2012, 1223 Rn. 22. Das Erfordernis gilt grundsätzlich auch für AT-Mitarbeiter und leitende Angestellte; vgl. BAG 24.5.2012 – 2 AZR 124/121, NZA 2012, 1223 Rn. 30.

[94] BAG 18.10.2006 – 2 AZR 434/05, NZA 2007, 552; BAG 24.5.2012 – 2 AZR 124/11, NZA 2012, 1223 Rn. 31.

[95] BAG 24.5.2012 – 2 AZR 124/11, NZA 2012, 1223 Rn. 31.

[96] BAG 17.6.1999 – 2 AZR 141/99, NZA 1999, 1098; HWK/*Quecke* KSchG § 1 Rn. 270. Anders für den öffentlichen Dienst auf Grund der „Entscheidungsprärogative des Haushaltsgesetzgebers" (konkret bei einem sog. k.w.-Vermerk) BAG 23.11.2004 – 2 AZR 38/04, NZA 2005, 986.

einziger Zweck eine so genannte **Leistungsverdichtung** ist.[97] Stets setzt aber der Vortrag im Kündigungsschutzprozess die Darstellung eines **unternehmerischen Konzepts** voraus, *infolge dessen* Arbeitsplätze in bestimmter Anzahl auf Dauer entfallen. Das BAG verlangt einen Grund außerhalb der Kündigung selbst; der Kündigungsentschluss als solcher reicht auch bei großer sachlicher Nähe zur Organisationsentscheidung nicht aus, um die Kündigung sozial zu rechtfertigen (dazu auch → Rn. 10a).

c) Keine Überprüfung der Verhältnismäßigkeit der Unternehmerentscheidung

Ist den vorstehend beschriebenen Erfordernissen genügt, **prüfen** die Arbeitsgerichte **nicht,** ob die durch die Kündigung zu erwartenden **Vorteile** auf Unternehmensseite in einem vernünftigen **Verhältnis** zu den **Nachteilen** stehen, die die hiervon betroffenen Arbeitnehmer erleiden.[98] Es entspricht vielmehr marktwirtschaftlichen Prinzipien, dass unternehmerische Fehlentscheidungen auch um den Preis des Verlustes von Arbeitsplätzen hingenommen werden müssen; eine betriebswirtschaftliche Überprüfungspflicht würde im Übrigen die Arbeitsgerichte überfordern.[99] Sind die Voraussetzungen einer Organisationsentscheidung dargetan und führt diese nachweislich zum Wegfall von Beschäftigungsbedarf, ist somit auch ein wirtschaftlich sehr leistungsfähiges Unternehmen zur betriebsbedingten Kündigung berechtigt. Es besteht *de lege lata* mit anderen Worten kein Verbot der Kündigung „allein zur Gewinnmaximierung",[100] zumal letztere die Triebfeder jedweden unternehmerischen Handelns ist. Eine Organisationsentscheidung des Arbeitgebers, etwa zur **Fremdvergabe** bestimmter Dienstleistungen, ist rechtlich grundsätzlich nicht zu beanstanden; das gilt auch dann, wenn sie **nicht** mit einer **Einsparung von Kosten** verbunden ist.[101] Ebensowenig muss der Arbeitgeber von einer Fremdvergabe von Tätigkeiten **(Outsourcing)** absehen, wenn dadurch einem ordentlich nicht mehr kündbaren Arbeitsverhältnis die Grundlage entzogen wird.[102] Stehen die unternehmerische Entscheidung als solche und der dadurch kausal verursachte Wegfall konkreter Arbeitsplätze fest, kann demzufolge die Betriebsbedingtheit der Kündigung im Sinne von § 1 Abs. 2 S. 1 KSchG nicht unter Hinweis auf die für die Arbeitnehmer „unzumutbaren" Folgen mit Erfolg in Abrede gestellt werden. Das gilt auch für eine Kündigung gegenüber „Amtsträgern" (insbesondere **Betriebsratsmitgliedern**)[103] sowie bei **tarifrechtlichem Ausschluss der ordentlichen Kündigung** (dazu auch → Rn. 1a).[104] Eine kündigungsrechtliche Korrektur durch die Ar- 9a

[97] KR/*Rachor* KSchG § 1 Rn. 556 (unter Hinweis auf LAG Köln 31.8.1994 – 31. 8. 94 7 Sa 654/94, LAGE § 1 KSchG Betriebsbedingte Kündigung Nr. 26); in dieselbe Richtung BAG 24.4.1997 – 8 AZR 848/94, NZA 1998, 253; vgl. dazu auch *Diller* in Preis/Willemsen Rn. F 19ff.; *Hümmerich/Spirolke* NZA 1998, 797, sowie aus der Instanzrechtsprechung LAG Köln 8.5.1996 – 7 Sa 764/95, LAGE § 1 KSchG Betriebsbedingte Kündigung Nr. 38; LAG Düsseldorf 18.11.1987, LAGE § 1 KSchG Betriebsbedingte Kündigung Nr. 46. Allerdings schränkt der 2. Senat dies dahingehend ein, dass die Leistungsverdichtung nicht zu einer „überobligatorischen", dh wohl nicht mehr vertragskonformen, Belastung der verbleibenden Arbeitnehmer führen dürfe.

[98] BAG 30.4.1987 – 2 AZR 184/86, NZA 1987, 776 unter Aufgabe der gegenteiligen Entscheidung vom 17.10.1980 – 7 AZR 675/78, DB 1981, 747; BAG 20.6.2012 – 2 AZR 379/12, NZA 2014, 139 Rn. 20; ErfK/*Oetker* KSchG § 1 Rn. 239; SPV Kündigung Rn. 918; *v. Hoyningen-Huene* FS 50 Jahre Bundesarbeitsgericht, 2004, 369, 380. Anders die verfehlte Entscheidung des ArbG Gelsenkirchen 28.10. 1997 – 2 Ca 3762/96, NZA 1998, 944.

[99] Vgl. zu diesem Aspekt *Diller* in Preis/Willemsen Rn. F 9.

[100] aA ArbG Gelsenkirchen – 28.10.1997 – 2 Ca 3762/96, NZA 1998, 944. Anders dagegen die hM; vgl. zB HWK/*Quecke* KSchG § 1 Rn. 288; KR/*Rachor* KSchG § 1 Rn. 629, jeweils mwN.

[101] BAG 20.11.2014 – 2 AZR 512/13, NZA 2015, 679 Rn. 26 und 28.

[102] BAG 22.11.2011 – 2 AZR 673/11, NZA 2013, 730 Rn. 17 mwN, auch zur Gegenansicht; BAG 18.6. 2015 – 2 AZR 480/14, NZA 2015, 1315 Rn. 20ff. Zur außerordentlichen betriebsbedingten Kündigung auch → Rn. 1a.

[103] Hier kann sogar eine außerordentliche Kündigung nach § 15 Abs. 1 S. 1 KSchG gerechtfertigt sein, vgl. BAG 17.3.2005 – 2 ABR 2/04, NZA 2005, 949 (950).

[104] Vgl. dazu BAG 20.6.2013 – 2 AZR 379/12, NZA 2014, 139 Rn. 21, auch zu möglichen Ausnahmen im Falle einer „Gegenleistung" des Arbeitgebers für den Verzicht auf Rechtsansprüche. Der Arbeitgeber ist

beitsgerichte ist dann, sofern die Formalien einer Kündigung (zB Anhörung des Betriebsrats, Kündigungsfrist, Einholung etwa notwendiger Zustimmungen von dritter Seite) erfüllt sind, allenfalls noch im Bereich der Sozialauswahl (§ 1 Abs. 3 KSchG) sowie im Rahmen der Weiterbeschäftigungspflicht nach § 1 Abs. 2 S. 2 und 3 KSchG möglich (dazu → Rn. 17ff. und 30ff.). Die gelegentlich lautstark erhobene Forderung, Großbanken und sonstige Großunternehmen den Abbau von Personal trotz Millionengewinnen zu untersagen,[105] gehört somit in die Kategorie der (insoweit unter verfassungsrechtlichen Aspekten freilich fragwürdigen) Rechtspolitik und findet im geltenden Kündigungsschutzgesetz und seiner Auslegung durch das Bundesarbeitsgericht keine Stütze: „Er (sc. der Unternehmer) kann grundsätzlich Umstrukturierungen allein **zum Zwecke der Ertragssteigerung** vornehmen."[106] Entsprechendes gilt für betriebsbedingte Kündigungen zur **Personalkostenreduzierung,** auch im öffentlichen Dienst.[107]

d) Rechtsmissbrauchskontrolle

9b Auch die Missbrauchskontrolle der unternehmerischen Entscheidung zielt weder darauf ab, dem Arbeitgeber organisatorische Vorgaben zu machen, noch darf sie dazu dienen, die Stichhaltigkeit der Erwägungen und die Tragfähigkeit der Unternehmenspolitik zu prüfen, die den Arbeitgeber gerade zu dem von ihm gewählten Konzept geführt haben. Es geht in diesem Falle allein um die Verhinderung von Missbrauch. **Verstöße gegen gesetzliche und tarifliche Normen**[108] sollen dabei genauso **verhindert** wie **Diskriminierung**[109] und **Umgehungsfälle** vermieden werden. Deshalb sei es – so das BAG – missbräuchlich, einen Arbeitnehmer „... durch die Bildung separater betrieblicher Organisationsstrukturen bei unverändertem Beschäftigungsbedarf aus dem Betrieb zu drängen ... oder abstrakte Änderungen von Organisationsstrukturen ohne Änderung der realen Abläufe zu benutzen, um den Inhalt von Arbeitsverhältnissen zum Nachteil von Arbeitnehmern zu ändern.[110] Der Senat nimmt bei dieser, in ihrer Tragweite unklaren Aussage auf die „Rheuma-Klinik"-Entscheidung vom 26.9.2002 Bezug, die in → Rn. 40b näher besprochen wird. Dagegen liegt nach seiner Auffassung noch **kein Rechtsmissbrauch** vor, wenn die Unzufriedenheit mit den Leistungen eines Arbeitnehmers zum Anlass für eine Umstrukturierung genommen wird.[111] Die Beweislast bei Rechtsmissbrauch trifft den Arbeitnehmer. Dieser muss die zum Rechtsmissbrauch führenden Umstände darlegen und beweisen.[112]

auch nicht verpflichtet, die Kündigung in solchen Fällen durch eine Personalgestellung an ein drittes Unternehmen abzuwenden; vgl. BAG 24.9.2015 – 2 AZR 562/14, NZA 2016, 366 Rn. 40ff.

[105] Siehe dazu *Feudner,* FAZ v. 23.8.2006 („Kündigungsschutz sollte nicht vom Gewinn abhängen").

[106] BAG 20.6.2013 – 2 AZR 379/12, NZA 2014, 139 Rn. 20 mwN auch zur Gegenansicht.

[107] S. dazu *Hirdina* NZA 2012, 885.

[108] Zum Verstoß gegen gesetzliche Vorschriften, insbes. Diskriminierungsverbote s. *Däubler* DB 2012, 2109; speziell zum Verstoß gegen § 4 Abs. 1 TzBfG BAG 24.4.1997 – 2 AZR 352/96, NZA 1997, 1047.

[109] Die Entscheidung des Arbeitgebers, das Arbeitsverhältnis eines Schwerbehinderten zu kündigen, ist nicht deswegen rechtsmissbräuchlich, weil danach die Pflichtquote nach § 154 SGB IX nicht mehr erreicht wird, BAG 16.5.2019 – 6 AZR 329/18, NZA 2019, 1198; aA *Greiner/Hagedorn* NJW 2019, 3483.

[110] BAG 23.4.2008 – 2 AZR 1110/06, NZA 2008, 939; dazu *Rost* NZA-Beilage 1/2009, 23 (24). Ähnlich BAG 24.9.2015 – 2 AZR 562/14, NZA 2016, 366 Rn. 47: Missbrauch, wenn Maßnahmen eines Arbeitgebers alleine darauf abzielen, den Arbeitnehmer „loszuwerden".

[111] BAG 31.7.2014 – 2 AZR 422/13, NZA 2015, 101 Rn. 47; LAG Köln 14.3.2019 – 6 Sa 389/18, BeckRS 2019, 12382.

[112] BAG 18.6.2015 – 2 AZR 480/14, NZA 2015, 1315; Ascheid/Preis/Schmidt/*Kiel* KSchG § 1 Rn. 455.

3. *Drittes Prinzip:* Volle Überprüfung des Vorliegens der Unternehmerentscheidung und ihrer Folgen

a) Nachweis der (wirksamen) Organisationsentscheidung als solcher

Die soeben erörterte „Gerichtsfestigkeit" der Unternehmerentscheidung darf nicht verwechselt werden mit der Nachprüfung ihres Vorliegens in tatsächlicher Hinsicht. Wird beispielsweise im Prozess vorgetragen, „die Beklagte" habe sich entschlossen, bestimmte betriebliche Teilbereiche und daran gebundene Arbeitsplätze mangels Rentabilität aufzugeben, muss spätestens im Bestreitensfall konkret vorgetragen werden, *wer wann mit Wirkung zu welchem Zeitpunkt* für die Arbeitgeberin die entsprechende rechtsverbindliche Entscheidung getroffen hat, was gegebenenfalls im Wege der Beweisaufnahme zu verifizieren ist. Zu pauschaler Sachvortrag im Prozess kann sich dabei ebenso verhängnisvoll auswirken wie eine **unzureichende Dokumentation unternehmensinterner Entscheidungsprozesse.** Es empfiehlt sich daher, wesentliche Entscheidungen der unternehmensintern zuständigen Gremien bzw. Organe, insbesondere wenn sie sich auf erst weit in der Zukunft liegende Zeitpunkte beziehen (zB eine zum Ablauf des übernächsten Jahres geplante Betriebsstilllegung), in entsprechender Form zu **protokollieren,** um Beweisschwierigkeiten in Kündigungsprozessen, die unter Umständen im Hinblick auf die Länge der Kündigungsfrist bereits geraume Zeit vor dem eigentlichen Stilllegungsdatum geführt werden müssen, zu vermeiden. Insoweit sind allein die Verhältnisse im Zeitpunkt des Kündigungszugangs maßgeblich (→ Rn. 4, 4a). 10

Eine Kündigung, die erklärt wurde, ohne dass bei ihrem Zugang bereits festgestanden hätte, **auf Grund welcher Maßnahme** des Arbeitgebers es zum Arbeitsplatzverlust kommen werde, ist **nicht** durch **dringende betriebliche Erfordernisse,** sondern nur durch den Kündigungsentschluss des Arbeitgebers bedingt. Der **bloße Kündigungswille** des Arbeitgebers wiederum ist kein Grund, der eine Kündigung im Sinne von § 1 Abs. 2 KSchG sozial rechtfertigen könnte. Dazu bedarf es eines Grundes außerhalb der Kündigung selbst, also eines Grundes, der dem Kündigungsentschluss seinerseits zugrunde liegt. Im Zeitpunkt des **Zugangs der Kündigung** muss damit die unternehmerische Entscheidung, die zum Wegfall des Beschäftigungsbedarfs führen soll, tatsächlich bereits getroffen worden sein.[113] Der Arbeitgber muss nach Ansicht des BAG[114] schon in diesem Zeitpunkt endgültig und vorbehaltlos zur Vornahme einer Maßnahme entschlossen sein, die, wenn sie tatsächlich durchgeführt wird, bis zum **Ablauf der Kündigungsfrist** den Arbeitsplatzverlust zur Folge hat.[115] 10a

Nicht gefordert werden kann dagegen in einem Kündigungsschutzprozess, dass von der Arbeitgeberseite auch die internen **gesellschaftsrechtlichen Voraussetzungen** für die in Rede stehende Maßnahme dargelegt werden. So kann nach einem Urteil des BAG vom 11.3.1998 für die Frage der Wirksamkeit einer betriebsbedingten Kündigung offen bleiben, ob im Falle einer **GmbH & Co. KG** die Kommanditisten im Hinblick auf § 164 Abs. 1 HGB dem Stilllegungsbeschluss des Geschäftsführers nicht widersprochen bzw. zugestimmt haben, wenn sie ihm aus materiell-rechtlichen Gründen hätten zustimmen müssen. Welche Auswirkungen auf die Wirksamkeit einer betriebsbedingten Kündigung es habe, wenn sich der persönlich haftende Gesellschafter möglicherweise unter Überschreitung seiner Geschäftsführerbefugnisse zur Betriebsstilllegung entschließt, hat der 2. Senat allerdings ausdrücklich offen gelassen.[116] Richtiger Auffassung zufolge wird es allein darauf 11

---

[113] BAG 20.2.2014 – 2 AZR 346/12, NZA 2014, 1069 Rn. 16, 18; BAG 31.7.2014 – 2 AZR 422/13, NZA 2015, 101 Rn. 34.

[114] BAG 20.2.2014 – 2 AZR 346/12, NZA 2014, 1069 Rn. 18; BAG 31.7.2014 – 2 AZR 422/13, NZA 2015, 101 Rn. 34.

[115] Zur Darlegungs- und Beweislastverteilung vgl. BAG 31.7.2014 – 2 AZR 422/13, NZA 2015, 101 Rn. 41.

[116] BAG 11.3.1998 – 2 AZR 414/97, NZA 1998, 879.

ankommen, ob die von dem gesetzlichen Vertretungsorgan (im vom BAG entschiedenen Fall: Geschäftsführer der Komplementär-GmbH) getroffene unternehmerische Maßnahme (hier: Betriebsstilllegung) im **Außenverhältnis** wirksam ist; auf die etwaige Verletzung gesellschaftsinterner Zustimmungs- oder Vetorechte kommt es also nicht an.[117] Die Geschäftsführung einer GmbH bzw. GmbH & Co. KG kann zwar nicht wirksam die **Liquidation** der Gesellschaft (vgl. § 60 Abs. 1 Nr. 2 GmbHG; § 161 Abs. 2 iVm § 131 Abs. 1 Nr. 2 HGB: Beschluss der Gesellschafter erforderlich), wohl aber die **Stilllegung** von Betrieben und – erst recht – von Betriebsteilen beschließen.[118]

12 Soweit das für die Geschäftsführung zuständige Organ mit Verbindlichkeit im Außenverhältnis derartige unternehmerische Grundsatzentscheidungen treffen kann, bedarf es hierfür grundsätzlich **keiner besonderen Form.**[119] So hat der 2. Senat des BAG in dem bereits erwähnten Urteil vom 11.3.1998 es ausreichen lassen, „... dass der Geschäftsführer der Komplementär-GmbH um den 20.5.1994 dem Firmenanwalt seinen Stilllegungsbeschluss bekannt gegeben und diesen aufgefordert hat, alle zur Stilllegung per 31.7.1994 erforderlichen Maßnahmen zu ergreifen, was dann auch geschehen ist".[120] Gleichwohl empfiehlt es sich im Interesse der Vermeidung von Beweisschwierigkeiten, auch im Hinblick auf das unter Umständen wesentliche **Datum** einer solchen Entscheidung, diese in Form eines entsprechenden Beschlusses der Geschäftsführer bzw. Vorstandsmitglieder in vertretungsberechtigter Anzahl zu protokollieren.

b) Nachweis der beschäftigungsbezogenen Auswirkungen; Unterscheidung zwischen inner- und außerbetrieblichen Faktoren

12a Ebenso wie das Vorliegen der (lediglich inhaltlicher Kritik entzogenen) Unternehmerentscheidung prüfen die Arbeitsgerichte in vollem Umfang deren konkrete Auswirkungen auf die vorhandenen Arbeitsplätze nach.[121] Dementsprechend muss im Kündigungsschutzprozess von Arbeitgeberseite genau angegeben werden, wie sich die **Umsetzung** der getroffenen Entscheidung auf **Beschäftigungsmöglichkeiten** (Arbeitsplätze) im Betrieb ausgewirkt hat; dafür hat der Arbeitgeber die Einzelheiten und Auswirkungen organisatorischer oder technischer Rationalisierungen darzulegen und ggf. zu beweisen;[122] anderenfalls ist der arbeitgeberseitige Vortrag **unschlüssig.**[123] Auch in diesem Zusammenhang werden in der Praxis viele vermeidbare Fehler gemacht. Allerdings dürfen an den arbeitgeberseitigen Vortrag **keine überspannten Anforderungen** gestellt werden, dh es bedarf nicht stets einer detaillierten Darlegung der Arbeitsverteilung „bis zum letzten Handgriff".[124] Auch muss der Arbeitgeber auf dieser Prüfungsstufe noch nicht zwingend darlegen, dass der Arbeitsplatz gerade des klagenden Arbeitnehmers weggefallen ist. Es reicht vielmehr aus, wenn das **Beschäftigungsbedürfnis** für eine **Gruppe von Arbeitnehmern entfallen** ist. Erst die **Sozialauswahl** nach § 1 Abs. 3 KSchG hat die Funktion, festzulegen, welche von mehreren vergleichbaren Arbeitnehmern des Betriebs die

[117] Unklar insoweit BAG 17.6.1999 – 2 AZR 141/99, NZA 1999, 1098. Eindeutig dagegen BAG 5.4.2001 – 2 AZR 696/99, NZA 2001, 949 Rn. 21, wonach es auf die tatsächliche Durchführung einer Entscheidung zur Betriebsstilllegung ankommt und nicht darauf, ob ihr ein entsprechender Gesellschafterbeschluss zugrunde liege. Ebenso BAG 7.7.2005 – 2 AZR 399/04, NZA 2006, 266 Rn. 38; BAG 31.7.2014 – 2 AZR 422/13, NZA 2015, 101 Rn. 35; BAG14.3.2013 – 8 AZR 154/12, NJOZ 2013, 1990 Rn. 31; BAG 20.11.2014 – 2 AZR 512/13, NZA 2015, 679 Rn. 22.

[118] Vgl. BAG 11.3.1998 – 2 AZR 414/97, NZA 1998, 879.

[119] BAG 31.7.2014 – 2 AZR 422/13, NZA 2015, 101 Rn. 35; BAG 20.11.2014 – 2 AZR 512/13, NZA 2015, 679 Rn. 21.

[120] BAG 11.3.1998 – 2 AZR 414/97, NZA 1998, 879, unter II 1e) der Gründe.

[121] Siehe ausführlich zur Darlegungslast des Arbeitgebers im Kündigungsschutzprozess auch *Vossen* FS Willemsen, 2018, 587ff.

[122] Vgl. auch Ascheid/Preis/Schmidt/*Kiel* KSchG § 1 Rn. 469.

[123] Vgl. ErfK/*Oetker* KSchG § 1 Rn. 241; *Rost* NZA-Beilage 2/2009, 23 (25); SPV Kündigung Rn. 929. Zur Abgrenzung von einer bloßen Umgestaltung des bisherigen Arbeitsplatzes vgl. BAG 16.12.2004 – 2 AZR 66/04, NZA 2005, 761 (Team-Dispatcher).

[124] HWK/*Quecke* KSchG § 1 Rn. 271.

Kündigung trifft, wenn das betriebliche Beschäftigungsbedürfnis für eine Gruppe von Mitarbeitern entfällt (→ Rn. 17ff.).[125]

Von entscheidender Bedeutung ist die von der Rechtsprechung des 2. (Kündigungsschutz-)Senats in ständiger Rechtsprechung vollzogene Unterscheidung zwischen außer- und innerbetrieblichen Kündigungsursachen einerseits und zwischen der sogenannten selbstbindenden Unternehmerentscheidung und der gestaltenden Unternehmerentscheidung andererseits.[126] Unter **außerbetrieblichen Ursachen** werden solche verstanden, die nicht unmittelbar zum Wegfall von Arbeitsplätzen führen, sondern zunächst der innerbetrieblichen Umsetzung bedürfen.[127] So kann eine betriebsbedingte Kündigung niemals allein mit Schlagworten wie „Auftragsmangel", „Energiemangel", „Gewinnverfall", oder im öffentlichen Dienst „Streichung von Haushaltsmitteln" etc gerechtfertigt werden, sondern nur mit der **konkreten Umstrukturierung der betrieblichen Abläufe,** die durch die außerbetrieblichen Umstände motiviert war und erst zum Wegfall von Arbeitsplätzen geführt hat. Bei den sogenannten **innerbetrieblichen Ursachen** entfällt dagegen die Notwendigkeit zu einem solchen „zweistufigen" Vortrag, weil hier die unternehmerische Entscheidung selbst der eigentliche und „letzte" Grund für den Arbeitsplatzwegfall ist, beides also praktisch zusammenfällt.[128] Ein typisches Beispiel für eine rein innerbetriebliche Ursache ist etwa die Entscheidung, im Sinne einer Konzentration auf das „Kerngeschäft" bestimmte Unternehmens- oder Betriebsteile wie die Produktion von Speicherchips eines Kameraherstellers aufzugeben oder einen mittelständischen Betrieb zu schließen, weil die Suche nach einem geeigneten Nachfolger des Firmengründers gescheitert ist. Charakteristikum solcher innerbetrieblichen Gründe im Sinne der Rechtsprechung (und ihr offenkundiger Vorzug im Kündigungsschutzprozess!) ist, dass sie einerseits nicht mehr sachlich hinterfragt (Grundsatz der „Gerichtsfreiheit" von unternehmerischen Grundsatzentscheidungen, → Rn. 7) und andererseits nicht mehr an sachlich und logisch vorgelagerten Gründen gemessen werden. Die sachliche Rechtfertigung der Unternehmerentscheidung ruht gewissermaßen in ihr selbst; sie wird nicht mehr im Hinblick auf innere Schlüssigkeit überprüft, also etwa daraufhin, ob im oben genannten Beispielsfall die Qualifizierung der Chipproduktion als nicht zum Kerngeschäft gehörig im Vergleich zu Wettbewerbern zutreffend ist oder nicht. 13

Eine derartige Überprüfung der Unternehmerentscheidung im Hinblick auf innere Folgerichtigkeit nimmt die bisherige Rechtsprechung des BAG demgegenüber bei den so genannten **außerbetrieblichen Faktoren** vor. Hier soll der Arbeitgeber unter dem Aspekt der **Selbstbindung** gehalten sein, Arbeitsplätze *genau* nur in dem Umfang abzubauen, wie dies durch die geltend gemachten äußeren Ursachen (zB Auftragsmangel) gerechtfertigt ist (sog. „selbstbindende Unternehmerentscheidung").[129] Fehlt es an einer solchen Darlegung oder ist die **Kalkulation** des Arbeitgebers nach Auffassung des Arbeitsgerichts unzutreffend, ist die Kündigung trotz „an sich" anerkennenswerter unternehmerischer Motive unwirksam.[130] 14

Angesichts der damit heraufbeschworenen Prozessrisiken ist es daher oftmals schon ein **anwaltlicher Kunstfehler,** sich zur Rechtfertigung einer betriebsbedingten Kündigung

---

[125] BAG 2.6.2005 – 2 AZR 158/04, NZA 2005, 1175; BAG 18.10.2006 – 2 AZR 676/05, NZA 2007, 798; s. dazu auch *Löwisch/Buschbaum* BB 2010, 1789 (1790).

[126] Siehe dazu KR/*Rachor* KSchG § 1 Rn. 555; HWK/*Quecke* KSchG § 1 Rn. 260 mwN; *D. Kaiser* NZA-Beilage 1/2005, 31.

[127] Vgl. dazu BAG 30.5.1985 – 2 AZR 321/84, NZA 1986, 155; 20.2.2014 – 2 AZR 346/12, NZA 2014, 1069; ErfK/*Oetker* KSchG § 1 Rn. 227; SPV Kündigung Rn. 913ff.; KR/*Rachor* KSchG § 1 Rn. 554f., sowie die instruktive Darstellung bei *Diller* in Preis/Willemsen Rn. F 27ff.

[128] BAG 20.2.1986 – 2 AZR 212/85, NZA 1986, 823; BAG 30.4.1987 – 2 AZR 184/86, NZA 1987, 776.

[129] Vgl. zB BAG 15.6.1989 – 2 AZR 600/88, NZA 1990, 65; BAG 12.4.2002 – 2 AZR 256/01, NZA 2002, 1205; BAG 20.2.2014 – 2 AZR 346/12, NZA 2014, 1069; ErfK/*Oetker* KSchG § 1 Rn. 227; *Löwisch/Buschbaum* BB 2010, 1789; SPV Kündigung Rn. 915, 920.

[130] Vgl. BAG 12.4.2002 – 2 AZR 256/01, NZA 2002, 1205. Dieser Grundsatz gilt auch bei der betriebsbedingten Änderungskündigung, BAG 12.11.1998 – 2 AZR 91/98, NZA 1999, 471.

auf eine so genannte „selbstbindende Unternehmerentscheidung" zu berufen, mit der außerbetriebliche Entwicklungen gewissermaßen im Verhältnis 1:1 Rechnung getragen werden soll. Der 2. Senat des BAG zwingt Unternehmen mit seiner problematischen Rechtsprechung geradezu, sich im Prozess auf eine sogenannte „gestaltende" Unternehmerentscheidung[131] zu stützen, also auf rein innerbetriebliche Ursachen, zu denen auch die schlichte unternehmerische Entscheidung gerechnet wird, (zB wegen eines veränderten Wettbewerbsumfelds) bestimmte Produkte oder Dienstleistungen auf dem Markt nicht mehr anbieten zu wollen.[132]

15 Erfolg und Misserfolg im Kündigungsschutzprozess können – was erneut die Notwendigkeit sorgfältigen Vorgehens durch Arbeitgeber und in der Beratung zeigt – **von Nuancen abhängig** sein: Trägt der Arbeitgeber beispielsweise im Kündigungsschutzprozess vor, dass er wegen Wegfalls eines Großauftrages eine bestimmte Anzahl von Arbeitnehmern habe entlassen müssen, muss er den Arbeitsgerichten detailliert die **Reziprozität** des Verlustes an Auftragsvolumen und von Arbeitsplätzen vorrechnen; macht er dagegen geltend, angesichts pessimistischer Einschätzung der künftigen Marktentwicklung das Produktionsvolumen und dementsprechend die Arbeitskapazität vorsorglich um eine bestimmte Anzahl von Arbeitsplätzen abgebaut zu haben, handelt es sich um eine gestaltende Unternehmerentscheidung, die von den Arbeitsgerichten als solche – ohne Möglichkeit zu einer Prüfung der ihr zugrunde liegenden Prognose – hingenommen werden muss.[133] Von daher verwundert es nicht, wenn „kluge" Arbeitgeber im Prozess vortragen lassen, dass äußere Marktgegebenheiten (wie zB der Verlust eines wichtigen Auftrags) nur allgemeine Motivation einer hiervon nicht direkt abhängigen gestalterisch-strategischen Entscheidung gewesen seien.[134]

16 Von der problematischen Unterscheidung zwischen selbstbindender und gestaltender Unternehmerentscheidung zu trennen und davon unabhängig ist die weitere Frage, inwieweit hierdurch **tatsächlich Arbeitsplätze,** oder genauer: Beschäftigungsmöglichkeiten, **weggefallen** sind. Einen diesbezüglichen Kausalzusammenhang – der Gesetzestext spricht insoweit von „bedingen" – hat der Arbeitgeber stets in vollem Umfang darzulegen und zu beweisen, ohne sich auf die Gerichtsfreiheit unternehmerischer Entscheidungen berufen zu können.[135] Hat er also beispielsweise wegen Outsourcings bestimmter betrieblicher Funktionen – unzweifelhaft eine sogenannte gestaltende Unternehmerentscheidung[136] – 50 Arbeitnehmern betriebsbedingt gekündigt, stellt sich aber im Prozess heraus, dass hiervon sechs Arbeitnehmer wegen der notwendigen Koordination mit dem Auftragnehmer auf Dauer weiterhin benötigt werden, so hat er seine Entscheidung schlicht falsch umgesetzt und kann sich dabei nicht auf das Privileg der Unternehmerfreiheit berufen. Ähnliches gilt, wenn der Unternehmer selbstgesetzte zahlenmäßige Vorgaben (zB Senkung des Personalstands um eine bestimmte Anzahl innerhalb eines Jahres) **nicht zutreffend umsetzt** oder sich dabei **verrechnet.**[137] Insoweit – und nur insoweit – ist die von der Rechtsprechung angenommene Selbstbindung des Arbeitgebers unproblematisch.

Allerdings ist in der Rechtsprechung des BAG anerkannt, dass die Vergabe von bisher im Betrieb durchgeführten Tätigkeiten an andere Unternehmen **(Outsourcing)** eine die Arbeitsgerichte grundsätzlich bindende unternehmerische **Organisationsentscheidung**

---

[131] Zum Begriff vgl. ErfK/*Oetker* KSchG § 1 Rn. 230.

[132] Die Bedeutung dieser Unterscheidung geringer einschätzend Ascheid/Preis/Schmidt/*Kiel* KSchG § 1 Rn. 464ff.

[133] Zu den erhöhten Anforderungen an die Darlegungslast bei Abbau nur einzelner Arbeitsplätze vgl. → Rn. 8d.

[134] Vgl. dazu auch *Diller* in Preis/Willemsen Rn. F 32.

[135] *Bitter* DB 1999, 1214 (1216); ErfK/*Oetker* KSchG § 1 Rn. 241; HWK/*Quecke* KSchG § 1 Rn. 260. Allerdings ist es zulässig, *weniger* Arbeitnehmern betriebsbedingt zu kündigen, als tatsächlich Beschäftigungsmöglichkeiten entfallen sind („sozialverträglicher Abbau").

[136] Zur Zulässigkeit vgl. BAG 17.6.1999 – 2 AZR 522/98, NZA 1999, 1095 sowie Stahlhacke/*Preis*/Vossen, Kündigung Rn. 914.

[137] ErfK/*Oetker* KSchG § 1 Rn. 241.

darstellt, die zum Wegfall von Arbeitsplätzen führen und ein dringendes betriebliches Erfordernis für eine betriebsbedingte Kündigung darstellen kann (dazu bereits → Rn. 8b).[138] Allerdings gelte dies nur, wenn dem Dritten diese Aufgaben zur selbständigen Erledigung übertragen wurden. Ist dies nicht der Fall, dh unterliegen die Arbeitnehmer des auftragnehmenden Dritten dem Direktionsrecht des auftraggebenden Unternehmens, soll es sich dagegen um eine **unzulässige Austauschkündigung** handeln.[139] Der 2. BAG-Senat erkennt mit anderen Worten einen Wegfall von Arbeitsplätzen im Falle des Outsourcing nur an, wenn die den Auftrag erledigenden Arbeitnehmer des Dritten dem unmittelbaren Zugriff des bisherigen Arbeitgebers im Sinne der Ausübung des Weisungsrechts vollständig entzogen sind. Das scheidet zB auch dann aus, wenn Auftraggeber und Auftragnehmer künftig einen **Gemeinschaftsbetrieb** bilden.

Besondere Anforderungen an den Nachweis des Wegfalls von Beschäftigungsmöglichkeiten stellt die Rechtsprechung schließlich dann, wenn dieser auf einer **Änderung** des **Anforderungsprofils** von Arbeitsplätzen (insbesondere, wenn diese Stellen bereits langjährig besetzt waren) beruht. Das BAG fordert in diesem Zusammenhang, dass die Entscheidung zur (neuen) Stellenprofilierung im Zusammenhang mit einer organisatorischen Maßnahme – gegebenenfalls im Zusammenhang mit einer Neuausrichtung der Geschäftstätigkeit – steht, nach deren Durchführung sich die bisherigen Anforderungen an den Stelleninhaber ändern.[140] Der Arbeitgeber könne nicht den Kündigungsschutz des betreffenden Arbeitnehmers dadurch umgehen, dass er in sachlich nicht gebotener Weise die Anforderungen an die Kenntnisse des Arbeitsplatzinhabers verschärft.[141] Der Arbeitgeber habe daher, wolle er dem Vorwurf des Missbrauchs entgehen, darzulegen, dass es sich nicht nur um „wünschenswerte Voraussetzungen", sondern um einen **umstrukturierungsbedingt veränderten Beschäftigungsbedarf** handele, der auch die Anforderungen an den Inhaber des Arbeitsplatzes erfasse.[142] Zudem ist in solchen Fällen stets die Möglichkeit der Weiterbeschäftigung auf einem anderen Arbeitsplatz, gegebenenfalls nach vorheriger Umschulung, zu prüfen (dazu → Rn. 30 ff.).[143]

c) Besonderheiten bei Interessenausgleich mit Namensliste gemäß § 1 Abs. 5 KSchG

Nach § 1 Abs. 2 S. 4 KSchG hat der Arbeitgeber die Tatsachen zu beweisen, die die Kün- **16a**
digung bedingen. Hieraus resultieren die erheblichen Anforderungen an die **Darlegungs- und Beweislast** des Arbeitgebers im Kündigungsschutzprozess, wie sie im Hinblick auf die Unternehmerentscheidung und ihre beschäftigungsbezogenen Auswirkungen dargestellt wurden. Wegen der damit verbundenen, unter Umständen enormen Schwierigkeiten wurde es aus Unternehmenssicht einhellig begrüßt, dass der Gesetzgeber mit dem am 1.1. 2004 in Kraft getretenen „Gesetz zu Reformen am Arbeitsmarkt"[144] die Sondernorm des § 1 Abs. 5 KSchG[145] für **betriebsbedingte Kündigungen bei Betriebsänderungen** in-

[138] BAG 30.4.1987 – 2 AZR 184/86, NZA 1987, 776; BAG 26.9.1996 – 2 AZR 200/96, NZA 1997, 202; BAG 16.12.2004 – 2 AZR 66/04, NZA 2005, 61; 23.4.2008 – 2 AZR 1110/06, NZA 2008, 939; BAG 9.9.2010 – 2 AZR 493/09, BeckRS 2010, 75378.

[139] BAG 16.12.2004 – 2 AZR 66/04, NZA 2005, 61.

[140] BAG 2.3.2017 – 2 AZR 546/16, NZA 2017, 906.

[141] BAG 10.7.2008 – 2 AZR 1111/06, NZA 2009, 312; BAG 24.5.2012 – 2 AZR 124/11, NZA 2012, 1223 Rn. 25.

[142] BAG 7.7.2005 – 2 AZR 399/04, NZA 2006, 266; BAG 10.7.2008 – 2 AZR 1111/06, NZA 2009, 312. Vgl. auch BAG 24.5.2012 – 2 AZR 124/11, NZA 2012, 1223 Rn. 26, insbes. zur „Umgestaltung der Stelle in eine „Beförderungsstelle".

[143] *Preis* FS Bauer, 2010, 827 (834).

[144] Vom 24.12.2003, BGBl. I S. 3002.

[145] Diese Regelung ist bereits 1996 eingeführt (BGBl. 1996 I S. 1476), aber zwischenzeitlich wieder aufgehoben worden (BGBl. 1998 I S. 3843).

haltsgleich wieder in Kraft gesetzt hat.[146] Sie gilt für alle Arten der ordentlichen Kündigung (einschließlich Änderungskündigung), nicht jedoch für außerordentliche Kündigungen.[147]

§ 1 Abs. 5 KSchG erleichtert die betriebsbedingte Kündigung in dreierlei Hinsicht.[148] Danach wird bei Abschluss eines Interessenausgleichs, in dem die Arbeitnehmer, denen gekündigt werden soll, namentlich bezeichnet werden (sog. Interessenausgleich mit Namensliste), gesetzlich **vermutet,** „dass die Kündigung durch **dringende betriebliche Erfordernisse** iSd Abs. 2 bedingt ist" (§ 1 Abs. 5 S. 1 KSchG). Der zweite, wesentliche Vorteil eines solchen Interessenausgleichs mit Namensliste besteht für die Arbeitgeberseite darin, dass die **soziale Auswahl** der Arbeitnehmer nach § 1 Abs. 3 KSchG nur auf „grobe Fehlerhaftigkeit" überprüft werden kann (§ 1 Abs. 5 S. 2 KSchG, dazu → Rn. 26 ff.).[149] Zum Dritten umfasst die nach § 1 Abs. 5 S. 1 KSchG eingreifende **Vermutung** auch das **Fehlen einer anderweitigen Beschäftigungsmöglichkeit** in einem anderen Betrieb des Unternehmens (dazu → Rn. 30 ff.).[150] Die Vorschrift entspricht strukturell, auch hinsichtlich der Einschränkung bei wesentlicher Änderung der Sachlage nach § 1 Abs. 5 S. 3 KSchG, der bereits zuvor in **§ 125 InsO**[151] enthaltenen Sonderregelung für betriebsbedingte Kündigungen auf Grund eines im Insolvenzverfahren geschlossenen Interessenausgleichs.

16b Die Regelung des § 1 Abs. 5 KSchG gelangt nur zur Anwendung, wenn alle **formellen Anforderungen** für das Eingreifen des gesetzlichen Vermutungstatbestands gegeben sind (s. dazu auch → C Rn. 214 ff.): Vorliegen einer Betriebsänderung iSv § 111 BetrVG;[152] Abschluss eines schriftlichen (§ 126 BGB[153]) Interessenausgleichs anlässlich einer Betriebsänderung iSd § 111 BetrVG;[154] Abschluss durch den zuständigen Einzel- bzw. Gesamtbetriebsrat, evtl. Konzernbetriebsrat;[155] konkrete und eindeutige Bezeichnung der betroffenen Arbeitnehmer im Interessenausgleich[156] sowie körperliche Verbindung der Namensliste[157] mit dem Interessenausgleich iS einer **einheitlichen Urkunde** *oder* deren separate Unterzeichnung. Im letztgenannten Fall muss der Interessenausgleich auf die Namensliste und diese wiederum auf den Interessenausgleich Bezug nehmen.[158] Besondere

---

[146] Zur „Entwicklungsgeschichte" und den jeweils widersprüchlichen Gesetzesbegründungen für die Aufhebung und Wiederinkraftsetzung des § 1 Abs. 5 KSchG vgl. SPV Kündigung Rn. 1153. Zur Verfassungsmäßigkeit der Norm BAG 6.9.2007 – 2 AZR 715/06, NZA 2008, 633; BAG 27.8.2012 – 2 AZR 516/11, NZA 2013, 559 Rn. 27.

[147] BAG 28.5.2009 – 2 AZR 844/07, NZA 2009, 954 mwN. Zu den insoweit erhöhten Darstellungsanforderungen im Interessenausgleich im Falle von Änderungskündigungen s. *Rost* NZA-Beilage 1/2009, 23 (31); *Worzalla* SAE 2008, 177.

[148] BAG 27.9.2012 – 2 AZR 516/11, NZA 2013, 559.

[149] S. dazu auch aus der Instanzrechtsprechung LAG Hamm 5.1.2018 – 16 Sa 1410/16, BeckRS 2018, 15595.

[150] S. dazu sowie zur Widerlegung dieser Vermutung durch den Arbeitnehmer im Prozess BAG 6.9.2007 – 2 AZR 715/06, NZA 2008, 633; BAG 15.12.2011 – 2 AZR 42/10, NZA 2012, 1044 Rn. 24 mwN; BAG 27.9.2012 – 2 AZR 516/11, NZA 2013, 559 Rn. 25; *Rost* NZA-Beilage 1/2009, 23 (31).

[151] § 125 InsO ist gegenüber § 1 Abs. 5 vorrangig; BAG 15.12.2011 – 8 AZR 692/10, NZA-RR 2012, 570.

[152] BAG 31.5.2007 – 2 AZR 254/06, NZA 2007, 1307; BAG 3.4.2008 – 2 AZR 879/06, NZA 2008, 1060; BAG 27.9.2012 – 2 AZR 516/11, NZA 2013, 559 Rn. 17 ff.

[153] Zu den Anforderungen HWK/*Quecke* KSchG § 1 Rn. 423.

[154] Ein freiwilliger Interessenausgleich außerhalb des Anwendungsbereichs der §§ 111 ff. BetrVG reicht nach hM nicht aus; vgl. HWK/*Quecke* KSchG § 1 Rn. 420; differenzierend *Thüsing/Wege* BB 2005, 213 (nur eingeschränkte gerichtliche Kontrolle des Vorliegens einer Betriebsänderung).

[155] Dazu *Gaul* BB 2004, 2686 (2687). Eine Kompetenzaufspaltung zwischen Interessenausgleich (Gesamtbetriebsrat) und Namensliste (örtlicher Betriebsrat) ist unzulässig; vgl. LAG Berlin-Brandenburg 16.7.2010 – 13 Sa 758/10, BeckRS 2010, 74552.

[156] Eine sog. Negativliste reicht nicht aus; vgl. HWK/*Quecke* KSchG § 1 Rn. 426.

[157] Vgl. zu den Einzelheiten HWK/*Quecke* KSchG § 1 Rn. 423. Eine nachträgliche körperliche Verbindung des Interessenausgleichs mit der nicht unterzeichneten Namensliste reicht nicht aus; vgl. BAG 6.7.2006 – 2 AZR 520/05, NZA 2007, 266.

[158] Vgl. BAG 12.5.2010 – 2 AZR 551/08, NZA 2011, 114.

Sorgfalt ist auch auf die Prüfung der Frage zu verwenden, ob es sich bei der jeweiligen Umstrukturierung um eine Betriebsänderung iSv § 111 BetrVG handelt, wie ua eine Entscheidung des 2. Senats vom 3.4.2008[159] zeigt. Sollen die geplanten Kündigungen nicht „en bloc", sondern in „Wellen" durchgeführt werden, ist es nach der Rechtsprechung des 2. Senats des BAG ausreichend, dass die Betriebspartner zeitlich gestaffelt – akzessorisch zu den geplanten Entlassungswellen – jeweils vollständige Namenslisten aufstellen.[160] Ungeklärt ist hingegen die Wirksamkeit von **Teil-Namenslisten,** bei denen der Personalabbau ebenfalls in mehreren Wellen stattfinden soll und die Betriebsparteien verabreden, einen Interessenausgleich über die gesamte Maßnahme stufenweise – äquivalent zu den Wellen – herbeizuführen.[161]

Liegen diese tatbestandlichen Voraussetzungen vor, die der Arbeitgeber im Prozess vorzutragen und gegebenenfalls zu beweisen hat,[162] kehrt sich die **Beweislast** bezüglich der Betriebsbedingtheit der Kündigungen auf Grund der nunmehr eingreifenden gesetzlichen Vermutungen iSd § 292 ZPO um: Der *Arbeitnehmer* muss entgegen § 1 Abs. 2 S. 4 KSchG darlegen und im Bestreitensfall beweisen, dass *keine* dringenden Erfordernisse für die Kündigung vorliegen *oder* dass die Möglichkeit einer anderweitigen Beschäftigung iSv § 1 Abs. 2 KSchG gegeben wäre;[163] ein bloßes Bestreiten des Kündigungsgrundes reicht also nicht aus,[164] ebensowenig eine bloße Erschütterung der Vermutung. Es ist vielmehr ein **substantiierter Tatsachenvortrag** erforderlich, der den gesetzlich vermuteten Umstand nicht nur in Zweifel zieht, sondern **ausschließt.**[165] Der Arbeitgeber braucht folglich zur Rechtfertigung der Kündigung zunächst keine weiteren Tatsachen vorzutragen,[166] was seine Ausgangsposition im Kündigungsschutzprozess deutlich verbessert. Es muss insbesondere nicht, wie in der Instanzrechtsprechung teilweise vertreten wurde, auf einfaches Bestreiten des Arbeitnehmers hin die Tatsachen, die zum Wegfall des Beschäftigungsbedürfnisses führen, wahrheitsgemäß vortragen.[167] Im Ergebnis wird dem Arbeitnehmer die Widerlegung der Vermutung des § 1 Abs. 5 S. 1 KSchG nur gelingen, wenn er konkret nachweist und unter Beweis stellt, dass entweder sein Arbeitsplatz in Wirklichkeit gar nicht weggefallen ist *oder* die Möglichkeit einer Weiterbeschäftigung in einem anderen Betrieb des Unternehmens, gegebenenfalls zu geänderten Arbeitsbedingungen, besteht (§ 1 Abs. 2 KSchG; zur Darlegungs- und Beweislast bezüglich der Sozialauswahl → Rn. 29).[168] Bei diesem Vortrag können dem Arbeitnehmer gewisse Erleichterungen nach den Reglen der **abgestuften Darlegungs- und Beweislast** zugute kommen. Diese greift allerdings nur insoweit ein, wie dem Arbeitnehmer die erforderliche Kenntnismöglichkeit fehlt. Grundsätzlich kann von ihm verlangt werden, (zumindest) **greifbare Anhaltspunkte** zu benennen, aus denen sich die Unrichtigkeit der nach § 1 Abs. 5 S. 1 KSchG vermuteten Tatsache ergeben soll.[169] Auf einen solchermaßen konkreten Vortrag des Arbeitnehmers wird 16c

[159] 2 AZR 879/06, NZA 2008, 1060.

[160] BAG 197.7.2012 – 2 AZR 386/11, NZA 2013, 333; BAG 17.3.2016 – 2 AZR 182/15, NZA 2016, 1072.

[161] Ausdrücklich offen gelassen BAG 17.3.2016 – 2 AZR 182/15, NZA 2016, 1072; BAG 27.9.2012 – 2 AZR 516/11, NZA 2013, 559; 26.3.2009 – 2 AZR 296/07, NZA 2009, 1151; vgl. auch mwN zum Streitstand HWK/*Quecke* KSchG § 1 Rn. 424.

[162] BAG 31.5.2007 – 2 AZR 254/06, NZA 2007, 1307; BAG 3.4.2008 – 2 AZR 879/06, NZA 2008, 1060; BAG 27.9.2012 – 2 AZR 516/11, NZA 2013, 559 Rn. 16 mwN.

[163] So bereits zur wortgleichen „Vorläufernorm" BAG 7.5.1998 – 2 AZR 536/97, NZA 1998, 933; str. wie hier ErfK/*Oetker* KSchG § 1 Rn. 364; *Gaul* BB 2004, 2686 (2689); SPV Kündigung Rn. 1168 mwN auch zur Gegenansicht; *Willemsen/Annuß* NJW 2004, 177 (180).

[164] Ebenso *Gaul* BB 2004, 2686 (2689).

[165] BAG 27.9.2012 – 2 AZR 516/11, NZA 2013, 559 Rn. 26 mwN; s. auch BAG 15.12.2011 – 2 AZR 42/10, NZA 2012, 1044 Rn. 17.

[166] BAG 27.9.2012 – 2 AZR 516/11, NZA 2013, 559 Rn. 24ff.; HWK/*Quecke* KSchG § 1 Rn. 427.

[167] Dagegen ausdrücklich BAG 27.9.2012 – 2 AZR 516/11, NZA 2013, 559 Rn. 24.

[168] BAG 27.9.2012 – 2 AZR 516/11, NZA 2013, 559 Rn. 26; s. auch BAG 12.3.2009 – 2 AZR 418/07, NZA 2009, 1023 Rn. 24.

[169] Zu den Einzelheiten vgl. BAG 27.9.2012 – 2 AZR 516/11, NZA 2013, 559 Rn. 28ff. mwN.

der Arbeitgeber seinerseits nach § 138 Abs. 2 ZPO vollständig und substantiiert zu erwidern haben.[170] Es ist also auch bei Vorhandensein einer Namensliste nach § 1 Abs. 5 KSchG für den kündigenden Arbeitgeber „gefährlich", wenn er zeitgleich mit oder im unmittelbaren Umfeld der Kündigungen anderweitige (freie) Arbeitsplätze zu besetzen hat (dazu auch → Rn. 30 ff.) und dies bei der Aufstellung der Namensliste nicht berücksichtigt wurde.

Ebenso „gefährlich" für den Arbeitgeber kann es werden, wenn er – zB weil infolge der Betriebsänderung weniger Arbeitsplätze als ursprünglich angenommen entfallen – insgesamt **weniger betriebsbedingte Kündigungen** ausspricht als nach der Namensliste vorgegeben, ohne diese zuvor **anzupassen** (wobei darauf zu achten ist, dass nach herrschender Meinung das „Privileg" des § 1 Abs. 5 KSchG nur für solche Kündigungen gilt, die *nach* Aufstellung der Namensliste ausgesprochen wurden[171]). Es empfiehlt sich angesichts dieser in der Praxis durchaus typischen Probleme, in der Namensliste für einen solchen Fall eine **Auffangregelung** mit einer Rangfolge nach sozialer Schutzbedürftigkeit festzulegen, so dass ohne Nachverhandlung mit dem Betriebsrat von vornherein feststeht, welchen Arbeitnehmern es zugute kommt, wenn letztendlich weniger Arbeitsplätze als im Interessenausgleich angenommen entfallen. Ansonsten besteht jedenfalls bei erheblicher Unterschreitung der Zahl der ursprünglich vorgesehenen Entlassungen das Risiko, dass die Namensliste nach § 1 Abs. 5 S. 3 KSchG wegen **wesentlicher Änderung der Sachlage** nach Zustandekommen des Interessenausgleichs ihre kündigungsrechtliche Wirkung verliert. Letzteres ist beispielsweise auch dann der Fall, wenn es noch vor Ausspruch der Kündigung statt der geplanten Betriebsstilllegung zu einem **Betriebsübergang** kommt.[172] Allgemein ist von dem Vorliegen einer **wesentlichen Änderung der Sachlage** immer dann auszugehen, wenn keine oder eine völlig andere Betriebsänderung, die dem Wegfall einer Geschäftsgrundlage gleich kommt,[173] vorgenommen wird.[174]

Besonders hinzuweisen ist schließlich darauf, dass eine Namensliste iSv § 1 Abs. 5 KSchG den Arbeitgeber **nicht** davon befreit, im Rahmen der **Betriebsratsanhörung** nach **§ 102 Abs. 1 BetrVG** den Wegfall des Arbeitsplatzes darzulegen (dazu auch → C Rn. 397 ff.). Dies verringert in gewisser Weise den „Wert" der Namensliste.[175] Dem **Arbeitnehmer** ist zu raten, sich ggf. **beim Betriebsrat zu informieren,** um seiner abgestuften Darlegungs- und Beweislast (s. oben) genügen zu können. Zu den Besonderheiten im **Insolvenzverfahren** → Rn. 139 ff. sowie → Rn. 163.

4. *Viertes Prinzip:* Konkretisierung der arbeitnehmerbezogenen Folgen des Wegfalls von Beschäftigungsmöglichkeiten durch die Sozialauswahl gemäß § 1 Abs. 3 KSchG

a) Grundsatz

17 Eine weitere, für die Umstrukturierungspraxis enorm wichtige **Einschränkung** der Unternehmerfreiheit im Zusammenhang mit betriebsbedingten Entlassungen – soweit nicht allen

[170] Vgl. BAG 6.9.2007 – 2 AZR 715/06, NZA 2008, 633; zur abgestuften Darlegungs- und Beweislast in diesem Zusammenhang SPV Kündigung Rn. 1168. Zur Darlegungslast bei der Betriebsratsanhörung nach § 102 BetrVG *Gehlhaar* DB 2008, 1496.

[171] Vgl. ErfK/*Oetker* KSchG § 1 Rn. 367; SPV Kündigung Rn. 1159; *Lakies* RdA 1997, 145 (141).

[172] SPV Kündigung Rn. 1163. Hingegen stellt das freiwillige Ausscheiden einzelner Arbeitnehmer, welche zu einer verringerten Zahl der nach der Namensliste zu entlassenden Arbeitnehmer führt, keine solche wesentliche Änderung der Sachlage iSv § 1 Abs. 5 S. 3 KSchG dar; vgl. BAG 12.3.2009 – 2 AZR 418/07, NZA 2009, 1023.

[173] Vgl. BAG 24.10.2013 – 6 AZR 854/11, NZA 2014, 46; 15.12.2011 – 2 AZR 42/10, NZA 2012, 1044.

[174] BAG 12.3.2009 – 2 AZR 418/07, NZA 2009, 1023.

[175] Vgl. *Kleinebrink* DB 2013, 2448 (2450).

Arbeitnehmern eines Betriebs gekündigt wird[176] – folgt daraus, dass von dieser *nicht* umfasst wird, das Recht des Arbeitgebers, bei Wegfall einer bestimmten Anzahl von Arbeitsplätzen (Beschäftigungsmöglichkeiten) und gleichzeitigem Verbleib einer weiteren Anzahl gleichartiger Beschäftigungsmöglichkeiten die **Konkretisierung** derjenigen Arbeitnehmer vorzunehmen, die von dem (teilweisen) Wegfall von Arbeitsplätzen betroffen sind. Insoweit handelt es sich vielmehr um eine rechtlich durch § 1 Abs. 3 KSchG **gebundene Entscheidung.** Nach dessen Satz 1 ist die betriebsbedingte Kündigung „trotzdem", dh trotz endgültigen Wegfalls von Arbeitsplätzen im Sinne konkret vorhandener Beschäftigungsmöglichkeiten, sozial ungerechtfertigt, „wenn der Arbeitgeber bei der **Auswahl** des Arbeitnehmers die **Dauer der Betriebszugehörigkeit,** das **Lebensalter,** die **Unterhaltspflichten** und die **Schwerbehinderung** des Arbeitnehmers nicht oder nicht ausreichend berücksichtigt hat". Weitere Gesichtspunkte brauchen nicht berücksichtigt zu werden.[177] Der Arbeitgeber hat die vier zuvor genannten Kriterien ausreichend zu berücksichtigen, wobei ihm ein Wertungsspielraum zukommt.[178] Im Verhältnis untereinander genießt keines der Kriterien Priorität gegenüber einem anderen, sodass sich ein Arbeitnehmer nur dann auf einen Auswahlfehler berufen kann, wenn er deutlich schutzwürdiger ist als ein anderer.[179] Dabei kommt es stets auf die individuellen Unterschiede der verglichenen Arbeitnehmer an. Die Konzentration auf die vier vorgenannten Kriterien ist das Ergebnis einer zum 1.4.2004 in Kraft getretenen Gesetzesänderung (dazu → Rn. 16a). Das **Gebot der Sozialauswahl** gilt bei allen betriebsbedingten Kündigungen und ist demgemäß nicht nur bei der Beendigungs- sondern auch bei der Änderungskündigung (→ Rn. 5) zu beachten.[180] Unterbleibt sie völlig, spricht eine vom Arbeitgeber auszuräumende Vermutung dafür, dass die Auswahl auch im Ergebnis **sozialwidrig** ist.[181] Andererseits ist nach ständiger Rechtsprechung des BAG eine Sozialauswahl **nur dann unwirksam,** wenn sich ihr **Ergebnis** als **fehlerhaft erweist.** Auch ein mangelhaftes Auswahlverfahren kann demnach zu einem richtigen, nicht fehlerhaften Auswahlergebnis führen (dazu auch → Rn. 18).[182]

Gerade bei beabsichtigten Personalreduzierungen im Zusammenhang mit Unternehmenskäufen und Umstrukturierungen stellt sich die Verpflichtung zur Sozialauswahl als die eigentliche **Hürde des Personalanpassungsprozesses** dar.[183] Kaum überspitzt könnte man formulieren, dass Gesetzgeber und Rechtsprechung diejenige Zurückhaltung, die sie hinsichtlich der Nachprüfung der zum Beschäftigungswegfall führenden Unternehmerentscheidung walten lassen, durch sehr restriktive Regelung hinsichtlich der Identifikation derjenigen Arbeitnehmer, die der Personalabbau letztendlich trifft, wieder (über)kompensieren. An diesem Befund hat sich auch nichts Wesentliches dadurch geändert, dass seit dem 1.4.2004 wieder die Fassung des § 1 Abs. 3 S. 2 aus dem Jahre 1996 gilt, wonach in die soziale Auswahl nach Satz 1 solche Arbeitnehmer nicht einzubeziehen sind, „... deren Weiterbeschäftigung, insbesondere wegen ihrer **Kenntnisse, Fähigkeiten** und **Leistungen** oder zur **Sicherung einer ausgewogenen Personalstruktur** des Betriebs, im **berechtigten betrieblichen Interesse** liegt". Bisher ist nämlich nicht erkennbar geworden, dass das BAG diese sog. „Leistungsträgerklausel" im Sinne eines stärkeren Auswahlermessens auf Arbeitgeberseite und zu Gunsten rechtssicherer Gestaltungsmöglichkeiten nutzbar machen will (dazu → Rn. 25). Dies führt zu dem rechtspolitisch wenig erfreulichen und

---

[176] Soweit keine Weiterbeschäftigungsmöglichkeit mehr besteht, vgl. BAG 14.3.2013 – 8 AZR 154/12, NJOZ 2013, 1990 Rn. 41; Erfk/*Oetker* KSchG § 1 Rn. 299.

[177] BAG 24.10.2013 – 6 AZR 854/11, NZA 2014, 46 Rn. 40.

[178] BAG 18.9.2018 – 9 AZR 20/18, BeckRS 2018, 35619.

[179] BAG 18.9.2018 – 9 AZR 20/18, BeckRS 2018, 35619.

[180] Bei der Änderungskündigung ist der Prüfungsmaßstab dahingehend zu *modifizieren,* wer von mehreren vergleichbaren Arbeitnehmern durch die angebotenen neuen Arbeitsbedingungen stärker belastet wird als die anderen; vgl. dazu BAG 19.5.1993 – 2 AZR 584/92, NJW 1993, 3218.

[181] BAG 3.4.2008 – 2 AZR 879/06, NZA 2008, 1060 mwN.

[182] BAG 20.9.2012 – 6 AZR 483/11, NZA 2013, 94 Rn. 25.

[183] Die Regelung ist selbst im Gesetzgebungsverfahren als „Quelle der Rechtsunsicherheit" bezeichnet worden, BT-Drs. 15/1204, 8.

paradox anmutenden Ergebnis, dass es in Deutschland aus arbeitsrechtlicher Sicht **weitaus weniger riskant** ist, einen ganzen Betrieb **stillzulegen,** als mit dem Ziel der Aufrechterhaltung wenigstens eines Teils der Arbeitsplätze lediglich eine begrenzte Anzahl von Kündigungen auszusprechen. Dieser Befund wurde *in der Vergangenheit* noch dadurch verstärkt, dass unter Umständen *sämtliche* betriebsbedingte Kündigungen unwirksam waren, wenn der Arbeitgeber auch nur *einen* Arbeitnehmer nicht entlassen hatte, der nach den Kriterien des § 1 Abs. 3 KSchG sozial weniger schutzbedürftig war als seine betriebsbedingt gekündigten Kollegen. Die drastischen Folgen der in der **früheren Rechtsprechung** vertretenen sog. **Dominotheorie** sollen durch das **Beispiel H 1** verdeutlicht werden:

18 Beispiel H 1:

Das Bewachungsunternehmen B-GmbH ist wegen Verlustes eines Großauftrages gezwungen, sein Personal von 250 auf 120 Mitarbeiter (ohne Führungskräfte) zu reduzieren. Nachdem die Personalabteilung anhand der vorliegenden Kriterien (Alter, Betriebszugehörigkeit, Unterhaltspflichten, Schwerbehinderung) eine Sozialauswahl durchgeführt hat, erhalten 130 Mitarbeiter nach vorheriger Anhörung des Betriebsrats betriebsbedingte Kündigungen. 115 von ihnen erheben fristwahrend Kündigungsschutzklage und rügen ua eine fehlerhafte Sozialauswahl. In den Prozessen stellt sich heraus, dass der 28-jährige Wachmann W, der dem Betrieb erst seit 18 Monaten angehört, versehentlich von der betriebsbedingten Kündigung verschont geblieben ist, weil er in den zugrundeliegenden Personallisten mit einem unzutreffenden Eintrittsdatum aufgeführt wurde. 90 der 115 klagenden Arbeitnehmer weisen eine längere Betriebszugehörigkeit und ein höheres Alter auf als W.

Nach einer Entscheidung des 2. BAG-Senats vom 18.10.1984[184] konnten sich auf einen Fehler bei der Sozialauswahl nach § 1 Abs. 3 KSchG *alle* (!) gekündigten Arbeitnehmer berufen, die sozial schutzbedürftiger sind als der nicht gekündigte, vergleichbare[185] Arbeitnehmer **(„Dominoeffekt").** Ob der Arbeitgeber den **Auswahlfehler** wenigstens dadurch **„reparieren"** kann, dass er die Kündigung des fehlerhaft verschonten Arbeitnehmers nachholt und anschließend einem der gekündigten Arbeitnehmer die Fortsetzung des Arbeitsverhältnisses anbietet, wurde offengelassen.[186] Welche geradezu ruinösen Folgen ein auch nur „kleiner" Fehler im Rahmen der Sozialauswahl bei **Massenentlassungen**[187] haben kann, wenn man wirklich jedem in Bezug auf die nicht gekündigte Vergleichsperson sozial schutzwürdigeren Arbeitnehmer das Recht einräumte, sich auf einen derartigen Fehler zu berufen, dürfte das **Beispiel H 1** hinreichend deutlich machen. Es erscheint geradezu als ein absurdes Ergebnis, dass 90 Kündigungsschutzklagen Erfolg haben sollten, obwohl bei zutreffender Sozialauswahl lediglich *ein* weiterer Arbeitsplatz zugunsten der gekündigten Arbeitnehmer zur Verfügung stünde. Richtiger Auffassung zufolge kann im Rahmen einer **Kausalitätsbetrachtung** ein Fehler bei der Sozialauswahl nur demjenigen Arbeitnehmer zugute kommen, der von allen Gekündigten der sozial Schwächste war, dh dem bei richtiger Sozialauswahl nicht gekündigt worden wäre.[188] Erfreulicherweise ist der 2. Senat des BAG unter ausdrücklicher **Aufgabe** seiner bisherigen Rechtsprechung mit Urteil vom 9.11.2006[189] der (in diesem Handbuch von *Willemsen* bereits seit der 1. Auflage) geäußerten Kritik gefolgt und hat sich der **vorstehenden Auffassung angeschlossen** („Ende der Dominotheorie"). Danach kann der Arbeitgeber in Fällen der vorliegenden Art im Kündigungsprozess aufzeigen, dass das Ergebnis der Sozialauswahl – wenn auch zufällig – vertretbar ist; der gekündigte Arbeitnehmer also auch bei **richtiger Rangfolge**

[184] BAG 18.10.1984 – 2 AZR 543/83, AP Nr. 6 zu § 1 KSchG 1969 Soziale Auswahl = DB 1985, 1083.
[185] Zum Kriterium der Vergleichbarkeit nachfolgend → Rn. 20.
[186] Dagegen offenbar SPV Kündigung Rn. 1132.
[187] Vgl. zum Entlassungsbegriff bei Massenentlassungen *Bezani* FS Willemsen, 2018, 55.
[188] Ebenso LAG Hamm 31.8.1994 – 10 (19) Sa 1907/93, BeckRS 1995, 40523, im Ergebnis bestätigt durch BAG 7.12.1995 – 2 AZR 1008/94, NZA 1996, 473, allerdings mit abweichender Begründung; ErfK/*Oetker* KSchG § 1 Rn. 308; BAG 9.11.2006 – 2 AZR 812/05, NZA 2007, 549.
[189] 2 AZR 812/05, NZA 2007, 549; Bestätigt zB durch BAG 27.7.2017 – 2 AZR 476/16 NZA 2018, 234.

(hier: im Rahmen eines Punktesystems) **zur Kündigung angestanden** hätte, der Fehler für die Auswahl des gekündigten Arbeitnehmers demnach nicht ursächlich geworden und die Sozialauswahl jedenfalls im Ergebnis ausreichend ist. Dadurch wird das Gesamtrisiko bei Massenentlassungen deutlich vermindert; für die zahlreichen Grenz- und Zweifelfälle verbleibt es aber bei erheblicher Rechtsunsicherheit, insbesondere weil die Wertung der vier Sozialauswahlkriterien zueinander äußerstkompliziert ist.

Hinsichtlich der für die Sozialauswahl nach dem Gesetz ausschließlich[190] maßgeblichen und grundsätzlich **gleichrangigen**[191] **Kriterien Alter, Betriebszugehörigkeit, Unterhaltspflichten** und **Schwerbehinderung** ist auf das allgemeine kündigungsrechtliche Schrifttum zu verweisen,[192] ebenso in Bezug auf die Fragen der Darlegungs- und Beweislast,[193] zur Erkundigungspflicht[194] und zum Beurteilungsspielraum des Arbeitgebers.[195] Die Zulässigkeit des Merkmals „Alter" ist allerdings durch das Inkrafttreten des **Allgemeinen Gleichbehandlungsgesetzes** (AGG) und die zwischenzeitliche Streichung des § 10 S. 3 Nr. 6 AGG, der dieses Kriterium ausdrücklich weiterhin legitimierte, **zweifelhaft** geworden.[196] Sie ist jedoch nach zutreffender Auffassung durch arbeitsmarktpolitische Zwecke legitimiert, solange sich die Differenzierung damit rechtfertigen lässt und nicht schematisch erfolgt.[197] Dies hat der 2. Senat des BAG unter Hinweis auf Art. 6 Abs. 1 S. 2 Buchst. b der Richtlinie 2000/78/EG, der inhaltlich § 10 S. 3 Nr. 1 AGG entspricht, ausdrücklich bestätigt.[198] Dass dabei die Arbeitsmarktchancen **typisierend** und nicht rein individuell berücksichtigt würden, sei unvermeidbar.[199] Auch die Berücksichtigung der Betriebszugehörigkeit, die tendenziell ebenfalls ältere Arbeitnehmer begünstigt, wird vom BAG nach wie vor für zulässig erachtet.[200] Allerdings ist zu beachten, dass es nach neuester Rechtsprechung auch zulässig ist, das fortgeschrittene Alter zum Nachteil des Arbeitnehmers in der Sozialauswahl zu berücksichtigen. Gerade im Rahmen von Massenentlassungen kann die Rspr. des BAG,[201] nach der diejenigen Arbeitnehmer trotz ihres Lebensalters deutlich weniger schutzwürdig sind, die Regelaltersrente beziehen können, Bedeutung erlangen. Gleichzeitig bestätigte das BAG die Vereinbarkeit dieser Auslegung mit RL 2000/78/EG.[202] Die Entscheidung des BAG verdient Zustimmung, da das Merkmal „Lebensalter" nach § 1 Abs. 3 S. 1 KSchG diejenigen Arbeitnehmer schützen soll, die nach dem Verlust 19

[190] Der Arbeitgeber ist auf der „sicheren Seite", wenn er diese – grundsätzlich gleichwertigen – Kriterien ausreichend beachtet und abwägt; vgl. SPV Kündigung Rn. 1076. Von der Berücksichtigung weiterer Kriterien ist abzuraten, *Willemsen/Annuß* NJW 2004, 177 (178).

[191] S. dazu insbes. BAG 29.1.2015 – 2 AZR 164/14, NZA 2015, 426 Rn. 11.

[192] Vgl. zB HWK/*Quecke* KSchG § 1 Rn. 367ff.; SPV Kündigung Rn. 1075ff.; *Spinner* RdA 2008, 153.

[193] HWK/*Quecke* KSchG § 1 Rn. 440; SPV Kündigung Rn. 1134ff.

[194] Eine solche wird in der Instanzrechtsprechung bejaht; s. dazu und zum Erhebungsrecht des Arbeitgebers *Spinner* RdA 2008, 153 (156).

[195] Vgl. dazu HWK/*Quecke* KSchG § 1 Rn. 385 sowie BAG 29.2.2015 – 2 AZR 164/14, NZA 2015, 426, insbes. zur Gewichtung von Betriebszugehörigkeit und Unterhaltspflichten.

[196] Vgl. dazu *Kamanabrou* RdA 2006, 321 (331); *Willemsen/Schweibert* NJW 2006, 2583 (2586); zur Problematik eines (möglichen) Verstoßes von § 2 Abs. 4 AGG, der das KSchG insoweit ausschließlich für anwendbar erklärt, gegen Gemeinschaftsrecht vgl. BAG 6.11.2008 – 2 AZR 523/07, NZA 2009, 361; BAG 19.12.2013 – 6 AZR 190/12, NZA 2014, 372 (verneint); *Sagan* NZA 2006, 1257. Zum Verhältnis von AGG und Kündigungsschutz s. auch HWK/*Rupp* AGG § 2 Rn. 12ff.; ErfK/*Schlachter* AGG § 2 Rn. 17 mwN.

[197] IE ebenso *Lunk* NZA-Beilage 1/2005, 41 (43); *Freckmann* BB 2007, 1049 (1052); *Mohr* ZfA 2007, 361, 377.

[198] BAG 6.11.2008 – 2 AZR 523/07, NZA 2009, 361; BAG 12.3.2009 – 2 AZR 418/07, NZA 2009, 1023; BAG 5.11.2009 – 2 AZR 676/08, NZA 2010, 457; BAG 18.3.2010 – 2 AZR 468/08, NZA 2010, 1059; BAG 15.12.2011 – 2 AZR 42/10, NZA 2012, 1044 Rn. 48ff. Dazu *Hanau* ZIP 2011, 1; *Lingemann/Beck* NZA 2009, 577 (578).

[199] BAG 6.11.2008 – 2 AZR 523/07, NZA 2009, 361 Rn. 46; BAG 15.12.2011 – 2 AZR 42/10, NZA 2012, 1044 Rn. 56; zustimmend *Spinner* RdA 2008, 153 (156).

[200] BAG 6.11.2008 – 2 AZR 523/07, NZA 2009, 361 Rn. 47.

[201] 27.4.2017 – 2 AZR 67/16, NZA 2017, 902; ob sich diese Auslegung auch auf das Kriterium der „Begriffszugehörigkeit" übertragen lässt, hat das BAG offen gelassen.

[202] BAG 27.4.2017 – 2 AZR 67/16, NZA 2017, 902, Rn. 19ff.

des Arbeitsplatzes geringere Chancen haben, ein Ersatzeinkommen zu erzielen. Diese Gefahrenlage besteht aber bei der Möglichkeit des Bezugs der Regelaltersrente nicht. Dieses Verständnis des Begriffs „Lebensalter" ist bereits im Rahmen der Interessenausgleichsverhandlungen, der damit zusammenhängenden Sozialauswahl, aber auch beim Nachteilsausgleich und Sozialplanabfindungen zu beachten.[203]

b) Auswahlrelevanter Personenkreis

20 Die Verpflichtung zur Sozialauswahl wird in der Praxis von Arbeitgeberseite oftmals als **kontraproduktiv** empfunden, weil das darin verkörperte Prinzip *„last in, first out"* lediglich auf statische Alters- und Betriebszugehörigkeitsdaten abstellt, **Qualifikationsunterschiede** unter den betroffenen Arbeitnehmern dagegen unberücksichtigt lässt und zudem – konsequent durchgeführt – bei größeren oder mehreren hintereinander geschalteten Entlassungswellen sogar zu **strukturellen Verwerfungen** der Belegschaft führen kann. Tendenziell läuft die gesetzliche Verpflichtung zur Sozialauswahl gemäß § 1 Abs. 3 KSchG darauf hinaus, dass größere Umstrukturierungen mit Personaleinsparungseffekten nur um den Preis einer qualitativen Verschlechterung des Personalbestands zu erreichen sind. Es handelt sich hierbei um ein **Kernproblem der Umstrukturierungspraxis** überhaupt, weil die besten unternehmerischen Konzepte nichts nützen, wenn sie nur noch mittels einer qualitäts- und motivationsmäßig dezimierten Belegschaft umgesetzt werden können.

Bezugspunkt der Sozialauswahl ist immer der Betrieb. In Rechtsprechung und Literatur ist anerkannt, dass sich die Verpflichtung zur **Sozialauswahl** immer **nur auf die Arbeitnehmer eines Betriebs,** nicht jedoch auf sämtliche Arbeitnehmer eines Unternehmens bezieht, wenn dieses mehrere Betriebe hat[204] (dazu auch → Rn. 32). Erst recht sind Arbeitnehmer anderer konzernangehöriger Unternehmen nicht in die Sozialauswahl einzubeziehen, wobei dies nicht mehr gilt, wenn ein Gemeinschaftsbetrieb besteht. An der Beschränkung der Sozialauswahl auf den Betrieb ändert auch ein **betriebsübergreifender Versetzungsvorbehalt** nichts.[205] Für die Prüfung einer Sozialauswahl ist daher zunächst festzustellen, wie der Arbeitgeber betrieblich organisiert ist.[206] Zu der Frage der Einbeziehung von Arbeitnehmern in die Sozialauswahl, die dem Übergang ihres Arbeitsverhältnisses nach § 613a Abs. 6 BGB widersprochen haben → G Rn. 163.

Um innerhalb des Betriebs einem personellen „Ausbluten" durch die Sozialauswahl entgegenzuwirken, liegt der Schlüssel bei der Definition des **auswahlrelevanten Personenkreises,** also der **Vergleichbarkeit iSv § 1 Abs. 3 KSchG.** Es entspricht gefestigter Kündigungsschutzrechtsprechung, dass der Arbeitgeber in die Sozialauswahl nach § 1 Abs. 3 S. 1 KSchG nur solche Arbeitnehmer einzubeziehen braucht, die austauschbar sind in dem Sinne, dass sie **ohne Änderung des Vertragsinhalts** die Tätigkeit des jeweils anderen Arbeitnehmers übernehmen können, wobei es sich auch um andersartige Tätigkeiten handeln kann, solange diese gleichwertig sind.[207]

21 Bei der Sozialauswahl sind daher drei Kriterien für die Vergleichbarkeit entscheidend:

- Zunächst muss eine **„hierarische Vergleichbarkeit"** bestehen. Es scheiden nämlich insbesondere Arbeitnehmer auf einer **anderen Stufe der Betriebshierarchie** aus der Sozialauswahl aus; eine Beförderung kann hierdurch nicht erzwungen werden **(keine**

[203] Vgl. *Schindele* ArbRAktuell 2017, 327.

[204] Ganz hM, vgl. nur BAG 17.5.1984 – 2 AZR 109/83, NZA 1985, 489; BAG 21.9.2000 – 2 AZR 385/99, NZA 2001, 535; BAG 31.5.2007 – 2 AZR 276/06, NZA 2008, 33 Rn. 16; HWK/*Quecke* KSchG § 1 Rn. 333. Zur Situation im Gemeinschaftsbetrieb mehrerer Unternehmen → Rn. 38 aE.

[205] Ebenso BAG 2.6.2005 – 2 AZR 158/04, NZA 2005, 1175; BAG 14.3.2013 – 8 AZR 154/12, NJOZ 2013, 1990 Rn. 36; HWK/*Quecke* KSchG § 1 Rn. 333. Eine andere Frage ist, inwieweit bei Konkurrenz von Arbeitnehmern verschiedener Betriebe um einen *freien* Arbeitsplatz die Grundsätze der Sozialauswahl heranzuziehen sind; dazu → Rn. 34 ff.

[206] Vgl. BAG 14.3.2013 – 8 AZR 154/12, NJOZ 2013, 1990.

[207] Siehe zu diesem Prinzip der „horizontalen Vergleichbarkeit" zB BAG 7.2.1985 – 2 AZR 91/84, NZA 1986, 260; BAG 29.3.1990 – 2 AZR 369/89, NZA 1991, 181; BAG 5.10.1995 – 2 AZR 269/95, NZA 1996, 524; BAG 5.6.2008 – 2 AZR 907/06, NZA 2008, 1120; HWK/*Quecke* KSchG § 1 Rn. 355.

„vertikale Vergleichbarkeit").[208] Eine gewisse Indizwirkung hat insoweit die tarifliche **Eingruppierung;** im öffentlichen Dienst sollen sogar „grundsätzlich" nur Angestellte derselben Vergütungsgruppe einzubeziehen sein.[209]

- Bei Arbeitnehmern auf derselben Hierarchie- oder Vergütungsstufe innerhalb **desselben Betriebs** kommt es zudem auf die für den jeweils beizubehaltenden Arbeitsplatz erforderlichen Qualifikationen und Kenntnisse (**„qualifikationsmäßige Austauschbarkeit"**[210]) an. Nur wenn eine solche Vergleichbarkeit aufgrund der Qualifikation besteht, ist ein Arbeitnehmer in die Sozialauswahl einzubeziehen.
- Des Weiteren kommt es auf die Frage an, ob die jeweilige Tätigkeit dem ansonsten zu kündigenden Arbeitnehmer ohne Änderung seines Arbeitsvertrages, dh allein durch Ausübung des arbeitgeberseitigen Direktionsrechts, übertragen werden könnte **(„arbeitsvertragliche Austauschbarkeit").**[211] Die Vergleichbarkeit kann also nicht dadurch hergestellt werden, dass der Arbeitsvertrag erst anlässlich des betrieblichen Ereignisses geändert wird.[212]

In der arbeitsvertraglichen Austauschbarkeit steckt oftmals eine nicht zu unterschätzende Chance zur **Eingrenzung des auswahlrelevanten Personenkreises,** weil ein Austausch des zur Entlassung anstehenden Arbeitnehmers gegen einen anderen, weniger schutzbedürftigen Kollegen häufig an einer zu langen **Einarbeitungszeit**[213] oder aber daran scheitern wird, dass sich die vertraglich geschuldete Tätigkeit durch langjährige Handhabung auf einen ganz bestimmten Inhalt konkretisiert hat.[214] In diesem Zusammenhang kann der Vertragsgestaltung eine ganz entscheidende Bedeutung zukommen, da weit gefasste **Versetzungsvorbehalte** den Umfang der erforderlichen Sozialauswahl erheblich erweitern können.[215] Umgekehrt führt die im Arbeitsvertrag festgeschriebene **eingeschränkte Versetzbarkeit** eines Arbeitnehmers zum Ausschluss vom Tätigkeitsfeld eigentlich vergleichbarer Arbeitnehmer von der Sozialauswahl. Das BAG hält eine solche – möglicherweise bewusst im Hinblick auf § 1 Abs. 3 KSchG vorgenommene – Eingrenzung des Direktionsrechts „jedenfalls bei Vorliegen sachlicher Gründe" für zulässig.[216] Mit dieser Einschränkung soll offenbar der Gefahr von **Manipulationen** vorgebeugt werden.[217]

Aus den vorstehenden Überlegungen ergibt sich zugleich aber auch, dass in die Sozial- 22
auswahl **keineswegs** immer nur die Arbeitnehmer einzubeziehen sind, die **dieselbe Tätigkeit** ausüben. Sofern die oben aufgeführten Kriterien der horizontalen Vergleichbarkeit gegeben sind, muss sich die Auswahl auf *alle* Arbeitnehmer erstrecken, die zu der so gebildeten Vergleichsgruppe gehören, und zwar auch über die Grenzen von Betriebsabteilun-

[208] BAG 29.3.1990 – 2 AZR 369/89, NZA 1991, 181; Dies gilt selbst dann, wenn der betroffene Arbeitnehmer erst kurz zuvor befördert wurde und diese Hierachieebene kurz darauf eingespart werden soll, vgl BAG 17.9.1998 – 2 AZR 725/97, NZA 1998, 1332.

[209] BAG 23.11.2004 – 2 AZR 38/04, NZA 2005, 986.

[210] Vgl. BAG 5.6.2008 – 2 AZR 907/06, NZA 2008, 1120 Rn. 18.

[211] BAG 29.3.1990 – 2 AZR 369/89, NZA 1991, 181; BAG 17.2.2000 – 2 AZR 142/99, NZA 2000, 822; BAG 2.3.2006 – 2 AZR 23/05, NZA 2006, 1350; BAG 18.10.2006 – 2 AZR 676/05, NZA 2007, 798; HWK/*Quecke* KSchG § 1 Rn. 360 mwN; SPV Kündigung Rn. 1035.

[212] BAG 18.10.2006 – 2 AZR 676/05, NZA 2007, 798; aA HWK/*Quecke* KSchG § 1 Rn. 360.

[213] Siehe dazu KR/*Rachor* KSchG § 1 Rn. 665. Eine „kurze" Einarbeitung steht der Vergleichbarkeit jedoch nicht entgegen; BAG 6.5.2008, NZA 2008, 1120.

[214] Vgl. zu einem solchen Fall BAG 5.10.1995 – 2 AZR 269/95, NZA 1996, 524 sowie BAG 17.9.1998 – 2 AZR 725/97, NZA 1998, 1332.

[215] Vgl. die für die Praxis wichtigen Hinweise im BAG-Urteil vom 17.9.1998, – 2 AZR 725/97, NZA 1998, 1332, unter II 2c) der Gründe; zur AGB-rechtlichen Zulässigkeit solcher Klauseln und ihren kündigungsrechtlichen Vorteilen für den Arbeitnehmer vgl. BAG 11.4.2006 – 9 AZR 557/05, NZA 2006, 3303. Zu den Konsequenzen dieser Rechtsprechung ausführlich *Gaul/Bonanni* NZA 2006, 289; Umstritten ist der Umgang mit unwirksamen Versetzungsklauseln. In diesem Zusammenhang stellt sich die Frage, ob ein Arbeitgeber Arbeitnehmer aufgrund unwirksamer Versetzungsklausel im Rahmen der Sozialauswahl unberücksichtigt lassen darf, vgl. vertiefend dazu MüKoBGB/*Hergenröder* KSchG § 1 Rn. 410; *Gehlhaar* NJW 2010, 2550.

[216] BAG 17.2.2000 – 2 AZR 142/99, NZA 2000, 822.

[217] S. dazu SPV Kündigung Rn. 1037.

gen und Bereiche hinweg;[218] dies gilt auch im Falle einer **Teilbetriebsstilllegung** und eines gleichzeitigen **Teilbetriebsübergangs.**[219] Fällt also zB in der Vertriebsabteilung eines Unternehmens umstrukturierungsbedingt der Arbeitsplatz einer Sekretärs weg, ist der hiervon betroffene Mitarbeiter, sofern sein Arbeitsvertrag die Versetzung in eine andere Abteilung abdeckt, im Rahmen des § 1 Abs. 3 KSchG vergleichbar mit sämtlichen (!) anderen im Betrieb beschäftigten Sekretärinnen und Sekretären gleicher Qualifikations- und Vergütungsstufe. Da nach der Rechtsprechung des 2. BAG-Senats die Notwendigkeit einer **kurzen Einarbeitungszeit** der Vergleichbarkeit nicht entgegensteht,[220] kann sich in dem vorgenannten Beispiel der Kreis der in die Sozialauswahl einzubeziehenden Positionen noch entsprechend erweitern. Nach einer Entscheidung des BAG vom 3.6.2004 gilt der Grundsatz, dass in die Sozialauswahl alle vergleichbaren Arbeitnehmer des Betriebs iSv § 23 KSchG einzubeziehen sind, auch bei **erheblicher räumlicher Entfernung von Betriebsteilen;** selbst eine mögliche betriebsverfassungsrechtliche Eigenständigkeit einzelner Betriebsteile stehe einer betriebsteilübergreifenden Sozialauswahl nicht entgegen.[221] Der Aspekt der Vergleichbarkeit kann daher im Einzelfall die Reichweite der Verpflichtung zur Sozialauswahl sowohl vergrößern wie auch verkleinern. Maßgeblich ist das jeweilige **Anforderungsprofil** der in Rede stehenden Stelle, welche der Arbeitgeber für die Arbeitsgerichte bindend festlegen kann (zB im Hinblick auf notwendige Spezial- oder Fremdsprachenkenntnisse), solange die Festlegung nicht offensichtlich willkürlich oder unbillig ist.[222] Gerade in Unternehmen, die anhand von Sparten oder Geschäftsbereichen geführt werden, liegt in der Betriebsbezogenheit der Sozialauswahl eine Gefahr. Oft werden – auch mangels getrennter Zuständigkeiten in HR – nur Arbeitnemher der gleichen Sparte oder des gleichen Geschäftsbereichs als vergleichbar angesehen. Dies ist aber nach der Rechtsprechung nur dann möglich, wenn die arbeitsvertragliche Austauschbarkeit eben in diesem Maße begrenzt ist.

22a Diese vorgenannten Grundsätze der horizontalen Vergleichbarkeit werden auch nicht durch die im Zuge der BetrVG-Reform im Jahre 2001 neu eingeführten **§§ 92a und 97 Abs. 2 BetrVG** verändert, welche dem Betriebsrat ein erzwingbares Recht zur Mitbestimmung bzw. ein Vorschlagsrecht bei der **Beschäftigungsförderung und -sicherung** einräumen.[223] Ein Durchschlagen auf das Recht der betriebsbedingten Kündigung dergestalt, dass den Arbeitgeber nunmehr eine Pflicht zur Weiterbildung und damit mittelbar zur Erstreckung der Sozialauswahl auf Arbeitnehmer mit unterlegener Qualifikation trifft, die aus Betriebsratssicht jedoch zumindest noch **„qualifizierbar“** sind, kann aus diesen Normen jedenfalls nicht ohne weiteres abgeleitet werden.[224]

22b Nach freilich umstrittener Rechtsprechung darf und braucht der Arbeitgeber nicht solche Arbeitnehmer in die Sozialauswahl nach § 1 Abs. 3 KSchG einzubeziehen, deren **or-**

---

[218] stRspr; vgl. BAG 15.6.1989 – 2 AZR 580/88, NZA 1990, 226; BAG 5.6.2008 – 2 AZR 907/06, NZA 2008, 1120 sowie die weiteren Nachweise bei SPV Kündigung Rn. 1048. Zur Sozialauswahl im Betrieb eines Arbeitnehmerverleihunternehmens s. BAG 20.6.2013 – 2 AZR 271/12, NZA 2013, 837.

[219] BAG 28.10.2004 – 8 AZR 391/03, NZA 2005, 285; BAG 14.3.2013 – 8 AZR 154/12, NJOZ 2013, 1990 Rn. 37: Das Kündigungsverbot nach § 613a Abs. 4 BGB steht nicht entgegen, da diese Vorschrift und § 1 Abs. 3 KSchG gleichberechtigt nebeneinander stehen.

[220] BAG 2.3.2006 – 2 AZR 23/05, NZA 2006, 1350 mwN; BAG 18.10.2006 – 2 AZR 676/05, NZA 2007, 798.

[221] BAG 3.6.2004 – 2 AZR 577/03, NZA 2005, 175; BAG 14.3.2013 – 8 AZR 154/12, NJOZ 2013, 1990.

[222] BAG 24.6.2004 – 2 AZR 326/04, NZA 2004, 1268; BAG 5.6.2008 – 2 AZR 107/07, NZA 2008, 1180.

[223] Vgl. dazu *Annuß* NZA 2001, 367 (368); *Franzen* NZA 2001, 865 (871); *Fitting* BetrVG § 97 Rn. 20ff.; völlig offen *Schiefer/Korte* NZA 2001, 71 (85).

[224] So wohl auch *Fitting* BetrVG § 97 Rn. 27f.; *Annuß* NZA 2001, 367 (368); *Bauer* NZA 2001, 375 (379); unklar *Engels/Trebinger/Löhr-Steinhaus* DB 2001, 532 (538); aA DKW/*Buschmann* BetrVG § 97 Rn. 20, 28, jedenfalls bei der erzwingbaren Mitbestimmung gem. § 97 Abs. 2 BetrVG, allerdings wie hier für den Fall der Nichtbeachtung des Vorschlags- oder Beratungsrechts gem. § 92a BetrVG DKW/*Däubler* BetrVG § 92a Rn. 22.

dentliche Kündigung durch tarif- oder einzelvertragliche Vereinbarung **ausgeschlossen** ist.[225] Dies betrifft insbesondere sog. „altersgesicherte Arbeitnehmer". Die Frage stellt sich ua auch bei sog. **betrieblichen Bündnissen,** die oftmals den Verzicht des Arbeitgebers auf betriebsbedingte Kündigung gegenüber solchen Arbeitnehmern zum Inhalt haben, die einer Verschlechterung ihrer Arbeitsbedingungen zustimmen.[226] Mittlerweile schränkt der 2. Senat seine bisherige Rechtsprechung dahingehend ein, dass der durch die ordentliche Unkündbarkeit beschränkte „Auswahlpool" **nicht** zu einer **grob fehlerhaften Auswahl** führen dürfe.[227] Dies dürfte auf einen Kündigungsausschluss durch Betriebsvereinbarung zu übertragen sein, wobei in der Literatur die Wirksamkeit solcher Regelungen in Betriebsvereinbarungen in Frage gestellt wird.[228] Während diese Frage in der Literatur nach wie vor kontrovers diskutiert wird wegen des offenkundigen Eingriffs in die gesetzliche Stellung anderer, nicht besonders geschützter Arbeitnehmer im Rahmen von § 1 Abs. 3 KSchG, ist die Herausnahme **gesetzlich besonders geschützter Arbeitnehmer** (zB Betriebsratsmitglieder, vgl. § 15 Abs. 1 KSchG) sachlich geboten und gerechtfertigt.[229] Der Arbeitgeber ist nach einem Urteil des 2. BAG-Senats vom 21.4.2005 auch nicht verpflichtet, den Ausspruch der Kündigung gegenüber einem gesetzlich nicht besonders geschützten Arbeitnehmer zu verschieben, um eine Sozialauswahl zwischen ihm und einem anderen Arbeitnehmer zu ermöglichen, dessen Sonderkündigungsschutz (zB als früheres Betriebsratsmitglied) alsbald auslaufen wird.[230]

Besonders umstritten ist ferner die Frage, inwiefern **Teilzeitkräfte** beanspruchen können, in die Sozialauswahl mit **Vollzeitkräften** einbezogen zu werden, die vergleichbare Tätigkeiten verrichten.[231] Grundsätzlich gilt es zu beachten, dass eine Teilzeitbeschäftigung als solche gem. § 4 Abs. 1 TzBfG auch bei der Sozialauswahl nicht prinzipiell nachteilig für den Arbeitnehmer sein darf, sondern es vielmehr stets einer Berücksichtigung aller Umstände des Einzelfalls bedarf.[232] Die Gleichbehandlungsrichtlinie 76/207/EWG steht dabei der Annahme einer im Einzelfall **fehlenden Vergleichbarkeit** von teilzeit- und vollzeitbeschäftigten Arbeitnehmern nach Auffassung des EuGH nicht entgegen.[233] 23

Beispiel H 2:

Arbeitnehmerin S war bei dem Wohnungsbauunternehmen W als Sekretärin vollzeitbeschäftigt. Nach Inanspruchnahme von Erziehungsurlaub wechselte sie vom Sekretariat in die Buchhaltung, wo sie nunmehr als Teilzeitbeschäftigte 25 Wochenstunden arbeitet. Durch Outsourcing von Buchhaltungsarbeiten fällt ihr dortiger Arbeitsplatz weg. Im Kündigungsschutzprozess rügt S die Sozialauswahl im Verhältnis zu den nach Betriebszugehörigkeit und Lebensalter sozial weniger schutzbedürftigen vollzeitbeschäftigten Sekretärinnen.

Der 2. Senat des BAG hat in einem derartigen Fall den Ausgang des Kündigungsschutzprozesses davon abhängig gemacht, ob vorliegend eine **freie Unternehmerentscheidung** (dazu → Rn. 7) vorliege, wonach die beklagte Arbeitgeberin für die Sekretariatsarbeiten Vollzeitbeschäftigung vorgesehen habe. Liege eine solche, nur auf offenbare Unsachlich-

---

225 S. dazu die umfangreichen Rechtsprechungs- und Literaturhinweise bei SPV Kündigung Rn. 1065; zum Ganzen auch *Lunk* NZA Beilage 1/2005, 41, 42; HWK/*Quecke* KSchG § 1 Rn. 343 ff.

226 S. dazu *Lerch/Weinbrenner* NZA 2011, 1388 (für Einbeziehung in die Sozialauswahl); *Künzel/Fink* NZA 2011, 1385 (gegen Einbeziehung).

227 BAG 5.6.2008 – 2 AZR 907/06, NZA 2008, 1120; BAG 20.6.2013 – 2 AZR 295/12, NZA 2014, 208 Rn. 50 ff. für den tariflichen Sonderkündigungsschutz sog. altersgesicherter Arbeitnehmer; dazu *Sprenger* BB 2014, 1781.

228 ErfK/*Oetker* KSchG § 1 Rn. 312; *Rieble* NZA 2003, 1243.

229 Vgl. BAG 17.11.2005 – 6 AZR 118/05, NZA 2006, 370; BAG 21.4.2005 – 2 AZR 241/04, NZA 2005, 1307. Hier kann sogar eine Verpflichtung zur „Freikündigung" anderer Arbeitsplätze bestehen, vgl. *Leuchten* NZA 2007, 585.

230 BAG 21.4.2005 – 2 AZR 241/04, NZA 2005, 1307.

231 Vgl. dazu Linck/Krause/Bayreuther/*Krause* KSchG § 1 Rn. 903 ff. mwN.

232 Linck/Krause/Bayreuther/*Krause* KSchG § 1 Rn. 903.

233 EuGH 26.9.2000 – C-322/98, ZIP 2000, 1947; vgl. auch ErfK/*Oetker* KSchG § 1 Rn. 327.

keit, Unvernünftigkeit oder Willkür zu prüfende bindende Unternehmerentscheidung vor, sei die Klägerin als Teilzeitkraft mit den vollzeitbeschäftigten Sekretärinnen nicht vergleichbar. Liege eine solche Unternehmerentscheidung für die Erhaltung von Vollzeitbeschäftigung nicht vor, könne die Überkapazität dadurch abgebaut werden, dass unter Berücksichtigung sozialer Auswahlgesichtspunkte gegenüber einer vollzeitbeschäftigten Sekretärin eine **Änderungskündigung** (§ 2 KSchG) zur Reduzierung der Arbeitszeit ausgesprochen werde das Arbeitsverhältnis der Klägerin sei dann unter Beachtung sozialer Auswahlgesichtspunkte im Sinne von § 1 Abs. 3 KSchG geschützt.[234] Der Arbeitgeber kann im umgekehrten Fall aber auch gehalten sein, dem nach § 1 Abs. 3 KschG sozial schwächeren Arbeitnehmer eine Erhöhung der Arbeitszeit anzubieten.[235] Das BAG macht die Einbeziehung von Vollzeitbeschäftigten in die Sozialauswahl bei der betriebsbedingten Kündigung von Teilzeitbeschäftigten (oder umgekehrt) demnach von der **betrieblichen Organisation** im Einzelfall abhängig. Der Arbeitgeber ist also mit anderen Worten gefordert, ein **schlüssiges unternehmerisches Konzept der Arbeitszeitgestaltung** nachzuweisen, welches dann als freie Unternehmerentscheidung einer inhaltlichen Überprüfung durch die Arbeitsgerichte entzogen ist.[236] Diese Grundsätze hat der 2. Senat des BAG auf die soziale Auswahl zwischen Teilzeitbeschäftigten mit unterschiedlichen Arbeitszeiten übertragen.[237]

23a An den vorgenannten Grundsätzen ändert im Grundsatz auch das **Gleichbehandlungsgebot des § 4 Abs. 1 TzBfG** nichts. Auch nach Inkrafttreten des TzBfG bleibt die betriebliche Organisation der Arbeitszeitgestaltung eine freie Unternehmerentscheidung.[238] Die bisherige Instanzrechtsprechung stützt diese Einschätzung jedenfalls mittelbar.[239] Nach einer neueren Literaturauffassung muss zur Vermeidung eines Verstoßes gegen das Gleichbehandlungsgebot aus § 4 Abs. 1 TzBfG das unternehmerische Konzept aber von **plausiblen wirtschaftlichen oder unternehmenspolitischen Gründen** getragen sein.[240] Auch der Umstand, dass der Arbeitnehmer gem. § 8 Abs. 1 TzBfG sogar einen Anspruch auf Verringerung der Arbeitszeit hat, ändert das grundsätzliche Ergebnis nicht. Denn der Arbeitgeber kann einem diesem Begehren gem. § 8 Abs. 4 TzBfG betriebliche Gründe entgegenhalten, wozu auch die vom Arbeitgeber eingerichtete **Arbeitsorganisation** gehört.[241]

24 Die Entscheidungen des BAG zeigen, dass bereits vor einem größeren Personalabbau zur Vermeidung von Fehlern in der Sozialauswahl genau definiert (und in geeigneter Form dokumentiert) werden sollte, welche Stellen nach der – grundsätzlich gerichtsfesten – Unternehmerentscheidung für eine Teilung in Betracht kommen, was die Vergleichbarkeit solcher Vollzeit- im Verhältnis zu entsprechenden Teilzeitstellen begründet. Die Rechtsprechung des BAG wirft **komplizierte praktische Folgeprobleme** auf und ist im Übrigen mit dem Grundsatz, dass vergleichbar im Rahmen der Sozialauswahl nur solche Arbeitnehmer sind, die ohne Vertragsänderung ausgetauscht werden könnten, schwerlich vereinbar.

24a Nicht abschließend geklärt ist schließlich, inwiefern Arbeitnehmer eines Betriebs, die zur Arbeitsleistung in das **Ausland** entsandt wurden, in die Sozialauswahl nach § 1 Abs. 3 KSchG einzubeziehen sind. Dies ist jedenfalls zu **verneinen,** wenn das Arbeitsverhältnis im „Stammbetrieb" ruhend gestellt und ein gesonderter Arbeitsvertrag mit der Auslands-

[234] BAG 3.12.1998 – 2 AZR 341/98, NZA 1999, 431; BAG 7.12.2006 – 2 AZR 748/05, NZA-RR 2007, 460; kritisch dazu *Bauer/Klein* BB 1999, 1162; s. auch BAG 12.8.1999 – 2 AZR 12/99, NZA 2000, 30.
[235] Darin ist auch keine Beförderung zu sehen, vgl. BAG 26.3.2015 – 2 AZR 417/14, NZA 2015, 1083; Ascheid/Preis/Schmidt/*Kiel* KSchG § 1 Rn. 615, 618.
[236] BAG 12.8.1999, – 2 AZR 12/99, NZA 2000, 30.
[237] BAG 15.7.2004 – 2 AZR 376/03, NZA 2005, 523.
[238] Ebenso *Preis/Gotthardt* DB 2000, 2065 (2068); *Rolfs* RdA 2001, 129 (132); Linck/Krause/Bayreuther/*Krause* KSchG § 1 Rn. 905.
[239] LAG Niedersachsen 23.2.2001 – 16 Sa 1427/00, BeckRS 2007, 44163.
[240] Vgl. Ascheid/Preis/Schmidt/*Kiel* KSchG § 1 Rn. 553; SPV Kündigung Rn. 1071.
[241] Linck/Krause/Bayreuther/*Krause* KSchG § 1 Rn. 905 mwN.

gesellschaft abgeschlossen wurde.[242] Zur Berücksichtigung freier Arbeitsplätze im Ausland → Rn. 36a.

c) Einschränkung der Verpflichtung zur Sozialauswahl nach § 1 Abs. 3 S. 2 KSchG (Leistungsträger/ausgewogene Personalstruktur)

Einen **weiteren Ansatzpunkt** zur Einschränkung der Verpflichtung zur Sozialauswahl enthält § 1 Abs. 3 S. 2 KSchG. Auch diese Regelung war allerdings nach einer zwischenzeitlichen „Liberalisierung"[243] im Jahre 1996 wieder auf den vorherigen Rechtszustand zurückgeführt worden. Der Gesetzgeber hat mit dem Gesetz zu Reformen am Arbeitsmarkt, welches am 1.1.2004 in Kraft getreten ist,[244] die Leistungsträger- und Personalstrukturregelung (wieder) wie folgt gefasst: In die soziale Auswahl nach Satz 1 sind „... Arbeitnehmer nicht einzubeziehen, deren Weiterbeschäftigung, insbesondere wegen ihrer Kenntnisse, Fähigkeiten und Leistungen oder zur Sicherung einer ausgewogenen Personalstruktur des Betriebs, im **berechtigten betrieblichen Interesse liegt.**" Diese Regelung hat in der Praxis die Hoffnung genährt, sog. **„Leistungsträger"** künftig mit besserer Aussicht auf Erfolg von einer an sich notwendigen Sozialauswahl mit vergleichbaren Arbeitnehmern[245] ausnehmen zu können. Diesem berechtigten Anliegen sind Rechtsprechung und Literatur bisher kaum nachgekommen. Das **Ziel einer größeren Rechtssicherheit** bei der Bestimmung derjenigen Arbeitnehmer, die im Interesse des Betriebs und eines auch künftig reibungslosen Betriebsablaufs von vornherein „von der Liste genommen" werden dürfen, ist damit **eindeutig verfehlt** worden.[246] Das hängt vor allem damit zusammen, dass die Rechtsprechung und ein Teil der Literatur aus der Formulierung des „berechtigten" betrieblichen Interesses auf die Notwendigkeit einer **Abwägung** zwischen dem Arbeitgeberbedürfnis einerseits und den sozialen Belangen des schutzbedürftigeren Arbeitnehmers andererseits schließen wollen.[247] Richtigerweise muss das Prinzip einer an Sozialkriterien orientierten Auswahl aber schon dann zurücktreten, wenn die gegenläufigen Arbeitgeberinteressen von einigem Gewicht und **einiger Erheblichkeit** sind;[248] ein – praktisch so gut wie nicht umsetzbares – **Abwägungsgebot,** wie es die Rechtsprechung des BAG jedenfalls für die bis 1998 (wortgleich) geltende Fassung postuliert hat, wird dem gesetzgeberischen Zweck eines erweiterten Anwendungsbereichs nicht gerecht.[249] 25

Die Rechtsprechung stellt derart hohe Anforderungen an die Leistungsträgerregelung, dass insbesondere in Restrukturierungen nur sehr selten rechtssicher bestimmt werden kann, ob einzelne Arbeitnehmer über § 1 Abs. 3 S. 2 KSchG aus der Sozialauswahl ausgenommen werden können. Von der Rechtsprechung wurde zB anerkannt einen sozial „stärkeren" Arbeitnehmer aus der Sozialauswahl auszunehmen, da dieser für künftige Führungsaufgaben vorgesehen ist.[250]Auch kann das Erfordernis einer störungsfreien Kommunikation zwischen Englisch sprechenden Vorgesetzten und einer Sekträterin ein berechtigtes

---

[242] S. zur Problematik ausführlich *Monz* BB 2014, 250.

[243] Vgl. Arbeitsrechtliches Gesetz zur Förderung von Wachstum und Beschäftigung vom 25.9.1996 („arbeitsrechtliche Beschäftigungsförderungsgesetz"), BGBl. 1996 I S. 1476.

[244] BGBl. 2003 I 3002.

[245] Nur dann spielt § 1 Abs. 3 S. 2 KSchG eine Rolle; seine Anwendung hat daher stets eine Prüfung der Vergleichbarkeit (vgl. → Rn. 20ff.) vorauszugehen.

[246] IE wohl ebenso SPV Kündigung Rn. 1102.

[247] Vgl. BAG 12.4.2002 – 2 AZR 706/00, NZA 2003, 42; BAG 31.5.2007 – 2 AZR 306/06, NZA 2007, 1362; BAG 22.3.2012 – 2 AZR 167/11, NZA 2012, 1040 Rn. 25; *Pakirnus* DB 2006, 2742 (2744); *Quecke* RdA 2004, 86 (88).

[248] Vgl. *Thüsing/Stelljes* BB 2003, 1673; *Willemsen/Annuß* NJW 2004, 177 (179). Zu Recht gegen ein Abwägungsgebot auch *Klosterkemper* FS Buchner, 2009, 441, 445.

[249] Dies erkennen wohl auch SPV Kündigung Rn. 1105ff. an, die einerseits ein Abwägungsgebot iSd Rechtsprechung verneinen, allerdings andererseits keinen praktikablen Abgrenzungsvorschlag formulieren. Für ein Abwägungsgebot auch nach der Neufassung unter Hinweis auf die Gesetzesmaterialien *Lunk* NZA-Beilage 1/2005, 41 (46).

[250] LAG Hamm 5.2.1987 – 10 Sa 1500/86, LAGE § 1 KSchGSoziale Auswahl Nr. 2.

Interesse rechtfertigen.[251] Hingegen ist der allgemeine Hinweis auf die universelle Einsetzbarkeit eines Arbeitnehmers ebensowenig anerkannt worden,[252] wie allein die besonders hohe Krankheitsanfälligkeit eines Arbeitnehmers im Verhältnis zu einem anderen, weniger schutzbedürftigen Arbeitnehmer.[253]

25a Als Fazit muss daher festgehalten werden, dass – von wirklich unverzichtbaren Spezialisten und „Rainmakern" abgesehen, bei denen allerdings schon häufig eine Vergleichbarkeit mit anderen Arbeitnehmern zu verneinen sein dürfte – trotz entsprechender Bemühungen des Gesetzgebers eine Herausnahme sog. Leistungsträger aus der Sozialauswahl unter Berufung auf § 1 Abs. 3 S. 2 KSchG in vielen Fällen riskant ist, weil ein hohes Risiko besteht, dass ein Arbeitsgericht von einer fehlerhaften Abwägung ausgeht.[254] Daher kann nur unter erheblichen Vorbehalten zu einer „Zuflucht" zu dieser Regelung geraten werten, die jedenfalls nach verbreiteter Auffassung in Rechtsprechung und Schrifttum immer noch **Ausnahmecharakter** haben soll.[255] Das bedeutet unter anderem, dass der Arbeitgeber sich hierauf berufen kann, aber nicht berufen muss und dass er für das Vorliegen berechtigter betrieblicher Bedürfnisse die volle **Darlegungs- und Beweislast** trägt.[256] Dementsprechend sind die Anforderungen an einen substantiierten Sachvortrag im Kündigungsschutzprozess sehr hoch.[257] So reicht beispielsweise der Hinweis auf unterschiedliche **Fehlzeiten** keineswegs aus,[258] ebensowenig ein solcher auf **besondere fachliche Qualifikationen,** wenn auch andere, nicht von der Kündigung betroffene Arbeitnehmer hierüber verfügen.[259]

25b Ähnliche Vorbehalte gelten auch hinsichtlich der ebenfalls wieder in das Gesetz eingefügten Möglichkeit, von der Sozialauswahl nach § 1 Abs. 3 S. 1 KSchG zur Sicherung einer **ausgewogenen Personalstruktur** abzuweichen. Dieser Begriff ist zu unbestimmt, um als Rechtsbegriff handhabbar zu sein.[260] Positiv ist allerdings, dass die Erhaltung einer ausgewogenen **Alterstruktur** nach nunmehr herrschender Auffassung von der jetzt wieder geltenden Fassung des § 1 Abs. 3 S. 2 KSchG mit umfasst wird.[261] Hierin wird man auch **keinen Verstoß** gegen das **Verbot der Altersdiskriminierung** gemäß § 7 iVm § 1 AGG erblicken können,[262] weil die Bildung von **Altersgruppen** einem **legitimen Ziel** sowohl iSv § 10 AGG als auch iSv Art. 7 Abs. 1 UAbs. 1, 2 Buchst. a der Gleichbehandlungsrichtlinie 2000/78/EG dient.[263] In der Praxis wird von dieser Möglichkeit Gebrauch gemacht, indem die Sozialauswahl innerhalb von Altersgruppen durchgeführt wird, bei deren Einteilung dem Arbeitgeber ein „gewisser" Beurteilungsspielraum zugestanden wird.[264] Ihm steht es daher frei, sich eines von der Rechtsprechung bereits anerkannten

---

251 BAG 19.7.2012 – 2 AZR 352/11, NZA 2013, 86; LAG Baden-Württemberg 7.3.2013 – 18 Sa 115/12.

252 BAG 20.6.2013 – 2 AZR 295/12, NZA 2014, 208.

253 BAG 31.5.2007 – 2 AZR 306/06, NZA 2007, 1362.

254 So auch *Krieger/Reinecke* DB 2013, 1906 (1908).

255 So ausdrücklich BAG 12.4.2002 – 2 AZR 706/00, NZA 2003, 42; BAG 22.3.2012 – 2 AZR 167/11, NZA 2012, 1040 Rn. 34; *Quecke* RdA 2004, 86 (88); SPV Kündigung Rn. 1103.

256 BAG 5.12.2002 – 2 AZR 697/01, NZA 2003, 849; *Buschbaum* BB 2011, 309 (310).

257 Dazu sowie zu dem Verfahren der „Herausnahme" von Leistungsträgern vgl. *Buschbaum* BB 2011, 309 (310ff.).

258 BAG 31.5.2007 – 2 AZR 306/06, NZA 2007, 1362; s. dazu *Gillen/Vahle* NZA 2013, 534.

259 Vgl. BAG 22.3.2012 – 2 AZR 167/11, NZA 2012, 1040 Rn. 28.

260 Zutreffend SPV Kündigung Rn. 1125.

261 Vgl. dazu und v.a. zur Bildung von Altersgruppen BAG 25.3.2015 – 2 AZR 478/13, NZA 2015, 1122; bereits auf der Grundlage der Fassung von 1996, die seit dem 1.4.2004 wieder gilt BAG 23.11.2000 – 2 AZR 533/99, NZA 2001, 601; ebenso SPV Kündigung Rn. 1125; *Quecke* RdA 2004, 86 (88).

262 Vgl. dazu BAG 6.11.2008 – 2 AZR 523/07, NZA 2009, 361; BAG 6.9.2007 – 2 AZR 387/06, NZA 2008, 405; HWK/*Quecke* KSchG § 1 Rn. 405; SPV Kündigung Rn. 1127; *Fahrig* BB 2010, 2569; zu der Berücksichtigung dieses Kriteriums in der vom 1.1.1999 bis 31.12.2003 geltenden Gesetzesfassung vgl. BAG 6.7.2006 – 2 AZR 442/05, NZA 2007, 139.

263 So insbes. BAG 15.12.2011 – 2 AZR 42/10, NZA 2012, 1044 Rn. 46ff.; BAG 28.6.2012 – 6 AZR 682/10, NZA 2012, 1090 Rn. 28ff. für einen Interessenausgleich nach § 125 InsO.

264 So bereits zu der Rechtslage vor der ab 1.4.2004 geltenden Fassung des § 1 Abs. 3 S. 2 KSchG BAG 20.4.2005, NZA 2005, 877. Zu den Einzelheiten vgl. SPV Kündigung Rn. 1130ff.; *Röder/Krieger* DB

Staffelungsmodells zu bedienen.[265] Allgemein anerkannt ist die Gruppenbildung in „Zehnerschritten". So hat das BAG für Kündigungen nach Inkrafttreten des AGG folgende Altersgruppenbildung gebilligt:[266]

- älter als 25 Jahre bis zum vollendeten 35. Lebensjahr;
- älter als 35 Jahre bis zum vollendeten 45. Lebensjahr;
- älter als 45 Jahre bis zum vollendeten 55. Lebensjahr;
- älter als 55 Jahre.

Zusätzlich verlangt das BAG, dass der bisherige **prozentuale Anteil der Altersgruppen** an der Gesamtbelegschaft in etwa erhalten bleibt.[267] So hat das BAG zB entschieden, dass die erforderliche Proportionalität fehlt, wenn sich aus der Zahl der Beschäftigten im Betrieb eine Quote zu kündigender Arbeitnehmer von 40% errechnet, aber in einer Gruppe jüngerer Arbeitnehmer eine geringere Anzahl von Kündigungen (zB 35%) zur Kündigung anstehen als in der Gruppe älterer Arbeitnehmer (zB 60%).[268] Entsprechend dem Wesen der Sozialauswahl (dazu → Rn. 20) sind die Altersgruppen stets (nur) **innerhalb der Gruppen der vergleichbaren Arbeitnehmer zu bilden.** Eine vergleichsgruppenübergreifende Anwendung des Altersgruppenschemas lehnt der 2. BAG-Senat demgegenüber ausdrücklich ab. Es sei das Wesen der Sozialauswahl, dass sie innerhalb der Vergleichsgruppe zu erfolgen habe. Nur dort könne deshalb eine Sicherung der Altersstruktur – mit positiven Effekten für den Betrieb insgesamt – angestrebt werden.[269] Die missliche Konsequenz dieser Rechtsprechung ist, dass eine vergleichsgruppenorientierte Sozialauswahl insgesamt fehlerhaft ist, wenn sich in einer Altersgruppe nicht genügend Arbeitnehmer befinden, um diese proportional zu beteiligen.[270] Um den Missbrauch der Gruppenbildung zu verhindern, dürfen die Vergleichsgruppen nicht beliebig klein zugeschnitten werden. Jedoch gesteht das BAG dem Arbeitgeber grundsätzlich einen – indes nicht schrankenlosen – Beurteilungsspielraum zu.[271]

Neben der Altersstruktur können auch **Funktions- bzw. Qualifikationsstrukturen** 25c
im Sinne der Ausgewogenheit Berücksichtigung finden.[272] Die Regelung erlangt vor allem in Fällen von **Massenentlassungen** praktische Bedeutung, weil sie einer dem betrieblichen Interesse zuwiderlaufenden **Überalterung der Belegschaft** entgegenwirken soll.[273] Auch dieses Gebiet ist freilich von bemerkenswerter Rechtsunsicherheit geprägt; letztendlich stehen alle solche Bemühungen unter dem Vorbehalt der Anerkennung durch das zuständige Arbeitsgericht im konkreten Fall. Diese Rechtsunsicherheit wird noch dadurch gesteigert, dass nach der Rechtsprechung gemäß dem Wortlaut des § 1 Abs. 3 S. 2 KSchG

2005, 2578. Ein Beispiel für eine derartige Altersgruppenbildung findet sich bei HWK/*Quecke* KSchG § 1 Rn. 403.

[265] S. dazu BAG 20.4.2005 – 2 AZR 201/04, NZA 2005, 877; BAG 6.7.2006 – 2 AZR 442/05, NZA 2007, 139; ErfK/*Oetker* KSchG § 1 Rn. 347. Instruktiv zu den – komplexen – Einzelheiten *Krieger/Reinecke* DB 2013, 1906 (1909).

[266] BAG 6.11.2008 – 2 AZR 523/07, NZA 2009, 361 Rn. 51; vgl. auch BAG 15.12.2011 – 2 AZR 42/10, NZA 2012, 1044 Rn. 69. Für zulässig hält der 2. Senat auch die folgende Gruppenbildung: bis zu 30 Jahren, 31–40 Jahre, 41–50 Jahre, 51–60 Jahre, ab 61 Jahre; vgl. BAG 12.3.2009 – 2 AZR 418/07, NZA 2009, 1023 (s. auch das weitere Schema bei BAG 15.12.2011 – 2 AZR 42/10, NZA 2012, 1044). Zur Vorsicht bei einer pauschalen Übernahme raten *Göpfert/Stark* ZIP 2015, 155 (156).

[267] BAG 6.11.2008 – 2 AZR 523/07, NZA 2009, 361 Rn. 51; Vgl. Erfk/*Oetker* KSchG § 1 Rn. 347.

[268] BAG 26.3.2015 – 2 AZR 478/13, NZA 2015, 1122.

[269] BAG 22.3.2012 – 2 AZR 167/11, NZA 2012, 1040 Rn. 32.

[270] Vgl. BAG 24.10.2013 – 6 AZR 854/11, NZA 2014, 46 Rn. 49; BAG 19.7.2012 – 2 AZR 352/11, NZA 2013, 86 Rn. 32; BAG 6.3.2015 – 2 AZR 478/13, NZA 2015, 1122 Rn. 15; zu Recht krit. *Lunk/Seidler* NZA 2014, 455 (458).

[271] BAG 28.3.2015 – 2 AZR 478/13, NZA 2015, 1122 Rn. 24; s. zu Gestaltungsbeispielen Ascheid/Preis/Schmidt/*Kiel* KSchG § 1 Rn. 686.

[272] SPV Kündigung Rn. 1131 mwN.

[273] Vgl. BAG 6.7.2006 – 2 AZR 442/05, NZA 2007, 139; BAG 6.11.2008 – 2 AZR 523/07, NZA 2009, 361.

lediglich eine **Erhaltung, nicht** jedoch die **Verbesserung** oder erstmalige **Schaffung** einer ausgewogenen Personal- (insbesondere Alters-)struktur angestrebt werden darf, was insbesondere aus einem Vergleich mit dem insoweit „großzügigeren" Wortlaut des § 125 Abs. 1 Nr. 2 InsO (dazu → Rn. 163) und damit, dass andernfalls die Betriebsparteien zu weitgehend selbst über die nicht zu ihrer Disposition stehenden gesetzlichen Grundbedingungen der sozialen Auswahl hinwegsetzen könnten,[274] gefolgert wird.[275] Im Übrigen wird auch diese Möglichkeit, im unternehmerischen Interesse das Ergebnis einer „reinen" Sozialauswahl zu korrigieren, entscheidend durch die von der Rechtsprechung und Teilen der Literatur geforderte, freilich höchst umstrittene **Abwägung** mit den individuellen Schutzinteressen der betroffenen Arbeitnehmer entscheidend verwässert.[276] Anders als im Insolvenzverfahren (vgl. §§ 126, 127 InsO) hat der Arbeitgeber, der sich im Zuge des Personalabbaus mit solchen Problemen und Risiken konfrontiert sieht, auch keine Möglichkeit, vor Ausspruch der Kündigungen eine verbindliche Vorabentscheidung des zuständigen Arbeitsgerichts mit Wirkung für und gegen den zu entlassenden Arbeitnehmer herbeizuführen. Er bleibt zudem mit einer **umfangreichen Darlegungs- und Beweislast** belastet, wie sich eine allein an § 1 Abs. 3 S. 1 KSchG orientierte Sozialauswahl konkret ausgewirkt hätte und wie die einzelnen Kündigungen auf die einzelnen Altersgruppen verteilt worden sind, damit die bisherige Altersstruktur erhalten bleibt.[277] Das **Risiko** einer (allein) auf § 1 Abs. 3 S. 2 KSchG gestützten Abweichung von der Sozialauswahl nach § 1 Abs. 3 S. 1 KSchG ist und bleibt damit **beträchtlich** – hinzu kommt das Risiko etwaiger Entschädigungs- und Schadensersatzansprüche aufgrund des Verstoßes gegen das Verbot der Altersdiskriminierung[278] – und kann nur durch Vereinbarung eines Interessenausgleichs mit Namensliste (dazu sogleich → Rn. 26 ff.) abgemildert werden. Positiv ist zwar zu vermerken, dass der 2. Senat des BAG bei Massenentlassungen die Bildung von Altersgruppen „regelmäßig" als durch legitime Ziele iSv § 10 S. 2 AGG gerechtfertigt[279] und ein berechtigtes Interesse an der **Beibehaltung der Altersstruktur** als **widerlegbar** indiziert erachtet.[280] Insgesamt führt aber die oben dargestellte Rechtsprechung des BAG zu den Anforderungen an die Vergleichsgruppenbildung und eine proportionale Berücksichtigung sämtlicher Altersgruppen zu ganz erheblichen Risiken auf Arbeitgeberseite, so dass der Rückgriff auf dieses Instrument sorgfältig bedacht sein will.[281] Eine Verpflichtung zur Bildung von Altersgruppen besteht jedenfalls nicht.[282]

d) Begrenzte Überprüfung der Sozialauswahl bei Auswahlrichtlinien, § 1 Abs. 4, und bei Interessenausgleich mit Namensliste, § 1 Abs. 5 KSchG

26 Die obige Darstellung hat gezeigt, dass die Problematik der Sozialauswahl sich oftmals als das größte Risiko des umstrukturierungsbedingten Personalabbaus darstellt. Angesichts der Unwirksamkeitsfolgen, die bei Fehlern in diesem Bereich drohen, sowie angesichts der für die Zukunftsfähigkeit des Betriebs/Unternehmens oftmals geradezu kontraproduktiven Auswir-

---

[274] BAG 25.3.2015 – 2 AZR 478/13, NZA 2015, 1122, Rn. 23.

[275] BAG 25.3.2015 – 2 AZR 478/13, NZA 2015, 1122; BAG 23.11.2000 – 2 AZR 533/99, NZA 2001, 600; BAG 19.12.2013 – 6 AZR 790/12, NZA-RR 2014, 185 Rn. 44; BAG 26.9.2015 – 2 AZR 478/13, BeckRs 2015, 68083 Rn. 23; SPV Kündigung Rn. 1128; HWK/*Quecke* KSchG § 1 Rn. 399, jeweils mwN. Kritisch zu diesem Argument *Göpfert/Stark* ZIP 2015, 155 (157).

[276] Vgl. HWK/*Quecke* KSchG § 1 Rn. 401.

[277] BAG 20.4.2005 – 2 AZR 201/04, NZA 2005, 877; BAG 18.3.2010 – 2 AZR 468/08, NZA 2010, 1059.

[278] Vgl. *Göpfert/Stark* ZIP 2015, 155 (156).

[279] Vgl. BAG 6.11.2008 – 2 AZR 523/07, NZA 2009, 361; BAG 18.3.2010 – 2 AZR 468/08, NZA 2010, 1059.

[280] BAG 15.11.2011 – 2 AZR 42/10, NZA 2012, 1044 Rn. 65; BAG 22.3.2012 – 2 AZR 167/11, NZA 2012, 1040 Rn. 30; BAG 19.7.2012 – 2 AZR 352/11, NZA 2013, 86 Rn. 28.

[281] So das Fazit bei *Lunk/Seidler* NZA 2014, 455 (458) („in weiten Teilen unbrauchbar"); optimistischer dagegen *Lingemann/Otte* NZA 2016, 65.

[282] BAG 24.10.2013 – 6 AZR 854/11, NZA 2014, 46 Rn. 53.

kungen einer Auswahl der zu entlassenden Arbeitnehmern nach den Sozialauswahlkriterien verwundert es nicht, dass die Praxis in der Zeit von 1996 bis 1998 sehr häufig – auch um den Preis höherer Sozialplankosten – zu dem so genannten **„stellenscharfen Interessenausgleich"** im Sinne von § 1 Abs. 5 KSchG damaliger Fassung Zuflucht nahm. Dieses Instrument des Interessenausgleichs mit Namenslisteist indes durch das sogenannte „Korrekturgesetz" vom 19.12.1998 zunächst wieder „kassiert" worden und stand seitdem nur noch für den **Personalabbau im Insolvenzverfahren** (vgl. § 125 InsO) zur Verfügung.[283]

Seit dem 1.1.2004 ist es mithin wieder möglich, über die bei Betriebsänderungen iSv § 111 BetrVG[284] durchzuführende Sozialauswahl in einem **Interessenausgleich** gemäß § 112 Abs. 1 S. 1 BetrVG mit dem Betriebsrat eine Vereinbarung in Form einer **Namensliste** zu schließen (dazu auch → C Rn. 214), durch die Rechtsschutzmöglichkeiten der gekündigten Arbeitnehmer in einem anschließenden Kündigungsschutzprozess erheblich gemindert werden; dies folgt aus der Begrenzung der gerichtlichen **Überprüfung** der **Sozialauswahl „nur auf grobe Fehlerhaftigkeit"** (§ 1 Abs. 5 S. 2 KSchG). Trotz des unverkennbaren Gesetzeszwecks, der Praxis wenigstens auf diesem Wege (der immerhin der Zustimmung des Betriebsrats bedarf!) ein verlässliches Instrument zum **rechtssicheren Stellenabbau** an die Hand zu geben, hat sich allerdings auch um die Reichweite des § 1 Abs. 5 S. 2 KSchG eine literarische Debatte entwickelt, die hier nicht im einzelnen nachvollzogen werden soll.[285] Nimmt man das Gesetzesanliegen allerdings ernst und will man ein weitgehendes Leerlaufen auch dieses Instruments vermeiden, muss sich die Einschränkung der Nachprüfbarkeit der durchgeführten Sozialauswahl auf sämtliche ihrer Elemente beziehen, also nicht nur auf die **Abwägung der vier maßgeblichen Kriterien** des § 1 Abs. 3 S. 1 KSchG, sondern auch auf die vorgelagerte Festlegung des **auswahlrelevanten Kreises** der Arbeitnehmer[286] sowie die Herausnahme von Arbeitnehmern aus der Sozialauswahl wegen **berechtigter betrieblicher Interessen** (Leistungsträger/Personalstruktur) nach § 1 Abs. 3 S. 2 KSchG.[287] Für diese weite Auslegung von § 1 Abs. 5 S. 2 KSchG streitet im übrigen auch die Begründung des Gesetzes zu Reformen am Arbeitsmarkt vom 24.12.2003.[288] 27

Mängel in allen drei vorgenannten Bereichen führen nach § 1 Abs. 5 S. 2 KSchG nur dann zur Unwirksamkeit der Kündigung, wenn sich die vorgenommene Sozialauswahl dadurch als „grob fehlerhaft" erweist. Der Begriff der **groben Fehlerhaftigkeit,** der sich im Zusammenhang mit Auswahlrichtlinien gleichlautend in § 1 Abs. 4 KSchG befindet, ist nach hM dahingehend zu interpretieren, dass ganz tragende Gesichtspunkte nicht in die Bewertung einbezogen worden sind, dass die Bewertung **evident unzulänglich** ist und 27a

---

[283] BGBl. 1998 I 3843. Vgl. KR/*Weigand/Spelge* InsO § 125 Rn. 1, 9; *Löwisch* in Preis/Willemsen Rn. H 39ff.

[284] Hinsichtlich der Voraussetzungen des Interessenausgleichs mit Namensliste nach § 1 Abs. 5 KSchG kann auf die Ausführungen in → Rn. 16a verwiesen werden.

[285] S. zum Meinungsstand HWK/*Quecke* KSchG § 1 Rn. 428; *Quecke* NZA 2004, 86 (92); SPV Kündigung Rn. 1170ff. mwN; *Lingemann/Beck* NZA 2009, 577. Zur – umstrittenen – Frage der Zulässigkeit einer Teil-Namensliste vgl. BAG 26.3.2009 – 2 AZR 296/07, NZA 2009, 1151 (offen gelassen, aber eher kritisch); LAG Niedersachsen 23.10.2014, ZIP 2015, 243, BeckRS 2015, 243 (mit Einschränkungen bejahend); LAG Köln 22.2.2007 – 6 SA 974/06, BeckRS 2007, 44257 (bejahend); *Richter/Riem* NZA 2011, 1254 (bejahend) sowie bereits → Rn. 16b.

[286] BAG 19.7.2012 – 2 AZR 386/11, NZA 2013, 333 Rn. 42 mwN; ebenso zu der inhaltsgleichen Vorgängerregelung des BeschFG 1996 bereits BAG 7.5.1998 – 2 AZR 536/97, NZA 1998, 1768; BAG 21.1. 1999 – 2 AZR 624/98, NZA 1999, 866; für die im Wortlaut ähnliche Regelung des § 125 InsO BAG 17.11.2005 – 6 AZR 107/05, SAE 2006, 242; zustimmend HWK/*Quecke* KSchG § 1 Rn. 430; aA SPV Kündigung Rn. 1171 mwN.

[287] Ausdrücklich offengelassen in BAG 12.4.2002, – 2 AZR 706/00, NZA 2003, 42; dagegen bejaht im Hinblick auf § 125 InsO in BAG 28.8.2003 – 2 AZR 368/02, NZA 2004, 432; wie hier ErfK/*Oetker* KSchG § 1 Rn. 366; *Löwisch* RdA 1997, 80 (81); *Neef* NZA 1997, 65 (69); *Willemsen/Annuß* NJW 2004, 177 (178); aA SPV Kündigung Rn. 1172.

[288] BT-Drs. 15/1204, 12: *„Die Überprüfung der Sozialauswahl ist auf grobe Fehlerhaftigkeit beschränkt. Das betrifft die Richtigkeit der Sozialauswahl in jeder Hinsicht, also auch die Frage der Vergleichbarkeit der Arbeitnehmer und auch der Herausnahme bestimmter Arbeitnehmer aus der Sozialauswahl nach § 1 Abs. 3 Satz 2 KSchG".*

jede Ausgewogenheit vermissen lässt.[289] Der vom Gesetzgeber weit gefasste Beurteilungsspielraum der Betriebsparteien bei Vereinbarung einer solchen Namensliste lässt es auch zu, bei der Gewichtung der Sozialkriterien das Schwergewicht auf die Unterhaltspflichten der betroffenen Arbeitnehmer zu legen; der **Dauer der Betriebszugehörigkeit** kommt unter den Sozialkriterien also keine Priorität (mehr) zu.[290] Allerdings verbleibt es auch im Anwendungsbereich des § 1 Abs. 5 KSchG dabei, dass die Sozialauswahl nach Abs. 3 sich auf den gesamten Betrieb und nicht nur auf einzelne Betriebsabteilungen zu erstrecken hat.[291]

Grob fehlerhaft iSv § 1 Abs. 5 S. 2 KSchG ist eine Sozialauswahl mithin nur, wenn sich für sie unter Berücksichtigung sämtlicher Gesichtspunkte des § 1 Abs. 3 KSchG – dazu zählt insbesondere auch die Herausnahme bestimmter Arbeitnehmer aus der Sozialauswahl nach § 1 Abs. 3 S. 2 – überhaupt kein sachlicher Grund anführen lässt, angesichts dessen die Vergleichsgruppenbildung und die Auswahlentscheidung als solche unter Berücksichtigung des weiten Beurteilungsspielraums der Betriebspartner (gerade) **noch nachvollziehbar** erscheint.[292]

Den „Test" des § 1 Abs. 5 S. 2 KSchG besteht eine Namensliste im Interessenausgleich im Hinblick auf die Sozialauswahl somit nur dann nicht, wenn ihr die Fehlerhaftigkeit – analog zur Nichtigkeit eines Verwaltungsakts im öffentlichen Recht – bei sachkundiger Beurteilung[293] geradezu „auf die Stirn geschrieben ist" oder wenn sie auf **erkennbar sachwidrigen Motiven** beruht.[294] Diese Sichtweise entspricht dem Gesetzestext, aus Gründen der Rechtssicherheit der Beurteilung der Betriebspartner für die Richtigkeit der Sozialauswahl eine hohe Präferenz einzuräumen.[295]

Damit erweist sich die **Namensliste** nach § 1 Abs. 5 KSchG als ein wichtiges und für die Arbeitgeberseite sehr **wertvolles Instrument,** um die ansonsten typischerweise ganz erheblichen Risiken bei der Vergleichsgruppenbildung (→ Rn. 20 ff.) und der Herausnahme „betriebsnotwendiger Arbeitnehmer" (dazu → Rn. 25) deutlich zu vermindern; auch der Streit im Prozess darüber, ob die mit der Sozialauswahl erreichte künftige **Personalstruktur** auf eine (zulässige) Erhaltung oder aber eine durch § 1 Abs. 3 S. 2 KSchG nicht gedeckte **Verbesserung** des Status quo abzielt (vgl. dazu → Rn. 25 aE), wird hierdurch deutlich entschärft.[296] Umgekehrt verwundert es nicht, wenn Betriebsräte wegen der damit verbundenen, ganz deutlichen Verkürzung des individuellen Rechtsschutzes der Arbeitnehmer[297] jedenfalls zu Beginn von Interessenausgleichsverhandlungen die Mitwirkung an einer Namensliste nach § 1 Abs. 5 KSchG oftmals verweigern und ihr im weiteren Ver-

---

[289] BAG 19.7.2012 – 2 AZR 386/11, NZA 2013, 333 Rn. 42; ebenso bereits zu § 1 Abs. 5 KSchG in der von 1996 bis 1998 geltenden Fassung BAG 21.1.1999 – 2 AZR 624/98, NZA 1999, 866; BAG 2.12. 1999 – 2 AZR 757/98, NZA 2000, 531; zu § 125 InsO BAG 17.11.2005 – 6 AZR 107/05, NZA 2006, 661 mAnm *Adam* SAE 2006, 240; vgl. zu § 1 Abs. 4 KSchG BAG 18.10.2006 – 2 AZR 473/05, NZA 2007, 504; vgl. ferner ErfK/*Oetker* KSchG § 1 Rn. 358; HWK/*Quecke* KSchG § 1 Rn. 414. Ein Beispiel für grobe Fehlerhaftigkeit iSd – insoweit vergleichbaren – Regelung des § 125 InsO (dazu auch unter → Rn. 163) enthält das BAG 21.7.2005 – 6 AZR 592/04, NZA 2006, 162 (bejaht bei 30 Jahre höherem Lebensalter und 20 Jahre längerer Betriebszugehörigkeit im Vergleich zu einem Mitarbeiter, der (lediglich) einem Kind unterhaltspflichtig ist).

[290] BAG 2.12.1999 – 2 AZR 757/98, NZA 2000, 531.

[291] Zur Frage, inwieweit dies auch bei einer im Insolvenzverfahren erstellte Namensliste (§ 125 InsO) gilt, vgl. BAG 17.11.2005 – 6 AZR 107/05, NZA 2006, 661 mit kritischer Besprechung durch *Adam* SAE 2006, 240.

[292] Vgl. zum Parallelbegriff der „groben Fehlerhaftigkeit" einer Zuordnung von Arbeitnehmern im Interessenausgleich gemäß § 323 Abs. 2 UmwG Kallmeyer/*Willemsen* UmwG § 324 Rn. 60; dazu auch → G Rn. 138 ff.

[293] Der Fehler muss also nicht für einen *Laien* offenkundig sein; ebensowenig kommt es auf *Verschulden* der Betriebsparteien an; vgl. SPV Kündigung Rn. 1147.

[294] Den Versuch einer Fallgruppenbildung unternimmt LAG Hamm 5.6.2003 – 4 (16) Sa 1976/02, NZA-RR 2004, 132; zustimmend *Röder/Krieger* DB 2005, 2578 (2580).

[295] BAG 2.12.1999 – 2 AZR 757/98, NZA 2000, 531.

[296] Vgl. dazu auch *Kempter* BB 2013, 3061.

[297] Zu den verfassungsrechtlichen Bedenken vgl. HWK/*Quecke* KSchG § 1 Rn. 419.

lauf allenfalls gegen erhebliche Zugeständnisse der Arbeitgeberseite, insbesondere bei der **Dotierung des Sozialplans,** zustimmen.

Auch im letzteren Falle sollte allerdings darauf geachtet werden, dass die oft erst nach langen, detaillierten Verhandlungen zustandegekommene Namensliste **logisch nachvollziehbar** bleibt und in ihrer Grundstruktur den auch für sie maßgeblichen Prinzipien des § 1 Abs. 3 KSchG entspricht. Um diese Transparenz und Kompatibilität zu gewährleisten, empfiehlt es sich, die Namensliste nach § 1 Abs. 5 mit (vorgelagerten) **Auswahlrichtlinien** nach § 1 Abs. 4 KSchG **zu kombinieren** (s. dazu → Rn. 29ff.). Die Rechtsprechung des BAG lässt dies zu. Sie erlaubt es sogar, in der Namensliste im Einzelfall von den Vorgaben der Auswahlrichtlinien **abzuweichen,** wenn Interessenausgleich und Auswahlrichtlinie von denselben Betriebsparteien herrühren.[298] Auch wenn durch einen solchen „Vorrang" der Namensliste die Rechtssicherheit auf Arbeitgeberseite erhöht wird, sollte von dieser Möglichkeit nur sehr zurückhaltend Gebrauch gemacht und auf die „Konsistenz" beider Instrumente geachtet werden. 28

Eine solche systematische Vorgehensweise erscheint schon deshalb ratsam, weil die Namensliste weder ein Freibrief für rein willkürliche Auswahlentscheidungen ist noch von einem substantiierten Sachvortrag des Arbeitgebers zur Sozialauswahl im Kündigungsschutzprozess entbindet. Als „Warnung" sollte die Rechtsprechung des BAG zum materiellen Auskunftsanspruch des Arbeitnehmers nach § 1 Abs. 3 S. 1 Hs. 2 KSchG dienen.[299] Danach kann auch ein in eine Namensliste nach § 1 Abs. 5 KSchG aufgenommener Arbeitnehmer im Kündigungsschutzprozess nach § 1 Abs. 3 S. 1 Hs. 2 KSchG verlangen, dass der **Arbeitgeber die Gründe angibt,** die zu der getroffenen sozialen Auswahl geführt haben. Zur Erfüllung dieser Pflicht hat der Arbeitgeber im Prozess substantiiert vorzutragen. Dazu gehören auch betriebliche Interessen, die den Arbeitgeber zur Ausklammerung an sich vergleichbarer Arbeitnehmer aus der Sozialauswahl gemäß § 1 Abs. 3 S. 2 KSchG veranlasst haben.[300] Nicht ausreichend ist es, sich ausschließlich auf die Vorlage des Interessenausgleichs mit Namensliste zu beschränken.[301] Kommt der Arbeitgeber dem Verlangen des Arbeitnehmers nicht nach, ist die streitige Kündigung ohne weiteres (!) als sozialwidrig anzusehen; auf den Maßstab der groben Fehlerhaftigkeit der Sozialauswahl kommt es dann nicht an.[302] Entgegen einem weit verbreiteten Missverständnis hat der Interessenausgleich mit Namensliste nach § 1 Abs. 5 KSchG also keine „Normwirkung" in dem Sinne, dass die Einigung mit dem Betriebsrat eine eigenständige Begründung der Sozialauswahl im Kündigungsschutzprozess entbehrlich machte. Das **Risiko** grober Fehler trägt ebenso wie das Risiko unzureichenden Sachvortrags im Prozess allein der kündigende Arbeitgeber. Dies lässt es insbesondere bei umfangreichen und komplexen Auswahlverfahren angeraten erscheinen, sich nicht im Rahmen der Verhandlungen mit dem Betriebsrat auf eine zweifelhafte Sozialauswahl einzulassen und daher die gemeinsam mit dem Betriebsrat angestellten **Erwägungen** bereits im Vorfeld von Kündigungsschutzprozessen hinreichend zu **dokumentieren.** Immer wieder werden zudem die formellen Anforderungen an die Namensliste nicht beachtet. Da gem. § 112 Abs. 1 S. 1 BetrVG der Interessenausgleich über eine geplante Betriebsänderung schriftlich iSd §§ 125, 126 BGB niederzulegen und vom Unternehmer und vom Betriebsrat zu unterschreiben ist, erstreckt sich das Schriftformerfordernis auch auf die Namensliste.[303] Zur Erfüllung des Schriftformerfordernisses ist es ausreichend, wenn Interessensausgleich und Namensliste zwar in separaten Schriftstü-

[298] Vgl. BAG 24.10.2013 – 6 AZR 854/11, NZA 2014, 46 Rn. 42.

[299] Vgl. bereits die Entscheidung des 2. Senats zu § 1 Abs. 5 KSchG in der Geltungsphase von 1996 bis 1998, BAG 10.2.1999 – 2 AZR 716/98, NZA 1999, 702.

[300] BAG 10.2.1999 – 2 AZR 716/98, NZA 1999, 702; vgl. ferner BAG 21.2.2002 – 2 AZR 581/00, NZA 2002, 1360;BAG 17.11.2005 – 6 AZR 107/05, NZA 2006, 661; BAG 27.9.2012 – 2 AZR 516/11, AP KSchG 1969 § 1 Namensliste Nr. 24; s. dazu auch HWK/*Quecke* KSchG § 1 Rn. 438; *Röder/Krieger* DB 2005, 2578 (2581).

[301] BeckOK ArbR/*Rolfs* KSchG § 1 Rn. 503a.

[302] BAG 27.9.2012 – 2 AZR 516/11, AP KSchG 1969 § 1 Namensliste Nr. 24.

[303] Ascheid/Preis/Schmidt/*Kiel* KSchG § 1 Rn. 710.

cken festgehalten sind, aber **von Anfang** an eine **einheitliche Urkunde** bilden.[304] Eine einheitliche Urkunde liegt zB vor, wenn die nicht unterschriebene Namensliste von Anfang an mit dem Interessenausgleich mittels Tackernadeln – im Gegensatz dazu ist eine Büroklammer nicht ausreichend – körperlich fest verbunden ist, so dass die Lösung der Heftklammer Gewaltanwendung erfordert.[305] Die Schriftform ist ebenfalls gewahrt, wenn der Interessenausgleich und Namensliste jeweils unterschrieben sind und eindeutig wechselseitig Bezug aufeinander nehmen.[306]

29 Neben der Namensliste besteht nach § 1 Abs. 4 KSchG die Möglichkeit, **mit dem Betriebsrat** so genannte **Auswahlrichtlinien** nach § 95 BetrVG zu **vereinbaren.** Diese Möglichkeit besteht auch im Hinblick auf (nur) eine konkrete bevorstehende Massenkündigung; es muss sich also nicht zwingend um „generelle" Auswahlrichtlinien handeln.[307] Nach dem derzeitigenWortlaut von § 1 Abs. 4 KSchG kann die Sozialauswahl **nur auf grobe Fehlerhaftigkeit überprüft** werden, wenn in einem Tarifvertrag, in einer Betriebsvereinbarung nach § 95 BetrVG oder in einer entsprechenden Richtlinie nach den Personalvertretungsgesetzen festgelegt ist, **wie** die sozialen Gesichtspunkte nach § 1 Abs. 3 S. 1 KSchG im Verhältnis zueinander **zu bewerten** sind. Üblicherweise sehen derartige Auswahlrichtlinien eine Bewertung von Alter, Betriebszugehörigkeit und sonstigen für die Sozialauswahl maßgeblichen Kriterien im Sinne eines **Punkteschemas**[308] vor. Die Arbeitsgerichte können also im Streitfall – bis zur Grenze grober Fehlerhaftigkeit – nicht nachprüfen, ob die Zuordnung bestimmter Punktwerte zu den einzelnen Kriterien angemessen ist oder nicht. Die Gewichtung ist nur dann grob fehlerhaft, „... wenn sie jede Ausgewogenheit vermissen lässt, einzelne Sozialdaten also überhaupt nicht, eindeutig unzureichend oder mit eindeutig überhöhter Bedeutung berücksichtigt. Darüber hinaus **bindet sich** der Arbeitgeber selbst an die in der Auswahlrichtlinie getroffene Bewertung".[309] Im Übrigen räumt das Gesetz den Betriebsparteien sowohl in § 1 Abs. 4 als auch in § 1 Abs. 5 S. 2 KSchG (dazu → Rn. 28) einen **weiten Spielraum bei der Gewichtung der Sozialkriterien** ein.[310]

29a Folgendes Punktesystem hat das BAG unbeanstandet gelassen:[311]

Kriterium		Punkte
1. Lebensalter	für jedes vollendete Jahr bis zum 55. Lebensjahr	1 Punkt je Lebensjahr
2. Dauer der Betriebszugehörigkeit	für jedes Beschäftigungsjahr	bis zum 10. Beschäftigungsjahr 1 Punkt; ab dem 11. Jahr 2 Punkte,
3. Unterhaltspflichten	Ehegatte	4 Punkte
	je auf der Lohnsteuerkarte eingetragenem Kind	3 Punkte
4. Schwerbehinderte		ab 50 % 5 Punkte, darüber pro je weiteren 10 % MDE jeweils 1 weiterer Punkt

304 BAG 6.7.2006 – 2 AZR 520/05, NZA 2007, 266.
305 BAG 6.7.2006 – 2 AZR 520/05, NZA 2007, 266; BAG 19.7.2012 – 2 AZR 352/11, NZA 2013, 86; Vgl. Ascheid/Preis/Schmidt/*Kiel* KSchG § 1 Rn. 710 mit weiteren Beispielen für eine einheitliche Urkunde.
306 BAG 19.7.2012 – 2 AZR 352/11, NZA 2013, 86.
307 Vgl. nur BAG 24.10.2013 – 6 AZR 854/11, NZA 2014, 46 Rn. 34.
308 S. dazu *Lingemann/Beck* NZA 2009, 577; *Löwisch/Röder/Krieger* BB 2008, 610.
309 BAG 24.10.2013 – 6 AZR 854/11, NZA 2014, 46 Rn. 40.
310 BAG 24.10.2013 – 6 AZR 854/11, NZA 2014, 46 Rn. 43 mwN.
311 BAG 9.11.2006 – 2 AZR 812/05, NZA 2007, 549.

29b Der 2. Senat des BAG hat mit Urteil vom 6.11.2008 ebenfalls folgendes Punkteschema nach § 10 S. 1 und 2 AGG ausdrücklich für **gerechtfertigt erklärt:**[312]

Kriterium		Punkte
1. Lebensalter	für jedes vollendete Jahr nach dem 18. Lebensjahr	1 Punkt je Lebensjahr
2. Dauer der Betriebszugehörigkeit	für jedes Beschäftigungsjahr	1,5 Punkte
3. Unterhaltspflichten	Ehegatte/eingetragener Lebenspartner	5 Punkte
	je Kind	7 Punkte
4. Schwerbehinderte		11 Punkte
oder Gleichgestellte		9 Punkte

29c Diese Rechtsprechung setzt sich fort. Denn auch jüngst[313] akzeptierte das BAG folgendes Punktesystem:

Kriterium		Punkte
1. Lebensalter	für jedes vollendete Jahr	1 Punkt je Lebensjahr
2. Dauer der Betriebszugehörigkeit	für jedes Beschäftigungsjahr	1,5 Punkte
3. Unterhaltspflichten	Ehegatte/eingetragener Lebenspartner	8 Punkte
	je Kind	8 Punkte
4. Schwerbehinderte		5 Punkte ab einem Grad der Behinderung von 50 % und jeweils einen weiteren Punkt für jede 10 % des GdB bei Überschreiten von einem Behinderungsgrad von 50 %

29d Anders als Namenslisten nach § 1 Abs. 5 KSchG regeln Auswahlrichtlinien im Sinne von § 95 Abs. 1 BetrVG allerdings nur das **abstrakte Auswahlverfahren,** nicht jedoch das konkrete Ergebnis eines solchen Auswahlprozesses im Sinne der Benennung einzelner Arbeitnehmer. Der Arbeitgeber bleibt also nicht von dem Risiko verschont, dass ihm im konkreten Einzelfall eine unrichtige Handhabung dieser Auswahlrichtlinien angelastet wird. Eine **individuelle Abschlussprüfung,** die zu einer Abweichung zu dem gefundenen Ergebnis führen könnte, wird von ihm jedoch **nicht mehr verlangt**[314] und sollte, bis auf Fälle der Punktgleichheit, unterbleiben.[315] Vor allem wenn es um die Ermittlung „betriebsnotwendiger" Arbeitnehmer im Sinne von § 1 Abs. 3 S. 2 KSchG geht, ist von den

[312] BAG 6.11.2008 – 2 AZR 523/07, NZA 2009, 361; ein weiteres, höchstrichterlich gebilligtes Punkteschema findet sich in BAG 12.3.2009 – 2 AZR 418/08, NZA 2009, 1023. Zur Zulässigkeit einer durchgehend „linearen" Berücksichtigung des Lebensalters vgl. BAG 5.11.2009 – 2 AZR 676/08, NZA 2010, 457.

[313] BAG 18.9.2018 – 9 AZR 20/18, BeckRS 2018, 35619.

[314] BAG 9.11.2006 – 2 AZR 812/05, NZA 2007, 549 Rn. 29; BAG 24.10.2013 – 6 AZR 854/11, NZA 2014, 46 Rn. 39.

[315] Ebenso *Spinner* RdA 2008, 153 (158).

Auswahlrichtlinien im Sinne des § 1 Abs. 4 KSchG schon nach dessen Wortlaut indes keine Hilfe zu erwarten.

Zu den Besonderheiten im Insolvenzverfahren → Rn. 163 und → Rn. 159 ff.

5. *Fünftes Prinzip:* Kündigung als *ultima ratio;* Verpflichtung zur Versetzung auf einen anderen, freien Arbeitsplatz

a) Grundsatz

30 § 1 Abs. 2 S. 1 KSchG verlangt für die betriebsbedingte Kündigung ein **dringendes betriebliches Erfordernis,** das einer Weiterbeschäftigung des Arbeitnehmers entgegensteht. Hierdurch wird das für das Kündigungsschutzgesetz maßgebliche ***ultima-ratio***-Prinzip konkretisiert. Danach ist die Kündigung nur dann sozial gerechtfertigt, wenn sie letztlich unvermeidbar ist.[316] Dies gilt auch und in ganz besonderem Maße bei der – nur ausnahmsweise möglichen – **außerordentlichen betriebsbedingten Kündigung** nach § 626 Abs. 1 BGB mit Auslauffrist (dazu → Rn. 1a).

Der Wegfall des bisherigen Arbeitsplatzes (dh der bisher vom Arbeitnehmer konkret ausgeübten Tätigkeit zB infolge Stilllegung eines Teils der Produktion) reicht also nicht ohne Weiteres aus, um die betriebsbedingte Entlassung des bisher auf diesem Arbeitsplatz eingesetzten Arbeitnehmers zu begründen. Nach § 1 Abs. 2 S. 2 Nr. 1b) in Verbindung mit Satz 3 KSchG und der ständigen Rechtsprechung des BAG muss der **Arbeitgeber** vielmehr in solchen Fällen stets, dh unabhängig vom Bestand und der eventuellen Stellungnahme eines Betriebsrats,[317] prüfen

- ob es im Betrieb oder im Unternehmen (dazu → Rn. 32) einen **anderen Arbeitsplatz** gibt, den der vom Wegfall seines bisherigen Arbeitsplatzes betroffene Arbeitnehmer entweder sofort oder nach zumutbaren Umschulungs- oder Fortbildungsmaßnahmen übernehmen könnte;
- ob dieser andere Arbeitsplatz im Verhältnis zu dem bisherigen entweder **gleichwertig** oder aber jedenfalls **nicht höherwertig** ist und der Arbeitnehmer zu einer etwaigen notwendigen Änderung der Arbeitsbedingungen (Vertragsänderung) sein Einverständnis erklärt hat (zur Rechtslage bei Ablehnung → Rn. 31 ff.);
- ob der in Rede stehende anderweitige Arbeitsplatz im Zeitpunkt der (potentiellen) Kündigung **frei,** also nicht bereits von einem anderen Arbeitnehmer besetzt ist oder aber in absehbarer Zeit (etwa wegen eines betrieblichen Frühpensionierungsprogramms) **frei wird.**[318] Ist Letzteres bei Ausspruch der Kündigung mit hinreichender Sicherheit voraussehbar, kann dies die betriebsbedingte Kündigung zu Fall bringen; das BAG wendet insoweit den Rechtsgedanken des § 162 BGB an.[319] Dies wird dadurch verstärkt, dass es dem Arbeitgeber versagt ist, sich auf den von ihm selbst treuwidrig durch vorgezogene Stellenbesetzung hervorgerufenen Wegfall von freien Arbeitsplätzen zu berufen.[320] Die **„kündigungsbedrohten"** Arbeitnehmer haben somit grundsätzlich den

---

[316] Vgl. nur BAG 18.1.1990 – 2 AZR 183/89, NZA 1990, 734; BAG 19.5.1993 – 2 AZR 584/92, NZA 1993, 1075. Zu der – umstrittenen – Frage, ob die Möglichkeit von Kurzarbeit (dazu auch → C Rn. 271 ff.) der betriebsbedingten Kündigung entgegenstehen kann, vgl. BAG 23.2.2012 – 2 AZR 548/10, NZA 2012, 852; HWK/*Quecke* KSchG § 1 Rn. 272; SPV Kündigung Rn. 1004 sowie → Rn. 4c f.

[317] Vgl. nur BAG 13.9.1973 – 2 AZR 601/72, DB 1973, 2535; BAG 17.5.1984 – 2 AZR 109/83, NZA 1985, 489; BAG 25.4.2002 – 2 AZR 260/01, NZA 2003, 605; BAG 29.8.2013 – 2 AZR 809/12, NZA 2014, 730 Rn. 22.

[318] BAG 27.7.2017 – 2 AZR 476/16, NZA 2018, 234; vgl. wegen der Einzelheiten auch KR/*Rachor* KSchG § 1 Rn. 810 ff.; ErfK/*Oetker* KSchG § 1 Rn. 250.

[319] Vgl. BAG 25.4.2002 – 2 AZR 260/01, NZA 2003, 605, unter Hinweis auf frühere Rspr.; BAG 5.6.2008 – 2 AZR 107/07, NZA 2008, 1180.

[320] Vgl. BAG 26.1.2017 – 2 AZR 61/16 NZA 2017, 1199; BAG 25.10.2012 – 2 AZR 552/11, NZA-RR 2013, 632.

Vorrang gegenüber externen Bewerbern.[321] Das macht die Besetzung von freien Arbeitsplätzen bei gleichzeitigem oder gleichzeitig angekündigtem Personalabbau uU zu einem riskanten Unterfangen, wobei allerdings die **Festsetzung des Anforderungsprofils** für solche freien Stellen Sache des Arbeitgebers ist.[322] Im **Prozess** genügt der Arbeitgeber seiner insoweit bestehenden **Darlegungslast,** wenn er (zunächst) allgemein vorträgt, keine anderweitige Möglichkeit der Beschäftigung zu haben. Alsdann ist es Sache des Arbeitnehmers, aufzuzeigen, ob und wo eine Weiterbeschäftigungsmöglichkeit besteht.[323] Die diesbezüglichen Anforderungen der Rechtsprechung an den Arbeitnehmervortrag sind allerdings eher gering: Er muss nicht einen ganz bestimmten Arbeitsplatz bezeichnen, sondern genügt seiner Darlegungslast in der Regel schon dadurch, dass er angibt, an welchen Betrieb er denkt und welche Art der Beschäftigung er meint.[324]

Berücksichtigen muss der Arbeitgeber, wie bereits erwähnt, (nur) solche **inländischen**[325] Arbeitsplätze, die im Zeitpunkt der Kündigung **frei sind** oder bis zum **Ablauf der Kündigungsfrist frei werden.**[326] Nach der Rechtsprechung des BAG müssen darüber hinaus auch solche Arbeitsplätze berücksichtigt werden, die erst nach Ablauf der Kündigungsfrist frei werden, sofern dem Arbeitgeber die **Überbrückung** dieses Zeitraums **zumutbar** ist. Dabei orientiert sich das BAG an dem Zeitraum, den ein anderer Stelleninhaber zur Einarbeitung benötigen würde.[327] Als „frei" betrachtet das BAG des weiteren solche Stellen, die dauerhaft mit **Leiharbeitnehmern** besetzt sind.[328] Dagegen gelten solche Stellen **nicht** als „andere Arbeitsplätze" iSv § 1 Abs. 2 S. 2 Nr. 1b S. 3 KSchG, die ausschließlich der **Qualifizierung** und der **Vermittlung** an **andere Unternehmen** innerhalb und außerhalb des Konzerns dienen. Der Arbeitgeber ist daher kündigungsrechtlich nicht verpflichtet, einem von der betriebsbedingten Kündigung bedrohten Arbeitnehmer eine solche Stelle zum Zwecke der Vermeidung einer Beendigung des Arbeitsverhältnisses anzubieten. Derartige Stellen, wie sie üblicherweise in einer sog. betrieblichen Einheit vorgehalten werden, lägen – so der 2. Senat des BAG – außerhalb des von § 1 Abs. 2 S. 2 und 3 KSchG gewährleisteten Inhalts- und Bestandsschutzes.[329] Der Arbeitgeber sei nach den gesetzlichen Vorgaben **nicht verpflichtet,** den Arbeitnehmer **allein zum Zwecke der Qualifikation** weiter zu beschäftigen, **ohne** dass ein geeigneter Arbeitsplatz im Betrieb oder Unternehmen (absehbar) **alsbald frei** würde.[330]

b) Unterschiede zur Sozialauswahl gemäß § 1 Abs. 3 KSchG

Zwischen der Sozialauswahl nach § 1 Abs. 3 KSchG einerseits und der Verpflichtung zur Berücksichtigung anderweitiger freier Arbeitsplätze im Sinne von § 1 Abs. 2 S. 2 und 3 KSchG bestehen **gewichtige Unterschiede:** 31

- Die **Sozialauswahl** nach § 1 Abs. 3 KSchG erstreckt sich auf im Zeitpunkt der (potentiellen) Kündigung **nicht freie,** dh von anderen Arbeitnehmern besetzte Arbeitsplätze. Sie kann im Ergebnis dazu führen, dass ein Arbeitsplatz zugunsten eines sozial schutz- 31a

[321] Vgl. SPV Kündigung Rn. 987.

[322] Vgl. BAG 24.6.2004 – 2 AZR 326/03, NZA 2004, 1268; BAG 16.12.2004 – 2 AZR 66/04, NZA 2005, 761; 27.7.2017 – 2 AZR 476/16, NZA 2018, 234; ErfK/*Oetker* KSchG § 1 Rn. 250.

[323] Vgl. BAG 12.4.2002 – 2 AZR 706/00, NJW 2002, 3797; BAG 29.8.2013 – 2 AZR 809/12, NZA 2014, 730.

[324] BAG 10.4.2014 – 2 AZR 812/12, NZA 2014, 653 Rn. 47.

[325] Die Weiterbeschäftigungspflicht erstreckt sich grds. nicht auf Arbeitsplätze in einem im Ausland gelegenen Betrieb des Unternehmens; vgl. BAG 29.8.2013 – 2 AZR 809/12, NZA 2014, 730; 24.9.2015 – 2 AZR 3/14 AP KSchG 1969 § 1 Betriebsbedingte Kündigung Nr. 209; dazu auch → Rn. 36a.

[326] S. dazu auch HWK/*Quecke* KSchG § 1 Rn. 275 mwN.

[327] BAG 15.12.1994 – 2 AZR 327/94, NZA 1995, 521.

[328] BAG 15.12.2011 – 2 AZR 42/10, NZA 2012, 1044 Rn. 30 mwN zur (teilweise kontroversen) Literatur; s. dazu auch → Rn. 31 ff.

[329] BAG 8.5.2014 – 2 AZR 1001/12, NZA 2014, 1200 Rn. 14 ff.

[330] BAG 8.5.2014 – 2 AZR 1001/12, NZA 2014, 1200 Rn. 21.

würdigeren Arbeitnehmer **„freigekündigt"** werden muss.[331] Bei der Versetzung auf einen anderen geeigneten Arbeitsplatz im Sinne von § 1 Abs. 2 S. 2 und 3 KSchG ist dies jedoch ausgeschlossen.[332] Sie bezieht sich von vornherein nur auf solche Arbeitsplätze, die nach der „gerichtsfesten"[333] Organisations- und Stellenplanung des Arbeitgebers vorhanden und nicht bereits anderweitig besetzt sind. Der von der Kündigung bedrohte Arbeitnehmer hat also **keinen Anspruch auf Einrichtung neuer Arbeitsplätze.**[334] Nach einer in dieser Allgemeinheit nicht zu folgenden Auffassung müssen ihm aber anderweitige gleichartige Arbeitsplätze im Unternehmen, die mit Leiharbeitnehmern besetzt sind, angeboten werden.[335] Richtigerweise ist aber danach zu differenzieren, ob Leiharbeitnehmer lediglich vorübergehend im Einsatz sind (insbesondere in Vertretungsfällen sowie zur Erledigung von Auftragsspitzen) oder ob sie dauerhaft auf ständig benötigten Arbeitsplätzen beschäftigt werden.[336] Jedenfalls in der erstgenannten Alternative handelt es sich nicht um dauerhaft vorhandene Arbeitsplätze, die den von der Entlassung bedrohten Arbeitnehmern anzubieten wären.[337] Mit Recht weist *Rost* darauf hin, dass die Frage, ob angestellte Stammkräfte überhaupt vertreten werden sollen, letztlich eine Frage der unternehmerischen Entscheidung sei.[338]

- Die **Sozialauswahl** erstreckt sich nur auf solche Arbeitsplätze, auf die der betreffende Arbeitnehmer **ohne Änderung des Inhalts seines Arbeitsvertrages,** dh allein im Rahmen des arbeitgeberseitigen Direktionsrechts, **versetzt** werden könnte; sie bezieht sich also – anders formuliert – nicht auf solche Arbeitnehmer, mit denen der zu Kündigende erst im Wege einer Vertragsänderung oder Änderungskündigung vergleichbar gemacht werden könnte, selbst wenn er sich damit einverstanden erklärt hat (Grundsatz der sog. **horizontalen Vergleichbarkeit**).[339] Im Unterschied dazu sieht § 1 Abs. 1 S. 2 KSchG unter bestimmten Voraussetzungen eine Verpflichtung des Arbeitgebers vor, dem zu kündigenden Arbeitnehmer eine Weiterbeschäftigung auf einem anderen, freien Arbeitsplatz auch zu geänderten arbeitsvertraglichen Bedingungen anzubieten. Diese geänderten Bedingungen können materiell gleich-, in bestimmten Grenzen aber auch **geringerwertig** sein.[340] Das für die Sozialauswahl maßgebliche Prinzip der horizontalen Vergleichbarkeit gilt insoweit also nicht. Allerdings muss sich die Änderung nach stRspr auf das **objektiv erforderliche Maß** beschränken.[341] In diesem Zusammenhang hat der 2. Senat des BAG entschieden, dass das Angebot einer **zeitlichen Reduzierung** der bisherigen Beschäftigung regelmäßig einen weniger weit reichenden Eingriff in das vertragliche Bestandsverhältnis darstelle als das einer geringerwertigen Tätigkeit mit un-

---

[331] Ausführlich zu dieser „Freikündigungspflicht" (auch zugunsten besonders geschützter Arbeitnehmer) *Horcher* NZA-RR 2006, 393.

[332] ErfK/*Oetker* KSchG § 1 Rn. 251.

[333] Dazu → Rn. 7.

[334] BAG 29.3.1990 – 2 AZR 369/89, NZA 1991, 181; ErfK/*Oetker* KSchG § 1 Rn. 250; dies gilt auch bei einer außerordentlichen Kündigung gegenüber sog. unkündbaren Arbeitnehmern; vgl. BAG 24.9.2015 – 2 AZR 562/14, NZA 2016, 366 Rn. 34.

[335] So LAG Hamm 5.3.2007 – 11 Sa 1338/06, BB 2007, 2462; LAG Berlin-Brandenburg, 3.3.2009 – 12 Sa 1468/08, DB 2009, 1353; *Hamann* NZA 2010, 1211 mwN zur Rechtsprechung in Fn. 45; Stahlhacke/*Preis*/Vossen, Kündigung., Rn. 991; ErfK/*Oetker* KSchG § 1 Rn. 256; anders für Subunternehmer BAG 11.5.2000 – 2 AZR 54/99, NZA 2000, 1055. Zu den Konsequenzen für die Kündigung von Leiharbeitnehmern vgl. *Fuhlrott/Fabritius* NZA 2014, 122.

[336] Vgl. *Gaul/Ludwig* BB 2010, 2334. In diesem Sinne offensichtlich auch BAG 15.12.2011 – 2 AZR 42/10, NZA 2012, 1044 Rn. 30; BAG 12.3.2009 – 2 AZR 418/08, NZA 2009, 1023 Rn. 28; *Rost* NZA-Beilage 1/2009, 23 (26); ErfK/*Oetker* KSchG § 1 Rn. 256.

[337] Ebenso *Holl/Ittmann* RdA 2008, 321 (323). S. zum Ganzen auch *Simon/Greßlin* BB 2007, 2454.

[338] *Rost* NZA-Beilage 1/2009, 23 (26).

[339] HM, vgl. → Rn. 20 sowie BAG 29.3.1990 – 2 AZR 369/89, NZA 1991, 181 mwN.

[340] BAG 29.3.1990 – 2 AZR 369/89, NZA 1991, 181; stRspr: Dem Arbeitgeber braucht keine Beschäftigung zu besseren Arbeitsbedingungen angeboten zu werden (kein Anspruch auf Beförderung); aA *Houben* NZA 2008, 851.

[341] Vgl. nur BAG 10.9.2009 – 2 AZR 822/07, NZA 2010, 334 Rn. 24 mwN.

verändertem Stundenumfang.[342] Als Ausprägung des *ultima-ratio*-Grundsatz kann diese Verpflichtung auch Änderungsangebote nach für den Arbeitgeber **zumutbaren**[343] **Fortbildungs- oder Umschulungsmaßnahmen** des Arbeitnehmers umfassen (s. auch → Rn. 67).[344] Der Arbeitnehmer muss unter Berücksichtigung angemessener **Einarbeitungszeiten** den Anforderungen des neuen Arbeitsplatzes entsprechen, wobei die Gestaltung des **Anforderungsprofils** für den freien Arbeitsplatz der lediglich auf offenbare Unsachlichkeit zu überprüfenden Unternehmensdisposition des Arbeitgebers unterliegt.[345] Plakativ formuliert folgt hieraus der Vorrang der Änderungskündigung (§ 2 KSchG) gegenüber der Beendigungskündigung.[346]

- Diesen **Vorrang der Änderungs- gegenüber der Beendigungskündigung** hat der 31b
2. Senat des BAG mit zwei höchst umstrittenen Urteilen vom 21.4.2005 sowie mehreren Folgeentscheidungen zu Lasten des kündigenden Arbeitgebers **drastisch erweitert.**[347] Dieses Prinzip soll seitdem um nahezu „jeden Preis" gelten und – folgt man der fragwürdigen Auffassung des 2. Senats – ein entsprechendes **Angebot** des Arbeitgebers **lediglich** in **Extremfällen** (angeführt wird das Beispiel des Angebots einer Pförtnerstelle an den bisherigen Personalchef) **entbehrlich** erscheinen lassen. Eine Änderungskündigung könne nur unterbleiben, wenn der Arbeitgeber bei vernünftiger Betrachtung nicht mit einer Annahme des neuen Vertragsangebots durch den Arbeitnehmer rechnen konnte, ein derartiges Angebot vielmehr „beleidigenden Charakter"[348] gehabt hätte und das Berufen des Arbeitnehmers auf den Vorrang der Änderungskündigung widersprüchlich und damit **rechtsmissbräuchlich** wäre. Der Arbeitnehmer solle grundsätzlich selbst entscheiden können, ob er eine Weiterbeschäftigung unter ggf. erheblich verschlechterten Arbeitsbedingungen annehme oder nicht.[349] Allerdings muss das Angebot der in Betracht kommenden Stelle nicht nur für den Arbeitnehmer, sondern auch für den Arbeitgeber zumutbar sein.[350] Die Zumutbarkeit für den Arbeitgeber ist zB dann zu verneinen, wenn durch eine Änderungskündigung auf einen neuen Arbeitsplatz der zu kündigende Arbeitnehmer nunmehr an einen bisher nachgeordneten Arbeitnehmer berichten müsste und deshalb Konflikte zu erwarten sind. Diesem Ansatz ist von der Instanzrechtsprechung mehrfach gefolgt worden, was einen realistischeren Blick auf die Lebenswirklichkeit in Betrieben widerspiegelt als dies bei der lebensfremden Rechtsprechung des BAG der Fall ist. Es erscheint angemessen und interessengerecht, dass jedenfalls eine „Abstufung" um mehr als eine Hierarchiebene regelmäßig nicht zumutbar ist – jedenfalls dann, wenn auf der neuen Rolle aufgrund der Abstufung und neuer Hierarchieverhältnisse Konflikte für den Betriebsfrieden zu erwarten sind. Überzeugend hat zB das LAG Köln entschieden, dass ein Arbeitgeber nach dem Grundsatz des Vorrangs der Änderungskündigung nicht verpflichtet ist, einem leitenden Angestellten, der als

[342] BAG 10.4.2014 – 2 AZR 812/12, NZA 2014, 653 Rn. 51.
[343] Vgl. vertiefend zu Zumutbarkkeit in Löwisch/Schlünder/Spinner/Werthmeier/*Schlünder* KSchG, 4. Betriebsbedingte Kündigung Rn. 359.
[344] BAG 27.7.2017 – 2 AZR 476/16, NZA 2018, 234; 29.8.2013 – 2 AZR 721/12, NZA-RR 2014, 325.
[345] BAG 5.6.2008 – 2 AZR 107/07, NZA 2008, 1180; LAG Rheinland-Pfalz 25.6.2015 – 8 Sa 643/14, NZA-RR 2015, 634.
[346] S. dazu *Preis,* Prinzipien S. 254. Auch für die betriebsbedingte Änderungskündigung gilt dabei der *ultima ratio*-Grundsatz, vgl. nur BAG 27.9.2001 – 2 AZR 236/00, NZA 2002, 750 mwN; BAG 12.11.1998 – 2 AZR 91/98, NZA 1999, 471.
[347] BAG 21.4.2005 – 2 AZR 132/04, NZA 2005, 1289; BAG 2 AZR 244/04, NZA 2005, 1294; bestätigt und fortgeführt durch BAG 21.9.2006 – 2 AZR 607/05, NZA 2007, 431; BAG 23.2.2010 – 2 AZR 656/08, NZA 2010, 1288; BAG 29.8.2013 – 2 AZR 809/12, NZA 2014, 730. S. dazu und zu den Auswirkungen im einzelnen *Kalb* FS Küttner, 2006, 309, 320; sowie *Lunk/Seidler* NZA 2018, 201 (202ff.).
[348] BAG 23.2.2010 – 2 AZR 656/08, NZA 2010, 1288 Rn. 57.
[349] BAG 21.9.2006 – 2 AZR 607/05, NZA 2007, 431; BAG 23.2.2010 – 2 AZR 656/08, NZA 2010, 1288.
[350] Vgl. nur LAG Köln 28.10.2014 – 7 Sa 382/13, BeckRS 2015, 70918; so bereits *Annuß/Bartz* NJW 2006, 2153 (2155); Ascheid/Preis/Schmidt/*Vossen* KSchG § 1 Rn. 91.

Bereichsleiter auf der zweiten Hierarchieebene unterhalb des Vorstands angesiedelt ist und über ein Jahreszieleinkommen von 268.400 EUR nebst betrieblicher Altersversorgung und Dienstwagen verfügt, die freie Stelle eines Einkaufsbeauftragten anzubieten, für die ein Jahresgehalt von 46.600 EUR ohne Nebenleistungen vorgesehen ist und bei der eine Weisungsabhängigkeit von Personen besteht, die bisher ihrerseits den Weisungen des betroffenen leitenden Angestellten unterlagen.[351] Zudem hat das LAG Köln überzeugend ausgeführt, dass für die Frage, ob der Arbeitgeber ein solches Angebot als für den Betroffenen unzumutbar einschätzen durfte, auch das Gesamtverhalten des Arbeitnehmers und sein späteres Verhalten im Kündigungsschutzprozess herangezogen werden kann.[352] Wird aus dem Vortrag des Arbeitnehmers deutlich, dass die Berufung auf die angebliche andere Weiterbeschäftigungsmöglichkeit nur um ein „juristisches Feigenblatt" handelt und der Arbeitnehmer die vom ihm angeführte Stelle nicht wirklich ausüben wollte, so ist die ausgesprochene Beendigungskündigung wirksam. Ein Indiz für eine „Feigenblatt-Argumentation" kann dabei auch eine horrende Abfindungsforderung sein, wenn das Gesamtverhalten zeigt, dass der Arbeitnehmer in Wirklichkeit niemals für ein zB halb so hohes Gehalt wie vorher arbeiten würde.

31c • Ebenfalls in Abkehr von seiner früheren Rechtsprechung reicht dem 2. Senat die „einfache" Ablehnung des Änderungsangebots durch den Mitarbeiter nicht mehr aus, um den Arbeitgeber der Obliegenheit des Ausspruchs einer Änderungskündigung zu entheben; eine Beendigungskündigung soll vielmehr nur bei „endgültiger" und „vorbehaltloser" **Ablehnung** zulässig sein,[353] wofür der Arbeitgeber die Darlegungs- und Beweislast trägt.[354] Die Folgen für die Praxis sind unübersehbar[355] und veranlassen insbesondere Arbeitnehmeranwälte zum Taktieren bei entsprechenden Angeboten von Arbeitgeberseite. Diese muss öfter statt einer Beendigungs- eine **Änderungskündigung aussprechen,** selbst wenn es sich dabei um deutlich geringerwertige Tätigkeiten handelt[356] und eine motivierte Weiterarbeit des Arbeitnehmers auf dem neuen Arbeitsplatz von vornherein nicht zu erwarten ist. Der Rechtsprechungswandel erschwert Kündigungen im Zuge größerer Personalabbaumaßnahmen und verteuert Abfindungszahlungen. Der seinerzeitige Vorsitzende des 2. BAG-Senats hat allerdings klargestellt, dass es dem Arbeitgeber auch nach der Rechtsprechungsänderung möglich sei, eine „Vorabklärung" mit dem Arbeitnehmer herbeizuführen, ob und gegebenenfalls an welchen Weiterbeschäftigungsmöglichkeiten er interessiert sei. Der praktische Nutzen einer diesbezüglichen Handlungsempfehlung an den Arbeitgeber ist allerdings begrenzt, weil er *nur* dann sogleich eine Beendigungskündigung aussprechen kann, „wenn der Arbeitnehmer **unmissverständlich erklärt** hat, dass er **unter gar keinen Umständen bereit** ist, zu den geänderten Bedingungen zu arbeiten". Ob der Arbeitnehmer zu einer diesbezüglichen verbindlichen Erklärung gezwungen werden könne, sei allerdings zweifelhaft.[357] Da die letzte Frage klar zu verneinen ist, wird sich ein hinreichend beratener Arbeitnehmer zumindest ohne erhebliche Zugeständnisse des Arbeitgebers wohl kaum dazu verleiten lassen, eine derartige Erklärung zu unterschreiben Er wird im Gegenteil im Prozess immer behaupten, er hätte eine vom Arbeitgeber gerade nicht angebotene Stelle gerne

[351] Vgl. nur LAG Köln 28.10.2014 – 7 Sa 382/13, BeckRS 2015, 70918.
[352] Vgl. nur LAG Köln 28.10.2014 – 7 Sa 382/13, BeckRS 2015, 70918.
[353] Kritisch zu diesem Rechtsprechungswandel die ganz hM in der Literatur; vgl. etwa *Bauer/Winzer* BB 2006, 266 („Bürokratiemonster"); *Edenfeld,* Anm. zu BAG 21.4.2005, RdA 2006, 177; *Rieble/Kolbe* SAE 2008, 241; vgl. auch *Lelley/Sabin* DB 2006, 1110; *Neef/Neef* NZA 2006, 1241 (1242); *Wank* RdA 2012, 139 (144); befürwortend dagegen SPV Kündigung Rn. 997.
[354] *Rost* NZA-Beilage 1/2009, 23 (28).
[355] *Neef/Neef* NZA 2006, 1241, sprechen im Hinblick auf die Notwendigkeit „hintereinandergeschalteter" Änderungskündigungen gar von der Unmöglichkeit der betriebsbedingten Kündigung.
[356] So soll nach dem Urteil 2 AZR 132/0, NZA 2005, 1289 v. 21.4.2005 einem „Hauptabteilungsleiter Informationstechnologie/Organisation" die Stelle als „Prozesskoordinator Umwelt/Technik" bei Reduzierung des Jahresgehalts um 50% (!) zumutbar sein.
[357] *Rost* NZA-Beilage 1/2009, 23 (27).

angenommen.[358] Immerhin erlaubte der 2. Senat dem Arbeitgeber in einem Urteil vom 10.4.2014, dem Arbeitnehmer **alternative anderweitige Beschäftigungsmöglichkeiten** anzubieten und dem Arbeitnehmer die Wahl zu lassen, eines der Angebote vorbehaltlos oder unter dem Vorbehalt des § 2 KSchG anzunehmen oder sämtliche Änderungsangebote abzulehnen. Auf eine abgelehnte Weiterbeschäftigungsmöglichkeit als eine den bisherigen Vertragsbedingungen näher kommende Alternative kann sich der Arbeitnehmer im Rechtsstreit dann nicht mehr widerspruchsfrei berufen.[359]

- Die **Sozialauswahl** nach § 1 Abs. 3 KSchG ist *allein* **betriebs-**, die Verpflichtung zum 32 Angebot eines anderweitigen, freien Arbeitsplatzes dagegen sowohl betriebs- wie auch **unternehmensbezogen** (vgl. den Wortlaut des § 1 Abs. 2 S. 2 Nr. 1b) KSchG: „in demselben Betrieb oder einem anderen Betrieb des Unternehmens"); ausgenommen bleiben weiterhin grds. Arbeitsplätze in einem im Ausland gelegenen Betrieb oder Betriebsteil des Unternehmens.[360] Daraus folgt, dass ein „Freikündigen" von Arbeitsplätzen zum Zwecke der Schonung sozial schutzbedürftigerer Arbeitnehmer immer nur in ein und demselben Betrieb erfolgen kann; eine **betriebsübergreifende Sozialauswahl** ist also von vornherein **ausgeschlossen.**[361]

Beispiel H 3:

A ist seit 25 Jahren als Elektromeister in einem Produktionsbetrieb der E-GmbH beschäftigt. Infolge einer Rationalisierungsmaßnahme fällt sein Arbeitsplatz künftig weg. In dem ca. 40 Kilometer entfernten weiteren Betrieb der E-GmbH ist ein Elektromeister M tätig, der dort genau dieselben Arbeiten wie A verrichtet, aber dem Unternehmen erst seit einem Jahr angehört. Außerdem ist dort die vakante, allerdings geringer vergütete Stelle für einen Elektroschlosser ausgeschrieben.

Aus dem oben (→ Rn. 20) Dargelegten folgt, dass, mag A auch noch so eindeutig sozial schutzwürdiger sein als M, er sich im Verhältnis zu diesem nicht auf die Sozialauswahl gemäß § 1 Abs. 3 KSchG berufen kann, selbst wenn A „liebend gern" die längere Anfahrt zu dem anderen Betrieb der E-GmbH in Kauf nähme. Ein unternehmensweiter Bezug der Sozialauswahl lässt sich auch nicht mit den europäischen Antidiskriminierungsrichtlinien und dem AGG begründen, da die Beschränkung auf den Betrieb keine Benachteiligung „wegen" des Alters darstellt und hierfür zudem gute sachliche Argumente sprechen.[362] Allerdings muss die E-GmbH vor Ausspruch einer betriebsbedingten Kündigung gegenüber A prüfen, ob dessen Weiterbeschäftigung auf der *vakanten* Stelle in dem Zweitbetrieb nach § 1 Abs. 2 S. 3 KSchG („unter geänderten Arbeitsbedingungen") in Betracht kommt; ansonsten läuft sie nämlich Gefahr, dass A sich *spätestens* im Prozess hierauf beruft und geltend macht, er wäre angesichts seiner schlechten Chancen auf dem Arbeitsmarkt bereit gewesen, auch die geringerwertige und schlechter dotierte Stelle eines Elektroschlossers zu übernehmen.[363] Anders als bei der Sozialauswahl nach § 1 Abs. 3 KSchG

---

[358] Zutreffend *Wank* RdA 2012, 139 (144), auch zur Zulässigkeit alternativer Angebote.

[359] BAG 10.4.2014 – 2 AZR 812/12, NZA 2014, 653 Rn. 53.

[360] BAG 24.9.2015 – 2 AZR 3/14, AP KSchG 1969 § 1 Betriebsbedingte Kündigung Nr. 209; s. dazu auch *Fuhlrott* DB 2014, 1198f.

[361] BAG 22.5.1986 – 2 AZR 612/85, NZA 1987, 125; 15.12.1994 – 2 AZR 320/94, NZA 1995, 413; KR/*Rachor* KSchG § 1 Rn. 651 mwN. Dies gilt auch dann, wenn der Arbeitgeber gemäß dem Arbeitsvertrag zu einer Versetzung des Arbeitnehmers in andere Betriebe des Unternehmens berechtigt sein sollte; BAG 15.12.2005 – 6 AZR 199/05, NZA 2006, 590; BAG 18.10.2006 – 2 AZR 676/05, NZA 2007, 798. Zur Frage der Sozialauswahl in grenzüberschreitenden Sachverhalten vgl. *Wisskirchen/Bissels* DB 2007, 340 (343).

[362] aA offenbar *Neef/Neef* NZA 2006, 1241 (1244).

[363] Im Einzelfall kann zweifelhaft sein, bis zu welchem „Level" in der Betriebshierarchie eine anderweitige Beschäftigung auch zu ungünstigeren Bedingungen gemäß § 1 Abs. 2 S. 3 KSchG angeboten werden muss. Angesichts der soeben geschilderten grundlegenden Änderung in der Rechtsprechung des BAG muss davon ausgegangen werden, dass dem Arbeitgeber selbst das Angebot von deutlich geringer bewerten Stellen nicht mehr „erspart" bleibt.

kann die E-GmbH insoweit jedenfalls nicht einwenden, dass die anderweitige Beschäftigungsmöglichkeit (nur) in einem anderen Betrieb des Unternehmens bestehe, da § 1 Abs. 2 S. 2 und 3 KSchG gerade eine solche **unternehmensweite** Verpflichtung zur Prüfung von Weiterbeschäftigungsmöglichkeiten auf anderen, *freien* Arbeitsplätzen normiert. Hieraus kann sich bei unternehmensweiten **Umstrukturierungen** sowie bei **Massenentlassungen** eine erhebliche Belastung für die Arbeitgeberseite ergeben, weil unter Umständen eine Vielzahl von bereits vakanten oder durch die Umstrukturierung neu entstehenden Arbeitsplätzen, gegebenenfalls in weit voneinander entfernt liegenden Betrieben, berücksichtigt werden muss.

33 **Beispiel H 4:**

Die X-GmbH in Düsseldorf und die Y-GmbH in Dortmund werden miteinander verschmolzen. Nach der Verschmelzung soll die gesamte Verwaltung am Sitz der aufnehmenden X-GmbH konzentriert werden; im Gegenzug soll eine kleinere Produktionsstätte in Düsseldorf geschlossen und stattdessen die Kapazität des Dortmunder Produktionsbereichs erweitert werden.

Nach der Verschmelzung handelt es sich nur noch um *ein* Unternehmen, so dass nunmehr die Verpflichtung zur unternehmensweiten Prüfung von Weiterbeschäftigungsmöglichkeiten nach § 1 Abs. 2 S. 2 und 3 KSchG zum Tragen kommt. Auch wenn dies einen erheblichen Aufwand bedeuten kann, müssen den bisherigen Verwaltungsmitarbeitern in Dortmund freie Arbeitsplätze in Düsseldorf und umgekehrt den bisher in der Produktion in Düsseldorf tätigen Mitarbeitern die durch die Kapazitätsausweitung in Dortmund neu entstehenden Arbeitsplätze angeboten werden. In der Praxis ist die Bereitschaft zu einem Ortswechsel über größere Distanzen selbst bei ansonsten unveränderten Arbeitsbedingungen oftmals sehr gering. Gleichwohl sollten vorsorglich entsprechend „formale" Angebote mit detaillierter Arbeitsplatzbeschreibung unter Einräumung angemessener Überlegungsfristen[364] unterbreitet werden, weil die betroffenen Arbeitnehmer ansonsten in einem späteren Kündigungsschutzprozess – und sei es auch nur aus Gründen der prozessualen Taktik – argumentieren könnten, sie seien sehr wohl zu einer solchen Versetzung bereit gewesen. Nach der Rechtsprechung des BAG (→ Rn. 31) muss der Arbeitgeber, wenn sein Änderungsangebot abgelehnt wird, im Gegensatz zur früheren BAG-Judikatur[365] dennoch zunächst eine **Änderungskündigung** aussprechen,[366] es sei denn, die Arbeitnehmer hätten „unmissverständlich" zum Ausdruck gebracht, dass dieser Arbeitsplatz für sie unter keinen Umständen in Betracht komme. Durch diese für Praktiker nicht mehr nachvollziehbare neue Rechtsprechungslinie droht die Personalanpassung im Zuge von Unternehmensumstrukturierungen zu einer *„mission impossible"* zu werden.[367]

c) Probleme bei Konkurrenz mehrerer Arbeitnehmer um denselben (freien) Arbeitsplatz

34 Besondere Probleme treten zudem auf, wenn zwar eine Reihe freier anderweitiger Arbeitsplätze in demselben oder in einem anderen Betrieb des Unternehmens zur Verfügung steht, deren **Anzahl** indes **nicht ausreicht,** um *allen* vom Wegfall ihres bisherigen Arbeitsplatzes betroffenen Arbeitnehmern einen solchen Ersatzarbeitsplatz anbieten zu können.

---

364 Die Rechtsprechung wendet hier die Dreiwochenfrist des § 4 KSchG entsprechend an; vgl. BAG 17.6. 1998 – 2 AZR 336/97, NZA 1998, 1225; für eine Einwochenfrist KR/*Rachor* KSchG § 1 Rn. 239, allein als „Überlegungsfrist" mwN.

365 BAG 27.9.1984 – 2 AZR 62/83, NZA 1985, 455.

366 Zu der Frage, ob eine solche (ordentliche) Änderungskündigung gegebenenfalls mit sofortiger Wirkung ausgesprochen werden kann, vgl. *Hohenstatt/Kock* NZA 2004, 524 (bejahend).

367 Zu Recht sehr kritisch *Neef/Neef* NZA 2006, 1241. Hierzu und zu etwaigen Lösungsmöglichkeiten s. *Kock* NJW 2006, 728 (730).

Beispiel H 5:

Im **Beispielsfall H 4** stehen für die 45 Produktionsmitarbeiter in Düsseldorf nur 20 vergleichbare neue Arbeitsplätze in dem Dortmunder Betrieb zur Verfügung. Arbeitnehmer A ist zwar bei Weitem nicht der leistungsstärkste Mitarbeiter, verweist aber darauf, dass er nach Alter, Betriebszugehörigkeit und Unterhaltspflichten zu den sozial schutzbedürftigsten Arbeitnehmern aus diesem Personenkreis gehöre.

Nach inzwischen als gesichert anzusehender Rechtsprechung des BAG und verbreiteter Literaturauffassung kommt es in derartigen Fällen zu einer **Kombination** aus Verpflichtung zum **Angebot anderweitiger freier Arbeitsplätze** nach § 1 Abs. 2 S. 2 und 3 KSchG einerseits **und Sozialauswahl** nach § 1 Abs. 3 KSchG andererseits,[368] und zwar unabhängig davon, ob die Ersatzarbeitsplätze bereits vor dem Wegfall der betroffenen Arbeitsplätze existierten oder – wie gerade bei Umstrukturierungen häufig – erst durch eine größere, betriebsübergreifende Verlagerung von Beschäftigungsmöglichkeiten entstanden sind.[369] Die Sozialauswahl muss dabei tatsächlich durchgeführt werden.[370] Nicht ausreichend ist die lediglich Berücksichtigung sozialer Belange.[371] Der Grundsatz, dass sich die Sozialauswahl immer nur auf ein und denselben Betrieb, nicht aber auf das gesamte Unternehmen beziehe, wird also *scheinbar* dann durchbrochen, wenn es um den „Wettlauf" der Arbeitnehmer ein und desselben, von betriebsbedingten Entlassungen betroffenen Betriebs („Ausgangsbetrieb") um freie Ersatzarbeitsplätze in *anderen* Betrieben desselben Unternehmens („Zielbetrieb") geht. In die dann vorzunehmende Sozialauswahl werden allerdings **nur die Arbeitnehmer des „Ausgangsbetriebs"**, nicht diejenigen des „Zielbetriebs" einbezogen. Insoweit verbleibt es bei dem Grundsatz, dass Arbeitnehmer eines anderen Betriebs desselben Unternehmens nicht im Wege der Sozialauswahl verdrängt werden können.

Noch nicht endgültig geklärt ist, ob die Verpflichtung zur Sozialauswahl gemäß oder analog § 1 Abs. 3 KSchG auch dann gilt, wenn **Arbeitnehmer verschiedener Betriebe** um wenige freie Arbeitsplätze in einem *nicht* von Entlassungen betroffenen *weiteren* Betrieb desselben Unternehmens konkurrieren.[372] Der für Kündigungssachen zuständige 2. Senat des BAG scheint sich in diese Richtung zu bewegen.[373] Verneint man eine Analogie zu § 1 Abs. 3 KSchG dennoch (fernliegend)[374], kann die Auswahlentscheidung jedenfalls nicht willkürlich, sondern nur im Rahmen **billigen Ermessens** (§ 315 BGB) getroffen werden.[375] 35

Die in der Rechtsprechung des BAG anerkannte Verpflichtung des Arbeitgebers, freie vergleichbare Arbeitsplätze in anderen Betrieben des Unternehmens, mögen sie durch die Umstrukturierung selbst oder unabhängig von ihr entstanden sein, nach den Grundsätzen der Sozialauswahl im Sinne von § 1 Abs. 3 KSchG zu vergeben, kann dieser auch nicht dadurch unterlaufen, dass er erst die freien Arbeitsplätze nach eigenem Gutdünken besetzt und anschließend den verbleibenden Arbeitnehmern betriebsbedingt kündigt. Eine **unzu-**

---

[368] Vgl. insbesondere BAG 10.11.1994 – 2 AZR 242/94, NZA 1995, 566; BAG 5.10.1995 – 2 AZR 269/95, NZA 1996, 524; BAG 12.8.2010, NZA 2011, 460; HWK/*Quecke* KSchG § 1 Rn. 283; *Kock* NJW 2006, 728 (729); KR/*Rachor* KSchG § 1 Rn. 584; ausführlicher hierzu unter → Rn. 63ff., 71.

[369] So die Konstellation im Falle BAG 5.10.1995 – 2 AZR 269/95, NZA 1996, 524.

[370] *Lunk/Seidler* sprechen insoweit von „echter" Sozialauswahl NZA 2018, 201 (203).

[371] BAG 27.7.2017 – 2 AZR 476/16, NZA 2018, 234; offengelassen noch von BAG, 15.12.1994 – 2 AZR 320/94, NZA 1995, 413.

[372] Vgl. zu dieser Konstellation BAG 15.12.1994 – 2 AZR 320/94, NZA 1995, 413 (offengelassen, aber Bindung der Auswahl an billiges Ermessen (§ 315 BGB); bejahend KR/*Rachor* KSchG § 1 Rn. 658; HWK/*Quecke* KSchG § 1 Rn. 283; *Haas/Salamon* NZA 2006, 1192 (wenn Zuweisung des Arbeitsplatzes im Rahmen des Direktionsrechts erfolgen kann).

[373] Insoweit deutlich BAG 21.9.2000 – 2 AZR 385/99, NZA 2001, 535; s. ferner BAG 22.9.2006 – 2 AZR 544/04, NZA 2006, 558; BAG 27.7.2017 – 2 AZR 476/16, NZA 2018, 234, dort bejaht das BAG die analoge Anwendung bei einer Dienststelle; HWK/*Quecke* KSchG § 1 Rn. 334.

[374] So auch KR/*Rachor* KSchG § 1 Rn. 658; HWK/*Quecke* KSchG § 1 Rn. 334.

[375] BAG 21.9.2000 – 2 AZR 385/99, NZA 2001, 535.

lässige Umgehung des § 1 Abs. 3 KSchG liegt jedenfalls dann vor, wenn zwischen Neubesetzung der freien Arbeitsplätze und betriebsbedingter Kündigung anderer, vergleichbarer Arbeitnehmer ein **enger sachlicher und zeitlicher Zusammenhang** besteht (dazu auch → Rn. 30 und 67 ff.).[376] Der Arbeitgeber muss sich in derartigen Fällen im praktischen Ergebnis so behandeln lassen, als ob die neu zu besetzenden Arbeitsplätze in dem anderen Betrieb im Zeitpunkt der Kündigung noch frei gewesen wären. Es ist demzufolge nicht möglich, im Falle größerer Umstrukturierungsmaßnahmen, bei denen sich ein Arbeitskräfteüberhang konkret abzeichnet, **freie Arbeitsplätze** in anderen Betrieben desselben Unternehmens **„abzuschotten"**, indem diese vorab, dh vor Durchführung von Entlassungsmaßnahmen, mit sogenannten Leistungsträgern besetzt werden.

35a Ein in diesem Zusammenhang – und damit auch in der Beratung – entscheidend zu beachtender Aspekt kann der Zeitpunkt des Ausspruchs der Kündigungen sein. Je nach Gestaltung des Kündigungsprozesses kann es zu erheblichen Verzögerungen und Rechtsunsicherheiten kommen. Der Arbeitgeber könnte verleitet sein, zunächst den Arbeitnehmern nach dem Rang ihrer sozialen Schutzwürdigkeit die freien Plätze anzubieten. Sobald alle freien Arbeitsplätze vergeben sind, wird im Anschluss gegenüber den übrigen Arbeitnehmern die Beendigungskündigung ausgesprochen. Der immense zeitliche Aufwand konterkariert die Rechtssicherheit, die mit dieser Variante einhergeht,[377] und kann – wenn überhaupt – nur in seltenen Ausnahmefällen praktikabel umgesetzt werden.[378]

Eine zeitlich weniger einschneidene, aber zu erheblicher Rechtsunsicherheit führende Vorgehensweise wäre, dass der Arbeitgeber zunächst alle betroffenen Arbeitnehmer vom Wegfall ihrer Arbeitsplätze sowie über die freien Arbeitsplätze informiert.[379] Unter den positiven Rückmeldungen wählt der Arbeitgeber die Arbeitnehmer aus, denen die freien Stellen nach der Reihenfolge der sozialen Schutzwürdigkeit anzubieten sind. Die verbliebenen Arbeitnehmer erhalten eine Beendigungskündigung. In dieser Konstellation könnte der Arbeitnehmer Interesse an der freien Stelle signalisieren, um letztendlich doch eine Änderungskündigung zu verlangen, sodass der Arbeitgeber gegebenenfalls die Kündigung erst zu einem späteren Zeitpunkt aussprechen könnte. Lehnt ein Arbeitnehmer die Stelle ab, oder schweigt auf das Angebot, wäre eine Beendigungskündigung gleichwohl – regelmäßig – unwirksam, wenn der Arbeitgeber nicht die hohen Anforderungen des BAG zur Entbehrlichkeit der Änderungskündigung beachtet hat (s. zu den Anforderungen → Rn. 31). Eine den Anforderungen der Rspr. des BAG genügende Ablehnung der freien Stellen durch den Arbeitnehmer, wird der Arbeitgeber allerdings häufig nicht erhalten. Er müsste daher erneut kündigen oder sich wegen des signifikanten Prozessrisikos auf einen Vergleich einlassen.[380]

Entscheidet der Arbeitgeber hingegen zunächst darüber, welchen Arbeitnehmern die freien Arbeitsplätze angeboten werden und spricht er daraufhin gegenüber allen übrigen Arbeitnehmern eine Beendigungskündigung aus, so kann sich der Arbeitnehmer nicht darauf berufen, dass bei Ausspruch der Kündigung der endgültige Wegfall der Beschäftigungsmöglichkeit noch nicht absehbar gewesen sei und die Kündigung daher erst dann gerechtfertigt sei, wenn die sozial schutzwürdigeren Arbeitnehmer die ihnen angebotenen Arbeitsplätze tatsächlich angenommen hätten.[381] Überzeugender Weise – und aus Arbeitgebersicht erfreulich – argumentiert der 2. Senat des BAG, dass mit der Zuweisung des Arbeitsplatzes an einen sozial schutzwürdigeren Arbeitnehmer dieser Arbeitsplatz nicht mehr als anderer Arbeitsplatz iSd § 1 Abs. 2 S. 2 Nr. 1b KSchG in Betracht kommt. Die Pflicht zur Weiterbeschäftigung sei nämlich auf die vorhandene Kapazität freier Stellen be-

[376] Vgl. dazu BAG 10.11.1994 – 2 AZR 242/94, NZA 1995, 566; BAG 12.8.2010 – 2 AZR 945/08, NZA 2011, 460.
[377] S. dazu auch KR/*Rachor* KSchG § 1 Rn. 659.
[378] Vgl. *Lunk/Seidler* NZA 2018, 201 (203).
[379] Vgl. *Bauer/Winzer* BB 2006, 266 (269 f.).
[380] *Lunk/Seidler* NZA 2018, 201 (203).
[381] BAG 27.7.2017 – 2 AZR 476/16, NZA 2018, 234.

grenzt. Folglich kann allein die Chance nachzurücken die Rechtmäßigkeit der Beendigungskündigung nicht tangieren.[382]

Durch die Rechtsprechung des BAG zum Vorrang der Änderungskündigung wird der **personelle Gestaltungsspielraum** auf Unternehmensseite **erheblich eingeschränkt.** Vor Durchführung größerer Umstrukturierungsmaßnahmen sollte daher der durch die Verpflichtung zur Sozialauswahl bewirkte „Dominoeffekt" sorgfältig vorausgeplant werden. Dieser lässt sich – wenn überhaupt – nur unter dem Aspekt der **Vergleichbarkeit** (→ Rn. 20 ff.) der jeweils in Rede stehenden (Ersatz-) Arbeitsplätze unternehmensseitig beeinflussen. In diesem Zusammenhang gewinnt die Rechtsprechung des BAG besondere Bedeutung, wonach die Definition von Anforderungsprofilen für die jeweilige konkrete Stelle eine gerichtlicher Überprüfung grundsätzlich entzogene Unternehmerentscheidung ist.[383] Insbesondere dann, wenn im Zuge einer Umstrukturierung neue, bisher in dieser Form nicht vorhandene Arbeitsplätze entstehen, ergibt sich hieraus eine unter Umständen nicht unbedeutende Steuerungsmöglichkeit. 36

d) Grundsätzlich keine Berücksichtigung von freien Arbeitsplätzen im Ausland

Die lange Zeit umstrittene[384] Frage, ob iRd § 1 Abs. 2 S. 2 Nr. 1b) iVm S. 3 eine Verpflichtung des Arbeitgebers besteht, den Arbeitnehmern ggf. auch andere freie Arbeitsplätze des Unternehmens im **Ausland** anzubieten, hat der 2. Senat des BAG mit Urteil vom 29. 8. 2013[385] im Grundsatz **verneint** und dies ua mit der territorialen Begrenzung des gesetzlichen Kündigungsschutzes auf in Deutschland gelegene Betriebe[386] sowie rechtlichen Probleme bei einer länderübergreifenden Versetzungspflicht[387] begründet. Diese Klarstellung ist aus der Sicht der Praxis zu begrüßen, lässt aber gleichwohl einige Fragen offen,[388] weil sie ausdrücklich nur für den Regelfall gilt, während der Senat sich ausdrücklich einer Stellungnahme für unten folgende, im zu entscheidenden Fall nicht vorliegende **Sonderkonstellationen** enthalten hat. In einer späteren Entscheidung vom 24. 9. 2015[389] bestätige der 2. Senat seine Rechtsprechung,[390] erkannte aber Ausnahmen für die Fälle der **rechtsgeschäftlichen oder außerrechtsgeschäftlichen Selbstbindung** des Arbeitgebers an, ohne dabei aber abschließende Voraussetzungen für die Selbstbindung des Arbeitgebers festzulegen.[391] 36a

Unklar ist weiterhin die Bewertung in folgenden Situationen:

- Die in Betracht kommenden Arbeitsverhältnisse im Ausland unterliegen auf Grund einer getroffenen **Rechtswahl** dem **deutschen Arbeitsrecht.**[392]
- Eine im Arbeitsvertrag enthaltene **Vertragsklausel** erstreckt sich ausdrücklich auch auf Tätigkeiten im Ausland.[393] Das BAG verneint in der Entscheidung vom 24. 9. 2015 eine rechtsgeschäftliche Selbstbindung des Arbeitgebers aufgrund einer Versetzungsklausel, da die dem Sachverhalt zu Grunde liegende Versetzungsklausel einer Inhaltskontrolle nicht standgehalten hat. Die Begründung des BAG deutet jedoch an, dass es bei Vorliegen einer wirksamen, auch auf ausländische arbeitsplätze bezogene Versetzungsklausel im Arbeitsvertrag zu einer rechtsgeschäftlichen Selbstbindung des Arbeitgebers kommen kann, der Arbeitgeber also vor einer Beendigungskündigung zuächst freie Arbeitsplätze im

[382] BAG 27. 7. 2017 – 2 AZR 476/16, NZA 2018, 234 Rn. 43.
[383] zB BAG 7. 11. 1996 – 2 AZR 811/95, NZA 1997, 253.
[384] S. zu den widersprechenden Entscheidungen der Instanzgerichte *Hoffmann-Remy/Zaumseil* DB 2012, 1624 mwN.
[385] BAG 29. 8. 2013 – 2 AZR 809/12, NZA 2014, 730. Ablehnend SPV Kündigung Rn. 1002a f.
[386] BAG 29. 8. 2013 – 2 AZR 809/12, NZA 2014, 730 Rn. 32 ff.
[387] BAG 29. 8. 2013 – 2 AZR 809/12, NZA 2014, 730 Rn. 35.
[388] S. dazu auch *Fuhlrott* DB 2014, 1198.
[389] BAG 24. 9. 2015 – 2 AZR 3/14, NZA 2015, 1457.
[390] BAG 24. 9. 2015 – 2 AZR 3/14, NZA 2015, 1457 Rn. 18.
[391] BAG 24. 9. 2015 – 2 AZR 3/14, NZA 2015, 1457 Rn. 19 ff.
[392] BAG 29. 8. 2013 – 2 AZR 809/12, NZA 2014, 730 Rn. 37.
[393] BAG 29. 8. 2013 – 2 AZR 809/12, NZA 2014, 730 Rn. 37.

Ausland anbieten muss. Trotz unwirksamer Versetzungsklausel könnte aber eine außerrechtsgeschäftliche Selbstbindung dadurch entstehen, dass es dem Arbeitgeber gem. § 242 BGB, soweit er Verwender der Klausel ist, nicht auf die Unwirksamkeit der Klausel berufen kann. Die Selbstbindung des Arbeitgebers bei Versetzungsklauseln entfällt nach der Rechtsprechung des BAG jedoch wieder in den Fällen, in denen dies für den Arbeitergeber die Gefahr begründet, einen Rechtsstreit führen zu müssen.[394]

- Ein Betriebsteil geht identitätswahrend auf einen anderen Inhaber mit gleichzeitiger **Verlagerung** ins Ausland über.[395]
- Ein Arbeitgeber unterhält unweit einer Ländergrenze im In- und Ausland mehrere einheitlich gelenkte Betriebsstätten und **verlagert** Aufgaben im **„kleinen Grenzverkehr"** von der einen in die andere Einheit.[396]
- Gleichzeitig kann eine Selbstbindung des Arbeitgebers zur Weiterbeschäftigung des Arbeitnehmers in einem im Ausland gelegenen Betrieb des Unternehmens im Sinne der Rechtsprechung im Einzelfall auch aus § 242 BGB oder dem Verzicht des Ausspruchs einer Änderungskündigung ergeben.[397]

Zu der drittgenannten „Ausnahme" ist anzumerken, dass bei Verlagerung von Arbeitsplätzen in das Ausland ein Betriebsteilübergang iSv § 613a Abs. 1 S. 1 BGB oftmals bereits an den tatbestandlichen Voraussetzungen scheitert (dazu auch → G Rn. 46b). Liegt demnach lediglich eine **Funktionsverlagerung** im Wege des **Outsourcings/Off-Shorings** vor, ohne identitätswahrenden Übergang einer wirtschaftlichen Einheit, sind die im Ausland neu entstehenden Arbeitsplätze nicht zu berücksichtigen, zumindest, sofern keiner der übrigen Ausnahmetatbestände greift. Im Übrigen vollzieht sich der Arbeitnehmerschutz im Falle eines Betriebs(teil)übergangs über die Anwendung des § 613a Abs. 1 S. 1 BGB, soweit es um die Arbeitsverhältnisse der in diesem Betrieb bzw. Betriebsteil beschäftigten Arbeitnehmer geht. Eine Versetzungspflicht bezüglich anderer Arbeitnehmer auf die im Ausland beim Betriebserwerber fortbestehenden Arbeitsplätze dürfte in der Regel bereits am Unternehmensbezug des Kündigungsschutzes scheitern (s. dazu nachfolgend).

6. *Sechstes Prinzip:* Betriebs- und (gegebenenfalls) Unternehmensbezug des Kündigungsschutzes; in der Regel kein Konzernbezug

a) Grundsatz

37 Wie oben (→ Rn. 32) dargestellt, ist die Verpflichtung zur Sozialauswahl nach § 1 Abs. 3 KSchG betriebs-, die Verpflichtung zum Angebot anderweitiger *freier* Arbeitsplätze nach § 1 Abs. 2 S. 2 und 3 KSchG unternehmensbezogen. Insgesamt gilt, dass die Reichweite des gesetzlichen Kündigungsschutzes an den jeweiligen **Grenzen des Rechtsträgers** des Arbeitsverhältnisses **endet,** dieser also arbeitgeberbezogen ist.[398] Auf die **Konzernebene** kann der Kündigungsschutz nach geltendem Recht **in der Regel nicht erstreckt** werden.

Beispiel H 6:

Arbeitnehmer E ist Sachbearbeiter in der Einkaufsabteilung der X-AG. Sein Arbeitsplatz fällt auf Grund der Anschaffung einer verbesserten Software weg. Im Prozess um die deshalb ihm gegenüber ausgesprochene betriebsbedingte Kündigung verweist E darauf, dass bei

---

[394] Vgl. zur berechtigten Kritik an dieser und allgemein zu weiteren Rückausnahme *Kleinert* RdA 2017, 51 (54 f.).

[395] BAG 29.8.2013 – 2 AZR 809/12, NZA 2014, 730Rn. 38, unter Verweis auf BAG 26.5.2011 – 8 AZR 37/10, NZA 2011, 1143 Rn. 36, 45; dazu → G Rn. 46a.

[396] BAG 29.8.2013 – 2 AZR 809/12, NZA 2014, 730Rn. 39.

[397] Vgl. KR/*Rachor* § 1 KSchG Rn. 583.

[398] Ebenso SPV Kündigung Rn. 998. Das gilt auch für die Feststellung, ob auf das Arbeitsverhältnis nach § 23 KSchG überhaupt das KSchG Anwendung findet; ein „Berechnungsdurchgriff" im Sinne einer Berücksichtigung der Arbeitnehmer anderer Konzerngesellschaften ist ausgeschlossen; vgl. BAG 13.6.2002 – 2 AZR 327/01, NZA 2002, 1147.

der Y-GmbH, einer 100%-igen Tochtergesellschaft der X-AG, noch die „alte" Software Verwendung finde und dort zur Zeit die Stelle eines kaufmännischen Mitarbeiters vakant sei.

Das BAG lehnt in bisher ständiger Rechtsprechung die Pflicht zur **Versetzung auf andere, freie Arbeitsplätze bei anderen Unternehmen,** auch wenn diese zur selben Unternehmensgruppe gehören wie der kündigende Arbeitgeber, wegen des eindeutigen Unternehmensbezuges von § 1 KSchG **grundsätzlich ab.**[399] Dies gilt selbst dann, wenn es sich bei dem anderen Unternehmen um eine 100%-ige Tochtergesellschaft handelt.[400] Entscheidend ist nämlich nicht, ob der Vertragsarbeitgeber rechtlich oder faktisch in der Lage wäre, die Weiterbeschäftigung bei einem Drittunternehmen durchzusetzen, sondern dass im *Regelfall* weder das Kündigungsschutzgesetz noch der individuelle Arbeitsvertrag eine hinreichende Rechtsgrundlage für eine die Grenzen des jeweiligen Unternehmens überschreitende Versetzungspflicht ergeben.

b) Ausnahmen

Zu dem **Grundsatz des fehlenden Konzernbezugs** der kündigungsrechtlichen Weiter- 38
beschäftigungs- oder Versetzungspflicht bestehen allerdings gewichtige Ausnahmen, die gerade in **Umstrukturierungsfällen** erhebliche praktische Relevanz erlangen können. Eine Erweiterung der Versetzungspflicht auf *freie* (!) anderweitige Arbeitsplätze, die zwar nicht bei dem Vertragsarbeitgeber, wohl aber bei dem mit diesem rechtlich verbundenen (Konzern-) Unternehmen bestehen, kommt nach Rechtsprechung und Literatur[401] insbesondere in Betracht,

- wenn der **Arbeitsvertrag** sich von vornherein auf eine Tätigkeit in verschiedenen Konzernunternehmen erstreckt, auch wenn er nur mit einem Konzernunternehmen (zB der Konzernobergesellschaft) abgeschlossen wurde;[402]
- wenn der **Arbeitnehmer** sich bereits in dem Arbeitsvertrag ausdrücklich mit einer Abordnung oder Versetzung zu einem anderen Konzernunternehmen **einverstanden erklärt** hat;[403] dies allerdings nur, wenn der Arbeitgeber einen **rechtlich gesicherten Einfluss** auf die Einstellungsentscheidung in anderen Konzernunternehmen hat, dh die Entscheidung darf nicht dem „aufnehmenden" Unternehmen vorbehalten sein (auch → Rn. 39 aE);[404]

---

[399] BAG 14.10.1982 – 2 AZR 568/80, DB 1983, 2635; BAG 22.5.1986 – 2 AZR 612/85, NZA 1987, 125; BAG 27.11.1991 – 2 AZR 255/91, NZA 1992, 644; BAG 22.3.2001 – 8 AZR 565/00, NZA 2002, 1349; BAG 18.9.2003 – 2 AZR 79/02, NZA 2004, 375; BAG 23.11.2004 – 2 AZR 24/04, NZA 2005, 929; BAG 23.3.2006 – 2 AZR 162/05, NZA 2007, 30; BAG 23.4.2008 – 2 AZR 1110/06, NZA 2008, 939; BAG 24.5.2012 – 2 AZR 62/11, NZA 2013, 277; BAG 24.9.2015 – 2 AZR 562/14, NZA 2016, 366; BAG 22.9.2016 – 2 AZR 276/16, NZA 2017, 175; HWK/*Quecke* KSchG § 1 Rn. 277f. mwN; KR/*Rachor* KSchG § 1 Rn. 577 mwN; *Schaub* ZIP 1999, 1949; SPV Kündigung Rn. 998; *Windbichler,* Arbeitsrecht im Konzern, 1989, S. 259; aA LAG Hessen 6.7.2000 – 15 Sa 1612/99, BeckRS 2000, 41429 sowie *Temming* RdA 2018, 84; Eine ausführliche Darstellung der Rechtsprechung des BAG findet sich bei *Rost* FS Schwerdtner, 169.

[400] KR/*Rachor* § 1 KSchG Rn. 155.

[401] S. dazu insbesondere die ausführliche und eingehende Darstellung des Problem- und Meinungsstandes bei *Annuß,* Betriebsbedingte Kündigung und arbeitsvertragliche Bindung, S. 74, auch zu weitergehenden Ansätzen in der Literatur. Die nachfolgenden Grundsätze gelten auch im Fall einer außerordentlichen Kündigung mit Auslauffrist; vgl. BAG 24.9.2015 – 2 AZR 562/14, NZA 2016, 366 Rn. 44.

[402] Vgl. BAG 14.10.1982 – 2 AZR 568/80, DB 1983, 2635; BAG 27.11.1991 – 2 AZR 255/91, NZA 1992, 644; BAG 23.3.2006 – 2 AZR 162/05, NZA 2007, 30 Rn. 21; KR/*Rachor* KSchG § 1 Rn. 577 mwN.

[403] Vgl. BAG 14.10.1982 – 2 AZR 568/80, DB 1983, 2635; BAG 27.11.1991 – 2 AZR 255/91, NZA 1992, 644; BAG 21.1.1999 – 2 AZR 648/97, ZIP 1999, 852, auch zur Darlegungs- und Beweislast hinsichtlich der anderweitigen Einsatzmöglichkeiten; ArbG Duisburg 6.7.2000 – 4 Ca 157/00, DB 2001, 711; SPV Kündigung Rn. 998a.

[404] BAG 23.11.2004 – 2 AZR 24/04, NZA 2005, 929; BAG 23.3.2006 – 2 AZR 162/05, NZA 2007, 30; BAG 23.4.2008 – 2 AZR 1110/06, NZA 2008, 939; BAG 24.9.2015 – 2 AZR 562/14, NZA 2016, 366 Rn. 44; *Kamanabrou* SAE 2005, 9 (11) (str.).

- wenn der bisherige Arbeitgeber oder das andere Konzernunternehmen die Übernahme (zB im Rahmen eines Interessenausgleichs oder Sozialplans im Sinne von § 112 BetrVG) **ausdrücklich** oder durch vorangegangenes, **schlüssiges Verhalten zugesagt** hat;[405]
- wenn der bisherige Arbeitgeber zusammen mit anderen (nicht notwendigerweise Konzern-) Unternehmen einen sogenannten **Gemeinschaftsbetrieb** bildet.[406] In diesem Falle sind *alle* Arbeitnehmer des Gemeinschaftsbetriebs[407] – unabhängig davon, wer ihr Vertragsarbeitgeber ist – sowohl in die Beurteilung von **Weiterbeschäftigungsmöglichkeiten** wie auch in die **soziale Auswahl** mit einzubeziehen.[408] Dies gilt indes nicht, wenn der Gemeinschaftsbetrieb im Zeitpunkt der Kündigung nicht mehr besteht[409] oder zumindest feststeht, dass einer der Betriebe, die zusammen einen Gemeinschaftsbetrieb gebildet haben, bei Ablauf der Kündigungsfrist des Arbeitnehmers stillgelegt sein wird[410] (dazu auch → Rn. 143).

39 Dagegen **reicht** es für einen Konzernbezug des Kündigungsschutzes (genauer: für eine über den Unternehmensbereich hinausgehende Versetzungspflicht) (noch) **nicht aus,**

- wenn Arbeitnehmer in einem Konzernunternehmen, ohne versetzt oder abgeordnet zu werden, bestimmten fachlichen **Weisungen** durch ein anderes Konzernunternehmen (zB im Rahmen einer so genannten Divisions- oder Matrixstruktur (dazu auch → Rn. 61b)) unterliegen;[411] **Matrixstrukturen** innerhalb eines Konzerns lösen deshalb einen Konzernbezug im kündigungsrechtlichen Sinne noch nicht aus.
- wenn die **Arbeitsbedingungen** in einem Unternehmen im Wesentlichen konzerneinheitlich ausgestaltet sind;
- wenn der Arbeitnehmer in der Vergangenheit lediglich vereinzelt (zB zu Schulungs- oder Ausbildungszwecken) zu einem anderen Konzernunternehmen **entsandt** wurde;
- wenn **zwei Unternehmen** eines Konzerns Betriebe mit **identischem oder gleichartigem Tätigkeitsfeld** betreiben und bei sich verschlechternder Auftrags- und Wirtschaftslage einer der beiden Konzernbetriebe stillgelegt wird und in Zukunft nur noch der andere Konzernbetrieb in dem fraglichen Tätigkeitsfeld ohne erhebliche Aufstockung seiner Belegschaft weiterhin am Markt auftritt.[412] Dagegen bleibt einstweilen **offen,** ob bei **konzerninterner Verlagerung** von Tätigkeiten auf andere Konzernunternehmen das „aufnehmende" Unternehmen auf dem freien Arbeitsmarkt neue Arbeitnehmer einstellen darf oder der bisherige Arbeitgeber für eine Weiterbeschäftigung der bisher mit diesen Arbeiten beschäftigten Arbeitnehmer sorgen muss[413] (dazu auch → Rn. 40a).

---

[405] Vgl. BAG 14.10.1982 – 2 AZR 568/80, DB 1983, 263; BAG 23.11.2004 – 2 AZR 24/04, NZA 2005, 929; BAG 23.4.2008 – 2 AZR 1110/06, NZA 2008, 939; BAG 24.5.2012 – 2 AZR 62/11, NZA 2013, 279 Rn. 27; KR/*Rachor* KSchG § 1 Rn. 577; SPV Kündigung Rn. 998a; *Windbichler* S. 262. Zur rechtlichen Wirksamkeit und Durchsetzbarkeit konzernweiter „Beschäftigungsgarantien" *Böhm/Pawlowski* NZA 2005, 1377.

[406] Vgl. BAG 5.5.1994 – 2 AZR 917/93, NZA 1994, 1023; BAG 13.6.2002 – 2 AZR 327/01, DB 2002, 2171; BAG 18.10.2012 – 6 AZR 41/11, NZA 2013, 1007; KR/*Rachor* KSchG § 1 Rn. 579; *Wiedemann* S. 107; *Bodenstedt/Schnabel* BB 2014, 1525; *Fuhlrott/Hoppe* BB 2012, 253. Zu den Voraussetzungen eines Gemeinschaftsbetriebs vgl. in dem vorliegenden Zusammenhang auch LAG Köln 19.6.1998 – 11 Sa 1503/97, LAGE § 1 KSchG Soziale Auswahl Nr. 25 und → D Rn. 18.

[407] Nicht hingegen Arbeitnehmer eines Unternehmens, das an *anderer* Stelle einen Gemeinschaftsbetrieb unterhält; vgl. *Fuhlrott* DB 2014, 1198 (1200) mwN.

[408] BAG 5.5.1994 – 2 AZR 917/93, NZA 1994, 1023; ErfK/*Oetker* KSchG § 1 Rn. 247; KR/*Rachor* KSchG § 1 Rn. 653.

[409] BAG 13.9.1995 – 2 AZR 954/94, NZA 1996, 307; BAG 18.9.2003 – 2 AZR 79/02, NZA 2004, 375; BAG 18.10.2012 – 6 AZR 41/11, NZA 2013, 1007.

[410] BAG 18.9.2003 – 2 AZR 79/02, NZA 2004, 375. Zu den Besonderheiten bei Umwandlung gemäß § 322 UmwG → Rn. 147 ff.

[411] Ebenso BAG 27.11.1991 – 2 AZR 255/91, NZA 1992, 644; SPV Kündigung Rn. 998 aE; *Bauer/Herzberg* NZA 2011, 713 (716).

[412] BAG 24.2.2005 – 2 AZR 214/04, NZA 2005, 867; 23.3.2006 – 2 AZR 162/05, NZA 2007, 30.

[413] Ausdrücklich dahingestellt von BAG 18.9.2003 – 2 AZR 79/02, NZA 2004, 375, unter B II 4 der Gründe.

Rechtsdogmatisch wird die nur in besonderen Konstellationen anzuerkennende Verpflichtung, dem Arbeitnehmer zur Vermeidung einer betriebsbedingten Kündigung einen anderweitigen Arbeitsplatz im Konzern anzubieten, mit dem **Vertrauensschutzprinzip** begründet.[414] Hinsichtlich der konkreten Ausgestaltung sind viele Fragen – auch konzernrechtlicher Natur – nach wie vor offen.[415] Kontrovers wird vor allem diskutiert, ob auch bei Vorliegen eines der vorgenannten Ausnahmetatbestände die konzernweite Versetzungspflicht von der (rechtlich gesicherten) **Möglichkeit** des bisherigen Arbeitgebers abhängt, die Einstellung in dem anderen Konzernunternehmen **durchzusetzen,** wie dies etwa bei einem 100%-igen Anteilsbesitz an einer GmbH der Fall ist. In der Rechtsprechung des 2. BAG-Senats wird dieses **zusätzliche Erfordernis** nach zwischenzeitlichem Schwanken **zu Recht bejaht.**[416] Für den (Sonder-)Fall des Gemeinschaftsbetrieb (→ Rn. 38 aE) gilt dieses Erfordernis allerdings nicht.

Für das **Ausgangsbeispiel H 6** lässt sich danach feststellen, dass Arbeitnehmer E keinen 40
Anspruch hat, zur Vermeidung seiner Kündigung bei der X-AG auf den freien Arbeitsplatz bei der Y-GmbH versetzt zu werden, wenn nicht einer der in → Rn. 38 aufgeführten Sondertatbestände vorliegt. Der Beispielsfall zeigt im Übrigen im Zusammenhang mit den geschilderten Ausnahmetatbeständen, dass sich eine vom Arbeitnehmer vertraglich verlangte **konzernweite Mobilität** für die Arbeitgeberseite durchaus als „zweischneidiges Schwert" erweisen kann: So wünschenswert es sein mag, den Arbeitnehmer jederzeit auch ohne jeweils individuell einzuholende Zustimmung zu anderen Konzernunternehmen versetzen zu können, so nachteilig kann sich die (atypische) Erweiterung des arbeitgeberseitigen Direktionsrechts im Kündigungsschutzprozess auswirken. Vor diesem Hintergrund mag es sich empfehlen, die bisherige arbeitsvertragliche Kautelarpraxis im Unternehmen zu prüfen und künftig **auf „überflüssige" konzernbezogene Versetzungsklauseln zu verzichten,** um nicht die Position des Unternehmens in künftigen Kündigungsschutzprozessen zu verschlechtern.

c) Konzernweite Weiterbeschäftigungspflicht auch bei fehlendem Konzernbezug des Arbeitsverhältnisses?

Über die bisher behandelten Ansätze hinaus will eine in der Literatur vertretene Auffas- 40a
sung die Konzerndimension bei betriebsbedingten Kündigungen selbst dann im Sinne einer Weiterbeschäftigungspflicht in anderen Konzernunternehmen berücksichtigt wissen, wenn der Arbeitsvertrag keinen Konzernbezug aufweist.[417] Argumentiert wird ua damit, der Arbeitnehmer könne nicht die **konzernspezifischen Risiken** interner Organisationsverschiebungen tragen.[418] Praktische Relevanz erlangt diese Auffassung insbesondere bei **konzerninternen Umstrukturierungen,** die zur **Verlagerung von Tätigkeitsbereichen** auf andere Konzernunternehmen führen, ohne dass es sich um einen Fall eines Betriebs(teil)übergangs handelt. Hier führt die *de lege lata* eindeutig festzustellende **Begren-**

[414] Vgl. BAG 27.11.1991 – 2 AZR 255/91, NZA 1992, 644; *Wiedemann,* Anm. zu BAG AP Nr. 1 zu § 1 KSchG 1969 Konzern.

[415] S. dazu auch *Helle* S. 161; *Bayreuther* NZA 2006, 819.

[416] BAG 14.10.1982 – 2 AZR 568/80, DB 1983, 2635; offengelassen in BAG 27.11.1991 – 2 AZR 255/91, NZA 1992, 644; wiederum bejahend in BAG 21.1.1999 – 2 AZR 648/97, NZA 1999, 539; BAG 21.2.2002 – 2 AZR 749/00, EzA KSchG § 1 Wiedereinstellungsanspruch Nr. 7; BAG 23.11.2004 – 2 AZR 24/04, NZA 2005, 929; BAG 23.3.2006 – 2 AZR 162/05, NZA 2007, 30; BAG 23.4.2008 – 2 AZR 1110/06, NZA 2008, 939; BAG 24.5.2012 – 2 AZR 62/11, NZA 2013, 277 Rn. 27; BAG 24.9.2015 – 2 AZR 562/14, NZA 2016, 366 Rn. 44; s. dazu insbes. *Rost* FS Schwerdtner, 2003, 169, 172; *Dzida/Schramm* BB 2007, 1227; *Fuhlrott/Hoppe* BB 2012, 253 (257); kritisch SPV Kündigung Rn. 999ff. Zur Frage der Anwendbarkeit der vorgenannten Grundsätze in Bezug auf Weiterbeschäftigungsmöglichkeiten im ausländischen (Konzern-)Unternehmen vgl. *Wisskirchen/Bissels* DB 2007, 340 (345).

[417] S. dazu die kritische Darstellung bei *Annuß,* Betriebsbedingte Kündigung, S. 80ff. mwN, auf die hier aus Platzgründen weitgehend verwiesen werden muss.

[418] S. dazu *Martens* FS 25 Jahre Bundesarbeitsgericht, 1979, 367, 380; *Conzen* ZfA 1982, 259, 306; *Kittner/Däubler/Zwanziger* KSchG § 1 Rn. 544ff.

zung des Kündigungsschutzgesetzes auf den jeweiligen Vertragsarbeitgeber, also das **Unternehmen,** mit dem der Arbeitnehmer anstellungsvertraglich verbunden ist, in der Tat zu einer Art „Lücke" im Kündigungsschutzsystem; denn soweit der Bestandsschutzschutz des Arbeitsverhältnisses mangels Vorliegens der tatbestandlichen Voraussetzung nicht durch § 613a BGB gewährleistet wird, besteht eben keine Verpflichtung anderer, uU erst durch die Umstrukturierung neu entstehender Unternehmen zur Unterbreitung von Arbeitsplatzangeboten gegenüber den von der Umstrukturierung negativ betroffenen Arbeitnehmern anderer Konzernunternehmen.[419]

Diese „Lücke" ist indes aufgrund der klaren Regelung in § 1 Abs. 2 KSchG zu akzeptieren. Allein der Gesetzgeber wäre befugt, andere Arbeitsplätze im Konzern in die kündigungsrechtliche Betrachtung einzubeziehen. Selbst dann müsste es aber Voraussetzung sein, dass der kündigende Arbeitgeber die Weiterbeschäftigung im Konzern einseitig durchsetzen könnte, was in der Praxis meist nicht anzunehmen ist. Es erscheint indes möglich, dass sich die Rechtsprechung des 2. BAG-Senats künftig in diese Richtung bewegen könnte.[420]

Nimmt man eine derartige Vermittlungspflicht unter den vorstehend genannten, sehr engen Voraussetzungen an, stellt sich die weitere Frage, ob ihre **Verletzung** zur Unwirksamkeit der Kündigung oder – was vorzuziehen sein dürfte – zu einem entsprechenden **Schadenersatzanspruch** des Arbeitnehmers führt, der den kündigenden Arbeitgeber allerdings wirtschaftlich in ähnlicher Weise belasten könnte.

Die weitere Rechtsprechung des 2. BAG-Senats zu dieser Frage sollte aufmerksam weiterverfolgt werden. Es kann jedenfalls zur Zeit nicht sicher ausgeschlossen werden, dass diese sich in den oben aufgezeigten Grenzen im Sinne eines „konzerndimensionalen Kündigungsschutzes" im Falle einer von der Konzernspitze veranlassten **Aufspaltung des Unternehmens und/oder Verlagerung von Aktivitäten** (Arbeitsplätzen) auf andere Konzerngesellschaften entwickeln könnte. In einem Urteil des 2. Senats vom 23.3.2006 wird die Möglichkeit einer diesbezüglichen Rechtsfortbildung offen angesprochen, für den konkreten Fall aber verneint, weil der Kläger den maßgeblichen Verlagerungstatbestand sowie die Möglichkeiten seiner Weiterbeschäftigung nicht ausreichend dargelegt habe.[421] Es sei in diesem Zusammenhang nochmals betont, dass sich das Problem nur stellt, wenn und soweit diese Verlagerungsprozesse keinen Betriebs- bzw. Betriebsteilübergang iSv § 613a BGB darstellen, weil andernfalls der Schutz der betroffenen Arbeitnehmer durch § 613a BGB und die damit verbundene „Zwangsüberleitung" der Arbeitsverhältnisse auf die jeweiligen Konzerngesellschaften hinreichend gewährleistet ist.

d) Rechtsmissbrauchseinwand als Gestaltungsgrenze in Ausnahmefällen

40b Der Grundsatz der fehlenden Konzerndimensionalität des gesetzlichen Kündigungsschutzes kann Arbeitgeber dazu verleiten, Unternehmensspaltungen allein zu dem Zweck vorzunehmen, sich unter Berufung auf den Wegfall des Arbeitsplatzes beim bisherigen Arbeitgeber der vorhandenen Belegschaft ganz oder teilweise zu entledigen. Eine solche, in der Praxis allerdings seltene Sachverhaltskonstellation betraf das **„Rheumaklinik-Urteil"** des BAG v. 26.9.2002.[422] Der 2. Senat des BAG hat hier einen Begründungsweg gefunden, die **Sozialwidrigkeit der ausgesprochenen betriebsbedingten Kündigungen** festzustellen, ohne von dem Grundsatz abweichen zu müssen, dass eine Verpflichtung zur Versetzung auf freie bzw. neue entstehende Arbeitsplätze bei anderen Konzernunternehmen nach der Systematik des Kündigungsschutzgesetzes ausgeschlossen ist: Da § 1 Abs. 2 KSchG auf Weiterbeschäftigungsmöglichkeiten für die betroffenen Arbeitnehmer im Be-

---

[419] In diesem Sinne auch *Annuß* S. 123 („Blindheit des Kündigungsschutzgesetzes für die Konzerndimension der Arbeitsverhältnisse").

[420] Angedeutet, aber offengelassen in BAG 18.9.2003 – 2 AZR 79/02, NZA 2004, 375; BAG 26.9.2002 – 2 AZR 636/01, NZA 2003, 549 („Rheumaklinik"; dazu auch nachfolgend → Rn. 40b).

[421] BAG 23.3.2006 – 2 AZR 162/05, NZA 2007, 30 Rn. 30ff.

[422] BAG 26.9.2002 – 2 AZR 636/01, NZA 2003, 549; dazu auch → Rn. 7.

trieb bzw. Unternehmen, nicht jedoch im Konzern abstelle, sei es – von Ausnahmetatbeständen abgesehen – nicht möglich, die Organisationsentscheidung des Arbeitgebers, Teilbereiche seines Betriebes stillzulegen und auf ein anderes Unternehmen zu übertragen, dadurch zu ignorieren, dass bei enger wirtschaftlicher Verflechtung beider Unternehmen ohne das Vorliegen eines Gemeinschaftsbetriebes[423] die Betriebe der beiden rechtlich selbständigen Unternehmen zusammengerechnet würden. Der verfassungsrechtlich gebotene **Bestandsschutz** sei „… in derartigen Fällen grundsätzlich durch § 613a BGB, §§ 322 UmwG bzw. die Rechtsprechung zum Gemeinschaftsbetrieb mehrerer Unternehmen gewährleistet".

Der 2. Senat ist in dem entschiedenen Fall offenbar davon ausgegangen, dass auf Grund der vom Arbeitgeber vorgenommenen Gestaltung sämtliche von ihm genannten arbeitsrechtlichen Schutzmechanismen nicht zum Zuge kamen, insbesondere auch kein Fall eines Betriebs(teil)übergangs iSv § 613a BGB vorlag. Konkret ging es um die Übertragung von Reinigungs- und Küchendienstleistungen in einer Klinik auf eine vom Krankenhausträger gegründete und in diesen finanziell, wirtschaftlich und organisatorisch vollständig iSv § 2 Abs. 2 Nr. 2 UStG eingegliederte **Organgesellschaft.** Wenn hier wirklich kein Fall des § 613a BGB vorlag – was im Lichte der *„Abler"*- und *„Güney-Göres"*-Entscheidung des EuGH (dazu → G Rn. 17a) zumindest im Hinblick auf den Küchenbereich kritisch hinterfragt werden mag – stand der 2. Senat in der Tat vor dem Problem, dass der bisherige Arbeitgeber sich mittels eines einfachen „gesellschaftsrechtlichen Tricks" aus den bestehenden Arbeitsverhältnissen lösen und die im Wesentlichen unveränderten Aufgaben mit einer komplett neuen Mannschaft in der neugegründeten Gesellschaft fortsetzen konnte. Der 2. Senat des BAG hat hier offensichtlich eine Schutzlücke gesehen, die, da sie nicht durch § 613a BGB geschlossen wurde (was allerdings nicht ausdrücklich ausgeführt wird), mittels eines geeigneten Rechtsinstituts kompensiert werden musste. Ein solches hat der 2. Senat darin zu finden gegelaubt, dass die Gründung einer Organgesellschaft und die Überleitung der Arbeiten der betroffenen Abteilungen auf die GmbH zwar rechtlich zulässig, in der hier praktizierten Ausgestaltung jedoch **rechtsmissbräuchlich** und damit **kündigungsrechtlich unbeachtlich** gewesen seien; „… denn die Wahl dieser Organisationsform konnte in erster Linie nur dem Zweck dienen, den Arbeitnehmern der betroffenen Bereiche ihren Kündigungsschutz zu nehmen und sich von ihnen „frei" zu trennen, damit die Arbeiten in Zukunft von anderen, schlechter bezahlten Arbeitnehmern verrichtet wurden."[424]

Die Entscheidung ist von **begrenzter Aussagekraft und Tragweite,** weil sie zum einen sich ausdrücklich auf den Fall der Gründung einer finanziell, wirtschaftlich und organisatorisch in das bisherige Unternehmen eingegliederten Organgesellschaft bezieht und zum anderen einen Fall betrifft, in dem neben der „Befreiung" von dem bisherigen Personal **kein sachlicher Grund** für die vorgenommene Rechtskonstruktion erkennbar war. Daher ist vor Verallgemeinerungen etwa dergestalt, ein Unternehmer müsse bei der Umstrukturierung jeweils dasjenige Gestaltungsinstrument wählen, welches den Kündigungsschutz der betroffenen Arbeitnehmer am besten gewährleiste, ausdrücklich zu warnen.[425] Der vom BAG gewählte Rechtsmissbrauchseinwand setzt hohe Hürden und entfällt bereits dann, wenn sich für die gewählte Gestaltung vernünftige und nicht lediglich vorgeschobene unternehmerische Erwägungen anführen lassen. Im Übrigen hat der 2. Senat auch in der „Rheumaklinik-Entscheidung" noch einmal klargestellt, dass § 1 Abs. 2 KSchG grundsätzlich nicht konzernbezogen ist und erneut offengelassen, ob ausnahmsweise eine Verpflichtung zur Weiterbeschäftigung betroffener Arbeitnehmer in anderen Konzernunternehmen besteht, wenn für den Fortfall des Arbeitsplatzes **konzerninterne Gründe** wie etwa die Verlagerung der Tätigkeit auf andere Konzernunternehmen, Stilllegung eines

---

[423] Dazu → Rn. 38.
[424] BAG 26.9.2002 – 2 AZR 636/01, NZA 2003, 549, unter II 1e) cc) der Gründe.
[425] Zur Tragweite der Entscheidung s. auch SPV Kündigung Rn. 922.

Konzernunternehmens oder einer Abteilung bei gleichzeitiger Neugründung eines Konzernunternehmens mit **identischen arbeitstechnischen und wirtschaftlichen Zielsetzungen** ursächlich gewesen seien (dazu auch → Rn. 40a).[426]

In einem Urteil vom 21.5.2008,[427] das ebenfalls die Übertragung von Reinigungsarbeiten in einem Krankenhaus auf eine Servicegesellschaft betraf, hat demgegenüber der 8. Senat das Vorliegen eines **Betriebsteilübergangs** bejaht, so dass es hier nicht des Eingehens auf den Rechtsmissbrauchseinwand bedurfte. Diese Qualifizierung erscheint *hier* allerdings fragwürdig, da die betreffenden Arbeitnehmer seitens der Servicegesellschaft sogleich an das Krankenhaus „zurückverliehen" wurden. Damit behielt dieses aber die betriebliche Leitungsmacht, so dass ein Fall von § 613a BGB in Wirklichkeit gar nicht vorlag. Kündigungsrechtlich wäre dem Fall nicht „beizukommen" gewesen, weil die Klägerinnen mit ihrem bisherigen Arbeitgeber **Aufhebungsverträge** geschlossen hatten. Richtigerweise hätte sich aber die Frage gestellt, ob diese nach § 123 BGB wegen arglistiger Täuschung und/oder auf Grund einer arbeitgeberseitigen *culpa in contrahendo* anfechtbar waren; nach neuer Rechtsprechung könnte auch das „Gebot des fairen Verhandelns bei Aufhebungsverträgen"[428] greifen und zur Unwirksamkeit des Aufhebungsvertrags führen.

e) Fazit

40c Die Rechtsprechung des BAG hält grundsätzlich entsprechend der gesetzlichen Regelung an dem Grundsatz fest, dass bei Fortfall von Arbeitsplätzen im Unternehmen keine Verpflichtung zum Angebot anderer (freier) Arbeitsplätze im Bereich des **Konzerns** besteht. Dies gilt solange sich nicht aus der konkreten Ausgestaltung des Arbeitsverhältnisses etwas anderes ergibt oder die Voraussetzungen eines **Gemeinschaftsbetriebs** im kündigungsschutzrechtlichen Sinne vorliegen. Daraus kann allerdings nicht die allgemeine Schlussfolgerung abgeleitet werden, dass die Arbeitnehmer bei Verlagerung von Tätigkeiten auf andere Konzernunternehmen kündigungsrechtlich schutzlos gestellt seien. Zum einen kann darin ein Fall des Betriebs- oder Betriebsteilübergangs liegen, so dass die Kontinuität des Arbeitsverhältnisses durch § 613a BGB gewahrt wird. Schließlich hat der 2. Senat des BAG in der „Rheumaklinik-Entscheidung"[429] den Rechtsmissbrauchseinwand instrumentalisiert, um „Auswüchsen" im Sinne rein kündigungsrechtlich motivierter Verlagerungen betrieblicher Funktionen auf neu gegründete Rechtsträger entgegenzuwirken. Allein die einheitliche Planung der Verlagerung von Aktivitäten durch das herrschende Unternehmen eines Konzerns reicht für einen Rechtsmissbrauch oder einen Konzernbezug mit kündigungsrechtlicher Relevanz aber nicht aus.

7. *Siebentes Prinzip:* Parallelität von individuellem Kündigungsschutz und kollektiver (Betriebsrats-) Mitbestimmung

a) Grundsatz: Wirksamkeit individueller Kündigungen trotz Verstoßes gegen §§ 111 ff. BetrVG

41 Wie bereits in anderem Zusammenhang (→ C Rn. 128 ff. und 388 ff.) dargestellt, ist der Betriebsrat bzw. Gesamtbetriebsrat eines von Umstrukturierungen betroffenen Unternehmens unter verschiedenen rechtlichen Gesichtspunkten an den unternehmerischen Planungen und anschließenden (vor allem personellen) Maßnahmen zu beteiligen. Von zen-

[426] BAG 26.9.2002 – 2 AZR 636/01, NZA 2003, 549, unter II 2 der Gründe.
[427] BAG 21.5.2008 – 8 AZR 481/07, NZA 2009, 144.
[428] BAG 7.2.2019 – 6 AZR 75/18, NJW 2019, 1966 mit zust. Anm. *Bachmann/Ponßen;* wohl auch zust. *Notzon* öAT 2020, 4; krit. *Boemke* JuS 2019, 1204; *Schwarze* JA 2019, 789; *Bauer* ArbRAktuell 2019, 93; *Ostermaier* GWR 2019, 350; Ascheid/Preis/Schmidt/*Rolfs* 2. Teil. Aufhebungsvertrag, Rn. 108a f.; *Fischinger* NZA-RR 2020, 516; *Lingemann/Chakrabarti* NJW 2019, 2445; *Holler* NJW 2019, 2206; *Hördt* ArbRAktuell 2019, 289; BeckOK BGB/*Sutschet* § 311 Rn. 59a ff.; einschränkend *Kamanabrou* RdA 2020, 201.
[429] BAG 26.9.2002 – 2 AZR 636/01, NZA 2003, 549.

traler Bedeutung ist dabei die Mitbestimmung bei Betriebsänderungen im Sinne von §§ 111 ff. BetrVG in Form des Interessenausgleichs (→ C Rn. 193) und Sozialplans (→ C Rn. 218). Insbesondere durch die dem Betriebsrat eingeräumte Chance, auf die unternehmensseitige Planung *vor* Durchführung einer Betriebsänderung Einfluss zu nehmen, werden die Aussichten aller oder zumindest einzelner Arbeitnehmer, von einer betriebsbedingten Kündigung doch noch verschont zu bleiben, wesentlich mitbestimmt. Der sich vertragstreu verhaltende Arbeitgeber wird nämlich von einer zunächst vorgesehen betriebsbedingten Kündigung Abstand nehmen, wenn er sich hierzu in einem mit dem Betriebsrat wirksam abgeschlossenen Interessenausgleich verpflichtet hat. Dass individueller Kündigungsschutz und kollektive Interessenwahrung gemäß § 111 ff. BetrVG **nicht unmittelbar miteinander verzahnt** sind, zeigt sich allerdings, wenn ein Unternehmer den Interessenausgleich erst gar nicht versucht oder von einem geschlossenen Interessenausgleich nachträglich wieder abrückt.

Beispiel H 7: 42

Die Z-GmbH hatte ursprünglich geplant, ihre Produktionsstätte in Karlsruhe vollständig stillzulegen. Im Rahmen der Verhandlungen nach §§ 111 ff. BetrVG gelingt es dem örtlichen Betriebsrat, einen Interessenausgleich abzuschließen, wonach der überwiegend durch handwerkliche Arbeiten geprägte Betriebsteil Sonderfertigung mit 25 Arbeitnehmern von der Stilllegung ausgenommen und mindestens für die Dauer von fünf Jahren fortgeführt werden soll. Bereits zwei Jahre nach Abschluss des Interessenausgleichs entschließt sich die Z-GmbH, auch den verbleibenden Restbetrieb wegen Unrentabilität stillzulegen und kündigt allen dort verbliebenen 25 Arbeitnehmern nach vorheriger Anhörung des Betriebsrats gemäß § 102 BetrVG aus betriebsbedingten Gründen.

Die Z-GmbH verstößt mit diesem Schritt offfensichtlich gegen den Interessenausgleich soweit in diesem nicht entsprechende (Änderungs-)Vorbehalte vereinbart wurden oder zwingende Gründe im Sinne des § 113 Abs. 1 BetrVG vorgelegen haben. Gleichwohl führt die Verletzung kollektivrechtlich eingegangener Verpflichtungen im vorliegenden Fall keineswegs automatisch zur Unwirksamkeit der ausgesprochenen betriebsbedingten Kündigungen. Auch wenn diese gegen einen zuvor abgeschlossenen Interessenausgleich verstoßen (zu dessen fehlender normativer Wirkung vgl. → C Rn. 201 ff. sowie unter → Rn. 43), gilt im Verhältnis zwischen individuellem Kündigungsschutz einerseits und Mitbestimmung des Betriebsrats nach §§ 111 ff. BetrVG andererseits das **„Trennungsprinzip“.** Daher richtet sich die Frage der Wirksamkeit einer einmal formgerecht ausgesprochenen betriebsbedingten Kündigung *allein* nach den oben dargestellten kündigungsrechtlichen Prinzipien. Da vorliegend der komplette Restbetrieb stillgelegt wird, sind die ausgesprochenen Kündigungen sozial gerechtfertigt im Sinne von § 1 KSchG, es sei denn, dass es noch anderweitige Beschäftigungsmöglichkeiten in anderen Betrieben des Unternehmens gemäß § 1 Abs. 2 S. 2 und 3 KSchG gibt.

Die Beteiligungsrechte des Betriebsrats nach §§ 111 ff. BetrVG vermögen also nicht auf die individualrechtliche Ebene durchzuschlagen (zu der Ausnahme des Interessenausgleichs mit Namensliste, vgl. → Rn. 26 ff.). Eine mittelbare Bestätigung findet dieser Grundsatz in § 113 Abs. 1 und 3 BetrVG: Weicht der Unternehmer von einem **Interessenausgleich** über eine geplante Betriebsänderung ohne zwingenden Grund ab, so können Arbeitnehmer, die infolge der Abweichung **entlassen** werden, beim Arbeitsgericht Klage erheben mit dem Antrag, den Arbeitgeber zur Zahlung von **Abfindungen** entsprechend § 10 KSchG zu verurteilen (§ 113 Abs. 1 BetrVG); Entsprechendes gilt nach Abs. 3, wenn der Arbeitgeber kündigt, ohne zuvor den **Versuch eines Interessenausgleichs** überhaupt unternommen zu haben. Diese gesetzgeberische Konzeption eines nicht dem Betriebsrat, sondern dem einzelnen Arbeitnehmer zustehenden Anspruchs auf **Nachteilsausgleich** (dazu auch → C Rn. 349 ff.) zeigt, dass die rechtliche Wirksamkeit einer betriebsverfassungswidrig ausgesprochenen Kündigung nicht durch den kollektivrechtlichen Verstoß

„infiziert" wird, sondern dass – allenfalls – ein Anspruch auf individuelle Kompensation in Form des Nachteilsausgleichs in Betracht kommt; dieser setzt eine wirksame Kündigung *gerade* voraus, weil es ansonsten an einem ausgleichspflichtigen Nachteil von vornherein fehlte. Im **Ausgangsfall H 7** können die von der interessenausgleichswidrigen Kündigung betroffenen Arbeitnehmer daher zunächst versuchen, sich mit *allgemeinen* kündigungsrechtlichen Argumenten (zB unter Hinweis auf anderweitige Beschäftigungsmöglichkeiten im Unternehmen nach § 1 Abs. 2 S. 2 und 3 KSchG) im Rahmen eines Kündigungsschutzprozesses gegen die Entlassung zu verteidigen; gelingt dies nicht, bleibt ihnen nur der – mit einem prozessualen **Hilfsantrag** zu verfolgende – Anspruch auf Nachteilsausgleich im Sinne von § 113 Abs. 1 BetrVG, sofern von Arbeitgeberseite keine „zwingenden Gründe" im Sinne dieser Bestimmung[430] angeführt werden können.

43 **Zusammenfassend** ist festzuhalten, dass ein Interessenausgleich, selbst wenn er ausdrücklich die Kündigung bestimmter Arbeitnehmer ausschließt, nicht *per se* zur Unwirksamkeit hiergegen verstoßender Kündigungen führt. Der Interessenausgleich hat auch nicht die Wirkung eines Kündigungsverbots im Sinne von § 134 BGB, weil ihm richtiger Auffassung zufolge **keine normative Wirkung** zukommt.[431] Will der Betriebsrat – entgegen der grundsätzlichen Systematik des Gesetzes – eine **Gleichschaltung von kollektiver Interessenvertretung und individuellem Kündigungsschutz** erreichen, bleibt nur der Weg über eine **freiwillige Betriebsvereinbarung** im Sinne von § 88 BetrVG, die betriebsbedingte Kündigungen (zB für einen bestimmten Zeitraum) für unzulässig erklärt und angesichts der unbestrittenen normativen Geltung von Betriebsvereinbarungen (vgl. § 77 Abs. 4 S. 1 BetrVG) als Verbotsnorm im Sinne von § 134 BGB wirkt. Freilich sind solche Betriebsvereinbarungen nicht erzwingbar, und die Arbeitgeberseite wird sich sehr gut überlegen (müssen), ob sie sich auf derartige Regelungen mit oftmals **nicht hinreichend absehbarer Tragweite** wirklich einlassen will.

b) Grundsatz: Kein Verlust des individuellen Kündigungsschutzes bei interessenausgleichskonformer Kündigung

44 Der Grundsatz, dass individueller Kündigungsschutz nach dem Kündigungsschutzgesetz und die Beteiligung des Betriebsrats nach §§ 111 ff. BetrVG nebeneinander stehen und sich grundsätzlich nicht wechselseitig präjudizieren, gilt auch in **umgekehrter Richtung,** wie das nachfolgende **Beispiel H 8** verdeutlicht:

Beispiel H 8:

Die C-GmbH hat mit ihrem Betriebsrat einen Interessenausgleich über die Stilllegung ihrer hauseigenen Metallbauabteilung vereinbart. Danach soll allen dort tätigen Arbeitnehmern zum 31.12. betriebsbedingt gekündigt werden. In dem Interessenausgleich heißt es überdies wörtlich: „Die Parteien sind darüber einig, dass die von der Maßnahme betroffenen Arbeitnehmer mit anderen Mitarbeitern des Betriebs nicht vergleichbar sind". Der gelernte Metallbauer M macht nach seiner betriebsbedingten Kündigung im Kündigungsschutzprozess geltend, dass er sehr wohl bereit und in der Lage sei, die Aufgabe eines im Betrieb tätigen Hausmeisters zu übernehmen, der über dieselbe Qualifikation und Gehaltsgruppe verfüge wie er, aber wesentlich jünger und erst seit zwei Jahren im Unternehmen beschäftigt sei.

45 Wie die Praxis zeigt, versuchen die Betriebsparteien mitunter, das Ergebnis einer vorzunehmenden Sozialauswahl im Sinne von § 1 Abs. 3 KSchG durch bestimmte Vorgaben im Interessenausgleich zu beeinflussen. Die Arbeitsgerichte sind an solche Festlegungen, solange sie nicht den Charakter einer Auswahlrichtlinie im Sinne von § 95 BetrVG in Ver-

[430] Vgl. dazu und zu der Frage eines Erfüllungsanspruchs des Betriebsrats aus abgeschlossenem Interessenausgleich → C Rn. 206 ff.
[431] Streitig; vgl. *Willemsen/Hohenstatt* NZA 1997, 345; zur Problematik auch → C Rn. 202 ff.

bindung mit § 1 Abs. 4 oder einer Namensliste iSv § 1 Abs. 5 KSchG haben, grundsätzlich nicht gebunden;[432] sie haben also die **soziale Rechtfertigung einer Kündigung** im Sinne von § 1 KSchG auch dann uneingeschränkt **nachzuprüfen,** wenn diese in völliger Übereinstimmung mit einem bestehenden Interessenausgleich ausgesprochen wurde. Zwar mag sich der Arbeitgeber im Kündigungsschutzprozess in einer psychologisch und taktisch vorteilhaften Situation befinden, wenn er die Kündigung lediglich in Vollzug eines mit dem Betriebsrat vereinbarten Interessenausgleichs ausgesprochen hat; eine Gewähr für die kündigungsschutzrechtliche Richtigkeit der getroffenen Entscheidung beinhaltet dies jedoch nicht. Anders formuliert: Der individuelle Kündigungsschutz des einzelnen Arbeitnehmers kann durch die Arbeitgeberseite nicht mittels eines entsprechend ausgestalteten Interessenausgleichs „abgekauft" werden. Dies gilt uneingeschränkt für den „normalen" Interessenausgleich, trifft aber im Grundsatz auch dann zu, wenn dieser mit einer Namensliste nach § 1 Abs. 5 KSchG versehen wurde. Dem Arbeitnehmer bleibt in jedem Falle die Möglichkeit, eine Kündigung gerichtlich anzugreifen, etwa dadurch, dass er die grobe Fehlerhaftigkeit einer vorgenommenen Sozialauswahl geltend macht; allerdings „verschiebt" sich durch die Namensliste die Darlegungs- und Beweislast im Kündigungsschutzprozess zum Nachteil des Arbeitnehmers (→ Rn. 16a, 26ff.).

c) Zur Zulässigkeit sog. „Turboprämien"

Dasselbe trifft auch und erst recht zu für das Verhältnis des individuellen Kündigungsschutzes zu einem bestehenden **Sozialplan.** Dessen inhaltliche Ausgestaltung wird zwar – wie die Praxis ebenfalls zeigt – die Klagefreudigkeit der Arbeitnehmer in Bezug auf die ihnen gegenüber ausgesprochenen betriebsbedingten Kündigungen maßgeblich (im positiven wie im negativen Sinne) beeinflussen. Angesichts der Parallelität von kollektiver Interessenvertretung und individuellem Kündigungsschutz hat der Arbeitnehmer aber *de facto* ein Wahlrecht, ob er nach dem Grundsatz „dulde und liquidiere" die Kündigung gegen Auszahlung der Sozialplanabfindung hinnimmt oder hiergegen fristwahrend Kündigungsschutzklage erhebt, und sei es auch nur mit dem Ziel, die Sozialplanabfindung im Vergleichswege um eine „kündigungsschutzrechtliche Komponente" (etwa wegen eines Fehlers in der Sozialauswahl) aufzustocken. Vor diesem Hintergrund erklärt sich auch die in der Sozialplanpraxis übliche **Klausel,** wonach die **Sozialplanabfindung,** falls der Arbeitnehmer gegen seine Kündigung Klage erhebt, erst **nach Abschluss des Kündigungsschutzprozesses** – sei es durch Urteil, sei es durch Vergleich – **fällig** wird. Die früher nicht selten anzutreffende Regelung, wonach in solchen Fällen der Arbeitnehmer den Anspruch auf die Sozialplanabfindung gänzlich verlieren sollte, wäre aus heutiger Sicht bereits wegen Verstoßes gegen § 612a BGB unwirksam.[433] 46

Eine „Bereinigungsfunktion" zur Herbeiführung von **Planungssicherheit** im Hinblick auf den Kündigungsschutz kommt dem Sozialplan nach Auffassung des 2. BAG-Senats nicht zu.[434] Dagegen gestattet es der Senat den Betriebsparteien, durch gesonderte, freiwillige Betriebsvereinbarung zusätzliche Abfindungen („Turboprämien"[435]) für Arbeitnehmer festzulegen, die auf die **Erhebung einer Kündigungsschutzklage verzichten;** durch eine solche Regelung dürfe allerdings nicht das Verbot umgangen werden, Sozialplanabfindungen von einem entsprechenden Verzicht abhängig zu machen (dazu auch → C Rn. 309).[436] Insbesondere ist zu beachten, dass eine solche Klageverzichtsprämie nicht im Sozialplan selbst geregelt sein darf, aber in einer separaten Betriebsvereinbarung

[432] Zum „Interessenausgleich mit Namensliste" → Rn. 26ff.
[433] Offengelassen von BAG 31.5.2005 – 1 AZR 254/04, NZA 2005, 997, das – jedenfalls – einen Verstoß gegen § 75 BetrVG annimmt.
[434] BAG 31.5.2005 – 1 AZR 254/04, NZA 2005, 997.
[435] Vgl. dazu auch *Däubler* NZA 2020, 10.
[436] BAG 31.5.2005 – 1 AZR 254/04, NZA 2005, 997; BAG 15.2.2005 – 9 AZR 116/04, NZA 2005, 1117 (für einen vom Arbeitgeber einseitig aufgestellten Leistungsplan); s. dazu auch *Riesenhuber* NZA 2005, 1100.

zulässig ist. Zudem darf das Sozialplanvolumen nicht unangemessen niedrig sein. Ist dies aber nicht der Fall, kommt also die „Turbo-“ oder „Klageverzichtsprämie“ „on top“, darf diese auch beträchtliche Summen erreichen und sogar die Sozialplanabfindung übertreffen.

d) Verknüpfung von kollektivem und individuellem Kündigungsschutz durch § 102 BetrVG

47 Eine gewisse Verknüpfung von kollektivem und individuellem Kündigungsschutz ist allerdings in Bezug auf § 102 BetrVG festzustellen: Die in der Prozesspraxis auf Arbeitgeberseite vielgefürchtete Bestimmung macht die Wirksamkeit der Kündigung von der vorherigen,[437] vollständigen[438] und wahrheitsgemäßen[439] Unterrichtung über die Gründe für die beabsichtigte Kündigung abhängig; eine **ohne ordnungsgemäße Anhörung des Betriebsrats** ausgesprochene Kündigung ist unheilbar nichtig (§ 102 Abs. 1 BetrVG) (dazu auch → C Rn. 397). Die Einschaltung des Betriebsrats vor einer Kündigung hat über die reine Unterrichtung hinaus den Sinn, ihm Gelegenheit zu geben, seine Überlegungen zu der Kündigung aus Sicht der Arbeitnehmervertretung zur Kenntnis zu bringen. Die Sanktion verfolgt den Zweck, den Arbeitgeber zu veranlassen, vor jeder Kündigung den Betriebsrat zu hören, will er nicht Gefahr laufen, dass die Kündigung von vornherein unwirksam ist.[440] Hervorzuheben ist, dass sich die Verpflichtung zur vollständigen Information des Betriebsrats bei betriebsbedingten Kündigungen auch auf die **Gründe** für eine etwa notwendige **Sozialauswahl** im Sinne von § 1 Abs. 3 KSchG erstreckt,[441] und zwar auch bei **Massenentlassungen,** was die Betriebsratsanhörung in der Praxis zu einem besonders komplexen und riskanten Unterfangen machen kann. Die **Darlegungslast** des Arbeitgebers gegenüber dem Betriebsrat soll allerdings nicht so weit gehen wie im Kündigungsschutzprozess.[442] Der Arbeitgeber hat dem Betriebsrat nur die aus seiner Sicht für die **Kündigung ausschlaggebenden Umstände** – und nicht etwa alle objektiv kündigungsrechtlich relevanten Tatsachen – mitzuteilen.[443] Diese Umstände müssen auch die dann wiederum **entlastenden Aspekte vollständig,** und zwar unabhängig von ihrer Relevanz für den eigentlichen Kündigungsentschluss, enthalten.[444] Im Rahmen von Umstrukturierungen kann sich häufig der der Kündigung zu Grunde liegende **Sachverhalt ändern.** Geschieht dies vor Zugang der Kündigung, hat der Arbeitgeber den Betriebsrat darauf hinzuweisen. Ändert sich der Sachverhalt **wesentlich,** ist der Betriebsrat selbst dann erneut zu unterrichten, wenn das Anhörungsverfahren bereits abgeschlossen war.[445]

48 Die Beteiligung des Betriebsrats bei Kündigungen gibt diesem – wenn man von der besonderen Situation bei Mandatsträgern im Sinne von § 15 KSchG, § 103 BetrVG absieht – allerdings **keine Möglichkeit,** die vom Arbeitgeber beabsichtigte **Kündigung zu verhindern;** liegt eine ordnungsgemäße Unterrichtung des Betriebsrats vor und hat dieser der beabsichtigten Kündigung widersprochen, kann der Arbeitgeber gleichwohl kündigen, so dass der betroffene Arbeitnehmer, der die Kündigung für sozial ungerechtfertigt im Sin-

---

[437] Zu Zweifelsfragen hinsichtlich des Zeitpunkts der Unterrichtung vgl. KR/*Rinck* BetrVG § 102 Rn. 112; SPV Kündigung Rn. 316 ff.

[438] Darzulegen sind die Gründe, aber auch nur diese, die den Arbeitgeber zum Kündigungsentschluss veranlasst haben (sog. subjektive Determination); vgl. BAG 15.11.1995 – 2 AZR 974/94, NZA 1996, 419; BAG 23.10.2014 – 2 AZR 736/13, NZA 2015, 476 Rn. 14; KR/*Etzel* BetrVG § 102 Rn. 62 mwN; SPV Kündigung Rn. 336 ff.

[439] Vgl. KR/*Rinck* BetrVG § 102 Rn. 83. Nach der Rechtsprechung des BAG ist eine bewusst und gewollt unrichtige oder unvollständige Mitteilung der für den Kündigungsentschluss des Arbeitgebers maßgebenden Kündigungsgründe wie eine Nicht-Information zu behandeln; vgl. BAG 31.8.1989 – 2 AZR 453/88, DB 1990, 1928; BAG 6.7.2006 – 2 AZR 520/05, NZA 2007, 266 Rn. 18.

[440] Amtliche Begründung, BR-Drs. 715/70, 52; BAG 27.2.1997 – 2 AZR 37/96, BeckRS 1997, 30767459.

[441] BAG 29.3.1984 – 2 AZR 429/83, NZA 1984, 169; BAG 12.8.2010 – 2 AZR 104/09, BeckRS 2011, 67804 Rn. 18; KR/*Rinck* BetrVG § 102 Rn. 92.

[442] S. dazu SPV Kündigung Rn. 343.

[443] BAG 23.10.2008 – 2 AZR 163/07 AP KSchG 1969 § 1 Namensliste Nr. 18.

[444] BAG 16.7.2015 – 2 AZR 15/15, NZA 2016, 99.

[445] BAG 22.9.2016 – 2 AZR 700/15, NZA 2017, 304.

ne von § 1 KSchG hält, hiergegen wiederum fristgemäß Kündigungsschutzklage erheben muss. Eine erhebliche Verstärkung des individuellen Kündigungsschutzes ergibt sich indes daraus, dass ein ordnungsgemäßer **Widerspruch** seitens des Betriebsrats im Sinne von § 102 Abs. 3 BetrVG einen Anspruch des betroffenen Arbeitnehmers auf **tatsächliche Weiterbeschäftigung** bis zum rechtskräftigen Abschluss des Kündigungsrechtsstreits, also gegebenenfalls deutlich **über die Kündigungsfrist hinaus,** auslöst (vgl. § 102 Abs. 5 BetrVG). Diese stringente Rechtsfolge kann sich insbesondere bei einem umfangreichen Personalabbau oder gar der Stilllegung ganzer Betriebsabteilungen als äußerst scharfes Schwert in der Hand des Betriebsrats erweisen und muss daher schon vor der Durchführung von Entlassungen sorgfältig bedacht werden. Der Verzicht auf einen Widerspruch kann deshalb Bestandteil eines „Deals" im Rahmen der Interessenausgleichs- und Sozialplanverhandlungen sein.

Insbesondere wenn es an einem Interessenausgleich fehlt, etwa weil die diesbezüglichen Verhandlungen endgültig gescheitert sind, muss mit einer Gegenwehr des Betriebsrats im Wege der Ausübung des Widerspruchsrechts gerechnet werden, das freilich an ganz bestimmte Gründe gebunden ist (vgl. § 102 Abs. 3 Nr. 1–5 BetrVG). Liegt einmal ein ordnungsgemäß begründeter – die Anforderungen sind hier jedoch hoch[446] – Widerspruch des Betriebsrats vor,[447] bleibt der Arbeitgeberseite nur der äußerst schwierige Weg, eine **Entbindung** von der Weiterbeschäftigungspflicht durch **einstweilige Verfügung** gemäß § 102 Abs. 5 S. 2 Nr. 1–3 BetrVG zu beantragen.[448]

Zusammengefasst ergibt sich somit folgendes Bild: Was die (etwaige) Sozialwidrigkeit 49
einer Kündigung anbelangt, bleibt der Arbeitnehmer trotz möglicher Unterstützung durch den Betriebsrat im Rahmen von § 102 BetrVG Hüter seiner eigenen Interessen. Ein **Vetorecht** steht dem Betriebsrat insoweit bei „normalen" Arbeitnehmern (Nicht-Amtsträgern) **nicht** zu; ein solches ergibt sich auch nicht aus §§ 111 ff. BetrVG. Durch ein von beiden Betriebspartnern (Arbeitgeber und Betriebsrat) sachgerecht durchgeführtes und konstruktiv abgeschlossenes Verfahren zur Herbeiführung eines Interessenausgleichs und Sozialplans lässt sich zwar, wie die Praxis zeigt, die Klagefreudigkeit der Arbeitnehmer gegen ihre betriebsbedingte Kündigung erheblich beeinflussen. Wirkliche Gewissheit darüber, mit wie vielen individuellen, oftmals sehr zeit- und kostenaufwendigen Kündigungsschutzprozessen gerechnet werden muss, besteht indes erst nach Ablauf der dreiwöchigen Klagefrist des § 4 S. 1 KSchG, Gewissheit über deren Ausgang mitunter erst nach mehren Jahren.

II. Auswirkungen der Umstrukturierung auf den Kündigungsschutz

Als – gewolltes oder ungewolltes – Ergebnis von Umstrukturierungsprozessen und Be- 50
triebs(teil)übertragungen können sich die künftigen kündigungsrechtlichen Verhältnisse maßgeblich verändern. Teilweise werden diese Veränderungen allerdings durch Sonderbestimmungen des Umwandlungsrechts wieder aufgefangen.

[446] Vgl. mit zahlreichen Nachweisen zur Einzelfällen *Thüsing* in Richardi BetrVG § 102 Rn. 189 ff.; Ascheid/Preis/Schmidt/Koch BetrVG § 102 Rn. 189: Gefordert wird eine individualisierbare Stellungnahme, die eine Auseinandersetzung mit den vom Arbeitgeber im Anhörungsverfahren vorgetragenen Kündigungsgründen erkennen lässt, vgl. BAG 6.12.1984 – 2 AZR 542/83, BeckRS 1984, 04425. Die bloße Wiedergabe des Gesetzeswortlauts der Widerspruchsgründe ist genauso wenig ausreichend wie Vermutungen, Andeutungen und Leerformeln.Viel mehr ist ein Tatsachenvortrag erforderlich, aus dem sich für einen mit den betrieblichen Verhältnissen vertrauten Arbeitgeber ergibt, dass einer der in Abs. 3 abschließend genannten Widerspruchsgründe in Betracht kommt.

[447] Zu den Anforderungen vgl. KR/*Rinck* BetrVG § 102 Rn. 184 ff. mwN aus der Instanzrechtsprechung.

[448] Zu den Entbindungsmöglichkeiten nach § 102 Abs. 5 BetrVG insbesondere bei Massenentlassungen vgl. *Willemsen/Hohenstatt* DB 1995, 215.

1. Entstehung von Kleinbetrieben innerhalb und außerhalb des bisherigen Rechtsträgers

a) (Begrenzte) Kündigungsfreiheit im Kleinbetrieb bzw. Kleinunternehmen

50a Gemäß § 23 Abs. 1 S. 2 KSchG findet der allgemeine Kündigungsschutz auf inländische[449] Betriebe, in denen in der Regel fünf oder weniger Arbeitnehmer ausschließlich der zu ihrer Berufsausbildung Beschäftigten beschäftigt werden, keine Anwendung; mit gewissen, recht komplizierten Maßgaben zu Gunsten von „Altarbeitnehmern“, dh solchen, die bei Inkrafttreten der Reform bereits beschäftigt waren, wurde dieser **Schwellenwert** mit Wirkung vom **1.1.2004 auf zehn angehoben.**[450] Maßgeblicher Zeitpunkt für die Berechnung der Schwellenwerte ist der Zugang der Kündigung.[451] In seine Berechnung sind Arbeitsverhältnisse, die nicht dem deutschen Recht unterliegen, auch dann nicht einzubeziehen, wenn die ausländische Arbeitsstätte mit einer deutschen einen Gemeinschaftsbetrieb bildet.[452] Arbeitnehmer, die unter Aufrechterhaltung ihres inländischen Arbeitsverhältnisses von ihrem Stammbetrieb vorübergehend **ins Ausland entsandt** werden, zählen dagegen mit. Ebenfalls mitzuzählen sind Arbeitnehmer, die ihre Tätigkeit überwiegend im „Home-Office“ verrichten.[453] Die räumliche Trennung von der Betriebsstätte begründet in einem derartigen Fall ebenso wenig eine andere Betrachtungsweise wie bei Arbeitnehmern im Außendienst. Schwierigkeiten kann hingegen die Bestimmung der Betriebszugehörigkeiten bei solchen Mitarbeitern bereiten, deren Arbeitsverhältnis – insbes. in einer sog. **Matrixstruktur** (s. dazu auch → Rn. 61b) – weitgehend **„entgrenzt“** ist. Maßgeblich für die Beantwortung dieser Frage ist, wann eine zwar nicht räumliche, aber doch organisatorische Eingliederung in einen Betrieb im kündigungsschutzrechtlichen Sinne gegeben ist.[454] Diese Frage entscheidet – neben derjenigen des maßgeblichen **Arbeitsvertragsstatuts**[455] auch darüber, ob der betreffende Arbeitnehmer persönlich den Schutz des KSchG genießt. Aus Art. 30 GRCh ergeben sich hingegen keine weitergehenden Beschränkungen der Kündigung im Kleinbetrieb, zumal es einen allgemeinen Kündigungsschutz in der EU nicht gibt.[456] **Umstritten** ist die Einbeziehung von **Leiharbeitnehmern** in den Schwellenwert.[457] Für **Teilzeitbeschäftigte** gilt der **Umrechungsschlüssel** nach § 23 Abs. 1 S. 4 KSchG. Fristgemäße Kündigungen in solchen **Kleinbetrieben** bzw., soweit ein Rechtsträger über mehrere Betriebe verfügt, Kleinunternehmen[458] bedürfen auf Grund der Bereichsausnahme keiner sozialen Rechtfertigung im Sinne des § 1 KSchG und können dementsprechend nur wegen eines sonsti-

---

[449] Nach stRspr des BAG findet der Erste Abschnitt des KSchG nur auf in Deutschland gelegene Betriebe Anwendung; BAG 17.1.2008 – 2 AZR 902/06, NZA 2008, 872; BAG 26.3.2009 – 2 AZR 883/07, DB 2009, 1409.

[450] Vgl. dazu die Beispiele bei *Bauer/Krieger* DB 2004, 651; wegen weiterer Einzelheiten s. BAG 23.5.2013 – 2 AZR 54/12, NZA 2013, 1197; SPV Kündigung Rn. 860ff.; zur Darlegungs- und Beweislast im Prozess BAG 24.2.2005 – 2 AZR 373/03, BB 2005, 1629; BAG 26.6.2008 – 2 AZR 264/07, DB 2008, 2311; *Berkowsky* DB 2009, 1126.

[451] BAG 21.9.2017 – 2AZR 865/16, NZA 2018, 358.

[452] BAG 26.3.2009 – 2 AZR 883/07, DB 2009, 1409; BAG 29.8.2013 – 2 AZR 809/12, NZA 2014, 730; s. auch LAG Hannover 28.9.2007 – 16 Sa 1900/06, ZIP 2008, 1033: Mitarbeiter, die in einem Unternehmen im Ausland arbeiten, sind iRv § 23 KSchG nicht mitzuzählen, selbst wenn das deutsche sowie das ausländische Unternehmen einen gemeinsamen Betrieb bilden. Kritisch zur Entscheidung des BAG vom 26.3.2009 *Straube* DB 2009, 1406.

[453] Vgl. ErfK/*Kiel* KSchG § 23 Rn. 8.

[454] Dazu ausführlich *Gimmy/Hügel* NZA 2013, 764 767f.

[455] S. *Gimmy/Hügel* NZA 2013, 764 (765).

[456] Vgl. *M. Meyer* NZA 2014, 993; für die Wartezeit des § 1 KSchG BAG 8.12.2011 – 6 AZN 1371/11, NZA 2012, 286. S. zum Ganzen auch *Willemsen/Sagan* NZA 2011, 258.

[457] Bejahend, soweit damit ein regelmäßiger Beschäftigungsbedarf abgedeckt wird, BAG 24.1.2013 – 2 AZR 140/12, NZA 2013, 726; ErfK/*Kiel* KSchG § 23 Rn. 11; KR/*Bader* KSchG § 23 Rn. 57; Ascheid/Preis/Schmidt/*Moll* KSchG § 23 Rn. 45; dagegen *Löwisch* FS Wank, 2014, 315.

[458] Zu der insoweit gebotenen verfassungskonformen Auslegung des § 23 KSchG vgl. BVerfG 27.1.1998 (1 BvL 15/87, NZA 1998, 470; SPV Kündigung Rn. 858 sowie → Rn. 51).

gen Rechtsmangels (zB Verletzung einer vorgeschriebenen Form, Verstoß gegen ein gesetzliches Verbot,[459] Sittenwidrigkeit nach § 138 BGB) mittels arbeitsgerichtlicher Klage angegriffen werden.

Allerdings ist der Grundsatz der (inhaltlichen) Kündigungsfreiheit durch die Rechtsprechung des Bundesverfassungsgerichts und dieser nachfolgend auch durch diejenige des BAG zwischenzeitlich **relativiert** worden. Dem Bundesverfassungsgericht ging es in seiner für die Praxis richtungsweisenden Entscheidung vom 27.1.1998 darum, „... Arbeitnehmer vor auf **willkürlichen** oder **sachfremden Motiven** beruhenden Kündigungen zu schützen". Auch ein durch langjährige Mitarbeit erdientes **Vertrauen** in den Fortbestand des Arbeitsverhältnisses dürfe nicht unberücksichtigt bleiben. Allerdings könne der durch die zivilrechtliche Generalklauseln „... vermittelte Schutz nicht dazu führen, dass dem Kleinunternehmer praktisch die im Kündigungsschutzgesetz vorgesehenen **Maßstäbe der Sozialwidrigkeit auferlegt** werden."[460] Zumindest der letzte Satz zeigt, dass der Qualifizierung einer betrieblichen Einheit als Kleinbetrieb im Sinne von § 23 Abs. 1 S. 2 und 3 KSchG auch nach der Grundsatzentscheidung des Bundesverfassungsgerichts nach wie vor erhebliche Bedeutung zukommt.[461] Diese ist allerdings für die Praxis durch die „konkretisierende" Rechtsprechung des BAG in bedenklichem Maße reduziert worden. 50b

Das BAG hat die Vorgaben des Bundesverfassungsgerichts nämlich sehr weitgehend interpretiert und auch für Kleinbetriebe hinsichtlich der **Auswahlentscheidung bei Kündigungen** unter Anlehnung an § 242 BGB ein Mindestmaß an sozialer Rücksichtnahme gefordert und damit einen allgemeinen **Kündigungsschutz („2. Klasse") nach § 242 BGB** statuiert, der der Rechtsprechung des BAG bis dato fremd war.[462] Dieser schließt auch die Verpflichtung ein, im Falle einer betriebsbedingten Kündigung auf das Alter und die Betriebszugehörigkeit eines langjährig beschäftigten Mitarbeiters Rücksicht zu nehmen.[463] Da die Unterschiede zwischen einer „abgeschwächten" und einer „vollen" Sozialauswahl iSv § 1 Abs. 3 KSchG nicht nur juristischen Laien kaum vermittelbar sind,[464] wird der Zweck des § 23 Abs. 1 S. 2 und 3 KSchG, Inhaber von Kleinbetrieben, von – uU existenzbedrohenden – Risiken in der Anwendung des Kündigungsschutzes zu entlasten, zumindest *de facto* unterlaufen. Hinzu kommt, dass auf Kündigungen im Kleinbetrieb die Benachteiligungsverbote des **Allgemeinen Gleichbehandlungsgesetzes** (AGG) sowie die Beweislastverteilung nach § 22 AGG unmittelbar gelten. Das BAG geht nämlich in einem Urteil vom 19.12.2013 davon aus, dass § 2 Abs. 4 AGG, der dem scheinbar entgegenstehe, nur für die Anwendung des AGG auf Arbeitsverhältnisse gelte, die dem allgemeinen Kündigungsschutz nach dem KSchG unterliegen. Ordentliche Kündigungen während der (sechsmonatigen) Wartezeit und in Kleinbetrieben seien daher unmittelbar am Maßstab des AGG zu messen.[465] Keinesfalls ist die sog. Kleinbetriebsklausel des § 23 Abs. 1 S. 2 KSchG konzernbezogen zu verstehen. Bei **konzernabhängigen Kleinunternehmen** wird dies unter der Fragestellung relevant, ob diesen die Arbeitnehmer des herrschenden Unternehmens (und umgekehrt) zugerechnet werden müssen.[466] Einen solchen **Berechnungsdurchgriff** hat das BAG für den Fall, dass eine **Holding** weniger als fünf

[459] Insbesondere § 613a Abs. 4 BGB, der auch in Kleinbetrieben zu beachten ist; vgl. KR/*Bader* KSchG § 23 Rn. 40f.

[460] BVerfG 27.1.1998 – 1 BvL 15/87, NZA 1998, 470 Rn. 35.

[461] Vgl. *Gragert* NZA 2000, 961. Wegen der Berechnungsmodalitäten für die Belegschaftsstärke ist auf das allgemeine Schrifttum zu verweisen; vgl. zB KR/*Bader* KSchG § 23 Rn. 52ff.; HWK/*Quecke* KSchG § 23 Rn. 13.

[462] BAG 21.2.2001 – 2 AZR 15/00, NZA 2001, 833; bestätigt durch BAG 6.2.2003 – 2 AZR 672/01, NZA 2003, 717; vgl. dazu *Berkowsky* NJW 2009, 113; ErfK/*Kiel* KSchG § 4 Rn. 4; *Gragert/Wiehe* NZA 2001; ablehnend *Annuß* DB 2001, 1898; sowie ausführlich *ders.*, Betriebsbedingte Kündigung, S. 315.

[463] BAG 21.2.2001 – 2 AZR 15/00, NZA 2001, 833.

[464] Auf diese Unklarheit weist zu Recht *Schwerdtner* FS 50 Jahre Bundesarbeitsgericht, 2004, 459, 471, hin.

[465] BAG 19.12.2013 – 6 AZR 190/12, NZA 2014, 372 Rn. 22ff.; s. auch BAG 23.7.2015 – 6 AZR 457/14, NZA 2015, 1380.

[466] Vgl. dazu *Preis* in Henssler/Moll S. 16.

Arbeitnehmer beschäftigt und mit einem Tochterunternehmen keinen Gemeinschaftsbetrieb führt, **verneint.**[467] Das BAG unterscheidet hierbei deutlich zwischen konzernrechtlicher Leitungsbefugnis und dem für diese Frage allein bedeutsamen betrieblichen Leitungsapparat.[468]

b) Entstehung von Kleinbetrieben durch Umstrukturierung; Möglichkeit der kündigungsschutzrechtlichen „Kompensation" nach § 322 und § 323 Abs. 1 UmwG

51 Kleinbetriebe können ein typisches Produkt von Auf- und Abspaltungsprozessen sein.

Beispiel H 9:

Die V-GmbH führt in Duisburg eine Versicherungsagentur mit acht Angestellten. Sie entschließt sich, ihre Kundschaft aus dem Kölner Umland künftig in einem eigenen Büro in der Innenstadt von Köln zu betreuen, wohin vier der bisher in Duisburg tätigen Arbeitnehmer versetzt werden.

Geht man davon aus, dass es sich sowohl bei dem Duisburger wie auch bei dem Kölner Büro künftig um jeweils eigenständige Betriebe handelt, hätte die vorgenannte Teilung nach dem Wortlaut des § 23 Abs. 1 S. 2 KSchG zur Folge, dass künftig *keines* der beiden Büros dem allgemeinen Kündigungsschutz unterworfen wäre, selbst wenn es sich bei sämtlichen acht Angestellten um „Altarbeitnehmer" iSv § 23 Abs. 1 S. 2 KSchG handelte, die bis zum 31. 12. 2003 eingestellt wurden und daher noch im Hinblick auf den Schwellenwert von fünf Arbeitnehmern „Bestandsschutz" genießen.[469] Derartige Phänomene wie auch und insbesondere die Existenz von wirtschaftlich durchaus potenten Unternehmen mit zahlreichen, jeweils mit weniger als sechs (bzw. – nach der Anhebung des Schwellenwerts gem. § 23 Abs. 1 S. 3 – elf) Arbeitnehmern besetzten **Filialen** haben die – auch verfassungsrechtlich relevante – Frage nach dem Betriebsbegriff des § 23 Abs. 1 S. 2 KSchG aufgeworfen, um deren Beantwortung sich das Bundesverfassungsgericht in seiner bereits erwähnten Entscheidung vom 27. 1. 1998[470] bemüht hat. Danach kommt eine „schematische" Anwendung des allgemeinen, insbesondere **betriebsverfassungsrechtlichen Betriebsbegriffs** für die Abgrenzung des kündigungsschutzrechtlichen Kleinbetriebs nicht mehr in Betracht; an seine Stelle soll eine **teleologische Auslegung** treten, die sich an der *ratio legis,* dh in erster Linie an der wirtschaftlichen Leistungsfähigkeit des **Unternehmens,** zu orientieren habe. Das Bundesverfassungsgericht ist damit zwar nicht einem in der Literatur vertretenen Ansatz gefolgt, für § 23 Abs. 1 S. 2 KSchG generell nicht auf die Zahl der Arbeitnehmer des Betriebs, sondern des Unternehmens abzustellen;[471] es befürwortet aber eine auf den Arbeitgeber (Rechtsträger) bezogene Betrachtung, die jeweils prüft, ob dieser nach Sinn und Zweck der Norm („Mittelstandsschutz") die typischen Charakteristika eines Kleinbetriebs erfüllt und damit die Privilegierung des § 23 Abs. 1 S. 2–4 KSchG „verdient", was allerdings zu einer erheblichen Rechtsunsicherheit führt.[472] Jedenfalls im Ergebnis auf derselben Linie liegend hatte das BAG bereits im Jahre

[467] BAG 13. 6. 2002 – 2 AZR 327/01, NZA 2002, 1147; BAG 29. 4. 1999 – 2 AZR 352/98, DB 1999, 1710 = SAE 2000, 102 mit zustimmender Anm. *Franzen;* vgl. auch BAG 12. 11. 1998, DB 1999, 965; ablehnend *Kittner/Däubler/Zwanziger* KSchG § 23 Rn. 14.

[468] BAG 13. 6. 2002 – 2 AZR 327/01, NZA 2002, 1147 und BAG 29. 4. 1999 – 2 AZR 352/98, DB 1999, 1710.

[469] Vgl. dazu SPV Kündigung Rn. 861: Sinkt die Zahl der Alt-Arbeitnehmer auf fünf oder weniger, verlieren diese den Schutz der §§ 1 ff. KSchG, wenn in dem Gesamtbetrieb nicht der neue Schwellenwert von zehn überschritten wird.

[470] BVerfG 27. 1. 1998 – 1 BvL 15/87, NZA 1998, 470; bestätigt durch BVerfG 12. 3. 2009 – 1 BvR 1250/08, BeckRS 2009, 45869.

[471] Dafür zB *Bepler* AuR 1997, 54; *Kittner* AuR 1997, 182.

[472] Plastisch insoweit BVerfG 12. 3. 2009 – 1 BvR 1250/08, BeckRS 2009, 45869 und BAG 28. 10. 2010 – 2 AZR 392/08, ZIP 2011, 214.

1971 bei einem Arbeitgeber, der mehrere, jeweils nur mit fünf oder weniger Angestellten besetzte und zentral gelenkte Verkaufsstellen unterhielt, für die Berechnung der Beschäftigtenzahl nach § 23 Abs. 1 S. 2 KSchG auf die Gesamtheit der Verkaufsstellen abgehoben. In späteren Entscheidungen hat das BAG die Rechtsprechung des BVerfG nachvollzogen und einen Berechnungsdurchgriff bei Kleinbetrieben auf andere betriebliche Einheiten eines Unternehmens in den Fällen bejaht, in denen aufgrund der vom Arbeitgeber geschaffenen konkreten Organisation die gesetzgeberischen Erwägungen für die Privilegierung der Kleinbetriebe bei verständiger Betrachtung vollständig ins Leere gehen würden und die Bestimmung des Betriebsbegriffes nach herkömmlicher Definition zu einer **sachwidrigen Benachteiligung** der betroffenen Arbeitnehmer führen würde.[473] Dementsprechend würden die Arbeitsgerichte erst recht im Lichte der neueren Rechtsprechung im **Ausgangsfall H 9** wohl weiterhin vom Fortbestand des allgemeinen Kündigungsschutzes für die bisherigen Arbeitnehmer in *beiden* Vertriebsbüros ausgehen, wenn diese vor der Abspaltung des Kölner Büros „Bestandsschutz" iSv § 23 Abs. 1 S. 2 KSchG genossen.

Beispiel H 10: 52

Wie Beispiel H 9, jedoch werden die Verträge mit Kunden aus dem Kölner Umland sowie das diese betreuende Personal (4 Arbeitnehmer) auf die Z-GmbH im Wege der Abspaltung zur Neugründung (§ 123 Abs. 2 Nr. 2 UmwG) übertragen.

Anders als im **Beispiel H 9** kann hier nicht im Sinne der arbeitgeberbezogenen Betrachtung (→ Rn. 51) eine Zusammenfassung der beiden Belegschaften erfolgen. Da die Z-GmbH eine eigene rechtliche Einheit darstellt, auf die die vier Arbeitsverhältnisse der für Kölner Kunden zuständigen Mitarbeiter gemäß § 324 UmwG, § 613a BGB übergegangen sind (dazu auch → B Rn. 90), liegen, bezogen allein auf diesen Rechtsträger, die Voraussetzungen der Kleinbetriebsklausel des § 23 Abs. 1 S. 2 KSchG unzweifelhaft vor; dasselbe gilt nunmehr auch für die X-GmbH, die im Zuge der Abspaltung vier Mitarbeiter „verloren" hat (wobei unterstellt wird, dass keiner dieser Mitarbeiter dem Übergang auf die Z-GmbH gemäß § 613a BGB widerspricht). Die Arbeitnehmer der Z-GmbH können sich zur Aufrechterhaltung ihres bisherigen kündigungsrechtlichen Status auch nicht auf § 613a Abs. 1 S. 1 BGB berufen, weil der auf Grund der Zahl der beschäftigten Arbeitnehmer erwachsene **Kündigungsschutz nicht** nach § 613a Abs. 1 S. 1 BGB mit dem Arbeitsverhältnis **auf den Betriebserwerber übergeht,** wenn in dessen Betrieb die Voraussetzungen des § 23 Abs. 1 KSchG nicht vorliegen.[474] Gleichwohl kommt auch nach erfolgter Abspaltung eine Anwendung des Kündigungsschutzgesetzes auf *beide* Unternehmen weiterhin in Betracht, und zwar **alternativ**

- gemäß **§ 322 UmwG,** wenn die an der Abspaltung beteiligten Rechtsträger X-GmbH und Z-GmbH nach der Abspaltung einen **Gemeinschaftsbetrieb** (→ D Rn. 18 ff.) führen; dann gilt dieser nämlich trotz Verschiedenheit der Rechtsträger als *ein* Betrieb im Sinne des Kündigungsschutzgesetzes (wegen der Einzelheiten → Rn. 147 ff.);
- gemäß **§ 323 Abs. 1 UmwG,** wonach sich die **„kündigungsrechtliche Stellung"** eines Arbeitnehmers, der vor dem Wirksamwerden der Spaltung/Teilübertragung zu dem übertragenden Rechtsträger (hier: V-GmbH) in einem Arbeitsverhältnis steht, auf Grund der Spaltung oder Teilübertragung für die Dauer von **zwei Jahren** ab dem Zeitpunkt des Wirksamwerdens **nicht verschlechtert** (dazu im Einzelnen → Rn. 150 ff.).

Dass in Fällen der hier vorliegenden Art stets zuerst § 322 UmwG zu prüfen ist, ergibt 53
sich schon daraus, dass die dort angeordnete Rechtsfolge (*ein* Betrieb im Sinne des Kündigungsschutzrechts) **unbefristet** gilt, solange der Gemeinschaftsbetrieb besteht, der nachwirkende Schutz gemäß § 323 Abs. 1 UmwG dagegen nur **für die Dauer von zwei Jahren** besteht. § 322 UmwG ist demzufolge sachlich und logisch **vorrangig.**

---

[473] Vgl. BAG 2.3.2017 – 2 AZR 427/16, NZA 2017, 859; BAG 19.7.2016 – 2 AZR 468/15, NZA 2016, 1169; BAG 28.10.2010 – 2 AZR 392/08, ZIP 2011, 241.
[474] BAG 15.2.2007 – 8 AZR 397/06, NZA 2007, 739.

54 Allerdings ist es in die **unternehmerische Entscheidungsfreiheit** der an einer Spaltung beteiligten Rechtsträger gestellt, ob sie die hiervon betroffenen organisatorischen (Teil-) Einheiten nach der Spaltung/Ausgliederung jeweils als **selbständige Betriebe** (dh mit separater Leitung insbesondere in den der Mitbestimmung des Betriebsrats unterliegenden Angelegenheiten)[475] führen **oder** durch Vereinheitlichung dieser Leitung zu einem **Gemeinschaftsbetrieb** zusammenfassen wollen; ebenso steht es ihnen frei später den gemeinsamen Betrieb wieder aufzulösen. Letzteres wird nach dem klaren Wortlaut des § 322 UmwG für das Kündigungsrecht auch nicht von Gesetzes wegen vermutet.[476] Zweckmäßigerweise sollten die an einer solchen Umwandlung beteiligten Rechtsträger über die künftige Betriebsstruktur (getrennte Betriebe/Gemeinschaftsbetrieb) **klare vertragliche Vereinbarungen** treffen, da hierdurch die künftige kündigungsschutzrechtliche Lage erheblich beeinflusst werden kann.

Das zeigt sich am **Beispiel H 10:** Kommt es dort *nicht* zur Bildung eines Gemeinschaftsbetriebs, werden vielmehr künftig sowohl die V-GmbH wie auch die Z-GmbH in den arbeitsrechtlich relevanten Angelegenheiten jeweils von einer (nicht personenidentischen) Leitung geführt, fällt der allgemeine Kündigungsschutz nach dem Kündigungsschutzgesetz nach Ablauf der zweijährigen Übergangsperiode des § 323 Abs. 1 UmwG[477] in *beiden* Unternehmen weg. Dort erst *nach* der Spaltung neu eingestellte Arbeitnehmer genießen Kündigungsschutz erst, wenn der (erhöhte) Schwellenwert des § 23 Abs. 1 S. 3 KSchG von **zehn Arbeitnehmern überschritten** werden sollte (zB wenn die V-GmbH in der Folgezeit sieben neue Arbeitnehmer einstellen würde); der Bestandsschutz des § 323 Abs. 1 UmwG ist also streng **personengebunden** (vgl. den Wortlaut: „... der vor dem Wirksamwerden der Spaltung ... zu dem übertragenden Rechtsträger in einem Arbeitsverhältnis steht") und kommt daher einem erst nachträglich eingestellten Arbeitnehmer nicht zugute.

c) Fazit

55 Bei unternehmensinterner Betriebsspaltung wird trotz „formalen" Entstehens von Kleinbetrieben iSv § 23 Abs. 1 S. 2 bzw. 3 KSchG der zuvor bestehende allgemeine Kündigungsschutz nach der Rechtsprechung des Bundesverfassungsgerichts zur teleologischen Auslegung von § 23 Abs. 1 S. 2 KSchG in der Regel erhalten bleiben. Bei rechtsträger- (unternehmens-) überschreitender Umstrukturierung nach dem Umwandlungsgesetz und gleichzeitigem Absinken der Arbeitnehmerzahl einzelner Betriebe bzw. Betriebsteile unter den jeweils relevanten Schwellenwert des § 23 Abs. 1 S. 2 bzw. 3 KSchG (fünf bzw. zehn Arbeitnehmer) hängt das weitere Schicksal des allgemeinen Kündigungsschutzes zunächst davon ab, ob die beteiligten Rechtsträger sich auf die Bildung eines Gemeinschaftsbetriebes verständigen. Ist dies nicht der Fall, wird der **Betrieb** also **gespalten** (in der Regel **Betriebsänderung** im Sinne von §§ 111 ff. BetrVG, vgl. → C Rn. 57), besteht der allgemeine Kündigungsschutz für die dadurch entstehenden Kleinbetriebe und die bereits vorhandenen Arbeitsverhältnisse nur noch kraft **Besitzstandswahrung** gemäß § 323 Abs. 1 UmwG für die Dauer von **zwei Jahren** und **entfällt** danach, soweit die Belegschaft nicht zwischenzeitlich wieder über den maßgeblichen Schwellenwert angewachsen ist, der, soweit er durch Neueinstellungen nach dem 31. 12. 2003 erreicht werden soll, auf Grund der zwischenzeitlichen Gesetzesänderung nicht mehr fünf, sondern **zehn Arbeitnehmer** beträgt.[478]

[475] Zu den Voraussetzungen des Gemeinschaftsbetriebs → D Rn. 18 ff.

[476] Vgl. Kallmeyer/*Willemsen* UmwG § 322 Rn. 14 mwN auch zur Gegenauffassung; anders dagegen im Bereich des Betriebsverfassungsrechts (§ 1 Abs. 2 BetrVG), wenn die Organisation des gespaltenen Betriebes nicht verändert wird.

[477] Vgl. dazu → Rn. 150.

[478] S. zu dieser Konsequenz auch *Bauer/Krieger* DB 2004, 651; *Zundel* NJW 2006, 3467 (3469).

Sehr **umstritten** ist freilich der genaue Inhalt der in § 323 Abs. 1 UmwG angeordneten, bislang nur pauschal als „Besitzstandswahrung" bezeichneten Rechtsfolge. Dieser Frage soll im Zusammenhang mit den kündigungsschutzrechtlichen Sonderregelungen bei Umwandlungen nachgegangen werden (→ Rn. 150ff.).

2. Einschränkung bzw. Erweiterung einer (künftigen) Sozialauswahl bei Teilung bzw. Zusammenfassung von Betrieben und Aus- bzw. Eingliederung von Betriebsteilen

Durch betriebliche Umstrukturierungen kann sich der künftige Bezugsrahmen für die vor Ausspruch einer betriebsbedingten Kündigung durchzuführende Sozialauswahl nach § 1 Abs. 3 KSchG (→ Rn. 17ff.) entscheidend verändern, und zwar – aus Unternehmenssicht – sowohl im positiven als auch im negativen Sinne. Da die Verpflichtung zur Sozialauswahl eine empfindliche Einschränkung des arbeitgeberseitigen Kündigungsrechts bedeutet, wird sie sich in der Regel um so belastender auswirken, je größer der Kreis der in die Sozialauswahl einzubeziehenden Arbeitnehmer ist, da damit proportional die Chancen des aus Unternehmenssicht zu Kündigenden wachsen, mit Erfolg seine höhere soziale Schutzwürdigkeit im Verhältnis zu *vergleichbaren* (→ Rn. 20ff.) Arbeitnehmern geltend zu machen. 56

Dies gilt es zu bedenken, bevor aus operativen Gründen bislang als selbständige organisatorische Einheiten geführte Betriebe unter einheitlicher Leitung zusammengefasst oder bislang einem anderen Betrieb zugehörige Betriebsteile etwa im Zuge eines Unternehmenskaufs dem eigenen Betrieb des Erwerbers „einverleibt" werden. Mit einer solchen Eingliederung sind die hierdurch neu hinzukommenden Arbeitnehmer „vollwertige" Belegschaftsmitglieder, deren bisherige Betriebszugehörigkeit im Rahmen der Sozialauswahl genauso zählt wie die der Stammbelegschaft des aufnehmenden Betriebs.

Beispiel H 11: 57

Die E-GmbH in Mülheim/Ruhr mit rund 200 Arbeitnehmern erwirbt von der V-GmbH in Essen deren Betriebsteil „Elektronische Schaltungen" mit 60 Arbeitnehmern und gliedert diesen in ihren bereits in Mülheim bestehenden elektrotechnischen Betrieb in der Weise ein, dass es sich nunmehr um einen einheitlichen Betrieb (nicht zu verwechseln mit dem sog. Gemeinschaftsbetrieb mehrerer Unternehmen, → D Rn. 18) der E-GmbH sowohl im betriebsverfassungsrechtlichen wie auch im kündigungsschutzrechtlichen Sinne handelt.

Kommt es in der Folgezeit, etwa wegen Auftragsmangels, zu einem Personalabbau bei der E-GmbH, muss diese im Rahmen einer dann notwendigen Sozialauswahl im Sinne von § 1 Abs. 3 KSchG das Alter und die Betriebszugehörigkeit der von der V-GmbH nach § 613a BGB übernommenen Arbeitnehmer in derselben Weise berücksichtigen wie die entsprechenden Sozialdaten der von Anfang an bei ihr tätigen Mitarbeiter. Dies dürfte erklären, warum Betriebsräte derartigen Belegschaftszuwächsen jedenfalls in krisenanfälligen Branchen mitunter durchaus kritisch gegenüberstehen.

Umgekehrt **verringert** sich die Zahl der in eine (spätere) Sozialauswahl einzubeziehenden Arbeitnehmer, wenn Betriebsteile in der Weise aus einem bisher einheitlichen Betrieb herausgelöst werden, dass sie künftig sowohl betriebsverfassungs- wie auch kündigungsschutzrechtlich ein Eigenleben führen.

Beispiel H 12: 58

Wie **Beispiel H 11**; jedoch gliedert die V-GmbH den Betriebsteil „Elektronische Schaltungen", anstatt ihn an die E-GmbH zu verkaufen, im Zuge eines sog. *Management Buy Out* (MBO) in eine mehrheitlich von (früheren) leitenden Angestellten beherrschte, wirtschaftlich und organisatorisch eigenständige M-GmbH im Wege der Einzelrechtsübertragung *(Asset Deal)* aus.

Der wirtschaftliche Erfolg solcher Ausgliederungsprojekte ***(„spin offs")*** hängt, insbesondere wenn er mit der Beteiligung Dritter an dem „Abspaltungsprodukt" verbunden ist wie zB bei Bildung von **Joint Ventures** oder **MBO-Gesellschaften,** oftmals maßgeblich davon ab, dass der ausgegliederte Unternehmensteil künftig auch arbeitsrechtlich und personalpolitisch autonom ist. Von daher betrachtet wären die Gesellschafter der künftigen M-GmbH vermutlich schlecht beraten, wenn sie mit der ausgliedernden V-GmbH die Bildung eines **Gemeinschaftsbetriebes** zwischen dieser und der M-GmbH vereinbaren würden, weil dann – unbeschadet der Zugehörigkeit der Arbeitnehmer zu verschiedenen „Vertragsarbeitgebern" – im Rahmen einer künftig bei betriebsbedingten Entlassungen durchzuführenden Sozialauswahl von einer **einheitlichen Belegschaft im Sinne des Kündigungsschutzrechts** auszugehen wäre.[479] Wird dagegen die M-GmbH von den dortigen Geschäftsführern wirtschaftlich, personell und organisatorisch eigenständig geführt, handelt es sich auch betriebsverfassungsrechtlich um die Spaltung eines bisher einheitlichen Betriebs im Sinne von § 111 S. 3 Nr. 3 BetrVG mit der Folge, dass der bisher rechtlich und organisatorisch unselbständige Betriebsteil „Elektronische Schaltungen" künftig einen eigenständigen Betrieb sowohl im betriebsverfassungsrechtlichen wie auch im kündigungsschutzrechtlichen Sinne bildet. Im Falle künftiger Entlassungen bei der M-GmbH hat dementsprechend eine etwa notwendige Sozialauswahl im Sinne von § 1 Abs. 3 KSchG nur noch unter *deren* Arbeitnehmern stattzufinden. Auch die Verpflichtung zur Versetzung auf etwaige andere freie Arbeitsplätze im Unternehmen würde sich nur noch auf solche bei der M-GmbH beziehen (siehe dazu auch nachfolgend → Rn. 60).

59 Befinden sich in diesem Zeitpunkt also bei der V-GmbH Arbeitnehmer, die solche Tätigkeiten verrichten, die mit denen freizusetzender Arbeitnehmer bei der M-GmbH vergleichbar[480] sind, wird der Kündigungsschutz der Letztgenannten infolge der Herauslösung aus dem bisherigen Betriebsverbund entscheidend verkürzt, da der Bezugsrahmen für die Sozialauswahl verkleinert wurde. Zwar hat der Gesetzgeber in § 323 Abs. 1 UmwG für die Fälle der Spaltung/Ausgliederung (§ 123 UmwG) und Teilübertragung (§ 174 Abs. 2 UmwG) einen umwandlungsspezifischen **Sonderkündigungsschutz** geschaffen; dieser gilt richtiger Auffassung zufolge[481] jedoch im Falle der Teilung oder Abspaltung von Betrieben im Wege der Einzelrechtsübertragung ***(Asset Deal)*** **nicht,** so dass es für das **Beispiel H 12** auch nicht auf die hochstreitige Frage ankommt, ob § 323 Abs. 1 UmwG für die dort vorgesehene Dauer von zwei Jahren im Falle von betriebsbedingten Kündigungen den Fortbestand des bisherigen Betriebs zum Zwecke der Erweiterung des in die Sozialauswahl einzubeziehenden Kreises der Arbeitnehmer fingiert.[482] Es verbleibt somit bei dem Ergebnis, dass in Beispiel H 12 eine künftig bei der M-GmbH erforderliche Sozialauswahl sich ausschließlich auf die dort beschäftigten Mitarbeiter zu erstrecken hat. Dies zeigt, dass aus Arbeitnehmersicht mit einer nicht nur rechtlichen, sondern auch organisatorischen Aufteilung bisher einheitlicher Betriebe in der Regel auch eine entsprechende **Atomisierung des Kündigungsschutzes** jedenfalls im Bereich der Sozialauswahl nach § 1 Abs. 3 KSchG einhergeht, so dass Einbußen im Kündigungsschutz keineswegs nur dann zu gewärtigen sind, wenn die Betriebsspaltung zur Entstehung von Kleinbetrieben im Sinne von § 23 Abs. 1 S. 2 und 3 KSchG führt.

---

[479] Vgl. → Rn. 38 aE.
[480] Vgl. zu dieser Voraussetzung der Sozialauswahl → Rn. 20 ff.
[481] Vgl. die Nachweise in Fn. 5 bei Kallmeyer/*Willemsen* UmwG § 323 Rn. 19.
[482] Dazu → Rn. 154.

3. Einschränkung bzw. Erweiterung der Versetzungspflicht (§ 1 Abs. 2 KSchG) bei Übertragung von Betrieben oder Betriebsteilen auf andere Rechtsträger

Wird ein Betriebsteil nicht lediglich aus dem bisherigen betriebsorganisatorischen Verbund ausgegliedert, sondern gleichzeitig im Wege des *Asset Deals* auf einen anderen Rechtsträger übertragen **(Beispiel H 12)**, so verändert sich nicht nur der Bezugsrahmen für eine künftig durchzuführende Sozialauswahl, sondern zugleich auch der Umfang einer etwaigen Pflicht zur Versetzung auf anderweitige *freie* Arbeitsplätze in demselben Betrieb bzw. anderen Betrieben desselben Unternehmens gemäß § 1 Abs. 2 S. 2 Nr. 1b) (gegebenenfalls in Verbindung mit Satz 3) KSchG (→ Rn. 30 ff.). Da diese, durch das *ultima-ratio*-Prinzip gebotene Umsetzungspflicht **unternehmensbezogen ausgestaltet** und daher auf den jeweiligen Rechtsträger begrenzt ist, kann sich ihre Reichweite im Falle der rechtlichen Verselbständigung einzelner Betriebe oder einzelner Betriebsteile geradezu dramatisch verringern. Führt etwa die M-GmbH im Beispiel H 12 drei Jahre nach ihrer Gründung einen größeren Personalabbau durch, können sich die hiervon betroffenen Arbeitnehmer nicht mehr auf das Vorhandensein anderer, freier (zB soeben öffentlich ausgeschriebener) Arbeitsplätze bei der V-GmbH berufen. Selbst wenn die M-GmbH noch im Mehrheitsbesitz der V-GmbH stünde, würde dies am Ergebnis nichts ändern, da der gesetzliche Kündigungsschutz betriebs- und gegebenenfalls unternehmens-, grundsätzlich aber nicht konzernbezogen ausgestaltet ist (→ Rn. 37). Auch § 323 Abs. 1 UmwG hilft hier schon deshalb nicht weiter, weil er für Umstrukturierungen außerhalb des Umwandlungsgesetzes nicht gilt (dazu → Rn. 59). 60

Die rechtliche Ausgliederung von Betrieben oder Betriebsteilen führt daher für die betroffenen Arbeitnehmer oftmals zu einer faktischen Verkürzung ihres Kündigungsschutzes, die allerdings dadurch wieder ganz oder teilweise kompensiert werden kann, dass der *aufnehmende* Rechtsträger seinerseits über eine größere Anzahl anderweitiger Arbeitsplätze verfügt. Würde also im Beispiel H 12 der Betriebsteil „Elektronische Schaltungen" nicht auf eine MBO-Gesellschaft, sondern auf ein Großunternehmen mit 2 500 Arbeitnehmern übertragen, hätte sich eine künftige Prüfung anderweitiger Beschäftigungsmöglichkeiten vor Ausspruch betriebsbedingter Kündigungen an dem neuen, wesentlich erweiterten Bezugsrahmen zu orientieren. Dies zeigt, dass derartige Ausgliederungsmaßnahmen nicht *per se* zu einem faktischen Verlust an Kündigungsschutz führen müssen, sondern es entscheidend auf den personellen Zuschnitt des bzw. der jeweils aufnehmenden Rechtsträger(s) ankommt. 61

4. Auswirkungen der §§ 3, 4 BetrVG auf den sozialauswahlrelevanten Personenkreis

Die **Betriebsbezogenheit** der Sozialauswahl (dazu → Rn. 32) kann zu Unklarheiten führen, wenn betriebsverfassungsrechtlicher und kündigungsschutzrechtlicher Betriebsbegriff auseinanderfallen. 61a

Beispiel H 12a:

Das Unternehmen U unterhält drei unterschiedliche Betriebe A, B und C, in denen jeweils bis zum Jahre 2011 eigenständige Betriebsräte existierten. Der Betrieb A besteht dabei aus zwei unterschiedlichen Betriebsteilen im Sinne von § 4 BetrVG, von denen der eine (A1) in Köln, der andere (A2) in Schweinfurt beheimatet ist. Die Betriebe B und C befinden sich am Unternehmenssitz in Frankfurt. Zu Beginn des Jahres 2020 wird durch Betriebsvereinbarung wirksam die Bildung eines unternehmenseinheitlichen Betriebsrats gem. § 3 BetrVG vereinbart. Betriebsbedingt wird dem im Betrieb A1 beschäftigten Arbeitnehmer X im Spätsommer 2020 gekündigt. Die Sozialauswahl wird dabei unter Berücksichtigung aller am

Standort Köln vergleichbaren Arbeitnehmer durchgeführt. X beruft sich darauf, dass sich sowohl in Betriebsteil A2 als auch in den Betrieben B und C Arbeitnehmer mit einer geringeren sozialen Schutzbedürftigkeit befinden.

Bei Festlegung des sozialauswahlrelevanten Personenkreises ist stets der **kündigungsschutzrechtliche Betriebsbegriff**[483] zugrunde zu legen, der deutlich **vom Betriebsbegriff im Sinne des BetrVG abzugrenzen** ist. Diese fehlende Verzahnung von KSchG und BetrVG kann in der Praxis zu erheblicher Rechtsunsicherheit führen, insbesondere bei den nach § 3 BetrVG gebildeten Betrieben oder der Betriebsfiktion gem. § 4 BetrVG.[484] Nach der bisherigen Rechtsprechung des BAG zu § 4 BetrVG hat der betriebsverfassungsrechtliche Betriebsbegriff keine Bedeutung für den Kündigungsschutz und damit für die Festlegung des sozialauswahlrelevanten Personenkreises.[485] Es ist davon auszugehen, dass die Rechtsprechung diese Linie auch bezogen auf § 3 BetrVG beibehalten wird.[486] Im **Beispiel H 12a** bedeutet dies, dass allein die Arbeitnehmer des A-Betriebs (allerdings die Arbeitnehmer beider Betriebsteile A1 und A2!) bei der Sozialauswahl berücksichtigt werden müssen. Dass für alle drei Betriebe A, B und C durch Betriebsvereinbarung ein unternehmenseinheitlicher Betriebsrat gebildet wurde und damit die gesamte „Organisationseinheit" U gemäß § 3 Abs. 5 S. 1 BetrVG einen Betrieb im *betriebsverfassungsrechtlichen* Sinn darstellt, ist hingegen für die Sozialauswahl nicht von Belang. Auch dass die Betriebsteile A1 und A2 betriebsverfassungsrechtlich (§ 4 Abs. 1 S. 1 Nr. 1 BetrVG) als eigenständige Betriebe gelten, soll den kündigungsrechtlichen Rahmen der Sozialauswahl nicht beeinflussen, so dass trotz weiter räumlicher Entfernung eine einheitliche Sozialauswahl zu erfolgen habe.[487] Im Ergebnis kann X somit verlangen, dass alle vergleichbaren Arbeitnehmer in den Betriebsteilen A1 und A2, nicht jedoch diejenigen in den Betrieben B und C, in die Sozialauswahl einbezogen werden.

5. Auswirkungen von Matrixstrukturen auf den Kündigungsschutz

61b Nicht unerhebliche Auswirkungen auf kündigungsrechtliche[488] Fragen kann die Einführung von Matrixstrukturen in Unternehmen mit sich bringen. Diese organisieren ein Unternehmen nicht im gesellschaftsrechtlichen Sinne eindimensional und hierarchisch, sondern gliedern sie mindestens zweidimensional nach **Funktions- und Produktbereichen.**[489] Gleichzeitig werden auf diesem Wege oft **fachliche und disziplinarische Führung getrennt,** sodass Arbeitnehmer sich zwei Vorgesetzten gegenübersehen.[490] Zwangsläufig kommt es vermehrt zu einer **Diskrepanz** zwischen betriebswirtschaftlichen und

[483] Danach ist entscheidend auf den einheitlichen organisatorischen Leitungsapparat für personelle und soziale Entscheidungen abzustellen; vgl. BAG 21.6.1995 – 2 AZR 693/94, AP Nr. 16 zu § 1 BetrVG 1972; HWK/*Quecke* KSchG § 1 Rn. 259; vgl. zum Betriebsbegriff bei Massenentlassung BAG 13.2.2020 – 6 AZR 146/19, NZA 2020, 1006.

[484] Der Gesetzgeber hat dies auch bei der BetrVG-Reform 2001 trotz erheblicher Bedenken von Praktikerseite nicht harmonisiert. Kritisch insoweit zu § 4 BetrVG auch *Kania/Gilberg* NZA 2000, 678; s. auch *Preis* RdA 2000, 257 (264).

[485] BAG 20.8.1998 – 2 AZR 84/98, NZA 1999, 255; BAG 21.6.1995 – 2 AZR 693/94, AP Nr. 16 zu § 1 BetrVG 1972; so iE auch LAG Sachsen-Anhalt 11.1.2000 – 8 Sa 449/99, NZA-RR 2001, 81; LAG Schleswig-Holstein 18.11.1999 – 4 Sa 106/99, BeckRS 1999, 30814498; vgl. auch SPV Kündigung Rn. 1047 mwN.

[486] Dies ergibt sich auch schon aus § 3 Abs. 5 S. 1 BetrVG, der (lediglich) von Betrieben im Sinne „dieses Gesetzes" spricht. Wie hier auch SPV Kündigung Rn. 1047; vgl. auch Ascheid/Preis/Schmidt/*Preis* Teil C Rn. 85.

[487] S. dazu SPV Kündigung Kündigung, Rn. 1047. Es wird allerdings im Einzelfall sorgfältig zu prüfen sein, ob es sich bei räumlich weit voneinander entfernten Einheiten um Betriebsteile iSv § 4 BetrVG oder nicht bereits um eigenständige Betriebe (auch im kündigungsschutzrechtlichen Sinne) handelt.

[488] Vgl. allgemein für die rechtlichen Auswirkungen von Matrixstrukturen Maschmann/Fritz Matrixorganisationen.

[489] *Bauer/Herzberg* NZA 2011, 713; *Krieger* FS Willemsen 2018, 269; *Schrader* NZA 2019, 951 (956).

[490] *Meyer* NZA 2013, 1326; *Günther/Böglmüller* NZA 2017, 546 (548).

rechtlichen Einordnungen, da die Eingliederungen innerhalb der Matrix in der Regel nicht mit den gesellschafts- und betriebsrechtlichen Gestaltungen übereinstimmen.[491] Derartige Organisationsstrukturen ließen sich früher vornehmend in internationalen Konzernen finden, spielen jedoch mittlerweile auch in nationalen Unternehmen eine immer größere Rolle[492] und werden oft im Zusammenhang mit Unternehmenszukäufen neu eingeführt.[493]

Die kündigungsrechtliche Relevanz von Matrixstrukturen hängt vor allem mit der Frage der Vertragskonstruktionen zusammen: Soweit – was in der Praxis selten der Fall ist – ein einheitliches Arbeitsverhältnis mit mehreren Arbeitgebern geschlossen wurde, kann dieses idR nur von und gegenüber allen Beteiligten und auch nur dann, wenn im Verhältnis zu jedem Beteiligten die Kündigungsvoraussetzungen vorliegen, gekündigt werden.[494] Die vorherigen Ausführungen gelten entsprechend, soweit ein Arbeitnehmer mehrere mit einander verbundene Arbeitsverhältnisse zu mehreren Arbeitgebern hat.[495] **61c**

Die größte praktische Relevanz hat jedoch der Fall, dass sich der Arbeitnehmer bei Matrixorganisationen mit einem einheitlichen Arbeitsverhältnis einem geteilten Weisungsrecht gegenübersieht: Der Arbeitnehmer hat einen Arbeitsvertrag mit seinem *Vertragsarbeitgeber,* für den er aber nicht ausschließlich, sondern auch für einen oder mehrere andere Konzernunternehmen (sog. *„steuernde Einheit"*) tätig wird. Das fachliche Weisungsrecht wird von dieser *steuernden Einheit* ausgeübt, während das disziplinarische Weisungsrecht beim *Vertragsarbeitgeber* verbleibt.[496] In diesem Fall kann grundsätzlich der *Vertragsarbeitgeber* das Arbeitsverhaltnis beenden. Wird hingegen die Kündigung von einem Matrixmanager der *steuernden Einheit* ausgesprochen, so hängt die Wirksamkeit dieser Kündigung grundsätzlich davon ab, ob der *Vertragsarbeitgeber* sich die Erklärung zurechnen lassen muss. Eine Zurechnung kommt jedoch nur durch eine vorherige Ermächtigung zur Erklärung der Kündigung im eigenen Namen, aber für den *Vertragsarbeitgeber* oder aber durch eine wirksame Stellvertretung des *Vertragsarbeitgebers* in Betracht.[497]

Auf den grundsätzlichen Prüfungsumfang von betriebsbedingten Kündigungen haben Matrixstrukturen hingegen zunächst keinen Einfluss. Richtigerweise wird von der überwiegenden Meinung eine allgemeine Ausweitung des Kündigungsschutzes auf die gesamte Matrixorganisation verneint. Demnach findet auch in diesen Fällen kein konzerndimensionaler Kündigungsschutz statt.[498] Dabei dürfen jedoch matrixtypische Besonderheiten im konkreten Einzelfall nicht verkannt werden,[499] bei denen auch das BAG regelmäßig einen konzerndimensionalen Kündgigungsschutz bejaht, sodass in diesen Ausnahmefällen eine konzernweite Weiterbeschäftigungspflicht in Betracht zu ziehen ist.[500] **61d**

Die Sozialauswahl hat in Matrixorganisationen ebenfalls betriebsweit (→ Rn. 22) zu erfolgen.[501] Auch bei Matrixorganisationen wird für die betriebsweite Sozialauswahl grundsätzlich an den kündigungsrechtlichen Betriebsbegriff (häufig also an die „reale" Betriebsstätte) angeknüpft. Nur wenn für das gesamte Personal in der Matrixorganisation eine

---

491 *Lingemann/Steinhauser* NZA 2020, 87; *Meyer* NZA 2013, 1326 (1329).

492 Vgl. *Meyer* NZA 2013, 1326 (1329).

493 *Krieger* FS Willemsen 2018, 270ff.; So kann zB durch die Einführung von Matrixstrukturen der Zusammenschluss von Betrieben (§ 111 S. 3 Nr. 3 BetrVG), grundlegende Änderungen der Betriebsorganisation (§ 111 S. 3 Nr. 4 BetrVG) oder die Einführung neuer Arbeitsmethoden (§ 111 S. 3 Nr. 5 BetrVG) erfolgen.

494 BAG 27.3.1982 – 7 AZR -523/78, NJW 1984, 1703.

495 Vgl. zu kündigungsrechtlichen Fragen bei diesen Gestaltungsvarianten *Maschmann* in Maschmann/Fritz Matrixorganisationen Rn. 257ff.

496 *Jares/Fuchs* NZA 2020, 1071; *Freckmann/Hendricks* BB 2018, 1205 (1208).

497 In diesem Zusammenhang kann jedoch auch eine Zurechnung aufgrund Rechtsscheins in Betracht kommen; vertiefend dazu Schaub/*Koch* ArbR-Hdb. § 187 Rn. 8; *Maschmann* in Maschmann/Fritz Matrixorganisationen Rn. 249ff.

498 BAG 27.11.1991 – 2 AZR 255/91, AP KSchG 1969 § 1 Konzern Nr. 6.

499 MünchArbR/*Richardi* § 23 Rn. 19; *Maschmann* in Maschmann/Fritz Matrixorganisationen Rn. 291ff.

500 S. dazu → Rn. 38 und *Bauer/Herzog* NZA 2011, 713 (716).

501 *Maschmann* in Maschmann/Fritz Matrixorganisationen Rn. 341ff.

einheitliche Betriebsleitung besteht, die die Arbeitsbedingungen und Organisationsfragen kraft ihrer Leitungsmacht festsetzen,[502] kommt es zu einer anderen Betrachtung. Dann dürfte allerdings regelmäßig auch ein Gemeinschaftsbetrieb vorliegen. Kündigungsrechtlich unproblematisch sind dementsprechend die Fälle, in denen die betriebliche Leitungsmacht für das gesamte Personal einer Matrix besteht bzw. die Matrixstruktur kongruent zur Gesellschaft oder zu einem *realen* Betrieb ist. Überlagern hingegen die Matrixstrukturen die realen Betriebe in dem Sinne, dass bestimmte Mitarbeiter betriebs- und unternehmensübergreifend dem Weisungsrecht eines Matrixmanagers unterstellt sind, stellt sich die Frage, ob die durch die Matrix begründeten Einheiten als *„virtuelle Betriebe"* neben die realen Betriebe treten. Dies ist, soweit den Matrixmanagern nur das fachliche Weisungsrecht übertragen wurde, abzulehnen. Die Matrixmanager können dann zwar fachliche Weisungen erteilen, Dienstpläne erstellen und damit zwangsläufig auf die realen Betriebe einwirken, jedoch nehmen sie weiterhin nicht den Kern der Arbeitgeberfunktion wahr.[503]

Soweit die betrieblichen Grenzen nach den oben dargestellten Grundsätzen festgesetzt werden, ist weiterhin zu prüfen, welche Arbeitnehmer den einzelnen Betrieben zuzuordnen sind. Eine genaue Zuordnung kann dann problematisch werden, wenn Arbeitnehmer keinen Arbeitsplatz in einem *realen Betrieb* ausfüllen und Anweisungen von Matrixmanagern erhalten, die ebenfalls keinem *realen Betrieb* zugeteilt sind. In diesem Fall könnte in Betracht gezogen werden, diese Arbeitnehmer als einen eigenständigen *virtuellen Betrieb* für die Sozialauswahl zu betrachten.[504] Jedoch ist eher davon auszugehen, dass das BAG die strenge (real) betriebsorientierte Betrachung in derartigen Fällen anwenden würde und daher auf die rein tatsächliche Eingliederung abstellt.[505]

Besonderheiten sind bei der Sozialauswahl beim Merkmal der **Dauer der Betriebszugehörigkeit** (→ Rn. 17) zu beachten, da sich die Frage stellt, inwieweit Beschäftigungszeiten zu berücksichtigen sind, die bei verschiedenen Matrixgesellschaften absolviert wurden. Teils wird eine Berücksichtigung dieser Arbeitszeiten angenommen. Andernfalls würde die Beschäftigung innerhalb einer Matrix, bei der der konkrete Arbeitseinsatz für eine Matrixgesellschaft auch von Zufälligkeiten abhängen kann, zum Nachteil des Arbeitnehmers gereichen.[506] In der Praxis stellt sich dieses Problem selten, weil bei konzerninternen Arbeitgeberwechseln regelmäßig die Betriebszugehörigkeit beim bisherigen Konzernarbeitgeber ohnehin vertraglich anerkannt wird.

III. Kündigungsrechtliche Probleme im Zuge der Umstrukturierung

62 Die kündigungsrechtlichen Fragestellungen und Probleme, die sich bei der Vorbereitung und Durchführung einer Umstrukturierung ergeben können, sind so vielgestaltig und komplex wie der gesetzliche Kündigungsschutz selbst. Daher erscheint es von vornherein ausgeschlossen, hierüber einen auch nur annähernd vollständigen Überblick geben zu können. Auch insoweit muss daher zunächst und vor allem auf das allgemeine kündigungsrechtliche Schrifttum verwiesen werden.[507] Es sollen jedoch, aufbauend auf den vorangegangenen Hinweisen zur Funktionsweise des deutschen Kündigungsschutzrechts (→ Rn. 2 ff.) und **möglichen Auswirkungen** der Umstrukturierung auf den Kündigungsschutz (→ Rn. 50 ff.), einige **typische Konstellationen** in Bezug auf die zu beachtenden kündigungsschutzrechtlichen Aspekte näher beleuchtet werden.

[502] Vgl. BAG 28. 10. 2010 – 2 AZR 392/08, AP KSchG 1969 § 23 Nr. 48
[503] Vgl. BAG 2. 3. 2017 – 2 AZR 427/16, NZA 2017, 859.
[504] Dafür *Maschmann* in Maschmann/Fritz Matrixorganisationen Rn. 348.
[505] So auch bereits *Bauer/Herzberg* NZA 2011, 713 (716).
[506] Vgl. *Maschmann* in Maschmann/Fritz Matrixorganisationen Rn. 355.
[507] S. dazu Fn. 2.

1. Bei unternehmensinterner Umstrukturierung

a) Übertragung von Funktionen auf andere Betriebe desselben Unternehmens

Bei der Stilllegung von Betrieben oder Betriebsteilen entfallen die dort bislang ausgeübten Tätigkeiten und Funktionen oftmals nicht ersatzlos; sie werden vielmehr unter Umständen – wenn auch in mehr oder weniger stark veränderter Form – an **anderer Stelle** desselben Unternehmens **fortgeführt.** Mit einer solchen, kündigungsrechtlich mitunter nur schwer zu bewältigenden Konstellation musste sich das BAG bereits wiederholt befassen. 63

Beispiel H 13:[508]

Die X-AG, ein großes Druck- und Verlagshaus, gliedert sich in verschiedene Unternehmensbereiche, ua den Unternehmensbereich Zeitschriften (UBZ) und den Unternehmensbereich Druck (UBD). In letzterem besteht ein Betrieb mit ca. 150 Arbeitnehmern, der sich seinerseits in die Betriebsteile Bildherstellung (ca. 105 Arbeitnehmer) und Satztechnik (zuletzt 47 Arbeitnehmer) gliedert. Infolge des Verlustes eines Großauftrages sowie der weit fortgeschrittenen „Entmaterialisierung" der Satzherstellung durch rechnergesteuerte Redaktionssysteme entschließt sich der UBD, den Betriebsteil Satztechnik zum 31.12. stillzulegen. Die bisher von den gelernten Setzern getätigten Aufgaben, insbesondere der Seitenumbruch und die Durchführung von Satzkorrekturen, sollen künftig in den Schlussredaktionen des UBZ mit den dort vorhandenen EDV Systemen wahrgenommen werden, und zwar zusätzlich zu den bereits bisher an diesen Systemen von den so genannten technischen Schlussredakteuren ausgeübten Tätigkeiten. Angesichts des dadurch bedingten weiteren Arbeitsanfalls in den Schlussredaktionen richtet die X-AG dort zusätzliche neun Stellen für technische Schlussredakteure ein, die sie unter Zugrundelegung eines hierfür von ihr entwickelten Anforderungsprofils ausschließlich nach den Gesichtspunkten von Eignung und Leistung unter den 47 von der betriebsbedingten Kündigung bedrohten Mitarbeitern des Betriebsteils Satztechnik im UBD vergibt. Anschließend, dh nach Besetzung dieser neun zusätzlichen Schlussredakteursstellen, erhalten die übrigen Arbeitnehmer dieses Betriebsteils die betriebsbedingte Kündigung.

In dem vom 2. Senat des BAG entschiedenen Fall hatte der Unternehmensbereich Druck – ganz im Sinne des *Profit Center*-Gedankens – die Auswahl der neun in die Schlussredaktionen des UBZ, eines organisatorisch eigenständigen Betriebs, zu übernehmenden Fachkräfte aus der Satztechnik der Geschäftsleitung des UBZ überlassen. Dies entband die beklagte X-AG jedoch nach Auffassung des BAG nicht von der Verpflichtung zu einer **unternehmensweiten** Prüfung anderweitiger Beschäftigungsmöglichkeiten; die unternehmensinterne **Aufteilung in operativ und rechnungsmäßig separate Geschäftsbereiche** bleibt also für die **Reichweite des gesetzlichen Kündigungsschutzes ohne Einfluss.**

Anders hätte der Fall entsprechend den oben (→ Rn. 37 ff.) dargestellten Grundsätzen möglicherweise nur gelegen, wenn der Unternehmensbereich Druck (UBD) und der Unternehmensbereich Zeitschriften (UBZ) rechtlich selbständige (Tochter-) Gesellschaften im Konzern der X-AG gewesen wären, weil der Kündigungsschutz arbeitgeber-(rechtsträger-) bezogen ausgestaltet ist und die Arbeitsplätze im Unternehmensbereich Zeitschriften (UBZ) dann außerhalb der rechtlichen „Reichweite" des UBD gelegen hätten. Dies zeigt einmal mehr, dass die Funktion des gesetzlichen Kündigungsschutzes durch die rechtliche Strukturierung von Unternehmen und Konzernen maßgeblich vorgezeichnet werden kann. 64

Da die neun freien Schlussredakteursarbeitsplätze im UBZ ungeachtet der wirtschaftlichen Eigenständigkeit dieses Geschäftsbereichs rechtlich der X-AG als Arbeitgeberin der

[508] Nach BAG 5.10.1995 – 2 AZR 269/95, NZA 1996, 524.

betriebsbedingt zu entlassenden Arbeitnehmer des Betriebsteils Satztechnik im UBD zuzurechnen waren, hatte das BAG zu entscheiden,

- ob es sich bei diesen im Zuge der unternehmensinternen Verlagerung von Funktionen in einen anderen Betrieb desselben Unternehmens entstehenden zusätzlichen Arbeitsplätzen um **andere Beschäftigungsmöglichkeiten** im Sinne von § 1 Abs. 2 S. 2 Nr. 1b), S. 3 KSchG handelte, obwohl die in Betracht kommenden neun Stellen **höher vergütet** wurden als diejenigen in dem stillgelegten Betriebsteil;
- ob, falls die erste Frage zu bejahen ist, der Arbeitgeber über die Vergabe solcher anderweitiger Arbeitsplätze **frei entscheiden** kann, wenn sich hierauf mehr Arbeitnehmer des stillzulegenden Betriebsteils bewerben als Ersatzarbeitsplätze zur Verfügung stehen;
- ob sich an dem Ergebnis etwas ändert, wenn der Arbeitgeber **zuerst** die freien Arbeitsplätze in einem anderen Betrieb vergibt und erst (kurze Zeit) **danach** den übrigen Arbeitnehmern **betriebsbedingt kündigt.**

65 Der 2. Senat des BAG hat zwar die Entscheidung der beklagten Arbeitgeberin, den Betriebsteil Satztechnik stillzulegen, als unternehmerische Grundlagenentscheidung respektiert (dazu auch → Rn. 7), so dass an dem Wegfall der betreffenden Arbeitsplätze kein Zweifel bestehen konnte. Er hat jedoch – in Fortsetzung seiner Rechtsprechung zu einem ein Jahr zuvor entschiedenen Parallelverfahren[509] – festgestellt, dass bei einer **Verlagerung von Beschäftigungsmöglichkeiten** von einem Betrieb des Unternehmens in einen anderen das Arbeitsverhältnis des bisherigen „Arbeitsplatzinhabers" auch dann **Bestandsschutz** genieße, „...wenn die Arbeit **höher vergütet** wird, sofern sie nur dieselbe oder überwiegend gleich geblieben ist".[510]

Demnach schloss die bloße tarifliche oder vertragliche Höherbewertung der Schlussredakteurspositionen eine Verpflichtung der Arbeitgeberin zum Angebot dieser Stellen nach § 1 Abs. 2 S. 2 Nr. 1b) KSchG nicht aus; es kam vielmehr auf einen **konkreten Tätigkeitsvergleich** an, wobei der Senat nochmals den Grundsatz bestätigte, dass der Arbeitnehmer zur Vermeidung seiner betriebsbedingten Kündigung **nicht** die Versetzung auf eine „echte" **Beförderungsstelle** verlangen kann.[511] Was die Einzelheiten eines solchen Tätigkeitsvergleichs betrifft, hat der 2. Senat allerdings lediglich festgestellt, es sei „... zu fragen, ob der Arbeitnehmer, dessen ‚Arbeitsplatz' weggefallen sein soll, die Funktion eines anderen Arbeitsplatzes wahrnehmen könne, was auch dann anzunehmen sei, wenn der Arbeitnehmer auf Grund seiner **Fähigkeit** und **Ausbildung** eine **andersartige,** aber **gleichwertige** Tätigkeit ausführen" könne.[512]

66 Klar ist somit nach der Rechtsprechung des 2. Senats des BAG nur, dass der Arbeitgeber bei Verlagerung von Funktionen in andere Betriebe desselben Unternehmens die dort entstehenden zusätzlichen Arbeitsplätze nicht automatisch den ansonsten von der betriebsbedingten Entlassung bedrohten Arbeitnehmern des abgebenden Betriebs anbieten muss, sondern eine solche Verpflichtung nur bei **Gleichwertigkeit** (nicht erforderlich dagegen: **Gleichartigkeit**) der anderweitigen Positionen bestehen kann; weitere Voraussetzung ist, dass der Arbeitnehmer für den jeweiligen Arbeitsplatz auch persönlich und fachlich geeignet ist. Dies sollte bei der Entwicklung von **Anforderungs- und Rollenprofilen** solcher „Ersatzarbeitsplätze" sorgfältig bedacht werden, zumal es nach inzwischen ständiger Rechtsprechung des BAG zu der nur auf Willkür zu überprüfenden unternehmerischen Entscheidung des Arbeitgebers gehört, bestimmte Tätigkeiten nur von Arbeitnehmern mit

[509] BAG 10.11.1994 – 2 AZR 242/94, NZA 1995, 566.
[510] BAG 5.10.1995 – 2 AZR 269/95, NZA 1996, 524.
[511] Vgl. dazu auch BAG 29.3.1990 – 2 AZR 369/89, NZA 1991, 181.
[512] BAG 5.10.1995 – 2 AZR 269/95, NZA 1996, 524, unter II 2b) der Gründe; s. dazu auch *Bitter/Kiel* RdA 1994, 333 (353) mwN.

besonderer Qualifikation ausführen zu lassen oder zB aus **Sicherheitsgründen** bei bestimmten Kontrollaufgaben ausreichende **Sprachkenntnisse** zu verlangen.[513]

Steht allerdings die Gleichwertigkeit der in Betracht kommenden, im Zuge der Umstrukturierung **neu entstehenden Ersatzarbeitsplätze** in einem anderen Betrieb desselben Unternehmens in dem soeben beschriebenen Sinne fest, ist der Arbeitgeber nach Auffassung des BAG – anders als bei „echten" Beförderungsstellen – in der Vergabe dieser Arbeitsplätze nicht mehr frei. Er muss diese Ersatzarbeitsplätze vielmehr unter den hierum konkurrierenden Arbeitnehmern des „Ausgangsbetriebs" (nicht des „Zielbetriebs") nach den Grundsätzen der **Sozialauswahl** im Sinne von § 1 Abs. 3 KSchG vergeben (siehe dazu auch bereits → Rn. 19 u. 34ff.). Nach der Rechtsprechung des 2. BAG-Senats zum Vorrang der Änderungs- gegenüber der Beendigungskündigung müssten darüber hinaus auch **geringerwertige** Stellen, soweit frei bzw. neu entstehend, angeboten werden (dazu → Rn. 31). Gerade bei Umstrukturierungen kann sich das Anforderungsprofil der entstehenden „Ersatzstellen" gegenüber den alten Arbeitsplätzen schnell verändern, indem zB andere Anforderungen aufgrund anderer verwendeter Software gestellt werden. In derartigen Fällen ist eine Einsetzbarkeit der Arbeitnehmer auf einem **gleichwertigen Arbeitsplatz** nach **Umschulung oder Fortbildung** in Betracht zu ziehen (Vgl. § 1 Abs. 2 S. 3 KSchG).[514] Die zeitliche und finanzielle Zumutbarkeit der Umschulungs- und Fortbildungsmaßnahme für den Arbeitgeber hängt vom Einzelfall ab und hat sich an den Kriterien der bisherigen Beschäftigungsdauer, voraussichtliche Dauer der neuen Tätigkeit und das Verhältnis zwischen dem auf dem neuen Arbeitsplatz erzielbaren Einkommen und dem Fortbildungsaufwand zu orientieren. So hat das BAG die Zumutbarkeit der Fortbildungsdauer von zwei Monaten bei einer vierjährigen Betriebszugehörigkeit bejaht.[515] 67

Dieser Verpflichtung kann sich der Arbeitgeber auch nicht dadurch entziehen, dass er zunächst die im Zuge der Umstrukturierung an anderer Stelle des Unternehmens neu entstehenden Arbeitsplätze **besetzt** und erst danach den verbleibenden Arbeitnehmern wegen Wegfalls ihres Arbeitsplatzes betriebsbedingt **kündigt.**[516] Das BAG wendet hier den Rechtsgedanken des § 162 BGB an. Zwar sei bei der Beurteilung des Kündigungssachverhalts grundsätzlich **auf den Kündigungszeitpunkt abzustellen.** Dies bedeute aber nicht, dass bei einer **vorweggenommenen Stellenbesetzung** durch den Arbeitgeber der Kündigungsschutz entfalle, weil bei isolierter Betrachtung der Sachlage im Kündigungszeitpunkt eine Weiterbeschäftigungsmöglichkeit nicht – mehr – bestehe und auch eine Sozialauswahl nicht – mehr – vorgenommen werden könne. Erfolgten die Besetzung der freien Stelle und die Kündigung gewissermaßen ***uno actu*** auf Grund eines **einheitlichen Entschlusses,** so seien beide Erklärungen des Arbeitgebers bei der Prüfung der Voraussetzungen des § 1 KSchG als Einheit zu würdigen. Dies gelte sowohl bei der Prüfung, ob für den zu kündigenden Arbeitnehmer im Betrieb oder Unternehmen andere Beschäftigungsmöglichkeiten bestünden, als auch für die Nachprüfung der erforderlichen Sozialauswahl nach § 1 Abs. 3 KSchG.[517] Die spannende Frage ist, wann von einem einheitlichen Entschluss auszugehen ist. Allein der Umstand, dass die Restrukturierung bereits grob geplant

---

513 Vgl. BAG 10.11.1994 – 2 AZR 242/94, NZA 1995, 566, unter B I 3 der Gründe sowie BAG 5.5.1994 – 2 AZR 917/93, NZA 1994, 1023 (hier: Stand von Kenntnissen und Fähigkeiten in der CAD-Technik); BAG 24.6.2004 – 2 AZR 326/03, NZA 2004, 1268; dazu auch → Rn. 30.

514 Soweit kein anderweiter, gleichwertiger Arbeitsplatz frei ist und auch nicht mit hinreichender Sicherheit bei Abschluss der Fortbildungs- oder Umschulungsmaßnahme ein derartiger Platz frei wird, scheidet ein Verweis des Arbeitgebers auf diese Möglichkeit aus, vgl. zB BAG 27.7.2018 – 2 AZR 476/16, NZA 2018, 234.

515 BAG 26.3.2015 – 2 AZR 417/14, NZA 2015, 1083.

516 BAG 10.11.1994 – 2 AZR 242/94, NZA 1995, 566, 3. Leitsatz; ebenso BAG 5.10.1995 – 2 AZR 269/95, NZA 1996, 524; BAG 24.6.2004 – 2 AZR 326/03, NZA 2004, 1268; 12.8.2010 – 2 AZR 945/08, NZA 2011, 460.

517 BAG 10.11.1994 – 2 AZR 242/94, NZA 1995, 566, unter B I 6 der Gründe; 12.8.2010 – 2 AZR 945/08, NZA 2011, 460 Rn. 39; auch → Rn. 35.

war und ggf. schon Interessenausgleichs- und Sozialplanverhandlungen laufen, reicht für die Annahme einer unzulässigen Bedingungsvereitelung nach § 162 BGB nicht aus.

68 Nur bei konkret feststehenden Umstrukturierungsmaßnahmen mit konkret absehbaren personellen Effekten verlangt das BAG also vom Arbeitgeber, zwischenzeitlich auftretende **Vakanzen** in demselben Betrieb oder einem anderen Betrieb des Unternehmens gezielt dazu zu nutzen, diese Arbeitsplätze den von betriebsbedingten Kündigungen bedrohten Arbeitnehmern frühzeitig anzubieten, und zwar nicht nach eigenem Gutdünken, sondern unter Beachtung der Grundsätze der Sozialauswahl nach § 1 Abs. 3 KSchG. Dabei sind zumindest alle Arbeitsplätze zu berücksichtigen, die bis zum Ablauf der jeweiligen Kündigungsfrist frei werden;[518] nach der vorstehend geschilderten „*uno-actu*-Theorie" des 2. Senats aber auch solche, die in direktem sachlichen und zeitlichen Zusammenhang mit der die Kündigung auslösenden Umstrukturierungsmaßnahme an anderer Stelle des Unternehmens neu zu besetzen sind. Dies bedeutet nicht nur eine **empfindliche Beschränkung der Einstellungsfreiheit,** sondern stellt darüber hinaus die Personalverwaltung bei bevorstehenden Umstrukturierungen im Betrieb oder Unternehmen auf eine harte Belastungsprobe: Jede „freie" Ausschreibung von Arbeitsplätzen während dieser sensiblen Periode beschwört die Gefahr herauf, dass sich Arbeitnehmer in späteren Kündigungsschutzprozessen auf das Vorhandensein dieses (ursprünglich) freien Arbeitsplatzes und den sachlich/zeitlichen Zusammenhang zwischen Besetzung dieser Stelle einerseits und ihrer eigenen betriebsbedingten Entlassung andererseits berufen könnten. Das „Vorziehen" der (Wieder-) Besetzung freier Stellen in Unternehmen mit externen Bewerbern oder eigenen Arbeitnehmern ohne Berücksichtigung der Grundsätze der Sozialauswahl ist für die Arbeitgeberseite somit immer dann sehr **riskant,** wenn es in direkter zeitlicher Folge von nur wenigen Monaten zu einem größeren, bereits im Zeitpunkt der (Wieder-) Besetzung geplanten Personalabbau kommt.

69 In **Konsequenz** der BAG-Rechtsprechung ist Personalabteilungen in der Praxis anzuraten, im zeitlichen Umfeld bevorstehender Umstrukturierungsmaßnahmen frei werdende Stellen entweder vorerst nicht wieder zu besetzen oder vorsorglich völlig zu streichen, um nicht die Wirksamkeit nachfolgender betriebsbedingter Kündigungen zu gefährden. Insbesondere sollte der unternehmsinterne und externe Stellenmarkt während einer Restrukturierungmöglichst „leer" sein. Angesichts des kündigungsrechtlich geforderten Vorrangs innerbetrieblicher, die jeweiligen Anforderungen der Position erfüllender Bewerber läuft die BAG-Rechtsprechung faktisch mitunter auf ein **Verbot der Einstellung externer Bewerber** in Zeiten geplanter oder bereits laufender Umstrukturierungsprozesse hinaus; der Betriebsrat kann der Einstellung solcher Bewerber im übrigen oftmals nach § 99 Abs. 1 Nr. 3 BetrVG (Besorgnis der Benachteiligung im Betrieb beschäftigter Arbeitnehmer) **widersprechen.**

70 Im Ergebnis haben die beiden hier erörterten Entscheidungen des 2. Senats vom 10.11. 1994 und 5.10.1995 für die kündigungsrechtliche Umstrukturierungspraxis richtungsweisende Bedeutung. Bei Übertragung von Funktionen auf andere Betriebe desselben Unternehmens ist – wie bei jeder betriebsbedingten Kündigung – zunächst zu prüfen, ob hierdurch in dem bzw. den anderen Betrieben desselben Unternehmens zusätzliche, freie Arbeitsplätze entstanden sind bzw. noch entstehen werden. Ist dies der Fall, kann der Arbeitgeber sich seinen kündigungsrechtlichen Bindungen nicht dadurch entziehen, dass er diese neuen Arbeitsplätze noch „schnell" besetzt, indem er sie ausschließlich ihm genehmen internen oder externen Bewerbern anbietet. Vielmehr muss er zunächst diejenigen von der betriebsbedingten Kündigung bedrohten Arbeitnehmer ermitteln, die dem von ihm – grundsätzlich „gerichtsfrei" aufgestellten – Anforderungsprofil dieser neuen Stellen entsprechen. Vor Ausspruch betriebsbedingter Kündigungen muss den solchermaßen geeigneten Arbeitnehmern einer dieser „Ersatzarbeitsplätze" angeboten werden. Diese Verpflichtung besteht nur dann nicht, wenn es sich bei den „Ersatzarbeitsplätzen" bei werten-

[518] SPV Kündigung Rn. 991.

der Betrachtung, dh in erster Linie tätigkeitsbezogen, um **echte Beförderungsstellen** handelt, sie also im Vergleich zum bisherigen Arbeitsplatz **höherwertig** sind. Dagegen schließt die bloße **Andersartigkeit** der in Rede stehenden neuen Arbeitsplätze die Verpflichtung des Arbeitgebers keineswegs aus, sie den von der betriebsbedingten Kündigung bedrohten Arbeitnehmern, ggf. auch im Wege der **Änderungskündigung** (dazu auch → Rn. 31) anzubieten.

Bewerben sich um solche im Zuge der Umstrukturierung neu entstehenden, gleichwertigen Arbeitsplätze mehr Arbeitnehmer als entsprechende Stellen zur Verfügung stehen, muss der Arbeitgeber – und dies stellt eine empfindliche Einschränkung seiner „Personalhoheit" dar – die Neubesetzung nach den Grundsätzen der Sozialauswahl im Sinne von § 1 Abs. 3 KSchG vornehmen, dh er darf diese Stellen **nicht ausschließlich nach Leistung und Eignung** vergeben, sondern muss vorrangig Kriterien der **sozialen Schutzbedürftigkeit** (Betriebszugehörigkeit, Alter, Unterhaltspflichten, Schwerbehinderung) zugrunde legen.[519] Nur unter dieser Voraussetzung ist die betriebsbedingte Entlassung der übrigen, leer ausgehenden Arbeitnehmer im Sinne von § 1 KSchG sozial gerechtfertigt. 71

Allerdings verbleibt es auch bei dieser Konstellation – Verlagerung von Tätigkeiten in andere Betriebe des Unternehmens – bei dem für das Kündigungsschutzrecht tragenden Grundsatz (→ Rn. 37ff.), dass sich die Sozialauswahl im Sinne von § 1 Abs. 3 KSchG immer nur auf die Arbeitnehmer ein und desselben Betriebs (hier: des von Entlassungen bedrohten „abgebenden" Betriebs) erstrecken kann. **Keinesfalls** kann also eine solche unternehmensinterne Funktionsverlagerung dazu führen, dass (Stamm-) **Arbeitnehmern des „aufnehmenden" Betriebs gekündigt** werden muss, um ihre Arbeitsplätze für sozial schutzwürdigere Arbeitnehmer des „abgebenden" Betriebs freizumachen (zur Berücksichtigung von Stellen, die zur Zeit von **Leiharbeitnehmern** besetzt sind, → Rn. 31). Insoweit und bei der Formulierung des Anforderungsprofils für die im Zuge der Verlagerung an anderer Stelle des Unternehmens neu entstehender Arbeitsplätze verbleibt dem Unternehmen somit ein nicht unerhebliches **Steuerungspotential.**

b) Ausgliederung und/oder Verlegung von Betriebsteilen

72 Die Ausgliederung von Betriebsteilen unterscheidet sich von der bloßen Funktionsübertragung dadurch, dass hier nicht reine Tätigkeiten, sondern zusammenhängende **Teileinheiten der Betriebsorganisation** neu zugeordnet werden. Insoweit ergibt sich eine gewisse Parallele zu der Abgrenzung zwischen Funktionsnachfolge einerseits und Betriebsteilübertragung andererseits (dazu → G Rn. 66), wenngleich es sich bei unternehmens*interner* Betriebsteilübertragung angesichts der fortbestehenden Identität des Rechtsträgers (= Arbeitgebers) niemals um einen Fall des § 613a BGB handeln kann; auch die analoge Anwendung des § 613a Abs. 4 BGB scheidet hier von vornherein aus. Ob die Ausgliederung eines oder mehrerer Teile des bisherigen einheitlichen Betriebs zum Anlass für betriebsbedingte Kündigungen in dem „Restbetrieb" genommen werden kann, richtet sich vielmehr auch hier ausschließlich nach den Bestimmungen des Kündigungsschutzgesetzes.

Beispiel H 14:

Die C-GmbH, ein Unternehmen der chemischen Industrie, besteht aus den Bereichen Produktion und Vertrieb sowie einer Verwaltung mit verschiedenen Stabsbereichen (ua Rechnungswesen/Controlling). Sämtliche Bereiche sind bisher an einem Standort untergebracht; es besteht ein einheitlicher Betriebsrat. Nunmehr soll der Betriebsteil Vertrieb, bestehend aus Innen- und Außendienst, organisatorisch verselbständigt und in ein ca. 40 km vom heutigen Standort entferntes, neu angemietetes Bürogebäude verlegt werden. Durch die gleichzeitig geplante Installation neuer Softwaresysteme im Vertriebsbereich können bestimmte Abrechnungsaufgaben, die bisher vom Zentralen Rechnungswesen wahrgenom-

[519] S. zur Problematik des Zeitpunkts des Kündigungsausspruchs → Rn. 35a.

men wurden, nunmehr von den Mitarbeitern des Vertriebs-Innendienstes mit übernommen werden. Hierdurch fällt der bisherige Arbeitsplatz der im Rechnungswesen tätigen Debitorenbuchhalterin B weg.

73 Für die kündigungsrechtliche Beurteilung ist zunächst zu fragen, ob es sich bei dem künftigen Vertriebsbüro um einen eigenständigen Betrieb im Sinne des *Kündigungsschutzgesetzes* handelt. Bejaht man dies, könnte es – ähnlich wie im **Beispielsfall H 13** – aus Arbeitgebersicht nahe liegen, zunächst die geplante Umstrukturierung als solche (hier: Verlagerung des gesamten Vertriebsinnen- und -außendienstes in einen eigenständigen Betrieb) durchzuführen, um dann gegenüber B zu argumentieren, dass der bisherige Arbeitsplatz nicht mehr vorhanden und eine Sozialauswahl im Verhältnis zu den nunmehr in einem anderen Betrieb des Unternehmens tätigen Vertriebsinnendienstmitarbeitern, die ihre bisherigen Aufgaben künftig (mit-) erledigen, von vornherein ausgeschlossen sei, da § 1 Abs. 3 KSchG nur betriebs-, nicht aber unternehmensbezogen einzugreifen vermöge. Eine derartige Argumentation hätte indes bei Zugrundelegung der Grundsätze, wie sie der 2. Senat des BAG unter Hinweis auf § 162 BGB in seinen Urteilen vom 10. 11. 1994 und 5. 10. 1995[520] ausgeführt hat, in einem Kündigungsschutzverfahren wenig Aussicht auf Erfolg. Auch bei einer (geplanten) Ausgliederung von Betriebsteilen mit Personalreduzierungseffekten hätte der Arbeitgeber danach eine etwa notwendige **Sozialauswahl** im Sinne von § 1 Abs. 3 KSchG *vor* Wirksamwerden der Umstrukturierungsmaßnahme zu prüfen und gegebenenfalls durchzuführen; dies **jedenfalls** dann, wenn bereits mit der Ausgliederung die Stellenreduzierung **zeitlich und sachlich unmittelbar einhergeht.** Insoweit gelten hinsichtlich der „Einheit der unternehmerischen Maßnahme" ähnliche Überlegungen wie bei der Mitbestimmung im Falle von Betriebsänderungen nach §§ 111 ff. BetrVG (→ C Rn. 22 ff.). Stellt sich dabei im **Beispiel H 14** heraus, dass B die zwar andersartige, aber gleichwertige (dazu → Rn. 66) Tätigkeit einer Sachbearbeiterin im Vertriebsinnendienst bereits nach kurzer Zeit der Einarbeitung übernehmen könnte, sie zu dem Ortswechsel bereit (s. zu diesem Erfordernis → Rn. 75) und überdies sozial schutzbedürftiger ist als eine dort zur Zeit tätige Kollegin, müsste letzterer anstelle von B gekündigt werden; dies würde unabhängig davon gelten, ob die C-AG zunächst die notwendigen betriebsbedingten Kündigungen ausspricht und erst danach die Ausgliederung des Vertriebsbereichs vornimmt oder umgekehrt, da in jedem Falle im Sinne der bisherigen Rechtsprechung des BAG ein enger zeitlicher und sachlicher Zusammenhang besteht (*„uno actu"*, vgl. BAG vom 10. 11. 1994[521]). Ob das BAG an dieser Rechtsprechung für Fälle der vorliegenden Art auch in Zukunft festhalten wird, ist angesichts der Entscheidung vom 24. 9. 2015 (Fn. 389) allerdings nicht gesichert.

74 Der Arbeitnehmerin B ist allerdings auch bei Zugrundelegung der bisherigen Rechtsprechung im Ausgangsfall **dringend zu raten,** nicht erst auf ein entsprechendes Arbeitgeberangebot zu warten, sondern „offensiv" die Weiterbeschäftigung als Vertriebsmitarbeiterin in dem ausgegliederten Betriebsteil zu **verlangen,** da ein (tatsächliches oder vermeintliches) „Desinteresse" ansonsten unter Umständen in einem Kündigungsschutzprozess zu ihren Lasten ausgelegt werden könnte. Zwar hat der Arbeitgeber eine etwaige Sozialauswahl nach § 1 Abs. 3 KSchG grundsätzlich „von Amts wegen" vorzunehmen, so dass der Ausgang eines Kündigungsschutzprozesses grundsätzlich nicht davon abhängen kann, ob der Arbeitnehmer sich auf die für ihn frei zu machende Stelle auch tatsächlich beworben oder jedenfalls vor Ausspruch der betriebsbedingten Kündigung auf eine solche mögliche Austauschkündigung hingewiesen hat.

---

[520] BAG 10. 11. 1994 – 2 AZR 242/94, NZA 1995, 566 und BAG 5. 10. 1995 – 2 AZR 269/95, NZA 1996, 524.

[521] → Rn. 35 und 67 ff. Anders hingegen für den Fall der Aufspaltung in zwei eigenständige Betriebe trotz engem zeitlichem Zusammenhang mit der betriebsbedingten Kündigung BAG 24. 9. 2015 – 2 AZR 562/14, NZA 2016, 366 Rn. 32 ff.

Eine Entscheidung des BAG vom 5.10.1995[522] könnte indes darauf hindeuten, dass der Arbeitgeber, wenn es um die Zuweisung von **andersartigen,** aber gleichwertigen Arbeitsplätzen im Zuge eines größeren Personalabbaus geht, diese nur solchen Arbeitnehmern anzubieten bzw. nur solche Arbeitnehmer in eine diesbezügliche Sozialauswahl einzubeziehen hat, die sich eine solche, zumindest teilweise andersartige Tätigkeit „zutrauen" und dies der Arbeitgeberseite auch **offenlegen.**[523] Allerdings wird man aus dem Zusammenhang der Entscheidungsgründe folgern müssen, dass dem Arbeitnehmer eine Passivität allenfalls dann zum Nachteil gereichen kann, wenn ihm der bevorstehende Wegfall seines bisherigen Arbeitsplatzes und die Möglichkeit einer anderweitigen Weiterbeschäftigung (zB durch Stellenausschreibung im Betrieb) auch tatsächlich bekannt waren. Zudem hat der 2. Senat die Obliegenheit des Arbeitgebers, dem Arbeitnehmer anderweitige, auch mit deutlichen Verschlechterungen verbundene Arbeitsplätze anzubieten, in der Zwischenzeit durch die strenge Rechtsprechung zum „Vorrang der Änderungskündigung" deutlich erweitert. Dadurch kann sich der gesamte Personalanpassungsprozess erheblich zeitaufwändiger und komplizierter gestalten (dazu → Rn. 31).

Eine ganz andere Frage betrifft die kündigungsrechtliche Position derjenigen Arbeitneh- 75
mer, die im **Beispiel H 14** bereits in dem auszugliedernden Betriebsteil beschäftigt sind und nunmehr mit diesem an den neuen Standort **verlagert** werden sollen. Grundsätzlich wird man davon auszugehen haben, dass die bloße organisatorische Verselbständigung eines bisher kündigungs- und betriebsverfassungsrechtlich unselbständigen Betriebsteils für die dort tätigen Arbeitnehmer **keine Versetzung** darstellt, und zwar weder in individualarbeitsrechtlicher noch in betriebsverfassungsrechtlicher Hinsicht (§ 95 Abs. 3 BetrVG), da der Arbeitsplatz als solcher identisch bleibt und sich allein durch die Verselbständigung des Betriebsteils die Umstände der Arbeitsleistung nicht wesentlich ändern.[524] Anders kann der Fall allerdings liegen, wenn sich – wie im Beispiel H 14 – mit der Ausgliederung auch der **Arbeitsort** ändert. Betriebsverfassungsrechtlich stellt die Zuweisung eines anderen Arbeitsorts grundsätzlich **immer** eine **Versetzung** im Sinne von § 95 Abs. 3, § 99 BetrVG dar; bei der **Versetzung in einen anderen Betrieb** hängt die Mitbestimmung allerdings davon ab, ob der Arbeitnehmer wieder in den „abgebenden" Betrieb zurückkehrt,[525] was im Falle der Betriebsteilausgliederung indes gerade nicht der Fall ist. Ob den Vertriebsmitarbeitern im **Beispiel H 14** die (Weiter-) Arbeit an einem ca. 40 Kilometer entfernten Ort **ohne Änderungskündigung,** also allein auf Grund der Ausübung des arbeitgeberseitigen **Direktionsrechts** zugewiesen werden kann, hängt zunächst von der näheren **Ausgestaltung ihrer Arbeitsverträge** ab, dh davon, ob darin die einseitige Versetzung auf einen anderen Arbeitsplatz, „auch an einem anderen Ort" ausdrücklich vorgesehen ist.[526] Derartige Änderungsvorbehalte, die auch einen **Ortswechsel** ausdrücklich vorsehen, sind in der Praxis indes nicht allgemein üblich und finden sich oftmals nur in Verträgen mit Führungskräften; sie unterliegen zudem einer Angemessenheitskontrolle nach §§ 305 ff. BGB. Bei fehlender Versetzungsklausel wird eine Verlagerung des Arbeitsorts über größere Distanz und/oder in eine andere politische Gemeinde nur im Wege der Vertragsänderung möglich sein, die entweder durch **Änderungsvertrag** oder durch **Änderungskündigung** im Sinne von § 2 KSchG herbeigeführt werden kann. Letztere ist allerdings insbesondere bei „Massentatbeständen" ein mühseliges Unterfangen.[527] In der Praxis behilft man sich mitunter, indem man in dem – bei Betriebs(teil)verlegung ohnehin erforderlichen (§ 111

[522] BAG 5.10.1995 – 2 AZR 87/95, BeckRS 1995, 30757080 (Parallelentscheidung zu dem Urteil vom selben Tage in NZA 1996, 524).
[523] BAG 5.10.1995 – 2 AZR 87/95, BeckRS 1995, 30757080, unter II 3c) der Gründe.
[524] Zum Versetzungsbegriff im Sinne des Arbeitsvertragsrechts vgl. *Griese* BB 1995, 458; *v. Hoyningen-Huene* NZA 1993, 145; zum betriebsverfassungsrechtlichen Versetzungsbegriff DKW/*Bachner* BetrVG § 99 Rn. 96.
[525] *Fitting* BetrVG § 99 Rn. 173.
[526] Zur Zulässigkeit und Formulierung derartiger Änderungsvorbehalte vgl. *Hromadka* in Preis/Willemsen, Umstrukturierung von Betrieben und Unternehmen im Arbeitsrecht, 1999, Rn. I 30 und 48; zur AGB-Kontrolle vgl. HWK/*Roloff* BGB Anh. §§ 305–310 Rn. 24 ff.
[527] → Rn. 5.

S. 3 Nr. 2 BetrVG, vgl. dazu auch → C Rn. 49) Verfahren des Interessenausgleichs/Sozialplans mehr oder weniger großzügige Zugeständnisse in Bezug auf Fahrtkostenerstattung und -ausgleich für längere Anfahrtszeiten macht (etwa mit Pauschalregelungen des Inhalts, dass zB für bis zu 30 Minuten längere An- und Abfahrtszeiten ein oder zwei Jahre lang bestimmte Brutto-Festbeträge gezahlt werden). Stimmt der Betriebsrat im Rahmen derartiger Ausgleichsregelungen der Betriebs(teil)verlegung zu, bewirkt dies zwar noch nicht unmittelbar die individualarbeitsrechtliche Wirksamkeit der Versetzung, weil der Betriebsrat insoweit nicht Vertreter der einzelnen Arbeitnehmer ist. Nehmen indes die Arbeitnehmer in Kenntnis dieser Regelungen die Arbeit am neuen Betriebssitz auf, wird man darin bereits nach kurzer Zeit das **konkludente** Einverständnis mit einem entsprechenden **Vertragsänderungsangebot** des Arbeitgebers erblicken müssen. Letzteres kann durch ein entsprechendes Schreiben an die Belegschaft dokumentiert werden.

c) Zusammenfassung mehrerer Betriebe/Betriebsteile zu einem neuen Betrieb bei gleichzeitigem Personalabbau

76 Besonders schwierige Gestaltungsfragen können sich stellen, wenn verschiedene Teile eines Unternehmens zu einem neuen Betrieb zusammengesetzt und aus diesem Anlass ein Personalabbau durchgeführt werden soll.

Beispiel H 15:

Die F-GmbH, Wuppertal, produziert Farben und Lacke sowohl für industrielle wie auch für handwerkliche Anwendungen. Der Außendienst für sog. Deco-Lacke befindet sich teils am Firmensitz in Wuppertal, teils in einer organisatorisch und personell eigenständig geführten Niederlassung in Bonn. Er gliedert sich jeweils in die Bereiche „Do it yourself" und „Profi". Es ist nunmehr vorgesehen, den Vertriebsbereich „Do it yourself" am Firmensitz in Wuppertal räumlich und organisatorisch zusammenzufassen. Hierdurch ergeben sich erhebliche Synergieeffekte, weil die Außendienstmitarbeiter des „Do it yourself"-Bereichs, die bisher, nach Niederlassungen getrennt, unterschiedliche Produktgruppen dieses Bereichs verkauften, nach der Zusammenfassung für die gesamte Produktpalette dieses Bereichs zuständig werden sollen. Die F-GmbH möchte demzufolge von den insgesamt 53 Außendienstmitarbeitern (37 in Wuppertal, 16 in Bonn) insgesamt acht entlassen, wobei sie es vorziehen würde, diese Entlassungen ausschließlich in Bonn vorzunehmen, wo – im Gegensatz zu Wuppertal – kein Betriebsrat besteht.

77 Für die F-GmbH ergeben sich nunmehr verschiedene **Gestaltungsalternativen:**

(1) Sie kann den gesamten Vertriebsbereich „Do it yourself" in den am Firmensitz in Wuppertal bestehenden Betrieb (mit Betriebsrat) integrieren und *danach,* dh wenn die dafür notwendigen Versetzungen abgeschlossen sind, die notwendige Personalanpassung im Außendienstbereich vornehmen.

(2) Sie kann den Vertriebsbereich „Do it yourself" in Wuppertal in einem ersten Schritt organisatorisch und personell ausgliedern, diesen sodann an demselben Standort mit dem bisher in Bonn ansässigen Betriebsteil „Do it yourself" organisatorisch und räumlich zusammenfassen und sodann den „überzähligen" Außendienstmitarbeitern betriebsbedingt kündigen.

(3) Sie kann die bestehenden Betriebsstrukturen bis auf Weiteres unverändert lassen und infolge der Zusammenfassung der verschiedenen Produktgruppen zu einem einheitlichen Außendienst lediglich die Gebietsgrenzen dergestalt neu festlegen, dass insgesamt die erstrebte Einsparung von acht Außendienstmitarbeitern („Bezirksleitern") erzielt wird. Die Zusammenfassung zu einem einheitlichen Betrieb in Wuppertal wird auf einen späteren Zeitpunkt verschoben.

Für alle drei vorgenannten Konstellationen gilt, dass die Entscheidung der F-GmbH zur Vereinheitlichung des bisher getrennt nach Produktgruppen geführten Außendienstes „Do it yourself" eine gerichtlicher Kontrolle grundsätzlich entzogene Unternehmerentscheidung darstellt (→ Rn. 7). Erhebliche Unterschiede ergeben sich indes in Bezug auf die Reichweite der gemäß § 1 Abs. 3 KSchG erforderlichen **Sozialauswahl:**

In Variante (1) muss die Sozialauswahl nach § 1 Abs. 3 KSchG sich auf *alle* vergleichbaren (→ Rn. 19) Arbeitnehmer erstrecken, die im Betrieb am Firmensitz in Wuppertal tätig sind. Die Sozialauswahl umfasst somit alle Arbeitnehmer des nunmehr dort „fusionierten" Außendienstes „Do it yourself" und darüber hinaus auch solche Arbeitnehmer, die zwar in anderen Bereichen tätig sind, aber ohne Vertragsänderung von den zur Kündigung anstehenden Mitarbeitern im Zuge einer sog. Austauschkündigung ersetzt werden könnten. Die Obliegenheit des Unternehmens, vor Kündigung wegen Wegfalls bisher bestehender Beschäftigungsmöglichkeiten „horizontal" vergleichbare (→ Rn. 20) Arbeitnehmer ausfindig zu machen, ist weder auf den (engeren) Arbeitsbereich des jeweiligen Arbeitnehmers noch auf eine Betriebsabteilung (hier: Außendienst) beschränkt, sondern umfasst den gesamten Betrieb (nicht: das gesamte Unternehmen bei Vorhandensein mehrerer Betriebe, → Rn. 32) unabhängig von seiner Größe und unabhängig von der fachlichen Ausrichtung der anderen Betriebsabteilungen; letztere kann allerdings eine Rolle spielen bei der Frage der persönlichen Eignung für den jeweiligen Arbeitsplatz. In Variante (1) müsste die F-GmbH in die Sozialauswahl also nicht nur alle Arbeitnehmer des Außendienstes (sowohl „Do it yourself" als auch „Profi"), sondern prinzipiell sämtliche Stellen in dem Wuppertaler Betrieb einbeziehen, auf die ein bisheriger Außendienstmitarbeiter ohne Vertragsänderung oder Änderungskündigung versetzt werden könnte. Denkbar wäre dies bei einem entsprechend weit gefassten Versetzungsvorbehalt, der auch einen Einsatz zB im Vertriebsinnendienst oder in der Auftragsabwicklung zuließe. Das Risiko, dass ein gekündigter Außendienstmitarbeiter sich mit Erfolg auf die Möglichkeit einer Austauschkündigung in Bezug auf einen sozial weniger schutzbedürftigen anderen Arbeitnehmer berufen könnte, wäre bei dieser Variante jedenfalls ganz beträchtlich. Dagegen bestünde in dieser Variante keine Verpflichtung zur Einbeziehung der in Bonn verbliebenen (Rest-)Belegschaft in die Sozialauswahl, wenn man davon ausgeht, dass der dortige Betrieb kündigungsschutzrechtlich eigenständig ist (dazu auch → Rn. 83). 78

Wird dagegen der Vertrieb in Wuppertal zunächst organisatorisch verselbständigt, dh in einen eigenen Betrieb im Sinne des Kündigungsschutzgesetzes ausgegliedert und erst danach mit dem Bonner Betriebsteil unter dessen gleichzeitiger Verlegung nach Wuppertal fusioniert (Variante (2)), hat sich eine erst danach durchzuführende Sozialauswahl ausschließlich auf die Arbeitnehmer des nunmehr eigenständigen Betriebs (Vertrieb „Do it yourself") zu erstrecken. Arbeitsplätze im Wuppertaler Stammhaus – einschließlich des dort verbleibenden Vertriebs „Profi" – spielen nach der organisatorischen Abtrennung des Vertriebs „Do it yourself" nur noch eine Rolle, soweit sie frei (!) und im Rahmen von § 1 Abs. 2 KSchG von der betriebsbedingten Kündigung bedrohten Außendienstmitarbeiter „Do it yourself" anzubieten sind. Immerhin müssten aber auch bei dieser Variante *sämtliche* Arbeitnehmer des Vertriebsbereichs „Do it yourself" in die Sozialauswahl nach § 1 Abs. 3 KSchG einbezogen werden. 79

Dagegen kommt es in der dritten Variante – jedenfalls zunächst – nicht zu einer Vereinigung der Außendienst-Mitarbeiter „Do it yourself" in einem einheitlichen Betrieb, sondern diese bleiben bis auf weiteres den jeweils eigenständigen Betrieben in Wuppertal und Bonn zugeordnet. Die Strukturveränderung erschöpft sich in einem Neuzuschnitt des Vertriebsgebiets, wobei es letztlich von der **unternehmensinternen Gestaltung** abhängt, in welchem der beiden betroffenen Betriebe und in welchem Umfang infolge der eintretenden Synergieeffekte Arbeitsplätze wegfallen. Wurde beispielsweise der Regierungsbezirk Arnsberg, getrennt nach Produktgruppen, bisher von je einem Bezirksleiter in Wuppertal und in Bonn betreut, kann die F-GmbH nach Zusammenfassung dieser Produktgruppen nunmehr entscheiden, dass die Betreuung aller dort ansässigen Kunden künftig ausschließlich durch den in Wuppertal ansässigen Bezirksleiter zu erfolgen hat, wodurch der Arbeitsplatz seines Bonner Kollegen entfällt. Die anschließend durchzuführende Sozialauswahl hätte sich nur auf die relativ wenigen anderen Außendienstmitarbeiter in Bonn zu erstre- 80 cken. Die Variante (3) bietet der F-GmbH somit die größte Gestaltungsfreiheit insofern, als sie die Notwendigkeit einer „Gesamt-Sozialauswahl" innerhalb sämtlicher Mitarbeiter des „Do it yourself"-Außendienstes vermeidet, allerdings um den Preis der zumindest einstweilen beibehaltenen betrieblichen und räumlichen Trennung der beiden Vertriebsbereiche in Wuppertal und Bonn.

81 Eine andere, in Rechtsprechung und Literatur bislang noch nicht hinreichend geklärte Frage ist allerdings, ob diese, nach „Ausgangsbetrieben" getrennte Sozialauswahl (hier: Arbeitnehmer des Betriebs Wuppertal einerseits, Bonn andererseits) auch dann noch Bestand haben kann, wenn bereits zum Zeitpunkt der Kündigung definitiv feststeht, dass die beiden Betriebe bzw. Betriebsteile in Zukunft nicht nur enger miteinander kooperieren, sondern in einem nächsten Schritt zu einem **einheitlichen Betrieb** zusammengefasst werden sollen. Bejaht man dies, hat es letztlich der Arbeitgeber selbst in der Hand, den Umfang einer notwendigen Sozialauswahl zu „gestalten", indem er die Zusammenfassung zu einem neuen, einheitlichen Betrieb entweder vor oder nach Ausspruch der betriebsbedingten Kündigungen durchführt. Dies mutet insofern befremdlich an, als es bei dieser Konstellation – unabhängig davon, ob die betriebsbedingte Kündigung vor oder nach der Zusammenfassung zu einem neuen Betrieb erfolgt – letztendlich in jedem Fall Ziel einer solchen Maßnahme ist, den Personalstand den Bedürfnissen des **neuen** Betriebes anzupassen. Dennoch wird man es auch hier bei dem Grundsatz belassen müssen, dass für den Umfang einer etwaigen Sozialauswahl immer auf die betrieblichen Verhältnisse im Zeitpunkt des Kündigungsausspruchs abzustellen ist, ein „Vorgriff" auf die im Zeitpunkt der Kündigung erst **angestrebte, aber nicht zugleich verwirklichte künftige Betriebsstruktur** mithin nicht in Betracht kommt (zur Sondersituation des Betriebs(teil)übergangs, soweit dieser bereits „greifbare Formen" angenommen hat, allerdings → Rn. 117). Hierfür spricht im Übrigen auch, dass der Arbeitgeber nicht nur kündigungsschutzrechtlich, sondern auch betriebsverfassungsrechtlich gänzlich anderen Rahmenbedingungen unterliegen kann, je nachdem, ob er die beiden in Rede stehenden Betriebsteile erst zu einem neuen, eigenständigen Betrieb vereinigt, um in einem späteren Schritt die dortige Belegschaft zu reduzieren, oder umgekehrt erst in den „Ausgangsbetrieben" die notwendigen Personalanpassungen vornimmt, um danach die solchermaßen personell und organisatorisch neu zugeschnittenen Betriebsteile zu einem Betrieb (sowohl im betriebsverfassungsrechtlichen als auch im kündigungsschutzrechtlichen Sinne) zu fusionieren. Im ersteren Fall ist das notwendige (vgl. § 111 S. 3 Nr. 3 BetrVG) Verfahren eines Interessenausgleichs/Sozialplans mit den Betriebsräten der „abgebenden" Betriebe – soweit vorhanden – durchzuführen, allerdings nur bezogen auf die Ausgliederung und Verschmelzung der Betriebsteile als solche, während die Aufstellung eines Interessenausgleichs/Sozialplans für einen anschließenden Personalabbau *in* dem neu entstandenen Betrieb Sache des dort künftig anwesenden Betriebsrats ist. Dies zeigt zugleich, dass der voraussichtliche **Zeitbedarf** bis zum Zustandekommen der **betrieblichen Fusion** bei der zweiten Alternative größer ist, weil das Verfahren nach §§ 111 ff. BetrVG bis dahin „doppelt", dh in zwei zeitlich aufeinander folgenden Stufen, durchgeführt werden muss.

82 Die vorstehenden Überlegungen lassen sich dahingehend **zusammenfassen,** dass bei einer notwendigen Personalanpassung im Zuge der Ausgliederung und/oder Zusammenfassung bislang unselbständiger Betriebsteile die kündigungsrechtlichen Rahmenbedingungen entscheidend von dem (aktuellen) betrieblichen „Bezugsrahmen" im Zeitpunkt der auszusprechenden betriebsbedingten Kündigungen abhängen und sich hierdurch auf Seiten des Unternehmens ein **erheblicher Gestaltungsspielraum** eröffnet, bei dessen Nutzung allerdings die ebenso unterschiedlichen betriebsverfassungsrechtlichen Rahmenbedingungen (insbesondere im Hinblick auf §§ 111 ff. BetrVG) mit ins Auge gefasst werden müssen.

d) Stilllegung eines Betriebsteils

Beispiel H 16: 83

Wie **Beispiel H 15**, jedoch wird der Bereich Vertrieb „Do it yourself" wegen erheblich rückläufigen Geschäftsvolumens in Wuppertal stillgelegt und nur noch am Standort Bonn mit den dortigen Mitarbeitern fortgeführt.

Auch für die Betriebsstilllegung gilt, dass eine im Rahmen betriebsbedingter Entlassungen notwendige Sozialauswahl sich nicht nur auf den (unmittelbar) betroffenen Betriebs***teil,*** sondern auf den gesamten **Betrieb** zu erstrecken hat, soweit dort Arbeitnehmer auf ***vergleichbaren*** **Arbeitsplätzen** tätig sind (auch → Rn. 20). Es wäre somit ein grober Fehler, ohne Rücksicht auf „horizontal" vergleichbare Arbeitnehmer (etwa im Vertriebsbereich „Profi") sogleich allen Wuppertaler Mitarbeitern des Vertriebs „Do it yourself" zu kündigen. Allerdings kann die Umsetzung des Prinzips, wonach eine notwendige Sozialauswahl grundsätzlich auf den *gesamten* Betrieb zu erstrecken sei, erhebliche Probleme bereiten, insbesondere wenn es um die Frage geht, inwieweit „Außenstellen" oder „Zweigniederlassungen" – hier: diejenige in Bonn – (noch) **zu demselben Betrieb gehören oder bereits selbständige Betriebe im Sinne des Kündigungsschutzrechts sind.**[528] Im Zweifel wird hier der betriebsverfassungsrechtlichen Beurteilung (erhebliche räumliche Entfernung im Sinne von § 4 S. 1 Nr. 1 BetrVG; Bildung eines separaten Betriebsrats oder Einbeziehung in die Betriebsratswahl im „Stammhaus") zumindest indizielle Bedeutung zukommen. Da die richtige **Betriebsabgrenzung** somit für den Ausgang von Kündigungsschutzprozessen entscheidenden Einfluss gewinnt, sollten die diesbezüglichen Fragen und Unklarheiten tunlichst bereits vor Ausspruch betriebsbedingter Kündigungen geklärt werden. Wie nämlich bereits an anderer Stelle (→ Rn. 17) ausgeführt, stellt der Abbau nur eines **Teils** des im Betrieb tätigen Personals – gleich, ob es sich dabei, wie hier, um die „gezielte" Stilllegung eines Betriebsteils oder lediglich um eine „globale" Personalreduzierung handelt – aus Arbeitgebersicht vor allem im Hinblick auf die oft unklaren Grenzen einer durchzuführenden Sozialauswahl nahezu stets ein riskantes Unterfangen dar.

Geht man im Beispiel H 16 ebenso wie im Beispiel H 15 davon aus, dass die Zweigniederlassung in Bonn, auch wenn dort ein eigener Betriebsrat nicht gewählt wurde, ein eigenständiger Betrieb sowohl im Sinne des Kündigungs- wie auch im Sinne des Betriebsverfassungsrechts ist, brauchen die dortigen Arbeitnehmer nicht in die Sozialauswahl gemäß § 1 Abs. 3 KSchG einbezogen zu werden, wenn die bisher in Wuppertal tätigen Vertriebsmitarbeiter „Do it yourself" betriebsbedingt entlassen werden sollen. 84

2. Bei unternehmensübergreifender Umstrukturierung

Die Veränderung betrieblicher Strukturen kann sich, wie in den bisher erörterten Fällen, ausschließlich auf der Ebene ein und desselben Rechtsträgers (Arbeitgebers) vollziehen; sie ist indes in der Praxis häufig zumindest für einen Teil der betroffenen Arbeitnehmer zugleich mit einem **Wechsel ihres Arbeitgebers** verbunden. In diesen Fällen werden die kündigungsrechtlichen Aspekte durch das gleichzeitig – dh neben dem allgemeinen Kündigungsschutz nach § 1 KSchG zu beachtende – sog. Kündigungsverbot des **§ 613a Abs. 4 BGB** ergänzt. 85

a) Das Verbot der Kündigung „wegen Betriebsübergangs" nach § 613a Abs. 4 BGB

Wohl kaum eine sonstige Norm des Individualarbeitsrechts ist in der praktischen Handhabung so vielen Missverständnissen ausgesetzt wie § 613a Abs. 4 BGB. Es ranken sich um diese Vorschrift **Legenden** wie etwa die, eine Kündigung sei binnen eines Jahres nach 86

[528] Zum kündigungsschutzrechtlichen Betriebsbegriff vgl. KR/*Rachor* KSchG § 1 Rn. 140ff. mwN.

Betriebsübergang immer unzulässig oder § 613a Abs. 4 BGB schließe Kündigungen unmittelbar vor einem Betriebsübergang stets aus. Auch das Verhältnis zum allgemeinen Kündigungsschutz nach dem Kündigungsschutzgesetz war nach Einfügung dieser Bestimmung im Jahre 1980 lange Zeit klärungsbedürftig. Obwohl die Grundsatzfragen inzwischen entschieden sind, verbleiben in der Praxis Zweifelsfragen bei der **Abgrenzung** zwischen erlaubter betriebsbedingter Kündigung und verbotener Kündigung „wegen" Betriebsübergang.

87 **aa) Entstehungsgeschichte; Normzweck.** Das richtige Verständnis der Norm lässt sich nur über ihre Entstehungsgeschichte erschließen.

§ 613a Abs. 4 BGB ist seit dem 13.8.1980 in Kraft. Zu diesem Zeitpunkt wurde der durch das BetrVG 1972 in das BGB eingeführte § 613a BGB in wichtigen Punkten ergänzt (→ G Rn. 3). Die Einfügung des Abs. 4 beruhte auf einer Vorgabe der EG-Richtlinie 77/187/EWG (neu verkündet als Richtlinie 2001/23/EG[529]), die in ihrem (heutigen) Art. 4 Abs. 1 S. 1 lapidar bestimmt, dass der Übergang eines Unternehmens, Betriebs oder Unternehmens- bzw. Betriebsteils „als solcher" für den Veräußerer oder den Erwerber keinen Grund zur Kündigung darstelle.[530] Es folgt dann allerdings sogleich eine für die Auslegung des § 613a Abs. 4 BGB wichtige Ergänzung dergestalt, dass

„... (d)iese Bestimmung ... etwaigen Kündigungen aus wirtschaftlichen, technischen oder organisatorischen Gründen, die Änderungen im Bereich der Beschäftigung mit sich bringen, nicht entgegen(steht)."[531]

Der deutsche Gesetzgeber hat die Richtlinie insoweit nur in sprachlich verkürzter Form umgesetzt. Die seit 1980 unveränderte Fassung des § 613a Abs. 4 lautet:

„Die Kündigung des Arbeitsverhältnisses eines Arbeitnehmers durch den bisherigen Arbeitgeber oder durch den neuen Inhaber wegen des Übergangs eines Betriebs oder Betriebsteils ist unwirksam. Das Recht zur Kündigung des Arbeitsverhältnisses aus anderen Gründen bleibt unberührt."

88 Offenbar sollten die Auslegung höchst unbestimmter Rechtsbegriffe („wegen" des Übergangs; „aus anderen Gründen") sowie die „Einpassung" des § 613a Abs. 4 BGB in das deutsche Kündigungsschutzsystem der Rechtsprechung des BAG überlassen werden. Dieses hatte schon in einem Judikat kurz nach Inkrafttreten des § 613a BGB erkannt, dass es dem **Schutzgedanken** dieser Bestimmung **zuwiderlaufen** würde, dem Betriebserwerber ein Ablehnungsrecht in Bezug auf einzelne Arbeitnehmer mit der Konsequenz der Kündigung durch ihn oder – bereits vor Betriebsübergang – durch den Veräußerer zuzubilligen. Wohl aber – so fährt der 5. Senat in seinem Urteil vom 2.10.1974[532] fort – seien *„... alle betrieblichen Rationalisierungsmaßnahmen mit Folgen für einzelne Arbeitsplätze denkbar, die auch der ursprüngliche Arbeitgeber hätte durchführen können. Nur der Betriebsübergang als solcher ist kein Kündigungsgrund."*

89 Da die Formulierungen des BAG teilweise nahezu wörtlich mit jenen in Art. 4 der erst drei Jahre später erlassenen Richtlinie 77/187/EWG übereinstimmen, durfte davon ausgegangen werden, dass der nationale Gesetzgeber mit § 613a Abs. 4 BGB im Grunde nur die vom BAG zutreffend bereits aus dem Schutzzweck des § 613a Abs. 1 BGB abgeleitete kündigungsrechtliche Situation nachzeichnen wollte.[533] Dennoch war § 613a Abs. 4 BGB

---

[529] Zuletzt geändert durch die Richtlinie (EU) 2015/1794 des Europäischen Parlaments und des Rates vom 6. Oktober 2015.

[530] ABl. L 61 vom 5.3.1977, 26; geändert durch Richtlinie 98/50/EWG vom 29.6.1998, ABl. L 201/88; die Änderung gegenüber der früheren Fassung ist in Kursivdruck wiedergegeben. Die geänderte Fassung der Richtlinie wurde inzwischen am 12.3.2001 als Richtlinie 2001/23/EG neuverkündet, ABl. L 82 vom 22.3.2001, 516ff. Der vollständige Richtlinientext findet sich im Anhang.

[531] Vgl. auch dazu EuGH 7.8.2018 – C-472/16 *(Sigüenza)*, NZA 2018, 1123.

[532] BAG 2.10.1975 – 5 AZR 504/73, DB 1975, 601, unter III 3b) der Gründe. Hervorhebungen diesseits.

[533] Vgl. *Willemsen* ZIP 1983, 411 (413).

über viele Jahre Gegenstand und Zentrum einer zum Teil leidenschaftlich geführten Debatte, die sich letztlich auf die Frage nach „Sinn und Unsinn“ des § 613a BGB zuspitzte und deren Einzelheiten hier nicht wiedergegeben werden können.[534]

Heute dürften, nachdem das BAG diesen Lösungsansatz[535] ausdrücklich übernommen und in einer Vielzahl späterer Entscheidungen immer wieder bestätigt hat,[536] Normzweck und (begrenzte) Reichweite des Kündigungsverbots wegen Betriebsübergangs weitgehend geklärt sein: § 613a Abs. 4 BGB hat gegenüber der Regelung des Abs. 1 **Komplementärfunktion.** Die Norm soll als spezialgesetzliche Regelung des allgemeinen **Umgehungsverbots** verhindern, dass der in § 613a Abs. 1 BGB angeordnete Bestandsschutz durch eine Kündigung unterlaufen wird. Das Kündigungsverbot schützt dagegen nicht vor Risiken, die sich jederzeit unabhängig von einem Betriebsübergang realisieren können und führt, richtig verstanden, nicht zur Lähmung notwendiger **Umstrukturierungsprozesse.**[537] Dies ist der – wenn auch sprachlich unvollkommene – Aussagegehalt des § 613a Abs. 4 S. 1 und 2 BGB.

Praktische Relevanz entfaltet § 613a Abs. 4 BGB allerdings, wenn ein Betriebsübergang verkannt wird und vom „alten“ Arbeitgeber gekündigt wird, obwohl das Arbeitsverhältnis eigentlich auf den Erwerber gem. § 613a BGB übergegangen ist. Das BAG[538] hat dies bei einem (von den Beteiligten verkannten) grenzüberschreitenden Betriebsübergang angenommen. Die vom bisherigen Arbeitgeber ausgesprochenen Kündigungen hält das BAG in diesem Fall für gem. § 613a Abs. 4 BGB unwirksam.

bb) Verhältnis zum allgemeinen Kündigungsschutz; Nichtanwendung auf Organmitglieder. Als ebenso mittlerweile für die Praxis geklärt angesehen werden kann die Qualifizierung von § 613a Abs. 4 S. 1 BGB als **eigenständiges Kündigungsverbot** im Sinne von § 134 BGB. Die Bedeutung der Vorschrift erschöpft sich also nicht darin, lediglich klarzustellen, dass der Betriebsübergang für sich betrachtet kein dringendes Bedürfnis im Sinne von § 1 KSchG sei, wenngleich dieser Klarstellungsfunktion insbesondere in Bezug auf das Instrument der Druckkündigung durchaus erhebliche Bedeutung zukommt (→ Rn. 93). § 613a Abs. 4 S. 1 BGB enthält vielmehr darüber hinaus einen absoluten **Unwirksamkeitsgrund** im Sinne von § 13 Abs. 3 KSchG.[539] Aus der Qualifizierung als eigenständiges Kündigungsverbot folgt, dass durch § 613a Abs. 4 BGB auch **solche Arbeitsverhältnisse geschützt** sind, für die – insbesondere wegen Nichterfüllens der Wartezeit des § 1 Abs. 1 KSchG oder Vorliegens eines Kleinbetriebs im Sinne von § 23 Abs. 1 KSchG – (noch) kein allgemeiner Kündigungsschutz besteht.[540] § 613a Abs. 4 BGB erfasst mithin alle Arbeitsverhältnisse, für die auch Abs. 1 gilt. Nach der Richtlinie 2001/23/EG können die Mitgliedstaaten allerdings „... vorsehen, dass Unterabsatz 1 der Richtlinie (entspricht § 613a Abs. 4 BGB) auf einige abgegrenzte Gruppen von Arbeitnehmern, auf die sich die Rechtsvorschriften oder die Praxis der Mitgliedstaaten auf dem Gebiet des Kündigungsschutzes nicht erstrecken, keine Anwendung findet“ (Art. 4 Abs. 1, Unterabsatz 2 der Richtlinie). Von dieser Ermächtigung hat der deutsche Gesetzgeberindes – in Kenntnis der Rechtsprechung des BAG – bisher keinen Gebrauch gemacht. Es verbleibt 90

[534] Erwähnt werden soll hier an Stelle aller anderen die vorzügliche Darstellung des Meinungs- und Streitstands bei *Kreitner* S. 26.

[535] Vgl. *Willemsen* ZIP 1983, 411 (413).

[536] BAG 26.5.1983 – 2 AZR 477/81, DB 1983, 2690; BAG 27.9.1984 – 2 AZR 309/83, NZA 1985, 493; BAG 18.7.1996 – 8 AZR 127/94, NZA 1997, 148; BAG 20.3.2003 – 8 AZR 97/02, NZA 2003, 1027.

[537] *Ascheid* NZA 1991, 873 (878).

[538] BAG 26.5.2011 – 8 AZR 37/10, NZA 2011, 1143.

[539] So grundlegend BAG 31.1.1985 – 2 AZR 530/83, DB 1985, 1842; seitdem stRspr, vgl. zB BAG 22.5.1997 – 8 AZR 101/96, NZA 1997, 1050; ebenso *Willemsen* ZIP 1983, 411 (413); *Picot/Schnitker* Teil I Rn. 379; vgl. die weiteren Rechtsprechungs- und Literaturnachweise auch zur (veralteten) Gegenauffassung bei Staudinger/*Annuß* BGB § 613a Rn. 389.

[540] BAG 31.1.1985 – 2 AZR 530/83, DB 1985, 1842; vgl. auch *Lipinski* NZA 2002, 75.

mithin bei dem Grundsatz, dass der Anwendungsbereich von Abs. 1 und Abs. 4 des § 613a BGB **identisch** ist.

Organvertreter juristischer Personen sind also, da auch Abs. 1 für sie nicht gilt, (→ G Rn. 130), von der Anwendung des § 613a Abs. 4 ebenfalls **ausgeschlossen,** so dass zB dem Geschäftsführer einer GmbH durchaus auch „wegen" der Veräußerung eines bisher von ihm geführten Betriebs wirksam gekündigt werden kann.

Aus der Qualifizierung des § 613a Abs. 4 S. 1 BGB als eigenständiges Kündigungsverbot ergab sich bis zur Neufassung des § 4 S. 1 KSchG zum 1.4.2004 des Weiteren, dass Verstöße auch noch nach Ablauf der dreiwöchigen Klagefrist geltend gemacht werden konnten. Auf Grund des geänderten Wortlauts („oder aus anderen Gründen rechtsunwirksam") ist nunmehr jedoch auch die Berufung auf § 613a Abs. 4 S. 1 BGB **fristgebunden.**[541]

91 **cc) Geltung auch für Änderungskündigungen.** Auf die Art der jeweils streitgegenständlichen Kündigung kommt es für § 613a Abs. 4 BGB *nicht* an. Das Kündigungsverbot findet also auch auf Änderungskündigungen Anwendung.[542] Allerdings erlangt hier das Recht zur Kündigung aus anderen Gründen (§ 613a Abs. 4 S. 2 BGB) besondere Bedeutung. Einer notwendigen Anpassung **(Harmonisierung)** der Arbeitsbedingungen durch das erwerbende Unternehmen qua Änderungskündigung steht § 613a Abs. 4 BGB somit grundsätzlich nicht entgegen. Die Änderungskündigung muss sich allerdings, soweit das Kündigungsschutzgesetz Anwendung findet, an § 2 iVm § 1 KSchG messen lassen.[543] Zu beachten ist des Weiteren, dass die **einjährige Änderungssperre des** § 613a Abs. 1 S. 2 BGB auch einer Änderungskündigung zum Zwecke der Angleichung bisher kollektivrechtlich geregelter Arbeitsbedingungen (vgl. § 613a Abs. 1 S. 2–4 BGB) entgegenstehen kann.

92 **dd) Klare Anwendungsfälle; Darlegungs- und Beweislast für die Unwirksamkeit der Kündigung nach § 613a Abs. 4 BGB.** § 613a Abs. 4 S. 1 BGB findet mit dem in → G Rn. 127 und → Rn. 90 dargestellten Umfang seiner personellen Reichweite jedenfalls immer dann Anwendung, wenn es bei der Kündigung um nichts anderes geht als um eine **negative Personalauslese** nach den Wünschen eines bereits vorhandenen oder präsumtiven Betriebserwerbers. Gesetzliche Regelungen, die eine derartige negative Auslese ermöglichen bzw. nicht verhindern würden, sind unionsrechtswidrig.[544]

Beispiel H 17:[545]

Über das Vermögen der Firma S-GmbH wird das Insolvenzverfahren eröffnet. Dem Insolvenzverwalter (I) gelingt es, den Betrieb mit Wirkung zum 1.10. an die Firma D-GmbH zu verkaufen. Deren Geschäftsführer G hatte allerdings in den Übernahmeverhandlungen die Unterzeichnung des Kaufvertrages davon abhängig gemacht, dass I sich zuvor von einigen, in einer Liste aufgeführten Arbeitnehmern trennt, deren Gehälter G für eine wirtschaftliche Fortführung des Betriebs als zu hoch erscheinen. Dementsprechend kündigt I diesen Arbeitnehmern – darunter auch der Abteilungsleiterin A – mit der Begründung, der

---

541 HWK/*Müller-Bonanni* BGB § 613a Rn. 304 mwN, auch zu den Gesetzesmaterialien; zu Bedenken hinsichtlich der Richtlinienkonformität *Kamanabrou* NZA 2004, 950.

542 Zutreffend *Kreitner* S. 123 mwN; ErfK/*Preis* BGB § 613a Rn. 153.

543 Allgemein zum Recht der Änderungskündigung, auf dessen Einzelheiten hier nicht eingegangen werden kann, SPV Kündigung Rn. 1287 ff. mwN; vgl. auch dort Rn. 1309, wonach die Berufung auf den Gleichbehandlungsgrundsatz für sich allein kein dringendes betriebliches Bedürfnis für eine Änderungskündigung darstellt. Zur Zulässigkeit einer Änderungskündigung mit dem Ziel des Verleihs widersprechender Arbeitnehmer an den Betriebserwerber vgl. BAG 29.3.2007 – 2 AZR 31/06, NZA 2007, 855.

544 Vgl. Vorabentscheidungsverfahren zu einer belgischen Regelung, nach der der Erweber das Recht hatte, die Arbeitnehmer auszusuchen, die er übernehmen will, EuGH 16.5.2019 – C-509/17 *(Plessers)*, NZI 2019, 559.

545 Nach BAG 26.5.1983 – 2 AZR 477/81, DB 1983, 2690.

Betrieb sei an die D-GmbH verkauft worden, diese sei nicht bereit gewesen, auch mit A einen neuen Arbeitsvertrag abzuschließen, weil sie ihr „zu teuer" sei.

Das BAG[546] hat hier zu Recht einen Anwendungsfall des § 613a Abs. 4 S. 1 BGB gesehen, weil die Motivation für die Kündigung ausschließlich in dem **bevorstehenden Betriebsübergang** gelegen habe. Zwar sei eine Kündigung nicht schon dann rechtsunwirksam, wenn der Betriebsübergang für die Kündigung ursächlich sei, sondern nur dann, aber auch immer dann, wenn der Betriebsübergang **Beweggrund** für die Kündigung, diese also wesentlich durch den Betriebsinhaberwechsel **bedingt** war.[547] Angesichts der **Komplementärfunktion** (→ Rn. 89) des § 613a Abs. 4 BGB sei bei dessen Anwendung daher „... stets zu prüfen, ob es – neben dem Betriebsübergang – einen ‚sachlichen Grund' gibt, der ‚aus sich heraus' die Kündigung zu rechtfertigen vermag, so dass der Betriebsübergang nur äußerer Anlass, nicht aber der tragende Grund für die Kündigung gewesen ist ...".[548]

In dem **Ausgangsbeispiel H 17** liegt ein derartiger, die Kündigung „selbständig" tragender Grund für die Kündigung von A *nicht* vor. Einen solchen stellt insbesondere die „Drohung" des (potentiellen) Erwerbers nicht dar, den Betrieb überhaupt nicht zu erwerben, wenn es nicht zuvor zur Kündigung einzelner, namentlich benannter Arbeitnehmer kommt. Eine „personenbezogene" Kündigung, die nicht auf einem umfassenderen, allgemeinen unternehmerischen Konzept (dazu → Rn. 99), sondern allein auf dem Druck des Erwerbers beruht, soll durch § 613a Abs. 4 S. 1 BGB gerade ausgeschlossen werden. Das im allgemeinen Kündigungsschutzrecht geläufige Institut der sogenannten **Druckkündigung**[549] steht für derartige Konstellationen explizit *nicht* zur Verfügung.[550] Die Rechtsprechung nimmt es also bewusst in Kauf, dass die **Rettung einer Vielzahl von Arbeitsplätzen** an der Weigerung des (potentiellen) Erwerbers **scheitert,** einige wenige, ihm nicht genehme Arbeitnehmer zu übernehmen.[551] 93

Ein unmittelbar auf bestimmte Arbeitnehmer abzielendes Auswahlrecht des Betriebs- und Unternehmenskäufers, wie es im Zuge von Vertragsverhandlungen oftmals durch die **Überreichung von Namenslisten** praktiziert werden soll, wird mithin von der Rechtsprechung nicht anerkannt und führt, wenn anschließende Kündigungen allein hierauf gestützt werden, unweigerlich zu deren Unwirksamkeit (= Nichtigkeit) gemäß § 613a Abs. 4 S. 1 BGB in Verbindung mit § 134 BGB. 94

Genau betrachtet liegt in derartigen Fällen nicht nur ein Verstoß gegen § 613a Abs. 4 S. 1 BGB vor, sondern der Kündigung **mangelt** es darüber hinaus von vornherein an der **sozialen Rechtfertigung** im Sinne von § 1 KSchG, weil die bloße Weigerung des Erwerbers, die Rechtsfolgen des § 613a BGB hinzunehmen, nach der BAG-Rechtsprechung eben *kein* dringendes betriebliches Bedürfnis im Sinne von § 1 KSchG zu begründen vermag.

Das (gleichzeitige) Fehlen eines Kündigungsgrundes im Sinne von § 1 KSchG in den Fällen des § 613a Abs. 4 BGB wirkt sich im übrigen durchaus auch praktisch im Rahmen der Darlegungs- und Beweislast aus: Macht ein Arbeitnehmer die Unwirksamkeit einer Kündigung nur unter Berufung auf § 613a Abs. 4 BGB geltend (etwa weil er noch keinen Kündigungsschutz genießt oder der Betrieb nicht dem allgemeinen Kündigungsschutz un-

[546] BAG 26.5.1983 – 2 AZR 477/81, DB 1983, 2690. Zur Geltung des § 613a BGB im Insolvenzverfahren → G Rn. 126.

[547] Allerdings soll ein bevorstehender Betriebsübergang nur dann zur Unwirksamkeit der Kündigung nach § 613a Abs. 4 führen können, wenn die den Betriebsübergang ausmachenden Tatsachen im Zeitpunkt des Kündigungszugangs bereits feststehen oder zumindest „greifbare Formen" angenommen haben, vgl. BAG 3.9.1998 – 8 AZR 306/97, NZA 1999, 147.

[548] S. zu dieser Formulierung bereits *Willemsen* ZIP 1983, 411 (413).

[549] Vgl. zB BAG AP Nr. 1–10 zu § 626 BGB Druckkündigung; SPV Kündigung Rn. 695, 970; Zu den allgemeinen Voraussetzungen der Druckkündigung siehe BAG 19.7.2016 – 2 AZR 637/15, NZA 2017, 116 Rn. 28.

[550] Ebenso BAG 26.5.1983 – 2 AZR 477/81, DB 1983, 2690, unter B IV 1 der Gründe; vgl. auch *Willemsen* ZIP 1983, 411 (414).

[551] Kritisch *Hanau* ZIP 1984, 141 (144); *ders.,* Gutachten 54. DJT E 40; vgl. auch ders. ZIP 1998, 1817.

terliegt), trägt **der Arbeitnehmer** sowohl für das Vorliegen eines Betriebs- oder Betriebsteilübergangs wie auch dafür, dass dieser alleiniger Grund für die Kündigung gewesen sei, die **volle Darlegungs- und Beweislast.**[552] Für den **Gegenvortrag** des Arbeitgebers ist es dann, sobald der Arbeitnehmer seinen prozessualen Obliegenheiten Genüge getan hat, erforderlich, aber auch ausreichend, andere „sachliche" (nachvollziehbare) Gründe darzutun, die die Kündigung plausibel erscheinen lassen (zB unzureichende Leistung während der Probezeit), ohne dass diese anderweitigen Gründe das Gewicht eines Kündigungsgrundes im Sinne von § 1 KSchG haben müssen.[553]

95 Macht dagegen der durch das Kündigungsschutzgesetz geschützte Arbeitnehmer im Prozess ganz allgemein das Fehlen einer sozialen Rechtfertigung für die Kündigung geltend, braucht er *nicht* darzulegen und zu beweisen, die Kündigung sei *wegen* des Betriebsübergangs erfolgt. Da der **Arbeitgeber** im Kündigungsschutzverfahren ohnehin die **Tatsachen** zu **beweisen** hat, die die Kündigung **bedingen** (vgl. § 1 Abs. 2 S. 4 KSchG), ist es vielmehr seine Aufgabe, andere, nach § 1 Abs. 2 KSchG für die soziale Rechtfertigung der Kündigung erhebliche Gründe vorzutragen und nachzuweisen. Fehlt es daran, ist der Kündigungsschutzklage stattzugeben, ohne dass es der Feststellung bedarf, die Kündigung *beruhe* tragend auf dem Betriebsübergang.[554]

Es ist daher aus der Sicht des Arbeitnehmeranwalts angesichts der deutlich ungünstigeren prozessualen Ausgangslage in aller Regel ein Kunstfehler, bei Geltung des allgemeinen Kündigungsschutzes für das jeweilige Arbeitsverhältnis eine Kündigungsschutzklage *ausschließlich* auf § 613a Abs. 4 KSchG zu stützen.

96 **ee) Klare Fälle der Nichtanwendung. (1) Sanierungskündigung des Betriebsveräußerers.** Wie § 613a Abs. 4 S. 2 BGB und noch deutlicher Art. 4 Abs. 1 S. 2 der Richtlinie 2001/23/EG zu erkennen gibt, steht das Verbot der „Kündigung wegen Betriebsübergangs" dem Ausspruch einer nach § 1 KSchG sozial gerechtfertigten Kündigung im zeitlichen und sachlichen Zusammenhang mit einem Betriebsinhaberwechsel grundsätzlich nicht entgegen. Unterliegt der Arbeitnehmer (noch) nicht dem allgemeinen Kündigungsschutzgesetz, reichen sogar sonstige anderweitige „sachliche" Gründe aus, um das Verdikt des § 613a Abs. 4 S. 1 BGB zu beseitigen (→ Rn. 94). Findet das Kündigungsschutzgesetz Anwendung, hält die Kündigung unbeschadet des § 613a Abs. 4 BGB einer **gerichtlichen Nachprüfung** jedenfalls immer dann stand, wenn sie auch ohne zeitlichen und/oder sachlichen Zusammenhang mit einem Betriebsinhaberwechsel im Sinne von § 1 KSchG **sozial gerechtfertigt** gewesen wäre.

97 **Beispiel H 18:**

Ausgangssituation wie in **Beispiel H 17**, jedoch nimmt I die Kritik von G hinsichtlich viel zu hoher Personalkosten zum Anlass, die Verwaltung der S-GmbH zu verschlanken, indem er die dortigen Arbeitsabläufe im Rahmen eines Strukturplans strafft und neu organisiert, um auf diese Weise 15 der insgesamt 68 Stellen einzusparen. Diesem Strukturplan fällt auch der bisherige Arbeitsplatz von A zum Opfer, weil die von ihr geleitete Abteilung nunmehr unmittelbar der Geschäftsführung (bzw. dem Insolvenzverwalter) unterstellt wird.

Der 2. Senat des BAG hat zu einem vergleichbaren Fall ausgeführt, zwar ergebe sich ein Kündigungsgrund nicht schon daraus, dass ein Interessent den Erwerb des Betriebs von der Kündigung abhängig mache (→ Rn. 93). Jedoch sei der Betriebsinhaber nicht gehindert, auch im Zusammenhang mit einer Veräußerung des Betriebs **Rationalisierungen zur**

---

[552] BAG 5.12.1985 – 2 AZR 3/85, NZA 1986, 522; ErfK/*Preis* BGB § 613a Rn. 178; *Schaub* ZIP 1999, 1950.

[553] Vgl. *Willemsen* ZIP 1983, 411 (414); s. dazu auch ErfK/*Preis* BGB § 613a Rn. 179.

[554] BAG 27.9.1984 – 2 AZR 309/83, NZA 1985, 493; BAG 5.12.1985 – 2 AZR 3/85, NZA 1986, 522; BAG 16.5.2002 – 8 AZR 319/01, NZA 2003, 93; s. dazu auch HWK/*Müller-Bonanni* BGB § 613a Rn. 306.

Verbesserung des Betriebs durchzuführen und zu diesem Zweck betriebsbedingte Kündigungen auszusprechen.[555]

Auch hier gilt somit der Satz, dass § 613a Abs. 4 BGB nicht vor solchen Risiken schützt, die sich jederzeit unabhängig von einem Betriebsübergang realisieren können.[556] Für die Anwendung des § 613a Abs. 4 S. 1 BGB reicht es also nicht aus, dass der (bevorstehende) Betriebsübergang für den Ausspruch der Kündigung in irgendeiner Weise **(mit-) ursächlich** war, dh dass es ohne die Veräußerungsabsicht des bisherigen Betriebsinhabers nicht zur Entlassung von Arbeitnehmern gekommen wäre. Dieser kann, wie die Ausführungen zu den Grundelementen des deutschen Kündigungsrechts gezeigt haben (→ Rn. 7), den Betrieb und die Betriebsabläufe und damit auch die Zahl der vorhandenen Beschäftigungsmöglichkeiten (Arbeitsplätze) auf Grund seiner Unternehmerfreiheit grundsätzlich nach eigenem Ermessen gestalten, ohne insoweit einer arbeitsgerichtlichen Kontrolle unterworfen zu sein. Dann spielt es aber für die kündigungsrechtliche Bewertung auch keine Rolle, auf Grund welcher unternehmerischer Motivation er diesbezügliche Veränderungen vornimmt, dh ob es ihm um die langfristige Optimierung *eigener* unternehmerischer Tätigkeit oder auch oder gar ausschließlich darum geht, **den Betrieb „verkaufsfähig" zu machen.**[557] § 613a Abs. 4 BGB steht somit einer **„klassischen Sanierungskündigung"** auch im zeitlichen Umfeld eines Betriebsübergangs nicht entgegen.[558] 98

Allerdings kann – und hier liegt ein wesentlicher Unterschied zu der Konstellation im **Beispiel H 17** – eine solche Sanierungskündigung nicht arbeitnehmer-, sondern nur **arbeitsplatzbezogen** ansetzen. Es geht hier nicht darum, welcher Arbeitnehmer dem (potentiellen) Erwerber nicht „passt",[559] sondern welche Beschäftigungsmöglichkeiten auf Grund eines vom Veräußerer selbst aufgestellten unternehmerischen **Konzepts** entfallen, und zwar unabhängig davon, ob es in der Folgezeit tatsächlich zu einem Betriebsübergang kommt oder nicht. In die **Sozialauswahl** nach § 1 Abs. 3 KSchG sind dazu alle (vergleichbaren) Arbeitnehmer des zu veräußernden Betriebs einzubeziehen, auch wenn nur ein **Betriebsteil** veräußert werden soll.[560] Allerdings reicht der bloßen Wunsch eines Kaufinteressenten, den Betrieb nur mit einer verringerten Beschäftigtenzahl zu übernehmen, für sich betrachtet nicht aus, um eine hierauf gestützte Kündigung dem Verdikt der Sozialwidrigkeit im Sinne von § 1 KSchG und des Verstoßes gegen § 613a Abs. 4 BGB zu entziehen. Ebenso wie für Fälle außerhalb von § 613a BGB gilt auch hier, dass „... allein das Bemühen, die Anzahl der Arbeitnehmer in einem bestimmten Umfang zu senken, ... eine betriebsbedingte Kündigung nicht rechtfertigen ..." kann.[561] 99

Auch hier zeigt sich weiterhin, dass zwischen **erheblichem und unerheblichem Prozessvortrag** mitunter nur Nuancen liegen können und daher der sorgfältigen Vorbereitung entscheidende Bedeutung zu kommt: Trägt der Arbeitgeberanwalt lediglich vor, es habe der Freisetzung einer bestimmten Zahl von Arbeitnehmern bedurft, um den Betrieb überhaupt „veräußerungsfähig" zu machen, wird er hiermit voraussichtlich in allen Instanzen scheitern;[562] legt er dagegen im Prozess ein ausreichend konkretisiertes **Umstruktu-** 100

---

[555] BAG18.7.1996 – 8 AZR 127/94, NZA 1997, 148; ebenso für die Sanierungskündigung durch den Insolvenzverwalter BAG 20.9.2006 – 6 AZR 249/05, NZA 2007, 387.

[556] *Willemsen* ZIP 1983, 411 (413).

[557] Dies wird nunmehr ausdrücklich bestätigt durch BAG 20.9.2006 – 6 AZR 249/05, NZA 2007, 387. IE ebenso *Ascheid* NZA 1991, 873 (878); *Hillebrecht* ZIP 1985, 257 (263); ders. NZA 1989, Beil. 4, 10, 14; Staudinger/*Annuß* BGB § 613a Rn. 395. Im gleichen Sinne LAG Mecklenburg-Vorpommern, 9.1.2013 – 2 Sa 166/12, NZA-RR 2013, 238, wonach eine solche Kündigung auch dann zulässig ist, wenn der bisherige Arbeitgeber sie mit dem Ziel ausspricht, sich selbst auf diese Weise eine Beschäftigungsmöglichkeit bei dem neuen Arbeitgeber zu sichern.

[558] Ebenso Staudinger/*Annuß* BGB § 613a Rn. 395; *Ascheid* NZA 1991, 873 (878).

[559] Vgl. zur negativen Auslese Rn. 92; EuGH 16.5.2019 – C-509/17 *(Plessers)*, NZI 2019, 559.

[560] BAG 28.10.2004 – 8 AZR 391/03, NZA 2005, 285; SPV Kündigung Rn. 1048.

[561] So wörtlich BAG 18.7.1996 – 8 AZR 127/94, NZA 1997, 148, unter II 3c) der Gründe; dazu auch → Rn. 8.

[562] Ähnlich BAG 20.3.2003 – 8 AZR 97/02, NZA 2003, 1027.

rierungs- bzw. Sanierungskonzept vor, aus dem sich der Wegfall des Beschäftigungsbedarfs für eine bestimmte Anzahl von Arbeitnehmern plausibel ableiten lässt, führt es nicht zur Unwirksamkeit der Kündigung nach § 613a Abs. 4 BGB, wenn der Prozessanwalt des Arbeitnehmers unbestritten vortragen kann, der bisherige Betriebsinhaber habe sich erst vor dem Hintergrund schwebender Verkaufsverhandlungen zu dieser Maßnahme entschlossen.

101 **(2) Betriebsbedingte Kündigungen seitens des Erwerbers nach Betriebsübergang wegen Synergie- oder Rationalisierungseffekten.** Von § 613a Abs. 4 BGB ***nicht*** tangiert werden darüber hinaus solche Kündigungen, die der **Betriebserwerber *nach* Überleitung der Arbeitsverhältnisse** auf ihn aus betriebsbedingten Gründen im Sinne von § 1 KSchG ausspricht. Zwar gilt § 613a Abs. 4 BGB seinem Wortlaut nach sowohl für eine Veräußerer- wie auch für eine Erwerberkündigung. Wie indes bereits dargelegt (→ Rn. 89), stellt die Norm bei richtigem Verständnis lediglich eine besondere Ausprägung des allgemeinen Umgehungsverbots dar. Dieser Schutzzweck ist aber nicht mehr tangiert, wenn die Arbeitsverhältnisse einmal auf den Erwerber übergeleitet sind und dieser sich somit zu seiner Arbeitgeberstellung „bekannt" hat. Durch ihn *nach* dem Betriebsübergang ausgesprochene Kündigungen unterliegen (nur) denselben gesetzlichen Beschränkungen, denen sich jeder andere Arbeitgeber ausgesetzt sieht, wenn er Arbeitnehmer (zB betriebsbedingt) entlässt. Mit § 613a Abs. 4 BGB hat eine solche Kündigung nichts mehr zu tun. Der – in der Praxis immer wieder anzutreffende – uU fatale Irrglaube, dass Kündigungen des Erwerbers binnen eines Jahres nach Betriebsübergang stets wegen Verstoßes gegen § 613a Abs. 4 BGB unwirksam seien, findet somit weder im Wortlaut noch im Sinn und Zweck dieser Bestimmung eine Grundlage.

102 Es wurde bereits wiederholt ausgeführt, dass § 613a Abs. 4 BGB nicht vor solchen Risiken schützt, die sich auch außerhalb eines Betriebsübergangs jederzeit für die Arbeitnehmer realisieren können. Entschließt sich der Betriebsübernehmer beispielsweise zur Schließung unrentabler Betriebsabteilungen oder zur Stilllegung bestimmter Betriebsanlagen, macht er – selbstverständlich in den individualrechtlichen Grenzen des Kündigungsschutzgesetzes und gegebenenfalls in den kollektivrechtlichen Grenzen der §§ 111 ff. BetrVG – lediglich von einem Recht Gebrauch, das auch dem bisherigen Arbeitgeber zugestanden hätte; eine zusätzliche, spezifische Gefährdung von Arbeitnehmerinteressen ist damit nicht verbunden.

Zumindest vordergründig gesehen anders kann der Fall freilich liegen, wenn **der Erwerber** die **betriebsbedingte Kündigung** aus Gründen ausspricht, die sich in dieser konkreten Form nur bei ihm und nicht bei dem früheren Betriebsinhaber ergeben können.

103 Beispiel H 19:

Ausgangssituation wie im **Beispiel H 17.** Nach Erwerb des Betriebs von der insolventen Firma S-GmbH unter Übernahme *sämtlicher* Arbeitnehmer nach § 613a BGB gliedert die D-GmbH diesen in ihren bereits bestehenden, wesentlich größeren Betrieb ein, indem sie beide Betriebe zu einem einheitlichen Betrieb im Sinne des Kündigungsschutz- und Betriebsverfassungsrechts zusammenfasst. Hierdurch sind nunmehr zahlreiche Positionen – insbesondere im Bereich der Verwaltung – doppelt besetzt. Die D-GmbH kündigt daher nach der Eingliederung des Betriebs der S-GmbH in den bestehenden Betrieb den „überzähligen" Arbeitnehmern, wobei sie in Absprache mit ihrem Betriebsrat Doppelbesetzungen in der Regel dadurch auflöst, dass sie den von der S-GmbH neu hinzukommenden Arbeitnehmern kündigt, ihre „Stammbelegschaft" dagegen weitestgehend verschont.

Man könnte hier in der Tat an eine Anwendung des § 613a Abs. 4 BGB denken, weil bei einer reinen Kausalitätsbetrachtung der Betriebsübergang tatsächlich die wesentliche Ursache für den Wegfall der entsprechenden Arbeitsplätze ist. Auch trifft hier – jedenfalls auf den ersten Blick – nicht ohne weiteres der Satz zu, dass sich für die früheren Arbeitnehmer der S-GmbH lediglich ein „allgemeines" Risiko verwirkliche, dem sie auch unabhängig von einem Betriebsübergang ausgesetzt gewesen wären. Dennoch verstoßen die Kündigungen auch im vorliegenden Beispiel nicht gegen § 613a Abs. 4 BGB, weil sie eben nicht dagegen gerichtet sind, die von § 613a Abs. 1 BGB erfassten Arbeitsverhältnisse auf den Erwerber übergehen zu lassen. Ist es – wie hier – erst einmal zu einem Übergang der Arbeitsverhältnisse nach § 613a Abs. 1 S. 1 BGB gekommen, ist der Schutzzweck des § 613a Abs. 4 BGB gewissermaßen „verbraucht".

Wollte man anders entscheiden und dieser Bestimmung nicht nur einen rechtlichen, 104
sondern auch einen tatsächlichen Schutz vor Arbeitsplatzverlust beimessen, müsste angesichts ihrer fehlenden zeitlichen Begrenzung unter Umständen noch nach Jahren nachgeforscht werden, ob der Kündigungsgrund (zB **Synergieeffekte**) letztlich auf die Tatsache des Betriebsübergangs als solche zurückzuführen ist. Dass im Übrigen das Problem von Doppelbesetzungen kein spezifisches Phänomen des § 613a BGB ist, sondern ein allgemeines „Umstrukturierungsprodukt", zeigt der Umstand, dass hiervon im Ausgangsbeispiel nicht nur die Arbeitnehmer der S-GmbH betroffen sind, sondern auch diejenigen der aufnehmenden D-GmbH, auf die § 613a BGB gar keine Anwendung findet. Schließlich sind auch außerhalb von § 613a BGB zahlreiche Fälle denkbar, in denen es – zB auf Grund unternehmensinterner Eingliederung von Betrieben oder Betriebsteilen – infolge von Synergieeffekten zu einer Redundanz von Arbeitsplätzen kommt.

Dies alles zeigt, dass **Erwerberkündigungen,** die darauf abzielen, derartige Synergieef- 105
fekte *nach* einem Betriebsübergang zu **realisieren,** nicht an § 613a Abs. 4 BGB zu messen sind.[563] Dem Schutzzweck des § 613a Abs. 1 BGB ist vielmehr in derartigen Fällen bereits – abschließend und umfassend – dadurch Genüge getan, dass die Arbeitsverhältnisse der betroffenen Arbeitnehmer mit dem **vollständigen Bestandsschutz,** wie er sich aus der beim Veräußerer zurückgelegten **Betriebszugehörigkeit** ergibt, auf den Erwerber übergegangen sind. Dieser muss demzufolge die übernommenen Arbeitnehmer, wenn es um die kündigungsrechtliche Realisierung von Synergieeffekten oder Umsetzung von Rationalisierungsvorhaben geht, unter Anerkennung ihres „vollen sozialen Besitzstandes" **mit seiner Stammbelegschaft gleichbehandeln.**

Dies wirkt sich vor allem im Bereich einer in derartigen Fällen regelmäßig notwendigen 106
Sozialauswahl im Sinne von § 1 Abs. 3 KSchG aus. Es entspricht zwar einer in der Praxis häufig gemachten Beobachtung, dass Betriebsräte bei Hinzuerwerb neuer Betriebe oder Betriebsteile in erster Linie auf den Schutz ihrer „angestammten Klientel" bedacht und insoweit durchaus zur Kooperation mit dem Arbeitgeber bereit sind, wenn es um die Freisetzung infolge einer **Fusion** von Betrieben und/oder Unternehmen überzählig gewordener Belegschaftsmitglieder geht. Eine gesetzliche Grundlage für den oftmals intendierten **Schutz der Stamm- oder Kernmannschaft** gibt es jedoch **nicht;** im Gegenteil: Eine allein auf solchen Überlegungen beruhende Identifikation der zu kündigenden Arbeitnehmer wäre, da offenkundig sachwidrig, von vornherein wegen Verstoßes gegen § 1 Abs. 3 KSchG unwirksam.[564] Eine „Bevorzugung" von Arbeitnehmern des aufnehmenden Betriebs im Rahmen der Sozialauswahl kommt allerdings im **Beispiel H 19** unter den **engen Voraussetzungen** des § 1 Abs. 3 S. 2 KSchG in Betracht (dazu → Rn. 25). Liegen diese nicht vor, sind die entsprechenden Kündigungen unwirksam.

Dieses Ergebnis ist in der **Literatur** freilich **nicht unbestritten.** Teilweise wird vertre- 106a
ten, dass nur im Falle der Eingliederung eines übernommenen Betriebs*teils* in den Erwerberbetrieb dessen „Stammarbeitnehmer" in eine danach vorzunehmende Sozialauswahl einzubeziehen seien, nicht jedoch, wenn – wie im **Beispiel H 19** – ein ehemals eigenständiger Betrieb in einen Betrieb des Erwerbers eingegliedert werde. Begründet wird diese Auffassung mit dem „Verschlechterungsverbot" aus § 613a BGB, der es verbiete, dass

[563] Im Ergebnis ebenso *Kreitner* S. 104; *Ascheid* NZA 1991, 873 (878).
[564] Ebenso *Kreitner* S. 106.

sich der auswahlrelevante Personenkreis für die übernommenen Arbeitnehmer (sc. im Fall der Betriebsteilübernahme) verkleinere und dadurch der Kündigungsschutz mittelbar beeinträchtigt werde. Hingegen gebiete er **keine Besserstellung** durch eine Vergrößerung des auswahlrelevanten Personenkreises.[565]

Dies vermag aber nicht zu überzeugen. Zwar wird bei Eingliederung eines kompletten Betriebs wie in Beispiel H 19 in der Tat der auswahlrelevante Personenkreis zu Gunsten der Arbeitnehmer des von der Firma S-GmbH übernommenen Betriebs erweitert, nämlich um die Arbeitnehmer des Betriebs der D-GmbH. Das ist aber gerade Ausfluss des Umstands, dass beide Betriebe miteinander verschmolzen werden, wodurch sich überhaupt erst die Notwendigkeit eines Personalabbaus im Hinblick auf die Arbeitnehmer *beider* früherer Betriebe ergeben hat; von einer „Besserstellung" durch den Betriebsübergang kann also keine Rede sein. Dann ist es aber sachgerecht, sie auch hinsichtlich der Sozialauswahl als Einheit zu betrachten.[566]

Zu einem anderen Ergebnis kann man allerdings gelangen, wenn die **Kündigungen** noch ***vor* der Zusammenlegung der Betriebe** bzw. des hinzukommenden Betriebsteils mit dem aufnehmenden Betrieb ausgesprochen werden. Wie oben dargestellt (s. dazu → Rn. 37 ff.), ist die Sozialauswahl grundsätzlich betriebsbezogen und für die Frage der Rechtmäßigkeit der Kündigungen kommt es auf deren Ausspruch an. Wird also eine Kündigung noch vor der Betriebs(teil)zusammenlegung ausgesprochen, muss grundsätzlich keine einheitliche Sozialauswahl stattfinden. Eine unzulässige Bedingungsvereitelung nach § 162 BGB liegt darin nach Auffassung der Verfasser nicht. Es kann allerdings eine Kündigung vorliegen, die an den nachfolgend dargestellten Grundsätzen der Veräußererkündigung nach einem Erwerberkonzept zu messen ist (dazu → Rn. 107 ff.).

107 **ff) Zweifelsfälle. (1) Sogenannte Veräußererkündigung auf Erwerberkonzept.** Oftmals wird der Betriebserwerber mit der notwendigen Anpassung des Personalstands nicht zuwarten wollen, bis der Betrieb nach § 613a Abs. 1 BGB auf ihn übergegangen ist, weil dies einen erheblichen Zeitverlust – insbesondere im Hinblick auf die einzuhaltenden Kündigungsfristen – bedeuten und/oder den von ihm beabsichtigten Neuanfang unnötig belasten würde. Die Frage, inwieweit solchenfalls bereits der Veräußerer im **Vorgriff** auf das unternehmerische Konzept des (späteren) Erwerbers betriebsbedingte Kündigungen trotz § 613a Abs. 4 S. 1 BGB durchführen darf, ob es sich dabei also um eine Kündigung „aus anderen Gründen" im Sinne von § 613a Abs. 4 S. 2 BGB handelt, stellt eines der **schwierigsten kündigungsschutzrechtlichen Probleme** überhaupt dar.

Beispiel H 20:

Die P-GmbH ist hoffnungslos überschuldet und, nachdem die finanzierenden Banken sämtliche Kreditlinien gekündigt haben, aus eigener Kraft nicht mehr zu retten. Unmittelbar vor der Eröffnung des drohenden Insolvenzverfahrens gelingt es der P-GmbH, einen potenten Investor (I-GmbH) zu finden, der bereit ist, einen der drei Betriebe der P-GmbH nach § 613a BGB zu übernehmen. Im Hinblick auf die überwiegend langen Kündigungsfristen der Arbeitnehmer und um nicht selbst in Verhandlungen über einen Interessenausgleich/Sozialplan involviert zu werden, macht die I-GmbH der P-GmbH allerdings im Rahmen eines aufschiebend bedingten Übernahmevertrages zur Auflage, sich gemäß einem diesem Vertrag beigefügten Sanierungskonzept von 63 der insgesamt 179 Arbeitnehmern des zu übernehmenden Betriebs zu trennen. Dementsprechend erhalten nach Abschluss entsprechender Verhandlungen mit dem Betriebsrat gemäß §§ 111 ff. BetrVG die nach den Kriterien der Sozialauswahl (§ 1 Abs. 3 KSchG) ermittelten Arbeitnehmer, deren Arbeitsplatz nach dem Sanierungskonzept wegfällt, seitens der P-GmbH die betriebsbedingte

---

[565] SPV Kündigung Rn. 1056 mwN; ErfK/*Preis* BGB § 613a Rn. 172.

[566] Wie hier iE ErfK/*Oetker* KSchG § 1 Rn. 316; Löwisch/Spinner/Wertheimer/*Löwisch* KSchG Vor § 1 Rn. 90.

Kündigung; erst *danach* geht der Betrieb nach § 613a BGB gemäß den Regelungen des Übernahmevertrages auf die I-GmbH über.

Der Unterschied zu Beispiel H 18 liegt hier darin, dass der Betriebsveräußerer die Sanierungskündigung nicht auf Grund eigener Initiative, sondern ausschließlich auf Veranlassung des (späteren) Erwerbers **nach dessen unternehmerischen Vorstellungen** vornimmt (sog. **Veräußererkündigung auf Erwerberkonzept**) und die Kündigungen vor der Integration ausgesprochen werden.[567]

Rein wirtschaftlich betrachtet wäre die P-GmbH im **Beispiel H 20** zur Umsetzung des Sanierungskonzepts, auf dem die ausgesprochenen Kündigungen beruhen, gar nicht in der Lage. Der eigentliche Kündigungsgrund ergibt sich vielmehr erst aus dem Umstand des vorgesehenen Betriebsübergangs und der unternehmerischen Planung des (späteren) Erwerbers. 108

Die Zulässigkeit solcher Kündigungen auf Erwerberkonzept erschien in der Vergangenheit aufgrund einer inzwischen überholten Aussage des Bundesarbeitsgerichts in seinem Urteil vom 26.5.1983[568] (→ Rn. 92) zweifelhaft. Dort hatte der **2. Senat** die Frage offen gelassen, ob auf Initiative des Erwerbers zurückgehende Rationalisierungsmaßnahmen eine betriebsbedingte Kündigung durch den Veräußerer rechtfertigen könnten. Dies setze „… jedenfalls voraus, dass die zwischen Veräußerer und Erwerber abgesprochene Umstrukturierung schon bei Ausspruch der Kündigung greifbare Formen angenommen hat und vom Gericht nachgeprüft werden kann, ob die Beschäftigungsmöglichkeit mit dem Übergang des Betriebs tatsächlich entfällt oder nicht“. Der Senat stellt dann eine weitere, im Schrifttum **heftig diskutierte Hürde** auf, indem er wörtlich fortfährt:

„Weiter bedarf es noch folgender wichtiger Einschränkung: Dem Veräußerer steht ein betriebsbedingter Kündigungsgrund in den erörterten Fällen nur dann zu, wenn die Beschäftigungsmöglichkeit für bestimmte Arbeitnehmer auf Grund eines Konzepts wegfällt, das auch der bisherige Arbeitgeber bei eigener Fortführung des Betriebs ebenfalls hätte durchführen können … Dieser Vorbehalt ist deshalb erforderlich, weil das **Kündigungsrecht des Veräußerers** nicht um Gründe erweitert werden darf, die **allein in der Sphäre des Erwerbers liegen** und von diesem erst mit dem Betriebsübergang auf Grund einer weiter gehenden, betriebsübergreifenden unternehmerischen Planung verwirklicht werden können. Anderenfalls würde der Zweck des § 613a Abs. 4 BGB vereitelt, Kündigungen aus Anlass eines Betriebsübergangs auszuschließen.“[569]

Dieser die Zulässigkeit der Veräußererkündigung nach Erwerberkonzept auf Fälle eines sog. selbsttragenden Konzepts beschränkenden Auffassung des 2. Senats folgt der 8. Senat nicht.[570] Das Wesen der **Sanierungsfälle** liege häufig gerade darin, dass der Betrieb aus sich heraus nicht mehr sanierungsfähig sei.[571] Zur Stilllegung des Betriebs bestehe oftmals nur die Alternative der Umstrukturierung durch die finanziellen und/oder organisatorischen Möglichkeiten des Erwerbers.[572] In einer solchen Situation verstoße eine vorgezogene Kündigung auf Grund des Sanierungskonzeptes des Erwerbers nicht gegen den Schutzgedanken des § 613a Abs. 1 S. 1, Abs. 4 BGB, der den Erwerber an einer freien Auslese der Belegschaft hindern wolle.[573] Für die Wirksamkeit einer betriebsbedingten Kündigung des Veräußerers nach dem Erwerberkonzept komme es – **jedenfalls in der Insolvenz** – nicht darauf an, ob das Konzept auch bei dem Veräußerer hätte durchgeführt werden können. Der 8. Senat führt an anderer Stelle der Urteilsgründe aus, es sei nicht Sinn und Zweck der Regelung in § 613a Abs. 1 S. 1, Abs. 4 BGB, „… den Erwerber auch bei einer auf Grund betriebswirtschaftlicher Gesichtspunkte voraussehbaren fehlenden Beschäfti-

[567] Vgl. hierzu auch SPV Kündigung Rn. 965, 1057.
[568] BAG 26.5.1983 – 2 AZR 477/81, DB 1983, 2690.
[569] BAG 26.5.1983 – 2 AZR 477/81, DB 1983, 2690, unter B V 3b) der Gründe.
[570] BAG 20.3.2003 – 8 AZR 97/02, NZA 2003, 1027.
[571] Unter Bezugnahme auf *Hanau* ZIP 1984, 141 (143).
[572] Unter Bezugnahme auf Erman/*Hanau,* 10. Aufl. 2000, BGB § 613a Rn. 113.
[573] Unter Bezugnahme auf ErfK/*Preis,* 3. Aufl. 2003, BGB § 613a Rn. 166.

gungsmöglichkeit zu verpflichten, das Arbeitsverhältnis mit einem Arbeitnehmer noch einmal künstlich zu verlängern, bis er selbst die Kündigung aussprechen kann". Es bedürfe aber eines **verbindlichen Konzepts** oder **Sanierungsplans** des Erwerbers, dessen Durchführung im Zeitpunkt des Zugangs der Kündigungserklärung bereits **greifbare Formen** angenommen habe. Allein die Forderung des Erwerbers, die Belegschaft vor dem Betriebsübergang zu verkleinern, genüge nicht.[574]

Diese Rechtsprechungsänderung im Hinblick auf die „Kündigung nach Erwerberkonzept" hat auch der 6. Senat inzwischen bestätigt.[575]

Diese Rechtsprechung ist zu begrüßen und sollte auch nicht nur auf Fälle in der Insolvenz beschränkt sein, sondern bei einem verbindlichen Restrukturierungskonzept auch außerhalb der Insolvenz greifen. Ansonsten werden Ansätze für wirtschaftlich sinnvolle und im Ergebnis arbeitsplatzerhaltende Maßnahmen zu nichte gemacht.

109 Trotz der zitierten Rechtsprechung des 8. und 6. Senats bleiben Fragen offen: Die zentrale „Weichenstellung" besteht darin, bei der **„Kündigung auf Erwerberkonzept"** zwischen **zwei Varianten** zu differenzieren:

Variante 1: Der Veräußerer spricht vor dem Betriebsübergang (der auch aufgrund einer umwandlungsrechtlichen Maßnahme erfolgen kann) betriebsbedingte Kündigungen aus, für deren Rechtfertigung im Sinne von § 1 KSchG es nicht erforderlich ist, die betrieblichen Verhältnisse, wie sie sich nach dem Betriebsübergang beim Erwerber darstellen, im Sinne eines geschlossenen Gesamtkonzepts ergänzend heranzuziehen. Vielmehr könnten die Kündigungen, so wie nunmehr geplant, rein rechtlich betrachtet auch von dem bisherigen Arbeitgeber unabhängig von einem bevorstehenden Betriebsübergang vorgenommen werden.

Variante 2: Die noch vom Veräußerer ausgesprochene Kündigung erfährt ihre soziale Rechtfertigung im Sinne von § 1 KSchG erst dadurch, dass die betrieblichen Verhältnisse, wie sie sich nach dem Betriebsübergang beim Erwerber darstellen, zusätzlich mit in den Blick genommen werden.

Variante 1 unterscheidet sich genau betrachtet von dem bereits oben behandelten, unproblematischen Fall der Sanierungskündigung des Veräußerers (→ Rn. 96, Beispiel H 18) nur dadurch, dass die Sanierung/Umstrukturierung nicht mehr aus eigenem „Antrieb" des Veräußerers erfolgt, dieser vielmehr (zB weil er zu einer Sanierung aus eigener Kraft, wie im **Beispiel H 20,** wirtschaftlich nicht mehr in der Lage ist) sich nur noch den Wünschen und Vorgaben des (späteren) Erwerbers beugt. Gleichwohl besteht hier wertungsmäßig im Hinblick auf § 1 KSchG und § 613a Abs. 4 BGB kein Unterschied zu den sonstigen Fällen der Sanierungskündigung: Für die Arbeitnehmer macht es nämlich bei der gebotenen schutzzweckorientierten Auslegung des § 613a Abs. 4 BGB **keinen Unterschied,** ob der bisherige Arbeitgeber noch selbst über die notwendigen Mittel und die erforderliche unternehmerische Initiative verfügt, um den Betrieb verkaufsfähig zu machen, oder ob er – ökonomisch unter Umständen sogar sinnvoller – zunächst abwartet, ob sich ein geeigneter Kaufinteressent findet und den Betrieb dann nach dessen unternehmerischen Wünschen umstrukturiert und saniert. In beiden Fällen ist allerdings erforderlich, dass das zur sozialen Rechtfertigung der ausgesprochenen Kündigung dienende unternehmerische Konzept in sich tragfähig ist, dh nachweislich zum Wegfall konkreter Arbeitsplätze führt und auch im übrigen den Anforderungen einer betriebsbedingten Kündigung (insbesondere in Bezug auf die **Sozialauswahl** im Sinne von § 1 Abs. 3 KSchG) entsprochen wird.

110 Man kann in den Fällen der **Variante 1** von einer **sich selbst tragenden Kündigung auf Erwerberkonzept** sprechen. Für die Beurteilung ihrer Wirksamkeit und – insbeson-

[574] BAG 20.3.2003 – 8 AZR 97/02, NZA 2003, 1027; im gleichen Sinne BAG 19.12.2013 – 6 AZR 790/12, NZA-RR 2014, 185 Rn. 70; LAG Köln 11.9.2013 – 5 Sa 1128/12, BeckRS 2014, 65169. S. dazu auch *Otto* DB 2014, 1871.

[575] BAG 20.9.2006 – 6 AZR 249/05, NZA 2007, 387 Rn. 31; zustimmend LAG Mecklenburg-Vorpommern 9.1.2013 – 2 Sa 166/12, NZA-RR 2013, 238.

dere – die Reichweite einer durchzuführenden Sozialauswahl[576] kommt es auf die **betrieblichen Verhältnisse beim Erwerber** nicht an, dh die Sozialauswahl ist bei einem Kündigungsausspruch vor dem Betriebsübergang ausschließlich auf Arbeitnehmer im übergehenden Betrieb (Veräußererbetrieb) zu beschränken. Das muss selbst dann gelten, wenn die Kündigungsfristen erst nach dem Betriebsübergang auslaufen; zu beachten ist allerdings, dass dann ggf. ein Fortsetzungs- bzw. Wiedereinstellungsanspruch nach der Rechtsprechung des BAG[577] bei einer fortbestehenden Beschäftigungsmöglichkeit im Erwerberbetrieb bestehen kann.

Dass die Kündigung und die ihr zugrundeliegenden Planungen nur vor dem Hintergrund des bevorstehenden Betriebsübergangs und der finanziellen Potenz des Erwerbers Sinn machen, da nur diese die Perspektive einer langfristigen Fortführung des Betriebs eröffnet, kann im Rahmen des § 613a Abs. 4 BGB keine entscheidende Rolle spielen; denn die Perpetuierung eines bestimmten (hier: desolaten) wirtschaftlichen Hintergrundes beim Veräußerer gehört nicht zum Schutzzweck dieser Bestimmung, zumal dieser in einer Marktwirtschaft ohnehin ständigen Veränderungen unterworfen sein kann.

Dies lässt sich anhand der – simplen – Überlegung demonstrieren, dass im **Beispiel H** 111
20 die Hausbank der P-GmbH plötzlich doch wieder die Kreditlinien öffnen und ihr damit ermöglichen könnte, das vom (potentiellen) Betriebserwerber geplante Konzept nunmehr in eigener Verantwortung und unter Verzicht auf eine Betriebsveräußerung umzusetzen. Da das zugrunde liegende wirtschaftliche und personelle Konzept die hierauf beruhenden Kündigungen ohne weiteres aus sich heraus rechtfertigt, kommt es somit bei dieser Variante nicht darauf an, wer (Veräußerer oder Erwerber) es letztlich umsetzt.[578] Bei wertender Betrachtung ist im Falle der Kündigung auf Grund eines sich selbst tragenden Erwerberkonzepts die Person des Kündigenden – früherer oder bisheriger Arbeitgeber – somit gleichgültig. Dies spricht dafür, jedenfalls bei dieser Variante auf das weitere Erfordernis, dass der Betriebsübergang im Kündigungszeitpunkt bereits „greifbare Formen" angenommen haben müsse, zu **verzichten.**[579]

Als **wesentlich schwieriger** stellt sich die Beurteilung der Zulässigkeit einer Veräuße- 112
rerkündigung auf Erwerberkonzept dagegen in der Variante 2 (→ Rn. 109) dar. Dies mag das folgende **Beispiel H 21** verdeutlichen:

Beispiel H 21:

Die Ausgangssituation ist hier dieselbe wie im **Beispiel H 20.** Die I-GmbH besitzt aber bereits einen Betrieb, der ganz ähnliche Produkte wie der in Rede stehende Betrieb der P-GmbH herstellt und zudem noch über Kapazitätsreserven verfügt. Daher erklärt sich die I-GmbH zur Übernahme des Betriebs der P-GmbH nur unter der Voraussetzung bereit, dass diese zunächst eine erhebliche Reduzierung ihrer Produktpalette und der Herstellungskapazität vornimmt und in diesem Zusammenhang zwei Drittel der Belegschaft entlässt. Der dann noch verbleibende Restbetrieb soll mit dem bereits existierenden Betrieb der I-GmbH verschmolzen werden.

---

576 Probleme bei der Sozialauswahl können sich ergeben, wenn die Kündigungsfristen der einzubeziehenden Arbeitnehmer erst nach dem Betriebsübergang ablaufen; s. dazu *Schmädicke* NZA 2014, 515 (517) mwN.

577 Vgl. BAG 15.12.2011 – 8 AZR 197/11, NZA-RR 2013, 179; BAG 27.2.1997 – 2 AZR 160/96, NZA 1997, 757; BAG 4.5.2006 – 8 AZR 299/05, NZA 2006, 1096; umstr. auch innerhalb des BAG ist, ob ein Wiedereinstellungsanspruch auch dann noch in Betracht kommt, wenn es erst nach Ablauf der Kündigungsfrist zu einem Betriebsübergang kommt, vgl. zum Meinungsstand HKW/*Müller-Bonanni* BGB § 613a Rn. 308a.

578 IE ebenso BAG 18.7.1996 – 8 AZR 127/94, NZA 1997, 148; *Kreitner* S. 110; Staudinger/*Annuß* BGB § 613a Rn. 397; *Willemsen* ZIP 1983, 411 (416); vgl. auch KR/*Treber* § 613a Rn. 95, der die Zulässigkeit einer Veräußererkündigung auf Erwerberkonzept (auch) aus § 128 Abs. 2 InsO ableitet; vgl. auch *Hanau* FS Dieter Gaul, 1992, 287, 290.

579 Vgl. zu diesem Erfordernis BAG 26.5.1983 – 2 AZR 477/81, DB 1983, 2690 (→ Rn. 108); für einen Verzicht hierauf bei „selbsttragender" Kündigung auf Erwerberkonzept auch BAG 18.7.1996 – 8 AZR 127/94, NZA 1997, 148 Rn. 21; Staudinger/*Annuß* BGB § 613a Rn. 400; *Schmädicke* NZA 2014, 515 (517) Fn. 17.

Dass hier **keine selbsttragende Kündigung auf Erwerberkonzept** vorliegt, zeigt sich schon daran, dass der „Restbetrieb" der P-GmbH nach diesem Konzept gar nicht mehr selbständig lebensfähig ist; die den entsprechenden betriebsbedingten Kündigungen zugrundeliegende Planung ergibt erst dann einen Sinn, wenn man diejenige weitere Entwicklung mit in die Beurteilung des Kündigungsgrundes im Sinne von § 1 KSchG einbezieht, die sich erst *nach* dem Betriebsübergang **in der Sphäre des Erwerbers** ergeben wird.

113 Lässt man hier gleichwohl eine – letztlich – auf das Erwerberkonzept gestützte betriebsbedingte Kündigung zu, so bedeutet dies mithin einen Bruch mit dem das Kündigungsrecht beherrschenden Grundsatz, wonach es für die Rechtmäßigkeit einer Kündigung auf die **Verhältnisse beim kündigenden Arbeitgeber,** und zwar so, wie sie sich im **Zeitpunkt der Kündigung** darstellen, ankomme.[580] Allerdings schließt dieser Grundsatz nach der Rechtsprechung des 2. Senats des BAG nicht aus, in die Beurteilung der Betriebsbedingtheit einer Kündigung auch solche weiteren Entwicklungen einzubeziehen, die im Zeitpunkt der Kündigung zwar noch nicht eingetreten, aber mit hinreichender Sicherheit aus der Perspektive des Kündigenden absehbar sind.[581] Zu diesen im Zeitpunkt der Kündigung bereits absehbaren Ereignissen kann auch ein bevorstehender Betriebsübergang gehören.

Allerdings erschöpft sich die Besonderheit der Veräußererkündigung in Variante 2 nicht allein in diesem „Zukunftsbezug". Der entscheidende Unterschied zu Variante 1, also zur selbsttragenden Kündigung auf Erwerberkonzept, besteht darin, dass es **in der Sphäre des Veräußerers** an einem dringenden betrieblichen Erfordernis für die Kündigung im Sinne von § 1 Abs. 2 S. 1 KSchG **überhaupt fehlt.** So besteht im Betrieb der kündigenden P-GmbH im **Beispiel H 21** weder das Problem paralleler Produktionskapazitäten noch die Notwendigkeit, ihren Betrieb in einen anderen, bereits vorhandenen Betrieb einzugliedern. Das von ihr durchzuführende Umstrukturierungskonzept ist vielmehr maßgeschneidert auf die betrieblichen Verhältnisse beim späteren Erwerber und **bezieht nur hieraus seine unternehmerische Legitimation.**

114 Da diese betrieblichen Verhältnisse beim Erwerber indes erst *nach* dem beabsichtigten Betriebsübergang tatsächlich zum Tragen kommen, läge es an sich nahe, diesen auf die Möglichkeit einer betriebsbedingten Kündigung zu verweisen, *nachdem* er selbst Betriebsinhaber geworden ist und sich die dem Umstrukturierungskonzept zugrundeliegende, die **betriebsbedingten Kündigungen rechtfertigende Situation** damit überhaupt erstmals einstellt. Erlaubt man in einer solchen Konstellation dennoch bereits dem Veräußerer die betriebsbedingte Kündigung, setzt dies somit logisch-gedanklich voraus, dass man ihn zum Sachwalter der Interessen des Betriebserwerbers macht und sein – des Veräußerers – Kündigungsrecht gewissermaßen fiktiv um solche Aspekte erweitert, die tatsächlich erst unter der Ägide des künftigen Betriebsinhabers eintreten werden. Insoweit erscheint es sachgerecht, mit *Kreitner*[582] von einer **vorgezogenen Kündigung auf Erwerberkonzept** zu sprechen.

115 Für die Notwendigkeit, eine Kündigung bereits durch den Veräußerer auch in dieser zweiten Variante zuzulassen, können aus praktischer Sicht gewiss eine Reihe guter Gründe angeführt werden. Diese erschöpfen sich keineswegs nur darin, eine effektivere Nutzung unter Umständen langer **Kündigungsfristen** zu ermöglichen.[583] Vielmehr kann der Fall durchaus auch so liegen, dass der (künftige) Erwerber seine Übernahmebereitschaft explizit davon abhängig macht, dass es *zuvor* gelingt, den Betrieb in seine – des Erwerbers – unternehmerischen und betrieblichen Rahmenbedingungen einzupassen. Er will möglicherweise erst den Ablauf der dreiwöchigen Klagefrist des § 4 S. 1 KSchG abwarten, bevor der

---

[580] S. dazu die Rechtsprechungs- und Literaturnachweise bei KR/*Rachor* KSchG § 1 Rn. 248ff.

[581] So zB für den Fall einer geplanten Betriebsstilllegung BAG 19.6.1991 – 2 AZR 127/91, NZA 1991, 891; KR/*Rachor* KSchG § 1 Rn. 615, 617.

[582] *Kreitner* S. 111.

[583] Zu kurz greifend daher *Kreitner* S. 112.

verbleibende Restbetrieb nach § 613a Abs. 1 BGB auf ihn übergeleitet wird. Hinzu kommen betriebspsychologische Aspekte.[584]

Die entscheidende Frage ist, ob man eine solche vorgezogenen Kündigung auf Erwerberkonzept hinsichtlich ihrer materiellrechtlichen Voraussetzungen als eine solche des *Erwerbers* betrachten muss,[585] die zum Zwecke verbesserter **Sanierungschancen** bereits vom Veräußerer ausgesprochen werden kann. Dies würde dann indes bedeuten, dass der Veräußerer bei Ausspruch dieser „fremdbestimmten" Kündigung nicht nur den unternehmerischen Plan des Erwerbers kennen, sondern auch in Bezug auf die **Sozialauswahl** gemäß § 1 Abs. 3 KSchG und für die Berücksichtigung der **Versetzungsmöglichkeiten** auf andere, freie Arbeitsplätze die bei diesem maßgeblichen betriebs- und unternehmensbezogenen Verhältnisse zugrunde zu legen hat.[586] Die Kündigung würde also gewissermaßen in die Zeit nach dem Betriebsübergang projiziert; die Sozialauswahl und Prüfung der Versetzungsmöglichkeiten müssten demzufolge **rechtsträgerübergreifend** erfolgen,[587] und zwar bei Übertragung und Eingliederung eines sowohl gesamten Betriebs als auch eines Betriebsteils.[588] Selbst wenn man diesen strengen Maßstab anlegt, würde dies dann *nicht* gelten, wenn in dem gebildeten Beispielfall die Verschmelzung mit dem bereits existierenden Betrieb des Erwerbers nicht *„uno actu"* mit dem Betriebsübergang erfolgen soll, sondern erst für einen späteren Zeitpunkt ins Auge gefasst ist (dazu → Rn. 81). 116

Es sprechen indes gute Argumente dafür, nicht einen solch strengen Maßstab für die vorgezogenen Kündigung auf Erwerberkonzept heranzuziehen. Jede Kündigung beruht auf dem Prognoseprinzip.[589] Der kündigende Arbeitgeber muss für die Frage des betriebsbedingten Kündigungsgrundes die Situation zum Ablauf der jeweiligen Kündigungsfrist antizipieren. Wenn bei Ausspruch der Kündigung aufgrund eines feststehenden Betriebsübergangs und eines greifbaren Sanierungs- oder Restrukturierungskonzepts feststeht, dass ein Arbeitsplatz wegfällt, so liegt ein betriebsbedingter Kündigungsgrund vor. Der Umstand, dass dieser Kündigungsgrund dann bei einem anderen Abeitgeber „real wird", rechtfertigt es nicht, Arbeitnehmer des Erwerbers bereits vor dem Betriebsübergang in eine einheitliche rechtsträgerübergreifende Sozialauswahl einzubeziehen. Gleiches gilt für die Verpflichtung des Erwerbers zum Anbieten freier Arbeitsplätze. Ein solcher Bruch kündigungsrechtlicher Prinzipien erscheint nicht gerechtfertigt.

Folgt man dem strengen Maßstab für die vorgezogenen Kündigung auf Erwerberkonzept müsste im **Beispiel H 21** also die P-GmbH die (künftige) Betriebs- und Personalstruktur der I-GmbH genauestens kennen, da – entsprechend dem Konzept der vorgezogenen Kündigung – auch eine vorgezogene Sozialauswahl unter Berücksichtigung sämtlicher Arbeitnehmer einschließlich der bei der I-GmbH bereits vorhandenen Belegschaft zu erfolgen hätte. Hierin liegt – entgegen der Vorauflage – ein durchgreifender Ein- 117

[584] Zu den Vorteilen der vorgezogenen Kündigung aus Erwerber- und Veräußerersicht s. auch *Schmädicke* NZA 2014, 515.

[585] Insoweit zutreffend *Kreitner* S. 111.

[586] Ebenso ErfK/*Preis* BGB § 613a Rn. 172 aE; HWK/*Müller-Bonanni* BGB § 613a Rn. 314; Staudinger/*Annuß* BGB § 613a Rn. 401, hinsichtlich der Sozialauswahl allerdings unter der einschränkenden Voraussetzung, dass „... die gekündigten Arbeitnehmer zunächst in den Betrieb des neuen Inhabers übernommen werden."; vgl. auch *Annuß/Stamer* NZA 2003, 1247 (1249); *Gaul* DB 2003, 1902 (1905); aA offenbar *Sieger/Hasselbach* DB 1999, 430 (434). Deren Einwand, der Veräußerer sei letztlich gar nicht in der Lage, Arbeitnehmern des Erwerbers zu kündigen, lässt sich allerdings entkräften: Durch die „vorgezogene" Sozialauswahl wird – zunächst – lediglich das Kündigungsrecht des Veräußerers *eingeschränkt.* Führt die Sozialauswahl dazu, dass anstelle von Arbeitnehmern des Veräußerers solchen des *Erwerbers* gekündigt werden muss, ist der Ausspruch dieser Kündigungen *dessen* Angelegenheit.

[587] Ablehnend *Kreitner* S. 112; aA (dh wie hier); *Hanau* ZIP 1984, 141 (143); ders. FS Gaul, 287 (290); *Loritz* RdA 1987, 65 (83); *Willemsen* ZIP 1983, 411.

[588] Ebenso *Schmädicke* NZA 2014, 515 (519), allerdings mit einer Einschränkung hinsichtlich der beim Veräußerer verbleibenden Arbeitnehmer im Falle des Betriebsteilübergangs.

[589] Allgemein zum Prognoseprinzip siehe BAG 12.1.2006 – 2 AZR 179/05, NZA 2006, 980; BAG 20.11.2014 – 2 AZR 651/13, NZA 2015, 294; BAG 31.7.2014 – 2 AZR 422/13, NZA 2015, 101 Rn. 31.

wand gegen das Modell der vorgezogenen Veräußererkündigung auf Erwerberkonzept.[590] Um eine ausreichende kündigungsrechtliche Verbindung zwischen Willenserklärung des Veräußerers einerseits und unternehmerischer Konzeption des Erwerbers andererseits zu gewährleisten, muss der bevorstehende Betriebsübergang im Zeitpunkt der Kündigung allerdings „greifbare Formen“ angenommen haben und muss zB, aber nicht ausschließlich in Form eines ausreichend konkreten **Vorvertrages** oder eines **aufschiebend** bedingten **Kauf-, Pacht- oder sonstigen Übernahmevertrages** bereits **hinreichend rechtlich fixiert** sein.[591] Dasselbe muss auch für das (Sanierungs-) Konzept des Erwerbers gelten, das demzufolge tunlichst eine **Anlage** zu dem Kauf- oder sonstigen Übernahmevertrag bilden sollte. Damit sind dann zugleich die praktischen Schwierigkeiten bei der Umsetzung dieses Konzepts durch vorgezogene Veräußerungskündigungen weitgehend ausgeräumt.

117a Die nach der oben dargestellten – nicht überzeugenden – strengen Auffassung zur vorgezogenen Kündigung auf Erwerberkonzept entstehenden **Probleme** einer rechtsträgerübergreifenden Sozialauswahl und Prüfung von Versetzungsmöglichkeiten (→ Rn. 116) lassen sich allerdings weitgehend vermeiden, wenn der Erwerber ein neues Unternehmen gründet und dieses den Betrieb unter Wahrung seiner Identität übernimmt.[592] In diesem Fall, dh wenn **keine Eingliederung** in einen Betrieb des Erwerbers erfolgt, **beschränkt sich die Sozialauswahl** ausschließlich auf den bestehenden Veräußererbetrieb.[593]

118 Keinesfalls kann die Zukunftsprojektion derartiger vorgezogener Veräußererkündigungen auf Erwerberkonzept so weit gehen, dass zum Zeitpunkt ihres Ausspruchs gewissermaßen auch die erst *nach* dem Betriebsübergang beim Erwerber bestehenden **betriebsverfassungsrechtlichen Verhältnisse** als bereits existierend fingiert werden. Der Veräußerer hat also sowohl auf Grundlage der hier vertretenen Auffassung als auch bei Heranziehung des – nicht überzeugenden – strengen Prüfungsansatzes für die vorgezogenen Kündigung auf Erwerberkonzept, *seinen* Betriebsrat und nicht etwa denjenigen des Erwerbers zu solchen vorgezogenen Kündigungen gemäß § 102 BetrVG anzuhören. Entsprechendes gilt auch für Verhandlungen über einen **Interessenausgleich** und die Aufstellung eines **Sozialplans** (vgl. dazu auch → C Rn. 82): Auch hier ist nur der Betriebsrat des Veräußerers der richtige Ansprechpartner, und die **Dotierung** des Sozialplans ist, soweit dieser Arbeitnehmer des Veräußerers betrifft und die Kündigungen noch vor dem Betriebsübergang ausgesprochen werden, ausschließlich nach dessen wirtschaftlicher Leistungsfähigkeit (§ 112 Abs. 5 Nr. 3 BetrVG) zu bemessen (anders dagegen, wenn der Personalabbau erst **nach** dem Betriebsübergang erfolgt und dies bei Abschluss des Interessenausgleichs/Sozialplans bereits absehbar ist; vgl. → C Rn. 85). Kündigt dagegen der **Erwerber** im Rahmen der rechtsträgerübergreifenden Sozialauswahl (→ Rn. 116) eigenen oder bereits nach § 613a BGB auf ihn übergegangenen Arbeitnehmern, muss er hierzu seinen Betriebsrat nach § 102 BetrVG anhören und einen erforderlichen Interessenausgleich/Sozialplan mit diesem verhandeln. Unentschieden ist, ob im Rahmen der Erwerberkündigung bei der Ermittlung der jeweils maßgeblichen Schwellenwerte für die Interessenausgleichs- und Sozialplanpflicht (vgl. → C Rn. 227) die Kündigungen auf Veräußerer- und Erwerberseite **zusammenzurechnen** sind. Eine Zusammenrechnung erscheint vor dem Hintergrund der jeweils auf den Veräußerer- bzw. Erwerberbetrieb bengrenzten Betriebsratszuständigkeit vor dem Betriebsübergang und der Betriebszusammenlegung dogmatisch indes nur schwer herleitbar.

---

[590] So auch *Kreitner* S. 111 ff.

[591] Vgl. zu diesem Erfordernis BAG 18.7.1996 – 8 AZR 127/94, NZA 1998, 148, unter II 2a) der Gründe; BAG 20.3.2003 – 8 AZR 97/02, NZA 2003, 1027, unter II 1c bb) der Gründe, wo allerdings nur von einem „verbindlichen Konzept“ bzw. einem „Sanierungsplan“ des Erwerbers die Rede ist; KR/*Treber* BGB § 613a Rn. 96; Staudinger/*Annuß* BGB § 613a Rn. 400; Erman/*Edenfeld* BGB § 613a Rn. 113; *Willemsen* ZIP 1983, 411 (416); *Hillebrecht* ZIP 1985, 257 (263). Zu weitergehenden Möglichkeiten *Gaul/A. Bonanni* DB 2003, 1902 (1903).

[592] Vgl. *Cord Meyer* NZA 2003, 244 (247).

[593] Ebenso *Fuhlrott* BB 2013, 2042 (2044).

Nicht zu verkennen ist, dass bei dieser differenzierten Lösung Personal durch den Veräußerer zu den für diesen maßgeblichen, in Sanierungsfällen typischerweise **„niedrigen"** und damit für die Arbeitnehmer ungünstigen **Bedingungen** freigesetzt werden kann, obwohl den Kündigungen jeweils bereits das unternehmerische Konzept des (späteren) Erwerbers zugrunde liegt. Die **rechtspolitische Brisanz** des hier vertretenen Modells ist also unverkennbar. Es hieße indes den Schutzgedanken des § 613a Abs. 1 und Abs. 4 BGB zu überspannen, wenn man bei dieser Konstellation den Arbeitnehmern des Veräußerers einen „Anspruch" auf das für den Erwerber maßgebliche Sozialplanniveau einräumen wollte. Gegen eine solche, nur auf den ersten Blick konsequente Schlussfolgerung lässt sich außer dem – eher formalen – Aspekt, dass § 613a BGB eine individualarbeitsrechtliche Bestandsschutznorm ist, insbesondere der materielle Gesichtspunkt anführen, dass die betreffenden Arbeitnehmer im Zeitpunkt der Kündigung weiterhin dem Veräußererbetrieb angehören und dieses betriebsverfassungsrechtliche Rechtsverhältnis unlösbar mit der Sozialplanpflicht und der Ausgestaltung eines Sozialplans zusammenhängt; eine den bisherigen Betriebsrat „verdrängende" Zuständigkeit des beim Erwerber bestehenden Betriebsrats kommt also ebensowenig in Betracht wie eine Projizierung der wirtschaftlichen Verhältnisse des Erwerbers in den Veräußererbetrieb. Dies gilt übrigens genauso in dem **umgekehrten,** wenn auch eher atypischen **Fall,** dass nämlich die wirtschaftlichen Verhältnisse des übertragenden Unternehmens günstiger sind als diejenigen des aufnehmenden und das übertragende Unternehmen vorgezogene Kündigungen auf Erwerberkonzept ausspricht. 119

Die Auffassung, dass unter den oben in → Rn. 112ff. dargestellte Voraussetzungen auch allein **in der Sphäre des Erwerbers liegende Gründe** eine sogenannte **Kündigung nach Erwerberkonzept** rechtfertigen können, hat durch die in → Rn. 108 dargestellte Entscheidung des 8. Senats vom 20.3.2003 eine grundsätzliche **Bestätigung** gefunden. Zwar wird die entsprechende Aussage sowohl in den Leitsätzen als auch in der Begründung auf den Fall der **Insolvenz** des bisherigen Inhabers **beschränkt.** Nach dem Duktus der Entscheidungsgründe sind aber keine Gesichtspunkte erkennbar, die gegen eine Erstreckung auf außerhalb der Insolvenz erfolgende Betriebsübergänge sprächen.[594] Bis zu einer endgültigen Klärung kann sich allerdings in dafür geeigneten Fällen ein Ausweichen auf die **„selbsttragende Veräußererkündigung"** (→ Rn. 109) empfehlen.[595] Würde man das Konzept der Kündigung nach Erwerberkonzept ablehnen, würde man den Schutzzweck des § 613a BGB ins Gegenteil verkehren, weil dann Betriebsübergänge oftmals einer Restrukturierung oder sogar Sanierung entgegen stehen.[596] 120

Die vorstehenden Grundsätze zur Kündigung nach Erwerberkonzept wurden von der Rechtsprechung für die **Beendigungskündigung** entwickelt; es spricht aber nichts dagegen, sie sinngemäß auch auf die **Änderungskündigung** nach § 2 KSchG anzuwenden. Die praktische Relevanz liegt ua in der rechtzeitigen Anpassung an betriebliche Regelungen im Erwerberbetrieb, etwa hinsichtlich der Arbeitszeiten, wenn ein Betriebsteil in den Erwerberbetrieb eingegliedert werden soll. Ebenso wie bei der Beendigungskündigung ist es auch bei Änderungskündigung **nicht erforderlich,** dass das Konzept, das einer solchen Änderung zugrunde liegt, „selbsttragend" (vgl. → Rn. 110) ist.[597] 120a

(2) Abschluss von Aufhebungsverträgen. Angesichts der häufig verbleibenden Zweifel in Bezug auf die Reichweite des § 613a Abs. 4 S. 1 BGB sowie angesichts der vollen kündigungsrechtlichen Überprüfbarkeit einer Kündigung „aus anderen Gründen" im Sinne 121

[594] Ebenso *Fuhlrott* BB 2013, 2042 (2043); *Schmädicke* NZA 2014, 515 (516); Staudinger/*Annuß* BGB § 613a Rn. 400; iE auch LAG Rheinland-Pfalz, 11.3.2013 – 5 Sa 556/12, BeckRS 2013, 69577; s. zum Ganzen auch HWK/*Müller-Bonanni* BGB § 613a Rn. 314.

[595] Vgl. dazu auch *Sieger/Hasselbach* DB 1999, 430 (433), die darüber hinausgehend die Entwicklung eines „Gemeinschaftskonzepts" von Veräußerer und Erwerber empfehlen. S. dazu auch *Cord Meyer,* Anm. zu BAG 20.3.2003, SAE 2004, 176 (180) für den Fall der Bildung eines Gemeinschaftsbetriebs.

[596] Vgl. *Vossen* BB 1984, 1559; ErfK/*Preis* BGB § 613a Rn. 170.

[597] Ebenso *Fuhlrott* BB 2013, 2042 (2044).

von § 613a Abs. 4 S. 2 BGB verwundert es nicht, wenn die Praxis trotz der damit in der Regel verbundenen (Abfindungs-) Kosten oftmals zum Abschluss von Aufhebungsverträgen als **Ausweichstrategie** tendiert.[598] Ob damit tatsächlich höhere Rechtssicherheit gewonnen werden kann, hängt allerdings zunächst von der Frage ab, ob § 613a Abs. 4 BGB, wenn nicht seinem Wortlaut nach, so aber doch von seinem Sinn und Zweck her der Wirksamkeit von Aufhebungsvereinbarungen „wegen Betriebsübergangs" entgegenstehen kann.

Die Frage ist, sofern mit dem Aufhebungsvertrag das **endgültige Ausscheiden** des Arbeitnehmers aus dem Betrieb bezweckt wird, zu **verneinen.** § 613a Abs. 4 S. 1 BGB stellt keine allgemeine Schranke (auch) für den Abschluss von Aufhebungsverträgen im Zusammenhang mit Betriebs- oder Betriebsteilübertragungen dar. Selbst wenn der Aufhebungsvertrag – gleich, ob mit bisherigem oder neuem Arbeitgeber abgeschlossen – nur im Hinblick darauf zustande kommt, dass dem Erwerber „die Nase des Arbeitnehmers nicht passt", liegt darin – anders als bei einer solchermaßen motivierten Kündigung – kein Verstoß gegen § 613a Abs. 4 S. 1 BGB. Der Arbeitnehmer kann, sofern die allgemeinen Voraussetzungen rechtsgeschäftlicher Gestaltung erfüllt sind, auf den Schutz sowohl des § 613a Abs. 1 wie auch des Abs. 4 BGB **im konkreten Anlassfall** verzichten; aus welchen Motiven heraus er dies tut, ob er also sich den Verzicht durch Abfindung bezahlen lässt oder in die Aufhebung des Vertragsverhältnisses allein deshalb einwilligt, weil er nicht mit dessen gedeihlicher Fortsetzung unter dem künftigen Betriebsinhaber rechnet, ist unerheblich.

122 Wie bereits an anderer Stelle dargelegt (→ G Rn. 191), bleibt die **Dispositionsfreiheit** des Arbeitnehmers über das Arbeitsverhältnis als Ganzes auch beim Betriebsinhaberwechsel in vollem Umfang erhalten. Daher sind, wie das BAG inzwischen mehrfach bestätigt hat, Aufhebungsvereinbarungen zwischen Arbeitnehmern und altem *oder* neuem Betriebsinhaber auch ohne Vorliegen eines sachlichen Grundes wirksam möglich, wenn sie **auf das Ausscheiden** des Arbeitnehmers aus dem Betrieb **gerichtet sind.**[599] Die mitunter anzutreffende These, dass solche Aufhebungsvereinbarungen entweder überhaupt nicht oder erst nach **Ablauf eines Jahres** seit dem Betriebsübergang möglich seien, ist falsch. Eine Umgehung des § 613a Abs. 4 BGB, der sich gegen *Kündigungen* und nur gegen diese richtet, qua Aufhebungsvertrag scheidet grundsätzlich aus.[600]

Besondere praktische Bedeutung hat der Abschluss von Aufhebungsverträgen im Zusammenhang mit der Gründung von **Beschäftigungs- und Qualifizierungsgesellschaften (BQG)** erlangt (dazu auch → C Rn. 277 ff.). Dahinter steht mitunter das wirtschaftliche und rechtliche Konzept, Arbeitsverhältnisse einstweilen bei einer solchen Beschäftigungsgesellschaft zu „parken", um einen Übergang dieser Arbeitsverhältnisse gemäß § 613a BGB auf eine zu Sanierungszwecken gebildete Auffanggesellschaft zu vermeiden. Nach erfolgtem Betriebsübergang stellt die **Auffanggesellschaft** nur einen Teil der zwischenzeitlich durch Aufhebungsvertrag aus dem bisherigen Aufhebungsverhältnis ausgeschiedenen und von der BQG übernommenen Arbeitnehmer ein, indem sie diesen **neue Arbeitsverträge anbietet.**

123 Ein funktionswidriger **Missbrauch des Instituts der Aufhebungsvereinbarung** kommt in Betracht, wenn dieser in Wirklichkeit gar nicht auf das Ausscheiden des Arbeitnehmers aus dem Betrieb abzielt, sondern allein auf die **Beseitigung der Kontinuität des Arbeitsverhältnisses** gerichtet ist (s. dazu bereits → G Rn. 191). Ein Aufhebungsvertrag, der lediglich bezweckt, dem Erwerber die freie Auswahl hinsichtlich der von ihm weiterzubeschäftigenden Arbeitnehmer zu ermöglichen oder den von ihm zu überneh-

---

598 Zur umgekehrten Strategie – Erwerberkündigungen statt sog. BQG-Modell (dazu → Rn. 122) – *Fuhlrott* BB 2013, 2042.

599 BAG 29.10.1975 – 5 AZR 444/74, DB 1976, 391; BAG 11.7.1995 – 3 AZR 154/95, NZA 1996, 207; BAG 11.12.1997 – 8 AZR 654/95, NZA 1999, 262; BAG 10.12.1998 – 8 AZR 324/97, NZA 1999, 422; BAG 18.8.2005 – 8 AZR 523/04, NZA 2006, 145; vgl. zur Problematik auch *Hanau* ZIP 1998, 1817 (182)1 mwN in Fn. 36; *Moll* NJW 1993, 2016 (2022).

600 Zutreffend *Kreitner* S. 190, mit zahlreichen wN.

menden gesetzlichen Bestandsschutz der Arbeitsverhältnisse zu beseitigen, ist somit unwirksam.[601] Dies folgt allerdings nicht aus § 613a Abs. 4 BGB, sondern aus dem allgemeinen Verbot der objektiven Gesetzesumgehung.[602]

Zumindest auf den ersten Blick überraschend hat der 8. Senat des BAG im *Dörries-Scharmann*-Fall vom 10.12.1998 in einem dreiseitigen Vertrag zwischen Arbeitnehmer, bisherigem Arbeitgeber und BQG, der die Beendigung des bestehenden Arbeitsverhältnisses und den Eintritt in ein solches mit der BQG zum Gegenstand hatte, keinen Verstoß gegen § 613a BGB gesehen, obwohl der klagende Arbeitnehmer den Aufhebungsvertrag in der Hoffnung abgeschlossen hatte, nach einem vorübergehenden „Parken" seines Arbeitsverhältnisses bei der BQG von der Auffanggesellschaft, die anschließend den Betrieb übernommen und weitergeführt hatte, ein Einstellungsangebot zu erhalten. Obwohl der Aufhebungsvertrag somit jedenfalls nach dem subjektiven Erwartungshorizont des unterzeichnenden Arbeitnehmers nicht auf dessen endgültiges Ausscheiden aus dem Betrieb gerichtet sein sollte, nahm der 8. Senat – anders als die Vorinstanz[603] – an der gewählten Vertragskonstruktion keinen Anstoß. Dem klagenden Arbeitnehmer sei bei Eintritt in ein Arbeitsverhältnis mit der BQG bekannt gewesen, dass die Betriebsfortführung durch die Beklagte (Auffanggesellschaft) angestrebt wurde. Die **Einstellung aller** oder nahezu aller **Beschäftigten** der AG (früherer, inzwischen insolventer Arbeitgeber) sei jedoch **weder versprochen noch verbindlich in Aussicht gestellt** worden; die ehemaligen Beschäftigten der AG hätten „... lediglich die mehr oder weniger begründete Erwartung (gehabt), in ein Arbeitsverhältnis zur Beklagten treten zu können. Damit kam der Vertragsschluss einem ***Risikogeschäft*** gleich ...". Der dreiseitige Vertrag habe – so der Senat weiter – nicht der Unterbrechung der Kontinuität des Arbeitsverhältnisses gedient, „... denn die Fortsetzung des Arbeitsverhältnisses durch die Beklagte (= Auffanggesellschaft) war **jedenfalls für den Kläger nicht abzusehen**".[604]

Mit seinem Urteil vom 18.8.2005 hat der 8. Senat seine Rechtsprechung bestätigt und 124
gegen das LAG Bremen[605] sowie in der Literatur vorgetragene Einwände[606] verteidigt. Danach ist der dreiseitige Vertrag unter Einbeziehung der BQG sachlich berechtigt und damit wirksam, wenn (1) für den jeweils betroffenen Arbeitnehmer „... klar ist, dass er aus dem mit dem Betriebsveräußerer bestehenden **Arbeitsverhältnis ausscheidet** und nicht mehr als die Hoffnung besitzt, mit dem Erwerber einen neuen Arbeitsvertrag abschließen zu können und (2) der Aufhebungsvertrag zur **Vermeidung** der sonst drohenden **Insolvenz** und der damit verbundenen **Beseitigung sämtlicher Arbeitsplätze** dient".[607] Das Urteil enthält allerdings einige „Fallstricke" für die Praxis und erfordert eine sorgfältige und vor allem wahrheitsgemäße **Kommunikation** zwischen Veräußerer, Erwerber, BQG und Arbeitnehmern.[608] Es scheint nach den Entscheidungsgründen zudem vorauszusetzen, dass im

[601] Vgl. nur BAG 28.4.1987 – 3 AZR 75/86, NZA 1988, 198; bestätigt durch BAG 18.8.2005 – 8 AZR 523/04, NZA 2006, 145; BAG 25.10.2007 – 8 AZR 917/06, BeckRS 2008, 51837; LAG Köln 7.3.2012 – 9 Sa 856/11, ZIP 2012, 2171 (rkr.); zum Ganzen auch *Willemsen,* Anm. EzA § 613a BGB Nr. 67, S. 12; *ders.,* RdA 1987, 327.

[602] Zutreffend BAG 10.12.1998 – 8 AZR 324/97, NZA 1999, 422.

[603] LAG Düsseldorf 28.4.1997 – 10 Sa 1534/96, LAGE § 613a BGB Nr. 61 mAnm *Heinze* DB 1997, 1878; vgl. auch LAG Köln 6.1.1998 – 13 Sa 1075/97, BeckRS 1998, 30773345.

[604] BAG 10.12.1998 – 8 AZR 324/97, NZA 1999, 422, unter B II der Gründe; Hervorhebungen diesseits; bestätigt durch 21.1.1999 – 8 AZR 218/98, ZIP 1999, 1572.

[605] 26.8.2004 – 3 Sa 80/04, ZIP 2004, 2452; siehe dazu auch die Anm. von *Lembke* BB 2005, 670. Wie das BAG LAG Baden-Württemberg 8.7.2004 – 11 Sa 6/04, EWiR 2005, 19; das Verfahren wurde in der Revisionsinstanz (8 AZR 491/04) erledigt. Eine funktionswidrige Umgehung des § 613a BGB sieht dagegen LAG Niedersachsen 18.2.2010 – 7 Sa 779/09, ZIP 2010, 2066 als gegeben an, wenn die Begründung eines Arbeitsverhältnisses mit der BQG lediglich für einen Tag erfolgt; die Revision blieb erfolglos (BAG 18.8.2011 – 8 AZR 312/10, NZA 2012, 152, dazu → Rn. 124a).

[606] zB Ascheid/Preis/Schmidt/*Steffan* BGB § 613a Rn. 198; *Kittner/Däubler/Zwanziger* BGB § 613a Rn. 277a.

[607] BAG 18.8.2005 – 8 AZR 523/04, NZA 2006, 145; dazu auch → G Rn. 192; ähnlich BAG 23.11.2006 – 8 AZR 349/06, NZA 2007, 866 Rn. 23ff.

[608] S. dazu auch HWK/*Müller-Bonanni* BGB § 613a Rn. 311.

maßgeblichen Zeitpunkt des Abschlusses des Aufhebungsvertrags noch nicht feststand, ob und welche Arbeitnehmer vom Betriebserwerber **eingestellt** werden sollten. Falls es sich dabei um eine „echte" dritte Voraussetzung handeln sollte, wäre die **Relevanz** der Entscheidung freilich **zweifelhaft,** wie gerade auch die zeitliche Konstellation des vom BAG entschiedenen Falles zeigt. Es wäre oftmals unrealistisch anzunehmen, dass der Erwerber vor Zustandekommen der Vereinbarung mit der BQG noch keine klaren Vorstellungen darüber hatte, wem er ein Übernahmeangebot zu unterbreiten gedenkt und wem nicht.

124a Ein sehr spezieller Fall lag einem weiteren Urteil des 8. Senats vom 18.8.2011 zugrunde.[609] Hier wurden im Zuge einer sog. **übertragenden Sanierung** mit den Arbeitnehmern zunächst Aufhebungsverträge abgeschlossen, die den Wechsel in eine Beschäftigungs- und Qualifizierungsgesellschaft (BQG) zum Gegenstand hatten. In einem relativ komplizierten Verfahren wurde sodann **per Los** (!) entschieden, welche Arbeitnehmer einen befristeten oder unbefristeten Arbeitsvertrag mit dem Betriebserwerber erhalten sollten. Zu diesem Zweck hatten die Arbeitnehmer vorab in verschiedenen Variationen Arbeitsvertragsangebote gegenüber dem Erwerber unterschrieben, wobei sie seitens des Insolvenzverwalters darauf hingewiesen wurden, dass keine Sicherheit und kein Anspruch darauf bestehen, dass das „Angebot" der Arbeitnehmer auf Abschluss der vorbereiteten Arbeitsverträge angenommen werde. Auf Grund der anschließenden „Verlosung" während einer Betriebsversammlung erhielten 352 von 452 Mitarbeiter Arbeitsverträge bei der Betriebserwerberin, wobei das Los auch darüber entschied, ob es sich dabei um einen **befristeten oder einen unbefristeten Arbeitsplatz** handelte. Legt man die vom BAG verwandte Formel des „verbindlichen Inaussichtstellens" zu Grunde (→ Rn. 123), hätte eine solche und damit unzulässige Umgehung von § 613a BGB verneint werden müssen, da die betroffenen Arbeitnehmer bei einer „Gewinnquote" von 352 zu 452 (= ca. 78%) lediglich eine mehr oder weniger begründete Hoffnung auf einen Arbeitsplatz bei der Betriebserwerberin hatten; ein rechtlich bindendes Versprechen oder Inaussichtstellen kann, wenn man auf den **einzelnen Arbeitnehmer** abstellt, darin jedenfalls nicht gesehen werden.[610] Dieser und **nicht die „abstrakte" Belegschaft** ist jedoch der richtige Bezugspunkt in Bezug auf die Frage, ob es sich im Sinne der Rechtsprechung des BAG um ein „Risikogeschäft" handelt.[611] Das BAG sieht dies in der Entscheidung vom 18.8.2011 jedoch anders und stellt darauf ab, dass der *Betriebserwerber* sich an den Losentscheid gebunden habe.[612] Dies vermag indes nicht zu überzeugen: Zwar mag es sein, dass der Erwerber sich dem Losentscheid nicht mehr entziehen konnte und bei entsprechendem „Losglück" des klagenden Arbeitnehmers das von diesem vorsorglich unterzeichnete Vertragsangebot gegenzeichnen musste. Entscheidend ist aber – auch nach der bisherigen Rechtsprechung des BAG – wie sich die Dinge aus der Sicht des **Arbeitnehmers** darstellten.[613] Die **Praxis** wird sich aber auf die gegenteilige Haltung des BAG, die durch ein weiteres Urteil vom 25.10.2012[614] bestätigt wird, einstellen müssen. Dies gilt ebenso für die „Zweitbegründung" des Urteils vom 18.8.2011: Die Übernahme in die BQG sei nur **„zum Schein"** erfolgt. Der Kläger habe niemals dort gearbeitet, rechtlich hätte das Arbeitsverhältnis genau **24 Stunden** gedauert. Die dreiseitige Vereinbarung sei allein zu dem Zweck unterzeichnet worden, die Kontinuität des Arbeitsverhältnisses „formaljuristisch zu umgehen".[615] Auch diese Argumentation ist hinsichtlich ihrer Konsequenzen für die Sanierungs-

[609] BAG 18.8.2011 – 8 AZR 312/10, NZA 2012, 152.

[610] S. dazu *Willemsen* NZA 2013, 242 (246); s. auch *Mehrens* BB 2010, 2181 (2184).

[611] Ebenso *Fuhlrott* NZA 2012, 549 (552); *Pils* NZA 2013, 125 (128); *Willemsen* NZA 2013, 242.

[612] BAG 18.8.2011 – 8 AZR 312/10, NZA 2012, 152 Rn. 35.

[613] Vgl. *Willemsen* NZA 2013, 242 (245).

[614] BAG 25.10.2012 – 8 AZR 572/11, BeckRS 2013, 65736, wonach es ausreichen soll, „…wenn es für den Arbeitnehmer klar erschien, dass alsbald seine Neueinstellung durch einen Betriebswerber erfolgen werde."

[615] BAG 18.8.2011 – 8 AZR 312/12, NZA 2012, 152 Rn. 36. Im gleichen Sinne LAG Köln 7.3.2012 – 3 Sa 856/11, ZIP 2012, 2171 (rkr.). Gegen die Qualifizierung als Scheingeschäft *Willemsen* NZA 2013, 242 (245).

praxis schwer einzuordnen, weil es die Frage einer **Mindestverweildauer** in der BQG aufwirft und letztlich unbeantwortet lässt.[616] Alles in allem handelt es sich damit beim Abschluss von Aufhebungsvereinbarungen im Zusammenhang mit BQG-Vereinbarungen und sanierenden Übertragungen um ein „Erfurter Roulette".[617] Dessen „Regeln" hat der 8. Senat inzwischen auch auf den Ausspruch von **Eigenkündigungen** des Arbeitnehmers auf Veranlassung des Arbeitgebers übertragen.[618]

Im Ergebnis lässt sich feststellen, dass weder § 613a Abs. 1 noch Abs. 4 BGB „echten" Aufhebungsvereinbarungen aus Anlass eines Betriebsübergangs entgegenstehen; diese bedürfen auch **keines sachlichen Grundes,** wie ihn die BAG-Rechtsprechung für die Änderung von Arbeitsbedingungen anlässlich eines Betriebsübergangs fordert (→ G Rn. 193); dies hat der 8. Senat in seinem Urteil vom 10.12.1998 ausdrücklich klargestellt.[619] **Vorsicht** ist dagegen geboten bei der Anwendung des Grundsatzes, wonach der Abschluss eines Aufhebungsvertrages (nur) dann wegen objektiver Gesetzesumgehung unwirksam sein soll, wenn **zugleich** ein neues Arbeitsverhältnis zum Betriebsübernehmer **vereinbart** oder **zumindest verbindlich in Aussicht gestellt wird.** Lässt man für letzteres, wie das Urteil vom 10.8.2011 nahezulegen scheint, bereits mehr oder weniger verbindliche Erklärungen des Erwerbers gegenüber der Belegschaft genügen, ist der gängigen Sanierungspraxis im Zusammenhang mit der Überleitung von Arbeitnehmern in eine BQG weitgehend die Grundlage entzogen.[620] 125

gg) Prozessuale Fragen; Verwirkung.[621] Will ein Arbeitnehmer einen Verstoß gegen § 613a Abs. 4 BGB geltend machen, ist er dabei an die Dreiwochenfrist des § 4 KSchG gebunden (s. dazu auch → Rn. 90). Praktische Probleme bereitet mitunter die Ermittlung des **richtigen Beklagten,** insbesondere wenn es *zwischen* Zugang der Kündigung und Erhebung der Kündigungsschutzklage zu einem Betriebsinhaberwechsel kommt. Nach ständiger Rechtsprechung des BAG ist die Klage **stets gegen den Arbeitgeber zu richten, der gekündigt hat,** und zwar unabhängig davon, ob dieser die Arbeitgebereigenschaft im Zeitpunkt der Klageerhebung noch hat oder nicht. Ist einem Arbeitnehmer vor Betriebsübergang gekündigt worden, so soll deshalb der bisherige Arbeitgeber auch dann passiv legitimiert sein, wenn die Rechtshängigkeit der Kündigungsschutzklage erst nach Betriebsübergang eingetreten ist.[622] Das in einem solchen Kündigungsschutzprozess ergehende Urteil wirkt dann in entsprechender Anwendung der §§ 265, 325 ZPO für und gegen den Betriebsnachfolger.[623] Ein – in der Praxis häufig gleichwohl erhobener – Feststellungsantrag gegen den (tatsächlichen oder vermeintlichen) Betriebserwerber in Bezug auf die Unwirksamkeit der Kündigung ist bei dieser Konstellation somit gegenstandslos und vermag insbesondere die Klagefrist des § 4 KSchG nicht zu wahren. 126

Möglich ist aber auch nach Auffassung des BAG eine gegen den zwischenzeitlichen Erwerber gerichtete Klage auf Feststellung, dass dieser kraft Gesetzes in das Arbeitsverhältnis eingetreten ist. Es kann sich allerdings im Prozess auch eine „schiefe Schlachtordnung" 127

---

[616] S. zu den kontroversen Schlussfolgerungen *Fuhlrott* NZA 2012, 549 (552) einerseits und *Pils* NZA 2013, 125 (129) andererseits; *Thum* BB 2013, 1525 (1527).
[617] Vgl. *Willemsen* NZA 2013, 242.
[618] S. BAG 27.9.2012 – 8 AZR 826/11, NZA 2013, 961.
[619] BAG 10.12.1998 – 8 AZR 324/97, NZA 1999, 422, unter B II der Gründe, unter Hinweis auf *Hanau* ZIP 1998, 1817 (1821).
[620] Vgl. *Willemsen* NZA 2013, 242 (246).
[621] S. dazu auch HWK/*Müller-Bonanni* BGB § 613a Rn. 368a.
[622] BAG 26.5.1983 – 2 AZR 477/81, DB 1983, 2690; BAG 20.3.1997 – 8 AZR 769/95, NZA 1997, 937 mwN; BAG 18.3.1999 – 8 AZR 159/98, NZA 1999, 704; BAG 11.8.2011 – 9 AZN 806/11, NZA 2011, 1445 Rn. 7; LAG Köln 10.2.2012 – 10 Sa 1144/11, ZIP 2012, 1778 (rkr.); kritisch *Löwisch/Neumann* DB 1996, 474; KR/*Treber* BGB § 613a Rn. 114; wenn der behauptete Betriebsübergang vor Eintritt der Rechtshängigkeit der Kündigungsschutzklage vollzogen wurde, findet § 325 ZPO im Verhältnis zum Betriebsübernehmer dagegen weder unmittelbare noch entsprechende Anwendung, BAG 18.2.1999 – 8 AZR 485/97, NZA 1999, 648; vgl. auch BAG 18.4.2002 – 8 AZR 346/01, NZA 2002, 1207.
[623] BAG 4.3.1993 – 2 AZR 507/92, NZA 1994, 206; 20.3.1997 – 8 AZR 769/95, NZA 1997, 937.

insoweit ergeben, als der bisherige Arbeitgeber neben der sozialen Rechtfertigung der Kündigung im Sinne von § 1 KSchG geltend macht, das Arbeitsverhältnis sei zwischenzeitlich gemäß § 613a BGB auf einen anderen Arbeitgeber übergegangen. Dann ist nach Ansicht des LAG Köln grundsätzlich auch ein Rechtsschutzinteresse des Arbeitnehmers zu bejahen, mit dem allgemeinen Feststellungsantrag nach § 256 ZPO den Fortbestand des Arbeitsverhältnisses zum bisherigen Arbeitgeber festgestellt zu wissen, wenn nach Auffassung des Arbeitnehmers ein Fall des § 613a BGB nicht vorliegt. Darüber hinaus soll der Arbeitgeber nach – freilich zweifelhafter – Auffassung des LAG Köln solchenfalls den „weiteren" Arbeitgeber (Betriebsübernehmer) im Wege der sog. **Drittwiderklage** in den Prozess einbeziehen können.[624]

127a Will der Arbeitnehmer sowohl die Unwirksamkeit der vom Veräußerer ausgesprochnenen Kündigung als auch den Bestand des Arbeitsverhältnisses mit dem Erwerber festgestellen lassen, ist dem Arbeitnehmer zu empfehlen Veräußerer und Erwerber als Streitgenossen (idR einfache Streitgenossenschaft) zu verklagen.[625]

128 Wenn ein Arbeitnehmer gegen die noch vom früheren Betriebsinhaber ausgesprochene Kündigung Klage erhebt, sollte er zugleich die Stellung eines **Auflösungsantrages** gemäß §§ 9, 10 KSchG bedenken. Hat nämlich der Arbeitnehmer gegen den Arbeitgeber, der ihm gekündigt hat, eine Kündigungsschutzklage erhoben und wird *nach* deren Rechtshängigkeit der Betrieb veräußert, kann der Arbeitnehmer einen bisher nicht gestellten Auflösungsantrag mit Erfolg nur noch in einem Prozess gegen den ihm bekannten Betriebserwerber stellen.[626] Der **Arbeitgeber,** der eine Kündigung vor einem Betriebsübergang ausgesprochen hat und gegen den der Kündigungsschutzprozess deshalb weitergeführt wird, kann trotz Verlustes der Arbeitgeberstellung einen Auflösungsantrag nach §§ 9, 10 KSchG jedenfalls dann stellen, wenn der Auflösungszeitpunkt vor dem Betriebsübergang liegt.[627]

129 Probleme kann auch die Bestimmung des **Streitgegenstands** bereiten, wenn der Arbeitnehmer eine Kündigungsschutzklage entweder *nur* auf das Kündigungsverbot des § 613a Abs. 4 BGB oder ausschließlich auf die Sozialwidrigkeit nach § 1 KSchG stützt (dazu auch → Rn. 94 f.).[628] Ein rechtskräftiges, klageabweisendes Urteil wirkt in beiden Fällen „umfassend", dh es schließt die nachträgliche Geltendmachung des im Prozess jeweils nicht geltend gemachten Unwirksamkeitsgrundes aus.[629] Die früher sehr praxisrelevante Streitfrage, innerhalb welchen Zeitraums der Arbeitnehmer die Unwirksamkeit einer Kündigung nach § 613a Abs. 4 BGB geltend machen könne, ohne dass seine diesbezüglichen Rechte als **verwirkt** anzusehen seien, hat sich durch die Neufassung des § 4 KSchG (dazu → Rn. 90) erledigt; denn danach wird von der **Fiktionswirkung** des § 7 KSchG nunmehr jeglicher Rechtsunwirksamkeitsgrund, also auch ein solcher nach § 613a Abs. 4 BGB, erfasst.

130 **hh) Kündigung im Insolvenzverfahren.** § 613a BGB in seiner **Bestandsschutzfunktion** greift auch im Insolvenzverfahren (→ G Rn. 126). Dementsprechend kommt auch das Kündigungsverbot des § 613a Abs. 4 BGB grundsätzlich auch in der Insolvenz zum Tragen. Indirekt wird dies bestätigt durch § 128 Abs. 2 InsO, wonach für den Fall der namentlichen Bezeichnung der zu entlassenden Arbeitnehmer in einem Interessenausgleich bzw. bei Durchführung des „Vorabverfahrens" nach § 126 InsO eine **Vermutung** dahingehend besteht, dass die Kündigung des Arbeitsverhältnisses *nicht* wegen Betriebs-

---

[624] LAG Köln 26.3.1998 – 5 Sa 1420/97, NZA-RR 1998, 398.
[625] BAG 25.9.2015 – 2 AZR 593/14, AP BGB § 626 Unkündbarkeit Nr. 11; vgl. auch KR/*Trebert* BGB § 613a Rn. 115.
[626] BAG 20.3.1997 – 8 AZR 769/95, NZA 1997, 937; KR/*Treber* BGB § 613a Rn. 117; ErfK/*Preis* BGB § 613a Rn. 176.
[627] BAG 24.5.2005 – 8 AZR 246/04, NZA 2005, 1178.
[628] S. dazu Staudinger/*Annuß* BGB § 613a Rn. 384.
[629] Ebenso Staudinger/*Annuß* BGB § 613a Rn. 384.

übergangs erfolgt.[630] Zum Kündigungsschutz in der Insolvenz auch → Rn. 162f. sowie → L Rn. 139ff.

b) Übertragung von Aufgaben/Funktionen auf einen anderen Rechtsträger (Outsourcing); Maßgeblichkeit der Verhältnisse im Zeitpunkt der Kündigung

Besondere Probleme kann die Anwendung des § 613a Abs. 4 BGB bereiten, wenn ein 131 Unternehmen sich entschließt, bestimmte Aufgaben (zB Reinigung, Wartung, Fuhrpark) künftig nicht mehr selbst wahrzunehmen (**Outsourcing;** dazu auch → G Rn. 103), aber **noch nicht absehbar** ist, ob der künftige Auftragnehmer Betriebsmittel und/oder Personal in einem solchen Umfang übernimmt, dass nach der Rechtsprechung des EuGH und des BAG von einem Betriebsübergang ausgegangen werden kann.

Beispiel H 22:[631]

Die B-GmbH produziert und vertreibt Bad- und Küchenmöbel. Fünf Sechstel der anfallenden Kundenbelieferungen wickelt sie bereits über externe Speditionen ab. Die restliche Kundenbelieferung führt sie mit 12 Beschäftigten ihres eigenen Fuhrparks durch. Die Geschäftsführung der B-GmbH beschließt, dieses verbliebene eigene Transportvolumen auf die als zuverlässig bekannte Spedition S-GmbH zu übertragen. Diese erklärt sich allerdings nur bereit, *einen* Arbeitnehmer, den Fahrer F, sowie *einen* LKW von der B-GmbH zu übernehmen. Die B-GmbH beschließt daraufhin, ihren Fuhrpark stillzulegen und kündigt allen Fahrern einschließlich F aus betriebsbedingten Gründen.

Die Stilllegung eines Betriebs oder – wie hier – eines Betriebsteils stellt unzweifelhaft einen betriebsbedingten Kündigungsgrund im Sinne von § 1 KSchG dar. Fraglich ist nur, wie sich das daneben zu beachtende Kündigungsverbot gemäß § 613a Abs. 4 BGB auswirkt, wenn alternativ zur Betriebsstilllegung eine Betriebs(teil)veräußerung im Sinne von § 613a BGB in Betracht kommt.

Sowohl der 2. als auch der 8. Senat des BAG verfolgen hier eine **konsequente Linie** 132 insofern, als für die Anwendung des § 613a Abs. 4 BGB ausschließlich auf die **Erkenntnislage** des (bisherigen) Arbeitgebers **im Zeitpunkt des Zugangs der Kündigung** abgestellt wird. Dementsprechend kann ein bevorstehender Betriebs(teil)übergang nur dann zur Unwirksamkeit der Kündigung nach § 613a Abs. 4 BGB führen, wenn die den Betriebsübergang ausmachenden Tatsachen im Zeitpunkt des Zugangs der Kündigung bereits **feststehen** oder zumindest **greifbare Formen** angenommen haben.[632] Im Ausgangsfall wusste die kündigende B-GmbH nur, dass die S-GmbH die Funktion ihres bisher in Eigenregie geführten Fuhrparks übernehmen würde. Eine solche **Funktionsnachfolge** erfüllt nach gefestigter Rechtsprechung sowohl des EuGH als auch des BAG nicht die Voraussetzungen eines Betriebsübergangs.[633] Erforderlich ist vielmehr der Übergang einer ihre Identität wahrenden wirtschaftlichen Einheit im Sinne der Fortführung einer bereits beim Veräußerer bestehenden betrieblichen Organisation. Eine solche betriebliche Organisation kann, wie das BAG[634] richtig erkannt hat, jedenfalls nicht allein aus *einem* LKW und *einem* Fahrer bestehen. Es lasse sich „… sogar bezweifeln, ob überhaupt der aus mehreren Lastkraftwagen bestehende ‚Fuhrpark' der Beklagten eine das Merkmal ‚Betriebsteil' rechtfertigende organisatorische Selbständigkeit" besessen habe.

---

[630] Dazu und zu der (zweifelhaften) Bedeutung der Bestimmung vgl. Staudinger/*Annuß* BGB § 613a Rn. 357.

[631] In Anlehnung an BAG 3.9.1998 – 8 AZR 306/97, NZA 1999, 147.

[632] BAG 19.6.1991 – 2 AZR 127/91, NZA 1991, 891; BAG13.11.1997 – 8 AZR 295/95, NZA 1998, 251; BAG 29.9.2005 – 8 AZR 647/04, NZA 2006, 720 mwN; Stahlhacke/*Preis*/Vossen, Kündigung Rn. 964.

[633] Grundlegend EuGH 11.3.1997 – C-13/95 *(Ayse Süzen)* NZA 1997, 433; → G Rn. 10.

[634] BAG 3.9.1998 – 8 AZR 306/97, NZA 1999, 147. Zur Betriebsteilqualität eines Fuhrparks s. auch BAG 26.8.1999 – 8 AZR 718/28, NZA 2000, 144.

133 Nach der Erkenntnislage der B-GmbH bei Ausspruch der Kündigung hatte ein etwaiger späterer Betriebsübergang somit (noch) keine „greifbaren Formen" angenommen, so dass die betriebsbedingte Kündigung (auch) des F nicht gegen § 613a Abs. 4 BGB verstieß. Ob dieser auf Grund der gegenüber der B-GmbH gemachten „Zusage" der S-GmbH einen Anspruch gegen *diese* auf Abschluss eines neuen Arbeitsvertrages hat, ist allein eine Frage des allgemeinen Zivilrechts (insbesondere § 328 ff. BGB).

134 Sollte es wider Erwarten **nach Zugang der Kündigungen doch noch zu einem Betriebsübergang** auf die S-GmbH **kommen** (weil die S-GmbH entgegen ihren ursprünglichen Aussagen doch noch den gesamten Fuhrpark der B-GmbH übernimmt), würde hierdurch die Wirksamkeit der einmal zulässigerweise ausgesprochenen Kündigung nicht mehr berührt. Der 8. Senat des BAG hat in seinem zu einem ähnlichen Fall ergangenen Urteil vom 3.9.1998 die Rechtsprechung, wonach es für die Beurteilung des § 613a Abs. 4 BGB ausschließlich auf die **Verhältnisse im Zeitpunkt des Kündigungszugangs** ankommt, ausdrücklich bestätigt.[635]

135 Ein etwaiger späterer Betriebsübergang auf die S-GmbH hätte daher, sofern man den Fuhrpark als „übergangsfähigen" Betriebsteil ansieht, nur noch Auswirkungen hinsichtlich eines sog. **Fortsetzungs- bzw. Wiedereinstellungsanspruchs der Arbeitnehmer,** wie ihn die Rechtsprechung des BAG jedenfalls dann gewährt, wenn es zwischen Ausspruch der Kündigung und Auslaufen der Kündigungsfrist doch noch zu einem Betriebsübergang kommt (dazu → G Rn. 75). Ein derartiger Fortsetzungsanspruch beseitigt nicht die Wirksamkeit der vom Veräußerer ausgesprochenen Kündigung, sondern verpflichtet diesen bzw. den Erwerber zur Wiedereinstellung und Weiterbeschäftigung zu unveränderten Bedingungen.[636]

Der Grundsatz der Maßgeblichkeit der Verhältnisse im Zeitpunkt des Kündigungszugangs gilt allerdings **auch in umgekehrter Richtung.** Eine Kündigung „wegen" Betriebsübergangs setzt nicht zwingend voraus, dass insoweit (zB durch Abschluss aller notwendigen Verträge) bereits alles „unter Dach und Fach" ist. Vielmehr greift auch hier die BAG-Rechtsprechung, wonach es für die Anwendung des § 613a Abs. 4 BGB genügt, wenn der Betriebsübergang im Zeitpunkt der Kündigung bereits **„greifbare Formen"** angenommen hat. Ein **späteres Scheitern** des erwarteten und eingeleiteten Betriebsübergangs wirke sich dann ebenso wenig auf den Kündigungsgrund aus wie eine unerwartete spätere Betriebsfortführung, die einer vom Arbeitgeber endgültig geplanten und schon eingeleiteten oder bereits durchgeführten Betriebsstilllegung nach Ausspruch der Kündigung folge.[637]

136 Konkret bedeutet dies: Hat ein Arbeitgeber zu einem Zeitpunkt gekündigt, in dem ein Betriebsübergang (zB durch Abschluss eines Vorvertrages, Austausch von Vertragsentwürfen, weit fortgeschrittene Verhandlungen etc) bereits im Sinne der BAG-Rechtsprechung „greifbare Formen" angenommen hatte, verstoßen gleichwohl ausgesprochene Beendigungskündigungen, die nicht durch „andere Gründe" im Sinne von § 613a Abs. 4 S. 2 BGB gerechtfertigt werden können, unheilbar gegen § 613a Abs. 4 S. 1 BGB. Für das Eingreifen dieser Bestimmung ist es also **nicht erforderlich,** dass es auch **tatsächlich** zu einem Betriebsübergang kommt.[638] Lagen im Zeitpunkt des Kündigungsausspruchs die Voraussetzungen des § 613a Abs. 4 BGB vor, ist **bei späterem Scheitern des Betriebsübergangs** somit der erneute Ausspruch betriebsbedingter Kündigungen erforderlich, um

---

[635] BAG 3.9.1998 – 8 AZR 306/97, NZA 1999, 147.

[636] Zu den Einzelheiten siehe HWK/*Müller-Bonanni* BGB § 613a Rn. 308 (auch zu der streitigen Frage der zeitlichen Reichweite). Ausführlich zum Wiedereinstellungsanspruch bei „überraschendem" Betriebsübergang *Bonanni/Niklas* DB 2010, 1826; sowie *vom Stein* FS Willemsen, 2018, 575.

[637] BAG 19.5.1988 – 2 AZR 596/87, NZA 1989, 461; s. dazu auch BAG 29.9.2005 – 8 AZR 647/04, NZA 2006, 720, für eine Kündigung durch den Insolvenzverwalter.

[638] So ausdrücklich BAG 19.5.1988 – 2 AZR 596/87, NZA 1989, 461.

die Arbeitsverhältnisse gemäß § 1 KSchG nunmehr wegen Betriebsstilllegung wirksam zu beenden.[639]

Aus alledem folgt, dass § 613a Abs. 4 BGB einem **„echten" Outsourcing,** dh der 137
Verlagerung von Funktionen auf andere Unternehmen (Rechtsträger) **nicht entgegensteht,** weil betriebsbedingte Kündigungen aus diesem Anlass, sofern die sonstigen Voraussetzungen des § 1 KSchG erfüllt sind, wirksam ausgesprochen werden können, ohne dass es eines Rückgriffs auf § 613a Abs. 4 S. 2 BGB („aus anderen Gründen") bedarf; denn die reine Funktionsverlagerung erfüllt bereits nicht den Tatbestand des § 613a Abs. 1 BGB. „Kritisch" im Hinblick auf § 613a Abs. 4 S. 1 BGB kann es allerdings werden, wenn im Kündigungszeitpunkt mit dem (potentiellen) Auftragnehmer noch hinsichtlich der Übernahme von Betriebsräumen, Betriebseinrichtungen und – vor allem – Personal in einem Umfang verhandelt wird, dass im Rahmen der nach der EuGH-Rechtsprechung erforderlichen **Gesamtbewertung** (→ G Rn. 64) ernsthaft ein Betriebsübergang in Betracht kommt, falls diese Verhandlungen zu einem erfolgreichen Abschluss geführt werden sollten. Derartige **Übernahmegespräche** sollten daher „so oder so" **abgeschlossen** sein, bevor über die kündigungsrechtlichen Konsequenzen entschieden wird.

c) Ausgliederung, Übertragung und Verschmelzung von Betriebsteilen

Im Gegensatz zum „reinen" Outsourcing stellen die Ausgliederung und Übertragung 138
kompletter Betriebe oder Betriebsteile auf einen anderen Rechtsträger – gleich, ob innerhalb oder außerhalb des Umwandlungsgesetzes[640] – stets einen Anwendungsfall des § 613a BGB dar. Das Kündigungsverbot des § 613a Abs. 4 S. 1 BGB kann hier also ebenso Relevanz erlangen wie die bereits an anderer Stelle behandelte Problematik der Kündigung auf Erwerberkonzept (→ Rn. 107).

Wird allerdings ein Betriebsteil vom bisherigen Inhaber zunächst in eine rechtlich selbständige Gesellschaft (GmbH) ausgegliedert und veräußert er sodann in einem zweiten Schritt sämtliche Anteile an dieser GmbH an einen Dritten, findet § 613a BGB und damit auch sein vierter Absatz nur auf der ersten Stufe (rechtsgeschäftliche Übertragung von Betriebsmitteln und Personal auf die neugegründete GmbH) Anwendung. Eine analoge Anwendung des § 613a Abs. 4 BGB auf den anschließenden *Share Deal* kommt nicht in Betracht.[641]

Besondere Fragestellungen können sich bei der Betriebsteilausgliederung im Bereich der 139
Sozialauswahl nach § 1 Abs. 3 KSchG ergeben. Allerdings ist die Ermittlung derjenigen Arbeitnehmer, die von einer solchen Betriebsteilübertragung erfasst werden, zunächst keine Problematik der Sozialauswahl, sondern der richtigen Zuordnung von Arbeitsverhältnissen im Rahmen von § 613a BGB (→ G Rn. 127). Nach der Rechtsprechung des BAG werden Arbeitnehmer in so genannten Stabs- oder Querschnittsfunktionen grundsätzlich von einem Betriebsteilübergang nicht erfasst, auch wenn sie schwerpunktmäßig für den ausgegliederten Betriebsteil gearbeitet haben.[642] Muss ihnen betriebsbedingt gekündigt werden, weil nach der Ausgliederung des Betriebsteils in dem Restbetrieb für sie keine sinnvolle Beschäftigungsmöglichkeit mehr verbleibt, verstößt eine solche Kündigung nicht gegen § 613a Abs. 4 BGB.[643] Nur am Rande sei erwähnt, dass die Frage, ob Arbeitnemher in Stab- und Querschnittsfunktionen tatsächlich nicht auf den Erwerber gem. § 613a BGB übergehen, seit der *ISS Facility Services*-Entscheidung des EuGH vom 26.3.2020 fraglich ist.[644] Danach ist die Betriebsübergangsrichtlinie jedenfalls bei einem Betriebsübergang, an

[639] Vgl. BAG 19.5.1988 – 2 AZR 596/87, NZA 1989, 461; KR/*Treber* BGB § 613a Rn. 93.

[640] Zur Anwendung des § 613a BGB bei Spaltung und Ausgliederung im Sinne des UmwG vgl. → B Rn. 90.

[641] BAG 26.5.1983, DB 1983, 2690; aA *Hanau* FS Gaul, 1992, 287 (290).

[642] BAG 13.11.1997 – 8 AZR 375/96, NZA 1998, 249.

[643] Vgl. zu einem derartigen Fall BAG 13.11.1997 – 8 AZR 375/96, NZA 1998, 249 sowie → G Rn. 114.

[644] EuGH 26.3.2020 – C-344/18, NZA 2020, 503, m. Anm. *Arnold* FD-ArbR 2020, 429300; dazu *Löw/Stolzenberg* NZA 2020, 1279; *Boigs*, jurisPR-ArbR 34/2020 Anm. 1; s. auch *Bissels/Fuchs* NZI 2020, 727.

dem mehrere Erwerber beteiligt sind, dahin auszulegen, dass die Rechte und Pflichten aus einem Arbeitsvertrag auf jeden der Erwerber anteilig entsprechend der vom betreffenden Arbeitnehmer wahrgenommenen Aufgaben übergehen, sofern die daraus folgende Aufspaltung des Arbeitsvertrags möglich ist und weder eine Verschlechterung der Arbeitsbedingungen nach sich zieht noch die Wahrung der durch diese Richtlinie gewährleisteten Ansprüche berührt. Dieser Frage wird an anderer Stelle nachgegangen (→ G Rn. 71a, 136a).

140 Zum Teil schwierige kündigungsschutzrechtliche Probleme entstehen dann, wenn einzelne oder alle Arbeitnehmer des betroffenen Betriebsteils dem Übergang ihrer Arbeitsverhältnisse auf den neuen Arbeitgeber (Rechtsträger) **widersprechen** (zum Widerspruchsrecht gemäß § 613a Abs. 6 BGB → G Rn. 147 ff.). Ein solcher Widerspruch hat – jedenfalls zunächst – zur Folge, dass das Arbeitsverhältnis zu dem bisherigen Arbeitgeber und in dem bisherigen Betrieb bestehen bleibt. Hat dieser, wie in der Regel, für die widersprechenden Arbeitnehmer keine Verwendung mehr, weil die entsprechenden Arbeitsplätze bei ihm infolge der Ausgliederung entfallen sind, kann er den überzähligen Arbeitnehmern betriebsbedingt kündigen. Eine **Kündigung des Veräußerers** infolge eines solchen Widerspruchs stellt keine unzulässige Kündigung „wegen Betriebsübergangs" im Sinne von § 613a Abs. 4 S. 1 BGB dar (→ G Rn. 162).[645] Widersprechen mehrere Arbeitnehmer und muss lediglich einem Teil von ihnen daraufhin wegen Wegfalls des Arbeitsplatzes gekündigt werden, hat die Auswahl der zu Entlassenden nach den allgemeinen Grundsätzen der Sozialauswahl im Sinne von § 1 Abs. 3 KSchG zu erfolgen.[646]

141 Dagegen waren nach früherer Rechtsprechung in eine solche Sozialauswahl grundsätzlich **nicht** solche **Arbeitnehmer einzubeziehen,** die in **anderen,** von der Ausgliederung **nicht betroffenen Teilen des Betriebs arbeiten.** Diese, in der Literatur ohnehin umstrittene Auffassung kann nach der nunmehrigen Gesetzesfassung des § 1 Abs. 3 KSchG nicht mehr aufrechterhalten werden (dazu → G Rn. 164).[647]

der Sozialauswahl können sich auch aus der Sicht des erwerbenden Unternehmens stellen, insbesondere dann, wenn es den übernommenen Betriebsteil in einen bereits vorhandenen Betrieb einzugliedern bzw. mit einem solchen zu verschmelzen hat (wobei eine Betriebsverschmelzung Folge einer Verschmelzung auf Unternehmensebene sein kann, aber nicht sein muss). Häufig werden sich dabei **Synergieeffekte** mit entsprechenden **personellen Konsequenzen** ergeben. In einem solchen Fall sind sämtliche in dem neuen, einheitlichen Betrieb beschäftigten Arbeitnehmer in die Sozialauswahl einzubeziehen. Da das eingliedernde Unternehmen gemäß § 613a Abs. 1 BGB alle für die Sozialauswahl im Sinne von § 1 Abs. 3 KSchG relevanten Statusdaten (Alter, Betriebszugehörigkeit, Unterhaltspflichten, Schwerbehinderung) unverändert übernehmen und beachten muss, macht es solchenfalls für eine **Sozialauswahl** ***nach*** erfolgter Betriebseingliederung keinen Unterschied, ob die betreffenden Arbeitnehmer ursprünglich **beim Veräußerer oder beim Erwerber beschäftigt** waren.[648] Auch hier muss es bei dem Grundsatz verbleiben, dass für die Reichweite der Sozialauswahl die tatsächlichen betrieblichen Verhältnisse im Zeitpunkt des Kündigungsausspruchs maßgeblich sind; die „Fiktion" des Fortbestands der früheren Betriebsgemeinschaft in dem ausgliedernden Betrieb scheidet somit entgegen einer in der Literatur[649] vertretenen Auffassung unabhängig davon aus, ob die nunmehr in den Betrieb des Erwerbers integrierte Organisationseinheit beim Veräußerer die Qualität

645 Siehe dazu auch *Schiefer* FS Willemsen, 2018, 427, 437 f.

646 Zur Bedeutung des ausgeübten Widerspruchsrechts im Rahmen der Sozialauswahl BAG 18.3.1999 – 8 AZR 190/98, NZA 1999, 870; BAG 24.2.2000 – 8 AZR 167/99, NZA 2000, 764; BAG 22.3.2001 – 8 AZR 565/00, NZA 2002, 1349; *Lipinski* DB 2002, 1214; *Meyer* NJW 2002, 1618; diese Rspr. dürfte aber infolge der zwischenzeitlichen Neufassung des § 1 Abs. 3 KSchG überholt sein (→ G Rn. 164).

647 Vgl. *Schiefer* FS Willemsen, 2018, 427 f.

648 Ebenso Soergel/*Raab* BGB § 613a Rn. 191; Staudinger/*Annuß* BGB § 613a Rn. 401; Löwisch/Spinner/Wertheimer/*Löwisch* KSchG Vorb. zu § 1 Rn. 90; SPV Kündigung Rn. 1056; *Kreitner* S. 116; aA Erman/*Edenfeld* BGB § 613a Rn. 114.

649 Vgl. die Nachweise bei *Kreitner* 116 ff.

– nur – eines Betriebsteils oder eines eigenständigen Betriebs hatte (dazu bereits → Rn. 106).

Hierdurch können sich für die „Stammmannschaft" des eingliedernden Betriebs erhebliche Nachteile ergeben, wie das nachfolgende Beispiel zeigt:

Beispiel H 23 142

Die T-GmbH betreibt einen technischen Kundendienst für Heizungen sowie Klimageräte und -anlagen. Sie erwirbt und übernimmt von der Herstellerfirma H-AG, die sich von dem eigenen Kundendienst trennen will, den entsprechenden Betriebsteil mit 160 von insgesamt 480 in dem dortigen Betrieb beschäftigten Arbeitnehmern. Dieser Betriebsteil wird in den eigenen Betrieb der T-GmbH mit (bisher) 250 Beschäftigen in der Weise eingegliedert, dass nunmehr, nach Produkt- und Kundengruppen geordnet, nur noch ein einheitlicher Kundendienst existiert. Allerdings entstehen durch diese Zusammenlegung Doppelbesetzungen von Stellen mit gleichen Ausbildungsanforderungen, so dass insgesamt ein Personalüberhang von 15 Elektrikern und 8 Installateuren zu verzeichnen ist.

Aus dem oben Gesagten folgt, dass die T-GmbH die erforderliche Sozialauswahl nach § 1 Abs. 3 KSchG nunmehr, dh nach erfolgter Eingliederung des übernommenen Betriebsteils, unabhängig von der „Herkunft", unter allen vergleichbaren Arbeitnehmern des durch die Zusammenlegung entstandenen Betriebs durchzuführen hat. Dies mögen die Arbeitnehmer des Stammbetriebs der T-GmbH sowie der dortige Betriebsrat als ungerecht empfinden, ist aber durch den Schutzzweck des § 613a BGB zwingend gefordert.[650] Die Arbeitnehmer des bei der H-AG verbleibenden Restbetriebs werden dagegen von der nunmehr bei der T-GmbH durchzuführenden Sozialauswahl nicht mehr betroffen.

Will man diese für die Belegschaft des eingliedernden Unternehmens misslichen Konsequenzen vermeiden, müssen die **notwendigen Personalanpassungen** in dem auszugliedernden Betriebsteil bereits **vor** dessen Übertragung nach § 613a BGB vorgenommen werden; hierbei kann sich dann allerdings die bereits erörterte **Problematik der Kündigung nach Erwerberkonzept stellen** (→ Rn. 107), in deren Konsequenz für die Sozialauswahl, sofern es sich nicht um eine sog. selbsttragende Veräußererkündigung handelt, uU doch wieder die Verhältnisse in dem Erwerberbetrieb berücksichtigt werden müssen (→ Rn. 116).

d) Einschränkung oder Auflösung eines Gemeinschaftsbetriebs

Die von der Gestaltungspraxis entwickelte und vom Gesetzgeber inzwischen anerkannten Figur des kündigungs- und betriebsverfassungsrechtlichen **Gemeinschaftsbetriebs mehrerer rechtlich selbständiger Unternehmen** – im BetrVG normiert in § 1 Abs. 2[651] – wirft in Bezug auf die Durchführung von Personalabbaumaßnahmen spezifische, bislang in Rechtsprechung und Literatur noch nicht hinreichend geklärte Fragestellungen auf. Wichtig für deren Lösung ist zunächst die Feststellung, dass der „typische" Gemeinschaftsbetrieb in diesem Sinne zwar zu einer einheitlichen Zugehörigkeit sämtlicher Arbeitnehmer zu demselben Betrieb im Sinne des BetrVG und – hier vor allem größerer Relevanz – des Kündigungsschutzgesetzes führt, die Arbeitnehmer aber entsprechend ihrer firmenmäßigen Zuordnung über verschiedene **Vertragsarbeitgeber** verfügen. Die den Gemeinschaftsbetrieb bildende BGB-Gesellschaft wird also in der Regel nicht selbst Arbeitgeberin aller dort Beschäftigten im individualarbeitsrechtlichen Sinne.[652] 143

Bei Vorliegen eines Gemeinschaftsbetriebs zweier oder mehrerer rechtlich selbständiger Arbeitgeber treten diese dennoch als einheitliche Arbeitgeberleitungsmacht auf. Nach Rechtsprechung des BAG folgt daraus, dass eine **Sozialauswahl** anlässlich einer betriebsbeding-

[650] IE ebenso für den Fall der Eingliederung eines Betriebs*teils* *Kreitner* S. 119.
[651] Dazu → Rn. 147 sowie → D Rn. 17.
[652] Vgl. BAG 24.1.1996 – 7 ABR 10/95, NZA 1996, 1110.

ten Kündigung **unternehmensübergreifend** zu erfolgen hat.[653] Soweit man gegenteilig die Sozialauswahl – ggf. durch vertragliche Vereinbarungen – auf den einzelnen Arbeitgeber begrenzt, wäre das Vorliegen eines gemeinsamen Betriebes wohl zu verneinen.[654]

Daraus resultiert zunächst die Frage, wie eine erforderliche Sozialauswahl im Sinne von § 1 Abs. 3 KSchG (dazu auch → Rn. 147) rechtstechnisch zu bewerkstelligen ist, wenn doch eine solche Sozialauswahl nur zwischen vergleichbaren Arbeitnehmern in Betracht kommt und eine Vertragsänderung zum Zwecke der Herstellung der Vergleichbarkeit im Rahmen der Sozialauswahl von vornherein ausscheidet (→ Rn. 20). Sie ist dahingehend zu beantworten, dass ein **Arbeitnehmer,** zu dessen Gunsten zum Zwecke der Sozialauswahl ein anderer Arbeitsplatz innerhalb des Gemeinschaftsbetriebs **„freizukündigen"** ist, **nicht** etwa zu **einem anderen Vertragsarbeitgeber** wechselt, auch wenn der betreffende Arbeitsplatz im Rahmen des Gemeinschaftsbetriebs einem anderen Arbeitgeber zugeordnet ist. Der solchermaßen versetzte Arbeitnehmer verbleibt vielmehr in dem Arbeitsverhältnis mit seinem bisherigen Arbeitgeber; er wird gewissermaßen betriebsintern an den anderen Mitträger dieses Gemeinschaftsbetriebs verliehen.[655]

144 **Scheidet** andererseits ein bisheriges **Mitträgerunternehmen** aus dem Gemeinschaftsbetrieb **endgültig aus,** findet hinsichtlich der „zurückbleibenden" Arbeitnehmer dieses ausscheidenden Unternehmens dann ein Betriebsübergang auf die anderen Trägerunternehmen statt, wenn die verbleibenden Unternehmen gemeinsam (oder einzelne von ihnen) den **Betriebsteil übernehmen und fortführen,** wovon bei einer unveränderten Fortführung des Gesamtbetriebs zwingend auszugehen ist.[656] Soweit mit dem Ausscheiden des bisherigen Arbeitgebers aus dem Gemeinschaftsbetrieb Beschäftigungsmöglichkeiten für diese Arbeitnehmer entfallen, muss daher eine betriebsbedingte Kündigung – wiederum unter Berücksichtigung der Grundsätze der Sozialauswahl – erfolgen. Angesichts der hierdurch bedingten Schwierigkeiten sollte die interne Verantwortlichkeit im Falle der Einschränkung oder Auflösung des Gemeinschaftsbetriebs unter den beteiligten Unternehmen tunlichst bereits bei deren erstmaliger Bildung festgelegt werden.

Wird ein Gemeinschaftsbetrieb allerdings **vollständig aufgelöst,** entfällt mit der Auflösung die gemeinsame Klammer, die eine unternehmensübergreifende Sozialauswahl erforderlich macht. Eine *danach* durchzuführende Sozialauswahl erstreckt sich demzufolge nur auf den Betrieb bzw. Betriebsteil, der dem einzelnen Unternehmen nach der Auflösung verbleibt.[657] Entsprechendes gilt, wenn im Zeitpunkt der Kündigung auf Grund einer Unternehmerentscheidung, die bereits „greifbare Formen" angenommen hat, die **Auflösung des Gemeinschaftsbetriebs** durch Stilllegung bis zum **Ablauf der Kündigungsfrist feststeht.**[658] Dagegen bleibt der kündigende Arbeitgeber bei Stilllegung eines zum Gemeinschaftsbetriebs gehörenden Betriebsteils zu einer unternehmensübergreifenden Sozialauswahl verpflichtet, wenn die einheitliche Leitung und damit die „gemeinsame Klammer" durch die eine unternehmensübergreifende Sozialauswahl ermöglicht wird, erhalten bleibt.[659]

---

[653] Grundlegend BAG 13.6.1985 – 2 AZR 452/84, NZA 1986, 600; BAG 13.9.1995 – 2 AZR 954/94, NZA 1996, 307; stRspr, vgl. BAG 24.2.2005 – 2 AZR 214/02, NZA 2005, 867; BAG 15.2.2007 – 8 AZR 310/06, ZIP 2007, 1618; s. dazu auch SPV Kündigung Rn. 855.

[654] Vgl. auch ErfK/*Oetker* KSchG § 1 Rn. 322.

[655] In diesem Sinne wohl auch BAG 15.2.2007 – 8 AZR 310/06, ZIP 2007, 1618. Darin liegt kein Verstoß gegen das AÜG, weil der Arbeitnehmer innerhalb ein und desselben Betriebs tätig wird.

[656] BAG 26.8.1999 – 8 AZR 588/98, BeckRS 1999, 30780253, anders noch die Vorinstanz, vgl. LAG Düsseldorf 19.6.1998 – 11 (14) Sa 1838/97, BeckRS 1998, 41325.

[657] BAG 13.9.1995 – 2 AZR 954/94, NZA 1996, 307; für den Fall der Insolvenz BAG 17.1.2002 – 2 AZR 57/01, NZA 2002, 999; KR/*Rachor* KSchG § 1 Rn. 653.

[658] BAG 27.11.2003 – 2 AZR 48/03, NZA 2004, 477; BAG 24.2.2005 – 2 AZR 214/04, NZA 2005, 867.

[659] BAG 24.2.2005, – 2 AZR 214/04, NZA 2005, 867.

3. Informationspflicht des Arbeitgebers über bevorstehenden (eventuellen) Stellenabbau?

In der Umstrukturierungspraxis kommt es nicht selten vor, dass aus Gründen des Betriebsablaufs **Neueinstellungen** vorgenommen werden müssen, obwohl ein bevorstehender Stellenabbau bereits **absehbar** ist. Es liegt auf der Hand, dass solchermaßen neu eingestellte Arbeitnehmer im Hinblick auf die dann alsbald durchzuführende Sozialauswahl besonderen Risiken ausgesetzt sind. Hierauf muss aber zur **Vermeidung von Schadensersatzansprüchen** wegen Verletzung einer Aufklärungspflicht nach einem BAG-Urteil vom 14.7.2005[660] nur hingewiesen werden, wenn der Stellenabbau hinreichend bestimmt und in Einzelheiten bereits absehbar ist; seine bloße Möglichkeit reicht nicht aus. 144a

IV. Sonderregelungen zur kündigungsrechtlichen Stellung der Arbeitnehmer bei Umwandlungen (§§ 322, 323 Abs. 1 UmwG)[661]

Durch Umstrukturierungen werden die Interessen der Arbeitnehmer und ihrer Vertretungen in vielfacher Hinsicht berührt. Der Übergang des Arbeitsverhältnisses auf einen neuen Arbeitgeber kann neue Chancen und Entwicklungsmöglichkeiten eröffnen, ebenso jedoch mit Risiken verbunden sein, etwa dann, wenn die Liquidität des neuen Arbeitgebers zweifelhaft, dieser – im Unterschied zum bisherigen Arbeitgeber – nicht tarifgebunden ist, der Beschäftigungsbetrieb, dem das Arbeitsverhältnis nunmehr zugeordnet wird, nicht unter das Kündigungsschutzgesetz fällt (§ 23 Abs. 1 KSchG) oder wegen der geringeren Betriebsgröße bestimmte Mitbestimmungsrechte des Betriebsrates (§§ 95 Abs. 2, 99, 111, 112a BetrVG) nicht mehr greifen. Außerhalb des Umwandlungsrechts steht gegen diese direkten oder indirekten Nachteile nur ein lückenhafter Schutzmechanismus zur Verfügung. Durch einen Widerspruch des Arbeitnehmers gegen den Übergang seines Arbeitsverhältnisses auf den neuen Arbeitgeber[662] handelt sich der Widersprechende unter Umständen erhebliche Nachteile ein. So droht ihm insbesondere die Gefahr einer betriebsbedingten Kündigung durch den bisherigen Arbeitgeber. Gegen übertragende Umwandlungen (zum Begriff → B Rn. 69) können sich die betroffenen Arbeitnehmer und ihre Vertretungen somit in der Regel nicht erfolgreich zur Wehr setzen. Im Zuge des 1996 grundlegend neu gefassten Umwandlungsrechts hat der Gesetzgeber den Versuch unternommen, durch mehrere **arbeitsrechtliche Flankierungen** gewisse **Schutzmechanismen gegen umwandlungsbedingte Nachteile** zu etablieren (insbes. Schaffung eines Übergangsmandats des Betriebsrats gem. § 21a BetrVG;[663] Vermutungsregel für das Vorliegen eines Gemeinschaftsbetriebs gemäß § 1 Abs. 2 Nr. 2 BetrVG); Klarstellung der kündigungsrechtlichen Betriebsabgrenzung bei Vorliegen eines Gemeinschaftsbetriebes gem. § 322; Beibehaltung der kündigungsrechtlichen Stellung des Arbeitnehmers gem. § 323 Abs. 1 UmwG sowie Mitbestimmungsbeibehaltung gem. § 325 UmwG).[664] Die die Zuordnung von Arbeitnehmern betreffende Regelung des § 323 Abs. 2 UmwG ist im Zusammenhang mit § 613a BGB zu betrachten (→ G Rn. 138). 145

Soweit die **individuelle Rechtsposition** des einzelnen Arbeitnehmers in Rede steht, enthalten § 322 sowie § 323 Abs. 1 UmwG Regelungen, die die **kündigungsrechtliche Stellung** der Arbeitnehmer bei denjenigen Umwandlungsarten absichern sollen, die aus Arbeitnehmersicht mit spezifischen Gefahren verbunden sind, nämlich bei der **Spaltung** 146

[660] BAG 24.7.2005 – 8 AZR 300/04, NZA 2005, 1298.
[661] Ausführlich zu den arbeitsrechtlichen Folgen von Umwandlungen Kallmeyer/*Willemsen* UmwG Vor § 322 Rn. 1 ff.
[662] Vgl. zum Widerspruchsrecht beim Betriebsübergang ausführlich → G Rn. 147 ff.
[663] Hierzu ausführlich → D Rn. 51 ff.
[664] Hierzu nachfolgend → Rn. 147 ff.

(§§ 123ff. UmwG) und der in der Praxis eher seltenen **Teilübertragung** (§§ 175, 174 Abs. 2 UmwG). Die genannten Vorschriften (§§ 322 und 323 Abs. 1 UmwG) sind im Zusammenhang zu sehen, da sich ihr Anwendungs- und Schutzbereich ergänzt.

1. § 322 UmwG (Kündigungsschutz im Gemeinschaftsbetrieb)

147 § 322 UmwG bezieht sich auf die Situation, dass die an einer **Spaltung**[665] beteiligten Rechtsträger einen Betrieb **gemeinsam führen** (Gemeinschaftsbetrieb).[666]

Beispiel H 24:

Ein Bankhaus, das neben dem „traditionellen" Bankgeschäft seinen Investmentbankbereich ausweiten und hierfür strategische Partner gewinnen will, entschließt sich, den Bereich Investmentbanking auf eine neu gegründete Investmentbank-Gesellschaft abzuspalten (§ 123 Abs. 2 Nr. 2 UmwG). Zunächst sollen jedoch sämtliche Bereiche weiterhin organisatorisch einheitlich im Sinne eines Gemeinschaftsbetriebs fortgeführt werden.

Für diesen Fall regelt § 322 UmwG, dass der Gemeinschaftsbetrieb als **„Betrieb im Sinne des Kündigungsschutzrechts"** gilt. Indessen war bereits lange Zeit vor Inkrafttreten des Umwandlungsgesetzes vertreten worden, dass auch mehrere Arbeitgeber einen kündigungsrechtlich einheitlichen Betrieb führen können, soweit die Voraussetzungen vorliegen, die Rechtsprechung und Literatur für den Gemeinschaftsbetrieb entwickelt haben.[667] In der Begründung des Regierungsentwurfs wurde deshalb konsequenterweise lediglich von einer **Klarstellungs- und Hinweisfunktion** der Norm gesprochen.[668]

Nicht sämtliche kündigungsrechtlichen Fragestellungen, die der Gemeinschaftsbetrieb aufwirft, sind indessen allein dadurch geklärt, dass jener als kündigungsschutzrechtliche Einheit angesehen wird. Immerhin besteht hinsichtlich folgender Gesichtspunkte Klarheit:

148 Für die Anwendbarkeit des Kündigungsschutzgesetzes im Sinne des Erreichens des sog. **Schwellenwertes** in § 23 Abs. 1 KSchG kommt es auf die **Zahl sämtlicher Arbeitnehmer des Gemeinschaftsbetriebes** an und nicht etwa darauf, in welcher Zahl den einzelnen am Gemeinschaftsbetrieb beteiligten Arbeitgebern Mitarbeiter zugeordnet sind. Im **Beispiel H 24** könnten sich demnach die Mitarbeiter der Investmentbank nach wie vor auf das Kündigungsschutzgesetz berufen, auch wenn bei diesem neuen Arbeitgeber (was nicht gerade realistisch wäre), nur fünf (bzw. zehn, vgl. § 23 Abs. 1 S. 2 und 3 KSchG) oder weniger Arbeitnehmer beschäftigt würden.[669]

Die **Sozialauswahl** gem. § 1 Abs. 3 KSchG, die stets (nur) **betriebsbezogen** durchzuführen ist,[670] bezieht sich auf den **gesamten Gemeinschaftsbetrieb,** und zwar gerade auch dann, wenn eine Vergleichbarkeit mit einem Mitarbeiter besteht, der von einem anderen Arbeitgeber des Gemeinschaftsbetriebes beschäftigt wird (dazu auch → Rn. 143).[671] Eine im **Beispiel H 24** von einer betriebsbedingten Kündigung betroffene Sekretärin im Investmentbankbereich könnte sich demnach durchaus, soweit die Vergleichbarkeit im

---

[665] Im Weiteren wird der Fall der Teilübertragung wegen seiner erheblich eingeschränkten Praxisrelevanz nicht stets gesondert erwähnt.

[666] S. zum Gemeinschaftsbetrieb mehrerer Unternehmen ausführlich unter → D Rn. 16ff.

[667] BAG 13.6.1985 – 2 AZR 452/84, NZA 1986, 600; BAG 18.1.1990 – 2 AZR 355/89, NZA 1990, 977; BAG 5.5.1994 – 2 AZR 917/93, NZA 1994, 1023; Lutter/*Sagan* UmwG § 322 Rn. 3.

[668] BT-Drs. 12/6699, 174.

[669] Lutter/*Sagan* UmwG § 322 Rn. 14; Kallmeyer/*Willemsen* UmwG § 322 Rn. 13; vgl. auch BAG 12.11.1998 – 2 AZR 459/97, NZA 1999, 590; zu dem „gespaltenen" Schwellenwert des § 23 Abs. 1 S. 2 und 3 KSchG → Rn. 50.

[670] Vgl. nur Linck/Krause/Bayreuther/*Krause* KSchG § 1 Rn. 863ff. sowie → Rn. 32.

[671] BAG 5.5.1994 – 2 AZR 917/93, NZA 1994, 1023; Leitsatz 2 dieser Entscheidung ist missverständlich, soweit dort von einer „betriebsübergreifenden" Sozialauswahl die Rede ist; gemeint ist eine den gesamten Gemeinschaftsbetrieb umfassende – und insofern unternehmensübergreifende – Sozialauswahl; vgl. aus dem umwandlungsrechtlichen Schrifttum *Bauer/Lingemann* NZA 1994, 1057 (1060); *Boecken* Rn. 297; Kallmeyer/*Willemsen* UmwG § 322 Rn. 10; Lutter/*Sagan* UmwG § 322 Rn. 14.

Sinne von § 1 Abs. 3 KSchG im Übrigen gegeben ist, darauf berufen, in der Abteilung Ausland, die der Geschäftsbank und damit nicht ihrem Arbeitgeber zugeordnet ist, werde eine Sekretärin weiterbeschäftigt, die sozial weniger schutzbedürftig sei. Desgleichen könnte sie im Kündigungsschutzprozess mit Erfolg vortragen, in jener Abteilung stünden anderweitige Beschäftigungsmöglichkeiten (freie Arbeitsplätze) im Sinne von § 1 Abs. 2 S. 2 Nr. 1b) KSchG zur Verfügung. Auch insoweit kommt es nicht darauf an, ob sich der freie Arbeitsplatz im Bereich ihres eigenen Arbeitgebers oder dem eines anderen Trägerunternehmens befindet.[672] Das Prinzip der unternehmensübergreifenden Sozialauswahl im Gemeinschaftsbetrieb gilt **bis zu dessen Auflösung** (→ Rn. 144).

Nicht gänzlich geklärt ist indessen die Frage, wie im Gemeinschaftsbetrieb mit dem un- 149
ternehmensbezogenen Weiterbeschäftigungsanspruch gemäß § 1 Abs. 2 S. 2 Nr. 1b) KSchG zu verfahren ist. Nach dieser Vorschrift ist eine Kündigung sozial ungerechtfertigt, wenn der Arbeitnehmer auf einem anderen Arbeitsplatz in demselben Betrieb oder in **einem anderen Betrieb des Unternehmens** weiterbeschäftigt werden kann. § 322 UmwG enthält für diese Fälle keine Vorgabe, da diese Vorschrift lediglich die **betriebliche Ebene** regelt, indem sie den Gemeinschaftsbetrieb als kündigungsschutzrechtlich einheitlichen Betrieb behandelt. Über Weiterbeschäftigungsmöglichkeiten in anderen Betrieben, also außerhalb des Gemeinschaftsbetriebes, sagt die Vorschrift nichts aus. Mit Sicherheit kann sich der betriebsbedingt gekündigte Arbeitnehmer auf **Weiterbeschäftigungsmöglichkeiten in anderen Betrieben** desjenigen Unternehmens berufen, mit dem ihn ein **Arbeitsverhältnis** verbindet.[673] Unterhielte demnach die Geschäftsbank im **Beispiel H 24** weitere Betriebsstätten außerhalb des Gemeinschaftsbetriebes, konnten sich die Arbeitnehmer der Geschäftsbank auch auf freie Arbeitsplätze in jenen anderen Betrieben berufen (§ 1 Abs. 2 S. 2 Nr. 1b) KSchG). Anderes gilt jedoch für freie Arbeitsplätze, die in anderen Betrieben eines Trägerunternehmens bestehen, soweit den Arbeitnehmer mit diesem Trägerunternehmen **kein Arbeitsverhältnis** verbindet. Ein von einer betriebsbedingten Kündigung betroffener Arbeitnehmer der Investmentbank (Beispiel H 24) könnte sich demnach nicht auf freie Arbeitsplätze in einem Betrieb der Geschäftsbank (außerhalb des Gemeinschaftsbetriebs) berufen. Die von § 1 Abs. 2 S. 2 Nr. 1b) KSchG erfassten Weiterbeschäftigungsmöglichkeiten erstrecken sich lediglich auf **Betriebe des Vertragsarbeitgebers,** also auf dessen **Unternehmen.** Für eine Ausweitung dieser Vorschrift auf andere Arbeitgeber, die am Gemeinschaftsbetrieb beteiligt sind, fehlt es an jeglicher gesetzlicher Grundlage. Der durch § 322 UmwG bestätigte **unternehmensübergreifende Kündigungsschutz** beschränkt sich somit nur auf den Bereich des **Gemeinschaftsbetriebes;** außerhalb dessen Grenzen bleibt es bei den allgemeinen Regeln des Kündigungsrechts.[674] Danach aber endet der Anspruch, auf zumutbaren freien Arbeitsplätzen weiterbeschäftigt zu werden, an den Grenzen des Unternehmens (zu der Ausnahme der konzernweiten Versetzungspflicht vgl. → Rn. 38).

2. Der Schutz der „kündigungsrechtlichen Stellung" (§ 323 Abs. 1 UmwG)

Während § 322 UmwG an kündigungsrechtliche Strukturen anknüpft, die bereits vor der 150
Novellierung des Umwandlungsrechts grundsätzlich anerkannt waren, wurde mit § 323 Abs. 1 UmwG eine echte Neuregelung geschaffen. Dabei ist zunächst unklar, was unter der **„kündigungsrechtlichen Stellung"** eines Arbeitnehmers zu verstehen ist. Auch die

---

672 *Bauer/Lingemann* NZA 1994, 1057 (1060); Kallmeyer/*Willemsen* UmwG § 322 Rn. 10; *Boecken* Rn. 294; Lutter/*Sagan* UmwG § 322 Rn. 14.

673 *Boecken* Rn. 295; *Däubler* FS Zeuner, 1994, 36.

674 Wie hier mit eingehender Begründung *Boecken* Rn. 296; Kallmeyer/*Willemsen* § 322 Rn. 10; Linck/Krause/Bayreuther/*Krause* KSchG § 1 Rn. 743, 871; KR/*Spilger* UmwG §§ 322–324 Rn. 41; offen gelassen von *Zöllner* FS Semler, 1993, 999; skeptisch hins. einer Ausweitung des Kündigungsschutzes auf Weiterbeschäftigungsmöglichkeiten außerhalb des Gemeinschaftsbetriebes *Däubler* FS Zeuner, 1994, 36.

in § 323 Abs. 1 UmwG angeordnete Rechtsfolge war bis zur Einführung der Regelung unbekannt. Im Ergebnis **neutralisiert** sie die kündigungsrechtlichen Folgen einer Spaltung bzw. Teilübertragung (bzw. der mit einer solchen Umwandlung einhergehenden Umstrukturierung) für einen Zeitraum von **zwei Jahren.**[675]

Die erheblichen **Auslegungsschwierigkeiten,** die in § 323 Abs. 1 UmwG angelegt sind, sollen an folgendem Fall erläutert werden:

Beispiel H 25:

In Abwandlung des vorstehenden **Beispiels H 24** wird der Investmentbank-Bereich der Geschäftsbank nicht nur mittels Spaltung rechtlich verselbständigt (bei Aufrechterhaltung eines Gemeinschaftsbetriebs), sondern nunmehr unter eine eigenständige Leitung in personellen und sozialen Angelegenheiten gestellt und räumlich/organisatorisch eigenständig geführt. Die Spaltung des Unternehmens geht mithin mit einer Spaltung des bisherigen Betriebes einher.

a) Fortgeltung kündigungsschutzrechtlicher Positionen

151 § 323 Abs. 1 UmwG ist in erster Linie für die Frage bedeutsam, ob das Kündigungsschutzgesetz insgesamt – befristet – auf diejenigen Arbeitsverhältnisse Anwendung findet, die dem im Rahmen der Umwandlung organisatorisch verselbständigten Betriebsteil zugeordnet sind.

Einigkeit besteht immerhin so weit: Würden in der Investmentbank fünf oder weniger (bzw., soweit § 23 Abs. 1 S. 3 KSchG einschlägig ist, zehn oder weniger) Mitarbeiter beschäftigt, fielen die dort beschäftigten Mitarbeiter angesichts des in § 23 Abs. 1 S. 2 KSchG vorgesehenen **Schwellenwertes** nicht mehr in den Schutzbereich des Kündigungsschutzgesetzes; genau dies indessen soll § 323 Abs. 1 UmwG verhindern. Wurde demnach ein Mitarbeiter vor Wirksamwerden der Spaltung durch das Kündigungsschutzgesetz erfasst (insbesondere muss der Arbeitnehmer zum Zeitpunkt der Wirksamkeit der Umwandlung die **„Wartezeit"** gem. § 1 Abs. 1 KSchG absolviert haben),[676] ist die **Anwendbarkeit** des Gesetzes auf das entsprechende Arbeitsverhältnis für weitere **zwei Jahre** angeordnet, selbst wenn im neuen Beschäftigungsbetrieb der Schwellenwert gem. § 23 Abs. 1 S. 2 bzw. 3 KSchG **nicht erreicht wird.**[677] Der **Fristbeginn** (Wirksamwerden der Spaltung bzw. Teilübertragung) liegt in der Eintragung der Umwandlung im Handelsregister des Sitzes des übertragenden Rechtsträgers (§§ 130, 131, 176 Abs. 3, 177 Abs. 2 UmwG).[678]

152 Mitunter wird auch vertreten, die §§ 17 ff. KSchG **(Anzeigepflicht bei Massenentlassungen)** fielen ebenfalls unter § 323 Abs. 1 UmwG mit der Folge, dass bei Anwendung der dort vorgesehenen Schwellenwerte die im Ursprungsbetrieb gegebenen Arbeitnehmerzahlen als weiter bestehend fingiert werden sollen.[679]

Ein rechter Sinn läge darin indessen nicht, da § 17 Abs. 1 KSchG einen doppelten zahlenmäßigen Ansatz wählt. Es kommt für die Anwendung der Norm eben nicht nur darauf an, wie viele Mitarbeiter insgesamt im Betrieb beschäftigt sind, sondern auch darauf, in welcher Zahl Mitarbeiter von einem geplanten Personalabbau betroffen werden und welchen Anteil die Betroffenen im Vergleich zur gesamten Belegschaft ausmachen. Erhöhte sich nun die Zahl der im Betrieb beschäftigten Mitarbeiter aufgrund einer angeblich durch § 323 Abs. 1 UmwG angeordneten Fiktion, würde das Vorliegen einer Anzeigepflicht das

[675] § 323 Abs. 1 UmwG gilt nur für solche Arbeitsverhältnisse, die bei Wirksamwerden der Spaltung oder Teilübertragung bereits begründet waren; vgl. Kallmeyer/*Willemsen* UmwG § 323 Rn. 10a mwN.

[676] *Boecken* Rn. 275; aA Ascheid/Preis/Schmidt/*Steffan* UmwG § 323 Rn. 12, der für die Berechnung der Beschäftigungsdauer die Beschäftigung bei dem übertragenden Rechtsträger mitzählt.

[677] *Bauer/Lingemann* NZA 1994, 1057 (1060); *Däubler* RdA 1995, 136 (143); KölnKommUmwG/*Hohenstatt/Schramm* § 323 Rn. 13; *Kreßel* BB 1995, 925 (928;) Lutter/*Sagan* UmwG § 323 Rn. 10; Kallmeyer/*Willemsen* UmwG § 323 Rn. 11.

[678] Lutter/*Sagan* UmwG § 323 Rn. 14.

[679] *Mengel* S. 266; *Boecken* Rn. 275; DKW/*Buschmann* BetrVG § 21a Rn. 56.

Erreichen einer höheren Zahl zu entlassender Arbeitnehmer voraussetzen. Wäre also demnach die nahezu zeitgleiche Entlassung von sieben Mitarbeitern geplant, bestünde in einem Betrieb mit 25 Arbeitnehmern bereits eine Anzeigepflicht. Würde die Mitarbeiterzahl im Betrieb indessen fiktiv mit der Arbeitnehmerzahl des Ursprungsbetriebes angenommen (also etwa 150 Arbeitnehmer), entfiele eine Anzeigepflicht.[680]

Für die kündigungsrechtliche Stellung unzweifelhaft ist hingegen der besondere Schutz 153 gem. **§ 15 KSchG** für **Mitglieder des Betriebsrates** und die anderen in dieser Vorschrift genannten **Amtsträger.** Bleibt die Amtsstellung von der durchgeführten Spaltung oder Teilübertragung unberührt, weil der bisherige Betrieb unter Wahrung seiner Identität fortbesteht, ergibt sich der besondere Kündigungsschutz für diejenigen Amtsträger, die auch nach der Umwandlung diesem Betrieb angehören, nach wie vor unmittelbar aus § 15 KSchG. § 323 Abs. 1 UmwG wird nur für diejenigen Amtsträger relevant, die aufgrund der Spaltung oder Teilübertragung einem anderen Betrieb zugeordnet werden und hierdurch ihre **Amtsstellung verlieren.**[681] § 323 Abs. 1 UmwG führt in diesem Fall **nicht** etwa dazu, dass jene ihre **Amtsstellung beibehalten.**[682] Allerdings **verlängert** sich der ansonsten nur für ein Jahr währende **nachwirkende Sonderkündigungsschutz** (§ 15 Abs. 1 S. 2 KSchG) durch § 323 Abs. 1 UmwG auf einen Zeitraum von **zwei Jahren.**[683] Das Erfordernis der Zustimmung des Betriebsrates gem. § 15 Abs. 1 S. 1 KSchG iVm **§ 103 BetrVG entfällt** indessen, da der Amtsträger in der hier allein maßgeblichen Konstellation diesem Betriebsrat nicht mehr angehört und demnach dessen Zuständigkeit nicht mehr gegeben ist,[684] es sei denn, dass der ursprüngliche Betriebsrat noch das auf höchstens sechs Monate befristete **Übergangsmandat**[685] gem. § 21a BetrVG ausübt. Nur in diesem Fall gehört das Betriebsratsmitglied dem Betriebsrat noch an und erfordert die außerordentliche Kündigung seines Arbeitsverhältnisses die vorherige Zustimmung gem. § 103 BetrVG.

Ob § 323 Abs. 1 UmwG über die zeitweise Anwendbarkeit der Vorschriften des Kündi- 154 gungsschutzgesetzes hinaus ein weiterer kündigungsschutzrechtlicher Anwendungsbereich zukommt, ist streitig. Da § 323 Abs. 1 UmwG ein Verschlechterungsverbot hinsichtlich der rechtlichen Stellung regelt, würden die Grenzen der Auslegung überschritten, wollte man jede **indirekte kündigungsrechtliche Besserstellung,** die sich im Ursprungsbetrieb ergeben hätte, über § 323 Abs. 1 UmwG für zwei Jahre festschreiben. Bloß **indirekte** bzw. **reflexartige Vorteile,** die sich allein aus der **tatsächlichen** Situation im Ursprungsbetrieb ergeben haben, betreffen **nicht** die **rechtliche Stellung des Arbeitnehmers** und werden demnach auch nicht von dem Verschlechterungsverbot des § 323 Abs. 1 UmwG erfasst.[686] Dieser, bereits in den Vorauflagen vertretenen Auffassung hat sich der 6. Senat des Bundesarbeitsgerichts angeschlossen.[687] Es ist daher **unzutreffend,** im Rahmen der gem. § 1 Abs. 3 KSchG gebotenen **Sozialauswahl** auf die Ausgangslage **im ursprünglichen Betrieb abzustellen** und die Kündigung eines Arbeitnehmers nur dann zuzulassen, wenn dieser sich im Vergleich zu den nicht mehr in demselben Betrieb beschäftigten Arbeitnehmer des Ursprungsbetriebes als sozial weniger schutzbedürftig dar-

680 Ähnliche Überlegungen bei *Trümner* AiB 1995, 309 (313); *Picot/Schnitker* Teil I Rn. 408 mwN.

681 Vgl. zum Schicksal des Betriebsratsamtes bei der Umstrukturierung von Unternehmen ausführlich unter → D 74 ff.

682 Kallmeyer/*Willemsen* UmwG § 323 Rn. 12.

683 aA Lutter/*Sagan* UmwG § 323 Rn. 13 mwN in Fn. 50; vgl. auch Kittner/Däubler/*Zwanziger* KSchR UmwG § 323 Rn. 11; Ascheid/Preis/Schmidt/*Steffan* UmwG § 323 Rn. 13; KR/*Spilger* UmwG §§ 322–324 Rn. 46; Kallmeyer/*Willemsen* UmwG § 323 Rn. 13; offen gelassen BAG 18.10.2000 – 2 AZR 494/99, EzA § 15 KSchG nF Nr. 51 [B I 4b].

684 Kallmeyer/*Willemsen* UmwG § 323 Rn. 13; aA Kittner/Däubler/*Zwanziger* KSchR UmwG § 323 Rn. 12, der § 103 BetrVG als eine Bestimmung des Kündigungsschutzes ansieht, weil er den materiellen Kündigungsschutz verfahrensmäßig absichere.

685 Vgl. zum Übergangsmandat gem. § 21a BetrVG ausführlich unter → D Rn. 74.

686 Lutter/*Sagan* UmwG § 323 Rn. 4 ff.; Kallmeyer/*Willemsen* UmwG § 323 Rn. 2 ff.

687 BAG 22.9.2005 – 6 AZR 526/04, NZA 2006, 658.

stellt.[688] Gleiches gilt für die Frage, ob die Kündigung durch eine **Weiterbeschäftigung** auf einem anderen zumutbaren freien Arbeitsplatz vermieden werden kann. In beiden Fällen nämlich hat es der Arbeitgeber infolge der Spaltung oder Teilübertragung nicht mehr in der Hand, statt des für eine Kündigung vorgesehenen Mitarbeiters im Sinne der **Sozialauswahl** dem im anderen Betrieb und bei einem anderen Unternehmen beschäftigten Arbeitnehmer zu kündigen bzw. dem Arbeitnehmer den zur Weiterbeschäftigung geeigneten Arbeitsplatz anzubieten.[689] Dem Arbeitgeber würden bei einer Konservierung des gesamten Kündigungsumfeldes, wie es zum Zeitpunkt der Umwandlung bestand, einschneidende Kündigungsbeschränkungen auferlegt, ohne dass diese mit entsprechenden Handlungsmöglichkeiten (Kündigung eines anderen Arbeitsverhältnisses, Weiterbeschäftigung auf einem freien Arbeitsplatz) korrespondierten. Den an der Umwandlung beteiligten Rechtsträgern bliebe keine andere Möglichkeit, als den Ursprungsbetrieb für die Dauer von zwei Jahren als Gemeinschaftsbetrieb im Sinne des Kündigungsschutzgesetzes fortzuführen.[690] Eine derartig weitgreifende Auslegung des § 323 Abs. 1 UmwG lässt sich aber weder mit der verfassungsrechtlich geschützten **Betätigungsfreiheit** der Beteiligten noch mit der systematischen Stellung dieser Bestimmung im Gesetzesaufbau der §§ 321–325 UmwG in Einklang bringen.[691] Denn ein Betrieb gilt gem. § 322 UmwG nach einer Spaltung nur für den Fall als einheitlicher Betrieb im Sinne des Kündigungsschutzgesetzes, wenn ihn die beteiligten Rechtsträger nach der Spaltung weiterhin gemeinsam führen. Ob in einem Betrieb weniger schutzbedürftige Arbeitnehmer beschäftigt werden oder ein freier Arbeitsplatz zur Weiterbeschäftigung zur Verfügung steht, ist allein eine die Tatsachenebene betreffende Frage, die nur anhand der konkreten Gegebenheiten im betreffenden Betrieb bzw. Unternehmen beantwortet werden kann. Diese Tatsachen begründen keine rechtliche Stellung iSv § 323 Abs. 1 UmwG.

b) Relevanz des § 323 Abs. 1 UmwG außerhalb des Kündigungsschutzrechts

155 § 323 Abs. 1 UmwG schützt die kündigungsrechtliche Stellung der von einer Spaltung oder Teilübertragung betroffenen Arbeitnehmer. Sicherlich wird man den Begriff „kündigungsrechtlich" nicht ohne weiteres mit der kündigungs*schutz*rechtlichen Stellung des Arbeitnehmers gleichsetzen können;[692] der Gesetzgeber hat (siehe § 322 UmwG) durchaus zwischen diesen Begriffen unterschieden. Der Anwendungsbereich des § 323 Abs. 1 UmwG muss sich vom Wortlaut der Vorschrift her demnach nicht auf die Frage der Anwendbarkeit des Kündigungsschutzgesetzes beschränken,[693] auch wenn die **Gesetzesbegründung** als Anwendungsfall des § 323 Abs. 1 UmwG lediglich den **Schwellenwert** gem. § 23 Abs. 1 S. 2 KSchG erwähnt.[694]

156 So wird denn auch weithin vertreten, dass § 323 Abs. 1 UmwG die für mindestens zwei Jahre fortdauernde Anwendung von Kündigungsbeschränkungen bewirkt, die sich aus **Betriebsvereinbarungen** oder **Tarifverträgen** ergeben.[695] Sah demnach der beim bisherigen Arbeitgeber anwendbare Tarifvertrag eine **„ordentliche Unkündbarkeit"** beginnend mit einer Betriebszugehörigkeit von 15 Jahren und einem Mindestalter von 55 Jahren vor, soll der daraus resultierende Schutz den betreffenden Arbeitnehmern auch dann zukommen, wenn der entsprechende Tarifvertrag beim neuen Arbeitgeber nicht mehr un-

[688] So aber *Bachner* NJW 1995, 2881 (2884); *Däubler* RdA 1995, 136 (143); *Mengel* S. 267; *Boecken* Rn. 275; *Düwell* NZA 1996, 393 (397); Kittner/Däubler/*Zwanziger* KSchR UmwG § 323 Rn. 4; KR/*Spilger* §§ 322–324 Rn. 61; wie hier *Picot/Schnitker* Teil I Rn. 414 ff.

[689] Lutter/*Sagan* UmwG § 323 Rn. 13, Kallmeyer/*Willemsen* UmwG § 323 Rn. 10.

[690] Vgl. Kallmeyer/*Willemsen* UmwG § 323 Rn. 7; Ascheid/Preis/Schmidt/*Steffan* UmwG § 323 Rn. 7.

[691] Kallmeyer/*Willemsen* UmwG § 323 Rn. 6; aA *Däubler* RdA 1995, 136 (143), der angesichts der Begrenzung auf zwei Jahre von einer nicht unzumutbaren Belastung spricht.

[692] So – rein rechtspolitisch durchaus verständlich – *Bauer/Lingemann* NZA 1994, 1057 (1060).

[693] *Wlotzke* DB 1995, 40 (44); *Trümner* AiB 1995, 309 (311); Lutter/*Sagan* UmwG § 323 Rn. 7; Kallmeyer/*Willemsen* UmwG § 323 Rn. 11.

[694] Begründung des Regierungsentwurfs in BT-Drs. 12/6699, 175.

[695] *Wlotzke* DB 1995, 40 (44); *Bachner* NJW 1995, 2881 (2884); *Düwell* NZA 1996, 393 (397); *Boecken* Rn. 276.

mittelbar gilt. Gleiches soll für tarifvertragliche **Kündigungsfristen** gelten, soweit diese günstiger sind als die gesetzlichen oder die im Einzelarbeitsvertrag geregelten.[696] Die mindestens zweijährige Fortgeltung von in kollektivrechtlichen Vereinbarungen verbürgten kündigungsrechtlichen „Ansprüchen" durch § 323 Abs. 1 UmwG steht indessen in **Konkurrenz** zu der in § 613a Abs. 1 S. 2 BGB geregelten Fortgeltung bisher kollektivrechtlich geregelter Ansprüche. § 613a Abs. 1 S. 2 BGB sieht eine **„Veränderungssperre"** lediglich für die Dauer eines Jahres vor.[697] Wie diese Konkurrenz aufzulösen ist, ist streitig. Die wohl hM sieht § 323 Abs. 1 UmwG insoweit als **Spezialvorschrift** zu § 324 UmwG an, über den die Anwendbarkeit von § 613a BGB auf Umwandlungsfälle klargestellt wird.[698] Andere Autoren hingegen sehen das Schicksal kollektivrechtlicher Vereinbarungen und der sich daraus ergebenden Ansprüche als durch § 324 UmwG iVm § 613a Abs. 1 S. 2 BGB abschließend geregelt an, so dass sich § 323 Abs. 1 UmwG nicht auf die kündigungsrechtliche Stellung beziehe, die sich aus Kollektivvereinbarungen herleitet.[699] Letzterer Auffassung ist der Vorzug zu geben. In der Gesetzesbegründung zu § 323 UmwG fehlt jeder Hinweis auf kollektivrechtlich begründete Rechtspositionen. Hingegen wird das Schicksal kollektivrechtlicher Vereinbarungen nach allgemeinem Verständnis in § 613a BGB (dort Abs. 1 Sätze 2 und 3) geregelt, so dass vieles dafür spricht, § 613a Abs. 1 S. 2 BGB als die speziellere Vorschrift anzusehen. Relevanz hat dieser Meinungsstreit nicht nur im Hinblick auf die **Dauer** der vom Gesetzgeber vorgesehenen **Schutzfrist.** Im Gegensatz zu § 323 Abs. 1 UmwG kann § 613a Abs. 1 S. 2 BGB „ausgehebelt" werden, soweit beim neuen Arbeitgeber eine andere Betriebsvereinbarung oder ein anderer Tarifvertrag zur selben Thematik zur Anwendung kommt.

Ausgehend vom Schutzzweck des § 323 Abs. 1 UmwG ist die in der Literatur mitunter vertretene Auffassung[700] abzulehnen, dass auch **betriebsverfassungsrechtliche Regelungen,** die **indirekt** mit der Kündigung von Arbeitverhältnissen zusammenhängen, gem. § 323 Abs. 1 UmwG unabhängig von der nunmehr gegebenen Betriebsgröße oder gar des Bestehens eines Betriebsrates im „ausgegliederten" Betriebsteil fortgelten müssten. Ist der „ausgegliederte" Betriebsteil **nicht betriebsratsfähig,** käme eine Ausübung der sich aus §§ 95, 99, 102 und 111 ff. BetrVG ergebenden Mitbestimmungsrechte nur durch den bisher zuständigen Betriebsrat des Ursprungsbetriebes in Betracht. Es würde einen schwerwiegenden Wertungswiderspruch zu § 21a BetrVG darstellen, wollte man eine Zuständigkeit des Betriebsrates im Ursprungsbetrieb zur Ausübung der genannten Beteiligungsrechte in Bezug auf einen nicht betriebsratsfähigen, organisatorisch verselbständigten Betriebsteil anerkennen, obwohl in dieser Konstellation selbst das auf höchstens sechs bzw. zwölf Monate angelegte Übergangsmandat des Betriebsrates entfällt („soweit sie die Voraussetzungen des § 1 Abs. 1 Satz 1 erfüllen").[701] Indessen kommt auch eine Anwendung der sich aus §§ 95 Abs. 2, 99, 102, 111 ff. BetrVG ergebenden Mitbestimmungsrechte dann nicht in Betracht, wenn im nunmehr maßgeblichen Betrieb die **hierfür erforderliche Zahl von Arbeitnehmern nicht erreicht** wird. Zum einen ergibt sich dies schon daraus, dass die Mitbestimmungsrechte des Betriebsrates nicht unmittelbar die individuelle 157

[696] *Wlotzke* DB 1995, 40 (44); *Bachner* NJW 1995, 2881 (2884).

[697] Vgl. zur Fortgeltung von Betriebsvereinbarungen und Tarifverträgen und zur einjährigen Veränderungssperre gem. § 613a Abs. 1 S. 2 BGB ausführlich unter → E Rn. 34 ff. und 136 ff.

[698] S. insbesondere Lutter/*Sagan* UmwG § 323 Rn. 13 mwN; *Wlotzke* DB 1995, 40 (44).

[699] KölnerKommUmwG/*Hohenstatt/Schramm* UmwG § 323 Rn. 22; *Kreßel* BB 1995, 925 (928;) Kallmeyer/*Willemsen* UmwG § 323 Rn. 16; so im Grundsatz auch Ascheid/Preis/Schmidt/*Steffan* UmwG § 323 Rn. 11, der aber § 323 UmwG dann für anwendbar erklärt, wenn ein nach § 613a Abs. 1 S. 3 oder 4 BGB ablösender Tarifvertrag keinen Ausschluss der ordentlichen Kündigung vorsieht. Abweichend zu den vorgenannten Auffassungen Kittner/Däubler/*Zwanziger* KSchR UmwG § 323 Rn. 13, der sowohl § 323 Abs. 1 UmwG als auch § 324 UmwG iVm § 613a BGB nebeneinander für anwendbar hält. Im Einzelfall sei die für den Arbeitnehmer jeweils günstigere Bestimmung heranzuziehen.

[700] S. insbes. *Herbst* AiB 1995, 5 (12).

[701] IE ebenso Lutter/*Sagan* UmwG § 323 Rn. 13.

kündigungsrechtliche Stellung der Arbeitnehmer betreffen,[702] deren Aufrechterhaltung allein durch § 323 Abs. 1 UmwG herbeigeführt werden soll. Diese Rechte räumen vielmehr dem Betriebsrat eine **kollektivrechtliche Rechtsstellung** ein, die allenfalls im Wege des Reflexes auf das einzelne Arbeitsverhältnis einwirkt. Zum anderen fällt die Aufrechterhaltung von Mitbestimmungsrechten, die durch eine Spaltung entfallen, unter § 325 Abs. 2 UmwG, wonach für diesen Fall die Möglichkeit bestehen soll, die Fortgeltung der Beteiligungsrechte durch Abschluss einer Betriebsvereinbarung oder eines Tarifvertrages sicherzustellen. Diese Vorschrift steht nach der ganz hM einer gewissermaßen „automatischen" Fortgeltung von Mitbestimmungsrechten trotz Unterschreitens der gesetzlichen Schwellenwerte entgegen.[703]

c) Fehlende Analogiefähigkeit des § 323 Abs. 1 UmwG

157a Schon die bislang herrschende Meinung ging davon aus, dass § 323 Abs. 1 UmwG wegen seines spezialgesetzlichen Charakters **nicht** auf Umstrukturierungsfälle außerhalb des Umwandlungsgesetzes **anwendbar** ist, etwa auf einen **Betriebsübergang im Wege der Einzelrechtsnachfolge.**[704] Dieser Auffassung hat sich der 8. Senat des BAG unter Hinweis auf die Entstehungsgeschichte der Norm angeschlossen.[705] Solche Einzelübertragungen können also uU zum sofortigen Verlust eines „kündigungsrechtlichen Besitzstands" führen, worauf gegebenenfalls im Unterrichtungsschreiben nach § 613a Abs. 5 BGB hinzuweisen ist.

3. Zusammenfassung

158 Sowohl § 322 als auch § 323 Abs. 1 UmwG enthalten für das Kündigungsrecht wesentliche Regelungen. § 322 UmwG stellt im Einklang mit der Rechtsprechung des Bundesarbeitsgerichts klar, dass der Gemeinschaftsbetrieb als **kündigungsrechtlich einheitlicher Betrieb** anzusehen ist. Dies ist für die mithin auf den gesamten Gemeinschaftsbetrieb durchzuführende **Sozialauswahl** ebenso zentral wie für die einer Kündigung entgegenstehenden **Weiterbeschäftigungsmöglichkeiten** auf freien Arbeitsplätzen. Indessen gewährt § 322 UmwG keinen Anspruch auf Weiterbeschäftigung auf freien Arbeitsplätzen in den anderen Betrieben der Unternehmen, die neben dem Vertragsarbeitgeber Träger des Gemeinschaftsbetriebes sind. Der **Weiterbeschäftigungsanspruch** ist **unternehmensbezogen** und demnach, soweit er sich nicht auf den Gemeinschaftsbetrieb selbst bezieht, auf das Unternehmen des Vertragsarbeitgebers beschränkt.

§ 323 Abs. 1 UmwG führt bei zutreffender Auslegung lediglich zu einer weiteren Anwendbarkeit des Kündigungsschutzgesetzes für die Dauer von zwei Jahren, soweit ansonsten der **Schwellenwert** gem. § 23 Abs. 1 S. 2 KSchG infolge einer Spaltung nicht mehr erreicht würde. In der Literatur wird indessen eine Vielzahl weiterer Anwendungsfälle diskutiert. Die Vorschrift hat darüber hinaus eine gewisse Bedeutung für den Kündigungsschutz von Amtsträgern iSv § 15 KSchG. Die hierdurch entstehende Rechtsunsicherheit muss bei der strategischen Planung von Umwandlungen bereits im Vorfeld berücksichtigt werden. Gegebenenfalls sind **interne Ausgleichsregelungen** unter den beteiligten Rechtsträgern vorzusehen.

---

[702] *Boecken* Rn. 277; Kallmeyer/*Willemsen* UmwG § 323 Rn. 14; KR/*Spilger* UmwG §§ 322–324 Rn. 53.
[703] *Boecken* Rn. 278; Kallmeyer/*Willemsen* UmwG § 323 Rn. 14; aA *Herbst* AiB 1995, 5 (12); DKW/*Buschmann* BetrVG § 21a Rn. 56, bezogen auf die Rechte aus §§ 102, 103 BetrVG; *Mengel* S. 266.
[704] So zB *Hanau* in Hromadka, Arbeitsrecht und Beschäftigungskrise, 1997, S. 82, 91; HWK/*Willemsen* UmwG § 323 Rn. 19 mwN; Kallmeyer/*Willemsen* UmwG § 323 Rn. 19; *Willemsen* NZA 1996, 791 (800); aA *Buschmann* AuR 1996, 285 (287); *Däubler* RdA 1995, 136 (146).
[705] BAG 12.2.2007 – 8 AZR 397/06, NZA 2007, 739.

V. Kündigungsrechtliche Stellung von Organvertretern bei der Umwandlung/Umstrukturierung

1. Kündigung durch das Organmitglied

Nicht zu vernachlässigen und bereits bei der Planung zu berücksichtigen ist der Gesichtspunkt, dass Organvertreter (GmbH-Geschäftsführer, Vorstände von eingetragenen Vereinen, Aktiengesellschaften und Genossenschaften) die Umstrukturierung des Unternehmens, in dem sie bisher eine Leitungsfunktion wahrgenommen haben, zum **Anlass** nehmen können, ihren **Vertrag vorzeitig zu beenden.** Diese Möglichkeit wird insbesondere im Falle der **Verschmelzung,** §§ 2ff. UmwG,[706] relevant, weil die **Organstellung** des Vorstandsmitglieds/Geschäftsführers bei der *verschmolzenen* (nicht dagegen bei der aufnehmenden) Gesellschaft durch die Aufnahme **automatisch** endet,[707] der **Anstellungsvertrag** aber in der Regel **mit der aufnehmenden Gesellschaft fortdauert;**[708] denn es gilt das **Trennungsprinzip,** und zu den übergehenden Verbindlichkeiten zählen auch die Verpflichtungen aus dem Anstellungsvertrag mit dem Vorstandsmitglied/Geschäftsführer.[709] Gleiches gilt auch für den Fall der **formwechselnden Umwandlung** (§§ 190ff. UmwG), bei der zwar der bisherige Unternehmensträger erhalten bleibt, durch dessen neue Rechtsform sich jedoch die Stellung der Organvertreter derart grundlegend ändert, dass die Organstellung als solche, nicht jedoch der ihr zu Grunde liegende Dienstvertrag mit Wirksamwerden des Formwechsels endet.[710] 159

Bei der Eigenkündigung steht oftmals nicht in erster Linie eine seitens des Organvertreters als unerträglich empfundene notwendige Einordnung in die „zweite Riege" des Managements des aufnehmenden Unternehmens im Vordergrund, sondern vielmehr die von ihm „strategisch" genutzte Möglichkeit, nunmehr ein anderes Angebot zu besseren Konditionen wahrnehmen zu können, das zuvor wegen der andauernden Vertragsbindung nicht in Betracht kam. 159a

Ist der Anstellungsvertrag, wie im Regelfall, **fest befristet** (zB auf fünf Jahre), kann ein Organvertreter, dessen Amtsstellung infolge der Umwandlung entfällt, *nur* eine außerordentliche Kündigung des zugrundeliegenden, nach der Trennungstheorie auch bei Beendigung der Organstellung andauernden[711] Dienstverhältnisses nach § 626 BGB erklären, wenn ihm die Fortsetzung des Dienstverhältnisses **unzumutbar** ist. Eine solche Unzumutbarkeit ist anzunehmen, wenn seitens des Vertragspartners, also der Gesellschaft, dem Organvertreter das vertraglich vorgesehene Amt ersatzlos entzogen wird.[712] Dagegen steht dem Organmitglied in einem solchen Fall **kein Anspruch auf Schadenersatz** nach § 628 Abs. 2 BGB zu; denn eine **gesellschaftsrechtliche Umstrukturierung,** die zum Erlöschen des bisherigen Dienst- bzw. Arbeitgebers führt, ist grundsätzlich **kein vertragswidriges Verhalten des Arbeitgebers,** was jedoch Voraussetzung für Schadenersatzansprüche nach § 628 Abs. 2 BGB wäre.[713]

---

[706] Dazu → B Rn. 73.

[707] *Buchner/Schlobach* GmbHR 2004, 1 (3).

[708] *Buchner/Schlobach* GmbHR 2004, 1 (4) (mit ausführlicher Begründung); Hachenburg/*Mertens* GmbHG § 38 Rn. 154; *Röder/Lingemann* DB 1993, 1341 (1344); vgl. zur Trennungstheorie allgemein nur BGH 28.10.2002 – II ZR 146/02, NJW 2003, 351; Hachenburg/*Mertens* GmbHG § 38 Rn. 141; *Zöllner,* Kölner Kommentar zum Aktiengesetz § 365 Rn. 6; *Geßler* AktG § 84 Rn. 12; kritisch im Hinblick auf den generellen Fortbestand des Anstellungsverhältnisses *Baums* ZHR 156 (1992) 248. Zur Rechtslage in den Fällen der *Auf- und Abspaltung* siehe *Gaul,* Unternehmensspaltung, § 17 Rn. 2ff. Zum (Sonder-)Fall des gleichzeitigen Bestehens eines ruhenden Arbeitsverhältnisses → G Rn. 131.

[709] Dagegen findet § 613a BGB auf sie keine Anwendung, → G Rn. 130.

[710] *Buchner/Schlobach* GmbHR 2004, 1 (3).

[711] Vgl. die obigen Nachweise.

[712] *Röder/Lingemann* DB 1993, 1341 (1344) mwN in Fn. 78.

[713] BAG 21.2.2008 – 8 AZR 157/07, NZA 2008, 815 Rn. 24. Insoweit ist die Rechtslage dieselbe wie bei Abberufung und Kompetenzbeschränkung; vgl. dazu BGH 6.3.2012 – II ZR 76/11, NZG 2012, 502.

159b Andererseits besteht ein Kündigungsrecht nach § 626 BGB *nicht,* wenn im Falle der *Verschmelzung* die **aufnehmende Gesellschaft** eine Organtätigkeit nunmehr **bei ihr selbst anbieten** kann. Beim **Formwechsel** ist dem bisherigen Organmitglied die Übernahme einer entsprechenden Funktion in der Gesellschaft neuer Rechtsform in aller Regel zumutbar, so dass ein Recht zur außerordentlichen Kündigung nicht besteht. Schwieriger gestalten sich dagegen die Fälle, in denen eine solche fortgesetzte Organstellung nicht gewährleistet werden kann, sondern dem bisherigen Organvertreter bei der aufnehmenden Gesellschaft lediglich eine Position als **leitender Angestellter** zur Verfügung gestellt wird. Sieht der Anstellungsvertrag ausdrücklich allein eine Tätigkeit auf der organschaftlichen Ebene vor oder ist er dahingehend konkretisiert, kann ein derartiges Angebot die **rechtmäßige Kündigung seitens des Organvertreters nicht hindern;**[714] **umgekehrt** kann das frühere Organmitglied auch keine Tätigkeit als (leitender) Angestellter verlangen.[715] Auf Grund einer Entscheidung des BGH vom 11. 10. 2010[716] ist nämlich davon auszugehen, dass ein Vorstands- oder Geschäftsführeranstellungsvertrag regelmäßig nur die Beschäftigung als Geschäftsführer bzw. Vorstandsmitglied zum Inhalt hat, so dass **weder eine Verpflichtung zur Aufnahme einer anderen Tätigkeit noch ein Anspruch** des Vorstandsmitglieds/Geschäftsführers **hierauf besteht.**[717] **Umstritten** ist, ob dem Organmitglied im Hinblick auf den sog. Annahmeverzugslohn ein **böswilliges Unterlassen anderen Erwerbs** iSv § 615 S. 2 BGB angelastet werden kann, wenn er sich weigert, eine von der Gesellschaft angebotene Tätigkeit unterhalb der Organebene anzunehmen. Die wohl herrschende Meinung im Schrifttum verneint dies, da das abberufene Organmitglied sich nur auf Organtätigkeiten verweisen lassen müsse.[718] Gewährt der Vertrag dagegen keinen exklusiven Einsatz als Vorstandsmitglied/Geschäftsführer, sieht er also insbesondere eine Versetzung auf eine Position unterhalb der Vorstands- oder Geschäftsführerebene vor (in der Praxis allerdings die Ausnahme!), fehlt es in der Regel bei Einsatz auf einem Arbeitsplatz in leitender Funktion unterhalb der Organebene an einem wichtigen Grund zur Beendigung des Dienstverhältnisses.[719]

160 Legt die aufnehmende Gesellschaft demnach besonderen Wert auf die fortbestehende vertragliche Bindung der Organvertreter des zu verschmelzenden Unternehmens, die als solche angestellt wurden, sollten bereits im **Vorfeld** des Verschmelzungsvertrages mit diesen **Vertragsverhandlungen** geführt werden, welche zu klaren diesbezüglichen Regelungen (zB dem ausdrücklichen Verzicht auf das Recht zur außerordentlichen Kündigung gegen Zuweisung einer attraktiven Position in dem verschmolzenen Unternehmen) führen.

2. Kündigung durch die Gesellschaft

160a **Andererseits** stellt der Wegfall der Organstellung infolge einer Verschmelzung oder sonstigen Umwandlung **aus der Sicht der Gesellschaft** in aller Regel **keinen Grund zur Beendigung des Dienstvertrages** dar; nach dem **Trennungsprinzip** muss dieser also jedenfalls hinsichtlich der Vergütung (vgl. § 615 BGB[720]) bis zum Ablauf der vorgesehenen Vertragslaufzeit in vollem Umfang erfüllt werden. Ist der Vertrag seitens der Gesellschaft ordentlich kündbar, steht dem Organmitglied wegen § 14 Abs. 1 Nr. 1 KSchG **kein all-**

714 *Buchner/Schlobach* GmbHR 2004, 1 (8); *Röder/Lingemann* DB 1993, 1341 (1347) mwN.

715 *Buchner/Schlobach* GmbHR 2004, 1 (10), verneinen einen derartigen Beschäftigungsanspruch selbst dann, wenn der Anstellungsvertrag nicht allein auf eine Vorstandstätigkeit gerichtet war. S. zum Ganzen auch *Moll* FS Schwerdtner, 453, 461.

716 BGH 11. 10. 2010 – II ZR 266/08, GmbHR 2011, 82.

717 Ebenso *Kothe-Heggemann/Schelp* GmbHR 2011, 75 (77).

718 S. die Darstellung des Meinungsstandes bei *Bork* NZA 2015, 199 (200), der selbst die Gegenauffassung vertritt.

719 Vgl. *Röder/Lingemann* DB 1993, 1341.

720 Zu Einzelheiten des Annahmeverzugs und der Obliegenheit des Vorstandsmitglieds/Geschäftsführers zur Aufnahme einer anderweitigen Tätigkeit vgl. *Kothe-Heggemann/Schelp* GmbHR 2011, 75 (76).

gemeiner Kündigungsschutz zur Seite. Dies gilt selbst dann, wenn das der Organstellung zugrunde liegende Anstellungsverhältnis als Arbeitsverhältnis zu qualifizieren ist. Auch die Rechtsprechung, nach der Organmitglieder als Arbeitnehmer im unionsrechtlichen Sinne anzusehen sein können,[721] steht der Rechtmäßigkeit von § 14 Abs. 1 Nr. 1 KSchG nicht entgegen, da das Unionsrecht dem Ausschluss der Organvertreter vom allgemeinen Kündigungsschutz nicht im Weg steht.[722] Auch verstößt die ungleiche Behandlung von Organmitgliedern und leitdenden Angestellten durch § 14 KSchG nicht gegegn Art. 3 GG.[723] Ausnahmsweise kann allgemeiner Kündigungsschutz dann einschlägig sein, wenn die Anwendung des gesetzlichen Kündigungsschutzes mit ihm ausdrücklich vereinbart wurde[724] oder aus der Zeit vor der Organbestellung noch ein **ruhendes** Arbeitsverhältnis besteht;[725] in diesem Fall ist der übernehmende Rechtsträger vor Ausspruch einer (betriebsbedingten) Kündigung gehalten, zunächst die Möglichkeit einer Weiterbeschäftigung auf dem früheren oder einem anderen geeigneten Arbeitsplatz iSv § 1 Abs. 2 S. 2 Nr. 1b) iVm S. 3 zu prüfen,[726] sofern es sich nicht bei dem ruhenden Arbeitsverhältnis um dasjenige eines **leitenden Angestellten** handelt, dem – im Ergebnis – auch ohne ausreichenden Kündigungsgrund nach § 14 Abs. 2 iVm § 9 S. 1 und 2 KSchG stets gegen Abfindungszahlung wirksam gekündigt werden kann (→ Rn. 2a). Eine **außerordentliche Kündigung durch die Gesellschaft** gemäß § 626 BGB kommt dagegen in aller Regel **nicht in Betracht,** da es sich bei der Umwandlung um eine ausschließlich von der Gesellschaft veranlasste und gebilligte Maßnahme handelt.[727] Die pflichtgemäße **Mitwirkung** von Vorstandsmitgliedern bzw. GmbH-Geschäftsführern an der zum Verlust ihres Amtes führenden Maßnahme kann auch **nicht als stillschweigender Verzicht** auf ihre dienstvertraglichen Rechte **gewertet werden.** Auch insoweit empfehlen sich demzufolge klare vertragliche Absprachen, die zB auch darin bestehen können, dass das Organmitglied nach erfolgreichem Abschluss der Umwandlung und dem dadurch bedingten Erlöschen seiner Amtsstellung gegen Abfindungszahlung aus dem Dienstverhältnis ausscheidet. Eine sogenannte **Koppelungsklausel,** die das Anstellungsverhältnis des Vorstandsmitglieds oder Geschäftsführers von vornherein an die Beendigung der Organstellung im Sinne einer auflösenden Bedingung knüpft,[728] erfasst im Zweifel nicht das **Erlöschen der Amtsstellung infolge einer Umwandlung.**[729] Eine solche Vertragsklausel, die auch einen derartigen Fall einschlösse, könnte sich im Hinblick auf die Motivation des Organvertreters im Übrigen als kontraproduktiv erweisen.

3. Relevanz von Change of Control-Klauseln

Die vorstehend dargestellten Grundsätze können durch sog. Change of Control-Klauseln 161
in Vorstands- oder Geschäftsführerverträgen **ergänzt** oder auch **verdrängt** werden (dazu auch → B Rn. 7a). Ihnen liegt in der Regel das Interesse des Organmitglieds zu Grunde, für den Fall eines **Kontrollerwerbs** durch ein drittes Unternehmen, einer **Umwandlung** oder sonstiger Umstrukturierung, die mit dem Verlust der Organstellung als solcher ver-

[721] EuGH 9.7.2015 – C-299/14 *(Balkaya)*, NZA 2015, 861; EuGH 11.11.2010 – C-232/09 *(Dita Danosa)*, NZA 2011, 143.
[722] BAG 21.9.2017 – 2 AZR 865/16, NZA 2018, 358.
[723] BAG 21.9.2017 – 2 AZR 865/16, NZA 2018, 358.
[724] S. dazu BGH 10.5.2010 – II ZR 70/09, GmbHR 2010, 808.
[725] S. dazu sowie zur Darlegungs- und Beweislast für das Bestehen eines solchen ruhenden Arbeitsverhältnisses BAG 25.10.2007 – 6 AZR 1045/06, NZG 2008, 193. Das organschaftliche Anstellungsverhältnis des Geschäftsführers einer GmbH „mutiert“ durch deren Umwandlung in eine GmbH & Co.KG nicht in ein dem KSchG unterliegendes Arbeitsverhältnis; vgl. BGH 8.1.2007 – II ZR 267/05, NZG 2007, 590.
[726] Zur Frage des Rechtsweges (ordentliche oder Arbeitsgerichtsbarkeit) nach Abberufung des Organmitglieds vgl. BAG 22.10.2014 – 10 AZB 46/14, NZA 2015, 60.
[727] *Buchner/Schlobach* GmbHR 2004, 1 (17); *Röder/Lingemann* DB 1993, 1341 (1346) mwN in Fn. 74.
[728] S. dazu *Willemsen* FS Buchner, 2009, 971.
[729] Ebenso *Buchner/Schlobach* GmbHR 2004, 1 (18).

bunden ist oder verbunden sein könnte, eine Möglichkeit zur **Amtsniederlegung** und zum **Ausstieg aus dem Vertragsverhältnis,** in der Regel gegen Abfindungszahlung, zu erhalten. Derartige Change of Control-Klauseln müssen in Aktiengesellschaften dem Grundsatz der Angemessenheit der Gesamtbezüge des Vorstands gemäß § 87 AktG genügen und dürfen die Abberufungsfreiheit des Aufsichtsrats gemäß § 84 Abs. 3 S. 1 AktG nicht verletzen; sie unterliegen darüber hinaus weiteren, jedenfalls *de facto* wirkenden Beschränkungen insbesondere durch den Deutschen Corporate Governance Kodex.[730] Danach sollen sogar keine Change of Control-Klauseln in Vorstands- oder Geschäftsführerverträgen mehr vereinbart werden (vgl. DCGK G. 14).[731]

Im Falle von Umwandlungen und sonstigen Umstrukturierungen ist daher jeweils vorab sorgfältig zu prüfen, (1) **ob** derartige Change of Control-Klauseln in den Anstellungsverträgen der Vorstandsmitglieder, Geschäftsführer und gegebenenfalls Arbeitnehmer in leitender Stellung **existieren;** (2) **ob** sie **wirksam** sind und (3) **wie** sie sich sowohl auf die **finanzielle Stellung** der jeweils Begünstigten wie auch auf ihr tatsächliches Verhalten bereits vor und nach der Umstrukturierung **auswirken** werden.

VI. Besonderheiten im Insolvenzverfahren

162 Auf Kündigungen, die ein Insolvenzverwalter im Zuge eines Insolvenzverfahrens nach der Insolvenzordnung[732] ausspricht, finden die Regeln des Kündigungsschutzgesetzes ebenso Anwendung wie ein etwa bestehender **Sonderkündigungsschutz** (zB für betriebsverfassungsrechtliche Amtsträger).[733] Auch das **Verbot der Kündigung wegen Betriebsübergangs** nach § 613a Abs. 4 BGB (dazu → Rn. 85ff.) gilt nach der Rechtsprechung des BAG auch im Falle einer insolvenzbedingten Kündigung, allerdings mit der gerade auch für diese entwickelten Möglichkeit der „Kündigung nach Erwerberkonzept" (→ Rn. 107ff.).[734] Selbst im Falle eines nach **ausländischem Recht** eröffneten Insolvenzverfahrens kann nach Art. 13 EuInsVO hinsichtlich dessen Auswirkungen im Hinblick auf in Deutschland abgeschlossene Arbeitsverträge deutsches Arbeitsrecht einschließlich der insolvenzrechtlichen Sonderbestimmungen zur Anwendung gelangen.[735]

163 Allerdings enthält die **Insolvenzordnung** für den Insolvenzverwalter Instrumente bereit, die dazu dienen sollen, den Personalabbau und die hieran anknüpfenden Kündigungsschutzverfahren zu vereinfachen und zu beschleunigen. Hier sind die Sonderbestimmungen in den §§ 113, 125–128 InsO zu beachten, die im Detail im insolvenzrechtlichen Teil dieses Handbuchs dargestellt werden (→ L Rn. 139ff.).

---

[730] S. dazu *Arnold/Gralla* NZG 2020, 529;. Zu Abfindungsobergrenzen in Vorstandsverträgen s. *Hohenstatt/Willemsen* NJW 2008, 3462.

[731] Vgl. KBLW/Bachmann DCGK G.14 Rn. 1ff.

[732] BGBl. I S. 2866.

[733] HWK/*Annuß* InsO § 113 Rn. 2; *Mertens* FS Bauer, 2010, 755 (758). Ein Wiedereinstellungsanspruch nach den Grundsätzen der Rechtsprechung bei „nachträglichem" Betriebsübergang (→ Rn. 135) scheidet allerdings aus, wenn im Insolvenzverfahren ein Betrieb bzw. Betriebsteil erst nach Ablauf der einschlägigen Kündigungsfrist fortgeführt wird; vgl. BAG 28.10.2004 – 8 AZR 199/04, NZA 2005, 405; *Bonanni/Niklas* DB 2010, 1826 mwN.

[734] S. dazu auch *Mertens* FS Bauer, 2010, 755 (760).

[735] LAG Frankfurt/M. 14.12.2010 – 13 Sa 969/10, ZIP 2011, 289.

I. Harmonisierung und Änderung von Arbeitsbedingungen im Zuge der -Unternehmensumstrukturierung

Übersicht

Ausgewählte Literatur:

Bayreuther, Möglichkeiten und Grenzen der Änderung von Arbeitsbedingungen, NZA 2019, 735; Berkowsky, Möglichkeiten und Grenzen der Änderungskündigung, NZA-Beil. 2010, 50; *Beseler/Düwell/Göttling,* Arbeitsrechtliche Probleme bei Betriebsübergang, Betriebsänderung, Unternehmensumwandlung, 3. Aufl. 2006; *Bunte,* Nichtigkeit eines Erlassvertrags zur Umgehung der Rechtsfolgen des § 613a I 1 BGB, NZA 2010, 319; *Biedermann,* Die Rechtsprechung zur Zulässigkeit der Befristung einzelner Arbeitsbedingungen, NZA-RR 2019, 345; *Dzida/Schamm,* Versetzungsklauseln: mehr Flexibilität für den Arbeitgeber, mehr Kündigungsschutz für den Arbeitnehmer, BB 2007, 1221; *Dzida/Wagner,* Vertragsänderungen nach Betriebsübergang, NZA 2008, 571; *Fleddermann,* Die Befristung einzelner Arbeitsbedingungen, ArbRAktuell 2015, 392; *Fuhlrott,* Anforderungen an die Befristung einzelner Arbeitsbedingungen, NZA 2016, 1000; *Grau/Sittard,* Gleichbehandlung bei Sonderzahlungen zur Kompensation von Sanierungsbeiträgen der Belegschaft, NZA 2009, 1396; *Herbert/Oberrath,* Die soziale Rechtfertigung der betriebsbedingten Änderungskündigung, NJW 2008, 3177; *Hertzfeld,* Gleiches gleich – Hindernisse bei der Harmonisierung von Arbeitsbedingungen (Insbesondere nach Betriebsübergängen), NZA-RR 2010, 169; *Hromadka,* Nochmals: Die „überflüssige" Änderungskündigung, NZA 2008, 1338; *ders.,* Die ablösende Betriebsvereinbarung ist wieder da!, NZA 2013, 1061; *ders.,* Ablösungsoffenheit: Betriebsvereinbarungsoffenheit plus, NZA 2019, 1336; *Hümmerich/Reufels,* Gestaltung von Arbeitsverträgen, 4. Aufl. 2019; *Hunold,* Die „überflüssige" Änderungskündigung, NZA 2008, 860; *Kroeschell,* Die AGB-Kontrolle von Widerrufs- und Freiwilligkeitsvorbehalten, NZA 2008, 1393; *Leder,* Aktuelles zur Flexibilisierung von Arbeitsbedingungen, RdA 2010, 91; *Linsenmaier,* Arbeitsvertrag und Betriebsvereinbarung – Kompetenz und Konkurrenz, RdA 2014, 336; *Lunk/Leder,* Teilbefristungen – Neues Recht und alte Regeln?, NZA 2008, 504; *Meyer,* Ablösung von Betriebs-, Gesamt- und Konzernbetriebsvereinbarungen beim Betriebsübergang, DB 2000, 1174; *Moll,* Rechtsstellung des Arbeitnehmers nach einem Betriebsübergang, NJW 1993, 2016; *Preis,* Der Arbeitsvertrag, 6. Aufl. 2020; *Preis,* Der langsame Tod der Freiwilligkeitsvorbehalte und die Grenzen der betrieblichen Übung, NZA 2009, 281; *Preis/Ulber,* Die Wiederbelegung des Ablösungs- und Ordnungsprinzips?, NZA 2014, 6; *Reichold,* Entgeltmitbestimmung beim tariffreien Arbeitgeber: nur „Erfurter Allerlei"?, BB 2009, 1470; *Reinecke,* Flexibilisierung von Arbeitsentgelt und Arbeitsbedingungen nach dem Schuldrechtsmodernisierungsgesetz, NZA 2005, 953; *Salamon,* Nachwirkung bei Betriebsvereinbarungen über freiwillige Sozialleistungen – Faktischer Abschied von den Grundsätzen der teilmitbestimmten Betriebsvereinbarung durch die Figur einer betriebsverfassungsrechtlich freiwilligen Gesamtvergütung, NZA 2010, 745; *ders.,* Das kurze Gastspiel einer betriebsverfassungsrechtlich freiwilligen Gesamtvergütung, NZA 2011, 549; *Schramm/Naber,* Die Wirksamkeitsanforderungen an die Befristung von einzelnen Vertragsbestandteilen, NZA 2009, 1318; *Steffan,* Neues vom EuGH zum Betriebsübergang: Was folgt aus „Scattolon"?, NA 2012, 473; *Sittard/Flockenhaus,* „Scattolon" und die Folgen für die Ablösung von Tarifverträgen und Betriebsvereinbarungen nach einem Betriebsübergang, NZA 2013, 652; *Stoffels,* Neues zum Widerrufsvorbehalt in Arbeitsverträgen, NZA 2017, 1217; *Wank,* Änderung von Arbeitsbedingungen, NZA-Beil. 2012, 41; *Willemsen,* Europäisches und deutsches Arbeitsrecht im Widerstreit? – Aktuelle „Baustellen" im Recht des Betriebsübergangs, NZA-Beil. 2008, 155; *ders.,* Aktuelle Rechtsprechung des EuGH zum Arbeits- und Sozialrecht, Befristung, Betriebsübergang, RdA 2012, 291; *Willemsen/Jansen,* Die Befristung von Entgeltbestandteilen als Alternative zu Widerrufs- und Freiwilligkeitsvorbehalten, RdA 2010, 1.

1 Sind die Arbeitsbedingungen einzelvertraglich vereinbart, ist es häufig schwierig, diese im Zuge einer Unternehmensumstrukturierung zu harmonisieren oder zu ändern. Gestatten das Direktionsrecht oder etwaige vereinbarte Änderungs- oder Freiwilligkeitsvorbehalte keinen Eingriff[1], muss der Arbeitgeber ggf. auf das Instrument der Massenänderungskündigung zurückgreifen. Die Anforderungen an die soziale Rechtfertigung von Änderungskündigungen sind jedoch nicht minder hoch wie die Anforderungen an die Rechtfertigung von Beendigungskündigungen.[2] Alternativ kommt es in Betracht, die Arbeitnehmer zum Verzicht auf Leistungen oder zu einer einvernehmlichen Änderung von Arbeitsbedingungen zu bewegen. Auch wenn dies in der Praxis durchaus häufig erfolgreich ist, wenn damit die Ar-

[1] Vgl. hierzu näher → Rn. 10ff.
[2] Vgl. hierzu näher → Rn. 27ff.

beitnehmer Arbeitsplatzsicherheit oder andere Vorteile erlangen können, ist hierbei sehr sorgfältig darauf zu achten, dass die auch insoweit bestehenden Grenzen der Regelungsmacht, namentlich die Veränderungssperre des § 613a Abs. 1 S. 3 BGB Beachtung finden. Andernfalls droht zu einem späteren Zeitpunkt ein böses Erwachen.[3]

Den meisten Erfolg verspricht die Nutzung der Mechanismen im Bereich der Betriebsverfassung und des Tarifrechts. Diese erlauben es uU, eine Harmonisierung der bislang kollektivrechtlich begründeten Arbeitsbedingungen herbeizuführen, insbesondere indem im Zusammenhang mit einem Betriebs(teil)übergang beim bisherigen Arbeitgeber geltende Arbeitsbedingungen zugunsten derjenigen des neuen Inhabers abgelöst werden. Dennoch wird es sich gerade angesichts der vom BAG favorisierten Auslegung von § 613a Abs. 1 S. 3 BGB[4] häufig ergeben, dass nach Durchführung einer Umstrukturierung innerhalb eines Betriebs oder innerhalb eines Unternehmens **unterschiedliche** kollektivrechtliche bzw. ursprünglich kollektivrechtlich geregelte **Arbeitsbedingungen** gelten. Dies kann zu vielfältigen Problemen führen und insbesondere das „Zusammenwachsen" unterschiedlicher Belegschaften erschweren.

I. Grundsatz der Gleichbehandlung

Bevor mögliche Maßnahmen zur Harmonisierung der Arbeitsbedingungen untersucht werden, stellt sich zunächst die Frage, ob aus einer Umstrukturierung resultierende Ungleichbehandlungen nicht bereits auf der Grundlage des Gleichbehandlungsgrundsatzes beseitigt werden, indem nämlich denjenigen Arbeitnehmern, die sich ansonsten mit ungünstigeren Arbeitsbedingungen abfinden müssten, ein **Anspruch auf Gleichbehandlung** dergestalt erwächst, dass auch sie die für andere Teile der Belegschaft geltenden günstigeren Arbeitsbedingungen für sich in Anspruch nehmen können. Wäre dies der Fall, würde dies im Ergebnis darauf hinauslaufen, dass stets eine **„Harmonisierung nach oben"** erfolgen müsste[5], sich also letztlich die für die Arbeitnehmer günstigsten Arbeitsbedingungen durchsetzen. Eine solche Sicht der Dinge wäre mit der in § 613a Abs. 1 S. 3 BGB angelegten Konzeption, die im Zweifel den kollektivrechtlichen Arbeitsbedingungen des neuen Inhabers zum Durchbruch verhelfen soll, nicht zu vereinbaren.[6] 2

Beispiel I 1:

In der F GmbH, die den Betrieb der X AG erwirbt, bestehen bislang keine Regelungen zum Schutz der Arbeitnehmer bei Rationalisierungsmaßnahmen. Für die X AG galt hingegen ein Rationalisierungsschutz-Tarifvertrag, auf dessen Grundlage im Fall von betriebsbedingten Kündigungen Abfindungsansprüche bestanden. Dessen Rechtsnormen gelten gemäß § 613a Abs. 1 S. 2 BGB beim neuen Inhaber fort.

In dieser Konstellation ist das erwerbende Unternehmen nicht verpflichtet, nunmehr auch in seinen anderen Betrieben einen Rationalisierungsschutz einzuführen. Dies kann allerdings nicht mehr damit begründet werden, dass der Gleichbehandlungsgrundsatz nur betriebsbezogen gilt, da das Bundesarbeitsgericht[7] richtigerweise klargestellt hat, dass sich die Frage der Gleichbehandlung immer arbeitgeber- und damit unternehmensbezogen stellt. Die Legitimität einer in Folge eines Betriebsübergangs entstehenden „Zweiklassengesellschaft" sowie die damit einhergehende Ungleichbehandlung ergibt sich nach Auffas- 3

[3] Vgl. hierzu näher → Rn. 52.
[4] Vgl. hierzu → E Rn. 168 ff., 177 ff.
[5] Vgl. zu diesem Gesichtspunkt BAG 25.8.1976 – 5 AZR 788/75, DB 1977, 358 unter 2b) sowie im Zusammenhang mit einer tariflichen Überleitungsvereinbarung BAG 29.8.2001 – 4 AZR 352/00, DB 2002, 1220 (1221).
[6] Vgl. zu diesem Themenkomplex ausführlich → G Rn. 170 ff.
[7] BAG 17.11.1998 – 1 AZR 147/98, DB 1999, 637.

sung des BAG schlicht aus dem Umstand, dass der Arbeitgeber diese Situation nicht durch eine aktive Regelung, sondern durch eine schlichte Anwendung des Gesetzes herbeiführt.[8] Damit fehlt es aber sowohl unmittelbar im Zusammenhang mit dem Betriebsübergang als auch bei Fortbestand der „Zweiklassengesellschaft" an einem Ansatzpunkt für die Anwendung des Gleichbehandlungsgrundsatzes.[9] Dies wiederum hat unabhängig davon, ob die Arbeitnehmer, die nach § 613a BGB übergehen, in einem eigenen Betrieb beschäftigt sind oder in einen bestehenden Betrieb integriert werden, Bestand.[10]

Auch ist zu berücksichtigen, dass es der arbeitsrechtliche Anspruch auf Gleichbehandlung lediglich verbietet, dass grundsätzlich gleiche Sachverhalte **ohne sachlichen Grund und damit willkürlich** ungleich behandelt werden.[11] Diese Voraussetzungen sind jedoch **bei Aufrechterhaltung der sich aus § 613a Abs. 1 BGB ergebenden Rechtsfolgen nicht gegeben.** Wenn das Gesetz vorsieht, dass sich in Folge einer Umstrukturierung für dieselbe Belegschaft unterschiedliche kollektiv begründete Arbeitsbedingungen ergeben können, ist dies als hinreichendes sachliches Kriterium für deren Aufrechterhaltung anzusehen. Der Arbeitgeber vollzieht mit der Ungleichbehandlung nur das nach, was ihm aufgrund von § 613a Abs. 1 BGB auferlegt wird. Das BAG geht sogar soweit, es für rechtmäßig zu erklären, wenn infolge eines Betriebsübergangs Arbeitnehmer für eine vergleichbare Tätigkeit unterschiedlich vergütet werden.

Beispiel I 2:

Nach dem Erwerb eines kleinen Produktionsbetriebs am gleichen Ort und der Zusammenlegung der Produktion mit der eigenen Produktion stellt die Kunststoffe Meier GmbH fest, dass die an den Spritzgussmaschinen eingesetzten ungelernten Arbeiter, die gemäß § 613a Abs. 1 BGB übernommen wurden, pro Stunde 1,50 EUR weniger verdienen, als die eigene Belegschaft. Eine Tarifbindung besteht nicht. Der Inhaber Herr Meier entschließt sich, diese Vergütungsdifferenz zunächst beizubehalten. Vor Weihnachten kommen ihm jedoch Skrupel und er zahlt den übernommenen Beschäftigten eine einmalige Sonderprämie von EUR 1.000,–. Ferner erhöht er die Vergütung der übernommenen Belegschaft im Frühjahr freiwillig etwas mehr als diejenige seiner Stammbelegschaft.

4 Nach Auffassung des BAG darf der Arbeitgeber Löhne und Gehälter der verschiedenen Belegschaftsgruppen in unterschiedlichem Maße erhöhen, um über die Zeit eine Angleichung zu erreichen.[12] Auch ist es grundsätzlich möglich, allein diejenigen Arbeitnehmer, die einer für sie nachteiligen Vertragsänderung zugestimmt haben, eine Anerkennung oder einen Ausgleich für das erbrachte Sonderopfer zukommen zu lassen. Dies soll im Grundsatz weder gegen das Maßregelungsverbot noch gegen den Gleichbehandlungsgrundsatz verstoßen.[13] Wichtig ist allerdings, dass die unterschiedliche Vergütung aufgrund der Historie auch der einzige Differenzierungsgrund ist. Knüpft der Arbeitgeber die Leistung an weitere Voraussetzungen, wie den Verbleib über einen gewissen Zeitraum im Unternehmen, und handelt es sich dabei um Voraussetzungen, die auch die besser vergüteten Arbeitnehmer erfüllen können, ist die Zulässigkeit der Differenzierung in Gefahr.[14] Hier muss bei der Gestaltung von Sonderzuwendungen sehr genau geprüft werden, an welche

---

[8] BAG 31.5.2005 – 5 AZR 517/04, NZA 2006, 265.

[9] Vgl. HWK/*Müller-Bonanni* BGB § 613a Rn. 246.

[10] HWK/*Müller-Bonanni* BGB § 613a Rn. 246; MüKoBGB/*Müller-Glöge* § 613a Rn. 96; aA ErfK/*Preis* BGB § 613a Rn. 75 für den Fall der Auflösung der Betriebsorganisation.

[11] BAG 11.9.1974 – 5 AZR 667/73, DB 1975, 551; BAG 10.3.1998 – 1 AZR 509/97, NZA 1998, 1297.

[12] BAG 31.8.2005 – 5 AZR 517/04, NZA 2006, 265; 14.3.2007 – 5 AZR 420/06, NZA 2007, 862; in diese Richtung auch 15.7.2009 – 5 AZR 486/08, NZA 2009, 1202; vgl. hierzu auch *Hertzfeld* NZA-RR 2010, 169 (171).

[13] Vgl. BAG 1.4.2009 – 10 AZR 353/08, NZA 2009, 1409; 5.8.2009 – 10 AZR 666/08, NZA 2009, 1135.

[14] Vgl. hierzu BAG 26.9.2007 – 10 AZR 569/06, BeckRS 2007, 48541; 1.4.2009 – 10 AZR 353/08, NZA 2009, 1409; 5.8.2009 – 10 AZR 666/08, NZA 2009, 1135.

Voraussetzungen man die Leistungen knüpft.[15] Zwar erscheint es wenig nachvollziehbar, warum das BAG der Auffassung ist, eine Ausgleichszahlung an Mitarbeiter, die ein Sonderopfer erbracht haben, sei deshalb an alle Mitarbeiter zu erbringen, weil sie mit einer Stichtagsregelung kombiniert war.[16] Will man das Risiko vermeiden, durch die Ausdehnung des Zahlungsanspruchs auf andere Mitarbeitergruppen den eigentlichen Zweck zu verfehlen, so ist es ratsam, auf derartige zusätzliche Voraussetzungen zu verzichten. Aufgrund der eingeschränkten Überprüfbarkeit von Kollektivvereinbarungen könnte es alternativ höchstens ratsam sein, die entsprechende Zusage durch Betriebsvereinbarung zu machen.[17]

Der 5. Senat überprüft in den Fällen, in denen das erklärte Ziel des Arbeitgebers die Herstellung von Entgeltgerechtigkeit ist, die getroffene Maßnahme auf ihre Geeignetheit und Erforderlichkeit hin. Vom Arbeitgeber wird in diesem Kontext einen Gesamtvergleich der Vergütungssysteme verlangt, was zu großen Darlegungs- und Abwägungsproblemen führen kann.[18]

Eine Harmonisierung der Arbeitsbedingungen, die selbstverständlich wünschenswert ist, lässt sich demnach – und zwar durchaus nicht nur „nach oben" – ausschließlich über arbeitsrechtliche Gestaltungsmittel erreichen und nicht im Wege einer Automatik, die auf dem Gleichbehandlungsgrundsatz beruht.[19] Das BAG[20] hat vor diesem Hintergrund auch den vermittelnden Ansichten[21] eine Absage erteilt, wonach der Arbeitgeber „nach längerer Zeit" verpflichtet sei, die durch § 613a Abs. 1 BGB entstandenen Ungleichheiten zu beseitigen.[22]

II. Änderung von individualvertraglich vereinbarten Arbeitsbedingungen im Zuge der Unternehmensumstrukturierung

1. Einseitige Änderung der Arbeitsbedingungen durch den Arbeitgeber

a) Änderung der Arbeitsbedingungen im Rahmen des Direktionsrechts

Die erste Überlegung, die man bei einer gewünschten Änderung von Arbeitsbedingungen 5
anstellen sollte, ist die Frage, ob das Direktionsrecht es erlaubt, die Änderung einseitig anzuordnen. Das Direktionsrecht erstreckt sich auf drei Ebenen:

- die Präzisierung der Arbeitspflicht,
- die Ausgestaltung der Arbeitszeit und
- die Festlegung des Arbeitsortes.

In einem zweiten Schritt ist zu prüfen, ob bzw. wie der Betriebsrat einzubinden ist.

aa) Grenzen des Direktionsrechts. Will man als Arbeitgeber maximale Flexibilität, um 6
in möglichst vielen Situationen ohne Zustimmung des Arbeitnehmers Änderungen anordnen zu können, birgt dies im Kern zwei Risiken: *Erstens* kann ein weit gefasstes und an seinen Rändern nicht genau bestimmtes Direktionsrecht zur Unwirksamkeit der Klausel

[15] Interessant hierzu auch die Entscheidung des BAG 1.4.2009 – 10 AZR 353/08, NZA 2009, 1409, auch wenn es hier nicht um eine § 613a-Konstellation ging. Vgl. auch *Hertzfeld* NZA-RR 2010, 169 (171).

[16] Kritisch hierzu auch *Grau/Sittard* NZA 2009, 1396.

[17] Vgl. *Grau/Sittard,* aaO, 1399.

[18] Vgl. hierzu kritisch *Hertzfeld* NZA-RR 2010, 169 (171).

[19] BAG 25.8.1976 – 5 AZR 788/75, DB 1977, 358; BAG 30.8.1979 – 3 AZR 58/78, DB 1979, 2421; BAG 31.8.2005 – 5 AZR 517/04, NZA 2006, 265.

[20] BAG 31.8.2005 – 5 AZR 517/04, NZA 2006, 265 unter I 2b) cc) der Gründe.

[21] ErfK/*Preis* BGB § 613a Rn. 75.

[22] Gegen eine Anpassungspflicht auch *Moll* NJW 1993, 2016 (2019); *Wiese* RdA 1979, 432 (437); HWK/*Müller-Bonanni* BGB § 613a Rn. 246; MüKoBGB/*Müller-Glöge* § 613a Rn. 96; vgl. auch → G Rn. 170, 171.

wegen Verstoßes gegen das Transparenzgebot führen.[23] Es muss daher jede arbeitsvertraglich vereinbarte Erweiterung des Direktionsrechts[24] einer **Angemessenheitskontrolle** unterzogen werden. Diese schließt eine Einbeziehungs- und eine Inhaltskontrolle gemäß § 305c BGB und § 307 ff. BGB ein.[25] *Zweitens* vergrößert sich bei einem weit gefassten Direktionsrecht regelmäßig der Kreis der in eine **Sozialauswahl** einzubeziehenden Arbeitnehmer.[26] Dies hängt damit zusammen, dass etwa bei einer weit gefassten örtlichen Versetzungsklausel oder der weit gefassten Beschreibung der Arbeitsinhalte der Mitarbeiter mit einer größeren Zahl von Beschäftigten vergleichbar, dh austauschbar ist. Bei einer komplexen Restrukturierung kann sich das als Problem erweisen, weil man infolge einer ordnungsgemäß durchgeführten Sozialauswahl beispielsweise eingespielte Teams auseinanderreißen und umfangreiche Versetzungen vornehmen muss.

Beispiel I 3:

Die B AG erwirbt einen Wettbewerber im Ausland. Im Zuge der Zusammenlegung der Entwicklung von Turbinen wird entschieden, bestimmte Turbinentypen nur noch am Standort des neu erworbenen Unternehmens in Lyon zu entwickeln und die Entwicklung anderer Turbinentypen vollständig einzustellen. Die hierdurch überzählig gewordenen Ingenieure in Mannheim sollten betriebsbedingt gekündigt werden. Nach Prüfung teilt die Personalabteilung dem Vorstand mit, dass keines der Entwicklungsteams für die einzelnen Turbinentypen bestehen bleiben kann, sondern dass nach Durchführung einer ordnungsgemäßen Sozialauswahl alle Teams neu zusammengesetzt sein werden. Der Vorstand kommt zu dem Ergebnis, dass der dadurch insgesamt entstehende Verlust an Erfahrungswissen für das Unternehmen nicht zu verkraften ist, auch wenn man in jedem Einzelfall nicht in Abrede stellen kann, dass die Ingenieure das Team wechseln und sich in einem Zeitraum von 3 bis 6 Monaten in die neue Aufgabe einarbeiten können. Es wird beschlossen, neu einzustellende Ingenieure explizit nur noch für bestimmte Entwicklungsteams einzustellen.

7 Bei der Umstrukturierung von Unternehmen kann es ungeachtet der aufgezeigten Risiken sehr hilfreich sein, wenn man auf ein **erweitertes Direktionsrecht** des Arbeitgebers insbesondere in Bezug auf den Inhalt und den Ort der Arbeitspflicht trifft.[27]

Beispiel I 4:

Nach einer Fusion zweier renommierter Architekturbüros in Duisburg und Essen werden Überlegungen über eine Zusammenlegung der Büros in einem neuen Gebäude am Stadtrand von Essen angestellt. Bei Durchsicht der Arbeitsverträge der Angestellten zeigt sich, dass sich das Essener Architekturbüro in den Arbeitsverträgen die Versetzung der Mitarbeiter innerhalb des Ruhrgebiets vorbehalten hat, die Arbeitsverträge der Duisburger Mitarbeiter sehen hingegen ausdrücklich Duisburg als Arbeitsort vor. Der Betriebsrat des Duisburger Architekturbüros verlangt den Abschluss eines Sozialplans einschließlich Abfindungsregelungen für den Fall, dass einzelne Mitarbeiter die Änderungsangebote nicht annehmen. Die Belegschaft das Essener Architekturbüros ist empört, da sie keine Abfindungen verlangen können, gleichwohl aber nach der Fusion für die Zahlungen aufkommen muss.

Das **Beispiel I 4** zeigt deutlich, welche gravierenden Unterschiede sich aus dem Fehlen oder der Existenz örtlicher **Versetzungsklauseln** ergeben können. Die Mitarbeiter des Essener Büros werden maximal einen Nachteilsausgleich für verlängerte Fahrtzeiten durch-

---

[23] Vgl. hierzu ausführlich Hümmerich/Reufels/*Borgmann* Kapitel 1 Rn. 3541 f.
[24] Vgl. zur Unterscheidung von allgemeinem und erweitertem Direktionsrecht Preis/*Preis* II D 30 Rn. 2 ff.
[25] Vgl. Preis/*Preis* II D 30 Rn. 116 ff., 131 ff.; *Wank* NZA Beil. 2012, 41.
[26] BAG 15.6.1989 – 2 AZR 580/88, NZA 1990, 226; BAG 29.3.1990 – 2 AZR 369/89, NZA 1991, 181; BAG 13.3.2007 – 9 AZR 433/06, NZA-RR 2008, 504; Preis/*Preis* II D 30 Rn. 6 ff.; *Dzida/Schramm* BB 2007, 1221.
[27] Vgl. hierzu auch → H Rn. 20 ff.

setzen können. Sollten sie das Unternehmen hingegen verlassen wollen, können sie keine Abfindungszahlungen verlangen. Die rechtliche Position der Belegschaft des Architekturbüros in Duisburg sieht erheblich besser aus. Zusätzlich zur Abfindung können sie auch die Einhaltung der Kündigungsfrist verlangen, auch wenn das in der Praxis dann in der Regel keine Rolle spielt, wenn sich die Beschäftigten grundsätzlich mit dem Umzug einverstanden erklären. Wäre in den Arbeitsverträgen der Beschäftigten des Duisburger Büros demgegenüber geregelt gewesen, dass die Mitarbeiter für das Architekturbüro, mithin den Betrieb tätig werden sollen, bestünde das Problem nicht. In diesem Fall könnte, solange die Erreichbarkeit der neuen Betriebsstätte nicht unzumutbar ist, die Versetzung ohne Änderungskündigung vorgenommen werden.[28]

Kommt es im Zuge einer Umstrukturierung zur Zusammenlegung von Betrieben bzw. Organisationen, spielt es häufig eine große Rolle, welche Flexibilität der Arbeitgeber im Hinblick auf die Arbeitsinhalte von Mitarbeitern hat. In der Praxis entfallen aufgrund von Synergieeffekten häufig Managementpositionen, was die Frage aufwirft, in welchem Rahmen Mitarbeiter auf andere Arbeitsplätze versetzt werden können. Auch kommt es vor, dass sich der Zuschnitt der Aufgaben ändert, Zuständigkeiten begrenzt werden oder, insbesondere im Vertriebsbereich, eine neu Kundenzuteilung erfolgen muss.

Auch wenn der Arbeitgeber die Möglichkeit hat, aufgrund eines erweiterten Direktionsrechts Mitarbeitern neue Aufgaben zu übertragen, muss er dies **unter Beachtung billigen Ermessens** tun, § 106 GewO. Dies erfordert, dass die wesentlichen Umstände des Falls abgewogen und die beiderseitigen Interessen angemessen berücksichtigt werden mussen. So sind bei einer Versetzung an einen anderen Arbeitsort insbesondere soziale Belange, namentlich die familiären Lebensumstände und Verpflichtungen des Arbeitnehmers in die Überlegungen mit einzubeziehen.[29] 8

bb) Beteiligungsrechte des Betriebsrats. Erlaubt das vertraglich vereinbarte Weisungsrecht dem Arbeitgeber, von dem Arbeitnehmer beispielsweise den Einsatz an einem anderen Ort oder auf einer anderen Position zu verlangen, und entspricht die Ausübung des Direktionsrechts im Einzelfall auch billigem Ermessen, so müssen, besteht ein Betriebsrat, darüber hinaus etwaige **Beteiligungsrechte des Betriebsrats** gewahrt werden. Handelt es sich um Versetzungen, ist zunächst an die Einbindung des Betriebsrats nach § 99 BetrVG zu denken. Sind vorab Schulungen erforderlich, kann § 98 BetrVG ins Spiel kommen. Handelt es sich gar um eine Maßnahme, die Teil einer Betriebsänderung ist, so bedarf es zunächst des Versuchs eines Interessenausgleichs. Wichtig ist in jedem Fall, dass die individualvertragliche Zulässigkeit der Weisung den Arbeitgeber nicht der Notwendigkeit der Einbindung des Betriebsrats enthebt. 9

b) Änderung der Arbeitsbedingungen durch Nutzung vertraglich vereinbarter Vorbehalte

Wurde bereits bei der Gestaltung der Arbeitsverträge Vorsorge für die Flexibilisierung von Entgeltbestandteilen bzw. zukünftige Anpassungen des Vertragsinhalts getroffen, kann dies ein Ansatzpunkt sein, um im Zuge einer Umstrukturierung von Unternehmen oder der gewünschten Harmonisierung von Arbeitsbedingungen Veränderungen vorzunehmen. Dies kommt in der Praxis primär in Bezug auf sog. Sondervergütungen, die zusätzlich zu dem laufenden Arbeitsentgelt gezahlt werden, in Betracht. In allen Fällen steht dieses Gestaltungsmittel aber überhaupt nur dann zur Verfügung, wenn die getroffene Regelung einer rechtlichen Überprüfung, namentlich einer AGB-Kontrolle standhält. Seit der Schuldrechtsreform in 2001 hat die hierzu ergangene umfangreiche Rechtsprechung nicht unbedingt für eine klare und transparente Situation gesorgt. Jedenfalls kann man aber sa- 10

[28] MHdB ArbR/*Reichhold* § 40 Rn. 61; Preis/*Preis* II D 30 Rn. 111.

[29] Vgl. hierzu BAG 23.9.2004 – 6 AZR 567/03, NZA 2005, 359 sowie stRspr des BAG seit BAG 12.4. 1973 – 2 AZR 291/72, AP zu § 611 BGB Direktionsrecht Nr. 24; vgl. auch Preis/*Preis* II D 30 Rn. 24ff.

gen, dass jedwedem arbeitsvertraglich vereinbarten Vorbehalt, sei es einem Freiwilligkeits-, Widerrufs- oder einem sonstigen Änderungsvorbehalt, der aus der Zeit vor der Schuldrechtsreform stammt, grundsätzlich mit großem Misstrauen hinsichtlich seiner Wirksamkeit und damit seiner Nutzbarkeit zu begegnen ist. Die Änderung von Arbeitsbedingungen durch Nutzung derartiger vertraglich vereinbarter Vorbehalte wird vielfach schon daran scheitern, dass die gewählte Vertragsgestaltung sich als unwirksam erweist.

Sind derartige Änderungsvorbehalte neueren Datums und wurde hierbei bereits die Rechtsprechung des BAG berücksichtigt, stehen die Chancen auf eine wirksame Ausübung der Vorbehalte in der Regel besser.

11 **aa) Freiwilligkeitsvorbehalt.** Freiwilligkeitsvorbehalte verhindern, sind sie wirksam vereinbart, bereits die Entstehung eines Anspruchs, so dass der Arbeitgeber von der Gewährung einer in Aussicht gestellten Leistung in der Zukunft **jederzeit und ohne Grund** wieder Abstand nehmen kann. Das Entstehen einer betrieblichen Übung ist ausgeschlossen. Selbst eine Bindung an § 315 BGB besteht nicht.[30] Schließlich ist dort, wo kein Anspruch entsteht, auch kein Raum für eine Kontrolle der Leistungseinstellung. Allerdings ist der Gleichbehandlungsgrundsatz zu beachten.

Beispiel I 5:

Das Reisebüro R GmbH hat sich auf Firmenkunden spezialisiert und übernimmt zum 1.2. 2010 die Reiseabteilung der Koch GmbH mit 2 Mitarbeitern. Im Rahmen der vorab durchgeführten Due Diligence hat sich ergeben, dass die Koch GmbH, die keinen Betriebsrat hat, ihren Mitarbeitern über Jahre eine Weihnachtsgratifikation gezahlt hat, die als freiwillige Leistung ohne Rechtsanspruch bezeichnet wurde. Ferner hat die Koch GmbH den beiden Mitarbeitern eine freiwillige Zulage von 15 % zum Tarifgehalt gezahlt. Das Reisebüro kann sich diese Zahlungen künftig nicht mehr leisten und teilt den übernommenen Mitarbeitern mit, dass sie die freiwillige Zulage zum Tarifgehalt einstellen wird. Zudem informiert sie die beiden Mitarbeiter, dass sie ein Weihnachtsgeld in Höhe eines Gehalts nur erhalten, wenn ein bestimmter Mindestumsatz mit den zugeteilten Kunden erzielt wird. Ungeachtet dessen soll das Weihnachtsgeld unter einem Freiwilligkeitsvorbehalt stehen.

12 Freiwilligkeitsvorbehalte sind Gestaltungsinstrumente, die mit äußerster Vorsicht eingesetzt werden sollten.[31] So können sie wirksam nur in Bezug auf **Sonderzahlungen** vereinbart werden, wobei eine Begrenzung hinsichtlich der Höhe von der Rechtsprechung bislang nicht erfolgt ist.[32] Laufende Leistungen, wie etwa eine freiwillige Zulage zum Tarifentgelt, werden für die erbrachte Arbeitsleistung gewährt und können daher nicht einfach eingestellt werden.[33] Für die Abgrenzung der Sonderzahlung vom **laufenden Arbeitsentgelt** soll der Auszahlungszeitpunkt maßgeblich sein. Während monatliche Zahlungen grundsätzlich laufendes Arbeitsentgelt sind, wird man bei jährlichen Zahlungen eher von Sonderzahlungen ausgehen können.[34] Allerdings stellt der 5. Senat bei der Abgrenzung von Sonderleistungen und laufender Vergütung eher auf das Bestehen eines Gegenseitigkeitsverhältnisses ab, so dass insoweit noch Rechtunsicherheiten bestehen.[35] Wird laufendes Arbeitsentgelt unter einen Freiwilligkeitsvorbehalt gestellt, wird dies vom BAG als

[30] Vgl. hierzu Hümmerich/Reufels/*Reufels* Kap. 1 Rn. 98; Hümmerich/Reufels/*Schiefer* Kap. 1 Rn. 4367 ff., 4410; HWK/*Roloff* BGB Anh. §§ 305–310 Rn. 31 ff.

[31] So spricht *Preis* vom langsamen Tod des Freiwilligkeitsvorbehalts, NZA 2009, 281.

[32] Vgl. BAG 18.3.2009 – 10 AZR 289/08, NZA 2009, 535; 30.7.2008 – 10 AZR 606/07, NZA 2008, 1173; kritisch hierzu HWK/*Roloff* BGB Anh. Zu §§ 305–310 Rn. 32.

[33] BAG 25.4.2007 – 5 AZR 627/06, NZA 2007, 853 Rn. 18 ff.; BAG 14.9.2011 – 10 AZR 526/10, NZA 1012, 81 Rn. 37; HWK/*Roloff* BGB Anh. Zu §§ 305–310 Rn. 33 mwN.

[34] Vgl. HWK/*Roloff* BGB Anh. Zu §§ 305–310 Rn. 33; Hümmerich/Reufels/*Schiefer* Kap. 1 Rn. 4410;

[35] Vgl. hierzu im einzelnen *Willemsen/Jansen* RdA 2010, 1 (4) mwN.

eine unangemessene Benachteiligung angesehen.[36] In dem **Beispiel I 5** kann die Koch GmbH, sofern der Veräußerer jährlich bei der Auszahlung des Weihnachtsgeldes explizit darauf hingewiesen hat, dass kein Anspruch in den Folgejahren besteht,[37] zwar die Zahlung der Weihnachtsgratifikation einstellen, nicht aber die Zahlung der übertariflichen Zulage. Das BAG hat klargestellt, dass Pauschalvorbehalte im Arbeitsvertrag, wonach alle nicht explizit vereinbarten künftigen Leistungen freiwillig sind, keinen Bestand haben.[38]

Einer der größten Probleme, die sich aus der Rechtsprechung mittlerweile ergeben, ist der Umstand, dass Freiwilligkeitsvorbehalte nur dann rechtssicher wirksam vereinbart sind, wenn diese nicht mit Leistungsanreizen, konkrete Zielsetzungen oder auch nur der Angabe über die Höhe der freiwilligen Leistung verknüpft sind, mithin nicht in einem synallagmatischen Bezug zur Arbeitsleistung stehen.[39] Kann man aber bezüglich einer Sonderzahlung weder die Höhe noch die Voraussetzungen festlegen, wird der Freiwilligkeitsvorbehalt für den Arbeitgeber in der Regel uninteressant, wenn er die Sonderzahlung als Steuerungsinstrument einsetzen möchte.[40] Es bleibt faktisch nur noch der Anwendungsbereich der reinen Gratifikation, mit der Betriebstreue honoriert wird.[41] Demgemäß sollte sich die Koch GmbH im **Beispiel I 5** nochmals überlegen, ob sie die Höhe und Voraussetzungen für die Zahlung von Weihnachtsgeld tatsächlich mitteilen will. In diesem Fall wäre der Freiwilligkeitsvorbehalt unwirksam.

bb) Widerrufsvorbehalt. Anders als bei einem Freiwilligkeitsvorbehalt sagt der Arbeitgeber bei einem Widerrufsvorbehalt zunächst eine Leistung zu, verknüpft dies aber mit dem Vorbehalt, sich in der Zukunft von der Verpflichtung zur Leistung wieder loszusagen zu können. Widerrufsvorbehalte sind formell nur dann ordnungsgemäß vereinbart, wenn eindeutig festgelegt wird, welche Leistung in welcher Höhe widerruflich sein soll. Zudem müssen mögliche **Widerrufsgründe** im Vertragstext selbst abgebildet sein, um dem Transparenzgebot des § 307 Abs. 1 S. 2 BGB Rechnung zu tragen.[42] Allerdings sind die Anforderungen, legt man die Entscheidung des BAG vom 24.11.2017 zugrunde, nicht sehr hoch. Dort hat das BAG nochmals bekräftigt, dass bei den Widerrufsgründen zumindest die Richtung angegeben werden muss, aus der der Widerruf möglich sein soll. Erwähnt werden wirtschaftliche Gründe, Leistung oder Verhalten des Arbeitnehmers. Konkret hat das BAG es genügen lassen, dass in der Klausel ein Widerruf für den Fall einer wirtschaftlichen Notlage vorgesehen war.[43] Das ist zwar auf den ersten Blick positiv, umgekehrt birgt es im Falle der Ausübung des Widerrufs das Risiko, dass über das Vorliegen der wirtschaftlichen Notlage gestritten wird. Will man das vermeiden, sollten konkrete Formulierungen gewählt werden.[44] Einer der maßgeblichen Unterschiede zum Freiwilligkeitsvorbehalt besteht zudem darin, dass das BAG in ständiger Rechtsprechung die Auffassung vertritt, dass im Gegenseitigkeitsverhältnis stehende Vergütungsbestandteile **nur bis zu einem Umfang von 25 %** unter einen Widerrufsvorbehalt gestellt werden dürfen,[45] wobei nach wie vor offen ist, ob per Freiwilligkeitsvorbehalt erzielte Flexibilisierungsvolumina auf die 25 %-Grenze anzurechnen sind. Begründet wird diese **sog. Kernbereichs-** 13

---

[36] Vgl. hierzu BAG 25.4.2007 – 5 AZR 627/06, NZA 2007, 853; vgl. zur Rechtsprechung des BAG zu Freiwilligkeitsvorbehalten auch *Kroeschell* NZA 2008, 1393 (1395).

[37] Vgl. ErfK/*Preis* BGB §§ 305–310 Rn. 72; HWK/*Roloff* BGB Anh. §§ 305–310 Rn. 32 mwN.

[38] BAG 14.9.2011 – 10 AZR 526/10, NZA 2012, 81.

[39] BAG 25.4.2007, aaO; BAG 18.3.2009, aaO; ErfK/*Preis* BGB §§ 305–310 Rn. 70; Preis/*Preis*, Der Arbeitsvertrag, II V 70 Rn. 43; Hümmerich/Reufels/*Mengel* Kap. 1 Rn. 1862 mwN.

[40] Vgl. hierzu *Leder* RdA 2010, 93 (94); *Willemsen/Jansen* RdA 2010, 1 (4).

[41] Vgl. hierzu *Willemsen/Jansen* RdA 2010, 1 (3).

[42] Vgl. BAG 12.1.2005 – 5 AZR 364/04, NZA 2005, 465; BAG 24.1.2017 – 1 AZR 774/17, NZA 2017, 777; ErfK/*Preis* BGB §§ 305–310 Rn. 60; vgl. zur Rechtsprechung des BAG zum Widerrufsvorbehalt auch *Kroeschell* NZA 2008, 1393.

[43] 1 AZR 774/14, NZA 2017, 777.

[44] Vgl, hierzu *Stoffels* NZA 2017, 1217 (1218); ErfK/Preis BGB §§ 305–310 Rn. 60; *Bayreuther* NZA 2019, 735.

[45] Vgl. BAG 7.12.2005 – AZR 535/04, NZA 2006, 423.

rechtsprechung bei Widerrufsvorbehalten mit der Notwendigkeit, einer Umgehung des Änderungskündigungsschutzes vorzubeugen.[46] Geht es um Zahlungen, die nicht unmittelbar Gegenleistung für erbrachte Arbeitsleistung sind, erhöht sich der Prozentsatz auf 30 %.[47]

14 Erweist sich ein Widerrufsvorbehalt als rechtswirksam vereinbart, muss auf einer zweiten Stufe geprüft werden, ob die konkrete Ausübung des vorbehaltenen Widerrufsrechts **billigem Ermessen iSd § 315 BGB** entspricht. Billigem Ermessen entspricht ein Widerruf dann, wenn hierfür einer der in dem Widerrufsvorbehalt bereits enthaltenen sachlichen Widerrufsgründe gegeben ist und nicht gegen andere Rechtsgrundsätze, etwa den Gleichbehandlungsgrundsatz verstoßen wird. Wird das Widerrufsrecht bzgl. laufenden Vergütungsbestandteilen ausgeübt, ist im Rahmen der Ausübungskontrolle zu prüfen, ob die Ankündigungsfrist angemessen war. Ein Widerrufsvorbehalt ist nicht deshalb unwirksam, weil er keine Ankündigungs- oder Auslauffrist vorsieht. Dies hat das BAG klargestellt.[48] Hier wird auch überprüft, ob der Zweck der Leistung und der Widerrufsgrund kompatibel sind.[49] Wichtig ist in diesem Kontext, dass im Falle eines Widerrufs die Gerichte überprüfen können, ob die angeführten Widerrufsgründe tatsächlich vorliegen.[50] Das kann Beweisprobleme mit sich bringen.[51]

Beispiel I 6:

Der gut situierte Mittelständler Meyer erwirbt aus der Insolvenz den Betrieb eines Konkurrenten und integriert die Beschäftigten in sein Unternehmen gemäß § 613a BGB. Er stellt fest, dass das dort tätige Personal besser vergütet wird, als die bei ihm beschäftigten Mitarbeiter. Nach Prüfung der Details weist er seinen Personalchef an, den Mitarbeitern des übernommenen Betriebs mitzuteilen, dass das 13. Gehalt zukünftig nicht mehr gezahlt wird. Die Arbeitsverträge enthalten eine Widerrufsklausel, die insbesondere bei wirtschaftlicher Notlage des Unternehmens einen Widerruf gestattet.

Sollte sich einer der von dem Widerruf betroffenen Arbeitnehmer dem Widerruf widersetzen, hätte er gute Aussicht auf Erfolg, da der neue Arbeitgeber wirtschaftlich gut situiert ist. Das **Beispiel I 6** zeigt, dass gerade bei dem Erwerb aus der Insolvenz bzw. im Zusammenhang mit einer wirtschaftlichen Zwangslage der Veräußerer **vor dem Erwerb** veranlasst werden sollte zu prüfen, ob Gestaltungsmöglichkeiten bzgl. der Änderung oder Harmonisierung der Arbeitsbedingungen bestehen. Etwaige Widerrufsgründe könnten nach dem Erwerb nicht mehr gegeben sein. Dies ist regelmäßig eine wichtige Aufgabe der Due Diligence.

15 **cc) Anrechnungsvorbehalt.** Sollen nach einem Betriebsübergang unterschiedliche Arbeitsbedingungen einzelner Arbeitnehmergruppen harmonisiert werden und stellt sich bei näherer Prüfung heraus, dass beispielsweise alle Beschäftigten des erworbenen Betriebs übertariflich vergütet werden, während dies bei der Belegschaft des Erwerbers bislang nicht der Fall war, könnte eine Harmonisierung der Arbeitsbedingungen mittel- bis langfristig durch eine Anrechnung der künftigen Tariflohnerhöhungen auf die übertariflichen Vergütungsbestandteile erfolgen. Dies gilt jedenfalls dann, wenn im Arbeitsvertrag die Anrechnung der Tariflohnerhöhung auf den übertariflichen Vergütungsbestandteil ausdrück-

---

[46] Vgl. BAG 11.10.2006 – 5 AZR 721/05, NZA 2007, 87 (89); BAG 7.12.2005, aaO.
[47] BAG 24.1.2017 – 1 AZR 774/17, NZA 2017, 777 Rn. 25; BAG 11.10.2006 – AZR 721/05, NZA 2007, 87; vgl. hierzu auch ErfK/*Preis* BGB §§ 305–310 Rn. 59; *Willemsen/Jansen* RdA 2010, 1 (3) mwN.
[48] BAG 24.1.2017 – 1 AZR 774/14, NZA 2017, 777 Rn. 27; 21.3.2012 – 5 AZR 651/10, NZA 2012, 616 Rn. 18; HWK/*Roloff* BGB Anh. §§ 305–310 Rn. 57.
[49] Vlg. zur Ausübungskontrolle HWK/*Thüsing* BGB § 611a Rn. 513; *Willemsen/Jansen* RdA 2010, 1 (3).
[50] Vgl. LAG Köln 16.10.2006 – 14 (13) Sa 9/06, NZA-RR 2007, 120; *Stoffels,* NZA 2017, 1217 (1220f.); Preis/*Preis,* Der Arbeitsvertrag, II V 70 Rn. 27.
[51] Vgl. *Willemsen/Jansen* RdA 2010, 1 (2).

lich vorbehalten ist oder, was nach der insoweit großzügigen Rechtsprechung regelmäßig der Fall sein sollte, von einem entsprechenden Parteiwillen auszugehen ist.[52]

Handelt es sich jedoch um einen übertariflichen Vergütungsbestandteil, mit dem ein besonderer Zweck verfolgt wird, so wird in der Regel davon auszugehen sein, dass eine Anrechnung hier nicht erfolgen kann. Beispiele hierfür sind Erschwernis-, Leistungs- und Sozialzusagen jedweder Art.[53]

Ist eine Anrechnung geplant, so unterliegt die Entscheidung, die Anrechnung vorzunehmen, zwar einer Billigkeitskontrolle,[54] diese wird aber in der Regel positiv verlaufen, da der Arbeitnehmer einerseits Kenntnis von der Anrechnungsmöglichkeit hatte, andererseits seine Effektivbezüge unangetastet bleiben.[55] Auch entsteht dadurch, dass über Jahre auf eine Anrechnung verzichtet wurde, keine betriebliche Übung, die eine Anrechnung hindert.[56] Der Gleichbehandlungsgrundsatz muss jedoch ebenso Beachtung finden wie das Maßregelungsverbot.[57]

Beispiel I 7:

Nachdem die R GmbH im **Beispiel I 5** damit gescheitert ist, die übertarifliche Zulage zu streichen, will diese zumindest bei der nächsten Tariferhöhung eine Anrechnung vornehmen und die Gehälter der beiden übernommenen Mitarbeiter der Koch GmbH nicht erhöhen. Das übrige Personal erhält die entsprechende Tariferhöhung.

Der Umstand, dass eine Anrechnung der Tariferhöhung nur bei den nach § 613a BGB übernommenen Beschäftigten erfolgt, um peu á peu eine Vergütungsangleichung zu erreichen, verstößt nicht gegen das Gleichbehandlungsgebot.[58]

dd) Teilkündigungsvorbehalt. Teilkündigungsvorbehalte werden in der Praxis in der Regel wie Widerrufsvorbehalte behandelt. Ob dies tatsächlich notwendig ist, da die Grundsätze des KSchG zur Anwendung gelangen können und zudem eine Kündigungsfrist einzuhalten ist, mag bezweifelt werden.[59] Das BAG hat in einer Entscheidung vom 18.5.2017 Teilkündigungen von Pauschalierungsabreden für zulässig erachtet. Zum einen war die Teilkündigungsmöglichkeit explizit vorbehalten. Zum anderen ging es nur um Abrechnungsmodalitäten, mit der Teilkündigung ging kein Verlust von Vergütungsbestandteilen einher.[60] Vor diesem Hintergrund lässt diese Entscheidung keine Rückschlüsse darauf zu, ob bzw. in welchen Fällen die Teilkündigung von Vergütungsbestandteilen wirksam vereinbart werden kann. 16

ee) Befristung von Arbeitsbedingungen. Ein weiteres Flexibilisierungsinstrument ist die Befristung von Arbeitsbedingungen. So könnte man beispielsweise daran denken, eine bestimmte freiwillige Leistung nur befristet für ein Jahr zuzusagen, um anschießend frei darüber zu entscheiden, ob die Leistung für ein weiteres Jahr zugesagt werden soll.[61] Befristung von Arbeitsbedingungen wie beispielsweise die Dauer der Arbeitszeit oder die 17

[52] Vgl. BAG 1.3.2006 – 5 AZR 363/05, NZA 2006, 746; *Arens/Düwell/Wichert* § 3 Rn. 161ff.; HWK/*Thüsing* BGB § 611a Rn. 609.

[53] Vgl. BAG 14.8.2001 – 1 AZR 744/00, NZA 2002, 342; HWK/*Thüsing* BGB § 611a Rn. 611; Preis/Preis, Der Arbeitsvertrag, II V 70 Rn. 33.

[54] aM HWK/*Thüsing* BGB § 611a Rn. 613, der eine Kontrolle nach § 315 BGB nicht für notwendig erachtet.

[55] BAG 18.5.2011 – 10 AZR 206/10, NZA 2011, 1289 Rn. 39; ErfK/*Preis* BGB §§ 305–310 Rn. 66; Preis/*Preis*, Der Arbeitvertrag, II V 70 Rn. 34 mwN.

[56] HWK/*Thüsing* BGB § 611a Rn. 612 mwN.

[57] HWK/Thüsing BGB § 611a Rn. 613; ErfK/*Preis* BGB §§ 305–310 Rn. 66.

[58] Vgl. hierzu → G Rn. 170ff. mwN; → Rn. 4.

[59] Vgl. so auch ErfK/*Preis* BGB §§ 305–310 Rn. 63 mwN.

[60] 2 AZR 721/16, NZA 2017, 1195; vgl. hierzu auch ErfK/*Preis* BGB §§ 305–310 Rn. 63a; *Winzer* ArbR-Aktuell 2017, 463.

[61] Vgl. so die Überlegung von *Willemsen/Jansen* RdA 2010, 1 (5).

Übertragung von Sonderfunktionen unterliegen der **Inhaltskontrolle** nach §§ 307 ff. BGB.[62] Diese Kontrolle ist unter Berücksichtigung und Bewertung rechtlich anzuerkennender Interessen beider Vertragsparteien vorzunehmen.[63] Dies gilt gleichermaßen für auflösende Bedingungen.[64] Konkret bedeutet das, dass es grundsätzlich nicht erforderlich ist, ob ein Sachgrund gemäß § 14 Abs. 1 TzBfG vorliegt. Auch finden das Schriftformerfordernis gemäß § 14 Abs. 4 TzBfG und die Fristenregelung des § 17 TzBfG keine Anwendung.[65] Zu prüfen ist, ob der Arbeitnehmer durch die Befristung **unangemessen benachteiligt** wird. Die Anforderungen an die Rechtfertigung der Benachteiligung steigen mit der Relevanz der befristet zugesagten Leistung.[66] Liegt sogar ein Sachgrund für die Befristung des Arbeitsverhältnisses insgesamt vor, ist allerdings regelmäßig von der Rechtmäßigkeit der Befristung der Arbeitsbedingung auszugehen. Etwas anderes soll nur dann gelten, wenn außergewöhnliche Umstände vorliegen.[67] Demgemäß sind Umstände, die die Befristung des Arbeitsverhältnisses nach § 14 Abs. 1 TzBfG rechtfertigen, bei der Interessenabwägung nach § 307 Abs. 1 S. 1 BGB zugunsten des Arbeitgebers zu berücksichtigen. In den Fällen, in denen der Befristung ein Sachverhalt zugrunde liegt, der die Befristung eines Arbeitsvertrags insgesamt mit einem Sachgrund rechtfertigen könnte, ist demnach davon auszugehen ist, dass das Interesse des Arbeitgebers an der nur befristeten Vereinbarung der Arbeitsbedingungen überwiegt.[68] Geht es um die Aufstockung der Arbeitszeit in erheblichem Umfang, soll eine unangemessene Benachteiligung des Arbeitnehmers nur ausgeschlossen sein, wenn eine Befristung des Arbeitsvertrags nach § 14 Abs. 1 TzBfG tatsächlich gerechtfertigt wäre. Von einem erheblichen Umfang wird ausgegangen, wenn eine Arbeitszeiterhöhung von 25 % und mehr in Rede steht.[69]

Während das BAG die Auffassung vertritt, der Befristungsgrund sei nicht ausdrücklich zu benennen, wird dies in der Literatur untet Hinweis auf das Transparenzgebot gemäß § 307 Abs. 1 S. 2 BGB zT anders beurteilt.[70] Schon unter Praktikabilitäts- und Beweisgesichtspunkten ist zu empfehlen, die Gründe für die Befristung sowie die Befristung selbst zu dokumentieren. In diesem Kontext ist auch wichtig zu wissen, dass nach der aktuellen Rechtsprechung stets nur die Wirksamkeit der zeitlich letzten Befristung von Relevanz ist.[71] Es kann sich daher bei einer Verlängerung einer Befristung durchaus lohnen, in der Vergangenheit gemachte Fehler durch eine klare und transparente Dokumentation zu heilen.

18 Auch wenn mittlerweile BAG-Rechtsprechung zu Fällen vorliegen, in denen die Arbeitszeit befristet erhöht oder befristet eine höherwertige Tätigkeit übertragen wurde, ist doch nach wie vor unklar, ob und in welchem Umfang die dort aufgestellten Regelungen auch auf die nur **befristete Zusage finanzieller Leistungen** anwendbar sind.[72] Es sprechen zunächst gute Argumente dafür, dass ebenso wie beim Widerrufsvorbehalt ohne weiteres bis zu 25 % der Vergütung durch Befristungsabreden flexibilisiert werden kann. Dies gilt insbesondere bei einer befristeten Absenkung der Vergütung, die zwischen den Parteien vereinbart ist.[73] Ob allerdings über diese Grenze hinaus Befristungsabreden zulässig sind

---

[62] So BAG 25.4.2018 – 7 AZR 520/16, NZA 2018, 1061; 23.3.2016 – 7 AZR 828/13, NZA 2016, 881; 24.2.2016 – 7 AZR 253/14, NZA 2016, 814; 7.10.2015 – 7 AZR 945/13, NZA 2016, 441; 2.9.2009 – 7 AZR 233/08, NZA 2009, 1253; 8.8.2007 – 7 AZR 855/06, NZA 2008, 229; vgl. zu dieser Rechtsprechung *Lunk/Leder* NZA 2008, 504; *Fuhlrott* NZA 2016, 1000; *Biedermann* NZA-RR 2019, 345.

[63] BAG 10.12.2014 – 7 AZR 1009/12, NZA 2015, 811.

[64] BAG 18.5.2011 – 10 AZR 206/10, NZA 2011, 1289.

[65] So auch *Fuhlrott* NZA 2016. 1000.

[66] Vgl. *Willemsen/Jansen* RdA 2010, 1 (6).

[67] BAG 2.9.2009, aaO; vgl. hierzu auch *Lunk/Leder* NZA 2008, 504; *Schramm/Naber* NZA 2009, 1318; *Leder* RdA 2010, 93 (98).

[68] BAG 25.4.2018 – 7 AZR 520/16, NZA 2018, 1061 Rn. 35 mwN.

[69] BAG 25.4.2018, aAO. Rn. 35 ff.; vgl. hierzu ausführlich *Biedermann* NZA-RR 2019, 345 (348).

[70] ErfK/*Preis* BGB §§ 305–310 Rn. 75; Preis/*Preis*, Der Arbeitsvertrag, II V 70 Rn. 79.

[71] Hierzu *Fuhlrott* NZA 2016, 1000 (1003).

[72] Vgl. *Willemsen/Jansen* RdA 2010, 1 (5); *Fleddermann* ArbRAktuell 2015, 393.

[73] Vgl. so auch *Schramm/Naber* NZA 2009, 1318; ErfK/*Preis* BGB §§ 305–310 Rn. 75.

und welche Anforderungen an entsprechende Vereinbarungen zu stellen sind, muss noch als offen bezeichnet werden.[74] Es sprechen allerdings, liegen beachtliche Befristungsgründe vor, auch gute Argumente für die grundsätzliche Zulässigkeit solcher Vereinbarungen. So wird man insbesondere bei Managern und Spitzenverdienern nachvollziehbar begründen können, warum hier über die 25% Schwelle hinaus Befristungen zur Setzung von Leistungsanreizen erforderlich sind.

Da die vereinbarte Leistung mit Ablaufen der Befristung automatisch entfällt, entfällt – anders als etwa bei einem Widerruf – bei Teilbefristungen die Ausübungskontrolle. Fällt die Inhaltskontrolle selbst positiv aus, kann die Leistung zu gegebener Zeit eingestellt bzw. zu dem Zustand vor der Befristung zurückgekehrt werden.

ff) Beteiligungsrechte des Betriebsrats. Auch wenn sich ein vereinbarter Freiwilligkeits- oder Widerrufsvorbehalt, eine Anrechnung oder eine Teilkündigung individualvertraglich als wirksam erweisen, bedeutet dies noch nicht, dass der Arbeitgeber diese Gestaltungsrechte einseitig ohne Beteiligung des Betriebsrats ausüben kann. Es ist vielmehr in jedem Einzelfall zu prüfen, ob Beteiligungsrechte des Betriebsrats den Arbeitgeber zwingen, die geplante Vorgehensweise vorab mit dem Betriebsrat abzustimmen bzw. im Falle der Nichteinigung die Einigungsstelle entscheiden zu lassen. 19

Es entspricht ständiger Rechtsprechung des BAG, dass der Arbeitgeber in seiner Entscheidung, ob er **freiwillige Leistungen**, dh Leistungen, zu denen er weder aufgrund von Gesetz noch aufgrund von Tarifvertrag verpflichtet ist, einführen oder einstellen will, grundsätzlich frei ist.[75] Auch bestimmt der Arbeitgeber über den Dotierungsrahmen und den Kreis der Begünstigten alleine. **Mitbestimmungsfrei** ist danach die Frage des Ob, der Höhe, des Zwecks sowie des begünstigten Personenkreises der freiwilligen Sozialleistungen.[76] Will ein Unternehmen aufgrund wirtschaftlicher Schwierigkeiten anders als in den vorangegangenen Jahren eine bislang freiwillig gewährte Leistung vollständig einstellen, bedarf es hierzu demnach grundsätzlich nicht der Zustimmung des Betriebsrats. Will ein Unternehmen jedoch aufgrund einer besonders guten Geschäftsentwicklung erstmals einen Sonderbonus an die Belegschaft zahlen, ist der Betriebsrat gemäß **§ 87 Abs. 1 Nr. 10 BetrVG** zu beteiligen. Sein Beteiligungsrecht erstreckt sich auf die **Gestaltung der Verteilungsgrundsätze.** Dies gilt auch dann, wenn der Arbeitgeber zwar eine mit Widerrufsvorbehalt zugesagte Weihnachtsgratifikation weiterzahlen, hierfür aber nur noch weniger Mittel zur Verfügung stellen will. Auch hier ist der Betriebsrat zu beteiligen, soweit es um die Verteilung der Mittel auf den vom Arbeitgeber bestimmten Berechtigtenkreis geht und soweit der Arbeitgeber nicht lediglich eine gleichmäßige Absenkung der Leistung für alle Beschäftigten plant.[77] 20

Auch wenn das BAG von den oben dargestellten Grundsätzen formal nicht abgewichen ist, hat es mit zwei Entscheidungen aus den Jahren 2008 und 2009 für erhebliche Verunsicherung gesorgt. Während die bisherige Praxis stillschweigend davon ausging, dass freiwillige Leistungen jeweils gemäß ihrer Zweckbestimmung für sich zu betrachten sind, hat das BAG dort klargestellt, dass ein **nicht tarifgebundener Arbeitgeber** sämtliche **Vergütungsbestandteile** iSd § 87 Abs. 1 Nr. 10 BetrVG freiwillig gewährt und dass diese **nicht getrennt voneinander zu betrachten sind.** Solange der Arbeitgeber weiterhin freiwillige Leistungen gewähren will und nicht lediglich unter Beibehaltung des Verteilungsplans Leistungen abzusenken gedenkt, soll ein Mitbestimmungsrecht des Betriebsrats ausgelöst werden.[78] Ausgehend hiervon können Arbeitgeber ohne Einbeziehung des Betriebsrats 21

---

[74] Vgl. hierzu ausführlich *Willemsen/Jansen* RdA 2010, 1 (6).

[75] Vgl. BAG 3.12.1991 – GS 2/90, NZA 1992, 749; BAG 8.6.2004 – 1 AZR 308/03, NZA 2005, 66; *Fitting* BetrVG § 87 Rn. 449; DKKW/*Klebe* BetrVG § 87 Rn. 314.

[76] Vgl. *Richardi* in Richardi BetrVG § 87 Rn. 792ff; *Fitting* BetrVG § 87 Rn. 445 jeweils mwN.

[77] Vgl. *Fitting* BetrVG § 87 Rn. 450 mwN.

[78] BAG 26.8.2008 – 1 AZR 354/07, NZA 2008, 1426; BAG 10.11.2009 – 1 AZR 511/08, BeckRS 2010, 69322.

einzelne Vergütungsbestandteile, wie beispielsweise Prämien, Gratifikationen etc nicht ersatzlos streichen. Hierdurch wird schließlich der Verteilungsplan geändert.[79] Auch für **tarifgebundene Arbeitgeber** ist die vom BAG weiterentwickelte Rechtsprechung zu § 87 Abs. 1 Nr. 10 BetrVG bzw. der Reichweite der Nachwirkung von zentraler Bedeutung. Auch insoweit vertritt das BAG die Auffassung, dass sämtliche außer- oder übertarifliche Leistungen des Arbeitgebers **Teil einer (freiwilligen) Gesamtvergütung** sind. Sollen einzelne über- oder außertarifliche Leistungen vollständig beseitigt oder reduziert werden, verschiebt sich das Verhältnis einzelner Vergütungsbestandteile innerhalb der Gesamtvergütung zueinander, so dass der Leistungsplan betroffen ist und demgemäß das Mitbestimmungsrecht ausgelöst wird.[80] Mit anderen Worten, auch wenn der Arbeitgeber nur die Weihnachtsgratifikation ersatzlos einstellen und die übrigen übertariflichen Leistungen unverändert fortführen will, muss er den Betriebsrat beteiligen.[81] Ob dies auch dann gelten soll, wenn es um Leistungen der betrieblichen Altersversorgung geht, ist noch offen. Schließlich ist der Charakter und Zweck der betrieblichen Altersversorgung ein anderer als der reguläre Vergütungsbestandteile, so dass man die betriebliche Altersversorgung als eigenständige Vergütungskomponente ansehen kann.[82] Auch wird man Zweifel anmelden können, ob das BAG tatsächlich alle freiwilligen Leistungen, und insbesondere solche, die nicht in einem inneren Zusammenhang zueinander stehen, einer einheitlichen Betrachtung unterwerfen will.

22 In seiner Entscheidung vom 5.10.2010 hat das BAG die im Jahre 2008 und 2009 entwickelten Ansätze wieder relativiert, ohne dies allerdings ausdrücklich zu benennen.[83] In dieser Entscheidung modifiziert das BAG den aufgestellten Grundsatz, wonach faktisch alle Leistungen eines nicht tarifgebundenen Arbeitgebers als eine einheitliche Gesamtvergütung anzusehen sind, in dem es klarstellt, dass der Arbeitgeber dennoch die Möglichkeit der Beseitigung freiwilliger Leistungen haben muss. Dies soll möglich sein,

– wenn es sich um eine Leistung handelt, zu deren Gewährung der Arbeitgeber nicht vertraglich oder aus sonstigen Rechtsgründen verpflichtet ist,
– wenn die Leistung nicht Bestandteil eines mitbestimmungspflichtigen Entlohnungssystems ist. Das soll dann nicht der Fall sein, wenn die Leistung nicht gemeinsam mit anderen Vergütungsbestandteilen, sondern in einer gesonderten Betriebsvereinbarung geregelt ist.
– wenn der Arbeitgeber klar zum Ausdruck bringt, dass er die Leistung zukünftig nicht mehr gewähren will.

Liegen die o.g. Voraussetzungen vor, soll die Kündigung der Betriebsvereinbarung nun doch dazu führen, dass die dort zugesagten Leistungen nach dem Ende der Kündigungsfrist ersatzlos entfallen, ohne dass der Betriebsrat mitzubestimmen hat. Die Befürchtungen, die aufgrund der Entscheidungen aus den Jahren 2008 und 2009 Kreise gezogen haben, wonach auch in derartigen Fällen mit einer Nachwirkung zu rechnen ist, weil die in Rede stehende Leistung Teil einer Gesamtvergütung ist, haben sich insoweit nicht bewahrheitet.[84] So kann beispielsweise nunmehr davon ausgegangen werden, dass etwa die Kündigung einer Betriebsvereinbarung Weihnachtsgeld mit dem erklärten Ziel, sämtliche Leistungen in der Zukunft einzustellen, mitbestimmungsfrei durchgeführt werden kann.[85]

Auch wenn das BAG das in der Entscheidung vom 5.10.2010 nicht so ausführt,[86] ist nach alle dem doch davon auszugehen, dass die vielfach an der neuen Rechtsprechung

[79] Vgl. hierzu *Fitting* BetrVG § 87 Rn. 453; ausführlich *Salamon* NZA 2010, 745; *Bayreuter* NZA 2019, 735 (736).
[80] Vgl. BAG 26.8.2008, aaO; BAG 10.11.2009, aaO.
[81] Vgl. hierzu *Salamon* NZA 2010, 745.
[82] Kritisch insoweit *Fitting* BetrVG § 87 Rn. 412; vgl. auch → J Rn. 30.
[83] 1 ABR 20/09, NZA 2011, 598; vgl. auch *Sittard/Grau*, RdA 2013, 118.
[84] Vgl. zu der Bedeutung der Entscheidung auch *Salamon* NZA 2011, 549; aM Fitting BetrVG § 87 Rn. 453a.
[85] Vgl. hierzu auch BAG 19.11.2019 – 1 AZR 386/18, NZA 2020, 297.
[86] Dies kritisieren zu Recht *Sittard/Grau* RdA 2013, 118 (120).

geäußerte Kritik, wonach man nicht alle freiwilligen Vergütungsbestandteile in einen Topf werfen und sie – wie Reichhold pointiert meint – zu einem „Erfurter Allerlei" zusammenrühen kann,[87] Gehör gefunden hat. Schließlich könnte sich nach dem Ansatz einer allumfassenden Gesamtvergütung kein Arbeitgeber mehr punktuell von freiwilligen Leistungen trennen und über deren Zweck und Höhe mitbestimmungsfrei entscheiden. Ist aber eine freiwillige Leistung gesondert und jenseits der Gesamtvergütung vereinbart, sollte sie auch gesondert eingestellt werden können. In diese Richtung weist auch die Entscheidung des bezüglich einer Gesamtbetriebsvereinbarung zur Altersteilzeit.[88]

Beispiel I 8:

Die W GmbH verhandelt mit der V AG über die Übernahme zweier Werke in Norddeutschland. Bei der Due Diligence ergibt sich, dass in den letzten 3 Jahren die Tariferhöhungen jeweils zur Hälfte auf die übertariflichen Zulagen angerechnet und die Weihnachtsgratifikation für die Tarifangestellten unter Hinweis auf wirtschaftliche Schwierigkeiten widerrufen wurde. Der Zielbonus der AT-Angestellten wurde zudem um 50 % gekürzt, die Betriebsvereinbarung zur Regelung der betrieblichen Altersversorgung für AT-Angestellte ist gekündigt und soll neu verhandelt werden. Eine Beteiligung des Betriebsrats an den o. g. Maßnahmen ist weder dokumentiert noch wird sie von der V AG behauptet. Lediglich in Bezug auf die Weihnachtsgratifikation findet sich bei der Due Diligence ein Kündigungsschreiben der Betriebsvereinbarung, in dem darauf hingewiesen wird, dass es künftig keine Gratifikation mehr geben soll. Da die Arbeitnehmer keine Verfallklausel in ihren Verträgen haben, stellt sich die Frage nach den finanziellen Risiken.

War die Weihnachtsgratifikation einziger Gegenstand der gekündigten Betriebsvereinbarung und wurde klar kommuniziert, dass die Leistung eingestellt werden soll, sollte der Käufer zukünftig nicht wieder auf Zahlung der Jahressonderleistung in Anspruch genommen werden. Insoweit hat die Entscheidung des BAG vom 5. 10. 2010 erfreuliche Klarheit geschaffen. Problematischer ist es jedoch bezüglich der anderen Maßnahmen, die die V AG in der Vergangenheit ergriffen hat.

Plant der Arbeitgeber, **übertarifliche Vergütungsbestandteile auf die Tariferhö- 23 hung anzurechnen,** so hat er im Grundsatz immer dann den Betriebsrat zu beteiligen, wenn sich die Verteilungsgrundsätze ändern[89] und wenn für eine anderweitige Regelung innerhalb des vom Arbeitgeber mitbestimmungsfrei vorgegebenen Dotierungsrahmens eine Regelungsspielraum verbleibt.[90] Nimmt der Arbeitgeber eine Anrechnung in rechtswidriger Weise vor, in dem er etwa Tariflohnerhöhungen auf anrechnungsfest Zusagen angerechnet, so entfällt das Mitbestimmungsrecht des Betriebsrats bzw. eine etwaige Beteiligung des Betriebsrats vermag die Rechtswidrigkeit des Tuns nicht zu heilen.[91] Ein Mitbestimmungsrecht besteht auch nicht, wenn durch die Anrechnung das Zulagenvolumen auf Null reduziert wird[92] oder wenn die Tariflohnerhöhung vollständig und gleichmäßig auf die Zulagen aller Arbeitnehmer angerechnet wird.[93] Gewährt der Arbeitgeber allerdings neben den Zulagen, auf die die Tariferhöhung angerechnet werden soll, weitere übertarifliche Leistungen – wovon man in der Praxis vielfach wird ausgehen können –, muss aufgrund der oben dargestellten Rechtsprechung des BAG, wonach sämtliche freiwillige Leistungen als Gesamtvergütung zu betrachten sind, auch dann von einem Beteiligungsrecht des Betriebsrats ausgegangen werden, wenn etwa eine vollständige Anrechnung geplant ist. Hier, so lässt sich argumentieren, verändern sich wiederum die Verteilungs-

---

[87] Vgl. *Reichhold* BB 2009, 1470.
[88] 10. 12. 2013 – 1 AZR 39/12, NZA 2014, 1040.
[89] Vgl. BAG 3. 12. 1991 – GS 2/90, NZA 1992, 749.
[90] Vgl. BAG 10. 3. 2009 – 1 AZR 55/08, NZA 2009, 684; vgl. auch HWK/*Clemenz* BetrVG § 87 Rn. 193.
[91] BAG 23. 3. 1993 – 1 AZR 520/92, NZA 1993, 806; BAG 7. 2. 1996 – 1 AZR 657/95, NZA 1996, 832.
[92] BAG 21. 9. 1999 – 1 ABR 59/98, NZA 2000, 898.
[93] Vgl. *Fitting* BetrVG § 87 Rn. 478; HWK/*Clemenz* BetrVG § 87 Rn. 197, *Willemsen/Jansen* RdA 2010, 1 (3).

grundsätze, weil sich das Verhältnis der übertariflichen Zulage zu den übrigen freiwilligen Leistungen (beispielsweise Boni, Gratifikationen, Essenszuschuss) verschiebt. Etwas anderes gilt nur dann, wenn alle Vergütungsbestandteile in getrennten Betriebsvereinbarungen geregelt sind und die formellen Anforderungen, die das BAG in der Entscheidung vom 5.10.2010 aufgestellt hat, beachtet werden.

24 Versäumt der Arbeitgeber es, die Beteiligungsrechte des Betriebsrats gemäß § 87 Abs. 1 Nr. 10 BetrVG zu wahren und rechnet etwa eine Tariflohnerhöhung ohne vorherige Einigung mit dem Betriebsrat teilweise an, so ist seine Vorgehensweise nach der **sog. Theorie der Wirksamkeitsvoraussetzung** unwirksam.[94] Zwar kann diese Unwirksamkeit geheilt werden, wenn es zu einem späteren Zeitpunkt doch noch zu einer Einigung mit dem Betriebsrat kommt bzw. eine Entscheidung der Einigungsstelle herbeigeführt wird. Rückwirkende Wirkung kann diese Vereinbarung jedoch in der Regel nicht entfalten, so dass jedenfalls bis zu der Einigung mit dem Betriebsrat bzw. bis zu dem Einigungsstellenspruch eine Zahlungsverpflichtung besteht.[95] Dies gilt allerdings dann nicht, wenn eine freiwillige Leistung ohne Zustimmung des Betriebsrats eingeführt wurde. In diesen Fällen, so das BAG, kann die freiwillige Leistung ggf. mitbestimmungsfrei widerrufen werden.[96] In Anbetracht dieses wirtschaftlichen Risikos ist demnach strikt darauf zu achten, dass der Betriebsrat ordnungsgemäß eingebunden wird. Auch sollte die Beteiligung des Betriebsrats hinreichend dokumentiert sein, da auch noch nach längerer Zeit Streit über die Wirksamkeit einer Anrechnung oder eines Widerrufs von Zulagen oÄ entstehen kann. Im **Beispiel I 8** ist der Käufer daher, sollte die ordnungsgemäße Beteiligung des Betriebsrats zweifelhaft bleiben, gut beraten, sich im Vertrag zusichern zu lassen, dass der Veräußerer für etwaige Nachzahlungsansprüche der Belegschaft haftet.

25 Ist der Arbeitgeber einzelvertraglich bzw. aufgrund einer Gesamtzusage oder einer betrieblichen Übung verpflichtet, eine Sonderleistung zu erbringen bzw. eine übertarifliche Zahlung zu machen, vermag auch der Betriebsrat hieran nichts zu ändern. Durch Betriebsvereinbarung kann grundsätzlich nicht in einzelvertragliche Ansprüche der Beschäftigten eingegriffen werden. Lediglich in den Fällen, in denen der Arbeitgeber nicht eine Einstellung oder Einschränkung von Sozialleistungen der Beschäftigten im Rahmen betrieblicher Einheitsregelungen, sondern eine Umschichtung der Leistungen anstrebt, gestattet das BAG den Betriebsparteien, eine **ablösende Betriebsvereinbarung** abzuschließen. Diese darf dann allerdings bei kollektiver Betrachtungsweise insgesamt nicht ungünstiger sein als die bislang auf einzelvertraglicher Grundlage gewährten Leistungen **(sog. kollektiver Günstigkeitsvergleich).**[97] Wurde bei der Einführung einer freiwilligen Leistung hingegen von vornherein eine Betriebsvereinbarung abgeschlossen und wurden keine einzelvertraglichen Zusagen gemacht, kann nach Kündigung der Betriebsvereinbarung die Leistung wahlweise vollständig eingestellt werden oder im Rahmen einer neuen Betriebsvereinbarung abgesenkt werden. Eine Inhaltskontrolle findet in diesem Fall nicht statt, der Arbeitgeber hat demnach die **maximale Flexibilität.** Dies gilt auch dann, wenn eine betriebliche Einheitsregelung oder eine Gesamtzusage explizit **„betriebsvereinbarungsoffen"** ausgestaltet ist.[98] Insoweit gilt die sog. Zeitkollisionsregel. Ob eine Regelung betriebsvereinbarungsoffen ausgestaltet ist, hängt maßgeblich davon ab, ob dem Arbeitnehmer erkennbar war, dass die Leistung einer kollektiven Veränderung zugänglich sein soll.[99] Insoweit gilt die Zeitkollisionsregel. Daher ist auch den Unternehmen, die bei Einführung freiwilliger oder widerruflicher Leistungen noch keinen Betriebsrat haben, dringend anzuraten, die Regelung ausdrücklich betriebsvereinbarungsoffen auszugestalten. Geschieht

[94] stRspr. des BAG, vgl. BAG 3.12.1991 – GS 2/90, NZA 1992, 749.
[95] Vgl. *Fitting* BetrVG § 87 Rn. 599, 602.
[96] BAG 24.1.2017 – 1 AZR 772/14, NZA 2017, 931; vgl. auch *Stoffels* NZA 2017, 1217 (1223).
[97] Vgl. hierzu *Fitting* BetrVG § 77 Rn. 205 ff.; Richardi/*Richardi* BetrVG § 77 Rn. 151 ff.
[98] Vgl. hierzu *Fitting* BetrVG § 77 Rn. 214; vgl. auch BAG 17.7.2012 – 1 AZR 476/11, NZA 2013, 338.
[99] Vgl. *Fitting* BetrVG § 77 Rn. 214.

dies, kann die getroffene Regelung durch eine ungünstigere Betriebsvereinbarung abgelöst werden, wobei der Arbeitgeber den Dotierungsrahmen frei bestimmen kann.

c) Änderung der Arbeitsbedingungen durch Wegfall der Geschäftsgrundlage

Kommt es im Zuge der Veräußerung oder Umstrukturierung von Unternehmen zu einem Arbeitgeberwechsel, tauchen gelegentliche Probleme auf, weil zwar eine vertragliche Verpflichtung gemäß § 613a Abs. 1 S. 1 BGB auf den Erwerber übergeht, dieser die Verpflichtung aber tatsächlich nicht erfüllen kann. So verhält es sich beispielsweise, wenn Mitarbeiter einer Fluggesellschaft im Zuge einer Outsourcingmaßnahme den Arbeitgeber wechseln, dieser aber, da er keine Fluggesellschaft betreibt, den Beschäftigten keine Flugvergünstigungen gewähren kann. Auch Arbeitnehmer eines Stromkonzerns, deren Arbeitsverhältnis nach § 613a Abs. 1 S. 1 BGB übergeht, werden von dem neuen Arbeitgeber, der für den Konzern beispielsweise Reinigungsarbeiten durchführt, keine vergünstigten Stromdeputate mehr erhalten können. Schließlich entstehen ähnliche Probleme bei Aktienoptionsprogrammen, die ein Erwerber nicht mehr erfüllen kann, weil er keine Zugriffsmöglichkeit auf die den Mitarbeitern sonst gewährten Vorzugsaktien hat. 26

All diese Fälle lassen sich in der Praxis, kann der individual- oder kollektivrechtliche Anspruch auf die Leistung nicht durch Kündigung oder sonstige Anpassung des Vertrags beseitigt werden,[100] nur durch Berufung auf den Wegfall der Geschäftsgrundlage gemäß § 313 BGB lösen. Es muss dann in jedem Einzelfall unter Berücksichtigung der Relevanz der Leistungen für den Arbeitnehmer geklärt werden, ob die Leistung schlicht ersatzlos entfällt oder an ihrer Stelle eine andere Leistung im Zuge der Anpassung zu gewähren ist.[101]

d) Änderung der Arbeitsbedingungen durch Änderungskündigung

Soweit sich infolge einer Umstrukturierung unterschiedliche Arbeitsbedingungen innerhalb eines Betriebes oder Unternehmens ergeben, kommt als Mittel zur Harmonisierung auch der Ausspruch von Änderungskündigungen – im Zweifel sog. Massenänderungskündigungen[102] – in Betracht. Dabei wird zum einen das bestehende Arbeitsverhältnis im Sinne einer Beendigungskündigung gekündigt, zum anderen wird dem Arbeitnehmer angeboten, das Arbeitsverhältnis **zu veränderten Bedingungen fortzusetzen.**[103] 27

Der Ausspruch von **Massenänderungskündigungen** mit dem Ziel einer Harmonisierung der Arbeitsbedingungen ist von vornherein mit erheblichen Schwierigkeiten belastet. Insbesondere dürfte es regelmäßig eine atmosphärische Verschlechterung mit sich bringen, wenn der Arbeitgeber, der im Wege des § 613a Abs. 1 S. 1 BGB gerade erst in die Arbeitsverhältnisse eingetreten ist, sogleich die Fortsetzung des Arbeitsverhältnisses von der Hinnahme einer Vertragsänderung abhängig macht. Das Gestaltungsmittel der Änderungskündigung stellt die arbeitsvertragliche Beziehung insgesamt in Frage und wird daher regelmäßig als besonders einschneidend empfunden. Regelmäßig belastend wirkt sich auch die Vielzahl gerichtlicher Verfahren aus, die durch den Ausspruch von Massenänderungskündigungen ausgelöst werden können. Eine Änderungskündigung kann gem. § 2 KSchG von jedem betroffenen Arbeitnehmer angegriffen werden. Darüber geführte Verfahren werden gemäß der Geschäftsverteilungspläne der Arbeitsgerichte häufig bei unterschiedlichen Kammern anhängig, so dass die erhebliche Gefahr divergierender Entscheidungen besteht, insbesondere was die Zumutbarkeit der dem Arbeitnehmer angebotenen Vertragsänderungen anbelangt. Im Übrigen muss für die Änderungskündigung, da sie stets eine „echte" Beendigungskündigung enthält, der besondere Kündigungsschutz der Schwerbe- 28

[100] Vgl. ErfK/*Preis* BGB § 611a Rn. 379.
[101] Vgl. hierzu auch → G Rn. 177.
[102] KR/*Kreft* KSchG § 2 Rn. 57.
[103] KR/*Kreft* KSchG § 2 Rn. 14.

hinderten, der unter den Mutterschutz fallenden Arbeitnehmerinnen, der Elternurlauber und schließlich der Organe der Betriebsverfassung beachtet werden[104], so dass nicht stets gewährleistet sein wird, dass im Wege einer Massenänderungskündigung tatsächlich eine einheitliche Anpassung der Arbeitsbedingungen gelingt.

29 **aa) Vorrang milderer Mittel.** Der Ausspruch einer Änderungskündigung ist nicht das probate Mittel, wenn der Arbeitgeber die gewünschten Änderungen durch **mildere Mittel** erreichen kann, insbesondere durch Ausübung seines Direktionsrechts[105] oder durch Ausübung eines vereinbarten Widerrufs, eine Anrechnung oder den Ausspruch einer Teilkündigung etc.[106] Die Ausübung des Direktionsrechts des Arbeitgebers wird insbesondere dann in Betracht kommen, wenn sich im Zuge einer Umstrukturierung geringfügige Änderungen im Tätigkeitsbereich oder hinsichtlich des Arbeitsorts ergeben. Für die Änderung materieller Arbeitsbedingungen wird indessen in der Praxis häufig die Ausübung eines Widerrufs oder die Berufung auf einen Freiwilligkeitsvorbehalt schon daran scheitern, dass die entsprechenden Klauseln in den Arbeitsverträgen einer rechtlichen Überprüfung nicht standhalten.[107] Dann bleibt nur noch der Weg, eine einvernehmliche Änderung der Arbeitsbedingungen zu erreichen oder eine Änderungskündigung auszusprechen. Eine Verpflichtung, vor Ausspruch einer Änderungskündigung eine einvernehmliche Lösung zu suchen, besteht nicht.[108] Allerdings wird es in der Regel ratsam sein, diesen Weg zu gehen.

30 Strittig ist, welche **Konsequenzen** es hat, wenn der Arbeitgeber es unterlässt, sich eines milderen Mittels zu bedienen. Das BAG geht davon aus, dass die Klage gegen eine sog. überflüssige Änderungskündigung keinen Erfolg haben kann, wenn die streitbefangene Änderung vom Arbeitgeber zwar einseitig hätte durchgesetzt werden können, der Arbeitnehmer das Änderungsangebot jedoch unter Vorbehalt angenommen hat. Hier, so wird argumentiert, sei Gegenstand des Kündigungsschutzprozesses die Frage der Zulässigkeit der Vertragsänderung. Kann aber der Arbeitgeber schon nach den bestehenden Vertragsbedingungen sein Ziel erreichen, muss die Klage unbegründet sein.[109] Wurde das Änderungsangebot allerdings abgelehnt, soll die Änderungskündigung auch dann sozial ungerechtfertigt sein, wenn die Änderung per Direktionsrecht oder Widerruf durchsetzbar gewesen wäre. Begründet wird das damit, dass eine solche Änderungskündigung wegen der damit verbundenen Bestandsgefährdung überflüssig sei.[110] Diese Rechtsprechung wird kritisiert, weil sie zur Konsequenz hat, dass eine Änderungskündigung sich als sozial ungerechtfertigt erweist, obwohl der Arbeitnehmer beispielsweise bereits aufgrund des Weisungsrechts zur Übernahme der neuen Tätigkeit verpflichtet gewesen wäre.[111] Dieser Streit erscheint letztlich praktisch wenig bedeutsam, wenn man als Unternehmen in Zweifelsfällen, in denen Ungewissheit darüber besteht, ob das Direktionsrecht die geplante Maßnahme trägt bzw. ein Widerrufsklausel rechtswirksam vereinbart ist, die Änderungskündigung **nur vorsorglich** ausspricht. Selbst wenn das nicht geschehen ist, sprechen in der Regel gute Argu-

[104] Vgl. hierzu ausführlich KR/*Kreft* KSchG § 2 Rn. 281 ff; Linck/Krause/Bayreuther/*Krause* KSchG § 2 Rn. 191.

[105] Vgl. ausführlich zur Abgrenzung von Direktionsrecht und Änderungskündigung *Hromadka* RdA 1992, 235; KR/*Kreft* KSchG § 2 Rn. 38 ff.; Stahlhacke/*Preis* Rn. 1320 ff.

[106] Vgl. Stahlhacke/*Preis* Rn. 1322.

[107] Vgl. hierzu → Rn. 10 ff.

[108] Vgl. BAG 21.4.2005 – 2 AZR 132/04, NZA 2005, 1289; vgl. hierzu auch *Herbert/Oberrath* NJW 2008, 3177.

[109] BAG 26.1.2012 – 2 AZR 102/11, NZA 2012, 856; vgl. auch BAG 29.9.2011 – 2 AZR 523/10, NZA 2012, 628.

[110] Vgl. BAG 22.9.2016 – 2 AZR 509/15, NZA 2016, 146; 6.9.2007 – 2 AZR 368/06, NZA-RR 2008, 291; vgl. zu der umgekehrten Fallkonstellation BAG 15.11.1995 – 2 AZR 521/95, NZA 1996, 603; hierzu ferner ausführlich KR/*Kreft* KSchG § 2 Rn. 40; *Hunold* NZA 2008, 860; *Hromadka* NZA 2008, 1338.

[111] Vgl. hierzu Stahlhacke/*Preis* § 3 Rn. 1321; Linck/Krause/Bayreuther/*Krause KSchG* § 2 Rn. 88 ff.; insbesondere *Hunold* NZA 2008, 860, aM *Hromadka* NZA 2008, 1338.

mente dafür, dass die Änderungskündigung in eine Leistungsbestimmung ungedeutet werden kann.[112] Umgekehrt ist das allerdings nicht möglich.[113]

bb) Änderungskündigung zur Angleichung der Arbeitsbedingungen. Der Erwerb eines Betriebes oder Betriebsteils kann zu ungleichen Arbeitsbedingungen innerhalb des Unternehmens führen, und zwar auch bezogen auf Bedingungen, die einer Vielzahl von Arbeitnehmern einzelvertraglich zustehen. Derlei Ungleichheiten wirken sich in der Praxis besonders störend aus, wenn sogar innerhalb des einzelnen Betriebes unterschiedliche Arbeitsbedingungen gelten. Dies ist insbesondere dann der Fall, wenn die Arbeitnehmer eines übertragenen Betriebsteils oder Betriebes im Wege einer Umstrukturierung mit Belegschaften des erwerbenden Unternehmens zu einem Betrieb zusammengefasst werden (Eingliederung in einen bereits bestehenden Betrieb oder Bildung eines neuen Betriebes durch Zusammenschluss von Betrieben bzw. Betriebsteilen[114]). 31

Beispiel I 9:

Die Arbeitsverträge in einem veräußerten Betrieb sehen die jährliche Gewährung von 32 Urlaubstagen vor, während im Betrieb des Erwerbers, in den diese Belegschaft eingegliedert wird, ein Tarifvertrag Anwendung findet, der einen gestaffelten Urlaubsanspruch zwischen 27 und 30 Tagen vorsieht.

Da in diesem Fall der Urlaubsanspruch der Mitarbeiter im übertragenen Betrieb einzelvertraglich abgesichert ist, gilt dieser in jedem Fall über § 613a Abs. 1 Satz BGB fort, unabhängig davon, ob nach dem Betriebsübergang beiderseitige Tarifbindung an die Tarifverträge des Erwerbers besteht. Es wird demnach beim Erwerber innerhalb eines Betriebes zu unterschiedlich ausgestalteten Urlaubsregelungen kommen. Ähnliche Ungleichheiten sind auch hinsichtlich anderer „Sozialleistungen" und insbesondere im Bereich der materiellen Arbeitsbedingungen (Vergütung, Sonderleistungen) denkbar.

Der Erwerber könnte in dieser Konstellation auf dem Standpunkt stehen, dass sich eine Harmonisierung der Urlaubsregelungen im Sinne der betrieblichen Gleichbehandlung und damit auch zur Erhaltung des Betriebsfriedens als unabweisbar darstellt. Es entspricht indessen sowohl der Rechtsprechung des Bundesarbeitsgerichts als auch der breit vertretenen Auffassung in der Literatur, dass ein Arbeitgeber die **Änderung materieller Arbeitsbedingungen** nicht lediglich auf der Grundlage des Gleichbehandlungsgrundsatzes herbeiführen und darauf den Ausspruch von Änderungskündigungen stützen kann.[115] Der **Gleichbehandlungsgrundsatz** verbietet dem Arbeitgeber, in seinem Betrieb einzelne oder Gruppen von Arbeitnehmern ohne sachlichen Grund von begünstigenden Regelungen auszunehmen. Diese arbeitsrechtliche Funktion des Gleichbehandlungsgrundsatzes werde **in sein Gegenteil verkehrt,** wenn sich der Arbeitgeber zur Rechtfertigung des Fortfalls betrieblicher Sozialleistungen auf eben diesen Grundsatz berufen könne. Es bedürfe daher zur Änderung vertraglicher Arbeitsbedingungen stets betrieblicher Gründe iSv § 1 Abs. 2 KSchG, ohne deren Vorliegen eine Änderungskündigung nicht begründet sein könne.[116] Ob sich allein vor dem Hintergrund einer ansonsten im Betrieb entstehenden Unruhe (Stichwort: Gefährdung des Betriebsfriedens) Änderungskündigungen zur Kürzung materieller Leistungen begründen lassen, muss als außerordentlich zweifelhaft angese- 32

[112] Vgl. LAG Berlin 29.11.1999 – 9 Sa 1277/99, NZA-RR 2000, 131; zur Umdeutung vgl. auch *Hromadka* NZA 2008, 1338 (1340); aA *Berkowsky* NZA-Beil. 2010, 50 (58).

[113] Vgl. hierzu auch *Hunold* NZA 2008, 860 (862); *Hromadka* NZA 2008, 1338 (1340).

[114] Vgl. zu diesen Begriffen → D Rn. 68 ff.

[115] BAG 28.4.1982 – 7 AZR 1139/79, DB 1982, 1776 unter I. 2; BAG 1.7.1999 – 2 AZR 826/98, NZA 1999, 1336; BAG 20.1.2000 – 2 ABR 40/99, NZA 2000, 592; Linck/Krause/Bayreuther/*Krause* KSchG § 2 Rn. 173; KR/*Kreft* KSchG § 2 Rn. 179; vgl. hierzu auch → G Rn. 170 ff.; → Rn. 2 ff.

[116] BAG 28.4.1982 ebenda unter I. 2. c; dies hat das BAG in der Entscheidung vom 12.1.2006 – 2 AZR 126/05, NZA 2006, 587 nochmals ausdrücklich bestätigt; vgl. auch Linck/Krause/Bayreuther/*Krause* KSchG § 2 Rn. 173.

hen werden.[117] Gleichwohl erscheint es gerade in Fällen, in denen die unterschiedlichen Arbeitsbedingungen nicht vom Arbeitgeber zu vertreten, sondern etwa durch vorangegangene Betriebsübergänge verursacht wurden, jedenfalls nach Ablauf der einjährigen Sperrfrist wenig nachvollziehbar, warum eine sachlich vernünftig zu begründende Angleichung der Arbeitsbedingungen ausgeschlossen sein soll.[118] Schließlich ist die Harmonisierung der Arbeitsbedingungen auch ein vom Gesetzgeber in § 613a BGB verankertes legitimes Ziel. Ob sich allerdings die Auffassung von *Preis* in der Rechtsprechung durchzusetzen vermag, wonach die Anwendung des beim Erwerber geltenden Tarifvertrags mittels einer Änderungskündigung durchgesetzt werden kann, wenn die Unterwerfung unter den Erwerbertarifvertrag bei Abwägung der Interessen der übernommenen Arbeitnehmer und des neuen Inhabers angemessen und billigenswert erscheint,[119] mag bezweifelt werden.

33 **cc) Änderungskündigung zur Entgeltsenkung.** Während Änderungskündigungen mit dem Ziel, Arbeitsort, Arbeitszeit oder die bisherige Tätigkeit zu ändern, weitgehend unproblematisch sind, da die zugrundeliegende unternehmerische Entscheidung nur eingeschränkt überprüfbar ist, stellt sich dies bei Änderungskündigungen mit dem Ziel der Entgeltsenkung anders dar. Geht es dem Arbeitgeber letztlich darum, die Lohnkosten zu senken, dh die Arbeitsbedingungen bei gleichzeitiger Absenkung des Vergütungsniveaus oder der Streichung vertraglich zugesagter Sozialleistungen beizubehalten, so können die Massenänderungskündigungen letztlich nur auf wirtschaftlich Gründe gestützt werden. Eine Senkung der Personalkosten wird sich nach dem vom BAG in ständiger Rechtsprechung aufgestellten strengen Prüfungsmaßstab jedoch nur in denjenigen Fällen realisieren lassen, in denen sich das betreffende Unternehmen in einer **wirtschaftlich prekären Situation** befindet und ohne eine Anpassung der Arbeitsbedingungen konkret zu befürchten ist, dass **Arbeitsplätze verloren** gehen und demnach Beendigungskündigungen unausweichlich werden.[120] Die Entscheidung des Arbeitgebers, die Arbeitskosten senken zu wollen, stellt nach Auffassung des BAG für sich gesehen keine hinreichende unternehmerische Entscheidung dar, die dringende betriebliche Erfordernisse iSv § 1 Abs. 2 KSchG begründen könnte.[121] Die Unrentabilität eines Betriebes könne nur dann ein Grund für eine betriebsbedingte Änderungskündigung sein, wenn durch die Senkung der Personalkosten die Stilllegung des Betriebes oder die Reduzierung der Belegschaft verhindert werden könne und soll.[122] Allerdings ist Voraussetzung, dass eine Reduzierung der Kosten nicht durch andere Maßnahmen (etwa der Rationalisierung) herbeigeführt werden kann, alle milderen Mittel müssen ausgeschöpft sein.[123] Das Instrument der Änderungskündigung wird damit im Bereich der materiellen Arbeitsbedingungen auf Fälle der **drohenden Existenzvernichtung** bzw. **Insolvenz** beschränkt.

Dass diese Sicht der Dinge zu einem deutlich zu spät liegenden Zeitpunkt ansetzt und Unternehmen zwingt, zunächst einmal überhaupt in eine krisenhafte Situation zu geraten, bevor arbeitsrechtliche Anpassungsmaßnahmen möglich sind, ist von namhafter Seite angemerkt worden[124]; diese Einwände haben sich in der Praxis indessen nicht durchsetzen können.[125] Es wird damit argumentiert, dass der Grundsatz *„pacta sunt servanda"* gilt und dass

[117] BAG 15.3.1991 – 2 AZR 582/90, DB 1992, 280 unter III. 3. a.

[118] Vgl. ErfK/*Oetker* KSchG § 2 Rn. 65; *Herbert/Oberrath* NJW 2008, 3177 (3180).

[119] Vgl. ErfK/*Preis* BGB § 613a Rn. 122.

[120] Vgl. BAG 28.4.1982 – 7 AZR 1139/79, DB 1982, 1776; BAG 20.3.1986 – 2 AZR 294/85, DB 1986, 2442; aus jüngerer Zeit BAG 1.3.2007 – 2 AZR 580/05, NZA 2007, 1445.

[121] Vgl. BAG 20.3.1986, aaO, unter IV. 2. a und b; BAG 1.3.2007, aaO.

[122] BAG 20.3.1986, aaO, IV. 3. a.

[123] BAG 27.9.1984 – 2 AZR 62/83, NZA 1985, 455; BAG 27.9.2001 – 2 AZR 236/00, NZA 2002, 750; BAG 1.3.2007, aaO; BAG 20.10.2017 – 2 AZR 783/16, NZA 2018, 440; vgl. auch Linck/Krause/Bayreuther/*Krause* KSchG § 2 Rn. 154; KR/*Kreft* KSchG § 2 Rn. 178.

[124] *Löwisch* NZA 1988, 637; *Schaub* in Hromadka, Änderung von Arbeitsbedingungen, S. 94; *Preis* NZA 1995, 249; *Buchner* FS Kraft, 1998, 23 ff.

[125] Siehe KR/*Kreft* KSchG § 2 Rn. 179.

das Unternehmerrisiko nicht auf die Beschäftigten abgewälzt werden dürfe.[126] Das BAG formuliert in seiner Entscheidung vom 12.1.2006 hierzu: „Geldmangel allein entlastet den Arbeitgeber nicht, weil er das Wirtschaftsrisiko trägt."[127]

Nur in den Fällen, in denen ohne Senkung der Personalkosten **Arbeitsplätze konkret gefährdet** sind, soll es bei Vorliegen der Verhältnismäßigkeit im übrigen möglich sein, die Verträge durch Änderungskündigung einseitig anzupassen. Allerdings müssen nicht alle Arbeitsplätze gefährdet sein, dh eine Betriebsschließung drohen. Es genügt auch, wenn eine deutliche Reduzierung der Belegschaft verhindert werden kann.[128] Auch muss nicht abgewartet werden, bis der Ruin unmittelbar bevorsteht, vielmehr kann und sollte der Sanierungsplan im Hinblick auf eine absehbare Krisensituation bereits vor Eintritt der Krise erstellt werden.[129] Der **Sanierungsplan** muss ein Gesamtkonzept erkennen lassen, das sich nicht auf die Senkung der Personalkosten beschränkt, sondern umfassend ist. Um den Anforderungen des BAG an einen Sanierungsplan, die in der Entscheidung vom 26.6.2008 nochmals konkretisiert wurden, zu entsprechen, muss der Arbeitgeber im Prozess 34

- die Finanzlage des Betriebs,
- den Anteil der Personalkosten,
- die Auswirkungen der angestrebten Kostensenkung auf die wirtschaftliche Stabilität des Betriebs darlegen und
- erläutern, warum andere Maßnahmen nicht in Betracht kommen.[130]

Auch hat das BAG erfreulicherweise klargestellt, dass der Arbeitgeber sich nicht dadurch, dass er zunächst alle Beschäftigten auffordert, die geänderten Arbeitsbedingungen freiwillig zu akzeptieren, das Instrument der Änderungskündigung selbst aus der Hand schlägt. Der Einwand, nachdem der überwiegende Teil der Belegschaft einer Lohnsenkung bereits vor Ausspruch einer Änderungskündigung zugestimmt habe, sei das Sanierungsziel des Unternehmens erreicht und es bedürfte der Änderungskündigung nicht mehr, wurde eine Absage erteilt.[131]

An der Hürde der Aufstellung eines transparenten und ausgewogenen Sanierungsplans scheitern die meisten Unternehmen, wenn sie nicht bereits im Vorfeld der Maßnahme eingehend an dem Sanierungskonzept und der notwendigen Ausgestaltung unter Hinzuziehung von Rechtsberatung arbeiten.

Nach der Rechtsprechung des BAG[132] muss die drohende Existenzvernichtung im Übrigen den **gesamten Betrieb** treffen, so dass nicht auf das dringende Erfordernis der Sanierung eines bestimmten Betriebsteils oder einer Abteilung abgestellt werden könne. Nicht einmal dann, wenn der Arbeitgeber nachweisen könne, dass die Kosten einer bestimmten Abteilung über denjenigen bei Drittvergabe der entsprechenden Dienstleistung lägen, sei ein betriebliches Erfordernis zur Änderungskündigung ersichtlich. Dies würde für den Fall des Erwerbs eines **Betriebsteils** bedeuten, dass allein dessen Sanierungsbedürftigkeit für den Ausspruch von Änderungskündigungen mit dem Ziel der Kostensenkung nicht ausreichen würde. Erforderlich wäre vielmehr, dass die krisenhafte Lage des übernommenen Betriebsteils den gesamten Betrieb des Erwerbers gefährdet. 35

Als schwierig kann es sich in der Praxis auch erweisen, die dringende wirtschaftliche Notwendigkeit für die Absenkung der Vergütung darzulegen, zu begründen, warum das Vergütungsniveau in einer bestimmten Weise abgesenkt werden soll. Das BAG verlangt vom Arbeitgeber, dass er sich darauf beschränken muss, lediglich solche Änderungen vor- 36

---

126 Vgl. KR/*Kreft* § 2 Rn. 179; Linck/Krause/Bayreuther/*Krause* KSchG § 2 Rn. 154.; ErfK/*Oetker* KSchG § 2 Rn. 60f; *Hirinda* ZRP 2009, 225 (226).
127 BAG 21.1.2006 – 2 AZR 126/05, NZA 2006, 587.
128 Vgl. stellvertretend BAG 10.9.2009 – 2 AZR 822/07, NZA 2010, 333.
129 Vgl. hierzu auch Linck/Krause/Bayreuther/*Krause* KSchG § 2 Rn. 157 mwN.
130 Vgl. BAG 26.8.2008 – 2 AZR 139/07, NZA 2008, 1182; BAG 20.10.2017 – 2 AZR 783/16, NZA 2018, 440.
131 Vgl. BAG 26.8.2008 – 2 AZR 139/07, NZA 2008, 1182.
132 BAG 11.10.1989 – 2 AZR 61/89, DB 1990, 2024; BAG 20.8.1998 – 2 AZR 84/98, DB 1999, 103; BAG 23.6.2005 – 2 AZR 642/04, NZA 2006, 92 (96).

zuschlagen, die der Arbeitnehmer **billigerweise hinnehmen** muss. Allerdings weist das BAG ausdrücklich darauf hin, dass eine Rechtfertigung der vorgeschlagenen Vergütung dann entbehrlich sei, wenn sich die geänderte Vergütung für die neue Tätigkeit aus einem im Betrieb angewandten Vergütungssystem ergebe.[133] Gibt es **einschlägige kollektivrechtliche Regelungen** und geht es dem Arbeitgeber beispielsweise darum, sämtliche über- und außertarifliche Bestandteile ersatzlos zu streichen und nur noch nach Tarif zu bezahlen, so muss er zur Begründung des künftigen Vergütungsniveaus bzw. zu dessen Billigkeit nichts weiter vortragen. **Fehlt es an kollektivrechtlichen Regelungen** und setzt der Arbeitgeber frei eine Vergütung fest, sind die Anforderungen höher. Hier muss im Einzelnen dargelegt werden, warum es geeignet, erforderlich und dem Arbeitnehmer zumutbar ist, in einer bestimmten Weise vom bisherigen Vertragsinhalt abzuweichen. Zwar soll der Arbeitgeber nicht verpflichtet sein, sich einem bestimmten Entgeltsystem zu unterwerfen, er muss jedoch die Gründe für die Abweichung nachvollziehbar anführen. So könnte er etwa mit der Üblichkeit der neuen Vergütung oder, ist auch eine Änderung des Arbeitsinhalts Gegenstand der Änderungskündigung, mit einem evident geringeren Marktwert der neuen Tätigkeit argumentieren.[134]

37 Auch wenn Änderungskündigungen mit dem Ziel, **Nebenleistungen einzustellen,** letztlich eine Senkung der Personalkosten zur Folge haben, legt das BAG insoweit andere Maßstäbe an als bei Eingriffen in das Entgelt an sich. So soll es hier zur Begründung einer Änderungskündigung genügen, dass sich die Umstände, die zum Abschluss der Nebenabrede beispielsweise über Fahrtkostenzuschüsse, eine pauschale Überstundenabgeltung oÄ geführt haben, nachträglich erkennbar ändern.[135] Auch wenn die Abgrenzung zu einer Kündigung zum Zwecke der Entgeltsenkung nicht immer einfach und nachvollziehbar sein mag, ist der Ansatz, den das BAG hier hat, doch zu begrüßen. Er gestattet jedenfalls bezüglich Nebenleistungen, die regelmäßig aufgrund bestimmter Umstände gewährt werden, die sich aber in einem Dauerschuldverhältnis über die Jahre ändern können, Anpassungen vorzunehmen.[136]

38 Aus alledem muss man den Schluss ziehen, dass der Anwendungsbereich des Instruments der Massenänderungskündigung zur Anpassung materieller Arbeitsbedingungen auf die Fälle der **Insolvenzgefährdung** und des **unmittelbar drohenden Wegfalls von Arbeitsplätzen** beschränkt bleibt, es sei denn, dass insoweit eine grundlegende Änderung der Rechtsprechung eintritt, wofür derzeit wenig spricht. Zwar sind die Anforderungen an betriebsbedingte Änderungskündigungen hoch, plant man die Vorgehensweise eingehend und stellt einen sinnvollen Sanierungsplan auf, ist es jedoch durchaus realistisch, dass man mittels Massenänderungskündigung eine Entgeltsenkung erreicht. Ist der Sanierungsplan überzeugend, wird es allerdings idR auch gelingen, einen sehr hohen Prozentsatz der Belegschaft von der Notwendigkeit der Maßnahme zu überzeugen. Die Änderungskündigung bleibt dann vielfach nur noch für ein kleines Häuflein Uneinsichtiger. Was tariflich unkündbare Arbeitnehmer anbelangt, wird man ggf. außerordentliche Kündigungen mit Auslauffrist aussprechen können.[137]

Plant ein Unternehmen die **Übernahme eines Betriebs aus der Insolvenz** oder den Erwerb im Rahmen eines **Notverkaufs,** sollte angesichts der oben skizzierten Situation eine mögliche Absenkung der Vergütung noch vor der Veräußerung erfolgen. Sobald der Betrieb oder Betriebsteil in ein gesundes Unternehmen integriert ist, wird es kaum gelin-

---

[133] Vgl. BAG 23.6.2005 – 2 AZR 642/04, NZA 2006, 92 (96).

[134] Vgl. BAG 23.6.2005 – 2 AZR 642/04, NZA 2006, 92 (97); vgl. hierzu ausführlich *Berkowsky* NZA-Beil. 2010, 50 (53).

[135] Vgl. BAG 27.3.2003 – 2 AZR 74/02, NZA 2003, 1029; BAG 26.7.2001 – 2 AZR 547/99, NZA 2001, 492; hierzu auch Linck/Krause/Bayreuther/*Krause* KSchG § 2 Rn. 166.

[136] Unter Hinweis auf die dogmatischen Unschärfe kritisch *Berkowsky* NZA 2003, 1130; *Herbert/Oberrath* NJW 2008, 3177 (3180).

[137] Vgl. BAG 1.3.2007 – 2 AZR 580/05, NZA 2007, 1445; Linck/Krause/Bayreuther/*Krause* KSchG § 2 Rn. 154.

gen, die oben skizzierten Anforderungen zu erfüllen, selbst wenn außer Frage steht, dass die Personalkosten in dem übernommenen Betriebsteil es nicht erlauben, diesen Betriebsteil auch nur kostendeckend zu führen.

dd) Änderungskündigung zur Herbeiführung einer abweichenden Tarifgeltung. In 39
Kapitel E[138] ist ausführlich dargelegt worden, dass die in § 613a Abs. 1 S. 3 BGB angelegte Möglichkeit der „Ablösung" der beim bisherigen Arbeitgeber geltenden Tarifbestimmungen zugunsten der Tarifverträge des neuen Inhabers nicht stets gelingen wird. Dies gilt nicht nur dann, wenn man – wie die hM – für eine solche „Ablösung" eine beiderseitige Tarifbindung der Arbeitsvertragsparteien an die beim neuen Inhaber geltenden Tarifverträge verlangt.[139] Auch aus einer einzelvertraglichen Bezugnahme auf einen bestimmten Tarifvertrag im Rahmen des Arbeitsvertrages kann sich ergeben, dass trotz einer anderweitigen Tarifbindung des neuen Inhabers der Tarifvertrag des bisherigen Arbeitgebers weiter anzuwenden ist.[140] Insbesondere aber auf der Grundlage der hM, wonach der Ablösungsmöglichkeit gemäß § 613a Abs. 1 S. 3 BGB ein nur ganz geringfügiger Anwendungsbereich eingeräumt wird, gewinnt die Frage, ob die **neue Tarifbindung** des Betriebserwerbers **qua Änderungskündigung** durchgesetzt werden kann, entscheidende Bedeutung.

Seiter[141] und ihm folgend *Röder*[142] haben die Auffassung vertreten, dass eine abweichen- 40
de Tarifbindung des neuen Inhabers notfalls mittels **Änderungskündigung** durchgesetzt werden könne. Ist also der neue Arbeitgeber an einen bestimmten Tarifvertrag gebunden, ist jedoch der vom Betriebs(teil)übergang betroffene Arbeitnehmer nicht Mitglied der für diesen Tarifvertrag zuständigen Gewerkschaft, soll zwar § 613a Abs. 1 S. 3 BGB nicht anwendbar sein. Aus Sinn und Zweck der in § 613a Abs. 1 S. 3 BGB angeordneten Rechtsfolge (Vereinheitlichung der Arbeitsbedingungen) folge jedoch, dass der neue Inhaber berechtigt sein müsse, die Geltung des für ihn anwendbaren Tarifvertrages auf das übergegangene Arbeitsverhältnis zu erstrecken. Sei der Arbeitnehmer nicht zu einer Vereinbarung gem. **§ 613a Abs. 1 S. 4 Alt. 2 BGB** bereit, müsse es dem Arbeitgeber möglich sein, die **Änderungskündigung zur Erzwingung dieses Einverständnisses** einzusetzen. Diese Konzeption findet auch in der Literatur Zustimmung.[143] Von eben diesen Autoren wird jedoch einhellig hervorgehoben, dass die Besserstellung derjenigen Arbeitnehmer, die nicht an den Tarifvertrag des neuen Inhabers gebunden sind, sondern sich auf die bisher geltenden – und für sie günstigeren – Tarifverträge berufen können, für sich allein keinen betriebsbedingten Grund für den Ausspruch einer Änderungskündigung darstellt. Insoweit wird stets auf die Rechtsprechung des BAG verwiesen, wonach der Gleichbehandlungsgrundsatz keine Grundlage für Änderungskündigungen darstellen könne, die mit dem Ziel der Verschlechterung materieller Arbeitsbedingungen ausgesprochen werden.[144] Dies bedeutet indessen, dass das Instrument der Änderungskündigung in der Regel nicht geeignet sein dürfte, die aus eine restriktive Auslegung des § 613a Abs. 1 S. 3 BGB resultierenden Ungleichbehandlungen zu beseitigen und damit der Vereinheitlichung der Arbeitsbedingungen zum Durchbruch zu verhelfen.[145] Denn auf dieser Grundlage wären entsprechende Änderungskündigungen nur in Fällen der **Existenzgefährdung** und der nicht auf andere Weise zu verhindernden Beendigung von Arbeitsverhältnissen möglich.[146]

Der *Vierte Senat* des Bundesarbeitsgerichts hat mehrfach darauf verwiesen, dass die Mög- 41
lichkeit bestehe, **Tarifpluralitäten durch Änderungskündigung zu beseitigen.** Im

[138] → E Rn. 168ff.
[139] Vgl. hierzu → E Rn. 177ff.
[140] Vgl. hierzu → E Rn. 186ff.
[141] *Seiter,* Betriebsinhaberwechsel (1980), S. 96.
[142] *Röder* DB 1981, 1980 (1982).
[143] *Kania* DB 1994, 529 (531); MüKoBGB/*Schaub,* 3. Aufl., § 613a Rn. 173; ErfK/*Preis* BGB § 613a Rn. 122.
[144] Vgl. hierzu bereits → Rn. 2ff.
[145] So auch ErfK/*Preis* BGB § 613a Rn. 120, 122.
[146] Vgl. *Hromadka/Maschmann/Wallner Rn.* 379.

Zusammenhang mit der Bestätigung der restriktiven Anwendung von § 613a Abs. 1 S. 3 BGB verwies der *Senat* nur in einem Nebensatz auf die Möglichkeit der „Veränderung des Vertragsinhalts mit individualrechtlichen Mitteln“[147]. Breiteren Raum nimmt dieser Gesichtspunkt hingegen in einem Urteil ein, das kurze Zeit zuvor ergangen war.[148] Hier ging es darum, wie der Arbeitgeber die Nachwirkung eines früher allgemeinverbindlichen Tarifvertrages beenden kann, und zwar in Bezug auf nicht tarifgebundene Arbeitnehmer. Die Besonderheit des Falles lag darin, dass für die tarifgebundenen Arbeitnehmer bereits ein neuer Tarifvertrag galt, der allerdings nicht mehr für allgemeinverbindlich erklärt worden war. Der *Vierte Senat* meinte, dass der früher allgemeinverbindliche Tarifvertrag gemäß § 4 Abs. 5 TVG nachwirke und verwies den Arbeitgeber auf die Möglichkeit, die nachwirkenden Tarifnormen durch Änderungskündigung abzulösen[149], wobei die Änderungskündigung „nicht zwingend auf die Übernahme des neuen tariflichen Vergütungsniveaus gerichtet sein“ müsse.[150] Die „hohen Hürden“, die die Rechtsprechung allgemein für Änderungskündigungen zu Sanierungszwecken aufstelle, fänden bei einer „Änderungskündigung zwecks Beendigung der Nachwirkung tariflicher Normen“ keine Anwendung. Der *Vierte Senat* ließ aber offen, welche Kriterien denn ansonsten zur Anwendung zu bringen seien. Jedenfalls aber müsse der Arbeitgeber darlegen, dass die Nachwirkung des Tarifvertrages für ihn „nicht zumutbar“ sei. In dem konkret entschiedenen Fall wäre es den betroffenen Mitarbeitern sicherlich „zumutbar“ gewesen, zu den einzelvertraglichen Arbeitsbedingungen zurückzukehren, die bereits vor der befristeten Allgemeinverbindlichkeit des Tarifvertrages gegolten haben. Im Fall des Tarifwechsels könnte es hingegen durchaus zu einschneidenden Veränderungen für die Arbeitnehmer kommen, so dass es sich fragt, ob den Arbeitnehmern diese zumutbar sind, wenn sich diese Veränderungen nicht über § 613a Abs. 1 S. 3 BGB haben durchsetzen lassen und es demnach an der beiderseitigen Tarifbindung fehlt. Welche Art von Belastungen müssen auf Arbeitgeberseite vorliegen, um von einer Unzumutbarkeit der Beibehaltung der unterschiedlichen Tarifanwendungen ausgehen zu können? Und wie sind diese mit den Belastungen abzuwägen, die ein Tarifwechsel für die Arbeitnehmer mit sich brächte? Man benötigt wenig Fantasie um sich vorzustellen, dass zumindest die bis heute entwickelte Dogmatik der Änderungskündigung keine hinreichende Grundlage für die sichere und nachvollziehbare Handhabung dieser Abwägung bieten würde.[151] Dies wird durch eine Entscheidung des *Zweiten Senats* des BAG vom 12.1.2006[152] verdeutlicht. Danach sollen die strengen Grundsätze für Änderungskündigungen mit dem Ziel der Entgeltabsenkung anzuwenden sein, wenn ein Arbeitgeber der Arbeitnehmerüberlassungsbranche wegen des sog. „Equal Pay“-Grundsatzes qua Änderungskündigung „tariffrei“ beschäftigte Mitarbeiter nachträglich in den Anwendungsbereich der Tarifverträge des Zeitarbeitsgewerbes bringen will.[153]

42 Die in § 613a Abs. 1 S. 2 BGB geregelte **Sperrfrist** von der Dauer eines Jahres stünde einer Änderungskündigung mit dem Zweck der Anwendbarkeit der für den neuen Inhaber geltenden Tarifverträge nach hM nicht entgegen.[154] Dies ist indessen zweifelhaft, da § 613a Abs. 1 S. 2 BGB die in das Arbeitsverhältnis transformierten Tarifregelungen gerade für die Dauer eines Jahres insbesondere der Möglichkeit einseitiger Veränderungen durch den Arbeitgeber entziehen will, es sei denn, dass eine neue Kollektivvereinbarung iSv Satz 3 oder eine Vereinbarung (!) iSv Satz 4 Alt. 2, vorliegt. Zutreffend ist hingegen, dass

[147] BAG 21.2.2001 – 4 AZR 18/00, NZA 2001, 1318 (1320).
[148] BAG 25.10.2000 – 4 AZR 212/00, NZA 2001, 1146.
[149] BAG ebenda, Bl. 3 R.
[150] Ebenda Bl. 4.
[151] Vgl. *Hohenstatt*, Anm. zu BAG AP Nr. 38 zu § 4 TVG Nachwirkung; siehe auch die sehr hohen Anforderungen in BAG 27.9.2001 – 2 AZR 236/00, NZA 2002, 750; skeptisch bezüglich der Geeignetheit des Instruments der Änderungskündigung zur Tarifvereinheitlichung auch MüKoBGB/*Müller-Glöge* § 613a Rn. 136; ErfK/*Preis* BGB § 613a Rn. 120.
[152] 2 AZR 126/05, DB 2006, 1114.
[153] Kritisch *Röder/Krieger* DB 2006, 2122 (2124).
[154] *Hromadka/Maschmann/Wallner* Rn. 377 mwN unter Fn. 287.

§ 613a Abs. 4 BGB[155] einer solchen Änderungskündigung nicht entgegenstünde, da nicht der Betriebsübergang selbst, sondern die sich im Anschluss stellenden Harmonisierungsbestrebungen Ausgangspunkt für die Kündigung durch den Arbeitgeber wären.[156]

ee) Beteiligungsrechte des Betriebsrats. Entschließt sich ein Unternehmen, notwendige Änderungen der Arbeitsbedingungen durch (Massen-) Änderungskündigungen durchzusetzen und besteht ein Betriebsrat, so sind dessen Beteiligungsrechte zu wahren. Dies bedeutet zunächst, dass in jedem Fall vor Ausspruch der Änderungskündigung der Betriebsrat gemäß § 102 BetrVG anzuhören ist. Da letztlich nicht vorauszusehen ist, ob und in welchem Umfang es bei Massenänderungskündigungen aufgrund der Nichtannahme von Änderungsangeboten zu Entlassungen kommt, ist es notwendig eine Massenentlassungsanzeige gemäß § 17 KSchG zu machen und den Betriebsrat nach § 17 Abs. 2 KSchG zu konsultieren.[157] Andernfalls wären die Änderungskündigungen schon deshalb unwirksam. 43

Ist Grund für die geplanten Änderungskündigungen eine Betriebsänderung gemäß § 111 BetrVG, muss zudem vorab ein Interessenausgleich versucht werden. Das ist insbesondere bei Organisationsänderungen, Betriebsverlagerungen etc der Fall, die nur umgesetzt werden können, wenn der Arbeitsvertrag der Beschäftigten die notwendige Änderung erfährt.

Geht es um die Absenkung der Vergütung, so ist der Versuch eines Interessenausgleichs 44
nur erforderlich, wenn im Rahmen des Sanierungsplans Betriebsänderungen durchgeführt werden sollen. Die Änderung der Arbeitsbedingungen ist für sich betrachtet keine Betriebsänderung. Allerdings ist es in diesen Fällen denkbar, dass der Betriebsrat gemäß § 87 Abs. 1 Nr. 10 BetrVG zu beteiligen ist. Dies gilt jedenfalls dann, wenn das Unternehmen nicht jedwede übertariflichen Vergütungsbestandteile ersatzlos streichen und die Entgelte konsequent auf das Tarifniveau absenken will. Da in der Regel aber noch immer einige übertariflichen Vergütungsbestandteile verbleiben bzw. die Vergütung der AT-Angestellten auch neu geordnet werden muss, ohne dass hier auf kollektivrechtliche Regelungen zurückgegriffen werden kann, wird man davon ausgehen müssen, dass eine solche Maßnahme ohne Beteiligung des Betriebsrats schlichtweg nicht machbar ist.[158] Dies gilt im übrigen zwingend bei nicht tarifgebundenen Arbeitnehmern. Da sie nicht auf eine kollektivrechtlich verankerte Vergütungssystematik zurückgreifen können, sondern eine eigene Vergütungssystematik erstellen müssen. In Anbetracht der Tatsache, dass eine unterlassene Beteiligung des Betriebsrats nach § 87 Abs. 1 Nr. 10 BetrVG zur Unwirksamkeit der neuen Regelungen führt,[159] ist es im übrigen dringend zu empfehlen, hier sehr sorgfältig vorzugehen.

2. Änderung von Arbeitsbedingungen im Einvernehmen mit dem Arbeitnehmer

In der Praxis hat sich gezeigt, dass es Unternehmen, wenn sie die zugrundeliegende dringende Notwendigkeit hinreichend klar und überzeugend darlegen, sehr häufig gelingt, die Arbeitnehmer zu einem Verzicht auf Leistungen oder einer Änderung der Arbeitsverträge zu bewegen. Auch wenn man zunächst denken mag, dass es aufgrund des Grundsatzes der Vertragsfreiheit den Arbeitsvertragsparteien frei steht, derartige Vereinbarungen zu treffen, verhält es sich doch bei genauerer Betrachtung so, dass ein Vielzahl von Regeln zu beach- 45

[155] Vgl. zu dieser Vorschrift unter → H Rn. 91 ff.
[156] *Hromadka/Maschmann/Wallner* Rn. 378.
[157] Vgl. BAG 20.2.2014 – 2 AZR 346/12, NZA 2014, 1069; Linck/Krause/Bayreuther/*Krause* KSchG § 2 Rn. 194; KR/*Kreft* KSchG § 2 Rn. 181.
[158] Vgl. → Rn. 19 ff.
[159] Vgl. hierzu auch → Rn. 19.

ten und Hürden zu nehmen sind, bevor der Arbeitgeber sich darauf verlassen kann, dass die Verzichtserklärungen bzw. die Vertragsänderungen rechtswirksam sind. So dürfen die Abreden nicht gegen gesetzliche Bestimmungen verstoßen. Hürden können hier neben § 613a BGB insbesondere die einschlägigen Arbeitnehmerschutzgesetze (BUrlG, ArbZG, EFZG etc) sein; auch sind die Regelungen des MiLoG zu beachten.

46 Ferner können sich Begrenzungen aus tariflichen Bestimmungen und Betriebsvereinbarungen ergeben. Soweit Gegenstand der Vereinbarung Leistungen der betrieblichen Altersversorgung sind, ist zudem eine weitergehende Inhaltskontrolle vorzunehmen.[160] Schließlich sind Vertragsänderungen, die einen kollektiven Bezug haben, uU mitbestimmungspflichtig und bedürfen zu ihrer Wirksamkeit der Zustimmung des Betriebsrats.

a) Günstigkeitsprinzip als Grenze der Regelungsmacht der Arbeitsvertragsparteien

47 Soweit Arbeitsbedingungen auch nach einer Umstrukturierung auf Betriebsvereinbarung oder zwingend anwendbarem Tarifvertrag beruhen, sind einer individualvertraglichen Abänderung bestehender Rechte und Pflichten enge Grenzen gesetzt. § 77 Abs. 4 S. 1 und 2 BetrVG bestimmen, dass **Betriebsvereinbarungen unmittelbar und zwingend gelten** und ein **Verzicht** auf daraus resultierende Rechte nur mit **Zustimmung des Betriebsrats** zulässig ist. Im Verhältnis zwischen Betriebsvereinbarung und Einzelarbeitsvertrag gilt das **Günstigkeitsprinzip.**[161] Im Tarifvertragsrecht ist das Günstigkeitsprinzip sogar ausdrücklich gesetzlich normiert (§ 4 Abs. 3 TVG). Wollen die Arbeitsvertragsparteien einvernehmliche von einer Regelung in einem Tarifvertrag oder einer Betriebsvereinbarung abweichen, ist das grundsätzlich nur zugunsten des Arbeitnehmers möglich. Dies gilt nur dann nicht, wenn die Kollektivnorm selbst regelt, dass die Arbeitsvertragsparteien auch zuungunsten der Beschäftigten abweichen dürfen.[162]

Haben die Parteien vor oder nach Inkrafttreten einer Betriebsvereinbarung eine für den Arbeitnehmer ungünstigere Regelung getroffen, ist diese nicht nichtig, sondern wird für die Dauer der Geltung der Betriebsvereinbarung verdrängt.[163] Dies sind die generellen Regeln, die jedoch in zwei Fallkonstellationen eingeschränkt sind:

Erstens kann es Fälle geben, in denen die arbeitsvertraglichen Ansprüche **betriebsvereinbarungsoffen** sind, dh bereits in der vertraglichen Zusage ist der ausdrückliche oder stillschweigende Vorbehalt gemacht, dass sich insoweit ggf. auch nachteilige Veränderungen ergeben können, wenn es zu einer anderen Regelung des Aspekts in einer Betriebsvereinbarung kommt. Zweitens ist es nach der Rechtsprechung des Großen Senats möglich, betriebliche Einheitsregelungen durch Betriebsvereinbarungen rechtswirksam abzulösen, wenn das Prinzip der **„kollektiven Günstigkeit"** gewahrt ist.

48a **aa) Ausschaltung des Günstigkeitsprinzips durch betriebsvereinbarungsoffene Zusage.** Die Möglichkeit, arbeitsvertragliche Vereinbarungen betriebsvereinbarungsoffen auszugestalten, ist allgemein anerkannt.[164] Seit der Entscheidung des 1. Senats des BAG vom 5.3.2013[165] haben diese Fallkonstellationen jedoch erheblich an praktischer Bedeutung gewonnen – dies gilt jedenfalls dann, wenn man die Ausführungen des 1. Senats wörtlich nimmt und sie nicht, was vielfach versucht wird,[166] klein redet. Der 1. Senat führt in der viel diskutierten Entscheidung aus, Allgemeine Geschäftsbedingungen seien ebenso wie

[160] Vgl. → J Rn. 533, 665.
[161] Siehe nur HWK/*Gaul* BetrVG § 77 Rn. 59.
[162] Vgl. hierzu allgemein *Fitting* § 77 Rn. 197; ErfK/*Kania* BetrVG § 77 Rn. 79; ErfK/*Franzen* TVG § 4 Rn. 31 ff.; HWK/*Henssler* TVG § 4 Rn. 33.
[163] Vgl. BAG 21.9.1989 – 1 AZR 454/88, NZA 1990, 351, BAG 28.6.2005 – 1 AZR 213/04, NZA 2005, 1431; HWK/*Gaul* BetrVG § 77 Rn. 59; Richardi/*Richardi* BetrVG § 77 Rn. 173.
[164] Vgl. BAG 3.11.1987 – 8 AZR 316/81, NZA 1988, 509; BAG 10.12.2002 – 3 AZR 92/02, NZA 2004, 271; vgl. auch *Linsenmaier* RdA 2014, 336 (341).
[165] 1 AZR 417/12, NZA 2013, 916.
[166] Vgl. *Linsenmaier* RdA 2014, 336 (341); *Preis/Ulber* NZA 2014, 6.

Betriebsvereinbarungen auf eine Vereinheitlichung der Regelungsgegenstände gerichtet, weshalb es nicht zweifelhaft sein könne, dass es sich hierbei um Arbeitsbedingungen handelt, die einer Änderung durch Betriebsvereinbarungen zugänglich sein sollen. Etwas anderes gelte nur dann, wenn die Arbeitsvertragsparteien vereinbaren, dass die Regelungen unabhängig von einer für den Betrieb geltenden Betriebsvereinbarung zur Anwendung kommen sollen.[167]

Diese Entscheidung ist sehr weitreichend, wird vielfach begrüßt,[168] ist jedoch auch nicht unumstritten.[169] Auch ist der 4. Senat in einer Entscheidung vom 11.4.2018 der Meinung, die Annahme einer konkludent vereinbarten „Betriebsvereinbarungsoffenheit" komme dann nicht in Betracht, wenn die Parteien in einem vorformulierten Arbeitsvertrag auf einen Tarifvertrag Bezug nehmen.[170] Dem 1. Senat sind aber mit jeweils weitreichenden Entscheidungen der 5. und auch der 3. Senat gefolgt. Dabei lässt der 5. Senat es genügen, wenn Allgemeine Geschäftsbedingungen einen kollektiven Bezug haben, um von der konkludenten Vereinbarung der Betriebsvereinbarungsoffenheit auszugehen.[171] Der 3. Senat meint, eine Zusage von Leistungen der betrieblichen Altersversorgung auf Basis einer vertraglichen Einheitsregelung mit kollektivem Bezug sei regelmäßig offen für die Ablösung durch eine Betriebsvereinbarung.

Die Tendenz geht demnach derzeit dahin, dass Sozialleistungen mit kollektivem Bezug, die auf einen längeren, unbestimmten Zeitraum angelegt und damit einem Änderungsbedarf ausgesetzt sind, potentiell durch Betriebsvereinbarungen abgelöst werden können.[172] Prüfungsmaßstab sollte sein, ob dem Arbeitnehmer erkennbar war, dass die Leistung einer kollektiven, ggf. auch verschlechternden Veränderung zugänglich sein sollte.[173] Damit ist die Rechtsprechung zum kollektiven Günstigkeitsvergleich in vielen Fällen, nämlich immer dann, wenn es um vertragliche Ansprüche aus gleichlautenden Zusagen geht, faktisch obsolet. Ungeachtet dessen ist es derzeit weiterhin zu empfehlen, bei neuen Arbeitsverträgen oder Zusagen klare und transparente Vorbehalte zu formulieren und aufzunehmen.

bb) Modifikation des Günstigkeitsprinzips bei betrieblichen Einheitsregelungen. 48b
Tritt in Ermangelung einer betriebsvereinbarungsoffenen Gestaltung einer betrieblichen Einheitsregelung die Betriebsvereinbarung nicht nach dem Ablöseprinzip an die Stelle der bisherigen Regelung, findet zwar das Günstigkeitsprinzip Anwendung, nach der Rechtsprechung des Großen Senats aber in modifizierter Form. Wird in einer Betriebsvereinbarung eine Sozialleistung geregelt, die bisher Gegenstand einer Gesamtzusage, einer arbeitsvertraglichen Einheitsregelung oder einer betrieblichen Übung war und die Teil eines geschlossenen Regelungssystems ist, so ist ausnahmsweise ein kollektiver und kein individueller Günstigkeitsvergleich anzustellen. Dies bedeutet, dass in den Fällen, in denen der **kollektive Günstigkeitsvergleich** eine Besserstellung der Belegschaft gegenüber der bisherigen Regelung ergibt, der einzelne Arbeitnehmer auch nachteilige Regelungen für die Dauer der Geltung der Betriebsvereinbarung akzeptieren muss.[174]

In der Praxis wirft das Günstigkeitsprinzip häufig insoweit Schwierigkeiten auf, als der 49
anzustellende Vergleich nicht immer eindeutig ausfällt.

[167] BAG 5.3.2013 – 1 AZR 417/12, NZA 2013, 916 Rn. 60.
[168] Vgl. *Hromadka* NZA 2013, 1061; ErfK/*Kania* BetrVG § 77 Rn. 71–77.
[169] Vgl. kritisch hierzu *Hromadka* NZA 2018, 1336; *Bayreuter* NZA 2019, 735 (737).
[170] 4 AZR 119/17, NZA 2018,1273.
[171] 30.1.2019 – 5 AZR 450/17, NZA 2019, 1065.
[172] Vgl. so *Hromadka* NZA 2019, 1336 (1337).
[173] Vgl. *Fitting* BetrVG § 77 Rn. 214.
[174] Vgl. hierzu BAG 16.9.1986 – GS 1/82, NZA 1987, 168; 21.9.1989 – 1 AZR 454/88, NZA 1990, 351; 28.3.2000 – 1 AZR 366/99, NZA 2001, 49; ErfK/*Kania* BetrVG § 77 Rn. 70; *Fitting* BetrVG § 70 Rn. 209.

Beispiel I 10:

In dem Betrieb der A GmbH besteht eine Betriebsvereinbarung, die den AT-Angestellten zunächst für die Dauer von 3 Jahren großzügige Jahressonderzahlungen gewährt. Nach Übernahme des Betriebs durch die V AG möchte diese die Jahressonderzahlungen aussetzen, da sie im Vergleich zu den Vergütungsstrukturen für die AT-Angestellten in den anderen Betrieben zu großzügig erscheint. Die V AG ist jedoch bereit, den AT-Angestellten, die sie für den erfolgreichen Ausbau des Geschäfts ohnehin benötigt, für die Dauer von 3 Jahren im Gegenzug eine Arbeitsplatzgarantie zu geben. Den AT-Angestellten wird angeboten, auf 50 % der Jahressonderzahlung zu verzichten und im Gegenzug eine Arbeitsplatzgarantie zu erhalten. Der Betriebsrat wird nicht beteiligt.

Bei der Anstellung eines Günstigkeitsvergleichs ist nach herrschender Meinung in Rechtsprechung und Literatur ein **sog. Sachgruppenvergleich** anzustellen, dh es sind die Teilkomplexe zu vergleichen, die in einem inneren Zusammenhang stehen. Unterschiedliche Regelungskomplexe, wie etwa die Vergütung und die Dauer der Kündigungsfrist, sollen demgegenüber nicht vergleichbar sein.[175] Das BAG hat ausdrücklich entschieden, dass der Verzicht auf betriebsbedingte Kündigungen nicht zum Ausgleich einer Absenkung der Vergütung bzw. einer Anhebung der Arbeitszeit eingebracht werden kann.[176] Funktional nicht äquivalente Leistungen sollen nicht vergleichbar sein. Das ist dann der Fall, wenn die zu vergleichende Leistungen mit artverschiedenen Gegenleistungen verbunden sind.[177] Nach der Rechtsprechung des BAG ist klar davon auszugehen, dass die Abreden mit den AT-Angestellten in **Beispiel I 10** nicht geeignet sind, den Anspruch auf die volle Jahressonderleistung entfallen zu lassen. Zwar wird die Richtigkeit dieses Ansatzes in der Literatur durchaus in Frage gestellt.[178] Im Ergebnis wird es allerdings schwer fallen, einen großzügigeren Vergleichsmaßstab zuzulassen, da dann eine vernünftige Prognose, ob die Regelung noch Bestand hat oder nicht, kaum noch möglich sein wird. Im übrigen ist zu bedenken, dass in den Fällen, in denen mit einer Vielzahl von Mitarbeitern im Kern einheitliche Vereinbarungen getroffen werden sollen, der Betriebsrat bereits deshalb einzubinden ist, weil ihm Beteiligungsrechte zustehen. So wäre die getroffene Abrede im Beispiel I 10 selbst dann, wenn man sie als günstiger auslegen wollte, was nach der Rechtsprechung nicht möglich ist, schon aufgrund des Verstoßes gegen § 87 Abs. 1 Nr. 10 BetrVG unwirksam.[179]

50 Im Ergebnis bedeutet das, dass kollektivrechtlich wirkende Rechte und Pflichten entweder nur nach oben hin korrigiert werden können oder kollektivrechtlich wirkende Gestaltungsmittel („ablösende" Betriebsvereinbarung, neuer Tarifvertrag) gewählt werden müssen. Das Gestaltungsmittel des Änderungsvertrages wird allenfalls dann Anwendung finden können, wenn es um die Anpassung von Arbeitsbedingungen geht, die zwar ursprünglich kollektivrechtlich begründet waren, nach Durchführung einer Umstrukturierung nunmehr aber gemäß § 613a Abs. 1 S. 2 BGB fortgelten. Dies ist allerdings zum Nachteil des Arbeitnehmers erst **nach Ablauf eines Jahres** seit dem Betriebs(teil)übergang möglich.[180]

b) Besondere Beschränkungen im Zusammenhang mit einem Betriebs(teil)übergang

51 Soweit ursprünglich kollektivrechtliche Ansprüche bei dem neuen Inhaber gemäß § 613 Abs. 1 S. 2 BGB fortgelten, sind weitere Beschränkungen der Vertragsfreiheit zu beachten.

---

175 Vgl. hierzu allgemein *Fitting* BetrVG § 77 Rn. 210; HWK/*Gaul* BetrVG § 77 Rn. 60; HWK/*Henssler* TVG § 4 Rn. 36.

176 Vgl. hierzu BAG 20.4.1999 – 1 ABR 72/98, NZA 1999, 887; BAG 6.11.2007 – 1 AZR 862/06, NZA 2008, 542.

177 Vgl. BAG 27.1.2004 – 1 AZR 81/99, NZA 2004, 667.

178 Vgl. hierzu *Fitting* BetrVG § 77 Rn. 201 mit ausführlichen Nachweisen zu der Diskussion.

179 Vgl. hierzu → Rn. 19ff.

180 Zur Veränderungssperre gem. § 613a Abs. 1 S. 2 BGB → E Rn. 160ff.

aa) Veränderungssperre gemäß § 613a Abs. 1 S. 2 BGB. In Fällen, in denen auf einen Betriebsübergang die Angleichung von Arbeitsbedingungen der übernommenen Belegschaft mit der Stammbelegschaft des Erwerbers angestrebt wird, sind insbesondere die Grenzen des § 613a Abs. 1 S. 2 BGB zu beachten. Nach dieser Vorschrift dürfen die Arbeitsbedingungen innerhalb eines Jahres nach dem Betriebsübergang nicht zum Nachteil des Arbeitnehmers geändert werden, sofern diese vor dem Betriebsübergang durch Rechtsnormen eines Tarifvertrags oder einer Betriebsvereinbarung geregelt waren. Wichtig ist, dass das auch dann gelten soll, wenn der Arbeitnehmer wohlmöglich noch in Kenntnis dieser Regelung einer nachteiligen Änderung seiner Arbeitsbedingungen zustimmt. Insoweit ist nicht nur die Gestaltungsfreiheit des Arbeitgebers, sondern auch die Vertragsfreiheit der Arbeitsvertragsparteien eingeschränkt.[181] Schließen die Parteien schon während des laufenden Jahres eine Vereinbarung zur Regelung der Arbeitsbedingungen nach Ablauf des Jahres, ist dies zulässig. § 613a Abs. 1 S. 2 BGB beinhaltet eine befristete Besitzstandsgarantie, keinen Kontrahierungszwang.[182] 52

bb) Individualrechtliche Inbezugnahme eines neuen Tarifvertrags (§ 613a Abs. 1 S. 4 Alt. 2 BGB). Einen Sonderfall der Möglichkeit einer individualrechtlichen Harmonisierung der Arbeitsbedingungen enthält § 613a Abs. 1 S. 4 Alt. 2 BGB. Danach kann eine Ablösung der gemäß Satz 2 fortgeltenden tariflichen Rechte und Pflichten unabhängig von der Veränderungssperre jederzeit dann erfolgen, wenn zwischen dem neuen Inhaber[183] und dem Arbeitnehmer **vereinbart** wird, dass ein **anderer Tarifvertrag** (der für den neuen Inhaber geltende) gelten soll. Dieser Tarifvertrag muss allerdings von seinem räumlichen und fachlichen **Geltungsbereich** her auf das Arbeitsverhältnis Anwendung finden.[184] 53

cc) „Sachlicher Grund", Umgehungsverbot.[185] Unabhängig von der in § 613a Abs. 1 S. 2 BGB geregelten Sperrfrist bestehen im Zusammenhang mit einem Betriebs(teil)übergang erhebliche Einschränkungen der Vertragsfreiheit. Zwar hat der 5. Senat des BAG die Einschränkungen mit seiner Entscheidung vom 7. 11. 2007 erheblich gelockert.[186] Es gibt jedoch aufgrund des restriktiven Argumentationsansatzes des 8. Senats insbesondere bei Vertragsänderungen vor einem Betriebsübergang erhebliche Reglementierungen und auch Rechtsunsicherheiten, die zu bedenken sind. Veräußerer und Erwerber sind daher weiterhin gut beraten, bei einvernehmlichen Änderungen von Arbeitsbedingungen oder Erlassvereinbarungen sehr sorgfältig etwaige rechtliche Risiken zu prüfen. 54

§ 613a Abs. 1 BGB legt den an einer Umstrukturierung beteiligten Rechtsträgern erhebliche Verpflichtungen auf. **Umgehungsversuche** waren und sind daher nicht selten. Die Rechtsprechung hat bereits frühzeitig klargestellt, dass § 613a Abs. 1 S. 1 BGB zwingendes Recht sei und weder durch Vereinbarung zwischen Veräußerer und Erwerber noch durch einzelvertragliche Abrede mit den betroffenen Arbeitnehmern abbedungen werden könne.[187] Dies sollte indessen nicht nur für Vereinbarungen gelten, die den Übergang des Arbeitsverhältnisses insgesamt verhindern sollen. Vielmehr sollte auch die Möglichkeit des neuen Inhabers, mit den Arbeitnehmern Vereinbarungen über die zukünftig geltenden Rechte und Pflichten zu treffen, beschränkt sein. So hat das Bundesarbeitsgericht[188] etwa 55

---

[181] Vgl. im Übrigen ausführlich zur Veränderungssperre des § 613a Abs. 1 S. BGB → E Rn. 160 ff.

[182] Vgl. HWK/*Müller-Bonanni* BGB § 613a Rn. 267.

[183] Nach zutreffender Ansicht kann die Vereinbarung bereits vorgreifend zwischen den ursprünglichen Parteien des Arbeitsvertrages im Sinne einer großen dynamischen Bezugnahmeklausel getroffen werden; vgl. → E Rn. 233.

[184] Vgl. zu § 613a Abs. 1 S. 4 BGB unter → E Rn. 163, 233.

[185] Vgl. hierzu ausführlich unter → G Rn. 193 ff.

[186] Vgl. BAG 7. 11. 2007 – 5 AZR 1007/06, NZA 2008, 530.

[187] BAG 29. 10. 1975 – 5 AZR 444/74, DB 1976, 391; BAG 14. 7. 1981 – 3 AZR 517/80, DB 1982, 1067; BAG 12. 5. 1992 – 3 AZR 247/91, DB 1992, 2038; siehe auch EuGH Slg. 1988, 739 Rn. 15 (Daddy's Dance Hall).

[188] BAG 29. 10. 1985 – 3 AZR 485/83, DB 1986, 1779.

den einzelvertraglich vereinbarten **Ausschluss der Fortführung von Versorgungsanwartschaften** als **unwirksam** angesehen, wenn nicht zugleich **sachliche Gründe** vorlagen, die einen **Widerruf der Versorgungszusage gerechtfertigt** hätten. Zwar verbiete § 613a BGB nicht jegliche Vereinbarung zwischen dem neuen Arbeitgeber und dem Arbeitnehmer, mittels derer die arbeitsvertragliche Stellung des übernommenen Arbeitnehmers verschlechtert werde.[189] So seien auch Aufhebungsverträge mit dem neuen Inhaber möglich.[190] Für den Verzicht auf rückständigen Arbeitslohn oder auf freiwillig begründete betriebliche Sozialleistungen verlangt das Bundesarbeitsgericht indessen schon seit 1976 das Vorliegen sachlicher Gründe, die etwa dann gegeben seien, wenn durch die Maßnahme **Arbeitsplätze erhalten** werden könnten.[191] Wurde das Arbeitsverhältnis aufgehoben, um nach dem Betriebsübergang mit dem Erwerber sogleich wieder einen neuen Arbeitsvertrag abzuschließen (sog. „Lemgoer Modell")[192], so sollte das nur dann keine unzulässige Umgehung von § 613a Abs. 1 BGB sein, wenn die damit einhergehende Verschlechterung der Arbeitsbedingungen sachlich gerechtfertigt war.[193] Im übrigen wurden Aufhebungsverträge mit dem Veräußerer, die zu dem Zweck abgeschlossen wurden, dass der Erwerber anschließend die Arbeitnehmer zu „seinen Bedingungen" anstellen konnte, als unzulässige Umgehung des Kündigungsverbots des § 613a Abs. 4 BGB angesehen.[194]

56 In diese Rechtsprechung ist Bewegung gekommen. Der 5. Senat des BAG hat am 7.11.2007 entschieden, dass die Arbeitsvertragsparteien ***nach*** dem Betriebsübergang künftige Vergütungsansprüche frei vereinbaren und damit auch reduzieren können. Eines sachlichen Grundes zur Rechtfertigung der Abrede bedarf es nicht.[195] Diese Entscheidung wurde in der Literatur, die ohnehin der gegenläufigen Rechtsprechung stets sehr kritisch gegenüber stand, begrüßt.[196] Damit kommt nun auch die Vertragsfreiheit, die durch § 613a Abs. 1 S. 2 BGB sowie weitere Arbeitnehmerschutzgesetze bereits erheblich eingeschränkt ist, wieder zum Tragen.[197] Der 8. Senat hat jedoch ungeachtet des neuen Argumentationsansatzes des 5. Senats in einer Entscheidung vom 19.3.2009 ausdrücklich an seiner Rechtsprechung festgehalten, wonach *vor* **dem Betriebsübergang** abgeschlossene Erlassverträge bzgl. bereits entstandener Ansprüche wegen Umgehung des § 613a Abs. 1 S. 1 BGB unwirksam sind.[198] Auch ist die Rechtsprechung des 8. Senats nach wie vor unangefochten, wonach Aufhebungsverträge unwirksam sind, die ohne hinreichenden Sachgrund zu dem Zweck abgeschlossen werden, dem Erwerber den Abschluss eines neuen Arbeitsvertrages zu schlechteren Bedingungen zu ermöglichen.[199] Der 8. Senat hat das in einer Entscheidung vom 25.10.2012[200] zudem nochmals für die Fallkonstellation bestätigt, in der Arbeitnehmern zunächst dreiseitige Verträge zum Wechsel in eine Beschäftigungsgesellschaft angeboten werden, um ihnen zugleich seitens des Erwerbs eine nahezu gesicherte Weiterbeschäftigungsmöglichkeit bei Austritt aus der Beschäftigungsgesellschaft in Aussicht zu stellen.

---

[189] BAG ebenda unter III. 3. b).

[190] Vgl. BAG 29.10.1975 – 5 AZR 444/74, DB 1976, 391; BAG 11.12.1997 – 8 AZR 654/95, NZA 1999, 262; BAG 18.8.2005 – 8 AZR 523/04, NZA 2006, 145.

[191] BAG 18.8.1976 – 5 AZR 95/75, DB 1977, 30; BAG 26.1.1977 – 5 AZR 302/75, DB 1977, 1192; BAG 29.10.1985 – 3 AZR 485/83, DB 1986, 1779; BAG 17.1.1980 – 3 AZR 160/79, ZIP 1980, 117.

[192] Vgl. → G Rn. 192.

[193] Vgl. BAG 18.8.2005 – 8 AZR 523/04, NZA 2006, 145.

[194] Vgl. BAG 27.7.2007 – 8 AZR 917/06, NZA-RR 2008, 367; BAG 21.5.2008 – 8 AZR 481/07, NZA 2009, 144.

[195] Vgl. BAG 7.11.2007, aaO.

[196] Vgl. *Dzida/Wagner* NZA 2008, 571; *Willemsen* NZA-Beil. 2008, 155 (162) mwN, vgl. → G Rn. 193ff.

[197] Vgl. hierzu ausführlich → G Rn. 193ff.

[198] Vgl. BAG 19.3.2009 – 8 AZR 722/07, NZA 2009, 1091; hierzu *Bunte* NZA 2010, 319.

[199] Vgl. BAG 25.7.2007 – 8 AZR 917/06, NZA-RR 2008, 367; vgl. zum derzeitigen Stand der Rechtsprechung auch HWK/*Müller-Bonanni* BGB § 613a Rn. 247; ErfK/*Preis* BGB § 613a Rn. 82; vgl. hierzu ausführlich → G Rn. 195ff.

[200] 8 AZR 575/11, NZI 2013, 313.

Es bleibt nun abzuwarten, wie sich die Rechtsprechung weiter entwickelt. Der 5. Senat hat ausdrücklich offen gelassen, ob auch dann auf ein Sachgrund für die Vertragsänderung verzichtet werden kann, wenn es um eine Altersversorgungszusage geht. Auch blieb bislang unentschieden, ob die Grundsätze der Entscheidung vom 7.11.2007 auch auf Fallkonstellationen anzuwenden sind, in denen die Vertragsänderung *vor* dem Betriebsübergang noch mit dem Veräußerer vereinbart wird und die Vertragsänderung nicht vom Eintritt eines Betriebsübergangs abhängig sein soll. Es erscheint zwar nicht nachvollziehbar, warum man hier je nach dem Zeitpunkt der Vereinbarung der Vertragsänderung differenzieren sollte, ob ein Sachgrund erforderlich ist. Eine solche Differenzierung lässt sich aus § 613a Abs. 1 BGB nicht herleiten. Mit der herrschenden Meinung, die auch von *Willemsen* nochmals eingängig begründet wird, erscheint es richtig, Vertragsänderungen vor oder nach der Betriebsänderung auch ohne Sachgrund für zulässig zu erachten. Dies gilt jedenfalls dann, wenn die Vertragsänderung nicht vom Vorliegen eines Betriebsübergangs abhängig gemacht wird.[201] Unzulässig ist es lediglich, im Zusammenhang mit dem Betriebsübergang unbotmäßigen Druck auszuüben oder in sonstiger Weise gegen gesetzliche Bestimmungen oder das Günstigkeitsprinzip zu verstoßen.[202] 57

Selbst wenn man aber für nachteilige Änderungsverträge vor einem Betriebs(teil)übergang oder der durch den Betriebsübergang veranlassten Aufhebung und dem Neuabschluss eines Arbeitsvertrages grundsätzlich das Vorliegen sachlicher Gründe verlangen wollte, dürften diese regelmäßig dann vorliegen, wenn die Vertragsänderungen mit dem Ziel der **Harmonisierung der Arbeitsbedingungen** beim neuen Inhaber erfolgen. In § 613a Abs. 1 S. 3 BGB ist das grundlegende Rechtsprinzip verankert, dass bei Aufeinandertreffen verschiedener kollektivrechtlich begründeter Rechtsregime das Vereinheitlichungsinteresse des neuen Inhabers anzuerkennen ist und möglicherweise günstigere Arbeitsbedingungen beim früheren Inhaber zurückzutreten haben. Erfolgen demnach außerhalb des eigentlichen Anwendungsbereichs dieser Vorschrift individualrechtlich wirkende Anpassungen der Arbeitsbedingungen dergestalt, dass eine **Angleichung an die Arbeitsbedingungen eines anderen Teils der Belegschaft** erfolgt, bewegt sich dies innerhalb der Logik des gesetzlich vorgegebenen Kollisionsmodells. Die Zulässigkeit entsprechender Vereinbarungen kann demnach nicht vom Vorliegen darüber hinausgehender sachlicher Gründe abhängig gemacht werden, etwa davon, ob bei Unterbleiben der Vertragsänderungen Arbeitsplätze oder gar die wirtschaftliche Existenz des Unternehmens gefährdet wären. 58

c) Beteiligungsrechte des Betriebsrats und Regelungsmacht der Arbeitsvertragsparteien

Auch wenn die Änderung der Arbeitsbedingungen durch Individualvertrag herbeigeführt wird, bedeutet dies nicht unbedingt, dass der Betriebsrat insoweit keine Beteiligungsrechte hat. Im Gegenteil, sowohl bei der Änderung des Arbeitsorts, der Dauer und/oder Lage der Arbeitszeit sowie des Arbeitsinhalts als auch bei Änderungen in Bezug auf freiwillige Leistungen ist der Betriebsrat in aller Regel einzubinden. 59

Vereinbaren Arbeitgeber und Arbeitnehmer etwa im Zuge der Integration eines übernommenen Betriebs einen neuen Arbeitsort[203] oder einen veränderten Stellenzuschnitt[204], ist der Betriebsrat gemäß § 99 BetrVG bei der Umsetzung der Vereinbarung, dh bei der tatsächlichen Zuweisung eines neuen Arbeitsbereichs zu beteiligen.[205] Eine einvernehmliche Verlängerung der Arbeitszeit stellt zwar keine Versetzung dar, wird jedoch vom BAG

[201] Vgl. hierzu ausführlich → G Rn. 195ff.
[202] Vgl. *Willemsen* RdA 87, 327; *Willemsen,* Anmerkung EzA § 613a BGB Nr. 67; MüKoBGB/*Müller-Glöge* § 613a Rn. 136; *Kraft* FS 25 Jahre BAG, 299 (312); *Seiter,* Betriebssinhaberwechsel (1980), S. 99; vgl. *Dzida/Wagner* NZA 2008, 571; *Willemsen* NZA-Beil. 2008, 155; → G Rn. 195ff.; aA *Bunte* NZA 2010, 319.
[203] Vgl. hierzu *Fitting* BetrVG § 99 Rn. 143ff.; DKKW/*Bachner* BetrVG § 99 Rn. 106ff.
[204] Vgl. hierzu *Fitting* BetrVG § 99 Rn. 127ff.; DKKW/*Bachner* BetrVG § 99 Rn. 110.
[205] Vgl. zu dem Unterschied zwischen der individualvertraglichen Abrede und dem Realakt der Zuweisung des neuen Arbeitsbereichs *Fitting* BetrVG § 99 Rn. 119.

als Einstellung bewertet.[206] Auch kann es im Zuge der Veränderung des Inhalts der geschuldeten Arbeitsleistung zu Umgruppierungen kommen, die ebenfalls nach § 99 BetrVG beteiligungspflichtig sind.

60 Kommt es zwischen den Arbeitsvertragsparteien zu Vereinbarungen über Änderungen in Bezug auf die Vergütung, Sonderzahlungen, Provisions- oder Bonusregelungen etc, so ist der Betriebsrat regelmäßig gemäß § 87 Abs. 1 Nr. 10 BetrVG zu beteiligen, sofern die Maßnahme einen sog. kollektiven Bezug aufweist. Ein solcher kollektiver Bezug besteht immer dann, wenn es sich um eine generelle Regelung, die sie auf den ganzen Betrieb, eine Gruppe von Arbeitnehmern oder einen bestimmten Arbeitsplatz beziehen. Nur solche Vereinbarungen sind mitbestimmungsfrei, die den individuellen Besonderheiten der einzelnen Arbeitnehmer Rechnung tragen.[207] Kommt es im Zuge von Umstrukturierungen aufgrund einer angestrebten Harmonisierung von Arbeitsbedingungen oder der wirtschaftlichen Notwendigkeit zur Entgeltreduktion zu einzelvertraglichen Absenkung/Veränderung der Arbeitsbedingungen, so ist typischerweise von einem kollektiven Bezug auszugehen. Durch Abschluss gleichlautender Einzelvereinbarung kann das Mitbestimmungsrecht auch nicht umgangen werden.

Im Hinblick darauf, dass Abreden, die vom Betriebsrat fälschlicherweise nicht mitbestimmt wurden, unwirksam sind, ist es gerade bei Vertragsänderungen zur Sanierungs- oder Harmonisierungszwecken unverzichtbar, die Maßnahmen mit dem Betriebsrat abzustimmen.

III. Änderung von Betriebsvereinbarungen im Zuge der Unternehmensumstrukturierung

1. Änderung von Arbeitsbedingungen bei kollektivrechtlicher Fortgeltung der bisherigen Betriebsvereinbarungen

61 Ob bzw. unter welchen Voraussetzungen Arbeitsbedingungen, die in Betriebsvereinbarungen geregelt sind, im Zuge einer Unternehmensumstrukturierung geändert werden können bzw. automatisch geändert werden, hängt zunächst davon ab, auf welcher rechtlichen Grundlage die Betriebsvereinbarungen fortgelten. Gelten Betriebsvereinbarungen im Zuge eines Betriebs(teil)übergangs kollektivrechtlich fort, sind keine besonderen Regelungen oder Begrenzungen zu beachten, wenn diese geändert werden sollen.

Beispiel I 11:

Die A GmbH, ein Unternehmen der Automobilzulieferindustrie, das vor allem im Bereich der Gurtproduktion am Markt gut eingeführt ist, erwirbt die Airbag-Sparte der Y AG, die diese aufgrund der von ihr angestrebten Konzentration auf das Kerngeschäft nicht mehr fortführen will. Die A GmbH betrachtet das Airbag-Geschäft als strategisch sinnvolle Ergänzung zu den von ihr bereits produzierten Gurtsystemen. Die Y AG hatte bislang 2 Werke in Ostdeutschland, in denen ausschließlich Airbags produziert wurden. Neben diesen beiden Werken wird nichts an die A GmbH übertragen. Die Y AG gewährt ihren Mitarbeitern – darunter auch den Mitarbeitern der Airbag-Werke in Ostdeutschland – aufgrund einer Gesamtbetriebsvereinbarung eine großzügige Jahresabschlusstantieme. Bei der A GmbH gibt es keine Tantieme, aber es wird unternehmensweit aufgrund einer Gesamtbetriebsvereinbarung ein 13. Gehalt und ein Urlaubsgeld gezahlt.

In dem **Beispiel I 11** gilt nach der Rechtsprechung des BAG die Gesamtbetriebsvereinbarung der Y AG nach dem durch den Betriebsübergang auf die A GmbH verursachten

[206] Vgl. BAG 25.1.2005 – 1 ABR 59/03, NZA 2005, 945.
[207] Vgl. *Fitting* BetrVG § 87 Rn. 14ff.; DKKW/*Klebe* BetrVG § 87 Rn. 22.

Arbeitgeberwechsel in den ehemaligen Werken der Y AG, die unverändert fortgeführt werden, als solche fort.[208] Zudem könnten nach herrschender Meinung die ehemaligen Beschäftigten der Y AG aufgrund der Gesamtbetriebsvereinbarung der A GmbH auch das 13. Gehalt und das Urlaubsgeld verlangen.[209] Will die A GmbH zukünftig keine Tantiemen mehr zahlen, bleibt ihr die Möglichkeit, die Gesamtbetriebsvereinbarung zu kündigen. Vorsorglich sollte sie dies aufgrund der bestehenden Rechtsunsicherheiten sowohl gegen über den Einzelbetriebsräten in den beiden Airbag-Werken als auch dem Gesamtbetriebsrat tun.[210] Ist es demgegenüber ihr Ansinnen, den integrierten Mitarbeitern ihre altbekannte Tantiemeregelung zu belassen, jedoch kein 13. Gehalt und kein Urlaubsgeld zu zahlen, so muss nach Möglichkeit noch vor dem Betriebsübergang und dem Entstehen von Ansprüchen die Gesamtbetriebsvereinbarung der A GmbH modifiziert werden. Sind 13. Gehalt und Urlaubsgeld in einer eigenen Betriebsvereinbarung geregelt, ist nach dem derzeitigen Stand der Rechtsprechung auch eine Nachwirkung ausgeschlossen, wenn der Arbeitgeber mit dem erklärten Willen, die Leistung einzustellen, die Betriebsvereinbarung kündigt.[211]

Inhaltlich gelten insoweit keine besonderen Grenzen, aufgrund des **Ablösungsprinzips** 62
tritt die modifizierte Gesamtbetriebsvereinbarung an die Stelle der bislang geltenden Betriebsvereinbarung. Insbesondere ist das Günstigkeitsprinzip hier nicht anzuwenden, es kann mithin auch durch eine nachfolgende Betriebsvereinbarung, sei sie einvernehmlich zustande gekommen oder durch einen Einigungsstellenspruch herbeigeführt, nachteilige Veränderungen für Arbeitnehmer geben.[212] Sind in Betriebsvereinbarungen freiwillige Leistungen des Arbeitgebers geregelt, die der Erwerber nicht fortführen kann, so hat er grundsätzlich die Möglichkeit, durch einseitige Kündigung eine Einstellung der Leistung zu bewirken. Erklärt er, keinerlei Mittel mehr beispielsweise für Tantiemezahlungen zur Verfügung stellen und die Leistung vollständig einstellen zu wollen, so kann dies mitbestimmungsfrei erfolgen. Dies folgt daraus, dass freiwillige Leistungen mitbestimmungsfrei eingestellt werden können. Nach Ablauf der Kündigungsfrist endet die entsprechende Verpflichtung. Wie unter → Rn. 19 ff. ausgeführt, kann sich dies nach der neueren Rechtsprechung des BAG allerdings als problematisch erweisen, wenn der Arbeitgeber eine Reihe von freiwilligen Leistungen gewährt, die nicht getrennt voneinander betrachtet werden können. In diesem Fall soll sich der Arbeitgeber nicht isoliert und ohne Beteiligung des Betriebsrats von einer Sozialleistung lösen können.

Wird jedoch das Problem, dass aufgrund des Erwerbs neuer Betriebe bestimmte Sozial- 63
leistungen einem erweiterten Arbeitnehmerkreis gewährt werden sollen, zu spät erkannt, kann auch dann, wenn der zuständige Betriebsrat sich kooperativ zeigt, nicht ohne weiteres in die Ansprüche der Belegschaft eingegriffen werden. Denn generell ist die **rückwirkende Änderung von Betriebsvereinbarungen** zu Ungunsten der Arbeitnehmer unzulässig, soweit die betroffenen Arbeitnehmer auf den Fortbestand der Regelung vertrauen durften. Mussten die Arbeitnehmer hingegen mit einer rückwirkenden Änderung einer Betriebsvereinbarung rechnen, etwa weil diese bereits gekündigt war oder die Parteien in Verhandlungen über eine Neuordnung standen, fehlt es gerade an dem notwendigen Vertrauenstatbestand.[213] Die Einschränkung des Ablösungsgrundsatzes durch den **Grundsatz des Vertrauensschutzes** ist von entscheidender Bedeutung, wenn es um den Eingriff bzw. die Änderung von Ansprüchen auf Altersversorgungsleistungen geht. Hier vertritt das BAG in ständiger Rechtsprechung die Auffassung, dass ungeachtet das Ablösungsprinzips die Gründe für einen Eingriff in die Altersversorgungszusage umso schwerwiegender sein

[208] Vgl. hierzu ausführlich → E Rn. 75 mwN.
[209] Vgl. hierzu → E Rn. 16.
[210] Vgl. hierzu → E Rn. 82.
[211] Vgl. hierzu → Rn. 21.
[212] Vgl. hierzu ausführlich *Fitting* BetrVG § 77 Rn. 192 mwN.
[213] Vgl. BAG 19.9.1995 – 1 AZR 208/95, NZA 1996, 386; *Fitting* BetrVG § 77 Rn. 44.

müssen, je stärker in Besitzstände eingegriffen wird.[214] Aber es gibt auch andere Fälle, in denen das Ablösungsprinzip im Hinblick auf den Vertrauensschutz modifiziert wird. So kann es sich beispielsweise als nicht machbar erweisen, die Abfindungsformeln eines Sozialplans nach dem Betriebsübergang durch Abschluss einer neuen Betriebsvereinbarung herabzusetzen.[215] Wird eine Betriebsvereinbarung über eine einmalige Jahresleistung erst nach Beginn des Bezugszeitraums gekündigt und zum Nachteil der Arbeitnehmer modifiziert, kommt es darauf an, ob schon eine schützenswerte Rechtsposition entstanden ist und wie gewichtig die für die Verschlechterung angeführten Gründe sind.[216]

Aufgrund des Rückwirkungsverbots und des zu beachtenden Vertrauensschutzes bei Änderungen von Betriebsvereinbarungen ist es bei jeder Umstrukturierung von großer Bedeutung, die vorhandenen Betriebsvereinbarungen und die Auswirkungen der Umstrukturierung auf deren Geltungsbereich rechtzeitig zu analysieren, um die ggf. notwendigen Maßnahmen einzuleiten.

2. Änderung von Arbeitsbedingungen bei Transformation der bisherigen Betriebsvereinbarung in den Einzelvertrag (§ 613a Abs. 1 S. 2 BGB)

64 Wird eine Betriebsvereinbarung im Zuge eines Betriebsübergangs gemäß § 613a Abs. 1 S. 2 BGB Bestandteil des Einzelarbeitsvertrags, so können die dort getroffenen Regelungen, soweit es sich um Inhaltsnormen handelt,[217] innerhalb eines Jahres ab dem Betriebsübergang nicht zum Nachteil der Arbeitnehmer geändert werden. Dies gilt allerdings nur insoweit, als die nachteiligen Änderungen Gegenstand einer einzelvertraglichen Regelung sind bzw. durch Änderungskündigung umgesetzt werden sollen. Schließt der Erwerber während dieses ersten Jahres oder auch zu einem späteren Zeitpunkt mit dem zuständigen Betriebsrat eine Betriebsvereinbarung ab, so tritt diese aufgrund des Ablösungsprinzips auch dann an die Stelle der bisherigen in den Einzelarbeitsvertrag transformierten Regelung, wenn sie sich für die Arbeitnehmer als nachteilig erweist. Das Günstigkeitsprinzip ist insoweit nicht zu beachten. Zu berücksichtigen sind allerdings auch in diesen Fällen die Grundsätze des Vertrauensschutzes.

Bislang ist die hM in der Literatur davon ausgegangen, dass die Kündigung oder Änderung von Betriebsvereinbarungen durch den Veräußerer bzw. die Betriebsparteien im Veräußererbetrieb dann für die nach § 613a Abs. 1 BGB übergegangenen Arbeitnehmer irrelevant ist, wenn dies erst *nach* dem Betriebsübergang erfolgt ist. Die Betriebsvereinbarungen sollten gemäß § 613a Abs. 1 S. 2 BGB demnach statisch fortgelten. Diese Sichtweise ist im Lichte der Entscheidung des BAG vom 22.4.2009 wohl nicht mehr zu halten.[218]

65 Endet eine Betriebsvereinbarung, die in den Einzelarbeitsvertrag transformiert wurde, vor Ablauf der Jahresfrist aufgrund vorangegangener Vereinbarung oder Kündigung, so steht der Arbeitnehmer so, wie er ohne den Betriebsübergang gestanden hätte. Das folgt aus § 613a Abs. 1 S. 4 Alt. 1 BGB. Wirkt die Betriebsvereinbarung nach, so kann sie während der Nachwirkung unabhängig von der Jahresfrist einvernehmlich geändert werden. Endet sie ohne Nachwirkung, können daraus keinerlei Ansprüche mehr hergeleitet werden.[219] Eine Kündigung der gemäß § 613a Abs. 1 S. 2 BGB transformierten Betriebsvereinbarung während der Jahresfrist durch den Erwerber kann sich demgegenüber nicht nachteilig auf die Arbeitnehmer auswirken.[220]

[214] Vgl. hierzu → J Rn. 663ff.
[215] Vgl. hierzu ausführlich → C Rn. 338ff.
[216] Vgl. BAG 23.1.2008 – 1 AZR 988/06, NZA 2009, 709; 29.10.2002 – 1 AZR 573/01, NZA 2003, 393.
[217] Vgl. hierzu → E Rn. 37.
[218] Vgl. 4 AZR 100/08, NZA 2010, 41; ausführlich hierzu → E Rn. 72 ff.
[219] Vgl. → E Rn. 41.
[220] Vgl. → E Rn. 72.

3. Änderung von Arbeitsbedingungen durch Ablösung der Betriebsvereinbarung durch eine Kollektivvereinbarung des Erwerbers (§ 613a Abs. 1 S. 3 BGB)

Nach dem Betriebsübergang abgeschlossene Betriebsvereinbarungen oder Tarifverträge können gemäß § 613a Abs. 1 S. 3 BGB an die Stelle der Regelungen transformierter Betriebsvereinbarungen treten, sofern sie den gleichen Regelungsgegenstand betreffen. Dies gilt im Grundsatz auch dann, wenn es sich um Gesamt- oder Konzernbetriebsvereinbarungen handelt.[221] 66

Beispiel I 12:

Ein deutschlandweit operierender IT-Dienstleister übernimmt von Kunden jeweils im Rahmen von Outsourcingprojekten gemäß § 613a Abs. 1 S. 1 BGB die IT-Abteilungen, integriert diese in die bestehende Organisation einer zu diesem Zweck gegründeten Tochtergesellschaft. Nachdem sich dort über einen Zeitraum von einem Jahr bereits Mitarbeitergruppen aus insgesamt 3 Unternehmen mit jeweils unterschiedlichen Sozialleistungen und Altersversorgungszusagen zusammengefunden haben, beschließt die Geschäftsführung, mit dem neu konstituierten Gesamtbetriebsrat eine Gesamtbetriebsvereinbarung freiwillige Sozialleistungen abzuschließen, die unternehmensweit einheitlich auch für neu eingestelltes Personal gewährt werden sollen. Dort heißt es ausdrücklich, dass eine betriebliche Altersversorgung nicht gewährt wird.

Die Verdrängungswirkung des § 613a Abs. 1 S. 3 BGB kann auch noch in deutlichem Abstand zu dem Betriebsübergang eingreifen.[222] Auch entspricht ist es bislang der ganz herrschenden Meinung, dass das Günstigkeitsprinzip in diesen Fällen nicht gilt.[223] Ob dies so noch Bestand haben kann, ist nach der Scattolon-Entscheidung des EuGH vom 6.9. 2011 unsicher geworden.[224] Auch wenn die Scattolon-Entscheidung tarifliche Regelungen betraf, erfassen die dortigen Grundsätze ggf. auch Betriebsvereinbarungen, da es sich hier ebenso um Kollektivrecht handelt.[225] Der EuGH leitet aus Art. 3 III Richtlinie 2001/23/EG ein generelles Verschlechterungsverbot ab. Hieraus wiederum soll sich ergeben, dass die Ablösemöglichkeit von Kollektivverträgen des Veräußerers durch Kollektivverträge des Erwerbers nicht zum Ziel oder zur Folge haben dürfe, dass den Arbeitnehmern insgesamt schlechtere Arbeitsbedingungen auferlegt werden. In der Konsequenz wäre danach eine Verdrängung von Kollektivvereinbarungen des Veräußerers durch Regelungen des Erwerbers nur zulässig, wenn dies insgesamt nicht zu erheblichen Kürzungen des Arbeitsentgelts der übergehenden Arbeitnehmer führt. Wann Kürzungen erheblich sein sollen, bleibt allerdings ebenso ungeklärt wie eine Vielzahl weiterer Fragen, die diese nicht ausgereifte Entscheidung aufwirft.[226] Die Entscheidung hat heftigen Widerspruch ausgelöst. Vielfach wurde darauf hingewiesen, dass es sich hier um eine besonders gelagerte Entscheidung im Einzelfall handelt, aus der keine allgemeine Regeln ableitbar seien, und dass die Entscheidung im Widerspruch zu Wortlaut und Intention sowohl der Richtlinie als auch von § 613a Abs. 1 S. 3 BGB stehe.[227] Das BAG hat zwischenzeitlich die Vorlage an den EuGH

---

[221] Vgl. → E Rn. 45 ff., 57, 61 ff.
[222] Vgl. → E Rn. 55 mwN.
[223] Vgl. BAG 14.8.2011 – 1 AZR 619/00, NZA 2002, 276; BAG 18.11.2003 – 1 AZR 604/02, NZA 2004, 803; ErfK/*Preis* BGB § 613a Rn. 125; HWK/*Müller-Bonanni* BGB § 613a Rn. 271.
[224] C-108/10, NZA 2011, 1077 vgl. hierzu auch → E Rn. 172 mwN.
[225] So der zutreffende Hinweis von *Sittard/Flockenhaus* NZA 2013, 652 (655).
[226] Vgl. hierzu ua *Sittard/Flockenhaus* NZA 2013, 652 (653); vgl. auch ErfK/*Preis* BGB § 613a Rn. 125; HWK/*Müller-Bonanni* BGB § 613a Rn. 271.
[227] Vgl. zu der Kritik ua *Sittard/Flockenhaus* NZA 2013, 652 (653); *Steffan* NZA 2012, 473; *Willemsen* RdA 2012, 291 (301); ErfK/*Preis* BGB § 613a Rn. 125 mwN.

abgelehnt und festgestellt, dass aus dem Unionsrecht ergebe sich kein Verschlechterungsverbot.[228] Diese vom 4. Senat geäußerte Auffassung hat auch der 1. Senat bestätigt.[229]

Maßgeblich ist danach weiter alleine, ob es eine Regelung zum selben Regelungsgegenstand gibt, wobei es nach teilweise vertretener Auffassung ausreichen soll, wenn eine bewusst negative Regelung getroffen wird.[230] Im **Beispiel I 12** könnten die Betriebsparteien demnach auch regeln, dass es im Unternehmen keine Altersversorgungszusage, dafür aber beispielsweise eine Gewinnbeteiligung geben soll. Durch eine solche Vorgehensweise können die höchst unterschiedlichen Arbeitsbedingungen der einzelnen nach § 613a Abs. 1 BGB übernommenen Mitarbeitergruppen harmonisiert werden, soweit und sofern diese Gegenstand einer Betriebsvereinbarung sind.

Das **Beispiel I 12** zeigt, dass aufgrund der in § 613a Abs. 1 S. 3 BGB geregelten Verdrängungswirkung anderer Betriebsvereinbarungen und Tarifverträge es durchaus möglich ist, Arbeitsbedingungen verschiedener Belegschaftsgruppen nach einem Betriebsübergang zu harmonisieren. Sobald im Betrieb des Erwerbers eine kollektivrechtlich verankerte anderweitige Regelung des Gegenstands besteht, können auch nachteilige Änderungen der Arbeitsbedingungen durchgesetzt werden. Es bedarf aber einer Regelung, eine bloße Nichtregelung wird im Zweifel nicht genügen.[231] Auch wenn entsprechende Regelungen erst peu á peu geschaffen werden, kann eine Anpassung noch gelingen. Gerade das zeigt, welche Vorteile es haben kann, statt individualvertraglicher Regelungen, die einer Änderung nur schwerlich zugänglich sind, freiwillige Sozialleistungen jedweder Art nur auf der Basis von Betriebsvereinbarungen zu gewähren. Diese können sowohl bei regulärem Geschäftsverlauf, als auch im Zuge von Umstrukturierungen verhältnismäßig leicht angepasst werden. Handelt es sich zudem um teilmitbestimmte, weil freiwillige Leistungen, ergeben sich aufgrund der Mitbestimmungsfreiheit des Dotierungsrahmens, des Berechtigtenkreises und der Zweckbestimmung noch weitere Vorteile. Ist der Betriebsrat nicht kooperationsbereit, können Harmonisierungen und Änderungen der Arbeitsbedingungen ggf. auch zum Nachteil der Beschäftigten über die Einigungsstelle erzwungen werden.

67 Die Verdrängungswirkung kann nicht nur durch eine Betriebs-, Gesamtbetriebs- oder Konzernbetriebsvereinbarung ausgelöst werden, sondern auch durch einen Tarifvertrag. Der Tarifvertrag muss allerdings kollektivrechtlich unmittelbar und zwingend und nicht lediglich in der Nachwirkung gelten. Bei Betriebsvereinbarung genügt es, wenn sie nachwirken, weil sie dennoch neu eintretendes Personal erfassen.[232] Während die sog. Überkreuzablösung, dh die Ablösung eines Tarifvertrags durch eine Betriebsvereinbarung vom BAG als im Grundsatz unzulässig angesehen wird,[233] bestehen keine Anhaltspunkte dafür, dass dies auch für den in der Praxis eher seltenen Fall der Ablösung einer Betriebsvereinbarung durch einen Tarifvertrag gelten soll.[234] Hier wird es bereits aufgrund des Tarifvorrangs in § 77 Abs. 3, § 87 Abs. 1 Eingangssatz BetrVG in der Regel schon so sein, dass eine Regelung in einer Betriebsvereinbarung des Veräußerers, die mit einem Tarifvertrag des Erwerbers kollidiert, gegenstandslos wird.

[228] 23.1.2019 – 4 AZR 445/17, NZA 2019, 922.

[229] 12.6.2019 – 1 AZR 154/17, NZA 2019, 1203.

[230] Vgl. ErfK/*Preis* BGB § 613a Rn. 125; so auch HWK/*Müller-Bonanni* BGB § 613a Rn. 272; zum Problem vgl. auch Staudinger/*Annuß* BGB § 613a Rn. 224; BAG 22.1.2003 – 10 AZR 227/02, NZA 2003, 879; vgl. hierzu auch → E Rn. 55 mwN.

[231] HWK/*Müller-Bonanni* BGB § 613a Rn. 272; aM Staudinger/*Annuß* BGB § 613a Rn. 232.

[232] Vgl. ErfK/*Preis* BGB § 613a Rn. 126; HKW/*Willemsen/Müller-Bonanni* BGB § 613a Rn. 273.

[233] Vgl. BAG 13.11.2007 – 3 AZR 191/06, NZA 2008, 600 Rn. 30f; BAG 3.7.2013 – 4 AZR 961/11, NZA-RR 2014, 80 (82).

[234] Vgl. ausführlich → E Rn. 63.

4. Änderung von in Betriebsvereinbarungen geregelten Arbeitsbedingungen durch unternehmensinterne Umstrukturierung

Es gibt auch Fälle, in denen eine Umstrukturierung nur innerhalb eines Unternehmens 68
erfolgt, ohne dass es hierbei zu Betriebsübergängen kommt. Ein Beispiel hierfür ist die Spaltung von Betrieben in mehrere Betriebe, die Zusammenlegung mehrerer Betriebe zu einem Betrieb oder die Eingliederung eines Betriebs in einen anderen Betrieb eines Unternehmens. In diesen Fallkonstellationen ist § 613a Abs. 1 BGB jedenfalls nicht unmittelbar anwendbar und es ist im einzelnen streitig, wie sich derartige Maßnahmen auf das Schicksal von Betriebsvereinbarungen auswirken. Eingehende Ausführungen hierzu finden sich unter → E Rn. 94ff., insbesondere unter → E Rn. 103ff. Auch wenn dies zT mit erheblichen Rechtsunsicherheiten behaftet ist, mag es Fallkonstellationen geben, in denen die Abspaltung und Eingliederung von Betriebsteilen in andere Betriebe dazu führt, dass die Wirkung von Betriebsvereinbarungen die betroffenen Mitarbeiter endet. Insoweit bietet sich uU interessantes Gestaltungspotential.

IV. Änderung von Tarifverträgen im Zuge der Unternehmensumstrukturierung

Sind die Arbeitsbedingungen in einem Unternehmen durch Tarifverträge geregelt, stellt 69
sich auch hier die Frage, ob und ggf. auf welche Weise diese im Zuge oder nach einer Unternehmensumstrukturierung geändert werden können.

1. Änderung von Arbeitsbedingungen bei kollektivrechtlicher Fortgeltung der bisherigen Tarifverträge

Galten die Tarifverträge vor dem Betriebsübergang kollektivrechtlich und ist dies auch nach dem Betriebsübergang aufgrund einer Verbandsmitgliedschaft des Erwerbers, einer Übernahme des Firmentarifvertrags oder der Allgemeinverbindlichkeit des Tarifvertrags der Fall,[235] so stellt sich die Frage, ob bzw. auf welche Weise hier Veränderungen möglich sind. Grundsätzlich gelten hier die allgemeinen Grundsätze, besondere Regelungen im Hinblick auf den vorangegangenen Betriebsübergang oÄ sind nicht zu beachten. Dies bedeutet, dass nach dem Ende der Tarifverträge neu vereinbarte Tarifverträge an die Stelle der bisherigen tariflichen Regelungswerke treten können. Auch kann dies, wenn die Tarifparteien dies wünschen, während der Laufzeit von Tarifverträgen geschehen. Hier sind allerdings gleichermaßen wie bei der Ablösung von Betriebsvereinbarungen gegebenenfalls die Grundsätze des Vertrauensschutzes zu berücksichtigen.[236]

Wer nach einer Umstrukturierung feststellt, dass eine Beendigung der Tarifbindung 70
durch eine Beendigung der Verbandsmitgliedschaft wünschenswert erscheint, muss einen langen Atem mitbringen. Denn auch nach einer Kündigung der Verbandsmitgliedschaft unter Wahrung der satzungsgemäßen Fristen geltend zunächst die zum Zeitpunkt des Austritts geltenden Tarifverträge gemäß § 3 Abs. 3 TVG nach. Die Bindung ist zwingend. Erst nach dem Ende der Tarifverträge, deren Kündigung oder ihrer Änderung durch die Tarifvertragsparteien wirken diese nur noch gemäß § 4 Abs. 5 TVG nach und können durch andere Abmachungen ersetzt werden.[237] Wird ein Verbandswechsel angestrebt, so kann es dann schneller zu einem Tarifwechsel kommen, wenn der neue Verband mit der gleichen Gewerkschaft wie der bisherige Arbeitgeberverband, Tarifverträge abgeschlossen hat. Aller-

[235] Vgl. hierzu ausführlich → E Rn. 111ff.
[236] Vgl. HWK/*Henssler* TVG § 4 Rn. 47; TVG § 1 Rn. 132.
[237] Vgl. hierzu ausführlich → E Rn. 235ff.

dings muss das Unternehmen auch unter den fachlichen und räumlichen Geltungsbereich des Tarifvertrags fallen.[238] Das wird selten der Fall sein. Was häufiger denkbar ist, ist der Abschluss eines Firmentarifvertrags, der dann aufgrund seiner Spezialität gegenüber dem Verbandstarifvertrag Vorrang hat. Dies gilt allerdings auch nur dann, wenn er mit der gleichen Gewerkschaft abgeschlossen ist wie der Verbandstarif.

Erschwerend kommt in der Praxis häufig hinzu, dass die Bezugnahmeklauseln in den Einzelarbeitsverträgen der Realisierung eines auf kollektivrechtlicher Ebene möglicherweise durchführbaren Verbandswechsels entgegensteht. Dies gilt es jedenfalls vor der Einleitung entsprechender Schritte sorgfältig zu prüfen.[239]

Ist im Zuge einer Umstrukturierung ohnehin ein Tarifwechsel angestrebt, sollte man im Vorfeld einer Umstrukturierung genauestens prüfen, welche Gestaltungsoptionen hierdurch entstehen. Schließlich ist es häufiger zeitlich schneller zu bewerkstelligen, durch einen Betriebsübergang die Tarifbindung zu beenden bzw. einen Tarifwechsel herbeizuführen, als durch einen Verbandsaustritt.

2. Änderung von Arbeitsbedingungen bei Transformation der Tarifverträge in den Einzelarbeitsvertrag (§ 613a Abs. 1 S. 2 BGB)

71 **Beispiel I 13:**

Die Media & Print AG, ein großes Verlagshaus, erwägt, das Unternehmen in eine Besitz-, eine Betriebs- und eines Verwaltungsgesellschaft aufzuteilen. Derzeit ist die Gesellschaft tarifgebunden. Traditionell ist der Organisationsgrad hoch, dies gilt aber nicht für die Mitarbeiter der boomenden Online-Dienste. Sie empfinden die tariflichen Regelungen eher als altmodisches Korsett, das ihre Flexibilität beeinträchtigt. Es wird daher entschieden, neben den drei o. g. Gesellschaften noch eine Online-Media-Gesellschaft zu gründen, die von vornherein dem Arbeitgeberverband nicht beitritt. Dort sollen neue individuelle Vertragsgestaltungen ausprobiert werden.

Ist der Erwerber bei einem Betriebsübergang nicht tarifgebunden, werden die zuvor kollektivrechtlich geltenden Tarifverträge gemäß § 613a Abs. 1 S. 2 BGB in den Einzelarbeitsvertrag transformiert und dürfen grundsätzlich nicht vor Ablauf eines Jahres seit dem Betriebsübergang zum Nachteil der Arbeitnehmer verändert werden. Das Besondere hier ist, dass dies nur für Inhaltsnormen gilt.[240] Vom Erwerber neu eingestelltes Personal wird von den Tarifverträgen zudem nicht erfasst. Auch können die transformierten Tarifverträge während der einjährigen Sperrfrist durch andere Tarifverträge abgelöst werden (vgl. hierzu unten 3).

Im **Beispiel I 13** steht es der Media & Print AG demnach frei, nach dem Betriebsübergang neu eingestelltes Personal auf der Basis einzelvertraglich ausgehandelter Verträge zu vergüten. Gründet sich in dieser Gesellschaft kein Betriebsrat, sind auch keine Beteiligungsrechte des Betriebsrats zu beachten. Soweit das bereits vor dem Betriebsübergang für den Online-Media-Bereich tätige Personal tarifgebunden war, können mit diesen Mitarbeitern während des ersten Jahres rechtswirksam keine nachteiligen Veränderungen vereinbart werden. Da dort der Organisationsgrad eher gering war, kann dennoch erwogen werden, sollten die Mitarbeiter zustimmen, schon unmittelbar nach dem Betriebsübergang neue Arbeitsverträge abzuschließen. Diese würden nach Ablauf eines Jahres verbindlich, da § 613a Abs. 1 S. 2 BGB eine befristete Bestandsschutzgarantie und keinen Kontrahierungszwang beinhaltet.[241]

---

[238] Vgl. hierzu → E Rn. 240.
[239] Vgl. hierzu ausführlich → E Rn. 235 ff., 243.
[240] vgl. hierzu → E Rn. 153.
[241] Vgl. *Willemsen* FS 25 Jahre Arbeitsgemeinschaft Arbeitsrecht im DAV, 2005, 1013 (1026); HWK/*Müller-Bonanni* BGB § 613a Rn. 267.

Beispiel I 14: 72

Im Beispiel I 13 gerät die Media & Print AG ca. 3 Monate nach dem Betriebsübergang in erhebliche wirtschaftliche Schwierigkeiten. Dem Arbeitgeberverband, dem die Gesellschaft bislang angehörte, sind die neuen Gesellschafen noch nicht beigetreten. Sie nimmt Gespräche mit einer Christlichen Gewerkschaft auf, um einen Firmentarifvertrag abzuschließen. Der Betriebsrat meint, während es ersten Jahres könnten auch bei Abschluss eines neuen Tarifvertrags keine schlechteren Arbeitsbedingungen gelten.

Der neu abgeschlossene Tarifvertrag gilt solang nicht kollektivrechtlich, wie die Beschäftigten nicht Mitglied der tarifschließenden Gewerkschaft werden. Erklären sie sich jedoch bereit, den neuen Firmentarifvertrag gemäß § 613a Abs. 1 S. 4 Alt. 2 BGB einzelvertraglich in Bezug zu nehmen, etwa weil ihnen hierfür Arbeitsplatzsicherheit gewährt wird, würde auch der neue Tarifvertrag Wirkung entfalten.[242] Wichtig ist in derartigen Fällen, dass der neue, einzelvertraglich vereinbarte Tarifvertrag nur insoweit Ablösewirkung entfalten kann, als er alle Regelungsbereiche des bisherigen Tarifwerks abdeckt. Die einjährige Sperrfrist steht einer Änderung der Arbeitsbedingungen durch eine neue tarifliche Regelung bzw. eine Inbezugnahme einer solchen im übrigen auch dann nicht entgegen, wenn der transformierte Tarifvertrag aufgrund von Kündigung oder Befristung vor Ablauf der Jahresfrist endet, § 613a Abs. 1 S. 4 Alt. 1 BGB[243]

Grundsätzlich gelten die Tarifverträge gemäß § 613a Abs. 1 S. 2 BGB in der Form fort, 73
die sie zum Zeitpunkt des Betriebsübergangs haben (sog. statische Fortgeltung). Konkret bedeutet das, dass die im Rahmen eines Betriebsübergangs transferierten Arbeitnehmer von Veränderungen des Tarifvertrags im Veräußererbetrieb nicht mehr betroffen sind, sofern diese erst *nach* dem Betriebsübergang vorgenommen werden.[244] Dies soll allerdings dann nicht gelten, wenn ein Tarifvertrag nach dem Betriebsübergang von dem Veräußerer oder der Gewerkschaft gekündigt wird. Da die von dem Betriebsübergang erfassten Mitarbeiter nicht besser oder anders gestellt werden sollen, als ihre im Veräußererbetrieb verbleibenden Kollegen, hat das BAG sich in einer viel beachteten Entscheidung vom 22.4.2009 für die Wirksamkeit der Kündigung auch in Bezug auf die nach § 613a Abs. 1 BGB übergegangenen Arbeitnehmer ausgesprochen.[245]

3. Änderung von Arbeitsbedingungen durch Ablösung des Tarifvertrags durch einen Tarifvertrag des Erwerbers (§ 613a Abs. 1 S. 3 BGB)

Eine häufig interessante Gestaltungsoption bietet § 613a Abs. 1 S. 3 BGB. Dies ergibt sich 74
daraus, dass bei einer Verdrängung des Veräußerertarifvertrags durch einen Tarifvertrag des Erwerbers das Günstigkeitsprinzip nach bislang hM nicht zu berücksichtigen ist.[246] Diese Sicht ist zwar nach der Scattolon-Entscheidung des EuGH etwas ins Wanken geraten. Das BAG sieht hier allerdings unionsrechtlich kein Problem, wie in → E Rn. 172 und vorstehend unter → Rn. 66 ausgeführt.

Danach kann ein bei dem Veräußerer geltender Tarifvertrag nach einem Betriebsübergang durch ein beim Erwerber geltenden Tarifvertrag abgelöst werden, wobei die Tarifbindung beim Erwerber nicht schon zum Zeitpunkt des Betriebsübergang bestehen muss, sondern auch zu einem späteren Zeitpunkt herbeigeführt werden kann.[247] Wichtig ist in diesem Kontext jedoch, dass ein Tarifvertrag des Veräußerers nach herrschender, aber nach

[242] Vgl. → E Rn. 163.
[243] Vgl. → E Rn. 162.
[244] Vgl. → E Rn. 154ff. mwN.
[245] 4 AZR 100/08, NZA 2010, 41, vgl. hierzu → E Rn. 149.
[246] Vgl. ausführlich → E Rn. 172.
[247] Vgl. → E Rn. 171.

wie vor nicht unumstrittener Meinung[248] nur unter **folgenden Voraussetzungen** durch einen anderen Tarifvertrag abgelöst werden kann:

- Der **Tarifvertrag** galt **vor dem Betriebsübergang unmittelbar und zwingend;** eine lediglich individualvertragliche Inbezugnahme oder die Tarifbindung nur einer Partei, dh des Veräußerers oder des Arbeitnehmers, reicht nicht aus.
- Der **Erwerber** ist seinerseits **unmittelbar und zwingend an einen neuen (ablösenden) Tarifvertrag gebunden.** Dies kann aufgrund von Verbandsmitgliedschaft, dem Abschluss eines Firmentarifvertrags oder Allgemeinverbindlichkeit des Tarifvertrags der Fall sein.
- Der (ablösende) Tarifvertrag ist mit der **Gewerkschaft** abgeschlossen, die auch den Tarifvertrag des Veräußerers abgeschlossen hat. Ist der Erwerber-Tarifvertrag mit einer anderen Gewerkschaft geschlossen, kann dieser nur dann ablösende Wirkung entfalten, wenn der Arbeitnehmer entweder zu der anderen tarifschließenden Gewerkschaft wechselt oder wenn der Erwerber-Tarifvertrag kraft Allgemeinverbindlichkeit ohnehin unmittelbar und zwingend für das Arbeitsverhältnis gilt.

Hinzu kommt, und das spielt in der Praxis regelmäßig eine ganz erhebliche Rolle –, dass die in den Arbeitsverträgen enthaltenen Bezugnahmeklauseln einer Ablösung des Tarifvertrags nicht entgegenstehen dürfen. Ist dies nämlich der Fall, kann der dann anzustellende Günstigkeitsvergleich zwischen tariflichen und arbeitsvertraglichen Regelungen den Ablöseeffekt wieder zunichte machen.[249]

75 **Beispiel I 15:**

Die Ambrosius GmbH will von dem Betreiber einer Pflegeheimkette den Wäscheservice übernehmen. während die Pflegeheimkette als ehemalige kommunale Einrichtung den TVöD anwendet, strebt die Ambrosius GmbH als bundesweiter Betreiber von Reinigungsdiensten den Abschluss eines Firmentarifvertrags mit ver.di an. Nach langwierigen Verhandlungen gelingt der Abschluss eines Mantel- und Vergütungstarifvertrags. Allerdings kann bezüglich eines Altersversorgungstarifvertrags keine Einigkeit erzielt werden.

Das **Beispiel I 15** macht deutlich, dass selbst in Fällen, in denen die o. g. Voraussetzungen einer Verdrängung der Veräußerer- durch die Erwerbertarifverträge grundsätzlich gegeben sind, noch erhebliche Probleme bestehen können. So ist die Ambrosius GmbH faktisch gezwungen, mit ver.di zumindest eine Altersversorgung auf niedrigem Niveau zu vereinbaren, will sie verhindern, den Versorgungsvertrag für den öffentlichen Dienst zur Anwendung bringen zu müssen. Dies folgt daraus, dass eine Verdrängung von Tarifverträgen nicht generell, sondern nur insoweit stattfindet, wie die Tarifverträge identische Regelungsgegenstände vorsehen. Kennt das neue Tarifwerk keine Altersversorgungsregelung, keine Regelung zur Vermögensbildung, zu Jahressonderzahlungen oÄ, so bleiben die bisherigen Regelungen bestehen.[250]. Etwas anderes gilt nur dann, wenn das neue Tarifwerk zumindest klarstellt, dass über die dort geregelten Leistungen hinaus keine weiteren Leistungen mehr gewährt werden sollen.[251]

76 **Beispiel I 16:**

Die SuperCar AG produziert Rück- und Vorderlichter nebst Lichtmaschinen. Für die notwendigen Kuststoffteile hat die SuperCar AG ein eigenes Werk ca. 100 km vom Hauptwerk entfernt. Die SuperCar AG ist aufgrund von Verbandsmitgliedschaft an den Metalltarifvertrag Hessen gebunden. Die Kunststoffteile können aufgrund der Vergütungsstruktur nicht mehr kostengünstig produziert werden. Der Einkauf der Teile von Drittfirmen aus der Kunststoffindustrie, die Tarifverträge anwenden, die mit der IG BCE geschlossen sind, wäre

[248] Vgl. hierzu insbesondere die kritischen Ausführungen unter → E Rn. 177 ff.
[249] Vgl. hierzu ausführlich → E Rn. 186 ff.
[250] Vgl. hierzu → E Rn. 173 ff.
[251] Vgl. hierzu → E Rn. 173.

günstiger. Vor diesem Hintergrund entschließt sich der Vorstand, das Kunststoffwerk in eine Tochtergesellschaft auszugliedern und diese dem Verband der Kunststoffinudstrie beitreten zu lassen. Hierdurch und durch die verbesserte Möglichkeit, auch Fremdaufträge abzuarbeiten, soll es gelingen, die Arbeitsplätze in dem Werk zu sichern.

Der im **Beispiel I 16** geplante Tarifwechsel kann nur erfolgreich sein, wenn die hiervon betroffenen Beschäftigten kooperieren. Sie könnten entweder von der IG Metall zur IG BCE wechseln und dammit eine kollektivrechltiche Tarifbindung an den neuen Tarifvertrag herbeiführen. Alternativ würde es auch genügen, wenn sie mit ihrem Arbeitgeber gemäß § 613a Abs. 1 S. 4 Alt. 2 BGB die Anwendung der IG BCE-Tarifverträge vereinbaren. Im Hinblick darauf, dass der Arbeitgeber keine Kenntnis hat, welche Arbeitnehmer tarifgebunden sind und welche nicht, kann letztlich nur der zweite Weg erfolgversprechend sein, da hierdurch alle Beschäftigten, die sich zur Kooperation bereit zeigen, erfasst werden. Wird den Beschäftigten als Gegenleistung für die Vertragsänderung eine (befristete) Standortgarantie oder gar eine Arbeitsplatzgarantie gegeben oder alternativ ein Einmalbetrag als Kompensation für etwaige Nachteile gezahlt, ist es durchaus realistisch, den Tarifwechsel bei der weit überwiegenden Zahl der Beschäftigten erfolgreich umzusetzen.

Beispiel I 17: 77

Trotz intensiver Verhandlungen gelingt es der Ambrosius GmbH in **Beispiel F 14** nicht, mit ver.di einen für sie akzeptablen Firmentarifvertrag abzuschließen. Der Gesamtbetriebsrat der aufstrebenden Gesellschaft, der sehr unternehmerisch denkt, ist darüber enttäuscht, da er sich bei ver.di für einen Abschluss eingesetzt hat. Er erklärt sich daher bereit, mit dem Arbeitgeber eine Gesamtbetriebsvereinbarung zur Regelung der Vergütungsstruktur und der Sozialleistungen abzuschließen, die im Kern dem entspricht, was die Ambrosius GmbH mit ver.di vereinbaren wollte. Die Idee ist, alle Beschäftigten, die von Kunden nach § 613a Abs. 1 BGB übernommen werden, unter Berufung auf die Verdrängungswirkung der Gesamtbetriebsvereinbarung künftig danach zu vergüten.

Das Konzept der Ambrosius GmbH und des Gesamtbetriebsrat wird jedenfalls in den Fällen, in denen die Beschäftigen die Rechtmäßigkeit der Vorgehensweise in Frage stellen, nicht erfolgreich sein. Das BAG hat in zwei Entscheidungen im Jahre 2007 der sog. Überkreuzablösung von Tarifverträgen durch Betriebsvereinbarungen, soweit es um teilmitbestimmte Regelungsbereiche geht, eine Absage erteilt.[252] Unabhängig davon würde auch der Tarifvorrang des § 77 Abs. 3, 87 Abs. 1 Eingangssatz BetrVG der Wirksamkeit der Betriebsvereinbarung in weiten Teilen entgegenstehen.

4. Änderung von Tarifverträgen und Bezugnahmeklauseln

In der Praxis spielt die Frage, ob ein Arbeitnehmer durch Gewerkschaftsmitgliedschaft 78 tarifgebunden ist, in aller Regel keine Rolle. Unternehmen, die aufgrund von Verbandsmitgliedschaft oder Abschluss eines Firmentarifvertrags tarifgebunden sind, wenden die Tarifverträge regelmäßig aufgrund entsprechender Bezugnahmeklauseln in den Arbeitsverträgen, manchmal auch ohne ausdrückliche vertragliche Regelung unterschiedslos auf alle Arbeitnehmer an. Die Ausgestaltung der Bezugnahmeklauseln kann bei Unternehmensumstrukturierungen, gerade dann, wenn es um einen Tarifwechsel geht, kriegsentscheidend sein.

Von der früheren Rechtsprechung, wonach es sich bei Bezugnahmeklauseln in der Re- 79 gel um sog. Gleichstellungsabreden handelt, hat sich das BAG zwischenzeitlich verabschiedet und vertritt jedenfalls für die nach Inkrafttreten der Schuldrechtsreform abgeschlossene Arbeitsverträge die Auffassung, dass es sich bei Bezugnahmeklauseln sowohl bei tarifge-

[252] Vgl. hierzu BAG 6.11.2007 – 1 AZR 862/06, NZA-RR 2008, 542.

bundenen als auch bei nicht tarifgebundenen Arbeitnehmern in der Regel um Verweisungsklauseln mit deklaratorischer Wirkung handelt[253]. Ergibt die Auslegung der Klausel sodann noch, dass nicht ein bestimmter Tarifvertrag, sondern der jeweils im Betrieb geltende Tarifvertrag in der jeweils gültigen Fassung gelten soll (sog dynamische Verweisung)[254], bedeutet das, dass schon aufgrund der arbeitsvertraglichen Abrede die Beschäftigten an allen Tarifänderungen, die auf kollektivrechtlicher Ebene erfolgen, in der Zukunft teilnehmen. Dies kann, je nach Intention, Segen oder Fluch sein.

80 Bei jedem intendierten Tarifwechsel sowie bei jedem Betriebsübergang verdient die **Analyse der in den Arbeitsverträgen enthaltenen Bezugnahmeklauseln** und deren Auslegung mit Blick auf die zukünftige Anwendbarkeit von Tarifverträgen **höchste Priorität.** Auch wenn sich ein Tarifwechsel etwa im Zuge einer Umstrukturierung auf kollektivrechtlicher Ebene bewerkstelligen lassen mag, so kann es aufgrund der Arbeitsvertragsgestaltung Gruppen von Arbeitnehmern oder gar maßgebliche Teile der Belegschaft geben, für die dieser Tarifwechsel ohne deren Zustimmung nicht stattfindet. Umgekehrt ist es auch denkbar, dass aufgrund einer geschickten Formulierung von Bezugnahmeklauseln eine Loslösung aus dem Tarifvertrag ermöglicht wird.[255]

5. Betriebsvereinbarungen zur Harmonisierung der Tarifgeltung

81 Betriebsvereinbarungen eignen sich von vornherein nur bedingt zur Harmonisierung von Arbeitsbedingungen nach Durchführung einer Umstrukturierung. Werden Belegschaften mit unterschiedlich ausgestatteten Arbeitsverträgen und damit unterschiedlichen individualrechtlichen Ansprüchen zusammengefasst, verhindert schon das betriebsverfassungsrechtliche Günstigkeitsprinzip[256] eine Anpassung unter Verschlechterung einzelvertraglich eingeräumter Positionen. Allerdings kann sich das anders darstellen, wenn standardisierte Arbeitsverträge oder Gesamtzusagen, betriebliche Übungen etc. es zulassen, diese aufgrund ihrer betriebsvereinbarungsoffenen Gestaltung durch Betriebsvereinbarungen abzulösen, zu vereinheitlichen und ggf. auch zum Nachteil der Beschäftigten zu ändern. Es lohnt sich im Zweifelsfall, diese Frage im Einzelnen zu prüfen.[257]

82 § 613a Abs. 1 S. 3 BGB sieht einen wirksamen Mechanismus zur Vereinheitlichung der durch Betriebsvereinbarung begründeten Ansprüche vor. Danach scheidet die Fortgeltung der in einer Betriebsvereinbarung geregelten Rechte und Pflichten gemäß § 613a Abs. 1 S. 2 BGB aus, soweit im Betrieb des Erwerbers eine anderweitige Regelung des jeweiligen Gegenstands besteht.[258] Werden demnach etwa Belegschaften zweier Betriebe zu einem neuen Betrieb zusammengefasst und gelten daher die jeweiligen Betriebsvereinbarungen lediglich gemäß Satz 2 fort, kann es zwar zunächst zu insoweit unterschiedlichen Arbeitsbedingungen innerhalb des neuen Betriebs kommen. § 613a Abs. 1 S. 3 BGB eröffnet indessen die Möglichkeit, mit dem neuen Betriebsrat eine einheitliche Regelung zu treffen, bei deren Inkrafttreten die „individualrechtliche" Fortgeltung der Betriebsvereinbarungen der Ausgangsbetriebe entfällt. In zahlreichen Fällen treten unterschiedliche betriebsverfassungsrechtliche Arbeitsbedingungen gar nicht erst auf, da sich in sämtlichen Fällen der Eingliederung[259] von vornherein die durch Betriebsvereinbarung geregelten Arbeitsbedingungen im Betrieb des Erwerbers durchsetzen.

83 Unterschiedliche Auffassungen bestehen indessen über die Möglichkeiten, auch tarifrechtliche Ungleichheiten durch Abschluss von Betriebsvereinbarungen zu beseitigen. Eine

[253] Vgl. hierzu ausführlich → E Rn. 187ff.
[254] Vgl. → E Rn. 195ff.
[255] Hinweise zur rechtssicheren Formulierung von Bezugnahmeklauseln finden sich unter → F Rn. 214ff.
[256] Vgl. hierzu → Rn. 48b. .
[257] Vgl. → Rn. 48a.
[258] Vgl. hierzu ausführlich → E Rn. 45ff.
[259] Vgl. hierzu → D Rn. 64ff.

entsprechende Notwendigkeit ergibt sich vor allem auf der Grundlage der „traditionellen" Auslegung des § 613a Abs. 1 S. 3 BGB, wonach eine Verdrängung der individualrechtlichen Fortgeltung der bisherigen Tarifverträge durch diejenigen des neuen Inhabers nur in Betracht kommen soll, wenn hinsichtlich der neuen Tarifverträge beiderseitige Tarifgebundenheit besteht.[260] Legt man diese Auffassung zugrunde, ergeben sich stets dann, wenn für den Veräußerer einerseits und den Erwerber andererseits unterschiedliche Gewerkschaften zuständig sind, erhebliche Schwierigkeiten. Diejenigen Arbeitnehmer, die der für den neuen Inhaber zuständigen Gewerkschaft nicht beitreten, sollen sich nach wie vor auf § 613a Abs. 1 S. 2 BGB berufen und demnach eine einheitliche Anwendung der Tarifverträge des Erwerbers verhindern können. Um auch in dieser Situation eine einheitliche Tarifgeltung durchsetzen zu können, wird in der Literatur die Auffassung vertreten, § 613a Abs. 1 S. 3 BGB erlaube den Abschluss von Betriebsvereinbarungen des Inhalts, dass zukünftig auf alle Arbeitsverhältnisse die Tarifverträge des Erwerbers Anwendung finden sollen.[261] Dieser Vorschlag steht indessen im Widerspruch zum Grundsatz des Tarifvorrangs, wie er in § 77 Abs. 3 BetrVG niedergelegt ist. Nach dieser Vorschrift sind Betriebsvereinbarungen unzulässig, die die Anwendbarkeit eines Tarifvertrages auf Außenseiter oder anders organisierte Arbeitnehmer erstrecken.[262] Es sind keinerlei Anhaltspunkte dahingehend ersichtlich, dass durch § 613a Abs. 1 S. 3 BGB die für das kollektive Arbeitsrecht grundlegende Unterscheidung zwischen der tariflichen und der betriebsverfassungsrechtlichen Ebene außer Kraft gesetzt werden sollte.[263] Die Besonderheiten eines Betriebs(teil)übergangs rechtfertigen es nicht, die Fälle der zwingenden (!) Anwendung von Tarifverträgen über die gesetzlich geregelten Fälle der Tarifgebundenheit sowie der Allgemeinverbindlichkeit von Tarifverträgen hinaus zu erweitern. Das Instrument der Betriebsvereinbarung muss daher als für die Beseitigung unterschiedlicher Tarifgeltung ungeeignet angesehen werden.[264] Will man sich mit den in der Tat unbefriedigenden Ergebnissen der „traditionellen" Auslegung des § 613a Abs. 1 S. 3 BGB nicht abfinden und hält man damit am Grundsatz der Tarifeinheit zumindest im Sinne einer Zielsetzung (wenn nicht eines Rechtsprinzips) fest, muss man eben die Auslegung iSd herrschenden Meinung in Frage stellen, die allein dieser Zielsetzung im Wege steht; das Instrument der Betriebsvereinbarung kann der ihr von Teilen der Literatur zugemessenen Rolle zur Beseitigung einer Tarifpluralität jedenfalls nicht gerecht werden.

---

[260] Vgl. zu dieser Auslegung ausführlich → E Rn. 168 ff.

[261] Soergel/*Raab* BGB § 613a Rn. 128; *Zöllner* DB 1995, 1401 (1408); *Gamillscheg*, Kollektives Arbeitsrecht I, S. 783.

[262] Richardi/*Richardi* BetrVG § 77 Rn. 308; *Fitting* BetrVG § 77 Rn. 98 mwN.

[263] Vgl. *Henssler* FS Schaub, 1998, 311 (321); *Moll* RdA 1996, 275 (283); *Boecken Rn.* 196; *Kania* DB 1995, 625 (626); aA *C. Meyer* NZA 2001, 751 (752), der § 613a Abs. 1 S. 3 BGB als „lex specialis" zu § 77 Abs. 3 BetrVG ansehen will; indessen regeln diese Normen zwei grundlegend unterschiedliche Fragen, so dass sich ein Verhältnis generelle Norm/spezielle Norm hier nicht herleiten lässt.

[264] Eine Betriebsvereinbarung (zB auch in Gestalt einer sog. Personalüberleitungsvereinbarung), in der sich der Arbeitgeber verpflichtet, eine bestimmte Verbandszugehörigkeit zu garantieren, ist wegen Verstoßes gegen die negative Koalitionsfreiheit unwirksam; vgl. LAG Schleswig-Holstein 7.12.2005 – 3 TaBV 20/05, DB 2006, 1278.

J. Betriebliche Altersversorgung

Übersicht

Ausgewählte Literatur:

Ahrend/Förster/Rößler, Steuerrecht der betrieblichen Altersversorgung, Stand November 2019; *Andres/Leithaus,* Insolvenzordnung 4. Aufl. 2018; *Annuß/Thüsing,* Kommentar zum Teilzeit- und Befristungsgesetz, 3. Aufl. 2012; *Ascheid/Preis/Schmidt,* Kündigungsrecht, 6. Aufl. 2021; *Bauer/Krieger/Günther,* Allg. Gleichbehandlungs- und Entgelttransparenzgesetz, 5. Aufl. 2018; *van Bühren* (Hrsg), Handbuch Versicherungsrecht, 7. Aufl. 2017; *Buttler/Baier,* Steuerliche Behandlung von Unterstützungskassen, 6. Aufl. 2014; *Dötsch,* Betriebliche Altersversorgung in den Vereinigten Staaten von Amerika und der Bundesrepublik Deutschland, 1986; *Karst/Cisch,* Betriebsrentengesetz, Gesetz zur Verbesserung der betrieblichen Altersversorgung, 15. Aufl. 2018; *Goldbach/Obenberger,* Die betriebliche Altersversorgung nach dem Betriebsrentengesetz, 3. Aufl. 2013; *Hanau/Arteaga/Rieble/Veit,* Entgeltumwandlung, 3. Aufl. 2014; *Henssler/Strohn,* Gesellschaftsrecht, 5. Aufl. 2021; *Hölscher,* Umsetzung der Europäischen Pensionsfonds-Richtlinie, in: Festschrift für Kurt Kemper zum 65. Geburtstag, 2005, 177; *Jauernig,* Kommentar zum BGB, 18. Aufl. 2021; *Kisters-Kölkes/Berenz/Huber/Betz-Rehm,* BetrAVG, Kommentar zum Betriebsrentengesetz mit Insolvenzsicherung und Versorgungsausgleich, 9. Aufl. 2021; *Kolvenbach/Sartoris,* Bilanzielle Auslagerung von Pensionsverpflichtungen, 2. Aufl. 2009; *Kürvers,* Betriebliche Altersversorgung in Deutschland und den USA im Rechtsvergleich, 2007; *Lambrich,* Weitergeltung und Ablösung von Tarifverträgen nach Betriebsübergang, in: Tradition und Moderne, Schuldrecht und Arbeitsrecht nach der Schuldrechtsreform, Festschrift für Horst Ehmann zum 70. Geburtstag, 2005, 169; *Langohr-Plato,* Betriebliche Altersversorgung, 7. Aufl. 2016; *Lutter,* Umwandlungsgesetz, 5. Aufl. 2019; *Mühlberger/Schwinger,* Betriebliche Altersversorgung nach IFRS, 2. Aufl. 2011; *Müller-Bonnani,* Betriebsinhaberwechsel im Rahmen des Umwandlungsgesetzes, 2004; *Nerlich/Römermann,* Insolvenzordnung (Stand April 2020); *Preis/Sagan,* Europäisches Arbeitsrecht, 2. Aufl. 2019; *Preis/Temming,* Neuordnung der betrieblichen Altersversorgung im öffentlichen Dienst, in: Altersgrenzen und Alterssicherung im Arbeitsrecht, Wolfgang Blomeyer zum Gedenken, 2003, 247; *Reichel/Schmandt,* Betriebliche Altersversorgung bei Unternehmenskauf und Umstrukturierung, 2006; *Rupprecht,* Die Auswirkungen der neuen EU-Richtlinie auf die betriebliche Altersversorgung in Deutschland, in: Betriebliche Altersversorgung im 21. Jahrhundert, Festschrift für Wolfgang Förster, 2001 zum 60. Geburtstag 2001, 471; *Schlewing/Henssler/Schipp/Schnitker,* Arbeitsrecht der betrieblichen Altersversorgung, Loseblatt Bd. I und II, Stand Dezember 2020; *Schipp,* Die neue Beitragszusage – ein Weg zur Harmonisierung von Versorgungsstrukturen im Unternehmen? in: Arbeitsrecht bei Änderungen der Unternehmensstruktur, Festschrift für Heinz Josef Willemsen zum 65. Geburtstag, 2018, 439; *Schnitker,* Eingriffe in Versorgungsanwartschaften auf der 3. Stufe – Versuch einer Rückbesinnung und Neujustierung, in: Arbeitsrecht bei Änderungen der Unternehmensstruktur, Festschrift für Heinz Josef Willemsen zum 65. Geburtstag, 2018, 449; *Schwind,* Ausgewählte Aspekte zur externen Ausfinanzierung von unmittelbaren Versorgungszusagen durch CTA-/Trust-Modelle, in: Altersversorgung und Vergütung, Festschrift Boy-Jürgen Andresen zum 60. Geburtstag, 2006, 585; *Semler/Stengel,* Umwandlungsgesetz, 4. Aufl. 2017; *Thüsing/Granetzny,* Praxiswissen Betriebliche Altersversorgung, 2019; *Uckermann/Fuhrmanns/Ostermayer/Doetsch,* Das Recht der betrieblichen Altersversorgung, 2014.

I. Vorbemerkung

1 Im Rahmen einer Restrukturierung oder eines Unternehmenskaufs ist die Behandlung der betrieblichen Altersversorgung häufig einer der finanziell wichtigsten und manchmal auch kritischsten Punkte.

Die **Bedeutung der betrieblichen Altersversorgung** für eine Transaktion ergibt sich vor allem aus ihrem quantitativen Volumen (Pensionsrückstellungen sind häufig ein äußerst bedeutender Posten auf der Passivseite der Bilanz) und dem Umstand, dass es sich um äußerst langfristige Verpflichtungen des Unternehmens handelt, die nur unter engen Voraussetzungen einseitig vom Unternehmen verändert werden können. Vor dem Hintergrund des nachhaltigen Niedrigzinsumfelds hat die Bedeutung der Pensionsverpflichtungen weiter zugenommen. Dies ist dem Umstand geschuldet, dass diese Verpflichtungen zu einer ganz erheblichen Kaufpreisreduktion (bis hin zu einem negativen Kaufpreis) führen können und auch zunehmend Wege gesucht werden, um die Relevanz dieser Verpflichtungen in Unternehmenstransaktionen zu reduzieren.

II. Grundlagen der betrieblichen Altersversorgung

1. Begriff und Abgrenzung zu anderen Nebenleistungen

2 Die betriebliche Altersversorgung ist eine grundsätzlich **freiwillige**[1] **Sozialleistung** des Arbeitgebers, die vor allem bei großen Unternehmen weit verbreitet ist. Sie unterliegt einer Reihe besonderer Regelungen, insbesondere im Bereich des Arbeits- und des Steuerrechts. Infolge der vielfältigen nationalen Besonderheiten stellt die betriebliche Altersversorgung bislang ein weitgehend durch das nationale Recht dominiertes Rechtsgebiet dar.

Nach der gesetzlichen Grunddefinition in § 1 Abs. 1 S. 1 des Gesetzes zur Verbesserung der betrieblichen Altersversorgung (BetrAVG) – sog. Betriebsrentengesetzliegt „betriebliche Altersversorgung" dann vor, wenn einem Arbeitnehmer vom **Arbeitgeber** aus Anlass seines Arbeitsverhältnisses Leistungen der Alters-, Invaliditäts- oder Hinterbliebenenversorgung zugesagt werden.[2] Die Versorgungszusage kann sich dabei auf einen oder mehrere dieser Versorgungsfälle im Sinne von § 1 Abs. 1 BetrAVG beziehen. Die Arbeitgeberstellung richtet sich mangels einer spezifischen betriebsrentenrechtlichen Definition nach den allgemeinen Grundsätzen, wonach Arbeitgeber nur derjenige ist, der die Dienstleistungen vom Arbeitnehmer kraft Arbeitsvertrages fordern kann. Einen **konzernrechtlichen Arbeitgeberbegriff** erkennt das BAG im Bereich der betrieblichen Altersversorgung nicht an. Damit begründet die Zusage von betrieblichen Versorgungsleistungen durch eine faktisch herrschende Konzernobergesellschaft unabhängig von den übrigen Einzelfallumständen begrifflich weder betriebliche Altersversorgung iSd BetrAVG der Obergesellschaft noch der beherrschten Arbeitgeberunternehmen.[3]

3 Grundsätzlich gilt für Versorgungszusagen der **Grundsatz der Vertragsfreiheit.** Es steht dem Arbeitgeber frei, ob und unter welchen Voraussetzungen er eine betriebliche Altersversorgung gewähren will.[4] Es steht ihm ferner frei, zu entscheiden, welche finanziellen Ressourcen er zur Verfügung stellen möchte, welcher Durchführungsweg beschritten werden soll und welcher Personenkreis begünstigt werden soll. Keine dieser Entscheidun-

[1] BAG 10.3.1972 – 3 AZR 278/71, DB 1973, 69.
[2] Vgl. zur Abgrenzung von privater Altersvorsorge und betrieblicher Altersvorsorge bei Eigenbeitragszusage nach § 1 Abs. 2 Nr. 4 BetrAVG; BAG 21.3.2017 – 3 AZR 464/15, BetrAV 2017, 453.
[3] BAG 20.5.2014 – 3 AZR 1094/12, NZA 2015, 225; vgl. auch *Granetzny/Wallraven* NZA 2017, 1231; *Rolfs* NZA 2015, 225; aA wohl *Heger* BB 2006, 540.
[4] BAG 10.3.1972 – 3 AZR 278/71, DB 1973, 69.

gen unterliegt der Mitbestimmung des Betriebsrats.[5] Entschließt sich der Arbeitgeber zur Einführung einer Versorgung, dann ist der Arbeitgeber jedoch an die erteilten Versorgungszusagen rechtlich gebunden und kann diese nur noch unter sehr eingeschränkten Umständen ändern. Dabei hängt der Umfang der Bindung und die Abänderbarkeit im Detail maßgeblich davon ab, auf Basis welcher Rechtsgrundlage (Individualvertrag, Kollektivvereinbarung) der Arbeitgeber die Verpflichtung begründet hat. Der Arbeitgeber hat zudem bei der Entscheidungsfindung und Ausgestaltung der Versorgungszusage die allgemeinen rechtlichen Rahmenbedingungen (zB Diskriminierungsverbote) einzuhalten. Zudem unterliegt die Ausgestaltung der Versorgung insbesondere im Hinblick auf die Verteilungsgrundsätze, dh den Leistungsplan, und die Ausgestaltung von Sozialeinrichtungen der Mitbestimmung des jeweils zuständigen Betriebsrats gemäß § 87 Abs. 1 Nr. 8, 10 BetrVG.

4 Der Grundsatz der Vertragsfreiheit hat mit Wirkung ab dem 1.1.2002 eine wichtige Einschränkung erfahren. Durch das Altersvermögensgesetz (AVmG) ist mit § 1a BetrAVG erstmals ein **Anspruch der Arbeitnehmer** auf Einführung einer betrieblichen Altersversorgung durch **Entgeltumwandlung** in das Gesetz aufgenommen worden.[6] Die Arbeitnehmer können seitdem eine *faktisch* eigenfinanzierte, über den Arbeitgeber organisierte Altersversorgung einseitig erzwingen, sofern der Arbeitgeber nicht schon von sich aus die Möglichkeit der Entgeltumwandlung in Altersversorgung anbietet.[7] Eine arbeitgeberseitige Aufklärungspflicht diesbezüglich besteht jedoch nicht.[8] Mittlerweile ist der Anwendungsbereich der Entgeltumwandlung nach § 1a Abs. 1 BetrAVG dahingehend erweitert worden, dass die Entgeltumwandlung vom Arbeitgeber auch über Versorgungseinrichtungen nach § 22 BetrAVG durchgeführt werden kann. Darüber hinaus ist durch das Betriebsrentenstärkungsgesetz ein obligatorischer Arbeitgeberzuschuss normiert worden, der in der Höhe von 15% des umgewandelten Entgelts direkt an die Versorgungseinrichtung zu entrichten ist (§ 1a Abs. 1a BetrAVG).[9]

5 Üblicherweise werden betriebliche Versorgungsleistungen im Versorgungsfall als regelmäßig wiederkehrende Geldleistungen in Form von lebenslangen Renten gewährt. Möglich sind jedoch auch einmalige Kapitalzahlungen[10] oder die Auszahlung in Raten. Letztere Gestaltungen verzeichnen in der Praxis einen deutlichen Zuwachs insb. im Bereich der Neuzusagen. Wirtschaftlich geht es darum, dass der Arbeitgeber sich durch diese Gestaltungen von dem Langlebigkeitsrisiko und etwaigen Anpassungslasten sowie den damit einhergehenden Zinsvolatilitätsrisiken entledigen kann. Neben Geldleistungen können auch Nutzungsrechte und Sachleistungen Versorgungsleistungen im Sinne des BetrAVG sein.[11] Zu den Sachleistungen, die eine betriebliche Altersversorgung darstellen können, gehören Kohledeputate[12] einschließlich der an ihre Stelle getretenen Barabgeltung[13] sowie Hausbrandleistungen (Energiebeihilfen),[14] aber auch vergünstigte Fahrausweise,[15] Wohnrechte in Werkswohnungen[16] oder Altenteilsverträge in der Landwirtschaft.[17]

---

[5] Statt vieler ErfK/*Kania* BetrVG § 87 Rn. 73, 103, 109; Zu Mitbestimmungsfragen → Rn. 314ff. mwN.

[6] Ausführlich dazu *Hanau/Arteaga/Rieble/Veit,* Entgeltumwandlung; sa *Schnitker/Grau* BB 2003, 1061 (1062) mwN.

[7] Zu den Anforderungen an eine wirksame Entgeltumwandlungsvereinbarung insbesondere im Hinblick auf die Verwendung von gezillmerten Versicherungstarifen: LAG München 15.3.2007 – 4 Sa 1152/06, NZA 2007, 813; BAG 15.9.2009 – 3 AZR 17/09, NZA 2010, 164; *Cisch/Kruip* NZA 2007, 786; *Diller* NZA 2008, 338; *Uckermann/Fuhrmanns* NZA 2010, 550.

[8] BAG 21.1.2014 – 3 AZR 807/11, NZA 2014, 903.

[9] Wohl aber nur, soweit eine Sozialversicherungsersparnis tatsächlich entsteht, vgl. *Meissner* DStR 2017, 2633 (2637).

[10] BAG 30.9.1986 – 3 AZR 22/85, NZA 1987, 456; MHdB ArbR/*Cisch* § 202 Rn. 101; *Goldbach/Obenberger* BetrAVG Rn. 57.

[11] Vgl. PSV-Merkblatt 300/M 4/01.21 (1.2).

[12] BAG 14.6.1983 – 3 AZR 565/81, DB 1984, 1251.

[13] BAG 11.8.1981 – 3 AZR 395/80, DB 1981, 2331; sa BAG 2.12.1986 – 3 AZR 123/86, NZA 1987, 599.

[14] BAG 16.3.2010 – 3 AZR 594/09, NZA-RR 2011, 146.

Bei **anderen Sozial- bzw. Nebenleistungen** des Arbeitgebers muss im Einzelfall danach abgegrenzt werden, ob diese der Versorgung des Arbeitnehmers dienen sollen. Zu Einzelfällen vgl. die nachfolgende Übersicht: 6

- Weihnachtsgelder für Rentner: Ja[18]
- Treueprämien/Jubiläumsgaben: Nein, sofern Auszahlung nicht nur bei Ausscheiden im Alter
- Versicherungen: Nein, außer bei Personenversicherung mit Leistungen im Alter, bei Berufsunfähigkeit und Tod und Bezugsrecht des Arbeitnehmers
- Unterstützungsleistungen im Notfall: Nein, sofern unabhängig vom Eintritt eines biologischen Ereignisses[19]
- Vermögensbildungsleistungen: Nein[20]
- Gewinnbeteiligungen/Tantiemen: Nein, es sei denn Auszahlung erst im Versorgungsfall[21]
- Übergangsgelder, Überbrückungszahlungen, Abfindungen: Nein, auch wenn von Höhe des Ruhegeldes abhängig,[22] es sei denn Auszahlung erst im Pensionsalter[23]
- Leibrenten, Kaufpreisrenten: Nein[24]
- Ausgleichsanspruch § 89b HGB: Nein
- Nachprovision auf Lebenszeit: Ja[25]
- Sterbegelder: Nein, sofern lediglich Beitrag zur Deckung der Bestattungskosten.[26]
- Vergünstigte Fahrausweise.[27]

Der Gesetzgeber ist im Bereich der betrieblichen Altersversorgung in jüngster Zeit nicht untätig gewesen und hat das Gesetz zur Stärkung der betrieblichen Altersversorgung und zur Änderung anderer Gesetze (Betriebsrentenstärkungsgesetz)[28] verabschiedet. Sein Kern ist die Einführung eines „Sozialpartnermodells Betriebsrente“ (§ 1 Abs. 2 Nr. 2a, §§ 21–25 BetrAVG). Mit dem In-Kraft-Treten des Betriebsrentenstärkungsgesetzes wird nunmehr u. a. die Möglichkeit eingeräumt, auf tarifvertraglicher Basis zu vereinbaren, dass der Arbeitgeber Beiträge zur Finanzierung von Leistungen der betrieblichen Altersversorgung an eine Direktversicherung, eine Pensionskasse oder einen Pensionsfonds nach § 22 zahlt, ohne dass eine Einstandspflicht bei Ausfall des externen Versorgungsträgers besteht (sog. **reine Beitragszusage**[29]). Weitere Änderungen des Gesetzes betreffen die Einführung eines verpflichtenden Arbeitgeberzuschusses bei der Entgeltumwandlung (§ 1a Abs. 1a BetrAVG mit Übergangsvorschrift in § 26a BetrAVG bzw. § 23 Abs. 2 BetrAVG), die Zulassung von sog. **Opting-Out Modellen** (§ 20 Abs. 2 BetrAVG), die rückwirkende Inkraftsetzung des bereits durch das Gesetz zur Umsetzung der EU-Mobilitätsrichtlinie

---

[15] BAG 30.1.2019 – 5 AZR 442/17, NZA 2019, 1076; ablehnend gegenüber dem Ehegatten BAG Urt. 30.1.2019 – 5 AZR 450/17, NZA 2019, 1065.

[16] MHdB ArbR/*Cisch* § 202 Rn. 105, 109.

[17] MHdB ArbR/*Cisch* § 202 Rn. 105, 109.

[18] BAG 23.4.1963 – 3 AZR 173/62, BB 1963, 938; 19.5.1981 – 3 AZR 308/80, DB 1981, 2333.

[19] BAG 12.12.2006 – 3 AZR 476/05, NZA-RR 2007, 653.

[20] LAG Hamm 6.4.1982 – 6 Sa 412/81, DB 1982, 1523.

[21] BAG 30.10.1980 – 3 AZR 805/79, DB 1981, 644.

[22] BAG 26.4.1988 – 3 AZR 411/86, NZA 1989, 182; 5.2.1981 – 3 AZR 748/79, BB 1981, 1708; BGH 16.3.1981 – II ZR 222/79, DB 1981, 1561; 28.9.1981 – II ZR 181/80, DB 1982, 126.

[23] BAG 8.5.1990 – 3 AZR 121/89, NZA 1990, 931; vgl. auch BAG 20.3.2018 – 3 AZR 519/16, NZA 2018, 1139 wonach die Gewährung eines monatlichen Entgelts innerhalb der ersten sechs Monate unter Anrechnung der Betriebsrente eine Leistung der betrieblichen Altersvorsorge darstellt; zur Abgrenzung von Betriebsrenten und Übergangsgeldern siehe BAG 28.10.2008 – 3 AZR 317/07, NZA 2009, 844.

[24] Zur Abgrenzung s. LAG Köln 19.1.1989 – 10 Sa 704/88, LAGE Nr. 3 zu § 7 BetrAVG.

[25] LG Aachen 25.4.1975 – 11 O 199/74, BB 1976, 249.

[26] BAG 19.9.2006 – 1 ABR 58/05, BeckRS 2007, 40933.

[27] BAG 30.1.2019 – 5 AZR 442/17, NZA 2019, 1076.

[28] Vom 17.8.2017 BGBl. I S. 3214.

[29] Vgl. dazu → Rn. 179a.

novellierten § 16 Abs. 3 Nr. 2 (§ 30c Abs. 1a) BetrAVG, den öffentlichen Dienst (§ 18 BetrAVG) sowie das Steuer- und Sozialleistungsrecht.[30]

Die weitgehend nationale Prägung der betrieblichen Altersversorgung wird allerdings zunehmend aufgeweicht, internationale Wechselwirkungen erlangen hier zunehmende Relevanz. Von besonderer Bedeutung ist hier die die EU-Mobilitätsrichtlinie[31], deren innerstaatliche Umsetzung am 1.1.2018 erfolgt ist.[32] Die Richtlinie statuiert Mindestvorschriften zur Erhöhung der Mobilität von Arbeitnehmern zwischen den Mitgliedstaaten durch Verbesserung des Erwerbs und der Wahrung von Zusatzrentenansprüchen.[33]

Die EU-Mobilitätsrichtlinie hat an unterschiedlichen Stellen eine Anpassung des BetrAVG erforderlich gemacht, unter anderem in § 1b Abs. 1 BetrAVG (weitere Absenkung der Unverfallbarkeitsvoraussetzungen), in § 3 Abs. 2 BetrAVG (Abfindung von Kleinstanwartschaften) und in § 4a BetrAVG (Auskunftspflichten). Folgeänderungen betrafen die §§ 17 und 18 BetrAVG sowie diverse Übergangsvorschriften (§§ 30e–30g BetrAVG). Eine weitere zentrale Anpassung betrifft die **Dynamisierung bestimmter Anwartschaften,** die in Umsetzung der Richtlinie nunmehr in § 2a Abs. 2 Satz 1 BetrAVG vorgesehen ist. Die gesetzliche Neuregelung bricht mit der Tradition des sog. Festschreibeeffekts, wie er im § 2 Abs. 5 BetrAVG aF normiert war. Sie führt jedenfalls für klassische Leistungszusagen mit Gehalts- oder anderer Dynamik zu einer tendenziellen Erhöhung der unverfallbaren Anwartschaften (vgl. hierzu die zeitliche Beschränkung des Anwendungsbereichs in § 30g Abs. 1 BetrAVG auf Beschäftigungszeiten ab dem 1.1.2018 und den Ausschluss des Anwendungsbereichs für vor dem 20.5.2014 für neue Arbeitnehmer geschlossene Versorgungssysteme).

Darüber hinaus ist am 12.1.2017 auf europarechtlicher Ebene eine Richtlinie über die Tätigkeiten und die Beaufsichtigung von Einrichtungen der betrieblichen Altersversorgung (die EbAV-II-RL)[34] in Kraft getreten. Eine nationale Umsetzung ist unter anderem durch eine Anpassung des Versicherungsaufsichtsgesetzes (VAG) erfolgt.[35]

2. Geltungsbereich des Betriebsrentengesetzes

7 Das Betriebsrentengesetz (BetrAVG) findet nur in seinem persönlichen und sachlichen Geltungsbereich Anwendung. Es gilt nach § 17 Abs. 1 BetrAVG zunächst für Versorgungszusagen, die der Arbeitgeber gegenüber seinen **Arbeitnehmern,** dh Arbeitern und Angestellten einschließlich der zu ihrer Berufsausbildung Beschäftigten, abgegeben hat.

Nach § 17 Abs. 1 S. 2 BetrAVG gelten die §§ 1–16 BetrAVG auch für Nicht-Arbeitnehmer, wenn ihnen Leistungen der Alters-, Invaliditäts- oder Hinterbliebenenversorgung aus Anlass ihrer Tätigkeit für ein Unternehmen zugesagt worden sind. Dies ist etwa bei einem **Fremdgeschäftsführer** einer GmbH[36] oder dem **Vorstand** einer AG oder eG der Fall,[37] wobei von den Vorschriften des BetrAVG auch zum Nachteil der Organmitglieder abgewichen werden kann, wenn und soweit es sich um tarifdispositive Vorschriften iSv § 19 Abs. 1 BetrAVG (vormals § 17 Abs. 3 Satz 1 BetrAVG) handelt.[38] Im Einzelfall gelten für die Abgrenzung die vom BAG hierfür aufgestellten Kriterien.[39]

---

[30] Dazu auch *Rolfs* NZA 2017, 1225.

[31] RL 2014/50/EU v. 16.4.2014 über Mindestvorschriften zur Erhöhung der Mobilität von Arbeitnehmern zwischen den Mitgliedstaaten durch Verbesserung des Erwerbs und der Wahrung von Zusatzrentenansprüchen, in Kraft ab 20.5.2014.

[32] Vgl. Gesetz zur Umsetzung der EU-Mobilitäts-Richtlinie BGBl. 2019 I S. 2553.

[33] Vgl. zu Regelungsgehalt und Umsetzungsmöglichkeiten ausf. *Janker/Kelwing* BetrAV 2015, 33.

[34] Richtlinie 2016/2341/EU v. 14.12.2016.

[35] Vgl. BGBl. I S. 2672.

[36] BAG 15.4.2014 – 3 AZR 114/12, NZA 2014, 767; BGH 1.10.2019 – II ZR 386/17, NZG 2019, 1348.

[37] Blomeyer/Rolfs/Otto/*Rolfs* BetrAVG § 17 Rn. 91.

[38] BGH 23.5.2017 – II ZR 6/16, DStR 2017, 1838.

[39] Siehe hierzu BAG 19.1.2010 – 3 AZR 42/08, NZA 2010, 1066.

Auf **Unternehmer, Personengesellschafter,** beherrschende **Gesellschafter-Geschäftsführer** einer Kapitalgesellschaft und andere Personen, die für das eigene Unternehmen tätig sind, finden die Regelungen des Betriebsrentengesetzes demgegenüber keine Anwendung. Probleme bereiten in der Praxis bisweilen die sog. Gesellschafter-Geschäftsführer, dh Personen, die im Rahmen ihres Anstellungsvertrages als Organ der Gesellschaft eine Pensionszusage erhalten haben und zugleich Gesellschafter sind. Diese Personen unterfallen dem Geltungsbereich des BetrAVG dann, wenn ihre Gesellschafterstellung von lediglich untergeordneter Bedeutung ist und insbesondere keinen bestimmenden oder gar beherrschenden Einfluss vermittelt. So unterfällt ein Vorstand, der im Rahmen eines *Incentive-Programs* Aktien der Gesellschaft erhalten oder erworben hat, gleichwohl dem BetrAVG. Im Einzelfall kann die Abgrenzung jedoch schwierig sein.[40] 8

3. Entstehung von Versorgungsverpflichtungen

Eine betriebsrentenrechtliche Versorgungsverpflichtung entsteht nur dann, wenn hierfür vom Arbeitgeber allein oder im Zusammenwirken mit den Arbeitnehmern, dem Betriebsrat oder aber durch die Tarifvertragsparteien eine **Rechtsgrundlage** gesetzt, dh ein Verpflichtungstatbestand begründet wird. Die Rechtsgrundlage für betriebliche Versorgungsansprüche kann entweder individualrechtlicher oder kollektivrechtlicher Natur sein. Als besondere individualrechtliche Verpflichtungsgründe nennt § 1b Abs. 1 S. 4 BetrAVG die betriebliche Übung und den Grundsatz der Gleichbehandlung. 9

Auf welcher Rechtsgrundlage eine Versorgungsverpflichtung beruht, ist vor allem wichtig für die Frage, auf welchem Wege und unter welchen Voraussetzungen sie geändert werden kann.

a) Einzelvertragliche Regelungen

Eine Versorgungszusage kann im Wege einer einzelvertraglichen Vereinbarung zwischen Arbeitgeber und Arbeitnehmer begründet werden. Sie kann Bestandteil des Arbeits- oder Dienstvertrages sein, aber auch in einem gesonderten Vertrag enthalten sein. Individuell ausgehandelte einzelvertragliche Zusagen finden sich insbesondere bei Vorständen oder Geschäftsführern[41] sowie bisweilen bei Führungskräften der obersten Ebene. Ihr Zustandekommen richtet sich nach den allgemeinen zivilrechtlichen Vorschriften (§§ 145, 147 BGB).[42] Die auf den Vertragsschluss gerichteten Willenserklärungen müssen nicht notwendig ausdrücklich erklärt werden; es genügt auch eine schlüssige (konkludente) Äußerung.[43] 10

Versorgungszusagen sind im Hinblick auf ihre arbeitsrechtliche Wirksamkeit **nicht formbedürftig;** steuerrechtlich ist jedoch die Schriftform für die Möglichkeit zur Bildung von Pensionsrückstellungen vorgeschrieben (vgl. § 6a Abs. 1 Nr. 3 EStG).[44] Wurde das individuelle Versorgungsversprechen nur mündlich erteilt, was in der Praxis kaum vorkommt, so hat der Arbeitnehmer einen Anspruch auf schriftliche Niederlegung und Aushändigung der Vertragsbedingungen. Dies ergibt sich aus § 2 Abs. 1 S. 2 Nr. 6 NachwG.[45] 11

Einzelvertragliche Versorgungszusagen sind nach den allgemeinen Regeln des Vertragsrechts (§§ 133, 157 BGB) **auszulegen.** 12

Nach der Rechtsprechung begründet bereits die **„Zusage einer Zusage"** (dh die Erklärung, dass nach Ablauf einer bestimmten Frist oder **„Vorschaltzeit"** eine „Aufnahme" in die Versorgung erfolgt bzw. eine Versorgungszusage erteilt wird), dann wenn sie nicht

[40] Vgl. ausführlich Blomeyer/Rolfs/Otto/*Rolfs* BetrAVG § 17 Rn. 93 ff.
[41] Vgl. BGH 23.5.2017 – II ZR 6/16 unter Bezugnahme auf BAG 1.4.2009 – 3 AZR 285/07, BeckRS 2009, 72640).
[42] Vgl. BAG 9.1.1990 – 3 AZR 319/88, NZA 1990, 526.
[43] BAG 12.6.1957 – 4 AZR 5/55, AP Nr. 24 zu § 242 BGB Ruhegehalt.
[44] Vgl. *Ahrend/Förster/Rößler,* Band 1, 2. Teil Rn. 406 ff.
[45] S. ErfK/*Preis* NachwG § 2 Rn. 17.

mehr von Faktoren abhängig ist, die der Arbeitgeber einseitig beeinflussen kann, eine Versorgungszusage im Sinne des § 1 BetrAVG.[46] Mindestdienstzeit und/oder -altersvoraussetzungen für die „Aufnahme“ in eine allgemeine Versorgung hindern also nicht, dass eine Versorgungsanwartschaft unmittelbar ab Erteilung der Zusage entsteht und damit die Unverfallbarkeitsfristen in Gang setzt. Es besteht also schon vor Erfüllung der rein zeitbezogenen Aufnahmevoraussetzungen eine grundsätzlich nicht mehr entziehbare Rechtsposition, die unter den Voraussetzungen des § 1b BetrAVG den Unverfallbarkeitsstatus erlangen kann. Die Vorschaltzeit ist abzugrenzen von der **Wartezeit.** Eine Wartezeit ist für den Lauf der Unverfallbarkeitsfristen unerheblich und hat nur Bedeutung für die Frage, ob und wann frühestens Leistungen bezogen werden können.[47] Dabei ist zu unterscheiden, ob eine aufschiebende oder eine ausschließende Wartezeit vorliegt. Bei der ausschließenden Wartezeit entfällt der Anspruch, wenn der Versorgungsfall vor Ablauf der Wartezeit eintritt, bei der aufschiebenden Wartezeit können erstmals Leistungen bezogen werden, wenn die Wartezeit abgelaufen ist. Die Wartezeit kann auch nach dem Ausscheiden erfüllt werden. Bedeutung hat die Wartezeit vor allem für Invaliditätsrenten.

b) Vertragliche Einheitsregelungen und Gesamtzusagen

13 Sagt der Arbeitgeber nach einem einheitlichen Prinzip nicht nur einzelnen Arbeitnehmern eine Betriebsrente zu, sondern der gesamten Belegschaft oder Teilen davon, spricht man von einer vertraglichen Einheitsregelung. Diese begründet zunächst auf individualrechtlicher Ebene einen Versorgungsanspruch jedes einzelnen Begünstigten. Die Rechtsprechung erkennt gleichzeitig allerdings – was für eine spätere Änderung mittels ablösender Betriebsvereinbarung bedeutsam ist – einen gewissen Kollektivbezug an.[48]

Bei einer Gesamtzusage erteilt der Arbeitgeber der Gesamtheit der Arbeitnehmer oder einer bestimmten Arbeitnehmergruppe eine Zusage, etwa durch Aushang am „schwarzen Brett“, durch Rundschreiben oder auch durch mündliche Bekanntgabe. Nach herrschender Meinung ist in der Gesamtzusage ein Vertragsangebot an jeden einzelnen Arbeitnehmer zu sehen, dass dieser ausdrücklich, aber auch durch konkludentes Verhalten annehmen kann.[49] Auf den Zugang der Annahmeerklärung wird gemäß § 151 BGB verzichtet. Zu beachten ist hierbei, dass eine Vereinbarung, die mit einem rechtlich unwirksam gebildeten Arbeitnehmervertretungsgremium abgeschlossen wurde, unter bestimmten Umständen in eine Gesamtzusage umgedeutet werden kann.[50] Das BAG geht zudem davon aus, dass Gesamtzusagen grundsätzlich auch durch nachfolgende Gesamtzusagen verschlechternd abgelöst werden können, da derartige Regelungen auf einen längeren, unbestimmten Zeitraum angelegt seien und der Arbeitgeber bei einer Gesamtzusage Leistungen nach einem einheitlichen System erbringen wolle.[51] Das BAG geht damit de facto bei einer Gesamtzusage – sofern keine gegenteiligen Anhaltspunkte bestehen – von einem impliziten Änderungsvorbehalt aus. Etwaige Anpassungen in einer ablösenden Gesamtzusage müssen dann allerdings den Grundsätzen des Vertrauensschutzes bzw. der Verhältnismäßigkeit entsprechen, wie sie das BAG in der 3-Stufen-Theorie konturiert hat. Diese Rechtsprechung eröffnet dem Arbeitgeber insoweit ein erweitertes Gestaltungspotential, als er nicht mehr auf das (idR praktisch untaugliche) Mittel der Änderungskündigung zurückgreifen muss, wenn der Arbeitnehmer sein Einverständnis mit der Änderung verweigert. Dogmatisch betrachtet wirft das Urteil aber erhebliche Fragen auf,

[46] BAG 24.2.2004 – 3 AZR 5/03, NZA 2004, 789; 19.4.1983 – 3 AZR 24/81, DB 1983, 2474.
[47] BAG 24.2.2004 – 3 AZR 5/03, NZA 2004, 789; Blomeyer/Rolfs/Otto/*Rolfs* BetrAVG § 1b Rn. 327.
[48] Vgl. ausführlich → Rn. 680 ff.
[49] BAG 22.1.2003 – 10 AZR 395/02, NZA 2003, 576; 16.9.1986 – GS 1/82, NZA 1987, 168; 13.3.1975 – 3 AZR 446/74, DB 1975, 1563.
[50] BAG 11.12.2018 – 3 AZR 380/17, NZA 2019, 1082; BAG 23.2.2016 – 3 AZR 960/13, NZA 2016, 642.
[51] BAG 11.12.2018 – 3 AZR 380/17, NZA 2019, 1082; BAG 23.2.2016 – 3 AZR 960/13, NZA 2016, 642.

denn die Begründung des 3. Senats trifft auf sämtliche Gesamtzusagen auch zu anderen Leistungen zu, bei denen kein Kontrollinstrument im Sinne der 3-Stufen-Theorie existiert. Konterkariert wird die Flexibilität zudem durch die zunehmend restriktive Auslegung der 3-Stufen-Theorie (vgl. dazu ausführlich → Rn. 738 f.).

Soweit der Arbeitgeber die Versorgungszusage aufgrund eines **formularmäßigen Standardtextes** erteilt, handelt es sich um allgemeine Vertragsbedingungen bzw. AGB im Sinne der §§ 305 ff. BGB. Danach gilt in Auslegungsfragen die Unklarheitenregel des § 305c Abs. 2 BGB, wonach Zweifel bei der Auslegung zu Lasten des Verwenders der AGB, dh des Arbeitgebers, gehen. Sind die Bedingungen der Versorgungszusage individuell ausgehandelt worden, so gelten die §§ 305 ff. BGB gemäß § 305 Abs. 1 S. 3 BGB nicht. Dies setzt aber voraus, dass die Vertragsbedingungen ernsthaft zur Disposition gestanden haben.[52] Da der Arbeitnehmer nach Ansicht des BAG Verbraucher im Sinne des § 310 BGB ist,[53] führt die lediglich einmalige Verwendung eines vom Arbeitgeber vorgefertigten Textes ebenfalls zur AGB-Kontrolle, wenn der Arbeitnehmer auf den Inhalt der Vereinbarung keinen Einfluss nehmen konnte. 14

c) Betriebliche Übung

Versorgungsverpflichtungen können auch auf einer betrieblichen Übung beruhen (§ 1b Abs. 1 S. 4 BetrAVG).[54] Eine **betriebliche Übung** ist eine regelmäßige Wiederholung bestimmter Verhaltensweisen durch den Arbeitgeber, aus denen die Arbeitnehmer schließen können, ihnen solle eine Leistung oder eine Vergünstigung auf Dauer eingeräumt werden. Aus diesem dogmatisch als Vertragsangebot zu wertenden Verhalten, das von den Beschäftigten in der Regel stillschweigend angenommen wird (§ 151 BGB), erwachsen vertragliche Ansprüche auf die üblich gewordene Leistung.[55] Versorgungszusagen aufgrund betrieblicher Übung berechtigen mangels Einhaltung der Schriftform nicht zu Pensionsrückstellungen im Sinne des § 6a EStG.[56] 15

Die Frage, **ob** Versorgungsleistungen **aufgrund betrieblicher Übung** begründet worden sind, lässt sich nur im Einzelfall unter Zugrundelegung der **individuellen Umstände** beantworten. Zahlt der Arbeitgeber unter bestimmten Voraussetzungen jedem Arbeitnehmer oder einer bestimmten Gruppe von Arbeitnehmern im Versorgungsfall ein Ruhegeld, so können die noch aktiven Arbeitnehmer darauf vertrauen, dass auch sie unter den gleichen Voraussetzungen Versorgungsleistungen erhalten werden. Dabei kommt es nicht so sehr auf die Zahl der begünstigten Arbeitnehmer oder die Dauer der Übung an, sondern darauf, ob ein gleichförmiges Verhalten des Arbeitgebers ein schutzwürdiges Vertrauen der Arbeitnehmer auf Zahlung einer Betriebsrente begründet hat. Eine schematische Übertragung der zu den Gratifikationszahlungen aufgestellten Regeln (Gewährung in drei aufeinander folgenden Jahren) muss wegen der Bedeutung der betrieblichen Altersversorgung sowohl für die Zukunftsplanung des Arbeitnehmers als auch die finanzielle Bindung des Arbeitgebers allerdings abgelehnt werden.[57] 16

Eine betriebliche Übung durch Zahlung von Versorgungsleistungen kann nicht nur durch die Gewährung von Ruhegeld überhaupt begründet werden, sondern auch bezüglich bestimmter, über eine Versorgungsordnung hinausgehender Leistungen. Das BAG hat 17

---

[52] HWK/*Roloff* BGB § 305 Rn. 6; Palandt/*Grüneberg* BGB § 305 Rn. 20.

[53] BAG 25.5.2005 – 5 AZR 572/04, NZA 2005, 1111.

[54] Vertiefend zur betrieblichen Übung in der betrieblichen Altersversorgung *Reinecke* BB 2004, 1625.

[55] Vgl. BAG 7.9.1982 – 3 AZR 5/80, BB 1983, 1032; ErfK/*Preis* BGB § 611a Rn. 220 ff.; Bestätigung der bisherigen Rechtsprechung zur Entstehung einer Versorgungszusage im Wege der betrieblichen Übung durch BAG 31.7.2007 – 3 AZR 189/06, NZA 2008, 1320; 24.2.2016 – 4 AZR 990/13, AP BGB § 242 Betriebliche Übung Nr. 94.

[56] Vgl. *Ahrend/Förster/Rößler,* Band 1, 2. Teil Rn. 428.

[57] Ebenso Höfer/*Höfer/Reinhard,* Band 1 BetrAVG Kap. 4 Rn. 31; Blomeyer/Rolfs/Otto/*Rolfs* BetrAVG Anh. § 1 Rn. 20, 26; aus der Rspr. s. BAG 30.10.1984 – 3 AZR 236/82, NZA 1985, 531; anders LAG Köln 17.1.1985 – 8 Sa 1019/84, NZA 1985, 398.

dies für die mehrfache Zahlung eines 13. Ruhegehaltes ebenso angenommen[58] wie für regelmäßige Anpassungen an die Lohn- oder Preisentwicklung.[59]

Neben der betrieblichen Übung, bei Eintritt in den Ruhestand Ruhegelder zu zahlen **(Zahlungsübung)**, findet sich auch die betriebliche Übung, dass der Arbeitgeber unter bestimmten Voraussetzungen ein Ruhegeld zusagt **(Zusageübung)**.[60] Da es nach der Rechtsprechung des BAG[61] für den Beginn der Unverfallbarkeitsfristen keinen Unterschied macht, ob nach der betrieblichen Übung eine Versorgungszahlung oder ein Versorgungsversprechen zugesagt worden ist,[62] hat diese Unterscheidung allenfalls prozessuale Bedeutung (Rechtsschutzbedürfnis), soweit der Arbeitnehmer vor Eintritt des Versorgungsfalles das Bestehen einer betrieblichen Übung feststellen lassen will, anstelle erst später bei Eintritt der Versorgungsvoraussetzungen unmittelbar auf die zugesagte Leistung zu klagen.

18 Für später eintretende Arbeitnehmer kann die betriebliche Übung jederzeit durch eindeutige, einseitige Erklärung des Arbeitgebers **beendet** werden.[63] Bereits begründete Ansprüche oder Anwartschaften werden davon nicht berührt; es gelten also insoweit keine erleichterten Voraussetzungen gegenüber anderen arbeitsvertraglichen Vereinbarungen.[64] Eine betriebliche Übung kann auch über einen Tarifvertrag oder eine Betriebsvereinbarung abgelöst oder inhaltlich geändert werden.[65] Allerdings hat der Arbeitgeber mit Ausnahme der einverständlichen Regelung keine rechtliche Möglichkeit zum Eingriff in eine betriebliche Übung bei Betriebsrentnern, da eine betriebliche Übung als solche nicht kündbar ist, dem Rentner gegenüber kein Arbeitsverhältnis mehr besteht, das gekündigt werden könnte und in bestehende Betriebsrentenansprüche aus betrieblicher Übung durch eine Betriebsvereinbarung jedenfalls in der Regel nicht eingegriffen werden kann, weil hierzu der Betriebsrat über keine ausreichende Legitimation verfügt.[66]

19 Eine betriebliche Übung konnte in der Vergangenheit nach überwiegender Auffassung auch durch eine gegenläufige betriebliche Übung (sog. **negative betriebliche Übung**) beseitigt werden.[67] Allerdings hat das BAG seine frühere Rechtsprechung, die Grundlage dieser herrschenden Meinung war, aufgegeben.[68] Die negative betriebliche Übung sei seit dem 1.1.2002 mit dem Verbot fingierter Erklärungen aus § 308 Nr. 5 BGB unvereinbar.[69] Ungeachtet der durchaus erheblichen Kritik ist dieser Weg für die Praxis damit verbaut.

d) Tarifvertrag

20 **aa) Tarifverträge in der Privatwirtschaft.** Die Begründung von Versorgungsverpflichtungen durch Tarifvertrag ist im Bereich der privaten Wirtschaft im Verhältnis zur Begründung durch Betriebsvereinbarung eher die Ausnahme, hat aber im Rahmen des Durchführungswegs **„Pensionsfonds“** eine gewisse Bedeutung gewonnen. Größere Bedeutung haben Tarifverträge, die den Rahmen für die betriebliche Altersversorgung durch

---

[58] BAG 30.10.1984 – 3 AZR 236/82, NZA 1985, 531.
[59] BAG 3.12.1985 – 3 AZR 577/83, NZA 1986, 787.
[60] Zu dieser Differenzierung s. Blomeyer/Rolfs/Otto/*Rolfs* BetrAVG Anh. zu § 1 Rn. 18.
[61] BAG 19.6.1980 – 3 AZR 958/79, DB 1981, 431.
[62] Blomeyer/Rolfs/Otto/*Rolfs* BetrAVG Anh. § 1 Rn. 28.
[63] BAG 23.2.2016 – 3 AZR 44/14, NZA 2016, 961; ErfK/*Preis* BGB § 611a Rn. 227; *Bepler* RdA 2004, 226 (238).
[64] Vgl. BAG 13.10.1960 – 5 AZR 284/59, DB 1960, 1425; ErfK/*Preis* BGB § 611a Rn. 225 mwN.
[65] BAG 19.6.1980 – 3 AZR 958/79, DB 1981, 431; 16.9.1986 – GS 1/82, NZA 1987, 168; siehe hierzu eingehend → Rn. 687 ff.
[66] BAG 25.10.1988 – 3 AZR 483/86, NZA 1989, 522; *Hromadka,* Anm. zu BAG 30.10.1984, AP Nr. 1 zu § 1 BetrAVG Betriebliche Übung.
[67] BAG 26.3.1997 – 10 AZR 612/96, NZA 1997, 1007; HWK/*Thüsing* BGB § 611a Rn. 389; *Henssler* FS 50 Jahre BAG, 2004, 683 (704).
[68] Vgl. ErfK/*Preis* BGB § 611a Rn. 225a.
[69] BAG 18.3.2009 – 10 AZR 281/08, NZA 2009, 601; kritisch *Bieder* DB 2009, 1929; *Röder* NZA 2009, 883; zur wirksamen Vereinbarung von doppelten Schriftformklauseln, die geeignet sind, die Entstehung einer betrieblichen Übung zu verhindern, siehe BAG 20.5.2008 – 9 AZR 382/07, NZA 2008, 1233.

Entgeltumwandlung setzen bzw. Leistungen der betrieblichen Altersversorgung durch Verzicht auf vermögenswirksame Leistungen oder andere tarifliche Vergütungsbestandteile (Sonderzahlungen) ermöglichen.[70]

Bei größeren Unternehmen und Konzernen sind bisweilen **Firmentarifverträge** zur Begründung bzw. Regelung von Versorgungsansprüchen zu finden. Dasselbe gilt in der privaten Wirtschaft für einige Verbandstarifverträge, so zB in der Bauwirtschaft, im Bäcker- und Lackiererhandwerk, bei Verlagen sowie in der Land- und Forstwirtschaft.[71] Generalisierende Aussagen lassen sich nicht treffen. Eine Einzelfallprüfung im Rahmen der *due diligence* bei Betriebs- und Unternehmensübertragungen, ob ein entsprechender Tarifvertrag einschlägig ist, bleibt unerlässlich.

Ein Tarifvertrag zur Altersversorgung kann vorsehen, dass die daraus resultierenden Leis- 21
tungsansprüche hinter einer anderen Versorgungszusage des Arbeitgebers zurücktreten.[72] Möglich ist auch eine Regelung, dass tarifliche Versorgungsleistungen auf die Leistungen bereits bestehender betrieblicher Versorgungswerke angerechnet werden.[73] Eine entsprechende Anrechnungsklausel kann auch individualvertraglich vereinbart werden,[74] solange der tarifliche Anspruch unangetastet bleibt und eine Anrechnung auf individualvertraglich vereinbarte Leistungen erfolgt. Vorsicht ist jedoch geboten, wenn eine Anrechnung nach den tariflichen Vorgaben nur auf der Aufwands- oder Leistungsseite erfolgen kann.

bb) Tarifverträge im öffentlichen Dienst (insbes. ATV)/Privatisierung. Eine große 22
Rolle spielen Tarifverträge zur Altersversorgung im öffentlichen Dienst. Von besonderer Bedeutung ist dabei der Tarifvertrag über die betriebliche Altersversorgung der Beschäftigten des öffentlichen Dienstes – ATV[75] – bzw. der inhaltsgleiche kommunale Tarif, ATV-K. Der ATV sieht eine Altersversorgung im Wege der Versicherung der Mitarbeiter bei der **Versorgungsanstalt des Bundes und der Länder** (VBL) vor. Diese spezielle Form der Altersversorgung wird im Rahmen von Unternehmenstransaktionen insbesondere bei Privatisierungen relevant.[76]

cc) Arbeitsvertragliche Verweisungsklauseln. Wird in einem Arbeitsvertrag auf einen 23
Tarifvertrag Bezug genommen, so werden die Regelungen des in Bezug genommenen Tarifvertrages auch für nicht organisierte Arbeitnehmer zum Vertragsinhalt gemacht. Handelt es sich bei der Bezugnahmeklausel um eine Jeweiligkeitsklausel (sog. dynamische Klausel), so hat dies zur Folge, dass Änderungen des Tarifvertrags zu einer entsprechenden Veränderung der einzelvertraglichen Abrede führen.[77]

Probleme bereiten Verweisungsklauseln vor allem in den Fällen, in denen es etwa nach 24
Unternehmenskäufen zu einem Tarifwechsel auf kollektivrechtlicher Ebene kommt. Welche Auswirkungen ein Tarifwechsel auf kollektivrechtlicher Ebene aufgrund bestehender Bezugnahmeklauseln auf individualvertraglicher Ebene hat, hängt von der konkreten Ausgestaltung der jeweiligen Bezugnahmeklausel ab.

---

[70] S. etwa *Förster* BetrAV 2002, 123; *Sahl/Eberle* AiB 2002, 159.

[71] Vgl. Schaub/*Vogelsang* § 85 Rn. 21.

[72] BAG 25.2.1986 – 3 AZR 455/84, BB 1982, 1550.

[73] BAG 19.7.1983 – 3 AZR 250/81, NJW 1984, 751; anders noch BAG 14.8.1980 – 3 AZR 437/79, DB 1981, 750; Blomeyer/Rolfs/Otto/*Rolfs* BetrAVG § 5 Rn. 162.

[74] BAG 25.2.1986 – 3 AZR 455/84, DB 1987, 138; Schaub/*Vogelsang* § 274 Rn. 23.

[75] Der ATV hat den am 31.12.2001 außer Kraft getretenen Versorgungstarifvertrag vom 4.11.1966 sowie den Tarifvertrag zur Einführung der Zusatzversorgung im Tarifgebiet Ost vom 1.2.1996 ersetzt. Damit wurde insbesondere das bisherige Gesamtversorgungssystem durch ein versicherungsmathematisches Punktemodell ersetzt. Hierbei werden im Prinzip diejenigen Leistungen zugesagt, die sich ergeben würden, wenn (fiktiv) eine Gesamtbeitragsleistung von vier Prozent des zusatzversorgungspflichtigen Entgelts in ein kapitalgedecktes System eingezahlt würde. Zuletzt ergänzt wurde der ATV durch die Tarifeinigung vom 8.6.2017; vertiefend ua *Preis/Temming* Gedenkschrift Blomeyer, 2003, 247; *Rengier* NZA 2004, 817; *Schaub* NZA 2002, 1119.

[76] Dazu → Rn. 630ff.

[77] HWK/*Henssler* TVG § 3 Rn. 17; MHdB ArbR/*Klumpp* § 246 Rn. 8.

Wurde eine „große“ dynamische Bezugnahmeklausel vereinbart (auch „Tarifwechselklausel“ genannt), die auf die jeweils für den Arbeitgeber geltenden/einschlägigen Tarifverträge verweist, wird ein Wechsel des auf kollektivrechtlicher Ebene geltenden Tarifvertrages auch auf individualvertraglicher Ebene vollzogen. In diesem Fall ist der Arbeitnehmer aufgrund individualvertraglicher Bezugnahme automatisch an den „neuen“ Versorgungstarif gebunden.

Etwas anderes gilt, wenn nur eine statische oder eine „kleine“ dynamische Bezugnahmeklausel im Arbeitsvertrag vereinbart wurde. Im Falle einer statischen Bezugnahmeklausel wird ein konkret bezeichneter Tarifvertrag in einer an einem bestimmten Stichtag geltenden Fassung in Bezug genommen. Der Tarifwechsel auf kollektivrechtlicher Ebene hat in dieser Konstellation auf die schuldrechtliche Geltung eines Tarifvertrages keine Auswirkungen. Der statisch in Bezug genommene Tarifvertrag gilt auch nach dem Tarifwechsel schuldrechtlich weiter. Von einer statischen Bezugnahmeklausel, die unter Ausschluss einer rein zeitlichen Dynamik zu einer Besitzstandswahrung auf dem Niveau eines bestimmten Tarifvertrages in einer bestimmten zeitlich definierten Variante führt, ist allerdings im Zweifel nicht auszugehen. Vielmehr sind Verweisungsklauseln auf einen Tarifvertrag mangels anderer besonderer Anhaltspunkte in der Regel als zeitlich dynamische Verweisungsklausel („kleine“ dynamische Klausel) auszulegen.[78]

Eine „kleine“ dynamische Bezugnahmeklausel nimmt ebenfalls einen konkret bezeichneten Tarifvertrag in Bezug, ist aber zeitlich dynamisch ausgestaltet und überträgt daher Änderungen eines konkreten Tarifvertrages auf die individualvertragliche Ebene. Da ein bestimmter Tarifvertrag in Bezug genommen wird, wird ein Tarifwechsel auf kollektivrechtlicher Ebene von der „kleinen“ dynamischen Bezugnahmeklausel regelmäßig nicht auf individualvertraglicher Ebene nachvollzogen.[79] Etwas anderes gilt nur, wenn „besondere Umstände“ vorliegen, die auch im Wortlaut der Klausel zum Ausdruck gebracht wurden. Dies ergibt sich aus dem Umstand, dass vor dem Hintergrund der AGB-Kontrolle gemäß §§ 305 ff. BGB eine stärker wortlautbezogene Auslegung der Klausel vorzunehmen ist.[80] Folgerichtig gilt diese Rechtsprechung auch nur für sog. Neuverträge, die nach dem 1. 1. 2002 abgeschlossen worden sind. Für sog. Altverträge, die vor dem 1. 1. 2002 abgeschlossen worden sind, bleibt es demgegenüber bei dem bis dahin geltenden Verständnis, dass auch „kleine“ dynamische Bezugnahmeklauseln als sog. „Gleichstellungsabrede“ zu verstehen sind, durch die der Arbeitgeber eine Vereinheitlichung aller Arbeitsverhältnisse erreichen will.[81] Der Tarifwechsel wird somit auf vertraglicher Ebene nachvollzogen. Vgl. insoweit auch die Ausführungen unter → E Rn. 111 ff.

e) Betriebsvereinbarung

25 Eine Versorgungszusage kann insbesondere auch durch eine Betriebsvereinbarung zustande kommen. Für betriebseinheitlich geltende Zusagen dürfte diese Rechtsgrundlage mittlerweile der Standardfall sein.

Grundsätzlich kann eine freiwillige Betriebsvereinbarung vorbehaltlich der Regelungssperre gemäß § 77 Abs. 3 BetrVG (die im Bereich der betrieblichen Altersversorgung so gut wie keine Rolle spielt) über alle den Inhalt von Arbeitsverhältnissen betreffende Bestimmungen der betriebsangehörigen Arbeitnehmer oder aber Teilen derselben abgeschlos-

---

[78] BAG 18. 6. 2008 – 7 AZR 116/07, NZA 2008, 1302 (1304); 11. 10. 2006 – 4 AZR 486/05, NZA 2007, 634; 9. 11. 2005 – 5 AZR 128/05, NZA 2006, 202; 13. 11. 2002 – 4 AZR 351/01, NZA-RR 2003, 330.

[79] HWK/*Henssler* TVG § 3 Rn. 23 ff.; MHdB ArbR/*Klumpp* § 246 Rn. 50.

[80] BAG 14. 12. 2005 – 4 AZR 536/04, NZA 2006, 607; dazu ua auch *Klebeck* NZA 2006, 15; *Sittard/Ulbrich* ZTR 2006, 458; BAG 22. 4. 2009 – 4 AZR 100/08, NZA 2010, 41; 18. 4. 2007 – 4 AZR 652/05, NZA 2007, 965; zur Frage, ob an der Annahme festgehalten werden kann, dass eine Bezugnahmeklausel im Zweifel dynamische Wirkung entfaltet, *Däubler* NZA Beilage zu Heft 3/2006, 133.

[81] BAG 15. 2. 2011 – 3 AZR 54/09, NZA 2011, 928; 14. 12. 2005 – 4 AZR 536/04, NJW 2006, 2571; 19. 3. 2003 – 4 AZR 331/02, NZA 2003, 1207.

sen werden.[82] Durch eine Betriebsvereinbarung kann somit auch eine Versorgungszusage begründet werden. Dies ergibt sich für die Sozialeinrichtungen Unterstützungskasse, Pensionskasse und nunmehr auch Pensionsfonds bereits aus der ausdrücklichen Erwähnung der Errichtung von Sozialeinrichtungen als Gegenstand freiwilliger Betriebsvereinbarungen in § 88 Nr. 2 BetrVG, für andere Formen der betrieblichen Altersversorgung aus der umfassenden funktionellen Zuständigkeit des Betriebsrats in sozialen Angelegenheiten.[83]

Werden der Leistungsplan sowie die mitbestimmungsfreien Aspekte der Versorgungszu- 26
sage gemeinsam in einer Betriebsvereinbarung geregelt, so handelt es sich um eine sog. **„teilmitbestimmte Betriebsvereinbarung"**, da sie mitbestimmungsfreie „freiwillige Elemente" enthält sowie Elemente, die der Mitbestimmung unterliegen.[84] Solche teilmitbestimmten Betriebsvereinbarungen sind im Bereich der betrieblichen Altersversorgung die Regel, weil die Betriebsvereinbarung zur Altersversorgung in aller Regel als Gesamtregelungswerk eingeführt wird.

Der **Geltungsbereich** der Betriebsvereinbarung ergibt sich grundsätzlich aus der inso- 27
weit getroffenen Regelung der Betriebsparteien. Dabei sind aber die natürlichen Grenzen der Regelungskompetenz des jeweiligen Betriebsratsgremiums zu beachten. So ist der örtliche Betriebsrat eines Betriebes lediglich für die Arbeitnehmer dieses Betriebs zuständig. Für aus dem Betrieb ausgeschiedene Mitarbeiter oder Mitarbeiter anderer Betriebe fehlt ihm nach älteren Entscheidungen des 3. Senats hingegen grds. die Zuständigkeit; indes ist diese Frage in jüngeren Entscheidungen ausdrücklich offen gelassen worden.[85] Eine faktische Ausnahme von der Beschränkung der Regelungskompetenz des Betriebsrats auf aktive Mitarbeiter gilt jedenfalls dann, wenn die Arbeitsverträge der ausgeschiedenen Mitarbeiter für die Altersversorgung auf die Betriebsvereinbarung in ihrer jeweils geltenden Fassung verweisen.[86] Dies liegt dann allerdings an der individualvertraglichen Unterwerfung unter die Regelungskompetenz, nicht hingegen an einer zwangsweisen Einbeziehung aufgrund normativer Geltung der Betriebsvereinbarung. In diesem Fall ist eine indirekte über den Individualvertrag vermittelte Regelungskompetenz des Betriebsrats auch nach dem Ausscheiden zu bejahen, wenngleich den Änderungsbefugnissen des Betriebsrats nach der 3-Stufen-Theorie des BAG enge Grenzen gesetzt sind,[87] da diese Mitarbeiter ihren Besitzstand regelmäßig vollständig erdient haben und Eingriffe jedenfalls in die Höhe der Versorgung daher regelmäßig kaum möglich sein werden.[88]

Allerdings gibt es durchaus gute Gründe, abweichend von dem allgemeinen Grundsatz, ausnahmsweise eine generelle Regelungsmacht des Betriebsrats für ausgeschiedene Mitarbeiter im Bereich der betrieblichen Altersversorgung anzunehmen, weil sich Betriebsvereinbarungen zur betrieblichen Altersversorgung ihrem Wesen gemäß maßgeblich gerade auf die Zeit nach dem Ausscheiden beziehen und kein Grund besteht, ausgeschiedene Mitarbeiter über den Schutz der 3-Stufen-Theorie hinaus, vor Veränderungen zu schützen und die Regelungen der Betriebsvereinbarung mit dem Ausscheiden zu versteinern.[89] Insbesondere besteht keine zwingende Notwendigkeit anzunehmen, dass die Betriebsvereinbarung nach dem Ausscheiden ihren kollektiven Charakter verliert und in einen schuldrechtlichen Anspruch transformiert wird. Wenn das BAG schon im Rahmen der Transformation nach § 613a Abs. 1 S. 2 BGB den kollektiven Charakter stärker betont,[90]

---

[82] MHdB ArbR/*Börner* § 206 Rn. 79; *Fitting* BetrVG § 88 Rn. 2; Richardi/*Richardi* (16. Aufl. 2018) BetrVG § 77 Rn. 73.
[83] *Richardi* in Richardi BetrVG § 77 Rn. 95.
[84] Vgl. hierzu *Fitting* BetrVG § 88 Rn. 5, BetrVG § 77 Rn. 116.
[85] Dazu → Rn. 710.
[86] BAG 18.9.2012 – 3 AZR 431/10, NZA-RR 2013, 651.
[87] *Fitting* BetrVG § 77 Rn. 39; Vgl. → Rn. 738.
[88] Vgl. dazu auch *Schnitker* FS Willemsen, 2018, 449 (455).
[89] *Fitting* BetrVG § 77 Rn. 39 mwN.
[90] BAG 22.4.2009 – 4 AZR 100/08, NZA 2010, 41; siehe dazu ebenfalls *Lambrich* FS Ehmann, 2005, 169 (177).

dann erscheint es konsequent, diese Linie nicht ohne Not in Fällen aufzuweichen, auf die § 613a Abs. 1 S. 2 BGB nicht einmal anwendbar wäre.

Eine betriebsübergreifende Regelung für alle oder aber zumindest mehrere Betriebe eines Unternehmens kann mit dem Gesamtbetriebsrat abgeschlossen werden. Denkbar – wenngleich unüblich und in aller Regel nicht ratsam – ist aber auch ein inhaltsgleicher Abschluss mehrerer lokaler Betriebsvereinbarungen durch die örtlichen Betriebsräte. Zudem ist bei der Regelung des persönlichen Anwendungsbereichs darauf zu achten, dass klargestellt wird, ob auch Mitarbeiter erfasst werden, die infolge eines automatischen Transfers des Arbeitsverhältnisses nach § 613a BGB in den Anwendungsbereich der Regelung gelangen. Das BAG nimmt hier eine eher restriktive Betrachtungsweise ein.[91]

28 Betriebsvereinbarungen über die betriebliche Altersversorgung können befristet sein. In der Regel sind sie jedoch nach ihrem Sinn und Zweck als lange laufende Dauerregelungen unbefristet. In diesem Fall sind sie gemäß § 77 Abs. 5 BetrVG mit einer Frist von drei Monaten **kündbar,** sofern nichts anderes vereinbart ist. Die Kündigung bedarf als solche nach ganz hM keines besonderen rechtfertigenden Grundes.[92]

29 Da der Arbeitgeber im Bereich der betrieblichen Altersversorgung über den Dotierungsrahmen der Versorgung allein entscheiden kann, entfaltet eine Betriebsvereinbarung, mit der Ansprüche über betriebliche Altersversorgung begründet werden, nach Ablauf der Kündigungsfrist **keine Nachwirkung im Sinne des § 77 Abs. 6 BetrVG.**[93] Dies gilt jedenfalls dann, wenn der Arbeitgeber eine Betriebsvereinbarung über eine betriebliche Altersversorgung mit dem Ziel kündigt, die Versorgung nicht fortzuführen, dh für die Zukunft kein verteilungsfähiges Volumen zur Verfügung zu stellen. Allerdings hat der Arbeitgeber die erworbenen Besitzstände der Arbeitnehmer sowie ein etwaiges schutzwürdiges Vertrauen auf die Möglichkeit des zukünftigen Erwerbs weiterer dienstzeitabhängiger Anwartschaften nach Maßgabe der vom BAG entwickelten Drei-Stufen-Theorie zu wahren.[94] Anders kann der Fall liegen, wenn der Arbeitgeber zwar die Betriebsvereinbarung kündigt, gleichzeitig oder aber in unmittelbarem Zusammenhang mit der Kündigung erklärt, auch weiterhin eine betriebliche Altersversorgung mit gleichem Leistungsvolumen jedoch zu veränderten Verteilungsgrundsätzen anbieten zu wollen. In diesem Fall geht es dem Arbeitgeber nur um die Durchsetzung einer Änderung des Leistungsplans für die Zukunft. Dieses Änderungsverlangen beschränkt sich auf den nach § 87 Abs. 1 BetrVG zwingend mitbestimmten Bereich, so dass in diesen Fällen von einer Nachwirkung ausgegangen werden kann.[95] Verfolgt der Arbeitgeber neben der beabsichtigten Änderung der Verteilungsgrundsätze hingegen auch eine Reduzierung des Volumens oder aber eines anderen mitbestimmungsfreien Parameters, so muss eine Nachwirkung zutreffender Weise ausscheiden, da der Arbeitgeber ansonsten zur Aufrechterhaltung einer Altersversorgung auf der Grundlage des vormals zur Verfügung gestellten Volumens gezwungen würde, obwohl hinsichtlich des Volumens kein erzwingbares Mitbestimmungsrecht besteht. Es ist den Betriebspartnern in diesem Fall aber unbenommen, eine stichtagsbezogene Ablösung der alten Betriebsvereinbarung zu vereinbaren. Eine solche Regelung ist aus Gründen der Rechtsklarheit empfehlenswert. In einer Stichtagsvereinbarung liegt implizit die Abrede, die gekündigte Betriebsvereinbarung solle ungeachtet der Wirksamkeit der Kündigung inhaltlich noch bis zum Ablösungsstichtag gelten. Dies ist ohne weiteres möglich, da es den Parteien auch unbenommen gewesen wäre, die alte Betriebsvereinbarung inhaltsgleich noch einmal abzuschließen. Kommt es nicht zu einer Neuregelung und werden die Ver-

[91] BAG 19.1.2010 – 3 ABR 19/08, NZA-RR 2010, 356.

[92] Dazu → Rn. 717 mwN.

[93] stRspr, s. nur BAG 18.4.1989 – 3 AZR 688/87, NZA 1990, 67; 21.8.1990 – 1 ABR 73/89, NZA 1991, 190; 11.5.1999 – 3 AZR 21/98, NZA 2000, 322; 21.8.2001 – 3 ABR 44/00, NZA 2002, 575; Höfer/*Höfer/Küpper,* Band 1 BetrAVG Kap. 5 Rn. 102 mwN auch zur Gegenansicht in der Lit.

[94] Dazu ausführlich → Rn. 726 ff.

[95] Vgl. BAG 18.9.2001 – 3 AZR 728/00, NZA 2002, 1164; 11.5.1999 – 3 AZR 21/98, NZA 2000, 322; Höfer/*Höfer/Küpper* BetrAVG Kap. 5 Rn. 103.

handlungen abgebrochen, so entfällt die Grundlage für die Nachwirkung, wenn der Abbruch der Verhandlungen mit dem Entzug des verteilungsfähigen Volumens für die Zukunft einhergeht. In diesem Fall wird der Arbeitgeber dann erklären müssen, welche Rechtsfolgen er mit der Kündigung bewirken will. Insoweit gilt dann der Grundsatz der Besitzstandswahrung gemäß der Drei-Stufen-Theorie (→ Rn. 726 ff.).

Für nicht unerhebliche Unklarheiten in der Frage der Nachwirkung haben die Ent- 30 scheidungen des BAG vom 23.1.2008 und 10.11.2009 geführt.[96] In diesen Entscheidungen scheint das BAG die Auffassung zu vertreten, der Arbeitgeber müsse, um eine Nachwirkung auszuschließen alle freiwilligen Leistungen kündigen und das bislang zur Verfügung gestellte Volumen aller freiwilligen Leistungen vollständig entziehen. Das Besondere an diesen Entscheidungen ist, dass das BAG davon auszugehen scheint, dass bei einem nicht tarifgebundenen Arbeitgeber sämtliche Vergütungsbestandteile bzw. bei einem tarifgebundenen Arbeitgeber sämtliche übertariflichen Vergütungsbestandteile eine **zusammenhängende Einheit** bilden. Da ein nicht tarifgebundener Arbeitgeber die gesamte Vergütung „freiwillig" leiste, ergebe sich hieraus, dass die Kündigung einzelner Leistungsbestandteile, auch wenn das auf sie entfallende Volumen vollständig entzogen werden soll, gleichwohl stets zur Nachwirkung führe, da – solange der Arbeitgeber überhaupt noch eine Vergütung zahle (was *de facto* natürlich immer der Fall ist) – stets noch eine verteilungsfähige Masse zur Verfügung stehe, über die der Betriebsrat im Rahmen der Lohngestaltung mitzubestimmen habe. Sei der Arbeitgeber tarifgebunden, so komme es stets zu einer Nachwirkung, wenn der Arbeitgeber nicht alle außertariflichen Leistungen unter vollständigem Entzug des Gesamtvolumens kündige.

Eine derart ausufernde Lesart im Sinne einer pauschalen Einheitsbetrachtung erscheint 31 allerdings als zu weitgehend und ist vom BAG so wohl auch nicht beabsichtigt. Eine einheitliche Betrachtung kann allenfalls für solche freiwilligen Leistungen vorgenommen werden, für die aus ihrer Entstehungsgeschichte nachvollziehbar belegbar ist, dass sie bei ihrer Einführung in einem inhaltlichen Zusammenhang gestanden haben und aus einem einheitlichen Budgettopf finanziert worden sind. Dies ist aber bei einem oftmals über Jahrzehnte aus den unterschiedlichsten sachlichen und rechtlichen Gründen entstandenen Geflecht von Leistungen in der Regel in keiner Weise der Fall. Es ist daher kaum zu rechtfertigen, diese Leistungen, die nicht zusammengehören, als Einheit zu betrachten. Das BAG hat das Problem des ggf. fehlenden Sachzusammenhanges im Übrigen an anderer Stelle in der Entscheidung vom 23.1.2008 durchaus erkannt. Das BAG führt dort nämlich aus, dass für den Ausschluss der Nachwirkung nicht die Abschaffung aller freiwilligen Gehaltsbestandteile erforderlich sei, sondern nur die Abschaffung der für die jeweilige Gruppe von Mitarbeitern geltenden freiwilligen Leistungen. Werden für andere Gruppen Mittel unter einer eigenständigen Zweckbestimmung bereitgestellt, die nicht entzogen werden, so begründet der Verbleib dieser Leistungen nicht die Nachwirkung. Dieses Budget sei nicht Teil eines einheitlichen Gesamtbudgets.[97] Dieses Argument ist aber richtiger Weise nicht auf Leistungen zugunsten unterschiedlicher Gruppen beschränkt, sondern je nach Historie der Entstehung der freiwilligen Leistung ohne weiteres auch innerhalb derselben Gruppe anwendbar. Die Brisanz der Entscheidungen des BAG wird zudem in der Praxis durch einen weiteren Aspekt entschärft. Die im Rahmen der Verhandlungen ggf. angerufene Einigungsstelle hat nämlich bei ihrer Entscheidung über die zukünftigen Verteilungsgrundsätze das vom Arbeitgeber für die Zukunft zur Verfügung gestellte Volumen zwingend zu beachten, da dieses Element mitbestimmungsfrei ist und bleibt. Je länger daher die Verzögerung der Neuregelung infolge der Nachwirkung dauert, desto geringer wird ggf. das Budget für die Zukunft ausfallen. Auf diese Weise bleibt eine Kostenkontrolle aus Sicht des Unternehmens möglich.

[96] BAG 10.11.2009 – 1 AZR 511/08, NZA 2010, 745; 23.1.2008 – 1 ABR 82/06, NZA 2008, 774.
[97] BAG 23.1.2008 – 1 ABR 82/06, NZA 2008, 774.

31a Das BAG hat in einer späteren Entscheidung vom 5.10.2010 die Auswirkungen seiner Entscheidungen dann auch relativiert.[98] In dieser Entscheidung hat das BAG festgestellt, dass der nicht tarifgebundene Arbeitgeber das gesamte Volumen der für die Vergütung der Arbeitnehmer bereitgestellten Mittel mitbestimmungsfrei festlegen kann, weil er Leistungen erbringe, ohne hierzu normativ oder vertraglich verpflichtet zu sein. Folglich unterfalle die Gesamtheit aller kollektivrechtlichen Elemente der Vergütung der Mitbestimmung des Betriebsrats gemäß § 87 Abs. 1 Nr. 10 BetrVG.[99] Der Arbeitgeber habe somit bei jeder Änderung der geltenden Entlohnungsgrundsätze die Zustimmung des Betriebsrats oder eine ersetzende Entscheidung der Einigungsstelle einzuholen. Eine solche Änderung liege regelmäßig vor, wenn ein Bestandteil oder mehrere Bestandteile, aus denen sich die Gesamtvergütung zusammensetzt, gestrichen, erhöht oder vermindert wird. Das BAG stellt dann aber fest, dass dem Arbeitgeber gleichwohl das Recht verbleiben müsse, eine Leistung, über deren Einführung und Zweck er mitbestimmungsfrei entschieden habe, ohne Beteiligung des Betriebsrats wieder vollständig zu beseitigen.[100] Voraussetzung dafür sei aber, dass diese Leistung in einer gesonderten Betriebsvereinbarung enthalten sei und der Arbeitgeber die beabsichtigte Einstellung des darin geregelten Vergütungsbestandteils eindeutig durch eine entsprechende Erklärung zum Ausdruck bringe.

In diesen Erwägungen findet sich unausgesprochen der obige Gedanke des fehlenden Sachzusammenhangs wieder, ohne dass das BAG ihn jedoch konsequent durchhält. Das BAG meint nämlich ein solcher untrennbarer Sachzusammenhang zu einer anderen Leistung, der einer Kündigung eines Vergütungsbestandteils ohne Nachwirkung entgegenstehe, bestehe bereits dann, wenn die Betriebsvereinbarung neben dem freiwilligen Vergütungsbestandteil auch einen Teil regele, zu dessen Erbringung der Arbeitgeber gesetzlich oder vertraglich verpflichtet sei. Es sei nämlich dann nicht feststellbar, zu welchen Kompromissen der Betriebsrat sein Einverständnis im Hinblick auf die anderen Leistungsbestandteile gegeben habe. Dies ist – jedenfalls so wie es das BAG formuliert – einerseits zu eng und andererseits zu weit. Zunächst kann es richtigerweise keinen Unterschied machen, ob die Betriebsvereinbarung einen zweiten Bestandteil regelt, zu dessen Erbringung der Arbeitgeber verpflichtet war oder den er freiwillig erbringt. Die Wechselwirkungen zwischen den Leistungen bestehen, sofern es bei ihnen überhaupt einen Verteilungsspielraum gibt, unabhängig von der Frage, ob der Arbeitgeber dem Grunde nach gezwungen ist und erst recht in dem Fall, in dem der Arbeitgeber nicht einmal zur Erbringung gezwungen ist. Der entscheidende Punkt ist aber, dass ein solcher Zusammenhang nur angenommen werden kann, wenn die Leistungen tatsächlich im Einklang miteinander eingeführt wurden. Dafür ist nicht entscheidend, ob die Leistungen in einer Betriebsvereinbarung stehen, was ggf. nur deshalb der Fall ist, weil alle Leistungen irgendwann einmal in eine konsolidierte einheitliche Betriebsvereinbarung („Mitarbeiterhandbuch Vergütung") überführt wurden. Entscheidend ist, ob bei der Entscheidung über Verteilungsgrundsätze der einen Leistung gleichzeitig eine Entscheidung über Verteilungsgrundsätze der anderen Leistungen getroffen wurde und diese Entscheidungen sich gegenseitig beeinflusst haben. Nur dann besteht ein untrennbarer Zusammenhang, der einer isolierten Kündbarkeit eines Elements ohne Nachwirkung entgegenstehen kann. Der Umstand, dass die Leistungen getrennt geregelt sind, ist ein gewichtiges Indiz, dass kein solcher Zusammenhang bestand, nicht jedoch eine unverzichtbare Voraussetzung. Für den Bereich der betrieblichen Altersversorgung dürfte die Problematik in vielen Fällen gleichwohl durch die Entscheidung entschärft sein, da Betriebsvereinbarungen zur betrieblichen Altersversorgung in der Regel allein stehen und nicht kombiniert werden. Im Übrigen wird man die „Alleinstellung"

[98] BAG 5.10.2010 – 1 ABR 20/09, NZA 2011, 598; bestätigt durch BAG 10.12.2013 – 1 ABR 39/12, NZA 2014, 1040.
[99] BAG 5.10.2010 – 1 ABR 20/09, NZA 2011, 598 (599).
[100] BAG 5.10.2010 – 1 ABR 20/09, NZA 2011, 598 (599).

von Vergütungsbestandteilen wohl aus grundsätzlichen Erwägungen bei der Gestaltung aus Arbeitgebersicht präferieren müssen.

f) Freiwillige Versorgungsregelungen mit dem Sprecherausschuss der leitenden Angestellten

Durch das SprAuG besteht für den Arbeitgeber und den Sprecherausschuss der leitenden Angestellten die Möglichkeit, freiwillig Richtlinien über den Inhalt, den Abschluss oder die Beendigung von Arbeitsverhältnissen der leitenden Angestellten zu vereinbaren (§ 28 Abs. 1 SprAuG). Als Richtlinie über den Inhalt von Arbeitsverhältnissen der leitenden Angestellten kommen auch Richtlinien für die betriebliche Altersversorgung in Betracht.[101] Dabei können Arbeitgeber und Sprecherausschuss gemäß § 28 Abs. 2 SprAuG für eine Richtlinie auch eine unmittelbare und zwingende Wirkung vereinbaren. Derartige Sprecherausschussvereinbarungen können grundsätzlich auch der – verschlechternden – Ablösung von vertraglichen Einheitsregelungen dienen, wobei auch hier die Beschränkungen bei Eingriffen in Versorgungszusagen beachtet werden müssen.[102] 32

4. Der Grundsatz der Gleichbehandlung/Diskriminierungsverbote

a) Allgemeines

Grundsätzlich gilt auch in der betrieblichen Altersversorgung das Prinzip der **Vertragsfreiheit.**[103] Diese unterliegt jedoch diversen Beschränkungen.[104] Eine der wichtigsten Einschränkungen ergibt sich aus dem sich immer weiter ausdehnenden allgemeinen Gleichbehandlungsgebot und den speziellen Diskriminierungsverboten. Ausdrücklich normiert § 1b Abs. 1 S. 4 BetrAVG, dass aufgrund einer Versorgungszusage entstandene Verpflichtungen den aus dem Grundsatz der Gleichbehandlung, entstandenen Verpflichtungen gleichstehen. Somit können dem Arbeitnehmer Ansprüche gegen den Arbeitgeber auf Gewährung von betrieblicher Altersversorgung infolge einer Verletzung der Gleichbehandlungspflicht erwachsen. 33

Von praktischer Bedeutung im Rahmen der Due-Diligence Prüfung können vor allem die Diskriminierung von Teilzeitmitarbeitern und befristet Beschäftigten sein, auf die nachfolgend näher eingegangen wird.[105]

Für alle weiteren Fragen zu diesem Themenkomplex, die im Rahmen von Unternehmenstransaktionen in aller Regel eine lediglich ungeordnete Bedeutung haben, wird auf die umfangreiche weiterführenden Literatur verwiesen.

b) Diskriminierungsverbot wegen Teilzeitbeschäftigung und Befristung § 4 TzBfG

§ 4 TzBfG beinhaltet ein **spezielles Diskriminierungsverbot** gegenüber in Teilzeit beschäftigen Arbeitnehmern und befristet tätigen Arbeitnehmern.[106] 34

Die Vorschrift bindet sowohl Arbeitgeber des privaten und öffentlichen Rechts als auch Betriebs- und Tarifvertragsparteien.[107] Teilzeitbeschäftigten Arbeitnehmern sind Leistungen der betrieblichen Altersversorgung in dem Umfang zu gewähren, der dem Anteil ihrer Arbeitszeit an der Arbeitszeit eines vergleichbaren vollzeitbeschäftigten Arbeitnehmers ent-

---

[101] Vgl. hierzu auch *Wlotzke* DB 1989, 177.

[102] BAG 11.12.2018 – 3 AZR 380/17, NZA 2019, 1083.

[103] BAG 15.5.1984 – 3 AZR 520/81, DB 1984, 2712; 17.1.1980 – 3 AZR 614/78, NJW 1980, 1182; 10.3.1972 – 3 AZR 278/71, DB 1972, 1486; Blomeyer/Rolfs/Otto/*Rolfs* BetrAVG Anh. zu § 1 Rn. 132 und § 1 Rn. 42.

[104] Allgemein Blomeyer/Rolfs/Otto/*Rolfs* BetrAVG Anh. zu § 1 Rn. 133 ff.

[105] Vgl. zu anderen Fallgruppen der (Un-)Gleichbehandlung die Vorauflage sowie Kisters-Kölkes/Berenz/Huber/Betz-Rehm/*Kisters-Kölkes* § 1 Rn. 180 ff; Höfer/*Höfer* BetrAVG Kap. 6 Rn. 24 ff.

[106] Vgl. BAG 9.10.1996 – 5 AZR 338/95, NZA 1997, 728; 6.4.1982 – 3 AZR 134/79, NJW 1982, 2013.

[107] Ähnlich HWK/*Schmalenberg* TzBfG § 4 Rn. 2.

spricht. Die Leistungen in der betrieblichen Altersversorgung der Voll- und Teilzeitkraft müssen folglich nicht vollständig gleich sein, sondern **proportional** gewährt werden.[108] Von diesem sog. *pro-rata-temporis*-Grundsatz ist eine Abweichung zulässig, wenn sachliche Gründe dies rechtfertigen.[109]

Eine Ungleichbehandlung im Sinne des § 4 Abs. 1 TzBfG ist **gerechtfertigt,** wenn hierfür objektive Gründe gegeben sind, die einem wirklichen Bedürfnis des Unternehmens dienen und für die Erreichung dieses Ziels geeignet und erforderlich sind.[110] Den Ausschluss der Teilzeitkräfte rechtfertigende **Sachgründe** können nicht allein auf das unterschiedliche Arbeitspensum gestützt werden. Sie müssen anderer Art sein, etwa auf **Arbeitsleistung, Qualifikation, Berufserfahrung** oder **unterschiedlichen Anforderungen am Arbeitsplatz** beruhen.[111] **Kein sachlich gerechtfertigter Grund** aufgrund dessen ein Ausschluss Teilzeitbeschäftigter erfolgen darf, ist nach der Rechtsprechung des BVerfG der unterschiedliche **Versorgungsbedarf** oder die **Betriebstreue.**[112] Ebenfalls unzulässig ist der Ausschluss eines Teilzeitbeschäftigten wegen seines Status als sozialversicherungsfreier **Werkstudent.**[113]

35 Dauerhaft **geringfügig Beschäftigte** iSv § 8 Abs. 1 Nr. 1 SGB IV sind gemäß § 2 Abs. 2 TzBfG ebenfalls Teilzeitbeschäftigte im Sinne dieses Gesetzes, so dass ein Ausschluss nur bei Vorliegen eines **sachlichen Grundes** möglich ist. Eine Rechtfertigung mit rentenrechtlichen Besonderheiten dürfte schwierig sein, da geringfügig Beschäftigte, deren Arbeitsverhältnis nach dem 31. 12. 2012 begonnen hat, nunmehr ebenfalls grundsätzlich rentenversicherungspflichtig sind. Liegen demnach keine weiteren sachlichen Gründe vor, ist nach Auffassung der Literatur auch eine Einbeziehung der geringfügig Beschäftigten prozentual nach ihrem Beschäftigungsumfang vorzunehmen.[114]

Ein spezielles Benachteiligungsverbot gegenüber **befristet beschäftigten Arbeitnehmern** beinhaltet § 4 Abs. 2 TzBfG. Danach ist der Ausschluss oder die Schlechterstellung eines befristet Beschäftigten in der betrieblichen Altersversorgung grundsätzlich **unzulässig,** es sei denn, es liegt ein sachlicher Grund vor, der die Ungleichbehandlung rechtfertigt.[115]

Inwieweit hier eine Rechtfertigung in Betracht kommt, ist äußerst umstritten. Teilweise wird vertreten, der einzig denkbare Grund für eine Differenzierung sei, dass befristet beschäftigte Arbeitnehmer die Unverfallbarkeitsfristen (§ 1b Abs. 1 BetrAVG) regelmäßig nicht erreichen.[116] Dieses Argument verliert aber mit dem weiteren Absinken der Unverfallbarkeitsfristen auf nunmehr drei Jahre zunehmend an Überzeugungskraft.

Allerdings ist zu berücksichtigen, dass nach der Rechtsprechung zur Teilzeitbeschäftigung der Ausschluss befristet Beschäftigter aus der betrieblichen Altersversorgung vor dem Hintergrund des Bestehens von Unterschieden bezüglich der **Arbeitsleistung,** der **Qualifikation,** der **Berufserfahrung** oder unterschiedlichen Anforderungen am Arbeitsplatz zulässig sein kann. Dieses Argument kann auch noch bei abgesenkten Unverfallbarkeitsfristen Bedeutung erlangen.

---

[108] BAG 19.4.2016 – 3 AZR 526/14, NZA 2016, 820; BAG 25.10.1994 – 3 AZR 149/94, NZA 1995, 730; Höfer/*Höfer* BetrAVG Kap. 6 Rn. 63.

[109] Annuß/Thüsing/*Thüsing* TzBfG § 4 Rn. 31.

[110] EuGH 13.5.1986 – C-170/84 *(Bilka)*, NZA 1986, 599; 22.4.2010 – C-486/08, NZA 2010, 557 (559); MüKoBGB/*Müller-Glöge* TzBfG § 4 Rn. 35; ErfK/*Preis* TzBfG § 4 Rn. 38.

[111] BAG 25.10.1994 – 3 AZR 149/94, NZA 1995, 730; Blomeyer/Rolfs/Otto/*Rolfs* BetrAVG Anh. § 1 Rn. 57.

[112] BVerfG 27.11.1997 – 1 BvL 12/91, NZA 1998, 247; Höfer/*Höfer* BetrAVG Kap. 6 Rn. 70.

[113] BAG 28.3.1996 – 6 AZR 501/05, NZA 1996, 1280; ArbG Berlin 18.3.1993 – 92 Ca 34503/92, BB 1993, 1812.

[114] Höfer/*Höfer* BetrAVG Kap. 6 Rn. 75; ErfK/*Preis* TzBfG § 4 Rn. 56f.; Blomeyer/Rolfs/Otto/*Rolfs* BetrAVG Anh. § 1 Rn. 58a.

[115] Vgl. ErfK/*Preis* TzBfG § 4 Rn. 61ff.; HWK/*Schmalenberg* TzBfG § 4 Rn. 27; *Ars/Teslau* NZA 2006, 297 (301).

[116] Blomeyer/Rolfs/Otto/*Rolfs* BetrAVG Anh. § 1 Rn. 59.

Problematisch ist zudem die Frage, ob die jeweils zu erwartende **Betriebstreue,** die mit einer Versorgungszusage regelmäßig belohnt und gefördert werden soll, einen sachlichen Differenzierungsgrund darstellt. Es erscheint zunächst überzeugend, den Willen des Arbeitgebers, Arbeitnehmer an sich zu binden und die durch die kontinuierliche Eingliederung in den Betrieb erworbenen Erfahrungen für sich zu nutzen, als legitimes Unterscheidungsmerkmal anzusehen, das durch wirtschaftliche Erwägungen gerechtfertigt ist. Dem steht auch nicht entgegen, dass die fehlende bzw. geringere Betriebstreue in dem Differenzierungskriterium der Befristung bereits unmittelbar angelegt ist. Dass solche Erwägungen auch im Rahmen des § 4 Abs. 2 TzBfG zulässig sein sollen, wird schließlich auch durch die Gesetzesbegründung bestätigt. Demnach soll eine Ungleichbehandlung im Bereich des Entgelts sachlich gerechtfertigt sein, wenn bei einem nur **kurzzeitigen Arbeitsverhältnis** die anteilige Gewährung von bestimmten Zusatzleistungen lediglich zu sehr geringfügigen Beträgen führen würde, die in keinem angemessenen Verhältnis zum Zweck der Leistung stehen. Dies spricht dafür, dass befristet Beschäftigte **grundsätzlich von der betrieblichen Altersversorgung ausgenommen werden können,** wenn die Versorgung – wie im Regelfall – dem Zweck der Belohnung der **Betriebstreue dient.**

In der Praxis erledigt sich das Problem der Einbeziehung von befristet Beschäftigten in der Regel ohnehin dadurch, dass die Betreffenden vor Eintritt der Unverfallbarkeitsvoraussetzungen aus dem Unternehmen ausscheiden. Unzulässig ist der Ausschluss aus der betrieblichen Altersversorgung, wenn der befristet Beschäftigte nach Ablauf seines Arbeitsvertrages in ein **unbefristetes** Arbeitsverhältnis mit demselben Arbeitgeber **wechselt.**[117] Findet ein solcher Wechsel statt, sind dem Arbeitnehmer auch die im befristeten Arbeitsverhältnis zurückgelegten Beschäftigungszeiten auf seine Altersversorgung anzurechnen.[118] 36

Kein die Ungleichbehandlung **rechtfertigender Grund** ist der Umstand, dass die Befristung als solche gemäß § 14 Abs. 2 TzBfG ohne sachlichen Grund möglich ist.[119] Die Entbehrlichkeit einer sachlichen Rechtfertigung bei der Befristung als solcher führt nicht dazu, dass dieses Erfordernis auch im Übrigen – insbesondere bei der Beurteilung einer erfolgten Ungleichbehandlung – nicht gilt. 37

§ 4 Abs. 2 S. 3 TzBfG regelt, dass für befristet Beschäftigte dieselben Zeiten wie für unbefristet beschäftigte Arbeitnehmer zu berücksichtigen sind, wenn Beschäftigungsbedingungen von der **Dauer des Bestehens** des Arbeitsverhältnisses in demselben Betrieb oder Unternehmen abhängig sind, es sei denn, dass eine unterschiedliche Berücksichtigung aus sachlichen Gründen gerechtfertigt ist. Folglich sind **unterschiedliche Wartezeiten** für befristet und unbefristet Beschäftigte gem. § 4 Abs. 2 TzBfG unzulässig. Jedoch verlangt § 4 TzBfG darüber hinaus keine Besserstellung der befristet Beschäftigten.[120] Infolgedessen steht den befristeten Mitarbeitern nur dann ein Versorgungsanspruch zu, wenn sie die notwendige Wartezeit erfüllt haben. 38

In dieser Auflage nicht belegt 39–82

5. Die Durchführungswege der betrieblichen Altersversorgung

Ein Arbeitgeber kann sich zur Durchführung der betrieblichen Altersversorgung verschiedener **Durchführungswege** bedienen. Zur Verfügung stehen 83

- Direktzusage (Arbeitgeber),
- Direktversicherung (AG; VVaG),

---

[117] Höfer/*Höfer* BetrAVG Kap. 6 Rn. 93 für über die Zwei-Jahres-Grenze hinausgehend befristete Arbeitsverträge.
[118] Höfer/*Höfer* BetrAVG Kap. 6 Rn. 93.
[119] Anders wohl Höfer/*Höfer* BetrAVG Kap. 6 Rn. 90.
[120] ErfK/*Preis* TzBfG § 4 Rn. 68.

- Pensionskasse (AG; VVaG),
- Unterstützungskasse (e.V.; GmbH; Stiftung),
- Pensionsfonds (AG; PFaG).

Während es sich bei der Direktzusage um eine **unmittelbare** Versorgungszusage handelt, werden die übrigen vier Durchführungswege als **mittelbare** Versorgungszusagen bezeichnet.

Stets liegt der Zusage – unabhängig vom Durchführungsweg – eine vom Arbeitgeber erteilte (kausale) Versorgungszusage zugrunde. Der Durchführungsweg ist sozusagen lediglich das Mittel zum Zweck. Für Rechtsgeschäfte, welche den Bestand oder den Umfang der Versorgungszusage betreffen, ist folglich der Arbeitgeber zuständig. Dies gilt auch bei den sog. mittelbaren Versorgungszusagen, bei denen der Arbeitgeber zusagt, dass ein Dritter die Leistung erbringen wird. Ob der vom Arbeitgeber eingeschaltete Dritte in diesem Zusammenhang dem Versorgungsberechtigten einen eigenen Rechtsanspruch oder ein Bezugsrecht auf die Leistung einräumt, ändert an diesem Grundsatz nichts.

84 Die **Wahl des Durchführungswegs** hat erhebliche Auswirkungen ua für die Besteuerung, die Möglichkeiten zur Bildung von Rückstellungen bzw. den Betriebsausgabenabzug, die Insolvenzsicherheit der erdienten Versorgungsrechte, die Verpflichtung zur Anpassung laufender Rentenleistungen sowie die Voraussetzungen und Möglichkeiten einer Umgestaltung oder Übertragung der Versorgungsverpflichtungen. Entscheidend ist der Durchführungsweg aber vor allem für die Frage, inwieweit die Versorgungsverpflichtungen vorausfinanziert sind bzw. ob und in welchem Umfang auf den Arbeitgeber in bestimmten Situationen (zB vorzeitiges Ausscheiden, vorgezogene Altersrente, Leistungsphase etc) Nachfinanzierungsverpflichtungen zukommen können.

a) Unmittelbare Versorgungszusagen (Direktzusage)

85 **aa) Grundlagen.** Bei der unmittelbaren Versorgungszusage (auch **Direktzusage** genannt) verpflichtet sich der Arbeitgeber, an den Arbeitnehmer und ggf. seine Hinterbliebenen nach Eintritt eines vorgesehenen Versorgungsfalles Versorgungsleistungen selbst zu erbringen. Der Arbeitgeber haftet für die Erfüllung der Zusage unmittelbar mit seinem Firmenvermögen bzw. je nach Rechtsform auch persönlich. Handelt es sich bei dem Arbeitgeber um einen Kaufmann, so muss er die Versorgungsverpflichtung in der Bilanz passivieren, soweit diese erstmalig nach dem 31. 12. 1986 gewährt wurde. Die Bildung von Pensionsrückstellungen ermöglicht eine interne Finanzierung dieser Verpflichtungen. Sie lässt offen, ob der Arbeitgeber sie gegebenenfalls teilweise (partiell) oder ganz (kongruent) rückdeckt (zB über eine Rückdeckungsversicherung oder ein CTA). Sind die Deckungsmittel dem Zugriff aller übrigen Gläubiger entzogen und dienen sie ausschließlich der Erfüllung der Pensionsverbindlichkeiten, so sind sie gemäß § 246 Abs. 2 S. 2 HGB in der Handelsbilanz zu saldieren. Dies wäre zum Beispiel im Fall der Verpfändung einer Rückdeckungsversicherung anzunehmen. Mittlerweile hat sich anstelle von Rückdeckungsversicherungen (und deren Verpfändung) bei Unternehmen, die nach internationalen Rechnungslegungsvorschriften bilanzieren, eine externe Finanzierung in Form sog. *Contractual Trust Arrangements* (CTAs) durchgesetzt (dazu → Rn. 121 ff.). Ein kunstgerecht ausgestaltetes CTA führt nach § 246 Abs. 2 S. 2 HGB ebenfalls zur Saldierung.

86 Die **Rechtsbeziehungen** zwischen den Beteiligten lassen sich schematisch wie folgt darstellen:

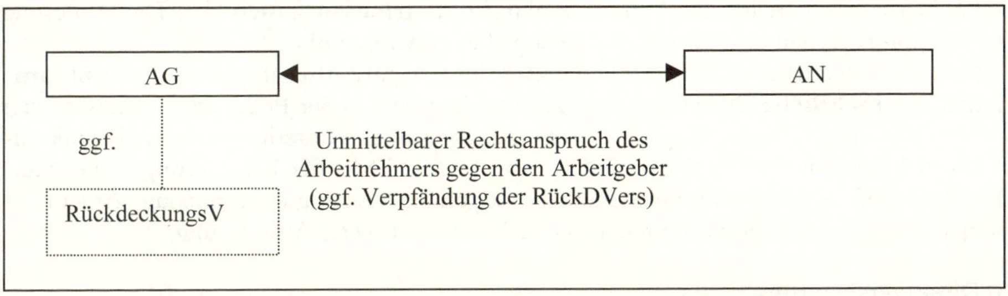

bb) Steuerrechtliche und handelsbilanzielle Behandlung. Bei der Versorgung über **unmittelbare Versorgungszusagen** kann der Arbeitgeber in der Anwartschaftsphase einen unmittelbaren Versorgungsaufwand in Form einer Zuführung zu den Pensionsrückstellungen geltend machen. Die Vorschrift des § 6a EStG ermöglicht es, die Pensionsverpflichtung mit ihrem **„Teilwert"** anzusetzen. Dieses Teilwertverfahren führt dazu, dass der nach versicherungsmathematischen Grundsätzen ermittelte Pensionsaufwand (versicherungsmathematischer Barwert der künftigen Pensionsleistungen) unter Berücksichtigung eines gesetzlich gem. § 6a Abs. 3 S. 2 Nr. 1 EStG vorgeschriebenen Zinsfußes von 6% auf die ganze Zeit vom Diensteintritt (nicht Zusagedatum!) bis zum vertraglichen Pensionierungsalter verteilt wird. Dabei gelten jedoch für die erstmalige Bildung der Rückstellung gestufte Altersbeschränkungen gem. § 6a Abs. 2 EStG. Eine Ausnahme gilt ab dem 1.1. 2001 für Zusagen aus Entgeltumwandlung. Bei diesen kann gemäß § 6a Abs. 3 S. 2 Nr. 1 EStG ohne Berücksichtigung einer Mindestaltersgrenze der Barwert der zeitanteilig erdienten unverfallbaren Versorgungsleistungen (Anwartschaftsbarwert) in der Bilanz angesetzt werden, der regelmäßig höher ist als der Teilwert. Voraussetzung für die Anerkennung der Rückstellungsfähigkeit ist, dass eine **schriftliche, rechtsverbindliche Zusage** vorliegt. Danach ist es rückstellungsschädlich, wenn sich der Arbeitgeber sog. steuerschädliche Widerrufsrechte vorbehalten hat, die über den allgemein anerkannten steuerunschädlichen Widerrufsvorbehalt hinausgehen. Das gleiche gilt für Abfindungsrechte, die eine einseitige Abgeltung der Versorgungsansprüche gegen eine den Barwert unterschreitende Abfindungszahlung erlauben. 87

Bei der Bildung von **Pensionsrückstellungen** in der Steuerbilanz ist das in § 6a Abs. 3 S. 2 Nr. 1 EStG enthaltene **Stichtagsprinzip** zu beachten Hiernach dürfen bei der Rückstellungsbildung nur solche Verhältnisse berücksichtigt werden, die am jeweiligen Bilanzstichtag bereits festgestanden haben. Zukünftige, nicht feststehende Entwicklungen (zB Gehaltsentwicklungen, prognostizierte Anpassungslasten für spätere Renten, Beitragslasten gegenüber dem PSV und Verwaltungskosten) können keine Berücksichtigung finden. 88

In der Vergangenheit wurden die nach diesen Grundsätzen ermittelten steuerlichen Werte oftmals für die **Handelsbilanz** übernommen (sog. umgekehrte Maßgeblichkeit). Die Unternehmen sind aber zunehmend auch bereits vor Einführung des BilMoG dazu übergegangen, einen niedrigeren und damit marktgerechteren Rechnungszins in der Handelsbilanz anzusetzen. Nach Einführung des BilMoG ist die Übernahme der im Rahmen der Steuerbilanz ermittelten Rückstellung nicht mehr möglich, da handelsrechtlich gemäß § 253 HGB der **Erfüllungswert** zu bilanzieren ist, in dessen Rahmen – abweichend vom Stichtagsprinzip – auch dynamische Entwicklungen abzubilden sind. Zudem bestehen dezidierte Vorgaben für die Ermittlung des Rechnungszinses. Zu beachten ist ferner die Regelung des § 246 Abs. 2 S. 2 HGB. Die Vorschrift sieht eine handelsbilanzielle Saldierung von Planvermögen (dh Vermögenswerten, die dem Zugriff anderer Gläubiger entzogen sind und ausschließlich zur Erfüllung von Pensionsverpflichtungen dienen) und Pensionsverbindlichkeiten vor. Dies betrifft zB verpfändete Rückdeckungsversicherungen sowie Treuhandvermögen in einem CTA. 89

Im Leistungsfall stellen die Pensionszahlungen **Betriebsausgaben** dar. Die Auflösung der Pensionsrückstellungen wirkt gleichzeitig aber gewinnerhöhend.

90 Für den Arbeitnehmer ist die Direktzusage in der Anwartschaftsphase ohne **einkommensteuerrechtliche** Bedeutung. Ein **Zufluss** liegt erst in der Phase des Leistungsbezugs vor (nachgelagerte Besteuerung). Die Versorgungsleistungen unterliegen dann als Einkünfte aus nichtselbständiger Arbeit nach § 19 Abs. 1 Nr. 2 EStG der Besteuerung.[121] Hier finden dann ggf. noch bestimmte Steuerbegünstigungen (Versorgungsfreibetrag, Arbeitnehmerpauschbetrag, reduzierte Besteuerung nach § 34 EStG etc) Anwendung.

b) Direktversicherung

91 **aa) Grundlagen.** Eine Direktversicherung ist nach der Definition in § 1b Abs. 2 S. 1 BetrAVG eine Lebensversicherung, die vom Arbeitgeber auf das Leben des Arbeitnehmers abgeschlossen wird und bei der der Arbeitnehmer und/oder seine Hinterbliebenen hinsichtlich der Leistungen des Versicherers ganz oder teilweise bezugsberechtigt sind. Zu den Direktversicherungen im Sinne des BetrAVG zählen auch sog. **Gehaltsumwandlungsversicherungen.**[122] Auch wenn ein Arbeitnehmer auf einen Teil seines Gehalts verzichtet und der Arbeitgeber dafür einen Versicherungsvertrag abschließt, wird nur der Arbeitgeber Vertragspartner des Versicherungsunternehmens, während der Gehaltsanspruch des Arbeitnehmers insoweit endgültig untergeht.

Zwischen Arbeitgeber, Versicherungsunternehmen und Arbeitnehmer besteht ein **Dreiecksverhältnis,** das folgende Rechtsbeziehungen umfasst:

- Versorgungsverhältnis (arbeitsrechtliche Grundverpflichtung) zwischen Arbeitgeber und Arbeitnehmer,
- Versicherungsvertrag zwischen Arbeitgeber und Versicherer und
- versicherungsrechtliches Bezugsrechtsverhältnis zwischen Arbeitnehmer und Versicherer.

92 Bei der Versorgung über eine **Direktversicherung** handelt es sich um eine sog. **mittelbare Versorgungszusage.** Obwohl die Durchführung der Versorgung hier einem externen Versorgungsträger übertragen ist und unmittelbar gegen diesen ein Anspruch besteht (unmittelbares Bezugsrecht), muss auch hier der Arbeitgeber für die Erfüllung der zugesagten Versorgungsleistungen einstehen. Wurde von der Rechtsprechung[123] und der herrschenden Meinung[124] eine verschuldensabhängige Eintrittspflicht angenommen, ist durch die Neufassung von § 1 Abs. 1 S. 3 BetrAVG mit Wirkung zum 1.1.2002 ein vom Verschulden des Arbeitgebers unabhängiger **Verschaffungsanspruch** statuiert worden. Faktisch haftet der Arbeitgeber damit für die Solvenz des Versicherers.[125]

93 Die Rechtsbeziehungen zwischen den Parteien stellen sich wie folgt dar:

[121] BMF-Schreiben vom 31.3.2010 – BMF IV C 3, S 2222/09/10041, Rn. 327.

[122] BAG 26.6.1990 – 3 AZR 641/88, NZA 1991, 144; Zu Sonderproblemen in diesem Zusammenhang bei sog. gezillmerten Versicherungstarifen s. *Döring/Grau* BB 2007, 1564.

[123] Vgl. BAG 7.3.1995 – 3 AZR 282/94, NZA 1996, 48; 15.5.1975 – 3 AZR 257/74, DB 1975, 1755.

[124] Kommt der Arbeitgeber dieser Verpflichtung schuldhaft nicht nach, etwa indem er eine ausreichende Prämienzahlung unterlässt oder eine wirtschaftliche Nutzung des Versicherungsvertrags (zB Beleihung) nicht rechtzeitig rückgängig macht, so ist er dem Arbeitnehmer zum Schadensersatz verpflichtet; s. *Förster* BetrAV 1982, 114; aA *Höfer/Kemper/Küpper* DB 1979, 1677 (Einstandspflicht des Arbeitgebers auch ohne schuldhaftes Handeln).

[125] ErfK/*Steinmeyer* BetrAVG § 1 Rn. 14.

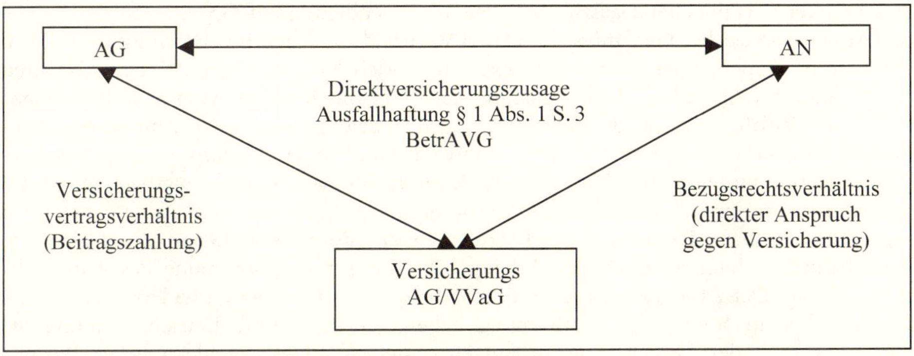

Der vom Arbeitgeber abgeschlossene Versicherungsvertrag bedarf gemäß § 150 Abs. 2 VVG grds. zu seiner Gültigkeit der schriftlichen Einwilligung des versicherten Arbeitnehmers soweit die Versorgungszusage eine Leistung beim Tod des Versicherten vorsieht. Ohne diese Einwilligung kommt kein wirksamer Versicherungsvertrag zustande. Eine ganz erhebliche Ausnahme besteht aber seit der Reform des VVG gemäß § 150 Abs. 2 S. 1 letzter Halbsatz VVG für Lebensversicherungsverträge im Rahmen der betrieblichen Altersversorgung, bei denen die Zustimmung entbehrlich ist. 94

Der Versicherungsvertrag kann dem Arbeitnehmer als Bezugsberechtigten die **Anwartschaft** auf die Versicherungsleistung (das Bezugsrecht) entweder **unwiderruflich oder widerruflich** einräumen. Das Bezugsrecht ist im Zweifel widerruflich, wenn nicht ausdrücklich ein unwiderrufliches Bezugsrecht vereinbart wurde (vgl. § 159 Abs. 1 VVG).

Bei widerruflichem Bezugsrecht kann der Arbeitgeber einseitig die Person des Bezugsberechtigten verändern oder die Rechte aus dem Versicherungsvertrag abtreten, beleihen oder verpfänden. Nach Eintritt der Unverfallbarkeitsvoraussetzungen ist der Widerruf des Bezugsrechts zwar grundsätzlich versicherungsrechtlich noch möglich (soweit der Widerruf im Versicherungsvertrag nicht ausdrücklich bei Eintreten der – arbeitsrechtlichen – Unverfallbarkeitsvoraussetzungen ausgeschlossen ist), arbeitsrechtlich jedoch unzulässig; der Arbeitnehmer kann in diesem Fall Schadensersatz in der Weise verlangen, dass der Arbeitgeber dem Arbeitnehmer eine beitragsfreie Versicherungsanwartschaft zu verschaffen hat, deren Wert dem widerrufenen Bezugsrecht entspricht.[126] Auch der umgekehrte Fall ist denkbar, dass nämlich ein Arbeitnehmer die Kündigung des Versicherungsvertrages wünscht um vorzeitig an das Versorgungskapital zu gelangen. Das BAG hat allerdings entschieden, dass selbst bei einer Entgeltumwandlung der Arbeitgeber nicht aus § 241 Abs. 2 BGB verpflichtet ist, eine zugunsten des Versorgungsberechtigten bestehende Direktversicherung zu kündigen, um diesem damit Zugriff auf den Rückkaufswert der Versicherung zu geben, damit dieser damit Schulden bedienen kann.[127] 95

In der Praxis ist vertraglich üblicherweise ein sog. eingeschränkt unwiderrufliches Bezugsrecht vorgesehen, welches einen Widerruf nach Ausscheiden mit einer gesetzlich unverfallbaren Anwartschaft ausschließt bzw. nur dann zulässt, wenn der Arbeitnehmer ohne eine unverfallbare Anwartschaft ausgeschieden ist. Ist diese Voraussetzung nicht eingetreten, so ist nach Auffassung des BAG der Widerruf der Versicherung nicht wirksam und das Versicherungsunternehmen kann nicht mit befreiender Wirkung an den Arbeitgeber (Versicherungsnehmer) bzw. den Insolvenzverwalter leisten.[128]

Nach Auffassung des BGH ist dem Insolvenzverwalter der Widerruf des Bezugsrechts zudem nicht möglich, wenn die Beendigung des Arbeitsverhältnisses vor Eintritt der Voraussetzungen der Unverfallbarkeit insolvenzbedingt erfolgt ist; der Widerrufsvorbehalt sei 96

[126] BAG 28.7.1987 – 3 AZR 694/85, NZA 1988, 159.
[127] BAG 26.4.2018 – 3 AZR 586/16, NZA 2018, 929.
[128] BAG 15.6.2010 – 3 AZR 31/07, DB 2010, 2678.

einschränkend dahingehend auszulegen, dass die Beendigung auf Gründen in der Sphäre des Arbeitnehmers beruhen müsse.[129] Das BAG hat diese Frage mit Beschluss vom 22.5. 2007 dem Gemeinsamen Senat der obersten Gerichtshöfe vorgelegt.[130] Das Verfahren wurde jedoch aufgrund der Stellungnahme des BGH mit Beschluss vom 3.8.2010 eingestellt. Gleichwohl geht aus den Entscheidungen[131] beider oberster Gerichte hervor, dass diese wohl auch weiterhin unverändert an ihrer divergierenden Rechtsprechung festhalten.

97 Bei Einräumung eines unwiderruflichen Bezugsrechts erwirbt der bezugsberechtigte Arbeitnehmer ein durch den Eintritt des Versorgungsfalles bedingtes, vom Arbeitgeber nicht mehr beeinflussbares **Recht auf die Leistungen aus dem Versicherungsvertrag.** Eine wirtschaftliche Nutzung durch den Arbeitgeber ist nur mit Zustimmung des Arbeitnehmers zulässig. Der Arbeitnehmer kann dem Arbeitgeber auch trotz Unwiderruflichkeit des Bezugsrechts im Voraus die Zustimmung geben, jederzeit ohne Benachrichtigung die Deckungsmittel der Versicherung zu nutzen (eingeschränktes unwiderrufliches Bezugsrecht).[132]

Das Bezugsrecht muss nicht einheitlich für die gesamte versicherungsvertragliche Leistung geregelt sein. Es kann auch teilweise widerruflich und teilweise unwiderruflich gestaltet sein (gespaltenes Bezugsrecht), etwa hinsichtlich verschiedener Leistungsarten oder in Bezug auf den Grundanspruch und die Überschussanteile.

98 **bb) Steuerrechtliche und handelsbilanzielle Behandlung.** Beiträge des Arbeitgebers zu einer Direktversicherung sind im Rahmen allgemeiner steuerlicher Vorgaben in voller Höhe als Betriebsausgaben abzugsfähig. Rückstellungen werden weder in der Steuerbilanz noch in der Handelsbilanz gebildet, da sich der Versorgungsanspruch primär nicht gegen das Unternehmen, sondern gegen einen Dritten richtet.

Die vom Arbeitgeber gezahlten Beiträge stellen für den Arbeitnehmer grds. Arbeitslohn, dh Einkünfte aus nichtselbständiger Arbeit im Sinne von § 19 Abs. 1 Nr. 1 EStG dar. Sie sind jährlich bis zu der in § 3 Nr. 63 EStG geregelten Höhe (derzeit 8% der Beitragsbemessungsgrenze der gesetzlichen Rentenversicherung) für den Arbeitnehmer **steuerfrei,** soweit er nicht für die Beibehaltung der auf Altzusagen anzuwendenden Pauschalbesteuerung optiert hat.[133] Wird das Arbeitsverhältnis beendet, so kommt ferner die Vervielfältigungsregelung zum Tragen.

99 Die in § 40b EStG aF enthaltene Pauschalbesteuerung zum Steuersatz von 20% gilt für Zusagen ab dem 1.1.2005 nur noch für Pensionskassen, die nach dem Umlageprinzip (anstelle des Kapitaldeckungsprinzips) arbeiten, nicht jedoch für Direktversicherungen (vorbehatlich der nachfolgend dargestellten Ausnahmen).[134]

Für Altverträge vor dem 1.1.2005 gilt die Regelung weiter, wenn sie entweder die Voraussetzungen des § 3 Nr. 63 EStG nicht erfüllen (zB weil anstelle von Rentenleistungen Kapitalleistungen gewährt werden) oder der Arbeitnehmer auf die Anwendung des § 3 Nr. 63 EStG verzichtet hat. Im Einzelnen sind weitere Übergangsvorschriften zu beachten, so ist gem. § 52 Abs. 40 EStG die Pauschalbesteuerung für Beiträge einer Direktversicherung nach § 40b Abs. 1 und 2 EstG in der am 31.12.2004 geltenden Fassung wei-

---

[129] BGH 3.5.2006 – IV ZR 134/05, NZA-RR 2006, 532; 8.6.2005 – IV ZR 30/04, VersR 2005, 1134. Die Begründung überzeugt allerdings nicht, da dem Arbeitgeber die Akzeptanz einer Einschränkung seines Widerrufsrechts unterstellt wird. Die Regelung zum Bezugsrechtswiderruf bezieht sich in ihrer Ausgestaltung eindeutig auf die Regelung in § 1b BetrAVG, die nicht zwischen den Gründen der Beendigung differenziert. Jedenfalls wird man die Auslegung nicht auf den Fall der normalen betriebsbedingten Kündigung übertragen können.

[130] BAG 22.5.2007 – 3 AZR 334/06, NZA 2007, 1169.

[131] Vgl. BAG 18.9.2012 – 3 AZR 176/10, ZIP 2012, 2269 sowie BGH 22.1.2014 – IV ZR 201/13, DB 2014, 358.

[132] Vgl. *Paulsdorff* BetrAV 1978, 126; *Steinhaus* BetrAV 1978, 123.

[133] Dazu BMF-Schreiben vom 6.12.2017 – BMF IV C 5 – S 2333/17/10002, Rn. 23ff., 85ff.

[134] *Niermann* DB 2004, 1449 (1450); BMF-Schreiben vom 31.3.2010 – BMF IV C 3 – S 2222/09/10041, Rn. 304ff.

ter auf Beiträge für eine Direktversicherung anzuwenden, wenn vor dem 1.1.2018 mindestens ein Beitrag nach § 40b Abs. 1 und 2 EStG in einer vor dem 1.1.2005 geltenden Fassung pauschal besteuert wurde.

Soweit Arbeitgeberbeiträge auf **Entgeltumwandlung** beruhen, dh auf einem vertraglichen Verzicht auf einen bestehenden Barauszahlungsanspruch zugunsten einer betrieblichen Altersversorgung, hat der Arbeitnehmer nach § 1a Abs. 3 BetrAVG iVm § 3 Nr. 63 S. 2 EStG ein Wahlrecht. Er kann die Steuerfreiheit „abwählen", um stattdessen gemäß § 10a EStG im Rahmen der privaten Altersvorsorge die Altersversorgungszulage bzw. den Sonderausgabenabzug (sog. Riester-Förderung) in Anspruch zu nehmen.[135] 100

In der **Leistungsbezugsphase** ist zu unterscheiden zwischen Renten- und Kapitalleistungen. **Rentenleistungen** sind bis auf den Ertragsanteil (§ 22 Nr. 1 S. 3 a) bb) EStG) steuerfrei, sofern sie auf pauschal oder individuell versteuerten Beiträgen beruhen. Leistungen aus steuerfreien Beiträgen werden demgegenüber als sonstige Einkünfte in vollem Umfang der Einkommensteuer unterworfen. **Kapitalleistungen,** die auf steuerfreien Beiträgen beruhen, werden voll versteuert.[136] Die Fünftelungsregelung des § 34 EStG kommt nicht zur Anwendung (BMF-Schreiben vom 17.11.2004, 17.2.2020).[137] Beruht die Kapitalleistung auf individuell oder pauschal versteuerten Beiträgen, so gilt für Verträge, die bis zum 31.12.2004 abgeschlossen wurden Steuerfreiheit, wenn der Vertrag für mindestens zwölf Jahre läuft und für mindestens fünf Jahre Beiträge gezahlt werden. Für nach dem 31.12.2004 abgeschlossene Verträge gilt § 22 Abs. 1 Nr. 5 EStG. Danach werden die aus den Beiträgen erzielten Erträge voll besteuert. Erfolgt die Auszahlung allerdings nach dem 62. Lebensjahr und hat die Versicherung mindestens zwölf Jahre bestanden, so werden die Erträge nur zur Hälfte besteuert; bei Verträgen, die vor dem 1.1.2012 geschlossen wurde, gilt statt des 62. das 60. Lebensjahr als maßgeblich. 101

c) Pensionskasse

aa) Grundlagen. Die Pensionskasse ist eine **der Versicherungsaufsicht unterliegende** rechtsfähige **Versorgungseinrichtung,** die dem Arbeitnehmer oder seinen Hinterbliebenen auf ihre Leistungen der betrieblichen Altersversorgung einen **Rechtsanspruch** gewährt (§ 1b Abs. 3 S. 1 BetrAVG). Die Pensionskasse findet sich seit dem 1.1.2006 in der Form der „regulierten" sowie der „deregulierten" Pensionskasse. 102

Bei den regulierten Pensionskassen handelt es sich regelmäßig um „Firmenpensionskassen", die die Voraussetzungen des § 233 VAG erfüllen (u.a. Beschränkung auf die Versicherung von Personen im Sinne des § 17 BetrAVG, keine Erhebung von Abschlusskosten) und einen Antrag nach § 233 Abs. 1S. 2 VAG gestellt haben. Als privatrechtliche Rechtsformen sind versicherungsaufsichtsrechtlich nur der Versicherungsverein auf Gegenseitigkeit und die Versicherungsaktiengesellschaft erlaubt (§ 8 Abs. 2 VAG).

Die Pensionskasse kann der rechtlich selbständige Versorgungsträger für einen oder mehrere Arbeitgeber (Trägerunternehmen) sein.

Auch bei der Pensionskasse besteht zwischen Arbeitgeber, Arbeitnehmer und Pensionskasse ein Dreiecksverhältnis. Der Unterschied zur Direktversicherung besteht darin, dass in der Regel der Arbeitnehmer („Mitglied") selbst Versicherungsnehmer bei der Pensionskasse ist (und nicht allein der Arbeitgeber wie bei der Direktversicherung). Zur Unterstützungskasse liegt der wesentliche Unterschied in der Gewährung eines Rechtsanspruchs auf die Versicherungsleistungen. 103

Der Arbeitgeber ist **Träger** der Pensionskasse. Er ist nicht notwendiger Weise Mitglied der Pensionskasse, kann dies aber sein, wenn die Satzung dies vorsieht. Er finanziert die Leistungen der Pensionskasse, soweit die Arbeitnehmer nicht an der Aufbringung des not-

---

135 Vgl. BMF-Schreiben vom 31.3.2010 – BMF IV C 3 – S 2222/09/10041, Rn. 289.

136 Vgl. BMF-Schreiben vom 21.12.2017 – IV C 3 – S 2015/17/10001 :005 BStBl 2018 I S. 93, Rn. 144.

137 BFH 20.9.2016 – X R 23/15 –, BStBl 2017 II S. 347; vgl. auch BMF-Schreiben vom 21.12.2017 – IV C 3 – S 2015/17/10001 :005 BStBl 2018 I S. 93, Rn. 130.

wendigen Beitragsaufkommens beteiligt werden. Die Pflicht zu Zuwendungen an die Pensionskasse ergibt sich im Verhältnis zum Arbeitnehmer aus der Versorgungszusage und im Verhältnis zur Pensionskasse entweder als gesonderte vertragliche Verpflichtung oder – in der Regel – als Sonderpflicht aus der Mitgliedschaft des Arbeitgebers in der Pensionskasse (wenn eine solche Mitgliedschaft des Arbeitgebers besteht).[138] Grundsätzlich ist der Arbeitnehmer Versicherter und Versicherungsnehmer der Pensionskasse. Ihm steht das Bezugsrecht auf die Versicherungsleistungen gegenüber der Pensionskasse zu.

104 Hat der Arbeitgeber dem Arbeitnehmer eine Versorgungszusage erteilt, so haftet er für deren Erfüllung auch dann, wenn er diese nicht über die Pensionskasse versichern kann.[139] Darüber hinaus muss der Arbeitgeber selbst bei ordnungsgemäßer Versicherung des Arbeitnehmers bei der Pensionskasse und Zahlung der vorgesehenen Beiträge gemäß **§ 1 Abs. 1 S. 3 BetrAVG** verschuldensunabhängig dafür **einstehen,** dass von der Pensionskasse die zugesagten Leistungen erbracht werden. So haftet der Arbeitgeber etwa für satzungsgemäße Leistungskürzungen der Pensionskasse auch in Fällen, in denen er auf die Vermögensverwaltung, die Kapitalanlage und die Beschlussfassung der Pensionskasse keinen Einfluss nehmen kann.[140] Wird die Pensionskasse von Arbeitgeber und Arbeitnehmer gemeinsam finanziert, hat der Arbeitgeber ein Wahlrecht, ob er durch eine Umfassungszusage die gesetzliche Einstandspflicht auch auf die Beiträge des Arbeitnehmers erweitert.[141] Der Ausfallhaftung kann sich der Arbeitgeber nach der Rechtsprechung auch nicht mittels einer dynamischen Verweisung in der Versorgungszusage auf die Geltung der jeweils gültigen Leistungsbedingungen sowie der Satzung der Pensionskasse entziehen. Das BAG legt derartige Klauseln mit Blick auf § 17 Abs. 3 S. 3 BetrAVG aF (§ 19 Abs. 1 BetrAVG) nämlich so aus, dass diese kein akzessorisches Leistungskürzungsrecht des Arbeitgebers zulasten des Arbeitnehmers begründen. Nach einer Entscheidung des BAG vom 12. 5. 2020[142] kann die Einstandspflicht jedoch dann entfallen, wenn sich in Folge einer dynamischen Verweisung auf die Satzung und/oder die Versicherungsbedingungen einer Pensionskasse durch deren Änderung ein Eingriff in bestehende Versorgungsregelungen ergibt, und diese Änderung bei Eintritt des Versorgungsfalls zu einer Verringerung der zugesagten Leistungen führt. Für die Zulässigkeit dieser Änderungen müssen jedoch die Grundsätze des Vertrauensschutzes und der Verhältnismäßigkeit nach Maßgabe der 3-Stufen-Theorie gewahrt sein. Dabei kommt es auf die Verhältnisse beim Arbeitgeber (nicht bei der Pensionskasse (!)) im Zeitpunkt der Änderung an. Zudem kann sich der Arbeitgeber unter Umständen auf den Wegfall der Geschäftsgrundlage berufen. Im Ergebnis schlägt ein dynamischer Verweis auf einen (zum Nachteil des Versorgungsberechtigten) geänderten Leistungsplan eines externen Versorgungsträgers somit nur dann auf die Einstandspflicht des Arbeitgebers nach § 1 Abs.1 S. 1 BetrAVG durch, wenn und insoweit die Voraussetzungen der 3-Stufen-Theorie erfüllt sind.

---

[138] Vgl. Blomeyer/Rolfs/Otto/*Rolfs* BetrAVG Anh. zu § 1 Rn. 827.

[139] Für die Versicherungsmöglichkeit bei der VBL s. BAG 29.11.1979 – 3 AZR 404/78, BB 1980, 837; 29.7.1986 – 3 AZR 71/85, NZA 1987, 668.

[140] BAG 19.6.2012 – 3 AZR 408/10, DB 2012, 2818; 30.9.2014 – 3 AZR 617/12, BetrAV 2015, 164; 10.2.2015 – 3 AZR 65/14, BeckRS 2015, 68735; BAG 15.3.2016 – 3 AZR 505/14, 15.3.2016 – 3 AZR 827/14, NZA 2016, 1205; bzgl. der Verweisung.

[141] BAG 13.12.2016 – 3 AZR 342/15, NZA 2017, 1263; 12.5.2020 – 3 AZR 157/19, BeckRS 2020, 12013.

[142] BAG 12.5.2020 – 3 AZR 157/19, NZA 2020,1189; vgl. auch BAG 20.8.2019 – 3 AZR 251/17, NZA 2020, 943.

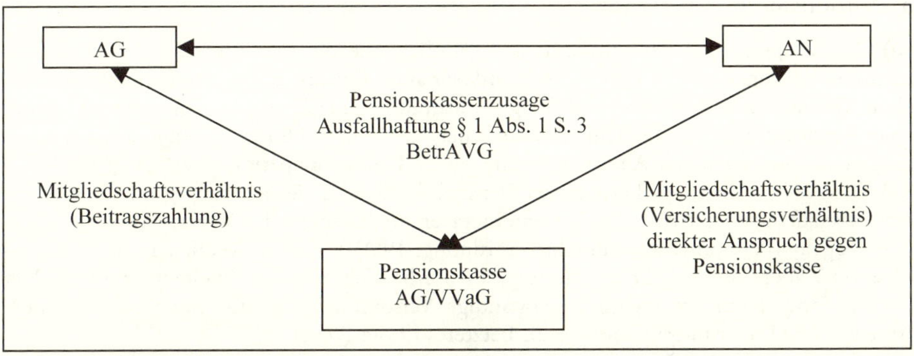

Bei Ausscheiden vor Eintritt des Versorgungsfalles endet entweder das Mitgliedschaftsrecht des Arbeitnehmers oder es kommt zum Ruhen; die Versicherung wird gemäß § 166 Abs. 1 VVG in eine beitragsfreie Versicherung umgewandelt, soweit der Arbeitnehmer Beiträge erbracht hat oder die Unverfallbarkeitsvoraussetzungen erfüllt sind. Entsprechendes gilt, wenn der Arbeitgeber aus dem Kreis der Trägerunternehmen einer Pensionskasse ausscheidet bzw. beim Übergang von Pensionsverpflichtungen auf einen Arbeitgeber, der nicht Trägerunternehmen der Pensionskasse ist. In diesem Fall ist der Arbeitgeber jedoch für die Zukunft weiterhin aus der fortbestehenden Grundverpflichtung zur Erbringung der Versorgungsleistung verpflichtet. Kann er sich hierzu nicht mehr der ursprünglich gewählten Pensionskasse bedienen, so hat er eine gleichwertige Lösung im Rahmen seiner rechtlichen Möglichkeiten herzustellen. Tut er gar nichts, so haftet er gemäß § 1 Abs. 1 S. 3 BetrAVG darauf, den Versorgungsberechtigten so zu stellen, wie dieser bei Erfüllung der Pensionskassenzusage gestanden hätte. Bereits erworbene Ansprüche des Versorgungsberechtigten gegen die Pensionskasse bleiben hiervon unberührt. 105

Entspringt der Versorgungsanspruch aus einer Entgeltumwandlung, so hat der Arbeitnehmer das Recht, das Versicherungsverhältnis mit eigenen Beiträgen fortzusetzen (§ 1b Abs. 5 Nr. 2 BetrAVG). 106

Im Verhältnis Arbeitnehmer/Pensionskasse bleiben bei einem Ausscheiden des Arbeitgebers aus dem Kreis der Trägerunternehmen die Versicherungsverhältnisse entsprechend den bereits erbrachten Beitragsleistungen regelmäßig bestehen. Die Pensionskasse hat jedoch die Möglichkeit, diese Versicherungsbestände mit Zustimmung der BaFin gemäß §§ 13, 200 VAG auf eine andere Pensionskasse oder ein Unternehmen der Lebensversicherung zu übertragen.[143] Ein diesbezügliches Widerspruchsrecht der Arbeitnehmer besteht nach Ansicht des Bundesarbeitsgerichtes nicht.[144] 107

bb) Steuerrechtliche und handelsbilanzielle Behandlung. Die steuerrechtliche und handelsbilanzielle Behandlung der Pensionskasse entspricht weitgehend den für Direktversicherungen geltenden Regelungen. Beiträge des **Arbeitgebers** stellen im Rahmen allgemeiner steuerrechtlicher Vorgaben in vollem Umfang anerkennungsfähige Betriebsausgaben dar. Zulässig sind alle Arten von Zuwendungen, auch Einmalbeiträge, befristete, der Höhe nach schwankende oder gleichbleibende Beiträge. Für die steuerliche Anerkennung auf Seiten des Unternehmens bestehen keine gesetzlichen Höchstgrenzen. Rückstellungen werden nicht gebildet. 108

Für den **Arbeitnehmer** gilt § 3 Nr. 63 EStG im Hinblick auf die einkommensteuerrechtliche Behandlung der Beiträge.[145] In der Leistungsphase entspricht die Besteuerung derjenigen der Direktversicherung.

143 Blomeyer/Rolfs/Otto/*Rolfs* BetrAVG Anh. § 1 Rn. 845.
144 BAG 14.12.1999 – 3 AZR 675/98, NZA 2001, 96.
145 Dazu BMF-Schreiben vom 31.3.2010 – BMF IV C 3 – S 2222/09/10041, Rn. 265ff.

d) Pensionsfonds

109 **aa) Grundlagen.** Der Pensionsfonds ist – ähnlich wie die Pensionskasse – eine der Finanzdienstleistungsaufsicht durch die **Bundesanstalt für die Finanzdienstleistungsaufsicht** (BaFin) unterliegende rechtsfähige Versorgungseinrichtung in Form der AG oder eines Pensionsfonds aG, die dem Arbeitnehmer oder seinen Hinterbliebenen auf ihre Leistungen der betrieblichen Altersversorgung einen **Rechtsanspruch** gewährt (§ 1b Abs. 3 S. 1 BetrAVG). Allerdings betreibt der Pensionsfonds kein Versicherungsgeschäft, sondern ein Geschäft eigener Art.[146] Ferner unterliegt er im Rahmen der Vermögensanlage eigenen Regeln (Pensionsfonds-Aufsichtsverordnung, PFAV), die im Vergleich zur Pensionskasse oder aber einer Direktversicherung einen erheblich weiteren Spielraum zulassen. Der Pensionsfonds kann der rechtlich selbständige Versorgungsträger für einen oder mehrere Arbeitgeber (Trägerunternehmen) sein. Letzteres ist die Regel.

110 Die Leistungen des Pensionsfonds werden auf der Grundlage eines Pensionsplans definiert, der entweder beitragsbezogen (Beitragszusage mit Mindestleistung) oder leistungsbezogen sein kann (Leistungszusage oder beitragsbezogene Leistungszusage).

111 Auch bei Einschaltung eines Pensionsfonds trifft den Arbeitgeber aus § 1 Abs. 1 S. 3 BetrAVG eine von seinem Verschulden unabhängige **Einstandspflicht** für die Erfüllung der von ihm aus dem arbeitsrechtlichen Grundverhältnis zugesagten Versorgungsleistungen durch den Pensionsfonds.

Bei vorzeitigem Ausscheiden des Arbeitnehmers aus dem Arbeitsverhältnis gelten dieselben Grundsätze wie bei der Pensionskasse.

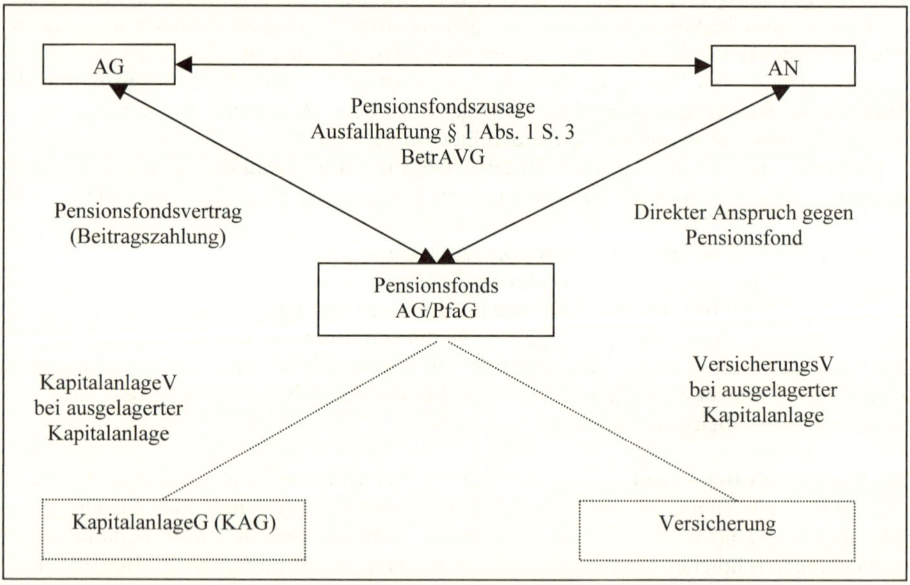

112 **bb) Steuerrechtliche und handelsbilanzielle Behandlung.** Die Beiträge, die der Arbeitgeber leistet, sind gemäß § 4e Abs. 1 und 2 EStG **abzugsfähige Betriebsausgaben.**[147] Zulässig sind alle Arten von Zuwendungen, auch Einmalbeiträge, befristete, der Höhe nach schwankende oder gleich bleibende Beiträge. Für die steuerliche Anerkennung auf Seiten des Unternehmens bestehen keine Höchstgrenzen.

[146] *Goldbach/Obenberger* Rn. 80.
[147] *Zeppenfeld/Rößler* BB 2006, 1221 (1223).

Für den Arbeitnehmer sind die Beiträge gemäß § 3 Nr. 63 S. 1 EStG bis zu einer Höhe von 8% der Beitragsbemessungsgrenze p. a. steuerfrei.[148] Im Leistungsfall wird die Rente, soweit sie aus steuerfreien Beiträgen resultiert, gemäß § 22 Nr. 5 S. 1 EStG voll besteuert, im Übrigen gemäß § 22 Nr. 1 S. 3a) bb) EStG nur mit dem Ertragsanteil.[149]

Der Wechsel des Versorgungsweges zugunsten des Pensionsfonds ist nach Maßgabe des § 3 Nr. 66 EStG für den Arbeitnehmer lohnsteuerfrei möglich. Allerdings kann der Arbeitgeber den Unterschiedsbetrag zwischen der Pensionsrückstellung und dem Einmalbeitrag an den Pensionsfonds gemäß § 4e Abs. 3 EStG nur verteilt auf zehn Jahre geltend machen.[150] Zu beachten ist allerdings, dass die Umwandlung einer Direktzusage in eine Pensionsfondszusage im Leistungsfall für den Arbeitnehmer zu einer unterschiedlichen Besteuerung führt, da die Besteuerung nicht als nachträglicher Arbeitslohn gemäß § 19 Abs. 1 Nr. 2 EStG sondern als sonstige Einkünfte iSv § 22 Nr. 5 EStG erfolgt. Als Folge hieraus ergeben sich ungünstigere Freibetrags- und Werbungskostenregelungen. 113

e) Unterstützungskasse

aa) Grundlagen. Unterstützungskassen sind nach § 1b Abs. 4 BetrAVG **rechtsfähige Versorgungseinrichtungen,** die eine betriebliche Altersversorgung durchführen und auf ihre Leistungen **keinen Rechtsanspruch** gewähren. 114

Der im Gesetz als Merkmal vorgesehene Ausschluss des Rechtsanspruchs auf die Versorgungsleistungen, der letztlich zur Befreiung von der Versicherungsaufsicht geführt hat, ist aufgrund der Rechtsprechung des BAG[151] und des BVerfG[152] mit kleinen Ausnahmen für das Arbeitsrecht praktisch bedeutungslos geworden, da das BAG den Ausschluss des Rechtsanspruchs nur als ein an sachliche Gründe gebundenes Widerrufsrecht versteht und damit den Arbeitnehmern durchaus einen Anspruch auf die zugesagten Leistungen einräumt. An diesen sachlichen Grund werden allerdings in der Praxis ganz erhebliche Anforderungen gestellt. Das Vorliegen einer wirtschaftlichen Notlage berechtigt infolge des Entgeltcharakters der betrieblichen Altersversorgung nach Auffassung des BAG auch im Fall einer Unterstützungskassenzusage nicht zum Widerruf der erdienten Versorgungsanwartschaften bzw. Ansprüche.[153]

[148] Dazu BMF-Schreiben vom 31.3.2010 – BMF IV C 3 – S 2222/09/10041, Rn. 265 ff.

[149] Vgl. Blomeyer/Rolfs/Otto/*Otto* Kap. C Rn. 76b.

[150] Vgl. auch *Zeppenfeld/Rößler* BB 2006, 1221 (1224); siehe dazu weiterhin BMF-Schreiben vom 26.10.2006 – BMF IV B 2 – S 2144–57/06; zur Unterscheidung der Steuerfreiheit von Zahlungen an den Pensionsfonds zwischen „past"- und „future"-service siehe BMF-Schreiben vom 31.3.2010 – BMF IV C 3 – S 2222/09/10041, Rn. 281.

[151] BAG 17.5.1973 – 3 AZR 381/72, NJW 1973, 1946;12.2.2013 – 3 AZR 636/10, BetrAV 2013, 637.

[152] BVerfG 16.2.1987 – 1 BvR 957/79, AP Nr. 12 zu § 1 BetrAVG Unterstützungskassen; 14.1.1987 – 1 BvR 1052/79, NZA 1987, 347; 19.10.1983 – 2 BvR 298/81, NJW 1984, 476.

[153] BAG 31.7.2007 – 3 AZR 272/06, DB 2008, 1505.

115 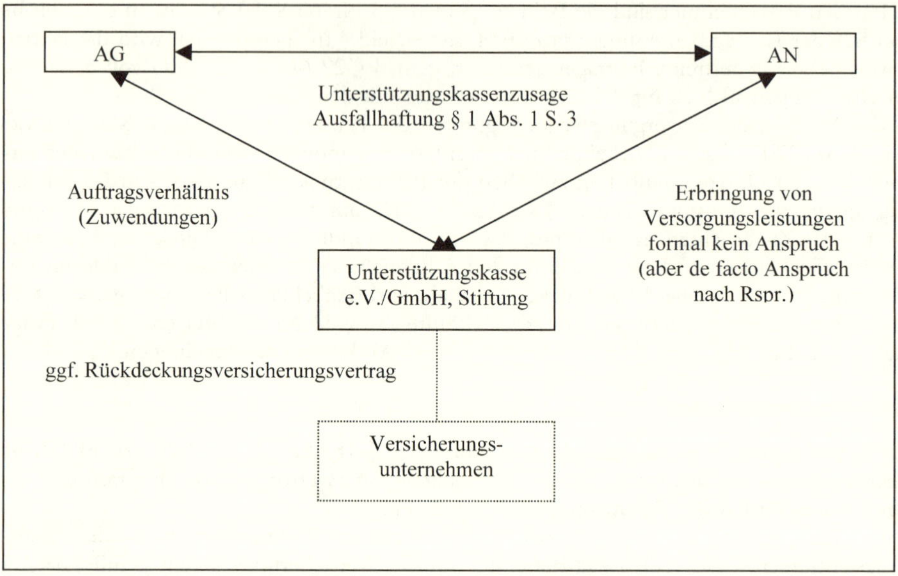

Auch bei der Versorgung über eine Unterstützungskasse besteht zwischen Arbeitgeber und Arbeitnehmer eine **Versorgungszusage,** der zufolge der Arbeitgeber dafür Rechnung zu tragen hat, dass die Unterstützungskasse nach Maßgabe ihrer Versorgungsrichtlinie Leistungen erbringt. Grundsätzlich hat sich der Arbeitnehmer dementsprechend zunächst wegen seiner Versorgungsansprüche an die Unterstützungskasse zu halten.[154] Erbringt die Unterstützungskasse die Leistungen nicht, so muss der Arbeitgeber selbst dem Arbeitnehmer gegenüber einstehen. Auch bei der Unterstützungskasse besteht die Einstandspflicht des Arbeitgebers gemäß § 1 Abs. 1 S. 3 BetrAVG.[155]

116 Zwischen Arbeitgeber und Unterstützungskasse besteht ein **Auftragsverhältnis,** die Versorgung der Arbeitnehmer entsprechend dem Leistungsplan durchzuführen. Hierzu ist der Arbeitgeber zum Aufwendungsersatz bzw. zur Leistung von Vorschusszahlungen verpflichtet (§§ 669, 670 BGB). Hieraus erwächst der Unterstützungskasse jedoch kein Anspruch auf eine (Vorab)Dotierung.[156] Eine Beteiligung der Arbeitnehmer durch Eigenbeiträge ist aus steuerrechtlichen Gründen nicht möglich (vgl. § 3 Nr. 1 KStDV). Für Rechtsgeschäfte, welche den Bestand oder den Umfang der Versorgungszusage betreffen, ist ausschließlich der Arbeitgeber zuständig, nicht aber die Unterstützungskasse.

117 **bb) Steuerrechtliche Behandlung.** Zuwendungen des Arbeitgebers an die Unterstützungskasse können nur in dem in § 4d EStG zugelassenen Umfang als **Betriebsausgaben** geltend gemacht werden. Dabei ist zu unterscheiden, ob die Unterstützungskasse rückgedeckt ist oder nicht. Ist eine Unterstützungskasse nicht rückgedeckt, so gilt Folgendes: Während der **Anwartschaftsphase** kann lediglich ein sog. **Reservepolster** in Höhe des zweifachen Betrages der jährlich zugesagten Rente des Versorgungsberechtigten aufgebaut werden. Damit kommt es regelmäßig zu einer eklatanten Unterdeckung im Verhältnis zum tatsächlichen Umfang der bestehenden Verpflichtungen. Da es sich bei dem Durchführungsweg Unterstützungskasse um eine mittelbare Pensionsverpflichtung des Arbeitgebers handelt, besteht nach Art. 28 Abs. 1 S. 2 EGHGB ein handelsbilanzielles Wahlrecht,

[154] BAG 12.2.1971 – 3 AZR 83/70, DB 1971, 920.
[155] BAG 3.2.1987 – 3 AZR 208/85, DB 1987, 2414; 28.4.1977 – 3 AZR 300/76, DB 1977, 1656; LAG Baden-Württemberg 23.2.2006 – 11 Sa 72/05, BeckRS 2006, 31053918.
[156] BAG 5.7.1979 – 3 AZR 197/78, DB 1979, 1942.

die Rückstellungen für die Versorgungsverpflichtungen auszuweisen. In der Steuerbilanz ist die Bildung von Rückstellungen jedoch grundsätzlich ausgeschlossen.[157] Machen Kapitalgesellschaften von dem handelsbilanziellen Wahlrecht Gebrauch, sind die nicht durch das Unterstützungskassenvermögen gedeckten Verbindlichkeiten jedoch im Anhang betragsmäßig zu benennen. In der **Leistungsphase** kann die Versorgungszusage dann gemäß § 4d EStG (Anhang) voll ausfinanziert werden. In der Praxis finden sich oftmals Konstellationen, in denen die Unterstützungskasse die Zuwendungen des Arbeitgebers als Darlehen an diesen zurückgewährt. Das Vermögen besteht dann aus einer Forderung gegen den Arbeitgeber.

Ist die Unterstützungskasse hingegen durch eine Rückdeckungsversicherung kongruent **rückgedeckt,** so kann der Versicherungsbeitrag, den die Kasse an das Versicherungsunternehmen zahlt, bei dem Trägerunternehmen als Betriebsausgabe abgesetzt werden soweit sich die Kasse durch die Versicherung die Mittel verschafft, um ihre zukünftigen Versorgungsverpflichtungen zu bedienen. Allerdings ist die Regelung unflexibel, denn die jährlichen Versicherungsbeiträge für die einzelnen Versorgungsberechtigten müssen entweder gleich bleiben oder aber ansteigen, was zu Problemen führt, wenn die Altersversorgung an flexible Gehaltsbestandteile geknüpft werden soll, die zu einem unregelmäßigen Anwachsen der Anwartschaften führen.[158] 118

Die Unterstützungskasse selbst ist von der **Körperschaftssteuer** gemäß §§ 5, 6 KStDV iVm § 3 KStDV iVm §§ 1, 2 KStDV befreit, sofern die in den vorstehenden Paragraphen genannten Voraussetzungen erfüllt werden. Dazu gehören insbesondere die in § 2 Abs. 1 und 2 KStDV festgelegten Obergrenzen für die maximal zulässige Höhe der Versorgung. Hiernach dürfen die Pensionsansprüche grds. den Betrag von 25.769 EUR p. a. nicht übersteigen. In 12% aller Fälle dürfen höhere Pensionen gewährt werden, wobei in 4% aller Fälle keine beitragsmäßige Beschränkung besteht und in den übrigen die jährliche Rente 38.654 EUR nicht übersteigen darf. 119

Satzungsbestimmungen von Unterstützungskassen beschränken zur Wahrung der körperschaftssteuerrechtlich erforderlichen Zweckbindung die Rückforderungsansprüche der Trägerunternehmen. Solche Beschränkungen halten einer Inhaltskontrolle dann stand, wenn die Satzung die Übertragung des segmentierten Kassenvermögens an einen anderen Versorgungsträger für den Fall der Beendigung der Mitgliedschaft des Trägerunternehmens vorsehen, wenn es sich auch dort um einen mittelbaren Durchführungsweg der betrieblichen Altersversorgung handelt.[159]

Für den Arbeitnehmer gilt eine **nachgelagerte Besteuerung.** Zuwendungen des Arbeitgebers an die Unterstützungskasse führen für ihn zu keinem Zufluss. Dafür unterliegen jedoch die späteren Versorgungsleistungen als Einkünfte aus nichtselbständiger Arbeit nach § 19 Abs. 1 Nr. 2 EStG der Besteuerung.[160] Hier finden dann ggf. noch bestimmte Steuerbegünstigungen (Versorgungsfreibetrag, Arbeitnehmerpauschbetrag, reduzierte Besteuerung nach § 34 EStG etc) Anwendung. 120

f) Contractual Trust Arrangements (CTAs)

Contractual Trust Arrangements (CTAs) haben sich in den letzten Jahren insbesondere bei Unternehmen oder Konzernen, die ihre Bilanz nach internationalen Rechnungslegungsgrundsätzen (IAS IFRS; US GAAP) aufstellen, zunehmend am Markt etabliert.[161] Nach 121

[157] Vgl. näher *Ahrend/Förster/Rößler,* Band 1, 3. Teil Rn. 126, 331.

[158] Vgl. zu den Einzelheiten BMF-Schreiben vom 31.1.2002 – BMF IV A 6 – S 2144c – 9/01.

[159] BAG 21.3.2017 – 3 AZR 619/15, NZA 2017, 990.

[160] BMF-Schreiben vom 31.3.2010 – BMF IV C 3, S 2222/09/10041, Rn. 327.

[161] Vertiefend ua *Berenz* DB 2004, 1098; *Bode/Bergt/Obenberger* DB 2000, 1864; *Fischer/Thoms-Mayer* DB 2000, 1861; *Höfer/Meißner* DB 2004, 2057; *Klemm* DStR 2004, 613; *ders.* BetrAV 2006, 132; *Knortz* DB 2003, 2399; *Küppers/Louven* BB 2004, 337; *Küppers/Louven/Schröder* BB 2005, 763; *Passarge* DB 2005, 2746; *Rößler/Doetsch/Heger* BB 1999, 2498; Kolvenbach/Sartoris-*Scheithauer/Sartoris* S. 318; *Stöhr* DB 1998, 2233.

Inkrafttreten des BilMoG sind CTAs gemäß § 246 Abs. 2 S. 2 HGB auch nach nationalem Recht handelsbilanziell relevant.

Bei einem CTA handelt es sich, wie der Name bereits sagt, um eine vertragliche Treuhandvereinbarung. In der Regel werden von einem solchen CTA Pensionsverbindlichkeiten aus rückstellungsfinanzierten Versorgungszusagen erfasst. CTAs werden aber auch im Zusammenhang mit Wertguthaben aus Altersteilzeitvereinbarungen (vgl. § 8a ATG) sowie Langzeitarbeitszeitkonten (vgl. § 7d SGB IV) eingesetzt.

122 **aa) Grundlagen.** Ein CTA, das im Rahmen der betrieblichen Altersversorgung eingesetzt wird, ist – unabhängig von seiner Ausgestaltung – **kein eigenständiger Durchführungsweg** der betrieblichen Altersversorgung im Sinne des BetrAVG. Es handelt sich vielmehr um ein Modell zur Finanzierung von Versorgungsverbindlichkeiten, das mit einer bestehenden rückstellungsfinanzierten Altersversorgung (dh insbesondere einer Direktzusage) kombiniert werden kann. Ziel des CTA ist die Schaffung sog. ***plan assets*** (Planvermögen) im Sinne von IAS 19/IFRS; US GAAP/SFAS 87, § 246 Abs. 2 S. 2 HGB.[162] Dabei handelt es sich um Vermögenswerte, die von dem Unternehmen (Treugeber) auf einen rechtlich unabhängigen Dritten (Treuhänder) treuhänderisch zu dessen rechtlichem Eigentum übertragen werden und ausschließlich der Erfüllung von Pensionsverbindlichkeiten dienen. Das wirtschaftliche Eigentum (Nutzen und Lasten) verbleibt demgegenüber bei dem Unternehmen. Im Insolvenzfall ist das Planvermögen dem Zugriff der übrigen Gläubiger des Unternehmens entzogen, soweit es zur Erfüllung der Pensionsverpflichtungen gegenüber den Versorgungsberechtigten benötigt wird. Zu diesem Zwecke wird an dem Planvermögen ein Sicherungsrecht zugunsten der Versorgungsberechtigten bestellt. Die Gestaltungsmöglichkeiten variieren in der Praxis erheblich. Folge der Schaffung dieser *plan assets* ist die **Saldierungsfähigkeit** des Planvermögens mit der ***defined benefit obligation*** (DBO) in der IAS Bilanz bzw. § 246 HGB, was ua zu einer Verbesserung der Eigenkapitalquote führt. Lediglich die eventuell verbleibende Differenz ist zu passivieren (vgl. IAS 19.57).

123 Auf die deutsche Steuerbilanz hat das CTA (bei sachgerechter Gestaltung) keinen Einfluss. Die Pensionsrückstellung ist demgemäß nach wie vor in der deutschen Steuerbilanz auszuweisen. Da der Treugeber weiterhin wirtschaftlicher Eigentümer bleibt, ist das Treuhandvermögen gemäß § 5 Abs. 1 S. 1 EStG in der Steuerbilanz weiterhin bei ihm zu erfassen. Es kommt daher zu keiner Aufdeckung stiller Reserven oder Lasten im Hinblick auf das Treuhandvermögen. Ebenso wenig löst der Übertragungsvorgang Schenkungssteuer aus. Für die Versorgungsberechtigten tritt einkommensteuerrechtlich durch die Errichtung des CTA keine Änderung ein, wie der Gesetzgeber inzwischen mit § 3 Nr. 65 Buchst. c EStG ausdrücklich klargestellt hat. Erst bei Zufluss der Leistung durch den Treuhänder fällt die Lohnsteuer an. Von Interesse ist aber die Frage, ob der Treuhänder steuerpflichtig sein kann.[163]

---

[162] Nach IAS 19.8 (bis zum 8.6.2012 noch geregelt in IAS 19.7) setzt die Anerkennung als Planvermögen voraus (näher ua *Rößler/Doetsch/Heger* BB 1999, 2498 (2500)), dass (1) Vermögensmittel (assets) (2) von einer eigenständigen Rechtsperson gehalten werden (held by an entity – a fund – that is legally separate from the reporting entity), welche (3) allein zu dem Zweck errichtet wurde, betriebliche Sozialleistungen zu erbringen oder abzusichern (exists solely to pay or fund employee benefits). Die Vermögensmittel müssen (4) vor dem Zugriff anderer Gläubiger auch bei Insolvenz gesichert sein (are available to be used only to pay or fund employee benefits, are not available to the reporting entity's own creditors – even in bankrupcy) und dürfen (5) nicht zurückerstattet werden (cannot be returned to the reporting entity), es sei denn, (5a) die verbleibenden Mittel reichen aus, um die Verbindlichkeiten abzudecken (remaining assets of the fund are sufficient to meet all the related employee benefit obligations of the plan or the reporting enterprise) oder (5b) es handelt sich um eine Erstattung von Zahlungen an den Arbeitgeber, die dieser zur Erfüllung von Versorgungsverbindlichkeiten geleistet hat (assets are returned to the reporting entity to reimburse it for employee benefits already paid).

[163] Vgl. hierzu FG Düsseldorf 15.5.2018 – 6 K 357/15 K, derzeit anhängig beim BFH unter IR 19/18, wonach auch Gruppentreuhänder steuerpflichtig sein können (was bislang wegen fehlender Einkunftserzielungsabsicht abgelehnt wurde).

Die Errichtung eines CTA bedarf grds. nicht der **Zustimmung** der Arbeitnehmer. Da 124
das CTA allein ein Instrument der Innenfinanzierung ist, ist zu seiner Errichtung eine Änderung der Versorgungszusagen nicht erforderlich. Die Versorgungszusagen (in der Regel in Form der Direktzusage) bleiben somit unberührt. Die den Versorgungsberechtigten bei der Errichtung des CTA eingeräumten Sicherungsrechte sind lediglich rechtlich vorteilhaft. Sie können daher bei der Sicherungstreuhand ohne Zustimmung des Versorgungsberechtigten im Wege eines Vertrages zugunsten Dritter begründet werden (§ 328 BGB). Besonderheiten gelten insoweit aus sachenrechtlichen Gründen für das Pfandrechtsmodell (→ Rn. 143 ff.), da das Pfandrecht aufgrund des sachenrechtlichen Typenzwangs nicht im Wege des Vertrages zugunsten Dritter bestellt werden kann. Hier werden oftmals rechtlich problematische Lösungen über eine Vertretung ohne Vertretungsmacht gewählt.

Beteiligungsrechte des Betriebsrats bei der Errichtung des CTA bestehen nicht; insbe- 125
sondere werden keine Mitbestimmungsrechte nach § 87 Abs. 1 Nr. 8, 10 BetrVG ausgelöst.[164] Das CTA ist **keine Sozialeinrichtung** im Sinne des § 87 BetrVG. Insbesondere handelt es sich nicht um eine Unterstützungskasse oder eine Pensionskasse. Ein CTA ist vielmehr eine vertragliche, vornehmlich zivilrechtlich geprägte Konstruktion *sui generis* zur Schaffung von *plan assets* und damit ein Finanzierungsvehikel des Arbeitgebers. Dem Betriebsrat stehen auch im Rahmen der Verwaltung keine Mitbestimmungsrechte zu. Dies gilt nach zutreffender Ansicht auch in den Fällen, in denen der Treuhänder aus Gründen der Verwaltungsvereinfachung unmittelbar Auszahlungen an die Versorgungsberechtigten erbringt.

CTA-Konstruktionen unterfallen nicht dem Anwendungsbereich der EU-**Pensions-** 126
fondsrichtlinie 2003/41/EG.[165] Die Richtlinie enthält Vorschriften für den Betrieb von Einrichtungen der betrieblichen Altersversorgung, im Schwerpunkt Aufsichts- und Eingriffsrechte der nationalen Behörden, Auskunftspflichten gegenüber den Versorgungsberechtigten und Anlagevorschriften.[166] Letztere würden die bestehende Kapitalanlagefreiheit für CTA-Modelle erheblich beschränken. Jedoch sind CTAs nach zutreffender Ansicht keine Einrichtungen der betrieblichen Altersversorgung im Sinne der Richtlinie, da deren Regelungen auf externe Durchführungswege im klassischen Sinne abzielen und eine reine Auslagerung von Versorgungskapital, bei der der Arbeitgeber in der Position als Versorgungsschuldner bleibt, nicht erfassen.[167]

bb) Gestaltungsmöglichkeiten. *Contractual Trust Arrangements* finden sich in vielfältigen 127
Gestaltungsformen. Es besteht bei der Ausgestaltung grundsätzlich Vertragsfreiheit. Voraussetzung ist lediglich, dass die Gestaltung im Ergebnis den bilanzrechtlichen Vorgaben genügt und insoweit vom zuständigen Wirtschaftsprüfer anerkannt wird.

---

[164] Ebenso ausdrücklich *Küppers/Louven* BB 2004, 337 (345).

[165] RL 2003/41/EG des Rates vom 3.6.2003 über die Tätigkeiten und die Beaufsichtigung von Einrichtungen der betrieblichen Altersversorgung (Pensionsfondsrichtlinie), ABl. L 235 vom 23.9.2003.

[166] Näher zum Inhalt der RL ua *Hessling* BetrAV 2000, 622; *Rupprecht* FS Förster, 2001, 471; *Verhaegen* BetrAV 2003, 5; *Hölscher* FS Kemper, 2005, 177 jeweils mwN. Die generelle Umsetzungsfrist war im September 2005 abgelaufen. Für einige Vorschriften lief eine Umsetzungsfrist bis zum 23.9.2010.

[167] Wie hier *Klemm* DStR 2004, 613 (614); Kolvenbach/Sartoris-*Sprick/Sartoris* S. 199, 209.

128 Die Grundstruktur eines CTA kann graphisch wie folgt dargestellt werden:

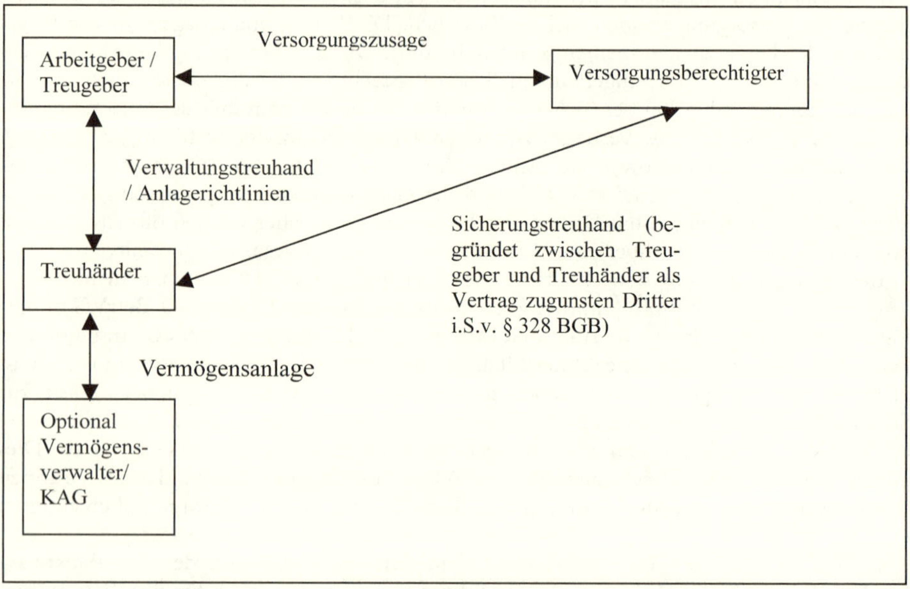

Die oben abgebildete Struktur ist die der **doppelseitigen Treuhand.** Dabei handelt es sich um das marktgängigste und einfachste, aber auch in aller Regel sinnvollste Modell.

129 Demgegenüber sieht stellt sich das **Pfandrechtsmodell** wie folgt dar:

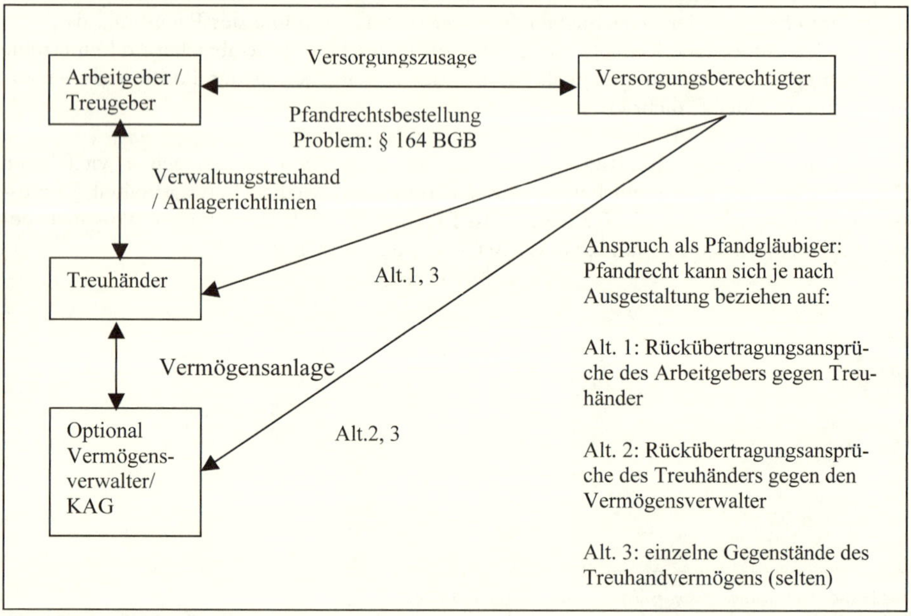

Das Pfandrechtsmodell findet sich in der Praxis nur noch in historisch gewachsenen Konstellationen; für Neugestaltungen hat es so gut wir keine Bedeutung mehr.

In der Praxis finden sich noch **komplexere Formen,** die zum Teil einen zweiten Treuhänder involvieren, auf den das Treugut im Sicherungsfall übertragen wird oder der als Vertreter der Versorgungsberechtigen agiert. Diese Konstruktionen haben in der Regel einen insolvenzrechtlichen Hintergrund.[168] Bisweilen dienen sie auch der Erleichterung der Bestellung und Verwaltung der Sicherungsrechte. Die Zweckmäßigkeit dieser erweiterten Konstruktionen ist allerdings oftmals fraglich; insbesondere sind sie bei sachgerechter Beurteilung der Anforderungen an die Anerkennungsfähigkeit des CTA überflüssig. Zudem sind sie nicht selten mit weiteren insolvenzrechtlichen Problemen belastet, die den erstrebten Zugewinn an Insolvenzsicherheit oder Praktikabilität als fragwürdig erscheinen lassen. So führt die Einschaltung eines rechtsgeschäftlich handelnden Arbeitnehmertreuhänders zu Zwecken der Verwaltungsvereinfachung in der Regel dazu, dass dieser als Vertreter ohne Vertretungsmacht auftritt. Die von ihm abgeschlossenen Rechtsgeschäfte sind dann schwebend unwirksam und bedürfen der individuellen Genehmigung (§§ 177, 184 BGB). Zwar kann der Treuhänder, der den Mangel der Vertretungsmacht in aller Regel kennt, den Vertrag nicht einseitig widerrufen (§ 178 BGB). Wird jedoch die Genehmigung erst zeitnah zur Insolvenz erteilt, so ist der Vertrag anfechtbar. Im Ergebnis ist somit wenig gewonnen, weil die Mitwirkung der Versorgungsberechtigten für einen wirksamen Vertragsschluss erforderlich bleibt. 130

Infolge der Vielzahl der im Rahmen der Vertragsfreiheit denkbaren Gestaltungen ist jedes CTA jedenfalls in der Detailgestaltung potentiell einzigartig. Eine abschließende Darstellung der denkbaren Varianten ist nicht möglich. Es handelt sich aber stets um Abwandlungen oder Erweiterungen der oben dargestellten Grundstruktur, die im einzelnen genauestens auf ihre Besonderheiten hin zu untersuchen sind. Im Einzelnen gilt für Ausgestaltung und Struktur eines CTA Folgendes: 131

(1) Anforderungen an den Treuhänder. Da der Treuhänder infolge der IAS-Vorgaben vom Treugeber **rechtlich unabhängig** sein muss, wird in der Praxis (jedenfalls für lediglich im Konzernkreis tätige Treuhänder) in der Regel ein **Verein** als Treuhänder gewählt. Denkbar ist auch eine Stiftung, die allerdings infolge des höheren Gründungsaufwands sowie der bestehenden Aufsicht praktisch äußerst selten gewählt wird. Eine GmbH kommt als Treuhänder grundsätzlich ebenfalls in Betracht, wird zumeist aber nur bei kommerziell am Markt auftretenden Treuhändern verwendet, die in keiner gesellschaftsrechtlichen Beziehung zu den Treugebern stehen. Im Rahmen einer Konzernbeziehung würde es ansonsten an der rechtlichen Unabhängigkeit vom Treugeber fehlen. 132

Wird, wie in der Praxis üblich, ein Verein gewählt, so muss dieser Verein wegen § 56 BGB zwecks Erlangung der Eintragungs- und Rechtsfähigkeit über mindestens sieben Mitglieder verfügen. Die Satzung kann eine höhere Mitgliederzahl vorsehen. Allerdings sollte darauf geachtet werden, klarzustellen, dass die Unterschreitung einer festgelegten Mitgliederzahl kein Auflösungsgrund des Vereins ist (vgl. auch § 73 BGB zum Herabsinken der Mitgliederzahl unter 3). 133

In der Regel handelt es sich bei den Mitgliedern um natürliche Personen und zwar um Mitarbeiter des Treugebers sowie gegebenenfalls um Versorgungsberechtigte oder andere geeignete Personen.

Der Treuhänder bedarf nach dem Rundschreiben der BaFin keiner Bankerlaubnis oder Befreiung nach dem **KWG,** sofern er im Konzernkreis tätig wird.[169] Er unterfällt dann dem **Konzernprivileg** (s. § 2 Abs. 1 Nr. 7 KWG). Nach Auffassung der BaFin muss der Treuhänder selbst Konzernmitglied sein. Da ein mit natürlichen Personen besetzter Verein jedenfalls nicht infolge einer klassischen Mehrheitsbeteiligung eines herrschenden Unter- 134

[168] Zur sog. doppelstöckigen Treuhand s. bspw. *Küppers/Louven/Schröder* BB 2005, 763 (768); *Passarge* DB 2005, 2746 (2748).

[169] S. BaFin-Merkblatt zur Erlaubnispflicht und zur möglichen Freistellung nach § 2 Abs. 4 KWG von CTAs zur Ausgliederung von Pensionsverpflichtungen und Verpflichtungen aufgrund von Altersteilzeitmodellen (November 2005), abgedruckt in BetrAV 2005, 757.

nehmens als abhängiges Unternehmen Konzernmitglied sein kann, lässt die BaFin daher in der Praxis eine Konzernanbindung infolge enger persönlicher Verflechtung genügen. Dies bedeutet, dass die Organe des Treuhänders in erheblichem Umfang personenidentisch mit Organen oder maßgeblich zu Leitungsentscheidungen befugten Mitarbeitern des Treugebers besetzt werden müssen, um diese Verflechtung darzustellen. Dies ist aus Sicht der Wirtschaftsprüfer für die Anerkennung des CTA nach IAS unkritisch, da personelle Verflechtungen für die Annahme der rechtlichen Unabhängigkeit im Sinne der IAS-Vorschriften irrelevant sind.[170] Zu beachten ist bei Konzern-CTAs allerdings, dass der Treuhänder bei Austritt eines Treugebers aus dem Konzernverbund das Konzernprivileg verlieren kann. Vor diesem Hintergrund sind vorausschauende Regelungen für die Beendigung im CTA zu treffen.

135 **(2) Die Verwaltungstreuhand.** Den am Markt gängigen CTA-Modellen ist zunächst gemeinsam, dass der Treugeber (dh das Unternehmen, dessen Versorgungsverpflichtungen gesichert werden sollen) Vermögenswerte an einen Dritten (den Treuhänder) zu dessen **zivilrechtlichen Eigentum** überträgt. Dieser Eigentumsübertragung liegt eine Verwaltungstreuhandvereinbarung zwischen dem Treugeber und dem Treuhänder zugrunde. Nach der Verwaltungstreuhandvereinbarung ist der Treuhänder verpflichtet, das Treuhandvermögen für den Treugeber zu halten und zu verwalten. Eine Verwendung des Treuhandvermögens für andere Zwecke als zur Erfüllung von Pensionsverbindlichkeiten des Treugebers ist vertraglich ausgeschlossen ***(Earmarking)***.

136 Das **wirtschaftliche Eigentum** an den Vermögenswerten, die auf den Treuhänder übertragen werden, verbleibt infolge der treuhänderischen Bindung des Eigentums bei dem Treugeber. Aus diesem Grunde hat die Errichtung eines CTA bei sachgerechter Ausgestaltung keine Auswirkungen auf die Steuerbilanz des Treugebers. Die Eigentumsübertragung auf den Treuhänder löst auch keine Schenkungssteuer aus. Da dem Treugeber infolge des bei ihm weiter bestehenden wirtschaftlichen Eigentums ohnehin die Nutzungen und Lasten verbleiben, bedarf es hinsichtlich der vom Treugeber genutzten Gegenstände des Treuhandvermögens keiner Vereinbarung von Miet- oder Pachtzinszahlungen.

137 Der Treugeber ist bei Errichtung eines CTA nicht zu einem vollständigen (kongruenten) ***funding*** der Versorgungsverpflichtungen verpflichtet. Es steht ihm vielmehr frei, in welchem Umfang er Treugut in das CTA einbringen möchte. Eine Unterdeckung im CTA macht sich insofern bemerkbar, als eine bilanzielle Saldierung der Rückstellungen im Umfang der Unterdeckung in der **IAS-Bilanz** bzw. nach § 246 Abs. 2 S. 2 HGB nicht möglich ist. Es ist somit in der Bilanz eine Rückstellung in Höhe der Unterdeckung zu bilden. Eine Ausnahme vom Grundsatz des freien *funding* gilt, wenn sich der Treugeber in der Treuhandvereinbarung oder einer sonstigen Abrede zu einem bestimmten *funding* verpflichtet hat. Solche Regelungen findet man zB bei arbeitnehmerfinanzierten Zusagen. Gesetzliche Mindestsicherungspflichten bestehen bei CTAs im Zusammenhang mit Wertguthaben aus Altersteilzeitvereinbarungen (§ 8a ATG) oder Langzeitkonten (§ 7e SGB IV). Im Rahmen der normalen arbeitgeberfinanzierten Altersversorgung wäre eine Selbstverpflichtung zu einem bestimmten *funding* in aller Regel nicht sachgerecht, weil sich das Unternehmen dann ohne Not zu einem bestimmten Abfluss von Vermögenswerten verpflichten würde.

138 Eine **Rückgewähr** des einmal in den CTA eingebrachten Treuhandvermögens an den Treugeber muss in der Treuhandvereinbarung grundsätzlich vertraglich ausgeschlossen werden; ansonsten kann das CTA nicht vom Wirtschaftsprüfer anerkannt werden. Ausnahmen gelten nur in den folgenden Fällen. Der Treuhänder ist gegenüber dem Treugeber während der Laufzeit des Verwaltungstreuhandvertrags zunächst zur Rückerstattung des Treuhandvermögens zum Zwecke der **Erstattung** von Pensionszahlungen des Treugebers an die Versorgungsberechtigten verpflichtet. Hierin liegt eine im Sinne der *plan asset*-Defi-

[170] *Mittermaier/Böhme* BB 2006, 203 (205).

nition bestimmungsgemäße Verwendung des Treuhandvermögens. Im Übrigen ist eine Rückgewähr denkbar, wenn der Treugeber die aus dem CTA entnommenen Vermögensgegenstände mindestens **wertgleich** durch andere Vermögensgegenstände **substituiert.** Schließlich ist eine Rückgewähr von Treugut möglich, wenn ein Fall des ***overfunding*** vorliegt, dh der Wert des Treuhandvermögens den Wert der gesicherten Verbindlichkeiten übersteigt. In diesem Falle kann der überschießende Teil des Treuhandvermögens abgeschöpft, mithin an den Treugeber ausgekehrt werden. Ein *overfunding,* dass zur Ausschüttung berechtigen kann, kann auch dadurch erzeugt werden, dass Versorgungsberechtigte aus dem Kreis der gesicherten Versorgungsberechtigten ausscheiden, zB weil die Verpflichtung etwa infolge eines Betriebsübergangs auf einen anderen Rechtsträger als neuen Schuldner übergeht. In einem solchen Fall besteht keine Notwendigkeit in der Treuhandvereinbarung vorzusehen, dass der Betriebserwerber ein CTA oder eine andere gleichwertige Sicherung errichten muss. Die bilanzrechtlichen Vorgaben für die Anerkennung von Planvermögen erfordern nicht, dass die Sicherung perpetuiert oder bei einem neuen Schuldner fortgesetzt wird, wenn sich die Forderung nicht mehr gegen den Treugeber richtet. Ausnahmen werden in der Praxis teilweise für Betriebsübergänge im Konzern gemacht, um missbräuchliche Gestaltungen auszuschließen. Das gleiche gilt, wenn die Versorgungsforderung gleich aus welchem Grund, zB durch Erfüllung, Abfindung oder Verzicht erlischt. Zivilrechtlich möglich ist es ferner, ein Erlöschen des Sicherungsrechts vorzusehen und damit ein potentielles *overfunding* für den Fall zu erzeugen, dass die Versorgungsforderung nicht mehr in der Hand des Versorgungsberechtigten liegt, sondern auf einen Dritten (wie zB den PSV) übergeht.

Idealerweise sollte eine Treuhandvereinbarung diese Fälle explizit regeln. Fehlt eine sol- 139
che Regelung, so ist das CTA lückenhaft. Diese Lücke kann aber in der Regel im Wege der ergänzenden Auslegung im Sinne einer Zulässigkeit der obigen Ausnahmen ausgelegt werden. Ebenso möglich ist die **nachträgliche Ergänzung der Treuhandvereinbarung** um die genannten Ausnahmen vom Verbot der Rückgewähr des Treuguts, da diese Ausnahmen keine nach den bilanzrechtlichen Vorgaben für *plan assets* sachwidrigen Regelungen enthalten. Zu prüfen bleibt aber, ob in diesen Fällen ein unzulässiger Eingriff in das den Versorgungsberechtigten gewährte Sicherungsrecht vorliegt. Dies hängt entscheidend von der Ausgestaltung des Sicherungsrechts ab.

Der Treugeber bleibt auch nach Errichtung eines CTAs unverändert **Schuldner** der 140
Versorgungsverpflichtungen. Der Treugeber zahlt somit im Außenverhältnis zu den Versorgungsberechtigten weiterhin die Pension und erhält hierfür vom Treuhänder eine Erstattung aus dem Treuhandvermögen. Der Treuhänder selbst erbringt vor Eintritt des Sicherungsfalles grundsätzlich keine unmittelbaren Zahlungen an die Versorgungsberechtigten. Möglich ist allerdings hiervon abweichend im CTA eine Regelung zu vereinbaren, wonach der Treuhänder auch außerhalb der Insolvenz als „Zahlstelle" für den Arbeitgeber fungiert und fällige Versorgungsansprüche somit nach §§ 362 Abs. 1, 267 Abs. 1 BGB erfüllt. Auch bei dieser Gestaltungsmöglichkeit bleibt der Arbeitgeber aber alleiniger Versorgungsschuldner. Ein eigenständiger Anspruch der Versorgungsberechtigten gegen den Treuhänder wird hierdurch nicht begründet. Insbesondere wird der Treuhänder nicht zu einem Versorgungsträger im Sinne des BetrAVG.

Des Weiteren sind in einem CTA auch Regelungen über die **Beendigungsmöglich-** 140a
keiten der Treuhandvereinbarung zu treffen, da auch insoweit ein Rückfluss der Vermögenswerte an den Treugeber und dessen Gläubiger grundsätzlich ausgeschlossen sein muss. Ordentliche Kündigung und einvernehmliche Aufhebung sollten daher grds. nur unter der Voraussetzung möglich sein, dass zugleich eine wertgleiche Sicherheit für die gesicherten Arbeitnehmer gewährleistet ist. Keinen Bedenken unterliegt allerdings eine Regelung, wonach der Treuhandvertrag gekündigt und das Treuhandvermögen zurückgewährt werden kann, wenn der Durchführungsweg der gesicherten Versorgungsverpflichtung in arbeitsrechtlich wirksamer Weise dergestalt geändert wird, dass sich der Anspruch der Versorgungsberechtigten nunmehr gegen einen Dritten (Pensionskasse, Lebensversicherung, Pen-

sionsfonds) richtet, der dem Versorgungsberechtigten einen Anspruch auf seine Leistungen gewährt, und der bislang im CTA gesicherte Teil der Versorgung bei diesem externen Versorgungsträger ausfinanziert ist oder aber im Zuge der Umstellung durch die Übertragung des Treuhandvermögens auf den externen Versorgungsträger ausfinanziert wird. Durch eine solche Änderung des Durchführungswegs wird der Treugeber aus seiner unmittelbaren Haftung entlassen, so dass kein Grund besteht, eine nicht mehr gegen ihn gerichtete Forderung im CTA zu sichern. Es entfällt in diesem Fall insoweit die Geschäftsgrundlage für die Errichtung des CTA, da es keine zu sichernde Forderung mehr gibt, für die eine Rückstellung zu bilden wäre. Die gesetzliche Ausfallhaftung nach § 1 Abs. 1 S. 3 BetrAVG steht dem nicht entgegen, denn sie wird – solange die Inanspruchnahme nicht wahrscheinlich ist – nicht bilanziert.

140b Soweit der Treuhänder entgeltlich für den Arbeitgeber tätig werden soll, ist ferner eine entsprechende **Vergütungsabrede** zu treffen. Allerdings stehen auch einem unentgeltlich tätigen Treuhänder die Aufwendungsersatzansprüche und Vorschussansprüche nach §§ 669, 670 BGB zu. Daher kann auch eine Regelung dahingehend sinnvoll sein, ob der Treuhänder berechtigt sein soll, sich zur Befriedigung seiner Ansprüche aus dem Treuhandvermögen befriedigen zu dürfen oder nicht. Dies ist insbes. im Sicherungsfall von Bedeutung.

140c Die **Verwaltung** des Treuhandvermögens besteht im Wesentlichen aus der **Kapitalanlage,** die auf der Grundlage von **Anlagerichtlinien** erfolgt. Diese erlässt üblicherweise der Treugeber. Hierzu können sich die Parteien je nach Maßgabe der Anlagerichtlinien eines fremden Dritten (einer Kapitalanlagegesellschaft oder eines sonstigen professionellen Vermögensverwalters) bedienen oder aber die Verwaltung selbst durchführen.

141 Die Vermögensanlage im CTA unterliegt nur wenigen Beschränkungen. Diese ergeben sich im Wesentlichen aus den IAS IFRS/US GAAP-Vorgaben für *plan assets.* Der Treuhänder unterliegt ansonsten nur den Weisungen des Treugebers. Diese **Anlagefreiheit** sowie die Möglichkeit der jederzeitigen Umschichtung und Anpassung der Anlage ist neben der freien Gestaltung der Fundierung einer der wesentlichen Vorteile des CTA gegenüber der Rückdeckungsversicherung.

142 **(3) Das Sicherungsrecht.** Neben der Verwaltungstreuhandvereinbarung ist die Begründung eines Sicherungsrechts zugunsten der Versorgungsberechtigten zwingende Voraussetzung für die Anerkennungsfähigkeit eines CTA. Das Sicherungsrecht muss sich dabei auf das Treuhandvermögen beziehen. Es muss sichergestellt sein, dass das Treuhandvermögen auch im Insolvenzfall dem Zugriff der anderen Gläubiger des Treuhänders entzogen („insolvenzfest") ist, soweit es für die Erfüllung der Forderungen benötigt wird. In der Praxis haben sich hierfür diverse Lösungen herauskristallisiert.

Vorauszuschicken ist, dass die rechtliche Übereignung der Vermögenswerte allein keinen ausreichenden Schutz bietet, weil der Verwaltungstreuhandvertrag im Insolvenzfall gemäß §§ 115, 116 InsO mit Wirkung ex nunc erlischt.[171] Korrespondierend erwächst dem Treugeber dann ein Rückübertragungsanspruch gegen den Treuhänder, der sich aus den einschlägigen Vorschriften der Geschäftsbesorgung (§§ 675, 667 BGB) oder aus Bereicherungsrecht (§§ 812 Abs. 1 S. 2 Alt. 1, 818 Abs. 1 BGB) ergibt.

143 **(a) Das Pfandrechtsmodell.** Bei dem insbesondere früher verbreiteten sog. Pfandrechtsmodell wird dieser künftige Herausgabeanspruch des Treugebers gegen den Treuhänder nach Maßgabe der §§ 1204, 1274 BGB an die Versorgungsberechtigten verpfändet.[172] Im Insolvenzfall begründet das Pfandrecht ein Absonderungsrecht an der Forderung. Bisweilen finden sich auch Konstellationen, in denen – oftmals unreflektiert – die Gegenstände

[171] Vgl. MüKoInsO/*Vuia* § 116 Rn. 21; *Küppers/Louven/Schröder* BB 2005, 763 (764).

[172] Näher zu den „Verpfändungsmodellen" ua *Fischer/Thomas-Meyer* DB 2000, 1861; *Höfer/Oppermann* DB 2000, 1039 mwN.

des Treuguts unmittelbar verpfändet worden sind. Dies führt dazu, dass die einzelnen Gegenstände pfandverstrickt sind und nicht lediglich der Herausgabeanspruch. Dies kann unter dem Gesichtspunkt der Pfandrechtsbeeinträchtigung gemäß § 1276 BGB erhebliche Auswirkungen auf die Substituierbarkeit und Rückgabemöglichkeiten haben.

Das Pfandrechtsmodell wirft zahlreiche rechtliche wie praktische Problemfragen auf. 144
Zunächst ist die **Begründung** des Pfandrechts zugunsten der Versorgungsberechtigten nicht unproblematisch, da ein Pfandrecht nicht im Wege des Vertrages zugunsten Dritter begründet werden kann.[173] Entweder wird das Pfandrecht daher unmittelbar mit jedem einzelnen Versorgungsberechtigten vertraglich begründet, was bei einem größeren Kreis von Versorgungsberechtigten höchst schwerfällig ist, oder aber die erforderliche Einigungserklärung wird auf Arbeitnehmerseite durch einen Vertreter ohne Vertretungsmacht abgegeben. Letzteres ist wiederum problematisch, weil das Pfandrecht dann bis zu einer Genehmigung schwebend unwirksam ist (§ 177 Abs. 1 BGB). In diesen Fällen wird das Pfandrecht gegebenenfalls erst im Sicherungsfall bestellt, wenn sich der Versorgungsberechtigte mit seinem Leistungsverlangen an den Treuhänder wendet, was Folgefragen im Hinblick auf § 91 InsO auslösen kann. Infolge der zeitlichen Nähe der Pfandrechtsbegründung zum Sicherungsfall, ist dann zudem die Möglichkeit einer **Insolvenzanfechtung** gemäß §§ 129 ff. InsO nicht auszuschließen, die das Pfandrecht zum Erlöschen bringen kann.[174] In diesem Falle würde das CTA kollabieren.

Praktisch gibt es auch Fälle, in denen ein schwebend unwirksames Pfandrecht durch eine spätere Pfandrechtsbestellung geheilt wurde. In diesen Fällen ist entgegen des äußeren Anscheins der abgegebenen Erklärungen nicht von einer neuen, eigenständigen Bestellung, sondern gemäß §§ 133, 157 BGB davon auszugehen, dass es sich lediglich um die Genehmigung der nach § 177 Abs. 1 BGB schwebend unwirksamen früheren Pfandrechtsbestellung handelt.

Eine weitere Schwierigkeit betrifft die Begründung einer gewillkürten **Rangfolge** der 145
Sicherungsrechte nach dem Pfandrechtsmodell, weil sich die Rangfolge der Pfandrechte entsprechend §§ 1273 Abs. 2, 1209 BGB nach dem Zeitpunkt der Pfandrechtsbestellung, dh dem Zustandekommen der dinglichen Einigung zwischen Arbeitgeber und den Versorgungsberechtigten, richtet (Prioritätsprinzip).[175] Dies ist in der Regel der Zeitpunkt, in dem der jeweilige Arbeitnehmer als Pfandrechtsgläubiger die zur Bestellung erforderliche Annahmeerklärung abgibt oder die vorherige Annahme durch einen Vertreter ohne Vertretungsmacht genehmigt. Allerdings sind schuldrechtliche Vereinbarungen über die Rangfolge der Pfandrechte zulässig.[176] Teilweise wird versucht, die Probleme bei der rangmäßig geordneten Begründung der Pfandrechte durch die Einschaltung eines weiteren Treuhänders (als Arbeitnehmertreuhänder) zu umgehen, der Willenserklärungen bündelt und dann kraft rechtsgeschäftlich erteilter Vollmacht der Versorgungsberechtigten handelt.

Infolge der **Akzessorietät** des Pfandrechts erlischt das Pfandrecht mit dem Erlöschen 146
der Hauptforderung (Versorgungsanspruch) des Versorgungsberechtigten. Dies ist etwa anzunehmen, wenn der Versorgungsberechtigte verstirbt[177] oder mit einer verfallbaren Anwartschaft aus dem Arbeitsverhältnis ausscheidet. In ersterem Fall kann allerdings ein Pfandrecht zugunsten der laut Versorgungsordnung versorgungsberechtigten Hinterbliebenen (nicht der Erben) zum Tragen kommen, wenn die Versorgungsordnung eine Hinterbliebenenversorgung enthält und ein Sicherungsrecht zu Gunsten der Hinterbliebenen bestellt wurde (was nicht selbstverständlich ist). Umgekehrt geht mit der Übertragung der Forderung auch das für die Forderung bestellte Pfandrecht auf den neuen Gläubiger über

[173] MüKoBGB/*Gottwald* § 328 Rn. 23.
[174] Vgl. nur *Bode/Bergt/Obenberger* DB 2000, 1864 (1865).
[175] Dies gilt gerade auch bei der Verpfändung eines künftigen Rechts; vgl. Soergel/*Habersack* BGB § 1273 Rn. 7, 8.
[176] Palandt/*Bassenge* BGB § 1209 Rn. 1.
[177] Es findet hier prinzipiell gerade kein automatischer Übergang auf die Hinterbliebenen statt; *Bode/Bergt/Obenberger* DB 2000, 1864 (1866).

(§§ 1250, 401 BGB, Grundsatz der Akzessorietät). Findet hingegen kein Gläubiger- sondern ein Schuldnerwechsel statt, hat das nicht zwangsläufig das Erlöschen des Pfandrechts zur Folge. Für die Konstellation der vertraglichen Schuldübernahme ist allerdings in § 418 Abs. 1 BGB geregelt, dass das der Forderung zugrunde liegende Pfandrecht erlischt, soweit der Pfandschuldner (Treugeber) nicht in eine Weiterhaftung einwilligt (§ 418 Abs. 1 S. 3 BGB). Die Vorschrift findet auch analoge Anwendung auf (gesetzliche) Vertragsübernahmen und damit auch dann, wenn Mitarbeiter mit Versorgungsanwartschaften im Rahmen eines Betriebsübergangs gemäß § 613a BGB auf einen Betriebserwerber übergehen. Es wäre ein sinnwidriges Ergebnis, wenn das Treuhandvermögen des Betriebsveräußerers weiter haften würde, obwohl sich die Forderung nicht mehr gegen den Betriebsveräußerer sondern gegen den Betriebserwerber richtet.

Das Sicherungsrecht erlischt dann prinzipiell aufgrund der durch § 613a BGB kraft Gesetzes bewirkten Übertragung der Versorgungsverpflichtung auf den Betriebserwerber spätestens mit Ablauf der zeitlich begrenzten Nachhaftungsperiode des Veräußerers gemäß § 613a Abs. 2 BGB (bzw. §§ 133, 134 UmwG), sofern nicht unter Mitwirkung des betroffenen Versorgungsberechtigten eine Fortführung der begründeten Sicherungsrechte vereinbart wird. Bedenkt man allerdings, dass das Pfandrecht nur für den originären Versorgungsanspruch, nicht aber auf den gesetzlich angeordneten Nachhaftungsanspruch des § 613a Abs. 2 BGB bestellt worden ist, erscheint es naheliegender, bereits im Zeitpunkt des Betriebsübergangs ein Erlöschen des Pfandrechts analog § 418 Abs. 1 S. 1 BGB anzunehmen.[178] Idealerweise sollte dieser Aspekt ausdrücklich in der Verpfändungsvereinbarung klargestellt werden. Das insofern für die Neubestellung des Pfandrechts bestehende Zustimmungserfordernis des Versorgungsberechtigten ist bei Transaktionen hinderlich. Zivilrechtlich möglich ist es, das Pfandrecht unter eine auflösende Bedingung oder einen Kündigungsvorbehalt zu stellen oder die Vermögensentnahme aus dem CTA bei formell fortbestehendem (aber im wirtschaftlichen Wert reduzierten) Pfandrecht vorzusehen. Solche Vorbehalte können in der Treuhandabrede enthalten sein; sie stehen auch einer bilanziellen Anerkennung nicht entgegen, wenn sie von der Errichtung einer gleichwertigen Sicherung abhängig gemacht werden.

147 Das Erlöschen des Pfandrechts führt bei einem kongruent gedeckten CTA zu einem ***overfunding*** (Überdeckung) und damit zu einem Freiwerden von Treuhandvermögen, weil die gleiche Menge an Treuhandvermögen nunmehr für einen verminderten Umfang von Verbindlichkeiten zur Verfügung steht. Das Treugut kann dann im Umfang der Überdeckung an den Treugeber zurückgewährt und von diesem zum Ausgleich der vom Erwerber übernommenen Verpflichtungen verwendet werden. Ist das CTA nicht kongruent gedeckt, so tritt keine Überdeckung ein, sondern eine Erhöhung des *funding-levels.* Eine Entnahme von Treuhandvermögen ist dann jedenfalls unter dem Gesichtspunkt einer Überdeckung nicht zulässig. Zu prüfen ist dann allerdings, ob eine Entnahme aus anderen Gründen möglich ist. Dies wäre zum Beispiel der Fall, wenn das Treuhandvermögen von vornherein im Hinblick auf bestimmte Versorgungsberechtigte, Betriebe oder Betriebsteile separiert, dh bestimmten Versorgungsberechtigten in abgegrenzten Teilen zugeordnet worden ist. In diesem Fall ergibt sich gegebenenfalls eine Überdeckung im Hinblick auf den separierten Teil des Treuhandvermögens. Zu prüfen ist ferner, ob die Treuhandabrede proportionale Entnahmerechte vorsieht. Fehlt es, wie bisweilen bei älteren CTAs (bei denen das Pfandrechtsmodell noch verbreitet war) an einer Regelung, weil diese Konstellationen bei der Erstellung des CTA nicht bedacht worden sind, stellt sich die Frage, ob ein solches Ergebnis im Rahmen der Auslegung gewonnen werden kann.

148 Das Pfandrechtsmodell ist infolge der starren Vorschriften des **Sachenrechts** mit ganz erheblichen Problemen belastet. Es gilt zu Recht als unflexibel und hat daher in den letz-

---

[178] S. *Bode/Bergt/Obenberger* DB 2000, 1864 (1866); zum Ganzen ausführlich noch → Rn. 521; dort auch näher zu der Frage, wie sich eine Nachhaftung des Veräußerers aufgrund von § 613a Abs. 2 BGB auswirkt.

ten Jahren zunehmend an Bedeutung verloren. Gleichwohl wird es im Rahmen von Unternehmenskäufen Bedeutung finden, wenn ein potentieller Käufer ein solches CTA vorfindet.

(b) Treuhandmodelle. In der Praxis hat sich mittlerweile das Modell der sog. **doppelseitigen Treuhand** nahezu vollständig durchgesetzt. Bei der doppelseitigen Treuhand wird die Verwaltungstreuhand durch eine **Sicherungstreuhand** ergänzt. Kernelement der doppelseitigen Treuhand ist, dass der Treuhänder gegenüber dem Unternehmen als Treugeber im Rahmen einer Verwaltungstreuhand und gleichzeitig gegenüber den versorgungsberechtigten Arbeitnehmern im Rahmen einer Sicherungstreuhand auftritt. Die Sicherungstreuhandvereinbarung wird vom Treugeber mit dem Treuhänder im Wege eines **Vertrages zugunsten Dritter** gemäß § 328 BGB abgeschlossen.[179] Im Unterschied zum Pfandrechtsmodell ist eine Mitwirkung der Versorgungsberechtigten an der wirksamen Bestellung des Sicherungsrechts daher nicht erforderlich. 149

Inhalt der Sicherungstreuhand ist die Verpflichtung des Treuhänders, im Sicherungsfall das Treuhandvermögen vorrangig gegenüber den Versorgungsberechtigten zu verwenden. Den Versorgungsberechtigten wird insoweit mit Abschluss der Treuhandvereinbarung ein unmittelbares Forderungsrecht gegen den Treuhänder eingeräumt, das im Sicherungsfall fällig wird. Dieses Sicherungsrecht geht dem Rückübertragungsanspruch des Treugebers in der Insolvenz vor und begründet ebenso wie das Pfandrecht ein Absonderungsrecht gemäß § 50 InsO.[180] Das Absonderungsrecht ist vom Treuhänder geltend zu machen, nicht von den Versorgungsberechtigten.[181] Die Begründung des Forderungsrechts gegenüber dem Treuhänder im Sicherungsfall macht den Treuhänder nicht zur Pensionskasse, einem Pensionsfonds oder einem Unternehmen der Lebensversicherung. Dies ist an sich selbstverständlich, sei aber infolge in der Praxis bisweilen aufkommender Missverständnisse an dieser Stelle noch einmal klargestellt.

Die Sicherungstreuhand ist anders als das Pfandrecht nicht *per se* akzessorisch, kann allerdings im Rahmen der Vertragsfreiheit entsprechend ausgestaltet werden. Ob das Sicherungsrecht im Fall eines Betriebsübergangs oder eines Wechsels des Forderungsinhabers erlischt, richtet sich daher allein nach den Regelungen des Sicherungstreuhandvertrages, der entsprechend zu überprüfen ist. Fehlt es an einer ausdrücklichen Regelung, so kann ein Erlöschen nach dem Sinn und Zweck eines CTA anzunehmen sein (etwa wenn in dem Treuhandvertrag klargestellt wird, dass das CTA zum Zwecke der Schaffung von Planvermögen dient, da dieser Zweck voraussetzt, dass der Treugeber über eine Pensionsverpflichtung verfügt, für die er eine Rückstellung bilden muss). 150

Die von der ganz hM angenommene Insolvenzfestigkeit der doppelseitigen Treuhand war lange Zeit höchstrichterlich nicht bestätigt. In seiner Entscheidung vom 18.7.2013 hat das BAG[182] aber in Bezug auf die Absicherung eines Altersteilzeitguthabens für die Variante des doppelseitigen Treuhandmodells dessen grundsätzliche Insolvenzfestigkeit anerkannt. Somit ist praktisch davon auszugehen, dass ein kunstgerecht aufgesetztes CTA auf Grundlage einer doppelseitigen Treuhandvereinbarung auch hinsichtlich der Sicherung von Versorgungsansprüchen insolvenzfest ist.[183]

cc) Das CTA in der Insolvenz. (1) Das Pfandrechtsmodell. (a) Auswirkungen der Insolvenz auf das CTA. Die **Insolvenzfestigkeit** des Pfandrechtsmodells bei Verpfändung der Rückübertragungsansprüche des Treugebers ist nicht abschließend geklärt. Die 151

---

[179] *Bode/Bergt/Obenberger* DB 2000, 1864 (1865); *Klemm* DStR 2004, 613 (614); *ders.* BetrAV 2006, 132 (133); *Küppers/Louven/Schröder* BB 2005, 763; *Passarge* DB 2005, 2746 (2747); Kolvenbach/Sartoris/*Scheithauer/Sartoris* S. 333.

[180] Dazu im nachfolgenden Abschnitt unter → Rn. 151 ff. mwN.

[181] So auch *Küppers/Louven* BB 2004, 337 (342); *Küppers/Louven/Schröder* BB 2005, 763 (765).

[182] BAG 18.7.2013 – 6 AZR 47/12, NZA 2013, 1440.

[183] So auch *Klemm* BetrAV 2014, 15.

Kernschwierigkeit liegt darin, dass das Pfandrecht an dem Rückübertragungsanspruch als künftigem Anspruch nach sachenrechtlichen Grundsätzen an sich erst im Zeitpunkt von dessen Entstehung selbst zur Entstehung gelangt.[184] Konsequenterweise würde das Pfandrecht an dem Rückübertragungsanspruch erst mit der Eröffnung des Insolvenzverfahrens entstehen, sofern der Sicherungsfall in der Treuhandabrede entsprechend definiert ist.[185] Dies ist problematisch im Hinblick auf § 91 InsO, wonach ein Recht an Gegenständen der Insolvenzmasse nach Insolvenzeröffnung wegen Wegfalls der Verfügungsbefugnis des Gemeinschuldners nicht mehr wirksam erworben werden kann.[186] Anders könnte dies liegen, wenn man davon ausgeht, dass die Stellung des Arbeitnehmers bereits nach Zustandekommen der dinglichen Einigung mit dem Arbeitgeber über die Pfandrechtsbestellung der eines Anwartschaftsberechtigten entspricht, so dass der nachträgliche Wegfall der Verfügungsbefugnis unschädlich sein könnte.[187] Ebenso ist es denkbar, die Entstehung des Rückübertragungsanspruches und damit des Pfandrechts hieran zeitlich „vorzuverlagern", indem als Sicherungsfall in der Treuhandabrede zwischen Arbeitgeber und Treuhänder an einen vor der Insolvenzeröffnung liegenden Umstand (zB Verzug mit laufender Rente) angeknüpft wird. In der Literatur wird bisweilen die Auffassung vertreten, dass der Herausgabeanspruch aus § 667 BGB dann entsteht, wenn etwas erlangt wird, das nach § 667 (später) herausgegeben werden muss. Entstehungszeitpunkt des Anspruchs sei bei der Verwaltungstreuhand daher nicht der Insolvenzfall, sondern schon der Moment, in dem der Treuhänder Treuhandvermögen erlangt. Mit der durch §§ 115, 116 InsO insolvenzbedingten Auftragsbeendigung würde der Herausgabeanspruch lediglich fällig.[188] Aber auch dann bliebe es jedenfalls im Hinblick auf **Anfechtungsrisiken** nach §§ 129ff. InsO bei einem kritischen Befund, insbesondere wenn das Pfandrecht erst in unmittelbarem zeitlichen Vorfeld der Insolvenz wirksam bestellt wird. Vergleichbare Probleme treten auf, wenn das Pfandrecht im Wege der Vertretung ohne Vertretungsmacht begründet wurde und erst zeitnah zur Insolvenz eine Genehmigung erfolgt.

152 **(b) Das Verhältnis zum PSV.** Für das Verhältnis der Versorgungsberechtigten zum PSV gilt im Insolvenzfall für das Pfandrechtsmodell Folgendes:

Den PSV trifft in den in § 7 BetrAVG genannten Fällen kraft Gesetzes eine versicherungsrechtliche **Einstandspflicht,** der er sich nicht im Hinblick auf die Errichtung eines CTA entziehen kann, da das CTA nicht zu seinem Schutz errichtet wurde.[189]

Mit Eröffnung des Insolvenzverfahrens geht zudem der Versorgungsanspruch gemäß § 9 Abs. 2 BetrAVG auf den PSV über, soweit dieser zu leisten verpflichtet ist. In den übrigen Sicherungsfällen erfolgt der Anspruchsübergang auf den PSV dann, wenn der PSV dem Berechtigten, die ihm zustehenden Ansprüche mitteilt.

Akzessorische Sicherungsrechte (wie das Pfandrecht im Pfandrechtsmodell) gehen dann gemäß §§ 412, 401 BGB ebenfalls auf den PSV über. Soweit der PSV keinen Insolvenzschutz gewähren muss, tritt kein Forderungsübergang und damit auch kein Übergang des Sicherungsrechts ein. Sind die Versorgungsrechte nur teilweise durch den PSV insolvenzgeschützt, hat der PSV das nach § 9 Abs. 2 BetrAVG übergegangene Recht freizugeben, soweit es den nicht insolvenzgeschützten (sog. exzedenten) Teil der Versorgungszusage be-

[184] BGH 14.1.2010 – IX ZR 78/09, NJW-RR 2010, 924 (925); OLG Köln 18.2.1987 – 13 U 170/86, ZIP 1987, 907; Palandt/*Bassenge* BGB § 1273 Rn. 1; Soergel/*Habersack* BGB § 1273 Rn. 7; Staudinger/*Wiegand* (2019) BGB § 1273 Rn. 16.

[185] Vgl. *Simon/Leuering* NJW-Spezial 2005, 507.

[186] Einen Verstoß gegen § 91 InsO verneinend: *Rolfs/Schmid* ZIP 2010, 701 (702).

[187] Vgl. allgemein bei Soergel/*Habersack* BGB § 1273 Rn. 7, 8 unter Hinweis auf die Rechtslage bei der Vorauszession.

[188] *Rolfs/Schmid* ZIP 2010, 701 (703) m.w. Rspr.-Nachw.; offen gelassen („spätestens mit der Verfahrenseröffnung") von Höfer/*Höfer/Reich* BetrAVG Kap. 12 Rn. 175ff.

[189] *Berenz* BetrAV 2010, 323.

trifft. Dies folgt aus § 9 Abs. 2 S. 2 BetrAVG, der ein Handeln des PSV zum Nachteil der Arbeitnehmer untersagt. Dies entspricht auch der Hausmeinung des PSV.[190]

Fraglich ist, ob der Treuhänder auch selbst im Insolvenzfall **Leistungen** an die Versorgungsberechtigten erbringen kann. Dies ist in den Treuhandabreden oftmals so vorgesehen. Ein solches Recht kann sich nach teilweise vertretener Auffassung aus § 7 Abs. 4 S. 1 BetrAVG ergeben,[191] sollte aber mit dem PSV und dem Insolvenzverwalter abgestimmt werden. Nach § 7 Abs. 4 BetrAVG vermindert sich der Anspruch auf Leistungen gegenüber dem PSV in dem Umfang, in dem der Arbeitgeber oder sonstige Träger der Versorgung die Leistungen der betrieblichen Altersversorgung erbringt. Zwar ist der Treuhänder kein Träger der Altersversorgung im Sinne dieser Vorschrift. Der Treugeber ist jedoch ein Dritter, der auf Veranlassung des Arbeitgebers handelt. Es stellt sich daher die Frage, ob die Leistungen des Treuhänders als Leistungen des Arbeitgebers im Sinne des § 7 Abs. 4 BetrAVG anzusehen sind.[192] Dagegen spricht aber, dass es sich bei dem Treuhänder rechtlich um einen vom Arbeitgeber abweichenden Rechtsträger handelt, der zudem auch in vertraglicher Hinsicht anderen Bindungen und Rechtsverhältnissen unterliegt als der Arbeitgeber. Will der Treuhänder daher Leistungen unmittelbar gegenüber den Versorgungsberechtigten erbringen, ist aus treuhänderischer Sicht Vorsicht geboten. Empfehlenswert ist in jedem Falle, dieses Vorhaben mit dem PSV und dem Insolvenzverwalter abzustimmen, um zu vermeiden, dass die Versorgungsberechtigten Doppelleistungen erhalten oder der Treuhänder vom PSV aus übergegangenem Recht in Anspruch genommen wird. Der Versorgungsberechtigte ist nämlich mit Eröffnung des Insolvenzverfahrens wegen § 9 Abs. 2 BetrAVG nicht mehr Inhaber der Versorgungsforderung, sondern der PSV. Denkbar ist eine unmittelbare Leistung in Abstimmung mit dem PSV wohl vor allem in der Planinsolvenz bzw. im Fall des außergerichtlichen Vergleichs oder aber zur Überbrückung in der Anfangsphase der Insolvenz. 153

Das Pfandrecht an dem Rückübertragungsanspruch begründet ein **Absonderungsrecht** gegenüber dem Insolvenzverwalter gemäß § 50 InsO. Insoweit gelten die nachstehenden Erläuterungen zu den Insolvenzfolgen beim Treuhandmodell entsprechend. Zur Frage der Verwertungsbefugnis hinsichtlich des verpfändeten Rückübertragungsanspruchs bei Pfandreife ist ergänzend auszuführen, dass der überwiegenden Auffassung zufolge das Verwertungsrecht hier dem Pfandgläubiger, dh den Versorgungsberechtigten, bzw. dem PSV, soweit die Pfandrechte gemäß § 401 BGB auf ihn übergegangen sind, selbst zusteht.[193] Dies ergibt sich bereits daraus, dass § 166 Abs. 2 InsO, wonach der Insolvenzverwalter vom Gemeinschuldner zur Sicherung übertragene Forderungen einziehen darf, keine analoge Anwendung auf verpfändete Forderungen findet.[194] Der Insolvenzverwalter darf dann erst unter den Voraussetzungen des § 173 InsO verwerten (→ Rn. 157). Sind mehrere gleichrangige Pfandrechte bestellt, so kann nach Maßgabe von § 432 BGB jeder versorgungsberechtigte Pfandgläubiger nur Leistung an alle Pfandgläubiger verlangen. 154

(2) Treuhandmodelle. Nicht abschließend geklärt ist bislang die Frage, was mit dem CTA auf der Grundlage des Sicherungstreuhandmodells im Fall der Insolvenz im Einzelnen geschieht. 155

(a) Auswirkungen der Insolvenz auf das CTA. Ausgangspunkt ist auch hier, dass der Verwaltungstreuhandvertrag gemäß §§ 115 Abs. 1, 116 S. 1 InsO erlischt, da bei Eröffnung des Insolvenzverfahrens Aufträge und Geschäftsbesorgungsverträge erlöschen. Infolgedessen

---

190 Vgl. Schreiben des PSV vom 15.1.1999; *Berenz* DB 2006, 2125; *ders.* BetrAV 2010, 323.
191 Blomeyer/Rolfs/Otto/*Rolfs* BetrAVG § 7 Rn. 272a.
192 So *Birkel/Obenberger* BB 2011, 2051 (2054).
193 S. LG Tübingen 17.11.2000 – 4 O 233/00, NZI 2001, 263; *Küppers/Louven* BB 2004, 337 (341); *Rolfs/Schmid* ZIP 2010, 701 (704).
194 LG Tübingen 17.11.2000 – 4 O 233/00, NZI 2001, 263; Andres/Leithaus/*Leithaus* InsO § 166 Rn. 13; aA *Bode/Bergt/Obenberger* DB 2000, 1864 (1865).

wäre der Treuhänder im Grundsatz verpflichtet, das Treuhandvermögen an das insolvente Unternehmen herauszugeben. Indes bleibt die **Sicherungstreuhand** zugunsten der Versorgungsberechtigten nach zutreffender Auffassung **bestehen.**[195] Denn die Sicherungstreuhand besteht zwischen Treuhänder und den einzelnen Versorgungsberechtigten, so dass die §§ 115 Abs. 1, 116 S. 1 InsO nicht greifen. Die Sicherungstreuhand ist insofern als ein eigenständiges Rechtsverhältnis in der Insolvenz von der Verwaltungstreuhand und deren Fortbestand unabhängig. Damit können die Versorgungsberechtigten bei Eintritt des Sicherungsfalls ihre aus diesem Rechtsverhältnis stammenden Ansprüche auf Erfüllung ihrer Versorgungsrechte gegen den Treuhänder geltend machen. Dementsprechend ist das Treuhandvermögen in der Insolvenz des Arbeitgebers vorrangig zur Erfüllung der Versorgungsansprüche der aus der Sicherungstreuhand Berechtigten zu verwenden. Die damit gegebene prinzipielle Insolvenzfestigkeit der sachgerecht ausgestalteten Doppeltreuhand wird im Schrifttum kaum noch in Zweifel gezogen[196] und ist auch seitens der Rechtsprechung mittlerweile ausdrücklich bestätigt worden.[197] Aus Klarstellungsgründen empfehlenswert ist es allerdings, bei Begründung der Doppeltreuhand den Fortbestand der Sicherungstreuhand bei Untergang der Verwaltungstreuhand vertraglich ausdrücklich vorzusehen.

156 Aus der Sicherungstreuhand erwächst dem Treuhänder in der Insolvenz des Unternehmens ein **Absonderungsrecht** im Sinne von §§ 50, 51 Nr. 1 InsO an den zum Treugut gehörenden Vermögensgegenständen.[198] Den Absonderungsberechtigten steht damit ein Recht auf vorzugsweise Befriedigung ihrer Versorgungsansprüche aus den von der Sicherungstreuhand erfassten Vermögensgegenständen zu. Das Absonderungsrecht genügt den Vorgaben von IAS 19.8 für die Anerkennung von *plan assets.* Eines – weitergehenden – Aussonderungsrechts im Sinne von § 47 InsO, bei dem der Berechtigte einen Herausgabeanspruch gegen den Insolvenzverwalter und nicht nur ein Recht auf Vorwegbefriedigung hat, bedarf es hierfür nicht.[199]

157 Von erheblicher praktischer Relevanz ist die Frage, wie sich im Sicherungsfall die **Verwertung** des Treuguts zu gestalten hat. Anders als bei einem Aussonderungsrecht kommt bei Absonderungsrechten aufgrund einer Sicherungstreuhand selbst bei Pfandreife ein Verwertungsrecht des Insolvenzverwalters in Betracht.[200] Eine **Verwertung durch den Insolvenzverwalter** ist deswegen mit Nachteilen verbunden, weil dann von dem im Rahmen der abgesonderten Befriedigung erlangten Bruttoerlös 4% Feststellungskosten und 5% Verwertungskosten zzgl. eventuell anfallender Umsatzsteuer bei der Masse verbleiben (§§ 170, 171 InsO), was bereits bei der Bewertung der auf den Treuhänder zu übertragenden Vermögensgegenstände zu berücksichtigen wäre. Hinsichtlich der Frage, ob die Verwertungsbefugnis tatsächlich beim Insolvenzverwalter liegt, ist wie folgt zu unterscheiden: Für bei Insolvenzeröffnung im Besitz des Insolvenzverwalters befindliche bewegliche Vermögensgegenstände ist seine Verwertungsbefugnis prinzipiell gegeben, § 166 Abs. 1 InsO. Weiterhin ist gemäß § 166 Abs. 2 InsO ein Einziehungs- bzw. Verwertungsrecht des Insolvenzverwalters für Forderungen begründet, die der nunmehr zahlungsunfähige Arbeitgeber zuvor zur Sicherung eines Anspruchs abgetreten hat. Der Anwendungsbereich dieser Vorschriften ist aber bei sachgerechter Ausgestaltung des CTA im Ergebnis gering. Hinsichtlich der beweglichen Sachen ist zu berücksichtigen, dass aufgrund der zwischen dem

---

[195] *Bode/Bergt/Obenberger* DB 2000, 1864 (1866); *Küppers/Louven/Schröder* BB 2005, 763.

[196] S. MüKoInsO/*Ganter* § 47 Rn. 386ff.; *Bork* NZI 1999, 337 (341); *Fischer/Thomas-Meyer* DB 2000, 1861 (1863); *Küppers/Louven* BB 2004, 337 (343); *Küppers/Louven/Schröder* BB 2005, 763 (765); *Passarge* DB 2005, 2746 (2747) jeweils mwN auch zur vereinzelten Gegenansicht; vgl. ferner *Langohr-Plato/Morisse* BB 2002, 2330 (2331).

[197] BAG 18.7.2013 – 6 AZR 47/12, NZA 2013, 1440.

[198] BAG 18.7.2013 – 6 AZR 47/12, NZA 2013, 1440; LAG Hamm 6.3.2013 – 6 Sa 976/12, ZIP 2013, 1294 *Goldbach/Obenberger* BetrAVG Rn. 633; *Klemm* BetrAV 2014, 15 (16); *Küppers/Louven* BB 2004, 337 (342); *Küppers/Louven/Schröder* BB 2005, 763 (765). Vgl. ferner BGH 12.10.1989 – IX ZR 184/88, NJW 1990, 45.

[199] Ausführlich *Küppers/Louven/Schröder* BB 2005, 763 (765); *Passarge* DB 2005, 2746 (2748).

[200] Vgl. *Rolfs/Schmid* ZIP 2010, 701 (706).

Treuhänder und den Versorgungsberechtigten fortbestehenden Sicherungstreuhand der Treuhänder nicht für den Insolvenzverwalter, sondern für die Sicherungsnehmer, die Versorgungsberechtigten, besitzt. Es fehlt damit am Besitz des Insolvenzverwalters an den zu verwertenden Vermögensgegenständen.[201] Dies ist anders, wenn der Treugeber im Besitz der Gegenstände des Treuhandvermögens geblieben ist.

Im Hinblick auf § 166 Abs. 2 InsO gilt, dass die Vorschrift nicht greift, wenn sich bei Eintritt der Insolvenz keine auf den Treuhänder übertragenen Forderungen im Treuhandvermögen befinden. Diesen rechtlichen Rahmenbedingungen kann und sollte bei der vertraglichen Ausgestaltung des CTA und der Auswahl der treuhänderisch zu übertragenden Vermögenswerte Rechnung getragen werden, um **Feststellungs- und Verwertungskosten** gemäß § 170 InsO zu vermeiden.[202] Insbesondere Anteile an Sondervermögen (zB Spezialfonds) sind besonders als Treuhandvermögen geeignet. Schließlich ist bei sachgerechter Vorgehensweise auch eine Möglichkeit des Insolvenzverwalters, das Verwertungsrecht nach Maßgabe von § 173 InsO an sich zu ziehen, ausgeschlossen. Zwar kommt dem Insolvenzverwalter nach § 173 Abs. 2 InsO das Recht zu, beim Insolvenzgericht die Bestimmung einer Verwertungsfrist zu beantragen, binnen derer der dem Absonderungsrecht unterliegende Gegenstand zu verwerten sei, so dass nach Fristablauf die Verwertungsbefugnis auf den Insolvenzverwalter wechselt. In aller Regel wird aber dem Treuhänder eine Verwertung des Treuguts innerhalb einer gesetzten Frist möglich sein, da die Frist – insbesondere mit Blick auf die Art der zu verwertenden Gegenstände – angemessen lang bemessen werden muss.[203] Im Ergebnis ist das Anfallen einer Feststellungs- und Verwertungspauschale daher auch insoweit vermeidbar.[204] 158

(b) Das Verhältnis zum PSV. Den PSV trifft auch im Fall der doppelseitigen Treuhand kraft Gesetzes eine **versicherungsrechtliche Leistungspflicht,** der er sich aus den oben genannten Gründen nicht im Hinblick auf die Errichtung eines CTAs entziehen kann.[205] Die gesetzliche Einstandspflicht des PSV ist zwingendes Recht. Sie folgt unmittelbar aufgrund des Eintritts des Sicherungsfalles. Im Zeitpunkt der Eröffnung des Insolvenzverfahrens erfolgt zudem automatisch kraft Gesetzes (§ 9 Abs. 2 BetrAVG) der Übergang der Versorgungsforderung auf den PSV. Der Versorgungsberechtigte ist somit mit Eröffnung des Insolvenzverfahrens automatisch nicht mehr Inhaber der Versorgungsforderung. Er hat statt dessen ein eigenes einklagbares Recht gegen den PSV aus § 7 BetrAVG. Inhaber der Versorgungsforderung ist allein der PSV. 159

Die Eintrittspflicht des PSV wird nicht durch § 7 Abs. 4 BetrAVG überlagert. Zunächst ist der Treuhänder schon nicht als Träger der Versorgung im Sinne des § 7 Abs. 4 BetrAVG anzusehen.[206] § 7 Abs. 4 BetrAVG gewährt den Versorgungsberechtigten keinen eigenständigen Anspruch gegen den Treuhänder. Noch weniger kann der PSV die Versorgungsberechtigten darauf verweisen, vorrangig vor dem PSV den Treuhänder in Anspruch zu nehmen. Dies liefe der gesetzlichen Einstandspflicht des PSV zuwider. Zudem ist anerkannt, dass § 7 Abs. 4 BetrAVG die Einstandspflicht des PSV nur insoweit mindert, als der Versorgungsberechtigte tatsächlich eine Leistung erhält und nicht bereits wenn er darauf Anspruch hat.[207] Allerdings kann sich der PSV de facto mit dem Treuhänder und dem Insolvenzverwalter dahingehend verständigen, dass der Treuhänder unmittelbar Leistungen 160

[201] Vgl. *Küppers/Louven/Schröder* BB 2005, 763 (767) mwN.
[202] Zur Frage, welche alternativen Vermögenswerte im Rahmen eines CTA als *plan assets* verwendet werden können, s. näher *Mittermeier/Böhme* BB 2006, 203.
[203] S. Nerlich/Römermann/*Becker* InsO § 173 Rn. 26.
[204] Vgl. *Küppers/Louven/Schröder* BB 2005, 763 (768).
[205] *Berenz* DB 2006, 2125; *ders.* BetrAV 2010, 323.
[206] *Berenz* BetrAV 2010, 323; aA Blomeyer/Rolfs/Otto/*Rolfs* BetrAVG § 7 Rn. 272a.
[207] BAG 12.12.1989 – 3 AZR 540/88, NZA 1990, 475 (ausdrücklich zum Fall des Schuldbeitritts).

an die Versorgungsberechtigten erbringt.[208] Dies kann in den Fällen sinnvoll sein, in denen das Planvermögen nach den Bestimmungen des CTAs auf den PSV übergeht (dh es insoweit keine Zielkonflikte gibt) und der PSV die Leistungsabwicklung dem Treuhänder (für eine Übergangszeit) überlässt. In diesen Fällen fingiert § 7 Abs. 4 BetrAVG die Erfüllungswirkung der Leistung des Treuhänders auf die Versorgungsforderung (auch wenn der Versorgungsberechtigte nicht mehr deren Inhaber ist).

161 Der PSV und der Treuhänder sind nicht Gesamtschuldner mit der Folge, dass es im Belieben des Versorgungsempfängers stünde, von wem er die Leistung fordert. Das Fehlen der Gesamtschuld ergibt sich eindeutig aus dem Umstand, dass der Versorgungsanspruch auf den PSV übergeht und nicht in der Hand des Versorgungsberechtigten verbleibt. Der Treuhänder ist stets nur der Verpflichtete aus einem Sicherungsrecht, das zugunsten einer Hauptforderung bestellt wurde.

162 Die entscheidende Frage im Rahmen der Treuhandmodelle ist, ob und ggf. unter welchen Voraussetzungen auch der Leistungsanspruch der Versorgungsberechtigten gegen den Treuhänder im Rahmen des § 9 Abs. 2 S. 1 BetrAVG auf den PSV übergeht.

Mit Blick auf die Subrogationsklausel des § 9 Abs. 2 S. 2 BetrAVG (Verbot der Geltendmachung eines Anspruchsübergangs zum Nachteil der Beschäftigten), scheidet ein **Zugriffsrecht des PSV auf das Treuhandvermögen** jedenfalls insoweit aus, als dieses der Absicherung von Leistungsteilen dient, die im Insolvenzfall nicht durch den PSV erfüllt werden.[209]

Des Weiteren wird in der älteren Literatur vertreten, der Leistungsanspruch aus dem CTA sei akzessorisch und gehe – etwa in analoger Anwendung der §§ 412, 401 Abs. 1 BGB – im Wege der *cessio legis* auf den PSV über.[210] Richtigerweise hängt die Beantwortung dieser Frage ausschließlich davon ab, welche konkreten Regelungen die Parteien diesbezüglich im Rahmen ihrer Gestaltungsfreiheit in der Treuhandvereinbarung getroffen haben. Nur wenn eine entsprechende Regelung fehlt, kommt es darauf an, ob man den Leistungsanspruch aus dem CTA als unselbständiges Nebenrecht qualifiziert und einen Anspruchsübergang auf den PSV in analoger Anwendung des § 401 BGB bejaht. Beachtet man, dass das BAG[211] und der BGH[212] dies für einen sichernden Schuldbeitritt, dem ebenso rein schuldrechtliche Ansprüche zugrunde liegen, bejaht haben, ist nicht auszuschließen, dass sich die Rechtsprechung auch hinsichtlich des Leistungsanspruchs aus dem CTA auf diesen Standpunkt stellen wird. Geboten erscheint dies indes nicht, wenn der Treuhänder der Schuld tatsächlich nicht beigetreten ist (was gestalterisch möglich wäre, aber von den Parteien eben gerade nicht gewollt war).[213]

Dieses gegebenenfalls einzelfallabhängige Auslegungsergebnis bei Fehlen einer entsprechenden Regelung soll jedoch nicht den Blick auf die Tatsache verstellen, dass die Rechtsfolge des § 401 BGB ohne weiteres vertraglich, sei es ausdrücklich oder konludent, abbedungen werden kann, mit der Folge, dass der PSV von den Leistungen des CTA ausgeschlossen ist. Alternativ kann auch vereinbart werden, dass das Sicherungsrecht erlischt, wenn die Forderung auf einen Dritten übergeht. Hilfreich ist auch die Aufnahme eines Abtretungsverbot für das Sicherungsrecht.

Bedenken gegen eine solche Vertragsgestaltung bestehen im Ergebnis weder aus rein zivilrechtlicher noch aus bilanzechtlicher Sicht.

---

208 Aus Sicht des Treuhänders ist dies nur ohne Verstoß gegen seine Pflichten denkbar, wenn das Sicherungsrecht zugunsten des Versorgungsberechtigten noch besteht und er nicht verpflichtet ist, das Treugut zur Masse zurückzugewähren.

209 So auch *Bode/Bergt/Obenberger* DB 2000, 1864 (1866).

210 S. *Langohr-Plato* BetrAVG Rn. 891; *Berenz* DB 2004, 1098 (1099); *Küppers/Louven* BB 2004, 337 (343); offen gelassen von *Berenz* DB 2006, 2125; *Klemm* BetrAV 2006, 132 (136); aA *Birkel/Obenberger* BB 2011, 2051 (2053).

211 BAG 12.12.1989 – 3 AZR 540/88, NZA 1990, 475.

212 BGH 23.11.1999 – XI ZR 20/99, NJW 2000, 575.

213 So auch Höfer/*Höfer/Reich* BetrAVG Kap. 12 Rn. 206.

Zivilrechtlich betrachtet ist es ohne weiteres zulässig, im Rahmen der Gestaltungsfreiheit den Umfang des dem Dritten zugewandten Rechts frei zu definieren und einzuschränken, wie sich bereits an § 328 Abs. 2 BGB zeigt. Beachtet man zudem, dass selbst bei dem gesetzlich akzessorischen Pfandrecht die Akzessorietät nach § 1250 Abs. 2 BGB ausdrücklich ausgeschlossen werden kann, kann eine entsprechende Regelung im Falle der Sicherungstreuhand erst recht kaum der parteidispositiven Gestaltungsfreiheit entzogen sein.

Ein solcher Ausschluss des Forderungsrechts des PSV widerspricht auch nicht etwa gegen den Grundsatz von Treu und Glauben. Es besteht nämlich keine irgendwie geartete rechtliche oder moralische Verpflichtung das Treugut dem PSV zuzuwenden, für dessen „Versicherungsleistung" der Treugeber nach geltendem Recht ohne jegliche Erleichterung die vollen Beiträge zu zahlen hat, wie ein Unternehmen, das kein CTA errichtet.[214] Auf dieser Grundlage muss es folglich auch als zulässig angesehen werden, wenn ein CTA vorsieht, dass das Sicherungsrecht erlischt, wenn der Versorgungsberechtigte nicht mehr der Inhaber der Versorgungsforderung ist.

Dem Vorgenannten kann nicht mit dem Argument entgegengetreten werden, diese 164 Rechtsfolgen bzw. Bestimmungen seien nicht mit den **bilanzrechtlichen Vorgaben für die Saldierung** zu vereinbaren. Zum einen wäre die Vereinbarkeit mit den bilanzrechtlichen Voraussetzungen für die Saldierung für die Frage der zivilrechtlichen Wirksamkeit unerheblich. Die einzige Folge einer solchen fehlenden Vereinbarkeit wäre die Versagung der Anerkennungsfähigkeit der Konstruktion für die Frage der bilanziellen Saldierung, nicht aber die Unwirksamkeit des zivilrechtlichen Geschäfts oder gar dessen Umdeutung in ein eindeutig nicht gewolltes oder gar ausdrücklich ausgeschlossenes Geschäft.

Der Ausschluss des PSV steht aber auch in der Sache nicht im Widerspruch mit den 165 bilanzrechtlichen Vorgaben der Saldierung. Dies gilt sowohl für die Bilanzierung nach US GAAP, als auch nach IAS und § 246 HGB. Dies wird bisweilen mit dem Argument bezweifelt, die Anerkennung als saldierungsfähiges Planvermögen setze voraus, dass das Treugut dem Zugriff der anderen Gläubigern entzogen sei. Eine solche Voraussetzung findet sich in US GAAP zunächst überhaupt nicht. Soweit IAS und § 246 HGB eine solche Voraussetzung enthalten, steht diese Voraussetzung natürlich unter dem denknotwendigen Vorbehalt, dass der Ausschluss des Zugriffs der anderen Gläubiger nur dann und insoweit gelten muss, als der zu sichernde Versorgungsberechtigte nicht anderweitig Befriedigung erlangt. Ist der Versorgungsberechtigte befriedigt, so gibt es keinen Grund den Zugriff der anderen Gläubiger auszuschließen. Wäre dies anders, so könnte auch ein *overfunding* nicht zur Befriedigung der Gläubiger verwandt werden. Wollte man dies anders sehen, so müsste man voraussetzen, dass es der Sinn der Bilanzierungsvorschriften sei, den PSV zu schützen. Dies ist aber ausgeschlossen, weil jedenfalls IAS und US GAAP den PSV gar nicht kennen und ihn daher auch nicht in seinen Schutzbereich einbeziehen können. Nichts anderes kann für § 246 Abs. 2 S. 2 HGB gelten, da mit dieser Vorschrift erklärtermaßen eine Annäherung des deutschen Handelsbilanzrechts an internationale Grundsätze beabsichtigt war. Abgesehen davon, wäre es unseres Erachtens auch verfassungswidrig, den PSV in den Schutzbereich des § 246 Abs. 2 S. 2 HGB einzubeziehen und dem Unternehmen nicht gleichzeitig eine kongruente Befreiung von den PSV Beiträgen zu gewähren. Hierin läge eine evidente Ungleichbehandlung und daher ein Verstoß gegen Art. 3 GG. Wer gesetzlich gezwungen wird, eine Versicherung gegen Insolvenz mit seinen Beiträgen zu finanzieren kann nicht gleichzeitig gezwungen werden, die Versicherung zu schützen.[215] Der PSV kann daher ohne Verstoß gegen die Voraussetzungen für die Anerkennung als Planvermögen als Begünstigter ausgeschlossen werden.

[214] Hierin liegt kein Verstoß gegen Art. 3 Abs. 1 GG, vgl. BVerwG 12.3.2014 – 8 C 27/12, NZA-RR 2014, 554.
[215] Vgl. hierzu ausführlich *Schnitker/Sittard* RdA 2010, 295; *dies.* NZA 2010, 1333.

166 Der Schutz der Versorgungsberechtigten und des Rechtsverkehrs würde hierdurch in keiner Weise beeinträchtigt. Gäbe es den PSV nicht oder entfiele die Insolvenzsicherung durch den PSV im Rahmen einer Reform des BetrAVG, so bestünde die Sicherung durch das CTA ohne weiteres als bilanziell anerkennungsfähige Sicherung. Es bestünde exakt die gleiche Situation wie in den Jurisdiktionen, in denen es an einer gesetzlichen Insolvenzsicherung fehlt und in denen das CTA als Instrument für die Schaffung von *plan assets* anerkannt ist. Die Klausel zum PSV wäre redundant. Sie würde keine Wirkungen entfalten.

167 Der allgemeine Rechtsverkehr wird nicht in einer den Schutzzweck des Bilanzrechts gefährdenden Weise irre geführt. Ganz im Gegenteil käme es insoweit zu einer Besserstellung, da die Pensionsverpflichtungen kraft Gesetzes vom PSV zu tragen sind und die Masse durch das zurückfließende Planvermögen gemehrt würde. Eine dem etwa entgegenstehende besondere Schutzwürdigkeit des PSV ist nicht gegeben, da der Treugeber den Schutz des PSV schließlich durch seine Beiträge gerechtfertigt hat. Dem PSV steht daher kein Vorrang vor anderen Gläubigern zu.

168 Ist der PSV daher durch entsprechende Ausgestaltung der Treuhandvereinbarung als Begünstigter ausgeschlossen, so fehlt es (nach dem oben Gesagten unabhängig von der Frage der bilanziellen Anerkennung) an einer Rechtsgrundlage, aufgrund derer der PSV Ansprüche gegen den Treuhänder geltend machen kann.[216] Das Planvermögen fällt dann in die Masse und kann zum Beispiel im Rahmen einer Sanierung verwandt werden.

169 Da das CTA eine rein schuldrechtliche Konstruktion ist, die keinem Formen- oder Ausgestaltungszwang unterliegt, und die Begünstigung des PSV keine notwendige Voraussetzung für die bilanzrechtliche Anerkennung als Planvermögen darstellt, kann ein solcher Ausschluss jederzeit – auch nachträglich – wirksam vereinbart werden. Die Versorgungsberechtigten erleiden hierdurch keine Rechtseinbußen. Auch dem PSV werden keine ihm bewusst vom Treugeber zugewandten Rechte entzogen, weil das Unternehmen lediglich eine Regelungslücke füllt, an die nicht gedacht wurde.

170 Kommt man nach alledem im Insolvenzfall zu dem Ergebnis, dass die Ansprüche gegen den Treuhänder auf den PSV übergehen, so kann fraglich sein, in welchem Umfang das Sicherungsrecht aus der Sicherungstreuhand fällig wird. Hiervon hängt ab, ob der PSV einen Anspruch auf Übertragung des gesamten Treuhandvermögens in einem Zuge hat. Keinesfalls zwingend ist, dass die Fälligkeit des Leistungsanspruchs kongruent der Fälligkeit der zugrunde liegenden Versorgungsforderung folgt. Insbesondere schlägt die insolvenzrechtliche Kapitalisierung nach §§ 41, 45 InsO nicht unmittelbar auf das Sicherungsrecht durch, da diese Vorschriften nur im Verhältnis zum Gemeinschuldner gelten.[217]

Entscheidend sind vielmehr die in der Treuhandvereinbarung getroffenen Regelungen, welche ggf. ausgelegt werden müssen. Stellt der Leistungsanspruch in der Sicherungstreuhand pauschal auf die Fälligkeit der Versorgungsansprüche ab, spricht vieles dafür, kapitalisierte und sofort fällig gestellte Versorgungsansprüche nach §§ 41, 45 InsO auch auf den Leistungsanspruch gegen den Treuhänder durchschlagen zu lassen. Stellt die Treuhandvereinbarung demgegenüber explizit auf die Fälligkeit nach Maßgabe der Regelungen der Versorgungszusage ab, so wird auch der Leistungsanspruch nur sukzessive, dh idR monatlich fällig.

171 Für den Treuhänder stellt sich in diesem Fall die Frage, ob er das Treuhandvermögen, etwa zur Verwaltungsvereinfachung, freiwillig in einer Summe an den PSV auskehren darf. Dies ist nicht eindeutig zu bejahen, da das Vermögen jedenfalls insoweit zur Masse fallen muss, als es nicht zur Erfüllung der Versorgungsforderung benötigt wird. Der Treuhänder kann ohne Verstoß gegen seine Pflichten (sofern nach dem vorgesagten überhaupt ein Anspruch des PSV besteht) nur den Betrag an den PSV auskehren, der sich aus der Definition des Sicherungsrechts dem Grunde und der Höhe nach ergibt.

---

[216] So auch im Ergebnis *Reichel/Schmandt* B Rn. 304.

[217] Blomeyer/Rolfs/Otto/*Rolfs* BetrAVG Anh. zu § 1 Rn. 684j; vgl. auch OLG Koblenz 1.4.2014 – 3 U 752/13, NZI 2014, 509; MüKoInsO/*Bitter* § 45 Rn. 50.

Offen war lange Zeit die Frage, ob das CTA im Sicherungsfall bei dem Versorgungsberechtigten zu einem **einkommensteuerlich** relevanten Zufluss in Höhe des ab Eintritt des Sicherungsfalls bestehenden Anspruchs gegenüber dem Treugeber führt. Zwingend erschien eine solche Annahme nicht. Oftmals wurde daher in der Treuhandvereinbarung vorgesehen, dass eventuell ausgelöste Steuern vorab aus dem Treuhandvermögen zu berichtigen und die späteren Auszahlungen an die Versorgungsberechtigten als Nettozahlungen zu erbringen sind. Mit der Ergänzung von § 3 Nr. 65 EStG hat der Gesetzgeber nunmehr allerdings bestätigt, dass die Schaffung und Dotierung eines CTA ebenso wie der Eintritt des Insolvenzfalles zu keinen vorgelagerten lohnsteuerpflichtigen Einkünften bei den Arbeitnehmern führen. 172

dd) Das CTA im Unternehmenskauf. Zur Behandlung des CTA im Unternehmenskauf → Rn. 412ff., 519ff. 173

6. Die inhaltliche Ausgestaltung der betrieblichen Altersversorgung

Der Inhalt der Versorgungsverpflichtung des Arbeitgebers bzw. des Versorgungsrechtes des Arbeitnehmers (und ggf. seiner Hinterbliebenen) wird in der Versorgungszusage (Versorgungsordnung, Pensionsplan, Pensionszusage, Leistungsplan etc) festgelegt. 174

Festgelegt werden ua:

- die Leistungsarten (Alters- auch Invaliditäts- und/oder Hinterbliebenenleistungen),
- Auszahlungsform (Rente, Kapital, Ratenzahlung etc),
- die Höhe der Leistungen und die allgemeinen Leistungsvoraussetzungen (zB Wartezeiten),
- besondere Leistungsvoraussetzungen für einzelne Leistungsarten (zB der Zeitpunkt, bis zu dem eine Verheiratung erfolgt sein muss),
- das normale Pensionierungsalter,
- Zeitpunkt und Höhe der Leistungen bei einem vorzeitigen Ausscheiden etc,
- Abschläge bei vorzeitigem Bezug.

Die Höhe der Versorgungsleistungen bestimmt sich nach dem verwendeten Leistungssystem. Die verschiedenen Systeme werden in statische, teildynamische und dynamische Zusagen unterteilt. Es existiert daneben eine Unterteilung in Leistungszusage *(defined benefit)* und Beitragszusage *(defined contribution)*. Die beitragsorientierte Leistungszusage wird oftmals als sog. „hybrid plan“ bezeichnet, da sie Elemente beider Ausgestaltungen in sich vereint.

Statische Systeme können zB einen bestimmten EUR-Betrag oder aber einen festen Steigerungsbetrag pro Dienstjahr als Versorgungsleistung vorsehen. 175

Dynamische Versorgungsmodelle sind in der Regel vergütungsabhängig konzipiert, dh die Höhe der Versorgungsleistungen wird zB als Prozentsatz des letzten Bruttoeinkommens definiert (zB fester Prozentsatz oder Prozentsatz pro Dienstjahr, gegebenenfalls kombiniert mit einem Sockelprozentsatz). Zu den dynamischen Zusagen gehören auch Gesamtversorgungszusagen. Diese sehen eine hohe Betriebsrente vor, auf die allerdings die Rente aus der gesetzlichen Rentenversicherung, unter Umständen auch eine andere Versorgungsleistung, angerechnet wird, oder bei denen die zugesagte betriebliche Versorgungsleistung mittelbar durch eine Limitierungsklausel begrenzt wird, die auf den Versorgungsprozentsatz aus betrieblicher und gesetzlicher Rente Bezug nimmt. Gesamtversorgungszusagen sind aus Sicht des Unternehmers extrem gefährlich, da die Gesellschaft das Risiko der Minimierung der gesetzlichen Rentenleistungen trägt.[218] 176

[218] Vgl. dazu *Steinmeyer* RdA 2005, 345.

Stellt die Zusage auf das durchschnittliche Einkommen ab bzw. gewährt sie für jedes Dienstjahr einen Versorgungsbaustein in Höhe des jeweiligen Gehalts **(Karrieredurchschnittsplan)**, liegt lediglich ein teildynamisches Leistungssystem vor.

177 Im Gegensatz zu Versorgungssystemen, bei denen der festgelegte Leistungsumfang den Versorgungsaufwand bestimmt, haben **beitragsorientierte Systeme** die Vorgabe eines bestimmten Beitragsvolumens zum Inhalt. Der Arbeitgeber verspricht hier, für Versorgungszwecke einen bestimmten laufenden Beitragsaufwand zu reservieren. Das Beitragsvolumen orientiert sich zum Beispiel an einem fixen Betrag oder an einem konstanten Verhältnis zum jeweiligen rentenfähigen Arbeitsverdienst, wobei die Versorgungsleistung sich dann zB aus einer versicherungsmathematisch berechneten Umsetzung des Beitrags in eine Rente (Leistung) ähnlich wie bei einem Tarif eines Lebensversicherers oder einem Verrentungsprozentsatz ergibt, für dessen Erbringung der Arbeitgeber sich starkt gesagt hat.[219] Beitragsorientierte Zusagen sind gem. § 1 Abs. 2 Nr. 1, 2 BetrAVG in Form der **beitragsorientierten Leistungszusage** oder **Beitragszusage mit Mindestleistung,** die mit dem Altersvermögensgesetz (AVmG) mit Wirkung zum 1. 1. 2002 in das deutsche Betriebsrentenrecht eingeführt wurde,[220] möglich.

178 Als **Cash Balance-Pläne** werden Pläne bezeichnet, nach denen dem Versorgungsberechtigten keine konkreten Rentenleistungen zugesagt werden, sondern vielmehr ein Versorgungskapital (ggf. in turnusmäßigen oder unregelmäßigen Bausteinen sowie uU mit Verzinsung) akkumuliert wird, das im Versorgungsfall als Kapitalzahlung ausgezahlt oder aber in einen Auszahlungsplan oder eine Leibrente konvertiert wird.

179 Bei **ergebnisorientierten Systemen** wird schließlich in der Regel ein bestimmter Anteil des Jahresüberschusses als Barwert für Versorgungszusagen zur Verfügung gestellt. Die Mitarbeiter erhalten hieraus eine nach versicherungsmathematischen Grundsätzen errechnete Versorgungszusage. Aus der Summe aller Versorgungszusagen ergibt sich die als Kapital oder Rente fällige Versorgungsleistung. Ergebnisabhängige Versorgungszusagen können leistungsorientiert oder bedarfsorientiert ausgestaltet sein.

179a Bis zum 31. 12. 2017 enthielt § 1 BetrAVG für alle der vorgenannten Systeme im Rahmen der betrieblichen Altersversorgung nur die Möglichkeit der Ausgestaltung als **Leistungszusage,** als **beitragsorientierte Leistungszusage** oder als **Beitragszusage mit Mindestleistung.** Alle vorgenannten Zusagen zeichnen sich dadurch aus, dass der Arbeitgeber über die Erbringung der Beiträge hinaus (z.B. auch bei einem Cash Balance Plan) immer eine Einstandspflicht für die zugesagte Leistung bzw. jedenfalls die Mindestleistung trifft. Eine **reine Beitragszusage** existierte im Rahmen der betrieblichen Altersversorgung nicht. Das BAG hielt eine reine Beitragszusage zwar dem Grunde nach für eine rechtlich zulässige Gestaltung, nahm sie aber nur in Fällen an, in denen keine Versorgungsleistung iSd BetrAVG zugesagt war. § 1 BetrAVG enthalte nicht nur eine Definition, sondern stelle auch inhaltliche Anforderungen.[221] Die dem BAG zur Entscheidung vorgelegten Versorgungszusagen wurden dementsprechend meist als beitragsorientierte Leistungszusagen iSv § 1 Abs. 2 Nr. 1 BetrAVG ausgelegt.

179b Dies hat der Gesetzgeber nunmehr geändert. Seit dem 1. 1. 2018 ist endlich auch die reine Beitragszusage in § 1 Abs. 2 Nr. 2a BetrAVG als Gestaltungsmöglichkeit betrieblicher Altersvorsorge anerkannt, wenngleich mit erheblichen Einschränkungen in der Umsetzung, die in der Praxis dazu führen, dass die Gesetzesänderung bislang faktisch ins Leere läuft und die gesetzgeberischen Ziele nicht erreicht wurden. Betriebliche Altersversorgung liegt seit dem 1. 1. 2018 gem. § 1 Abs. 2 Nr. 2a BetrAVG erstmals auch dann vor, wenn der Arbeitgeber (lediglich) dazu verpflichtet wird, Beiträge zur Finanzierung von Leistun-

[219] Vgl. *Bode/Grabner* DB 1980, 2151; *Grabner* DB 1979, 843; *Rey/Hünlich* DB 1980, 276; zum Unterschied zum „beitragsdefinierten System" (defined contribution System) anglo-amerikanischer Prägung s. *Doetsch* ZIP 1998, 270.

[220] S. ua *Langohr-Plato/Teslau* DB 2003, 661; *Schwank/Raulf* DB 2003, 940.

[221] Ua BAG 30. 8. 2016, 3 AZR 361/15 AP BetrAVG § 1 Auslegung Nr. 58.

gen der betrieblichen Altersversorgung an einen Pensionsfonds, eine Pensionskasse, oder eine Direktversicherung zu zahlen.[222]

Entscheidendes Merkmal der nunmehr auch im Rahmen der betrieblichen Altersversorgung zulässigen reinen Beitragszusage ist, dass der Arbeitgeber lediglich verpflichtet ist, Beiträge in dem zugesagten System an den externen Versorgungsträger (§ 22 BetrAVG) abzuführen (**pay and forget-System**[223]). Weitere Rechtspflichten übernimmt der Arbeitgeber nicht. Die sonstigen Arbeitgeberpflichten aus §§ 1 Abs.1 S. 3, 1a Abs. 4 S. 2, 1b-2a und 16 BetrAVG sind kraft Gesetzes ausgeschlossen. Es findet gem. § 22 BetrAVG eine Verlagerung dieser Pflichten auf den externen Versorgungsträger statt.[224] Entscheidende Änderung ist der Entfall der Anpassungsprüfungspflicht nach § 16 BetrAVG und der Einstandspflicht nach § 1 Abs. 1 S. 3 BetrAVG. Auch ist keine Insolvenzsicherung durch den PSV vorgesehen.[225] Zwar verlagert sich das Kapitalanlagerisiko und die Möglichkeit sich ändernder Rentenermittlungsfaktoren so vollständig auf den Arbeitnehmer.[226] Mittels des Garantieverzichts werden aber Absicherungskosten im Rahmen der Kapitalanlage eingespart, die zulasten einer potentiellen Rendite gehen können.

Die reine Beitragszusage kann gem. § 1 Abs. 2a BetrAVG allerdings nur in einem **Tarifvertrag**[227] oder aufgrund eines Tarifvertrages in **einer Betriebs- oder Dienstvereinbarung** vereinbart werden,[228] wobei nichttarifgebundenen Arbeitnehmern und Arbeitgebern über § 24 BetrAVG die Möglichkeit der Vereinbarung der Anwendbarkeit dieser Tarifregelungen offensteht.[229] 179c

Die reine Beitragszusage wird über einen externen Versorgungsträger finanziert, nach der Neuregelung ist nur die Durchführung über die versicherungsaufsichtsrechtlich regulierten Durchführungswege (Direktversicherung, Pensionskasse und Pensionsfonds) zulässig. Dementsprechend sind reine Beitragszusagen bei Direktzusagen und Unterstützungskassen zwar grundsätzlich zulässig, aber weiterhin nicht vom BetrAVG erfasst.[230] Aufsichtsrechtlich sind für die umfassten Durchführungswege besondere Bestimmungen vorgesehen, vgl. §§ 244a-d VAG und §§ 33ff. PFAV. Beispielsweise steht durch den Entfall der Insolvenzsicherung die Solvenz der Versorgungseinrichtung im Vordergrund, sodass gem. § 244c Nr. 1 VAG ein gesondertes Sicherungsvermögen bei Pensionsfonds und gem. Nr. 2 ein gesonderter Anlagestock für Pensionskassen und Lebensversicherungsunternehmen einzurichten ist.[231] 179d

Die Ansprüche des Arbeitnehmers richten sich gem. § 22 BetrAVG gegen den Versorgungsträger.[232] Ein weiteres Absicherungselement stellt die Möglichkeit eines zusätzlichen Arbeitgeberbeitrags gem. § 23 BetrAVG dar.[233] Die Garantie der Höhe der jeweiligen Leistung durch den externen Versorgungsträger ist zudem auch gem. § 22 Abs. 1 S. 2 BetrAVG ausgeschlossen.[234]

---

[222] *Meissner* spricht von einer zweiten „bAV-Welt", vgl. DStR 2017, 2633.
[223] Vgl. *Thüsing/Granetzny,* S. 63.
[224] Kisters-Kölkes/Berenz/Betz-Rehm/*Huber* § 1 Rn. 483; HWK/*Schipp* BetrAVG § 2 Rn. 7.
[225] HWK/*Schipp* BetrAVG § 2 Rn. 7; *Meissner* DStR 2017, 2633 (2634).
[226] *Kiesewetter/Grom/Menzel/Tschinkl* BetrAV 2016, 650 (651).
[227] Vgl. zum Mindestinhalt eines solchen Tarifvertrages HWK/*Schipp* BetrAVG § 2 Rn. 9.
[228] Sog „Tarifexklusivität", welche aber geeignet ist, das Ziel der Stärkung der betrieblichen Altersvorsorge in kleinen und mittelständischen Unternehmen zu konterkarieren, vgl. Kisters-Kölkes/Berenz/Betz-Rehm/*Huber* § 1 Rn. 480; HWK/*Schipp* BetrAVG § 2 Rn. 8, 10.
[229] Kisters-Kölkes/Berenz/Betz-Rehm/*Huber* § 1 Rn. 478; Blomeyer/Rolfs/Otto/*Rolfs* BetrAVG § 1 Rn. 106.
[230] HWK/*Schipp* BetrAVG § 2 Rn. 8; *ders.* FS Willemsen, 2018, 440.
[231] Vgl. vertiefend dazu *Rößler* DB 2017, 367 (369f.).
[232] Vgl. für eine Gegenüberstellung der (ausgeschlossenen) Pflichten Kisters-Kölkes/Berenz/Betz-Rehm/*Huber* § 1 Rn. 483; *Meissner* DStR 2017, 2633 (2635).
[233] *Rößler* DB 2017, 367 (368).
[234] *Schipp* FS Willemsen, 2018, 440; Blomeyer/Rolfs/Otto/*Rolfs* BetrAVG § 1 Rn. 107.

179e Mit der seit langer Zeit geforderten reine Beitragszusage[235] wollte der Gesetzgeber dem Arbeitgeber Kosten- und Planungssicherheit geben und damit eine Stärkung der betrieblichen Altersvorsorge vor allem in kleineren und mittelständischen Unternehmen erreichen.[236] In der Praxis spielt die reine Beitragszusage bislang leider praktisch keine Rolle, da die Gewerkschaften den Tarifvorbehalt nicht als Mitwirkungsrecht im Rahmen eines Umsetzungsauftrag durch den Gesetzgeber, sondern als Blockadeinstrument verstehen. Ob sich dieses Stimmungsbild in nächster Zeit ändern wird – oder gar der Gesetzgeber noch einmal nachjustiert, in dem er, was erforderlich wäre, den Tarifvorbehalt abschafft – bleibt abzuwarten.

7. Die Regelungen des Betriebsrentengesetzes

a) Unverfallbarkeit (§ 1b BetrAVG)

180 Scheidet ein Arbeitnehmer, dem eine Versorgungszusage erteilt wurde, vor Erreichen eines Versorgungsfalls aus dem Arbeitsverhältnis aus, dann behält er die bis zum Ausscheiden erdiente Versorgungsanwartschaft gemäß § 1b Abs. 1 BetrAVG, wenn die Versorgungszusage im Zeitpunkt des Ausscheidens bereits unverfallbar war. Der Beendigungsgrund ist dabei grundsätzlich unerheblich.[237] Nicht als Ausscheiden gilt der Wechsel der Betriebsstätte bei ansonsten fortbestehendem Arbeitsverhältnis.[238]

Die Frage der gesetzlichen Unverfallbarkeit ist nur dann von Bedeutung, wenn das **Ausscheiden vor Eintritt des Versorgungsfalls** erfolgt.[239] Erfolgt demgegenüber ein Ausscheiden wegen eines Versorgungsfalles, so liegt ein Leistungsanspruch aufgrund der Versorgungsregelung vor. Auf die Unverfallbarkeit kommt es dann für den Leistungsanspruch nicht an.

181 Sind die gesetzlichen Unverfallbarkeitsvoraussetzungen im Zeitpunkt des Ausscheidens noch nicht erfüllt, so verfällt die Versorgungsanwartschaft ersatzlos, es sei denn, es wurde eine früher eintretende vertragliche Unverfallbarkeit der Anwartschaft zugesichert. Eine solche lediglich **vertraglich vereinbarte Unverfallbarkeit** begründet jedoch anders als eine gesetzliche Unverfallbarkeit keinen Insolvenzschutz durch den PSV. Inhalt und Umfang der Anwartschaft richten sich nach der jeweiligen Versorgungsregelung.

182 Über das Bestehen und die Höhe einer unverfallbaren Anwartschaft sowie den Übertragungswert bei einer Übertragung nach § 4 Abs. 3 BetrAVG hat der Arbeitgeber oder der sonstige Versorgungsträger dem ausgeschiedenen Arbeitnehmer gemäß § 4a BetrAVG Auskunft zu erteilen. Diese Auskunftspflicht dient dem berechtigten Interesse des ausgeschiedenen Arbeitnehmers, schon vor Erreichen der Altersgrenze zu erfahren, ob er eine unverfallbare Anwartschaft erworben hat und wie hoch die Leistungen aufgrund dieser Anwartschaft sein werden.[240]

183 **aa) Unverfallbarkeit dem Grunde nach.** Für die Erfüllung der Unverfallbarkeitsvoraussetzungen gilt grds. § 1b Abs. 1 S.1 BetrAVG. Danach wird die Versorgungsanwartschaft gesetzlich unverfallbar, wenn

- der Arbeitnehmer nach Vollendung des **21. Lebensjahres** ausscheidet und
- die **Versorgungszusage** für ihn mindestens **drei Jahre** bestanden hat.

---

[235] Vgl. *Blomeyer* DB 1997, 1921; *Hanau/Arteaga* BB 1997, Beilage 17 S. 5.

[236] BT-Drs. 18/11286, S. 31; *Schipp* FS Willemsen, 2018, 439.

[237] ErfK/*Steinmeyer* BetrAVG § 1b Rn. 16.

[238] Vgl. zu der Frage, ob dies auch bei einem grenzüberschreitenden Wechsel der Betriebsstätte gilt EuGH 10.3.2011 – C-379/09 *(Casteels)*.

[239] Die gesetzlich unverfallbare Anwartschaft hat zudem im laufenden Arbeitsverhältnis Bedeutung für den Insolvenzschutz der Anwartschaft durch den PSV.

[240] BT-Drs. 7/2843, 7; vertiefend zu den Hinweis- und Aufklärungspflichten *Reinecke* RdA 2005, 129, vgl. auch 8.2.2020 – 3 AZR 206/18, NZA 2020, 860.

Zusätzlich ist allerdings § 30f BetrAVG zu beachten, der Sonderregelungen für vor dem 1.1.2018 erteilte Zusagen enthält. Wurde die Versorgungszusage vor dem 1.1.2001 erteilt, so ist die Regelung des § 30f. Abs. 1 BetrAVG zu beachten. Für Versorgungszusagen, die nach dem 31.12.2000 aber vor dem 1.1.2009 erteilt wurden, gilt § 30f Abs. 2 BetrAVG. Wenn Leistungen der betrieblichen Altersversorgung vor dem 1.1.2018 und nach dem 31.12.2008 zugesagt worden sind, ist § 30f Abs. 3 BetrAVG zu beachten.[241]

Die Unverfallbarkeit tritt gesetzlich zudem dann ein, wenn der Arbeitnehmer aufgrund einer Vorruhestandsregelung vor Erteilung dieser Voraussetzungen ausscheidet und ohne das vorherige Ausscheiden die Wartezeit und eventuelle sonstige Leistungsvoraussetzungen hätte erfüllen können.

Eine Änderung oder Übernahme der Versorgungszusage unterbricht den Lauf der Frist nicht.

Die Frage der **Vereinbarkeit der gesetzlichen Altersgrenzen mit höherrangigem Recht** dürfte durch das BAG abschließend geklärt sein. Das BAG hat nämlich zwischenzeitlich die vormals geltenden höheren Altersgrenzen von 35[242] bzw. 30[243] Lebensjahren nach §§ 1 Abs. 1, 1b Abs. 1 BetrAVG aF für verfassungs- und unionsrechtskonform erklärt. Auf dieser Grundlage ist davon auszugehen, dass die derzeitige, weniger einschneidende Regelung erst recht nicht zu beanstanden ist. 184

Die **Mindestdauer** für das Bestehen der Versorgungszusage muss bis auf den letzten Tag erfüllt sein; ein Unterschreiten der Frist um nur wenige Tage lässt eine unverfallbare Anwartschaft nicht entstehen. Diese Grundsätze gelten auch dann, wenn die Versorgungsregelung eine Härtefallregelung vorsieht.[244] Nur wenn der Arbeitgeber wider Treu und Glauben den Fristeintritt verhindert, gilt die Fristerfüllung gemäß § 162 BGB als eingetreten.[245] Der Ausspruch einer sozial gerechtfertigten betriebsbedingten Kündigung ist nicht als treuwidrige Bedingungsvereitelung anzusehen. 185

Beruht die Zusage auf **Entgeltumwandlung,** dann ist sie unabhängig vom Alter des Arbeitnehmers und einer Frist **sofort unverfallbar** (§ 1b Abs. 5 S. 1 BetrAVG). 186

Die auf den im Rahmen der **reinen Beitragszusage** gezahlten Beiträge beruhenden Anwartschaften auf Altersrente sind ebenfalls sofort unverfallbar, vgl. § 22 Abs. 2 S. 1 BetrAVG, während die Regelung der Unverfallbarkeit von Anwartschaften auf Hinterbliebenen- und Todesfallleistungen den Tarifparteien in den Grenzen des § 19 Abs. 1 BetrAVG überlassen ist.[246]

Diese gesetzlichen Regelungen sind **zwingendes Recht** (vgl. § 19 Abs. 1–3 BetrAVG). Abweichungen sind nur zugunsten des Arbeitnehmers, zum Beispiel in Form einer vertraglichen Verkürzung der Unverfallbarkeitsfrist, möglich.

(1) Beginn der Unverfallbarkeitsfristen. Der Lauf der Unverfallbarkeitsfrist beginnt mit der **Erteilung der Versorgungszusage** (nicht mit Aufnahme in den Betrieb), dh mit Abschluss der entsprechenden Vereinbarung. Bei bereits bestehenden kollektiven Zusagen über eine Gesamtzusage, Betriebsvereinbarung oder Tarifvertrag beginnt die Frist dann, wenn der Arbeitnehmer zum ersten mal in ihren Geltungsbereich fällt. Dies ist in der Regel mit der Aufnahme der Tätigkeit des Arbeitnehmers der Fall. Bei Neueinführung eines generellen Versorgungswerkes beginnt die Frist mit dessen Wirksamwerden, dh bei Gesamtzusagen mit deren Bekanntmachung, bei Betriebsvereinbarungen und Tarifverträgen mit dem Abschluss bzw. – wenn ein anderer Inkrafttretenszeitpunkt gewählt worden ist – mit dem entsprechend vereinbarten Datum. Der erste Geltungstag kann dabei in Betriebs- 187

[241] Vgl. die Ausführungen in *Thüsing/Granetzny,* S. 65f.
[242] BAG 15.10.2013 – 3 AZR 10/12, NZA-RR 2014, 87.
[243] BAG 28.5.2013 – 3 AZR 635/11, NZA 2014, 547.
[244] BAG 29.3.1983 – 3 AZR 26/81, DB 1983, 1879.
[245] BAG 7.8.1975 – 3 AZR 12/75, DB 1975, 2088.
[246] Blomeyer/Rolfs/Otto/*Rolfs* BetrAVG § 1 Rn. 123.

vereinbarungen und Tarifverträgen hinausgeschoben, nach herrschender Meinung aber auch zurückdatiert werden.[247]

188 Wird die Aufnahme in ein Versorgungswerk oder die ausdrückliche Erteilung einer Versorgungszusage von bestimmten rein zeitlichen Bedingungen, etwa einer Mindestbetriebszugehörigkeit bzw. einem Mindestalter, abhängig gemacht **(Vorschaltzeit)**, so ist dies für den Lauf der Unverfallbarkeitsfrist grundsätzlich unbeachtlich. Da die Zusage einer Zusage bereits eine Versorgungszusage im Sinne von § 1 BetrAVG darstellt, läuft die Unverfallbarkeitsfrist bereits ab Beginn der Vorschaltzeit, sofern dem Arbeitgeber kein Entscheidungsspielraum mehr verbleibt, ob er die Zusage nach Ablauf der Vorschaltzeit erteilt oder nicht bzw. wie er diese ausgestaltet.[248] Entscheidend für das Auslösen des Fristlaufs für die Unverfallbarkeit ist, ob der Arbeitnehmer von Beginn seines Arbeitsverhältnisses an darauf vertrauen darf, dass er durch bloße Betriebstreue einen Versorgungsanspruch erwerben werde.[249]

189 Ebenfalls von der Frage der Unverfallbarkeit zu trennen sind sog. **Wartezeiten.** Hier ist zwischen aufschiebenden und ausschließlichen Wartezeiten zu unterscheiden. Die aufschiebende Wartezeit verlagert lediglich den Leistungsanspruch auf einen Termin in der Zukunft, hat aber keinen Einfluss auf die Anspruchsentstehung an sich. Die ausschließende Wartezeit hingegen ist die vom Arbeitgeber privatautonom festgelegte Mindestbeschäftigungszeit, die ein Arbeitnehmer nach dem Willen des Arbeitgebers im Beschäftigungsverhältnis zurückgelegt haben muss, um den Betriebsrentenanspruch erstmalig zu erwerben. Ausschließende Wartezeiten werden häufig für Zusagelemente verwandt, die Risikoleistungen vorsehen. Die Wartezeit hat auf den Beginn des Laufs der Unverfallbarkeitsfristen keinen Einfluss. Wartezeiten können nach § 1b Abs. 1 S. 5 BetrAVG auch noch nach Beendigung des Arbeitsverhältnisses erfüllt werden.[250] Die Nichterfüllung der ausschließenden Wartezeit bei Eintritt des Leistungsfalles wirkt aber auf Tatbestandsebene dauerhaft leistungsausschließend. Tritt der Versorgungsfall vor Ablauf der Wartezeit ein, so besteht grundsätzlich kein Versorgungsanspruch. Die ausschließende Wartezeit kann somit zwar nach dem Ausscheiden aus dem Arbeitsverhältnis, nicht mehr aber nach Eintritt des Versorgungsfalls, für den die Wartezeit gilt, erfüllt werden.

190 **(2) Unterbrechungen und Übertragungen.** Die **Übernahme** der Versorgungszusage **durch einen neuen Versorgungsträger** oder ihre **Änderung** unterbricht nicht die gesetzliche Unverfallbarkeitsfrist. Unter Änderung der Versorgungszusage hat man in der Begründung des Regierungsentwurfs ua die Erhöhung der Leistungszusage verstanden.[251] Das BAG hat daraus ein **Prinzip der Einheit der Versorgungszusage** abgeleitet und damit den Beginn neuer Unverfallbarkeitsfristen bei Erteilung zusätzlicher Versorgungszusagen, etwa dem Abschluss weiterer Direktversicherungen, abgelehnt.[252] Auch eine Änderung des Durchführungswegs, etwa von einer Unterstützungskasse zu einer Direktzusage, führt nicht zu einem neuen Beginn der Unverfallbarkeitsfrist (jedenfalls dann nicht, wenn die Leistungen beider Durchführungswege durch Anrechnungsvorschriften miteinander gekoppelt sind).[253] Änderungen der **Rechtsgrundlage,** etwa die Ablösung einer vertragli-

[247] BAG 6.3.1984 – 3 AZR 82/82, NZA 1984, 356; zur Kritik s. *Ahrend/Förster/Rößler,* Band 1, 1. Teil Rn. 489.

[248] stRspr, s. BAG 20.4.1982 – 3 AZR 1118/79, DB 1982, 1879; 21.8.1980 – 3 AZR 143/80, DB 1981, 430. Kritisch ua *Blomeyer,* Anm. zu BAG 15.12.1981, AP Nr. 10 zu § 1 BetrAVG Wartezeit, sowie Anm. zu BAG 20.4.1982, AP Nr. 12 zu § 1 BetrAVG Wartezeit; *Gitter,* Anm. zu BAG 20.3.1980, AP Nr. 5 zu § 1 BetrAVG Wartezeit; wN. bei *Förster/Cisch* BB 2005, 773 (774).

[249] Vgl. BAG 24.2.2004 – 3 AZR 5/03, NZA 2004, 789.

[250] Sa BAG 18.3.1986 – 3 AZR 641/84, NZA 1986, 715.

[251] BT-Drs. 7/1281, 23.

[252] BAG 12.2.1981 – 3 AZR 163/80, DB 1981, 1622; bestätigt durch BVerfG 15.3.1982 – 1 BvR 823/81, AP Nr. 5a zu § 1 BetrAVG; BGH 28.9.1981 – II ZR 181/80, ZIP 1982, 95; Blomeyer/Rolfs/Otto/*Rolfs* BetrAVG § 1b Rn. 111 ff.

[253] BAG 28.4.1981 – 3 AZR 184/80, DB 1982, 856.

chen Einheitsregelung durch eine Betriebsvereinbarung, unterbrechen ebenso wenig die Unverfallbarkeitsfristen wie die Veränderung der Leistungsvoraussetzungen innerhalb einer Versorgungsregelung. Auch das Erfüllen eines neuen Leistungsmerkmals, beispielsweise durch die Beförderung zum leitenden Angestellten, setzt keine neue Unverfallbarkeitsfrist in Gang.[254]

Eine **rechtliche Unterbrechung des Arbeitsverhältnisses,** bei der das Rechtsver- 191
hältnis beendet und nicht nur ruhend gestellt wird, verhindert den Eintritt der Unverfallbarkeit. Auch wenn der bisherige Arbeitgeber einen Arbeitnehmer mit zeitlichem Abstand zum Ende des ersten Arbeitsverhältnisses wieder einstellt, beginnt grundsätzlich der Lauf der Unverfallbarkeitsfrist wieder neu.[255] Gleichermaßen sind bei der Ermittlung der Unverfallbarkeit nach § 1 Abs. 1 S. 1 Var. 2 BetrAVG aF (zwölfjährige Betriebszugehörigkeit bei mindestens dreijährigem Bestand der Versorgungszusage, → Rn. 184) Dienstzeiten bei verschiedenen Arbeitgebern/Unternehmen grundsätzlich auch dann nicht zusammenzurechnen, wenn es sich dabei um Unternehmen desselben Konzerns handelt.[256] Dies gilt nach neuer Rechtsprechung selbst dann, wenn die aufgrund verschiedener Vertragsverhältnisse erbrachten Tätigkeiten wirtschaftlich nur einem der unterschiedlichen Vertragspartner zugute kommen.[257]

Eine vertragliche **Anrechnung von Vordienstzeiten** bei früheren Arbeitgebern oder 192
bei demselben Arbeitgeber ist als eine für den Arbeitnehmer günstige Abrede ohne weiteres zulässig, s. § 19 Abs. 3 BetrAVG. Die Anrechnung von Vordienstzeiten kann Auswirkungen auf die Höhe der Betriebsrente haben, aber auch auf die Betriebszugehörigkeit. Im Zweifel ist davon auszugehen, dass die Anrechnung von Vordienstzeiten in einer Versorgungszusage auch die Betriebszugehörigkeit im Sinne des § 1 Abs. 1 S. 1 BetrAVG aF (vgl. § 30f BetrAVG) betrifft.[258] Die Anrechnung von Vordienstzeiten führt nach der Rechtsprechung des BAG nicht nur zur vertraglichen Vereinbarung der Unverfallbarkeit, sondern darüber hinaus zum gesetzlichen Insolvenzschutz, wenn die Vordienstzeit von einer Versorgungszusage begleitet war und die von einer Versorgungszusage begleitete Vordienstzeit bis an die Tätigkeitszeit beim neuen Arbeitgeber heranreicht.[259] Die Anrechnung von Vordienstzeiten darf jedoch nicht zu einer Verdoppelung insolvenzgeschützter Anwartschaften führen; eine Anrechnung mit Wirkung für den Insolvenzschutz ist daher auf bislang verfallbare Anwartschaften begrenzt.[260] Abgesehen von diesem Ausnahmefall führt die Vereinbarung einer vertraglichen Unverfallbarkeit nicht zu einem Insolvenzschutz durch den Pensionssicherungsverein.

(3) Besonderheiten bei mittelbaren Versorgungszusagen. Erfolgt die betriebliche Al- 193
tersversorgung über eine **Direktversicherung,** dann gilt folgende Besonderheit: Da Versorgungszusage und Abschluss des Versicherungsvertrages nicht notwendig zeitlich zusammenfallen müssen, regelt § 1b Abs. 2 S. 4 BetrAVG, dass als Zeitpunkt der Erteilung der Versorgungszusage der Versicherungsbeginn gilt, frühestens jedoch der Beginn der Be-

[254] Siehe zum Begriff der Änderung der Versorgungszusage allgemein bei Blomeyer/Rolfs/Otto/*Rolfs* BetrAVG § 1b Rn. 114ff.

[255] BAG 14.8.1980 – 3 AZR 1123/78, DB 1981, 429; 29.9.1987 – 3 AZR 99/86, NZA 1988, 311; 26.9.1989 – 3 AZR 815/87, NZA 1990, 189; 25.4.2006 – 3 AZR 78/05, NZA 2007, 408; *Langohr-Plato* BetrAVG Rn. 397 mwN.

[256] BAG 20.4.2004 – 3 AZR 297/03, NZA 2005, 927; dazu und zur bisherigen Rspr. des BAG, wonach die wirtschaftliche Arbeitgeberidentität für das Vorliegen einer einheitlichen Betriebszugehörigkeit ausreichen sollte, s. *Förster/Cisch* BB 2005, 773 (776); *Neufeld* EWiR 2005, 7 jeweils mwN.

[257] BAG 20.4.2004 – 3 AZR 297/03, NZA 2005, 927.

[258] BAG 12.2.1985 – 3 AZR 183/83, NZA 1985, 65; 16.3.1982 – 3 AZR 843/79, DB 1982, 1728.

[259] BAG 15.6.2010 – 3 AZR 31/07, NZA 2010, 1448; 26.9.1989 – 3 AZR 815/87, NZA 1990, 189; 19.7.1983 – 3 AZR 397/81, DB 1983, 2255.

[260] OLG Köln 23.6.1988 – 14 U 7/87, NZA 1989, 24.

triebszugehörigkeit. Der Versicherungsbeginn bezeichnet den Beginn des Zeitraums, für den eine Prämie zu zahlen ist.[261]

Hat der Arbeitgeber die Ansprüche aus dem Versicherungsvertrag abgetreten, beliehen oder verpfändet, so ist der Arbeitgeber beim Ausscheiden eines Arbeitnehmers nach Erfüllung der Unverfallbarkeitsvoraussetzungen verpflichtet, den Arbeitnehmer bei Eintritt des Versicherungsfalls so zu stellen, als ob die Belastungen nicht erfolgt wären, § 1b Abs. 2 S. 3 BetrAVG. Diese Pflicht besteht erst mit Eintritt des Versicherungsfalls; eine Abtretung oder Beleihung kann vom Arbeitgeber daher grundsätzlich auch noch nach dem Ausscheiden des Arbeitnehmers vorgenommen werden. Der Arbeitgeber ist dem Arbeitnehmer nur arbeitsrechtlich zur Rückgängigmachung der Belastungen verpflichtet.[262] Ein zeitlich langes Auseinanderklaffen von Zusage und Abschluss der Direktversicherung kann zu einer Direktverpflichtung des Arbeitgebers führen. Verstößt der Arbeitgeber gegen die gesetzlichen Auflagen, so ist er dem Arbeitnehmer zum Ersatz des daraus entstehenden Schadens verpflichtet. Dieser Schadensersatzanspruch ist nach § 7 BetrAVG insolvenzgeschützt.[263]

194 Für die Versorgung über eine **Pensionskasse** oder einen **Pensionsfonds** gelten die für die Direktversicherung dargestellten Regelungen nach § 1b Abs. 3 iVm Abs. 1 BetrAVG entsprechend.

195 Bei der **Unterstützungskasse** hat der Gesetzgeber die Erfüllung der Unverfallbarkeitsvoraussetzungen nicht von der Zusagedauer, sondern mittelbar von der Dauer der Zugehörigkeit zum Kreise der Begünstigten der Unterstützungskasse abhängig gemacht. Materiell bedeutet dies jedoch keinen Unterschied zum Lauf der Fristen bei unmittelbaren Versorgungszusagen.

196 **bb) Unverfallbarkeit der Höhe nach.** Der mit einer unverfallbaren Anwartschaft ausgeschiedene Arbeitnehmer, der nicht die volle Betriebstreue erbracht hat, hat im Versorgungsfall keinen vollen Rentenanspruch, sondern nur einen Teilanspruch.

197 **(1) Grundsätze der zeitratierlichen Kürzung (m/n-tel Berechnung).** Um die Höhe der unverfallbaren Anwartschaft zu berechnen, ist grundsätzlich gemäß § 2 Abs. 1 BetrAVG die tatsächliche Betriebszugehörigkeit (nicht die versorgungsfähige Beschäftigungszeit)[264] zur insgesamt möglichen Betriebszugehörigkeit ins Verhältnis zu setzen (mathematisch ausgedrückt als sog. **Unverfallbarkeitsfaktor m/n,** wobei „m" die tatsächliche Betriebszugehörigkeit, „n" die erreichbare Betriebszugehörigkeit bezeichnet). Dieser Unverfallbarkeitsfaktor wird auf den vom Arbeitnehmer bis zum Erreichen der Regelaltersgrenze in der gesetzlichen Rentenversicherung (bzw. einer früheren vertraglich vorgesehenen festen Altersgrenze) erreichbaren Vollanspruch angewendet (sog. „als-ob-Betrachtung"). Es wird also zunächst der fiktive Anspruch bei Erreichen der regulären Altersgrenze ermittelt und dann mit dem m/n-tel Faktor multipliziert, dh im Ergebnis gekürzt. Infolge dieser Berechnungsweise kann es unter bestimmten Einzelfallumständen zu einer mittelbaren Benachteiligung jüngerer Arbeitnehmer kommen, wobei das BAG zwischenzeitlich ausdrücklich klargestellt hat, dass die Regelung des § 2 Abs. 1 BetrAVG gleichwohl nicht gegen das **unionsrechtliche Verbot der Altersdiskriminierung** verstößt.[265]

Für die Ermittlung des erreichbaren Vollanspruchs sind alle vertraglich vorgesehenen und bereits feststehenden Veränderungen des Versorgungsanspruchs bis zum Erreichen der Altersgrenze zu berücksichtigen. Erst nach dem Ausscheiden erfolgende Veränderungen

---

[261] *Blomeyer* DB 1979, 838.

[262] LG Ulm 10.7.1980 – 4 O 36/80, ZIP 1980, 751.

[263] *Thürmann* BB 1985, 1269.

[264] BAG 30.5.2006 – 3 AZR 205/05, NZA 2007, 288.

[265] BAG 19.7.2011 – 3 AZR 434/09, NZA 2012, 155; 11.12.2012 – 3 AZR 634/10, NZA 2013, 564; vgl. auch BVerfG 29.5.2012 – 1 BVR 3201/11, NZA 2013, 164; ausf. Blomeyer/Rolfs/Otto/*Rolfs* BetrAVG § 2 Rn. 26 mwN.

der Versorgungsregelung oder einer dynamischen Bemessungsgrundlage (zB Tariflohnerhöhungen bei einer endgehaltsabhängigen Zusage) bleiben dagegen unberücksichtigt, sofern nicht ausnahmsweise zugunsten des Arbeitnehmers etwas anderes vereinbart ist (s. §§ 2a Abs. 1, 19 Abs. 3 BetrAVG).[266]

Wichtig ist, dass die Ermittlung der Höhe des aufrechterhaltenen Anspruchs gesetzlich immer durch ratierliche Kürzung des Vollanspruchs erfolgt und zwar auch, wenn der Arbeitnehmer nach den in der Zusage vorgesehenen Steigerungssätzen im Zeitpunkt der Beendigung des Arbeitsverhältnisses bereits die mögliche Höchstrente erdient hat.[267] Zulässig ist allerdings die vertragliche Vereinbarung abweichender für den Versorgungsberechtigten günstigerer Regelungen. Solche Gestaltungen finden sich oftmals in Versorgungszusagen für Führungskräfte und Organe. 198

Das gesetzliche Berechnungsverfahren betrifft grundsätzlich nur die durch Arbeitgeberbeiträge finanzierten Teile des Versorgungsanspruchs und ist **tarifdispositiv** (vgl. § 19 Abs. 1 BetrAVG); ansonsten ist die ratierliche Berechnungsmethode grundsätzlich anzuwenden, es sei denn, dass die Versorgungsregelung dem einzelnen Mitarbeiter für den Fall des vorzeitigen Ausscheidens höhere Leistungen zuerkennt.[268] 199

Der frühere, in § 2 Abs. 5 aF BetrAVG vorgeschriebene Festschreibeeffekt bestimmt, dass bei der Berechnung einer Anwartschaft Veränderungen der Versorgungsregelungen und der Bemessungsgrundlagen unberücksichtigt bleiben, soweit sie nach dem Ausscheiden des Arbeitnehmers eingetreten sind. Diese Regelung findet sich seit dem 1.1.2018 in § 2a Abs. 1 BetrAVG, wird aber durch das Benachteiligungsverbot in § 2a Abs. 2 BetrAVG erheblich aufgeweicht.[269] 199a

§ 2 Abs. 2a BetrAVG statuiert ein Benachteiligungsverbot bzgl. des Wertes unverfallbarer Anwartschaften im Verhältnis von aktiven, vergleichbaren[270] Arbeitnehmern zu ausgeschiedenen Arbeitnehmern. Eine Benachteiligung gilt insbesondere als ausgeschlossen, wenn die Versorgungsanwartschaft (i) als nominales Anrecht ausgestaltet ist (Nr. 1a), (ii) eine Verzinsung beinhaltet, die auch dem Ausgeschiedenen zugutekommt (Nr. 1b), über einen Pensionsfonds, eine Pensionskasse oder eine Direktversicherung durchgeführt wird und die Erträge auch dem ausgeschiedenen Arbeitnehmer zugutekommen (Nr. 1c).

Auch kann der Arbeitgeber eine Benachteiligung bereits bei Abgabe des Versorgungsversprechens verhindern, indem er in diesem die spätere Anpassung der Anwartschaften nach dem vorzeitigen Ausscheiden des Arbeitnehmers mit unverfallbarer Anwartschaft nach den Maßgabe von Nr. 2 vorsieht.[271] Dies schließt selbst bei einer faktischen Benachteiligung des ausgeschiedenen Arbeitnehmers ein Eingreifen von § 2a Abs. 1 S.1 BetrAVG aus. Eine Möglichkeit der Anpassung ist die Zusicherung einer jährlichen Anpassung der Anwartschaft nach Ausscheiden um 1% (Nr. 2a). Auch kann die Anpassung an die Entwicklung der Nettolöhne vergleichbarer, nicht ausgeschiedener Arbeitnehmer geknüpft werden (Nr. 2b). Die letzten beiden Alternativen von § 2a Abs. 2 Nr. 2 BetrAVG knüpfen die Anpassung entweder an die laufenden Leistungen, die an die Versorgungsempfänger des Arbeitgebers erbracht werden (Nr. 2c), oder an den Verbraucherpreisindex (Nr. 2d).

Das Benachteiligungsverbot greift nicht für Beschäftigungszeiten vor dem 1.1.2018, insoweit erfolgt keine rückwirkende Dynamisierung. Für Beschäftigungszeiten, die nach dem 31.12.2017 erbracht werden, gilt die Regelung zum Benachteiligungsverbot dann

[266] Eine Abweichung von § 2 Abs. 5 BetrAVG kann nicht ohne deutliche Anhaltspunkte für einen entsprechenden Willen des Arbeitgebers unterstellt werden; BAG 17.8.2004 – 3 AZR 318/03, DB 2005, 563; 15.11.2005 – 3 AZR 521/04, NZA-RR 2006, 482; siehe zur Anwendung der m/n-tel Berechnung auch BAG 17.9.2008 – 3 AZR 1061/06, NZA 2009, 1439; 30.5.2006 – 3 AZR 205/05, NZA 2007, 288.

[267] BAG 12.3.1985 – 3 AZR 450/82, NZA 1986, 135; ErfK/*Steinmeyer* BetrAVG § 2 Rn. 12.

[268] BAG 21.6.1979 – 3 AZR 806/78, DB 1979, 2431; BGH 18.3.1982 – I ZR 15/80, DB 1982, 2292.

[269] Vgl. § 2 Abs. 4 BetrAVG aF; vgl. dazu näher HWK/*Schipp* BetrAVG § 2a Rn. 1.

[270] Vgl. zum Problem dieses Merkmals Kisters-Kölkes/Berenz/Huber/Betz-Rehm/*Kisters-Kölkes* § 2a Rn. 19ff.

[271] Kisters-Kölkes/Berenz/Huber/Betz-Rehm/*Kisters-Kölkes* § 2a Rn. 52f.

nicht, wenn das Versorgungssystem vor dem 20.5.2014 für neue Arbeitnehmer geschlossen worden ist, § 30g Abs. 1 BetrAVG.

200 Bei einer unverfallbaren Anwartschaft aus **Entgeltumwandlung** und aus **beitragsorientierten Leistungszusagen** besteht der Höhe nach Anspruch auf die Leistungsanwartschaft, die bis zum Ausscheiden mit den bis dahin umgewandelten Entgeltbestandteilen bzw. den planmäßig vorgesehenen Finanzierungsbeiträgen des Arbeitgebers erreicht wurde (vgl. § 2 Abs. 5 BetrAVG[272]).

Bei sog. **Beitragszusage mit Mindestleistung** besteht ein Anspruch auf das dem Arbeitnehmer aufgrund der bis zum Ausscheiden geleisteten Beiträge planmäßig zuzurechnende Versorgungskapital, mindestens jedoch die Summe der bis dahin zugesagten Beiträge, soweit sie nicht rechnungsmäßig für einen biometrischen Risikoausgleich verbraucht wurden (vgl. § 2 Abs. 6 BetrAVG).

Bei **Unterstützungskassen** und bei **Pensionsfonds** gilt – sofern nach der Art der Zusage nicht besondere Regeln (s. o.) greifen – ebenfalls das ratierliche Berechnungsverfahren (§ 2 Abs. 4 bzw. § 2 Abs. 3a BetrAVG).

201 **(2) Besonderheiten bei Direktversicherung und Pensionskasse.** Bei einer Direktversicherung und ähnlich bei einer Pensionskasse hatte der Arbeitgeber generell ein Wahlrecht, ob er im Falle des vorzeitigen Ausscheidens das dargestellte ratierliche Berechnungsverfahren anwendet[273] oder die sog. **versicherungsvertragliche**[274] **Lösung** wählt, die eine Begrenzung des Versorgungsanspruchs auf die aus der Versicherung durch Beitragszahlungen bis zum Ausscheiden sich ergebende Leistung vorsieht. Die Wahl der versicherungsvertraglichen Lösung war in der Praxis der Regelfall. Unter der versicherungsvertraglichen Lösung im Sinne des § 2 Abs. 2 S. 2 BetrAVG (in seiner bis zum 23.6.2020 geltenden Fassung) trat nur auf Verlangen des Arbeitgebers und bei Erfüllung bestimmter Voraussetzungen an die Stelle des nach der m/n-tel Berechnung berechneten Anspruchs „die von dem Versicherer auf Grund des Versicherungsvertrages zu erbringende Versicherungsleistung".

Durch Urteil vom 19.5.2016[275], entschied das BAG entgegen der Auffassung der Vorinstanz[276], dass dieses Verlangen durch den Arbeitgeber nicht bereits bei der Erteilung der Versorgungszusage wirksam erklärt werden kann (wie es in der Praxis meist gehandhabt wurde).[277] Durch diese Entscheidung des BAG war dem Arbeitgeber für Fälle aus der Vergangenheit die Möglichkeit genommen worden, sich für die versicherungsförmige Lösung zu entscheiden. Für künftige Fälle stellte die Entscheidung des BAG zudem ein Problem dar, weil Prozesse implementiert werden mussten, mit denen sichergestellt werden konnte, dass die Ausübung entsprechend der Vorgaben des 3. Senats erfolgte. Der Gesetzgeber hat darauf reagiert und mit Gesetzesänderung zum 24.6.2020 durch Anpassung des § 2 Abs. 2 S. 2 BetrAVG, das Wahlrecht des Arbeitgebers gestrichen, sodass bei Erfüllung der in § 2 Abs. 2 S. 2 BetrAVG bestimmten Voraussetzungen statt des Quotierungsprinzips standardmäßig die sog. versicherungsvertragliche Lösung gilt – also auch dann, wenn der Arbeitgeber diese gar nicht verlangt hat.

Die versicherungsförmige Lösung setzt die Erfüllung der in § 2 Abs. 2 S. 2 BetrAVG genannten drei **sozialen Auflagen**[278] voraus:

---

[272] Vertiefend *Karst/Paulweber* BB 2005, 1498 (1500).

[273] Oder auch sog. „arbeitsrechtliche Lösung", vgl. ausführlich dazu u. a. Blomeyer/Rolfs/Otto/*Rolfs*, § 2 Rn. 141 ff.

[274] BAG 29.7.1986 – 3 AZR 15/85, NZA 1987, 349; 19.5.2016 – 3 AZR 794/14, AP BetrAVG § 2 Nr. 78; auch „versicherungsrechtliche" und „versicherungsförmige" Lösung oder „Ersatzverfahren" genannt, vgl. Höfer/*Höfer* BetrAVG § 2 Rn. 168.

[275] BAG 19.5.2016 – 3 AZR 794/14, BB 2016, 2236.

[276] LAG Schleswig-Holstein, Urteil vom 16.10.2014 – 5 Sa 82/14, BeckRS 2015, 65411.

[277] Vgl. hierzu ausführlich Höfer/*Höfer* BetrAVG § 2 Rn. 225 ff.; *Matthießen* NZA 2019, 217 (218).

[278] HWK/*Schipp* BetrAVG § 2 Rn. 36.

- Einräumung eines unwiderruflichen Bezugsrechts und Beseitigung etwaiger Beleihungen oder Abtretungen der Rechte aus dem Versicherungsvertrag sowie Ausgleich von Beitragsrückständen.
- Verwendung der Überschussanteile aus dem Versicherungsvertrag von Beginn der Versicherung an zur Verbesserung der Versicherungsleistung.
- Recht des ausgeschiedenen Arbeitnehmers zur Fortsetzung der Versicherung mit eigenen Beiträgen.

Gem. § 2 Abs. 2 S. 2 Nr. 2 BetrAVG ist dem Arbeitnehmer ein **unwiderrufliches Bezugsrecht** einzuräumen, sodass diesem alle Bezugsrechte aus dem Versicherungsvertrag zustehen. Im Falle eines bedingten oder eingeschränkten unwiderruflichen Bezugsrechts ist der Bedingungseintritt bzw. die Aufhebung der Einschränkung vor Fristablauf zu erzielen.[279] Zudem dürfen keine wirtschaftlichen Verfügungen des Arbeitgebers über die Versicherung in Form von Abtretung oder Beleihung vorhanden sein. Ggf. sind diese vor Fristablauf zu beenden.[280]

Der Arbeitnehmer muss im Rahmen der versicherungsförmigen Lösung auch quantitativ eine Stellung erreichen, die einer eigenen Versicherung entspricht, bei der alle Beiträge zu Versorgungszwecken verwendet werden.[281] Daher müssen dem Arbeitnehmer sämtliche Leistungen – inklusive Überschüsse – zukommen, vgl. § 2 Abs. 2 S. 2 Nr. 2 BetrAVG. Die **Verwendung der Überschussanteile zur Verbesserung** der Versicherungsleistung muss vertraglich von Beginn der Versicherung an vereinbart sein.[282] Dabei ist auch eine etwaiger Schadensersatzpflicht des Arbeitgebers zu beachten, wenn dieser den Überschuss absprachewidrig nicht zugunsten des Arbeitnehmers verwendet.[283]

Dritte soziale Auflage ist die Ermöglichung der **Fortsetzung der Versicherung durch Eigenbeiträge** des Arbeitnehmers. Dabei wird nicht verlangt, dass der Arbeitnehmer den Arbeitgeber als Versicherungsnehmer ablöst.[284] Die Möglichkeit der Fortsetzung muss im Versicherungsvertrag verankert sein und ebenfalls innerhalb von drei Monaten[285] dem Arbeitnehmer eingeräumt werden. Auf die tatsächliche Fortführung kommt es hingegen nicht an.

In Fällen, in denen der Arbeitnehmer bereits **vor dem 24.6.2020** ausgeschieden ist, dürfte diese Regelung mangels gesetzlicher Übergangsregelung ebenfalls gelten.[286]

Bei der Versorgung über eine **Pensionskasse** gelten nur die zwei letzten sozialen Auflagen, § 2 Abs. 3 BetrAVG.[287]

Da bei der **versicherungsrechtlichen Lösung** dem Arbeitnehmer weitgehend die 202
Stellung eines Versicherungsnehmers eingeräumt wird, hat er es selbst in der Hand, die Versicherung fortzusetzen oder auch über sie zu verfügen. Um die bestehende Anwartschaft für den Versorgungszweck zu erhalten, hat der Gesetzgeber in § 2 Abs. 2 S. 4–6 BetrAVG mehrere **Verfügungsbeschränkungen** für den Arbeitnehmer angeordnet. Eine Abtretung, Beleihung oder Verpfändung der Ansprüche aus dem Versicherungsvertrag ist dem ausgeschiedenen Arbeitnehmer verboten, soweit das geschäftsplanmäßige Deckungskapital durch Beitragszahlungen des Arbeitgebers gebildet worden ist. Die Verfügungsbe-

[279] ErfK/*Steinmeyer* BetrAVG § 2 Rn. 21.
[280] Höfer/*Höfer* BetrAVG § 2 Rn. 199.
[281] Vgl. Höfer/*Höfer* BetrAVG § 2 Rn. 204.
[282] Vgl. BT-Drs. 7/2843, S. 7; Blomeyer/Rolfs/Otto/*Rolfs* BetrAVG § 2 Rn. 222.
[283] Vgl. vertiefend zur Ausgestaltung der Überschussverwendung Höfer/*Höfer* BetrAVG § 2 Rn. 212 ff.
[284] Blomeyer/Rolfs/Otto/*Rolfs* BetrAVG § 2 Rn. 227.
[285] So die herrschende Meinung in der Literatur, vgl. Höfer/*Höfer* BetrAVG § 2 Rn. 221; aA *Kessel* BetrAV 1976, 117.
[286] Vgl. hierzu auch die Begründung zum Referentenentwurf, Stand 13.3.2020, BetrAV 2020, 197; hierin könnte allerdings – sofern die unverfallbare Anwartschaft den versicherungsvertraglichen Anspruch überschreitet – ein Fall einer Rückwirkung vorliegen, die – wenn man sie als echte Rückwirkung qualifizieren würde – verfassungsrechtlich bedenklich wäre.
[287] Kritisch zum Fehlen des Erfordernisses eines unwiderruflichen Bezugsrechts und des Abtretungs- bzw. Beleihungsverbots jedenfalls für Wettbewerbspensionskassen Kisters-Kölkes/Berenz/Huber/Betz-Rehm/*Kisters-Kölkes* BetrAVG § 2 Rn. 184.

schränkung gilt also nicht für den Teil der Versicherung, der ggf. nach dem Ausscheiden des Arbeitnehmers von diesem in Fortsetzung der Versicherung erworben worden ist.

203 Im Falle der **Kündigung der Versicherung** durch den Arbeitnehmer wird die Versicherung gemäß § 2 Abs. 2 S. 5 BetrAVG in eine prämienfreie Versicherung umgewandelt. In Höhe des durch Beitragszahlungen des Arbeitgebers gebildeten geschäftsplanmäßigen Deckungskapitals darf der Arbeitnehmer den Rückkaufswert der Versicherung aufgrund der Kündigung nicht vor dem Zeitpunkt der vertraglich vorgesehenen Fälligkeit in Anspruch nehmen.[288] Die gegenteilige Vorschrift des § 169 Abs. 1 VVG findet gemäß § 2 Abs. 2 S. 6 BetrAVG insoweit keine Anwendung. Soweit dem Versicherer die Kündigungserklärung des Versicherungsnehmers, also des Arbeitgebers, noch während des Bestandes des Arbeitsverhältnisses zugeht, schließt § 2 Abs. 2 S. 5 BetrAVG die Inanspruchnahme des Rückkaufswertes einer Lebensversicherung durch den ausgeschiedenen Arbeitnehmer jedoch nicht aus, solange es sich nicht um eine unzulässige Abfindungsvereinbarung iSd § 3 Abs. 1 BetrAVG handelt.[289] Dies muss stets im Einzelfall geprüft werden.

204 Erfüllt der Arbeitgeber die sozialen Auflagen der versicherungsrechtlichen Lösung nicht, ist die Höhe der unverfallbaren Anwartschaft ratierlich gemäß § 2 Abs. 2 S. 1 BetrAVG zu berechnen. § 2 Abs. 2 S. 4–6 BetrAVG stellt ein Verbotsgesetz im Sinne des § 134 BGB dar; Beleihungen und Abtretungen sind daher nichtig. Leistungen des Versicherungsunternehmens an den Abtretungsempfänger kann dieses gemäß § 812 Abs. 1 BGB zurückverlangen. Soweit das Versicherungsunternehmen dem Arbeitnehmer den Rückkaufswert erstattet, kann es die Leistung gemäß § 812 Abs. 1 S. 1 Alt. 1 BGB zurückfordern, wobei jedoch § 818 Abs. 3 BGB zu beachten ist.

205 Die versicherungsrechtliche Lösung lässt die Ausfallhaftung des Arbeitgebers gemäß § 1 Abs. 1 S. 3 BetrAVG rechtlich unberührt.

Im Fall einer Pensionsfondszusage oder einer Unterstützungskasse kann eine versicherungsrechtliche Lösung nicht gewählt werden. Dies gilt auch im Falle einer kongruenten Rückdeckung der Versorgung über Versicherungen.

b) Die Abfindung von Versorgungsrechten (§ 3 BetrAVG)

206 Die Abfindung von Versorgungsanwartschaften und laufenden Renten ist in § 3 BetrAVG geregelt. Durch § 3 BetrAVG wird die Möglichkeit, gesetzlich unverfallbare Versorgungsanwartschaften sowie laufende Renten abzufinden, in erheblichem Umfang **eingeschränkt,** da die Abfindung von Anwartschaften und laufenden Renten, die in den Anwendungsbereich des § 3 Abs. 1 fallen, nur unter den Voraussetzungen der Absätze 2–6 zulässig ist.[290] Diese Einschränkungen sind zwingend und können daher nicht durch Vereinbarung zwischen Arbeitgeber und Arbeitnehmer abbedungen werden. Lediglich durch Tarifvertrag ist ein Abweichen möglich (vgl. § 19 Abs. 1–3 BetrAVG), allerdings nicht im Hinblick auf § 3 Abs. 2 S. 3 BetrAVG (Zustimmungserfordernis des Arbeitnehmers bei der Neubegründung eines Arbeitsverhältnisses im EU-Ausland), vgl. § 19 Abs. 1 BetrAVG.

Für Organvertreter gelten die Beschränkungen des § 3 BetrAVG nach zutreffender Auffassung nicht.[291] Das BAG hat in seiner Entscheidung vom 21.4.2009 entschieden, dass in Vereinbarungen mit Organmitgliedern in gleichem Maße von den Schutzbestimmungen des BetrAVG abgewichen werden kann, wie dies für Arbeitnehmer die Tarifvertragsparteien dürfen.[292] Diese Entscheidung erging zwar in Bezug auf die Anwendung der Anpassungsprüfpflicht nach § 16 BetrAVG. Besonderheiten, die eine abweichende Beurteilung hinsichtlich der individualvertraglichen Abweichung von dem Abfindungsverbot des § 3

[288] Vgl. OLG Hamm 19.7.2006 – 20 U 72/06, VersR 2007, 49.

[289] Vgl. BGH 8.6.2016 – IV ZR 346/13, NZA 2017, 128.

[290] Zur Neufassung von § 3 BetrAVG durch das AltEinkG *Langohr-Plato/Teslau* NZA 2004, 1297 (1298).

[291] *Diller/Arnold/Kern* GmbHR 2010, 281; Höfer/*Höfer* BetrAVG § 17 Rn. 73; iE auch *Rolfs/Heikel* SAE 2010, 184 (187); *Thüsing/Granetzny* NZG 2010, 449 (454); vgl. bereits *Thüsing* AG 2003, 484.

[292] BAG 21.4.2009 – 3 AZR 285/07, BeckRS 2009, 72640.

BetrAVG rechtfertigen, bestehen jedoch nicht. In der Zwischenzeit ist die Ansicht des BAG vom BGH bestätigt worden.[293]

Das Verbot des § 3 BetrAVG gilt entsprechend auch für **Erlassverträge** oder **Verzichtsvereinbarungen.**[294] Wenn schon die Abfindung unzulässig ist, muss dies erst recht für den entschädigungslosen Verzicht bzw. Erlass gelten.[295] Eine Ausnahme besteht für einen echten, insbesondere gerichtlichen **Tatsachenvergleich** über das Vorliegen der tatsächlichen Voraussetzungen des Versorgungsanspruchs. Der Tatsachenvergleich unterfällt nicht dem Verbot des § 3 BetrAVG. § 3 BetrAVG erfasst nur den Verzicht bzw. die Abfindung unstreitiger und zweifelsfrei vorhandener Versorgungsrechte.[296] Gleichwohl ist auch hier Vorsicht geboten. Eine allgemeine **Ausgleichsquittung** enthält keine Verzichtserklärung im Hinblick auf die betriebliche Altersversorgung. Keine Abfindung im Sinne des § 3 BetrAVG liegt in der Ausübung eines bereits in der Versorgungsordnung vorgesehenen Kapitalwahlrechts.[297] 207

aa) Die Abfindung im laufenden Arbeitsverhältnis. Der Anwendungsbereich des § 3 Abs. 1 BetrAVG ist nach seinem Wortlaut beschränkt. Eine Abfindung (bzw. ein Erlass) einer Versorgungsanwartschaft ist – im Umkehrschluss aus § 3 Abs. 1 BetrAVG – zunächst zulässig, sofern sie im Rahmen eines **fortbestehenden Arbeitsverhältnisses** erfolgt.[298] Dies gilt auch dann, wenn die Anwartschaft bereits unverfallbar ist.[299] Dies entsprach der ganz herrschenden Meinung zu § 3 BetrAVG aF und hat sich auch durch die Neufassung nicht geändert.[300] 208

Es ist also etwa im Rahmen eines Unternehmenskaufs wie auch ansonsten grundsätzlich möglich, sämtliche, dh auch die in der Vergangenheit bereits erdienten Anwartschaften aktiver Arbeitnehmer abzufinden.[301] Besonderheiten gelten allerdings, wenn die Abfindung im Zusammenhang mit einem Betriebsübergang gemäß § 613a BGB erfolgt (→ Rn. 219 ff.).

bb) Die Abfindung verfallbarer Anwartschaften. Eine Abfindung ist weiter zulässig, sofern sie sich auf eine **noch nicht gesetzlich unverfallbare** Anwartschaft bezieht.[302] Eine lediglich vertraglich begründete Unverfallbarkeit (wie sie sich oftmals bei Organvertretern oder Führungskräften findet) steht der Abfindung nicht entgegen, da die Parteien über ihre früheren vertraglichen Regelungen im Rahmen der allgemeinen Vertragsfreiheit disponieren können. Auch diese Anwartschaften können somit bei einem Unternehmensverkauf abgefunden werden. Die oben bereits angesprochene Problematik der Umgehung des § 613a BGB stellt sich für Organvertreter nicht, da diese Personen nicht in den Geltungsbereich des § 613a BGB fallen. 209

cc) Die Abfindung von laufenden Renten. Weiterhin war die Abfindung nach der bis zum 31.12.2004 geltenden Fassung des § 3 BetrAVG dann möglich, wenn bereits der **Versorgungsfall eingetreten** war. Diese Möglichkeit hat der Gesetzgeber nunmehr eingeschränkt und das Abfindungsverbot auch auf laufende Renten ausgedehnt. Das Abfindungsverbot gilt aber gemäß der Übergangsregelung in § 30 g Abs. 2 BetrAVG nur für 210

---

[293] Vgl. BGH 23.5.2017 – II ZR 6/16, DStR 2017, 1838.
[294] BAG 22.9.1987 – 3 AZR 194/86, NZA 1988, 470; 11.12.2001 – 3 AZR 334/00, DB 2002, 2335.
[295] BAG 22.9.1987 – 3 AZR 194/86, NZA 1988, 470.
[296] BAG 23.8.1994 – 3 AZR 825/93, NZA 1995, 421; OLG Frankfurt a.M. 22.2.2007 – 16 U 197/06, NZA-RR 2007, 317.
[297] *Langohr-Plato* BetrAVG Rn. 507.
[298] Vgl. BAG 14.8.1990 – 3 AZR 301/89, NZA 1991, 174; *Karst/Cisch* BetrAVG § 3 Rn. 7; HWK/*Schipp* BetrAVG § 3 Rn. 5.
[299] *Karst/Cisch* BetrAVG § 3 Rn. 8.
[300] BT Drs. 15/2150, 52; BAG 14.6.2005 – 3 AZR 185/04, NZA-RR 2006, 336.
[301] BAG 24.1.2006 – 3 AZR 484/04, NZA 2007, 278.
[302] *Langohr-Plato* BetrAVG Rn. 488.

Renten, die erstmals nach dem 31.12.2004 ausgezahlt wurden. Renten, die erstmalig vor dem 1.1.2005 ausgezahlt wurden, können weiterhin vollständig, dh auch für die nach dem 1.1.2005 fällig werdenden Teile abgefunden werden.[303] Das Abfindungsverbot des § 3 BetrAVG ist ebenfalls nicht einschlägig, wenn die betriebliche Altersversorgung lediglich umgestaltet wird und die neuen Versorgungsleistungen wirtschaftlich gleichwertig sind.[304]

211 **dd) Zustimmungserfordernisse bei zulässiger Abfindung.** Die nach § 3 Abs. 1 BetrAVG zulässige Abfindung bedarf zu ihrer Wirksamkeit der Zustimmung des Versorgungsberechtigten und des Versorgungsschuldners. Ein einseitiger Anspruch auf Abfindung steht mit Ausnahme der Regelungen in § 3 Abs. 2–4 BetrAVG keiner Partei zu.

Das **einseitige** Abfindungsrecht für Kleinstanwartschaften gemäß § 3 Abs. 2 BetrAVG besteht nach zutreffender Auffassung auch im laufenden Arbeitsverhältnis. Dies gilt jedenfalls dann, wenn ein Versorgungswerk in der Weise geschlossen wird, dass keine Anwartschaftszuwächse mehr erzielt werden können und bereits feststeht, dass die Eckwerte nicht überschritten werden. Bedeutung hat dies vor allem wenn ein externer Versorgungsträger (zB eine Unterstützungskasse) liquidiert werden soll, aber noch Kleinstanwartschaften aus der entsprechenden Versorgungszusage gegenüber aktiven Mitarbeitern existieren. Der Arbeitgeber muss hier nicht bis zum Ausscheiden des letzten Versorgungsberechtigten warten, bis er sein Abfindungsrecht ausüben kann.

212 Beruht der abzufindende Anspruch auf einer **Betriebsvereinbarung,** so kann gemäß § 77 Abs. 4 BetrVG die Zustimmung des Betriebsrats erforderlich sein. Dies gilt jedenfalls, wenn ein Verzicht auf Rechte aus der Betriebsvereinbarung erfolgt oder es zu einer Änderung der Verteilungsgrundsätze kommt.[305] Beruht der Anspruch auf einem **Tarifvertrag,** so gilt gemäß § 4 Abs. 3 und 4 TVG entsprechendes. Eine Zustimmung des **Pensionssicherungsvereins** ist in keinem Falle erforderlich.

213 Sieht die Versorgung eine **Hinterbliebenenversorgung** vor, so ist zur Abfindung der Versorgungsrechte die Zustimmung der Hinterbliebenen nicht erforderlich, da es sich nur um Annexrechte zum Hauptrecht handelt, aus denen den Hinterbliebenen erst mit dem Tode des Hauptberechtigten eine eigene Rechtsposition erwächst.

214 **ee) Die Abfindung von unverfallbaren Anwartschaften bei Beendigung des Arbeitsverhältnisses.** Eine Abfindung gesetzlich unverfallbarer Anwartschaften im zeitlichen oder sachlichen Zusammenhang mit der Beendigung des Arbeitsverhältnisses ist vorbehaltlich der in den Absätzen 2–6 geregelten Ausnahmen gemäß § 3 Abs. 1 BetrAVG unzulässig.[306]

215 Ein Zusammenhang mit der Beendigung des Arbeitsverhältnisses liegt stets vor, wenn die Abfindung nach Ausspruch der Kündigung erfolgt.[307] Gleiches gilt für die Abfindung in einem oder nach Abschluss eines Aufhebungsvertrages. Erfolgt die Abfindung vor Ausspruch der Kündigung oder Abschluss des Aufhebungsvertrages, so kommt es entscheidend darauf an, ob ein sachlicher Zusammenhang mit der Beendigung des Arbeitsverhältnisses bestand. Hierfür spricht gegebenenfalls bereits eine bestehende zeitliche Nähe, jedenfalls aber die Kenntnis der Parteien von der bevorstehenden Beendigung des Arbeitsverhältnisses.

216 Nach § 3 Abs. 2 BetrAVG dürfen bei einem vorzeitigen Ausscheiden nach gesetzlicher Unverfallbarkeit der Anwartschaft grundsätzlich nur noch **Kleinstanwartschaften** abgefunden werden. Sofern die zeitanteilig aufrechterhaltene Altersrente 1% (bzw. eine aufrechterhaltene einmalige Kapitalleistung 120%) der monatlichen Bezugsgröße nach § 18

[303] *Langohr-Plato* BetrAVG Rn. 494.
[304] BAG 20.11.2001 – 3 AZR 28/01, DB 2002, 2333.
[305] BAG 21.1.2003 – 3 AZR 30/02, NZA 2004, 331; 24.1.2006 – 3 AZR 484/04, NZA 2007, 278.
[306] BAG 14.6.2005 – 3 AZR 185/04, NZA-RR 2006, 336; *Förster/Cisch* BB 2004, 2126 (2132); *Schnitker/Grau* NJW 2005, 10 (14).
[307] BAG 22.9.1987 – 3 AZR 194/86, DB 1988, 656; 11.12.2001 – 3 AZR 334/00, DB 2002, 2335.

SGB IV nicht übersteigt, kann der Arbeitgeber danach die Anwartschaft einseitig ohne Zustimmung des Versorgungsberechtigten abfinden. Dies gilt auch für laufende Leistungen. Die nach früherem Recht bestehenden weiteren prozentual gestuften Abfindungsmöglichkeiten sind ersatzlos entfallen. Das Abfindungsrecht ist ein einseitiges Gestaltungsrecht des Arbeitgebers. Der Arbeitgeber muss daher – wenn der Versorgungsberechtigte mit der Abfindung nicht einverstanden ist – nicht auf Zustimmung des Versorgungsberechtigten zur Abfindung klagen. Das fehlende Einverständnis des Versorgungsberechtigten ist schlicht unerheblich. In Abweichung hiervon bedarf es in den Fällen des § 3 Abs. 2 S. 3 BetrAVG doch der Zustimmung des Versorgungsberechtigten, wenn der Arbeitnehmer nach Beendigung des Arbeitsverhältnisses ein neues Arbeitsverhältnis in einem anderen Mitgliedstaat der Europäischen Union begründet und dies innerhalb von drei Monaten seinem ehemaligen Arbeitgeber mitteilt. Gleiches gilt, wenn der Arbeitnehmer von seinem Recht auf Übertragung der Anwartschaft Gebrauch macht (§ 3 Abs. 2 Satz 4 BetrAVG).

Ein Abfindungsanspruch des Versorgungsberechtigten nach § 3 Abs. 2 BetrAVG besteht 217 nicht. Der Versorgungsberechtigte kann eine Abfindung lediglich gemäß § 3 Abs. 3 BetrAVG dann verlangen, wenn ihm die Beiträge zur gesetzlichen Rentenversicherung erstattet worden sind.

Schließlich können die während eines **Insolvenzverfahrens** erdienten Anwartschaften gemäß § 3 Abs. 4 BetrAVG ohne Zustimmung des Arbeitnehmers und ohne betragliche Höchstgrenze abgefunden werden, wenn die Betriebstätigkeit vollständig eingestellt und das Unternehmen liquidiert wird. Im Fall eines Betriebsübergangs gilt das Abfindungsrecht des Insolvenzverwalters für den Teil der Versorgungsrechte, der nach Eröffnung des Insolvenzfalles erdient wurde (und daher nicht vom PSV gesichert und auf den PSV übergegangen ist) nur dann, wenn die Arbeitnehmer vor dem Betriebsübergang ausgeschieden sind, dem Betriebsübergang widersprochen haben oder von dem Betriebsübergang nicht erfasst werden. Die Abfindung ist auch nicht gemäß § 315 BGB auf eine etwaige Unbilligkeit zu überprüfen. Die Vorschrift ist auf den Insolvenzverwalter weder unmittelbar noch analog anwendbar.[308] Für Arbeitnehmer, die vom Betriebsübergang erfasst werden und auf den Erwerber übergehen, haftet der Erwerber für alle ab Insolvenzeröffnung entstandenen Anwartschaften, dh auch für Anwartschaften, die in dem Zeitraum zwischen Insolvenzeröffnung und Betriebsübergang entstanden sind.[309] Ein Abfindungsrecht besteht im Hinblick auf diese auf den Erwerber übergehenden Arbeitnehmer nicht.

Macht der Arbeitnehmer geltend, der Arbeitgeber habe bei der Abfindung zu hohe 218 Steuern und Sozialversicherungsbeträge einbehalten und abgeführt, so berührt dies nicht die Erfüllungswirkung. Maßgeblich ist allein, dass der Arbeitgeber von dem zutreffenden Bruttobetrag ausgegangen ist und darlegt, dass er bestimmte Abzüge für Steuern und Sozialversicherung einbehalten und abgeführt hat. Der Arbeitnehmer muss dann die gerügten Korrekturen mithilfe der steuer- und sozialversicherungsrechtlichen Rechtsbehelfe gegenüber den entsprechenden Behörden geltend machen.[310]

Die Abfindung kleiner Anwartschaften und laufender Leistungen im Rahmen der reinen Beitragszusage ist gem. § 22 Abs. 4 S. 3 BetrAVG zulässig.

ff) Die Abfindung im Zusammenhang mit einem Betriebsübergang und Anteilsverkauf. 219 Erfolgt die Abfindung einer Versorgungsanwartschaft in einem zeitlichen Zusammenhang mit einem Betriebsübergang, so ist erhöhte Vorsicht geboten. Zwar besteht das Arbeitsverhältnis in diesem Falle fort, so dass nach dem oben Gesagten eine Abfindung zulässig wäre, weil sie im Rahmen eines laufenden Arbeitsverhältnisses erfolgt.[311]

---

308 BAG 22.12.2009 – 3 AZR 814/07, NZA 2010, 568.
309 BAG 22.12.2009 – 3 AZR 814/07, NZA 2010, 568.
310 BAG 22.12.2009 – 3 AZR 814/07, NZA 2010, 568.
311 Vgl. HWK/*Schipp* BetrAVG § 3 Rn. 5.

220 Zu beachten ist jedoch die Frage, ob in der Abfindung eine **Umgehung des § 613a Abs. 1 S. 1 BGB** zu sehen ist. Nach der bisherigen Rechtsprechung des BAG ist ein vereinbarter Ausschluss von Versorgungsansprüchen anlässlich eines Betriebsinhaberwechsels wegen Verstoßes gegen den Schutzzweck des § 613a BGB unwirksam.[312] Eine Ausnahme hat die Rechtsprechung bislang nur dann anerkannt, wenn die Einschränkung der bisherigen Versorgungsrechte durch einen sachlichen Grund gerechtfertigt ist.[313] In einer jüngeren Entscheidung hat das BAG zwar das Kriterium des sachlichen Grundes mit Blick auf die Vertragsfreiheit im Allgemeinen aufgegeben.[314] Da es dabei aber ausdrücklich offen gelassen hat, ob dies auch im Bereich der betrieblichen Altersversorgung gilt, wird man für die Praxis weiterhin davon ausgehen müssen, dass die Gefahr besteht, dass eine Abfindung von Betriebsrentenansprüchen von nach § 613a BGB übergehenden Arbeitnehmern durch die Rechtsprechung nur anerkannt wird, sofern diese von einem Sachgrund getragen ist. Ein solcher sachlicher Grund soll zB im Erhalt der Arbeitsplätze zu sehen sein.[315]

221 Dies ist nicht uneingeschränkt überzeugend. Zum einen ist das Sachgrunderfordernis nicht verlässlich handhabbar, denn es ist, da es sich um eine reine Wertungsentscheidung handelt, nicht prognostizierbar, was von einem Arbeitsgericht als sachlicher Grund anerkannt wird. Auf einer solchen Grundlage können keine Zahlungen erbracht werden. Zum anderen kann eine Umgehung des § 613a BGB bereits deshalb nicht vorliegen, weil § 613a BGB im Hinblick auf die Abfindungsmöglichkeit keine Rechtsposition des Arbeitnehmers begründet, die durch die Abfindung umgangen werden könnte.[316] Der Arbeitnehmer macht mit der Vereinbarung einer Abfindung lediglich von einem Recht Gebrauch, das ihm ohne den Betriebsübergang ohne weiteres zugestanden hätte. Wäre ihm diese Möglichkeit nunmehr in Anbetracht des Betriebsübergangs versagt, würde sich § 613a BGB als Beschränkung der Vertragsfreiheit des Arbeitnehmers und damit als Veränderung des *status quo* auswirken. Dafür besteht aber kein Anlass, da § 613a BGB nur den Erhalt der Rechtsposition schützen will, die für den Arbeitnehmer ohne den Betriebsübergang bestanden hätte. Dass § 613a Abs. 1 BGB keine allgemeine Einschränkung der Vertragsfreiheit enthält, ergibt sich auch aus einem Gegenschluss zu § 613a Abs. 1 S. 2 BGB, der eine partielle ausdrückliche Einschränkung der Vertragsfreiheit enthält, derer es nicht bedurft hätte, wenn eine solche allgemeine Einschränkung der Vertragsfreiheit bereits aus § 613a Abs. 1 S. 1 herzuleiten gewesen wäre. Dieser Ansicht scheint mittlerweile auch das BAG zuzuneigen, das in seiner Entscheidung vom 7.11.2007 den Aspekt der Vertragsfreiheit betont und ausdrücklich feststellt, dass im Erwerberbetrieb die gleiche Vertragsfreiheit herrsche wie im Veräußererbetrieb und sich aus § 613a BGB keine weitergehenden Einschränkungen der Privatautonomie ableiten lassen. Allerdings lässt die Entscheidung ausdrücklich die Frage offen, ob vor diesem Hintergrund an der bisherigen Auffassung festzuhalten ist, wonach an Verträge, die den Erlass rückständiger Ansprüche regeln oder die betriebliche Altersversorgung zu Lasten der Arbeitnehmer verschlechtern, strengere Anforderungen zu stellen sind.[317] Dies sollte mit guten Gründen zu verneinen sein.

222 Der Möglichkeit, dass der Arbeitnehmer im Zusammenhang mit dem Betriebsübergang in eine Drucksituation geraten kann, wird durch die geltenden Anfechtungsregeln Rechnung getragen. Die danach zur Anfechtung berechtigenden Gründe müssen dabei aber im konkreten Fall vom Versorgungsberechtigten dargelegt und durch Beweisantritt nachgewiesen werden, wenn er sich an der Vereinbarung der Abfindung nicht mehr festhalten lassen will.

---

312 S. BAG 12.5.1992 – 3 AZR 247/91, NZA 1992, 1080; 29.10.1985 – 3 AZR 485/83, DB 1986, 1779.
313 Vgl. BAG 12.5.1992 – 3 AZR 247/91, NZA 1992, 1080; 29.10.1985 – 3 AZR 485/83, DB 1986, 1779.
314 BAG 7.11.2007 – 5 AZR 1007/06, NZA 2008, 530.
315 BAG 26.1.1977 – 5 AZR 302/75, DB 1977, 1192; 18.8.1976 – 5 AZR 95/75, DB 1977, 310.
316 Siehe hierzu auch *Schnitker/Grau* NZA Beilage zu Heft 2/2010, 73.
317 BAG 7.11.2007 – 5 AZR 1007/06, NZA 2008, 530.

Nicht ausreichend für eine Anfechtung wegen widerrechtlicher Drohung ist es, wenn der Betriebsinhaber den Arbeitnehmer wahrheitsgemäß darauf hinweist, der potentielle Erwerber habe angekündigt, er werde den Betrieb nicht erwerben, wenn es zu keiner Abfindung der Versorgungsanwartschaften komme. Die Mitteilung ungünstiger wirtschaftlicher Tatsachen allein kann keine widerrechtliche Drohung darstellen. Sie ist im Rahmen einer vertrauensvollen Beziehung vielmehr sogar geboten, um den Arbeitnehmer objektiv und wahrheitsgemäß zu informieren. Aus demselben Grunde kann es auch nicht als unzulässiger Druck angesehen werden, wenn eine ernsthafte Alternative zur Veräußerung des Betriebes eine vollständige oder teilweise Schließung des Betriebs ist und dieser Umstand den Arbeitnehmern ebenfalls in sachlicher Weise zur Kenntnis gebracht wird. Dass ein Arbeitnehmer in diesem Fall einem faktischen Entscheidungsdruck ausgesetzt ist, ergibt sich aber nicht aus einer widerrechtlichen Drohung, sondern aus den Umständen des Lebens, denen sich keine Seite nur deshalb entziehen kann, weil die Sachlage zu schwierigen Entscheidungen zwingt. Im Übrigen unterscheidet sich die Situation auch nicht von Fällen, in denen kein Betriebsübergang in Rede steht, sondern zwischen Sanierung oder Schließung zu entscheiden ist. 223

Die restriktivere Haltung der Rechtsprechung zu Vertragsänderungen im Zusammenhang mit einem Betriebsübergang steht auch in einem gewissen Wertungswiderspruch zur Rechtsprechung zur Beendigung von Arbeitsverhältnissen im Rahmen des Übergangs in eine Beschäftigungsgesellschaft und nachträglicher Einstellung durch einen Betriebsnachfolger.[318] 224

Nichts anderes als das vorstehend Gesagte kann gelten, wenn es nicht um eine Abfindung, sondern um einen **Verzicht** auf Versorgungsanwartschaften geht. Zwar entfällt der Aspekt, dass der Versorgungsberechtigte eine isoliert betrachtet angemessene Kompensation für den Verlust der Versorgungszusage erhält. Der Versorgungsberechtigte ist aber nicht gezwungen, seine Zustimmung zu erteilen und wird in der Regel andere triftige Gründe für die Zustimmung haben (so zB die Erhaltung des Arbeitsplatzes). Erteilt er nach Abwägung aller Umstände seine Zustimmung, so muss er sich auch daran festhalten lassen, wenn kein Anfechtungsgrund vorliegt. 225

Es spricht somit vieles dafür, die Abfindung von Versorgungsanwartschaften sowie den Verzicht im Zusammenhang mit einem Betriebsübergang generell zuzulassen und als **Kontrollinstrument auf die allgemeinen Anfechtungsregeln** abzustellen. In diesem Zusammenhang kann dem Umstand, ob sich der Käufer seinerseits an etwaig abgegebene Zusagen hält, erhebliche indizielle Wirkung für die Frage zukommen, ob die Versorgungsberechtigten übervorteilt worden sind. Der Versorgungsberechtigte wird sich nämlich in der Regel auf eine Abfindung oder gar einen Verzicht auf Versorgungsanwartschaften nur einlassen, wenn er hiervon etwas hat. Werden diese Erwartungen erfüllt, so besteht kein sachlicher Grund, die Abfindung oder den Verzicht in Frage zu stellen. Vor diesem Hintergrund erscheint es zum Beispiel gerade auch im Hinblick auf die Rechtssicherheit für alle Parteien sachgerecht und fair, Vereinbarungen anzuerkennen, in denen die Abfindung bzw. der Verzicht auflösend bedingt ist durch den Bruch bestimmter Zusagen seitens des Betriebserwerbers (zB Kündigungsausschluss für einen bestimmten Zeitraum). 226

Aus Sicht eines Betriebserwerbers empfiehlt es sich, jedenfalls eine Haftung des Verkäufers für die Wirksamkeit einer Abfindung zu vereinbaren bzw. das Risiko bei der Kaufpreisfindung zu berücksichtigen.

Im Falle eines **Anteilskaufs** stellt sich das Problem der Umgehung des § 613a BGB nicht, weil § 613a BGB keine Anwendung findet. Gleichwohl – und auch dies spricht für die Stimmigkeit des von § 613a BGB unabhängigen obigen Lösungsansatzes – wird man sich die Frage der Anfechtbarkeit zu stellen haben, wenn Anhaltspunkte hierfür vorliegen. Akzeptiert man, dass § 613a BGB keine generelle Einschränkung der Vertragsfreiheit bewirkt, besteht nämlich kein Grund, die Fälle des *asset deals* und des *share deals* in der Frage 227

[318] BAG 23.11.2006 – 8 AZR 349/06, NZA 2007, 866; 18.8.2005 – 8 AZR 523/04, NZA 2006, 145.

der Zulässigkeit einer Abfindung oder eines Verzichts auf Versorgungsanwartschaften unterschiedlich zu behandeln.

228 **gg) Höhe der Abfindungsleistung.** Als Abfindungsbetrag ist vom Arbeitgeber gemäß § 3 Abs. 5 iVm § 4 Abs. 5 BetrAVG (mindestens) der sog. **Barwert** der nach § 2 BetrAVG bemessenen künftigen Versorgungsleistung (vereinfacht gesagt, der abgezinste Wert der Anwartschaft auf Alters-, Invaliden- und ggf. Hinterbliebenenleistung) zu zahlen.

229 § 4 Abs. 5 BetrAVG stellt als maßgeblichen Zeitpunkt für die Berechnung auf den Zeitpunkt der „Übertragung" ab. Es spricht einiges dafür, dass danach bei entsprechender Anwendung auf die Situation der Abfindung der Zeitpunkt der Abfindung, dh der Auszahlung maßgeblich ist. Dies entspricht auch der wohl früher zur alten Rechtslage herrschenden Meinung.[319] Für die Berechnung des Barwertes sind „die Rechnungsgrundlagen sowie die anerkannten Regeln der Versicherungsmathematik" maßgebend. Von wirtschaftlich herausragender Relevanz für die Bestimmung der Abfindungshöhe ist der Rechnungszins für die Bestimmung des Barwertes. Während die frühere gesetzliche Regelung vorsah, dass bei der jeweiligen Form der betrieblichen Altersversorgung vorgeschriebene Rechnungszinsfuß zu verwenden ist, ist diese Regelung in der Neufassung von § 4 BetrAVG im Jahre 2004 nicht übernommen worden. Dies sollte zunächst nicht mit einer sachlichen Änderung einhergehen.[320]

Allerdings wurden mit dem Bilanzrechtsmodernisierungsgesetz[321] in § 253 HGB eigenständige Abzinsungsregelungen definiert, die sich vom Grundsatz der steuerlichen Maßgeblichkeit gelöst haben. Vor diesem Hintergrund dürfte jedenfalls der handelsbilanzielle Zinssatz nach § 253 HGB für die Bestimmung des Abfindungswertes zulässig sein. Darüber hinaus wird allerdings vielfach die Auffassung vertreten, dass der Zinssatz nicht klar fixiert ist, sondern letztlich der freien Vereinbarung der Parteien unterliegt.[322] Folgt man diesem Ansatz der freien Verhandelbarkeit – wofür angesichts des denkbar offenen Wortlauts und dem gesetzgeberischen Ziel, Übertragungen grundsätzlich attraktiver zu gestalten, einiges spricht – dürfte regelmäßig auch eine Bestimmung anhand anderer anerkannter Rechnungslegungsstandards, insbesondere IFRS zulässig sein.

Bei einer Direktversicherung, Pensionskasse und Pensionsfonds muss eine Abfindung mindestens in Höhe des gebildeten Kapitals im Zeitpunkt der Abfindung erfolgen.

230 Nicht entschieden ist bisher, ob im Anwendungsbereich des § 3 Abs. 5 BetrAVG bei unmittelbaren Versorgungszusagen oder Unterstützungskassenzusagen auch die mutmaßlichen künftigen **Anpassungen** von laufenden Leistungen an gestiegene Lebenshaltungskosten (vgl. § 16 BetrAVG) bei der Errechnung des Abfindungsbetrags zu berücksichtigen sind. Eine solche Einbeziehung der Anpassung würde zu erheblichen Steigerungen des Abfindungsbetrages führen, da eine angenommene Rentendynamik von zB 1% (2%) einen um rund 10% (20%) höheren Abfindungsbetrag für die Versorgungsanwartschaft ergibt. Unseres Erachtens gilt Folgendes: Sofern der Arbeitgeber eine bestimmte laufende Anpassung vertraglich verbindlich zugesagt hat (zB eine Anpassung um „mindestens 1% pro Jahr"), ist die Dynamik der späteren Rentenzahlung bei der Ermittlung des Barwertes der Anwartschaft zu berücksichtigen. Im Übrigen ist die Anpassung nicht zwingend zu berücksichtigen, da § 3 Abs. 5 und § 4 Abs. 5 BetrAVG für die Berechnung der Abfindungshöhe allein auf § 2 BetrAVG verweisen und dort eine Einbeziehung der Rentendynamik nicht vorgesehen ist. Handelt es sich um eine Abfindung einer laufenden Versorgungsleistung, so spricht gegen die Einbeziehung einer Rentendynamik, dass § 16

[319] Vgl. dazu Blomeyer/*Rolfs/Otto,* 3. Aufl. 2004, BetrAVG § 3 Rn. 104; ebenfalls in Bezug auf § 3 BetrAVG *Karst/Cisch* BetrAVG § 3 Rn. 18.

[320] BT-Drucks. 15/2150, 54.

[321] BilMoG vom 25.5.2009, BGBl I S. 1102.

[322] Vgl. etwa Höfer/*Höfer* BetrAVG§ 4 Rn. 130ff.; aA wohl Blomeyer/Rolfs/Otto/*Rolfs/Otto,* BetrAVG, § 4 Rn. 163, der von einer Fixierung auf Grundlage des HGB-Rechnungszinses ausgeht und jedenfalls keinen höheren Rechnungszins zulässt.

BetrAVG keine vorbehaltlose Anpassungspflicht vorsieht.[323] Soweit die Abfindung die Zustimmung des Versorgungsberechtigten voraussetzt, wird aber in jedem Fall zu berücksichtigen sein, dass es dem Arbeitnehmer unbenommen ist, die Abfindung abzulehnen, wenn das wirtschaftliche Angebot unattraktiv ist, weil künftige Anpassungsleistungen – anders als etwa in der Rückstellung in der Handelsbilanz – keine Berücksichtigung finden; insoweit wird es rein faktisch vielfach dazu kommen, dass ein gewisser Rententrend bei der Bestimmung des relevanten Betrages zu Grunde gelegt werden wird, um hier Einvernehmen bei der Abfindungshöhe zu erlangen.

Die obigen zwingenden Vorgaben zur Berechnung der Abfindungshöhe können nach 231 zutreffender Ansicht nur für Abfindungen gelten, die dem Anwendungsbereich des § 3 BetrAVG unterfallen.[324] Ist dies nicht der Fall, so kann die Höhe der Abfindung zwischen den Parteien nach den Grundsätzen der allgemeinen Vertragsfreiheit vereinbart werden. Dies ergibt sich zunächst aus § 3 Abs. 1 BetrAVG, der die Voraussetzungen der Folgeabsätze nur für anwendbar erklärt, sofern es sich um eine § 3 Abs. 1 BetrAVG unterfallende Anwartschaft oder laufende Leistung handelt, und zudem aus dem Sinn und Zweck der Vorschrift, der zwingende Berechnungsvorgaben nur erforderlich macht, wenn ein einseitiges Abfindungsrecht gemäß den Absätzen 2–4 besteht. Kann die Abfindung hingegen nur einvernehmlich erfolgen, so ist sie gemäß § 3 Abs. 1 BetrAVG entweder ohnehin untersagt oder aber unterliegt weiterhin der Vertragsfreiheit. Dafür spricht nicht zuletzt auch, dass der Versorgungsberechtigte auf eine nicht dem § 3 Abs. 1 BetrAVG unterfallende Anwartschaft einvernehmlich ersatzlos verzichten könnte. Dann muss es aber auch zulässig sein, die Höhe der Abfindung frei zu vereinbaren.[325] Alles andere würde zu einem unauflösbaren Wertungswiderspruch führen. Allerdings ist auch in diesen Fällen darauf zu achten, ob eine Anfechtbarkeit oder ein Zustimmungserfordernis des Betriebsrats besteht.

Gemäß § 3 Abs. 6 BetrAVG ist die Abfindung (soweit sie § 3 unterfällt) gesondert aus- 232 zuweisen und einmalig zu zahlen. Die Abfindung von unmittelbaren Pensionszusagen und Unterstützungskassenzusagen unterliegt der Lohn- und Einkommensteuer. Die Steuer ist von dem Versorgungsberechtigten zu tragen, wenn keine andere Abmachung getroffen wird.[326] Für die Sozialversicherungspflicht gilt § 229 Abs. 1 S. 3 SGB V.

hh) Folgen eines Verstoßes gegen das Abfindungsverbot. Ein Verstoß gegen das Ab- 233 findungsverbot hat nach § 134 BGB die **Nichtigkeit** des Rechtsgeschäfts zur Folge.[327] In einem solchen Fall kann der Arbeitnehmer im Versorgungsfall die Zahlung der Versorgungsleistungen trotz der (unzulässigen) Abfindung erneut verlangen. Da die Abfindung gegen ein gesetzliches Verbot verstößt, stellt sich die Frage, ob der Arbeitgeber in diesem Fall gehindert ist, eine Rückforderung des ausgekehrten Abfindungsbetrags zu verlangen bzw. eine Aufrechnung mit einem solchen Rückforderungsanspruch zu erklären (vgl. § 817 S. 2 BGB).[328] Dies dürfte von den Umständen des Einzelfalles abhängen.

Ein zu **geringer** Abfindungsbetrag führt dagegen nicht zur Unwirksamkeit der Abfindungsvereinbarung. Es besteht in diesem Fall lediglich ein Anspruch auf den sich bei zutreffender Berechnung ergebenden Differenzbetrag.[329]

---

[323] *Langohr-Plato* BetrAVG Rn. 513; Blomeyer/Rolfs/Otto/*Rolfs* BetrAVG § 16 Rn. 44; anders Höfer/*Höfer* BetrAVG § 16 Rn. 24ff. unter Berufung auf BGH 8.1.1981 – VI ZR 128/79, NJW 1981, 818, wobei das Urteil eine Schadensersatzrente betrifft.

[324] So auch *Alt/Stadelbauer* DStR 2009, 2551.

[325] Wohl auch Blomeyer/Rolfs/Otto/*Rolfs* BetrAVG § 3 Rn. 18.

[326] BAG 30.10.1980 – 3 AZR 364/79, BB 1981, 555; *Langohr-Plato* BetrAVG Rn. 517.

[327] BAG 22.3.1983 – 3 AZR 499/80, DB 1984, 727.

[328] Blomeyer/Rolfs/Otto/*Rolfs* BetrAVG § 3 Rn. 43; Karst/CischBetrAVG § 3 Rn. 23; *Langohr-Plato* BetrAVG Rn. 514; aA Kisters-Kölkes/Berenz/Huber/Betz-Rehm/*Kisters-Kölkes* BetrAVG § 3 Rn. 100; wohl auch BAG 17.10.2000 – 3 AZR 7/00, NZA 2001, 963.

[329] Vgl. BAG 30.9.1986 – 3 AZR 22/85, NZA 1987, 456.

c) Übertragung von Versorgungsverpflichtungen (§ 4 BetrAVG)

234 Die schuldbefreiende Übertragung von Verpflichtungen aus Versorgungsanwartschaften oder laufenden Renten ist mit Wirkung zum 1. 1. 2005 in § 4 BetrAVG grundlegend neu geregelt worden.[330] Gemäß § 4 Abs. 1 BetrAVG ist die schuldbefreiende Übertragung nur unter den einschränkenden Voraussetzungen der Absätze 2–6 der Norm zulässig. Die Vorschrift gilt auch für Versorgungszusagen aus Gehaltsumwandlung.[331] Danach gilt Folgendes:

235 **aa) Anwendungsbereich des § 4 BetrAVG.** Die Regelung des § 4 BetrAVG gilt zunächst nicht für Anwartschaften, die noch nicht gesetzlich unverfallbar sind. § 4 BetrAVG ist des Weiteren nicht anzuwenden auf den reinen **Wechsel des Durchführungsweges,** dh den Fall bei dem der Durchführungsweg geändert wird, der bisherige Versorgungsschuldner iSv § 1 Abs. 1 S. 3 BetrAVG jedoch unverändert bleibt.[332] Dies gilt auch dann, wenn es sich um einen Wechsel des Durchführungsweges handelt, bei dem die Durchführung durch einen Dritten erfolgt, der einen Rechtsanspruch auf seine Leistungen gewährt (etwa eine Pensionskasse). Die Umstellung einer Pensionskassenzusage auf eine Direktzusage ohne Änderung der Person des Versorgungsverpflichteten aus der Grundverpflichtung, den die Ausfallhaftung nach § 1 Abs. 1 Nr. 3 BetrAVG trifft, unterfällt daher nicht dem § 4 BetrAVG.

236 Die Vorschrift des § 4 BetrAVG ist ferner nicht anzuwenden auf die Fälle, in denen der Wechsel des Versorgungsschuldners auf einer gesetzlichen Anordnung beruht. Dies ist insbesondere in den Fällen des **Betriebsübergangs** gemäß § 613a BGB der Fall.[333] Gemäß § 613a Abs. 1 BGB tritt der Betriebserwerber in die Verpflichtungen aus den Versorgungszusagen gegenüber den übernommenen Mitarbeitern automatisch kraft Gesetzes ein, ohne dass es auf die Voraussetzungen des § 4 BetrAVG ankommt. Übernommen werden im Rahmen des § 613a BGB kraft Gesetzes nur die Versorgungsverpflichtungen aus den im Zeitpunkt des Betriebsübergangs bestehenden Arbeitsverhältnissen, nicht jedoch die Verpflichtungen gegenüber den vor dem Stichtag ausgeschiedenen Arbeitnehmern oder Rentnern.

237 Schließlich ist § 4 BetrAVG nicht anzuwenden auf die Übertragung von Versorgungsverpflichtungen nach Maßgabe des **Umwandlungsgesetzes** (UmwG). Dies hat das BAG klargestellt und sich damit der ganz herrschenden Meinung angeschlossen.[334] Im Rahmen einer Übertragung von Versorgungsverpflichtungen nach dem Umwandlungsgesetz gehen die Versorgungsverpflichtungen im Wege der Gesamtrechtsnachfolge (nicht jedoch wie § 4 BetrAVG voraussetzt per Einzelrechtsnachfolge) auf den aufnehmenden Rechtsträger über. In den Fällen der partiellen Gesamtrechtsnachfolge (Spaltung) können (und müssen) die zu übertragenden Versorgungsverbindlichkeiten im Spaltungsvertrag gemäß § 126 UmwG bezeichnet werden. Auf die Zustimmung des Versorgungsberechtigten oder des PSV kommt es nicht an (siehe hierzu im Detail die Ausführungen unter → Rn. 583 ff.).[335]

238 Die schuldbefreiende Übernahme von Versorgungsverpflichtungen gemäß § 4 BetrAVG ist abzugrenzen vom Schuldbeitritt. Ein **Schuldbeitritt im Außenverhältnis** zum Versorgungsberechtigten führt anders als die Schuldübernahme nicht zu einer Enthaftung des bisherigen Schuldners gegenüber dem Versorgungsberechtigten, sondern zum Entstehen einer Gesamtschuldnerschaft. Der bisherige Versorgungsschuldner wird somit nicht von

---

330 S. dazu auch *Schnitker/Grau* NJW 2005, 10 (11) mwN.

331 Die frühere Regelung in § 4 Abs. 4 BetrAVG aF ist ohne Übergangsregelung mit Wirkung zum 1. 1. 2005 aufgehoben worden. Versorgungszusagen auf Basis einer Gehaltsumwandlung können damit nach denselben Grundsätzen übertragen werden, wie arbeitgeberfinanzierte Zusagen; s. dazu auch *Goldbach/Obenberger* BetrAVG Rn. 503.

332 BT-Drs. 15/2150, 53; *Langohr-Plato* BetrAVG Rn. 541; *Kock/Otto* BB 2004, 1167.

333 *Karst/Cisch* BetrAVG § 4 Rn. 4; *Uckermann* RdA 2012, 353 (354).

334 BAG 22.2.2005 – 3 AZR 499/03, NZA, 2005, 639.

335 Vgl. dazu auch Blomeyer/Rolfs/Otto/*Rolfs* BetrAVG § 4 Rn. 33.

seinen Versorgungsverpflichtungen frei. Dies ist im Rahmen von Unternehmenskäufen bei der Gestaltung zu beachten. Ein Schuldbeitritt ist oftmals begleitet von einer **Schuldübernahme im Innenverhältnis.** Dabei handelt es sich dann um eine Regelung zum internen Gesamtschuldnerausgleich zwischen den Gesamtschuldnern iSv § 426 BGB. Die Schuldübernahme im Innenverhältnis hat gegenüber dem Versorgungsberechtigten keine Auswirkungen. Insbesondere wird der Versorgungsberechtigte nicht verpflichtet, sich vorrangig oder gar ausschließlich an einen der Schuldner zu halten. Eine solche Gestaltung hat aber bilanzielle Auswirkungen; insbesondere kann der Schuldbeitritt mit interner Erfüllungsübernahme in handelsbilanzieller Hinsicht dazu führen, dass der aus dem Schuldbeitritt begünstigte eigentliche Versorgungsschuldner der Versorgungszusage die entsprechenden Verpflichtungen – mangels hinreichender Wahrscheinlichkeit einer Inanspruchnahme – nicht mehr zu bilanzieren hat; dies erfolgt dann vielmehr bei dem Beitretenden.

Eine Schuldübernahme im Innenverhältnis kann auch unabhängig von einem Schuld- 239
beitritt im Außenverhältnis (zum Versorgungsberechtigten) vereinbart werden. In diesem Fall hat der Versorgungsberechtigte gegenüber dem Schuldübernehmer keinerlei Forderungsrecht. Der Schuldübernehmer im Innenverhältnis haftet vielmehr nur gegenüber dem eigentlichen Versorgungsschuldner. In der Praxis finden sich solche Vereinbarungen bisweilen in Unternehmenskaufverträgen. Hier ist darauf zu achten, dass unmissverständlich klargestellt wird, welche der obigen Alternativen gewollt ist. Dies gilt nicht zuletzt deshalb, weil ein Schuldbeitritt im Außenverhältnis auch als Vertrag zugunsten Dritter ohne Zustimmung des Versorgungsberechtigten möglich ist und daher eine unbedachte Formulierung zu Verpflichtungen gegenüber den Versorgungsberechtigten führen kann. Es ist ferner darauf zu achten, die finanziellen Lasten entsprechend zu verteilen und abzusichern. Bei einer Freistellungsvereinbarung im Innenverhältnis kann der Freigestellte nämlich nicht ohne weiteres darauf vertrauen, dass der Freistellende auch noch in späteren Jahren solvent ist, zumal die Verpflichtungen aus der Altersversorgung über Jahrzehnte laufen können. Dieses Risiko ist also abzusichern oder entsprechend bei der Kaufpreisfindung zu berücksichtigen.

bb) Übertragung der Zusage gemäß § 4 Abs. 2 Nr. 1 BetrAVG. Die Verpflichtung, 240
bei Eintritt des Versorgungsfalles Versorgungsleistungen an die Versorgungsberechtigten zu erbringen, kann gemäß § 4 Abs. 2 Nr. 1 BetrAVG nach Beendigung des Arbeitsverhältnisses mit **Zustimmung des Arbeitnehmers** und des neuen Arbeitgebers von dem neuen Arbeitgeber übernommen werden. Damit ist die Übernahme durch einen **Folgearbeitgeber** möglich. Voraussetzung hierfür ist ein **dreiseitiger Vertrag** zwischen allen Beteiligten. Die Zustimmung des **Pensionssicherungsvereins** ist nicht erforderlich.

Die Übertragung hat für den bisherigen Arbeitgeber schuldbefreiende Wirkung iSd 241
§§ 414 ff. BGB. Der Versorgungsberechtigte kann die Versorgungsleistung nicht mehr von ihm fordern. Für den neuen Arbeitgeber wirkt die Übertragung schuldbegründend. Er wird bei unmittelbaren Versorgungszusagen Schuldner der Versorgungsverpflichtung; bei mittelbaren Versorgungsverpflichtungen trifft ihn die Ausfallhaftung nach § 1 Abs. 1 S. 3 BetrAVG. Seit 2018 hat der neue Arbeitgeber daher auch unter Umständen die Dynamisierung der unverfallbaren Anwartschaft nach dem Ausscheiden vorzunehmen (§ 2a Abs. 2 BetrAVG).

Die bloße Übernahme nach § 4 Abs. 2 Nr. 1 BetrAVG lässt die Rechtsnatur und den 242
Inhalt der Versorgungszusage unberührt. Der Übernehmer ist also im Grundsatz verpflichtet, die Zusage genau in der Form und mit dem Inhalt zu übernehmen, den die Zusage vor der Übertragung hatte. Umstritten ist, ob dies im Rahmen des § 4 Abs. 2 Nr. 1 BetrAVG zwingend oder aber dispositiv ist, so dass die Zusage unmittelbar bei der Übernahme modifiziert werden kann.[336] Die wohl überwiegende Meinung verneint die Dispositivität zu

[336] Ausf. *Schlewing/Henssler/Schipp/Schnitker* Teil 17 D Rn. 42 mwN.

recht.[337] Dafür spricht insbesondere der systematische Umstand, dass mit § 4 Abs. 2 Nr. 2 BetrAVG eine gesetzliche Sonderregelung besteht, die eine Übertragung bei gleichzeitiger Änderung der Versorgungszusage ausdrücklich vorsieht. Die Bindung im Rahmen des § 4 Abs. 2 Nr. 1 BetrAVG besteht insbesondere hinsichtlich des Leistungsplans, als auch des gewählten Durchführungswegs, da letzterer regelmäßig Teil des Versorgungsversprechens sein wird.[338] Demgegenüber besteht eine Pflicht zur Durchführung mittels eines konkreten Versorgungsträgers nur in Fällen, in denen dies entweder in der Versorgungszusage oder dem Übertragungsvertrag ausdrücklich vorgesehen ist.

Probleme ergeben sich vor allem dann, wenn der neue Arbeitgeber zwar die Verpflichtungen übernehmen will, er aber den bislang geltenden Durchführungsweg nicht beschreiten kann oder will (etwa weil er zB nicht die Aufnahmevoraussetzungen für die Pensionskasse des alten Arbeitgebers erfüllt) oder aber die neu aufgenommenen Arbeitnehmer lieber in seinen bestehenden Leistungsplan integrieren will. Zwar ist der neue Arbeitgeber durch § 4 BetrAVG nicht gezwungen, den bisherigen Durchführungsweg beizubehalten, da die Vorschrift auf den reinen Wechsel des Durchführungsweges nicht anwendbar ist und daher keine diesbezüglichen Beschränkungen enthält. Dies hat der Gesetzgeber ausdrücklich klargestellt.[339] Der übernehmende Arbeitgeber kann daher nach der Übernahme der Versorgungsverpflichtung versuchen, den Durchführungsweg zu ändern. Dabei muss er diesen Wechsel des Durchführungsweges aber rechtstechnisch wirksam vollziehen. Er kann daher zB nicht allein durch die Übernahme einer beim alten Arbeitgeber bestehenden Direktzusage nach § 4 Abs. 2 Nr. 1 BetrAVG bei sich eine Unterstützungskassenzusage begründen. Hierzu bedarf er vielmehr im Ergebnis der Zustimmung des Arbeitnehmers, da es sich um eine Änderung der bestehenden Zusage handelt.[340]

243 Diese Zustimmung ist auch nicht etwa deshalb entbehrlich, weil der Arbeitgeber prinzipiell nach freiem Ermessen mitbestimmungsfrei über den Durchführungsweg einer betrieblichen Altersversorgung entscheiden kann. Die Mitbestimmungsfreiheit bezieht sich lediglich darauf, dass dem Betriebsrat bei der Auswahl des Durchführungsweges kein erzwingbares Mitbestimmungsrecht iSv § 87 BetrVG zukommt und der Arbeitnehmer vom Arbeitgeber keinen bestimmten Durchführungsweg verlangen kann. Die Mitbestimmungsfreiheit bedeutet aber nicht, dass der Arbeitgeber nicht an einen einmal zugesagten Durchführungsweg (aus einer eigenen oder aber übernommenen Zusage) gebunden ist. Ist eine Zusage für einen bestimmten Durchführungsweg einmal erteilt oder vom Vorarbeitgeber übernommen, so ist der Arbeitgeber hieran auch gebunden, bis die Zusage nach allgemeinen Rechtsgrundsätzen wirksam geändert ist.

244 Will der neue Arbeitgeber nach einer Übernahme gemäß § 4 Abs. 2 Nr. 1 BetrAVG den Leistungsplan ändern, so gelten hierfür ebenfalls die allgemeinen Voraussetzungen für die Änderung von Versorgungszusagen. § 4 Abs. 2 Nr. 1 BetrAVG steht einer solchen Änderung nicht entgegen, privilegiert sie aber auch nicht.

245 Hat der neue Arbeitgeber eine Versorgungszusage nach § 4 Abs. 2 Nr. 1 BetrAVG übernommen und ist er nicht in der Lage, den bisherigen Durchführungsweg bereitzustellen,

---

[337] Vgl. Blomeyer/Rolfs/Otto/*Rolfs* BetrAVG § 4 Rn. 72, 89; Höfer/*Höfer* BetrAVG § 4 Rn. 51; Kisters-Kölkes/Berenz/Huber/Betz-Rehm/*Kisters-Kölkes* BetrAVG § 4 Rn. 17; aA *Reichenbach/Jocham* BB 2008, 1786; wohl auch *Förster/Cisch* BB 2004, 2126 (2127).

[338] BAG 12.6.2007 – 3 AZR 186/06, NZA-RR 2008, 537; *Thüsing/Granetzny* BetrAV 2010, 509; *Schlewing/Henssler/Schipp/Schnitker* Teil 17 D Rn. 43; aA wohl *Langohr-Plato/Teslau* NZA 2004, 1297 (1301); *Reichenbach/Jocham* BB 2008, 1786.

[339] BT-Drs. 15/2150, 53; *Langohr-Plato* BetrAVG Rn. 541; *Kock/Otto* BB 2004, 1167.

[340] Ist die Rechtsgrundlage der Zusage eine Betriebsvereinbarung, so reicht die Änderung der Betriebsvereinbarung zum Wechsel des Durchführungsweges aus. Dieser Fall wird aber im Rahmen der individuellen Übernahme von Versorgungsverpflichtungen nach § 4 BetrAVG nicht unmittelbar relevant, weil die ggf. beim alten Arbeitgeber bestehende Betriebsvereinbarung als solche nicht auf den neuen Arbeitgeber übergeht. Allenfalls könnte man überlegen, ob beim neuen Arbeitgeber eine Ablösung der nach § 4 BetrAVG übernommenen und früher auf einer Betriebsvereinbarung basierenden Zusage durch eine Betriebsvereinbrung des neuen Arbeitgebers etwa in entsprechender Anwendung des § 613a Abs. 1 S. 3 BGB möglich ist.

so haftet er gemäß § 1 Abs. 1 S. 3 BetrAVG. Er kann somit durch bloße Untätigkeit (sofern der Versorgungsberechtigte nicht auf Erfüllung hinsichtlich des Durchführungsweges klagt) die übernommene Zusage infolge der bestehenden Ausfallhaftung *de facto* in eine Art unmittelbare Versorgungsverpflichtung umwandeln. Dabei bleiben etwaig bestehende Ansprüche des Versorgungsberechtigten gegen den externen Versorgungsträger aus dem Past Service natürlich unberührt. Empfehlenswert ist diese technisch unsaubere Vorgehensweise jedoch nicht, da sich zahlreiche Folgeprobleme ergeben, so etwa die Frage nach welchen Vorschriften und Voraussetzungen zukünftig Rückstellungen zu bilden sind. Zudem kommt es zu einem Auseinanderfallen der Regelungen der Versorgungszusage und der tatsächlichen Haftung. Zu Fällen der vorgenannten Art sollte es daher in der Praxis sehenden Auges nicht kommen. Denkbar sind aber Fälle, in denen sich nach Abschluss der dreiseitigen Vereinbarung unerwartete Hindernisse ergeben, etwa weil übersehen wurde, dass der externe Versorgungsträger für den übernehmenden Arbeitgeber nicht zur Verfügung steht. Diese Aspekte sind daher vorab zu klären.

Die Übernahme der Versorgungsverpflichtung nach § 4 Abs. 2 Nr. 1 BetrAVG ist als reiner Schuldnerwechsel für den Arbeitnehmer **steuerlich ohne Bedeutung.**[341] Dies gilt nicht für einen eventuell nachfolgenden Wechsel zwischen einem vorgelagert und nachgelagert besteuertem Versorgungsweges und umgekehrt.

cc) Übertragung des Übertragungswertes gemäß § 4 Abs. 2 Nr. 2 BetrAVG. Das Ziel einer Übernahme von Versorgungsverpflichtungen unter gleichzeitiger Harmonisierung von Durchführungsweg und Leistungsplan kann der neue Arbeitgeber unter Anwendung des § 4 Abs. 2 Nr. 2 BetrAVG einfacher erreichen. Danach kann der Wert der vom Arbeitnehmer erworbenen unverfallbaren Anwartschaft (Übertragungswert) im Einvernehmen der drei beteiligten Parteien auf den neuen Arbeitgeber übertragen werden, wenn dieser dem Arbeitnehmer eine **wertgleiche Zusage** erteilt, wobei für die neue Anwartschaft die Regelungen über die Entgeltumwandlung entsprechend gelten. Letzteres bedeutet, dass die neue Zusage von Beginn an gemäß § 1b Abs. 5 BetrAVG **unverfallbar** ist. Gemäß § 7 Abs. 5 S. 3 Nr. 2 BetrAVG besteht (so wie bei nach dem 1.1.2002 vereinbarter Entgeltumwandlung) ab dem ersten Tag (und nicht erst nach Ablauf von zwei Jahren) **Insolvenzschutz,** soweit der Übertragungsbetrag die Beitragsbemessungsgrenze der Rentenversicherung nicht überschreitet. Die Anwendung der Vorschriften über die Entgeltumwandlung bedeutet ferner im Rahmen der **Anpassungspflicht** gemäß § 16 BetrAVG, dass der neue Arbeitgeber gemäß § 16 Abs. 5 BetrAVG verpflichtet ist, die laufenden Leistungen später mindestens um 1% p.a. anzupassen – was eine im Kontext der Übertragung wenig einsichtige Regelung ist – bzw. bei versicherungsförmigen Durchführungswegen die Überschussanteile ab Rentenbeginn zur Erhöhung der Leistungen zu verwenden (vgl. § 16 Abs. 5 BetrAVG). 246

Die Vorschrift des § 4 Abs. 2 Nr. 2 BetrAVG ermöglicht es dem neuen Arbeitgeber somit, den übernommenen Arbeitnehmer nicht nur auf der Grundlage eines anderen Durchführungsweges, sondern auch eines anderen Leistungsplanes in die bei ihm bestehende betriebliche Altersversorgung unmittelbar zu integrieren. 247

Übernommen wird im Rahmen des § 4 Abs. 2 Nr. 2 BetrAVG nicht die Zusage als solche, sondern lediglich der Übertragungswert verbunden mit der Verpflichtung zur Erteilung einer wertgleichen Zusage. In der Praxis wird dies dadurch umgesetzt, dass der versicherungsmathematisch berechnete Übertragungswert als **Grundbaustein** oder Einmalbetrag in das bei dem neuen Arbeitgeber bestehende Versorgungswerk eingebracht wird. Eine Beschränkung auf bestimmte Durchführungswege existiert ebenso wenig wie eine Bindung an die Ausgestaltung der alten Zusage.[342] Dies bewirkt, dass die Übertragung gemäß § 4 Abs. 2 Nr. 2 BetrAVG effektiv zur Konzentration der Altersversorgung bei ei- 248

[341] BMF-Schreiben vom 31.3.2010 – BMF IV C 3 – S 2222/09/10041, Rn. 287.
[342] *Schnitker/Grau* NJW 2005, 10 (11).

nem Arbeitgeber bzw. dessen Versorgungsträger, zur Verwaltungsvereinfachung und zur Minimierung von Risiken aus der betriebsfremden Zusage eingesetzt werden kann. Die Arbeitnehmer sind vor nachteiligen Veränderungen des Leistungsplans dadurch geschützt, dass sie der Übertragung zustimmen müssen.

249 Die Übertragung nach § 4 Abs. 2 Nr. 2 BetrAVG bedarf nach dem Gesagten der **Zustimmung** des Versorgungsberechtigten, wie auch des alten und neuen Arbeitgebers. Sie führt ebenso wie im Fall des § 4 Abs. 2 Nr. 1 BetrAVG zur Entschuldung des bisherigen Arbeitgebers. Die **Entschuldung** tritt gemäß § 4 Abs. 6 BetrAVG nach dem Wortlaut des Gesetzes erst mit der Übertragung des Übertragungswertes ein. An die Stelle der früheren Versorgungszusage tritt aber eine rechtlich von dieser **unabhängige Neuzusage** des neuen Arbeitgebers. Die Altzusage ist daher für die Haftung des neuen Arbeitgebers ohne Bedeutung. Die Neuzusage ist infolge des Verweises auf die Entgeltumwandlung vom ersten Tage an **unverfallbar** und erlischt somit nicht im Fall der Beendigung des Arbeitsverhältnisses.

250 Fraglich ist, was geschieht, wenn die Parteien etwa im Rahmen eines Unternehmenskaufs vereinbaren, dass zwar eine Übertragung nach § 4 Abs. 2 Nr. 2 BetrAVG erfolgen, jedoch **keine Ausgleichszahlung** geleistet werden soll. Dies ist etwa in den Fällen denkbar, in denen die Übertragung (ohne dass dies ersichtlich gemacht wurde) bereits in die Kaufpreisfindung eingeflossen ist. Nach dem Wortlaut des § 4 Abs. 6 BetrAVG tritt in diesem Fall keine Entschuldung ein. Zwar erscheint es nach dem Schutzgedanken des § 4 BetrAVG gut vertretbar, anzunehmen, dass eine Entschuldung in diesem Fall entgegen dem Wortlaut mit Erteilung der Zusage durch den neuen Arbeitgeber gegenüber dem Arbeitnehmer eintritt. Sicherer ist es jedoch, ausdrücklich zu vereinbaren, dass die Ausgleichszahlung im Wege der Aufrechnung mit dem Kaufpreis erbracht wird. Ebenfalls möglich ist es, dem neuen Arbeitgeber im Rahmen einer Direktversicherung oder Pensionskassenzusage die Stellung des Versicherungsnehmers zu übertragen.[343]

251 Von erheblicher Bedeutung ist auch die korrekte Ermittlung des Übertragungswertes gemäß § 4 Abs. 5 BetrAVG, da die Entschuldung jedenfalls nach dem Wortlaut des § 4 Abs. 6 BetrAVG erst mit der **vollständigen** Übertragung des Übertragungswertes eintritt. Stellt sich zum Beispiel Jahre nach der Übertragung heraus, dass die Wertberechnung unrichtig war, so ist nicht auszuschließen, dass sich ein Beteiligter auf den Standpunkt stellt, dass die Schuld nicht erloschen sei und sich der Mitarbeiter daher weiterhin an den alten Arbeitgeber halten könne. Dieses Problem würde insbesondere dann virulent, wenn der neue Arbeitgeber zahlungsunfähig würde und der PSV versucht, den alten Arbeitgeber zu Leistungen heranzuziehen bzw. ihm gegenüber Regress zu nehmen. Zunächst wird man davon ausgehen müssen, dass eine Berechnung, die auf anerkannten versicherungsmathematischen Annahmen beruht, stets als richtig anzusehen ist, selbst wenn hierbei ein Bewertungsspielraum besteht. Zudem wird man nach dem Sinn und Zweck der Norm einwenden können, die Schuld sei jedenfalls im Umfang des übertragenen Wertes erloschen. Eindeutig ist dies nach dem Wortlaut aber nicht. Vor diesem Hintergrund empfiehlt es sich, den Übertragungswert in den Vertrag als wechselseitig bindend aufzunehmen. Ist der Übertragungswert Gegenstand der dreiseitigen Einigung, so ist damit eine einseitige Einstandspflicht einer Partei für etwaige Fehler unvereinbar. Eine solche Regelung verstößt auch nicht gegen § 19 Abs. 3 BetrAVG, da hierin keine Abbedingung des § 4 Abs. 5 und 6 BetrAVG liegt, sondern eine Einigung über Tatsachen. Dies muss jedenfalls dann gelten, wenn die Berechnung in nachprüfbarer Weise für alle Parteien offengelegt worden ist.

252 Im Einzelnen ist die **Berechnung des Übertragungswertes** in § 4 Abs. 5 BetrAVG geregelt.[344] Danach kommt es bei einer Direktzusage oder Unterstützungskassenzusage auf den **versicherungsmathematischen Barwert** gemäß § 2 BetrAVG im Zeitpunkt der Übertragung an. Dabei gelten die allgemein anerkannten Regeln der Versicherungsmathe-

---

343 *Langohr-Plato* BetrAVG Rn. 557; *Höfer* DB 2004, 1428.
344 Vertiefend *Langohr-Plato/Teslau* NZA 2004, 1353 (1355).

matik. Nicht ganz eindeutig ist, ob die Parteien bei der Berechnung weiterhin auf den jeweils steuerrechtlich maßgeblichen **Rechnungszins** (6% für Direktzusagen und 5,5% für Unterstützungskassen) abzustellen haben oder aber einen marktgerechten Zinsfuß wählen dürfen. Die frühere Gesetzesbegründung verweist lediglich auf den Umstand, dass der Berechnungsmodus dem früheren § 3 Abs. 2 BetrAVG aF entspreche.[345] Zumindest auf den ersten Blick erscheint es erforderlich, dass im Rahmen der Berechnung des Übertragungswertes und der Leistung derselbe Zinssatz angesetzt wird. Bei genauer Betrachtung ist dies jedoch sehr fraglich, weil damit der Wechsel des Durchführungsweges (zB Direktzusage auf Direktversicherung) *de facto* vereitelt würde. Sachgerecht ist dieses Postulat daher nur, wenn sich der Durchführungsweg nicht ändert. Unzulässig ist in jedem Fall, anstelle des Barwerts auf den Teilwert gemäß § 6a EStG oder aber das steuerlich zulässige Reservepolster der Unterstützungskasse abzustellen. Die Überlegungen sind hier letztlich die gleichen wie bei der Bestimmung des Abfindungsbetrages. Insoweit wird auf → Rn. 228ff. verwiesen.

Bei den Durchführungswegen Pensionskasse, Direktversicherung und Pensionsfonds 253
entspricht der Übertragungswert dem Kapital im Zeitpunkt der Übertragung. In der Praxis ist dies gemäß dem **Abkommen der deutschen Versicherungswirtschaft** zur Übertragung von Direktversicherungen oder Versicherungen in einer Pensionskasse bei Arbeitgeberwechsel mit Stand vom 19.6.2015 der Rückkaufswert iSv § 169 Abs. 3 VVG inkl. Überschuss und Schlussüberschussanteile und Bewertungsreserven. Abzüge etwa nach § 169 Abs. 5 VVG werden nicht vorgenommen. Bei der Übertragung von Versicherungen werden keine Abschlusskosten erhoben. Eine erneute Gesundheitsprüfung findet nicht statt, wenn gleiche biometrische Risiken abgesichert werden.

Unter den Voraussetzungen des § 3 Nr. 55 EStG ist die Zahlung des Übertragungs- 254
wertes nach § 4 Abs. 5 BetrAVG für den Arbeitnehmer **steuerfrei,** wenn die betriebliche Altersversorgung bei dem ehemaligen und dem neuen Arbeitgeber über einen Pensionsfonds, eine Pensionskasse oder aber ein Unternehmen der Lebensversicherung durchgeführt wird. Gleiches gilt, wenn der Übertragungswert vom bisherigen Arbeitgeber oder von einer Unterstützungskasse an den neuen Arbeitgeber oder eine andere Unterstützungskasse geleistet wird. Der Wechsel von einem nachgelagert besteuerten Durchführungsweg zu einem vorgelagert besteuerten Durchführungsweg und umgekehrt ist also nicht steuerbefreit.[346]

Aus Sicht des bisherigen Arbeitgebers empfiehlt es sich, vom neuen Arbeitgeber den 255
Nachweis der Erteilung der Neuzusage sowie deren Gleichwertigkeit zu verlangen. Zwar erlischt die Zusage des ehemaligen Arbeitgebers gemäß § 4 Abs. 6 BetrAVG mit der vollständigen Übertragung des Übertragungswertes. Es ist aber fraglich, ob dies auch dann gelten kann, wenn die Grundvoraussetzung der Übertragung gemäß § 4 Abs. 2 Nr. 2 BetrAVG (dh die Erteilung einer wertgleichen Neuzusage) nicht erfüllt ist. Denn dann könnte der neue Arbeitgeber den Mitarbeiter durch die Nichtabgabe der Neuzusage um seine Altersversorgung bringen. Fälle dieser Art sind denkbar, wenn im Rahmen des dreiseitigen Vertrages nicht die Zusage selbst erteilt wird, sondern lediglich eine entsprechende Verpflichtung des neuen Arbeitgebers (zB vorbehaltlich des Abschlusses einer entsprechenden Betriebsvereinbarung) begründet wird. Zwar könnte man sich auf den Standpunkt stellen, der Arbeitnehmer müsse den neuen Arbeitgeber ggf. auf Abgabe der Zusage verklagen. Es ist aber nicht auszuschließen, dass die Gerichte § 4 Abs. 2 Nr. 2 BetrAVG dahingehend auslegen, dass die Übertragung nur wirksam wird, wenn der neue Arbeitgeber die Neuzusage tatsächlich „erteilt hat" und bis zu diesem Zeitpunkt der alte Arbeitgeber weiter haftet.

Für die **Wertgleichheit** der Neuzusage muss es grundsätzlich ausreichen, wenn der 256
neue Arbeitgeber etwa in Form einer Beitragszahlung an einen Versorgungsträger einen

---

[345] S. dazu *Höfer* DB 2004, 1426; *Langohr-Plato/Teslau* NZA 2004, 1353 (1355).
[346] Vgl. BMF-Schreiben vom 31.3.2010 – BMF IV C 3 – S 2222/09/10041, Rn. 286.

Betrag aufwendet, der dem Übertragungswert entspricht. Im Übrigen kann auf die Regelungen zur Entgeltumwandlung in § 1 Abs. 2 Nr. 3 BetrAVG zurückgegriffen werden.[347]

257 Wünschenswert und praxisgerecht wäre es, wenn die Übernahme nach § 4 Abs. 2 Nr. 2 BetrAVG **flächendeckend** für alle übernommenen Arbeitnehmer etwa mit dem Betriebsrat vereinbart werden könnte, da den beteiligten Arbeitgebern in der Regel an einer sauberen Haftungsabgrenzung für alle übergehenden Mitarbeiter gelegen sein dürfte. Zwar dürfte in den Fällen, in denen der bestehende Betriebsrat weiterhin für die übergehenden Mitarbeiter zuständig ist, in der Regel ein Betriebsübergang gemäß § 613a BGB vorliegen, so dass es einer Übernahme nach § 4 BetrAVG im Hinblick auf die kraft Gesetzes übergehenden Mitarbeiter nicht bedarf (da die gegenüber diesen Mitarbeitern bestehenden Versorgungsverpflichtungen bereits automatisch auf den neuen Arbeitgeber übergehen). Es sind aber Fälle denkbar, bei denen zusätzliche Mitarbeiter aus anderen Betriebsteilen übernommen werden sollen, für die § 613a BGB nicht anwendbar ist, die aber freiwillig auf den Erwerber übergehen. In diesen Fällen wäre eine Lösung über § 4 Abs. 2 Nr. 2 BetrAVG im Wege einer Vereinbarung mit dem Betriebsrat für die Praxis hilfreich, da dies den Abschluss zahlreicher Einzelverträge überflüssig machen würde. Da dem Betriebsrat aber *de lege lata* kein allgemeines Vertretungsmandat zusteht, dürfte dieser Weg zumindest bislang für die Praxis noch mit zu vielen Rechtsunsicherheiten verbunden sein.

258 Im Sinne der Rechtsfortentwicklung beachtenswert ist auch der Umstand, dass § 4 Abs. 2 Nr. 2 BetrAVG neben der Übertragung der Verpflichtung eine sehr überzeugende Möglichkeit zur Vereinheitlichung der Altersversorgung nach einem Betriebsübergang bieten könnte, die auch für solche Mitarbeiter sachgerecht sein dürfte, die bereits nach § 613a BGB auf den neuen Arbeitgeber übergegangen sind. Die Vereinheitlichung nach Maßgabe des § 4 Abs. 2 Nr. 2 BetrAVG dürfte den Grundsätzen der Besitzstandswahrung in idealer Weise gerecht werden. Da nicht ersichtlich ist, in welcher Weise schutzwürdige Interessen der Mitarbeiter von einer solchen Vereinheitlichung unter dem Dach einer Zusage nachteilig betroffen sein können, wäre eine entsprechende Anwendung des § 4 Abs. 2 Nr. 2 BetrAVG im Rahmen eines Betriebsübergangs zu erwägen.[348] In jedem Fall muss es möglich sein, nach einem Betriebsübergang für solche Zusagen, die ursprünglich auf einer Betriebsvereinbarung beruhten, im Wege einer ablösenden Betriebsvereinbarung eine § 4 Abs. 2 Nr. 2 BetrAVG entsprechende Harmonisierung herbeizuführen.

259 **dd) Anspruch auf Übertragung gemäß § 4 Abs. 3 BetrAVG.** § 4 Abs. 3 BetrAVG sieht vor, dass der Arbeitnehmer innerhalb eines Jahres nach Beendigung des Arbeitsverhältnisses von seinem ehemaligen Arbeitgeber **verlangen** kann, dass der Übertragungswert auf den neuen Arbeitgeber oder auf die Versorgungseinrichtung nach § 22 BetrAVG des neuen Arbeitgebers übertragen wird, wenn die betriebliche Altersversorgung über einen Pensionsfonds, eine Pensionskasse oder eine Direktversicherung durchgeführt wird und der Übertragungswert die Beitragsbemessungsgrenze in der allgemeinen Rentenversicherung nicht übersteigt.

260 Diese mit dem Alterseinkünftegesetz (AltEinkG) mit Wirkung zum 1.1.2005 geschaffene Vorschrift begründet damit erstmals einen Anspruch auf **Portabilität.**[349] Sie gilt jedoch gemäß der Überleitungsvorschrift in § 30b BetrAVG nur für Zusagen, die nach dem 31.12.2004 erteilt wurden. Für Altzusagen besteht der Anspruch somit nicht. Der Anspruch ist zudem auf die Fälle beschränkt, in denen der alte Arbeitgeber die Altersversorgung im Wege eines Pensionsfonds, eine Pensionskasse oder eine Direktversicherung durchgeführt hat. Für Unterstützungskassenzusagen und Direktzusagen besteht daher kein Anspruch auf Portabilität.

---

[347] *Langohr-Plato/Teslau* NZA 2004, 1353 (1354).

[348] Sa *Schnitker/Grau* NJW 2005, 10 (12).

[349] Näher ua *Reichel/Volk* DB 2005, 886; *Schnitker/Grau* NJW 2005, 10 (11) mwN; *Langohr-Plato/Teslau* NZA 2004, 1353.

Im Zusammenhang mit dem Übertragungsanspruch nach § 4 Abs. 3 BetrAVG und reinen Beitragszusagen iSv § 22 BetrAVG sind zwei Fälle zu unterscheiden: Hat der Arbeitnehmer bei seinem alten Arbeitgeber eine „klassische" Versorgungszusage (Leistungszusage, Beitragszusage mit Mindestleistung oder beitragsorientierte Leistungszusage) erhalten und hat der neue Arbeitgeber eine reine Beitragszusage (oder ist er zur Einführung einer solchen in der Lage und willens), hat der neue Arbeitgeber nach § 4 Abs. 3 S. 5 BetrAVG die Möglichkeit, den Übertragungsanspruch des Arbeitnehmers in die reine Beitragszusage zu überführen. Denkbar ist daneben auch der Fall, dass der Arbeitnehmer bereits eine reine Beitragszusage von seinem alten Arbeitgeber erhalten hat. Will er nunmehr einen Übertragungsanspruch nach § 4 Abs. 3 BetrAVG geltend machen, so stellt § 1 Abs. 2 Nr. 2a BetrAVG klar, dass § 4 Abs. 3 BetrAVG unanwendbar ist. Indes normiert § 22 Abs. 3 Nr. 1 Buchst. b BetrAVG einen Übertragungsanspruch des Versorgungsberechtigten gegen die Versorgungseinrichtung in Höhe des gebildeten Kapitals, wobei es allerdings für die Fortsetzung der reinen Beitragszusage bei der Versorgungseinrichtung des neuen Arbeitgebers verwendet werden muss. Voraussetzung ist, dass der neue Arbeitgeber die reine Beitragszusage überhaupt gewährt. Die Änderung der reinen Beitragszusage in eine Beitragszusage mit Mindestleistung, eine reine Leistungszusage, oder eine beitragsorientierte Leistungszusage, ist zwar zulässig, aber durch den Arbeitnehmer nicht erzwingbar.

ee) Übertragung bei Liquidation gemäß § 4 Abs. 4 BetrAVG. Wird die Betriebstätigkeit eingestellt und das Unternehmen liquidiert, so ist eine Übertragung der Pensionsverpflichtungen auf eine **Pensionskasse oder einen Lebensversicherer** auch ohne Zustimmung des Arbeitnehmers möglich.[350] 261

Die Übertragung ist unabhängig vom bestehenden Durchführungsweg.[351] Sie hat für den übertragenden Versorgungsschuldner **schuldbefreiende Wirkung.** Bei mittelbaren Versorgungszusagen erfolgt auch eine Befreiung von der **Ausfallhaftung** nach § 1 Abs. 1 S. 3 BetrAVG.

Es ist für die Möglichkeit zur Übertragung nach § 4 Abs. 4 BetrAVG ausreichend, aber 262
auch erforderlich, dass die entsprechenden Beschlüsse zur Einstellung der Betriebstätigkeit und Liquidation gefasst sind.[352] Unklar ist, ob es bei einem ausländischen Rechtsträger, der in Deutschland lediglich eine Niederlassung unterhält, ausreicht, wenn der Betrieb dieser Niederlassung eingestellt wird, da es in diesen Fällen an einer Liquidation des Rechtsträgers fehlt. Der Sinn und Zweck des § 4 Abs. 4 BetrAVG scheint für eine solche Möglichkeit zu sprechen.[353] Gleichwohl wäre eine gesetzgeberische Klarstellung wünschenswert, da die Umsetzung ansonsten für die Praxis mit zu hohen Risiken belastet ist. Jedenfalls müsste das Risiko der Unwirksamkeit der schuldbefreienden Übertragung in dem Übertragungsvertrag berücksichtigt und eine Rückabwicklung (insbesondere für die vom Unternehmen gezahlte Versicherungsprämie) vereinbart werden.

Praktisch problematisch kann es sein, wenn als übernehmender Versorgungsträger eine Pensionskasse ausgewählt wird, die nicht dem Sicherungsfonds beigetreten ist, was insbesondere bei regulierten Pensionskassen der Fall ist, da diese durchgängig nicht über die Protektor Lebensversicherungs-AG abgesichert sind. Hier besteht das Risiko, dass sich der jeweilige Liquidator wegen der fehlenden Insolvenzsicherung schadensersatzpflichtig macht.[354] Ferner ist schon fraglich, ob die Übertragung auf eine regulierte Pensionskasse überhaupt zulässig ist.[355]

---

[350] *Schlewing/Henssler/Schipp/Schnitker* Teil 12 Rn. 203ff.; vgl. auch *Doetsch/Förster/Rühmann* DB 1998, 258 (260); *Prost/Rethmeier* BetrAV 2007, 624.

[351] *Langohr-Plato* BetrAVG Rn. 582.

[352] *Langohr-Plato* BetrAVG Rn. 585 mwN.

[353] Bejahend *Langohr-Plato* BetrAVG Rn. 592; *Kock/Otto* BB 2004, 1162.

[354] Kemper/Kisters-Kölkes/Berenz/Huber/Betz-Rehm/*Kisters-Kölkes* BetrAVG § 4 Rn. 100; vgl. allgemein zu Schadensersatzansprüchen bei Auswahl regulierter Pensionskassen *Forst* ZIP 2013, 253.

[355] Vgl. *Schlewing/Henssler/Schipp/Schnitker* Teil 17 D Rn. 95 mwN.

263 Voraussetzung für die Wirksamkeit der Übertragung ist, dass vertraglich sichergestellt ist, dass die Überschussanteile ab Rentenbeginn gemäß § 16 Abs. 3 Nr. 2 BetrAVG, dh zur Erhöhung der Leistungen verwendet werden. Die Überschussanteile vor Rentenbeginn müssen nicht für diesen Zweck verwandt werden. Sie können auch dem Unternehmen zu Gute kommen, bzw. mit den Kosten des Einmalbeitrags verrechnet werden.

Die Verfügungsverbote nach § 2 Abs. 2 S. 4–6 BetrAVG sind einzuhalten (§ 4 Abs. 4 BetrAVG).

Bei einer Pensionskasse nach § 7 Abs. 1 S. 2 Nr. 3 BetrAVG muss des Weiteren sichergestellt sein, dass im Zeitpunkt der Übernahme der in der Rechtsverordnung zu § 235 Abs. 1 Nr. 4 des VAG in der jeweils geltenden Fassung festgesetzte Höchstzinssatz zur Berechnung der Deckungsrückstellung nicht überschritten wird, vgl. Abs. 4 S. 2 BetrAVG.[356]

264 Die Übertragung ist nach dem ausdrücklichen Willen des Gesetzgebers nicht von einer Zustimmung des Versorgungsberechtigten abhängig. Soweit in der Vergangenheit vereinzelt die Auffassung vertreten wurde, es bestehe ein Zustimmungserfordernis gemäß § 159 Abs. 2 VVG aF, da die Übernahme nach § 4 Abs. 4 BetrAVG im Wege einer sog. Liquidationsdirektversicherung abzuwickeln sei, war dies nicht zwingend und auch nicht schlüssig. Zunächst war bereits der Schutzzweck des § 159 Abs. 2 VVG aF nicht berührt, so dass man jedenfalls von einer teleologischen Reduktion des § 159 Abs. 2 VVG aF ausgehen konnte. Ferner handelte es sich auch begrifflich nicht um eine Direktversicherung. Es fehlte nämlich an dem hierfür charakteristischen Drei-Personenverhältnis, weil der Arbeitgeber liquidiert werden soll und daher gerade nicht (dauerhaft) als Versicherungsnehmer fungieren kann. Mit der Novelle des VVG und der Freistellung von Kollektivlebensversicherungen im Bereich der betrieblichen Altersversorgung vom Zustimmungserfordernis in § 150 Abs. 2 VVG ist dieser Streit aber obsolet geworden.

265 Die schuldbefreiende Übernahme vollzieht sich daher nach dem gesetzlichen Konzept ausschließlich im Wege der Vereinbarung zwischen dem Versicherungsunternehmen und dem Versorgungsschuldner. Ob dieser Versicherungsvertrag im Wege der gesetzlichen Vertretungsmacht – aus § 4 Abs. 4 BetrAVG – oder als Vertrag zugunsten Dritter gemäß § 328 BGB zustande kommt, ist dogmatisch ungeklärt, kann aber dahinstehen.

266 Probleme entstehen in der Praxis vor allem dadurch, dass die Versicherer oftmals nicht in der Lage sind, die bestehende Versorgungsordnung exakt mit Hilfe eines bestehenden **Versicherungstarifs** abzubilden. Es ist dann eine **inhaltliche Anpassung der Zusage** notwendig. Eine solche Anpassung bedarf entgegen einer verbreiteten Auffassung[357] grundsätzlich der Zustimmung der Versorgungsberechtigten (bzw. der Arbeitnehmervertreter, je nachdem welche Rechtsgrundlage die Versorgungszusage hat, siehe dazu sogleich), es sei denn die Änderung der Zusage führt gegenüber den Versorgungsberechtigten zu keinen Nachteilen, weil sie lediglich rechtlich und wirtschaftlich vorteilhaft ist. Dies wäre der Fall, wenn ein lediglich günstigerer Tarif gewählt wird, der sowohl mindestens gleichwertige oder bessere Leistungen beinhaltet als auch alle bislang bestehenden Leistungsfälle für die betreffende Person mindestens gleichwertig abdeckt.[358] Daran fehlt es, wenn der Tarif zwar deutlich höhere Leistungen vorsieht, aber zum Beispiel die Bezugsberechtigung für Hinterbliebenenleistungen dem Grunde nach verschlechtert, da es dem Versorgungsempfänger gerade hierauf ankommen kann. In diesem Fall ist eine einseitige Anpassung nicht möglich. Es kann aber ein Anspruch auf Erteilung der Zustimmung nach Treu und Glauben bestehen, wenn die Nachteile gering sind oder anderweitig kompensiert werden. Allerdings ist der praktische Nutzen eines solchen Anspruchs dadurch beeinträchtigt, dass er aktiv im Klagewege (auf Abgabe der Willenserklärung) nur mit äußerstem zeitlichen Verzug (Erteilung der Zustimmung erst mit Rechtskraft § 894 ZPO) durchzusetzen wäre.

[356] Vgl. auch *Baumeister/Schwindt* BetrAV 2020, 468 (472).

[357] Höfer/*Höfer* BetrAVG § 4 Rn. 107; *Doetsch* BetrAV 2000, 412 (414); Kolvenbach/Sartoris/*Wilhelm* S. 152, 156.

[358] *Döring/Granetzny* NZA 2012, 1339 (1341).

Voraussetzung ist in jedem Fall aber die versicherungsmathematische Wertgleichheit der Versorgungsleistung als solcher. Die Verwendung eines lediglich günstigeren Tarifs kann sich anbieten, um die Einholung zahlreicher Einzelzustimmungen zu vermeiden.

Eine individuelle Zustimmung aller Versorgungsberechtigten zur Änderung des Zusageinhalts ist nicht erforderlich, wenn die Versorgungszusage als **Betriebsvereinbarung** ausgestaltet war. In diesem Fall kann die Zusage im Einvernehmen mit dem Betriebsrat vor der Übertragung angepasst werden. Dies gilt jedenfalls für die noch im Betrieb angestellten Mitarbeiter. Ob ausgeschiedene Mitarbeiter von der geänderten Betriebsvereinbarung erfasst werden, ist hingegen fraglich, da es grundsätzlich an der Vertretungsmacht des Betriebsrats für ausgeschiedene Mitarbeiter fehlt. Allerdings gibt es durchaus gute Gründe, eine Regelungsmacht des Betriebsrats für ausgeschiedene Mitarbeiter im Bereich der betrieblichen Altersversorgung generell anzunehmen, weil sich Betriebsvereinbarungen zur betrieblichen Altersversorgung ihrem Wesen gemäß maßgeblich gerade auf die Zeit nach dem Ausscheiden beziehen und kein Grund besteht, ausgeschiedene Mitarbeiter über den Schutz der 3-Stufen-Theorie hinaus, vor Veränderungen zu schützen und die Regelungen der Betriebsvereinbarung mit dem Ausscheiden zu versteinern.[359] Zu dieser Auffassung scheint inzwischen auch das BAG gelangt zu sein. Während in der Vergangenheit vielfach angenommen wurde, dass der Betriebsrat grundsätzlich keine Regelungsbefugnis für ausgeschiedene Mitarbeiter aufweist, wird dieser Punkt in neueren Entscheidungen vielfach ausdrücklich offen gelassen, was für eine Rechtsprechungsänderung spricht, sollte eine solche Regelungskompetenz einmal streitentscheidend werden.[360] Eine Änderungsbefugnis des Betriebsrats kann zudem unabhängig von dem oben Gesagten dann angenommen werden, wenn die ursprüngliche Betriebsvereinbarung oder aber der Arbeitsvertrag des Mitarbeiters einen entsprechenden Vorbehalt (zB in Form einer Jeweiligkeitsklausel) enthält,[361] In diesem Fall entfaltet die Änderung der Betriebsvereinbarung auch gegenüber den ausgeschiedenen Mitarbeitern Wirkung. 267

Eine aktive Involvierung der Versorgungsberechtigten ist aber oftmals schon aus praktischen Gründen erforderlich. Oftmals müssen die Versorgungsberechtigten bereits deshalb kontaktiert werden, um die biometrischen Daten ihrer Angehörigen zu erfragen, die für die Berechnungen der Hinterbliebenenleistungen erforderlich sind. In diesem Fall kann dann versucht werden, die Zustimmung zu der Übertragung zu erlangen, um späterem Streit vorzubeugen. 268

Ist im Ergebnis eine Zustimmung der Versorgungsberechtigten erforderlich oder deren Einholung aus anderen Gründen beschlossen worden, so kann ein praktischer Anreiz für die Versorgungsberechtigten in der durch die Überschussbeteiligung vermittelten Rentenanpassung liegen. Dies gilt insbesondere dann, wenn der Rechtsträger in der Vergangenheit selbst keine Anpassungen mehr geleistet hat. Umgekehrt ist es aus Sicht des übernehmenden Versicherungsunternehmens angeraten, im Hinblick auf die übernommenen Verpflichtungen zu prüfen, ob ein Anpassungsbedarf aus der Vergangenheit erfüllt und bei der Berechnung des aktuellen übernommenen Verpflichtungsumfangs berücksichtigt worden ist. Zwar werden zukünftige Anpassungen über die Überschussbeteiligung abgedeckt. Dies ist jedoch für zu Unrecht in der Vergangenheit unterbliebene Anpassungen nicht der Fall. Entsprechende Ansprüche richten sich nach der Übernahme infolge der Entschuldungswirkung für den früheren Versorgungsschuldner nunmehr gegen das übernehmende Versicherungsunternehmen. 269

In der Praxis hat sich herausgestellt, dass Übertragungen nach § 4 Abs. 4 BetrAVG oftmals an den Einmalkosten für die Versicherungsprämie scheitern, die ganz erheblich über 270

[359] *Fitting* BetrVG § 77 Rn. 39 mwN; auch → Rn. 27 sowie → Rn. 715.

[360] BAG 28.7.1998 – 3 AZR 100/98, AP BetrAVG § 1 Überversorgung Nr. 4; BAG, 28.6.2011 – 3 AZR 282/09, NZA 2012, 1229; BAG 11.7.2017 – 3 AZR 513/16, NZA 2017, 1471; BAG 25.9.2018 – 3 AZR 402/17, AP BetrAVG § 1 Nr. 73.

[361] Vgl. BAG 18.9.2012 – 3 AZR 431/10, NZA-RR 2013, 651; 23.9.1997 – 3 AZR 529/96, NZA 1998, 541.

dem Betrag liegen, der als Rückstellung in der deutschen Handelsbilanz (oder der IFRS-Bilanz) ausgewiesen ist. Dies ergibt sich bereits aus dem unterschiedlichen Rechnungszins und den abweichenden Annahmen zur Lebenserwartung, die von der Lebensversicherung zugrunde gelegt werden. Abweichungen in der Größenordnung von 30% oder mehr sind keine Seltenheit.

271 Das Einkommensteuerrecht enthält in § 3 Nr. 65 S. 2 EStG eine steuerliche Flankierung der Übertragung nach § 4 Abs. 4 BetrAVG, wonach die Übertragung ungeachtet des Wechsels des Durchführungsweges keine Lohnsteuer auslöst. Die späteren Leistungen gehören gemäß § 3 Nr. 65 S. 3 EStG einkommensteuerrechtlich zu den Einnahmen, zu denen sie gehören würden, wenn keine Übertragung vorgenommen worden wäre.[362] Auch findet durch die Übertragung kein Wechsel der Einkunftsart beim Arbeitnehmer statt. Seine einkommensteuerliche Situation bleibt daher unverändert.

d) Vorzeitiger Ruhestand (§ 6 BetrAVG)

272 Arbeitnehmer, denen eine betriebliche Altersleistung zugesagt worden ist, können gemäß § 6 BetrAVG eine **vorgezogene betriebliche Altersleistung** beanspruchen, wenn sie die gesetzliche Altersrente als Vollrente in Anspruch nehmen, die ggf. vorgesehene Wartefrist und sonstigen Leistungsvoraussetzungen erfüllen und gegenüber ihrem Arbeitgeber einen entsprechenden Antrag stellen.[363] Dieser Anspruch besteht auch dann, wenn die Versorgungszusage bzw. -ordnung keine vorgezogene Altersleistung vorsieht. § 6 BetrAVG gilt für alle Gestaltungsformen der betrieblichen Altersversorgung.[364] Bei selbständigen Versorgungsträgern hat der Arbeitgeber dafür Sorge zu tragen, dass diese den Arbeitnehmern die Möglichkeit eines vorzeitigen Bezugs von betrieblichen Versorgungsleistungen eröffnen.[365] Bei der Versorgung über eine Direktversicherung oder Pensionskasse besteht bei Inanspruchnahme einer vorgezogenen Betriebsrente ein Anspruch auf die im Zeitpunkt des Abrufs der Leistungen vorhandenen Deckungsmittel.

273 Die vorzeitige Inanspruchnahme führt zu einer finanziellen Mehrbelastung des Arbeitgebers. Der Arbeitgeber kann diese Zusatzbelastung kompensieren, indem er in der Versorgungsordnung **versicherungsmathematische Abschläge** um typischerweise 0,5% (die Spanne reicht in der Praxis von 0,3 bis 0,7%) pro Monat der vorgezogenen Inanspruchnahme vorsieht, durch die das frühere Einsetzen der Rentenzahlungen, dh die verlängerte Rentenzahlung sowie der Zinsverlust, ausgeglichen werden.[366] Sieht die Versorgungsregelung keine versicherungsmathematischen Abschläge vor, so kann der Arbeitgeber zum Ausgleich für den längeren Bezug eine Kürzung vornehmen, die als sog. **untechnischer versicherungsmathematischer Abschlag** in entsprechender Anwendung des § 2 BetrAVG die fehlende Betriebstreue zwischen dem vorgezogenen Ruhestand und der Regelaltersgrenze in Ansatz bringt.[367] Danach ist die Rentenleistung im Verhältnis der Jahre bis zum vorzeitigen Ruhestand zu den Jahren bis zum regulären Ruhestand zu kürzen.[368] Eine solche Kürzungsmöglichkeit um einen untechnischen versicherungsmathematischen Abschlag besteht lediglich dann nicht, wenn die Versorgungsordnung durch ihre Ausgestaltung erkennen lässt, dass im Fall der vorzeitigen Inanspruchnahme keine Kürzungen

[362] *Goldbach/Obenberger* BetrAVG Rn. 309; *Langohr-Plato* BetrAVG Rn. 598.

[363] Zu den Auswirkungen der geänderten Altersgrenzen in der gesetzlichen Rentenversicherung auf die betrieblichen Versorgungssysteme s. *Baumeister/Merten* BetrAV 2007, 398; *Höfer/Witt/Kuchem* BB 2007, 1445.

[364] Zu Problemen, die bei Gesamtversorgungszusagen im Fall von § 6 BetrAVG bestehen vgl. BAG 21.3.2006 – 3 AZR 374/05, NZA 2006, 1220.

[365] Blomeyer/Rolfs/Otto/*Rolfs* BetrAVG § 6 Rn. 77.

[366] *Goldbach/Obenberger* BetrAVG Rn. 326.

[367] BAG 18.11.2003 – 3 AZR 517/02, BB 2004, 1455; 23.1.2001 – 3 AZR 164/00, NZA 2002, 93.

[368] BAG 25.6.2013 – 3 AZR 219/11, NZA 2013, 1421; 21.3.2000 – 3 AZR 93/99, NZA 2001, 387; *Karst/Cisch* BetrAVG § 6 Rn. 23; *Langohr-Plato* BetrAVG Rn. 732.

erfolgen sollen. Dies wird nur bei Vorliegen besonderer Indizien der Fall sein, nicht jedoch, wenn der Fall der vorzeitigen Inanspruchnahme lediglich übersehen wurde.

Ist der Arbeitnehmer vor Eintritt des Versorgungsfalls mit einer **unverfallbaren Anwartschaft ausgeschieden,** so gilt nach der Rechtsprechung des BAG für die Berechnung der Versorgungsleistung Folgendes: In einem ersten Schritt ist die unverfallbare Anwartschaft gemäß § 2 BetrAVG zu ermitteln. Dabei ist auf das nach der Versorgungsordnung einschlägige reguläre Ruhestandsalter abzustellen und nicht auf das vorgezogene Ruhestandsalter. Danach ist das früher praktizierte „Herunterrechnen" der Basis für die *m/n-tel* Betrachtung auf das vorgezogene Ruhestandsalter unzulässig. Dies hat das BAG in seiner Entscheidung vom 23.1.2001 klargestellt.[369] Die so ermittelte unverfallbare Anwartschaft kann dann in einem zweiten Schritt nach den oben erläuterten Grundsätzen um einen in der Versorgungsordnung enthaltenen versicherungsmathematischen Abschlag zum Ausgleich für die frühere Inanspruchnahme gekürzt werden. Fehlt es an einem solchen Abschlag, so darf der Arbeitgeber zum Ausgleich der vorzeitigen Inanspruchnahme wiederum einen sog. untechnischen versicherungsmathematischen Abschlag vornehmen (→ Rn. 273). Es kommt also erstens zu einer (normalen) Kürzung nach § 2 BetrAVG infolge des vorzeitigen Ausscheidens und zweitens infolge des vorzeitigen Bezugs entweder zu einem echten versicherungsmathematischen Abschlag oder einem untechnischen versicherungsmathematischen Abschlag (es sei denn die Versorgungsordnung lässt eindeutig erkennen, dass keine Abzüge infolge des vorzeitigen Bezugs der Rente erfolgen sollen).[370] 274

Die Rechtsprechung des BAG ist in der Literatur auf Kritik gestoßen, da vorzeitig ausgeschiedene Arbeitnehmer in bestimmten Konstellationen hierdurch besser gestellt werden, als betriebstreue Arbeitnehmer. Das BAG hat daraufhin in der Folgezeit seine Rechtsprechung zwar bestätigt, jedoch Ausnahmen anerkannt und zwar (1.) für den Fall einer abweichenden tariflichen Regelung, da § 2 BetrAVG tarifdispositiv sei und (2.) für untypische Versorgungszusagen, bei denen der vom BAG vorgegebene Rechenweg zu Wertungswidersprüchen führt.[371] 275

§ 6 BetrAVG ist im Rahmen der reinen Beitragszusage über § 22 Abs. 3 Nr. 3 BetrAVG entsprechend gegenüber der Versorgungseinrichtung anwendbar. § 6 BetrAVG ist gem. § 19 Abs. 1 BetrAVG nicht tarifdispositiv, daher ergibt sich die Höhe der vorzeitigen Altersleistung aus § 22 BetrAVG.[372] 275a

e) Anpassung laufender Leistungen (§ 16 BetrAVG)

Eine laufende Versorgungsleistung (Betriebsrente) ist vom Arbeitgeber nach § 16 BetrAVG grundsätzlich alle drei Jahre daraufhin zu überprüfen, ob unter Berücksichtigung der berechtigten Interessen der Arbeitnehmer und der wirtschaftlichen Lage des Unternehmens eine Anpassung an gestiegene Lebenshaltungskosten stattzufinden hat.[373] Die Überprüfung der ordnungsgemäßen Erfüllung der Anpassungsverpflichtung in der Vergangenheit hat insbesondere beim Anteilskauf erhebliche Bedeutung, da diese Verpflichtung ggf. unerkannt auf dem Unternehmen lastet. 276

Die Pflicht zur Anpassungsprüfung nach § 16 BetrAVG bezieht sich nur auf **laufende** Leistungen, nicht auf Anwartschaften. Anwartschaften werden hingegen nicht auf Grundlage von § 16 BetrAVG dynamisiert. Zu beachten ist in diesem Zusammenhang aber § 2a BetrAVG, der unter bestimmten Voraussetzungen, eine Dynamisierung von Versorgungsanwartschaften vorsieht (dazu bereits → Rn. 199a). 277

[369] BAG 23.1.2001 – 3 AZR 164/00, NZA 2002, 93; *Karst/Cisch* BetrAVG § 6 Rn. 26; *Goldbach/Obenberger* BetrAVG Rn. 330.

[370] BAG 23.1.2001 – 3 AZR 164/00, NZA 2002, 93.

[371] BAG 24.7.2001 – 3 AZR 681/00, NZA 2002, 1291.

[372] Kisters-Kölkes/Berenz/Huber/Betz-Rehm/*Kisters-Kölkes* § 6 Rn. 6.

[373] Zur von § 16 BetrAVG unabhängigen Anpassungspflicht bei sog. Gesamtversorgungssystemen vgl. *Steinmeyer* RdA 2005, 345 mit weiterführenden Hinweisen zu den Folgen des sinkenden Leistungsniveaus der gesetzlichen Rentenversicherung.

278 Ebenfalls finden sich in manchen Versorgungszusagen Regelungen, nach denen eine Anpassungspflicht oder aber eine Prüfungspflicht für laufende Renten unabhängig von den Voraussetzungen des § 16 Abs. 1 BetrAVG besteht. Danach geleistete Anpassungen können auf die Anpassung nach § 16 BetrAVG angerechnet werden.[374] Im Unterschied zur Anpassungsprüfung nach § 16 BetrAVG ist aus solchen in der Zusage selbst enthaltenen Anpassungsregelungen auch der PSV im Insolvenzfall zur Anpassung verpflichtet.[375] Dies gilt selbstverständlich nur, soweit hierdurch nicht die Deckungsobergrenze des § 7 Abs. 3 BetrAVG überschritten wird.

279 Der Dreijahresturnus des § 16 BetrAVG für die Anpassungsprüfung verpflichtet den Arbeitgeber nicht zu einer zeitlich genauen individuellen Prüfung für jeden Rentner. Es ist vielmehr zum Zwecke der Verwaltungsvereinfachung zulässig, die Prüfung für alle Rentner, deren erster Rentenbezug in ein Kalenderjahr fällt, im Rahmen der ersten Prüfung an einem **gemeinsamen Stichtag** innerhalb oder am Ende des dritten Jahres zu bündeln.[376] Dies ist zulässig, wenn sich die erste Anpassungsprüfung um höchstens 6 Monate verzögert und es in den Folgejahren nicht zu weiteren Verzögerungen kommt, so dass diese dann turnusgemäß alle drei Jahre durchgeführt werden. Dabei hat das BAG zwischenzeitlich klargestellt, dass eine verspätet durchgeführte Anpassungsprüfung auch dann nicht zu einer Verschiebung des gesetzlich zwingenden Drei-Jahres-Turnus führt, wenn der Versorgungsempfänger zustimmt.[377] Für Altrenten, die erstmals vor dem Jahr 1972 gewährt wurden, beginnt der Prüfungsturnus im Jahre 1975.[378]

280 Gewährt der Arbeitgeber mehrere Versorgungsleistungen, so verbietet es § 16 BetrAVG grundsätzlich nicht, diese zusammenzufassen und für die Anpassungsprüfung als Einheit zu betrachten.[379] Allerdings kann die Auslegung der Versorgungsordnungen ergeben, dass jeweils eine getrennte Anpassungsprüfung und -entscheidung zu treffen ist.[380]

Die Anpassungsprüfung unterliegt nicht der **Mitbestimmung** des Betriebsrats, da der Betriebsrat nicht zur Vertretung der Rentenempfänger legitimiert ist, oder einer sonstigen **Aufsicht.**[381]

281 **aa) Durchführung der Anpassungsprüfung.** Der Anpassungsbedarf aus Sicht der Versorgungsempfänger nach § 16 Abs. 2 BetrAVG wurde bis zum 31.12.2002 durch die Entwicklung des Preisindexes für Vier-Personen-Haushalte von Arbeitnehmern mit mittlerem Einkommen in der Zeit vom Beginn der Rentenzahlungen bis zum jeweiligen Pflicht-Prüfungsstichtag[382] bestimmt. Ab dem 1.1.2003 wurde diese Vergleichsgröße durch den sog. **Verbraucherpreisindex** ersetzt. Gemäß § 30c Abs. 4 BetrAVG gilt die alte Regelung aber weiter für Anpassungsprüfungen für Zeiträume vor dem 1.1.2003. Für Prüfungszeiträume, die sowohl Zeiten vor als auch nach diesem Stichtag beinhalten, ist somit eine getrennte Betrachtung erforderlich.[383] Die zur Berechnung erforderlichen statistischen Daten sind öffentlich zugänglich.[384]

---

[374] BAG 28.4.1992 – 3 AZR 244/91, NZA 1993, 72. Eine Vereinbarung gemäß § 16 Abs. 3 S. 1 BetrAVG in einer ab dem 1.1.1999 erteilten Zusage lässt die Prüfungspflicht nach Absatz 1 der Norm entfallen.

[375] BAG 3.8.1978 – 3 AZR 19/77, DB 1978, 2127; LAG Köln 15.6.1988 – 2 Sa 357/88, BB 1989, 357.

[376] stRspr BAG 8.12.2015 – 3 AZR 475/14, BetrAV 2016, 295; 18.3.2014 – 3 AZR 899/11, BeckRS 2014, 71238; 28.4.1992 – 3 AZR 244/91, NZA 1993, 72; *Langohr-Plato* BetrAVG Rn. 969 mwN.

[377] BAG 11.11.2014 – 3 AZR 117/13, BB 2015, 251.

[378] *Langohr-Plato* BetrAVG Rn. 976.

[379] BAG 30.8.2005 – 3 AZR 395/04, NZA-RR 2006, 485.

[380] BAG 30.8.2005 – 3 AZR 395/04, NZA-RR 2006, 485.

[381] BAG 25.10.1988 – 3 AZR 483/86, NZA 1989, 522; 18.5.1977 – 3 AZR 371/76, BB 1977, 1353.

[382] Also nicht nur in den letzten drei Jahren, s. BAG 28.4.1992 – 3 AZR 142/91, NZA 1993, 69; 30.8.2005 – 3 AZR 395/04, NZA-RR 2006, 485 (sog. nachholende Anpassung).

[383] *Bode/Grabner/May* DB 2004, 252.

[384] Eine Übersicht, aus der sich die im Prüfungsjahr ergebende Anpassungslast für den vorangegangenen vollen Drei-Jahres-Zeitraum ergibt, findet sich bei *Langohr-Plato* BetrAVG Rn. 983; zur Teuerungsanpassung im Zeitraum 2003/2006 sa *Bode/Obenberger/Jäckels* BetrAV 2006, 112; für Zeitraum bis Ende 2015 siehe *Langohr-Plato* BetrAVG Rn. 9.

Die Anpassungslast ist gemäß § 16 Abs. 2 Nr. 2 BetrAVG begrenzt durch die Entwicklung der Nettolöhne vergleichbarer Arbeitnehmergruppen des Unternehmens im Prüfungszeitraum.[385] Durch diese sog. **reallohnbezogene Obergrenze** soll verhindert werden, dass es bei den Rentnern zu höheren Leistungszuwächsen kommt als bei den aktiven Mitarbeitern, die die Versorgungsleistungen erwirtschaften. Es widerspricht also nicht der Billigkeit, wenn der Arbeitgeber die Betriebsrente nur bis zur durchschnittlichen Steigerung der Reallöhne der aktiven Arbeitnehmer anpasst.[386] Dabei kommt es nicht auf die individuellen Einkommensverhältnisse an, sondern auf den Durchschnittsverdienst eines vergleichbaren, typischen Teils der Belegschaft.[387] Bei der Vergleichsgruppenbildung hat der Arbeitgeber einen gewissen Beurteilungsspielraum. Eine an Verdienstgruppen orientierte Abgrenzung ist zulässig.[388] 282

In der Praxis ist dabei zu beachten, dass die Rechtsprechung ganz erhebliche Anforderungen an die Darlegungslast stellt. Die Daten müssen in sich schlüssig und zumindest so vollständig sein, dass sich unter Berücksichtigung der fehlenden Daten keine relevante Abweichung ergeben kann. Bei der Datenerhebung ist nach dem Wortlaut des § 16 Abs. 2 Nr. 2 BetrAVG auf das Unternehmen abzustellen. Dies schließt, wie die Rechtsprechung inzwischen betont, eine vom Normwortlaut abweichende Heranziehung einer konzernweit ermittelten, einheitlichen reallohnbezogenen Obergrenze zwar nicht aus. Diese erfolgt dann jedoch, wie das BAG hervorhebt, unter Inkaufnahme von Prozessrisiken, wenn von dem vom Gesetzgeber ausdrücklich gebilligten Weg der Anknüpfung an das Unternehmen abgewichen wird.[389] Ausnahmen gelten ferner für Versorgungssysteme auf der Grundlage von Konditionenkartellen (**Bochumer** oder **Essener Verband**), bei denen die Darlegung zur nettolohnbezogenen Obergrenze bisweilen unlösbare praktische Probleme aufwirft, was sich auch in einer umfangreichen Kasuistik zeigt.[390] 283

Der (auf die Nettolohnentwicklung) begrenzte Teuerungsausgleich muss vom Arbeitgeber nur dann gewährt werden, wenn seine wirtschaftliche Lage dies zulässt. Wird das Unternehmen durch den Anpassungsbedarf übermäßig belastet, so ist er berechtigt, die Anpassung ganz oder teilweise zu unterlassen. Im Ausgangspunkt stellt das BAG für die **Beurteilung der wirtschaftlichen Lage** stets auf die jeweiligen (Jahres-)Abschlüsse des Unternehmens ab.[391] Diese sind nach Auffassung des BAG aber nur aussagekräftig, wenn sie nach deutschen handelsrechtlichen Rechnungslegungsregeln erstellt wurden, so dass es der Berücksichtigungsfähigkeit von IFRS Jahresabschlüssen eine Absage erteilt hat.[392] Damit dürften auch Abschlüsse nach sonstigen Rechnungslegungsvorschriften, etwa solche nach US-GAAP, seitens der Rechtsprechung nicht akzeptiert werden. Aus dieser Vorgabe der Rechtsprechung folgt indes nicht, dass ein Arbeitgeber verpflichtet wäre, Jahresabschlüsse nach HGB-Rechnungslegungsstandards nur deshalb zu erstellen, um seiner Darlegungslast im Rahmen der Anpassungsprüfung nach § 16 BetrAVG nachzukommen. Er muss jedoch, um die von ihm behauptete schlechte wirtschaftliche Lage ordnungsgemäß darzulegen, die dafür herangezogenen Berechnungsfaktoren wie etwa des Betriebsergebnisses und die Höhe des Eigenkapitals entsprechend der vom BAG entwickelten Kriterien 284

---

[385] Vgl. zur sog. Nettolohnobergrenze *Reichenbach/Grüneklee* DB 2006, 446.

[386] BAG 30.8.2005 – 3 AZR 395/04, NZA-RR 2006, 485.

[387] BAG 31.1.1984 – 3 AZR 514/81, NZA 1984, 357.

[388] BAG 23.5.2000 – 3 AZR 103/99, NZA 2001, 1076.

[389] Insofern führt die Rechtsprechung dann eine Billigkeitskontrolle durch, wenn sich der Arbeitgeber für eine andere als die vom Gesetzeswortlaut vorgesehene Berechnungsmethode entscheidet; zum Ganzen s. BAG 30.8.2005 – 3 AZR 395/04, NZA-RR 2006, 485.

[390] BAG 20.5.2003 – 3 AZR 179/02, NZA 2004, 944; 9.11.1999 – 3 AZR 432/98, NZA 2001, 221; LAG Düsseldorf 27.5.2005 – 7 (1) Sa 1502/04, NZA-RR 2005, 652; vgl. auch BAG 10.2.2009 – 3 AZR 610/07, NZA 2009, 1440.

[391] stRspr, vgl. BAG 11.11.2014 – 3 AZR 116/13, ZIP 2015, 748; 11.10.2011 – 3 AZR 527/09, NZA 2012, 454; 30.11.2010 – 3 AZR 754/08, NZA-RR 2011, 593.

[392] BAG 21.8.2012 – 3 ABR 20/10, BetrAV 2013, 63; vgl. zur Beurteilung der wirtschaftlichen Lage nach IFRS auch *Förster/Weppler* BB 2006, 773.

zu handelsrechtlichen Abschlüssen vortragen und darlegen können und auch darlegen können, wie das entsprechende Zahlenwerk ermittelt worden ist.[393]

Maßgebende Beurteilungskriterien zur wirtschaftlichen Lage sind die Fähigkeit zur **Erhaltung** und **Weiterentwicklung** des Unternehmens und seiner **Arbeitsplätze**[394] sowie der **Wettbewerbsfähigkeit.** Dem Arbeitgeber muss es damit möglich sein, den Teuerungsausgleich aus dem Wertzuwachs und den Erträgen des Unternehmens zu erbringen.[395] Er muss zudem in der Lage bleiben, notwendige **Investitionen** zu tätigen. Zudem ist dabei eine **angemessene Kapitalverzinsung** an die Gesellschafter zu berücksichtigen,[396] da es ohne eine solche zu einem Kapitalabzug aus dem Unternehmen käme.

Zutreffender Weise sind im Rahmen des „Belastbarkeitstests" alle Kostenfaktoren berücksichtigungsfähig, die für die Leistungsfähigkeit des Unternehmens von Bedeutung sind.[397] Allerdings steht das BAG wohl auf dem Standpunkt, dass hiervon **biometrische Faktoren,** wie etwa die Erhöhung der Lebenserwartung der Versorgungsberechtigten ausgenommen sind, da der Arbeitgeber mit der Zusage laufender Leistungen das Langlebigkeitsrisiko übernommen habe.[398]

285 Zum Zwecke der Ermittlung der angemessenen Eigenkapitalverzinsung stellt die Praxis auch nach Einführung des BilMoG weiterhin auf die Umlaufrendite öffentlicher Anleihen zzgl. eines Risikoaufschlags ab, welcher in mittlerweile gefestigter Rechtsprechung mit zwei Prozent angesetzt wird.[399] Dieser Wert erscheint in Anbetracht des erheblichen unternehmerischen Risikos und des heutigen Marktumfeldes als deutlich zu gering.[400] Er ist insb. vor dem Hintergrund der Negativverzinsung öffentlicher Anleihen dringend korrekturbedürftig. Die Ermittlung des Eigenkapitals erfolgt gemäß § 266 Abs. 3a HGB. Zu berücksichtigen sind nicht nur das Stammkapital und die Gewinnrücklagen, sondern auch Gewinn/Verlustvorträge sowie ein Jahresüberschuss oder -fehlbetrag. Da sich das Eigenkapital während eines Geschäftsjahres ständig verändert, stellt das BAG dabei weder auf das zu Beginn des Geschäftsjahres vorhandene, noch auf das am Ende des Geschäftsjahres erreichte Eigenkapital, sondern auf einen Durchschnittswert ab, indem es das arithmetische Mittel beider Werte zugrunde legt.[401] Korrekturen für „Scheingewinne" oder betriebswirtschaftlich überhöhte Abschreibungen sind zulässig.[402] Inwieweit Einmaleffekte zu berücksichtigen oder aber herauszurechnen sind, kann im Einzelfall allerdings sehr schwierig zu beurteilen sein. Die Gewinnermittlung erfolgt vor Steuern.[403] Neben der Eigenkapitalrendite ist die Frage von Bedeutung, ob das Unternehmen überhaupt über **hinreichendes Eigenkapital** verfügt oder aber eine Eigenkapitalaufzehrung festzustellen ist.[404] Eine Eigenkapitalaufzehrung muss der Unternehmer nur für die laufenden Renten in bisheriger Höhe hinnehmen, nicht aber für die Bedienung von Rentenanpassungen.[405]

---

393 BAG 12.12.2017 – 3 AZR 305/16, NZA 2018, 1499; vgl. dazu auch *Schnitker/Granetzny* BB 2019, 64.
394 Vgl. hierzu BAG 17.4.1996 – 3 AZR 56/95, NZA 1997, 155 wonach die Erhaltung der Arbeitsplätze Vorrang vor den Interessen der Rentner genießt.
395 BAG 23.4.1985 – 3 AZR 156/83, NZA 1985, 496.
396 BAG 17.4.1996 – 3 AZR 56/95, NZA 1997, 155.
397 *Reichenbach/Dreger* BB 2010, 2308.
398 Vgl. BAG 30.9.2014 – 3 AZR 402/12, NZA 2015, 227.
399 Vgl. BAG 23.5.2000 – 3 AZR 146/99, NZA 2001, 1251; 21.10.2014 – 3 AZR 1027/12, BetrAV 2015, 176; ausdr. best. durch BAG 11.11.2014 – 3 AZR 116/13, ZIP 2015, 748; vgl. hierzu insgesamt Höfer/*Höfer* BetrAVG § 16 Rn. 216ff.
400 Vgl. LAG Köln 21.1.2014 – 12 Sa 704/13; an der 2%-Grenze jedoch ausdrücklich festhaltend BAG v. 11.11.2014 – 3 AZR 116/13, AP Nr. 110 zu § 16 BetrAVG.
401 BAG 11.11.2014 – 3 AZR 116/13, ZIP 2015, 748; 15.4.2014 – 3 AZR 51/12, BB 2014, 2811.
402 Sehr instruktiv hierzu BAG 10.2.2015 – 3 AZR 734/13; 23.1.2001 – 3 AZR 287/00, NZA 2002, 560; 23.5.2000 – 3 AZR 103/99, NZA 2001, 1076.
403 BAG 23.5.2000 – 3 AZR 103/99, NZA 2001, 1076.
404 BAG 21.2.2017 – 3 AZR 455/15, BetrAV 2017, 362; 18.2.2003 – 3 AZR 172/02, BB 2003, 2292; 23.1.2001 – 3 AZR 287/00, NZA 2002, 560.
405 BAG 11.12.2012 – 3 AZR 615/10, BeckRS 2013, 68165; 25.6.2002 – 3 AZR 226/01, NZA 2003, 520; 9.11.1999 – 3 AZR 420/98, NZA 2000, 1057.

Es findet sodann eine **Prognose der zukünftigen Leistungsfähigkeit** statt, die allerdings auf Fakten gründet, die der Arbeitgeber im Falle einer gerichtlichen Auseinandersetzung umfänglich darzulegen hat.[406] Ein lediglich oberflächlicher oder bruchstückhafter Vortrag reicht hier erfahrungsgemäß nicht aus. Erforderlich ist vielmehr eine schlüssige lückenlose Darlegung. Regelmäßig wird das Unternehmen im Rahmen einer gerichtlichen Nachprüfung daher zur Darlegung der fehlenden Leistungsfähigkeit die Jahresabschlüsse (Bilanz, Gewinn und Verlustrechnung) sowie die maßgeblichen Geschäftsberichte, der vergangenen drei bis fünf Jahre vorzulegen haben, aus denen sodann eine Prognoseentscheidung über die zukünftige Leistungsfähigkeit abzuleiten ist. Der Prognosezeitraum erstreckt sich dabei ebenfalls auf drei Jahre.[407] Dabei ist eine im Zeitpunkt des Anpassungsstichtags geplante Umstrukturierungsmaßnahme, die der Verbesserung des Unternehmensergebnisses dient, nicht im Stande, eine negative Prognose des Arbeitgebers zu widerlegen.[408] 286

Die vorstehenden Grundsätze gelten auch für sog. **Rentnergesellschaften,** dh nicht mehr operative Gesellschaften, die noch über Pensionsverbindlichkeiten verfügen. Die Anpassungslast muss bei diesen Gesellschaften aus den Erträgen zu bestreiten sein, die aus der Anlage des Vermögens erzielt werden. Dabei ist dem Unternehmer auch hier eine angemessene Eigenkapitalverzinsung zu belassen, wobei mangels operativer Tätigkeit der Risikoaufschlag entfällt.[409] Zu einer Vermögenssubstanzaufzehrung ist die Gesellschaft zur Bedienung der Anpassungslast nicht verpflichtet.[410] Anderes gilt selbstverständlich auch hier für die Bedienung der Renten als solcher.[411] 287

Bei der Anpassungsprüfung ist grds. nur auf die finanzielle Leistungsfähigkeit des Unternehmens abzustellen, das die Versorgungsleistung schuldet. Ein ggf. im Unternehmen eingerichtetes **CTA** führt somit nicht etwa dazu, dass ebenfalls auf die wirtschaftliche Lage des Treuhänders abgestellt werden könnte. Genauso wenig sind in dieser Konstellation die auf den Treuhänder übertragenen Vermögenswerte für die Beurteilung der finanziellen Leistungsfähigkeit des Unternehmens berücksichtigungsfähig, obwohl diese aus steuerbilanzieller Sicht weiterhin dem Versorgungsschuldner zugerechnet werden.[412] 288

Es ist ferner grds. nicht auf den **Konzern** abzustellen.[413] Dies gilt auch dann, wenn es große Unterschiede in der Leistungsfähigkeit der konzernangehörigen Unternehmen gibt. Jede andere Betrachtung wäre mit dem Grundsatz unvereinbar, dass die Gesellschafter einer Kapitalgesellschaft nicht für Verbindlichkeiten der Gesellschaft haften.[414]

Daraus folgt zunächst, dass allein die schlechte Lage einer anderen Konzerngesellschaft oder aber einer Konzernobergesellschaft, die aus der Zusage verpflichtete Tochter nicht von der Anpassungslast befreit, wenn sie selbst zur Anpassung in der Lage ist. Etwas anderes folgt nach Auffassung des BAG auch nicht aus den Grundsätzen des Berechnungsdurchgriffs. Diese Grundsätze wurden zum Schutz der Versorgungsberechtigten entwickelt und nicht zum Schutz der Konzerne. Dem ist im Ergebnis zuzustimmen. Bereits tatbestandlich können die Grundsätze des Berechnungsdurchgriffs nicht „umgekehrt" angewandt werden, da die Rechtfertigung für die Durchbrechung des Trennungsprinzips neben der verdichteten Konzernbeziehung in dem „Fehlverhalten" der Obergesellschaft in 289

[406] BAG 23.4.1985 – 3 AZR 156/83, NZA 1985, 496; LAG Hamm 7.9.1982 – 6 Sa 423/82, DB 1982, 2626; MHdB ArbR/*Cisch* § 211 Rn. 94.

[407] LAG Berlin 6.1.1986 – 12 Sa 37/85, NZA 1986, 525.

[408] BAG 26.4.2018 – 3 AZR 686/16, NZA 2018, 863.

[409] BAG 9.11.1999 – 3 AZR 420/98, NZA 2000, 1057; Blomeyer/Rolfs/Otto/*Rolfs* BetrAVG § 16 Rn. 239; aA *Hinrichs/Menzel* NZA 2014, 350; zur Abwicklungsgesellschaft BAG 25.6.2002 – 3 AZR 226/01, NZA 2003, 520.

[410] BAG 17.6.2014 – 3 AZR 298/13, BetrAV 2014, 667; 15.1.2013 – 3 AZR 638/10, NZA 2014, 87; 25.6.2002 – 3 AZR 226/01, NZA 2003, 520; aA LAG Köln 14.1.2013 – 2 Sa 818/12, ZIP 2013, 1928.

[411] BAG 9.11.1999 – 3 AZR 420/98, NZA 2000, 1057.

[412] BAG 21.2.2017 – 3 AZR 455/15, BetrAV 2017, 362; 15.4.2014 – 3 AZR 51/12, BB 2014, 2811.

[413] Vgl. nur BAG 12.12.2017 – 3 AZR 305/16, NZA 2018, 1499; 15.4.2014 – 3 AZR 51/12, BB 2014, 2811; 11.12.2012, AP Nr. 88 zu § 16 BetrAVG; 29.9.2010 – 3 AZR 427/08, NZA 2011, 1416.

[414] BAG 10.2.2009 – 3 AZR 727/07, NZA 2010, 95; *Schlewing* RdA 2010, 364; für eine Berücksichtigung des Konzernvermögens bei entsprechendem Vorbehalt in der Versorgungszusage *Diller* DB 2011, 1051.

Form mangelnder Rücksichtnahme begründet liegt (→ Rn. 291). Allerdings stellt das BAG zu Recht fest, dass die Lage anderer Konzernunternehmen im Rahmen der Prüfung der Leistungsfähigkeit des verpflichteten Rechtsträgers dann berücksichtigungsfähig ist, wenn konkrete und nicht nur abstrakte Anhaltspunkte dafür bestehen, dass die wirtschaftliche Lage der anderen Konzernunternehmen mit hoher Wahrscheinlichkeit in einem solchen Umfang auf die Leistungsfähigkeit des verpflichteten Unternehmens durchschlagen wird, dass dieses mit einer Anpassung der Renten überfordert würde.[415] Dies gilt im Übrigen nicht nur im Verhältnis zur Konzernobergesellschaft, sondern auch für andere Unternehmen und zwar unabhängig davon, ob sie in einem Konzernverbund mit dem aus der Versorgungszusage verpflichteten Unternehmen stehen.[416] Beispielhaft wäre hier an die maßgeblichen Kunden und Abnehmer zu denken, wie die Insolvenzen in der Automobilzuliefererbranche gezeigt haben. Dabei reicht allerdings die abstrakte Behauptung einer „Schicksalsgemeinschaft" ohne nähere Substantiierung nicht aus.[417]

290 Im umgekehrten Fall stellt sich die Frage, ob ein aus sich heraus nicht leistungsfähiges Unternehmen zur Anpassung verpflichtet sein kann, weil eine Konzernobergesellschaft hierzu wirtschaftlich in der Lage wäre. Hier gilt zunächst der oben bereits angesprochene Grundsatz, dass es im Kapitalgesellschaftsrecht grds. keine Durchgriffshaftung gibt.

291 Eine Ausnahme hiervon wird seitens des BAG jedoch traditionell in Fällen angenommen, in denen die Voraussetzungen eines **Berechnungsdurchgriffs** vorliegen. Dieses durch richterliche Rechtsfortbildung entwickelte Instrument ist dem Grunde nach bereits seit Jahrzehnten in der Rechtsprechung anerkannt.[418] Gleichwohl hat es hinsichtlich des normativen Anknüpfungspunktes, der tatbestandlichen Voraussetzungen sowie der Verteilung und des Umfangs der Darlegungs- und Beweislast einen erheblichen Wandel erfahren, welcher im Folgenden aufgezeigt werden soll.[419]

Die Voraussetzungen des Berechnungsdurchgriffs waren ursprünglich identisch mit den seinerzeit geltenden Voraussetzungen für einen Haftungsdurchgriff im Konzern. Es bedurfte hierzu zunächst einer sog. **verdichteten Konzernbeziehung** zwischen den fraglichen Unternehmen. Eine solche verdichtete Konzernbeziehung war anzunehmen, wenn infolge eines Beherrschungs- oder Ergebnisabführungsvertrages ein Vertragskonzern bestand oder aber die Obergesellschaft die Geschäfte des Tochterunternehmens tatsächlich dauernd und umfassend geführt hat (qualifiziert faktischer Konzern).[420] Des Weiteren war es erforderlich, dass die Leitungsmacht von dem herrschenden Unternehmen ohne **angemessene Rücksicht** auf die Belange der abhängigen Gesellschaft ausgeübt worden war. Die mangelnde Leistungsfähigkeit des der Anpassungsprüfung unterliegenden Unternehmens musste ferner hierauf beruhen. Das Verhalten des herrschenden Unternehmens musste somit **kausal** für die fehlende Leistungsfähigkeit sein. Dies war nur in seltenen Ausnahmefällen der Fall. Diese Voraussetzungen waren insbesondere nicht allein deshalb erfüllt, weil die Gesellschaft ihr operatives Geschäft auf Veranlassung des herrschenden Unternehmens veräußert hat. Erforderlich war vielmehr die Darlegung und der Nachweis, dass diese Veräußerung zu unangemessenen Konditionen erfolgt war und hierdurch die mangelnde Leistungsfähigkeit verursacht worden war. An dieser Kausalität fehlte es insbesondere dann, wenn das Unternehmen auch bereits vor der Transaktion nicht zu einer Anpassung in der Lage war.

---

[415] BAG 11.11.2014 – 3 AZR 116/13, ZIP 2015, 748; 10.2.2009 – 3 AZR 727/07, NZA 2010, 95.

[416] *Schlewing* RdA 2010, 365; siehe für den umgekehrten Fall der Berücksichtigung positiver Ergebnisse von dem Arbeitgeber nachgeordneten Unternehmen *Diller/Beck* DB 2011, 1052 (1054).

[417] BAG 10.2.2009 – 3 AZR 727/07, NZA 2010, 95; *Diller/Beck* DB 2011, 1052 (1054); *Schlewing* RdA 2010, 364.

[418] BAG 28.4.1992 – 3 AZR 244/91, NZA 1993, 72; 14.2.1989 – 3 AZR 191/87, NZA 1989, 844; Blomeyer/Rolfs/Otto/*Rolfs* BetrAVG § 16 Rn. 213 ff. mwN; ErfK/*Steinmeyer* BetrAVG § 16 Rn. 32.

[419] Vgl. hierzu auch *Granetzny/Wallraven* NZA 2017, 1231 (1235 f.).

[420] *Schlewing* RdA 2010, 366.

Die frühere Rechtsprechung des BAG zum Berechnungsdurchgriff ist jedoch mittlerweile überholt und nicht mehr anwendbar. 292

Die Ursache hierfür liegt in der Änderung der Rechtsprechung des BGH zur Konzernhaftung. Nachdem der BGH zunächst die (in ihren Voraussetzungen mit dem Berechnungsdurchgriff identische) Rechtsprechung zum Haftungsdurchgriff aufgegeben und durch eine Außenhaftung infolge eines sog. existenzvernichtenden Eingriffs ersetzt hatte,[421] modifizierte er seine Rechtsprechung zur Existenzvernichtungshaftung in der *Trihotel* Entscheidung weiter dahingehend, dass nunmehr allein von einer Innenhaftung des Gesellschafters gegenüber der Gesellschaft auf Grundlage des § 826 BGB (auf der Grundlage einer vorsätzlichen sittenwidrigen Schädigung) auszugehen ist, und zwar begrenzt auf missbräuchliche, zur Insolvenz führende oder diese vertiefende kompensationslose Eingriffe in das Gesellschaftsvermögen durch die Gesellschafter.[422] Eine reine Unterkapitalisierung in Form des Unterlassens einer angemessenen Kapitalausstattung reicht hierfür nicht aus.[423] Eine Haftung vor der Schwelle der Insolvenz scheidet ebenfalls aus.[424]

Die damit zwingend notwendige Neujustierung seiner Rechtsprechung,[425] hat das BAG zwischenzeitlich vollzogen. Zunächst differenzierte es strikt danach, ob zwischen den Konzernunternehmen ein Beherrschungsvertrag abgeschlossen worden war, oder, ob es sich „lediglich" um einen **qualifiziert faktischen Konzern** handelte. In letzterer Konstellation hat es den Berechnungsdurchgriff für die Frage der Rentenanpassung vollständig aufgegeben.[426] Dies hat es konsequent damit begründet, dass der erforderliche Gleichlauf von Zurechnung und Innenhaftung infolge der Rechtsprechungsänderung entfallen sei. Werde der Versorgungsschuldner auf Anpassung in Anspruch genommen, weil ihm die gute wirtschaftliche Lage eines Konzernunternehmens zugerechnet werde, so müsse der Versorgungsschuldner auch in der Lage sein, im Innenverhältnis zu dieser Konzerngesellschaft seine Ansprüche durchzusetzen und Regress zu erlangen. Anderenfalls müsse er die Anpassungslast aus seiner Substanz erbringen, wozu er (auch als reine Rentnergesellschaft) nicht verpflichtet sei.

Demgegenüber hatte sich das BAG bei Bestehen eines **Beherrschungsvertrages** bereits zuvor in seiner Begründung vom BGH abgekoppelt und den Anwendungsbereich des Berechnungsdurchgriffs in dieser Konstellation erheblich ausgeweitet.[427] Es hat zwischenzeitlich die Auffassung vertreten, ein Berechnungsdurchgriff sei im Vertragskonzern ohne weitere Voraussetzungen stets und unwiderlegbar anzunehmen. An dem Erfordernis einer missbräuchlichen Ausübung von Leitungsmacht hielt es nicht länger fest. Zur Begründung führte das BAG an, der Abschluss eines Beherrschungsvertrages führe zu einer „Fusion auf Zeit". 293

Nach Abschluss eines Beherrschungsvertrages habe der Vorstand des abhängigen Unternehmens gemäß § 308 Abs. 2 AktG auch nachteilige Weisungen zu befolgen. Damit korrespondiere die Pflicht des herrschenden Unternehmens während der Vertragsdauer entstehende Jahresfehlbeträge auszugleichen (§ 302 AktG). Das abhängige Unternehmen verliere hierdurch seine wirtschaftliche Selbständigkeit. Es bestehe insoweit eine unwiderlegbare Vermutung, dass die Leitungsmacht ohne angemessene Rücksichtnahme ausgeübt worden sei. Dabei wurde offengelassen, ob diese Grundsätze auch auf die Fälle übertragbar seien, in denen lediglich ein Ergebnisabführungsvertrag vorliegt.[428] 294

[421] BGH 17.9.2001 – II ZR 178/99, NJW 2001, 3622 *(Bremer Vulkan).*
[422] BGH 16.7.2007 – II ZR 3/04, NJW 2007, 2689 *(Trihotel).*
[423] BGH 28.4.2008 – II ZR 264/06, NJW 2008, 2437 *(Gamma).*
[424] *Cisch/Kruip* NZA 2010, 542.
[425] Ebenso *Diller/Beck* DB 2011, 1052 (1054).
[426] BAG 21.10.2014 – 3 AZR 1027/12, BetrAV 2015, 176; 15.1.2013 – 3 AZR 638/10, NZA 2014, 87.
[427] BAG 26.5.2009 – 3 AZR 369/07, DB 2009, 2385; best. durch BAG 17.6.2014 – 3 AZR 298/13, BetrAV 2014, 667.
[428] Zweifelnd BAG 17.6.2014 – 3 AZR 298/13, BetrAV 2014, 667; *Diller/Beck* DB 2011, 1052 (1053); *Schlewing* RdA 2010, 368.

295 Diese Rechtsprechung zum voraussetzungslosen Berechnungsdurchgriff im Vertragskonzern wurde seitens der Literatur erheblich kritisiert und in dieser Rigorosität auch seitens der Instanzenrechtsprechung abgelehnt.[429] Eingewandt wurde etwa, die Rechtsprechung führe zu einer gesellschaftsrechtlich ungerechtfertigten Durchbrechung des Trennungsprinzips und die Herleitung des Berechnungsdurchgriffs aus § 302 AktG sei dogmatisch nicht haltbar.

296 Die Kritik war berechtigt, denn die Argumentation des BAG vermochte nicht darüber hinwegzutäuschen, dass diese Rechtsprechung im Ergebnis dazu geführt hat, dass durch den Beherrschungsvertrag faktisch eine Schuld begründet wurde, die ansonsten gar nicht bestanden hätte. Dies ist aber nicht der gesetzliche Zweck der Verlustausgleichspflicht. Diese setzt nämlich das Bestehen der Schuld voraus, begründet sie aber nicht. Dem kann auch nicht mit dem Argument entgegengetreten werden, die Anpassung nach § 16 BetrAVG sei die Regel. Auch wenn dies so ist, so führt § 302 AktG nach allgemeinem Verständnis nicht dazu, dass dem in Anspruch genommenen Unternehmen seine Einreden abgeschnitten würden.

297 Das BAG hat auf die Kritik reagiert und seine bisherige Rechtsprechung ausdrücklich aufgegeben, ohne jedoch das Institut des Berechnungsdurchgriffs als solches endgültig zu verwerfen.[430] Ein Berechnungsdurchgriff lasse sich zwar weder unmittelbar auf § 302 AktG stützen, noch könne aus §§ 302, 303 AktG die unwiderlegbare Vermutung einer nachteiligen Einflussnahme der herrschenden Gesellschaft auf die beherrschte Gesellschaft hergeleitet werden. Der Beherrschungsvertrag begründe aber eine Gefahrenlage für das durch § 16 Abs. 1 BetrAVG geschützte Interesse der Versorgungsempfänger am Werterhalt ihrer laufenden Leistungen. Ein Berechnungsdurchgriff setze danach zusätzlich voraus, dass sich diese konzernspezifische Gefahr auch tatsächlich realisiere. Dabei hat der Versorgungsempfänger nach Auffassung des BAG lediglich darzulegen und ggf. zu beweisen, dass dessen Voraussetzungen vorliegen *könnten,* also zumindest das Bestehen eines Beherrschungsvertrages. Hinsichtlich der Verwirklichung der Gefahrenlage lässt das BAG schon eine pauschale Behauptung des Versorgungsberechtigten ausreichen. Der Arbeitgeber habe dann substantiiert darzulegen, dass sich entweder die wirtschaftliche Lage infolge der Weisungen nicht maßgeblich verschlechtert habe, oder, dass er auch ohne deren Erteilung nicht leistungsfähig und damit nicht zur Anpassung verpflichtet gewesen sei.

298 Neben den oben diskutierten Fällen wird in der Praxis immer wieder versucht, Anpassungsansprüche mit der Existenz einer Patronatserklärung zu begründen. Dem hat das BAG in seiner neueren Rechtsprechung zum Teil zugestimmt.

Während die gegenüber externen Gläubigern abgegebene Patronatserklärungen einer Konzernmutter, einen Berechnungsdurchgriff nicht zu rechtfertigen vermag,[431] kann etwas anderes für konzerninterne harte Patronatserklärung gelten, soweit sich die Patronatserklärung auch auf die zukünftige Betriebsrentenanpassung bezieht.[432] Eine sog. „weiche" Patronatserklärung, der es an rechtlicher Verbindlichkeit fehlt, kann wiederum keinen solchen Berechnungsdurchgriff begründen.[433]

299 **bb) Risiken aus nachholenden und nachträglichen Anpassungsverpflichtungen.** Die Prüfung der in der Vergangenheit durchgeführten Anpassungen ist für die ***due diligence*** von erheblicher Bedeutung, wenn der Käufer die Verpflichtungen gegenüber den

---

[429] Vgl. nur *Cisch/Kruip* NZA 2010, 540; *Forst/Granetzny* Der Konzern 2011, 1; *Preu/Novara* NZA 2011, 1263; *Rolfs/Heikel* NZA 2014, 1161; *Schäfer* ZIP 2010, 2025; vgl. OLG Frankfurt 26.1.2015 – 16 U 56/14, ZIP 2015, 846.

[430] BAG 10.3.2015 – 3 AZR 739/13, ZIP 2015, 1137; diesem hat sich der BGH angeschlossen, vgl. BGH 27.9.2016 – II ZR 57/15, DB 2016, 2653.

[431] Vgl. BAG 21.10.2014 – 3 AZR 1027/12, BetrAV 2015, 176; 29.9.2010 – 3 AZR 427/08, BB 2011, 308.

[432] BAG 21.4.2015 – 3 AZR 102/14, BeckRS 2015, 70800; 21.10.2014 – 3 AZR 1027/12, BetrAV 2015, 176; 29.9.2010 – 3 AZR 427/08, BB 2011, 308.

[433] HWK/*Schipp* BetrAVG § 16 Rn. 51.

Rentnern übernimmt. Dies ist insbesondere bei einem *share deal* der Fall, da der Käufer die Beteiligung an der Gesellschaft erwirbt, auf der die Anpassungslast ruht. Hier ist es von Bedeutung festzustellen, ob möglicherweise **versteckte Anpassungslasten** infolge in der Vergangenheit unterlassener Anpassungen bestehen, die nunmehr nachzuholen sind. Im Rahmen eines *asset deals* tritt dieses Risiko nicht auf, da der Käufer nach § 613a BGB keine Versorgungsverpflichtungen gegenüber ausgeschiedenen Mitarbeitern übernimmt. Diese Verpflichtungen verbleiben somit bei dem Verkäufer. Bei übertragenden Umwandlungen kommt es darauf an, ob der aufnehmende Rechtsträger als Gesamtrechtsnachfolger in die Versorgungsverpflichtungen eintritt. Dies ist bei der Verschmelzung stets der Fall; bei Spaltungsvorgängen dann, wenn dem aufnehmenden Rechtsträger die Verpflichtungen im Spaltungsplan gemäß § 126 UmwG zugewiesen worden sind.

Ob eine Anpassung, die unterblieben ist, später nachzuholen ist, richtet sich grundsätzlich nach § 16 Abs. 4 BetrAVG. Dabei ist zu unterscheiden zwischen der **nachholenden Anpassung** und der **nachträglichen Anpassung.**

(1) Nachholende Anpassung. Bei der nachholenden Anpassung geht es um die Frage, 300
ob ein Unternehmen, das bei einer früheren Anpassungsprüfung keinen oder keinen vollen Kaufkraftausgleich gewährt hat, dieses Anpassungsdefizit im Rahmen einer turnusmäßigen Folgeprüfung erneut als Anpassungslast in Abwägung mit der dann jeweils aktuellen finanziellen Lage zu berücksichtigen hat, mit der Folge, dass sich die Rente ab dem Anpassungsstichtag der Folgeprüfung gegebenenfalls um den gesamten nicht ausgeglichenen **Kaufkraftverlust seit Beginn der Rentenzahlungen** erhöht, sofern eine Anpassung zu erfolgen hat. Dies ist in der Regel der Fall.[434] Die nachholende Anpassung wirkt aber, soweit sie erfolgen muss, nur zukunftsgerichtet. Sie führt nicht zu einer Nachzahlung für die Vergangenheit.

Zum Zwecke der Ermittlung des Anpassungsbedarfs ist in einem ersten Schritt zur Er- 301
mittlung der Anpassungszielgröße die Rente, in der erstmalig gezahlten Höhe mit einem Inflationsausgleich für den gesamten Zeitraum zu versehen. Diese Zielrente ist dann mit der tatsächlich gezahlten Ist-Rente zu vergleichen. Aus der Differenz ergibt sich dann der Anpassungsbedarf, der allerdings seinerseits durch die nettolohnbezogene Obergrenze begrenzt wird.[435] Wurde in den vorangegangen Prüfungsterminen stets der volle Inflationsausgleich gewährt, so beschränkt sich die Differenz auf die Kaufkraftentwertung der letzten drei Jahre. Wurde der in der Zeit vom Beginn der Rentenzahlungen bis zum Prüfungsstichtag festgestellte Kaufkraftverlust hingegen nicht vollständig durch zwischenzeitliche Anpassungen ausgeglichen, dann besteht zum relevanten Prüfungsstichtag auch insoweit ein aktueller (nachholender) Anpassungsbedarf.[436]

Allerdings muss sich der Versorgungsempfänger in diesem Zusammenhang etwaige frei- 302
willige oder aber in der Versorgungszusage vereinbarte und geleistete Erhöhungen der Rente anrechnen lassen.[437] Es kommt nämlich im Rahmen der Anpassungsprüfung nach § 16 BetrAVG nur darauf an, dass – unabhängig von den Gründen oder einer auf einer anderen Grundlage bestehenden Anpassungsverpflichtung – tatsächlich im Ergebnis ein Inflationsausgleich erfolgt ist.

Aus der Pflicht zur nachholenden Anpassung ergeben sich ganz erhebliche Belastungen 303
und Risiken für den Arbeitgeber. Der Gesetzgeber hat daher versucht, mit der Einführung des § 16 Abs. 4 BetrAVG für Entlastung zu sorgen. Diese Regelung gilt jedoch gemäß § 30c Abs. 1 BetrAVG nur für solche Anpassungsentscheidungen, die nach dem 1.1.1999

[434] BAG 17.4.1996 – 3 AZR 56/95, NZA 1997, 155.
[435] BAG 21.8.2001 – 3 AZR 589/00, NZA 2003, 561.
[436] Nicht möglich ist nach der Rechtsprechung jedenfalls für vor dem 31.12.1998 unterbliebene Anpassungen eine in einzelne Prüfungsabschnitte aufgeteilte Betrachtung; s. BAG 21.8.2001 – 3 AZR 589/00, NZA 2003, 561.
[437] BAG 1.7.1976 – 3 AZR 791/75, NJW 1976, 1861; Höfer/*Höfer* BetrAVG § 16 Rn. 55, 320; *Langohr-Plato* BetrAVG Rn. 987.

zu Recht erfolgt sind. Trifft ein Arbeitgeber zum Anpassungsstichtag eine **rechtmäßige Anpassungsentscheidung,** dann ist diese nach § 16 Abs. 4 BetrAVG verbindlich. Musste der Arbeitgeber aufgrund seiner wirtschaftlichen Lage keinen vollen Kaufkraftausgleich gewähren, so muss er diesen bei einer Besserung seiner wirtschaftlichen Situation nicht mehr nachholen.[438]

304 Nach der in § 16 Abs. 4 S. 1 BetrAVG enthaltenen **Fiktion** gilt eine Anpassungsentscheidung auch dann als rechtmäßig, wenn der Arbeitgeber seine wirtschaftliche Lage wahrheitsgemäß dargelegt hat und der Arbeitnehmer der Anpassungsentscheidung innerhalb der vorgesehenen Monatsfrist nicht widersprochen hat. Dies gilt aber nur, wenn der Versorgungsempfänger auf die Folgen der Fristversäumung hingewiesen wurde. Eine falsche rechtliche oder tatsächliche Bewertung der Fakten ist für die Fiktionswirkung unschädlich, da die Fiktion den Streit über die Bewertung der Fakten beenden soll, wenn die Fakten nur ordnungsgemäß dargelegt wurden. Nur dann, wenn der Arbeitgeber ohne Darlegung seiner wirtschaftlichen Lage keine (volle) Anpassung vornimmt, seine wirtschaftliche Lage bewusst unwahr oder unvollständig darlegt oder der Arbeitnehmer der Anpassungsentscheidung widersprochen hat, kann später ggf. eine Überprüfung der Anpassungsentscheidung erfolgen. Sofern sie nicht ordnungsgemäß war, besteht – wie bisher – ggf. ein Anspruch auf eine nachholende Anpassung.[439] War sie ordnungsgemäß, so entfällt der Anspruch auf nachholende Anpassung ungeachtet der (für die Fiktionswirkung) nicht ordnungsgemäßen Darlegung bereits wegen der objektiven Rechtmäßigkeit der Entscheidung gemäß § 16 Abs. 4 S. 1 BetrAVG.

305 **(2) Nachträgliche Anpassung.** Bei der nachträglichen Anpassung geht es darum, ob und wie lange der Versorgungsempfänger im Falle einer nicht vollzogenen Anpassung eine Überprüfung dieser Entscheidung verlangen kann, mit der Folge dass die Rente rückwirkend (dh sowohl für die Zukunft als auch im Wege der Nachzahlung für die Vergangenheit) ab dem Prüfungsstichtag erhöht wird. Es erfolgt also eine Überprüfung einer früheren Anpassungsentscheidung auf der Grundlage der seinerzeit maßgeblichen finanziellen Lage. Dabei gilt folgendes:

306 Eine solche nachträgliche Anpassung setzt zunächst voraus, dass eine **Anpassung zu Unrecht** verweigert worden ist. Dies kann sich etwa daraus ergeben, dass eine Prüfung vollständig unterblieben ist oder aber kein voller Ausgleich erfolgt ist. Im Rahmen der Prüfung der Rechtmäßigkeit der Anpassungsentscheidung zum Zwecke der nachträglichen Anpassung gilt auch die Fiktion des § 16 Abs. 4 S. 2 BetrAVG. Es besteht kein Grund, die Vermutung nur auf die Fälle der nachholenden Anpassung zu beschränken, wenn der Gesetzgeber ersichtlich Rechtssicherheit für den Fall schaffen wollte, dass der Arbeitgeber vollständig und wahrheitsgemäß über seine Entscheidung informiert hat und der Versorgungsempfänger auf die Folgen eines fehlenden Widerspruchs hingewiesen wird.[440]

307 Die nachträgliche Anpassung setzt weiter voraus, dass der Versorgungsempfänger die fehlende Anpassung **rechtzeitig gerügt** hat, wobei im Falle einer ausschließlich klageweise geltend gemachten Rüge die Zustellungsfiktion des § 167 ZPO keine Anwendung findet.[441] Die Rügeobliegenheit ist nicht zu verwechseln mit der Frage der Verjährung etwaiger Ansprüche auf Anpassung (dazu → Rn. 309). Die mangelnde Rüge bringt vielmehr den Anspruch auf Durchführung der Anpassungsprüfung selbst zum Erlöschen. Für den maßgeblichen Zeitraum, innerhalb dessen die Rüge zu erfolgen hat, kommt es darauf an, ob der Arbeitgeber eine Anpassungsentscheidung getroffen hat oder aber vollständig untätig geblieben ist.

---

[438] BAG 17.6.2014 – 3 AZR 298/13, BetrAV 2014, 667.
[439] Vgl. auch *Doetsch/Förster/Rühmann* DB 1998, 258 (262); *Förster* BetrAV 1998, 117 (119).
[440] So auch *Goldbach/Obenberger* BetrAVG Rn. 382.
[441] BAG 21.10.2014 – 3 AZR 937/12, ZIP 2015, 798.

Hat das Unternehmen eine **Anpassungsentscheidung** getroffen und ist der Versorgungsberechtigte mit der Anpassungsentscheidung nicht einverstanden, so muss er die Rüge spätestens bis zum nächstfolgenden Prüfungsstichtag, dh innerhalb von drei Jahren, erheben. Mit dem nächsten Anpassungsstichtag entsteht nämlich ein neuer Anspruch auf Prüfung mit der Folge, dass ein Anspruch auf Korrektur der alten Anpassungsentscheidung erlischt.[442] Als Anpassungsentscheidung in diesem Sinne gelten alle Fälle, in denen der Arbeitgeber eine Entscheidung (eventuell auch über eine „Nullanpassung") ausdrücklich kommuniziert hat oder aber durch eine Teilanpassung jedenfalls konkludent zu erkennen gegeben hat, dass er keine weitere Anpassung im Hinblick auf den überschießenden Teil des Kaufkraftverlustes vorzunehmen beabsichtigt. 308

Bleibt der Arbeitgeber hingegen **untätig,** so unterstellt die Rechtsprechung des BAG nach Ablauf von drei Jahren eine stillschweigende Erklärung, nicht anpassen zu wollen.[443] Diese unterstellte Erklärung kann der Versorgungsempfänger dann bis zum nächsten Stichtag rügen. Diese Rüge wiederum muss inhaltlich konkret sein. Nur in der Rüge erwähnte Aspekte werden in einem gerichtlichen Verfahren auf eine fehlerhafte Entscheidung des Arbeitgebers überprüft.[444] Die Frist beträgt also in diesem Falle sechs Jahre ab dem Prüfungsstichtag (drei Jahre für die Auslösung der Fiktion einer Erklärung und weitere drei Jahre für die Rüge dieser fiktiven Erklärung). Das Recht auf eine nachträgliche Anpassung erlischt dann mangels rechtzeitiger Rüge nach Ablauf der sechs Jahre, dh *de facto* mit dem übernächsten Prüfungsstichtag. 309

Im Rahmen der Prüfung der seinerzeitigen Anpassungsentscheidung kann die tatsächliche Entwicklung zu einer Korrektur der damaligen Prognoseentscheidung über die Leistungsfähigkeit führen.[445]

Der Anspruch auf Prüfung und Entscheidung über die Anpassung ist dem Rentenstammrecht zuzurechnen und verjährt gemäß § 18a BetrAVG auch nach der Schuldrechtsreform erst nach 30 Jahren.[446] Liegt eine rechtzeitige Rüge vor, so kann der Anpassungsprüfungsanspruch daher noch innerhalb dieser Verjährungsgrenzen geltend gemacht werden. Dies bedeutet jedoch nicht, dass der Versorgungsempfänger auch im Ergebnis rückwirkend für diesen langen Zeitraum im Fall des Obsiegens Zahlung verlangen kann. Unabhängig vom Grundanspruch auf Anpassung verjährt nämlich der einzelne Zahlungsanspruch nach Maßgabe der kurzen Verjährungsfristen. Bis zum Inkrafttreten der Schuldrechtsreform zum 1.1.2002 galt hierfür die kurze zweijährige **Verjährungsfrist** (für Organe nach vier Jahren). Dies gilt für Rentenleistungen, die vor diesem Datum fällig geworden sind, auch weiterhin.[447] 310

Für Leistungen, die nach diesem Stichtag fällig werden, gilt ab dem 1.1.2002 gemäß § 18a S. 2 BetrAVG iVm § 195 BGB einheitlich für Arbeitnehmer und Organvertreter eine Verjährungsfrist von drei Jahren. Sie beginnt gemäß § 199 Abs. 1 BGB mit dem Schluss des Jahres, in dem der Leistungsanspruch entstanden ist und der Arbeitnehmer als Gläubiger von den anspruchsbegründenden Umständen und der Person des Schuldners Kenntnis erlangt hat oder ohne grobe Fahrlässigkeit erlangen musste (dh hinsichtlich der einzelnen Rentenzahlungen regelmäßig zum Abschluss des Jahres, in dem Fälligkeit eingetreten ist). Die Verjährungsfrist für den Zahlungsanspruch erfasst auch den Anspruch auf den etwaigen Erhöhungsbetrag im Rahmen einer nachträglichen Anpassung. Danach kann zwar eventuell die Rüge noch rechtzeitig erfolgt sein und die Klage auf Anpassungsprü- 311

[442] BAG 17.8.2004 – 3 AZR 367/03, NZA-RR 2005, 672; 17.4.1996 – 3 AZR 56/95, NZA 1997, 155; so auch LAG Düsseldorf 7.3.2006 – 16 Sa 1334/05, BeckRS 2006, 43502 mit Anm. *Langohr-Plato* jurisPR-ArbR 18/2006, Anm. 4.

[443] BAG 17.8.2004 – 3 AZR 367/03, NZA-RR 2005, 672; 17.4.1996 – 3 AZR 56/95, NZA 1997, 155.

[444] LAG Düsseldorf 7.3.2006 – 16 Sa 1334/05, BeckRS 2006, 43502 mit Anm. *Langohr-Plato* jurisPR-ArbR 18/2006, Anm. 4.

[445] BAG 17.4.1996 – 3 AZR 56/95, NZA 1997, 155.

[446] *Langohr-Plato* BetrAVG Rn. 1095, 1335.

[447] *Langohr-Plato* BetrAVG Rn. 1335, 1339.

fung innerhalb der langen Verjährungsfrist erhoben sein; der Zahlungsanspruch kann aber gleichwohl verjährt sein.[448] Im Ergebnis wirkt sich somit eine erfolgreiche Klage auf nachträgliche Anpassung, die für den Zeitraum von beispielsweise 15 zurückliegenden Jahren erhoben wird, dergestalt aus, dass für die Zukunft ein erheblicher Leistungssprung eintritt und für die Vergangenheit eine durch die kurze Verjährung begrenzte Nachzahlungspflicht besteht.

312 **cc) Ausnahmen von der Anpassungsprüfungspflicht.** Die Verpflichtung zur dreijährigen Anpassungsüberprüfung entfällt nach § 16 Abs. 3 BetrAVG, sofern

- sich der Arbeitgeber zu einer jährlichen Anpassung laufender Leistungen um mindestens 1% p. a. verpflichtet, oder
- bei der Versorgung über eine Direktversicherung oder Pensionskasse ab Rentenbeginn alle auf den Rentenbestand entfallenden Überschussanteile zur Erhöhung der garantierten Renten verwendet werden, oder
- eine Betragszusage mit Mindestleistung, oder
- eine reine Beitragszusage erteilt wurde.

Die Varianten (1.) oder (2.) sind bei Zusagen aus Entgeltumwandlung vorgeschrieben, soweit es sich nicht um eine Entgeltumwandlungsversorgung auf Basis einer Beitragszusage mit Mindestleistung handelt, vgl. § 16 Abs. 5 BetrAVG. Die Möglichkeit der Garantieanpassung (1% p. a.) nach § 16 Abs. 3 Nr. 1 BetrAVG hat befreiende Wirkung mit Blick auf die Anpassungsprüfpflicht jedoch nur für laufende Leistungen aus Zusagen, die nach dem 31.12.1998 erteilt wurden (§ 30c Abs. 1 BetrAVG). Anpassungsgarantien, die vor diesem Zeitpunkt erteilt wurden, sind gleichwohl wirksam, befreien jedoch nicht von der Anpassungsprüfpflicht. Man wird jedoch vielfach argumentieren können, dass derartige Anpassungen auf den Anpassungsbetrag, der sich aus § 16 Abs. 1 BetrAVG ergibt, angerechnet werden können.

Besonderes Augenmerk verdient in diesem Zusammenhang eine überraschende Entscheidung des BAG[449], wonach die sog. Escape Klausel des § 16 Abs. 3 Nr. 2 BetrAVG nur für Zusagen gilt, die seit dem Inkrafttreten der Deckungsrückstellungsverordnung am 16.5.1996 erteilt wurden und bei denen kein höherer Rechnungszins als in der DeckRV normiert verwendet wurde. Dies bedeutet, dass der Arbeitgeber bei Direktversicherungs- oder Pensionskassenzusagen, die vor dem 16.5.1996 erteilt wurden, sowie Pensionskassenzusagen, die nach dem 15.5.1996 erteilt wurden und deren Rechnungszins oberhalb des jeweiligen Höchstrechnungszinses gemäß DeckRV lag (dies sind idR Tarife von regulierten Pensionskassen), nicht mehr automatisch davon ausgehen können, von der Anpassungsprüfungspflicht befreit zu sein, auch wenn sämtliche Überschüsse zur Erhöhung der laufenden Renten verwendet werden. Durch die neue Übergangsregelung in § 30c Abs. 1a BetrAVG, die im Rahmen des Betriebsrentenstärkungsgesetzes angepasst wurde, gilt § 16 Abs. 3 Nr. 2 BetrAVG auch für Anpassungszeiträume, die vor dem 1.1.2016 liegen, soweit der Versorgungsberechtigte nicht vor dem 1.1.2016 Klage erhoben hat.[450]

Die Neuregelung des § 16 Abs. 3 Nr. 2 BetrAVG, hat bewirkt, dass die Rentenanpassungsprüfungspflicht in den Durchführungswegen Direktversicherung oder Pensionskasse nicht mehr davon abhängig ist, ob zur Berechnung der garantierten Leistung der nach § 65 Abs. 1 Nr. 1 a) VAG festgesetzte Höchstzinssatz zur Berechnung der Deckungsrückstellung überschritten wird. Aus diesem Grund ist in der Literatur die Frage laut geworden, inwiefern § 16 Abs. 3 Nr. 2 BetrAVG gegen das Verschlechterungsverbot aus Art. 7 Abs. 2 der Richtlinie 2014/50/EU verstößt, da man argumentieren kann, dass dem Versorgungsberechtigten mit der rückwirkenden Regelung die Chance auf zusätzliche Anpas-

---

[448] Vgl. hierzu auch *Goldbach/Obenberger* BetrAVG Rn. 387.
[449] BAG 30.9.2014 – 3 AZR 617/12, NZA 2015, 544.
[450] BAG 10.12.2019 – 3 AZR 122/18, AP BetrAVG § 16 Nr. 127 (Rn. 122f.).

sungsleistungen genommen wird.[451]. Die Änderung des § 16 Abs. 3 Nr. 2 BetrAVG steht allerdings in keinem Zusammenhang mit der RL 2014/50/EU und ist nicht zwecks ihrer Umsetzung geändert worden. Vielmehr hätte diese Änderung auch mit jedem anderen Gesetzesvorhaben verbunden werden können. Ein Verstoß gegen das Verschlechterungsverbot liegt damit nicht vor.

Keine Verpflichtung zur Anpassung besteht schließlich bezüglich monatlicher Raten im Rahmen eines Auszahlungsplans sowie für Renten ab Vollendung des 85. Lebensjahres im Anschluss an einen Auszahlungsplan (§ 16 Abs. 6 BetrAVG). 313

Bei der reinen Beitragszusage entfällt die Pflicht des Arbeitgebers zu Anpassung der Leistung. Vielmehr hängt die Anpassung durch den Versorgungsträger vom Ergebnis der Kapitalanlage ab. 313a

8. Die Mitbestimmung des Betriebsrats bei der betrieblichen Altersversorgung

Die betriebliche Altersversorgung unterliegt in ihrer Ausgestaltung in allen fünf Gestaltungsformen der erzwingbaren Mitbestimmung des Betriebsrates gemäß § 87 BetrVG. Sieht man von echten Einzelzusagen ab, ist heute praktisch bei jeder Einführung, Änderung und Einschränkung von betrieblichen Versorgungszusagen ein vorhandener Betriebsrat zu beteiligen.[452] Der **Umfang des Mitbestimmungsrechts** ist von der Rechtsprechung für alle Gestaltungsformen der betrieblichen Altersversorgung weitgehend identisch ausgestaltet worden. 314

Dabei ist zwischen dem **mitbestimmungsfreien Bereich,** welcher vorbehaltlich zwingender gesetzlicher Vorgaben der Gestaltungs- und Entscheidungsfreiheit des Arbeitgebers unterliegt, und dem **mitbestimmten Bereich** abzugrenzen. 315

a) Der mitbestimmungsfreie Entscheidungsspielraum des Arbeitgebers

Der Arbeitgeber ist zunächst in seiner Entscheidung, **ob** er finanzielle Mittel für die betriebliche Altersversorgung zur Verfügung stellen will, frei. Er kann auch einseitig über den **Dotierungsrahmen,** den zu **begünstigenden Personenkreis** und den **Durchführungsweg** bzw. den konkret ausgewählten Versorgungsträger (Versicherer, Pensionsfonds, Pensionskasse) bestimmen.[453] Die Mitbestimmungsfreiheit dieser Entscheidungen schließt den Abschluss einer Betriebsvereinbarung zu diesen Punkten nicht aus. Es handelt sich aber insoweit um eine freiwillige Betriebsvereinbarung im Sinne von § 88 BetrVG. Mit Abschluss einer Vereinbarung über die mitbestimmungsfreien Aspekte der betrieblichen Altersversorgung ist der Arbeitgeber an die Inhalte der Vereinbarung gebunden. Die Änderung dieser Regelungsinhalte ist fortan nur noch nach den allgemeinen Regelungen möglich. Dies schließt in aller Regel eine einseitige Änderung aus. 316

b) Der mitbestimmte Bereich der betrieblichen Altersversorgung

Ein erzwingbares Mitbestimmungsrecht des Betriebsrats besteht demgegenüber gemäß § 87 Abs. 1 Nr. 8, 10 BetrVG bei der **Ausgestaltung des Leistungsplans** sowie der **Ausgestaltung und Verwaltung von Sozialeinrichtungen** (Unterstützungs- und Pensionskassen). Hierin liegt der Kern des Mitbestimmungsrechts des Betriebsrates. Der Arbeitgeber kann über diese Fragen nicht ohne vorherige Einigung mit dem Betriebsrat allein entscheiden. Führt der Arbeitgeber eine Regelung ohne Zustimmung des Betriebsrats ein, so kann der Betriebsrat gemäß § 76 BetrVG die Einigungsstelle anrufen und eine Ei- 317

---

[451] Vgl. BAG 10.12.2019 – 3 AZR 122/18, AP BetrAVG § 16 Nr. 127.

[452] Zu mitbestimmungsrechtlichen Fragen im Sonderfall der Einführung einer betrieblichen Altersversorgung im Wege der Entgeltumwandlung gem. § 1a BetrAVG s. *Schnitker/Grau* BB 2003, 1061.

[453] BAG 29.7.2003 – 3 ABR 34/02, NZA 2004, 1344; 12.6.1975 – 3 ABR 13/74, DB 1975, 1559.

nigung erzwingen. Soweit das erzwingbare Mitbestimmungsrecht reicht, hat der Betriebsrat auch ein Initiativrecht. Er kann eine Einigung – soweit sie nicht freiwillig zustande kommt – daher auch in eigener Initiative erzwingen, indem er die Einigungsstelle anruft. Dies gilt allerdings nicht, sofern sich das Änderungsbegehren auf die oben dargestellten mitbestimmungsfreien Elemente der Versorgung bezieht oder auf die mitbestimmungsfreien Fragen durchschlägt.

318 Grundlage der Mitbestimmung des Betriebsrats ist bei der Gewährung von Leistungen aus den Erträgen des Unternehmens (unmittelbaren Versorgungszusagen) das Mitbestimmungsrecht des Betriebsrates in **Fragen der betrieblichen Lohngestaltung** gemäß § 87 Abs. 1 Nr. 10 BetrVG.[454] Gleiches gilt, wenn die betriebliche Altersversorgung im Wege der Direktversicherung durchgeführt wird.[455] Bei der Versorgung unter Einschaltung einer Pensions- oder Unterstützungskasse bzw. eines Pensionsfonds besteht, sofern es sich um eine **Sozialeinrichtung** des Arbeitgebers selbst bzw. des gleichen Konzerns handelt, ein Mitbestimmungsrecht nach § 87 Abs. 1 Nr. 8 BetrVG. Die Mitbestimmung kann organschaftlich durch paritätische Besetzung der Kassenorgane erfolgen oder zweistufig, dh durch Einigung zwischen Arbeitgeber und Betriebsrat und Durchsetzung der gemeinsamen Entscheidung in den Organen der Kasse durch den Arbeitgeber. Wenn mehrere nicht konzernmäßig verbundene Trägerunternehmen gemeinsam eine (Gruppen)Unterstützungskasse betreiben, deren satzungsgemäße Organe über Form, Ausgestaltung, Verwaltung mehrheitlich entscheiden, besteht kein Mitbestimmungsrecht nach § 87 Abs. 1 Nr. 8 BetrVG, sondern nach § 87 Abs. 1 Nr. 10 BetrVG.[456]

c) Mitbestimmungsfragen bei Einführung eines CTA oder Abschluss von Rückdeckungsversicherungen

319 Kein Mitbestimmungsrecht des Betriebsrats besteht bei der Ausgestaltung und Durchführung eines **Contractual Trust Arrangements** (CTA).[457] Das CTA lässt den Leistungsplan unberührt und stellt lediglich eine Form der Innenfinanzierung dar, die der Mitbestimmung entzogen ist. Dies gilt nach zutreffender Auffassung auch dann, wenn der Treuhänder aus Gründen der Verwaltungsvereinfachung unmittelbar Rentenleistungen zur Auszahlung bringt. Der Treuhänder wird hierdurch nicht etwa zur Sozialeinrichtung (im Sinne einer Unterstützungskasse). Er ist aus Sicht des Versorgungsempfängers lediglich ein Dritter, der im Rahmen einer Treuhandabrede (als Vereinbarung *sui generis*) auf Geheiß des Arbeitgebers Zahlungen erbringt. Gleichwohl empfiehlt es sich in der Praxis von einer unmittelbaren Zahlung durch den Treuhänder Abstand zu nehmen, wenn jedes Risiko einer Mitbestimmung vermieden werden soll.

320 Auch beim Abschluss von **Rückdeckungsversicherungen** kommt kein Mitbestimmungsrecht des Betriebsrats zum Tragen. Es handelt sich um eine Form der Finanzierung der Versorgungszusage, die ebenfalls der unternehmerischen Freiheit unterliegt.

d) Sanktionen bei Nichtbeachtung

321 Änderungen bestehender Regelungen, die der Mitbestimmung des Betriebsrats unterliegen (etwa des Leistungsplans), und die ohne die erforderliche Einigung mit dem Betriebsrat erfolgen, sind nach der **Theorie der Wirksamkeitsvoraussetzung** unwirksam und nichtig.[458] Werden einem Mitarbeiter somit Leistungen entzogen, auf die er bereits nach einem bestehenden Leitungsplan einen Rechtsanspruch oder eine Anwartschaft hatte oder

---

[454] BAG 19.7.2005 – 3 AZR 472/04, NZA 2005, 1431; 23.9.1997 – 3 ABR 85/96, NZA 1998, 719; 12.6.1975 – 3 ABR 13/74, DB 1975, 1559.

[455] BAG 16.2.1993 – 3 ABR 29/92, NZA 1993, 953; 18.3.1976 – 3 ABR 32/75, DB 1976, 1631.

[456] BAG 26.9.2000 – 3 AZR 387/99, NZA 2002, 54; 9.5.1989 – 3 AZR 439/88, NZA 1989, 889; 22.4.1986 – 3 AZR 100/83, NZA 1986, 574.

[457] Schon → Rn. 125 mwN.

[458] BAG 21.1.2003 – 3 AZR 30/02, NZA 2004, 331; *Fitting* BetrVG § 87 Rn. 599.

aber Leistungskonditionen für die Zukunft verschlechtert, so sind die Änderungen unwirksam, sofern der Betriebsrat nicht ordnungsgemäß beteiligt worden ist. Wurde der Betriebsrat im Rahmen der Änderung ordnungsgemäß beteiligt, unterliegen die Änderungen hinsichtlich ihrer Wirksamkeit der Inhaltskontrolle nach Maßgabe der 3-Stufen-Theorie, wenn und soweit die Änderungen in deren Anwendungsbereich fallen.

Allerdings ist eine Verletzung des Mitbestimmungsrechts nicht geeignet, Rechte von 322 Arbeitnehmern zu begründen, die zuvor nicht bestanden haben. So kann ein Mitarbeiter, der in einem Leistungsplan nicht berücksichtigt worden ist oder dem die Konditionen des Leistungsplans nicht zusagen, nicht mit der Begründung, der Betriebsrat sei nicht ordnungsgemäß beteiligt worden, auf eine Teilhabe oder aber eine Erhöhung der Leistungen klagen.[459] Ein solches **Recht auf Teilhabe** an den Leistungen kann sich aber aus anderen Rechtsgründen ergeben, so etwa wenn ein Verstoß gegen ein Diskriminierungsverbot vorliegt. Der Verstoß gegen die Mitbestimmungsrechte des Betriebsrats nach § 87 BetrVG begründet somit keine Rechte, steht aber einem Entzug von Rechten entgegen.

Da der Arbeitgeber über die Einführung einer betrieblichen Altersversorgung sowie die 323 Dotierung wie oben dargestellt mitbestimmungsfrei entscheiden kann, ist er *de facto* in der Lage, in diesem Zusammenhang auch den Leistungsplan ungeachtet der Mitbestimmungsrechte des Betriebsrats nach seinem Ermessen auszugestalten, da der Betriebsrat stets befürchten muss, dass der Arbeitgeber von seinem Vorhaben Abstand nimmt, wenn der Betriebsrat gegen den geplanten Leistungsplan opponiert. Anders ist dies jedoch, wenn der Leistungsplan erst einmal vereinbart ist. In diesem Fall sind Änderungen nur noch im Wege der Kündigung oder einvernehmlichen Änderung möglich, wobei die Änderungen dann der o. g. Inhaltskontrolle unterliegen.

III. Die Behandlung der betrieblichen Altersversorgung bei der Unternehmensliquidation

Bei der Unternehmensliquidation ist zwischen der Liquidation aufgrund einer **Insolvenz** 324 (siehe dazu die Ausführungen unter → Rn. 341 ff.) und einer **freiwilligen Liquidation** zu unterscheiden. Bei der freiwilligen Liquidation stellt der Arbeitgeber die operative Tätigkeit ein und das Unternehmen wird rechtswirksam aufgelöst, ohne dass ein Insolvenzfall im Sinne der Insolvenzordnung vorliegt. Während im Insolvenzverfahren die Gläubiger entsprechend der festgesetzten Quote teilweise befriedigt werden oder aber ganz ausfallen, setzt die Liquidation ohne das Vorliegen einer Insolvenz eine vollständige **Befriedigung aller Gläubiger** (oder aber einen entsprechend wirksamen Verzicht der Einzelgläubiger) voraus. Gläubiger in diesem Sinne sind auch Versorgungsanwärter bzw. Bezieher betrieblicher Versorgungsleistungen. Im Rahmen einer freiwilligen Liquidation ist es somit erforderlich, die bestehenden Versorgungsverpflichtungen der Gesellschaft abzuwickeln. Dies setzt in der Regel die Erfüllung der Verbindlichkeiten voraus. Verpflichtungen aus Versorgungszusagen werden jedoch unter Umständen erst in einigen Jahrzehnten fällig. Soll die Gesellschaft liquidiert werden, so bedeutet dies, dass die Liquidation nicht abgeschlossen werden kann, bevor diese Verpflichtungen erfüllt sind.

1. Versorgungsverpflichtungen gegenüber aktiven Arbeitnehmern

Im Hinblick auf die aktiven Arbeitnehmer der zu liquidierenden Gesellschaft stellen die 325 Versorgungsverpflichtungen dann kein Liquidationshindernis dar, wenn die Arbeitsverhältnisse etwa im Rahmen des Verkaufs des operativen Geschäfts gemäß § 613a BGB auf einen Betriebserwerber übertragen werden. Gemäß § 613a Abs. 1 BGB geht die Versor-

[459] *Richardi* in Richardi BetrVG § 87 Rn. 896.

gungsverpflichtung dann auf den Betriebserwerber über und der Veräußerer wird von der Verpflichtung kraft Gesetzes frei (näher → Rn. 428ff.). Das gleiche gilt, wenn die Verpflichtungen außerhalb des § 613a BGB gemäß § 4 BetrAVG einzelvertraglich auf einen Folgearbeitgeber übertragen werden. Allerdings verbleibt es bei der einjährigen Nachhaftung nach § 613a Abs. 2 BGB, der einer Liquidation vor Erfüllung der in die Nachhaftungsperiode fallenden Forderungen entgegensteht.

326 Werden die Mitarbeiter nicht auf einen Betriebserwerber übertragen, sondern rechtswirksam entlassen (was im Rahmen einer Liquidation infolge der damit begriffsnotwendig verbundenen Betriebseinstellung kündigungsrechtlich in aller Regel kein Problem darstellt), so erlöschen die gemäß § 1b BetrAVG verfallbaren Anwartschaften der Mitarbeiter.[460] Auch sie stellen daher kein Problem dar. War die Anwartschaft allerdings im Zeitpunkt der Beendigung des Arbeitsverhältnisses bereits unverfallbar, so behält der Mitarbeiter die Anwartschaft auch nach Beendigung des Arbeitsverhältnisses. Die Versorgungsverpflichtung des zu liquidierenden Unternehmens besteht somit fort. Dasselbe gilt im Hinblick auf Verpflichtungen gegenüber Versorgungsbeziehern, dh Rentnern. Verpflichtungen gegenüber ausgeschiedenen Mitarbeitern gehen gemäß § 613a BGB nicht auf einen Betriebserwerber über.[461] Auch insoweit bleibt die zu liquidierende Gesellschaft somit aus den Versorgungszusagen verpflichtet.

327 Damit verbleiben in der zu liquidierenden Gesellschaft nach der Einstellung oder Übertragung des operativen Geschäfts auf einen Dritten die Versorgungsverbindlichkeiten gegenüber Rentnern sowie Mitarbeitern, die mit einer unverfallbaren Anwartschaft aus dem Unternehmen ausgeschieden sind.

2. Versorgungsverpflichtungen gegenüber ausgeschiedenen Arbeitnehmern und Rentnern

328 In der Praxis führt die Einstellung oder Veräußerung des operativen Geschäfts im Rahmen eines Betriebsübergangs damit zur Entstehung sog. **Rentnergesellschaften,** die kein operatives Geschäft mehr betreiben und deren oftmals alleiniger Zweck in der Abwicklung der Rentenverpflichtungen gegenüber Versorgungsbeziehern sowie mit einer unverfallbaren Anwartschaft ausgeschiedenen Mitarbeitern besteht. Solche Rentnergesellschaften verursachen erhebliche Verwaltungskosten und behindern Unternehmenstransaktionen. So wird der Erwerber der Geschäftsanteile an einer operativ tätigen Gesellschaft oftmals kein Interesse an dem Miterwerb der im Konzern befindlichen Rentnergesellschaften haben, die kein operatives Geschäft führen und mit Verpflichtungen aus der Vergangenheit belastet sind. Zwar ist es denkbar, solche Beteiligungen vor dem Verkauf „umzuhängen", so dass sich die Gesellschaft nicht mehr in dem verkauften Konzernstrang befindet. Oftmals ist dies aber aus anderen Gründen nicht praktikabel. Zudem stellt dies keine dauerhafte Lösung dar. Die Abwicklung der Rentnergesellschaft ist daher aus Sicht der Unternehmen wünschenswert. Dabei bestehen jedoch ganz erhebliche Hindernisse.

a) Abfindung von Versorgungsverpflichtungen gemäß § 3 BetrAVG

329 Zu denken ist zunächst an eine Abfindung der Versorgungsverpflichtungen. Dabei ist aber zunächst das gesetzliche Abfindungsverbot in § 3 BetrAVG zu beachten. Im Ergebnis führt das Abfindungsverbot dazu, dass hinsichtlich der **unverfallbaren Anwartschaften** lediglich Kleinstanwartschaften bis zu 1% der Bezugsgröße gemäß § 18 SGB IV (bzw. 120% bei Kapitalleistungen) abgefunden und damit erledigt werden können. Einer Zustimmung des Versorgungsberechtigten bedarf es gemäß § 3 Abs. 2 BetrAVG hierzu nicht. Im Übrigen können unverfallbare Anwartschaften nicht wirksam abgefunden werden. Infolge die-

[460] Küttner/*Kreitner* Betriebliche Altersversorgung Rn. 41.
[461] BAG 24.3.1987 – 3 AZR 384/85, NZA 1988, 246; wN. in → Rn. 431.

ser Beschränkungen könnte man daran denken, die Anwartschaften noch während des laufenden Arbeitsverhältnisses (dh vor der ggf. erforderlichen Entlassung der Mitarbeiter) abzufinden. Dabei ist aber Vorsicht geboten, da das Abfindungsverbot auch dann greift, wenn ein unmittelbarer Zusammenhang mit der Beendigung des Arbeitsverhältnisses besteht (vgl. zur Abfindungsproblematik ausführlich → Rn. 214 ff.).

Laufende Renten können mit Zustimmung des Rentners abgefunden werden, wenn es sich um Renten handelt, die erstmals vor dem 1.1.2005 zur Auszahlung gelangt sind (§§ 3 Abs. 1, 30g Abs. 3 BetrAVG). 330

b) Übertragung von Versorgungsverpflichtungen gemäß § 4 Abs. 1–3 BetrAVG

Eine Übertragung der Versorgungsverpflichtungen ausgeschiedener Mitarbeiter ist gemäß § 4 BetrAVG nur auf einen **Folgearbeitgeber,** nicht aber auf einen beliebigen Dritten möglich. Damit scheidet die Übertragung für bereits im **Ruhestand** befindliche Mitarbeiter aus. Für Mitarbeiter, die mit **unverfallbaren Anwartschaften** ausgeschieden sind und die sich noch nicht im Ruhestand befinden, ist zwar theoretisch die Übertragung auf einen Folgearbeitgeber noch denkbar. Dies setzt jedoch die **Zustimmung** des Mitarbeiters sowie (abgesehen von den Fällen des Anspruchs auf Portabilität gemäß § 4 Abs. 3 BetrAVG) des Folgearbeitgebers voraus. Damit ist eine systematische Befreiung des zu liquidierenden Unternehmens von den Versorgungsverpflichtungen *de facto* in der Regel ausgeschlossen, weil die Erfüllung dieser Voraussetzungen nicht vom Unternehmen einseitig plan- und steuerbar ist. Gleichwohl kann bisweilen zumindest ein Teil der Fälle auf diese Weise geregelt werden. 331

Praktisch wenig hilfreich ist im Ergebnis auch die nach alter Rechtslage von der hM für zulässig erachtete Übertragung von Versorgungsverpflichtungen auf andere als die in § 4 BetrAVG genannten Rechtsträger mit Zustimmung des PSV,[462] da der PSV dieser Möglichkeit schon bislang eine Absage erteilt hatte.[463] Nach der restriktiven Neufassung des § 4 BetrAVG dürfte diese Option endgültig versperrt sein. 332

c) Übertragung von Versorgungsverpflichtungen gemäß § 4 Abs. 4 BetrAVG

Mit der zum 1.1.1999 in Kraft getretenen Novellierung des Betriebsrentengesetzes hatte der Gesetzgeber versucht, sich dieser Problematik anzunehmen und zur Erleichterung von Liquidationen nach einer Betriebsstilllegung die Möglichkeit einer Übertragung der Versorgungsverpflichtungen auf eine **kongruent rückgedeckte Unterstützungskasse** (§ 4 Abs. 3, 4 BetrAVG in der ab 1.1.1999 geltenden Fassung)[464] vorgesehen. Diese Möglichkeit wurde aber infolge ungelöster steuerrechtlicher Probleme bereits zum 1.1.2000 wieder **abgeschafft** und in § 4 Abs. 3 BetrAVG aF (Fassung ab 1.1.2000) durch die Möglichkeit zur Übertragung von Direktzusagen und Unterstützungskassenzusagen auf eine **Versicherung** oder eine **Pensionskasse** ersetzt. Diese Regelung ist sodann zum 1.1.2005 weiter modifiziert worden und erfasst seitdem nicht nur die Übertragung von Direktzusagen und Unterstützungskassenzusagen, sondern sie gilt für alle Zusageformen. Sie findet sich nunmehr in § 4 Abs. 4 BetrAVG.[465] 333

§ 4 Abs. 4 BetrAVG lässt im Falle einer Betriebseinstellung mit nachfolgender Liquidation die Übertragung der Pensionsverpflichtungen des Arbeitgebers auch **ohne Zustimmung der Arbeitnehmer** auf eine Pensionskasse oder einen Lebensversicherer zu. Hinter dieser auf den ersten Blick relativ geradlinig anmutenden Vorschrift verbergen sich jedoch in der Umsetzung immer noch ganz erhebliche Probleme (s. dazu im Detail die Ausführungen zu § 4 Abs. 4 BetrAVG unter → Rn. 261 ff.). So lassen die Geschäftspläne und 334

[462] Vgl. etwa BAG 17.3.1987 – 3 AZR 605/85, NZA 1988, 21; 26.6.1980 – 3 AZR 156/79, NJW 1981, 189; sa zur alten Rechtslage *Förster/Rühmann/Cisch* (8. Aufl.) BetrAVG § 4 Rn. 11.
[463] PSV-Merkblatt 300/M 10/2.00, ersetzt durch PSV-Merkblatt 300/M 10/12.04.
[464] Dazu ausführlich *Doetsch/Förster/Rühmann* DB 1998, 258.
[465] Vgl. vertiefend *Niermann* DB 2004, 1449 (1458).

Versicherungstarife der Pensionskassen und Lebensversicherungen eine buchstabengetreue Übertragung der Zusage regelmäßig nicht zu, mit der Folge, dass eine Änderung der Versorgungszusagen erforderlich wird, die in aller Regel nur mit Zustimmung der Versorgungsberechtigten (oder des Betriebsrats) erfolgen kann.

335 Allerdings hat der Gesetzgeber für die notwendige **steuerrechtliche Begleitung** gesorgt. Der Arbeitgeber kann den geleisteten Einmalbeitrag als Betriebsausgabe geltend machen. Der Einmalbeitrag löst zudem keine Einkommenssteuer für den Versorgungsberechtigten aus (§ 3 Nr. 65 b) EStG).

336 Problematisch ist die Übertragung nach § 4 Abs. 4 BetrAVG jedoch unter **Kostengesichtspunkten.** Übernahmen durch eine Lebensversicherung oder eine Pensionskasse führen aufgrund des unterschiedlichen Rechnungszinsfußes (2010 lag dieser noch bei 2,25% und wurde seither schrittweise auf den historischen Tiefststand von 0,9% seit dem 1.1.2017 abgesenkt) zu einem erheblichen Mehrfinanzierungsbedarf gemessen an der gebildeten Versorgungsrückstellung sowohl nach HGB (Zinsermittlung gemäß § 253 HGB) als auch nach IFRS. Die Höhe des finanziellen Mehrbedarfs ist dabei ganz erheblich von der Altersstruktur abhängig, da sich sowohl der Rechnungszins als auch die Lebenserwartung bei einer jüngeren Belegschaft im Rahmen der Berechnung erheblich stärker bemerkbar machen. Mehrbelastungen von 30–50% sind keine Seltenheit.

d) Übertragung von Versorgungsverpflichtungen nach dem Umwandlungsgesetz

Tragfähige Lösungsansätze zur Liquidation von Rentnergesellschaften bietet das Umwandlungsgesetz.

337 **aa) Gestaltungsvarianten.** So ist es denkbar, die zu liquidierende Gesellschaft auf eine andere (ggf. weiterhin operativ tätige) Gesellschaft gemäß § 5 UmwG zu verschmelzen. Da der verschmolzene Rechtsträger mit Eintragung der **Verschmelzung** erlischt, erübrigt sich das gesamte Liquidationsverfahren. Dabei ist jedoch Vorsicht geboten. Eine Rentnergesellschaft ist in vielen Fällen nicht zur **Rentenanpassung** gemäß § 16 BetrAVG verpflichtet, weil sie (was natürlich im Einzelfall zu prüfen und festzustellen ist) die Anpassungslast mangels operativer Tätigkeit nicht aus ihren Erträgen erwirtschaften kann.[466] Wird diese Gesellschaft nunmehr auf einen anderen Rechtsträger verschmolzen, der im Stande ist, diese Last wirtschaftlich zu tragen, so werden eventuell Anpassungslasten ausgelöst. Dieses Risiko ist umso größer, wenn in der Vergangenheit Rentenanpassungen unterblieben sind und daher eine nachholende Anpassung zu erfolgen hat. Als weiterer Aspekt ist zu bedenken, dass der aufnehmende Rechtsträger infolge der Verschmelzung als Gesamtrechtsnachfolger nicht nur in die Versorgungsverpflichtungen ein, sondern auch in alle anderen gegebenenfalls auf der Gesellschaft lastenden bekannten und **unbekannten Verpflichtungen** eintritt. Aus diesem Grunde ist die Verschmelzung stets ein Risikogeschäft.

338 Sachgerechter kann daher eine **Abspaltung** oder **Ausgliederung** der Versorgungsverpflichtungen erscheinen, da der aufnehmende Rechtsträger nur die ausdrücklich im Spaltungsplan aufgeführten Verbindlichkeiten zu übernehmen hat, nicht jedoch die sonstigen und möglicherweise unbekannten auf der Gesellschaft lastenden Verpflichtungen. Auf diese Weise lassen sich ggf. durch mehrschrittige Umwandlungen zum Beispiel Pensionsverbindlichkeiten mehrerer zu liquidierender Gesellschaften bündeln, die dann im Hinblick auf die sonstigen Verpflichtungen normal abgewickelt werden können. Das Problem der Anpassungsprüfung stellt sich allerdings auch in diesem Fall. Zudem verbleibt es hier bei der zehnjährigen Nachhaftung der abgebenden Gesellschaft, deren Existenz jedenfalls ein temporäres Liquidationshindernis darstellt (vgl. dazu die Grundsätze § 70 GmbhG).

---

[466] Etwas anderes kann selbstverständlich gelten, wenn ausreichende Kapitalerträge erzielt werden, um die Anpassungslasten zu bedienen.

bb) Kein Zustimmungserfordernis durch PSV oder Versorgungsberechtigte. Die Übertragung der Versorgungsverpflichtungen gegenüber Rentnern und unverfallbar ausgeschiedenen Mitarbeitern bedarf weder der Zustimmung der Versorgungsberechtigten noch der des PSV. **§ 4 BetrAVG** ist auf die Übertragung von Versorgungsverpflichtungen **nicht anwendbar.** Dies hat das BAG im Anschluss an die ganz herrschende Meinung ausdrücklich klargestellt.[467] Dazu auch → Rn. 583 ff. 339

cc) Umfang der zu übertragenden Aktiva. Zum Umfang der erforderlichen Übertragung von Aktiva vgl. die ausführliche Darstellung unter → Rn. 588 ff. 340

IV. Die Behandlung der betrieblichen Altersversorgung in der Insolvenz und im außergerichtlichen Vergleich

Im Rahmen der Insolvenz und insolvenznahen Situationen sind für die betriebliche Altersversorgung vor allem zwei Szenarien zu unterscheiden: die tatsächliche Durchführung des Insolvenzverfahrens bzw. deren Nichteröffnung mangels Masse einerseits und der außergerichtliche Vergleich zur Vermeidung eines Insolvenzverfahrens andererseits (vgl. zu einer allgemeinen Übersicht über den Ablauf des Insolvenzverfahrens insolvenzrechtliche Besonderheiten in der Restrukturierung → Teil L Rn. 6 ff.). 341

1. Eintrittsverpflichtung des PSV bei Insolvenz des Unternehmens

Ansprüche und Anwartschaften aus der betrieblichen Altersversorgung, die auf insolvenzgefährdeten Durchführungswegen beruhen, sind nach Maßgabe der §§ 7 ff. BetrAVG insolvenzgeschützt. Träger der Insolvenzsicherung ist der **Pensionssicherungsverein auf Gegenseitigkeit** (PSV) mit Sitz in Köln. 342

a) Umfang des Insolvenzschutzes

Der Insolvenzschutz umfasst nach § 7 Abs. 1 und 2 BetrAVG die Versorgungsrechte von 343
- **Versorgungsempfängern** (Rentnern) **aus laufenden Renten** (§ 7 Abs. 1 S. 1 BetrAVG) und
- Mitarbeitern die über eine **gesetzlich unverfallbare Anwartschaft** verfügen (§ 7 Abs. 2 BetrAVG), wobei es nicht darauf ankommt, ob die Mitarbeiter bereits ausgeschieden sind,[468]

aus Versorgungszusagen in Form der
- **Direktzusage** (unmittelbaren Versorgungszusage) (§ 7 Abs. 1 S. 1; § 7 Abs. 2 Nr. 1 BetrAVG),
- **Unterstützungskassenzusage** (§ 7 Abs. 1 S. 2 Nr. 2; § 7 Abs. 2 Nr. 3 BetrAVG),
- **Pensionsfondszusage und Pensionskassen** (§ 7 Abs. 1 S. 2 Nr. 3; § 7 Abs. 2 Nr. 4 BetrAVG iVm § 30 Abs. 2 BetrAVG).

Im Zeitpunkt des Eintritts des Sicherungsfalles noch nicht unverfallbare Anwartschaften unterfallen auch dann weder ganz noch teilweise dem Insolvenzschutz, wenn sie während der Dauer des Verfahrens unverfallbar werden.[469] Eine vertragliche Unverfallbarkeit ist für die Frage des gesetzlichen Insolvenzschutzes ebenfalls unbeachtlich.[470]

---

[467] BAG 22.2.2005 – 3 AZR 499/03, NZA 2005, 639; 11.3.2008 – 3 AZR 358/06, NZA 2009, 790; ganz hM: *Schlewing/Henssler/Schipp/Schnitker* Teil 12 Rn. 81; *Bader/Ebert* DB 2006, 938 (939); *Schlewing* RdA 2010, 368; *Sieger/Aleth* DB 2002, 1487 (1488); *Willemsen* NZA 1996, 801.

[468] Blomeyer/Rolfs/Otto/*Rolfs* BetrAVG § 7 Rn. 217, 218, 222.

[469] BGH 6.12.2007 – IX ZR 284/03, NZA 2008, 306.

[470] Blomeyer/Rolfs/Otto/*Rolfs* BetrAVG § 7 Rn. 219.

Seit dem 1.1.2018 haben Versorgungsberechtigte nach § 8 Abs. 2 BetrAVG bei Vorliegen einer Rückdeckungsversicherung auf die in einer Zusage verwiesen wird, die Möglichkeit, diese Versicherung fortzusetzen und – statt einer Versorgungsleistung vom PSV – eine Versorgungsleistung der (Rückdeckungs-)Versicherer zu erhalten.

344 Bei der Versorgung mittels einer **Direktversicherung** besteht grundsätzlich keine Insolvenzsicherung durch den PSV, da die Versorgungsberechtigten einen Anspruch gegen das Versicherungsunternehmen haben und Versicherungen vom Gesetzgeber als hinreichend insolvenzsicher angesehen wurden, so dass auf eine Sicherung durch den PSV verzichtet wurde. Eine Ausnahme gilt gemäß § 7 Abs. 1 S. 2 Nr. 1, § 7 Abs. 2 Nr. 2 BetrAVG, wenn ausnahmsweise nur ein **widerrufliches Bezugsrecht** vereinbart wurde oder eine **Beleihung oder Abtretung** des Versicherungsvertrags erfolgt ist.[471]

Kein Insolvenzschutz durch den PSV besteht für die reine Beitragszusagen, vgl. § 1 Abs. 2 Nr. 2a BetrAVG.[472] Das ist insofern konsequent, weil es keine arbeitgeberseitige „Rest-Verpflichtung" gibt, die über den PSV abgesichert werden kann; die Leistungsfähigkeit des externen Versorgungsträgers wird wiederum nicht über den PSV geschützt. Für die Aufrechterhaltung der Leistungsfähigkeit der externen Versorgungsträger, über die die Versorgung in der reinen Beitragszusage gewährleistet wird, enthält das VAG besondere Vorgaben, etwa für den Pensionsfonds mit dem Sicherungsvermögen und für Pensionskassen und andere Lebensversicherungsunternehmen in Form des gesonderten Anlagestocks nach § 125 Abs. 5 VAG. Für (deregulierte) Pensionskassen und Direktversicherungen besteht darüber hinaus der Insolvenzschutz über den Sicherungsfonds, §§ 221 ff. VAG.[473]

345 Ebenfalls keine Insolvenzsicherung bestand jahrzehntelang grundsätzlich bei **Pensionskassenzusagen,** da auch die Pensionskassen dem Versorgungsberechtigten einen unmittelbaren Anspruch gewähren und als hinreichend insolvenzsicher galten. Im Rahmen des 7. SGB IV-ÄndG vom 23.6.2020 sind Pensionskassen nunmehr ebenfalls in die PSV-Sicherung nach § 7 Abs. 1 Nr. 3 BetrAVG aufgenommen worden; eine Einbeziehung erfolgt allerdings nicht, wenn die Pensionskasse einem Sicherungsfonds nach dem Dritten Teil des Versicherungsaufsichtsgesetzes angehört oder in Form einer gemeinsamen Einrichtung nach § 4 des Tarifvertragsgesetzes organisiert ist. Der Einbeziehung der Pensionskassen in den gesetzlichen Insolvenzsschutz vorangegangen war ein Vorabentscheidungsersuchen des BAG,[474] in dessen Rahmen der EuGH die Anforderungen von Art. 8 RL 2008/94/EG weiter konkretisierte.[475] Die Sicherung erfolgt zeitlich gestaffelt (vgl. § 30 Abs. 2 BetrVG). Der volle Schutz für Pensionskassenzusagen über den PSV besteht nur für Sicherungsfälle, die nach dem 31.12.2021 eintreten. Bis dahin eintretende Insolvenzen werden vom PSV in den durch die Rechtsprechung des EuGH aufgeführten Grenzen aufgefangen, vgl. § 30 Abs. 2 und 3 BetrAVG.[476]

346 Gesetzlich **ungesichert** sind die Zusagen zugunsten von Personen, die gemäß § 17 BetrAVG nicht dem Schutzbereich des Betriebsrentengesetzes unterfallen.[477] Dies sind diejeni-

---

[471] Zum Aussonderungsrecht des Arbeitnehmers gemäß § 47 InsO vgl. *Rolfs/Witschen* BetrAVG 2008, 740.

[472] ErfK/*Steinmeyer* BetrAVG § 1 Rn. 18; Blomeyer/Rolfs/Otto/*Rolfs* BetrAVG § 1 Rn. 130 f.

[473] Vgl. auch *Rößler*, DB 2017, 367; Blomeyer/Rolfs/Otto/*Rolf* BetrAVG § 1 Rn. 131.

[474] BAG 20.2.2018 – 3 AZR 142/16, NZA 2018, 1142; vgl. auch *Doetsch* FS Willemsen, 2018, S. 85 ff.

[475] EuGH 19.12.2019 – C-168/18, NZA 2020, 107; vgl. zum Hintergrund *Baumeister/Schwindt* BetrAV 2020, 468.

[476] Der EuGH hat entschieden, dass der einen Mindestschutz vorsehende Art. 8 der Richtlinie 2008/94 EG unmittelbare Wirkung in den Mitgliedstaaten haben kann, so dass er auch gegenüber einer privatrechtlichen Einrichtung geltend gemacht werden könne, welche die Aufgabe hat, im Bereich der betrieblichen Altersversorgung Insolvenzen der Arbeitgeber abzusichern. Die Mitgliedstaaten seien zudem dazu verpflichtet, einen gewissen Schutz zu gewährleisten, wenn Kürzungen bei Betriebsrenten offensichtlich unverhältnismäßig sind – auch wenn die Leistung noch bei über 50 Prozent der Rente liegt. Unverhältnismäßig könne eine Kürzung bereits dann sein, wenn dadurch die Fähigkeit des Betroffenen, seinen Lebensunterhalt zu bestreiten, schwerwiegend beeinträchtigt ist; vertiefend dazu *Rolfs* NZA 2020, 1144 (1147 f.).

[477] Zu den Auswirkungen einer Insolvenz auf vom Geltungsbereich des BetrAVG erfasste Vorstände *Neumann* BetrAV 2007, 346.

gen Personen, die als Unternehmer anzusehen sind, weil sie einen maßgeblichen Einfluss auf die Gesellschaft haben. Für Kapitalgesellschaften kommt es hierbei auf den Grad der Beteiligung oder einen satzungsmäßig vermittelten Einfluss an. Personengesellschafter sind stets Unternehmer und unterfallen nicht dem Schutz des BetrAVG.[478] Ausnahmen können für Kommanditisten gelten, wenn sie neben der Gesellschafterstellung über ein ernsthaftes Arbeitsverhältnis ohne Leitungsmacht verfügen.

Außerhalb des Anwendungsbereichs des gesetzlichen Insolvenzschutzes gemäß § 7 BetrAVG werden zur Erzielung privatvertraglichen Insolvenzschutzes häufig Ansprüche aus Lebensversicherungen, die der Arbeitgeber oder ein Dritter – etwa die Konzernmutter – zugunsten des Begünstigten zur Sicherung von Pensionsansprüchen abgeschlossen hat (Rückdeckungsversicherung), an den Begünstigten **verpfändet.** Gerät in einer solchen Konstellation der Versicherungsnehmer in Insolvenz, so gewährt das Pfandrecht dem Pfandgläubiger nach § 50 Abs. 1 InsO ein **Absonderungsrecht.**[479] Ist bereits Pfandreife eingetreten, dann ist der Begünstigte gemäß § 1282 Abs. 1 BGB iVm § 173 Abs. 1 InsO selbst zur Einziehung der Versicherungsforderung berechtigt.[480] Problematisch und nach wie vor nicht abschließend geklärt ist demgegenüber die Rechtslage vor Pfandreife, dh vor Eintritt des Versorgungsfalls.[481] Nach einer Entscheidung des BGH ist hier immerhin gesicherte Erkenntnis, dass der Insolvenzverwalter in diesem Fall selbst zur Verwertung durch Einziehung des Rückkaufswerts berechtigt ist; den Erlös muss der Insolvenzverwalter in Höhe der zu sichernden Forderung hinterlegen, bis die Forderung aus der Versorgungsanwartschaft fällig wird.[482] Gegebenenfalls sind auch Möglichkeiten zu prüfen, ob nicht die Versicherung fortgeführt werden kann (zB über § 170 Abs. 1 S. 1 VVG, was allerdings nach Satz 2 eine Erstattungspflicht hinsichtlich des Rückkaufswerts zugunsten der Insolvenzmasse auslöst).[483] 347

b) Sicherungsfälle

Bei Vorliegen eines Sicherungsfalls im Sinne von § 7 Abs. 1 BetrAVG trifft den PSV als Träger der gesetzlichen Insolvenzsicherung kraft Gesetzes eine versicherungsrechtliche Leistungsverpflichtung gegenüber den einzelnen Versorgungsberechtigten.[484] 348

Die laufenden Leistungen und die zu diesem Zeitpunkt gesetzlich unverfallbaren Anwartschaften sind – unabhängig davon, ob die Mitarbeiter bereits ausgeschieden sind oder ihr Arbeitsverhältnis durch die Insolvenz beendet wird – durch den PSV gesichert. Der **Anspruch** gegen den Träger der Insolvenzsicherung **entsteht** mit Beginn des Kalendermonats, der auf den Eintritt des Sicherungsfalles folgt (§ 7 Abs. 1a BetrAVG). Dies dient der Verwaltungsvereinfachung und trägt dem Umstand Rechnung, dass Versorgungsleistungen grundsätzlich monatlich erbracht werden. Dabei umfasst der Anspruch auch rückständige Versorgungsleistungen soweit diese bis zu 12 Monaten vor Entstehen der Leistungspflicht entstanden sind, § 7 Abs. 1a S. 3 BetrAVG. Der Anspruch wird jedoch gemäß § 7 Abs. 1 S. 3 BetrAVG iVm § 14 VVG erst mit Beendigung der zur Feststellung des Versicherungsfalls und des Leistungsumfangs nötigen Erhebungen fällig. Der PSV ist somit nicht bereits unmittelbar mit Eintritt des Sicherungsfalles zur Erbringung von Zahlungen verpflichtet. Es sind dann, insoweit keine Abschläge gemäß § 14 Abs. 2 VVG gezahlt wurden, die auf den zurückliegenden Zeitraum entfallenden Beträge nachzuzahlen.[485] Die Einstandspflicht des PSV wird nicht durch § 7 Abs. 4 BetrAVG überlagert. Der PSV kann 349

[478] Vgl. hierzu PSV-Merkblatt 300/M1/03.10.
[479] *Elfring* NJW 2005, 2192 (2193) mwN.
[480] Van Bühren/*Teslau/Prang* HdB VersicherungsR § 14 Rn. 610.
[481] Vertiefend *Elfring* NJW 2005, 2192 mwN.
[482] BGH 7.4.2005 – IX ZR 138/04, NJW 2005, 2231; im Ergebnis auch OLG München 22.6.2004 – 25 U 5618/03, NZI 2004, 629.
[483] Näher *Elfring* NJW 2005, 2192 (2194).
[484] Blomeyer/Rolfs/Otto/*Rolfs* BetrAVG § 7 Rn. 1.
[485] Zur Fälligkeit des Anspruchs Blomeyer/Rolfs/Otto/*Rolfs* BetrAVG § 7 Rn. 191, 254.

die Versorgungsberechtigten nicht auf eine andere Form der Befriedigung aus einem Sicherungsrecht oder einen anderen Gesamtschuldner verweisen. Er wird lediglich frei, wenn tatsächlich Leistungen an den Versorgungsberechtigten erbracht werden.[486] In diesen Fällen fingiert § 7 Abs. 4 BetrAVG die Erfüllungswirkung der Leistung.

350 Nicht der Sicherung durch den PSV unterfallen Anwartschaften, die nach Eintritt des Sicherungsfalles erworben werden.[487] Sie sind grundsätzlich Masseschulden.[488] Kommt es nach der Eröffnung des Insolvenzverfahrens jedoch zu einem Betriebsübergang, so haftet der Erwerber auch für die zwischen Insolvenzeröffnung und Betriebsübergang entstandenen Anwartschaften.[489] Vor der Insolvenzeröffnung erdiente Anwartschaften verbleiben hingegen beim PSV. Die beschränkte Erwerberhaftung rechtfertigt das BAG mit einer teleologischen Reduktion von § 613a BGB. Der 3. Senat des BAG hat jedoch die Frage, ob dieses Ergebnis mit der Betriebsübergangsrichtlinie vereinbar ist, nunmehr dem EuGH zur Vorabentscheidung vorgelegt.[490] Dieser hat sodann einen Mindestschutz für Versorgungsansprüche formuliert, der nach Art. 8 der Zahlungsunfähigkeitsrichtlinie gewährleistet sein muss.[491]

Das BAG hat jüngst seine Rechtsprechung vor dem Hintergrund der ergangenen EuGH-Vorlagebeschlüsse[492] für die Erwerberhaftung bezüglich der betrieblichen Altersversorgung im Insolvenzszenario bestätigt. In den Entscheidungsgründen[493] wird auf die Vereinbarkeit mit dem Unionsrecht verwiesen. Der unionsrechtlich gebotene Mindestschutz werde durch den PSV erfüllt. Einer zusätzlichen Haftung des Erwerbers bedürfe es daher nicht.

351 Anknüpfungspunkt für die gesetzliche Insolvenzsicherung ist der Eintritt des **Sicherungsfalls** im Sinne des § 7 Abs. 1 BetrAVG bei dem Arbeitgeber selbst; nicht die Insolvenz eines von diesem unter Umständen beauftragten Versorgungsträgers.

Sicherungsfälle sind:

- **Eröffnung eines Insolvenzverfahrens** iSv §§ 11 ff. InsO (§ 7 Abs. 1 S. 1 BetrAVG)
- **Abweisung** des Antrags auf Eröffnung des Insolvenzverfahrens **mangels Masse** (§ 7 Abs. 1 S. 4 Nr. 1 BetrAVG);
- **Außergerichtlicher Vergleich** zur Abwendung eines Insolvenzverfahrens, wenn ihm der PSV zustimmt (§ 7 Abs. 1 S. 4 Nr. 2 BetrAVG);
- **vollständige Beendigung der Betriebstätigkeit im Geltungsbereich des BetrAVG,** wenn ein Antrag auf Eröffnung des Insolvenzverfahrens nicht gestellt ist und wegen offensichtlicher Unzulänglichkeit der Masse nicht in Betracht kommt (§ 7 Abs. 1 S. 4 Nr. 3 BetrAVG).

352 **Entfallen** infolge Streichung durch Art. 91 des Einführungsgesetzes zur Insolvenzordnung (EGInsO) ist seit dem 1. 1. 1999 der in § 7 Abs. 1 S. 3 Nr. 5 BetrAVG aF enthaltene Versicherungsfall des Widerrufs infolge **wirtschaftlicher Notlage.** Mit dem Wegfall der Einstandspflicht des PSV ist damit auch insgesamt die Möglichkeit eines Widerrufs von Versorgungszusagen infolge wirtschaftlicher Notlage nicht mehr gegeben. Den diesbezüglichen Streit hat das BAG ausdrücklich entschieden.[494] Nach ständiger Rechtsprechung kann ein solches Widerrufsrecht auch nicht auf die in eine Versorgungsordnung aufgenommenen steuerunschädlichen Widerrufsvorbehalte gestützt werden, die nur deklarato-

[486] BAG 12. 12. 1989 – 3 AZR 540/88, NZA 1990, 475 (ausdrücklich zum Fall des Schuldbeitritts).
[487] Vgl. hierzu *Neufeld* BB 2008, 2348.
[488] BAG 15. 12. 1987 – 3 AZR 420/87, NZA 1988, 397.
[489] BAG 19. 5. 2005 – 3 AZR 649/03, NZA-RR 2006, 373.
[490] BAG 16. 10. 2018 – 3 AZR 139/17, BAGE 164, 1.
[491] EuGH 9. 9. 2020 – C-674/18, BeckRS 2020, 22110 sowie → Rn. 541.
[492] EuGH 9. 9. 2020 – C-674/18, NZA 2020, 1531.
[493] BAG 26. 1. 2021 – 3 AZR 878/16, 3 AZR 139/17, BeckRS 2021, 8693.
[494] BAG 17. 6. 2003 – 3 AZR 396/02, DB 2004, 324; einschränkend noch die Vorinstanz LAG Köln 26. 4. 2002 – 4 Sa 93/02, NZA-RR 2002, 604; BAG 31. 7. 2007 – 3 AZR 372/06, NZA 2008, 320; bestätigt durch BVerfG 29. 2. 2012 – 1 BvR 2378/10, NZA 2012, 788; krit. *Boemke* BetrAV 2010, 205.

risch wirken.[495] In der Sache ändert sich durch die Streichung des Versicherungsfalls der wirtschaftlichen Notlage gleichwohl nicht viel, da die vom BAG bislang aufgestellten Voraussetzungen für einen solchen Widerruf den Voraussetzungen für einen außergerichtlichen Vergleich mit dem PSV entsprachen (dazu näher → Rn. 365 ff.). Diese Möglichkeit besteht weiterhin. Auf die Möglichkeit der Änderung von Versorgungszusagen aus wirtschaftlichen Gründen im Wege ablösender individual- oder kollektivrechtlicher Vereinbarungen hat der Wegfall des Sicherungsfalls der wirtschaftlichen Notlage und die dazu ergangene Rechtsprechung keine Auswirkungen. Es bleibt insoweit für kollektivrechtliche Eingriffe bei der Drei-Stufen-Rechtsprechung des BAG und für individualvertragliche Änderungen bei dem Grundsatz der Vertragsfreiheit, die lediglich durch § 3 BetrAVG sowie das Verbot der Umgehung des § 613a BGB beschränkt wird. Dies gilt auch für Eingriffe auf der sog. ersten Stufe. Diese Eingriffe sind nicht ausgeschlossen. Entfallen ist lediglich das einseitige Widerrufsrecht des Arbeitgebers.

c) Höhe der Sicherung

Der Sicherungsanspruch gegen des PSV ist **der Höhe nach begrenzt.** Mit Wirkung ab 1.1.1999 sichert der PSV gemäß § 7 Abs. 3 BetrAVG nur noch monatliche Betriebsrenten bis zur Höhe des Dreifachen der monatlichen Bezugsgröße nach § 18 SGB IV (2021: mtl. 9.870 EUR in den alten Bundesländern, mtl. 9.345 EUR in den neuen Bundesländern).[496] Maßgeblich ist dabei gemäß § 7 Abs. 3 S. 1 BetrAVG der **Betrag im Zeitpunkt der ersten Fälligkeit der Rente** und nicht etwa der Betrag im Zeitpunkt des Sicherungsfalls.[497] Nachfolgende Veränderungen der Bezugsgröße sind ohne Auswirkung auf den Umfang der Sicherung. Es kommt somit nicht zu einer jährlichen Neuberechnung.[498] Bei der Bemessung werden mehrfache Ansprüche, sei es aus arbeitgeberfinanzierten und durch Entgeltumwandlung vom Arbeitnehmer finanzierten Versorgungsleistungen, zusammen gerechnet.[499] Für **Kapitalzusagen** gilt die Höchstgrenze entsprechend mit der Maßgabe, dass 10% der Kapitalleistung als Jahresbetrag einer laufenden Leistung anzusehen sind. Versorgungsberechtigte, die über Ansprüche oder Anwartschaften verfügen, die über diese Grenzen hinausgehen, werden **Exzedenten** genannt. Der die Deckungsgrenze überschreitende Betrag ihrer Versorgung ist nicht gegen Insolvenz geschützt. Aus diesem Grunde finden sich in diesem Bereich oftmals alternative Sicherungsmechanismen, wie zB verpfändete Rückdeckungsversicherungen oder auch *Contractual Trust Arrangements* (CTAs). 353

Die Sicherungshöhe für gesetzlich unverfallbare Anwartschaften richtet sich seit dem 7. SGB IV-ÄndG vom 23.6.2020 abhängig vom Durchführungsweg und Leistungssystem nach § 7 Abs. 2a BetrAVG iVm § 2 BetrAVG. Die Anwendung der Anwartschaftsdynamisierung nach § 2a Abs. 2 BetrAVG ist ausgeschlossen (§ 7 Abs. 2a S. 3 BetrAVG).

Der PSV haftet nicht für **Rentenanpassungen,** die sich aus der allgemeinen Prüfungspflicht gemäß § 16 Abs. 1 BetrAVG ergeben. Eine Übernahme von Anpassungslasten erfolgt nur dann, wenn die Anpassungsverpflichtung in der Versorgungsordnung selbst enthalten ist.[500] Dies ist zB bei Anpassungslasten gemäß § 16 Abs. 3 Nr. 1 BetrAVG (1%-Regelung) der Fall sowie Anpassungen nach der Ruhegeldordnung des Essener Verbandes. Wird durch die Anpassung die Deckungshöchstgrenze überschritten, so besteht keine Haftung des PSV für den überschießenden Teil. 354

[495] Vgl. BAG 26.4.1988 – 3 AZR 277/87, NZA 1989, 305; 17.6.2003 – 3 AZR 396/02, DB 2004, 324; Höfer/*Höfer/Küpper* BetrAVG Kap. 5 Rn. 137.

[496] Zur Berechnung der gesicherten Höhe einer Hinterbliebenenrente vgl. BGH 11.10.2004 – II ZR 369/02, BB 2004, 2639.

[497] Blomeyer/Rolfs/Otto/*Rolfs* BetrAVG § 7 Rn. 254, 268 (für Hinterbliebenenleistungen kommt es auf deren erstmalige Fälligkeit an, nicht auf die Fälligkeit des Primäranspruchs).

[498] Blomeyer/Rolfs/Otto/*Rolfs* BetrAVG § 7 Rn. 252, 263.

[499] Höfer/*Höfer/Reich* BetrAVG § 7 Rn. 222; Blomeyer/Rolfs/Otto/*Rolfs* BetrAVG § 7 Rn. 261.

[500] BAG 15.2.1994 – 3 AZR 705/93, NZA 1994, 943.

355 Zur Vermeidung von **Missbräuchen** ist ein Sicherungsanspruch gegen den PSV gemäß § 7 Abs. 5 S. 1 BetrAVG ferner ausgeschlossen, soweit aufgrund der Umstände des Einzelfalls die Annahme gerechtfertigt ist, dass der alleinige oder überwiegende Zweck der Erteilung der Versorgungszusage oder ihrer Verbesserung die Inanspruchnahme des PSV war. Dies ist gemäß § 7 Abs. 5 S. 2 BetrAVG insbesondere dann anzunehmen, wenn bei Erteilung oder Verbesserung der Zusage infolge der wirtschaftlichen Lage des Arbeitgebers bereits zu erwarten war, dass die Zusage nicht erfüllt wird. Kann der auf Versorgungsleistungen in Anspruch genommene Träger der Insolvenzsicherung diese objektiven wirtschaftlichen Umstände darlegen, ist es Sache des Arbeitnehmers, die sich daraus ergebende Vermutung im Rahmen des § 7 Abs. 5 S. 1 BetrAVG zu widerlegen.[501]

356 Eine Einstandspflicht des PSV ist gemäß § 7 Abs. 5 S. 3 BetrAVG ferner ausgeschlossen bei Zusagen sowie Verbesserungen von Zusagen, die in den **beiden letzten Jahren vor Eintritt des Sicherungsfalls** vereinbart worden sind. Eine Ausnahme gilt gemäß § 7 Abs. 5 S. 3 Nr. 1 und Nr. 2 BetrAVG für Versorgungsanwartschaften aus Entgeltumwandlung sowie im Rahmen von Übertragungen gemäß § 4 Abs. 2 Nr. 2 BetrAVG abgegebene Zusagen und zwar jeweils soweit hierfür Beiträge bis zur Höhe von 4% der Beitragsbemessungsgrenze p. a. verwandt wurden.

357 Wird ein **Insolvenzplan** bestätigt, so vermindert sich der Anspruch der Versorgungsberechtigten auf Leistung gegenüber dem PSV gemäß § 7 Abs. 4 S. 2 BetrAVG in dem Umfang, in dem der Arbeitgeber oder ein sonstiger Träger der Versorgung entsprechend der ggf. getroffenen Regelung im Insolvenzplan selbst Leistungen zu erbringen hat. Sieht der Insolvenzplan vor, dass der Arbeitgeber oder Versorgungsgeber nur zeitlich befristet von seinen Verpflichtungen entbunden wird, so entfällt gemäß § 7 Abs. 4 S. 3 BetrAVG auch der Anspruch auf Leistungen gegenüber dem PSV von diesem Zeitpunkt an. Im Insolvenzplan soll gemäß § 7 Abs. 4 S. 5 BetrAVG auch vorgesehen werden, dass bei nachhaltiger Verbesserung der wirtschaftlichen Lage die auf den PSV übergegangenen Leistungsverpflichtungen ganz oder teilweise vom Arbeitgeber wieder zurückübernommen werden **(Besserungsschein).** Die vorstehenden Regelungen gelten im außergerichtlichen Vergleich gemäß § 7 Abs. 1 S. 4 Nr. 2 BetrAVG gemäß § 7 Abs. 4 S. 4 BetrAVG entsprechend. Zwar verweist § 7 Abs. 4 S. 4 BetrAVG für den außergerichtlichen Vergleich nicht auf die Regelungen über den Besserungsschein. In der Praxis verlangt der PSV jedoch eine solche Regelung.

d) Forderungsübergang/Übergang von Sicherungsrechten

358 **aa) Übergang der Versorgungsforderung.** Im Sicherungsfall gehen die Versorgungsansprüche der Versorgungsberechtigten **automatisch kraft Gesetzes** gemäß § 9 Abs. 2 BetrAVG auf den PSV über, ohne dass es der Zustimmung der Versorgungsberechtigten bedarf. Dies gilt auch im Fall des außergerichtlichen Vergleichs. Der Übergang erfolgt gemäß § 9 Abs. 2 S. 1 BetrAVG im Falle der Eröffnung des Insolvenzverfahrens automatisch mit dessen Eröffnung, in den übrigen Fällen mit der Mitteilung des PSV gegenüber den Versorgungsberechtigten gemäß § 9 Abs. 1 BetrAVG, dass der Sicherungsfall eingetreten ist. Der Forderungsübergang kann durch vertragliche **Abtretungsverbote** nicht verhindert werden.

359 Aufgrund des Forderungsüberganges nimmt der PSV am Insolvenzverfahren anstelle der Versorgungsberechtigten teil und kann etwaige Rückstände grundsätzlich gem. § 9 Abs. 2 S. 3 BetrAVG als unbedingte Insolvenzforderung gemäß § 45 InsO geltend machen. Der gesetzliche Forderungsübergang schafft eine endgültige Rechtszuweisung,[502] soweit nicht im Insolvenzplan eine anderweitige Regelung getroffen wird. Die **Rangstellung** der Versorgungsansprüche in der Insolvenz wird durch den Forderungsübergang nicht verändert. Rückständige Versorgungsansprüche für den Zeitraum vor Eröffnung des Insolvenzverfah-

[501] BAG 19.2.2002 – 3 AZR 137/01, NZA 2003, 282.
[502] Vgl. BAG 12.4.1983 – 3 AZR 607/80, DB 1983, 1826; Karst/Cisch/*Karst* BetrAVG § 9 Rn. 4.

rens sind als einfache Insolvenzforderungen gemäß § 39 InsO geltend zu machen. Die übergegangenen Versorgungsansprüche und Anwartschaften wandeln sich gemäß § 9 Abs. 2 Satz 3 BetrAVG iVm § 45 InsO in **sofort fällige Kapitalansprüche** um.[503] Der Wert der übernommenen Verpflichtungen ist nach versicherungsmathematischen Grundsätzen zu schätzen.[504] Dabei ist eine zugesagte Dynamisierung zu berücksichtigen.[505] Der Vorteil der sofortigen Fälligkeit ist durch Abzinsung des Kapitalbetrags auszugleichen. Ein Abzinsungszinssatz von 5,5% ist nach einer älteren Entscheidung des BAG nicht zu beanstanden.[506] Richtigerweise wird man nunmehr die Abzinsung entsprechend des HGB-Rechnungszinssatzes nach § 253 Abs. 2 HGB vorzunehmen haben.[507]

Umstritten ist, ob die **Möglichkeit der unbedingten Geltendmachung** von Versorgungsansprüchen und -anwartschaften, dh die Geltendmachung eines unbedingten Zahlungsanspruchs, auch dann gilt, wenn es sich nicht um auf den PSV übergegangene Ansprüche handelt. Dies wird insbesondere bei Exzedenten oder aber generell nicht dem Insolvenzschutz unterfallenden Personen interessant. Der BGH lehnt dies ab,[508] das BAG bejaht dies.[509] Während das BAG hierfür vor allem Praktikabilitätserwägungen anführt geht der BGH davon aus, dass der Verweis in § 9 Abs. 2 S. 3 BetrAVG auf § 45 InsO – der nur den PSV umfasst – zeige, dass es im Übrigen bei den allgemeinen insolvenzrechtlichen Regelungen bleibe. Demgemäß geht der BGH davon aus, dass für die noch bedingten Anwartschaften eine Hinterlegung gemäß §§ 191, 198 InsO erfolgen muss. 360

bb) Übergang von Sicherungsrechten. Mit der Hauptforderung gehen bestellte **akzessorische Sicherungsrechte** ebenfalls auf den PSV über.[510] Hiervon erfasst werden zB Bürgschaften[511] oder Rechte aus verpfändeten Rückdeckungsversicherungen,[512] Forderungsrechte gegen Dritte, beispielsweise durch einen Schuldbeitritt,[513] sowie Ansprüche gegen frühere Einzelunternehmer im Sinne von § 28 HGB, die ihr Unternehmen in eine Kommanditgesellschaft eingebracht haben,[514] sowie Ansprüche gegen ausgeschiedene persönliche Gesellschafter einer Personengesellschaft, sofern diese sich nicht auf eine Entlassung aus der Haftung nach den Regelungen des Nachhaftungsbegrenzungsgesetzes berufen können.[515] 361

Dem PSV ist es aber verwehrt, sich auf den Rechtsübergang zum Nachteil des Versorgungsberechtigten zu berufen (sog. **Subrogationsklausel;** vgl. § 9 Abs. 2 S. 2 BetrAVG). Er muss das Sicherungsrecht daher insoweit **freigeben,** als der Übergang den Versorgungsberechtigten benachteiligt. Möglich ist es auch, das Sicherungsrecht bereits von vornherein vertraglich auf den nicht durch den PSV gesicherten Teil der Versorgung zu beschränken.[516] Dies sollte jedoch in der Sicherungsvereinbarung ausdrücklich geregelt werden. In diesem Fall geht das Sicherungsrecht nicht auf den PSV über. Eine solche Beschränkung des Übergangs von Sicherungsrechten ist insbesondere deshalb sinnvoll, weil der PSV für die Insolvenzsicherung Beiträge vom Arbeitgeber erhalten hat und daher kein Anlass besteht, ihn zu begünstigen. Zu beachten ist aber, dass die generelle betragsmäßige 362

[503] BGH 10.7.1997 – IX ZR 161/96, NZA 1997, 1113.
[504] BAG 7.11.1989 – 3 AZR 48/88, NZA 1990, 524.
[505] S. etwa Karst/Cisch/*Karst* BetrAVG § 9 Rn. 5.
[506] BAG 11.10.1988 – 3 AZR 295/87, NZA 1989, 303.
[507] Ebenso Blomeyer/Rolfs/Otto/*Rolfs* BetrAVG Vorb. § 7 Rn. 26.
[508] BGH v. 10.7.1997 – IX ZR 161/96, NJW 1998, 312.
[509] BAG 16.3.1972 – 3 AZR 191/71, DB 1972, 2116; v. 7.11.1989 – 3 AZR 48/88, DB 1990, 539 vgl. hierzu *Blomeyer* BetrAV 1999, 293 (311).
[510] BAG 12.12.1989 – 3 AZR 540/88, NZA 1990, 475.
[511] BGH 13.5.1993 – IX ZR 166/92, NZA 1994, 365; HWK/*Schipp* BetrAVG § 9 Rn. 7.
[512] *Karst/Cisch* BetrAVG § 9 Rn. 5; HWK/*Schipp* BetrAVG § 9 Rn. 7.
[513] BAG 12.12.1989 – 3 AZR 540/88, NZA 1990, 475; HWK/*Schipp* BetrAVG § 9 Rn. 7.
[514] BAG 23.1.1990 – 3 AZR 171/88, NZA 1990, 585; HWK/*Schipp* BetrAVG § 9 Rn. 7.
[515] BAG 23.1.1990 – 3 AZR 171/88, NZA 1990, 585; HWK/*Schipp* BetrAVG § 9 Rn. 7.
[516] *Goldbach/Obenberger* BetrAVG Rn. 451; Der PSV erkennt dies an, vgl. Schreiben des PSV v. 14.1.1999, BetrAV 1999, 106.

Beschränkung der Sicherung auf einen Teil der Versorgungsforderung im Rahmen der Begründung eines Sicherungsrechts der bilanziellen Saldierungsfähigkeit im Hinblick auf den nicht gesicherten Teil entgegensteht. Die Beschränkung des Übergangs von Sicherungsrechten muss, um eine vollständige Saldierung zu ermöglichen, so gestaltet werden, dass eine grundsätzlich betragsmäßig umfassende Sicherung erfolgt, und die Sicherung erst erlischt, wenn der PSV tatsächlich eintritt. Zu den Folgen der Insolvenz für ein CTA vgl. die Ausführungen unter → Rn. 151 ff.

363 **cc) Übergang des Vermögens bei Unterstützungskasse, Pensionskasse und Pensionsfonds.** Wird die Versorgung über eine Unterstützungskasse durchgeführt, so führt dies im Fall der Insolvenz des Trägerunternehmens nicht automatisch zur Insolvenz der Unterstützungskasse. Ggf. bestehende Rückdeckungsversicherungen bleiben unberührt.[517] Es findet nach § 9 Abs. 3 BetrAVG ein gesetzlicher Übergang des Vermögens der Unterstützungskasse einschließlich der Verbindlichkeiten auf den PSV statt.[518] Dies gilt auch für den Fall, dass bei Eintritt des Sicherungsfalls die Kasse noch über Vermögen verfügt.[519] Werden die Versorgungsverpflichtungen von einer von mehreren Trägerunternehmen getragenen Unterstützungskasse erbracht (Gruppen- oder Konzernkasse), hat der Träger der Insolvenzsicherung einen Anspruch gegen die Unterstützungskasse auf einen Betrag, der dem Teil des Vermögens der Kasse entspricht, der auf das Unternehmen entfällt, bei dem der Sicherungsfall eingetreten ist, § 9 Abs. 3 S. 3 BetrAVG.[520]

364 Im Durchführungsweg der Pensionskasse gilt, dass die Pensionskasse, wenn sie vom Sicherungsfall beim Arbeitgeber Kenntnis erlangt, dies unverzüglich der Aufsichtsbehörde und dem PSV mitzuteilen hat, § 9 Abs. 3a BetrAVG. Sind bei der Pensionskasse vor dem Eintritt des Sicherungsfalls garantierte Leistungen gekürzt worden oder liegen der Aufsichtsbehörde Informationen vor, die eine dauerhafte Verschlechterung der finanziellen Lage der Pensionskasse wegen der Insolvenz des Arbeitgebers erwarten lassen, entscheidet die Aufsichtsbehörde nach Anhörung des PSV und der betreffenden Pensionskasse nach pflichtgemäßem Ermessen, ob das dem Arbeitgeber zuzuordnende Vermögen der Pensionskasse einschließlich der Verbindlichkeiten auf den PSV übertragen werden soll, § 9 Abs. 3a S. 2 BetrAVG.

Dieser Mechanismus und die weiteren in § 9 Abs. 3a BetrAVG beschriebenen Vorgaben gelten über § 9 Abs. 3b BetrAVG grundsätzlich auch für Pensionsfonds. Bei nicht versicherungsförmigen Pensionsplänen hat die Aufsichtsbehörde allerdings stets – und nicht nur im Rahmen pflichtgemäßen Ermessens – die Übertragung des dem relevanten Arbeitgeber zuzuordnenden Vermögens (einschließlich der Verbindlichkeiten) auf den PSV vorzunehmen.

Kein Vermögensübergang findet grundsätzlich im Fall des **außergerichtlichen Vergleichs** statt (§ 9 Abs. 3 S. 4 BetrAVG).

2. Die Sanierung im außergerichtlichen Vergleich

365 Soll das Unternehmen saniert werden, weil eine Fortführungsmöglichkeit gesehen wird, so kann der Schuldner versuchen, sich im Wege eines außergerichtlichen Vergleichs mit seinen Gläubigern zu einigen, um hierdurch ein Insolvenzverfahren zu vermeiden.

366 Anders als der Vergleich im Rahmen eines Insolvenzverfahrens besteht der außergerichtliche Vergleich aus einer Vielzahl von Einzelvereinbarungen des Schuldners mit den

[517] Vgl. zur Behandlung von Rückdeckungsversicherungen *Berenz* BetrAV 2010, 323.
[518] Zur Systematik von § 9 Abs. 3 BetrAVG vgl. *Berenz* DB 2006, 1006.
[519] BAG 12.2.1991 – 3 AZR 30/90, NZA 1991, 723; Blomeyer/Rolfs/Otto/*Rolfs* BetrAVG § 9 Rn. 77; *Blomeyer* EWiR 1991, 755.
[520] BAG 24.1.1980 – 3 AZR 502/79, DB 1980, 1400.

Gläubigern.[521] Nimmt ein Gläubiger an dem außergerichtlichen Vergleich nicht teil, weil er seine Zustimmung zu der Einigung mit dem Schuldner verweigert, so bleibt seine Forderung unberührt.[522] Scheitert jedoch die Sanierung an der mangelnden Einigungsbereitschaft der einzelnen Gläubiger, so müssen alle Gläubiger befürchten, im Rahmen eines Insolvenzverfahrens weniger zu erhalten als im Wege des außergerichtlichen Vergleichs. Aus diesem Grunde machen die Gläubiger ihre Zustimmung oftmals wechselseitig von der Zustimmung anderer Gläubiger und einer risikoadäquaten Gestaltung der Abschläge bei der Bedienung der Forderungen abhängig.

Bei einer solchen Sanierung erweisen sich die **Pensionslasten** oftmals als das entscheidende Hindernis. Das Gesetz sieht für diesen Fall in § 7 Abs. 1 S. 4 Nr. 2 BetrAVG die Möglichkeit vor, den PSV in den außergerichtlichen Vergleich einzubeziehen. Die Einbeziehung erfolgt dergestalt, dass das Unternehmen einen Antrag an den PSV auf Übernahme von Versorgungsverpflichtungen stellt. 367

a) Art des Sanierungsbeitrags durch den PSV

Die Art und Weise des PSV-Beitrags ist dabei **Verhandlungssache.**

aa) Entschuldungslösung. So kann der PSV durch die Erklärung des Sicherungsfalls gegenüber den Versorgungsberechtigten (vgl. § 9 Abs. 1 BetrAVG) den Sicherungsfall gemäß § 7 Abs. 1 S. 4 Nr. 2 BetrAVG auslösen mit der Folge, dass die Versorgungsverpflichtungen in dem im Vergleich bestimmten Umfang auf ihn übergehen. Er tritt dann gegenüber dem Unternehmen gemäß § 9 Abs. 2 BetrAVG in die Stellung der Versorgungsberechtigten ein, mit der Folge, dass die Versorgungsverpflichtung des Arbeitgebers im Außenverhältnis zu den Versorgungsberechtigten erlischt, soweit der Anspruch auf den PSV übergegangen ist. Der PSV kann sich sodann über den auf ihn übergegangenen Anspruch vergleichen. Insbesondere kann er – was Sinn und Zweck des Vergleichs ist – auf die Erfüllung der Forderungen ganz oder teilweise gegenüber dem Versorgungsschuldner gemäß § 397 BGB verzichten. Diese Vorgehensweise führt für das Unternehmen zu einer **endgültigen Entschuldung im Umfang des Verzichts durch den PSV.** 368

Kommt ein solcher Vergleich zustande, so entsteht in Höhe des Verzichts ein bilanzieller Gewinn, der geeignet ist, Steuern auszulösen. Da es im Ergebnis kontraproduktiv wäre, wenn der Schuldner auf den zur Sanierung erforderlichen Erlass von Schulden Steuern zahlen müsste, sieht der geltende **„Sanierungserlass“** der Finanzverwaltung unter bestimmten Voraussetzungen eine erweiterte Verrechnung dieser Gewinne mit Verlustvorträgen sowie einen Verzicht der Finanzverwaltung auf eine Besteuerung vor.[523] Eine der Voraussetzungen für die Anwendbarkeit des Erlasses ist, dass es sich bei dem Rechtsgeschäft formell für den Schuldner um einen Erlass bzw. für den Gläubiger um einen Verzicht handelt. Auf eine entsprechende vertragliche Ausgestaltung ist daher zu achten. In jedem Fall ist eine steuerrechtliche Begleitung unverzichtbar.[524] 369

Da die Vorschrift des § 7 BetrAVG die gesetzliche Einstandspflicht des PSV lediglich begrenzt und das Versorgungsverhältnis mit dem Arbeitgeber unverändert bestehen bleibt, können die Arbeitnehmer den nicht insolvenzgesicherten Teil der Altersversorgung weiter von ihrem früheren Arbeitgeber verlangen. Aus diesem Grunde bedarf eine vertragliche Übernahme der nach § 7 Abs. 2 BetrAVG *nicht* insolvenzgeschützten Versorgungspflichten durch den PSV der Genehmigung des Versorgungsberechtigten gemäß § 415 Abs. 1 370

---

[521] BAG 9.11.1999 – 3 AZR 361/98, NZA 2000, 1290.
[522] Vgl. nur BGH 12.12.1991 – IX ZR 178/91, NJW 1992, 967 mwN.
[523] BMF Schreiben vom 27.3.2003 – BMF IV A 6 – S 2140–8/03, Bundessteuerblatt 2003, Teil I, S. 240 (Rn. 3ff.), geändert durch BMF-Schreiben v. 5.4.2016 – BMF IV C 6 – S 2140/07/10001, BStBl I. S. 458.
[524] Vgl. hierzu auch die divergierenden Urteile FG München 12.12.2007 – 1 K 4487/06, DStR 2008, 1687 und FG Köln 24.4.2008 – 6 K 2488/06, BB 2008, 2666.

BGB.[525] Bedeutung kann dies zB für die Frage haben, ob die Rentner weiterhin eine Anpassungsprüfung gemäß § 16 BetrAVG oder ihres Pensionsvertrages von ihrem früheren Arbeitgeber verlangen können.

371 **bb) Zuschusslösung.** Alternativ zu der „Entschuldungslösung" kann der PSV aber auch **Zuschüsse** an das Unternehmen leisten, ohne die Versorgungsverpflichtungen im Außenverhältnis zu übernehmen. Der Zuschuss kann sich auf die gesamten Versorgungsverpflichtungen oder einen Teil derselben beziehen. Er kann zeitlich **unbefristet** oder **befristet** sein. Eine solche zeitlich auf drei bis fünf Jahre befristete Übernahme der Versorgungslasten ist die aus Sicht des PSV grundsätzlich vorzugswürdige Lösung, sofern der PSV überhaupt Anlass sieht, einem Vergleich zuzustimmen. Dabei ist es denkbar, diese Lösung sowohl intern als reine Bezuschussung als auch mit Außenwirkung zu gestalten.

372 Der Vorteil der internen Zuschusslösung besteht darin, dass sie relativ geräuschlos ist. Insbesondere ist keine Kontaktaufnahme mit den Versorgungsberechtigten erforderlich, da die Abwicklung weiterhin über den Arbeitgeber erfolgt, der auch im Außenverhältnis alleiniger Schuldner der Versorgungsberechtigten bleibt. Es kommt somit bei der internen Zuschusslösung nicht zu einem Forderungsübergang auf den PSV nach § 9 Abs. 2 BetrAVG.

373 **cc) Grundsätze der Entscheidungsfindung durch den PSV.** Der PSV muss dem Antrag des Schuldners zustimmen, wenn der Vergleich zustande kommen soll. Es besteht nach herrschender Meinung **kein Rechtsanspruch** gegen den PSV auf Erteilung der Zustimmung.[526] Ebenso wenig soll ein Anspruch auf Entscheidung nach pflichtgemäßem Ermessen bestehen, der einer gerichtlichen Nachprüfung unterliegt oder im Wege einer Verpflichtungsklage durchgesetzt werden kann.[527]

374 Es ist daher erforderlich, den PSV von der Zweckmäßigkeit des Vergleichs zu überzeugen. Dabei ist es wichtig zu verstehen, von welchen Erwägungen sich der PSV leiten lässt. Der PSV ist **kein allgemeiner Sanierungsfonds der Wirtschaft.** Die mögliche Rettung von Arbeitsplätzen ist für den PSV ebenso irrelevant, wie der bloße Wunsch des Unternehmers, sein Unternehmen zu retten. Maßgeblich ist vielmehr, ob der PSV durch seine Unterstützung eine höhere Belastung vermeiden kann. Es ist daher ganz essentiell, dem PSV zu verdeutlichen, wo die wirtschaftlichen Vorteile des Vergleichs für ihn liegen. Hierzu ist es zum Beispiel hilfreich darzustellen, welche Belastungen realistischerweise im Insolvenzfall auf ihn zukämen.

375 Dies ist jedoch nicht die einzige Erwägung, die für den PSV von Bedeutung ist. Der PSV achtet vielmehr auch darauf, dass alle Beteiligten einen **angemessenen Beitrag zur Sanierung** leisten. Dies betrifft die Anteilseigner ebenso wie die Arbeitnehmer sowie die sonstigen Gläubiger. Der PSV wird daher erfahrungsgemäß seine Zustimmung stets verweigern, wenn er im Verhältnis zu diesen Beteiligten einen unangemessen hohen Sanierungsbeitrag erbringen soll. Dies gilt grds. auch dann, wenn er bei rein wirtschaftlicher Betrachtung dabei immer noch günstiger stehen würde. Nicht erforderlich ist es, dass jeder Beteiligte einen exakt gleich hohen Anteil zu der Sanierung beiträgt. Die Angemessenheit der Beiträge darf sich vielmehr an dem Risiko orientieren, dem der jeweilige Gläubiger ausgesetzt ist. So kann von einem ungesicherten Gläubiger ein höherer Beitrag verlangt werden, als von einem dinglich gesicherten Gläubiger, der auch im Insolvenzfall mit einer hohen Befriedigung rechnen kann. Anderenfalls würde ein Vergleich stets daran scheitern, dass von den Beteiligten wirtschaftlich unsinnige oder aber rein altruistisch motivierte Handlungen verlangt würden, deren Vornahme für den Handelnden ggf. sogar selbst einen

[525] BAG 9.11.1999 – 3 AZR 361/98, NZA 2000, 1290.

[526] Höfer/*Höfer/Reich* BetrAVG § 7 Rn. 68; Blomeyer/Rolfs/Otto/*Rolfs* BetrAVG § 7 Rn. 97, 103; anders wohl *Karst/Cisch* BetrAVG § 7 Rn. 16.

[527] Blomeyer/Rolfs/Otto/*Rolfs* BetrAVG § 7 Rn. 103. Vgl. zu den Erwägungen und den vom PSV erwarteten Unterlagen PSV-Merkblatt 110/M1/Stand: 7.20.

Pflichtverstoß darstellen würde. Können einzelne Gläubiger lediglich einen ohnehin nur unerheblichen Beitrag leisten, so können diese Gläubiger vernachlässigt werden.

Dem PSV ist ferner das **Sanierungskonzept** zu verdeutlichen. Dabei ist darauf zu achten, dass das Konzept tragfähig ist. Vereinfacht gesagt wird der PSV nur dann Anlass haben, sich im Rahmen eines außergerichtlichen Vergleichs zur Übernahme von Versorgungsverpflichtungen bereit zu erklären, wenn die Lage des Unternehmens zwar objektiv so stark gefährdet ist, so dass eine Insolvenz in absehbarer Zeit ernsthaft droht, andererseits aber durch die Umsetzung der Sanierung eine nachhaltige Gesundung des Unternehmens mit hinreichender Wahrscheinlichkeit zu erwarten ist. Für den PSV ist es dabei insbesondere bei einer teilweisen Übernahme von Pensionslasten (etwa gegenüber den ausgeschiedenen Mitarbeitern) wichtig, sicherzustellen, dass die beim Unternehmen nach dem Vergleich verbleibenden Lasten von diesem auch getragen werden und nicht in einigen Jahren ebenfalls dem PSV auferlegt werden. Der PSV tendiert daher dazu, eine Absicherung der Pensionsverbindlichkeiten zu fordern. Dies ist infolge der angespannten Lage des Unternehmens natürlich nicht einfach. 376

Oftmals beruht das Sanierungskonzept darauf, dass ein **neuer Investor** gefunden werden muss, der sich an der Gesellschaft beteiligt. Es ist für den Investor charakteristisch, dass er bislang nicht im Risiko steht und seine Beteiligung an dem zu sanierenden Unternehmen von einer Gewinnerwartung getragen wird, die in einem angemessenen Verhältnis zum übernommenen Risiko steht. Hier stellt sich die Frage, in welchem Umfang dem Investor eine solche Gewinnchance zuzubilligen ist. Die Entscheidung dieser Frage steht letztlich im Ermessen des PSV. Allerdings sieht sich der PSV in diesem Punkt mit der Tatsache konfrontiert, dass ein Investor in keiner Weise gezwungen werden kann, seine Renditeerwartungen zurückzuschrauben und dem Unternehmen nur dann die notwendigen Mittel zuführen wird, wenn er seine Renditechance nicht als gefährdet ansieht. Springt daher der Investor infolge einer zu harten Haltung des PSV ab, ist für den PSV auch nichts gewonnen. 377

In der Praxis kann man diese Frage dahingehend lösen, dass der PSV einen sog. **Besserungsschein** erhält. Einen solchen Besserungsschein soll der PSV gemäß § 7 Abs. 5 BetrAVG anstreben. Der Inhalt des Besserungsscheins ist mit dem PSV frei verhandelbar. Er kann zum Beispiel vorsehen, dass der PSV bei Vorliegen bestimmter Umstände einen Teil der Verbindlichkeiten an das Unternehmen zurückgibt oder aber eine Zahlung des Unternehmens erhält. Ebenfalls denkbar wäre es, dass der PSV einen Vorab-Beitrag zu den vom PSV zu tragenden Belastungen erhält. Dies dürfte insbesondere dann sachgerecht sein, wenn der Investor Chance und Risiko selbst tragen will. Für den PSV ist dies attraktiv, weil er das Risiko, dass sich der Besserungsschein nicht realisiert, vorab auf den Investor abwälzen kann. Regelungen dieser Art sind natürlich auch in Szenarien ohne externen Investor denkbar. 378

b) Der Verfahrensablauf

Im Hinblick auf das in der Praxis einzuhaltende **Prozedere** gilt folgendes: 379

Es ist zunächst ein **Antrag** an den PSV zu stellen. In dem Antrag sind der Rechtsträger sowie die vom PSV zu übernehmenden Versorgungsverpflichtungen genau zu bezeichnen. Es empfiehlt sich ferner, mit dem PSV vorab zu klären, welche **Unterlagen** für die Prüfung des Antrags benötigt werden. Der PSV hat hierzu in seinem aktuellen Merkblatt 110/M 1 zum Ausdruck gebracht, dass neben dem Vergleichsantrag folgende weitere Unterlagen vorgelegt werden sollen:

380 • Substantiierte Darlegung, dass die geplanten Maßnahmen zur Einschränkung von Leistungen für die Fortführung des Betriebs unumgänglich notwendig sind und dass realistische Erfolgsaussichten für die Sanierung bestehen;
• Betriebsanalyse, welche die zur Vergleichssituation führende wirtschaftliche Lage darlegt; sowie
• Sanierungsplan zur Verdeutlichung des Sanierungskonzepts und der Fortführungsprognose nach erfolgter Sanierung,

Der Merkblatt macht ferner klar, dass dem PSV die letzten drei testierten Jahresabschlüsse nebst Prüfungsberichten vorgelegt werden sollen; weitere für die Entscheidung über den Vergleichsantrag benötigte Unterlagen fordert der PSV gesondert an. In jedem Fall empfiehlt sich hier die persönliche Abstimmung.

381 Bei der Dokumentation ist darauf zu achten, dass sich der PSV ein möglichst genaues Bild von der Lage des Unternehmens und dem Inhalt und Umfang der zu übernehmenden Verpflichtungen machen muss. Es ist daher darauf zu achten, dass die Unterlagen klar und aus sich heraus verständlich aufbereitet werden. Nachlässigkeiten, Ungenauigkeiten oder unvollständige Unterlagen führen zu Nachfragen und kosten wertvolle Zeit.

382 Von erheblicher Bedeutung für den Erfolg des außergerichtlichen Vergleichs ist die **zeitliche Planung.** Es ist unrealistisch zu glauben, der PSV werde nach Einreichung eines Antrags mitsamt der Unterlagen in wenigen Wochen eine positive Entscheidung fällen. Der PSV benötigt für die Sichtung der Unterlagen und die Entscheidungsfindung erfahrungsgemäß erhebliche Zeit und oftmals auch mehr Zeit als den Beteiligten zur Verfügung steht. In aller Regel wird der Sachverhalt nach einem ersten Besprechungstermin weiter zu präzisieren sein. Auch hierfür ist hinreichend Zeit einzukalkulieren. Erfahrungsgemäß wird es selbst bei noch so umfangreicher Vorbereitung der Unterlagen zu Rückfragen und Klärungsbedarf kommen. Sodann wird die Art des PSV-Beitrags zu verhandeln sein. Insbesondere dann, wenn eine Entschuldungslösung angestrebt wird, ist der PSV von der Notwendigkeit zu überzeugen. In der Praxis sollte man daher auch bei sehr guter Vorbereitung von einem zeitlichen Rahmen von mindestens drei bis fünf Monaten ab Antragstellung ausgehen, bis der PSV in der Lage ist, erste verlässlich Signale zu senden. Zu beachten ist zudem, dass der PSV gegenüber bereits im Risiko stehenden Investoren aus dem Bereich *Private Equity de facto* eine überaus zurückhaltende Haltung einnimmt.

3. Die Bedeutung des Nachhaftungsbegrenzungsgesetzes für die persönliche Haftung ausgeschiedener Gesellschafter

383 Gesellschafter einer offenen Handelsgesellschaft und Komplementäre einer Kommanditgesellschaft können von dem Gläubiger im Falle einer Insolvenz persönlich in Anspruch genommen werden (§§ 128, 161 HGB). Entsprechendes gilt für den persönlich haftenden Gesellschafter einer Kommanditgesellschaft auf Aktien (§ 278 AktG, §§ 161, 128 HGB). Kommanditisten einer Kommanditgesellschaft haften beschränkt in Höhe ihrer Einlage (§§ 161 Abs. 1, 171 Abs. 1 HGB).

384 Bei einem Ausscheiden aus der Gesellschaft – beispielsweise durch einen Anteilsverkauf – verjähren Ansprüche gegen Gesellschafter von Personengesellschaften aus Verbindlichkeiten der Gesellschaften fünf Jahre nach dem Ausscheiden (§§ 160 Abs. 1, 161 Abs. 2 HGB). Sind Verbindlichkeiten zum Zeitpunkt des Ausscheidens des Gesellschafters bereits begründet, werden sie jedoch erst nach dem Ausscheiden fällig – so zB künftige Versorgungsansprüche noch tätiger Arbeitnehmer – so kommt es hier gleichwohl zu dem Haftungsausschluss (§ 160 HGB).[528]

385 Diese Regelung basiert auf dem Nachhaftungsbegrenzungsgesetz, welches am 26. 3. 1994 in Kraft getreten ist; vor dem In-Kraft-Treten des Gesetzes begann die Verjährung

[528] Höfer/*Höfer/de Groot* BetrAVG Kap. 9 Rn. 169 ff.

erst nach der Fälligkeit der Forderung, was für den ausscheidenden Gesellschafter praktisch zu einer „Endloshaftung" für Versorgungsansprüche führte.

Von der Enthaftung erfasst sind auch Fälle des Wechsels der Gesellschafterposition innerhalb einer Gesellschaft ohne ein Ausscheiden. So auch das Wechseln aus der Komplementärfunktion in die Stellung eines geschäftsführenden Kommanditisten einer GmbH & Co KG (§ 160 Abs. 3 HGB). Das Nachhaftungsbegrenzungsgesetz enthält Übergangsregelungen (Art. 35, 36 und 37 EGHGB), die nach gesellschaftsrechtlichen Veränderungen vor und nach dem 26.3.1994 differenzieren.

Nicht erfasst von der Begrenzung der Nachhaftung sind Fälle der Auflösung einer Per- 386
sonenhandelsgesellschaft (§ 159 HGB) und die Auflösung einer BGB-Gesellschaft (wohl aber über § 736 Abs. 2 BGB der Fall der Nachhaftung eines ausscheidenden BGB-Gesellschafters).[529]

Besteht eine persönliche Haftung aktiver oder ausgeschiedener Gesellschafter, so wächst 387
bei Eintritt eines Insolvenzfalles der **PSV** über § 9 Abs. 2 BetrAVG in die **Gläubigerposition** für Ansprüche aus betrieblicher Altersversorgung hinein.

V. Die betriebliche Altersversorgung bei Veränderungen auf der Unternehmensebene

Der Wechsel auf Gesellschafterebene ist ein Standardfall des Unternehmenskaufs. Er voll- 388
zieht sich im Wege der Übertragung (Abtretung) der Gesellschaftsanteile an der Zielgesellschaft, sog. *share deal* (näher → B Rn. 6ff.).

1. Grundlagen

Ein Wechsel auf Gesellschafterebene eines Rechtsträgers ist für den Fortbestand der Ver- 389
sorgungsverpflichtungen, die auf dem Rechtsträger lasten, **ohne Bedeutung.** Die Versorgungsverpflichtung ist eine Verpflichtung des Rechtsträgers, der die Zusage erteilt hat, nicht der Gesellschafter dieses Rechtsträgers. Ein Gesellschafterwechsel vollzieht sich somit außerhalb des Vertragsverhältnisses, das der Versorgungszusage zugrunde liegt. Er hat somit keine unmittelbaren Auswirkungen auf die Versorgungszusage als solche. Dies gilt sowohl bei unmittelbaren Versorgungszusagen als auch bei mittelbaren Versorgungszusagen, bei denen sich der Arbeitgeber zur Erfüllung eines Dritten bedient.

2. Problemstellungen

Der Umstand, dass der Gesellschafterwechsel für den Bestand der Versorgungsverpflichtung 390
auf der Ebene der Grundverpflichtung ohne Einfluss ist, bedeutet indes nicht, dass er im Hinblick auf die betriebliche Altersversorgung keinerlei Probleme aufwirft. In der Praxis sind insbesondere aus Sicht eines Käufers im Rahmen eines Anteilskaufs folgende Punkte zu bedenken:

a) Bestimmung des Umfangs der indirekt übernommenen Belastungen

Der Umfang der Versorgungsverpflichtungen die auf dem Unternehmen ruhen, an dem 391
sich der potentielle Käufer beteiligen möchte, bestimmt maßgeblich den **Wert des Unternehmens.** Die zutreffende Ermittlung der Versorgungslasten ist somit von erheblicher Bedeutung.

---

[529] Vgl. zu den nicht vom Nachhaftungsbegrenzungsgesetz erfassten Fällen auch Höfer/*Höfer/de Groot* BetrAVG Kap. 9 Rn. 191ff. mwN.

392 Dabei ist zu beachten, dass der Erwerber wirtschaftlich betrachtet im Rahmen eines Anteilskaufs neben den Verpflichtungen gegenüber den aktiven Mitarbeitern – anders als bei einem *asset deal* – indirekt mit der Gesellschaft auch sämtliche Verpflichtungen dieser Gesellschaft gegenüber **ausgeschiedenen Mitarbeitern** oder **Rentnern** übernimmt. Er wird somit indirekt mit den Verpflichtungen aus unverfallbaren Anwartschaften und laufenden Versorgungsleistungen sowie ggf. in der Vergangenheit unterbliebenen oder für die Zukunft noch anstehenden Anpassungslasten belastet. Diese Lasten können insbesondere bei Unternehmen mit einer langen Historie erheblich sein und weit über den Belastungen aus der Altersversorgung für die aktive Belegschaft liegen. Im Extremfall kann es sein, dass die aktive Belegschaft infolge einer zwischenzeitlichen Schließung aller Versorgungswerke über keine oder nur noch unerhebliche Anwartschaften verfügt, demgegenüber aber Verpflichtungen gegenüber ehemaligen Mitarbeitern in mehrstelliger Millionen- oder gar Milliardenhöhe bestehen. Diese auf dem Zielobjekt ruhenden Belastungen müssen dann beim Kaufpreis mit einem entsprechenden Abschlag berücksichtigt werden. Will der Käufer eine derartige Belastung des Kaufobjekts von vornherein ausschließen, insbesondere weil er nur an dem operativen Geschäft interessiert ist, so muss er jedenfalls unter diesem Gesichtspunkt den *share deal* vermeiden und einen *asset deal* oder aber eine übertragende Umwandlung vorziehen, bei dem die Verpflichtungen gegenüber ausgeschiedenen Mitarbeitern nicht auf den Erwerber übergehen. Alternativ müssen die Verbindlichkeiten gegenüber ausgeschiedenen Mitarbeitern zuvor von dem Zielobjekt getrennt werden. Dies kann zum Beispiel in Form der Aufspaltung, Abspaltung oder Ausgliederung mit nachfolgender Veräußerung der Anteile an den aufnehmenden Rechtsträger geschehen (dazu → Rn. 563 ff.). Möglich wäre auch die Übertragung des operativen Geschäfts auf einen neuen Rechtsträger (NewCo) unter der Ägide des Veräußerers und die nachfolgende Veräußerung der Anteile an dieser neuen Gesellschaft an den Käufer.[530]

393 Ein sachgerechtes Vorgehen setzt in jedem Fall die zutreffende Bewertung des finanziellen Umfangs der in der Gesellschaft befindlichen Pensionsverpflichtungen voraus. Dies beginnt mit der zutreffenden und realitätsnahen Berechnung und Bewertung der bestehenden Pensionsverbindlichkeiten, umfasst aber auch die Ermittlung versteckter Risiken infolge von Gestaltungsfehlern bei der Begründung oder Änderung der Zusagen (Verstoß gegen Diskriminierungsverbote;[531] unwirksame Schließung oder Änderung des einschlägigen Versorgungswerks,[532] Anpassungsrückstände nach § 16 BetrAVG etc).

b) Sonderprobleme bei Durchführung durch versicherungsförmige Konzerneinrichtungen (Pensionskassen oder Pensionsfonds)

394 Rechtliche Probleme ergeben sich im Rahmen des *share deals,* wenn die Altersversorgung in dem übernommenen Unternehmen auf der Grundlage einer versicherungsförmigen Einrichtung vollzogen wird, die eine **Zugehörigkeit zu einem bestimmten Konzern** voraussetzt. So finden sich in der Praxis häufig Fallgestaltungen, in denen eine vom Unternehmen erteilte Versorgungszusage über eine Pensionskasse oder einen Pensionsfonds abgewickelt wird, die/der nur solchen Unternehmen bzw. Mitarbeitern solcher Unternehmen offen steht, die einem bestimmten Konzern angehören. Mit dem Verlust der Konzernzugehörigkeit, der durch die Übertragung der Anteilsmehrheit an einen konzernfremden Käufer bewirkt wird, kann auch die Möglichkeit entfallen, zukünftige Anwartschaften über die konzerneigene Versorgungseinrichtung zu erwerben. Bereits erdiente Anwartschaften sind hiervon nicht betroffen, da diesbezüglich Ansprüche gegenüber der Pensionskasse bzw. dem Pensionsfonds erworben wurden, welche – wie auch bei einem Ausscheiden aus dem Arbeitsverhältnis – nicht von einem Verlust der Konzernzugehörigkeit des Arbeitgebers betroffen werden (sofern nicht zugleich eine Bestandsübertragung

[530] Vgl. ausführlich Schlewing/Henssler/Schipp/Schnitker/*Schnitker/Sittard* Teil 17 C Rn. 5, 6.
[531] Dazu → Rn. 33 ff.
[532] Dazu → Rn. 655 ff.

stattfindet). Im Hinblick auf zukünftige Anwartschaften stellt sich daher die Frage, wie das Unternehmen seiner fortbestehende Grundverpflichtung zur Erfüllung der Versorgungszusage in der Form der Pensionskassenzusage bzw. Pensionsfondszusage nachkommen kann.

Maßgeblich hierfür sind insoweit die geltenden **Satzungsbestimmungen** des konzern- 395
internen Versorgungsträgers. Diese regeln die Voraussetzungen für den Erwerb von Anwartschaften gegenüber der Versorgungseinrichtung. Bei **Pensionskassen,** die als konzerninterne Versorgungseinrichtungen nahezu ausschließlich in der Rechtsform des VVaG errichtet sind, wird in diesem Zusammenhang zumeist zwischen der ordentlichen und außerordentlichen Mitgliedschaft unterschieden. Die ordentliche Mitgliedschaft setzt hierbei das Bestehen eines Arbeitsverhältnisses zu einem Trägerunternehmen bzw. einem mit diesem verbundenen Unternehmen oder einem der Pensionskasse beigetretenen Unternehmen voraus.[533] Mit der Beendigung der Stellung eines Unternehmens als Trägerunternehmen bzw. verbundenes Unternehmen oder Beteiligungsunternehmen endet bei der **Pensionskasse** regelmäßig auch die ordentliche Mitgliedschaft der Arbeitnehmer als Voraussetzung für den Erwerb zukünftiger Anwartschaften. In ähnlicher Weise endet bei einem **Pensionsfonds** die Verpflichtung zukünftige Beiträge für Arbeitnehmer entgegen zu nehmen und entsprechende Anwartschaften zu versprechen. Mangels Mitgliedschaft der Arbeitnehmer im Pensionsfonds, ergibt sich dies hier aber zumeist unmittelbar aus entsprechenden Satzungsbestimmungen in Verbindung mit dem Leistungsplan. Vor diesem Hintergrund ist die Satzung zunächst daraufhin zu untersuchen, welche konkreten Voraussetzungen für den Erwerb zukünftiger Anwartschaften bestehen und wie sich das Ausscheiden aus dem Konzernverbund auf diese auswirken, insbesondere ob dieses zu einer Beendigung von etwaigen Beteiligungsvereinbarungen oder zu besonderen Kündigungsrechten der Versorgungseinrichtungen führt. In einem zweiten Schritt ist sodann festzustellen, inwieweit Übergangsregelungen oder Möglichkeiten zur Fortführung der Versorgung im bestehenden Versorgungswerk bestehen. Im Idealfall sieht die Satzung konkrete Regelungen vor, die bei einem Verlust der Konzernzugehörigkeit des Unternehmens bzw. der Arbeitnehmer greifen. In aller Regel besteht eine der folgenden **Gestaltungsoptionen:**

aa) Fortsetzung der Versorgungsverhältnisse. Die Satzung bzw. der Leistungsplan 396
können vorsehen, dass bereits bestehende Versorgungsverhältnisse ohne weiteres fortgeführt werden können. In diesem Fall, der allerdings eher selten vorkommt, ist die Lösung einfach, da die Zusage sowohl im Hinblick auf die in der Vergangenheit erworbenen als auch hinsichtlich der noch zu erdienenden Anwartschaften weiterhin über den bestehenden Versorgungsträger abgewickelt werden können. Das Unternehmen kann in diesem Fall im Hinblick auf den vorhandenen Bestand Träger- bzw. Beteiligungsunternehmen bleiben. Überlegen müssen sich die Parteien dann nur, ob sie dies auch möchten, da es sich für den Käufer um eine konzernfremde Einrichtung (idR eines Konkurrenten) handelt, die maßgeblich durch den Veräußerer bestimmt ist (zB in Fragen der Kapitalanlage). Für neu eintretende Arbeitnehmer des dann konzernfremden Unternehmens steht in diesem Fall die Versorgungseinrichtung grundsätzliche nicht mehr zur Verfügung, es sei denn, dass im Rahmen einer neuen Vereinbarung mit der Pensionskasse dies ausdrücklich vereinbart wird. Hierzu sind die Versorgungsträger indes zumeist nicht bereit.

Sieht die Satzung keine Möglichkeit zur automatischen Fortsetzung der Versorgungsver- 397
hältnisse vor, erhält sie häufig einen Vorbehalt, durch entsprechenden Gremienbeschluss auch konzernfremde Unternehmen als Kassenunternehmen bzw. Trägerunternehmen aufzunehmen. In diesem Fall kann sich der potentielle Käufer überlegen, ob er versuchen soll, für die Versorgungsberechtigten eine Fortsetzung des Versorgungsverhältnisses anzustreben. Hierfür sind Gespräche mit der Versorgungseinrichtung und insbesondere dem

[533] Vgl. zur Unterscheidung von Trägerunternehmen und Beteiligungsunternehmen, *Diller/Günther* NZA 2016, 1181.

Verkäufer erforderlich, der in aller Regel maßgeblichen Einfluss auf die Versorgungseinrichtung hat. Die Erfolgsaussichten sind oftmals gering und hängen vielfach vom Umfang der Versorgungsberechtigten sowie den hiermit verbundenen Risiken, insbesondere den für diese geltenden Tarifzinsen ab. In den Kaufvertrag sollten in diesem Fall aus Sicht des Erwerbers idealer Weise entsprechende Regelungen aufgenommen werden.

398 **bb) Zäsurlösung.** Sofern eine Fortführung der Versorgung für zukünftige Anwartschaften durch die Pensionskasse oder den Pensionsfonds in der Satzung oder dem Leistungsplan nicht vorgesehen ist, oder eine etwaige Zustimmung zur Fortsetzung verweigert wird, kommt es zu einer Zäsur zwischen den bis zum Ausscheiden aus dem Konzernverbund erdienten Anwartschaften sowie der zukünftigen Anwartschaften. Technisch wird dies bei Pensionskassen in Form des VVaG zumeist dadurch umgesetzt, dass sich die ordentliche Mitgliedschaft der Versorgungsberechtigten in eine **außerordentliche Mitgliedschaft** umwandelt, in deren Rahmen keine Arbeitgeberbeiträge mehr an die Pensionskasse gezahlt werden können. Beim **Pensionsfonds** erfolgt dies entsprechend regelmäßig dadurch, dass der Fonds mit Ausscheiden aus dem Konzernverbund und dem Ende einer Beteiligungsvereinbarung nicht weiter verpflichtet ist, Beiträge des Unternehmens anzunehmen. Sofern die Versorgungseinrichtung von einem Trägerunternehmen im Namen und zu Gunsten weiterer Beteiligungsunternehmen betrieben wird, wird ferner häufig eine Separierung des Bestands der Versorgungsberechtigten des ausscheidenden Unternehmens vorgesehen, um die verbleibenden Konzernunternehmen bzw. das Trägerunternehmen vor Risiken aus diesem Bestand zu schützen. Erfolgt dies nicht, sehen Beteiligungsvereinbarungen zuweilen spezielle fortdauernde Pflichten des ausscheidenden Unternehmens zur Schadloshaltung des Trägerunternehmens vor. Im Hinblick auf die vom ausscheidenden Unternehmen gewährte betriebliche Altersversorgung führt die Zäsurlösung zu der Frage, wie die Versorgungszusage in der Zukunft fortgesetzt werden soll, dh wie die nach dem Stichtag auf der Grundlage der fortgeltenden (Pensionskassen-) Zusage zu erwerbenden Anwartschaften *(future service)* abgedeckt werden sollen.

399 Sollte eine Fortführung des *future service* durch eine Pensionskasse oder einen Pensionsfonds nicht möglich sein, kann der Erwerber zunächst versuchen, die Mitarbeiter des Unternehmens in eine eigene Pensionskasse bzw. einen eigenen Pensionsfonds aufzunehmen. Dies setzt aber voraus, dass er über einen solchen Versorgungsträger verfügt. Ist dies nicht der Fall, kann er versuchen, sich einer offenen Pensionskasse anzuschließen. Dies erfordert natürlich entsprechende Verhandlungen. In manchen Fällen tragen die Satzungen des Versorgungsträgers diesem Umstand Rechnung und erlauben eine vorübergehende Fortsetzung des Versorgungsverhältnisses bis eine solche Überleitung erfolgt ist. Kumulativ kann ferner überlegt werden, auch den *past service* auf den neuen Versorgungsträger zu übertragen; teilweise wird dies auch von Veräußerern verlangt, die entweder keine konzernfremde Dritten als Arbeitgeber in der eigenen Versorgungseinrichtung akzeptieren wollen oder die Konzerneinrichtung von etwaigen Risiken aus dem *past service* befreien möchten. Eine solche Bestandsübertragung des *past service* erfordert sowohl beim Pensionsfonds als auch bei der Pensionskasse die Zustimmung der BaFin als Aufsichtsbehörde. Diese wird grundsätzlich nur erteilt, wenn die BaFin zu der Überzeugung gelangt, dass die Übertragung des *past service* auf eine neue Versorgungseinrichtung keine Nachteile für die Versorgungsberechtigten begründet. Erfolgt die Zustimmung durch die BaFin bedarf es keiner gesonderten Zustimmung der Versorgungsberechtigten.[534]

400 **cc) Änderung des Durchführungsweges/Ablösung durch Neuzusage für die Zukunft.** Alternativ zu den obigen Lösungsansätzen kann der Erwerber in dem gekauften Unternehmen eine Änderung des Durchführungsweges vornehmen. Hierfür gelten die allgemeinen Regeln, dh er benötigt die Zustimmung der Versorgungsberechtigten, sofern

---

534 Vgl. BAG - 4.12.1999 – 3 AZR 675/98, NZA 2001, 96 sowie § 13 Abs. 5 AVG.

die Zusagen auf individualrechtlicher Grundlage begründet wurden oder die des Betriebsrats, wenn es sich um eine Betriebsvereinbarung oder eine betriebsvereinbarungsoffene Regelung handelt.[535] Auf die Erteilung der Zustimmung durch die Versorgungsberechtigten hat der Unternehmer einen Anspruch, wenn mit der Änderung keine **Nachteile** für die Versorgungsberechtigten verbunden sind.[536]

Solche Nachteile drohen insbesondere in **steuerlicher Hinsicht** (Wechsel von vorgelagerter zu nachgelagerter Besteuerung) sowie bei der Ausgestaltung des Leistungsplans, 401
wenn in dem neuen Durchführungsweg der alte Leistungsplan nicht eins zu eins abgebildet werden kann. In diesem Fall ist darauf zu achten, dass sowohl wertmäßig mindestens gleichwertige Leistungen zugesagt werden als auch die Leistungsfälle unter mindestens gleich günstigen Tatbestandsvoraussetzungen ausgelöst werden, wenn ein Anspruch auf eine Zustimmung geltend gemacht werden soll. Ist der Betriebsrat nicht bereit, an einer Neugestaltung mitzuwirken, so kann der Arbeitgeber die Betriebsvereinbarung insgesamt kündigen und Verhandlungen über eine Neuregelung ggf. vor der Einigungsstelle erzwingen. Ein verständiger Betriebsrat wird sich jedoch dem berechtigten Anpassungsbedürfnis nicht verschließen, um den Arbeitgeber nicht zu solch unnötigen Schritten zu zwingen. Handelt es sich um eine **individualrechtliche Regelung mit kollektivem Bezug,** so ist auch eine ablösende umstrukturierende Betriebsvereinbarung nach den Grundsätzen des kollektiven Günstigkeitsvergleichs denkbar, sofern das Gesamtvolumen der Leistungen nicht gemindert wird. Zwar handelt es sich hier nicht um eine Umgestaltung der Verteilungsgrundsätze. Es besteht aber wertungsmäßig kein Grund, eine für die Mitarbeiter neutrale Umstellung des Durchführungsweges für unzulässig zu halten. Ist die Änderung mit Einschnitten bei den Leistungen verbunden oder insgesamt nachteilig, so ist eine Betriebsvereinbarung als ablösendes Mittel geeignet, wenn die entsprechenden Versorgungszusagen **betriebsvereinbarungsoffen ausgestaltet** sind. Hierfür genügt – ungeachtet kritischer Stimmen des vierten Senats des BAG[537] – nach inzwischen ständiger Rechtsprechung des BAG, dass diese in AGB geregelt sind und einen kollektiven Bezug aufweisen.[538] Infolge dieses Änderungsvorbehalts kommt es in diesen Fällen konsequenter Weise weder auf einen individuellen noch auf einen kollektiven Günstigkeitsvergleich an. Es verbleibt vielmehr bei einer Angemessenheitskontrolle, welche sich im Bereich der betrieblichen Altersversorgung an den Maßstäben der Drei-Stufen-Theorie ausrichtet.

Dies dürfte unseres Erachtens auch gelten, wenn es sich nicht um einen einheitlichen, sondern um unterschiedliche Formulararbeitsverträge handelt. Auch bei Versorgungszusagen aufgrund betrieblicher Übung sowie aufgrund von Gesamtzusagen finden diese Grundsätze Anwendung, da auch diese AGB-Charakter haben.[539] Nach neuester Rechtsprechung des 3. Senats des BAG kann eine Änderung von Versorgungszusagen in der Form von allgemeinen Geschäftsbedingungen – innerhalb der Grenzen des Vertrauensschutzes sowie der Verhältnismäßigkeit – sogar durch eine ablösende Gesamtzusage erfolgen.[540]

Wird nur der Durchführungsweg gewechselt, so bleibt der Arbeitgeber an den bestehenden Leistungsplan gebunden, es sei denn, dass er auch diesen – so dies gewollt oder erforderlich ist – ebenfalls ändert. Auch hierfür gelten wiederum die allgemeinen Voraussetzungen für Eingriffe in Versorgungszusagen (→ Rn. 713 ff.).

---

535 Wohl auch *Reichel/Schmandt* C Rn. 164.

536 Vgl. Höfer/*Höfer/de Groot* BetrAVG Kap. 9 Rn. 152, die weitergehend ein „einseitiges Wechselrecht" des Arbeitgebers annehmen.

537 BAG 11.4.2018 – 4 AZR 119/17, NZA 2018, 1273.

538 BAG 30.1.2019 – 5 AZR 450/17, NZA 2019, 1065; 30.1.2019 – 5 AZR 442/17, NZA 2019, 1076; 21.2.2017 – 3 AZR 542/15, NZA 2017, 944; 21.8.2013 – 5 AZR 581/11, NZA 2014, 271; 5.3.2013 – 1 AZR 417/12, NZA 2013, 916.

539 BAG 10.3.2015 – 3 AZR 56/14, NZA-RR 2015, 371; vgl. auch LAG Rheinland-Pfalz 24.7.2012 – 3 Sa 82/12, NZA-RR 2012, 639 und *Nebeling/Lankes,* NZA 2018, 1602 (1603 f.).

540 BAG 11.12.2018 – 3 AZR 380/17, NZA 2019, 1082.

402 Bleibt der Erwerber passiv, so trifft das erworbene Unternehmen in jedem Fall die Ausfallhaftung nach § 1 Abs. 1 S. 3 BetrAVG. Der Erwerber kann das erworbene Unternehmen somit nicht durch bloße Untätigkeit der Haftung entziehen. Dies führt allerdings nicht dazu, dass die bisherige Pensionskasse bzw. der bisherige Pensionsfonds von ihren Leistungspflichten aus den bei ihr zurückbleibenden beitragsfreien Versicherungen befreit werden. Erbringen diese jedoch d*e facto* ihre Leistungen nicht in voller Höhe, so haftet der Erwerber ebenfalls gemäß § 1 Abs. 1 S. 3 BetrAVG.

403 **dd) Rechtsstellung des betroffenen Rechtsträgers.** Für das Unternehmen ist die wesentliche Frage, ob und in welchem Umfang es Trägerunternehmen oder Beteiligungsunternehmen der Versorgungseinrichtung bleiben kann. Sieht die Satzung vor, dass die Trägerschaft bzw. Beteiligung des Unternehmens auch in der Zukunft als konzernfremdes Unternehmen fortgesetzt werden kann, so stellt dies eine einfache Lösung dar. Der Käufer muss allerdings wiederum die Entscheidung treffen, ob er dies überhaupt will. Dies mag für einen Finanzinvestor denkbar sein, weil dies in aller Regel die einfachste Lösung des Problems darstellt. Für einen strategischen Käufer, der in vielen Fällen ein Konkurrent des Verkäufers ist, wird ein Verbleib des gekauften Unternehmens in den Altersvorsorgeeinrichtungen des Konkurrenten hingegen eher nicht in Betracht kommen.

404 Sieht die Satzung keine Möglichkeit zur Fortsetzung der Mitgliedschaft bzw. Trägerschaft als konzernfremdes Unternehmen oder jedenfalls einen Zustimmungsvorbehalt der Kasse und/oder ihres Trägerunternehmens vor, kann sich der potentielle Käufer überlegen, ob er versuchen will, eine solche Fortsetzung der Mitgliedschaft des gekauften Unternehmens anzustreben. Hierfür gelten die oben genannten Erwägungen. Entscheidet er sich für einen solchen Versuch, so muss er sich um eine Satzungsänderung bemühen.

405 Sollte die Versorgungseinrichtung einer Fortführung der Versorgung nicht zustimmen, verbleiben die bis zum Ausscheiden aus dem Konzernverbund erdienten Anwartschaften (dh der *past service*) bei der Pensionskasse und dem Pensionsfonds, sofern keine Bestandsübertragung vereinbart und von der BaFin genehmigt wird. Es gilt insoweit das oben Gesagte (→ Rn. 398).

c) Sonderprobleme bei Durchführung durch Konzerneinrichtungen (insbesondere Unterstützungskassen)

406 Ähnliche Probleme ergeben sich, wenn das zum Verkauf stehende Unternehmen eine Unterstützungskassenzusage abgegeben hat und diese Zusage über eine Unterstützungskasse abwickelt, die nur im Konzernkreis tätig wird. Gleichwohl ergeben sich maßgebliche Unterschiede.

Eine Unterstützungskasse ist in der Regel als Verein oder aber als GmbH organisiert, in seltenen Fällen als Stiftung. Die Versorgungsberechtigten stehen in keinem Mitgliedschaftsverhältnis zu der Unterstützungskasse. Auch haben sie keinen versicherungsförmigen Rechtsanspruch gegenüber der Unterstützungskasse auf Gewährung von Leistungen.

Es stellt sich somit – anders als bei der Pensionskasse – nicht die Frage einer Fortsetzung der Mitgliedschaft bzw. des Versorgungsanspruches der Versorgungsberechtigten. Die Problematik fokussiert sich vielmehr auf die Frage, ob das Unternehmen nach dem Verlassen des Konzernkreises weiterhin **Trägerunternehmen** der Unterstützungskasse bleiben kann und will und was mit Deckungsmitteln der Unterstützungskasse geschieht, die dem ausscheidenden Unternehmen zugeordnet sind.

407 Übernimmt der Erwerber alle Unternehmen, die Trägerunternehmen der Unterstützungskasse sind, so bietet es sich an, auch die Unterstützungskasse mit zu übernehmen. Dies geschieht entweder automatisch, wenn die übernommenen Unternehmen bereits die Gesellschaftsanteile an der Unterstützungskasse halten oder durch eine eigenständige Übernahme, wenn noch Dritte Anteile halten. Sind die Unternehmen als Trägerunternehmen der Unterstützungskasse geführt und hängt der Fortbestand dieser Trägerschaft von keinen

Voraussetzungen ab, so ist zur Fortführung nichts weiter zu veranlassen. Handelt es sich bei der Unterstützungskasse um einen eingetragenen Verein, so ist in der Regel bei einer Übernahme sämtlicher Trägerunternehmen ebenfalls nichts zu veranlassen, da sowohl Zweck des Vereins als auch – in aller Regel – die Voraussetzungen der Vereinsmitgliedschaft durch die Veräußerung unberührt bleiben. Allenfalls sofern zB die Konzernmutter besondere Ernennungsrechte für Mitglieder des Vereins besitzt, ist eine Satzungsänderung erforderlich.

Werden nur einzelne Unternehmen übernommen, die dem Trägerkreis einer Konzern- 408
unterstützungskasse angehören, so ist eine weitere Abwicklung der Unterstützungskassenzusage über die Konzerneinrichtung des Verkäufers aus Sicht des Käufers in der Regel wenig sinnvoll und zumeist in der Satzung der Unterstützungskasse auch nicht vorgesehen. Die Unterstützungskasse ist nicht viel mehr als ein verlängerter Arm des Unternehmens. Sie verfügt – anders als die Pensionskasse oder der Pensionsfonds – in aller Regel (sofern sie nicht kongruent rückgedeckt ist oder im Wesentlichen einen Bestand von Rentnern im Bestand hat) infolge der geltenden steuerrechtlichen Beschränkungen des Betriebsausgabenabzugs für Arbeitgeberbeiträge an die Unterstützungskasse gemäß § 4d EStG über kein hinreichendes Vermögen zur finanziellen Abdeckung der Verpflichtungen aus dem *past service,* sondern weist vielmehr ein erhebliches ***funding*-Defizit** auf, für welches das Trägerunternehmen gegenüber den Versorgungsberechtigten infolge der Haftung gemäß § 1 Abs. 1 S. 3 BetrAVG und gegenüber der Unterstützungskasse gemäß § 670 BGB einzustehen hat. Oftmals besteht das Vermögen der Unterstützungskasse sogar nur aus Forderungen gegenüber den Trägerunternehmen in Form von Darlehensforderungen, welche die Unterstützungskasse dem Trägerunternehmen zu Zwecken der Refinanzierung gegeben hat. Eine Ausnahme gilt für kongruent rückgedeckte Unterstützungskassen, die im Wege von Rückdeckungsversicherungen ausfinanziert sind.

Scheidet ein Unternehmen als Träger einer Unterstützungskasse aus, so stellt sich die 409
Frage, was mit dem ungeachtet des vorstehenden funding-Defizits dennoch vorhandenen Deckungsvermögen passiert, welches dem Unternehmen zugeordnet ist. Eine Rückführung dieses Vermögens an das Unternehmen ist bei Konzernkassen in aller Regel bereits aus steuerlichen Gründen nicht möglich. Nach den strengen steuerlichen Vorgaben des § 6 Abs. 6 iVm § 5 Abs. 1 Nr. 3 KStG kann nämlich nur überdotiertes Vermögen an ein Trägerunternehmen zurück übertragen werden. Mit dem Ausscheiden eines Unternehmens als Trägerunternehmen setzt eine solche Überdotierung zwar im Hinblick auf das konkrete Unternehmen ein, steuerlich wird aber für die Bestimmung der Überdotierung auf das Verhältnis der Verpflichtungen sämtlicher Trägerunternehmen zum Gesamtvermögen der Kasse abgestellt,[541] so dass bei dieser Gesamtbetrachtung eine Überdotierung zumeist nicht oder nicht vollumfänglich eintritt. Zudem schließen die Satzungen von Unterstützungskassen regelmäßig ausdrücklich oder konkludent eine Rückübertragung von Vermögenswerten aus, wobei dieser Ausschluss auch gesetzliche Rückübertragungsansprüche aus Geschäftsbesorgung betrifft.[542] Als Lösung bietet es sich an, das auf das ausscheidende Unternehmen entfallende Vermögen der Unterstützungskasse auf eine andere Unterstützungskasse zu **übertragen,** die zukünftig die Durchführung der Zusage übernimmt. Selbst wenn die Satzung eine solche Übertragungsmöglichkeit nicht zulässt, besteht, anders als bei der Rückübertragung, hierauf ein Anspruch, da der Ausschluss dieser Möglichkeit eine unbillige Benachteiligung darstellt.[543] Vorsorglich sollte eine solche Übertragung aber zudem durch eine verbindliche Auskunft des Finanzamtes abgesichert werden. Das gleiche muss uE gelten, wenn das Vermögen für eine andere Form der Finanzierung der Versorgungszusagen verwandt wird (etwa eine Direktzusage mit CTA). Dabei ist allerdings Vorsicht geboten, da eine der Vermögensbindung des § 5 Abs. 1 Nr. 3c) KStG zuwiderlaufen-

541 BFH 18.8.2015 – I R 66/13, BFH/NV 2016, 67.
542 BAG 16.10.2018 – 3 AZR 402/16, NJOZ 2020, 135; 21.3.2017 – 3 AZR 619/15, NZA 2017, 990.
543 BAG 16.10.2018 – 3 AZR 402/16, NJOZ 2020, 135.

de Rückführung von Vermögen an den oder die Träger zum rückwirkenden Verlust der Körperschaftssteuerbefreiung führen kann.[544] UE liegt hierin allerdings ein bestimmungsgemäßer Gebrauch des Unterstützungskassenvermögens, da das Vermögen weiterhin zweckgebunden ist und den Versorgungsberechtigten unmittelbar und ausschließlich zugute kommt. Eine satzungswidrige Verwendung des Unterstützungskassenvermögens, welche die Gemeinnützigkeit konterkarieren könnte, liegt unseres Erachtens nicht vor. Gleichwohl empfiehlt sich hier – insbesondere vor dem Hintergrund der Entscheidung des BFH – die vorherige Einholung einer verbindlichen Auskunft.[545]

410 Scheidet ein Trägerunternehmen aus einer Konzernunterstützungskasse aus und ist eine Überführung der Deckungsmittel auf eine neue Unterstützungskasse oder ein CTA nicht möglich oder nicht gewünscht, hat der Erwerber darauf zu achten, sich kaufvertraglich gegen die wirtschaftlichen Nachteile aus dem Verbleib von Deckungsmitteln bei der Unterstützungskasse abzusichern. Dies kann zB durch einen Abzug des vollen Betrags der Pensionsverbindlichkeiten vom Kaufpreis erfolgen. Sollten zudem Darlehen der Unterstützungskasse an das veräußerte Unternehmen bestehen, müssten deren Befriedigung bei Ausscheiden aus der Unterstützungskasse zusätzlich berücksichtigt werden.

411 **Im Hinblick auf die Versorgungsberechtigten** besteht die einfachste Lösung darin, die Unterstützungskassenzusage zukünftig als Direktzusage **fortzuführen,** wenn das Unternehmen nicht als Trägerunternehmen der Unterstützungskasse verbleiben oder Trägerunternehmen einer neuen Unterstützungskasse werden will. Dieser Wechsel des Durchführungsweges ist, sofern er ohne nachteilige Änderungen des Leistungsplans durchgeführt wird, für die Versorgungsberechtigten lediglich rechtlich vorteilhaft. Denn einerseits erwerben sie erstmals einen Rechtsanspruch auf ihre Versorgung, andererseits entfällt auch der nach der Rechtsprechung des BAG bestehende Nachteil der erleichterten Abänderbarkeit von Unterstützungskassenzusagen.[546] Der formale Nachteil, dass durch die Umstellung ein Versorgungsschuldner entzogen wird, nämlich die Unterstützungskasse, fällt dagegen nicht ins Gewicht, da die Unterstützungskasse *de facto* von den Zuwendungen des Trägerunternehmens abhängig ist. Aufgrund dessen sind die Versorgungsberechtigten bei individualvertraglich erteilten Versorgungszusagen[547] aus ihrer arbeitsrechtlichen Treuepflicht heraus gegenüber dem Arbeitgeber zur Zustimmungserteilung verpflichtet.[548] Praktisch problematisch ist, dass in diesen Fällen der Arbeitgeber auf die Abgabe der Willenserklärung klagen müsste und die Willenserklärung gemäß § 894 ZPO erst als abgegeben gilt, wenn die Entscheidung rechtskräftig wird. Allerdings dürfte die Zustimmungserteilung in derartigen Fällen mit der Erwägung entbehrlich sein, dass ein gegen die Umstellung klagender Arbeitnehmer sich einer *dolo agit* Einrede ausgesetzt sähe, wenn der Versorgungsschuldner seinerseits einen Anspruch auf Zustimmungserteilung hat.[549] In Anbetracht der neueren Rechtsprechung des BAG zur Abänderbarkeit von Versorgungszusagen in der Form von allgemeinen Geschäftsbedingungen wird sich dieses Problem zukünftig ohnehin nur noch bei individuellen Einzelvereinbarungen stellen.

---

[544] BFH 14.11.2012 – I R 78/11, DB 2013, 552; *Höfer/Veit/Verhuven,* Band 2, Kap. 35 Rn. 59; vgl. auch FG Münster 4.7.2013 – 9 K 1013/11 K, BeckRS 2013, 96284.

[545] Ausführlich Schlewing/Henssler/Schipp/Schnitker/*Schnitker/Sittard* Teil 17 C Rn. 24ff.

[546] Hierzu → Rn. 114.

[547] Bei kollektivrechtlich begründeten Zusagen besteht ohnehin die Möglichkeit des Durchführungswegswechsels durch entsprechende Vereinbarungen mit dem Betriebsrat.

[548] *Goldbach/Obenberger* BetrAVG Rn. 167 („Der Mitarbeiter, bzw. der Versorgungsberechtigte […]" […] dürfen ihre Zustimmung […] nicht verweigern […]).

[549] Für eine stillschweigende Zustimmungserteilung Höfer/*Höfer/Küpper* BetrAVG Kap. 5 Rn. 18.

d) Sonderprobleme für den Veräußerer und Erwerber bei bestehendem CTA auf Veräußererseite

Komplexe Rechtsfragen können sich ebenfalls ergeben, wenn das erworbene Unternehmen als Treugeber Partei eines *Contractual Trust Arrangement* **(CTA)** ist.[550] 412

Unproblematisch ist allerdings zunächst der Fall, in dem es sich bei dem Treuhänder um einen professionellen Drittanbieter handelt, dessen Tätigkeit nicht auf ein Unternehmen oder einen bestimmten Konzernkreis beschränkt ist, und der daher keinen diesbezüglichen Restriktionen im Hinblick auf den zulässigen Kreis der Treugeber (zB nur konzernangehörige Unternehmen) unterliegt.

Es ist daher zunächst entsprechend der Situation bei externen Versorgungsträgern zu untersuchen, ob es sich um ein CTA mit einem solchen offenen Drittanbieter oder aber um ein **„Einzel-CTA"** handelt, bei dem der Treuhänder nur in Beziehung zu einem Treugeber steht, bzw. um ein **„Gruppen-CTA"**, bei dem der Treuhänder für mehrere Unternehmen innerhalb eines Konzernkreises tätig wird.

aa) Einzel-CTA. Ein Einzel-CTA, bei dem das verkaufte Unternehmen alleiniger Treugeber ist und der Treuhänder nur in Rechtsbeziehungen zu diesem Unternehmen steht, ist im Rahmen eines *share deals* weitgehend unproblematisch. Das Treuhandverhältnis besteht nach dem Anteilsverkauf unverändert fort. Interessen Dritter sind nicht betroffen. Es besteht somit keine Notwendigkeit, Änderungen an dem bestehenden CTA vorzunehmen. Untechnisch gesprochen werden die aus dem CTA erwachsenden Rechtsbeziehungen „mitverkauft". Das verkaufte Unternehmen hat somit auch nach dem Anteilsverkauf Zugriff auf die in dem CTA befindlichen *plan assets.* 413

bb) Gruppen-CTA. Ist das verkaufte Unternehmen Partei eines Gruppen-CTA, das für die Unternehmen eines bestimmten Konzernkreises errichtet wurde, kann es in der Regel nach dem Ausscheiden aus dem Konzernkreis nicht in diesem CTA verbleiben. Diese Fallgestaltung ist relativ häufig, da auf den **Konzernkreis** zugeschnittene CTAs jedenfalls bei größeren Konzernen die Regel sind. Sie ermöglichen nämlich den Anschluss zahlreicher Konzernunternehmen an einen Treuhänder, was der Verwaltungsvereinfachung dient und unterliegen infolge der Beschränkung auf den Konzernkreis nach § 2 Abs. 1 Nr. 7 KWG (infolge des Konzernprivilegs) nicht der Genehmigung durch die BaFin.[551] 414

(1) Ausscheiden aus dem CTA. Solche auf den Konzernkreis beschränkte Gruppen-CTAs sehen jedoch bei sachgerechter Ausgestaltung vor, dass das Unternehmen mit dem Ausscheiden aus dem Konzern aus dem CTA ausscheiden muss. Da in einem CTA vereinfacht gesprochen die Finanzmittel für die gesamte Altersversorgung des Konzerns *gepoolt* werden können, besteht in der Regel ein Interesse daran, keine Außenseiter zuzulassen. Dies gilt insbesondere dann, wenn die Kapitalanlage ebenfalls *gepoolt* erfolgt, da ein Einfluss und Einblick der Außenseiter (gar eines Konkurrenten) unerwünscht ist. Deshalb wird sich in der Satzung des Treuhandvereins bei sachgerechter Gestaltung eine Regelung finden, nach der der Verein für konzernfremde Unternehmen nicht als Treuhänder auftreten darf. Das CTA muss dann für dieses Unternehmen **beendet** werden. Geschieht dies nicht, wird eine Erlaubnispflicht nach §§ 32 Abs. 1 iVm 1 Abs. 1 S. 1 KWG begründet, weil die Voraussetzungen für die Anwendung des Konzernprivilegs (Beschränkung der Tätigkeit auf den Konzernkreis) nicht mehr vorliegen. 415

In der Praxis kommt es in Fällen dieser Art häufig zu einer „Übertragung des CTA" auf einem Nachfolgetreuhänder. Handelt es sich um einen kommerziell am Markt agierenden Treuhänder, hat dieser allerdings in der Regel ein eigenes Vertragswerk für die Gestaltung des CTA, so dass es sich nicht lediglich um die Auswechselung des Treuhänders sondern

[550] Zu den Grundlagen und Ausgestaltungen eines CTA s. die Ausführungen unter → Rn. 121 ff.
[551] Merkblatt der BaFin v. 20. 9. 2005, Stand Nov. 2005, abgedruckt in BetrAV 2005, 755.

vielmehr um eine Ablösung des CTA handelt. Die Vertragswerke der kommerziellen Anbieter weisen in ihrer Ausgestaltung oftmals Unterschiede und Besonderheiten auf, die aus Sicht des Treugebers aber auch aus Sicht der Versorgungsberechtigten (unter Gleichwertigkeitsaspekten) genau zu prüfen sind. Zu beachtende Aspekte sind zB evtl. vom Treuhänder vorbehaltene Hinterlegungsrechte oder aber die Regelung der PSV Thematik.

Bedeutung hat selbstverständlich bei der Entscheidung für einen kommerziellen Anbieter auch die Kompetenz in Sachen Kapitalanlage.

416 **(2) Zulässige Gestaltungen.** Im Idealfall wurde dieser Punkt bei der Gestaltung der **Treuhandvereinbarungen** bereits bedacht und ein Mechanismus vorgesehen, der eine adäquate Gestaltung zur Beendigung der bestehenden Treuhandabrede und Herauslösung des Treuhandvermögens vorsieht.[552] Dies ist bei älteren CTAs bisweilen nicht der Fall, da Probleme dieser Art bei der Gestaltung nicht bedacht worden sind, sondern nur darauf geachtet wurde, ein Vehikel für die Kapitalanlage oder Saldierung zu schaffen, das den bilanzrechtlichen Vorgaben gerecht wird. Die Möglichkeit einer solchen vorausschauenden Regelung ergibt sich bei der doppelseitigen Treuhand aus dem Umstand, dass die Vertragspartner (Treuhänder und Treugeber) bei der Begründung des Rechts des Begünstigten frei bestimmen können, ob und unter welchen Voraussetzungen bzw. in welchem Umfang dem Begünstigten das ihm zugewandte Recht wieder entzogen werden kann (§ 328 BGB). Sieht die Treuhandabrede eine solche Regelung nicht vor, so ist sie ergänzend **auszulegen,** ob gleichwohl ein solches Recht bestehen soll. Dabei ist es naturgemäß schwierig, die Voraussetzungen für die Beendigung des Sicherungsrechts und eine Auskehrung des Vermögens exakt zu bestimmen. Dies gilt insbesondere deshalb, weil es grds. infolge der bilanzrechtlichen Vorgaben dem Wesen eines CTA entspricht, dass das Sicherungsrecht dem Begünstigten gerade nicht einseitig und voraussetzungslos entzogen oder geschmälert werden kann.

417 Sieht das CTA entsprechende Regelungen vor, so versteht sich von selbst, dass die in der Treuhandabrede vorgesehenen Beendigungsmechanismen nicht im Widerspruch zu den bilanzrechtlichen Anforderungen für die Anerkennung des CTA stehen dürfen, wenn nicht die bilanzielle Anerkennung des CTA gefährdet werden soll. So ist eine Regelung, die ohne weitere Voraussetzungen einen einseitigen ersatzlosen Entzug des Sicherungsrechts vorsieht, anerkennungsschädlich. Zivilrechtlich wäre sie aber ohne weiteres wirksam (dazu → Rn. 418). In der Praxis finden sich oftmals Gestaltungen, nach denen das bestehende CTA beendet werden kann, wenn die Beendigung im Rahmen der Etablierung eines **gleichwertigen Sicherungsrechts** (etwa in Form eines neuen CTA) erfolgt. Solche Gestaltungen sind weder zivilrechtlich noch bilanzrechtlich zu beanstanden. In diesem Fall kann dann grundsätzlich auch eine Rückgewähr und Übertragung der eingebrachten *plan assets* erfolgen. Im Rahmen des Übertragungsvorgangs ist allerdings zu prüfen, ob das neue CTA tatsächlich rechtlich und wirtschaftlich gleichwertig ist und das Treuhandvermögen aus dem alten CTA entnommen werden darf.[553] Dabei richtet sich die Frage der Gleichwertigkeit vorrangig nach den konkretisierenden Bestimmungen des jeweiligen Treuhandvertrages. Fehlen derartige Regelungen, ist schwerpunktmäßig auf den Zweck des Gleichwertigkeitserfordernisses abzustellen. In jedem Fall wird man verlangen müssen, dass das neue CTA (ebenfalls) insolvenzfest ist. Ferner erfordert die Gleichwertigkeit soweit sie nicht näher konkretisiert ist, dass dem neuen CTA mindestens Vermögenswerte zugeführt werden, die der Höhe nach dem Treuhandvermögen im bisherigen CTA entsprechen. Fraglich ist, wie Unterschiede in der Ausgestaltung des Sicherungsrechts zu bewerten sind, so zB bei der Frage der Rangfolge. Hier stellt sich insbes. die Frage, ob die Gleichwertig-

---

[552] Die Herauslösung der dem verkauften Unternehmen zuzuordnenden *plan assets* aus dem bestehenden CTA ist insbesondere dann erforderlich, wenn die Versorgungsverbindlichkeiten mittels eines neuen CTA gesichert werden sollen.

[553] Vgl. *Wonnenberg/Birkel* DB 2013, 2858 (2861).

keit des neuen CTA individuell oder kollektiv zu prüfen ist. Unseres Erachtens sprechen gute Gründe dafür, sich wertungsmäßig an dem Gedanken des kollektiven Günstigkeitsvergleichs zu orientieren, denn es handelt sich ersichtlich um eine kollektive Gestaltung, wenn ein Treuhandvermögen ohne individuelle Segmentierung des Treuhandvermögens für eine Vielzahl von Versorgungsberechtigten etabliert wurde.[554] Es muss daher ausreichen, wenn das neue CTA bei einer kollektiven Betrachtung eine gleichwertige Sicherung darstellt. Veränderungen für individuelle Versorgungsberechtigte stehen der Gleichwertigkeit dann nicht entgegen.

Ob die in der Treuhandvereinbarung vorgesehene Lösung zur Beendigung des CTA 418 und zum Entzug des Treuhandvermögens im **Einklang mit den IAS-Vorschriften** für die Anerkennung von *plan assets* steht, ist für die **zivilrechtliche Wirksamkeit** der Regelung im Verhältnis zu den Versorgungsberechtigten **unerheblich.** Da im Rahmen eines CTA, das auf der Treuhandlösung basiert, bei der Ausgestaltung der Treuhandvereinbarung und damit des Sicherungsrechts Vertragsfreiheit besteht, sind alle in der Treuhandvereinbarung vorgesehenen Beendigungsmöglichkeiten und Vorkehrungen zum Vermögensentzug zivilrechtlich als wirksam und zulässig anzuerkennen. Eine danach im Einklang mit der Treuhandvereinbarung stehende Vorgehensweise kann nämlich bereits deshalb keine unzulässige Beeinträchtigung der gesicherten Versorgungsberechtigten beinhalten, weil den Versorgungsberechtigten niemals eine andere (sicherere) Rechtsposition zugesagt worden ist, als die in der Treuhandvereinbarung gewählte Ausgestaltung (mitsamt der dort vorgesehenen Möglichkeiten zur Beendigung des Sicherungsrechts). Insbesondere besteht – anders als beim Pfandrechtsmodell – nicht das Problem des Verstoßes der Regelungen gegen zwingende sachenrechtliche Prinzipien (was die Nichtigkeit der Regelung zur Folge hätte). Enthält das CTA (im Treuhandmodell) daher im Extremfall (nach IAS anerkennungsschädliche) Regelungen, die einen ersatzlosen Entzug von Treuhandvermögen vorsehen, so sind diese Regelungen zivilrechtlich gegenüber den Versorgungsberechtigten ohne weiteres wirksam. Ihnen wurde niemals ein weitergehendes Recht eingeräumt, das verletzt werden könnte. Der Umstand, dass ein ersatzloser Entzug von Treuhandvermögen nicht im Einklang mit den IAS-Vorgaben an *plan assets* steht, ist für diese Frage ohne Bedeutung. Die fehlende Erfüllung der IAS-Vorgaben führt lediglich dazu, dass der Wirtschaftsprüfer dem CTA die Anerkennung nach IAS hätte versagen müssen (bzw. in Zukunft versagen kann, soweit er den Punkt bislang übersehen hat).

Der Umstand, dass die in der Treuhandabrede getroffenen Regelungen prinzipiell anzu- 419 erkennen sind, führt nicht dazu, dass die Beendigung der Treuhandabrede und der mit ihr verbundenen Sicherungsrechte unproblematisch ist. Vielmehr ist in jedem Einzelfall eine genaue insbesondere auch zivilrechtliche Prüfung der danach notwendigen und rechtlich zulässigen Schritte erforderlich, die von der Gestaltung der Treuhandkonstruktion im Einzelfall abhängt. Insoweit verbietet sich jede pauschalisierende Betrachtung. Dies gilt insbesondere für CTAs nach dem alten Pfandrechtsmodell.[555] Hier ist zum Beispiel darauf zu achten, ob der Rückübertragungsanspruch des Treugebers im Hinblick auf die *plan assets* verpfändet wurde oder aber die *plan assets* selbst. Ferner empfiehlt sich eine genaue Prüfung, ob die Verpfändung überhaupt wirksam ist. Pfandrechtsbestellungen, die aus Praktikabilitätsgründen über Vertreter ohne Vertretungsmacht vorgenommen worden sind, können nämlich mangels Genehmigung durch die Vertretenen noch **schwebend unwirksam sein.** Handelt es sich um wirksam bestellte Pfandrechte stellt sich die Frage, wie das Pfandrecht im Rahmen der erforderlichen Neugestaltung überhaupt zum Erlöschen gebracht werden kann. Besonders virulent ist die Frage, wenn, wie im Fall des *share deals,* kein Fall des § 418 BGB vorliegt. Zu beachten ist in diesem Zusammenhang auch, dass eine ggf. vorbehaltene Kündigung der Treuhandvereinbarung nicht automatisch gleichzusetzen ist mit einem Wegfall des in Umsetzung der Treuhandvereinbarung begründeten

[554] Vgl. ausführlich Schlewing/Henssler/Schipp/Schnitker/*Schnitker/Sittard* Teil 17 C Rn. 104.
[555] Vgl. ausführlich Schlewing/Henssler/Schipp/Schnitker/*Schnitker/Sittard* Teil 17 C Rn. 115 ff.

Pfandrechts. Allerdings spricht vieles dafür, dass das Pfandrecht im Fall der wirksamen Kündigung der Treuhandvereinbarung kondizierbar ist.

420 Sieht das CTA keine Möglichkeit zur Beendigung des Sicherungsrechts im Wege einer einseitigen Gestaltung vor, so muss im schlimmsten Fall die bestehende Konstruktion aufrecht erhalten werden oder aber die Zustimmung der Versorgungsberechtigten eingeholt werden. Hieran zeigt sich, dass bei der Etablierung eines CTA eine sehr vorausschauende Planung erforderlich ist, die weit über die bloße Erfüllung der bilanzrechtlichen Grundvoraussetzungen hinausgeht.

420a **(3) Exkurs: Rückführung von CTA-Planvermögen ohne Beteiligung der Versorgungsberechtigten.** Vereinzelt wurden in neuerer Zeit Fälle bekannt, in denen im Rahmen von Unternehmenssanierungen Planvermögen von CTAs in Form der doppelseitigen Treuhand an das Unternehmen mit Zustimmung des Betriebsrates zurückgeführt wurde, obwohl eine solche Beendigung im ursprünglichen Treuhandvertrag nicht vorgesehen war. Begründet wurde die Zulässigkeit dieser Gestaltung insbesondere damit, dass das den Versorgungsberechtigten nach § 328 BGB zustehende Sicherungsrecht eine allgemeine Geschäftsbedingung darstelle und entsprechend der Rechtsprechung zur Betriebsvereinbarungsoffenheit von AGB-mäßigen Individualvereinbarungen durch Betriebsvereinbarung modifiziert oder aufgehoben werden könne. Infolge dieser Aufhebung des Sicherungsrechts sei der Treuhänder nicht mehr gegenüber den Versorgungsberechtigten gebunden und könne daher, ohne gegen seine Pflichten gegenüber den Sicherungsberechtigten zu verstoßen, das Treuhandvermögen an den Treugeber zurückführen. Hiergegen bestehen, sofern die Möglichkeit der Aufhebung des Sicherungsrechts durch eine Betriebsvereinbarung nicht von vornherein in der Treuhandvereinbarung angelegt war, erhebliche juristische Bedenken, deren Bedeutung in jedem Einzelfall sorgsam überprüft werden muss.

420b Typischerweise enthalten CTA-Treuhandverträge keinen ausdrücklichen, kollektivrechtlichen Änderungsvorbehalt. Daher bedarf es einer konkludenten Öffnung für kollektivrechtliche Regelungen, die zu einer nachträglichen anderweitigen Ausgestaltung des Sicherungsrechtes der Versorgungsberechtigten führen könnte.

Die zur Begründung eines solchen Vorbehalts der Kollektivablösung zur Aufhebung des Sicherungsrechtes herangezogene Rechtsprechung zur Ablösung betriebsvereinbarungsoffener Zusagen ist aber nicht ohne nähere Begründung übertragbar.

Problematisch ist zunächst, dass es sich bei dem Sicherungsrecht nicht um eine allgemeine Geschäftsbedingung handelt, sondern um einen individuell zwischen dem Arbeitgeber und dem CTA-Treuhänder ausgehandelten Vertrag, in dessen Rahmen die Parteien die Ausgestaltung und spätere Abänderbarkeit des Sicherungsrechtes regeln konnten. Für die Übertragbarkeit der Wertungen der Rechtsprechung des BAG spricht aber gleichwohl, dass das Sicherungsrecht im Ergebnis kollektiv einheitlich für eine Vielzahl an Arbeitnehmern gewährt wird und auch in den vom BAG entschiedenen Fällen dem Arbeitgeber die Aufnahme ausdrücklicher Änderungsvorbehalte möglich gewesen wäre. Das Fehlen solcher Vorbehalte steht der Anwendbarkeit der Rechtsprechungsgrundsätze des BAG daher nicht zwingend entgegen. Sieht man den Anker der Rechtsprechung des BAG in der kollektiven Natur des gewährten Rechts und nicht in dem technischen AGB-Charakter, dann befindet man sich auf einer Wertungsebene mit dem BAG, die die Übertragbarkeit der Grundsätze rechtfertigen kann.

Problematisch ist ferner, dass es sich bei dem Sicherungsrecht nicht um ein Recht aus dem Arbeitsverhältnis handelt. Die vom BAG insoweit entschiedenen Fälle, in denen eine unmittelbare Änderung durch Betriebsvereinbarung für zulässig und wirksam erachtet wurde, bezogen sich stets auf Rechte aus dem Arbeitsverhältnis zwischen dem Arbeitgeber und dem Versorgungsberechtigten. Bei der Sicherungsabrede handelt es sich jedoch um ein Recht im Verhältnis des Versorgungsberechtigten zum Treuhänder, der nicht Partei des Arbeitsverhältnisses ist. Es stellt sich somit die Frage, ob eine außerhalb des Arbeitsvertrags stehende Rechtsbeziehung überhaupt wirksam durch eine Vereinbarung zwischen den Betriebspartnern modifiziert oder abgelöst werden kann. Betriebsvereinbarungen entfalten nämlich nur unmittelbare und zwingende Wirkung zwischen den Parteien des Arbeitsvertrags, nicht jedoch im Hinblick auf Dritte.[556] Daher kann die Betriebsvereinbarung allein nicht unmittelbar das Sicherungsrecht im Verhältnis zum Treuhänder aufheben.

Auch ein kollektiver Verzicht der Versorgungsberechtigten auf das Sicherungsrecht (insoweit vertreten durch den Betriebsrat) ist nicht unproblematisch, denn der Verzicht wäre zwar als einseitige Willenserklärung gegenüber dem Treuhänder und Treugeber wirksam. Der Betriebsrat ist aber kein Stellvertreter der Versorgungsberechtigten.

In Betracht käme dann noch eine Ermächtigung des Arbeitgebers (Treugebers) durch Betriebsvereinbarung, das Sicherungsrecht durch Vereinbarung mit dem Treuhänder aufzuheben. Zwar handelt es sich nach dem oben Gesagten nicht um ein Recht aus dem Arbeitsverhältnis, so dass fraglich ist, ob der Betriebsrat über dieses Recht disponieren kann. Es handelt sich aber um ein Recht, das aus Anlass des Arbeitsverhältnisses begründet wurde und daher auch nicht ausschließlich der privaten Sphäre zuzurechnen ist. Letztlich ist dies eine Wertungsentscheidung.

Weitere Unsicherheiten bestehen aber auch in diesem Fall bei der Frage, ob der Betriebsrat im Hinblick auf bereits ausgeschiedene Arbeitnehmer und Versorgungsempfänger legitimiert ist.[557] Hierfür sprechen allerdings gerade im Bereich der betrieblichen Altersversorgung erhebliche Gründe.

Erheblich einfacher dürfte die Begründung der Abänderbarkeit durch Betriebsvereinbarung werden, wenn der Betriebsrat bereits in die Ausgestaltung des Treuhandvertrags und der Sicherungsabrede involviert war, in diesem Falle dürfte argumentierbar sein, dass die Arbeitnehmer mit einer Änderung der Vereinbarung durch Betriebsvereinbarung gegebenenfalls rechnen musste.

Sofern zur Begründung der Zulässigkeit einer Aufhebung des Treuhandvertrags und Rückführung des Treuhandvermögens an den Treugeber angeführt wird, dass jedenfalls dem PSV-gesicherten Arbeitnehmer hierdurch kein Nachteil entstehe und eine Geltendmachung der Aufrechterhaltung der Sicherung daher rechtsmissbräuchlich wäre, ist dem entgegen zu halten, dass das Sicherungsrecht bereits vor diesem Hintergrund begründet wurde. Wenn aber bewusst ein Recht eingeräumt wurde, ohne dass hierauf ein Anspruch bestand, kann ein Beharren des Berechtigten auf einen Fortbestand des Rechts bei unveränderter Sachlage nicht rechtsmissbräuchlich sein.

Eine nicht von vornherein im Treuhandvertrag vorgesehene Änderung des Sicherungsrechtes ohne Einholung der individuellen Zustimmung des Versorgungsberechtigten sollte daher nur mit allergrößter Vorsicht und wenn überhaupt in absoluten Notfällen erfolgen.

Zwischenzeitlich hat sich auch das IDW zu dieser Thematik geäußert. Nach Auffassung **420c** des IDW ist zwischen mehreren Fällen zu unterscheiden. Soweit nach dem Treuhandvertrag eine Rückführung des Treuhandvermögens einseitig durch den Treugeber verlangt werden kann, ist niemals Planvermögen begründet worden und führt demgemäß zur Korrektur der Bilanzen in der Vergangenheit. War hingegen laut dem Treuhandvertrag die Sicherungstreuhandvereinbarung nur mit Zustimmung der Versorgungsberechtigten oder der Zustimmung des Treuhänders aufhebbar, soll im Falle einer Beendigung der Sicherungstreuhand und Rückführung des Treuhandvermögens die Qualifikation als Planvermögen erst *ex nunc* entfallen. Letztere Auffassung beruht indes auf der Annahme, dass die Zustimmung wirksam erteilt wurde. Welche Konsequenzen eine wegen nicht ordnungsgemäßer Zustimmung unwirksame Rückübertragung von Planvermögen auf den Treugeber hat, hat das IDW offen gelassen.

[556] ErfK/*Kania* BetrVG § 77 Rn. 32f.
[557] ErfK/*Kania* BetrVG § 77 Rn. 34.

e) Sonderprobleme bei Konzernbetriebsvereinbarungen

421 Ausnahmsweise kann ein *share deal* Auswirkungen auf den Bestand der Altersversorgung haben, wenn die Rechtsgrundlage der Versorgungszusage eine Konzernbetriebsvereinbarung ist. Mit dem Wegfall der Konzernzugehörigkeit stellt sich die Frage nach der **Fortgeltung** dieser Konzernbetriebsvereinbarung (vgl. hierzu → E Rn. 91). In aller Regel wird man hier zu dem Ergebnis einer kollektivrechtlichen Fortgeltung als Gesamtbetriebsvereinbarung oder lokale Betriebsvereinbarung kommen, da das übertragene Unternehmen beim *share deal* in seinen betrieblichen Strukturen unberührt bleibt und daher die Grundlagen einer kollektivrechtlichen Fortgeltung gegeben sind.[558] Kommt man im Rahmen der Prüfung dieser Frage ausnahmsweise zu dem Ergebnis, dass die Konzernbetriebsvereinbarung nicht kollektivrechtlich fortgilt (etwa weil die betrieblichen Strukturen unmittelbar zerschlagen werden), so erlischt die Versorgungszusage gleichwohl nicht ersatzlos. Es stellt sich aber die Frage nach der Rechtsgrundlage der Versorgungszusage. § 613a BGB ist unmittelbar unanwendbar, da der *share deal* keinen Fall des Betriebsübergangs darstellt. Nach zutreffender Auffassung ist diese Frage über eine analoge Anwendung des § 613a Abs. 1 S. 2 BGB zu lösen, so dass von einer Transformation auszugehen ist, die dann den Ablösungsmechanismen des § 613a Abs. 1 BGB unterliegen. Kommt es unmittelbar infolge des Verlusts der betrieblichen Identität zu einer Kollisionslage mit Betriebsvereinbarungen des Erwerbers, so ist für eine Transformation analog § 613a Abs. 1 S. 2 BGB kein Raum. Die Rechtsfolgen richten sich dann unmittelbar nach den Ablösungsregeln (→ Rn. 470 ff.).

422 Auch im Fall der Beibehaltung der betrieblichen Identität und grds. kollektivrechtlichen Fortgeltung können sich Probleme ergeben, wenn die Altersversorgung im Konzern des Erwerbers durch eine Konzernbetriebsvereinbarung geregelt ist, die nach ihrem Geltungsbereich das neu aufgenommene Unternehmen erfasst und somit zu einer Kollisionslage führt. Ob das erworbene Unternehmen allerdings in den Geltungsbereich der Konzernbetriebsvereinbarung fällt, ist fraglich und im Einzelfall sorgfältig zu prüfen. Voraussetzung ist jedenfalls ein entsprechender Regelungswille der Betriebsparteien, neu aufgenommene Rechtsträger überhaupt automatisch zu erfassen. Ein solcher Regelungswille kann ohne besondere Anhaltspunkte – selbst bei Inbezugnahme aller „Unternehmen des Konzerns" – nicht ohne weiteres unterstellt werden. Zudem ist zu prüfen, ob der Konzernbetriebsrat des Erwerberkonzerns überhaupt für den Abschluss einer solchen Regelung zuständig war bzw. wäre.[559]

Kommt es zu einer Ablösung durch die Konzernbetriebsvereinbarung des Erwerberkonzerns, so darf hierdurch nicht in bereits erdiente Anwartschaften eingriffen werden. Es kommt dann zu einer Besitzstandswahrung entsprechend den nachfolgend für den *asset deal* dargestellten Regelungen (vgl. hierzu auch die Ausführungen unter → Rn. 470 ff.).

VI. Die betriebliche Altersversorgung im Betriebsübergang *(asset deal)*

1. Grundlagen

423 Erwirbt ein Käufer im Rahmen einer Unternehmenstransaktion nicht die Anteile an einer Gesellschaft *(share deal)* sondern deren **Einzelwirtschaftsgüter,** so spricht man von einem *asset deal.* Es findet hier kein Gesellschafterwechsel, sondern eine Übertragung der im Kaufvertrag bezeichneten Wirtschaftsgüter statt (→ B Rn. 59 ff.).

Stellt die Gesamtheit der übertragenen Wirtschaftsgüter einen Betrieb oder einen Betriebsteil dar und bleibt dessen Identität auch nach der Übertragung gewahrt, so kommt es

[558] BAG 18.9.2002 – 1 ABR 54/01, NZA 2003, 670; HWK/*Gaul* BetrVG § 77 Rn. 84.

[559] Vgl. hierzu Schlewing/Henssler/Schipp/Schnitker/*Schnitker/Sittard* Teil 17 C Rn. 62; s. auch *Reichel/Schmandt* C Rn. 111.

zu einem **Betriebs(teil)übergang** nach § 613a BGB. Hinsichtlich der Detailfragen wird auf die Ausführungen in Teil G verwiesen.

Als Folge des Betriebsübergangs tritt der Erwerber gemäß § 613a Abs. 1 S. 1 BGB in alle Rechte und Pflichten aus den Arbeitsverhältnissen derjenigen Arbeitnehmer ein, die dem übernommenen Betrieb oder Betriebsteil im Zeitpunkt des Stichtags für den Betriebsübergang nach dem Schwerpunkt ihrer Tätigkeit zuzuordnen sind. Dies gilt auch für etwaig bestehende Verpflichtungen gegenüber diesen Mitarbeitern aus der betrieblichen Altersversorgung. Diese Verpflichtungen sind oftmals von erheblicher **finanzieller Tragweite,** so dass deren Schicksal über das Zustandekommen oder Scheitern der Transaktion entscheiden kann. Zudem kann der Betriebsübergang zu einer **Ablösung oder Umgestaltung der bestehenden betrieblichen Altersversorgung** führen. Der Bestimmung der Folgen des Betriebs(teil)übergangs für die betriebliche Altersversorgung kommt somit unter diversen Gesichtspunkten eine ganz erhebliche Bedeutung zu. 424

Ebenfalls zu beachten ist die **Unterrichtungspflicht** gemäß § 613a Abs. 5 BGB. Danach haben der abgebende und/oder der aufnehmende Arbeitgeber die vom Betriebsübergang erfassten Arbeitnehmer ua über die rechtlichen, wirtschaftlichen und sozialen Folgen des Betriebsübergangs zu informieren. Von dieser Informationspflicht werden auch die Auswirkungen auf eine bestehende betriebliche Altersversorgung erfasst. Nicht geschuldet ist nach § 613a Abs. 5 BGB eine Auskunft über die Höhe der erworbenen Anwartschaft, da diese Anwartschaften nicht Folge des Betriebsübergangs sind. Der Auskunftsanspruch gemäß § 4a BetrAVG richtet sich nach Vollzug des Betriebsübergangs gegen den Erwerber. Ausnahmsweise kann ein Auskunftsanspruch gegen den Veräußerer in Betracht kommen, wenn die Auskunft dem Veräußerer ohne Schwierigkeiten möglich ist und ein Anspruch gegen den Erwerber ausgeschlossen ist.[560] 425

Die Vorschrift des **§ 613a BGB** ist auch auf Betriebsveräußerungen nach Eröffnung eines **Insolvenzverfahrens** anwendbar. Allerdings gelten nach bislang ganz herrschender Auffassung in der Insolvenz für die betriebliche Altersversorgung einige **Besonderheiten.** Nach § 7 Abs. 1 BetrAVG stellt die Eröffnung eines Insolvenzverfahrens einen Sicherungsfall mit der Folge einer Eintrittspflicht des PSV dar. Dies kollidiert mit dem Eintritt des Erwerbers in die bestehenden Verpflichtungen gegenüber den übernommenen Mitarbeitern gemäß § 613a Abs. 1 S. 1 BGB. Das BAG löst diese Kollision im Wege einer **Haftungsbeschränkung des Erwerbers.** Ein Betriebserwerb nach Eröffnung des Insolvenzverfahrens bedeutet für den Erwerber damit eine spürbare Entlastung, da er nur für die nach „Insolvenzeröffnung" entstandenen Versorgungszuwächse einzustehen hat.[561] Er schuldet daher im Versorgungsfall nicht die volle Betriebsrente, sondern nur den nach Insolvenzeröffnung erdienten Anteil. Für die vor Insolvenzeröffnung erdienten Anteile steht der PSV ein, sofern die Anwartschaft bei Insolvenzeröffnung bereits unverfallbar war. War die Anwartschaft zu diesem Zeitpunkt noch nicht unverfallbar, so kann die Anwartschaft nur im Insolvenzverfahren geltend gemacht werden. Allerdings hat das BAG diese Ansicht dem EuGH in zwei Vorlagebeschlüssen zur Prüfung der Vereinbarkeit mit europäischem Recht vorgelegt.[562] Im Einzelnen geht es um die Frage, ob der EuGH die bisherige Lösung des BAG bestätigt oder der Erwerber entgegen der bisherigen Ansicht in die Verpflichtungen aus dem *past service* einzutreten hat oder der PSV in größerem Umfang als bislang, insbesondere bei Zusagen mit dynamischen Bemessungsfaktoren, haftet[563] (→ Rn. 541). 426

Die Regelungen des § 613a BGB erlangen zudem auch bei **übertragenden Umwandlungen** Bedeutung, so etwa bei einer Verschmelzung gemäß § 20 Abs. 1 Nr. 1 427

560 Vgl. hierzu BAG 22.5.2007 – 3 AZR 357/06, NZA 2007, 1285.

561 BAG 19.5.2005 – 3 AZR 649/03, NZA-RR 2006, 373; 11.10.1995 – 10 AZR 984/94, NZA 1996, 432; missverständlich BAG 11.2.1992 – 3 AZR 117/91, NZA 1993, 20; ErfK/*Steinmeyer* BetrAVG § 7 Rn. 31; HWK/*Müller-Bonanni* BGB § 613a Rn. 366; ferner → G Rn. 126.

562 BAG 16.10.2018 – 3 AZR 139/17 (A), BeckRS 2018, 34982; BAG 16.10.2018 – 3 AZR 878/16 (A), BeckRS 2018, 26879.

563 Vgl. hierzu eingehend *Polloczek/Rein* NZI 2019, 65.

UmwG, Spaltung gemäß § 126 UmwG oder Vermögensübertragung gemäß § 174 Abs. 1 UmwG. § 324 UmwG bestimmt insoweit, dass § 613a Abs. 1, 4–6 BGB von den Wirkungen der Eintragung einer Verschmelzung, Spaltung oder Vermögensübertragung unberührt bleibt. Im Ergebnis bedeutet diese etwas kryptische Formulierung, dass die Voraussetzungen des § 613a BGB zu prüfen sind und die Rechtsfolgen des § 613a BGB zur Anwendung gelangen, wenn die tatbestandlichen Voraussetzungen des Betriebsübergangs erfüllt sind. Der Anwendbarkeit des § 613a BGB steht nicht entgegen, dass der unmittelbare Rechtsübergang bei der Umwandlung nicht kraft Rechtsgeschäfts im Wege der Singularsukzession eintritt, sondern kraft Gesetzes als Gesamtrechtsnachfolge mit Eintragung der Umwandlung in das Handelsregister.[564] Die Gesamtrechtsnachfolge ist im Fall der Umwandlung rechtsgeschäftlich veranlasst, da sie ihren Ursprung in dem Umwandlungsvertrag bzw. -plan hat. Das Kriterium „kraft Rechtsgeschäft" ist daher stets erfüllt. Die Prüfung des § 613a BGB beschränkt sich somit in diesen Fällen vereinfacht dargestellt darauf, ob die im Rahmen der Umwandlung übertragenen Gegenstände des Aktiv- und Passivvermögens einen Betrieb oder Betriebsteil darstellen, der in seiner Identität nach dem Übergang erhalten bleibt. Danach wird in aller Regel ein Betriebsübergang oder aber zumindest ein Betriebsteilübergang anzunehmen sein, da in der Praxis kaum kleinere Einheiten mit den Mitteln des Umwandlungsgesetzes übertragen werden.

2. Rechtsfolgen für betriebliche Versorgungsverpflichtungen

a) Übernahme der Versorgungsverpflichtungen gegenüber aktiven Mitarbeitern

428 **Beispiel J 1:**

Die A-GmbH veräußert sämtliche Vermögensgegenstände ihres Betriebes in Köln an die B-GmbH. In dem Betrieb sind 480 Mitarbeiter beschäftigt. Die Mitarbeiter haben eine Versorgungszusage in Form der Direktzusage erhalten. Des Weiteren hat die A-GmbH über 750 Rentner und 150 Mitarbeiter, die mit einer unverfallbaren Anwartschaft ausgeschieden sind.

Gemäß § 613a Abs. 1 S. 1 BGB gehen die Rechte und Pflichten aus den Arbeitsverhältnissen aller zum Stichtag des Übergangs in dem Betrieb oder Betriebsteil beschäftigten (480) Arbeitnehmer auf den Erwerber, die B-GmbH, über. Davon umfasst wird auch die vom Veräußerer erteilte Zusage auf Gewährung einer Altersversorgung, so dass der Betriebserwerber gegenüber den übernommenen Mitarbeitern verpflichtet ist, die zugesagte Altersversorgung zu gewähren.[565] Dies bedeutet zum einen, dass die B-GmbH auch für den Teil der Versorgungsanwartschaften aufzukommen hat, die während der Tätigkeitszeit bei dem alten Betriebsinhaber erdient worden sind *(past service)*. Zum anderen folgt aus dem Übergang der Verpflichtung aus der Grundzusage, dass die übergegangenen Arbeitnehmer in der Zeit nach dem Betriebsübergang weitere Anwartschaften aus der Zusage erwerben können *(future service)*. Der Betriebserwerber tritt somit als neuer Arbeitgeber und damit als neuer Schuldner in die Verpflichtungen aus allen in der Vergangenheit bereits erworbenen und in der Zukunft noch zu erwerbenden Anwartschaften aus der Versorgungszusage gegenüber den auf ihn übergehenden Mitarbeitern ein. Im Gegenzug wird der frühere Betriebsinhaber von diesen Verpflichtungen im Außenverhältnis gegenüber dem Arbeitnehmer frei. Die vorübergehende Mithaftung des Veräußerers gemäß § 613a Abs. 2 BGB ist in der Regel wirtschaftlich zu vernachlässigen. Sie gilt für Ansprüche aktiver Arbeitnehmer, die auf den Käufer übergehen und binnen eines Jahres nach dem Über-

---

[564] Dabei handelt es sich entweder (im Falle der Verschmelzung) um eine ungeteilte Gesamtrechtsnachfolge (Universalsukzession) oder (im Falle der Aufspaltung, Abspaltung oder Ausgliederung) um eine partielle Gesamtrechtsnachfolge.

[565] S. nur BAG 12.5.1992 – 3 AZR 247/91, NZA 1992, 1080; 23.7.1991 – 3 AZR 366/90, NZA 1992, 217; 24.3.1977 – 3 AZR 649/76, DB 1977, 1466.

gang in den Ruhestand treten, wobei die Haftung auf die in diesem Jahr fällig werdenden Zahlungen beschränkt ist.[566]

Diese vorstehenden Aussagen gelten für **alle Gestaltungsformen** der betrieblichen Altersversorgung, dh auch für externe Durchführungswege (Pensionskasse, Direktversicherung, Pensionsfonds). Die Grundverpflichtung mitsamt der damit einhergehenden Ausfallhaftung nach § 1 Abs. 1 S. 3 BetrAVG geht stets gemäß § 613a Abs. 1 BGB auf den Erwerber über. Dies gilt auch dann, wenn im Falle einer Betriebsteilveräußerung die übertragene (Teil-)Einheit den Geltungsbereich eines Versorgungssystems verlässt. Der Erwerber muss den übernommenen Arbeitnehmern aus dem Grundverhältnis im Versorgungsfall diejenigen Leistungen verschaffen, die er bei einem Verbleib bei dem ursprünglichen Arbeitgeber entsprechend den ursprünglich vereinbarten Bedingungen erhalten hätte.[567] Dieser Versorgungsverschaffungsanspruch wird erst mit Eintritt des Versorgungsfalls fällig, so dass er vorher weder verjähren noch verwirken kann.[568] Nicht vom automatischen Übergang gemäß § 613a BGB erfasst werden im Fall der mittelbaren Durchführungswege die Rechtsbeziehungen zwischen dem externen Versorgungsträger und dem Veräußerer. Diese Rechtsbeziehungen müssen außerhalb des § 613a BGB neu geordnet bzw. soweit erforderlich oder gewünscht auf den Erwerber übertragen oder vom Erwerber selbständig neu begründet werden. 429

Für den im Rahmen des Betriebsübergangs erfolgenden Schuldnerwechsel kommt es nicht auf eine Zustimmung des Versorgungsberechtigten gemäß § 4 BetrAVG an.[569] Auch eine Zustimmung des PSV ist nicht erforderlich. Auch ein isoliertes Vetorecht gegen den Übergang der Versorgungsverpflichtungen besteht nicht. Der Arbeitnehmer kann allenfalls dem Übergang seines Arbeitsverhältnisses im Ganzen gemäß § 613a Abs. 6 BGB widersprechen. Vorstehendes gilt auch dann, wenn der Erwerber über eine deutlich geringere Haftungsmasse verfügt und daher aus der Sicht der Versorgungsempfänger der unattraktivere Schuldner ist. Eine Bonitätsprüfung findet nicht statt und kann von den Gerichten auch nicht geleistet werden. Die gesetzgeberische Entscheidung ist eindeutig. Der Schutz der Versorgungsberechtigten ist jedenfalls über die Einstandspflicht des PSV im Fall der Zahlungsunfähigkeit des Erwerbers gewährt. Diese Einstandspflicht besteht in demselben Umfang, in dem sie vor dem Betriebsübergang bestanden hat, auch nach dem Übergang fort. Der Betriebsübergang führt insbesondere nicht zu einem erneuten Beginn der gesetzlichen oder vertraglich vereinbarten Unverfallbarkeitsfristen. Der insoweit bereits erworbene Status wird gewahrt. Eine bereits unverfallbare Anwartschaft bleibt unverfallbar; bereits für die Unverfallbarkeitsfrist maßgebliche Betriebszugehörigkeitszeiten werden voll anerkannt.[570] 430

aa) Kein Übergang von Verpflichtungen gegenüber ausgeschiedenen Mitarbeitern und Rentnern. Die Versorgungsansprüche **früherer Arbeitnehmer,** die das Unternehmen vor dem Stichtag des Betriebsübergangs unter Aufrechterhaltung unverfallbarer Anwartschaften verlassen haben oder zu diesem Zeitpunkt bereits Versorgungsleistungen beziehen, bleiben vom Betriebsübergang unberührt.[571] Verpflichtungen gegenüber diesen Personen gehen daher nicht kraft Gesetzes gemäß § 613a BGB auf den Erwerber über, sondern verbleiben bei dem Veräußerer. Hat der Veräußerer seinen gesamten operativen Geschäftsbetrieb veräußert, so entsteht nach der Veräußerung eine sog. „Rentnergesellschaft“, dh eine Gesellschaft, die keine operative Tätigkeit mehr entfaltet und lediglich die 431

566 Im Fall eines Betriebsübergangs, der durch eine umwandlungsrechtliche Spaltung ausgelöst wird, besteht allerdings eine gesamtschuldnerische Mithaftung gemäß § 133 Abs. 2 UmwG für die Dauer von zehn Jahren; → Rn. 493.
567 BAG 18.9.2001 – 3 AZR 689/00, NZA 2002, 1391; 5.10.1993 – 3 AZR 586/92, NZA 1994, 848.
568 BAG 18.9.2001 – 3 AZR 689/00, NZA 2002, 1391.
569 MüKoBGB/*Müller-Glöge* § 613a Rn. 77.
570 *Langohr-Plato* BetrAVG Rn. 1711; *Rolfs* BetrAV 2008, 468.
571 Statt aller ErfK/*Preis* BGB § 613a Rn. 69; HWK/*Müller-Bonanni* BGB § 613a Rn. 238.

in ihr verbliebenen Verpflichtungen abwickelt, von denen die Pensionsverbindlichkeiten in aller Regel den wesentlichen Teil bilden (dazu auch → Rn. 328).

432 **bb) Kein Übergang von Verpflichtungen gegenüber Organmitgliedern und arbeitnehmerähnlichen Personen.** Von dem Übergang nach § 613a BGB werden Dienstverhältnisse von **Organmitgliedern** ebenso wenig erfasst wie arbeitnehmerähnliche Personen.[572] Aufgrund des durch die Betriebsübergangs-Richtlinie nationalrechtlich geprägten Arbeitnehmerbegriffs im Betriebsübergangsrecht ändert hieran auch der tendenziell weitergehende europarechtliche Arbeitnehmerbegriff des EuGH[573] nichts.[574] Der Anstellungsvertrag eines Geschäftsführers oder Vorstands des Veräußerers geht somit nicht gemäß § 613a BGB auf den Erwerber über. Dies gilt auch dann, wenn alle Betriebsmittel aller Betriebe des Unternehmens übertragen werden, dessen Geschäftsführer oder Vorstand die betreffende Person ist. Die Person bleibt vielmehr weiterhin Geschäftsführer bzw. Vorstand des Veräußerers und steht in keinen arbeits- oder dienstvertraglichen Rechtsbeziehungen zum Erwerber. Dementsprechend gehen auch die Verpflichtungen aus der dem Organ vom Veräußerer zugesagten betrieblichen Altersversorgung nicht auf den Erwerber über. Dies gilt auch dann, wenn der Erwerber die betreffende Person freiwillig „übernimmt". In diesem Fall erfolgt die Tätigkeit auf der Grundlage eines eigenständigen neuen Dienstvertrags mit dem Erwerber. Der alte Dienstvertrag mit dem Veräußerer wird aufgehoben. Die bestehende Anwartschaft gegenüber dem Veräußerer besteht dann, wenn sie gesetzlich oder vertraglich unverfallbar war gegenüber dem Veräußerer fort. Für die Altersversorgung bei dem Erwerber gilt ausschließlich der Inhalt des neuen Anstellungsvertrags. Denkbar ist allerdings eine Übertragung der Versorgungszusage gemäß § 4 BetrAVG. Dies bedarf aber einer ausdrücklichen dreiseitigen Vereinbarung.

433 **cc) Kein automatischer Eintritt in Versorgungszusagen bei freiwilliger Übernahme weiterer Mitarbeiter.** Entsprechendes gilt, wenn der Erwerber bestimmte Mitarbeiter des Veräußerers übernehmen möchte, ohne dass im Hinblick auf diese Mitarbeiter ein Betriebsübergang vorliegt.

Beispiel J 2:

Die A-GmbH veräußert alle Betriebsmittel der Produktion am Standort Köln an die B-GmbH. Die Produktion wird im Wesentlichen unverändert von der B-GmbH fortgeführt. Zusätzlich will die B-GmbH aus der am Standort Düsseldorf befindlichen Buchhaltung der A-GmbH zwei Personen übernehmen. Die übrigen elf Personen, die in der Buchhaltung beschäftigt sind, sowie sonstige Betriebsmittel der Buchhaltung übernimmt die B-GmbH nicht.

434 In diesem Beispiel lassen sich die Folgen der Übertragung des Betriebsteils Produktion von der A-GmbH auf die B-GmbH gemäß § 613a BGB für die betriebliche Altersversorgung wie folgt darstellen:

---

572 → G Rn. 130f.; BAG 13.2.2003 – 8 AZR 654/01, NZA 2003, 552; *Rolfs* BetrAV 2008, 468.

573 EuGH 11.11.2010 – C-232/09 *(Danosa)*, NZA 2011, 143.

574 Vgl. ausführlich Preis/Sagan/*Grau/Hartmann* § 11 Rn. 76ff.

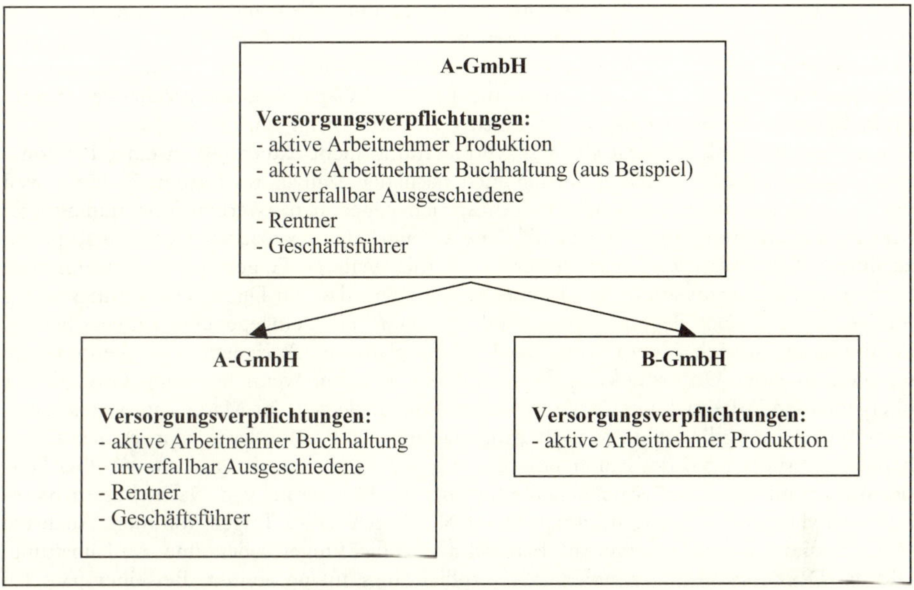

Die Übernahme der Mitarbeiter der Produktion erfolgt gemäß § 613a BGB nach den 435 oben dargestellten Grundsätzen, da es sich um einen Betriebsteilübergang handelt. Die Übernahme der Mitarbeiter aus der Buchhaltung erfolgt hingegen (das Einverständnis des jeweiligen Mitarbeiters vorausgesetzt) außerhalb des § 613a BGB im Wege der Begründung eines neuen Vertrages mit dem Erwerber unter Beendigung des alten Vertrages mit dem Veräußerer (durch Kündigung oder Aufhebungsvertrag). Eine automatische Übernahme der Versorgungsverpflichtungen findet im Gegensatz zu den Mitarbeitern der Produktion nicht statt, da kein Betriebsübergang hinsichtlich der Mitarbeiter der Buchhaltung vorliegt. Möglich ist es aber, die Versorgungsverpflichtungen gegenüber den Mitarbeitern aus der Buchhaltung gemäß § 4 Abs. 2 Nr. 1 oder 2 BetrAVG im Rahmen eines dreiseitigen Vertrages mit schuldbefreiender Wirkung für den Veräußerer auf den Erwerber zu übertragen, da die Übertragung auf einen Folgearbeitgeber zulässig ist. Zu den Voraussetzungen für eine solche Übertragung wird auf die Ausführungen unter → Rn. 240 ff. verwiesen.

dd) Finanzieller Ausgleich für den Betriebserwerber. § 613a BGB bewirkt nur den 436 Übergang der Verpflichtungen aus den Altersversorgungszusagen im Verhältnis zu den (aktiven) Arbeitnehmern. Die Norm enthält keine gesetzlich angeordnete Verpflichtung zwischen Betriebserwerber und Betriebsveräußerer zum finanziellen Ausgleich für die übernommenen Verpflichtungen. Es erfolgt auch **kein automatischer Übergang etwaiger Aktiva** des Betriebsveräußerers oder aber des Vermögens eines mit der Durchführung betrauten Dritten (etwa einer Unterstützungskasse). Die bisweilen bestehende Erwartung, es komme zu einer „automatischen Übertragung der Rückstellungen" im Sinne einer automatischen Übertragung von Deckungsmitteln, ist daher in mehrfacher Hinsicht unzutreffend. Zunächst bilden die Rückstellungen nur einen Passivposten der Bilanz und stellen kein Wirtschaftsgut dar. Zum anderen erfolgt gerade keine automatische Übertragung irgendwelcher Wirtschaftsgüter. Die Höhe der bestehenden Rückstellungen bildet lediglich den handelsbilanziellen Wert der übergehenden Verbindlichkeiten ab, die zukünftig vom Erwerber zu bilanzieren sind.

Aus dem Vorstehenden ergibt sich, dass der Betriebserwerber selbst darauf achten muss, 437 von dem Veräußerer einen angemessenen Ausgleich für die übernommenen Versorgungsverpflichtungen zu erhalten. Dabei muss es ihm darum gehen, möglichst unmittelbar im Rahmen des Erwerbes einen Betrag zu erhalten, der ihn in die Lage versetzt, die ggf. weit in der Zukunft liegenden Verpflichtungen zu bedienen. Hierzu sind die übernommenen Pensionsverbindlichkeiten zu bewerten und grds. im Wege eines entsprechenden **Kaufpreisabzuges** bzw. einer **Ausgleichszahlung** zu berücksichtigen.

438 Dies gilt jedenfalls insoweit als diese Verpflichtung nicht extern (zB in einer Pensionskasse) *„gefunded"* ist und dieses *funding* auch nach der Transaktion fortbesteht (etwa weil die Berechtigten einen unentziehbaren Anspruch gegen den externen Versorgungsträger haben). Im letzteren Fall ist der tatsächliche Umfang der finanziellen Deckung sorgfältig zu überprüfen. Dabei wird man in der Regel (die weiteren Folgen der Niedrigzinsphase bleiben insoweit abzuwarten) davon ausgehen können, dass ein Direktversicherungsvertrag infolge der laufenden Beiträge ausreichend *„gefunded"* ist. Demgegenüber kann es bei der Pensionskasse, je nach Ausgestaltung des Leistungsplans und Anlageerfolg der Pensionskasse, auch zu einer **Unterdeckung** kommen; insbes. dann, wenn für einen Großteil der übergehenden Arbeitnehmer Tarife mit einer hohen, derzeit am Markt kaum erzielbaren Garantieverzinsung bestehen. Je nach Ausgestaltung der Pensionskasse kann es hier zu erheblichen Erhöhungen der laufenden zukünftigen Arbeitgeberbeiträge kommen (bei Pensionskassen mit variablen Arbeitgeberbeiträgen), das Erfordernis von Nachschüssen bestehen oder die Ausfallhaftung nach § 1 Abs. 1 S. 3 BetrAVG zu Tragen kommen. Auch bei Pensionsfonds drohen naturgemäß Nachschussverpflichtungen oder eine Ausfallhaftung, falls das Deckungsvermögen unter den Verpflichtungsumfang absinkt. Bei einer pauschal dotierten Unterstützungskasse ist eine Unterdeckung infolge der Beschränkung des Betriebsausgabenabzugs für Zuwendungen an die Kasse gemäß § 4d EStG die Regel. Eine Ausnahme gilt für die kongruent rückgedeckte Unterstützungskasse, bei welcher der Aktivwert der Versicherungen dem Barwert der Leistungsverpflichtungen entspricht. Auch in diesem Fall wäre natürlich zu prüfen, ob und inwieweit die Versicherungsbeiträge gezahlt sind. Gemein ist sämtlichen mittelbaren Durchführungswegen, dass eine Unterdeckung aufgrund bilanzieller Vorschriften bzw. Wahlrechte nicht zwingend ohne weiteres zu erkennen ist. Hier bedarf es einer genauen Analyse der Situation des externen Versorgungsträgers.

439 Der durch § 613a BGB bewirkte Haftungsübergang steht im Außenverhältnis zu dem Versorgungsberechtigten nicht zur **Disposition** der Parteien. Käufer und Verkäufer können somit nicht mit Wirkung gegenüber dem Versorgungsberechtigten vereinbaren, dass der Verkäufer ungeachtet des Betriebsübergangs weiterhin anstelle des Betriebserwerbers im Außenverhältnis gegenüber dem Versorgungsberechtigten für die Versorgungsverbindlichkeiten haften soll. Eine solche Verpflichtung ist gegenüber dem Versorgungsberechtigten unwirksam, kann aber in der Regel jedenfalls als Freistellungsabrede im Innenverhältnis ausgelegt werden. Vgl. hierzu die Ausführungen unter → Rn. 234 ff. Infolge des Übertragungsverbots gemäß § 4 BetrAVG wäre eine solche Vereinbarung auch mit Zustimmung des Versorgungsberechtigten nicht wirksam, da der Betriebsveräußerer kein Folgearbeitgeber im Sinne von § 4 BetrAVG ist.

440 **ee) Ermittlung des Umfangs des finanziellen Ausgleichs.** Bei der Ermittlung des finanziellen Ausgleichs zwischen Käufer und Verkäufer ist die zutreffende Ermittlung des Umfangs der zu übernehmenden Verbindlichkeiten von entscheidender Bedeutung. In diesem Zusammenhang sind folgende Punkte zu beachten.

- Zunächst ist im Rahmen einer **Bestandsaufnahme** festzustellen, welche Versorgungszusagen überhaupt bestehen *(due diligence).*
- Sodann sind diese Zusagen auf ggf. **versteckte Risiken** zu untersuchen, die zu einer Ausweitung der Verpflichtungen führen können; solche Risiken können sich insbesondere aus Verstößen gegen Diskriminierungsverbote ergeben aber auch aus ungünstigen bzw. unklaren oder gar rechtlich unkorrekten Regelungen in der Versorgungsordnung. Besonders tückisch sind in diesem Zusammenhang etwaig bestehende betriebliche

Übungen, die naturgemäß nicht schriftlich dokumentiert sind, gleichwohl aber verbindliche Handlungspflichten oder Ansprüche begründen können. Besondere Vorsicht ist zudem dann geboten, wenn die Versorgungsordnungen im Laufe der Zeit zum Nachteil der Mitarbeiter geändert wurden, da die Wirksamkeit der Änderungen alles andere als selbstverständlich ist (→ Rn. 655 ff.).

- Schließlich muss eine **Bewertung** der identifizierten Verbindlichkeiten und Risiken erfolgen. Vgl. hierzu die ausführlichen Darstellung unter → Rn. 765 ff.

b) Problem: Kollision mit Regelungen zur betrieblichen Altersversorgung bei dem Erwerber

Beispiel J 3: 441
Die A-GmbH hat ihr gesamtes operatives Geschäft im Wege eines Betriebsübergangs an die B-GmbH veräußert. In dem einzigen Betrieb der A-GmbH galt vor dem Betriebsübergang eine Betriebsvereinbarung zur betrieblichen Altersvorsorge. Im Zuge des Betriebsübergangs wurde der Betrieb der A-GmbH in den am selben Standort befindlichen und erheblich größeren Betrieb der B-GmbH integriert. Dort existiert eine deutlich schlechter dotierte betriebliche Altersversorgung ebenfalls auf der Grundlage einer Betriebsvereinbarung.

In vielen Fällen verfügt der Betriebserwerber selbst bereits über ein eigenes System der betrieblichen Altersversorgung. Dieses System kann auf Tarifverträgen, Betriebsvereinbarungen, individualrechtlichen Grundlagen oder einer Kombination der vorgenannten Rechtsgrundlagen beruhen. Es kann im Hinblick auf den Durchführungsweg als Direktzusage, Unterstützungskassenzusage, Direktversicherung, Pensionskassenzusage oder Pensionsfondszusage ausgestaltet sein. Die Altersversorgung des übernommenen Betriebes erweist sich insoweit oftmals als **Fremdkörper** im System des Erwerbers. In der Regel existieren Unterschiede im Versorgungsniveau, bei der Art und den Voraussetzungen der Versorgungsleistungen, dem Durchführungs- bzw. Finanzierungsweg und/oder der Rechtsgrundlage (Einzelzusage, Betriebsvereinbarung, Tarifvertrag etc). Aus diesem Grunde wird der Erwerber in der Regel versuchen, die Versorgungsregelungen zu **harmonisieren.** Das nachfolgende Schaubild zeigt die wichtigsten Aspekte auf, hinsichtlich derer Unterschiede bestehen können.

442

	Veräußerer	Erwerber
Betriebliche Altersversorgung	vorhanden/nicht vorhanden	vorhanden/nicht vorhanden
Höhe der Versorgung		gleich/höher/niedriger/ unterschiedliches System
Rechtsgrundlage	BV*/TV*/Gesamtzusage/ Einzelvertrag	BV*/TV*/Gesamtzusage/ Einzelvertrag
Verpflichtung nach Übergang	Rentner und unverfallbar Ausgeschiedene vor Betriebsübergang	Anwärter (Aktive)
Haftungsumfang	Parallelhaftung nach § 613a Abs. 2 S. 1 BGB sowie ggf. § 133 UmwG für Aktive	Anwartschaften und Ansprüche der Aktiven
Beiträge zur Insolvenzsicherung	Rentner und unverfallbar Ausgeschiedene	Aktive
Anpassung § 16 BetrAVG	Rentner und unverfallbar Ausgeschiedene	spätere Rentner aus übergegangenen Aktiven

	Veräußerer	Erwerber
Durchführungsweg	DZ*/UK*/PK*/DV*/PF	DZ*/UK*/PK*/DV*/PF
Veränderbarkeit		Fortführung/Schließung/Herabsetzung/Harmonisierung

* BV Betriebsvereinbarung
TV Tarifvertrag
DZ Direktzusage
UK Unterstützungskasse
PK Pensionskasse
DV Direktversicherung
PF Pensionsfonds

443 Die Frage der **Harmonisierung** stellt sich insbesondere dann, wenn die Rechtsgrundlagen der übernommenen Versorgungsregelungen mit den bei dem Erwerber bestehenden Rechtsgrundlagen kollidieren. Dann ist problematisch,

- ob die bei dem Veräußerer geltenden Regelungen von den beim Erwerber geltenden Regelungen automatisch abgelöst werden und, falls dem so ist,
- mit Wirkung zu welchem Stichtag die Ablösung erfolgt, und
- in welchem Umfang Besitzstände aufrecht zu erhalten sind.

Insoweit ist bei der Prüfung zu unterscheiden, ob die Versorgungsregelung des Veräußerers auf

- einer individualrechtlichen Rechtsgrundlage,
- einer Betriebsvereinbarung oder
- einem Tarifvertrag

beruht.

444 **aa) Individualvertragliche Grundlagen.** Beruht die Veräußererregelung auf einem **Individualvertrag,** so kann sie grds. nicht von einer bestehenden Kollektivregelung beim Erwerber zum Nachteil des Arbeitnehmers abgelöst werden. Ihre Veränderung ist nur in den Grenzen des auch unabhängig von einem Betriebsübergang zur Verfügung stehenden Regelungsinstrumentariums (Vertragsänderung, Änderungskündigung) möglich.

Fraglich ist jedoch, was geschieht, wenn die Individualzusage mit einer beim aufnehmenden Rechtsträger bestehenden Betriebsvereinbarung zusammentrifft, die **günstigere Leistungen** vorsieht. Denkbar wären zwei Rechtsfolgen. Es könnte zum einen zu einem Nebeneinander der Zusagen kommen. Die Betriebsvereinbarung könnte aber auch die Individualzusage überlagern und somit ablösen (wobei allerdings die Individualzusage wieder aufleben würde, wenn die Betriebsvereinbarung entfiele). In der Praxis wird es zu diesen Konstellationen nur selten kommen. Festzustellen ist zunächst, ob der übergehende Arbeitnehmer überhaupt von der Betriebsvereinbarung erfasst wird. Dies ist nicht der Fall, wenn er nicht dem räumlichen oder personellen **Geltungsbereich** unterfällt, so dass die oben angesprochene Konstellation nur auftreten kann, wenn der übernommene Betrieb in einen bestehenden Betrieb des Erwerbers integriert wird oder aber die Erwerberzusagen auf einer Gesamt- oder Konzernbetriebsvereinbarung beruhen, die den erworbenen Betrieb erfasst. Auch in diesen Fällen ist allerdings genau, ggf. im Wege der **Auslegung,** zu ermitteln, ob sich die Erwerberregelungen auf die neu hinzugekommenen Mitarbeiter beziehen. Dies ist jedenfalls dann nicht der Fall, wenn dies in der Betriebsvereinbarung explizit ausgeschlossen worden ist. Ein solcher Ausschluss ist auch ohne Verstoß gegen Gleichbehandlungsgrundsätze zulässig.[575] Dem Übernehmer ist daher stets anzuraten, eine diesbezügliche ausdrückliche **Regelung,** am besten noch vor dem Betriebsübergang, zu treffen und darauf in dem Überleitungsschreiben hinzuweisen.

445 Unterfällt der übernommene Mitarbeiter im Ergebnis der Erwerberbetriebsvereinbarung, so stellt sich die Frage, ob die Erwerberregelung kumulativ anzuwenden ist. Dies ist

[575] Ausdrücklich in BAG 24.7.2001 – 3 AZR 660/00, NZA 2002, 520.

de facto unproblematisch der Fall bei arbeitnehmerfinanzierten Versorgungszusagen, bei denen der Arbeitnehmer aus der Kollektivregelung des Erwerbers zB ein Wahlrecht erhält, Teile seines Entgelts umzuwandeln. In diesen Fällen gibt es keine Kollision. Der Mitarbeiter erhält eine Option, die in der Praxis ohne Probleme umsetzbar ist, sofern er nach den für ihn geltenden Regelungen über solche Gehaltsbestandteile verfügt, die nach der Erwerberbetriebsvereinbarung umgewandelt werden können. Ist dies nicht der Fall, so fehlt es für die Anwendung der Erwerberbetriebsvereinbarung an der erforderlichen Geschäftsgrundlage. Zu einem solchen Fall kann es zB kommen, wenn eine Gesamtbetriebsvereinbarung des Erwerbers die Umwandlung von Zeitguthaben vorsieht, die der übernommene Mitarbeiter gar nicht erwerben kann, weil für ihn noch eine andere lokale (nicht harmonisierte) Arbeitszeitregelung gilt.

Handelt es sich bei der Erwerberregelung um eine arbeitgeberfinanzierte Altersversorgung, so ist diese auch dann, wenn der Mitarbeiter in den räumlichen Geltungsbereich fällt, darauf zu untersuchen, ob in der Vereinbarung solche Mitarbeiter vom Bezug der Leistung ausgeschlossen sind, die bereits über Individualzusagen verfügen. Dies ist häufig ausdrücklich der Fall, kann sich bisweilen aber auch aus den Umständen, wie zB der Handhabung im aufnehmenden Unternehmen, ergeben. Zudem kann eine solche Klarstellung stets mit dem Betriebsrat vereinbart werden. Dies ist – da es um die Rechte der neu hinzukommenden Arbeitnehmer geht – auch kein Ding der Unmöglichkeit, weil ein Doppelbezug von Altersversorgungszusagen in der Regel gegenüber der „aufnehmenden Belegschaft“ als ungerecht empfunden wird. 446

Unstreitig ist, dass selbst in dem Fall, in dem die Erwerberregelung auf den Mitarbeiter anzuwenden ist, eine Anwendung erst ab dem Stichtag des Betriebsübergangs und nicht im Hinblick auf zurückliegende Betriebszugehörigkeitszeiten in Betracht kommt. Der Sinn und Zweck der Wahrung der Betriebszugehörigkeit gemäß § 613a BGB ist es nicht, rückwirkend Ansprüche zu begründen, die der Mitarbeiter vorher gar nicht hatte.[576] 447

Beruht die Veräußererregelung auf einer **individualrechtlichen Grundlage mit kollektivem Bezug (Gesamtzusage, betriebliche Übung, arbeitsvertragliche Einheitsregelung)**, so kann sie bei dem Erwerber durch eine ablösende Betriebsvereinbarung nach den vom Großen Senat des BAG aufgestellten Grundsätzen geändert werden.[577] Darüber hinaus genügt es nach der neueren Rechtsprechung des BAG nunmehr regelmäßig, dass die betreffenden Regelungen Bestandteil von AGB und damit **betriebsvereinbarungsoffen** ausgestaltet sind,[578] so dass – unter Beachtung der Grenzen der Drei-Stufen-Theorie – aber ohne Erfordernis eines Günstigkeitsvergleichs von einer prinzipiellen Abänderbarkeit von arbeitsvertraglichen Einheitsregelungen ausgegangen werden kann. Eine Ablösung durch bereits bestehende Betriebsvereinbarungen des Erwerbers scheidet allerdings *de facto* aus, weil diese sich nicht auf die abzulösenden Regelungen beziehen und daher regelmäßig die Anforderungen der Rechtsprechung nicht erfüllen können. 448

Da sich infolge des Betriebsübergangs für die Frage der Ablösung für die Zukunft keine Besonderheiten ergeben, gelten die allgemeinen Regelungen über die Ablösung individualvertraglicher Versorgungszusagen. Zur Problematik der Zulässigkeit einer **Abfindung** bzw. des Verzichts auf erworbene Anwartschaften im Zusammenhang mit einem Betriebsübergang wird auf die Ausführungen unter → Rn. 219 ff. verwiesen. 449

bb) Tarifvertragliche Grundlagen. War die betriebliche Altersversorgung beim bisherigen Arbeitgeber durch einen **Tarifvertrag** geregelt, so gilt Folgendes: 450

[576] BAG 24.7.2001 – 3 AZR 567/00, NZA 2002, 672; vgl. zur Berücksichtigung von beim Betriebsveräußerer begründeter Betriebszugehörigkeit durch den Betriebserwerber *Goldbach/Obenberger* BetrAVG Rn. 596.

[577] BAG 23.10.2001 – 3 AZR 74/01, NZA 2003, 986; 7.11.1989 – GS 3/85, NZA 1990, 816; 16.9.1986 – GS 1/82, NZA 1987, 168.

[578] BAG 5.3.2013 – 1 AZR 417/12, NZA 2013, 916; näher → Rn. 401.

Ist der Erwerber des Betriebs bzw. Betriebsteils gemäß § 3 Abs. 1 TVG durch **gleiche Verbandszugehörigkeit** an denselben Tarifvertrag wie der Veräußerer gebunden, so gelten die Regelungen dieses Tarifvertrages zur betrieblichen Altersversorgung (gegenüber den durch Gewerkschaftszugehörigkeit ebenfalls tarifgebundenen Mitarbeitern) **kollektivrechtlich,** dh mit der normativen Wirkung eines Tarifvertrages, fort.[579] Das gleiche gilt, wenn der Erwerber einen bei dem Veräußerer geltenden Tarifvertrag durch Vereinbarung mit der Gewerkschaft übernimmt oder als kollektivrechtlich verbindlich anerkennt oder aber der Tarifvertrag gemäß § 5 TVG für **allgemeinverbindlich** erklärt worden ist und der Erwerber dem räumlichen und fachlichen Geltungsbereich unterfällt.

451 Im Hinblick auf Arbeitnehmer, die nicht gewerkschaftlich organisiert sind und hinsichtlich derer der Tarifvertrag nur kraft einzelvertraglicher Bezugnahme oder faktischer Anwendung (betrieblicher Übung) zur Anwendung gelangt, hat die Altersversorgung rechtlich betrachtet eine individualrechtliche und keine tarifliche Grundlage, auch wenn der Tarifvertrag die Regeln der Versorgung bestimmt. Gilt für die tarifgebundenen Mitarbeiter der beim Veräußerer geltende Tarifvertrag beim Erwerber kollektivrechtlich fort, so ergibt sich für die nicht tarifgebundenen Mitarbeiter keine Veränderung. Kommt es jedoch für die tarifgebundenen Mitarbeiter zu einem Tarifwechsel, so stellt sich die Frage, ob dies auch für die nicht tarifgebundenen Mitarbeiter gilt. Dies hängt im Fall der vertraglichen Vereinbarung der Anwendung des Tarifvertrages von Inhalt und Auslegung der Verweisungsklauseln ab (→ Rn. 23 sowie näher → E Rn. 186 ff.). Beruht die Einbeziehung auf einer ungeschriebenen Übung, so dürfte allerdings vieles für eine „Gleichstellungsübung" sprechen.

452 Fehlt es im Hinblick auf die tarifgebundenen Mitarbeiter an den Voraussetzungen für eine kollektivrechtliche Fortgeltung, findet grundsätzlich § 613a Abs. 1 S. 2 BGB Anwendung. § 613a Abs. 1 S. 2 BGB ist eine **Auffangregelung,** die nur dann eingreift, wenn es nicht zu einer kollektivrechtlichen Fortgeltung kommt.[580] Die tarifvertraglichen Regelungen über die betriebliche Altersversorgung werden dann Inhalt des auf den Erwerber übergehenden Arbeitsverhältnisses. Allerdings behalten Sie nach neuerer Auffassung des BAG ihren kollektivrechtlichen Charakter und sind originär arbeitsvertraglich vereinbarten Pflichten nicht gleichzustellen. Sie gelten vielmehr bis zum Ablauf der **einjährigen Veränderungssperre** in Form der Nachbindung, als ob der Arbeitgeber aus dem Arbeitgeberverband ausgetreten wäre. Danach treten sie in das Stadium der Nachwirkung ein und unterliegen der vertraglichen Dispositionsfreiheit. Befindet sich der Tarifvertrag im Zeitpunkt des Übergangs bereits lediglich im Stadium der Nachwirkung setzt sich die Nachwirkung fort. Eine Änderungssperre besteht dann nicht. Tarifnormen, die keine Nachwirkung entfallen könne, entfallen nach Ablauf der Sperrfrist ersatzlos.[581]

453 Gilt für den Erwerber ein **anderer Tarifvertrag,** der ebenfalls die betriebliche Altersversorgung regelt, kann dieser Erwerbertarifvertrag der Transformation gemäß § 613a Abs. 1 S. 2 BGB vorgehen. Die Fortgeltung der Versorgungszusage des bisherigen Arbeitgebers wird dann gem. § 613a Abs. 1 S. 3 BGB durch den bei dem Erwerber geltenden Tarifvertrag verdrängt. Das Günstigkeitsprinzip gilt nach Auffassung des BAG ungeachtet der Scattolon-Entscheidung des EuGH[582] nicht, sofern der ablösende Tarifvertrag keine konkret auf einen Betriebsübergang bezogenen Regelungen enthält.[583] Nach Auffassung des BAG setzt diese Ablösung nach § 613a Abs. 1 S. 3 BGB jedoch voraus, dass sowohl der neue Arbeitgeber als auch die Arbeitnehmer an den neuen Tarifvertrag kraft Verbandsmitgliedschaft gebunden sind, dh **beiderseitige Tarifgebundenheit** vorliegt.[584]

---

[579] Zur kollektivrechtlichen Fortgeltung von Tarifverträgen beim Betriebsübergang → E Rn. 111 ff.
[580] Näher → E Rn. 136 ff.
[581] BAG 22.4.2009 – 4 AZR 100/08, NZA 2010, 41.
[582] EuGH 6.9.2011 – C-108/10, NZA 2011, 1077.
[583] BAG 23.1.2019 – 4 AZR 445/17, NZA 2019, 922, kritisch zur Vereinbarkeit dieser Rechtsprechung mit EU-Recht *Greiner/Pionteck* RdA 2020, 169 (175).
[584] BAG 22.4.2009 – 4 AZR 100/08, NZA 2010, 41; vgl. ausführlich → E Rn. 177 ff.

Damit scheidet ein ablösender Verbandstarifvertrag in vielen Fällen aus, da sich die Verbandstarifverträge in aller Regel nicht überschneiden und sich die Tarifbindung im Fall der beiderseitigen Tarifbindung in aller Regel auf denselben Tarifvertrag beziehen wird, der auch beim Veräußerer galt. Eine Ausnahme kann allerdings dann gelten, wenn es nach dem Betriebsübergang zu einem **Branchenwechsel** kommt, die Branche aber weiterhin noch in die Zuständigkeit desselben Verbandes und derselben Gewerkschaft fällt, und für diese Branche ein anderer Tarifvertrag abgeschlossen wurde. Denkbar ist eine Tarifablösung durch einen Erwerbertarifvertrag ferner insbesondere dann, wenn es sich bei dem Erwerber um einen **Haustarifvertrag** oder einen **firmenbezogenen Verbandstarifvertrag** handelt. Auch im umgekehrten Fall ist eine Tarifablösung denkbar, wenn der Veräußerer Partei eines Haustarifvertrages war, der Erwerber aber an den mit derselben Gewerkschaft geschlossenen Verbandstarifvertrag gebunden ist. Der Haustarifvertrag des Veräußerers kann hier den Verbandstarifvertrag des Erwerbers nicht verdrängen, weil er nicht kollektivrechtlich gilt, sondern seine Normen nur nach § 613a Abs. 1 S. 2 BGB transformiert werden, wenn er nicht vom Erwerber durch Vereinbarung mit der Gewerkschaft übernommen wird. Die Transformation wird aber durch eine kollektivrechtlich geltende Tarifregelung gemäß § 613a Abs. 1 S. 3 BGB verdängt. § 613a Abs. 1 S. 3 BGB stellt insoweit das Interesse an einer Vereinheitlichung der Arbeitsbedingungen über das Individualinteresse der Arbeitnehmer. 454

Die Ablösung durch einen ablösenden Tarifvertrag kann sowohl durch einen **bestehenden** als auch durch einen erst **später abgeschlossenen** Tarifvertrag erfolgen, wenn nur die Voraussetzung der beiderseitigen Tarifgebundenheit vorliegt. Es kommt nicht darauf an, ob insoweit ein sachlicher oder zeitlicher Zusammenhang mit dem Betriebsübergang besteht.[585] Das **Günstigkeitsprinzip** findet keine Anwendung; es wird durch § 613a Abs. 1 S. 3 BGB sowie ggf. das Ablösungsprinzip verdrängt. 455

Voraussetzung ist allerdings, dass sich der ablösende Tarifvertrag auf **denselben Regelungsgegenstand** bezieht. Dies ist nicht der Fall, wenn der Erwerbertarifvertrag lediglich „schweigt". Keine ablösende Wirkung dürfte ferner ein Tarifvertrag zur arbeitnehmerfinanzierten Altersversorgung haben, wenn beim Veräußerer ein Tarifvertrag zur arbeitgeberfinanzierten Altersversorgung bestand, da es sich zwar in beiden Fällen um betriebliche Altersversorgung handelt, diese aber infolge der Finanzierung so strukturverschieden sind, dass sie nicht als vergleichbar angesehen werden können. Anders kann dies allenfalls sein, wenn der Erwerbertarifvertrag bestimmte Formen der Altersversorgung explizit zugunsten anderer Formen ausschließt. Dies wird aber in aller Regel nicht bzw. allenfalls bei einem später abgeschlossenen und konkret fallbezogenen ablösenden Tarifvertrag gegeben sein. 456

Eine Ablösung der beim bisherigen Arbeitgeber geltenden tariflichen (und nunmehr transformierten) betrieblichen Altersversorgung im Sinne von § 613a Abs. 1 S. 3 BGB wäre theoretisch auch durch eine **Betriebsvereinbarung** denkbar, soweit die Regelungssperre des § 77 Abs. 3 BetrVG bei dem neuen Arbeitgeber nicht entgegensteht (sog. Überkreuzablösung).[586] Fälle dieser Art wären denkbar, wenn der Betrieb nach dem Betriebsübergang aus dem Geltungsbereich des bisherigen Tarifvertrags herausfällt und nicht in den Geltungsbereich eines anderen Tarifvertrages fällt. Allerdings hat das BAG der Möglichkeit der Überkreuzablösung eine grundsätzliche Absage erteilt, so dass dieser Weg *de facto* bis auf weiteres versperrt bleibt.[587] Es fehle, da Betriebsvereinbarungen über betriebliche Altersversorgung nur teilmitbestimmt sind, an der Kongruenz des Umfangs der erzwingbaren Regelungsmacht der Tarifpartner auf der einen Seite und der Betriebspartner auf der anderen Seite. 457

---

[585] BAG 16.5.1995 – 3 AZR 535/94, NZA 1995, 1166; 20.4.1994 – 4 AZR 342/93, NZA 1994, 1140.

[586] Hierzu auch → E Rn. 63.

[587] BAG 13.11.2007 – 3 AZR 191/06, NZA 2008, 600; siehe hierzu auch *Döring/Grau* BB 2009, 158; *Reichel/Böhm* BetrAV 2008, 359; *Schnitker/Grau* NZA Beil. zu Heft 02/2010, 73.

458 Dies überzeugt nicht. Der Gesetzgeber hat in §§ 77 Abs. 3 und § 87 Abs. 1 BetrVG sehr genau geregelt, wann der Abschluss einer Betriebsvereinbarung im Verhältnis zu geltenden oder tarifüblichen Regelungen zulässig ist und wann nicht. Von dem Erfordernis einer „Kongruenz der Erzwingbarkeit" ist dort an keiner Stelle auch nur andeutungsweise die Rede. Im Rahmen des § 77 Abs. 3 BetrVG führen geltende Tarifverträge sowie Tarifüblichkeit zur Sperrwirkung. Sind diese Voraussetzungen (wie in dem obigen Beispielsfall) nicht gegeben, so ist nach dem erklärten Willen des Gesetzgebers der Weg frei für einvernehmliche Regelungen.

459 Aber auch in den Fällen, in denen § 77 Abs. 3 BetrVG greift, ist Folgendes zu beachten: Ist lediglich eine Änderung im Bereich der Verteilungsgrundsätze des Leistungsplanes beabsichtigt, so handelt es sich um eine Regelungsmaterie, die in den Bereich der erzwingbaren Mitbestimmung des Betriebsrats gemäß § 87 BetrVG fällt. In diesem Fall kann § 77 Abs. 3 BetrVG keine Sperrwirkung entfalten. Es gilt ausschließlich § 87 Abs. 1 S. 1 BetrVG.[588] Danach entfaltet ein Tarifvertrag nur dann Sperrwirkung, wenn der Betriebserwerber selbst tarifgebunden ist, was bei einer Transformation der Tarifregelungen nach § 613a Abs. 1 S. 2 BGB nicht der Fall wäre. Änderungen des Leistungsplans müssten daher grundsätzlich unter Beachtung der Besitzstandsrechtsprechung des BAG (und Aufrechterhaltung des Gesamtleistungsvolumens, das dem Bereich des § 77 Abs. 3 BetrVG unterfällt) möglich sein (dazu → Rn. 693ff.). In der Praxis wird dies aber nur durch eine nachträglich abgeschlossene Betriebsvereinbarung möglich sein, da eine bestehende Betriebsvereinbarung des Erwerbers kaum eine allein auf den Leistungsplan des transformierten Tarifvertrags beschränkte Änderung darstellen kann.

460 cc) **Betriebsvereinbarungen.** Beruhte die Versorgungszusage des bisherigen Arbeitgebers auf einer Betriebsvereinbarung, so stellt sich die Rechtslage wie folgt dar:

Es ist zunächst zu prüfen, ob die Betriebsvereinbarung trotz des Inhaberwechsels kollektivrechtlich fortgilt. Die in § 613a Abs. 1 S. 2 BGB vorgesehene Transformation der Betriebsvereinbarung stellt lediglich eine Auffanglösung dar, die nur dann zum Zuge gelangt, wenn es zu keiner kollektivrechtlichen Fortgeltung kommt. Dabei ist zu berücksichtigen, dass die Rechtsprechung stark zu einer weitest möglichen kollektivrechtlichen Fortgeltung von Betriebsvereinbarungen tendiert und somit den Anwendungsbereich der Transformationsvorschrift des § 613a Abs. 1 S. 2 BGB immer weiter beschneidet.[589] Im Falle einer Versorgungszusage auf der Grundlage einer **Gesamtbetriebsvereinbarung** beim Veräußerer gilt im Grundsatz dasselbe Prinzip. Sofern alle oder mehrere Betriebe identitätswahrend übergehen, bleibt diese insgesamt als Gesamtbetriebsvereinbarung, anderenfalls als Einzelbetriebsvereinbarung kollektivrechtlich bestehen.[590]

461 Vollzieht sich der Betriebs(teil)übergang, ohne dass es zu einer kollektivrechtlichen Fortgeltung kommt, so werden die bisherigen Versorgungszusagen gemäß § 613a Abs. 1 S. 2 BGB Inhalt des Arbeitsverhältnisses. Es spricht im Anschluss an die Entscheidung des BAG zur Transformation von Tarifverträgen vieles dafür, in der Frage der zukünftigen Abänderbarkeit auch hier den kollektiven Charakter der transformierten Betriebsvereinbarung weiterhin anzuerkennen.[591]

Auch insoweit kommt allerdings eine „Ablösung" durch eine entsprechende Betriebsvereinbarung des Erwerbers oder – in Ausnahmefällen – auch durch einen für den neuen

[588] Grundlegend BAG 24.2.1987 – 1 ABR 18/85, NZA 1987, 639, sog. Vorrangtheorie (vgl. *Richardi* in Richardi BetrVG § 87 Rn. 169; ErfK/*Kania* BetrVG § 87 Rn. 14 sowie BetrVG § 77 Rn. 53), so wohl auch *Reichel* BetrAV 2008, 361.

[589] Näher → E Rn. 5ff. mwN.

[590] BAG 18.9.2002 – 1 ABR 54/01, NZA 2003, 670.

[591] BAG 28.6.2005 – 1 AZR 213/04, NZA 2005, 1431; 14.8.2001 – 1 AZR 619/00, NZA 2002, 276; LAG Köln 8.4.2003 – 1 Sa 1219/02, NZA-RR 2003, 657; 31.5.2001 – 6 Ca 9689/00, NZA-RR 2002, 154 (das sogar eine Kündigungsmöglichkeit des Erwerbers nach Ablauf der Veränderungssperre annimmt); *Rolfs* BetrAV 2008, 473.

Arbeitgeber geltenden Tarifvertrag in Betracht (§ 613a Abs. 1 S. 3 BGB). Dabei ist es unerheblich, ob es sich um eine bereits **bestehende** oder **nachträglich geschaffene** Betriebsvereinbarung handelt.[592] § 613a Abs. 1 S. 3 BGB stellt auch insoweit das Interesse an einer Vereinheitlichung der Arbeitsbedingungen über das Individualinteresse der Arbeitnehmer.

Diese Grundsätze gelten auch dann fort, wenn nach dem Betriebsübergang, der zur Transformation führte, ein weiterer Betriebsübergang erfolgte. Auch in diesem Fall gilt die transformierte Betriebsvereinbarung beim (zweiten) Erwerber nach § 613a Abs. 1 S. 2 BGB und kann entsprechend durch eine neue kollektive Regelung abgelöst werden.[593]

Voraussetzung ist aber stets, dass sich die Erwerberbetriebsvereinbarung auf **denselben Regelungsgegenstand** bezieht.[594] Dies ist bisweilen schwierig festzustellen. Bezieht man sich lediglich darauf, ob der Betriebserwerber unabhängig vom Durchführungsweg eine Betriebsvereinbarung zur betrieblichen Altersversorgung hat und lässt dies für die Annahme desselben Regelungsgegenstandes genügen, so käme es zum Beispiel zu einer Ablösung einer Direktzusage des Veräußerers durch eine Direktversicherung des Erwerbers, auch wenn es sich um unterschiedliche Durchführungswege handelt. Das gleiche gilt für eine Ablösung von Direktzusagen durch Pensionskassenzusagen. 462

Im Ergebnis spricht vieles dafür, dem Durchführungsweg keine der Ablösung entgegenstehende Wirkung beizumessen. Der Durchführungsweg ist lediglich „Mittel zum Zweck" der Erfüllung des Grundversprechens. Es ist unabhängig von der Ablösungsproblematik im Rahmen des Betriebsübergangs anerkannt, dass der Erwerber dann, wenn der bislang gewählte Durchführungsweg infolge des Betriebsübergangs nicht mehr zur Verfügung steht, das Grundversprechen auf anderem Wege in der zugesagten Leistungshöhe erfüllen muss. Dabei ist entscheidend auf die Gleichwertigkeit der Leistung, nicht des Aufwands abzustellen. Der Durchführungsweg ist somit in diesem Sinne „austauschbar", sofern die aus dem Grundversprechen zugesagte Leistung erbracht wird.[595] Auf dieser Grundlage besteht kein Anlass, in den Kollisionsfällen eine Ablösung daran scheitern zu lassen, dass die Altersversorgung beim Erwerber auf einem anderen Durchführungsweg beruht. Der Besitzstandsschutz und die dazu erforderlichen Vergleichsberechnungen (→ Rn. 470 ff.) funktionieren auch bei unterschiedlichen Durchführungswegen.[596] 463

Treffen unterschiedlich gestaltete Zusagen aufeinander, wird man von einer automatischen Ablösung auch dann ausgehen können, wenn in der Betriebsvereinbarung des Erwerbers ausdrücklich geregelt ist, dass mit der bestehenden Regelung des Erwerbers eine abschließende Regelung der Altersversorgung unter Ausschluss jeder anderen Altersversorgung durch den Erwerber gewollt war.[597] 464

Eine automatische Ablösung kommt ausnahmsweise auch dann in Betracht, wenn die bei dem Erwerber bestehende Altersversorgung ganz oder teilweise arbeitnehmerfinanziert ist, wenn klar ist, dass diese Regelung abschließenden und ausschließlichen Charakter haben sollte. Dies kann in einer Betriebsvereinbarung ausdrücklich so vereinbart werden, muss sich aber jedenfalls aus den Umständen ergeben. Infolge des Schutzes der aufrechtzuerhaltenden Besitzstände, wirkt sich eine solche (Ausnahme)Konstellation *de facto* – vorbehaltlich der Grundsätze des Vertrauensschutzes und Verhältnismäßigkeit (→ Rn. 470 ff.) – als Schließung der Veräußererregelung für zukünftige Wertzuwächse aus. 465

Treffen zwei Betriebsvereinbarungen zur betrieblichen Altersversorgung mit gleichen Durchführungswegen und gleicher Finanzierung (etwa zwei arbeitgeberfinanzierte Direktzusagen) aufeinander, so besteht an der Gleichartigkeit der Regelungsmaterie kein Zweifel. Es kommt dann zu einer automatischen Ablösung. 466

---

592 BAG 18.9.2002 – 1 ABR 54/01, NZA 2003, 670.
593 BAG 12.6.2019 – 1 AZR 154/17, NZA 2019, 1203.
594 BAG 12.6.2019 – 1 AZR 154/17, NZA 2019, 1203.
595 BAG 13.11.2007 – 3 AZR 191/06, NZA 2008, 600.
596 *Schnitker/Grau* NZA Beilage zu Heft 8 2010, 68; so auch *Reichel* BetrAV 2008, 360.
597 Allg. zu den Anforderungen an die ablösende Regelung HWK/*Müller-Bonanni* BGB § 613a Rn. 268 ff.

467 Allerdings ist für die Praxis nicht zu verkennen, dass eine Lösung allein auf der Grundlage rechtlich komplizierter Ablösungsmechanismen mit Rechtsunsicherheiten und oftmals auch mit Akzeptanzproblemen verbunden ist. Es liegt daher aus Gründen der Rechtssicherheit und des Betriebsfriedens für den Erwerber nahe, insbes. in Fällen der Kollision von grundlegend strukturverschiedenen Altersversorgungen eine einvernehmliche Harmonisierung der Altersversorgung durch eine dezidiert hierauf bezogene Betriebsvereinbarung anzustreben. Dies kann in einer stichtagsbezogenen Umstellung auf eines der geltenden Systeme unter Anrechnung von Besitzständen erfolgen oder aber durch eine grundlegende zukunftsbezogene Neuregelung für alle Mitarbeiter. Für die **ablösende Betriebsvereinbarung** gilt grds. das **Zeitkollisionsprinzip,** wonach die vorhergehende Betriebsvereinbarung durch die ihr nachfolgende Betriebsvereinbarung verdrängt wird. Auf einen **Günstigkeitsvergleich** kommt es dabei nicht an. Für den Abschluss und die Wirkungen einer solchen ablösenden Betriebsvereinbarung gelten die allgemeinen Regeln. Zur Frage der **Besitzstandswahrung** vgl. die nachfolgenden Ausführungen. Soweit Besitzstände erhalten bleiben und sich die Neuregelung auf zukünftige dienstzeitabhängige Steigerungen beschränkt, war das Harmonisierungsbedürfnis grds. vom BAG in ständiger Rechtsprechung als sachlicher Grund im Sinne der 3. Stufe anerkannt. Dies gilt nach der jüngsten Rechtsprechung des 3. Senats nicht mehr ohne weiteres (→ Rn. 475).

468 Kommt es zu einer kollektivrechtlichen Fortgeltung der Betriebsvereinbarung, so ist gleichwohl eine Ablösung denkbar, und zwar durch eine **Gesamtbetriebsvereinbarung** des aufnehmenden Rechtsträgers, sofern sich diese auf neu hinzukommende Betriebe erstreckt. Hierfür muss die betreffende Gesamtbetriebsvereinbarung ausgelegt werden.[598] Auch hier ist im Übrigen eine Identität des Regelungsgegenstands für eine Ablösung erforderlich.

469 Ist bei leitenden Angestellten eine **Richtlinie gemäß § 28 Abs. 2 S. 1 SprAuG** für die Arbeitsverhältnisse von leitenden Angestellten als unmittelbar und zwingend iSv § 28 Abs. 2 SprAuG vereinbart, so gelten die Wirkungen und Folgen für das Aufeinandertreffen von Betriebsvereinbarungen und Tarifverträgen entsprechend, wenn beim Erwerber ebenfalls eine kollektive Vereinbarung abgeschlossen ist. Das Fehlen einer ausdrücklichen Regelung in § 613a Abs. 1 S. 3 BGB ist als Versehen des Gesetzgebers zu werten.[599]

470 **dd) Besitzstandswahrung und Vertrauensschutz bei Aufeinandertreffen kollektivrechtlicher Regelungen (§ 613a Abs. 1 S. 3 BGB).** Aufgrund des Entgeltcharakters der betrieblichen Altersversorgung und dem Grundsatz der Besitzstandswahrung kann die Ablösung gemäß § 613a Abs. 1 S. 3 BGB nicht ohne Berücksichtigung der zum Zeitpunkt des Betriebsübergangs erreichten **Besitzstände** erfolgen. Nach der neuen Rechtsprechung des BAG sind aber auch bei einer Ablösung im Zusammenhang mit einem Betriebsübergang die Grundsätze der Verhältnismäßigkeit und des Vertrauensschutzes zu beachten. Dies führt *de facto* jedenfalls bei der Ablösung durch eine Betriebsvereinbarung dazu, dass die Harmonisierung von Versorgungsordnungen erheblich erschwert, wenn nicht gar unmöglich gemacht wird und steht nach hiesiger Ansicht im Widerspruch zum Regelungsgedanken des § 613a Abs. 1 S. 3 BGB.

471 Nach der früheren Rechtsprechung des BAG war im Rahmen des Betriebsübergangs lediglich sicherzustellen, dass dem Arbeitnehmer infolge seines Besitzstandsschutzes stets das zusteht, was er bis zum Übergangsstichtag erdient hatte.

Dies konnte entweder durch die sog. Zwei-Stämme-Lösung erfolgen, bei welcher sich der Versorgungsanspruch für die Zeit bis zum Betriebsübergang bzw. einer nachfolgenden Neuordnung nach der dem Veräußerer geltenden Regelung und für die Zeit danach nach der beim Erwerber geltenden Versorgungsordnung richtete. Bei **dynamischen** Versor-

[598] Näher → E Rn. 57.
[599] *Hromadka/Sieg* SprAuG § 28 Rn. 10; ErfK/*Oetker* SprAuG § 28 Rn. 19.

gungsregelungen war zudem die Dynamik des zum Zeitpunkt der Betriebsveräußerung erreichten Besitzstandes anwartschaftshöhend zu beachten.[600]

Alternativ war eine Besitzstandswahrung auch dadurch möglich, dass der Erwerber den übergegangenen Arbeitnehmer in sein Versorgungswerk aufnahm. Führte die Anwendung der neuen Versorgungszusage im Ergebnis zu materiell geringeren Ansprüchen, so wurde aber zumindest die bereits bis zum Zeitpunkt des Betriebs(teil)übergangs erdienten Anwartschaften gewahrt.[601] Blieb also der sich nach der Erwerberregelung ergebende Anspruch im Ergebnis, dh bei Eintritt des Versorgungsfalls, hinter dem nach § 613a BGB beim Veräußerer erworbenen Besitzstand zurück, so hat der Mitarbeiter Anspruch auf den nach § 613a BGB gesicherten Besitzstand. Diese Besitzstandsermittlung erfolgt ausweislich der BAG-Rechtsprechung gemäß § 2 BetrAVG;[602] damit ist eine zukünftige Gehaltsentwicklung bei dynamischen Zusagen nicht zu berücksichtigen. Nicht abschließend geklärt war, ob diese Lösung es erforderte, dass im Rahmen der Erwerber-Versorgungsordnung bereits vor dem Betriebsübergang liegende Dienstzeiten anwartschaftshöhend zu berücksichtigen waren oder ob eine Nichtberücksichtigung dieser Dienstzeiten im Rahmen der Erwerberregelung dazu führte, dass der Arbeitnehmer so zu stellen war, als wäre er bis zum Eintritt des Versorgungsfalles in der Versorgungsordnung des Veräußerers verblieben.[603] Gegen eine solche Rechtsfolge war aber anzuführen, dass nach Sinn und Zweck von § 613a BGB dem Arbeitnehmer lediglich die erdienten Besitzstände garantiert werden und eine allein an Nichtberücksichtigung von Vordienstzeiten anknüpfende Besitzstandserweiterung wertungswidersprüchlich ist, wie das folgende Beispiel zeigt.

Beispiel J 4: 472

Versorgungsregelung (Veräußerer) pro Dienstjahr EUR 10,00. Versorgungsregelung (Erwerber) pro Dienstjahr EUR 6,00. Eintrittsalter bei Veräußerer 25, Betriebsübergang im Alter 45, Pensionierung im Alter 65.

Alt. 1: Ergebnis nach BAG 24.7.2001 bei (freiwilliger) Berücksichtigung der Vordienstzeiten

Besitzstand

Dienstjahre bis Betriebsübergang: 20 (m)

Dienstjahre vom Eintritt bis Alter 65: 40 (n)
m/n = 20/40 = 0,5

Erreichbarer Anspruch bei Veräußerer („als ob Betrachtung")
40 × EUR 10 = EUR 400

Besitzstand bei Betriebsübergang
EUR 400 × 0,5 (m/n-tel Faktor) = EUR 200

Anwartschaft aus ablösender Erwerberregelung: 40 Dienstjahre x EUR 6 = EUR 240

Anspruch im Alter 65
EUR 240

Alt. 2: Ergebnis nach BAG 24.7.2001 ohne Berücksichtigung der Vordienstzeiten

Besitzstand aus Veräußererregelung

(s. o.) = EUR 200

Anwartschaft aus ablösender Erwerberregelung:

20 Dienstjahre × EUR 6 = EUR 120

---

600 Zur Besitzstandswahrung bei Ablösung einer kollektivrechtlichen Versorgungszusage beim Betriebsveräußerer siehe Blomeyer/Rolfs/Otto/*Rolfs* BetrAVG Anh. zu § 1 Rn. 322.

601 BAG 24.7.2001 – 3 AZR 660/00, NZA 2002, 520; *Reichel/Schmandt* C Rn. 126ff.

602 BAG 24.7.2001 – 3 AZR 660/00, NZA 2002, 520.

603 Die Beschränkung dieser Ausnahmeerwägung auf den Fall, dass Vordienstzeiten nicht berücksichtigt werden, ergibt sich aus der Formulierung „ob eine solche besondere Berechnungsregel …".

Anspruch im Alter 65 EUR 200 infolge Besitzstandswahrung (neu erworbene Anwartschaft bedeutungslos) aber nach BAG offen, ob infolge fehlender Berücksichtigung der Vordienstzeiten so zu stellen ist, als ob er beim Veräußerer verblieben wäre, dh EUR 400. Dieses Ergebnis kann infolge offenbarer Wertungswidersprüche (vgl. Ergebnis aus Alt. 1 mit Berücksichtigung der Vordienstzeiten) kaum richtig sein, da der Arbeitnehmer dann um EUR 160 besser stehen würde.

Alt. 3: Ergebnis einer (nach BAG idR nicht zwingend vorgeschriebenen aber zulässigen) Zwei-Stämme-Lösung:

Besitzstand

Besitzstand aus Veräußererregelung (s. o.) bis zum Ablösungsstichtag = EUR 200

Zuwachs für Zeit nach Betriebsübergang

20 Dienstjahre × EUR 6 = EUR 120

Gesamtanspruch (mit Alter 65)

EUR 200 + EUR 120 = EUR 320

473 Aufgrund einer neuen Entscheidung des BAG[604] sind nunmehr indes weder die Zwei-Stämme-Lösung noch eine Aufnahme in die Erwerber-Versorgungsordnung bei gleichzeitiger Wahrung des erdienten Besitzstandes in aller Regel geeignet, eine Überführung in das Versorgungssystem des Erwerbs und somit eine Harmonisierung der Versorgungswerke zu bewerkstelligen. In seiner Entscheidung vom 22. 10. 2019 gelangt das BAG unter Aufgabe seiner bisherigen Rechtsprechung zu dem Schluss, dass auch bei Ablösung einer auf einer Betriebsvereinbarung basierenden Versorgungsregelung im Zusammenhang mit einem Betriebsübergang die **3-Stufen-Theorie** Anwendung zu finden hat. Dogmatisch begründet es dieses Ergebnis mit einer aus Sicht des 3. Senats gebotenen teleologischen Reduzierung des in § 613 Abs. 1 S. 3 verankerten Ablösungsprinzips. Nach Ansicht des 3. Senates soll das Ablösungsprinzip dem Erwerber keine weitergehenden Befugnisse zur Änderung kollektiver Regelungen einräumen als der Veräußerer sie gehabt hätte. Wenn aber der Veräußerer nur zur Abänderung seiner Versorgungsordnung unter Beachtung der Drei-Stufen-Theorie berechtigt sei, müsse dies entsprechend auch für den Erwerber gelten. Das bloße Harmonisierungsinteresse des Erwerbers sei in diesem Zusammenhang kein ausreichender sachlich-proportionaler Grund, vielmehr müssten neben der Harmonisierungsabsicht weitere Voraussetzungen erfüllt sein. Hiermit dürften insbesondere, wie der im Urteil enthaltene Verweis auf Rn. 136 f. der Entscheidung des BAG vom 19. 3. 2019[605] zeigt, sowohl die Aufrechterhaltung des bisherigen Dotierungsrahmens als auch die Zumutbarkeit für den Einzelnen gemeint sein. Nicht klar wird in diesem Zusammenhang, ob dabei der bisherige Dotierungsrahmen des Erwerbers vor dem Betriebsübergang oder der aufgrund der Erwerberregelung erweiterte Dotierungsrahmen gemeint ist. Zwar wäre es allein sachgerecht, auf den Dotierungsrahmen des Erwerbers vor dem Betriebsübergang abzustellen, da es keinen Unterschied machen kann, ob ein bestehender Dotierungsrahmen zukünftig auch für neu einzustellende Mitarbeiter verwendet werden soll, denen ansonsten keine Versorgungsleistungen versprochen werden könnten oder der Anstieg der Belegschaft auf einem Betriebsübergang beruht. Es steht aber zu befürchten, dass das BAG auch insoweit eine andere Ansicht vertritt.

474 Obwohl das BAG zur Begründung seiner Ansicht maßgeblich darauf abstellt, dass durch den Betriebsübergang nicht die für einen Veräußerer bestehenden Beschränkungen bei Eingriffen in die betriebliche Altersversorgung ausgehebelt werden sollen, soll es dennoch für die Beurteilung des Vorliegens eines sachlichen Grundes allein auf die Situation des Erwerbers ankommen. Insoweit ist jedem Erwerber beim Erwerb sog. *Distressed Assets* oder der Akquisition aus der Insolvenz heraus zu raten, den Veräußerer noch vor dem Betriebs-

[604] BAG 22. 10. 2019 – 3 AZR 429/18, AP BetrAVG § 1 Ablösung Nr. 81.
[605] BAG 19. 3. 2019 – 3 AZR 201/17, NZA 2020, 1031.

übergang zur Vornahme von Einschränkungen der Versorgungssysteme zu verpflichten, deren Erfolgsaussichten angesichts der wirtschaftlichen Probleme auf Veräußererseite um einiges höher erscheinen dürften, als ein nachfolgender Versuch der Harmonisierung beim Erwerber.

Insgesamt ist die neue Rechtsprechung des BAG abzulehnen. Sie steht im Widerspruch 475
zur gesetzgeberischen Zwecksetzung des § 613a Abs. 1 S. 1 BGB dem Erwerber unter Wahrung der Besitzstände des übergehenden Arbeitnehmers eine Vereinheitlichung der Arbeitsbedingungen zu ermöglichen. Das von der Norm klar zum Ausdruck gebrachte Ablösungsprinzip wird durch das Erfordernis weiterer, neben dem Harmonisierungsinteresse bestehender Voraussetzungen zur Erfüllung eines sachlichen Grundes im Sinne der Drei-Stufen-Theorie konterkariert; eine Harmonisierung wird durch diese zusätzlichen Voraussetzungen erheblich erschwert, wenn nicht gar unmöglich gemacht, soweit die Ablösung durch eine Betriebsvereinbarung des Erwerbers erfolgen soll. Auch die dogmatische Begründung trägt nicht, wenn der 3. Senat meint, er könne eine klare gesetzgeberische Anordnung auf der Grundlage einer gerichtlichen Rechtsprechung teleologisch reduzieren, weil die gesetzgeberische Norm ihrerseits unter dem Vorbehalt der Rechtsprechung stehe. Zwar ist dem 3. Senat zuzugeben, dass die einheitliche Anwendung der 3-Stufen-Theorie auf unmittelbare Kollisionsfälle Wertungswidersprüche zu späteren Ablösungen beseitigt. Nicht haltbar sind jedoch die u. E. Einschränkungen der Abänderbarkeit auf der 3. Stufe durch den 3. Senat. Der 3. Senat des BAG setzt sich, wenn er das Harmonisierungsinteresse des Erwerbers nicht als ausreichenden sachlichen und willkürfreien Grund anerkennen will, über den Normbefehl des § 613a Abs. 1 S. 3 BGB hinweg und kehrt damit die Grundsätze der Gewaltenteilung um. Dies steht dem BAG nicht zu, zumal die 3-Stufen-Theorie selbst – soweit die Eingriffe auf der 3. Stufe betroffen sind – auf dogmatisch überaus wackeligen Füßen steht.[606]

Die Entscheidung ist auch in sich widersprüchlich. Wie der 3. Senat an anderer Stelle der Entscheidung zu Recht unter Verweis auf die Urteile des 1.[607] und 4.[608] Senats zur *Scattolon*-Entscheidung ausführt, verbietet § 613a BGB keine Verschlechterungen für die Zukunft beim Erwerber. Dies ist gerade Ausfluss der Abwägung mit den berechtigten Interessen des Erwerbers. Diese Abwägungsentscheidung des europäischen Gesetzgebers, welche der deutsche Gesetzgeber mit den Regelungen zum Betriebsübergang umgesetzt hat, wird aber ad absurdum geführt, wenn das Harmonisierungsinteresse als solches nicht zu einer zukünftigen Anpassung der Versorgungsregelungen berechtigen soll. Dies ist umso unverständlicher, da nicht nur eine Angleichung der Arbeitsbedingungen regelmäßig vereitelt wird, sondern gerade auch die Administration von unterschiedlichen Versorgungswerken zu ganz erheblichem Verwaltungsmehraufwand führt.

Rechtssichere Harmonisierungen sind nach dieser Rechtsprechung im Wesentlichen nur noch dann möglich, wenn – wie im weiteren Verlauf der Entscheidung des 3. Senats ausgeführt – diese auf einer tarifvertraglichen Regelung beruhen, da hier die strengen Voraussetzungen der Drei-Stufen-Theorie nicht zum Tragen kommen.[609]

Sofern der 3. Senate nicht zu der Einsicht gelangt, seine Rechtsprechung zu den Voraussetzungen für Eingriffe auf der 3. Stufe zu korrigieren, muss sich ein Erwerber demnach zukünftig fragen, ob er eine Harmonisierung der Versorgungssysteme unterlässt und die hierdurch entstehenden Mehraufwendungen einpreist, das Risiko einer unwirksamen Ablösung auf sich nimmt oder die betriebliche Altersversorgung künftig den Verhandlungen mit den Gewerkschaften überlassen will.

---

606 *Schnitker* FS Willemsen, 2018, 449 ff.
607 BAG 12.6.2019 – 1 AZR 154/17, NZA 2019, 1203.
608 BAG 23.1.2019 – 4 AZR 445/17, NZA 2019, 922.
609 BAG 22.10.2019 – 3 AZR 429/18, AP BetrAVG § 1 Ablösung Nr. 8 Rn. 82 ff.

476 **ee) Berücksichtigung von Vordienstzeiten im Rahmen der Erwerberbetriebsvereinbarung.** Eine andere Frage ist es, ob sich übernommene Mitarbeiter, die nach einem Betriebsübergang formell einer Versorgungsregelung des Erwerbers unterfallen, zur erstmaligen **Begründung** von Anwartschaften gegenüber dem Erwerber auf ihre beim Veräußerer zurückgelegte Betriebszugehörigkeit berufen können. Dies ist nicht der Fall, da § 613a BGB die Berücksichtigung der erworbenen Betriebszugehörigkeit nur verlangt, soweit es um die Wahrung der vor dem Übergang bestehenden Besitzstände geht.[610] Anderenfalls würde § 613a BGB zur Entstehung von Ansprüchen führen, die dem Arbeitnehmer vor dem Betriebsübergang nicht zugestanden haben. Dies widerspräche dem Schutzzweck der Norm. Der Betriebserwerber ist daher frei, ob er die beim Veräußerer geleisteten Vordienstzeiten im Rahmen seiner eigenen Altersversorgung berücksichtigen will.[611] Gleichwohl empfiehlt sich eine Klarstellung in der Betriebsvereinbarung des Erwerbers, dass die Geltung der ablösenden Betriebsvereinbarung erst ab dem Stichtag des Übergangs erfolgt. Hierin liegt kein Verstoß gegen den Gleichheitsgrundsatz. Fehlt es an einer solchen ausdrücklichen Klarstellung, wird ein entsprechend restriktiver Regelungswille aber im Wege der ergänzenden Auslegung anzunehmen sein, da nur im Falle besonderer Anhaltspunkte davon ausgegangen werden kann, dass der Arbeitgeber ohne gesetzlichen Zwang fremde Betriebszugehörigkeiten mit Leistungen belohnen will.[612]

477 Eine **Berücksichtigung der Betriebszugehörigkeit bei dem Veräußerer** ist daher nur dann denkbar, wenn der Erwerber klar zu erkennen gibt, dass er den übernommenen Mitarbeitern ein solches Teilhaberecht in Bezug auf die vergangenen Betriebszugehörigkeiten gewähren will (etwa zum Zwecke der Ablösung der bislang bestehenden Altersversorgung).

478 **ff) Überblick.** Die Gesamtthematik der Kollision von Veräußererregelungen mit Erwerberregelungen verdeutlicht folgender Überblick, der allerdings nur einen Ausschnitt der Problematik wiedergeben kann und auf die Darstellung von Nuancen verzichten muss:

Fortgeltung betrieblicher Versorgungszusagen nach einem Betriebsübergang

	Tarifvertrag
Bei Bindung des Erwerbers an denselben TV:	– kollektivrechtliche Fortgeltung – § 613a Abs. 1 S. 2 BGB nicht anwendbar
Bei fehlender Bindung des Erwerbers an denselben TV:	– Fortgeltung gemäß § 613a Abs. 1 S. 2 BGB, – Änderung durch Änderungsvertrag oder Änderungskündigung nach Ablauf der Jahresfrist gemäß § 613a Abs. 1 S. 2 BGB bzw. vor Jahresfrist unter den Voraussetzungen des § 613a Abs. 1 S. 4 BGB
Bei Bestehen oder Schaffung einer konkurrierenden kollektivrechtlichen Regelung beim Erwerber:	– Ablösung der bisherigen Regelung gemäß § 613a Abs. 1 S. 3 BGB zu prüfen (Problem: keine Überkreuzablösung) – mindestens aber Besitzstandswahrung

---
[610] *Goldbach/Obenberger* BetrAVG Rn. 596.
[611] BAG 24.7.2001 – 3 AZR 660/00, NZA 2002, 520.
[612] Auch → E Rn. 17.

	Tarifvertrag
	Betriebsvereinbarung
Bei Erhaltung der Betriebsidentität:	– kollektivrechtliche Fortgeltung; – § 613a Abs. 1 S. 2 BGB nicht anwendbar; – ggf. aber Verdrängung durch Gesamtbetriebsvereinbarung des Erwerbers – Änderung durch ablösende Betriebsvereinbarung oder Kündigung aber Besitzstandswahrung nach Drei-Stufen-Theorie, sofern Änderung nicht durch Tarifvertrag erfolgt
Bei Verlust der Betriebsidentität und fehlender kollektiver Regelung beim Erwerber:	– Fortgeltung gemäß § 613a Abs. 1 S. 2 BGB, – Änderung durch Änderungsvertrag oder Änderungskündigung nach Ablauf der Jahresfrist gemäß § 613a Abs. 1 S. 2 BGB bzw. vor Jahresfrist unter den Voraussetzungen des § 613a Abs. 1 S. 4 BGB
Bei Bestehen oder Schaffung einer konkurrierenden kollektivrechtlichen Regelung beim Erwerber:	– Ablösung der bisherigen Regelung gemäß § 613a Abs. 1 S. 3 BGB zu prüfen – Besitzstandswahrung nach Drei-Stufen-Theorie, sofern Ablösung nicht durch Tarifvertrag erfolgt
	Individualrechtliche Zusagen
	– Individualrechtliche Zusage gilt ohne weiteres gemäß § 613a Abs. 1 S. 1 BGB fort – Änderung durch Änderungsvertrag oder Änderungskündigung
	– Bei Versorgungszusagen mit kollektivem Bezug (betriebliche Übung, arbeitsvertragliche Einheitsregelung, Gesamtzusage) Veränderung durch Betriebsvereinbarung unter Wahrung des kollektiven Günstigkeitsprinzips (nur Änderung der Verteilungsgrundsätze möglich) oder aufgrund (konkludenter) Öffnungsklausel – Besitzstandswahrung nach Drei-Stufen-Theorie
Bei Bestehen einer kollektivrechtlichen Regelung beim Erwerber	– keine Ablösung nach § 613a Abs. 1 S. 3 BGB, da unanwendbar auf individualrechtliche Zusagen – Teilhabeanspruch an kollektiver Erwerberregelung nicht für Vergangenheit; Teilhabe für Zukunft fraglich, solange Individualregelung fortbesteht, da Doppelanspruch; Lösung durch Regelung in Kollektivvereinbarung zum Geltungsbereich oder aber individualvertragliche Vereinbarung

c) Weitere Einzelfragen

479 Wird die Veräußererregelung nicht bereits im Zuge des Betriebsübergangs durch eine bestehende Erwerberregelung abgelöst, so stellt sich die Frage, mit welchem Inhalt die Veräußererregelung fortbesteht. Dabei gilt der **Grundsatz der unveränderten Fortgeltung.** Im Einzelnen gelten die folgenden Prinzipien.

480 **aa) Auswirkungen auf die Unverfallbarkeitsfristen gemäß § 1b BetrAVG.** Die beim Veräußerer zurückgelegten Zeiten der **Betriebszugehörigkeit** rechnen für die übernommene Altzusage bzw. eine ablösende Zusage bei der Berechnung der Unverfallbarkeitsfristen im Betrieb des Erwerbers gemäß § 1b Abs. 1 S. 3 BetrAVG mit.[613]

Beispiel J 5:

Zusagedauer vor Betriebsübergang zwei Jahre, Ausscheiden ein Jahr nach Betriebsübergang

Ergebnis: Die gesetzliche Mindestzusagedauer gemäß § 1b Abs. 1 BetrAVG nF von drei Jahren ist erfüllt (2 + 1 Zusagejahre)

Erteilt der Erwerber eine neue Versorgungszusage unter Weiterführung der entsprechend § 613a Abs. 1 S. 1 BGB weiter geltenden ursprünglichen Versorgungszusage des früheren Arbeitgebers, so ist dies ohne Einfluss auf die Fristen für die Unverfallbarkeit der übernommenen Zusage. Für die **neue Zusage** beginnen die Unverfallbarkeitsfristen mit dem Zusagebeginn beim Erwerber neu.

Beispiel J 6:

Zusage (1) auf EUR 100 (zwei Jahre vor Betriebsübergang erteilt). Mit Betriebsübergang Erteilung Zusage (2) auf 10 % des letzten Einkommens.

Ausscheiden: Alternativ zwei bzw. drei Jahre nach Betriebsübergang

Ergebnis: Ausscheiden nach zwei Jahren: Es besteht eine unverfallbare Anwartschaft bei Zusage (1), da die gesetzliche Zusagemindestdauer gemäß § 1b Abs. 1 BetrAVG nF von vier Jahren erfüllt ist (2 + 2 Jahre). Es besteht keine unverfallbare Anwartschaft bei Zusage (2), da nur Zusagedauer von zwei Jahren erreicht wurde.

Ausscheiden nach drei Jahren: Es besteht eine unverfallbare Anwartschaft bei Zusage (1), da die gesetzliche Zusagemindestdauer gemäß § 1b Abs. 1 BetrAVG nF von drei Jahren erfüllt ist (2 + 3 Jahre). Es besteht ferner eine unverfallbare Anwartschaft bei Zusage (2), da eine Zusagedauer von drei Jahren vorliegt.

481 **bb) Auswirkung auf dienstzeitabhängige Faktoren.** Die früheren Beschäftigungszeiten vor Betriebsübergang sind bei allen für die Versorgungsansprüche aus der bisherigen Versorgungsregelung relevanten Tatbestände zu berücksichtigen. Dies gilt insbesondere im Hinblick auf **Wartezeiten** (notwendige Mindestdienstzeit für den Anspruch).

Findet der Erwerber ein **dynamisches Versorgungssystem** vor (der Versorgungsanspruch orientiert sich an einem Prozentsatz pro Jahr der Betriebszugehörigkeit bezogen auf das ruhegeldfähige Einkommen zum Zeitpunkt der Pensionierung), so hat er die Bemessungsgrundlage in ihrem ursprünglichen Vertragsinhalt weiterzuführen. Basis für den Versorgungsanspruch ist somit das bis zum Eintritt des Versorgungsfalles fortentwickelte Referenzeinkommen. Ferner ist die gesamte zurückliegende Betriebszugehörigkeit anzurechnen.

482 Besteht nur beim Erwerber ein Versorgungswerk, so ist dieser nach § 613a Abs. 1 BGB nicht verpflichtet, bei der Berechnung von Versorgungsleistungen auf Grund einer eigenen Versorgungszusage solche Beschäftigungszeiten anzurechnen, die von ihm übernommene

[613] BAG 24.7.2001 – 3 AZR 660/00, NZA 2002, 520; HWK/*Schipp* BetrAVG § 1b Rn. 15.

Arbeitnehmer bei einem früheren Betriebsinhaber zurückgelegt haben. Er ist dementsprechend bei der Aufstellung von Berechnungsregeln frei, Vorbeschäftigungszeiten als wertbildende Faktoren außer Ansatz zu lassen.[614]

cc) Auswirkung auf die Insolvenzsicherung. Der **Insolvenzschutz** wird durch den Betriebsübergang **nicht berührt.** War die Zusage bereits beim Betriebsübergang unverfallbar und unterlag damit der Sicherung durch den PSV, so ändert sich hieran nichts. Die Anwartschaft und der damit einhergehende Insolvenzschutz wächst im Laufe der Beschäftigung beim neuen Arbeitgeber weiter an. 483

War die Anwartschaft zu diesem Zeitpunkt noch verfallbar, so tritt die Unverfallbarkeit und damit der Insolvenzschutz unter Zusammenrechnung der Zusagezeiten bzw. Betriebszugehörigkeitszeiten beim alten Arbeitgeber und beim neuen Arbeitgeber ein.

Vom Zeitpunkt des Betriebsüberganges an ist der neue Arbeitgeber Beitragsschuldner gegenüber dem PSV hinsichtlich der übernommenen Arbeitsverhältnisse.

dd) Gleichbehandlungsfragen bei unterschiedlichen Versorgungsregelungen. Die komplizierten und durch die Anwendbarkeit der Drei-Stufen-Theorie weiter erschwerten Mechanismen des § 613a Abs. 1 BGB für die Beibehaltung bzw. Ablösung der bisherigen Arbeitsbedingungen bei einem Betriebs(teil)übergang führen häufig dazu, dass bei dem Erwerber unterschiedliche Arbeitsbedingungen – auch im Hinblick auf die zugesagte Altersversorgung – entstehen und es zu Ungleichbehandlungen kommt. Abgesehen davon, dass der Erwerber schon aus atmosphärischen Gründen den Versuch einer **Harmonisierung** unternehmen wird, ist er hierzu rechtlich jedoch **nicht verpflichtet.**[615] 484

Besteht im aufnehmenden Betrieb eine **günstigere Versorgungszusage auf individualrechtlicher Grundlage** (etwa aufgrund einer Gesamtzusage oder einer betrieblichen Einheitsregelung), während die im Rahmen eines Betriebs(teil)übergangs übernommenen Arbeitnehmer gemäß § 613a Abs. 1 S. 1 und 2 BGB lediglich in den Genuss der wesentlich ungünstigeren Versorgungszusage des Veräußerers kommen, besteht auf der Grundlage des Gleichbehandlungsgrundsatzes **kein Anspruch** der übernommenen Mitarbeiter, in die Versorgungszusage des Erwerbers eingebunden zu werden. Die sich aus § 613a Abs. 1 BGB ergebenden unterschiedlichen Arbeitsbedingungen beruhen nicht auf einer willkürlichen Ungleichbehandlung, sondern sind lediglich die Folge der Besitzstandswahrung gemäß § 613a BGB. Ein über diese Besitzstandswahrung hinausgehendes Gebot zur Gleichbehandlung auf höherem Niveau ist weder § 613a BGB noch sonstigen Rechtsgrundsätzen zu entnehmen. Der neue Arbeitgeber ist daher aus Gleichbehandlungsgründen nicht verpflichtet, den aufgenommenen Arbeitnehmern dieselbe Altersversorgung zu gewähren, die er seinen bereits vorhandenen Mitarbeitern zugesagt hat.[616] 485

Auf der anderen Seite kann sich der Erwerber im umgekehrten Fall, wenn die Konditionen der übernommenen Mitarbeiter besser sind als die Konditionen, die der Erwerber bislang seinen Mitarbeitern gewährt hat, auch nicht zur Harmonisierung der Leistungen auf niedrigerem Niveau allein darauf berufen, dass er eine Gleichbehandlung herbeiführen wolle. Ein solcher Gleichbehandlungswunsch rechtfertigt weder eine **Änderungskündigung,**[617] noch nach der neuen Rechtsprechung des BAG (sofern man diese für richtig hält) eine Ablösung durch eine Betriebsvereinbarung des Erwerbers. Allenfalls kann nach oben Gesagtem eine Harmonisierung auf Grundlage eines Tarifvertrags in Betracht gezogen werden. 486

---

[614] BAG 19.12.2000 – 3 AZR 451/99, NZA 2002, 615; 8.2.1983 – 3 AZR 229/81, DB 1984, 301; 30.8.1979 – 3 AZR 58/78, DB 1979, 2421; ausdrücklich in 24.7.2001 – 3 AZR 660/00, NZA 2002, 520.

[615] BAG 31.8.2005 – 5 AZR 517/04, NZA 2006, 265; *Rolfs* BetrAV 2008, 472.

[616] Vgl. nur BAG 30.8.1979 – 3 AZR 58/78, DB 1979, 2431; 25.8.1976 – 5 AZR 788/75, DB 1977, 358.

[617] Ascheid/Preis/Schmidt/*Künzl* KSchG § 2 Rn. 255, zweifelnd für den Fall des § 613a Abs. 1 BGB jedoch in → Rn. 256.

487 Wenn beim Erwerber ein günstigerer Tarifvertrag oder eine günstigere (Gesamt-) Betriebsvereinbarung über eine betriebliche Altersversorgung besteht, die **von der Betriebszugehörigkeit abhängige Versorgungsleistungen** zusagt, kann sich der Arbeitnehmer, dessen Arbeitsverhältnis auf den Erwerber übergegangen ist, auf die entsprechende kollektivrechtliche Rechtsgrundlage berufen, wenn der Tarifvertrag oder die entsprechende Betriebsvereinbarung nunmehr von ihrem sachlichen und örtlichen Anwendungsbereich her auf ihn anwendbar ist und – im Falle des Tarifvertrags – die erforderliche beiderseitige Tarifbindung besteht. Fraglich ist allein, ob im Rahmen dieser für den Arbeitnehmer neuen Versorgungszusage die Betriebszugehörigkeit beim bisherigen Arbeitgeber anspruchsbegründend bzw. anspruchserhöhend zu berücksichtigen ist oder erst ab dem Zeitpunkt des Betriebs(teil)übergangs anerkannt werden kann.

488 Dabei ist zunächst festzustellen, ob der neu aufgenommene Mitarbeiter der bei dem Erwerber geltenden Kollektivregelung überhaupt unterfällt. Beruht die Versorgungszusage beim Erwerber zB auf einer Gesamtbetriebsvereinbarung, so fällt ein neu erworbener Betrieb nicht ohne weiteres unter deren Geltungsbereich, sondern nur dann, wenn sich die Gesamtbetriebsvereinbarung auch auf neu hinzukommende Betriebe erstrecken soll.[618] Ob dies der Fall ist, ist im Wege der Auslegung zu ermitteln. Da dies oftmals keine rechtssicheren Erkenntnisse bringt, dürfte es sich empfehlen, vor Erwerb des Betriebs mit dem Gesamtbetriebsrat eine klarstellende Vereinbarung zu treffen.

489 Unterfallen die übernommenen Mitarbeiter nach dem Ergebnis der Prüfung der bei dem Erwerber bestehenden kollektivrechtlichen Versorgungszusage, so ist diese – soweit sie auf die Betriebszugehörigkeit abstellt, **auszulegen,** ob nur die beim Erwerber verbrachte Betriebszugehörigkeit berücksichtigt wird. In der Regel wird dies mangels anderer Anhaltspunkte anzunehmen sein, da dem Arbeitgeber, aber auch dem Betriebsrat, ohne besondere Anzeichen nicht der Wille unterstellt werden kann, im Rahmen der Altersversorgung neu hinzukommende Arbeitnehmer über die Wahrung ihrer Besitzstände nach § 613a BGB hinaus für ihre in der Vergangenheit erbrachte Arbeit zu begünstigen, obwohl sie diese Arbeitsleistung nicht in demselben Betrieb erbracht haben. Mit dem Schutzzweck von § 613a Abs. 1 BGB lässt sich dies ohne weiteres vereinbaren. Zwar gilt die Betriebszugehörigkeit als durch einen Betriebs(teil)übergang nicht unterbrochen; vielmehr wird das Arbeitsverhältnis mit dem Erwerber nahtlos fortgesetzt. § 613a Abs. 1 BGB möchte indessen lediglich eine Verschlechterung der bisherigen Arbeitsbedingungen vermeiden (§ 613a Abs. 1 S. 3 BGB weicht von dieser Konzeption bereits erheblich ab). Indessen soll die Vorschrift nicht dazu dienen, die von einem Übergang betroffenen Arbeitnehmer ohne weiteres in den Genuss günstigerer Arbeitsbedingungen zu bringen. Hängen daher beim Erwerber geltende Arbeitsbedingungen von der Dauer der **Betriebszugehörigkeit** ab, ist der Erwerber berechtigt, lediglich die bei ihm zurückgelegte Betriebszugehörigkeit im Rahmen der für den Arbeitnehmer günstigeren Regelung zeitanteilig zu berücksichtigen.[619] An dieser ständigen Rechtsprechung ändert auch die *Scattolon*-Entscheidung des EuGH nichts.[620] Das dort normierte Verschlechterungsverbot bewirkt nämlich nicht die Verschaffung von Ansprüchen, die der Arbeitnehmer vor dem Betriebsübergang noch gar nicht hatte, sondern ist beschränkt auf die Wahrung seiner vorhandenen Ansprüche und Beibehaltung der dafür maßgeblichen Betriebszugehörigkeitszeiten. Den Arbeitnehmern kann nämlich durch eine Versorgungszusage, die erst beim Veräußerer begründet wird, nichts genommen werden, was ihnen bereits vor Betriebsübergang zustand. Hinzu kommt, dass im Fall einer Ablösung die Besitzstandswahrung unter vollständiger Berücksichtigung der vergangenen Dienstzeiten zu erfolgen hat. Der Mitarbeiter ist also

---

618 Vgl. die Darstellung in → E Rn. 57.

619 Ausdrücklich in BAG 24.7.2001 – 3 AZR 660/00, NZA 2002, 520; *Schiefer* NJW 1998, 1817 (1821); zum Quotierungsprinzip beim Aufeinandertreffen unterschiedlicher kollektiver Versorgungsregelungen näher *Goldbach/Obenberger* BetrAVG Rn. 597; ErfK/*Preis* BGB § 613a Rn. 76.

620 EuGH 6.9.2011 – C-108/10 *(Scattolon)*, NZA 2011, 1077; vgl. dazu *Sittard/Flockenhaus* NZA 2013, 652; *Winter* RdA 2013, 36 sowie *Willemsen* RdA 2012, 291.

umfassend in seinem zum Stichtag bestehenden Besitzstand, der aufgrund seiner Betriebszugehörigkeitszeiten berechnet wird, geschützt.

d) Die Bedeutung der gesamtschuldnerischen Haftung nach § 613a Abs. 2 BGB

Versorgungsansprüche der vom Betriebsübergang erfassten Arbeitnehmer richten sich infolge des gesetzlichen Schuldnerwechsels gemäß § 613a Abs. 1 BGB grundsätzlich gegen den Erwerber. Der Veräußerer des Betriebes haftet für die Verpflichtungen der vom Betriebsübergang erfassten Arbeitnehmer nur in den Grenzen des § 613a Abs. 2 BGB.[621] Diese Haftung ist jedoch sehr eingeschränkt. Gemäß § 613a Abs. 2 BGB haftet der bisherige Arbeitgeber als Gesamtschuldner neben dem neuen Inhaber nur für Verpflichtungen, soweit sie vor dem Zeitpunkt des Übergangs entstanden sind und **vor Ablauf von einem Jahr** nach diesem Zeitpunkt **fällig** werden. Werden solche Verpflichtungen nach dem Zeitpunkt des Übergangs fällig, so haftet der bisherige Arbeitgeber jedoch nur ratierlich, dh in dem Umfang, der dem im Zeitpunkt des Übergangs abgelaufenen Teil ihres Bemessungszeitraums entspricht. 490

Die gesamtschuldnerische Haftung des Veräußerers gemäß § 613a Abs. 2 BGB besteht damit nur für Versorgungsfälle, die innerhalb eines Jahres nach dem Betriebsübergang eintreten und auch insoweit nur für die Versorgungsansprüche, die innerhalb eines Jahres nach dem Übergang fällig werden. Bei einer in **monatlichen Rentenzahlungen** zur Auszahlung kommenden Versorgungsleistung ist die Mithaftung daher auf maximal eine Jahresleistung beschränkt. Nach Ablauf des einen Jahres ist der Veräußerer von der gesamtschuldnerischen Haftung befreit. Gravierender wirkt sich die gesamtschuldnerische Mithaftung allerdings bei fällig werdenden **Kapitalleistungen** aus, da hier ggf. das nahezu gesamte Volumen im Mithaftungszeitraum fällig wird. 491

Die Haftung nach § 613a Abs. 2 BGB bezieht sich nicht auf den Teil des Anspruchs, der bei dem Erwerber erdient wurde. Dies ist in der Regel aber nur ein vergleichsweise kleiner Teil der Versorgungsanwartschaft, da ein Mitarbeiter, der in dem ersten Jahr nach dem Betriebsübergang in den Ruhestand tritt (ansonsten besteht bereits keine Mithaftung), in aller Regel den größten Teil der Anwartschaftszeit bei dem Veräußerer zurückgelegt haben dürfte. 492

In den Fällen eines durch **Spaltung** nach dem Umwandlungsgesetz bewirkten Betriebsübergangs sind neben § 613a Abs. 2 BGB zusätzlich noch die erheblich weiter reichenden Mithaftungstatbestände des § 133 UmwG (sowie im Fall der Betriebsaufspaltung auch des § 134 UmwG) zu beachten. 493

Beispiel J 7:

Arbeitnehmer X tritt sechs Monate nach dem Stichtag des Betriebsübergangs (Stichtag hier zeitgleich mit Bekanntmachung der Eintragung im Handelsregister) auf die B-GmbH nach insgesamt 30 Jahren (360 Monaten) Betriebszugehörigkeit in den Ruhestand. Er hat einen Versorgungsanspruch in Höhe von EUR 300 pro Monat.

Der Haftungsumfang des Veräußerers nach § 613a Abs. 2 BGB bemisst sich wie folgt:
- dem Grunde nach: sechs Monate (bis zum Ende des Haftungszeitraums)
- der Höhe nach: EUR 300 × 354 Monate/360 Monate = 0,983 × EUR 300 = EUR 294,90
- insg. somit EUR 1769,40

Die Haftung gemäß §§ 133, 134 UmwG bezieht sich demgegenüber auf alle Rentenzahlungen, die monatlich in den zehn auf den Stichtag (Bekanntmachung der Eintragung) folgenden Jahren fällig werden, soweit diese Ansprüche vor dem Stichtag des Übergangs begründet worden sind; dh somit auf eine Gesamtsumme in Höhe von EUR 33.618,60 (EUR 294,90 für 114 Monate).

[621] BAG 22.6.1978 – 3 AZR 832/76, DB 1978, 1795.

e) Folgen eines Betriebsübergangs bei einer „mittelbaren" Versorgung (Unterstützungskasse/Direktversicherung/Pensionskasse/Pensionsfonds)

494 Die vorstehenden Ausführungen zum Verpflichtungsübergang bzw. Haftungseintritt des Betriebserwerbers in die Versorgungsverpflichtungen gelten auch dann, wenn der bisherige Inhaber die Altersversorgung als mittelbare Versorgung, dh unter Einschaltung einer Unterstützungskasse/Direktversicherung/Pensionskasse/Pensionsfonds, ausgestaltet hat.

Der Betriebserwerber tritt stets in die Stellung als neuer Arbeitgeber und Versorgungsschuldner mit der Folge der Ausfallhaftung gemäß § 1 Abs. 1 S. 3 BetrAVG ein. Allerdings verfügt er in aller Regel noch nicht über Rechtsbeziehungen zu dem externen Versorgungsträger, so dass er diese ggf. herstellen, jedenfalls aber adäquaten Ersatz durch Einschaltung eines neuen Versorgungsträgers schaffen muss, um die übernommenen Versorgungsverpflichtungen innerhalb des vereinbarten Durchführungswegs fortzuführen. Sofern der Erwerber nicht versucht, den Durchführungsweg zu wechseln, stellen sich damit einige zusätzliche Fragen hinsichtlich der Ausgestaltung des Rechtsverhältnisses zu dem externen Versorgungsträger, welches von dem Betriebsübergang unberührt bleibt.

495 **aa) Unterstützungskasse.** Hatte sich der Veräußerer zur Erbringung seiner Versorgungsleistung einer Unterstützungskasse bedient, so bleibt diese Rechtsbeziehung bei einem Betriebsübergang grundsätzlich beim Veräußerer, da sie im Verhältnis zum Arbeitgeber „Dritte" ist.[622] Sie geht nicht nach § 613a BGB auf den Erwerber über, da § 613a BGB auf die Überleitung der Arbeitsverhältnisse beschränkt ist. Die Kasse wird jedoch im gleichen Umfang wie der Veräußerer zum Zeitpunkt des Betriebsüberganges von ihrer Leistungspflicht frei.[623] Soweit der Veräußerer die Unterstützungskasse dotiert hat und diese nunmehr frei wird, steht ihm vorbehaltlich entgegenstehender Satzungsregelungen[624] ein Rückforderungsanspruch aus § 812 Abs. 1 S. 2 Alt. 1 BGB zu, dessen Geltendmachung allerdings zum rückwirkenden Verlust steuerrechtlicher Privilegien führen kann, sofern nicht eine Überdotierung vorliegt.[625] Der Veräußerer kann, sollte keine Überdotierung vorliegen, aber auch die frei werdenden Mittel zur Finanzierung anderer, verbleibender Verpflichtungen stehen lassen. Insofern ergibt sich für ihn eine Ermäßigung der verbleibenden zukünftigen Dotierungspflicht.[626] Der Bereicherungsanspruch steht dem dotierenden Arbeitgeber und nicht dem Erwerber zu. Ein automatischer Übergang erfolgt nicht. Sollte dieser ohne steuerliche Nachteile realisierbar sein, kann aber im Kaufvertrag eine Abtretung vereinbart werden.

496 Für den **Betriebserwerber** stellt sich die Frage, auf welche Weise er die übernommene **Unterstützungskassenzusage erfüllen** kann. Handelt es sich um eine offene Unterstützungskasse, so kann der Betriebserwerber ebenfalls Trägerunternehmen werden und das auf die übernommenen Mitarbeiter entfallende Vermögen der Unterstützungskasse auf ihn umgebucht werden. Dieser Fall ist regelmäßig unproblematisch. Allerdings kommt es bei rückgedeckten Unterstützungskassen, die von Versicherungsgesellschaften betrieben werden, in letzter Zeit vermehrt dazu, dass diese eine bloße Umbuchung des Versicherungsvertrags ablehnen und vielmehr versuchen, die bestehenden Versicherungen zu liquidieren und in neuen Verträgen für die auf den Erwerber übergegangenen Mitarbeiter anzulegen. Ziel ist hier die Befreiung von hohen Garantiezinsen. Der Erwerber sollte daher zur Vermeidung von Risiken aus der Ausfallhaftung mit der Unterstützungskasse die Fortführung der bestehenden Verträge klar zu vereinbaren versuchen.

---

[622] BAG 5.5.1977 – 3 ABR 34/76, DB 1977, 1803.
[623] BAG 15.3.1979 – 3 AZR 859/77, DB 1979, 1462; *Powietzka* BetrAV 2009, 36.
[624] Vgl. BAG 21.3.2017 – 3 AZR 619/15, NZA 2017, 990.
[625] Vgl. hierzu → Rn. 500.
[626] *Powietzka* BetrAV 2009, 36.

Auch eine Unterstützungskasse des Veräußerers könnte theoretisch im Rahmen ihrer Satzung und ihres Leistungsplans sicherstellen, dass auch Leistungen gegenüber von einem Betriebsübergang betroffenen, früheren Arbeitnehmern erbracht werden können. Diese Fallgestaltung ist jedoch in der Praxis selten, da Unterstützungskassen regelmäßig nicht über ausreichendes Kassenvermögen verfügen. Im Rahmen eines Betriebsübergangs werden deshalb Versorgungsanwartschaften gegenüber Unterstützungskassen von dem Erwerber verselbständigt und der Verpflichtungswert im Rahmen der **Kaufpreisfindung** für den Betrieb berücksichtigt. Der Erwerber haftet somit für die auf ihn durch den Betriebsübergang übergehenden Versorgungsaussichten gegenüber einer Unterstützungskasse des Vorarbeitgebers grundsätzlich selbst, sofern er nicht ebenfalls Trägerunternehmen werden kann.[627]

Der Erwerber muss sich allerdings entscheiden, auf welche Weise er die Versorgungsverbindlichkeiten erfüllen will. Da die bestehende Zusage grundsätzlich eine Versorgung durch eine Unterstützungskasse vorsieht, kann er eine eigene Unterstützungskasse gründen bzw. eine vorhandene Unterstützungskasse (insbesondere eine als Drittanbieter am Markt tätige „offene" Unterstützungskasse) nutzen. Er kann alternativ auch versuchen, die Unterstützungskasse des Veräußerers vollständig mit zu erwerben oder zumindest Co-Trägerunternehmen zu werden. Ob dies sinnvoll ist, ist im Einzelfall zu prüfen. Da eine Unterstützungskasse mit Ausnahme der kongruent rückgedeckten Unterstützungskasse oder einer Situation, in der lediglich ausgeschiedene Mitarbeiter über sie abgewickelt werden, aus steuerlichen Gründen zumeist ohnehin eine erhebliche Unterdeckung aufweist, ist ihre Übernahme oftmals nicht wirklich sinnvoll. Will der Erwerber die Unterstützungskasse erwerben, so müsste er bei einer als GmbH ausgestalteten Unterstützungskasse die Gesellschaftsanteile übernehmen. Die Satzung ist dann dahingehend anzupassen, dass der Gesellschaftszweck zukünftig in der Erbringung von Versorgungsleistungen für den Erwerber und nicht mehr für den Veräußerer liegt. Ist die Unterstützungskasse als Verein organisiert, so muss der Erwerber entsprechend dafür Sorge tragen, dass seine Arbeitnehmer nach der Satzung weiterhin Begünstigte der Unterstützungskasse sind. Ferner sollte er versuchen, dass er bzw. von ihm benannte Personen zu Mitgliedern der Unterstützungskasse ernannt werden, um entsprechende Mitgliedsrechte ausüben zu können. Auch hier muss die Satzung entsprechend angepasst werden. 497

Oftmals wird die Übertragung der Unterstützungskasse für den Veräußerer allerdings nicht in Betracht kommen, da dieser noch über eigene Versorgungsverpflichtungen verfügt, die über die Unterstützungskasse abgewickelt werden müssen (zB gegenüber Rentnern und unverfallbar ausgeschiedenen Mitarbeitern). Würde der Veräußerer die Unterstützungskasse übertragen und selbst als Träger ausscheiden, so würde die Unterstützungskasse von ihren Verpflichtungen gegenüber den bei dem Veräußerer verbleibenden Arbeitnehmern und Ausgeschiedenen frei,[628] da sie nicht mehr als eine Zahlstelle für ihre Träger ist. In diesem Fall könnte der Erwerber allerdings versuchen, zumindest ebenfalls Trägerunternehmen zu werden und die Versorgung über die Unterstützungskasse des Veräußerers fortzuführen. Die Unterstützungskasse würde dann, soweit sie nicht bereits mehrere Träger hat, zur Gruppenunterstützungskasse. Eine gesellschaftsrechtliche Beteiligung ist hierfür nicht zwingend erforderlich, da es für die Begründung der Eigenschaft als Trägerunternehmen ausreicht, wenn das Unternehmen satzungsgemäß Zuwendungen leistet.[629] Die Beteiligung ist aber aus Sicht des Erwerbers ratsam, wenn er Einfluss auf die Verwaltung der Kasse gewinnen will. Auch in diesem Fall sind die Satzungsbestimmungen der Unterstützungskasse entsprechend anzupassen, dh auf den Erwerber zu erstrecken. Unproblematisch ist der Anschluss an eine Unterstützungskasse, wenn es sich um eine öffent- 498

[627] BAG 8.11.1988 – 3 AZR 85/87, NZA 1989, 679.
[628] So zutreffend *Powietzka* BetrAV 2009, 37; missverständlich BAG 28.2.1989 – 3 AZR 29/88, NZA 1989, 681.
[629] BAG 11.2.1992 – 3 AZR 138/91, NZA 1992, 931.

lich zugängliche Kasse handelt, wie sie zB von Versicherungsunternehmen angeboten wird.

499 Die von den Parteien gefundene Lösung sollte im **Kaufvertrag** niedergelegt werden. Dies beginnt bei der Frage der Zuordnung des (anteiligen) Kassenvermögens, wenn sich der Erwerber der Unterstützungskasse anschließt. Hier ist darauf zu achten, dass das Vermögen der Unterstützungskasse, soweit es auf die übergehenden Arbeitnehmer entfällt, dem Erwerber zugeordnet wird. Der Verkäufer sollte sich in diesem Falle verpflichten, seinen entsprechenden Einfluss auf die Kasse geltend zu machen. Zudem muss er die Zuordnung im Innenverhältnis zum Erwerber akzeptieren. Zu regeln ist auch die Frage, ob die Unterstützungskasse auch für neu eintretende Mitarbeiter des Erwerbers genutzt werden kann. Ratsam ist auch eine Regelung hinsichtlich eines möglichen späteren Ausscheidens des Erwerbers aus der Unterstützungskasse einschließlich einer Bestimmung zur Übertragung des (anteiligen) Kassenvermögens (auf eine andere Versorgungseinrichtung). Weniger sinnvoll (als zB bei einer Pensionskasse) sind Regelungen nach der die Unterstützungskasse für den bis zum Übergang erdienten Anwartschaftsteil zuständig bleibt und die zukünftig zu erdienenden Anwartschaften vom Erwerber als Direktzusage fortgeführt werden, weil die Unterstützungskasse soweit sie nicht kongruent rückgedeckt ist, ohnehin über kein eigenes ausreichendes Vermögen verfügt und der Erwerber in der Ausfallhaftung gemäß § 1 Abs. 1 S. 3 BetrAVG steht.

500 Handelt es sich um eine kongruent **rückgedeckte** Unterstützungskasse, so verfügt die Kasse aus den Versicherungsverträgen über die notwendigen Mittel zur Bedienung der Leistungen. Die Rückdeckungsverträge bleiben grds. von dem Betriebsübergang unberührt. Schließt sich der Erwerber nicht der Unterstützungskasse an, so wären die nicht mehr benötigten Rückdeckungsversicherungen grundsätzlich aufzulösen. Eine Auszahlung der Rückkaufwerte kommt allerdings nur bei einer Überdotierung (das tatsächliche Kassenvermögen übersteigt 125 % des zulässigen Kassenvermögens) in Betracht. Zu beachten ist nämlich, dass das Kassenvermögen der Unterstützungskasse gehört und als solches einer satzungsgemäßen Zweckbindung unterliegt. Dies ist erforderlich, um eine Befreiung von der Körperschaftssteuer gemäß § 5 Abs. 1 Nr. 3 KStG zu erlangen. Verstöße gegen die Zweckbindung können zu einem rückwirkenden Verlust dieses steuerlichen Privilegs führen. Problematisch kann dies insbesondere dann sein, wenn eine Gruppenunterstützungskasse betroffen ist, bei der es hinsichtlich der Überdotierung auf die Kasse in ihrer Gesamtheit ankommt und eine Überdotierung insofern ggf. nicht vorliegt.[630] Die lange Zeit umstrittene Frage, ob durch eine satzungsmäßige Vermögenssegmentierung, welche aus Vereinfachungsgründen praktisch häufig vorkommt, die Voraussetzungen für eine individuelle Überdotierung des jeweiligen Trägerunternehmens erfüllt werden können, hat der BFH nunmehr ausdrücklich verneint, da das KStG auf die Unterstützungskasse als einheitliches Rechtssubjekt in seiner Gesamtheit abstellt.[631] Andererseits ist mit Blick auf eine neuere Entscheidung des BFH auch aus einem zweiten Grund Vorsicht geboten. Dieser hat in einer Konstellation, in der eigentlich eine Überdotierung vorgelegen haben muss, da die Zusage von einem Pensionsfonds übernommen worden war, entschieden, dass im konkreten Fall die Rückführung des Kassenvermögens zweckwidrig gewesen sei.[632] Es ist daher Vorsicht geboten.

In der Praxis wird der Rückkaufswert daher zumeist sukzessive auf die Beitragszahlungen für die verbleibenden Mitarbeiter angerechnet. Da diese Zahlungen jedoch nur dem Veräußerer zugute kommen, ist im Kaufvertrag ein angemessener finanzieller Ausgleich für den Erwerber zu vereinbaren.

---

630 *Buttler/Baier* Rn. 68.

631 BFH 26.11.2014 – I R 37/13, DStR 2015, 691; vgl. auch Uckermann/Fuhrmanns/Ostermayer/Doetsch/*Eversloh* BetrAVG (2014) Kap. 10 Rn. 77.

632 BFH 14.11.2012 – I R 78/11, DB 2013, 552.

Will oder kann sich der Erwerber nicht einer Unterstützungskasse anschließen, so kann er die Versorgungsverpflichtungen aber auch als unmittelbare Versorgungszusagen weiterführen.[633] Letzteres ist jederzeit auch **ohne Zustimmung** der Versorgungsberechtigten möglich, da diese Lösung für die Versorgungsberechtigten lediglich rechtlich und wirtschaftlich vorteilhaft ist (ihnen wird erstmals ein Rechtsanspruch eingeräumt) und sich als unmittelbare Rechtsfolge des Betriebsübergangs ergibt.[634] Da ihnen gegenüber der Unterstützungskasse kein Rechtsanspruch auf Leistungen zustand, wird insofern auch keine Rechtsposition entzogen. 501

Der Erwerber kann allerdings auch nach allgemeinen Regeln versuchen, den **Versorgungsweg** zu **wechseln** und die Versorgungszusage zukünftig als Pensionskassen- oder Pensionsfondszusage auszugestalten. Ferner kann er versuchen, sich einer Direktversicherung zu bedienen. In diesem Fall des gewillkürten Wechsels des Durchführungsweges (außerhalb der oben beschrieben automatischen Umstellung auf eine Direktzusage) ist allerdings entweder die Zustimmung des Versorgungsberechtigten oder, sofern die Zusage auf einer Betriebsvereinbarung oder einer betriebsvereinbarungsoffenen Regelung beruhte, der Abschluss einer entsprechenden Betriebsvereinbarung erforderlich, da die Zusage grds. auch die Beibehaltung des einmal zugesagten Durchführungsweges beinhaltet.[635] Soweit in diesem Zusammenhang (zur Begründung der Auffassung, es sei keine Zustimmung erforderlich) darauf verwiesen wird, dass in der Frage des Durchführungswegs kein Mitbestimmungsrecht des Betriebsrats besteht,[636] ist dies grds. richtig, gleichwohl aber geeignet Missverständnisse hervorzurufen. Ist die Grundlage der Versorgungszusage nämlich eine (in diesem Punkt freiwillige) Betriebsvereinbarung, so ist das Unternehmen hieran jedenfalls im Fall der kollektivrechtlichen Fortgeltung gebunden und muss rechtstechnisch betrachtet die Betriebsvereinbarung ändern. Dies ist allerdings stets zur Not mit dem Mittel der Kündigung erzwingbar. 502

In der Umstellung des Durchführungsweges liegt keine Übertragung iSv § 4 BetrAVG, da der Schuldnerwechsel im Rahmen des Betriebsübergangs gemäß § 613a Abs. 1 BGB kraft Gesetzes vollzogen wird und der Erwerber durch die obigen Maßnahmen nicht von seiner Schuld befreit wird (ihn trifft immer die Ausfallhaftung nach § 1 Abs. 1 S. 3 BetrAVG). Er wechselt vielmehr lediglich den Durchführungsweg, was nicht unter § 4 BetrAVG fällt.[637] Im Übrigen sind stets die **steuerrechtlichen** Folgen eines solchen Wechsels des Versorgungsweges zu berücksichtigen. Dies gilt insbesondere für den möglichen Wechsel von einem für den Arbeitnehmer nachgelagert besteuerten zu einem vorgelagert besteuerten Durchführungsweg. 503

Die übernommenen Arbeitnehmer bzw. der Betriebsrat sind – soweit ihre Mitwirkung nach dem oben Gesagten erforderlich ist – aus der **Treuepflicht** heraus gehalten, an einer sachgerechten Neuregelung ihrer Versorgungsansprüche mitzuwirken.[638] Eine solche Verpflichtung besteht dann nicht, wenn den Berechtigten aus der Umstellung Nachteile entstehen, die ihnen nicht ersetzt werden. Darunter fallen insbesondere steuerliche Nachteile. In aller Regel ist ein solcher Wechsel daher jedenfalls für den *past service* nicht sinnvoll. Sind Nachteile ausgeschlossen, so steht einer Umstellung die Veränderungssperre des § 613a Abs. 1 S. 3 BGB nicht entgegen. Besteht nach dem oben Gesagten ein Anspruch des Arbeitgebers auf Erteilung der Zustimmung zum Wechsel des Durchführungswegs, so steht dem Arbeitgeber für den Fall, dass ein Mitarbeiter gegen den Wechsel des Durchführungswegs mit der Begründung klagt, es sei seine (nicht erteilte) Zustimmung erforderlich, eine *dolo agit* Einrede zu. 504

---

633 *Goldbach/Obenberger* BetrAVG Rn. 604; *Powietzka* BetrAV 2009, 36.
634 Vgl. *Goldbach/Obenberger* BetrAVG Rn. 167, 604.
635 BAG 12.6.2007 – 3 AZR 186/06, NZA-RR 2008, 537.
636 *Powietzka* BetrAV 2009, 36.
637 ErfK/*Steinmeyer* BetrAVG § 4 Rn. 1.
638 Allgemein zur Treuepflicht Küttner/*Kreitner* Treuepflicht Rn. 1 ff.

505 **bb) Direktversicherung.** Hat der Vorarbeitgeber für die Arbeitnehmer eine Direktversicherung abgeschlossen, so ist der Erwerber wegen § 613a Abs. 1 BGB aus der arbeitsrechtlichen Versorgungszusage verpflichtet, zu gewährleisten, dass die betroffenen Arbeitnehmer bei Eintritt des Versorgungsfalls die seitens des früheren Arbeitgebers zugesagten Versicherungsleistungen erhalten.

Der Erwerber tritt aber nicht automatisch in die Stellung als Versicherungsnehmer ein. Versicherungsnehmer bleibt vielmehr grds. der Veräußerer.[639] Trifft der Erwerber diesbezüglich keinerlei Vorkehrungen, so haftet er jedenfalls nach § 1 Abs. 1 S. 3 BetrAVG.

Soll die Versicherung auf den Betriebserwerber übertragen und fortgeführt werden, so besteht die Möglichkeit, dass der Erwerber anstelle des Veräußerers **in die Position des Versicherungsnehmers** aus dem Versicherungsvertrag **eintritt.** Dies setzt ein dreiseitiges Einvernehmen zwischen Veräußerer, Erwerber und dem Versicherungsunternehmen voraus. Sofern die Durchführung der Versicherung bei einem bestimmten (dh dem derzeitigen) Versicherungsunternehmen ausnahmsweise Gegenstand der Zusage geworden ist, besteht eine Verpflichtung des Erwerbers, im Rahmen seiner Möglichkeiten einem Eintritt in das Versicherungsverhältnis zuzustimmen, da er nur so die Versorgungszusage mit dem vereinbarten Inhalt erfüllen kann. Bei einem **Gruppenversicherungsvertrag** muss der Vertrag geteilt werden, wenn der Erwerber nicht alle Mitarbeiter übernommen hat. In beiden Fällen ist die Zustimmung des Lebensversicherers sowie des Veräußerers erforderlich. Dabei wird jedenfalls dann, wenn es sich nicht um die Spaltung eines Gruppenversicherungsvertrages handelt, anzunehmen sein, dass die Versicherung grundsätzlich eine versicherungsvertragliche Nebenpflicht trifft, der Übertragung der Versicherungsnehmerstellung auf den Erwerber zuzustimmen.[640] Wird die Versicherungsnehmereigenschaft auf den Erwerber übertragen, so ist hierin keine Novation des Versicherungsvertrages zu sehen, so dass für die Beteiligten keine steuerrechtlichen Nachteile entstehen.[641]. Es kann aber dazu kommen, dass aufgrund des Ausscheidens aus einem Gruppenvertrag sich die Konditionen der Versicherung, insbesondere die zugrunde gelegten Verwaltungskostenanteile, ändern. Dies wirkt sich indes regelmäßig nur bei der Höhe einer zukünftigen Überschussbeteiligung aus, begründet also keine Risiken des Arbeitgebers aus der Einstandspflicht, da sich diese nur auf die Höhe der garantierten Leistungen nicht jedoch auf die Höhe zukünftiger Überschussbeteiligungen bezieht.

506 Der Erwerber kann alternativ mit einem von ihm ausgesuchten Lebensversicherer neue Versicherungsverhältnisse für den *future service* begründen. Dies ist jedoch für den Erwerber mit Risiken belastet, da der Veräußerer bei einer fehlenden Übertragung der Versicherungsnehmereigenschaft alle Rechte aus dem Versicherungsvertrag behält. Er kann beispielsweise jederzeit die Versicherungsverhältnisse für die übernommenen Arbeitnehmer (ggf. unter Bruch seiner arbeitsrechtlichen Verpflichtungen) vorbehaltlich des Kündigungsausschlusses gemäß § 168 Abs. 3 S. 1 VVG kündigen und den Rückkaufswert verlangen (§ 169 VVG) oder die Versicherung beleihen. Diese Rechte müssen wirksam ausgeschlossen werden. Zudem führt der Abschluss neuer Versicherungsverträge ggf. zu Abschlusskosten und dem weiteren Problem, dass ggf. nur ein Vertrag mit niedrigerem Garantiezins verfügbar ist.

507 Ebenfalls kommt in Betracht, dass eine vom Erwerber ausgewählte Lebensversicherung die Versorgung von der ursprünglichen Versicherung übernimmt. Dies richtet sich – wie auch im Falle der einzelvertraglichen Übernahme nach § 4 BetrAVG – im Regelfall nach dem Übertragungsabkommen der deutschen Versicherungswirtschaft, dem sich zahlreiche Versicherer angeschlossen haben. Hierbei besteht allerdings die Besonderheit, dass nach Ziffer 2 des Abkommens, der neue Versicherer die Übertragung ablehnen darf, wenn der

---

[639] *Rolfs* BetrAV 2008, 470.

[640] aA *Rolfs* NZA-Beil. 2008, 164 (166).

[641] Umkehrschluss aus BFH 9.5.1974 – VI R 137/72, DStR 1974, 706; Schlewing/Henssler/Schipp/Schnitker/*Schnitker/Sittard* Teil 17 A, Rn. 386.

Übertragungswert das 20fache der Beitragsbemessungsgrenze in der gesetzlichen Rentenversicherung überschreitet. Zudem ist die Übernahme regelmäßig mit einer Umstellung des Leistungsplanes auf die Versicherung des Erwerbers verbunden und bedarf nach dem Abkommen der Zustimmung des Arbeitnehmers.[642]

Letztlich kommt bei besonders großen Beständen an übergehenden Mitarbeitern eine echte Bestandsübertragung nach § 13 VAG auf einen neuen Versicherer in Betracht. Hier werden, anders als im vorbeschriebenen Fall, die bestehenden Verträge in *toto* übertragen. Der Leistungsplan bleibt damit unverändert. Da diese Übernahme jedoch nach § 13 Abs. 1 S. 1 VAG die Zustimmung der BaFin voraussetzt, wird von dieser Möglichkeit in der Praxis nur selten Gebrauch gemacht.

Will der Erwerber den Durchführungsweg wechseln, sind die Arbeitnehmer aufgrund 508
der Treuepflicht – wie bereits oben ausgeführt wurde – gehalten, ihre Zustimmung zu einem Wechsel des Durchführungswegs zu erteilen,[643] wenn ihnen keine materiellen Nachteile entstehen. Das **Verbot des Widerrufs der Bezugsrechte** nach Erfüllung der Unverfallbarkeitsvoraussetzung (§ 1 Abs. 2 S. 1 BetrAVG) hindert den Vorarbeitgeber nicht daran, den Durchführungsweg zu wechseln, da eine Beendigung des Arbeitsverhältnisses kraft der Fiktion des Fortbestehens der Betriebszugehörigkeit in § 613a BGB nicht vorliegt. Zudem betrifft das gesetzliche Verbot des Widerrufs nur das arbeitsrechtliche Versorgungsverhältnis, nicht jedoch das Versicherungsverhältnis.[644]

cc) Pensionskasse. Für Pensionskassenzusagen gilt Folgendes. Auch hier tritt der Erwer- 509
ber nicht automatisch in das Rechtsverhältnis zur Pensionskasse ein.

Steht die Pensionskasse dem „Erwerber" offen, so kann der neue Arbeitgeber sich der 510
Pensionskasse anschließen und damit seiner Verpflichtung sowohl für den *past service* als auch den *future service* nachkommen. Die Mitgliedschaften und Versicherungen der übernommenen Arbeitnehmer bleiben in diesem Fall unberührt. Der Erwerber muss lediglich Träger- oder Beteiligungsunternehmen und, soweit die Satzung der Pensionskasse dies vorsieht, ebenfalls Mitglied der Pensionskasse werden. Dieser Fall ist technisch unproblematisch. Allerdings sollte der Erwerber darauf achten, ob die Kasse in der Lage ist, auf der Grundlage der bereits gezahlten Beiträge und erwirtschafteten Kapitalerträge ihre Verpflichtungen zu erfüllen. Ist dies nicht der Fall, dann kann es (bei Leistungsplänen mit variablem Arbeitgeberbeitrag) zu Beitragserhöhungen in der Zukunft oder aber allgemein zum Eingreifen der gesetzlichen Ausfallhaftung bzw. der Notwendigkeit von deren Abwendung durch Nachschusszahlungen kommen. Hier lauern also versteckte finanzielle Risiken.

Pensionskassen sind allerdings oftmals Konzernen, Unternehmen oder Branchen zugeordnet. Satzungsrechtlich scheidet damit oftmals der Eintritt des Erwerbers als neuer Träger der Pensionskassenversorgung oder aber eine Aufrechterhaltung der ordentlichen Mitgliedschaft der Mitarbeiter nach Ausscheiden aus dem Konzern bzw. Unternehmen aus. Nach § 613a Abs. 1 S. 1 BGB hat der Erwerber dennoch die ursprünglich von der Pensionskasse in Aussicht gestellten Leistungsverpflichtungen zu übernehmen.

Kann oder will der Erwerber nicht Träger der Pensionskasse bleiben oder werden, so 511
sehen die Satzungen der Pensionskassen vor, dass trotz des Ausscheidens der Arbeitnehmer aus dem Arbeitsverhältnis mit einem angeschlossenen Unternehmen (Veräußerer) die bereits finanzierten Versorgungsansprüche im Wege einer **beitragsfreien Versicherung** aufrechterhalten werden. Auf diese Weise kann der *past service* abgedeckt werden. Es sind dann grds. keine Ausgleichszahlungen notwendig. Aus Sicht des Erwerbers ist jedoch si-

---

[642] Vgl. hierzu Abkommen zur Übertragung zwischen den Durchführungswegen Direktversicherung, Pensionskasse oder Pensionsfonds bei Arbeitgeberwechsel vom 29.7.2010; vgl. dazu *Blumenstein* DB 2008, 1269.

[643] So auch *Thüsing/Granetzny* BetrAV 2009, 485 (487); vgl. auch Schlewing/Henssler/Schipp/Schnitker/*Karst/Stöckler* Teil 5 H, Rn. 22ff.

[644] Schlewing/Henssler/Schipp/Schnitker/*Diller* Teil 10 A, Rn. 197; sowie Schlewing/Henssler/Schipp/Schnitker/*Schnitker/Sittard* Teil 17 A, Rn. 389.

cherzustellen, dass die Beiträge für die Vergangenheit ordnungsgemäß entrichtet wurden und keine Rückstände bis zum Stichtag des Übergangs bestehen. Zudem ist es sinnvoll, sich einen Überblick über die finanzielle Lage der Pensionskasse zu verschaffen, um festzustellen, ob eine Ausfallhaftung nach § 1 Abs. 1 S. 3 BetrAVG droht. Zu Beitragsnachforderungen der Pensionskasse wird es nicht kommen können, wenn der Erwerber nicht Trägerunternehmen wird, da es hierfür an einer Rechtsgrundlage mangelt. Idealerweise sollte der Kaufvertrag entsprechende Garantien oder Freistellungsverpflichtungen im Fall der Nichterfüllung von unterbliebenen Beitragsabführungen und aber potentiellen finanziellen Risiken enthalten; gegebenenfalls lässt sich die Unterdeckung der Pensionskasse auch berechnen und entsprechend vom Kaufpreis abziehen.

512 Für die Zukunft kann der Erwerber versuchen, die Versorgung über eine **eigene Pensionskasse** oder aber eine **öffentlich zugängliche Pensionskasse** abzudecken, die den der Grundzusage zugrunde liegenden Leistungsplan übernimmt. Etwa erforderliche **Anpassungen des Leistungsplanes** müssen nach den Regeln über die Änderung von Versorgungszusagen umgesetzt werden (dazu → Rn. 655 ff.). Wird nur der *future service* bei der neuen Pensionskasse abgedeckt, so wird es sich allenfalls um Eingriffe auf der dritten Stufe im Sinne der Drei-Stufen Lehre des BAG handeln.

513 Auch eine **vollständige Überleitung** der Versorgung (inklusive des *past service*) auf eine neue Pensionskasse ist nach dem Abkommen zur Übertragung zwischen den Durchführungswegen bei Direktversicherung, Pensionskasse oder Pensionsfonds bei Arbeitgeberwechsel denkbar.[645] Dies gilt indes nur, soweit es sich sowohl bei der Pensionskasse des Veräußerers als auch derjenigen des Erwerbers um eine sogenannte deregulierte Pensionskasse handelt, da nur diese die Voraussetzung des Beitritts zu gesetzlichen Sicherungsfonds in Ziffer 4 des Abkommens erfüllen können. Diese deregulierten Pensionskassen stehen üblicherweise ohnehin jedem Arbeitgeber offen, so dass der Wechsel nur dann Sinn macht, wenn der Erwerber einer solchen Pensionskasse angeschlossen ist.

Ebenfalls möglich ist es, die Versorgung der betroffenen Arbeitnehmer für die Zukunft oder insgesamt über ein **Unternehmen der Lebensversicherung** sicherzustellen. Sofern hiermit ein Wechsel des Durchführungswegs einhergeht, bedarf dieser der **Zustimmung** der Arbeitnehmer, die, sofern nicht durch eine Betriebsvereinbarung zulässigerweise ersetzt, allerdings zu erteilen ist, wenn ihnen keine materiellen Nachteile entstehen.[646] Im Anwendungsbereich des Abkommens zur Übertragung zwischen den Durchführungswegen bei Direktversicherung, Pensionskasse oder Pensionsfonds bei Arbeitgeberwechsel ist ein solcher Wechsel ohne weiteres möglich.

514 Denkbar ist auch eine Bestandsübertragung mit Zustimmung der BaFin gemäß §§ 13, 200 VAG auf eine Lebensversicherung oder Pensionskasse des Erwerbers. Das gleiche gilt für eine mögliche Verschmelzung (§ 14 VAG). Die Zustimmung der BaFin ersetzt jeweils die Zustimmung der einzelnen Versorgungsberechtigten.[647]

515 Ist keine der obigen Optionen gewollt oder möglich (wobei Letzteres angesichts der Existenz kommerziell am Markt auftretender Pensionskassen fast ausgeschlossen ist), kann der Erwerber die Versorgung für die Zukunft oder insgesamt als eigene **unmittelbare Verpflichtung fortsetzen.** Dies ergibt sich grds. automatisch aus § 613a BGB iVm § 1 Abs. 1 S. 3 BetrAVG soweit der Erwerber keine Rechtsbeziehungen zu einer Pensionskasse aufbaut oder aufrechterhält. Allerdings ist dies in der Regel nicht sinnvoll. Zwar ist es vertretbar davon auszugehen, dass zu dieser Lösung keine Zustimmung der Arbeitnehmer erforderlich ist, weil sich die Rechtsfolgen unmittelbar aus § 613a BGB ergeben und die Arbeitnehmer jedenfalls aufgrund der Treuepflicht gehalten sind, ihre Zustimmung zu einem Wechsel der Gestaltungsform zu erteilen,[648] wenn ihnen keine materiellen Nachteile

---

645 Vgl. hierzu Abkommen zur Übertragung zwischen den Durchführungswegen Direktversicherung, Pensionskasse oder Pensionsfonds bei Arbeitgeberwechsel vom 19.6.2015, abzurufen über www.gdv.de.

646 *Rolfs* BetrAV 2008, 470.

647 BAG 14.12.1999 – 3 AZR 675/98, NZA 2001, 96; *Rolfs* BetrAV 2008, 470.

648 Vgl. auch Schlewing/Henssler/Schipp/Schnitker/*Karst/Stöckler* Teil 5 H, Rn. 22 ff.

entstehen. Bei der Vergleichsbetrachtung sind aber **steuerliche Nachteile** aufgrund eines Wechsels von einer vorgelagerten Besteuerung bei der Pensionskasse zu einer nachgelagerten Besteuerung bei der unmittelbaren Versorgungszusage zu beachten und auszugleichen, wenn ein Anspruch auf Zustimmung der Arbeitnehmer begründet werden soll.

Einstweilen frei 516

dd) Pensionsfonds. In der Praxis ist zunächst zu beachten, dass zahlreiche als „Pensionsfonds" bezeichnete Versorgungszusagen rechtsirrig **unzutreffend bezeichnet** sind. Es ist daher stets zu prüfen, ob es sich überhaupt tatsächlich um eine Pensionsfondszusage im Sinne des § 236 VAG handelt. Dies ist oftmals nicht der Fall, da die Pensionsfondszusage bislang jedenfalls noch keinen hohen Verbreitungsgrad erlangt hat. Oftmals verbirgt sich hinter der Bezeichnung Pensionsfonds in Wahrheit ein CTA, weil der Begriff untechnisch verwendet wurde. 517

Pensionsfondszusagen sind dann unproblematisch, wenn der Pensionsfonds für den Erwerber offen steht, er also die Zusage bei dem Pensionsfonds fortsetzen kann. Dies ist bei den für bestimmte Branchen errichteten Pensionsfonds regelmäßig der Fall. Ist der Pensionsfonds hingegen für einen Konzern errichtet, so stellen sich vergleichbare Probleme wie bei der Pensionskasse. Im Einzelnen gelten daher die für die Pensionskasse einschlägigen Aussagen entsprechend (→ Rn. 509 ff.). 518

Will oder muss der Erwerber den Durchführungsweg **wechseln,** so gelten hierfür wiederum die allgemeinen Regelungen.

ee) Sonderfall Contractual Trust Arrangement. *Contractual Trust Arrangements* sind kein eigenständiger Durchführungsweg, sondern eine aus dem Unternehmen ausgelagerte Form der Finanzierung, die in der Regel bei Unternehmen zu finden ist, die internationalen Bilanzierungsgrundsätzen unterliegen und Direktzusagen (oder nicht ausfinanzierte Unterstützungskassenzusagen) erteilt haben.[649] 519

Die **Übertragung** der Versorgungsverpflichtungen aus der Grundzusage erfolgt zunächst nach den allgemeinen Regeln gemäß § 613a BGB. Es kommt somit in jedem Fall ohne Ausnahmen zu einem gesetzlichen Schuldnerwechsel im Hinblick auf die übergehenden Mitarbeiter.

Die Folgen dieses Schuldnerwechsels für das CTA sind von dessen konkreter Ausgestaltung abhängig. Das CTA muss deshalb im Rahmen der Transaktion überprüft werden. Infolge der Mannigfaltigkeit der denkbaren Ausgestaltungen können hier nur die wesentlichen Problemansätze skizziert und die für die Lösung erheblichen Ansätze dargestellt werden. Eine Prüfung in Ansehung der konkret gewählten CTA-Gestaltung im Einzelfall ist aber unerlässlich. 520

Beispiel J 8:

Die A-GmbH verfügt über 5.000 aktive Mitarbeiter, deren Versorgungsansprüche über ein CTA gesichert sind. Das CTA basiert auf dem Modell der doppelseitigen Treuhand. Es sieht keine besonderen Regelungen für den Fall des Ausscheidens von Betrieben aus dem Unternehmen vor. Das CTA ist zu 50 % *„gefunded"*. Der Betrieb der A-GmbH in Düsseldorf mit aktiven 1.500 Mitarbeitern wird an die B-GmbH verkauft. Diese verlangt einen Ausgleich für die übernommenen Versorgungsverpflichtungen. Die A-GmbH möchte den erforderlichen Betrag aus dem CTA entnehmen. Die Treuhandvereinbarung enthält eine Regelung, nach der im Fall des Betriebsübergangs Treuhandvermögen proportional zum Wert der „ausgeschiedenen Verpflichtungen" entnommen werden darf.

[649] Zu den Grundlagen → Rn. 121 ff.

Beispiel J 9:

Die A-GmbH verfügt für ihren Betrieb in München mit 200 Mitarbeitern über ein separates CTA, das auf dem Pfandrechtsmodell beruht. Das CTA ist zu 100 % *„gefunded"*. Verpfändet ist der Herausgabeanspruch der A-GmbH gegenüber dem Treugeber an dem Treuhandvermögen. Der Betrieb der A-GmbH wird an die B-GmbH verkauft.

521 **(1) Pfandrechtsmodell.** Ist das Sicherungsrecht im CTA ein **Pfandrecht,** das für die Versorgungsforderung gegenüber dem alten Arbeitgeber bestellt worden ist, so stellt sich die Frage, ob und zu welchem Zeitpunkt das Pfandrecht **erlischt.** Im Grundsatz erlöschen Pfandrechte gemäß § 1252 BGB akzessorisch mit dem Erlöschen der Hauptforderung. Zwar geht bei einer Forderungsübertragung, dh einem Gläubigerwechsel das Pfandrecht als akzessorisches Sicherungsrecht gemäß § 1250 BGB auf den neuen Gläubiger über. Dies gilt aber nicht entsprechend im Falle des Schuldnerwechsels.

Das CTA-Schrifttum bejaht recht einhellig das Erlöschen des Pfandrechts im Zeitpunkt des Betriebsübergangs, da zu diesem Zeitpunkt auch die Hauptforderung gegen den Betriebsveräußerer erlösche.[650] Diese Begründung erscheint problematisch, führt doch der Betriebsübergang gerade nicht zu einem Erlöschen der Hauptforderung an sich, sondern lediglich zu einem Schuldnerwechsel. Zutreffender ist es daher, das Erlöschen des Sicherungsrechts auf § 418 Abs. 1 S. 1 BGB (analog) zu stützen. In Betracht kommt die Aufrechterhaltung des Sicherungsrechts dann einzig auf Grundlage einer Einwilligung des Pfandschuldners in die Forthaftung nach § 418 Abs. 1 S. 3 BGB. Gegen eine solche Einwilligung wird aber regelmäßig sprechen, dass es der Lebenserfahrung widerspricht, dass der Treugeber auch dann weiter als Pfandschuldner haften will, wenn er hinsichtlich der Hauptforderung enthaftet wird. Etwas anderes kann auch nicht aus dem Umstand hergeleitet werden, dass er als Betriebsveräußerer den Betriebsübergang ausgelöst hat. Die Auslösung des Betriebsübergangs und der Untergang des Sicherungsrechts sind zwei voneinander zu trennende rechtliche Aspekte.

Damit ist dem Schrifttum im Ergebnis dahingehend zuzustimmen, bereits im Zeitpunkt des Betriebsübergangs ein Erlöschen des Pfandrechts anzunehmen. Dafür spricht nicht zuletzt die Erwägung, dass das Pfandrecht nur für den originären Versorgungsanspruch, nicht aber auf den gesetzlich angeordneten Nachhaftungsanspruch des § 613a Abs. 2 BGB bestellt worden ist. Jedenfalls wird das Pfandrecht aber spätestens mit Ablauf der Nachhaftungsperiode vollständig erloschen sein.

522 Mit dem Erlöschen des Pfandrechts werden die pfandverstrickten *plan assets* des Treuhandvermögens frei. Sie können dann in einem kongruent gedeckten CTA vom Treugeber **entnommen** werden. Dies ist wichtig, da der Erwerber einen Ausgleich für die übernommenen Verpflichtungen erwartet und der Veräußerer sich die hierfür erforderlichen Mittel im Wege der Rückgewähr des eingebrachten Treuhandvermögens beschaffen kann. Im obigen Beispielsfall J 9. kann die A-GmbH daher die notwendigen Mittel aus dem CTA entnehmen, um der B-GmbH Ausgleich für die übernommenen Versorgungsverpflichtungen zu leisten.

523 Probleme entstehen jedoch, wenn eine Unterdeckung im *trust* besteht und die Treuhandvereinbarung für diese Fälle nicht sachgerecht ausgestaltet ist. Je nach Ausgestaltung der Treuhandabrede kann dann nämlich fraglich sein, ob überhaupt Treuhandvermögen entnommen werden kann. Haftet das Treugut zB für alle (dh auch die bei dem Veräußerer verbleibenden) Verbindlichkeiten, so wird es nur dann frei, wenn eine Überdeckung entsteht. Kommt es hingegen nach dem Ausscheiden eines Teils der Mitarbeiter lediglich zu einer Erhöhung des *funding-levels,* so besteht kein Entnahmerecht. Allerdings wird der Veräußerer in diesem Fall einen höheren Anteil seiner Rückstellungen mit dem Treuhandvermögen saldieren können. In diesen Fällen zeigt sich dann, ob die Treuhandvereinbarung vorausschauend gestaltet worden ist und zB sachgerecht separierte Teileinheiten von ver-

[650] Vgl. *Bode/Bergt/Odenberger* DB 2000, 1864 (1866); *Schwind* FS Andresen, 2007, 585 (601).

pfändetem Treugut (zB pro Betrieb) vorsieht. Dabei ist aber zu beachten, dass eine solche Separierung in Teileinheiten bei stark im Wert schwankendem Treuhandvermögen ebenfalls zu Problemen führen kann, weil etwa gewünschte Nivellierungseffekte im Unternehmen nicht erreicht werden. Es gibt also keine in jedem Fall richtige oder falsche Lösung, woran sich zeigt, dass ein CTA stets auf die spezifischen Bedürfnisse des Verwenders zugeschnitten sein muss. Sachgerecht dürften in jedem Fall Regelungen sein, die für den Fall von Übertragungen proportionale Entnahmerechte zum Zwecke der Übertragung auf einen Nachfolgetreuhänder vorsehen.

Noch nicht endgültig geklärt ist die in der Literatur bislang kaum gesehene Frage, ob 524
dem Freiwerden des Treuhandvermögens die für einen Übergangszeitraum fortbestehende **gesamtschuldnerische Haftung** des Veräußerers (bis zu deren Ablauf) entgegensteht. Idealerweise ist dies in der Treuhandvereinbarung explizit ausgeschlossen worden. Zwar sind die Mithaftungsvorschriften wie § 613a Abs. 2 BGB zwingendes Recht. Dies hindert die Parteien indes nicht daran, im Rahmen des CTA die gesicherte Hauptforderung frei zu definieren. Enthält das CTA keine diesbezügliche Regelung, so könnte die Übertragung des Treuhandvermögens bei noch fortbestehendem Sicherungsrecht als unzulässige Pfandrechtsbeeinträchtigung gemäß § 1276 Abs. 2 BGB anzusehen sein. Diesem Einwand könnte man dadurch begegnen, dass für die übergehenden Mitarbeiter bei dem Erwerber ein gleiches Sicherungsrecht begründet wird. Allerdings kann sich die Entnahme von Treuhandvermögen dann gleichwohl noch als Benachteiligung der verbleibenden gesicherten Gläubiger auswirken, weil der Wert des Treuguts gemindert wird. Auf diesen Aspekt kann es aber jedenfalls dann nicht ankommen, wenn für die verbleibenden Gläubiger nach der Entnahme immer noch ein *funding-level* von über 100% besteht, da in diesem Fall – zumindest bei Eintritt einer erheblichen Übersicherung – ein Anspruch auf **Pfandfreigabe** hinsichtlich des überschießenden Teils bestünde.[651] Von Bedeutung ist in diesem Zusammenhang auch die Frage, ob das Sicherungsrecht an einzelnen Gegenständen begründet worden ist, die damit unmittelbar sicherungsverstrickt werden oder aber an dem Rückübertragungsanspruch des Treugebers bezogen auf das Treugut (in der jeweiligen Höhe und Zusammensetzung). In Zweifelsfällen empfiehlt es sich jedenfalls aus Gründen der Rechtssicherheit im Pfandrechtsmodell, die **Zustimmung** der Versorgungsberechtigten einzuholen, wenn eine Pfandrechtsbeeinträchtigung droht.

(2) Sicherungstreuhandmodell. Ist das Sicherungsrecht als Sicherungstreuhand ausge- 525
staltet, so ist allein der Inhalt der Sicherungsabrede für das Schicksal des Sicherungsrechts und die Frage der Entnahmefähigkeit des Treuhandvermögens maßgeblich. Anders als bei dem Pfandrechtsmodell besteht grundsätzlich **Vertragsfreiheit,** da die Ausgestaltung des Sicherungsrechts nicht mehr dem zwingenden Korsett des Sachenrechts mit seinem strikten Typenzwang unterliegt. So kann für das Sicherungsrecht vorgesehen werden, dass es im Fall des Betriebsübergangs erlischt oder aber bestehen bleibt. Ebenso ist eine Gestaltung möglich, nach der auch im Fall der Unterdeckung ein Teil des Treuhandvermögens entnommen oder auf einen Nachfolgetreuhänder übertragen werden darf. Alle Gestaltungen sind zivilrechtlich im Rahmen der Einräumung des Sicherungsrechts als Vertrag zugunsten Dritter möglich. Was sinnvoll ist, muss der Treugeber im Rahmen der Einrichtung des CTA entscheiden. Der Wirtschaftsprüfer entscheidet dann, ob die Gestaltung **bilanziell** anerkennungsfähig ist. In dieser Gestaltungsfreiheit liegt ein wesentlicher Vorteil des Treuhandmodells gegenüber dem Pfandrechtsmodell. Bei dem Pfandrechtsmodell unterliegt das Sicherungsrecht den zwingenden Vorgaben des Sachenrechts mit dem damit verbundenem Risiko der Unwirksamkeit der beeinträchtigenden Regelung. Bei der Sicherungstreuhand hingegen kann das Sicherungsrecht frei gestaltet werden. Die gewählte Regelung ist daher

[651] Dies ergibt sich entgegen der Grundwertung des § 1222 BGB aus § 242 BGB. Voraussetzung ist hier allgemein, dass die Pfandgläubiger durch das verbleibende Pfand ausreichend gesichert sind; s. BGH 17.1.1995 – XI ZR 192/93, NJW 1995, 1095; MüKoBGB/*Damrau* § 1222 Rn. 2.

zivilrechtlich immer anzuerkennen, da die Anforderungen an die „Unentziehbarkeit" des Sicherungsrechts nur aus den IFRS-Bestimmungen herrühren, die zwar für die Anerkennung durch Wirtschaftsprüfer wichtig sind, zivilrechtlich im Verhältnis zu den Versorgungsberechtigten jedoch grds. ohne Bedeutung sind. Allenfalls dann, wenn die vertragliche Vereinbarung lückenhaft und auslegungsbedürftig ist, wird man davon auszugehen haben, dass die Parteien eine bilanzrechtskonforme Ausgestaltung gewollt haben. Insofern besteht dann eine gewisse Maßgeblichkeit der bilanzrechtlichen Vorgaben.

526 Wichtig ist, dass der Treugeber an ein einmal eingeräumtes Sicherungsrecht nach vertragsrechtlichen Grundsätzen gebunden bleibt, es sei denn dass der Entzug der Sicherungsposition gemäß § 328 Abs. 2 BGB vorbehalten wurde (was bei zu weitgehender Gestaltung der Anerkennung des CTA durch die Wirtschaftsprüfer entgegenstehen kann). Im Hinblick auf übergehende Versorgungsverbindlichkeiten ist hier jedoch zudem wiederum § 418 BGB zu beachten. Sieht der Treuhandvertrag keine ausdrückliche gegenteilige Regelung vor, erlischt im Hinblick auf die übergehenden Versorgungsverpflichtungen das Sicherungsrecht *ipso jure.*

527 Erlischt das Sicherungsrecht, so wird das Treugut insoweit **entnahmefähig,** als dies in der Treuhandabrede vorgesehen ist. So ist es zB denkbar, dass die Treuhandabrede (wie im Beispielsfall J 8) vorsieht, dass stets ein proportional dem Umfang der ausgeschiedenen Verpflichtungen entsprechender Teil des Vermögens zum Zwecke der Übertragung auf einen Nachfolgetreuhänder entnommen werden kann. In diesen Fällen ist im Kaufvertrag dafür Sorge zu tragen, dass der Erwerber sich zur Errichtung eines gleichwertigen CTAs verpflichtet, auf welches das den übergehenden Mitarbeitern zugeordnete Planvermögen übertragen werden kann. Dieses übertragene Planvermögen ist zudem mindernd im Rahmen eines etwaigen Kaufpreisabzugs für die Übernahme der Pensionsverpflichtungen zu berücksichtigen.

Die Treuhandabrede kann alternativ auch vorsehen, dass das verbleibende Treugut zur Sicherung der verbleibenden Forderungen zu verwenden ist und daher erst im Fall des sog. ***overfunding*** zurückgewährt werden kann. Ob eine Überdeckung für den Gesamtbestand der gesicherten Forderungen vorliegen muss oder für einen separierten Teilbestand (zB ein Unternehmen oder ein Betrieb), hängt ebenfalls von der Treuhandabrede und deren Ausgestaltung ab. Enthält das CTA keine Regelung zur Abgrenzung der Vermögenswerte oder zur Entnahme im Fall von Transaktionen, so ist davon auszugehen, dass eine Entnahme nur im Fall des *overfunding* bezogen auf alle der Treuhandabrede unterfallenden Forderungen gegenüber dem Treugeber möglich ist. Haben mehrere Treugeber ihr Treuhandvermögen nicht nur im Rahmen der Kapitalanlage sondern auch rechtlich hinsichtlich der Begründung einer einheitlichen Haftungsmasse ***gepoolt,*** so muss die Überdeckung, vorbehaltlich entgegenstehender Regelungen im Treuhandvertrag, hinsichtlich aller gesicherten Verpflichtungen aller beteiligten Rechtsträger vorliegen.

528 Vor dem Hintergrund der oben geschilderten Probleme sollten bestehende CTA-Konstruktionen in jedem Fall präventiv **überprüft** und eventuell nicht sachgerecht ausgestaltete CTA-Konstruktionen **überarbeitet** werden.

f) Informationspflichten der beteiligten Arbeitgeber

529 Nach § 613a Abs. 5 BGB haben Veräußerer und Erwerber die vom Betriebsübergang betroffenen Arbeitnehmer über Zeitpunkt, Grund und über die rechtlichen, wirtschaftlichen und sozialen Folgen des Übergangs zu unterrichten. Zum Inhalt dieser Unterrichtung gehören grundsätzlich auch die Auswirkungen des Betriebsübergangs für die **betrieblichen Versorgungsansprüche** (ausführlich zur Unterrichtungspflicht → G Rn. 210 ff.). Das BAG hat die Anforderungen an eine ordnungsgemäße Unterrichtung in den letzten Jahren deutlich erhöht. Dies hat dazu geführt, dass der juristische Laie, um den es sich bei den Adressaten in aller Regel handelt, durch die Länge und Komplexität der vom BAG erwarteten rechtlichen Ausführungen hoffnungslos überfordert ist. Dies gilt insbesondere dann,

wenn die Rechtsfolgen streitig sind. Gleichwohl kann von einer Simplifizierung der Ausführungen nur gewarnt werden, sofern damit in Randbereichen inhaltliche Unrichtigkeiten verbunden sind. Die für den relevanten Personenkreis maßgebliche Folgen sind darzulegen. Ggf. sind unterschiedliche Varianten des Schreibens für bestimmte Personenkreise zu erstellen.

Zu den darzulegenden Auswirkungen gehört zunächst die **Unterrichtung,** dass die 530
Verpflichtungen gegenüber den aktiven Arbeitnehmern, die vom Betriebsübergang erfasst werden und dem Übergang nicht widersprechen, auf den Erwerber übergehen. Grds. entbehrlich sind Ausführungen zum rechtlichen Schicksal der Verpflichtungen gegenüber den nicht übergehenden Mitarbeitern. Dies gilt grds. auch dann, wenn der Erwerber sich im Innenverhältnis zur Übernahme der Versorgungsverpflichtungen gegenüber den zurückbleibenden Versorgungsberechtigten verpflichtet hat. Aussagen zur finanziellen Ausstattung des Erwerbers, insbes. zur Frage der Berücksichtigung der finanziellen Lasten bei der Kaufpreisbemessung sind in der Regel nicht erforderlich, da keine generell abstrakte Pflicht besteht, über die finanzielle und wirtschaftliche Lage des Erwerbers zu unterrichten.[652] Eine Ausnahme kann aber dann gelten, wenn sich eine gravierende Gefährdung der wirtschaftlichen Absicherung der übernommenen Arbeitnehmer beim Erwerber abzeichnet.[653]

Eindeutig darzulegen ist der **Umfang der Mithaftung** gemäß § 613a Abs. 2 BGB so- 531
wie §§ 133, 134 UmwG. Dabei sind die Begriffe Anspruchsentstehung und Fälligkeit für den Laien verständlich zu erklären. Demgegenüber besteht kein Anspruch aus § 613a Abs. 5 BGB gegenüber dem Veräußerer oder Erwerber auf Mitteilung der Höhe der zum Zeitpunkt des Übergangs erworbenen Anwartschaften.[654] Ein solcher Anspruch folgt aber gegen den jeweiligen Arbeitgeber aus § 4a BetrAVG. Allerdings kann sich ein solcher Anspruch ausnahmsweise gegen den Veräußerer auch nach dem Betriebsübergang aus Treu und Glauben ergeben, wenn eine solche Auskunft ausnahmsweise vom Erwerber nicht oder nur schwer zu erlangen ist, dem Veräußerer die Auskunft unschwer möglich ist und der Arbeitnehmer ein berechtigtes Interesse an der Auskunft hat (etwa um Ansprüche gegen den Erwerber durchzusetzen).[655] Die Verletzung dieser aus § 4a BetrAVG sowie ggf. aus Treu und Glauben folgenden Ansprüche führt aber nicht zur Unrichtigkeit des Überleitungsschreibens.

Dezidierte Ausführungen sind zudem dann erforderlich, wenn der Betriebsübergang 532
Auswirkungen auf den Inhalt der Versorgungszusage hat, zB bei einer notwendigen Umstellung des Durchführungsweges, des Versorgungsträgers oder Ablösung durch eine bestehende oder konkret geplante Erwerberregelung.[656] Folgen diese Auswirkungen nicht automatisch zwingend aus dem Gesetz, sondern aus entsprechenden Planungen des Erwerbers, so ist hierüber ebenfalls im Rahmen der in Aussicht genommenen Maßnahmen zu unterrichten. Auch die Frage, ob eine kollektivrechtliche Versorgungsordnung kollektivrechtlich oder lediglich als Inhalt des Arbeitsvertrages weiter gilt, ist zu behandeln.[657]

g) Veränderungsmöglichkeiten betrieblicher Versorgungsrechte zeitnah zu einem Betriebsübergang

Verzicht- und Erlassverträge zwischen Arbeitgeber und Arbeitnehmern im Vorfeld ei- 533
nes geplanten Betriebsüberganges werden vom BAG bislang als Umgehung des § 613a Abs. 1 S. 1 BGB und des § 4 Abs. 1 S. 2 BetrAVG angesehen, sofern der Verzicht nicht durch einen sachlichen Grund gerechtfertigt ist. Fehlt es an einem solchen sachlichen

[652] BAG 31.1.2008 – 8 AZR 1116/06, NZA 2008, 642; *Rolfs* BetrAV 2009, 38.
[653] BAG 15.12.2016 – 8 AZR 612/15, NZA 2017, 783.
[654] BAG 22.5.2007 – 3 AZR 834/05, NZA 2007, 1283.
[655] BAG 22.5.2007 – 3 AZR 834/05, NZA 2007, 1283; 22.5.2007 – 3 AZR 357/06, NZA 2007, 1285 (in der letzteren Entscheidung den Anspruch im Einzelfall ablehnend).
[656] Näher *Grau*, Unterrichtung und Widerspruchsrecht, 2005, S. 163 mwN.
[657] Vgl. BAG 13.7.2006 – 8 AZR 305/05, NZA 2006, 1268; dazu *Hohenstatt/Grau* NZA 2007, 13 (15).

Grund, so bleibt diesen Vertragsgestaltungen somit die Wirksamkeit versagt.[658] Zwischenzeitlich hat das BAG jedoch den Aspekt der Vertragsfreiheit stärker betont und das Erfordernis eines sachlichen Grundes aufgegeben. Das Erfordernis eines sachlichen Grundes gilt aber, weil in dieser Entscheidung ausdrücklich offen gelassen, noch für den Bereich der betrieblichen Altersversorgung.[659] Ein **sachlicher Grund,** der dazu berechtigt, im Vorfeld eines Betriebsüberganges mit den übernommenen Arbeitnehmern einen Erlassvertrag über betriebliche Sozialleistungen zu schließen, kann in der Erhaltung der Arbeitsplätze zu sehen sein.[660] Allerdings ist die Rechtsprechung des BAG sowohl in der Begründung als auch im Ergebnis nicht überzeugend und ist daher in der Literatur auf berechtigte Kritik gestoßen (vgl. hierzu die Ausführungen unter → Rn. 219 ff.). Die betriebliche Praxis hat sich jedoch bis auf weiteres auf diese Rechtsprechung einzustellen.

534 Die Eigenkündigung von Arbeitnehmern im Zusammenhang mit einem Betriebsübergang, denen der neue Erwerber den Abschluss eines neuen Arbeitsvertrages unter Ausschluss von Anrechten auf betriebliche Altersversorgung in Aussicht gestellt hat (sog. **Lemgoer Modell**), hat das BAG ebenfalls als Umgehung des Schutzzweckes des § 613a Abs. 4 S. 1 BGB gewertet.[661]

535 Zu beachten sind allerdings die Möglichkeiten, die sich unter Einschaltung einer **Auffanggesellschaft** ergeben. Zwar wird hierdurch nicht die Möglichkeit zur Abfindung von Versorgungsanwartschaften eröffnet, da diese Vereinbarungen zu einem Ausscheiden aus dem Arbeitsverhältnis und damit zum Standardfall des Eingreifens des Abfindungsverbots gemäß § 3 BetrAVG führen. Allerdings wird der Erwerber bei sachgerechter Gestaltung mit diesen Anwartschaften nicht belastet. Auch hier ist es zwar schädlich, wenn den Arbeitnehmern die Übernahme durch einen Erwerber verbindlich in Aussicht gestellt wird, was bereits dann der Fall sein kann, wenn der Erwerber sich verpflichtet, zufällig ausgeloste Arbeitnehmer einzustellen.[662] Geschieht ein solches Inaussichtstellen aber nicht, so dass der dreiseitige Vertrag zum Übergang in die Auffanggesellschaft ernsthaft auf ein endgültiges Ausscheiden gerichtet ist, weil sich die Aussicht einer möglichen Übernahme durch einen Betriebserwerber mangels entsprechender Zusage für den Arbeitnehmer als echtes Risikogeschäft darstellt, so liegt keine Umgehung des § 613a BGB vor.[663] Wird der Mitarbeiter bei dem „Erwerber" aus der Auffanggesellschaft heraus eingestellt, so handelt es sich um eine Neueinstellung, welche nicht zur Übernahme von Versorgungsverbindlichkeiten verpflichtet.

h) Betriebliche Versorgungsrechte beim Betriebserwerb im Insolvenzverfahren

536 Grundsätzlich findet § 613a BGB auch auf einen Betriebserwerb nach Eröffnung eines Insolvenzverfahrens Anwendung.[664] Allerdings haftet der Erwerber nach bisheriger gefestigter Rechtsprechung bei einem Betriebserwerb nach Eröffnung des Insolvenzverfahrens nur für die Ansprüche der Arbeitnehmer, die nach dem Betriebsübergang erdient werden. Diese vom Grundkonzept des § 613a BGB (volle Haftung für alle Altverbindlichkeiten) abweichende **Begrenzung der Haftung des Erwerbers** ergibt sich aus dem Prinzip der

[658] Vgl. zB BAG 19.3.2009 – 8 AZR 722/07, NZA 2009, 1091; 11.7.1995 – 3 AZR 154/95, NZA 1996, 207; vgl. auch BAG 12.5.1992 – 3 AZR 247/91, NZA 1992, 1080; vgl. zum Umgehungsverbot auch ErfK/*Preis* BGB § 613a Rn. 157 ff. sowie → Rn. 227.

[659] S. BAG 12.5.1992 – 3 AZR 247/91, NZA 1992, 1080; 29.10.1985 – 3 AZR 485/83, DB 1986, 1779; generell einschränkend im Hinblick auf die frühere Rechtsprechung nunmehr in BAG 7.11.2007 – 5 AZR 1007/06, NZA 2008, 530, allerdings offen gelassen für den Verzicht auf erdiente Ansprüche und betriebliche Altersversorgung.

[660] BAG 29.10.1985 – 3 AZR 485/83, DB 1986, 1779; 17.1.1980 – 3 AZR 160/79, DB 1980, 308; vgl. im Hinblick auf einen Aufhebungsvertrag BAG 18.8.2005 – 8 AZR 523/04, DB 2006, 107.

[661] Vgl. BAG 11.7.1995 – 3 AZR 154/95, NZA 1996, 207.

[662] BAG 18.8.2011 – 8 AZR 312/10, NZA 2012, 152.

[663] BAG 18.8.2005 – 8 AZR 523/04, NZA 2006, 145 (147); 10.12.1998 – 8 AZR 324/97, NZA 1999, 422; *Lembke* BB 2004, 773 (777). Ferner → G Rn. 192, → H Rn. 122.

[664] BAG 20.6.2002 – 8 AZR 459/01, NZA 2003, 318; 17.1.1980 – 3 AZR 160/79, DB 1980, 308.

Gleichbehandlung der Gläubiger im Insolvenzverfahren. Wäre der Betriebserwerber gezwungen, die Altverbindlichkeiten gegenüber den Arbeitnehmern zu übernehmen, so erhielten die Arbeitnehmer einen solventen Schuldner, der infolge dieser Belastung einen entsprechenden geringeren Kaufpreis zahlen würde. Der Masse stünde dann ein entsprechend geringeres Volumen zur Verteilung an die Gläubiger zur Verfügung. Dies widerspräche den Verteilungsgrundsätzen des Insolvenzverfahrens, weil die einfachen Insolvenzforderungen der Arbeitnehmer *de facto* sogar vorrangig vor den Massenforderungen der anderen Gläubiger bedient würden (dazu → G Rn. 126).

Diese Haftungsbeschränkung des Erwerbers hat ganz erhebliche Bedeutung für die betriebliche Altersversorgung. Zwar hat der Betriebserwerber beim Erwerb aus der Insolvenz gemäß § 613a BGB die bestehenden Versorgungszusagen zu übernehmen und muss diese (sofern er sie nicht nach allgemeinen Grundsätzen ändert) entsprechend der bestehenden Regelung fortführen. Er hat jedoch bei Eintritt des Versorgungsfalls nur für den Teil des Versorgungsanspruchs aufzukommen, der auf die **Beschäftigungszeiten nach Eröffnung des Insolvenzverfahrens** zurückzuführen ist. 537

Der Teil der Versorgung, der auf zum Zeitpunkt der Eröffnung des Insolvenzverfahrens bereits unverfallbaren Versorgungsanwartschaften beruht, ist demgegenüber im Versorgungsfall vom PSV zu erfüllen.

Vom Erwerber fortzuführen sind auch Zusagen, aus denen der Mitarbeiter im Zeitpunkt der Insolvenzeröffnung erst eine verfallbare Anwartschaft erlangt hatte. Der Eintritt des Insolvenzfalls bringt somit nicht die Zusage als solche zum Erlöschen. Bei Eintritt des Versorgungsfalls ist der Betriebserwerber jedoch wiederum nur verpflichtet, für den nach dem Betriebsübergang erdienten Anspruch aufzukommen. Eine Einstandspflicht des PSV für die bis zur Insolvenzeröffnung erdienten, aber noch nicht unverfallbaren Anwartschaften besteht – anders für die bei Insolvenzeröffnung bereits unverfallbaren Anwartschaften – nicht. Die bis zum Betriebsübergang erdienten Anwartschaften, für die kein Insolvenzschutz durch den PSV besteht, können aber von den Arbeitnehmern als **Insolvenzforderung** geltend gemacht werden.[665] Zu einem vollständigen Verlust der Anwartschaft kommt es jedoch nach allgemeinen Grundsätzen, wenn das Arbeitsverhältnis vor Eintritt der Unverfallbarkeit beendet wird (was allerdings bei einem Betriebsübergang infolge der Kontinuität des Arbeitsverhältnisses nicht der Fall ist). 538

Der Teil der Versorgungsanwartschaft, der **zwischen Insolvenzeröffnung und Betriebsübergang** erdient wurde, ist unabhängig davon, ob die Versorgungsanwartschaft zum Zeitpunkt der Insolvenzeröffnung unverfallbar oder noch verfallbar war, gegen die Masse geltend zu machen. Es handelt sich insoweit um Masseverbindlichkeiten iSv § 55 InsO. Dies hat das BAG klargestellt.[666] Das BetrAVG in seiner ab dem 1.1.1999 geltenden Fassung sieht für diesen Teilanspruch deshalb auch ein unter den dort genannten Voraussetzungen (Betriebseinstellung und Liquidation) eigenständiges Abfindungsrecht vor (§ 3 Abs. 4 BetrAVG). Kommt es allerdings zu einem Betriebsübergang, so tritt der Erwerber in die Verpflichtungen ein, die im Zwischenraum zwischen Insolvenzeröffnung und Betriebsübergang gegenüber den übernommenen Arbeitnehmern entstanden sind.[667] 539

Der vom PSV zu übernehmende Anteil – die unverfallbare Anwartschaft – ist entsprechend § 2 Abs. 1 BetrAVG zu ermitteln. Dabei sind Veränderungen der Bemessungsgrundlagen nach dem Zeitpunkt der Insolvenzeröffnung entsprechend § 2a BetrAVG nicht zu berücksichtigen. Erhöht der Erwerber die Zusage, so trifft dies nicht den vom PSV zu erbringenden Teil. Entsprechendes gilt bei dynamischen Versorgungsregelungen, die auf 540

---

[665] BAG 29.10.1985 – 3 AZR 485/83, BB 1986, 1644; *Wiedemann/Willemsen* RdA 1978, 418 (426); *Willemsen,* Anm. zu BAG 15.3.1979, AP Nr. 15 zu § 613a BGB; vgl. auch *Langohr-Plato* BetrAVG Rn. 1718.

[666] S. BAG 19.10.2004 – 9 AZR 647/03, NZA 2005, 408; 20.6.2002 – 8 AZR 459/01, NZA 2003, 318; 11.10.1995 – 10 AZR 984/94, NZA 1996, 432; insgesamt dazu Blomeyer/Rolfs/Otto/*Rolfs* BetrAVG § 7 Rn. 174ff.

[667] BAG 19.5.2005 – 3 AZR 649/03, NZA-RR 2006, 373; *Rolfs* BetrAV 2008, 474.

das Einkommen bei Eintritt des Versorgungsfalles abstellen. Bei Eintritt des Versorgungsfalles ist also im ersten Schritt ein „Gesamtanspruch“ unter Einbeziehung der Tätigkeitszeiten vor dem Betriebsübergang zu ermitteln. Dieser Gesamtanspruch ist dann im Verhältnis der Betriebszugehörigkeit bis zur Eröffnung des Insolvenzverfahrens zur insgesamt möglichen Gesamtbetriebszugehörigkeit **ratierlich zu kürzen.** Der verbleibende Anteil ist vom Erwerber zu erbringen. Zusätzlich erhält der Arbeitnehmer dann den vom PSV zu erbringenden Anspruchsteil. Der gesetzlichen Anpassungsüberprüfungspflicht nach § 16 BetrAVG unterliegt dann auch nur der vom Erwerber zu erbringende Anteil des Versorgungsanspruchs des Arbeitnehmers. Der PSV ist nicht „Arbeitgeber“[668] und muss damit keine Anpassungen gemäß § 16 BetrAVG erbringen. Eine Anpassungsverpflichtung für den PSV besteht ausnahmsweise nur dann, wenn die Versorgungszusage eine konkrete Dynamisierungsklausel enthält.

541 Derzeit bestehen jedoch gewisse Zweifel, ob an den vorstehenden Grundsätzen, die in jeder Hinsicht überzeugend und sachgerecht sind, zukünftig festgehalten werden kann. Das Bundesarbeitsgericht hat diese Grundsätze jüngst dem EuGH in zwei Vorlagebeschlüssen[669] zur Entscheidung vorgelegt. Im Wesentlichen ging es dabei um die Frage, ob die vom BAG entwickelten Grundsätze mit der Betriebsübergangs-Richtlinie sowie der Zahlungsunfähigkeits-RL vereinbar sind. Insoweit hat das BAG dem EuGH die Frage vorgelegt, ob die Verpflichtungen aus bis zur Eröffnung der Insolvenz erdienten Anwartschaften auf den Erwerber übergehen müssen oder gemäß den vom BAG entwickelten Grundsätzen beim Veräußerer verbleiben dürfen. Sollte letzteres der Fall sein, bittet das BAG um Klärung, ob der für die beim insolventen Veräußerer verbleibenden Verpflichtungen bestehende Insolvenzschutz den Anforderungen des europäischen Rechtes genügt.[670] Der EuGH hat im September 2020 in beiden Verfahren parallel entschieden, jedoch ohne die gewünschte Rechtsklarheit herzustellen.[671] Nach der Ansicht des EuGH ist es im Grundsatz mit europäischem Recht vereinbar, beim Betriebsübergang aus einer Insolvenz die Übernahme von Pensionsverpflichtungen durch den Erwerber auszuschließen. Dies soll gelten, „sofern“ in diesem Fall für die nicht zu übernehmenden Verpflichtungen ein Schutz gewährleistet ist, welcher mindestens demjenigen nach Art. 8 der Zahlungsunfähigkeits-RL entspricht. Dieser Mindestschutz sei dann nicht erreicht, wenn für den nicht vom Erwerber zu tragenden Teil der Verpflichtungen entweder gar kein Insolvenzschutz bestehe, da diese noch nicht unverfallbar waren oder zwar ein Insolvenzschutz bestehe, dieser aber aufgrund eines „Einfrierens“ des versorgungsfähigen Gehaltes zum Zeitpunkt der Insolvenz („Festschreibeeffekt“ nach § 7 Abs. 2a BetrAVG), hinter dem von der Zahlungsunfähigkeits-RL geforderten Mindestschutz in Höhe von 50 % zurückbleibe (was bezogen auf den bis zur Insolvenzeröffnung erdienten Teil passieren kann, wenn sich das versorgungsfähige Gehalt im Verlauf der weiteren Tätigkeit für den Erwerber mehr als verdoppelt hat). Aus dem Urteil geht allerdings nicht eindeutig hervor, ob bei der Wahrung des Mindestschutzes allein auf die bis zur Insolvenz erdiente Anwartschaft abzustellen ist oder ob eine Gesamtbetrachtung unter Einbeziehung der weiteren beim Erwerber erdienten Anwartschaften anzustellen ist. Während der Wortlaut des Urteilsspruches zu 2 auf den vor der Insolvenz erdienten Teil abstellt und somit eine isolierte Betrachtung dieser Anwartschaften für Zwecke des Mindestschutzes indiziert, sprechen andere Passagen des Urteils und insbesondere auch der Sinn und Zweck der Zahlungsunfähigkeits-RL für eine Gesamtbetrachtung. Im Ergebnis soll der Arbeitnehmer mit der Richtlinie so gestellt werden, dass er ungeachtet der Insolvenz mindestens 50 % derjenigen Rentenansprüche erhält, welche ihm ohne Insolvenz zugestanden hätten. Dies bedeutet aber zugleich, dass bei der Berechnung, ob der Mindestschutz unterschritten wurde, auch die nach dem Insolvenzer-

[668] BAG 22.3.1983 – 3 AZR 574/81, DB 1983, 1982.

[669] BAG 16.10.2018 – 3 AZR 139/17 (A), BeckRS 2018, 34982; BAG 16.10.2018 – 3 AZR 878/16 (A), BeckRS 2018, 26879.

[670] Vgl. eingehend hierzu *Polloczek/Rein* NZI 2019, 65.

[671] EuGH 9.9.2020 – C-674/18 und C-675/18, ZIP 2020, 1930.

eignis bei dem Erwerber weiter erdienten Anwartschaften im Rahmen einer Gesamtbetrachtung kompensierend zu berücksichtigen sind.

Abgesehen von der vorstehend dargestellten Unsicherheit im Hinblick auf die Berechnung des geforderten Mindestschutzes kann dem Urteil zudem nicht mit hinreichender Klarheit entnommen werden, ob die Folge einer Unterschreitung des europarechtlich gebotenen Mindestschutzes darin besteht, dass in diesen Fällen die Versorgungsverpflichtungen – ganz oder jedenfalls bis zur Höhe des gebotenen Mindestschutzes – entgegen dem bisherigen Verständnis doch vom Erwerber zu tragen sind oder ob in diesen Fällen lediglich ein ungeschriebener Anspruch des betroffenen Versorgungsberechtigten gegenüber dem PSV besteht. Auf letzteres deutet jedenfalls der dritte Leitsatz der Entscheidung hin, welcher klarstellt, dass Art. 8 der Zahlungsunfähigkeits-RL unmittelbare Wirkung entfaltet und entsprechende Ansprüche grundsätzlich auch gegenüber dem PSV geltend gemacht werden können.

Zwischenzeitlich hat das BAG bestätigt, dass die Rechtsprechung zum Betriebsübergang aus der Insolvenz weiter Bestand haben wird.[672]

Hat der Betriebsübergang bereits **vor** Insolvenzeröffnung stattgefunden, greift die gesetzliche Insolvenzsicherung nicht, so dass der Erwerber die Versorgungsanrechte der übergegangenen Arbeitnehmer im vollen Umfang zu erfüllen hat. Damit kommt es entscheidend auf den Zeitpunkt des Betriebsüberganges an. Maßgeblich ist der Zeitpunkt, an dem der Erwerber die **Leitungsmacht im Betrieb** ausüben kann.[673] Ob sie tatsächlich ausgeübt wird, ist dagegen unbeachtlich. Gehen Betriebsmittel in mehreren Schritten auf den Erwerber über, so ist der Betriebsübergang dann erfüllt, wenn die wesentlichen zur Fortführung des Betriebs erforderlichen Betriebsmittel übergegangen sind und die Entscheidungen zum Betriebsübergang nicht mehr rückgängig gemacht werden können.[674] Die abschließende Vorbereitung des Betriebsübergangs durch Verhandlungen vor Eröffnung des Insolvenzverfahrens ist demgegenüber nicht schädlich. 542

i) Bewertung der Versorgungsverpflichtungen aus einem Betriebserwerb

Die Bewertung der Versorgungsverpflichtungen im Rahmen eines Betriebsübergangs ist grundsätzlich **Verhandlungssache.** Die geltenden steuerlichen Bewertungsvorschriften haben allein fiskalische Bedeutung. Sie sagen im Regelfall über den tatsächlichen Wert der Versorgungsverpflichtungen nichts aus (vgl. hierzu → Rn. 765 ff.). Ebenfalls in keiner Weise für die Parteien bindend sind die Pensionsrückstellungen in der Handelsbilanz; allerdings bilden Sie in der Regel einen geeigneten Ausgangspunkt. Dem Erwerber steht es aber frei zu thematisieren, dass die Bewertungsparameter den wahren Umfang der Verpflichtung nicht adäquat widerspiegeln. 543

Wird im Rahmen der Kaufpreisfindung eine eigenständige Regelung zur Bewertung der zu übernehmenden Versorgungsverpflichtungen getroffen **(Anschaffungskosten)** und liegt dieser Betrag – wie in der Praxis üblich – über dem steuerlich ermittelten Teilwert nach § 6a Abs. 3 EStG, so war nach Auffassung des BFH bei der Bilanzierung dieser vertraglich vereinbarte höhere Wert in der Eröffnungsbilanz des Erwerbers auszuweisen, ohne dass die ursprünglichen Passivierungsbeschränkungen bei den darauffolgenden Bilanzstichtagen wiederaufleben.[675] In dieser Frage bestand allerdings Uneinigkeit zwischen BFH und Finanzverwaltung.[675a] Der Gesetzgeber hat hierauf reagiert und durch das Gesetz zur Anpassung des Investmentsteuergesetzes und anderer Gesetze durch das AIFM-Umsetzungsgesetz (AIFM-StAnpG) eine gesetzliche Neuregelung zur Behandlung der übernommenen

---

[672] BAG 26.1.2021 – 3 AZR 878/16, 3 AZR 139/17, BeckRS 2021, 8693; siehe auch → Rn. 350.
[673] BAG 23.7.1991 – 3 AZR 366/90, NZA 1992, 217.
[674] BAG 16.2.1993 – 3 AZR 347/92, NZA, 1993, 643.
[675] BFH 14.12.2011 – I R 72/10, DB 2011, 488; 16.12.2009 – I R 102/08, DB 2010, 309; vgl. ausf. *Otto* in Blomeyer/Rolfs/Otto StR A Rn. 544 mwN.
[675a] BMF-Schreiben vom 24.6.2011 – IV C 6-2137/0-03.

Pensionsverbindlichkeiten geschaffen.[676] Nunmehr richtet sich die steuerliche Behandlung beim Übertragenden nach § 4f EStG, während für den Erwerber § 5 Abs. 7 EStG maßgeblich ist.[677]

544 Übernimmt der Erwerber Versorgungsverpflichtungen, die zuvor von einer **Unterstützungskasse** des Veräußerers abgewickelt werden sollten, so sind ebenfalls „Anschaffungskosten" im Rahmen der Kaufpreisverhandlung anzusetzen und entsprechend in die Bilanz aufzunehmen.

545 Nach dem Übergang der Verpflichtungen hat der **Veräußerer** die gebildeten Pensionsrückstellungen gewinnerhöhend aufzulösen. Andererseits wirkt sich der Übergang der Verpflichtungen in aller Regel kaufpreismindernd aus.

3. Von § 613a Abs. 1 BGB abweichende Zuordnung von Versorgungsverpflichtungen

a) Ausgangslage

546 Die Praxis zeigt, dass an einer Betriebsveräußerung beteiligte Unternehmen hinsichtlich der Abwicklung der Versorgungsverpflichtungen oftmals Vorstellungen entwickeln, die dem Regelungsinhalt des § 613a Abs. 1 BGB nicht entsprechen. So kann beispielsweise bei einer Betriebsspaltung beabsichtigt sein, die dem veräußerten Betriebsteil zuzurechnenden „Altverpflichtungen" (Renten und Anwartschaften früherer Mitarbeiter) mit auf den Erwerber zu übertragen. Umgekehrt ist es denkbar, dass das erwerbende Unternehmen den Betriebsteil frei von betrieblichen Versorgungsanrechten übergegangener Arbeitnehmer übernehmen will und diese beim Veräußerer belassen werden sollen. Diese **Regelungsinhalte** können aufgrund der Bestimmung des § 613a BGB und der durch das Übertragungsverbot des § 4 BetrAVG eingeschränkten Möglichkeit zur rechtsgeschäftlichen befreienden Schuldübernahme oftmals nicht mit Rechtswirkung im Außenverhältnis zu den Versorgungsberechtigten umgesetzt werden. In diesen Fällen besteht ein möglicher Kompromiss darin, diese Zielvorstellungen jedenfalls in wirtschaftlicher Hinsicht zwischen den Parteien (Käufer und Verkäufer) zu verwirklichen.

547 Dazu folgendes Beispiel:

Beispiel J 10:

Die A-GmbH veräußert ihren Betrieb mittels Übertragung sämtlicher einzelner Vermögensgegenstände an ihre 100%-ige Tochtergesellschaft, die B-GmbH. Durch den dadurch ausgelösten Betriebsübergang gehen 100 Arbeitnehmer mitsamt ihrer Versorgungsansprüche auf die B-GmbH über. Im Übertragungsvertrag wird weiter vereinbart, dass die B-GmbH im Verhältnis zur A-GmbH auch für die Versorgungsverpflichtungen gegenüber früheren Mitarbeitern, die zum Zeitpunkt des Betriebsüberganges bereits Versorgungsleistungen beziehen oder aber die A-GmbH unter Aufrechterhaltung unverfallbarer Anwartschaften verlassen haben, aufkommen soll. Ferner wird vereinbart, dass dieser Personengruppe auch ein eigenes Forderungsrecht gegenüber der B-GmbH hinsichtlich ihrer Versorgungsansprüche zustehen soll.

Die wirtschaftlich zulässige und wirksame Zuordnung auf einen der beteiligten Rechtsträger kann im Innenverhältnis mittels einer Erfüllungsübernahme in Gestalt einer **Freistellungsvereinbarung** erfolgen.[678] Die A-GmbH, die rechtlich die Versorgungsverpflichtungen zu erbringen hat, wird von der B-GmbH, die die Verpflichtungen wirtschaftlich

[676] BGBl. I 2013, S. 4318; vgl. zur Rechtsprechung des BFH und zur Gesetzgebungshistorie auch *Fuhrmann* DB 2014, 9; *Riedel* FR 2014, 6; *Geberth/Höhn* DB 2013, 1192.

[677] Vgl. → Rn. 551 f. (Schuldbeitritt) sowie weiterführend *Benz/Placke* DStR 2013, 2653; *Veit/Hainz* BB 2014, 1323.

[678] Vgl. zu Freistellungsvereinbarung und Schuldbeitritt → Rn. 238.

übernehmen will, vertraglich von allen Forderungen aus den übernommenen oder bestehenden Versorgungsansprüchen bzw. Versorgungsanrechten freigestellt.

Freistellungsvereinbarungen können auch im umgekehrten Verhältnis getroffen werden und zwar dahingehend, dass der Veräußerer eines Betriebes den Erwerber freistellt. Solche Freistellungsabreden, nach denen der Verkäufer den Erwerber anstelle einer Ausgleichszahlung im Innenverhältnis von den Zahlungsverpflichtungen freistellt, sind zulässig, für den Erwerber aber sehr risikobehaftet und daher nur in Ausnahmefällen aus Sicht des Erwerbers akzeptabel. Zum einen ändert eine solche Vereinbarung nichts an der im Außenverhältnis gegenüber den Versorgungsberechtigten bestehenden Haftung des Erwerbers. Zum anderen handelt es sich um eine überaus lang laufende Verbindlichkeit, so dass die Bonität des Verkäufers, der die Freistellungszusage abgegeben hat, in der Regel nicht sicher prognostiziert werden kann. Wird der Veräußerer **zahlungsunfähig** und verfügt der Käufer über kein Sicherungsrecht für seinen Freistellungsanspruch, so geht er leer aus. Die Übernahme dieses Risikos will daher gut überlegt sein. Sie kommt ggf. dann in Betracht, wenn sich die Transaktion zwischen Unternehmen desselben Konzernkreises vollzieht und eine Weiterveräußerung des aufnehmenden Rechtsträgers nicht beabsichtigt ist. Im Übrigen wäre an die Bestellung entsprechender Sicherheiten, zB durch ein kongruent dotiertes CTA zu denken. 548

Im Zusammenhang mit Freistellungsvereinbarungen ist eine Fülle von Regelungsinhalten zu bedenken. Es müssen zB Vereinbarungen über Fertigungstermine und Kostentragung der notwendigen Gutachten getroffen werden. Zahlungstermine sind abzusprechen, ggf. sind Regelungen über die Tragung von Verwaltungskosten zu treffen. Auch sollten wechselseitige Informationspflichten insbesondere im Hinblick auf die für die jeweilige Bilanzierung erforderlichen Angaben sowie Regelungen im Falle von Rechtsstreitigkeiten mit den Versorgungsberechtigten über die Höhe der Versorgung getroffen werden. Besonderer Regelungsbedarf besteht hinsichtlich **künftiger Anpassungen.** Das aus der Freistellungsvereinbarung verpflichtete Unternehmen muss Vorkehrungen treffen, damit es von künftigen Anpassungsentscheidungen gemäß § 16 BetrAVG durch das freigestellte Unternehmen nicht unbillig getroffen wird. Das freigestellte Unternehmen muss seinerseits, insbesondere wenn es vom Erwerber infolge der übernommenen Verpflichtungen aus der Freistellung einen geringeren Kaufpreis erhalten hat, sicher gehen, dass das freistellende Unternehmen seinen Verpflichtungen langfristig nachkommt. Dies ist nicht immer in sachgerechter Weise möglich, da Sicherungsmittel in der Regel mit erheblichen Kosten verbunden sind. Aus diesem Grunde sind Freistellungsvereinbarungen oftmals wirtschaftlich unsicher und daher *de facto* ungeeignet, die Ziele mit hinlänglicher Sicherheit zu erreichen. Freistellungsvereinbarungen findet man daher in der Regel nur im Konzernkreis. Eine alternative Lösung dieser Problematik kann im Hinblick auf unverfallbar Ausgeschiedene und Rentner aber dadurch erfolgen, dass die Erfüllungsübernahme (durch den Erwerber) lediglich vorgelagert erfolgt und in einem zweiten Schritt die von dieser Erfüllungsübernahme umfassten Versorgungsverpflichtungen umwandlungsrechtlich auf den Erwerber übertragen werden. In diesem Fall reduziert sich bei sachgerechter Gestaltung das Risiko auf die zehnjährige Nachhaftungsfrist des § 133 UmwG, vgl. hierzu auch → Rn. 616ff. 549

Eine Freistellungsabrede kann wie in dem oben genannten Beispiel J 10 im Außenverhältnis von einem **Schuldbeitritt** des Veräußerers begleitet werden. Hierdurch wird ein Gesamtschuldverhältnis begründet, der Versorgungsberechtigte kann die Leistung in diesem Fall von beiden Parteien in voller Höhe (insgesamt jedoch nur einmal) fordern. Ein solcher Schuldbeitritt ist für den Versorgungsberechtigten lediglich rechtlich vorteilhaft. Er bedarf nicht seiner Zustimmung und ist sogar ohne Kenntnis des Versorgungsberechtigten wirksam.[679] Sofern ein Schuldbeitritt vereinbart wird, sollte neben den bereits in → Rn. 549 beispielhaft aufgenommenen Regelungsinhalte ein besonderes Augen- 550

[679] Vgl. allg. Palandt/*Grüneberg* BGB Vor § 414 Rn. 2; Jauernig/*Stürner* BGB Vor § 414 Rn. 2.

merk zudem auf die Ausgestaltung gegenüber den Versorgungsberechtigten verwendet werden, dies umfasst beispielsweise Regelungen zum Umfang des Schuldbeitrittes oder seiner Abänderbarkeit bzw. Beendigungsmöglichkeiten.

b) Bilanzieller Ausweis bei Schuldbeitritt und Freistellungsvereinbarung

551 **aa) Schuldbeitritt mit Freistellungsvereinbarung im Innenverhältnis.** In dem obigen Beispiel J 10 hat sich die B-GmbH verpflichtet, die A-GmbH auch von den Verpflichtungen gegenüber den bereits pensionierten früheren Arbeitnehmern bzw. vor dem Betriebserwerb ausgeschiedenen Arbeitnehmern mit unverfallbaren Anwartschaften zu befreien und dies im Außenverhältnis durch Einräumung eines eigenen Forderungsrechts flankiert, so dass sie von den Versorgungsberechtigten anstelle der A-GmbH auf Erfüllung ihrer Versorgungsansprüche in Anspruch genommen werden kann. Arbeits- bzw. zivilrechtlich bleibt die A-GmbH allerdings weiterhin neben der B-GmbH als Gesamtschuldnerin gegenüber diesen Versorgungsberechtigten verpflichtet. Eine Befreiung von dieser Schuld durch Übertragung der Verpflichtungen auf die Betriebsgesellschaft scheitert an dem Übertragungsverbot des § 4 BetrAVG. Da die Versorgungsberechtigten aufgrund dieser eindeutigen gesetzlichen Regelung auch nicht etwa unter dem Gesichtspunkt nachvertraglicher Treuepflichten dazu gehalten sind, primär die B-GmbH in Anspruch zu nehmen, ist eine jederzeitige Inanspruchnahme der A-GmbH theoretisch weiterhin möglich, wenn auch *de facto* jedenfalls solange unwahrscheinlich, wie die B-GmbH hinreichend wirtschaftlich leistungsfähig ist. Im Ergebnis trägt damit die A-GmbH diesbezüglich das Insolvenzrisiko der B-GmbH, was ggf. bei der Kaufpreisfindung bzw. bei der als Ausgleich über die Erklärung des Schuldbeitritts zu erbringenden Gegenleistung der A-GmbH zu berücksichtigen ist.

Hinsichtlich der steuerrechtlichen Bilanzierung derartiger Konstellationen bestand lange Zeit Uneinigkeit zwischen BFH und Finanzverwaltung, worauf zwischenzeitlich der Gesetzgeber reagiert hat.[680]

Nach der bisherigen Auffassung der Finanzverwaltung hätte die A-GmbH weiterhin eine Pensionsrückstellung nach § 6a EStG zu bilden und zudem den Freistellungsanspruch gegenüber der B-GmbH zu aktivieren und zwar in Höhe des hierfür an den Dritten gezahlten Entgelts, sofern ein solches gezahlt worden ist.[681] Dieser Rechtsauffassung wurde zwischenzeitlich seitens des BFH eine ausdrückliche Absage erteilt.[682] Nach Ansicht des BFH sind Pensionsrückstellungen nicht zu bilden, wenn eine Inanspruchnahme am maßgeblichen Bilanzstichtag nicht (mehr) wahrscheinlich ist. Dies gelte unabhängig davon, ob sich der ursprüngliche Arbeitgeber seiner **rechtlichen** Verpflichtung endgültig entledigt hat. Ausschlaggebend sei der **wirtschaftliche** Übergang auf den Schuldbeitretenden. Danach hätte die A-GmbH die entsprechenden Pensionsrückstellungen aufzulösen.

Der Freistellungsanspruch gegenüber der B-GmbH ist demgemäß auch nicht zu aktivieren, da er bereits in der aufgelösten Pensionsrückstellung „abgebildet" ist. Hat die A-GmbH an die B-GmbH eine Gegenleistung für die Freistellung erbracht, so ist sie hierfür zum **Betriebsausgabenabzug** berechtigt, mit der Folge, dass sich der Veräußerungsvorgang bei ihr steuermindernd auswirkt (da nämlich die Gegenleistung, die an die B-GmbH für den Schuldbeitritt erbracht wird, typischerweise über dem Wert der Rückstellung nach § 6a EStG liegt und damit die Auflösung der Rückstellung überkompensiert wird).[683]

[680] Vgl. zur Rechtsprechung des BFH und zur Gesetzgebungshistorie *Fuhrmann* DB 2014, 9; *Riedel* FR 2014, 6; *Geberth/Höhn* DB 2013, 1192.

[681] BMF-Schreiben vom 16.12.2005 – BMF IV B 2 – S 2176–103/05, Rn. 4; BMF-Schreiben v. 24.6.2011 – IV C 6–2137/0–03, Rn. 7.

[682] BFH 26.4.2012 – VI R 43/09, BB 2012, 1660.

[683] Vgl. *Schimmele* EStB 2012, 237; vgl. auch BFH 17.10.2007 – I R 61/06, DStR 2008, 963.

Vor dem Hintergrund dieser Entscheidung ist zwischenzeitlich der Gesetzgeber tätig geworden. Nunmehr ist für die Bilanzierung auf Veräußererseite § 4f EStG zu beachten, der mit dem Gesetz zur Anpassung des Investitionssteuergesetzes und anderer Gesetze an das AIFM-Umsetzungsgesetz (AIFM-StAnpG)[684] zum 18. 12. 2013 neu eingefügt wurde. Nach § 4f Abs. 1 S. 1, Abs. 2 EStG ist bei Schuldbeitritten oder (nur intern wirkenden) Erfüllungsübernahmen der hierdurch beim Freistellungsberechtigten verursachte Aufwand, dh die an den Freistellungsverpflichteten als Kompensation für die Eingehung dieser Verpflichtung geleistete Zahlung, im Grundsatz nicht sofort und in vollem Umfang, sondern gleichmäßig verteilt über einen Zeitraum von 15 Jahren abzugsfähig. Diese Regelung wird jedoch für Pensionsverpflichtungen in bedeutsamer Weise durch § 4f Abs. 1 S. 2, Abs. 2 EStG modifiziert, wonach für Verpflichtungen, für die ein Passivposten in der Steuerbilanz gebildet wurde (hier: die Pensionsrückstellung nach § 6a EStG), welcher infolge des Schuldbeitritts oder der Erfüllungsübernahme aufzulösen ist, der sich hierdurch ergebende Aufwand in Höhe des aufzulösenden Passivpostens bereits im Jahr der Übertragung voll abzugsfähig ist. Dabei wird praktisch regelmäßig davon auszugehen sein, dass, sofern die Parteien ein marktgerechtes Entgelt vereinbaren, dieses die steuerliche Pensionsrückstellung oftmals übersteigen wird. Die Streckungsregelung des § 4f Abs. 1 S. 1, Abs. 2 EStG ist damit nur in Höhe der Differenz zwischen der aufzulösenden Pensionsrückstellung und der Leistung, die für die Übernahme der Pensionsverpflichtung erbracht wird, relevant. 552

Auf Erwerberseite hat die B-GmbH die von ihr übernommene Verpflichtung zu passivieren. Dabei findet der ebenfalls neu eingefügte § 5 Abs. 7 EStG Anwendung, wonach die beim Veräußerer geltenden Ansatzverbote, Ansatzbeschränkungen und Bewertungsvorbehalte ab der ersten aufzustellenden Steuerbilanz weiterhin Geltung beanspruchen.[685] Der abweichenden Auffassung der Finanzverwaltung, wonach die Bewertung als ungewisse Verbindlichkeiten nach § 6 EStG vorzunehmen sei,[686] ist damit die Grundlage entzogen.

Der sich aus der Anwendung der vorgenannten Bilanzierungsbeschränkungen ergebende Ertrag bei der wirtschaftlichen Übernahme der Pensionsverpflichtungen mittels des Schuldbeitritts (dieser ergibt sich aus der Differenz zwischen der erworbenen Pensionsrückstellung einerseits und der als Gegenleistung vom eigentlichen Versorgungsschuldner erhaltenen Vermögenswerte andererseits) müsste unter der Anwendung allgemeiner Prinzipien sofort voll zu versteuern sein. Dem wirkt allerdings eine weitere Streckungsregelung in § 5 Abs. 7 S. 5 EStG entgegen, wonach für einen Gewinn, der sich aus der Anwendung von § 5 Abs. 7 S. 1–3 EStG ergibt, eine gewinnmindernde Rücklage gebildet werden kann, die in den folgenden 14 Wirtschaftsjahren nach und nach aufzulösen ist, was eine sukzessive Gewinnerhöhung zur Folge hat. Die Regelung bewirkt damit (analog zur Regelung des § 4f EStG beim Veräußerer) eine gestreckte steuerliche Berücksichtigung des steuerlichen Ertrages. 553

Für den Fall des Schuldbeitritts irrelevant dürfte hingegen die Regelung des § 5 Abs. 7 S. 4 EStG sein, die Modifikationen bei der Anwendung von § 5 Abs. 7 S. 1 EStG vorsieht, soweit eine Pensionsverpflichtung unter gleichzeitiger Übernahme von Vermögenswerten gegenüber einem Arbeitnehmer „übernommen" wird, der bisher bei einem anderen Unternehmen tätig war. Im Falle eines Schuldbeitritts oder einer Erfüllungsübernahme dürfte es nämlich an der von § 5 Abs. 7 S. 4 EStG geforderten „Übernahme" der Versorgungsverpflichtung mangels enthaftender Wirkung im Außenverhältnis fehlen.[687] Im konkreten Fall kommt außerdem noch hinzu, dass die Übernahme der

[684] BGBl. I 2013, S. 4318.
[685] Vgl. ausf. Schlewing/Henssler/Schipp/Schnitker/*Schnitker/Granetzny* Teil 17 D, Rn. 260 ff.
[686] BMF-Schreiben vom 16. 12. 2005 – BMF IV B 2 – S 2176–103/05, Rn. 6; vgl. zur Besonderheit der Passivierung nach § 6a EStG bei Konzernsachverhalten insbes. auch dort → Rn. 8 ff. des BMF-Schreibens.
[687] Ebenso *Höfer* BetrAV 2014, 134 (136).

Pensionsverpflichtungen für die Ausgeschiedenen der A-GmbH nicht mit einer Tätigkeit bei der B-GmbH einhergeht. Die Regelung dürfte aber nur auf Versorgungsverpflichtungen derjenigen Arbeitnehmer anwendbar sein, die im Zuge der Übernahme auch eine Tätigkeit beim Erwerber aufnehmen. Dafür spricht die Formulierung in § 5 Abs. 7 S. 4 EStG, wonach nur Arbeitnehmer betroffen sind, die „bisher in einem anderen Unternehmen tätig" waren.

554 **bb) Freistellungsvereinbarung ohne Schuldbeitritt im Außenverhältnis.** Zweifelhaft war zwischenzeitlich, ob die oben dargestellten Bilanzierungsgrundsätze auch gelten, wenn zwischen den Kaufvertragsparteien lediglich eine Erfüllungsübernahme im Innenverhältnis vereinbart, den Versorgungsberechtigten aber gerade kein eigenes Forderungsrecht eingeräumt wird.[688] Dagegen sprach, dass der BFH deutlich darauf abgestellt hat, ob eine Inanspruchnahme im Außenverhältnis zum maßgeblichen Bilanzstichtag weiterhin wahrscheinlich ist.[689] Die Wahrscheinlichkeit der Inanspruchnahme durch die Versorgungsberechtigten ist aber ungleich höher, wenn diese keine rechtliche Möglichkeit haben, ihre Ansprüche gegenüber dem Übernehmer durchzusetzen, weil die Kaufvertragsparteien die Frage der wirtschaftlichen Haftung rein intern durch eine Freistellungsvereinbarung geregelt haben. Durch Einfügung der §§ 4f Abs. 2, 5 Abs. 7 S. 2 EStG ist diese Frage jedoch obsolet geworden, da sich aus dem Wortlaut dieser Regelungen entnehmen lässt, dass beide Varianten (Schuldbeitritt und/oder Erfüllungsübernahme) nunmehr in gleicher Weise vom Normanwendungsbereich erfasst sein sollen.[690] Insofern kann auf das oben Gesagte verwiesen werden.

c) Auswirkungen in der Insolvenz

555 Hinsichtlich der gesetzlichen **Insolvenzsicherung** bleibt der unmittelbar aus der Versorgungszusage verpflichtete Rechtsträger zu **Beitragszahlungen** an den PSV verpflichtet. Im Rahmen der Freistellungserklärungen können die Aufwendungen für die Insolvenzsicherung jedoch durch die freistellende Gesellschaft ersetzt werden, wenn diese von der Freistellung erfasst werden (was zu vereinbaren wäre). Wird die beitretende oder freistellende Gesellschaft insolvent, so besteht keine Eintrittspflicht des PSV, da sie nicht Arbeitgeber für die zugeordneten Versorgungsverpflichtungen war.

556 Wird der unmittelbar aus der Versorgungszusage verpflichtete Rechtsträger insolvent, so liegt ein Sicherungsfall im Sinne von § 7 Abs. 1 BetrAVG vor, der zu einer Eintrittsverpflichtung des PSV führt. Der Wert der Freistellungsforderung erhöht die Insolvenzmasse im Rahmen des Insolvenzverfahrens über die Besitzgesellschaft. Ist der Dritte jedoch im Außenverhältnis der Schuld beigetreten, so tritt der PSV mit dem Forderungsübergang gemäß § 9 Abs. 2 BetrAVG in diese Forderung als Gläubiger ein, da bei verstärkenden Sicherungsrechten wie dem Schuldbeitritt das BAG eine analoge Anwendung von § 401 BGB für geboten erachtet.[691] Die Forderung gegen den Dritten fällt dann nicht in die Insolvenzmasse. Gleichermaßen kann der PSV aber gegenüber dem Dritten keine kapitalisierte Einmalzahlung aus dem übergegangenen Recht geltend machen. Zwar macht der PSV nach § 9 Abs. 2 S. 1 BetrAVG seine Forderungen gegenüber dem insolventen Unternehmen nach § 45 InsO, also kapitalisiert, geltend. Diese Kapitalisierung erfolgt aber nur im Verhältnis zum insolventen Unternehmen, nicht im Verhältnis zu Dritten wie dem Schuldbeitretenden.[692]

Der PSV kann daher nur Befriedigung in der Höhe und zu den Zeiten verlangen, zu denen auch der Versorgungsberechtigte diese verlangen könnte. Zahlt der beitretende

---

688 Bejahend wohl Blomeyer/Rolfs/Otto/*Otto* StR D BetrAVG Rn. 146ff. mwN.
689 BFH 26.4.2012 – IV R 43/09, DB 2012, 1359.
690 Vgl. *Veit/Hainz* BB 2014, 1323 (1324).
691 BAG 6.10.1992 – 3 AZR 533/91, NZA 1993, 701; 12.12.1989 – 3 AZR 540/88, NZA 1990, 475.
692 *Uhlenbruck/Knof* InsO § 45 Rn. 27.

Dritte tatsächlich selbst an die Versorgungsberechtigten, so erlischt die Forderung in Höhe der Zahlung (s. § 422 Abs. 1 BGB).

d) Auswirkungen auf die Anpassungsprüfung

Der unmittelbar aus der Versorgungszusage verpflichtete Rechtsträger bleibt ungeachtet eines Schuldbeitritts oder einer Freistellungsvereinbarung „Arbeitgeber" im Sinne der **Anpassungsüberprüfung** (§ 16 BetrAVG). Es kommt deshalb allein auf seine wirtschaftliche Lage an. Der Arbeitgeber kann sich somit der Anpassungslast nicht unter Berufung auf die schlechte wirtschaftliche Lage der freistellenden Gesellschaft entziehen. Eine bessere wirtschaftliche Lage der beigetretenen oder freistellenden Gesellschaft zwingt umgekehrt nicht zu einer (höheren) Anpassung, da die beigetretene oder freistellende Gesellschaft zwar die Schuld übernommen hat, nicht jedoch in die Arbeitgeberstellung im Sinne des Betriebsrentengesetzes eingetreten ist. Die Verpflichtung des Beitretenden hängt in ihrer Beschaffenheit von derjenigen des Schuldners ab, nur wenn dieser zur Anpassung verpflichtet gewesen wäre, können sich diesbezügliche Ansprüche aus einem Schuldbeitritt ergeben.[693] Sähe man dies anders, so würde der Beitritt im Rahmen des § 16 BetrAVG anspruchsbegründend wirken. Nach seinem Sinn und Zweck soll sich der Beitritt aber nur auf die Schuld in dem Umfang beziehen, die diese jeweils aus Sicht des Arbeitgebers hat. Etwas anderes kann ausnahmsweise nur dann gelten, wenn sich aus dem Schuldbeitritt ergibt, dass der Beitretende über die gesamtschuldnerische Haftung hinaus eine eigenständige Einstandspflicht für die Anpassung übernehmen will. Diese eigenständige Einstandspflicht ist jedenfalls dann abzulehnen, wenn der Arbeitgeber als Gegenleistung für Rentenanpassungen dem Schuldbeitretenden eine zusätzliche Kompensation zu zahlen hat.[694] 557

e) Übersicht

Bezogen auf den obigen Beispielsfall J 10 lassen sich die **rechtlichen und bilanziellen Folgen** wie folgt darstellen: 558

A-GmbH

Bilanzierung:	Im Hinblick auf die nach § 613a BGB übergehenden 100 aktiven Mitarbeiter: Auflösung der Pensionsrückstellungen in der Handelsbilanz gemäß § 249 HGB (mangels Wahrscheinlichkeit einer Inanspruchnahme)[695] und in der Steuerbilanz gemäß § 4f Abs. 1 S. 2 i.Vm. §§ 6a, 5 EStG iVm §§ 249 HGB. Im Hinblick auf die Rentner und unverfallbar Ausgeschiedenen: Auflösung der Pensionsrückstellungen in der Handelsbilanz gemäß § 249 HGB (mangels Wahrscheinlichkeit einer Inanspruchnahme[696] und Steuerbilanz gemäß § 4f Abs. 1 S. 2 i.Vm. §§ 6a, 5 EStG iVm §§ 249 HGB. Betriebsausgabenabzug für ggf. gezahltes Entgelt gemäß § 4 Abs. 4, 4f EStG.
Rentenzahlung:	keine Zahlung (da trotz fortbestehender Verpflichtung im Außenverhältnis gegenüber Rentnern und unverfallbar Ausgeschiedenen *de facto* die B-GmbH zahlt).

---

[693] BAG 15.9.2015 – 3 AZR 839/13, NZA 2016, 235.
[694] BAG 15.9.2015 – 3 AZR 839/13, NZA 2016, 235.
[695] . IDW RS HFA 30 Rn. 98; allerdings ist gesamtschuldnerische Haftung des übertragenden und des übernehmenden Unternehmens ist dergestalt zu berücksichtigen, dass jedes der beteiligten Unternehmen den im Innenverhältnis bestimmten Teil zu passivieren hat, IDW RS HFA 30 Rn. 99.
[696] IDW RS HFA 30 Rn. 101, 97.

Anpassung:	Übertragene 100 Mitarbeiter: Lage der A-GmbH unerheblich. Rentner und unverfallbar Ausgeschiedene: Nach Maßgabe der eigenen wirtschaftlichen Lage der A GmbH.
Insolvenzsicherung:	Übertragene 100 Mitarbeiter: Lage der A-GmbH unerheblich; keine Beitragspflicht. Rentner und unverfallbar Ausgeschiedene: Lage der A-GmbH maßgeblich; Beitragsschuldner im Außenverhältnis zum PSV.
	B-GmbH (Schuldbeitritt mit Freistellung)
Bilanzierung:	Im Hinblick auf die nach § 613a BGB übergehenden 100 aktiven Mitarbeiter: Passivierung der Verpflichtungen in der Handelsbilanz gemäß § 249 HGB[697] und in der Steuerbilanz gemäß § 6a EStG iVm § 5 Abs. 7 EStG. Im Hinblick auf die Rentner und unverfallbar Ausgeschiedenen: Passivierung der Verpflichtungen in der Handelsbilanz gemäß § 249 HGB[698] und in der Steuerbilanz gemäß § 6a iVm § 5 Abs. 7 EStG. Ggf. erhaltendes Entgelt ist Ertrag[699]; ggf. Bildung einer sukzessive aufzulösenden gewinnmindernden Rücklage gemäß § 5 Abs. 7 EStG.
Rentenzahlung:	ja
Anpassung:	Übernommene aktive Mitarbeiter: Wirtschaftliche Lage der B-GmbH maßgeblich. Rentner und unverfallbar Ausgeschiedene: Wirtschaftliche Lage der B GmbH ohne Einfluss (aber Haftung, es sei denn vertraglich beschränkt).
Insolvenzsicherung:	Übernommene aktive Mitarbeiter: Wirtschaftliche Lage der B-GmbH maßgeblich; Beitragsverpflichtung. Rentner und unverfallbar Ausgeschiedene: Keine Beitragsverpflichtung, da nicht Träger, aber Ersatz des PSV-Beitrags (wenn vereinbart).

VII. Die betriebliche Altersversorgung bei Umstrukturierungen nach dem Umwandlungsgesetz

1. Grundlagen

559 Durch das Umwandlungsgesetz vom 28.10.1994 sind die rechtlichen Rahmenbedingungen für die Umstrukturierung von Unternehmen auf eine neue gesetzliche Grundlage gestellt worden. Das Umwandlungsgesetz hat die rechtlichen Möglichkeiten der Umstrukturierung von Unternehmen erheblich **erweitert** und die bisher in verschiedenen Gesetzen geregelten **Umwandlungsvorgänge** zusammengefasst. Das Umwandlungsgesetz sieht in den §§ 5 Abs. 1 Nr. 9, 126 Abs. 1 Nr. 11, 194 Abs. 1 Nr. 7 UmwG **drei übertragende Umwandlungsformen** vor:
- Verschmelzung,
- Spaltung (Aufspaltung, Abspaltung, Ausgliederung),
- Vermögensübertragung.

[697] Nach IDW RS HFA 30 Rn. 97 besteht infolge des Betriebsübergangs auch bei Altzusagen regelmäßig nicht die Möglichkeit auf die Passivierung nach Art. 28 Abs. 1 S. 1 EGHGB in der Handelsbilanz zu verzichten.

[698] Lt. IDW RS HFA 30 Rn. 103 handelt es sich bei der (lediglich intern bestehenden) Freistellungsverpflichtung allerdings nicht um eine Pensionsverpflichtung; die Argumentation könnte auf die Außenverpflichtung beim Schuldbeitritt ebenfalls gelten, vgl. hierzu auch Beck'scher Bilanzkommentar/*Grottel/Rhiel* HGB § 249 Rn. 220.

[699] Blomeyer/Rolfs/Otto/*Otto* BetrAVG Teil D Rn. 148; *Prinz* FR 2011, 445 (450); *ders.* FR 2011, 551 (559).

Vorgesehen ist des Weiteren der **Formwechsel,** bei dem sich lediglich die Rechtsform des Rechtsträgers ändert, ohne dass es zu einer Übertragung von Gegenständen des Aktiv- oder Passivvermögens kommt. Im Folgenden sollen die einzelnen Umwandlungsformen nur insoweit dargestellt werden, als sie für das Verständnis der Probleme im Betriebsrentenrecht erforderlich sind.

2. Umwandlungsarten

a) Verschmelzung

Beispiel J 11: 560

Die A-GmbH verfügt über 1.500 aktive Arbeitnehmer, 300 Rentner sowie 400 unverfallbar ausgeschiedene ehemalige Mitarbeiter. Sie wird (als übertragender Rechtsträger) auf die B-GmbH (übernehmender Rechtsträger) verschmolzen.

Bei der Verschmelzung werden mehrere Rechtsträger durch **Gesamtrechtsnachfolge** vereinigt. Der übernehmende Rechtsträger tritt mit Eintragung der Verschmelzung in das Handelsregister als Gesamtrechtsnachfolger vollständig in die Rechtsposition des übertragenden Rechtsträgers ein. Mit Eintragung der Verschmelzung erlischt der übertragende Rechtsträger (§ 20 Abs. 1 Nr. 2 UmwG). Zur Verschmelzung ausführlich → B Rn. 62 ff., 73.

Bei einer **Verschmelzung durch Aufnahme** bedeutet dies, dass im Beispiel J 11 an 561
die Stelle des früheren Arbeitgebers (A-GmbH) der neue Arbeitgeber (B-GmbH) tritt. Die Ansprüche auf betriebliche Versorgungsleistungen richten sich damit kraft Gesetzes gegen die B-GmbH. Dies gilt gleichermaßen für die aktiven Arbeitnehmer wie auch für die Rentner sowie die unverfallbar ausgeschiedenen ehemaligen Mitarbeiter. Der Zustimmung der Mitarbeiter bedarf es hierzu ebenso wenig wie der Zustimmung des PSV; ein Anspruch auf Sicherheitsleistung besteht nicht.[700] Ein Widerspruchsrecht der aktiven Arbeitnehmer scheidet aus, da der bisherige Arbeitgeber nach der Verschmelzung nicht mehr existiert.[701] An die Stelle des Widerspruches tritt ein Recht zur außerordentlichen Kündigung.

Bei der **Verschmelzung zur Neugründung** werden mehrere Rechtsträger in einem durch den Verschmelzungsakt neu entstehenden Rechtsträger unter Verlust ihrer eigenen Existenz vereinigt.

Hinsichtlich der inhaltlichen Anforderungen an den **Verschmelzungsvertrag** ist aus arbeitsrechtlicher Sicht insbesondere § 5 Abs. 1 Nr. 9 UmwG zu beachten, wonach der Verschmelzungsvertrag oder sein Entwurf Angaben über die Folgen der Verschmelzung für die Arbeitnehmer und ihre Vertretungen sowie die insoweit vorgesehenen Maßnahmen enthalten muss. Zu diesen Angaben zählen auch die Auswirkungen der Umwandlung auf die in den betroffenen Rechtsträgern bestehenden Versorgungszusagen. Dies gilt unstreitig jedenfalls dann, wenn sich die Aussagen auf aktive Arbeitnehmer beziehen. Kommt es im Rahmen der Umwandlung zu einem Betriebsübergang, so sind die Angaben nach § 5 Abs. 1 Nr. 9 UmwG weitgehend deckungsgleich mit den Angaben im Informationsschreiben nach § 613a Abs. 5 Nr. 3 und 4 BGB.[702] Nicht abschließend geklärt ist die Frage, ob zusätzlich Angaben zu den Versorgungsverpflichtungen gegenüber ausgeschiedenen Mitarbeitern, einschließlich der ggf. insoweit in Aussicht genommenen Maßnahmen, erforderlich sind. Unseres Erachtens sollte der Verschmelzungsvertrag mit Blick auf den Entgeltcharakter und der erkennbar essenziellen Bedeutung der betrieblichen Altersversorgung diesbezügliche Angaben enthalten.[703]

---

[700] Vgl. dazu die nachfolgenden Ausführungen zur Spaltung, insbes. → Rn. 613 ff. mwN.
[701] BAG 21.2.2008 – 8 AZR 157/07, NZA 2008, 815.
[702] ErfK/*Oetker* UmwG § 5 Rn. 2.
[703] Vgl. ausführlich: Schlewing/Henssler/Schipp/Schnitker/*Schnitker/Granetzny* Teil 17 B Rn. 11 mwN.

562 Nach der Verschmelzung kommt es für die Frage der **Anpassungsprüfung** grds. auf den aufnehmenden Rechtsträger an. Allerdings ist dann, wenn die Verschmelzung in den für die Prognose der Leistungsfähigkeit maßgeblichen Zeitraum fällt, auch die wirtschaftliche Entwicklung der vor der Verschmelzung selbständigen Unternehmen zu berücksichtigen.[704] Dies gilt nach Ansicht des BAG sowohl bei der Verschmelzung eines wirtschaftlich gesunden Unternehmens auf ein wirtschaftlich schwaches Unternehmen als auch in der umgekehrten Konstellation.

b) Spaltung

563 **Beispiel J 12:**

Die A-GmbH spaltet das operative Geschäft ihres Geschäftsfeldes Messtechnik auf die B-GmbH ab. Auch die Versorgungsverpflichtungen (Rentner und frühere Arbeitnehmer mit unverfallbaren Anwartschaften) aus dieser operativen Einheit sollen auf die B-GmbH übergehen.

564 **aa) Überblick über die Spaltungsmöglichkeiten.** Anders als bei der Verschmelzung müssen bei der Spaltung nicht alle Gegenstände des Aktiv- und Passivvermögens auf einen anderen Rechtsträger übertragen werden. Übertragen werden vielmehr nur die Gegenstände des Aktiv- und Passivvermögens, die im **Spaltungsvertrag bzw. Plan** ausdrücklich bezeichnet werden. Anders als beim klassischen *asset deal* vollzieht sich der Übergang allerdings nicht im Wege der Einzelrechtsnachfolge sondern als **(partielle) Gesamtrechtsnachfolge.** Mit Eintragung der Spaltung in das Handelsregister wird die Gesamtrechtsnachfolge wirksam (§ 131 UmwG).

565 Bei der Spaltung wird zwischen der Aufspaltung, Abspaltung und Ausgliederung unterschieden. Bei der **Aufspaltung** überträgt der sich aufspaltende Rechtsträger sein gesamtes Vermögen anteilig auf mehrere andere Rechtsträger gegen Gewährung von Anteilen an diesen Gesellschaften an seine Anteilsinhaber. Die sich aufspaltende Gesellschaft wird aufgelöst und erlischt mit Eintragung der Aufspaltung im Handelsregister (§ 131 UmwG). Dabei können die Gegenstände des Aktiv- und Passivvermögens des aufgespaltenen Rechtsträgers entweder auf einen oder mehrere bereits bestehende Rechtsträger übertragen werden (Spaltung zur Aufnahme) oder durch Übertragung auf neu gegründete Rechtsträger (Spaltung zur Neugründung).

566 Bei der **Abspaltung** überträgt der übertragende Rechtsträger nicht sein gesamtes Vermögen, sondern lediglich einen Teil der Gegenstände des Aktiv- und Passivvermögens, während er den Rest behält. Der Unterschied zur Aufspaltung liegt darin, dass eine Auflösung des sich aufspaltenden Rechtsträgers nicht erforderlich ist.

567 Bei der **Ausgliederung** erhalten – anders als bei der Auf- und Abspaltung – die Anteile an dem übernehmenden Rechtsträger oder dem neu gegründeten Rechtsträger nicht die Anteilsinhaber des übertragenen Rechtsträgers, sondern der übertragende Rechtsträger selbst. Es entsteht somit eine Mutter-Tochter Struktur zwischen dem übertragenden und dem aufnehmenden Rechtsträger.

Ebenso wie die Verschmelzung gemäß § 5 Abs. 1 Nr. 9 UmwG hat auch der Spaltungsvertrag nach § 126 Abs. 1 Nr. 11 UmwG Angaben zu den Folgen der Spaltung für die Arbeitnehmer und ihre Vertretungen sowie die insoweit vorgesehenen Maßnahmen zu enthalten. Hierzu gilt das oben Gesagte unter → Rn. 561 entsprechend.

568 **bb) Auswirkungen auf betriebliche Versorgungsverpflichtungen.** Im Spaltungs- und Übernahmevertrag bzw. im Spaltungsplan kann grundsätzlich frei festgelegt werden, auf welchen Rechtsträger die Gegenstände des Aktiv- und Passivvermögens nach der Spaltung

---

704 BAG 15.4.2014 – 3 AZR 51/12, BB 2014, 2811; 20.8.2013 – 3 AZR 750/11, BetrAV 2013, 721; 31.7. 2007 – 3 AZR 810/05, DB 2008, 135.

übergehen sollen. Dies gilt im Hinblick auf Versorgungsverpflichtungen nicht ohne Einschränkungen, da der Grundsatz der spaltungsrechtlichen Zuordnungsfreiheit durch die zwingenden Vorgaben des § 613a BGB begrenzt wird, soweit dessen Anwendungsbereich reicht.

(1) Versorgungsverpflichtungen gegenüber aktiven Mitarbeitern. § 613a BGB ist auf 569
Spaltungsvorgänge **anwendbar.** § 324 UmwG bestimmt, dass die Vorschriften des § 613a Abs. 1, 4–6 BGB durch die Wirkungen der Eintragung einer Verschmelzung, Spaltung oder Vermögensübertragung unberührt bleiben. Ungeachtet dieser sperrigen Gesetzesformulierung wird die Anwendbarkeit von § 613a BGB für Spaltungen nach dem UmwG heute kaum noch in Frage gestellt.[705] Sie entspricht dem historischen Willen des Gesetzgebers bei der Schaffung von § 324 UmwG.[706] Richtiger Ansicht zufolge handelt es sich bei § 324 UmwG um eine Rechtsgrundverweisung.[707] Dies bedeutet, dass im Rahmen einer Spaltung zu prüfen ist, ob die übertragenen Gegenstände des Aktiv- und Passivvermögens einen (oder mehrere) Betriebe oder Betriebsteile bilden, die unter Wahrung ihrer Identität auf den aufnehmenden Rechtsträger übertragen werden. Sind die Voraussetzungen für einen Betriebs(teil)übergang erfüllt, so gehen die nach dem Schwerpunkt ihrer Tätigkeit dem übertragenen Betrieb oder Betriebsteil zuzuordnenden aktiven Mitarbeiter gemäß § 613a BGB auf den aufnehmenden Rechtsträger über. soweit sie nicht dem Übergang ihres Arbeitsverhältnisses gemäß § 613a Abs. 6 BGB **widersprechen.**

Wenn infolge des Umwandlungsvorgangs der frühere Rechtsträger erlischt, wie etwa in Fällen der Verschmelzung oder der Aufspaltung lehnt das BAG das Bestehen eines Widerspruchsrechts in teleologischer Reduktion des § 613a Abs. 6 BGB ab. Vielmehr könne der Arbeitnehmer das Arbeitsverhältnis **außerordentlich kündigen,** wobei die Zwei-Wochen-Frist des § 626 Abs. 2 BGB erst ab dem Zeitpunkt zu laufen beginne, in dem der Arbeitnehmer Kenntnis von der Eintragung der Umwandlung erlangt.[708]

Infolge des untrennbaren Zusammenhangs zwischen aktivem Arbeitsverhältnis und Ver- 570
sorgungsverhältnis ist eine vom Arbeitgeber abweichende **Zuordnung der Versorgungsverpflichtungen** gegenüber aktiven Mitarbeitern, dh Mitarbeitern die in einem laufenden Arbeitsverhältnis stehen, nicht möglich; § 613a BGB, § 324 UmwG sind insoweit nicht abdingbar.[709] Ob das Arbeitsverhältnis ruht, ist hierfür ohne Belang. Daraus folgt, dass die Versorgungsverpflichtungen gegenüber den übergehenden Mitarbeitern nicht dem übertragenden Rechtsträger als verbleibende Verpflichtungen zugeordnet werden können. Aber auch umgekehrt kann der übertragende Rechtsträger Versorgungsverpflichtungen gegenüber den bei ihm verbleibenden aktiven Mitarbeitern nicht im Wege der Spaltung mit Außenwirkung auf einen anderen Rechtsträger übertragen. Da die Altersversorgung Entgeltcharakter[710] hat, kann diese Verpflichtung solange das arbeitsrechtliche Austauschverhältnis noch aktiv ist, ebenso wenig wie die Pflicht zur Lohnzahlung isoliert abgespalten werden.

Sind Mitarbeiter nicht einem im Rahmen einer umwandlungsrechtlichen Maßnahme 571
übergehenden Betrieb bzw. Betriebsteil iSv § 613a BGB zugeordnet, können deren Arbeitsverhältnisse frei zugeordnet werden. Ein Arbeitgeberwechsel findet in diesem Fall aber nur mit Zustimmung des Arbeitnehmer statt.[711] Allerdings ist wegen der Einheitlichkeit von Arbeits- und Versorgungsverhältnis auch hier keine Trennung der Versorgungsver-

[705] Statt vieler Kallmeyer/*Willemsen* UmwG § 324 Rn. 1 mwN.
[706] S. die Gesetzesmaterialien, BT-Drs. 12/6699, 118.
[707] BAG 25.5.2000 – 8 AZR 416/99, NZA 2000, 1115; Lutter/*Sagan* UmwG § 324 Rn. 3; MHdB ArbR/*Richter* § 26 Rn. 16; Kallmeyer/*Willemsen* UmwG § 324 Rn. 1; *Müller-Bonanni* S. 22 mwN.
[708] BAG 21.8.2008 – 8 AZR 157/07, NZA 2008, 815.
[709] Vgl. Höfer/*Höfer/de Groot* BetrAVG Kap. 9 Rn. 9; *Bahnsen* NJW 2005, 3328; *Kaiser/Gradel* DB 1996, 1621 (1624); s. auch *Döring/Granetzny* NZA 2012, 1339 (1342).
[710] BAG 10.3.1972 – 3 AZR 278/71, DB 1972, 1486.
[711] BAG 19.10.2017 – 8 AZR 63/16, NZA 2018, 370.

pflichtungen vom fortbestehenden Arbeitsverhältnis möglich. Eine solche würde dem Prinzip der Gesamtrechtsnachfolge widersprechen. Etwas anderes kann dann gelten, wenn Arbeitnehmer außerhalb der eigentlichen Umwandlung einzelvertraglich von dem aufnehmenden Unternehmen übernommen werden. Dieser Fall ist wie ein normaler Arbeitgeberwechsel zu behandeln, so dass ein Wahlrecht besteht, ob der *past service* beim übertragenden Rechtsträger verbleibt oder nach § 4 BetrAVG übertragen wird.

572 Die vom BAG aufgestellten Anforderungen für die Kapitalausstattung von Rentnergesellschaften, die im Wege der umwandlungsrechtlichen Zuordnungsfreiheit von Verbindlichkeiten gegründet werden, ist auf die Übertragung von aktiven Mitarbeitern unanwendbar (→ Rn. 591 ff.).

573 **(2) Versorgungsverpflichtungen gegenüber ehemaligen Mitarbeitern und Rentnern.** Die obigen **Beschränkungen der spaltungsrechtlichen Zuordnungsfreiheit** gelten nur für Arbeitnehmer, die sich in einem aktuellen Arbeitsverhältnis mit dem übertragenden Rechtsträger befinden und entweder bei dem übertragenden Rechtsträger verbleiben oder aber gemäß § 613a BGB auf den aufnehmenden Rechtsträger übergehen.

574 Ehemalige Mitarbeiter des übertragenden Rechtsträgers werden von § 613a BGB demgegenüber nach allgemeiner Ansicht nicht erfasst. Der Verweis in § 324 UmwG auf § 613a BGB steht damit einer Zuordnung der Rechtsverhältnisse ehemaliger Arbeitnehmer nicht im Wege.[712] Auch gilt der ungeschriebene Grundsatz der Untrennbarkeit von aktivem Arbeitsverhältnis und Versorgungsverhältnis nicht mehr, da das aktive Arbeitsverhältnis beendet ist. Versorgungsverpflichtungen gegenüber Rentnern und mit einer unverfallbaren Anwartschaft ausgeschiedenen ehemaligen Mitarbeitern unterliegen daher dem Grundsatz der spaltungsrechtlichen Zuordnungsfreiheit gemäß § 126 Abs. 1 UmwG. Sie können daher im Rahmen einer privatautonomen Regelung den an der Spaltung beteiligten Rechtsträgern zugeordnet werden.[713] Bei einer Betriebsaufspaltung in eine Besitz- und Betriebsgesellschaft ist es somit möglich, über eine Spaltung nach dem UmwG die einheitliche Zuordnung aller Versorgungsverbindlichkeiten auf die Betriebsgesellschaft rechtlich wirksam vorzunehmen. Es ist aber auch die Übertragung auf einen anderen an der Spaltung beteiligten Rechtsträger möglich. Einer wirtschaftlichen Konzentrierung der Verpflichtungen über eine Freistellungsvereinbarung – wie bei einer Betriebsaufspaltung unter dem Geltungsbereich des § 613a BGB notwendig – bedarf es somit nicht.

575 **Versorgungsverpflichtungen** aus beendeten Arbeitsverhältnissen können damit grundsätzlich eigenständiger – und auch **einziger – Regelungsgegenstand** eines Spaltungsvertrages sein.

576 **(3) Selbständige Versorgungsträger.** Soweit die betriebliche Altersversorgung über selbständige Versorgungsträger durchgeführt wird (Direktversicherung, Unterstützungskasse, Pensionskasse, Pensionsfonds), folgt die mit diesem Versorgungsträger bestehende Rechtsbeziehung nicht automatisch der Versorgungsverpflichtung. Im Spaltungs- und Übernahmevertrag müssen deshalb im Rahmen der Angaben zu § 126 Abs. 1 Nr. 9 UmwG die Rechtsbeziehungen der an der Spaltung beteiligten Rechtsträger zu dem selbständigen Versorgungsträger geregelt werden.

577 **(a) Unterstützungskasse.** Eine Unterstützungskasse wird von der Spaltung ihres Trägerunternehmens grundsätzlich nicht betroffen. Das Unternehmen, auf das Versorgungsverpflichtungen abgespalten werden, kann und muss die Versorgungsverpflichtungen in diesem Falle selbständig sicherstellen, es sei denn, es bewirkt eine Fortsetzung der Abwicklung über die Unterstützungskasse. Im arbeitsrechtlichen Versorgungsverhältnis gilt dabei

---

[712] Vgl. BAG 22.2.2005 – 3 AZR 499/03, NZA 2005, 639; Kallmeyer/*Willemsen* UmwG § 324 Rn. 64 mwN.

[713] BT-Drs. 12/6699, 118.

der Auslegungsgrundsatz, dass die Beibehaltung gerade der konkreten Unterstützungskasse nicht Bestandteil des Versorgungsversprechens ist. Die namentliche Bezeichnung in der Versorgungszusage ist ohne besondere Anhaltspunkte vielmehr nur deklaratorischer Natur. Damit unterliegt es der freien Entscheidung des Arbeitgebers, ob er die bisherige Unterstützungskasse beibehält, oder eine eigene oder dritte Unterstützungskasse einschaltet.

Entscheidet sich der Arbeitgeber dafür, in Rechtsbeziehungen zu der bisherigen Unterstützungskasse einzutreten, kann es erforderlich sein, die Satzung bzw. den Gesellschaftervertrag der Unterstützungskasse dahingehend anzupassen, dass die aufnehmenden Rechtsträger fortan als Träger der Unterstützungskasse fungieren können. Wird ein Unternehmen beispielsweise zur Neugründung in zwei oder mehrere Rechtsträger aufgespalten und sollen die Versorgungsverpflichtungen weiterhin über die bestehende Unterstützungskasse durchgeführt werden, so kann die Kasse nach Spaltung als Gruppenunterstützungskasse fortbestehen. Ist eine Satzungsänderung erforderlich, wurde diese jedoch nicht formell wirksam durchgeführt, hat dies allerdings keine Auswirkungen auf die Trägereigenschaft des aufnehmenden Unternehmens, sofern die Voraussetzungen des § 7 Abs. 1 S. 2 Nr. 2 BetrAVG erfüllt sind, wenn also tatsächlich Beiträge entrichtet und diese auch seitens der Unterstützungskasse angenommen werden.[714]

In der Praxis wird die Eigenschaft als Trägerunternehmen bisweilen daran geknüpft, dass der aufnehmende Rechtsträger eine Gesellschafterstellung bzw. eine vereinsrechtliche Mitgliedschaft begründet. Denkbar sind ferner Gestaltungen, in denen die Trägereigenschaft auf Grundlage eines Geschäftsbesorgungs- oder Dienstleistungsvertrags erfolgt.[715] Dabei gilt es aus Sicht des aufnehmenden Rechtsträgers allerdings zu bedenken, dass er sich in diesem Fall der gesellschaftsrechtlichen Einflussnahmemöglichkeiten begibt.

Im Einzelnen gelten für die Fortführung des Durchführungsweges unter Einschaltung der bestehenden Unterstützungskasse die Ausführungen zur Einzelrechtsnachfolge entsprechend.

Hinsichtlich der Frage, ob die **Trägereigenschaft** an der Unterstützungskasse selbständig abgespalten werden kann, ist zu differenzieren. Nach dem Grundsatz der spaltungsrechtlichen Zuordnungsfreiheit ist dies ohne Weiteres zulässig, wenn die Trägereigenschaft auf einem Geschäftsbesorgungsvertrag mit der Unterstützungskasse oder auf der Gesellschafterstellung in einer GmbH beruht, denn die Trägereigenschaft ist kein höchstpersönliches Recht und der Geschäftsanteil an einer GmbH ist grds. frei übertragbar.[716] Ergibt sich die Dotierungsmöglichkeit aber allein aus einer Vereinsmitgliedschaft in der Unterstützungskasse, ist eine isolierte Abspaltung grds. nicht möglich, da es sich bei der Mitgliedschaft um ein höchstpersönliches und damit um ein nicht übertragbares Recht (§ 38 BGB) handelt. Hiervon kann allerdings durch entsprechende Satzungsregelungen abgewichen werden (§ 40 BGB), so dass eine vorherige Satzungsanpassung möglich und im Einzelfall geboten ist. Im Falle der **Übertragung der Unterstützungskasse** auf den aufnehmenden Rechtsträger besteht mangels Rechtsgrundlage grundsätzlich keine Nachhaftung der Unterstützungskasse für Versorgungsberechtigte des übertragenden Rechtsträgers, die bei diesem verbleiben. Eine Ausnahme besteht allerdings, wenn der übertragende Rechtsträger weiterhin Trägerunternehmen bleibt und die Unterstützungskasse nunmehr als Gruppenunterstützungskasse zusammen mit dem Erwerber fortsetzt.[717] In diesem Fall ist im Rahmen der Transaktion auf eine genaue Zuordnung des Kassenvermögens zu achten. Zu den steuerlichen Auswirkungen im Fall der Überdotierung bzw. Auskehrung oder Übertragung von Vermögen einer Unterstützungskasse wird auf die obigen Ausführungen im Rahmen des *Asset Deals* und *Share Deals* verwiesen. 578

[714] *Kemper/Hey* BB 2009, 720 (723).
[715] *Kemper/Hey* BB 2009, 720 (723).
[716] *Kemper/Hey* BB 2009, 720 (723).
[717] Vgl. *Powietzka* DB 2008, 2593 (2595).

579 Möglich ist auch die **Aufspaltung der Kasse** selbst. Nach § 149 UmwG kann sich ein rechtsfähiger Verein an einer Spaltung beteiligen. Wird die Unterstützungskasse in Form einer GmbH betrieben, so ist eine Spaltung der Kasse oder eine Abspaltung eines Gesellschaftsanteils des Trägers sowie der Erwerb einer Beteiligung durch andere Rechtsträger ohne weiteres möglich (vgl. §§ 138ff. UmwG).

580 Die Frage, ob die **Ausfallhaftung** nach § 1 Abs. 1 S. 3 BetrAVG abgespalten werden kann, ist ein Scheinproblem und differenziert zu beurteilen. Unseres Erachtens kann die Ausfallhaftung nur im Hinblick auf unverfallbar ausgeschiedene Mitarbeiter und Rentner abgespalten werden, da es sich bei der Ausfallhaftung nach § 1 Abs. 1 S. 3 BetrAVG um die „Arbeitgeberhaftung" aus der Grundzusage handelt, die untrennbar mit dem aktiven Arbeitsverhältnis verbunden ist. Die Abspaltung der Ausfallhaftung ist somit identisch mit der Abspaltung der Verpflichtung aus der Versorgungszusage selbst. Sie ist kein *aliud,* sondern lediglich eine Klarstellung der fortbestehenden Haftung aus der Grundzusage, auch wenn sich der Arbeitgeber eines externen Durchführungsweges bedient hat.

581 **(b) Pensionskasse- und Pensionfonds.** Auch eine **Pensionskasse** oder ein **Pensionsfonds** wird von der Spaltung der ihr angeschlossenen Unternehmen nicht betroffen. Für die Fortsetzung der Versorgung über die Einrichtung gelten im wesentlichen Ausführungen zur Einzelrechtsnachfolge entsprechend (vgl. → Rn. 509ff.). Pensionskassen werden in der Regel als kleinere Versicherungsvereine (§ 210 VAG) und Pensionsfonds als Aktiengesellschaft (§ 237 VAG) betrieben. Entsprechend § 151 UmwG können sie nur in der Weise auf- oder abgespalten werden, dass auch auf der Seite der übernehmenden oder neuen Rechtsträger nur Versicherungsunternehmen (VVaG oder Versicherungs-AG) beteiligt sind. Die Umwandlung bedarf nach § 14 VAG der Genehmigung durch die Aufsichtsbehörde.[718]

582 **(c) Direktversicherung.** Bestehen die Ansprüche gegenüber einer **Direktversicherung,** so können die Versicherungsverträge ebenfalls mit abgespalten werden. Das aus der Spaltung verpflichtete Arbeitgeberunternehmen wird dann Versicherungsnehmer.[719] Da die spaltungsrechtlichen Vorschriften jedoch nur eine Zuordnung, nicht aber eine Vervielfältigung der Rechtsbeziehungen ermöglichen, scheidet bei diesem Vorgehen der abgebende Rechtsträger als Versicherungsnehmer aus. Sofern dies nicht gewollt ist, müssen die Rechtsbeziehungen zwischen dem Lebensversicherungsunternehmen und dem aufnehmenden Rechtsträger unabhängig von den spaltungsrechtlichen Vorschriften hergestellt werden. Die Begründung der Rechtsbeziehungen wirft in der Praxis regelmäßig keine Probleme auf, da die entsprechenden Lebensversicherungsunternehmen meistens allgemein am Markt tätig sind und damit keinen Konzernbeschränkungen unterliegen. Eine seltene, jedoch denkbare Ausnahme besteht allerdings, wenn die Direktversicherungen von einer Konzernpensionskasse geführt werden, was vorbehaltlich der tariflichen Gestaltung im Einzelfall nach der Definition des § 118a VAG zulässig ist.

Theoretisch könnte das Versicherungsvertragsverhältnis auch frei und unabhängig vom Versorgungsverhältnis zugeordnet werden, was allerdings schon deshalb nicht empfehlenswert ist, da keine Direktversicherung iSd § 1b Abs. 2 S. 1 BetrAVG mehr vorläge und damit sowohl die steuerlichen Begünstigungen als auch der Insolvenzschutz gefährdet sind.[720]

583 **(4) Keine Anwendung des § 4 BetrAVG.** Bedenken gegen eine Übertragung von Versorgungsverpflichtungen aus beendeten Arbeitsverhältnissen im Wege einer Spaltung wurden teilweise unter Berufung auf § 132 UmwG iVm § 4 BetrAVG sowie § 415 BGB

[718] Blomeyer/Rolfs/Otto/*Rolfs* BetrAVG Anh. zu § 1 Rn. 847a, 912.
[719] Blomeyer/Rolfs/Otto/*Rolfs* BetrAVG Anh. zu § 1 Rn. 749.
[720] Blomeyer/Rolfs/Otto/*Rolfs* BetrAVG Anh. zu § 1 Rn. 750.

erhoben.[721] Gemäß § 132 UmwG sollten allgemeine Vorschriften, welche die Übertragbarkeit eines Gegenstandes ausschließen oder an besondere Voraussetzungen knüpfen, von den Wirkungen der Eintragung unberührt bleiben, so dass sich die Frage stellte, ob damit auch § 4 BetrAVG und § 415 BGB in Bezug genommen sein sollte. Zudem wird eine Einschränkung der nach dem Umwandlungsgesetz bestehenden rechtlichen Möglichkeiten allgemein unter Missbrauchsgesichtspunkten thematisiert.

Gemäß § 4 Abs. 2 BetrAVG kann eine Verpflichtung aus einer unverfallbaren Versor- 584
gungsanwartschaft oder einer laufenden Rente nur mit Zustimmung des Arbeitnehmers auf einen Folgearbeitgeber als neuen Schuldner übertragen werden. Eine vertragliche Schuldübernahme durch andere Versorgungsträger ist dem Arbeitnehmer gegenüber unwirksam.[722] Das BAG hat jedoch seit langem klargestellt und bestätigt, dass § 4 BetrAVG und § 415 BGB in Umwandlungsfällen unanwendbar sind und es bei der Übertragung von Versorgungsverpflichtungen im Wege der umwandlungsrechtlichen Spaltung weder einer Zustimmung der Pensionäre noch des PSV bedarf.[723]

Mit dem besonderen Haftungssystem der §§ 20, 133, 134 UmwG hat der Gesetzgeber 585
eine **gegenüber § 4 BetrAVG vorrangige Ordnung** geschaffen,[724] so dass **§ 4 BetrAVG** auf übertragende Umwandlungen **unanwendbar** ist.[725] Überdies gilt § 4 BetrAVG allein für die Übertragung im Wege der Einzelrechtsnachfolge.[726] Bei einer Spaltung handelt es sich indes um eine partielle Gesamtrechtsnachfolge (vgl. § 131 UmwG),[727] so dass § 4 BetrAVG auch bereits aus diesem Grunde tatbestandlich nicht anwendbar ist. Auch die Gesetzesbegründung spricht gegen die Anwendbarkeit von § 4 BetrAVG, da § 4 BetrAVG nicht mit den dort angesprochenen Fällen vergleichbar sei.[728]

Auch das mit einer Spaltung verbundene Risiko der **Minderung der Haftungsmasse** 586
(nach Ablauf der gesamtschuldnerischen Haftung) kann die Anwendung von § 4 BetrAVG oder das Postulat eines Zustimmungserfordernisses seitens des PSV nicht rechtfertigen. Dieses Risiko hat der Gesetzgeber gesehen und in Kauf genommen. Die Einbeziehung von Versorgungsverbindlichkeiten in die Überlegungen des Gesetzgebers zeigt schon § 134 Abs. 2 UmwG.[729] Zum Schutz der Gläubiger ist in §§ 20, 133, 134 UmwG eine zeitlich beschränkte **gesamtschuldnerische Haftung** der an der Spaltung beteiligten Rechtsträger vorgesehen (dazu → Rn. 616). Praktisch führen die Regelungen dazu, dass der PSV nach Eintritt eines Insolvenzfalls aus übergeleitetem Recht (§ 9 Abs. 2 BetrAVG) denjenigen Rechtsträger in Regress nehmen kann, dem die Versorgungsverbindlichkeit nicht zugewiesen ist, der aber noch beschränkt gesamtschuldnerisch haftet. Diese gesamtschuldnerische Haftung von zehn Jahren ist als Schutzvorschrift zugunsten des PSV nur dann sinnvoll, wenn er nicht bereits durch die Verweigerung seiner Zustimmung den Übergang von Versorgungsverpflichtungen auf einen anderen Rechtsträger verhindern könnte.

Allerdings sieht das BAG den Katalog der umwandlungsrechtlichen Schutzvorschriften 587
nicht als abschließend dahingehend an, dass es keine anderen Ansprüche der Arbeitnehmer geben könnte. Den versorgungspflichtigen Arbeitgeber trifft nämlich nach Auffassung des BAG – jedenfalls bei Übertragung auf eine Rentnergesellschaft – die arbeitsvertragliche

---

[721] S. zu den früher vorgebrachten Bedenken etwa ErfK/*Preis* (7. Aufl.) BGB § 613a Rn. 189; MüKoBGB/*Schaub* (3. Aufl.) § 613a Rn. 222; nun aber MüKoBGB/*Müller-Glöge* § 613a Rn. 226.
[722] Vgl. Höfer/*Höfer* BetrAVG § 4 Rn. 30.
[723] BAG 22.2.2005 – 3 AZR 499/03, NZA 2005, 639; 11.3.2008 – 3 AZR 358/06, NZA 2009, 790.
[724] *Langohr-Plato* BetrAVG Rn. 1734; *Willemsen* NZA 1996, 791 (801).
[725] S. BAG 11.3.2008 – 3 AZR 358/06, NZA 2009, 790; 22.2.2005 – 3 AZR 499/03, NZA 2005, 639; *Hohenstatt/Seibt* ZIP 2006, 546 (548); *Langohr-Plato* BetrAVG Rn. 1734; *ders.* NJW 2005, 966 (968); Kallmeyer/*Willemsen* UmwG § 324 Rn. 64; *ders.* NZA 1996, 791 (801).
[726] So auch *Langohr-Plato* NZA 2005, 966 (967); kritisch zu dieser Argumentation *Klose/Klose* RdA 2006, 48 (51), die auch in der Rechtsübertragung durch Gesamtrechtsnachfolge einen Anknüpfungspunkt für § 4 BetrAVG sehen, jedoch den Begriff der Übertragung in § 4 BetrAVG restriktiv auslegen wollen.
[727] Ebenso Lutter/*Lieder* UmwG § 131 Rn. 1.
[728] BT-Drs. 12/6699, 121.
[729] Zustimmend *Bahnsen* NJW 2005, 3328 (3330).

Nebenpflicht zu einer hinreichenden Kapitalausstattung, deren Verletzung neben Ansprüchen gegen die aufnehmende Gesellschaft auch Schadenersatzansprüche des Versorgungsberechtigten gegen den übertragenden Rechtsträger nach sich zieht (siehe dazu die nachfolgenden Ausführungen).[730]

588 **(5) Erforderliche Kapitalausstattung.** Bei der Frage nach der erforderlichen Kapitalausstattung sind verschiedene Ebenen zu betrachten.

589 **(a) Umwandlungsrechtliche Anforderungen.** Zunächst gilt, dass bei Konstellationen, in denen ein neuer Geschäftsanteil an dem aufnehmenden Rechtsträger an den übertragenden Rechtsträger ausgegeben werden muss (Ausgliederung), der aufnehmende Rechtsträger über **Reinvermögen** verfügen muss. Ansonsten ist bereits die Ausgabe des Geschäftsanteils nicht möglich. Es besteht dann ein Eintragungshindernis, so dass die Ausgliederung mangels Eintragung in das Handelsregister gemäß § 131 UmwG gar nicht wirksam werden kann. Bereits aus diesem Grunde sind daher jedenfalls Aktiva in einem Umfang zu übertragen, der sicherstellt, dass diese Voraussetzung erfüllt ist. Dies gilt im Übrigen unabhängig davon, ob Versorgungsverpflichtungen gegenüber Rentnern oder Aktiven übertragen werden.

590 **(b) Keine anfängliche Überschuldung.** Des Weiteren darf der aufnehmende Rechtsträger nicht nach der Aufnahme der Versorgungsverpflichtungen **überschuldet** sein. Notwendig ist damit, dass dem aufnehmenden Rechtsträger jedenfalls Aktiva im Umfang der zu bildenden Rückstellungen für Versorgungsverbindlichkeiten zur Verfügung stehen. Die Kapitalausstattung des aufnehmenden Rechtsträgers ist jeweils durch Vorlage entsprechender Gutachten nachzuweisen.

Es ist daher *de facto* in der Umsetzung nicht möglich, Versorgungsverpflichtungen per Abspaltung oder Ausgliederung auf einen bereits vermögenslosen Rechtsträger zu übertragen, ohne zugleich zumindest Aktiva im Umfang des erforderlichen Rückstellungsvolumens zu übertragen. Auch hierfür ist es unerheblich, ob Versorgungsverpflichtungen gegenüber Rentnern oder Aktiven übertragen werden.

591 **(c) Weitere Ausstattungspflichten.** Fraglich ist jedoch, ob über die zur Deckung des Rückstellungsvolumens erforderlichen Aktiva hinaus weitere Aktiva übertragen werden müssen. Dies setzt voraus, dass eine Rechtsgrundlage existiert, aus der diese Verpflichtung erwächst.

Das BAG steht in dieser lange Zeit umstrittenen Frage auf dem Standpunkt, das verpflichtete Unternehmen, das seine Versorgungsverpflichtungen ausgliedern will, treffe eine arbeitsvertragliche Nebenpflicht zur gesteigerten Rücksichtnahme auf die Vermögensinteressen der Rentner. Hieraus folgt die Verpflichtung, die Rentnergesellschaft, auf die Versorgungsverpflichtungen ausgegliedert werden, so auszustatten, dass sie die laufenden Renten bezahlen kann *und* die Ausstattung grds. auch für die Anpassung nach § 16 BetrAVG ausreicht.[731] Dabei hat das BAG zwischenzeitlich klargestellt, dass auch eine Rentnergesellschaft auf Dauer nicht dazu verpflichtet ist, Anpassungslasten unter Aufzehrung ihrer Substanz zu finanzieren. Ebenso wie einer werbenden Gesellschaft sei dieser eine angemessene Eigenkapitalverzinsung zuzubilligen, die der Umlaufrendite öffentlicher Anleihen entspreche; der Risikozuschlag von 2% entfalle dann allerdings.[732]

Als maßgeblichen Zeitraum für die Prognose der zu erwartenden Geldentwertung sieht das BAG dabei den Durchschnitt der vergangenen 20 Jahre an. Dabei lässt es das BAG

[730] BAG 11.3.2008 – 3 AZR 358/06, NZA 2009, 790.
[731] BAG 11.3.2008 – 3 AZR 358/06, NZA 2009, 790.
[732] BAG 17.6.2014 – 3 AZR 298/13, BetrAV 2014, 667; 15.1.2013 – 3 AZR 638/10, NZA 2014, 87; aA LAG Köln 14.1.2013 – 2 Sa 818/12, ZIP 2013, 1928.

offen, unter welchen Voraussetzungen auch eine geringere Ausstattung zulässig ist. Allerdings dürfte in den Fällen einer nachweislich schlechten wirtschaftlichen Lage oder gar einer Sanierung ein angemessener Spielraum bestehen.[733] Letzteres erscheint bereits deshalb richtig, weil es keinen rechtlich belastbaren Ansatzpunkt dafür gibt, Rentner im Verhältnis zu anderen Gläubigern zu bevorzugen. Insbesondere ist in § 16 BetrAVG selbst ein angemessener Ausgleich zwischen aktiven und ausgeschiedenen Arbeitnehmern angelegt.

In der Frage der **Höhe der erforderlichen Ausstattung** der Rentnergesellschaft hat 592 das BAG ausgeführt, die Rentnergesellschaft betreibe ein versicherungsähnliches Risikogeschäft. Es seien daher die Sterbetabellen der Versicherungswirtschaft zugrunde zu legen. Im Hinblick auf den Zinssatz müsse sich das Unternehmen an der unteren Grenze der Bandbreite einer vernünftigen kaufmännischen Bewertung (nach Vorstellung des BAG liegt die Bandbreite – beruhend auf dem Zinsniveau sowie der Garantiverzinsung von Lebensversicherern im Jahre 2008 – zwischen 3–6%) orientieren.

Die Verletzung der von BAG aufgestellten Vorgaben sollte nach Vorstellung des BAG zu 593 einem **unmittelbaren Schadenersatzanspruch** des Rentners gegen den übertragenden Rechtsträger nach § 280 Abs. 1 S. 1, § 241 Abs. 2, §§ 31, 278 BGB führen. Die Wirksamkeit der umwandlungsrechtlichen Vorgänge bleibt jedoch nach der Eintragung unberührt.[734]

Das BAG hat zwischenzeitlich ausdrücklich klargestellt, dass sich die obige Rechtspre- 594 chung nicht auf sog. abgeleitete Rentnergesellschaften bezieht, die dadurch entstehen, dass das gesamte operative Geschäft auf eine andere Konzerngesellschaft übertragen wird mit der Folge, dass beim übertragenden Arbeitgeber lediglich die Versorgungsverpflichtungen der Rentner und unverfallbar Ausgeschiedenen zurückbleiben.[735] Der Übergang der aktiven Mitarbeiter und der auf sie entfallenden Versorgungsverpflichtungen vollzieht sich hier gemäß § 613a BGB. § 613a BGB ordnet in keiner Weise bestimmte Ausstattungspflichten an.[736] Die Abgrenzung verläuft nach der Begründungslogik des BAG danach, ob die Verpflichtungen kraft Gesetzes nach § 613a BGB übergehen oder kraft gewillkürter Zuweisung der Parteien im Spaltungsvertrag. Eine vergleichbare Missbrauchsgefahr lehnt es nunmehr auch mit der Erwägung ab, dass es anders als bei einer umwandlungsrechtlichen Spaltung nicht zu einer Auswechselung des Schuldners komme.

Es ist unklar, ob sich die Rechtsprechung des BAG auch auf Fälle bezieht, in denen 595 Versorgungsverpflichtungen gegenüber Rentnern auf eine noch werbende Gesellschaft (dh nicht auf eine reine Rentnergesellschaft ohne operative Tätigkeit) übertragen werden. Nach der Argumentation des BAG müsste dies im Ausgangspunkt der Fall sein, da es sich um eine nicht aus dem Gesetz (§ 613a BGB) folgende, sondern gewillkürte Zuweisung von Verpflichtungen handelt, die auch mit einem Wechsel des Versorgungsschuldners einhergeht. Für die Annahme einer Pflichtverletzung dürfte es in diesen Fällen – soweit nicht ohnehin im Rahmen der Umwandlung eine ausreichende finanzielle Ausstattung übertragen wird – insbesondere darauf ankommen, ob der übertragende Rechtsträger im Zeitpunkt der Übertragung davon ausgehen durfte, dass der übernehmende Rechtsträger die auf die übergehenden Versorgungsverpflichtungen entfallenden zukünftigen Anpassungslasten erbringen können wird.

Die Entscheidung des BAG ist unseres Erachtens nach Einführung des BilMoG – soweit 596 es um die Frage der Höhe der finanziellen Ausstattung geht – **weitestgehend überholt.**[737] Die Vorgaben des BAG zur Berechnung beruhten erkennbar auf der Annahme,

[733] BAG 26.5.2009 – 3 AZR 369/07, NZA 2010, 641; *Schlewing* RdA 2010, 368.
[734] So ausdrücklich BAG 11.3.2008 – 3 AZR 358/06, NZA 2009, 790; *Schlewing* RdA 2010, 368.
[735] BAG 15.9.2015 – 3 AZR 839/13, NZA 2016, 235.
[736] BAG 17.6.2014 – 3 AZR 298/13, BetrAV 2014, 667; 11.3.2008 – 3 AZR 358/06, NZA 2009, 790.
[737] *Schlewing* RdA 2010, 368 erkennt den Einfluss des BilMoG jedenfalls für Sachverhalte nach Inkrafttreten des BilMoG ebenfalls an, ohne sich jedoch auf ein Ergebnis festzulegen. Richtiger Weise wird die gesetzgeberische Wertung aber auch für Fälle vor Inkrafttreten des BilMoG relevant sein, da es nicht um eine Frage der Bilanzierungspflicht sondern eine Frage der Wertung der Angemessenheit der Ausstattung geht

dass die bis dato geltenden Vorschriften zur Bildung von Rückstellungen nach Maßgabe des § 6a EStG, die in der Praxis weitgehend auch für die Handelsbilanz übernommen wurden, nur eine im Verhältnis zum realistischen Bedarf unzureichende Ausstattung der Rentnergesellschaft gewährleistet hätten.[738] Dies beruhte zum einen auf dem relativ hohen Rechungszinsfuß von 6% (für Direktzusagen) und zum anderen auf dem Umstand, dass bei der Bemessung gemäß § 6a EStG die Rentendynamik nicht berücksichtigungsfähig ist. Dies hat sich mit Einführung des **BilMoG** für die Frage der Handelsbilanz geändert. Danach ist in der Handelsbilanz der „Erfüllungsbetrag" (§ 253 HGB) anzusetzen, der künftige Kostensteigerungen zwingend beinhalten muss. Damit findet die für die Anwärter ggf. (je nach Art der Versorgungszusage) noch maßgebliche Gehaltsdynamik und auch die Rentendynamik Eingang in die handelsbilanzielle Bewertung. Auch für die Bemessung des Zinssatzes gibt es in § 253 Abs. 2 HGB Vorgaben, die sich an der Marktentwicklung und damit an einem nicht manipulierbaren Maßstab orientieren (Grundsatz: Durchschnittlicher Markzinssatz der vergangenen 10 Jahre für Restlaufzeiten von 15 Jahren). Damit ist festzustellen, dass die Frage des Zinsansatzes ebenso wie die Berücksichtigung der Rentendynamik gesetzlich in einer Weise geregelt ist, die für einen nach BilMoG erstellten und testierten Abschluss eine unseres Erachtens unwiderlegbare Vermutung der Angemessenheit in sich birgt. Jede andere Betrachtung würde sich in Widerspruch zum Grundsatz der Einheit der Rechtsordnung setzen.

597 Nichts anderes kann für die Frage der verwandten **Sterbetafeln** nach *Heubeck* gelten. Die Sterbetafeln der Versicherungswirtschaft, die eine erheblich längere Lebenserwartung vorsehen, sind maßgeblich durch die wirtschaftlichen Interessen der Versicherungsindustrie motiviert. Eine Rentnergesellschaft mit einer auf Gewinnerzielung ausgerichteten Versicherungsgesellschaft gleichzusetzen, überzeugt nicht. Der Einklang der Rechtsordnung gebietet es vielmehr, im Rahmen der Ausstattung einer Rentnergesellschaft eine solche Ausstattung anzuerkennen, die den Vorschriften der handelsrechtlichen Bilanzierung genügt, da diese Bilanzierung alle maßgeblichen Parameter in sich birgt. Wenn der Gesetzgeber zum Schutz des Rechtsverkehrs im Rahmen des BilMoG Kriterien für eine realistische Bewertung von Pensionsverpflichtungen aufstellt, dann kann sich die Rechtsprechung nicht kraft eigener Wertungskompetenz über die Wertung des Gesetzgebers hinwegsetzen. Insbesondere kann es nicht als Verletzung einer arbeitsvertraglichen Nebenpflicht angesehen werden, wenn Aktiva in einem Umfang übertragen werden, der vom Gesetzgeber vor dem Hintergrund des erklärten Zieles der Bilanzrechtsreform, ein realistisches Abbild der wahren Verpflichtungen zu schaffen, als schutzzweckadäquat angesehen wurde.

598 Es muss daher ausreichend sein, wenn die Rentnergesellschaft im Einklang mit den Bewertungsmaßstäben nach BilMoG ausgestattet wird.

599 Soweit die übertragende Gesellschaft im Zeitpunkt der Übertragung nicht im Sinne des § 16 BetrAVG leistungsfähig ist oder sich gar in einer Sanierung befindet, kann dies im Rahmen des Bewertungsansatzes für den Rententrend adäquat berücksichtigt werden. Eine Pflichtverletzung scheidet dann bereits nämlich allein deswegen aus, da die Versorgungsberechtigten in diesem Falle auch bei einer Außerachtlassung des zukünftigen Anpassungsaufwands im Rahmen der Kapitalausstattung nach der Übertragung nicht schlechter gestellt sind als vorher.

600 In der Frage der **Art und Weise der Kapitalausstattung** besteht nach Auffassung des BAG ein weitgehender Gestaltungsspielraum. Insbesondere muss keine Liquidität abfließen. Es kommen neben der Ausstattung durch Geld oder Finanztitel auch andere Vermögensgegenstände, wie zB Grundstücke in Betracht. Von praktischer Bedeutung ist auch die Möglichkeit die gebotene Absicherung durch einen Schuldbeitritt oder aber Garantiever-

für die der Gesetzgeber klare Vorgaben gemacht hat, die auch auf Fälle vor Inkrafttreten des BilMoG übertragbar sind.

[738] BAG 11.3.2008 – 3 AZR 358/06, NZA 2009, 790 unter ausdrücklichem Hinweis des BAG auf die seinerzeit fehlende bilanzielle Berücksichtigungsfähigkeit der künftigen Anpassungen.

sprechen herbeizuführen. Unseres Erachtens kommt es dabei nicht darauf an, ob das übertragende Unternehmen oder ein Dritter eine solche zusätzliche Sicherung verspricht, sofern der übertragende Arbeitgeber sich pflichtgemäß vergewissert hat, dass der Dritte die übernommenen Verpflichtungen voraussichtlich auch tatsächlich erfüllen kann, in diesem Fall hat der Arbeitgeber seinen Sorgfaltspflichten gegenüber den Versorgungsberechtigten genüge getan. Aus diesem Grunde ist es beispielsweise auch möglich, Versorgungsverbindlichkeiten, für die bereits ein Schuldbeitritt erklärt wurde, ohne zusätzliche Kapitalausstattung auf eine Rentnergesellschaft zu übertragen, wenn dieser der Freistellungsanspruch zugewiesen wird und der Schuldbeitretende sich in einer wirtschaftlichen Lage befindet, welche die fortdauernde Erfüllung der übertragenen Verpflichtungen erwarten lässt. Allerdings ist es nicht ausreichend, wenn Gestaltungen gewählt werden, die – wie Ergebnisabführungsverträge – ohne weiteres wieder aufgekündigt oder beseitigt werden können.[739]

Auch wenn das BAG in seiner Entscheidung auf die aus Sicht des Gerichts bestehenden versicherungsrechtlichen Parallelen zurückgreift, stellt es doch fest, dass die für Versicherungen geltenden **Anlagegrundsätze** für die Rentnergesellschaft nicht gelten.[740] 601

(d) Rechtsfolgen bei Verstoß. Fraglich ist, welche **Rechtsfolgen** eine diesen Anforderungen nicht entsprechende Übertragung von Aktiva haben kann. Konsequenter Weise wäre eine nicht den bilanziellen Vorgaben entsprechende Ausstattung, die zu einer anfänglichen Überschuldung führen würde oder aber einer für die Umwandlung erforderlichen Kapitalerhöhung entgegenstehen würde, nach dem oben Gesagten ein Eintragungshindernis.[741] 602

Da nach Einführung des BilMoG und sachgerechter Justierung der Aussagen des BAG zur Frage der Ausstattungspflicht ein Einklang zwischen den handelsbilanziellen Vorgaben und arbeitsrechtlichen Anforderungen des BAG bestehen dürfte, sollte sich die Frage erledigen, ob Verstöße gegen allein arbeitsrechtliche Ausstattungspflichten ein Eintragungshindernis darstellen können. Damit dürfte für die Praxis ein erheblicher Zuwachs an Rechtsklarheit entstehen, der im Einklang mit dem Prinzip der Einheit der Rechtsordnung steht und Sonderbetrachtungen überflüssig macht. 603

Bei der Prüfung kann sich das Registergericht auf die in den vorgelegten testierten Bilanzen sowie aktuariellen Gutachten enthaltenen Zahlenwerte verlassen. Das Registergericht muss und kann die aktuarielle Bewertung nicht selbst prüfen. Das Umwandlungsverfahren sieht eine solche weitgehende Prüfungspflicht nicht vor. Es liegt zudem auch nicht in der Macht des BAG, dem Registergericht zusätzliche Prüfungspflichten aufzuerlegen. 604

Ein Verstoß gegen die vom BAG aus den arbeitsvertraglichen Nebenpflichten hergeleitete Ausstattungspflicht führt nicht zur Unwirksamkeit einer einmal eingetragenen Spaltung. Mit der **Eintragung** ist eine den Mangel der Spaltung **heilende Wirkung** verbunden.[742] Eine angeblich unzureichende finanzielle Ausgestaltung kann daher von den Versorgungsberechtigten nicht nachträglich gegen die Rechtswirkungen der Eintragung der Umwandlung gerichtet werden. Alles andere widerspräche dem Grundsatz der kraft Gesetzes bewirkten Folgen der Eintragung und dem auch zum Schutz anderer Beteiligter bestehenden Gebot der Rechtssicherheit im Rahmen der Umwandlung. Das BAG hat dies auch ausdrücklich klargestellt.[743] 605

---

[739] BAG 11.3.2008 – 3 AZR 358/06, NZA 2009, 795; *Schlewing* RdA 2010, 369.

[740] BAG 11.3.2008 – 3 AZR 358/06, NZA 2009, 790.

[741] BAG 11.3.2008 – 3 AZR 358/06, NZA 2009, 790 („das Registergericht habe den zwischen Antrag und Eintragung entstehenden Veränderungen Rechnung zu tragen"); nicht zu folgen in der Begründung ist in diesem Zusammenhang allerdings einer Entscheidung des AG Hamburg sowie des LG Hamburg, die unter Hinweis auf § 4 BetrAVG und die fehlende Zustimmung des PSV und der Betriebsrentner die Eintragung einer Ausgliederung in das Handelsregister abgelehnt haben, AG Hamburg 1.7.2005, HRA 100711, DB 2005, 1562; ausführliche Besprechung bei *Hohenstatt/Seibt* ZIP 2006, 546; LG Hamburg 8.12.2005 – 417 T 16/05, ZIP 2005, 2331 (2332).

[742] BAG 11.3.2008 – 3 AZR 358/06, NZA 2009, 790.

[743] BAG 11.3.2008 – 3 AZR 358/06, NZA 2009, 790; *Schlewing* RdA 2010, 368.

606 Zudem kann die Klage erst erhoben werden, wenn eine geschuldete Zahlung oder aber die begehrte Anpassung der Renten unterbleibt. Vorher dürfte das Rechtsschutzbedürfnis fehlen. Die Klage ist gegen den übertragenden Rechtsträger zu richten. Nach den vom BAG aufgestellten Vorgaben hat der Rentner bei unzureichender Ausstattung einen **unmittelbaren Schadenersatzanspruch** gegen den übertragenden Rechtsträger nach § 280 Abs. 1 S. 1, § 241 Abs. 2, §§ 31, 278 BGB. Aufgrund der Kausalitätserfordernisse besteht dieser jedoch nur dann, wenn der Schaden, in aller Regel in Form der unterbliebenen Rentenanpassung, bei – nach Ansicht des BAG – ordnungsgemäßer Kapitalausstattung nicht eingetreten wäre. Bis zum Ablauf der umwandlungsrechtlichen Mithaftung aus §§ 133, 134 UmwG ist zudem auch eine hierauf gestützte Klage denkbar. Diese gilt indes nur für Rentenansprüche, die innerhalb des Nachhaftungszeitraumes fällig werden, nicht jedoch für danach fällig werdende Zahlungen. Dies gilt auch dann, wenn der übernehmende Rechtsträger innerhalb der 10-Jahres-Frist insolvent wird, da auch die Forderung aus der Mithaftung entsprechend den Überlegungen zum Schuldbeitritt (→ Rn. 600) nicht kapitalisiert wird.

607 Liegen zugleich die Voraussetzungen des **Berechnungsdurchgriffs** vor, so wäre im Rahmen der Anpassungsprüfung bei dem aufnehmenden Rechtsträger und Schuldner auch auf die Verhältnisse des übertragenden Rechtsträgers abzustellen.

608 Die **Darlegungs- und Beweislast** liegt dabei bei der Partei, die sich auf den Haftungstatbestand beruft. Dies ist der Rentner. In der Praxis erscheint es allerdings nach dem oben Gesagten nahezu ausgeschlossen, dass im Fall einer Ausstattung, die den Bewertungsvorgaben nach dem BilMoG entspricht, eine Klage Erfolg haben könnte.

609 **(e) Exkurs: Beendigung von Beherrschungsverträgen.** Im Zusammenhang mit der Entwicklung seiner Rechtsprechung zur Ausgliederung von Pensionsverpflichtungen sowie zum Berechnungsdurchgriff hat das BAG auch zu der Frage der Behandlung von Versorgungsverpflichtungen im Fall der Beendigung eines Beherrschungsvertrages Stellung genommen.

610 Das BAG stellt zunächst zutreffend fest, dass kein Anspruch auf Sicherheitsleistung für künftige Rentenanpassungen gemäß § 303 AktG besteht.[744] Das BAG stützt diese Ansicht aber nicht etwa auf die durchaus zutreffende These, dass es sich bei der Anpassung nicht um einen Anspruch sondern lediglich um eine Expektanz handelt. Es stellt vielmehr fest, dass das herrschende Unternehmen, das abhängige Unternehmen bei Beendigung des Beherrschungsvertrages so auszustatten habe, dass dieses nach Beendigung des Beherrschungsvertrages die für die Anpassung der Renten erforderliche Leistungsfähigkeit besitze. Es bestehe insoweit eine Parallele zu den Fällen der Ausgliederung, die diese Betrachtung rechtfertige, da quasi eine Fusion auf Zeit beendet werde.

611 Diese Auffassung überrascht und fügt sich auch dogmatisch nicht in die Begründungslogik des BAG ein. Sie krankt nämlich entscheidend daran, dass die Rechtsgrundlage, auf die das BAG die Pflicht zur Ausfinanzierung im Fall der Ausgliederung stützt, die ansonsten vorliegende Verletzung einer Nebenpflicht des Arbeitsvertrages sein soll. Mit dem herrschenden Unternehmen bestand und besteht aber gerade kein Arbeitsverhältnis, aus dem eine solche Verpflichtung erwachsen könnte. Dieser Umstand kann auch nicht mit dem Gedanken der Fusion auf Zeit überspielt werden. Der Beherrschungsvertrag setzt die Regeln des Schuld- und Sachenrechts nicht außer Kraft. Der Gesetzgeber hat auf den Abschluss eines Beherrschungsvertrages gerade nicht die Rechtsfolgen der Verschmelzung und für dessen Beendigung die Rechtsfolgen der Ausgliederung für anwendbar erklärt. Ganz im Gegenteil hat er den Schutz der Gläubigerrechte in den Vorschriften zur Sicherheitsleistung abschließend geregelt. Für darüber hinausgehende Ausfinanzierungspflichten ist daher erkennbar kein Raum, zumal nicht erkennbar ist, warum Rentner (mit denen nicht einmal ein Vertragsverhältnis bestand) vor anderen Gläubigern bevorzugt behandelt

[744] BAG 26.5.2009 – 3 AZR 369/07, NZA 2010, 641; *Schlewing* RdA 2010, 370.

werden sollen. Hinzu kommt, dass im Rahmen der handelsbilanziellen Rückstellungen nach BilMoG zwingend Vorsorge für künftige Rentenentwicklungen zu treffen ist. Es besteht daher mangels Regelungslücke kein Anlass und auch keine Rechtsgrundlage über diese Vorgaben hinaus an dieser Stelle das Rad neu zu erfinden und sich damit in Widerspruch zur Gesamtrechtsordnung zu setzen. Ob das BAG nach seiner Entscheidung vom 10.3.2015 und der darin enthaltenen Neubewertung der Folgen eines Beherrschungsvertrages in der Frage des Berechnungsdurchgriffs weiter an der obigen Auffassung festhalten wird, ist mehr als zweifelhaft.[745] Denn in dieser Entscheidung hat das BAG nunmehr anerkannt, dass während eines bestehenden Beherrschungsvertrags ein Berechnungsdurchgriff auf das herrschende Unternehmen nur dann in Betracht kommt, wenn sich die durch den Beherrschungsvertrag begründete Gefahrenlage verwirklicht hat. Sofern eine solche Verwirklichung aber vor Beendigung eines Beherrschungsvertrags nicht eingetreten ist, kann von vornherein keine Verpflichtung zu einer über die HGB-Vorschriften hinausgehende Kapitalausstattung bestehen, anderenfalls würden die Versorgungsberechtigten im Zuge der Beendigung eines solchen Vertrags bessergestellt als während dessen Laufzeit.

Der Vollständigkeit halber sei angemerkt, dass der Anspruch auf Sicherheitsleitung für 612
die Rente als solche bereits gemäß § 303 Abs. 2 AktG jedenfalls insoweit ausgeschlossen ist, als eine Sicherung durch den PSV besteht.

(6) Gläubigerschutz und Sicherheitsleistung gemäß §§ 22, 204 UmwG. Zentrale 613
Vorschrift für den Gläubigerschutz bei Umwandlungen ist § 22 UmwG. Diese Vorschrift aus dem Verschmelzungsrecht findet über die Verweisungsvorschriften der §§ 125, 176, 177, 204 UmwG auch auf Spaltungen, Vermögensvoll-, Vermögensteilübertragungen und Formwechsel Anwendung. Die Vorschrift knüpft inhaltlich an ähnliche Gläubigerschutzvorschriften aus dem Recht der Verschmelzung von Aktiengesellschaften (§ 347 AktG aF), der Verschmelzung von GmbHs (§ 26 KapErhG) und der formwechselnden Umwandlung nach § 7 UmwG aF an.

Nach § 22 UmwG ist den Gläubigern der an der Verschmelzung beteiligten Rechtsträ- 614
ger **Sicherheit zu leisten,** wenn sie glaubhaft machen, dass durch die Verschmelzung die Erfüllung ihrer Forderung gefährdet wird. Der Anspruch auf Sicherheitsleistung ist binnen sechs Monaten nach Eintragung der Verschmelzung nach Grund und Höhe schriftlich anzumelden. Eine Sicherheitsleistung ist allerdings ausgeschlossen, soweit die Gläubiger **Befriedigung** verlangen können. Nach § 22 Abs. 2 UmwG steht das Recht, Sicherheitsleistung zu verlangen, zudem solchen Gläubigern nicht zu, die im Fall der Insolvenz das Recht auf vorzugsweise Befriedigung aus einer **Deckungsmasse** haben, die nach gesetzlicher Vorschrift zu ihrem Schutz errichtet und staatlich überwacht ist. Aus der Begründung zu § 22 UmwG ergibt sich, dass der Insolvenzschutz durch den **PSV** nach Sinn und Zweck der Norm einer besonderen Deckungsmasse im Sinne von § 22 Abs. 2 UmwG gleichzusetzen ist.[746] Bestätigt wird die Einordnung der gesetzlichen Insolvenzsicherung als *„Deckungsmasse …, die nach gesetzlicher Vorschrift … errichtet und staatlich überwacht ist"* durch die Rechtsprechung des BAG zur Sicherheitsleistung nach § 374 S. 1 AktG.[747]

Sicherheitsleistung kann – sofern eine Erfüllungsgefährdung überhaupt glaubhaft ge- 615
macht werden kann – somit nur für die betrieblichen Versorgungsanrechte oder Teile von Versorgungsanrechten verlangt werden, die **nicht dem gesetzlichen Insolvenzschutz unterliegen,** dh beispielsweise für vertraglich unverfallbare Anwartschaften, Übergangsgelder oder Ansprüche, welche die Höchstgrenzen nach § 7 Abs. 3 BetrAVG überstei-

---

[745] BAG 10.3.2015 – 3 AZR 739/15, ZIP 2015, 1137.

[746] BT-Drs. 12/6699, 92; wie hier Lutter/*Grunewald* UmwG § 22 Rn. 26; Kallmeyer/*Marsch-Barner/Oppenhoff* UmwG § 22 Rn. 10; Schmitt/Hörtnagl/*Winter* UmwG § 22 Rn. 19; *Willemsen* RdA 1993, 133 (138); *Wlotzke* DB 1995, 40 (43).

[747] BAG 30.7.1996 – 3 AZR 397/95, NZA 1997, 436.

gen.[748] Keine Sicherheitsleistung kann verlangt werden im Hinblick auf die sich im Rahmen einer zukünftigen **Anpassungsprüfung** nach § 16 BetrAVG ggf. ergebenden Rentenanpassungen. Zwar steht der PSV für eine solche Anpassung nicht ein. Es handelt sich aber lediglich um eine Expektanz, die sich noch nicht zu einem Anspruch verfestigt hat und deren Realisierung unsicher ist. In der Zusage selbst enthaltene Anpassungsansprüche unterfallen dem Insolvenzschutz durch den PSV und berechtigen daher (soweit nicht die Deckungsgrenze überschritten wird) nicht zur Sicherheitsleistung. Das BAG lehnt den Anspruch auf Sicherheitsleistung für Anpassungen im Ergebnis ebenfalls ab, begründet dies aber mit dem im Fall der Verletzung von Ausstattungspflichten bestehenden Schadenersatzanspruch.[749]

616 **(7) Gesamtschuldnerische Haftung gemäß §§ 133 ff. UmwG.** Die §§ 133, 134 UmwG ordnen eine zeitlich beschränkte gesamtschuldnerische Haftung der an der Spaltung beteiligten Rechtsträger an.[750] Die gesamtschuldnerische Haftung des Rechtsträgers, dem die Verbindlichkeit im Spaltungs- und Übernahmevertrag bzw. im Spaltungsplan nicht zugewiesen worden ist, ist gemäß § 133 Abs. 3 S. 2 UmwG begrenzt auf die im Laufe von **zehn Jahren** nach der Spaltung fällig werdenden Versorgungsansprüche. Das Gleiche gilt gemäß § 134 Abs. 2 UmwG auch in Fällen einer Betriebsaufspaltung in eine Betriebs- und eine Anlagegesellschaft. Da hier ein besonderes Schutzbedürfnis der Arbeitnehmer besteht, sieht § 134 UmwG eine Ausdehnung des Grundsatzes der allgemeinen fünfjährigen Nachhaftung des § 133 UmwG auf zehn Jahre vor. Rechtstechnisch wird dies dadurch bewirkt, dass die Fünfjahresfrist des § 133 Abs. 3 S. 1 UmwG erst fünf Jahre nach dem Tag der Eintragung der Spaltung (§ 133 Abs. 4 UmwG) zu laufen beginnt, § 134 Abs. 3 UmwG. Für den Bereich der betrieblichen Altersversorgung hat diese Haftungserweiterung jedoch nur für Spaltungen, die vor dem Inkrafttreten der zweiten Umwandlungsrechts-Novelle am 25.4.2007 erfolgt sind, Bedeutung.[751] Denn eine zehnjährige Nachhaftungsperiode für Versorgungsverpflichtungen folgt bei allen Spaltungsvorgängen nunmehr bereits aus Sonderregelung in dem neu eingefügten § 133 Abs. 3 S. 2 UmwG. Voraussetzung ist zudem, dass Ansprüche innerhalb der Frist gerichtlich geltend gemacht werden. Es reicht entgegen dem missverständlichen Wortlaut die Erhebung der Klage innerhalb der Zehn-Jahres-Frist zur Hemmung des Fristablaufs aus. Dies ergibt sich aus § 133 Abs. 4 S. 2 UmwG iVm § 204 BGB. Für die Frage der Fälligkeit gelten diese Vorschriften nicht. Hier bleibt es bei den zehn Jahren. Für später fällig werdende Versorgungsleistungen haftet der Rechtsträger, dem die Verbindlichkeiten nicht zugewiesen worden sind, somit in keinem Fall. Siehe auch Beispiel J 7.

617 Für die Versorgungsberechtigten haben die gläubigerschützenden Vorschriften jedenfalls im Fall der Insolvenz keine unmittelbare Relevanz, sofern eine Einstandspflicht des **PSV** besteht. Ihre Bedeutung gewinnen sie in diesem Fall daraus, dass nach einem Insolvenzfall der PSV aus übergeleitetem Recht (§ 9 Abs. 2 BetrAVG) denjenigen Rechtsträger in Regress nehmen kann, dem die Versorgungsverbindlichkeiten nicht zugewiesen sind, der aber noch beschränkt gesamtschuldnerisch haftet. Die gesamtschuldnerische Haftung des ursprünglichen Versorgungsträgers wirkt somit im Ergebnis als Schutzvorschrift zugunsten des PSV. Dabei ist Folgendes im Hinblick auf den Haftungsumfang zu beachten. Die gesamtschuldnerische Haftung bezieht sich auf diejenigen Versorgungsverpflichtungen, die

[748] BAG 11.3.2008 – 3 AZR 358/06, NZA 2009, 795; 26.5.2009 – 3 AZR 369/07, NZA 2010, 641 (für den Fall des § 303 AktG).

[749] BAG 26.5.2009 – 3 AZR 369/07, NZA 2010, 641 (für den Fall des § 303 AktG, wobei die Begründung infolge der vom BAG gezogenen Parallele zu den Fällen der Spaltung, eine Übertragung der Argumentation rechtfertigt).

[750] Sind Gesellschaften mit persönlich haftenden Gesellschaftern an einer Umwandlung beteiligt, so greift die spezielle Regelung der dem Nachhaftungsbegrenzungsgesetz nachgebildeten gesamtschuldnerischen Haftung aus § 45 UmwG. Eine entsprechende Regelung findet sich für den Formwechsel von Personengesellschaften in § 224 UmwG.

[751] Henssler/Strohn GesR/*Galla/Cé. Müller* UmwG § 134 Rn. 12.

innerhalb von zehn Jahren fällig werden. Im Falle einer Insolvenz werden alle bis zum Stichtag der Insolvenzeröffnung erdienten Anwartschaften und laufenden Ansprüche, jedenfalls soweit diese gemäß § 9 Abs. 2 BetrAVG auf den PSV übergegangen sind, gemäß § 45 InsO kapitalisiert und damit fällig.[752] Diese durch § 9 Abs. 2 BetrAVG iVm §§ 41, 45 InsO herbeigeführte Kapitalisierung und Fälligkeit betrifft indes nur das Verhältnis zum insolventen Unternehmen, da die Norm keine Drittwirkung entfaltet.[753] Für den nachhaftenden Rechtsträger führt die insolvenzrechtliche Kapitalisierung daher nicht dazu, dass er auf den gesamten Umfang der kapitalisierten Rentenansprüche ungeachtet des Zehn-Jahres-Zeitraumes in Anspruch genommen werden kann. Ein solches Ergebnis wäre zudem nicht mit der von § 133 UmwG bezweckten Nachhaftungsbegrenzung in Einklang zu bringen. Im Ergebnis bedeutet dies, dass auch der PSV vom nachhaftenden Unternehmen lediglich die bisherigen Rentenzahlungen, welche innerhalb der Nachhaftungsfrist fällig werden, verlangen kann. Diese sind dabei um den Prozentsatz der Quote zu kürzen, welche dem PSV im Rahmen des Insolvenzverfahrens zuerkannt wurde.[754]

Das gesamtschuldnerisch haftende Unternehmen hat dieses Haftungsrisiko solange nicht zu **passivieren,** wie keine Inanspruchnahme droht. Lediglich dann, wenn eine solche zu erwarten ist, sind die Pensionsverbindlichkeiten in der Bilanz des abgebenden Rechtsträgers zu berücksichtigen.[755] **618**

Die gesamtschuldnerische Mithaftung des nicht mehr primär aus der Zusage verpflichteten, übertragenden Rechtsträgers ist für die Frage der **Anpassungsprüfung** im Rahmen des § 16 BetrAVG grundsätzlich irrelevant. Es kommt allein auf die Verhältnisse bei dem Rechtsträger an, dem die Verpflichtungen unmittelbar zugewiesen worden sind. Etwas anderes gilt lediglich bei dem Sonderfall der Aufspaltung in eine Betriebs- und Besitzgesellschaft.[756] **619**

Nicht abschließend geklärt ist, welche Bedeutung § 319 UmwG im Rahmen der Ausgliederung von Pensionsverpflichtungen noch hat. Die Norm wurde seinerzeit vor dem Hintergrund des Inkrafttretens des NachhaftungsbegrenzungsG als Übergangsvorschrift in das UmwG aufgenommen. Infolge dieses Konnex ist nicht ganz eindeutig, ob die Norm in ihrem Anwendungsbereich auf Personengesellschaften beschränkt sein sollte.[757] Teile der Literatur halten die Vorschrift unabhängig von dieser Frage jedenfalls infolge des Zeitablaufs für praktisch kaum noch von Bedeutung.[758] Andere sehen in ihr eine Haftungsnorm, die eine Nachhaftung des abgebenden Rechtsträger für Ansprüche aus Dauerschuldverhältnissen begründen kann, die über die 5 bzw. 10 Jahresfrist des § 133 UmwG hinausgehen kann.[759] **619a**

Unseres Erachtens sprechen gute Gründe dafür, dass § 319 UmwG jedenfalls im Bereich der Pensionsverbindlichkeiten durch die Neufassung des § 133 Abs. 3 UmwG und die Ausweitung der Nachhaftung auf 10 Jahre verdrängt wird. Leider hat der Gesetzgeber es aber versäumt, das Verhältnis zu § 319 UmwG und dem neu gefassten § 133 UmwG klarzustellen, so dass es denkbar ist, § 319 UmwG bei einer am Wortlaut orientierten Auslegung so zu lesen, dass § 133 UmwG nur auf Verbindlichkeiten Anwendung findet, die

[752] Blomeyer/Rolfs/Otto/*Rolfs* BetrAVG Vor § 7 Rn. 31.
[753] MüKoInsO/*Bitter* InsO § 45 Rn. 50; *Louven/Weng* BB 2006, 619 (623f.).
[754] BGH 19.10.1977 – VIII ZR 224/76, NJW 1978, 107, MüKoInsO/*Bitter* InsO § 45 Rn. 53.
[755] Schmitt/Hörtnagl/Stratz/*Hörtnagl* UmwG § 133 Rn. 41.
[756] Semler/Stengel/*Seulen* UmwG § 134 Rn. 41 und 47 unter Verweis auf die Durchgriffshaftung beim Sozialplan gemäß der Entscheidung des BAG vom 15.3.2011 – 1 ABR 97/09, NZA 2011, 1112.
[757] Vgl. Lutter/*Karollus/M.T. Schwab* UmwG § 319 Rn. 7, der von den persönlich Haftenden spricht.
[758] Schmitt/Hörtnagl/*Hörtnagel* UmwG § 319 Rn. 1 „Angesichts des Zeitablaufs hat die Vorschrift keine praktische Bedeutung mehr." Henssler/Strohn/*Heidinger* UmwG § 319 Rn. 1.
[759] Vgl. Lutter/*Karollus/M.T. Schwab* UmwG § 319 Rn. 1, 7, der dies für denkbar hält aber dafür plädiert, die bereits zum alten Recht von der Rechtsprechung entwickelten Enthaftungsgrundsätze zur Anwendung zu bringen. Böttcher/Habighorst/Schulte/*Böttcher* UmwG § 319 Rn. 11; *Klemm/Frank* BB 2013, 2741 „Ist vor dem 26.3.1994 eine Versorgungszusage erteilt worden und wird die Versorgungsleistung später als vier Jahre nach Eintragung der Umwandlung in das Handelsregister fällig, kommt es nicht zu einer Enthaftung nach zehn Jahren (§ 319 Abs. 1 S. 2)".

nach dem 26.3.1994 entstanden sind. Für Verbindlichkeiten, die vor dem 26.3.1994 entstanden sind, würde dann gemäß § 319 Satz 2 UmwG eine zeitlich unbegrenzte Nachhaftung nach altem Recht gelten, für die lediglich die Verjährungsfristen verkürzt werden. In diesem Fall stellt sich die Frage, wie das Tatbestandsmerkmal der Entstehung der Verbindlichkeit iSv § 319 Satz 1 UmwG auszulegen ist. Dabei ist jedenfalls insoweit auf die Erteilung der Versorgungszusage abzustellen, als § 319 Satz 2 UmwG auf keinen Fall zur Anwendung kommen kann, wenn die Zusage nach dem 26.3.1994 erteilt wurde. Wurde die Zusage hingegen vor dem 26.3.1994 erteilt, so stellt sich die Folgefrage, ob dann nur die bis zum 26.3.1994 erdienten Anwartschaften erfasst sind oder aber auch die nach diesem Stichtag erdienten Anwartschaften. Das BAG hat diese Frage in einer älteren Entscheidung für den Bereich des § 28 HGB dahingehend beantwortet, dass es nur auf die Erteilung der Zusage ankommen soll und die weiteren für die Entstehung der Anwartschaft wesentlichen Tatbestandsmerkmale irrelevant seien.[760] Diese Sichtweise überzeugt nicht, denn ein Vertrauensschutz, der eine Endloshaftung rechtfertigt, kann sinnvoller Weise nicht im Hinblick auf Anwartschaften bestehen, für deren Entstehung die Leistung des Arbeitnehmers am Stichtag noch gar nicht erbracht worden ist. Dies würde nämlich zu dem absurden Ergebnis führen, dass zB eine im Jahre 2030 erdiente Anwartschaft noch dem Nachhaftungsregime vor Inkrafttreten des UmwG unterfallen würde. Dafür besteht bei einer an Sinn und Zweck der Norm orientierten Betrachtung kein vernünftiger Anlass, denn dies wäre keine „Nachhaftung", sondern eine „Mithaftung". Für laufende Gehaltsansprüche, die ebenfalls durch Arbeitsleistung erdient werden müssen, dürfte unstreitig sein, dass es nicht zu einer zeitlich unbegrenzten Mithaftung kommt, nur weil der Arbeitsvertrag aus der Zeit vor dem 26.3.1994 datiert ist. Richtiger Weise kann sich § 319 UmwG, wenn man die Norm überhaupt noch für anwendbar hält, nur auf den Teil der Anwartschaft beziehen, der im Sinne von § 2 BetrAVG vor dem Stichtag verfestigt war, wobei es auf den Ablauf der Unverfallbarkeitsfirst allerdings nicht ankommen kann.

Eine weitere Frage, die sich stellt, wenn man § 319 UmwG noch für anwendbar hält, ist, ob zwischenzeitliche Änderungen der Versorgungszusage dazu führen, dass die Verpflichtung nunmehr als nach dem Stichtag entstandene Verpflichtung zu gelten hat.[761] Dem steht der Grundsatz der Einheit der Versorgungszusage uE nicht entgegen, denn dieser Grundsatz wurde zu dem Zweck entwickelt, den Lauf der Unverfallbarkeitsfristen nicht neu auszulösen, besagt aber nichts für den Vertrauensschutz auf den Fortbestand eines alten Haftungsregimes. Wenn die Vertragsparteien ein Rechtsgeschäft nach dem Stichtag des Inkrafttretens des neuen Umwandlungsrechts modifizieren und sich der zukünftige Anwartschaftserwerb nach diesen modifizierten Regeln richtet, dann können diese Verpflichtungen nicht mehr der Zeit vor dem 26.3.1994 zugerechnet werden. Zudem unterstellen die Parteien die neue Vereinbarung in der Regel konkludent dem zum Zeitpunkt der Änderung geltenden Recht. Dies dürfte jedenfalls dann mit guten Gründen anzunehmen sein, wenn die Vereinbarung ergänzend auf die jeweils geltenden gesetzlichen Bestimmungen Bezug nimmt.

In wirtschaftlicher Hinsicht sind die Folgen des § 319 UmwG, wenn man die Norm für anwendbar hält, durch eine entsprechende Gestaltung bei adäquater Gestaltung in den Griff zu bekommen. Zunächst ist eine Nachhaftung für 10 Jahre ohnehin in § 133 UmwG vorgesehen. Mögliche Auswirkungen hat § 319 Satz 2 UmwG daher nur auf Verpflichtungen aus Zusagen, die vor 26.3.1994 erteilt wurden und die 10 Jahre nach Eintragung der Spaltung, dh bei einer Spaltung zum 31.12.2021 nach dem 01.1.2032 fällig werden. Da es sich um relativ alte Zusagen handelt, handelt es sich jedenfalls bei nicht geschlossenen Versorgungsordnungen um den Teil der Verpflichtungen, der auf die Gesamtheit der Verpflichtungen gesehen tendenziell früher fällig wird. Für diese Verpflichtungen kann (wie im Übrigen auch für die anderen Verpflichtungen) mit dem aufnehmenden Rechtsträger

[760] BAG 27.6.2006 – 3 AZR 85/05, NZG 2007, 860.
[761] So Lutter/*Karollus/M.T. Schwab* UmwG § 319 Rn. 3.

eine Freistellung im Innenverhältnis vereinbart werden. Diese Freistellung kann dadurch gesichert werden, dass im Rahmen der Abspaltung Mittel in ein CTA eingelegt werden, die bei einer adäquaten Ausgestaltung der Sicherungsrangfolge faktisch zur Verfügung stehen und nicht verbraucht werden bevor die Verbindlichkeiten aus der Zeit vor dem 26.3. 1994 erfüllt sind.

(8) Insolvenzsicherung von Versorgungsansprüchen nach einer Spaltung. Das System des Insolvenzschutzes nach § 7 BetrAVG wird durch Umwandlungen grundsätzlich nicht berührt. Derjenige Rechtsträger, der nach dem Wirksamwerden der Umwandlung Schuldner der Versorgungsverpflichtungen ist, ist **Arbeitgeber** im Sinne der Insolvenzsicherungsvorschriften. Er hat Beiträge gemäß § 10 BetrAVG an den PSV abzuführen. Tritt bei ihm ein Sicherungsfall im Sinne von § 7 BetrAVG ein, hat der PSV Insolvenzschutz für die laufenden Leistungen und die unverfallbaren Versorgungsanwartschaften zu leisten. Nach der Spaltung sind für die Frage, ob ein Sicherungsfall eingetreten ist, nur die Verhältnisse bei dem Rechtsträger maßgeblich, dem die Versorgungsverpflichtungen im Ergebnis rechtswirksam gemäß §§ 126, 131 UmwG zugewiesen sind. 620

Tritt ein Insolvenzfall innerhalb des Zeitraums ein, für den eine gesamtschuldnerische Haftung gemäß §§ 133, 134 UmwG besteht, so ist dies ohne Bedeutung für die Eintrittspflicht des PSV. Nur dann, wenn der aus der gesamtschuldnerischen Haftung verpflichtete frühere Arbeitgeber Leistungen tatsächlich erbringt, können diese vom **PSV** auf seine eigene Leistungsverpflichtung angerechnet werden.[762] Andererseits kann der PSV aus übergegangenem Recht entsprechend § 9 Abs. 2 BetrAVG bei dem aus der gesamtschuldnerischen Haftung verpflichteten Unternehmen entsprechend den Ausführungen unter → Rn. 617 **Regress** nehmen.[763] 621

(9) Die Abspaltung zur Gründung von „Rentnergesellschaften"

Beispiel J 13: 622

Die A-GmbH soll im Wege eines share deals veräußert werden. Ein asset deal kommt aus steuerrechtlichen Gründen nicht in Betracht. Der potentielle Käufer möchte die Bilanz der A-GmbH frei von Altersversorgungsverpflichtungen gegenüber Rentnern und früheren Arbeitnehmern mit unverfallbaren Anwartschaften haben. Die A-GmbH spaltet diese Verpflichtungen deshalb auf die B-GmbH ab, die kein eigenes operatives Geschäft betreibt.

Die Zielvorstellungen von Käufer und Verkäufer lassen sich allein mit den Mitteln des BetrAVG nicht umsetzen, da die entschuldende Übertragung der Verpflichtungen gemäß § 4 BetrAVG nur auf einen Folgearbeitgeber möglich ist und zudem der Zustimmung der einzelnen Versorgungsberechtigten bedarf. Die Lösung besteht jedoch in der Abspaltung oder Ausgliederung der Verpflichtungen (im letzteren Fall mit nachfolgender Veräußerung der Anteile an der aufnehmenden Gesellschaft, da diese ansonsten mit der A-GmbH übertragen würden). Die Abspaltung von Versorgungsverpflichtungen gegenüber ehemaligen Mitarbeitern und Rentnern ist nach dem oben Gesagten (vgl. → Rn. 573 ff.) zulässig und bedarf weder der Zustimmung der Versorgungsberechtigten noch des PSV. 623

Es stellt sich aber die Frage nach der **notwendigen Kapitalausstattung des aufnehmenden Rechtsträgers.** Das BAG hat diese Frage in seiner Entscheidung vom 11.3. 2008 entschieden.[764] Die Entscheidung ist aber – wie oben gezeigt wurde – nach Einführung des BilMoG unseres Erachtens überholt, da die Bilanzierung nach BilMoG zu einer realistischen Erfassung der real existierenden Verpflichtungen führt und eine abschließende Wertung des Gesetzgebers enthält, in welcher Höhe und nach welchen Kriterien Pensionsverpflichtungen zum Schutz des Rechtsverkehrs zu bewerten sind. Auch gegenüber 624

[762] BAG 12.12.1989 – 3 AZR 540/88, NZA 1990, 475.
[763] Siehe dazu Gottwald/Haas/*Bertram/Künzl,* § 107 Rn. 90.
[764] BAG 11.3.2008 – 3 AZR 358/06, NZA 2009, 790.

dem übertragenden Rechtsträger bestünde im Übrigen kein Anspruch der Versorgungsberechtigten darauf, dass dieser weitere Rücklagen als die vom Gesetz vorgesehenen bildet, die für Pensionen reserviert sind. Daher kann im Rahmen der Übertragung auch nicht verlangt werden, dass umfangreichere Mittel für Pensionen reserviert werden, ohne dass es zu unüberwindbaren Wertungswidersprüchen käme.

625 Es muss daher grds. ausreichen, wenn Aktiva übertragen werden, die der Höhe nach den nach BilMoG berechneten Pensionsrückstellungen entsprechen, wobei auf die Werte vor Saldierung mit Deckungsvermögen abzustellen ist. Wird das Deckungsvermögen in einer Weise übertragen, nach der die Voraussetzungen für die Anerkennung auch nach der Übertragung vorliegen, ist auch nach der Übertragung die Saldierung möglich. Bei der Bewertung außer Acht zu lassen, sind Reduzierungen der Rückstellung infolge der Inanspruchnahme des Verteilungskorridors für den aus der Umstellung erwachsenden Bilanzsprung. Die reale Übertragung von *assets* kann ersetzt werden durch einen Schuldbeitritt oder eine Garantie, soweit diese nicht wieder einseitig entzogen werden kann (hierzu ausführlich → Rn. 600). Ob dies in der konkreten Situation zielführend ist, muss im Einzelfall entsprechend den wirtschaftlichen Vorstellungen der Beteiligten geprüft werden. Verpflichtend ist die Abgabe einer solchen Garantie nicht.

626 Infolge der Mithaftung des übertragenden Rechtsträgers kommt es im obigen Beispielsfall allein durch die Abspaltung noch zu keinem befriedigenden Ergebnis aus Sicht des Erwerbers, da dieser die Gesellschaft belastet mit der 10-jährigen gesamtschuldnerischen Haftung erwirbt. Aus seiner Sicht wäre zu überlegen, im Umfang der voraussichtlich in den nächsten zehn Jahren fälligen Rentenansprüche eine Sicherheit etwa in Form einer Kapitalausstattung durch Deckungsvermögen in Form eines CTA zu verlangen. Auch werden inzwischen Versicherungslösungen angeboten, mit denen die Ausfallhaftung abgesichert werden kann. Diese kosten zwar einen bestimmten Prozentsatz der abzusichernden Summe, haben aber den Vorteil, eine vollumfängliche Ausfinanzierung der von einer etwaigen Mithaftung betroffenen Ansprüche zu vermeiden. In jüngster Zeit werden Rentnergesellschaften auch als Alternative zu gängigen Auslagerungsmodellen, wie etwa dem Pensionsfonds, genutzt. Hier bieten kommerzielle Anbieter die Ausgliederung auf eigene oder den Erwerb von zuvor gegründeten Rentnergesellschaften an. Die dahinter stehende Idee ist es, Unternehmen vollumfänglich von den Versorgungsverpflichtungen gegenüber Ausgeschiedenen und Rentnern und deren Verwaltung zu befreien. Kommerziell ist dies für die Anbieter von Rentnergesellschaftslösungen deswegen interessant, da sie neben einer Verwaltungspauschale insbesondere auf Erträge hoffen, die sich daraus ergeben, dass eine höhere Verzinsung erwirtschaftet wird als diejenige, welche der Bemessung der zur Ausfinanzierung der Versorgungsverpflichtungen benötigten Vermögensgegenstände zugrunde lag.

Beispiel J 14:

Unternehmen A gliedert seine Versorgungsverpflichtungen auf die Rentnergesellschaft B aus, welche sodann vom kommerziellen Betreiber R gekauft wird. Bei der Ausgliederung wurde der Zinssatz des § 253 Abs. 2 HGB angewendet. Liegt dieser beispielsweise bei 2,7 %, ergibt sich aber aus der Anlage der auf die Rentnergesellschaft übertragenen Mittel eine Gesamtverzinsung in Höhe von 3,5 %, entstehen bei der Rentnergesellschaft Überschüsse, die nach allgemeinen Regelungen ausschüttungsfähig sind oder aber zur weiteren Ausfinanzierung (ggf. im Rahmen der kommerziellen Einigung unter Reduzierung der vom angebenden Unternehmen ggf. abgegebenen Garantien) genutzt werden können.

Nicht abschließend geklärt ist, ob es sich bei diesem Geschäftsmodell um ein aufsichtspflichtiges Versicherungsgeschäft im Sinne von § 1 VAG handelt. Nach herkömmlichem Verständnis ist dies u.E. nicht der Fall. Die Rentnergesellschaft erbringt als Rechtnachfolgerin weiterhin Verpflichtungen aus einer Direktzusage mithin eine unmittelbare Leistung der betrieblichen Altersversorgung. Bei den Versorgungsverpflichtungen handelt es sich weiterhin um Direktzusagen, wie auch der fortbestehende Schutz durch den PSV indiziert.[765] Dieser Fortbestand der Rechtsnatur als unmittelbare Zusage im Sinne des BetrAVG spricht gegen eine Umqualifizierung in ein Versicherungsgeschäft und somit eine Aufsichtspflicht. Auch kommt eine Aufsichtspflicht aufgrund des Tatbestandes der Verwaltung von Versorgungseinrichtungen im Sinne von Nr. 24 der Anlage 1 zum VAG nicht in Betracht, da sich aus § 1 Abs. 2 S. 1 VAG ergibt, dass dieser Tatbestand die Verwaltung durch ein Versicherungsunternehmen voraussetzt, die Verwaltung durch Dritte daher aber nicht aufsichtspflichtig ist. In Anbetracht der Tatsache, dass eine Legaldefinition des Begriffs „Versicherungsgeschäft" jedoch fehlt und dieser Begriff daher auf unterschiedlichste Weise ausgelegt wird[766], kann allerdings nicht abschließend ausgeschlossen werden, dass derartige Konstruktionen zukünftig doch als aufsichtspflichtige Versicherungsgeschäfte verstanden werden könnten.

c) Vermögensübertragung

Eine Vermögensübertragung ist **nur zwischen im Gesetz abschließend bestimmten** 627 **Rechtsträgern** möglich. Dazu gehören die Versicherungs-Aktiengesellschaft, der Versicherungsverein auf Gegenseitigkeit und öffentlich-rechtliche Versicherungsunternehmen sowie die Vermögensübertragung von einer Kapitalgesellschaft auf den Bund, ein Land bzw. auf eine oder mehrere Gebietskörperschaften (§ 175 UmwG). Eine Vermögensvollübertragung unterscheidet sich von der Auf- und Abspaltung und Ausgliederung zur Aufnahme vor allen Dingen dadurch, dass die Gegenleistung nicht in Anteilen oder Mitgliedschaften an dem übernehmenden Rechtsträger bestehen darf. Im Hinblick auf die gläubiger- und arbeitnehmerschützenden Vorschriften bestehen daher keine wesentlichen Unterschiede zur Verschmelzung oder Spaltung.

d) Formwechsel

Auch bei einem Formwechsel bleibt die rechtliche und wirtschaftliche **Identität** des Un- 628 ternehmens **erhalten.** Der an dem Rechtsträger beteiligte Personenkreis bleibt auch nach der Umwandlung gleich und der Vermögensbestand des Rechtsträgers unverändert. Das bedeutet, dass auch der „Arbeitgeber" als Träger der betrieblichen Versorgungsverpflichtungen nicht ausgetauscht wird. Der Formwechsel ist damit ohne Relevanz für die betrieblichen Versorgungsverpflichtungen. Den Versorgungsberechtigten ist im Regelfall auch keine Sicherheit zu leisten und sie müssen dem Formwechsel nicht zustimmen.

Für **Vorstände einer AG** und **Geschäftsführer einer GmbH,** deren Ämter mit dem 629 Formwechsel (AG auf GmbH oder umgekehrt) erlöschen, bestehen im Ergebnis ebenfalls keine Probleme, da das Erlöschen des organschaftlichen Verhältnisses den daneben bestehenden Anstellungsvertrag unberührt lässt (vgl. hierzu → H Rn. 159 ff.). Da der Anstellungsvertrag mit allen Bestandteilen und Nebenabreden (und damit einschließlich der Versorgungszusage) fortbesteht, kommt es infolge des Formwechsels zu keinen Änderungen. Der Formwechsel hat auch keine Auswirkungen auf die Unverfallbarkeit, da der Rechtsträger mit allen Verpflichtungen fortbesteht und es zu keiner Novation oder Unterbrechung des Vertrages kommt. Wird der Anstellungsvertrag jedoch mit allgemeinen Mitteln (Kündigung, Aufhebungsvertrag) beendet, so ist darauf zu achten, ob die Anwartschaft verfallbar oder unverfallbar ist. Es gelten hierbei die allgemeinen Grundsätze.

---

[765] Vgl. PSV-Merkblatt Nr: 300/M 3 (https://www.psvag.de/fileadmin/doc/merkblaetter/300/300m3.pdf – zuletzt abgerufen am 11. 12. 2020).

[766] Vgl. hierzu *Prölss/Dreher* VAG § 1 Rn. 24 ff.

VIII. Die Betriebliche Altersversorgung in der Privatisierung

630 Privatisierungen bieten besondere Herausforderungen gerade im Bereich der betrieblichen Altersversorgung. Von erheblicher Bedeutung für die Altersversorgung im öffentlichen Dienst ist der Tarifvertrag über die betriebliche Altersversorgung der Beschäftigten des öffentlichen Dienstes – ATV[767] – bzw. der inhaltsgleiche kommunale Tarif (ATV-K). Der ATV sieht eine Altersversorgung im Wege der Versicherung der Mitarbeiter bei der **Versorgungsanstalt des Bundes und der Länder** (VBL) vor. Diese wird dadurch bewirkt, dass der Arbeitgeber Beteiligter der VBL wird und für die Mitarbeiter ein Versicherungsverhältnis begründet wird.

631 Der ATV erlangt für Privatunternehmen insbesondere im Fall von **Privatisierungen** Bedeutung. In diesen Fällen stellt sich einerseits die Frage nach der Verpflichtung zur Fortführung der bislang geltenden Altersversorgung sowie andererseits die Frage nach der Möglichkeit, einer etwaig bestehenden Verpflichtung zum Beitritt zur VBL aus dem ATV nachzukommen.

632 Bei der Entscheidung zwischen den zur Verfügung stehenden Optionen ist höchste Vorsicht geboten, weil es sich bei der VBL nicht um ein kapitalgedecktes sondern um ein **umlagefinanziertes** System handelt, bei dem die zukünftigen Zahlungsverpflichtungen des Unternehmens von der Umlage der bestehenden Versorgungslasten abhängen. Die VBL entspricht damit in mancherlei Hinsicht der gesetzlichen Rentenversicherung mit allen damit verbundenen demographischen Problemen. Allerdings wird seit dem 1.1.2004 im Abrechnungsverband Ost schrittweise auf ein kapitalgedecktes Versorgungssystem umgestellt, vgl. § 66a VBL-Satzung.

633 Bei der Finanzierung ist im Wesentlichen zwischen der von Arbeitgeber und Arbeitnehmer zu tragenden, laufenden **Umlage** (§ 64 der Satzung) und dem **Sanierungsgeld** (§ 65 der Satzung) zu unterscheiden. Die Umlage und das Sanierungsgeld werden gemäß § 62 der Satzung in Deckungsabschnitten so festgelegt, dass die laufenden Renten und die Lasten aus der Umstellung des Versorgungssystems finanziert werden können, diese betragen in der Regel fünf Jahre. Die Berechnung der Umlage und des Sanierungsgeldes ist sehr komplex. Die Arbeitgeberumlage unterliegt als Arbeitseinkommen gemäß § 19 Abs. 1 EStG der Einkommensteuer; allerdings gelten die Steuerfreibeträge des § 3 Nr. 56 EStG (derzeit 3%, ab dem Jahre 2025 4% der Beitragsbemessungsgrenze) sowie die Pauschalierung gemäß § 40b EStG.[768] Das Sanierungsgeld unterliegt demgegenüber weder der Einkommensteuer (vgl. § 19 Abs. 1 Nr. 3 EStG „mit Ausnahme … Sanierungsgelder") noch der Verbeitragung zur Sozialversicherung (§ 1 Abs. 1 Nr. 12 Sozialversicherungsentgelt-VO).

634 Die Höhe der Umlage bemisst sich nach dem steuerpflichtigen Arbeitslohn der in der VBL Versicherten (dh der aktiv Beschäftigten) und einem Umlagesatz, der für den Abrechnungsverband West und Ost getrennt festgelegt wird (§ 64 VBL-Satzung). Aus diesem Grund ist ein Verbleib in der Zusatzversorgungseinrichtung für Unternehmen, deren Belegschaft wächst, oftmals nicht wirtschaftlich attraktiv, weil die öffentliche Hand tendenziell den gegenläufigen Weg mit Personalreduktion und Ausgliederung von Aufgaben beschreitet und daher die Verteilungsbasis zu Lasten der personalintensiven Unternehmen

[767] Der ATV hat den am 31.12.2001 außer Kraft getretenen Versorgungstarifvertrag vom 4.11.1966 sowie den Tarifvertrag zur Einführung der Zusatzversorgung im Tarifgebiet Ost vom 1.2.1996 ersetzt. Damit wurde insbesondere das bisherige Gesamtversorgungssystem durch ein versicherungsmathematisches Punktemodell ersetzt. Hierbei werden im Prinzip diejenigen Leistungen zugesagt, die sich ergeben würden, wenn (fiktiv) eine Gesamtbeitragsleistung von vier Prozent des zusatzversorgungspflichtigen Entgelts in ein kapitalgedecktes System eingezahlt würde; vertiefend ua *Preis/Temming* Gedenkschrift Blomeyer, 2003, 247; *Rengier* NZA 2004, 817; *Schaub* NZA 2002, 1119.

[768] BFH 7.5.2009 – VI R 8/07, DStR 2009, 1522.

verändert wird.[769] Umgekehrt erhöht sich für Unternehmen, dessen Bestand der aktiven Mitarbeiter sinkt, tendenziell das Sanierungsgeld. Dies gilt insbesondere nach Einführung des § 65 Abs. 5a der Satzung. Durch diese Vorschrift wird der oben genannte Aspekt durch einen Quersubventionierungsmechanismus noch einmal deutlich zu Lasten der Unternehmen mit abnehmendem Bestand an Aktiven verstärkt. Hintergrund der Einführung des Abs. 5a ist das Bestreben der VBL, die finanziell nachteiligen Folgen, die für die VBL durch ein mangelndes Nachwachsen von Aktiven entstehen (Verringerung der Umlage), zu kompensieren. Die Rechtswirksamkeit dieser Regelung war länger umstritten, wurde aber vom BGH bestätigt.[770]

In Privatisierungsfällen ist zwischen den nachfolgend dargestellten Szenarien zu unterscheiden.

1. ATV/VBL-Bindung und Ablösung beim Anteilskauf *(share deal)*

Ist das zu privatisierende Unternehmen Mitglied der VBL und werden die Anteile an dem Unternehmen von der öffentlichen Hand an einen Privatrechtsträger veräußert *(share deal)*, so gilt Folgendes: 635

Zu beachten ist zunächst, dass die VBL gemäß § 22 Abs. 2 S. 1 VBL-Satzung das Recht hat, ihrerseits die Beteiligung mit einer Frist von 6 Monaten zum Schluss eines Kalenderjahres zu **kündigen,** wenn die Voraussetzungen für die Beteiligung gemäß § 19 VBL-Satzung sowie den hierzu ergangenen Ausführungsbestimmungen nachträglich entfallen. Nach den Ausführungsbestimmungen (dort unter Ziffer I. 1) ist eine Voraussetzung für die Beteiligung eines Privatrechtsträgers, der nicht überwiegend Aufgaben wahrnimmt, die sonst einer juristischen Person des öffentlichen Rechts obliegen würden, in der VBL, dass eine überwiegende Beteiligung oder satzungsgemäße maßgebliche Einflussmöglichkeit einer juristischen Person des öffentlichen Rechts besteht. Diese Voraussetzung entfällt im Fall der Privatisierung. Allerdings ist die VBL infolge der Notwendigkeiten des Umlageverfahrens am Erhalt der Beteiligten interessiert und neigt daher nicht ohne Not zu einer Kündigung.

In aller Regel wird es zu einer Verhandlung über den Abschluss einer **besonderen Beteiligungsvereinbarung** gemäß § 20 Abs. 3 VBL-Satzung kommen, wenn das Unternehmen eine Fortführung der Beteiligung anstrebt. Eine solche Vereinbarung ist immer dann erforderlich, wenn die Beteiligung trotz Wegfalls der Beteiligungsvoraussetzungen nach § 19 Abs. 1 VBL-Satzung aufrechterhalten werden soll. In diesem sog. **„Verbleibemodell"** werden sowohl der Bestand der Mitarbeiter als auch neu eintretende Mitarbeiter in der VBL versichert. Diese Lösung ist infolge der Kosten des Umlagesystems oftmals nicht zu empfehlen, es sei denn es besteht (aus faktischen oder rechtlichen Zwängen) weiterhin eine Verpflichtung zur Aufrechterhaltung der Bindung an den ATV, der zu einer VBL-Anmeldung der neu eintretenden Arbeitnehmer zwingt. Die Ausführungsbestimmungen zu § 20 Abs. 3 VBL-Satzung sehen nämlich vor, dass der Beteiligte entweder die unwiderrufliche Verpflichtungserklärung einer oder mehrerer juristischer Personen des öffentlichen Rechts, deren Insolvenzfähigkeit durch Gesetz ausgeschlossen ist, beibringt, im Fall der Beendigung der Beteiligung für die Erfüllung aller finanziellen Verpflichtungen des Beteiligten gegenüber der VBL einzustehen (gemeint ist die Zahlung des Gegenwerts) oder zur jeweiligen Umlage einen Zuschlag in Höhe von 15% zahlt. Der Hintergrund der Bei- 636

[769] *Heger* BB 2005, 749 (750); um den genannten Problemen entgegenzusteuern, wird die VBL-Finanzierung im Abrechnungsverband Ost seit Anfang 2004 schrittweise vom Umlageverfahren auf ein kapitalgedecktes System übergeleitet. Zudem ist den pflichtversicherten Beschäftigten die Möglichkeit eröffnet, durch Entrichtung eigener Beiträge bei der Zusatzversorgungseinrichtung nach deren Satzungsvorschriften eine *zusätzliche* kapitalgedeckte Altersvorsorge aufzubauen (§ 26 Abs. 1 ATV). Diese freiwillige Versicherung kann grundsätzlich auch nach Beendigung der Pflichtversicherung fortgeführt werden.

[770] BGH 15.5.2013 – IV ZR 33/11, NVwZ-RR 2013, 807.

tragszuschläge erschließt sich aus dem Umstand, dass der private Arbeitgeber – anders als der öffentliche Arbeitgeber – insolvent werden kann. Es handelt sich somit um eine Art Risikoaufschlag (vgl. auch § 12 Abs. 1 S. 2 ZVK-Satzung). Die Verpflichtungserklärung kann durch eine Bank- oder eine Versicherungsbürgschaft ersetzt werden. Die VBL bevorzugt in der Praxis die Stellung einer Bürgschaft gegenüber dem 15%-igen Aufschlag.

637 In der besonderen Beteiligungsvereinbarung kann nach den Durchführungsbestimmungen zu § 20 Abs. 3 (dort unter 2) vorgesehen werden, dass nur die zu einem Stichtag vorhandenen pflichtversicherten Beschäftigten weiterhin zu versichern sind, für Neueintritte nach dem Stichtag jedoch keine Versicherung in der VBL mehr begründet wird (sog. **„Zäsurmodell"**). Im Unterschied zum Austrittsmodell werden die zum Stichtag bestehenden Versicherungen bei dieser Lösung weiterhin als Pflichtversicherungen im Umlageverfahren geführt. Allerdings kann die VBL auch hier einen Ausgleichsbetrag für den Gegenwert der erworbenen Anwartschaften verlangen, der gemäß den Ausführungsbestimmungen zu § 20 Abs. 3 (dort Ziffer 2) zu berechnen ist.[771] Die Lösung ist daher kommerziell ebenfalls problematisch, aber dann erwägenswert, wenn das Unternehmen im Hinblick auf die Bestandsmitarbeiter zu einer Fortsetzung des ATV für die Zukunft gezwungen ist, Neueintritte aber nicht nach dem ATV behandelt werden (dazu → Rn. 640 ff.).

638 Kommt es nicht zum Abschluss einer besonderen Beteiligungsvereinbarung und kündigt die VBL die Beteiligung, so kommt es für das Unternehmen zu einem VBL-Ausstieg. Das Gleiche gilt, wenn das Unternehmen die Beteiligung kündigt. Die Beteiligung an der VBL kann von dem Beteiligten gemäß § 22 Abs. 1 der VBL-Satzung mit einer Frist von 6 Monaten zum Schluss eines Kalenderjahres gekündigt werden (sog. **„Ausstiegsmodell"**). Die Kündigung bedarf keines rechtfertigenden Grundes.[772] Mit dem Ausscheiden enden gemäß § 23 Abs. 1 S. 1 der VBL-Satzung die Pflichtversicherungen der bei dem (ehemals) beteiligten Unternehmen in einem Arbeitsverhältnis stehenden Beschäftigten. Mit der Beendigung der Pflichtversicherung wandelt sich die Versicherung gemäß § 30 VBL-Satzung in eine beitragsfreie Versicherung um. Zur Deckung der von der VBL zu erfüllenden Verpflichtungen hat der Arbeitgeber (dh der ehemals Beteiligte) einen Ausgleich zu leisten, der durch das Umlageverfahren bedingt ist und den nicht kapitalgedeckten Verpflichtungen, die bei der VBL verbleiben, entspricht. Die Verpflichtung zu Zahlung dieses **„Gegenwertes"** war und ist Gegenstand zahlreicher Rechtsstreitigkeiten,[773] welche die VBL – und andere Zusatzversorgungseinrichtungen – zwangen, mehrfach ihre entsprechenden Satzungsbestimmungen anzupassen, wobei die Rechtsprechung eine rückwirkende Inkraftsetzung der geänderten Bestimmung, mithin eine Heilung der rechtlichen Grundlage zur Geltendmachung einer Erstattung seitens der VBL, erlaubt.

639 Auf Grundlage der derzeitigen Satzung in der Fassung der 27. Satzungsänderung von August 2020 besteht ein Wahlrecht zwischen einer Zahlung des Gegenwertes oder einem Erstattungsmodell. Bei dem Gegenwertmodell erfolgt eine periodische Überprüfung der Angemessenheit des gezahlten Gegenwertes vor dem Hintergrund der diesem zugrunde gelegten Rechnungsannahmen nach näherer Maßgabe von § 23a der Satzung. Vereinfacht gesprochen führt diese Prüfung dazu, dass im Falle einer zu hohen Gegenwertszahlung Erstattungen seitens der VBL zu leisten sind. Sollte sich hingegen herausstellen, dass die Gegenwertszahlung zu gering bemessen war, besteht eine Nachschusspflicht. Letztere kann durch einen Aufschlag in Höhe von 10% des Gegenwertes ausgeschlossen werden. Entscheidet sich das aus der VBL ausscheidende Unternehmen für das Erstattungsmodell, hat es der VBL die Aufwendungen für die ihm zuzurechnenden Rentenleistungen (soweit diese nicht kapitalgedeckt sind) zzgl. einer Pauschale iHv 2% zu erstatten. Hierbei kann es

[771] Zu einem solchen Fall s. *Wollenschläger/von Harbou* NZA 2005, 1081 (1082).
[772] *Höfer/Küpper* ZTR 2005, 181.
[773] BGH 7.9.2016 – IV ZR 172/15, NZA-RR 2017, 47; 10.10.2012 – IV ZR 10/11, NZA-RR 2013, 319.

aus drei Unteroptionen wählen.[774] In der ersten Option erfolgt die Erstattung unbefristet bis zur Erfüllung der letzten Rentenverpflichtung. Diese Lösung ist die liquiditätsschonendste, führt aber im Ergebnis dazu, dass noch über Jahrzehnte Leistungen an die VBL zu erbringen sind. In der zweiten Variante führt das Unternehmen neben der Erstattung zusätzliche Beiträge zum Aufbau eines Deckungsstockes ab, der nach Ablauf einer vom Unternehmen selbst festgelegten Zeit ausreichen soll, den verbleibenden Gegenwert abzulösen. In der letzten Variante steht es dem Unternehmen frei, die laufenden Erstattungszahlungen jederzeit zu beenden und die restlichen Verpflichtungen durch eine Gegenwertszahlung abzulösen. Im Ergebnis stehen dem ausscheidenden Unternehmen somit nunmehr zahlreiche Möglichkeiten offen, die durch das Ausscheiden begründeten Verpflichtungen im Einklang mit der eigenen Liquiditäts- und Vermögenslage zu bedienen. Die nunmehr in den § 23 ff. VBL-Satzung gefundene Lösung scheint – jedenfalls weitestgehend – auch den strengen Anforderungen der Gerichte standzuhalten. Jedenfalls wurde sie in einem – noch nicht rechtskräftigen – Urteil des OLG Karlsruhe in weiten Teilen[775] bestätigt. Auch andere Zusatzversorgungskassen des öffentlichen Diensten haben zwischenzeitlich ähnliche Regelungen für den Fall der Beendigung einer Beteiligung in ihren Satzungen verankert.

Aus Sicht des Unternehmens stellt sich bei der Entscheidung über einen Verbleib oder 640
ein vollständiges oder teilweises Ausscheiden aus der VBL neben dem Thema der finanziellen Belastungen eines etwaigen VBL-Ausstiegs die Frage, ob es zu einer Fortsetzung der VBL Mitgliedschaft tarifvertraglich gezwungen ist. Festzustellen ist aus Sicht des Unternehmens (bzw. des Erwerbers der Anteile) daher, ob die Bindung an den ATV auch nach der Privatisierung fortbesteht. In diesem Fall bestünde nämlich gemäß § 2 ATV eine Pflicht des Unternehmens, die Mitarbeiter bei der VBL zu versichern. Ein VBL-Austritt könnte dann zu einer Verletzung der tarifvertraglichen Verpflichtungen führen. Gleichwohl dürfte im Ergebnis für das Unternehmen ein Wahlrecht bestehen. Dieses Wahlrecht ergibt sich aus der Definition des Geltungsbereichs des ATV. Der ATV lautete in seiner Fassung vom 8.6.2017 unter § 1 (Geltungsbereich) wie folgt:

Dieser Tarifvertrag gilt für alle Arbeitnehmerinnen/Arbeitnehmer und Auszubildende (Beschäftigte), die unter den Geltungsbereich der in Anlage 1 aufgeführten Tarifverträge des öffentlichen Dienstes fallen **und** deren Arbeitgeber bei der Versorgungsanstalt des Bundes und der Länder (VBL) Beteiligter oder bei der Ruhegehalts- und Zusatzversorgungskasse des Saarlandes (ZVK Saar) Mitglied sind.

Dies bedeutet nach dem insoweit eindeutigen Wortlaut zunächst, dass eine **Beendi-** 641
gung der VBL-Mitgliedschaft zur Folge hat, dass der Geltungsbereich des ATV nicht mehr eröffnet ist. Allerdings dürfte es bei einem Herausfallen aus dem Geltungsbereich des ATV infolge Beendigung der VBL-Mitgliedschaft zu einer tariflichen Nachwirkung iSv § 4 Abs. 5 TVG kommen.[776] Daraus folgt, dass neu eintretende Arbeitnehmer nicht mehr in der VBL zu versichern sind, da sie von der Nachwirkung nicht mehr erfasst werden.[777]

Hinsichtlich der Bestandsmitglieder ist jedoch die Versicherung in der VBL **fortzuset-** 642
zen, bis der ATV durch eine andere Regelung ersetzt wird. Für die in der Vergangenheit erworbenen Anwartschaften würde dieser Pflicht auch im Fall des VBL Austritts dadurch genügt, dass die oben beschriebenen Folgen der Kündigung nach der VBL-Satzung (Beitragsfreistellung, Verbleib der Anwartschaften in der VBL, Ausgleichszahlung) eintreten. Offen bleibt indes die Frage, wie hinsichtlich der zukünftig zu erwerbenden Anwartschaften zu verfahren ist, da die Nachwirkung nicht zu einem Einfrieren der Anwartschaften

[774] Vgl. im Detail Gilbert/Hesse/*Weiß/Schneider* VBLS § 23c Rn. 19–21.
[775] OLG Karlsruhe 29.3.2019 – 12 U 94/18, BeckRS 2019, 5751.
[776] Vgl. zum Herauswachsen aus dem Geltungsbereich: BAG 10.12.1997 – 4 AZR 247/96, NZA 1998, 484; 28.5.1997 – 4 AZR 546/95, NZA 1998, 40; 18.3.1992 – 4 AZR 339/91, NZA 1992, 700.
[777] BAG 11.6.2002 – 1 AZR 390/01, NZA 2003, 570; 22.7.1998 – 4 AZR 403/97, NZA 1998, 1287; 3.12.1985 – 4 ABR 60/85, NZA 1986, 337; aA Däubler/*Bepler* TVG § 4 Rn. 887.

führt, sondern zu einer Weitergeltung der tariflichen Ansprüche, dh zu einem Anwachsen der Anwartschaften. Besonders problematisch ist dabei, dass der ATV unter § 2 explizit vorsieht, dass die Mitarbeiter in der VBL zu versichern sind, was im Hinblick auf die Definition des Geltungsbereichs als zirkulös erscheint. Es ist also durchaus fraglich, ob der Arbeitgeber berechtigt ist, aus der VBL auszutreten und zukünftig einen anderen Durchführungsweg zu wählen oder ob er nicht vielmehr infolge des nachwirkenden ATV gehalten ist, für die Bestandsmitarbeiter eine besondere Beteiligungsvereinbarung (in Form des Zäsurmodells oder der vollständigen Mitgliedschaft) abzuschließen, die jedenfalls so lange laufen muss, bis die nachwirkende ATV-Altersversorgung durch eine Neuregelung abgelöst ist. Letzteres dürfte die in der Praxis einfachere Lösung sein, wenn es nicht zeitlich mit dem VBL-Austritt auch zu einer Ablösung des ATV kommt. Diese Ablösung, die durch den VBL-Austritt nach dem oben Gesagten nicht unmittelbar bewirkt wird, kann durch eine ablösende Vereinbarung zur Altersversorgung erfolgen. Richtiger Weise kommt dabei entgegen der Auffassung des BAG[778] auch eine Betriebsvereinbarung in Betracht, da die Regelungssperre des § 77 Abs. 3 BetrVG nicht greift, wenn der Betrieb nicht mehr dem Geltungsbereich des ATV unterfällt (→ Rn. 702).[779] Für die Praxis ist dieser Weg in Anbetracht der ablehnenden Entscheidung des BAG zur Überkreuzablösung jedoch mit ganz erheblichen Risiken belastet. Die sinnvollste praktische Vorgehensweise bestünde darin, die ablösende Regelung bereits – soweit dies möglich ist – unter Beteiligung der Gewerkschaft und VBL abzustimmen.

2. ATV/VBL-Bindung und Ablösung beim *asset deal*

643 Im Fall einer Privatisierung durch *asset deal* (Betriebsübergang gemäß § 613a BGB) ist der Betriebserwerber in aller Regel nicht VBL-Mitglied, es sei denn, er hatte bereits (etwa im Rahmen einer früheren Transaktion) eine besondere Beteiligungsvereinbarung (§ 20 Abs. 3 VBL-Satzung) abgeschlossen. Er ist zudem nicht Mitglied einer der tarifvertragschließenden Parteien. Es kommt daher zu einem Erlöschen der kollektivrechtlichen Geltung des ATV. Allerdings sieht § 613a Abs. 1 S. 2 BGB in diesem Fall eine Fortgeltung als Inhalt des Arbeitsverhältnisses vor.[780] Für den Erwerber ist daher die Frage von Bedeutung, wie er der übernommenen Verpflichtung nachkommen kann. So besteht etwa gemäß § 19 Abs. 2e) VBL-Satzung für den privaten Erwerber bei Anwendung des wesentlich gleichen Tarifrechts die Möglichkeit, selbst Mitglied zu werden.[781] Die Möglichkeit des Erwerbs der Beteiligtenstellung nach § 19 Abs. 2e) setzt aber eine Beherrschung durch die öffentliche Hand voraus, die nicht vorliegen wird (s. o.). Es kommt daher nur der Abschluss einer besonderen Beteiligungsvereinbarung nach § 20 Abs. 3 iVm Ziffer 3 der Ausführungsbestimmungen zu § 20 Abs. 3 in Betracht. Hierfür gelten die oben angesprochenen Voraussetzungen und Rechtsfolgen. Zur Verfügung stehen daher das „Verbleibemodell" und das „Zäsurmodell".

Für den Fall eines Wechsel von Arbeitnehmern zwischen Beteiligten sieht § 23e der VBL Satzung die Möglichkeit vor, dass der Veräußerer gegenüber der VBL eine Verpflichtungserklärung des Erwerbers abgeben kann, mit welcher letzterer gegenüber der VBL auch für den *past service* der übergehenden Arbeitnehmer einzustehen hat. Diese Verpflich-

---

778 13.11.2007 – 3 AZR 191/06, NZA 2008, 600 („Überkreuzablösung").

779 Vgl. BAG 21.12.1982 – 1 ABR 20/81, DB 1983, 996; 22.3.2005 – 1 ABR 64/03, NZA 2006, 383; *Fitting* BetrVG § 77 Rn. 75, 96; HWK/*Gaul* BetrVG § 77 Rn. 49.

780 Vgl. BAG 22.4.2009 – 4 AZR 100/08, NZA 2010, 41 zu den dogmatischen Grundlagen der Fortgeltung nach neuerer Rechtsprechung.

781 Nach § 3 Abs. 1 S. 2 der Satzung des Versorgungsverbandes bundes- und landesgeförderter Unternehmen (VBLU) kann ein Arbeitgeber, auf den ein Betrieb eines Mitglieds übergegangen ist, zum Zwecke der Weiterführung der Versicherung der übergegangenen Arbeitnehmer Mitglied werden. Bei der ZVK kann ein Betriebserwerber nach § 12 Abs. 5 ZVK-Satzung Mitglied werden, um die Versicherungen der Beschäftigten fortzuführen.

tungserklärung soll zudem darüber hinaus die anteilige Einstandspflicht im Hinblick auf unverfallbar Ausgeschiedenen und Leistungsbezieher des Veräußerers beinhalten. Mit dieser auf den ersten Blick befremdlichen Regelung wird wiederum dem Umlageverfahren der VBL Rechnung getragen, welches alleine durch die laufenden Beiträge nicht finanziert werden kann. Ein vom Erwerber zu übernehmender Anteil an den historischen Verpflichtungen bestimmt sich nach dem Verhältnis der übergehenden VBL-Versicherten zur Gesamtzahl der VBL-Versicherten des Veräußerers. Übernimmt der Erwerber diese anteiligen historischen Verpflichtungen, fließen sie im Falle eines Austritts aus der VBL auch in die von ihm zu entrichtende Gegenwertzahlung ein. Im Ergebnis bestehen somit bei einer Übertragung zwischen Beteiligten mehrere Möglichkeiten, die von einer reinen Übernahme der Verpflichtungen aus dem *future service* der übergehenden Arbeitnehmer über eine auf diese begrenzte Einstandspflicht für den *past service* bis hin zu einer darüber hinausreichenden anteiligen Zurechnung des Past Services weiterer ehemaliger Arbeitnehmer des Veräußerers reichen. Welches Ergebnis gewollt ist, ist vorrangig zwischen Erwerber und Veräußerer zu verhandeln. Sollte aber im Zusammenhang mit dem Erwerb eine Beteiligungsvereinbarung abzuschließen sein, kann diese ebenfalls vom Umfang der Verpflichtungserklärung abhängig gemacht werden.

Hiervon zu unterscheiden ist der Fall, dass der Betriebserwerber nicht Mitglied werden will oder aber die VBL eine solche Mitgliedschaft ablehnt. Die VBL ist nämlich nicht verpflichtet, eine besondere **Beteiligungsvereinbarung** abzuschließen (vgl. Ausführungsbestimmungen zu § 20 Abs. 3, dort 5). Verweigert die VBL den Abschluss der Beteiligungsvereinbarung, so liegt für den Betriebserwerber ein Fall der rechtlichen Unmöglichkeit vor. Er muss dann, soweit er weiterhin kraft Tarifbindung oder Transformation an die Regelungen des ATV gebunden ist, die Erfüllung der übernommenen Verpflichtungen für die Zukunft auf anderem Wege sicherstellen; für die Vergangenheit verbleibt es bei der beitragsfreien Versicherung der übergehenden Arbeitnehmer. Für die Gestaltung des *future service* stehen dem Erwerber grds. alle Durchführungswege offen. Er wird dabei aber solche Wege zu vermeiden haben, die unnötige Nachteile für die Versorgungsberechtigten mit sich bringen bzw. diese Nachteile, soweit dies rechtlich und faktisch möglich ist, zu kompensieren haben. Der Erwerber schuldet nämlich dem Versorgungsberechtigten, wenn er die bisherige Versorgung über einen selbständigen Träger mangels Zugangs zu diesem Träger nicht mehr fortsetzen kann, nach insoweit zutreffender und eindeutiger Auffassung des BAG in seinem Urteil vom 13.11.2007 eine gleichwertige Leistung und nicht lediglich gleichwertige Aufwendungen.[782] 644

Keine Unmöglichkeit liegt vor, wenn der Betriebserwerber der VBL nicht beitreten will. Die Frage ist in diesem Fall, ob er hierzu verpflichtet ist. Eine solche Verpflichtung kann sich aus der Geltung des ATV ergeben, der hier allerdings regelmäßig nur in transformierter Form gilt. Allerdings kann die Geltung nicht weiter gehen, als eine originäre Tarifbindung gehen würde. Da es dem Arbeitgeber unseres Erachtens im Fall einer kollektivrechtlichen Anwendbarkeit des ATV offen steht, den Anwendungsbereich des ATV durch einen VBL-Austritt zu verlassen[783] und auf anderem Wege gleichwertige Leistungen zu erbringen, muss es dem Betriebserwerber ebenfalls frei stehen, ob er VBL-Mitglied wird oder die Leistungen auf anderem Wege erbringt. Ob Letzteres sinnvoll ist, ist im Einzelfall zu beantworten. Grundsätzlich kommt für den Betriebserwerber wohl eher eine besondere Beteiligungsvereinbarung in Betracht, die sich auf die übernommenen Bestandsmitarbeiter beschränkt. Da die Vereinbarung des Zäsurmodells allerdings ebenfalls entsprechend den nachfolgenden Ausführungen eine Verpflichtung des Veräußerers zur Zahlung des Gegenwertes auslöst, ist die Frage der Kostentragungspflicht im Kaufvertrag zu regeln. 645

In jedem Fall ist die VBL aus den bis zum Betriebsübergang erdienten **Anwartschaften** verpflichtet, auch wenn der Erwerber der VBL nicht beitritt. Die Versicherung wird gemäß 646

[782] BAG 13.11.2007 – 3 AZR 191/06, NZA 2008, 600.
[783] *Höfer/Küpper* ZTR 2005, 181.

§ 30 Abs. 1 VBL-Satzung als beitragsfreie Versicherung aufrechterhalten (siehe auch unten: arg. aus § 22 Abs. 3 VBL-Satzung).[784] Der Betriebserwerber kann daher die hieraus resultierenden Leistungen auf seine Leistungspflicht anrechnen. Da aber bei einer Nichtfortführung der Versorgung durch den Betriebserwerber die auf diese Arbeitnehmer entfallenden Beiträge zukünftig entfallen, stellt sich bei der VBL aber gleichermaßen wie beim *share deal* die Frage der Ausfinanzierung der bei ihr verbliebenen Anwartschaften. Dies gilt nicht nur im Hinblick auf die zurückbleibenden Anwartschaften der übergehenden Arbeitnehmer, sondern gleichermaßen auf diejenigen der bereits Ausgeschiedenen und Rentner des Veräußerers, welche bislang durch die auf die übergehende Belegschaft entfallenden Umlagen mit finanziert wurden. Fraglich ist somit, ob und vom wem die VBL die Zahlung einer Kompensation verlangen kann, wenn der Erwerber der VBL nicht beitritt. Zunächst hat die VBL keinen Anspruch auf Zahlung des Gegenwertes gegen den Betriebserwerber. Da der Betriebserwerber – anders als im Fall des Austritts eines beteiligten Unternehmens (Privatisierung per *share deal*) – niemals Beteiligter der VBL war und die Beteiligung auch nicht gemäß § 613a BGB auf ihn übergehen kann, kann vom ihm auf der bestehenden satzungsrechtlichen Grundlage keine **Ausgleichszahlung** verlangt werden. Im Hinblick auf den bisherigen Arbeitgeber fehlte es lange Zeit ebenfalls an einer Grundlage für eine entsprechende unmittelbare Forderung. In der Vergangenheit war die VBL gemäß § 22 Abs. 3 ihrer Satzung berechtigt, die Beteiligung des Betriebsveräußerers insgesamt zu kündigen und einen Gegenwert zu verlangen, wenn ein Beteiligter einen wesentlichen Teil der über ihn Pflichtversicherten auf einen oder mehrere andere Arbeitgeber überträgt, die nicht an der VBL beteiligt sind. Diese Möglichkeit wurde jedoch vom BGH wegen Verstoßes gegen das Bestimmtheitsgebot für unwirksam erklärt.[785] Als Konsequenz wurde die VBL Satzung um einen § 23d ergänzt, der nunmehr ausdrücklich den Fall des Wechsels von VBL Pflichtmitgliedern auf einen nicht beteiligten Erwerber regelt. Hiernach löst der Wechsel eines wesentlichen Teils der bei der VBL versicherten Belegschaft auf einen oder mehrere nicht beteiligte Arbeitgeber wiederum die Verpflichtung zur Zahlung eines Gegenwertes aus. Ein wesentlicher Teil liegt dann vor, wenn innerhalb von 10 Jahren mehr als 10% der Belegschaft oder aber 500 VBL-Mitglieder aufgrund der Übertragung auf nicht beteiligte Erwerber aus der VBL ausgeschieden sind. Sollten im maßgeblichen 10-Jahres-Zeitraum andererseits vom Veräußerer Arbeitnehmer übernommen worden und daher erstmalig VBL-Mitglieder geworden sein, wird deren Zahl zugunsten des Veräußerers berücksichtigt. Wurde – nach Berücksichtigung solcher aufgrund Übernahmen neu bei der VBL versicherter Mitglieder – der Schwellenwert in einem beliebigen 10-Jahres-Zeitraum überschritten werden, führt diese Überschreitung wiederum zu einer Gegenwertzahlung. Es kann also aufgrund der rollierenden 10-Jahres-Betrachtung dazu kommen, dass auch die Übertagung einer kleineren Anzahl von Arbeitnehmern aufgrund entsprechender Übertragungen in der Vergangenheit eine Gegenwertzahlung auslöst. Die Höhe des Gegenwerts, welche vom Veräußerer aufgrund seiner Stellung als Beteiligter an die VBL zu zahlen ist, bemisst sich immer nach der Gesamtzahl der im 10-Jahres-Zeitraum übertragenen Arbeitnehmer und umfasst sowohl deren eigene, nicht kapitalgedeckte Versorgungsansprüche als auch die dieser Population anteilig zuzurechnenden Ansprüche von ausgeschiedenen Arbeitnehmern des Veräußerers einschließlich Rentenbeziehern. Die anteilige Zuordnung erfolgt auch hier nach dem Kopfverhältnis der aufgrund Übertragung ausgeschiedenen Arbeitnehmer zur Gesamtbelegschaft. Im Übrigen gelten für die Gegenwertzahlungen dieselben Grundsätze wie beim *share deal,* dh anstelle einer Gegenwertzahlung kann insbesondere eine Variante des Erstattungsmodells gewählt werden.

647 Die **ZVK-Satzungen** (Zusatzversorgungskassen) sehen für den Fall des Übergangs von Arbeitnehmern, welche zu einem Ausscheiden aus der öffentlich-rechtlichen Versorgung führen, ähnliche Regelungen vor.

---

[784] Vgl. auch *Schipp* RdA 2001, 150.
[785] BGH 21.6.2017 – IV ZR 394/14, BeckRS 2017, 115831.

Praktisch empfiehlt es sich in Privatisierungsfällen, die in Betracht kommenden Optionen mit dem Verkäufer sowie der Versorgungseinrichtung frühzeitig zu klären und die ggf. auftretenden finanziellen Folgen im Unternehmenskaufvertrag unter Einbeziehung der VBL eindeutig zu regeln. Fehlt es an einer solchen Regelung, so geht dies im Fall des *share deals* in der Regel zu Lasten des Käufers, da er dann keinen Ersatz für die eventuell zusätzlich entstehenden Kosten (Beitragsaufschläge, nachteilige Beitragsentwicklung eines Umlagesystems in der Zukunft, Sonderzahlungen) verlangen kann und die gekaufte Gesellschaft mit den Folgen belastet ist. 648

Im Fall des *asset deals* treffen eventuelle Pflichten zur Zahlung des Gegenwertes grds. zunächst den Veräußerer, da der Erwerber in keinem Rechtsverhältnis zur VBL steht. Hier ist es also insbesondere Sache des Veräußerers auf eine kaufvertragliche Regelung zu drängen. Aus Sicht des Veräußerers ist hierbei zumeist der Beitritt des Erwerbers zur VBL und die Abgabe einer weitgehenden Verpflichtungserklärung die einfachste Option, welche auch ungewollte Überschreitungen des Schwellenwertes aufgrund der 10-Jahres-Betrachtung sicher auszuschließen vermag. Der Erwerber wird sich aber einen solchen Beitritt in der Regel gut zu überlegen haben, da er in diesem Fall nicht nur für den *future service* verpflichtet bleibt, sondern zudem historische Verbindlichkeiten des Veräußerers gegenüber der VBL übernimmt. 649

Bei der Zeitplanung für die Transaktion ist ein hinreichender Zeitaufwand für die Kommunikation mit der Versorgungseinrichtung zu berücksichtigen. Allein die erforderlichen Berechnungen sowie der Abgleich und die Verifizierung der Datenbestände benötigen in der Regel erhebliche Zeit. 650

Einstweilen frei 651–654

IX. Die Änderung und Einschränkung von Versorgungszusagen

1. Grundlagen

Die Änderung oder Einschränkung betrieblicher Versorgungsleistungen erlangt im Rahmen der Übertragung oder Restrukturierung von Unternehmen oftmals erhebliche Bedeutung. Insbesondere bei der **Sanierung** eines Unternehmens bleibt die betriebliche Altersversorgung als wichtigste aber auch kostenintensivste betriebliche Sozialleistung nicht ausgeschlossen. Aber auch dann, wenn der Ausgangspunkt für die Restrukturierung nicht in der Realisierung von Einsparungspotentialen liegt, kommt der Frage nach der Abänderbarkeit der betrieblichen Altersversorgung eine große Bedeutung zu. So besteht oftmals der Wunsch nach einer **Harmonisierung** oder **Modernisierung** der Versorgungsstrukturen. Die Umsetzung dieser Vorhaben macht in der Regel eine grundlegende Neuordnung erforderlich; sei es dass **Leistungspläne geändert, Durchführungswege gewechselt** oder aber bestimmte Formen der Altersversorgung grundsätzlich abgeschafft oder ersetzt werden sollen. 655

Ausgangspunkt für die Prüfung der Änderungs- und Eingriffsmöglichkeiten ist unabhängig von der Frage der Intensität des Eingriffs stets die Frage nach der Rechtsgrundlage der bestehenden Versorgungsordnung. Die Rechtsgrundlage entscheidet über die Frage, welche **Änderungsinstrumente** dem Arbeitgeber zur Verfügung stehen. Nur wenn ein rechtlich wirksames Änderungsinstrument gewählt wird, stellt sich die Frage nach der Zulässigkeit der **Reichweite des Eingriffs.** Dabei kommt dem Vertrauens- und Besitzstandsschutz eine große Bedeutung zu.[786] Ferner sind oftmals Mitbestimmungsrechte des Betriebsrats zu beachten. Insgesamt ist derzeit in der Rechtsprechung eine Tendenz ersichtlich, auf der Stufe der zulässigen Änderungsinstrumente eher großzügig zu sein, die 656

[786] Sa *Rengier* RdA 2006, 213.

dort vorgenommenen Erleichterungen aber durch zusätzliche Anforderungen bei der Prüfung der zulässigen Reichweite zu überkompensieren.

2. Die Änderung von individualrechtlich begründeten Versorgungszusagen

657 **Beispiel J 15:**

Die A-GmbH hat ihren Geschäftsführern und leitenden Angestellten einzelvertragliche Versorgungszusagen in erheblicher Höhe erteilt. Für die Belegschaft unterhält die A-GmbH eine Unterstützungskassenzusage. Die Mitarbeiter erhalten jeweils mit Abschluss des Arbeitsvertrags eine Mitteilung, nach der sie in das „Versorgungswerk" aufgenommen werden sowie eine Kopie des Leistungsplans. Zudem existieren in der A-GmbH noch einige Mitarbeiter, die vor Jahren im Wege eines Betriebsübergangs auf die A-GmbH übergegangen sind, und einzelvertragliche Versorgungszusagen erhalten hatten, die nie angepasst worden sind. Die Gesellschafter der A-GmbH überlegen, die Versorgungszusagen für die Geschäftsführung und die leitenden Angestellten infolge der schlechten wirtschaftlichen Lage auf ein angemessenes Maß zurückzuführen und die Altersversorgung für die übrigen Mitarbeiter zu vereinheitlichen.

a) Formen individualrechtlich begründeter Versorgungszusagen

658 Hauptform der individualrechtlichen Versorgungszusage ist die **einzelvertragliche Vereinbarung** zwischen Arbeitgeber und Arbeitnehmer. Sie kann Bestandteil des Arbeits- oder Dienstvertrages sein, kann aber in einen gesonderten Vertrag enthalten sein.

Hat der Arbeitgeber nicht nur dem einzelnen Arbeitnehmer, sondern der gesamten Belegschaft oder Teilen davon eine Versorgungszusage erteilt, so handelt es sich je nach Art und Umsetzung der generellen Regelung rechtlich um eine **arbeitsvertragliche Einheitsregelung** oder aber eine **Gesamtzusage.** Eine solche arbeitsvertragliche Einheitsregelung kann zum Beispiel in einem **Standardarbeitsvertrag** mit Verweis auf eine im Betrieb geltende Pensionsordnung liegen. Eine Gesamtzusage wird man annehmen, wenn der Arbeitgeber generell und ohne spezifische einzelvertragliche Vereinbarung Mitarbeiter – wie im obigen Beispielsfall – planmäßig in ein Versorgungswerk aufnimmt. Eine genauere Abgrenzung zwischen Einheitsregelung und Gesamtzusage ist insoweit jedoch entbehrlich, da sich im Hinblick auf die Änderungsmöglichkeiten keine Unterschiede ergeben.

659 Gesamtzusagen sowie vertragliche Einheitsregelungen haben einen kollektiven Bezug. Gleichwohl gelten sie – anders als die Betriebsvereinbarung oder der Tarifvertrag – dogmatisch nicht als kollektivrechtliche Rechtsgrundlagen, sondern zählen zu den individualrechtlichen Rechtsgrundlagen. Allerdings wird der kollektive Charakter in der jüngeren Rechtsprechung wieder stärker betont, was erhebliche Auswirkungen für die Ablösbarkeit durch Kollektivvereinbarungen hat.[787] Für die **Abgrenzung** einer Einheitsregelung oder Gesamtzusage von einer Betriebsvereinbarung ist die **Bezeichnung** der Zusage oftmals wenig aufschlussreich, da sie keinen zwingenden Rückschluss auf den rechtlichen Begründungsakt zulässt. In der Praxis finden sich Begriffe wie zB Ruhegeldordnung, Versorgungsordnung oder Ruhegeldrichtlinie. Dabei kann es sich sowohl um Betriebsvereinbarungen als auch um Gesamtzusagen oder Einheitsregelungen handeln. Für die Abgrenzung kommt es daher im Wesentlichen darauf an, ob die Versorgungsordnung formell als **Betriebsvereinbarung** gemäß § 76 BetrVG abgeschlossen wurde. Dabei macht die bloße informelle Beteiligung des Betriebsrats die Einheitsregelung nicht zur Betriebsvereinbarung. Es kommt vielmehr darauf an, dass die Betriebspartner ihre Einigung in der Form der Betriebsvereinbarung umgesetzt haben. Dies setzt eine Einigung unter Wahrung der

[787] Vgl. → Rn. 687 ff.

Schriftform voraus. Eine informelle Beteiligung des Betriebsrats kann aber als Indiz für die Betriebsvereinbarungsoffenheit der Regelung gelten.[788]

Wird in einem Individualarbeitsvertrag auf eine Betriebsvereinbarung zur Altersversorgung verwiesen, so ist die vertragliche **Verweisungsklausel** daraufhin zu untersuchen, ob sie sich dynamisch auf die Betriebsvereinbarung in ihrer jeweiligen Fassung bezieht **(Jeweiligkeitsklausel).** In diesem Fall wirkt sich die Änderung der Betriebsvereinbarung auch unmittelbar auf die vertragliche Zusage aus. Es entspricht insofern ständiger Rechtsprechung des BAG, dass bei einer Änderung von Versorgungsregelungen durch eine spätere Betriebsvereinbarung im Rahmen einer arbeitsvertraglichen dynamischen Verweisung weder ein individueller noch ein kollektiver Günstigkeitsvergleich stattfindet.[789] Die vertragliche Zusage begründet dann insbesondere keinen Besitzstands- oder Vertrauensschutz.[790] 660

Im Ausgangspunkt anders ist dies, wenn der Arbeitsvertrag statisch auf eine bestimmte Betriebsvereinbarung in einer bestimmten Fassung verweist. Als Indiz für eine **statische Verweisung** kann es gelten, wenn die Parteien aus besonderen Umständen einen konkreten Besitzstand in der Höhe der in Bezug genommenen Betriebsvereinbarung unabänderbar festschreiben wollten. Davon wird man aber ohne besondere Anzeichen nicht ausgehen können. Das BAG stand jedenfalls bislang auf dem Standpunkt, dass ein Verweis auf eine Betriebsvereinbarung im Arbeitsvertrag im Zweifel als dynamischer Verweis zu verstehen ist.[791] Dies werde den Interessen der Parteien gerecht. Die Neujustierung der Rechtsprechung zu dynamischen Bezugnahmeklauseln auf Tarifverträge in Neuverträgen nach dem 1.1.2002[792] ist auf den Verweis auf Betriebsvereinbarungen nicht übertragbar. Betriebsvereinbarungen gelten, anders als Tarifverträge, bei denen es mangels Klärung der für die Anspruchsbegründung erforderlichen Gewerkschaftszugehörigkeit in der Verweisungsklausel um die Frage des konstitutiven Rechtsbegründungsaktes geht, ohnehin für die im Betrieb beschäftigten Arbeitnehmer. Ein Verweis in einem Arbeitsvertrag ist daher ohne besondere Anhaltspunkte im obigen Sinne niemals ein konstitutiver Akt, sondern stets als ein Verweis auf die geltende Betriebsvereinbarung auszulegen. Eine andere Auslegung hieße den Bindungswillen des Arbeitgebers zu überdehnen, der ohne konkreten Anlass niemals eine Betriebsvereinbarung mit einem (ohne Zustimmung des einzelnen Arbeitnehmers unabänderlichen) individualrechtlichen Anspruch unterlegen will. 661

Eine Betriebsvereinbarung, die im Zuge eines Betriebsübergangs gemäß § 613a Abs. 1 S. 2 BGB **transformiert wird und hierdurch Inhalt des Arbeitsverhältnisses wird,** wird für die Frage der Ablösung durch Kollektivvereinbarung weiterhin wie Kollektivrecht behandelt.[793] Demnach stehen sie auch einer verschlechternden Ablösung durch eine Betriebsvereinbarung offen. Dies ergibt sich aus § 613a Abs. 1 S. 3 BGB. Die transformierten Regelungen können daher (vorbehaltlich der einjährigen Regelungssperre gemäß § 613a Abs. 1 S. 2 BGB für nachteilige individualrechtliche Änderungen) sowohl mit individualarbeitsrechtlichen Mitteln als auch durch eine nachfolgende Betriebsvereinbarung oder aber einen Tarifvertrag abgelöst werden. Das individuelle aber auch kollektive Günstigkeitsprinzip gilt in diesem Falle infolge des Vorrangs des § 613a Abs. 1 S. 3 BGB nicht.[794] Auch die einjährige Regelungssperre, die für verschlechternde Individualvereinbarungen gilt, kommt bei einer Ablösung durch Betriebsvereinbarung oder Tarifvertrag nicht zur Anwendung. Diese Grundsätze gelten auch dann, wenn nach erfolgter Transformation ein 662

[788] Vgl. BAG 3.11.1987 – 8 AZR 316/81, NZA 1988, 509.
[789] BAG 29.7.2003 – 3 AZR 630/02, BeckRS 2004, 40586.
[790] BAG 20.2.2001 – 3 AZR 25/00, NZA 2002, 288; *Goldbach/Obenberger* BetrAVG Rn. 537.
[791] BAG 23.9.1997 – 3 AZR 529/96, NZA 1998, 541.
[792] BAG 14.12.2005 – 4 AZR 536/04, NZA 2006, 607; dazu ua *Klebeck* NZA 2006, 15; s. nunmehr auch BAG 18.4.2007 – 4 AZR 652/05, NZA 2007, 965; zur Bezugnahmeproblematik ausführlich → E Rn. 192ff. mwN.
[793] BAG 22.4.2009 – 4 AZR 100/08, NZA 2010, 41.
[794] S. nur BAG 16.5.1995 – 3 AZR 535/94, NZA 1995, 1166; HWK/*Müller-Bonanni* BGB § 613a Rn. 271.

weiterer Betriebsübergang stattfindet. Auch bei dem zweiten Erwerber gelten die ursprünglichen Betriebsvereinbarungen weiterhin als transformierter Inhalt des Arbeitsverhältnisses und nicht als Individualvereinbarung. Sie können daher unter den vorgenannten Voraussetzungen auch bei einem Folgeerwerber abgelöst werden.[795]

663 Die Vorschrift des § 1b Abs. 1 S. 4 BetrAVG stellt Versorgungsverpflichtungen, die auf **betrieblicher Übung** oder dem Grundsatz der **Gleichbehandlung** beruhen, Verpflichtungen aus einer Versorgungszusage gleich. Kann sich ein Arbeitnehmer auf eine betriebliche Übung oder eine Benachteiligung ohne sachlichen Grund berufen, so entsteht insoweit eine einzelvertragliche Anspruchsgrundlage. Es handelt sich somit im Ergebnis ebenfalls um individualrechtliche Begründungsformen, welche jedoch kraft Natur der Sache einen kollektiven Bezug hat.

b) Änderungsinstrumente

664 Als Instrumente zur Änderung individualrechtlich begründeter Versorgungszusagen stehen dem Arbeitgeber prinzipiell folgende Mittel zur Verfügung:
- Änderungsvertrag
- Änderungskündigung
- Widerruf
- Betriebsvereinbarung
- Ablösende Gesamtzusage

665 **aa) Änderungsvertrag.** Im Bereich der betrieblichen Altersversorgung gilt der Grundsatz der **Vertragsfreiheit.** Da im Ausgangsfall die Versorgungsanrechte der früheren Arbeitnehmer der A-GmbH einzelvertraglich bzw. durch eine Gesamtzusage begründet worden sind, sind individuelle Änderungsvereinbarungen grundsätzlich möglich. Danach kann der Arbeitnehmer sowohl ganz oder teilweise auf seine **erdienten Versorgungsanwartschaften** als auch auf **Zuwächse** für noch ausstehende Tätigkeitszeiten verzichten.[796] Insbesondere unterliegt ein etwaiger Verzicht auf erdiente Anwartschaften im laufenden Arbeitsverhältnis (anders als bei ausgeschiedenen Mitarbeitern) nicht dem Abfindungsverbot des § 3 BetrAVG.[797] Niemals an § 3 BetrAVG zu messen ist zudem der Verzicht auf die Möglichkeit des Erwerbs zukünftig zu erdienender Anwartschaften, da diese nicht dem Schutz des § 3 BetrAVG unterfallen. Ist der Vertragspartner zu einer Änderung bereit, so stellen sich keine Fragen im Zusammenhang mit der Besitzstandswahrung, da der Mitarbeiter im laufenden Arbeitsverhältnis über seine Anwartschaften frei disponieren kann.[798] Steht der Verzicht oder Teilverzicht im Zusammenhang mit einem **Betriebsübergang,** so ist allerdings nach Auffassung des BAG zu prüfen, ob eine Umgehung des Zweckes des § 613a Abs. 1 S. 1 BGB vorliegt. Der Verzicht oder Erlass auf erworbene Anwartschaften sowie die Einstellung der Versorgung für die Zukunft können dann unwirksam sein (dazu → Rn. 533). Im obigen **Beispielsfall J 15** kann davon allerdings keine Rede sein, da die Änderung Jahre nach dem Betriebsübergang vollzogen werden und daher die Rechtsfolgen des § 613a BGB längst eingetreten sind. Es kann daher keine Umgehung des § 613a BGB vorliegen.

Allerdings unterliegen Änderungsvereinbarungen in aller Regel der **AGB-Kontrolle.** Dies bedeutet nicht nur, dass sie das Transparenzgebot beachten müssen; sie sind nach der Rechtsprechung des BAG insbesondere auch am Maßstab des Äquivalenzprinzips auf ihre Angemessenheit hin zu prüfen.[799] Im Ergebnis bedeutet dies, dass einerseits große Sorgfalt darauf zu legen ist, dass dem Versorgungsberechtigten der Umfang und das Ausmaß des

[795] BAG 12.6.2019 – 1 AZR 154/17, NZA 2019, 1203.
[796] BAG 14.8.1990 – 3 AZR 301/89, NZA 1991, 174.
[797] Vgl. Blomeyer/Rolfs/Otto/*Rolfs* BetrAVG § 3 Rn. 22; hierzu auch unter → Rn. 208.
[798] Abweichend *Reichel/Schmandt* C Rn. 353, die auch individualvertragliche Vereinbarungen der Billigkeitskontrolle anhand der Drei-Stufen-Lehre unterwerfen wollen.
[799] BAG 15.11.2016 – 3 AZR 582/15, NZA 2017, 1058.

Eingriffes verständlich vor Augen geführt werden. Zum anderen darf ein Verzicht des Arbeitnehmers jedenfalls im Hinblick auf bereits erdiente Anwartschaften nicht ohne rechtfertigende sachliche Gründe und kompensatorische Gegenleistung erfolgen.[800] Das verwundert insofern, als dass die Rechtsprechung des BAG auf eine Angemessenheitskontrolle der Hauptleistungspflicht hinausläuft, die grds. gerichtlich nicht überprüfbar ist. Die Höhe der Hauptleistung unterliegt nach herkömmlichem Verständnis der Parteidisposition und ist der Kernpunkt der individuellen Einigung. Das BAG setzt sich mit diesem Einwand auseinander und begründet seine Prüfungskompetenz mit einem Verweis auf kontrollfähige übergeordnete Rechtsprinzipien, die es aus § 779 BGB ableitet und die der Änderungsvereinbarung zu Grunde liegen sollen. Die Ausführungen des 3. Senats zu dieser Frage überzeugen in keiner Weise.[801] Zwar beinhaltet ein Vergleich – wenn man § 779 BGB hier überhaupt für einschlägig halten will – Elemente des wechselseitigen Nachgebens. Es obliegt aber nicht den Gerichten zu kontrollieren, inwieweit eine Partei nachgeben darf. Dies ist Bestandteil der Privatautonomie. Im Ergebnis bedeutet diese weitere (u. E. rechtswidrige) Anforderung, dass sich das BAG auch bei einvernehmlichen Änderungen eine Angemessenheitsprüfung vorbehält, deren genaue Maßstäbe noch nicht ganz absehbar sind. Es ist davon auszugehen, dass diese nicht den Umfang der 3-Stufen-Theorie erreichen wird, sich aber ggf. der jüngeren Tendenz des BAG folgend an die dieser Theorie zugrunde liegenden Erwägungen anlehnen wird, auch wenn dogmatisch kaum mehr als eine Sittenwidrigkeitskontrolle nach § 138 BGB zu rechtfertigen sein dürfte. Jedenfalls im bislang vom 3. Senat entschiedenen Fall haben die wirtschaftliche Notlage des Arbeitgebers sowie das Angebot einer anderweitigen, im Ergebnis weniger kostspieligen Form der betrieblichen Altersversorgung ausgereicht, die Angemessenheitskriterien zu erfüllen. Auch im Ausgangsbeispiel dürfte eine Angemessenheit gut vertretbar sein, da der Wunsch nach einer Änderung der Versorgung auf einer schwierigen wirtschaftlichen Lage beruht und kein vollständiger Verzicht, sondern lediglich die Herbeiführung eines wirtschaftlich vertretbaren Maßes der Zusage beabsichtigt ist.

In jedem Fall setzt die Änderung einer Versorgungszusage durch einen **Änderungsvertrag** eine einvernehmliche Regelung im Sinne zweier übereinstimmender Willenserklärungen voraus. Ist der Arbeitnehmer zu der Änderung nicht bereit, so ist dieser Weg versperrt. Aus diesem Grunde kommt das Mittel des Änderungsvertrags in der Regel häufig nicht in Betracht, wenn es um die flächendeckende einheitliche Änderung einer Vielzahl von Versorgungszusagen geht. Ausnahmen gelten bisweilen für reine Individualzusagen oder Zusagen an einen sehr beschränkten Personenkreis, bei denen die Berechtigten von der Notwendigkeit einer Änderung überzeugt werden können. Hieraus wird ersichtlich, dass die individualrechtliche Begründung von Zusagen für einen größeren Teilnehmerkreis aus Sicht des Arbeitgebers in aller Regel wenig empfehlenswert ist. Etwas anderes kann dann gelten, wenn sich das Unternehmen in einer evidenten wirtschaftlichen Notlage befindet und durch einen kollektiven Verzicht eine Betriebsschließung oder Insolvenz vermieden werden können. 666

bb) Änderungskündigung. Die Änderungskündigung ist (theoretisch) geeignet, die beabsichtigte Änderung einer individualrechtlich begründeten Zusage auch gegen den Willen des Mitarbeiters durchzusetzen. Praktisch ist sie aber als Änderungsmittel jedenfalls für eine „flächendeckende" Änderung gegenüber einer Vielzahl an Mitarbeitern in aller Regel ungeeignet. 667

Die Änderungskündigung ist zunächst abzugrenzen von der Teilkündigung. Bei einer **Teilkündigung** bezieht sich die Kündigung von vornherein nur auf einen ausgewählten Teil des Vertrages (hier etwa die Versorgungszusage), lässt den Vertrag im Übrigen aber 668

[800] BAG 15.11.2016 – 3 AZR 582/15, NZA 2017, 1058; BAG 19.2.2014 – 5 AZR 920/12, NZA 2014, 808.

[801] Vgl. hierzu auch *Matthiesen* NZA 2018, 1509.

unberührt. Die Teilkündigung ist, soweit sie nicht ausdrücklich vorbehalten wurde, rechtlich unzulässig.[802] Eine einseitige Änderung des Inhalts der Arbeitsverträge im Wege der Kündigung kann somit nur über eine Kündigung des ganzen Arbeitsverhältnisses herbeigeführt werden. Charakteristisch für die Änderungskündigung ist dabei, dass die Beendigungskündigung des Arbeitsvertrages zugleich mit einem Angebot auf Abschluss eines neuen Vertrages (zu schlechteren Versorgungskonditionen) verbunden wird.

669 Vor Ausspruch der Änderungskündigung ist der **Betriebsrat** gemäß § 102 BetrVG zu hören, es sei denn es handelt sich um einen leitenden Angestellten. Gegen die Änderungskündigung können die Arbeitnehmer **Änderungskündigungsschutzklage** (§ 4 S. 2 KSchG) erheben. Die Änderungskündigung setzt dann zu ihrer Wirksamkeit einen **Kündigungsgrund** iSv §§ 1, 2 KSchG voraus. An einem solchen Grund fehlt es in der Regel.

670 Nach § 613a Abs. 4 BGB ist zunächst die Kündigung eines Arbeitsverhältnisses wegen eines **Betriebsübergangs** unwirksam. Damit ist auch eine Änderungskündigung, bezogen auf die betriebliche Altersversorgung unwirksam, wenn sich ihre Begründung allein in dem Betriebsübergang erschöpft. Eine Änderungskündigung aus anderen Gründen iSv § 1 KSchG ist weiterhin (theoretisch) möglich.[803] Allerdings stellt die Rechtsprechung extrem hohe Anforderungen an das Vorliegen eines solchen Kündigungsgrundes. So wird beispielsweise der Wunsch des Arbeitgebers nach einer **Harmonisierung** im Entgeltbereich[804] (zB der Altersversorgung wie in **Fall J 15**) als Kündigungsgrund nicht anerkannt werden. Auch der bloße Wunsch, Kosten zu sparen, ist grundsätzlich zur Rechtfertigung einer Änderungskündigung nicht ausreichend.[805]

671 Die **Kostenbelastung** wird allenfalls dann als Kündigungsgrund anerkannt, wenn die Reduzierung der Kosten im Rahmen einer Sanierung unabdingbare Voraussetzung für den Erhalt des Unternehmens ist oder hierdurch zumindest eine deutliche Reduzierung der Belegschaft verhindert werden kann.[806] Aber auch in diesen Fällen ist die Änderungskündigung für die Praxis oftmals kein tauglicher Weg. Zum einen führt die Änderungskündigung regelmäßig zu Massenkündigungsschutzverfahren mit höchst unsicherem Ausgang. Auf den ungewissen Ausgang der Rechtsstreitigkeiten wird sich ein für die Sanierung oftmals erforderlicher Investor nicht einlassen. Zudem ist zu bedenken, dass die Rechtsstreitigkeiten individuell durchaus unterschiedlich entschieden werden können und in diesem Fall keine flächendeckende Neuordnung erreicht wird. Zu berücksichtigen ist zudem Folgendes: Die Kündigung des Arbeitsverhältnisses und das Angebot veränderter Arbeitsbedingungen kann nur für die Zukunft wirken, so dass mit einer Änderungskündigung nach zumindest teilweise vertretener Auffassung nur in die zukünftig zu erdienenden Anwartschaftsteile eingegriffen werden kann. Folgt man dieser Ansicht, so kommt eine Entlastung hinsichtlich der bereits erdienten Anwartschaften nicht in Betracht.

672 Keines Kündigungsgrundes bedarf es im Fall der Änderung des Vertrages für die **Geschäftsführung** (vgl. **Fall J 15**). *De facto* kann daher der Fortbestand des Vertrages durch die Gesellschafter von der Zustimmung zur Änderung abhängig gemacht werden.

673 **cc) Widerruf/Störung der Geschäftsgrundlage.** Dem Widerruf einer Versorgungszusage kommt in der Praxis nur noch eine recht untergeordnete Bedeutung zu. Der Widerruf einer vertraglich zusagten Leistung setzt zunächst voraus, dass der Arbeitgeber sich diese Möglichkeit in der Versorgungsabrede wirksam **vorbehalten** hat. Allerdings führt ein allgemeiner Widerrufsvorbehalt infolge der Vorgaben des § 6a EStG dazu, dass für die Zusage keine Rückstellungen gebildet werden können. In der Praxis findet sich daher in Versorgungszusagen nahezu ausschließlich der sog. „steuerunschädliche" Widerrufsvorbehalt.

---

[802] Vgl. BAG 7.10.1982 – 2 AZR 455/80, DB 1983, 1368; 20.3.1986 – 2 AZR 294/85, NZA 1986, 824.
[803] ErfK/*Preis* BGB § 613a Rn. 154; HWK/*Müller-Bonanni* BGB § 613a Rn. 305.
[804] BAG 1.7.1999 – 2 AZR 826/98, NZA 1999, 1336; 20.1.2000 – 2 ABR 40/99, NZA 2000, 592.
[805] BAG 20.3.1986 – 2 AZR 294/85, NZA 1986, 824.
[806] BAG 10.9.2009 – 2 AZR 822/07, NZA 2010, 333 (336); ErfK/*Oetker* KSchG § 2 Rn. 60.

Er begründet jedoch keine eigenständigen Widerrufsrechte, sondern enthält lediglich einen Hinweis auf die Grundsätze des Wegfalls bzw. Störung der Geschäftsgrundlage.

(1) Kein Widerruf wegen wirtschaftlicher Notlage. Unter den Tatbestand des Wegfalls der Geschäftsgrundlage fiel lange Zeit auch der Fall des Widerrufs wegen wirtschaftlicher Notlage, der in § 7 Abs. 1 Nr. 5 BetrAVG aF mit der Folge der Einstandspflicht des PSV anerkannt war. Dieser Widerrufsgrund ist mit der Abschaffung der in § 7 Abs. 1 Nr. 5 BetrAVG aF enthaltenen Eintrittspflicht des PSV im Fall des Widerrufs der Versorgungszusage infolge wirtschaftlicher Notlage entfallen. Der für einige Zeit bestehende diesbezügliche Meinungsstreit, ob ungeachtet des Wegfalls der Einstandspflicht des PSV weiterhin noch die Möglichkeit des Widerrufs insolvenzgeschützter Zusagen infolge wirtschaftlicher Notlage aufrecht erhalten werden kann, ist durch das BAG für die Praxis negativ entschieden worden.[807] Der Arbeitgeber ist in diesem Fall auf den Weg des außergerichtlichen Vergleichs mit dem PSV verwiesen (vgl. hierzu → Rn. 365 ff.). Ein Widerruf infolge wirtschaftlicher Notlage ist daher nicht mehr möglich.[808] 674

(2) Erhebliche Steigerung des Versorgungsaufwands. An eine Störung der Geschäftsgrundlage kann auch zu denken sein, wenn es aufgrund von Änderungen der Rechtslage oder anderweitigen, bei Auflegung des Versorgungswerkes getroffenen Annahmen (zB Lebenserwartung, Zinsentwicklung, etc) zu erheblichen finanziellen Mehrbelastungen für den Arbeitgeber kommt. Insbesondere wurde dieser Fall im Zusammenhang mit sog. Gesamtversorgungszusagen erörtert. Solche Zusagen enthalten eine Garantie des Arbeitgebers, dass die Betriebsrente die Versorgungslücke zwischen dem anderweitigen Ruhestandseinkommen und einem zugesagten Versorgungseinkommen abdeckt.[809] Aufgrund des sinkenden Leistungsniveaus der gesetzlichen Rentenversicherung können hier für den Arbeitgeber hohe Kosten entstehen.[810] Dennoch wird in der Regel eine Störung der Geschäftsgrundlage zu verneinen sein. Zu dem typischen Risiko von Gesamtversorgungszusagen gehört es auch, dass das Versorgungsniveau der Sozialversicherungsrente sinkt und damit höhere Belastungen auf den Arbeitgeber zukommen.[811] Das BAG sieht insoweit die Zumutbarkeitsschwelle erst bei einer Erhöhung des ursprünglich angenommenen Dotierungsrahmens um mehr als 50 % als überschritten an.[812] In der Literatur wird diese Grenze zu Recht als überzogen betrachtet und ein zur Änderung berechtigender Zustand bereits bei weitaus geringeren Überschreitungen des Dotierungsrahmens angenommen.[813] 675

In jüngerer Zeit wird die Thematik der Störung der Geschäftsgrundlage aufgrund erheblicher Steigerungen des Versorgungsaufwandes vor allem vor dem Hintergrund der andauernden Niedrigzinsphase diskutiert. Insoweit hat das BAG im Grundsatz angenommen, dass die hierdurch bedingte Steigerung von Versorgungslasten, zB auch durch Nachschuss- oder Einstandsverpflichtungen in mittelbaren Durchführungswegen, zu einer Störung der Geschäftsgrundlage führen können.[814] Es hat indes die Frage unbeantwortet gelassen, ob es für die Annahme einer solchen Störung weiterhin an der 50 %-Schwelle festhalten will.

(3) Planwidrige Überversorgung. Ebenfalls unter dem Gesichtspunkt der Störung der Geschäftsgrundlage denkbar sind Einschnitte in Fällen einer sog. planwidrigen Überversor- 676

[807] BAG 17.6.2003 – 3 AZR 396/02, DB 2004, 324; s. dazu *Langohr-Plato,* Anm. zu BAG 17.6.2003, AP Nr. 24 zu § 7 BetrAVG Widerruf.
[808] *Goldbach/Obenberger* BetrAVG Rn. 539; *Bepler* BetrAV 2000, 19 (24); *Schumann* EWiR 2004, 267.
[809] Blomeyer/Rolfs/Otto/*Rolfs* BetrAVG Anh. § 1 Rn. 218, 235.
[810] Vgl. nur *Steinmeyer* RdA 2005, 345 (346).
[811] LAG Köln 8.12.2005 – 10 (8) Sa 223/05, BeckRS 2009, 54830 zu einer Gesamtversorgungszusage auf Grundlage einer Betriebsvereinbarung. Eine Störung der Geschäftgrundlage für möglich haltend jedoch *Steinmeyer* RdA 2005, 345 (350).
[812] BAG 19.2.2008 – 3 AZR 290/06, NZA-RR 2008, 600.
[813] Zusammenfassend: Blomeyer/Rolfs/Otto/*Rolfs* BetrAVG Anh. § 1 Rn. 509.
[814] BAG 12.5.2020 – 3 AZR 157/19, NZA 2020, 1189.

gung oder der **Fehlentwicklung der Altersversorgung.** Dies sind Fälle, in denen die geschuldete Versorgungsleistung oder aber die hierfür erforderlichen Aufwendungen des Arbeitgebers infolge von Umständen, die nicht vom Arbeitgeber zu vertreten sind, über dem Niveau liegen, das erkennbar mit der Versorgungszusage bezweckt war. Ein solcher Fall ist zB dann gegeben, wenn der Versorgungsempfänger eine Rente erhält, die mehr als 100% des Nettoeinkommens beträgt, das er als Arbeitnehmer verdient hätte. In diesen Fällen ist eine Kürzung auf ein angemessenes Niveau möglich.[815] Ist ersichtlich ein unter 100% liegendes Versorgungsniveau angestrebt worden, so kann auch eine Überschreitung der angestrebten Grenzen einen Widerruf rechtfertigen. Es handelt sich dabei ungeachtet der wirtschaftlichen Relevanz für den Arbeitgeber um keinen Fall der wirtschaftlichen Notlage, sondern um einen Fall der **Zweckverfehlung.** Auf die wirtschaftliche Lage des Arbeitgebers kommt es daher nicht an.[816]

677 **(4) Widerruf bei Unterstützungskassenzusagen.** Nach der ständigen Rechtsprechung des BAG können Unterstützungskassenzusagen unter erleichterten Voraussetzungen widerrufen werden. Infolge des Ausschlusses des Rechtsanspruchs auf die Versorgungsleistungen müssten die Arbeitnehmer stets mit Änderungen der Versorgungsleistungen rechnen. Diesen Anspruchsausschluss behandelt das BAG als Widerrufsvorbehalt, der unter den Voraussetzungen der Drei-Stufen-Theorie ausgeübt werden kann (→ Rn. 726ff.).[817]

Die zuvor an dieser Stelle geäußerten Bedenken, dass mit der Entscheidung vom 31.7. 2007[818] wegen der Streichung des Sicherungsfalles des Widerrufs wegen wirtschaftlicher Notlage in § 7 Abs. 1 Nr. 5 BetrAVG aF ein Rechtsprechungswechsel einhergehen könnte, haben sich erfreulicherweise nicht bestätigt. Vielmehr hält das BAG unverändert an seiner bisherigen Rechtsprechung fest.[819]

678 **(5) Mitbestimmungsrechte des Betriebsrats bei individualrechtlichen Neuregelungen mit kollektivem Bezug.** Zu beachten ist, dass im Fall der flächendeckenden Neugestaltung des Leistungsplans die Beteiligungsrechte des Betriebsrats gemäß § 87 BetrVG gewahrt bleiben müssen. Dies gilt auch dann, wenn die Individualzusagen als solche nicht durch Betriebsvereinbarung geändert werden können oder sollen und es der Zustimmung des einzelnen Versorgungsberechtigten bedarf (ein Fall, der infolge der jüngeren Rechtsprechung zur Kollektivablösung von Individualzusagen mit kollektivem Bezug zunehmend an Bedeutung verliert).[820] Die beabsichtigte Neuregelung löst aber bei kollektivem Bezug Mitbestimmungsrechte des Betriebsrats aus, es sei denn, die Zusage wird vollständig eingestellt. Wird das Mitbestimmungsrecht bei der Neuregelung verletzt, so sind individualrechtliche Erklärungen, die auf eine Verschlechterung der bisherigen Altersversorgung zugunsten der neu einzuführenden Altersversorgung gerichtet sind, nichtig.[821]

679 Voraussetzung für die Wahrung der Mitbestimmungsrechte ist jedoch nur die Beteiligung des Betriebsrats hinsichtlich des Leistungsplans. Ist der Betriebsrat mit der Verringerung des Leistungsvolumens nicht einverstanden, so ist dies unschädlich, da ihm insoweit kein Mitbestimmungsrecht zukommt. Insoweit kann der Arbeitgeber im Verhältnis zum Betriebsrat das Volumen neu selbst bestimmen. Allerdings ist im Fall der individualrechtlichen Neuregelungen infolge der Erforderlichkeit der individuellen Zustimmungen zu den beabsichtigen Vertragsänderungen eine Einigung über die zukünftige Dotierung *de facto*

---

[815] BAG 28.7.1998 – 3 AZR 100/98, NZA 1999, 444; 15.11.2005 – 3 AZR 481/04, NZA 2006, 880; Blomeyer/Rolfs/Otto/*Rolfs* BetrAVG Anh. § 1 Rn. 499ff.

[816] *Goldbach/Obenberger* BetrAVG Rn. 540; Höfer/*Höfer/Küpper* BetrAVG Kap. 5 Rn. 146, 164ff.

[817] BAG 23.4.1985 – 3 AZR 194/83, NZA 1986, 60; 11.12.2001 – 3 AZR 128/01, NZA 2003, 1407.

[818] BAG 31.7.2007 – 3 AZR 372/06, DB 2008, 1505.

[819] Vgl. BAG 16.2.2010 – 3 AZR 181/08, NZA 2011, 42; 15.2.2011 – 3 AZR 35/09, NZA-RR 2011, 541.

[820] Vgl. → Rn. 687ff.

[821] BAG 24.1.2006 – 3 AZR 484/04, NZA 2007, 278; *Fitting* BetrVG § 87 Rn. 465.

erforderlich. Wird eine flächendeckende Änderung nicht vom Betriebsrat mitgetragen, so hat ihre individualrechtliche Umsetzung in aller Regel keine Aussicht auf Erfolg.

dd) Betriebsvereinbarung

Beispiel J 16: 680

Die A-GmbH hat ihre betrieblichen Versorgungsverpflichtungen seit dem Jahre 1970 durch eine Gesamtzusage begründet. Nach der Übertragung des gesamten operativen Geschäfts auf die B-GmbH im Jahre 1984 will die Geschäftsführung der B-GmbH bestehende Ungerechtigkeiten im System verändern, gleichzeitig jedoch auch durch eine Herabsetzung der Versorgungsleistungen das Unternehmen besser an der Wettbewerbssituation ausrichten. Die Gesamtzusagen enthalten einen „steuerunschädlichen" Widerrufsvorbehalt. Ansonsten enthalten sie keine Bestimmungen zur Abänderbarkeit.

Beispiel J 17:

Die A-GmbH hat ihre betrieblichen Versorgungsverpflichtungen seit dem Jahre 1970 durch eine Gesamtzusage begründet. Im Jahre 1981 hat sie die Versorgung im Wege einer Betriebsvereinbarung neu geordnet und erheblich eingeschränkt. Die B-GmbH beabsichtigt, die Geschäftsanteile der A-GmbH zu erwerben.

Die Änderung von Gesamtzusagen und vertraglichen Einheitsregelungen über einzelvertragliche Abrede oder Änderungskündigungen ist – wie oben gezeigt wurde – in aller Regel nicht praktikabel, da auf diese Weise eine neue, einheitlich geltende Versorgungsregelung nicht erreicht werden kann.[822] Sinnvoll ist damit nur eine Änderung durch eine betriebseinheitliche Regelung mit kollektivem Bezug. Sofern ein Betriebsrat vorhanden ist, bietet sich hierfür in Anbetracht der ohnehin bestehenden Mitbestimmungsrechte (→ Rn. 678f.) die Neuordnung im Wege der Betriebsvereinbarung an. Insoweit war bislang danach zu differenzieren, ob eine ablösende Betriebsvereinbarung vor oder ab dem 1.1.1983 vereinbart wurde. **Diese Unterscheidung hat** indes in Anbetracht der zwischenzeitigen Rechtsprechung des BAG zur Betriebsvereinbarungsoffenheit von individuellen Regelungen mit kollektivem Bezug **kaum noch Relevanz** (→ Rn. 687).

(1) Rechtslage für vor dem 1.1.1983 getroffene ablösende Regelungen. Die praktische Notwendigkeit einer Ablösbarkeit vertraglicher Einheitsregelungen und Gesamtzusagen durch eine Betriebsvereinbarung hatte das BAG in den grundlegenden Entscheidungen vom 30.1.1970 und 8.12.1981[823] zunächst anerkannt. In der Entscheidung vom 30.1.1970[824] findet sich folgender Hinweis: 681

„Betriebliche Ruhegeldordnungen sind auf eine lange Zeit angelegt. Die begünstigten Arbeitnehmer müssen ihre Versorgungsansprüche viele Arbeitsjahre hindurch erwerben; die dafür erforderlichen Mittel müssen in derselben Zeit allmählich angesammelt werden. Außerdem sind betriebliche Ruhegeldordnungen von zahlreichen Faktoren abhängig, insbesondere von der Ertragslage des Unternehmens, der steuerrechtlichen und sozialversicherungsrechtlichen Situation und von der jeweiligen Zusammensetzung der Belegschaft. Alle diese Faktoren können sich ändern und zu einer Anpassung der betrieblichen Ruhegeldordnung drängen; gemachte Erfahrungen können das Bedürfnis nach Reformen wecken. Deshalb müssen Korrekturen der betrieblichen Ruhegeldordnungen und eine Anpassung an geänderte Umstände möglich sein; einmal festgelegte Regelungen dürfen nicht versteinern".

Danach konnten Einheitsregelungen und Gesamtzusagen wie Betriebsvereinbarungen durch eine ablösende Betriebsvereinbarung geändert werden.

---

[822] *Ahrend/Förster/Rühmann* DB 1982, 224.
[823] BAG 30.1.1970 – 3 AZR 44/68, DB 1970, 1393; 8.12.1981 – 3 ABR 53/80, DB 1982, 46.
[824] BAG 30.1.1970 – 3 AZR 44/68, DB 1970, 1393.

682 Diese praxisnahe Rechtsprechung des BAG hat durch die **Entscheidung des Großen Senats** des BAG vom 16.9.1986[825] eine ganz erhebliche Einschränkung erfahren. Der Große Senat hat in dieser Entscheidung den Grundsatz aufgestellt, dass vertraglich begründete Versorgungsansprüche von Arbeitnehmern auch dann, wenn sie auf eine (kollektiv geprägte) Einheitsregelung oder eine Gesamtzusage zurückgehen, grundsätzlich **nicht durch eine nachfolgende Betriebsvereinbarung verschlechtert** werden können. Diese Rechtsprechung gilt für alle Änderungen, die nach dem „Bekanntwerden" der Entscheidung des 6. Senats des BAG vom 12.8.1982[826] vorgenommen wurden. Von diesem Zeitpunkt an bestand nach Ansicht des Großen Senats kein schützenswertes Vertrauen der Arbeitgeber mehr auf die vorangegangene Abänderungsrechtsprechung.[827] Den Zeitpunkt des „Bekanntwerdens" und damit die zeitliche Grenze des Vertrauensschutzes hat das BAG auf den 31.12.1982 festgesetzt.[828] Vor diesem Zeitpunkt vollzogene Änderungen von Einheitsregelungen und Gesamtzusagen durch eine Betriebsvereinbarung (wie im **Fall J 17**) sind daher nicht an den Vorgaben der Entscheidung des Großen Senats zu messen. Die Betriebsvereinbarung war vielmehr ohne weiteres als zulässiges Änderungsinstrument anzuerkennen. Bedeutung hat dies insbesondere für die Prüfung von „Altfällen" im Rahmen einer *due diligence.*

683 Die Anerkennung der Betriebsvereinbarung als zulässiges Regelungsinstrument bedeutete allerdings nicht, dass der Inhalt der Änderung ohne weiteres anzuerkennen war. Hierfür kam es vielmehr auf die Wahrung der Grundsätze des **Vertrauensschutzes** an, die das BAG in seiner Drei-Stufen-Lehre zusammengefasst hat (dazu unter → Rn. 726ff.). Die hiermit bezeichneten Eingriffsschranken gelten auch für Zeiträume vor dem Jahr 1977, in dem die Rechtsprechung die betreffenden Grundsätze entwickelt hat. Das BAG steht hierzu auf dem Standpunkt, dass die dem Drei-Stufen-Modell zugrunde liegenden Rechtserwägungen bereits vor ihrer Präzisierung durch die Rechtsprechung Geltung beanspruchten, so dass ein der „rückwirkenden" Anwendung der Eingriffsgrenzen entgegenstehendes schutzwürdiges Vertrauen nicht begründet werden konnte.[829]

684 **(2) Rechtslage für nach dem 1.1.1983 getroffene ablösende Regelungen.** Nach der ab dem 1.1.1983 geltenden Rechtsprechung ist zwischen ablösenden (insgesamt verschlechternden) Betriebsvereinbarungen und umstrukturierenden Betriebsvereinbarungen zu unterscheiden.

Ablösende (dh insgesamt verschlechternde) Betriebsvereinbarungen sind gegenüber individualrechtlichen Einheitsregelungen, betrieblichen Übungen oder Gesamtzusagen nur dann zulässig, wenn die Regelung **betriebsvereinbarungsoffen** ist. Dies ist dann der Fall, wenn sie einen **ausdrücklichen oder stillschweigenden Vorbehalt** einer Veränderung durch eine nachfolgende Betriebsvereinbarung enthält oder die **Geschäftsgrundlage** für die Versorgungszusage nachträglich weggefallen ist.

685 **Änderungsvorbehalte** mit dem vom Großen Senat geforderten Inhalt fanden sich in der Praxis zunächst kaum. Insbesondere hat das BAG einen Widerrufsvorbehalt (wie im Fall J 16) nicht als Änderungsvorbehalt im Wege einer Betriebsvereinbarung ausgelegt.[830] Vielmehr hat es die Auffassung vertreten, dass ein stillschweigender Änderungsvorbehalt, der sich auch aus den Umständen ergeben kann, nur bei besonderen Indizien anzunehmen sei.[831] Ein solcher Umstand konnte beispielsweise darin liegen, dass der Betriebsrat infor-

---

[825] BAG 16.9.1986 – GS 1/82, NZA 1987, 168.
[826] BAG 12.8.1982 – 6 AZR 1117/79, DB 1982, 2298.
[827] BAG 20.11.1990 – 3 AZR 573/89, NZA 1991, 477.
[828] BAG 20.11.1990 – 3 AZR 573/89, NZA 1991, 477.
[829] S. BAG 17.11.1992 – 3 AZR 76/92, NZA 1993, 938; 11.9.1990 – 3 AZR 380/89, NZA 1991, 176.
[830] BAG 20.11.1990 – 3 AZR 573/89, NZA 1991, 477.
[831] BAG 17.10.1957 – 2 AZR 50/57, AP Nr. 29 zu § 242 BGB Ruhegehalt.

mell an der Gestaltung der Versorgungsordnung beteiligt war und dies den Mitarbeitern auch kommuniziert worden ist.[832]

Bei **Unterstützungskassenzusagen** hingegen wurde aufgrund des Ausschlusses des Rechtsanspruches von jeher von einer Abänderbarkeit durch Betriebsvereinbarungen ausgegangen, da aufgrund dieses Ausschlusses die Arbeitnehmer stets mit einer Änderung ihrer individualrechtlichen Positionen rechnen müssten.[833] 686

Wurde die betriebliche Altersversorgung in einem anderen Durchführungsweg als der Unterstützungskasse durchgeführt und enthielt die Einheitsregelung oder Gesamtzusage wie im **Fall J 16** keinen Änderungsvorbehalt, so war nur eine **umstrukturierende** Betriebsvereinbarung nach Maßgabe des kollektiven Günstigkeitsvergleichs zulässig, sofern kein Fall der Störung der Geschäftsgrundlage vorlag, der zu weiter gehenden Eingriffen berechtigen würde.[834] Dies setzte voraus, dass die Neuregelung insgesamt bei kollektiver Betrachtung für die erfassten Arbeitnehmer nicht ungünstiger ist als die bisher bestehende vertragliche Einheitsregelung oder Gesamtzusage (sog. **kollektiver Günstigkeitsvergleich**).[835] Der kollektive Günstigkeitsvergleich wurde immer dann gewahrt, wenn sich der Dotierungsrahmen durch die Neuregelung nicht verminderte. Abzustellen ist somit auf den wirtschaftlichen Wert der Zusagen vor und nach der Neuregelung.[836] Allerdings sollte bei einer Ablösung durch ein arbeitnehmerfinanziertes Versorgungssystem (Entgeltumwandlung) mit Arbeitgeberzuschüssen auch zu berücksichtigen sein, inwieweit der Arbeitgeber durch die Entgeltumwandlung Sozialversicherungsbeiträge einspart, so dass die kollektive Günstigkeit in diesem Fall nicht schon aufgrund eines unveränderten Dotierungsaufwands für den Arbeitgeber gewahrt war.[837] Einbezogen werden in den kollektiven Günstigkeitsvergleich konnten unter Umständen auch andere Sozialleistungen des Arbeitgebers.[838] Die **Wahrung des Dotierungsrahmens** war durch betriebswirtschaftliche Untersuchungen zu belegen.[839] Technisch war ein Vergleich von Anwartschaftsbarwerten vorzunehmen.[840] Diese Rechtsprechung zugrunde gelegt, ist im **Fall J 16** zwar die dotierungsneutrale Beseitigung bestehender Verteilungsungerechtigkeiten durch einen neuen Leistungsplan möglich, nicht jedoch die Herabsetzung des Dotierungsrahmens. 687

Diese praktisch ohnehin schwierig handhabbaren **Grundsätze zur Notwendigkeit eines kollektiven Günstigkeitsvergleichs sind aber de facto seitens des BAG aufgegeben worden.** In seiner Entscheidung vom 5.3.2013 hat der 1. Senat des BAG nämlich entschieden, dass arbeitsvertragliche Regelungen in AGB grundsätzlich betriebsvereinbarungsoffen sind, sofern der Vertragsgegenstand einen kollektiven Bezug aufweist.[841] Diese Entscheidung ist seitens der Literatur sehr unterschiedlich aufgenommen und überwiegend jedenfalls unter dogmatischen Gesichtspunkten heftig kritisiert worden.[842] Allerdings besteht im Ergebnis Einigkeit dahingehend, dass diese Rechtsprechung eine faktische Abkehr von den Grundsätzen der Entscheidung des Großen Senats bedeutet.[843] Der für betriebli-

832 BAG 3.11.1987 – 8 AZR 316/81, NZA 1988, 509; vgl. auch BAG 15.2.2011 – 3 AZR 35/09, NZA-RR 2011, 541.
833 BAG 15.2.2011 – 3 AZR 35/09, NZA-RR 2011, 541.
834 BAG 23.10.2001 – 3 AZR 74/01, NZA 2003, 986.
835 stRspr seit BAG 16.9.1986 – GS 1/82, NZA 1987, 168; s. ua BAG 23.10.2001 – 3 AZR 74/01, NZA 2003, 986; 17.6.2003 – 3 ABR 43/02, NZA 2004, 1110. Dazu weiterführend *Rengier* BB 2004, 2185.
836 Zum Vergleich der Dotierungsrahmen bei einem für neu eintretende Mitarbeiter geschlossenen Versorgungswerk mit dem Dotierungsrahmen nach einer Neuordnung s. BAG 17.6.2003 – 3 ABR 43/02, NZA 2004, 1110; dazu *Hanau* FS Kemper, 2005, 165 (170).
837 BAG 23.10.2001 – 3 AZR 74/01, NZA 2003, 986.
838 BAG 16.9.1986 – GS 1/82, NZA 1987, 168.
839 *Ahrend/Dernberger/Rößler* BB 1988, 333.
840 Vgl. zur Thematik BAG 17.6.2003 – 3 ABR 43/02, NZA 2004, 1110; 23.10.2001 – 3 AZR 74/01, NZA 2003, 986.
841 BAG 5.3.2013 – 1 AZR 417/12, NZA 2013, 916.
842 Zust. *Hromadka* NZA 2013, 1061; abl. *Preis/Ulber* NZA 2014, 6; vgl. auch *Säcker* BB 2013, 2677; *Diller/Beck* BetrAV 2014, 345.
843 Vgl. *Diller/Beck* BetrAV 2014, 345 mwN.

che Altersversorgung zuständige 3. Senat des BAG hat die Rechtsprechung des 1. Senats fortgeführt und entschieden, dass auch Gesamtzusagen über betriebliche Altersversorgung im Regelfall betriebsvereinbarungsoffen und damit der Möglichkeit einer kollektivvertraglichen Ablösung zugänglich sind.[844] Diese Betriebsvereinbarungsoffenheit hat der 3. Senat konsequenterweise auch für Altersversorgungszusagen, die auf betrieblicher Übung beruhen, bejaht. Die Auffassung der generellen Betriebsvereinbarungsoffenheit von Zusagen mit AGB-Charakter wird ferner auch vom 5. Senat des BAG[845] geteilt; lediglich der 4. Senat hat an dieser Ansicht bislang Kritik geübt.[846]

Im Ergebnis stehen arbeitsvertragliche Einheitsregelung, Gesamtzusage und betriebliche Übung daher konsequenterweise einer verschlechternden Ablösung mittels des Instruments der Betriebsvereinbarung offen. Dies bedeutet aber nicht, dass Änderungen schrankenlos zulässig sind. Vielmehr sind die konkreten Regelungen in einem zweiten Schritt anhand der allgemeinen Grundsätze der Besitzstandswahrung und des Vertrauensschutzes im Sinne der sog. **Drei-Stufen-Theorie** des BAG zu überprüfen.[847]

688 Wird die **Gesamtzusage, Einheitsregelung** oder **betriebliche Übung** danach wirksam durch eine Betriebsvereinbarung abgelöst, so verdrängt diese die individualrechtliche Regelung nach zutreffender Auffassung dauerhaft als Rechtsgrundlage der Altersversorgung. Das BAG hat hierzu wiederholt angemerkt, dass eine rechtliche Grundlage, aufgrund derer die Altregelung wieder aufleben könnte, nicht erkennbar sei.[848] Eine **Folgeänderung** richtet sich daher ausschließlich nach den Grundsätzen über die Änderung von Betriebsvereinbarungen.[849] Die Arbeitnehmer werden hierdurch infolge der bestehenden Eingriffsschranken der Drei-Stufen-Theorie auch keinesfalls schutzlos gestellt.

689 In prozessualer Hinsicht ist ein Konflikt um die Ablösung einer Gesamtzusage durch eine Betriebsvereinbarung im arbeitsgerichtlichen **Beschlussverfahren** nach § 2a Abs. 1 Nr. 1 ArbGG zwischen Arbeitgeber und Betriebsrat zu klären, sofern es um die Klärung des Rechtsverhältnisses zwischen den Betriebsparteien geht.[850] Unbeschadet hiervon können die einzelnen Arbeitnehmer den Einfluss der ablösenden Kollektivregelung auf ihre individuellen Versorgungsansprüche auch im Urteilsverfahren klären lassen.[851]

689a **ee) Ablösende Gesamtzusage.** Basierend auf den Überlegungen zur Betriebsvereinbarungsoffenheit von Individualzusagen mit kollektivem Bezug ist der 3. Senat des BAG nunmehr noch einen Schritt weiter gegangen und hat selbst eine abändernde Gesamtzusage als zulässiges Änderungsinstrument anerkannt.[852] Zur Begründung führt der 3. Senat an, dass insbesondere in Anbetracht der außerordentlichen Langfristigkeit von Zusagen im Bereich der betrieblichen Altersversorgung ein Arbeitnehmer nicht darauf vertrauen könne, dass ein einmal eingerichtetes System dauerhaft unverändert bliebe. Vielmehr werde bei einer vertraglichen Einheitsregelung mit kollektivem Bezug, die Allgemeine Geschäftsbedingungen im Sinne von § 305 Abs. 1 S. 1 BGB enthält, dem Arbeitnehmer im Regelfall nur eine Versorgung nach den jeweils beim Arbeitgeber geltenden Versorgungsregeln zugesagt. Eine solche Einheitsregelung sei aber offen für eine – auch verschlechternde – Ablösung sowohl durch eine Betriebs- oder Sprecherausschussvereinbarung als auch durch

---

[844] BAG 10.3.2015 – 3 AZR 56/14, NZA-RR 2015, 371.

[845] BAG 30.1.2019 – 5 AZR 450/17, NZA 2019, 1065.

[846] BAG 11.4.2018 – 4 AZR 119/17, NZA 2018, 1273; vgl. auch die lesenswerte Analyse von *Hromadka* NZA 2019, 1336.

[847] Vgl. BAG 30.9.2014 – 3 AZR 998/12, ArbuR 2015, 112; 10.3.2015 – 3 AZR 56/14, NZA-RR 2015, 371.

[848] Vgl. BAG 11.5.1999 – 3 AZR 21/98, NZA 2000, 322; 15.2.2011 – 3 AZR 45/09, BeckRS 2011, 73995.

[849] In diese Richtung gehend *Reichel/Schmandt* C Rn. 312; kritisch Blomeyer/Rolfs/Otto/*Rolfs* BetrAVG Anh. § 1 Rn. 560ff. mwN; *Annuß* NZA 2001, 756; *Diller/Beck* BetrAV 2014, 345 (347).

[850] BAG 17.6.2003 – 3 ABR 43/02, NZA 2004, 1110.

[851] *Hanau* FS Kemper, 2005, 165 (171).

[852] BAG 11.12.2018 – 3 AZR 380/17, NZA 2019, 1082, vgl. hierzu auch *Hromadka* NZA 2019, 1336.

eine Gesamtzusage. Die Entscheidung wirft in rechtsdogmatischer Hinsicht durchaus einige ungeklärte Folgefragen auf, denn sie trifft eine fundamentale Aussage, deren Folgen weit über den Bereich der betrieblichen Altersversorgung hinausgehen. Im Ergebnis bedarf es nämlich nach der Rechtsprechung des 3. Senats des BAG nicht mehr des Instruments der Änderungskündigung. Der 3. Senat kompensiert den auf dieser Ebene verlorenen Schutz der Arbeitnehmer für den Bereich der betrieblichen Altersversorgung, indem er den Schutz in den Anwendungsbereich der 3-Stufen-Theorie verlagert. Unbeantwortet bleibt aber die Frage, was für solche Leistungen oder Regelungen gelten soll, für die es keine 3-Stufen-Theorie gibt und für die der 3. Senat nicht zuständig ist. Es bleibt abzuwarten, wie die anderen Senate reagieren werden.

Fest steht für den Moment lediglich, dass jedenfalls der 3. Senat das dem Arbeitgeber zur Verfügung stehende technische Ablösungsinstrumentarium erheblich erweitert hat. Auf der anderen Seite bleibt es aber auch bei der ablösenden Gesamtzusage dabei, dass die Änderung anhand der Grundsätze des Vertrauensschutzes und der Verhältnismäßigkeit zu prüfen ist.[853] Dabei ist eine zunehmend strengere Tendenz des 3. Senats zu erkennen (vgl. → Rn. 724 ff.), so dass die aus Arbeitgebersicht zu begrüßende Erweiterung der technischen Änderungsmöglichkeiten durch höhere Hürden in der Frage der materiellen Zulässigkeit der Eingriffstiefe (über-)kompensiert wird.

ff) Einstellung der Altersversorgung für Neueintritte. Eine Einstellung einer individualrechtlich gestalteten Versorgung für Neueintritte ist jederzeit ohne weiteres möglich. Hierzu bedarf es keiner Vertragsänderung, da der neu eintretende Arbeitnehmer über keine Rechtsposition verfügt, die ihm entzogen werden müsste. 690

Besteht im Betrieb bislang eine Altersversorgung (insbesondere auf der Grundlage einer betrieblichen Übung, Einheitsregelung oder Gesamtzusage), so empfiehlt es sich jedoch, den Anspruch auf die Teilhabe an der Altersversorgung im Arbeitsvertrag im Sinne der Rechtsklarheit explizit auszuschließen.[854] Ein Verstoß gegen den **Gleichbehandlungsgrundsatz** ist in der Schließung des Versorgungswerks nicht zu sehen.[855] Eine stichtagsbezogene Abgrenzung ist im Hinblick auf den Gleichbehandlungsgrundsatz unbedenklich. Dies gilt auch dann, wenn die Altersversorgung nur für bestimmte hierarchisch abgrenzbare Gruppen eingestellt wird, für andere Arbeitnehmergruppen aber auch im Rahmen von Neuanstellungen fortgewährt wird. 691

Die Nichterteilung weiterer Versorgungszusagen berührt nicht das Mitbestimmungsrecht des Betriebsrats. Der Arbeitgeber darf **mitbestimmungsfrei** über die Einstellung der Versorgung für Neueintritte entscheiden.[856] 692

3. Die Änderung von kollektivrechtlich begründeten Versorgungszusagen

Eine kollektivrechtliche Rechtsgrundlage liegt vor, wenn die Versorgungszusage konstitutiv durch einen **Tarifvertrag,** eine **Betriebsvereinbarung** oder eine **Sprecherausschussvereinbarung** begründet worden ist. 693

a) Tarifverträge

Im Hinblick auf die Grundlagen für die Geltung von Tarifverträgen wird auf die Ausführungen unter → Rn. 20 ff. verwiesen. 694

[853] BAG 11.12.2018 – 3 AZR 380/17, NZA 2019, 1082.
[854] *Blomeyer* BetrAV 1979, 78 (83).
[855] MHdB ArbR/*Börner* § 213 Rn. 22.
[856] BAG 12.6.1975 – 3 ABR 13/74, DB 1975, 1559.

Beispiel J 18:

Die A-GmbH ist Mitglied des Arbeitgeberverbandes X, der mit der Gewerkschaft G am 1.1.2006 einen Tarifvertrag über betriebliche Versorgungsleistungen abgeschlossen hat. Die A-GmbH verfügt bereits über eine eigene Altersversorgung und möchte diesen Tarifvertrag nicht anwenden. Die A-GmbH tritt daher mit Wirkung zum 30.6.2006 aus dem Arbeitgeberverband aus. Sie vereinbart ferner mit dem Betriebsrat, dass die bestehende Betriebsvereinbarung zur Altersversorgung die Anwendung des Tarifvertrages verdrängt.

Tarifverträge haben im Rahmen ihres Geltungsbereichs und soweit ein Fall der gesetzlichen (und nicht lediglich individualvertraglichen) Tarifbindung vorliegt, normative und zwingende Wirkung (§ 4 TVG). Die Anwendung des Tarifvertrags kann somit während seiner Laufzeit im Hinblick auf gewerkschaftlich organisierte Mitarbeiter **nicht zum Nachteil des tarifgebundenen Mitarbeiters einzelvertraglich ausgeschlossen** werden (§ 4 Abs. 3 TVG), weil hinsichtlich dieser Mitarbeiter ein Fall der gesetzlichen Tarifbindung vorliegt. Sofern die A-GmbH nicht zu drastischen Mitteln greifen möchte (Verlegung des Betriebs aus dem räumlichen Geltungsbereich des Tarifvertrags), muss sie versuchen, eine Beendigung des Tarifvertrages oder aber Beschränkung des Anwendungsbereichs des Tarifvertrags zu erreichen. In Betracht käme ferner die Aufnahme einer **Ausnahmeregelung** oder **Anrechnungsregelung** in den Tarifvertrag für Unternehmen, die bereits über eine Altersversorgung verfügen.

695 Der einzelne Arbeitgeber hat auf die Änderung oder Kündigung eines Tarifvertrages jedoch nur dann Einfluss, wenn es sich um einen Haustarifvertrag oder einen firmenbezogenen Verbandstarifvertrag handelt, dessen Inhalte er *de facto* maßgeblich beeinflussen kann. Dies ist nicht der Fall, wenn es sich um einen Verbandstarifvertrag handelt. In diesen Fällen bleibt dem Arbeitgeber, wenn sein Einfluss auf den Verband nicht ausreicht, um eine Änderung zu bewirken, nur der Verbandsaustritt, der jedoch nicht immer geeignet ist, die beabsichtigten Folgen auszulösen.

696 **aa) Abändernder Tarifvertrag.** Ein Tarifvertrag kann zunächst nach allgemeinen Grundsätzen einvernehmlich zwischen den vertragsschließenden Parteien oder deren Rechtsnachfolgern geändert werden. Die jüngere Regelung verdrängt dabei die ältere Regelung (Zeitkollisionsregel).[857] Ein **Günstigkeitsvergleich** findet nicht statt, da es sich um Regelungen auf derselben hierarchischen Ebene handelt.[858] Durch Tarifvertrag kann nach Auffassung des BAG auch die Versorgungsanwartschaft eines bereits ausgeschiedenen Arbeitnehmers zu dessen Nachteil geändert werden.[859] Zwar bleiben gemäß § 2a Abs. 1 BetrAVG Veränderungen der Versorgungsregelung und der Bemessungsgrundlage für Altersversorgungsleistungen außer Betracht, soweit sie nach Ausscheiden des Arbeitnehmers eintreten. Diese Vorschrift ist jedoch tarifdispositiv, wie sich aus § 19 BetrAVG ergibt. Haben die Tarifvertragsparteien von der Abweichungsmöglichkeit Gebrauch gemacht, so kann sich der Versorgungsberechtigte mithin nicht auf § 2a Abs. 1 BetrAVG berufen;[860] dies gilt unabhängig von seiner Tarifbindung, dh auch dann, wenn der Tarifvertrag für ihn nur kraft Verweisung gilt. Richtigerweise gilt dies auch dann, wenn dabei nicht ausdrücklich eine **Jeweiligkeitsklausel** vereinbart war, da dieser Vorbehalt stillschweigend bei einem solchen Verweis oder aber einer *de facto*-Tarifanwendung zu unterstellen ist, wenn nicht aus besonderen Gründen ein Einfrieren auf einem bestimmten tariflichen Besitzstand beabsichtigt war. Dies kann aber in der Regel nur angenommen werden, wenn hierfür

---

[857] HWK/*Henssler* TVG § 4 Rn. 47; Wiedemann/*Wank* TVG § 4 Rn. 261.

[858] BAG 13.12.2005 – 3 AZR 478/04, NZA 2006, 456; ErfK/*Franzen* TVG § 4a Rn. 31 ff.; Wiedemann/*Wank* TVG § 4 Rn. 262.

[859] BAG 21.8.2007 – 3 AZR 102/06, NZA 2008, 182; 13.12.2005 – 3 AZR 478/04, NZA 2006, 456; 24.8.1993 – 3 AZR 313/93, NZA 1994, 807.

[860] Zu § 2 Abs. 5 BetrAVG BAG 13.12.2005 – 3 AZR 478/04, NZA 2006, 456.

besondere Indizien vorliegen und der Mitarbeiter auch an den für ihn positiven tariflichen Neuregelungen nicht teilgenommen hat.

Für die Frage der **zulässigen Eingriffstiefe** gelten im Bereich der Tarifverträge besondere Regeln. Zunächst ist das vom BAG für die Überprüfung von Eingriffen in Versorgungsanwartschaften für ablösende und umgestaltende Betriebsvereinbarungen entwickelte **dreistufige Prüfungsschema nicht anwendbar.**[861] Dies gilt für das laufende Arbeitsverhältnis ebenso wie nach dem Ausscheiden des Arbeitnehmers.[862] Dies rechtfertigt sich aus dem Umstand, dass Versorgungsanwartschaften gegen Tarifänderungen nicht geschützt sind (§ 19 iVm § 2a BetrAVG). Der Gesetzgeber hat insofern den Schutz für ausgeschiedene Arbeitnehmer dem Primat der Tarifautonomie als Bestandteil der Koalitionsfreiheit (Art. 9 Abs. 3 GG) untergeordnet, was einen Beurteilungs- und Ermessensspielraum zugunsten der Tarifvertragsparteien bei der inhaltlichen Gestaltung ihrer Regelungen bedingt. 697

Tarifverträge unterliegen deshalb auch keiner Billigkeitskontrolle,[863] so dass im Rahmen einer Tarifablösung weitergehende Eingriffe denkbar sind als nach der Drei-Stufen-Theorie. Allerdings sind die Tarifvertragsparteien – wie der Gesetzgeber – nach ständiger Rechtsprechung an die aus dem Rechtsstaatsprinzip folgenden Grundsätze des Vertrauensschutzes und der Verhältnismäßigkeit sowie an den Gleichheitssatz gebunden.[864] Danach sind Tarifverträge nur daraufhin zu überprüfen, ob sie gegen höherrangiges Recht (Grundgesetz; zwingendes Gesetzesrecht), die guten Sitten oder aber tragende Grundsätze des Arbeitsrechts verstoßen.[865] Hieraus folgt auch die grundsätzliche Geltung des Rückwirkungsverbots und des Besitzstandsschutzes (Art. 14 GG). Diese Grundsätze hat das Arbeitsgericht in eigenem Ermessen im Rahmen einer Verhältnismäßigkeitsprüfung unter Berücksichtigung von Vertrauensschutzgesichtspunkten anzuwenden.[866] Dabei kann eine **unechte Rückwirkung,** bei der an einen in der Vergangenheit begründeten und noch nicht abgeschlossenen Sachverhalt angeknüpft wird, unter Berücksichtigung der **Verhältnismäßigkeit** gerechtfertigt sein.[867] Ein solcher Fall der unechten Rückwirkung liegt beispielsweise vor, wenn die Versorgungsregelung noch in der Anwartschaftsphase, dh vor Eintritt des Versorgungsfalls (gegebenenfalls auch nach dem Ausscheiden des Arbeitnehmers) geändert wird.[868] Für die Zulässigkeit der unechten Rückwirkung bedarf es besonderer, den Eingriff legitimierender Gründe.[869] Diese liegen zB vor, wenn in dem Zeitraum des Anwartschaftserwerbs bereits Anhaltspunkte für eine später verschlechternde Regelungen bestanden haben oder aber die Voraussetzungen des Wegfalls der Geschäftsgrundlage vorliegen.[870] 698

Wie auch bei Eingriffen in laufende Versorgungsleistungen lassen sich diese Gründe für die Veränderungen von Anwartschaften ausgeschiedener Arbeitnehmer nicht schematisch festlegen. Sie hängen insbesondere von den **Nachteilen** ab, die den Versorgungsberechtig- 699

---

[861] BAG 21.8.2007 – 3 AZR 102/06, NZA 2008, 182; 27.2.2007 – 3 AZR 734/05, NZA 2007, 1371; 28.7.2005 – 3 AZR 14/05, NZA 2006, 335; 25.5.2004 – 3 AZR 123/03, BeckRS 2005, 40229; LAG Hamm 18.1.2006 – 3 Sa 2122/05, BeckRS 2006, 41856; *Goldbach/Obenberger* BetrAVG Rn. 578.

[862] BAG 13.12.2005 – 3 AZR 102/06, NZA 2008, 182; 26.7.2000 – 3 AZR 676/99, BB 2001, 1908; 23.9.1997 – 3 AZR 529/96, NZA 1998, 541.

[863] BAG 28.7.2005 – 3 AZR 14/05, NZA 2006, 335; 24.8.1993 – 3 AZR 313/93, NZA 1994, 807.

[864] BAG 13.12.2005 – 3 AZR 478/04, NZA 2006, 456; 28.7.2005 – 3 AZR 14/05, NZA 2006, 335; 29.1.1991 – 3 AZR 44/90, NZA 1991, 563; 14.12.1982 – 3 AZR 251/80, DB 1983, 944.

[865] BAG 14.12.1982 – 3 AZR 251/80, DB 1983, 944.

[866] BAG 24.8.1993 – 3 AZR 313/93, NZA 1994, 807.

[867] Das LAG Hamm 18.1.2006 – 3 Sa 2122/05, BeckRS 2006, 41856 hält auch eine echte Rückwirkung für rechtmäßig, wenn der betroffene Arbeitnehmer mit der abweichenden Neuregelung rechnen musste. Vgl. auch BAG 23.11.1994 – 4 AZR 879/93, NZA 1995, 844.

[868] S. etwa BAG 13.12.2005 – 3 AZR 102/06, NZA 2008, 182.

[869] Vgl. BVerfG 8.7.1971 – 1 BvR 766/66, NJW 1972, 145; BAG 13.12.2005 – 3 AZR 102/06, NZA 2008, 182.

[870] BAG 21.8.2007 – 3 AZR 102/06, NZA 2008, 182.

ten durch die konkrete Änderung entstehen.[871] Insofern ist eine Abwägung des Interesses der Tarifvertragsparteien, die bisherige Regelung zu ändern, mit dem Interesse der Versorgungsberechtigten an deren Fortbestand durchzuführen. Eine stichtagsbezogene oder hierarchieabhängige Schließung der Versorgung für Neueintritte ist ohne weiteres zulässig, da hiermit kein Eingriff in bereits begründete Rechte verbunden ist. Ebenso ist es zulässig, die Möglichkeit zukünftiger dienstzeitabhängiger Anwartschaftszuwächse zu begrenzen oder aber auszuschließen. Da Tarifverträge jederzeit geändert werden können, wird ein allgemeines Vertrauen auf den Fortbestand der tariflichen Regelungen nicht anerkannt.[872] Insofern wird bei nur zukünftig wirkenden Änderungen auch kein Vertrauen in einen unveränderten Fortbestand der Regelung enttäuscht. Sachliche Gründe genügen, wenn nicht in erdiente Besitzstände eingegriffen wird und die mit der Neuregelung verbundenen Nachteile nicht schwerwiegend sind. Dies ist namentlich für die **Eindämmung von Überversorgungen,** aber auch bei geänderten Gerechtigkeitsvorstellungen der Tarifvertragsparteien oder Veränderungen im Sozialversicherungsrecht anerkannt.[873] Auch der Wechsel zu einem für die Arbeitgeber weniger risikobehafteten System (Ablösung von sog. **Gesamtversorgungszusagen**) wird als Rechtfertigung anerkannt.[874]

700 Eingriffe in Besitzstände können auch unter dem Gesichtspunkt des Vertrauensschutzes zulässig sein, wenn die Tarifvertragsparteien die Absicht der Änderung des Versorgungswerkes angekündigt haben oder diese erkennbar war.[875]

701 **bb) Kündigung des Tarifvertrages.** Der Tarifvertrag kann, soweit eine Kündigungsmöglichkeit vorgesehen ist, ordentlich, anderenfalls nur unter besonderen Voraussetzungen außerordentlich, gekündigt werden.

Mit der Kündigung entfällt allerdings die Bindung an den Tarifvertrag nicht. Es kommt vielmehr gemäß § 4 Abs. 5 TVG zu einer **Nachwirkung,** soweit diese nicht durch den Tarifvertrag selbst ausgeschlossen ist. Die Tarifnormen gelten danach solange weiter, bis sie durch eine andere Abmachung ersetzt werden. Sie **verlieren** damit zwar nicht ihre Geltung, wohl aber ihre **zwingende Wirkung.** Anderweitige Abmachungen sind somit auch zum Nachteil des Arbeitnehmers möglich. Dabei kommen allerdings in der Regel nur einzelvertragliche Vereinbarungen in Betracht. Im Rahmen einer **einzelvertraglichen Änderung** besteht grundsätzlich Vertragsfreiheit. Der Arbeitnehmer kann daher (vorbehaltlich der Einschränkungen aus § 3 BetrAVG, die im aktiven Arbeitsverhältnis sowie für Rentner, deren erste Rentenzahlung vor dem 1. 1. 2005 erfolgt ist, allerdings nicht eingreifen[876]) rechtlich zulässig und wirksam auf seine gesamten erdienten Anwartschaften verzichten. Eine Kontrolle der Eingriffstiefe nach den Grundsätzen der Drei-Stufen-Theorie des BAG findet nicht statt, da es sich nicht um einen Eingriff in die Rechte des Mitarbeiters durch Dritte, sondern um eine privatautonome Verfügung des Mitarbeiters selbst handelt.[877] Zu beachten sind dabei selbstverständlich die allgemeinen zivilrechtlichen Regelungen über Rechtsgeschäfte. So darf der Arbeitnehmer weder getäuscht noch bedroht werden. Der Verzicht muss zudem eindeutig sein. Ebenso unzulässig (wegen Verstoßes gegen § 307 BGB bzw. § 305c BGB) werden vorformulierte vertragliche Regelungen sein, die dem Arbeitnehmer in versteckter Form untergeschoben werden.

702 Betriebsvereinbarungen scheiden demgegenüber als ablösende Regelungen infolge der **Regelungssperre** in § 77 Abs. 3 BetrVG oftmals aus. Danach können Fragen, die in einem Tarifvertrag geregelt sind oder üblicherweise geregelt werden, nicht Gegenstand einer Betriebsvereinbarung sein, es sei denn der Tarifvertrag enthält eine Öffnungsklausel. Dabei

---

[871] BAG 13.12.2005 – 3 AZR 102/06, NZA 2008, 182; 9.11.1999 – 3 AZR 432/98, NZA 2001, 221.
[872] Vgl. nur Blomeyer/Rolfs/Otto/*Rolfs* BetrAVG Anh. zu § 1 Rn. 609.
[873] BAG 28.7.2005 – 3 AZR 14/05, NZA 2006, 335; 20.2.2001 – 3 AZR 515/99, NZA 2002, 54.
[874] LAG Hamm 18.1.2006 – 3 Sa 2122/05, BeckRS 2006, 41856.
[875] BAG 21.8.2007 – 3 AZR 102/06, NZA 2008, 182.
[876] Anders für Rentner – aber uE unzutreffend – *Reichel/Schmandt* C Rn. 303, 305.
[877] Abweichend *Reichel/Schmandt* C Rn. 297.

kommt es nicht auf die Tarifgebundenheit des Arbeitgebers an. Die Norm des § 77 Abs. 3 BetrVG entfaltet somit bereits dann Sperrwirkung, wenn der Arbeitgeber in den Geltungsbereich eines Tarifvertrages fällt, ohne selbst tarifgebunden zu sein.[878] Bedeutsam wird dies vor allem in den Fällen des **Verbandsautritts.** Der Verbandsaustritt führt nicht dazu, dass der Arbeitgeber nunmehr die tariflichen Regelungen mittels einer Betriebsvereinbarung aus den Angeln heben kann. Die Sperrwirkung des § 77 Abs. 3 BetrVG entfällt allerdings, wenn die Tarifvertragsparteien erkennbar keine Nachfolgeregelung mehr treffen wollen.[879] Die Sperrwirkung nach § 77 Abs. 3 BetrVG ist zudem nicht gegeben, wenn sich die Änderung auf den Bereich der erzwingbaren Mitbestimmung des § 87 BetrVG beschränkt, da in diesem Fall eine Regelungssperre nur besteht, wenn der Arbeitgeber tarifgebunden ist. Zu beachten ist aber die Rechtsprechung des BAG zur generellen Unzulässigkeit der Überkreuzablösung (hierzu auch → Rn. 457).

Arbeitnehmer, die erst in der Phase der **Nachwirkung** in das Unternehmen eintreten, 703 erwerben keine Ansprüche aus dem nachwirkenden Tarifvertrag, da sie niemals in eine Phase der zwingenden Tarifgeltung fielen.[880] Jedenfalls ist es ohne weiteres zulässig, die Anwendung des lediglich nachwirkenden und damit nicht mehr zwingend geltenden Tarifvertrags im Arbeitsvertrag ausdrücklich individualvertraglich auszuschließen. Dies ist aus Gründen der Rechtsklarheit auch zu empfehlen.

cc) Verbandsaustritt. Der Verbandsautritt führt nicht zur Beendigung der Tarifbindung 704 an einen einmal zur Geltung gelangten Tarifvertrag zur betrieblichen Altersversorgung. Die A-GmbH wird im **Beispiel J 18** durch den Austritt aus dem Arbeitgeberverband somit nicht von der Bindung an den Tarifvertrag befreit.

Es kommt vielmehr zunächst zu einer Phase der **Nachbindung** an den geltenden Ta- 705 rifvertrag gemäß § 3 Abs. 3 TVG. Diese Phase der Nachbindung endet nach wohl herrschender Meinung erst mit der Beendigung des Tarifvertrags (durch Fristablauf oder Kündigung seitens einer kündigungsberechtigten Partei) sowie vor diesem Zeitpunkt mit der erstmaligen Änderung des in Rede stehenden Tarifvertrags. In der Phase der Nachbindung besteht weiterhin eine unmittelbar zwingende normative Geltung.[881] Gewerkschaftsangehörige Mitarbeiter, die in der Phase der Nachbindung des § 3 Abs. 3 TVG in das Unternehmen eintreten, unterfallen der vollen Tarifbindung.[882] Ein vertraglicher Ausschluss der tariflichen Regelungen ist infolge eines Verstoßes gegen § 4 Abs. 3 TVG unwirksam. Anders ist dies für Mitarbeiter, die nicht Mitglied der Gewerkschaft sind, da es in diesen Fällen an der beiderseitigen Tarifgebundenheit fehlt, die Voraussetzung für die zwingende Geltung des Tarifvertrages ist.

Abändernde Betriebsvereinbarungen (wie im **Beispiel J 18**) sind in der Phase der 706 Nachbindung gemäß § 77 Abs. 3 BetrVG nichtig. Sie sind auch nicht im Hinblick auf Regelungsgegenstände nach § 87 Abs. 1 BetrVG zulässig, da noch eine aktuelle Tarifbindung besteht, die ebenfalls eine Sperrwirkung auslöst. Zulässig im Sinne des § 77 Abs. 3 BetrVG wäre aber eine Vereinbarung, nach der die Leistungen aus der tariflichen Altersversorgung auf Leistungen aus der daneben bestehenden Betriebsvereinbarung zur Altersversorgung angerechnet werden. Hierdurch werden nicht etwa die tariflichen Rechte verkürzt, sondern vielmehr Rechte aus der Betriebsvereinbarung neu geregelt, über die der Betriebsrat die Regelungshoheit besitzt. Vereinbarungen dieser Art fallen auch nicht unter das Verbot der Überkreuzablösung des BAG, da sie den tariflichen Anspruch als solchen unberührt lassen.

---

[878] HWK/*Gaul* BetrVG § 77 Rn. 49; *Richardi* in Richardi BetrVG § 77 Rn. 274, 282.
[879] *Richardi* in Richardi BetrVG § 77 Rn. 292.
[880] BAG 11.6.2002 – 1 AZR 390/01, NZA 2003, 570; 7.11.2001 – 4 AZR 703/00, NZA 2002, 748; so im Ergebnis wohl auch *Goldbach/Obenberger* BetrAVG Rn. 559.
[881] ErfK/*Franzen* TVG § 3 Rn. 28; HWK/*Henssler* TVG § 3 Rn. 41.
[882] BAG 4.8.1993 – 4 AZR 499/92, NZA 1994, 34.

707 An die Phase der Nachbindung schließt sich die Phase der **Nachwirkung** gemäß § 4 Abs. 5 TVG an. In der Phase der Nachwirkung verliert der Tarifvertrag zwar nicht seine Geltung, wohl aber seine zwingende Wirkung.[883] Er kann daher durch eine andere Abmachung ersetzt werden. Auch hier scheidet jedoch eine Ablösung der tariflichen Rechte wie im **Fall J 18** per Betriebsvereinbarung gemäß § 77 Abs. 3 BetrVG aus, sofern nicht ein Regelungsgegenstand des § 87 BetrVG vorliegt, für den nur bei bestehender Tarifbindung des Arbeitgebers eine Sperrwirkung besteht. Da dies nach dem Verbandsaustritt ab dem Stadium der Nachwirkung nicht mehr der Fall ist, muss eine Änderung der Verteilungsgrundsätze per Betriebsvereinbarung konsequenterweise möglich sein.[884]

b) Betriebsvereinbarungen

708 Betriebsvereinbarungen sind rechtsgeschäftliche Vereinbarungen zwischen Arbeitgeber und Betriebsrat im Sinne des § 77 BetrVG. Sie bedürfen zu ihrer Wirksamkeit der **Schriftform,** § 77 Abs. 2 S. 1 BetrVG. Sie entfalten gemäß § 77 Abs. 4 S. 1 BetrVG **normative und zwingende Wirkung** für die von ihr erfassten Arbeitnehmer. Die normativen Regelungen bestimmen daher den Inhalt der Einzelarbeitsverhältnisse, ohne jedoch selbst Bestandteil des Arbeitsvertrages zu werden.

709 Man unterscheidet in Abhängigkeit von dem Betriebsratsgremium, das die Betriebsvereinbarung abgeschlossen hat, zwischen drei Typen von Betriebsvereinbarungen:

- **lokale Betriebsvereinbarungen** (die mit dem örtlichen Betriebsrat eines Betriebes abgeschlossen werden und daher lediglich für diesen Betrieb Geltung beanspruchen),
- **Gesamtbetriebsvereinbarungen** (die mit dem Gesamtbetriebsrat eines Unternehmens abgeschlossen werden und daher für alle oder aber bestimmte in der Gesamtbetriebsvereinbarung bezeichnete Betriebe des Unternehmens Geltung beanspruchen),
- **Konzernbetriebsvereinbarungen** (die mit dem Konzernbetriebsrat eines Konzerns abgeschlossen werden und daher für alle oder aber bestimmte in der Konzernbetriebsvereinbarung bezeichnete Unternehmen oder Betriebe des Konzerns Geltung beanspruchen).

710 Diese Unterscheidung ist wichtig für die Bestimmung, welches Betriebsratsgremium für die Änderung der Betriebsvereinbarung oder auch den Empfang oder die Abgabe einer Kündigung der Betriebsvereinbarung zuständig ist. Dabei gilt der Grundsatz, dass für die Änderung dasjenige Gremium zuständig ist, welches die Betriebsvereinbarung abgeschlossen hat. Es besteht insbesondere kein hierarchisches Verhältnis zwischen Konzernbetriebsrat, Gesamtbetriebsrat und den lokalen Betriebsräten. Die **Zuständigkeiten** sind vielmehr in den §§ 50, 54 BetrVG streng voneinander abgegrenzt. Im Bereich der betrieblichen Altersversorgung wird danach häufig die Zuständigkeit des Gesamt- oder Konzernbetriebsrats begründet sein.[885] Zu beachten ist, dass der Gesamt- oder Konzernbetriebsrat, sollten sie nach den genannten Vorschriften im Einzelfall nicht über eine originäre Zuständigkeit verfügen, nicht wirksam an Stelle eines örtlichen Betriebsrates tätig werden können. Der Gesamt- bzw. Konzernbetriebsrat hat insbesondere nicht die Kompetenz, eine von dem lokalen Betriebsrat abgeschlossene Betriebsvereinbarung abzuändern. Eine Ausnahme von den vorstehenden Grundsätzen gilt im Fall der Beauftragung des Gesamt- bzw. Konzernbetriebsrats durch den oder die örtlichen Betriebsräte. In diesen Fällen, handelt es sich grds. um lokale Betriebsvereinbarungen, für die eine lokale Änderungskompetenz besteht. Allerdings hat es der Arbeitgeber bei freiwilligen Sozialleistungen in der Hand, diese der originären Zuständigkeit des GBR/KBR zu unterwerfen, in dem er deutlich macht, dass er nur zu einer unternehmens-/konzerneinheitlichen Regelung bereit ist. Tut er dies, so schließt dies eine lokale Zuständigkeit für spätere Änderungen und ein entsprechendes Initiativrecht des lokalen Betriebsrats aus. Die Gesamt- bzw.

[883] Statt aller HWK/*Henssler* TVG § 4 Rn. 5.
[884] So wohl auch *Reichel/Schmandt* C Rn. 293.
[885] Zu Abgrenzungsfragen bei der Zuständigkeit vertiefend *Reinecke* BetrAV 2004, 633 (640).

Konzernbetriebsvereinbarung zur Einführung der Altersversorgung sollte dann aber zur Vermeidung von Missverständnissen nicht in Vertretung oder im Auftrag der lokalen Betriebsräte sondern konsequenter Weise in originärer Zuständigkeit des GBR/KBR abgeschlossen werden.

Betriebsvereinbarungen können mit individualvertraglichen Mitteln nicht zu Ungunsten der Arbeitnehmer geändert werden, es sei denn der Betriebsrat stimmt der Regelung zu oder genehmigt sie nachträglich.[886] Eine für den Versorgungsberechtigten nachteilige Änderung einer Versorgungsordnung, die als Betriebsvereinbarung abgeschlossen wurde, im Wege einer oder zahlreicher **einzelvertraglicher Vereinbarungen** mit den Versorgungsberechtigten ist infolge eines Verstoßes gegen den Grundsatz der zwingenden normativen Geltung aus § 77 Abs. 4 BetrVG (→ Rn. 708) unwirksam. 711

Aus demselben Grunde kommt auch eine **Änderungskündigung** gegenüber den einzelnen Versorgungsberechtigten als Mittel zur Änderung der Versorgungszusage nicht in Betracht. Ein Widerruf der Leistungen gegenüber den Versorgungsberechtigten ist ebenfalls nicht denkbar. 712

Eine Ausnahme von diesen Grundsätzen gilt lediglich dann, wenn die Betriebsvereinbarung einen entsprechenden Vorbehalt zugunsten einzelvertraglicher Abreden enthält. Dies ist in der Praxis allerdings so gut wie niemals der Fall.

aa) Abändernde oder ablösende Betriebsvereinbarung. Die wohl einfachste Möglichkeit zur Änderung von Versorgungszusagen, deren Rechtsgrundlage eine Betriebsvereinbarung ist, besteht in der Vereinbarung einer abändernden oder auch ablösenden Betriebsvereinbarung. Dabei handelt es sich um eine einvernehmliche Neuregelung mit dem Betriebsratsgremium, das die ursprüngliche Betriebsvereinbarung abgeschlossen hat oder an seine Stelle getreten ist. 713

Beispiel J 19:

Die A-GmbH verfügt über eine Betriebsvereinbarung zur betrieblichen Altersvorsorge. Danach beträgt die Altersrente pro Beschäftigungsjahr 1 % des letzten Bruttogehaltes. Infolge der schlechten wirtschaftlichen Situation soll die Altersversorgung für neu eintretende Arbeitnehmer geschlossen werden. Überdies soll für die bestehenden Versorgungsanwärter der Erwerb weiterer Anwartschaften ausgeschlossen werden.

Im Verhältnis zweier Betriebsvereinbarungen untereinander gilt die sog. **Zeitkollisionsregel.** Danach löst die jüngere Regelung die ältere Regelung ab. Die Beteiligten, welche die ursprüngliche Regelung getroffen haben, können sie auch wieder gemeinsam abändern oder beseitigen. Das **Günstigkeitsprinzip** findet **keine Anwendung,** da es sich um Regelungen auf derselben Hierarchiestufe handelt.[887] Die neue Betriebsvereinbarung tritt daher grundsätzlich an die Stelle der vorangegangenen Betriebsvereinbarung. Die Abänderung kann sowohl nach Ende der vereinbarten Laufzeit oder der Kündigungsfrist vorgenommen werden oder aber während der Laufzeit der ursprünglichen Betriebsvereinbarung. Die Betriebsparteien heben dann die alte Betriebsvereinbarung auf und ersetzen diese durch eine neue. Besondere Fristen gelten hierbei nicht.[888] Die ablösende Betriebsvereinbarung unterliegt zur ihrer Wirksamkeit dem allgemeinen **Schriftformerfordernis** des § 77 Abs. 2 S. 1 BetrVG. Eine formlose **Regelungsabrede** ist nicht ausreichend.[889] 714

Die ablösende Betriebsvereinbarung entfaltet nach Auffassung der Rechtsprechung keine Wirkung für Mitarbeiter, die bereits bei Abschluss der neuen Betriebsvereinbarung aus dem Unternehmen **ausgeschieden** sind. Das BAG begründet diese Auffassung mit der 715

[886] HWK/*Gaul* BetrVG § 77 Rn. 2; ErfK/*Kania* BetrVG § 77 Rn. 78.
[887] BAG 16.7.1996 – 3 AZR 398/95, NZA 1997, 533.
[888] *Schumann* DB 1990, 2165 (2167).
[889] BAG 20.11.1990 – 1 AZR 643/89, NZA 1991, 426.

eingeschränkten Vertretungsbefugnis des Betriebsrats.[890] Überzeugend ist dies nicht, da die Mitarbeiter ihre Ansprüche auch nach dem Ausscheiden auf die in Rede stehende Betriebsvereinbarung stützen und eine Betriebsvereinbarung zur Altersversorgung gerade ausschließlich (!) Rechte für die Zeit nach dem Ausscheiden regeln soll. Sie zielt daher mit ihrem Regelungsgehalt bestimmungsgemäß gerade auf die Zeit nach dem Ausscheiden.[891] Insoweit ist die Auffassung des BAG seitens des Schrifttums zurecht kritisiert worden.[892] Das BAG hat zwischenzeitlich auf diese Kritik reagiert, dabei allerdings ausdrücklich offen gelassen, ob es für den Bereich der betrieblichen Altersversorgung auch weiterhin an seiner Rechtsprechung festhält.[893] Eine Ausnahme vom Regelungsverbot des Betriebsrats besteht jedoch unstreitig, wenn in den Arbeitsverträgen der ausgeschiedenen Mitarbeiter auf die Betriebsvereinbarung in deren jeweiliger Fassung (Jeweiligkeitsklausel) verwiesen worden ist, wobei im Zweifel bei einer Verweisungsklausel von einer Jeweiligkeitsklausel auszugehen ist.[894]

716 Auch wenn im Verhältnis zweier Betriebsvereinbarungen das Günstigkeitsprinzip nicht gilt, ist die Änderung von Versorgungszusagen im Wege der ablösenden oder ändernden Betriebsvereinbarung nicht schrankenlos möglich. Eine Betriebsvereinbarung, die eine frühere Betriebsvereinbarung abändert, unterliegt nach der ständigen Rechtsprechung des BAG einer **Billigkeitskontrolle.**[895] Die Vereinbarung wird vom BAG an den Grundsätzen des Vertrauensschutzes und der Verhältnismäßigkeit gemessen. Neben dieser **abstrakten Billigkeitskontrolle** (Drei-Stufen-Theorie) nimmt das BAG noch eine **konkrete Billigkeitskontrolle** vor, die dann greift, wenn die Neuregelung zwar insgesamt nicht zu beanstanden ist, sie jedoch im Einzelfall für den betroffenen Arbeitnehmer eine unzumutbare Härte bedeutet.[896] Diese konkrete Billigkeitskontrolle führt in der Regel zB dazu, dass Übergangsregelungen für rentennahe Jahrgänge vereinbart oder allgemeine Härteklauseln aufgenommen werden.

717 **bb) Kündigung der Betriebsvereinbarung.** Kommt eine einvernehmliche Änderung der Betriebsvereinbarung nicht zustande, so kann der Arbeitgeber die Betriebsvereinbarung kündigen. Die Kündigung **bedarf,** soweit nichts anderes vereinbart ist, **keines rechtfertigenden Grundes** (Grundsatz der Kündigungsfreiheit, § 77 Abs. 5 BetrVG).[897] Es ist nicht erforderlich, dass der Kündigung ein **Verhandlungsversuch** über eine abändernde Betriebsvereinbarung vorausgeht.[898]

718 Die **Kündigungsfrist** beträgt mangels einer anderweitigen Vereinbarung gemäß § 77 Abs. 6 BetrVG drei Monate. Mit Ablauf der Kündigungsfrist erlischt die normative Geltung der Betriebsvereinbarung. Da der Arbeitgeber über die Errichtung und die Schließung des Versorgungswerkes mitbestimmungsfrei entscheiden kann,[899] entfaltet die Betriebsvereinbarung nach ihrer Kündigung keine Nachwirkung.[900] Eine Ausnahme von der fehlenden Nachwirkung kann allenfalls dann gelten, wenn der Arbeitgeber mit der Kün-

---

[890] BAG 28.7.1998 – 3 AZR 100/98, NZA 1999, 444.
[891] So auch überzeugend *Reichel/Schmandt* C Rn. 325.
[892] Vgl. *Fitting* BetrVG § 77 Rn. 39 mwN.
[893] BAG 18.9.2012 – 3 AZR 431/10, NZA-RR 2013, 651; 28.6.2011 – 3 AZR 282/09, NZA 2012, 1229.
[894] BAG 18.9.2012 – 3 AZR 431/10, NZA-RR 2013, 651; 23.9.1997 – 3 AZR 529/96, NZA 1998, 541.
[895] S. nur BAG 19.4.2005 – 3 AZR 468/04, NZA-RR 2005, 598; 17.3.1987 – 3 AZR 64/84, DB 1987, 1639; 30.1.1970 – 3 AZR 44/68, DB 1970, 1393.
[896] BAG 19.4.2005 – 3 AZR 468/04, NZA-RR 2005, 598; 17.8.1999 – 3 ABR 55/98, NZA 2000, 498; 8.12.1981 – 3 ABR 53/80, DB 1982, 46.
[897] S. die stRspr, BAG 17.8.2004 – 3 AZR 189/03, NZA 2005, 128; 21.8.2001 – 3 ABR 44/00, NZA 2002, 575; 17.1.1995 – 1 ABR 29/94, NZA 1995, 1010; 26.4.1990 – 6 AZR 278/88, NZA 1990, 814; ErfK/*Kania* BetrVG § 77 Rn. 93; *Kort* NZA 2004, 889 (890); *Neef* FS 50 Jahre BAG, 2004, 81 (93) jeweils mwN.
[898] Ähnlich HWK/*Gaul* BetrVG § 77 Rn. 34.
[899] BAG 12.6.1975 – 3 ABR 13/74, DB 1975, 1559.
[900] BAG 10.3.1992 – 3 ABR 54/91, NZA 1993, 234; 18.4.1989 – 3 AZR 688/87, NZA 1990, 67.

digung zugleich erklärt, die Altersversorgung in Zukunft mit einem unveränderten Volumen zu lediglich anderen Verteilungsgrundsätzen **aufrechterhalten** zu wollen. Die Frage der Nachwirkung ist aber in diesen Fällen, in denen es nach einer Kündigung zum Abschluss einer neuen Betriebsvereinbarung kommt, ohne wirkliche Bedeutung für die Versorgungsrechte, da in der abändernden Betriebsvereinbarung ohnehin in der Regel ein nahtloser Übergang zwischen der alten und der neuen Regelung vereinbart wird. Die Rechtswirkungen der Kündigung beschränken sich dann darauf, dass der Arbeitgeber mit der Kündigung die Verhandlungen über die abändernde Betriebsvereinbarung erzwungen hat. Aus Sicht des Arbeitgebers ist es in einem solchen Fall empfehlenswert, alle beabsichtigten Rechtsfolgen ausdrücklich in die der Kündigung nachfolgende abändernde Betriebsvereinbarung aufzunehmen.

Kommt es nach der Kündigung nicht zu einer abändernden Betriebsvereinbarung, so 719
stellt sich die Frage nach den **Rechtswirkungen der Kündigung.** Auch wenn die Betriebsvereinbarung keine Nachwirkung entfaltet, bedeutet dies nicht, dass die durch die gekündigte Betriebsvereinbarung begründeten Rechte und Pflichten ersatzlos erlöschen. Nach der Rechtsprechung des BAG wird die gekündigte Betriebsvereinbarung vielmehr in dem Umfang als Rechtsgrundlage der Altersversorgung aufrechterhalten, in dem der Arbeitgeber die Rechtsfolgen seiner Kündigung durch eigene Erklärung beschränkt.[901] Der Rechtscharakter als Betriebsvereinbarung geht dabei nicht verloren, sondern besteht weiterhin fort.[902] Dasselbe gilt, wenn der Arbeitgeber die Rechtsfolgen zwar nicht bereits von sich aus beschränkt hat, die beabsichtigte Änderung aber infolge eines unangemessenen Eingriffs in Besitzstände unwirksam ist. Die Rechtsfolgen der Kündigung bemessen sich daher anhand zweier wesentlicher Faktoren.

Zunächst muss der Arbeitgeber mit der Kündigung eine Aussage verbinden, welche 720
Rechtsfolgen er überhaupt auszulösen gedenkt. Dabei kommen folgende Ansatzpunkte in Betracht:

- Schließung für Neueintritte
- Einschränkung oder Änderung der Möglichkeit des Erwerbs weiterer rein dienstzeitabhängiger Anwartschaftssteigerungen
- Einfrieren oder Einschränkung der Entwicklung der ggf. in der Versorgungsordnung enthaltenen dynamischen Faktoren
- Beseitigung bereits erworbener Besitzstände.

Unterbleibt eine solche ausdrückliche Erklärung, so ist davon auszugehen, dass der Ar- 721
beitgeber die Betriebsvereinbarung gänzlich, dh im Sinne eines weitest möglichen Eingriffs in die Altersversorgung beseitigen möchte. Den Umfang der zulässigen Änderungen kann der Betriebsrat im Rahmen eines **Beschlussverfahrens** klären lassen. Das Ergebnis des Beschlussverfahrens ist für alle der Betriebsvereinbarung unterfallenden Mitarbeiter bindend im Hinblick auf die Frage der Zulässigkeit des Eingriffs und des Umfangs der verbleibenden Rechte.[903]

Für die betroffenen Versorgungsberechtigten entsteht mangels eindeutiger Erklärung 722
eine Rechtsunsicherheit. Sie können die Rechtsfolgen der Kündigung dann im Rahmen einer **Feststellungsklage** oder der **Leistungsklage** (im Fall der Fälligkeit der streitigen Leistungen) feststellen lassen. Dabei sind aber die Ergebnisse eines ggf. bereits durchgeführten Beschlussverfahrens für die Beteiligten bindend, da die aus der Betriebsvereinbarung erwachsenden Rechte festgestellt worden sind. Spätestens vor Gericht, wird der Arbeitgeber dann in beiden oben genannten Fällen eine entsprechende klarstellende Erklärung hinsichtlich der Reichweite der mit der Kündigung beabsichtigten Einschnitte abgeben müssen. Wird die Erklärung bereits im Vorfeld abgegeben, lassen sich diesbezügliche

---

[901] BAG 17.8.1999 – 3 ABR 55/98, NZA 2000, 498.
[902] *Reichel/Schmandt* C Rn. 286.
[903] BAG 17.8.1999 – 3 ABR 55/98, NZA 2000, 498; *Heither* RdA 1993, 79.

Prozesse oftmals vermeiden, insbesondere, wenn lediglich geringfügige Eingriffe beabsichtigt sind.

723 Auf der Grundlage der vom Arbeitgeber beabsichtigten Eingriffstiefe ist sodann zu prüfen, ob die Eingriffe in dem vorgesehenen Umfang zulässig sind. Dabei gilt Folgendes:

724 **cc) Grenzen der Abänderbarkeit.** Im Rahmen der einvernehmlichen Änderung bzw. einseitigen Kündigung von Betriebsvereinbarungen gelten die folgenden Grundsätze für die Bestimmung der **Zulässigkeit nachteiliger Änderungen.**

(1) Schließung für Neueintritte. Sind die Versorgungszusagen durch eine Betriebsvereinbarung begründet, so kann die Schließung des Versorgungswerks jederzeit durch den Abschluss einer ergänzenden Betriebsvereinbarung erfolgen, die eine solche Schließung vorsieht. Ein Verstoß gegen den **Gleichbehandlungsgrundsatz** ist in der Schließung des Versorgungswerks nicht zu sehen.[904] Eine stichtagsbezogene Abgrenzung ist im Hinblick auf den Gleichbehandlungsgrundsatz unbedenklich und sachlich gerechtfertigt. Dies gilt auch dann, wenn die Altersversorgung nur für bestimmte hierarchisch abgrenzbare Gruppen eingestellt wird, für andere Arbeitnehmergruppen aber auch im Rahmen von Neuanstellungen fortgewährt wird.

725 Soll die Schließung für Neueintritte im Wege der Kündigung bewirkt werden, so gilt Folgendes. Die Kündigung der Betriebsvereinbarung führt unmittelbar dazu, dass Mitarbeiter, die nach dem Wirksamwerden der Kündigung ein Arbeitsverhältnis mit dem Betriebsinhaber begründen, keinen Versorgungsanspruch aus der gekündigten Betriebsvereinbarung erwerben. Denn aufgrund der fehlenden Nachwirkung besteht für neu eintretende Mitarbeiter keine Rechtsgrundlage für eine Teilhabe an der betrieblichen Altersversorgung. Auch aus Gleichbehandlungsgesichtspunkten kann ein solcher Anspruch – wie oben ausgeführt – nicht hergeleitet werden. Das Gleiche gilt für die betriebliche Übung. Lag die Rechtsgrundlage der Gewährung der Altersversorgung in der Vergangenheit in einer Betriebsvereinbarung, so schließt dies die Entstehung einer betrieblichen Übung aus.[905]

726 **(2) Eingriffe in Besitzstände.** Die nachträgliche Änderung einer bereits erteilten Versorgungszusage zu Lasten der Versorgungsberechtigten ist nach der Rechtsprechung nur unter sehr eingeschränkten Voraussetzungen möglich.

727 Hintergrund hierfür ist der den Arbeitnehmern zugebilligte **Vertrauensschutz** auf Beibehaltung der Versorgungsregelung, die sie bei ihrem Eintritt in ein Unternehmen vorgefunden haben. Dieser muss bei Eingriffen in bestehende Versorgungsanwartschaften beachtet werden. Abzuwägen sind danach die Interessen des Arbeitgebers an einer notwendig erscheinenden Veränderung und die Bestandsschutzinteressen der von der Versorgungsregelung begünstigten Arbeitnehmer. Ob diese Kontrolle letztlich als Billigkeits- oder Rechtskontrolle anzusehen ist, ist im Ergebnis weitgehend ohne Bedeutung.[906] Der Übergang von der Billigkeits- zur Rechtskontrolle ist letztlich fließend.[907]

728 Das BAG hat jedenfalls aus dem Verhältnismäßigkeitsgrundsatz, der aus dem Rechtsstaatsprinzip fließt, eine **intensive Eingriffskontrolle** abgeleitet. Diese Rechtsprechung lässt sich auf den allgemeinen Grundsatz zurückführen: *Je stärker der Besitzstand ist, den die Arbeitnehmer erworben haben, um so gewichtiger muss der Grund sein, der einen Eingriff rechtfertigt.*[908] Hierzu hat das BAG für Eingriffe, welche die Höhe der Versorgungsleistungen betreffen, die sog. **Drei-Stufen-Theorie** entwickelt, bei der bestimmte geschützte Besitz-

[904] MHdB ArbR/*Börner* § 213 Rn. 21.

[905] BAG 9.2.1989 – 8 AZR 310/87, NZA 1989, 765.

[906] So auch *Heither* RdA 1993, 72 (73).

[907] *Hanau/Preis* RdA 1988, 65 (77).

[908] Vgl. BAG 29.7.2003 – 3 AZR 630/02, BeckRS 2004, 40586; 21.8.2001 – 3 ABR 44/00, NZA 2002, 575; 11.5.1999 – 3 AZR 21/98, NZA 2000, 322; 27.8.1996 – 3 AZR 466/95, NZA 1997, 535; 17.11.1992 – 3 AZR 76/92, NZA 1993, 938; 18.4.1989 – 3 AZR 299/87, NZA 1989, 845.

stände mit bestimmten sachlichen Gründen für die Änderung der Versorgungsregelung korrelieren. Obwohl diese Theorie in letzter Zeit mit guten Gründen, nicht zuletzt aufgrund der Gefahr willkürlicher Ergebnisse, angegriffen wurde,[909] wurde sie jüngst vom 3. Senat ausdrücklich als sachgerecht bestätigt.[910] Den abgestuften Besitzständen werden unterschiedlich gewichtige Eingriffsgründe des Arbeitgebers gegenübergestellt.[911] Bei den Eingriffsgründen unterscheidet das BAG zwischen **zwingenden, triftigen** und **sachlich-proportionalen Gründen.**[912] Maßgeblich für die Prüfung ist der Zeitpunkt des Inkrafttretens der ablösenden Regelung, nicht jedoch der Zeitpunkt ihres Abschlusses. Erfolgten mehrere Änderungen, so ist die Wirksamkeit jeder Änderung für sich anhand der Drei-Stufen-Theorie zu prüfen; Vergleichsmaßstab ist insoweit jeweils die letzte rechtswirksame Änderung.[913]

(a) Eingriffe in erdiente Anwartschaften im Sinne des § 2 BetrAVG (1. Besitzstandsstufe). Grundsätzlich sind bereits erdiente Ansprüche und Anwartschaften einer nachteiligen Veränderung weitestgehend entzogen, da der Arbeitnehmer insoweit seine Gegenleistung in Form der Arbeitsleistung und Betriebstreue bereits erbracht hat. Sie sind nur aus zwingenden Gründen zulässig. Ihre Rechtsposition ist bereits eigentumsrechtlich verfestigt.[914] Danach ist ein Entzug des wirtschaftlichen Wertes der erdienten Anwartschaften im Sinne von § 2 Abs. 1 BetrAVG grundsätzlich nicht möglich. Ausnahmen bestehen allerdings für die Fälle einer Störung der Geschäftsgrundlage sowie der groben Treuepflichtverletzung, wobei den letzteren Fällen im Rahmen von Restrukturierungen keine Bedeutung zukommt. Anerkanntermaßen zulässig sind Eingriffe in den Bestand der nach § 2 BetrAVG geschützten Anwartschaften, wenn die bestehende Versorgungsregelung zu **planwidrigen Überversorgungstatbeständen** geführt hat, sofern die neue Regelung den Abbau dieser nicht gewollten Überversorgung zum Ziel hat.[915] Weitere Änderungen als die zum Abbau der Überversorgung erforderlichen Korrekturen bedürfen jedoch eines eigenständigen Rechtfertigungsgrundes. Denkbar sind ferner Fälle, in denen die Entwicklung der Aufwendungen des Arbeitgebers die sog. Opfergrenze überschreitet.[916] 729

Fraglich ist, ob ein Eingriff aus wirtschaftlichen Gründen möglich ist. Zu bejahen ist dies für Fälle, in denen eine **konkursgleiche wirtschaftliche Notlage** des Arbeitgebers besteht. Dies betrifft vor allem Konstellationen, in denen nach altem Recht der Sicherungsfall des Widerrufs wegen einer wirtschaftlichen Notlage vorlag. Nach dem 1.1.1999 – Inkrafttreten der Novellierung des Betriebsrentengesetzes – ist dieser Sicherungsfall der wirtschaftlichen Notlage (→ Rn. 674) und damit auch das entsprechende einseitige Widerrufsrecht des Arbeitgebers zwar entfallen.[917] Dies bedeutet aber nicht, dass damit ein Eingriff auf der ersten Besitzstandsstufe auch im Rahmen einer Betriebsvereinbarung ausgeschlossen ist. Der Wegfall des einseitigen Widerrufsrechts berührt die Regelungsbefugnis der Betriebsparteien nicht, da es sich um strukturell andere Regelungsinstrumente handelt, die auch eine unterschiedliche Betrachtung rechtfertigen. Ausreichend muss danach zB ein Szenario sein, in dem ein außergerichtlicher Vergleich mit dem PSV zur Abwendung einer Insolvenz zustande kommt. In einem solchen Fall erscheint es denkbar, neben der 730

[909] Vgl. LAG Baden-Württemberg 8.5.2019 – 10 Sa 44/18, BeckRS 2019, 28900; *Diller/Günther* DB 2017, 908; *Schnitker* FS Willemsen, 2018, 449.

[910] BAG 19.3.2019 – 3 AZR 201/17 NZA 2020, 1031.

[911] S. etwa BAG 11.12.2001 – 3 AZR 128/01, NZA 2003, 1407; 11.5.1999 – 3 AZR 21/98, NZA 2000, 322; 17.11.1992 – 3 AZR 76/92, NZA 1993, 938.

[912] Ua BAG 18.9.2001 – 3 AZR 728/00, NZA 2002, 1164; 21.8.2001 – 3 ABR 44/00, NZA 2002, 575; 17.11.1992 – 3 AZR 76/92, NZA 1993, 938. Kritisch zur Methode der Ermittlung der geschützten Anwartschaften *Rengier* RdA 2006, 213 (214).

[913] BAG 19.3.2019 – 3 AZR 201/17 NZA 2020, 1031.

[914] BAG 29.7.2003 – 3 AZR 630/02, BeckRS 2004, 40586; 17.4.1985 – 3 AZR 72/83, NZA 1986, 57.

[915] BAG 9.4.1991 – 3 AZR 598/89, NZA 1991, 730.

[916] BAG 19.2.2008 – 3 AZR 290/06, NZA-RR 2008, 600.

[917] BAG 17.6.2003 – 3 AZR 396/02, DB 2004, 324.

zeitlich befristeten oder aber unbefristeten Übernahme von Pensionsverpflichtungen durch den PSV, Eingriffe in die nicht vom PSV übernommenen Versorgungsanwartschaften im Wege einer abändernden Betriebsvereinbarung vorzunehmen, wenn dies als Sanierungsbeitrag zwingend erforderlich ist.

731 Auch gegenüber **Rentnern** kommen solche Eingriffe im Wege einer Betriebsvereinbarung in Betracht, allerdings nach der (noch) geltenden Rechtsprechung nur dann, wenn deren Arbeitsverträge eine Jeweiligkeitsklausel im Hinblick auf die geltende Betriebsvereinbarung zur Altersversorgung enthalten.[918] Ihr Besitzstand ist nicht etwa, weil vollständig erdient, vollkommen unantastbar. So hat das BAG zB Änderungen von Rentenanpassungsklauseln (Preisindex-Entwicklung statt Bruttolohnentwicklung)[919] für zulässig gehalten; gleiches gilt für die Einführung einer (mittlerweile aber als unzulässig anzusehenden) Spätehenklausel[920] sowie eine Fälligkeitsverschiebung (nachschüssige anstelle vorschüssiger Zahlung).[921]

732 **(b) Eingriffe in die zeitanteilig erdiente Dynamik (2. Besitzstandsstufe).** Zu dem erdienten Besitzstand zählt das BAG bei dynamischen Versorgungszusagen (zB Koppelung an das jeweilige ruhegeldfähige Einkommen) die sog. zeitanteilig erdiente Dynamik.[922]

733 Bei einem Eingriff in die zeitanteilig erdiente Dynamik geht es um die Frage, ob im Hinblick auf den bereits erdienten Zeitraum (dh die unter der alten Versorgungsordnung geleisteten Jahre) der variable Faktor (zB Endgehalt) auf dem Stand zum Zeitpunkt des Eingriffs eingefroren oder auf einen bestimmten Betrag gekappt werden kann, so dass sich die Dynamik für die erdienten Jahre nicht mehr, wie ursprünglich zugesagt, auf die zukünftige Entwicklung des dynamischen Faktors (dh das zukünftige Endgehalt), sondern auf den eingefrorenen bzw. gekappten Wert des vormals dynamischen Faktors bezieht. Soll sich das Einfrieren oder die Kappung des Berechnungsfaktors „Endgehalt" demgegenüber nur auf den Teil der Anwartschaft beziehen, der in der Zukunft noch zu erdienen ist, handelt es sich zwar auch um einen Eingriff in die Dynamik. Diese Dynamik ist aber noch nicht zeitanteilig erdient und der Eingriff daher nicht an den Kriterien der zweiten Stufe zu messen. Es handelt sich dann vielmehr lediglich um einen Eingriff auf der dritten Stufe (vgl. hierzu **Beispiel J 20**). Auch die Abkoppelung einer zugesagten Gesamtversorgung von der künftigen Entwicklung einer anzurechnenden Rente aus der gesetzlichen Rentenversicherung kann zu einem Eingriff in die erdiente Dynamik führen, wenn als Folge der Entwicklung der Rentenbiografie und der Sozialgesetzgebung eine Versorgungslücke entsteht, die ohne die Entkopplung vom Arbeitgeber zu tragen gewesen wäre.[923]

734 Für einen Eingriff in diesen „Besitzstand der erdienten Dynamik" müssen **triftige Gründe** vorliegen und der Eingriff muss in Anbetracht dieser triftigen Gründe verhältnismäßig sein.[924] Der triftige Grund, der zur Rechtfertigung des Eingriffs auf der zweiten Stufe erforderlich ist, kann wirtschaftlich bedingt sein, beispielsweise dann, wenn eine langfristige Substanzgefährdung des Unternehmens droht, das Unternehmen die Versorgungszuwächse nicht mehr aus Erträgen und Wertzuwächsen erwirtschaften kann[925] oder eine angemessene Eigenkapitalverzinsung andernfalls nicht mehr sichergestellt ist. Zu prüfen ist daher, ob die unveränderte Fortentwicklung der bestehenden Altersversorgung eine gesunde zukünftige Entwicklung des Unternehmens gefährdet und dem Arbeitgeber daher

---

[918] Vgl. hierzu BAG 18.9.2012 – 3 AZR 431/10, NZA-RR 2013, 651; 28.6.2011 – 3 AZR 282/09, NZA 2012, 1229; 29.7.2003 – 3 AZR 630/02, BeckRS 2004, 40586; 21.1.1992 – 3 AZR 21/91, NZA 1992, 659; → Rn. 715.
[919] BAG 16.7.1996 – 3 AZR 398/95, NZA 1997, 53.
[920] BAG 26.8.1997 – 3 AZR 235/96, NZA 1998, 817.
[921] BAG 23.9.1997 – 3 AZR 529/96, NZA 1998, 541.
[922] BAG 17.4.1985 – 3 AZR 72/83, NZA 1986, 57.
[923] BAG 15.1.2013 – 3 AZR 705/10, NZA-RR 2013, 376.
[924] BAG 11.12.2001 – 3 AZR 512/00, NZA 2003, 1414; 20.11.1990 – 3 AZR 573/89, NZA 1991, 477.
[925] So BAG 17.4.1996 – 3 AZR 56/95, NZA 1997, 155.

eine Entlastung zuzugestehen ist.[926] Diese Gründe sind weitgehend identisch mit den Gründen, aus denen das Unternehmen berechtigt ist, eine Anpassung der Betriebsrenten im Rahmen einer Prüfung nach § 16 BetrAVG zu verweigern. Hierzu besteht eine umfangreiche Kasuistik (→ Rn. 276 ff.). Eingriffe dieser Art sind daher in der Praxis durchaus denkbar und erfolgversprechend, bedürfen aber einer entsprechend sorgfältigen Darlegung und im Streitfall des Nachweises der wirtschaftlichen Situation.[927]

Triftige Gründe nicht betriebswirtschaftlicher Art können in Überlegungen zur Struk- 735
turveränderung bestehen, beispielsweise in einer Ausweitung des Leistungskatalogs oder in der Einführung einer gerechteren Verteilung bei gleich bleibendem Dotierungsrahmen (umstrukturierende Betriebsvereinbarung).

Bisweilen ist infolge der Ausgestaltung der Neuregelung zum Zeitpunkt ihres Entste- 736
hens noch nicht festzustellen, ob sich die Neuregelung als Eingriff auf der zweiten Stufe auswirkt. Dies stellt sich vielmehr erst später im **Versorgungsfall** heraus, wenn klar ersichtlich ist, zu welcher Anspruchshöhe die neue Versorgung geführt hat. Fälle dieser Art ergeben sich zum Beispiel, wenn eine bislang endgehaltsbezogene Versorgung auf eine beitragsorientierte Versorgung umgestellt wird. Es kann dann zwar formell ein Eingriff in die dynamische Komponente vorliegen, weil die Versorgung nicht mehr endgehaltsbezogen ausgestaltet ist. Dieser Eingriff kann aber abhängig zB von der Entwicklung der Anlagerendite auf die nunmehr erbrachten Beiträge durch andere Zuwachsmöglichkeiten aufgefangen werden. Kommt es zu einem Rechtsstreit, so kann man in diesem Fall versuchen, darzulegen, dass ein Eingriff in einen finanziellen Besitzstand aus der erdienten Dynamik mit einer hinreichenden statistischen Wahrscheinlichkeit nicht vorliegt, weil die neue Versorgungsordnung zu einer mindestens gleichwertigen Versorgungshöhe führt.

Probleme ergeben sich aber, wenn der Rechtsstreit und damit die Klärung nicht unmit- 737
telbar im Rahmen der Neuordnung, sondern erst nach vielen Jahren bei Eintritt des Versorgungsfalls geführt wird. Die Rechtsprechung berücksichtigt dann die tatsächlichen Ergebnisse der Neuordnung. Stellt sich dabei heraus, dass ein Eingriff auf der zweiten Stufe vorlag, trifft den Arbeitgeber die **Darlegungs- und Beweislast** für das seinerseitige Vorliegen hinreichender triftiger Gründe. Will der Arbeitgeber einen solchen Streit vermeiden, so kann er eine Besitzstandsklausel in die neue Versorgungsordnung aufnehmen, wonach dem Arbeitnehmer mindestens die Versorgung zusteht, die er erhalten hätte, wenn die Dynamik aufrechterhalten worden wäre. Damit verzichtet der Arbeitgeber zwar von vornherein auf die Eingriffsmöglichkeit durch den Eingriff auf der zweiten Stufe und es kommt zu einer Parallelrechnung. Geht es ihm aber nicht konkret um Einsparungen, sondern vielmehr um die Neuordnung als solche, so kann eine solche Vorgehensweise Sinn ergeben. Zu beachten ist jedoch, dass sich der Arbeitgeber in diesem Falle gerade nicht die Vorteile der besseren Prognostizierbarkeit des Aufwands infolge des Wegfalls der Dynamik zunutze machen kann, die mit einer Umstellung auf eine beitragsorientierte Versorgung üblicherweise einhergehen. Dies wird durch die Besitzstandsklausel vereitelt, da danach die Dynamik maßgeblich bleibt, wenn die neue Versorgungsordnung zu einer niedrigeren Versorgung führt.[928]

(c) Eingriffe in rein dienstzeitabhängige Steigerungsbeträge (3. Besitzstandsstufe). 738
Die geringsten Anforderungen im Hinblick auf Vertrauensschutz und Verhältnismäßigkeit von Änderungen sind bei Eingriffen auf der dritten Besitzstandsstufe zu stellen. Dies betrifft Eingriffe in künftige und damit noch nicht erdiente dienstzeitabhängige Zuwächse. Diese dienstzeitabhängigen Steigerungsbeträge können aus sog. **sachlich-proportionalen Gründen** verändert werden. Der Steigerungssatz für die noch ausstehenden Dienstjahre kann herabgesetzt werden oder im Extremfall sogar insgesamt entfallen. Unter sachlich-

[926] BAG 18.4.1989 – 3 AZR 299/87, NZA 1989, 845.
[927] Instruktiv zur Darlegungslast BAG 11.12.2001 – 3 AZR 512/00, NZA 2003, 1414.
[928] Vgl. hierzu BAG 11.12.2001 – 3 AZR 512/00, NZA 2003, 1414.

proportionalen Gründen versteht das BAG willkürfreie, nachvollziehbare und aus der Situation heraus anzuerkennende Gründe, die eine Änderung der Versorgungssituation nahe legen.[929] Diese Gründe können wirtschaftlicher Natur sein, müssen dies aber nicht.

Der 3. Senat neigt ebenso wie Teile der Literatur was die Eingriffe auf der 3. Stufe betrifft zur Bildung von Fallgruppen. Dies mag der Veranschaulichung und Sammlung von Erkenntnissen zu häufiger vorkommenden Fallgestaltungen dienen, verleitet aber fälschlicher Weise zu der Annahme, dass diese Fallgruppen abschließenden Charakter hätten. Dies kann nicht richtig sein, denn im Rahmen einer Willkürprüfung kann es keine abschließend vorgefertigten Fallgruppen geben, deren Kriterien erfüllt sein müssen. Es ist vielmehr jegliche Begründung im Hinblick auf die das Vorliegen sachlich proportionaler Gründe kontrollfähig und kontrollbedürftig.[930]

In neueren Entscheidungen hat das BAG die Anforderungen an das Vorliegen **wirtschaftlicher Gründe** unter stärkerer Differenzierung zwischen den Tatbestandsmerkmalen „sachlich" und „proportional" wie folgt konkretisiert. Im Ausgangspunkt bleibt es dabei, dass wirtschaftliche Erwägungen die Anforderungen an einen **sachlichen** Grund bereits dann erfüllen, wenn wirtschaftliche Schwierigkeiten vorliegen, auf die ein vernünftiger Unternehmer reagieren darf. Für einen Eingriff auf der dritten Besitzstandsstufe sind daher weder eine wirtschaftliche Notlage noch eine langfristige Substanzgefährdung erforderlich.[931] Bei konzernangehörigen Unternehmen kann es nach Auffassung des BAG ausnahmsweise auch gerechtfertigt sein, eine **konzerneinheitliche Betrachtungsweise** vorzunehmen und wirtschaftliche Schwierigkeiten des Konzerns als billigenswerten Anlass für die Eingriffsentscheidung zu akzeptieren.[932]

Der auf sachlichen, wirtschaftlichen Gründen beruhende Eingriff in die dritte Besitzstandsstufe muss darüber hinaus aber auch **„proportional"** sein, dh die Eingriffe in die betriebliche Altersversorgung dürfen in Anbetracht der eingetretenen wirtschaftlichen Situation nicht unverhältnismäßig sein. Dies erfordert, dass die Neuregelung der betrieblichen Altersversorgung in die künftigen dienstzeitabhängigen Zuwächse nicht weiter eingreift, als dies ein vernünftiger Unternehmer zur Kosteneinsparung in der konkreten wirtschaftlichen Situation für geboten erachten durfte. Insoweit ist es nicht erforderlich, dass zunächst sämtliche anderweitigen Kosteneinsparungsmaßnahmen ausgeschöpft werden, vielmehr ist ausreichend, wenn sich der Eingriff in ein auf eine Verbesserung der wirtschaftlichen Lage zur Beseitigung der wirtschaftlichen Schwierigkeiten ausgerichtetes, plausibles Gesamtkonzept einfügt. Sollten im Zusammenhang mit den Eingriffen in die dritte Besitzstandsstufe unternehmerische Entscheidungen getroffen werden, die auf den ersten Blick einer Kostenreduzierung zuwiderlaufen, muss deren Begründung einleuchtend sein. Dem Arbeitgeber und insbesondere den Betriebsparteien soll bei der Beurteilung der dem Eingriff zugrunde liegenden tatsächlichen Gegebenheiten, der finanziellen Auswirkungen der ergriffenen Maßnahmen sowie bei der Ausgestaltung des Gesamtkonzepts eine Einschätzungsprärogative und ein Beurteilungsspielraum zustehen.[933]

Diese Anforderungen mögen auf den ersten Blick – nicht zuletzt wegen der unternehmerischen Einschätzungsprärogative – als nicht allzu problematisch erscheinen. Die Schwierigkeiten ergeben sich aber aus den hieraus abgeleiteten Anforderungen des 3. Senats an die Darlegungs- und Beweislast. Nach Ansicht des BAG hat nämlich der Arbeitgeber *„im Prozess substanziiert darzutun, welche wirtschaftlichen Schwierigkeiten vorliegen, in welchem Gesamtumfang eine Kosteneinsparung aus Sicht eines vernünftigen Unternehmers geboten war und*

---

[929] Vgl. BAG 9.12.2014 – 3 AZR 323/13, NZA 2015,1198; BAG. 9.12.2014 – 3 AZR 323/13, NZA 2015, 1198; BAG 11.12.2001 – 3 AZR 512/00, NZA 2003, 1414; 12.2.2013 – 3 AZR 636/10, BetrAV 2013, 637 (639).

[930] *Schnitker* FS Willemsen, 2018, 449.

[931] Vgl. BAGE 150, 147 = NZA 2015, 1198 Rn. 36.

[932] BAG 9.12.2014 – 3 AZR 323/13, NZA 2015, 1198.

[933] BAG 19.3.2019 – 3 AZR 201/17 NZA 2020, 1031; BAG 9.12.2014 – 3 AZR 323/13, NZA 2015, 1198.

wie das notwendige Einsparvolumen ermittelt wurde. Darüber hinaus hat er sein Gesamtkonzept zu erläutern. Hierzu hat er sämtliche anderen Maßnahmen im Einzelnen darzulegen, die zur Kosteneinsparung getroffen wurden. Zudem ist vorzutragen, in welchem Umfang diese Maßnahmen bei prognostischer Betrachtung zur Einsparung beitragen und wie das auf die durchgeführten Maßnahmen entfallende Einsparpotenzial ermittelt wurde. Er muss ferner dartun, in welchem Umfang die Neuregelung der betrieblichen Altersversorgung zur Kosteneinsparung beiträgt und nach welchen Kriterien das prognostizierte Einsparvolumen ermittelt wurde".[934]

Zwar gesteht das BAG zu, dass die Anforderungen an die Substantiierung des Vorliegens eines sachlich-proportionalen Grundes nicht überspannt werden dürfen. Im Ergebnis wird aber dennoch im Rahmen der Darlegungslast ein unverhältnismäßiger Detailierungsgrad gefordert, der insbesondere im Hinblick auf die Ermittlung des Einsparvolumens sowie die Kosteneinsparungsbeiträge unterschiedlicher Maßnahmen die zunächst zugestandene unternehmerische Einschätzungsprärogative konterkariert.[935] Hinzu kommt, dass zwischen dem Stichtag der verschlechternden Ablösung eines Versorgungswerkes sowie einer etwaigen gerichtlichen Auseinandersetzung über deren Zulässigkeit häufig viele Jahre, wenn nicht Jahrzehnte liegen, was – zumindest für bereits vorgenommene Änderungen – eine Erfüllung dieser Darlegungslast erheblich erschwert, wenn nicht unmöglich macht. Für die Zukunft kann daher nur geraten werden, vor einer verschlechternden Änderung eines Versorgungswerkes, die Ausgangslage sowie das unternehmerische Konzept zur Steigerung der Wettbewerbsfähigkeit so sorgsam zu dokumentieren, dass der Darlegungs- und Beweislast Genüge getan werden kann und ggf. sogar, auch wenn dies rechtlich nicht gefordert ist, ein entsprechendes Sanierungsgutachten anfertigen zu lassen, um für einen späteren Prozess gewappnet zu sein.

Ein Eingriff auf der dritten Stufe kann aber auch dann möglich sein, wenn die sachlich-proportionalen Gründe nicht auf einer wirtschaftlich schlechte Lage sondern auf einer **Fehlentwicklung** der betrieblichen Altersversorgung beruhen. Fälle dieser Art setzen nicht voraus, dass der Arbeitgeber bereits in wirtschaftliche Schwierigkeiten geraten ist. Der Arbeitgeber darf eine solche Fehlentwicklung auch prophylaktisch korrigieren und muss nicht erst den Eintritt einer Schieflage abwarten. Eine solche Korrektur ist nicht unsachlich, sondern wirtschaftlich geboten. Es kommt in diesen Fällen auch nicht darauf an, ob sich der Arbeitgeber die aus dem Ruder gelaufenen Kosten in Anbetracht seiner Ertragslage leisten kann, denn der arme Schuldner kann sich ebenso wie der reiche Schuldner auf eine Fehlentwicklung berufen und ihr entgegentreten.[936] Bislang hat das BAG solche Fehlentwicklungen nur anerkannt, wenn eine erhebliche, zum Zeitpunkt der Schaffung des Versorgungswerks unvorhersehbare Mehrbelastung eingetreten ist, die auf **Änderungen im Recht der gesetzlichen Rentenversicherung oder im Steuerrecht** beruht.[937] Einer jüngst ergangenen Entscheidung des 3. Senats lässt sich aber entnehmen, dass auch die in ihrem Ausmaß und ihrer Dauer nicht absehbare **Niedrigzinsphase** eine Fehlentwicklung begründen kann, sofern sie zu einer solchen erheblichen Mehrbelastung führt.[938] Das Vorliegen einer solchen Mehrbelastung ist anhand eines Barwertvergleichs unter Berücksichtigung eines identischen Personenbestandes festzustellen. Für den Vergleich ist der aktuelle Barwert zum Ablösestichtag dem Ausgangsbarwert, dh dem Barwert der Pensionsverpflichtungen unter Berücksichtigung der zu diesem Zeitpunkt geltenden Sach- und Rechtslage gegenüberzustellen. Diese Aussage ist missverständlich und uE nicht

[934] BAG 19.3.2019 – 3 AZR 201/17 NZA 2020, 1031; BAG 9.12.2014 – 3 AZR 323/13, NZA 2015, 1198.

[935] Kritisch ebenfalls Steinmeyer in Anm. zu AP BetrAVG § 1 Ablösung Nr. 79.

[936] Höfer/*Höfer/Küpper* BetrAVG Kap. 5 Rn. 146, Blomeyer/Rolfs/Otto Anh. § 1 Rn. 496; aA aber widersprüchlich LAG BW 16.1.2008 – 12 Sa 97/06, BeckRS 2009, 68899.

[937] BAG 19.3.2019 – 3 AZR 201/17 NZA 2020, 1031; BAG 10.11.2015 – 3 AZR 393/14, BeckRS 2016, 66256.

[938] BAG 12.5.2020 – 3 AZR 157/19, NZA 2020, 1189, in diesem Sinne auch bereits *Thüsing/Rawe* NZA 2016, 1169.

so zu verstehen, dass sich auf der Leistungsseite nichts ändern darf. Gemeint ist wohl vielmehr, dass der vom Arbeitgeber aufzuwendende Barwert der Verpflichtungen nicht abgesenkt werden darf. Letzteres wäre unzulässig, wenn es um die Korrektur einer Fehlentwicklung geht, denn in dieser Fallgruppe kann es nur darum gehen, eine Fehlentwicklung zu korrigieren, nicht aber Einsparungen zu erzielen. Ist letzteres beabsichtig, muss der Arbeitgeber einen anderen Begründungansatz wählen. Weitere externe kostenverursachende Faktoren, wie die Entgeltentwicklung und der Anstieg der Lebenserwartung sollen im Rahmen der Fallgruppe der wirtschaftlichen Fehlentwicklung jedenfalls bei geschlossenen Versorgungswerken nicht zu berücksichtigen sein.[939] Warum dies so sein soll, bleibt mangels sachlicher Begründung durch den 3. Senat ein Rätsel. Im Ergebnis dürfte eine solche Beschränkung nicht sachgerecht sein.

Fraglich ist, wann eine sich aus diesem Vergleich ergebende Mehrbelastung so erheblich ist, dass sie den Eingriff auf der 3. Stufe rechtfertigen kann. Hierzu existieren – soweit ersichtlich – keine konkreten Aussagen des BAG. Da die Fehlentwicklung nichts anderes als ein Unterfall der Störung der Geschäftsgrundlage ist, muss die Erheblichkeitsschwelle jedenfalls bei Mehrbelastungen von 50% überschritten sein (vgl. → Rn. 675), da bei Erreichen dieser Schwelle sogar Eingriffe auf der ersten Stufe gerechtfertigt wären. Damit ist aber zugleich gesagt, dass dieser Maßstab auf keinen Fall als Mindestanforderung auf Eingriffe auf der 3. Stufe übertragen werden kann. Konsequenter Weise muss es in der Fallgruppe der wirtschaftlichen Fehlentwicklung bei sachgerechter Interpretation der Aussagen des 3. Senats zum Barwertvergleich zulässig sein, den Eingriff auf der 3. Stufe bis zu der Grenze vorzunehmen, die sich auf der Grundlage des ursprünglich avisierten Aufwands des Arbeitgebers ergibt. Der Arbeitgeber kann daher, wenn er sich auf die Fehlentwicklung beruft, nicht den Barwert seines Verpflichtungsumfang unter den Betrag absenken, den er nach der ursprünglichen Zusage, ohne den sich fehlentwickelnden Einflussfaktor aufzuwenden, gehabt hätte und seinen Aufwand gegenüber diesem Maßstab reduzieren, sondern lediglich der Erhöhung seines Aufwands entgegenwirken.

739 Ein weiterer Unterfall des sachlich-proportionalen Grundes ist die **Harmonisierung** von im Unternehmen bestehenden Versorgungswerken. Die Vereinheitlichung stellt für sich genommen einen sachlichen Grund dar. Allerdings verlangt das BAG hier im Rahmen der Proportionalität, dass der Dotierungsrahmen im Wesentlichen zumindest gleich hoch bleibt und der Eingriff für die nachteilig betroffene Arbeitnehmergruppe zumutbar ist, ohne indes eine Konkretisierung dieses Zumutbarkeitsbegriffes vorzunehmen.[940]

Diese Rechtsprechung zur Anwendung der 3-Stufen-Theorie wurde nunmehr vom 3. Senat auch auf Fälle des **Betriebsübergangs** übertragen. In der Entscheidung stellt der Senat fest, dass das Harmonisierungsinteresse des Erwerbers allein nicht ausreiche, um einen Eingriff auf der 3. Stufe für die zukünftigen Anwartschaftserwerb zu rechtfertigen. Es müssten vielmehr weitere Aspekte hinzukommen, ohne dass diese in verlässlicher Weise näher umrissen werden. Dem BAG ist zuzugestehen, dass die Anwendung der 3-Stufen-Theorie auf den Fall des Betriebsübergangs geeignet ist, Wertungswidersprüche im Rahmen des Besitzstandsschutzes zu beseitigen, was den Schutz bereits erworbenen Anwartschaften betrifft. Das BAG setzt sich aber, was die zusätzlichen Voraussetzungen für die Harmonisierung für die Zukunft (dh auf der 3. Stufe) betrifft, über den klaren Normbefehl des § 613a Abs. 1 Satz 3 BGB hinweg, in dem der Gesetzgeber das Harmonisierungsinteresse des Erwerbers ausdrücklich anerkennt und als Rechtsfolge verankert hat. Der 3. Senat verlässt hier u. E. den Boden der zulässigen richterlichen Rechtsfortbildung, da es infolge der vorliegenden spezialgesetzlichen Regelung keine Regelungslücke gibt. Darüber hinaus erzeugt er mangels klar definierter Kriterien eine nicht hinzunehmende Rechtsunsicherheit, weil die Parteien ggf. über Jahrzehnte im Ungewissen bleiben, ob die

---

[939] BAG 19.3.2019 – 3 AZR 201/17 NZA 2020, 1031; BAG 10.11.2015 – 3 AZR 393/14, BeckRS 2016, 66256.

[940] BAG 13.10.2016 – 3 AZR 439/15, NJOZ 2018, 1019.

Harmonisierung wirksam ist oder nicht und das Ergebnis an einer nicht vorhersehbaren Wertungsentscheidung der Gerichte hängt. Betriebserwerber sollten sich hiervon gleichwohl nicht abschrecken lassen, sondern den Ablösungsprozess sorgsam angehen und dokumentieren, wenn er aus guten Gründen implementiert werden soll (→ Rn. 473).

(d) Sonderregeln für rentennahe Jahrgänge und Härtefälle. Im Rahmen der Besitzstandsüberlegungen finden sich in der älteren Rechtsprechung des BAG Aussagen, die dahingehend interpretiert wurden, dass neben den Schranken der Drei-Stufen-Theorie in der Regel eine Sonderregelung für rentennahe Jahrgänge – Mitarbeiter, die aufgrund fortgeschrittenen Alters ihre Versorgungsplanung nicht mehr verändern können – vorzusehen sei, wonach diese von den Regelungen auszunehmen seien.[941] Dies ist in dieser Absolutheit nicht der Fall. Das BAG hat klargestellt, dass vielfach bereits eine allgemeinen **Härteklausel ausreichend** sei,[942] die einen Ausgleich für den Fall bieten soll, dass die Neuregelung im Einzelfall für den betroffenen Arbeitnehmer eine unzumutbare Härte bedeutet. Eine solche Härtefallklausel kann daher Sonderregelungen für rentennahe Jahrgänge entbehrlich machen, wenn die im Einzelfall auftretenden Härten hierüber sachgerecht abgefangen werden können. Zudem ist stets zu prüfen, ob überhaupt eine besondere Betroffenheit der rentennahen Jahrgänge vorliege, wonach rentennahe Mitarbeiter besonders hart und ungleich nachteiliger als andere Arbeitnehmer betroffen seien.[943] Bei Eingriffen, die lediglich auf der 3. Stufe stattfinden, ist dies oftmals nicht der Fall.[944] 740

(e) Beispiel zum dreistufigen Besitzstandsschutz

Beispiel J 20: 741

Die A-GmbH unterhält eine Versorgungszusage in Form einer Betriebsvereinbarung, wonach jeder Versorgungsberechtigte bei Vollendung des 65. Lebensjahres (feste Altersgrenze) eine Rente iHv 1 % des ruhegeldfähigen Einkommens pro Dienstjahr erhält. Als ruhegeldfähiges Einkommen ist das Grundgehalt im Jahr des Ausscheidens bestimmt. Die A-GmbH hat in den letzten fünf Jahren eine Eigenkapitalrendite von –5 % bis +2 % erwirtschaftet. Die Gesellschafter erwägen die Schließung der Gesellschaft. Zur Abwendung der Schließung und als Beitrag zur Sanierung wird mit dem Betriebsrat vereinbart, dass das ruhegeldfähige Einkommen auf dem Stand zum Stichtag der Neuordnung eingefroren wird. Des Weiteren werden zukünftige Dienstjahre nur noch mit Steigerungsbeträgen iHv 0,5 % angerechnet. Zudem wird die Versorgungszusage für neu eintretende Mitarbeiter geschlossen. Als Sonderbeitrag wird zudem beschlossen, die erdienten Anwartschaften pauschal um 10 % zu kürzen. Für Mitarbeiter ab dem 55. Lebensjahr wird die Neuregelung nur in abgestuften Schritten eingeführt. Zudem wird eine Härtefallregelung für besondere Fälle aufgenommen.

742

Annahmen: Rentenformel:	1 % des ruhegeldfähigen Einkommens pro Dienstjahr, max. 25 %
Eintritt:	Alter 25
Neuordnung:	Alter 45
Ruhegeldfähiges Einkommen bei Neuordnung:	EUR 2.000
Ruhegeldfähiges Einkommen bei Eintritt des Versorgungsfalles (65. Lebensjahr):	EUR 4.000

[941] BAG 16.9.1986 – GS 1/82, NZA 1987, 168; 8.12.1981 – 3 ABR 53/80, DB 1982, 46.
[942] BAG 21.1.1992 – 3 AZR 21/91, NZA 1992, 659.
[943] BAG 9.4.1991 – 3 AZR 598/89, NZA 1991, 730; 22.5.1990 – 3 AZR 128/89, NZA 1990, 813.
[944] Höfer/*Höfer/Küpper* BetrAVG Kap. 5 Rn. 344 (es reiche bei sachgerechter Ausgestaltung bereits die Aufrechterhaltung des Besitzstandes auf der 1. und 2. Stufe; dann aber inkonsequent einschränkend mit der widersprüchlichen Aussage, es bedürfe dann ggf. nur noch einer angemessenen Höchstaltersregelung, nach deren Überschreitung auch in der 3. Stufe keine Kürzung mehr eintrete).

1. Besitzstandsstufe (ratierlicher Anspruch bei Neuordnung); hier: Sonderbeitrag: Kürzung der erdienten Anwartschaften um 10 %	
Erreichbare Altersrente (Alter 65) Unverfallbarkeitsfaktor bei Neuordnung (tatsächliche Dienstzeit/mögliche Dienstzeit) Ratierlicher erdienter Anspruch ohne zukünftige Dynamik (dh Wert gemäß § 2 BetrAVG):	EUR 2.000 × 25 % = EUR 500 20/40 = 0,5 EUR 500 × 0,5 = EUR 250 (entspricht EUR 2.000 ×12,5 %) Erdienter Besitzstand (Eingriff nur aus zwingenden Gründen möglich; hier nicht gerechtfertigt)
2. Besitzstandsstufe (erdiente Dynamik); hier: Einfrieren des ruhegeldfähigen Einkommens auf EUR 2.000 (=> Ausschluss der dynamischen Wertsteigerung des zeitanteilig erdienten Prozentsatzes infolge Gehaltsentwicklung)	
Ratierlicher Besitzstand als Prozentsatz des ruhegeldfähigen Einkommens bei Neuordnung: 25 % × 0,5 (m/n-tel Faktor) Anspruch bei Pensionierung (Alter 65) mit Berücksichtigung der Gehaltsdynamik (dh Bestimmung des Wertes, den der zeitanteilig erdiente Prozentsatz hätte, wenn auf ihn die weitere Gehaltsdynamik angewandt würde und sich die 12,5 % nicht auf EUR 2.000 sondern auf EUR 4.000 bezögen):	12,5 % EUR 4.000 × 0,125 = EUR 500 => Wert der erdienten Dynamik über den erdienten Besitzstand nach 1. Stufe hinaus: EUR 250 (Eingriff in diese zusätzliche EUR 250 gegenüber 1. Stufe nur aus triftigen Gründen möglich; hier zulässig, da Eigenkapitalrendite unter dem Selbstbehalt des Unternehmers liegt)
3. **Besitzstandsstufe** (Differenz zwischen ursprünglich zugesagtem Anspruch und Besitzstand nach 1. und 2. Besitzstandsstufe); **hier: Berücksichtigung zukünftiger Zuwächse mit 0,5 %**	
Ursprünglich zugesagt: 25 % von EUR 4.000 = EUR 1.000 EUR 1.000 abzgl. EUR 500 (Besitzstand Stufe 1 und 2)	EUR 500 (Wert der noch nicht erdienten aber bei unverändertem Fortbestand der Zusage möglichen Zuwächse) (Eingriff aus sachlichen Gründen möglich; hier zulässig, da sogar Kriterien der 2. Stufe erfüllt)
Schließung für Neueintritte	
	Zulässig; nicht an Drei-Stufen-Lehre zu messen, da kein Eingriff gegenüber bereits von der Zusage erfassten Personen

743 **(f) Eingriffe in sonstige Besitzstände.** Die Drei-Stufen-Theorie ist nur dann anwendbar, wenn sich Eingriffe auf die Höhe von Anwartschaften beziehen.

Andere Eingriffe werden hingegen seitens der Rechtsprechung unmittelbar an den Grundsätzen des Vertrauensschutzes und der Verhältnismäßigkeit gemessen.[945] Letzteres gilt zB für die Änderung von Anpassungsregelungen[946], für die Einführung von Ausschlusstatbeständen bei einer Hinterbliebenenversorgung,[947] oder für die Umstellung von Rentenleistungen auf eine Kapitalleistung.[948] Die Einführung oder Änderung von versicherungs-

[945] BAG 30.9.2014 – 3 AZR 998/12, NZA 2015, 75.
[946] BAG 28.6.2011 – 3 AZR 282/09, NZA 2012, 1229.
[947] BAG 21.11.2000 – 3 AZR 91/00, NZA 2002, 851.
[948] BAG 15.5.2012 – 3 AZR 11/10, NZA-RR 2012, 433.

mathematischen Abschlägen wegen vorzeitiger Inanspruchnahme der Rentenleistung soll hingegen nach der Rechtsprechung wiederum anhand der Drei-Stufen-Theorie zu messen sein, da sie sich unmittelbar auf die Höhe der Anwartschaft bezieht. Die gegenteilige Rechtsprechung wurde vom BAG ausdrücklich aufgegeben.[949]

Möglichkeiten

abändernde BV

Folge:

- Neu eintretende Arbeitnehmer erwerben keinen Anspruch, wenn sie in der neuen BV ausdrücklich ausgeschlossen werden.
- Geänderte BV bleibt Rechtsgrundlage für Begünstigte.
- Spätere (weitere) Änderungen können über neue abändernde BV oder über Kündigung herbeigeführt werden.
- Eingriffe in Besitzstände müssen in neuer BV als inhaltliche Änderung der alten BV vorgesehen und im Streitfall im Sinne der Drei-Stufen-Lehre des BAG begründet werden.

Kündigung

Folge:

- Neu eintretende Arbeitnehmer erwerben keinen Anspruch.
- BV bleibt als Rechtsgrundlage für bislang Begünstigte in dem Umfang erhalten, in dem der AG die Kündigungswirkung durch seine Erklärung beschränkt.
- Spätere (weitere) Änderungen des zunächst aufrecht erhaltenen Teils können über neue abändernde BV oder Kündigung des Restes der BV herbeigeführt werden.
- Eingriffe in Besitzstände müssen vom Betriebsinhaber benannt und im Streitfall im Sinne der Drei-Stufen-Lehre des BAG begründet werden.

- Zulässigkeit von Eingriffen in erworbene Besitzstände nach der Drei-Stufen Theorie des BAG
  - Erste Stufe: erdienter Besitzstand iSv § 2 BetrAVG
  - Zweite Stufe: zeitanteilig erdiente Dynamik
  - Dritte Stufe: dienstzeitabhängige Zuwächse

4. Die Änderung des Durchführungsweges

Im Zusammenhang mit der Umstrukturierung oder Integration von Versorgungsordnungen wird häufig die Frage nach einem Wechsel des Durchführungsweges virulent. Dazu das folgende 744

Beispiel J 21:

Die Versorgungsanrechte der zu übernehmenden Arbeitnehmer der A-GmbH sind in Form der Direktzusage begründet worden. Die B-GmbH versorgt ihre Arbeitnehmer über eine (kongruent rückgedeckte) Unterstützungskasse/Direktversicherung. Grundlage ist jeweils eine Gesamtzusage.

---

[949] BAG 13.10.2016 – 3 AZR 439/15, NJOZ 2018, 1019.

Wenn die B-GmbH sich für ihre eigenen Versorgungsverpflichtungen für eine **externe Vorausfinanzierung** (rückgedeckte Unterstützungskasse oder Direktversicherung) entschieden hat, um die Versorgungsverpflichtungen nicht in der Bilanz ausweisen zu müssen, so wird es auch ihr unternehmerisches Ziel sein, die Versorgungsverpflichtungen der übernommenen Arbeitnehmer in die gewählte Finanzierungsform zu integrieren. Ein einseitiger Wechsel des Durchführungswegs ist uE jedenfalls dann zulässig, wenn der zusagende Arbeitgeber sich diese Möglichkeit in der Versorgungszusage ausdrücklich oder konkludent vorbehalten hat oder die Parteien keinen bestimmten Durchführungsweg konstitutiv vereinbart haben.[950]

745 Besteht nach dem – ggf. durch Auslegung zu ermittelnden – Inhalt der Versorgungszusage eine derartige Regelung nicht, bedarf ein Wechsel des Durchführungswegs grundsätzlich der **Zustimmung** des jeweiligen Vertragspartners der Zusage. Dies ist bei einer individuell erteilten Zusage jeder einzelne betroffene Arbeitnehmer. Dies ergibt sich aus dem Umstand, dass eine einseitige Änderung bestehender Verträge nicht möglich ist.[951] Es wird allerdings zu Recht vertreten, dass ein Anspruch auf Erteilung der entsprechenden Zustimmungen besteht, wenn für den Versorgungsberechtigten kein Nachteil droht.[952] Damit ist aber *de facto* wenig gewonnen, wenn der Anspruch auf die Zustimmung erst eingeklagt werden muss. Besser ist es, ggf. mit Unterstützung des Betriebsrats, Überzeugungsarbeit zu leisten. Gelingt dies nicht, so kann er Klage gegen die einseitige Umstellung des Durchführungswegs allerdings ggf. eine *dolo petit* Einrede entgegengehalten werden, wenn der Mitarbeiter zur Erteilung der Zustimmung verpflichtet war. Soweit sich Umstellung des Durchführungsweges lediglich auf aktive Arbeitnehmer bezieht, wird ein solches Vorgehen regelmäßig nicht notwendig erscheinen, da der Arbeitgeber den Durchführungsweg auch durch eine ablösende Betriebsvereinbarung oder eine ablösende Gesamtzusage wechseln kann (vgl. → Rn. 687 und 689a).

746 Die Auswahl der geeigneten Gestaltungsform zur Durchführung der betrieblichen Versorgungsverpflichtungen unterfällt nicht den mitbestimmten Entscheidungen. Es besteht somit insoweit kein Mitbestimmungsrecht des Betriebsrats.[953] Anders wäre dies, wenn es zu einer Änderung des Leistungsplanes kommt.

Die rechtliche Notwendigkeit zur Einschaltung des Betriebsrats kann sich aber auch im Fall einer reinen Änderung des Durchführungsweges ergeben, wenn die abzuändernde Versorgungszusage (anders als im obigen Beispiel) auf einer Betriebsvereinbarung beruht.[954] Grund für die Einschaltung des Betriebsrats ist in diesen Fällen aber nicht, dass es sich um eine unter den Katalog des § 87 BetrVG fallende Thematik handelt, sondern das eine bestehende Betriebsvereinbarung geändert werden muss. Im Übrigen bietet der Abschluss einer Betriebsvereinbarung wie oben erwähnt zudem den Vorteil, etwaige bestehende Zustimmungsrechte der Versorgungsberechtigten aufgrund der normativen Wirkung zu überwinden, welche nach § 77 Abs. 4 BetrVG auch für freiwillige Betriebsvereinbarungen gilt.

747 Nicht als Wechsel des Durchführungswegs anzusehen ist der Wechsel des Trägers der Versorgung unter Beibehaltung des Durchführungsweges. Der Wechsel der Versicherung oder Pensionskasse bei Beibehaltung des Leistungsplanes ist daher nicht von der Zustimmung des Betriebsrats oder der Mitarbeiter abhängig, es sei denn es wurde in der Zusage ausnahmsweise auch die Identität des Versorgungsträgers konstitutiv als Anspruch vereinbart (und nicht lediglich informatorisch genannt).[955]

---

[950] So auch Höfer/*Höfer/de Groot* BetrAVG Kap. 9 Rn. 150.

[951] BAG 12.6.2007 – 3 AZR 186/06, NZA-RR 2008, 537.

[952] MHdB ArbR/*Börner* § 213 Rn. 17; Höfer/*Höfer/de Groot* BetrAVG Kap. 9 Rn. 152; vgl. ausf. mwN Schlewing/Henssler/Schipp/Schnitker/*Karst/Stöckler* Teil 5 H, Rn. 22ff.

[953] BAG 16.2.1993 – 3 ABR 29/92, NZA 1993, 953.

[954] BAG 12.6.2007 – 3 AZR 186/06, NZA-RR 2008, 537.

[955] BAG 29.7.2003 – 3 ABR 34/02, NZA 2004, 1344; MHdB ArbR/*Börner* § 213 Rn. 17.

Das Gesetz stellt durch § 1b Abs. 1 S. 3 BetrAVG sicher, dass der Wechsel des Durchführungswegs nicht den Lauf der Unverfallbarkeitsfristen unterbricht, so dass sich unter diesem Gesichtspunkt keine Probleme ergeben. 748

Berücksichtigt werden muss stets, dass ein Wechsel des Durchführungswegs **steuerliche Implikationen** mit sich bringt. Diese lassen sich im Überblick wie folgt schematisieren: 749

von => auf	Direktzusage	Unterstützungskasse	Pensionskasse	Direktversicherung	Pensionsfonds
Direktzusage		Neutral	Änderung	Änderung	Änderung
Unterstützungskasse	Neutral		Änderung	Änderung	Änderung
Pensionskasse	Änderung	Änderung		Neutral	Neutral
Direktversicherung	Änderung	Änderung	Neutral		Neutral
Pensionsfonds	Änderung	Änderung	Neutral	Neutral	

Zu den Einzelheiten für die Besteuerung der Beiträge und Leistungen in den verschiedenen Durchführungswegen → Rn. 83 ff.

X. Zutreffende Berücksichtigung von Versorgungsverpflichtungen

1. Die Bedeutung von betrieblichen Versorgungsverpflichtungen im Rahmen der *due diligence*-Prüfung

Bei der Unternehmensakquisition, gleich ob es sich um einen *share deal* oder *asset deal* handelt, bei einer Unternehmensumstrukturierung in Form einer Verschmelzung, Abspaltung, Einbringung in ein *Joint Venture* etc oder bei einer Aktienemission werden in der Regel die **Versorgungsverpflichtungen** des betrachteten Unternehmens **ermittelt und bewertet.** Der Umfang dieser Versorgungsverpflichtungen beeinflusst den Kaufpreis bzw. den Wert des Unternehmens und häufig ganz allgemein die Entscheidung, ob es zu der geplanten Transaktion überhaupt kommt. 750

Die Feststellung und Bewertung von Pensionsverpflichtungen ist wegen des Ineinandergreifens von arbeits-, steuer- und handelsrechtlichen Fragestellungen besonders schwierig und komplex. Die Pensionsverpflichtungen haben oft ein beachtliches Volumen. Sie sind zudem nicht selten der größte Einzelposten auf der Passivseite der Bilanz. Schließlich gibt es gerade im Bereich der betrieblichen Altersversorgung einen sehr großen Bewertungsspielraum und damit eine große Möglichkeit, den Kaufpreis bzw. Unternehmenswert entscheidend zu beeinflussen. Gerade deshalb ist für den Käufer eine sorgfältige *due diligence*-Prüfung von größter Bedeutung. 751

2. Hinweise zur Vollständigkeitsprüfung bei der Feststellung der Versorgungsverpflichtungen

Bei der Ermittlung des finanziellen Ausgleichs zwischen Käufer und Verkäufer ist die zutreffende Ermittlung des Umfangs der zu übernehmenden Verbindlichkeiten von entscheidender Bedeutung. In diesem Zusammenhang sind folgende Punkte zu beachten. 752

753 Zunächst ist im Rahmen einer **Bestandsaufnahme** festzustellen, welche Versorgungszusagen überhaupt bestehen *(due diligence)*. Dies ist ein nicht zu unterschätzendes Problem. Häufig ist es schwierig, sämtliche relevanten Versorgungsregelungen einschließlich ihrer ggf. bei Veränderungen relevanten Historie zu erhalten. Zu den Unterlagen, die in aller Regel erst im späteren Verlauf der *due diligence* vorgelegt werden, gehören beispielsweise einzelvertragliche Zusagen an Geschäftsführer oder Vorstände und Unterlagen zu den in der Vergangenheit durchgeführten Neuordnungen (zB Verschlechterungen der Versorgung).

754 Sodann sind diese Zusagen auf ggf. bestehende versteckte Risiken zu untersuchen, die zu einer Ausweitung der Verpflichtungen führen können; solche Risiken können sich insbesondere aus ungünstigen bzw. unklaren oder gar rechtlich unkorrekten Regelungen in der Versorgungsordnung ergeben. Besonders tückisch sind in diesem Zusammenhang etwaig bestehende betriebliche Übungen, die naturgemäß nicht schriftlich dokumentiert sind, gleichwohl aber verbindliche Handlungspflichten oder Ansprüche begründen können. Besondere Vorsicht ist zudem dann geboten, wenn die Versorgungsordnungen im Laufe der Zeit zum Nachteil der Mitarbeiter geändert wurden, da die Wirksamkeit der Änderungen alles andere als selbstverständlich ist (→ Rn. 655 ff.). Besonderes Augenmerk verdienen ferner die folgenden Aspekte:

- Diskriminierungsverbote/Gleichbehandlung
- Unwirksame Abfindungen, Verzichtserklärungen und Übertragungen
- Beleihung bzw. Abtretung der Finanzierungsmittel bei externer Finanzierung
- Unwirksame Verschlechterung bzw. Schließung der Versorgung in der Vergangenheit
- Verpflichtung zur Anpassung laufender Rentenleistungen, insbesondere Nachholung in der Vergangenheit unterlassener Anpassungen.

755 Es bietet sich an, zunächst die bestehenden Versorgungsregelungen systematisch nach dem folgenden Muster **aufzunehmen:**

Systematisierung	Erläuterung
Bezeichnung des Versorgungssystems	*Bezeichnung, Einführungsdatum*
Finanzierung des Versorgungssystems	*arbeitgeberfinanziert/arbeitnehmerfinanziert (Entgeltumwandlung)*
Geltungsbereich des Versorgungssystems	*Verpflichtetes Unternehmen* *Erfasste Betriebe*
Ursprung des Versorgungssystems	*eigenes System/übernommenes System (zB durch Betriebsübergang)/ Ablösungsproblematiken*
Rechtsgrundlage des Versorgungssystems	*zB Individualzusage, BV, TV*
Durchführungsweg	*Direktzusage, Unterstützungskasse, Pensionskasse, Direktversicherung, Pensionsfonds*
Anzahl der begünstigten Mitarbeiter	*Aktive/unverfallbar Ausgeschiedene/Rentner*
Besonderer Finanzierungs-/Insolvenzschutzmechanismus	*zB (verpfändete) Rückdeckungsversicherung, CTA*
Umfang der Verbindlichkeiten	*Nach § 6a EStG* *Nach §§ 246, 253 HGB* *Nach IAS (US GAAP)*

Systematisierung	Erläuterung
Erfolgte Änderungen des Versorgungssystems/Wirtschaftliche Rahmenbedingungen des Unternehmens zum Zeitpunkt der Änderung	*Datum der Änderung* *Zweck der Änderung* *Methode der Änderung (zB individuelle Zustimmung, ablösende Betriebsvereinbarung usw.)* *Beurteilung der Wirksamkeit der Änderung*
Anpassung laufender Leistungen/Wirtschaftliche Rahmenbedingungen des Unternehmens zum Zeitpunkt der Entscheidung	*Erfolgte Anpassungen* *Gründe für Nichtanpassungen* *Mitteilung an Pensionäre über Nichtanpassung*
Rechtsstreitigkeiten oder Konflikte in Bezug auf die Versorgungsregelung	*zB Klagen wegen Ungleichbehandlung, Nichtanpassung usw.*

Folgende Unterlagen sind im Rahmen der Informationsbeschaffung je nach Ausganglage und Natur der beabsichtigten Transaktion anzufordern: 756
- Texte aller derzeit gültigen Versorgungszusagen einschließlich ihrer Historie (Schließung, Änderung, Ablösung)
- Texte aller in der Vergangenheit gültigen und (angeblich) geschlossenen Versorgungszusagen einschließlich der Kommunikation und Unterlagen im Rahmen der Schließung
- Vereinbarungen mit externen Versorgungsträgern unter Zuordnung zu den entsprechenden Zusagen
- Aktuarische Gutachten zur Höhe der Versorgungsverpflichtungen und Bewertungsgutachten von Deckungsvermögen/Planvermögen der letzten drei Jahre unter Ausweis:
  - der auf die Personengruppen (Rentner, Aktive, unverfallbar Ausgeschiedene) entfallenden Beträge,
  - der verwandten Berechnungsfaktoren und angewandten Bewertungsmethoden
  - der jährlichen finanziellen Aufwendungen
  - der Berücksichtigung (Glättung/Verteilung) von Schwankungen
  - der Zusammensetzung der Deckungsmittel/des Planvermögens
- Vollständige Dokumentation eines ggf. vorhandenen CTAs (Satzung, Treuhandvereinbarungen, ggf. Anlagerichtlinien)
- Darstellung der Rechtsstreitigkeiten der letzten 5 Jahre oder Verfahren mit grundsätzlicher Bedeutung
- Dokumentation der Kommunikation und Entscheidungsfindung betreffend Anpassung der Leistungen, sofern Rentnerbestände übernommen werden
- Dokumentation der Abfindung von Anwartschaften und Ansprüchen

3. Einzelfragen

In dem so ermittelten Rahmen können sich ua folgende weitere Einzelfragen ergeben: 757

a) Betriebliche Übung

- Mehrfache, vorbehaltslose Gewährung eines 13. Ruhegehaltes, bspw. Weihnachtsgeld an Pensionäre? 758
- Regelmäßige, vorbehaltslose Anpassung von Versorgungsanwartschaften an die Lohn- oder Preisentwicklung oder einen anderen Index?

b) Gleichbehandlung

759 – Ist die Altersgrenze und sind auch die Leistungen und sonstigen Bedingungen für Männer und Frauen gleich?
- Spätehenklausel?
- Wird insbesondere neben einer Witwenversorgung auch eine Witwerversorgung gewährt?
- Sind Einzelpersonen aus einer generellen Versorgungsregelung ausgeschlossen und, falls ja, liegen dafür sachliche Gründe vor?
- Ist die Versorgung auf einen Teil der Belegschaft bzw. einzelne Arbeitnehmergruppen begrenzt und, falls ja, ist die Gruppenabgrenzung willkürfrei?
- Unterschiedliche Regelungen für Arbeiter und Angestellte?
- Ausschluss von Teilzeitbeschäftigten?
- Wurden Betriebe bzw. Betriebsteile übernommen, in denen – mangels Ausschlusses – eine allgemeine Versorgung Anwendung findet?

c) Abfindungen, Verzicht bzw. Übertragungen

760 – Wurden in der Vergangenheit gesetzlich unverfallbare Versorgungsanwartschaften abgefunden und, falls ja, wurde eine ggf. notwendige Zustimmung des Betroffenen eingeholt und das Abfindungsverbot des § 3 BetrAVG beachtet?
- Wurden Versorgungsverpflichtungen auf einen anderen Versorgungsträger übertragen und, falls ja, erfolgte dies mit (wirksamer) Zustimmung der betroffenen Versorgungsberechtigten? Wurde nur auf die in § 4 BetrAVG vorgesehenen Versorgungsträger übertragen?
- Fand ein Verzicht bzw. Teilverzicht auf unverfallbare Versorgungsanwartschaften ohne die nach § 77 Abs. 4 S. 2 BetrVG notwendige Zustimmung des Betriebsrates statt? Bestand ein sachlicher Grund für den Verzicht oder wurde eine adäquate Kompensation gewährt?

d) Aushöhlung eines externen Finanzierungsinstruments

761 – Wurden die Ansprüche aus bestehenden Direktversicherungen vom Arbeitgeber beliehen und, falls ja, in welcher Höhe?
- Wurden die Ansprüche aus bestehenden Direktversicherungen abgetreten?
- Bestehen Beitragsrückstände?
- Wurde die Finanzierung mit der Zusage begonnen? (Vorschaltzeiten problematisch)
- Besteht nach der Transaktion noch ein Zugriff des aus den Versorgungszusagen verpflichteten Unternehmens auf die Deckungsmittel/Ausscheiden des Arbeitgebers aus dem Kreis der Trägerunternehmen bzw. durch Übergang des Arbeitsverhältnisses auf ein Unternehmen, das nicht zum Kreis der Trägerunternehmen zählt und zählen kann?

e) Unwirksame Verschlechterung/Schließung eines Versorgungswerkes

762 – Wurde eine geltende Versorgungsregelung in der Vergangenheit verschlechtert und, falls ja, lagen die dafür notwendigen Gründe im Sinne der Rechtsprechung des BAG vor? Wurde das zutreffende Regelungsinstrument (Betriebsvereinbarung, Individualvertrag) benutzt, um überhaupt eine rechtswirksame Änderung zu bewirken?
- Wurde ein altes Versorgungswerk geschlossen? Falls ja, wurde die zeitliche Abgrenzung (Ausschluss nur von neu eintretenden Arbeitnehmern und nicht von solchen, die die Warte- bzw. Vorschaltzeit noch nicht absolviert hatten) zutreffend vorgenommen? Erfolgte die Schließung in rechtstechnisch wirksamer Weise?

f) Unterlassene Anpassungen von laufenden Leistungen

- Wurden laufende Leistungen in den zurückliegenden Jahren alle drei Jahre in Höhe der gestiegenen Lebenshaltungskosten, mindestens im Umfang des Anstiegs der Nettolöhne, erhöht? 763
- Sofern keine volle Anpassung laufender Renten an gestiegene Lebenshaltungskosten oder Nettolöhne erfolgte, lagen die von der Rechtsprechung aufgestellten Voraussetzungen für eine nicht volle Anpassung vor?
- Wurde die 1%-Anpassungsgarantie zulässig angewendet?
- Anwendbarkeit der Escape Klausel § 16 Abs. 3 Nr. 2 BetrAVG?

Zu den Standardfragen, die im Rahmen einer *due diligence* zu stellen sind, gehört die Frage nach **Rechtsstreitigkeiten** bezüglich betrieblicher Versorgungsverpflichtungen, die anhängig sind oder in den zurückliegenden Jahren geführt wurden. Kam es zu solchen Rechtsstreitigkeiten, so deutet dies nicht selten auf die Spitze eines Eisberges hin, der näher zu untersuchen ist. Zu beachten ist, dass der Themenkreis der Anpassung laufender Leistungen regelmäßig nur beim *share deal* eine Rolle spielt. In der Praxis werden Anpassungsfragen aber zuweilen auch beim *asset deal* erörtert, obwohl hier – ohne weitergehende Vereinbarungen – gar keine Rentner – und somit keine historischen Anpassungsrisiken – übergehen. Bedeutung kommt der Rentenanpassung beim *asset deal* nur dann zu, wenn es um die Wirksamkeit einer ggf. in der Versorgungsordnung enthaltenen Klausel geht, die sich für den Bestand der übergehenden Aktiven später einmal auswirken kann. In der Vergangenheit unterblieben Anpassungen sind hingegen irrelevant.

g) CTA

- Wurde ein CTA errichtet? 764
- Vorlage der Treuhandvereinbarungen sowie der Satzung des Treuhänders zur Beurteilung von Folgefragen:
- Welche Versorgungszusagen, sind in das CTA einbezogen?
- Welche Rechtsträger treten als Treugeber auf?
- Geht das CTA im Rahmen der Transaktion auf den Erwerber über?
- Ausscheiden aus dem Konzern?
- Sieht das CTA eine Möglichkeit vor, Treuhandvermögen bei Überdotierung zu entnehmen bzw. auch ohne Überdotierung durch andere Vermögenswerte zu ersetzen?
- Haftet das Treuhandvermögen nach der Transaktion fort? Sind Maßnahmen erforderlich, um die Haftung zu beenden?
- Besteht aufgrund der CTA-Abreden eine Verpflichtung zur Begründung einer gleichartigen Sicherheit beim Erwerber, soweit Versorgungsberechtigte im Falle eines *asset deals* auf diesen übergehen?

4. Hinweise zur richtigen Bewertung von Versorgungsverpflichtungen

Nach der Erfassung der Versorgungsverpflichtungen sind diese auch zu bewerten. Es ist 765 der Umfang der **nicht** (durch Versorgungsvermögen) **gedeckten** Versorgungsverpflichtungen zu ermitteln, der auf ein Erwerberunternehmen übergeht bzw. in einer erworbenen Gesellschaft vorhanden ist.[956] IdR ist der Erwerber auch daran interessiert, die laufenden Kosten der übernommenen betrieblichen Altersversorgung quantifiziert zu bekommen.

Für die Ermittlung von Versorgungsumfang und Kosten ist der gewählte Durchführungsweg sowie die Gestaltung des Leistungsplanes (beitrags- oder leistungsorientiert, insbesondere endgehaltsabhängig) entscheidend.

[956] Allerdings muss mit Blick auf die Deckungsmittel auch sichergestellt werden, dass diese tatsächlich übertragen werden. Das ist nicht immer automatisch der Fall.

a) Bedeutung von bilanziellen Angaben

766 **aa) Steuerbilanz.** Die in der Steuerbilanz gebildeten **Rückstellungen** für Pensionen vermögen bestenfalls einen **ersten Eindruck** von dem Umfang der bekannten Verbindlichkeiten zu gewähren.

767 Sie beziehen sich zunächst nur auf solche Versorgungszusagen, für die überhaupt Rückstellungen in der Steuerbilanz gebildet werden können. Dies sind nur die unmittelbaren Pensionszusagen dh Direktzusagen, nicht aber zB Unterstützungskassenzusagen. Die steuerliche Berücksichtigung von Aufwendungen beim Trägerunternehmen für eine Unterstützungskasse richtet sich nach § 4d EStG. Danach sind die Zuwendungen unter bestimmten Voraussetzungen (zB Grundsatz gleich bleibender oder steigender Beiträge für Leistungsanwärter bei der rückgedeckten Unterstützungskasse) und innerhalb eng definierter Grenzen als abzugsfähige Betriebsausgaben anerkennungsfähig. Die Bildung von Rückstellungen ist nicht vorgesehen. Insbesondere fällt die Unterstützungskasse mangels Einräumung des gemäß § 6a Abs. 1 Nr. 1 EStG erforderlichen Rechtsanspruchs nicht unter § 6a EStG. Das in einer Unterstützungskasse bestehende *funding*-Defizit ist somit aus der Steuerbilanz nicht ersichtlich.

768 Keine steuerlichen Rückstellungen werden ferner gebildet für Direktversicherungen, Pensionskassenzusagen oder Pensionsfondszusagen.[957] Die im maßgeblichen Zeitraum anfallenden und abfließenden Prämien sind unmittelbare Betriebsausgaben. Hierfür erhält der Versorgungsberechtigte einen unmittelbaren Anspruch gegen den externen Versorgungsträger.

769 Ferner enthalten die Rückstellungen naturgemäß zunächst keine Aussage über versteckte Risiken. Ferner erfassen sie nicht Verpflichtungen, die aus Vorgängen resultieren, für die das Schriftformerfordernis des § 6a Abs. 1 Nr. 3 EStG nicht eingehalten wurde. Die Steuerrückstellungen sind aber auch im Hinblick auf die bekannten Verpflichtungen von eingeschränkter Aussagekraft, wenn es um die Ermittlung des wahren Wertes der Verpflichtungen geht. Dies liegt an den zur Berechnung der Rückstellung verwandten Parametern (siehe nachfolgend) und Verfahren. Im ungünstigsten Fall liegt nicht zuletzt aufgrund der anhaltenden Niedrigzinsphase der derzeit nach BilMoG oder internationalen Bilanzierungsvorschriften ermittelte Barwert der zum Bewertungsstichtag vorhandenen Pensionsansprüche weitaus höher als der steuerliche Teilwert und kann mehr als das Doppelte von diesem betragen.

770 Die **Gründe** dafür, dass eine gemäß den steuerlichen Regeln gebildete Pensionsrückstellung eine deutlich niedrigere Verpflichtung ausweist als eine nach internationalen Bewertungsstandards oder in der Handelsbilanz nach Einführung des BilMoG ermittelte Pensionsverpflichtung, sind vielfältig. Die wichtigsten Gründe sind die folgenden:

771 • **Pauschaler Fluktuationsabschlag** gemäß § 6a Abs. 2 Nr. 1 EStG
Für die steuerliche Bewertung darf der Aufwand aus einer Pensionszusage erst dann berücksichtigt werden, wenn der Pensionsberechtigte bis zur Mitte des Wirtschaftsjahres das nach § 6a EStG und Übergangsregelungen jeweils maßgebliche Lebensjahr (27, 28, 30) vollendet hat. Nach den Gesetzesmaterialien soll damit ein pauschaler Abschlag für Mitarbeiterfluktuation berücksichtigt werden. Die Regelung führt dazu, dass die Pensionsverpflichtungen gegenüber Mitarbeitern, die bis zur Mitte des Wirtschaftsjahres das jeweils notwendige Mindestalter noch nicht vollendet haben, völlig unberücksichtigt bleiben und zwar selbst dann, wenn die betreffenden Mitarbeiter eine vertraglich unverfallbare Versorgungsanwartschaft haben.

772 • **Anwendung des Stichtagsprinzips** gemäß § 6a Abs. 3 S. 2 Nr. 1 EStG
Für die Ermittlung des Verpflichtungsumfanges dürfen Erhöhungen der Versorgungsleistungen, die zum jeweiligen Bewertungsstichtag noch nicht eingetreten oder fest vereinbart sind, nicht berücksichtigt werden. Dies führt dazu, dass bei gehaltsabhängigen Ver-

---

[957] Kolvenbach/Sartoris/*Völker* S. 56.

sorgungszusagen die zu erwartenden Gehaltserhöhungen nicht berücksichtigt werden dürfen. In gleicher Weise darf nicht berücksichtigt werden, dass bei laufenden Renten – soweit die wirtschaftliche Lage des Unternehmens es zulässt – alle drei Jahre eine Anpassung an gestiegene Lebenshaltungskosten vorzunehmen ist. Es wird vielmehr bilanziell fingiert, dass die Versorgungszusage in gleicher Höhe wie zum Bewertungsstichtag fortbestehen wird.

- **Vorgeschriebener Rechnungszins** von 6% p. a. gemäß § 6a Abs. 3 S. 3 EStG 773
  Der Steuergesetzgeber schreibt für die steuerliche Bewertung einen Rechnungszinsfuß von 6% vor. Dieser Zinssatz liegt aufgrund der anhaltenden Niedrigzinsphase deutlich über dem Marktzins für sichere Kapitalanlagen und ist daher unrealistisch. Setzt man zB einen Rechnungszins in Höhe von immer noch 5% an, so führt dies bereits zu einem erheblichen Anstieg der Verpflichtungssumme. Dabei sind die Auswirkungen umso größer, je länger die Laufzeit bis zum Eintritt in den Ruhestand ist. Bei einem 30-jährigen Anwärter kann zum Beispiel ein Unterschied im Rechnungszins von nur 1% innerhalb eines Spielraums von 4 bis 6% zu einer Veränderung des Barwertes der Versorgungsverpflichtung zwischen ca. 25 und 50% führen, (abhängig davon, ob eine Einmalzahlung oder eine laufende Rente geschuldet wird, weil die Zinswirkung durch die Dauer des Rentenbezugszeitraums noch einmal verstärkt wird). Bei einem 50-Jährigen reduziert sich diese Spanne auf 11 bis 25%.[958]
- Anwendung des **Teilwertverfahrens** gemäß § 6a Abs. 3 EStG 774
  In der Steuerbilanz sind nur laufende Verpflichtungen und unverfallbare Anwartschaften zum Barwert (mit den obigen, erläuterten und effektiv die Höhe beschränkenden Parametern) anzusetzen.
  Anwartschaften aktiver Mitarbeiter sind hingegen zum sog. Teilwert anzusetzen. Der Teilwert von Pensionsanwartschaften ist gemäß § 6a Abs. 3 S. 2 Nr. 1 EStG als Barwert der zukünftigen Pensionsleistungen bezogen auf den Schluss des Wirtschaftsjahres abzüglich „des sich auf den selben Zeitpunkt ergebenden Barwertes betragsmäßig gleich bleibender Jahresbeträge" definiert. Bei der Ermittlung des Teilwerts wird eine gleich bleibende, jährlich vorschüssig zu zahlende fiktive Prämie (die Teilwertprämie) so ermittelt, dass ihr Barwert bei Beginn des Dienstverhältnisses (frühestens jedoch dem nach § 6a EStG zulässigen Alter) dem Barwert der gesamten Anwartschaft entspricht. Der zum jeweiligen Bilanzstichtag anzusetzende Teilwert ergibt sich dann, indem der Barwert der zu diesem Zeitpunkt noch ausstehenden Teilwertprämien vom aktuellen Barwert der Anwartschaft abgezogen wird.

Dieses Teilwertverfahren führt im Unterschied zu einem Anwartschaftsbarwertverfahren 775 *(projected unit credit method)* dazu, dass bei Veränderungen der Versorgungszusage für die Zukunft (z. B durch Erhöhungen oder Neuzusagen) die Verpflichtung jeweils auf die gesamte Dienstzeit unter Berücksichtigung des Barwertes der entsprechend angepassten Jahresleistungen gleichmäßig verteilt wird, während beim Anwartschaftsbarwertverfahren sich die Verpflichtung entsprechend der Zuordnung auf die verbleibenden Dienstjahre dynamisch entwickelt.

Eine Ausnahme gilt lediglich für ab dem 1.1.2001 erteilte Pensionszusagen, die auf Entgeltumwandlung beruhen. Bei ihnen entspricht der Teilwert dem Barwert der unverfallbaren Anwartschaft am Schluss des betreffenden Wirtschaftsjahres. Hier besteht in aller Regel keine wesentliche Diskrepanz zwischen der in der deutschen Steuerbilanz ausgewiesen Pensionsverpflichtung und entsprechenden nach US-GAAP bzw. IAS berechneten Werten. Die weiteren Ausführungen beziehen sich daher auf firmenfinanzierte Pensionsverpflichtungen.

Bei **betragsmäßig festen Zusagen** an Mitarbeiter, die nahezu ausschließlich bereits 776 das jeweils notwendige Mindestalter vollendet haben, würde sich vorbehaltlich des Rechnungszinses allein aufgrund der unterschiedlichen Betrachtungsmethoden in vielen Fällen

[958] Sehr instruktiv hierzu die Übersichten bei *Reichel/Schmandt* E Rn. 372, 462ff.

keine große Differenz ergeben. Bei Versorgungszusagen, die auf das Durchschnittsgehalt abstellen oder beitragsorientiert ausgestaltet sind (nicht beitragsdefiniert im angloamerikanischen Sinne) oder gar auf das Endgehalt abstellen, ergibt sich gegenüber einem entsprechend § 6a EStG bilanzierten Wert bereits aus der unterschiedlichen Methodik eine deutliche Erhöhung. Gleiches gilt dann, wenn die Belegschaft einen hohen Anteil von unter 28-jährigen aufweist, die bereits eine Versorgungszusage erhalten haben, etwa bei jung gegründeten Unternehmen. Hinzu kommen die enormen Auswirkungen der Rechnungszinsdifferenz, welche derzeit in sämtlichen Typen von Versorgungszusagen zu extremen Differenzen führt.

777–778 *In dieser Auflage nicht belegt*

779 **bb) Handelsbilanz.** Für die Handelsbilanz gilt Folgendes:

(1) Vor Inkrafttreten des BilMoG. Vor Inkrafttreten des BilMoG war die Bilanzierung von Pensionsverpflichtungen nur rudimentär geregelt. Pensionsverpflichtungen stellten ungewisse Verbindlichkeiten dar, für die nach § 249 HGB grds. eine Rückstellung gebildet werden musste. Allerdings wurde diese Passivierungspflicht in Art. 28 Abs. 1 EGHGB wieder eingeschränkt. Für Direktzusagen brauchte danach keine Rückstellung gebildet zu werden, wenn der erstmalige Rechtsanspruch vor dem 1. 1. 1987 erworben wurde oder sich ein vor diesem Zeitpunkt erworbener Anspruch nach diesem Stichtag erhöhte. Für mittelbare Zusagen bestand ein Passivierungswahlrecht. Es musste somit keine Rückstellung gebildet werden. Hatte das Unternehmen von diesem Passivierungswahlrecht Gebrauch gemacht, war allerdings gemäß § 28 Abs. 2 EGHGB eine Angabe der in der Bilanz nicht ausgewiesenen Rückstellungen für laufende Pensionen und Anwartschaften und ähnliche Verpflichtungen im Anhang und Konzernanhang der Bilanz in einem Betrag erforderlich.

780 Da das HGB selbst in § 253 Abs. 1 HGB nur eine grobe Leitlinie zur Bildung von Pensionsrückstellungen enthielt, wonach die Pensionsverpflichtung zum Barwert anzusetzen war, wenn für die Rentenverpflichtung eine Gegenleistung nicht mehr zu erwarten war (dh nur bei Ausscheiden des Mitarbeiters), hat das IDW 1988 eine umfassende Stellungnahme zu der Frage veröffentlicht, wie Pensionsrückstellungen zu berechnen und anzusetzen waren.

781 Danach waren als Grundlage der Bewertung die anerkannten Regeln der Versicherungsmathematik anzuwenden. Laufende Leistungen und unverfallbare Anwartschaften waren zum Barwert der Verpflichtung anzusetzen. Für aktive Mitarbeiter war demgegenüber eine Verteilung über die gesamte Dienstzeit vorzunehmen. Hierfür wurde das Teilwertverfahren verwandt, das auch im Steuerrecht angewendet wurde.

782 Für die Rechnungsgrundlagen waren zeitnah ermittelte biometrische Grundlagen zu Grunde zu legen. Zudem war neben einem realistischen Ansatz der Altersgrenze die zu erwartende Fluktuation und das Stichtagsprinzips zu berücksichtigen. Der Rechnungszins war in einem Rahmen von 3–6% anzusetzen. Zukünftige Wertänderungen waren zu berücksichtigen. Daher war der steuerliche Teilwert, auf den in der Praxis häufig zurückgegriffen wurde, für den Ansatz in der Handelsbilanz die Untergrenze.

783 Veränderungen der Rückstellungen waren in der GuV als Aufwand (Zuwendungen), und Ertrag (bei Auflösung) zu buchen. Dabei war zwischen dem Zins- und einem Versorgungsanteil zu unterscheiden: Der Zinsanteil ist der Teil, der allein aufgrund der Wirkung des Zinses entsteht. Der Rest ist der Versorgungsaufwand. Er war als Personalaufwand zu buchen.

784 **(2) Nach Inkrafttreten des BilMoG.** Nach Einführung des BilMoG hat sich die handelsbilanzielle Behandlung grundlegend geändert. Das BilMoG beabsichtigt, ein den tat-

sächlichen Verhältnissen entsprechendes Bild über die Vermögens-, Ertrags- und Finanzlage zu vermitteln.[959]

Auch nach Einführung des BilMoG besteht nur eine Pflicht zur Bildung von Rückstellungen für unmittelbare Versorgungszusagen.[960] Allerdings bestehen weiterhin die Passivierungswahlrechte für Altzusagen. Dies bedeutet, dass stets darauf zu achten ist, ob Wahlrechte im Sinne einer Nichtberücksichtigung ausgeübt wurden. 785

Keine Rückstellungen können grds. gebildet werden für mittelbare Versorgungszusagen, dh Direktversicherungen, Pensionskassenzusagen oder Pensionsfondszusagen, Art. 28 Abs. 1 S. 2 EGHGB.[961] Die abstrakte Ausfallhaftung nach § 1 Abs. 1 S. 3 BetrAVG für mittelbare Versorgungszusagen wird im Grundsatz nicht bilanziert. Besteht allerdings eine Unterdeckung, so besteht ein Wahlrecht zur Bildung von Rückstellungen oder dem Ausweis der Unterdeckung im Anhang. Relevant wird dies vor allem für Unterstützungskassen, die nicht kongruent rückgedeckt sind und daher in aller Regel eine Unterdeckung aufweisen, so lange sie nicht nur Rentner und unverfallbar Ausgeschiedene versorgen. 786

Der wesentliche Unterschied zur Rechtslage vor Inkrafttreten des BilMoG besteht einerseits darin, dass die Rückstellungen nunmehr gemäß § 253 HGB mit dem **Erfüllungsbetrag** anzusetzen sind. Die konkrete **Bewertungsmethodik** ist durch das BilMoG nicht vorgeschrieben. Die Bewertung kann daher sowohl nach dem Teilwertverfahren erfolgen (allerdings mit den modifizierten Vorgaben hinsichtlich der bemessungsrelevanten Faktoren); allerdings dürften sich inzwischen Barwertverfahren durchgesetzt haben, wie sie in der internationalen Rechnungslegung üblich sind (zB die in IFRS und US GAAP übliche *„projected unit credit method"* PUCM).[962] Dabei enthält § 253 HGB einige entscheidende Vorgaben. Die Bewertung hat auf der realen Marktzinsentwicklung (§ 253 Abs. 2 HGB: grundsätzlich der Durchschnitt der letzten 7 Geschäftsjahre) zu erfolgen und zudem dynamische Entwicklungsfaktoren wie Gehalts- und Rententrend adäquat einzubeziehen. Im Rahmen der Gehaltssteigerungen ist der Karrieretrend zu berücksichtigen. Damit ist das Stichtagsprinzip für die Zwecke der Handelsbilanz aufgegeben. Der bisher in der Regel auch für die Handelsbilanz verwandte steuerliche Teilwert kann somit nicht mehr für die Handelsbilanz verwandt werden. Weitaus erheblicher hat sich indes zwischenzeitlich die Neuregelung des Rechnungszinses ausgewirkt. Dieser wird nach § 253 Abs. 2 HGB nunmehr einheitlich von der Deutschen Bundesbank nach Maßgabe der RückAbzinV ermittelt und festgelegt. Maßgeblich ist dabei für Rückstellungen aus betrieblicher Altersversorgung der durchschnittliche Marktzinssatz der letzten 10 Jahre, wobei zur Vereinfachung bei Altersversorgungsverpflichtungen auf den Zinssatz für eine Restlaufzeit von 15 Jahren abgestellt werden darf, sofern die tatsächliche Restlaufzeit sämtlicher Verpflichtungen nicht deutlich von dieser Laufzeit abweicht,[963] wie es zB bei reinen Rentnerbeständen der Fall sein kann. 787

Die Einführung des BilMoG führte zu einem Bilanzsprung. Allerdings ist darauf zu achten, ob der Differenzbetrag aus dem durch die Umstellung auf das BilMoG verursachten Bilanzsprung voll ausgewiesen worden ist. Diese Differenz kann nämlich gemäß § 67 EGHGB (auch unregelmäßig) auf maximal 15 Jahre verteilt werden, wobei pro Jahr mindestens 1/15tel anzusetzen ist.[964] Die Streckungsregelung gilt nur für den einmaligen Umstellungseffekt. Spätere Veränderungen, die nicht auf dem Effekt der Umstellung auf BilMoG beruhen, können nicht nach dieser Regel verteilt werden, sondern müssen grds. voll ergebniswirksam berücksichtigt werden. 788

Bei der Festlegung der dynamischen Berechnungsparameter (Gehaltstrend, Rententrend, Fluktuation) besteht auch nach Einführung des BilMoG ein gewisser Spielraum, so 789

[959] BT-Drs. 16/10067, 1; *Waigel* BetrAV 2008, 759.
[960] *Höfer/Hagemann* DStR 2008, 1747 (1749); Kolvenbach/Sartoris/*Völker* S. 56.
[961] Beck'scher Bilanzkommentar/*Grottel/Rhiel* HGB § 249 Rn. 252 ff.
[962] Kolvenbach/Sartoris/*Kolvenbach/Nowak* S. 3.
[963] EBJS/*Böcking/Gros/Wirth* HGB § 253 Rn. 24.
[964] *Baumbach/Hopt* HGB § 249 Rn. 6; Kolvenbach/Sartoris/*Kolvenbach/Nowak* S. 6.

dass sich die Ansätze für die dynamischen Faktoren in einem Korridor bewegen können, der aus Käufersicht Anlass zur Überprüfung gibt.

790 Zu beachten ist auch die Frage, ob im Rahmen der Bilanzierung eine Saldierung mit Planvermögen gemäß § 246 Abs. 2 S. 2 HGB vorgenommen wurde. In Betracht kommen hier insbes. verpfändete Rückdeckungsversicherungen sowie Contractual Trust Arrangements (CTAs). Auf dieses Planvermögen hat der Erwerber nämlich nicht automatisch Zugriff (hierzu → Rn. 519ff.). Zwar besteht das Sicherungsrecht ggf. zugunsten der Versorgungsberechtigten fort; dies muss allerdings für jeden Einzelfall genau ermittelt werden. Dies kann zB dann der Fall sein, wenn es nicht vom Bestand der Hauptforderung gegen den Veräußerer abhängig gemacht wurde. Der Erwerber wird aber nicht automatisch zivilrechtlicher oder wirtschaftlicher Eigentümer des Planvermögens oder Deckungskapitals.

Wertschwankungen im Planvermögen schlagen unmittelbar auf die Gewinn und Verlustrechnung durch.

791 **cc) Bewertung von unmittelbaren Versorgungsverpflichtungen nach internationalen Bewertungsstandards.** In der Praxis ist man infolge der fehlenden Aussagekraft der Rückstellungen vor Einführung des BilMoG seit langem dazu übergegangen, den wahren Wert übernommener Pensionsverbindlichkeiten im Rahmen von Unternehmenstransaktionen nach internationalen Rechnungslegungsgrundsätzen (IAS/IFRS/US-GAAP) zu bewerten, die sachnähere versicherungsmathematische Annahmen ermöglichen, auf die sich die Parteien allerdings im Detail zu verständigen haben. Diese Bewertungen waren bei kapitalmarkorientierten Unternehmen grds. unproblematisch verfügbar, da die Darstellung der Pensionsverpflichtungen nach IFRS für den Konzernabschluss für diese Unternehmen zwingend vorgeschrieben sind.[965]

792 Seit der Neufassung des International Accounting Standard 19 besteht heute ein weitgehender Einklang der Bewertung nach IAS 19 und US-GAAP bzw. FAS 87. Sowohl die internationalen Bewertungsrichtlinien als auch die kapitalmarktorientierte US-Rechnungslegung zielen darauf, Versorgungsverpflichtungen vollständig und periodengerecht auszuweisen.

Die internationale Rechnungslegung sowie die US-Rechnungslegung unterscheiden nicht wie das deutsche Recht nach unmittelbaren und mittelbaren Versorgungszusagen, sondern zwischen beitragsdefinierten Pensionsplänen, bei denen der Arbeitgeber feste Beiträge an externe (Pensions)fonds leistet *(defined contribution* oder kurz *DC plan)*, und leistungsdefinierten Pensionsplänen *(defined benefit* oder kurz *DB plan)*, bei denen die Pensionsleistungen vertraglich in der Weise festgelegt werden, dass die Höhe der in Zukunft abfließenden Mittel (ggf. trotz externer Ausfinanzierung) schwanken kann.[966]

793 Bei **beitragsdefinierten Pensionsplänen** geht das Unternehmen begriffsgemäß über die Abführung der Beiträge hinaus keine weiteren Verpflichtungen ein. Damit ergibt sich hier auch grundsätzlich keine ungedeckte Pensionsverpflichtung. Der Aufwand des Arbeitgebers ist mit der Höhe der Beitragszahlung identisch. Dementsprechend sind nach IFRS keine Rückstellungen für Beitragszusagen zu bilden.[967] Bezogen auf die betriebliche Altersversorgung in Deutschland ist die Einordnung einer Versorgungsverpflichtung als DC *plan* grundsätzlich problematisch, weil der Arbeitgeber – mit Ausnahme der noch ein Schattendasein führenden reinen Beitragszusage – immer der gesetzlichen Ausfallhaftung (§ 1 Abs. 1 S. 3 BetrAVG) ausgesetzt ist. Vor diesem Hintergrund könnte man annehmen, dass Versorgungszusagen nach dem BetrAVG niemals als DC *plan* eingeordnet werden könnten.[968] Gleichwohl geht die Praxis davon aus, dass regelmäßig Direktversicherungen sowie ggf. besondere Arten von Pensionskassen und eingeschränkt auch bestimmte rück-

[965] Vgl. VO (EG) 1606/2002 (sog. IAS Verordnung).

[966] S. hierzu im einzelnen *Doetsch* S. 33, 53; zum Unterschied zwischen beitragsdefinierten und beitragsorientierten Versorgungszusagen s. *ders.* ZIP 1998, 270; *Mühlberger/Schwinger* S. 15; *Kürvers* S. 57.

[967] Blomeyer/Rolfs/Otto/*Otto* StR A BetrAVG Rn. 372; vgl. dazu ebenso *Baetge/Haenelt* DB 2006, 2413.

[968] *Mühlberger/Schwinger* S. 180.

gedeckte Unterstützungskassenzusagen und besondere Arten versicherungsförmig ausgestalteter Pensionsfonds als DC-*plans* eingeordnet werden können.[969] Daneben werden aber auch gemäß IAS 19.34 dann Pläne entsprechend den Regelungen zu DC-*plans* bilanziert, soweit es sich – wie zB häufig bei regulierten Pensionskassen der Fall – um Pläne mehrerer nicht konzernverbundener Unternehmen handelt und vom Plan nicht sämtliche für eine Bilanzierung als DB-*plan* erforderlichen Informationen vorliegen. Dies ist zumeist dann der Fall, wenn Versorgungsträger ein einheitliches Deckungskapital gebildet haben, welches nicht den jeweiligen Arbeitgebern konkret zugeordnet werden kann. Die Rechtsprechung des BAG zur Einstandspflicht des Arbeitgebers bei Leistungskürzungen regulierter Pensionskassen[970] zeigt jedoch, dass gerade bei diesen Plänen besondere Vorsicht geboten sein kann, so dass jeder Erwerber gut beraten ist, kritisch die Vermögenssituation eines externen Versorgungsträgers zu hinterfragen und diese in seine Kaufpreisfindung einfließen zu lassen.

Wird der Plan als DC *plan* angesehen oder behandelt, so ist keine Rückstellung nach IAS bzw. FAS zu bilden. Die Qualifizierung einer Versorgungszusage als *defined contribution* im Sinne von IFRS ist daher auch dann möglich, wenn die Voraussetzungen einer reinen Beitragszusage, die das deutsche Recht in dieser Form nicht kennt, im strengen Sinne der einzelnen Vorschrift nicht erfüllt sind, *de facto* jedoch davon auszugehen ist, dass der Arbeitgeber über die Beitragszahlung hinaus keine weitere Haftung zu übernehmen hat oder aber bei Multi-Employer-Plänen eine solche etwaige Haftung mangels ausreichender Informationen nicht quantifiziert werden kann.

Als **leistungsdefinierte Pensionspläne** gelten nach IFRS **Direktzusagen** und grund- 794
sätzlich[971] auch sämtliche mittelbaren Durchführungswege, soweit nicht die unter → Rn. 793 genannten Ausnahmen greifen.

Die Bilanzierung von leistungsdefinierten Plänen ist sowohl nach IAS 19 als auch nach FAS 87 bzw. US-GAAP unter Anwendung des Ansammlungsverfahrens (*projected unit credit method* oder auch „Methode der laufenden Einmalprämien") durchzuführen. Danach wird der Barwert der bislang erdienten Anwartschaft ermittelt und in der Bilanz dargestellt. Der damit verbundene Dienstzeitaufwand *(net periodic cost)* einer Periode wird in der Gewinn- und Verlustrechnung dargestellt.

Im Rahmen der Bewertung ist die gesamte über die bisherige Dienstzeit erworbene 795
Anwartschaft mit ihrem versicherungsmathematischen Barwert (so genannte *projected benefit obligation* (= PBO) bei FAS 87 und *defined benefit obligation* (= DBO) bei IAS 19) zu bewerten. Gehaltssteigerung, Fluktuation, Sterblichkeit sowie langfristige Verzinsung eines gegebenenfalls vorhandenen Fondsvermögens sind dabei in angemessener Höhe prospektiv zu berücksichtigen.

Die Abzinsung richtet sich nach dem zum Stichtag der Bilanz erzielbaren Renditen für 796
sichere Industrieanleihen. In dieser Stichtagsbetrachtung liegt ein Unterscheid zur Bewertung nach § 253 HGB, da keine Glättung des Rechnungszinses erfolgt. Hierdurch kann es infolge volatiler Zinsentwicklungen kurzfristig zu erheblichen Bewertungsschwankungen kommen.

Seit der **Neufassung von IAS 19** entfallen ist die Möglichkeit der Anwendung der 797
sog. **Korridormethode.** Danach war es möglich, Erhöhungen (oder Verringerungen) von Versorgungsverpflichtungen, die sich aus Abweichungen der versicherungsmathematischen Annahmen ergeben können, nicht sofort ergebniswirksam auszuweisen, sondern erst dann, wenn ein Korridor in Höhe von 10% des Barwerts der Versorgungsverpflichtungen über- bzw. unterschritten war. Daneben konnte auch eine Verrechnung mit dem Eigenka-

[969] Vgl. *Mühlberger/Schwinger,* Betriebliche Altersversorgung nach IFRS, S. 180 mwN, der diese Einstufung kritisch sieht.

[970] Vgl. BAG 10.2.2015 – 3 AZR 65/14, BeckRS 2015, 68735; 30.9.2014 – 3 AZR 617/12, BetrAV 2015, 164; s19.6.2012 – 3 AZR 408/10, DB 2012, 2818; hierzu auch *Forst/Granetzny* BetrAV 2013, 3.

[971] Bei rückgedeckten Unterstützungskassenzusagen soll uU auch eine Einordnung als DC-Scheme in Betracht kommen, vgl. *Mühlberger/Schwinger* S. 180 mwN.

pital und ein Ausweis im *other comprehensive income (OCI)* erfolgen. In der Neufassung von IAS ist vorgesehen, dass versicherungsmathematische Gewinne und Verluste zwingend nach der zweiten Methode zu bilanzieren sind (also eine Verrechnung mit dem Eigenkapital und eine Buchung im OCI zu erfolgen hat).[972]

798 Der **Pensionsaufwand** nach US-GAAP (die *net periodic pension cost*) bzw. IAS *(the total expense)* wird ebenfalls unter Ermittlung realitätsnaher Prämissen hinsichtlich Abzinsung, Gehaltssteigerungen, Fluktuation- und langfristige Verzinsung ermittelt. Er wird stets bereits zu Jahresbeginn vorausschauend für das Jahr ermittelt und besteht aus folgenden Komponenten:
- service cost (Anwartschaftsbarwert des Rentenzuwachses)
- interest cost (Zinsaufwand)
- erwarteten Erträgen des Planvermögens
- Amortisation von prior service costs
- Amortisation versicherungstechnischer Gewinne oder Verluste.

Nach IAS 19 *(revised)* ist es möglich, die *interest cost* im Finanzergebnis getrennt von anderen Komponenten auszuweisen. Nach FAS 87 ist diese Möglichkeit jedoch ausgeschlossen. Die Prognose des Pensionsaufwands wird am Ende des Jahres mit dem realen Ergebnis verglichen. Sofern die versicherungsmathematischen Gewinne oder Verluste außerhalb des Korridors liegen, sind sie wie oben dargestellt in der Gewinn- und Verlustrechnung zu berücksichtigen.[973]

799 Planvermögen ist nach IFRS wie auch nach HGB (BilMoG) dahingehend zu berücksichtigen, dass es mit den Rückstellungen saldiert wird. Wertschwankungen im Planvermögen werden allerdings nicht wie im HGB unmittelbar in der Gewinn- und Verlustrechnung erfasst, sondern nur mittelbar und verspätet bei der Ermittlung des Pensionsaufwands für das Folgejahr, der sich erhöht oder ermäßigt, weil infolge der Schwankungen des Planvermögens für das Folgejahr mit einem jeweils angepassten Ertrag aus dem Planvermögen zu rechnen ist. So ist für das Folgejahr von einem geringeren Ertrag und damit erhöhten Pensionsaufwand auszugehen, wenn der Wert des Planvermögens im Vorjahr gesunken ist.

800 Wertschwankungen schlagen allerdings auf die Höhe der Saldierung und damit die Höhe der Rückstellungen durch.

801 Entscheidend für die Höhe des Verpflichtungsumfangs (PBO, DBO) wie auch für die Höhe des Pensionsaufwandes sind nach dem oben Gesagten vor allem die **bei der Bewertung verwendeten Prämissen** zu Lebenserwartung, Rechnungszins, Gehaltstrend und Rententrend bzw. auf der Seite der Deckungsmittel die Anlageerträge. Aus **Käufersicht** ist es natürlich ratsam, die Entwicklung der dynamischen Faktoren möglichst in die Berechnung einzubeziehen und den Wert der übernommenen Versorgungsverpflichtung auf der Grundlage eines moderaten (dh sicher erreichbaren) Rechnungszinses, einer prognostizierten langen Lebensdauer sowie großzügigen Gehaltsentwicklung und Rentenpassung zu berechnen. Auf die Weise gelangt man zu einem relativ hohen Barwert der Versorgungsverpflichtung, der vom Kaufpreis in Abzug gebracht werden kann. Aus **Verkäufersicht** stellen sich dem gemäß die exakt gegenteiligen Vorgaben als erstrebenswert dar. Sinnvoller Weise trifft man sich bei realistischen Annahmen in der Mitte. Nur übersehen werden sollte dieses Thema nicht.

802–805 *In dieser Auflage nicht belegt*

b) Durchführung der Bewertung

806 Die konkrete Berechnung kann nur ein **Versicherungsmathematiker** durchführen. Dabei kann es sich aus Zeitgründen durchaus anbieten, den regulären Gutachter des Veräu-

[972] Vgl. *Leibfried/Müller* IRZ 2011, 329 (330); Schlewing/Henssler/Schipp/Schnitker/*Schnitker/Sittard* Teil 17 A, Rn. 744.
[973] Vgl. dazu *Rhiel* BC 2002, 73.

ßerers einzuschalten, da dieser die Daten bereits in elektronischer Form vorliegen hat und oftmals in der Lage ist, kurzfristig eine Berechnung zB nach IAS oder HGB (BilMoG) zur Verfügung zu stellen. Eine Bewertung nach IAS hat sich ohnehin nach der erheblichen Ausweitung der Bilanzierungspflicht nach internationalen Rechnungslegungsgrundsätzen stark verbreitet, so dass die IAS-Zahlen oftmals jedenfalls auf den letzten Bilanzstichtag bezogen vorhanden sind und allenfalls auf den Stichtag der Transaktion (zB des Betriebsübergangs) aktualisiert werden müssen. Soweit die für den Stichtag maßgeblichen Rechnungsgrundlagen (insbesondere der maßgebliche Rechnungszins) zum Stichtag noch nicht verfügbar sind und damit eine genaue Bewertung der Versorgungsverpflichtungen am Stichtag selber nicht möglich ist, kann auch zweischrittig vorgegangen werden: So wird die Bewertung zunächst anhand der am Stichtag vorhandenen Rechnungsannahmen (zB der des letzten Bilanzstichtages) vorgenommen und der so ermittelte Wert der Versorgungsverpflichtungen vom Kaufpreis in Abzug gebracht. Sobald die für den Stichtag an sich maßgeblichen Rechnungsgrundlagen vorhanden sind, erfolgt die Nachberechnung und die entsprechende Anpassung der Kaufpreiszahlung.

K. Arbeitsrecht beim Unternehmenskauf

Übersicht

Rn.

Ausgewählte Literatur:
Alvermann et al., Formularbuch Recht und Steuern, 9. Aufl. 2019; *Bach*, Datenschutzrechtliche Vorgaben bei der Weitergabe von Beschäftigten- und Kundendaten während der Due-Diligence-Phase, EuZW 2020, 175; *Beisel/Klumpp*, Der Unternehmenskauf, 7. Aufl. 2016; *Berens/Brauner/Strauch/Knauer*, Due diligence bei Unternehmensakquisitionen, 7. Aufl. 2013; *Diller/Deutsch*, Arbeitnehmer-Datenschutz contra *Due Diligence*, K&R 1998, 16; *Blümich*, EStG, KStG, GewStG, 154. Aufl. 2020; *Dzida*, Der neue Beschäftigtendatenschutz – Erste Erfahrungen aus der Praxis, BB 2018, 2677; *Dzida*, Neue datenschutzrechtliche Herausforderungen für das Personalmanagement, BB 2019, 3060; *Eilers/Koffka/Mackensen/Paul*, Private Equity, 3. Aufl. 2018; *Forgó/Helfrich/Schneider*, Betrieblicher Datenschutz, 3. Aufl. 2019; Formularbuch Recht und Steuern, 9. Aufl. 2018 (zitiert FormB R); *Gerds/Schewe*, Post Merger Integration, 5. Aufl. 2014; *Gola*, DS-GVO, 2. Aufl. 2018; *Göthel*, Grenzüberschreitende Unternehmenstransaktionen, 5. Aufl. 2020; *Grau*, Der Umgang mit Beschäftigtendaten bei Betriebsübernahmen und Unternehmenskäufen nach der Datenschutz-Grundverordnung, in: Festschrift für Heinz Josef Willemsen, 2018, S. 147 ff.; *Grau*, Unterrichtung und Widerspruchsrecht der Arbeitnehmer bei Betriebsübergang, 2005; *Grimm/Böker*, Die arbeits- und sozialversicherungsrechtliche Due Diligence, NZA 2002, 193; *Hettler/Stratz/Hörtnagl*, Beck'sches Mandatshandbuch Unternehmenskauf, 2. Aufl. 2013; *Hommelhoff*, Die Sachmängelhaftung beim Unternehmenskauf, 1975; *Hölters*, Handbuch Unternehmenskauf, 8. Aufl. 2015; *Höfer/Küpper*, Die Due Diligence für Verpflichtungen aus der betrieblichen Altersversorgung, DB 1997, 1317; *Hommelhoff/Schwab*, Leistungsstörungen beim Unternehmenskauf – systematische Folgerichtigkeit contra interessengerechte Ergebnisse?, Festschrift für Carl Zimmerer, 1996, S. 267 ff.; *Hopt*, Vertrags- und Formularbuch zum Handels-, Gesellschafts- und Bankrecht, 4. Aufl. 2013; *Kittner*, „Human Resources" in der Unternehmensbewertung, DB 1997, 2285; *Knott*, Unternehmenskauf, 6. Aufl. 2019; *Liekefett*, Die *Due Diligence* bei M&A Transaktionen, 2005; *Loges*, Der Einfluss der *„Due diligence"* auf die Rechtsstellung des Käufers eines Unternehmens, DB 1997, 965; *Merkt*, Due diligence und Gewährleistung beim Unternehmenskauf, BB 1995, 1041; *ders.*, Rechtliche Bedeutung der *„Due Diligence"* beim Unternehmenskauf, WiB 1996, 145; *Müller*, Einfluss der due diligence auf die Gewährleistungsrechte des Käufers beim Unternehmenskauf, NJW 2004, 2196; *Paal/Pauly* Datenschutz-Grundverordnung (DS-GVO BDSG), 2. Aufl. 2018; *Picot*, Unternehmenskauf und Restrukturierung, 4. Aufl. 2013; *Plath*, BDSG/DSGVO, 3. Aufl. 2018; *Preis*, Der Arbeitsvertrag, 5. Aufl. 2015; *Rödder/Hötzel/Mueller-Thuns*, Unternehmenskauf, Unternehmensverkauf, 2003; *Seibt*, Rechtspositionen und Einflussmöglichkeiten der Betriebsverfassungsorgane bei WpÜG-Übernahmeverfahren, in: Festschrift für Heinz Josef Willemsen, 2018, S. 509 ff.; *Seibt/Reiche*, Unternehmens- und Beteiligungskauf nach der Schuldrechtsreform, Teil I DStR 2002, 1135, Teil II DStR 2002, 1181; *Seibt/Wunsch*, Managementgarantien bei M&A-Transaktionen, ZIP 2008, 1093; *Tribess/Spitz*, Datenschutz im M&A Prozess, GWR 2019, 261; *Wegen*, Due Diligence-Checkliste für den Erwerb einer deutschen Gesellschaft, WiB 1994, 291; *Weitnauer*, Handbuch Venture Capital, 6. Aufl. 2019.

Bei Unternehmenskäufen spielt das Arbeitsrecht regelmäßig eine recht bedeutende (und zuweilen unterschätzte) Rolle. Die in diesem Handbuch behandelten Themen belegen die Vielgestaltigkeit der Fragestellungen, die sich im Vorfeld einer Transaktion und bei deren Durchführung ergeben. In diesem Kapitel soll indessen der Blick auf das Arbeitsrecht im Unternehmenskaufvertrag und im unmittelbaren Zusammenhang mit der Durchführung der Transaktion gelenkt werden. Damit ist der Überschneidungsbereich angesprochen, der sich zwischen der gesellschafts- bzw. unternehmensrechtlichen Beratung und der arbeitsrechtlichen Flankierung von Transaktionen regelmäßig ergibt.

I. Einleitung: Idealtypischer Ablauf eines Unternehmenskaufprozesses

1 Der idealtypische **Ablauf eines Unternehmensverkaufsprozesses kann in vier Phasen gegliedert werden,** nämlich in (1) die Vorbereitungs- und Anbahnungsphase, (2) die Phase eines ersten Informationsaustausches sowie vorläufiger und vorbereitender Verhandlungen, (3) die Due Diligence- und Verhandlungsphase sowie ggf. (4) die Vollzugsphase nach Unterzeichnung des Unternehmenskaufvertrags.

2 **Vorbereitungs- und Anbahnungsphase:** Im Idealfall steht sowohl auf der Verkaufsseite *(Sell Side)* als auch auf der Erwerbsseite *(Buy Side)* vor der Verhandlung und Durchführung einer Unternehmenskauf-Transaktion deren akribische Planung. Diese Planung sollte in jedem Fall stichpunkthaft dokumentiert werden, zum einen und zuvörderst um die beabsichtigte Transaktion zu strukturieren und in jedem Verfahrensabschnitt gegenüber dem Gesamtteam an die Oberziele ausrichten zu können und zum anderen, um die Ein-

haltung der die Geschäftsleiter rechtsformübergreifend betreffenden Sorgfaltspflichten (vgl. § 43 Abs. 1 GmbHG, § 93 Abs. 1 AktG) nachweisen zu können (Beweislastumkehr zu Lasten der Geschäftsleiter!). In der Strategieberatung werden häufig acht verschiedene Hauptbeweggründe aus Erwerbersicht für die Durchführung einer M&A-Transaktion genannt[1], und zwar zu allererst den Zugang zu bestimmten Vermögensgegenständen, Technologie, Verfahrens-Know How oder eben Management und Schlüsselmitarbeitern (alles zu günstigeren Kosten als bei Eigenentwicklung); daneben werden genannt die Ausnutzung von Skaleneffekten, die Erleichterung des Marktzugangs für Produkte und Dienstleistungen des Erwerbers und/oder der Zielgesellschaft (insbesondere Role-up Strategien), die Konsolidierungsbeseitigung von Angebotsüberhängen, die Wertsteigerung durch Verbesserung der finanziellen Leistungsfähigkeit des Zielunternehmens (insb. Change Management/Turn Around-Situation), die Wertsteigerung durch Erwerb unterbewerteter Zielunternehmen oder durch Erwerb von Frühphasenunternehmen sowie schließlich die *„transformational"* M&A-Transaktion, nämlich die M&A-Transaktion, durch die eine Strategie- und/oder Kultur- und Werteveränderung angestrebt wird.

Die im Regelfall bei dieser Vorplanung zu berücksichtigenden Aspekte sind in der 3
nachfolgenden **Checkliste** aufgeführt[2]:

Oberthema	Einzelaspekte (Beispiele)
Bestimmung der Transaktionsziele	• Strategische Ziele (Meta-Ebene) • Transaktionsobjekt (und Alternativen?) • Kaufpreis (Struktur und Grad der Verbindlichkeit [zB Tranchen, Earn Out], Art und Höhe [Geld, Anteile], Sicherheit) und Liquidität [Fälligkeit, Zinsen] • Garantien und Haftung • Weiterlaufende Beschäftigung des Verkäufers bzw. derzeitige Geschäftsleiter und Schlüsselmitarbeiter • Notwendigkeit einer (Vorab-)Umstrukturierung • Wettbewerbsverbot (sachlicher und personeller Umfang, Dauer) • Grad der Verbindlichkeit der Transaktion (zB Rücktritt bzw. Vertragsanpassung bei *Material Adverse Change* oder Garantiefall) • Verfahren und Zeitplan • Bilanzierung; Rating • weitere Ziele (zB Reputationssicherung)
Transaktionsstruktur (mit Vorbereitungs- und nachlaufenden Integrationsmaßnahmen)	• Unternehmensorganisation • Zivil- und Gesellschaftsrecht • Steuerrecht • Arbeitsrecht • Öffentliches Recht • (Binnen- und Außen-)Finanzierung • IT-Systeme
Identifikation von potentiellen Erwerbern und deren jeweilige Ziele und Verhandlungsstrategien (mit Prioritätenliste)	

[1] Vgl. zB *Goedhart/Koller/Wessels,* The six types of successful acquisitions, McKinsey Insights 5/2017; vgl. auch *Seibt* in BeckFormB M&A A. I. 2.

[2] Diese Checkliste lehnt sich an: *Seibt* BeckFormB M&A A. I. 1.

Oberthema	Einzelaspekte (Beispiele)
Analyse der Transaktionsdurchführbarkeit unter Berücksichtigung der Wettbewerbsvorteile/Allein-Stellungsmerkmale des Zielunternehmens, rechtlicher Rahmenbedingungen (Fusionskartell- und Investitionskontrollrecht) des Markt- und Wettbewerbsumfeldes sowie früherer Transaktionen („Feasibility Study"); Identifikation von Deal-Breakern, Mindestpositionen („Schmerzgrenze") und einer Alternativstrategie („Plan B") Überprüfung der Transaktionsziele und der Transaktionsstruktur anhand der Feasibility Study und ggf. Vornahme von Vorbereitungsmaßnahmen (zB rechtliche Heilung von fehlgeschlagenen Projekten, Ergänzung von Schlüsselmitarbeitern)	• ggf. Erstellung/Plausibilisierung der Feasibility Study durch Dritte (Übernahme von Erkenntnissen in Verkaufsdokumentation)
Identifikation von notwendigen bzw. nützlichen Partnern zur Umsetzung der Transaktionsstruktur (mit konkreten Ansprechpartnern) sowie deren jeweilige Ziele und Verhandlungsstrategien	• Mit-Anteilseigner • Schlüsselmitarbeiter • Arbeitnehmer und ihre Vertretungen • Finanzierungspartner • wichtige Vertragspartner des Zielunternehmens (Kunden, Lieferanten, R&D-Partner) und Joint Venture-Partner • Behörden und ähnliche öffentliche Stellen • Finanzanalysten; Rating-Agenturen
Verhandlungstaktik, Verfahren und Zeitplan	• Wahl der Verfahrensart (zB kontrolliertes Bieterverfahren, Exklusivverhandlungen, öffentliches Kaufangebot) • Verfahrenstrukturierung mit konkretem Verfahrensplan • Verfahren zum kontinuierlichen Informationsaustausch und zur Willensbildung • Dokumentationserstellung durch Verkäufer ggf. mit externer Plausibilisierung (zB Business Plan, Informations-Memorandum, Vendor Due Diligence- oder Vendor Assistance-Bericht); ggf. Kennzeichnung von „Geschäftsgeheimnissen" iSv GeschGehG • Schulung/Coaching von Führungskräften des Verkäufers/des Zielunternehmens für Management Präsentation und Q&A-Sitzungen sowie zur Minimierung der Belastungen aus dem Transaktionsverfahren
(internes und externes) Team, Verantwortlichkeiten und Festlegung des jeweiligen Rollenverständnisses	• Externe Berater (Beispiele) → Investmentbank, M&A-Berater, Finanzberater → Rechtsanwälte und Steuerberater → Wirtschaftsprüfer (ggf. Abschlussprüfer) → Due Diligence-Teams → Strategieberater → Kommunikations- und Politikberater (auch für Investitionskontrollverfahren) → Ökonomen (für Fusionskartellverfahren) • Internes Team

Oberthema	Einzelaspekte (Beispiele)
	• Steering Committee und Verfahren zur Informationssammlung und -analyse sowie zur Willensbildung (interne und externe Teammitglieder) • Festlegung des Verhandlungsteams und der Verhandlungsführer (Good Guy – Bad Guy)

Die vorangestellte Checkliste macht deutlich, dass bereits in dieser Vorbereitungsphase das Arbeitsrecht häufig eine bedeutende Rolle bei der Bestimmung der Transaktionsziele (zB Zugang zu Managementressourcen, Fachkräften und Knowhow, Vertriebskräften) und der sich hieraus ergebenden Transaktionsstruktur einnimmt. Die Vorbereitungs- und Anbahnungsphase wird häufig durch die Unterzeichnung einer Vertraulichkeitsvereinbarung abgeschlossen (→ Rn. 5), in der ggf. auch Ansprache-, Abwerbe- und Beschäftigungsverbote enthalten sind (hierzu → Rn. 10 ff.).

Ein Punkt für die Vorbereitungs- und Anbahnungsphase bedarf der besonderen Beto- 4
nung: Immer häufiger und früher im Prozess ist es erforderlich, die von einer M&A-Transaktion betroffenen Beteiligtengruppen *(Stakeholder)* aktiv kommunikativ einzubeziehen und deren Ansichten in die eigenen Überlegungen zur Gestaltung der Transaktionsprozesses und der Dokumentation einzubeziehen. Das gilt insbesondere auch für die Arbeitnehmer und ihre Vertretungen, vor allem aber auch für die Schlüsselmitarbeiter, die ja häufig einen wesentlichen Wertanteil des Transaktionsobjekts bilden. Dieser gesteigerten Anforderung ist mit einer Abkehr von einer klassischen, exklusiv bilateralen Management-zu-Management-Abstimmung der Transaktionsparameter und durch einen **holistischen Stakeholder Motivation-Prozess** zu begegnen[3]. Hierbei stehen im Vordergrund folgende Leitprinzipien: (1) klare Projektverantwortung; (2) Analyse der mutmaßlichen Interessen der beteiligten Gruppen und Krisenvorbereitung durch Szenarienentwicklung (zB Leak-Kommunikation; Vorplanung von Zugeständnissen an Beteiligtengruppen, Gewinnung unternehmensexterner Fürsprecher für das Projekt); (3) Kommunikation mit den Beteiligtengruppen; (4) Berücksichtigung der Zeit- und Ressourcenintensität durch Einbindung der Beteiligtengruppen.

**Phase des ersten Informationsaustausches sowie vorläufiger und vorbereiten- 5
der Verhandlungen:** Auf der Grundlage einer ersten Ansprache von möglichen Kaufinteressenten mit ersten, hoch aggregierten Informationen (zB nach Übersendung eines sog. *Teaser*) wird bei Interesse der Kaufseite eine Vertraulichkeitsvereinbarung (*Non Disclosure Agreement;* NDA) abgeschlossen[4]. Auf dieser Basis werden weitere Informationen, zB ein (längeres) Information Memorandum oder Vendor Due Diligence- oder Vendor Assistance-Berichte, übermittelt, auf deren Grundlage die Parteien Verhandlungen über die wirtschaftlichen Eckpunkte aufnehmen können, die mit dem Abschluss eines Letter of Intent oder eines Memorandum of Understanding enden; bei begrenzten Auktionsverfahren wird diese Phase durch die Abgabe eines *Non-Binding Final Bid* abgeschlossen. Teil des Letter of Intent oder Memorandum of Understanding bzw. des Non-Binding Final Bid ist im Regelfall auch die Bestimmung der Transaktionsstruktur (*Share Deal*- oder *Asset Deal*-Struktur) und die wesentlichen Bestimmungsparameter für den Kaufpreis, aber auch ggf. arbeitsrechtlicher Umstände, wie zB die Bestimmung (i) eines Minimal- bzw. umgekehrt einer Maximalzahl von zu übernehmenden Arbeitnehmern oder bestimmten Schlüsselmitarbeitern oder (ii) einer bestimmten Lohnkostenstruktur. Wegen der präjudizierenden Wirkung des Letter of Intent bzw. Memorandum of Understanding oder des Non-Bind-

[3] Hierzu zB *Seibt* in BeckFormB M&A A. V.; vgl. auch *Seibt* FS Willemsen, S. 509 (510 ff.).
[4] Hierzu zB *Seibt* in BeckFormB M&A B. I.; zur Absicherung von „Geschäftsheimnissen" im M&A-Prozess auch *Wallisch/Leister,* M&A Review 2020, 342 ff.

ing Final Bid auf die weiteren Verhandlungen sollte bereits in dieser Phase arbeitsrechtliche Expertise in Anspruch genommen werden.

6 **Due Diligence- und Verhandlungsphase:** Im Regelfall schließt sich an die Unterzeichnung des Letter of Intent bzw. Memorandum of Understanding bzw. der Abgabe eines Non-Binding Final Bid die Phase der Unternehmensprüfung *(Due Diligence)* und der Verhandlungen über die Transaktionsdokumente an. Ein im Regelfall wichtiger Bereich der Due Diligence sind die Personalangelegenheiten und das Arbeitsrecht (zu der speziellen Due Diligence-Anforderungsliste → Rn. 48). Sowohl für die Due Diligence als auch für die Verhandlung der Transaktionsdokumente, und das sind neben dem Unternehmenskaufvertrag selbst häufig Begleitdokumente wie kurz- und mittelfristige Dienstleistungsverträge, die eine operative Unternehmenstätigkeit des verkauften Unternehmens nach Inhaberwechsel sicherstellen (sog. *Transitional Service Agreements* – TSA) sowie beim *Asset Deal* das Arbeitnehmer-Benachrichtigungsschreiben nach § 613a Abs. 5 BGB[5], wird im Regelfall umfangreiche arbeitsrechtliche Expertise benötigt. Die Phase wird durch den Abschluss der Transaktionsdokumente (sog. *Signing*) abgeschlossen.

7 **Phase des Transaktionsvollzugs nach Vertragsunterzeichnung:** Sehr häufig schließt sich an die Unterzeichnung der Transaktionsdokumente noch eine Phase an, die bis zum Eintritt bestimmter Vollzugsbedingungen dauert (sog. *Closing*). Vollzugsbedingungen können beispielsweise die Erfüllung behördlicher Erlaubnisse, zB fusionskartellrechtliche Freigaben oder Freigabebescheide nach dem Außenwirtschaftsgesetz[6], die Einholung von Zustimmungen wesentlicher Vertragsparteien oder von Joint Venture-Partnern[7] etc sein. Diese Phase ist potentiell für beide Seiten besonders sensibel, da das wirtschaftliche Interesse am Unternehmensfortgang und das Risiko der operationellen Unternehmensleitung im Regelfall bereits auf die Erwerberseite übergegangen ist, obwohl rechtlich die Vermögensgegenstände des Unternehmens noch beim Erwerber liegen. Deshalb werden nicht selten für diese Phase besondere Verpflichtungen (sog. *Covenants*) des Veräußerers geregelt, den Betrieb entsprechend bisheriger Praxis gewöhnlich weiterzuführen (sog. *Ordinary Cause of Business*-Klausel). Hierzu gehören auch die Kontinuität der Arbeitsbedingungen und der Vergütungsstrukturen sowie ggf. die Bemühensverpflichtung, Kündigungen insbesondere von Schlüsselmitarbeitern zu verhindern[8]; aus Sicht des Käufers wird sogar nicht selten strenger verlangt, dass der Nicht-Kündigung von Schlüsselmitarbeitern Vollzugsbedingung ist, mit der Folge, dass Kündigungserklärungen von diesem Personenkreis die Umsetzung des Unternehmenskaufs verhindern kann. Umgekehrt wird in manchen Fällen auch geregelt werden, dass der Veräußerer noch bis zum Eintritt des Closing, also als Vollzugs- oder Closing-Bedingung, Kündigungen bestimmter Arbeitnehmer oder bestimmter *Fulltime Equivalent*-Zahlen oder ein bestimmtes (nachhaltiges) Lohnniveau erreichen muss (und anderenfalls zB eine Kaufpreisanpassung erfolgt).

8 Anhand eines **graphischen Zeitstrahls** können diese **vier Phasen mit** folgenden **wesentlichen zeitlichen Eckpunkten** dargestellt werden, wobei der Vorbehalt zu machen ist, dass selbstverständlich jede Transaktion einzelfallspezifisch zu strukturieren sein wird:

[5] Hierzu in Musterform mit Anmerkungen *Seibt* in BeckFormB M&A D. III.

[6] Hierzu *Reysen* in BeckFormB M&A J. I. und II. (Fusionskontrollverfahren Deutschland und EU); *Gaßner* in BeckFormB M&A J. III. (Fusionskontrollrecht Drittstaaten); *Seibt* in BeckFormB M&A J. IV. (Außenwirtschaftskontrollverfahren: AWG und CFIUS).

[7] Hierzu *Seibt* in BeckFormB M&A A. III.

[8] Dies bedeutet wirtschaftlich, dass den Schlüsselmitarbeitern ein Kaufpreisanteil zugeordnet wird, den diese gegenüber dem Verkäufer geltend machen könnten (zB in Form eines sog. *Retention Bonus*).

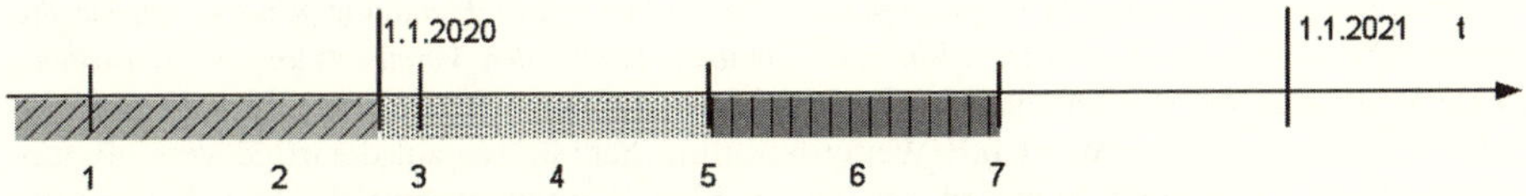

1 Beginn der Transaktionsgespräche; Abschluss einer Vertraulichkeitsvereinbarung
2 Phase des Informationsaustausches; Verhandlungen über wirtschaftliche Eckpunkte
3 Abschluss eines *Letter of Intent/Memorandum of Understanding* bzw. Abgabe eines *Final Bid* (in begrenzten Auktionsverfahren)
4 Phase der *Due Diligence* und Vertragsverhandlung
5 Abschluss des Unternehmenskaufvertrags *(Signing)*
6 Phase bis zum Eintritt der Vollzugsbedingungen
7 Zeitpunkt des dingliche Übergangs der Anteile/Betriebsmittel *(Closing)*

Neben diesen wesentlichen Einzelereignissen im Transaktionsprozess können im Hinblick auf die **Verteilung der Unternehmensrisiken** (insbesondere durch Garantien und Freistellungen) **drei Phasen** unterschieden werden, nämlich 9
i) eine Phase in der Vergangenheit bis zum letzten Bilanzstichtag oder einem Stichtag, auf den ein Zwischenabschluss erstellt worden ist;
ii) eine Phase bis zur Vertragsunterzeichnung *(Signing)*;
iii) eine Phase zwischen Vertragsunterzeichnung und Vollzug der Transaktion mit dinglichem Übergang der Anteile/Betriebsmittel *(Closing)*.

Anhand dieses Transaktionszeitstrangs sollen die arbeitsrechtlichen Themen, die sich unmittelbar bei Durchführung der Transaktion ergeben, dargestellt werden.

II. Abwerbe- und Beschäftigungsverbote

1. Einleitung: Relevanz im Transaktionsvorfeld

Im Rahmen der im Vorfeld von M&A-Transaktionen zu führenden Gespräche über Verfahrensfragen (siehe oben Phase 1) entspricht es der üblichen Praxis, zwischen Zielunternehmen und Erwerbsinteressent sog. Abwerbe- oder Beschäftigungsverbote zu vereinbaren. Während sog. **Abwerbeverbote**[9] lediglich ein aktives Zugehen des potenziellen Erwerbers auf die Arbeitnehmer des Zielunternehmens untersagen, jedoch die Einstellung auf Initiative des Arbeitnehmers selbst zulassen, verbieten sog. **Beschäftigungs- bzw. Einstellungsverbote** dem Erwerbsinteressenten schlechthin, für einen bestimmten Zeitraum Arbeitnehmer des Verkäufers anzustellen.[10] Da insbesondere im Dienstleistungsbereich die Mitarbeiter zu den wichtigsten und sensibelsten Wertfaktoren eines Unternehmens zählen, werden im Rahmen von Vertraulichkeits- oder Verfahrensvereinbarungen regelmäßig **Sperrklauseln**[11] aufgenommen, die es dem potenziellen Erwerber untersagen, für einen bestimmten Zeitraum Arbeitnehmer des Zielunternehmens abzuwerben bzw. einzustellen. Insbesondere bei Transaktionen zwischen Wettbewerbern (das können auch Portfoliounternehmen eines interessierten Finanzinvestors sein) ist eine solche Sperrklausel von besonderer Bedeutung. 10

Trotz ihrer weiten Verbreitung in der Praxis war die Wirksamkeit solcher Abwerbe- und Beschäftigungsverbote lange Zeit durchaus zweifelhaft. Anlass für diese Zweifel ist die Vorschrift des **§ 75f HGB,** die in Satz 1 bestimmt, dass bei Vereinbarungen, *„durch die sich* 11

[9] Allgemein zum zwischen Unternehmen vereinbarten Abwerbeverbot *Beisel/Klumpp,* Der Unternehmenskauf, § 12 Rn. 72; *Butzert* NJOZ 2015, 1153; *Wolf* NZG 2004, 366; grundlegend BGH 30.4.2014 – I ZR 245/12, NZA 2015, 111.

[10] Zur Unterscheidung von Abwerbe- und Beschäftigungs- bzw. Einstellungsverboten *Butzert* NJOZ 2015, 1153 (1154) mwN.

[11] Sperrklauseln erfassen alle Beschränkungen bei der Einstellung von Arbeitnehmern; vgl. Baumbach/Hopt/*Roth* HGB § 75f Rn. 1.

ein Prinzipal einem anderen Prinzipal gegenüber verpflichtet, einen Handlungsgehilfen, der bei diesem im Dienst ist oder gewesen ist, nicht oder nur unter bestimmten Voraussetzungen anzustellen", beide Vertragsparteien jederzeit zurücktreten können. Dieses Rücktrittsrecht kann vertraglich nicht ausgeschlossen werden.[12] Weiter bestimmt Satz 2, dass auf derartige Vereinbarungen weder Klagen noch Einreden gestützt werden können, womit die Sperrklausel den Charakter einer rechtlich unverbindlichen Naturalobligation bekommt.[13] Nach ständiger Rechtsprechung des BGH[14] und ganz herrschender Meinung in der Literatur[15] ist die Vorschrift entsprechend auf alle Arbeitnehmer anzuwenden und nicht nur auf kaufmännische Arbeitnehmer. **§ 110 S. 2 GewO** bestätigt dies.

2. Abwerbeverbote und eingeschränkte Beschäftigungsverbote

12 **§ 75f HGB** erfasst seinem Wortlaut nach nur Vereinbarungen, in denen einem anderen Unternehmen schlechthin die Anstellung von Arbeitnehmern untersagt bzw. nur unter bestimmten Voraussetzungen gestattet wird.[16] **Abwerbeverbote,** die dem Erwerbsinteressenten lediglich ein aktives Zugehen auf Arbeitnehmer des Verkäufers verbieten, wurden deshalb bisher nach wohl hM als nicht erfasst angesehen.[17] Nach einer Entscheidung des BGH vom 30.4.2014 ist bei der Auslegung des § 75f HGB jedoch zukünftig zu differenzieren: (1) Danach werden auch **Abwerbeverbote** von der Norm **grundsätzlich erfasst.**[18] § 75f HGB zielt nämlich im Wesentlichen darauf ab, die §§ 74–75d HGB zu flankieren,[19] mithin eine Umgehung der Wettbewerbsverbote sowie der danach erforderlichen Karenzentschädigung für nachvertrag Tätigkeitsverbote (§ 74 Abs. 2 HGB) durch gleichgerichtete Absprachen zwischen Arbeitgebern zu verhindern. Schutzzweck dieser Vorschriften ist somit zu verhindern, dass der Arbeitnehmer durch solche Wettbewerbsverbote in seinem beruflichen Fortkommen unangemessen behindert wird[20]. (2) Allerdings ist bei der Auslegung von § 75f HGB gleichermaßen das geschützte Recht der Arbeitgeber auf wirtschaftliche Betätigung aus Art. 2 Abs. 1 iVm Art. 12 Abs. 1 GG, das das Recht umfasst, im eigenen Markterfolg nicht unverhältnismäßig eingeschränkt oder behindert zu werden[21],zu berücksichtigen. Aus diesem Grund ist § 75f HGB verfassungskonform dahingehend auszulegen, dass **Abwerbeverbote in bestimmten Fällen vom Anwendungsbereich der Norm auszunehmen** sind.[22] Dies gilt nach dem BGH bisher insbesondere in zwei Fällen: Zum einen handelt es sich dabei um jene Situationen, in denen das Verhalten des abwerbenden Arbeitgebers eine unlautere geschäftliche Handlung darstellt, deren Verbot nach den Vorschriften des UWG beansprucht werden kann.[23] Zum anderen fallen solche Vereinbarungen nicht in den Anwendungsbereich des § 75 HGB, bei denen das Abwerbe-

---

[12] MüKoHGB/*v. Hoyningen-Huene* § 75 Rn. 6.
[13] Ebenroth/Boujong/Joost/Strohn/*Boecken* HGB § 75f Rn. 11.
[14] BGH 30.4.2014 – I ZR 245/12, NZA 2015, 111 Rn. 14.
[15] Ebenroth/Boujong/Joost/Strohn/*Boecken* HGB § 75f Rn. 4; HWK/Diller HGB § 75f Rn. 6; MüKoHGB/*v. Hoyningen-Huene* § 75f Rn. 3; Baumbach/Hopt/*Roth* HGB § 75f Rn. 1; ErfK/*Oetker* HGB § 75f Rn. 1.
[16] *Naber* DB 2014, 2945 (2946); aA BGH 30.4.2014 – I ZR 245/12, NZA 2015, 111 Rn. 20.
[17] ErfK/Oetker HGB § 75f Rn. 1; *Naber* DB 2014, 2945 (2946ff.); MüKoHGB/*v. Hoyningen-Huene* § 75f Rn. 5; *Wolf* NZG 2004, 366 (367); hiergegen explizit Ebenroth/Boujong/Joost/Strohn/*Boecken* HGB § 75f Rn. 9.
[18] BGH 30.4.2014 – I ZR 245/12, NZA 2015, 111 Rn. 20.
[19] BGH 30.4.2014 – I ZR 245/12, NZA 2015, 111 Rn. 25; BGH 27.9.1983 – VI ZR 294/81, NJW 1984, 116 (117); *Naber* DB 2014, 2945 (2946).
[20] BGH 30.4.2014 – I ZR 245/12, NZA 2015, 111 Rn. 25; BGH 30.4.1974 – VI ZR 132/72, NJW 1974, 1330; BGH 30.4.1974 – VI ZR 153/72, NJW 1974, 1282; MüKoHGB/*v. Hoyningen-Huene* § 75f Rn. 2.
[21] BGH 30.4.2014 – I ZR 245/12, NZA 2015, 111 Rn. 30.
[22] BGH 30.4.2014 – I ZR 245/12, NZA 2015, 111 Rn. 30ff.; ErfK/*Oetker* HGB § 75f Rn. 1; HWK/*Diller* HGB § 75f Rn. 5; *Beisel/Klumpp* § 12 Rn. 73; Ebenroth/Boujong/Joost/Strohn/*Boecken* HGB § 75f Rn. 9; iE auch *Naber* DB 2014, 2945 (2946).
[23] BGH 30.4.2014 – I ZR 245/12, NZA 2015, 111 Rn. 31.

verbot nicht den Hauptzweck darstellt, sondern bei denen es nur eine Nebenbestimmung ist, die einem besonderen Vertrauensverhältnis beider oder einer besonderen Schutzbedürftigkeit eines Vertragspartners Rechnung trägt.[24] Zu letzterer Fallgruppe gehören Abwerbeverbote, welche zB im Rahmen einer *Due Diligence* vereinbart werden,[25] oder in Vorverträgen bzw. *Letter of Intent* im Zusammenhang mit Unternehmenskäufen.[26]

Für die Praxis ist die umstrittene Frage von Bedeutung, ob und in welchem Umfang ein Abwerbeverbot zeitlich zu befristen ist. Der BGH formulierte zuletzt eine Höchstdauer von zwei Jahren nach Beendigung des zugrunde liegenden Vertrauensverhältnisses,[27] allerdings könne in Ausnahmefällen auch an einem länger andauernden Abwerbeverbot ein schutzwürdiges Interesse eines Unternehmers bestehen.[28] Zur Begründung lehnt sich der Senat an die Regelungen in § 74a Abs. 1 S. 3 und § 90a Abs. 1 S. 2 HGB sowie vergleichbare Fallkonstellationen an.[29] Richtigerweise lässt sich aber **keine abstrakte Höchstdauer** für Abwerbeverbote, insbesondere im Zusammenhang mit M&A-Transaktionen, bestimmen.[30] Die gebotene Abwägung der letztlich doch nur mittelbar betroffenen Arbeitnehmerfreiheit mit Schutzinteressen der Arbeitgeber muss einzelfallbezogen sein. Dabei ist zu berücksichtigen, dass es sich hier, anders als in den Fällen der § 74a Abs. 1 S. 3 oder § 90a Abs. 1 S. 2 HGB, um Vereinbarungen zwischen verschiedenen Arbeitgebern handelt. Es mangelt mithin bereits an einer Interessenlage, die mit derjenigen bei einem Arbeitsverhältnis bzw. einem Handelsvertreterverhältnis vergleichbar wäre. Zudem ist § 90a HGB vom Verweis des § 110 S. 2 GewO schon nicht umfasst. Die Begründung des BGH bietet daher eine wenig überzeugende Grundlage für die Befristung von Abwerbeverboten.[31] Allerdings sollte die höchstrichterliche Vorgabe in der Praxis aus Vorsichtsgründen beachtet werden, sofern nicht gewichtige Gründe für eine Abweichung dokumentiert werden können, zumal die hM der Rechtsprechung des BGH folgt[32]. 13

3. Beschäftigungsverbote im Rahmen von Unternehmenskäufen

Im Rahmen von Unternehmenskäufen bieten die vorstehend genannten Abwerbe- bzw. Beschäftigungsverbote aufgrund ihrer Einschränkungen jedoch nur unzureichenden Schutz für das Zielunternehmen. So setzt ein rechtliches Vorgehen aus einem Abwerbeverbot voraus, dass dem Erwerbsinteressenten ein **aktives Zugehen** auf den oder die betreffenden Angestellten **nachgewiesen** werden kann.[33] Ein solcher Nachweis ist in der Praxis nur sehr schwer zu erbringen. Eine Initiativbewerbung des Arbeitnehmers oder entsprechende allgemeine öffentliche Stellenausschreibungen sind nachträglich leicht zu konstruieren. Ein Zielunternehmen, das im Rahmen einer Transaktion – insbesondere im Rahmen einer *Due Diligence* – detaillierte und zum Teil sensible Informationen über sich und seine Arbeitnehmer offenlegt, hat daher ein besonderes Interesse daran, weitergehenden Schutz durch umfassende Beschäftigungsverbote zu erlangen. 14

[24] BGH 30.4.2014 – I ZR 245/12, NZA 2015, 111 Rn. 32; iE auch *Naber* DB 2014, 2945 (2946).
[25] So ausdrücklich BGH 30.4.2014 – I ZR 245/12, NZA 2015, 111 Rn. 33; *Beisel/Klumpp* § 12 Rn. 73; Ebenroth/Boujong/Joost/Strohn/*Boecken* HGB § 75f Rn. 9; HWK/*Diller* HGB § 75f Rn. 5; ErfK/*Oetker* HGB § 75f Rn. 1; *Wolf* NZG 2004, 366 (367).
[26] *Naber* DB 2014, 2945 (2947); HWK/*Diller* HGB § 75f Rn. 3.
[27] BGH 30.4.2014 – I ZR 245/12, NZA 2015, 111 Rn. 37; aA *Naber* DB 2014, 2945 (2949) mwN.
[28] BGH 30.4.2014 – I ZR 245/12, NZA 2015, 111 Rn. 40.
[29] BGH 30.4.2014 – I ZR 245/12, NZA 2015, 111 Rn. 38, 39; krit. *Naber* DB 2014, 2945 (2949) mwN.
[30] Ähnlich *Naber* DB 2014, 2945 (2949).
[31] *Naber* DB 2014, 2945 (2949).
[32] Baumbach/Hopt/*Roth* HGB § 75f. Rn. 1; Ebenroth/Boujong/Joost/Strohn/*Boecken* HGB § 75f Rn. 9a; BeckOK Arbeitsrecht/*Hagen* HGB § 75f Rn. 6; *Beisel/Klumpp* § 12 Rn. 74; ErfK/*Oetker* HGB § 75f Rn. 1.
[33] Zur Darlegungs- und Beweislast vgl. *Bauer/Diller* FS Helm, 2002, 14.

a) Teleologische Reduktion des § 75f HGB

15 Obwohl umfassende Beschäftigungsverbote zweifellos vom Wortlaut her dem Anwendungsbereich von § 75f HGB unterfallen, sollten die Unverbindlichkeitssanktion (§ 75f S. 2 HGB) und die vorgesehene Rücktrittsmöglichkeit (§ 75f S. 1 HGB) im Rahmen von Unternehmenskäufen restriktiv ausgelegt werden. § 75f HGB, der sowohl nach seinem Entstehungsgrund als auch der Sache nach im Zusammenhang mit den §§ 74–75d HGB steht, enthält eine typisierte gesetzgeberische Wertentscheidung im Verhältnis Arbeitgeber/Arbeitnehmer: Im Konflikt zwischen dem Schutzinteresse des Arbeitgebers vor Abwerbung seiner Angestellten und den Interessen des einzelnen Arbeitnehmers, über sein zukünftiges berufliches Fortkommen frei entscheiden zu können, überwiegt *in der archetypischen Situation* das Arbeitnehmerinteresse.[34] Diese auf Art. 12 GG gestützte Wertentscheidung kann aber nicht einschränkungslos gelten (siehe auch → Rn. 10). Die Unverbindlichkeitssanktion des § 75f S. 2 HGB gilt nur in Fällen, in denen keine besonderen Umstände hinzukommen, die im Einzelfall ein umfassendes Beschäftigungsverbot im Interesse des Arbeitgebers rechtfertigen.[35]

16 Im Rahmen von Unternehmenskäufen weicht die Interessenkonstellation von dem § 75f HGB zugrunde gelegten „Normalfall" ab. Das Zielunternehmen legt im Transaktionsvorfeld eine Vielzahl von Informationen einschließlich Daten über seine Angestellten und die Modalitäten ihrer Anstellung offen. Gerade diese Informationen erleichtern dem potenziellen Erwerber ein aktives Zugehen auf Arbeitnehmer des Zielunternehmens und letztlich deren Abwerben. Dies gilt ebenso für Fälle, in denen bei der Vorbereitung eines Unternehmenskaufs der potenzielle Erwerber in engen persönlichen Kontakt zu Schlüsselkräften des zu erwerbenden Unternehmens kommt. Auch hier entsteht häufig aufgrund der erlangten Informationen und persönlichen Kontakte ein nicht unerheblicher **Abwerbungsdruck.**[36] In diesen Konstellationen geht es nicht darum, generell eine Beschäftigung von Arbeitnehmern aufgrund allgemein im Markt zugänglicher Informationen zu verhindern. Vielmehr soll in diesem Zusammenhang mit einem umfassenden Beschäftigungsverbot nur dem Arbeitgeber, der seinem Vertragspartner vertrauliche Informationen über Mitarbeiter gegeben und Kontakt mit diesen ermöglicht hat, Schutz vor zusätzlichen Ansprachemöglichkeiten gewährt werden.[37] Daher unterliegen solche **Beschäftigungsverbote** in der Regel auch einer engen **zeitlichen Befristung** (in der Regel sollte die Abrede auf maximal 12 Monate befristet werden), um sicherzustellen, dass das Zielunternehmen nur vor den transaktionsspezifischen Risiken geschützt wird. Mit Ablauf dieser Frist verliert das besondere Interesse des Zielunternehmens am Schutz der im Rahmen der Transaktion offen gelegten Informationen über die Arbeitnehmer angesichts des schnellen Gültigkeits- und Relevanzverlustes solcher Daten in dynamischen Marktverhältnissen an Bedeutung und das Arbeitnehmerinteresse an einem uneingeschränkten beruflichen Fortkommen erlangt im Rahmen der gebotenen Interessenabwägung wieder Vorrang.[38]

b) Verfassungsrechtliche Vorgaben

17 Diese hier befürwortete **teleologische Reduktion des § 75f HGB** im Rahmen von Unternehmenskäufen **steht auch nicht im Widerspruch zu den verfassungsrechtlichen Vorgaben des Art. 12 GG.** Denn Art. 12 GG schützt als Ausprägung der Berufsfreiheit im engeren Sinne die freie Wahl des Berufs einschließlich dessen Ausübung sowie die freie Wahl des Arbeitsplatzes.[39] Trotz der sehr weitreichend anerkannten mittelbaren Drittwir-

---

[34] BGH 30.4.1974 – VI ZR 153/72, NJW 1974, 1282 (1283).

[35] So auch *Wolf* NZG 2004, 366 (369); vgl. parallel zu Abwerbeverboten BGH 30.4.2014 – I ZR 245/12, NZA 2015, 111 Rn. 30.

[36] HWK/*Diller* HGB § 75f Rn. 3.

[37] *Wolf* NZG 2004, 366 (369).

[38] *Wolf* NZG 2004, 366 (370).

[39] Jarass/Pieroth/*Jarass* GG Art. 12 Rn. 1, 10; vgl. auch → Rn. 12.

kung von Art. 12 GG[40] umfasst die Berufsfreiheit nicht das Recht des einzelnen Arbeitnehmers auf Beschäftigung bei einem bestimmten Arbeitgeber.[41] Zudem ist das geschützte Recht auf wirtschaftliche Betätigung aus Art. 2 Abs. 1 iVm Art. 12 Abs. 1 GG zugunsten der Arbeitgeber, welche untereinander Beschäftigungsverbote vereinbaren, zu berücksichtigen.[42] In jedem Fall ist der Schutzbereich von Art. 12 GG durch solche Sperrklauseln betroffen, die nicht lediglich die Beschäftigung bei einem bestimmten Arbeitgeber verbieten, sondern die Berufsausübung als solche verhindern.[43] Letzteres ist zB dann der Fall, wenn an der Sperrklausel die weitaus überwiegende Zahl der Arbeitgeber beteiligt ist, die bei einem Arbeitsplatzwechsel des Arbeitnehmers für seinen Beruf in Betracht kommen; derlei Beschränkungen wären nach § 138 BGB nichtig.[44] Letzteres kann in Ausnahmefällen jedoch auch im Rahmen von Unternehmenskäufen vorkommen, wenn aufgrund enger Marktverhältnisse oder der Teilnahme vieler Wettbewerber als potenzielle Erwerber der wesentliche Teil der für die Arbeitnehmer für einen Arbeitsplatzwechsel räumlich und gegenständlich in Betracht kommenden Arbeitgeber durch das Beschäftigungsverbot gebunden sind. In diesem Fall haben die Arbeitnehmerinteressen weiterhin Vorrang und § 75f HGB bleibt nach der verfassungsrechtlichen Wertung anwendbar.

c) Wertung des § 9 Nr. 3 AÜG

Schließlich steht einer teleologischen Reduktion der Unverbindlichkeitssanktion des § 75f S. 2 HGB **auch nicht die Wertung des § 9 Abs. 1 Nr. 3 AÜG entgegen.** Zwar erlangt auch der Entleiher im Rahmen des Leiharbeitsverhältnisses Kenntnisse über die Arbeitnehmer des Verleihers, die über die allgemein am Markt zugänglichen Informationen hinausgehen, was auf ein besonderes Schutzbedürfnis des Verleihers vergleichbar mit demjenigen des Zielunternehmens hindeutet. Zu beachten ist aber, dass sich die Unwirksamkeitsanordnung für Sperrklauseln zwischen Verleiher und Entleiher aus dem besonderen Schutzbedürfnis der Leiharbeitnehmer erklärt, weshalb der Gesetzgeber ihr Interesse, beim Entleiher eine Festanstellung zu bekommen, für absolut vorrangig erachtet.[45] Diese Wertung ist nicht auf andere Konstellationen übertragbar.[46] 18

d) Rechtsfolgen von Abwerbe- und Beschäftigungsverboten

Hinsichtlich der Rechtsfolgen ist zwischen Abwerbe- und Beschäftigungsverboten zu differenzieren. 19

aa) Abwerbeverbote. Da Abwerbeverbote in den vom BGH anerkannten Ausnahmefällen nicht dem Anwendungsbereich des § 75f HGB unterfallen, können sie einschließlich entsprechender **Vertragsstraferegelungen** wirksam vertraglich vereinbart und auch durchgesetzt werden. 20

bb) Beschäftigungsverbote. Beschäftigungsverbote können zwar wirksam vertraglich vereinbart, deren Erfüllung gegenüber dem Vertragspartner im „Normalfall" aber nicht durchgesetzt werden. Dies gilt ebenso für eine entsprechende Vertragsstraferegelung, die sich auf die Vereinbarung bezieht.[47] Unter Umständen kann sich aber ein Schadensersatz- bzw. Unterlassungsanspruch aus § 826 BGB ergeben. Dies setzt jedoch voraus, dass einer 21

---

[40] BVerfG 7.2.1990 – 1 BvR 26/84, NJW 1990, 1469 (1470); Maunz/Dürig/*Scholz* GG Art. 12 Rn. 81; HWK/Hergenröder GG Art. 12 Rn. 15.
[41] Maunz/Dürig/*Scholz* GG Art. 12 Rn. 58; HWK/*Hergenröder* GG Art. 12 Rn. 12.
[42] Vgl. parallel zu Abwerbeverboten BGH 30.4.2014 – I ZR 245/12, NZA 2015, 111 Rn. 30.
[43] Krit. *Wolf* NZG 2004, 366 (369).
[44] MüKoHGB/*v. Hoyningen-Huene* § 75f Rn. 8; HWK/*Diller* HGB § 75f Rn. 8.
[45] Vgl. Begr. RegE BT-Drs. VI/2303, 13; HWK/*Höpfner* AÜG § 9 Rn. 21.
[46] So auch *Wolf* NZG 2004, 366 (369); vgl. *Naber* DB 2014, 2945 (2946).
[47] BGH 30.4.1974 – VI ZR 153/72, NJW 1974, 1282 (1283).

der an der Vereinbarung beteiligten Arbeitgeber einen Arbeitnehmer des Vertragspartners in rechtswidriger Weise (zB Verleitung zum Vertragsbruch durch Ausscheiden ohne Kündigungsfristen, Preisgabe von Geschäftsgeheimnissen gegen hohes Entgelt, unwahre Behauptung eines bevorstehenden geschäftlichen Zusammenbruchs des bisherigen Arbeitgebers) abwirbt.[48] Im Rahmen von Unternehmenskäufen ist **§ 75f HGB teleologisch zu reduzieren,** so dass Beschäftigungsverbote in Unternehmenskaufverträgen und Vertraulichkeitsvereinbarungen nicht nur wirksam vereinbart werden können, sondern das Zielunternehmen als Vertragspartei dieser Vereinbarung auch einen **Erfüllungsanspruch** gegen den potenziellen Erwerber hat. Für den Fall der Nichtbeachtung der Sperrklausel vereinbarte **Vertragsstraferegelungen** sind ebenfalls wirksam und durchsetzbar.

III. Due Diligence

1. Begriff und Bedeutung der *Due Diligence*

22 Die *Due Diligence* bezeichnet die **gründliche Untersuchung der wirtschaftlichen und rechtlichen Gegebenheiten einer potentiellen Zielgesellschaft** vor dem Abschluss eines Unternehmenskaufs. Der Begriff stammt aus dem US-amerikanischen Kapitalmarkt- und Anlegerschutzrecht und bedeutet wörtlich übersetzt „erforderliche Sorgfalt“ oder „sorgfältige Prüfung“.[49] Schon begrifflich gibt die *Due Diligence* somit den vom Käufer und seinen Hilfspersonen anzuwendenden Sorgfaltsmaßstab vor.

23 Eine *Due Diligence* erfüllt im Wesentlichen folgende **Funktionen:**[50] Zuvorderst dient sie dem Käufer zur Informationsbeschaffung und -verifizierung über die Investitionsentscheidung insgesamt und als Grundlage für die Ermittlung der wirtschaftlichen Konditionen, insbesondere des Kaufpreises und seiner Strukturierung (zB feste Raten, Earn Out, Fälligkeit und Verzinsung).[51] Des Weiteren dient eine *Due Diligence* dazu, vorhandene Schwächen sowie Risiken zu erkennen, und soweit als möglich Maßnahmen zu identifizieren, die diese minimieren. Sollten sich die identifizierten Risiken nicht minimieren lassen, namentlich weil der Datensatz nicht genügend Informationen bereitstellt oder weil zu wenig Zeit für eine Risikoverringerung verbleibt, dient sie zumindest dazu, möglichst passgenaue vertragliche Gewährleistungen, Garantien, Freistellungen oder in die Zukunft ausgreifendeHandlungsverpflichtungen (sog. *covenants*) verlangen zu können. ***Due Diligence* und Garantien** schließen sich somit nicht aus, sondern es besteht zwischen ihnen eine Art **Wechselwirkung.**[52] Nicht zuletzt ist die *Due Diligence* auch mit einer Exkulpationsfunktion verknüpft: Mithilfe der Dokumentation aus der *Due Diligence* kann einerseits der Käufer den Entlastungsbeweis antreten, dass er sorgfältig alle für die Transaktion relevanten Aspekte aufgedeckt und beurteilt hat und andererseits der Verkäufer belegen, dass er seiner

---

[48] MüKoHGB/*v. Hoyningen-Huene* § 75f Rn. 9; Ebenroth/Boujong/Joost/Strohn/*Boecken* HGB § 75f Rn. 13; ErfK/*Oetker* HGB § 75f Rn. 3.

[49] Ausführlich zur Herkunft des Begriffs *Berens/Strauch* in Berens/Brauner/Strauch/Knauer S. 6–8; vgl. auch *Seibt* in BeckFormB M&A S. 100; *Göthel* S. 35; *Becker/Voß* in Knott S. 11; *Koffka* in Eilers/Koffka/Mackensen/Paul Private Equity I. 3. Rn. 1.

[50] Vgl. hierzu auch *Seibt* in BeckFormB M&A S. 100; *Göthel* S. 43; *Berens/Schmitting/Strauch* in Berens/Brauner/Knauer/Strauch Due Diligence S. 16 ff.; *Becker/Voß* in Knott S. 13 f.; *Koffka* in Eilers/Koffka/Mackensen/Paul Private Equity I. 3. Rn. 4 ff.; *Meurer* in BeckHdB M&A § 5 Rn. 1 ff.; *Beisel* in BeckMandatsHdB Due Diligence Teil A § 1 Rn. 33 ff; *Picot* in Picot § 2 Rn. 127 ff.; *Merkt* WiB 1996, 145 (147); *Fleischer/Körber* BB 2001, 841 (842).

[51] Empirische Studien zeigen, dass in ca. jedem zweiten Fall der Kaufpreis nach einer *Due Diligence*-Prüfung abgesenkt wird und sich nur in ca. 13% der Fälle erhöht, vgl. *Knauer/Hermann/Wagener* WPg 2017, 1274 (1281).

[52] *Meyer-Sparenberg* in BeckHdB M&A § 44 Rn. 7; *Göthel* S. 43.

gesetzlichen Aufklärungspflicht[53] gerecht geworden ist. Insofern dient die *Due Diligence* gleichermaßen dem prüfenden Käufer wie auch dem überprüften Verkäufer.

2. Die Einbindung der *Due Diligence* in das Recht der Gewährleistung beim Unternehmenskauf

Zu Beginn eines Unternehmenskaufvorhabens besteht typischerweise eine erhebliche Informationsasymmetrie zwischen Käufer (bzw. dem unter seiner Kontrolle stehenden Zielunternehmens) und Verkäufer, schließlich kennt der Käufer das potenzielle Zielunternehmen regelmäßig nur von außen. Da der Grundsatz *caveat emptor* (lat. „möge der Käufer sich in Acht nehmen") als solcher auch im deutschen Recht gilt und um die Informationsasymmetrie abzubauen, ist daher eine Unternehmensuntersuchung *(Due Diligence)* vor dem Unternehmenserwerb zum Standard geworden. Sie dient als Grundlage für die Investitionsentscheidung, die Kaufpreisverhandlungen und die Vereinbarung eines individuellen Haftungs- und Handlungsregimes (→ Rn. 20). Spezialvorschriften für ein solches Haftungsregime beim Unternehmenskauf sind dem deutschen Recht fremd.[54] Auch der **Unternehmenskauf** richtet sich daher **nach allgemeinem Kaufrecht.** Nach der gesetzlichen Regelung in § 433 Abs. 1 S. 1 BGB hat der Verkäufer die Sache dem Käufer frei von Sach- und Rechtsmängeln zu verschaffen. Die Übertragung einer mangelhaften Kaufsache erfüllt diesen Käuferanspruch nicht, sondern ist vielmehr eine Verletzung der vertraglichen Erfüllungspflicht, auf die das allgemeine Leistungsstörungsrecht Anwendung findet. Dabei ist unerheblich, auf welchem Wege der Unternehmenskauf vollzogen wird, sei es im Wege des sog. *Share Deal* durch den Erwerb von Anteilen oder Gesellschaftsbeteiligungen oder im Wege des sog. *Asset Deal* durch den Erwerb der zum Unternehmen, (Teil-)Betrieb oder einem bestimmten Geschäftsfeld gehörenden Sachen und Rechte.[55] Der Unternehmenskauf unterfällt nach mittlerweile überwiegender Ansicht in beiden Fällen dem Auffangtatbestand des § 453 Abs. 1 BGB (analog).[56] Der *Asset Deal* ist dabei als Kauf eines „sonstigen Gegenstands"[57] und der Erwerb (praktisch) sämtlicher Anteile an einer unternehmenstragenden Gesellschaft *(Share Deal)* als Rechtskauf[58] zu qualifizieren. Daher finden die Vorschriften über das Mängelgewährleistungsrecht in beiden Fällen (nur) entsprechende Anwendung.[59] 24

Das **Vorliegen eines Mangels** wird gemäß § 434 Abs. 1 S. 1 BGB vorrangig anhand einer Beschaffenheitsvereinbarung bestimmt. Soweit eine solche zwischen den Parteien nicht getroffen wurde, ist die Sache frei von Sachmängeln, (i) wenn sie sich für die *nach dem Vertrag vorausgesetzte Verwendung eignet,* ansonsten (ii) wenn sie sich *für eine gewöhnliche Verwendung eignet* und eine Beschaffenheit aufweist, die bei Sachen der gleichen Art üblich ist und die der Käufer nach der Art der Sache erwarten kann (§ 434 Abs. 1 S. 2 BGB).[60] 25

---

[53] Die Reichweite der Aufklärungspflichten des Verkäufers ist umstritten, siehe hierzu nur *Meyer-Sparenberg* in BeckHdB M&A § 44 Rn. 129ff.; die Rechtsprechung tendiert zu weitergehenden Aufklärungspflichten im Einzelfall, *Fabritius* in Hopt VertrFormB I. K 1, Anm. 3; *Seibt/Reiche* DStR 2002, 1181 (1185); BGH 4.4.2001 – VIII ZR 32/00, NJW 2001, 2163 (2164).

[54] *Picot* in Berens/Brauner/Knauer/Strauch S. 219; *Fleischer/Körber* BB 2001, 841 (842).

[55] Vgl. nur *Becker/Voß* in Knott S. 40f.

[56] BT-Drs. 14/6040, S. 242.

[57] MüKoBGB/*Westermann* § 453 Rn. 19; *Seibt* in Scholz GmbHG § 15 Rn. 151.

[58] BeckOK BGB/*Faust* § 453 Rn. 34; MüKoBGB/*Westermann* § 453 Rn. 21; *Seibt* in Scholz GmbHG § 15 Rn. 136 (153); BGH 26.9.2019 – VIII ZR 187/17, NJW 2019, 145 Rn. 24ff.; BGH 26.9.2018 – VIII ZR 187/17, DNotZ 2019, 125 (128 f).

[59] *Picot* in Berens/Brauner/Knauer/Strauch S. 226; *Seibt* in Scholz GmbHG § 15 Rn. 143; *Wolf/Kaiser* DB 2002, 411.

[60] Eingehend zum Mängelgewährleistungsrecht beim GmbH-Anteilskauf *Seibt* in Scholz GmbHG § 15 Rn. 136 ff; die Bestimmung der gewöhnlichen Verwendung dürfte beim Unternehmenskauf aufgrund der Vielzahl möglicher Verwendungszwecke jedoch problematisch sein, vgl. *Stamer* in Knott S. 73f.; *Hommelhoff* S. 36f.

Bei **Vorliegen eines Mangels** kann der Käufer primär nach § 439 BGB Nacherfüllung verlangen, nach dem erfolglosen Ablauf einer angemessen Nachfrist gemäß §§ 440, 323 oder 326 Abs. 5 BGB zurücktreten oder gemäß § 441 BGB den Kaufpreis mindern und bei Vorliegen von (vermutetem) Verschulden gemäß §§ 440, 280, 281, 283 und 311a BGB Schadensersatz oder nach § 284 BGB Ersatz vergeblicher Aufwendungen verlangen.[61]

26 Diese Rechte sind jedoch gemäß § 442 Abs. 1 S. 1 BGB ausgeschlossen, wenn der Käufer bei Vertragsschluss den Mangel kennt. Darüber hinaus schadet gemäß § 442 Abs. 1 S. 2 BGB auch grob fahrlässige Unkenntnis, wenn der Verkäufer den Mangel nicht arglistig verschwiegen oder eine Garantie für die Beschaffenheit der Sache übernommen hat. Entscheidend kommt es daher im Rahmen einer *Due Diligence*-Prüfung darauf an,

- wann einem Käufer positive Kenntnis oder grob fahrlässige Unkenntnis hinsichtlich eines Mangels zugeschrieben werden muss (hierzu Rn. 26); und
- ob der Verkäufer – bei Geltung bestimmter Aufklärungspflichten – den Mangel arglistig verschwiegen hat und hierfür reichen auch Aussagen „ins Blaue hinein" aus.[62]

27 Wegen der bestehenden Rechtsunsicherheiten bei Anwendung des allgemeinen Kaufrechts, werden **in der Regel eigenständige Garantieversprechen unter Ausschluss der gesetzlichen Gewährleistungsregeln vertraglich zwischen den Parteien vereinbart.**[63] Eine Garantie hat gemäß § 443 Abs. 1 BGB zur Folge, dass dem Käufer unbeschadet der gesetzlichen Vorschriften auch ein verschuldensunabhängiger Anspruch aus der Garantie zusteht. Darüber hinaus hat die Garantievereinbarung gemäß § 444 BGB zur Folge, dass sich ein Verkäufer auf einen Haftungsausschluss oder eine Haftungsbeschränkung nicht berufen kann. Die *Due Diligence* ist dabei für die informierte Ausarbeitung dieses auf das konkrete Unternehmen zugeschnittenen Haftungsregimes von wichtiger Bedeutung (→ Rn. 23).[64]

28 **Art und Umfang der Durchführung** einer *Due Diligence* können wegen des gesetzlichen Ausschlusses von Mängelgewährleistungsrechten bei Kenntnis oder grob fahrlässiger Unkenntnis hinsichtlich eines Umstands (§ 442 Abs. 1 BGB) oder aufgrund gesetzeskonkretisierender vertraglicher Regelungen über die dem Käufer zustehenden Rechte entscheiden. Erlangt der Käufer im Rahmen der *Due Diligence* positive Kenntnis vom „Umstand", ist ein Ausschluss der Mängelgewährleistungsrechte interessengerecht.[65] Teilweise wird darüber hinaus auch angenommen, dass eine (grob) unsorgfältige[66] oder unvollständige[67] *Due Diligence* grobe Fahrlässigkeit der Unkenntnis vom „Umstand" begründet. Andere halten einen Haftungsausschluss wegen grob fahrlässiger Unkenntnis sogar bereits dann

---

[61] Zum Verhältnis der Rechte zueinander *Seibt/Reiche* DStR 2002, 1140.

[62] Ein Verkäufer handelt arglistig, wenn dieser einen offenbarungspflichtigen Mangel kennt oder mit der Möglichkeit dessen Vorhandenseins rechnet. Bedingter Vorsatz des Verkäufers, den Kaufentschluss des Käufers zu beeinflussen, ist ausreichend; ein Täuschungswille ist zB schon gegeben, wenn der Handelnde, obwohl er mit der möglichen Unrichtigkeit seiner Angaben rechnet, ins Blaue hinein unrichtige Behauptungen aufstellt, selbst wenn der Handelnde zwar gutgläubig ist, aber das Fehlen einer zuverlässigen Beurteilungsgrundlage nicht offenlegt. Explizit für den Unternehmenskauf zB *Vogt* DStR 2001, 2027 (2032); *Risse* NZG 2020, 856 (857) Fn. 4; *Klein-Blenkers* NZG 1999, 185 (191) (unter Bezug auf BGH NJW 2001, 2326, wo Arglist allerdings im konkreten Fall verneint wurde); *Hoger/Baumann* NZG 2017, 811 (812); *Beisel* in Beisel/Klumpp § 16 Rn. 67; *Fischer* in FormB RS B. 21.02 Rn. 15.

[63] Dies empfiehlt der BGH ausdrücklich, vgl. BGH 18.3.1977 – I ZR 132/75, NJW 1977, 1538 (1539); BGH 12.11.1975 – VIII ZR 142/74, BGHZ 65, 246 (252); siehe auch *Seibt* in BeckFormB M&A S. 105; *Seibt* in Scholz GmbHG § 15 Rn. 160; *Göthel* S. 57; *Koffka* in Eilers/Koffka/Mackensen/Paul Private Equity I. 3. Rn. 7; zu möglichem Inhalt und etwaigen Formulierungen eines solchen Haftungsregimes vgl. *Seibt/Reiche* DStR 2002, 1140 (1141).

[64] *Koffka* in Eilers/Koffka/Mackensen/Paul Private Equity I. 3. Rn. 6.

[65] *Göthel* S. 66; *Picot* in Berens/Brauner/Knauer/Strauch S. 239ff.; *Weber* in Hölters Unternehmenskauf-HdB Rn. 9.48; *Beisel* in Beisel/Klumpp Kapitel 16 Rn. 59 und Kapitel 2 Rn. 8.

[66] *Rödder/Hötzel/Mueller-Thuns* § 3 Rn. 53; für den Fall der Missachtung der erforderlichen Sorgfalt in besonders schwerer Weise auch *Gaul* ZHR 2002, 35 (64); zur pot. Begründung grober Fahrlässigkeit infolge mangelhafter Prüfung beim Gebrauchtwagenkauf OLG Köln 9.1.1973 – 9 U 155/72, NJW 1973, 903 (904).

[67] LG Hamburg 13.3.2015 – 315 O 89/13, GWR 2015, 279.

für angemessen, wenn der Mangel aufgrund der zur Verfügung gestellten Unterlagen für den Käufer oder seine externen Berater nur erkennbar gewesen sei.[68] Diese verkäuferfreundlichen, strengen Ansichten hätten jedoch zur Folge, dass der Käufer, der ohne Bestehen einer rechtlichen Pflicht zur Durchführung einer *Due Diligence* eine solche vornimmt, gewährleistungsrechtlich schlechter behandelt würde, als ein Käufer, der eine *Due Diligence*-Prüfung vollständig unterlässt.[69] Allerdings ist auch umstritten, ob nicht bereits die Nichtdurchführung einer *Due Diligence* per se grob fahrlässig ist.[70] Eine solche grobe Fahrlässigkeit könnte indes nur in der Missachtung einer Obliegenheit gesehen werden und da keine gesetzliche Pflicht zur Durchführung einer *Due Diligence* besteht,[71] kann die Obliegenheit nur einer Verkehrssitte entspringen.[72] Trotz der weiten Verbreitung der *Due Diligence*[73] in der M&A-Praxis, ist das Bestehen einer Verkehrssitte zweifelhaft[74], oft wird sie auch rundweg abgelehnt.[75] Dies liegt vor allem daran, dass eine Verkehrssitte einen hinreichend verfestigten Standard voraussetzt, der im Hinblick auf eine *Due Diligence* (immer noch) nicht allgemeingültig besteht.[76] Vielmehr haben sich Art und Umfang der *Due Diligence* an den spezifischen Branchen und den konkreten Gegebenheiten der beteiligten Unternehmen (zB auch den *„risk appetite"* des Käufers!) zu orientieren. Etwas anderes ergibt sich auch nicht aus den weitverbreiteten Checklisten[77], da diese keinen Anspruch auf Vollständigkeit erheben und überdies doch beträchtlich voneinander abweichen.[78] Auch ohne das Bestehen einer Verkehrssitte kann nach den Umständen des Einzelfalls[79] eine unterbliebene oder nur rudimentär durchgeführte *Due Diligence* grobe Fahrlässigkeit begründen, mit der Folge, dass die Mängelgewährleistungsrechte nach § 442 Abs. 1 S. 2 BGB oder komplementären vertraglichen Haftungsregeln ausgeschlossen sind.[80] In jedem Fall muss Beachtung finden, dass die Prüfung häufig umfangreicher „fremder" Dokumente im Regelfall unter Zeitdruck stattfindet, sodass bei der Annahme „grober" Fahrlässigkeit jedenfalls große Zurückhaltung geboten ist.[81]

Unabhängig von der schuldrechtlichen Haftung kann eine unterlassene oder grob unzureichende *Due Diligence* eine **gesellschaftsrechtliche Haftung der Geschäftsleiter des** 28a

[68] *Fleischer/Körber* BB 2001, 841 (848).

[69] So auch *Schaub* in BeckOGK BGB § 276 Rn. 125f.; *Göthel* S. 72; *Picot* in Berens/Brauner/Knauer/Strauch Due Diligence S. 242; *Beisel* in Beisel/Klumpp § 16 Rn. 61; *Hilgard* BB 2013, 963 (964).

[70] Eingehend zum Streitstand *Picot* in Berens/Brauner/Knauer/Strauch S. 242ff.; *Göthel* S. 69ff.; *Andreas/Beisel*; in BeckMandatsHdB Due Diligence Teil A § 2 Rn. 54ff.

[71] Näher hierzu *Picot* in Berens/Brauner/Knauer/Strauch S. 243.

[72] Für das (mögliche) Bestehen einer Verkehrssitte: Berens/*Schmitting/Strauch* in Berens/Brauner/Knauer/Strauch S. 45f.; *Krebs/Kämmerer* NZG 2012, 847ff.; *Elfring* JuS Beilage 5/2007, 3 (11f.); *Böttcher* ZGS 2007, 20 (24); *Vogt* DStR 2001, 2027 (2031); zumindest bei professionellen Unternehmenskäufen *Weber* in Hölters Unternehmenskauf-HdB Rn. 9.56; zumindest für die *Legal-* und *Financial Due Diligence Andreas/Beisel* in BeckMandatsHdB Due Diligence Teil A § 2 Rn. 59; für die Schweiz *Vischer* SJW 2000, 229 (235).

[73] *Knauer/Hermann/Wagener* WPg 2017, 1274 (1282).

[74] *Götze* ZGR 1999, 202 (211) (Fn. 39); *Werner* ZIP 2000, 989 (990).

[75] *Schaub* in BeckOGK BGB § 276 Rn. 127; *Ellenberger* in Palandt BGB § 133 Rn. 21; *Picot* in Berens/Brauner/Knauer/Strauch Due Diligence S. 245; *Westermann* in MüKoBGB § 453 Rn. 55; *Seibt* in BeckFormB M&A S. 104; *Seibt* in Scholz GmbHG § 15 Rn. 164.

[76] *Picot* in Berens/Brauner/Knauer/Strauch S. 245f.; *Göthel* S. 70f.; *Beisel* in Beisel/Klumpp Kapitel 2 Rn. 9f.

[77] So aber *Elfring* JuS Beilage 5/2007, 3 (11 f).

[78] *Picot* in Berens/Brauner/Knauer/Strauch S. 245; *Göthel* S. 71; *Andreas/Beisel* in BeckMandatsHdB Due Diligence Teil A § 2 Rn. 60.

[79] OLG Oldenburg 22.6.2006 – 1 U 34/03, NZG 2007, 434 (436); LG Berlin 1.2.2005 – 5 O 176/04 (juris) Rn. 168.

[80] *Schaub* in BeckOGK BGB § 276 Rn. 127; *Fleischer* in BeckOGK AktG § 93 Rn. 111; *Seibt* in BeckFormB M&A S. 104; *Göthel* S. 70.

[81] Es komme daher vielmehr darauf an, ob der Käufer den Mangel auch ohne nähere Prüfung hätte erkennen müssen, vgl. *Seibt* in Scholz GmbHG § 15 Rn. 164; *Göthel* S. 72; *Andreas/Beisel* in BeckMandatsHdB Due Diligence Teil A § 2 Rn. 51; *Hilgard* BB 2013, 963 (966f.); *Müller* NJW 2004, 2196 (2199); *Fleischer/Körber* BB 2001, 841 (848).

Käufers (zB § 93 Abs. 1 AktG, § 43 Abs. 1 GmbHG)[82] und im Einzelfall sogar von Aufsichtsräten[83] begründen.[84]

3. Durchführung und Umfang; Datenschutz

29 Bei der praktischen Umsetzung der *Due Diligence*-Prüfung geht es darum, die rechtlichen und tatsächlichen Verhältnisse des Unternehmens umfassend offen zu legen. In der Praxis werden hierzu zwei verschiedene Ansätze verfolgt[85]: Der erste besteht in einer häufig aufwendigen *In-House*-Prüfung (zumeist mit externer Unterstützung) und ggf. Darstellung in einem *Vendor Legal Factbook*[86] oder sogar einem *Vendor Due Diligence*-Bericht (in der Regel mit einer Haftungserklärung *[Reliance]* auch gegenüber dem leztendlichen Käufer)[87] und Ermöglichung von *Management Interviews* und *Expert Meetings* zu diesen Fragen. Daneben lässt sich der Kaufinteressent in der Regel vom Verkäufer alle ihn interessierenden Unterlagen über das Unternehmen in einem innerhalb des Unternehmens hierzu bereitgestellten Raum („*Due Diligence*-Room", **„Physical Data Room"**) oder in einem elektronischen Arbeitsbereich **(„Virtual Data Room")** zur Verfügung stellen.[88] Es ist dann Sache des Kaufinteressenten, Einsicht in die Unterlagen zu nehmen bzw., soweit der Verkäufer dies gestattet, Kopien von diesen anzufertigen. Dieses Verfahren senkt die Transaktionsvorbereitungskosten auf Seiten der Kaufinteressenten und kommt häufig bei Ansprache diverser Interessenten (insbes. mit unterschiedlichem Informationsstand) zur Anwendung. Bei konzentrierten Verfahren mit einem kleinen Kreis von Interessenten ist es zuweilen für den Käufer zeit- und kostensparender, dem Verkäufer eine Prüfliste ***(Due Diligence Checklist)*** zuzusenden, in der dem Verkäufer gezielt Fragen zum Status seines Unternehmens gestellt werden. Bei dieser Variante fertigt der Verkäufer lediglich von den angeforderten Unterlagen Kopien an und übersendet sie dem Käufer bzw. stellt sie in spezifisches Intranet ein; je nach Ausgestaltung der *Checklist* sind darüber hinaus noch Fragen (in text-schriftlicher Form oder im Wege von *Management Interviews*) zu beantworten. Die beiden vorgenannten Methoden werden häufig auch kombiniert, indem der Käufer zunächst eine *Checklist*

---

[82] *Fleischer* in BeckOGK AktG § 93 Rn. 111; *Spindler* in MüKoAktG § 93 Rn. 119; *Seibt* in BeckFormB M&A S. 101; *Schiffer/Bruß* BB 2012, 847 (848); *Werner* GmbHR 2007, 678 (679) mwN; zur Haftung bei fehlerhafter Post Merger Integration *Seibt/Wollenschläger* DB 2009, 1579.

[83] Hierzu BGH 11.12.2006 – II ZR 243/05, ZIP 2007, 224 [Haftung bei Zustimmung zu nachteiligen Geschäften ohne gebotene Information].

[84] Die Anforderungen an den Umfang der Prüfung sind umstritten: Für eine Ausschöpfung aller verfügbaren rechtlichen und tatsächlichen Informationen und eine sorgfältige Abwägung BGH 14.7.2008 – II ZR 202/07, NJW 2008, 3361 (3362); BGH 18.6.2013 – II ZR 86/11, BGHZ 197, 304 (314); für eine lediglich angemessene Informationsgrundlage *Fleischer* in BeckOGK AktG § 93 Rn. 89 mwN; *Bachmann* NZG 2013, 1121 (1124); ausf. *Seibt* FS Seibert, 2019, S. 825 ff.

[85] Vgl. *Merkt* BB 1995, 1041 (1043).

[86] In einem Vendor/Financial Factbook sind in der Regel (i) ausgewählte vergangenheitsbezogene Finanzdaten als auch zukunftsgerichtete Prognosezahlen sowie (ii) bestimmte rechtliche Schlüsselinformationen (zB Gruppenstruktur mit Minderheitsgesellschafter; Auflistungen von wesentlichen gewerblichen Schutzrechten, Grundstücken etc) enthalten, im Gegensatz zu einem Vendor Due Diligence-Bericht ohne Plausibilitätsüberlegungen, Analysen oder wertende Aussagen und ohne Haftungserklärung des Erstellers. Die Erstellung eines Vendor/Financial Factbook ist in der Regel deutlich zügiger und kostengünstiger als die Erstellung eines Vendor Due Diligence Berichts zu unternehmen.

[87] Der Vendor Due Diligence Bericht ist in der Regel eine umfassende Darstellung der wesentlichen finanziellen, steuerlichen und rechtlichen Situation des Zielunternehmens, einschließlich der Darstellung bestimmter Chancen und Risiken, Plausibilitätserwägungen und Analysen. Hiermit will der Verkäufer (i) den Verkaufsprozess im weiten Umfang kontrollieren, (ii) die kosteneffiziente und zügige Abgabe von verbindlichen Angeboten der Kaufinteressenten ermöglichen und damit die Wettbewerbsintensität erhöhen und (iii) über die Haftungserklärung des (externen) Erstellers Reputationsgewinne erzielen. Ein wichtiger Nebeneffekt der Vendor Due Diligence ist die strukturierte Vorbereitung des Verkaufsprozesses mit Ermittlung der wertbildenden Faktoren, aber auch von Themen, die vor Ansprache der Kaufinteressenten bzw. vor einem Verkauf der Klärung bedürfen.

[88] Zu Mustern von Benutzungsregeln für Physical Data Rooms und Virtual Data Rooms; *Seibt* in BeckFormB M&A B. VI. 1. und B. VI. 2.

übersendet und danach noch offen bleibende Fragen im Rahmen einer *In-House*-Prüfung klärt.

Besondere Beachtung ist bei einer arbeitsrechtlichen *Due Diligence* nunmehr auch **datenschutzrechtlichen Bestimmungen** zu schenken.[89] Während der Beschäftigtendatenschutz bei Unternehmenstransaktionen früher regelmäßig eine untergeordnete Rolle spielte, ergeben sich spätestens durch die europäische **Datenschutz-Grundverordnung (DSGVO)**[90] bedeutende Fragen für Wissenschaft und Praxis. Ergänzt wird die DSGVO durch die Vorschriften des **Bundesdatenschutzgesetzes**[91] **(BDSG).**[92] Das Interesse des Käufers, an möglichst umfassende Informationen über die arbeitsrechtlichen und personellen Verhältnisse im Zielunternehmen zu gelangen, steht in einem unmittelbaren Spannungsverhältnis zu dem Persönlichkeitsrecht der betroffenen Arbeitnehmer sowie Organmitglieder und unterliegt grundsätzlich den sich aus der DSGVO und dem BDSG ergebenden Schranken. 30

Im Rahmen der arbeitsrechtlichen *Due Diligence* stellt sich die Frage, ob und wie **Beschäftigtendaten** in einem Datenraum durch den Veräußerer gegenüber (potentiellen) Erwerbern offengelegt werden dürfen. Ansonsten laufen Unternehmen bei der Transaktionsdurchführung Gefahr, sich den verschärften Sanktionen nach der DSGVO auszusetzen. Gemäß Art. 83 Abs. 5 lit. a und b DSGVO werden bei Unternehmensverstößen, **Geldbußen von bis zu 20.000.000 Euro** oder von bis zu **4% des gesamten weltweit erzielten Jahresumsatzes** verhängt, je nachdem, welcher der Beträge höher ist.[93] Daneben droht das Risiko der zivil- und bei besonders schweren Verstößen sogar **strafrechtlichen Haftung,** weshalb sich der Beschäftigtendatenschutz bei Unternehmenstransaktionen in einem permanenten Spannungsfeld zwischen Vertraulichkeit und Transparenz befindet. Um dieses Spannungsfeld aufzulösen, muss insbesondere die Frage beantwortet werden, inwieweit und vor allem wie aus unternehmerischer Sicht die Anforderungen der DGSVO erfüllt werden können, ohne die Durchführung einer Transaktion in der Praxis wesentlich zu erschweren. Zu beachten ist zudem, dass der Datenschutz auch bereits im Vorfeld der Übermittlung von Daten an den (potentiellen) Erwerber von Relevanz ist: Vielfach wird die Transaktion über die **Obergesellschaft** erfolgen, die nicht alle für die Transaktion relevanten personenbezogenen Daten der Arbeitnehmer hat und vor diesem Hintergrund auf entsprechende **Datensätze ihrer Tochtergesellschaften** angewiesen ist. Auch diese Übermittlung von Daten wirft – mangels eines echten Konzernprivilegs in der DSGVO[94] – Fragen des Datenschutzes auf. Allerdings ist zu beachten, dass die DSGVO – auch wenn sie **kein „echtes" Konzernprivileg** enthält – doch zumindest im Erwägungsgrund 48 anerkennt, dass es im Konzern ein erhöhtes Interesse an Datenübermitt- 31

---

[89] Im Einzelnen dazu bereits *Braun/Wybitul* BB 2008, 782; 16. Allgemein zum Datenschutz bei Unternehmenstransaktionen schon frühzeitig *Essers/Hartung* RDV 2002, 278; *Selk* RDV 2009, 254; zu der gestiegenen Bedeutung des Datenschutzes für die Unternehmenstransaktion durch die Datenschutz-Grundverordnung ausführlich *Grau* in FS Willemsen, 2018, 147; *Dzida* BB 2019, 3060 (3064f.); *Tribess/Spitz* GWR 2019, 261ff.

[90] Verordnung (EU) 2016/679 des Europäischen Parlaments und des Rates vom 27.4.2016 zum Schutz natürlicher Personen bei der Verarbeitung personenbezogener Daten, zum freien Datenverkehr und zur Aufhebung der Richtlinie 95/46/EG (Datenschutz-Grundverordnung), ABl. L 119, S. 1.

[91] Gesetz zur Anpassung des Datenschutzrechts an die Verordnung (EU) 2016/679 und zur Umsetzung der Richtlinie (EU) 2016/680 (Datenschutz-Anpassungs- und -Umsetzungsgesetz EU) vom 30. Juni 2017, BGBl. 2017 I S. 2097.

[92] Die hier einschlägigen Öffnungsklauseln der Art. 23, 88 DSGVO ermöglichen den nationalen Gesetzgebern spezifischere datenschutzrechtliche Regelungen auf nationaler Ebene. Insofern stellen die Regelungen des BDSG „spezifischere Vorschriften" im Sinne des Art. 88 Abs. 1 DSGVO dar, wonach die Mitgliedstaaten durch Rechtsvorschriften oder Kollektivvereinbarungen zur Gewährleistung des Schutzes der Rechte und Freiheiten Vorschriften zur Verarbeitung personenbezogener Beschäftigungsdaten vorsehen können.

[93] Vgl. insoweit auch *Grau* in FS Willemsen, 2018, 147 (147), der die Sanktionen als „drakonisch" bezeichnet.

[94] Vgl. zu Datenverarbeitung innerhalb eines Konzerns und zum Fehlen eines „echten Konzernprivilegs" Gola/*Schulz* DSGVO Art. 6 Rn. 195f. mwN.

lungen gibt; dies erleichtert Datenübermittlungen, lässt aber den Rechtfertigungsbedarf nicht gänzlich entfallen.

Die Bekanntgabe von personenbezogenen Daten gegenüber dem Erwerber im Rahmen einer *Due Diligence* wird in der Regel eine von der DSGVO und dem BDSG erfasste Verarbeitungsform darstellen (vgl. Art. 4 Nr. 2 DSGVO). Dies gilt bei Bereitstellung der Daten in einem **elektronischen Datenraum** regelmäßig auch für die „herkömmliche" Bereitstellung von Daten in einem physischen Datenraum. Von der DSGVO und dem BDSG geschützt werden allerdings prinzipiell nur solche Daten, die Rückschlüsse auf eine bestimmte oder bestimmbare natürliche Person zulassen, dh **personenbezogene Daten** iSv Art. 2 Abs. 1 DSGVO. Gemäß Art. 4 Nr. 1 Hs. 1 DSGVO versteht die Verordnung unter „personenbezogenen Daten" alle Informationen, die sich auf eine **identifizierte oder identifizierbare natürliche Person** („betroffene Person") beziehen. Um in den sachlichen Anwendungsbereich der DSGVO zu fallen, müssen die in einen Datenraum eingestellten Informationen daher einen Personenbezug aufweisen. Die Bereitstellung von anonymisierten Daten ist vor dem Hintergrund datenschutzrechtlich ebenso unbedenklich wie die Bekanntgabe von Personalstatistiken, sofern die Daten so aufbereitet sind, dass ein Personenbezug nicht hergestellt werden kann.[95] Ist der (potentielle) Erwerber im Rahmen einer Transaktion nicht in der Lage, einen Personenbezug zu den ihm durch den Veräußerer im Rahmen einer Unternehmenstransaktion offengelegten Daten herzustellen, findet der Beschäftigtendatenschutz keine Anwendung.[96] Daher sind arbeitsrechtliche Kollektivvereinbarungen, wie Betriebsvereinbarungen und Tarifverträge häufig datenschutzrechtlich unbedenklich. Vorsorglich könnten jedoch die Namen der Unterzeichner in der Unterschriftenzeile geschwärzt werden

32 Fallen die Beschäftigtendaten in den sachlichen Anwendungsbereich der DSGVO (und des BDSG) stellt das Einstellen der personenbezogenen Daten in den Datenraum, welcher dem Erwerber zugänglich ist, eine Verarbeitung im Sinne des Art. 4 Nr. 2 DSGVO dar und bedarf damit einer **datenschutzrechtlichen Rechtfertigung.** Als Grundlage hierfür kommen im Ausgangspunkt eine Einwilligung des Betroffenen sowie sonstige Erlaubnistatbestände nach der DSGVO und dem BDSG in Betracht. Aus Rechtssicherheits- und Praktikabilitätsgründen dürfte die schriftliche[97] und jederzeit widerrufliche[98] Einwilligung der Betroffenen[99] im Beschäftigungsverhältnis indes nur selten heranzuziehen sein (vgl. § 26 Abs. 2 S. 1 BDSG). Der vertrauliche Charakter einer *Due Diligence* wird regelmäßig auch der grundsätzlich möglichen Erlaubnis durch eine Betriebsvereinbarung (vgl. § 26 Abs. 4 S. 1 DSGVO) entgegenstehen. Als zentrale Rechtfertigungsnorm kommt daher primär Art. 6 Abs. 1 S. 1 DSGVO iVm § 26 Abs. 1 S. 1 BDSG in Betracht. Nach Art. 6 Abs. 1 S. 1 lit. f DSGVO ist die Verarbeitung rechtmäßig, wenn sie zur Wahrung der berechtigten Interessen des Verantwortlichen oder eines Dritten erforderlich ist, sofern nicht die Interessen oder Grundrechte und Grundfreiheiten der betroffenen Person, die den Schutz personenbezogener Daten erfordern, überwiegen. Sowohl die DSGVO als auch das BDSG (vgl. § 26 Abs. 1 S. 1 BDSG) setzen für die Rechtfertigung eine umfassende Abwägung der widerstreitenden Interessen voraus.[100] Der Verantwortliche (regelmäßig der Ver-

---

[95] Vgl. *Grau* in FS Willemsen, 2018, 147 (148 f.), der beispielhaft allgemeine Personalstatistiken, Aufstellungen über Arbeitnehmervertretungsgremien, Mitgliedschaften in Verbänden und Musteranstellungsverträge aufzählt.

[96] Vgl. hierzu Plath/*Schreiber* DSGVO Art. 4 Rn. 21 f.

[97] BAG 11.12.2014 – 8 AZR 1010/13, NZA 2015, 604 (606).

[98] Vgl. zu den (hohen) Anforderungen an die Einwilligung im Beschäftigungsverhältnis ErfK/*Franzen* BDSG § 26 Rn. 40 mwN.

[99] BAG 11.12.2014 – 8 AZR 1010/13, NZA 2015, 604 (607); *Wybitul/Böhm* BB 2015, 2101 (2103); zur bisherigen Diskussion des Problems der Einwilligung im Arbeitsverhältnis aufgrund der von einem Teil des datenschutzrechtlichen Schrifttums (zu Unrecht) pauschal unterstellten fehlenden Freiwilligkeit des Arbeitnehmers s. Taeger/Gabel/*Taeger* BDSG § 4a Rn. 63 ff.; *Gola* RDV 2002, 109 jeweils mwN.

[100] Vgl. zur Interessenabwägung nach Art. 6 DSGVO Paal/Pauly/*Frenzel* DSGVO Art. 6 Rn. 26 ff.

käufer im Transaktionskontext)[101] muss in jedem Einzelfall ermitteln, welche berechtigten Interessen für eine Verarbeitung im Sinne einer Datenübermittlung angeführt werden können. Er muss diese mit den entgegenstehenden Interessen der betroffenen Arbeitnehmer an der *non-disclosure* abwägen. Dabei sind insbesondere die datenschutzrechtlichen Grundprinzipien nach Art. 5 DSGVO und hierbei der Grundsatz der Verhältnismäßigkeit zu wahren. Entscheidend wird regelmäßig sein, ob und welche personenbezogenen Daten ein sorgfältig handelnder Erwerber für eine angemessene Prüfung der arbeitsrechtlichen und personellen Verhältnisse der Zielgesellschaft benötigt, um seine Kaufentscheidung zu treffen, welche Daten also zur Durchführung der Unternehmenstransaktion im Einzelfall erforderlich sind.[102]

Im Hinblick auf das **Management, Führungs- und Schlüsselkräfte sowie wichtige Know-how-Träger** (zB Leiter R&D bei entsprechender Bedeutung für den Betrieb) wird die Übermittlung von Klardaten wie beispielsweise individuelle Anstellungsverträge und ggf. weitere Informationen zu Person und Werdegang regelmäßig rechtfertigungsfähig sein, weil insbesondere die Vergütungsstruktur und auch vertragliche Einzelheiten (Kündigungsfristen, ggf. Change of Control-Klauseln) beim Management stets einen wichtigen Faktor für die Bewertung eines Unternehmens durch den potentiellen Käufer darstellt.[103] Da der Erfolg des Zielunternehmens, je nach Art des Unternehmens, aber auch stark von Führungskräften unterhalb des Managements abhängen kann, dürfte auch die Übermittlung der Daten von so genannten Key Employees je nach Situation und je nach Stadium der Transaktionsmöglich sein.[104] Etwas anderes kann für **Daten der Gesamtbelegschaft** gelten. Da Einzelpersonen auf dieser Ebene in der Regel nicht im Vordergrund stehen, muss sich der Käufer zunächst mit anonymisierten Daten wie Musteranstellungsverträgen oder anderweitig anonymisierten „Echt"-Verträgen, Personal- und Gehaltsstatistiken etc begnügen. Die Vorlage individualisierter Listen aller Mitarbeiter mit Angaben zum Gehalt und anderen personenbezogenen Daten ist gerade in der frühen Phase einer Transaktion regelmäßig sorgfältig auf die datenschutzrechtliche Erforderlichkeit zu prüfen. Weitergehende Übertragungsmöglichkeiten können sich allerdings ergeben, wenn die Durchführung der Transaktion entweder kurz vor oder nach Abschluss des Kaufvertrags *(„Signing")* überwiegend wahrscheinlich geworden ist, insbesondere falls die Detaildaten für die Vorbereitung des Übergangs des Geschäftsbetriebs benötigt werden.[105] Für Kleinunternehmen, bei denen eine Anonymisierung der Daten angesichts der Möglichkeit einer Reindividualisierung nicht möglich ist, dürften im Rahmen der Verhältnismäßigkeitsprüfung weniger strikte Regeln gelten.[106] Ein weiteres praktisches Mittel zur Wahrung der Beschäftigteninteressen ist eine entsprechende Dokumentation über den Umgang mit offengelegten Beschäftigtendaten, beispielsweise im Rahmen einer angemessenen Vertraulichkeitsvereinbarung.[107] 33

Eine regelmäßig nicht zu überschreitende **Grenze** besteht bei einer *Due Diligence* im Hinblick auf die **Weitergabe von besonders schutzwürdigen individuellen Daten.** Dies betrifft in erster Linie die in Art. 9 Abs. 1 DSGVO aufgezählten sensiblen Daten und damit beispielsweise individuelle Informationen über Gesundheitsverhältnisse sowie über die Gewerkschaftszugehörigkeit von Arbeitnehmern. Auch die Weitergabe der Informa- 34

---

[101] Bei Vorfeldmaßnahmen kann dies aber auch die zu verkaufende Gesellschaft sein, etwa wenn sie ihrer Muttergesellschaft Mitarbeiterdaten zur Weiterleitung an den Verkäufer zur Verfügung stellt.

[102] Ähnlich bereits zur früheren Rechtslage *Göpfert/Meyer* NZA 2011, 486 (488).

[103] Vgl. *Stoffels* ZHR 165 (2001), 362 (378); auch hier muss aber eine Einzelfallprüfung erfolgen.

[104] Vgl. Forgó/Helfrich/Schneider Betr. Datenschutz-HdB/*Schröder* Teil V Kap. 4 Rn. 30.

[105] So schon *Essers/Hartung* RDV 2002, 278 (284); *Göpfert/Meyer* NZA 2011, 486 (490).

[106] *Gola/Wronka* ebenda Rn. 912; *Braun/Wybitul* BB 2008, 782 (785); *Henssler* in Picot Unternehmenskauf § 12 Rn. 208; *Göpfert/Meyer* NZA 2011, 486 (489).

[107] Vgl. hierzu auch *Grau* in FS Willemsen 2018, 147 (150), der beispielhaft Datensicherheit, Separierung der Daten, Zweckbeschränkung, Weitergabe- und Datenexportbeschränkungen sowie die Pflicht zur Rückgabe bzw. Vernichtung von Unterlagen und Daten nach Beendigung der *Due Diligence*-Prüfung aufzählt.

tion über die Betriebsratszugehörigkeit dürfte nur schwer begründbar sein.[108] Gegen die Bereitstellung von (anonymen) Statistiken etwa der Anzahl der Schwerbehinderten zu den Arbeitnehmervertretungsgremien mit der Zahl ihrer Mitglieder ist hingegen nichts einzuwenden, sofern sich keine Rückschlüsse auf einzelne Personen oder bestimmte Personengruppen daraus ableiten lassen.

35 Diffizile Fragen ergeben sich durch die DSGVO im Transaktionskontext dabei insbesondere auch mit Blick auf die **Zweckänderung** bei der Verarbeitung personenbezogener Daten (Art. 5 Abs. 1 lit. b iVm Art. 6 Abs. 4 DSGVO) und die sich daran anschließenden **Transparenzpflichten** der Verantwortlichen nach den Art. 13, 14 DSGVO. Werden die personenbezogenen Daten vom Veräußerer im Rahmen einer *Due Diligence* für (potentielle) Erwerber offengelegt, liegt regelmäßig keine Verarbeitung zur Begründung und Durchführung des Beschäftigungsverhältnisses, sondern vielmehr zur Unternehmensbewertung und Vorbereitung der Kaufentscheidung vor. Hier liegt dann vielfach eine Zweckänderung bei der Verarbeitung der Daten vor, die den Verantwortlichen vor gewisse Herausforderungen stellt. Hintergrund ist hier, dass gemäß Art. 5 Abs. 1 lit. b DSGVO der Grundsatz der Zweckbindung gilt, wonach personenbezogene Daten für festgelegte, eindeutige und legitime Zwecke erhoben und nicht in einer mit diesen Zwecken nicht zu vereinbarenden Weise weiterverarbeitet werden dürfen.

Art. 6 Abs. 4 DSGVO stellt für die Rechtmäßigkeit der Datenverarbeitung bei derartiger Zweckänderung verschiedene Kriterien auf. Danach wäre im Grundsatz die dort explizit genannte Einwilligung denkbar. Allerdings wird die **Einwilligung** in der Praxis regelmäßig kein probates Mittel sein, da sie im Rahmen eine Unternehmenstransaktion häufig nicht nur eine Vielzahl von Beschäftigten betrifft und hohe Anforderungen an die Freiwilligkeit gestellt werden[109], sondern auch weil sie jederzeit widerrufen werden kann und es einer konkreten Beschreibung des Einwilligungsgegenstandes bedarf (vgl. § 26 Abs. 2 S. 1 BDSG). Eine Rechtfertigung der Zweckänderung wird sich daher regelmäßig aus den **überwiegenden Interessen des jeweiligen Unternehmens** ergeben müssen. Der Wortlaut des Art. 6 Abs. 4 lit. e DSGVO verdeutlicht in diesem Zusammenhang, dass im Rahmen der Interessenabwägung „geeignete Garantien" durchaus auch in Fällen der Zweckänderung zu einer zulässigen Datenverarbeitung führen können.

36 Ein zentraler Schutzzweck der DSGVO ist umfassende Transparenz für die betroffenen Personen bei der Verarbeitung ihrer personenbezogenen Daten (vgl. Art. 1 Abs. 1 Var. 1 DSGVO). Vor diesem Hintergrund statuiert die DSGVO in Art. 13 Abs. 3 DSGVO und Art. 14 Abs. 4 iVm Abs. 2 DSGVO entsprechende **Informationspflichten,**[110] welche im Grundsatz bei der Übermittlung von Beschäftigtendaten im Rahmen einer Unternehmenstransaktion zu berücksichtigen sind. Gleichzeitig widersprechen umfangreiche Informationspflichten gegenüber den Mitarbeitern häufig dem **besonderen Vertraulichkeitsinteresse** der Parteien im Vorfeld und während einer Transaktion. Art. 13 DSGVO regelt dabei die Informationspflicht bei Erhebung von personenbezogenen Daten bei der betroffenen Person (sog. Direkterhebung), wohingegen Art. 14 DSGVO Informationspflichten auferlegt, wenn die personenbezogenen Daten nicht bei der betroffenen Person erhoben wurden.

---

[108] Art. 8 Abs. 1 der Richtlinie 95/46/EG v. 24.10.1995 untersagt grundsätzlich die Verarbeitung personenbezogener Daten über Gesundheit und Gewerkschaftszugehörigkeit. Ferner ist die Weitergabe solcher Daten unzulässig, aus denen sich diese Informationen auch nur mittelbar erschließen. Aus der Betriebsratsmitgliedschaft lässt sich auf die Gewerkschaftszugehörigkeit schließen, weil nach Schätzungen nahezu 80% der Betriebsratsmitglieder gewerkschaftlich organisiert sind. Hierzu auch *Diller/Deutsch* K&R 1998, 16 (20) sowie *Däubler* NZA 2001, 874; *Göpfert/Meyer* NZA 2011, 486 (489).

[109] S. die Vorschrift des § 26 Abs. 2 S. 1 BDSG, wonach für die Beurteilung der Freiwilligkeit der Einwilligung insbesondere die im Beschäftigungsverhältnis bestehende Abhängigkeit der beschäftigten Person sowie die Umstände, unter denen die Einwilligung erteilt worden ist, zu berücksichtigen sind.

[110] Sind Erwerber und Veräußerer gemeinsam Verantwortliche im Sinne des Art. 26 Abs. 1 S. 1 DSGVO („Joint-Controllers") kommt zudem eine Informationspflicht aus Art. 26 Abs. 2 S. 2 DSGVO in Betracht.

Gesetzliche Ausnahmen zu den Informationspflichten finden sich sowohl in der DSGVO als auch im BDSG. Für den Fall der Direkterhebung mit nachträglicher Zweckänderung regelt § 32 BDSG Ausnahmen zu Art. 13 Abs. 3 DSGVO. Das Ausnahmependant zu Art. 14 DSGVO enthält § 33 BDSG. Daneben tritt § 29 Abs. 1 S. 1 BDSG, welcher von einer Informationspflicht nach Art. 14 DSGVO absieht, „soweit durch ihre Erfüllung Informationen offenbart würden, die ihrem Wesen nach, insbesondere wegen der **überwiegenden berechtigten Interessen eines Dritten** geheim gehalten werden müssen". Demgegenüber sieht die DSGVO ihrem Wortlaut nach einen entsprechend weitreichenden Ausnahmetatbestand zur Informationspflicht zwar in Art. 14 Abs. 5 DSGVO, nicht indes in Art. 13 Abs. 3 DSGVO vor. Beispielsweise entfällt die Informationspflicht, wenn der Betroffene bereits Kenntnis von der Verarbeitung und der weiteren Informationsumstände hat (Art. 14 Abs. 5 lit. a DSGVO) oder die Erteilung dieser Informationen einen unverhältnismäßigen Aufwand erfordern würde bzw. die Ziele der Verarbeitung „unmöglich macht oder ernsthaft beeinträchtigt" (Art. 14 Abs. 5 lit. b S. 1 DSGVO). Insbesondere die Beschränkung zur **„ernsthaften Beeinträchtigung der Verarbeitungsziele"** lässt für die Transaktionspraxis Spielraum, da von der Datenverarbeitung bei einer Unternehmenstransaktion zahlreiche Personen innerhalb der Belegschaft betroffen, deren Interessen jedoch in aller Regel nur in begrenztem Ausmaß beeinträchtigt werden.[111] Dagegen kann eine verfrühte Bekanntmachung der Veräußerungsabsicht „zur Unzeit"[112] die gesamte Transaktion erheblich gefährden. 37

Dogmatisch schwieriger gestaltet sich der Umgang mit den Informationspflichten in Fällen der Direkterhebung im Transaktionskontext. Der europäische Gesetzgeber hat in Art. 13 DSGVO keine dem Art. 14 Abs. 5 DSGVO systematisch entsprechende Ausnahmevorschrift aufgenommen, sondern lediglich für die Konstellation, bei der der Betroffene bereits über die Information verfügt (vgl. Art. 13 Abs. 4 DSGVO), die Informationspflicht verneint. Aus Wertungsgesichtspunkten, insbesondere dem Gleichlauf von Informationspflichten im Rahmen von Art. 14 DSGVO,[113] wird als unionsrechtlicher Lösungsweg im Rahmen der DSGVO ein **analoger Rückgriff auf Art. 14 Abs. 5** (allen voran lit b DSGVO[114] sowie eine entsprechend extensive Auslegung des Art. 13 Abs. 3 DSGVO[115] vertreten. Auf nationaler Ebene wird für diese Fälle daneben eine Anwendung des **§ 32 Abs. 1 Nr. 4 BDSG** diskutiert.[116] Auch wenn aus teleologischen wie praktischen Gründen umfangreiche Ausnahmen von der Informationspflicht des Art. 13 Abs. 3 DSGVO für den Transaktionskontext wünschenswert wären, verbleiben angesichts der (noch) fehlenden Rechtsprechung zu Informationspflichten für die Praxis datenschutzrechtliche Risiken vor allem im Zusammenhang mit Art. 13 DSGVO.

Um entsprechende Datenschutzrisiken zu minimieren, kann es aus Unternehmenssicht empfehlenswert sein, die Beschäftigten bereits frühzeitig in allgemeinen Datenschutzinformationen oder internen Datenschutzrichtlinien auf mögliche Datenübermittlungen an po-

---

[111] Vgl. *Grau* in FS Willemsen, 2018, 147 (156) zutreffend unter Rekurs auf Erwägungsgrund Nr. 61 zur DSGVO; so auch *Bach* EuZW 2020, 175 (178) mwN.

[112] So wörtlich *Dzida* BB 2019, 3060 (3065).

[113] So ua *Grau* in FS Willemsen, 2018, 147 (156); *Bach* EuZW 2020, 175 (178) mwN.

[114] Ausführlich zum Streitstand und den Risiken einer analogen bzw. extensiven Auslegung der Ausnahmevorschriften *Bach* EuZW 2020, 175 (178); die Analogie befürwortend auch *Grau* in FS Willemsen, 2018, 147 (157f.); *Tribess/Spitz* GWR 2019, 261 (264f.); eine analoge Anwendung verneinend Simitis/Hornung/Spiecker/*Dix* DSGVO Art 13 Rn. 22 mwN; wegen vermeintlich fehlender praktischer Relevanz ähnlich Sydow/*Ingold* DSGVO Art. 13 Rn. 11; unter Verweis auf die unterschiedlichen Zweckrichtungen zwar kritisch, wenngleich eine Analogie für „diskutabel" haltend Paal/Pauly/*Paal/Hennemann* DSGVO Art. 13 Rn. 35.

[115] Siehe *Grau* in FS Willemsen, 2018, 147 (157), der zutreffend auf die fehlenden zeitlichen Vorgaben des Art. 13 Abs. 3 DSGVO verweist und daher eine frühzeitige Information der Belegschaft, zB bereits bei Vertragsbeginn des Beschäftigten, für möglich hält; ähnlich auch *Dzida* BB 2019, 3060 (3064).

[116] *Bach* EuZW 2020, 175 (178).

tentielle Kaufinteressenten im Falle einer Transaktion hinzuweisen.[117] Insbesondere wenn derartige Hinweise bei den Transaktionsparteien im Vorwege intern nicht erfolgt sind, sollten personenbezogene Daten möglichst umfangreich anonymisiert werden. Sofern darüber hinaus (in einem späteren Transaktionsstadium) zusätzliche datenschutzrechtliche Informationsschreiben versendet werden sollen, ist es ratsam, diese separat von einer etwaigen Unterrichtung nach § 613a Abs. 5 BGB zu versenden, damit mögliche datenschutzrechtliche Fehler nicht die Wirksamkeit des Unterrichtungsschreibens berühren.[118]

38 Bei der Organisation und Durchführung einer *Due Diligence* spielen **Maßnahmen der Datensicherheit** mithin eine wichtige Rolle. Zur Verpflichtung der Geschäftsführung des Veräußerers gehört es mit Blick auf die Wahrung von Betriebs- und Geschäftsgeheimnissen, dafür Sorge zu tragen, dass die Risiken der Informationsweitergabe an Dritte für das Unternehmen möglichst gering gehalten werden.[119] Das erfordert in der Regel den Abschluss geeigneter und ggf. mit Vertragsstrafeversprechen abzusichernder Vertraulichkeitsvereinbarungen, in der sich der Veräußerer auch einen datenschutzkonformen Umgang mit den Daten zusichern lassen sollte. Empfehlenswert ist es zudem, auch die Modalitäten des Zugriffs des jeweiligen Kaufinteressenten auf die Daten, insbesondere die strenge Begrenzung des Kreises der Zugriffsberechtigten, sowie die anzuwendenden Sicherungsmaßnahmen und die Löschung der Daten nach Abschluss der *Due Diligence* vertraglich zu regeln, zumal das Bestehen entsprechender Vereinbarungen zur Gewährleistung eines angemessenen Schutzniveaus beiträgt und insofern Einfluss auf die datenschutzrechtliche Interessenabwägung hat.[120] In der Praxis wird dem gesteigerten Schutzbedürfnis für einzelne Datenkategorien (zB Anstellungskonditionen für das Management) zudem oftmals dadurch Rechnung getragen, dass ein Teil der persönlichen Daten erst in einer späten Transaktionsphase gegenüber einem kleinen Kreis der verbliebenen Interessenten in einem besonders geschützten separaten Datenraum offen gelegt oder ausschließlich zur einmaligen Einsichtnahme durch einen der beratenden Rechtsanwälte, der zudem berufsrechtlichen Verschwiegenheitsverpflichtungen unterliegt, zur Verfügung gestellt werden. Zu einer der Unternehmenstransaktion angemessenen „Datenschutzinfrastruktur" gehört ebenso, bei der Ein- bzw. Zwischenschaltung von Anbietern virtueller Datenräume die allgemeinen Pflichten über sog. „Auftragsverarbeiter" gemäß Art. 27 ff. DSGVO zu beachten.[121] Dies gilt insbesondere, wenn diese oder die Server der Datenräume selbst ihren Sitz außerhalb der Europäischen Union haben. Denn dann sind aufgrund des Drittstaatenbezugs die strengen zusätzlichen Anforderungen der DSGVO bei der Übermittlung personenbezogener Daten an Drittländer zu berücksichtigen (Art. 44 ff. DSGVO).[122]

39 Aus Erwerbersicht wird es sich empfehlen, auch die **Compliance** des Zielunternehmens **mit dem Arbeitnehmerdatenschutz** zum Gegenstand der *Due Diligence*-Prüfung zu machen. Das liegt insbesondere bei Branchen oder Unternehmen nahe, die bereits in der Vergangenheit durch **„Datenschutzskandale"** aufgefallen sind.

Insgesamt sollten Unternehmen den Datenschutz auch im Transaktionskontext ernst nehmen. Denn Datenschutzverstöße bergen wie eingangs erwähnt nicht nur das Risiko

[117] So zutreffend *Dzida* BB 2019, 3060 (3064); *Grau* in FS Willemsen, 2018, 147 (157); *Tribess/Spitz* GWR 2019, 261 (264 f.), was im Ergebnis ein weites (zeitliches) Verständnis des Art. 13 Abs. 3 DSGVO abbildet.

[118] Siehe dazu näher *Dzida* BB 2019, 3060 (3065).

[119] S. auch *Essers/Hartung* RDV 2002, 278 (280); *Stoffels* ZHR 165 (2001), 362 (376); vgl. *Göpfert/Meyer* NZA 2011, 486 (489).

[120] Vgl. *Braun/Wybitul* BB 2008, 782 (785); *Diller/Deutsch* K&R 1998, 16 (20).

[121] *Grau* in FS Willemsen 2018, 147 (158).

[122] Vgl. Forgó/Helfrich/Schneider Betr. Datenschutz-HdB/*Schröder* Teil V Kap. 4 Rn. 46 ff. – Die Thematik hat durch die Entscheidung des EuGH in „Schrems 2" an weiterer Brisanz gewonnen, EuGH 16.7.2020 – C 311/18 NJW 2020, 2613. Die Entscheidung tangiert v.a. Transaktionen im US-Kontext, da sich damit die Frage stellt, wie Datenübermittlungen in die USA erfolgen können, vgl. dazu zu der Zeit als die Vorgängerregelung des US-Privacy Shield für unwirksam erklärt wurde und eine ähnlich Situation vorlag wie nunmehr nach „Schrems 2" *Grau/Granetzny* NZA 2016, 405 sowie zuletzt das Recommendations Paper des European Data Protection Board (abrufbar unter https://edpb.europa.eu/sites/edpb/files/consultation/edpb_recommendations_202001_supplementarymeasurestransferstools_en.pdf, zuletzt abgerufen am 30.11.2020).

empfindlicher Geldbußen für das Unternehmen (vgl. Art. 83 Abs. 5 lit. a und b DSGVO), sondern können aufgrund der zunehmend hohen Sensibilisierung der Öffentlichkeit für das Thema auch zu erheblichen Reputationsschäden mit negativen Auswirkungen auf den Unternehmenswert führen. Als Überprüfungsgegenstand im Rahmen der *Due Diligence* kommen insbesondere die im Unternehmen angewendeten Prozesse und Maßnahmen der Arbeitnehmerüberwachung (zB Videoüberwachung, Datenscreenings, Whistleblowing-Hotlines[123]) und des elektronischen Zugriffs auf Mitarbeiterdaten, die Modalitäten der Personaldatenverarbeitung speziell bei Datenweitergabe im Konzern oder an Dritte sowie die standardmäßig zur Personaldatenerhebung eingesetzten Formulare (zB Personalfragebögen) in Betracht. Anhaltspunkte für Datenschutzprobleme liefern aus der Vergangenheit auch etwaige Beanstandungen der Datenschutzbehörden, des betrieblichen Datenschutzbeauftragten oder der Arbeitnehmervertretungen sowie Ergebnisse von durchgeführten Datenschutz-*Audits,* dass entsprechende Nachfragen beim Veräußerer bei der *Due Diligence* angezeigt sein können.

Die umfassende **Due Diligence** beim Zielunternehmens erfasst **unterschiedliche Sachbereiche,** die sich im Einzelnen häufig wie folgt gliedern:[124] 40

- *Financial Audit* (Betriebswirtschaftliche Kennziffern, Finanzierungsstruktur des Unternehmens etc)
- *Tax Audit* (Steuerliche Rahmenbedingungen für Umstrukturierungen und spätere (Teil-)Verkäufe, Risiken, etc)
- *Legal Audit* (Gesetzliche und vertragliche Bindungen bezogen auf alle relevanten Rechtsgebiete, Gesellschaftsverfassung und Beteiligungsstruktur, Einhaltung von Rechtsvorschriften *(Compliance)* etc)
- *Business/Marketing Audit* (Marktposition des Unternehmens und seiner Produkte, Reputationsstellung, Resilienz gegenüber Risiken, Ausgestaltung der Lieferketten, Vertriebsorganisation etc)
- *Management Audit* (Organisations- und Führungsstruktur des Unternehmens, Compliance mit dem Deutschen Corporate Governance Kodex und unternehmensinterner *Code of Conduct* bzw. *Code of Ethics*)
- *Environmental Audit* (Umweltmanagement-Systeme, Gesichtspunkte mit umweltrechtlicher Relevanz)

Die Verschiedenartigkeit der betroffenen Sachbereiche erfordert eine Spezialisierung auf Seiten der Berater, die die *Due Diligence* für den Käufer durchführen. Dementsprechend werden zumeist die im weiteren Sinne rechtlichen Aspekte von spezialisierten Rechtsanwälten abgedeckt. Wegen der vielfältigen Interdependenzen zwischen den Einzelthemen ist eine laufende Kommunikation im Untersuchungsteam dringend erforderlich.

Das Prüfungsergebnis der *Due Diligence* wird in einem Prüfbericht, dem ***Due Diligence-Report*** zusammengefasst, der nicht selten mehrere hundert Seiten umfasst. Zur Beschleunigung der Entscheidungsfindung wird dem Bericht häufig eine Zusammenfassung *(Executive Summary)* oder ein *Red Flag*-Bericht vorangestellt, die die aus der Sicht der Berater wesentlichen Gesichtspunkte enthält, wobei sich allerdings aus Gründen der Haftungsrisikominimierung des Beraters ein Hinweis dahingehend empfiehlt, dass nur der vollständige Report eine abschließende Entscheidungsgrundlage darstellt. 41

4. Sorgfalt und Haftung des Beraters

Der Käufer bedient sich im Rahmen einer Unternehmensakquisition in der Regel externer Berater (zB Wirtschaftsprüfer, Rechtsanwälte oder Spezialprüfer für die jeweiligen Geschäftsgebiete). Deren positive Kenntnis und grob fahrlässige Unkenntnis eines gewährleis- 42

[123] *Siehe dazu auch Dzida/Granetzny* NZA 2020, 1201; *Granetzny/Krause* CCZ 2020, 19.
[124] Vgl. *Pollanz* BB 1997, 1351; *Bihr* BB 1998, 1198.

tungsrelevanten Umstandes muss sich der Käufer gemäß § 166 Abs. 1 BGB zurechnen lassen,[125] sodass infolge dessen ebenfalls die gesetzlichen und/oder vertraglichen Gewährleistungsregeln ausgeschlossen sind.

Der Käufer kann in diesem Fall bei schuldhaftem Handeln der Berater im Rahmen des in der Regel abgeschlossenen Werkvertragsvertrags iSd § 633 Abs. 1 BGB Schadensersatzansprüche geltend machen.[126] Aufgrund dessen besteht neben dem nicht zu vernachlässigen Reputationsschaden ein erhebliches Haftungsrisiko für die handelnden Berater. Zwar gibt es grundsätzlich keine Pflicht der anwaltlichen Berater, Nachforschungen zur Vervollständigung des Sachverhalts aus eigenem Antrieb anzustellen,[127] allerdings muss sich der Käufer gerade aufgrund des Umfangs der zu sichtenden Dokumente und des Zeitdrucks auf die Richtigkeit der anwaltlichen Informationen verlassen können, sodass der Anwalt zu einer umfassenden Prüfung der ihm zur Verfügung gestellten Unterlagen verpflichtet ist.[128]

43 Die **Digitalisierung** führt zu einem weitergehenden **Einsatz technologischer Programme auch im Rahmen einer *Due Diligence*** (sog. LegalTech).[129] Wenn sich ihre Zuhilfenahme auch bislang (noch) auf wenig komplexe und repetitive Arbeiten beschränkt, können sie zwar einerseits die Transaktionstätigkeit erheblich erleichtern und beschleunigen, begründen jedoch andererseits auch neue Haftungsfragen. Im Ergebnis gilt jedoch nichts anderes als bei einer Due Diligence ohne LegalTech: Der Anwalt ist zur Prüfung der ihm zur Verfügung gestellten Dokumente verpflichtet und haftet auch für Fehler des technischen Hilfsprogramms. Eine Haftungsbegrenzung ist jedoch insbesondere durch (i) eine entsprechende Haftungsbeschränkungsvereinbarung, (ii) eine Versicherungsdeckung oder (iii) durch Vertragsgestaltung auf der Ebene der Leistungspflicht möglich.[130]

44 Den handelnden Beratern ist wegen des erheblichen Haftungspotenzials dringend zu einer schriftlichen Haftungsbegrenzungsvereinbarung zu raten, damit das gesamte Transaktionsrisiko des Mandanten nicht auf ihn selbst übergeleitet wird. Diese sollte individualvertraglich ausgehandelt werden (vgl. § 52 Abs. 1 Satz 1 Nr. 1 und Nr. 2 BRAO).

5. Arbeitsrechtliche Due Diligence-Checklist

45 In einigen Veröffentlichungen zum Recht des Unternehmenskaufs finden sich Muster für *Due Diligence-Checklists.*[131] Derlei Muster sind äußerst hilfreich, da sie gerade unter dem für Transaktionsmandate typischen Zeitdruck einen raschen Einstieg in die *Due Diligence*-Phase ermöglichen. Häufig sind innerhalb weniger Stunden sowohl das *Due Diligence*-Team zu benennen als auch die entsprechenden Fragebögen vorzulegen. Wie stets beim Einsatz von Mustern bestehen indessen auch hier nicht unerhebliche Gefahren. Die allgemein auf das

---

[125] *Picot* in Berens/Brauner/Knauer/Strauch S. 240; *Meyer-Sparenberg* in BeckHdB M&A § 44 Rn. 140; *Hilgard* BB 2013, 963 (968); LG Berlin 1.2.2005 – 5 O 176/04 (juris) Rn. 164; BGH 8.11.1991 – V ZR 260/90, NJW 1992, 899 f.; anders für die Kenntnis lediglich intern tätiger Berater BGH 22.11.1996 – V ZR 196/95, NJW-RR 1997, 270; Zurechnung nach wertender Betrachtung BGH 2.2.1996 – V ZR 239/94, NJW 1996, 1339 (1340); BGH 8.12.1989 – V ZR 246/87, NJW 1990, 975 (976); teilweise wird vertreten, dass nur das Wissen von sog. Abschluss- und Verhandlungsvertretern zugerechnet werden kann, vgl. *Goldschmidt* ZIP 2005, 1305, 1310.

[126] *Knott* ZIP 2019, 1310, 1311; KG 17.9.2013 – 7 U 160/12, juris Rn. 21.

[127] BGH 13.3.1997 – IX ZR 81/96, NJW 1997, 2168 (2169); *Henssler* JZ 1994, 178 (179).

[128] *Beisel/Klumpp* § 2 Rn. 53; vergleiche zu den anwaltlichen Sorgfaltspflichten bei der Due Diligence Prüfung ausführlich *Knott* ZIP 2019, 1310 ff.; selbst bei einer sog. *Red Flag Due Diligence* besteht eine Pflicht zur vollständigen Aufzählung der betreffenden Punkte, LG Düsseldorf 15.10.2013 – 7 O 6/12, BeckRS 2014, 10799 juris Rn. 28.

[129] Hierzu *Seibt* in BeckFormB M&A B. VII.; *Meurer* in BeckHdB M&A § 5 Rn. 17.

[130] Eingehend *Seibt* in BeckFormB M&A B. VII.

[131] Siehe etwa *Seibt* in BeckFormB M&A B VI. 3. – 8. (Nr. 8: Arbeitsrechtliche Due Diligence-Anforderungsliste); *Picot,* Unternehmenskauf und Restrukturierung, § 2 Rn. 132; *Picot/Schnitker,* Arbeitsrecht bei Unternehmenskauf und Restrukturierung, Teil VI Rn. 125; *Grimm/Böker* NZA 2002, 193; *Wegen* WiB 1994, 251 (252 ff.); *Müller-Michaels* in Hölters Unternehmenskauf-HdB Anhang B; *Bauer/Haußmann/Krieger,* Umstrukturierung, Anhang A S. 382 f.

gesamte Spektrum von Unternehmenskäufen zugeschnittenen *Checklists* beinhalten zum einen häufig nicht die spezifischen Fragen, die in der betreffenden Branche oder im Einzelfall opportun und wichtig sind. Zum anderen fehlt beim „gedankenlosen“ Einsatz von Muster-*Checklists* der konkrete Bezug zum Zielunternehmen. Eine sinnvolle arbeitsrechtliche *Due Diligence* greift zB beim potentiellen Erwerb eines großen Industrieunternehmens von vornherein andere Fragestellungen auf als wenn es um den Kauf eines mittelständischen Dienstleistungsunternehmens geht, das möglicherweise erst seit wenigen Jahren besteht. Es kann sowohl auf Seiten des Mandanten als beim Vertragspartner zu einer Verstimmung führen, wenn das *Due Diligence*-Verfahren ohne Rücksicht auf die Besonderheiten des Einzelfalls und insbesondere des vom Käufer gewünschten Detailierungsgrades durchgeführt wird. Insbesondere aber ist stets eine Besinnung dahingehend notwendig, welche arbeitsrechtlichen „Eckpunkte“ für die Bewertung eines Unternehmens einer bestimmten Branche und eines bestimmten Zuschnitts besonders ausschlaggebend sind und wo üblicherweise die wesentlichen Risiken liegen. Ist Kaufobjekt zB ein Speditionsunternehmen, dürften insbesondere Fragen im Zusammenhang mit der Beschäftigung freier Mitarbeiter/freier Frachtführer besonders wesentlich sein. Geht es um Branchen, in denen das in Einzelpersonen verkörperte Know-how von besonders herausragender Bedeutung ist (Ingenieurs- und Entwicklungsunternehmen, Werbeagenturen, WP-Gesellschaften etc), wird sich die *Checklist* ua auf Fragen der Fluktuation und das Bestehen nachvertraglicher Wettbewerbsvereinbarungen (und deren Wirksamkeit) fokussieren. Des Weiteren ist dem Umstand Rechnung zu tragen, wenn Mandant nicht ein strategischer Investor, sondern ein Finanzinvestor ist.[132] Für letzteren ist mit Blick auf die Cashflow-Relevanz beispielsweise das Bestehen von Altersteilzeitverhältnissen von besonderem Interesse. Es verzögert das Verfahren und lässt Zweifel an der Kompetenz der Berater aufkommen, wenn entsprechende Präzisierungen des Fragenkatalogs nicht von vornherein erfolgen.

Von einer arbeitsrechtlich akzentuierten *Due Diligence* ist die hier nicht näher behandelte 46
sog. **Human Resources *Due Diligence*** zu unterscheiden. Letztere kann zwar die rechtlichen Prüfungspunkte der Ersteren mit enthalten, jedoch wird sie schwerpunktmäßig darüber hinausgehend Informationen für eine personalwirtschaftliche Chancen- und Risikoanalyse erheben, wobei Leistungsvermögen und -bereitschaft sowie die diesbezüglichen Umstände/Prozesse im Unternehmen eruiert (Ressource Mensch als Wertschöpfungsfaktor) und im Lichte der bevorstehenden Umstrukturierung analysiert werden.[133] Ihre Berechtigung resultiert aus dem Umstand, dass die Qualität und Motivation des Managements und der Mitarbeiter als für den Unternehmenserfolg entscheidend angesehen werden[134] und die benannten Kriterien und (personellen) Strukturen für das Gelingen der ***Post Merger Integration*** (in ein anderes Unternehmen) von zentraler Bedeutung sind.[135]

Die nachfolgend abgedruckte arbeitsrechtliche *Due Diligence-Checklist* ist besonders aus- 47
führlich gehalten und kann daher deutlich reduziert werden, soweit bestimmte Fragenkreise für das Kaufobjekt nicht relevant sind oder aus Sicht des Käufers als nicht wesentlich angesehen werden. Allerdings sind auf den ersten Blick nicht einschlägige Fragen nicht ohne weiteres überflüssig. Da der Verkäufer nicht relevante Fragen mit einer ausdrücklichen **„Fehlanzeige“** beantwortet (eine entsprechende Aufforderung sollte das zu erstellende Begleitschreiben stets enthalten), liegt darin die später dokumentierbare Erteilung einer möglicherweise ausschlaggebenden Auskunft und kann mithin Grundlage für Gewährleistungsansprüche des Käufers sein. Es empfiehlt sich daher nicht, Fragen zB nach dem Bestehen einer betrieblichen Altersversorgung allein schon auf der Grundlage einer

---

[132] Zu den idealtypisch verschiedenen Zielsetzungen dieser Investorengruppen siehe die Checkliste bei *Seibt* in BeckFormB M&A A. I. 3.

[133] Ausführlich Berens/Brauner/Strauch/Knauer/*Aldering/Högemann* S. 487 ff.

[134] Vgl. (inklusive einer ausführlichen Checkliste) BeckMandatsHdB Unternehmenskauf/*Stratz/Klug* § 2 Rn. 94 (1. Aufl. 2003).

[135] Vgl. *Spill* M&A Review 2007, 1 (3). – Zur Post Merger Integration allgemein *Seibt/Wollenschläger* DB 2009, 1579 [Organpflichten der Geschäftsleitung und Haftungsrisiken]; *Gerds/Schewe* passim.

mündlichen Mitteilung dahingehend, dass eine betriebliche Altersversorgung nicht bestehe, aus der *Checklist* zu streichen. Eine seitens des Verkäufers erfolgte (dokumentierbare) „Fehlanzeige" kann vielmehr zum Gegenstand einer vertraglichen Zusicherung erhoben werden.

48 In der Praxis hat sich, bezogen auf das Arbeitsrecht, folgende ***Due Diligence Checklist*** bewährt:

1. Liste aller Arbeitnehmer[136] (einschließlich leitender Angestellter) in zwei Versionen, geordnet nach Betrieben sowie nach den dort jeweils bestehenden Abteilungen (Betriebsteilen); unter Angabe folgender Informationen:
   - Name, Geburtsdatum (bzw. bei anonymisierten Angaben[137] entspr. Kennung)
   - ausgeübte Funktion
   - Eintrittsdatum, ggf. unter Hinweis auf angerechnete Vordienstzeiten (gemäß § 613a Abs. 1 S. 1 BGB oder aufgrund einzelvertraglicher Zusage)
   - Bruttogehalt im letzten abgeschlossenen Kalenderjahr, Eingruppierung gemäß Tarifvertrag oder gemäß anderweitiger Gehalts- und Lohnsystematik, Ausweisung von (übertariflichen) Zulagen
   - Mitteilung einer etwaigen Befristung des Arbeitsverhältnisses einschließlich des Befristungsgrundes[138] sowie jener Arbeitnehmer, die wegen Kündigung oder Aufhebungsvertrag ausscheiden
   - Kennzeichnung der Arbeitnehmer mit besonderem Kündigungsschutz (Beschränkung oder Ausschluss des Rechts zur ordentlichen Kündigung) zB aufgrund Tarifvertrag, Einzelarbeitsvertrag etc sowie etwaiger Kündigungsfristen
   - Kennzeichnung der Arbeitnehmer mit nachvertraglichem Wettbewerbsverbot aufgrund des Einzelarbeitsvertrags
   - Kennzeichnung der Arbeitnehmer, deren Vergütung bei einer stundenbezogenen[139] Betrachtung (Bruttomonatsgehalt/vergütungspflichtige Arbeitsstunden $\geq$ (zum 1.1. 2021: 9,50 EUR/Stunde) den jeweils anwendbaren Mindestlohn gem. § 1 Abs. 2 MiLoG seit dem 1.1.2015 unterschritten hat; ggf. entsprechende Kennzeichnung, wenn Mindestlöhne nach dem AEntG oder § 3a AÜG (gilt für alle Leiharbeitnehmer) anwendbar sind[140]
   - Kennzeichnung der Arbeitnehmer, die schwerbehindert oder den Schwerbehinderten gleichgestellt sind[141]
   - Kennzeichnung der Arbeitnehmer, deren Arbeitsverhältnis wegen Elternzeit oder aus anderen Gründen ruht oder die freigestellt sind, einschließlich derer, mit denen Altersteilzeitvereinbarungen abgeschlossen wurden (unter Mitteilung des Freistellungzeitraums).
2. Vorlage aktueller und in der Vergangenheit eingesetzter (soweit noch relevant) Muster-Arbeitsverträge für Arbeiter (gewerbliche Arbeitnehmer) und Angestellte; bei Einsatz unterschiedlicher Musterverträge ggf. Vorlage der unterschiedlichen Versionen, chronologisch geordnet. Mitteilung wesentlicher Abweichungen von den vorgelegten

[136] Zu den datenschutzrechtlichen Fragen vorstehend → Rn. 31 ff.
[137] Vgl. zu der Notwendigkeit, die Daten zu anonymisieren → Rn. 31 und 33.
[138] Bei einer Vielzahl von Befristungen oder der Befristung von besonders bedeutsamen Vertragsverhältnissen empfiehlt sich eine Überprüfung des Befristungsgrundes (§ 14 TzBfG) und der bisher erfolgten Beschäftigungszeiträume, um das Risiko des Vorliegens unbefristeter Arbeitsverhältnisse abschätzen zu können.
[139] Der Mindestlohn muss gem. § 2 Abs. 1 S. 1 Nr. 1 MiLoG im Fall von Monatsgehältern grds. am Ende eines Monats mit dem üblichen Gehalt, spätestens aber zum Ende des auf die Erbringung der Arbeitsleistung folgenden Monats gezahlt werden; vgl. HWK/*Sittard* MiLoG § 2 Rn. 1 ff.
[140] In der Praxis liegt eine erhebliche Schwierigkeit bei der Ermittlung des mindestlohnrelevanten Vergütung, weil die Anrechnung von Entgeltbestandteilen auf den Mindestlohn höchst umstritten ist, vgl. dazu *Sittard* RdA 2015, 99. Deshalb sollte sich ein Erwerber jedenfalls in mindestlohnkritischen Branchen nicht mit einer bloßen Lohntabelle zufrieden geben, sondern das Entgeltsystem des Veräußerers und die Anrechnungsfähigkeit von Entgeltbestandteilen prüfen.
[141] Siehe die Anmerkung in Fn. 136.

Mustern im Einzelfall. Vorlage von Muster-Zusatzvereinbarungen (wie zB nachvertragliche Wettbewerbsverbote).

3. Liste aller freien Mitarbeiter, Berater, *Freelancer,* kontinuierlich beschäftigter Werkunternehmer etc unter Angabe des Namens[142], des Beginns der Beauftragung, der ausgeübten Tätigkeit, sowie des Honorarvolumens im letzten abgeschlossenen Kalenderjahr.[143]
4. Vorlage der Musterverträge[144] mit freien Mitarbeitern, Beratern, *Freelancern,* Werkunternehmern etc sowie sämtlicher diesbezüglicher Verträge, soweit das jährliche Honorarvolumen EUR [___] oder die Kündigungsfrist drei Monate überschreitet.
5. Liste aller Handelsvertreter unter Angabe des Namens,[145] des Beginns der Beauftragung, der ausgeübten Tätigkeit, sowie des Honorarvolumens im letzten abgeschlossenen Kalenderjahr.
6. Vorlage der Musterverträge mit Handelsvertretern.
7. Auflistung der im Unternehmen in den vergangenen [___] Monaten/Jahren zum Einsatz gekommenen Leiharbeitnehmer nebst Mitteilung des Einsatzbereichs sowie der Einsatzzeiträume (einschließlich konzerninterner Leiharbeit).[146] Vorlage der mit Verleihunternehmen abgeschlossenen (Rahmen-)verträge. Mitteilung der auf die Leiharbeitnehmer anwendbaren Tarifverträge bzw. der im Sinne des *Equal Pay*-Grundsatzes vergleichbaren Arbeitnehmer/Arbeitsplätze.
8. Vorlage der Anstellungsverträge sämtlicher Vorstandsmitglieder/Geschäftsführer des Unternehmens sowie der Angestellten, deren jährliches Bruttoeinkommen EUR [___] überschreitet (nebst Vertragsänderungen und -ergänzungen) einschließlich etwaiger Sondervereinbarungen wie Geheimhaltungsvereinbarungen, Erklärungen über Interessenkonflikte und Nebentätigkeiten, Wettbewerbsverbote, Erfindungen etc.
9. Vorlage sämtlicher Vereinbarungen mit Vorstandsmitgliedern/Geschäftsführern und Arbeitnehmern, die Rechtsfolgen an Veränderungen des Gesellschafterkreises des Unternehmens oder die Veräußerung des Unternehmens, eines Betriebes oder von Betriebsteilen knüpfen *(Change Of Control Agreements)*[147].
10. Vereinbarungen über die Gewährung von Zusatzvergütungen an Vorstandsmitglieder/Geschäftsführer und Arbeitnehmer, die an den Unternehmenserfolg (insbes. Bonus- und Tantiemeregelungen sowie *Stock Options*), an bestimmte Umsatzgrößen oder persönliche Leistung bzw. diejenige einer Gruppe oder einer Abteilung/eines Betriebs anknüpfen, einschließlich seitens Dritter (zB Konzernunternehmen) zugesagter Leistungen (ggf. unter Verweis auf die Vereinbarungen/Regelungen gem. Ziffern 2, 4, 8, 14, 17, 19).

---

[142] Siehe die Anmerkung unter Fn. 136.

[143] Diese Angaben ermöglichen dem Käufer eine erste Einschätzung dahingehend, in welchem Umfang und für welche Aufgaben freie Mitarbeiter eingesetzt werden und ob die Zuordnung zum Kreis der Nicht-Arbeitnehmer arbeitsrechtlich, sozialversicherungsrechtlich und steuerrechtlich Bestand hat.

[144] Aus den Verträgen mit freien Mitarbeitern ergeben sich häufig bereits Anhaltspunkte für eine rechtlich problematische Zuordnung. Ist dies nicht der Fall, ist in einer zweiten Phase des *Due Diligence*-Verfahrens die tatsächliche Vertragspraxis zu untersuchen, die für die rechtliche Einordnung des Vertragsverhältnisses ausschlaggebend ist.

[145] Siehe zur Notwendigkeit der Anonymisierung der Informationen unter dem Gesichtspunkt des Datenschutzes → Rn. 31 und 33.

[146] Bei Einsatz einer erheblichen Zahl von Leiharbeitnehmern empfiehlt sich eine Untersuchung dahingehend, ob die Beschränkungen des AÜG eingehalten werden. Besonderes Augenmerk ist auf die Einhaltung des Equal Pay Grundsatzes bzw. der zur Vermeidung seiner Anwendbarkeit herbeigeführten Tarifanwendung zu richten (vgl. § 3 Nr. 3 AÜG).

[147] Mit Organmitgliedern und anderen Führungskräften werden nicht selten Vereinbarungen getroffen, die für den Fall einer Unternehmensveräußerung ein Sonderkündigungsrecht, uU verknüpft mit Abfindungsansprüchen, vorsehen.

11. Darstellung vorhandener Aufsichtsratsstrukturen unter Nennung der Mitbestimmungsart (DrittelbG/MitbestG 1976/MontanMitbestG/SEBG/MgVG/anderes (privatautonom vereinbartes] Mitbestimmungsstatut).[148]
12. Auflistung aller das Unternehmen betreffenden Betriebsübergänge sowie Vorlage der verwendeten Unterrichtungsschreiben.
13. Auflistung sämtlicher betriebsverfassungsrechtlicher Gremien im Unternehmen bzw. im Konzern (Betriebsräte, Gesamtbetriebsrat, Konzernbetriebsrat, Wirtschaftsausschuss, Jugendvertretung etc) nebst Mitteilung über die Zahl der freigestellten Betriebsratsmitglieder.[149]
14. Auflistung der im Zusammenhang mit der betrieblichen Mitbestimmung aufgewandten Kosten im letzten abgeschlossenen Kalenderjahr (Sachmittel der Betriebsräte, Kosten für Schulungen und ähnliche Maßnahmen, Honorare für vom Betriebsrat eingeschaltete Sachverständige und Rechtsanwälte, Kosten durchgeführter Einigungsstellenverfahren etc)[150].
15. Vorlage sämtlicher noch anwendbarer (auch nachwirkender) Betriebsvereinbarungen und Regelungsabreden (einschließlich der mit dem Gesamt- und/oder Konzernbetriebsrat abgeschlossenen), ggf. unter Mitteilung einer von den vorgelegten Vereinbarungen abweichenden Praxis; Vorlage bzw. Mitteilung gemäß § 613a Abs. 1 S. 2 BGB[151] fortgeltender Betriebsvereinbarungen.[152]
16. Vorlage sämtlicher bislang abgeschlossener Interessenausgleich-Vereinbarungen und Sozialpläne seit [___] nebst Darstellung der durchgeführten Betriebsänderungen sowie der darüber geführten Verhandlungen mit dem jeweiligen Betriebsrat (Dauer der Verhandlungen, Einigungsstellenverfahren, Vermittlung durch den Vorstand der Bundesagentur für Arbeit oder durch von ihm Beauftragte; arbeitsgerichtliche Beschlussverfahren in diesem Zusammenhang, einstweilige Verfügungsverfahren, Verfahren um Nachteilsausgleich gem. § 113 BetrVG, weitere Besonderheiten).[153]
17. Vorlage der Regelungen eines etwaigen Arbeitszeitkontenmodells (ua zur Kontrolle der Konformität mit § 2 Abs. 2 MiLoG)[154] und zur Dokumentation der Arbeits- und Pausenzeiten der Arbeitnehmer.
18. Mitteilung aller (auch örtlichen) Mitgliedschaften in Arbeitgeberverbänden; Mitteilung auch früherer Mitgliedschaften nebst Zeitpunkt des Austritts/Auflösung des Verbandes.[155]
19. Vorlage sämtlicher Tarifverträge, die Anwendung finden aufgrund Mitgliedschaft im Arbeitgeberverband, Abschluss Firmentarifvertrag, Allgemeinverbindlichkeit, Nachwir-

---

[148] Sofern nicht Bestandteil der gesellschaftsrechtlichen *Due Diligence*.

[149] Siehe die Anmerkung unter Fn. 136.

[150] Entsprechende Auskünfte erlauben nicht nur gewisse Rückschlüsse auf die mit der Betriebsverfassung verknüpften Kosten, sondern darüber hinaus auf die innerbetriebliche Atmosphäre bzw. den Zustand des Verhältnisses zwischen den Betriebspartnern. Sie setzten allerdings voraus, dass entsprechende Kosten gesondert erfasst werden.

[151] Siehe zum Schicksal von Betriebsvereinbarungen beim Betriebs(teil)übergang eingehend unter → E Rn. 1 ff.

[152] Ggf. kann es sinnvoll sein, dass bereits der Veräußerer eine Betriebsvereinbarung kündigt, damit bereits vor Ablauf der Jahresfrist aus § 613a Abs. 1 S. 2 BGB eine einzelvertragliche Abänderung beim Erwerber möglich ist; vgl. *Henssler* in Picot § 12 Rn. 218.

[153] Hierzu erfolgende Angaben machen den bisherigen Verlauf unternommener Restrukturierungsbemühungen deutlich. Sie lassen erkennen, in welchem Umfang noch Restrukturierungspotenzial vorliegt und mit welchem Maß an Durchsetzungsschwierigkeiten vermutlich zu rechnen ist. Aus abgeschlossenen Interessenausgleichvereinbarungen können sich Beschränkungen zukünftiger Handlungsmöglichkeiten ergeben, etwa der Ausschluss betriebsbedingter Kündigungen für bestimmte Bereiche und/oder Zeiträume, die Verpflichtung zur Aufrechterhaltung betrieblicher Bereiche etc. Die in der Vergangenheit abgeschlossenen Sozialpläne ergeben Anhaltspunkte für zu erwartende Kosten bei bevorstehenden Maßnahmen des Personalabbaus.

[154] Vgl. allgemein HWK/*Sittard* MiLoG § 2 Rn. 1 ff.

[155] Frühere Mitgliedschaften können Aufschluss über eine etwaige Fortgeltung oder Nachwirkung von Tarifverträgen gem. § 3 Abs. 3 und § 4 Abs. 5 TVG geben.

kung, aufgrund vertraglicher Inbezugnahme, betrieblicher Übung, Fortgeltung gemäß § 613a Abs. 1 S. 2 BGB[156] etc – Zutreffendes ist anzugeben –.

20. Darstellung der Betroffenheit des Unternehmens von Arbeitskämpfen (Streik, Aussperrung etc) innerhalb der letzten fünf Jahre; Darstellung der hierdurch entstandenen Schäden.
21. Darstellung der den Arbeitnehmern bzw. bestimmten Arbeitnehmern vom Unternehmen oder seitens Dritter (zB Konzernunternehmen) gewährten Sozialleistungen (ausgenommen Altersversorgung, siehe Ziff. 21 ff.), soweit nicht bereits Gegenstand der Musteranstellungsverträge (Ziff. 2 und 8), der Betriebsvereinbarungen (Ziff. 14) und der Tarifverträge (Ziff. 17), zB Jubiläums- bzw. Treueprämien, Zahlung zusätzlicher Zuschläge, Gratifikationen, Gewinnbeteiligungen, Aktienoptionen[157] uä, besondere Spesenregelungen, Versicherungen, Regelungen über Firmenkreditkarten, Darlehensbedingungen, Personaleinkauf, etc unter Mitteilung der jeweiligen Rechtsgrundlage (zB Firmenfibel, Mitarbeiterhandbuch oÄ – jeweils bitte vorlegen –, betriebliche Übung, Gesamtzusage).
22. Darstellung sämtlicher wesentlicher Änderungen auf dem Gebiet des Arbeitsrechts innerhalb der letzten sechs Monate, insbes. Darstellung in diesem Zeitraum erfolgter Gehalts- bzw. Lohnanpassungen, Gewährung neuer oder in ihrem Umfang erhöhter Sozialleistungen, Durchführung wesentlicher Vertragsänderungen, Vornahme von Höhergruppierungen, wesentliche Versetzungsmaßnahmen etc.[158]
23. Vorlage aller schriftlichen Pensionsregelungen[159] (Pensionszusagen, Versorgungspläne, Leistungsordnungen etc,) soweit nicht Gegenstand einer Betriebsvereinbarung oder eines Tarifvertrages (Ziff. 14 und 17), die entweder derzeit gelten oder früher galten, jedoch zwischenzeitlich „abgelöst" bzw. „geschlossen" wurden[160] sowie Darstellung aller nicht schriftlich erfolgter Zusagen und Abreden zur betrieblichen Alters- Invaliditäts- und Hinterbliebenenversorgung (einschließlich Darstellung einer etwaigen betrieblichen Übung).
24. Vorlage aller mit Pensionsregelungen (iSv Ziff. 21) im Zusammenhang stehenden Unterlagen, insbesondere Vereinbarungen mit Versorgungsberechtigten und deren Angehörigen (zB Sicherungsvereinbarungen) und Vereinbarungen mit Versicherern und anderen externen Versorgungsträgern (zB Versicherungsverträge, Satzungen und Leistungspläne von Unterstützungs- und Pensionskassen, Unterlagen zu einem etwaigen CTA), und Vorlage von Informationen bzw. Unterlagen, aus denen sich Inhalt und Umfang einer etwaigen Beleihung, Abtretung, Sicherungsübertragung von Rechten aus Vereinbarungen mit Versorgungsträgern herleiten lassen.
25. Vorlage aller versicherungsmathematischen Bewertungen der Deckungsmittel und zum Umfang der Pensions- und Jubiläumsverpflichtungen der beiden letzten abgeschlossenen Wirtschaftsjahre nach deutschem Steuer- und Handelsrecht sowie ggf. nach internationalem Bewertungsstandard (US-GAAP, FAS, IAS/IFRS, SSAP etc), jeweils mit Beschreibung der Bewertungsmethoden und -prämissen.

---

[156] Siehe zum Schicksal der Tarifgeltung beim Betriebs(teil)übergang ausführlich unter → E Rn. 92 ff.

[157] Insbesondere bei Aktienoptionsplänen ist relevant, wer die konkrete Zusage gewährt hat. Handelt es sich beispielsweise um die Verpflichtung einer Konzernmutter, geht diese regelmäßig nicht gem. § 613a BGB im Rahmen eines Betriebsübergangs auf den Erwerber über. Vgl. BAG 12.2.2003 – 10 AZR 299/02, NZA 2003, 487 (489); *Henssler* in Picot § 12 Rn. 211.

[158] Durch diese Fragestellung sind Erkenntnisse über Veränderungen möglich, die kurzfristig vor Durchführung des Unternehmenskaufs vorgenommen wurden, um die Belegschaft oder einzelne Mitarbeiter im Hinblick auf die Transaktion besonders abzusichern oder die Transaktion zu erschweren bzw. zu verhindern; in Einzelfällen ist bekannt geworden, dass Vereinbarungen mit Arbeitnehmern und/oder Betriebsräten im Sinne einer sog. *Poison Pill* ausschließlich für den Fall der Realisierung eines Unternehmenskaufs getroffen wurden, um eine vom Management nicht gewünschte Transaktion zu verhindern.

[159] Siehe zur *Due Diligence* auf dem Gebiet der betrieblichen Altersversorgung ausführlich unter → J Rn. 688 ff.

[160] Aus der „Historie" der betrieblichen Altersversorgung kann sich ergeben, dass frühere Versorgungswerke in nicht wirksamer Weise abgelöst worden sind und demnach aus der abgelösten Zusage noch Ansprüche resultieren.

26. Aufstellung der Kosten der betrieblichen Altersversorgung (Leistungen, Versicherungsprämien, Zuwendungen an Unterstützungs- und Pensionskassen, Beiträge an den Pensionssicherungsverein) für die beiden letzten abgeschlossenen Wirtschaftsjahre.
27. Darstellung der in der Vergangenheit durchgeführten Anpassungen bzw. Anpassungsüberprüfungen im Hinblick auf laufende Leistungen der betrieblichen Altersversorgung.
28. Darstellung aller arbeitsgerichtlichen Streitigkeiten im Urteilsverfahren sowie im arbeitsgerichtlichen Beschlussverfahren in den letzten fünf Jahren[161] mit Beschreibung des Verfahrensgegenstandes und des Verfahrensausgangs einschließlich Darstellung drohender Streitigkeiten.
29. Darstellung sämtlicher betriebsverfassungsrechtlicher Einigungsstellenverfahren der letzten fünf Jahre unter Angabe des Verfahrensgegenstandes, der Person des/der Einigungsstellenvorsitzenden sowie des Ausgangs des Verfahrens.
30. Vorlage von Mustervereinbarungen mit Subunternehmern und Auftraggebern zur Auftraggeberhaftung nach dem MiLoG bzw. dem AEntG.[162]
31. Darstellung sämtlicher Maßnahmen zur Gewährleistung von Arbeitssicherheit und Arbeitsschutz sowie Mitteilung erheblicher Arbeitsunfälle und etwaiger behördlicher Überprüfungen der letzten zwei Jahre; zusätzlich ggf. Aufstellung der Kosten aufgrund von Arbeitsunfällen in der Vergangenheit.
32. Darstellung der von den Trägern der Sozialversicherung (Krankenkassen, LVA, Deutsche Rentenversicherung) durchgeführten Prüfungen innerhalb der letzten fünf Jahre sowie Vorlage der erlassenen Bescheide.
33. Darstellung der von den Finanzämtern durchgeführten Lohnsteuerprüfungen innerhalb der letzten fünf Jahre sowie Vorlage der erlassenen Bescheide.

IV. Arbeitsrechtliche Faktoren für die Wahl der Vertragsstruktur (Share Deal, Asset Deal oder Umwandlungsmodelle)

49 Zu den ersten Fragen, die sowohl die Erwerber- als auch die Veräußererseite im Transaktionsprozess klären muss, gehört diejenige nach der Auswahl der optimalen Transaktionsstruktur im konkreten Fall. Hierfür stehen drei Grundmodelle zur Verfügung, nämlich der Erwerb sämtlicher Gesellschaftsanteile des Unternehmensträgers *(Share Deal)*, der Erwerb sämtlicher oder ausgewählter Vermögensgegenstände des Unternehmens *(Asset Deal)* oder die Übertragung des Unternehmensvermögens im Wege der Gesamtrechtsnachfolge („GesRN"), nämlich durch Verschmelzung des Unternehmensträgers auf den Erwerber, die Spaltung des Unternehmensträgers auf den Erwerber oder die Anwachsung des Unternehmensvermögens beim Erwerber. Die gesellschaftsrechtlichen Umwandlungsmodelle setzen jeweils noch weitere gesellschaftsrechtliche Schritte voraus.

Die generellen Auswahlkriterien für die in einem Einzelfall optimale Transaktionsstruktur sind vielfältig und umfassen zB (i) die steuerlichen Folgen, (ii) die haftungsrechtlichen Folgen, insbesondere aufgrund zivilrechtlicher, steuerrechtlicher und sozialversicherungsrechtlicher sowie umweltrechtlicher Vorschriften, (iii) die Folgen für die Vertragsstruktur und die Transaktionskosten (zB Dokumentations- und Beurkundungskosten), (iv) die Folgen für den Übergang öffentlich-rechtlicher Genehmigungen, Erlaubnisse und Positionen, (v) den Übergang von Vertragsverhältnissen, gesellschaftsrechtlichen Beteiligungen, Forde-

---

[161] Insoweit können sich bei größeren Unternehmen aus Praktikabilitätsgesichtspunkten Einschränkungen empfehlen.

[162] § 13 MiLoG bzw. § 14 AEntG regeln die sog. Auftraggeberhaftung, nach der ein Auftraggeber für Mindestlohnverbindlichkeiten in der Subunternehmerkette haftet. Durch die Haftung ggü. Arbeitnehmern von Subunternehmern können sich beim Share Deal bei systematischen Mindestlohnverstößen in der Subunternehmerkette erhebliche finanzielle Folgen ergeben.

rungen, Verbindlichkeiten und sonstigen Rechten, (vi) die arbeitsrechtlichen Folgen und die Folgen für Pensionsrechte sowie die Folgen für die Unternehmensmitbestimmung.[163] Diese komplexe Entscheidungsstruktur kann graphisch wie folgt dargestellt werden:[164]

Generelle Auswahlkriterien für Transaktionsstruktur

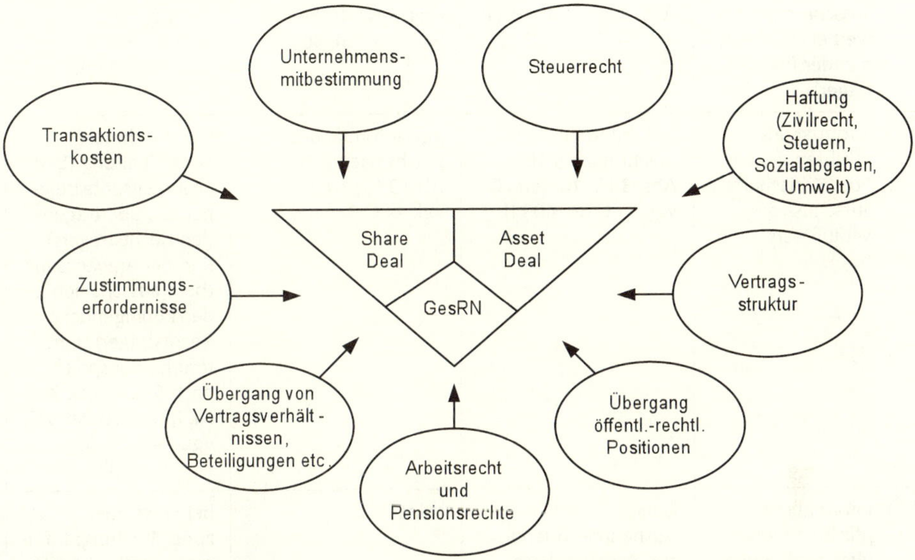

Aus dem Feld des Arbeitsrechts und des Unternehmensmitbestimmungsrechts sieht die Einzelanalyse wie folgt aus:[165] 50

Arbeitsrechtliche Folgen der M&A-Transaktionsstruktur (ohne Betriebsänderung)

	Share Deal	Asset Deal	Umwandlung (Verschmelzung, Spaltung, Anwachsung)
1 Informations-pflichten gegen-über Wirtschafts-ausschuss des Zielunternehmens (übertragender Rechtsträger)	ggf. Informations-pflicht nach § 106 Abs. 2 S. 2 und Abs. 3 Nr. 9a, 10 BetrVG betr. Erwer-ber-/Bieternamen und künftige Geschäftstätigkeit; keine Vertragsvorlage [BAG 22.1.1991 – 1 ABR 38/89, NZA 1991, 649]; vgl. → C Rn. 403 ff., 408a.	ggf. Informations-pflicht nach § 106 Abs. 3 Nr. 10 BetrVG [BAG 22.1.1991 – 1 ABR 38/89, NZA 1991, 649; vgl. → C Rn. 403 ff.	ggf. Informations-pflicht nach § 106 Abs. 3 Nr. 8 und 10 BetrVG; vgl. → B Rn. 33, → C Rn. 403 ff.
2 Informations-pflichten gegen-über Wirtschafts-	ggf. Informations-pflicht nach § 106	ggf. Informations-pflicht nach § 106	ggf. Informations-pflicht nach § 106 Abs. 3 Nr. 8 und 10

[163] Hierzu ausführlich *Seibt* in BeckFormB M&A A. II.
[164] Diese Grafik entstammt aus *Seibt* in BeckFormB M&A A. II. 1.
[165] Hierzu auch *Seibt* in BeckFormB M&A A. II. 2.

	Share Deal	Asset Deal	Umwandlung (Verschmelzung, Spaltung, Anwachsung)
ausschuss des Erwerbers (aufnehmender Rechtsträger)	Abs. 3 Nr. 10 BetrVG; vgl. → C Rn. 403 ff.	Abs. 3 Nr. 10 BetrVG; vgl. → C Rn. 403 ff.	BetrVG; vgl. → B Rn. 33, → C Rn. 403 ff.
3 Informationspflichten gegenüber Wirtschaftsausschuss des Veräußerers	ggf. Informationspflicht nach § 106 Abs. 3 Nr. 10 BetrVG; vgl. → C Rn. 403 ff.	ggf. Informationspflicht nach § 106 Abs. 3 Nr. 10 BetrVG; vgl. → C Rn. 403 ff.	bei Verschmelzung/Spaltung (betr. Mehrheitsanteilseigner des übertragenden Rechtsträgers) und bei Anwachsung (betr. ausscheidender/kündigender Rechtsträger): ggf. Informationspflicht nach § 106 Abs. 3 Nr. 8 und 10 BetrVG; vgl. → B Rn. 33, → C Rn. 403
4 Informationspflichten gegenüber zuständigem Betriebsrat des Zielunternehmens	keine Ausnahme: öffentliche Kaufangebote betreffend börsennotierte Unternehmen (§ 10 Abs. 5 S. 2, § 11, § 14 Abs. 4 S. 2, § 27 Abs. 2 und 3 WpÜG); vgl. → B Rn. 148a ff., → F Rn. 17; sowie subsidiär bei Nichtbestehen Wirtschaftsausschuss (§ 109a BetrVG).	keine	bei Verschmelzung/Spaltung: Informationspflicht nach § 5 Abs. 1 Nr. 9, Abs. 3, § 126 Abs. 1 Nr. 11, Abs. 3 UmwG; vgl. → C Rn. 118, 354 bei Anwachsung: keine
5 Informationspflichten gegenüber zuständigem Betriebsrat des Erwerbers	keine Ausnahme: öffentliche Kaufangebote betreffend börsennotierte Unternehmen (§ 10 Abs. 5 S. 3, § 11, § 14 Abs. 4 S. 3 WpÜG); vgl. → B Rn. 148a ff.	keine	bei Verschmelzung/Spaltung: Informationspflicht nach § 5 Abs. 1 Nr. 9, Abs. 3, § 126 Abs. 1 Nr. 11, Abs. 3 UmwG; vgl. → C Rn. 118, 354 ff. bei Anwachsung: keine
6 Informationspflicht gegenüber Arbeitnehmern des Zielunternehmens	keine	Informationspflicht nach § 613a Abs. 5 BGB; vgl. → G Rn. 210 ff.	Informationspflicht nach § 324 UmwG iVm § 613a Abs. 5 BGB; vgl. → G Rn. 233
7 Bestehen von Organen der Be-	• Kontinuität; vgl. → D Rn. 7	• Kontinuität bei Betriebsidentität; ggf.	• Kontinuität; ggf. Verpflichtung zur

	Share Deal	Asset Deal	Umwandlung (Verschmelzung, Spaltung, Anwachsung)
triebsverfassung beim Zielunternehmen	• Ggf. Bildung/Erweiterung eines Konzernbetriebsrats beim Erwerber (konzern); vgl. → D Rn. 122 ff. • ggf. Auswirkungen im Veräußerer-Konzern (zB Wegfall/Neubesetzung des Konzernbetriebsrats); vgl. → D Rn. 122 ff.	Verpflichtung zur Errichtung eines Gesamtbetriebsrates beim Erwerber (§ 47 Abs. 1 BetrVG); vgl. → D Rn. 8, 98 ff. • ggf. Auswirkungen im Veräußerer-Konzern (zB Wegfall/Neubesetzung des Gesamt- und/oder Konzernbetriebsrats); vgl. → D Rn. 97 ff.	Errichtung eines Gesamtbetriebsrates beim aufnehmenden Rechtsträger (§ 47 Abs. 1 BetrVG); vgl. → D Rn. 9 ff., 98 ff. • ggf. Auswirkungen im Veräußerer-Konzern (zB Wegfall/Neubesetzung des Gesamt- und/oder Konzernbetriebsrats); vgl. → D Rn. 97 ff.
8 Tarifverträge und Betriebsvereinbarungen	• Kontinuität; vgl. → E Rn. 1 ff. • ggf. Änderungen bei Konzern-Betriebsvereinbarungen; vgl. → E Rn. 70 ff.	• Kontinuität (bei kollektivrechtlicher Weitergeltung), ansonsten Fortgeltung nach § 613a Abs. 1 S. 2–4 BGB: vgl. → E Rn. 1 ff. • ggf. Änderungen bei Konzern-Betriebsvereinbarungen; vgl. → E Rn. 70 ff.	wie Asset Deal
9 Arbeitsrechtliche Individualrechtsverhältnisse beim Zielunternehmen (übertragener Rechtsträger)	• Kontinuität; Ausnahmen: (i) Change of Control-Sonderkündigungsrechte (insbesondere bei Schlüsselmitarbeitern), (ii) Anpassungsbedarf bei insbesondere konzernbezogenen Vereinbarungen (zB Stock Option-Programme); vgl. → G Rn. 177 ff. • kein Widerspruchsrecht der Arbeitnehmer	• Übergang nach § 613a BGB; Ausnahmen wie Share Deal • Widerspruchsrecht der Arbeitnehmer; vgl. → G Rn. 147 ff.	bei Verschmelzung/Spaltung: Übergang nach § 324 UmwG iVm § 613a BGB; Ausnahmen wie Share Deal; kein Widerspruchsrecht ieS, aber außerordentliches Lösungsrecht der Arbeitnehmer bei Verschmelzung und Aufspaltung; vgl. → G Rn. 233 bei Anwachsung: Übergang nach § 613a BGB (aM nach § 324 UmwG analog); Ausnahmen wie Share Deal; kein Widerspruchsrecht ieS, aber außerordentliches Lösungsrecht der Arbeitneh-

	Share Deal	Asset Deal	Umwandlung (Verschmelzung, Spaltung, Anwachsung)
			mer; vgl. → G Rn. 234. Bei Spaltung besonderer Schutz vor Veränderungen hins. der kündigungsrechtlichen Stellung (§ 323 Abs. 1 UmwG); vgl. → H Rn. 150 ff.
10 Ansprüche aus betrieblicher Altersversorgung (im Anstellungsverhältnis)	Kontinuität (ggf. Anpassungsbedarf); vgl. → J Rn. 373 ff.	Übergang nach § 613a BGB (ggf. Anpassungsbedarf); vgl. → J Rn. 407 ff.	Übergang wegen Gesamtrechtsnachfolge (ggf. Anpassungsbedarf); vgl. → J Rn. 530 ff.
11 Ansprüche aus betrieblicher Altersversorgung (ausgeschiedene Arbeitnehmer)	Kontinuität	kein Übergang nach § 613a BGB; keine Übertragung von Altverbindlichkeiten wegen § 4 BetrAVG; vgl. → J Rn. 431	Übergang wegen Gesamtrechtsnachfolge; bei Spaltung sperrt weder § 132 UmwG aF) noch § 4 BetrAVG; vgl. → J Rn. 573 ff.
12 Organverhältnis	• Kontinuität der Organverhältnisse • Kontinuität der Dienstverträge; Change in Control-Klauseln zulässig	• Kein Übergang der Organverhältnisse • kein Übergang der Dienstverträge	• Wegfall der Organverhältnisse beim übertragenden Rechtsträger; keine Anwendung von § 203 UmwG (analog) für Aufsichtsräte • Übergang der Dienstverträge (vgl. § 20 Abs. 1 Nr. 1, § 131 Abs. 1 Nr. 1 UmwG); Kopplungs-Klauseln/Change in Control-Klauseln zulässig; vgl. → H Rn. 159 ff.
13 Unternehmensmitbestimmung beim Zielunternehmen (übertragender Rechtsträger)	• Kontinuität im Zielunternehmen • Auswirkungen im Veräußerer-Konzern (Arbeitnehmervertreter im Konzern-Aufsichtsrat; Wegfall aktives und passives Wahlrecht im Veräußerer-Konzern;	• Wegfall der Unternehmensmitbestimmung nach Statusverfahren; vgl. → F Rn. 85 ff. • Auswirkungen im Veräußerer-Konzern (Arbeitnehmervertreter im Konzern-Aufsichtsrat; Wegfall aktives	wie Asset Deal

	Share Deal	Asset Deal	Umwandlung (Verschmelzung, Spaltung, Anwachsung)
	Arbeitnehmer-schwellen); vgl. → F Rn. 37 ff.	und passives Wahlrecht im Veräußerer-Konzern; Arbeitnehmer-schwellen); vgl. → F Rn. 37 ff.	
14 Unternehmens-mitbestimmung beim Erwerber	• bei < 2.000 Arbeitnehmer im Erwerber-Konzern nach Share Deal: keine Änderung des Status; vgl. → F Rn. 20 ff.	• Auswirkungen im Erwerber-Konzern (Erweiterung aktives und passives Wahlrecht im Erwerber-Konzern; Arbeitnehmer-schwellen; Unternehmensgegenstand *(Geprägetheorie)*); vgl. → F Rn. 35 • ggf. Nachverhandlungspflicht/ Änderung einer Mitbestimmungs-vereinbarung; vgl. → F Rn. 20 ff.	wie Asset Deal
	• ggf. Nachverhandlungspflicht/Änderung einer Mitbestimmungsvereinbarung; vgl. → F Rn. 13 ff.		

Diese Übersicht zeigt, dass sich die arbeitsrechtlichen Folgen der verschiedenen Gestaltungsoptionen nicht von vornherein in jedem Aspekt diametral unterscheiden. Es gibt **keine Pauschallösung.** Es lässt sich deshalb nicht zB sagen, dass der *Asset Deal* arbeitsrechtlich stets weniger oder mehr an Komplikationen aufwirft als ein *Share Deal* oder eine Umwandlung. Bei allen Optionen kann es zB zur kollektiven Fortgeltung von Tarifverträgen und/oder Betriebsvereinbarungen kommen, bei allen Optionen bestehen Konsultationserfordernisse bzw. Mitbestimmungsrechte der Betriebsräte, wenn auch in unterschiedlicher Qualität. Dies bedeutet jedoch nicht, dass es auch im konkreten Fall nahezu gleichgültig wäre, welche Option gewählt wird. So kann es in bestimmten Konstellationen entscheidend darauf ankommen, dass eine geschlossene Belegschaft übergeht und keine Widerspruchsrechte der Arbeitnehmer eingreifen können – was ggf. ganz entscheidend für den *Share Deal* spricht.[166] In anderen Fällen kommt es aus Zeitgründen entscheidend darauf an, die umwandlungsrechtlichen Informationspflichten gegenüber den beteiligten Betriebsräten zu vermeiden, zumal diese mit einmonatigem Vorlauf erfüllt werden müssen. Es ist deshalb in jedem Einzelfall erforderlich, die Vor- und Nachteile der einzelnen Strukturierungsoptionen durchzuspielen und derjenigen den Vorzug zu geben, die im konkre- 51

[166] Vgl. schon → B Rn. 119.

ten Fall die entscheidenden Vorteile bietet – wobei in diese Entscheidung selbstverständlich auch steuerliche und gesellschaftsrechtliche Aspekte einfließen.[167]

V. Handlungs- und Unterlassungspflichten: Tätigkeitspflichten von Schlüsselmitarbeitern

1. Bindung der Schlüsselmitarbeiter an das Unternehmen

52 Die sog. Schlüsselmitarbeiter verkörpern häufig einen wesentlichen Teil des Unternehmenswerts. Nicht selten trifft ein Erwerber seine Kaufentscheidung ua auch angesichts der in dem Zielunternehmen beschäftigten Schlüsselmitarbeiter und deren unternehmensspezifischen Know How. Daher liegt eine möglichst langfristige Bindung dieser Personen an das von ihm erworbene Unternehmen in seinem Interesse. Insbesondere für die Beteiligungsentscheidung eines Finanzinvestors ist das dauerhafte und an seine Exit-Interessen gebundene Engagement des Managementteams von maßgeblicher Bedeutung. Zu diesem Zweck werden Schlüsselmitarbeiter häufig am Gesellschaftskapital (ggf. virtuell) beteiligt[168].

Zur Absicherung des Erwerbers wird – sowohl bei *Asset Deal-* also auch bei *Share Deal-*Strukturen – nicht selten im Unternehmenskaufvertrag zu seinen Gunsten ein **Kaufpreisminderungsrecht,** ein **Rücktritts-** bzw. (selten) **Rückabwicklungsrecht** für den Fall vorgesehen, dass eine bestimmte Anzahl von Schlüsselmitarbeitern bis zu einem gewissen Zeitpunkt aus dem Unternehmen ausscheiden; eine alternative Struktur zum Rücktrittsrecht ist die Vereinbarung einer Nicht-Kündigung von Schlüsselmitarbeitern als einer Closing-Bedingung, so dass es bei Kündigungen nicht zu einer Transaktionsdurchführung kommt. Solche Regelungen führen wirtschaftlich dazu, den Schlüsselmitarbeitern einen Vermögenswert zuzuordnen, den diese gegenüber dem Verkäufer ggf. monetarisieren könnten. Daher könnte der Verkäufer den betreffenden Schlüsselmitarbeitern auch anstelle bzw. zusätzlich zu einer Beteiligung an der Gesellschaft eine Bonuszahlung für den Fall ihres Verbleibens in dem Unternehmen anbieten und somit einen Verbleibeanreiz schaffen (sog. ***Retention Agreements,*** auch ***Stay Boni***).

2. Zulässigkeit einer Vertragsstrafe

53 Sowohl Erwerber als auch Verkäufer steht es frei, die Schlüsselmitarbeiter zu verpflichten, für einen bestimmten Zeitraum bestimmte Tätigkeiten zu verrichten. Der Berechtigte aus dieser Vereinbarung hat gegen den jeweiligen Schlüsselmitarbeiter zwar einen Anspruch auf Erfüllung dieser Tätigkeitsverpflichtung, den er auch im Klagewege geltend machen kann.[169] Er kann diesen Anspruch aber nicht gegen den Schlüsselmitarbeiter vollstrecken. Nach überwiegender Ansicht ist die Arbeitsleistung grundsätzlich unvertretbar (§ 887 Abs. 1 ZPO).[170] Die Verurteilung zur Erfüllung der Tätigkeitsverpflichtung ist daher gemäß § 888 Abs. 2 ZPO **nicht vollstreckbar.**

54 Fraglich ist aber, ob für den Fall der Nichterfüllung der Tätigkeitsverpflichtung eine **Vertragsstrafevereinbarung** zwischen dem Berechtigten und dem Schlüsselmitarbeiter zulässig und wirksam ist. Nach allgemeinen Grundsätzen sind zur Sicherung arbeitsvertrag-

---

[167] Vgl. → B Rn. 118.

[168] Zu Managementbeteiligungsprogrammen von Finanzinvestoren zB *Mackensen* in Eilers/Koffka/Mackensen/Paul Private Equity Kap. VI (S. 415 ff.).

[169] BAG 2.12.1965 – 2 AZR 91/65, NJW 1966, 849; LAG Hamburg 24.9.1955 – 1 Ta 18/55, AP Nr. 1 zu § 611 BGB Anspruch auf Arbeitsleistung; LAG Baden-Württemberg 27.1.1958 – VII Ta 2/58, AP Nr. 5 zu § 611 BGB Anspruch auf Arbeitsleistung; MHdB ArbR/*Reichold* § 38 Rn. 1 mwN.

[170] LAG Düsseldorf 27.8.1957 – 3 Sa 240/57, BB 1958, 82; LAG Hamburg 9.1.1959 – 2 Ta 1/59, BB 1959, 198; MHdB ArbR/*Reichold* § 38 Rn. 2 mwN.

licher Pflichten Vertragsstrafen nur zulässig, soweit der Arbeitgeber ein berechtigtes Interesse daran hat.[171] Dieses Interesse liegt bei einem nachvertraglichen Wettbewerbsverbot (§ 74 Abs. 1 HGB) regelmäßig vor, da bei Verstößen gegen das Wettbewerbsverbot ein Schaden schwer nachweisbar bzw. bezifferbar ist und Arbeitgeber regelmäßig das Risiko einer Unterlassungsverfügung scheuen.[172] Dies gilt auch, wenn sich das nachvertragliche Wettbewerbsverbot an den Bestimmungen über **Allgemeine Geschäftsbedingungen** messen lassen muss.[173] Sofern Vertragsstraferegelungen überhaupt dem generellen Vertragsstrafeverbot des § 309 Nr. 6 BGB unterfallen, was bei nachvertraglichen Wettbewerbsverboten regelmäßig nicht der Fall ist, sind Vertragsstraferegelungen – soweit sie sich von ihrer Ausgestaltung her im zulässigen Rahmen bewegen – unter Berücksichtigung der **im Arbeitsrecht geltenden Besonderheiten** (§ 310 Abs. 4 S. 2 BGB) gestattet.[174] Von der Zielrichtung her betrachtet stellt sich die Vereinbarung einer Tätigkeitsverpflichtung als spiegelbildlich verkehrtes nachvertragliches Wettbewerbsverbot dar. Auch hier besteht insbesondere wegen der mangelnden Vollstreckbarkeit der Tätigkeitsverpflichtung ein berechtigtes Interesse des Erwerbers bzw. Verkäufers (aufgrund des vereinbarten Minderungsrechts des Erwerbers), der Verpflichtung zur Erbringung der geschuldeten Tätigkeit Nachdruck zu verleihen.[175] Insofern wird man auch die Vereinbarung einer Vertragsstrafe zur Sicherung einer Tätigkeitsverpflichtung grundsätzlich für zulässig erachten können.

Diese Vertragsstrafevereinbarung muss allerdings **hinreichend bestimmt** formuliert 55
sein, dh neben der Höhe der zu leistenden Strafe muss auch die sie auslösende Pflichtverletzung – die Nichterfüllung der Tätigkeitsverpflichtung – so klar bezeichnet sein, dass sich der betreffende Schlüsselmitarbeiter in seinem Verhalten darauf einstellen kann.[176] Hinsichtlich der Höhe der Vertragsstrafe wird man sich an den zur Sicherung eines nachvertraglichen Wettbewerbsverbots entwickelten Regeln orientieren können. Hier gilt, dass sich die Höhe der Vertragsstrafe nicht an der Höhe der Karenzentschädigung (§ 74 Abs. 2 HGB) orientieren muss, sondern im Einzelfall auch deren Summe überschreiten darf.[177] Die Vertragsstrafe kann umso höher sein, je bedeutender die Stellung des betreffenden Schlüsselmitarbeiters für das Unternehmen ist bzw. je bedeutender die Folgen eines Verlustes dieses Schlüsselmitarbeiters für das Unternehmen sind (vgl. § 343 Abs. 1 S. 2 BGB).[178] Ist die Vertragsstrafe formularmäßig vereinbart, besteht nach Auffassung des BAG[179] allerdings „ein gesteigertes Bedürfnis nach einer generellen **Obergrenze,** deren Überschreitung im Regelfall die **Unwirksamkeit** der Klausel zur Folge hat". In aller Regel sei ein Monatsgehalt als Vertragsstrafe angemessen, wobei die Strafe nicht den Gehaltsanspruch des Arbeitnehmers für die Zeit der Mindestkündigungsfrist übersteigen dürfe, da ansonsten eine **Übersicherung** vorliege. Allerdings hält es das BAG[180] für möglich, dass „das Sanktionsinteresse des Arbeitgebers den Wert der Arbeitsleistung auf Grund besonderer Umstände (…) übersteigt"; hiervon ist bei Schlüsselmitarbeitern, deren vorzeitige Abwanderung zu einer erheblichen Reduzierung de Unternehmenswertes führen würde,

[171] BAG 23.5.1984 – 4 AZR 129/82, NZA 1984, 255; BAG 4.3.2004 – 8 AZR 196/03, NZA 2004, 727 (733); HWK/*Diller* HGB § 75c Rn. 4; ErfK/*Müller-Glöge* BGB §§ 339–345 Rn. 10a; MHdB ArbR/*Reichold* § 39 Rn. 66ff.

[172] Vgl. HWK/*Diller* HGB § 75c Rn. 4; vgl. ErfK/*Müller-Glöge* BGB §§ 339–345 Rn. 10a.

[173] BAG 18.8.2005 – 8 AZR 65/05, NZA 2006, 34.

[174] BAG 4.3.2004 – 8 AZR 196/03, NZA 2004, 727; BAG 18.8.2005 – 8 AZR 65/05, NZA 2006, 34 (36); BAG 28.5.2009 – 8 AZR 896/07, NZA 2009, 1337.

[175] BAG 4.3.2004 – 8 AZR 196/03, NZA 2004, 727 (734).

[176] BAG 21.4.2005 – 8 AZR 425/04, NZA 2005, 1053; BAG 28.5.2009 – 8 AZR 896/07, NZA 2009, 1337.

[177] BAG 21.5.1971 – 3 AZR 359/70, NJW 1971, 2007; *Bauer/Diller,* Wettbewerbsverbote, Rn. 643; MüKoHGB/*v. Hoyningen-Huene* § 75c Rn. 10.

[178] MüKoHGB/*v. Hoyningen-Huene* § 75c Rn. 10.

[179] BAG 4.3.2004 – 8 AZR 196/03, NZA 2004, 727 (733); BAG 18.12.2008 – 8 AZR 81/08, NZA-RR 2009, 519.

[180] BAG 4.3.2004 – 8 AZR 196/03, NZA 2004, 727 (733); BAG 18.12.2008 – 8 AZR 81/08, NZA-RR 2009, 519 (524).

zwar auszugehen. Es ist aber nicht zu übersehen, dass insofern die Risiken für den Klauselverwender ganz erheblich sind, zumal das BAG[181] im Bereich formularmäßig vereinbarter Vertragsstrafen eine **geltungserhaltende Reduktion** bzw. eine Anwendung des Rechtsgedankens des § 343 BGB **ablehnt.**

3. Vesting

56 Um ein dauerhaftes Engagement dieser Schlüsselmitarbeiter für das Unternehmen zu gewährleisten, wird in der Regel vertraglich vorgesehen, dass der vorzeitig ausscheidende Schlüsselmitarbeiter seine ihm als Anreizmoment gewährte Beteiligung ganz oder teilweise verliert.[182] Billigerweise ist in diesen sog. *Leaver-Klauseln* nach den Gründen des Ausscheidens ***(Good/Bad Leaver)*** und der bisherigen Haltedauer der Beteiligung zu differenzieren.[183] Der ausscheidende Schlüsselmitarbeiter ist *Good Leaver,* wenn sein Ausscheiden auf Gründen beruht, die er selbst nicht zu vertreten hat (zB Tod; Alter; Berufsunfähigkeit; Ausscheiden von der Gesellschaft veranlasst, ohne dass der betreffende Mitarbeiter hierfür einen wichtigen Grund gesetzt hat). *Bad Leaver* ist der Schlüsselmitarbeiter, wenn sein Ausscheiden durch einen in seinem Verhalten liegenden Grund veranlasst ist (zB Kündigung durch Gesellschaft aus wichtigem Grund; Eigenkündigung des Schlüsselmitarbeiters während der Anfangszeit von 3–5 Jahren).[184] Zwischen diesen idealtypischen Fällen liegt eine ganze Reihe von Grenzfällen, welche abhängig vom Einzelfall entweder in die Kategorie *Good Leaver* oder *Bad Leaver* fallen. So ist als *Good Leaver* in der Regel auch derjenige Schlüsselmitarbeiter anzusehen, der auf eigenen Wunsch ausscheidet, weil ihm das Verbleiben aufgrund eines aus der Sphäre der Gesellschaft herrührenden Grundes unzumutbar geworden ist (zB unüberbrückbare Meinungsverschiedenheiten mit dem Erwerber oder Finanzinvestor über die Geschäftspolitik).[185]

57 Ferner sollte dem betroffenen Schlüsselmitarbeiter umso mehr von dem als Anreizmoment gewährten Anteilsbesitz verbleiben, je länger er für das Unternehmen tätig gewesen ist. Gerade dies dient der langfristigen Bindung der Schlüsselmitarbeiter an das Unternehmen. Ein unabgestuftes *Vesting* („Alles oder Nichts") ließe einen bereits erbrachten Einsatz des Schlüsselmitarbeiters außer Acht. Mittel des sog. ***negativen Vesting*** sind alternativ ein **Einziehungsrecht** oder eine ***Call Option***[186] der Mitgesellschafter[187], mit der diese ggf. auch die Übertragung an einen Dritten wie zB den Nachfolger des Schlüsselmitarbeiters verlangen können. Bei der GmbH bedarf die *Call Option* der notariellen Beurkundungsform des § 15 Abs. 4 GmbHG. Das Recht zur Einziehung der Anteile des Schlüsselmitarbeiters muss entweder in der Gründungssatzung oder vor Übernahme der Beteiligung vorgesehen sein (§ 34 Abs. 2 GmbHG, § 237 Abs. 1 S. 2 AktG), es sei denn, es wird nachträglich mit Zustimmung aller betroffenen Anteilsinhaber eingefügt.[188] Fraglich ist insoweit, wie weit der Grund der Einziehung in der Satzung konkretisiert sein muss oder ob zur Ausfüllung eines „wichtigen Grundes" auf die Gesellschaftervereinbarung zurückge-

---

[181] BAG 4.3.2004 – 8 AZR 196/03, NZA 2004, 727 (733); BAG 18.12.2008 – 8 AZR 81/08, NZA-RR 2009, 519 (525).

[182] Zur Grenze des § 138 BGB Weitnauer Venture Capital-HdB F 85.

[183] Hierzu *Mackensen* in Eilers/Koffka/Mackensen/Paul Private Equity Kap.VI Rn. 46ff.(S. 435ff.); Weitnauer Venture Capital-HdB F 178; *ders.* NZG 2001, 1065 (1072); *Kästle/Heuterkes* NZG 2005, 289 (290); *Maidl/Kreifels* NZG 2003, 1091 (1095).

[184] Zur Differenzierung *Good Leaver – Bad Leaver* vgl. *Mackensen* in Eilers/Koffka/Mackensen/Paul Private Equity Kap. VI Rn. 49–54 (S. 436ff.); *Kästle/Heuterkes* NZG 2005, 289.

[185] *Kästle/Heuterkes* NZG 2005, 289 (290).

[186] Zur Zulässigkeit von *Call-Options* bei Managementbeteiligungen BGH 19.9.2005-, II ZR 173/04, NJW 2005, 3641; hierzu *Drinkuth* NJW 2006, 410.

[187] Ggf. auch nur der Investoren oder im Rahmen der §§ 33 GmbHG, 56 AktG (Erwerb eigener Anteile) der Gesellschaft.

[188] Hüffer/*Koch* AktG § 237 Rn. 8 mwN; *Schockenhoff* NZG 2012, 449.

griffen werden kann.[189] Diese Frage kann jedenfalls für den Fall einer gestatteten Einziehung (§ 237 Abs. 1 S. 2 Alt. 2 AktG) offen bleiben, denn die Satzung kann in diesem Fall die Zwangseinziehung ohne Nennung von Gründen vorsehen.[190] Bei der GmbH kann als Einziehungsgrund ein in der Person des betroffenen Gesellschafters liegender wichtiger Grund vereinbart werden,[191] der ua in der Beendigung einer Organstellung oder in der Kündigung des Dienstverhältnisses bestehen kann.[192]

Die Einziehung hat gegenüber der *Call Option* für den Erwerber des Unternehmens den Vorteil, dass im Streitfalle über das Vorliegen der Voraussetzungen für die Einziehung der betroffene Schlüsselmitarbeiter Anfechtungsklage erheben müsste, während bei der *Call Option* die anderen Gesellschafter die Erfüllung der Option durchsetzen müssten.

Anstelle der Einziehung, die bei der GmbH im Zweifel zum Untergang des Anteils sowie zur entsprechenden Aufstockung der übrigen Anteile führt, bei der AG hingegen stets zu einer Kapitalherabsetzung, kann auch eine Verwertung des Anteils durch **Abtretung** an einen im Beschluss zu benennenden Dritten bzw. die Gesellschaft selbst vorgesehen werden.[193] Von erheblicher praktischer Relevanz ist dabei die Frage, ob die die Abtretung vorsehende Beteiligungsvereinbarung bei Ausscheiden des Schlüsselmitarbeiters lediglich eine schuldrechtliche Rückübertragungspflicht vorsieht oder den Erwerber sofort in die Lage versetzt, die Rückübertragung auch gegen den Willen des ausscheidenden Schlüsselmitarbeiters zu vollziehen. Eine unmittelbar vollziehbare Rückübertragungsvereinbarung kann zB durch eine **unwiderrufliche Veräußerungsvollmacht,** die der Schlüsselmitarbeiter bereits zum Zeitpunkt des Erwerbs der Beteiligung dem Erwerber erteilt, oder durch ein **unwiderrufliches** notariell beurkundetes **Veräußerungsangebot** des Schlüsselmitarbeiters an den Erwerber, der dieses im Falle des Ausscheidens annehmen kann, erreicht werden. Sollte es anlässlich des Ausscheidens zum Streit zwischen Erwerber und Schlüsselmitarbeiter kommen, wäre dieser auf die Frage der Höhe der zu zahlenden Abfindung beschränkt. Die Bandbreite reicht von einer Abfindung in Höhe des vom Schlüsselmitarbeiter investierten Kapitals über die Gewährung einer Mindestverzinsung bis zur Abfindung zum Marktwert. 58

VI. Garantien, Freistellungen und ihre Absicherung

1. Garantiekataloge aus Veräußerer- und Erwerbersicht

Mit dem Unternehmenskauf geht das wirtschaftliche Substrat des Unternehmens, seine Vermögensgegenstände, Chancen, Risiken und Lasten über. Die Bewertung dieser Aspekte findet ihren Niederschlag vor allem in (i) der Umschreibung des Kaufgegenstands, (ii) der Kaufpreisbestimmung und (iii) der Risikoabgrenzung durch Gewährleistungen. Allerdings sind die Faktoren der Kaufpreisbestimmung und der Garantienübernahme durch den Veräußerer nicht in dem Sinne elastisch, dass ein Mehr an Garantienübernahme auch zu einem höheren Kaufpreis oder umgekehrt ein Weniger an Garantienübernahme zu einem Weniger an Kaufpreis führen würde. In der Praxis prallen die Interessenlagen von Veräußerer und Erwerber bei der technischen Ausgestaltung der Garantien und Freistellung aufeinander. 59

[189] Hierzu Weitnauer Venture Capital-HdB F 179 mwN.

[190] Hüffer/*Koch* AktG § 237 Rn. 15 mwN; MüKoAktG/*Oechsler* § 237 Rn. 42.

[191] BGH 19.9.1977 – II ZR 11/76, NJW 1977, 2316.

[192] Baumbach/Hueck/*Fastrich* GmbHG § 34 Rn. 10; OLG Celle 15.10.2003 – 9 U 124/03, GmbHR 2003, 1428; zur parallelen Gestaltung einer *Call Option* OLG Frankfurt 23.6.2004 – 13 U 89/03, ZIP 2004, 1804; vgl. zum Ganzen auch *Schäfer/Hillesheim* DStR 2003, 2122; *Kowalski/Bormann* GmbHR 2004, 1438.

[193] Weitnauer Venture Capital-HdB F 178.

60 Die wesentlichen Regelungsbereiche und die jeweiligen Interessenlagen sind in der nachfolgenden Checkliste zusammengefasst:[194]

Checkliste: Ausgestaltung arbeitsrechtlicher Gewährleistungen im Unternehmenskaufvertrag

Regelungsbereich	Veräußererinteresse	Erwerberinteresse
Zeitlicher Bezugspunkt der Garantie	• Vertragsunterzeichnung (oder Stichtag in der Vergangenheit)	• Vertragsunterzeichnung und Vollzugstag
Inhalt der Garantie	• Keine Inanspruchnahme nach § 613a Abs. 2 BGB (etwaiger Ausschluss von Ansprüchen des Erwerbers wirkt jedoch nicht zu Lasten der Arbeitnehmer) • Beschränkung der Garantien durch Kenntnisbezug (*Knowledge/Best Knowledge*-Klauseln) • Bei Ausübung des Widerspruchsrechts durch Arbeitnehmer (§ 613a Abs. 6 BGB) bzw. Nichtübergang, Erklärung, dass Erwerber sämtliche Kosten zur Beendigung der Arbeitsverhältnisse trägt • Versicherung, dass Erwerber übernommenen Betrieb (steil) iSv § 613a BGB tatsächlich fortführt • Versicherung, dass die Angaben im Unterrichtungsschreiben (§ 613a Abs. 5 BGB) aus der Sphäre des Erwerbers zutreffend sind • Sofern Transaktion mit Betriebsänderung iSv § 111 BetrVG verbunden ist, Erklärung, dass Erwerber Kosten im Zusammenhang mit Interessenausgleichs- und Sozialplanverfahren trägt • ggf. Bemühensklausel für die Übertragung der Anstellungsverhältnisse von Organmitgliedern	• Angaben über die Gesamtzahl der Mitarbeiter, ihre Auflistung nach Betrieben mit wesentlichen Vertragsbedingungen (jährliche Brutto-Gesamtbezüge, Sonderleistungen wie zB Firmenwagen, Kündigungsfristen, besonderer Kündigungsschutz, Geburts- und Eintrittsdatum, Elternzeit, (Alters-)Teilzeit, Befristung etc) Angaben zu Arbeitszeitkonten, Urlaubskonten und Bezugszeiträumen bei Jahressondervergütungen (Rückstellungen) • Kopien sämtlicher Standardarbeitsverträge • Auflistung sämtlicher Organmitglieder und Kopien sämtlicher Anstellungsverträge und Zusatzvereinbarungen • Offenlegung aller Change in Control-Vereinbarungen und nachvertraglichen Wettbewerbsverbote mit Organmitglieder und leitenden/wesentlichen Arbeitnehmern • ggf. Bemühensklausel für die Übertragung der Anstellungsverhältnisse von Organmitgliedern • Versicherung über die Erfüllung der wesentlichen (gesetzlichen, tarif- und arbeitsvertraglichen etc) Zahlungs- und sonstiger Verpflichtungen gegenüber Arbeitnehmern und Organmitgliedern sowie aller wesentlichen Bestimmungen aus Gesetz, Tarifverträgen, Betriebsvereinbarungen

[194] Hierzu auch *Seibt* in BeckFormB M&A C. I. 1.

Regelungsbereich	Veräußererinteresse	Erwerberinteresse
		und sonstigen arbeitsrechtlichen Vorschriften • Auflistung sämtlicher arbeitsrechtlicher Streitigkeiten, aller Streiks und sonstiger (auch angedrohter) Arbeitskampfmaßnahmen (in den letzten fünf Jahren) • Auflistung sämtlicher (seitens des Unternehmens/des Mitarbeiters) gekündigten Arbeitsverhältnisse • Versicherung über das Nichtvorliegen der Absicht sämtlicher Organmitglieder, leitender/wesentlicher Angestellter, ihr Anstellungsverhältnis beenden zu wollen
		• Auflistung sämtlicher Betriebsvereinbarungen, Tarifverträge, betrieblicher (Gesamt-) Zusagen und betrieblichen Übungen und Auswirkung der Transaktion auf Gesamt-/Konzernbetriebsvereinbarungen • Grund der Anwendung von Tarifverträgen (Mitgliedschaft im Arbeitgeberverband, Allgemeinverbindlichkeit, Bezugnahmeklauseln im Anstellungsvertrag, Firmentarifvertrag) • Angaben zu Vereinbarungen über einen Interessenausgleich und Sozialpläne • Auflistung sämtlicher (arbeitsvertraglichen, tarifvertraglichen, auf Betriebsvereinbarungen beruhenden, gesetzlichen etc) Versorgungszusagen, Versorgungseinrichtungen, Erfolgsbeteiligungen, Gratifikationen, gewährter Arbeitnehmerdarlehen, Werkswohnungen und sonstige Sozialleistungen • Auflistung sämtlicher für das Unternehmen zuständigen Arbeitnehmervertretungen • Auflistung sämtlicher freien Mitarbeiter, Berater, Han-

Regelungsbereich	Veräußererinteresse	Erwerberinteresse
		delsvertreter, Mitarbeiter von Drittunternehmen/ Leiharbeitsverhältnisse und etwaiger Risiken insbes. mit Blick auf den sozialversicherungsrechtlichen Status (Angaben zu etwaigen Beanstandungen bei Betriebsprüfungen in der Vergangenheit) • Einhaltung jeweiliger Formerfordernisse für Befristungen; Wirksamkeit vereinbarter Befristungen ——— *Besonderheiten insbes. beim Asset Deal:* • ggf. Erklärung, dass der übergehende Unternehmensbereich keinen Betrieb (steil) iSv § 613a BGB darstellt und mit der Transaktionsdurchführung keine Betriebsänderung verbunden ist (vgl. § 111 BetrVG) (wirkt jedoch nicht zulasten Betriebsräten und Arbeitnehmern) • abschließende (deklaratorische) Auflistung sämtlicher nach § 613a BGB übergehenden Arbeitnehmer (ggf. mit Freistellungsverpflichtung des Veräußerers für Trennungskosten) • Versicherung, dass die Angaben im Unterrichtungsschreiben (§ 613a Abs. 5 BGB) aus der Sphäre des Veräußerers zutreffend sind • Offenlegung sämtlicher (Verzichts-) Vereinbarungen, einem Betriebsübergang (ggf. unter zusätzlichen Zahlungen) nicht zu widersprechen (sog. *Retention Agreements*) • Nichtvorliegen unbekannter Kündigungsfristen und (vertraglicher, tariflicher) Unkündbarkeitstatbestände
Zukunftsgerichtete Pflichten *(Covenants)*	• rechtzeitige und ordnungsgemäße Unterrichtung der Arbeitnehmer nach § 613a Abs. 5 BGB	• rechtzeitige und ordnungsgemäße Unterrichtung der Arbeitnehmer nach § 613a Abs. 5 BGB

Regelungsbereich	Veräußererinteresse	Erwerberinteresse
	• ordnungsgemäße Durchführung von Interessenausgleichs- und Sozialplanverfahren bei Betriebsänderungen	• ordnungsgemäße Durchführung von Interessenausgleichs- und Sozialplanverfahren bei Betriebsänderungen • allgemeine Informations- und Unterstützungspflicht (zB bei laufenden Rechtsstreitigkeiten)
Rechtsfolgen	• Ausschluss gesetzlicher/kaufrechtlicher Gewährleistung	• Ausgleichsansprüche/Kaufpreisminderungen für unfreiwillig übernommene Arbeitnehmer • Rücktritts-/Ausgleichsansprüche bei Widerspruch/Kündigung besonderer Arbeitnehmer • Ausgleichsansprüche/Kaufpreisminderungen bei Ansprüchen der Arbeitnehmer für Zeiträume vor der Transaktion (zB bei Arbeitszeit- und Urlaubskonten, Jahressondervergütungen etc) • Nachforderung bei nicht genannten fällig werdenden Zahlungen
Haftungsbeschränkung	• (hoher) *de minimis*-Betrag und Haftungsfreibetrag *(basket)* • (niedriger) Haftungshöchstbetrag *(cap)* • Ausschluss von Ansprüchen bei Kenntnis (und grob fährlässiger Unkenntnis) des Erwerbers	• keine Haftungsbeschränkung
Verjährung/Ausschluss	• kurze Verjährungs- oder gar Ausschlussfristen (mit Ausschluss der Geltung von § 203 BGB)	• gesetzliche Verjährungsfristen (einschließlich der Geltung von § 203 BGB)
Interessenausgleichs- und Sozialplanverfahren	• Durchführung und Kostenübernahme durch Erwerber	• Durchführung und Kostenübernahme durch Veräußerer

2. Eigene Forderungsrechte der Arbeitnehmer oder der Arbeitnehmervertretungen

a) Praxisfälle

61 In Unternehmenskaufverträgen, aber auch in Joint Venture-Vereinbarungen, Zusammenschlussvereinbarungen *(Business Combination-Agreements)* oder in einer der Angebotsunterlage vorgeschalteten Übernahmevereinbarung *(Offer Agreement)*, finden sich nicht selten Regelungen, die die zukünftigen Beschäftigungsbedingungen und die **Absichten des Erwerbers bzw. Übernehmers im Hinblick auf die Arbeitnehmer** und deren Vertretungen enthalten. Solche Regelungen reichen von eher allgemein gehaltenen Unternehmensprinzipien, wie zB:

„Die Joint Venture-Partner werden bei der Bildung des Gemeinschaftsunternehmens von der Überzeugung getragen, dass sein wirtschaftlicher Erfolg eng mit dem Engagement und der Zufriedenheit ihrer Arbeitnehmer verbunden ist. Die Joint Venture-Partner bekennen sich daher ausdrücklich zu folgenden Zielen: (i) Förderung der Chancengleichheit auf allen Ebenen des Gemeinschaftsunternehmens; (ii) Unterstützung des lebenslangen Lernens der Arbeitnehmer; (iii) Betrieb eines aktiven Arbeits- und Gesundheitsschutzes am Arbeitsplatz in Zusammenarbeit mit den Arbeitnehmervertretungen mit dem Ziel, die geltenden Standards zu übertreffen; (iv) Beachtung und Umsetzung der Kernarbeitsnormen der internationalen Arbeitsorganisation (ILO) sowie der Prinzipien des Global Impact und der OECD-Leitsätze für multinationale Unternehmen, insbesondere …"

bis hin zu konkreten Regelungen der Beschäftigungsbedingungen, wie zB:

„Der Erwerber verpflichtet sich, keine betriebsbedingten Kündigungen bei Arbeitnehmern des Zielunternehmens bis zum Ablauf des 31. Dezember 2016 zu erklären. Dies stellt einen Vertrag zugunsten der zum Zeitpunkt der Beurkundung dieses Unternehmenskaufvertrages beim Zielunternehmen beschäftigten Arbeitnehmer im Sinne von § 328 BGB dar."

Auch in anderen M&A-Dokumenten, insbesondere in der **Angebotsunterlage** bei öffentlichen Kaufangeboten für börsennotierte Unternehmen (§ 11 Abs. 2 S. 3 Nr. 2 WpÜG), im Verschmelzungsvertrag (§ 5 Abs. 1 Nr. 9 UmwG) und im Spaltungs- und Übernahmevertrag (§ 126 Abs. 1 Nr. 11 UmwG) oder im Betriebsübergang-Benachrichtigungsschreiben (§ 613a Abs. 5 BGB) finden sich Beschreibungen über die Folgen der Übernahme bzw. Umwandlung sowie die vom Übernehmer verfolgten Absichten bzw. vorgesehenen Maßnahmen. In all diesen Fällen stellt sich insbesondere auch nach der Entscheidung des Bundesarbeitsgerichts vom 20. 4. 2005[195] die Frage, in welchen Fällen tatsächlich den Arbeitnehmern des Zielunternehmens oder ihren Arbeitnehmervertretungen **eigene Forderungsrechte** im Sinne von § 328 BGB zukommen.

b) Die BAG-Entscheidung vom 20. 4. 2005

62 Der BAG-Entscheidung vom 20. 4. 2005 lag folgender Sachverhalt zugrunde: Ein Landkreis formulierte in einem Prozess zum Verkauf des Kreiskrankenhauses („Südpfalzklinik"), an dem auch der beklagte Krankenhausbetreiber teilnahm, seine Verkaufsbedingungen in einem notariellen Verkaufsangebot vom 15. 4. 1997, in dem es in einer Bestimmung wie folgt lautete:

„8.8.4 Die Käuferin sichert zu, dass den Mitarbeitern hinsichtlich der Entgelttarife die Wahl gestellt wird, ob die bisherige Vergütungsstruktur (BAT-Kommunal, BMT-GII) beibehalten werden soll oder ob die Asklepios Arbeits- und Sozialordnung oder ein Tarif gem. dem Verband der pri-

[195] BAG 20. 4. 2005 – 4 AZR 292/04, NZA 2006, 281; hierzu *Hohenstatt/Schramm* NZA 2006, 251; vgl. auch *Bepler* RdA 2009, 65 (68).

vaten Krankenanstalten eingeführt werden soll. (...) Eine eventuelle Änderung der Tarifstrukturen wird nur gemeinsam und nach Zustimmung des dann amtierenden Betriebsrates durchgeführt."

Aufgrund eines Schreibens des Personalrates des Kreiskrankenhauses und einer entsprechenden Intervention des Veräußerers richtete der Klinikbetreiber ein Schreiben an den Landrat und die benannten Personalratsvorsitzenden, in dem diese in Ergänzung zum notariellen Kaufangebot eine „Klarstellung" zu § 8 des Kaufvertrages ankündigten. Mit einer abschließenden notariellen Vereinbarung vom 31.7.1998 nahmen die Asklepios-Kliniken das Verkaufsangebot „mit Ergänzung und Korrekturen" an, wobei unter der Überschrift „Vertragsänderung/-Ergänzung" in einem § 4 folgendes bestimmt wurde:

„3. Ergänzend zu § 8 Nr. 8 Punkt 4 der Urkunde vom 15. April 1997 wird klargestellt, dass die für den Landkreis am Stichtag geltenden Tarifverträge (BAT-Kommunal, BMT-GII) sowie die diese ergänzenden und ersetzenden Tarifverträge anzuwenden sind."

Nach dem Klinikerwerb zum 1.8.1998 hatte der neue Klinikbetreiber zwei tarifliche Entgelterhöhungen weitergegeben; eine weitere Tariferhöhung zum 31.1.2003 wurde dann aber nicht mehr umgesetzt. Die Klägerin berief sich auf den Klinik-Verkaufvertrag und bekam in allen drei Instanzen Recht, da § 4 Nr. 3 des Klinik-Verkaufvertrages der Krankenschwester ein **Forderungsrecht im Sinne von § 328 BGB** eingeräumt habe.

c) Urteilsanalyse und Praxisempfehlung

Die Frage, ob Arbeitnehmer (oder Arbeitnehmervertretungen) aufgrund einer Regelung 63
in einem M&A-Vertrag einen individualvertraglichen Anspruch geltend machen können, hängt davon ab, ob nach einem objektiven Empfängerhorizont die Willenserklärungen der Vertragsparteien (bzw. die einseitige Erklärung einer Person wie in der Angebotsunterlage oder im Unterrichtungsschreiben im Sinne von § 613a Abs. 5 BGB) darauf gerichtet sind, entsprechende Forderungsrechte rechtsverbindlich zu begründen.[196] Zur Auslegung des entscheidenden Willens der Vertragsparteien bzw. des Erklärenden kommt es auf die Umstände, insbesondere auch den Zweck des Vertrages (§ 328 Abs. 2 BGB) an. Die einzelnen Auslegungsaspekte können wie folgt zusammengefasst werden:

Auslegungskanon für Bestimmung eines Forderungsrechts zugunsten von Arbeitnehmern (§ 328 BGB) in M&A-Dokumenten

Wille der Vertragsparteien/des Erklärenden
Bestimmung „aus den Umständen, insbesondere aus dem Zweck des Vertrags" § 328 Abs. 2, §§ 133, 157 BGB)
Auslegungsaspekte
• Wortlaut der Bestimmung • Inhalt der Bestimmung (gesetzesüberschreitende Zusage?) • begleitende Erklärungen innerhalb und außerhalb der Vertragsurkunde • Beteiligung der Arbeitnehmer/Arbeitnehmervertretungen an Verhandlungen • typischer Hauptzweck der Vereinbarung und Interessenlage der Vertragsparteien • Verkehrsauffassung/Üblichkeit • vertragsnachfolgende Praxis

Zur Ermittlung des Willens der Vertragsparteien ist zunächst der Wortlaut der Bestim- 64
mung heranzuziehen. Für ein eigenes Forderungsrecht jedes Arbeitnehmers (oder einer Arbeitnehmervertretung) spricht eine entsprechende ausdrückliche Regelung, gegebenenfalls auch unter Hinweis auf die Norm des § 328 BGB. Umgekehrt kann ein drittbegünstigender Rechtsbindungswille der Parteien nicht angenommen werden, wenn dies aus-

[196] Vgl. *Hohenstatt/Schramm* NZA 2006, 251; *Bepler* RdA 2009, 69.

drücklich im Wortlaut abgelehnt wird (*„Hierdurch sollen Dritten keine eigene Forderungsrechte im Sinne von § 328 BGB eingeräumt werden“*). Die Formulierung von Leitprinzipien (*„Die Joint Venture Partner bekennen sich ausdrücklich zu folgenden Unternehmensmaximen …“*) sowie von Absichtserklärungen (*„Der Bieter beabsichtigt gegenwärtig nicht, Standorte des Zielunternehmens aufzugeben oder zu verlegen und die Zahl seiner Arbeitnehmer durch betriebsbedingte Kündigungen zu reduzieren.“*) spricht gegen einen Rechtbindungswillen gegenüber den Arbeitnehmern. Auch der Inhalt der Bestimmung lässt auf das Bestehen oder Nichtbestehen eines Rechtsbindungswillen schließen. Die **Darstellung** (vermeintlicher) **Rechtsfolgen einer Gesetzesnorm** wie § 613a BGB oder §§ 20, 131 UmwG beinhaltet bloße **„Wissenserklärungen“**, die gerade nicht als eine auf die Herbeiführung einer Rechtsfolge gerichtete Willenserklärung qualifizieren und daher keine Ansprüche zugunsten von Arbeitnehmern (oder Arbeitnehmervertretungen) begründen.[197] Weiter bei der Auslegung zu berücksichtigen sind begleitende Erklärungen der Vertragsparteien innerhalb und außerhalb der Vertragsurkunde. So können Regelungen über einen Widerrufsvorbehalt oder die Kündbarkeit einer Zusage darauf hindeuten, dass den Arbeitnehmern eigene Forderungsrechte eingeräumt werden sollen. Im BAG-Fall sprachen die **Vertragsverhandlungsgeschichte** sowie die Korrespondenz mit der Personalvertretung für die Annahme eines Vertrags zugunsten Dritter. Ein Indiz für ein eigenes Forderungsrecht ist denn auch die **Beteiligung von Arbeitnehmervertretungen an den Vertragsverhandlungen;** verstärkt wird dieses Indiz durch eine formale Parteistellung im Vertrag.

65 Herausragende Bedeutung für die Auslegung von Zusagen hat der ausdrücklich verankerte oder typische Hauptzweck der Vereinbarung unter Berücksichtigung der Interessenlage der Vertragsparteien. Fehlt es an einer ausdrücklichen Zweckregelung kommt es auf eine objektivierte Verkehrsauffassung und Üblichkeit an. Dieses spricht **im Zweifel** bei M&A-Transaktionen **gegen** die Einräumung eigener Forderungsrechte zugunsten von Arbeitnehmern oder Arbeitnehmervertretungen. Es bedarf also **besonderer Umstände** im Einzelfall, die einen drittbegünstigenden Rechtsbindungswillen hinweisen.

Schließlich ist bei der Vertragsauslegung auch die dem Vertragsschluss **nachfolgende Praxis** zu berücksichtigen. Im Urteilsfall („Südpfalzklinik“) hatte der Erwerber sich gegenüber den Arbeitnehmern zunächst entsprechend der Vertragsbestimmung verhalten, ohne hierbei einen rechtserhaltenden Vorbehalt zu machen.

66 Die Liste der Auslegungsaspekte gibt überdies Hinweise für die Vertragspraxis, um Rechtsunsicherheiten zu vermeiden. In erster Linie hilft dabei ein eindeutig gefasster Wortlaut der Bestimmung und eine mit der Vertragsbestimmung konsistente Dokumentationslage während der Verhandlung und ein ebensolches Verhalten nach der Vertragsunterzeichnung. Werden Arbeitnehmer oder Arbeitnehmervertretung bei Vertragsverhandlungen jedenfalls teilweise hinzugezogen, so sollte sicherheitshalber dokumentiert werden, dass diese Einbeziehung nicht als Hinweis auf die Einräumung eigener Forderungsrechte ausgelegt werden darf (wenn dies denn nicht beabsichtigt ist). Soll ausnahmsweise den Arbeitnehmern bzw. der Arbeitnehmervertretung ein eigenes Forderungsrecht im Sinne von § 328 BGB eingeräumt werden, so bedarf es unbedingt ergänzender Bestimmungen über **Widerrufs- oder Kündigungsmöglichkeiten** bzw. deren **zeitliche Befristungen**[198]**.**

---

[197] *Hohenstatt/Schramm* NZA 2006, 251; zu Angaben in Umwandlungsdokumenten *Willemsen* NZA 1996, 791 (796); *ders.* RdA 1998, 23 (31); *Hohenstatt/Schramm* FS AG Arbeitsrecht, 2006, 640; *Joost* ZIP 1995, 976 (978); zu Angaben im Unterrichtsschreiben nach § 613a Abs. 5 BGB → G Rn. 228 ff.; Semler/Stengel/*Simon* UmwG § 324 Rn. 48; *Grau* Unterrichtung S. 244.

[198] *Hohenstatt/Schramm* NZA 2006, 251 (252 u. 254).

3. Management Letter[199]

a) Praxisfälle

Unternehmenskaufverträge enthalten typischerweise bestimmte, vom Verkäufer abzugebende Garantien und/oder Freistellungen (→ Rn. 49ff.). Zunehmend wird in Unternehmenstransaktionen jedoch auch das Management der Zielgesellschaft vom Erwerber oder in Konzernsachverhalten von der veräußerungswilligen Konzernobergesellschaft, mit der es häufig ebenfalls in vertraglichen Beziehungen steht, um die Abgabe sog. **Managementgarantien** bzw. **Management Letter** gebeten, dh von den Verkäufergarantien separierten Garantien bzw. Bestätigungen. Solche Erklärungen werden üblicherweise in Konstellationen eingefordert, in denen der Erwerber (insbesondere wenn es sich um einen Finanzinvestoren handelt) mit Ausnahme seiner Erkenntnisse aus der erfolgten *Due Diligence* nicht über weitreichende Detailinformationen über die Geschäftstätigkeit der Zielgesellschaft verfügt oder sich die veräußerungswillige Konzernobergesellschaft mit Ausnahme allenfalls von strategischen Entscheidungen nicht um das Tagesgeschäft der Zielgesellschaft kümmert, sondern dieses dem hiermit vertrautem Management überlässt. 67

Diese vom Management geforderten Erklärungen beziehen sich typischerweise auf die dem Erwerber offengelegten Informationen und sollen sicherstellen, dass das Management diejenigen **Unterlagen,** die für die Investitionsentscheidung des Erwerbers besonders wesentlich sind (zB Informationsmemorandum, Business Plan und Planungsrechnung, etc), **sorgfältig zur Kenntnis genommen bzw. erstellt** hat, mit dessen Inhalten vertraut ist und dass diese richtig und vollständig sind. Ferner soll hierdurch sichergestellt werden, dass dem Erwerber durch das Management **alle wesentlichen Informationen** bezüglich der **finanziellen und wirtschaftlichen Situation der Zielgesellschaft** (insbesondere im Rahmen von Managementpräsentationen) **offengelegt wurden.**[200] Teilweise (aber seltener) beziehen sich solche Erklärungen auch auf die auf Grundlage der vom Management zur Verfügung gestellten Informationen erstellten Due Diligence Berichte bzw. auf die Richtigkeit der in den jeweiligen Zusammenfassungen *(Executive Summary)* enthaltenen Angaben. In Deutschland eher unüblich sind Erklärungen des Managements, die sich auf die im Unternehmenskaufvertrag enthaltenen Garantien, insbesondere betreffend die operative Tätigkeit der Zielgesellschaft, beziehen.[201] 68

Einbezogen in die Forderung zur Abgabe entsprechender Erklärungen sind jedenfalls die **Organe** der Gesellschaft, dh die Geschäftsführer einer GmbH oder die Vorstände einer Aktiengesellschaft. Daneben wird teilweise aber auch von einem Teil der **weiteren Managementebene** (zB Prokuristen, Abteilungsleiter, bestimmte leitende Angestellte) verlangt, entsprechende Erklärungen zumindest hinsichtlich ihres Aufgabenbereichs (zB Rechnungswesen, Controlling, etc) abzugeben; zumindest dann, wenn und soweit diese Personen in den *Due Diligence*-Prozess durch die Zusammenstellung der betreffenden Unterlagen und/oder durch die Beantwortung von ergänzenden Fragen des Erwerbers eingebunden waren. Ob eine Einbindung auch dieser Personen tatsächlich notwendig ist, ist jeweils im Einzelfall zu prüfen. Häufig wird es ausreichend sein, den Organen die Pflicht aufzuerlegen, entsprechende Nachforschungen anzustellen.[202] 69

Im Gegensatz zu sonstigen, von Verkäufern im Rahmen von Unternehmenstransaktionen abzugebenden Garantien, dienen vom Management abzugebende Erklärungen allerdings nicht primär dazu, den Erwerber im Falle von Verletzungen einen finanziellen

[199] Siehe hierzu auch *Seibt/Wunsch* ZIP 2008, 1093.

[200] Vgl. *Hohaus/Inhester* DStR 2003, 1765.

[201] Insoweit wird gelegentlich vom Management die Abgabe einer Erklärung gefordert, dass es die im Unternehmenskaufvertrag enthaltenen Garantien zur Kenntnis genommen hat und dass mit Ausnahme der in diesen Garantien bzw. den Anlagen hierzu (Disclosure Schedules) offen gelegten Tatsachen nach seiner Kenntnis keine weiteren offenlegungspflichtigen Tatsachen existieren.

[202] Vgl. → Rn. 75ff.

Rückgriff beim Management zu ermöglichen. Häufig wird der einzelne Manager auch kein ausreichendes Vermögen haben, um den Erwerber im Falle einer Verletzung vollständig schadlos zu stellen. Hintergrund solcher Erklärungen ist vielmehr häufig sicherzustellen, dass die durch das Management gegenüber dem Erwerber im Rahmen der *Due Diligence* erfolgte Offenlegung von Informationen vollständig erfolgte und die durch das Management mitgeteilten Informationen zutreffend waren, mithin die Investitionsentscheidung des Erwerbers auf zutreffenden Informationen über die Gesellschaft basiert (dies gilt insbesondere, wenn vom Erwerber in Zusammenarbeit mit dem Management ein Business Plan erarbeitet wurde).[203]

b) Pflicht zur Abgabe von entsprechenden Erklärungen?

70 Es stellt sich die Frage, ob eine Pflicht des Managements besteht, solche Erklärungen gegenüber dem Erwerber abzugeben.

aa) Pflicht aus einer Gesellschaftervereinbarung mit dem Verkäufer. Insbesondere bei Private Equity-Transaktionen, ist es üblich geworden, dass sich das Management der operativ tätigen Zielgesellschaft entweder direkt oder indirekt über ein sogenanntes Management-Vehikel an der Erwerbsgesellschaft, die ihrerseits die Zielgesellschaft hält, beteiligt.[204] Im Rahmen einer solchen **Managementbeteiligung** wird das Management teilweise bereits durch entsprechende Regelungen in einer Gesellschaftervereinbarung mit dem Private Equity-Investor verpflichtet, marktübliche Erklärungen bzw. Garantien *(„Customary Guaranties")* im Rahmen des Exits des Investors abzugeben.

71 **bb) Pflicht aus dem Anstellungs- bzw. Arbeitsvertrag mit der Gesellschaft?** Der Anstellungsvertrag zwischen dem Geschäftsführer einer GmbH bzw. dem Vorstand einer Aktiengesellschaft und der Gesellschaft ist ein auf die Führung des Geschäftsführungsamtes gerichteter Geschäftsbesorgungsvertrag gemäß §§ 675, 611 BGB und unterliegt den Regeln des Dienstvertragsrechts, nicht des Arbeitsvertragsrechts.[205] Grundaufgabe der Geschäftsführer ist die Geschäftsführung der Gesellschaft im Rahmen ihres Unternehmensgegenstandes.[206] Daneben sind die Geschäftsführer auch zur Auskunftserteilung gegenüber den Gesellschaftern über die Angelegenheiten der Gesellschaft verpflichtet, und zwar nach den Grundsätzen einer gewissenhaften und getreuen Rechenschaft.[207] Diese Auskunftspflicht gegenüber den Gesellschaftern besteht im GmbH-Recht allerdings in den gesetzlichen Grenzen des § 51a GmbHG.[208] Im Aktienrecht ist das Auskunftsrecht des Aktionärs noch weitgehender eingeschränkt.[209] Im Rahmen dieses Auskunftsrechts der Gesellschafter bestehen auch gewisse, allerdings sehr eingeschränkte Informationspflichten der Geschäfts-

---

[203] Vgl. *Hohaus/Inhester* DStR 2003, 1765; *Hohaus/Kaufhold* BB 2015, 709; *Mackensen* in Eilers/Koffka/Mackensen/Paul Kap. VI Rn. 73.

[204] Vgl. *Hohaus/Weber* BB 2006, 2089; *Hohaus* BB 2005, 1291; *Hohaus/Inhester* DStR 2003, 1765; *Sosnitza* DStR 2006, 99 (102); *Kästle/Heuterkes* NZG 2005, 289 (290); *Rock* M&A Review 2006, 279.

[205] Vgl. Baumbach/Hueck/*Zöllner/Noack* GmbHG § 35 Rn. 163, 172 mwN; Lutter/Hommelhoff/*Kleindieck* GmbHG Anh. § 6 Rn. 3 mwN; Hüffer/*Koch* AktG § 84 Rn. 14 mwN.

[206] Zur GmbH: Lutter/Hommelhoff/*Kleindieck* GmbHG Anh. § 6 Rn. 18.

[207] Vgl. § 131 Abs. 2 AktG. Dieser Rechtsgedanke gilt auch für die Auskunft durch einen Geschäftsführer einer GmbH, vgl. Baumbach/Hueck/*Zöllner* GmbHG § 51a Rn. 15.

[208] Gemäß der zwingenden Regelung des § 51a GmbHG haben die Geschäftsführer jedem Gesellschafter auf Verlangen unverzüglich Auskunft über die Angelegenheiten der Gesellschaft zu geben und die Einsicht der Bücher und Schriften zu gestatten. Die Geschäftsführer dürfen die Auskunft und die Einsicht allerdings auf Grundlage eines Gesellschafterbeschlusses verweigern, wenn zu besorgen ist, dass der Gesellschafter sie zu gesellschaftsfremden Zwecken verwenden und dadurch der Gesellschaft oder einem verbundenen Unternehmen einen nicht unerheblichen Nachteil zufügen wird.

[209] Gemäß § 131 AktG ist jedem Aktionär auf Verlangen in der Hauptversammlung vom Vorstand Auskunft über Angelegenheiten der Gesellschaft zu geben, soweit sie zur sachgemäßen Beurteilung des Gegenstandes der Tagesordnung erforderlich ist. Ein darüber hinausgehendes Auskunftsrecht der Aktionäre besteht nicht.

führung, wenn ein Gesellschafter seine Anteile veräußern und von Erwerbsinteressenten hierzu eine *Due Diligence* durchführen lassen möchte.[210] Insbesondere hat der **Erwerbsinteressent** als möglicher zukünftiger Gesellschafter **kein eigenes Informationsrecht** gegenüber der Gesellschaft, auch nicht zum Zwecke seiner *Due Diligence*.[211] Die Geschäftsführung ist daher auch nicht gegenüber einem Erwerbsinteressenten zur Auskunftserteilung verpflichtet. Dem Erwerbsinteressenten stehen vielmehr allein Informationsrechte gegenüber dem veräußerungswilligen Gesellschafter zu.[212]

Der grundsätzlich dem Wohl der Gesellschaft verpflichtete Manager ist gemäß seiner Organstellung und seinem Anstellungsvertrag im Grundsatz nicht den einzelnen Gesellschaftern gegenüber verpflichtet, die Veräußerung ihrer Gesellschaftsanteile durch die Abgabe von bestimmten, ggf. haftungsrelevanten Erklärungen gegenüber dem Erwerber zu ermöglichen oder zu erleichtern. Die Organstellung oder der Anstellungsvertrag zwischen dem Geschäftsführer und der Gesellschaft stellt insoweit – sofern keine anderslautenden Regelungen hierin enthalten sind – weder einen Vertrag zugunsten Dritter (insbesondere nicht zugunsten des Erwerbers) im Sinne von § 328 Abs. 1 BGB dar noch entfaltet er Schutzwirkungen zugunsten eines veräußerungswilligen Gesellschafters[213] oder des Erwerbers (diesbezüglich ist schon die Leistungsnähe fraglich, regelmäßig wird es aber am erforderlichen Einbeziehungsinteresse für einen Vertrag mit Schutzwirkung zugunsten Dritter fehlen).[214] Entsprechendes gilt, wenn die Abgabe einer Erklärung nicht von einem Organ der Gesellschaft, sondern von Personen der weiteren Managementebene (zB Prokuristen, Abteilungsleiter, bestimmte leitende Angestellte) verlangt wird. Auch aus deren Arbeitsverträgen mit der Gesellschaft folgt keine Pflicht zur Abgabe entsprechender Erklärungen.

cc) Pflicht aus einem Anstellungs- oder Arbeitsverhältnis mit einem Gesellschafter (Konzernkonstellation)? Eine Pflicht zur Abgabe bestimmter Erklärungen durch Manager der zu veräußernden Gesellschaft könnte möglicherweise aber aus einer (Neben-) Pflicht aus einem Anstellungs- oder Arbeitsverhältnis des betreffenden Managers mit einem (mittelbaren) Gesellschafter der zu veräußernden Gesellschaft (zB der Konzernobergesellschaft) folgen, wenn beispielsweise der Geschäftsführer der zu veräußernden Gesellschaft gleichzeitig Geschäftsführer oder Angestellter des veräußernden Gesellschafters ist. In dieser Konstellation kann argumentiert werden, dass die Veräußerung der betreffenden Gesellschaftsanteile gegen Erhalt eines angemessenen Kaufpreises im Interesse der Unternehmensgruppe ist, somit der Manager die Veräußerung im Rahmen seiner zum veräußernden Gesellschafter bestehenden organschaftlichen und/oder sonstigen vertraglichen Pflichten zu unterstützen hat und, falls er dies pflichtwidrig unterlässt, diesem ggf. haftet. Eine Pflicht zur Abgabe einer ggf. haftungsrelevanten Erklärung gegenüber dem veräußerungswilligen Gesellschafter, zB in Form eines Management Letters besteht aber zumindest insoweit nicht, wie hierdurch für den betreffenden Manager eine weitere persönliche, über seine bereits durch das organschaftliche und/oder arbeitsvertragliche Verhältnis bestehende Haftung begründet wird. 72

dd) Interesse des Managements an einer Mitwirkung. Besteht keine Pflicht des einzelnen Managers zur Abgabe von ggf. haftungsrelevanten Erklärungen gegenüber dem Erwerber, stellt sich die Frage nach dem Interesse an einer Abgabe solcher Erklärungen durch den Manager. 73

---

[210] Hierzu ausführlich Baumbach/Hueck/*Zöllner* GmbHG § 51a Rn. 37.
[211] Vgl. Scholz/*K. Schmidt* GmbHG § 51a Rn. 13; *Goette* ZGR 1999, 202 (233).
[212] Vgl. Scholz/*K. Schmidt* GmbHG § 51a Rn. 13.
[213] Zum Meinungsstand Baumbach/Hueck/*Zöllner*/*Noack* GmbHG § 43 Rn. 64 mwN.
[214] Ausführlich Palandt/*Grüneberg* § 328 Rn. 16ff.

74 **(1) Manager veräußert eigene Gesellschaftsanteile.** Sofern der betreffende Manager selbst – wie insbesondere im Zusammenhang mit *Private Equity*-Investitionen[215] – als Gesellschafter beteiligt ist und beim *Exit* mit dem Finanzinvestor seine Gesellschaftsbeteiligung veräußert, erhält er einen Teil des Veräußerungserlöses. Gerade durch die Veräußerung hat der betreffende Manager die Chance, einen außerordentlichen Vermögenszuwachs zu realisieren. Hieraus folgt, dass das Management eher zur Abgabe von ggf. haftungsrelevanten Erklärungen bereit ist, je höher der ihm gewährte finanzielle Anreiz ist. Dies ist auch beim Haftungsumfang zu bedenken, denn würde dem Manager der durch die Veräußerung seiner Beteiligung gewährte Vermögenszuwachs durch eine mögliche Haftung wieder in weitem Umfang genommen, entfiele der Anreiz für die Abgabe entsprechender Erklärungen.

75 **(2) Manager hält keine eigenen Gesellschaftsanteile.** Sofern der Manager, von dem die Abgabe von bestimmten ggf. haftungsrelevanten Erklärungen erwartet wird, nicht an der Gesellschaft beteiligt ist, wird er regelmäßig nur hierzu bereit sein, wenn er hierfür bestimmte (finanzielle) Anreize (zB eine Sondertantieme, Sonderprämie, Zusage zur mittelfristigen Weiterbeschäftigung, etc) erhält oder ihm solche zumindest ernsthaft in Aussicht gestellt werden. Hierbei ist allerdings zu berücksichtigen, dass eine Entgegennahme von (finanziellen) Zuwendungen durch einen Geschäftsführer einer GmbH oder einen Vorstand einer Aktiengesellschaft ihre Grenzen in seiner Treuepflicht findet, falls nicht alle Gesellschafter dem durch Gesellschafterbeschluss zustimmen. Denn aus der weitreichenden Treupflicht eines Geschäftsführers bzw. eines Vorstands gegenüber der Gesellschaft[216] folgt, dass ein Geschäftsführer bzw. Vorstandsmitglied keine eigenen Interessen verfolgen darf. Er bzw. es hat sich ausschließlich vom Gesellschaftsinteresse leiten zu lassen und soll seine Entscheidung sachlich unbefangen, also frei von Sonderinteressen und sachfremden Einflüssen treffen.[217] Hiernach darf ein Geschäftsführer bzw. ein Vorstand grundsätzlich keine Zuwendungen Dritter, wie Provisionen oder andere Vorteile entgegennehmen.[218]

76 Im Zusammenhang mit öffentlichen Übernahme- und Pflichtangeboten von börsennotierten Aktiengesellschaften verbietet **§ 33d WpÜG** Vorstands- oder Aufsichtsratsmitgliedern ungerechtfertigte Geldleistungen oder geldwerte Vorteile (Sachleistungen, Wertpapiere, Optionen, Freistellung von Verbindlichkeiten, etc) zu gewähren oder in Aussicht zu stellen.[219] Die vorgenannten Verbote bedeuten allerdings weder im Anwendungsbereich

---

[215] *Hohaus/Kaufhold* BB 2015, 709 (710).

[216] Allgemein zur Treuepflicht des Geschäftsführers: Lutter/Hommelhoff/*Kleindieck* GmbHG § 43 Rn. 19; zur Treuepflicht des Vorstandes: K. Schmidt/Lutter/*Seibt* AktG § 76 Rn. 7 und § 84 Rn. 35; Hüffer/*Koch* AktG § 84 Rn. 10; MüKoAktG/*Spindler* § 76 Rn. 13.

[217] Vgl. BGHZ 21.4.1997 – II ZR 175/95, BGHZ 135, 244 (253) = NJW 1997, 1926 – „ARAG/Garmenbeck"; Großkomm. AktG/*Hopt/Roth* § 93 Rn. 85; MüKoAktG/*Spindler* § 93 Rn. 60ff.; Hüffer/*Koch* AktG § 93 Rn. 15ff.; Lutter/Hommelhoff/*Kleindieck* GmbHG § 43 Rn. 24ff.; *Fleischer* NZG 2011, 521.

[218] Vgl. Lutter/Hommelhoff/*Kleindieck* GmbHG § 43 Rn. 19; MüKoAktG/*Spindler* § 93 Rn. 111.

[219] Zwar richtet sich dieses Verbot ausdrücklich nur gegen den Bieter. Es ist aber einhellige Auffassung, dass sich aus dem allgemeinen Aktienrecht ein inhaltsgleiches Verbot der Entgegennahme entsprechender Vorteile durch den Vorstand und den Aufsichtsrat der Zielgesellschaft ergibt (MüKoAktG/*Schlitt/Ries* WpÜG § 33d Rn. 6; vgl. Haarmann/Schüppen/*Röh* WpÜG § 33 Rn. 218; Kölner Kommentar/*Hirte* WpÜG § 33 Rn. 184; Ehricke/*Ekkenga*/Oechsler WpÜG § 33 Rn. 121; *Hopt* ZHR 166 (2002), 383 (429)). Da § 33d WpÜG alle Leistungen verbietet, die „im Zusammenhang mit dem Angebot" stehen, und damit bloße Zweifel an der Unabhängigkeit der Verwaltung der Zielgesellschaft vermeiden will (vgl. Haarmann/Schüppen/*Röh* WpÜG § 33 Rn. 222), ist auch die Gewährung bzw. das Inaussichtstellen von derartigen Leistungen im Vorfeld eines Übernahme- oder Pflichtangebots erfasst. Nichts anderes wird man für das aus der aktienrechtlichen Treuepflicht hergeleitete Verbot annehmen können, da es keine Rolle spielen kann, ob das Angebot schon abgegeben worden oder lediglich bekannt ist, dass ein solches unmittelbar bevor steht. Demnach wäre insbesondere die Einräumung konkreter Vorteile für den Vorstand für dessen Übernahme von ggf. haftungsrelevanten Erklärungen bzw. Garantien durch den Erwerbsinteressenten gemäß § 33d WpÜG sowie die Annahme von entsprechenden Vorteilen durch den Vorstand, und zwar unabhängig davon, ob ihm diese vom Erwerbsinteressenten oder von Aktionären der Gesellschaft gewährt werden, unzulässig.

der allgemeinen Treuepflicht von Geschäftsführern und Vorständen noch im Anwendungsbereich des WpÜG, dass jegliche Vorteilsgewährung unzulässig ist. Sie ist nur dann pflichtwidrig, wenn sie „ungerechtfertigt" (so § 33d WpÜG) ist bzw. zu einer Entscheidung führt, die nicht am Gesellschaftsinteresse ausgerichtet ist.[220]

c) Regelungsort der Garantien und ihre rechtliche Ausgestaltung

aa) Regelungsort der Garantien. Der Regelungsort der vom Management abzugeben- 77
den und ggf. haftungsrelevanten Erklärungen hängt maßgeblich davon ab, ob der jeweilige Manager Gesellschaftsanteile an der zu veräußernden Gesellschaft hält (oder solche nach Vollzug der Transaktion vom Erwerber erhält). Ist dies der Fall, wird der Erwerber mit den betreffenden Personen des Managements im Rahmen der vertraglichen Dokumentation des Erwerbs (zB Anteilskaufvertrag, Gesellschaftervereinbarung, *Irrevocable Undertaking,* etc) die entsprechenden Erklärungen bzw. Garantien vereinbaren.[221] Ansonsten ist es in der Praxis üblich, dass das Management an den Erwerber adressierte *Management Letter* abgibt, in denen entsprechende Erklärungen enthalten sind.

bb) Rechtliche Ausgestaltung entsprechender Erklärungen. (1) Selbstständige Ga- 78
rantieversprechen. In einigen Fällen sind die vom Management gegenüber dem Erwerber abzugebenden Erklärungen als Garantien bzw. als selbständige Garantieversprechen mit ausführlicher Rechtsfolgenregelung ausgestaltet. Dies vor allem dann, wenn die betreffenden Erklärungen im Rahmen des Anteilskaufvertrages abgegeben werden. In diesen Fällen ist die rechtliche Qualität der Erklärung und der Haftungsumfang durch die betreffenden Regelungen vorgegeben, die an die Stelle der gesetzlichen Gewährleistungsregelungen treten. Eine individualvertragliche Regelung der Haftungsvoraussetzungen und -folgen im Sinne eines selbständigen Garantievertrages gemäß § 311 Abs. 1 BGB[222] auch der vom Management abzugebenden Erklärungen bzw. Garantien ist unabhängig davon empfehlenswert, ob sie im Anteilskaufvertrag oder in einem Management Letter abgegeben werden. Allein hierdurch kann sowohl aus Sicht des Managers als auch aus Sicht des Erwer-

---

220 Nach der Gesetzesbegründung zu § 33d WpÜG sind Zusagen verboten, mit denen die Organe der Zielgesellschaft zu einem nicht am Interesse ihrer Gesellschaft und ihrer Anteilseigner orientierten Verhalten bewegt werden sollen. Zulässig sollen hingegen Zusagen sein, die auch aus Sicht der Zielgesellschaft und ihrer Anteilseigner aus sachlich nachvollziehbaren Erwägungen gewährt werden (vgl. Regierungsbegründung, BT-Drs. 14/7034, 59). Die Gesetzesbegründung nennt als Beispiel für einen gerechtfertigten Vorteil, dass dem Vorstand der Zielgesellschaft eine Weiterbeschäftigung in Aussicht gestellt wird. Dies wird damit erklärt, dass die Qualität des Managements einen wesentlichen Faktor für die Bewertung des Unternehmens darstellt und uU die Übernahme insgesamt oder der gebotene Preis nur im Falle der Weiterbeschäftigung einzelner oder aller Organmitglieder der Gesellschaft vertretbar sein kann (MüKoAktG/*Schlitt/Ries* WpÜG § 33d Rn. 11). Entscheidend ist, dass nur solche Vorteile gerechtfertigt sind, die dem Geschäftsführer bzw. Vorstand auch von der Zielgesellschaft selbst (dh im Fall einer Aktiengesellschaft vertreten durch den Aufsichtsrat) gewährt werden könnten (MüKoAktG/*Schlitt/Ries* WpÜG § 33d Rn. 11; vgl. Haarmann/Schüppen/*Röh* WpÜG § 33 Rn. 225; Ehricke/*Ekkenga*/Oechsler WpÜG § 33 Rn. 122; Kölner Kommentar/*Hirte* WpÜG § 33 Rn. 187; aA Assmann/Pötzsch/Schneider/*Krause/Pötzsch/Stephan* WpÜG § 33d Rn. 15). Aus diesem Grund müssen sie hinsichtlich des Vorstands auch angemessen im Sinne des § 87 AktG sein (vgl. MüKoAktG/*Schlitt/Ries* WpÜG § 33d Rn. 17; Haarmann/Schüppen/*Röh* WpÜG § 33 Rn. 225).

221 Soweit das Management im Falle einer öffentlichen Übernahme keine Aktien an der Zielgesellschaft hält, der Erwerber aber beabsichtigt, nach Vollzug der Transaktion Manager an der Zielgesellschaft zu beteiligen, können entsprechende Erklärungen bzw. Managementgarantien in einer Aktionärsvereinbarung zwischen den betreffenden Personen des Managements und dem Erwerber vereinbart werden. Soweit diese Vereinbarung bereits vor der Veröffentlichung der Angebotsunterlage geschlossen wird, ist im Einzelfall zu prüfen, ob und inwieweit die hierin niedergelegten Bedingungen in der Angebotsunterlage nach § 11 WpÜG zu veröffentlichen sind. Zudem müssten die hierin enthaltenen Regelungen ggf. mit den Bedingungen des öffentlichen Angebots (zB Mindestannahmeschwelle als aufschiebende Bedingung) synchronisiert werden, um sicherzustellen, dass dem Management im Falle des Scheiterns des öffentlichen Angebots keine unerwünschten Rechte gewährt bzw. Pflichten auferlegt werden.

222 Vgl. Palandt/*Grüneberg* BGB Überbl. vor § 311 Rn. 13; Palandt/*Sprau* BGB Einf. vor § 765 Rn. 16; *Mellert* BB 2011, 1667; *Möller* NZG 2012, 841 (842); *Hohaus/Kaufhold* BB 2015, 709 (711).

bers als Empfänger der betreffenden Erklärung der konkrete Haftungsumfang absehbar gehalten und sichergestellt werden.

79 **(2) Auskunftsvertrag nach den gesetzlichen Regelungen.** Sofern dies allerdings – wie häufig – nicht erfolgt, wenn beispielsweise das Management ohne gesonderte Rechtsfolgenregelung die Richtigkeit und Vollständigkeit der erteilten Informationen „bestätigt", kommt es zur Anwendung der allgemeinen gesetzlichen Bestimmungen. Ausgangspunkt der Überlegungen ist hierbei die gesetzliche Regelung des § 675 Abs. 2 BGB, derzufolge die Erteilung von Auskünften, Rat oder Empfehlungen mangels Rechtsbindungswillens grundsätzlich keine Haftung erzeugt.[223] Eine Haftung kann sich jedoch insbesondere aus einem speziell auf Beratung oder Auskunftserteilung gerichteten Vertrag ergeben. Ein solcher Vertrag hat die Beratung bzw. Auskunftserteilung als Hauptleistungspflicht und stellt bei Unentgeltlichkeit einen Auftrag und bei Entgeltlichkeit einen Dienstvertrag dar.[224]

80 Eine Erklärung eines Managers im Rahmen eines Management Letter wird regelmäßig zur Annahme eines Rechtsbindungswillens des betreffenden Managers und somit zur Annahme eines Auskunftsvertrages führen. Ein entsprechender Rechtsbindungswille des Managers ist anzunehmen, da im Rahmen eines Unternehmenskaufs regelmäßig davon auszugehen ist, dass sowohl der Manager als auch der Erwerber den Inhalt der Erklärung des Managers zum Gegenstand vertraglicher Rechte und Pflichten machen wollten und diese nicht als bloße Gefälligkeitserklärung ansehen. Hierfür ist insbesondere wesentliches Indiz, dass dem Manager erkennbar ist, dass seine Erklärung für den Erwerber von erheblicher Bedeutung und Grundlage dessen Erwerbsentscheidung ist.[225] Denn Hintergrund solcher vom Management geforderter Erklärungen ist ja gerade sicherzustellen, dass die durch das Management gegenüber dem Erwerber im Rahmen der Due Diligence erfolgte Offenlegung von Informationen vollständig erfolgte und die durch das Management mitgeteilten Informationen zutreffend waren, mithin die Investitionsentscheidung des Investors auf zutreffenden Informationen über die Gesellschaft basiert.[226]

81 Die Erklärung des Managers bzw. der *Management Letter* wird in der Praxis teilweise an den veräußernden Gesellschafter, überwiegend wohl an den Erwerber adressiert; der Auskunftsvertrag kommt je nach Gestaltung daher zwischen dem einzelnen Manager und dem Veräußerer bzw. Erwerber als Erklärungsempfänger zustande. Die Vertragspflichten der Parteien, insbesondere des Managers, ergeben sich – soweit nicht ausdrücklich geregelt – aus den Umständen des Einzelfalls.[227] Die Pflicht des Auskunft erteilenden Managers geht aber jedenfalls dahin, seine Auskunft richtig, vollständig und gewissenhaft zu erteilen.[228] Ungeprüfte Angaben dürfen nicht so weitergegeben werden, dass der Eindruck einer Prüfung erweckt wird; insbesondere dürfen keine Auskünfte „ins Blaue" erteilt werden.[229]

82 Fraglich ist allerdings, ob und ggf. in welchem Umfang den Auskunft erteilenden Manager auch eine **Nachforschungspflicht** trifft. Der gesellschaftsrechtliche Grundsatz der Gesamtverantwortung der Geschäftsleiter (der auch bei Bestehen einer internen Ressortverteilung gilt) spräche dafür, dass sich der Geschäftsführer bzw. Vorstand gegenüber dem Erwerber nicht darauf berufen könnte, nur für sein Ressort entsprechende Erklärungen abgeben zu können. Ob dieser gesellschaftsrechtliche Grundsatz allerdings zur Konturierung der Vertragspflichten außerhalb des Gesellschaftsverhältnisses herangezogen werden kann, ist zweifelhaft. Soweit der Geschäftsleiter Aufgaben zulässiger Weise auf nachgeordnete Mitarbeiter (zB Abteilungsleiter) **delegiert** hat, ist er zur sorgfältigen Auswahl, Anlei-

---

223 Vgl. Palandt/*Sprau* BGB § 675 Rn. 33.
224 Vgl. Palandt/*Sprau* BGB § 675 Rn. 34.
225 Vgl. BGH 27.6.1989 – XI ZR 52/88, NJW 1989, 2882 (2884) mwN; Palandt/*Sprau* BGB § 675 Rn. 36.
226 Ähnlich *Hohaus/Inhester* DStR 2003, 1765.
227 Vgl. BGH 21.3.2006 – XI ZR 63/05, NJW 2006, 2041.
228 Vgl. Palandt/*Sprau* BGB § 675 Rn. 39.
229 Vgl. Palandt/*Sprau* BGB § 675 Rn. 39.

tung und Kontrolle verpflichtet.[230] Hieraus folgt, dass ein Geschäftsführer hinsichtlich Erklärungen, die er ohne vorherige Befragung nachgeordneter Mitarbeiter nicht ordnungsgemäß abgeben kann, nur nach entsprechender Befragung seines Mitarbeiters abgeben darf. Zu einer solchen Nachforschung ist er daher auch regelmäßig verpflichtet.

Eine nachträgliche Richtigstellung der erteilten Auskunft obliegt dem Manager dann, 83
wenn die ursprüngliche Unrichtigkeit der erteilten und vertraglich geschuldeten Auskunft von ihm erkannt wird.[231] Wird hingegen die Auskunft nachträglich wegen Veränderungen der Umstände unrichtig, so besteht nur ausnahmsweise bei Vorliegen besonderer Umstände eine Pflicht zur Benachrichtigung hierüber.[232]

Eine Haftung des Managers aus dem Auskunftsvertrag richtet sich nach der gesetzlichen 84
Regelung des § 280 BGB und tritt grundsätzlich neben andere vertragliche oder vorvertragliche Beziehungen.[233] Hieraus folgt, dass der Manager grundsätzlich nur haftet, wenn er seine Pflicht zur ordnungsgemäßen Auskunft ***schuldhaft*** verletzt hat, es sei denn, er hat die Gewähr für die Richtigkeit der Auskunft übernommen (vgl. § 276 Abs. 1 BGB). Letzteres, dh die Haftung des Managers aufgrund Übernahme einer verschuldensunabhängigen selbstständigen Garantie, wird, sofern dies nicht ausdrücklich im Management Letter vorgesehen ist, die Ausnahme sein. Der Manager haftet daher regelmäßig gemäß § 276 BGB für **Vorsatz und Fahrlässigkeit,** und zwar unabhängig davon, ob der Auskunftsvertrag bei Unentgeltlichkeit einen Auftrag oder bei Entgeltlichkeit einen Dienstvertrag darstellt.[234] Denn trotz der in einigen Vorschriften des BGB enthaltenen Haftungsmilderung für unentgeltliche Tätigkeit auf grobe Fahrlässigkeit oder eigenübliche Sorgfalt[235] gibt es nach der (von der Literatur teilweise bestrittenen) höchstrichterlichen Rechtsprechung **keine** entsprechende **allgemeine Haftungsmilderung für unentgeltliche Tätigkeit.**[236] Aus einer im Auftragsrecht fehlenden speziellen Vorschrift über eine Haftungsmilderung folgt daher, dass der allgemeine Haftungsmaßstab des § 276 Abs. 1 S. 1 BGB gilt.[237]

Auch wenn ein entsprechender Auskunftsvertrag nicht mit einem Geschäftsführer oder 85
Vorstand, sondern mit einem Mitglied der **weiteren Managementebene** (zB Prokurist, Abteilungsleiter oder leitender Angestellter) abgeschlossen wird, verbleibt es beim **allgemeinen Haftungsmaßstab,** da die von der Rechtsprechung entwickelte Haftungsmilderung nur für Schadensersatzansprüche des Arbeitgebers, nicht aber für – wie vorliegend – Ansprüche Dritter Anwendung findet.[238] Nach der gesetzlichen Regelung trägt die Beweislast für den Abschluss des Auskunftsvertrages, für die Unrichtigkeit oder Unvollständigkeit der vom Manager abgegebenen Erklärung sowie für den Ursachenzusammenhang zwischen Pflichtverletzung durch den Manager und des beim Erwerber hierdurch eingetretenen Schadens grundsätzlich der Erwerber.[239]

cc) Sonstige Regelungen. Die Manager werden – wenn überhaupt – grundsätzlich nur 86
bereit sein, gegenüber dem Erwerber Erklärungen nach ihrem besten Wissen zu übernehmen, nicht hingegen objektivierte Garantieerklärungen.[240] Hierbei ist empfehlenswert, den Begriff **„bestes Wissen"** zu definieren.[241] Der Manager sollte darauf achten, dass er möglichst nicht auch für das „Kennenmüssen" von Umständen im Sinne von § 122 Abs. 2

---

230 Vgl. Lutter/Hommelhoff/*Kleindieck* GmbHG § 43 Rn. 30.
231 Vgl. Palandt/*Sprau* BGB § 675 Rn. 39 mwN.
232 Vgl. Palandt/*Sprau* BGB § 675 Rn. 39 mwN.
233 Vgl. Palandt/*Sprau* BGB § 675 Rn. 40.
234 Vgl. Palandt/*Sprau* BGB § 675 Rn. 35.
235 Vgl. §§ 521, 529, 690, 708, 1359, 1664, 2131 BGB.
236 Vgl. zum Meinungsstand, MüKoBGB/*Seiler* § 662 Rn. 53 ff.; Palandt/*Grüneberg* BGB § 276 Rn. 45.
237 Vgl. MüKoBGB/*Seiler* § 662 Rn. 51; Palandt/*Sprau* BGB § 662 Rn. 11.
238 Vgl. Palandt/*Grüneberg* BGB § 276 Rn. 44; Palandt/*Weidenkaff* BGB § 611 Rn. 159.
239 Vgl. Palandt/*Sprau* BGB § 675 Rn. 44.
240 *Seibt/Wunsch* ZIP 2008, 1093; ebenso *Mackensen* in Eilers/Koffka/Mackensen/Paul Kap. VI Rn. 72 und 74 (S. 447 f.).
241 Ebenso *Hohaus/Kaufhold* BB 2015, 709 (713).

BGB (Unkenntnis infolge von Fahrlässigkeit) haftet, sondern nur für Unkenntnis infolge ***grober*** Fahrlässigkeit. Dies wird häufig auch ein für beide Seiten hinnehmbarer Kompromiss sein.

87 Da in diesem Zusammenhang häufig streitig ist, ob und ggf. in welchem Umfang der Manager zur weiteren Nachforschung (zB bei nachgeordneten Mitarbeitern wie Prokuristen oder Abteilungsleitern) verpflichtet ist, sollte dies ausdrücklich im Management Letter geregelt werden. Sofern zwischen den Managern und dem Erwerber vereinbart wird, dass die einzelnen Manager entsprechende Erklärungen „nur" hinsichtlich ihres Ressorts innerhalb der Gesellschaft abgeben sollen, so ist auch dies aufgrund des bestehenden Grundsatzes der Gesamtverantwortung von Geschäftsführern und Vorständen[242] ausdrücklich klarzustellen. Eine vereinfachte Formulierung könnte beispielsweise lauten: *„... nach meinem besten Wissen (nachdem ich alle angemessenen Nachforschungen durch Befragung von ... angestellt habe), dass die Tatsacheninformationen über meinen Verantwortungsbereich (innerhalb der Gesellschaft ...)".*

88 Als Bezugszeitpunkt beziehen sich die Erklärungen in der Regel auf den Tag des Abschlusses des Anteilskaufvertrags. Teilweise wird darüber hinaus aber noch eine Hinweispflicht des Managements aufgenommen, bis zum Vollzug der Transaktion ihm bekannt werdende Umstände, die nach den auf die Geschäftstätigkeit der Gesellschaft bezogenen Garantien offen zu legen wären, dem Erwerber mitzuteilen. Ferner empfiehlt es sich für den Manager, eine **Haftungsobergrenze** für eine etwaige Haftung zu vereinbaren. Nach der gesetzlichen Regelung der §§ 249 ff. BGB haftet der Manager dem Erwerber grundsätzlich für den aus der pflichtwidrigen Erklärung resultierenden Schaden unbegrenzt. Bei der Bestimmung der Haftungsobergrenze ist insbesondere zu berücksichtigen, dass die vom Management abzugebenden Erklärungen im Gegensatz zu sonstigen, von Verkäufern im Rahmen von Unternehmenskaufverträgen abzugebenden Garantien, grundsätzlich nicht primär dazu dienen, dem Erwerber einen finanziellen Rückgriff beim Management zu ermöglichen.

89 Soweit nicht etwas anderes ausdrücklich vereinbart wird, gilt die regelmäßige **Verjährungsfrist** von **drei Jahren** gemäß §§ 195, 199 BGB.[243] Als Verjährungsfrist der von Managern in Management Lettern abzugebenden Erklärungen finden sich jedoch häufig Fristen von 12 bis 24 Monaten beginnend ab dem Vollzug der Transaktion. Jedenfalls sollte darauf geachtet werden, dass die Frist dem Erwerber ausreichend Zeit bietet, den ersten Jahresabschluss nach dem Vollzug aufstellen und prüfen zu lassen sowie selbst zu prüfen, ob hieraus Tatsachen folgen, die Ansprüche gegen die Manager begründen (können).

VII. *Ex gratia*-Erlösbeteiligung der Belegschaft

90 In gar nicht so seltenen Einzelfällen sind (Familien-)Unternehmer im Zusammenhang mit der Veräußerung ihres Unternehmens bereit, den Arbeitnehmern als Dank und besondere Auszeichnung für die vergangenen Leistungen einen Teil des Verkaufserlöses zukommen zu lassen.[244] Dabei gilt es die Arbeitnehmerzahlung steuerlich abzugsfähig zu gestalten und gleichzeitig zu vermeiden, dass durch die Zahlung das Geschäftsergebnis der Gesellschaft (und damit die Kaufpreisbemessungsbasis) verringert wird.

---

[242] §§ 76 Abs. 1, 77 Abs. 1 AktG (für die GmbH: analog).

[243] Vgl. Palandt/*Sprau* BGB § 675 Rn. 43.

[244] In der Presse veröffentlicht ist zB der Fall der Gründerfamilie der Schwarz Pharma AG, die ihren Mitarbeitern im Dezember 2006 jeweils einen Betrag von je EUR 10.000 (insgesamt etwa EUR 42 Millionen) ausgezahlt haben (lassen), vgl. FAZ 8.12.2006.

1. Auszahlung durch die Gesellschaft vor Vollzug der Transaktion

Eine Gestaltungsmöglichkeit ist hierbei, dass der veräußerungswillige Unternehmer noch als Gesellschafter in das Vermögen der Gesellschaft den zur Auszahlung an die Arbeitnehmer bestimmten Betrag als Einlage in Form eines verlorenen Zuschusses zur freien Verfügbarkeit der Geschäftsführung leistet und in einem weiteren Schritt die Geschäftsführung die Gelder an die Arbeitnehmer weiterreicht. Der Zusammenhang zwischen der Einzahlung der Gesellschafter in das Vermögen der Gesellschaft und der Zahlung der Gesellschaft an die Arbeitnehmer kann schließlich durch ein Schreiben des bzw. der veräußernden Gesellschafter hergestellt werden. Voraussetzung dieser Gestaltung ist folglich, dass der veräußerungswillige Unternehmer bereits vor Erhalt des Veräußerungserlöses über ausreichend finanzielle Mittel verfügt, um den betreffenden Betrag in das Vermögen der Gesellschaft einzuzahlen. 91

Diese Gestaltung hat das steuerliche Ziel, die Anschaffungskosten des veräußernden Unternehmens auf seine Gesellschaftsanteile an der Gesellschaft um den Betrag des verlorenen Zuschusses zu erhöhen und somit den als Steuerbemessungsgrundlage dienenden Veräußerungsgewinn zu reduzieren, ohne gleichzeitig das Geschäftsergebnis der Gesellschaft bzw. des Konzerns zu belasten.[245] 92

Der Betriebsrat ist gemäß **§ 87 Abs. 1 Nr. 10 BetrVG**[246] zu beteiligen, wobei sich das Mitbestimmungsrecht nicht auf die Höhe der Erlösbeteiligung insgesamt sondern nur auf die Verteilungsgrundsätze bezieht.[247] 93

2. Auszahlung durch die ehemaligen Gesellschafter

Sofern der an die Arbeitnehmer auszuzahlende Betrag nicht bereits vor Erhalt des Veräußerungserlöses aufgebracht werden kann oder soll, kann der folgende Gestaltungsvorschlag in Betracht gezogen werden:[248] Den Arbeitnehmern kann eine **einmalige Leistung** dafür gezahlt werden, dass sie für eine gewisse Zeit nach der Veräußerung der Gesellschaftsanteile und somit des Unternehmens der Gesellschaft auf ihre arbeitsrechtlichen ordentlichen **Kündigungsrechte** verzichten. Voraussetzung einer solchen Gestaltung ist allerdings weiter, dass die Anteilsübertragung gemäß dem zugrunde liegenden Anteilskaufvertrag unter der Bedingung steht, dass sichergestellt ist, dass nahezu alle Arbeitnehmer für eine gewisse Zeit nach dem Übertragungsstichtag bei der Gesellschaft in einem ungekündigten Beschäftigungsverhältnis verbleiben. Eine entsprechende Bedingung kann damit begründet werden, dass der Erwerber ein Interesse daran hat, dass die bisherigen Mitarbeiter zumindest für eine gewisse Zeit bei der Gesellschaft verbleiben, um den uneingeschränkten Fortgang des Geschäftsbetriebs der Gesellschaft nach erfolgtem Inhaberwechsel gewährleisten zu können. 94

---

[245] Um dieses steuerrechtliche Ziel zu erreichen, sollte der zur Auszahlung an die Arbeitnehmer bestimmte Betrag als verlorener Zuschuss, mithin zur freien Verfügung der Geschäftsführung ohne konkrete Vorgaben über die Verwendung dieses Zuschusses erfolgen. Dies hat allerdings zur Folge, dass die Geschäftsführung rechtlich nicht verpflichtet ist, die eingezahlten Gelder auch in der Weise an die Arbeitnehmer zu verteilen, wie dies vom Unternehmer gewünscht wird. Diese Konstellation bietet sich daher nur dann an, wenn der veräußernde Gesellschafter selbst die Geschäftsführung stellt oder diese zumindest mit diesem nahestehenden Personen besetzt ist. Um sicherzustellen, dass die beabsichtigten steuerlichen Effekte auch von der Finanzverwaltung erwartungsgemäß anerkannt werden, empfiehlt es sich, eine verbindliche Auskunft der Finanzverwaltung einzuholen.

[246] Auch freiwillige Leistungen sind „Lohn" iSv § 87 Abs. 1 Nr. 10 BetrVG (vgl. BAG AP Nr. 1 zu § 87 BetrVG 1972; HWK/*Clemenz* BetrVG § 87 Rn. 176); zu Gewinn- und Erfolgsbeteiligungen HWK/*Clemenz* BetrVG § 87 Rn. 177.

[247] Vgl. nur HWK/*Clemenz* BetrVG § 87 Rn. 189ff.

[248] Angestrebt wird auch hier, dass die Zahlung an die Arbeitnehmer die Steuerbemessungsgrundlage für die vom Unternehmer nach § 17 EStG zu zahlende Einkommensteuer auf den betreffenden Veräußerungserlös reduziert.

95 Über eine solche Gestaltung und deren steuerliche Folgen wurde bisher, soweit ersichtlich, allerdings weder höchstrichterlich entschieden noch wurde diese im Schrifttum ausdrücklich erörtert. Aufgrund dessen besteht ein gewisses Risiko, dass die Finanzverwaltung und/oder das zuständige Finanzgericht diese Gestaltung nicht anerkennt. Aufgrund dessen empfiehlt sich, hier ebenfalls eine verbindliche Auskunft der Finanzverwaltung einzuholen. Dem Gestaltungsvorschlag liegen folgende rechtliche Überlegungen zugrunde:

a) Besteuerung der Anteilsveräußerung

96 Gemäß § 17 Abs. 1 S. 1 EStG unterliegt der Gewinn aus der Veräußerung von Anteilen an einer Kapitalgesellschaft der Einkommensbesteuerung, wenn der Veräußerer innerhalb der letzten fünf Jahre am Kapital der Gesellschaft unmittelbar oder mittelbar zu mindestens 1% beteiligt war. Veräußerungsgewinn im Sinne von § 17 Abs. 1 S. 1 EStG ist nach § 17 Abs. 2 S. 1 EStG der Betrag, um den der Veräußerungspreis nach Abzug der Veräußerungskosten die Anschaffungskosten übersteigt. Eine einmalige Abfindung an die Arbeitnehmer durch den Unternehmer in seiner Eigenschaft als (ehemaliger) Gesellschafter könnte demzufolge den zu versteuernden Veräußerungsgewinn mindern, wenn sie als „Veräußerungskosten" im Sinne von § 17 EStG anzusehen wäre.

b) Abfindung als Veräußerungskosten

97 Nach der Rechtsprechung des BFH umfasst der Begriff der Veräußerungskosten nur die in unmittelbarem sachlichen Zusammenhang mit dem Veräußerungsgeschäft stehenden Aufwendungen des Gesellschafters.[249] Allerdings können ausnahmsweise auch Abfindungen an Dritte Veräußerungskosten im Sinne des § 17 Abs. 2 EStG sein.[250] Voraussetzung ist allerdings, dass solche Aufwendungen in **unmittelbarer sachlicher Beziehung zu dem Veräußerungsgeschäft** stehen.[251] Das kann nach der Rechtsprechung des BFH der Fall sein, wenn bei einem Veräußerungsvorgang im Sinne des § 17 EStG eine Verpflichtung übernommen werden musste, um den Anteil veräußern zu können, und wenn die Übernahme im Gesellschaftsverhältnis begründet war.[252] Allein daraus, dass eine Verpflichtung im zeitlichen Zusammenhang mit einem Veräußerungsvorgang im Sinne des § 17 EStG übernommen wird, ergibt sich jedoch noch kein unmittelbarer sachlicher Zusammenhang mit dem Veräußerungsgeschäft.[253]

98 Durch den vorliegenden Gestaltungsvorschlag könnten die genannten Voraussetzungen erfüllt werden. Sollte der Erwerber nämlich den Erwerb der Gesellschaftsanteile nach dem zugrunde liegenden Anteilskaufvertrag unter die rechtliche Bedingung stellen, dass nahezu alle Mitarbeiter innerhalb einer gewissen dem Übertragungsstichtag folgenden Zeit weiterhin in einem ungekündigten Beschäftigungsverhältnis mit der Gesellschaft stehen, würde für den veräußerungswilligen Gesellschafter grundsätzlich ein Veräußerungshindernis bestehen. Dieses Veräußerungshindernis könnte der veräußerungswillige Gesellschafter nur dadurch beseitigen, dass er in seiner Eigenschaft als Gesellschafter – und nicht ggf. als Geschäftsführer der Gesellschaft – sicherstellt, dass die bzw. nahezu alle Mitarbeiter eine entsprechende Verpflichtung übernehmen, dh auf die Ausübung ihrer ordentlichen Kündigungsrechte verzichten. Hierzu wäre notwendig, dass der veräußerungswillige Gesell-

[249] Vgl. BFH 2.10.1984 – VIII R 36/83, BStBl. II 1985, 320 (322) mwN; Schmidt/*Weber-Grellet* EStG § 17 Rn. 150; Blümich/*Vogt* § 17 Rn. 526 mwN. Zu den Veräußerungskosten zählen insbesondere die Übertragungskosten, wie zB Notarkosten und Anwaltshonorare, sowie etwaige sonstige Beraterkosten etc vgl. Blümich/*Vogt* § 17 Rn. 530 mwN; Schmidt/*Weber-Grellet* EStG § 17 Rn. 151.

[250] Vgl. BFH 5.10.1976 – VIII R 38/72, BStBl. II 1977, 198 (200); BFH 2.10.1984 – VIII R 36/83, BStBl. II 1985, 320 (322) mwN; Blümich/*Vogt* § 17 Rn. 531 mwN.

[251] Vgl. BFH 2.10.1984 – VIII R 36/83, BStBl. II 1985, 320 mwN; Blümich/*Vogt* § 17 Rn. 531.

[252] Vgl. BFH 5.10.1976 – VIII R 38/72, BStBl. II 1977, 198 (200); FG München 13.3.1991 – 1 K 1229/84, EFG 1992, 19 (20); vgl. auch Blümich/*Vogt* § 17 Rn. 531.

[253] Vgl. BFH 2.10.1984 – VIII R 36/83, BStBl. II 1985, 320 (322); FG München 13.3.1991 – 1 K 1229/84, EFG 1992, 19 (20); Schmidt/*Weber-Grellet* EStG § 17 Rn. 150.

schafter mit den Mitarbeitern gesonderte Vereinbarungen über den Ausschluss von Eigenkündigungen gegen Zahlung einer Einmalleistung schließt.

In diesem Zusammenhang ist allerdings zu beachten, dass aus arbeitsrechtlicher Sicht die 99
Möglichkeit, auf einzelne Rechte und Ansprüche zu verzichten, eingeschränkt ist. So kann zulasten des Arbeitnehmers die ordentliche Kündigung aufgrund des in § 622 Abs. 6 BGB niedergelegten Rechtsgedankens nicht – auch nicht für eine befristete Zeit – ausgeschlossen werden, da Kündigungsbedingungen nicht zulasten des Arbeitnehmers verschärft werden dürfen, es also unzulässig ist, ungünstigere Regelungen für die Kündigung durch den Arbeitnehmer zu vereinbaren[254]. Ein entsprechender Kündigungsausschluss entfaltet also nur dann Wirksamkeit, wenn er nicht ausschließlich zuungunsten des Arbeitnehmers vereinbart worden ist. Hieraus folgt, dass sich auch die Gesellschaft für die betreffende Zeit verpflichten muss, die ihr zustehenden Kündigungsrechte nicht auszuüben. Dies wäre mit dem Erwerber zu besprechen. Der Ausschluss des bzw. der Verzicht auf das außerordentliche Kündigungsrecht ist nicht zulässig (vgl. § 626 Abs. 1 BGB).

Allerdings forderte der BFH in diesem Urteil vom 5.10.1976 für die Annahme von den 100
Veräußerungspreis mindernden Veräußerungskosten weiter, dass der Rechtsverzicht im Gesellschaftsverhältnis begründet war (und nicht etwa aus persönlichen oder familiären Gründen erfolgte)[255]. Der Anspruch der Mitarbeiter auf eine entsprechende Abfindung wäre hier jedenfalls nicht aus familiären oder persönlichen Gründen entstanden. Vielmehr würden die Mitarbeiter die betreffende Abfindung als Gegenleistung für ihren Kündigungsverzicht erhalten. Da hierdurch gewährleistet werden soll, dass die Mitarbeiter im Interesse des veräußerungswilligen Gesellschafters sowie im Interesse des Erwerbers zumindest für eine gewisse Zeit bei der Gesellschaft verbleiben, um den uneingeschränkten Fortgang des Geschäftsbetriebs der Gesellschaft nach erfolgtem Inhaberwechsel gewährleisten zu können, kann mit guten Gründen argumentiert werden, dass eine Abfindung für den zeitweiligen Verzicht der Mitarbeiter auf ihr Kündigungsrecht zugunsten des Fortbestands des Geschäftsbetriebs der Gesellschaft durch das Gesellschaftsverhältnis veranlasst ist.

Entsprechende Abfindungen an die Mitarbeiter sollten wohl auch entsprechend der 101
vorstehend dargestellten BGH-Rechtsprechung Veräußerungskosten und keine (nachträglichen) Anschaffungskosten der Gesellschaftsanteile darstellen. Die Verpflichtung zur Zahlung von einmaligen Abfindungen bestand nicht von vornherein, sondern würde erst nachträglich und ausschließlich im Zusammenhang mit der erwogenen Veräußerung der Gesellschaftsanteile begründet. Zu beachten ist allerdings, dass die Veräußerungskosten gemäß § 3c Abs. 2 EStG nach Einführung des sogenannten Halbeinkünfteverfahrens (vgl. § 3 Nr. 40 EStG) nur noch zur Hälfte abziehbar sind.

---

254 Vgl. Preis Arbeitsvertrag II K 10 Rn. 29 mwN.

255 VIII R 38/72, BStBl. II 1977, 198 (200).

L. Arbeitsrecht und Restrukturierung in der Insolvenz

Übersicht

Ausgewählte Literatur:

Andres/Leithaus, Insolvenzordnung (InsO), 4. Aufl. 2018, herausgegeben von Andres/Leithaus/Dahl; *Annuß/Lembke/Hangarter,* Arbeitsrechtliche Umstrukturierung in der Insolvenz, 3. Aufl. 2016; *Baumbach/Hueck,* GmbH-Gesetz, 22. Aufl. 2019; *Beck/Depré,* Praxis der Insolvenz, Ein Handbuch für die Beteiligten und ihre Berater, 3. Aufl. 2017; Beck'scher Online-Kommentar InsO, 21. Edition, herausgegeben von Fridgen/Geiwitz/Göpfert; Beck'sches Mandatshandbuch Arbeitsrecht in der Insolvenz, 2. Aufl. 2015; *Berscheid/Kunz/*

Brand/Nebeling, Praxis des Arbeitsrechts: Arbeitsrecht, Steuerrecht, Sozialversicherungsrecht, 5. Aufl. 2016; *Bork,* Einführung in das Insolvenzrecht, 9. Aufl. 2019; *Bork/Hölzle,* Handbuch Insolvenzrecht, 2. Aufl. 2019; *Braun,* Insolvenzordnung (InsO), 8. Aufl. 2020; *Brünkmans/Thole,* Handbuch Insolvenzplan, 2. Aufl. 2020; *Bulgrin,* Die strategische Insolvenz: Zwischen Missbrauch und kunstgerechter Handhabung des Insolvenzplanverfahrens als gesellschaftsrechtliches Gestaltungsinstrument, 2016; *Buth/Hermanns,* Restrukturierung, Sanierung, Insolvenz, Handbuch, 4. Aufl. 2014; *Denkhaus/Ziegenhagen,* Unternehmenskauf in Krise und Insolvenz, 3. Aufl. 2016; *Derksen,* Die Unternehmenssanierung innerhalb und außerhalb der Insolvenz – Eine vergleichende Betrachtung der gesetzlichen Sanierungsinstrumente im deutschen und englischen Recht, 2017; *Eilers/Koffka/Mackensen/Paul,* Private Equity, 3. Aufl. 2018; *Eilers/Rödding/Schmalenbach,* Unternehmensfinanzierung, 2. Aufl. 2014; *Flöther,* Konzerninsolvenzrecht, Handbuch, 2. Aufl. 2018; *Frind,* Insolvenzordnung 2021: Überzeugendes Sanierungsrecht oder Stückwerk? Zu den insolvenzgesetzlichen Änderungsvorschlägen im RefE eines SanInsFoG, NZI 2020, 865; *Gehrlein* Das Gesetz über den Stabilisierungs- und Restrukturierungsrahmen für Unternehmen (StaRUG) – ein Überblick, BB 2021, 66; *Göpfert/Schöne,* Handbuch Arbeitsrecht in Restrukturierung und Insolvenz, 2. Aufl. 2019; *Gottwald/Haas,* Insolvenzrechts-Handbuch, 6. Aufl. 2020; *Graf/Schlicker,* InsO, 5. Aufl. 2020; *Granetzny/Esser,* Arbeitsrechtliche Besonderheiten in der Insolvenz – insbesondere im Rahmen eines Unternehmenskaufs, BB 2019, 1524; Hamburger Kommentar zum Insolvenzrecht, 8. Aufl. 2020, herausgegeben von A. Schmidt; *Hasselbach/Nawroth/Rödding,* Beck'sches Holding Handbuch, 3. Aufl. 2020; *Henssler/Willemsen/Kalb,* Arbeitsrecht Kommentar, 9. Aufl. 2020; *Hess,* Insolvenzarbeitsrecht, 2. Aufl. 2000; *Hunold,* Insolvenzgeld und Insolvenzgeldvorfinanzierung als Sanierungsinstrument, NZI 2015, 785; *Jaeger,* Insolvenzordnung, Großkommentar, 1. Aufl. 2004, herausgegeben von Henckel/Gerhardt; *Kayser/Thole,* Heidelberger Kommentar zur Insolvenzordnung, 10. Aufl. 2020; *Keller,* Insolvenzrecht, 2. Aufl. 2020; *Kindler/Nachmann/Bitzer,* Handbuch Insolvenzrecht in Europa, Stand: 7. Ergänzungslieferung Juli 2020; *Knecht/Hommel/Wohlenberg,* Handbuch Unternehmensrestrukturierung, 2. Aufl. 2018; Kölner Schrift zur Insolvenzordnung, 3. Aufl. 2009; herausgegeben vom Arbeitskreis für Insolvenzwesen e.V.; *Krings,* Arbeitsrecht im Insolvenzplanverfahren – so geht das (nicht), ZInsO 2017, 577; *Kübler,* HRI – Handbuch Restrukturierung in der Insolvenz, 3. Aufl. 2018; *Kübler/Prütting/Bork,* InsO – Kommentar zur Insolvenzordnung, Stand: 85. Lieferung September 2020, zitiert KPB; *Lakies,* Die Vergütungsansprüche der Arbeitnehmer in der Insolvenz, NZA 2001, 521; *Morshäuser/Falkner,* Unternehmenskauf aus der Insolvenz, NZG 2010, 881; Münchener Anwaltshandbuch Insolvenz und Sanierung, 3. Aufl. 2019, herausgegeben von *Nerlich/Kreplin;* Münchener Kommentar zur Insolvenzordnung, 4. Aufl. 2019, herausgegeben von Stürner/Eidenmüller/Schoppmeyer; *Nerlich/Römermann,* Insolvenzordnung (InsO), Kommentar, Stand April 2020, 41. Ergänzungslieferung; *Oetker/Friese,* Der Interessenausgleich in der Insolvenz, DZWIR 2001, 133; *Proske/Streit,* Rettende Restrukturierung durch Rechtsrahmen? Lob und Kritik zum Regierungsentwurf des StaRUG, NZI 2020, 969; *Reul/Heckschen/Wienberg,* Insolvenzrecht in der Gestaltungspraxis, 2. Aufl. 2018; *Röger,* Insolvenzarbeitsrecht, 2018; *Roth/Altmeppen,* GmbHG, 9. Aufl. 2019; *A. Schmidt,* Sanierungsrecht, 2. Aufl. 2019; *K. Schmidt,* Handelsrecht, 6. Aufl. 2014; *K. Schmidt,* Insolvenzordnung: InsO mit EuInsVO, 19. Aufl. 2016; *K. Schmidt/Uhlenbruck,* Die GmbH in Krise, Sanierung und Insolvenz, 5. Aufl. 2016; *Schrader/Straube,* Insolvenzarbeitsrecht, 2008; *Theiselmann,* Praxishandbuch des Restrukturierungsrechts, 4. Aufl. 2019; *Thole,* Der Entwurf eines Unternehmensstabilisierungs- und restrukturierungsgesetzes (StaRUG-RefE), ZIP 2020, 1985; *Uhlenbruck,* Insolvenzordnung: InsO, 15. Aufl. 2019, herausgegeben von Hirte/Vallender; *Wellensiek,* Übertragende Sanierung, NZI 2002, 233; *Westpfahl/Janjuah,* Zur Modernisierung des deutschen Sanierungsrechts – Ein Beitrag zur aktuellen Diskussion über die Reformbedürftigkeit des deutschen Insolvenzrechts, ZIP-Beil. 2008, S. 1; *Westpfahl,* (Vorläufige) Eigenverwaltung und Schutzschirm in der Konzerninsolvenz, NZI-Beilage 2018, 41; *Westpfahl,* Der Überschuldungstatbestand aus der Sicht eines Praktikers – Plädoyer für die Abschaffung der Überschuldung als Insolvenzauslöser –, Festschrift Kayser, 2019, S. 1009.

I. Einleitung

Seit Inkrafttreten der Insolvenzordnung im Jahr 1999 hat der deutsche Gesetzgeber die 1
Möglichkeiten einer Unternehmenssanierung im Rahmen eines Insolvenzverfahrens fortlaufend weiterentwickelt und verbessert.[1] Hierzu maßgeblich beigetragen hat vor allem die sog. ESUG-Reform im Jahr 2012.[2] Seitdem besteht insbesondere die Möglichkeit, mit Hilfe eines **Insolvenzplans** (§§ 217 ff. InsO) in die (Mitgliedschafts-/Anteils-)Rechte der am Schuldner beteiligten Anteilseigner einzugreifen. Dadurch können die für eine Unternehmenssanierung regelmäßig erforderlichen gesellschaftsrechtlichen Maßnahmen – ggf. auch gegen den Willen der Alt-Anteilseigner – umgesetzt werden; wie zB Kapitalmaßnah-

[1] Vgl. hierzu etwa *Vallender* NZI 2010, 838; *Leithaus,* NZI 2019, 1.

[2] Gesetz zur weiteren Erleichterung der Sanierung von Unternehmen vom 7.12.2011, das (überwiegend) am 1.3.2012 in Kraft getreten ist (BGBl. 2011 I 2582). Vgl. dazu etwa *Gottwald*/Haas InsR-HdB § 1 Rn. 76 ff.; *Derksen,* Unternehmenssanierung S. 60 ff.

men zum Zwecke eines *Debt-Equity-Swap.* Durch einen verbesserten Zugang zur sog. **Eigenverwaltung** (§§ 270ff. InsO) konnte eine Unternehmenssanierung in der jüngeren Vergangenheit zudem deutlich rechtssicherer und planbarer in Eigenregie unter der Aufsicht eines Sachwalters – also ohne Involvierung eines Insolvenzverwalters – durchgeführt werden.[3] In dieser Hinsicht förderlich waren auch die ebenfalls im Zuge der ESUG-Reform eingeführten Regelungen zur **vorläufigen Eigenverwaltung** und zum sog. **Schutzschirmverfahren.**[4] Diese ermöglichen es der Geschäftsleitung, den Sanierungsprozess bereits im Zeitraum zwischen Insolvenzantragstellung und Insolvenzeröffnung in Eigenverwaltung vorzubereiten und sodann im eröffneten Insolvenzverfahren umzusetzen. Gerade durch die Kombination aus Eigenverwaltung und Insolvenzplan bietet ein Insolvenzverfahren somit inzwischen erkennbar bessere Chancen, eine insolvente Gesellschaft, erfolgreich zu sanieren und aus der Insolvenz herauszuführen.[5] Auch die Praxis hat in den vergangenen Jahren gezeigt, dass eine finanzielle und operative Unternehmenssanierung innerhalb eines Insolvenzplanverfahrens in Eigenverwaltung verhältnismäßig rechts- und planungssicher umgesetzt werden kann.[6] Damit besteht eine Alternative zu einer sog. **übertragenden Sanierung,** dh der „klassischen" Veräußerung des Geschäftsbetriebes, einzelner Geschäftsbereiche oder wesentlicher Vermögensgegenstände des insolventen Rechtsträgers im Wege eines *Asset Deal.* Der übertragenden Sanierung kommt – trotz der durch das ESUG verbesserten Sanierungsinstrumente (Insolvenzplan und Eigenverwaltung) – weiterhin eine wesentliche Bedeutung zu. In der Praxis ist dabei der Trend zu erkennen, dass insbesondere die betroffenen Großgläubiger (wie etwa die beteiligten Kreditinstitute) häufig eine zügige übertragende Sanierung bevorzugen, um ein mitunter langwieriges und kostenintensives Insolvenzplanverfahren zu vermeiden.[7]

2 Dem Arbeitsrecht kommt im Rahmen einer Unternehmenssanierung regelmäßig eine maßgebliche Rolle zu. Das gilt umso mehr, wenn eine Sanierung innerhalb eines Insolvenzverfahrens – sei es durch eine übertragende Sanierung oder durch die Umsetzung eines Insolvenzplans ggf. in Eigenverwaltung – erfolgen soll. Für Investoren und Erwerber ist dabei unter anderem entscheidend, ob Haftungsrisiken in Bezug auf Alt-Verbindlichkeiten gegenüber den Arbeitnehmern bestehen, in welchem Umfang Arbeitnehmer zu übernehmen sind und ob Personalanpassungsmaßnahmen bereits in Zusammenhang mit einem Insolvenzverfahren umgesetzt wurden oder zumindest eingeleitet werden können. Für diese Themenkomplexe enthalten die insolvenzrechtlichen Vorschriften eine Reihe besonderer arbeitsrechtlicher Regelungen, die ab der Eröffnung des Insolvenzverfahrens gelten und als *leges speciales* grundsätzlich Vorrang gegenüber allgemeinen arbeitsrechtlichen Bestimmungen haben bzw. diese modifizieren. Zu nennen sind etwa die Abkürzung von Kündigungsfristen für Arbeitsverhältnisse und Betriebsvereinbarungen (§§ 113, 120 InsO), die beschleunigte Umsetzung von Betriebsänderungen (§ 122 InsO) sowie das Insolvenzgeld und dessen Vorfinanzierung (§§ 165ff. SGB III).[8] Daneben haben sich in Rechtsprechung und Praxis verschiedene Gestaltungen entwickelt, die gerade in der Insolvenz zum

[3] Bis zur ESUG-Reform führte die Eigenverwaltung in der Praxis ein „Schattendasein" (zwischen 1999 und 2011 in der Regel unter 1%). Auch in den vergangenen Jahren ist der Anteil insgesamt verhältnismäßig gering geblieben: Im Jahr 2017 betrug der Anteil bei Unternehmen bis 20 Mitarbeiter 3,77%; bei Unternehmen mit einem Umsatz bis 5 Mio. Euro ca. 1,57%. An Bedeutung gewonnen hat die Eigenverwaltung jedoch zunehmend in größeren Unternehmensinsolvenzen. So wurden etwa im Jahr 2017 64% der 50 größten Unternehmensinsolvenzen in Eigenverwaltung durchgeführt. Vgl. dazu insgesamt etwa *Moldenhauer/Wolf* Sechs Jahre ESUG, S. 6f.; Gottwald/*Haas* InsR-HdB § 84 Rn. 22ff.; *Jacoby/Madaus/Sack/Schmidt/Thole,* Gesamtbericht Evaluierung, S.2ff.

[4] Vgl. hierzu im Einzelnen → Rn. 35ff. u. 40ff.

[5] Dies ist im Wesentlich auch das Ergebnis einer vom Gesetzgeber durchgeführten ESUG-Evaluation aus dem Jahr 2018. Vgl. dazu *Jacoby/Madaus/Sack/Schmidt/Thole,* Gesamtbericht Evaluierung, S. 297ff.

[6] Zu nennen sind etwa die Fälle *Pfleiderer* (2012); *IVG Immobilien* (2014), *Senvion* (2019), *Galeria Karstadt Kaufhof* (2020). Vgl. zu weiteren Praxisfällen Schmidt/*Seibt/Westpfahl* § 225a Rn. 13.

[7] Dies dürfte auch dem Umstand geschuldet sein, dass in der Praxis zunehmend parallel zu der Erarbeitung eines Insolvenzplans ein Verkaufsprozess durchgeführt wird (sog. M&A-Dual-Track). Vgl. dazu → Rn. 84.

[8] Vgl. dazu im Einzelnen → Rn. 127ff.

Tragen kommen, wie insbesondere die Errichtung einer Transfergesellschaft. Diese für das Insolvenzverfahren geltenden arbeitsrechtlichen Besonderheiten und Gestaltungsmaßnahmen verringern das Risiko einer bloßen Zerschlagung bzw. Liquidation des insolventen Unternehmens, da sie oftmals einen erheblichen Beitrag dazu leisten, dass neben einer finanziellen Sanierung auch operative Sanierungsmaßnahmen in Bezug auf den schuldnerischen Geschäftsbetrieb zum Zwecke einer Unternehmenssanierung eingeleitet bzw. umgesetzt werden können.

Durch das **Gesetz über den Stabilisierungs- und Restrukturierungsrahmen für Unternehmen (StaRUG)**, das als Kernbestandteil des Gesetzes zur Fortentwicklung des Sanierungs- und Insolvenzrechts (SanInsFoG)[9] größtenteils am 1.1.2021 in Kraft getreten ist, hat die deutsche Sanierungskultur jüngst einen Paradigmenwechsel erfahren. Mit dem StaRUG enthält das deutsche Recht nunmehr ein vorinsolvenzliches Sanierungsverfahren, das es Unternehmen ermöglicht, sich außerhalb eines Insolvenzverfahrens auf der Grundlage eines von – ausgewählten – Gläubigern mehrheitlich angenommenen Restrukturierungsplans zu sanieren **(Präventiver Restrukturierungsrahmen)**.[10] Es schließt damit eine – im Vergleich zu anderen Jurisdiktionen – bestehende Lücke, da das deutsche Recht bislang kein umfassendes präventives Sanierungsinstrumentarium vorsah und somit im Rahmen außergerichtlicher Sanierungsbemühungen in der Regel sämtliche betroffene Gläubiger einem Sanierungsvergleich zustimmen mussten.[11] Nunmehr können durch einen Restrukturierungsplan insbesondere finanzielle Restrukturierungsmaßnahmen (Forderungsverzichte, Stundungen, etc) im Wege eines Mehrheitsbeschlusses bindend für alle – dh auch einzelne dissentierende Gläubiger und ggf. Anteilseigner – umgesetzt werden. 3

Durch einen Restrukturierungsplan kann allerdings nicht in Forderungen von Arbeitnehmern, einschließlich der Forderungen aus Zusagen auf betriebliche Altersversorgung, eingegriffen werden (§ 4 S. 1 Nr. 1 StaRUG). Das StaRUG enthält darüber hinaus – anders als die Insolvenzordnung – keine arbeitsrechtlichen Besonderheiten bzw. Erleichterungen. Die im Rahmen eines Insolvenzverfahrens bestehenden arbeitsrechtlichen Besonderheiten und Gestaltungsmöglichkeiten dürften gleichwohl auch zukünftig eine wesentliche Bedeutung in Zusammenhang mit Unternehmensrestrukturierungen und -sanierungen in der Krise und Insolvenz zukommen; insbesondere bei der Frage, ob eine Restrukturierung im Rahmen eines außerinsolvenzlichen Restrukturierungsplans oder (direkt) im Rahmen eines Insolvenzverfahrens – etwa mittels eines Insolvenzplans – angestrebt werden soll. 4

Nicht zuletzt aufgrund der Folgen der **COVID-19-Pandemie** wird in den kommenden Jahren allgemein mit einem Anstieg der Unternehmenskrisen und -insolvenzen gerechnet. Dabei darf erwartet werden, dass sich die Sanierungspraxis – auch vor dem Hintergrund der jüngst ergangenen gesetzgeberischen Maßnahmen – weiter entwickeln wird. 5

[9] BGBl. 2020 I S. 3256. Das SanInsFoG enthält neben der Einführung des StaRUG unter anderem auch weitreichende Änderungen der Insolvenzordnung; etwa in Bezug auf die Insolvenzgründe und -fristen (vgl. dazu etwa → Rn. 16ff.) sowie den Zugang zur Eigenverwaltung (vgl. dazu → Rn. 36ff. u. 78).

[10] Das StaRUG dient insbesondere der Umsetzung der EU-Richtlinie 2019/1023 des Europäischen Parlaments und des Rates vom 20.6.2019 über präventive Restrukturierungsrahmen, über Entschuldung und über Tätigkeitsverbote sowie über Maßnahmen zur Steigerung der Effizienz von Restrukturierungs-, Insolvenz- und Entschuldungsverfahren (Abl. EU 2019 Nr. L 172, 18).

[11] Bereits bislang im Wege eines Mehrheitsbeschlusses möglich waren etwa eine vorinsolvenzliche Anleiherestrukturierung nach dem Schuldverschreibungsgesetz (SchVG) oder ein *Scheme of Arrangement* nach englischem Recht. Vgl. dazu Rn. 90.

II. Insolvenzrechtliche Grundlagen

1. Zweck des Insolvenzverfahrens

a) Bestmögliche und gleichmäßige Befriedigung der Gläubiger

6 Das Hauptziel des Insolvenzverfahrens ist die bestmögliche und gleichmäßige Befriedigung der Gläubiger des insolventen Schuldners. Dieses Ziel ist in erster Linie maßgeblich für die Entscheidungen, die innerhalb der verschiedenen Abschnitte des Insolvenzverfahrens – insbesondere durch den Insolvenzverwalter bzw. den eigenverwaltenden Schuldner – zu treffen sind.[12] Gemäß § 1 S. 1 InsO soll die gemeinschaftliche Befriedigung der Gläubiger dadurch erreicht werden, dass (i) das Vermögen des Schuldners – etwa durch eine Veräußerung – verwertet und der Erlös verteilt oder (ii) in einem Insolvenzplan eine abweichende Regelung insbesondere zum Erhalt des Unternehmens getroffen wird.

b) Unternehmenssanierung

7 Wie einleitend bereits erwähnt, führte das **Gesetz zur weiteren Erleichterung der Sanierung von Unternehmen (ESUG)** mit seinen größtenteils am 1.3.2012 in Kraft getretenen Änderungen der Insolvenzordnung[13] zu einer deutlichen Verbesserung der Sanierungschancen innerhalb eines Insolvenzverfahrens. Durch das ESUG bietet die Insolvenzordnung einen erweiterten Handlungsrahmen, in dem die Beteiligten innerhalb eines Insolvenzverfahrens eine (Teil-)Sanierung erreichen können. So dient das gestärkte Insolvenzplanverfahren – oftmals in Kombination mit der seit der ESUG-Reform insbesondere bei großen Unternehmensinsolvenzen stark an Bedeutung gewonnenen Eigenverwaltung[14] – als Instrument zur Sanierung[15] des insolventen Unternehmensträgers. Dies liegt insbesondere darin begründet, dass seit der ESUG-Reform mittels eines Insolvenzplans auch in die (Mitgliedschafts-/Anteils-)Rechte der am Schuldner beteiligten Anteilseigner eingegriffen werden kann, was die Umsetzung gesellschaftsrechtlich erforderlicher Maßnahmen – auch gegen den Willen der (Alt-)Anteilseigner – und damit den Einstieg bzw. die Übernahme durch Dritte (Investoren) ermöglicht.[16] Daneben kommt weiterhin die sog. **übertragende Sanierung** in Betracht, dh die Veräußerung des gesamten Unternehmens oder, soweit dies nicht möglich sein sollte, der ertragskräftigen Betriebe oder wesentlicher Vermögensgegenstände an einen Dritten (Investor) im Wege eines *„Asset Deal“* (→ Rn. 54 ff., 84 ff. u. 195 ff.).[17]

8 Gleichwohl ist der Erhalt des schuldnerischen Unternehmens nach wie vor kein vorrangiges Ziel des Insolvenzverfahrens.[18] Eine Unternehmenssanierung – durch Insolvenzplan oder übertragende Sanierung[19] – kommt grundsätzlich nur dann in Betracht, wenn dies

---

[12] BVerfG 23.5.2006 – 1 BvR 2530/04, NZI 2006, 453; jüngst etwa BGH 12.3.2020 – IX ZR 125/17, NZI 2020, 671 (673); vgl. auch BGH 16.3.2017 – IX ZR 253/15, NZI 2017, 442 (443); MüKoInsO/*Ganter/Bruns* § 1 Rn. 20; K. Schmidt/*K. Schmidt*, InsO § 1 Rn. 2 (*„Richtschnur bei der Auslegung der InsO“*).

[13] Dazu zählen etwa: (1) Stärkung der Gläubigerautonomie in wichtigen Verfahrensfragen, (2) Stärkung des Insolvenzplanverfahrens und der (vorläufigen) Eigenverwaltung und (3) Einführung eines Schutzschirmverfahrens).

[14] Im Jahr 2017 wurden etwa 64% der 50 größten Unternehmensinsolvenzen in Eigenverwaltung durchgeführt, vgl. *Moldenhauer/Wolf* S. 6 f.; zu einer statistischen Auswertung der Unternehmensinsolvenzen in den ersten fünf Jahren nach Inkrafttreten des ESUG vgl. *Jacoby/Madaus/Sack/Schmidt/Thole* S. 8 f.

[15] Vgl. zum Begriff der (Unternehmens)Sanierung und weiteren idZ verwendeten Begriffen wie etwa Turnaround, Restrukturierung und Reorganisation MAH Insolvenz/*Kreplin* § 1 Rn. 11; EKMP Private Equity/*Aleth/Derksen* Kap. VII. Rn. 17; *Derksen* S. 37 ff.

[16] Vgl. dazu im Einzelnen → Rn. 66 ff.

[17] MüKoInsO/*Ganter/Bruns* InsO § 1 Rn. 90; EKMP Private Equity/*Aleth/Derksen* Kap. VII. Rn. 17.

[18] „Vorrangiges Ziel des Insolvenzverfahrens ist die bestmögliche Befriedigung der Gläubiger. Daran wird festgehalten.“, BT-Drs. 17/5712, S. 17; Uhlenbruck/*Pape* InsO § 1 Rn. 1.

[19] Vergleiche zur Unterscheidung zwischen einer Sanierung des Rechtsträgers und einer übertragenden Sanierung → Rn. 195.

dem übergeordneten Zweck der bestmöglichen und gleichmäßigen Gläubigerbefriedigung *(par conditio creditorum)* dient.[20] Maßgeblich ist somit, welche Verfahrens- bzw. Verwertungsart eine optimale Haftungsverwirklichung – und somit die höchste Insolvenzquote – erwarten lässt.[21]

c) Berücksichtigung von Arbeitnehmerinteressen

Aus der vorstehend beschriebenen, strikt vermögensorientierten Betrachtung folgt, dass 9 der Erhalt von Arbeitsplätzen – anders als in anderen Jurisdiktionen – kein normiertes Verfahrensziel ist.[22] Dass der Gesetzgeber von einer ausdrücklichen Erwähnung der Arbeitnehmerinteressen in § 1 InsO (bislang) abgesehen hat,[23] bedeutet allerdings nicht, dass diese bei der Verfahrensabwicklung unbeachtlich sind. Vielmehr soll auch der sozialen Wirklichkeit im Insolvenzverfahren Rechnung getragen werden, indem die Interessen der Arbeitnehmer im Rahmen der Insolvenzabwicklung und insolvenzrechtlicher Entscheidungsfindung in ausreichendem Maße Berücksichtigung finden.[24] Hiermit in Einklang steht die Betonung des Gesetzgebers der InsO und auch des ESUG, dass die verbesserten Möglichkeiten einer Sanierung im Rahmen eines Insolvenzverfahrens auch dem Erhalt von Arbeitsplätzen dienen sollen.[25] In der Praxis kommt dem Arbeitsplatzerhalt ohnehin regelmäßig erhebliche Bedeutung zu; etwa wenn Investoren aus kommerzieller Sicht vergleichbare Angebote abgeben, die Zahl der Arbeitnehmer, die übernommen werden sollen, aber stark variiert. Hinzu kommt, dass in der Öffentlichkeit die Tätigkeit des Insolvenzverwalters überwiegend danach beurteilt wird, ob und in welchem Maße es gelingt, Arbeitsplätze zu erhalten.[26]

Gesetzlich ausdrücklich vorgesehen ist hingegen die **Beteiligung der Arbeitnehmer** 10 in einzelnen Verfahrensarten und -stadien, was jedenfalls mittelbar zu einer Berücksichtigung der Arbeitnehmerinteressen im Insolvenzverfahren führt. Beispielhaft lässt sich diesbezüglich anführen, dass (i) dem Gläubigerausschuss als Überwachungsorgan des Insolvenzverwalters ein Vertreter der Arbeitnehmer angehören soll (§ 67 Abs. 2 S. 2 InsO)[27], (ii) im Insolvenzplanverfahren die Arbeitnehmer eine eigene, zur Abstimmung berechtige Gruppe bilden sollen, sofern sie als Insolvenzgläubiger mit nicht unerheblichen Forderungen beteiligt sind (§ 222 Abs. 3 S. 1 InsO)[28], und (iii) der Betriebsrat und der Sprecherausschuss der leitenden Angestellten berechtigt sind, eine Stellungnahme zu einem bei Gericht eingereichten Insolvenzplan abzugeben (§ 232 Abs. 1 Nr. 1 InsO)[29]. Neben diesen Mitwirkungsrechten zeigt sich die Bedeutung der Arbeitnehmer auch in spezifisch materiellrechtlichen Regelungen. So sind etwa Sozialplanansprüche der Arbeitnehmer gemäß § 123 Abs. 2 S. 1 InsO bis zu einer bestimmten Höhe als (nachrangige) Masseverbindlichkeiten zu qualifizieren, dh als solche, die – soweit ausreichend Mittel vorhanden sind – aus der

---

[20] Insoweit von einer „dienenden" Funktion der Unternehmenssanierung sprechend MüKoInsO/*Stürner* Einf. Rn. 2; vgl. zu abweichenden und differenzierenden Ansichten MüKoInsO/*Ganter/Bruns* § 1 Rn. 85; Kübler HRI/*Undritz* § 2 Rn. 10.

[21] Jüngst etwa BGH 12.3.2020 – IX ZR 125/17, NZI 2020, 671 (673); vgl. auch BGH 16.3.2017 – IX ZR 253/15, NZI 2017, 442 (443); *Berger/Frege/Nicht* NZI 2010, 321 (322).

[22] In Frankreich wird beispielsweise für das Regelinsolvenzverfahren *(redressement judiciaire)* auch der Erhalt von Arbeitsplätzen zum Verfahrensziel erhoben (vgl. Art. L.631-1 Code de Commerce); vgl. Kindler/Nachmann/Bitzer Hdb-InsR Europa/*Bauerreis* 7. EL Juli 2020, 2. Teil Länderbericht Frankreich Rn. 63.

[23] Anders noch § 1 InsO des Regierungsentwurfes zur InsO aus dem Jahr 1999, der eine solche Regelung vorsah. Dieser Passus wurde allerdings im Rahmen einer *„redaktionellen Straffung"* gestrichen, vgl. K. Schmidt/*K. Schmidt* InsO § 1 Rn. 1.

[24] Vgl. Uhlenbruck/*Pape* InsO § 1 Rn. 16; MüKoInsO/*Ganter/Bruns* § 1 Rn. 4.

[25] Vgl. amtl. Begr. zum RegE-InsO, BT-Drs. 12/2443, S. 77 f.; amtl. Begr. zum ESUG 17/5712, S. 17.

[26] Vgl. Beck/Depré Insolvenz/*Beck* § 1 Rn. 13 Fn. 17, der in diesem Zusammenhang von einem „Dilemma" spricht, in dem sich die Verwalter aufgrund des vorrangigen Ziels der optimalen Haftungsrealisierung befänden. Vgl. auch Theiselmann/*Stengel/Sax* Kap. 21 Rn. 8.

[27] Zur Einsetzung eines vorläufigen Gläubigerausschusses vgl. → Rn. 43 ff.

[28] Vgl. → Rn. 238 ff.

[29] Vgl. → Rn. 246.

Insolvenzmasse vorrangig vor den Insolvenzforderungen iSd § 38 InsO einzuordnen sind. Diese Privilegierung ist auf die besondere Betroffenheit der Arbeitnehmer infolge der Insolvenz ihres Arbeitgebers zurückzuführen.[30]

11 Die Arbeitnehmer selbst verfolgen im Insolvenzverfahren im Wesentlichen zwei Ziele: Bestehen im Zeitpunkt der Verfahrenseröffnung noch Ansprüche der Arbeitnehmer gegen den (insolventen) Arbeitgeber, nehmen sie als **Insolvenzgläubiger** gem. § 38 InsO am Verfahren teil und verfolgen insoweit rein **vermögensrechtliche** Ziele.[31] Daneben steht das Interesse der Arbeitnehmer an einer weitestgehenden Aufrechterhaltung und Fortführung des operativen Geschäfts und damit einhergehend dem **Erhalt möglichst zahlreicher Arbeitsplätze.** Die Berücksichtigung der Arbeitnehmerinteressen kann daher als faktische Verfahrensmaxime angesehen werden, die nach zum Teil vertretener Auffassung infolge der in den vergangenen Jahren gestärkten Sanierungskultur das Ziel der bestmöglichen Gläubigerbefriedigung zunehmend in den Hintergrund hat rücken lassen.[32]

2. Insolvenzeröffnungsgründe und Insolvenzantragspflicht

12 Voraussetzung für die Eröffnung eines Insolvenzverfahrens ist nach § 16 InsO das Vorliegen mindestens einer der in §§ 17–19 InsO abschließend aufgeführten Eröffnungsgründe; namentlich

- Zahlungsunfähigkeit (§ 17 InsO),
- drohende Zahlungsunfähigkeit (§ 18 InsO) und
- Überschuldung (§ 19 InsO).[33]

13 Dabei kommen der Zahlungsunfähigkeit und der Überschuldung eine wesentliche Bedeutung zu, da diese (i) eine Antrags*pflicht* des schuldnerischen Unternehmens (§ 15a Abs. 1 InsO) und (ii) ein Antrags*recht* betroffener Gläubiger begründen. Bei Vorliegen einer drohenden Zahlungsunfähigkeit ist der Schuldner zwar nicht verpflichtet, aber berechtigt, einen Antrag auf Eröffnung des Insolvenzverfahrens zu stellen (§ 18 InsO). Der Insolvenzeröffnungsgrund der drohenden Zahlungsunfähigkeit stellt zudem die „Eintrittsschwelle" für die Einleitung einer Sanierung bzw. Restrukturierung unter Inanspruchnahme gerichtlicher Maßnahmen nach dem **Gesetz über den Stabilisierungs- und Restrukturierungsrahmen für Unternehmen (StaRUG)** dar.[34] Eine gesetzlich normierte Haftungsverschiebung, wonach die Geschäftsleitung generell ab dem Zeitpunkt der drohenden Zahlungsunfähigkeit – haftungsbewehrt – vorrangig die Interessen der Gläubigergemeinschaft zu wahren haben, sieht das StaRUG hingegen nicht vor.[35]

---

[30] Braun/*Ludwig* InsO § 1 Rn. 7. Eine Befriedigung der Sozialplanforderungen ist allerdings erst zulässig, wenn auch auf die Insolvenzgläubiger eine Quote ausgeschüttet wird (§ 123 Abs. 2 S. 2 InsO). Der Vorteil, den die Einordnung der Ansprüche als nachrangige Masseverbindlichkeiten mit sich bringt, ist damit verfahrensrechtlicher Natur und beschränkt sich vornehmlich darauf, dass diese nicht zur Insolvenztabelle angemeldet und festgestellt werden müssen. Vgl. dazu → Rn. 173.

[31] Vgl. MüKoInsO/*Ganter/Bruns* § 1 Rn. 71.

[32] Sehr weitgehend in diese Richtung etwa *Paulus*, NZI 2015, 1001 (1004); vgl. auch Kübler HRI/*Kübler* § 1 Rn. 3.

[33] Die Überschuldung ist allerdings nur bei juristischen Personen und Personenhandelsgesellschaften, bei denen kein persönlich haftender Gesellschafter eine natürliche Person ist, Eröffnungsgrund (vgl. § 19 Abs. 1 u. 3 InsO).

[34] Das StaRUG ist durch das Gesetz zur Fortentwicklung des Sanierungs- und Insolvenzrechts (SanInsFoG) im Wesentlichen am 1.1.2021 in Kraft getreten. Vgl. hierzu bereits einleitend → Rn. 3. Durch das StaRUG wird ein dem deutschen Recht bislang (größtenteils) unbekanntes vorinsolvenzliches (gerichtliches) Restrukturierungsverfahren eingeführt. Vgl. dazu im Einzelnen → Rn. 90 ff. Durch das SanInsFoG werden zudem wesentliche Regelungen der Insolvenzordnung novelliert; insbesondere in Bezug auf die Insolvenzgründe (→ Rn. 16 ff.) und das Verfahren der Eigenverwaltung (→ Rn. 36 ff. u. 78); darüber hinaus sieht das Gesetz Anpassungen des infolge des Ausbruchs der COVID-19-Pandemie erlassenen COVID-19-Insolvenzaussetzungsgesetzes (COVInsAG) vor (→ Rn. 17 u. Fn. 59).

[35] Ein solcher sog. *shift of fiduciary duties* war ursprünglich in den §§ 2 u. 3 StaRUG-E vorgesehen (BT-Drs. 19/24181). Aufgrund der im Rahmen des Gesetzgebungsprozesses geäußerten kritischen Stellungnah-

a) Insolvenzeröffnungsgründe

Eine **Zahlungsunfähigkeit** liegt vor, wenn der Schuldner nicht in der Lage ist, seine fälligen Zahlungspflichten zu erfüllen (§ 17 Abs. 2 S. 1 InsO). Dies ist in der Regel anzunehmen, wenn er seine Zahlungen eingestellt hat (§ 17 Abs. 2 S. 2 InsO). Abzugrenzen ist eine Zahlungsunfähigkeit bzw. -einstellung von einer bloß vorübergehenden Zahlungsstockung, bei der regelmäßig der Eröffnungsgrund der Zahlungsunfähigkeit nicht gegeben ist.[36] Der BGH betrachtet dazu das Maß der Illiquidität in zeitlicher und quantitativer Hinsicht.[37] In zeitlicher Hinsicht ist eine bloße Zahlungsstockung nur dann anzunehmen, wenn sie binnen eines Zeitraums von zwei bis drei Wochen beseitigt werden kann. Dies sei der Zeitraum, den eine kreditwürdige Person benötigt, um sich die nötigen Kreditmittel zu beschaffen. Im Hinblick auf das Ausmaß der fälligen Verbindlichkeiten, die nicht bezahlt werden können, ist nach dem BGH eine bloße Zahlungsstockung noch anzunehmen, wenn die innerhalb von drei Wochen nicht zu beseitigende Liquiditätslücke des Schuldners weniger als 10% seiner fälligen Gesamtverbindlichkeiten ausmacht.[38] Zur Feststellung, ob bereits Zahlungsunfähigkeit eingetreten ist, wird in der Praxis ein Liquiditätsplan herangezogen, in dem die verfügbaren oder innerhalb von zwei bis drei Wochen flüssig zu machenden Mittel den am Stichtag fälligen und eingeforderten Verbindlichkeiten gegenübergestellt werden.[39] 14

Der nur bei Beantragung der Eröffnung des Insolvenzverfahrens durch den Schuldner in Betracht kommende Eröffnungsgrund der **drohenden Zahlungsunfähigkeit** liegt vor, wenn der Schuldner voraussichtlich nicht in der Lage sein wird, die bestehenden Zahlungspflichten im Zeitpunkt der Fälligkeit zu erfüllen (§ 18 Abs. 2 InsO). Da der Eintritt der Zahlungsunfähigkeit wahrscheinlicher sein muss als der Nichteintritt, muss die Eintrittswahrscheinlichkeit über 50 % liegen, dh ein Wahrscheinlichkeitsgrad von 50,1 % reicht aus.[40] Zu berücksichtigen sind somit bei der Feststellung der drohenden Zahlungsunfähigkeit – anders als bei der Zahlungsunfähigkeit nach § 17 InsO – auch noch nicht fällige, aber bereits begründete oder absehbare Verbindlichkeiten.[41] Dies erfordert eine Prognose der Liquiditätslage des Unternehmens über einen bestimmten Betrachtungszeitraum, wobei aus Praktikabilitätsgründen bislang vielfach vorgeschlagen wurde, diesen Prognosezeitraum auf nicht mehr als ein bis zwei Jahre zu erstrecken.[42] 15

Um die bisherigen Unsicherheiten hinsichtlich der Dauer des Prognosezeitraums zu beseitigen, gilt seit dem 1.1.2021 – in aller Regel – ein **Prognosezeitraum von 24 Mona-** 16

men sind die Regelungen auf Empfehlung des Rechtsausschusses letztlich gestrichen worden (BT-Drs. 19/25303 u. 19/25353). Vgl. hierzu etwa *Seibt/Bulgrin* DB 2020, 2226 (2229ff.); *Schulz* NZI 2020, 1073. Allerdings hat der Schuldner eine nach dem StaRUG eingeleitete Restrukturierung mit der Sorgfalt eines ordentlichen und gewissenhaften Sanierungsgeschäftsführers zu betreiben und dabei die Interessen der Gesamtheit der Gläubiger zu wahren (vgl. §§ 32. Abs. 1 S. 1, 43. Abs. 1 S. 1 StaRUG).

[36] K. Schmidt/Uhlenbruck/*Brinkmann* Rn. 5.14; *Westpfahl* FS Kayser, 2019, S. 1009 (1030ff.).

[37] Grundlegend BGH 24.5.2005 – IX ZR 123/04, NJW 2005, 3062.

[38] BGH 24.5.2005 – IX ZR 123/04, NJW 2005, 3062; in seinem Urteil vom 19.12.2017 (BGH II ZR 88/16, NZI 2018, 204) hat der II. Zivilsenat klargestellt, dass bei der Bestimmung Zahlungsunfähigkeit auch die innerhalb von drei Wochen nach dem Stichtag fällig werdenden und eingeforderten Verbindlichkeiten (sog. Passiva II) einzubeziehen sind. Vgl. dazu *Ampferl/Kilper* NZI 2018, 191; *Mylich* ZIP 2018, 514.

[39] Eingehend zur Ermittlung der Zahlungsunfähigkeit MüKoInsO/*Eilenberger* § 17 Rn. 10ff., vgl. auch Buth/Hermanns Restrukturierung/*Hermanns* § 25 Rn. 26. Eine Orientierungshilfe zur Entscheidung der Frage, ob eine Insolvenzantragspflicht aufgrund einer Überschuldung und/oder Zahlungsunfähigkeit besteht, bietet der sog. Standard IDW S11 des Instituts der Wirtschaftsprüfer (FN-IDW 3/2017, S. 332; FN-IDW 4/2015, S. 202ff.; WPgSupplement 2/2015, S. 108ff).

[40] OLG Hamm 23.9.2014 – 27 U 149/13, ZInsO 2014, 2275 (2278); OLG München 21.3.2013 – 23 U 3344/12, NZI 2013, 542 (544); Gottwald/Haas InsR-HdB/*Gundlach* § 6 Rn. 20; K. Schmidt/*K. Schmidt* InsO § 18 Rn. 21.

[41] Andres/Leithaus/*Leithaus* InsO § 18 Rn. 4; ebenso Braun/*Bußhardt* InsO § 18 Rn. 10, der jedoch nicht von „drohenden", sondern von „nach vernünftiger kaufmännischer Erwägung in der Planrechnung als voraussichtlich zu bedienenden Ausgaben" spricht; aA K. Schmidt/*K. Schmidt* InsO § 18 Rn. 14.

[42] K. Schmidt/Uhlenbruck/*Brinkmann* Rn. 5.51; Übersicht diskutierter Zeiträume bei Braun/*Bußhardt* InsO § 18 Rn. 8. Vgl. auch MüKoInsO/*Drukarczyk* § 18 Rn. 19, 57ff.

ten (§ 18 Abs. 2 S. 2 InsO).[43] Die Festlegung des Prognosezeitraums dient im Wesentlichen dazu, den Überschneidungsbereich mit dem Insolvenzgrund der Überschuldung zu reduzieren.[44] Zwar soll es ausweislich der Gesetzesbegründung bei dem bestehenden Konkurrenzverhältnis zwischen beiden Insolvenzgründen bleiben; allerdings ist dieses weiterhin dahingehend aufzulösen, dass eine – die Überschuldung ausschließende – positive Fortführungsprognose auch aus der überwiegenden Wahrscheinlichkeit der erfolgreichen Umsetzung eines Restrukturierungsvorhabens – insb. nach dem StaRUG (→ Rn. 90 ff.) – resultieren kann.[45]

17 Bei juristischen Personen und Personenhandelsgesellschaften, bei denen kein persönlich haftender Gesellschafter eine natürliche Person ist (wie etwa bei einer GmbH & Co. KG), gilt schließlich die **Überschuldung** als Insolvenzeröffnungsgrund (§ 19 InsO). Im Zuge der Finanzmarktkrise wurde im Jahr 2008 – zunächst befristet, seit Dezember 2012 jedoch dauerhaft – der zweistufige Überschuldungsbegriff wieder eingeführt, mit dem der Gesetzgeber an die Rechtslage vor Inkrafttreten der InsO anknüpft.[46] Danach liegt Überschuldung vor, wenn das Vermögen des Schuldners die bestehenden Verbindlichkeiten nicht mehr deckt, es sei denn, die Fortführung des Unternehmens ist nach den Umständen überwiegend wahrscheinlich **(positive Fortführungsprognose).**[47] Dies bedeutet, dass trotz rechnerischer Überschuldung der Eröffnungsgrund der Überschuldung – und damit auch die daraus resultierende Eröffnungsantragspflicht – bei Vorliegen einer positiven Fortführungsprognose entfallen. Die Fortführungsprognose fällt positiv aus, wenn auf Basis (i) eines schlüssigen und realisierbaren Unternehmenskonzepts und (ii) einer darauf aufbauenden Vermögens-, Finanz- und Ertragsplanung die Fortführung des Unternehmens den Umständen nach wahrscheinlicher ist als eine Stilllegung oder Liquidation.[48] Dabei kommt es darauf an, dass die Wahrscheinlichkeit einer Fortführung bei über 50 % liegt, wenngleich der Geschäftsleitung diesbezüglich ein Beurteilungsspielraum zusteht.[49] Die Prognose folgt weitgehend der gleichen Logik wie die Prüfung der drohenden Zahlungsunfähigkeit gemäß § 18 Abs. 2 InsO, da nach ganz überwiegender Auffassung für die Feststellung einer ausreichenden Finanzkraft allein auf eine reine **Liquiditätsprognose** – und nicht auch auf eine Ertragsfähigkeitsprognose – abzustellen ist.[50] Hinsichtlich des Prognosezeitraums wurde hierbei bislang nach überwiegender Auffassung – wie auch bei der drohenden Zahlungsunfähigkeit – auf das laufende und kommende Geschäftsjahr abgestellt.[51] Seit dem 1.1.2021 sieht § 19 Abs. 2 S. 1 InsO eine Begrenzung des für eine Fortführungspro-

---

[43] Die Regelung ist durch das Gesetz zur Fortentwicklung des Sanierungs- und Insolvenzrechts (SanInsFoG) (vgl. dazu Rn. 3) in die Insolvenzordnung aufgenommen worden. Um Besonderheiten des Schuldners oder seines Geschäftsbetriebes zu berücksichtigen, soll in Einzelfällen auch auf einen kürzeren oder längeren Prognosezeitraum abgestellt werden können, Begr. RegE-SanInsFoG, S. 228.

[44] Begr. RegE-SanInsFoG, S. 232. In der Praxis war bislang bei Vorliegen einer drohenden Zahlungsunfähigkeit häufig auch bereits der zur Antragsstellung verpflichtende Insolvenzgrund der Überschuldung erfüllt, da eine drohende Zahlungsunfähigkeit zu einer sog. negativen Fortführungsprognose iSd der Überschuldungsprüfung führt (→ Rn. 17 f.); dies wiederum verlangt im Rahmen einer sog. Überschuldungsbilanz den Ansatz von Liquidationswerten (anstelle von Fortführungswerten), die sehr oft zu einer rechnerischen Überschuldung führen; vgl. *Desch* BB 2020, 2498 (2499); MüKoInsO/*Drukarczyk* § 18 Rn. 90.

[45] Begr. RegE-SanInsFoG, S. 232 f.

[46] Gesetz zur Einführung einer Rechtsbehelfsbelehrung im Zivilprozess und zur Änderung anderer Vorschriften vom 5.12.2012 (BGBl. 2012 I S. 2418); K. Schmidt/Uhlenbruck/*Brinkmann* Rn. 5.84 ff.

[47] Instruktiv zur Unterscheidung von handels- und insolvenzrechtlicher Fortführungs- und Fortbestehungsprognose *Gehrlein* WM 2018, 1.

[48] BGH 9.10.2006 – II ZR 303/05, ZIP 2006, 2171; vgl. BGH 13.7.1992 – II ZR 269/91, ZIP 1992, 1382 (1386).

[49] Eingehend zur Bestimmung der überwiegenden Wahrscheinlichkeit MüKoInsO/*Drukarczyk/Schüler* InsO § 19 Rn. 74 ff.; vgl. auch den sog. Standard IDW S11 des Instituts der Wirtschaftsprüfer (FN-IDW 3/2017, S. 332; FN-IDW 4/2015, S. 202 ff.; WPgSupplement 2/2015, S. 108 ff.).

[50] OLG Hamburg 13.10.2017 – 11 U 53/17, DStR 2017, 2621 (2622); Gottwald/Haas InsR-HdB/*Gundlach* § 6 Rn. 41; *Fischer* NZI 2016, 665; *Goette* DStR 2016, 1752 (1761); *Aleth/Harlfinger* NZI 2011, 166 (168); EKMP Private Equity/*Aleth/Derksen* Kap. VII. Rn. 50.

[51] Zum Prognosezeitraum s. Beck/Depré Insolvenz/*Ampferl/Kilper* § 2 Rn. 154; Kayser/Thole/*Laroche* InsO § 19 Rn. 9 ff.; Jaeger GK-InsO/*Müller* InsO § 19 Rn. 37.

gnose relevanten Zeitraums auf 12 Monate vor, um, wie vorstehend bereits dargestellt (→ Rn. 16), den Überschneidungsbereich mit der drohenden Zahlungsunfähigkeit zu reduzieren.[52] Da aufgrund der wirtschaftlichen Folgen der COVID-19-Pandemie für eine Vielzahl von Unternehmen erhebliche Prognoseunsicherheiten bestehen, ist zudem temporär für das Jahr 2021 ein Prognosezeitraum von vier Monaten zugrunde zu legen, wenn die Überschuldung auf die COVID-19-Pandemie zurückzuführen ist.[53]

Fällt die Fortführungsprognose negativ aus, muss eine **Überschuldungsbilanz** erstellt 18
werden, in der die tatsächlichen Vermögenswerte den Verbindlichkeiten gegenüberzustellen sind. Anzusetzen sind dabei Liquidationswerte unter Einbeziehung der stillen Reserven.[54]

Durch den neuen präventiven Restrukturierungsrahmen nach dem StaRUG[55] 19
(→ Rn. 90 ff.) stellt sich zukünftig die Frage, wie sich die Beantragung oder Einleitung einer Stabilisierungsmaßnahme (§ 29 StaRUG) auf die insolvenzrechtliche Überschuldungsprüfung auswirkt. Wie vorstehend bereits erwähnt, kann die **überwiegende Wahrscheinlichkeit eines erfolgreichen Sanierungs- und Restrukturierungsvorhabens** eine die Überschuldung ausschließende positive Fortführungsprognose begründen.[56] Dies hat für die Praxis zur Folge, dass eine negative Fortführungsprognose anzunehmen ist, wenn (i) ein Unternehmen innerhalb der nächsten zwölf Monate eine Liquiditätsunterdeckung zu erwarten hat und (ii) zusätzlich die zur Unterdeckung führenden Verbindlichkeiten nicht überwiegend wahrscheinlich über das StaRUG (oder anderweitig) restrukturiert werden können.[57]

b) Antragspflicht und Antragsrecht

Ist der Schuldner eine juristische Person oder eine Gesellschaft ohne Rechtspersönlichkeit, 20
ist jedes Vertretungsorgan bei Eintritt von Zahlungsfähigkeit iSd § 17 InsO (→ Rn. 14) und/oder Überschuldung iSd § 19 InsO (→ Rn. 17) verpflichtet, ohne schuldhaftes Zögern, spätestens aber drei Wochen[58] nach Eintritt des Eröffnungsgrundes, einen Eröffnungsantrag zu stellen (§ 15a Abs. 1 InsO).[59] Sind mehrere Organmitglieder bestellt, ist

[52] Begr.RegE-SanInsFoG S. 232. Zur (bisherigen) rechtspolitischen Diskussion um die Abschaffung oder Modifizierung des Überschuldungstatbestandes vgl. *Thole* ZInsO 2019, 1622; *Westpfahl* FS Kayser, 2019, 1009.

[53] Dies wird vermutet, wenn (1.) der Schuldner am 31.12.2019 nicht zahlungsunfähig war, (2.) er in dem letzten, vor dem 1.1.2020 abgeschlossenen Geschäftsjahr ein positives Ergebnis aus der gewöhnlichen Geschäftstätigkeit erwirtschaftet hat und (3.) der Umsatz aus der gewöhnlichen Geschäftstätigkeit im Kalenderjahr 2020 im Vergleich zum Vorjahr um mehr als 30% eingebrochen ist. Geregelt ist dies in § 4 des Gesetzes zur vorübergehenden Aussetzung der Insolvenzantragspflicht und zur Begrenzung der Organhaftung bei einer durch die COVID-19-Pandemie bedingten Insolvenz (COVID-19-Insolvenzaussetzungsgesetz – COVInsAG). Vgl. hierzu auch → Fn. 59.

[54] K. Schmidt InsO/*K. Schmidt* InsO § 19 Rn. 24; Braun/*Bußhardt* InsO § 19 Rn. 18.

[55] Gesetz über den Stabilisierungs- und Restrukturierungsrahmen für Unternehmen (StaRUG), das größtenteils am 1.1.2021 in Kraft getreten ist.

[56] *Desch* BB 2020, 2498 (2499). Sind während des Prognosezeitraums Sanierungsbeiträge – wie etwa Sanierungskredite, Forderungsverzichte der Gläubiger oder Leistungen der Gesellschafter in das Eigenkapital – erforderlich, ist es bislang für das Vorliegen einer positiver Fortführungsprognose nach zuzustimmender Ansicht ausreichend, wenn überwiegend wahrscheinlich mit den benötigten Sanierungshilfen zu rechnen ist; vgl. *Fischer* NZI 2016, 665 (672, mwN); *Goette* DStR 2016, 1752 (1755 f.); *Aleth/Harlfinger* NZI 2011, 166 (170 ff.)

[57] *Desch* BB 2020, 2498 (2499).

[58] Durch die SanInsFoG-Reform (→ Rn. 3) beträgt die Höchstfrist für die Stellung eines Eröffnungsantrags bei Überschuldung seit dem 1.1.2021 sechs Wochen (§ 15a Abs. 1 S. 2 InsO). Die Verlängerung soll es dem Schuldner unter anderem ermöglichen, eine Sanierung im präventiven Restrukturierungsrahmen oder im Rahmen einer Eigenverwaltung (dazu → Rn. 76 ff.) auf der Grundlage eines Eigenverwaltungsverfahrens ordentlich und gewissenhaft vorzubereiten; vgl. Begr.RegE-SanInsFoG S. 193.

[59] Im Zusammenhang mit den wirtschaftlichen Folgen des weltweiten Ausbruchs der COVID-19-Pandemie hat der Gesetzgeber am 27.3.2020 das „Gesetz zur Abmilderung der Folgen der COVID-19-Pandemie im Zivil-, Insolvenz- und Strafverfahrensrecht" (BT-Drs. 19/18110) verkündet, welches mit Rückwirkung zum 1.3.2020 in Kraft trat und – zum Zwecke der Linderung der pandemiebedingten Schädigungen der Gesamtwirtschaft – für einen gewissen Zeitraum grundlegende Prinzipien des Schuld-, Gesellschafts- In-

jedes Organmitglied[60] unabhängig von einer geschäftsleitungsinternen Ressort- oder Geschäftsverteilung verpflichtet; die Antragspflicht kann also nicht delegiert werden.[61] Bei führungslosen Gesellschaften verlagert sich die Antragspflicht gemäß § 15a Abs. 3 InsO auf die Gesellschafter oder – bei Aktiengesellschaft und Genossenschaft – auf die Mitglieder des Aufsichtsrats der Gesellschaft („subsidiäre Ersatzzuständigkeit“[62]), es sei denn, die entsprechende Person hat von der Zahlungsunfähigkeit bzw. der Überschuldung oder der Führungslosigkeit keine Kenntnis.

21 Die Antragspflicht, die die rechtzeitige Einleitung des Insolvenzverfahrens und damit den Schutz der Altgläubiger vor einer weiteren Verkürzung der Haftungsmasse bezweckt, erstreckt sich auch auf vergleichbare Auslandsgesellschaften, die den „Mittelpunkt ihrer hauptsächlichen Interessen“ (*center of main interests* (COMI)) im Inland haben und deutschem Insolvenzrecht unterfallen.[63] Praktische Bedeutung erlangt dies insbesondere bei multinationalen Konzerngruppen mit mehreren in- und ausländischen Konzerngesellschaften.[64] Bei einer Personenhandelsgesellschaft, bei der eine natürliche Person als persönlich haftender Gesellschafter vorhanden ist, besteht hingegen keine Antragspflicht.

22 Antragsberechtigt ist bei Vorliegen einer Zahlungsunfähigkeit und/oder Überschuldung – nicht jedoch der drohenden Zahlungsunfähigkeit – auch jeder Gläubiger, der ein rechtliches Interesse an der Eröffnung des Insolvenzverfahrens hat und seine Forderung und den Eröffnungsgrund glaubhaft macht (§ 14 Abs. 1 InsO).[65] In der Praxis stellen vordergründig der Fiskus und die Sozialversicherungsträger einen solchen **Fremdantrag.**[66]

---

solvenz- und Strafrechts modifizierte. Von Bedeutung ist etwa das „Gesetz zur vorübergehenden Aussetzung der Insolvenzantragspflicht und zur Begrenzung der Organhaftung bei einer durch die COVID-19-Pandemie bedingten Insolvenz“ (COVID-19-Insolvenzaussetzungsgesetz – COVInsAG). Dieses sah – neben weitreichenden Lockerungen ua in den Bereichen (i) des Insolvenzanfechtungsrechts, (ii) der haftungsrechtlichen Maßstäbe für Zahlungen der Geschäftsleitung nach Eintritt von Zahlungsunfähigkeit und Überschuldung und (iii) des Grundsatzes der Nachrangigkeit von Gesellschafterdarlehen insbesondere eine Suspendierung der Insolvenzantragspflicht gemäß § 15a InsO (bzw. § 42 Abs. 2 BGB) vor. Die Aussetzung galt zunächst bis zum 30.9.2020 sowohl für die Zahlungsunfähigkeit (§ 17 InsO) als auch die Überschuldung (§ 19 InsO). In Bezug auf die Überschuldung wurde die Aussetzungsregelung im September 2020 bis zum 31.12.2020 verlängert. Die Aussetzungsregelung(en) galten allerdings nicht, wenn die Insolvenzreife nicht auf den Folgen der Ausbreitung des SARS-CoV-2-Virus (COVID-19-Pandemie) beruhte oder wenn keine Aussichten darauf bestanden, eine bestehende Zahlungsunfähigkeit zu beseitigen (§ 1 S. 2 COVInsAG). War der Schuldner am 31.12.2019 nicht zahlungsunfähig, wurde – widerlegbar – vermutet, dass die Insolvenzreife auf den Auswirkungen der COVID19-Pandemie beruhte und Aussichten darauf bestanden, eine bestehende Zahlungsunfähigkeit zu beseitigen (§ 1 S. 3 COVInsAG). Durch weitere gesetzliche Änderungen ist die Pflicht zur Stellung eines Insolvenzantrags – sowohl bei Zahlungsunfähigkeit als auch bei Überschuldung – für solche Schuldner bis zum 30.4.2021 ausgesetzt, die im Zeitraum vom 1.11.2020 bis zum 28.2.2021 einen – nicht offensichtlich aussichtslosen oder unzureichenden – Antrag auf die Gewährung finanzieller Hilfeleistungen im Rahmen staatlicher Hilfsprogramme zur Abmilderung der Folgen der COVID-19-Pandemie gestellt haben oder davon aus rechtlichen oder tatsächlichen Gründen abhalten wurden, es sei denn es besteht offensichtlich keine Aussicht auf Erlangung der Hilfeleistung oder die erlangbare Hilfeleistung für die Beseitigung der Insolvenzreife ist unzureichend (§ 1 Abs. 3 COVInsAG).

[60] Nach – teilweise bestrittener – Auffassung des BGH ist auch das faktische Leitungsorgan (dh derjenige, der die Gesellschaft wie ein vertretungsberechtigtes Organ führt, ohne förmlich dazu bestellt worden zu sein) – dh insbesondere der faktische Geschäftsführer einer GmbH – zur Stellung des Insolvenzantrags gem. § 15a Abs. 1 InsO verpflichtet, vgl. BGH 11.7.2005 – II ZR 235/03, NZI 2006, 63; aA Baumbach/Hueck GmbHG/*Haas* GmbHG § 64 Rn. 238.

[61] BGH 6.11.2018 – II ZR 11/17, NZI 2019, 225 (230); vgl. auch BGH 1.3.1993 – II ZR 81/94, NJW 1994, 2149.

[62] Roth/Altmeppen GmbHG/*Roth* GmbHG Vor § 64 Rn. 60.

[63] Begr. RegE MoMiG, BT-Drs. 16/6140, 55 f.; MüKoInsO/*Klöhn* § 15a Rn. 50 ff.; K. Schmidt/*K. Schmidt/Herchen* InsO § 15a Rn. 10.

[64] Vgl. Hasselbach/Nawroth/Rödding/*von Bonin/Derksen* Teil B Rn. 630; *Undritz* in Flöther KonzernInsR-HdB § 8 Rn. 30 ff.

[65] Zu den Voraussetzungen und möglichen (Haftungs-)Risiken eines Gläubigerantrages vgl. Uhlenbruck/*Wegener* InsO § 14 Rn. 8 ff., 49 ff.

[66] Als Einzugsstellen der Sozialversicherungsbeiträge stellen insbesondere die Krankenkassen häufig einen Insolvenzantrag, da diese zur hoheitlichen Vollstreckung der Forderungen im öffentlichen Interesse verpflichtet sind und einem eigenen Haftungsrisiko nach § 28r SGB IV unterliegen; vgl *Keller* Insolvenzrecht Rn. 547.

Bei Vorliegen einer drohenden Zahlungsunfähigkeit steht nur dem Schuldner selbst ein optionales Antragsrecht zu. Wie vorstehend bereits erwähnt, ermöglicht dies der Geschäftsleitung, das Insolvenzverfahren bereits frühzeitig gezielt einzuleiten und den Versuch zu unternehmen, eine unter Umständen bereits vorbereitete Unternehmenssanierung unter Nutzung der Vorteile eines Insolvenzverfahrens im Rahmen eines Insolvenzplanverfahrens in Eigenverwaltung auszuarbeiten und umzusetzen.[67] Aus Sicht der Geschäftsleitung ist dabei zu beachten, dass für einen Insolvenzantrag wegen drohender Zahlungsunfähigkeit im Innenverhältnis ein Gesellschafterbeschluss notwendig ist.[68] Das Fehlen eines solchen Gesellschafterbeschlusses wirkt sich allerdings nicht auf die Zulässigkeit des Eröffnungsantrags gegenüber dem Insolvenzgericht aus.[69] 23

Bei der in § 15a InsO normierten Frist von (i) drei Wochen nach dem Eintritt einer Zahlungsunfähigkeit und (ii) – seit dem 1.1.2021 – sechs Wochen[70] nach dem Eintritt einer Überschuldung handelt es sich um Höchstfristen. Sind nach Eintritt des Insolvenzgrundes außergerichtliche Sanierungsbemühungen noch möglich, dürfen diese zwar innerhalb der Frist verfolgt werden; eine Überschreitung dieser Frist kann aber selbst durch aussichtsreiche Sanierungsbemühungen nicht gerechtfertigt werden.[71] Steht zudem schon vor Ablauf der Höchstfrist fest, dass mit einer Sanierung bis zum Fristablauf nicht mehr zu rechnen ist, ist nach dieser Feststellung unverzüglich ein Eröffnungsantrag zu stellen, was häufig übersehen wird.[72] 24

Eine schuldhafte Verletzung der Eröffnungsantragspflicht **(Insolvenzverschleppung)** kann für die organschaftlichen Vertreter der schuldnerischen Gesellschaft einschneidende zivilrechtliche und auch strafrechtliche Sanktionen nach sich ziehen. Nach § 15a Abs. 4 und 5 InsO wird mit Geldstrafe oder Freiheitsstrafe bis zu drei Jahren (bei Fahrlässigkeit bis zu einem Jahr) bestraft, wer trotz bestehender Antragspflicht vorsätzlich oder fahrlässig einen Eröffnungsantrag (i) nicht, (ii) nicht rechtzeitig oder (iii) nicht richtig stellt.[73] 25

Zivilrechtlich droht eine Haftung gegenüber den Gläubigern oder der Insolvenzmasse (mittelbarer Gläubigerschutz) gemäß § 43 GmbHG, § 93 AktG und § 130a Abs. 2 HGB.[74] Die in § 15a InsO normierte Eröffnungsantragspflicht ist als Schutzgesetz im Sinne des § 823 Abs. 2 BGB zugunsten der Gesellschaftsgläubiger zu qualifizieren.[75] Für die Ge- 26

[67] Vgl. dazu auch → Rn. 86.

[68] OLG München 21.3.2013 – 23 U 334/12, NZI 2013, 542 (545); K. Schmidt/*K. Schmidt* InsO § 18 Rn. 31; abweichend Gottwald/Haas InsR-HdB/*Haas/Mock* § 94 Rn. 16 (Haftung nur, wenn der Antrag ohne Vorliegen eines Insolvenzgrundes gestellt wird oder eindeutig bestehende Sanierungsaussichten beseitigt werden). Zur insoweit korrespondierenden Diskussion für bezüglich einer präventiven Restrukturierung nach dem StaRUG → Rn. 94.

[69] K. Schmidt/*K. Schmidt* InsO § 18 Rn. 31; *Lang/Muschalle* NZI 2013, 953 (955).

[70] Vgl. dazu → Rn. 20.

[71] Vgl. seinerzeit zur KO BGH 9.7.1979 – II ZR 118/77, NJW 1979, 1823 (1826); Herstatt; *Wellensiek* NZI 2002, 233 (237).

[72] *Thümmel* BB 2002, 1105 (1106); *Leibner* GmbHR 2002, 424 (425).

[73] Im Falle eines nicht richtig gestellten Eröffnungsantrages (vgl. § 13 InsO) kommt eine Strafbarkeit allerdings nur in Betracht, wenn der Eröffnungsantrag rechtskräftig als unzulässig zurückgewiesen wurde (§ 15a Abs. 6 InsO). Als weitere „Hürde" für eine Strafbarkeit wegen einer nicht richtigen Antragsstellung ist die in § 13 Abs. 3 InsO kodierte Möglichkeit zur Nachbesserung des Insolvenzantrags auf Aufforderung des Insolvenzgerichts zu berücksichtigen. Da das Insolvenzgericht ausdrücklich die Gründe zu benennen hat, aufgrund derer der Insolvenzantrag zurückgewiesen wurde, kommt eine Strafbarkeit nur dann in Betracht, wenn sich die antragspflichtige Person über sämtliche „Warnhinweise" der Aufforderung hinwegsetzt. Vgl. dazu Nerlich/Römermann/*Mönning* InsO § 15a Rn. 42a. Ausführlich zur „nicht richtigen" Stellung eines Insolvenzantrags *Schmidt/Gundlach* DStR 2018, 198 (200ff.).

[74] Zu beachten ist zudem das in § 15b InsO geregelte Zahlungsverbot, wonach Geschäftsleiter nach dem Eintritt der Zahlungsunfähigkeit oder der Überschuldung nur noch unter bestimmten Voraussetzungen Zahlungen vornehmen dürfen. Die Vorschrift wurde im Rahmen der SanInsFoG-Reform eingeführt und ersetzt nunmehr – mit leichten Modifikationen – die in den jeweiligen Spezialgesetzen vorgesehenen, ein Zahlungsverbot nach Insolvenzreife an die Geschäftsleitung adressierenden Vorschriften (§§ 64 GmbHG, 130a HGB und 93 Abs. 2 AktG). Vgl. hierzu etwa *Bitter* GmbHR 2020, 1157; *Gehrlein* DB 2020, 2393.

[75] BGH 18.11.2014 – II ZR 231/13, NZG 2015, 149 (150); BGH 12.3.2007 – II ZR 315/05, GmbHR 2007, 599; vgl. BGH 6.6.1994 – II ZR 292/91, ZIP 1994, 1103 (1106f.).

schäftsleitung ergeben sich unterschiedliche Haftungsfolgen gegenüber Altgläubigern und Neugläubigern.[76] Der Ersatzanspruch der Altgläubiger, die ihre Forderungen vor dem Zeitpunkt erworben haben, in dem Eröffnungsantrag hätte gestellt werden müssen, richtet sich lediglich auf den Quotenschaden, der im Insolvenzverfahren gemäß § 92 InsO nur vom Insolvenzverwalter geltend gemacht werden kann.[77] Die Neugläubiger, dh die Gläubiger, die ihre Forderungen nach dem Zeitpunkt erworben haben, in dem der Eröffnungsantrag hätte gestellt werden müssen, können den vollen Ausgleich des Schadens verlangen, der ihnen dadurch entsteht, dass sie in Rechtsbeziehungen zu einer überschuldeten oder zahlungsunfähigen Gesellschaft getreten sind. Der Höhe nach entspricht das dem Vertrauensschaden, soweit dieser nicht durch die auf den Neugläubiger entfallende Insolvenzquote gedeckt ist.[78] Anders als bei den Altgläubigern geht die Anspruchsberechtigung im Insolvenzverfahren nicht auf den Insolvenzverwalter über, dh die genannten Individualschäden sind von den einzelnen Gläubigern geltend zu machen.[79]

3. Insolvenzeröffnungsverfahren

27 In der Phase zwischen Antragstellung und der Entscheidung des Insolvenzgerichts über die Eröffnung des Insolvenzverfahrens – dem sog. Insolvenzeröffnungsverfahren[80] – prüft das Insolvenzgericht, ob die formellen und materiellen Voraussetzungen für die Eröffnung des Insolvenzverfahrens vorliegen, dh insbesondere ob ein Insolvenzgrund vorliegt und die Kosten des Verfahrens (voraussichtlich) gedeckt werden können.[81]

a) Vorläufige Sicherungsmaßnahmen

28 Im Rahmen des Eröffnungsverfahrens ordnet das zuständige Insolvenzgericht verschiedene **massesichernde Vorkehrungen** an (§§ 21ff. InsO). Damit soll vermieden werden, dass der Schuldner der Masse Vermögensbestandteile entzieht oder sich einzelne Gläubiger Sondervorteile verschaffen.

29 **aa) Bestellung eines vorläufigen Insolvenzverwalters.** Sofern das Insolvenzgericht zum Zwecke der Anordnung einer (vorläufigen) Eigenverwaltung oder eines Schutzschirmverfahrens keinen vorläufigen Sachwalter bestellt (→ Rn. 34ff.), wird in aller Regel ein vorläufiger Insolvenzverwalter bestellt (§ 21 Abs. 2 S. 1 Nr. 1 InsO).[82] Hat das Insolvenzgericht – wie in Großverfahren der Regelfall – einen vorläufigen Gläubigerausschuss eingesetzt (→ Rn. 43ff.), ist diesem vor der Bestellung des vorläufigen Insolvenzverwalters

[76] Entgegen anderslautender Tendenzen in der Literatur erstreckt der BGH den Schutzbereich des § 15a InsO auf die Vermögensinteressen der Neugläubiger; also solche, die erst im Stadium der Insolvenzreife einen Anspruch gegen die Gesellschaft erlangen, vgl. BGH 14.5.2012 – II ZR 130/10, NJW 2012, 3510.

[77] *Arends/Möller* GmbHR 2008, 169 (173); Nerlich/Römermann/*Mönning* InsO § 15a Rn. 42b. Der Quotenschaden ist der Betrag, um den sich die Insolvenzquote wegen der verzögerten Antragstellung im Vergleich zur Quote bei rechtzeitiger Antragstellung verringert; BGH 5.2.2007 – II ZR 234/05, GmbHR 2007, 482 (485); *Schmidt/Gundlach* DStR 2018, 198 (202).

[78] Vgl. BGH 6.6.1994 – II ZR 292/91, ZIP 1994, 1103 (1110). Einen Anspruch auf entgangenen Gewinn kann der Gläubiger nur geltend machen, soweit ihm wegen des Vertragsschlusses mit der insolventen Gesellschaft ein Gewinn entgangen ist, den er ohne diesen Vertragsschluss anderweitig hätte erzielen können, vgl. BGH 27.4.2009 – II ZR 253/07, DStR 2009, 1384.

[79] Nerlich/Römermann/*Mönning* InsO § 15a Rn. 42b; *Arends/Möller* GmbHR 2008, 169 (173).

[80] Oder auch *„vorläufiges Verfahren"* oder *„Eröffnungsverfahren"*.

[81] Zu den Kosten des Insolvenzverfahrens zählen (i) die Gerichtskosten für das Insolvenzverfahren und (ii) die Vergütungen und die Auslagen des vorläufigen Insolvenzverwalters, des Insolvenzverwalters und, sofern bestellt, der Mitglieder des Gläubigerausschusses (§ 54 InsO).

[82] In unklaren Fällen wird in der Praxis teilweise zunächst ein Sachverständiger beauftragt, der für das Insolvenzgericht unter anderem prüft, ob die Anordnung von vorläufigen Maßnahmen erforderlich ist; vgl. Braun InsO/*Böhm* InsO § 21 Rn. 17.

Gelegenheit zur Stellungnahme zu geben (§§ 21 Abs. 2 S. 1 Nr. 1, 56a Abs. 1 InsO).[83] Liegt ein einstimmiger Vorschlag des vorläufigen Gläubigerausschusses nach §§ 21 Abs. 2 S. 1 Nr. 1, 56a Abs. 2 InsO vor, darf das Insolvenzgericht nur dann von dem Vorschlag abweichen, wenn die vorgeschlagene Person für die Übernahme des Amtes nicht geeignet ist.[84]

In Verbindung mit der Bestellung eines vorläufigen Insolvenzverwalters kann das Insolvenzgericht anordnen, dass Verfügungen des Schuldners nur mit Zustimmung des vorläufigen Insolvenzverwalters wirksam sind (sog. **„schwacher" vorläufiger Insolvenzverwalter**) (§ 21 Abs. 2 S. 1 Nr. 2 Alt. 2 InsO). Das Insolvenzgericht kann dem Schuldner alternativ ein allgemeines Verfügungsverbot auferlegen mit der Folge, dass die Verwaltungs- und Verfügungsbefugnis über das Vermögen des Schuldners auf den vorläufigen Verwalter übergeht (sog. **„starker" vorläufiger Insolvenzverwalter**) (§ 21 Abs. 2 S. 1 Nr. 2 Alt. 1 iVm § 22 Abs. 1 S. 1 InsO). Dem „starken" vorläufigen Verwalter obliegt insbesondere die Aufgabe, das Vermögen des Schuldners zu sichern und zu erhalten sowie das vom Schuldner betriebene Unternehmen bis zur Entscheidung über die Eröffnung des Insolvenzverfahrens fortzuführen **(Fortführungspflicht)** (§ 22 Abs. 1 S. 2 InsO). In diesem Rahmen kann er – anders als der „schwache" vorläufige Insolvenzverwalter, der grundsätzlich lediglich Insolvenzforderungen begründen kann – Rechtsgeschäfte mit Wirkung für und gegen den Schuldner abschließen und sog. Masseverbindlichkeiten begründen, die im eröffneten Insolvenzverfahren vorrangig zu befriedigen sind (§§ 55 Abs. 2 iVm § 53 InsO).[85] Die Regelung des § 55 Abs. 2 InsO führt allerdings dazu, dass ein „starker" vorläufiger Insolvenzverwalter generell Masseverbindlichkeiten begründet; unabhängig davon, ob er diese Verbindlichkeiten begründen will oder nicht. Da der „starke" vorläufige Insolvenzverwalter zudem bei Nichterfüllung von Masseverbindlichkeiten dem Risiko einer persönlichen Haftung nach § 61 InsO ausgesetzt ist, hat sich in der Praxis das Konzept der sog. **Einzelermächtigung** etabliert. Danach wird ein „schwacher" vorläufiger Insolvenzverwalter auf Grundlage des § 22 Abs. 2 S. 1 InsO dazu ermächtigt, (nur) in gewissem Umfang, nämlich in einem im Einzelermächtigungsbeschluss durch das Gericht eindeutig festgelegten Rahmen, Masseverbindlichkeiten zu begründen.[86] Relevant ist dies beispielsweise bei der Gewährung eines für die Betriebsfortführung erforderlichen Massekredits[87] sowie der Vorfinanzierung des Insolvenzgeldes (→ Rn. 137 f.). In der Praxis wird daher überwiegend ein „schwacher" vorläufiger Insolvenzverwalter mit entsprechenden Einzelermächtigungen bestellt, dessen Pflichten regelmäßig denen des „starken" vorläufigen Insolvenzverwalters entsprechen. 30

[83] Führt die Anhörung offensichtlich zu einer nachteiligen Veränderung der Vermögenslage des Schuldners, kann das Gericht hiervon absehen; der vorläufige Gläubigerausschuss kann dann in seiner ersten Sitzung einstimmig eine andere Person als die bestellte zum Insolvenzverwalter wählen (§ 56a Abs. 1 u. Abs. 3 InsO).

[84] Im Wesentlichen richtet sich dies nach der vorhandenen Geschäftskunde des Kandidaten und der persönlichen Unabhängigkeit K. Schmidt InsO/*Ries* InsO § 56a Rn. 20.

[85] Die Rangfolge der Befriedigung kann – vereinfacht – wie folgt kategorisiert werden: (1) Kosten des Insolvenzverfahrens und Vergütung des Insolvenzverwalters (§ 54 InsO); (2) Sonstige Masseverbindlichkeiten (§ 55 InsO); (3) Insolvenzforderungen (§ 38 InsO); (4) Nachrangige Insolvenzforderungen (etwa aus Gesellschafterdarlehen, § 39 InsO). Absonderungsberechtigte Gläubiger, dh solche, deren Forderungen gegen den Schuldner durch ein Sicherungsrecht (§§ 49 ff. InsO) an einem zur Insolvenzmasse gehörigem Gegenstand abgesichert sind, dürfen sich vor allen anderen Gläubigern aus dem Erlös des verwerteten Sicherungsguts befriedigen. Führt dies nicht zur vollständigen Befriedigung der Forderung des absonderungsberechtigten Gläubigers, so kann dieser für den insoweit „ausgefallenen" Teil der Forderung (quotale) Befriedigung aus der Insolvenzmasse – als Insolvenzgläubiger – verlangen (§ 52 InsO), wenn der Schuldner ihm gegenüber auch persönlich haftet. Wer auf Grund eines dinglichen oder persönlichen Rechts ein sog. Aussonderungsrecht geltend machen kann, nimmt nicht am Insolvenzverfahren teil; er hat vielmehr einen Anspruch auf Aussonderung (§§ 47 f. InsO).

[86] Das Konzept basiert auf der grundlegenden Entscheidung des BGH vom 18.7.2002 (IX ZR 195/01, NZI 2002, 543); zuletzt etwa BGH 24.1.2019 – IX ZR 110/17, NZI 2019, 274; vgl. hierzu insgesamt *Laroche* NZI 2010, 965.

[87] Hierzu instruktiv *Ganter* NZI 2020, 249.

31 Die Bestellung des vorläufigen Insolvenzverwalters hat zunächst keine Auswirkungen auf das Schicksal der bestehenden **Arbeitsverhältnisse;**[88] sämtliche gesetzlichen, tariflichen, betriebsverfassungsrechtlichen und arbeitsvertraglichen Vorschriften und Regelungen bleiben in ihrer Geltung grundsätzlich unberührt.[89] Wird ein „schwacher" vorläufiger Insolvenzverwalter bestellt, bleibt der Schuldner Arbeitgeber und ist mithin befugt, alle dem Arbeitgeber zustehenden Rechte aus dem Arbeitsverhältnis auszuüben.[90] Er bleibt insbesondere zur Kündigung des Arbeitsvertrages nach den allgemeinen Vorschriften[91] berechtigt; gleichsam treffen ihn auch alle aus dem Arbeitsverhältnis abgeleiteten Pflichten.[92] Den „schwachen" vorläufigen Insolvenzverwalter kann das Insolvenzgericht kraft Einzelermächtigung zur Ausübung bestimmter, grundsätzlich dem Schuldner als Arbeitgeber zustehender Befugnisse autorisieren.[93] Von dieser Möglichkeit wird in der Praxis etwa in Bezug auf die Kündigungsbefugnis des Arbeitgebers Gebrauch gemacht, welche qua Einzelermächtigung auf den „schwachen" vorläufigen Insolvenzverwalter übergeht.[94] Eine pauschale Ermächtigung des „schwachen" vorläufigen Verwalters zur „Ausübung der Arbeitsverhältnisse" genügt indes nicht den Anforderungen an die (hinreichende) Bestimmtheit einer Einzelermächtigung iSd § 22 Abs. 2 InsO;[95] erforderlich ist vielmehr, dass in der Ermächtigung die konkreten Befugnisse des vorläufigen Insolvenzverwalter hinreichend bestimmt bezeichnet werden.[96]

32 In Bezug auf einen „schwachen" vorläufigen Insolvenzverwalter qualifiziert das BAG auch den Arbeitsvertrag selbst als „Gegenstand", so dass sämtliche Rechtshandlungen des Schuldners, welche sich in einer irgendwie gearteten Weise rechtsgestaltend auswirken (dh insbesondere Vertragsschluss, -änderung und -kündigung), zu den zustimmungspflichtigen Verfügungen des Schuldners zählen können.[97] Erforderlich, aber auch ausreichend für eine nach diesen Maßgaben wirksame Kündigung ist daher, dass sowohl Schuldner als auch „schwacher" vorläufiger Insolvenzverwalter in einer nach außen dokumentierten Weise gemeinschaftlich zusammenwirken.[98] Für die Praxis hat dies zur Folge, dass der „schwache" vorläufige Insolvenzverwalter mit Zustimmungsvorbehalt bei gesetzlich angeordneter Schriftform (zB gem. §§ 623 BGB, 14 TzBfG, 11 BBiG) die Erklärungen des Schuldners gleichwohl mitunterzeichnen muss.[99] Liegt die Zustimmung des vorläufigen Insolvenzverwalters im Zeitpunkt des Ausspruchs der Kündigung nicht vor, kann der Arbeitnehmer diese gem. §§ 111 S. 2, 3 iVm § 182 Abs. 3 BGB zurückweisen.[100]

33 Im Fall der Bestellung eines **„starken" vorläufigen Insolvenzverwalters** geht auch die Arbeitgeberfunktion auf diesen über.[101] Er ist daher grundsätzlich zur Kündigung der bestehenden Arbeitsverhältnisse befugt, wobei er sich insoweit nicht auf die erst ab Verfah-

---

[88] Gottwald/Haas InsR-HdB/*Bertram/Künzl* § 102 Rn. 18; auf das gesamte Eröffnungsverfahren abstellend Göpfert/Schöne/*Grosser* § 16 Rn. 1.

[89] Gottwald/Haas InsR-HdB/*Bertram/Künzl* § 102 Rn. 19a.

[90] Die Gerichte für Arbeitssachen sind an die (mit der Determinierung der Arbeitgebereigenschaft einhergehenden) Anordnung des Insolvenzgerichts gebunden und dürfen diese nicht im Hinblick auf ihre Zweckmäßigkeit hin untersuchen; vgl. *Berscheid* ZInsO 1998, 9 (11).

[91] Arbeitsrechtliche Sonderregelungen, wie sie für das eröffnete Insolvenzverfahren bestehen (→ Rn. 139 ff.), sieht die Insolvenzordnung für das Eröffnungsverfahren grundsätzlich nicht vor.

[92] Zu einer umfassenden Beschreibung des arbeitsrechtlichen Status eines „schwachen" vorläufigen Insolvenzverwalters vgl. KS-InsO/*Berscheid* Kap. 34 Rn. 24; ebenso Uhlenbruck/*Sinz* InsO § 22 Rn. 65.

[93] Zum Konzept der Einzelermächtigung → Rn. 30.

[94] Vgl. MüKoInsO/*Haarmeyer/Schildt* § 22 Rn. 110; *Laroche* NZI 2010, 965 (966); *Berscheid* ZInsO 1998, 9 (12).

[95] OLG Saarbrücken 22.5.2014 – 4 U 99/13, NZI 2014, 804; allgemein zur Unzulässigkeit einer Pauschalermächtigung K. Schmidt/*Thole* InsO § 55 Rn. 41.

[96] BAG 16.2.2012 – 6 AZR 553/10, NJW 2012, 2058 (2062).

[97] BAG 10.10.2002 – 2 AZR 532/01, NZI 2003, 509; Gottwald/Haas InsR-HdB/*Bertram/Künzl* § 102 Rn. 20.

[98] Berscheid/Kunz/Brand/Nebeling PraxArbR/*Hützen* § 60 Rn. 10.

[99] Uhlenbruck/*Ries* InsO § 22 Rn. 64.

[100] Gottwald/Haas InsR-HdB/*Bertram/Künzl* § 102 Rn. 20.

[101] Insoweit von einem „Quasi-Arbeitgeber" sprechend KS-InsO/*Berscheid* Kap. 34 Rn. 16.

renseröffnung geltenden Sondervorschriften der §§ 113, 120 InsO (→ Rn. 141 ff. u. 154 ff.) berufen kann.[102] Eine etwaige Kündigungsschutzklage ist demnach gegen den „starken" vorläufigen Insolvenzverwalter zu richten.[103]

bb) Bestellung eines vorläufigen Sachwalters. Soll das eröffnete Insolvenzverfahren in Eigenverwaltung durchgeführt werden, damit die Geschäftsleitung des Schuldners die Verwaltungs- und Verfügungsbefugnis behält und den Sanierungsprozess unter der Aufsicht eines Sachwalters steuern kann (→ Rn. 76 ff.), ist es seit der ESUG-Reform möglich, dass das Insolvenzgericht auf Antrag des Schuldners – bereits im Insolvenzeröffnungsverfahren – anstelle eines vorläufigen Insolvenzverwalters einen vorläufigen Sachwalter bestellt.[104] Entsprechend dem Zweck der Eigenverwaltung bleibt hierdurch die Kontrolle auch bereits im Zeitraum zwischen Insolvenzantragstellung und Eröffnung des Insolvenzverfahrens bei der Geschäftsleitung. Dies verhindert, dass ein vorläufiger Insolvenzverwalter bereits im Insolvenzeröffnungsverfahren unumkehrbare Tatsachen schafft, die eine spätere Anordnung der Eigenverwaltung erschweren oder sogar unmöglich machen.[105] Der gesamte Sanierungsprozess kann somit frühzeitig unter der Aufsicht eines (vorläufigen) Sachwalters durch die eigenverwaltende Geschäftsleitung vorbereitet und durchgeführt werden; verfahrenstechnisch stehen dem Schuldner dazu die **vorläufige Eigenverwaltung** und das sog. **Schutzschirmverfahren** zur Verfügung. 34

(1) Vorläufige Eigenverwaltung: Seit der ESUG-Reform sollte das Insolvenzgericht von der Bestellung eines vorläufigen Insolvenzverwalters absehen, wenn der Antrag auf Eigenverwaltung nicht offensichtlich aussichtslos war, dh, wenn Umstände für das Gericht erkennbar waren, welche mit überwiegender Wahrscheinlichkeit zur Nichtanordnung der Eigenverwaltung im eröffneten Verfahren führen (§ 270a Abs. 1 InsO aF).[106] In diesem Fall behält die Geschäftsleitung des Schuldners grundsätzlich die Verwaltungs- und Verfügungsbefugnis über sein Vermögen. Anstelle eines vorläufigen Insolvenzverwalters wird ein **vorläufiger Sachwalter** bestellt, dessen Hauptaufgabe die Prüfung und Überwachung der wirtschaftlichen Lage des Schuldners und seiner eigenverwaltenden Geschäftsführung ist (§§ 270b Abs. 1 S. 1, 274 Abs. 2 InsO).[107] Die weiten Mitwirkungsrechte des vorläufigen Gläubigerausschusses, sofern bestellt, kommen dabei ebenfalls zur Geltung. Beispielsweise ist dem vorläufigen Gläubigerausschuss vor der Bestellung des vorläufigen Sachwalters Gelegenheit zur Äußerung zu geben (§§ 270b Abs. 1 S. 1, 274 Abs. 1, 56a InsO). Wenngleich dies (bislang) gesetzlich nicht ausdrücklich geregelt war, konnte das Insolvenzgericht nach der Rechtsprechung des BGH den Schuldner durch eine entsprechende Anordnung zur Begründung von Masseverbindlichkeiten ermächtigen.[108] Damit ist es der Geschäftslei- 35

[102] BAG 20.1.2005 – 2 AZR 134/04, NZA 2006, 1352 (1353); Uhlenbruck/*Ries* InsO § 22 Rn. 62.

[103] MüKoInsO/*Haarmeyer/Schildt* § 22 Rn. 110.

[104] Der erforderliche Antrag wird in der Regel bereits mit dem Antrag auf Eröffnung eines Insolvenzverfahrens verbunden.

[105] Bis zur ESUG-Reform musste im Eröffnungsverfahren praktisch immer zunächst ein vorläufiger Insolvenzverwalter bestellt werden; die Eigenverwaltung konnte somit erst mit der Eröffnung des Insolvenzverfahrens beginnen. In der Praxis führte sie daher bis zur ESUG-Reform ein „Schattendasein". Im Jahr 2011 wurde beispielsweise lediglich in 0,6% der Unternehmensinsolvenzen eine Eigenverwaltung angeordnet; vgl. *Kranzusch* ZinsO 2012, 683. Zu den weiteren Schwächen vgl. *auch Westpfahl/Janjuah* ZIP-Beil. 2008, S. 1 (S. 24 ff.); *Vallender* GmbHR 2012, 445 (446); *Derksen* S. 258 ff.; zu den Vor- und Nachteilen von Schutzschirmverfahren und vorläufiger Eigenverwaltung vgl. etwa *Schelo* ZIP 2012, 712.

[106] Maßstab für die vom Insolvenzgericht zu treffende Prognoseentscheidung waren die in § 270 Abs. 2 InsO aF geregelten Anordnungsvoraussetzungen; dh die Anordnung der vorläufigen Eigenverwaltung durfte offensichtlich keine Nacheile für die Gläubiger erwarten lassen; vgl. KPB InsO/*Pape* § 270a Rn 16; Uhlenbruck/*Zipperer* InsO § 270a Rn. 3. Vgl. zu den Anordnungsvoraussetzungen im eröffneten Verfahren (→ Rn. 77 ff.).

[107] In der Praxis werden regelmäßig solche Personen als (vorläufige) Sachwalter bestellt, die in Regelinsolvenzverfahren als (vorläufige) Insolvenzverwalter tätig sind.

[108] Vgl. grundlegend BGH 22.11.2018 – IX ZR 167/16, NJW 2019, 224. Dadurch wurde das für die Praxis wichtige Konzept der Einzelermächtigung des schwachen vorläufigen Insolvenzverwalters (→ Rn. 30) auf

tung – entsprechend einem „schwachen" vorläufigen Insolvenzverwalter (→ Rn. 30) – möglich, die Fortführung des Geschäftsbetriebs sicherzustellen und (erste) Sanierungsmaßnahmen – wie etwa die Insolvenzgeldvorfinanzierung (→ Rn. 137 f.) – einzuleiten und umzusetzen.[109]

36 Durch das **Gesetz zur Fortentwicklung des Sanierungs- und Insolvenzrechts (SanInsFoG)**, das im Wesentlichen am 1.1.2021 in Kraft getreten ist, hat der Gesetzgeber umfassende Anpassungen an den Regelungen der (vorläufigen) Eigenverwaltung vorgenommen.[110] Dabei sollen im Wesentlichen die Zugangs- und Anordnungsvoraussetzungen erhöht werden, um sicherzustellen, dass die beantragte Eigenverwaltung an den Interessen der Gläubiger ausgerichtet ist und ungeeignete Verfahren der Eigenverwaltung „entzogen" werden.[111]

37 Ausdrücklich ist nunmehr geregelt, welche notwendigen Unterlagen einem Antrag auf Anordnung der Eigenverwaltung beizufügen sind.[112] Gesetzlich als **Eigenverwaltungsplanung** definiert, soll diese folgende Angaben und Unterlagen enthalten (§ 270a Abs. 1 InsO):

- einen Finanzplan, der den Zeitraum von sechs Monaten abdeckt und eine fundierte Darstellung der Finanzierungsquellen enthält, durch welche die Fortführung des gewöhnlichen Geschäftsbetriebes und die Deckung der Kosten des Verfahrens in diesem Zeitraum sichergestellt werden soll,
- ein Konzept für die Durchführung des Insolvenzverfahrens, welches auf Grundlage einer Darstellung von Art, Ausmaß und Ursachen der Krise das Ziel der Eigenverwaltung und die Maßnahmen beschreibt, welche zur Erreichung des Ziels in Aussicht genommen werden,
- eine Darstellung des Verhandlungstands mit Gläubigern, den am Schuldner beteiligten Personen und Dritten zu den in Aussicht genommenen Maßnahmen,
- eine Darstellung der Vorkehrungen, die der Schuldner getroffen hat, um seine Fähigkeit sicherzustellen, insolvenzrechtliche Pflichten zu erfüllen, und
- eine begründete Darstellung etwaiger Mehr- oder Minderkosten, die im Rahmen der Eigenverwaltung im Vergleich zu einem Regelverfahren und im Verhältnis zur Insolvenzmasse voraussichtlich anfallen werden.

38 Nach § 270a Abs. 2 InsO hat der Schuldner nunmehr zudem zu erklären,

- ob, in welchem Umfang und gegenüber welchen Gläubigern er sich in Zahlungsverzug befindet[113],

---

die vorläufige Eigenverwaltung übertragen. Zu den Rechtsunsicherheiten und dem (vorherigen) Streitstand vgl. Uhlenbruck/*Zipperer* InsO § 270a Rn. 16 ff. Nach der SanInsFoG-Reform (siehe dazu sogleich unter Rn. 42) hat diese Möglichkeit einer gerichtlichen Ermächtigung zur Begründung von Masseverbindlichkeiten nunmehr eine gesetzliche Grundlage erhalten (vgl. § 270c Abs. 4 S. 1 InsO). Ebenfalls neu gefasst wurde in diesem Zusammenhang § 55 Abs. 4 InsO, wonach nun – entgegen der bisherigen Rechtsprechung des BGH (22.11.2018 – IX ZR 167/16, NJW 2019, 224) – im Rahmen der vorläufigen Eigenverwaltung durch den Schuldner begründete Umsatzsteuerverbindlichkeiten im Insolvenzverfahren Masseverbindlichkeiten darstellen. Vgl. dazu *Schmittmann* ZRI 2020, 649 (651).

[109] Die Begründung von Masseverbindlichkeiten ist für die Fortführung des Geschäftsbetriebs regelmäßig von übergeordneter Bedeutung, da sich wesentliche Geschäftspartner (insb. Warenlieferanten) schwerlich auf die Eingehung einer Lieferverpflichtung einlassen, wenn sie befürchten müssen, ihren Gegenleistungsanspruch nur als Insolvenzforderung geltend machen zu können; vgl. zutreffend BGH IX ZR 167/16, NJW 2019, 224 (225).

[110] BGBl. 2020 I 3256; vgl. dazu etwa *Gehrlein* BB 2021, 61 ff.

[111] Vgl. RegE-SanInsFoG, BT-Drs. 19/24181, S. 235. Die gesetzlichen Vorschläge orientieren sich dabei an den Ergebnissen und Vorschlägen der ESUG-Evaluation; vgl. *Jacoby/Madaus/Sack/Schmidt/Thole* S. 79 f., 112 ff.

[112] In der Praxis haben die Insolvenzgerichte bislang ganz unterschiedliche Anforderungen an einen Antrag auf Anordnung der Eigenverwaltung gestellt; vgl. *Jacoby/Madaus/Sack/Schmidt/Thole* S. 57 ff.

[113] Dies gilt im Bezug auf Arbeitsverhältnisse, Pensionszusagen, Steuerschulden, Sozialversicherungsträger und Lieferanten.

- ob und in welchen Verfahren zu seinen Gunsten innerhalb der letzten drei Jahre vor dem Antrag Vollstreckungs- oder Verwertungssperren[114] angeordnet wurden und
- ob er für die letzten drei Geschäftsjahre seinen handelsrechtlichen Offenlegungspflichten nachgekommen ist[115].

Ist die Eigenverwaltungsplanung aus Sicht des Insolvenzgerichts vollständig und schlüssig und sind keine Umstände bekannt, aus denen sich ergibt, dass die Eigenverwaltungsplanung in wesentlichen Punkten auf unzutreffenden Tatsachen beruht, ist das Insolvenzgericht gehalten, einen vorläufigen Sachwalter zu bestellen (§ 270b Abs. 1 S. 1 InsO).[116] Einem vorläufigen Gläubigerausschuss ist vor Erlass der Entscheidung Gelegenheit zur Äußerung zu geben; an einen einstimmigen Beschluss für oder gegen die Anordnung ist das Gericht gebunden (§ 270b Abs. 3 S. 3 u. 4 InsO). 39

(2) Schutzschirmverfahren: Alternativ hat der Schuldner die Möglichkeit, im Zeitraum zwischen dem Eröffnungsantrag und der Verfahrenseröffnung innerhalb von maximal **drei Monaten** einen Sanierungsplan in Eigenverwaltung zu erstellen, der anschließend – im eröffneten Insolvenzverfahren – durch einen Insolvenzplan umgesetzt wird (sog. **Schutzschirmverfahren**) (§ 270d InsO)[117]. Die Umsetzung eines Insolvenzplans im eröffneten Verfahren ist allerdings nicht zwingend; stellt sich im Schutzschirmverfahren oder im eröffneten Verfahren heraus, dass eine Veräußerung im Wege der übertragenden Sanierung (→ Rn. 58 ff. u. 195 ff.) der Umsetzung eines Insolvenzplans vorzuziehen ist, kann auch diese durch die eigenverwaltende Geschäftsleitung durchgeführt und umgesetzt werden.[118] Denn bei dem Schutzschirmverfahren – wie auch der vorläufigen Eigenverwaltung – handelt es sich (lediglich) um eine besondere Verfahrensart des Insolvenzeröffnungsverfahrens. Dieses endet mit der Eröffnung des Insolvenzverfahrens, das im Anschluss nach der Idee des Gesetzgebers (weiterhin) in Eigenverwaltung (→ Rn. 76 ff.) durchgeführt wird. Liegen die Voraussetzungen einer Eigenverwaltung beim Übergang in das Insolvenzverfahren allerdings nicht (mehr) vor, wird das eröffnete Verfahren als Regelinsolvenzverfahren (→ Rn. 54 ff.) durchgeführt.[119] 40

Das Schutzschirmverfahren setzt neben einem Antrag des Schuldners voraus, dass (i) bei dem schuldnerischen Unternehmen lediglich eine **drohende Zahlungsunfähigkeit** (§ 18 InsO) oder **Überschuldung** (§ 19 InsO) vorliegt, aber noch **keine Zahlungsunfähigkeit** (§ 17 InsO) eingetreten ist, und (ii) die angestrebte **Sanierung nicht offensichtlich aussichtslos** ist, was durch eine Bescheinigung darzulegen ist, die von einem in Insolvenzsachen erfahrenen Steuerberater, Wirtschaftsprüfer oder Rechtsanwalt oder einer Person mit vergleichbarer Qualifikation zu erstellen ist (§ 270d Abs. 1 S. 1 InsO).[120] Um Unternehmen auch während der COVID-19-Pandemie den Zugang zum Schutzschirmverfahren zu ermöglichen, ist temporär für das Jahr 2021 geregelt, dass ein Antrag auch bei Vorliegen einer Zahlungsunfähigkeit iSd § 17 InsO unter gewissen Umständen möglich ist.[121] 41

---

[114] Vgl. → Rn. 47; für Sicherungsmaßnahmen nach dem StaRUG vgl. → Rn. 109 f.

[115] Insbesondere nach §§ 325 ff. HGB oder § 339 HGB (Offenlegung der Jahresabschlüsse, etc).

[116] Sind die Kosten der Eigenverwaltung und Fortführung des Geschäftsbetriebs nicht gedeckt (oder übersteigen die Kosten die eines Regelinsolvenzverfahrens) oder liegen bspw. Zahlungsrückstande vor, kann das Insolvenzgericht im Rahmen einer Gesamtwürdigung gleichwohl einen vorläufigen Sachwalter bestellen (§ 270b Abs. 2 InsO).

[117] Bis zum (weitestgehenden) Inkrafttreten des Gesetzes zur Fortentwicklung des Sanierungs- und Insolvenzrechts (SanInsFoG) am 1.1.2021 war das Schutzschirmverfahren in § 270b InsO aF geregelt.

[118] BGH 3.12.2019 – II ZR 457/18, NZI 2020, 285; *Reus/Höfer/Harig* NZI 2019, 57 (60).

[119] Möglich ist die Aufhebung eines Schutzschirmverfahrens – und der vorläufigen Eigenverwaltung – auch bereits während des Eröffnungsverfahrens. Durch das SanInsFoG wurden die Aufhebungsvoraussetzungen angepasst und einheitlich für das Schutzschirmverfahrens und die vorläufige Eigenverwaltung in § 270e InsO geregelt. Vgl. dazu *Thole* NZI-Beil. 2021, 90 (93); *Frind* ZIP 2021, 171 (179 f.).

[120] Vgl. zu den Insolvenzgründen → Rn. 12 ff.

[121] Hierzu ist es grundsätzlich erforderlich, dass der Schuldner eine Bescheinigung nach § 270d Abs. 1 S. 1 InsO vorlegt, in der bestätigt wird, dass er am 31.12.2019 nicht zahlungsunfähig war, im letzten vor dem 1.1.2020 abgeschlossenen Geschäftsjahr ein positives Ergebnis aus der gewöhnlichen Geschäftstätigkeit er-

42 Auch im Schutzschirmverfahren wird ein vorläufiger Sachwalter bestellt, wobei dem Schuldner ein **Vorschlagsrecht** zusteht, das Vorschlägen des vorläufigen Gläubigerausschusses vorgeht (§ 270d Abs. 2 S. 2 InsO).[122] Die Möglichkeit der Ermächtigung des Schuldners auf Antrag zur **Begründung von Masseverbindlichkeiten** ist nach der SanInsFoG-Reform unter denselben Voraussetzungen möglich wie im Fall der vorläufigen Eigenverwaltung (§ 270c Abs. 4 S. 1 InsO).[123]

42a In der Praxis war bis zum Ausbruch der COVID-19-Pandemie zu beobachten, dass das Schutzschirmverfahren insbesondere bei Großverfahren zunehmend an Bedeutung verlor und eine vorläufige Eigenverwaltung gemäß § 270a InsO aF weitestgehend bevorzugt wurde.[124] In der jüngeren Vergangenheit lässt sich allerdings – insbesondere mit Beginn der COVID-19-Pandemie – die Tendenz erkennen, dass das Schutzschirmverfahren vermehrt zum Einsatz kommt[125], wobei in der öffentlichen Wahrnehmung zum Teil fälschlicherweise der Eindruck entstanden ist, es handele sich dabei nicht um ein Insolvenzverfahren.[126]

43 **cc) Bestellung eines vorläufigen Gläubigerausschusses.** Unabhängig von der Verfahrensart prüft das Insolvenzgericht frühzeitig, ob nach §§ 21 Abs. 2 S. 1 Nr. 1a, 22a InsO ein **vorläufiger Gläubigerausschuss** einzusetzen ist.[127] Mit der Bestellung eines vorläufigen Gläubigerausschusses soll sichergestellt werden, dass die Gläubiger frühzeitig und effektiv an der Gestaltung und Abwicklung des Insolvenzverfahrens mitwirken können, zumal wesentliche Entscheidungen für die Verfahrensart und den -ablauf häufig bereits zu Beginn und während des Eröffnungsverfahren getroffen werden (→ Rn. 51). Insbesondere mit Blick auf die vom Insolvenzgericht im Eröffnungsverfahren zu treffenden verfahrensleitenden Entscheidungen – wie etwa der Bestellung eines vorläufigen Insolvenzverwalters oder der Entscheidung darüber, ob eine vorläufige Eigenverwaltung oder ein Schutzschirmverfahren unter der Aufsicht eines vorläufigen Sachwalters angeordnet wird – stehen dem vorläufigen Gläubigerausschuss weitgehende Mitspracherechte zu (→ Rn. 29). Die durch die ESUG-Reform (→ Rn. 1 u. 7) intendierte Stärkung der Gläubigerautonomie zeigt sich darin, dass die Einsetzung eines vorläufigen Gläubigerausschusses unter bestimmten Voraussetzungen verpflichtend ist. Dies gilt zum einen, wenn das schuldnerische Unternehmen zwei der drei folgenden in § 22a Abs. 1 InsO genannten Schwellenwerte erreicht (sog. **Pflichtausschuss**):

- mindestens **6 Mio. Euro Bilanzsumme** nach Abzug eines nicht durch Eigenkapital gedeckten Fehlbetrags im Sinne des § 268 Abs. 3 HGB;
- mindestens **12 Mio. Euro Umsatzerlöse** in den letzten zwölf Monaten vor dem Abschlussstichtag;
- im Jahresdurchschnitt mindestens **50 Arbeitnehmer.**[128]

---

wirtschaftet hat und im Jahr 2020 einen erheblichen Einbruch des Umsatzes zu verzeichnen hatte, der sich auf mindestens 30% des Vorjahresumsatzes beläuft (§ 6 COVInsAG). Unter diesen Voraussetzungen sollen auch Zahlungsrückstände gegenüber bestimmten Gläubigern der Anordnung einer vorläufigen Eigenverwaltung nicht entgegenstehen. Vgl. hierzu *Seagon* NZI-Beil. Heft 5/2021, 12.

[122] Hiervon kann das Insolvenzgericht nur abweichen, wenn der vorgeschlagene vorläufige Sachwalter offensichtlich ungeeignet ist (§ 270d Abs. 2 S. 3 InsO).

[123] Im Fall des Schutzschirmverfahrens gab es hierfür – anders als bei der vorläufigen Eigenverwaltung – bereits vor der Reform eine gesetzliche Grundlage in § 270b Abs. 3 S. 1 InsO aF

[124] Vgl. *Jacoby/Madaus/Sack/Schmidt/Thole* S. 10. Zu den wesentlichen Unterschieden zwischen der vorläufigen Eigenverwaltung nach §§ 270a ff. InsO und dem Schutzschirmverfahren nach § 270d InsO vgl. *Derksen* S. 356 ff.

[125] Zum Beispiel: *Galeria Karstadt Kaufhof, Esprit, Hallhuber.*

[126] Dies lässt sich ua auch auf die Kommunikation der eigenverwaltenden Schuldner bei Einleitung des Verfahrens zurückführen. Vgl. etwa *WirtschaftsWoche* vom 8.4.2020 („Eine Insolvenz ist eine Insolvenz ist eine Insolvenz").

[127] Die gesetzliche Grundlage für die Einsetzung eines vorläufigen Gläubigerausschusses resultiert aus der ESUG-Reform aus dem Jahr 2012 (→ Rn. 1 u. 7); sie zählt zu den wichtigsten Änderungen zur Stärkung der Gläubigerrechte.

[128] Die Schwellenwerte sind allein in Bezug auf das betroffene Unternehmen zu ermitteln, dh eine konsolidierte Betrachtung unter Einbeziehung weiterer (Konzern)Gesellschaften/Beteiligungen erfolgt nicht. Im

Ein vorläufiger Gläubigerausschuss ist grundsätzlich auch dann einzusetzen, wenn (i) das schuldnerische Unternehmen selbst, (ii) der vorläufige Insolvenzverwalter oder (iii) ein Gläubiger nach § 22a Abs. 2 InsO die Einsetzung beantragt und dem Antrag Einverständniserklärungen der als Mitglieder des Ausschusses benannten Personen beifügt (sog. **Antragsausschuss**). Eine entsprechende Einsetzungspflicht entfällt jedoch, wenn (i) der Geschäftsbetrieb des Schuldners eingestellt ist, (ii) die Einsetzung des vorläufigen Gläubigerausschusses im Hinblick auf die zu erwartende Insolvenzmasse unverhältnismäßig ist oder (iii) die mit der Einsetzung verbundene Verzögerung zu einer nachteiligen Veränderung der Vermögenslage des Schuldners führen würde (§ 22a Abs. 3 InsO). Wenn auch in der Praxis selten, kann das Insolvenzgericht auch unabhängig von dem Vorliegen der Voraussetzungen des § 22a Abs. 1 bzw. Abs. 2 InsO nach pflichtgemäßem Ermessen einen vorläufigen Gläubigerausschuss einsetzen (§ 21 Abs. 2 S. 1 Nr. 1a InsO) (sog. **Ermessensausschuss**).[129] 44

Gemäß § 67 Abs. 2 InsO soll der vorläufige Gläubigerausschuss aus einem Vertreter der absonderungsberechtigten Gläubiger (§§ 49 ff. InsO), der ungesicherten Großgläubiger, der **Arbeitnehmer** sowie der Kleingläubiger bestehen. Es können aber auch solche Personen Mitglieder des vorläufigen Gläubigerausschusses sein, die erst mit der Eröffnung des Insolvenzverfahrens Gläubiger werden, wie etwa der **Pensionssicherungsverein (PSVaG)** oder der Kreditversicherer (§ 21 Abs. 2 Nr. 1a Hs. 2 InsO).[130] Seit dem 1.1.2021 können zudem auch „Nicht-Gläubiger" in den Gläubigerausschuss berufen werden (§ 21 Abs. 2 S. 1 Nr. 1a InsO iVm. § 67 Abs. 3 InsO). Damit wird klargestellt, dass insbesondere auch eine Beteiligung von **Gewerkschaftsvertretern** im Eröffnungsverfahren zulässig ist.[131] Ein klagbarer Anspruch auf die Berufung eines Arbeitnehmervertreters in den vorläufigen Gläubigerausschuss besteht allerdings nicht[132]; die Zusammensetzung des Ausschusses liegt vielmehr im Ermessen des Insolvenzgerichts.[133] 45

Da der vorläufige Gläubigerausschuss nach dem Mehrheitsprinzip entscheidet (§ 76 Abs. 2 InsO), wird ein vierköpfiger Ausschuss, wie in § 67 Abs. 2 InsO im Grundsatz vorgesehen, regelmäßig vermieden.[134] Praxisgerechter ist vielmehr eine ungerade Anzahl von Mitgliedern; in aller Regel werden daher drei, fünf oder sieben Mitglieder bestellt.[135] 46

dd) Weitere Sicherungsmaßnahmen. Damit eine Unternehmensfortführung nicht bereits im Insolvenzeröffnungsverfahren unmöglich wird, steht dem Insolvenzgericht schließlich die Möglichkeit zu, anhängige Vollstreckungsmaßnahmen von Gläubigern einstweilen einzustellen und/oder künftige Vollstreckungsmaßnahmen durch Gläubiger zu untersagen (§ 21 Abs. 2 S. 1 Nr. 3 InsO). Ferner kann das Insolvenzgericht eine Anordnung dahinge- 47

Rahmen einer Konzerninsolvenz besteht aber die Möglichkeit, einen sog. Gruppen-Gläubigerausschuss einzusetzen (→ Rn. 89).

129 Dazu insgesamt *Mock* ZInsO 2019, 1991; *Pape/Schultz* ZIP 2015, 1662; *Grell/Klockenbrink* DB 2013, 1038.

130 Vgl. Uhlenbruck/*Vallender* InsO § 22a Rn. 55; K. Schmidt/*Hölzle* InsO § 22a Rn. 43.

131 Mangels Verweis auf § 67 Abs. 3 InsO war dies bislang umstritten; vgl. *Wroblewski* ZInsO 2014, 115 (118); *Heeseler/Neu* NZI 2012, 440; vgl. auch *Jacoby/Madaus/Sack/Schmidt/Thole* S. 244 f. Der Gesetzgeber betont in diesem Zusammenhang, dass gerade die Beteiligung von Gewerkschaften auch im vorläufigen Verfahren gewinnbringend sein könne, da diesen bei einer Sanierung oftmals eine entscheidende Rolle zufalle und sie die Verhältnisse des Unternehmens möglicherweise besser kennen würden als Lieferanten, Kunden oder sonstige Gläubiger; vgl. Begr. RegE-SanInsFoG, BT-Drs. 19/24181, S. 229.

132 MüKoInsO/*Schmid-Burgk* § 67 Rn. 13; *Frege* NZG 1999, 478 (480).

133 Zu Einschränkungen des gerichtlichen Ermessensspielraums, K. Schmidt/*Jungmann* InsO § 67 Rn. 28.

134 KPB/*Kübler* InsO § 67 Rn. 20; K. Schmidt/*Hölzle* InsO § 22a Rn. 43; *Frind* ZInsO 2011, 2249 (2251) („kaum funktionsfähig"). Nach der Grundlagenentscheidung des BGH vom 5.3.2009 (IX ZB 148/08, NZI 2009, 386) muss ein Gläubigerausschuss mit mindestens zwei Mitgliedern besetzt sein.

135 Insbesondere bei kleineren und mittelgroßen Verfahren wird allerdings vermehrt berichtet, dass die Bestellung eines vorläufigen Gläubigerausschusses mangels Bereitschaft potentieller Ausschussmitglieder zunehmend schwieriger wird; ähnlich *Frind* NZI 2020, 865 (868); *Pollmächer/Siemon* NZI 2018, 625 (627). Neben Haftungsrisiken (§ 71 InsO) wird dies zum Teil auch auf vergütungsbezogene Aspekte (§ 73 InsO) zurückgeführt.

hend treffen, dass Gegenstände, die im Falle der Eröffnung des Insolvenzverfahrens von § 166 InsO erfasst würden[136] oder deren Aussonderung verlangt werden könnte (etwa aufgrund bestellter Sicherheiten zugunsten von Finanzgläubigern), vom Gläubiger nicht verwertet oder eingezogen werden dürfen, soweit sie zur Fortführung des Unternehmens von erheblicher Bedeutung sind (§ 21 Abs. 2 S. 1 Nr. 5 InsO).[137]

b) Vorgespräch mit dem Insolvenzgericht

48 Seit dem 1.1.2021 steht dem Schuldner ein Anspruch auf die Durchführung eines **Vorgesprächs mit dem Insolvenzgericht** über die für das Verfahren relevanten Gegenstände zu, sofern mindestens zwei der drei in § 22a Abs. 1 InsO aufgezählten Kriterien zur Bestellung eines vorläufigen Gläubigerausschusses (dh, eines sogenannten Pflichtausschusses (→ Rn. 43)) erfüllt sind (§ 10a Abs. 1 S. 1 InsO).[138] Werden zwei der drei Schwellenwerte nicht erreicht, kann das Insolvenzgericht nach freiem Ermessen ein Vorgespräch mit dem Schuldner durchführen (§ 10a Abs. 1 S. 2 InsO). Als für das Verfahren relevante Gegenstände nennt § 10a Abs. 1 S. 1 InsO – nicht abschließend – die Voraussetzungen für eine Eigenverwaltung, die Eigenverwaltungsplanung (→ Rn. 37), die Besetzung des vorläufigen Gläubigerausschusses, die Person des vorläufigen Insolvenzverwalters oder Sachwalters, etwaige weitere Sicherungsanordnungen und die Ermächtigung zur Begründung von Masseverbindlichkeiten.[139] Ausweislich der Gesetzesbegründung basiert die geplante Einführung der Vorschrift auf der im Rahmen der ESUG-Evaluation zutreffend gewonnenen Erkenntnis, dass eine Vorabstimmung mit dem Insolvenzgericht seitens der Praxis als wesentlicher Erfolgsfaktor für eine erfolgreiche Eigenverwaltung angesehen wird.[140] Insbesondere bei größeren Verfahren fanden bereits bislang regelmäßig (informelle) Vorgespräche mit den Insolvenzgerichten bzw. -richtern statt; in der jüngeren Vergangenheit wurde aber in der Praxis vereinzelt vorgetragen, dass sich Insolvenzrichter entsprechenden Vorgesprächen – nicht zuletzt mangels gesetzlicher Regelung – teilweise versperren würden.

c) Ablauf und Beendigung

49 Aufgrund des sog. Insolvenzgeldes bzw. der Insolvenzgeldvorfinanzierung dauert das Eröffnungsverfahren in der Regel **drei Monate.**[141] In diesem Zeitraum ist der vorläufige Insolvenzverwalter grundsätzlich zur **Betriebsfortführung** des Unternehmens verpflichtet. Für den „starken" vorläufigen Insolvenzverwalter ergibt sich dies ausdrücklich aus § 22 Abs. 1 S. 2 Nr. 2 InsO. Aber auch der „schwache" vorläufige Insolvenzverwalter ist aufgrund der allgemeinen Insolvenzzielbestimmung in § 1 InsO verpflichtet, an der Fortführung des schuldnerischen Unternehmens mitzuwirken und diese zu überwachen[142]; jedenfalls mit-

[136] Dazu zählt etwa das Sicherungseigentum, das nach § 51 Nr. 1 InsO wie ein gesetzlich normiertes Absonderungsrecht behandelt wird. Vgl. hierzu in Zusammenhang mit einer CTA-Struktur → I Rn. 151 ff.

[137] Vgl. dazu etwa Gottwald/Haas InsR-HdB/*Vuia* § 14 Rn. 44 ff. und 51 ff.

[138] Die Regelung ist im Rahmen der sog. SanInsFoG-Reform eingeführt worden. Vgl. dazu → Rn. 3.

[139] Mit Zustimmung des Schuldners soll das Gericht zukünftig auch Gläubiger anhören können, insbesondere um deren Bereitschaft für eine Mitgliedschaft in einem vorläufigen Gläubigerausschuss zu erörtern (§ 10a Abs. 2 InsO). Kritisch dazu *Frind* NZI 2020, 865 (867).

[140] Vgl. Begr. Reg-E SanInsFoG, S. 227; Gottwald/Haas InsR-HdB/*Haas* § 84 Rn. 26; *Frind* NZI 2020, 865 (867).

[141] Zum Schutz der Entgeltforderungen der Arbeitnehmer sichert die von der Gesamtheit der Arbeitgeber umlagefinanzierte (§§ 358–361 SGB III) Insolvenz-Versicherung rückständige Arbeitsentgelt- sowie Beitragsansprüche der Arbeitnehmer bei Insolvenz des Arbeitgebers für einen Zeitraum von maximal drei Monaten. Das Insolvenzgeld ist ein wirksames Mittel zur Liquiditätsschöpfung und dient damit der Fortführungsfinanzierung in der Insolvenz, zumal der Zeitraum zwischen Insolvenzantragstellung und Auszahlung des Insolvenzgeldes regelmäßig durch Vorfinanzierung des Insolvenzgeldes überbrückt wird (sog. Insolvenzgeldvorfinanzierung). Vgl. hierzu → Rn. 127 ff.

[142] BGH 26.4.2007 – IX ZB 160/06, NZI 2007, 461; *Hölzle* ZIP 2011, 1889 (1890).

telbar steuert er diese in der Praxis ohnehin regelmäßig, indem er nur solchen Verfügungen des Schuldners zustimmt, die einer zweckmäßigen Fortführung dienen.[143]

Zur Verwertung des schuldnerischen Unternehmens als Ganzem oder wesentlicher Vermögensgegenstände ist der „starke" vorläufige Insolvenzverwalter nach überwiegender Ansicht in Rechtsprechung und Literatur grundsätzlich aber (noch) nicht befugt.[144] Insbesondere aus diesem Grund werden im Eröffnungsverfahren in der Regel keine Veräußerungen des gesamten Unternehmens oder ertragskräftiger Betriebe im Wege eines *„Asset Deal"* oder von Anteilen an (nicht insolventen) Tochtergesellschaften oder Beteiligungen im Wege eines *„Share Deal"* vorgenommen.[145] Zur Stilllegung des schuldnerischen Unternehmens ist der „starke" vorläufige Insolvenzverwalter grundsätzlich ebenfalls nicht berechtigt. Droht allerdings durch die Unternehmensfortführung eine erhebliche Verminderung des Vermögens, kann der Verwalter beim Insolvenzgericht die Zustimmung zur **Stilllegung** des Unternehmens beantragen, wenn ausschließlich diese zur Abwendung weitergehender Vermögensminderungen geeignet ist (vgl. § 22 Abs. 1 S. 2 Nr. 2 InsO); zur Stilllegung des Betriebs bzw. zum Ersuchen um die Zustimmung des Gerichts ist er **verpflichtet,** wenn er dies für erforderlich hält, um weitergehende Minderungen des schuldnerischen Vermögens zu vermeiden.[146] 50

In der Praxis werden die **wesentlichen Weichenstellungen** für das weitere Verfahren häufig bereits innerhalb des vorläufigen Insolvenzverfahrens gelegt; sowohl bei der Bestellung eines vorläufigen Insolvenzverwalters als auch im Rahmen einer vorläufigen Eigenverwaltung oder eines Schutzschirmverfahrens. Kommt etwa eine Veräußerung des Unternehmens in Betracht, wird regelmäßig bereits in dieser Phase ein **M&A-Prozess** (ggf. als Bieterverfahren) eingeleitet und (vor-)verhandelt oder (parallel) ein Insolvenzplan erarbeitet.[147] Im Übrigen finden bereits in diesem Stadium regelmäßig Abstimmungen und Verhandlungen mit den wesentlichen *Stakeholdern* statt, dh insbesondere mit den besicherten und unbesicherten (Groß-)Gläubigern, potentiellen Investoren, Alt-Anteilseignern und Arbeitnehmer(vertretern); aber auch mit wesentlichen Vertragspartnern und Lieferanten.[148] 51

Das Insolvenzeröffnungsverfahren wird durch die Entscheidung des Gerichts über die Eröffnung des Insolvenzverfahrens beendet. Gelangt das Insolvenzgericht zur Überzeugung, dass die allgemeinen Eröffnungsvoraussetzungen erfüllt sind, eröffnet es das Insolvenzverfahren.[149] Reicht das Vermögen des Schuldners voraussichtlich nicht aus, um die Kosten zu decken, weist das Insolvenzgericht den Antrag auf Eröffnung des Insolvenzverfahrens ab und hebt die vorstehend beschriebenen Sicherungsmaßnahmen auf (§ 25 52

---

[143] Vgl. MüKoInsO/*Haarmeyer/Schildt* § 22 Rn. 135; Braun/*Böhm* InsO § 22 Rn. 28.

[144] Vgl. dazu etwa K. Schmidt/Uhlenbruck/*Schluck-Amend* Rn. 5.567 ff. Vgl. dazu auch → Rn. 30.

[145] Hinzu kommt ua, dass die insolvenzrechtlichen Haftungsprivilegien nur nach Eröffnung des Insolvenzverfahrens gelten (→ Rn. 198) und die Insolvenzanfechtungstatbestände (§§ 129 ff. InsO) auch bzgl. solcher Rechtshandlungen zur Anwendung kommen können, die im Eröffnungsverfahren getroffen werden; so unterliegen Rechtshandlungen des „schwachen" vorläufigen Insolvenzverwalters ohne Einzelermächtigung uneingeschränkt der Insolvenzanfechtung, soweit sie dem Schuldner zurechenbar sind. Werden hingegen durch einen „starken" bzw. „schwachen" vorläufigen Insolvenzverwalters mit Einzelermächtigung Masseverbindlichkeiten begründet und wird dadurch ein schutzwürdiger Vertrauenstatbestand geschaffen, scheidet eine Insolvenzanfechtung aus. Dazu eingehend *Denkhaus/Ziegenhagen* Rn. 100 ff.

[146] Vgl. MüKoInsO/*Haarmeyer/Schildt* § 22 Rn. 87.

[147] Ausdrücklich geregelt ist seit dem 1.1.2021, dass der vorläufige Gläubigerausschuss bereits im Eröffnungsverfahren den Schuldner oder den vorläufigen Sachwalter mit der Ausarbeitung eines Insolvenzplans beauftragen kann (§ 284 Abs. 1 S. 2 InsO).

[148] Instruktiv hierzu Gottwald/Haas InsR-HdB/*Haas* § 84 Rn. 26; Buth/Hermanns Restrukturierung/*Fröhlich/ Bächstädt* § 22 Rn. 136.

[149] Die Eröffnung erfolgt durch den sog. Eröffnungsbeschluss des Insolvenzgerichts (§ 27 ff. InsO). Die öffentliche Bekanntmachung erfolgt gem. § 9 Abs. 1 InsO ua durch Veröffentlichung im Internet (www.insolvenzbekanntmachungen.de). Den Gläubigern und Schuldnern des Schuldners und dem Schuldner selbst ist der Beschluss besonders zuzustellen (§ 30 Abs. 2 InsO).

InsO).[150] Rechtshandlungen des vorläufigen Insolvenzverwalters während des Eröffnungsverfahrens bleiben allerdings wirksam (§ 34 Abs. 3 S. 3 InsO analog).[151]

4. Unternehmenssanierung und -restrukturierung in der Insolvenz

53 Wird das Insolvenzverfahren eröffnet, richtet sich der Fortgang des Verfahrens nach der jeweiligen Verfahrensart – Regelinsolvenzverfahren, Insolvenzplanverfahren, Insolvenzverfahren in Eigenverwaltung –, deren Weichenstellung, wie vorstehend beschrieben, regelmäßig bereits im Eröffnungsverfahren erfolgt (→ Rn. 51). Dies gilt insbesondere im Hinblick auf die Entscheidung, ob das Insolvenzverfahren in Eigenverwaltung durch die Geschäftsleitung unter Aufsicht eines Sachwalters oder durch einen Insolvenzverwalter gesteuert wird. Die Eigenverwaltung kann allerdings auch noch nachträglich im eröffneten Verfahren – insbesondere durch die Gläubigerversammlung – angeordnet werden (§ 271 InsO), was in der Praxis aber nur in Ausnahmefällen vorkommt. Eine Aufhebung mit der Folge eines „Wechsels" in das Regelinsolvenzverfahren – und damit verbunden der Bestellung eines Insolvenzverwalters – kommt ebenfalls in Betracht (§ 272 InsO).[152]

a) Regelinsolvenzverfahren und übertragende Sanierung

54 Wie einleitend bereits erwähnt, erfolgt das Insolvenzverfahren in den weitaus überwiegenden Fällen als sog. Regelinsolvenz.[153] Sofern ein Dritter (Investor) bereit ist, das gesamte Unternehmen, einzelne (ertragskräftige) Betriebe oder wesentliche Vermögensgegenstände zu erwerben, erfolgt die Veräußerung durch den Insolvenzverwalter nahezu ausschließlich im Wege eines *Asset Deal* (übertragende Sanierung).[154]

55 **aa) Wesentlicher Ablauf.** Mit der Eröffnung des Insolvenzverfahrens geht die **Verfügungsbefugnis** über das zur Insolvenzmasse gehörende Vermögen auf den vom Gericht im Eröffnungsbeschluss ernannten **Insolvenzverwalter** über (§ 80 Abs. 1 InsO). Verfügungen des Schuldners über einen Gegenstand der Insolvenzmasse sind grundsätzlich unwirksam (§ 81 Abs. 1 S. 1 InsO); auch wenn keine Verfügung des Schuldners und keine Zwangsvollstreckung für einen Insolvenzgläubiger zugrunde liegt, können Rechte an den Gegenständen der Insolvenzmasse nicht wirksam erworben werden (§ 91 Abs. 1 InsO).[155] Der Rechtserwerb an Massegegenständen – etwa zum Zwecke eines Erwerbs des schuldnerischen Unternehmens – ist demnach nur noch aufgrund einer Verfügung des Insolvenzverwalters nach § 80 Abs. 1 InsO möglich.[156] Wurde zuvor im Eröffnungsverfahren

---

[150] Die Abweisung unterbleibt ua dann, wenn ein ausreichender Geldbetrag vorgeschossen wird (§ 26 Abs. 1 InsO). Zur Gewährung von sog. Massekrediten vgl. *Ganter* NZI 2020, 249.

[151] KPB/*Blankenburg* InsO § 25 Rn. 22; Uhlenbruck/*Pape* § 34 Rn. 31.

[152] In den ersten fünf Jahren nach Einführung des ESUG sind 22% der als Eigenverwaltung eröffneten Verfahren in das Regelverfahren gewechselt; bezieht man auch die Übergänge im Eröffnungsverfahren mit in die Betrachtung ein, kann sogar eine Quote von 41% festgestellt werden, vgl. BCG-Studie „Fünf Jahre ESUG", S. 9. Zu weiteren empirischen und rechtstatsächlichen Feststellungen im Zusammenhang mit der Aufhebung der Eigenverwaltung vgl. auch *Jacoby/Madaus/Sack/Schmidt/Thole* S. 112f. Auch vor diesem Hintergrund sind die in § 272 InsO geregelten Aufhebungsvoraussetzungen im Zuge der SanInsFoG-Reform modifiziert worden.

[153] Die ESUG-Reform hat allerdings dazu geführt, dass insbesondere große Unternehmensinsolvenzen zunehmend in Eigenverwaltung durchgeführt werden (vgl. Rn. 7 u. 76ff.). Ob und inwieweit die Eigenverwaltung – ua durch die Einführung des präventiven Restrukturierungsverfahrens – an Bedeutung verlieren wird, bleibt abzuwarten. Vgl. dazu → Rn. 76.

[154] Vgl. dazu auch im Einzelnen → Rn. 58f. u. 195ff.

[155] Der gute Glaube an den Inhalt öffentlicher Register bleibt allerdings geschützt; unberührt bleiben etwa die §§ 878, 892, 893 BGB (§§ 81 Abs. 1 S. 2, 91 Abs. 2 InsO).

[156] Daneben bleibt ein Rechtserwerb aufgrund von Zwangsvollstreckungsmaßnahmen nach Maßgabe der §§ 89, 90 InsO möglich, vgl. Andres/Leithaus/*Leithaus* InsO § 91 Rn. 2.

ein vorläufiger Insolvenzverwalter bestellt, wird dieser in aller Regel auch zum Insolvenzverwalter im eröffneten Insolvenzverfahren bestellt.

Das Gericht bestimmt im Eröffnungsbeschluss einen **Berichtstermin,** der innerhalb der ersten sechs Wochen nach Bekanntmachung des Eröffnungsbeschlusses stattfinden soll und spätestens drei Monate nach Bekanntmachung anzusetzen ist (§ 29 InsO).[157] Bis zum Berichtstermin ist es zunächst die Aufgabe des Insolvenzverwalters, die verschiedenen Gläubiger zu identifizieren und zu erfassen sowie die Substanz der Insolvenzmasse in Besitz zu nehmen und zu sichern (§ 148 Abs. 1 InsO).[158] Dabei kommen ihm verschiedene Regelungen zugute, die darauf abzielen, im Interesse einer **Unternehmensfortführung** die schuldnerische **Vermögenssubstanz** zu erhalten und die **Liquidität** zu verbessern. Hierzu zählen neben dem Vollstreckungsschutz (§§ 88 ff. InsO) insbesondere: die Möglichkeit, Vermögensverschiebungen zu Lasten der Insolvenzmasse im Wege der Insolvenzanfechtung rückgängig zu machen (§§ 129 ff. InsO), die Verfolgung potentieller Haftungsansprüche gegen Dritte, wie etwa die bisherige Geschäftsleitung[159], und die vereinfachte Lösung von Vertragsverhältnissen durch Erfüllungsablehnung oder vorzeitige Kündigung (§§ 103 ff. InsO). Hinzu kommen arbeitsrechtliche Erleichterungen, wie etwa kürzere Kündigungsfristen für Arbeitsverhältnisse und Betriebsvereinbarungen (§§ 113, 120 InsO) und die beschleunigte Durchführung von Betriebsänderungen (§ 122 InsO) (vgl. dazu ausführlich → Rn. 139 ff.). Die vorgenannten Regelungen dienen regelmäßig dazu, eine **operative Sanierung** des Unternehmens vorzubereiten und umzusetzen bzw. zu erleichtern. 56

Im Berichtstermin hat der Insolvenzverwalter der Gläubigerversammlung, in der die vom Verfahren betroffenen Gläubiger vertreten sind (§ 74 Abs. 1 S. 2 InsO), über die wirtschaftliche Lage des Schuldners und ihre Ursachen zu berichten und darzulegen, inwiefern Sanierungsmöglichkeiten bestehen (§ 156 InsO).[160] Nach den gesetzlichen Regelungen beschließt die Gläubigerversammlung (erst) auf dieser Grundlage über den Fortgang des Verfahrens, dh insbesondere darüber, ob das Unternehmen des Schuldners **stillgelegt** oder vorläufig (weiterhin) **fortgeführt** werden soll, und ob der Insolvenzverwalter einen **Insolvenzplan** (→ Rn. 60 ff.) ausarbeiten soll (§ 157 S. 1 u. 2 InsO). Soweit die Beschlüsse der Gläubigerversammlung[161] nicht entgegenstehen, dh insbesondere kein Insolvenzplan entworfen und zur Abstimmung gestellt werden soll, hat der Insolvenzverwalter nach dem Berichtstermin das zur Insolvenzmasse gehörende Vermögen unverzüglich zu verwerten (§ 159 InsO). 57

bb) Übertragende Sanierung. Die Verwertung erfolgt in der Praxis häufig durch Veräußerung des gesamten Unternehmens, einzelner (ertragskräftiger) Betriebe oder wesentlicher Vermögensgegenstände im Wege eines *Asset Deal* an einen Dritten (übertragende Sanierung) (vgl. dazu im Einzelnen → Rn. 195 ff.). Der erhaltene Kaufpreis wird zur Befriedigung der Insolvenzgläubiger verwendet und die insolvente Verkäufergesellschaft 58

---

157 Der Eröffnungsbeschluss enthält unter anderem auch: (1) Aufforderung an die Gläubiger, ihre Forderungen innerhalb einer bestimmten Frist beim Insolvenzverwalter anzumelden (§ 28 Abs. 1 InsO); (2) Aufforderung an die Gläubiger, dem Insolvenzverwalter unverzüglich mitzuteilen, welche Sicherungsrechte sie an beweglichen Sachen oder Rechten des Schuldners in Anspruch nehmen (§ 28 Abs. 2 InsO); (3) Terminbestimmung für die Gläubigerversammlung, in der die angemeldeten Forderungen geprüft werden (sog. Prüfungstermin) (§ 29 Abs. 1 Nr. 2 InsO).

158 Vgl. hierzu Beck/Depré Insolvenz/*Holzer* § 9 Rn. 1 ff.; Uhlenbruck/*Sinz* InsO § 148 Rn. 35. Soweit der Insolvenzverwalter seiner Pflicht zur Sicherung der Insolvenzmasse (bzw. zur Herbeiführung der „Soll-Masse") nicht nachkommt, zieht dies regelmäßig einschneidende haftungsrechtliche Konsequenzen nach sich (vgl. § 60 InsO). Vgl. dazu etwa Gottwald/Haas InsR-HdB/*Pechartscheck* § 22 Rn. 26 ff. u. § 23 Rn. 18 ff.

159 Dies umfasst insbesondere mögliche Schadenersatzansprüche wegen Insolvenzverschleppung (→ Rn. 25 f.).

160 Seit dem 1.1.2021 können Gläubigerversammlungen auch in virtueller Form abgehalten werden (§ 4 S. 2 InsO iVm § 128a ZPO).

161 Ein Beschluss der Gläubigerversammlung kommt gemäß § 76 Abs. 2 InsO zustande, wenn die Summe der Forderungsbeträge der zustimmenden Gläubiger mehr als die Hälfte der Summe der Forderungsbeträge der abstimmenden Gläubiger beträgt (Summenmehrheit).

anschließend liquidiert; eine Sanierung des insolventen Rechtsträgers erfolgt – anders als regelmäßig im Rahmen eines Insolvenzplans – nicht.[162] Bei einer Konzerninsolvenz – bspw. mit mehreren insolventen und nicht insolventen Gesellschaften – kann eine übertragende Sanierung auch mit einem Insolvenzplan kombiniert werden.[163]

59 Um den Gläubigern ausgehend von dem Verfahrensziel der bestmöglichen Gläubigerbefriedigung die „lukrativste" Verfahrensart im Wege einer sog. Vergleichsrechnung präsentieren zu können (s. auch → Rn. 64), führt der (vorläufige) Insolvenzverwalter häufig einen sog. **„Dual-Track" Investorenprozess** durch.[164] Dabei werden – in der Regel bereits im Eröffnungsverfahren – die (verbindlichen) Gebote potentieller Investoren sowohl in Bezug auf einen Anteilserwerb im Wege eines Insolvenzplans als auch eine übertragende Sanierung eingeholt.[165] Die wesentlichen Entscheidungen über die Fortführung des Geschäftsbetriebes und die Art der Verwertung werden daher nicht selten bereits im Eröffnungsverfahren bzw. vor dem Berichtstermin – insbesondere unter Einbeziehung des vorläufigen Gläubigerausschusses – getroffen (→ Rn. 51). Auch die Entscheidung darüber, ob ein Insolvenzplan in Frage kommt, wird (faktisch) häufig bereits vor dem Berichtstermin – nicht selten noch früher – getroffen. Dies liegt zum einen daran, dass die vorhandene Liquidität eine Fortführung des Geschäftsbetriebes oftmals nur zeitlich begrenzt zulässt (sofern nicht beispielsweise ein Massekredit zur Verfügung gestellt wird)[166]; zum anderen verringert sich die Chance auf eine optimale Masseverwertung mit zunehmender Verfahrensdauer.[167] In der Praxis wird daher nicht selten bereits vor dem Berichtstermin eine zügige Veräußerung angestrebt und umgesetzt; selten erfolgt eine Unterzeichnung des Kaufvertrages mehr als drei Monate nach Eröffnung des Insolvenzverfahrens.[168] In der jüngeren Vergangenheit war in der Praxis zudem zu beobachten, dass die betroffenen Großgläubiger (wie etwa die beteiligten Finanzgläubiger) – trotz der durch das ESUG verbesserten Sanierungsinstrumente (Insolvenzplan und Eigenverwaltung) – häufig eine zügige übertragende Sanierung bevorzugen, um ein mitunter langwieriges und kostenintensives Insolvenzplanverfahren zu vermeiden.

b) Insolvenzplanverfahren

60 In einem Insolvenzplan können (i) die Befriedigung der Gläubiger, (ii) die Verwertung und Verteilung der Insolvenzmasse, (iii) die Haftung des Schuldners nach der Beendigung des Insolvenzverfahrens und (iv) die Verfahrensabwicklung abweichend von den Vorschriften für das Regelinsolvenzverfahren weitgehend frei geregelt werden (§ 217 Abs. 1 S. 1 InsO). Seit der ESUG-Reform kann zudem in die **(Mitgliedschafts-/Anteils-)Rechte** der am insolventen Schuldner beteiligten Anteilseigner eingegriffen werden (§§ 217 Abs. 1 S. 2, 225a InsO). Ein Insolvenzplanverfahren wird daher in der Praxis überwiegend zur

[162] Zur Unterscheidung zwischen der Sanierung des Unternehmens und des Unternehmensträgers vgl. *Bork*, Rn. 4; *K. Schmidt*, HandelsR § 3 Rn. 44ff.; *Derksen* S. 40ff.

[163] Wie etwa im Fall der Insolvenz der *Senvion-Gruppe*, im Rahmen dessen durch Umsetzung mehrerer Insolvenzpläne (in Eigenverwaltung) und eines Ausgliederungsprozesses ausgewählte Vermögenswerte an einen Investor veräußert wurden.

[164] Vgl. hierzu auch → Rn. 84 in Bezug auf die Eigenverwaltung.

[165] Vgl. Uhlenbruck/*Lüer/Streit* InsO § 220 Rn. 16; BeckOK InsO/*Geiwitz/von Danckelmann* § 220 Rn. 25ff.; kritisch mit Blick auf die Kosten Beck/Depré Insolvenz/*Zimmer* § 47 Rn. 162. In den ersten fünf Jahren nach Einführung des ESUG wurde in ca. zwei Dritteln aller Fälle parallel zum Insolvenzplan ein Verkaufsprozess durchgeführt (M&A-Dual-Track), vgl. BCG-Studie „5 Jahre ESUG", S. 5.

[166] Braun/*Böhm* InsO § 22 Rn. 48; MAH Insolvenz/*Heye* § 39 Rn. 32.

[167] *Hagebusch/Oberle* NZI 2006, 618 (621); vgl. auch MüKoInsO/*Janssen* § 158 Rn. 12.

[168] Zum Teil erfolgt die Unterzeichnung des Kaufvertrages – selbst in größeren Verfahren – am Tag der Eröffnung des Insolvenzverfahrens oder innerhalb weniger Tage oder Wochen danach. Die rechtliche Zulässigkeit ergibt sich aus § 158 Abs. 1 InsO, der seit dem 1.7.2007 auch eine vor dem Berichtstermin vorgenommene Veräußerung des Unternehmens erfasst; Gesetz zur Vereinfachung des Insolvenzverfahrens v. 13.4.2007, vgl. BGBl. 2007 I S. 509. Die Zulässigkeit einer Unternehmensveräußerung war bis zu dieser Gesetzesänderung umstritten; vgl. zur Diskussion *Spieker* NZI 2002, 472.

Sanierung des insolventen Unternehmensträgers genutzt **(Sanierungsplan).**[169] Hieraus ergibt sich einer der wesentlichen Vorteile im Vergleich zu einer übertragenden Sanierung: Rechtspositionen, die nicht oder nur mit Schwierigkeiten und Kosten im Rahmen einer übertragenden Sanierung auf die Erwerbergesellschaft übertragen werden können, bleiben „bestehen".[170]

Anders als bei einer übertragenden Sanierung im Wege eines *Asset Deal* (→ Rn. 54ff.) 61
können Investoren Anteile an dem sanierten Unternehmensträger im Rahmen eines *Share Deal* erwerben und/oder sich hieran – etwa durch Umsetzung eines **Debt-Equity-Swap** – beteiligen. Insbesondere bei einer Konzerninsolvenz – etwa mit mehreren insolventen und nicht insolventen Gesellschaften – kann eine übertragende Sanierung auch mit einem Insolvenzplan kombiniert werden (→ Rn. 84ff.). In der Praxis hat sich mittlerweile in einer Vielzahl von Fällen gezeigt, dass eine finanzielle und operative Unternehmenssanierung innerhalb eines Insolvenzplanverfahrens – ggf. in Eigenverwaltung (→ Rn. 76ff.) – (verhältnismäßig) rechts- und planungssicher umgesetzt werden kann.[171] Dies ist auch weitgehend das Ergebnis der vom Gesetzgeber im Jahr 2017/2018 durchgeführten ESUG-Evaluation.[172] Im Hinblick auf das Insolvenzplanverfahren kommen dabei regelmäßig die arbeitsrechtlichen Instrumente, wie etwa kürzere Kündigungsfristen für Arbeitsverhältnisse und Betriebsvereinbarungen (§§ 113, 120 InsO) und die beschleunigte Durchführung von Betriebsänderungen (§ 122 InsO) (vgl. dazu und zu weiteren arbeitsrechtlichen Besonderheiten ausführlich → Rn. 139ff.) zur Anwendung.[173]

aa) Vorlage, Inhalt und Gestaltungsmöglichkeiten. Zur Vorlage eines Insolvenzplans 62
sind nach § 218 Abs. 1 InsO der Schuldner und der Insolvenzverwalter berechtigt. Die Gläubiger haben kein Initiativrecht, jedoch kann die Gläubigerversammlung den Insolvenzverwalter mit der Ausarbeitung eines solchen Plans beauftragen (§§ 157 S. 2, 218 Abs. 2 InsO). Wie vorstehend beschrieben, fällt die Entscheidung darüber, ob ein Insolvenzplan erarbeitet und zur Abstimmung gestellt werden soll, (faktisch) häufig bereits im Eröffnungsverfahren oder innerhalb der ersten Wochen nach Eröffnung des Insolvenzverfahrens (→ Rn. 53). Bei der Erstellung des Insolvenzplans wirken Arbeitnehmervertretungsgremien (Betriebsrat, Sprecherausschuss) beratend mit (§ 218 Abs. 3 InsO).

Nach § 219 InsO soll der Insolvenzplan aus einem darstellenden Teil und einem gestal- 63
tenden Teil bestehen. Der **darstellende Teil** beschreibt, welche Maßnahmen nach der Eröffnung des Insolvenzverfahrens getroffen worden sind oder noch getroffen werden sollen, um die Grundlagen für die geplante Gestaltung der Rechte der Beteiligten zu schaffen (§ 220 InsO). Er muss alle sonstigen Angaben zu den Grundlagen und den Auswirkungen des Plans enthalten, die für die Entscheidung der Beteiligten über die Zustimmung zum Insolvenzplan und für dessen gerichtliche Bestätigung erheblich sind.[174] Bei einer angestrebten Sanierung gibt der darstellende Teil daher das **Sanierungskonzept** wieder, durch

---

[169] Uhlenbruck/*Lüer/Streit* InsO § 220 Rn. 3; *Derksen* S. 49f., 190f. Der Insolvenzplan kann auch eine übertragende Sanierung oder Liquidation des schuldnerischen Unternehmens regeln, was in der Praxis aber Ausnahmen darstellt; vgl. Andres/Leithaus/*Dahl/Andres* § 217 Rn. 7; 12ff.

[170] Dies betrifft etwa Lizenzen, Genehmigungen, Zertifizierungen oder für das Unternehmen günstige langfristige Verträge, die für die Fortführung des Geschäftsbetriebes wesentliche Bedeutung haben; vgl. *Bitter/Laspeyres* ZIP 2010, 1157. Steuerliche Erwägungen können ebenfalls relevant sein.

[171] Zu nennen sind etwa die Fälle *Pfleiderer AG* (2012), *IVG Immobilien AG* (2014); *Senvion* (2019). Vgl. Schmidt/*Seibt/Westpfahl* § 225a Rn. 13 mit instruktiver Übersicht diverser Praxisfälle. Weitere Beispiele aus der Praxis und entsprechende Erfahrungsberichte finden sich bei *Pleister* GWR 2013, 220; Buth/Hermanns Restrukturierung/*Buth/Hermanns* § 38 Rn. 1ff.

[172] *Jacoby/Madaus/Sack/Schmidt/Thole* S. 299ff.

[173] Vgl. etwa Brünkmans/Thole Hbd-Insolvenzplan/*Krings* § 38 Rn. 1ff.

[174] BGH 26.4.2018 – IX ZB 49/17, NZI 2018, 691 (694); BGH 15.7.2010 – IX ZB 65/10, NJW-RR 2011, 51 (54).

das die Befriedigung der Gläubiger herbeigeführt werden soll.[175] Dieses umfasst unter anderem:

(1) Allgemeine Angaben zu Unternehmensdaten, der derzeitigen wirtschaftlichen Lage des Schuldners und den Ursachen der Insolvenz;
(2) Erklärung der Gruppenbildung (dazu sogleich → Rn. 71) und den geplanten Rechtsänderungen der Beteiligten sowie deren wirtschaftlichen Folgen;
(3) Angaben zur Sanierungsfähigkeit und Darstellung der umgesetzten und beabsichtigten organisatorischen und personellen Maßnahmen zur Wiederherstellung der Ertragskraft; wie etwa Personalanpassungsmaßnahmen (zB Sozialpläne und Interessensausgleiche; Beschäftigungs- und Qualifizierungsgesellschaften (vgl. dazu → Rn. 218 ff.).

64 Als elementarer wesentlicher Bestandteil des Insolvenzplans enthält der darstellende Teil zudem eine **Vergleichsrechnung,** in der im Wesentlichen die zu erwartende Insolvenzquote für die Szenarien Insolvenzplan, übertragende Sanierung (sofern möglich) und Zerschlagung/Liquidation gegenübergestellt werden.[176] Durch die Vergleichsrechnung ist darzulegen, dass kein Beteiligter durch den Insolvenzplan schlechter gestellt wird, als er ohne den Plan stünde.[177]

65 Bei einem Sanierungsplan, der die Fortführung des Unternehmens und eine Befriedigung der Gläubiger aus den künftigen Erträgen vorsieht, ist gemäß § 229 InsO

(1) eine Vermögensübersicht beizufügen, in der die Vermögensgegenstände und die Verbindlichkeiten, die sich bei einem Wirksamwerden des Insolvenzplans gegenüberstehen, mit ihren Werten aufgeführt sind;
(2) darzustellen, welche Aufwendungen und Erträge für den Zeitraum, in dem die Gläubiger befriedigt werden sollen, zu erwarten sind (Ertragsplan, dh Gewinn- und Verlustrechnungen); und
(3) darzulegen, durch welche Abfolge von Einnahmen und Ausgaben die Zahlungsfähigkeit des Unternehmens innerhalb dieses Zeitraums gewährleistet werden soll (Finanzplan, dh Liquiditätsrechnungen).

66 In dem **gestaltenden Teil** des Insolvenzplans wird gemäß § 221 InsO festgelegt, wie die Rechtsstellung der Beteiligten durch den Insolvenzplan geändert werden soll.[178] Einschränkungen im Hinblick auf die Gestaltungsmöglichkeiten ergeben sich grundsätzlich va durch gesellschafts- und verfassungsrechtliche Grenzen.[179] Als Sanierungsbeiträge der Gläubiger sieht der gestaltende Teil regelmäßig **Stundungen** und/oder **Forderungsverzichte** (ggf. mit Besserungsschein) zum Zwecke einer finanziellen Sanierung vor.[180] Wie schon erwähnt, kann der Insolvenzplan seit der ESUG-Reform in seinem gestaltenden Teil auch Eingriffe in die Rechte der am Schuldner beteiligten Anteilseigner und jede gesellschaftsrechtlich zulässige Regelung vorsehen (§ 225a InsO). Die dadurch aufgegebene Trennung

[175] Beispiele für den darstellenden Teil finden sich bei Kübler HRI/*Rendels/Zabel* § 52; Brünkmans/Thole Hdb-Insolvenzplan/*Brünkmans* § 40.

[176] Ein anschauliches Beispiel findet sich bei Beck/Depré Insolvenz/*Exner/Wittman* § 43 Rn. 19; instruktiv zur Aufstellung der Vergleichsrechnung auch Kübler HRI/*J. Schmidt* § 34 Rn. 1 ff.

[177] Durch das SanInsFoG, das im Wesentlichen am 1.1.2021 in Kraft getreten ist, wurde § 220 Abs. 2 InsO dahingehend ergänzt, dass der darstellende Teil zukünftig zwingend eine Vergleichsrechnung enthalten muss. Dabei ist für die Ermittlung der voraussichtlichen Befriedigung ohne Insolvenzplan in der Regel zu unterstellen, dass das Unternehmen fortgeführt wird, wenn der Insolvenzplan – wie regelmäßig – eine solche Fortführung des Unternehmens vorsieht. Dies gilt nur dann nicht, wenn eine Veräußerung des Unternehmens oder eine anderweitige Fortführung aussichtslos ist, dh insbesondere eine übertragende Sanierung nicht in Betracht kommt (§ 220 Abs. 2 S. 2 InsO). Durch die Regelung soll verhindert werden, dass die Befriedigungsquote ohne Insolvenzplan künstlich klein gerechnet wird, vgl. Begr-RegE SanInsFoG, S. 232.

[178] Beispiele für den gestaltenden Teil finden sich bei Kübler HRI/*Rendels/Zabel* § 52; Brünkmans/Thole Hbd-Insolvenzplan/*Brünkmans* § 40.

[179] BeckOK InsO/*Geiwitz/von Danckelman* § 221 Rn. 7 mit Verweis auf *Bork* ZZP 1996, 473, der als weitere Grenze die „Fantasie des Planverfassers" nennt.

[180] Vgl. zu unterschiedlichen Gestaltungen Buth/Hermanns Restrukturierung/*Geiwitz* § 29 Rn. 66 ff.; Kübler HRI/*Balthasar,* § 26 Rn. 153 ff.

zwischen Gesellschafts- und Insolvenzrecht verhindert, dass die Anteilseigner – wie früher nicht selten – eine für alle (weiteren) Beteiligten sinnvolle Sanierung blockieren können. Bis zur ESUG-Reform war die – freiwillige, dh nicht erzwingbare – Mitwirkung der Anteilseigner zwingend erforderlich: Da eine Gesellschaft mit Eröffnung des Insolvenzverfahrens zunächst automatisch aufgelöst wird,[181] musste durch die Anteilseigner (außerhalb eines Insolvenzplans) immer ein entsprechend der gesellschaftsrechtlichen Vorgaben erforderlicher Fortsetzungsbeschluss[182] gefasst werden; und das auch, wenn keine weiteren gesellschaftsrechtlichen (Kapital-)Maßnahmen umgesetzt werden sollten. Bei Aktiengesellschaften und GmbH war daher regelmäßig eine Dreiviertelmehrheit der Anteilseigner erforderlich.[183] Durch die Generalklausel des § 225a Abs. 3 InsO, wonach jede gesellschaftsrechtlich zulässige Regelung im Insolvenzplan getroffen werden kann, ist es seit der ESUG-Reform möglich, dass ein solcher Fortsetzungsbeschluss durch den Insolvenzplan ersetzt bzw. in diesem geregelt werden kann, so dass die Fortführung des Unternehmens und damit das Gelingen der Sanierung nicht mehr zwingend von der Zustimmung der (Alt-)Anteilseigner abhängt (→ Rn. 7).

Von Bedeutung ist in der Praxis die Möglichkeit, gegen den Willen der (Alt-)Anteilseigner Gläubigerforderungen in Anteils- bzw. Mitgliedschaftsrechte am schuldnerischen Unternehmen umzuwandeln **(Debt-Equity-Swap)** (§ 225a Abs. 2 InsO).[184] Wie bereits erwähnt, kann der Insolvenzplan nach ganz überwiegender Auffassung auch eine Kapitalherabsetzung auf Null mit anschließender Bar-/Sachkapitalerhöhung unter vollständigem Ausschluss des Bezugsrechts der (Alt-)Anteilseigner vorsehen.[185] Dies ermöglicht eine vollständige Übernahme der Gesellschaft durch die (Groß-)Gläubiger oder einen von diesen befürworteten Investor.[186] Gegen seinen Willen kann ein Gläubiger jedoch nicht in eine Anteilseignerposition gedrängt werden. Der Ablauf und die technische Umsetzung eines solchen **Debt-Equity-Swap** sind im gestaltenden Teil darzulegen. Dabei ist auch die Bewertung der einzubringenden Forderungen anzugeben, wobei nach überwiegender Auffassung nicht auf den Nenn-, sondern auf den Verkehrswert abzustellen ist.[187] 67

Daneben stehen weitere vielfältige Gestaltungsmaßnahmen und Sanierungsoptionen zur Verfügung, wie etwa 68
(1) die Einrichtung oder Abschaffung fakultativer Gesellschaftsorgane,
(2) die Übertragung von Anteilsrechten,
(3) eine Sitzverlegung,

---

181 § 262 Abs. 1 Nr. 3 AktG, § 60 Abs. 1 Nr. 4 GmbHG, § 728 Abs. 1 BGB (GbR), § 131 Nr. 3 HGB (OHG), § 161 Abs. 2 HGB (KG).

182 Vgl. § 274 Abs. 2 Nr. 1 AktG; § 60 Abs. 1 Nr. 4 GmbHG; § 728 Abs. 1 BGB; § 144 Abs. 1 HGB; § 161 Abs. 2 HGB.

183 Vgl. zum Blockadepotential der Anteilseigner und den daraus resultierenden Umsetzungsproblemen eines Insolvenzplans bis zur ESUG-Reform *Westpfahl/Janjuah* ZIP-Beil. 2008, 1 ff.; *Derksen* S. 56 ff.

184 Zu den Vorteilen und zum Ablauf eines *Debt-Equity-Swap* vgl. Schmidt/*Seibt/Westpfahl* InsO § 225a Rn. 11 ff.; *Derksen* S. 68 ff.

185 Schmidt/*Seibt/Westpfahl* InsO § 225a Rn. 27 ff.; *Decher/Voland* ZIP 2013, 103 ff.; *Horstkotte/Martini* ZInsO 2012, 557 (563); aA *Simon/Merkelbach* NZG 2012, 121 (125 f.) Differenzierend *K. Schmidt* ZGR 2012, 566 (580).

186 Derartige Kapitalmaßnahmen sind zum Beispiel in den Insolvenzplanverfahren der *Pfleiderer AG* (2012) und der *IVG Immobilien AG* (2014) zur Anwendung gekommen, vgl. *Decher/Voland* ZIP 2013, 103; *Graf Brockdorff/Heintze/Rolle* BB 2014, 1859 (1865). Vgl. zu weiteren Fällen aus der Praxis Schmidt/*Seibt/Westpfahl* § 225a Rn. 13.

187 Dabei ist vor Einführung des SanInsFoG umstritten, ob die Forderungen nach Liquidations- oder Fortführungswerten *(going-concern)* zu bewerten sind; vgl. Schmidt/*Seibt/Westpfahl* InsO § 225a Rn. 33 ff.; *Derksen* S. 75 ff. Mit Einführung des § 220 Abs. 2 S. 3 InsO hat der Gesetzgeber nun klargestellt, dass die Fortführung des Unternehmens zu unterstellen ist, es sei denn, der Verkauf des Unternehmens oder eine anderweitige Fortführung ist aussichtslos (§ 220 Abs. 2 S. 4 InsO). Das Risiko einer Differenzhaftung, das aufgrund einer (potentiellen) Überbewertung der umzuwandelnden Forderungen besteht, ist allerdings bei einem *Debt-Equity-Swap* im Rahmen eines Insolvenzplanverfahrens gemäß § 254 Abs. 4 InsO gesetzlich ausgeschlossen, was einen nicht zu vernachlässigenden Vorteil gegenüber einem außergerichtlichen *Debt-Equity-Swap* darstellt; vgl. EKMP Private Equity/*Aleth/Derksen* Kap. VII. Rn. 28.

(4) die Zahlung von Abfindungen an ausscheidende Anteilsinhaber oder
(5) Satzungsänderungen.[188]

69 Möglich sind grundsätzlich auch **Umwandlungsmaßnahmen nach dem Umwandlungsgesetz** (Formwechsel,[189] Spaltungen[190] und Verschmelzungen[191]), die unter anderem in Konzerninsolvenzen praktische Relevanz erfahren (→ Rn. 88 f.).[192] Dabei werden die erforderlichen Umwandlungsbeschlüsse im Insolvenzplan geregelt und nach rechtskräftiger Planbestätigung wirksam.[193] Unstreitig dürfte inzwischen sein, dass eine aufgelöste und/oder insolvente Gesellschaft **als übertragender Rechtsträger** Umwandlungsobjekt sein kann.[194] Umstritten ist hingegen die Zulässigkeit im Fall einer aufgelösten und/oder insolventen Gesellschaft **als übernehmender Rechtsträger.**[195] Mangels spezialgesetzlicher Regelung gelten auch bei Umwandlungsmaßnahmen gemäß § 324 UmwG die Regelungen des Betriebsübergangs (§ 613a Abs. 1, 4 bis 6 BGB). Hierzu kann auf die Ausführungen zur übertragenden Sanierung verwiesen werden (→ Rn. 208 ff.), sofern es sich bei dem übertragenden Rechtsträger um eine sich im eröffneten Insolvenzverfahren befindliche Gesellschaft handelt.[196]

70 Durch das **Gesetz zur Fortentwicklung des Sanierungs- und Insolvenzrechts (SanInsFoG)**[197], das im Wesentlichen am 1.1.2021 in Kraft getreten ist, können zukünftig über die Gestaltungen eines Insolvenzplans auch Eingriffe in **gruppeninterne Drittsicherheiten** vorgenommen werden; der Eingriff ist allerdings angemessen zu entschädigen (§§ 217 Abs. 2, 223a InsO).[198] Die unmittelbare Eingriffsmöglichkeit in gruppeninterne Sicherheiten erleichtert vor allem die Sanierung im Konzernzusammenhang.

71 **bb) Gruppenbildung und Abstimmungsverfahren.** Bei der Festlegung der Rechte der Beteiligten sind im Insolvenzplan gemäß § 222 Abs. 1 S. 1 InsO Gruppen zu bilden, soweit Beteiligte mit unterschiedlicher Rechtsstellung betroffen sind. Nach § 222 Abs. 1 S. 2 InsO ist zwingend zwischen folgenden **Gruppen** von Beteiligten zu unterscheiden **(Pflichtgruppen):** (1) den absonderungsberechtigten Gläubigern, wenn der Insolvenzplan in ihre Rechte eingreift, (2) den nicht nachrangigen Insolvenzgläubigern, (3) den einzelnen Rangklassen der nachrangigen Insolvenzgläubiger, deren Forderungen allerdings gemäß § 225 Abs. 1 InsO als erlassen anzusehen sind, wenn im Insolvenzplan nichts anderes vorgesehen ist, und (4) den (Alt-)Anteilseignern, wenn in ihre Rechte eingegriffen werden

[188] Eingehend dazu Schmidt/*Seibt/Westpfahl* § 225a Rn. 79 ff.

[189] Von der Möglichkeit eines Formwechsels wurde in jüngerer Vergangenheit auch in dem viel beachteten Insolvenzplanverfahren des *Suhrkamp-Verlages* Gebrauch gemacht, welcher von einer GmbH & Co KG in eine Aktiengesellschaft (AG) umgewandelt wurde. Vgl. hierzu insgesamt mit Blick auf die Interessen der Gesellschafter *Schäfer* ZIP 2015, 1208.

[190] Vgl. zur Auf- und Abspaltung sowie Ausgliederung Uhlenbruck/*Hirte* InsO § 225a Rn. 44; *Madaus* ZIP 2012, 2133 (2136); *Schröder/Berner* NZI 2017, 837 mit einem Praxisbericht zu einer Ausgliederung im Rahmen eines Insolvenzplanverfahrens.

[191] Vgl. zur Unterscheidung einer Sanierungs- und Abwicklungsfusion *Madaus* ZIP 2012, 2133 (2134).

[192] Schmidt/*Seibt/Westpfahl* § 225a Rn. 79 ff.; ausführlich Kübler HRI/*Hölzle* § 31 Rn. 30 ff.

[193] Schmidt/*Seibt/Westpfahl* § 225a Rn. 108 ff.

[194] Reul/Heckschen/Wienberg InsR Gestaltungspraxis/*Heckschen* § 4 Rn. 593; Kübler HRI/*Madaus* § 33 Rn. 2 ff.

[195] Reul/Heckschen/Wienberg InsR Gestaltungspraxis/*Heckschen* § 4 Rn. 598; Kübler HRI/*Madaus* § 33 Rn. 8 ff.

[196] Ob auch für die in einem Insolvenzplan geregelte Spaltung die gesamtschuldnerische Nachhaftung nach § 133 UmwG gilt, ist umstritten. Vgl. hierzu einschließlich etwaiger Praxislösungen Schmidt/*Westpfahl/Seibt* Sanierungsrecht, § 225a Rn. 111.

[197] Vgl. dazu → Rn. 3 u. 90.

[198] Der Begriff der gruppeninternen Drittsicherheit wird nach der SanInsFoG-Reform in § 217 Abs. 2 InsO legal definiert und beschreibt Rechte der Inhaber von Insolvenzforderungen, die diesen aus einer von einem verbundenen Unternehmen iSd § 15 AktG als Bürge, Mitschuldner oder aufgrund einer anderweitig übernommenen Haftung oder an Gegenständen des Vermögens dieses Unternehmens zustehen. Die vorgesehene Regelung umfasst daher nicht nur Sicherheiten, die von Tochtergesellschaften gestellt werden, sondern auch solche, die eine Konzernmutter oder Schwestergesellschaft einer insolventen Tochter gegeben hat. Vgl. zur Bedeutung einer Eingriffsmöglichkeit *Pleister* ZIP 2015, 1097.

soll.[199] Zusätzlich können nach § 222 Abs. 2 InsO weitere **freiwillige Gläubigergruppen** gebildet werden, die nach den unterschiedlichen wirtschaftlichen Interessen der Betroffenen abzugrenzen sind (zB Anleihegläubiger, Lieferanten).[200] Sind die **Arbeitnehmer** am Insolvenzverfahren mit nicht unerheblichen Forderungen beteiligt, „sollen" sie gem. § 222 Abs. 3 InsO eine besondere Gruppe bilden. Für die Bestimmung des Kriteriums der Erheblichkeit ist (mit-)entscheidend, in welchem Umfang die (Lohn-)Forderungen nicht durch das Insolvenzgeld abgedeckt sind.[201] Im Übrigen ist wegen des insoweit uneindeutigen Wortlauts des § 222 Abs. 3 S. 1 InsO umstritten, ob ein bestimmter Anteil innerhalb der Belegschaft betroffen sein muss und nach welchen Proportionen eine Forderung des Arbeitnehmers als „nicht unerheblich" zu qualifizieren ist (eingehend dazu → Rn. 239).[202] Zu beachten ist zudem, dass für den Pensionssicherungsverein nach § 9 Abs. 4 BetrAVG im Insolvenzplan eine eigene Gruppe gebildet werden kann. Hintergrund ist hier, dass der PSV wegen des gesetzlichen Übergangs der durch ihn gesicherten und im Falle der Insolvenz auf ihn übergehenden Pensionsverpflichtungen regelmäßig einer der größten Insolvenzgläubiger ist (eingehend zur Rolle des PSV → Teil I Rn. 341 ff.).

Sofern das Insolvenzgericht den Insolvenzplan nicht im Rahmen der sog. Vorprüfung 72
zurückgewiesen hat (§ 231 InsO), haben insbesondere der Gläubigerausschuss (sofern bestellt), der Betriebsrat und der Sprecherausschuss der leitenden Angestellten Gelegenheit zur Stellungnahme (§ 232 InsO).[203] Anschließend erfolgt die inhaltliche Diskussion und die Entscheidung über die Annahme oder Ablehnung des Insolvenzplans; in der Regel in einem gemeinsamen sog. Erörterungs- und Abstimmungstermin (§§ 235, 241 InsO). Im Rahmen der Abstimmung stimmt jede Gruppe gesondert über den Insolvenzplan ab (§ 243 InsO). Die Annahme des Insolvenzplans durch die Gläubiger setzt voraus, dass in jeder Gruppe die Mehrheit der abstimmenden Gläubiger dem Plan zustimmt **(Kopfmehrheit)** und die Summe der Ansprüche der zustimmenden Gläubiger mehr als die Hälfte der Summe der Ansprüche der abstimmenden Gläubiger beträgt **(Summenmehrheit)** (§ 244 Abs. 1 InsO). In Bezug auf die Anteilseigner reicht eine Summenmehrheit aus, dh die Summe der Beteiligungen der zustimmenden Anteilseigner muss mehr als die Hälfte der Summe der Beteiligungen der abstimmenden Anteilseigner ausmachen (§ 244 Abs. 3 InsO).

Werden die erforderlichen Mehrheiten nicht erreicht, kann die Zustimmung einer 73
Gruppe zum Insolvenzplan durch das sog. *„Cramdown-Verfahren"* gemäß § 245 InsO fingiert werden **(Obstruktionsverbot).** Danach gilt die Zustimmung einer Abstimmungsgruppe als erteilt, wenn

- die Gruppe durch den Insolvenzplan voraussichtlich nicht schlechter als im Regelinsolvenzverfahren (dh im Rahmen einer übertragenden Sanierung oder Liquidation/Zerschlagung) steht **(Schlechterstellungsverbot),**
- die Gruppe einen angemessenen Teil des den Beteiligten zufließenden wirtschaftlichen Wertes erhält **(Angemessene Beteiligung)**[204] und
- die Mehrheit der übrigen Gruppen mit den erforderlichen Mehrheiten zugestimmt hat **(Mehrheitsprinzip).**[205]

---

[199] Nach der SanInsFoG-Reform bilden seit dem 1.1.2021 auch die Inhaber von Rechten aus gruppeninternen Drittsicherheiten eine besondere obligatorische Gruppe (§ 222 Abs. 1 S. 2 Nr. 5 InsO), wobei dies nur erforderlich sein dürfte, wenn in die entsprechenden Rechte eingegriffen werden soll.

[200] Beispiele finden sich bei K. Schmidt InsO/*Spliedt* InsO § 222 Rn. 19.

[201] MHdb ArbR/*Krumbiegel* § 27 Rn. 51. Zum Insolvenzgeld vgl. → Rn. 127 ff.

[202] Überblicksartig zum Meinungsstand etwa KPB/*Spahlinger* InsO § 222 Rn. 46; vgl. auch Fn. 606.

[203] Vgl. BeckOK InsO/*Gewitz/von Danckelmann* InsO § 232 Rn. 2 zur Frage, welchen Betriebsräten die Dokumentation zuzuleiten ist, wenn mehrere lokale Betriebsräte und ein Gesamt- bzw. Konzernbetriebsrat bestehen. Im Zweifel ist eine extensive Zuleitung ratsam, um keine Arbeitnehmergremien auszulassen, denen der Plan grundsätzlich zuzuleiten wäre.

[204] Für eine Gläubigergruppe liegt eine angemessene Beteiligung vor, wenn (1) kein anderer Gläubiger wirtschaftliche Werte erhält, die den vollen Betrag seines Anspruchs übersteigen, (2) weder ein Gläubiger, der ohne einen Plan mit Nachrang gegenüber den Gläubigern der Gruppe zu befriedigen wäre, noch der

74 Bedeutung erlangt die Vorschrift insbesondere mit Blick auf die Anteilseigner. Stimmen sie gegen die im Insolvenzplan vorgesehenen Regelungen, wie etwa die vorstehend beschriebenen, erforderlichen gesellschaftsrechtlichen Maßnahmen, kann ihre Zustimmung regelmäßig aufgrund des Obstruktionsverbotes fingiert werden. Dies ergibt sich daraus, dass die Anteilseigner in der Insolvenz aufgrund der Rangfolge in aller Regel „aus dem Geld" sind, dh die zu verteilende Insolvenzmasse reicht nicht aus, alle Insolvenzgläubiger in vollem Umfang zu befriedigen (§ 199 InsO).

75 Wird der Insolvenzplan von den Gläubiger- und, sofern betroffen, Anteilseignergruppen angenommen und durch das Insolvenzgericht bestätigt, stehen den Beteiligten Rechtschutzmöglichkeiten gegen die Bestätigung des Insolvenzplans zu (§§ 251, 253 InsO). Allerdings ermöglicht die mit dem ESUG erfolgte Einschränkung der **Rechtsschutzmöglichkeiten** der sanierungswilligen Gläubiger (und ggf. Anteilseigner-)Mehrheit, den Insolvenzplan gegen dissentierende (Mit-)Anteilseigner und/oder Gläubiger zügig durchzusetzen.[206] Im Rahmen des sog. „insolvenzrechtlichen Freigabeverfahrens" kann zudem auf Antrag eine Beschwerde zurückgewiesen werden, wenn das alsbaldige Wirksamwerden des Insolvenzplans vorrangig erscheint, weil die Nachteile einer Verzögerung des Planvollzugs nach freier Überzeugung des Gerichts die Nachteile für den Beschwerdeführer überwiegen (§ 235 Abs. 4 InsO).[207] Um die Durchführung des Insolvenzplans nicht zu gefährden, unterliegen Forderungen von Insolvenzgläubigern, welche nicht bis zum Abstimmungstermin angemeldet wurden (sog. „Nachzügler"), einer auf ein Jahr verkürzten Verjährungsfrist (§ 259b InsO). Der Schuldner kann in diesem Fall auch einen **Vollstreckungsschutz** beantragen, sofern die Zwangsvollstreckung der „Nachzügler" die Durchführung des Insolvenzplans gefährdet (§ 259a InsO).

c) Eigenverwaltung

76 Bei der Eigenverwaltung ist nicht der Insolvenzverwalter, sondern die **Geschäftsleitung des Schuldners** berechtigt, unter der **Aufsicht eines Sachwalters** die Insolvenzmasse zu verwalten und über sie zu verfügen (§ 270 Abs. 1 S. 1 InsO).[208] Die Eigenverwaltung ist von dem Gedanken getragen, dass es zur effektiven Nutzung von Sanierungschancen sowie zwecks Zeit- und Kostenersparnis sinnvoll sein kann, der (bisherigen) Geschäftsleitung des Schuldners die Initiative bei der Sanierung zu belassen.[209] Bis zur ESUG-Reform im Jahr 2012 wurde das Instrument der Eigenverwaltung praktisch kaum genutzt.[210] Dies war insbesondere darauf zurückzuführen, dass es an entsprechenden Regelungen für das Eröffnungsverfahren fehlte; die Eigenverwaltung somit frühestens mit Eröffnung des Insolvenzverfahrens beginnen konnte. Bis dahin hatte der im Rahmen des Eröffnungsverfahrens stets bestellte vorläufige Insolvenzverwalter aber bereits häufig – unter Einbeziehung der

---

Schuldner oder eine an ihm beteiligte Person einen durch Leistung in das Vermögen des Schuldners nicht vollständig ausgeglichenen wirtschaftlichen Wert erhält und (3) kein Gläubiger, der ohne einen Plan gleichrangig mit den Gläubigern der Gruppe zu befriedigen wäre, bessergestellt wird als diese Gläubiger (§ 245 Abs. 2 InsO). Für eine Anteilseignergruppe liegt eine angemessene Beteiligung vor, wenn (1) kein Gläubiger wirtschaftliche Werte erhält, die den vollen Betrag seines Anspruchs übersteigen, und (2) kein Anteilseigner, der ohne einen Plan den Anteilsinhabern der Gruppe gleichgestellt wäre, bessergestellt wird als diese (§ 245 Abs. 3 InsO).

[205] Andres/Leithaus/*Andres* InsO § 245 Rn. 2ff.; *Derksen* S. 126ff.

[206] Werden etwa im gestaltenden Teil des Insolvenzplans Mittel für den Fall bereitgestellt, dass eine Schlechterstellung nachgewiesen wird, ist der Antrag, die Bestätigung des Insolvenzplans zu versagen, abzuweisen (§ 251 Abs. 3 InsO).

[207] Dazu *Lehmann/Rühle* NZI 2014, 889; *Derksen* S. 155ff.

[208] Für das Verfahren gelten die allgemeinen Vorschriften des Regelinsolvenzverfahrens, soweit in den §§ 270–285 InsO nichts anderes bestimmt ist (§ 270 Abs. 1 S. 2 InsO).

[209] So bereits RegE InsO, BT-Drs. 12/2443, 222; Gottwald/Haas InsR-HdB/*Haas* § 84 Rn. 2. Zu weiteren Vorteilen Schmidt/*Morgen* Einf. InsO §§ 270–285 Rn. 2; K. Schmidt InsO/*Undritz* Vor InsO §§ 270–285 Rn. 1; *Derksen* S. 201ff.

[210] Im Jahr 2011 wurde beispielsweise lediglich in 0,6% der Unternehmensinsolvenzen eine Eigenverwaltung angeordnet; vgl. *Kranzusch* ZinsO 2012, 683ff.

wesentlichen *Stakeholder* – unumkehrbare Tatsachen geschaffen. Hinzu kam, dass die gesetzlichen Anordnungsvoraussetzungen verhältnismäßig hoch waren und die Insolvenzgerichte nur zurückhaltend einem Antrag auf Eigenverwaltung folgten.[211] Durch die Einführung der vorläufigen Eigenverwaltung (→ Rn. 35 ff.) und des Schutzschirmverfahrens (→ Rn. 40 ff.) sowie der gelockerten Anordnungsvoraussetzungen in § 270 InsO (aF) im Zuge der ESUG-Reform hat die Eigenverwaltung in der Praxis – vor allem in größeren Verfahren – in der jüngeren Vergangenheit enorm an Bedeutung gewonnen.[212] Gleichwohl hat sich ebenfalls gezeigt, dass die Zugangs- und Anordnungsvoraussetzungen noch immer mit Rechtsunsicherheiten behaftet sind und das Verfahren vereinzelt auch (missbräuchlich) zu Lasten der Gläubiger durchgeführt wird.[213] Durch das SanInsFoG, das im Wesentlichen am 1. 1. 2021 in Kraft getreten ist, hat der Gesetzgeber daher – entsprechend den Empfehlungen der ESUG-Evaluation – weitere Nachjustierungen an der Ausgestaltung des Eigenverwaltungsverfahrens vorgenommen, um Rechtsunsicherheiten zu beheben und ungeeignete Verfahren der Eigenverwaltung zu „entziehen".[214] Ob dies zukünftig – auch vor dem Hintergrund der Einführung des präventiven Restrukturierungsrahmens nach dem StaRUG – zu einer Reduzierung der Anwendungsfälle führen wird, bleibt abzuwarten.[215]

aa) Voraussetzungen. Neben dem Antrag des Schuldners setzte die Anordnung der Eigenverwaltung seit der ESUG-Reform bislang voraus, dass keine Umstände bekannt waren, die erwarten ließen, dass die Anordnung der Eigenverwaltung zu Nachteilen für die Gläubiger führen werde (§ 270 Abs. 2 Nr. 2 InsO aF).[216] Wurde der Antrag des Schuldners zudem durch einen einstimmigen Beschluss des vorläufigen Gläubigerausschusses unterstützt, so galt die Anordnung der Eigenverwaltung gemäß § 270 Abs. 3 S. 2 InsO aF als nicht nachteilig für die Gläubiger. 77

Durch das SanInsFoG gilt nunmehr seit dem 1. 1. 2021, dass die Eigenverwaltung auf Antrag des Schuldners angeordnet wird, es sei denn, eine vorläufige Eigenverwaltung wäre nach § 270b InsO nicht anzuordnen oder nach § 270e InsO aufzuheben (§ 270f Abs. 1 InsO). Somit müssen nunmehr die Anordnungsvoraussetzungen der vorläufigen Eigenverwaltung (→ Rn. 36 ff.) auch noch bei der Eröffnung des Insolvenzverfahrens vorliegen.[217] Daneben darf keiner der in § 270e InsO geregelten Aufhebungsgründe gegeben sein. Weiterhin ist das Insolvenzgericht an einen einstimmigen Beschluss des vorläufigen Gläubigerausschusses (→ Rn. 43 ff.) zugunsten einer Eigenverwaltung gebunden; nunmehr allerdings auch dann, wenn er einstimmig gegen die Anordnung der Eigenverwaltung votiert (§ 270f Abs. 3 iVm § 270b Abs. 3 S. 3. u. 4 InsO).[218] 78

Die Entscheidung darüber, ob eine Eigenverwaltung im eröffneten Insolvenzverfahren angeordnet wird, hängt in der Praxis regelmäßig entscheidend davon ab, ob zuvor im 79

---

[211] Vgl. HambK-InsO/*Fiebig* Vor § 270 Rn. 5; K. Schmidt InsO/*Undritz* Vor InsO §§ 270–285 Rn. 5.

[212] *Jacoby/Madaus/Sack/Schmidt/Thole* S. 297; *Moldenhauer/Wolf* S. 6.; *Westpfahl* NZI-Beil. 2018, 41. Als Beispielsfälle können genannt werden: *Pfleiderer, IVG Immobilien, Solarwatt, Centrotherm, Air Berlin, Senvion* und *Esprit*.

[213] *Jacoby/Madaus/Sack/Schmidt/Thole* S. 79, mit der Empfehlung, eine stärkere Begrenzung bzw. Konkretisierung der Zugangsvoraussetzungen für die Eigenverwaltung zu empfehlen.

[214] Begr RegE-SanInsFoG S. 239 f.

[215] Kritisch in diese Richtung tendierend *Bernsau/Weniger* BB 2020, 2571; vgl. auch die Stellungnahme des „Forum 270" zum Referentenentwurf des SanInsFoG, S. 2, welche einen deutlichen Rückgang von Insolvenzverfahren in Eigenverwaltung prognostiziert.

[216] Bis zur ESUG-Reform war nach § 270 Abs. 2 Nr. 2 InsO aF erforderlich, *„dass nach den Umständen zu erwarten ist, dass die Anordnung nicht zu einer Verzögerung des Verfahrens und zu sonstigen Nachteilen für die Gläubiger führen wird."* Die durch das ESUG bewirkte Umformulierung der Voraussetzungen wird zum Teil als Umkehrung des Regel-Ausnahme-Verhältnisses zwischen Eigenverwaltung und Regelinsolvenz verstanden; vgl. MüKoInsO/*Kern* § 270 Rn. 18; Uhlenbruck/*Zipperer* InsO § 270 Rn. 59.

[217] Begr. RegE-SanInsFoG S. 242; vgl. dazu insgesamt *Thole* NZI-Beil. Heft 5/2021, 90 ff.

[218] Letzteres war bislang nicht geregelt; aber richtigerweise vom Insolvenzgericht zu berücksichtigen; vgl. Braun/*Riggert* InsO § 270 Rn. 10.

Rahmen des Eröffnungsverfahrens die vorläufige Eigenverwaltung oder das Schutzschirmverfahren ordnungsgemäß und zur Zufriedenheit der Beteiligten erfolgt ist; was in diesen Fällen zu einem „nahtlosen" Übergang in das eröffnete Insolvenzverfahren in Eigenverwaltung führt.[219]

80 In der Praxis wird zur Vorbereitung eines Antrags auf Anordnung der Eigenverwaltung und zu deren Durchführung (auch aufgrund der nachstehend beschriebenen Haftungsrisiken) oftmals das vorhandene Management ausgetauscht bzw. ergänzt und unbelastete Sanierungs- und Insolvenzfachleute (sog. **Chief Restructuring Officers, CROs**) eingesetzt.[220] Sie werden regelmäßig als Organmitglied oder Generalbevollmächtigte bestellt; hinzu kommt – insbesondere in größeren Verfahren – die Beauftragung weiterer externer (Rechts-)Berater. Der Austausch oder die Ergänzung der bisherigen Geschäftsleitung durch insolvenzrechtliche Experten wird spätestens seit der ESUG-Reform als sinnvoll und empfehlenswert angesehen.[221] Zukünftig dürfte sich diese Praxis noch einmal verstärken, da die vorzulegende Eigenverwaltungsplanung (→ Rn. 37) ua darstellen muss, welche Vorkehrungen der Schuldner getroffen hat, um die Erfüllung der insolvenzrechtlichen Pflichten sicherzustellen (§ 270a Abs. 1 Nr. 4 InsO). Hinzu kommt, dass die Mitglieder des Vertretungsorgans nach Maßgabe der §§ 60 bis 62 InsO – wie ein Insolvenzverwalter – haften (§ 276a Abs. 2 InsO), was insbesondere bei der Begründung von Masseverbindlichkeiten Bedeutung erlangt.[222]

81 **bb) Kompetenzzuständigkeiten.** Aufgrund der beim Schuldner verbleibenden Verwaltungs- und Verfügungsbefugnis steuert die Geschäftsleitung den Sanierungsprozess im Rahmen der Eigenverwaltung unter Einbeziehung des (vorläufigen) Gläubigerausschusses und des beaufsichtigenden Sachwalters sowie der weiteren *Stakeholder*. Der in der Regel enge Austausch mit dem Sachwalter resultiert nicht nur aus dessen Überwachungsfunktion,[223] sondern unter anderem auch daraus, dass die Geschäftsleitung Verbindlichkeiten, die nicht zum gewöhnlichen Geschäftsbetrieb gehören, nur mit Zustimmung des Sachwalters eingehen soll (§ 275 Abs. 1 S. 1 InsO); wenngleich ein Verstoß gegen das Zustimmungserfordernis grundsätzlich nicht zur Unwirksamkeit der Rechtshandlungen im Außenverhältnis führt.[224] Der Schuldner hat zudem die Zustimmung des Gläubigerausschusses einzuholen, wenn er Rechtshandlungen vornehmen will, die für das Insolvenzverfahren von besonderer Bedeutung sind (§ 276 S. 1 InsO).[225] Allerdings berührt ein Verstoß auch inso-

---

[219] Der vorläufige Sachwalter wird in diesem Fall in aller Regel auch zum Sachwalter bestellt.

[220] Bei den Top-50-Insolvenzen der vergangenen Jahre wurde in etwa drei von vier Fällen (72%) ein externer Sanierungsberater in die Geschäftsführung bzw. in den Vorstand berufen, s. *Moldenhauer/Wolf* Sechs Jahre ESUG S. 8.

[221] K. Schmidt/*Undritz* InsO § 270 Rn. 13; Beck/Depré Insolvenz/*Beck/Lebmeier* § 44 Rn. 169.

[222] Der Gesetzgeber greift damit die Rechtsprechung des BGH auf, wonach die Geschäftsführung im Rahmen der Eigenverwaltung den Beteiligten analog §§ 60, 61 InsO haftet; BGH 26.4.2018 – IX ZR 238/17, NZI 2018, 519; MAH Insolvenz/*Rhode* § 27 Rn. 38. Gemäß § 276a Abs. 3 InsO gilt die Haftungsregelung zudem bereits im Rahmen der vorläufigen Eigenverwaltung.

[223] Der Sachwalter hat die wirtschaftliche Lage des Schuldners zu prüfen und die Geschäftsführung sowie die Ausgaben zu überwachen (§ 274 Abs. 2 S. 1 InsO). Stellt der Sachwalter Umstände fest, die erwarten lassen, dass die Fortsetzung der Eigenverwaltung zu Nachteilen für die Gläubiger führen wird, so hat er dies unverzüglich dem Gläubigerausschuss (oder, sofern dieser nicht bestellt ist, den Insolvenzgläubigern, die Forderungen angemeldet haben, und den absonderungsberechtigten Gläubigern) und dem Insolvenzgericht anzuzeigen (§ 274 Abs. 3 InsO). In der Praxis führt dies zum Teil zu einer Aufhebung der Eigenverwaltung.

[224] Etwas anderes kann bei arglistigem Zusammenwirken und/oder evident insolvenzzweckwidrigem Handeln gelten, vgl. K. Schmidt InsO/*Undritz* InsO § 275 Rn. 6; *Westrick* NZI 2003, 65 (79); grundlegend zur Insolvenzzweckwidrigkeit BGH 25.4.2002 – IX ZR 313/99, NZI 2002, 375 (seinerzeit zur KO). Entsprechendes gilt für Verbindlichkeiten, die zum gewöhnlichen Geschäftsbetrieb gehören; diese soll der Schuldner nicht eingehen, wenn der Sachwalter widerspricht (§ 279 Abs. 1 S. 2 InsO).

[225] Dazu zählen insbesondere die Veräußerung des Unternehmens im Ganzen, eine zu erheblichen Belastungen für die Masse führende Darlehensaufnahme oder auch Entscheidungen über einen Rechtsstreit mit erheblichem Streitwert (vgl. § 279 S. 2 iVm § 160 Abs. 2 InsO).

weit die Wirksamkeit der Rechtshandlung grundsätzlich nicht (§ 276 S. 1 iVm § 164 InsO). In der Praxis werden bedeutende Verträge – wie etwa ein Unternehmenskaufvertrag – regelmäßig zwischen der insolventen Schuldnergesellschaft, vertreten durch die Geschäftsleitung, und der Erwerbergesellschaft geschlossen, wobei der Sachwalter den Vertrag ebenfalls zum Zwecke der Zustimmung unterzeichnet, sofern diese nicht bereits zuvor abgegeben wurde oder erst im Nachgang erteilt werden soll.[226] Die Wirksamkeit einer Rechtshandlung im Außenverhältnis hängt demgegenüber von der Zustimmung des Sachwalters ab, wenn das Insolvenzgericht auf Antrag der Gläubigerversammlung, eines absonderungsberechtigten Gläubigers oder eines Insolvenzgläubigers einen Zustimmungsvorbehalt hinsichtlich bestimmter Rechtsgeschäfte anordnet (§ 277 Abs. 1 u. 2 InsO).

In Bezug auf **arbeitsrechtliche Maßnahmen** ist wie folgt zu differenzieren: Gemäß 82
§ 279 S. 1 InsO gelten grundsätzlich auch die §§ 103–128 InsO. Danach entscheidet der Schuldner etwa über die Kündigung von Arbeitsverhältnissen gemäß § 113 InsO sowie über die Aufstellung eines Sozialplans iSv § 123 InsO und die Vereinbarung eines Interessenausgleichs iSv § 125 InsO (vgl. dazu im Einzelnen → Rn. 159 ff.).[227] Diese Maßnahmen soll der Schuldner im Einvernehmen mit dem Sachwalter ausüben, wobei ein Verstoß keine Außenwirkung hat.[228] Erforderlich ist die Zustimmung des Sachwalters hingegen für die vorzeitige Kündigung von Betriebsvereinbarungen (§ 120 InsO), den Antrag auf gerichtliche Zustimmung zur Durchführung einer Betriebsänderung (§ 122 InsO) und den Antrag auf gerichtliche Feststellung der sozialen Rechtfertigung der Entlassung bestimmter Arbeitnehmer (§ 126 InsO) (vgl. dazu jeweils im Einzelnen (→ Rn. 154 ff., 178 ff. u. 188 ff.). Die ohne Zustimmung des Sachwalters vorgenommene Kündigung einer Betriebsvereinbarung ist unwirksam.[229]

Allein der Sachwalter ist zuständig für die Geltendmachung von Haftungsansprüchen 83
nach Maßgabe der §§ 92, 93 InsO und der Anfechtung von Rechtshandlungen im Wege der Insolvenzanfechtung (§ 280 InsO). Da im Eigenverwaltungsverfahren (ausschließlich) der Sachwalter, der Gläubigerausschuss und die Gläubigerversammlung die Aufsicht über die Geschäftsführung des Schuldners ausüben, wird zudem der Einfluss des bei dem schuldnerischen Unternehmen existierenden Überwachungsorgans (Aufsichtsrat, Hauptversammlung, Gesellschafterversammlung, etc) auf die Geschäftsleitung durch die vorgenannte Aufsichtskompetenzen der Verfahrensbeteiligten für die Dauer des Verfahrens „ersetzt" bzw. verdrängt (§ 276a Abs. 1 S. 1 InsO). Im Rahmen der Eigenverwaltung haben diese keinen Einfluss (mehr) auf die Geschäftsleitung des Schuldners (sofern dieser eine juristische Person oder eine Gesellschaft ohne Rechtspersönlichkeit ist).[230] Für die Bestellung und Abberufung von Mitgliedern der Geschäftsleitung bleibt das relevante Gesellschaftsorgan allerdings entsprechend den allgemeinen Vorschriften weiterhin zuständig. Die Wirksamkeit einer Bestellung und Abberufung hängt allerdings von der Zustimmung des Sachwalters ab, zu deren Erteilung er verpflichtet ist, wenn die Maßnahme nicht zu Nachteilen für die Gläubiger führt (§ 276a Abs. 1 S. 2 u. 3 InsO).[231]

cc) Insolvenzplan und/oder übertragende Sanierung. Wenngleich der Gesetzgeber 84
der Insolvenzordnung bei der Einführung der Eigenverwaltung im Jahr 1999 vordergründig die Sanierung des Unternehmensträgers durch Umsetzung eines Insolvenzplans im

[226] Rechts- und vertragstechnisch steht der Kaufvertrag bei einer nachträglich einzuholenden Zustimmung regelmäßig unter der aufschiebenden Bedingung der Zustimmung (§ 158 Abs. 1 BGB). Eine solche Bedingung wird regelmäßig auch für die einzuholende Zustimmung des Gläubigerausschusses aufgenommen.

[227] Andres/Leithaus/*Andres* InsO § 279 Rn. 3; Uhlenbruck/*Zipperer* InsO § 279 Rn. 2.

[228] Schmidt/*Brinkmann* InsO § 279 Rn. 2; Uhlenbruck/*Zipperer* InsO § 279 Rn. 2.

[229] K. Schmidt InsO/*Undritz* InsO § 279 Rn. 3; MüKoInsO/*Kern* § 279 Rn. 13.

[230] Vgl. hierzu OLG München 9.8.2018 – 7 U 2697/18, ZIP 2017 1796; *Klöhn* NZG 2013, 81.

[231] Gemäß § 276a Abs. 3 InsO (SanInsFoG) gilt die Regelung seit dem 1.1.2021 auch bereits im Rahmen der vorläufigen Eigenverwaltung und des Schutzschirmverfahrens. Dies war bislang umstritten; vgl. MüKoInsO/*Klöhn* § 276a Rn. 16 ff.

Blick hatte, zeigt sich in der Praxis – vor allem seit der ESUG-Reform –, dass die Eigenverwaltung häufig auch zu einem Verkauf des Unternehmens im Wege der übertragenden Sanierung (→ Rn. 135ff.) genutzt wird.[232] Dies geht einher mit dem in der Praxis zunehmend zu erkennenden Trend, einen sog. **„Dual-Track" M&A-Investorenprozess** durchzuführen, um zu ermitteln, welche Erlöse den Beteiligten im Wege einer übertragenen Sanierung oder eines Insolvenzplans zufließen würden (vgl. dazu bereits → Rn. 59).[233] Ob bzw. unter welchen Voraussetzungen die Einleitung bzw. die Durchführung eines solchen M&A-Prozesses für die eigenverwaltende Geschäftsleitung verpflichtend ist, wurde bislang höchstrichterlich noch nicht entschieden.[234] Aufgrund der gesteigerten Haftungsrisiken, die nach Maßgabe der §§ 60ff. InsO denen eines Insolvenzverwalters entsprechen (→ Rn. 80), ist allerdings davon auszugehen, dass die Durchführung eines „Dual-Track" M&A-Investorenprozess auch zukünftig (vermehrt) erfolgen wird.[235]

85 Auch in der Eigenverwaltung werden, wie bereits beschrieben (→ Rn. 51), die **wesentlichen Weichenstellungen** häufig bereits innerhalb des vorläufigen Insolvenzverfahrens gelegt. Dies gilt umso mehr, wenn – wie regelmäßig – der Eigenverwaltung im eröffneten Insolvenzverfahren eine vorläufige Eigenverwaltung (→ Rn. 35ff.) oder ein Schutzschirmverfahren (→ Rn. 40ff.) vorangegangen sind. Regelmäßig wird bereits in dieser durch die eigenverwaltende Geschäftsleitung – in Abstimmung mit dem vorläufigen Gläubigerausschuss, sofern bestellt, und dem vorläufigen Sachwalter – ein M&A-Prozess eingeleitet und (vor-)verhandelt oder (parallel) ein Insolvenzplan erarbeitet.[236] In diesem Stadium finden auch häufig bereits Abstimmungen und (Vor-)Verhandlungen mit den (weiteren) wesentlichen *Stakeholder* statt, um Zeit- und Reibungsverluste beim Übergang in das eröffnete Verfahren zu reduzieren.

86 Darüber hinaus kann die eigenverwaltende Geschäftsleitung auch bereits mit der Stellung des Eröffnungsantrags einen Insolvenzplan vorlegen (§ 218 Abs. 1 S. 2 InsO). Damit besteht die Möglichkeit, mit einem **vorbereiteten Insolvenz- bzw. Sanierungsplan** *(prepackaged plan)* in das Insolvenz(eröffnungs)verfahren zu gehen, diesen im Rahmen der vorläufigen Eigenverwaltung oder des Schutzschirmverfahrens mit den (wesentlichen) Beteiligten abzustimmen und „auszuverhandeln" und im eröffneten Verfahren kurzfristig zur Abstimmung zu bringen.[237] Ein solches Vorgehen kann sich – unter Umständen bereits bei

[232] *Jacoby/Madaus/Sack/Schmidt/Thole* S. 8; *Bork*, Rn. 434; *Hagebusch/Oberle* NZI 2016, 618. Dass eine übertragende Sanierung im Rahmen einer Eigenverwaltung zulässig ist, hat der BGH mit seiner Entscheidung vom 3.12.2019 klar gestellt (3.12.2019 – II ZR 457/18, NZI 2020, 285); dazu *Kraack* EWiR 2020, 101; vgl. auch BGH 21.7.2016 – IX ZB 70/14, NZI 2016, 796 (801); LAG Hamm 6.4.2016 – 2 Sa 1395/15, NZI 2016, 854 (855).

[233] Im Jahr 2016 wurde ca. zwei Dritteln aller Fälle parallel zum Insolvenzplan ein Verkaufsprozess durchgeführt; vgl. BCG-Studie „5 Jahre ESUG", S. 13.

[234] Eine Pflicht befürwortend AG Cuxhaven 14.9.2017 – 12 IN 168/16, ZInsO 2017, 2128; im konkreten Fall keine Pflicht bejaht LG Stade 20.12.2017 – 7 T 151/17, ZInsO 2018, 614; jedenfalls für Großverfahren bejahend *Fröhlich/Eckhardt* ZInsO 2015, 925; abhängig von den Umständen des Einzelfalls unter Zugrundelegung der Business Judgement Rule Uhlenbruck/*Lüer/Streit* InsO § 220 Rn. 15f.; tendenziell ablehnend *Berner/Köster/Lambrecht* NZI 2018, 425 (430) „nur in Ausnahmefällen"; eine Pflicht ablehnend, aber zu empfehlen *Reus/Höfer/Harig* NZI 2018, 57 (60); vgl. auch Beck/Depré Insolvenz/*Exner/Lebmeier* § 44 Rn. 134ff.; *Nerlich* FS Prütting 2018, 717 (718ff.).

[235] Hierfür spricht auch, dass nach der Rechtsprechung des BGH, § 93 Abs. 1 S. 2 AktG – typischerweise als „Business Judgement Rule" bezeichnet – nicht entsprechend auf die Haftung des Insolvenzverwalters bei unternehmerischen Entscheidungen anzuwenden ist; BGH 12.3.2020 – IX ZR 125/17, NZI 2020, 671. Da der eigenverwaltende Schuldner entsprechend §§ 60, 61 InsO haftet, ist davon auszugehen, dass dies auch für ihn gilt; so auch *Jungmann* NZI 2020, 651 (658).

[236] Durch das SanInsFoG ist dies für die Zukunft auch einer gesetzlichen Grundlage zugeführt worden. So kann der vorläufige Gläubigerausschuss seit dem 1.1.2021 bereits im Eröffnungsverfahren den Schuldner oder den vorläufigen Sachwalter mit der Ausarbeitung eines Insolvenzplans beauftragen (§ 284 Abs. 1 S. 2 InsO). Wird der Schuldner beauftragt, so wirkt der vorläufige Sachwalter beratend mit (§ 284 Abs. 1 S. 3 InsO).

[237] Zu einem möglichen Ablauf vgl. EKMP Private Equity/*Aleth/Derksen* Kap. VII. Rn. 59ff. Die Abstimmung über einen Insolvenzplan und dessen gerichtliche Bestätigung können nur im eröffneten Verfahren erfolgen.

Vorliegen einer drohenden Zahlungsunfähigkeit nach § 18 InsO (→ Rn. 15 f.) – als „kontrollierte" bzw. „strategische" Insolvenz anbieten;[238] etwa dann, wenn ein außergerichtliches Sanierungskonzept aus Zeitgründen oder am Widerstand einzelner Gläubiger gescheitert ist und deshalb die vorgesehene Sanierung im Rahmen des Insolvenzverfahrens realisiert werden soll. Eine umfassend und gewissenhaft „vorbereitete" Insolvenz könnte zukünftig durch die Einführung des präventiven Restrukturierungsrahmens (StaRUG) (→ Rn. 90 ff.) und die erhöhten Anforderungen an die Einleitung einer (vorläufigen) Eigenverwaltung (→ Rn. 36 ff.) gegebenenfalls wachsende Bedeutung erlangen, zumal sich der Inhalt eines außergerichtlichen Restrukturierungsplans mit dem eines gerichtlichen Insolvenzplans in vielen Aspekten deckt.[239] Ist ein Insolvenzplan noch nicht erstellt oder am Ende der vorläufigen Eigenverwaltung (→ Rn. 35 ff.) oder des Schutzschirmverfahrens (→ Rn. 40 ff.) noch nicht finalisiert, erfolgt dies im eröffneten Verfahren in Eigenverwaltung (sofern diese angeordnet wird (→ Rn. 76 ff.)).

Führen die Sanierungsbemühungen dazu, dass ein Unternehmensverkauf zur bestmöglichen Befriedigung der Gläubiger führt, erfolgt die Umsetzung der **übertragenden Sanierung** – wie auch in der Regelinsolvenz – regelmäßig im eröffneten Verfahren im Wege eines *Asset Deal* (→ Rn. 54 ff. u. 195 ff.).[240] Im Hinblick auf die zeitlichen Aspekte kann insoweit auf die Ausführungen zur Regelinsolvenz verwiesen werden, da auch im Rahmen der Eigenverwaltung die Umsetzung nicht selten innerhalb weniger Tage oder Wochen nach der Eröffnung des Insolvenzverfahrens erfolgt (→ Rn. 59 u. 201). 87

d) Konzerninsolvenz

Tritt eine Insolvenz in der Unternehmensgruppe ein, sind häufig mehrere Gesellschaften betroffen. Dies ist insbesondere auf leistungs- und finanzwirtschaftlichen Verflechtungen[241] im Konzern zurückzuführen, sodass finanzielle Schwierigkeiten einer gruppenangehörigen Gesellschaft auch die anderen Konzerngesellschaften mit in eine Krise oder auch Insolvenz reißen kann (sog. **„Dominoeffekt"**).[242] Das Insolvenzrecht sieht jedoch für diese Situation kein einheitliches Gesamtverfahren vor, in dem die Insolvenzen mehrerer Gesellschaften *uno actu* abgewickelt werden können. Es gibt in Deutschland (noch) **kein materielles Konzerninsolvenzrecht.**[243] Vielmehr ist für jeden Rechtsträger zu prüfen, ob ein Insolvenzgrund vorliegt (→ Rn. 12 ff.); ist dies der Fall, ist für jeden Rechtsträger, dh für jede insolvente Konzerngesellschaft, ein gesondertes Insolvenzverfahren einzuleiten und durchzuführen. Ein Insolvenzverfahren über das Gesamtvermögen eines Vertragskonzerns oder eines faktischen Konzerns gibt es nicht.[244] Es gilt: **„Ein Rechtsträger, ein Vermögen, ein Verfahren".**[245] Das bedeutet insbesondere, dass in den verschiedenen Insolvenzverfahren über das Vermögen der Konzerngesellschaften für jede insolvente Gesellschaft ein eigener Insolvenzverwalter bzw. – im Fall der Eigenverwaltung – Sachwalter bestellt wird. Diese sind ausschließlich den Interessen der jeweiligen Gesellschaftsgläubiger verpflichtet, 88

[238] Vgl. hierzu etwa *Eidenmüller* ZIP 2014, 1197; *Bulgrin*, Die Strategische Insolvenz, S. 12 ff.

[239] Vgl. Gottwald/Haas InsR-HdB/*Koch/de Bra* § 66 Rn. 3; EKMP Private Equity/*Aleth/Derksen* Kap. VII. Rn. 18.

[240] Dies ist dadurch begründet, dass auch bei der Eigenverwaltung die insolvenzrechtlichen Haftungsprivilegien nur nach der Eröffnung des Insolvenzverfahrens gelten (→ Rn. 198) und das Risiko einer Insolvenzanfechtung bei einer Veräußerung im Rahmen der vorläufigen Eigenverwaltung oder des Schutzschirmverfahrens besteht. Vgl. zu anfechtungsrechtlichen Risiken im Rahmen der übertragenden Sanierung im Insolvenzeröffnungsverfahren *Denkhaus/Ziegenhagen Rn.* 100 ff.

[241] Gegenseitige Abhängigkeiten und vertragliche Bindungen ergeben sich unter anderem daraus, dass einzelne Gesellschaften häufig Logistik-, IT- und sonstige Serviceleistungen (wie Rechnungswesen, Personalverwaltung und das Rechtswesen) für andere Gesellschaften übernehmen. Vgl. *Jaffé* ZHR 2011, 38 (46 f.); *Westpfahl* NZI-Beil. 2018, 41 (42); Flöther KonzernInsR-HdB/*Flöther* § 4 Rn. 1 ff.

[242] Anschaulich hierzu *Siemon/Frind* NZI 2013, 1; *Piepenburg* NZI 2004, 231.

[243] Zumindest in größeren Fällen hat eine Konzerninsolvenz häufig auch grenzüberschreitende Bezüge. Vgl. dazu etwa Hasselbach/Nawroth/Rödding/*von Bonin/Derksen* Teil B Rn. 624 ff.

[244] MüKoInsO/*Eidenmüller* Vor § 217 ff. Rn. 36; Gottwald/Haas InsR-HdB/*Specovius/von Wilcken* § 95 Rn. 13.

[245] Uhlenbruck/*Hirte* InsO § 11 Rn. 394; KPB/*Prütting* InsO § 11 Rn. 63.

welche nicht selten dem Interesse des Gesamtkonzerns – dh der jeweiligen Ober-, Unter- und Schwestergesellschaften – zuwiderlaufen. Haben die betroffenen Konzernunternehmen wechselseitige Ansprüche gegeneinander, was in der Praxis regelmäßig der Fall ist, ergibt sich zwangsläufig eine Interessenkollision, wenn für beide Gesellschaften – wie ebenfalls in der Praxis häufig – derselbe Insolvenzverwalter eingesetzt wird. In diesen Fällen wird regelmäßig ergänzend ein Sonderinsolvenzverwalter eingesetzt.[246]

89 Mit dem **Gesetz zur Erleichterung der Bewältigung von Konzerninsolvenzen,** welches am 21.4.2018 in Kraft getreten ist, hat der Gesetzgeber die Verwaltung von Konzerninsolvenzen – zumindest aus verfahrensrechtlicher Sicht – vereinfacht.[247] Die vorstehend genannten Schwierigkeiten, die daraus resultieren, dass jede konzernangehörige Gesellschaft ein gesondertes Insolvenzverfahren durchführen muss, wurden allerdings nicht beseitigt; eine Konsolidierung der Vermögensmassen der einzelnen gruppenangehörigen Schuldner erfolgt auch weiterhin nicht. Nach wie vor ist für jede insolvente konzernangehörige Gesellschaft ein „eigenes" Insolvenzverfahrens durchzuführen, so dass auch für jedes Unternehmen ein Insolvenzverwalter oder Sachwalter bestellt werden muss. Die Neuregelungen schaffen (lediglich) einen verfahrensrechtlichen Rahmen für die koordinierte Durchführung von Insolvenzverfahren mehrerer konzernangehöriger Unternehmen; insoweit kann von einem bloßen **„Konzerninsolvenzverfahrensrecht"** gesprochen werden.[248] Möglich ist es nunmehr, dass die Insolvenzverfahren der gruppenangehörigen Unternehmen auf Antrag eines Schuldners bei einem Insolvenzgericht (dem sog. **„Gruppen-Gerichtsstand"**) gebündelt werden, so dass dieses auf Antrag für sämtliche Verfahren zuständig ist (§§ 3a–e InsO). Dabei knüpft der Gesetzgeber nicht an den Konzernbegriff des § 18 AktG an; ausreichend für die Bündelung von Verfahren an einem Gruppen-Gerichtsstand ist, dass der gruppenangehörige Schuldner für die Unternehmensgruppe nicht offensichtlich von untergeordneter Bedeutung ist (§ 3a Abs. 1 S. 1 InsO)[249]. Flankierend zu dieser Zuständigkeitskonzentration sieht § 56b InsO nunmehr ausdrücklich die Möglichkeit vor, nur einen einzigen, dh personenidentischen, Insolvenzverwalter für sämtliche gruppenangehörige Schuldner einzusetzen (sog. **„Einheitsverwalter"**); Entsprechendes gilt in Fällen der Eigenverwaltung für die Einsetzung eines personenidentischen Sachwalters.[250] Die Bestellung desselben Insolvenzverwalters (bzw. Sachwalters) für mehrere oder sämtliche betroffene insolvente Konzerngesellschaften kann erhebliche Vorteile im Hinblick auf eine Sanierung des Gesamtkonzerns oder zumindest sanierungsfähiger Gesellschaften oder Geschäftsbereiche haben. Aus diesem Grund sieht § 56b InsO zudem eine Abstimmungspflicht der verschiedenen Insolvenzgerichte darüber vor, ob im Interesse der Gläubiger ein gemeinsamer Insolvenzverwalter bestellt werden soll. Wie bereits erwähnt, wird in der Praxis häufig angestrebt, die Einzelverfahren parallel einzuleiten und die Abwicklung der Insolvenzverfahren in die Hand desselben Insolvenzverwalters oder kooperierender Insolvenzverwalter, ggf. auch unter Bestellung von Sonderinsolvenzverwaltern, zu legen.[251] Für

[246] Der Sonderinsolvenzverwalter hat die Stellung eines Insolvenzverwalters gemäß §§ 56ff. InsO, jedoch beschränkt sich seine Aufgabe auf den Kollisionsbereich. Vgl. MüKoInsO/*Graeber* § 56 Rn. 153.

[247] BGBl. 2017 I 866; dazu *Pleister/Sturm* ZIP 2017, 2329; Flöther KonzernInsR-HdB/*Flöther* § 1 Rn. 3ff.

[248] *Commandeur/Römer* NZG 2017, 776 (779).

[249] Eine solche untergeordnete Bedeutung ist in der Regel nicht anzunehmen, wenn im vorangegangenen abgeschlossenen Geschäftsjahr die Zahl der vom Schuldner im Jahresdurchschnitt beschäftigten Arbeitnehmer mehr als 15% der in der Unternehmensgruppe im Jahresdurchschnitt beschäftigten Arbeitnehmer ausmachte und (1.) die Bilanzsumme des Schuldners mehr als 15% der zusammengefassten Bilanzsumme der Unternehmensgruppe betrug oder (2.) die Umsatzerlöse Schuldners mehr als 15% der zusammengefassten Umsatzerlöse der Unternehmensgruppe betrugen. Ferner kann das Insolvenzgericht die Verfahrenskonzentration unter engen Voraussetzungen ablehnen, wenn Zweifel daran bestehen, dass eine solche im gemeinsamen Interesse der Gläubiger liegt (§ 3a Abs. 2 InsO).

[250] MüKoInsO/*Graeber* § 56b Rn. 5; ebenso Flöther KonzernInsR-HdB/*Pleister* § 5 Rn. 25.

[251] In der Vergangenheit war dies auch bereits häufig der Fall; mangels rechtlich bindender Grundlagen kam es allerdings mitunter auch zu einer Bestellung personenverschiedener Insolvenzverwalter. So wurden etwa im Fall der Praktiker-Gruppe (2013) an zwei Insolvenzgerichten drei verschiedene Insolvenzverwalter eingesetzt; vgl. Flöther KonzernInsR- HdB/*Flöther* § 1 Rn. 3.

den Fall, dass es nicht zu einer Bündelung der Verfahren kommt, regeln die §§ 21 Abs. 2 Nr. 1, 269a, 269b, 270d InsO Kooperationspflichten zwischen den (vorläufigen) Insolvenzverwaltern bzw. (vorläufig) eigenverwaltenden Schuldnern[252] und Gerichten. Gemäß § 269c InsO kann zudem das Gericht des Gruppen-Gerichtsstands auf Antrag eines Gläubigerausschusses, der in einem Verfahren über das Vermögen eines gruppenangehörigen Schuldners bestellt ist, einen Gruppen-Gläubigerausschuss einsetzen.[253] Ergänzend sehen die §§ 269d–i InsO ein sog. „Koordinationsverfahren" vor. Dabei kann ein **Verfahrenskoordinator** bestellt werden, der vornehmlich dafür Sorge zu tragen hat, eine koordinierte Abwicklung der Einzelverfahren zu veranlassen (§ 269e InsO). Seine Rolle entspricht demnach vielmehr der eines Mediators als der eines Insolvenzverwalters.[254] Im Rahmen des Koordinationsverfahrens kann dem „Koordinationsplan" (§ 269h InsO) eine zentrale Bedeutung zukommen, dessen Inhalt allerdings durch Umsetzung von verschiedenen Insolvenzplänen in den Einzelverfahren herbeigeführt werden muss.[255] Bei personenverschiedenen Insolvenzverwaltern bzw. eigenverwaltenden Schuldnern kann der Koordinationsplan das flexible Instrumentarium des Insolvenzplanverfahrens – ggf. kombiniert mit einer Eigenverwaltung – ergänzen, um gerade in komplexen Konzernsituationen eine abgestimmte Sanierung des Konzerns oder einzelner seiner Teile zum Wohle aller Betroffenen zu erreichen.

5. Vorinsolvenzliche Sanierung – Der präventive Restrukturierungsrahmen

a) Allgemeines

Am 1.1.2021 ist das **Gesetz zur Fortentwicklung des Sanierungs- und Insolvenzrechts (SanInsFoG)** im Wesentlichen in Kraft getreten.[256] Neben Änderungen in der Insolvenzordnung – insbesondere in Bezug auf die Insolvenzgründe und -fristen[257] sowie den Zugang zur Eigenverwaltung[258] – gehört das **Gesetz über den Stabilisierungs- und Restrukturierungsrahmen für Unternehmen (StaRUG)** zu dem Kernstück des SanInsFoG.[259] Das StaRUG dient insbesondere der Umsetzung der EU-Richtlinie über Restrukturierung und Insolvenz, wonach die Mitgliedstaaten ein präventives Restrukturierungsregime zur Verfügung stellen müssen, das es Unternehmen ermöglicht, sich auf der Grundlage eines von – ausgewählten – Gläubigern mehrheitlich angenommenen Restruk- 90

[252] Auch ohne ausdrückliche Regelung im Gesetz ist dies für personenverschiedene Sachwalter anzunehmen; vgl. HK InsO/*Flebig* InsO § 270d Rn 3; Andres/Leithaus/*Leithaus* InsO § 270d Rn 4.

[253] Vgl. dazu *Hoegen/Kranz* NZI-Beil. 2018, 20. Zur Frage, ob bei einzelnen (vorläufigen) Gläubigerausschüssen – trotz fehlender gesetzlicher Regelung – ebenfalls eine Kooperationspflicht bestehen soll, Flöther KonzernInsR- HdB/*Hofmann* § 4 Rn. 114.

[254] Flöther KonzernInsR-HdB/*Flöther* § 1 Rn. 15; vgl. KPB/*Thole* InsO § 269e Rn. 1f.

[255] In einem Koordinationsplan können von den am Verfahren beteiligten Insolvenzverwaltern Maßnahmen festgelegt werden, die für eine konzertierte Verfahrensabwicklung sachdienlich sind; allerdings hält dieser keine konkreten Rechtsfolgen fest, sondern statuiert – vergleichbar mit den Ausführungen im darstellenden Teil eines Insolvenzplans – lediglich das Konzept, der Sinn und Zweck einzelner Maßnahmen sowie die zu erwartenden Auswirkungen, ggf. unter Berücksichtigung einer Vergleichsrechnung. Vgl. dazu MüKoInsO/*Eidenmüller/Frobenius* § 269h Rn. 37.

[256] BGBl. 2020 I S. 3256. Am 18.9.2020 hatte das BMJV einen Referentenentwurf des SanInsFoG veröffentlicht: http://hbfm.link/8019 (Abruf: 9.3.2021). Basierend auf diesem Referentenentwurf hat das Bundeskabinett am 14.10.2020 einen Regierungsentwurf des SanInsFoG verabschiedet (BT-Drs. 19/24181). Darauf folgte eine Stellungnahme des Bundesrates sowie eine Gegenäußerung der Bundesregierung (BT-Drs. 19/24903). Am 15.12.2020 gab der Rechtsausschuss eine Beschlussempfehlung zum SanInsFoG ab (BT-Drs. 19/25303). In dieser Form wurde das SanInsFoG vom Bundestag beschlossen und am 29.12.2020 veröffentlicht. Vgl. dazu auch bereits einleitend → Rn. 3.

[257] Vgl. dazu → Rn. 16ff. u. 24.

[258] Vgl. dazu → Rn. 35ff. u. 76ff.

[259] Vgl. zu den insolvenzrechtlichen Änderungen durch das SanInsFoG etwa *Frind* NZI 2020, 865; zum StaRUG vgl. *Gehrlein* BB 2021, 66.

turierungsplans zu sanieren.[260] Durch die Einführung des StaRUG enthält das deutsche Recht nunmehr ein solches präventives (vorinsolvenzliches) Restrukturierungsverfahren, das eine Sanierung unter Zuhilfenahme gerichtlicher Maßnahmen ermöglicht; ohne dass es der Eröffnung eines Insolvenzverfahrens bedarf.[261] Damit schließt das StaRUG eine – im Vergleich zu anderen Jurisdiktionen – bestehende Lücke, nachdem das deutsche Recht bisher kein umfassendes präventives Sanierungsinstrumentarium vorsah.[262] Bislang erschwerte die Rechtsprechung des BGH außergerichtliche Sanierungsvergleiche, da die Bindungswirkung nur die den Vergleich schließenden Gläubiger erfasste. Sogenannte Akkordstörer waren nicht gehindert, ihre Ansprüche gegen den Schuldner uneingeschränkt durchzusetzen, selbst wenn eine ganz überwiegende Mehrheit der Gläubiger den Vergleich befürwortete.[263] Außerhalb eines Insolvenzverfahrens war bislang somit stets die Zustimmung sämtlicher Gläubiger erforderlich, in deren Rechte eingegriffen werden sollte.[264] Da eine Zustimmung aller Gläubiger in der Praxis in der Regel nicht eingeholt werden kann, blieb häufig nur die Möglichkeit, eine Sanierung innerhalb eines Insolvenzverfahrens gegen den Willen einzelner Akkordstörer anzustreben; sofern nicht etwa eine vorinsolvenzliche Anleiherestrukturierung nach dem Schuldverschreibungsgesetz (SchVG)[265] oder ein *Scheme of Arrangement*[266] nach englischem Recht in Betracht kamen.

91 Das StaRUG gibt dem Schuldner nunmehr verschiedene, flexibel einsetzbare Instrumente als Verfahrenshilfen zur außerinsolvenzlichen Sanierung an die Hand, die – in Ei-

---

[260] RL (EU) 2019/1023 des Europäischen Parlaments und des Rates vom 20.6.2019 über präventive Restrukturierungsrahmen, über Entschuldung und über Tätigkeitsverbote sowie über Maßnahmen zur Steigerung der Effizienz von Restrukturierungs-, Insolvenz- und Entschuldungsverfahren (Abl. EU 2019 Nr. L 172, 18). Die Richtlinie ist von den Mitgliedsstaaten spätestens bis zum 17.7.2022 in das jeweilige nationale Recht umzusetzen. Das StaRUG steht somit – wie auch bislang – im Wettbewerb mit anderen Jurisdiktionen, die die EU-Richtlinie bereits umgesetzt haben oder noch umsetzen müssen. Beispielhaft sei die niederländische Umsetzung genannt, die zum Teil Einfluss auf den deutschen Gesetzgebungsprozess genommen hat. Vgl. hierzu etwa *Westpfahl* ZRI 2020, 157 (162f.); *Paulus* ZIP 2020, 2363.

[261] Das StaRUG gliedert sich in vier Teile: (1) Krisenfrüherkennung und Krisenmanagement (§ 1), (2) Stabilisierungs- und Restrukturierungsrahmen (§§ 2–93), (3) Sanierungsmoderation (§§ 94–100) und (4) Frühwarnsysteme (§§ 101, 102).

[262] Insbesondere im Zusammenhang mit der ESUG-Reform im Jahr 2012 wurde intensiv über die Implementierung eines vorinsolvenzlichen Sanierungsverfahrens diskutiert. Dies befürwortend etwa *Hölzle* NZI 2010, 207; *Paulus* ZIP 2011, 1077; mit Blick auf die Umsetzung der ESUG-Reform *Seibt/Westpfahl* ZIP 2013, 2333; ablehnend *Frind* ZInsO 2010, 1426; *Hirte* ZGR 2010, 224. Der Gesetzgeber hatte sich seinerzeit letztlich gegen die Einführung eines vorinsolvenzlichen Sanierungsverfahrens entschieden. Nachdem die EU-Kommission am 22.11.2016 einen ersten Richtlinienentwurf veröffentlicht hatte, wurde die Diskussion in den letzten Jahren verstärkt fortgeführt. Vgl. dazu etwa *Schluck-Amend* ZRP 2017, 6; *Madaus* DB 2019, 592; *Westpfahl* ZRI 2020, 157. Ein Überblick über die Stellungnahmen diverser Verbände im Zuge des Gesetzgebungsverfahrens bieten *Jung/Meißner/Ruch* KSI 2020, 253.

[263] BGH 12.12.1991 – IX ZR 178/91, NJW 1992, 967; kritisch dazu *Eidenmüller* ZIP 2007, 1729 (1732).

[264] *Madaus* DB 2019, 592 (596); vgl. auch *Hofmann* NZI-Beil. 2019, 22 (23ff.); *Pluta* NZI-Beil. 2019, 57.

[265] Das im Jahr 2009 reformierte Schuldverschreibungsgesetz sieht die Möglichkeit vor, durch Mehrheitsbeschluss eine Restrukturierung der entsprechenden Anleihe umzusetzen (etwa durch (i) einen teilweisen Forderungsverzicht, (ii) eine Verringerung der Zinsen oder auch (iii) einen Debt-Equity-Swap). Erfolgreiche Anleiherestrukturierungen sind in den letzten Jahren insbesondere im Bereich der sog. Mittelstandsanleihen durchgeführt worden (zB *Ekotechnika-Gruppe* (2015) oder *Singulus AG* (2016)). Vgl. dazu insgesamt Schmidt/*Westpfahl/Seibt* Sanierungsrecht, Anh. zu § 39 Rn. 1ff.; *Derksen* S. 362ff.

[266] Dabei handelt es sich um ein englisches Vergleichsverfahren außerhalb der Insolvenz, bei dem ein Sanierungsplan – der etwa (1) die Vereinbarung von Ratenzahlungen, (2) die Stundung fälliger Forderungen, (3) den Teilerlass von Forderungen oder auch (4) einen Debt-Equity-Swap vorsehen kann – durch einen Mehrheitsbeschluss und nach gerichtlicher Billigung für alle, dh insbesondere auch für dissentierende, Gläubiger bindend wird. In den letzten Jahren haben auch einige deutsche Unternehmen das *Scheme of Arrangement* erfolgreich genutzt (zB *Tele Columbus GmbH* (2010), *Rodenstock GmbH* (2011), *Primacon GmbH* (2012), *Apcoa Parking Holdings GmbH* (2014), *CBR Fashion* (2016)). Darüber hinaus war in der Praxis zu beobachten, dass teilweise bereits die Ankündigung der Einleitung eines *Scheme of Arrangement* dazu beigetragen hat, eine konsensuale Sanierung – außergerichtlich – mit den wesentlichen Beteiligten herbeizuführen (zB *Scholz Gruppe* (2015/2016), *HC Starck Gruppe* (2015)). Vgl. hierzu etwa *Westpfahl/Knapp* ZIP 2011, 2033; *Derksen* S. 491ff.

genregie – einzeln oder zusammen, dh modular, genutzt werden können. Hierzu zählen (§ 29 Abs. 1 und 2 StaRUG):

(1) die Durchführung eines gerichtlichen Planabstimmungsverfahrens **(gerichtliche Planabstimmung)** (§§ 45, 46 StaRUG),
(2) die gerichtliche Vorprüfung von Fragen, die für die Bestätigung des Restrukturierungsplans erheblich sind **(Vorprüfung)** (§§ 47, 48 StaRUG),
(3) die gerichtliche Anordnung von Regelungen zur Einschränkung von Maßnahmen der individuellen Rechtsdurchsetzung **(Stabilisierung)** (§§ 49–59 StaRUG) und
(4) die gerichtliche Bestätigung eines Restrukturierungsplans **(Planbestätigung)** (§§ 60–72 StaRUG).

Die Instrumente können nach § 29 StaRUG eingeleitet werden, wenn der Schuldner 92 **drohend zahlungsunfähig** iSd § 18 Abs. 2 InsO ist.[267] Demgegenüber steht das Verfahren solchen Schuldnern nicht zu, die bereits zahlungsunfähig iSd § 17 InsO und/oder überschuldet iSd § 19 InsO sind.[268] Weitere Voraussetzung für die Inanspruchnahme der Instrumente ist die **Anzeige** des Restrukturierungsvorhabens bei dem zuständigen Restrukturierungsgericht (§ 31 Abs. 1 StaRUG).[269] Der Anzeige beizufügen sind etwa (1) der Entwurf eines Restrukturierungsplans oder zumindest ein Restrukturierungskonzept, (2) eine Darstellung des Verhandlungsstandes mit den Gläubigern und (3) eine Darstellung der Vorkehrungen, welche der Schuldner getroffen hat, um seine Fähigkeit sicherzustellen, seine gesetzlichen Pflichten zu erfüllen (§ 31 Abs. 2 StaRUG). Durch diese Anzeige wird die Restrukturierungssache **rechtshängig.**[270]

Während der Rechtshängigkeit **ruht die Insolvenzantragspflicht der Geschäftslei-** 93 **ter** nach § 15a InsO; allerdings ist der Eintritt von Zahlungsunfähigkeit oder Überschuldung dem Restrukturierungsgericht **unverzüglich anzuzeigen** (§§ 32 Abs. 3, 42 Abs. 1 StaRUG).[271] Zeigt der Schuldner den Eintritt der Zahlungsunfähigkeit und/oder der Überschuldung an, hat das Restrukturierungsgericht die Restrukturierungssache aufzuheben (§ 33 Abs. 2 Nr. 1 StaRUG). Es kann allerdings von einer Aufhebung ua dann absehen, wenn die Eröffnung des Insolvenzverfahrens mit Blick auf den erreichten Stand in der Restrukturierungssache offensichtlich nicht im Interesse der Gläubiger liegen würde.[272]

---

[267] Soweit § 29 Abs. 1 StaRUG von einer „nachhaltigen Beseitigung" der drohenden Zahlungsunfähigkeit spricht, handelt es sich nicht um eine materielle Voraussetzung, sondern lediglich um ein Verfahrensziel; vgl. *Thole* ZIP 2020, 1985 (1990).

[268] Vgl. zu den Insolvenzgründen → Rn. 12 ff.

[269] Zuständiges Restrukturierungsgericht ist gemäß § 34 Abs. 1 StaRUG grundsätzlich das Amtsgericht, in dessen Bezirk ein Oberlandesgericht seinen Sitz hat; dieses ist dann für Restrukturierungssachen für den Bezirk des Oberlandesgerichts. Ist dieses Amtsgericht nicht für Regelinsolvenzsachen zuständig, so ist abweichend davon das Amtsgericht zuständig, das für Regelinsolvenzsachen am Sitz des Oberlandesgerichts zuständig ist. Örtlich zuständig ist gemäß § 35 S. 1 StaRUG das Restrukturierungsgericht in dessen Bezirk der Schuldner seinen allgemeinen Gerichtsstand hat, es sei denn der Mittelpunkt der wirtschaftlichen Tätigkeit liegt an einem anderen Ort. Eingehend zur Stellung und Funktion des Restrukturierungsgerichts *Deppenkemper*, ZIP 2020, 2432 (2435).

[270] Vertragliche Lösungsklauseln, die an die Rechtshängigkeit einer Restrukturierungssache anknüpfen und für diesen Fall (i) Kündigungsrechte, (ii) Fälligstellungen von Leistungen oder (iii) Leistungsverweigerungsrechte vorsehen, sind grundsätzlich unwirksam (§ 44 Abs. 1 StaRUG). Vgl. dazu *Heckschen/Weitbrecht* NZI 2020, 976. Eingehend zur Bedeutung der Anzeige *Proske/Streit* NZI 2020, 969 (971). Zur Möglichkeit der öffentlichen Bekanntmachung des Restrukturierungsverfahrens → Rn. 119.

[271] Bei einem Verstoß gegen die Anzeigepflicht drohen strafrechtliche Konsequenzen (§ 42 Abs. 3 StaRUG).

[272] Dies soll ausweislich der Gesetzesbegründung insbesondere dann der Fall sein, wenn zu erwarten ist, dass der Restrukturierungserfolg alsbald eintritt und zur Beseitigung der bestehenden Insolvenzlage führt. In einer solchen Konstellation sei die Einleitung eines Insolvenzverfahrens, welches mit weitergehenden Kosten verbunden ist, nicht im Interesse der Gläubigergesamtheit. Vgl. BT-Drs. 19/24181, S. 136. Kritisch dazu etwa *Proske/Streit* NZI 2020, 969 (971), die für einen weiten Anwendungsbereich der Ausnahme plädieren.

b) Restrukturierungsplan

94 Zur Vorlage eines Restrukturierungsplans ist ausschließlich der Schuldner berechtigt. Nach überwiegender Auffassung ist für die Einleitung der Stabilisierungs- und Restrukturierungsmaßnahmen ein Gesellschafterbeschluss erforderlich.[273] Der Restrukturierungsplan bildet die Grundlage für Eingriffe in Forderungen und Rechtsverhältnisse von (ausgewählten) Gläubigern und ggf. Anteilseignern (§§ 2 ff. StaRUG).[274] Die §§ 2 ff. StaRUG weisen erhebliche Parallelen zu den Vorschriften über das **Insolvenzplanverfahren** (§§ 217 ff. InsO) auf. Es handelt sich jeweils um Instrumentarien zur (teil-)kollektiv-privatautonomen Bewältigung der schuldnerischen Krise.[275] Folglich ist der Restrukturierungsplan strukturell dem Insolvenzplan nachempfunden; er ist also ebenfalls in einen darstellenden und einen gestaltenden Teil gegliedert (§§ 6, 7 StaRUG). Zentrale Bedeutung nimmt dabei die stets anzufügende **Vergleichsrechnung** ein, welche die intendierte Befriedigung der Planbetroffenen nach dem Restrukturierungsplan den Befriedigungsmöglichkeiten ohne einen solchen Restrukturierungsplan gegenüberstellt (§ 6 Abs. 2 StaRUG) und damit einer Privilegierung einzelner Planbetroffener zulasten anderer entgegenwirkt.

95 **aa) Gestaltungsmöglichkeiten.** Eine wesentliche Besonderheit des Restrukturierungsplans liegt in der Möglichkeit des Schuldners, die von den Regelungen betroffenen Gläubiger **auswählen zu können (§ 8 StaRUG).** Während in einem Regelinsolvenzverfahren oder einem Insolvenzplan(verfahren) grundsätzlich **sämtliche Gläubiger** einzubeziehen sind (Gesamtvollstreckungsverfahren), handelt es sich bei den Instrumenten des Restrukturierungs- und Stabilisierungsrahmens um **teilkollektive Verfahrenshilfen.** Die insoweit eingeräumte Flexibilität ermöglicht es insbesondere, eine rein **finanzielle Restrukturierung** ohne Einbeziehung der operativen Vertragspartner des Schuldners durchzuführen.[276] Indes liegt die Auswahl der Planbetroffenen nicht im freien Ermessen des Schuldners, sondern muss sich am Kriterium der **sachgerechten Auswahl** messen lassen.[277]

96 Die Gestaltungsmöglichkeiten eines Restrukturierungsplans werden enumerativ in § 2 StaRUG aufgeführt. Diese betreffen grundsätzlich die Umgestaltung (ausgewählter) Rechtsverhältnisse des Schuldners. Darunter fällt insbesondere die Restrukturierung bestimmter

---

[273] Vgl. etwa *Seibt/Bulgrin* DB 2020, 2226 (2236). Dies dürfte umso mehr gelten, als dass der Gesetzgeber einen sog. *shift of duties* zugunsten der Gläubigerinteressen im Rahmen des Gesetzgebungsverfahrens aus dem StaRUG gestrichen hat. Vgl. dazu → Rn. 13 u. Fn. 35. Zum korrespondierenden Problem bei der Einleitung eines Insolvenzverfahrens allein aufgrund drohender Zahlungsunfähigkeit → Rn. 23.

[274] Der Restrukturierungsplan wird deshalb auch als „Herzstück" des StaRUG bezeichnet, vgl. etwa *Ringelspacher/Ruch* ZRI 2020, 636.

[275] Bedeutsame Abweichungen und Ergänzungen zum Insolvenzplanverfahren werden ausweislich der Begründung des Gesetzes nur dort vorgenommen, wo dies durch die Eigenheiten des Stabilisierungs- und Restrukturierungsrahmens veranlasst ist oder die zwingenden umzusetzenden Vorgaben der EU-Richtlinie von den Regelungen zum Insolvenzplanverfahren abweichen, vgl. BT-Drs. 19/24181, S. 109.

[276] Der Referenten- und Regierungsentwurf sah vor, dass gegenseitige noch nicht vollständig erfüllte Verträge (insbesondere Dauerschuldverhältnisse) durch das Restrukturierungsgericht auf Antrag des Schuldners unter bestimmten Voraussetzungen beendet werden können, vgl. Reg-E SanInsFoG, BT-Drs. 19/24181, S. 175 ff. Nach starker Kritik an der Ausgestaltung der Regelungen hat der Gesetzgeber diese letztlich gestrichen. Befürworter dieser Regelung führen an, dass damit – neben finanziellen – auch operative Restrukturierungsmöglichkeiten zur Verfügung gestanden hätten, die nunmehr grundsätzlich nur im Rahmen eines Insolvenzverfahrens umgesetzt werden können. Vgl. dazu insgesamt *Hofmann* NZI 2020, 871; *Müller* ZIP 2020, 2253 (2256). Möglich ist dagegen eine Gestaltung entstandener Verbindlichkeiten aus solchen Verträgen im Rahmen des Restrukturierungsplans, soweit die entsprechenden Gläubiger ihrerseits bereits vorgeleistet haben. Dies dürfte zumindest eine Verhandlungsmasse bilden, die eine außergerichtliche vertragliche Anpassung solcher Verträge für die Zukunft erleichtert.

[277] Die Auswahl der Planbetroffenen ist gemäß § 8 StaRUG sachgerecht, wenn (1) die nicht einbezogenen Forderungen auch in einem Insolvenzverfahren voraussichtlich vollständig erfüllt würden, (2) die in der Auswahl angelegte Differenzierung nach der Art der zu bewältigenden wirtschaftlichen Schwierigkeiten des Schuldners und den Umständen angemessen erscheint oder (3) mit Ausnahme der nach § 4 StaRUG von den Gestaltungen eines Restrukturierungsplans ausgeschlossenen Forderungen sämtliche Forderungen einbezogen werden.

Forderungen sowie vom Schuldner bestellter Sicherheiten.[278] Ist der Schuldner eine juristische Person oder eine Gesellschaft ohne Rechtspersönlichkeit, können mittels eines Restrukturierungsplans auch Anteils- und Mitgliedschaftsrechte der am Schuldner beteiligten Personen gestaltet werden; mithin ist – in Anlehnung an § 217 Abs. 1 S. 2 InsO – jede Maßnahme im Restrukturierungsplan umsetzbar, die gesellschaftsrechtlich zulässig ist.[279] Der Restrukturierungplan kann daher etwa die Umsetzung eines *Debt-Equity-Swap*, also die Umwandlung von Forderungen der Gläubiger in Anteils- oder Mitgliedschaftsrechte, vorsehen.

Die ausgewählten Planbetroffenen sind in **Gruppen** einzuteilen, was insbesondere für die **Festlegung der Rechtsstellung der Planbetroffenen** von wesentlicher Bedeutung ist.[280] Die Aufteilung hat unter Berücksichtigung der unterschiedlichen Rechtsstellungen und nach Maßgabe ihrer wirtschaftlichen Interessen zu erfolgen; zB gesicherte Gläubiger, ungesicherte Gläubiger, nachrangige Gläubiger (§ 9 StaRUG).[281] Nach § 10 Abs. 1 StaRUG sind – entsprechend § 226 Abs. 1 InsO – alle Gläubiger innerhalb einer Gruppe **gleich zu behandeln;** damit können Angehörige verschiedener Gruppen unterschiedlich behandelt werden.[282] 97

bb) Keine Gestaltung von Forderungen der Arbeitnehmer. Aus arbeitsrechtlicher Sicht ist insbesondere die Vorschrift des § 4 S. 1 Nr. 1 StaRUG von Bedeutung, wonach Forderungen von Arbeitnehmern aus oder im Zusammenhang mit dem Arbeitsverhältnis, einschließlich der Forderungen aus Zusagen auf betriebliche Altersversorgung, einer Gestaltung durch den Restrukturierungsplan unzugänglich sind.[283] Der deutsche Gesetzgeber greift damit die den Mitgliedstaaten in Art. 1 Abs. 5 lit. a der EU-Richtlinie gewährte Möglichkeit auf, welche es freistellt, ob auch die Forderungen der Arbeitnehmer einer Gestaltung durch den Restrukturierungsplan zugänglich sind. Die Entscheidung des deutschen Gesetzgebers beruht auf der Überlegung, dass ein Unternehmen, welches nicht einmal die Forderungen der Arbeitnehmer befriedigen könne, sich bereits in einem derart vertieften Krisenstadium befinde, dass dieses sich mit den teilkollektiven Verfahrenshilfen des StaRUG nicht mehr angemessen bewältigen lasse.[284] 98

Dies schließt allerdings nicht aus, dass in Zusammenhang mit einem Restrukturierungsvorhaben nach den Möglichkeiten des StaRUG – zeitgleich oder zeitlich versetzt – personalwirtschaftliche Restrukturierungsmaßnahme unter Beachtung der allgemeinen kollektiv- und individualarbeitsrechtlichen Vorschriften umgesetzt werden.[285] In Betracht kommen insoweit Personalreduzierungen samt Interessenausgleich und Sozialplan gemäß §§ 111 ff. BetrVG oder ggf. ein Sanierungstarifvertrag.[286] Das StaRUG sieht insoweit allerdings – anders als 99

---

[278] Die Umgestaltung betrifft auch Eingriffe in bestimmte Nebenbestimmungen, wie in etwa Fälligkeitsabreden, Gestaltungsrechte sowie sog. *Covenants*, wie sie regelmäßig in (Konsortial-)Kreditverträgen geregelt sind; vgl. dazu *Desch* BB 2020, 2498 (2502); *Proske/Streit* NZI 2020, 969 (970). In der Praxis dürfte insbesondere auch die in § 2 Abs. 4 StaRUG vorgesehene Möglichkeit relevant sein, in gruppeninterne Drittsicherheiten, gestellt von einem verbundenen Unternehmen (§ 15 AktG) des Schuldners, zB Mutter-, Tochter- oder Schwesterunternehmen, – gegen angemessene Entschädigung – einzugreifen. Hierdurch können separate Verfahren im Hinblick auf gruppeninterne Drittsicherungsgeber vermieden werden.

[279] Vgl. dazu *Schäfer* ZIP 2020, 2164.

[280] Die Einteilung der Betroffenen in Gruppen ist auch für die Abstimmung über die Annahme des Restrukturierungsplans von zentraler Bedeutung, → Rn. 104.

[281] Die Inhaber von Anteils- oder Mitgliedschaftsrechten bilden eine eigenständige Gruppe, sofern in ihre Rechte eingegriffen werden soll.

[282] Ausnahmsweise ist eine Ungleichbehandlung von Planbetroffenen derselben Gruppe zulässig, wenn alle Planbetroffenen, zu deren Lasten die Ungleichbehandlung geht, ihre Zustimmung erteilen (§ 10 Abs. 2 StaRUG).

[283] Einer Gestaltung durch einen Restrukturierungsplan ebenfalls unzugänglich sind Forderungen aus vorsätzlich begangenen unerlaubten Handlungen und Forderungen nach § 39 Abs. 1 Nr. 3 InsO, dh Geldstrafen, Ordnungsgelder etc (§ 4 S. 1 Nr. 2 u. Nr. 3 StaRUG).

[284] Vgl. RegE SanInsFoG, BT-Drs. 19/24181, S. 114.

[285] Vgl. RegE SanInsFoG, BT-Drs. 19/24181, S. 115.

[286] *Giese/Jungbauer*, BB 2020, 2679 (2684); *Göpfert/Brune* NZI-Beil. 2017, 43, 45.

die Insolvenzordnung (vgl. dazu Rn. 139ff.) – keine arbeitsrechtlichen Besonderheiten bzw. Erleichterungen vor. Diese Unterscheidung zwischen einem Restrukturierungsplan nach dem StaRUG und einem Insolvenzplan nach der Insolvenzordnung dürfte zukünftig bei der Beurteilung, ob eine Restrukturierung im Rahmen eines außerinsolvenzlichen Restrukturierungsplans oder (sofort) im Rahmen eines Insolvenzverfahrens angestrebt werden soll, eine wesentliche Bedeutung zukommen. Für die Praxis darf zudem erwartet werden, dass die von dem Restrukturierungsplan betroffenen Gläubiger (wie insbesondere Finanzgläubiger) mitunter die Umsetzung entsprechender (freiwilliger) Personalmaßnahmen bzw. Sanierungsbeiträge der Arbeitnehmer voraussetzen werden, wenn sie – etwa durch Forderungsverzichte – erhebliche Sanierungsbeiträge durch Umsetzung eines Restrukturierungsplans leisten (sollen).[287]

100 **cc) Abstimmung und Mehrheitserfordernisse.** Aus der Formulierung des § 17 StaRUG („Planangebot") geht hervor, dass sich das Zustandekommen des Restrukturierungsplans nicht nach rein verfahrensrechtlichen Maßgaben, sondern grundsätzlich in allgemeinen zivilrechtlichen Handlungsformen vollzieht.[288] Der Restrukturierungsplan kommt hiernach zustande, wenn das Angebot des Schuldners auf Annahme des Restrukturierungsplans durch (grundsätzlich) alle vom Restrukturierungsplan Betroffenen angenommen wird oder alternativ die Annahme durch die gerichtliche Bestätigung des Restrukturierungsplans ersetzt wird. Der Restrukturierungsplan kann somit auf zwei unterschiedlichen Wegen zustande kommen, die sich im Wesentlichen dadurch unterscheiden, ob das **Restrukturierungsgericht** an der Annahme des Restrukturierungsplans durch die Beteiligten beteiligt ist.

101 Bei einer **außergerichtlichen Verhandlung und Abstimmung** legt der Schuldner sämtlichen Gläubigern und Anteilseignern, deren Rechtsverhältnisse durch die Gestaltungen betroffen sein sollen, ein Angebot eines Restrukturierungsplans vor (§§ 17–28 StaRUG). Aus dem Angebot muss hervorgehen, wie sich der Restrukturierungsplan auf die Rechtsstellung der jeweiligen Planbetroffenen auswirkt.[289] Der Schuldner hat für die Annahme eines Planangebots eine Frist zu setzen, die grundsätzlich mindestens 14 Tage zu betragen hat.[290] Gewissermaßen als Pendant zur Einberufung einer Gläubigerversammlung nach Eröffnung des Insolvenzverfahrens kann im Zusammenhang mit dem Restrukturierungsplan eine „Planbetroffenenversammlung"[291] einberufen werden, in deren Rahmen das Abstimmungsverfahren über die Annahme des Restrukturierungsplans durchgeführt wird (§ 20 Abs. 1 StaRUG). Möglich ist auch, eine solche Versammlung zum Zwecke der Erörterung des Restrukturierungsplans auf Verlangen eines Planbetroffenen abzuhalten; dies setzt allerdings voraus, dass der Schuldner auf die Einberufung einer Planbetroffenenversammlung zum Zwecke der Abstimmung über den Restrukturierungsplan verzichtet (§ 21 Abs. 1 StaRUG).[292] Der Termin bietet den Planbetroffenen auch die Möglichkeit, Vorschläge zur Änderung des Restrukturierungsplans zu äußern.[293] Bei der **Abstimmung**

[287] Vgl. auch *Giese/Jungbauer*, BB 2020, 2679 (2684). Der Restrukturierungsplan kann die Umsetzung entsprechender Maßnahmen auch als Bedingung für dessen Bestätigung vorsehen (bedingter Restrukturierungsplan, § 62 StaRUG). Zu der entsprechenden Möglichkeit eines bedingten Insolvenzplans → Rn. 236.

[288] RegE-SanInsFoG, BT-Drs. 19/24181, S. 121.

[289] Es muss zudem deutlich darauf hingewiesen werden, dass der Restrukturierungsplan im Falle seiner mehrheitlichen Annahme und gerichtlichen Bestätigung auch gegenüber denjenigen Planbetroffenen wirksam werden kann, die das Angebot nicht annehmen (§ 17 Abs. 1 StaRUG).

[290] Ausnahmsweise kann sich die Frist auch auf einen kürzeren Zeitraum belaufen, wenn dem Restrukturierungsplan ein Restrukturierungskonzept zugrunde liegt, welches allen Planbetroffenen seit mindestens 14 Tagen vor Unterbreitung des Planangebots in Textform zugänglich gemacht ist (§ 19 StaRUG).

[291] Zum Begriff *Thole* ZIP 2020, 1985 (1989).

[292] Ferner ist der Antrag eines Planbetroffenen auf die Einberufung der Versammlung nur statthaft, wenn der Schuldner nicht allen Planbetroffenen Gelegenheit zur gemeinschaftlichen Erörterung des Restrukturierungsplans (oder des zugrundeliegenden Restrukturierungskonzepts) gegeben hat.

[293] Wird der Restrukturierungsplan allerdings nicht ausschließlich „in einzelnen Punkten", sondern in tiefgreifenderer Art und Weise geändert, ist ein neues Planangebot nach §§ 17ff. StaRUG bzw. eine erneute

wird jedoch ausschließlich über die Annahme des Restrukturierungsplans in der Form entschieden, wie ihn der Schuldner (ggf. nach dem Abschluss weitergehender Erörterungen) vorlegt; es findet keine „alternative" Abstimmung über mehrere „konkurrierende" Restrukturierungspläne statt. Wird der Plan infolge der Erörterungen auf der Versammlung abgeändert, kann über diesen dennoch in derselben Versammlung abgestimmt werden (§ 22 Abs. 4 StarUG).

Alternativ kann der Schuldner sich auch für die **gerichtliche Durchführung des Planabstimmungsverfahrens**[294] entscheiden (§§ 45, 46 StaRUG). Die gerichtliche Durchführung des Planabstimmungsverfahrens dürfte sich vor allem bei Verfahren anbieten, die nicht nur professionelle Finanzgläubiger betreffen, sondern eine Vielzahl von Gruppen und insbesondere auch Kleingläubiger.[295] In diesen Konstellationen ist davon auszugehen, dass die Einschaltung des Gerichts die Akzeptanz des Restrukturierungsvorhabens erhöht.[296] Ferner bietet das gerichtliche Planabstimmungsverfahren den Vorteil, dass die Verantwortung hinsichtlich der Verfahrensleitung dem Gericht überantwortet wird. 102

Die Regelungen zum **Stimmrecht** und zur **Annahme des Restrukturierungsplans** orientieren sich grundsätzlich an den entsprechenden Vorschriften über das Insolvenzplanverfahren. Das **Stimmrecht** ist in § 24 StaRUG geregelt und bestimmt sich grundsätzlich nach dem **Forderungsbetrag;** bei Absonderungsanwartschaften[297] bzw. gruppeninternen Drittsicherheiten ist grundsätzlich der jeweilige Wert des Gegenstandes anzusetzen. Anteils- und Mitgliedschaftsrechte gewähren ein Stimmrecht in der Höhe des Anteils am gezeichneten Kapital oder Vermögen des Schuldners.[298] 103

Im Hinblick auf die zu erzielenden **Mehrheiten** ist es erforderlich, dass in jeder Gruppe auf die dem Restrukturierungsplan zustimmenden Gruppenmitglieder mindestens drei Viertel der Stimmrechte in dieser Gruppe entfallen **(Summenmehrheit)**; entscheidend ist der absolute Anteil an sämtlichen einer Gruppe unterfallenden Stimmrechten, sodass es nicht auf die Anzahl der abgegebenen Stimmen ankommt (§ 25 StaRUG).[299] In dieser Hinsicht unterscheidet sich das StaRUG von der korrespondierenden Vorschrift des § 244 InsO zum Insolvenzplanverfahren, in dessen Rahmen innerhalb jeder Gruppe zwar nur eine „einfache" Summenmehrheit aller abgegebenen Stimmen, zusätzlich aber auch eine Kopfmehrheit der abstimmenden Gläubiger erforderlich ist (→ Rn. 72). 104

Wird innerhalb einer Gruppe die erforderliche Mehrheit nicht erreicht, gilt die Zustimmung einer Gruppe nach Maßgabe des 26 Abs. 1 StaRUG als abgegeben, wenn – kumulativ – (1) die Mitglieder dieser Gruppe durch den Restrukturierungsplan voraussichtlich nicht schlechter gestellt werden, als sie ohne einen Restrukturierungsplan stünden, (2) die Mitglieder dieser Gruppe angemessen an dem wirtschaftlichen Wert beteiligt werden[300], 105

Einberufung einer Abstimmungsversammlung erforderlich. Für die Zwecke der Abgrenzung, ob der die Änderung des Restrukturierungsplans lediglich „einzelne Punkte" betrifft, dürfte in praxi auf die Rechtsprechung zur insoweit korrespondierenden Norm des § 240 InsO abzustellen sein.

[294] Von der gerichtlichen Durchführung der Planabstimmung systematisch zu trennen ist die gerichtliche Planbestätigung, auf die unter → Rn. 106 eingegangen wird.

[295] *Thole* ZIP 2020, 1985 (1994); *Gehrlein* BB 2021, 66 (70).

[296] *Thole* ZIP 2020, 1985 (1994); *Gehrlein* BB 2021, 66 (70).

[297] Damit sind solche Gläubigerrechte gemeint, die in einem späteren Insolvenzverfahren ein Absonderungsrecht nach den §§ 49ff. InsO begründen würden. Absonderungsrechte gewähren im Insolvenzverfahren ein Recht auf gesonderte und vorzugsweise Befriedigung eines Gläubigers aus einem zur Masse gehörenden Gegenstand aufgrund eines ihm zustehenden Sicherungsrechts. Davon erfasst sind insbesondere (Grund-)Pfandrechte sowie das Sicherungseigentum an beweglichen Sachen bzw. zur Sicherheit an den Gläubiger abgetretene Forderungen.

[298] Bestehen Streitfragen im Hinblick auf die Festlegung des Stimmrechts, ist im außergerichtlichen Abstimmungsverfahren der Schuldner (§ 24 Abs. 4 StaRUG), im gerichtlichen Planabstimmungsverfahren das Gericht zur Festlegung des Stimmrechts berechtigt (§ 45 Abs. 4 S. 2 StaRUG).

[299] Von der in Art. 9 Abs. 6 Abs. 1 S. 2 der EU-Richtlinie bestehenden Option, zusätzlich eine Kopfmehrheit einzuführen, wurde im StaRUG kein Gebrauch gemacht.

[300] Der Begriff der „angemessenen wirtschaftlichen Beteiligung" wird in § 27 StaRUG weitergehend konkretisiert und ist an die ebenfalls im Insolvenzplanverfahren vorherrschende Regel der sog. absoluten Priorität

der auf der Grundlage des Restrukturierungsplans den Planbetroffenen zufließen soll (Planwert), und (3) die Mehrheit der abstimmenden Gruppen[301] dem Restrukturierungsplan mit den erforderlichen Mehrheiten zugestimmt hat (sog. ***Cross Class Cram Down***).

106 **dd) Gerichtliche Planbestätigung.** Die **gerichtliche Bestätigung eines Restrukturierungsplans** (§§ 60–66 StaRUG) auf Antrag des Schuldners kommt sowohl im Anschluss an ein gerichtliches wie auch an ein privatautonomes Abstimmungsverfahren in Betracht. Die **gerichtliche Kontrolle** erstreckt sich ausschließlich auf die Recht-, nicht aber auf die Zweckmäßigkeit des Restrukturierungsplans.[302] Das Restrukturierungsgericht versagt die Planbestätigung **von Amts wegen** gemäß § 63 Abs. 1 StaRUG, wenn alternativ einer der dort genannten Versagungsgründe erfüllt ist.[303] Nach § 64 Abs. 1 StaRUG kann die Bestätigung des Restrukturierungsplans auf Antrag eines Planbetroffenen versagt werden, wenn dieser durch den Restrukturierungsplan schlechter gestellt werden würde, als er voraussichtlich ohne den Restrukturierungsplan stünde **(Minderheitenschutz).**

107 Die Bestätigung des Restrukturierungsplans durch **Beschluss** (§ 66 StaRUG) führt dazu, dass mit Veröffentlichung des Bestätigungsbeschlusses (§ 65 StaRUG) die im gestaltenden Teil des Restrukturierungsplans festgelegten Wirkungen eintreten (§ 67 StaRUG); unabhängig davon, ob die Planbetroffenen für oder gegen den Restrukturierungsplan gestimmt haben, dh die im Restrukturierungsplan vorgesehenen Restrukturierungsmaßnahmen gelten für sämtliche Planbetroffene.[304]

c) (Weitere) Restrukturierungs- und Stabilisierungsinstrumente

108 Wie bereits einleitend beschrieben, stellt das StaRUG dem Schuldner verschiedene Verfahrenshilfen **(Instrumente)** zur Verfügung, die dieser im Rahmen des Restrukturierungsprozesses (zeitlich) flexibel im Wege eines modularen „Baukastensystems" einsetzen kann (§ 29 Abs. 1 StaRUG). Neben den vorstehend bereits dargestellten Instrumenten der gerichtlichen Planabstimmung und Planbestätigung zählen hierzu zudem die (i) Stabilisierung und (ii) die gerichtliche Vorprüfung der für das Restrukturierungsvorhaben erheblichen Fragen.

109 **aa) Stabilisierung (Moratorium).** Ähnlich der Regelungen **im vorläufigen Insolvenzverfahren** (dazu → Rn. 47) kann das Restrukturierungsgericht eine Stabilisierung – sog. Moratorium – anordnen (§ 29 Abs. 2 Nr. 3).[305] Neben verschiedenen formellen Anforderungen setzt die Anordnung aus **materiellrechtlicher Sicht** voraus, dass die

angelehnt. Ferner sieht § 28 StaRUG verschiedene Möglichkeiten vor, nach denen die Regel der absoluten Priorität ausnahmsweise durchbrochen werden darf, vgl. dazu *Müller* ZIP 2020, 2253 (2256).

[301] Wurden lediglich zwei Gruppen gebildet, genügt die Zustimmung der anderen Gruppe; die zustimmenden Gruppen dürfen allerdings nicht ausschließlich aus Anteilsinhabern oder nachrangigen Restrukturierungsgläubigern bestehen.

[302] *Thole* ZIP 2020, 1985 (1997).

[303] Diese sind: 1. Der Schuldner ist nicht drohend zahlungsunfähig iSd § 18 InsO; 2. Wesentliche verfahrensrechtliche Mängel, die der Schuldner nicht beheben kann oder innerhalb einer angemessenen, vom Restrukturierungsgericht gesetzten Frist nicht behebt; 3. Ansprüche, die den Planbetroffenen durch den gestaltenden Teil des Restrukturierungsplans zugewiesen werden und die durch den Restrukturierungsplan nicht berührten Ansprüche können offensichtlich nicht erfüllt werden. Ferner ist in § 63 Abs. 2 StaRUG ein spezieller Versagungsgrund für solche Restrukturierungspläne kodiert, die neue Finanzierungen vorsehen; § 63 Abs. 4 StaRUG sieht einen Versagungsgrund für die Bestätigung eines Restrukturierungsplans vor, dessen Annahme unlauter herbeigeführt wurde.

[304] Der Eintritt der Rechtskraft der Bestätigung muss – anders als im Insolvenzplanverfahren – nicht abgewartet werden. Gegen die gerichtliche Bestätigung steht jedem Planbetroffenen der Rechtsbehelf der sofortigen Beschwerde offen, der aber nur bei besonderer gerichtlicher Anordnung eine aufschiebende Wirkung zukommt (§ 66 StaRUG). Sieht der Restrukturierungsplan bestimmte Verfügungen über Gegenstände vor, gelten die dafür erforderlichen Willenserklärungen mit der Planbestätigung als abgegeben (§ 68 StaRUG). Ferner können die Restrukturierungsgläubiger aus dem rechtskräftig bestätigten Restrukturierungsplan die Zwangsvollstreckung wie aus einem vollstreckbaren Urteil betreiben (§ 71 StaRUG).

[305] Die Einzelheiten sind in den §§ 49–59 StaRUG geregelt.

Restrukturierungsplanung **vollständig und schlüssig**[306] ist und kein in § 51 Abs. 1 S. 1 Nrn. 1–4 StaRUG angeführter Ausschlusstatbestand erfüllt ist.[307] Eine Stabilisierungsanordnung kann für eine Dauer von bis zu **drei Monaten** ergehen (§ 53 StaRUG).[308] Auf Antrag des Schuldners untersagt das Restrukturierungsgericht Maßnahmen der Zwangsvollstreckung gegen den Schuldner oder stellt sie einstweilen ein **(Vollstreckungssperre).**[309] Es kann zudem anordnen, dass Rechte an Gegenständen des beweglichen Vermögens, die im Falle der Eröffnung eines Insolvenzverfahrens als Ab- oder Aussonderungsrechte geltend gemacht werden könnten, von dem Gläubiger nicht durchgesetzt werden dürfen und dass solche Gegenstände zur Fortführung des Unternehmens des Schuldners eingesetzt werden können, soweit sie hierfür von erheblicher Bedeutung sind **(Verwertungssperre)** (§ 49 Abs. 1 StaRUG). Erfolgt eine Stabilisierungsanordnung, darf der Gläubiger allein wegen eines im Zeitpunkt der Anordnung bestehenden Leistungsrückstandes keine Leistungsverweigerungsrechte (etwa nach § 273 Abs. 1 BGB) oder Vertragsbeendigungs- oder Abänderungsrechte geltend machen; unberührt davon bleibt allerdings das Leistungsverweigerungsrecht nach § 320 BGB (§ 55 Abs. 1 StaRUG).[310] Für die Anordnungsdauer wird das durch Antrag eines Gläubigers eingeleitete Verfahren über die Eröffnung eines Insolvenzverfahrens ausgesetzt (§ 58 StaRUG).

In arbeitsrechtlicher Hinsicht bedeutsam ist die Vorschrift des § 49 Abs. 2 StaRUG, 110
wonach Forderungen, die einer Gestaltung durch den Restrukturierungsplan nicht zugänglich sind, also insbesondere Forderungen aus Arbeitsverhältnissen (§ 4 StaRUG), von den Stabilisierungsmaßnahmen unberührt bleiben. Im Übrigen kann sich die Anordnung gegen (i) alle, (ii) mehrere, (iii) aber auch einzelne Gläubiger richten (§ 49 Abs. 2 S. 2 StaRUG). Daraus folgt, dass die Vollstreckungs- und Verwertungssperren nicht gegenüber den Planbetroffenen, sondern – vorbehaltlich der in § 4 StaRUG aufgezählten Gläubiger – auch gegenüber **nicht in den Restrukturierungsplan inkludierten Gläubigern** Wirksamkeit entfalten können. Insoweit wird durch eine Stabilisierungsanordnung gegenüber allen Gläubigern eine partielle Durchbrechung der (lediglich) teilkollektiven Wirkungen des StaRUG bewirkt.

bb) Vorprüfung. Flankierend zur gerichtlichen Durchführung des Abstimmungsverfah- 111
rens steht dem Schuldner die Möglichkeit offen, einzelne, für das Restrukturierungsverfahren relevante Fragestellungen im Rahmen einer Vorprüfung der gerichtlichen Klärung zuzuführen (§ 46 StaRUG).[311] Auch im außergerichtlichen Abstimmungsverfahren kann

---

[306] Die Restrukturierungsplanung ist gem. § 51 Abs. 1 S. 2 StaRUG bereits dann schlüssig, wenn nicht offensichtlich ist, dass sich das Restrukturierungsziel nicht auf Grundlage der in Aussicht genommenen Maßnahmen erreichen lässt.

[307] Nach diesen Ausschlusstatbeständen unterbleibt eine Stabilisierungsanordnung, wenn (1.) die Restrukturierungsplanung oder die Erklärungen zu § 50 Ab. 3 StaRUG in wesentlichen Punkten auf unzutreffenden Tatsachen beruht oder beruhen, (2.) die Restrukturierung aussichtslos ist, weil keine Aussicht darauf besteht, dass ein das Restrukturierungskonzept umsetzender Restrukturierungsplan von den Planbetroffenen angenommen oder vom Gericht bestätigt werden würde, (3.) der Schuldner noch nicht drohend zahlungsunfähig ist oder (4.) die beantragte Anordnung nicht erforderlich ist, um das Restrukturierungsziel zu verwirklichen.

[308] § 52 StaRUG ermöglicht es, eine Verlängerung der Maßnahme (Folgeanordnung) oder eine erneute Anordnung bei Überschreitung der vorherigen Anordnungsdauer (Neuanordnung) zu beantragen, sofern die Voraussetzungen des § 51 Abs. 1, 2 StaRUG im Zeitpunkt der Antragsstellung erfüllt sind. Ferner kann unter denselben Vorschriften eine Anordnung auf weitere Gläubiger erstreckt oder inhaltlich erweitert werden. Vgl. dazu etwa *Riggert* NZI-Beil. 2021, 40.

[309] Vgl. dazu *Ziegenhagen* ZInsO 2020, 2090 (2091).

[310] Etwas anderes ergibt sich allerdings, wenn der Schuldner zur Fortführung des Unternehmens nicht auf die Leistung angewiesen ist (§ 55 Abs. 2 StaRUG) oder wenn der Schuldner vorleistungspflichtig ist (§ 55 Abs. 3 StaRUG).

[311] Insbesondere kann der Schuldner klären lassen, (i) ob die Auswahl der Planbetroffenen und die Einteilung der Planbetroffenen in Gruppen den Anforderungen der §§ 8 und 9 StaRUG entspricht; (ii) welches Stimmrecht eine Restrukturierungsforderung, eine Absonderungsanwartschaft oder ein Anteils- oder Mitgliedschaftsrecht gewährt oder (iii) ob dem Schuldner die Zahlungsunfähigkeit droht.

der Schuldner die Durchführung einer Vorprüfung beantragen (§ 47 StaRUG). Neben den Fragestellungen, die bereits im gerichtlichen Abstimmungsverfahren der Klärung im Rahmen einer Vorprüfung unterzogen werden können, kann der Schuldner im außergerichtlichen Bereich auch solche Fragen einer gerichtlichen Entscheidung zuführen, welche die privatautonom organisierte Planabstimmung nach den §§ 17–22ff. StaRUG betreffen.

d) Gläubigerbeirat

112 Nach § 93 Abs. 1 S. 1 StaRUG kann das Gericht einen Gläubigerbeirat einsetzen, wenn in einer Restrukturierungssache die Forderungen aller – zulässigerweise einzubeziehenden – Gläubiger durch einen Restrukturierungsplan gestaltet werden sollen und die Restrukturierungssache gesamtverfahrensartige Züge aufweist. Letzteres soll der Fall sein, wenn eine Vielzahl von Gläubigern mit inhomogenen Interessen vertreten ist.[312] Der Gläubigerbeirat kann auf die Bestellung des Restrukturierungsbeauftragten Einfluss nehmen; die Beiratsmitglieder unterstützen und überwachen zudem den Schuldner bei seiner Geschäftsführung (§ 93 Abs. 2 u. 3 StaRUG).[313]

113 § 93 Abs. 1 S. 3 StaRUG stellt klar, dass auch nicht vom Restrukturierungsplan betroffene Gläubiger – also insbesondere Arbeitnehmer – in dem Gläubigerbeirat vertreten sein können. Der Gesetzgeber folgte damit der Empfehlung des Rechtsausschusses[314] und reagierte auf die Stimmen von Arbeitnehmerverbänden, die ein mit dem Gläubigerausschuss vergleichbares Gremium gefordert hatten.[315] Zusammenfassend hatten diese den Appell damit begründet, dass der Ausschluss von Arbeitnehmerforderungen gemäß § 4 StaRUG nicht zugleich bedeute, dass die Arbeitnehmerinteressen durch eine Restrukturierung nach dem StaRUG nicht berührt werden könnten.

114 Gleichwohl ist in diesem Zusammenhang aus arbeitsrechtlicher Sicht zu beachten, dass die Beteiligungsrechte der Arbeitnehmervertretungen nach dem BetrVG durch die Vorschriften des StaRUG nicht verdrängt werden (§ 92 StaRUG). Soweit eine Maßnahme nach dem StaRUG also Sachverhalte betrifft, für die eine obligatorische Beteiligung des Wirtschaftsausschusses, des Betriebsrates oder anderer Arbeitnehmervertretungsgremien vorgesehen ist, wird dieses Beteiligungsrecht in keiner Weise verkürzt.

e) Bestellung eines Restrukturierungsbeauftragten oder eines Sanierungsmoderators

115 Das StaRUG sieht darüber hinaus die Bestellung eines Restrukturierungsbeauftragen (§ 73 StaRUG) oder Sanierungsmoderators (§94 StaRUG) vor.[316]

116 Für bestimmte Fälle – insbesondere immer dann, wenn der Schuldner eine gegen alle (oder im Wesentlichen alle) gerichtete Stabilisierungsanordnung beantragt – bestellt das Restrukturierungsgericht **von Amts wegen** einen **Restrukturierungsbeauftragten** (§ 73 StaRUG).[317] Die Rechtsstellung des Restrukturierungsbeauftragten lässt sich mit der eines Sachwalters in der Eigenverwaltung vergleichen, unterliegt aber weitestgehend dem Ermessen des Restrukturierungsgerichts: insbesondere können diesem die Befugnisse zur

[312] In diesem Fall besteht ein ähnliches Koordinierungsbedürfnis wie im Insolvenzverfahren. Vgl. Bericht des Rechtsauschusses, BT-Drs. 19/25353, S. 10.

[313] Den Beiratsmitgliedern steht gemäß § 93 Abs. 4 S. 2 StaRUG ein Vergütungsanspruch zu.

[314] Bericht des Rechtsauschusses, BT-Drs. 19/25353, S. 10f.

[315] Vgl. insbesondere die Stellungnahme zum Reg-E. SanInsFoG im Rahmen der Sachverständigenanhörung von *Wroblewski*, (Vorstandsmitglied der *IG Metall*), S. 4, abrufbar unter https://www.bundestag.de/resource/blob/810510/d4c8352170d89fad704f7eb6ef8a25c5/wroblewski_ig-metall-data.pdf (zuletzt aufgerufen am 9.3.2021).

[316] Vgl. dazu *Spiekermann* NZI 2020, 977 (984ff); *Gehrlein* BB 2021, 66 (76).

[317] Ebenso ist ein Restrukturierungsbeauftragter immer dann zu bestellen, wenn im Rahmen der Restrukturierung die Rechte von Verbrauchern oder mittleren, kleinen oder Kleinstunternehmen geändert werden sollen oder absehbar ist, dass sich der Restrukturierungsplan nur gegen den Widerstand einzelner Betroffener nach Maßgabe des § 26 StaRUG durchsetzen lässt (vgl. § 73 StaRUG).

Überwachung der Geschäftsleitung und zur Kassenprüfung übertragen werden. Ergänzend dazu kann das Gericht festlegen, dass der Schuldner Zahlungen außerhalb des gewöhnlichen Geschäftsbetriebs nur mit Zustimmung des Restrukturierungsbeauftragen tätigen darf (vgl. § 76 Abs. 2 Nr. 3 StaRUG).[318] Der Restrukturierungsbeauftragte kann auch **auf Antrag** des Schuldners oder von Gläubigern, auf die mehr als 25% der Stimmrechte in einer Gruppe entfallen oder entfallen werden, bestellt werden, um die Verhandlungen zwischen den Beteiligten zu fördern und um bei der Ausarbeitung des Restrukturierungskonzeptes zu unterstützen (§ 77 StaRUG).[319]

Im Übrigen kann der Schuldner die Bestellung eines **Sanierungsmoderators** für die Dauer von 3 Monaten beantragen (§ 94 StaRUG). Hauptaufgabe des Sanierungsmoderators ist die Vermittlung zwischen dem Schuldner und den Gläubigern; dabei hat er dem Gericht monatlich Bericht über den Fortgang der Sanierungsmoderation zu erstatten (§ 96 StaRUG). Nach § 103 Abs. 1 StaRUG kann der Schuldner einen mit seinen Gläubigern geschlossenen Vergleich gerichtlich bestätigen lassen; die Bestätigung kann dabei nur unter den engen Voraussetzungen des § 97 Abs. 1 S. 2 StaRUG versagt werden. Im Falle der Bestätigung des Vergleichs ist dieser nur noch unter den Voraussetzungen des § 90 StaRUG im Falle der späteren Eröffnung eines Insolvenzverfahrens anfechtbar.[320] Gegenüber einem Restrukturierungsplan birgt ein Sanierungsvergleich den Nachteil, dass dieser nicht unter Überwindung des Widerstandes dissentierender Gläubiger durchgesetzt werden kann, sondern stets der Zustimmung sämtlicher am Vergleich beteiligter *Stakeholder* bedarf. 117

f) Anfechtungsschutz

Das StaRUG weist zudem fragmentarische Regelungen zum Schutz vor einer Insolvenzanfechtung im Rahmen eines späteren Insolvenzverfahrens auf.[321] Die Regelungen, die in einem rechtskräftig bestätigten Restrukturierungsplan mit aufgenommen werden, sind der Insolvenzanfechtung entzogen.[322] Bedeutung erlangt dies insbesondere dann, wenn im Restrukturierungsplan **Regelungen zu neuen Finanzierungen nach § 12 StaRUG** aufgenommen werden, die zur Finanzierung der Restrukturierung auf der Grundlage des Restrukturierungsplans erforderlich sind. Vollständigen anfechtungsrechtlichen Schutz genießen nur die Regelungen des Restrukturierungsplans selbst; der Vollzug des Restrukturierungsplans wird nur teilweise privilegiert. Ausweislich der Gesetzesbegründung soll etwa die Auszahlung eines im Restrukturierungsplan vorgesehenen Darlehens an den Schuldner (als Darlehensnehmer) einer Anfechtung entzogen sein, nicht aber die Rückzahlung an den Darlehensgeber.[323] 118

g) Öffentliche Restrukturierungssachen

Von der Anzeige des Restrukturierungsvorhabens (vgl. § 31 Abs. 1 StaRUG) zu trennen ist die in den §§ 84ff. StaRUG vorgesehene fakultative Möglichkeit des Schuldners, das Verfahren als sog. öffentliche Restrukturierungssache durch das Gericht öffentlich bekannt 119

---

318 Eingehend zu Rechtsstellung und Aufgabenkreis des Restrukturierungsbeauftragten *Smid* ZInsO 2020, 2084; *Flöther* NZI-Beil. 2021, 48.

319 *Commandeur/Utsch* NZG 2020, 1338 (1440).

320 Kritisch zum Verhältnis zwischen dem Anfechtungsrecht nach der InsO und den neuen Regelungen nach dem StaRUG *Bork* ZInsO 2020, 2177.

321 Kritisch dazu etwa *Proske/Streit* NZI 2020, 969 (975), die anführen, dass das StaRUG den in der EU-Richtlinie vorgegebenen Mindeststandard nicht erfülle. Dagegen wird in der Gesetzesbegründung davon ausgegangen, dass das deutsche Anfechtungsrecht bereits für sich genommen den Anforderungen der Richtlinie genüge, vgl. Reg-E. SanInsFoG, BT-Drs. 19/24181, S. 213.

322 Von diesem Schutz ausgenommen sind Forderungen mit dem Rang nach § 39 Abs. 1 Nr. 5 InsO sowie nach § 135 InsO anfechtbare Sicherheitsleistungen oder nach § 6 AnfG anfechtbare Rechtshandlungen im Zusammenhang mit Gesellschafterdarlehen.

323 Reg-E. SanInsFoG, BT-Drs. 19/24181, S. 178. Kritisch dazu *Proske/Streit* NZI 2020, 969 (975); *Thole* ZIP 2020, 1999; *Bork* ZInsO 2020, 2711.

machen zu lassen. Die Öffentlichkeit dient insbesondere dem Zweck, die erleichterte Anerkennung der Restrukturierungssache und in Anspruch genommener Instrumente in anderen EU-Mitgliedsstaaten über die EuInsVO zu erreichen (vgl. Art. 19 ff. EuInsVO), welche nur auf öffentliche Verfahren Anwendung findet (vgl. Art. 1 Abs. 1 EuInsVO). Diese Möglichkeit eröffnet das StaRUG allerdings erst mit Inkrafttreten der entsprechenden Vorschriften **ab dem 17.7.2022,** sodass bis zu diesem Zeitpunkt die Verfahren lediglich als nicht-öffentliche Restrukturierungssachen durchgeführt werden können. Mangels derzeitiger Anwendbarkeit der EuInsVO muss daher in Fällen mit internationaler Beteiligung stets im Einzelfall geprüft werden, inwieweit eine internationale Anerkennung der entsprechenden Maßnahmen in Betracht kommt.

III. Überblick über die Arbeitnehmeransprüche in der Insolvenz

120 Die Ansprüche der Arbeitnehmer bestehen auch nach Eröffnung des Insolvenzverfahrens über das Vermögen des Arbeitgebers fort (zu Ansprüchen aus der betrieblichen Altersversorgung in der Insolvenz → Teil J Rn. 341 ff.). Anders als bei Ansprüchen gegen einen solventen Arbeitgeber muss allerdings nicht nur das Interesse des Arbeitnehmers an der Erfüllung seiner offenen Ansprüche befriedigt werden – vielmehr ist die gleichmäßige Befriedigung aller zu befriedigenden Gläubiger zu berücksichtigen.[324] Daher gelten auch bei Arbeitnehmeransprüchen die insolvenzrechtlichen Einordnungs- und Verteilungsregelungen. Zu den originären Ansprüchen im Arbeitsverhältnis treten zusätzlich die Ansprüche auf Insolvenzgeld und Insolvenzgeldvorfinanzierung, sofern die entsprechenden Voraussetzungen vorliegen.

1. Einordnung der Arbeitnehmeransprüche in der Insolvenz

121 Die Befriedigung der einzelnen Ansprüche des Arbeitnehmers hängt in der Insolvenz des Arbeitgebers grundsätzlich davon ab, ob die entsprechenden Forderungen als Masseverbindlichkeit oder als Insolvenzforderung geltend gemacht werden können. Eine **Zäsur** bildet dabei grundsätzlich die **Eröffnung des Insolvenzverfahrens.** Masseverbindlichkeiten resultieren aus den Entscheidungen des Insolvenzverwalters und den Kosten des Insolvenzverfahrens selbst (§§ 54, 55 InsO), werden also grundsätzlich erst **nach** Eröffnung des Insolvenzverfahrens begründet; Insolvenzforderungen resultieren dagegen aus einem Vermögensanspruch, der dem Arbeitnehmer bereits **davor (dh vor Eröffnung des Insolvenzverfahrens)** zugestanden hat.[325] In Modifikation dieser grundsätzlichen Systematik können bereits während des vorläufigen Insolvenzverfahrens (dazu → Rn. 30) Masseverbindlichkeiten durch einen starken vorläufigen Insolvenzverwalter begründet werden (§ 55 Abs. 2 InsO).[326] Zu beachten ist hierbei die Besonderheit des § 55 Abs. 3 InsO. Nach dieser Vorschrift gilt für Ansprüche auf Arbeitsentgelt, die nach § 55 Abs. 2 InsO begründet worden sind (also während einer Weiterbeschäftigung durch den vorläufigen starken Insolvenzverwalter) und dann im Zuge der Beziehung von Insolvenzgeld auf die Bundesagen-

[324] Hierzu → Rn. 6.

[325] Vgl. BGH 14.3.2019 – 6 AZR 4/18, NZG 2019, 832 zu dem Rang von Abfindungsansprüchen nach §§ 9, 10 KSchG; BGH 22.9.2011 – IX ZB 121/11, NZI 2011, 953; Andres/Leithaus/*Leithaus* InsO § 55 Rn. 3; Beck/Depré Insolvenz/*Depré/Heck* § 27 Rn. 21; Nerlich/Römermann/*Andres* InsO § 55 Rn. 1; MüKoInsO/*Ehricke/Behme* § 38 Rn. 20 f.; Göpfert/Schöne/*Gossak* § 13 Rn. 22–27; *Schelp* NZA 2010, 1095 (1099).

[326] MüKoInsO/*Hefermehl* § 55 Rn. 173 f. Ein schwacher vorläufiger Insolvenzverwalter kann grundsätzlich keine Masseverbindlichkeiten nach § 55 Abs. 2 InsO begründen vgl. BGH 16.6.2016 – IX ZR 114/15, ZIP 2016, 1295 (Rn. 37); Graf-Schlicker/*Huber*, InsO § 129 Rn. 14. In Betracht kommt jedoch die Begründung von Masseverbindlichkeiten aufgrund einer sog. Einzelermächtigung, die dem schwachen vorläufigen Insolvenzverwalter vom Insolvenzgericht erteilt wird; dazu → Rn. 30.

tur für Arbeit übergehen (§ 169 SGB III), dass diese Forderungen nach dem Übergang nicht mehr als Masseverbindlichkeit gelten, sondern im Rang als Insolvenzforderung eingestuft werden.[327]

Grundsatz der Einordnung der Arbeitnehmeransprüche in der Insolvenz: 122

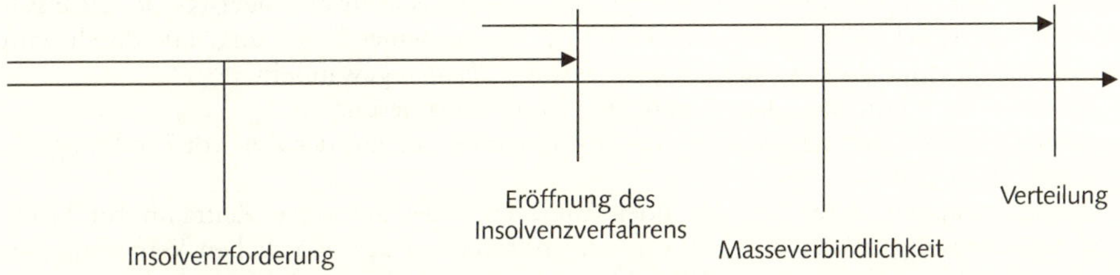

Die **Masseverbindlichkeiten** sind aus der bereinigten Insolvenzmasse *„vorweg zu berichtigen"* (§ 53 InsO) und somit grundsätzlich in voller Höhe zu begleichen.[328] Sofern die Masse zwar die Kosten des Insolvenzverfahrens deckt, aber nicht ausreicht, um *alle Massegläubiger* in *voller Höhe* von der bereinigten Masse zu befriedigen *(sog. Masseunzulänglichkeit)*, hat der Insolvenzverwalter dies dem Insolvenzgericht anzuzeigen (§ 208 InsO). In diesem Fall richtet sich die Rangordnung und Quotelung der Befriedigung für die Massegläubiger nach § 209 InsO.[329] 123

Im Arbeitsverhältnis sind die wesentlichen Masseverbindlichkeiten: 124

- Gehalts- und Lohnansprüche für Arbeitsleistung nach Eröffnung des Insolvenzverfahrens (§ 55 Abs. 1 Nr. 2 Alt. 2 InsO)[330];
- Sonderzahlungen, deren Stichtag oder Anlass entweder auf den Zeitraum nach Eröffnung des Insolvenzverfahrens fällt oder deren Zweck in der zusätzlichen Vergütung von einzelnen Bezugszeiträumen (zB in Monaten) liegt und diese Bezugszeiträume in die Zeitperiode nach Eröffnung des Insolvenzverfahrens einzuordnen sind[331];
- Urlaubsabgeltung, wenn das Arbeitsverhältnis nach Eröffnung des Insolvenzverfahrens beendet wurde[332];
- Abfindung aus §§ 9, 10 KSchG, wenn der Anspruch auf einer Handlung des Insolvenzverwalters beruht (§ 55 Abs. 1 S. 1 InsO)[333];
- Abfindung aus § 1a KSchG, wenn die Kündigung mit Abfindungsangebot vom Insolvenzverwalter nach Eröffnung des Insolvenzverfahrens erklärt wurde[334];
- (Rückstände der) Karenzentschädigung bei Ausscheiden des Arbeitnehmers vor Eröffnung des Insolvenzverfahrens, wenn der Insolvenzverwalter für die Erfüllung gemäß § 103 InsO optiert hat[335] (dazu ausführlich → Rn. 152 ff.).

---

327 Vgl. hierzu auch BeckOK/*Erdmann* InsO § 55 Rn. 68 ff.; Braun/*Bäuerle/Miglietti* InsO § 55 Rn. 102 f.

328 K. Schmidt/*Büteröwe* InsO § 38 Rn. 3; MüKoInsO/*Hefermehl* § 53 Rn. 12; *Schelp* NZA 2010, 1095 (1099).

329 Nerlich/Römermann/*Westphal* InsO § 209 Rn. 4; Uhlenbruck/*Ries* InsO § 209 Rn. 1; MüKoInsO/*Hefermehl* § 209 Rn. 1; Braun/*Ludwig* InsO § 209 Rn. 5.

330 BAG 19.1.2006 – 6 AZR 529/04, NZI 2007, 58; *Röger* Insolvenzarbeitsrecht § 3 Rn. 11; maßgeblich ist der Zeitraum der erbrachten Leistung, nicht die Fälligkeit der Leistung BAG 19.10.2004 – 9 AZR 647/03, AP InsO § 55 Nr. 5.

331 LAG Schleswig-Holstein 12.3.2008 – 6 Sa 411/07, NZA-RR 2008, 594; MüKoInsO/*Hefermehl* § 55 Rn. 181 f.; Göpfert/Schöne/*Gossak* § 13 Rn. 28 ff.; der 6. Senat des BAG in einem Urteil zur insolvenzrechtlichen Einordnung von Urlaubsabgeltung geht davon aus, dass eine solche Aufteilung für Sonderzahlungen schon durch Gesetz, individualvertraglich oder in Kollektivvereinbarungen getroffen sein, da eine spätere Aufteilung der Arbeitsleistung der Systematik der InsO widerspricht (10.9.2020 – 6 AZR 94/19 (A), BeckRS 2020, 34859). Diese Einschätzung widerspricht der (bisherigen) Rechtsauffassung des 9. Senats.

332 BAG 21.11.2006 – 9 AZR 97/06, AP BurlG § 11 Nr. 59; BAG 25.3.2003 – 9 AZR 174/02, NZI 2004, 102; Bork/Hölzle InsR-Hbd/*Eckhoff* Kap. 21 Rn. 14.

333 Vgl. BAG 6.10.2011 – 6 AZR 172/10, NJW 2011, 3739; MüKoInsO/*Hefermehl* § 55 Rn. 189; vgl. *Lakies* NZA 2001, 521 (525).

334 MüKoInsO/*Hefermehl* § 55 Rn. 190; vgl. *Lakies* NZA 2001, 521 (525).

125 Erst wenn sämtliche Masseverbindlichkeiten getilgt sind, können die **Insolvenzforderungen** aus der verbleibenden Insolvenzmasse beglichen werden.[336] Da nach Erfüllung der Masseverbindlichkeiten die übrig gebliebene Insolvenzmasse regelmäßig nicht ausreicht, um die Insolvenzforderungen in voller Höhe zu befriedigen, wird aus der vorhandenen Insolvenzmasse die sog. Insolvenzquote gebildet. Jeder Insolvenzgläubiger (§§ 38, 39 InsO) erhält grundsätzlich eine Zahlung in Höhe der Quote seiner Forderung. Hierdurch wird die Gleichbehandlung der Gläubiger *(par conditio creditorum)* gewährleistet.[337]

126 Im Arbeitsverhältnis sind die wesentlichen Insolvenzforderungen:

- Ausstehende Vergütungsansprüche für die Arbeitsleistung aus der Zeit vor Eröffnung des Insolvenzverfahrens[338];
- Sonderzahlungen, deren Stichtag oder Anlass entweder auf einen Zeitraum vor Eröffnung des Insolvenzverfahrens fällt oder deren Zweck in der zusätzlichen Vergütung von einzelnen Bezugszeiträumen (zB in Monaten) liegt und diese Bezugszeiträume in die Zeitperiode vor Eröffnung des Insolvenzverfahrens einzuordnen sind[339];
- Urlaubsabgeltung, wenn das Arbeitsverhältnis vor Eröffnung des Insolvenzverfahrens beendet wurde[340];
- Abfindung aus §§ 9, 10 KSchG, wenn der Anspruch auf einer Handlung des Arbeitgebers vor Eröffnung des Insolvenzverfahrens beruht (§ 55 Abs. 1 S. 1 InsO)[341];
- Abfindung aus § 1a KSchG, wenn die Kündigung mit Abfindungsangebot vom Arbeitgeber vor Eröffnung des Insolvenzverfahrens erklärt wurde[342];
- sog. Verfrühungsschaden aus § 113 S. 3 InsO[343] (dazu ausführlich → Rn. 148 ff.).

2. Insolvenzgeld und Insolvenzgeldvorfinanzierung

127 Zu den wesentlichen „Instrumenten" einer Unternehmenssanierung innerhalb eines Insolvenzverfahrens zählt das Insolvenzgeld bzw. dessen Vorfinanzierung. Dieses leistet temporär einen erheblichen Beitrag für die Fortführungsfinanzierung des Geschäftsbetriebes. Gerät ein Unternehmen in eine wirtschaftliche Schieflage, werden Löhne und Gehälter vielfach nicht, verspätet oder nur in Teilen gezahlt. Diese Rückstände kann der Arbeitnehmer – da sie vor der Eröffnung des Insolvenzverfahrens entstanden sind – nur als Insolvenzforderung geltend machen und damit allenfalls eine Befriedigung entsprechend der Insolvenzquote erwarten (siehe dazu → Rn. 121 ff.). Die Motivation des Arbeitnehmers zur Erbringung der Arbeitsleistung wird naturgemäß in diesen Fällen stark abnehmen, möglicherweise erscheinen Mitarbeiter überhaupt nicht mehr zur Arbeit oder kündigen wegen Zahlungsver-

---

[335] MüKoInsO/*Hefermehl* § 55 Rn. 197; Jaeger GK-InsO/*Giesen* InsO Vor § 113 Rn. 82; vgl. FK-InsO/*Eisenbeis* InsO § 113 Rn. 110; aA *Bauer/Diller* Wettbewerbsverbote § 23 Rn. 1022.

[336] Die Insolvenzforderungen sind hierzu gemäß der §§ 174 ff. InsO zur sog. Insolvenztabelle anzumelden.

[337] K. Schmidt/*Büteröwe* InsO § 38 Rn. 1; MüKoInsO/*Ehricke/Behme* § 38 Rn. 2; Andres/Leithaus/*Leithaus* InsO § 38 Rn. 1; zur Gleichbehandlung der Gläubiger als Verfahrensziel → Rn. 6.

[338] Mit Ausnahme des Entgeltanspruchs für eine Arbeitsleistung, die auf einer Verfügung durch den starken vorläufigen Insolvenzverwalter mit Verfügungsbefugnis beruht (§ 55 Abs. 2 InsO), MüKoInsO/*Hefermehl* § 55 Rn. 173 f.

[339] LAG Schleswig-Holstein 12.3.2008 – 6 Sa 411/07, ZInsO 2008, 1095; MüKoInsO/*Hefermehl* § 55 Rn. 181 f.; Göpfert/Schöne/*Gossak* § 13 Rn. 28 ff.; der 6. Senat des BAG in einem Urteil zur insolvenzrechtlichen Einordnung von Urlaubsabgeltung geht davon aus, dass eine solche Aufteilung für Sonderzahlungen schon durch Gesetz, individualvertraglich oder in Kollektivvereinbarungen getroffen sein muss, da eine spätere Aufteilung der Arbeitsleistung der Systematik der InsO widerspricht (10.9.2020 – 6 AZR 94/19 (A), BeckRS 2020, 34859). Diese Einschätzung widerspricht der (bisherigen) Rechtsauffassung des 9. Senats.

[340] BAG 21.11.2006 – 9 AZR 97/06, AP BurlG § 11 Nr. 59; BAG 25.3.2003 – 9 AZR 174/02, NZI 2004, 102; Bork/Hölzle InsR-HdB/*Eckhoff* Kap. 21 Rn. 14.

[341] Vgl. BAG 6.10.2011 – 6 AZR 172/10, NJW 2011, 3739; MüKoInsO/*Hefermehl* § 55 Rn. 189; vgl. *Lakies* NZA 2001, 521 (525).

[342] MüKoInsO/*Hefermehl* § 55 Rn. 190; vgl. *Lakies* NZA 2001, 521 (525).

[343] BAG 19.11.2015 – 6 AZR 559/14, NZA 2016, 314; Graf-Schlicker/*Kubusch* InsO § 113 Rn. 33.

zug (ggf. außerordentlich), das Unternehmen erleidet in der Folge umso mehr wirtschaftlichen Schaden und ggf. einen Verlust von kritischem Personal. Eine Sanierung wird in einem solchen Szenario mit fortschreitender Zeit zunehmend schwieriger und ggf. unmöglich. Um sowohl die Arbeitnehmer zu schützen als auch die Fortführung des Geschäftsbetriebs aufrecht zu erhalten, besteht die Möglichkeit, Insolvenzgeld bei der Bundesagentur für Arbeit (§§ 165–172 SGB III) zu beantragen.[344] Das Insolvenzgeld ersetzt im Insolvenzfall das ausstehende Arbeitsentgelt grundsätzlich in Höhe des Nettoarbeitsentgelts (§ 167 Abs. 1 SGB III) für die vorangegangenen drei Monate (§ 165 Abs. 1 S. 1 SGB III). Mit dem Antrag geht zugleich der Anspruch auf Arbeitsentgelt, der einen Anspruch auf Insolvenzgeld erst begründet, auf die Bundesagentur für Arbeit über (§ 169 S. 1 SGB III). Die Bundesagentur für Arbeit kann dem Arbeitnehmer auch einen Vorschuss unter den Voraussetzungen des § 168 SGB III leisten. Da ein solcher Vorschuss allerdings erfordert, dass das Arbeitsverhältnis beendet ist (§ 168 S. 1 Nr. 2 SGB III), überwiegt in der Praxis die Vorfinanzierung des Insolvenzgeldes.[345]

a) Anspruchsvoraussetzungen

§ 165 Abs. 1 S. 1 SGB III gewährt Arbeitnehmern einen Anspruch auf Insolvenzgeld, wenn sie im Inland beschäftigt waren bzw. sind und bei einem Insolvenzereignis für die vorausgegangenen drei Monate des Arbeitsverhältnisses noch Ansprüche auf Arbeitsentgelt haben. Der Arbeitnehmerbegriff wird durch die Rechtsprechung anhand der Vorschriften über die Versicherungspflicht in der Arbeitslosenversicherung konkretisiert.[346] Arbeitnehmer sind danach Personen, die gegen ein Arbeitsentgelt oder zu ihrer Berufsausbildung beschäftigt sind (§ 25 SGB III). Unter den Begriff „Beschäftigung" fällt die nichtselbständige Arbeit, insbesondere in einem Arbeitsverhältnis (§ 7 Abs. 1 S. 1 SGB IV). Maßgeblich für die Beschäftigung ist nach der Rechtsprechung das persönliche Abhängigkeitsverhältnis.[347] Arbeitnehmer haben auch einen Anspruch auf Insolvenzgeld, wenn sie nach dem Antrag auf das Insolvenzverfahren, aber vor Eröffnung des Insolvenzverfahrens – also im Insolvenzeröffnungsverfahren (dazu → Rn. 12ff.) – als Arbeitnehmer eingestellt werden.[348] 128

Weitere Anspruchsvoraussetzung ist der Eintritt eines Insolvenzereignisses. Als Insolvenzereignis gilt gem. § 165 Abs. 1 S. 2 SGB III[349] 129

- die Eröffnung des Insolvenzverfahrens über das Vermögen des Arbeitgebers;
- die Abweisung des Antrags auf Eröffnung des Insolvenzverfahrens mangels Masse;
- oder die vollständige Beendigung der Betriebstätigkeit im Inland, wenn ein Antrag auf Eröffnung des Insolvenzverfahrens nicht gestellt worden ist und ein Insolvenzverfahren offensichtlich mangels Masse nicht in Betracht kommt.

Dasjenige Insolvenzereignis, das zuerst eintritt, ist maßgeblich (Prioritätsprinzip).[350] Die Antragsmöglichkeit des Arbeitnehmers grundsätzlich auf zwei Monate nach Eintritt des Insolvenzereignisses begrenzt (Ausschlussfrist, § 324 Abs. 3 S. 1 SGB III). Bei Unkenntnis 130

[344] *Schrader/Straube* Insolvenzarbeitsrecht Kap. XIII. Rn. 29, 32; *Annuß/Lembke/Hangarter* Rn. 972; Kasseler Kommentar Sozialversicherungsrecht/*Seewald* SGB I § 19 Rn. 51; Gottwald/Haas InsR-Hbd/*Bertram/Künzl* InsO § 108 Rn. 3; *Lakies* NZA 2000, 565; *Hunold* NZI 2015, 785.

[345] Vgl. *Hunold* NZI 2015, 785 (788); BeckOK SozR/*Plössner* SGB III § 170 Rn. 7.

[346] BSG 4.7.2007 – B 11a AL 5/06 R, BeckRS 2007, 47898; LSG NRW 19.7.2012 – L 9 AL 291/11, BeckRS 2012, 73532; LSG NRW 8.12.2016 – L 9 AL 310/13, BeckRS 2016, 138246; *Lakies* NZA 2000, 565; aA Anwendung des arbeitsrechtlichen Arbeitnehmerbegriffs wegen der Akzessorietät der Ansprüche Brand/*Kühl* SGB III § 165 Rn. 9.

[347] BSG 30.1.1997 – 10 RAr 6/95, NZS 1997, 432; BSG 11.3.2009 – B 12 KR 21/07 R, BeckRS 2009, 69002; LSG Hamburg 25.11.2011 – L 2 AL 45/08, BeckRS 2012, 68631; vgl. ausführlich zum Arbeitnehmerbegriff *Annuß/Lembke/Hangarter* Rn. 977.

[348] LSG Nds.-Bremen 13.3.2018 – L 7 AL 71/16, NZI 2018, 409; LSG Baden-Württemberg 24.5.2016 – L 13 AL 1503/15, NZI 2016, 647; LSG Sachsen 18.12.2014 – L 3 AL 13/13, NZI 2015, 522.

[349] Ausländische Insolvenzereignisse werden in § 165 Abs. 1 S. 3 SGB III gleichgestellt.

[350] Vgl. grundlegend BSG 17.12.1975 – 7 RAr 17/75, BSGE 41, 121; Brand/*Kühl* § 165 SGB III Rn. 18; *Schweiger* NZS 2016, 774 (775).

des Insolvenzereignisses besteht im Rahmen einer zweimonatigen Nachfrist ab dem Zeitpunkt der positiven Kenntnis die Möglichkeit eines Antrags über den Ablauf der Ausschlussfrist hinaus, sofern der Arbeitnehmer das Hindernis nicht zu vertreten hatte (§ 324 Abs. 3 S. 2, 3 SGB III).

b) Anspruchszeitraum

131 Das Insolvenzgeld wird grundsätzlich für die drei dem Insolvenzereignis vorangegangenen Monate gezahlt. Der Tag des Insolvenzereignisses selbst wird nicht mitgerechnet.[351] Endet das Arbeitsverhältnis vor Eröffnung des Insolvenzverfahrens, ist für die Berechnung des Drei-Monats-Zeitraums der letzte Tag des Arbeitsverhältnisses statt des Eintritts des Insolvenzereignisses heranzuziehen, wobei dieser Tag mitzählt.[352] Die jeweils vorangegangenen drei Monate werden durch das Insolvenzgeld gedeckt. Zeiträume, in denen der Arbeitnehmer kein Entgelt erhält, sind bei der Berechnung auszuklammern.[353]

c) Erstattungsfähiges Entgelt

132 Das Insolvenzgeld wird dem Arbeitnehmer grundsätzlich in Höhe des erdienten Nettoarbeitsentgeltes (§ 167 Abs. 1 S. 1 SGB III) gezahlt.[354] Das Nettoarbeitsentgelt ergibt sich aus dem (auf die monatliche Beitragsbemessungsgrundlage begrenzten) Bruttoarbeitsentgelt, das um die gesetzlichen Abzüge gemindert wird. Da sich die Entgelte je nach Branche und Position erheblich unterscheiden können, gelten gesetzliche Ober- und Untergrenzen.[355]

133 Nach oben ist das Bruttoarbeitsentgelt durch die **Beitragsbemessungsgrenze der Arbeitslosenversicherung** gem. § 341 Abs. 4 SGB III *(für 2021 monatlich bei 7.100 Euro in den alten und 6.700 Euro in den neuen Bundesländern)*, nach unten durch den **Mindestlohn** *(für 2021 EUR 9,50 brutto pro Zeitstunde)* begrenzt.[356] Ausgezahlt wird also ein durch die gesetzlichen Abzüge gemindertes Bruttoarbeitsentgelt, das sich zwischen den gesetzlichen Ober- und Untergrenzen bewegt.

134 Zu den Ansprüchen auf Arbeitsentgelt gehören alle Ansprüche auf Bezüge aus dem Arbeitsverhältnis, § 165 Abs. 2 S. 1 SGB III. In der Berechnung des Bruttoentgelts werden daher das feste Gehalt mit ggf. entsprechender Urlaubsvergütung[357] und variable Entgeltbestandteile[358] berücksichtigt. Verzugszinsen für die Rückstände werden nicht vom Insolvenzgeld erfasst.[359] Etwaiger Zwischenverdienst ist gem. § 615 S. 2 BGB anzurechnen.[360]

135 Besonderheiten in der Insolvenzgeldberechnung sind bei **Entgeltumwandlungen** im Rahmen der betrieblichen Altersversorgung zu beachten. § 165 Abs. 2 S. 3 SGB III sieht vor, dass die Entgeltumwandlung für die Berechnung des Insolvenzgeldes als nicht verein-

---

[351] Vgl. grundlegend BSG 22.3.1995 – 10 RAr 1/94, BSGE 76, 67; *Hunold*, NZI 2015, 785 (787).

[352] LSG Berlin-Brandenburg 13.6.2018 – L 18 AL 52/16, BeckRS 2018, 54187; Knickrehm/Kreikebohm/Waltermann/*Mutschler* SGB III § 165 Rn. 38; Brand/*Kühl* SGB III § 165 Rn. 34; BeckOK SozR/*Plössner*, SGB III § 165 Rn. 29; zum Fall der Berechnung von Insolvenzgeld bei Vorliegen eines Betriebsübergangs gem. § 613a BGB durch einen solventen Erwerber BSG 26.2.2019 – B 11 AL 3/18 R, NZA 2019, 1124.

[353] vgl. SG Hamburg 18.7.2017 – S 14 AL 505/14, BeckRS 2017, 152123; *Annuß/Lembke/Hangarter* Rn. 994; Knickrehm/Kreikebohm/Waltermann/*Mutschler* SGB III § 165 Rn. 26a.

[354] Der Arbeitnehmer muss die entsprechende Gegenleistung erbracht haben BSG 23.3.2006 – B 11a AL 29/05 R, NZA-RR 2007, 101; ErfK/*Müller-Glöge* InsO Einf. Rn. 52.

[355] Ohne Begrenzung könnten darunter jeweils die Arbeitnehmer bei einem extrem niedrigen Entgelt oder der Staat bzw. der Gemeinschaft der Finanzierenden bei einem extrem hohen Entgelt leiden.

[356] *Schrader/Straube* Kap. XII Rn. 47; *Annuß/Lembke/Hangarter* Rn. 997; Gottwald/Haas InsR-HdB/*Bertram/Künzl* § 108 Rn. 25.

[357] Vgl. seinerzeit zum Konkursausfallgeld BSG 1.12.1976 – 7 RAr 136/75, AP AFG § 141b Nr. 1; Knickrehm/Kreikebohm/Waltermann/*Mutschler* SGB III § 165 Rn. 39.

[358] Vgl. BSG 23.3.2006 – B 11a AL 29/05 R, NZA-RR 2007, 101; LSG Berlin-Brandenburg 20.11.2019 – L 18 AL 128/18, BeckRS 2019, 30668; BeckOK SozR/*Plössner* SGB III § 165 Rn. 49a.

[359] Vgl. seinerzeit zum Konkursausfallgeld BSG 28.2.1985 – 10 RAr 19/83, SozR 4100 § 141b Nr 35; Uhlenbruck/*Zobel* InsO 22 Rn. 125; BeckOK SozR/*Plössner* SGB III § 165 Rn. 49.

[360] Vgl. seinerzeit zum Konkursausfallgeld BSG 17.3.1993 – 10 RAr 7/91, AP AFG § 141b Nr. 15; Gagel/*Peters-Lange* SGB III § 165 Rn. 105.

bart gilt, wenn dieser Entgeltteil in einem Pensionsfonds, in einer Pensionskasse oder in einer Direktversicherung angelegt wird und soweit der Arbeitgeber keine Beiträge an den Versorgungsträger abgeführt hat. Für Zwecke der Bestimmung des Insolvenzgeldes wird der umgewandelte Entgeltbestandteil daher unter den vorgenannten Voraussetzungen hinzugerechnet.

Bisher nicht geregelt ist der Fall, in dem sowohl die Absicherungen des Pensions-Sicherungs-Vereins (PSV) als auch das Insolvenzgeld greifen: Die Ausfallsicherung des PSV greift zwar zeitlich grundsätzlich erst nach Eröffnung des Insolvenzverfahrens, nach § 7 Abs. 1a S. 3 BetrAVG können aber auch Rückstände bis zu zwölf Monate vor Entstehen der Leistungspflicht des PSV umfasst werden. In diesen Ausnahmefällen kollidieren die Leistungen des PSV und des Insolvenzgeldes für die drei Monate, für die das Insolvenzgeld gezahlt wird (zugunsten des gesicherten Arbeitnehmers). Dem Arbeitnehmer wird in diesem Zeitraum doppelt der zur Entgeltumwandlung bestimmte Entgeltteil ersetzt. Um dieser Konstellation Rechnung zu tragen dürfte sinnvoller Weise § 165 Abs. 2 S. 3 SGB III teleologisch zu reduzieren sein: Das Insolvenzgeld sollte nur Entgeltbestandteile sichern, soweit diese nicht schon anderweitig ersetzt werden. So wird gewährleistet, dass die Entscheidung des Arbeitnehmers, Entgelt umzuwandeln, respektiert wird, dass kein Schaden entsteht und dass die Gläubiger gleichbehandelt werden. In Kollisionsfällen muss daher das Insolvenzgeld zurücktreten. (Zur ausführlichen Darstellung der betrieblichen Altersversorgung in der Insolvenz → Teil J Rn. 341 ff.). 136

d) Vorfinanzierung des Insolvenzgeldes

Das Insolvenzgeld wird nach der gesetzlichen Konzeption grundsätzlich erst nach Eröffnung des Insolvenzverfahrens ausgezahlt. In der Folge kann eine Betriebsfortführung in Insolvenznähe gefährdet sein: Der Arbeitgeber hat im Zeitpunkt der Antragstellung regelmäßig bereits erhebliche Liquiditätsprobleme, was dazu führen kann, dass die Arbeitnehmer vor Sorge um die Auszahlung ihrer Gehälter beschließen, den Betrieb vorzeitig zu verlassen. Vor allem wichtige Leistungsträger drohen in einem solchen Fall abzuwandern. Der Arbeitgeber bzw. vorläufige Insolvenzverwalter jongliert daher schon im Insolvenzeröffnungsverfahren, dh nach Antragstellung und vor Eröffnung des Insolvenzverfahrens, mit der Erhaltung der Unternehmensliquidität und der Auszahlung der Gehälter. 137

Um diesem Umstand Rechnung zu tragen und eine Betriebsfortführung – etwa zum Ziele einer übertragenden Sanierung – zu fördern, besteht die Möglichkeit der Insolvenzgeldvorfinanzierung.[361] Die Insolvenzgeldvorfinanzierung schließt die Lücke vom Zeitpunkt der Insolvenzantragstellung bis zum Zeitpunkt der Eröffnung des Insolvenzverfahrens und der Auszahlung des Insolvenzgeldes durch die Bundesagentur für Arbeit. Hierbei verkaufen die Arbeitnehmer – mit Zustimmung der Bundesagentur für Arbeit nach § 170 Abs. 4 SGB III[362] – ihre Lohnforderungen an die Bank (und treten sie dinglich ab). Als „Kaufpreis" erhalten sie im Gegenzug von der finanzierenden Bank eine dem Nettolohn entsprechende Zahlung. Nach Eintritt des Insolvenzereignisses zahlt dann die Bundesagentur für Arbeit das Insolvenzgeld an die finanzierende Bank als Forderungsinhaber der angekauften Lohnforderungen. Alternativ kann auch der Arbeitgeber unter Zustimmung des „schwachen" vorläufigen Insolvenzverwalters ein Darlehen bei der finanzierenden Bank aufnehmen[363]; zur Besicherung der Darlehensrückzahlungsforderung wird in diesem Fall 138

[361] *Hunold*, NZI 2015, 785 (788); vgl. hierzu auch Gottwald/Haas InsR-HdB/*Bertram/Künzl* § 108 Rn. 32; Göpfert/Schöne/*Köhler-Ma/Witt* § 1 Rn. 62.

[362] Die Zustimmung der Bundesagentur für Arbeit ist nur bei der kollektiven Vorfinanzierung von Insolvenzgeld erforderlich, die individuelle Vorfinanzierung des Arbeitnehmers bleibt unberührt; vgl. *Hunold* NZI 2015, 785 (789); BeckOK SozR/*Plössner* SGB III § 170 Rn. 8; zu den rechtlichen Grenzen des kollektiven Forderungskaufverfahrens MAH InsO/*Heye/Lachmann* § 44 Rn. 101.

[363] Ein „starker" vorläufiger Insolvenzverwalter kann ein solches Darlehen alleine aufnehmen. In der Praxis wird häufig ein „schwacher" vorläufiger Insolvenzverwalter bestellt, der für die Darlehensaufnahme eine sog. Einzelermächtigung vom Gericht erhält; → Rn. 30.

der Anspruch gegen die Bundesagentur für Arbeit von den Arbeitnehmern an die finanzierende Bank abgetreten.[364] Durch das Erfordernis der Zustimmung der Bundesagentur für Arbeit sollen Missbrauchsfälle minimiert werden.[365] In der Regel ist die Zustimmung der Bundesagentur für Arbeit an eine positive Prognose des Erhalts einer Vielzahl der Arbeitsplätze im weiteren Verlauf geknüpft.[366]

IV. Arbeitsrechtliche Besonderheiten bei der Restrukturierung in der Insolvenz

139 Die Insolvenzeröffnung bietet für Investoren eine besondere Chance, unter Nutzung bestimmter insolvenzrechtlicher Haftungsprivilegien das gesamte Unternehmen, einzelne (ertragskräftige) Betriebe oder wesentliche Vermögensgegenstände des insolventen Schuldners im Wege eines *Asset Deal* (sog. übertragende Sanierung) und/oder im Rahmen eines Insolvenzplanverfahrens (ggf. in Eigenverwaltung) zu erwerben.[367] Die Personalkosten stellen allerdings vielfach einen der größeren Kostenblöcke dar, die einer erfolgreichen und nachhaltigen Sanierung im Wege stehen oder diese zumindest erschweren können. Die insoweit zu berücksichtigenden Besonderheiten einer Insolvenz ergeben sich aus der Komplexität der gegenläufigen Interessen aller Beteiligten, die der Insolvenzverwalter – oder im Fall der Eigenverwaltung die Geschäftsleitung – zu einem gerechten Ausgleich zusammenführen soll. Arbeitnehmer haben Angst um ihre eigene Existenz durch den drohenden Verlust des Arbeitsplatzes, Arbeitnehmervertreter möchten der Schutzbedürftigkeit der Arbeitnehmer in besonderem Umfang gerecht werden, Gläubiger streben eine zügige und möglichst hohe Begleichung der Forderungen an, potentielle Erwerber wittern die Chance auf einen kostengünstigen Erwerb mit wenig Haftungsrisiken. Der Sanierungs- und Veräußerungsprozess in der Insolvenz wird dabei im Vergleich zum Arbeitsrecht außerhalb der Insolvenz vielschichtiger; die Zielrichtung des Arbeitnehmerschutzes kann daher nicht in gleicher Weise berücksichtigt werden.

140 Vor diesem Hintergrund enthalten insbesondere die §§ 113, 120 bis 128 InsO modifizierte arbeitsrechtliche Vorschriften, die mit Eröffnung des Insolvenzverfahrens gelten und als *leges speciales* regelmäßig Vorrang gegenüber allgemeinen arbeitsrechtlichen Bestimmungen haben. Die Vorschriften tragen dem Grundgedanken des Insolvenzrechts Rechnung, Sanierungsmöglichkeiten gegenüber der bloßen Liquidation und Gläubigerbefriedigung zu erleichtern und eine größere Verteilungsgerechtigkeit unter den Gläubigern herzustellen.[368] Sie können daher maßgeblich dazu beitragen, dass neben einer finanziellen Sanierung – etwa durch Gläubigerbeiträge im Rahmen eines Insolvenzplans – auch eine operative Sanierung des schuldnerischen Geschäftsbetriebes eingeleitet bzw. umgesetzt werden kann. Dabei gelten die maßgeblichen Vorschriften unabhängig davon, ob das Insolvenzverfahren als Regelinsolvenzverfahren (→ Rn. 54 ff.) oder in Form der Eigenverwaltung (ggf. iVm einem Insolvenzplan) (→ Rn. 76 ff.) durchgeführt wird.[369] In der Praxis werden die ent-

---

[364] Vgl. zu dieser Ausgestaltung der Vorfinanzierung durch den vorläufigen Insolvenzverwalter *Hunold*, NZI, 2015, 785 (786 f.).

[365] Uhlenbruck/*Zobel* InsO § 22 Rn. 180; Gottwald/Haas InsR-HdB/*Bertram/Künzl* § 108 Rn. 32; Pape/Uhlenbruck/Voigt-Salus/*Pape/Uhlenbruck/Voigt-Salus* Kap. 9 Rn. 21; MüKoInsO/*Caspers* InsO Vor §§ 113–128 Rn. 38.

[366] Gottwald/Haas InsR-HdB/*Bertram/Künzl* § 108 Rn. 32; Göpfert/Schöne/*Köhler-Ma/Witt* § 1 Rn. 62; Uhlenbruck/*Zobel* InsO § 22 Rn. 181.

[367] In vielen Fällen sind nur *Asset Deals* in der Insolvenz praxistauglich *(sog. übertragende Sanierung)*, da der Rechtsträger das Insolvenzverfahren eröffnet hat und ein *Share Deal* mit der Übernahme von Verbindlichkeiten verbunden ist, die gerade zur Insolvenz geführt haben; → Rn. 195 f.

[368] Beck/Depré Insolvenz/*Depré/Heck* § 27 Rn 1; MüKoInsO/*Caspers* Vor §§ 113–128 Rn. 4; vgl. zu § 113 InsO Graf-Schlicker InsO/*Kubusch* InsO § 113 Rn. 1.

[369] Vgl. *Bertram* in Gottwald/Haas InsR-HdB, § 104 Rn. 5 ff. Zur Kompetenzverteilung zwischen der eigenverwaltenden Geschäftsleitung und dem Sachwalter vgl. Rn. 81 ff.

sprechenden Maßnahmen oftmals vorab oder parallel zur Vorbereitung und Umsetzung eines Unternehmensverkaufs bzw. eines Insolvenzplans umgesetzt.

1. Besonderheiten der Kündigung von Arbeitnehmern nach § 113 InsO

Die wirtschaftliche Schieflage eines Unternehmens löst häufig ein Ungleichgewicht von Aufträgen und Personal aus. Die Aufrechterhaltung aller Arbeitsplätze ist daher in der Insolvenz wirtschaftlich kaum zu realisieren. In dieser besonderen Situation treffen die wirtschaftlichen Interessen der Gläubiger und potentieller Investoren auf die grundlegende Schutzbedürftigkeit des Arbeitnehmers. Einen Ausgleich der Interessenkollision schafft § 113 InsO, der sowohl Privilegien für die Kündigung begründet als auch einen wirtschaftlichen Ausgleich für die Nachteile des Arbeitnehmers etabliert. Die Vorschrift wird grundsätzlich nicht durch andere gesetzliche Vorschriften wie § 323 Abs. 1 UmwG begrenzt.[370] 141

a) Anwendungsbereich

§ 113 InsO regelt die Kündigungen von Dienstverhältnissen innerhalb des Insolvenzverfahrens. Gemäß § 108 Abs. 1 S. 1 InsO bestehen „Dienstverhältnisse" im Insolvenzfall mit Wirkung zur Insolvenzmasse fort.[371] In den Anwendungsbereich von § 113 InsO fallen daher grundsätzlich Dienstverhältnisse mit fortgesetzter Dienstleistung, bei denen der Insolvenzschuldner Dienstberechtigter ist. Eine Ausnahme bilden Berufsausbildungsverhältnisse, die grundsätzlich als Dienstverhältnisse zu qualifizieren sind: Wegen des Ausschlusses der ordentlichen Kündigung nach Ablauf der Probezeit (§ 22 Abs. 2 Nr. 1 BBiG) kann ein Berufsbildungsverhältnis nur aus wichtigem Grund[372] außerordentlich gekündigt werden. § 113 InsO ist daher nicht anzuwenden. 142

Trotz des etwas unklaren Wortlauts, der nur den Begriff des Dienstverhältnisses enthält, ist anerkannt, dass auch Arbeitsverhältnisse von der Regelung erfasst sind.[373] Dazu zählen auch Arbeitsverhältnisse, die erst durch den (vorläufigen) Insolvenzverwalter mit Wirkung für die Masse neu begründet wurden.[374] Die Vorschrift findet Anwendung auf (Änderungs-)Kündigungen[375] vor Dienstantritt[376], sowie auf den Fall des tariflichen Sonderkündigungsschutzes[377]. Bei einer bereits vor Eröffnung des Insolvenzverfahrens ausgesprochenen Kündigung mit längerer Kündigungsfrist kann die Frist zur Beendigung des Arbeitsverhältnisses entsprechend verkürzt werden, indem der Insolvenzverwalter nach Verfahrenseröffnung erneut eine Kündigung ausspricht; für diese zweite Kündigung gilt dann die Höchstfrist aus § 113 InsO.[378] 143

---

[370] BAG 22.9.2005 – 6 AZR 526/04, NZA 2006, 658 Rn. 22; Uhlenbruck/*Zobel* InsO § 113 Rn. 23a; KPB/*Moll* InsO § 113 Rn. 137.

[371] Hierzu auch → Rn. 121 ff.

[372] Sofern der Ausbildungszweck nicht erreicht werden kann oder der Betrieb vollständig stillgelegt wird, kann darin ein wichtiger Grund liegen HWK/*Annuß* InsO § 113 Rn. 3; *Annuß/Lembke/Hangarter* Rn. 227.

[373] Uhlenbruck/*Ries* InsO § 108 Rn. 46; MüKoInsO/*Caspers* § 113 Rn. 7; APS/*Künzl* InsO § 113 Rn. 4; ErfK/*Müller-Glöge* InsO § 113 Rn. 3.

[374] LAG Berlin-Brandenburg 11.7.2007 – 23 Sa 450/07, ZIP 2007, 2002; aA *Henkel* ZIP 2008, 1265; K. Schmidt/Uhlenbruck/*Moll* Rn. 7.350.

[375] HWK/*Annuß* InsO § 113 Rn. 4; Andres/Leithaus/*Andres* InsO § 113 Rn. 21; Nerlich/Römermann/*Hamacher* InsO § 113 Rn. 158.

[376] BAG 23.2.2017 – 6 AZR 665/15, NZA 2017, 995; Graf-Schlicker/*Kubusch* InsO § 113 Rn. 11; Bork/Hölzle InsR-Hbd/*Höpfner/v. Buchwaldt* Kap. 8 Rn. 93.

[377] St. Rspr. lehnt umstrittene Verfassungswidrigkeit von § 113 InsO ab: BAG 16.5.2019 – 6 AZR 329/18, NZA 2019, 1198; BAG 19.1.2000 – 4 AZR 70/99, NJW 2000, 2692; BAG 16.6.1999 – 4 AZR 191/98, NZI 2000, 39.

[378] BAG 8.4.2003 – 2 AZR 15/02, NJOZ 2004, 1046; BAG 22.5.2003 – 2 AZR 255/02, NZA 2003, 1086.

b) Privilegien der Kündigung im Insolvenzverfahren

144 Nach Eröffnung des Insolvenzverfahrens bestehen gewichtige Privilegien für die Kündigung von Arbeitsverhältnissen, die sowohl für Kündigungen durch den Insolvenzverwalter bzw. der Geschäftsleitung im Fall der Eigenverwaltung als auch für Kündigungen durch den Arbeitnehmer gelten. Gem. § 113 S. 1 InsO kann ein Dienstverhältnis – ohne Rücksicht auf die vereinbarte Vertragsdauer oder den vereinbarten Ausschluss des Rechts zur ordentlichen Kündigung[379] – ordentlich gekündigt werden. § 113 S. 1 InsO überwindet somit die durch eine Vereinbarung bestehende Unkündbarkeit oder eine Befristung.

145 Daneben beschränkt § 113 S. 2 InsO die Kündigungsfrist auf maximal drei Monate. Ist die gesetzliche, einzelvertragliche oder kollektivrechtlich vereinbarte Frist kürzer, ist diese anzuwenden.[380] Durch diese Regelungen werden überlange Kündigungsfristen, Kündigungsausschlüsse und entsprechende Gehaltszahlungen überwunden. Mit Ablauf der Kündigungsfrist endet auch die Möglichkeit eines Wiedereinstellungsanspruchs bei Fortführung eines Betriebs(teils).[381]

146 Die weiteren Voraussetzungen der Kündigung bleiben durch die Privilegien des § 113 InsO unberührt. Die Regelungen des Kündigungsschutzgesetzes und des Sonderkündigungsschutzes finden ebenso Anwendung wie das Verbot der Kündigung wegen Betriebsübergangs nach § 613a Abs 4 BGB.[382] Das Schriftformerfordernis und die Zurückweisungsmöglichkeit gem. § 174 BGB bestehen weiterhin.[383]

147 Insbesondere stellt die Insolvenz selbst **keinen gesonderten Kündigungsgrund** neben den sonst zulässigen Gründen dar.[384] Zu den typischen zulässigen Kündigungen in der Insolvenz zählt die betriebsbedingte Kündigung wegen (Teil-)Betriebsstillegung. Soll der Betrieb vollständig stillgelegt werden, genügt die ernsthafte und endgültige Entscheidung des Insolvenzverwalters, die Betriebs- und Produktionsgemeinschaft für unbestimmte, wirtschaftlich nicht unerhebliche Zeitspanne aufzuheben.[385] An einer solchen endgültigen Entscheidung mangelt es nicht, wenn der Insolvenzverwalter den Vorbehalt erklärt, eine Betriebsveräußerung in der Zukunft wahrzunehmen.[386] Bei anhaltenden Verhandlungen mit einem potentiellen Käufer zur Übernahme ist die Endgültigkeit der Entscheidung hingegen regelmäßig nicht gegeben.[387] Wird nur ein Teil eines Betriebes stillgelegt, ist vor dem Ausspruch der Kündigung eine betriebsbezogene Sozialauswahl gem. § 1 Abs. 3 KSchG zu prüfen. Wenn der Arbeitgeber beabsichtigt, einzelne Betriebsteile nach Zugang der Kündigungen zu veräußern ist, die Sozialauswahl nicht auf den zurückbleibenden Teil des Betriebes zu beschränken.[388] Werden Betriebsteile vor Zugang der Kündigungen veräußert,

---

[379] BAG 19.1.2000 – 4 AZR 70/99, NZA 2000, 658; BAG 22.9.2005 – 6 AZR 526/04, NZA 2006, 658; BAG 27.2.2014 – 6 AZR 301/12, AP InsO § 113 Nr. 25.

[380] BAG 6.7.2000 – 2 AZR 695/99, NJW 2001, 317; MüKoInsO/*Caspers* § 113 Rn. 25f.; NK-ArbR/*Markowski* InsO § 113 Rn. 8; Braun/*Beck* InsO § 113 Rn. 12.

[381] Dazu ausführlich *Bonanni/Niklas* DB 2010, 1826.

[382] HWK/*Annuß* InsO § 113 Rn. 2; vgl. Gottwald/Haas InsR-HdB/*Bertram/Künzl* § 102 Rn. 8; ErfK/*Müller-Glöge* InsO § 113 Rn. 9–11; vgl. zum Betriebsübergang im Rahmen der „übertragenden Sanierung" unter → Rn. 208ff. sowie zur Kündigung nach Erwerberkonzept im Rahmen einer solchen übertragenden Sanierung → Rn. 222ff.

[383] Arens/Düwell/Wichert/*Berkowsky* § 15 Rn. 24; *Annuß/Lembke/Hangarter* Rn. 230f.

[384] Vgl. grundlegend BAG 25.10.1968 – 2 AZR 23/68, NJW 1969, 525 (seinerzeit zur KO); BAG 14.1. 2013 – 2 AZR 453/11, NZA 2013, 959; Beck/Depré Insolvenz/*Depré/Heck* § 27 Rn. 64; HWK/*Annuß* InsO § 113 Rn. 1.

[385] BAG 12.4.2002 – 2 AZR 256/01, NZA 2002, 1205; BAG 15.12.2011 – 8 AZR 692/10, NZA-RR 2012, 570; BAG 16.2.2012 – 8 AZR 693/10, NZA-RR 2012, 465; BAG 18.10.2012 – 6 AZR 41/11, NZA 2013, 1007; *Annuß/Lembke/Hangarter* Rn. 242; vgl. Arens/Düwell/Wichert/*Berkowsky* § 15 Rn. 24.

[386] *„falls sich wider Erwarten in der Folgezeit doch noch eine Möglichkeit zur Betriebsveräußerung ergeben sollte, […] die Chance wahrnehmen [werde]"*, BAG 7.3.1996 – 2 AZR 298/95, BeckRS 1996, 30922766 (seinerzeit zur KO); Nerlich/Römermann/*Hamacher* InsO § 113 Rn. 129.

[387] BAG 13.2.2008 – 2 AZR 543/06, NZA 2008, 821; BAG 28.5.2009 – 8 AZR 273/08, NZA 2009, 1267.

[388] BAG 14.4.2013 – 8 AZR 154/12, BeckRS 2013 73241; BAG 28.10.2004 – 8 AZR 391/03, NZA 2005, 285; *Annuß/Lembke/Hangarter* Rn. 245.

kommt es allerdings zur Beschränkung des Sozialauswahlrahmens auf den zurückbleibenden Teil an.[389]

c) Schadensersatz des Arbeitnehmers infolge der vorzeitigen Kündigung

Der Arbeitnehmer kann nach § 113 S. 3 InsO im Fall der vorzeitigen Kündigung durch den Insolvenzverwalter (bzw. die Geschäftsleitung im Fall der Eigenverwaltung) verschuldensunabhängig Schadensersatz *(sog. Verfrühungsschaden)* verlangen. Hierbei wird der durch die verfrüht ausgesprochene Kündigung entstehende Schaden des entgangenen Bruttoentgelts ersetzt. Eine analoge Anwendung bei Eigenkündigungen oder Aufhebungsverträgen verbietet sich wegen des eindeutigen Systemgeflechts, das die Interessen der Insolvenzschuldner wie die der Arbeitnehmer umfangreich berücksichtigt.[390] Andere Anspruchsgrundlagen wie § 628 II BGB bleiben jedoch unberührt.[391] 148

Grundlage für die Berechnung des Verfrühungsschadens aus § 113 S. 3 InsO ist das entgangene Bruttoentgelt *(sog. Bruttolohnmethode)* ab der frühzeitigen Beendigung. Darauf wird Einkommen angerechnet, das der Arbeitnehmer anderweitig erzielt hat oder hätte erzielen können.[392] Auch Leistungen der Sozialversicherung wie Arbeitslosengeld I, Krankengeld oder Renteneinkünfte sind anzurechnen.[393] § 615 S. 2 BGB findet dagegen keine Anwendung.[394] Der Gekündigte kann den Schadensersatz nur als Insolvenzgläubiger iSd § 38 InsO verfolgen und zur Tabelle anmelden, was sich masseschonend auswirkt. 149

Für Vorstandsmitglieder der AG und ihre Dienstverträge gilt die Besonderheit aus § 87 Abs. 3 AktG: Im Interesse der Gläubiger und der Gesellschaft wird der Schadensersatz aus § 113 InsO zeitlich begrenzt. Die Ersatzpflicht endet mit dem Ablauf von zwei Jahren nach Ende des Dienstverhältnisses, auch wenn der Dienstvertrag eine längere Laufzeit vorsieht.[395] 150

d) Nachvertragliches Wettbewerbsverbot

Erst mit der Beendigung des Arbeitsverhältnisses entfalten vereinbarte[396] nachvertragliche Wettbewerbsverbote (§§ 74ff. HGB, § 110 GewO) unmittelbare Wirkung und prägen sodann das Verhalten des Arbeitnehmers über den Zeitpunkt der Beendigung des Arbeitsverhältnisses hinaus. In der Insolvenz werden zum Schutz der Masse und zur gleichmäßigen Befriedigung der Gläubiger[397] einige Modifikationen angewendet. 151

Als gegenseitiger Vertrag fällt die Vereinbarung eines nachvertraglichen Wettbewerbsverbots in den Anwendungsbereich von § 103 InsO.[398] Daher steht dem Insolvenzverwalter 152

---

[389] *Annuß/Lembke/Hangarter* Rn. 246; vgl. zur Thematik der Massenentlassung und der Anzeigepflicht in diesem Zusammenhang auch BAG 13.2.2020 – 6 AZR 146/19 (Air Berlin), NZA 2020, 1006. In der Insolvenz besteht insoweit nur die Privilegierung der Ersetzung der Stellungnahme des Betriebsrats durch einen Interessenausgleich (§ 125 Abs. 2 InsO), der Insolvenzverwalter muss die weiteren entsprechenden Voraussetzungen des § 17 KSchG einhalten. Vgl. ausführlich zum Verfahren bei Massenentlassungen → C Rn. 402ff.

[390] BAG 25.4.2007 – 6 AZR 622/06, AP InsO § 113 Nr. 23; KPB/*Moll* InsO § 113 Rn. 140; Uhlenbruck/*Zobel* InsO § 113 Rn. 154b.

[391] BAG 25.4.2007 – 6 AZR 622/06, AP InsO § 113 Nr. 23; ErfK/*Müller-Glöge* InsO § 113 Rn. 16; *Annuß/Lembke/Hangarter* Rn. 224.

[392] BAG 19.11.2015 – 6 AZR 559/14, NZA 2016, 314; ErfK/*Müller-Glöge* InsO § 113 Rn. 16.

[393] BAG 19.11.2015 – 6 AZR 559/14, NZA 2016, 314.

[394] BAG 19.11.2015 – 6 AZR 559/14, NZA 2016, 314.

[395] Vgl. Henssler/Strohn/*Dauner-Lieb* AktG § 87 Rn. 46; Hüffer/Koch/*Koch* AktG § 87 Rn. 65; MüKo-AktG/*Spindler* § 87 Rn. 226.

[396] Gesetzliche Wettbewerbsverbote (§§ 60f. HGB) enden mit Beendigung des Dienstverhältnisses, Jaeger GK-InsO/*Giesen* InsO Vor § 113 Rn. 77.

[397] Uhlenbruck/*Wegener* InsO § 103 Rn. 1ff.; K. Schmidt/*Ringstmeier* InsO § 103 Rn. 3; Nerlich/Römermann/*Balthasar* InsO § 103 Rn. 3ff.

[398] Vgl. BGH 8.10.2009 – IX ZR 61/06, NZI 2009, 894; FK-InsO/*Eisenbeis* InsO § 113 Rn. 107; *Hess* InsO § 113 Rn. 683; Jaeger GK-InsO/*Giesen* InsO Vor § 113 Rn. 79; Beck/Depré InsR-Hdb/*Depré/Heck* § 27 Rn. 60.

(bzw. im Fall der Eigenverwaltung der Geschäftsleitung) ein Wahlrecht zu, ob er die Wettbewerbsabrede aufrechterhält oder ob er die Erfüllung ablehnt.

153 Aus dem Wahlrecht gem. § 103 InsO ergeben sich folgende Fallkonstellationen:

- Der Betrieb wird **stillgelegt.** Dem Arbeitnehmer fehlt zwar faktisch die Möglichkeit der Zuwiderhandlung in Form einer Konkurrenztätigkeit, die Leistungspflicht des Unterlassens kann der Arbeitnehmer dennoch erfüllen.[399] Die Karenzentschädigungspflicht entfällt dadurch nicht, allerdings entfällt bei Betriebsstilllegung das *„berechtigte geschäftliche Interesse"* des Arbeitgebers gem. § 74 a Abs. 1 S. 1 HGB.[400] Dadurch wird das **Wettbewerbsverbot unverbindlich.**[401]
- Der Betrieb wird nicht stillgelegt, der Arbeitnehmer scheidet **vor** Eröffnung des Insolvenzverfahrens aus und der Insolvenzverwalter optiert **gegen** die Erfüllung: Dem Arbeitnehmer steht ein Schadensersatzanspruch in Höhe der entfallenen Karenzentschädigung zu (§ 103 Abs. 2 S. 1 InsO), die er insgesamt als **Insolvenzforderung** iSd § 38 InsO geltend machen kann.[402] Gleiches gilt für etwaige **Rückstände,** die in dem Zeitraum zwischen Insolvenzeröffnung und Ausübung des Wahlrechts angefallen sind.[403]
- Der Betrieb wird nicht stillgelegt, der Arbeitnehmer scheidet **vor** Eröffnung des Insolvenzverfahrens aus und der Insolvenzverwalter optiert **für** die Erfüllung der nachvertraglichen Wettbewerbsabrede: Dem Arbeitnehmer steht die Erfüllung der Karenzentschädigung zu, die er als **Masseverbindlichkeit** geltend machen kann.[404] Gleiches gilt für etwaige **Rückstände,** die in dem Zeitraum zwischen Insolvenzeröffnung und Ausübung des Wahlrechts angefallen sind.[405] Als Ausgleich gewährt die *Literatur* dem ausgeschiedenen Arbeitnehmer ein außerordentliches Kündigungsrecht für die Abrede, sofern eine Massearmut zu antizipieren ist: Der Arbeitnehmer wäre sonst zur unsicheren Vorleistung gezwungen, zu der kein anderer Gläubiger im Verfahren verpflichtet ist.[406] Rückstände dagegen, die Zeiträume vor der Eröffnung des Insolvenzverfahrens entschädigen, kann der Arbeitnehmer nur als Insolvenzforderung geltend machen.[407]
- Der Betrieb wird nicht stillgelegt, der Arbeitnehmer scheidet **nach** Eröffnung des Insolvenzverfahrens aus und der Insolvenzverwalter übt das Wahlrecht aus, dh er optiert entweder für oder gegen die Erfüllung: Es gelten die oben dargestellten Rechtsfolgen.[408] Vereinbart der Insolvenzverwalter selbst das nachvertragliche Wettbewerbsverbot, steht ihm allerdings kein Wahlrecht gem. § 103 InsO zu,[409] die Karenzentschädigung ist in diesem Fall zudem Masseverbindlichkeit. Daneben bestehen **vereinbarte und gesetzliche Lösungsmöglichkeiten** sowohl für Arbeitnehmer als auch für den Insolvenzverwalter.[410]

---

399 *Bauer/Diller* Wettbewerbsverbote § 16 Rn. 704.
400 *Bauer/Diller* Wettbewerbsverbote § 16 Rn. 704.
401 *Bauer/Diller* Wettbewerbsverbote § 23 Rn. 1023a.
402 FK-InsO/*Eisenbeis* InsO § 113 Rn. 108; *Büteröwe* GWR 2009 288 (290).
403 MüKoInsO/*Hefermehl* § 55 Rn. 197; FK-InsO/*Eisenbeis* InsO § 113 Rn. 110; Jaeger GK-InsO/*Giesen* InsO Vor § 113 Rn. 81; *Bauer/Diller* Wettbewerbsverbote § 23 Rn. 1022.
404 FK-InsO/*Eisenbeis* InsO § 113 Rn. 108; *Büteröwe* GWR 2009 288 (290).
405 MüKoInsO/*Hefermehl* § 55 Rn. 197; Jaeger GK-InsO/*Giesen* InsO Vor § 113 Rn. 82; vgl. FK-InsO/*Eisenbeis* § 113 Rn. 110; *Bauer/Diller* Wettbewerbsverbote § 23 Rn. 1022.
406 FK-InsO/*Eisenbeis* InsO § 113 Rn. 110; vgl. *Bauer/Diller* Wettbewerbsverbote § 23 Rn. 1020; Jaeger GK-InsO/*Giesen* InsO Vor § 113 Rn. 81 Fn. 122; MüKoHGB/*Thüsing* HGB § 74 Rn. 79.
407 MüKoInsO/*Hefermehl* § 55 Rn. 198 Fn. 648; *Bauer/Diller* Wettbewerbsverbote § 23 Rn. 1022.
408 Vgl. LAG Nürnberg 1.10.2014 – 4 Sa 273/14, NZI 2015, 290; FK-InsO/*Eisenbeis* InsO § 113 Rn. 108; *Büteröwe* GWR 2009 288 (290); EBJS/*Boecken/Rudkowski* HGB § 74 Rn. 39.
409 Insbesondere in den Fällen einer geplanten Übertragung des Geschäftsbetriebs auf eine Auffanggesellschaft *Bauer/Diller* Wettbewerbsverbote § 23 Rn. 1023; FK-InsO/*Eisenbeis* InsO § 113 Rn. 109.
410 Vgl. dazu BGH 8.10.2009 – IX ZR 61/06, NZG 2009, 1438; Jaeger GK-InsO/*Giesen* InsO Vor § 113 Rn. 79; *Bauer/Diller* Wettbewerbsverbote § 23 Rn. 1018; *Hess* InsO § 113 Rn. 684, 686.

2. Besonderheiten der insolvenzrechtlichen Kündigung von Betriebsvereinbarungen nach § 120 InsO

Betriebsvereinbarungen[411] bleiben trotz Insolvenzeröffnung grundsätzlich wirksam. Der Insolvenzverwalter bzw. die eigenverwaltende Geschäftsleitung mit Zustimmung des Sachwalters[412] hat die Möglichkeit, diese nach allgemeinen Grundsätzen zu kündigen. Hierbei gilt nach § 77 Abs. 5 BetrVG – soweit nichts anderes vereinbart wurde – eine Frist von drei Monaten für die ordentliche Kündigung. Allerdings tritt in der Insolvenz die Regelung aus § 120 InsO als *lex specialis* hinzu. Danach *sollen* der Insolvenzverwalter (bzw. die eigenverwaltende Geschäftsleitung) und der Betriebsrat über eine einvernehmliche Herabsetzung der Leistungen verhandeln, die in einer Betriebsvereinbarung[413] geregelt sind, sofern sie die Insolvenzmasse belasten. Eine solche Belastung liegt regelmäßig vor, wenn sich aus der Betriebsvereinbarung unmittelbare Leistungspflichten ergeben.[414] Umstritten ist, ob eine Beratung Voraussetzung für eine Kündigung durch den Insolvenzverwalter ist;[415] jedoch sollte schon aus Gründen der allgemeinen Akzeptanz einer Maßnahme in der Arbeitnehmerschaft versucht werden, eine einvernehmliche Regelung mit dem Betriebsrat zu suchen.[416] 154

Ungeachtet einer etwaigen Kündigung wäre im Bereich der gesetzlich zwingenden Mitbestimmung zu beachten, dass die gesetzlich angeordnete Nachwirkung gilt (§ 77 Abs. 6 BetrVG), sofern diese von den Betriebsparteien nicht abbedungen ist. Diese wird auch durch die Regelungen des Insolvenzrechts nicht aufgehoben. Bei einer Einstellung oder Kürzung der Mittel muss der Arbeitgeber eindeutig erklären, ob und ggf. in welcher Höhe nach dem Ablauf der Kündigungsfrist für den bisherigen Leistungszweck Mittel zur Verfügung stehen.[417] 155

Anders verhält es sich mit den Fällen einer zwischen den Betriebsparteien vereinbarten Nachwirkung: Eine solche vertragliche Nachwirkung ist, wenn sie eine Belastung der Masse bewirkt, mit dem allgemeinen Ziel der Masseentlassung nicht zu vereinbaren.[418] Eine vertragliche Nachwirkung kann daher in der Insolvenz gekündigt werden.[419] 156

Ferner ist der Insolvenzverwalter gem. § 120 Abs. 1 S. 2 InsO berechtigt, die Betriebsvereinbarungen[420] unabhängig von anderweitig vereinbarten Kündigungsfristen mit einer 157

---

[411] Tarifverträge sind von § 120 InsO nicht erfasst. Nach BAG Rechtsprechung können auch (sanierende) Tarifverträge außerordentlich gekündigt werden, wenn Tatsachen vorliegen, die im Einzelfall das Festhalten an der Kündigungsfrist für beide Seiten unzumutbar erscheinen lässt (18.6.1997 – 4 AZR 710/95, NZA 1997, 1234). Inwiefern in den Tarifvertrag integrierte insolvenzbezogene Lösungsklauseln wirksam sind, ist bisher nicht höchstrichterlich geklärt (LAG Hamm 25.10.2015 – 4 Sa 55/05, BeckRS 2006, 42358; LAG München 24.5.2019 – 3 Sa 808/18, NZI 2019, 708; die eingelegte Nichtzulassungsbeschwerde am BAG wurde zurückgewiesen 21.11.2019 – 6 AZN 653/19).

[412] Vgl. zur Kompetenzverteilung zwischen der eigenverwaltenden Geschäftsleitung und dem Sachwalter → Rn. 81 ff.

[413] Gilt auch für Gesamtbetriebsvereinbarungen; Zum Teil wird vertreten, Konzernbetriebsvereinbarungen wären davon ebenso erfasst, da der Konzernbezug durch die Insolvenzeröffnung durchbrochen und die Betriebsparteien dadurch zur eigenen Gestaltung berechtigt werden, dazu *Annuß/Lembke/Hangarter* Rn. 481; aA *Rieble,* Eingriffe in Betriebsvereinbarungen in der Insolvenz, unveröffentlichtes Manuskript, 2000 S. 3, zit. nach *Annuß/Lembke/Hangarter.*

[414] zB „Unterhaltung einer Kantine, eines Kindergartens oder eines Erholungsheims" BT-Drs. 12/2443, 153; Beck/Depré Insolvenz/*Zobel* § 28 Rn. 31.

[415] HWK/*Annuß* InsO § 120 Rn. 6; FK-InsO/*Eisenbeis* InsO § 120 Rn. 7 f.; aA *Schrader/Straube* Teil IX Rn. 32, die die Beratung als Zulässigkeitsvoraussetzung der Kündigung einordnen.

[416] HWK/*Annuß* InsO § 120 Rn. 6; FK-InsO/*Eisenbeis* InsO § 120 Rn. 7 f.; aA *Schrader/Straube* Teil IX Rn. 32, die die Beratung als Zulässigkeitsvoraussetzung der Kündigung einordnen.

[417] BAG 5.10.2010 – 1 ABR 20/09, NZA 2011, 598; KPB/*Schöne* InsO § 120 Rn. 39a.

[418] Vgl. grundlegend BAG 12.8.1982 – 6 ABR 98/79, AP BetrVG 1972 § 77 Nr. 5; MüKoInsO/*Caspers* § 120 Rn. 34; *Hess* InsO § 120 Rn. 36; Jaeger GK-InsO/*Giesen* InsO § 120 Rn. 32; KPB/*Schöne* InsO § 120 Rn. 41 ff.; Uhlenbruck/*Zobel* InsO § 120 Rn. 18; *Loritz* DB 1997, 2074.

[419] *Hess* InsO § 120 Rn. 37; Nerlich/Römermann/*Hamacher* InsO § 113 Rn. 15.

[420] Zumindest entsprechend anwendbar für Regelungsabreden Beck/Depré Insolvenz/*Zobel* § 28 Rn. 41; *Fitting* BetrVG § 77 Rn. 225; HWK/*Annuß* InsO § 113 Rn. 3; *Schrader/Straube* Teil IX. Rn. 31; ablehnend

Frist von drei Monaten zu kündigen, wenn für die Betriebsvereinbarung eine längere Kündigungsfrist vereinbart ist. Eine Angabe eines sachlichen Grundes ist dabei nicht erforderlich.[421] Für eine außerordentlichen Kündigung muss ein wichtiger Grund vorliegen.[422] Einen solchen wichtigen Grund kann die Insolvenz selbst grundsätzlich nicht darstellen.[423] Maßgeblich für die Prüfung des Vorliegens eines wichtigen Grundes ist, ob dem Kündigenden ein Festhalten an den Regelungen bis zum Ablauf der (ggf. nach § 120 Abs. 1 S. 2 InsO verkürzten) Frist zuzumuten ist.[424] Insoweit gelten die allgemeinen Grundsätze für die außerordentliche Kündigung von Betriebsvereinbarungen.[425]

158 § 120 InsO verschafft dem Insolvenzverwalter bzw. der eigenverwaltenden Geschäftsleitung – wenn die betreffende Betriebsvereinbarung grundsätzlich eine mehr als dreimonatige Kündigungsfrist vorsieht – einen Verhandlungsvorteil gegenüber dem Betriebsrat. Der Betriebsrat wird eher gewillt sein, einer reduzierten Leistungsgewährung zuzustimmen, wenn er befürchten muss, dass die Betriebsvereinbarung mit einer relativ kurzen Kündigungsfrist vollständig eingestellt werden kann. Hierdurch wird erreicht, dass die Masse belastende Betriebsvereinbarungen kurzfristig aufgehoben und die Masse im Ganzen entlastet und eine übertragende Sanierung (dazu → Rn. 195 ff.) vorbereitet werden.

3. Besonderheiten des insolvenzrechtlichen Interessenausgleichs nach § 125 InsO

159 Bei einer geplanten Betriebsänderung verliert vielfach eine größere Zahl an Arbeitnehmern ihren Arbeitsplatz, die eine Fülle von Kündigungsschutzprozessen auslösen kann und mit entsprechender Rechtsunsicherheit verbunden ist. § 125 InsO schafft diesem Zustand Abhilfe, in dem es spezifische Regelungen zur schnellen Klärung der Wirksamkeit aller im Zusammenhang mit einer Betriebsänderung ausgesprochenen Kündigungen enthält. Ziel der Regelung ist es, den Prozess der Kündigung rechtssicher zu beschleunigen. Diese Beschleunigung und rechtssichere Klärung von Kündigungsrisiken ist gerade im Vorfeld einer übertragenden Sanierung oder bei der Sanierung im Rahmen eines Insolvenzplans ein wichtiges Ziel.

160 Bringt der Betriebsrat sich konstruktiv im Verfahren mit dem Insolvenzverwalter bzw. der eigenverwaltenden Geschäftsleitung ein, kann ein Interessenausgleich zügig zustande kommen. Bei einer geplanten Betriebsänderung mit Personalabbau, können sich der Betriebsrat und der Insolvenzverwalter dann auf eine Namensliste verständigen, in der die Arbeitnehmer, die von einer Kündigung betroffen sein sollen, namentlich benannt sind. Der Abschluss einer solchen Namensliste hat für den Insolvenzverwalter im nachfolgenden Kündigungsschutzprozess mit den betroffenen Arbeitnehmern erhebliche Vorteile aus § 125 InsO.

---

gegenüber entsprechender Anwendung für Richtlinien nach § 28 Abs. 2 SprAuG und Dienstvereinbarungen bei insolvenzfähigen öffentlich-rechtlichen juristischen Person MüKoInsO/*Caspers* InsO § 120 Rn. 14 f.; zur Anwendbarkeit auf Sozialpläne *Annuß/Lembke/Hangarter* Rn. 480.

[421] Nerlich/Römermann/*Hamacher* InsO § 120 Rn. 34; Uhlenbruck/*Zobel* InsO § 120 Rn. 15; vgl. BAG 26.10.1993 – 1 AZR 46/93, AP BetrVG 1972 § 77 Nachwirkung Nr. 6.

[422] LAG Baden-Württemberg 15.6.2005 – 12 TaBV 6/04, BeckRS 2005, 31049587; Nerlich/Römermann/*Hamacher* InsO § 125 Rn. 44.

[423] KPB/Schöne InsO § 120 Rn. 46; BeckOK InsO/*Gossak* InsO § 120 Rn. 13; Beck/Depré Insolvenz/*Zobel* § 28 Rn. 32; vgl. BAG 10.8.1994 – 10 ABR 61/93, ZIP 1995, 1037; anders jedoch für einzelne Aspekte der Insolvenz wie zB drohende Massearmut, vgl. Nerlich/Römermann/*Hamacher* InsO § 120 Rn. 45.

[424] BeckOK InsO/*Gossak* InsO § 120 Rn. 12; KPB/*Schöne* InsO § 120 Rn. 46; vgl. seinerzeit zur KO BAG 28.4.1992 – 1 ABR 68/91, NZA 1993, 31.

[425] Nerlich/Römermann/*Hamacher* InsO § 120 Rn. 44; MüKoInsO/*Caspers* § 120 Rn. 40; K. Schmidt/*Ahrens* InsO § 120 Rn. 24; zur außerordentlichen Kündigung von Betriebsvereinbarungen Richardi/*Richardi*, BetrVG § 77 Rn. 216 ff.; aA *Fitting* BetrVG § 77 Rn. 151 sowie LAG Baden-Württemberg 15.6.2005 – 12 TaBV 6/04, BeckRS 2005, 31049587, die *„strenge Anforderungen"* an die Gründe der fristlosen Kündigung stellen; *Fitting* verlangt sogar eine Begründung.

a) Anwendungsbereich

In den Anwendungsbereich des § 125 InsO fällt der Interessenausgleich mit Namensliste *nach* Eröffnung des Insolvenzverfahrens; sowohl in der Regelinsolvenz als auch im Fall der Eigenverwaltung.[426] Daher ist die Vorschrift nicht (entsprechend) auf den vorläufigen Insolvenzverwalter bzw. die vorläufige Eigenverwaltung anzuwenden.[427] Offen gelassen hat das BAG[428] bislang, ob der Insolvenzverwalter einen vor Eröffnung des Insolvenzverfahrens vereinbarten Interessenausgleich einseitig genehmigen und dadurch die Wirkungen des § 125 InsO rückwirkend herbeiführen kann. Dagegen spricht nach Ansicht des Senats, dass für einen Interessenausgleich eine Einigung zwischen den Betriebsparteien erforderlich wäre. Die Genehmigung könnte einseitig die Rechtsqualität sowie die Überprüfungsmöglichkeit der Kündigungen auf Grundlage des Interessenausgleichs nachhaltig verändern. Der Senat spricht sich daher für das Erfordernis einer erneuten Willenserklärung des Betriebsrats als zweiter Partei aus.[429] § 125 InsO findet ausschließlich für Betriebsänderungen iSd § 111 BetrVG Anwendung, für dessen Vorliegen der Arbeitgeber bzw. der Insolvenzverwalter die Beweislast trägt.[430] Ein Betriebsübergang iSd § 613a BGB stellt grundsätzlich keine Betriebsänderung dar; denkbar ist dies jedoch bei einem Teilbetriebsübergang, soweit damit eine Betriebsspaltung im Sinne von § 111 BetrVG verbunden ist. Zudem ist zu berücksichtigen, dass § 128 Abs. 1 InsO klarstellt, dass die Anwendung von § 125 InsO nicht dadurch ausgeschlossen wird, dass die Betriebsänderung, welche dem Interessenausgleich nach § 125 InsO zu Grunde liegt, erst nach einer Betriebsveräußerung durchgeführt werden soll. Damit wird klargestellt, dass der Erwerber die vom Insolvenzverwalter und Betriebsrat beschlossenen Maßnahmen nach dem jeweiligen Interessenausgleich umsetzen kann (und weiterhin die Geltung des § 125 InsO zu bejahen ist).[431] Die Vorschrift hat insgesamt an Bedeutung verloren, seit das BAG die Kündigung aufgrund Erwerberkonzepts anerkannt hat.[432] 161

b) Schriftform und Urkundeneinheit von Interessenausgleich und Namensliste

Besonderheiten ergeben sich für Form und Inhalt des Interessenausgleichs mit Namensliste. Die Vorschrift des § 125 InsO nennt als Voraussetzung das Vorliegen einer geplanten Betriebsänderung im Sinne des § 111 BetrVG und das Zustandekommen eines Interessenausgleichs; hieraus wird zum Teil geschlossen, dass der Begriff des Interessenausgleichs im Sinne des § 112 BetrVG zu verstehen ist und damit auch das dort genannte Schriftformerfordernis umfasst.[433] Da die Namensliste Teil des (schriftlich abzuschließenden) Interessenausgleichs ist, ist sicherzustellen, dass der Interessenausgleich und die Namensliste eine Urkunde bilden. So kann gewährleistet werden, dass die Kündigungserleichterungen nach § 125 InsO greifen und nicht an dem formalen Erfordernis der Schriftform hinsichtlich der Namensliste scheitern.[434] 162

---

426 K. Schmidt/*Ahrens* InsO § 125 Rn. 4; BeckOK InsO/*Gossak* § 125 Rn. 2. Vgl. zur Kompetenzverteilung zwischen der eigenverwaltenden Geschäftsleitung und dem Sachwalter → Rn. 81 ff.

427 BAG 28.6.2012 – 6 AZR 780/10, NZA 2012, 1029.

428 BAG 28.6.2012 – 6 AZR 780/10, NZA 2012, 1029.

429 Dazu auch *Sittard/Knoll* BB 2013, 2037 (2038).

430 BAG 24.10.2013 – 6 AZR 854/11, NZA 2014, 46; BAG 6.7.2006 – 2 AZR 520/05, NZA 2007, 266; BAG 26.4.2007 – 8 AZR 695/05, NJOZ 108; *Zwanziger* BB 2008, 946 (947).

431 ErfK/*Gallner* InsO § 128 Rn. 1 f.; HWK/*Annuß* InsO § 128 Rn. 1 f.; APS/*Künzl* InsO § 128 Rn. 51a.

432 BAG 20.3.2003 – 8 AZR 97/02, NZA 2003, 1027; vgl. auch → Rn. 222 ff.

433 LAG Hamm 14.10.2004 – 4 Sa 1102/04, BeckRS 2005, 40914; HWK/*Annuß* InsO § 125 Rn. 3; KK-InsO/*Hess* § 125 InsO Rn. 136; *Giesen* ZIP 1998, 46 (50); *Zwanziger* BB 2008, 946 (947); *Hohenstatt* NZA 1998, 846 (853); aA *Schrader* NZA 1997, 70 (73); *Kania* DStR 1996, 832 (834); *Warrikoff* BB 1994, 2338 (2341); vgl. BT Drs. 12/7302, S. 171.

434 Vgl. BAG 19.7.2012 – 2 AZR 352/11, NZA 2013, 86; *Zwanziger* BB 2008, 946 (947); Schaub/*Linck* ArbR-HdB § 136 Rn. 4.

163 Zulässig ist nach der Rechtsprechung:

- Sowohl Interessenausgleich als auch Namensliste mit (gegenseitiger) Bezugnahme zu unterzeichnen[435],
- Interessenausgleich und Namensliste physisch zusammenzuheften und die Haupturkunde zu unterschreiben (eine bloße gedankliche Verknüpfung durch Bezugnahme, ohne jegliche physische Verbindung, reicht nicht aus)[436],
- die Haupturkunde mit Verweis auf die Namensliste zu unterschreiben, alle Seiten der Namensliste von Insolvenzverwalter (bzw. eigenverwaltender Geschäftsleitung) sowie Mitarbeitervertretung durchgängig zu paraphieren[437] *oder*
- Namensliste nach Abschluss des Interessenausgleichs abzuschließen und gesondert zu unterschreiben[438].

164 In der Namensliste müssen die betroffenen Arbeitnehmer – namentlich individualisierbar –[439] benannt werden; Kennziffern, Abteilungen oder Arbeitsgruppen sind wegen des eindeutigen Wortlauts („*namentlich bezeichnet*") nicht ausreichend.[440] Sofern nicht von der Betriebsänderung betroffene Arbeitnehmer auf der Liste genannt werden, ist diese insgesamt nicht wirksam.[441] Teilnamenslisten sind grundsätzlich nur zulässig, wenn die Kündigungen in mehreren Wellen ausgesprochen werden sollen.[442] Geplante Unvollständigkeit in der Namensliste, die sich nicht auf abgrenzbare Reglungskomplexe beziehen, sind dagegen nicht zulässig.[443] Sog. „*Negativlisten*" mit der Aufzählung der Arbeitnehmer, die nicht gekündigt werden sollen, sind mangels namentlicher Bezeichnung der zu kündigenden Arbeitnehmer ebenso als unzulässig zu werten.[444]

c) Privilegierungen für den Interessenausgleich im Insolvenzverfahren

165 § 125 InsO modifiziert den Kündigungsschutz gem. § 1 KSchG für betriebsbedingte Kündigungen, die auf der durch die Betriebsparteien vereinbarten Betriebsänderung beruhen.[445]

166 Folgende Modifizierungen sind zu beachten:

- Es wird widerleglich vermutet, dass die Kündigung des im Interessenausgleich zwischen Insolvenzverwalter bzw. der Geschäftsleitung im Fall der Eigenverwaltung und Betriebsrat namentlich bezeichneten Arbeitnehmers durch dringende betriebliche Erfordernisse bedingt ist. Hierdurch wird die Darlegungs- und Beweislast vom Insolvenzverwalter bzw. der Geschäftsleitung im Fall der Eigenverwaltung auf den gekündigten Arbeitnehmer verlagert.[446] Die Sozialauswahl wird auf die Kriterien (i) Betriebszugehörigkeit, (ii) Lebensalter und (iii) Unterhaltspflichten beschränkt. Innerhalb der Kriterien herrscht keine feste Rangfolge, so dass hier ein Wertungsspielraum besteht.[447] Erforderlich ist aber, dass der Betriebsrat sich mit einer Weiterbeschäftigungsmöglichkeit – auch in an-

---

[435] BAG 10.6.2010 – 2 AZR 420/09, NZA 2010, 1352.

[436] BAG 6.7.2006 – 2 AZR 520/05, NZA 2007, 266; BAG 12.5.2010 – 2 AZR 551/08, NZA 2011, 114; vgl. BAG 6.12.2001 – 2 AZR 422/00, NJOZ 2003, 1206.

[437] BAG 26.4.2007 – 8 AZR 695/05, NJOZ 2008, 108.

[438] BAG 19.6.2007 – 2 AZR 305/06, BeckRS 2011, 78763; BAG 19.6.2007 – 2 AZR 304/06, BAGE 123, 160.

[439] K. Schmidt/*Ahrens* InsO § 125 Rn. 15; Braun/*Wolf* InsO § 125 Rn. 4; BeckOK ArbR/*Plössner* InsO § 125 Rn. 8.

[440] HWK/*Annuß* InsO § 125 Rn. 7; FK-InsO/*Eisenbeis* § 125 InsO Rn. 5.

[441] BAG 26.3.2009 – 2 AZR 296/07, NZA 2009, 1151; BAG 19.7.2012 – 2 AZR 352/11, NZA 2013, 86; HWK/*Annuß* InsO § 125 Rn. 7.

[442] BAG 26.3.2009 – 2 AZR 296/07, NZA 2009, 1151; KBP/*Schöne* InsO § 125 Rn. 31.

[443] BAG 19.7.2012 – 2 AZR 352/11, NZA 2013, 86; Nerlich/Römermann/*Hamacher* InsO § 125 Rn. 25a.

[444] KR/*Weigand/Spelge* InsO § 125 Rn. 14; HWK/*Annuß* InsO § 125 Rn. 7; aA ArbG Essen 6.5.1997 – 2 Ca 32/97, BeckRS 1997, 30825168; *Kempter* BB 2013, 3061 (3064).

[445] ErfK/*Gallner* InsO § 125 Rn. 1; *Zwanziger* BB 2008, 946 (947); vgl. MüKoInsO/*Caspers* § 125 Rn. 3.

[446] Uhlenbruck/*Zobel* InsO § 125 Rn. 32a; *Hess* InsO § 125 Rn. 3; *Zwanziger* BB 2008, 946 (947).

[447] BAG 20.9.2006 – 6 AZR 249/05, NZA 2007, 387; vgl. auch *Zwanziger* BB 2008, 946 (947); ErfK/*Gallner* InsO § 125 Rn. 9.

deren Betrieben des Unternehmens[448] – auseinandersetzt, um die Vermutungswirkung aufrechtzuerhalten.[449]

- Die soziale Auswahl kann in Bezug auf die genannten drei Kriterien nur auf grobe Fehlerhaftigkeit überprüft werden. Grobe Fehlerhaftigkeit ist erst dann anzunehmen, wenn die Gewichtung der Kriterien Alter, Betriebszugehörigkeit und Unterhaltspflichten *„jede Ausgewogenheit vermissen lässt"*.[450] Dies wird nur in Ausnahmefällen anzunehmen sein.[451] Gem. § 125 Abs. 1 S. 1 Nr. 2 Hs. 2 InsO gilt darüber hinaus, dass die Sozialauswahl jedenfalls dann nicht als grob fehlerhaft anzusehen ist, *„wenn eine ausgewogene Personalstruktur erhalten oder geschaffen wird"*. Der Begriff der Personalstruktur in § 125 Abs. 1 S. 1 Nr. 2 InsO ist in einem umfassenderen Sinn zu verstehen als der Begriff der Personalstruktur in § 1 Abs. 3 KSchG: Nach der Gesetzesbegründung von § 125 InsO legt der Gesetzgeber den Fokus auf *„ein funktions- und wettbewerbsfähiges Arbeitnehmerteam"*[452]. Hierbei sind daher auch Kriterien wie die Ausbildung und die Qualifikation der Arbeitnehmer zu berücksichtigen; grundsätzlich können auch Qualifikationsgruppen gebildet werden, innerhalb derer die soziale Auswahl dann vorgenommen wird.[453] § 125 InsO gestattet zudem nicht nur eine angemessene Personalstruktur zu *„erhalten"*, wie dies in § 1 Abs. 3 KSchG der Fall ist. Vielmehr kann hier eine ausgewogene Personalstruktur sogar (erstmals) *„geschaffen"* werden. § 125 InsO ermöglicht es dem Insolvenzverwalter daher, eine *„Optimierung"* der Belegschaft zu erreichen, die außerhalb der Insolvenz in dieser Form nicht ohne weiteres zu erreichen wäre. Mit dieser Möglichkeit sollen die Sanierungschancen für das insolvente Unternehmen gesteigert werden.[454] Was allerdings der Bezugspunkt dieser Ausgewogenheit ist, ist nicht abschließend geklärt. Unstreitig ist hierbei jedenfalls, dass die Ausgewogenheit anhand des Lebensalters festgestellt werden kann.[455] Werden weitere Bezugspunkte (kumulativ oder alternativ) hinzugenommen, um eine weitergehende Optimierung vorzunehmen, besteht das Risiko, dass die Sozialauswahl nicht mehr an der Privilegierung des § 125 InsO teilnimmt.[456]
- Der Interessenausgleich aus § 125 Abs. 1 InsO ersetzt die Stellungnahme des Betriebsrates nach § 17 Abs. 3 S. 2 KSchG (§ 125 Abs. 2 InsO).

Die Modifizierung aus § 125 Abs. 1 S. 1 InsO ist nicht anzuwenden, soweit sich die 167
Sachlage nach Zustandekommen des Interessenausgleichs wesentlich geändert hat (§ 125 Abs. 1 S. 2 InsO). Einen entsprechenden Maßstab, wie wesentliche Veränderungen festzustellen sind, stellt das Gesetz nicht bereit. Die Rechtsprechung füllt diese Lücke: Die Wesentlichkeit der Veränderung sei anzunehmen, wenn nach Vereinbarung des Interessenausgleichs und vor Ausspruch der Kündigung ein Wegfall der Geschäftsgrundlage – zB durch Änderung der betrieblichen Situation oder des erfassten Personenkreises[457] – anzunehmen ist.[458] Maßstab ist also, ob die Parteien den Interessenausgleich in dieser Form geschlossen

[448] Vgl. zu der Frage, ob die Weiterbeschäftigungsmöglichkeit betriebsbezogen oder unternehmensweit erfolgen muss auch HWK/*Annuß* InsO § 125 Rn. 9.
[449] BAG 6.9.2007 – 2 AZR 715/06, NZA 2008, 633; BAG 20.9.2012 – 6 AZR 253/11, NZA 2013, 797; MüKoInsO/*Caspers* § 125 Rn. 86.
[450] BAG 19.12.2013 – 6 AZR 790/12, DB 2014, 781; BAG 20.9.2006 – 6 AZR 249/05, NZA 2007, 387; BAG 17.11.2005 – 6 AZR 107/05, NZA 2006, 661; keine Berücksichtigung von Schwerbehinderungen BAG 16.5.2019 – 6 AZR 329/18, NZA 2019, 1198.
[451] *Zwanziger* BB 2008, 946 (947); *Bader* NZA 2004, 65 (75).
[452] BT-Drs. 12/7302, S. 172.
[453] BAG 28.8.2003 – 2 AZR 368/02, NZA 2004, 432.
[454] Vgl. hierzu auch LAG Sachsen 16.5.2017 – 3 Sa 630/16, BeckRS 2017, 133768.
[455] HWK/*Annuß* § 125 InsO Rn. 12; Nerlich/Römermann/*Hamacher* InsO § 125 Rn. 55; zur Vereinbarkeit der Altersgruppenbildung mit dem Verbot der Altersdiskriminierung BAG 28.6.2012 – 6 AZR 682/10, NZA 2012, 1090.
[456] HWK/*Annuß* § 125 InsO Rn. 12; vgl. ErfK/*Gallner* InsO § 125 Rn. 16.
[457] KR/*Weigand/Spelge* InsO § 125 Rn. 39; vgl. BeckOK InsO/*Gossak* § 125 Rn. 37.
[458] BAG 18.10.2012 – 2 AZR 163/07, AP KSchG 1969 § 1 Namensliste Nr. 18; 12.3.2009 – 2 AZR 418/07, NZA 2009, 1023; 28.6.2012 – 6 AZR 780/10, NZA 2012, 1029; 24.10.2013 – 6 AZR 854/11, NZA 2014, 46.

hätten, wenn sie von der wesentlichen Veränderung gewusst hätten. Sofern sich erst eine wesentliche Veränderung nach Zugang der Kündigung und vor Ablauf der Kündigungsfrist ergibt, kommt nur ein Wiedereinstellungsanspruch in Frage.[459]

4. Besonderheiten des insolvenzrechtlichen Sozialplans nach §§ 123, 124 InsO

168 Vor dem Hintergrund des regelmäßig erforderlichen Personalabbaus ist der Sozialplan für die Arbeitnehmer und die Betriebsräte von herausragender Bedeutung. Für diesen gelten im Rahmen einer Unternehmenssanierung innerhalb eines laufenden Insolvenzverfahrens einige Besonderheiten, die es zu berücksichtigen gilt.

169 Sozialplanverhandlungen können sich in der Praxis erheblich in die Länge ziehen. Hintergrund sind hierbei häufig die wirtschaftlichen Parameter eines Sozialplans, insbesondere die Höhe von Abfindungen, Schulungs- und Trainingsmaßnahmen usw. Auch wenn mit der Einigungsstelle im BetrVG grundsätzlich ein Mechanismus vorhanden ist, der einen Verhandlungspatt auflösen kann (unter Berücksichtigung der wirtschaftlichen Leistungsfähigkeit des Unternehmens), besteht doch bei derartigen Verhandlungen ein erhebliches Verzögerungsrisiko. Dieses Risiko ist bei einem Insolvenzverfahren ebenso wie die fehlende Klarheit darüber, in welcher Höhe eine Einigungsstelle Leistungen zusprechen wird, hochgradig problematisch.

170 Vor dem Hintergrund dieser Problematik ist in § 123 Abs. 1 InsO in zweifacher Hinsicht eine Limitierung des Sozialplanvolumens für Sozialpläne nach Eröffnung des Insolvenzverfahrens vorgesehen.

171 Gem. § 123 Abs. 1 InsO kann in einem Sozialplan für den Ausgleich oder die Milderung der wirtschaftlichen Nachteile, die den Arbeitnehmern infolge der geplanten Betriebsänderung entstehen, ein (maximaler) Gesamtbetrag von bis zu zweieinhalb Monatsverdiensten der von einer Entlassung betroffenen Arbeitnehmer vorgesehen werden *(sog. absolute Grenze).* Als Entlassungen werden alle Beendigungen des Arbeitsverhältnisses berücksichtigt, die auf den Insolvenzverwalter bzw. der eigenverwaltenden Geschäftsleitung zurückzuführen sind (darunter fallen auch Eigenkündigungen auf Veranlassung des Insolvenzverwalters oder Aufhebungsverträge).[460] Umstritten ist dabei, ob die Regelung des § 123 Abs. 1 InsO nur solche Teile des Sozialplans umfasst, welche die entlassenen Arbeitnehmer betrifft.[461] Entscheidendes Argument für diese begrenzende Auffassung ist, dass es sinnwidrig sei, die Gesamtmasse eines Sozialplans lediglich durch die zu entlassenden Arbeitnehmer zu bestimmen, dieses Volumen dann aber auch auf die anderen, von der Betriebsänderung anderweitig betroffenen, Mitarbeiter zu verteilen.[462] Ein exzessives Verwenden von Mitteln aus der Masse zur Bedienung von Sozialplanverpflichtungen ist dennoch nicht zu befürchten. Dies verhindert auch die zweite sog. *relative Grenze* aus § 123 Abs. 2 InsO sowie der Umstand, dass bei einer exzessiven Masseverwendung wohl auch die Grenzen des zulässigen Ermessens überschritten sein dürften. Zum Teil wird auch angenommen, dass die Vorschrift – wegen ihrer Funktion zum Schutz der Masse – auch auf alle Arbeitnehmer eines Sozialplans angewendet werden muss. Da das Volumen nach dieser Auffassung allein von den zu entlassenden Mitarbeitern abhängt, ist das Volumen bei einer geringen Anzahl von Entlassungen entsprechend gering. Dies wird zum Teil ebenfalls als unbefriedigend empfunden mit der Folge, dass § 123 Abs. 1 InsO zwar nicht direkt, wohl aber analog auf anderweitig betroffene Arbeitnehmer angewendet wird, womit es zu

---

[459] KR/*Weigand/Spelge* InsO § 125 Rn. 40; HWK/*Annuß* InsO § 125 Rn. 13; MüKoInsO/*Caspers* § 125 Rn. 107.

[460] *Hess* § 123 InsO Rn. 30–32; Nerlich/Römermann/*Hamacher* InsO § 123 Rn. 15; DKW/*Däubler* BetrVG Anh. §§ 111–113 § 123 InsO Rn. 4; *Fitting* BetrVG § 112 Rn. 296.

[461] Wie hier auch HWK/*Annuß* InsO § 124 Rn. 6; Braun/*Wolf* InsO § 123 Rn. 16 mwN.

[462] Braun/*Wolf* InsO § 123 Rn. 16.

einer Erhöhung des Sozialplanvolumens kommen kann.[463] Zu berücksichtigen ist ferner, dass neben § 123 Abs. 1 InsO auch § 123 Abs. 2 InsO die Verwendung der Masse für die Berichtigung von Sozialanforderungen begrenzt. Nach dieser Vorschrift steht – wenn nicht ein Insolvenzplan zustande kommt – maximal ein Drittel der Masse, welches ohne einen Sozialplan für die Verteilung an die Insolvenzgläubiger zur Verfügung stünde für die Bedienung von Sozialplanforderungen zur Verfügung. Ein Überschreiten der absoluten Grenze oder erst recht ein Überschreiten beider Begrenzungselemente führt grundsätzlich zur (Teil)Unwirksamkeit des Sozialplans.[464] Kommt es hingegen zur Überschreitung allein der relativen Grenze aus § 123 Abs. 2 InsO ordnet das Gesetz eine anteilige Kürzung an. Leistungen für weiterbeschäftigte Arbeitnehmer im Sozialplan werden in den limitierten Umfang nach § 123 InsO nicht eingerechnet.[465]

Umstritten ist, ob die Beschränkung nicht nur für zwingend mitbestimmte, sondern 172
auch für freiwillige Sozialpläne greift.[466] Für eine Erstreckung auch auf freiwillige Sozialpläne spricht, dass diese Begrenzung der Masseschonung dient, was primäres Ziel von § 123 InsO ist. Im Übrigen dürfte auch zweifelhaft sein, mit welcher Begründung der Insolvenzverwalter einen freiwilligen Sozialplan abschließen sollte, der über die Begrenzungen des § 123 InsO hinausgeht, ohne dass der Betriebsrat hier ein echtes Druckmittel – wie eine Einigungsstelle im erzwingbaren Sozialplan – zur Verfügung hat.

Die Ansprüche aus einem Sozialplan sind gemäß § 123 Abs. 2 S. 1 InsO als (nachrangi- 173
ge) Masseverbindlichkeiten zu qualifizieren, dh als solche, die – soweit ausreichend Mittel vorhanden sind – aus der Insolvenzmasse vorrangig vor den Insolvenzforderungen iSd § 38 InsO einzuordnen sind. Eine Befriedigung der Sozialplanforderungen ist allerdings erst zulässig, wenn auch auf die Insolvenzgläubiger eine Quote ausgeschüttet wird (§ 123 Abs. 2 S. 2 InsO). Der Vorteil, den die Einordnung der Ansprüche als nachrangige Masseverbindlichkeiten mit sich bringt, ist damit verfahrensrechtlicher Natur und beschränkt sich vornehmlich darauf, dass diese nicht zur Insolvenztabelle angemeldet und festgestellt werden müssen.[467]

Werden Sozialpläne nach dem Eröffnungsantrag aber vor Eröffnung des Insolvenzver- 174
fahrens – dh im Eröffnungsverfahren (→ Rn. 27) – aufgestellt *(sog. insolvenznahe Sozialpläne)* werden in der Regel bereits Nachteile kompensiert, die im Zusammenhang mit der Insolvenz stehen.[468] Würden die insolvenznahen Sozialpläne einfach fortbestehen, blieben die Forderungen der Arbeitnehmer aus dem insolvenznahen Sozialplan einfache Insolvenzforderungen iSd § 38 InsO, während die Forderungen aus den Insolvenzsozialplänen als Masseverbindlichkeit, allerdings mit den vorstehend beschriebenen Limitierungen, geltend gemacht werden können.[469] Um diese Situation zu vermeiden, etabliert § 124 Abs. 1 InsO ein formloses, fristloses Widerrufsrecht für insolvenznahe Sozialpläne, die innerhalb von drei Monaten vor dem Eröffnungsantrag aufgestellt wurden.[470] Widerrufen der Betriebsrat oder der Insolvenzverwalter bzw. die eigenverwaltende Geschäftsleitung den Sozialplan,

[463] Vgl. etwa MüKoInsO/*Caspers* § 123 Rn. 59ff.

[464] *Boemke/Tietze* DB 1999, 1389 (1392); HWK/*Annuß* InsO § 124 Rn. 8; *Oetker/Friese* DZWIR 2001, 265 (271); aA *Hess* InsO § 123 Rn. 13. Eine vereinbarte Nachbesserungsklausel kann dem Risiko der (Teil) Unwirksamkeit entgegentreten. Eine Teilunwirksamkeit (§ 139 BGB) zur geltungserhaltenden Reduktion als weiteres Instrument zur Aufrechterhaltung des Sozialplans bei Überschreiten des Grenzwertes kann indes nur angenommen werden, sofern die Verteilungsgrundsätze erkennbar sind oder durch die Kürzung entsprechend erhalten bleiben können. Ansonsten ist eine Gesamtnichtigkeit mit der Folge eines Wiederauflebens der Sozialplanpflichtigkeit anzunehmen.

[465] In diesem Sinne *Hess* InsO § 123 Rn. 28; aA *Fitting* BetrVG § 112 Rn. 308.

[466] Eine Erstreckung bejahend *Hess* InsO § 123 Rn. 11; KPB/*Schöne* InsO § 123, § 124 Rn. 40f.; GK/*Oetker* BetrVG §§ 112, 112a Rn. 399; aA HWK/*Annuß* InsO § 124 Rn. 2; DKW/*Däubler* BetrVG Anh. 111–113, InsO § 123 Rn. 27.

[467] Vgl. Gottwald/Haas InsR-HdB/*Bertram/Künzl* § 105 Rn. 49; Nerlich/Römermann/*Hamacher* InsO § 123 Rn. 37.

[468] Nerlich/Römermann/*Hamacher* InsO § 124 Rn. 2; MüKoInsO/*Caspers* InsO § 125 Rn. 1.

[469] Vgl. HWK/*Annuß* InsO § 124 Rn. 12; Andres/Leithaus/*Andres* InsO §§ 123, 124 Rn. 17.

[470] Andres/Leithaus/*Andres* InsO §§ 123, 124 Rn. 15; KPB/*Schöne* InsO §§ 123, 124 Rn. 117f.

verliert der insolvenznahe Sozialplan rückwirkend seine Wirkung und die Sozialplanpflicht lebt wieder auf.[471] Ein neuer Sozialplan kann dann unter den Restriktionen des § 123 InsO abgeschlossen werden, so dass die Ansprüche (auch in diesem Fall) gemäß § 123 Abs. 2 S. 1 InsO als (nachrangige) Masseverbindlichkeiten zu qualifizieren sind.

175 Leistungen, die bereits vor der Insolvenzeröffnung aus dem insolvenznahen Sozialplan erhalten wurden, können infolge des Widerrufs (trotz des weggefallenen Rechtsgrundes der Leistung) nach § 124 Abs. 3 InsO nicht zurückgefordert werden; bis zur Höhe von zweieinhalb Monatsverdiensten (vgl. § 123 Abs. 1 InsO) werden solche Zahlungen auch auf den neuen (unter § 123 InsO fallenden) Sozialplan angerechnet.

5. Insolvenzspezifische gerichtliche Verfahrensarten zur Betriebsänderung

176 Im Insolvenzverfahren sind viele gewöhnliche Abläufe der Restrukturierung zeitlich nicht abbildbar.[472] Zähe (arbeitsrechtliche) Verfahren mit der Berücksichtigung jedes Details in der Tiefe kosten wertvolle Zeit und Geld, die die Verwertungschancen des insolventen Unternehmens schwinden lassen. Um hier eine Beschleunigung zu erreichen, die letztlich auch den Arbeitnehmern, vor allem aber auch anderen Insolvenzgläubigern zu Gute kommt, existieren mit den §§ 121, 122, 126 InsO spezielle Verfahrensvorschriften.

a) Modifizierung des Einigungsverfahrens im Insolvenzverfahren nach § 121 InsO

177 Eine Beschleunigung für Betriebsänderungen sieht § 121 InsO vor, der die Anforderungen an das Einigungsverfahren nach § 112 Abs. 2 S. 1 BetrVG modifiziert: Der Vermittlungsversuch durch den Vorstand der Bundesagentur für Arbeit findet nur mit der Maßgabe statt, dass Betriebsrat und Insolvenzverwalter diesen übereinstimmend beantragen. Die praktische Bedeutung ist in der Praxis gering, da § 112 Abs. 2 S. 1 BetrVG auch außerhalb der Insolvenz weitgehend leer läuft und das Verfahren für eine effektive Sanierung regelmäßig zu lange dauert.[473]

b) Beschleunigtes Interessenausgleichsverfahren nach § 122 InsO

178 Eine Betriebsänderung iSd § 111 BetrVG verpflichtet auch innerhalb des Insolvenzverfahrens zur Verhandlung mit dem Betriebsrat über einen Interessenausgleich. Interessenausgleichsverhandlungen bergen ein erhebliches Risiko für insolvente Unternehmen: Eine Betriebsänderung kann grundsätzlich nicht vor Abschluss der Verhandlungen über den Interessenausgleich bzw. vor Scheitern dieser Verhandlungen durchgeführt werden. Wird die Betriebsänderung vorzeitig vollzogen, drohen Unterlassungsansprüche des Betriebsrates sowie Nachteilsausgleichsansprüche der Arbeitnehmer. Vor diesem Hintergrund ist die Durchführung der Verhandlungen mit dem Betriebsrat vor Umsetzung einer solchen Maßnahme zwingend erforderlich.

179 Die Verhandlungen haben ein erhebliches Verzögerungspotential. Bei größeren Betriebsänderungen und komplexen Verhandlungen können unter normalen Umständen schnell fünf bis sechs Monate notwendig sein, bevor der Verhandlungsprozess (ggf. in Form des Scheitern der Verhandlungen) vollzogen ist. Erst dann kann die geplante Betriebsänderung umgesetzt werden.

180 **aa) Insolvenzspezifische Privilegierungen.** Ein solcher Zeitraum ist innerhalb des Insolvenzverfahrens regelmäßig nicht zu realisieren, da ein derartig langer Schwebezustand die Sanierungschancen weitgehend beseitigen bzw. das Insolvenzverfahren unverhältnis-

---

[471] HWK/*Annuß* InsO § 124 Rn. 11; KPB/*Schöne* InsO §§ 123, 124 Rn. 124, 126; Andres/Leithaus/*Andres* InsO §§123, 124 Rn. 16.
[472] Vgl. hierzu auch → Rn. 200ff.
[473] Theiselmann/*Hinkel* Kap. 22 Rn. 136; Andres/Leithaus/*Andres* InsO § 121 Rn. 1.

mäßig in die Länge gezogen würde. Die allgemeinen Regelungen des Betriebsverfassungsgesetzes zum Interessenausgleich werden daher gemäß § 122 InsO punktuell durchbrochen. Die Regelung sieht vor, dass der Insolvenzverwalter bzw. die eigenverwaltende Geschäftsleitung[474] im Falle einer geplanten Betriebsänderung auch ohne vorherige Durchführung eines Interessenausgleichsverfahrens nach § 112 Abs. 2 BetrVG die Zustimmung des Arbeitsgerichts beantragen kann, wenn ein Interessenausgleich zwischen Insolvenzverwalter und Betriebsrat nicht innerhalb von drei Wochen nach Verhandlungsbeginn oder schriftlicher Aufforderung zur Aufnahme von Verhandlungen zustande kommt, obwohl der Insolvenzverwalter den Betriebsrat rechtzeitig[475] und umfassend[476] unterrichtet hat. Ob die Unterrichtung ausreichend war, ist anhand eines objektiven Maßstabes zu bestimmen.[477] Bei unvollständiger Unterrichtung trifft den Betriebsrat die Obliegenheit aus dem Gebot der vertrauensvollen Zusammenarbeit (§ 2 Abs. 1 BetrVG), den Mangel zu rügen und die fehlenden Unterlagen zu benennen.[478] Sollte der Betriebsrat dieser Obliegenheit nicht nachkommen, bleibt ihm das Aufzeigen des Mangels in einem anschließenden Beschlussverfahren verwehrt.[479]

Ein Nachteilsausgleichsanspruch wegen einer Umsetzung der Betriebsänderung ohne 181
Abschluss des Interessenausgleichsverfahrens, steht den betroffenen Arbeitnehmern bei Vorliegen der Voraussetzungen des § 122 InsO nicht zu, § 122 Abs. 1 InsO iVm § 113 Abs. 3 BetrVG.

bb) Drei-Wochen-Frist. Die Drei-Wochen-Frist setzt eine rechtzeitige *und* umfassende 182
Unterrichtung voraus, die an die Anforderungen des § 111 BetrVG anschließt.[480] Sofern die Anforderungen erfüllt sind, beginnt die Frist mit Aufnahme der Verhandlungen *oder* durch schriftliche Aufforderung zur Aufnahme von Verhandlungen.

Umstritten ist, ob Unterrichtungen des Betriebsrats und/oder (Aufforderungen zur 183
Aufnahme von) Verhandlungen des Insolvenzschuldners oder des vorläufigen Insolvenzverwalters vor Eröffnung des Insolvenzverfahrens Auswirkungen auf den Beginn der Drei-Wochen-Frist haben können, ob diese Frist also bereits vor der Eröffnung des Insolvenzverfahrens in Gang gesetzt werden kann. Die überwiegende Auffassung bejaht dies, sofern sich die Grundlagen und die Planungen für die Betriebsänderung infolge der Eröffnung des Insolvenzverfahrens nicht verändert haben.[481] Die Information der anstehenden Eröffnung des Insolvenzverfahrens ist regelmäßig für alle Beteiligten bereits zuvor vorhersehbar

[474] Vgl. zur Kompetenzverteilung zwischen der eigenverwaltenden Geschäftsleitung und dem Sachwalter → Rn. 81 ff.

[475] *„vor der praktischen Umsetzung der Planung"* ArbG Berlin 26.3.1998 – 5 BV 5735/98, DZWIR 1999, 242 (seinerzeit zur KO); vgl. auch KPB/*Schöne* InsO § 122 Rn. 19; BeckOK InsO/*Gossak* InsO § 122 Rn. 10.1.

[476] *„[...] diese so zu erfolgen hat, daß sich der Betriebsrat ein vollständiges Bild machen kann. Notwendig ist daher die Mitteilung der wirtschaftlichen und sozialen Gründe, die für die Durchführung der Betriebsänderung sprechen. Im Fall einer Betriebsschließung bedeutet das die Verpflichtung zur Mitteilung aller Daten und Fakten, die diese Entscheidung veranlassen"* ArbG Berlin 26.3.1998 – 5 BV 5735/98, DZWIR 1999, 242 (seinerzeit zur KO); BeckOK InsO/*Gossak* § 122 Rn. 10.1; KBP/*Schöne* InsO § 122 Rn. 20 f.

[477] HWK/*Annuß* InsO § 122 Rn. 2; Nerlich/Römermann/*Hamacher* InsO § 122 Rn. 13; *Oetker/Friese* DZWIR 2001, 133 (135).

[478] Braun/*Wolf* InsO § 122 Rn. 3; Nerlich/Römermann/*Hamacher* InsO § 122 Rn. 13; vgl. ArbG Lingen 9.7.1999 – 2 BV 4/99, ZIP 1999, 1892; *Oetker/Friese* DZWIR 2001, 133 (135); aA HWK/*Annuß* InsO § 122 Rn. 2.

[479] Braun/*Wolf* InsO § 122 Rn. 3; Nerlich/Römermann/*Hamacher* InsO § 122 Rn. 13; vgl. ArbG Lingen 9.7.1999 – 2 BV 4/99, ZIP 1999, 1892; *Oetker/Friese* DZWIR 2001, 133 (135); aA HWK/*Annuß* InsO § 122 Rn. 2.

[480] Gottwald/Haas InsR-Hbd/*Bertram/Künzl* § 106 Rn. 56; HWK/*Annuß* InsO § 122 Rn. 2; vgl. ArbG Lingen 9.7.1999 – 2 BV 4/99, ZIP 1999, 1892; vgl. ArbG Berlin 26.3.1998 – 2 BV 5735/98, DZWIR 1999, 242.

[481] HWK/*Annuß* InsO § 122 Rn. 4; NK-ArbR/*Regh* InsO § 122 Rn. 17; *Schmädicke/Fackler* NZA 2012, 1199 (1200); FK-InsO/*Eisenbeis* InsO § 122 Rn. 15; vgl. ArbG Lingen 9.7.1999 – 2 BV 4/99, ZIP 1999, 1892; vgl. *Annuß* NZI 1999, 344 (346); aA *Oetker/Friese* DZWIR 2001, 133 (136); DKW/*Däubler* BetrVG Anh. §§ 111–113, InsO § 122 Rn. 6; Nerlich/Römermann/*Hamacher* § 122 InsO Rn. 22a.

und das tatsächliche Eintreten ist daher als unerheblich für das Verfahren des § 122 InsO zu bewerten.

184 **cc) Schriftformerfordernis der Aufforderung zur Aufnahme von Verhandlungen.** Nicht geklärt ist, ob die *schriftliche Aufforderung* zur Aufnahme von Verhandlungen die Schriftform aus § 126 BGB (mit eigenhändiger Unterschrift des Insolvenzverwalters) verlangt.[482] Das hätte bei Verstoß die Nichtigkeit nach § 125 BGB zur Folge. Aus der Gesetzesbegründung lässt sich kein Anhaltspunkt für die Schriftform iSd § 126 BGB entnehmen.[483] Da aber der Form bei der Aufforderung zur Aufnahme von Verhandlungen vornehmlich die Dokumentationsfunktion zukommt, muss auch die Textform iSd § 126b BGB genügen.[484] Dies entspricht auch der Linie der Rechtsprechung zu § 99 Abs. 3 S. 1 BetrVG.[485]

185 Für die Praxis ist wegen der Unsicherheiten zu empfehlen, dennoch möglichst die Schriftform aus § 126 BGB einzuhalten. Die Aufforderung zur Aufnahme von Verhandlungen kann zusammen mit der Unterrichtung als ein Dokument angefertigt werden. Die Frist beginnt dann mit Zugang des Dokuments (§ 130 BGB). Diesen sollte sich der Insolvenzverwalter zur Beweissicherung möglichst bestätigen lassen. Empfehlenswert ist daneben die Aufnahme von konkreten Terminvorschlägen, um gesicherte Anhaltspunkte für eine ernsthafte Verhandlungsbereitschaft zu schaffen.

186 **dd) Arbeitsgerichtliches Verfahren.** Streitgegenstand des arbeitsgerichtlichen Verfahrens ist regelmäßig die Eilbedürftigkeit der Umsetzung der Betriebsänderung, die in zwei Schritten festgestellt wird.[486] Ausschlaggebend ist **im ersten Schritt** eine Prognose durch das Arbeitsgericht, in der die erwarteten Einsparnisse der Masse durch die beschleunigt durchgeführte Betriebsänderung den Belastungen aus einem Verhandlungsprozess gegenüber gestellt werden, bei dem eine Beschleunigung nach § 122 InsO nicht erfolgt.[487] Sofern die Prognose des Arbeitsgerichts für eine Eilbedürftigkeit der Betriebsänderung spricht, können die sozialen Belange der Arbeitnehmer **im zweiten Schritt** ausnahmsweise einer Zustimmung des Gerichts entgegenstehen (§ 122 Abs. 2 InsO).[488]

187 Trotz der vorstehend beschriebenen Privilegierungen ist die praktische Bedeutung gering. Dies liegt insbesondere daran, dass das beschleunigte gerichtliche Verfahren oftmals immer noch als zu langwierig empfunden wird. In der Praxis wird daher oftmals der Abschluss eines Interessenausgleichs „auf normalen Wege" bevorzugt.[489]

c) Besonderheit des kollektiven Beschlussverfahrens zum Kündigungsschutz nach § 126 InsO

188 Eine weitere Besonderheit im Insolvenzverfahren ist die Möglichkeit eines kollektiven Beschlussverfahrens zum Kündigungsschutz nach Maßgabe von § 126 InsO. Es dient der Bündelung einer Vielzahl individueller Kündigungsschutzprozesse, denen mit der Insolvenz ein im Wesentlichen gleichartiger betriebsbedingter Kündigungsgrund zu Grunde liegt.

---

[482] So *Schmädicke/Fackler* NZA 2012, 1199 (1200); Nerlich/Römermann/*Hamacher* InsO § 122 Rn. 18; aA *Oetker/Friese* DZWIR 2001, 133 (136).

[483] Vgl. § 140 mit wortgleichem Inhalt BT-Drs. 12/2443, 153f.

[484] *Oetker/Friese* DZWIR 2001, 133 (136); NK-ArbR/*Regh* InsO § 122 Rn. 15; FK-InsO/*Eisenbeis* InsO § 122 Rn. 13; vgl. HWK/*Annuß* InsO § 122 Rn. 3.

[485] BAG 9.12.2008 – 1 ABR 79/07, NZA 2009, 627; BAG 10.3.2009 – 1 ABR 93/07, NZA 2009, 622.

[486] HWK/*Annuß* InsO § 122 Rn. 5; *Oetker/Friese* DZWIR 2001, 133 (137).

[487] *Oetker/Friese* DZWIR 2001, 133 (137); K. Schmidt/*Ahrens* InsO § 122 Rn. 29; MüKoInsO/*Caspers* § 122 Rn. 39.

[488] Nerlich/Römermann/*Hamacher* InsO § 122 Rn. 57b; KPB/*Schöne* InsO § 122 Rn. 38; vgl. ArbG Lingen 9.7.1999 – 2 BV 4/99, ZIP 1999, 1892.

[489] Vgl. auch Theiselmann/*Hinkel* Kap. 22 Rn. 137ff.; Kübler HRI/*Schöne* § 55 Rn. 124.

aa) Privilegierung des kollektiven Beschlussverfahrens zum Kündigungsschutz. Für bereits ausgesprochene[490] und auch beabsichtigte (betriebsbedingte) Kündigungen kann innerhalb des Verfahrens des § 126 InsO die soziale Rechtfertigung durch Gericht festgestellt werden. Dadurch wird mit bindender Wirkung (§ 127 Abs. 1 InsO) für die am Verfahren Beteiligten (und dies umfasst auch die jeweiligen Arbeitnehmer) festgestellt, ob die Kündigungen der angeführten Arbeitnehmer durch dringende betriebliche Erfordernisse bedingt und sozial gerechtfertigt ist. Die Folge einer solchen Entscheidung ist, dass mit dem Abschluss des Verfahrens auch für das individuelle Kündigungsschutzverfahren bindend festgestellt wird, ob die Kündigung sozial gerechtfertigt ist (§ 127 Abs. 1 InsO). 189

Bei betriebsratslosen Betrieben kann der Antrag sofort am zuständigen Arbeitsgericht gestellt werden;[491] ansonsten ist Voraussetzung zur Einleitung des Verfahrens nach § 126 InsO, dass ein Interessenausgleich nach § 125 InsO innerhalb von drei Wochen nicht zustande gekommen ist, obwohl der Betriebsrat rechtzeitig und umfassend unterrichtet wurde. 190

§ 126 InsO ergänzt damit § 125 InsO für die Fälle, in denen der für § 125 InsO erforderliche Interessenausgleich nicht zustande kommt.[492] 191

Das Gericht entscheidet, ob die betrieblichen Erfordernisse für die Kündigung vorliegen; insoweit gilt der volle Prüfungsmaßstab. Die Vermutung aus § 125 InsO kommt dem Insolvenzverwalter in dem Verfahren nach § 126 InsO nicht zu Gute.[493] Die Prüfung der Sozialauswahl hingegen wird auf die Parameter der Dauer der Betriebszugehörigkeit, dem Lebensalter und den Unterhaltspflichten begrenzt (§ 126 Abs. 2 S. 2 InsO).[494] Das Kriterium der Schwerbehinderung bleibt nach dem klaren gesetzlichen Wortlaut außer Betracht. 192

bb) Betriebsänderung nach § 111 BetrVG als Voraussetzung des kollektiven Beschlussverfahrens. Umstritten ist, ob das Verfahren nach § 126 InsO eine Betriebsänderung iSd § 111 BetrVG voraussetzt. Dann käme das Verfahren des § 126 InsO regelmäßig nur in Frage, wenn mehr als 20 wahlberechtigte Arbeitnehmer im Betrieb beschäftigt werden. Das BAG hat diese Frage bislang ausdrücklich offen gelassen.[495] Als Argument für das Erfordernis einer Betriebsänderung wird der eindeutige Wortlaut angeführt, der auf § 125 InsO und damit weiter auf § 111 BetrVG verweist.[496] Dem wird indes entgegen gehalten, dass eine Ausdehnung der Vorschrift über die Fälle von § 111 BetrVG durchaus möglich sein müsse. Dies wird vor allem damit gerechtfertigt, dass es sei sinnlos sei, das präventive Kündigungsverfahren zwar in betriebsratslosen Betrieben zuzulassen, es jedoch bei Betrieben unterhalb der Größenordnung des § 111 S. 1 BetrVG nicht zuzulassen.[497] 193

Das Verfahren nach § 126 InsO hat trotz seines auf den ersten Blick bestehenden Vorteils, dass Rechtssicherheit für eine Vielzahl von Kündigungen in einem einzelnen Beschlussverfahren erreicht werden kann, eine geringe Praxisrelevanz.[498] Dies liegt unter anderem daran, dass das Ziel der Beschleunigung des Kündigungsprozesses wegen der Vielzahl der in einem solchen Verfahren Beteiligten oftmals nicht erreicht werden kann.[499] 194

---

490 BAG 29.6.2000 – 8 ABR 44/99, NZA 2000, 1180; vgl. MHdB ArbR/*Krumbiegel* InsO § 122 Rn. 55.
491 HWK/*Annuß* InsO § 126 Rn. 2; BeckOK InsO/*Gossak* § 126 Rn. 9a; KPB/*Schöne* InsO § 126 Rn. 12.
492 FK-InsO/*Eisenbeis* InsO § 126 Rn. 1; APS/*Künzl* InsO § 126 Rn. 34; Braun/*Wolf* InsO § 126 Rn. 1.
493 HWK/*Annuß* InsO § 126 Rn. 6; Nerlich/Römermann/*Hamacher* InsO § 126 Rn. 5.
494 Vgl. dazu → Rn. 17 ff.
495 *„Unerheblich ist daher, ob in betriebsratslosen Betrieben auch unterhalb der Grenze des § 111 S. 1 BetrVG das Beschlussverfahren nach § 126 InsO durchgeführt werden kann"*, BAG 29.6.2000 – 8 ABR 44/99, NZA 2000, 1180.
496 KPB/*Schöne* InsO § 126 Rn. 10; Uhlenbruck/*Zobel* InsO § 127 Rn. 8.
497 BeckOK ArbR/*Plössner* InsO § 126 Rn. 4; MüKoInsO/*Caspers* § 126 Rn. 6; *Löwisch* RdA 1997, 80 (85); *Lakies* NZI 2000, 345.
498 So auch *Rieble* NZA 2007, 1393; *Regh* in BeckMandatsHdB-InsArbR § 7 Rn. 2; BeckOK InsO/*Gossak* § 126 Rn. 3a.
499 Ebenso *Regh* in BeckMandatsHdB-InsArbR § 7 Rn. 2; ähnlich K. Schmidt/*Ahrens* InsO § 126 Rn. 3.

V. Übertragende Sanierung – Der Erwerb „aus der Insolvenz"

195 Im Rahmen einer übertragenden Sanierung erwirbt ein Dritter das gesamte Unternehmen, einzelne (ertragskräftige) Betriebe oder wesentliche Vermögensgegenstände nach Eröffnung des Insolvenzverfahrens, wobei – abhängig von der Verfahrensart – sowohl der Insolvenzverwalter (Regelinsolvenz)[500] als auch der Schuldner selbst, vertreten durch die eigenverwaltende Geschäftsleitung (Eigenverwaltung)[501], als Veräußerer in Frage kommen.[502] Der erzielte Kaufpreis wird zur Befriedigung der Insolvenzgläubiger verwendet; die insolvente Verkäufergesellschaft anschließend aufgelöst, liquidiert und gelöscht.[503] Der Begriff der „übertragenden Sanierung", der sich in der Praxis „eingebürgert" hat[504], ist daher dahingehend zu verstehen, dass der Geschäftsbetrieb als eine Einheit durch Übertragung wesentlicher Vermögensgegenstände auf eine dritte Gesellschaft erhalten bleibt und zukünftig durch den neuen Rechtsträger saniert wird; eine Sanierung des insolventen Rechtsträgers erfolgt – anders als regelmäßig im Rahmen eines Insolvenzplans (→ Rn. 60ff.) – nicht.[505]

196 Rechtstechnisch erfolgt die Veräußerung in der Praxis nahezu ausschließlich im Wege eines *Asset Deal,* dh durch (Einzel-)Veräußerung der für den Betrieb erforderlichen Aktiva (Sachen, Rechte, aber auch sonstige Vermögenswerte wie *Know-How, Goodwill* sowie Kunden- und Lieferbeziehungen).[506] Insbesondere in Konzernkonstellationen kommt dabei auch die Veräußerung von nicht insolventen Tochtergesellschaften oder Beteiligungen im Wege eines *Share Sale* in Betracht.[507] Die übertragende Sanierung kann zudem Gegenstand eines Insolvenzplanverfahren sein, was ebenfalls in Konzerninsolvenzen von Bedeutung sein kann.[508]

197 Häufig werden die ausgewählten Vermögensgegenstände direkt an eine bereits bestehende oder neugegründete Gesellschaft des Erwerbers veräußert.[509] Alternativ kann eine der Veräußerung an das Zielunternehmen vorgeschaltete Übertragung des Unternehmens auf eine (durch den Insolvenzverwalter zu gründende) Auffanggesellschaft in Betracht kommen. Letzteres ist insbesondere dann angezeigt, wenn das Unternehmen vor der Übertragung an die Zielgesellschaft zum Zwecke der Wertsteigerung noch einer Sanierung unterzogen werden soll.[510] Insbesondere in diesen Fällen können unter anderem die arbeitsrechtlichen Gestaltungsmöglichkeiten (Kündigung ausgewählter Arbeitsverhältnisse (§§ 113ff. InsO), Erstellung eines Sozialplans, etc) zur Anwendung kommen (vgl. dazu ausführlich → Rn. 139ff.).

198 Der wesentliche Vorteil einer übertragenden Sanierung liegt darin, dass dem Erwerber bei einem Unternehmenskauf im eröffneten Insolvenzverfahren verschiedene **Haftungsprivilegien** zu Gute kommen. Nach der Rechtsprechung des BGH findet § 25 HGB, nach dem der Erwerber eines Unternehmens bei Fortführung der Firma (vorbehaltlich ei-

---

[500] Vgl. dazu → Rn. 54ff.
[501] Vgl. dazu → Rn. 84ff.
[502] Der Insolvenzverwalter vertritt den Schuldner als Partei kraft Amtes; vgl. Gottwald/Haas InsR-Hdb/*Eckardt* § 32 Rn. 1ff.
[503] ERS Unternehmensfinanzierung/*Aleth/Wilkens* Kap H Rn. 126; Uhlenbruck/*Zipperer* InsO § 159 Rn. 47.; *Bork*, Rn. 434.
[504] Der Begriff geht auf *K. Schmidt* zurück; vgl. *K. Schmidt* ZIP 1980, 336. Vgl. zu weiteren Begriffsbestimmungen *Hoffmann/Danylak* NZI 2020, 705.
[505] Zur Unterscheidung zwischen der Sanierung des Unternehmens und des Unternehmensträgers vgl. *Bork* Rn. 4; *K. Schmidt* HandelsR § 3 Rn. 44ff.; *Derksen* S. 40ff.
[506] Beck/Depré Insolvenz/*Beck* § 1 Rn. 14; *Denkhaus/Ziegenhagen* Rn. 4f.
[507] Die von der insolventen Gesellschaft gehaltenen Geschäftsanteile werden in diesem Fall als „Asset" unter dem Kaufvertrag mitveräußert.
[508] Uhlenbruck/*Luer/Streit* InsO § 217 Rn. 1; Uhlenbruck/K. Schmidt/*K. Schmidt* Rn. 7.144.
[509] Als Erwerber kommen externe Investoren (strategische Investoren, Wettbewerber, Private Equity Investoren), aber auch die bisherige Geschäftsleitung (Management Buy-Out) oder Mitarbeiter (Mitarbeiter Buy-Out) in Frage. Vgl Beck/Depré Insolvenz/*Beck* § 1 Rn. 14.
[510] *Wellensiek* NZI 2002, 233 (234). Vgl. auch *Zipperer* NZI 2008, 206 (207ff.).

nes Haftungsausschlusses durch Eintragung im Handelsregister oder Information der Gläubiger) für alle Verbindlichkeiten des Unternehmens haftet, keine Anwendung; eine Haftung für bereits begründete Altverbindlichkeiten scheidet somit aus.[511] Eine Haftung für rückständige Betriebssteuern scheidet ebenfalls aus, da die Vorschrift des § 75 AO ihrem Wortlaut nach auf einen Erwerb aus der Insolvenzmasse nicht anwendbar ist.[512] Der Erwerber kann sich im Hinblick auf die „Aktivseite" der insolventen Gesellschaft auf die sanierungsfähigen und werthaltigen Geschäftsbereiche oder auch einzelne Vermögensgegenstände (wie etwa Marken) beschränken (sog. „*Cherry Picking*"). Hinzu kommt ein erhebliches Maß an Gestaltungsfreiheit in Bezug auf die Vertragsverhältnisse des Unternehmens.[513] Anders als bei einem Erwerb in der Krise – dh vor Einleitung eines Insolvenzverfahrens – oder im vorläufigen Verfahren besteht bei einem Erwerb im eröffneten Verfahren auch nicht das Risiko, dass ein Insolvenzverwalter den Abschluss des entsprechenden Kaufvertrages oder einzelne zu seiner Erfüllung vorgenommene Handlungen gemäß §§ 129 ff. InsO anficht oder die Erfüllung eines zum Zeitpunkt der Insolvenzeröffnung nicht vollständig erfüllten Kaufvertrages aufgrund des ihm nach § 103 InsO zustehenden Wahlrechts ablehnt.[514]

Zu beachten ist allerdings, dass vertragliche Beziehungen oder öffentlich-rechtliche Genehmigungen des Schuldners mitunter nur unter großen Schwierigkeiten auf den neuen Rechtsträger übertragen werden können. Soweit diese für den Geschäftsbetrieb von grundlegender Bedeutung sind, kann die übertragende Sanierung aus Sicht eines Investors ungeeignet sein. Gerade in diesen Fällen kommt eine Sanierung des Unternehmensträgers mittels eines Insolvenzplans in Betracht (→ Rn. 60 ff. u. 232 ff.). 199

1. Ablauf und wesentliche Unterschiede zu einer „normalen" M&A-Transaktion

Die (weiteren) Charakteristika einer übertragenden Sanierung und wesentlichen Unterschiede zu einer „normalen" M&A Transaktion ergeben sich aus den (rechtlichen) Besonderheiten und Vorgaben eines Insolvenzverfahrens und den daraus resultierenden vielfältigen – zum Teil unterschiedlichen – Interessen der Beteiligten.[515] Diese sind – insbesondere aus Sicht eines Investors – im Hinblick auf den Transaktionsprozess und die vertragliche Gestaltung des Kaufvertrages von Bedeutung. 200

---

[511] BGH 24.9.2008 – VIII ZR 192/06, NJW-RR 2009, 820 (821); BGH 3.12.2019 – II ZR 457/18, NZI 2020, 285 (für die Eigenverwaltung) MüKo HGB/*Thiessen* § 25 Rn. 36; *van Betteray/Gass* BB 2004, 2309 (2317). Andernfalls wäre ein insolventes Unternehmen unverkäuflich.

[512] ERS Unternehmensfinanzierung/*Aleth/Wilkens* Kap. H Rn. 169; Knecht/Hommel/Wohlenberg/*Hoegen/Prüfer* S. 555.

[513] Regelmäßig zählen wirtschaftlich ungünstige Verträge, insbesondere Dauerschuldverhältnisse mit Lieferanten oder nicht kostendeckende Verträge mit Kunden, zu den Hauptursachen der Insolvenz des schuldnerischen Unternehmens. Besteht aus Sicht des Erwerbers ein Interesse an Neuverhandlungen und -abschlüssen von Verträgen mit den bestehenden Vertragspartnern, kann eine Pflicht zur Kündigung oder Aufhebung der bestehenden Verträge vereinbart werden; alternativ können die Parteien aber auch die Übernahme der Vertragsverhältnisse vereinbaren, wofür allerdings gem. § 415 Abs. 1 S. 1 BGB die Zustimmung der jeweiligen Vertragspartner erforderlich ist *Morshäuser/Falkner* NZG 2010, 881 (884); *Soudry/Schwenkel* GWR 2010, 366 (368). Vgl. auch *Brünkmans*/Thole HdB-Insolvenzplan § 34 Rn. 5 ff.

[514] Da die Zulässigkeit einer Veräußerung im Eröffnungsverfahren zudem umstritten ist, stellt eine Veräußerung im Eröffnungsverfahren die Ausnahme dar. Dies ergibt sich auch daraus, dass die Regelungen eines Betriebsübergangs (§ 613a BGB) uneingeschränkt zur Anwendung kommen. In den weitaus überwiegenden Fällen wird mit dem Abschluss des Kaufvertrags bis zur Verfahrenseröffnung gewartet oder die entsprechenden Verträge werden unter der aufschiebenden Bedingung der Verfahrenseröffnung geschlossen; vgl. ERS Unternehmensfinanzierung/*Aleth/Wilkens* Kap. H Rn. 126; *Denkhaus/Ziegenhagen* Rn. 94 ff.

[515] Vgl. instruktiv zu den Interessen der Beteiligten Theiselmann/*Stengel/Sax* Kap. 21 Rn. 7 ff. Vgl. auch *Denkhaus/Ziegenhagen* Rn. 172 ff.

a) Zeitdruck

201 Die Vorbereitung, Verhandlung und Umsetzung einer übertragenden Sanierung erfolgt in der Praxis häufig unter erheblichem Zeitdruck. Wenngleich sowohl der vorläufige Insolvenzverwalter in der Regelinsolvenz als auch der eigenverwaltende Schuldner im Rahmen einer vorläufigen Eigenverwaltung oder eines Schutzschirmverfahrens in der Regel bereits im Insolvenzeröffnungsverfahren den Verkaufsprozess – zum Teil als Bieterverfahren – initiieren und Verhandlungen mit potentiellen Investoren vornehmen[516], dauert der gesamte Verkaufsprozess oftmals nur wenige Wochen oder Monate. Nicht selten erfolgt die Unterzeichnung des Kaufvertrages – selbst in größeren Verfahren – am Tag der Eröffnung des Insolvenzverfahrens oder innerhalb weniger Tage oder Wochen danach.[517] Dies liegt vordergründig daran, dass der Insolvenzverwalter fortwährend den Kapitaldienst des insolventen Unternehmensträgers bedienen muss; die vorhandene Liquidität eine Fortführung des Geschäftsbetriebes oftmals aber nur zeitlich begrenzt zulässt.[518] Ferner verringert sich die die Chance auf eine optimale Masseverwertung mit zunehmender Verfahrensdauer erheblich.[519] Potentielle Investoren melden sich zudem mitunter erst im Laufe oder am Endes eines Eröffnungsverfahrens; belastbare Angebote werden dementsprechend spät(er) abgegeben.

b) Eingeschränkte *Due Diligence*

202 Aufgrund des regelmäßig gegebenen Zeitdrucks besteht oftmals nur wenig – zum Teil zu wenig – Zeit, um eine umfassende Prüfung des Zielunternehmens *(Due Diligence)* durchführen zu können. Insbesondere im Rahmen einer Regelinsolvenz stehen mitunter nicht alle erforderlichen Datensätze zur Verfügung; die vorhandenen Informationen und Unterlagen sind zum Teil unvollständig oder mangelhaft.[520] Die Prüfungsmöglichkeiten hängen zum Teil auch davon ab, inwieweit die (bisherige) Geschäftsleitung und Arbeitnehmer in den Prozess der Informationsbeschaffung und -auswertung involviert werden können. Insbesondere in (multinationalen) Konzerninsolvenzen – mit zum Teil mehreren in- und ausländischen Insolvenzverfahren (vgl. dazu (→ Rn. 88f.) – können die für eine Prüfung relevanten Tatsachen und Dokumentationen oftmals nur schwerlich eingesammelt werden.[521] In der Praxis wird sich im Rahmen der *Due Diligence* daher häufig auf Spezialthemen fokussiert; nicht zuletzt auch vor dem Hintergrund der insolvenzspezifischen Haftungserleichterungen (→ Rn. 198) und der Möglichkeit, nur bestimmte Vermögensgegenstände zu erwerben und etwaige Risiken kommerziell „einzupreisen".

c) „Garantiefeindlichkeit" des Veräußerers

203 Wenngleich die *Due Diligence* oftmals nur eingeschränkt möglich ist (→ Rn. 202), hat sie für den Investor auch im Rahmen einer übertragenden Sanierung wesentliche Bedeu-

---

[516] Vgl. auch → Rn. 51.

[517] Zur Zulässigkeit einer Veräußerung vor dem sog. Berichtstermin vgl. → Rn. 59. Nur selten wird ein Kaufvertrag nach mehr als drei Monaten im eröffneten Verfahren unterzeichnet; vgl. *Hacker/Freiherr von Lilien-Waldau* WPg 2018, 522 (524f.). Vgl. auch *Morshäuser/Falkner* NZG 2010, 881 (883).

[518] Sofern nicht beispielsweise ein sog. Massekredit gewährt wird. Vgl. dazu etwa *Ganter* NZI 2020, 249ff.

[519] Braun/*Böhm* InsO § 22 Rn. 48; MAH Insolvenz/*Heye* § 39 Rn. 32; *Hagebusch/Oberle* NZI 2006, 618 (621); vgl. auch MüKoInsO/*Janssen* § 158 Rn. 12; *Zipperer* NZI 208, 206 (208). In diesem Zusammenhang ließ sich in der jüngeren Vergangenheit auch beobachten, dass betroffene Großgläubiger (wie etwa die beteiligten Finanzgläubiger) – trotz der durch das ESUG verbesserten Sanierungsinstrumente (Insolvenzplan und Eigenverwaltung) – häufig eine zügige übertragende Sanierung bevorzugen, um ein mitunter langwieriges und kostenintensives Insolvenzplanverfahren zu vermeiden.

[520] *Denkhaus/Ziegenhagen* Rn. 408 (inklusive Checkliste für eine *Due Diligence*).

[521] Dies kann zum Beispiel die Frage betreffen, welchen (insolventen) Konzerngesellschaften bzw. Betrieben einzelne Arbeitnehmer iSd § 613a BGB zugerechnet werden können.

tung.[522] Dies resultiert vor allem daraus, dass sich der Insolvenzverwalter und auch der eigenverwaltende Schuldner in aller Regel nicht auf die Abgabe von Garantieerklärungen sowie typischer Beschaffenheitsvereinbarungen und Freistellungsverpflichtungen einlassen, sondern stattdessen auf einen Gewährleistungsausschluss bestehen. Sofern einzelne Garantien in Betracht kommen,[523] ist es üblich, einen Teil des Kaufpreises auf einem Treuhandkonto zu hinterlegen. Allerdings werden in diesen Fällen generell nur geringe Haftungshöchstgrenzen (idR ca. 5–15% des Kaufpreises) und kurze Verjährungsfristen (häufig sechs bis zwölf Monate) in Betracht kommen. Sofern kein ausreichender Schutz gewährt werden kann[524], sind die potentiellen Risiken bei der Ermittlung des Kaufpreises „kommerziell" zu berücksichtigen.

d) Zustimmungserfordernisse

Sowohl bei einem Kauf von einem Insolvenzverwalter als auch vom eigenverwaltenden 204
Schuldner – vertreten durch die Geschäftsleitung – sind zudem verschiedene Zustimmungserfordernisse zu berücksichtigen. Gemäß §§ 160 Abs. 1 iVm 160 Abs. 2 Nr. 1 InsO erfordert eine bedeutende Rechtshandlung – wie die Veräußerung des Unternehmens oder eines Betriebs – die Zustimmung des **Gläubigerausschusses** oder, falls ein solcher nicht bestellt ist (→ Rn. 43ff.), der **Gläubigerversammlung.**[525] Bei einem Verkauf an besonders Interessierte, wie etwa nahestehende Personen (§§ 138, 162 InsO), und einem Verkauf „unter Wert" (§ 163 InsO) ist die Zustimmung der Gläubigerversammlung erforderlich.[526] Im Rahmen der Eigenverwaltung hat der Schuldner neben der Zustimmung des Gläubigerausschusses (§ 276 S. 1 InsO) auch diejenige des **Sachwalters** einzuholen (§ 275 Abs. 1 S. 1 InsO). Die fehlende Einholung der Zustimmung lässt die Wirksamkeit der Veräußerung zwar grundsätzlich unberührt (→ Rn. 81), kann aber haftungsrechtliche Konsequenzen für den Insolvenzverwalter bzw. die Eigenverwaltung nach sich ziehen.[527]

In der Praxis werden die erforderlichen Zustimmungen häufig nach der Unterzeich- 205
nung des Kaufvertrages eingeholt[528], wobei der Sachwalter im Fall der Eigenverwaltung den zwischen der insolventen Schuldnergesellschaft, vertreten durch die Geschäftsleitung, und der Erwerbergesellschaft geschlossenen Kaufvertrag häufig ebenfalls zum Zwecke der Zustimmung unterzeichnet.[529] Im Einzelfall kann es auch vorkommen, dass der Insolvenzverwalter von mehreren aussichtsreichen Verkaufsinteressenten die Abgabe notariell beurkundeter, unwiderruflicher Angebote verlangt („*Binding Offer*"), welche dann dem Gläubigerausschuss (oder der Gläubigerversammlung) zur Entscheidung vorgelegt werden.[530] Aufgrund der Zustimmungserfordernisse und der Verpflichtung zur bestmöglichen Ver-

---

522 *Morshäuser/Falkner* NZG 2010, 881 (884); *Hacker/Freiherr von Lilien-Waldau* WPg 2018, 522 (525); vgl. Ettinger/Jacques Unternehmenskauf-Hbd/*Demisch* Teil F Rn. 25. Zu Haftungsrisiken des Erwerbers bei Unterlassen der *Due Diligence* Prüfung in der sanierenden Übertragung Oppenländer/Trölitzsch/*Gunßer* § 36 Rn. 14; OLG Oldenburg 22.6.2006 – 1 U 34/03, NZG 2007, 434.

523 Denkbar sind etwa Garantien zur Verfügungsbefugnis, Existenz des verkauften Anlagevermögens und ordnungsgemäßen Fortführung des Geschäftsbetriebes; vgl. *Denkhaus/Ziegenhagen* Rn. 403ff.

524 In Betracht kommen etwa auch sog. W&I-Versicherungen; vgl. dazu eingehend *Metz* NJW 2010, 813; *Ratz/Tachezy* BB 2020, 219. Möglich ist es zudem, über den Insolvenzverwalter einzelne Erklärungen des bisherigen Managements einzuholen (zB zu Rechten Dritter an bestimmten Vermögensgegenständen etc).

525 Dies gilt auch für die Veräußerung des Warenlagers im Ganzen, eines unbeweglichen Gegenstandes aus freier Hand oder die Beteiligung des Schuldners an einem anderen Unternehmen.

526 Die Veräußerung an eine nahestehende Person (sog. Insider) ist etwa bei einem sog. „Management Buy Out" relevant.

527 Uhlenbruck/*Zipperer* InsO § 164 Rn. 1; K. Schmidt/*Jungmann* InsO § 164 Rn. 1. Bei der Eigenverwaltung kann die Wirksamkeit im Außenverhältnis von der Zustimmung des Sachwalters abhängen, wenn das Insolvenzgericht auf Antrag der Gläubigerversammlung, eines absonderungsberechtigten Gläubigers oder eines Insolvenzgläubigers einen Zustimmungsvorbehalt hinsichtlich bestimmter Rechtsgeschäfte anordnet (§ 277 Abs. 1 u. 2 InsO) (→ Vgl. auch Rn. 81).

528 Rechts- und vertragstechnisch steht der Kaufvertrag im letzten Fall regelmäßig unter der aufschiebenden Bedingung der Zustimmung (§ 158 Abs. 1 BGB).

529 Sofern diese nicht bereits zuvor abgegeben wurde oder ebenfalls erst im Nachgang erteilt werden soll.

530 *Morshäuser/Falkner* NZG 2010, 881 (884); *Hacker/Freiherr von Lilien-Waldau* WPg 2018, 522 (525).

wertung der Insolvenzmasse unterlässt es der Veräußerer auch regelmäßig (aus haftungsrechtlichen Gründen), sich durch eine **Exklusivitätsvereinbarung** zu binden.

206 Schließlich werden in der Praxis regelmäßig Freigabeerklärungen der durch Aus- (§§ 47–48 InsO) und Absonderungsrechte (§§ 49–52 InsO) gesicherten Gläubiger eingeholt, deren Wirksamkeit in der Regel auf die Zahlung des Kaufpreises bedingt wird.[531]

2. Arbeitsrechtliche Implikationen

207 Wie vorstehend bereits beschrieben, bewirkt eine übertragende Sanierung regelmäßig den Übergang der betroffenen Arbeitsverhältnisse nach § 613a BGB.[532] Insbesondere aus Investoren- und Verkäufersicht (Insolvenzverwalter oder eigenverwaltende Geschäftsleitung) stellen sich daher vor allem zwei Fragen: (1) Besteht eine Erwerberhaftung für bereits bestehende Ansprüche (Altverbindlichkeiten)? (2) Welche Möglichkeiten und Strategien bestehen, die Rechtsfolgen des Betriebsübergangs nach § 613a BGB wirtschaftlich (ggf. abweichend) abzubilden.

a) Modifikationen von § 613a BGB im Rahmen der Insolvenz

208 Zwar findet § 613a BGB auch in der Insolvenz grundsätzlich Anwendung.[533] Insbesondere sind die Tatbestandsvoraussetzungen von § 613a BGB uneingeschränkt zu prüfen.[534] Auf der Rechtsfolgenseite ergibt sich hingegen ein differenziertes Bild: Dort, wo die Rechtsfolgenanordnung des § 613a BGB nicht mit den insolvenzrechtlichen Grundentscheidungen (insbesondere zu Verteilungsentscheidungen) kollidiert, findet die jeweilige Rechtsfolgenanordnung aus § 613a BGB unverändert Anwendung. So gilt etwa die Anordnung zum automatischen Übergang des Arbeitsverhältnisses und das Kündigungsverbot wegen des Betriebsübergangs unverändert fort. Dort hingegen, wo die Rechtsfolgenordnung des § 613a BGB mit der Verteilungsordnung der Insolvenz kollidiert, bedarf es insoweit einer Modifikation. Dies betrifft das Haftungsregime des Erwerbers, das nach der ständigen Rechtsprechung des BAG[535] an die insolvenzrechtliche Verteilungsordnung und hierbei insbesondere an den Grundsatz der gleichmäßigen Gläubigerbefriedigung[536] angepasst werden muss:[537] Würde ein Erwerber etwa als solventer neuer Schuldner für alle arbeitnehmerbezogenen Verpflichtungen gem. § 613a BGB einstehen müssen, würde dies zu einer

[531] Nicht selten wird mit den absonderungsberechtigten Gläubigern eine sog. Verwertungsvereinbarung getroffen; darin wird die (freihändige) Verwertung der besicherten Vermögensgegenstände durch den Insolvenzverwalter und die anschließende Freigabe der Sicherungsgläubiger geregelt. Vom Veräußerungserlös werden die Sicherungsgläubiger – abzüglich einer Kostenquote für die Insolvenzmasse – befriedigt. Für den Insolvenzverwalter als Veräußerer des schuldnerischen Unternehmens ist diese Vorgehensweise ua vorzugswürdig, weil er dadurch die *Assets* frei von Sicherheiten übertragen kann; was sich positiv auf den Veräußerungserlös auswirkt. Zu weiteren Vorteilen vgl. Gottwald/Haas InsR-HdB/*Adolphsen* § 42 Rn. 113.

[532] Für eine umfassende Darstellung der grundlegenden Systematik wird auf Teil G verwiesen.

[533] BAG 17.1.1980 – 3 AZR 160/79, DB 1980, 308; BAG 20.11.1984 – 3 AZR 584/83, NZA 1985, 393; BAG 4.12.1986 – 2 AZR 246/86, NZA 1987, 460; BAG 16.2.1993 – 3 AZR 347/92, NJW 1993, 2259; zur Fortsetzung der bisherigen Rspr. auch unter der Geltung der InsO, BAG 20.6.2002 – 8 AZR 459/01, NZA 2003, 318; zur Auseinandersetzung mit der Anwendbarkeit der europäischen Richtlinien zum Betriebsübergang auf Insolvenzfälle → G Rn. 126; Erman/*Edenfeld* BGB § 613a Rn. 32.

[534] Die Anwendung des § 613a BGB im Insolvenzszenario war wegen der unliebsamen Mehrbelastung in der übertragenen Sanierung lange umstritten bis das in seiner Entscheidung vom 26.5.1983 (2 AZR 477/81, AP BGB § 613a Nr. 34) in einem Grundsatzurteil die tatbestandliche Anwendung bejahte. Diese Rechtsprechung wurde schließlich durch den Gesetzgeber mit der Einführung des § 128 Abs. 2 InsO, der die Anwendung des § 613a BGB im Insolvenzverfahren voraussetzt, bestätigt.

[535] BAG 9.12.2009 – 7 ABR 90/07, AP BetrVG 1972 § 40 Nr. 96; BAG 19.5.2005 – 3 AZR 649/03, ZIP 2005, 1706; BAG 20.6.2002 – 8 AZR 459/01, NZA 2003, 318; grundlegend schon zur KO BAG 17.1.1980 – 3 AZR 160/79, NJW 1980, 1124; BAG 20.11.1984 – 3 AZR 584/83, NZA 1985, 393; BAG 4.12.1986 – 2 AZR 246/86, NZA 1987, 460; BAG 13.11.1986 – 2 AZR 771/85, NZA 1987, 458.

[536] Vgl. zu den Verfahrenszielen → Rn. 6 ff.

[537] HWK/*Müller-Bonanni* BGB § 613a Rn. 363; Gottwald/Haas InsR Hbd/*Bertram/Künzl* § 104 Rn. 10; *Hoffmann/Danylak* NZI 2020, 705 (706 f.).

entsprechenden Herabsetzung des Kaufpreises für die im Zusammenhang mit dem Betriebsübergang aus der Insolvenzmasse erworbenen Güter führen. Damit würden die anderen Insolvenzgläubiger, die weiterhin für ihre Insolvenzforderungen allein aus der Masse befriedigt werden, letztlich – in Form der Masseschmälerung – die Kosten dafür tragen, dass übergehende Arbeitnehmer einen neuen, solventen Schuldner für ihre Forderungen erhalten. Dieses Ergebnis widerspricht dem Grundsatz der gleichmäßigen Gläubigerbefriedigung. Das BAG modifiziert daher in seiner ständigen Rechtsprechung den Grundsatz der vollständigen Erwerberhaftung im Rahmen von § 613a BGB im Wege der **teleologischen Reduktion:** Der Betriebserwerber steht nach dieser Rechtsprechung grundsätzlich nicht für Forderungen aus dem übergegangenen Arbeitsverhältnis ein, die vor Eröffnung des Insolvenzverfahrens entstanden sind.[538] Der Umstand, dass die Eröffnung des Insolvenzverfahrens der maßgebliche Zeitpunkt ist, führt dazu, dass Ansprüche, die in der Zeit zwischen der Eröffnung des Insolvenzverfahrens und dem Betriebsübergang (als Masseverbindlichkeiten) begründet werden, von der Erwerberhaftung umfasst und daher nicht zurückgelassen werden können.[539] Umgekehrt hat diese Rechtsprechung aber auch zur Folge, dass etwa im Bereich der betrieblichen Altersversorgung ein Großteil der Pensionsverpflichtungen (für welche ohnehin der PSV einstandspflichtig ist) beim Insolvenzschuldner „zurückgelassen" werden können. Dies erleichterte auch die Sanierung der Unternehmen, da ein Erwerber „Altlasten" nicht zwingend miterwerben muss.

Das BAG hat jüngst seine Rechtsprechung vor dem Hintergrund der ergangenen 209
EuGH-Vorlagenbeschlüsse[540] für die Erwerberhaftung bezüglich der betrieblichen Altersversorgung im Insolvenzszenario bestätigt. Laut Pressemitteilung[541] wird auf die Vereinbarkeit mit dem Unionsrecht verwiesen. Der unionsrechtlich gebotene Mindestschutz werde durch den PSV erfüllt. Einer zusätzlichen Haftung des Erwerbers bedürfe es daher nicht.

Die bisherige, oben dargestellte Rechtsprechung des BAG zur beschränkten Erwerber- 210
haftung gilt indes nur für die Fälle, bei denen das Insolvenzverfahren eröffnet wurde. Ist das Insolvenzverfahren hingegen noch nicht eröffnet, verbleibt es zunächst noch bei den allgemeinen arbeitsrechtlichen Regelungen, insolvenzrechtliche Besonderheiten sind noch nicht zu beachten, da insolvenzspezifische Verteilungsmaßstäbe noch keine Anwendung finden.[542] Eine Haftungsbeschränkung greift daher nicht, wenn der Betriebs(teil)erwerb vom (schwachen oder starken) vorläufigen Insolvenzverwalter[543] oder in der vorläufigen Eigenverwaltung bzw. im Schutzschirmverfahren[544] erfolgt.[545] Vor diesem Hintergrund muss sichergestellt sein, dass die Leitungsmacht über den Betrieb nicht vor der Eröffnung des Insolvenzverfahrens erfolgt. Dies wird regelmäßig dadurch sichergestellt, dass der Kaufvertrag mit dem Insolvenzverwalter bzw. dem eigenverwaltenden Schuldner über die einzelnen Vermögensgegenstände, welche im Wege des *Asset Deal* übergehen und den Betriebsübergang auslösen, erst nach der Eröffnung des Insolvenzverfahrens unterzeichnet und vollzogen wird. Soll der Kaufvertrag schon vor der Eröffnung des Insolvenzverfahrens

[538] Vgl. aber für den Bereich der betrieblichen Altersversorgung die Implikationen der Entscheidung des EuGH vom 9.9.2020 – C 674/18, NZA 2020, 1531; → J Rn. 426 ff. sowie → Rn. 541.

[539] BAG 20.6.2002 – 8 AZR 459/01, NZA 2003, 318; BAG 18.11.2003 – 9 AZR 347/03, NZA 2004, 654; Ansprüche aus der Zeit zwischen der Eröffnung des Insolvenzverfahrens und dem Betriebsübergang sind aber regelmäßig vom Veräußerer (Insolvenzverwalter oder eigenverwaltende Geschäftsleitung) zu begleichen oder werden jedenfalls entsprechend bei der Kaufpreisfindung berücksichtigt, so dass hier das Risiko einer (unerkannten) Haftung des Erwerbers regelmäßig gering ist.

[540] EuGH 9.9.2020 – C-674/18, C-645/18, NZA 2020, 1531; s. auch → Rn. 212.

[541] BAG Nr. 2/2021 26.1.2021 zu BAG 26.1.2021 – 3 AZR 878/16, 3 AZR 139/17.

[542] *Lembke* BB 2007, 1333; vgl. BAG 29.9.2006 – 6 AZR 215/06, NZA 2007, 335; BAG 20.6.2002 – 8 AZR 459/01, NZA 2003, 318.

[543] Vgl. dazu → Rn. 30.

[544] Vgl. dazu → Rn. 35, 40.

[545] BAG 20.6.2002 – 8 AZR 459/01, NZA 2003, 318; *Denkhaus/Ziegenhagen* Rn. 543 ff. Aus diesem Grund stellt eine Veräußerung im Rahmen des Eröffnungsverfahrens in der Praxis eine absolute Ausnahme dar. Vgl. dazu bereits → Rn. 195 f.

abgeschlossen werden,[546] ist sicherzustellen, dass der Vollzug des Kaufvertrags erst nach Eröffnung des Insolvenzverfahrens erfolgt und damit die Leitungsmacht erst nach diesem Zeitpunkt auf den Erwerber übergeht.[547] Sollte die Leitungsmacht bereits vor diesem Zeitpunkt im Innenverhältnis übergehen, besteht das Risiko, dass die insolvenzrechtlichen Haftungsprivilegierungen nicht greifen.[548]

b) Durchbrechungen der beschränkten Erwerberhaftung

211 Ob die beschränkte Erwerberhaftung zum Tragen kommt, hängt auch von dem jeweils betroffenen Anspruch ab. Hier sind zum Teil Besonderheiten zu beachten. Dort, wo die beschränkte Erwerberhaftung nicht greift, ist vom Erwerber regelmäßig sicherzustellen, dass der entsprechende Kostenpunkt im Rahmen der Kaufpreisfindung und -verhandlung sachgerecht abgebildet ist (dh idealerweise kaufpreismindernd berücksichtigt wird). Auf die folgenden Verpflichtungen wird der Erwerber dabei ein besonderes Augenmerk zu richten haben:

- Rückständige Gehaltszahlungen, die vor Insolvenzeröffnung entstanden sind: Nach den oben beschriebenen Grundsätzen der beschränkten Erwerberhaftung haftet der Erwerber für die rückständigen Gehaltszahlungen nicht, welche vor der Eröffnung des Insolvenzverfahrens entstanden sind. Eine Haftung kommt regelmäßig aber auch schon deshalb nicht zum Tragen, weil es mit der Antragstellung auf Insolvenzgeld nach § 169 SGB III zu einem Übergang der diesbezüglichen Entgeltansprüche auf die Bundesagentur für Arbeit kommt.[549] Da die Ansprüche mithin nicht mehr einem übergehenden Arbeitnehmer zustehen, wenn der Betriebsübergang nach dem Zeitpunkt der Antragstellung auf Gewährung des Insolvenzgeldes liegt, kann auch aus diesem Grund eine Haftung des Erwerbers nicht in Betracht kommen.[550]
- Vergütungsansprüche von Arbeitnehmern in Altersteilzeit: Problematisch sind Vergütungsansprüche von Mitarbeitern für erbrachte Arbeitsleistungen, die vor allem im sog. Blockmodell vor der Eröffnung des Insolvenzverfahrens erbracht worden sind. Diejenigen Ansprüche, die sich aus der Arbeitsleistung ergeben und vor der Eröffnung des Insolvenzverfahrens erbracht wurden, sind nicht Gegenstand der Erwerberhaftung.[551]
- Für Sozialplanansprüche aus einem nach Eröffnung des Insolvenzverfahrens geschlossenen Sozialplan (vgl. dazu → Rn. 168 ff.) geht das BAG davon aus, dass die Grundsätze der beschränkten Erwerberhaftung greifen. Hintergrund ist hierbei, dass der potentielle Erwerber die Mehrbelastung von dem potentiellen Kaufpreis abziehen oder den Betrieb gar nicht erst erwerben würde, wenn eine Haftungsprivilegierung nicht greifen würde.[552]
- Urlaubsansprüche sind keine Insolvenzforderungen, wenn sie nach der Insolvenzeröffnung zu erfüllen sind. Entscheidend ist hier, dass der Urlaubsanspruch nicht einem bestimmten Monat vor oder nach der Eröffnung des Insolvenzverfahrens zugeordnet werden kann. Sie unterliegen damit der vollen Erwerberhaftung.[553] Dies gilt im Grundsatz

---

546 Vgl. dazu → Rn. 124.

547 BAG 4.7.1989 – 3 AZR 756/87, AP BetrAVG § 1 Betriebsveräußerung Nr. 10; *Lembke* BB 2007, 1333.

548 Vgl. zur KO BAG 26.3.1996 – 3 AZR 965/94, NZA 1997, 94; Beck/Depré Insolvenz/*Zobel* § 28 Rn. 280, 284; BeckOK ArbR/*Gussen* BGB § 613a Rn. 82.

549 Vgl. zum Insolvenzgeld → Rn. 127 ff.

550 Dazu auch *Schrader/Straube* Kap. VIII. Rn. 37 f.; *Jakubowski* in BeckMandatsHdB-InsArbR § 8 Rn. 55.

551 BAG 19.12.2006 – 9 AZR 230/06, BB 2007, 1281; BAG 23.2.2005 – 10 AZR 600/03, BeckRS 2005, 40816; BAG 19.10.2004 – 9 AZR 645/03 , NZA 2005, 527; *Jakubowski* in BeckMandatsHdB-InsArbR § 8 Rn. 54.

552 MüKo BGB/ *Müller-Glöge* BGB § 613a Rn. 179; vgl. BAG 15.1.2002 – 1 AZR 58/01, NZA 2002, 1034 (seinerzeit noch zur KO).

553 BAG 18.11.2003 – 9 AZR 347/03, BB 2004, 1570; *Jakubowski* in BeckMandatsHdB-InsArbR § 8 Rn. 51.

auch für Urlaubsabgeltungsansprüche, wenn das Arbeitsverhältnis erst nach Eröffnung des Insolvenzverfahrens beendet wird.[554]

- Für Sonderzahlungen ist zu differenzieren. Entsteht ein Anspruch auf eine Sonderzahlung, die nicht unmittelbare Gegenleistung für geleistete Dienste ist, erst nach Betriebsübernahme, so greift die Erwerberprivilegierung nicht. Letztlich kann hier nämlich keine pro-rata Verteilung der Sonderzahlung auf die Zeit vor und nach der Eröffnung des Insolvenzverfahrens erfolgen.[555] Handelt es sich hingegen um eine Sonderzahlung, die Gegenleistung zur Arbeitsleistung ist, kommt es nach den allgemeinen Grundsätzen zur anteiligen Verteilung für die Zeit vor und nach der Eröffnung des Insolvenzverfahrens.[556]

Bislang weitestgehend ungeklärt sind die Konturen der Auslegungskriterien durch die jüngst ergangenen EuGH-Vorlagebeschlüsse[557] für die Erwerberhaftung im Insolvenzszenario, insbesondere die Anwendbarkeit der Auslegung außerhalb der betrieblichen Altersversorgung bleibt offen (zur ausführlichen Besprechung im Bereich der betrieblichen Altersversorgung → J Rn. 426, 541). Grundlage der Vorlagebeschlüsse bildeten die Fälle eines Arbeitnehmers und eines Rentners, bei denen die eingeschränkte Erwerberhaftung zu Einbußen der betrieblichen Altersversorgung führte. Der EuGH kam zu dem Ergebnis, dass die eingeschränkte Erwerberhaftung für Ansprüche auf betriebliche Altersversorgung im Einklang mit der Betriebsübergangsrichtlinie[558] steht, **wenn das nationale Recht für denjenigen Teil einen Mindestschutz bietet, für den der Erwerber nicht haftet.** Der Mindestschutz wurde im Bereich der betrieblichen Altersversorgung durch den EuGH[559] bereits insoweit konkretisiert, dass zumindest die hälftige Höhe der Ansprüche gewährt werden und eine offensichtlich unverhältnismäßige Kürzung ausbleibt, die die Fähigkeit des Betroffenen, seinen Lebensunterhalt zu bestreiten, schwerwiegend beeinträchtigt.[560] 212

Zwar könnte man erwägen, dass diese Rechtsprechung auch auf andere Vergütungsbestandteile ausgedehnt werden muss. Obwohl das Insolvenzgeld kurzfristige Ausfälle des Gehalts decken kann, sind Fälle denkbar, in denen der Arbeitnehmer wegen der Insolvenz des ursprünglichen Arbeitgebers weitere Ausfälle erleidet und sich damit vergleichbare Fragen wie bei dem insolvenzbedingten Verlust von Versorgungsansprüchen stellen. 213

Dies lässt sich etwa am Beispiel von variable Vergütungsbestandteilen illustrieren, die häufig einen Referenzzeitraum von einem Jahr vorsehen. So ist denkbar, dass ein Arbeitnehmer vor Eröffnung des Insolvenzverfahrens zehn Monate Anteile seines Bonus und nach Eröffnung des Insolvenzverfahrens zwei Monate erdient hat. Der Stichtag der Auszahlung fällt in den Zeitraum nach Eröffnung des Insolvenzverfahrens. Der Erwerber, der nach Eröffnung des Insolvenzverfahrens den Betrieb mit dem betroffenen Arbeitnehmer erwirbt, haftet als Gesamtschuldner grundsätzlich nur für die nach Insolvenzeröffnung erdienten Verbindlichkeiten. Demnach könnte der Arbeitnehmer den für die zwei Monate erdienten Bonus in voller Höhe vom Erwerber erhalten; drei Monate könnten durch Insolvenzgeld gedeckt werden; sieben Monate des erdienten Bonus müssten als Insolvenzforderung angemeldet werden; mit der Folge einer regelmäßig äußerst geringen Befriedigung in Höhe der jeweiligen Insolvenzquote. Eine Ausdehnung der EuGH-Entscheidung auf 214

---

[554] BAG 21.6.2005 – 9 AZR 200/04, AP Nr. 11 zu § 55 InsO; vgl. auch zur Einordnung des Abgeltungsanspruchs als (Neu-)Masseverbindlichkeit bei einer Begründung durch den vorläufigen starken Insolvenzverwalter BAG v. 10.9.2020 – 6 AZR 94/19 (A), BeckRS 2020, 34859. Hier geht der 6. Senat- anders als der 9. Senat für § 209 InsO davon aus, dass keine quotale Aufteilung des Abgeltungsanspruchs erfolgen soll, sondern dass der gesamte Abgeltungsanspruch als Masseverbindlichkeit einzustufen ist.

[555] *Jakubowski* in BeckMandatsHdB-InsArbR § 8 Rn. 53; Gottwald/Haas InsR-HdB/*Bertram/Künzl* InsO § 104 Rn. 63.

[556] *Jakubowski* in BeckMandatsHdB-InsArbR § 8 Rn. 53 mwN.

[557] EuGH 9.9.2020 – C-674/18, C-675/18, NZA 2020, 1531.

[558] RL 2001/23/EG v. 12.3.2001.

[559] EuGH 19.12.2019 – C-168/18, NZA 2020, 107.

[560] Siehe dazu ausführlich → J Rn. 426, 541.

derartige Vergütungsbestandteile ist indes nicht geboten: Dies zeigt sich schon daran, dass der zentrale Argumentationsansatz der Entscheidung Art. 8 der RL 2008/94/EG war. Dieser verlangt den angemessenen Schutz im Falle einer Insolvenz aber nicht für sämtliche Vergütungsbestandteile, sondern bezogen auf Rechte oder Anwartschaftsrechte auf Leistungen bei Alter, einschließlich Leistungen für Hinterbliebene, aus betrieblichen oder überbetrieblichen Zusatzversorgungseinrichtungen außerhalb der einzelstaatlichen gesetzlichen Systeme der sozialen Sicherheit. Reguläre Vergütungsansprüche wie ein Jahresbonus sind damit vom Geltungsanspruch des Art. 8 der RL 2008/94/EG nicht erfasst.

c) Sonderfall: Betriebsübergang während der laufenden Kündigungsfrist im Insolvenzverfahren

215 Bei einem Betriebsübergang während laufender Kündigungsfristen herrschen Unsicherheiten wegen der divergierenden Rechtsprechung zur gesetzlichen Vermutung des § 128 Abs. 2 InsO. Während bei einem Betriebsübergang außerhalb einer Insolvenz gekündigte Arbeitsverhältnisse in diesem Zustand auf den Erwerber übergehen (dazu → G Rn. 170), kommt das LAG Niedersachsen[561] durch die Anwendung der gesetzlichen Vermutung aus § 128 Abs. 2 InsO im eröffneten Insolvenzverfahren zu einem anderen Ergebnis. Der Insolvenzverwalter und der Betriebsrat hatten in diesem Fall zum Personalabbau einen Interessenausgleich mit Namensliste vereinbart, bevor der Betrieb im Wege der übertragenden Sanierung auf den Erwerber überging. Die Veräußerung habe sich nach Ansicht des LAG Niedersachsens nur auf den durch den Personalabbau eingeschränkten Betrieb bezogen. Gekündigte Arbeitsverhältnisse würden daher beim Veräußerer bleiben. Begründet wird diese Schlussfolgerung mit einem Verweis auf § 128 Abs. 2 InsO. Wie genau diese Schlussfolgerung mit der gesetzlichen Vermutung aus § 128 Abs. 2 InsO zu verknüpfen ist, bleibt aber offen.[562]

216 Das LAG Hamm[563] vertritt derweil die gegenteilige Ansicht: Bestehende Arbeitsverhältnisse werden gem. § 613a BGB – ob gekündigt oder ungekündigt- auf den Erwerber übertragen. Der Erwerber würde dadurch nicht vor unüberwindbare Konsequenzen gestellt werden. Die Wirkungen des bereits vereinbarten Interessenausgleichs kämen auch diesem zu Gute. Entscheidend dürfte an dieser Stelle sein, wie die übergehende betriebliche Einheit im Rahmen des § 613a BGB definiert wird. Der bloße Ausspruch einer Kündigung stellt für sich betrachtet noch keine Anpassung einer organisatorischen betrieblichen Einheit dar. Wäre dem anders, würde ein gekündigtes Arbeitsverhältnis nie nach § 613a BGB übergehen. § 128 Abs. 2 InsO sieht eine hiervon abweichende Rechtsfolge auch nicht vor, sondern stellt nur klar, dass sich die gesetzliche Vermutung des § 125 InsO bzw. die gerichtliche Feststellung nach § 126 InsO auch darauf erstreckt, dass die Kündigung des Arbeitsverhältnisses nicht wegen des Betriebsübergangs erfolgt. § 128 Abs. 2 verändert aber nicht den Regelungsbereich von § 613a BGB, so dass die übergangsfähige Einheit hier weiterhin unabhängig von dem bloßen Vorliegen einer Kündigung zu bestimmen ist.

3. Typische Maßnahmen zur Senkung von Personalkosten

217 Die weitreichenden Rechtsfolgen des § 613a BGB und die damit verbundene Perpetuierung von Arbeitsbedingungen (insbesondere der Gehaltsstrukturen) können auch in der übertragenden Sanierung ein erhebliches Transaktionshindernis darstellen. Kommen Personalmaßnahmen nach den §§ 113, 120ff. InsO[564] nicht in Betracht oder reichen diese – aus

[561] LAG Niedersachsen 30.11.2000 – 8 Sa 1012/00, BeckRS 2000, 30788366.
[562] So auch *Müller* NZI 2009, 153 (155).
[563] LAG Hamm 19.5.2005 – 8 Sa 2123/04, BeckRS 2005, 42868 (Revision am BAG unter Az. 8 AZR 409/05 eingelegt, auf sonstige Weise erledigt).
[564] Vgl. dazu im Einzelnen Kapitel IV.

Sicht des Investors – nicht aus, stehen weitere – vornehmlich in der Praxis entwickelte – Instrumente zur Verfügung, mit denen eine Sanierung bzw. ein Unternehmensverkauf erleichtert werden kann. Hierzu zählen vor allem (i) die Übertragung auf eine Transfergesellschaft und (ii) die sog. Kündigung nach Erwerberkonzept. Daneben kann die Zulässigkeit von Änderungskündigung zur Entgeltabsenkung im Einzelfall geprüft werden.

a) Übertragung auf eine Transfergesellschaft

Ein in der Praxis bewährtes Instrument der übertragenden Sanierung ist die Überführung 218 von Arbeitnehmern in eine Transfergesellschaft bzw. Beschäftigungs- und Qualifizierungsgesellschaft (sog. **BQG-Modell**) vor dem Betriebsübergang.[565]

Hierbei unterzeichnen Arbeitnehmer einen dreiseitigen Vertrag, der sich aus einem 219 Aufhebungsvertrag mit dem Betriebsveräußerer und gleichzeitiger Begründung eines (befristeten) Arbeitsverhältnisses mit einer Transfergesellschaft zusammensetzt.[566] Die Finanzierung dieser Transfergesellschaften wird vielfach durch Transferkurzarbeitergeld (§ 111 SGB III) und durch Zuschüsse zu Transfermaßnahmen (§ 110 SGB III) unterstützt.[567] Nicht selten ist die Finanzierung einer der wesentlichen kommerziellen Aspekte, die im Zusammenhang mit einem potentiellen (Teil-)Erwerb des insolventen Unternehmens mit dem Insolvenzverwalter oder der eigenverwaltenden Geschäftsleitung zu verhandeln ist.[568] Dabei wird häufig im Kaufvertrag geregelt, dass ein Teil des Kaufpreises zur Finanzierung der Transfergesellschaft genutzt wird. Neben der Finanzierung enthält der Kaufvertrag auch regelmäßig weitere Regelungen zur Errichtung der Transfergesellschaft.

Durch eine solche Gestaltung sinken die Personalkosten im zu veräußernden Betrieb, 220 denn die Arbeitnehmer, die in ein Arbeitsverhältnis mit der Transfergesellschaft getreten sind, nehmen – mangels Zugehörigkeit zum übergehenden Betrieb – grundsätzlich nicht am Betriebsübergang nach § 613a BGB teil. Das BAG sieht in einer solchen der Sanierung förderlichen Gestaltung keine Umgehung von § 613a BGB, sofern gewährleistet ist, dass mit der Transfergesellschaft keine Umgehung der Rechtsfolgen von § 613a BGB erfolgt. Eine solche Umgehung liegt solange nicht vor, wie den übergehenden Arbeitnehmern keine Einstellungszusage mit dem Erwerber erteilt ist, es mithin unsicher ist, ob zu einem späteren Zeitpunkt ein Arbeitsverhältnis mit dem Erwerber des übergehenden Betriebs zustande kommt.[569]

Der Erwerber profitiert insoweit von einer solchen Gestaltung, als dass er zu einem spä- 221 teren Zeitpunkt die Möglichkeit hat, Arbeitnehmer aus der Transfergesellschaft nach Wunsch und unter Außerachtlassung der Grundsätze einer Sozialauswahl einstellen kann.

b) Veräußererkündigung nach Erwerberkonzept

Die „Veräußererkündigung nach Erwerberkonzept“ kann als weiteres Sanierungsmittel zur 222 Senkung von Personalkosten beitragen.[570] Die Veräußererkündigung nach Erwerberkonzept, die grundsätzlich auch außerhalb der Insolvenz zur Anwendung kommen kann (ausführlich dazu → H Rn. 157 ff.), beschreibt den Ausspruch betriebsbedingter Kündigungen, die der Betriebsveräußerer (im Fall der Regelinsolvenz der Insolvenzverfahrens also der Insolvenzverwalter; im Fall der Eigenverwaltung die Geschäftsleitung) auf Veranlassung des späteren Erwerbers nach dessen unternehmerischen Vorstellungen **vor Betriebsübergang**

[565] Ausführlich zum BQG-Modell → C Rn. 277 ff.

[566] *Hoffmann/Marquardt* NZI 2017, 513 (515); *Willemsen* NZA 2013, 242 (245); *Fuhlrott/Salamon* BB 2012, 1793 (1795); *Thum* BB 2013, 1525; *Fuhlrott* BB 2013, 2042.

[567] Siehe hierzu auch *Annuß/Lembke/Hangarter* Rn. 543 ff.; vgl. ErfK/*Rolfs* SBG III § 111 Rn. 1 f.; Gagel/*Bieback* SGB III § 111 Rn. 1; *Denkhaus/Ziegenhagen* Rn. 618.

[568] Vgl. hierzu etwa Theiselmann/*Stengel/Sax*, Kap. 21 Rn 135 f. Vgl. auch Knecht/Hommel/Wohlenberg/*Hoegen/Prüfer* S. 555 f.

[569] BAG 18.8.2011 – 8 AZR 312/10, NZA 2012, 152; vgl. BAG 10.12.1998 – 8 AZR 324/97, NZA 1999, 422; ausführlich hierzu auch → C Rn. 277 ff.

[570] Vgl. für die Fälle der Kündigung nach Erwerberkonzept außerhalb der Insolvenz auch → H Rn. 107–120a.

erklärt. Damit können die Arbeitsverhältnisse entweder schon vor dem Betriebsübergang beendet werden oder aber zumindest in gekündigtem Zustand übergehen (siehe zum Betriebsübergang während der laufenden Kündigungsfrist → Rn. 215 f.).

223 Die insolvenzrechtlichen Privilegierungen im Kündigungsschutz (§§ 125–127 InsO) entfalten ihre Wirkung nach § 128 Abs. 1 S. 1 InsO auch dann, wenn die Betriebsänderung erst nach Betriebsveräußerung und damit beim Erwerber stattfinden. Im Falle eines Betriebsübergangs erstreckt sich die Vermutungswirkung des § 125 Abs. 1 S. 1 Nr. 1 InsO sowie die gerichtliche Feststellung des § 126 Abs. 1 S. 1 InsO auch darauf, dass die Kündigungen der Arbeitsverhältnisse nicht wegen des Betriebsübergangs erfolgt (§ 128 Abs. 2 InsO) sind.

224 Richtigerweise ist hier zwischen zwei verschiedenen Szenarien zu differenzieren:

- Zum einen ist der Fall denkbar, dass die Kündigungen zwar vom Veräußerer entsprechend des Erwerberkonzepts vor dem eigentlichen Betriebsübergang ausgesprochen werden; dieses Konzept wäre aber grundsätzlich auch beim insolventen Veräußerer möglich (sog. sich selbst tragendes Konzept).[571]
- Darüber hinaus ist der Fall denkbar, dass das Konzept, auf dem die Kündigung basiert, beim insolventen Veräußerer in dieser Form überhaupt nicht umsetzbar wäre. Dies betrifft insbesondere den Fall, dass wegen möglicher Synergien nach dem Betriebsübergang ein Beschäftigungsüberhang entsteht. Solche Synergien sind ohne die Berücksichtigung der Erwerberorganisation nicht möglich.

225 In seiner Entscheidung aus dem Jahre 2003 hat das BAG festgehalten, dass eine solche Kündigung, die maßgeblich auf der Organisation nach Übergang des Betriebes beruht, keinen Verstoß gegen § 613a Abs. 4 BGB darstellt.[572] Der Veräußerer kann sich demnach zur Rechtfertigung der Kündigung auf das unternehmerische Konzept des Erwerbers berufen.

226 Entscheidend ist hierbei nach Auffassung des BAG allerdings, dass die Kündigung auf Grundlage eines „verbindlichen Sanierungskonzepts" erfolge und dass dessen Durchführung im Kündigungszeitpunkt greifbare Formen angenommen habe. Nach der früher vertretenen Auffassung des 2. Senats[573], es komme auch in der Insolvenz zusätzlich darauf an, ob das Konzept auch bei dem Veräußerer hätte durchgeführt werden können, greift nach Auffassung des 8. Senats jedenfalls in der Insolvenz nicht, da ein Betrieb in der Insolvenz häufig aus sich heraus gerade nicht sanierungsfähig sei.[574]

227 Gleichwohl ist die Kündigung nach dem Erwerberkonzept mit Unsicherheiten verbunden, weswegen ihre praktische Relevanz überschaubar ist und die Errichtung einer Transfergesellschaft (sofern möglich) häufig vorgezogen wird. So stößt die Forderung des „verbindlichen Sanierungsplans" auf Schwierigkeiten, da man hieraus die Anforderung herauslösen könnte, dass das konkrete Konzept der Sanierung Teil des mit dem Veräußerer in der Insolvenz zu schließenden Kaufvertrages sein muss. Dies wird häufig in dieser Form schon wegen des hohen Zeitdrucks derartiger Transaktionen nicht ohne Weiteres umsetzbar sein. Als ausreichend wird man daher es ansehen müssen, wenn ein Vorvertrag über den antizipierten Betriebsübergang selbst und die Zahl der zu übernehmenden Arbeitnehmer vorliegt.[575]

228 Hinzu kommt, dass der Veräußerer bei der Prüfung von Weiterbeschäftigungsmöglichkeiten (§ 1 Abs. 2 KSchG) auch freie Arbeitsplätze bei dem Erwerber berücksichtigen muss.[576]

229 Im Hinblick auf die Sozialauswahl wird man eine solche nicht beschränkt auf den Veräußererbetrieb vornehmen können, wenn das Konzept letztlich auf einer Zusammenle-

---

571 Siehe hierzu va → H Rn. 110 ff.
572 BAG 20.3.2003 – 8 AZR 97/02, NZA 2003, 1027.
573 BAG 26.5.1983 – 2 AZR 477/81, ZIP 1983, 1377 (seinerzeit zur KO).
574 BAG 20.3.2003 – 8 AZR 97/02, ZIP 2003, 1671.
575 ErfK/*Preis* BGB § 613a Rn. 171; vgl. MAH ArbR/*Cohnen* § 54 Rn. 170.
576 *Schnitker/Grau* EWiR 2003, 909 f.; vgl. *Fuhlrott* BB 2013, 2043 (2044).

gung des Veräußererbetriebs mit dem Erwerberbetrieb beruht (was vielfach Grund der Synergien sein wird). In einem solchen Fall muss die Sozialauswahl auch rechtsträgerübergreifend bezogen auf beide relevanten Betriebe erfolgen.

c) Änderungskündigung zur Entgeltabsenkung

Betriebsbedingte Änderungskündigungen mit dem Ziel der Entgeltabsenkung (dazu ausführlich → I Rn. 33–38) werden im Rahmen einer Unternehmensveräußerung ebenfalls in Betracht gezogen. Die Änderungskündigung stellt allerdings einen schwerwiegenden Eingriff in das arbeitsrechtliche Synallagma dar und wird deswegen nur ausnahmsweise von der Rechtsprechung akzeptiert.[577] Zu diesem wenigen Ausnahmen zählt insbesondere das konkrete Risiko der Insolvenz des Unternehmens, dessen Eintritt durch die Entgeltreduzierung potentiell verhindert und dadurch Beendigungskündigungen des Arbeitnehmers umgangen werden können.[578] Hierfür muss ein umfassender Sanierungsplan vorgelegt werden.[579] 230

Für bereits eröffnete Insolvenzverfahren und damit bereits eingetretenen Insolvenzen sind Änderungskündigungen zur Entgeltabsenkung[580] kritischer zu betrachten und dadurch mit Risiken verbunden. Ist ein Insolvenzverfahren bereits eröffnet, könnte man annehmen, dass die Kündigung zur Entgeltreduzierung zur Abwendung eines solchen Verfahrens nicht mehr möglich ist. Die Senkung des Entgelts käme nicht mehr unmittelbar der insolventen Gesellschaft, sondern dem (solventen) Erwerber zu Gute. Mittelbar profitiert die insolvente Gesellschaft trotzdem: Der Erwerber bedingt regelmäßig sein Angebot zur Übernahme des Betriebes auf die entsprechende Entgeltabsenkung; das Zustandekommen des Kaufvertrages reichert allerdings die Insolvenzmasse an, so dass die Gläubiger umfangreicher befriedigt und Arbeitsplätze gesichert werden. Gleichwohl sind solche Lösungsansätze mit einem hohen Klagerisiko der Mitarbeiter verbunden, was eine einvernehmliche Lösung mit dem Betriebsrat vorzugswürdig erscheinen lässt, etwa durch Streichung von Sonderleistungen.[581] 231

VI. Insolvenzplanverfahren

1. Eingriffsmöglichkeiten

Im Grundsatz wird der Bestand der Arbeitsverhältnisse durch die Eröffnung des Insolvenzverfahrens nicht berührt (§ 108 Abs. 1 InsO). Über einen Insolvenzplan[582] können allerdings bestimmte Rechtspositionen der Arbeitnehmer des insolventen Unternehmens gestaltet werden; der diesbezüglichen Gestaltungsfreiheit sind allerdings mehrere Schranken gesetzt. Von vornherein unzulässig sind Gestaltungen, die **zwingendem Gesetzesrecht** zuwiderlaufen, also solche, die zu einer Verschlechterung der Rechtsstellung der Arbeitnehmer führen.[583] Einem solchen Plan wird regelmäßig die Bestätigung durch das Gericht versagt; selbst bei (zu Unrecht erfolgender) Bestätigung des Insolvenzplans entfalten die 232

[577] Die Änderungskündigung zur Entgeltabsenkung im Falle einer übertragenden Sanierung erwägend BAG 26.5.1983 – 2 AZR 477/81, ZIP 1983, 1377.

[578] BAG 20.10.2017 – 2 AZR 783/16 (F), BAGE 160, 364; BAG 20.10.2017 – 2 AZR 785/16 (F), juris; BAG 20.10.2017 – 2 AZR 786/16 (F), BeckRS 2017, 142847.

[579] BAG 20.10.2017 – 2 AZR 783/16 (F), NZA 2018, 440; BAG 26.6.2008 – 2 AZR 139/07, NZA 2008, 1182; Gottwald/Haas InsR-Hbd/*Bertram/Künzl* § 102 Rn. 71.

[580] Für Änderungskündigungen im Insolvenzverfahren sind insbesondere die insolvenzrechtlichen Privilegierungen der §§ 113, 125 InsO anwendbar; vgl. dazu → Rn. 141 ff., 159 ff.

[581] Vgl. hierzu auch *Granetzny/Esser* BB 2019, 1524 (1528).

[582] Dazu im Einzelnen → Rn. 60 ff.

[583] Kübler HRI/*Schöne* § 55 Rn. 208; vgl. auch MüKoInsO/*Eidenmüller* InsO § 221 Rn. 98.

dem zwingenden Gesetzesrecht zuwiderlaufenden Gestaltungen keine Rechtswirkungen.[584]

233 **Änderungen bestehender Arbeitsverträge und -bedingungen** sind einer Gestaltung durch den Insolvenzplan grundsätzlich nicht zugänglich; für solche Maßnahmen ist stets die Zustimmung des betroffenen Arbeitnehmer erforderlich.[585] Aus diesem Grunde ist für einen Eingriff des Insolvenzplans in einzelne Arbeitsverhältnisse grundsätzlich erforderlich, dass (i) die Änderung mit dem Arbeitnehmer vereinbart wurde[586], (ii) die Zustimmungserklärung dem Insolvenzplan beigefügt wurde, (iii) die Änderung eine dispositive arbeitsvertragliche Regelung betraf und (iv) die Maßnahme einen Bezug zu den Zielen des Insolvenzplans aufweist.[587] Rechtstechnisch handelt es sich dabei nicht um eine einzelne Regelung des Insolvenzplans, die gem. § 254 InsO kraft gerichtlicher Bestätigung Wirksamkeit erlangt, sondern um eine privatautonome einvernehmliche Änderung des Arbeitsvertrags.[588] Arbeitnehmer haben regelmäßig ein erhebliches Interesse an der Sanierung „ihres" Arbeitgebers, weil diese im Erfolgsfall eine erhebliche Anzahl an Arbeitsplätzen retten kann. Dementsprechend werden sie häufig bereit sein, Sanierungsbeiträge zu leisten; sei es in Gestalt eines Forderungsverzichtes oder einer Entgeltabsenkung für die Zukunft.[589] Bei derartigen Maßnahmen sind auch weiterhin die „regulären" Mitbestimmungsrechte, insbesondere nach § 87 Nr. 10 BetrVG, zu beachten.

234 Der Hauptanwendungsfall für arbeitsrechtliche Gestaltungen in einem Insolvenzplan sind Eingriffe in **Lohnforderungen** der Arbeitnehmer gegen den Insolvenzschuldner. Diesbezüglich ist zwischen bereits vor Verfahrenseröffnung entstandenen und nach Eröffnung kraft Fortführung des Betriebs entstehenden Ansprüchen zu differenzieren[590]: Erstgenannte sind als gewöhnliche Insolvenzforderungen im Sinne des § 38 InsO zu qualifizieren und unterliegen nach Maßgabe der §§ 217, 254 InsO der Gestaltbarkeit durch einen Insolvenzplan. Masseforderungen des Arbeitnehmers sind allerdings dem Anwendungsbereich des Insolvenzplans entzogen und somit einem Eingriff nicht zugänglich.[591] Etwas anderes gilt nur in Insolvenzplanverfahren bei Anzeige einer Masseunzulänglichkeit, in welchem die Arbeitnehmer mit Masseforderungen gegen den Insolvenzschuldner nach Maßgabe des § 210a Nr. 1 InsO eine eigene Gruppe bilden. Für die Frage, ob eine Forderung eine Insolvenzforderung und mithin durch einen Insolvenzplan gestaltet werden kann, kommt es nicht auf die Fälligkeit der Forderung an, sondern vielmehr darauf, ob der anspruchsbegründende Tatbestand bereits vor Verfahrenseröffnung erfüllt worden ist.[592] Bei Sonderzahlungen (wie etwa Gratifikationen) ist wie folgt zu differenzieren: Wird die Sonderzahlung gewährt, ohne dass damit bereits geleistete Arbeitsleistung abgegolten werden soll (in etwa Treueprämien), ist entscheidend, ob der Stichtag vor oder nach Insolvenzeröffnung liegt.[593] Dieselben Grundsätze sind bei der Einordnung von Ansprüchen auf

---

[584] Kübler HRI/*Schöne* § 55 Rn. 208.

[585] *Krings* ZInsO 2017, 577 (580); Brünkmans/Thole Hbd-Insolvenzplan/*Krings* § 38 Rn. 41; MüKoInsO/*Eidenmüller* InsO § 221 Rn. 99; aA BeckOK InsO/*von Danckelmann* InsO § 221 Rn. 17.

[586] Unter bestimmten Umständen können einzelvertragliche Zusagen mit kollektivem Bezug (insbesondere arbeitsvertragliche Einheitsregelungen und Gesamtzusagen) auch durch Betriebsvereinbarungen und ablösende Gesamtzusagen abgelöst werden, vgl. etwa BAG 11.12.2018 – 3 AZR 380/17, NZA 2019, 1082.

[587] MüKoInsO/*Eidenmüller* InsO § 221 Rn. 119.

[588] *Krings* ZInsO 2017, 577 (580).

[589] *Rieble* ZIP 2007, 1389.

[590] Vgl. dazu auch → Rn. 121 ff.

[591] MüKoInsO/*Eidenmüller* InsO § 222 Rn. 128.

[592] K. Schmidt/*Buteröwe* InsO § 38 Rn. 16; Uhlenbruck/*Sinz* InsO § 38 Rn. 26. Nach den insoweit maßgebenden Grundsätzen (vgl. §§ 41, 42 InsO) sind auch Inhaber betagter und auflösend bedingter Forderungen als Insolvenzgläubiger zu klassifizieren.

[593] *Lakies* NZA 2001, 521 (522); LAG Schleswig-Holstein 12.3.2008 – 6 Sa 411/07, NZA-RR 2008, 594; MüKoInsO/*Hefermehl* § 55 Rn. 181 f.; Göpfert/Schöne/Gossak § 13 Rn. 28 ff.; der 6. Senat des BAG in einem Urteil zur insolvenzrechtlichen Einordnung von Urlaubsabgeltung geht davon aus, dass eine solche Aufteilung für Sonderzahlungen schon durch Gesetz, individualvertraglich oder in Kollektivvereinbarungen getroffen sein, da eine spätere Aufteilung der Arbeitsleistung der Systematik der InsO widerspricht

Nachteilsausgleich (§ 113 BetrVG) heranzuziehen.[594] Soll mit der Zahlung auch bereits erbrachte Arbeitsleistung abgegolten werden, ist darauf abzustellen, ob der Zeitraum, in welchem die abzugeltende Arbeitsleistung erbracht wurde, **vor Verfahrenseröffnung** (dann Insolvenzforderung) oder **danach** (dann Behandlung als Masseverbindlichkeit) anzusiedeln ist (siehe hierzu auch Rn. 121).[595]

In **tarifliche Ansprüche** kann nur dann eingegriffen werden, wenn die Tarifvertragsparteien zustimmen.[596] Dies ergibt sich mittelbar aus der Vorschrift des § 4 Abs. 4 TVG, wonach ein Verzicht auf tarifliche Ansprüche ausschließlich mittels eines von den Tarifparteien gebilligten Vergleichs zulässig ist. Parallel dazu muss bei einem Eingriff in Ansprüche aus **Betriebsvereinbarungen** gem. § 77 Abs. 4 S. 2 BetrVG die Zustimmung des Betriebsrats eingeholt werden.[597] Dass nur bei Zustimmung der Kollektivparteien ein Eingriff in bestimmte Ansprüche der Arbeitnehmer möglich ist, führt zu einer Sondersituation für die Arbeitnehmer im Insolvenzplanverfahren, da sie zum Teil über die sie betreffenden Rechtspositionen nicht autonom disponieren können.[598] 235

Möglich ist es auch, die Wirksamkeit eines Insolvenzplans davon abhängig zu machen, dass bestimmte Leistungen erbracht bzw. Maßnahmen umgesetzt worden sind (bedingter Insolvenzplan).[599] Neben der Bereitstellung von Liquidität durch Dritte, der Erteilung behördlicher Genehmigungen oder dem Erhalt einer verbindlichen Auskunft kommen in der Praxis häufig Personalanpassungsmaßnahmen in Betracht. Möglich sind etwa die folgenden Bedingungen[600]: 236

- Abschluss von (Sanierungs-)Betriebsvereinbarungen;
- Abschluss eines Sanierungstarifvertrags (Haustarifvertrag);
- Abschluss von (Ergänzungs-)Tarifverträgen;
- Vereinbarung von Erwerberkonzepten;
- Abschluss von Interessenausgleich und Sozialplan;
- Einsatz einer Beschäftigungs- und Qualifizierungsgesellschaft.

2. Mitwirkungsrechte

In Hinblick auf die Partizipation der Arbeitnehmer und ihrer Vertreter im Insolvenzplanverfahren ist wie folgt zu differenzieren: 237

a) Beteiligung der Arbeitnehmer als gesonderte Gläubigergruppe

Wie bereits vorstehend ausgeführt, werden für die **Festlegung der Rechte** der einzelnen Verfahrensbeteiligten im Insolvenzplan Gruppen gebildet (§ 222 InsO). Ferner erfolgt auch das Abstimmungsverfahren über die Annahme des Insolvenzplans innerhalb dieser Gruppen. Wird durch den Insolvenzplan in die Rechte der Arbeitnehmer eingegriffen, „sollen" diese gem. § 222 Abs. 3 S. 1 InsO eine besondere Gruppe bilden, wenn (i) sie als Insolvenzgläubiger (zur Differenzierung vgl. oben unter Rn. 121 u. 234) (ii) mit nicht unerheblichen Forderungen am Insolvenzverfahren beteiligt sind. 238

(10.9.2020 – 6 AZR 94/19 (A), BeckRS 2020, 34859). Diese Einschätzung widerspricht der (bisherigen) Rechtsauffassung des 9. Senats.

[594] *Krings* ZInsO 2017, 577 (578); vgl. BAG 8.4.2003 – 2 AZR 15/02, NJOZ 2004, 1046.

[595] Vgl. zur KO BAG 21.5.1980 – 5 AZR 441/78, NJW 1981, 77; Beck/Depré Insolvenz/*Depré/Heck* § 27 Rn. 50.

[596] Kübler RHI/*Schöne* § 55 Rn. 209 vgl. Brünkmans/Thole Hbd-Insolvenzplan/*Krings* § 38 Rn. 41 Fn. 65; MüKoInsO/*Eidenmüller* § 221 Rn. 99.

[597] *Krings* ZInsO 2017, 577 (578); MüKoInsO/*Eidenmüller* InsO § 221 Rn. 99.

[598] Dies wird vereinzelt als mit den Grundsätzen des Insolvenzplanverfahrens unvereinbar angesehen und daher eine teleologische Reduktion von § 4 Abs. 4 TVG bzw. § 77 Abs. 4 S. 2 BetrVG für den Bereich des Insolvenzplanverfahrens gefordert, vgl. etwa Kübler HRI/*Schöne* § 55 Rn. 211.

[599] Die Möglichkeit eines solchen bedingten Insolvenzplans ergibt sich aus § 249 InsO.

[600] Brünkmans/Thole Hbd-Insolvenzplan/*Krings* § 38 Rn. 41 58ff.

239 Die richtige Interpretation des Kriteriums der **Beteiligung am Insolvenzverfahren mit nicht unerheblichen Forderungen** ist wegen des offenen Wortlauts der Vorschrift unklar. Denkbar ist es, auf die Relation zwischen Arbeitnehmerforderungen und den Gesamtverbindlichkeiten abzustellen; es wird allerdings nahezu einhellig auf eine subjektive Betroffenheit der Arbeitnehmer abgestellt, wonach die jeweiligen Einkommensverhältnisse entscheidend sind.[601] Demnach soll eine „nicht unerhebliche" Beteiligung bereits bei einem Verhältnis der Insolvenzforderung zum Jahreseinkommen in Höhe von 10% ausreichend sein;[602] andere Stimmen gehen dann von einer „erheblichen Forderung" aus, wenn sie der Höhe eines Monatsgehaltes entspricht[603] bzw. diese überschreitet.[604]

240 Ausreichend ist dabei, dass eine bestimmte Anzahl[605] von Arbeitnehmern eine nicht unerhebliche Forderung gegen den Insolvenzschuldner hat; nicht erforderlich ist hingegen, dass sämtliche Arbeitnehmer über erhebliche Forderungen verfügen.

241 Aus der Gesetzesterminologie, nach der die Arbeitnehmer eine gesonderte Gruppe bilden „sollen", folgt bereits, dass die Bildung einer Gruppe der Arbeitnehmer im Insolvenzplanverfahren unter den vorstehend genannten Voraussetzungen der **gesetzliche Regelfall** ist, von dem nur unter besonderen Umständen abgewichen werden darf.[606] Ein derartiger Ausnahmefall ist etwa dann anzuerkennen, wenn die (insolvenzspezifischen) Interessen der Arbeitnehmer mit denen anderer Verfahrensbeteiligter offensichtlich übereinstimmen; teilweise wird in solchen Fällen eine differenzierende Gruppenbildung gar für grundsätzlich unzulässig gehalten.[607]

242 Selbst, wenn die Voraussetzungen des § 222 Abs. 3 InsO nicht erfüllt sein sollten, können die Arbeitnehmer dennoch nach der allgemeinen Vorschrift des § 222 Abs. 2 S. 1 InsO zu einer Gruppe zusammengefasst werden, sofern die dort genannten Voraussetzungen beachtet werden.[608]

243 Wenngleich der Wortlaut des § 222 Abs. 3 InsO anordnet, dass „eine" Gruppe der Arbeitnehmer gebildet werden soll, steht es dem Planersteller frei,[609] innerhalb der Arbeitnehmerschaft weitere (Unter-)Gruppen zu bilden, sofern es dafür hinreichende sachliche Kriterien gibt.[610] Diese Untergruppenbildung ist ihrerseits am Maßstab des § 222 Abs. 2 InsO zu messen, sodass sachgerechte Kriterien für die Abgrenzung der jeweiligen Untergruppen heranzuziehen sind und innerhalb einer Gruppe zusammengefasste Gläubiger gleichartige wirtschaftlichen Interessen haben müssen.[611] Gängig ist dabei in etwa eine Differenzierung zwischen solchen Arbeitnehmern, deren Arbeitsverhältnis beendigt werden soll respektive beendigt wurde, und solchen Arbeitnehmern, die dem Unternehmen auch in Zukunft angehören.[612] Ferner hielt das LAG Niedersachsen eine Differenzierung danach, ob der jeweilige Arbeitnehmer einen Sanierungsbeitrag geleistet hat, für zulässig.[613]

---

601 Uhlenbruck/*Lüer/Streit* InsO § 222 Rn. 34; MüKoInsO/*Eidenmüller* § 222 Rn. 129; KPB/*Spahlinger* InsO § 222 Rn. 46.

602 Uhlenbruck/*Lüer/Streit* InsO § 222 Rn. 34; MüKoInsO/*Eidenmüller* § 222 Rn. 129; KPB/*Spahlinger* InsO § 222 Rn. 46; Nerlich/Römermann/*Rühle* InsO § 222 Rn. 22.

603 LG Mühlhausen 17.9.2007 – 2 T 190/06, NZI 2007, 724.

604 Kübler RHI/*Schöne* § 55 Rn. 209; auf zwei Monatsgehälter abstellend K. Schmidt/*Spliedt* InsO § 222 Rn. 22.

605 Auf mindestens 50% der Arbeitnehmer abstellend Kübler RHI/*Schöne* § 29 Rn. 10; anders Uhlenbruck/*Lüer/Streit* InsO § 222 Rn. 35 (25%); KPB/*Spahlinger* InsO § 222 Rn. 46 (ein Drittel); vage MüKoInsO/*Eidenmüller* § 222 Rn. 129 („einige").

606 Nerlich/Römermann/*Rühle* InsO § 222 Rn. 23; K. Schmidt/*Spliedt* InsO § 222 Rn. 20f.; MüKoInsO/*Eidenmüller* § 222 Rn. 132.

607 MüKoInsO/*Eidenmüller* § 222 Rn. 127.

608 Nerlich/Römermann/*Rühle* InsO § 222 Rn. 25; Uhlenbruck/*Lüer/Streit* InsO § 222 Rn. 31.

609 Strenger MüKoInsO/*Eidenmüller* § 222 Rn. 133, der sich bei unterschiedlichen Interessenlagen gar für eine Pflicht zur Untergruppenbildung ausspricht.

610 Kübler RHI/*Schöne* § 29 Rn. 12; Uhlenbruck/*Lüer/Streit* InsO § 222 Rn. 36.

611 MüKoInsO/*Eidenmüller* § 222 Rn. 133; vgl. Uhlenbruck/*Lüer/Streit* InsO § 222 Rn. 36.

612 Kübler RHI/*Schöne* § 29 Rn. 13; Uhlenbruck/*Streit/Lüer* InsO § 222 Rn. 36.

613 LAG Niedersachsen 1.6.2010 – 11 Sa 1658/09, NZI 2011, 156.

b) Beteiligung des Betriebsrats im Insolvenzplanverfahren

Der Betriebsrat bleibt auch während des Insolvenz(plan)verfahrens im Amt; seine Rechtsstellung wird allerdings in Teilen nach Maßgabe der §§ 120 ff. InsO modifiziert. Neben dem vorstehend erörterten Zustimmungsbedürfnis hinsichtlich der Gestaltbarkeit von Ansprüchen, die aus einer Betriebsvereinbarung entwachsen, stehen dem Betriebsrat in Insolvenzplanverfahren verschiedentliche Beteiligungsrechte zu. Insbesondere sieht § 218 Abs. 3 InsO vor, dass der Betriebsrat an der **Aufstellung des Plans** durch den Insolvenzverwalter (nicht: durch den Schuldner) in beratender Funktion beteiligt ist. Die in § 218 Abs. 3 InsO vorgesehene **Beteiligung des Betriebsrates** geht über eine bloße Anhörung hinaus und betrifft nicht nur das Recht, eine Stellungnahme zum Planvorhaben des Verwalters abzugeben, sondern auch die Pflicht des Verwalters, diese kritisch und substantiiert zu würdigen.[614] Gleichwohl darf der Verwalter von den Vorschlägen der Gremien weiterhin abweichen. Dabei ist allerdings aus Sicht des Insolvenzverwalters Vorsicht geboten, da der Verwalter für die Annahme des Plans der Zustimmung des Schuldners und der Gläubiger bedarf, weswegen es ratsam ist, hinsichtlich der Plangestaltungen den größtmöglichen Konsens zu erzielen.[615] Missachtet der Insolvenzverwalter das Mitwirkungsrecht des Betriebsrats, ist der Insolvenzplan gem. § 231 Abs. 1 S. 1 Nr. 1 InsO von Amts wegen zurückzuweisen, sofern der Insolvenzverwalter den Mangel nicht beheben kann oder innerhalb einer durch das Gericht gesetzten Frist nicht behebt.[616] Umstritten und noch nicht höchstrichterlich geklärt ist, ob die Vorschrift des § 218 Abs. 3 InsO *vice versa* auch eine Beteiligungs*pflicht* für den Betriebsrat selbst statuiert.[617] 244

Zu beachten ist, dass in § 218 Abs. 3 InsO nur eine obligatorische Beteiligung des Betriebsrates für den Fall vorgesehen ist, dass der Insolvenzverwalter den Plan vorlegt; eine korrespondierende Vorschrift bei **Vorlage eines Plans durch den Schuldner** existiert nicht. Gleichwohl ist es aus Sicht des plangestaltenden Schuldners vielfach ratsam, den Betriebsrat an der Genese des Plans umfangreich zu beteiligen. Ein koordiniertes Vorgehen von Schuldner und Arbeitnehmervertretern kann insbesondere dazu dienen, dass der Plan auch trotz einzelner den Plan ablehnender Großgläubiger bestätigt und umgesetzt werden kann.[618] Dies ist insbesondere von Bedeutung, wenn ein Insolvenzplan bestimmte Personalmaßnahmen vorsieht, die – wie im Regelfall – für eine nachhaltige Sanierung des Unternehmens unerlässlich sind. Sind die Arbeitnehmer ihrerseits im Hinblick auf die Umsetzung bestimmter arbeitsrechtlicher Maßnahmen nur gegen Bestätigung des Insolvenzplans bereit, wird regelmäßig im Rahmen der Vergleichsrechnung[619] der Nachweis gelingen, dass die Abwicklung über einen Insolvenzplan gegenüber einem regulären Insolvenzverfahren zu einer höheren Gläubigerbefriedigung führt.[620] 245

Darüber hinaus sieht § 232 Abs. 1 Nr. 1 Var. 2 InsO eine obligatorische Zuleitung des Insolvenzplans an den Betriebsrat vor, nachdem der Insolvenzplan vorgelegt und nicht gem. § 231 InsO zurückgewiesen wurde. Damit wird dem Betriebsrat – zum Zwecke der Vorbereitung des Erörterungs- und Abstimmungstermins – die Gelegenheit zur Stellung- 246

---

[614] MüKoInsO/*Eidenmüller* § 218 Rn. 53; Andres/Leithaus/*Andres* InsO § 218 Rn. 8.

[615] Uhlenbruck/*Lüer/Streit* InsO § 218 Rn. 38; BeckOK InsO/*Geiwitz/von Danckelmann* InsO § 218 Rn. 17.

[616] *Krings* ZInsO 2017, 577 (579); BeckOK InsO/*Geiwitz/von Danckelmann* InsO § 218 Rn. 18; Uhlenbruck/*Lüer/Streit* InsO § 218 Rn. 39.

[617] Dafür, zumindest nachdem der Insolvenzverwalter den Betriebsrat mit den dafür erforderlichen Informationen besorgt hat, MüKoInsO/*Eidenmüller* InsO § 218 Rn. 52; ebenso Andres/Leithaus/*Andres* InsO §218 Rn. 8; aA Uhlenbruck/*Lüer/Streit* InsO § 218 Rn. 37; K. Schmidt/*Spliedt* InsO § 218 Rn. 13.

[618] Kübler HRI/*Schöne* § 24 Rn. 41.

[619] Die im darstellenden Teil des Insolvenzplans anzuführende Vergleichsrechnung stellt den Umfang der Gläubigerbefriedigung bei einer Verwertung der Masse mit und ohne Plan gegenüber und unterrichtet die Gläubiger danach, inwieweit der Plan ihre Befriedigungsaussichten verbessert. Hintergrund der Vergleichsrechnung ist das im Insolvenzplanrecht vorherrschende und in § 245 Abs. 1 Nr. 1 InsO zum Ausdruck kommende Grundprinzip, dass kein Beteiligter im Insolvenzplan schlechter als ohne ihn gestellt werden darf.

[620] Kübler HRI/*Schöne* § 24 Rn. 41.

nahme gegeben, welche innerhalb einer gerichtlich bestimmten Frist, die ihrerseits zwei Wochen nicht überschreiten soll (§ 232 Abs. 3 InsO), abzugeben ist. Unterbleibt die Stellungnahme, hat dies auf den weiteren Verfahrensgang keinen Einfluss.[621]

247 Ferner ist der Betriebsrat zum Erörterungs- und Abstimmungstermin zu laden (§ 235 Abs. 3 S. 1 InsO). Das damit verbundene Teilnahmerecht beschränkt sich nicht nur auf die bloße Anwesenheit beim Termin, sondern gewährt dem Betriebsrat auch die Möglichkeit, in diesem Termin zu den besprochenen Tagesordnungspunkten Stellung zu nehmen.[622]

3. Arbeitsrechtliche Besonderheiten bei umwandlungsrechtlichen Maßnahmen

248 Wie bereits vorstehend dargestellt, können in einem Insolvenzplan auch **umwandlungsrechtliche Maßnahmen** vorgesehen werden. Zentrale Bedeutung nimmt in diesem Kontext die Vorschrift des **§ 324 UmwG** ein, die anordnet, dass § 613a Abs. 1 und 4–6 BGB durch die Wirkungen **einer Verschmelzung, Spaltung oder Vermögensübertragung** unberührt bleiben. Dies hat mithin zur Folge, dass es auch bei den vorstehend genannten umwandlungsrechtlichen Maßnahmen zu einem **Übergang der Arbeitsverhältnisse im Wege der Gesamtrechtsnachfolge** kommen kann. Zu beachten ist allerdings, dass die Verweisung in § 324 UmwG keine Rechtsfolgen – sondern eine **Rechtsgrundverweisung** darstellt; die Voraussetzungen des § 613a BGB müssen demnach stets im Einzelfall erfüllt sein.[623] Somit ist für die Anwendbarkeit des § 613a BGB stets erforderlich, dass es zu einem Wechsel des Rechtsträgers kommt.[624] Liegen die Voraussetzungen vor und handelt es sich bei dem übertragenden Rechtsträger um eine sich im eröffneten Insolvenzverfahren befindliche Gesellschaft, kommen die in Zusammenhang mit einer übertragenden Sanierung geltenden arbeitsrechtlichen Besonderheiten zur Anwendung.[625]

---

[621] Braun/*Braun/Frank* InsO § 232 Rn. 2; Graf-Schlicker/*Kebekus/Wehler* InsO § 232 Rn. 1; MüKoInsO/*Breuer* InsO § 232 Rn. 10.

[622] *Krings* ZInsO 2017, 577 (580); MüKoInsO/*Breuer* InsO § 232 Rn. 10; Brünkmans/Thole Hbd-Insolvenzplan/*Laroche* § 15 Rn. 43.

[623] BAG 12.6.2019 – 1 AZR 154/17, NZA 2019, 1203; BAG 19.10.2017 – 8 AZR 63/16, NZA 2018, 370; BAG 20.4.2016 – 10 AZR 111/15, NJW 2016, 2830; BAG 6.10.2005 – 2 AZR 316/04, NZA 2006, 990 (993); ErfK/*Oetker* UmwG § 324 Rn. 2.

[624] ErfK/*Oetker* UmwG § 324 Rn. 2; vgl. auch BAG 12.6.2019 – 1 AZR 154/17, NZA 2019, 1203; BAG 19.10.2017 – 8 AZR 63/16, NZA 2018, 370.

[625] Vgl. dazu → Rn. 207 ff. Ob auch für die in einem Insolvenzplan geregelte Spaltung die gesamtschuldnerische Nachhaftung nach § 133 UmwG gilt, ist umstritten. Vgl. hierzu Schmidt/*Westpfahl/Seibt* Sanierungsrecht § 225a Rn. 111.

Anhang

Richtlinie 98/59/EG des Rates

vom 20. Juli 1998

zur Angleichung der Rechtsvorschriften der Mitgliedstaaten über Massenentlassungen (ABl. L 225, 16)

Zuletzt geändert durch Art. 4 ÄndRL (EU) 2015/1794 vom 6. 10. 2015
(ABl. L 263, 1)

DER RAT DER EUROPÄISCHEN GEMEINSCHAFTEN –

gestützt auf den Vertrag zur Gründung der Europäischen Gemeinschaft, insbesondere auf Artikel 100,

auf Vorschlag der Kommission,

nach Stellungnahme des Europäischen Parlaments[1],

nach Stellungnahme des Wirtschafts- und Sozialausschusses[2],

in Erwägung nachstehender Gründe:

(1) Aus Gründen der Übersichtlichkeit und der Klarheit empfiehlt es sich, die Richtlinie 75/129/EWG des Rates vom 17. Februar 1975 zur Angleichung der Rechtsvorschriften der Mitgliedstaaten über Massenentlassungen[3] zu kodifizieren.

(2) Unter Berücksichtigung der Notwendigkeit einer ausgewogenen wirtschaftlichen und sozialen Entwicklung in der Gemeinschaft ist es wichtig, den Schutz der Arbeitnehmer bei Massenentlassungen zu verstärken.

(3) Trotz einer konvergierenden Entwicklung bestehen weiterhin Unterschiede zwischen den in den Mitgliedstaaten geltenden Bestimmungen hinsichtlich der Voraussetzungen und des Verfahrens für Massenentlassungen sowie hinsichtlich der Maßnahmen, die die Folgen dieser Entlassungen für die Arbeitnehmer mildern könnten.

(4) Diese Unterschiede können sich auf das Funktionieren des Binnenmarktes unmittelbar auswirken.

(5) Die Entschließung des Rates vom 21. Januar 1974 über ein sozialpolitisches Aktionsprogramm[4] hat eine Richtlinie über die Angleichung der Rechtsvorschriften der Mitgliedstaaten über Massenentlassungen vorgesehen.

(6) Die auf der Tagung des Europäischen Rates in Straßburg am 9. Dezember 1989 von den Staatsund Regierungschefs von elf Mitgliedstaaten angenommene Gemeinschaftscharta der sozialen Grundrechte der Arbeitnehmer sieht unter Nummer 7 Unterabsatz 1 erster Satz und Unterabsatz 2, unter Nummer 17 Unterabsatz 1 und unter Nummer 18 dritter Gedankenstrich folgendes vor:

„7. Die Verwirklichung des Binnenmarktes muß zu einer Verbesserung der Lebens- und Arbeitsbedingungen der Arbeitnehmer in der Europäischen Gemeinschaft führen […].

Diese Verbesserung muß, soweit nötig, dazu führen, daß bestimmte Bereiche des Arbeitsrechts, wie die Verfahren bei Massenentlassungen oder bei Konkursen,

---

[1] ABl. C 210 vom 6. 7. 1998.

[2] ABl. C 158 vom 26. 5. 1997, S. 11.

[3] ABl. L 48 vom 22. 2. 1975, S. 29. Richtlinie zuletzt geändert durch die Richtlinie 92/56/EWG (ABl. L 245 vom 26. 8. 1992, S. 3).

[4] ABl. C 13 vom 12. 2. 1974, S. 1.

ausgestaltet werden.

[...]

17. Unterrichtung, Anhörung und Mitwirkung der Arbeitnehmer müssen in geeigneter Weise, unter Berücksichtigung der in den verschiedenen Mitgliedstaaten herrschenden Gepflogenheiten, weiterentwickelt werden.

[...]

18. Unterrichtung, Anhörung und Mitwirkung sind rechtzeitig vor allem in folgenden Fällen vorzusehen:

[–...]

[–...]

– bei Massenentlassungen;

[–...];".

(7) Daher muß auf diese Angleichung auf dem Wege des Fortschritts im Sinne des Artikels 117 EGVertrag[5] hingewirkt werden.

(8) Es empfiehlt sich, im Hinblick auf die Berechnung der Zahl der Entlassungen gemäß der Definition der Massenentlassungen im Sinne dieser Richtlinie den Entlassungen andere Arten einer Beendigung des Arbeitsverhältnisses, die auf Veranlassung des Arbeitgebers erfolgt, gleichzustellen, sofern die Zahl der Entlassungen mindestens fünf beträgt.

(9) Es sollte vorgesehen werden, daß diese Richtlinie grundsätzlich auch für Massenentlassungen gilt, die aufgrund einer auf einer gerichtlichen Entscheidung beruhenden Einstellung der Tätigkeit eines Betriebs erfolgen.

(10) Die Mitgliedstaaten sollten vorsehen können, daß die Arbeitnehmervertreter angesichts der fachlichen Komplexität der Themen, die gegebenenfalls Gegenstand der Information und Konsultation sind, Sachverständige hinzuziehen können.

(11) Es sollte sichergestellt werden, daß die Informations-, Konsultations- und Meldepflichten des Arbeitgebers unabhängig davon gelten, ob die Entscheidung über die Massenentlassungen von dem Arbeitgeber oder von einem den Arbeitgeber beherrschenden Unternehmen getroffen wird.

(12) Die Mitgliedstaaten sollten dafür Sorge tragen, daß den Arbeitnehmervertretern und/oder den Arbeitnehmern administrative und/oder gerichtliche Verfahren zur Durchsetzung der Verpflichtungen gemäß dieser Richtlinie zur Verfügung stehen.

(13) Diese Richtlinie soll die Verpflichtungen der Mitgliedstaaten in bezug auf die in Anhang I Teil B angeführten Richtlinien und deren Umsetzungsfristen unberührt lassen –

[5] Redaktioneller Hinweis: bis 30.11.2009: Art. 136 EGV.

HAT FOLGENDE RICHTLINIEN ERLASSEN:

TEIL I
Begriffsbestimmungen und Anwendungsbereich

Artikel 1

(1) Für die Durchführung dieser Richtlinie gelten folgende Begriffsbestimmungen:

a) „Massenentlassungen" sind Entlassungen, die ein Arbeitgeber aus einem oder mehreren Gründen, die nicht in der Person der Arbeitnehmer liegen, vornimmt und bei denen – nach Wahl der Mitgliedstaaten – die Zahl der Entlassungen

i) entweder innerhalb eines Zeitraums von 30 Tagen

– mindestens 10 in Betrieben mit in der Regel mehr als 20 und weniger als 100 Arbeitnehmern,

– mindestens 10 v. H. der Arbeitnehmer in Betrieben mit in der Regel mindestens 100 und weniger als 300 Arbeitnehmern,

– mindestens 30 in Betrieben mit in der Regel mindestens 300 Arbeitnehmern,

ii) oder innerhalb eines Zeitraums von 90 Tagen mindestens 20, und zwar unabhängig davon, wie viele Arbeitnehmer in der Regel in dem betreffenden Betrieb beschäftigt sind,

beträgt;

b) „Arbeitnehmervertreter" sind die Arbeitnehmervertreter nach den Rechtsvorschriften oder der Praxis der Mitgliedstaaten.

Für die Berechnung der Zahl der Entlassungen gemäß Absatz 1 Buchstabe a) werden diesen Entlassungen Beendigungen des Arbeitsvertrags gleichgestellt, die auf Veranlassung des Arbeitgebers und aus einem oder mehreren Gründen, die nicht in der Person der Arbeitnehmer liegen, erfolgen, sofern die Zahl der Entlassungen mindestens fünf beträgt.

(2) Diese Richtlinie findet keine Anwendung auf

a) Massenentlassungen im Rahmen von Arbeitsverträgen, die für eine bestimmte Zeit oder Tätigkeit geschlossen werden, es sei denn, daß diese Entlassungen vor Ablauf oder Erfüllung dieser Verträge erfolgen;

b) Arbeitnehmer öffentlicher Verwaltungen oder von Einrichtungen des öffentlichen Rechts (oder in Mitgliedstaaten, die diesen Begriff nicht kennen, von gleichwertigen Stellen).

TEIL II
Information und Konsultation

Artikel 2

(1) Beabsichtigt ein Arbeitgeber, Massenentlassungen vorzunehmen, so hat er die Arbeitnehmervertreter rechtzeitig zu konsultieren, um zu einer Einigung zu gelangen.

(2) Diese Konsultationen erstrecken sich zumindest auf die Möglichkeit, Massenentlassungen zu vermeiden oder zu beschränken, sowie auf die Möglichkeit, ihre Folgen durch soziale Begleitmaßnahmen, die insbesondere Hilfen für eine anderweitige Verwendung oder Umschulung der entlassenen Arbeitnehmer zum Ziel haben, zu mildern.
Die Mitgliedstaaten können vorsehen, daß die Arbeitnehmervertreter gemäß den innerstaatlichen Rechtsvorschriften und/oder Praktiken Sachverständige hinzuziehen können.

(3) Damit die Arbeitnehmervertreter konstruktive Vorschläge unterbreiten können, hat der Arbeitgeber ihnen rechtzeitig im Verlauf der Konsultationen
a) die zweckdienlichen Auskünfte zu erteilen und
b) in jedem Fall schriftlich folgendes mitzuteilen:
i) die Gründe der geplanten Entlassung;
ii) die Zahl und die Kategorien der zu entlassenden Arbeitnehmer;
iii) die Zahl und die Kategorien der in der Regel beschäftigten Arbeitnehmer;
iv) den Zeitraum, in dem die Entlassungen vorgenommen werden sollen;
v) die vorgesehenen Kriterien für die Auswahl der zu entlassenden Arbeitnehmer, soweit die innerstaatlichen Rechtsvorschriften und/oder Praktiken dem Arbeitgeber die Zuständigkeit dafür zuerkennen;
vi) die vorgesehene Methode für die Berechnung etwaiger Abfindungen, soweit sie sich nicht aus den innerstaatlichen Rechtsvorschriften und/oder Praktiken ergeben.

Der Arbeitgeber hat der zuständigen Behörde eine Abschrift zumindest der in Unterabsatz 1 Buchstabe b) Ziffern i) bis v) genannten Bestandteile der schriftlichen Mitteilung zu übermitteln.

(4) Die Verpflichtungen gemäß den Absätzen 1, 2 und 3 gelten unabhängig davon, ob die Entscheidung über die Massenentlassungen von dem Arbeitgeber oder von einem den Arbeitgeber beherrschenden Unternehmen getroffen wurde.
Hinsichtlich angeblicher Verstöße gegen die in dieser Richtlinie enthaltenen Informations-, Konsultations- und Meldepflichten findet der Einwand des Arbeitgebers, das für die Massenentlassungen verantwortliche Unternehmen habe ihm die notwendigen Informationen nicht übermittelt, keine Berücksichtigung.

TEIL III Massenentlassungsverfahren

Artikel 3

(1) Der Arbeitgeber hat der zuständigen Behörde alle beabsichtigten Massenentlassungen schriftlich anzuzeigen.
Die Mitgliedstaaten können jedoch vorsehen, daß im Fall einer geplanten Massenentlassung, die aufgrund einer gerichtlichen Entscheidung über die Einstellung der Tätigkeit des Betriebs erfolgt, der Arbeitgeber diese der zuständigen Behörde nur auf deren Verlangen schriftlich anzuzeigen hat.
Betrifft eine geplante Massenentlassung die Besatzungsmitglieder eines Seeschiffs, so unterrichtet der Arbeitgeber die zuständige Behörde des Staates, unter dessen Flagge das Schiff fährt.
Die Anzeige muß alle zweckdienlichen Angaben über die beabsichtigte Massenentlassung und die Konsultationen der Arbeitnehmervertreter gemäß Artikel 2 enthalten, insbesondere die Gründe der Entlassung, die Zahl der zu entlassenden Arbeitnehmer, die Zahl der in der Regel beschäftigten Arbeitnehmer und den Zeitraum, in dem die Entlassungen vorgenommen werden sollen.

(2) Der Arbeitgeber hat den Arbeitnehmervertretern eine Abschrift der in Absatz 1 genannten Anzeige zu übermitteln.
Die Arbeitnehmervertreter können etwaige Bemerkungen an die zuständige Behörde richten.

Artikel 4

(3) Die der zuständigen Behörde angezeigten beabsichtigten Massenentlassungen werden frühestens 30 Tage nach Eingang der in Artikel 3 Absatz 1 genannten Anzeige wirksam; die im Fall der Einzelkündigung für die Kündigungsfrist geltenden Bestimmungen bleiben unberührt.
Die Mitgliedstaaten können der zuständigen Behörde jedoch die Möglichkeit einräumen, die Frist des Unterabsatzes 1 zu verkürzen.

(4) Die Frist des Absatzes 1 muß von der zuständigen Behörde dazu benutzt werden, nach Lösungen für die durch die beabsichtigten Massenentlassungen aufgeworfenen Probleme zu suchen.

(5) Soweit die ursprüngliche Frist des Absatzes 1 weniger als 60 Tage beträgt, können die Mitgliedstaaten der zuständigen Behörde die Möglichkeit einräumen, die ursprüngliche Frist auf 60 Tage, vom Zugang der Anzeige an gerechnet, zu verlängern, wenn die Gefahr besteht, daß die durch die beabsichtigten Massenentlassungen aufgeworfenen Probleme innerhalb der ursprünglichen Frist nicht gelöst werden können.
Die Mitgliedstaaten können der zuständigen Behörde weitergehende Verlängerungsmöglichkeiten einräumen.
Die Verlängerung ist dem Arbeitgeber vor Ablauf der ursprünglichen Frist des Absatzes 1 mitzuteilen und zu begründen.

(6) Die Mitgliedstaaten können davon absehen, diesen Artikel im Fall von Massenentlassungen infolge einer Einstellung der Tätigkeit des Betriebs anzuwenden, wenn diese Einstellung aufgrund einer gerichtlichen Entscheidung erfolgt.

TEIL IV
Schlussbestimmungen

Artikel 5

Diese Richtlinie läßt die Möglichkeit der Mitgliedstaaten unberührt, für die Arbeitnehmer günstigere Rechts- oder Verwaltungsvorschriften anzuwenden oder zu erlassen oder für die Arbeitnehmer günstigere tarifvertragliche Vereinbarungen zuzulassen oder zu fördern.

Artikel 6

Die Mitgliedstaaten sorgen dafür, daß den Arbeitnehmervertretern und/oder den Arbeitnehmern administrative und/oder gerichtliche Verfahren zur Durchsetzung der Verpflichtungen gemäß dieser Richtlinie zur Verfügung stehen.

Artikel 7

Die Mitgliedstaaten teilen der Kommission den Wortlaut der wichtigsten Rechts- und Verwaltungsvorschriften mit, die sie im Anwendungsbereich dieser Richtlinie erlassen oder bereits erlassen haben.

Artikel 8

(7) Die in Anhang I Teil A aufgeführten Richtlinien werden aufgehoben; dies berührt nicht die Verpflichtungen der Mitgliedstaaten hinsichtlich der in Anhang I Teil B aufgeführten Umsetzungsfristen.

(8) Bezugnahmen auf die aufgehobenen Richtlinien gelten als Bezugnahmen auf die vorliegende Richtlinie und sind nach Maßgabe der Entsprechungstabelle in Anhang II zu lesen.

Artikel 9

Diese Richtlinie tritt am zwanzigsten Tag nach ihrer Veröffentlichung im Amtsblatt der Europäischen Gemeinschaften in Kraft.

Artikel 10

Diese Richtlinie ist an die Mitgliedstaaten gerichtet.

ANHANG I

TEIL A
Aufgehobene Richtlinien

(gemäß Artikel 8)

Richtlinie 75/129/EWG des Rates und ihre Änderung:
Richtlinie 92/56/EWG des Rates.

TEIL B
Fristen für die Umsetzung in innerstaatliches Recht

(gemäß Artikel 8)

Richtlinie	Ablauf der Umsetzungsfrist
75/129/EWG (ABl. L 48 vom 22. 2. 1975, S. 29)	19. Februar 1977
92/56/EWG (ABl. L 245 vom 26. 8. 1992, S. 3)	24. Juni 1994

ANHANG II
ENTSPRECHUNGSTABELLE

Richtlinie 75/129/EWG	Vorliegende Richtlinie
Artikel 1 Absatz 1 Unterabsatz 1 Buchstabe a) erster Gedankenstrich Nummer 1	Artikel 1 Absatz 1 Unterabsatz 1 Buchstabe a) Ziffer i) erster Gedankenstrich
Artikel 1 Absatz 1 Unterabsatz 1 Buchstabe a) erster Gedankenstrich Nummer 2	Artikel 1 Absatz 1 Unterabsatz 1 Buchstabe a) Ziffer i) zweiter Gedankenstrich
Artikel 1 Absatz 1 Unterabsatz 1 Buchstabe a) erster Gedankenstrich Nummer 3	Artikel 1 Absatz 1 Unterabsatz 1 Buchstabe a) Ziffer i) dritter Gedankenstrich
Artikel 1 Absatz 1 Unterabsatz 1 Buchstabe a) zweiter Gedankenstrich	Artikel 1 Absatz 1 Unterabsatz 1 Buchstabe a) Ziffer ii)
Artikel 1 Absatz 1 Unterabsatz 1 Buchstabe b)	Artikel 1 Absatz 1 Unterabsatz 1 Buchstabe b)
Artikel 1 Absatz 1 Unterabsatz 2	Artikel 1 Absatz 1 Unterabsatz 2
Artikel 1 Absatz 2	Artikel 1 Absatz 2
Artikel 2	Artikel 2
Artikel 3	Artikel 3
Artikel 4	Artikel 4
Artikel 5	Artikel 5
Artikel 5a	Artikel 6
Artikel 6 Absatz 1	–
Artikel 6	Absatz 2 Artikel 7
Artikel 7	–
–	Artikel 8
–	Artikel 9
–	Artikel 10
–	Anhang I
–	Anhang II

Richtlinie 2001/23/EG des Rates

vom 12. März 2001

zur Angleichung der Rechtsvorschriften der Mitgliedstaaten über die Wahrung von Ansprüchen der Arbeitnehmer beim Übergang von Unternehmen, Betrieben oder Unternehmens- oder Betriebsteilen (ABl. L 082, 16)

Zuletzt geändert durch Art. 5 ÄndRL (EU) 2015/1794 vom 6. 10. 2015 (ABl. L 263, 1)

DER RAT DER EUROPÄISCHEN UNION –

gestützt auf den Vertrag zur Gründung der Europäischen Gemeinschaft, insbesondere auf Artikel 94,
auf Vorschlag der Kommission,
nach Stellungnahme des Europäischen Parlaments[6],
nach Anhörung des Wirtschafts- und Sozialausschusses[7],
in Erwägung nachstehender Gründe:

(1) Die Richtlinie 77/187/EWG des Rates vom 14. Februar 1977 zur Angleichung der Rechtsvorschriften der Mitgliedstaaten über die Wahrung von Ansprüchen der Arbeitnehmer beim Übergang von Unternehmen, Betrieben oder Unternehmens- oder Betriebsteilen[8] wurde erheblich geändert[9]. Aus Gründen der Klarheit und Wirtschaftlichkeit empfiehlt es sich daher, die genannte Richtlinie zu kodifizieren.

(2) Die wirtschaftliche Entwicklung führt auf einzelstaatlicher und gemeinschaftlicher Ebene zu Änderungen in den Unternehmensstrukturen, die sich unter anderem aus dem Übergang von Unternehmen, Betrieben oder Unternehmens- oder Betriebsteilen auf einen anderen Inhaber durch vertragliche Übertragung oder durch Verschmelzung ergeben.

(3) Es sind Bestimmungen notwendig, die die Arbeitnehmer bei einem Inhaberwechsel schützen und insbesondere die Wahrung ihrer Ansprüche gewährleisten.

(4) Zwischen den Mitgliedstaaten bestehen in Bezug auf den Umfang des Arbeitnehmerschutzes auf diesem Gebiet weiterhin Unterschiede, die verringert werden sollten.

(5) In der am 9. Dezember 1989 verabschiedeten Gemeinschaftscharta der sozialen Grundrechte der Arbeitnehmer (Sozialcharta) wird unter Nummer 7, Nummer 17 und Nummer 18 insbesondere folgendes festgestellt: „Die Verwirklichung des Binnenmarktes muss zu einer Verbesserung der Lebens- und Arbeitsbedingungen der Arbeitnehmer in der Europäischen Gemeinschaft führen. Diese Verbesserung muss, soweit nötig, dazu führen, dass bestimmte Bereiche des Arbeitsrechts, wie die Verfahren bei Massenentlassungen oder bei Konkursen, ausgestaltet werden. Unterrichtung, Anhörung und Mitwirkung der Arbeitnehmer müssen in geeigneter Weise, unter Berücksichtigung der in den verschiedenen Mitgliedstaaten herrschenden Gepflogenheiten, weiterentwickelt werden. Unterrichtung, Anhörung und Mitwirkung sind rechtzeitig vorzusehen, vor allem bei der Umstrukturierung oder Verschmelzung von Unternehmen, wenn dadurch die Beschäftigung der Arbeitnehmer berührt wird."

---

[6] Stellungnahme vom 25. Oktober 2000 (noch nicht im Amtsblatt veröffentlicht).
[7] ABl. C 367 vom 20.12. 000, S. 21.
[8] ABl. L 61 vom 5. 3. 1977, S. 26.
[9] Siehe Anhang I Teil A.

(6) Im Jahre 1977 hat der Rat die Richtlinie 77/187/EWG erlassen, um auf eine Harmonisierung der einschlägigen nationalen Rechtsvorschriften hinsichtlich der Wahrung der Ansprüche und Rechte der Arbeitnehmer hinzuwirken; Veräußerer und Erwerber werden aufgefordert, die Vertreter der Arbeitnehmer rechtzeitig zu unterrichten und anzuhören.

(7) Die Richtlinie 77/187/EWG wurde nachfolgend geändert unter Berücksichtigung der Auswirkungen des Binnenmarktes, der Tendenzen in der Gesetzgebung der Mitgliedstaaten hinsichtlich der Sanierung von Unternehmen in wirtschaftlichen Schwierigkeiten, der Rechtsprechung des Gerichtshofs der Europäischen Gemeinschaften, der Richtlinie 75/129/EWG des Rates vom 17. Februar 1975 zur Angleichung der Rechtsvorschriften der Mitgliedstaaten über Massenentlassungen[10] sowie der bereits in den meisten Mitgliedstaaten geltenden gesetzlichen Normen.

(8) Aus Gründen der Rechtssicherheit und Transparenz war es erforderlich, den juristischen Begriff des Übergangs unter Berücksichtigung der Rechtsprechung des Gerichtshofs zu klären. Durch diese Klärung wurde der Anwendungsbereich der Richtlinie 77/187/EWG gemäß der Auslegung durch den Gerichtshof nicht geändert.

(9) In der Sozialcharta wird die Bedeutung des Kampfes gegen alle Formen der Diskriminierung, insbesondere aufgrund von Geschlecht, Hautfarbe, Rasse, Meinung oder Glauben, gewürdigt.

(10) Diese Richtlinie sollte die Pflichten der Mitgliedstaaten hinsichtlich der Umsetzungsfristen der in Anhang I Teil B angegebenen Richtlinien unberührt lassen –

[10] ABl. L 48 vom 22.2.1975, S. 29. Richtlinie ersetzt durch die Richtlinie 98/59/EG (ABl. L 225 vom 12.8.1998, S. 16).

HAT FOLGENDE RICHTLINIEN ERLASSEN:

KAPITEL I
Anwendungsbereich und Definitionen

Artikel 1

1. a) Diese Richtlinie ist auf den Übergang von Unternehmen, Betrieben oder Unternehmens- bzw. Betriebsteilen auf einen anderen Inhaber durch vertragliche Übertragung oder durch Verschmelzung anwendbar.
   b) Vorbehaltlich Buchstabe a) und der nachstehenden Bestimmungen dieses Artikels gilt als Übergang im Sinne dieser Richtlinie der Ubergang einer ihre Identität bewahrenden wirtschaftlichen Einheit im Sinne einer organisierten Zusammenfassung von Ressourcen zur Verfolgung einer wirtschaftlichen Haupt- oder Nebentätigkeit.
   c) Diese Richtlinie gilt für öffentliche und private Unternehmen, die eine wirtschaftliche Tätigkeit ausüben, unabhängig davon, ob sie Erwerbszwecke verfolgen oder nicht. Bei der Übertragung von Aufgaben im Zuge einer Umstrukturierung von Verwaltungsbehörden oder bei der Übertragung von Verwaltungsaufgaben von einer Behörde auf eine andere handelt es sich nicht um einen Übergang im Sinne dieser Richtlinie.
2. Diese Richtlinie ist anwendbar, wenn und soweit sich das Unternehmen, der Betrieb oder der Unternehmens- bzw. Betriebsteil, das bzw. der übergeht, innerhalb des räumlichen Geltungsbereichs des Vertrages befindet.
3. Diese Richtlinie gilt für den Übergang eines Seeschiffs, das Teil des Übergangs eines Unternehmens, Betriebs- oder Unternehmens- bzw. Betriebsteils im Sinne der Absätze 1 und 2 ist, sofern der Erwerber sich im räumlichen Geltungsbereich des Vertrags befindet oder das übertragene Unternehmen, der übertragene Betrieb oder Unternehmens- bzw. Betriebsteil dort verbleibt.
   Diese Richtlinie gilt nicht, wenn es sich bei dem Gegenstand des Übergangs ausschließlich um eines oder mehrere Seeschiffe handelt.

Artikel 2

1. Im Sinne dieser Richtlinie gelten folgende Begriffsbestimmungen:
   a) „Veräußerer" ist jede natürliche oder juristische Person, die aufgrund eines Übergangs im Sinne von Artikel 1 Absatz 1 als Inhaber aus dem Unternehmen, dem Betrieb oder dem Unternehmens- bzw. Betriebsteil ausscheidet:
   b) „Erwerber" ist jede natürliche oder juristische Person, die aufgrund eines Übergangs im Sinne von Artikel 1 Absatz 1 als Inhaber in das Unternehmen, den Betrieb oder den Unternehmens- bzw. Betriebsteil eintritt.
   c) „Vertreter der Arbeitnehmer" oder ein entsprechender Ausdruck bezeichnet die Vertreter der Arbeitnehmer nach den Rechtsvorschriften oder der Praxis der Mitgliedstaaten.
   d) „Arbeitnehmer" ist jede Person, die in dem betreffenden Mitgliedstaat aufgrund des einzelstaatlichen Arbeitsrechts geschützt, ist.
2. Diese Richtlinie lässt das einzelstaatliche Recht in Bezug auf die Begriffsbestimmung des Arbeitsvertrags oder des Arbeitsverhältnisses unberührt.
   Die Mitgliedstaaten können jedoch vom Anwendungsbereich der Richtlinie Arbeitsverträge und Arbeitsverhältnisse nicht allein deshalb ausschließen, weil
   a) nur eine bestimmte Anzahl von Arbeitsstunden geleistet wird oder zu leisten ist,
   b) es sich um Arbeitsverhältnisse aufgrund eines befristeten Arbeitsvertrags im Sinne von Artikel 1 Nummer 1 der Richtlinie 91/383/EWG des Rates vom 25. Juni 1991 zur Ergänzung der Maßnahmen zur Verbesserung der Sicherheit und des Gesund-

heitsschutzes von Arbeitnehmern mit befristetem Arbeitsverhältnis oder Leiharbeitsverhältnis[11] handelt,

c) es sich um Leiharbeitsverhältnisse im Sinne von Artikel 1 Nummer 2 der Richtlinie 91/383/EWG und bei dem übertragenen Unternehmen oder dem übertragenen Betrieb oder Unternehmens- bzw. Betriebsteil als Verleihunternehmen oder Teil eines Verleihunternehmens um den Arbeitgeber handelt.

KAPITEL II
Wahrung der Ansprüche und Rechte der Arbeitnehmer

Artikel 3

1. Die Rechte und Pflichten des Veräußerers aus einem zum Zeitpunkt des Übergangs bestehenden Arbeitsvertrag oder Arbeitsverhältnis gehen aufgrund des Übergangs auf den Erwerber über.
   Die Mitgliedstaaten können vorsehen, dass der Veräußerer und der Erwerber nach dem Zeitpunkt des Übergangs gesamtschuldnerisch für die Verpflichtungen haften, die vor dem Zeitpunkt des Übergangs durch einen Arbeitsvertrag oder ein Arbeitsverhältnis entstanden sind, der bzw. das zum Zeitpunkt des Übergangs bestand.
2. Die Mitgliedstaaten können geeignete Maßnahmen ergreifen, um zu gewährleisten, dass der Veräußerer den Erwerber über alle Rechte und Pflichten unterrichtet, die nach diesem Artikel auf den Erwerber übergehen, soweit diese dem Veräußerer zum Zeitpunkt des Übergangs bekannt waren oder bekannt sein mussten. Unterlässt der Veräußerer diese Unterrichtung des Erwerbers, so berührt diese Unterlassung weder den Übergang solcher Rechte und Pflichten noch die Ansprüche von Arbeitnehmern gegenüber dem Erwerber und/oder Veräußerer in Bezug auf diese Rechte und Pflichten.
3. Nach dem Übergang erhält der Erwerber die in einem Kollektivvertrag vereinbarten Arbeitsbedingungen bis zur Kündigung oder zum Ablauf des Kollektivvertrags bzw: bis zum Inkrafttreten oder bis zur Anwendung eines anderen Kollektivvertrags in dem gleichen Maße aufrecht, wie sie in dem Kollektivvertrag für den Veräußerer vorgesehen waren.
   Die Mitgliedstaaten können den Zeitraum der Aufrechterhaltung der Arbeitsbedingungen begrenzen, allerdings darf dieser nicht weniger als ein Jahr betragen.
4. a) Sofern die Mitgliedstaaten nicht anderes vorsehen, gelten die Absätze 1 und 3 nicht für die Rechte der Arbeitnehmer auf Leistungen bei Alter, Invalidität oder für Hinterbliebene aus betrieblichen oder überbetrieblichen Zusatzversorgungseinrichtungen außerhalb der gesetzlichen Systeme der sozialen Sicherheit der Mitgliedstaaten.
   b) Die Mitgliedstaaten treffen auch dann, wenn sie gemäß Buchstabe a) nicht vorsehen, dass die Absätze 1 und 3 für die unter Buchstabe a) genannten Rechte gelten, die notwendigen Maßnahmen zum Schutz der Interessen der Arbeitnehmer sowie der Personen, die zum Zeitpunkt des Übergangs bereits aus dem Betrieb des Veräußerers ausgeschieden sind, hinsichtlich ihrer Rechte oder Anwartschaftsrechte auf Leistungen bei Alter, einschließlich Leistungen für Hinterbliebene, aus den unter Buchstabe a) genannten Zusatzversorgungseinrichtungen.

Artikel 4

1. Der Übergang eines Unternehmens, Betriebs oder Unternehmens- bzw. Betriebsteils stellt als solcher für den Veräußerer oder den Erwerber keinen Grund zur Kündigung dar. Diese Bestimmung steht etwaigen Kündigungen aus wirtschaftlichen, technischen

[11] ABl. L 206 vom 29.7.1991, S. 19.

oder organisatorischen Gründen, die Änderungen im Bereich der Beschäftigung mit sich bringen, nicht entgegen.
Die Mitgliedstaaten können vorsehen, dass Unterabsatz 1 auf einige abgegrenzte Gruppen von Arbeitnehmern, auf die sich die Rechtsvorschriften oder die Praxis der Mitgliedstaaten auf dem Gebiet des Kündigungsschutzes nicht erstrecken, keine Anwendung findet.

2. Kommt es zu einer Beendigung des Arbeitsvertrags oder Arbeitsverhältnisses, weil der Übergang eine wesentliche Änderung der Arbeitsbedingungen zum Nachteil des Arbeitnehmers zur Folge hat, so ist davon auszugehen, dass die Beendigung des Arbeitsvertrags oder Arbeitsverhältnisses durch den Arbeitgeber erfolgt ist.

Artikel 5

1. Sofern die Mitgliedstaaten nichts anderes vorsehen, gelten die Artikel 3 und 4 nicht für Übergänge von Unternehmen, Betrieben oder Unternehmens- bzw. Betriebsteilen, bei denen gegen den Veräußerer unter der Aufsicht einer zuständigen öffentlichen Stelle (worunter auch ein von einer zuständigen Behörde ermächtigter Insolvenzverwalter verstanden werden kann) ein Konkursverfahren oder ein entsprechendes Verfahren mit dem Ziel der Auflösung des Vermögens des Veräußerers eröffnet wurde.
2. Wenn die Artikel 3 und 4 für einen Übergang während eines Insolvenzverfahrens gegen den Veräußerer (unabhängig davon, ob dieses Verfahren zur Auflösung seines Vermögens eingeleitet wurde) gelten und dieses Verfahren unter der Aufsicht einer zuständigen öffentlichen Stelle (worunter auch ein nach dem innerstaatlichen Recht bestimmter Insolvenzverwalter verstanden werden kann) steht, kann ein Mitgliedstaat vorsehen, dass
   a) ungeachtet des Artikels 3 Absatz 1 die vor dem Übergang bzw. vor der Eröffnung des Insolvenzverfahrens fälligen Verbindlichkeiten des Veräußerers aufgrund von Arbeitsverträgen oder Arbeitsverhältnissen nicht auf den Erwerber übergehen, sofern dieses Verfahren nach dem Recht des betreffenden Mitgliedstaats einen Schutz gewährt, der dem von der Richtlinie 80/987/EWG des Rates vom 20. Oktober 1980 zur Angleichung der Rechtsvorschriften der Mitgliedstaaten über den Schutz der Arbeitnehmer bei Zahlungsunfähigkeit des Arbeitgebers[12] vorgesehenen Schutz zumindest gleichwertig ist, und/oder
   b) der Erwerber, der Veräußerer oder die seine Befugnisse ausübenden Personen auf der einen Seite und die Vertreter der Arbeitnehmer auf der anderen Seite Änderungen der Arbeitsbedingungen der Arbeitnehmer, insoweit das geltende Recht oder die geltende Praxis dies zulassen, vereinbaren können, die den Fortbestand des Unternehmens, Betriebs oder Unternehmens- bzw. Betriebsteils sichern und dadurch der Erhaltung von Arbeitsplätzen dienen.
3. Die Mitgliedstaaten können Absatz 2 Buchstabe b) auf Übergänge anwenden, bei denen sich der Veräußerer nach dem einzelstaatlichen Recht in einer schwierigen wirtschaftlichen Lage befindet, sofern das Bestehen einer solchen Notlage von einer zuständigen öffentlichen Stelle bescheinigt wird und die Möglichkeit einer gerichtlichen Aufsicht gegeben ist, falls das innerstaatliche Recht solche Bestimmungen am 17. Juli 1998 bereits enthielt.
   Die Kommission legt vor dem 17. Juli 2003 einen Bericht über die Auswirkungen dieser Bestimmung vor und unterbreitet dem Rat erforderlichenfalls entsprechende Vorschläge.
4. Die Mitgliedstaaten treffen die erforderlichen Maßnahmen, damit Insolvenzverfahren nicht in missbräuchlicher Weise in Anspruch genommen werden, um den Arbeitnehmern die in dieser Richtlinie vorgesehenen Rechte vorzuenthalten.

[12] ABl. L 283 vom 20. 10. 1980, S. 23. Richtlinie zuletzt geändert durch die Beitrittsakte von 1994.

Artikel 6

1. Sofern das Unternehmen, der Betrieb oder der Unternehmens- bzw. Betriebsteil seine Selbständigkeit behält, bleiben die Rechtsstellung und die Funktion der Vertreter oder der Vertretung der vom Übergang betroffenen Arbeitnehmer unter den gleichen Bedingungen erhalten, wie sie vor dem Zeitpunkt des Übergangs aufgrund von Rechts- und Verwaltungsvorschriften oder aufgrund einer Vereinbarung bestanden haben, sofern die Bedingungen für die Bildung der Arbeitnehmervertretung erfüllt sind.
Unterabsatz 1 findet keine Anwendung, wenn gemäß den Rechts- und Verwaltungsvorschriften oder der Praxis der Mitgliedstaaten oder durch Vereinbarung mit den Vertretern der betroffenen Arbeitnehmer die Bedingungen für die Neubestellung der Vertreter der Arbeitnehmer oder die Neubildung der Vertretung der Arbeitnehmer erfüllt sind.
Wurde gegen den Veräußerer unter der Aufsicht einer zuständigen öffentlichen Stelle (worunter auch ein von einer zuständigen Behörde ermächtigter Insolvenzverwalter verstanden werden kann) ein Konkursverfahren oder ein entsprechendes Insolvenzverfahren mit dem Ziel der Auflösung des Vermögens des Veräußerers eröffnet, können die Mitgliedstaaten die erforderlichen Maßnahmen ergreifen, um sicherzustellen, dass die vom Übergang betroffenen Arbeitnehmer bis zur Neuwahl oder Benennung von Arbeitnehmervertretern angemessen vertreten sind.
Behält das Unternehmen, der Betrieb oder der Unternehmens- bzw. Betriebsteil seine Selbständigkeit nicht, so treffen die Mitgliedstaaten die erforderlichen Maßnahmen, damit die vom Übergang betroffenen Arbeitnehmer, die vor dem Übergang vertreten wurden, während des Zeitraums, der für die Neubildung oder Neubenennung der Arbeitnehmervertretung erforderlich ist, im Einklang mit dem Recht oder der Praxis der Mitgliedstaaten weiterhin angemessen vertreten werden.
2. Erlischt das Mandat der Vertreter der vom Übergang betroffenen Arbeitnehmer aufgrund des Übergangs, so gelten für diese Vertreter weiterhin die nach den Rechts- und Verwaltungsvorschriften oder der Praxis der Mitgliedstaaten vorgesehenen Schutzmaßnahmen.

KAPITEL III
Information und Konsultation

Artikel 7

1. Der Veräußerer und der Erwerber sind verpflichtet, die Vertreter ihrer jeweiligen von einem Übergang betroffenen Arbeitnehmer über Folgendes zu informieren:
   - den Zeitpunkt bzw. den geplanten Zeitpunkt des Übergangs,
   - den Grund für den Übergang,
   - die rechtlichen, wirtschaftlichen und sozialen Folgen des Übergangs für die Arbeitnehmer,
   - die hinsichtlich der Arbeitnehmer in Aussicht genommenen Maßnahmen.

   Der Veräußerer ist verpflichtet, den Vertretern seiner Arbeitnehmer diese Informationen rechtzeitig vor dem Vollzug des Übergangs zu übermitteln.
   Der Erwerber ist verpflichtet, den Vertretern seiner Arbeitnehmer diese Informationen rechtzeitig zu übermitteln, auf jeden Fall aber bevor diese Arbeitnehmer von dem Übergang hinsichtlich ihrer Beschäftigungs- und Arbeitsbedingungen unmittelbar betroffen werden.
2. Zieht der Veräußerer bzw. der Erwerber Maßnahmen hinsichtlich seiner Arbeitnehmer in Betracht, so ist er verpflichtet, die Vertreter seiner Arbeitnehmer rechtzeitig zu diesen Maßnahmen zu konsultieren, um eine Übereinkunft anzustreben.
3. Die Mitgliedstaaten, deren Rechts- und Verwaltungsvorschriften vorsehen, dass die Vertreter der Arbeitnehmer eine Schiedsstelle anrufen können, um eine Entscheidung

über hinsichtlich der Arbeitnehmer zu treffende Maßnahmen zu erhalten, können die Verpflichtungen gemäß den Absätzen 1 und 2 auf den Fall beschränken, in dem der vollzogene Übergang eine Betriebsänderung hervorruft, die wesentliche Nachteile für einen erheblichen Teil der Arbeitnehmer zur Folge haben kann.
Die Information und die Konsultation müssen sich zumindest auf die hinsichtlich der Arbeitnehmer in Aussicht genommenen Maßnahmen erstrecken.
Die Information und die Konsultation müssen rechtzeitig vor dem Vollzug der in Unterabsatz 1 genannten Betriebsänderung erfolgen.

4. Die in diesem Artikel vorgesehenen Verpflichtungen gelten unabhängig davon, ob die zum Übergang führende Entscheidung vom Arbeitgeber oder von einem den Arbeitgeber beherrschendes Unternehmen getroffen wird.
Hinsichtlich angeblicher Verstöße gegen die in dieser Richtlinie vorgesehenen Informations- und Konsultationspflichten findet der Einwand, der Verstoß gehe darauf zurück, dass die Information von einem den Arbeitgeber beherrschenden Unternehmen nicht übermittelt worden sei, keine Berücksichtigung.
5. Die Mitgliedstaaten können die in den Absätzen 1, 2 und 3 vorgesehenen Verpflichtungen auf Unternehmen oder Betriebe beschränken, die hinsichtlich der Zahl der beschäftigten Arbeitnehmer die Voraussetzungen für die Wahl oder Bestellung eines Kollegiums als Arbeitnehmervertretung erfüllen.
6. Die Mitgliedstaaten sehen vor, dass die betreffenden Arbeitnehmer für den Fall, dass es unabhängig von ihrem Willen in einem Unternehmen oder in einem Betrieb keine Vertreter der Arbeitnehmer gibt, vorher zu informieren sind über
   – den Zeitpunkt bzw. den geplanten Zeitpunkt des Übergangs,
   – den Grund für den Übergang,
   – die rechtlichen, wirtschaftlichen und sozialen Folgen des Übergangs für die Arbeitnehmer,
   – die hinsichtlich der Arbeitnehmer in Aussicht genommenen Maßnahmen.

KAPITEL IV
Schlussbestimmungen

Artikel 8

Diese Richtlinie schränkt die Möglichkeit der Mitgliedstaaten nicht ein, für die Arbeitnehmer günstigere Rechts- oder Verwaltungsvorschriften anzuwenden oder zu erlassen oder für die Arbeitnehmer günstigere Kollektivverträge und andere zwischen den Sozialpartnern abgeschlossene Vereinbarungen, die für die Arbeitnehmer günstiger sind, zu fördern oder zuzulassen.

Artikel 9

Die Mitgliedstaaten nehmen in ihre innerstaatlichen Rechtssysteme die erforderlichen Bestimmungen auf, um allen Arbeitnehmern und Vertretern der Arbeitnehmer, die ihrer Ansicht nach durch die Nichtbeachtung der sich aus dieser Richtlinie ergebenden Verpflichtungen benachteiligt sind, die Möglichkeit zu geben, ihre Forderungen durch Gerichtsverfahren einzuklagen, nachdem sie gegebenenfalls andere zuständige Stellen damit befasst haben.

Artikel 10

Die Kommission unterbreitet dem Rat vor dem 17. Juli 2006 einen Bericht, in dem die Auswirkungen der Bestimmungen dieser Richtlinie untersucht werden. Sie legt gegebenenfalls die erforderlichen Änderungsvorschläge vor.

Artikel 11

Die Mitgliedstaaten teilen der Kommission den Wortlaut der Rechts- und Verwaltungsvorschriften mit, die sie auf dem unter diese Richtlinie fallenden Gebiet erlassen.

Artikel 12

Die Richtlinie 77/187/EWG, geändert durch die in Anhang I Teil A aufgeführte Richtlinie, wird unbeschadet der Pflichten der Mitgliedstaaten hinsichtlich der in Anhang I Teil B genannten Fristen für ihre Umsetzung aufgehoben.

Verweisungen auf die aufgehobene Richtlinie gelten als Verweisungen auf die vorliegende Richtlinie und sind nach der Übereinstimmungstabelle in Anhang II zu lesen.

Artikel 13

Diese Richtlinie tritt am zwanzigsten Tag nach ihrer Veröffentlichung im Amtsblatt der Europäischen Gemeinschaften in Kraft.

Artikel 14

Diese Richtlinie ist an alle Mitgliedstaaten gerichtet.

ANHANG I

TEIL A
Aufgehobene Richtlinie und ihre Änderung

(gemäß Artikel 12)

Richtlinie 77/187/EWG des Rates (ABl. L 61 vom 5.3.1977, S. 26)
Richtlinie 98/50/EG des Rates (ABl. L 201 vom 17.7.1998, S. 88).

TEIL B
Umsetzungsfristen

(gemäß Artikel 12)

Richtlinie	**Ablauf der Umsetzungsfrist**
77/187/EWG	16. Februar 1979
98/50/EG	17. Juli 2001

ANHANG II
ÜBEREINSTIMMUNGSTABELLE

Richtlinie 77/187/EWG	Vorliegende Richtlinie
Artikel 1	Artikel 1
Artikel 2	Artikel 2
Artikel 3	Artikel 3
Artikel 4	Artikel 4
Artikel 4 a	Artikel 5
Artikel 5	Artikel 6
Artikel 6	Artikel 7
Artikel 7	Artikel 8
Artikel 7 a	Artikel 9
Artikel 7 b	Artikel 10
Artikel 8	Artikel 11
–	Artikel 12
–	Artikel 13
–	Absatz 14
–	Anhang I
–	Anhang II

Sachverzeichnis

Fette Buchstaben = Kapitel, magere Zahlen = Randnummern